차례

우리말 한자어
속뜻사전

The Sino-Korean Compound Dictionary :
Focusing on Morphological Motivation

국가공인 우수도서
문화체육관광부 제2008-89호

2007년 10월 3일 제1판 1쇄
2007년 11월 20일 제1판 2쇄
2007년 12월 5일 제1판 3쇄
2008년 3월 21일 제1판 4쇄
2008년 4월 20일 제1판 5쇄
2008년 12월 1일 제1판 6쇄
2009년 5월 15일 제1판 7쇄
2009년 11월 11일 제1판 8쇄
2010년 1월 11일 제1판 9쇄
2010년 7월 7일 제1판 10쇄
2011년 2월 11일 제1판 11쇄
2011년 10월 10일 제1판 12쇄
2013년 1월 11일 제1판 13쇄
2013년 12월 12일 제1판 14쇄
2014년 8월 8일 제1판 15쇄
2016년 6월 6일 증보판 1쇄
2017년 2월 5일 증보2판 1쇄
2018년 3월 21일 증보2판 2쇄
2019년 5월 15일 증보2판 3쇄
2020년 11월 22일 증보2판 4쇄
2021년 2월 22일 증보2판 5쇄
2021년 10월 9일 증보2판 6쇄
2022년 6월 6일 증보2판 7쇄
2023년 5월 15일 증보2판 8쇄
2024년 4월 5일 증보2판 9쇄

편저자 | 全廣鎭
발행인 | 李淑子
편집·교정 | 한수지, 권민서, 조민주
삽화 | 李柱翰
표지디자인 | Design54

발행처 | (주)속뜻사전교육출판사
등록 | 263-86-02753
주소 | 경기도 하남시 덕풍북로 110, 103-F/R 101
문의 | Tel 031-794-2096 Fax 031-793-2096 www.LBHedu.com lbhedu@lbhedu.com
ISBN 978-89-93858-34-1

값 70,000원

우리말 한자어
속뜻사전

The Sino-Korean Compound Dictionary
Focusing on Morphological Motivation

문학박사 | 성균관대학교 교수 **전광진** 편저

증보2판

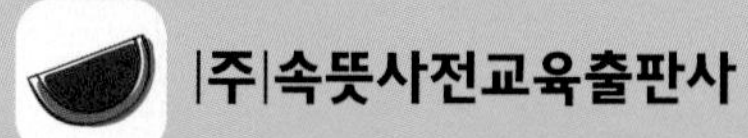

추천사

아리스토텔레스는 "교육받은 사람과 교육받지 못한 사람의 차이는 산 사람과 죽은 사람의 차이와 똑같다."라고 하였습니다. "자식 교육을 잘못하면 자식을 잃게 된다."라는 미국의 존 F. 케네디 대통령의 말도 이와 일맥상통(一脈相通)한 점이 있는 것 같습니다. '교육계'에 몸바쳐 온 저의 삶에 대하여 스스로 자부심을 느끼고 있는 것도 바로, 그토록 위대한 철학자나 훌륭한 정치가의 역설(力說)이 큰 힘으로 작용하였기 때문입니다.

서울대학교 교육학과에서 맹자의 삼락(三樂) 가운데 하나인 '교육'의 즐거움을 누렸고, 대학 강단에서 연구하면서 쌓은 지식을 밑거름으로 삼아 우리나라의 교육 행정을 책임진 적도 있으며(2000-2001), 현재는 민족사관고등학교 교장직을 맡아 교육 현장을 '실험실'로 삼아 교육 학도로서 새로운 공부를 하고 있습니다. 교육 실무자로서 현장(現場) 교육에 몸담아 온 이후로, 교육철학을 강의하던 대학 강단에 있을 때나 교육 행정의 총 책임자로 있을 때와는 또 다른 많은 새로운 경험과 공부를 하게 되었습니다. 그중의 하나가 바로 학생들이 우리말의 어휘(語彙)를 학습하는 데 있어서 한자어(漢字語)의 기초를 활용할 줄 알아야 하겠다는 것입니다.

각종 교재가 한글로만 적혀있어 누구나 쉽게 읽을 수 있는 것은 사실입니다. 하지만 읽을 줄 안다고 그 뜻을 다 아는 것은 결코 아닙니다. 그런데도 의미 파악을 위한 노력을 하지 않는 문제점이 거의 모든 학생에게 만연되어 있다는 사실을 알게 되었습니다. 이를테면, '우리 사회가 해결해야 할 문제의 하나는 부의 편재이다'라는 문장에서 '편재'가 무슨 뜻인지. '이 기묘한 풍습은 국내 곳곳에 편재해 있다'라는 문장 가운데 쓰인 '편재'가 무슨 뜻인지. 이런 낱말의 뜻을 정확히 모른다면 이 문장을 아무리 여러 번 읽어 봤자 헛일입니다. 국어사전을 찾아보면, '한곳에 치우쳐 있음'도 '편재'라 하고, '널리 퍼져 있음'도 '편재'라 하니 어찌 된 영문인지 몰라 더욱 막막해하는 학생들이 많다니 실소(失笑)를 금할 수 없습니다(참고, 偏在/遍在). '치우칠 편'(偏), '있을 재'(在), '고루 미칠 편'(遍) 같은 한자 지식을 활용하면 간단할 텐데, 그런 예지를 발휘하지 못하고 있는 우리 교육 현실이 안타깝기 그지없습니다. 한자어가 모든 과목에 걸쳐 부지기수로 등장하고 있어 한자어 지식이 모든 과목의 학습에 직결되는 것임에도, 이에 대한 인식이 부족하여 대비책을 강구하고 있지 않은 것이 참으로 딱할 지경입니다.

사실 이러한 문제는 하루 이틀에 생긴 것이 아닙니다. 그리고 선생님 · 학부모 · 학습자, 그 누구를 탓할 일도 아닙니다. 요즘 흔히 쓰이는 말로 하자면, 학습 '인프라'가 구축되어 있지 않았기 때문입니다. 다행히도 이러한 문제들을 일거(一擧)에 해소(解消)할 수 있는 새로운 방안이 개발되어 교육계의 큰 화제(話題)가 되고 있습니다. 성균관대학교 전광진(全廣鎭)교수가 개발한 "한자의 특질을 활용한 LBH(Learning by hint) 교수학습법"이 바로 그것입니다. 중국 언어학 및 한자학을 강의 · 연구하면서 쌓은 지식의 토대 위에, 다시 교육심리학, 인지언어학, 언어습득 이론 등을 활용하여 개발한 학습 프로그램입니다. 학습용 어휘의 대부분을 차지하고 있는 한자어에 대한 학생들의 이해력(理解力) 증진 · 사고력(思考力) 함양 · 기억력(記憶力) 배가를 통하여 학습 효율을 크게 높일 수 있을 것으로 전망됩니다. 특히 우리 민사고에서는 민족 6품제(독서품, 수련품, 영어품, 예술품, 봉사품, 한자품) 교육을 하고 있습니다. 그 가운데 하나로 '한자품'을 설정할 정도로 한자 교육을 강조하고 있기에 전 교수의 "LBH 교수학습법"이 더욱 큰 효과를 거둘 수 있을 것으로 기대됩니다. 그래서 우리 민사고(民史高)의 모든 과목 선생님들과 전교 학생들에게 적극적으로 권장하고 싶습니다.

그런데 이 새로운 교수학습법을 교육 현장에 실제로 도입하여 활용하자면 기존의 국어사전이나 한자 자전으로는 도저히 불가능하다는 문제점이 있습니다. 그래서 전(全) 교수는 "LBH 교수학습법 활용 사전"을 편찬하게 되었고, 새로운 개념의 이 사전을 누구나 쉽게 이해할 수 있도록 '우리말 한자어 속뜻사전'이라 이름하였습니다. 모든 과목 교재에 두루두루 널리 쓰이고 있는 한자어에 대하여 한자의 훈(訓)을 힌트(hint)로 활용하여 '속뜻'을 간단명료하게 밝혀 놓음으로써 어휘력을 높이는 데 크게 이바지할 것으로 여겨집니다. 단어의 뜻을 정확히 이해함으로써 전(全) 과목 성적의 향상은 물론이고, 논술 공부에 꼭 필요한 고품격 어휘력 향상에도 큰 보탬이 될 것입니다.

이 사전을 만들기 위하여 전광진 교수는 지난 10년간 헌신적(獻身的)으로 노력해 왔고, 또 소요 출판 비용을 위하여 사재(私財)까지 출연하는 출혈(出血)을 감수한 것으로 알고 있습니다. 그렇듯 각고의 노력과 심혈을 기울여 옹골차게 엮은 이 사전이 이 땅의 모든 선생님과 학생들에게 널리 애용되어 우리나라 교육 발전에 크게 이바지할 날이 하루빨리 오기를 손꼽아 기다립니다.

2007년 5월 15일

李 敦 熙

前 서울대 교육학과 교수, 교육부장관
現 민족사관고등학교 교장, 학술원회원

머리말

국가 차원의 주요 교육 정책이 '사(私)교육비 절감'을 집중적으로 겨냥하고 있고, 역대 정부의 교육 당국은 이를 위하여 각종 방안을 수립하는 등 많은 노력을 경주해 왔다. 그럼에도 불구하고 학부모의 사교육비 부담이 줄어들기는커녕 계속해서 눈덩이처럼 불어나고 있다니 실로 안타깝기 짝이 없다. 그렇다면 '사교육비 절감' 문제는 절대로 풀 수 없는 영원한 숙제일까? "기본이 바로 서야 나아갈 길이 생긴다."(本立而道生)는 공자 제자(有子)의 귀띔을 귀담아 들어보면, 가장 기본적인 문제로 돌아가야지만 해결의 실마리를 찾아낼 수 있을 것 같다는 생각이 든다. 그렇다. 해법은 의외로 간단할 수도 있다. 과외를 하지 않아도 수학(修學) 능력과 전 과목 성적이 향상될 수 있는 방안을 찾아내면 된다.

환자의 병을 완치하기 위해서는 무엇보다도 그 병원(病原)을 정확하게 밝혀내는 것이 가장 급선무다. 병의 근본적인 원인을 찾아내지 못한 상태에서 약을 처방한다는 것은 무모하기 짝이 없는 일이다. 학생들에 대한 학업 지도도 마찬가지다. 공부에 도움이 될 수 있다는 책은 무수히 많다. 그런데 학생들이 정작 무슨 병을 앓고 있는지를 정확하게 진단하고 그것을 바탕으로 쓴 책은 과연 몇 권이나 있을까? 안타깝게도 거의 찾아볼 수 없다는 것이 우리 교육계와 출판계의 현실이다. 병에 대한 진단은 빠를수록 좋다. 그러나 늦었다고 해서 생략할 수는 없는 일이다. 늦었지만 우리는 학생들이 학습 과정에서 앓고 있는 병을 진단하는 일에 힘써야 할 것이다. 이 문제에 대해서 앞으로 교육 전문가들의 많은 연구가 있기를 기대해 본다.

이 문제와 관련하여 필자는 초보적인 설문조사를 통하여 중대한 사실을 발견하였다. 단어의 뜻도 분명하게 이해하지 못한 상태에서 문장을 익히려는 무모함이 바로 학력 저하의 원흉임을 알게 되었다. 고등학생(약 300명)을 대상으로 '재미 한국인 과학자'의 '재미'가 무슨 뜻이며, 그런 뜻을 일러 왜 '재미'라고 하는지를 물어보았더니, 정확한 답을 제시한 학생이 5%밖에 되지 않았다. 대학교 졸업 예정자(297명)을 대상으로 '국가를 위한 일이라면 신명을 다 바치겠습니다.'의 '신명'이 무슨 뜻인지, 그러한 뜻을 왜 그 두 글자로 나타냈는지를 물어보았더니,

정확한 답을 알고 있는 학생이 7명(2.3%)밖에 되지 않았다. 그토록 간단한 한자어(在美/身命)조차 제대로 알지 못하는 '단어 불감증', 그것이 바로 학력 저하의 주범임을 알게 되어, 한편으로는 어이가 없었지만 다른 한편으로는 문제의 실마리가 바로 거기에 있음을 알게 되어 일말의 희망을 가지게 되었다.

저명 교육학자 Henry Adamchiewski 교수가 말했듯이 "이해하지 못하는 것을 배울 수는 없다". 그렇다. 단어 뜻도 모르면서 문장의 의미를 제대로 알 수는 없다. "모든 언어뿐만 아니라, 한 언어의 모든 단어는 그 자체가 완전한 세계이다"(Mel'ĉuk 1981, 570). 정확한 사고(思考)는 정확한 단어(용어)의 사용에 의하여만 가능하다. 따라서 학업에 있어서 '단어 실력', 즉 어휘력은 아무리 강조해도 지나치지 않는다. 미국이나 영국에서 학업의 성취도는 결국 영어 어휘력에 의하여 좌우되듯이, 우리나라에서는 모든 공부가 결국은 한국어 어휘력으로 결정된다.

한국어, 즉 국어에 쓰이고 있는 어휘는 고유어, 외래어, 한자어 이상 세 종류로 대별된다. 그런데 학생들이 '뿌리' '꽃잎' 같은 고유어나 '가스'(gas) '에너지'(energy) 같은 외래어를 몰라서 학습에 어려움을 겪는 것은 아니다. '대사'(代謝) '타원'(楕圓) 같은 한자어 때문에 골치를 앓고 있다. 한자어는 양적으로 매우 많을 뿐만 아니라(국어 어휘의 70% 이상), 학술 용어로 말하자면 90% 이상을 차지하고 있기에 우리나라에서의 수학 능력은 바로 한자어 지식에 좌우된다고 해도 결코 과언이 아니다. 따라서 필자는 어려운 한자어를 어떻게 하면 잘 습득할 수 있을까? 이 문제를 위하여 길게는 10년 이상을 고민하고 연구한 끝에, 쉽고 간단하고 효율적인 『LBH 교수학습법』(별첨 부록 #2 참조, LBH=Learning by hint)을 개발하였다. 이를테면, 영어 'firefly'는 '반딧불'을 가리킨다고 무작정 외울 것이 아니라, 먼저 '반딧불'을 왜 'firefly'라고 했는지 그 이유를 생각해보자면, {fire}(불)과 {fly}(날다/파리)로 나누어 봐야 한다. 그렇게 하면 '불'을 달고 있는 것과 '파리' 비슷하다는 것, 이상 두 가지 힌트를 찾아낼 수 있다. 그 힌트를 통하여 '반딧불'을 일컫게 된 까닭을 이해하면 속이 시원해지고 재미가 있을 뿐만 아니라 기억이 쉬워진다. 한자어도 마찬가지다. 낱낱의 글자가 무슨 뜻이며 그것이 단어의 뜻에 어떤 힌트 역할을 하는지를 쉽게 파악할 수 있도록 함으로써 이해력 증진, 사고력 함양, 기억력 배가를 이룩할 수 있도록 한 것이 바로 『LBH 교수학습법』이다.

그런데 이 교수학습법을 교육 현장에 활용하자면 기존의 국어사전과 한자 자전(옥편)으로는 도저히 불가능한 실정이다. 예를 들어 '타원'(楕圓)이란 단어에 대하여 기존 국어사전에서는 "평면 위의 두 정점(定點)에서의 거리의 합이 언제나 일정한 점의 자취"라는 수학적 정의(definition)만 싣고 있다. 그러한 정의를 하필이면 왜 '타원'이라 했는지, 그 까닭을 알자면 '楕'와 '圓'이 두 글자의 뜻을 알아야 하는데, 그렇게 하자면 다시 한자 자전(옥편)을 찾아봐야 하는 번거로움이 따른다. '길쭉할 타'(楕)라는 훈음을 상식적으로 알고 있는 선생님이나 학생은 극히 드물다. 그래서 이 사전에서는 옥편을 찾지 않아도 훈(訓, morphemic meaning)을 알 수 있도록 하였고, 수학적 정의에 앞서 '길쭉한[楕] 동그라미[圓]'라는 속뜻(morphological motivation)을 제시해 놓았다. 이러한 속뜻의 징검다리(stepping stones) 효과를 활용하면 어려운 한자어를 누구나 쉽고 재미있게 익힐 수 있기 때문이다. 다른 각도에서 말하자면, 한자를 잘 모르는 사람이라도 그 의미 정보를 쉽게 얻을 수 있도록 특별한 배려를 해 놓음으로써, 학과 공부와 한자 공부가 저절로 될 수 있도록 하였다. 언어학적으로 말하자면, 시니피앙(signifiant, 記標)과 시니피에(signifié, 記意) 간의 의미적 연관성(motivation)을 최대한 명확하게 드러냄으로써 어휘 습득을 더욱더 과학적이고 효율적으로 할 수 있도록 특수 제작한 것이다.

이 사전은 십여 년간에 걸친 수많은 우여곡절의 산물이다. 갖은 난관을 극복하고 마침내 이 세상에 선을 뵈게 된 것은 많은 분들의 도움 덕분이다. 교육부 장관을 역임하시고 현재 민족사관고등학교 교장으로 계신 霞田 李敦熙 선생님의 추천은 참으로 큰 힘이 되었다. 성균관대 영문학과의 李在浩, 俞萬根, 姜龍珣 교수님, 고려대 한문학과의 金彦鍾 교수님, 경희대 국문학과의 朴在陽 교수님의 고견은 튼튼한 버팀목이 되어 주었다. 그리고 민족사관고의 金正煥, 영등포여고의 崔柄淇, 송호고(경기도 안산)의 朴正姬, 송곡고(서울 중랑구)의 鄭武雄, 김포외국어고의 高泰熙, 성의고(경북 김천)의 李相玖, 이상 여섯 분의 선생님께서 각종 설문 조사에 협조해주신 고마움을 잊을 수 없다. 특히 경북한문교육연구회의 50여 명의 한문 선생님들께서 2006년도 하계세미나에서 표해준 격려와 성원은 여러 가지 어려움에 부닥쳐 의기소침해진 필자의 기력을 다시 회복시켜 주는 활력소가 되었다. 기초 자료의 입력 등 따분한 일을 힘껏 도와준 많은 대학원생들의 면면이 주마등처럼 떠오른다. LBH교육출판사의 李明玄사장, 세심하게 교정해준 權德女와 捎琚珠, 알뜰하게 편집해준 韓受志, 이상 네 분의 노고에 대한 각별히 고마운 뜻을 이에 적어두어 오래오래 간직하고 싶다. 그리고 많은 조언과 더불어 로고까지 직접 제작해 준 曺義煥 선배님, 특허 출원을 협조해준 남앤남특허사무소의 全奭鍾 부장님, 낙관을 새겨준 전각가 金贊鎬 그리고 멋있는 만화를 그려 준 삽화가 李柱翰, 두 제자에 대한 고마움도 영원히 잊을 수 없을 것이다.

이 사전은 한자의 암시(hint)적 기능, 한자어의 합성법(compounding) 특성과 형태론적 유연성(morphological motivation), 그리고 속뜻의 징검다리 이론(SST: stepping stones theory) 등을 창의적으로 활용한 신개념 국어사전의 첫걸음이라는 성격을 지닌다. 우리가 어렸을 때 처음 내디뎠던 걸음마가 그랬듯이 이 사전도 아직은 서툴고 부족한 데가 한둘이 아닐 것이다. 부족한 점은 앞으로 끊임없는 노력을 통하여 하나하나 보완해 나갈 예정이다. 강호 제현의 많은 질정과 성원이 있기를 빈다.

끝으로, 이 사전을 활용한 자기주도 학습으로 자녀들이 과외를 하지 않고도 전 과목 성적이 쑥쑥 올라감으로써 학부모님들의 사교육비 부담이 줄어들게 되기를 빌어 본다. 그리고 전 과목 선생님들이 『LBH교수학습법』을 활용함으로써 한자어의 뜻과 그 까닭을 몰라 답답하고 갑갑했던 학생들의 마음을 확 풀어주어 강의 효율이 배가되는 결과가 있기를 소망해 본다. 날마다 학교 공부에서 수없이 많이 마주치는 한자어를 그냥 지나치지 않고, 밤마다 소가 '되새김'(rumination)을 하듯이 그날그날 저녁마다 꼬박꼬박 정리해 두다 보니, 속이 시원해지고 모든 과목의 공부에 재미와 자신감이 생겼다는 학생들의 이야기가 전국 방방곡곡에서 들린다면, 그보다 더 큰 기쁨이 어디 있으랴!

2007년 8월 31일

全 廣 鎭 삼가 씀

2007년 10월 3일 개천절을 기하여 이 사전을 발간한 것은, 우리나라 어문 교육의 새로운 장을 열겠다는 작은 소망 때문이었습니다. 아직은 요원하지만, 희망의 불씨가 활활 타오르고 있습니다. 출간 이후 지금까지 총 15차에 걸쳐 증쇄를 거듭하고 있는 것이 그 방증입니다. 스마트폰 사전, 컴퓨터 사전의 공세에 밀려 종이사전이 점차 사라지고 있습니다. 그런데도 이렇게 꿋꿋하게 살아남은 비결을 궁금해하는 애독자의 애정 어린 질문을 가끔 받습니다.

어휘 학습 전략은 기본적으로 ①문맥 접근법, ②사전 활용법, ③형태 분석법 등 세 가지가 있습니다. 어려운 정의(定意) 중심의 국어사전들이 외면당함으로 인하여 '사전 활용법'은 유명무실해지고, 오로지 '문맥접근법'에만 의존하고 있는 실정이 자못 안타깝습니다. 글을 읽기만 하면 뜻을 안다는 전제의 문맥접근법이 '수박겉핥기' 학습과 '앵무새' 교육이라는 부작용을 낳았고, 학생들은 생각의 눈을 뜨지 못하여 갑갑해 하고 있습니다. 그래서 생각하는 즐거움을 안겨 주는 사전을 만들고 싶었습니다. 형태소(morpheme), 즉 낱낱 글자의 의미를 살려서 속뜻을 밝혀주는, 이른바 '형태 분석법'을 사전 풀이에 창의적으로 활용하였습니다. 그리하여 우리나라 '최초의 형태 분석법 활용 사전'이 나오게 되었습니다. 출간 이후 애독자들이 꾸준히 늘고 있는 사실은 형태 분석법의 위력에 대한 공감대가 넓어지고 있음을 말해 줍니다.

이 사전은 또 하나의 '최초' 기록을 보유하고 있습니다. 우리말의 60%에서 70%가 한자어라는 것은 이미 국민 상식이 되었습니다. 그런데 학술도구어의 99%, '개념'류 사고도구어의 98%가 한자어라는 사실을 아는 사람은 그리 많지 않은 것 같습니다. 김광해(1997, "어휘력과 어휘 평가", 『선청어문』 25, 서울대학교 국어교육과, 1-29), 신명선(2004, "어휘교육 목표로서의 어휘 능력에 대한 연구", 『국어교육』 113, 한국어교육학회, 263-296) 등의 논문을 보면 그 실정을 상세히 알 수 있습니다. 그럼에도 불구하고 우리말 한자어(Sino-Korean)에 대한 사전학적 연구는 거의 전무한 실정이었습니다. 이 책은 바로 이러한 사회적 · 학술적 요청에 부응하기 위하여 탄생되었습니다. 우리나라 '최초'의 한자어 전문 사전이라는 기록에 대하여 일말의 자부심과 더불어 만시지탄(晩時之歎)을 느끼게 됩니다.

위의 두 가지 기록을 형식과 내용으로 종합하면, '한자병기, 속뜻풀이'라고 할 수 있습니다. 교과서 한자어에 대한 한자병기 필요성은 교육부가 몇 해 전부터 검토해 왔고 그 정책적 결단을 금년 말에 내릴 예정이라고 합니다. 한자어에 대한 한자병기가 선택적이 아니라 필수적인 것임은, 우리나라 모든 국어사전을 통하여 여실히 알 수 있습니다. 단 하나의 예외도 없이 100% 한자병기를 하고 있기 때문입니다. 한자병기가 한자어의 어원과 의미를 밝혀주는 단서가 됨은 부인할 수 없으나, 문제점이 전혀 없는 것은 아닙니다. 일반 국어사전 같은 형식적 한자병기는 완전한 해결책이 되지는 못합니다. 더 많은 의미 정보가 제공되어야 비로소 모든 학생에게 편익을 줄 수 있습니다. 그래서 이 사전은 '한자 병기(倂記) + 자훈 부기(附記) + 속뜻풀이 + 정의 설명' 같은 4단계 풀이 방식을 도입하였습니다. 그 결과, 한자병기의 효과를 극대화하고, '선(先) 한자어 - 후(後) 한자'라는 새로운 학습 패러다임을 개척하였습니다.

이 사전이 보유한 세 번째의 '최초' 기록은, 자화자찬인 것 같아 말씀드리기가 좀 쑥스럽습니다. 출간 1년 후인 2008년 가을에 사전으로는 처음으로 국가공인 우수도서(문화체육관광부 제2008-89호)로 선정되는 쾌거가 있었습니다. 우수도서라는 '증명'이라기보다 우수도서가 되도록 계속 보완하라는 '명령'이라고 생각하여, 증보 준비 작업을 꾸준히 해왔습니다.

이 사전의 자매편인 《초중교과 속뜻학습 국어사전》의 발간(2010) 및 두 차례 증보(2013, 2014)를 통하여 약 15,000개 기초 핵심 한자어를 다듬고 다듬었습니다. 그 결실이 이 책 증보의 밑바탕이 되었습니다. 아울러 첫 발간 이후 수많은 애독자가 보내준 건의와 고견을 최대한 반영함으로써 내용이 더욱 알차게 하였습니다. 그 결과 총 수록어휘가 57,520개에서 59,501개(표제어 40,252 + 부속어 19,249)로 늘어났습니다. 어휘 수가 많다고만 좋은 것은 아닙니다. 6만개 한자어 어휘력이면 우리나라 최고의 지성인이 되고도 남음이 있습니다.

이 사전은 '암기' 위주의 '외우기 학습'을 지양(止揚)하고, '이해' 위주의 '생각하기 학습'을 지향(指向)할 수 있는 교육 기반을 조성하기 위하여 편찬하였습니다(조선일보 2007. 10. 30). 아니나 다를까, 우리나라를 방문한 미국의 한 노벨 화학상 수상자가 '암기'가 아니라 '이해'가 대단히 중요함을 경험담을 통하여 여실히 증명해 주었습니다(동아일보 2009. 4. 11). 이 두 기사가 우리 교육계에 대단히 중요한 의미를 시사해 주기에 참고로 뒤표지 안쪽에 옮겨 놓았습니다. 나무는 뿌리가 깊어야 하고, 사람은 생각이 깊어야 합니다. 우리나라 학생들의 '생각의 깊이'가 이 사전의 애독으로 한 뼘이라도 더 깊어진다면, 이보다 더 큰 기쁨이 없을 것입니다.

감사합니다.

2016년 3월 21일

편저자 **全 廣 鎭**

※ 증보 2쇄에서는 〈고품격 사자성어 424〉를 부록으로 추가하였습니다. 한국어문교육연구회가 선정한 사자성어 424개를 8급에서 2급까지 급수별로 열거하고, 속뜻을 하나하나 풀이해 놓음으로써 성어 학습을 효율적이고 수월하게 하여 고품격 어휘력 향상에 도움이 되도록 하였습니다. 그리고 쇄를 거듭하면서 독자분의 건의와 제안을 적극적으로 반영함으로써 함께 엮는 합작품(social manufacturing)이라는 의미를 지니게 되었습니다. 수불석권(手不釋卷)을 몸소 실천하며 애독하시는 서울 숭미초 원정환 교장님, 그리고 경남 김해에 거주하는 안희관 독자분의 따끈따끈한 건의와 교정을 통하여 완성도를 더 높이게 되었습니다. 심심한 감사의 뜻을 이에 새겨 오래오래 간직하고 싶습니다. 앞으로 전국 독자 여러분의 아낌없는 성원과 질정을 바랍니다. 2017년 1월 11일 전광진.

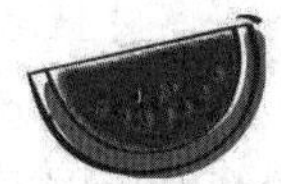

편저자 **전광진** 교수는?

성균관대학교 중어중문학과를 졸업하고, 國立臺灣師範大學에서 문학석사, 國立臺灣大學에서 문학박사 학위를 취득하였다. 경희대학교 중어중문학과 조교수 및 부교수를 거쳐, 1997년부터 현재까지 성균관대학교 교수로 재직하고 있다. 성균관대 인문과학연구소 소장, 문과대학 학장을 역임하였으며. 北京大學 대학원 초빙교수로 초청받아 특강을 하였다. 참신한 한자 연구, 참다운 한글 사랑을 구현하기 위한 학술 논문 40여 편을 발표하였고, 《兩周金文通假字研究》, 《漢藏語同源詞綜探》 같은 전문학술서를 국외에서 출간하였다. 그밖에 《우리말 한자어 속뜻사전》, 《속뜻풀이 초등국어사전》, 《교과서 한자어 속뜻사전》, 《선생님 한자책》, 《초등한자 창인교육》, 《국어사전 활용교육》 (공저) 등을 편저함으로써 우리나라 학생들의 학업 능력 향상의 기반을 튼튼하게 다졌다. - 편집자

1. 표제어의 수록 대상

(1) 우리말(국어)은 '뿌리' '꽃잎' 같은 고유어, '복사'(輻射) '생식'(生殖) 같은 한자어, '가스'(gas) '에너지'(energy) 같은 외래어 이상 3종류의 어휘가 있는데, 이 사전은 수학 능력 연관성이 가장 높은 한자어만을 수록 대상으로 삼았다.
(2) 한자어 중에서도 2음절 이상의 어휘만을 수록하였다. 즉, '강'(江)이나 '산'(山) 같은 1음절 어휘는 제외함으로써, 한자를 몰라도 일반 국어사전과 같이 우리말 가나다순으로 쉽게 찾아볼 수 있도록 하였다.
(3) 기존의 국어사전에 등장하는 2음절 이상의 모든 한자어를 수록한다는 것은 무모한 일이다. 공(公)교육과 어문 생활에 필요한 실용 어휘만을 엄선하였다. 즉, 사용 빈도가 지극히 낮거나, 어려운 한자(형태소, morpheme)가 내포된 것은 제외했다. 단, 각종 교재에 등장될 가능성이 조금이라도 있는 전문 학술 용어(terminology)의 경우에는 빠트리지 않고 최대한 수록하였다.
(4) 모든 2음절 한자어는 표제어로 삼았으며, 3음절 이상의 어휘는 앞쪽 두 음절이 표제어와 동일할 때는 그것의 부속어(附屬語)로 수록하였고, 같지 않을 때만 독립 표제어로 삼았다. 부속어 앞에는 "▸" 표지를 달아 놓음으로써 눈에 잘 띄도록 하였다.

> **영선** 營繕 (지을 영, 기울 선). …
> ▸영선-비 營繕費 (쓸 비). …
> **영선-사** 領選使 (거느릴 령, 고를 선, 부릴 사). …

※ 이상과 같은 원칙에 따라 엄선하여 수록한 어휘의 수는 표제어 40,272개, 부속어 19,252개, 총 59,524개 어휘이다.

2. 표제어의 제시 방법

(1) 표제어의 제시는 찾아보기 편리함을 위해서 '선(先)한글 - 후(後)한자' 형식을 취하였다.

(2) 표제어의 한글 표기에 있어서는 첫음절에만 장음 표시(:)를 넣었고, 복합어의 경우에는 붙임표(-)를 넣어 어경(語境, word boundary)을 표시해 놓았다. 단, 자립 형태소(free morpheme)들로 이루어진 복합어의 어경은 띄어쓰기로 대체하였다.

> **앙:천** 仰天 (우러를 앙, 하늘 천). …
> ▸앙:천-대소 仰天大笑 (큰 대, 웃을 소). …
> ▸앙:천-부지 仰天俯地 (숙일 부, 땅 지). …

(3) 표제어에 대한 한자 표기는 원칙적으로 정자(正字)에 따르되, 속자(俗字)가 일반화된 경우에는 속자를 우선하고, 병용될 때는 함께 적었다.

> **각배** 角杯 (=角盃, 뿔 각, 잔 배). …
> **고:적**[1] 古跡 (=古蹟, 옛 고, 발자취 적). …
> **암석** 巖石 (바위 암, 돌 석). … ←岩石을 병기하지 않았음.

3. 표제어의 배열 방법

(1) 표제어는 가나다순으로 배열하였으며, 자모의 순서는 일반 관행에 따랐다.

(2) 동음이의어(同音異義語)는 한자 획수가 적은 것을 우선으로 하였다. 부속 어휘의 유무에 따라 없는 것을 앞에 두고, 있는 것을 뒤에 둠으로써 찾아보기가 편하게 하였다.

다른 사전	우리 사전
산포(山砲) 산:포(散布) 산-포도(山葡萄) 산:포-도(散布度)	**산포**[1] 山砲 (메 산, 대포 포). … **산:포**[2] 散布 (흩을 산, 펼 포). … ▸**산:포-도** 散布度 (정도 도). … **산-포도** 山葡萄 (메 산, 포도 포 …

(3) 동일 표제어에 속하는 부속 어휘가 다수일 경우에는 가나다순이 아니라 음절의 수에 따라 배열함으로써 가지런함과 육안 식별의 편리함을 기하였다.

다른 사전	우리 사전
사회(社會) 사회 간접 자본(社會間接資本) 사회 경제(社會經濟) 사회-계(社會界) 사회 계약설(社會契約說) 사회 공학(社會工學) 사회-관(社會觀)	**사회** 社會 ▸사회-계 社會界 ▸사회-관 社會觀 ▸사회 경제 社會經濟 ▸사회 공학 社會工學 ▸사회 계약설 社會契約說 ▸사회 간접 자본社會間接資本

4. 표제어의 의미 풀이

이 사전의 최대 특징은, 시니피앙(signifiant, 記標)과 시니피에(signifié, 記意) 간의 의미적 연관성을 최대한 명확하게 드러냄으로써 어휘 습득을 과학적이고 효율적으로 할 수 있도록 한 점이다. 이를 위하여 '속뜻'(morphological motivation)을 다음과 같이 3단계에 걸쳐 명시(明示)해 놓은 것이다. 단계별로 설명해 보자면 다음과 같다.

(1) 1단계 : 속뜻의 발굴 -- 훈(訓, 형태소 의미) 달기

① 표제어의 한자 표기 뒤에 훈을 달아 둠으로써 자전(옥편)을 찾아보지 않아도 쉽게 그 뜻을 알 수 있도록 하였고, 한자를 잘 모르는 사람이라도 그 의미 정보를 쉽게 알 수 있도록 하였다.

> **혜:성 彗星** (꼬리별 혜, 별 성). …

② 부속어의 경우에는 표제어에 추가된 글자에 대하여만 훈을 부여하였다.

> **혜:성 彗星** (꼬리별 혜, 별 성). …
> ▸**혜:성-가 彗星歌** (노래 가). …

※ '노래'라는 훈(뜻)만 써놓아도 될 것을, 굳이 '노래 가'라고 하여 훈과 음을 다 표시된 것은, 한자를 외울 때 훈과 음을 동시에 외우던 전통 관례와 우리 조상들의 예지를 존중한 것이다. 그렇게 하는 것이 학습자의 기억이 수월해지기 때문이기도 하다.

③ 하나의 한자가 여러 가지 훈(뜻)을 지니고 있을 경우, 의미 파악에 도움이 되도록 어휘 의미와 연관성이 높은 것을 선택하여 제시하였다.

발포 發砲 (쏠 발, 탄알 포). 탄알[砲]를 쏨[發]. ¶발포를 명령하다.
발아 發芽 (필 발, 싹 아). 식물 풀이나 나무에서 싹[芽]이 피어[發] 돋아남.
발차 發車 (떠날 발, 수레 차). 기차, 자동차[車] 따위가 떠남[發].
발언 發言 (밝힐 발, 말씀 언). 뜻을 말[言]로 밝힘[發].
발신 發信 (보낼 발, 소식 신). 편지로 소식[信]을 보냄[發].
발전 發電 (일으킬 발, 전기 전). 전기(電氣)를 일으킴[發].
발악 發惡 (드러낼 발, 나쁠 악). 온갖 나쁜[惡] 짓을 함[發].
발암 發癌 (나타날 발, 암 암). 암(癌)이 생김[發].

④ 일부 한자에 대하여는 달라진 언어 환경이나 교육적 효과, 어법 기능에 대한 이해 등을 고려하여 적절히 바꾸어 놓았다.

女 : '계집 녀' → '여자 녀'
者 : '놈 자' → '사람 자' 또는 '것 자'
子 : '아들 자' → '접미사 자'(형식 형태소로 쓰인 경우)
的 : '과녁 적' → '것 적'(형식 형태소로 쓰인 경우)

⑵ 2단계 : 속뜻의 연계 -- 형태소와 단어의 의미 연계

① 형태소 의미와 단어 의미의 상호 연계에 대한 이해를 돕기 위하여 해당 내용 뒤쪽에 '[ ]' 표시를 하고 그 안에 관련 한자를 넣어 두고 같은 색을 부여해 놓음으로써 시각적 인식 효과를 도모하였다.

질식 窒息 (막힐 질, 숨쉴 식). 숨[息]이 막힘[窒].

② 의미적 연관성이 제2의 한자 어휘와 관련될 때는 해당 한자에만 같은 색으로 표시함으로써 형태소 대응 관계에 대한 육안 식별이 편리하게 하였다.

해:상 解像 (풀 해, 모양 상). 영상(映像) 따위의 모양을 분해(分解)하여 선명하게 나타냄.

③ 위의 두 가지 방식으로 표시될 수 없는 예외는 다음의 세 가지 부류가 있다.
가. 합성법(compounding) 중에서 '병렬 구조'의 '대등 관계' 어휘

가옥 家屋 (집 가, 집 옥). 사람이 사는 집[家=屋].
경악 驚愕 (놀랄 경, 놀랄 악). 깜짝 놀람[驚=愕].

나. 파생법(derivation)에 속하는 어휘

암자 庵子 (암자 암, 접미사 자). 불교 큰 절에 딸린 작은 절[庵].
해자 垓子 (가장자리 해, 접미사 자). ① 속뜻 성(城)밖 가장자리[垓]에 둘러서 판 못.

다. 중첩법(reduplication)에 속하는 어휘

역력 歷歷 (겪을 력, 겪을 력). 직접 겪은[歷+歷] 듯이 확실하고 분명하다.
잠잠 潛潛 (잠길 잠, 잠길 잠). ① 속뜻 고요히 잠기다[潛+潛].

④ 2단계의 작업, 즉 형태소와 단어의 의미 연계가 불가능한 경우는 다음과 같다.

가. 음역어(音譯語)의 경우에는 본래 어휘를 밝혀 두어 그 기원에 대한 이해에 도움이 되도록 하였다.

유태 猶太 (오히려 유, 클 태). '유대'(Judea)의 한자 음역어(音譯語).

나. 극소수의 고유명사에 대하여 그 확실한 뜻(근거)을 알 수 없는 경우, 억측이나 견강부회를 지양하고 의문에 회부하였다.

신라 新羅 (새 신, 새그물 라). 역사 우리나라 삼국 시대의 삼국 가운데 기원전 57년 박혁거세가 지금의 영남 지방을 중심으로 세운 나라. 무슨 뜻에서 '新羅'라고 하였는지에 대해서는 정설이 없다.

⑤ 한자어의 뜻과 형태소의 연관성을 쉽게 이해하자면 부록 #2의 4장 2절 "한자어의 구조"를 참고하면 한자어의 의미 관계를 쉽게 분석해 낼 수 있다.

(3) 3단계 : 속뜻의 설정 -- 속뜻 의미항의 설정.

① 의미 항목이 2개 이상이 있을 경우, 제1항에 대해서만 의미 연계 표시를 하였고, 그 앞에 속뜻 표시를 해놓았다.

② 정의항의 풀이가 형태소 의미와 무관하여 상호 연관성을 이해하기 힘들 경우에는 해당 한자의 훈을 최대한 활용한 속뜻을 ①항에 설정하고, 학술적 정의는 ②항으로 돌림으로써 속뜻)의 '징검다리' 효과를 거둘 수 있도록 하였다.

> **항성 恒星** (늘 항, 별 성). ① 속뜻 항상(恒常) 그 자리에 있는 별[星]. ② 천문 천구 위에서 서로의 상대 위치를 바꾸지 않고 별자리를 구성하는 별. 북극성, 북두칠성, 삼태성, 견우성, 직녀성 따위. ⓑ행성(行星).

③ 위의 예에서 보는 바와 같이, 속뜻 으로 제시된 의미는 제2항의 학술적 정의에 대한 열쇠(key) 구실을 한다. 달리 말하자면, 학술적 정의로 쉽게 건너 갈 수 있는 징검다리 역할을 한다. 이것이 이 사전에서 처음 활용된 속뜻의 '징검다리 이론'(Stepping Stones Theory)이다. 학술 용어 학습에 있어서 이 이론을 잘 활용하면 이해력 · 사고력 · 기억력을 높이는 데 큰 도움이 될 것이다.

④ 속뜻 이란 표시가 있는 의미 항목은 학습자의 이해 · 사고 · 기억을 돕기 위하여 인위적으로 설정한 것도 있기 때문에 실제 그러한 뜻으로 쓰이지 않을 수도 있다(참고 ②번의 예).

(4) 4단계 : 정의항의 의미 풀이

① 정의항의 의미 풀이, 즉 학술적 정의는 주로 ≪표준국어대사전≫, ≪민중국어사전≫, ≪동아새국어사전≫을 참고하여 가급적 간단명료하게 표현하였다.

② 가급적 한글로만 표기하는 원칙을 따르되, 의미 파악에 도움이 될 때는 힌트 효과를 위하여 괄호 안에 한자를 병기하였다.

4. 표제어의 용례 및 동의어 제시

(1) 표제 어휘에 대한 용례 제시는, 교재에 쓰인 문장을 먼저 접한 후에 해당 단어를 이 사전에서 찾아본다는 것을 전제로 하였기에 특별한 경우를 제외하고 가급적 생략하였다. 다만 인접한 동음이의어(同音異義語)와 차이점을 명백하게 이해하는 데 필요한 경우에는 일일이 예시해 놓았다.

> **개:정[2] 改定** (고칠 개, 정할 정). 한번 정했던 것을 고치어[改] 다시 정(定)함. ¶개정 요금에 따라 돈을 내십시오.
>
> **개:정[3] 改訂** (고칠 개, 바로잡을 정). 잘못된 내용을 고치고[改] 부족한 부분을 바로잡아[訂] 채움. ¶그 책은 지금 개정 중이다.
>
> **개:정[4] 改正** (고칠 개, 바를 정). 고치어[改] 바르게[正]함. ¶헌법을 개정하다.

(2) 동의어 제시 : 의미 이해에 도움이 된다고 생각되는 경우에만 동의어를 열거해 놓았고, 그 약물 표시는 생략하였다. 다만 사용 빈도가 매우 낮거나 매우 어려운 한자가 쓰인 것은 제외하였다. 편익을 주기보다는 장애가 될 수도 있기 때문이다.

조망 **眺望** (바라볼 조, 바라볼 망). 먼 곳을 바라봄[眺=望]. 또는 그런 경치. ¶나무숲이 조망을 가로막다 / 여기서는 도시 전체를 조망할 수 있다. ㊥전망(展望).

※ 조람(眺覽)과 조촉(眺矚) 같은 동의어도 있으나 사용 빈도가 매우 낮기에 제외하였음.

5. 학술 용어의 분류 및 약칭

학습에 따른 실용성을 극대화하기 위하여 학술 용어는 대형 사전 못지않게 많이 수록하였다. 학술 범주에 대한 분류(총 50개)는 다음과 같다(오락은 운동 범주에 넣었고, 연극과 영화는 '연영'이라 약칭하였으며, 인명·지명·고유명사는 따로 표기하지 않았음).

가톨릭, 건설, 경제, 고적, 공업, 광업, 교육, 교통, 군사, 기계, 기독교, 논리, 농업, 동물, 문학, 물리, 미술, 민속, 법률, 불교, 사회, 생물, 수공, 수산, 수학, 식물, 심리, 약학, 언론, 언어, 역사, 연영, 예술, 운동, 음악, 의학, 전기, 정치, 종교, 지리, 책명, 천문, 철학, 출판, 컴퓨터, 통신, 한의, 항공, 해양, 화학

6. 기호 및 약물

학습에 필수 불가결한 것 외에는 가급적 생략함에 따라 다음 3가지만 남기고, 여타 기호와 약물의 사용은 최대한 절제하였다.

㊥ : 표제어의 의미와 유의 개념의 낱말 앞에 넣었음. ㊦ : 표제어의 의미와 반대 개념의 낱말 앞에 넣었음. ㊤ : 표제어를 줄여서 쓸 수 있는 경우 그 앞에 넣었음. 참 : 표제어와 관련해서 참고로 덧붙이는 낱말 앞에 넣었음.

7. 기타 참고 사항

(1) 학습용 각종 교재 또는 어문 자료에서 접하는 한자어에 대하여 그 단어 뜻과 조어(造語) 이유를 분명히 알고 싶을 때 이 사전을 찾아서 정리해 두는 것을 전제로 하였기에, 이 목적과 무관한 규범적인 성격의 정보는 일률적으로 생략하였다. 이를테면, 명사·부사 등에 관한 품사 정보, 경우에 따라 실제 발음이 약간 달라지는 변독음(變讀音) 정보 등은 생략하고, 의미 학습에 꼭 필요한 것만 제시함으로써 학습 효율을 극대화시킬 수

있도록 하였다.

(2) 모든 한글 표기는 ≪한글맞춤법≫(문교부 고시 제 88-1호, 1988.1.19)을 따랐다. 외래어 표기는 ≪외래어표기법≫(문화체육부 고시 제1995-8호, 1995.3.16)을 따랐다. 단, 극소수 중국 고유명사의 경우는 수백 년간에 걸친 우리 조상의 슬기와 지혜가 축적된 결과물인 한국한자음(Sino-Korean)으로 표기하였다. 이를테면 '상하이'는 '상해'(上海)로, '황허'는 '황하'(黃河)로, '톈진'은 '천진'(天津)으로 표기함으로써, 순수 우리말 음절을 잘 보전함과 아울러, 한자(음)의 의미 암시(hint) 또는 의미 매개 기능을 살림으로써 학습자의 기억력과 학업 효율을 높일 수 있도록 하였다.

가ː가[1] **假家** (임시 가, 집 가). 임시로[假] 지은 집[家]. ¶가가에서 거처하였다.

가가[2] **家家** (집 가, 집 가). 집[家] 집[家] 마다.

▸가가-례 家家禮 (예도 례). 집집마다[家家] 서로 다른 고유의 예법(禮法)이나 풍속. ¶제사 지내는 절차도 가가례라 어느 것이 옳다고 하기는 어렵다.

▸가가-문전 家家門前 (문 문, 앞 전). 집집마다[家家]의 문(門) 앞[前]. ¶가가문전을 찾아다니며 구걸을 하다.

▸가가호호 家家戶戶 (집 가, 집 가, 집 호, 집 호). 집[家家] 집[戶戶] 마다. ¶가가호호에 태극기가 휘날리고 있다.

가ː가-대소 呵呵大笑 (껄껄거릴 가, 큰 대, 웃음 소). ① 속뜻 껄껄거리며[呵呵] 크게[大] 웃음[笑]. ② 소리를 내어 크게 웃음. ¶옆방에서 연신 가가대소하는 소리에 잠이 깼다.

가각-본 家刻本 (집 가, 새길 각, 책 본). 출판 개인의 집[家]에서 새겨[刻] 엮어낸 책[本].

가간-사 家間事 (집 가, 사이 간, 일 사). ① 속뜻 집[家] 안[間] 일[事]. ② 자기 집에만 관계되는 일. ¶남의 가간사에 참견하다.

가감 加減 (더할 가, 덜 감). ① 속뜻 더하기[加]와 빼기[減]. ② 적당히 조절함. ¶수요에 따라 공급량을 가감하다. ㊥첨감(添減).

▸가감승제 加減乘除 (곱할 승, 나눌 제). 수학 더하기[加], 빼기[減], 곱하기[乘], 나누기[除]. ㊥사칙(四則), 사칙계산(四則計算).

가ː객[1] **佳客** (좋을 가, 손 객). 반가운[佳] 손님[客]. ¶아무리 귀한 가객이라도 사흘이면 싫어진다는 말이 옛날부터 전해 온다. ㊥가빈(佳賓), 진객(珍客).

가객[2] **歌客** (노래 가, 손 객). 노래[歌]를 잘 짓거나 잘 부르는 사람[客]. ¶그의 할아버지는 이름난 가객이었다. ㊥가인(歌人), 소리꾼.

가ː-건물 假建物 (임시 가, 세울 건, 만물 물). 임시로[假] 세운[建] 건물(建物). ¶새 집을 지을 때까지 가건물에서 지내야 한다.

가ː-검물 可檢物 (가히 가, 검사할 검, 만물 물). ① 속뜻 검사(檢査)를 가능(可能)하게 하는 물질(物質). ② 생물 병균 따위의 유무를 알아보기 위하여 거두는 물질. ¶보건소에서 설사 환자들의 가검물을 채취하였다.

⁂**가격 價格** (값 가, 이를 격). ① 속뜻 값[價]이 얼마에 이름[格]. ② 물건의 가치를 돈으로 나타낸 것. ¶휘발유 가격이 급등하다. ㊥값어치.

▸가격-표[1] 價格表 (겉 표). 물품의 가격(價格)을 적어 놓은 도표(圖表). ¶가격표를 작성하였다.

▸가격-표[2] 價格票 (쪽지 표). 가격(價格)을 알 수 있게 붙여놓은 쪽지[票]. ¶옷에 붙은 가격표를 떼다.

가ː결 可決 (옳을 가, 결정할 결). 제출된 의안을 옳다고[可] 결정(決定)함. ¶국회는 안건을 가결했다. ㊥의결(議決). ㊦부결(否決).

가ː-결의 假決議 (임시 가, 결정할 결, 의논할 의). ① 속뜻 임시로[假] 정한 결의(決議). ¶이사회는 대표 이사의 해임을 가결의하였다. ② 법률 주식회사의 정관을 고치기 위하여 열린 주주 총회에서, 출석 회원이 정원 미달일 때 임시로 결의를 하는 일

가:경[1] 佳景 (아름다울 가, 볕 경). 아름다운[佳] 경치[景]. ¶그곳의 일출은 참으로 가경이다.

가:경[2] 佳境 (좋을 가, 상태 경). ① 속뜻 한창 재미있는[佳] 상황[境]. 점입가경(漸入佳境). ¶이야기는 점점 가경으로 접어들었다. ②경치 좋은 지역. ¶이곳은 우리나라 제일의 가경이다.

가:경[3] 嘉慶 (기쁠 가, 기쁠 경). ① 속뜻 기쁘고[嘉] 경사(慶事)스러움. ② 역사 중국 청나라 인종 때 사용한 연호(1796~1820).

가:경-지 可耕地 (가히 가, 밭갈 경, 땅 지). 경작(耕作)할 수 있는[可] 토지(土地). ¶우리나라는 가경지의 비율이 매우 낮다.

가계[1] 家系 (집 가, 이어 맬 계). 한 집안[家]의 계통(系統)이나 혈통(血統). ¶그의 가계는 대대로 내려오는 선비의 집안이다. ㊥가통(家統).

▸가계-도 家系圖 (그림 도). 생물 집안[家]의 계통(系統)을 나타낸 그림[圖]. ¶가계도는 유전 연구의 기초 자료가 된다.

가계[2] 家計 (집 가, 셀 계). 한 집안[家] 살림의 수입과 지출의 계산(計算) 상태. ¶물가가 올라 가계 부담이 늘었다. ㊥살림살이, 생계(生計).

▸가계-부 家計簿 (장부 부). 한 집안[家] 살림의 수입과 지출 상태[計]를 적어 놓은 장부(帳簿). ¶엄마는 매일 가계부를 적는다.

▸가계-비 家計費 (쓸 비). 한 집안의 살림[家計]에 드는 비용(費用).

가:-계약 假契約 (임시 가, 맺을 계, 묶을 약). 법률 임시로[假] 맺은 계약(契約). ¶국방부는 영국 기업과 가계약을 체결했다.

가:-계정 假計定 (임시 가, 셀 계, 정할 정). 경제 장부 정리상 임시로[假] 설정해 둔 계정(計定) 과목. ㊥임시 계정(臨時計定).

가곡 歌曲 (노래 가, 노래 곡). 음악 ①시가(詩歌)에 곡(曲)을 붙인 성악곡. ¶이탈리아 가곡을 부르다. ②시조를 관현악 반주에 맞추어 부르는 우리나라 전통 성악곡의 하나. ¶전통 가곡은 중요무형문화재이다.

▸가곡-원류 歌曲源流 (근원 원, 흐를 류). ① 속뜻 노래[歌=曲]의 근원(根源)과 그 유전(流轉). ② 책명 조선 고종 13년(1876)에 박효관과 안민영이 편찬한 가곡집.

가:공[1] 可恐 (가히 가, 두려울 공). 두렵게[恐] 느껴질 만하다[可]. ¶가공할 사건이 일어났다.

가공[2] 加工 (더할 가, 장인 공). ① 속뜻 인공(人工)을 더함[加]. ② 법률 남의 소유물에 노력을 더하여 새로운 물건을 만들어 내는 일. ¶꽁치를 가공해서 통조림으로 만들었다. ㊥인공(人工), 수공(手工). ㊤천연(天然).

▸가공-비 加工費 (쓸 비). 가공(加工)하는 데 드는 비용(費用).

▸가공-사 加工絲 (실 사). 화학적·기계적으로 가공(加工)하여 만든 실[絲]. ¶이 방직 회사는 면사, 가공사 등을 만든다.

▸가공-업 加工業 (일 업). 공업 가공(加工)을 전문으로 하는 산업(産業) 분야. ¶목포는 가공업이 발달했다.

▸가공-지 加工紙 (종이 지). 여러 가지 용도에 맞도록 일정한 가공(加工)을 한 종이[紙]. ¶이 제품은 사진을 인화하기 위해 만든 가공지이다.

▸가공-품 加工品 (물건 품). 원자재나 반제품을 인공적으로 처리하여 가공(加工)한 물품(物品). ¶이 회사는 주로 축산 가공품을 생산한다.

가공[3] 架空 (건너지를 가, 하늘 공). ① 속뜻 어떤 시설물을 공중(空中)에 가설(架設)함. ② 이유나 근거가 없이 거짓이나 상상으로 꾸며 냄. ¶해태는 가공의 동물이다.

▸가공-선 架空線 (줄 선). 공중(空中)에 가설(架設)한 선(線). ¶가공선에 접속하여 전기를 통하게 하다.

▸가공-망상 架空妄想 (헛될 망, 생각 상). 터무니없고[架空] 헛된[妄] 생각[想].

가:과 假果 (거짓 가, 열매 과). ① 속뜻 헛[假] 열매[果]. ② 식물 배나 사과같이, 꽃턱이나 꽃대의 부분이 자방(子房)과 함께 비대해져서 된 과실. ㊥헛열매, 위과(僞果), 부과(副果). ㊟진과(眞果).

가:관 可觀 (가히 가, 볼 관). ① 속뜻 가히[可] 볼[觀] 만함. ②남의 언행이나 어떤 상태를 비웃는 말. 꼴불견. ¶그의 모습은 참으로 가관이었다.

가교[1] **架橋** (건너지를 가, 다리 교). ① 속뜻 다리[橋]를 가설(架設)함. ¶가교 공사가 한창이다. ② 서로 떨어져 있는 것을 이어 주는 사물이나 사실. ¶사랑의 가교 / 가교 역할을 하다.

가교[2] **家教** (집 가, 가르칠 교). ① 속뜻 집[家]에서 가르치는[教] 일. ② 한 집안의 조상이나 어른이 자손들에게 일러 주는 가르침. 한 집안의 전통적 도덕관으로 삼기도 한다. ㊥정고(庭誥), 가훈(家訓).

가:교[3] **假橋** (임시 가, 다리 교). 건설 임시로[假] 놓은 다리[橋]. ¶한강대교 공사에 앞서 가교를 놓았다.

가구[1] **佳句** (아름다울 가, 글귀 구). 잘 지어진 아름다운[佳] 글귀[句]. ¶가구를 많이 외워두면 좋다.

가구[2] **家口** (집 가, 입 구). ① 속뜻 집안[家] 식구(食口). 또는 그 수효. ② 함께 사는 사람들의 집단. ¶이 마을에는 모두 20가구가 산다. ㊥식구(食口).

▸ 가구-주 家口主 (주인 주). 한 가구(家口)를 이끄는 데 주(主)가 되는 사람. ㊥세대주(世帶主).

가구[3] **家具** (집 가, 갖출 구). 집안[家] 살림에 쓰이는 각종 기구(器具). ¶가구를 들여놓다. ㊥살림살이, 세간.

▸ 가구-재 家具材 (재료 재). 가구(家具)를 만드는 데에 쓰이는 재료(材料).

▸ 가구-점 家具店 (가게 점). 가구(家具)를 파는 가게[店]. ¶시장에 가구점이 들어섰다.

가:국 **佳局** (좋을 가, 판 국). 매우 흥미 있고 재미있는[佳] 상황[局]. ¶이야기가 점점 가국으로 접어든다.

가군 **家君** (집 가, 임금 군). ① 속뜻 자기 집[家]에서 임금[君]과 같은 사람. ② 남에게 자기 아버지나 남편을 일컫는 말. ㊥가부(家夫).

가권[1] **家券** (집 가, 문서 권). 집[家]의 소유권을 증명하는 문서[券]. ¶가권을 잘 보존하다.

가권[2] **家眷** (집 가, 돌볼 권). 돌보아야[眷] 할 집안[家] 식구. ¶그는 가권을 데리고 현령으로 부임했다. ㊥가속(家屬), 권속(眷屬).

가규 **家規** (집 가, 법 규). 집안[家]의 규칙(規則). ¶가규가 매우 엄하다.

가극 **歌劇** (노래 가, 연극 극). 음악 대사를 노래[歌]로 부르며 하는 연극(演劇). 오페라.

가:근 **假根** (거짓 가, 뿌리 근). ① 속뜻 헛[假] 뿌리[根]. ② 식물 가는 뿌리처럼 생겨 수분을 섭취하며 식물을 고착시키는 기관. ㊥헛뿌리.

가금 **家禽** (집 가, 날짐승 금). 집[家]에서 기르는 날짐승[禽]. 알이나 고기를 식용하기 위해 기르며, 닭, 오리 따위가 있다. ¶산에서 내려온 멧돼지는 가금을 모조리 잡아먹었다.

가급 **加給** (더할 가, 줄 급). 급료나 급여를 정한 것보다 더[加] 줌[給]. ㊥가봉(加俸). ㊦감급(減給).

가급인족 **家給人足** (집 가, 충분할 급, 사람 인, 넉넉할 족). 집집마다[家] 살림이 넉넉하고[給] 사람마다[人] 의식주가 풍족(豐足)함.

가급-적 **可及的** (가히 가, 미칠 급, 것 적). ① 속뜻 가히[可] 미칠[及] 수 있는 것[的]. ② 될 수 있는 대로. 형편이 닿는 대로. ¶가급적이면 빨리 돌아오세요.

가긍 **可矜** (가히 가, 불쌍히 여길 긍). 가히[可] 불쌍히 여길 만하다[矜]. 불쌍하고 가엾다.

가:기[1] **佳氣** (아름다울 가, 기운 기). ① 속뜻 맑고 고운[佳] 기운(氣運). ② 상쾌한 날씨. ㊥서기(瑞氣), 휴기(休氣).

가:기[2] **佳期** (좋을 가, 때 기). ① 속뜻 좋은[佳] 시기(時期). ② 혼인을 맺게 되는 시기. ㊥가절(佳節), 양신(良辰).

가:기[3] **佳器** (좋을 가, 그릇 기). ① 속뜻 좋은[佳] 그릇[器]. ② 훌륭한 인물. ¶가기의 인재를 모으다.

가기[4] **家忌** (집 가, 꺼릴 기). 집안[家] 조상의 기제사(忌祭祀). 제사 때에는 꺼리거나 피해야할 일이 많았다하여 이르는 말.

가기[5] **嫁期** (시집갈 가, 때 기). 시집갈[嫁] 만한 나이나 시기(時期). ¶가기를 놓친 딸에 대한 걱정이 이만저만이 아니었다.

가기[6] **歌妓** (노래 가, 기생 기). 노래[歌]를 잘하는 기생(妓生). ¶가기들과 유흥을 즐기다. ㊥성기(聲妓).

가난 家難 (집 가, 어려울 난). 집안[家]에 닥친 어려움[難]. ¶가난을 이기고자 열심히 공부하였다.

가:납¹ 假納 (임시 가, 바칠 납). 어떤 조건이 이루어질 때까지 돈이나 물건 따위를 임시[假]로 바침[納].

가납² 嘉納 (기쁠 가, 들일 납). ① [속뜻] 권하는 말을 기꺼이[嘉] 받아들임[納]. '가납기언'(嘉納其言)의 준말. ¶신의 소청을 가납해 주시옵소서! ② 바치는 물건을 기쁘게 받아들임. ¶진상물을 가납하다.

가내 家內 (집 가, 안 내). 집[家] 안[內]. ¶가내 평안하신지요?

▸ 가내-사 家內事 (일 사). 집안[家內] 일[事]. [준]가사.

▸ 가내 균안 家內均安 (고를 균, 편안할 안). 온 집안[家內]이 두루[均] 평안(平安)함.

가년 加年 (더할 가, 나이 년). 나이[年]를 속여 더 많게 올림[加]. ¶예전에 과거를 볼 때 연령 제한에 걸리지 않도록 가년하는 예가 많았다.

가노 家奴 (집 가, 종 노). 집안[家]에서 부리는 종[奴]. [비]가복(家僕).

가:능 可能 (가히 가, 능할 능). 해도 되거나[可] 할 수 있음[能]. ¶불가능을 가능하게 하다. [반]불가능(不可能), 불능(不能).

▸ 가:능-성 可能性 (성질 성). 앞으로 실현될 수 있는[可能] 성질(性質). ¶가능성을 점치다 / 가능성이 크다 / 오늘 밤에는 비가 올 가능성이 높다. [비]실현성(實現性), 현실성(現實性).

가단 家團 (집 가, 모일 단). [법률] 법률적으로 가족(家族)을 하나의 단체(團體)로 이르는 말. ¶우리나라 민법에서는 가단을 인정하지 않는다.

가:단-성 可鍛性 (가히 가, 쇠 두드릴 단, 성질 성). ① [속뜻] 쇠 따위를 불릴[鍛] 수 있는[可] 성질(性質). ② [물리] 고체가 외부의 충격에 깨지지 않고 늘어나는 성질. 가단성이 크면 큰 외부의 힘을 받아도 부러지지 않는다. ¶주철은 강도가 낮고 가단성이 부족하다. [비]전성(展性).

가:단-주철 可鍛鑄鐵 (가히 가, 쇠 두드릴 단, 쇠 불릴 주, 쇠 철). [공업] 열처리를 해서 가단성(可鍛性)을 늘린 주철(鑄鐵). [준]가단철.

가담 加擔 (더할 가, 멜 담). 무리에 가입(加入)해 일을 함께 해 나가다[擔]. 일을 거들어 도와줌. ¶시위에 가담하다.

가담-항설 街談巷說 (거리 가, 말씀 담, 골목 항, 말씀 설). 거리[街]나 골목[巷]에서 떠도는 말들[談=說]. [비]가담항어(街談巷語), 가담항의(街談巷議), 뜬소문.

가:당 可當 (가히 가, 당할 당). ① [속뜻] 감당(勘當)할 수 있다[可]. ② 알맞다. ¶가당찮은 요구를 늘어놓다. ③ 비슷하게 맞다. [반]가당(可當)찮다.

가당-연유 加糖煉乳 (더할 가, 사탕 당, 불릴 련, 젖 유). 설탕[糖]을 넣고[加] 달인[煉] 우유(牛乳). [참]무당연유(無糖煉乳).

가대 架臺 (시렁 가, 돈대 대). 시렁[架] 위에 올려놓은 받침대[臺]. ¶천체 망원경이 가대에 고정되어 있다. [비]선반.

가-대인 家大人 (집 가, 큰 대, 사람 인). ① [속뜻] 집안[家]에서 가장 큰[大] 권리와 의무를 지닌 사람[人]. ② 자기 아버지를 높여 이르는 말.

가덕 嘉德 (아름다울 가, 베풀 덕). 훌륭한[嘉] 덕(德). [비]미덕(美德).

가도¹ 家道 (집 가, 길 도). ① [속뜻] 가정(家庭)에서 지켜야 할 도덕(道德). ¶우리 집안은 가도가 엄격하다. ② 집안 살림을 해 가는 방도. ¶아버지가 돌아가시자 가도가 막막해졌다. [비]가계(家計).

가:도² 假渡 (임시 가, 건넬 도). ① [속뜻] 임시로[假] 건네줌[渡]. ② [경제] 운송업자나 창고업자들이 선하(船荷) 증권이나 창고 증권을 나중에 받기로 하고 물품을 먼저 내주는 일.

가도³ 街道 (거리 가, 길 도). ① [속뜻] 거리[街]의 길[道]. ② 도시 사이를 통하는 큰 길. ¶조선시대의 가도에는 역(驛)과 원(院)이 설치되어 있었다. [비]가로(街路).

가도-교 架道橋 (시렁 가, 길 도, 다리 교). 길[道] 위에 가로질러 놓은 시렁[架] 같은 다리[橋]. [비]육교(陸橋).

가독 家督 (집 가, 살필 독). ① [속뜻] 집안[家]을 감독(監督)하는 사람. 집안의 대를 이어 나갈 맏아들의 신분. ② [법률] 호주의 신분에 딸린 권리와 의무. ¶가독 상속(家督相續).

가:동[1] **可動** (가히 가, 움직일 동). 속뜻 가히[可] 움직일[動] 수 있음.

▸가:동-교 可動橋 (다리 교). ① 속뜻 움직일[動] 수 있도록[可] 만든 다리[橋]. ② 건설 배가 자유로이 통과할 수 있도록 다리 중간을 위나 좌우로 움직일 수 있게 만든 다리. ⓑ개폐교(開閉橋).

▸가:동-성 可動性 (성질 성). 움직일[動] 수 있는[可] 성질(性質).

▸가:동 관절 可動關節 (빗장 관, 마디 절). 의학 움직일[動] 수 있는[可] 관절(關節). 동물의 몸 운동을 맡은 관절. ⓑ부동(不動) 관절.

가동[2] **稼動** (심을 가, 움직일 동). 기계를 두고[稼] 일하게[動] 하다. ¶공장을 본격적으로 가동하기 시작하다.

▸가동-율 稼動率 (비율 률). 생산 설비가 가동(稼動)할 수 있는 최대 시간과 실지로 가동한 시간의 비율(比率). ¶근로자의 가동율 및 생산성을 분석하다.

가두 街頭 (거리 가, 머리 두). ① 속뜻 거리[街]의 첫머리[頭]. ② 길거리. ¶가두 연설(街頭演說).

가득 稼得 (심을 가, 얻을 득). 기계를 가동(稼動)하여 결과를 얻음[得].

가:-등기 假登記 (임시 가, 오를 등, 기록할 기). 법률 본등기를 하기 전에 임시로[假] 하는 등기(登記). ⓑ임시 등기.

가:량 假量 (임시 가, 헤아릴 량). ① 속뜻 임시로[假] 대충 헤아려[量] 봄. ¶오늘 몇 명이나 참석할지 가량해 보았다. ② 정도. 쯤. ¶10% 가량 / 한 시간 가량.

가력 家力 (집 가, 힘 력). ① 속뜻 집안[家]의 재력(財力). ② 집안 살림을 꾸려나가는 재력. ¶가력이 늘자 그는 곧 흥청망청 돈을 썼다. ⓑ가세(家勢).

가:련 可憐 (가히 가, 가엾을 련). 가(可)히 가엽게[憐] 여길 만하다. ¶늙고 병든 가련한 노인. ⓑ딱하다, 가엾다, 불쌍하다.

가:렴 苛斂 (매울 가, 거둘 렴). 세금을 가혹(苛酷)하게 거둠[斂]. ¶군수는 갖가지 방법으로 가렴을 했다. ⓑ기렴(箕斂)

▸가:렴-주구 苛斂誅求 (벨 주, 구할 구). 관청에서 세금을 혹독하게[苛] 거두고[斂] 목을 베서라도[誅] 강제로 재물을 빼앗아 들임[求].

가:령 假令 (임시 가, 명령 령). 가정(假定)하여 말하면[令]. ¶가령 한 권에 2천 원이라면 / 가령 이렇게 한다면 어떻게 될까? ⓑ 예를 들면, 예컨대.

가례[1] **家禮** (집 가, 예도 례). ① 속뜻 집안[家]의 예법(禮法). ¶제사 방식은 가례에 따라 다소 차이가 있다. ② 책명 주자가례(朱子家禮). ¶공민왕 때부터 가례에 따라 삼년상을 지냈다.

가례[2] **嘉禮** (아름다울 가, 예도 례). ① 속뜻 경사스러운[嘉] 일에 지켜야할 예식(禮式). ② 역사 오례(五禮)의 하나. 왕이나 세자의 성혼, 즉위 때의 예식을 이르거나, 일반의 관례(冠禮)나 혼례를 이른다. ¶가례를 성대히 치르다. ⓒ길례(吉禮), 흉례(凶禮), 빈례(賓禮), 군례(軍禮).

***가로 街路** (거리 가, 길 로). 큰 길[街]과 작은 길[路]. 차도(車道)와 보도(步道)로 구분되어 있다. ⓑ가도(街道).

▸가로-등 街路燈 (등불 등). 길거리[街路]에 달아 놓은 등(燈). ¶아침이 되자 가로등이 꺼졌다. ⓑ가등(街燈).

▸가로-변 街路邊 (가 변). 길[街路]의 가장자리[邊]. ¶가로변에 코스모스가 피었다.

▸가로-수 街路樹 (나무 수). 길[街路]을 따라 줄지어 심은 나무[樹]. ¶가로수를 따라 하염없이 걸었다.

가료 加療 (더할 가, 병 고칠 료). 치료(治療)를 가(加)함. 병을 낫게 함. ¶병원에서 가료 중이다.

가:망 可望 (가히 가, 바랄 망). ① 속뜻 가(可)히 바랄[望] 만함. ② 이루어질 가능성이 있는 희망. ¶그 꿈은 실현될 가망이 있다.

▸가:망-성 可望性 (성질 성). 가망(可望)이 있는 성질(性質)이나 정도. ¶가망성이 매우 높다.

가:-매장 假埋葬 (임시 가, 묻을 매, 장사지낼 장). 임시로[假] 묻어[埋] 장사(葬事)지냄. ¶전쟁 중에 가매장했던 유해를 국립공원에 안치하다.

가맹 加盟 (더할 가, 맹세할 맹). 연맹(聯盟)에 가입(加入)함. ¶유엔 가맹 국가.

가:면 假面 (거짓 가, 낯 면). 나무나 종이

등으로 꾸며[假] 만든 얼굴[面] 형상. ¶연극이 끝나자 그는 가면을 벗었다. ⓑ탈.

▸가:면-극 假面劇 (연극 극). 가면(假面)을 쓰고 하는 연극(演劇). ¶탈춤은 우리나라 전통 가면극이다. ⓒ가면희.

▸가:면-무 假面舞 (춤출 무). 가면(假面)을 쓰고 추는 춤[舞]. ¶봉산에는 가면무가 유전되고 있다. ⓑ탈춤.

▸가:면-희 假面戱 (놀이 희). ① **속뜻** 가면(假面)을 쓰고 하는 놀이[戱]. ②탈을 쓰고 하는 전통 극(劇) 양식. 탈춤, 오광대놀이, 산대놀이 따위가 있다. ⓒ가면극.

가:명[1] 佳名 (아름다울 가, 이름 명). ① **속뜻** 아름다운[佳] 이름[名]. ②좋은 평판.

가:명[2] 假名 (거짓 가, 이름 명). 거짓[假]으로 일컫는 이름[名]. ¶가명 계좌 / 가명을 사용하다. ⓟ본명(本名), 실명(實名).

가모 家母 (집 가, 어머니 모). ① **속뜻** 한 집안의[家] 어머니[母]. ②남에게 자기 어머니를 높여 이르는 말. ¶가모는 식모에게 유산을 주라고 유언을 남겼습니다. ⓟ가부(家父).

가묘 家廟 (집 가, 사당 묘). 한 집안[家]의 사당[廟]. ¶그는 매일 아침 의관을 갖추고 가묘 앞에 절을 했다.

가무 歌舞 (노래 가, 춤출 무). ① **속뜻** 노래[歌]와 춤[舞]. ②노래하고 춤을 춤. ¶연회에서 가무를 즐기다.

▸가무-연 歌舞宴 (잔치 연). 노래[歌]와 춤[舞]으로 흥을 돋운 잔치[宴].

가문 家門 (집 가, 대문 문). ① **속뜻** 집안[家]과 문중(門中). ②집안 문벌(門閥). ¶가문을 빛내다 / 가문의 영광.

가미 加味 (더할 가, 맛 미). ① **속뜻** 음식에 다른 재료를 더하여[加] 맛[味]을 좋게 하다. ¶바닐라 맛을 가미하다. ②다른 요소를 보태어 넣다. ¶이 건물은 전통 건축 양식에 유럽풍의 장식을 가미했다. ⓑ조미(調味).

가:발 假髮 (거짓 가, 머리털 발). 머리에 쓰는 가짜[假] 머리털[髮]. ¶할아버지는 가발을 쓰신다. ⓑ덧머리.

가배 嘉俳 (=嘉排, 아름다울 가, 광대 배). ① **속뜻** 아름다운[嘉] 놀이[俳]. ② **역사** 신라 유리(儒理)왕 때에 궁중에서 하던 놀이. 음력 7월 16일부터 8월 14일까지 나라 안의 여자들이 두 편으로 나뉘어 길쌈 을 하여, 진 편에서 추석에 음식을 내고, 춤과 노래 및 여러 가지 놀이를 하던 풍습. ⓑ가우(嘉優).

가백 家伯 (집 가, 맏 백). ① **속뜻** 한 집안[家]의 맏이[伯]. ②남에게 자기 맏형을 일컫는 말. ¶가백이 현령을 지내고 있습니다. ⓑ사백(舍伯).

가법 家法 (집 가, 법 법). ① **속뜻** 한 집안[家]의 법도(法度). ②한 집안에 대대로 내려오는 법식. ¶이 책은 조선시대의 가법을 상세히 기록하고 있다.

가:변 可變 (가히 가, 바뀔 변). 가(可)히 달라질[變] 수 있음. ¶가변차로(車路). ⓟ불변(不變).

▸가:변-성 可變性 (성질 성). 일정한 조건 하에서 변(變)할 수 있는[可] 성질(性質). ¶예술의 가치는 시대에 따른 가변성을 지닌다.

▸가:변 비:용 可變費用 (쓸 비, 쓸 용). **경제** 생산량에 따라 변(變)할 수 있는[可] 비용(費用). ⓒ가변비. ⓑ변동비(變動費). ⓒ고정(固定) 비용.

가보[1] 家譜 (집 가, 적어놓을 보). 한 집안[家]의 계보(系譜). ¶가보에 이름을 올리다. ⓑ족보(族譜). ⓒ세보(世譜).

가보[2] 家寶 (집 가, 보배 보). 한 집안[家]에 전해오는 보배[寶]로운 물건. ¶이 그림은 우리집 가보이다.

가복 家僕 (집 가, 사내종 복). 집[家]에서 부리는 사내종[僕]. ¶그는 평생을 이 회장의 가복으로 일했다. ⓑ가노(家奴).

가:본 假本 (거짓 가, 책 본). ① **속뜻** 가짜[假]로 만든 책[本]. ②옛날의 책이나 글씨, 그림 따위를 가짜로 만들어 낸 것. ¶박물관에 있던 작품은 가본으로 밝혀졌다. ⓑ위본(僞本). ⓟ진본(眞本).

가봉[1] 加俸 (더할 가, 봉급 봉). 정규 봉급 외에 특별히 따로 더[加] 주는 봉급(俸給). ⓑ가급(加給).

가:봉[2] 假縫 (임시 가, 꿰맬 봉). 양복을 임시로[假] 듬성듬성 시쳐 놓는 바느질[縫]. 또는 그런 옷. ¶그녀는 웨딩드레스를 가봉했다.

가:부[1] 可否 (옳을 가, 아닐 부). ① **속뜻** 옳고

[可] 그름[否]. ②찬성과 반대. ¶가부를 결정하다. ㊐찬반(贊反), 여부(與否), 진위(眞僞), 시비(是非), 흑백(黑白).

▸가:부-간 可否間 (사이 간). 옳거나[可] 그르거나[否] 간(間)에. ¶그는 가부간에 말이 없었다.

▸가:부 결정 可否決定 (결단할 결, 정할 정). 가부(可否)를 결정(決定)하는 일.

가부² 家父 (집 가, 아버지 부). ① 속뜻 한 집안[家]의 아버지[父]. ②자기 아버지를 이르는 말. ㊐가친(家親). ㊥가모(家母).

▸가부-장 家父長 (어른 장). 역사 아버지[家父]가 집안의 어른[長]이 됨. ¶장남(長男)이 가부장의 권위를 계승하다.

▸가부장-제 家父長制 (어른 장, 정할 제). 사회 한 집[家]의 아버지[父]가 우두머리[長]가 되어 가족을 부양하는 책임을 지는 가족 제도(制度). ¶전통적인 가부장제가 사라지고 있다.

가부-좌 跏趺坐 (꼴 가, 꼴 부, 앉을 좌). 불교 다리를 꼬아[跏=趺] 앉음[坐]. '결가부좌'(結跏趺坐)의 준말. ¶스님은 가부좌를 틀고 참선을 시작했다.

가:분 可分 (가히 가, 나눌 분). 가히[可] 나눌[分] 수 있음. ㊥불가분(不可分).

▸가:분-물 可分物 (만물 물). ① 속뜻 나눌[分] 수 있는[可] 물건(物件). ② 법률 성질이나 가치를 해치지 않고 나눠 가질 수 있는 물건.

▸가:분-성 可分性 (성질 성). ① 속뜻 나눌[分] 수 있는[可] 성질(性質). ¶주권(主權)의 가분성. ② 물리 물질이 더 작게 나누어질 수 있는 성질. ㊟분성. ㊥불가분성(不可分性).

▸가:분 급부 可分給付 (줄 급, 줄 부). 법률 대상의 성질이나 가치를 해치지 않고 나눌[分] 수 있는[可] 급부(給付). ㊥불가분(不可分) 급부.

가:-분수 假分數 (거짓 가, 나눌 분, 셀 수). ① 속뜻 거짓[假]의 분수(分數). ② 수학 진분수 형태와는 다르게 분모보다 분자가 큰 분수 형태. 환산하면 1보다 크거나 같은 분수. 2분의3, 3분의5 따위. ㊥진분수(眞分數).

가:불 假拂 (임시 가, 지불할 불). ① 속뜻 임시로[假] 지불(支拂)함. ②기일 전에 미리 받은 돈이나 월급. ¶월급에서 30만 원을 가불했다.

▸가:불-금 假拂金 (돈 금). 가불(假拂)한 돈[金]. ¶가불금을 제하고 나니 월급이 얼마 되지 않는다.

가:-불가 可不可 (가히 가, 아닐 불, 가히 가). ① 속뜻 해도 됨[可]과 하면 안 됨[不可]. ②옳음과 그름. ㊐가부(可否).

가빈 家貧 (집 가, 가난할 빈). 집안[家]이 가난함[貧]. ¶그는 가빈하지만 도를 지켜 생활했다. ㊐가난(家難).

가:사¹ 假死 (거짓 가, 죽을 사). ① 속뜻 거짓[假] 죽음[死]. ② 의학 생리적 기능이 약해져서 죽은 것 같이 보이는 상태. ¶가사 상태(狀態)에 빠지다.

가사² 歌詞 (노래 가, 말씀 사). 노래[歌]로 부르기 위해 지은 글[詞]. ¶곡에 가사를 붙이다.

가:사³ 假使 (거짓 가, 부릴 사). 가정(假定)하여 무엇이라 한다면[使]. ¶가사 대감이 사실을 알고 있다 하더라도…. ㊐가령(假令), 만약(萬若), 만일(萬一).

가사⁴ 家事 (집 가, 일 사). ① 속뜻 집안[家] 살림에 관한 일[事]. ②집안 내부의 일. ¶가사를 돕다. ㊐가중사(家中事), 가간사(家間事).

▸가사-과 家事科 (분과 과). 가사(家事)에 필요한 지식과 기술을 가르치는 학과(學科).

▸가사 경제 家事經濟 (다스릴 경, 건질 제). 집안 살림[家事]에 관한 경제(經濟). ¶무분별한 대출로 가사 경제가 위태롭다.

▸가사 노동 家事勞動 (일할 로, 움직일 동). 가사(家事)를 노동(勞動)으로 보아 이르는 말. ¶예전에는 생산 노동과 가사 노동의 경계가 명확하지 않았다.

▸가사 사:건 家事事件 (일 사, 것 건). 법률 가족 및 가정[家]에서 일어난 일[事]에 관한 사건(事件). ¶그는 가사 사건을 전담하고 있다.

가사⁵ 袈裟 (가사 가, 가사 사). 불교 '부정색'(不正色)이라는 뜻의 산스크리트어 'Kasāya'의 한자 음역어. 승려의 법의(法衣)로, 정색인 청·황·적·백·흑 이외의 염료를 사용하여 만들며, 왼쪽 어깨에서 오른쪽 겨드랑이 밑으로 걸친다. ¶장삼 위에 가사를 덧입다.

▸가사-불사 袈裟佛事 (부처 불, 일 사). 불교 가사(袈裟)를 짓는 불가(佛家)의 일[事].

▸가사-시주 袈裟施主 (베풀 시, 주인 주). 불교 가사(袈裟)를 짓거나 그 비용을 내는 [施] 사람[主].

가사[6] **歌辭** (노래 가, 말씀 사). 문학 시가(詩歌)와 산문[辭] 중간 형태의 문학. 조선 왕조 초기에 유행하였으며, 4음보의 율문에 3·4조 또는 4·4조로 이루어진다.

▸가사-체 歌辭體 (모양 체). 문학 시가(詩歌)와 산문[辭] 중간 형태의 문체(文體). 4음보로 이루어졌다. ¶「서왕가」(西往歌)는 가사체 문학의 원형이다.

가산[1] **家山** (집 가, 메 산). ① 속뜻 한 집안[家] 소유의 산(山)이나 묘지. ② 고향의 산천.

가산[2] **可算** (가히 가, 셀 산). ① 속뜻 셀[算] 수 있음[可]. ② 수학 자연수의 집합과 일대일의 대응을 만들 수 있음을 이르는 말. 짝수 전체의 집합, 정수 전체의 집합 따위가 지니고 있는 특성이다.

가산[3] **加算** (더할 가, 셀 산). ① 속뜻 더하여[加] 계산(計算)하다. 또는 그러한 셈법. ¶국가 유공자에게 특별 점수를 가산하다. ② 수학 덧셈. ¶원금에 이자를 가산하다. ⓑ덧셈. ⓑ감산(減算).

▸가산-금 加算金 (돈 금). ① 속뜻 원래의 금액에 덧붙여[加] 계산(計算)한 금액(金額). ② 법률 세금이나 공공요금 따위를 납부 기한까지 내지 않은 경우, 원래 금액에 일정한 비율로 덧붙여 매기는 금액. ¶연체자에게 가산금을 부과하다.

▸가산-세 加算稅 (세금 세). 원래의 금액에 덧붙여[加] 계산(計算)한 세금(稅金). ¶납부 불이행 가산세.

가산[4] **家産** (집 가, 재물 산). 한 집안[家]의 재산(財産). ¶가산을 탕진하다.

▸가산 국가 家産國家 (나라 국, 집 가). 정치 국가의 모든 재산을 군주의 가산(家産)으로 보는 나라[國家]. ¶고대 이집트는 가산 국가의 하나였다. ⓑ재산국가(財産國家)

▸가산 제:도 家産制度 (정할 제, 법도 도). ① 속뜻 집을 가산(家産)으로 정하여 매매를 금지한 제도(制度). ② 사회 집과 그 밖의 부동산을 특별 재산으로 등기하여 소유자가 함부로 팔거나 채권자가 잡아 두지 못하게 하는 제도. ¶가산 제도는 19세기 농업 국가에서 발달하였다.

가삼 **家蔘** (집 가, 인삼 삼). 집[家] 가까이에 있는 밭에서 가꾼 인삼(人蔘). ¶할머니는 가삼을 재배하신다. ⓒ산삼(山蔘).

가상[1] **家相** (집 가, 모양 상). ① 속뜻 집[家]의 모양[相]. ② 민속 집의 위치나 방향, 구조 따위를 보고 집안의 길흉을 판단하는 일. 또는 그러한 집의 조건. ¶풍수 전문가가 가상을 보아주었다.

가:상[2] **假相** (거짓 가, 모양 상). 불교 겉으로 나타나 있는 덧없고 헛된[假] 모습[相]. ⓒ진여(眞如).

가:상[3] **假像** (거짓 가, 모양 상). ① 속뜻 실물처럼 보이는 거짓[假] 형상[像]. ¶가상 현실. ② 광업 한 광물이 내부의 불완전성이나 풍화 작용으로 인하여 다른 광물의 결정 모양을 띠고 있는 모습. '변질(變質) 가상'의 준말. ⓒ가정(假晶).

가상[4] **嘉尙** (아름다울 가, 높일 상). 착하고 귀여워[嘉] 높이[尙] 칭찬할 만하다. ¶어린 나이에 그 뜻이 참으로 가상하구나!

가상[5] **嘉賞** (=佳賞, 아름다울 가, 상줄 상). 훌륭히[嘉] 여겨 주는 상(賞).

가:상[6] **假象** (거짓 가, 모양 상). 철학 주관적으로는 실제 있는 것처럼 보이나 객관적으로는 존재하지 않는 거짓[假] 현상(現象). ⓑ실재(實在).

▸가:상 감:정 假象感情 (느낄 감, 마음 정). ① 속뜻 현상(現象)이 없이도[假] 느끼는 감정(感情). ② 심리 실제로 대상을 접하지 않고 일어나는 감정.

▸가:상 운:동 假象運動 (돌 운, 움직일 동). ① 속뜻 현상(現象)이 없이도[假] 보이는 움직임[運動]. ② 심리 실제로는 움직이지 않는 대상이 어떤 조건 아래에서 움직이는 것처럼 보이는 현상. ⓑ가현 운동(假現運動).

가:상[7] **假想** (임시 가, 생각 상). 임시로[假] 생각함[想]. ¶가상의 인물 / 가상 현실. ⓑ가공(架空), 가정(假定).

▸가:상-극 假想劇 (연극 극). 연영 가상(假想)하여 꾸민 연극(演劇).

▸가:상-도 假想圖 (그림 도). ①[속뜻]가상(假想)으로 그린 그림[圖]. ②일의 상황을 머릿속으로 상상하며 그린 그림. ¶노량해전 가상도.

▸가:상-적 假想敵 (원수 적). 싸움이나 경기의 연습에서, 가상(假想)으로 삼은 적(敵).

▸가:상 적국 假想敵國 (원수 적, 나라 국). 국방 정책·작전 계획 등을 세울 때, 가상(假想)으로 삼은 적국(敵國). ¶가상 적국과 잠재적 전쟁을 벌이다.

가:상-계 可想界 (가히 가, 생각 상, 지경 계). ①[속뜻]상상(想像)만 할 수[可] 있는 세계(世界). ②[철학]인간의 주관과는 독립적으로 존재하고 감성적 경험으로는 인식할 수 없으며, 순수하게 사유할 수만 있는 이념적 존재의 세계. [비]예지계(睿智界). [반]감성계(感性界).

가:색 假色 (거짓 가, 빛 색). ①[속뜻]가짜[假] 빛깔[色]. ②[광업]광물이 그 속에 포함하고 있는 다른 물질 때문에 다르게 나타나는 빛깔. ¶자수정의 자주색, 황수정의 누런색은 가색의 일종이다. [비]위색(僞色).

가서[1] 加敍 (더할 가, 베풀 서). 등급이나 계급을 더해[加]줌[敍]. 계급이 오름.

가서[2] 家書 (집 가, 글 서). ①[속뜻]자기 집[家]에서 오거나 보내는 편지[書]. ¶전쟁 중에 받은 가서는 만금만큼 귀하구나. ②자기 집에 소장(所藏)하고 있는 책. ¶가서를 내다팔아 쌀을 샀다. [비]가신(家信).

가:-석방 假釋放 (임시 가, 풀 석, 놓을 방). [법률]형기(刑期)가 다 끝나기 전에 임시로[假] 석방(釋放)하는 일. ¶그는 가석방으로 풀려났다.

가:석 可惜 (가히 가, 애틋할 석). 가히[可] 안타깝게[惜] 여길 만함. 애틋하고 아깝게 여김.

가선[1] 加線 (더할 가, 줄 선). ①[속뜻]덧대어[加] 그은 줄[線]. ②[음악]악보에서 오선의 위나 아래에 덧붙이는 짧은 줄. [비]덧줄.

가선[2] 架線 (건너지를 가, 줄 선). [건설]공중에 건너질러[架] 맨 전깃줄[線] 따위. ¶가선 공사 / 가선이 늘어지다.

가설[1] 加設 (더할 가, 세울 설). ①[속뜻]덧붙여[加] 설치(設置)함. ②관직을 임시로 더 늘림.

가설[2] 架設 (건너지를 가, 세울 설). 공중에 건너질러[架] 설치(設置)함. ¶골목에 전깃줄을 가설했다.

가:설[3] 假說 (임시 가, 말씀 설). ①[속뜻]임시로[假] 정하여 하는 말[說]. ②[논리]어떤 사실을 설명하거나 어떤 이론 체계를 연역하기 위하여 설정한 가정. 결과가 제대로 검증되면 진리가 된다. ¶가설을 검증하다. [반]진리(眞理).

가:설[4] 假設 (임시 가, 세울 설). ①[속뜻]임시로[假] 설치(設置)함. ¶가설 계단이 와르르 무너졌다. ②실제에 없는 것을 있는 것으로 가정함. ③[수학]기하의 정리·문제에서 가정된 사항. ④[논리]판단·명제에서 가정된 조건.

▸가:설-적 假設敵 (원수 적). [군사]가상(假想)으로 설치(設置)한 적군(敵軍). 작전 연습을 위하여 세운 표적 같은 것.

가:성[1] 假聲 (거짓 가, 소리 성). ①[속뜻]일부러 꾸며내는[假] 목소리[聲]. ¶가성을 써서 그녀의 말씨를 흉내 냈다. ②[음악]가장 높고 여린 목소리. 서양 음악에서는 남성에만 있다. ¶요들(yodle)을 가성으로 부르다.

가:성[2] 苛性 (잘을 가, 성질 성). ①[속뜻]작게[苛] 만드는 성질(性質). ②[화학]동식물의 세포 조직이나 여러 가지 물질을 깎아 내거나 삭게 하는 성질.

▸가:성 석회 苛性石灰 (돌 석, 재 회). ①[속뜻]녹는[苛] 성질(性質)을 지닌 석회(石灰). ②[화학]수산화칼슘(水酸化calcium)의 속칭으로, 산화칼슘에 물을 가하여 얻는 흰색의 염기성 가루. 소독제, 중화제, 표백제나 이산화탄소의 검출에 이용된다. 화학식은 $Ca(OH)_2$.

가:성[3] 假性 (거짓 가, 성질 성). ①[속뜻]가짜[假] 성질(性質). ②사물이나 현상이 실제와 비슷한 성질.

▸가:성 근:시 假性近視 (가까울 근, 볼 시). ①[속뜻]가짜[假] 근시(近視). ②[의학]섬모체근(纖毛體筋)이 긴장하고 수정체를 두껍게 조절하는 시간이 길어져 근시와 같은 상태가 된 굴절성 근시. [비]거짓 근시.

가성 화:합물 加成化合物 (더할 가, 이룰 성, 될 화, 합할 합, 만물 물). [화학]어떤 화합

물의 구조에 분자나 이온이 보태어져[加] 이루어진[成] 화합물(化合物).

가세[1] 加勢 (더할 가, 힘 세). 힘[勢]을 보태다[加]. 어떤 세력에 끼어들다. ¶일반 시민들까지 가세하여 범인을 잡았다.

가세[2] 家世 (집 가, 세대 세). 집안[家]의 여러 세대(世代). 집안의 계통과 문벌. ¶집이 누추하고 가세가 변변치 못합니다.

가세[3] 家貰 (집 가, 세놓을 세). 남의 집[家]을 빌린[貰] 대가로 내는 돈. [비]집세.

가세[4] 家勢 (집 가, 형세 세). 집안[家] 살림살이의 형세(形勢). 살림살이의 형세. ¶가세가 기울다.

가:소[1] 可笑 (가히 가, 웃을 소). 가(可)히 웃을[笑] 만하다. 우습다. ¶너 같이 약해빠진 녀석이 덤비다니, 가소롭다!

가:소[2] 假笑 (거짓 가, 웃을 소). 거짓[假] 웃음[笑].

가:소-물 可塑物 (가히 가, 빚을 소, 만물 물). [물리] 여러 모양으로 빚을[塑] 수 있는[可] 물질(物質). 열이나 압력을 가하여 만든다. [비]소성체(塑性體).

가:소-성 可塑性 (가히 가, 빚을 소, 성질 성). [물리] 여러 모양으로 빚을[塑] 수 있는[可] 성질(性質). 고체가 탄성 한계 이상의 열이나 압력을 받으면 형태가 바뀐 뒤 그 힘이 없어져도, 본래의 모양으로 돌아가지 않는다. ¶가소성 점토. [준]소성.

가속[1] 家屬 (집 가, 무리 속). ① [속뜻] 집안[家] 권속(眷屬). ② '아내'의 낮춤말. [비]식솔(食率).

가속[2] 加速 (더할 가, 빠를 속). ① [속뜻] 속도(速度)를 더함[加]. ② 속도가 더해짐. ¶열차에 가속이 붙었다. [반]감속(減速).

▸가속 운:동 加速運動 (돌 운, 움직일 동). [물리] 시간의 경과에 따라 그 속도(速度)를 더하는[加] 물체의 운동(運動). [반]감속(減速) 운동.

가-속도 加速度 (더할 가, 빠를 속, 정도 도). ① [속뜻] 속도(速度)가 차차 더해지는[加] 일. ② [물리] 단위 시간 내에 속도가 점차 증가하는 정도. ¶내리막에서는 차에 가속도가 붙는다.

가솔 家率 (집 가, 거느릴 솔). 집[家]에 거느린[率] 식구. ¶가솔을 데리고 피난길에 나섰다. [비]가속(家屬), 식솔(食率).

가수[1] 加數 (더할 가, 셀 수). ① [속뜻] 액수(額數)나 수효(數爻)를 더함[加]. ② [수학] 보태는 수. [반]피(被)가수.

가:수[2] 假數 (거짓 가, 셀 수). [수학] 로그(log)에서, 소수점 이하의 수(數)를 가짜[假]에 비유한 말. [반]진수(眞數).

가:수[3] 假睡 (거짓 가, 잠잘 수). [속뜻] 가짜로[假] 잠든[睡] 것 같은 옅은 잠. ¶가수 상태에 빠지다.

가수[4] 歌手 (노래 가, 사람 수). 노래[歌] 부르는 것을 생업으로 삼는 사람[手]. ¶그는 작곡가 겸 가수다.

가:수[5] 假需 (거짓 가, 쓰일 수). [경제] '가수요'(假需要)의 준말. [반]실수(實需).

가:수[6] 假受 (임시 가, 받을 수). 임시로[假] 받아[受] 둠.

▸가:수-금 假受金 (돈 금). [경제] 계정 확정 전에 임시로[假] 받아둔[受] 돈[金].

가수[7] 加水 (더할 가, 물 수). 물[水]을 더함[加].

▸가수 분해 加水分解 (나눌 분, 가를 해). ① [화학] 무기 염류에 물[水]을 더해[加] 산(酸)이나 알칼리로 분해(分解)함. ② [화학] 유기 화합물이 물과 반응하여 분해함. [비]가수해리(加水解離).

▸가수 해:리 加水解離 (풀 해, 떨어질 리). [화학] 무기 염류에 물[水]을 더해[加] 원래 물질의 결합이 풀려[解] 원소들이 떨어져[離] 나가는 것. [비]가수 분해(分解).

▸가수 분해 효:소 加水分解酵素 (나눌 분, 가를 해, 발효 효, 바탕 소). [화학] 생체내의 가수(加水) 분해(分解) 반응을 촉매하는 효소(酵素)의 총칭.

가:-수요 假需要 (거짓 가, 쓰일 수, 구할 요). ① [속뜻] 거짓[假] 수요(需要). ② [경제] 당장 필요가 없으면서도 일어나는 수요. 가격이 오르거나 물자가 부족할 것이 예상될 때 생겨난다. [반]실수요(實需要).

▸가:-수요자 假需要者 (사람 자). ① [속뜻] 거짓[假] 수요(需要)를 하려는 사람[者]. ② [경제] 물가가 오르거나 물자가 부족하게 될 것을 예상하여 당장 필요하지 않은데도 재화 따위를 사려고 하는 사람. ¶아파트 분양 신청에 가수요자들이 대거 몰렸다.

㉥실수요자(實需要者).

가숙 家塾 (집 가, 글방 숙). 자기 집[家]에 개인적으로 개설한 글방[塾]. ㉥사숙(私塾).

가승 家乘 (집 가, 곱할 승). ① 속뜻 집안[家]의 여러 세대[乘]. ②직계 조상을 중심으로 간단한 가계를 기록한 책. ¶그들은 족보는 물론, 가승조차 없다.

가:시 可視 (가히 가, 볼 시). 가히[可] 볼[視] 수 있음. ¶가시 상태 / 가시적 성과.

▸가:시-거리 可視距離 (떨어질 거, 떨어질 리). ① 속뜻 눈으로 볼[視] 수 있는[可] 목표물까지의 수평 거리(距離). ② 물리 방해를 받지 않고 텔레비전 방송을 수상(受像)할 수 있는 거리.

▸가:시-광선 可視光線 (빛 광, 줄 선). 물리 눈으로 볼[視] 수 있는[可] 빛[光]의 줄[線]모양. ㉥불가시(不可視) 광선.

▸가:시-신호 可視信號 (소식 신, 표지 호). 눈으로 볼[視] 수 있게[可] 한 신호(信號). ¶깃발을 흔드는 것을 가시신호로 삼았다. ㉬음향(音響) 신호.

가:식¹ 假植 (임시 가, 심을 식). 농업 모종 따위를 제자리에 심기 전에 임시로[假] 심음[植]. ¶이 작물은 생육을 촉진하기 위해 가식한다. ㉬정식(定植).

가:식² 假飾 (거짓 가, 꾸밀 식). ① 속뜻 거짓으로[假] 꾸밈[飾]. ¶가식적인 미소를 짓다. ②임시로 장식해 놓음. ㉥꾸밈.

가:신¹ 可信 (가히 가, 믿을 신). 가히[可] 믿을[信] 만함.

가신² 家臣 (집 가, 섬길 신). 역사 정승의 집안[家] 일을 대신 맡아보던 사람[臣]. ㉥배신(陪臣), 가사(家士).

가신³ 家信 (집 가, 소식 신). 자기 집[家]에서 온 서신(書信). ㉥가서(家書).

가신⁴ 家神 (집 가, 귀신 신). 민속 집[家]을 지키며 집안의 운수를 좌우하는 신(神). 성주신, 조왕신(竈王神) 따위. '가택신'(家宅神)의 준말.

가실 家室 (집 가, 집 실). ① 속뜻 집[家=室]. 또는 한 집안 사람. ②남 앞에서 '아내'를 점잖게 이르는 말. ㉥가족(家族).

가아¹ 家兒 (집 가, 아이 아). ① 속뜻 한 집안[家]의 아이[兒]. ②남에게 자기 아들을 낮추어 이르는 말. ㉥가돈(家豚), 돈견(豚犬), 돈아(豚兒).

가:아² 假我 (거짓 가, 나 아). ① 속뜻 거짓된[假] 자아(自我). ② 불교 오온(五蘊)으로 화합된 일시적 육신으로서의 자기. ③ 철학 가상의 대상에 투입, 그 표면과 합쳐져 가상을 의미 있게 하는 자아.

가악 歌樂 (노래 가, 음악 악). ① 속뜻 노래[歌]와 풍악(風樂)을 아울러 이르는 말. ② 음악 가곡, 가사, 시조를 통틀어 이르는 말.

가압 加壓 (더할 가, 누를 압). 압력(壓力)을 더함[加]. ¶고무를 가압하여 신소재를 개발하다. ㉥감압(減壓).

▸가압수형 원자로 加壓水型原子爐 (물 수, 모형 형, 본디 원, 씨 자, 화로 로). 물리 냉각제의 물[水]에 약 150기압의 압력(壓力)을 가(加)해 증기를 만들어 터빈을 돌리는 방식[型]의 원자로(原子爐).

가:-압류 假押留 (임시 가, 붙잡을 압, 머무를 류).]① 속뜻 임시로[假] 붙잡아[押] 머물게[留] 함. ② 법률 민사 소송법에서, 법원이 채권자를 위하여 나중에 강제 집행을 할 목적으로 채무자의 재산을 임시로 확보하는 일. ¶세금을 내지 않아 집을 가압류 당했다.

가:애 可愛 (가히 가, 사랑 애). 가히[可] 사랑[愛]할 만함. 사랑스러움.

가액 價額 (값 가, 액수 액). 물건의 가치(價値)에 상당하는 금액(金額). ¶물품의 가액을 기준으로 운송비를 책정하다.

가야 伽倻 (절 가, 나라이름 야). 역사 42년부터 562년까지 낙동강 하류지역에 있던 여러 국가의 총칭 또는 그 지역에 위치한 각 국가의 명칭. 고유어를 한자로 음역한 것으로 추정된다.

▸가야-금 伽倻琴 (거문고 금). 음악 대가야국(大伽倻國)의 우륵(于勒)이 만들었다고 전하는 고유 현악기[琴]. ¶학생들이 가야금을 연주하다.

가:약¹ 可約 (가히 가, 묶을 약). 수학 약분(約分)할 수 있음[可]. ¶4/8, 15/분의 21 등은 가약분수이다. ㉥기약(旣約).

가:약² 佳約 (아름다울 가, 묶을 약). ① 속뜻 아름다운[佳] 약속(約束). ②좋은 사람과 만날 언약. ③부부가 되자는 약속. ¶백년가약을 맺다. ㉥약혼(約婚), 정혼(定婚), 혼

약(婚約).

가양 家釀 (집 가, 빚을 양). ① 속뜻 가정[家]에서 술을 빚음[釀]. ② '가양주'의 준말.

▶가양-주 家釀酒 (술 주). 가정[家]에서 빚은[釀] 술[酒].

가:언 假言 (임시 가, 말씀 언). 논리 어떤 조건을 가정(假定)한 말[言]. ⓑ가설(假說).

▶가:언 명:제 假言命題 (명할 명, 제목 제). 논리 어떤 가정[假言] 아래에서 결론을 주장하는 명제(命題).

가엄 家嚴 (집 가, 엄할 엄). ① 속뜻 자기 집[家]의 엄친(嚴親). ② 남에게 자기 아버지를 높여 이르는 말. ¶'가엄'은 아버지의 엄격한 이미지를 표현하고 있다. ⓑ가친(家親), 엄부(嚴父).

가업 家業 (집 가, 일 업). ① 속뜻 대대로 물려받은 집안[家]의 생업(生業). ¶가업을 잇다. ② 집 안에서 하는 직업. ③ 한 집안에서 이룩한 재산이나 업적. ⓑ세업(世業), 가직(家職).

가:역 可逆 (가히 가, 거스를 역). ① 속뜻 본디 상태로 돌아갈[逆] 수 있음[可]. ② 물리 물질의 상태가 한 번 바뀐 다음 다시 본디 상태로 돌아갈 수 있는 것. ¶가역 현상 / 가역 행렬 / 가역 결합.

▶가:역 반:응 可逆反應 (되돌릴 반, 응할 응). ① 속뜻 본디 상태로 돌아갈[逆] 수 있는[可] 반응(反應). ② 화학 화학 반응에서, 정반응과 역반응이 동시에 일어나는 반응. ⓑ비가역(非可逆) 반응.

가:연¹ 佳緣 (아름다울 가, 인연 연). ① 속뜻 아름다운[佳] 인연(因緣). ② 부부 관계나 연인 관계를 맺게 된 연분. ¶가연을 맺다.

가:연² 可燃 (가히 가, 태울 연). 불에 잘 탈[燃] 수 있음[可]. ¶연료의 농도가 너무 묽거나 진하면 가연하지 못한다. ⓑ불연(不燃).

▶가:연-물 可燃物 (만물 물). 불에 잘 탈[燃] 수 있는[可] 물건(物件). 가연성 물질. ¶가연물, 산소원, 점화원 중 한 가지를 제거하면 불이 꺼진다. ⓑ가연체.

▶가:연-성 可燃性 (성질 성). 불에 잘 탈[燃] 수 있는[可] 성질(性質). ¶수소는 가연성이 풍부하다.

▶가:연-체 可燃體 (몸 체). 불에 잘 탈[燃] 수 있는[可] 물체(物體). ⓑ가연물.

가열 加熱 (더할 가, 더울 열). ① 속뜻 어떤 물질에 열(熱)을 더함[加]. ② 열을 더 세게 하다. ¶먼저 솥을 가열한 뒤 재료를 넣는다.

▶가열-기 加熱器 (그릇 기). 증기, 가스, 전기 등으로 열(熱)을 가(加)하는 장치[器]. 버너, 전기로, 히터 따위가 있다.

가:엽 假葉 (거짓 가, 잎 엽). ① 속뜻 가짜[假] 잎사귀[葉]. ② 식물 잎자루가 변화되어 납작하게 된 잎. 아카시아 잎이 그렇다.

가:옥¹ 假屋 (임시 가, 집 옥). 임시로[假] 지은 집[屋]. ¶급한 대로 가옥을 지어 이재민을 보호하다.

가옥² 家屋 (집 가, 집 옥). 사람이 사는 집[家=屋]. ¶태풍으로 가옥 100여 채가 유실되었다.

▶가옥-세 家屋稅 (세금 세). 예전에, 가옥(家屋)에 대하여 부과하는 세금(稅金). 재산세에 통합되었다.

가외¹ 加外 (더할 가, 밖 외). 일정한 기준이나 정도 이외(以外)에 더함[加]. ¶품삯과 더불어 가외로 물건을 더 받았다.

가:외² 可畏 (가히 가, 두려워할 외). 가히[可] 두려워할[畏] 만함. ¶후생(後生)은 가외라더니, 과연 그렇구나.

가요 歌謠 (노래 가, 노래 요). 음악 ① 노래[歌=謠]. ② 민요, 동요, 유행가 따위의 노래를 통틀어 이르는 말. ¶대중 가요. ③ 악가(樂歌)와 속요(俗謠)를 아울러 이르는 말. ⓑ사곡(詞曲).

▶가요-계 歌謠界 (지경 계). 음악 대중가요(歌謠)에 관한 것을 업으로 삼는 사람들의 사회[界].

▶가요-제 歌謠祭 (제사 제). 여러 사람이 대중적인 노래[歌謠]를 불러 실력을 겨루는 대회[祭]. ¶방송국에서 주최하는 가요제.

가:용¹ 可用 (가히 가, 쓸 용). 쓸[用] 수 있음[可]. ¶가용 외환보유고 / 가용 자원(資源)을 더 많이 확보해야 한다.

가:용² 可溶 (가히 가, 녹을 용). ① 속뜻 물에 녹일[溶] 수 있음[可]. ② 액체에 잘 녹음. ¶유용성 비타민을 가용하여 수용성으로 바꾸다 / 가용성 녹말. ⓑ불용(不溶).

가용³ 家用 (집 가, 쓸 용). ① 속뜻 집[家]에서 씀[用]. ② 집안의 씀씀이. 집안 살림의 비용.

가:용[4] **可鎔** (가히 가, 쇠녹일 용). ① 속뜻 녹을[鎔] 수 있음[可]. ② 금속 따위가 비교적 낮은 온도에서도 잘 녹음.

▸가:용-금 可鎔金 (쇠 금). 화학 비교적 낮은 온도에서도 잘 녹을[鎔] 수 있는[可] 합금(合金). 비 이융 합금(易融合金).

가:용-인구 可容人口 (가히 가, 담을 용, 사람 인, 입 구). ① 속뜻 수용(收容)할 수 있는[可] 인구(人口)의 수. ② 사회 식량 소비 면에서 볼 때에, 지구상에서 부양이 가능한 인구의 총수.

가운 家運 (집 가, 운수 운). 집안[家]의 운세(運勢). ¶가운이 기울다.

가:-웅예 假雄蕊 (거짓 가, 수컷 웅, 꽃술 예). ① 속뜻 가짜[假]의 수컷[雄] 꽃술[蕊]. ② 식물 수술이 꽃잎 모양으로 변화하여 꽃밥이 생기지 않는 수술. ¶헛수술.

가:원 可怨 (가히 가, 원망할 원). 가히[可] 원망(怨望)할 만함. 원통스러움.

가:월[1] **佳月** (아름다울 가, 달 월). 아름다운[佳] 달[月].

가월[2] **嘉月** (아름다울 가, 달 월). ① 속뜻 날씨 따위가 특별히 좋은[嘉] 달[月]. ② 음력 3월을 달리 이르는 말. 비 희월(喜月).

가:위 可謂 (가히 가, 이를 위). ① 속뜻 가히[可] 이르자면[謂]. ② 과연. 참. ¶한라산의 설경은 가위 일품이다.

가:융 可融 (가히 가, 녹을 융). 가히[可] 녹일[融] 수 있음.

▸가:융-금 可融金 (쇠 금). 화학 '가융 합금'의 준말. 비 가용금(可鎔金).

▸가:융 합금 可融合金 (합할 합, 쇠 금). 화학 녹일 수 있는[可融] 합금(合金). 비 이융 합금(易融合金).

가:의 可疑 (가히 가, 의심할 의). 가히[可] 의심(疑心)할 만하다. 의심스럽다.

가인[1] **家人** (집 가, 사람 인). ① 속뜻 집안[家] 사람[人]. ② 남에게 자기 집안 사람을 이르는 말. ③ 남에게 자기의 아내를 이르는 말.

가인[2] **歌人** (노래 가, 사람 인). 노래[歌]를 잘 짓거나 부르는 사람[人]. 비 가객(歌客).

가:인[3] **佳人** (아름다울 가, 사람 인). ① 속뜻 아름다운[佳] 사람[人]. ② 이성으로서 애정을 느끼게 하는 사람. 비 미인(美人).

▸가:인-박명 佳人薄命 (엷을 박, 목숨 명). 아름다운[佳] 사람[人]은 명(命)이 짧음[薄].

▸가:인-재자 佳人才子 (재주 재, 아이 자). 아름다운[佳] 여자[佳人]와 재주[才] 있는 젊은이[子].

가:일 佳日 (=嘉日, 좋을 가, 날 일). ① 속뜻 좋은[佳] 날[日]. ¶가일을 택하여 혼례를 치르다. ② 경사스러운 날. ¶오늘은 결혼식이 있는 가일이다. 비 가신(嘉辰).

가-일층 加一層 (더할 가, 한 일, 층 층). 한[一] 층(層) 더[加]. ¶가일층 노력하다.

가입 加入 (더할 가, 들 입). ① 속뜻 이미 있는 것에 새로 더[加] 넣음[入]. ② 단체에 들어감. ¶유엔에 가입하다.

▸가입-자 加入者 (사람 자). 단체나 조직 따위에 가입(加入)한 사람[者]. ¶휴대 전화 가입자.

가자[1] **架子** (시렁 가, 접미사 자). ① 속뜻 풀이나 나무의 가지를 받쳐 세운 시렁[架]. ② 음악 종 따위를 달아 놓는 틀.

가자[2] **家慈** (집 가, 사랑할 자). ① 속뜻 한 집안[家]의 자당(慈堂). ② 남에게 자기 어머니를 일컫는 말. 비 가모(家母).

가자 분산 家資分散 (집 가, 재물 자, 나눌 분, 흩을 산). ① 속뜻 집[家] 재산[資]을 모두 흩어버림[分散]. ② 법률 채무자가 빚을 전부 갚을 능력이 없을 때, 법원에서 강제 집행 처분으로 전 재산을 채권자에게 적절히 분배하는 일. 지금은 파산법의 시행으로 폐지되었다.

가:작 佳作 (좋을 가, 지을 작). ① 속뜻 아주 좋은[佳] 편에 속하는 작품(作品). ② 예술 작품 따위의 대회에서 당선 작품에 버금가는 작품. ¶가작에 당선되다.

가장[1] **家狀** (집 가, 문서 장). ① 속뜻 집안[家] 선대 어른의 행장(行狀). ② 조상의 행적에 관하여 적어 놓은 기록.

가:장[2] **假葬** (임시 가, 장사지낼 장). ① 속뜻 임시로[假] 장사(葬事)를 치름. '가매장'(假埋葬)의 준말. ② 어린애의 시체를 묻음.

가장[3] **家長** (집 가, 어른 장). ① 속뜻 집안[家]을 이끌어가는 사람[長]. ¶소년소녀 가장. ② 남편(男便)이나 아버지를 달리 이르는 말. [비]집안어른, 호주(戶主), 가구주(家口主).

▸가장-권 家長權 (권리 권). [법률]가장(家長)으로서의 권리(權利). '가부장권'(家父長權)의 준말. 가족을 통솔하고 재산 따위를 관리하는 권리를 말한다. [비]가부권(家父權), 가부장권(家父長權).

▸가장 제ː도 家長制度 (정할 제, 법도 도). [사회]가장(家長)이 가장 큰 권리와 의무를 갖고 그 가족을 통제·지배하는 가족 제도(制度).

가장[4] 家藏 (집 가, 감출 장). 자기 집[家]에 간직함[藏]. 또는 그 물건.

▸가장-집물 家藏什物 (세간 집, 만물 물). 집안에 간직하고 있는[家藏] 온갖 살림살이[什物]. [준]가집.

가ː장[5] 假裝 (거짓 가, 꾸밀 장). 거짓으로[假] 꾸밈[裝]. ¶그는 우연을 가장하여 내게 다가왔다. [비]꾸밈, 거짓, 변장(變裝), 위장(僞裝).

▸가ː장-무도 假裝舞蹈 (춤출 무, 춤출 도). ① [속뜻]모습을 거짓으로[假] 꾸미고[裝] 추는 춤[舞=蹈]. ②탈을 쓰고 추는 춤. [비]탈춤.

▸가ː장-행렬 假裝行列 (갈 행, 줄 렬). 모습을 거짓으로[假] 꾸미고[裝] 줄지어[列] 가는[行] 것. 또는 그런 줄 ¶이번 행사에서는 가장행렬이 가장 유명하다.

▸가ː장-행위 假裝行爲 (행할 행, 할 위). ① [속뜻]없는 일을 실제로 있는 것처럼 거짓으로[假] 꾸미는[裝] 행위(行爲). ② [법률]제삼자를 속이기 위하여 상대편과 짜고 허위로 의사 표시를 함으로써 성립되는 법률 행위.

가재 家財 (집 가, 재물 재). ① [속뜻]집[家]의 재물(財物)이나 재산. ②집안 세간. [비]가구(家具).

▸가재-기물 家財器物 (그릇 기, 만물 물). 집안 살림[家財]에 쓰는 온갖 기구[器物]. [비]가재도구.

▸가재-도구 家財道具 (방법 도, 갖출 구). 집[家]안 재물(財物)에 상당하는 여러 가지 도구(道具). ¶수해로 가재도구가 물에 젖었다. [비]세간.

가전[1] 家電 (집 가, 전기 전). 가정용(家庭用) 전기(電氣) 용품. ¶십 년 만에 가전 제품을 바꾸었다.

가전[2] 家傳 (집 가, 전할 전). ① [속뜻]집안[家]에 대대로 전(傳)해져 내려옴. 또는 그러한 물건. ¶가전의 보물. ②한 집안의 사적을 적은 기록. ¶거짓으로 가전을 꾸며 조상의 사적을 남겼다.

▸가전-비방 家傳祕方 (숨길 비, 방법 방). 그 집안[家]에만 대대로 전(傳)해 내려오는 비밀(祕密)스런 약 처방(處方). ¶할아버지는 가전비방으로 완쾌하셨다.

가ː전-성 可展性 (가히 가, 펼 전, 성질 성). [물리]두드리면 가히[可] 얇게 펼쳐질[展] 수 있는 성질(性質). [준]전성.

가ː전-체 假傳體 (거짓 가, 전할 전, 모양 체). ① [속뜻]거짓으로[假] 꾸며놓은 전기(傳記) 형식[體]의 문학. ② [문학]사물을 의인화하여 전기 형식으로 서술하는 문학 양식. 고려 중기 이후에 성행하였다. ¶가전체 소설.

가ː절 佳節 (좋을 가, 철 절). ① [속뜻]좋은[佳] 시절(時節). ¶춘삼월 가절이 돌아왔다. ②좋은 명절. ¶단오 가절. [비]가기(佳期), 가신(佳辰), 양신(良辰), 영절(令節).

가점 加點 (더할 가, 점 점). ①글자나 글에 점(點)을 더해[加] 찍음. ¶중요한 부분에 가점해 놓았다. ②성적 따위를 낼 때에 점수를 더 줌. 또는 그렇게 더 주는 점수. ¶병역 특례 가점 / 특정 자격증이 있으면 가점해 준다.

가ː정[1] 苛政 (매울 가, 정치 정). 가혹(苛酷)한 정치(政治). [비]학정(虐政). [반]관정(寬政).

▸가ː정-맹어호 苛政猛於虎 (사나울 맹, 어조사 어, 범 호). ① [속뜻]가혹(苛酷)한 정치(政治)는 호랑이[虎]보다[於] 사납고[猛] 무서움. ②혹독한 정치의 폐해가 매우 큼을 비유적으로 이르는 말. ≪예기≫의 〈단궁편〉(檀弓篇)에 나오는 말이다.

가ː정[2] 假定 (임시 가, 정할 정). ① [속뜻]임시로[假] 정(定)함. ②어떤 조건을 임시로 내세움. ¶그 말은 가정에 불과하다.

가정[3] 家政 (집 가, 다스릴 정). ① [속뜻]집안 살림[家]을 다스리는[政] 일. ②가정 생활을 처리하는 수단이나 방법.

▸가정-과 家政科 (분과 과). [교육]가정(家

庭) 일을 잘 다스리는[政] 것을 배우는 학과(學科).

▸ **가정-부** 家政婦 (여자 부). 돈을 받고 남의 집[家] 살림을 관리하는[政] 여인[婦]. ¶어머니가 편찮으셔서 가정부를 고용했다. ㊟식모(食母), 파출부(派出婦).

▸ **가정-학** 家政學 (배울 학). 교육 가정(家庭) 일을 잘 다스리는[政] 문제를 대상으로 탐구하는 학문(學問).

⁂**가정**[4] **家庭** (집 가, 뜰 정). ① 속뜻 한 가족(家族)이 생활하는 공간[庭]. ② 가까운 혈연관계에 있는 사람들의 생활 공동체. ¶화목한 가정 / 가정을 이루다.

▸ **가정-적** 家庭的 (것 적). ① 속뜻 가정(家庭) 생활에 적합한 것[的]. ② 가정과 같이 아늑한 분위기가 감도는 모양. ¶아버지는 매우 가정적이다.

▸ **가정 경제** 家庭經濟 (다스릴 경, 건질 제). 경제 집안[家庭] 살림을 잘 다스리는 데에 관한 경제(經濟) 활동. ¶과소비는 가정 경제를 무너뜨린다. ㊥가계(家計).

▸ **가정-교사** 家庭敎師 (가르칠 교, 스승 사). 남의 집에서 그 집[家庭] 자녀를 가르치는[敎] 사람[師]. ¶가정교사를 두고 공부하다.

▸ **가정-교육** 家庭敎育 (가르칠 교, 기를 육). 가정(家庭) 생활을 통해서 배우는 교육(敎育). ¶가정교육으로 올바른 인품(人品)을 기르다.

▸ **가정-교훈** 家庭敎訓 (가르칠 교, 가르칠 훈). 집안 어른들이 가정(家庭)에서 자녀들에게 주는 교훈(敎訓). ㊀가훈, 가교, 정교.

▸ **가정-생활** 家庭生活 (살 생, 살 활). ① 속뜻 가정(家庭)에서 하는 생활(生活). ¶직장 생활보다 가정생활을 더 소중히 여기다. ② 가장(家長)과 그 식구가 한 집안을 이루어 하는 생활. ¶그의 불륜으로 가정생활이 파탄 났다.

▸ **가정 통신** 家庭通信 (통할 통, 소식 신). 아동의 교육 지도상 필요한 사항을 교사와 가정(家庭) 상호간에 주고받는 소식[通信]. ㊥학교통신(學校通信).

▸ **가정 학습** 家庭學習 (배울 학, 익힐 습). 교육 학교의 숙제나 기타 과제 등을 집[家庭]에서 익히는[學習] 일. ¶폭염으로 인해 일주일 동안 가정 학습을 실시했다.

▸ **가정 의례 준칙** 家庭儀禮準則 (의식 의, 예도 례, 고를 준, 법 칙). 결혼·장례 따위의 가정(家庭)에서 치르는 예식[儀禮]의 절차와 기준(基準)을 정한 규칙(規則). ¶'가정 의례 준칙'이 공포된 후 허례허식이 많이 줄었다.

가제[1] **家弟** (집 가, 아우 제). ① 속뜻 자기 집안[家]의 아우[弟]. ② 남에게 자기 아우를 일컫는 말. ㊥사제(舍弟). ㊉가형(家兄).

가:제[2] **假製** (임시 가, 만들 제). 임시로[假] 대강 만듦[製].

가제[3] **加除** (더할 가, 덜 제). ① 속뜻 보탬[加]과 뺌[除]. ② 원고를 검토하여 보충하거나 삭제함. ③ 수학 더하기와 나누기.

▸ **가제-식** 加除式 (법 식). 공책이나 장부의 용지를 자유로이 끼웠다[加] 떼었다[除] 할 수 있는 방식(方式). ¶가제식 노트.

가:조 **佳兆** (좋을 가, 조짐 조). 좋은[佳] 징조(徵兆). 잘될 조짐. ㊥길상(吉祥), 길조(吉兆).

가:-조약 **假條約** (임시 가, 조목 조, 묶을 약). 정치 우선 임시로[假] 체결하여 맺은 조약(條約). ¶나폴레옹은 오스트리아와 레오벤에서 가조약을 맺었다. ㊥임시(臨時) 조약, 잠정(暫定) 조약.

가:-조인 **假調印** (임시 가, 헤아릴 조, 도장 인). 정치 약정 문서의 정식 조인 전에, 그 초안에 임시로[假] 하는 조인(調印). ¶유럽연합은 동유럽의 국가들과 경제협력협정에 가조인했다. ㊥예비(豫備) 조인.

⁂**가족** **家族** (집 가, 겨레 족). ① 속뜻 부부를 기초로 한 가정(家庭)을 이루는 사람들[族]. ② 가족제도에서 한 집의 친족. ¶동생이 태어나 가족이 늘었다. ㊥식구, 가속(家屬), 가솔(家率), 식솔(食率), 처자식(妻子息).

▸ **가족-법** 家族法 (법 법). ① 속뜻 가족(家族)에 관한 법(法). ② 법률 민법의 '친족법'(親族法)과 '상속법'(相續法)의 통칭.

▸ **가족-원** 家族員 (인원 원). 가족(家族)을 구성하는 인원(人員). ¶가족원의 확대와 축소가 빈번하다.

▸ **가족-탕** 家族湯 (욕탕 탕). 한 가족(家族)이 함께 사용할 수 있도록 되어 있는 목욕탕(沐浴湯).

가존 **家尊** (집 가, 높을 존). ① 속뜻 집안[家]에서 지위가 높은[尊] 사람. ② '자기나 남의 아버지'를 높여 이르는 말.

가ː주¹ **佳酒** (=嘉酒, 좋을 가, 술 주). 좋은[佳] 술[酒]. ¶가주를 선물로 주었다. ⓑ미주(美酒), 가양(佳釀).

가주² **家主** (집 가, 주인 주). ① 속뜻 한 집안[家]의 주인(主人). ¶가주가 결정하면 그대로 따를 수밖에 없다. ② 집을 소유한 사람. ¶재개발 지역에는 많은 가주가 생겼다.

가ː중¹ **苛重** (매울 가, 무거울 중). 가혹(苛酷)하고 부담이 무거움[重]. ¶그는 가중한 업무로 쓰러졌다.

가중² **加重** (더할 가, 무거울 중). ① 속뜻 더[加] 무거워짐[重]. ¶국민 부담이 가중되다. ② 법률 죄가 더 무거워짐. 형벌을 더 무겁게 함. ¶형을 가중하다. ⓑ중첩(重疊). ⓑ감경(減輕), 경감(輕減).

▸가중-치 加重値 (값 치). ① 속뜻 중요한 정도[重]를 덧붙인[加] 수치(數値). ② 일반적으로 평균치를 산출할 때 개별치에 부여되는 중요도. ¶대학에서 수능 시험에 가중치를 부여하였다. ③ 경제 어떤 상품이 경제 생활에서 차지하는 중요도. ¶2차산품에 비해 1차산품의 가중치가 감소하였다.

▸가중-형 加重刑 (형벌 형). 법률 법정 사유에 따라 일정 범위를 넘어 가중(加重)하는 형벌(刑罰).

가ː증¹ **可憎** (가히 가, 미워할 증). 가히[可] 미워할[憎] 만큼 얄밉다. ¶범인은 가증스러운 얼굴로 웃고 있었다.

가증² **加增** (더할 가, 더할 증). 더[加] 보탬[增]. 증가한 데에 더 증가함.

▸가증-률 加增率 (비율 률). ① 속뜻 더[加] 늘어난[增] 비율(比率). ② 경제 유가 증권의 매매 가격이 액면 가격을 넘었을 때, 전체 금액에 대해 초과된 금액의 비율.

가ː지 **可知** (가히 가, 알 지). 가히[可] 알[知] 수 있음. 알 만함. ⓑ불가지(不可知).

가집¹ **家集** (집 가, 모을 집). 자기 집[家]에 전해 오는 문집(文集).

가집² **歌集** (노래 가, 모을 집). 시가(詩歌)를 모아[集] 엮은 책.

가ː차 **假借** (빌릴 가, 빌릴 차). ① 속뜻 빌려[假] 쓰거나 빌려[借] 받음. ② 사정을 보아 줌. ¶재산을 탕진한 아들을 가차 없이 쫓아냈다. ③ 언어 한자 육서(六書)의 하나. 음이 똑같은 다른 글자를 빌려서 뜻을 나타내는 방법. 원래 '태우다'의 뜻으로 만들어진 然(연)자를 가차하여 '그러하다'의 뜻을 나타낸 것을 말한다.

가창 **歌唱** (노래 가, 부를 창). 노래[歌]를 부름[唱]. ¶그녀는 가창하며 손님을 맞았다.

▸가창-력 歌唱力 (힘 력). 노래[歌]를 부르는[唱] 능력(能力). ¶그는 가창력이 뛰어난 가수이다.

가ː채 연수 **可採年數** (가히 가, 캘 채, 해 년, 셀 수). 광물을 캐낼[採] 수 있는[可] 햇수[年數]. 어떤 자원의 확인된 매장량을 연간 생산량으로 나눈 지표이다. ¶주요 자원의 가채 연수는 급속히 줄고 있다.

가ː책¹ **呵責** (꾸짖을 가, 꾸짖을 책). 꾸짖어[呵] 책망(責望)함. 꾸짖고 나무람. ¶양심의 가책을 느끼다 / 자신의 잘못을 가책하다.

가ː책² **苛責** (매울 가, 꾸짖을 책). 따끔하게[苛] 책망(責望)함. 심하게 꾸짖음. ¶하늘의 가책을 받은 듯하다. ⓑ각책(刻責).

가ː-처분 **假處分** (임시 가, 처리할 처, 나눌 분). ① 속뜻 임시로[假] 어떤 사물을 처분(處分)함. ② 법률 금전 채권이 아닌 청구권에 대한 집행을 보전하거나 권리 관계의 다툼에 대하여 임시적인 지위를 정하기 위하여 법원이 행하는 일시적인 명령. ¶파면 조치에 대해 가처분 신청을 하다.

가ː처분 소ː득 **可處分所得** (가히 가, 처리할 처, 나눌 분, 것 소, 얻을 득). 경제 마음대로 처분(處分)할 수 있는[可] 소득(所得). 세금을 빼고 남은 실소득으로, 개인소득 중 소비와 저축을 자유롭게 할 수 있는 소득을 말한다.

가ː철 **假綴** (임시 가, 꿰맬 철). 책이나 서류 따위를 임시로[假] 대강 매어[綴] 둠. 또는 그 책이나 서류. ¶이 책은 가철이라서 쉽게 뜯어진다.

가ː청 **可聽** (가히 가, 들을 청). 들을[聽] 수[可] 있음. ¶라디오 가청 지역이 확대되었다.

▸가ː청-음 可聽音 (소리 음). 사람의 귀로 들을[聽] 수 있는[可] 범위의 음(音). 대략

주파수가 16~2만 헤르츠(Hz)이고, 소리의 크기는 0~130phon 사이이다. [참]초음파(超音波).

가:촌 街村 (거리 가, 마을 촌). 큰길가[街]를 따라서 집들이 줄지어 길게 늘어서 있는 마을[村]. ¶주막거리는 전형적인 가촌이다.

*__가축 家畜__ (집 가, 기를 축). 집[家]에서 기르는[畜] 짐승. ¶전염병으로 가축이 집단 폐사했다. [비]집짐승. [반]들짐승.

가:축-성 可縮性 (가히 가, 줄일 축, 성질 성). 오그라지거나 줄어들[縮] 수 있는[可] 성질(性質). ¶그 옷감은 가축성이 강하다.

가출 家出 (집 가, 날 출). 집[家]에서 뛰쳐나옴[出]. ¶가출한 청소년을 집으로 돌려보냈다.

가:-출소 假出所 (임시 가, 나갈 출, 곳 소). [법률]임시로[假] 석방되어 교도소(矯導所)에서 나옴[出].

가취 嫁娶 (시집갈 가, 장가들 취). 시집가고[嫁] 장가듦[娶]. [비]혼인(婚姻).

가:-측치 可測値 (가히 가, 잴 측, 값 치). 실제로 측정(測定)할 수[可] 있는 수치(數値). ¶균형치와 실제로 관찰된 가측치가 차이나다. [비]통계치(統計値). [반]균형치(均衡値), 이론치(理論値).

가:치[1] 假齒 (임시 가, 이 치). 임시로[假] 해 넣은 이[齒]. [비]의치(義齒). [반]영구치(永久齒).

⁑**가치[2] 價値** (값 가, 값 치). ① [속뜻]값[價=値]. 쓸모. ② [경제]욕망을 충족시키는 재화의 중요 정도. ¶현금의 가치가 하락하다. ③ [철학]어떤 대상에 대한 인간 주체와의 관계에 있어서 그것이 가지는 의의. [비]값어치, 가격(價格).

▸가치-관 價値觀 (볼 관). [심리]가치(價値)에 대한 관점(觀點). 인간이 자기를 포함한 세계에 내리는 평가의 근본적인 태도나 보는 방법. ¶전통적인 가치관.

▸가치-론 價値論 (논할 론). ① [철학]모든 가치(價値)의 체계화를 지향하는 철학의 한 부문[論]. ② [경제]재화의 가치, 특히 교환가치를 취급하는 경제학의 한 분야.

▸가치 감:정 價値感情 (느낄 감, 마음 정). [심리]가치(價値) 인식의 차이에 따라 달리 느껴지는 각종 감정(感情). 쾌, 불쾌, 미, 추, 선, 악 따위.

▸가치 분석 價値分析 (나눌 분, 가를 석). ① [속뜻]가치(價値)를 분석(分析)함. ② [경제]자재 따위를 구입할 때, 제품을 구성하는 부품과 그 기능을 분석하여 원가 절감을 꾀하는 경영 기술.

▸가치 척도 價値尺度 (자 척, 정도 도). [경제]상품의 가치(價値)를 측정하는 잣대[尺度]. ¶화폐는 상품의 가치 척도가 된다.

▸가치 철학 價値哲學 (밝을 철, 배울 학). [철학]가치(價値)를 근본 원리로 하는 철학(哲學).

▸가치 판단 價値判斷 (판가름할 판, 끊을 단). [철학]진, 선, 미의 가치(價値)와 관련시켜서 하는 판단(判斷).

▸가치 학설 價値學說 (배울 학, 말씀 설). [경제]경제 가치(價値)의 본질 및 그 결정을 설명하는 학설(學說).

▸가치 형태 價値形態 (모양 형, 모양 태). [경제]한 상품이 다른 상품의 가치(價値)를 나타내는 형태(形態).

가친 家親 (집 가, 어버이 친). ① [속뜻]한 집안[家]의 부친(父親). ②남에게 자기 아버지를 일컫는 말. [비]가엄(家嚴).

가칠[1] 加漆 (더할 가, 칠할 칠). 칠한 위에 더[加] 칠(漆)함.

가:칠[2] 假漆 (임시 가, 칠할 칠). ① [속뜻]임시로[假] 해놓은 칠(漆). ② [건설]단청(丹靑)할 때 임시로 채색함. ③옻나무의 진이 아닌, 인공적으로 만든 페인트 따위의 칠.

가:칭 假稱 (임시 가, 일컬을 칭). 임시로[假] 일컬음[稱].

가:탁 假託 (거짓 가, 맡길 탁). ① [속뜻]거짓[假]으로 꾸며[託] 핑계를 댐. ②어떤 사물을 빌려 감정이나 사상 따위를 표현하는 일.

가탄 可歎 (=可嘆, 가히 가, 한숨지을 탄). 가(可)히 탄식(歎息)할만 함. ¶하루아침에 비명횡사하다니, 참으로 가탄할 일이네.

가택 家宅 (집 가, 집 택). 살림하는 집[家=宅]. ¶가택을 수사하다.

가통 家統 (집 가, 계통 통). 집안[家]의 계통(系統)이나 내림. ¶가통을 잇다 / 가통을 세우다.

가:판 街販 (거리 가, 팔 판). 가두(街頭) 판매(販賣). ¶이 신문은 지하철에서 가판을 시작했다.

▸가:판-대 街販臺 (돈대 대). 가두판매(街頭販賣)를 하는 물건을 놓기 위하여 설치한 대(臺). ¶백화점 입구의 가판대에서 가방을 샀다.

가:편[1] 可便 (옳을 가, 쪽 편). 회의에서 의안을 표결할 때, 찬성하는[可] 편(便). ⓑ부편(否便).

가편[2] 加鞭 (더할 가, 채찍 편). ① 속뜻 채찍질[鞭]하여 걸음을 더[加] 재촉함. ¶주마가편(走馬加鞭). ② 더 빨리 잘하려고 더욱 힘을 냄.

가:표 可票 (옳을 가, 쪽지 표). 회의에서 의안을 표결할 때, 찬성하는[可] 표(票). ⓑ부표(否票).

가품 家品 (집 가, 품격 품). 한 집안[家] 사람이 공통으로 갖는 품성(品性). ¶예절바른 가품.

가풍[1] 家風 (집 가, 풍속 풍). 한 집안[家]의 기율과 풍습(風習). ¶가풍을 익히다. ⓗ가품(家品), 문품(門品), 가행(家行).

가풍[2] 歌風 (노래 가, 모습 풍). 시나 노래[歌] 따위에서 풍기는 특징이나 풍격(風格). ¶서정적인 가풍 / 그녀는 독특한 가풍을 가진 명창이다.

가피 加被 (더할 가, 덮을 피). 불교 부처나 보살이 자비를 더해[加] 사람들을 보살핌[被]. ¶이만큼 사는 것도 다 부처님의 가피 덕분이지 / 가피를 받다.

▸가피-력 加被力 (힘 력). 불교 부처가 보살펴 주는[加被] 힘[力].

가필 加筆 (더할 가, 붓 필). ① 속뜻 붓[筆]을 대어[加] 글씨를 고침. ② 글이나 그림 등의 일부분을 보태거나 빼서 고침. ¶아버지의 글을 제가 가필하여 책으로 엮었습니다.

가학[1] 加虐 (더할 가, 모질 학). 학대(虐待)를 가(加)함. ¶가학 행위 / 가학적인 태도.

가:학[2] 苛虐 (매울 가, 모질 학). 가혹(苛酷)하게 학대(虐待)함. ¶그는 순사의 가학에 못 이겨 만주로 피신했다.

가학[3] 家學 (집 가, 배울 학). ① 속뜻 한 집안[家]에서 대대로 전해 오는 학문(學問). ¶가학을 계승하다. ② 집에서 배운 글.

가:항[1] 可航 (가히 가, 건널 항). 가히[可] 운항(運航)할 수 있음. ¶이 강은 수심이 깊어 가항 하천에 속한다.

가항[2] 街巷 (거리 가, 골목 항). 큰 길거리[街]와 작은 골목[巷]. ⓗ길거리

가해 加害 (더할 가, 해칠 해). 해(害)를 끼침[加]. ¶동물을 가해하는 행위를 법으로 금지하고 있다. ⓑ피해(被害).

▸가해-자 加害者 (사람 자). 다른 사람에게 해(害)를 끼친[加] 사람[者]. ¶경찰은 도망간 가해자를 찾아냈다. ⓑ피해자(被害者).

가행 탄:전 稼行炭田 (심을 가, 행할 행, 숯 탄, 밭 전). 광업 현재 채광 작업 설비를 가동(稼動) 하고 있는[行] 탄전(炭田). ¶삼척탄전은 대표적인 가행 탄전이다. ⓑ봉쇄(封鎖) 탄전.

가향 家鄕 (집 가, 시골 향). 자기 집[家]이 있는 고향(故鄕). ¶그는 타향살이 십 년 만에 가향으로 돌아왔다. ⓗ타향(他鄕).

가향-주 加香酒 (더할 가, 향기 향, 술 주). 꽃잎이나 식물의 잎을 넣어[加] 향기[香]와 빛깔이 나도록 빚은 술[酒]. ¶이 술은 잣을 넣어 담근 가향주이다.

가:현 假現 (거짓 가, 나타날 현). ① 속뜻 거짓된[假] 것이 보임[現]. ② 종교 신이나 부처가 사람의 모습으로 잠시 이 세상에 나타남.

▸가:현 운:동 假現運動 (돌 운, 움직일 동). ① 속뜻 현상(現象)이 없이도[假] 보이는 움직임[運動]. ② 심리 실제로는 움직이지 않는 대상이 어떤 조건 아래에서 움직이는 것처럼 보이는 현상. ¶흐르는 구름에 둘러싸인 달이 반대로 움직이는 것처럼 보이는 것은 가현 운동 때문이다. ⓗ가상 운동(假象運動).

가형[1] 加刑 (더할 가, 형벌 형). 형벌(刑罰)을 더함[加]. ⓗ가죄(加罪), 가율(加律).

가형[2] 家兄 (집 가, 맏 형). 자기 집안[家]의 형(兄)을 일컫는 말. ¶가형은 나를 무척 아꼈다. ⓗ사형(舍兄).

가호[1] 加號 (더할 가, 표지 호). 수학 수를 더하는데[加] 쓰이는 부호(符號). '+'로 표시한다. ⓗ덧셈 부호. ⓒ감호(減號), 승호(乘號), 제호(除號).

가호[2] **加護** (더할 가, 돌볼 호). 보호(保護)해 줌[加]. ¶신의 가호를 빌다. ⓑ보살핌.

가:혹 苛酷 (매울 가, 독할 혹). 매우 모질고[苛] 독함[酷]. ¶가혹한 운명.

가화-만사성 家和萬事成 (집 가, 어울릴 화, 일만 만, 일 사, 이룰 성). 집안[家]이 화목(和睦)하면 모든[萬] 일[事]이 다 잘 이루어짐[成].

가환 家患 (집 가, 근심 환). 집안[家]에 생긴 근심[患]이나 병. ¶가환이 나다 / 가환 때문에 식구들의 얼굴이 어둡다.

가황 加黃 (더할 가, 누를 황). 화학 생고무에 황(黃)을 섞은[加] 것. 고무의 탄성과 저항력을 높인다.

가획 加劃 (더할 가, 그을 획). 글자의 획수(劃數)를 더함[加]. ¶'ㄱ'에 가획하여 'ㅋ'을 만들었다. ⓑ감획(減劃).

가:효 佳肴 (좋을 가, 안주 효). 맛이 좋은[佳] 안주[肴]나 요리. ¶미주(美酒)에 가효까지 있다.

가훈 家訓 (집 가, 가르칠 훈). ① 속뜻 집안[家] 어른이 자녀들에게 주는 교훈(教訓). ②선대부터 그 집안의 도덕적 실천 기준으로 삼은 가르침. ¶우리 집 가훈은 믿음과 사랑이다. ⓑ가정교훈(家庭教訓), 가법(家法).

가:희 佳姬 (아름다울 가, 아가씨 희). 아름다운[佳] 아가씨[姬]. ¶가희가 나와 부채춤을 추었다. ⓑ미희(美姬).

각-가속도 角加速度 (모서리 각, 더할 가, 빠를 속, 정도 도). ① 속뜻 각속도(角速度)가 시간에 따라 변하는[加] 정도. ② 물리 속도가 일정하지 않은 회전 운동에서 단위 시간에 나타나는 회전 속도의 변화 정도.

⁂**각각 各各** (따로 각, 따로 각). 따로[各]따로[各]. 제각기. ¶악기는 종류마다 각각의 특성을 가지고 있다. ⓑ제각기, 따로따로, 각기.

각개 各個 (각각 각, 낱 개). 각각(各各)의 하나하나[個]. ¶각개 전투(各個戰鬪). ⓑ각기(各其), 각자(各自).

▸**각개 전:투 各個戰鬪** (싸울 전, 싸울 투). ① 속뜻 각각(各各)의 병사 하나하나[個]가 싸움[戰=鬪]. ② 군사 병사 개개인이 총검술 따위로 벌이는 전투.

각 개인 各個人 (여러 각, 낱 개, 사람 인). 각각(各各)의 여러 개인(個人).

각거 各居 (각각 각, 살 거). 가족이 각기[各] 따로 떨어져 삶[居]. ¶아버지는 어머니와 각거한 뒤 쇠약해지셨다.

각계 各界 (여러 각, 지경 계). 사회 각각(各各)의 여러 분야[界]. ¶각계의 저명인사들이 회의에 참석하다.

▸**각계-각층 各界各層** (각각 각, 층 층). 사회의 여러[各] 분야[界]와 여러 계층[各層]. ¶각계각층의 사람들과 두루 친하다.

각고 刻苦 (새길 각, 괴로울 고). 뼈를 깎아낼[刻] 정도의 괴로움[苦]을 견디며 몹시 애씀. ¶각고의 노력 끝에 작품을 완성했다.

▸**각고-면려 刻苦勉勵** (힘쓸 면, 힘쓸 려). 힘든[刻] 고생(苦生)을 이겨내고 열심히 노력함[勉=勵]. ¶그는 각고면려한 끝에 농사지을 땅을 마련했다. ⓒ각려. ⓑ각고정려, 각근면려(恪勤勉勵).

▸**각고-정려 刻苦精勵** (쓿을 정, 힘쓸 려). 힘든[刻] 고생(苦生)을 이겨내고 정성(精誠)을 다하여 노력함[勵]. ¶그는 각고정려하여 매화 그림을 완성했다. ⓑ각고면려, 각근면려(恪勤勉勵).

각골 刻骨 (새길 각, 뼈 골). 은혜나 원한을 뼈[骨] 속 깊이 새겨둠[刻]. ¶어머니의 유언을 각골하다.

▸**각골-난망 刻骨難忘** (어려울 난, 잊을 망). 은혜에 대한 고마움이 뼈[骨]에 깊이 사무쳐[刻] 잊을[忘] 수 없음[難]. ¶그동안 보살펴 주신 은혜는 실로 각골난망입니다.

▸**각골-명심 刻骨銘心** (새길 명, 마음 심). 뼈[骨]에 새기고[刻] 마음[心]에 아로새겨[銘] 영원히 잊지 않도록 함. ⓑ누골명심(漏骨銘心).

▸**각골-통한 刻骨痛恨** (아플 통, 원한 한). 뼈[骨]에 사무칠[刻] 만큼 아픈[痛] 원한(怨恨). ⓑ각골분한(刻骨憤恨), 각골지통(刻骨之痛).

각-괄호 角括弧 (모서리 각, 묶을 괄, 활 호). ① 속뜻 각(角) 진 괄호(括弧). ② 출판 인쇄 기호 '[ ]'를 이르는 말. 묶음표로 쓰며, 수학에서는 '대괄호'(大括弧)라고 한다. ⓑ꺾쇠묶음.

각광 脚光 (다리 각, 빛 광). ① 속뜻 무대의 앞면 아래쪽 다리[脚] 부분에서 배우를 비추는 빛[光]. 영어 'foot light'의 한자 의역어. ②사회적 관심이나 인기. ¶친환경 제품이 각광을 받다. ㊥주목(注目), 주시(注視).

*각국 各國 (여러 각, 나라 국). 각각(各各)의 여러 나라[國]. ¶각국 대표가 회의에 참석하다.

각근 恪勤 (삼갈 각, 부지런할 근). 마음을 가다듬어[恪] 부지런히[勤] 함. ¶그는 맡은 일에 각근하였다. ㊥근각(勤恪).

▸각근-면려 恪勤勉勵 (힘쓸 면, 힘쓸 려). 마음을 가다듬어[恪] 부지런히[勤] 힘씀[勉=勵]. ㊥각고면려(刻苦勉勵), 각고정려(刻苦精勵).

*각기[1] 各其 (각각 각, 그 기). 각각(各各) 저[其]마다. ¶각기 의견을 말하다. ㊥각각(各各).

▸각기소장 各其所長 (것 소, 길 장). 저마다[各其]의[所] 장기(長技)나 장점(長點). ¶기생들은 현령 앞에 나와 각기소장을 선보였다.

각기[2] 脚氣 (다리 각, 기운 기). 의학 다리[脚]가 붓고 마비되고 기운(氣運)이 없어 제대로 걷지 못하는 증세. ㊥각질(脚疾).

▸각기-병 脚氣病 (병 병). 의학 다리[脚]가 붓고 마비되고 기운(氣運)이 없어 제대로 걷지 못하는 증세가 나타나는 병[病]. ¶각기병에 걸리다.

각내 내:각 閣內內閣 (관청 각, 안 내, 안 내, 관청 각). ① 속뜻 내각(內閣) 안[內]에 구성한 내각(內閣). ② 정치 전시나 비상사태 등이 발생하였을 때, 소수의 주요 각료를 선정하여 최고 정책을 심의하고 결정하게 하는 내각. ¶애버딘 내각은 각내 내각을 구성하였다. ㊥소수(少數) 내각.

각대 角帶 (뿔 각, 띠 대). ① 속뜻 짐승의 뿔[角]로 장식한 띠[帶]. ②옛날 관복에 두르던 띠를 두루 일컫는데, 장식을 하던 판의 소재에 따라 금대(金帶)·옥대(玉帶)·석대(石帶)·서대(犀帶) 따위가 있었다. ¶각대는 품계를 구별하는 기능을 한다.

각도[1] 刻刀 (새길 각, 칼 도). 글씨나 형상을 새길[刻] 때 쓰는 칼[刀]. '조각도'(彫刻刀)의 준말. ㊥새김칼.

*각도[2] 角度 (모서리 각, 정도 도). 수학 각(角)이 진 정도(程度). 각의 크기. ¶도형의 각도를 재다.

▸각도-기 角度器 (그릇 기). 각도(角度)를 재는 도구[器].

각-도장 角圖章 (뿔 각, 그림 도, 글 장). ① 속뜻 뿔[角]로 만든 도장(圖章). ②네모난 모가 난 도장. ¶각도장에 '名正言順'이 새겨져 있다.

각득 覺得 (깨달을 각, 얻을 득). 깨달아[覺] 터득(攄得)함. 깨달아서 앎.

각력[1] 角力 (뿔 각, 힘 력). ① 속뜻 뿔[角]의 힘[力]. ②서로 힘을 겨룸. ③ 운동 샅바나 띠를 넓적다리에 걸친 두 사람이 서로 부둥켜 잡고 힘과 재주를 부려, 상대방을 먼저 넘어뜨리는 것으로 승부를 내는 한국 고유의 운동. ㊥씨름.

각력[2] 脚力 (다리 각, 힘 력). ① 속뜻 다리[脚]의 힘[力]. ¶씨름 선수들은 각력이 좋아야 한다. ②길을 걷는 힘.

각력-암 角礫巖 (모서리 각, 조약돌 력, 바위 암). 지리 모난[角] 자갈[礫]이 퇴적된 흙이나 모래가 응결되어 형성된 암석(巖石).

각론 各論 (여러 각, 논할 론). 각각(各各)의 여러 부문이나 항목에 관한 논설(論說). ¶『아방강역고』(我邦疆域考)에는 고조선의 역사가 총론과 각론으로 나누어 고증되어 있다. ㊥총론(總論).

각료 閣僚 (관청 각, 벼슬아치 료). 정치 내각(內閣)을 구성하는 여러 장관[僚]. ¶의원내각제에서 각료는 국회의원을 겸할 수 있다. ㊥각원(閣員).

각립[1] 各立 (각각 각, 설 립). 따로따로[各] 나뉘어 섬[立].

각립[2] 角立 (뿔 각, 설 립). ① 속뜻 뿔[角]같이 우뚝 섬[立]. ②여럿 가운데 어떤 하나가 특히 뛰어나 보임. ③둘 이상의 무리가 서로 맞버티어 굴복하지 아니함.

각막[1] 角膜 (뿔 각, 꺼풀 막). 의학 눈알의 앞쪽에 나지막한 뿔[角]처럼 약간 볼록하게 나와 있는 투명한 꺼풀[膜]. ¶각막이 손상되다. ㊥안막(眼膜).

각막[2] 殼膜 (껍질 각, 꺼풀 막). 식물 곡식의 껍질[殼=膜].

각명 刻銘 (새길 각, 새길 명). 나무에 새기거나[刻] 쇠붙이에 새김[銘]. 또는 그 글자나 그림. [비]명각(銘刻).

각모 角帽 (모서리 각, 모자 모). 윗면이 각(角)진 모자(帽子). '사각모자'(四角帽子)의 준말. ¶각모를 쓴 대학생들이 만세를 불렀다.

각목[1] 角木 (모서리 각, 나무 목). 각(角)이 지게 켠 나무토막[木]. ¶각목을 잘라 의자를 만들다.

각목[2] 刻木 (새길 각, 나무 목). 나무[木]를 오려 내어 깎거나 새김[刻].

▸각목 문자 刻木文字 (글자 문, 글자 자). [언어]간단한 수효 등을 나무[木]에 새겨[刻] 나타낸 원시 문자(文字)의 일종.

각물 殼物 (껍질 각, 만물 물). ① [속뜻]껍데기[殼]를 지닌 동물(動物). ② [동물]연체동물 가운데 조가비를 가진 동물을 통틀어 이르는 말. [비]조개류.

각박 刻薄 (새길 각, 엷을 박). ① [속뜻]마음에 새김[刻]이 매우 엷음[薄]. ② 인정이 없고 야박하다. ¶인심이 각박해지다. ③ 땅이 거칠고 기름지지 아니하다. ¶이곳은 각박한 땅이라 농사를 지을 수가 없다. [비]매정하다.

▸각박-성가 刻薄成家 (이룰 성, 집 가). 박정하고 인색한[刻薄] 짓으로 집안[家]을 이룸[成]. ¶스크루지 영감은 각박성가한 사람이다.

각반 脚絆 (다리 각, 묶을 반). ① [속뜻]다리[脚]를 동여맴[絆]. ② 걸음을 걸을 때 발목 부분을 가뜬하게 하기 위하여 발목에서부터 무릎 아래까지 돌려 감거나 싸는 띠. ¶그는 각반을 차고 길을 떠났다. [비]행전(行纏).

각반-병 角斑病 (모서리 각, 얼룩 반, 병 병). [식물]잎에 다각형(多角形)의 반점(斑點)이 생기는 병(病). 황갈색, 회색의 반점이 감나무·강낭콩·보리·오이·우엉 따위에 생긴다.

각방[1] 各方 (여러 각, 모 방). ① [속뜻]각각(各各)의 여러 방면(方面). ¶각방의 의견을 들어보자. ② 각각의 편. ¶각방의 이해를 너무 따지면 안 된다.

각방[2] 各房 (여러 각, 방 방). 각각(各各)의 여러 방(房). ¶이 부부는 각방을 쓴다.

▸각방 거처 各房居處 (살 거, 곳 처). 각각(各各)의 방(房)에 따로 거처(居處)함. 각방을 씀.

각 방면 各方面 (여러 각, 모 방, 쪽 면). 각각(各各)의 여러 방면(方面). ¶그는 각 방면의 사람들과 알고 지낸다.

각배 角杯 (=角盃, 뿔 각, 잔 배). 뿔[角]로 만든 잔[杯]. ¶각배에 술을 가득 채우다.

각별 恪別 (삼갈 각, 다를 별). 삼가고[恪] 정성스러움이 유달리 특별(特別)함. ¶각별한 대우를 받았다. [비]유다르다.

각본[1] 刻本 (새길 각, 책 본). [출판]글을 새긴[刻] 나무판으로 인쇄한 책[本]. '판각본'(板刻本)의 준말.

각본[2] 脚本 (다리 각, 책 본). ① [속뜻]배우들이 무대에서 연습할 때 다리[脚] 밑에 두고 보는 책[本]. ② [연영]영화나 연극 등의 대사, 동작, 무대 장치 등에 대하여 자세히 적은 글. ¶연극 각본을 쓰다. ③ '어떤 일을 위해 미리 꾸며 놓은 계획'을 비유하여 이르는 말. [비]극본(劇本), 대본(臺本).

각봉 各封 (각각 각, 봉할 봉). 따로따로[各] 봉(封)함. ¶본 문서와 첨부 문서는 각봉하였다. [비]별봉(別封). [반]동봉(同封).

각부[1] 刻符 (새길 각, 부신 부). [역사]한자의 8종 서체의 일종. 중국 진(晉)나라 때 부신(符信)에 새긴[刻] 글씨체.

각부[2] 各部 (여러 각, 나눌 부). ① [속뜻]각각(各各)의 여러 부분(部分). ② 각각의 부. ¶행정 각부를 통괄하다.

각분 各分 (각각 각, 나눌 분). 따로따로[各] 나눔[分]. ¶식량을 인원대로 각분하여 담다.

각-사탕 角沙糖 (모서리 각, 모래 사, 사탕 탕). 육면체로 각진[角] 사탕(沙糖). [비]각설탕(角雪糖).

각산 各散 (각각 각, 흩을 산). 뿔뿔이 따로따로[各] 흩어짐[散].

▸각산-진비 各散盡飛 (다할 진, 날 비). 뿔뿔이[各] 흩어져[散] 모두 다[盡] 가버림[飛].

각상[1] 各床 (각각 각, 평상 상). 각각(各各) 따로 차린 음식 상(床). ¶안방과 사랑방에 각상을 차리다. [반]겸상(兼床).

각상[2] 角狀 (뿔 각, 형상 상). 짐승의 뿔[角] 같은 형상(形狀).

각색[1] 各色 (여러 각, 빛 색). ① [속뜻]각각(各各)의 여러 빛깔[色]. ¶각색 불빛으로 눈이 부신다. ② 각종(各種). ¶세상에는 각색의 사람들이 살아간다.

각색[2] **脚色** (발자취 각, 빛 색). ① 속뜻 어떤 사람의 과거 발자취[脚]와 본색(本色). ② 역사 중국에서 벼슬을 처음 받을 때, 과거에 무슨 일을 해왔는지 그 발자취를 적어 내던 이력서. ③ 소설 따위의 문학 작품을 희곡이나 시나리오로 고쳐 쓰는 일. ¶원작자가 직접 각색을 맡았다. ④ 흥미나 강한 인상을 주기 위하여 실제로 없었던 것을 보태어 사실인 것처럼 꾸밈. ⓑ각본화(脚本化), 극화(劇化).

각서 覺書 (깨달을 각, 글 서). ① 속뜻 깨달은[覺] 내용을 적은 글[書]. 또는 그 문서. ② 정치 조약에 덧붙여 해석하거나 보충할 것을 정하고, 예외 조건을 붙이거나 자기 나라의 의견, 희망 따위를 진술하는 외교 문서. ¶각서를 쓰다 / 기유각서(己酉覺書).

각석[1] **角石** (모서리 각, 돌 석). 네모나게[角] 떠내거나 자른 돌[石]. ¶대리석 각석을 바닥에 깔다.

각석[2] **刻石** (새길 각, 돌 석). 글자나 그림 등을 돌[石]에 새김[刻]. 또는 그에 쓰인 돌. ¶진시황은 각지에 자신의 송덕을 각석한 비석을 세웠다. ⓑ늑석(勒石), 간석(刊石).

각선-미 脚線美 (다리 각, 줄 선, 아름다울 미). 여자 다리[脚]의 곡선(曲線)에서 느끼는 아름다움[美]. ¶각선미를 자랑하다.

각설 却說 (물리칠 각, 말씀 설). 말[說]을 다른 데로 돌리거나 물리침[却]. 말을 끊음. ¶각설하고, 네 속마음을 말해!

각-설탕 角雪糖 (본음 [각설당], 모서리 각, 눈 설, 사탕 탕). 네모반듯하게[角] 굳혀 만든 흰 설탕(雪糖). ⓑ각사탕(角沙糖).

각섬-석 角閃石 (뿔 각, 번쩍할 섬, 돌 석). ① 속뜻 뿔[角] 모양으로 쪼개지는, 광택이 있는[閃] 암석(岩石). ② 지리 단사정계에 속하며, 휘석과 더불어 화학 조성의 변화 범위가 가장 넓은 광물이다. 대부분 화성암에서 산출되며, 편마암·편암의 주요 구성 성분이다. 독일어 'Hornblende'의 의역어.

각성[1] **各姓** (여러 각, 성씨 성). ① 속뜻 각기(各其) 다른 여러 성씨(姓氏). ② 각기 성이 다른 사람.

각성[2] **角星** (뿔 각, 별 성). ① 속뜻 뿔[角]처럼 제일 처음에 자리한 별[星]. ② 천문 이십팔수의 첫째 별자리에 있는 별들. 청명절의 0시 23분에 정남쪽에 보인다.

각성[3] **覺醒** (잠깰 각, 술깰 성). ① 속뜻 잠에서 깸[覺]과 술에서 깸[醒]. ② 깨어 정신을 차림. ③ 깨달아 앎. ¶각성을 촉구하다.

▸ 각성-제 覺醒劑 (약제 제). 약학 중추 신경계를 흥분시켜 잠이 오는 것을 억제하는[覺醒] 약물[劑].

각-세공 角細工 (뿔 각, 가늘 세, 장인 공). 뿔[角]로 여러 가지 물품을 만드는 섬세(纖細)한 손 공예(工藝).

각-속도 角速度 (모서리 각, 빠를 속, 정도 도). 물리 회전 운동을 하는 물체가 단위 시간에 움직이는 빠르기[速度]를 표시한 각도(角度). 단위는 라디안/초(r/s). ⓑ회전(回轉) 속도.

각수 刻手 (새길 각, 사람 수). 나무나 돌 따위에 조각(彫刻)하는 일을 직업으로 하는 사람[手].

각-시차 角視差 (모서리 각, 볼 시, 어긋날 차). 물리 물체의 실제 방향과 눈에 보이는[視] 방향의 차이(差異)에 의하여 이루어지는 각(角). 진북(眞北)과 좌표상 북 사이의 각으로, 빛의 굴절에 의해 생긴다.

각심-소원 各心所願 (각각 각, 마음 심, 것 소, 바랄 원). 사람마다[各] 마음[心]으로 원하는[願] 것[所]이 다름.

각심-소위 各心所爲 (각각 각, 마음 심, 것 소, 할 위). 사람마다[各] 딴마음으로[心] 하는[爲] 것[所].

각암 角巖 (뿔 각, 바위 암). ① 속뜻 뿔[角] 모양의 암석(巖石). ② 지리 규암의 일종으로 석영질의 매우 단단하고 갈색이나 짙은 회색을 띤 수성암. 구조가 뿔같이 치밀하고 깨진 자국이 모난 뿔 같다.

각양 各樣 (여러 각, 모양 양). 각각(各各)의 여러 가지 모양(模樣). 갖가지. ¶각양의 치즈를 생산한다.

▸ 각양-각색 各樣各色 (각각 각, 빛 색). 각각(各各)의 여러 모양[樣]과 여러 빛깔[色]. ¶사람의 취미는 각양각색이다. ⓑ가지각색, 가지가지, 각종(各種).

각연-증 脚軟症 (다리 각, 무를 연, 증세 증). 한의 다리[脚]의 힘이 풀려[軟] 걸음걸이에 어려움을 느끼는 증세(症勢). ㊟각연. ⓑ

각경(脚硬). [참]오연(五軟).

각오 覺悟 (잠깰 각, 깨달을 오). ① [속뜻]잠에서 깨어나[覺] 정신을 차려 할 일이 무엇인지 깨달음[悟]. ②마음의 준비를 함. ¶첫날이라 그런지 각오가 대단하다.

각왕 覺王 (깨달을 각, 임금 왕). ① [속뜻]깨달음[覺]의 가장 높은 위치에 있는 왕(王). ② [불교]불타(佛陀). [비]각제(覺帝), 각황(覺皇).

각운 脚韻 (다리 각, 운 운). ① [속뜻]시구의 끝[脚]에 다는 운(韻). ②시(詩)와 같은 운문에서 행의 끝에 비슷한 음 혹은 같은 음을 반복해서 문장을 정비하는 수사법. [반]두운(頭韻). [참]압운(押韻).

각-운동 角運動 (모서리 각, 돌 운, 움직일 동). [물리]물체가 고정된 한 점을 중심으로 항상 같은 거리를 유지해, 같은 각(角)을 이루며 도는 운동(運動). ¶팽이는 각운동을 한다. [비]회전(回轉) 운동.

▸각운동-량 角運動量 (분량 량). [물리]회전하는 물체의 회전 운동[角運動]의 세기[量].

각위 各位 (각각 각, 자리 위). ① [속뜻]각각(各各)의 여러 자리[位]. 또는 직위. ②앞의 여러 사람을 높여 이르는 말. ¶내빈 각위 / 회원 각위. ③각각의 신위(神位).

각유소장 各有所長 (각각 각, 있을 유, 것 소, 길 장). 사람마다[各] 그[所] 장점(長點)이나 장기(長技)가 있음[有]. ¶각유소장이라더니, 너도 피리는 잘 부는 구나.

각유일능 各有一能 (각각 각, 있을 유, 한 일, 능할 능). 사람마다[各] 한[一] 가지씩 잘하는[能] 재주가 있음[有]. ¶각유일능이라 홍천댁은 된장을 잘 담갔다.

각의 閣議 (관청 각, 의논할 의). [정치]'내각회의'(內閣會議) 준말. 내각이 그 직무를 수행하기 위하여 개최하는 회의. ¶총리는 각의를 소집했다.

각인¹ 刻印 (새길 각, 도장 인). ① [속뜻]도장[印]을 새김[刻]. 또는 그 도장. ②머릿속에 새겨 넣듯 깊이 기억됨. 또는 그 기억. ¶그날의 사건은 그의 뇌리에 깊이 각인되었다. [비]늑인(勒印).

각인² 各人 (여러 각, 사람 인). 각각(各各)의 여러 사람[人]. ¶각인의 의견을 종합하다.

▸각인-각색 各人各色 (각각 각, 빛 색). 각각(各各)의 사람[人]마다 각각(各各) 다른 빛깔[色]이 있음. ¶각인각색으로 인사를 하다. [비]각인각양(各人各樣).

▸각인-각설 各人各說 (각각 각, 말씀 설). 각각(各各)의 사람[人]마다 각각(各各) 달리 말함[說]. 주장하는 바가 각각 서로 다름. ¶참가자들은 각인각설로 의견을 내놓았다.

각자¹ 刻字 (새길 각, 글자 자). 글자[字]를 새김[刻]. ¶불경의 제작 연도를 각자하다.

⁑**각자² 各自** (각각 각, 스스로 자). ① [속뜻]각각(各各)의 자기(自己). ②저마다 따로따로. ¶밥값은 각자 계산했다. [비]제각각, 제각기, 각각(各各).

▸각자-도생 各自圖生 (꾀할 도, 살 생). 제각기[各自] 살[生] 길을 꾀함[圖].

▸각자 병:서 各自竝書 (나란히 병, 쓸 서). [언어]같은 자음 하나하나[各自]를 가로로 나란히[竝] 쓰는[書] 법. ㄲ, ㄸ, ㅃ, ㅆ, ㅉ 따위. [반]합용 병서(合用竝書).

각자-무치 角者無齒 (뿔 각, 것 자, 없을 무, 이 치). ① [속뜻]뿔[角]이 강한 짐승[者]은 이빨[齒]이 약함[無]. ②한 사람이 모든 재주나 복을 다 가질 수는 없음.

각장 各葬 (각각 각, 장사지낼 장). 부부를 각각(各各) 딴 곳에 따로 매장(埋葬)함. [반]합장(合葬).

각재 角材 (모서리 각, 재목 재). 건축물, 가구 등을 만들기 위해 네모지게[角] 쪼개 놓은 재목(材木). ¶소반은 각재의 모를 깎은 부드러운 재목으로 만든다.

각저-총 角觝塚 (=角抵塚, 뿔 각, 맞닥뜨릴 저, 무덤 총). 고구려 시대에 행하던, 씨름 비슷한 운동경기인 각저(角觝) 그림이 그려져 있는 무덤[塚].

⁑**각종 各種** (여러 각, 갈래 종). 여러[各] 가지 종류(種類). ¶각종 직업을 체험하다. [비]각색(各色), 각양각색(各樣各色).

각주¹ 角柱 (모서리 각, 기둥 주). ① [건설]네모진[角] 기둥[柱]. ② [수학]한 직선에 평행인 3개 이상의 평면과, 그 직선과 만나는 2개의 평행평면으로 둘러싸인 입체. 각기둥의 밑면은 합동이고, 옆면은 모두 평행사변형이다. '각기둥'의 옛 용어. [비]방주(方柱). [참]원주(圓柱).

각주² 脚註 (=脚注, 다리 각, 주석 주). 본문

아래쪽[脚]에 달아 놓은 보충 설명[註]. ㉥아랫주. ㉧미주(尾註).

각주구검 刻舟求劍 (새길 각, 배 주, 구할 구, 칼 검). ① 속뜻 강물에 칼을 빠뜨린 곳을 배[舟]에다 표시해[刻] 두었다가 나중에 그 표시를 보고 칼[劍]을 찾으려고[求] 함. ② '어리석고 미련함'을 비유하여 이르는 말.

각지[1] 各地 (여러 각, 땅 지). 여러[各] 지방(地方). ¶전국 각지에서 많은 사람이 몰려왔다. ㉥각처(各處), 방방곡곡(坊坊曲曲).

각지[2] 各紙 (여러 각, 종이 지). 각각(各各)의 여러 신문[紙]. 여러 신문. ¶경기 결과가 각지에 보도되었다.

각질[1] 脚疾 (다리 각, 병 질). ① 속뜻 다리[脚]가 아픈 병[疾]의 총칭. ② 의학 각기병(脚氣病).

각질[2] 角質 (뿔 각, 바탕 질). ① 속뜻 뿔[角]의 주요한 성분[質]. ② 동물 파충류 이상의 척추동물의 상피구조의 기본을 형성하는 단백질. 동물의 몸을 보호하는 비늘, 털, 뿔, 부리, 손톱 등에 많이 포함되어 있다. ¶발바닥의 각질을 제거하다.

▸각질 해:면 角質海綿 (바다 해, 솜 면). 동물 뼈가 각질(角質) 섬유로만 형성되고 석회질이나 유리질의 골편(骨片)이 없는 해면(海綿) 동물.

각처 各處 (여러 각, 곳 처). 각각(各各)의 여러 곳[處]. 모든 곳. ¶전국 각처에서 대회가 열렸다. ㉥각지(各地), 방방곡곡(坊坊曲曲).

각추 角錐 (모서리 각, 송곳 추). ① 속뜻 밑변은 모가 지고[角] 끝은 송곳[錐]처럼 뾰족한 모양. ② 수학 다각형의 각 변을 밑변으로 하고, 다각형의 평면 밖의 1점을 공통의 꼭짓점으로 하는 삼각형과 다각형인 밑면으로 둘러싸인 입체. '각뿔'의 옛 용어.

▸각추-대 角錐臺 (돈대 대). ① 속뜻 밑변은 모[角]가 지고 끝은 송곳[錐]처럼 뾰족해지는 모양의 대(臺). ② 수학 각뿔을 그 밑변에 평행하는 평면으로 잘라 꼭짓점이 있는 부분을 없애고 남은 부분으로 이루어진 입체.

각축 角逐 (뿔 각, 쫓을 축). ① 속뜻 사슴이 서로 뿔[角]을 받으며 쫓고 쫓김[逐]. ② 맞서서 다툼. ¶각축을 벌이다. ㉥싸움, 경쟁(競爭).

▸각축-장 角逐場 (마당 장). ① 속뜻 사슴이 서로 뿔[角]을 받으며 쫓고 쫓기는[逐] 곳[場]. ② 서로 이기려고 다투고 있는 곳. ¶벨기에는 주변 열강국의 각축장이 되었다.

▸각축-전 角逐戰 (싸울 전). ① 속뜻 사슴이 서로 뿔[角]을 받으며 쫓고 쫓기듯[逐] 서로 이기려고 다투어 덤비는 싸움[戰]. ¶우승컵을 놓고 각축전이 벌어졌다

각층 各層 (여러 각, 층 층). 각각(各各)의 여러 계층(階層). ¶사회 각층의 인사들이 다 모였다.

각파 各派 (각각 각, 갈래 파). ① 속뜻 당파, 학파, 유파 따위의 각각(各各)의 여러 갈래[派]. ¶각파 대표들이 회의에 참가하다. ② 한 문중의 각각의 파. ¶각파의 자손.

각판 刻版 (새길 각, 널빤지 판). 출판 글씨나 그림 등을 새긴[刻] 나무판[版]. '각판본'(刻版本)의 준말.

▸각판-본 刻版本 (책 본). 글씨나 그림 등을 나무판[版]에 새겨서[刻] 인쇄한 책[本]. ㉥판각본(板刻本). ㉣각본, 판본.

각피 角皮 (뿔 각, 껍질 피). ① 속뜻 뿔[角]처럼 단단한 껍질[皮]. ② 생물 생물의 체표 세포에서 분비하여 생긴 딱딱한 층. 몸을 보호하고 수분의 증발을 방지하는 구실을 한다.

▸각피-소 角皮素 (바탕 소). 생물 각피(角皮)의 주요 성분[素].

각하[1] 却下 (물리칠 각, 아래 하). ① 속뜻 아래로[下] 내림[却]. ② 법률 청구, 신청, 항의 등을 받아들이지 않고 물리침. 형식적 요건이 갖추어 지지 않은 경우, 내용에 대한 판단 없이 이루어진다. ¶상고를 각하하다. ㉧기각(棄却).

각하[2] 閣下 (대궐 각, 아래 하). ① 속뜻 대궐[閣] 아래[下]. ② 특정한 고급 관료에 대한 경칭. ¶대통령 각하 / 의장 각하. ㉥전하(殿下), 성하(聖下).

각항 各項 (각각 각, 항목 항). ① 속뜻 각각(各各)의 여러 항목(項目). 각 사항(事項). ¶이 조약은 전문(前文)과 각항 13조로 구성되어 있다. ② 각기 다른 여러 가지. ㉥각가지.

각혈 咯血 (토할 각, 피 혈). ① 속뜻 피[血]를 토함[咯]. ② 의학 기도(氣道)에서의 출혈이 원인이 되어 입으로 혈액이나 혈액이 섞인

가래를 토하는 일. ¶폐병으로 각혈이 심해졌다. ⓑ객혈(喀血), 토혈(吐血).

각화 角化 (뿔 각, 될 화). ① 속뜻 '각질화'(角質化)의 준말. ② 동물 척추동물의 표피가 딱딱한 단백질인 케라틴으로 되는 일.

▸각화-증 角化症 (증세 증). 의학 피부의 각질층이 증식, 변화하여 딱딱하게[角] 변하는[化] 증상(症狀). 손발의 티눈이나 못 따위.

간:간 間間 (사이 간, 사이 간). ① 속뜻 사이[間] 사이[間]에. ¶학교 담을 끼고 경찰들이 간간 서 있다. ②이따금. ¶감기 탓인지 간간 기침을 한다.

간:격 間隔 (사이 간, 사이 뜰 격). ① 속뜻 공간적으로 사이[間]가 벌어짐[隔]. ¶앞 차와의 간격을 유지하세요. ②시간적으로 벌어진 사이. ¶버스는 20분 간격으로 온다. ③사람들의 관계가 벌어진 정도. ¶한동안 연락을 안 했더니 친구와 간격이 느껴진다. ④사물 사이의 관계에 생긴 틈. ⑤어떤 일을 할 만한 기회나 일이 풀려나가는 정도.

간결 簡潔 (간략할 간, 깨끗할 결). 간단(簡單)하고 깔끔하다[潔]. ¶자신의 느낌을 간결한 문장으로 적었다.

▸간결-미 簡潔美 (아름다울 미). 글이나 말 따위가 간결(簡潔)한 데서 볼 수 있는 아름다움[美]. ¶그의 문장은 간결미가 있다.

▸간결-성 簡潔性 (성질 성). 글이나 말 따위에 보이는 간결(簡潔)한 특성(特性). ¶구양수의 문장은 간결성이 엿보인다.

▸간결-체 簡潔體 (모양 체). 문학 짧고 간결(簡潔)한 문장으로 내용을 표현하는 문체(文體). ⓑ만연체(蔓衍體).

간경 刊經 (책 펴낼 간, 책 경). 불경(佛經)을 간행(刊行)함.

▸간경-도감 刊經都監 (모두 도, 살필 감). 역사 조선시대에, 불경(佛經)의 번역 및 간행(刊行)을 맡아보던 관청[都監]. 능엄경, 법화경, 금강경, 원각경 등 수많은 불경을 언해하여 간행하였다.

간:경변-증 肝硬變症 (간 간, 단단할 경, 바뀔 변, 증세 증). ① 속뜻 간(肝)이 굳고[硬] 모양이 변화(變化)하는 병증(病症). ② 의학 간의 섬유 조직이 많이 자라 굳어지면서 오그라들고, 표면에 이상한 융기가 생겨 울퉁불퉁해지는 병. 바이러스 간염이나 알코올의 과다 섭취가 주된 원인이며, 복수(腹水)·황달·체중 감소·빈혈 따위의 증상이 나타난다.

간계 奸計 (간사할 간, 꾀 계). 간사(奸邪)한 꾀[計]. ¶간계에 넘어가다 / 간계를 부리다.

간고 艱苦 (어려울 간, 괴로울 고). ① 속뜻 살기 어렵고[艱] 고생(苦生)스러움. ¶간고를 이겨내다. ②처지나 상태가 어렵고 힘듦.

간:곡 懇曲 (정성 간, 굽을 곡). 정성스럽고[懇] 곡진하다[曲]. 매우 정성스럽다. ¶간곡한 부탁을 거절할 수 없었다.

간:-곡선 間曲線 (사이 간, 굽을 곡, 줄 선). ① 속뜻 주곡선(主曲線)의 사이[間]에 그리는 곡선(曲線). ② 지리 주곡선 간격의 2분의 1인 등고선. 주곡선만으로 기복을 표현하기 어려운 산꼭대기, 완경사지 따위의 지역에서 부분적으로 사용한다. ⓑ부곡선(副曲線). ⓒ계곡선(計曲線), 주곡선(主曲線), 조곡선(助曲線).

간과[1] 干戈 (방패 간, 창 과). ① 속뜻 방패[干]나 창[戈] 같은 병기(兵器)의 총칭. ② '전쟁'을 비유하여 이르는 말. ¶두 나라는 간과를 거두고 평화 협정을 맺었다. ⓑ간척(干戚), 무기(武器), 전쟁(戰爭).

간과[2] 看過 (볼 간, 지날 과). ① 속뜻 대강 보아[看] 넘김[過]. ②관심 없이 예사로이 보아 내버려 둠. ¶이 문제는 간과할 일이 아니다.

간교 奸巧 (간사할 간, 약을 교). 간사(奸邪)하고 약삭빠름[巧]. ¶간교한 꾀에 그만 속고 말았다. ⓑ간사(奸邪), 교활(狡猾).

간:구 懇求 (정성 간, 구할 구). 간절(懇切)히 요구(要求)함. ¶우리를 유혹에서 구해 주실 것을 간구하나이다.

간균 杆菌 (=桿菌, 몽둥이 간, 세균 균). 생물 막대[杆] 모양으로 생긴 세균(細菌). '간상균'(杆狀菌)의 준말. 결핵균, 대장균, 디프테리아균, 백일해균, 페스트균 따위가 있다. ⓑ막대박테리아.

간:극 間隙 (사이 간, 틈 극). ① 속뜻 사이[間]나 틈[隙]. ②시간이나 사물, 사건, 현상의 사이. ¶간극을 메우다 / 벽에 간극이 생기다 / 역사적 시간의 간극 / 이론과 현실

사이에는 간극이 크다. ⓑ간격(間隔).

간기[1] **刊記** (책 펴낼 간, 기록할 기). 책을 펴내면서[刊] 적은[記] 것. 출판일, 장소, 간행자 등을 적은 것. ¶이 책은 간기가 없어 정확한 간행 연대를 알 수 없다.

간:기[2] **間期** (사이 간, 때 기). ① 속뜻 분열기와 분열기 사이[間]에 있는 시기(時期). ② 생물 세포 분열 주기에서 분열기를 제외한 시기. 이 기간에 세포는 동적인 형태변화를 멈추고, 디엔에이(DNA) 복제와 같은 중요한 합성을 한다. ⓑ정지기(靜止期), 중간기(中間期), 휴지기(休止期).

간난 艱難 (어려울 간, 어려울 난). ① 속뜻 일이나 생활이 매우 어려움[艱=難]. ¶간난을 이겨 내다 / 간난한 세월을 겪다. ② '가난'의 본딧말. ⓑ난간(難艱).

▸간난-신고 艱難辛苦 (고통 신, 괴로울 고). 어려움[艱難]과 괴로움[辛苦]. 어려움을 겪으며 고생함. ¶그는 온갖 간난신고를 무릅쓰고 성공을 거두었다.

간:년 間年 (사이 간, 해 년). 한 해[年]를 거름[間].

▸간:년-경 間年耕 (밭갈 경). 농업 한 해[年]씩 걸러서[間] 농사를 지음[耕]. ⓑ간년작(間年作).

간:단[1] **間斷** (사이 간, 끊을 단). 계속되던 것이 사이를[間] 두고 끊임[斷].

***간단**[2] **簡單** (간략할 간, 홑 단). ① 속뜻 간략(簡略)하고 단순(單純)하다. ② 번거롭지 않고 손쉽다. 단출하다. ¶간단한 문제. ⓟ복잡(複雜)하다.

▸간단명료 簡單明瞭 (밝을 명, 밝을 료). 간단(簡單)하고 뚜렷함[明=瞭]. ¶질문에 간단명료하게 답했다. ⓒ간명(簡明).

간:담[1] **肝膽** (간 간, 쓸개 담). ① 속뜻 간(肝)과 쓸개[膽]. ¶간담이 떨어질 뻔 했다. ② 속마음을 비유하여 이르는 말. ¶간담을 비추다.

▸간:담-상조 肝膽相照 (서로 상, 비칠 조). ① 속뜻 간(肝)과 쓸개[膽]를 서로[相] 내보임[照]. ② 속마음을 터놓고 가까이 사귐.

간:담[2] **懇談** (정성 간, 이야기 담). 정성스럽게[懇] 주고받는 이야기[談].

▸간:담-회 懇談會 (모일 회). 서로 터놓고 정답게[懇] 이야기를 나누는[談] 모임[會]. ¶투자 간담회를 열다.

간도 間島 (사이 간, 섬 도). ① 속뜻 사이[間]에 있는 섬[島]. ② 두만강과 마주한 간도 지방의 동부.

▸간:도 참변 間島慘變 (참혹할 참, 바뀔 변). 역사 1920년 일제가 간도(間島) 지역의 한국인을 학살한, 참혹(慘酷)한 변고(變故).

▸간:도 협약 間島協約 (합칠 협, 묶을 약). 역사 1909년, 청나라와 일본이 간도(間島)의 영유권 등에 관하여 맺은 협약(協約).

간:독 簡牘 (대쪽 간, 편지 독). ① 속뜻 대쪽[簡]에 쓴 편지[牘]. ② 여러 가지 편지를 본보기로 모아 놓은 책. ⓑ서간문집(書簡文集).

간략 簡略 (간략할 간, 줄일 략). ① 속뜻 간단(簡單)하게 간추리다[略]. ¶책의 내용을 간략해서 독자들에게 소개했다. ② 간단하고 짤막하다. ¶간략하게 설명하시오. ⓑ간단(簡單).

***간만 干滿** (막을 간, 찰 만). 지리 간조(干潮)와 만조(滿潮)를 아울러 이르는 말. ¶서해안은 간만의 차가 심하다.

간:명 簡明 (간략할 간, 밝을 명). '간단명료'(簡單明瞭)의 준말. ¶복잡한 내용을 간명하게 요약하다.

간:발 間髮 (사이 간, 터럭 발). ① 속뜻 사이[間]에 머리털[髮]이 낄 정도의 미세한 틈. 또는 그런 차이. ② 매우 작은 차이. 주로 공간적인 차이를 이른다. ¶달리기에서 간발의 차이로 졌다.

간:벌 間伐 (사이 간, 벨 벌). 사이[間]에 있는 나무를 벰[伐]. 나무들이 잘 자라도록 적당한 간격을 유지하기 위함이다. '솎아베기'로 순화. ⓑ소벌(疏伐).

간병 看病 (볼 간, 병 병). 병(病)이 든 사람을 보살핌[看]. ¶시아버지를 간병하다. ⓑ간호(看護).

간부[1] **奸婦** (간사할 간, 여자 부). 간사(奸邪)한 여자[婦]. ¶이 영화에는 간부가 등장해 남자 주인공을 파멸시킨다. ⓑ독부(毒婦).

간:부[2] **姦夫** (간음할 간, 사나이 부). 간통(姦通)한 남자[夫]. ¶그가 고기잡이를 간 사이 아내는 간부와 달아났다. ⓟ간부(姦婦).

간:부[3] **姦婦** (간음할 간, 여자 부). 간통(姦通)한 여자[婦]. ⓟ간부(姦夫).

간부[4] **幹部** (줄기 간, 거느릴 부). 기관이나 조직체 따위에서 줄기[幹] 같은 중심이 되는 자리에서 책임을 맡거나 지도하는[部] 사람. ¶간부 회의 / 학급 간부를 뽑다.

간ː빙-기 **間氷期** (사이 간, 얼음 빙, 때 기). 지리 빙하기(氷河期)와 빙하기 사이[間]의 시기(時期). 비교적 기후가 따뜻해서 저위도 지방에 있던 빙하는 녹아 없어지고, 고위도 지방에만 빙하가 존재하였다.

간사[1] **奸邪** (간교할 간, 그를 사). 성질이 간교(奸巧)하고 행실이 그르다[邪]. ¶간사한 사람은 크게 성공하기 어렵다. ②원칙을 따르지 않고 자기의 이익에 따라 변하는 성질이 있다. ¶사람의 마음은 간사하다.

간사[2] **奸詐** (간교할 간, 속일 사). ① 속뜻 간교(奸巧)하여 남을 잘 속임[詐]. ②거짓으로 남의 비위를 맞추거나 아양을 떠는 태도가 있음.

간사[3] **幹事** (줄기 간, 일 사). ① 속뜻 중심[幹]이 되는 일[事]을 맡아서 처리함. ②모임이나 단체의 중심이 되어 사무를 맡아 처리하는 사람. 또는 그 직무. ¶간사가 나서서 일정을 정했다.

간상 **奸商** (간사할 간, 장사 상). 간사(奸邪)한 방법으로 부당한 이익을 보려는 장사[商]. 또는 그런 장사치. ¶간상 모리배.

간상-세포 **杆狀細胞** (몽둥이 간, 형상 상, 작을 세, 태보 포). 생물 막대[杆] 모양[狀]의 세포(細胞). 눈의 망막에 있으며 밝기를 느끼는 작용을 한다. ⓑ간상체(杆狀體).

***간석-지** **干潟地** (막을 간, 개펄 석, 땅 지). 바닷물이 드나드는[干] 개펄[潟] 지역(地域). ¶간석지를 경작지로 바꾸다. ⓑ간석(干潟), 해택(海澤).

간선[1] **幹線** (줄기 간, 줄 선). 도로, 철로 따위에서 중심 줄기[幹]가 되는 선(線). ¶간선 도로. ⓑ기선(基線). ⓟ지선(支線).

간ː선[2] **間選** (사이 간, 고를 선). '간접선거'(間接選擧)의 준말. ⓟ직선(直選).

▸간ː선-제 間選制 (정할 제). 정치 일반 선거인이 중간(中間) 선거인단을 뽑아 그들이 최종 선거(選擧)를 하도록 하는 제도(制度). '간접선거제도'(間接選擧制度)의 준말. ⓟ직선제(直選制).

간섭 **干涉** (막을 간, 관여할 섭). ① 속뜻 남의 일을 가로막고[干] 참견하거나 관여함[涉]. ¶남의 일에 간섭하다. ② 물리 두 개 이상의 파(波)가 한 점에서 서로 만날 때 합쳐진 파의 진폭이 변하는 현상. ⓑ참견(參見), 개입(介入), 관여(關與). ⓟ방관(傍觀), 방임(放任).

▸간섭-색 干涉色 (빛 색). 물리 두 백색광이 서로 간섭(干涉)할 때, 명암의 조건이 파장에 따라 다름에 따라 광파의 조성이 바뀌어 나타나는 빛깔[色]. 비눗방울이나 수면에 퍼진 기름 막 따위에 나타나는 빛깔 따위이다.

간성[1] **干城** (방패 간, 성곽 성). ① 속뜻 방패[干]와 성(城). ②나라를 지키는 믿음직한 군대나 인물. ¶국가의 간성 / 국방의 간성.

간ː성[2] **間性** (사이 간, 성별 성). ① 속뜻 중간(中間)적인 성별(性別). ② 생물 암수딴몸이나 암수딴그루인 생물의 개체에 암수 두 가지 형질이 혼합되어 나타나는 일. 생식 능력이 없다. ⓑ중성(中性).

간ː-세포[1] **間細胞** (사이 간, 작을 세, 태보 포). ① 속뜻 세포의 사이[間]에 끼어 있는 세포(細胞). ②히드라와 같은 자포동물에 있는 분화하지 않은 작은 세포. ⓑ사이세포.

간-세포[2] **幹細胞** (줄기 간, 작을 세, 태보 포). ① 속뜻 분화에서 중심[幹]이 되는 세포(細胞). ② 생물 배아 또는 성체에 있는, 여러 종류의 세포로 분화할 수 있는 미분화 세포. ⓑ줄기세포.

간소 **簡素** (간략할 간, 수수할 소). 생활이나 차림새 등이 간략(簡略)하고 수수함[素]. ¶간소한 살림살이. ⓑ꾸밈없다, 수수하다.

▸간소-화 簡素化 (될 화). 복잡한 것을 간소(簡素)하게 변화(變化)시킴. ¶생산 절차를 간소화하여 시간을 아끼다.

간솔 **簡率** (간단할 간, 소탈할 솔). 간단(簡單)하고 솔직(率直)하다. ¶그는 성격이 간솔하다.

간수 **看守** (볼 간, 지킬 수). ① 속뜻 보살피고[看] 지킴[守]. ②철도의 건널목을 지키는 사람.

간ː식 **間食** (사이 간, 먹을 식). 아침·점심·저녁의 사이[間]에 먹음[食]. 또는 그런 음식. ¶간식으로 떡을 먹다. ⓑ군것질, 주전부리.

간:신[1] **諫臣** (간언할 간, 신하 신). ① 속뜻 간언(諫言)하는 신하(臣下). ② 역사 조선시대에 임금의 잘못을 간언하던 사간(司諫)와 사헌부(司憲府)의 벼슬아치. ⓑ간관(諫官).

간신[2] **艱辛** (어려울 간, 고통 신). 일하기가 어렵고[艱] 고생스럽다[辛]. ¶간신히 시험을 통과했다.

간신[3] **奸臣** (=姦臣, 간사할 간, 신하 신). 간사(奸邪)한 신하(臣下). 간사한 사람. ¶간신들의 모함을 받아 유배되었다. ⓑ충신(忠臣).

▸간신-적자 奸臣賊子 (도둑 적, 아이 자). 간악(奸惡)한 신하(臣下)와 어버이 말을 거역하는[賊] 자식(子息). ¶『춘추』(春秋)를 본 간신적자들은 벌벌 떨었다. ⓒ난신적자(亂臣賊子).

간악 奸惡 (간사할 간, 악할 악). 간사(奸邪)하고 악독(惡毒)함. ¶간악한 무리들을 소탕하다. ⓑ사악(邪惡). ⓑ선량(善良).

▸간악-무도 奸惡無道 (없을 무, 길 도). 간악(奸惡)하고 도리(道理)가 없는[無] 짓을 함. ¶간악무도한 무리들이 그녀를 일본군에게 넘겼다.

간:암 肝癌 (간 간, 암 암). 의학 간장(肝臟)에 생기는 암(癌). ¶간암을 조기에 발견했다.

간:약 簡約 (간단할 간, 묶을 약). 간단(簡單)하게 묶어[約] 줄이다. 간단하고 짤막하다. ¶그는 방정식을 간약하는 새로운 이론을 제시하였다.

간:언[1] **間言** (사이 간, 말씀 언). 이간(離間)질 하는 말[言]. ¶간언을 놓다.

간:언[2] **諫言** (간할 간, 말씀 언). 웃어른이나 임금에게 옳지 못하거나 잘못된 일을 고치도록[諫] 하는 말[言]. ¶그는 왕의 폭정을 간언(諫言)하다 좌천되었다. ⓑ권간(勸諫).

간여 干與 (막을 간, 도울 여). 관계하여[干] 참여(參與)함. ¶네가 간여할 일이 아니다. ⓑ참견(參見). ⓑ방관(傍觀).

간:염 肝炎 (간 간, 염증 염). 의학 간(肝)에 생기는 염증(炎症)을 통틀어 이르는 말.

간웅 奸雄 (간사할 간, 뛰어날 웅). 간사(奸邪)한 영웅(英雄). 간사한 남자. ¶난세의 간웅.

간:원 懇願 (정성 간, 바랄 원). 간절(懇切)히 바람[願]. ¶간원을 물리치다 / 이순신은 임금 뵙기를 간원했다. ⓑ곤원(悃願).

간:유 肝油 (간 간, 기름 유). 약학 물고기의 간장(肝臟)에서 뽑아낸 지방유(脂肪油). 노란색이고 투명하며 비타민 에이(A)와 비타민 디(D)가 많이 들어 있다.

간:음 姦淫 (간음할 간, 음란할 음). 부부가 아닌 남녀가 음탕하게[姦] 성 관계를 맺음[淫].

▸간:음-죄 姦淫罪 (허물 죄). 법률 간음(姦淫)으로 인하여 성립되는 죄(罪).

*__간:이 簡易__ (간단할 간, 쉬울 이). 형식이 간단(簡單)하여 이용하기 쉬움[易]. ¶고속도로 간이 휴게소(休憩所)에 들렀다.

▸간:이-식 簡易食 (밥 식). 빵이나 라면 따위 같이 간단(簡單)하여 쉽게[易] 마련하여 먹을 수 있는 식품(食品).

▸간:이-역 簡易驛 (정거장 역). 구조가 간단(簡單)하여 쉽게[易] 이용할 수 있도록 설치된 작은 규모의 철도역(鐵道驛). ¶간이역을 폐쇄하다.

▸간:이-화 簡易化 (될 화). 복잡한 구조를 간단(簡單)하게, 이용하기 쉽게[易] 바꿈[化].

▸간:이-식당 簡易食堂 (먹을 식, 집 당). 간단(簡單)한 설비만을 갖추어 이용하기 쉽게[易] 되어있는 식당(食堂).

간:인 間印 (사이 간, 도장 인). 함께 묶인 서류의 종잇장 사이[間]에 걸쳐서 찍은 도장[印]. ¶계약서에 간인이 없으면 무효이다.

간:장 肝腸 (간 간, 창자 장). ① 속뜻 간(肝)과 창자[腸]. ② '애'나 '마음'을 비유하여 이르는 말. ¶어찌나 걱정했는지 간장이 다 녹았다. ③ 의학 인체 내 다섯 장기(藏器)의 하나인 간(肝). 횡격막 아래인 복부의 오른쪽 윗부분에 위치한 우리 몸에서 가장 큰 장기이다. ⓒ간. ⓑ애.

간:쟁 諫諍 (간언할 간, 간언할 쟁). 어른이나 임금에게 옳지 못하거나 잘못된 일을 고치도록 말함[諫=諍]. ¶삼사(三司)의 간쟁을 받아들이다.

간적 奸賊 (간사할 간, 도둑 적). 간악(奸惡)한 도적(盜賊). ¶흉년에 간적까지 난을 일으켰다.

간:절 懇切 (정성 간, 몹시 절). 더없이[切] 정성스러움[懇]. ¶간절한 눈빛.

간:접 間接 (사이 간, 이을 접). 중간(中間)에서 관계 따위를 맺어줌[接]. ¶간접흡연 / 간접사회자본. ㉥직접(直接).

▸간:접-범 間接犯 (범할 범). 법률 스스로 직접 죄를 범하지 않고 남을 이용하여 간접적(間接的)으로 행한 범죄(犯罪). 또는 그 범인. ㉥교사범(教唆犯).

▸간:접-비 間接費 (쓸 비). 경제 여러 가지 제품의 생산에 공통적으로, 간접적(間接的)으로 소요되는 비용(費用). 간접 재료비, 간접 노동비, 간접 경비 따위. ㉥직접비(直接費).

▸간:접-적 間接的 (것 적). 직접이 아니라 간접(間接) 수단을 통하는 것[的]. ¶난 그 일과 간접적으로 관계되어 있다. ㉥직접적(直接的).

▸간:접 강:제 間接強制 (억지 강, 누를 제). 법률 간접적(間接的)으로 의무를 이행하도록 강제(強制)하는 것. 법원이 채무를 이행하지 않는 채무자에 대하여, 신체 또는 재산에 직접 실력을 가하지 않고 처리하는 집행방법이다.

▸간:접 국세 間接國稅 (나라 국, 세금 세). ① 속뜻 간접적(間接的)으로 징수하는 국세(國稅). ② 법률 국세 가운데 납세자와 납세 의무자가 일치하지 않는 세금. 부가 가치세, 전화세 따위가 있다. ㉥직접(直接) 국세.

▸간:접 무:역 間接貿易 (바꿀 무, 바꿀 역). ① 속뜻 상품의 수출입이 간접적(間接的)으로 이루어지는 무역(貿易) 형태. ② 경제 제삼국을 통하거나 외국인·외국 상사를 통하여 하는 무역. 최근에는 해외에 조립 공장을 설립하고, 국내에서 관계 부품을 보내어 현지에서 제품을 조립하는 경우가 전형적인 형태이다. ㉥직접(直接) 무역.

▸간:접 선:거 間接選擧 (고를 선, 들 거). ① 속뜻 일반 선거인이 간접적(間接的)으로 참여하는 선거(選擧). ② 법률 일반 선거인에 의해 선출된 중간 선거인이 피선거인을 뽑는 선거. ¶간접 선거로 의장을 선출하다. ㉾간선.

▸간:접 흡연 間接吸煙 (마실 흡, 담배 연). 비흡연자가 간접적(間接的)으로 흡연자의 담배[煙] 연기를 들이마시게 되는[吸] 일.

▸간:접 군주제 間接君主制 (임금 군, 주인 주, 정할 제). ① 속뜻 군주(君主)가 간접적(間接的)으로 통치하는 체제(體制). ② 정치 군주가 자기의 대리인이나 대리 기관을 통하여 권력을 행사하는 정치 체제. ㉥직접(直接) 군주제.

▸간:접 민주제 間接民主制 (백성 민, 주인 주, 정할 제). ① 속뜻 간접적(間接的)으로 국민(國民)이 정치에 참여하는[主] 제도(制度). ② 정치 국민이 선출한 대의원이 국민을 대신해 정치에 참여하는 정치 제도. ㉥대의(代議) 민주제, 대표(代表) 민주제. ㉥직접(直接) 민주제.

간조¹ 干潮 (막을 간, 바닷물 조). ① 속뜻 바닷물[潮]이 들어오지 못하게 막음[干]. ② 지리 바다에서 조수가 빠져나가 해수면이 가장 낮아진 상태. 달의 인력 때문이며, 하루에 두 번 일어난다. ¶간조가 되면 섬까지 걸어서 갈 수 있다. ㉥썰물, 저조(低潮). ㉥만조(滿潮).

▸간조-선 干潮線 (줄 선). 지리 간조(干潮) 때의 바다와 육지의 경계선(境界線). ㉥저조선(低潮線). ㉥만조선(滿潮線).

간조² 乾燥 (마를 간, 마를 조). 마름[乾=燥]. '건조'(乾燥)의 본딧말.

▸간조-증 乾燥症 (증세 증). 한의 몸에 수분이 적어지며 땀, 침, 대소변 따위가 잘 나오지 않고 피부 따위가 건조(乾燥) 해지는 증상(症狀).

간주¹ 看做 (볼 간, 지을 주). 상태, 모양, 성질 따위가 그와 같다고 보거나[看] 여김[做]. ¶그의 말을 농담으로 간주하다.

간:주² 間奏 (사이 간, 연주할 주). 음악 극이나 악곡의 사이[間]에 하는 연주(演奏). ㉧전주(前奏), 후주(後奏).

▸간:주-곡 間奏曲 (노래 곡). 음악 극이나 악곡의 사이[間]에 연주(演奏)하는 음악[曲]. ㉥간주악(間奏樂).

간증 干證 (막을 간, 증거 증). ① 법률 예전에, 남의 범죄에 관련된[干] 증인(證人). ② 기독교 자신의 종교적 체험을 고백함으로써 하나님의 존재를 증언하는 일.

간지¹ 干支 (천간 간, 지지 지). 천간(天干)과 지지(地支). 십간(十干)과 십이지(十二支)를 조합한 것. ¶올해는 간지로 신묘년이다.

간지[2] **奸智** (간사할 간, 슬기 지). 간사(奸邪)한 꾀[智]. ¶간지가 뛰어나다 / 간지에 능하다.

간:지[3] **間紙** (사이 간, 종이 지). ① [속뜻] 책장 사이[間]에 끼워 두는 종이[紙]. ② [출판] 건조가 잘 안된 인쇄면이 다른 지면(紙面)에 붙지 않게 하기 위하여 사이에 끼우는 얇은 종이. ③ [출판] 접어서 맨 책의 종이가 얇아 힘이 없을 때, 그 접은 각 장의 사이에 넣어 받치는 종이. ④ 신문처럼 여러 겹으로 포개어 접힌 종이에서 겉의 종이 안에 있는 각각의 종이. [비] 속장.

간:지[4] **簡紙** (대쪽 간, 종이 지). 대쪽[簡]처럼 두껍고 품질이 좋은 종이[紙]. 정중한 편지를 쓸 때 사용한다.

간:질 癎疾 (지랄 간, 병 질). ① [속뜻] 경련을 일으키는[癎] 병[疾]. ② [의학] 의식 장애를 일으키는 발작 증상이 되풀이하여 나타나는 병. 유전이나 외상 등의 이유로 발병한다. '간질병'(癎疾病)의 준말. ¶그는 온 몸을 떨며 간질을 일으켰다.

간:찰 簡札 (대쪽 간, 쪽지 찰). ① [속뜻] 간지(簡紙)에 쓴 편지[札]. ② 안부, 소식, 용무 따위를 적어 보내는 글. [비] 편지(便紙).

간책[1] **奸策** (간사할 간, 꾀 책). 간사(奸邪)한 계책(計策). ¶그는 간책을 써서 신하들을 숙청했다. [비] 간계(奸計).

간:책[2] **簡册** (=簡策, 대쪽 간, 책 책). 옛날에 글을 적는 데 쓰던 대쪽[簡]을 엮어 맨 것[册].

*__간척 干拓__ (막을 간, 넓힐 척). 바다나 호수의 일부를 둑으로 막고[干], 그 안의 물을 빼내어 육지로 만들어 땅을 넓히는[拓] 일. ¶해안을 간척하다.

▸간척-지 干拓地 (땅 지). 간척(干拓) 공사를 통하여 넓힌 땅[地].

간:첩 間諜 (사이 간, 염탐할 첩). ① [속뜻] 사이[間]에 들어가 염탐함[諜]. ② 비밀을 몰래 알아내어 제공하는 사람. ¶간첩으로 의심되면 바로 신고하세요. [비] 첩자(諜者), 공작원(工作員), 첩보원(諜報員).

▸간:첩-죄 間諜罪 (허물 죄). 간첩(間諜) 행위를 하거나, 간첩을 도와준 범죄(犯罪). ¶간첩죄 혐의 / 그는 간첩죄로 평생 옥살이를 했다.

간:청 懇請 (정성 간, 부탁할 청). 간절(懇切)히 부탁함[請]. 또는 그러한 청원. ¶임금은 아이의 간청을 들어주었다. [비] 청탁(請託), 부탁(付託).

간:촉 懇囑 (정성 간, 부탁할 촉). 간절(懇切)히 부탁함[囑]. ¶그녀의 간촉을 저버릴 수 없었다. [비] 간청(懇請), 고간(苦懇).

간:택 揀擇 (가릴 간, 고를 택). ① [속뜻] 옳고 그름, 좋고 나쁨을 가려[揀] 고름[擇]. ② 배우자를 고름. ¶후궁으로 간택되었다.

간:통 姦通 (간음할 간, 통할 통). 부부가 아니니 남녀가 음탕하게[姦] 성적 관계를 맺음[通]. ¶그들은 간통을 저지르다가 동네 사람들에게 몰매를 맞았다. [비] 간범(姦犯), 통간(通姦).

▸간:통-죄 姦通罪 (허물 죄). ① [속뜻] 간통(姦通)으로 성립되는 죄(罪). ② [법률] 배우자가 있는 사람이 배우자가 아닌 사람과 성적 관계를 맺어 성립하는 범죄. 배우자의 고소에 의하여 성립하는 친고죄(親告罪)의 하나이다.

간특 奸慝 (=姦慝, 간사할 간, 악할 특). 간사(奸邪)하고 악하다[慝]. ¶간특한 인간.

간파 看破 (볼 간, 깨뜨릴 파). 보아서[看] 속사정을 꿰뚫어[破] 알아차림. ¶상대의 의도를 간파했다.

간판 看板 (볼 간, 널빤지 판). 사람들의 눈에 잘 띄게[看] 내건 표지용 널빤지[板]. ¶옥상에 상점 간판을 달다. ② '대표로 내세울 만한 사람이나 사물'을 비유하여 이르는 말. ¶유명인을 간판으로 내걸고 영업을 하다. ③ '겉으로 내세우는 학벌이나 경력 따위'를 속되게 이르는 말. ¶그는 간판을 내세워 대기업에 입사했다.

간편 簡便 (간단할 간, 편할 편). 간단(簡單)하고 편리(便利)하다. ¶물만 부으면 되니 참 간편하다. [비] 간략(簡略), 간소(簡素). [반] 복잡(複雜).

간행 刊行 (책 펴낼 간, 행할 행). 책을 찍어[刊] 발행(發行)함. ¶3개월에 한 번씩 간행하는 출판물을 계간(季刊)이라고 한다. [비] 발행(發行), 출판(出版), 발간(發刊), 출간(出刊).

▸간행-물 刊行物 (만물 물). 간행(刊行)된 책, 신문, 그림 따위의 물품(物品)을 이르는

말.

간ː헐 間歇 (사이 간, 쉴 헐). ① 속뜻 이어지던 것이 중간(中間) 중간에 쉼[歇]. ② 얼마 동안의 시간 간격을 두고 되풀이하여 일어났다 쉬었다 함. ⊕단속(斷續), 산발(散發).

▸간ː헐-류 間歇流 (흐를 류). ① 속뜻 중간(中間) 중간에 끊기는[歇] 물길[流]. ② 지리 평상시에는 물이 없다가 큰비가 오거나 우기에만 골짜기를 흐르는 내).. ¶나미브 사막 북부에는 간헐류가 흐른다.

▸간ː헐-열 間歇熱 (더울 열). ① 속뜻 중간(中間) 중간에 내리는[歇] 열(熱). ② 의학 주기적으로 갑자기 오르내리는 열. ¶말라리아에 걸리면 대게 간헐열이 나타난다.

▸간ː헐-적 間歇的 (것 적). ① 속뜻 중간(中間) 중간에 끊기는[歇] 것[的]. ② 얼마 동안의 시간 간격을 두고 되풀이하여 일어나는. 또는 그런 것. ¶간헐적으로 비가 내린다. ⊕연속적(連續的).

▸간ː헐-천 間歇川 (내 천). ① 속뜻 일정기간 동안 중간(中間) 중간에 끊기는[歇] 시내[川]. ② 지리 간헐류(間歇流). '간헐하천'(河川)의 준말. ¶'와디'는 아라비아의 건조지역에 있는 간헐천을 말한다.

▸간ː헐 온천 間歇溫泉 (따뜻할 온, 샘 천). ① 속뜻 분출이 중간(中間) 중간에 끊기는[歇] 온천(溫泉). ② 지리 일정한 간격을 두고 뜨거운 물이나 수증기를 뿜었다가 멎었다가 하는 온천). ¶라싸에는 간헐온천이 유명하다.

▸간ː헐 유전 間歇遺傳 (남길 유, 전할 전). 생물 생물의 열성 형질이 여러 대를 걸러 간헐적(間歇的)으로 유전(遺傳) 되는 현상. ⊕격세 유전(隔世遺傳).

간호 看護 (볼 간, 돌볼 호). 환자나 노약자를 돌보고[看] 보살펴[護] 줌. ¶병든 아버지를 간호하다. ⊕간병(看病).

▸간호-사 看護師 (스승 사). 의사의 진료를 돕고 환자를 돌보는[看護] 사람[師]. ¶간호사가 붕대를 감아주었다.

간ː혹 間或 (사이 간, 혹시 혹). ① 속뜻 간간(間間)이 또는 혹시(或是). ② 어쩌다가 띄엄띄엄. ¶원숭이도 간혹 나무에서 떨어질 때가 있다. ⊕때로.

간활 奸猾 (간사할 간, 교활할 활). 간사(奸邪)하고 교활(狡猾)하다. ¶간활한 아전들이 상감의 눈과 귀를 멀게 한다. ⊕간교(奸狡).

간흉 奸凶 (간사할 간, 흉할 흉). 간특(奸慝)하고 흉악(凶惡)함. 또는 그런 사람. ¶새 임금은 주위의 간흉들을 제거했다.

갈건 葛巾 (칡 갈, 수건 건). 갈포(葛布)로 만든 두건(頭巾). ¶그는 갈건을 쓰고 나타났다.

갈구 渴求 (목마를 갈, 구할 구). 갈망(渴望)하여 애타게 구(求)함. ¶자유를 갈구하다 / 이 영화는 평화에 대한 갈구를 그렸다. ⊕갈망(渴望).

갈근 葛根 (칡 갈, 뿌리 근). 칡[葛]의 뿌리[根]. ¶갈근을 달여 먹다.

갈급 渴急 (목마를 갈, 급할 급). 목이 타듯[渴] 매우 급함[急]. ¶돈에 갈급이 나다 / 명예에 갈급하다.

▸갈급-증 渴急症 (증세 증). ① 속뜻 목이 말라[渴] 서둘러[急] 물을 마시고 싶은 증세(症勢). ② 목이 마른 듯이 무언가를 몹시 조급하게 바라는 마음을 비유하여 이르는 말. ㊟갈증.

***갈등 葛藤** (칡 갈, 등나무 등). ① 속뜻 칡[葛] 덩굴과 등(藤)나무 덩굴이 서로 뒤얽힘. ② '견해·주장·이해 등이 뒤엉킨 반목·불화·대립·충돌'을 비유하여 이르는 말. ¶노사 간의 갈등. ③ 심리 두 가지 이상의 상반되는 요구나 욕구, 기회 또는 목표에 직면하였을 때, 선택을 하지 못하고 괴로워함. 또는 그런 상태. ¶공부를 계속 해야 할지, 결혼을 해야 할지 정말 갈등이다.

갈력 竭力 (다할 갈, 힘 력). 힘[力]이나 노력을 다함[竭]. 또는 낼 수 있는 모든 힘. ¶경제를 살리는 데 갈력하다. ⊕진력(盡力), 사력(肆力).

갈망 渴望 (목마를 갈, 바랄 망). 목말라[渴] 물을 찾듯이 간절히 바람[望]. ¶남북 통일을 갈망하다. ⊕열망(熱望).

갈분 葛粉 (칡 갈, 가루 분). 칡[葛]뿌리를 짓찧어 물에 가라앉혀 말린 가루[粉]. ¶갈분으로 미음을 쑤다.

갈사 暍死 (더위먹을 갈, 죽을 사). 더위를 먹어[暍] 죽음[死].

갈색 褐色 (털옷 갈, 빛 색). 털옷[褐] 같은 주황빛[色]. ¶갈색 스웨터. ⊕밤색.

▸갈색-목탄 褐色木炭 (나무 목, 숯 탄). 갈색(褐色)이 되게 구운 숯[木炭]. 아주 검어지기 전에 불을 꺼서 만든다. ¶갈색목탄으로 화약을 만들다.

▸갈색 인종 褐色人種 (사람 인, 갈래 종). 살갗의 빛깔이 갈색(褐色)인 인종(人種). ¶말레이인은 갈색 인종에 속한다.

▸갈색 조류 褐色藻類 (바닷말 조, 무리 류). [식물] 갈색(褐色)이 나는 물풀[藻] 종류(種類). 다시마나 미역 따위. [준]갈조, 갈조류. [비]갈조 식물(褐藻植物).

▸갈색 화:약 褐色火藥 (불 화, 약 약). [화학] 갈색(褐色)의 화약(火藥). 갈색 목탄에 질산칼륨과 황 등을 혼합하여 만든다.

갈수 渴水 (목마를 갈, 물 수). 가물어서 물[水]이 마름[渴].

▸갈수-기 渴水期 (때 기). 가뭄으로 하천의 물[水]이 마르거나[渴] 가장 적어지는 시기(時期). [반]풍수기(豐水期).

갈조 褐藻 (털옷 갈, 바닷말 조). [식물] 갈색(褐色)인 물풀[藻] 종류. 다시마나 미역 따위. '갈색 조류'(褐色藻類)의 준말. [참]녹조(綠藻).

▸갈조-류 褐藻類 (무리 류). [식물] '갈색 조류'(褐色藻類)의 준말.

▸갈조-소 褐藻素 (바탕 소). 갈색(褐色)인 물풀[藻] 속에 많이 들어 있는 적갈색의 색소(色素).

▸갈조-식물 褐藻植物 (심을 식, 만물 물). [식물] 갈색(褐色)인 조류(藻類)에 속하는 식물(植物). 다시마나 미역 따위.

갈증 渴症 (목마를 갈, 증세 증). 목이 말라[渴] 물을 마시고 싶은 증세(症勢). ¶갈증이 나다. [비]조갈(燥渴).

갈채 喝采 (큰소리 갈, 주사위 채). ① [속뜻] 주사위[采]를 던지며 큰소리[喝]로 고함을 지름. ②외침이나 박수 따위로 찬양이나 환영의 뜻을 나타냄. ¶갈채를 받다 / 관중석에서 우레와 같은 갈채가 쏟아졌다.

갈충-보국 竭忠報國 (다할 갈, 충성 충, 갚을 보, 나라 국). 충성(忠誠)을 다하여[竭] 나라[國]의 은혜를 갚음[報]. [비]진충보국(盡忠報國).

갈취 喝取 (큰소리칠 갈, 가질 취). 큰소리를 쳐서[喝] 으름장을 놓아 빼앗아 가짐[取]. ¶현령은 양민의 재산을 갈취했다.

갈탄 褐炭 (털옷 갈, 숯 탄). ① [속뜻] 갈색(褐色)의 숯[炭]. ②유연탄(有煙炭)의 하나. 석탄 중에서 가장 탄화도(炭化度)가 낮으며, 물기에 젖기 쉽고, 건조하면 가루가 되기 쉽다. ¶노천광(露天鑛)에서 갈탄을 캐내다.

갈파 喝破 (큰소리칠 갈, 깨뜨릴 파). ① [속뜻] 큰소리를 쳐서[喝] 기세를 누름[破]. ②정당한 논리로 진리를 밝히어 그릇된 주장을 깨뜨림. ¶바울로는 편지를 통해 그리스도교의 핵심적인 교리를 갈파했다.

갈포 葛布 (칡 갈, 베 포). 칡[葛]의 줄기에서 나온 섬유질로 짠 베[布]. ¶갈포로 벽지를 만들다.

갈필 渴筆 (목마를 갈, 붓 필). ① [속뜻] 빳빳하게 마른[渴] 붓[筆]. ② [미술] 붓이 마른 것처럼 먹물을 많이 묻히지 않고 글씨를 쓰거나 그림을 그리는 기법. ¶남종화(南宗畫)에서는 갈필을 중시한다. [반]윤필(潤筆).

감:가 減價 (덜 감, 값 가). ① [속뜻] 값어치[價]가 줆[減]. ② [경제] 고정(固定)자산 또는 유동(流動)자산의 경제가치나 평가액의 감소. [반]증가(增價).

▸감:가-상각 減價償却 (갚을 상, 물리칠 각). [경제] 줄어든[減] 가치[價]만큼 떨어내는[償却] 회계상의 절차. 주로 토지를 제외한 고정 자산의 회계에 적용한다. [준]상각.

▸감:가-상각비 減價償却費 (갚을 상, 물리칠 각, 쓸 비). [경제] 원래의 값에서 줄어든[減] 가치[價]만큼을 덜어내고[償却] 이것을 보전하기 위한 비용(費用). ¶이 부가가치에는 감가상각비를 포함하지 않았다.

***감:각 感覺** (느낄 감, 깨달을 각). ① [속뜻] 눈, 귀, 코, 혀, 살갗 등을 통하여 느껴[感] 앎[覺]. ¶감각 마비 / 감각이 예민하다. ②사물에서 받는 인상이나 느낌. ¶그녀는 패션 감각이 뛰어나다. [비]느낌, 감촉(感觸), 감정(感情), 정서(情緖).

▸감:각-기 感覺器 (그릇 기). [동물] '감각기관'(感覺器官)의 준말.

▸감:각-론 感覺論 (논할 론). [철학] 모든 인식은 감각(感覺)에서 유래한다는 철학 이론(理論). 경험론의 일종으로, 일체의 인식 원천은 감각에 있기 때문에, 원래부터 감성(感性)속에 없었던 것은 지성 속에 존재하

지 않는다고 주장한다. ¶영국의 경험론은 감각론에서 개화하였다.

▸감:각-모 感覺毛 (털 모). 생물 외부의 자극을 수용하여 감각(感覺) 기능을 하는 털[毛]. 촉각, 후각 또는 청각의 작용을 한다. 식물에서는 끈끈이주걱처럼 식충(食蟲) 식물의 잎 표면에 나 있는 털도 포함하여 이른다. ¶고양이의 위턱에 난 털은 감각모이다. ⓑ감촉모(感觸毛).

▸감:각-적 感覺的 (것 적). ① 속뜻 감각(感覺)을 자극하는 것[的]. ¶감각적인 소설. ② 감각이나 자극에 예민한. ¶그는 매우 감각적이다. ⓑ감성적(感性的), 감관적(感觀的), 관능적(官能的). ⓑ관념적(觀念的), 개념적(概念的).

▸감:각-점 感覺點 (점 점). 의학 피부에 분포되어 압력·온도·통증 등의 감각(感覺) 반응을 나타내는 점(點). ¶냉점, 온점은 감각점에 속한다.

▸감:각 기관 感覺器官 (그릇 기, 벼슬 관). 동물 자극을 통하여 어떤 감각(感覺)을 일으키게 하는 신체 기관(器官). 촉각 기관, 후각 기관, 미각 기관 등이 있다. ⓒ감각기. ⓑ감촉(感觸) 기관.

▸감:각 기능 感覺機能 (틀 기, 능할 능). 동물 몸이 외부의 자극을 받아들이고 느끼는[感覺] 기능(機能).

▸감:각 마비 感覺痲痺 (저릴 마, 저릴 비). 의학 몸의 감각(感覺) 신경이 마비(痲痺)되어 일어나는 증세. ¶수술 후 감각 마비가 올 수 있다.

▸감:각 묘:사 感覺描寫 (그릴 묘, 베낄 사). 미술 감각(感覺)에 의한 인상에 중점을 두는 묘사(描寫) 기법.

▸감:각 상실 感覺喪失 (잃을 상, 잃을 실). ① 속뜻 감각(感覺)을 잃어버림[喪失]. ② 의학 신경에 자극을 받아도 감각반응이 일어나지 않는 상태. ⓑ감각 소실(消失).

▸감:각 세:포 感覺細胞 (작을 세, 태보 포). ① 속뜻 감각(感覺)에 관련된 기능을 하는 세포(細胞). ② 의학 여러 가지의 감각 자극에 반응을 나타내는 특수 기능을 하는 세포. 시각·미각·청각 세포 따위가 감각기·피부·힘줄·관절 따위에 분포한다.

▸감:각 식물 感覺植物 (심을 식, 만물 물). ① 속뜻 감각(感覺) 반응을 하는 식물(植物). ② 식물 외부의 자극에 따라 반응을 일으키는 식물. ¶미모사는 감각 식물이다.

▸감:각 신경 感覺神經 (정신 신, 날실 경). 동물 감각 세포의 여러 가지 자극을 감각(感覺) 중추신경에 전달하는 신경(神經). ⓑ지각 신경(知覺神經).

▸감:각 온도 感覺溫度 (따뜻할 온, 정도 도). 지리 실제 감각(感覺)으로 느끼는 온도(溫度). 또는 그것을 수량적으로 나타낸 것. ⓑ체감(體感) 온도.

▸감:각 중추 感覺中樞 (가운데 중, 지도리 추). 의학 감각(感覺)의 기본이 되는 신경 중추(中樞). 고등 동물에는 대뇌피질에 분포되어 있다.

감:개 感慨 (느낄 감, 슬퍼할 개). ① 속뜻 깊이 느끼어[感] 슬퍼함[慨]. ② 마음속 깊이 사무치는 느낌. ¶무사히 돌아와 감개가 무량하였다.

▸감:개-무량 感慨無量 (없을 무, 헤아릴 량). 마음에 사무치는 느낌[感慨]을 헤아릴[量] 수 없음[無]. ¶십 년 만에 고향에 돌아오니 감개무량하다.

감:격 感激 (느낄 감, 격할 격). ① 속뜻 고마움을 깊이[激] 느낌[感]. ② 마음속에 깊이 느껴 격동됨. ¶감격의 눈물 / 감격적인 장면. ⓑ감동(感動).

감:경 減輕 (덜 감, 가벼울 경). ① 속뜻 덜어서[減] 가볍게[輕] 함. ② 법률 본래의 형벌보다 가벼운 형벌에 처함. ¶정신질환을 고려하여 형량을 감경하다. ⓑ경감(輕減).

감고 甘苦 (달 감, 쓸 고). ① 속뜻 단맛[甘]과 쓴맛[苦]. ② 즐거움과 괴로움. ¶조강지처와 감고를 함께 하다. ③ 고생을 달게 여김. ⓑ고락(苦樂).

감:관 感官 (느낄 감, 벼슬 관). 동물 '감각 기관'(感覺器官)과 그 작용을 통틀어 이르는 말. ¶사람에게는 여러 가지 감관이 있다.

▸감:관 표상 感官表象 (겉 표, 모양 상). 철학 외부의 자극에 반응하여[感官] 그 반응[象]이 겉으로[表] 드러나는 것.

감:광[1] 減光 (덜 감, 빛 광). 천문 별이나 태양의 빛[光]이 지구의 대기에 흡수되어 감소(減少)하는 현상.

감:광[2] 感光 (느낄 감, 빛 광). 화학 물질이 빛[光]에 감응(感應)해 화학적 변화를 일

으키는 일. ¶사진은 감광 현상을 이용해 현상한다.

▸감ː광-계 感光計 (셀 계). 연영 빛[光]에 반응해[感] 변화를 일으키는 정도를 재는[計] 기계.

▸감ː광-도 感光度 (정도 도). 화학 빛[光]에 반응해[感] 변화를 일으키는 정도(程度). 감광 재료의 감광 능력을 수치로 표시한 것.

▸감ː광-막 感光膜 (꺼풀 막). 화학 빛[光]에 반응해[感] 변화를 일으키는 작용을 하는 얇은 막(膜). 인화지 등에 감광제가 말라 형성된 것이다.

▸감ː광-약 感光藥 (약 약). ① 속뜻 빛[光]에 반응해[感] 변화를 일으키는 약품(藥品). ② 화학 감광제.

▸감ː광-제 感光劑 (약제 제). ① 속뜻 빛[光]에 반응해[感] 변화를 일으키는 약제(藥劑). ② 화학 빛이나 엑스선, 감마선, 중성자선과 같은 방사선의 작용을 받아서 화학적·물리적 변화를 일으키는 화학 물질. 요오드화은, 염화은 따위.

▸감ː광-지 感光紙 (종이 지). 화학 빛[光]에 반응해[感] 변화를 일으키는 약품을 바른 종이[紙]. 인화지, 청사진 종이 따위가 있다.

▸감ː광-판 感光板 (널빤지 판). 연영 빛[光]에 반응해[感] 변화를 일으키는 약품을 바른 유리판(板)이나 셀룰로이드 판(板). 건판, 습판(濕板), 필름 따위가 있다.

▸감ː광 유리 感光琉璃 (유리 류, 유리 리). 화학 빛[光]에 반응해[感] 변화를 일으키는 성질을 지닌 금, 은, 구리 같은 콜로이드 착색제가 들어있는 특수 유리(琉璃).

감괘 坎卦 (물 감, 걸 괘). 민속 물[坎]을 상징하는 팔괘(八卦)의 하나. ¶'☵'을 일러 감괘라고 한다.

감ː구 感球 (느낄 감, 공 구). 동물 생물의 피부에 있는 감각(感覺) 세포의 집단[球].

감ː군 減軍 (덜 감, 군사 군). 군인(軍人)의 수를 줄임[減]. ¶십만 명을 감군할 계획이다. ⓑ증군(增軍).

감ː-군은 感君恩 (느낄 감, 임금 군, 은혜 은). 문학 임금[君]의 은혜(恩惠)에 감사(感謝)하는 내용의 조선 초기 악장. 『악장가사』(樂章歌詞)와 『고금가곡』(古今歌曲)에 전한다.

감귤 柑橘 (감자나무 감, 귤나무 귤). 밀감(蜜柑)과 귤(橘)을 아울러 이르는 말. ¶제주 감귤은 세계적으로 유명하다.

감금 監禁 (볼 감, 금할 금). 감시(監視)하기 위해 드나드는 것을 금지(禁止)하고 가둠. ¶구치소에 감금하다 / 독방에 감금되다. ⓑ수감(收監).

▸감금-죄 監禁罪 (허물 죄). 법률 불법으로 사람을 가둔[監禁] 죄(罪). 개인의 신체적 활동의 자유를 제한함으로써 성립하는 범죄이다.

감ː급 減給 (덜 감, 줄 급). 급료나 급여를 정한 것보다 덜고[減] 줌[給]. ⓑ가급(加給).

감ː기 感氣 (느낄 감, 기운 기). ① 속뜻 자연의 기(氣)를 느낌[感]. ② 한의 풍(風)·한(寒)·서(暑)·습(濕)·조(燥)·화(火)를 몸으로 느낄 만큼 기운이 없는 상태를 이르는 말. ③ 의학 몸이 오슬오슬 춥게 느껴지며 기운이 없고 열이 나며 기침, 콧물이 나는 질환을 통틀어 이르는 말. ¶감기에 걸리다. ⓑ고뿔, 한질(寒疾).

▸감ː기-약 感氣藥 (약 약). 감기(感氣)를 치료하는 데 쓰는 약(藥). ¶감기약을 먹어도 낫지 않았다.

감ː납 減納 (덜 감, 바칠 납). 세금, 납부금 따위를 정해진 금액보다 덜[減] 냄[納].

감내 堪耐 (견딜 감, 견딜 내). 참고[堪] 견딤[耐]. ¶그는 많은 역경을 감내해왔다.

감당 堪當 (견딜 감, 당할 당). 능히 견디어[堪] 맡아함[當]. ¶내 힘으로는 감당할 수 없는 일이다.

감ː도 感度 (느낄 감, 정도 도). ① 속뜻 자극에 대하여 느끼는[感] 정도(程度). ② 필름이나 전신기 따위가 빛이나 전파 등에 대하여 나타내는 반응의 정도. ¶전화의 감도가 좋다 / 필름 감도가 좋다.

감독 監督 (볼 감, 살필 독). ① 속뜻 보살피고[監] 잘 살펴봄[督]. 또는 그런 사람. ¶시험을 감독하다. ② 영화나 연극, 운동 경기 따위에서 일의 전체를 지휘함. 또는 그 일을 하는 사람. ¶축구 대표팀 감독. ③ 법률 어떤 사람이나 기관이 다른 사람이나 기관의 행위가 잘못되지 않도록 감시하고, 필요한 경우에는 명령이나 제재를 가하는 일.

▸감독-관 監督官 (벼슬 관). 감독(監督)의 직무를 맡은 관리(官吏). ¶관리 감독관 / 감독관으로 임명되다.

▸감독-권 監督權 (권리 권). 감독(監督)할 권리(權利).

⁑감:동 感動 (느낄 감, 움직일 동). 깊이 느끼어[感] 마음이 움직임[動]. ¶심청의 이야기를 들은 용왕은 크게 감동했다. ⓑ느낌, 감격(感激), 감복(感服), 감명(感銘).

▸감:동-적 感動的 (것 적). 감동(感動)할 만한 것[的]. ¶감동적인 장면을 연출하다.

감:득 感得 (느낄 감, 얻을 득). ① 속뜻 깊이 느끼어[感] 터득(攄得)함. ② 영감(靈感)으로 깨달아 앎.

감:등 減等 (덜 감, 무리 등). 등급(等級)을 낮춤[減]. ¶비리 직원을 하위직으로 감등하다.

감:람-석 橄欖石 (감람나무 감, 감람나무 람, 돌 석). 광업 감람(橄欖)나무 빛깔의 보석(寶石). 백색·회색·황색 등도 있는데, 빛깔이 곱고 투명한 것은 보석으로 쓴다. ¶'페리도트'(peridot)라는 보석은 감람석의 일종이다.

감:람-암 橄欖巖 (감람나무 감, 감람나무 람, 바위 암). 광업 감람석(橄欖石)이나 휘석을 주성분으로 하는 암석(巖石). 철·마그네슘 등으로 이루어진 어두운 색의 화성암이다.

감:량 減量 (덜 감, 분량 량). 양(量)을 덜어냄[減]. ¶경기를 위해 체중을 감량했다. ⓑ 증량(增量).

감로 甘露 (달 감, 이슬 로). ① 속뜻 천하가 태평할 때에 하늘에서 내린다고 하는 단[甘] 이슬[露]. ② 도리천에 있다는 감미로운 영액. ③ 여름에 단풍나무·팽나무·떡갈나무 따위의 잎에서 떨어지는 달콤한 즙. 진드기가 분비하는 것이다. ④ '감로수'의 준말.

▸감로-수 甘露水 (물 수). ① 속뜻 단맛[甘]이 나는 이슬[露]같은 물[水]. ② 정갈하고 맛이 좋은 물. ¶약수터에서 감로수를 떠왔다.

▸감로-주 甘露酒 (술 주). 단맛[甘]이 나는 이슬[露]같은 술[酒]. 소주에 용안육, 대추, 포도, 살구씨, 구기자, 두충, 숙지황 따위를 넣고 오래도록 우려 만든다.

감:루 感淚 (느낄 감, 눈물 루). 감동(感動)하여 흘리는 눈물[淚]. 감격의 눈물. ¶안도의 감루 / 감루를 흘리다.

감률 甘栗 (달 감, 밤 률). ① 속뜻 단맛[甘]이 나는 밤[栗]. ② 가열한 모래 속에서 익힌 군밤. ¶아버지가 감률을 만들어 주셨다.

감리 監理 (살필 감, 다스릴 리). ① 속뜻 감독(監督)하고 관리(管理)함. ② 법률 외부감사법에 의거 감사인인 회계법인이 작성한 감사보고서가 회계처리기준과 감사기준에 적합한지의 여부를 금융감독원이 검토하는 행위. ¶감리를 맡다 / 시공을 감리하다.

▸감리-교 監理敎 (종교 교). ① 속뜻 감독(監督)과 관리(管理)가 엄격한 교파. ② 종교 18세기 초 영국의 웨슬리가 창시한 개신교의 한 교파. '격식주의 교회'라는 뜻의 'Methodist church'를 한자어로 의역한 말로, 감리사와 감독을 두어 교회를 다스리게 하였다.

감:마 減磨 (덜 감, 갈 마). ① 속뜻 갈아서[磨] 줄어듦[減]. ② 닳는 정도를 적게 함.

▸감:마 합금 減磨合金 (합할 합, 쇠 금). ① 속뜻 마모(磨耗)를 줄이기[減] 위해 만든 합금(合金). ② 화학 주석이나 납을 주성분으로 하는 베어링 합금. 또는 아연이나 구리를 주성분으로 하는 합금. 마찰이 심한 기계의 베어링 따위의 재료로 쓴다.

감:면 減免 (덜 감, 면할 면). 부담 따위를 감(減)해 주거나 면제(免除)해 줌. ¶흉년이 들어 세금을 감면했다.

감:명 感銘 (느낄 감, 새길 명). 깊이 느끼어[感] 마음에 새겨[銘] 둠. ¶이순신 장군의 전기를 감명 깊게 읽었다. ⓑ감격(感激), 감동(感動).

감미 甘味 (달 감, 맛 미). 달콤한[甘] 맛[味]. ¶감미로운 목소리.

▸감미-료 甘味料 (거리 료). 단[甘]맛[味]을 내는 데 쓰이는 재료(材料). 포도당, 과당, 맥아당 따위.

감방 監房 (볼 감, 방 방). 교도소에서 죄수를 감시(監視)하기 위하여 가두어 두는 방(房). ¶사형수를 감방에 가두다.

감:배 減配 (덜 감, 나눌 배). 배당(配當)이나 배급을 줄임[減]. ⓑ증배(增配).

감별 鑑別 (볼 감, 나눌 별). ① [속뜻] 잘 살펴보고[鑑] 식별(識別)함. ¶병아리 감별 / 위조지폐를 감별하다. ② 예술 작품이나 골동품 따위의 가치와 진위를 판단함. 박물관에 걸린 피카소의 작품이 위작으로 감별되었다.

감:복 感服 (느낄 감, 따를 복). 감동(感動)하여 진심으로 복종(服從)함. ¶임금은 그의 효심에 감복했다.

감:봉 減俸 (덜 감, 봉급 봉). ① [속뜻] 봉급(俸給)의 액수를 줄임[減]. ¶월급에서 50만원이 감봉되었다. ② [법률] 일정한 기간 동안 보수의 3분의 1 이하를 줄이는 공무원 징계 처분. ¶감봉 징계를 받다. [비]월록(越祿), 월봉(越俸), 벌봉(罰俸). [반]증봉(增俸).

감:불생심 敢不生心 (감히 감, 아닐 불, 날 생, 마음 심). 감히[敢] 마음[心]을 먹지[生] 못함[不]. ¶감불생심이지, 아씨를 쳐다볼 수나 있겠나. [비]감불생의(敢不生意).

감사¹ 監司 (볼 감, 벼슬 사). ① [속뜻] 감시(監視)하는 직책을 맡은 벼슬[司]. ② [역사] 조선 시대에 둔, 각 도의 으뜸 벼슬. [속담] 평안감사도 저 싫으면 그만. ¶감사가 행차하면 사또만 죽어난다. [비]관찰사(觀察使).

감:사² 感謝 (느낄 감, 고마워할 사). ① [속뜻] 고마움[謝]을 느낌[感]. ② 고마움을 표함. ¶성원에 감사드립니다. [비]사의(謝意), 은혜(恩惠).

▸감:사-장 感謝狀 (문서 장). 감사(感謝)의 뜻을 적어 인사로 주는 글[狀]. ¶교장을 대신해 감사장을 전달하다.

▸감:사-패 感謝牌 (나무쪽 패). 공이 있는 사람에게 감사(感謝)의 뜻으로 주는 패(牌). ¶자원봉사자들에게 감사패를 수여했다.

감사³ 監査 (볼 감, 살필 사). 감독(監督)하고 검사(檢査)함. ② [법률] 법인의 재산이나 업무를 감사하는 상설 기관. 또는 그런 사람. ¶국정 감사 / 회계감사. [비]감독(監督), 검사(檢査), 감찰(監察).

▸감사-관 監査官 (벼슬 관). [법률] 행정 각부 차관의 아래서 감사(監査)를 맡은 공무원[官].

▸감사-원 監査院 (관청 원). [법률] 행정기관과 공무원의 직무에 대한 감사(監査)를 담당하는 대통령 직속의 정부 기관[院]. ¶감사원은 공직자들의 비리를 철저히 감찰했다.

▸감사 기관 監査機關 (틀 기, 빗장 관). 사무 집행을 감사(監査)하여 그 비위(非違)를 적발하고 시정하는 일을 임무로 하는 기관(機關). 감사원(監査院) 따위.

감산¹ 甘酸 (달 감, 신맛 산). ① [속뜻] 맛이 달고[甘] 심[酸]. ② 즐거움과 괴로움을 아울러 이르는 말. ¶삶의 감산을 다 겪어 보았다.

감:산² 減産 (덜 감, 낳을 산). 생산량(生産量)을 줄임[減]. ¶OPEC은 원유 감산을 결정했다. [반]증산(增産).

감:산³ 減算 (덜 감, 셀 산). ① [속뜻] 빼내고[減] 셈함[算]. ② 몇 개의 수나 식 따위를 빼서 계산함. [비]뺄셈. [반]가산(加算).

감:상¹ 感賞 (느낄 감, 상줄 상). 마음에 깊이 느끼어[感] 칭찬함[賞].

감:상² 感想 (느낄 감, 생각 상). 마음에 느끼어[感] 일어나는 생각[想]. ¶한국에 대한 감상을 말하다. [비]소감(所感), 의견(意見).

▸감:상-문 感想文 (글월 문). 감상(感想)을 적은 글[文]. ¶책을 읽고 감상문을 썼다.

감:상³ 感傷 (느낄 감, 상할 상). ① [속뜻] 좋게 느껴[感]지지 않아 마음이 상함[傷]. ② 하찮은 사물에도 쉽게 슬픔을 느끼는 마음. ¶떨어지는 낙엽을 보고 감상에 빠졌다.

▸감:상-벽 感傷癖 (버릇 벽). 사소한 일에도 감동(感動)하고 슬퍼하는[傷] 버릇[癖].

▸감:상-적 感傷的 (것 적). 사소한 일에도 감동(感動)하고 슬퍼하는[傷] 것[的]. ¶감상적으로 일을 처리하지 마라. [비]애상적(哀傷的). [반]이성적(理性的), 논리적(論理的).

▸감:상-주의 感傷主義 (주될 주, 뜻 의). [문학] 이성이나 의지보다 감정, 특히 슬픈[傷] 감정(感情)을 서정의 본질로서 표현하려는, 낭만주의적 문학 경향[主義]. [비]센티멘털리즘.

***감상⁴ 鑑賞** (볼 감, 즐길 상). 예술 작품을 보고[鑑] 즐김[賞]. ¶미술 작품을 감상하다.

▸감상-곡 鑑賞曲 (노래 곡). 감상(鑑賞)을 하기 위한 악곡(樂曲).

▸감상-실 鑑賞室 (방 실). 감상(鑑賞)을 하

는 시설이 마련되어 있는 방[室]. ¶영화 감상실.

감색 紺色 (검푸른색 감, 빛 색). 검푸른[紺] 남색[色]. ¶감색 양복을 입으니 점잖아 보인다.

감:색-성 感色性 (느낄 감, 빛 색, 성질 성). ① 속뜻 빛[色]에 반응하는[感] 성질(性質). ② 연영 사진 건판(乾板)이나 필름이, 파장이 각각 다른 여러 가지 빛에 감광하는 것.

감:성 感性 (느낄 감, 성질 성). ① 속뜻 자극에 대해 변화를 느끼는[感] 성질(性質). ¶그녀는 감성이 풍부하다. ② 철학 대상을 오관(五官)으로 느끼고 깨달아 그 상(像)을 형성하는 인식 능력. ③ 식물 경성(傾性). 반 지성(知性), 이성(理性).

▸감:성-계 感性界 (지경 계). 감관을 통해 [感性] 인식하게 되는 외부 세계(世界). 비 감각계(感覺界). 참 가상계(可想界).

▸감:성-론 感性論 (논할 론). 철학 감성(感性)의 인식에 대한 역할이나 타당성을 논하는 이론(理論). 인식론의 한 분야이다

▸감:성-적 感性的 (것 적). 감성(感性)이 작용하는 것[的]. 감성이 예민한 것. ¶피아노 선율이 매우 감성적이다.

감:세 減稅 (덜 감, 세금 세). 세금(稅金)의 액수나 비율을 줄여줌[減]. ¶감세 혜택 / 장애인을 고용한 기업은 감세된다. 비 감조(減租). 반 증세(增稅).

***감:소 減少** (덜 감, 적을 소). ① 속뜻 줄어서[減] 적어짐[少]. ② 덜어서 적게 함. ¶출생률이 감소하다. 비 감량(減量). 반 증가(增加).

▸감:소-함수 減少函數 (넣을 함, 셀 수). 수학 독립 변수의 값이 커질수록 이에 대응하는 함수의 값이 변하지 않거나 감소(減少)하는 함수(函數).

감:속 減速 (덜 감, 빠를 속). 속도(速度)를 줄임[減]. ¶이곳은 길이 좁으니 감속하십시오. 반 가속(加速).

▸감:속-재 減速材 (재료 재). 물리 원자로 안에서 핵분열 반응의 속도를 감속(減速)시키는 물질[材]. 감속체(減速體), 완속체(緩速體), 완속물질(緩速物質), 완충물질(緩衝物質).

감:손 減損 (덜 감, 덜 손). 물품 따위가 줆[減=損]. 또는 물품 따위를 줄임. ¶감손 회계(會計). 비 손감(損減).

감쇄 減殺 (덜 감, 줄어들 쇄). 덜고[減] 줄어들어[殺] 없어짐. 줄여 없앰. ¶효과 감쇄 / 상례(喪禮) 절차를 감쇄하다 / 지진파가 감쇄되다.

감수[1] 甘水 (달 감, 물 수). 단맛[甘]이 나는 물[水]. ¶되돌아보니, 지난 고통이 감수처럼 느껴진다. 비 단물.

감수[2] 甘受 (달 감, 받을 수). 질책, 고통, 모욕 따위를 군말 없이 달게[甘] 받음[受]. ¶고통을 감수하다.

감:수[3] 減收 (덜 감, 거둘 수). 수입(收入)이나 수확이 줄어듦[減]. ¶가뭄 때문에 올해 농사는 작년에 비해 상당히 감수되었다. 반 증수(增收).

감:수[4] 減水 (덜 감, 물 수). 하천이나 호수 따위의 물[水]이 줆[減]. 또는 그 물. 가뭄으로 감수해서 저수지의 바닥이 드러났다. 반 증수(增水).

감:수[5] 減壽 (덜 감, 목숨 수). 수명(壽命)이 줆[減]. ¶그 일로 십 년은 감수했겠다.

감수[6] 監修 (볼 감, 고칠 수). 책을 편찬하고 수정(修正)하는 일을 감독(監督)하는 일. ¶이 책은 국문학자가 감수했다.

감:수[7] 減數 (덜 감, 셀 수). ① 속뜻 돈이나 물품의 수(數)를 줄임[減]. ② 수학 어떤 수에서 다른 어떤 수를 뺄 때, 빼려는 수. '10-2=8'에서 '2'를 이른다. 반 가수(加數). 참 피감수(被減數).

▸감:수 분열 減數分裂 (나눌 분, 찢어질 렬). 생물 염색체의 수(數)가 반으로 줄어드는 [減] 세포 분열(分裂). 생식 세포, 즉 난자나 정자가 형성될 때 일어난다.

감:수[8] 感受 (느낄 감, 받을 수). 심리 외부의 자극을 감각(感覺) 신경을 통해 받아들임 [受].

▸감:수-성 感受性 (성질 성). 외부의 자극을 받아[受] 느낌[感]을 일으키는 성질(性質)이나 능력. ¶사춘기에는 감수성이 예민하다. 준 감성. 비 수용성(受容性).

감시 監視 (볼 감, 볼 시). 단속하기 위하여 주의 깊게 살펴[監]봄[視]. ¶죄수를 감시하다.

▸감시-자 監視者 (사람 자). 단속하기 위하

여 주의하여 살펴[監]보는[視] 사람[者]. ¶감시자의 눈을 피하여 도망쳤다.

감:식[1] **減食** (덜 감, 먹을 식). 음식의 양을 줄여[減] 먹음[食]. ¶체중 조절을 위하여 감식하다.

감식[2] **鑑識** (볼 감, 알 식). 감정(鑑定)하여 식별(識別)함. ¶지문 감식 / 미술품을 감식하다.

감안 勘案 (헤아릴 감, 생각 안). 헤아려[勘] 생각해봄[案]. 참작함. ¶형편을 감안하여 수업료를 면제해 주었다.

감:압 減壓 (덜 감, 누를 압). 압력(壓力)을 줄임[減]. ¶감압 신경 / 감압하여 성분을 분리하다.

▸감:압 반:사 減壓反射 (되돌릴 반, 쏠 사). 의학 신체 각 부분의 자극에 의하여 자동적으로 혈압(血壓)이 내려가는[減] 반사(反射) 작용.

감:액 減額 (덜 감, 액수 액). 액수[額]를 줄임[減]. 줄인 액수. ¶임금을 감액하다 / 예산이 감액되다. ㊥증액(增額).

감언 甘言 (달 감, 말씀 언). 듣기 좋게 하는 달콤한[甘] 말[言]. ¶감언으로 물건을 빼앗다. ㊥고언(苦言).

▸감언-이설 甘言利說 (이로울 리, 말씀 설). 남의 비위를 맞추는 달콤한[甘] 말[言]과 이로운[利] 조건만 들어 그럴듯하게 꾸미는 말[說]. ¶감언이설로 여자를 꾀다.

감:염 感染 (느낄 감, 물들일 염). ① 의학 병원체가 몸에 옮아[感] 물듦[染]. ¶바이러스에 감염되었다. ② 남의 나쁜 버릇이나 다른 풍습 따위가 옮아서 그대로 따라하게 됨. ㊐영향(影響), 전염(傳染).

감:염-식 減鹽食 (덜 감, 소금 염, 밥 식). 의학 병의 치료를 위하여 소금기[鹽]를 줄인[減] 음식물(飮食物).

감영 監營 (살필 감, 꾀할 영). ① 속뜻 잘 살펴서[監] 일을 꾀함[營]. ② 역사 조선 시대, 관찰사가 직무를 보던 관청. ㊐상영(上營), 순영(巡營), 영문(營門).

감옥 監獄 (볼 감, 가둘 옥). 죄인을 감시(監視)하기 위하여 가둠[獄]. 또는 그런 곳. ¶경찰은 범인을 감옥에 가두었다. ㊐감방(監房), 형무소(刑務所), 교도소(矯導所).

감우 甘雨 (달 감, 비 우). ① 속뜻 단[甘] 비[雨]. ② 때맞추어 알맞게 내리는 비. ¶대한(大旱)에 감우가 내리다. ㊐희우(喜雨), 호우(好雨), 고우(膏雨), 적우(適雨).

감:원 減員 (덜 감, 인원 원). 인원(人員)을 줄임[減]. ¶직원을 대폭 감원하다. ㊥증원(增員).

감:은 感恩 (느낄 감, 은혜 은). 은혜(恩惠)에 감사(感謝)함.

▸감:은-사 感恩寺 (절 사). ① 속뜻 은혜(恩惠)에 감사(感謝)하기 위하여 지은 절[寺]. ② 불교 경상북도 경주시 양북면 용당리에 있던 절. 신라 30대 문무왕 때부터 짓기 시작하여 31대 신문왕 때 완공하였다.

감:-음정 減音程 (덜 감, 소리 음, 거리 정). 음악 완전 음정이나 단음정보다 반음 낮춘[減] 음정(音程).

감:읍 感泣 (느낄 감, 울 읍). 크게 감격(感激)하거나 감동하여 욺[泣]. ¶그녀의 진심에 모두들 감읍했다. ㊐읍감(泣感), 감체(感涕).

감:응 感應 (느낄 감, 응할 응). ① 속뜻 마음에 느끼어[感] 반응(反應)함. ② 신심(信心)이 부처나 신령에게 통함. ¶그의 정성에 신도 감응했나보다. ③ 물리 전기장이나 자기장 속에 있는 물체가 그 전기장이나 자기장, 즉 전기·방사선·빛·열 따위의 영향을 받아 전기나 자기를 띠는 것.

▸감:응-초 感應草 (풀 초). ① 속뜻 자극을 느끼고[感] 이에 반응(反應)하는 작용이 있는 풀[草]. ② 식물 브라질 원산의 콩과의 관상용 풀. 줄기에 가시가 조금 있으며, 여름에 연분홍의 잔꽃이 공 모양으로 모여 핀다. 잎을 건드리면 이내 닫히며 아래로 늘어지는데, 그 모양이 마치 수줍어서 부끄럼을 타는 것 같다 하여 '함수초(含羞草)'라 이르기도 한다. ㊐미모사(Mimosa pudica).

▸감:응 도:체 感應導體 (이끌 도, 몸 체). 전기 전기장이나 자기장 속에서 그에 반응하여[感應] 전기나 자기를 전도(傳導)하는 물질[體].

▸감:응 유전 感應遺傳 (남길 유, 전할 전). 생물 어떤 동물이 암컷의 다른 계통의 수컷과 교미하여 수태하면, 그 다음에 자기와 유(類)가 같은 계통의 수컷과 교미하더라도 먼젓번 수컷의 특징이 감응(感應)되어 새끼에게 유전(遺傳)된다는 설.

▸감ː응 전ː기 感應電氣 (전기 전, 기운 기). [전기] 전기장이나 자기장 의 변화에 따라 반응하여[感應] 생기는 전기(電氣). [비]유도(誘導) 전기.

감입 곡류 嵌入曲流 (골짜기 감, 들 입, 굽을 곡, 흐를 류). [지리] 산이나 구릉지에서 골짜기[嵌]로 들어가[入] 굽이쳐[曲] 흐르는[流] 하천. [비]감입 사행(蛇行), 천입 사행(穿入蛇行).

감ː자 減資 (덜 감, 재물 자). [경제] 회사의 결손을 보전하거나 과대 자본을 시정하기 위하여 법원에 등록되어 있는 자본(資本)의 총액을 줄이는[減] 일. [비]자본 감소. [반]증자(增資).

감ː작 減作 (덜 감, 지을 작). 지은[作] 농작물의 수확량이 감소(減少)됨.

감적 監的 (살필 감, 과녁 적). 화살이나 총알이 과녁[的]에 맞고 안 맞음을 살핌[監].

▸감적-수 監的手 (사람 수). [군사] 실탄 사격 연습 때 표적(標的)을 조정·통제하는[監] 사람[手].

감ː전[1] 敢戰 (용감할 감, 싸울 전). 용감(勇敢)하게 싸움[戰].

감ː전[2] 感傳 (느낄 감, 전할 전). 어떤 느낌[感]이 마음을 움직여 전달(傳達)됨.

▸감ː전 전ː류 感傳電流 (전기 전, 흐를 류). ① [속뜻] 감응(感應)하여 전달(傳達)된 전류(電流). ② [전기] 전자기 유도에 의하여 회로에서 생긴 전류. [참]유도 전류(誘導電流).

감ː전[3] 感電 (느낄 감, 전기 전). [전기] 전기(電氣)가 통하여 있는 도체에 몸의 일부가 닿아 그 충격을 느낌[感]. ¶물에 젖은 손으로 콘센트를 만지면 감전될 수 있다.

▸감ː전-사 感電死 (죽을 사). 감전(感電)되어 죽음[死].

감ː점 減點 (덜 감, 점 점). 점수(點數)를 줄임[減]. 또는 그 점수. ¶맞춤법이 틀려 감점되었다. [반]가산점(加算點).

감정[1] 戡定 (이길 감, 정할 정). 적을 이기고[戡] 난리를 평정(平定)함.

감ː정[2] 憾情 (섭섭할 감, 마음 정). 섭섭하게[憾] 여기는 마음[情]. 원망하거나 성내는 마음. ¶내게 무슨 감정이 있니?

⁑감ː정[3] 感情 (느낄 감, 마음 정). ① [속뜻] 느끼어[感] 일어나는 마음[情]. ② 어떠한 대상이나 상태에 따라 일어나는 마음. 기쁨·노여움·슬픔·두려움·쾌감·불쾌감 따위. ¶그는 감정이 메말랐다. [비]느낌, 기분(氣分), 정서(情緖), 심정(心情).

▸감ː정-가 感情家 (사람 가). 감정(感情)이 풍부하고 예민한 사람[家].

▸감ː정-론 感情論 (논할 론). 이성을 벗어나 감정(感情)에 치우친 의론(議論).

▸감ː정-적 感情的 (것 적). 쉽게 감정(感情)에 좌우되는 것[的]. ¶감정적으로 받아들일 문제가 아니다. [반]이성적(理性的).

▸감ː정 감ː각 感情感覺 (느낄 감, 깨달을 각). [심리] 신체적인 감각(感覺)에 의하여 생기는 느낌[感情].

▸감ː정 교ː육 感情教育 (가르칠 교, 기를 육). [교육] 감정(感情)의 순화를 통하여 심미적, 도덕적 마음을 기르는 교육(教育).

▸감ː정 능력 感情能力 (능할 능, 힘 력). [심리] 감정(感情)을 느끼는 정신 능력(能力). [참]인식 능력(認識能力).

▸감ː정 도ː착 感情倒錯 (거꾸로 도, 섞일 착). ① [속뜻] 감정(感情)이 거꾸로[倒] 뒤섞임[錯]. ② [심리] 보통 때나 또는 보통 사람들과 감정이 다른 상태인 것.

▸감ː정 미ː학 感情美學 (아름다울 미, 배울 학). [철학] 미의식 활동의 근원이 감정(感情)에 있다고 보는 미학(美學).

▸감ː정 수입 感情收入 (거둘 수, 들 입). ① [속뜻] 감정(感情)을 거둬[收]들임[入]. ② [철학] 감정 이입(移入).

▸감ː정-실금 感情失禁 (잃을 실, 금할 금). 감정(感情)을 조절하지[禁] 못하는[失] 증상.

▸감ː정 이입 感情移入 (옮길 이, 들 입). ① [속뜻] 감정(感情)을 옮겨[移] 받아들임[入]. ② 자신의 감정을 예술작품 따위에 불어넣거나 대상으로부터 느낌을 직접 받아들이는 일. ¶감정 이입하여 시를 낭송했다.

감정[4] 鑑定 (볼 감, 정할 정). 진짜와 가짜 따위를 살펴보면서[鑑] 판정(判定)함. ¶그림을 감정했다. [비]감식(鑑識), 감별(鑑別), 판별(判別), 식별(識別).

▸감정-가 鑑定家 (사람 가). 감정(鑑定)을 전문으로 하는 사람[家].

▸감정-료 鑑定料 (삯 료). 감정(鑑定)해 준 대가로 지급하는 요금(料金).

▸감정-서 鑑定書 (글 서). 법률 감정(鑑定)의 경과나 결과를 적은 문서(文書). 감정을 의뢰받은 사람이 법원에 보고하기 위해 작성한다.

▸감정-인 鑑定人 (사람 인). ① 속뜻 감정(鑑定)을 전문으로 하는 사람[人]. ② 법률 소송에서 법원의 명령에 따라 감정을 맡아 하는 전문가.

▸감정 가격 鑑定價格 (값 가, 이를 격). ① 속뜻 감정(鑑定)해서 매긴 가격(價格). ② 경제 은행이나 보험 회사 등에서 자금을 대여할 때, 담보가 될 물건에 대하여 매기는 가격.

감제 監製 (살필 감, 만들 제). 감독(監督)하여 만듦[製].

감제-고지 瞰制高地 (볼 감, 만들 제, 높을 고, 땅 지). ① 속뜻 내려다보이도록[瞰] 만든[制] 높은[高] 지대(地帶). ② 군사 적의 활동을 살피기에 적합하도록 주변이 두루 내려다보이는 고지. ¶나폴레옹은 먼저 감제고지를 점령했다.

감:조 하천 感潮河川 (느낄 감, 바닷물 조, 물 하, 내 천). ① 속뜻 조수(潮水) 차이를 느낄[感] 수 있는 하천(河川). ② 지리 강 어귀나 하천의 하류에서 밀물과 썰물의 영향을 받아 강물의 염분, 수위, 속도 따위가 주기적으로 변화하는 하천.

감죄[1] 勘罪 (헤아릴 감, 허물 죄). ① 속뜻 죄(罪)를 헤아려[勘] 봄. ② 죄인을 심문하여 처리함.

감:죄[2] 減罪 (덜 감, 허물 죄). 죄(罪)를 덞[減]. ¶절도사(節度使)를 감죄해야 한다는 상소가 올라왔다.

감주 甘酒 (달 감, 술 주). ① 속뜻 단[甘] 술[酒]. 맛이 좋은 술. ② 엿기름을 우린 물에 밥알을 넣어 식혜처럼 삭혀서 끓인 음식. ⓑ단술, 감례(甘醴), 식혜(食醯).

감:지 感知 (느낄 감, 알 지). 직감적으로 느끼어[感] 앎[知]. ¶물고기의 움직임이 레이더에 감지되었다.

▸감:지-기 感知器 (그릇 기). 물리 소리·빛·온도·압력 따위를 감지(感知)하는 기계 장치[器]. ¶도난 방지를 위한 감지기.

감:지덕지 感之德之 (느낄 감, 어조사 지, 베풀 덕, 어조사 지). ① 속뜻 감사(感謝)하고 은덕(恩德)으로 여김. ② 분에 넘치는 듯싶어 매우 고맙게 여기는 모양. ¶뜻밖의 환대에 감지덕지하다.

감:진-기 感震器 (느낄 감, 떨 진, 그릇 기). ① 속뜻 진동(震動)을 감지(感知)하는 기구(器具). ② 지진의 유무나 진동의 정도 등을 검사하는 기계.

감질 疳疾 (영양장애 감, 병 질). ① 한의 영양장애[疳]로 무엇이든지 먹고 싶어 하는 질병(疾病). ② 바라는 정도에 못 미쳐 애타는 마음. ¶감질이 나다. ⓑ감병(疳病).

감:차 減差 (덜 감, 다를 차). 병세가 감소(減少)하고 차도(差度)가 있음.

감찰[1] 監察 (볼 감, 살필 찰). ① 속뜻 감시(監視)하여 살핌[察]. 또는 그 직무. ② 단체의 규율과 단원의 행동을 살피고 감독하는 일. 또는 그 직무. ¶비리사건에 연루된 기관을 모두 감찰했다. ③ 법률 공무원의 비위(非違)에 관한 조사와 정보 수집 및 고발 따위를 내용으로 하는 정부 감사 기관의 직무 행위. ¶비리사건에 연루된 기관을 모두 감찰했다. ④ 역사 조선 때, 사헌부의 정육품 벼슬. ⓑ감시(監視), 감사(監査), 감독(監督), 단속(團束).

▸감찰-관 監察官 (벼슬 관). 감찰(監察)의 임무를 맡은 관리(官吏). ¶지방관 감시를 위해 중앙정부는 감찰관을 파견했다.

감찰[2] 鑑札 (볼 감, 패 찰). ① 속뜻 감찰(鑑察)한 증거로 주는 패[札]. ② 관청에서, 어떤 영업을 허가하는 표로 내어 주는 증표.

▸감찰-료 鑑札料 (삯 료). 감찰(鑑札)에 대한 수수료(手數料).

감찰[3] 鑑察 (볼 감, 살필 찰). 상대편이 보아[鑑] 살핌[察]. 편지글에서 상대방을 높일 때 쓴다.

▸감찰-사[1] 鑑察司 (벼슬 사). ① 속뜻 감찰(鑑察) 임무를 맡은 관청[司]. ② 역사 고려 시대에, 벼슬아치들을 감찰하고 풍속을 바로잡던 관아. 충렬왕 원년(1275)에 원의 압력으로 관제를 개혁하면서 어사대를 고친 것이다.

▸감찰-사[2] 鑑察史 (역사 사). ① 속뜻 감찰(鑑察) 임무를 맡은 관리[史]. ② 역사 고려 시대에, 감찰사(鑑察司)에 속한 벼슬.

감:채 減債 (덜 감, 빚 채). 빚[債]을 조금씩

갚아서 줄임[減].

▸감:채 기금 減債基金 (터 기, 돈 금). 경제 국채(國債)나 사채(社債)를 줄이기[減] 위해 준비해놓은 기금(基金).

▸감:채 적립금 減債積立金 (쌓을 적, 설 립, 돈 금). 경제 국채(國債)나 사채(社債)를 줄이기[減] 위해 미리 적립(積立)해둔 돈[金]. ⓑ감채 기금.

감천¹ 甘泉 (달 감, 샘 천). ① 속뜻 단맛[甘]의 물이 솟는 샘[泉]. ②물맛이 썩 좋은 샘.

감:천² 感天 (느낄 감, 하늘 천). 지극한 정성으로 하늘[天]을 감동(感動)시킴. ¶지성이면 감천이라.

감청¹ 紺青 (검푸른색 감, 푸를 청). 검은 빛[紺]을 띠는 푸른 색[靑]. 파랑과 남색의 중간색.

감청² 敢請 (감히 감, 부탁할 청). 어려움을 무릅쓰고 감(敢)히 부탁함[請].

감:체¹ 感涕 (느낄 감, 눈물 체). 감격(感激)하여 눈물[涕]을 흘림. ¶마을 사람들 모두 그의 효성에 감체하였다. ⓑ감읍(感泣).

감:체² 感滯 (느낄 감, 막힐 체). 한의 감기(感氣)와 겹친 소화 불량증[滯].

감초 甘草 (달 감, 풀 초). ① 속뜻 단맛[甘]을 내는 풀[草]. ② 식물 높이는 1미터 가량이며, 붉은 갈색의 뿌리는 단맛이 나는데 먹거나 약으로 쓰는 풀. 속담 약방에 감초.

감:촉 感觸 (느낄 감, 닿을 촉). 어떤 자극이 피부에 닿아[觸] 일어나는 느낌[感]. ¶감촉이 부드럽다 / 곤충은 더듬이로 적의 움직임을 감촉한다. ⓑ감응(感應), 촉감(觸感).

▸감:촉 기관 感觸器官 (그릇 기, 벼슬 관). 동물 동물의 몸에서 외계의 감각을 받아들이고 느끼는[感觸] 기관(器官). ⓐ감각 기관(感覺器官).

감:축¹ 減縮 (덜 감, 줄일 축). 덜고[減] 줄임[縮]. 또는 줄여 적게 함. ¶예산 감축 / 쌀 소비량이 줄자 생산량을 감축했다.

감:축² 感祝 (느낄 감, 빌 축). ① 속뜻 경사(慶事)를 함께 감사(感謝)하고 축하(祝賀)함. ②고마운 일에 대하여 충심으로 감사함. ¶생신을 감축합니다.

감치 監置 (볼 감, 둘 치). ① 속뜻 감옥(監獄)에 가둠[置]. ② 법률 법정의 질서를 어지럽힌 사람을 법에 따라 구치소에 가두는 일. ¶관결 중에 소란을 피운 자에게 20일 이내의 감치를 명한다.

감:탄 感歎 (=感嘆, 느낄 감, 한숨지을 탄). ① 속뜻 느끼어[感] 한숨지음[歎]. ②크게 감동하여 찬탄함. ¶귀신도 놀랄 솜씨에 감탄했다. ⓑ감동(感動), 감격(感激).

▸감:탄-문 感歎文 (글월 문). ① 속뜻 감탄(感歎)을 표현하는 문장(文章). ② 언어 화자가 청자를 별로 의식하지 않거나 거의 독백 상태에서 자기의 느낌을 표현하는 문장. '날씨가 좋구나' 따위가 있다.

▸감:탄-법 感歎法 (법 법). ① 속뜻 감탄(感歎)을 표현하는 방법(方法). ② 언어 화자가 청자를 별로 의식하지 않거나 거의 독백 상태에서 자기의 느낌을 표현하는 동사의 어형 변화. ⓑ느낌법.

▸감:탄-사 感歎詞 (말씀 사). ① 속뜻 감탄(感歎)을 표현하는 말[詞]. ② 언어 말하는 이의 본능적인 놀람이나 느낌, 부름, 응답 따위를 나타내는 품사.

▸감:탄-형 感歎形 (모양 형). ① 속뜻 감탄(感歎)을 표현하는 형태(形態). ② 언어 감탄의 뜻을 나타내는 용언 및 서술격 조사 '이다'의 활용형. '-구나', '-도다' 따위가 있다.

▸감:탄 부:호 感歎符號 (맞을 부, 표지 호). ① 속뜻 감탄(感歎)을 표시하는 문장 부호(符號). ② 언어 감탄이나 놀람, 부르짖음, 명령 등 강한 느낌을 나타낼 때에 쓰는 마침표. '!'로 표시한다. ⓑ느낌표.

▸감:탄 기원설 感歎起源說 (일어날 기, 근원 원, 말씀 설). 언어 말의 기원(起源)이 감탄사(感歎詞)에 있다고 보는 학설(學說).

감탄고토 甘呑苦吐 (달 감, 삼킬 탄, 쓸 고, 토할 토). ① 속뜻 달면[甘] 삼키고[呑] 쓰면[苦] 뱉음[吐]. ②제 비위에 맞으면 좋아하고 틀리면 싫어함.

감탕 甘湯 (달 감, 끓을 탕). ① 속뜻 단맛[甘]이 나는 탕국[湯]. ②엿을 고아 낸 솥을 가시어 낸 단물. ③메주를 쑤어 낸 솥에 남은 진한 물.

감:통 感通 (느낄 감, 통할 통). 생각이나 느낌[感]이 상대편에게 통(通)함. ¶둘은 탑을 돌다가 감통이 되었다.

감:퇴 減退 (덜 감, 물러날 퇴). ① 속뜻 줄어들고[減] 뒤로 물러남[退]. ② 체력이나 의욕 따위가 줄어져 약해짐. ¶병 때문에 식욕도 감퇴했다. ⓑ증진(增進).

감:투 敢鬪 (용감할 감, 싸울 투). 용감(勇敢)하게 싸움[鬪]. ¶죽음을 각오하고 감투하다. ⓑ감전(敢戰).

감:편 減便 (덜 감, 편할 편). 정기 운항의 편수(便數)를 줄임[減]. ¶이용자 수가 감소하여 항공기 노선을 감편했다. ⓑ증편(增便).

감:표[1] 減票 (덜 감, 쪽지 표). 줄어든[減] 표(票).

감표[2] 監票 (볼 감, 쪽지 표). 투표(投票)나 개표(開票)를 감시(監視)·감독(監督)함.

▶감표-인 監票人 (사람 인). 투표(投票)나 개표를 감시(監視)하는 사람[人]. ¶그는 감표인으로 선정되었다.

▶감표 위원 監票委員 (맡길 위, 사람 원). 투표나 개표에서 감표(監票)를 위해 선출된 위원(委員). ¶그는 감표 위원으로 위촉되었다.

감:필 減筆 (덜 감, 글씨 필). ① 속뜻 한자의 필획(筆劃)을 줄여서[減] 씀. ② 미술 수묵화에서 형식적인 면을 생략하고 사물의 본질만 간결하게 그리는 화법. ¶양해(梁楷)는 감필의 기법으로 〈이백음행도〉(李白吟行圖)를 그렸다. ⓑ감획(減劃).

감항-능력 堪航能力 (견딜 감, 건널 항, 능할 능, 힘 력). 배나 항공기가 안전한 항행(航行)을 감당(勘當)하기 위해 갖추어야 할 능력(能力).

감:행 敢行 (감히 감, 행할 행). 어려움을 무릅쓰고 과감(果敢)하게 실행(實行)함. ¶내분이 일어났지만 공격을 감행했다.

감:형 減刑 (덜 감, 형벌 형). 법률 이미 정해진 형벌(刑罰)을 줄임[減]. 대통령의 권한이며, 일반 감형과 특별 감형이 있다. ¶그는 사형에서 무기징역으로 감형되었다.

감:호[1] 減號 (덜 감, 표지 호). 수학 수를 빼는 데[減] 쓰이는 부호(符號). '-'로 표시한다. ⓑ뺄셈 부호. ⓒ가호(加號), 승호(乘號), 제호(除號).

감호[2] 監護 (살필 감, 돌볼 호). 감독(監督)하고 보호(保護)함. ¶감호 대상자로 선정되다 / 전직 대통령을 감호하다.

감:화 感化 (느낄 감, 될 화). 감동(感動)을 받아 마음이나 행동이 변화(變化)함. ¶그의 인품에 감화되었다. ⓑ교도(敎導), 교화(敎化).

▶감:화-력 感化力 (힘 력). 감동(感動)을 주어 마음이나 행동이 변화(變化)하도록 하는 힘[力]. ¶선조들이 남긴 책은 감화력이 있다.

▶감:화 교:육 感化敎育 (가르칠 교, 기를 육). ① 속뜻 감동(感動)을 주어 마음이나 행동이 변화(變化)하도록 하는 교육(敎育). ② 교육 불량 행위를 한 청소년을 특별 시설에 넣어 감화하는 보호 교육. ¶이 아이는 1년 동안 감화 교육을 받았다.

감:회 感懷 (느낄 감, 품을 회). ① 속뜻 느낌[感]을 마음에 품음[懷]. ② 지난 일을 돌이켜 볼 때 느껴지는 회포. ¶십 년 만에 돌아와 보니 감회가 새롭다. ⓑ느낌, 생각, 감정(感情), 감상(感想), 회포(懷抱), 심회(心懷), 소회(所懷).

감:획 減劃 (덜 감, 그을 획). 한자의 필획(筆劃)을 줄여서[減] 씀. ⓑ감필(減筆). ⓑ가획(加劃).

감:흥 感興 (느낄 감, 일어날 흥). 느낌[感]이 생겨남[興]. ¶그의 음악은 나에게 큰 감흥을 주었다. ⓑ흥취(興趣), 흥미(興味).

갑각 甲殼 (갑옷 갑, 껍질 각). ① 속뜻 단단한[甲] 껍데기[殼]. ② 동물 게나 가재 따위의 갑각류의 체표를 덮고 있는 외골격. 내부의 연체(軟體)를 보호한다.

▶갑각-류 甲殼類 (무리 류). 동물 단단한[甲] 껍데기[殼]를 가진 동물 종류(種類). 절지(節肢) 동물의 일종으로 대체로 물에서 생활하며 아가미로 호흡한다. ¶게는 갑각류이다. ⓑ개갑류(介甲類).

▶갑각-소 甲殼素 (바탕 소). 생물 게나 가재 따위의 단단한[甲] 껍데기[殼]를 이루는 주성분[素]. ⓑ키틴(chitin).

▶갑각-질 甲殼質 (바탕 질). 생물 게나 가재 따위의 단단한[甲] 껍데기[殼]를 이루는 물질(物質). ⓑ키틴질(chitin).

갑골[1] 胛骨 (어깨 갑, 뼈 골). 의학 어깨[胛] 뼈[骨]. '견갑골'(肩胛骨)의 준말.

갑골[2] 甲骨 (껍질 갑, 뼈 골). 거북의 껍데기

[甲]와 짐승의 뼈[骨]. 중국 은대(殷代)에서는 여기에 문자를 새겨 점을 쳤다. '귀갑수골'(龜甲獸骨)의 준말.

▶갑골-학 甲骨學 (배울 학). 갑골(甲骨) 문자를 연구하는 학문(學問).

▶갑골 문자 甲骨文字 (글자 문, 글자 자). 언어 고대 중국에서, 갑골(甲骨)에 새긴 문자(文字). 한자의 가장 오래된 형태를 보여주는 것으로, 주로 점복(占卜)을 기록하는 데에 사용하였다. ¶은허에서 기원전 15세기경의 갑골 문자가 출토되었다.

갑근-세 甲勤稅 (첫째 갑, 부지런할 근, 세금 세). 법률 '갑종 근로 소득세'(甲種勤勞所得稅)의 준말. 갑종 근로 소득에 대한 세금.

갑남을녀 甲男乙女 (천간 갑, 사내 남, 천간 을, 여자 녀). ① 속뜻 갑(甲)이란 남자(男子)와 을(乙)이란 여자(女子). ② 평범한 보통 사람들. ㊐장삼이사(張三李四), 필부필부(匹夫匹婦).

갑년 甲年 (천간 갑, 해 년). 회갑(回甲)이 되는 해[年]. 예순 한 살이 되는 해. ㊐환갑(還甲).

갑론을박 甲論乙駁 (천간 갑, 논할 론, 천간 을, 칠 박). ① 속뜻 갑(甲)이 말하자[論] 을(乙)이 반박(反駁)함. ② 서로 자기 의견을 내세우며 서로 반박함. ¶여러 사람이 갑론을박하였지만 문제를 해결하지 못했다.

갑문 閘門 (수문 갑, 문 문). ① 속뜻 물[閘] 문[門]. ② 건설 운하나 방수로 따위에서 선박을 통과시키기 위해 수위(水位)를 조절하는 장치. ¶인천항에 갑문을 설치하다. ㊐수갑(水閘), 수문(水門).

▶갑문-항 閘門港 (항구 항). 갑문(閘門) 시설이 되어 있는 항구(港口).

▶갑문식 운:하 閘門式運河 (법 식, 돌 운, 물 하). 해양 갑문(閘門)이 설치된 방식(方式)의 운하(運河). 수평식 운하를 파기 어려울 때 건설하는 방식이다. ¶파나마 운하는 갑문식 운하이다.

갑부 甲富 (첫째 갑, 부자 부). 첫째[甲]가는 큰 부자(富者). ¶그는 세계적인 갑부이다. ㊐일부(一富), 수부(首富).

갑상 甲狀 (갑옷 갑, 형상 상). 갑옷[甲] 모양[狀].

▶갑상-선 甲狀腺 (샘 선). 의학 갑상(甲狀) 연골 주위에 있는 내분비선(內分泌腺). 갑상샘 호르몬을 분비하여 대사율을 조절한다. ㊐갑상샘, 목밑샘.

▶갑상선-염 甲狀腺炎 (샘 선, 염증 염). 의학 갑상선(甲狀腺)에 생기는 염증(炎症).

▶갑상선-종 甲狀腺腫 (샘 선, 종기 종). 의학 갑상선(甲狀腺)이 붓는[腫] 병.

▶갑상 연:골 甲狀軟骨 (무를 연, 뼈 골). 의학 후두의 뼈대를 이루는 갑옷[甲] 모양[狀]의 연골(軟骨). 네모꼴의 좌우 판이 정중면에서 각을 이루는데, 남자에게서 더 예각을 이루기 때문에 목 앞에서 더 두드러져 있다. ㊐방패 연골.

갑술 甲戌 (천간 갑, 개 술). 민속 천간의 '甲'과 지지의 '戌'이 만난 간지(干支). 육십갑자의 열한째.

▶갑술-환국 甲戌換局 (바꿀 환, 판 국). ① 속뜻 갑술(甲戌)년에 정국(政局)의 주도권이 바뀐[換] 사건. ② 역사 조선 숙종 20년(1694)인 갑술년에 남인이 폐비 민씨의 복위 운동을 꾀하던 일파를 제거하려다 도리어 화를 입은 사건.

갑신 甲申 (천간 갑, 원숭이 신). 민속 천간의 '甲'과 지지의 '申'이 만난 간지(干支). ¶갑신년에 태어난 사람은 원숭이 띠이다.

▶갑신-정변 甲申政變 (정치 정, 바뀔 변). 역사 조선 고종 21년(1884)인 갑신(甲申)년에, 김옥균, 박영효 등이 일으킨 정변(政變). 개화당이 민씨 일파를 몰아내고 개화사상을 바탕으로 조선의 자주독립과 근대화를 목표로 일으켰다.

*__갑오 甲午__ (천간 갑, 말 오). 민속 천간의 '甲'과 지지의 '午'가 만난 간지(干支). ¶갑오년에 태어난 사람은 말 띠이다.

▶갑오-개:혁 甲午改革 (고칠 개, 바꿀 혁). ① 속뜻 갑오(甲午)년에 일어난 개혁(改革). ② 역사 1894년에 김홍집 등의 개화파(開化派) 정권이 민씨(閔氏) 일파의 사대 정권을 물리치고 정치 제도를 근대적으로 개혁한 일. ㊐갑오경장(甲午更張), 갑오혁신(甲午革新).

▶갑오-경장 甲午更張 (고칠 경, 당길 장). ① 속뜻 갑오(甲午)년에 종래의 문물제도를 고친(更=張) 일. ② 역사 갑오개혁.

▶갑오-혁신 甲午革新 (바꿀 혁, 새 신). ① 속뜻 갑오(甲午)년에 종래의 문물제도를 바

꾸어[革] 새롭게[新] 한 일. ② [역사] 갑오개혁.

갑을 甲乙 (천간 갑, 천간 을). ① [속뜻] 십간(十干)의 하나로서의 갑(甲)과 을(乙). ② 순서나 우열을 나타낼 때의 첫째와 둘째. ¶그 둘은 실력이 비슷해서 갑을을 가리기 어렵다.

갑인 甲寅 (천간 갑, 범 인). [민속] 천간의 '甲'과 지지의 '寅'이 만난 간지(干支). ¶갑인년 생은 범띠이다.

▸갑인-자 甲寅字 (글자 자). [출판] 조선 세종 16년(1434)인 갑인(甲寅)년에 만든 구리 활자(活字). ¶『신간대자부음석문삼주』(新刊大字附音釋文三注)는 갑인자로 인쇄된 책이다.

갑자 甲子 (천간 갑, 쥐 자). [민속] 천간의 '甲'과 지지의 '子'가 만난 간지(干支). 육십갑자의 첫째.

▸갑자-사화 甲子士禍 (선비 사, 재화 화). ① [속뜻] 갑자(甲子)년에 선비[士]들이 겪은 화(禍). ② [역사] 조선 연산군 10년(1504)인 갑자년에 연산군이 어머니 윤씨의 폐위 사실을 알고, 성종의 후궁들과 왕자, 그리고 김굉필, 윤필상 등 십여 명의 신하들을 죽인 사건.

갑종 甲種 (첫째 갑, 갈래 종). 십간(十干)을 기준으로 차례를 매길 때에 그 첫째[甲] 종류(種類). [비]으뜸, 일급(一級). ¶갑종 장교.

▸갑종 근로 소:득 甲種勤勞所得 (부지런할 근, 일할 로, 것 소, 얻을 득). ① [속뜻] 근로(勤勞)에 따른 소득(所得) 중 첫째[甲] 종류(種類)의 것. ② 내국인이나 내국 법인에서 일하고 벌어들인 소득. 급여 가운데 봉급, 보수, 수당, 상여금, 연금, 퇴직금 따위이며, 원천징수를 하는 것이 특징이다. [참] 을종(乙種) 근로 소득.

갑주 甲冑 (갑옷 갑, 투구 주). 갑옷[甲]과 투구[冑]. ¶갑주를 갖추고 전장(戰場)에 나가다.

갑진 甲辰 (천간 갑, 용 진). [민속] 천간의 '甲'과 지지의 '辰'이 만난 간지(干支). 육십갑자의 마흔한째. ¶갑진년 생은 용띠이다.

갑충 甲蟲 (껍질 갑, 벌레 충). ① [속뜻] 온몸이 단단한 껍데기[甲]로 싸여 있는 벌레[蟲]. ② [동물] 딱정벌레목의 곤충을 통틀어 이르는 말. ¶풍뎅이는 갑충의 하나이다. [비]개충(介蟲).

갑판 甲板 (갑옷 갑, 널빤지 판). 큰 배 위의 바닥에 갑옷[甲] 같이 딱딱하게 깔아 놓은 목판(木板)이나 철판(鐵板). ¶선원은 갑판으로 올라갔다.

▸갑판-실 甲板室 (방 실). [해양] 갑판(甲板) 위에 있는 방[室]들을 통틀어 이르는 말. ¶갑판실에는 선원실, 여객실, 조종실이 있다.

▸갑판-원 甲板員 (인원 원). 갑판(甲板) 위의 잡일을 맡아 하는 선원(船員). ¶그는 배를 탄 지 얼마 안 되어 갑판원에서 갑판장이 되었다.

강:가 降嫁 (내릴 강, 시집갈 가). 지체가 높은 집안의 딸이 수준을 낮추어[降] 자기보다 낮은 집안으로 시집감[嫁]. 주로 왕족의 딸이 신하의 집으로 시집가는 것을 이른다.

강:간 強姦 (억지 강, 간음할 간). 강제(強制)로 부녀의 몸을 빼는 일[姦]. [비]강음(強淫), 겁간(劫姦), 겁탈(劫奪).

강:개 慷慨 (원통할 강, 슬퍼할 개). 불의나 불법을 보고 의기가 북받치어 원통하고[慷] 분개(憤慨)함. ¶그는 강개가 폭발해 의병을 규합했다.

▸강:개-무량 慷慨無量 (없을 무, 헤아릴 량). 원통하고[慷] 분개(憤慨)함을 헤아릴[量] 수 없음[無].

▸강:개지사 慷慨之士 (어조사 지, 선비 사). 불의에 대하여 원통하고[慷] 분개(憤慨)하는 사람[士]. ¶간도(間島)에 강개지사들이 많다는 말을 듣고 그는 곧 간도로 건너갔다.

강건[1] 剛蹇 (굳셀 강, 꼿꼿할 건). 성격이 강직(剛直)하고 꼿꼿하여[蹇] 바른 말을 하는 데에 거리낌이 없다. ¶그는 성격이 강건하다.

강건[2] 康健 (편안할 강, 튼튼할 건). 윗사람의 몸이 건강(健康)하고 튼튼하다[健]. ¶아버지는 일흔이 넘어도 강건하시다.

강건[3] 強健 (굳셀 강, 튼튼할 건). 몸이 굳세고[強] 튼튼하다[健]. ¶강건한 신체. [반]병약(病弱)하다.

강건[4] 剛健 (굳셀 강, 굳셀 건). ① [속뜻] 기상이나 기개가 굳세고[剛] 꿋꿋함[健]. ¶성품이 강건하다. ② 필력이나 문세가 강하고 씩씩함. ¶강건한 필체.

▸강건-체 剛健體 (모양 체). 문학 강건(剛健)한 느낌을 주는 문체(文體). ¶이 작품은 강건체로 쓰였다. ㉯우유체(優柔體).

강견 強肩 (강할 강, 어깨 견). ① 속뜻 힘이 센[強] 어깨[肩]. ②주로 야구에서 공을 멀리 던질 수 있는 어깨. ¶그는 강견을 가진 외야수이다.

강경¹ 剛勁 (=剛硬, 굳셀 강, 굳셀 경). 성격이나 기질이 굳세고[剛] 꿋꿋하다[勁]. ¶강경한 성품.

강경² 強硬 (=強勁, 강할 강, 단단할 경). ① 속뜻 마음가짐이나 태도가 강(強)하고 굳건함[硬]. ②강하게 버티어 굽히지 아니함. ¶회담에서 정부는 강경한 태도로 일관했다. ㉯유화(宥和), 온건(穩健).

▸강경-책 強硬策 (꾀 책). 강경(強硬)한 방책(方策)이나 대책(對策). ¶세종은 강경책과 회유책을 함께 사용하여 평화를 유지해 나갔다.

▸강경-파 強硬派 (갈래 파). 강경(強硬)하게 나가자고 주장하는 파(派). ¶강경파와 온건파는 첨예하게 대립했다. ㉤경파. ㉯온건파(穩健派).

강계 疆界 (지경 강, 지경 계). 강토(疆土)의 경계(境界). 나라의 경계. ¶양국은 강계를 정하는 문제로 대립했다. ㉥강경(疆境).

강고 強固 (굳셀 강, 굳을 고). 굳세고[強] 단단하다[固]. ¶의지가 강고하다. ㉯연약(軟弱).

강골 強骨 (굳셀 강, 뼈 골). 굳세고[強] 단단한 기질[骨]. 또는 그런 사람. ¶그는 강골이라 타협을 모른다. ㉯약골(弱骨).

강공 強攻 (강할 강, 칠 공). 희생을 무릅쓰고 강(強)하게 공격(攻擊)함. ¶양측은 영토 확장을 위해 강공으로 맞섰다.

▸강공-책 強攻策 (꾀 책). 강하게[強] 공격(攻擊)하는 방책(方策). ¶회사 측은 노조의 협상에 강공책을 펼쳤다.

강관 鋼管 (강철 강, 대롱 관). 강철(鋼鐵)로 된 대롱[管]. '강철관'의 준말.

강괴 鋼塊 (강철 강, 덩어리 괴). 용광로에서 녹인 쇠를 거푸집에 부어 굳힌 강철(鋼鐵) 덩어리[塊].

강구¹ 江口 (강 강, 어귀 구). ① 속뜻 강(江)물이 바다로 흘러가는 어귀[口]. ¶압록강은 발원지에서부터 강구에 이르기까지 곳곳이 절경이다. ②강이나 내, 또는 좁은 바닷목에서 배가 건너다니는 일정한 곳. ㉥강어귀, 나루.

강:구² 強求 (억지 강, 구할 구). ① 속뜻 구하기 힘든 것을 억지로[強] 구(求)함. ②억지로 또는 강제로 요구함. ¶할머니의 강구에 못 이겨 그녀와 결혼했다. ㉥강요(強要).

강:구³ 講究 (익힐 강, 생각할 구). ① 속뜻 사물을 깊이 조사하여[講] 연구(研究)함. ②알맞은 방법이나 방책을 연구함. ¶대책을 강구하다.

강국 強國 (강할 강, 나라 국). 세력이 강(強)한 나라[國]. ¶군사 강국 / 강국의 대열에 오르다. ㉥강대국(強大國). ㉯약국(弱國).

강군 強軍 (강할 강, 군사 군). ① 속뜻 힘이 센[強] 군대(軍隊). ¶훈련을 통하여 강군으로 만들다. ②경기나 운동에서 실력이 뛰어난 단체. ¶축구 강군인 브라질 대표팀과 승부를 벌이다.

강:권¹ 強勸 (억지 강, 권할 권). 억지로[強] 권함[勸]. ¶부모의 강권으로 결혼하다.

강권² 強權 (강할 강, 권력 권). ① 속뜻 강(強)한 힘을 가진 권력(權力). ②국가가 사법적, 행정적으로 행사하는 강력한 권력 작용. ¶경찰은 강권을 발동하였다.

▸강권 발동 強權發動 (일으킬 발, 움직일 동). 법률 법령이 제대로 시행되지 아니할 때에 강제적(強制的)으로 국가 권력(權力)을 행사하는[發動] 일.

강기¹ 剛氣 (굳셀 강, 기운 기). 굳센[剛] 기상(氣像). ¶강기 있는 젊은이.

강기² 強記 (강할 강, 외울 기). 강(強)한 기억력(記憶力). 기억력이 뛰어남. ¶『박람강기』(博覽強記).

강기³ 綱紀 (벼리 강, 벼리 기). ① 속뜻 사람이 지켜야 할 도리인 삼강오상(三綱五常)과 기율(紀律). ¶선조들은 모든 행동에 있어 강기를 지켰다. ②나라의 법과 풍속 등에 대한 기율(紀律). ¶나라의 강기를 바로 세우다. ㉥경기(經紀).

강남 江南 (강 강, 남녘 남). ① 속뜻 강(江)의 남쪽[南]. ②중국의 양자강(揚子江) 이남 지역. ¶강남 갔던 제비가 돌아오는 봄. ③

서울의 한강의 남쪽 지역. ¶강남에서 강북으로 이사오다. ㉥강북(江北).

강남-봉-이구년 江南逢李龜年 (강 강, 남녘 남, 만날 봉, 성씨 리, 거북 구, 해 년). 문학 두보가 강남(江南)에서 이구년(李龜年)을 늙은 나이에 초라한 모습으로 다시 만난[逢] 감회를 읊은 7언 절구 시.

강녕 康寧 (편안할 강, 편안할 녕). 몸이 건강(健康)하고 마음이 편안함[寧]. 오복(五福)의 하나인 건강을 이른다. ¶가족의 강녕을 빌다.

▸강녕-전 康寧殿 (대궐 전). 고적 경복궁 안에 있던 왕의 침전(寢殿). 오복(五福) 가운데 하나인 강녕(康寧)을 집이름으로 삼은 궁전(宮殿). 1395년(태조 4년)에 세워졌다.

강:단¹ 降壇 (내릴 강, 단 단). 단[壇]에서 내려옴[降]. ¶연설을 마치고 그는 강단하였다. ㉥하단(下壇). ㉥등단(登壇).

강:단² 講壇 (익힐 강, 단 단). 강의(講義)할 때 올라서도록 약간 높게 만든 자리[壇]. ¶강단에 서다.

강:당 講堂 (익힐 강, 집 당). 학교 등에서 강연(講演)이나 의식 등을 하기 위하여 특별히 마련한 큰방이나 집[堂]. ¶학교 강당 / 강당에서 특별강연이 열렸다.

강대 強大 (강할 강, 큰 대). 강(強)하고 크다[大]. ¶강대한 군사력으로 주변국을 침략했다. ㉥약소(弱少).

▸강대-국 強大國 (나라 국). 경제력 · 군사력 등의 세력이 강대(強大)한 나라[國]. ¶미국과 중국은 강대국이다. ㉣강국. ㉥약소국(弱小國).

강도¹ 強度 (굳셀 강, 정도 도). ① 속뜻 굳센[強] 정도(程度). ¶강도 높은 훈련. ② 물리 전류(電流)·방사능 따위의 양(量)의 세기.

강도² 剛度 (굳셀 강, 정도 도). 쇠붙이 따위가 끊어지지 않고 굳센[剛] 정도(程度). ¶강철보다 합금의 강도가 더 높다.

강:도³ 講道 (강의할 강, 길 도). ① 속뜻 도(道)를 강의(講義)하거나 설명함. ② 종교 교리를 알기 쉽게 설명하는 일.

강:도⁴ 強盜 (억지 강, 훔칠 도). 폭행이나 협박을 하여 억지로[強] 남의 금품을 빼앗는[盜] 일. 또는 그러한 도둑. ¶강도가 금고를 털었다.

▸강:도-범 強盜犯 (범할 범). 강도(強盜)질을 한 범인(犯人). ¶시민들이 은행 강도범을 붙잡았다.

강:독 講讀 (익힐 강, 읽을 독). 글을 익히고자[講] 자세히 읽음[讀]. ¶한문 강독.

강동 江東 (강 강, 동녘 동). ① 속뜻 강(江)의 동(東)쪽. ② 서울의 한강의 동쪽 지역. ¶강동에서 백제시대 유물이 발견되었다. ㉥강서(江西).

강:등 降等 (내릴 강, 무리 등). 등급(等級)이나 계급(階級)을 내림[降]. ¶3계급 강등 / 길주를 군에서 읍으로 강등하다 / 대령에서 중령으로 강등되다. ㉥낙등(落等). ㉥승격(昇格), 승급(昇級).

강락 康樂 (편안할 강, 즐길 락). 편안하고[康] 즐거움[樂]. ¶강락을 빌다. ㉥낙강(樂康), 안락(安樂).

***강력 強力** (강할 강, 힘 력). ① 속뜻 강(強)한 힘[力]. ② 약 따위의 효과나 작용이 강함. ¶이 약은 살충력이 강력하다 / 그는 혐의를 강력히 부인했다. ③ 가능성이 큼. ¶강력한 우승 후보. ㉥강대(強大), 막강(莫強).

▸강력-범 強力犯 (범할 범). 법률 강(強)한 힘[力]을 이용한 범죄(犯罪). 또는 그러한 범인. ¶강력범이 빈번하게 발생하다. ㉥실력범(實力犯), 폭력범(暴力犯). ㉶지능범(知能犯).

강렬 強烈 (강할 강, 세찰 렬). 강(強)하고 세차다[烈]. ¶이 그림은 색채가 강렬하다.

강령 綱領 (벼리 강, 요점 령). ① 속뜻 벼리[綱] 같이 매우 중요한 요점[領]. ② 정당·단체 등에서 그 기본 목표·정책·운동 규범 등을 정한 것. ¶행동 강령 / 정치적 강령을 따르다. ㉥목적(目的), 목표(目標), 방침(方針).

강:론 講論 (익힐 강, 논할 론). 어떤 문제에 대하여 강설(講說)하고 토론(討論)함. ¶스님이 교리를 강론했다.

강린 強鄰 (강할 강, 이웃 린). 강(強)한 힘을 가진 이웃[鄰] 나라. ¶강린들 사이에 낀 약소국들은 많은 수난의 세월을 보냈다.

강:림 降臨 (내릴 강, 임할 림). 신이 하늘에서 인간 세상으로 내려와[降] 자리에 임(臨)함. ¶기독교에서는 예수의 탄생을 신의 강림으로 본다.

강:매¹ 強買 (억지 강, 살 매). 남의 물건을 억지로[強] 삼[買]. ㊐늑매(勒買), 억매(抑買). ㊉강매(強賣).

강:매² 強賣 (억지 강, 팔 매). 남에게 물건을 억지로[強] 팖[賣]. ¶행사장에서 물건을 강매했다. ㊐억매(抑賣). ㊉강매(強買).

강모 剛毛 (굳셀 강, 털 모). ① 속뜻 뻣뻣하고 억센[剛] 털[毛]. ¶내 머리카락은 강모라서 잘 넘어가지 않는다. ② 동물 포유류의 털 중에서 뻣뻣한 털. ¶멧돼지는 강모가 난다. ③ 식물 식물체의 표피 세포가 변하여 생긴 뻣뻣하고 끝이 뾰족한 털. ㊐센털.

강-모음 強母音 (강할 강, 어머니 모, 소리 음). 언어 밖으로 나오는 기류가 강(強)한 모음(母音). 어감(語感)이 밝고, 가볍고 작은 느낌을 주며, 'ㅏ', 'ㅗ', 'ㅑ', 'ㅛ', 'ㅘ', 'ㅚ', 'ㅐ' 따위가 있다. ㊐양성모음(陽性母音). ㊉약모음(弱母音).

강:목 講目 (강의할 강, 눈 목). 불교 강독(講讀)하는 경전의 제목(題目).

강:무 講武 (강의할 강, 굳셀 무). ① 속뜻 무예(武藝)를 강습(講習)함. ② 역사 조선 시대에, 임금이 신하와 백성들과 함께 사냥하며 무예를 닦던 행사. ¶광주에서 강무를 열었다.

강:박 強迫 (억지 강, 다그칠 박). ① 억지로[強] 다그침[迫]. 억지로 따르게 함. ¶그는 아버지에게 돈을 갚으라고 강박하였다. ② 법률 민법에서, 상대편에게 고의로 해악을 끼칠 것을 알려 공포심을 일으키게 하는 행위. ㊐강압(強壓), 억압(抑壓).

▸강:박 관념 強迫觀念 (볼 관, 생각 념). 심리 아무리 떨쳐 버리려고 해도 자꾸 마음에 떠오르는[強迫] 불쾌하거나 불안한 생각[觀念]. ¶그는 남이 자기를 무시한다는 강박 관념에 시달렸다.

▸강:박 상태 強迫狀態 (형상 상, 모양 태). 심리 어떤 불쾌한 생각이 마음속에 박혀 있어, 아무리 해도 떨쳐 버릴 수 없는[強迫] 상태(狀態). ¶강박 상태에서 벗어나다. ㊐강박 현상(現狀).

강반 江畔 (강 강, 두둑 반). 강(江)가의 판판한 땅[畔]. 또는 그 강가. ¶한강 강반을 거닐다.

강:변¹ 強辯 (억지 강, 말 잘할 변). 논리에 어긋나는 것을 억지[強] 주장을 하거나 말을 둘러댐[辯].

강변² 江邊 (강 강, 가 변). 강(江) 주변(周邊) 일대. ¶강변을 산책하다. ㊐강가, 하반(河畔).

▸강변-도로 江邊道路 (길 도, 길 로). 강(江)가[邊]로 난 큰길[道路]. ¶폭우로 인해 강변도로가 유실되었다. ㊟강변로.

강병 強兵 (강할 강, 군사 병). 힘이 강(強)한 병사(兵士)나 군대. ¶청나라 강병을 물리치다. ㊐강병(剛兵), 강졸(強卒), 경병(勁兵), 경사(勁士), 경졸(勁卒), 부병(富兵).

강보 襁褓 (포대기 강, 보자기 보). 포대기[襁=褓]. ¶강보에 싸인 아기.

▸강보-유아 襁褓幼兒 (어릴 유, 아이 아). 아직 포대기[襁褓]에 싸여 자라는 시기에 있는 어린[幼] 아기[兒].

강:복 降福 (내릴 강, 복 복). 가톨릭 하느님이 인간에게 복(福)을 내림[降].

강북 江北 (강 강, 북녘 북). ① 속뜻 강(江)의 북(北)쪽. ¶적군은 강북에 진을 쳤다. ② 중국의 양자강(揚子江) 이북 지역. ③ 서울의 한강의 북쪽 지역. ¶강북 지역에 유서 깊은 고궁이 많다. ㊉강남(江南).

강:사¹ 講士 (익힐 강, 선비 사). 강연(講演)하는 유명 인사(人士). ¶강사를 초청하다. ㊐강연자(講演者).

강:사² 講師 (익힐 강, 스승 사). 강의(講義)를 하는 교원[師]. ¶그는 우리 대학의 강사이다.

강산 江山 (강 강, 메 산). ① 속뜻 강(江)과 산(山). ② 자연의 경치. ¶아름다운 강산. ③ 강토(疆土). ¶삼천리 금수강산.

▸강산-풍월 江山風月 (바람 풍, 달 월). ① 속뜻 강(江)과 산(山), 맑은 바람[風]과 밝은 달[月]. ② 자연의 아름다운 풍경.

강상¹ 江上 (강 강, 위 상). 강(江)의 위[上]. ¶강상에 두둥실 배를 띄우다.

강상² 綱常 (벼리 강, 늘 상). 삼강(三綱)과 오상(五常)을 아울러 이르는 말. ¶강상을 바로잡다.

강:상³ 降霜 (내릴 강, 서리 상). 내린[降] 서리[霜].

강:생 降生 (내릴 강, 날 생). 신이 인간 세상으로 내려와[降] 태어남[生]. ¶예수 그리

스도의 강생과 부활.

강서[1] 江西 (강 강, 서녘 서). ①속뜻 강(江)의 서(西)쪽. ②서울의 한강의 서쪽 지역. ⓑ강동(江東).

강:서[2] 講書 (강의할 강, 글 서). ①속뜻 옛글[書]의 뜻을 강론(講論)함. ②역사 조선 시대에, 과거에서 사서오경에 대하여 구술시험을 보던 과목. ⓑ강경(講經).

강:석[1] 講席 (강의할 강, 자리 석). 강의(講義) 등을 하도록 마련한 자리[席]. ¶강석을 열다 / 강석에 참여하다. ⓑ강연(講演), 강좌(講座).

강:석[2] 講釋 (강의할 강, 풀 석). 강론(講論)하여 뜻을 풀이함[釋]. ⓑ강화(講話), 강해(講解).

강:설[1] 講說 (강의할 강, 말씀 설). 강론(講論)하여 설명(說明)함. ¶그는 밤이 깊도록 강설을 계속했다. ⓑ강의(講義).

강:설[2] 降雪 (내릴 강, 눈 설). 내린[降] 눈[雪].

▸강:설-량 降雪量 (분량 량). 일정한 곳에, 일정한 기간 동안 내린 눈[降雪]의 양(量). ¶이번 겨울은 강설량이 적었다.

강성[1] 強性 (강할 강, 성질 성). ①속뜻 물질 등의 강(強)한 성질(性質). ¶강성 발언 / 강성 일변도의 외교 정책. ②열등감이 없고 낙관적이며 자신만만하고 전투적인 성격. ¶그는 실천력 있는 강성의 인물이다. ③분노나 증오 따위의 감정 상태.

강성[2] 強盛 (굳셀 강, 가득할 성). 굳센[強] 투지로 가득 참[盛]. ¶강성한 국력.

강성[3] 剛性 (굳셀 강, 성질 성). 물리 물체가 외부의 압력에 대하여 그 모양이나 부피가 변하지 않고 견디는 단단한[剛] 성질(性質). ¶신장(伸長) 강성 / 비틀림 강성. ⓑ강질(剛質), 고성(固性).

▸강성 헌:법 剛性憲法 (법 헌, 법 법). ①속뜻 고정화되어[剛性] 있는 헌법(憲法). ②법률 경성(硬性) 헌법.

강세 強勢 (강할 강, 세력 세). ①속뜻 강(強)한 세력(勢力). 세력이 강함. ②언어 한 낱말에서, 어떤 음절의 발음에 특히 힘을 주는 일. ¶'supper'는 첫 음절에 강세가 있다. ⓑ약세(弱勢).

▸강세-어 強勢語 (말씀 어). 어떤 말에 힘을 주어[強勢] 뜻을 강조하는 어구(語句). ⓑ힘줌말.

강-속구 強速球 (굳셀 강, 빠를 속, 공 구). 운동 야구에서, 투수가 던지는 강(強)하고 빠른[速] 공[球]. ¶저 투수는 강속구를 잘 던진다.

강:쇠 降衰 (내릴 강, 쇠할 쇠). 국력이나 문화, 도덕 또는 사람의 체질 따위가 점점 떨어져[降] 쇠(衰)하여짐.

강수[1] 江水 (강 강, 물 수). 강(江)에 흐르는 물[水]. ⓑ강물.

*__강:수__[2] 降水 (내릴 강, 물 수). 비, 눈, 우박 따위가 땅에 내린[降] 물[水]. ¶강수 예보.

▸강:수-량 降水量 (분량 량). 땅에 내린[降] 비, 눈, 우박 따위를 모두 물[水]로 환산한 분량(分量). ¶사막은 연평균 강수량이 250 ㎜ 이하이다.

강:술 講述 (강의할 강, 말할 술). 강의(講義)하여 설명함[述]. ¶선생은 강술을 마치고 방으로 돌아갔다.

강습[1] 強襲 (강할 강, 습격할 습). ①속뜻 적이나 상대편을 강(強)하게 습격(襲擊)함. ¶여자 배구 팀은 상대편의 강습에 허물어졌다. ②적이 예상치 못한 때에 호되게 공격함.

강:습[2] 講習 (익힐 강, 익힐 습). 강의(講義)를 들으며 학습(學習)함. ¶요리강습 / 이번 학기에 전자공학 과목을 강습했다.

▸강:습-생 講習生 (사람 생). 강습(講習)을 받는 사람[生]. ¶이번 달 강습생이 늘었다.

▸강:습-소 講習所 (곳 소). 강습(講習)을 하는 곳[所]. ¶발레 강습소.

▸강:습-회 講習會 (모일 회). 강습(講習)을 하기 위한 모임[會].

강심 江心 (강 강, 가운데 심). 강(江)의 한복판[心]. 또는 그 물속. ¶이 물고기는 강심에만 산다.

강-심장 強心臟 (강할 강, 마음 심, 내장 장). ①속뜻 강(強)한 심장(心臟). ②'여간 일에는 겁을 먹거나 부끄러워하는 일이 없는 배짱 좋고 유들유들한 사람'을 비유하여 이르는 말. ⓑ철면피(鐵面皮).

강심-제 強心劑 (강할 강, 마음 심, 약제 제). 약학 심장(心臟) 기능을 강(強)하게 하는 데 쓰는 약제(藥劑). ¶강심제를 맞다.

강안 江岸 (강 강, 언덕 안). 강(江) 기슭[岸].

강물에 잇닿은 가장자리의 땅. ⓑ하안(河岸).

강:압¹ 降壓 (내릴 강, 누를 압). 압력(壓力)을 낮춤[降]. ¶이곳은 고전압을 강압시키는 변전소이다. ⓑ승압(昇壓).

강:압² 強壓 (억지 강, 누를 압). ① 속뜻 강제(強制)로 누름[壓]. 강하게 누름. ② 함부로 억누름. ¶민중을 강압하여 복종시키다 / 그의 태도는 강압적이다. ⓑ강제(強制), 강박(強迫), 억압(抑壓), 압박(壓迫).

강약 強弱 (강할 강, 약할 약). ① 속뜻 강(強)함과 약(弱)함. ¶강약을 조절하여 연주하다. ② 강자와 약자.

▸강약 부:호 強弱符號 (맞을 부, 표지 호). 음악 악보에서, 그 곡을 강(強)하게 또는 약(弱)하게 연주하라고 지시하는 부호(符號). ⓑ셈여림표, 강약 기호(記號).

강역 疆域 (지경 강, 지경 역). 한 나라의 통치권이 미치는 국경[疆]의 안쪽 지역(地域). ⓑ영역(領域).

강:연 講演 (익힐 강, 펼칠 연). 청중에게 강의(講義) 내용을 말로 펼쳐[演] 보임. ¶환경문제에 대해 강연했다. ⓑ연설(演說).

▸강:연-회 講演會 (모일 회). 강연(講演)을 하기 위한 모임[會]. ¶환경문제에 대한 강연회를 개최하다.

강-염기 強鹽基 (강할 강, 소금 염, 터 기). ① 속뜻 세기가 강(強)한 염기(鹽基). 또는 그러한 성질의 수용액. ② 화학 수용액에서 수산화 이온을 생성하는 능력이 뛰어난 염기. 수산화칼륨, 수산화나트륨 따위. ⓑ강알칼리. ⓒ약(弱)염기.

강:예-재 講藝齋 (강의할 강, 재주 예, 방 재). ① 속뜻 무예(武藝)를 가르치던[講] 곳[齋]. ② 역사 고려 때, 무예(武藝)를 가르치던 국학의 한 분과.

강-옥석 鋼玉石 (강철 강, 옥돌 옥, 돌 석). ① 속뜻 강철(鋼鐵)같이 단단한 옥석(玉石). ② 광업 산화알루미늄으로 이루어진 광물. 경도가 금강석 다음으로 높다. 붉은 것을 루비, 푸른 것을 사파이어, 녹·황·흑색의 것을 에머랄드라 한다. ¶강옥석을 연마제로 사용하다.

강:요¹ 強要 (억지 강, 구할 요). 무리하게 억지로[強] 요구(要求)함. ¶회의 참석을 강요했다. ⓑ강구(強求).

강요² 綱要 (벼리 강, 요할 요). 일의 으뜸 줄기[綱]가 될 만한 요점(要點). 가장 중요한 부분을 이른다. ¶경제학의 강요.

강:우 降雨 (내릴 강, 비 우). 내린[降] 비[雨]. ¶인공 강우 / 이번 강우로 남부 지역의 가뭄이 해소되었다. ⓒ강설(降雪).

▸강:우-기 降雨期 (때 기). 일 년 중 비가 많이 내리는[降雨] 시기(時期). ¶우리나라는 7월부터 강우기에 접어든다. ⓒ우기. ⓑ강우계(降雨季), 장마철.

▸강:우-량 降雨量 (분량 량). 일정한 곳에, 일정한 기간 동안 내린[降] 비[雨]의 양(量). ¶측우기는 강우량을 측정하는 기계이다.

강:원 講院 (강의할 강, 집 원). 불교 불경을 연구하거나 강의(講義)하는 집[院]. ⓑ강당(講堂).

강유 剛柔 (굳셀 강, 부드러울 유). 굳셈[剛]과 부드러움[柔]. ¶강유를 겸비한 선비.

▸강유-겸전 剛柔兼全 (아우를 겸, 모두 전). 굳셈[剛]과 부드러움[柔]을 아울러[兼] 다[全] 지니고 있음.

강-유전체 強誘電體 (강할 강, 꾈 유, 전기 전, 몸 체). ① 속뜻 전기(電氣)를 끌어들이는[誘] 작용이 강(強)한 물체(物體). ② 물리 전기장을 가하지 않아도 자발적으로 전기 분극(分極)을 나타내는 물질. 인산칼륨 따위.

강음¹ 強飮 (억지 강, 마실 음). 술 따위를 억지로[強] 마시게 함[飮]. ¶강음에 못 이겨 몇 잔 했다.

강음² 強音 (강할 강, 소리 음). ① 속뜻 강(強)한 소리[音]. ② 음악 음(音)의 진폭이 넓어 세게 나오는 소리.

▸강음화 현:상 強音化現象 (될 화, 나타날 현, 모양 상). 언어 강음(強音)으로 변화(變化)되는 현상(現象). 경음화 현상과 격음화 현상을 아울러 이른다.

강의¹ 剛毅 (굳세 강, 굳셀 의). 의지가 굳세다[剛=毅]. ¶권력에 굽히지 않는 강의한 성품.

강:의² 講義 (익힐 강, 뜻 의). ① 속뜻 학술·기술 등에 관한 어떤 뜻[義]을 익히도록[講]함. 풀이하여 설명해 줌. ② 대학 수업.

¶한국 문학을 강의하다. ㊐강설(講說), 강론(講論).

▸강:의-록 講義錄 (기록할 록). 강의(講義)한 내용을 모아 기록해[錄] 놓은 책. ¶강의록을 모아 책으로 펴내다.

▸강:의-실 講義室 (방 실). 강의(講義)하는 데 쓰는 방[室]. ¶대형 강의실. ㊐교실(敎室).

강:인[1] 強忍 (억지 강, 참을 인). 억지로[強] 참음[忍].

강인[2] 強靭 (굳셀 강, 질길 인). 굳세고[強] 질기다[靭]. ¶가난은 그를 강인하게 만들었다. ㊞연약(軟弱)하다.

▸강인-성 強靭性 (성질 성). 굳세고[強] 질긴[靭] 성질(性質). ¶민족의 강인성을 표현한 작품.

강자 強者 (강할 강, 사람 자). 힘이나 세력이 강(強)한 사람[者]. ¶그는 강자에게 약하고 약자에게 강하다. ㊐강호(強豪). ㊞약자(弱者).

강-자성 強磁性 (강할 강, 자석 자, 성질 성). ① 속뜻 강(強)한 자성(磁性). ② 물리 외부 자기장이 없는 상태에서도 자기화되고, 자기장이 없어진 뒤에도 그대로 자기성을 띠는 성질. 철, 니켈, 코발트 등의 물질에서 나타난다. ¶강자성의 물질로 영구(永久) 자석을 만들다.

▸강자성-체 強磁性體 (몸 체). 물리 강(強)한 자성(磁性)을 지닌 물체(物體). 자석에 달라붙는 성질을 갖는 물질을 말한다. ¶철은 강자성체이다.

강장[1] 強將 (강할 강, 장수 장). 강(強)한 장수[將]. ¶여진의 강장과 맞서다.

강장[2] 強壯 (강할 강, 씩씩할 장). 강(強)하고 씩씩함[壯]. ¶대하(大蝦)는 강장에 좋은 식품으로 알려져 있다.

▸강장-제 強壯劑 (약제 제). 약학 쇠약한 체질을 강(強)하고 튼튼하게[壯] 만드는 약제(藥劑). ¶구기자는 강장제로 쓰인다.

강장-동물 腔腸動物 (빈 속 강, 창자 장, 움직일 동, 만물 물). 동물 몸의 내부[腸]가 비어 있는[腔] 동물(動物). 해파리, 말미잘, 산호 따위. ¶강장동물은 진화의 정도가 낮다. ㊟자포동물(刺胞動物).

강재 鋼材 (강철 강, 재료 재). ① 속뜻 강철(鋼鐵) 재료(材料). ② 공업 공업, 건설 따위의 재료로 쓰기 위해 압연(壓延) 따위의 방법으로 가공을 한 강철. ¶철광석을 제련하여 강재를 만들다.

강적 強敵 (강할 강, 원수 적). 강(強)한 적(敵). ¶강적을 만나다. ㊐맞수.

강전 強電 (강할 강, 전기 전). 전기 발전기, 전동기, 변압기 등 비교적 강(強)한 전류를 다루는 전기(電氣) 부문을 두루 이르는 말. ㊞약전(弱電).

강-전해질 強電解質 (강할 강, 전기 전, 풀 해, 바탕 질). ① 속뜻 전기(電氣) 분해(分解) 되는 정도가 강(強)한 물질(物質). ② 화학 진한 수용액에서도 거의 이온화되는 전해질. 안정된 이온결합을 포함하고 있으며, 대부분 결정질이다. 염화나트륨·수산화나트륨 등이 있다. ㊞약(弱)전해질.

강점[1] 強點 (강할 강, 점 점). 남보다 우세하거나 강(強)한 점(點). ¶강점을 살리다. ㊐장점(長點). ㊞약점(弱點).

강:점[2] 強占 (억지 강, 차지할 점). 억지로[強] 빼앗아 차지함[占]. ¶일본은 대한제국을 강점했다.

▸강:점-기 強占期 (때 기). 다른 나라의 영토, 권리 따위를 강제(強制)로 차지한[占] 시기(時期). ¶일제 강점기.

강-점결탄 強粘結炭 (강할 강, 끈끈할 점, 맺을 결, 숯 탄). 광업 점성(粘性)이 강해[強] 덩어리로 잘 뭉쳐지는[結] 종류의 석탄(石炭). 주로 제철 공업용으로 쓰인다. ㊞약(弱)점결탄.

강정-제 強精劑 (굳셀 강, 정액 정, 약제 제). 약학 남성의 정력(精力)을 강(強)하게 하는 약제[劑]. ¶녹용을 강정제로 사용하다.

강:제 強制 (억지 강, 누를 제). 억지로[強] 억누름[制]. 억지로 따르게 함. ¶강제로 그를 끌고 갔다. ㊐강압(強壓). ㊞임의(任意), 자의(自意), 자의(恣意).

▸강:제-권 強制權 (권리 권). 법률 강제(強制) 수단을 쓰는 행정상의 권리(權利). ¶봉건사회에서 가부장은 가족에 대한 강제권이 있었다.

▸강:제-력 強制力 (힘 력). ① 속뜻 강제(強制)하는 힘[力]. ¶국가 권력은 형벌이라는 강제력을 필요로 한다. ② 법률 행정청에서

상대가 의무를 이행하지 않은 경우에 의무를 이행하게 할 수 있는 힘.

▸강:제-성 強制性 (성질 성). 강제(強制)하거나 강요하는 성질(性質). ¶이 법률은 강제성이 있다.

▸강:제-적 強制的 (것 적). 억지로[強] 따르게[制] 하는 것[的]. ¶강제적으로 이루어진 합의. ⓑ자발적(自發的).

▸강:제 노동 強制勞動 (일할 로, 움직일 동). 본인의 의사를 무시하고 강제(強制)로 시키는 노동(勞動). ¶그들은 굶주림과 강제 노동에 시달렸다. ⓗ강제 노역(勞役).

***강조 強調** (강할 강, 고를 조). ① 속뜻 특별히 강(強)하게 조절(調節)함. ¶독서의 중요성을 강조하다. ②어떤 부분을 특별히 강하게 주장하거나 두드러지게 함. ¶명암을 강조한 그림. ⓗ역설(力說), 주장(主張).

▸강:조-법 強調法 (법 법). 언어 표현하려는 내용을 강조(強調)하여 읽는 이에게 뚜렷한 인상이 느껴지게 하는 표현 방법(方法). 과장법, 반복법, 영탄법 따위가 있다.

강:좌 講座 (익힐 강, 자리 좌). ① 속뜻 강의(講義)하는 자리[座]. ②일정한 주제에 따른 강의 형식을 취하여 체계적으로 편성한 강습회. ¶교양 강좌를 개설하다.

강:직[1] 降職 (내릴 강, 일 직). 직위(職位)를 낮춤[降]. 직위가 낮아짐. ⓑ승직(陞職).

강직[2] 剛直 (굳셀 강, 곧을 직). 굳세고[剛] 올곧다[直]. ¶그는 어려서부터 강직했다. ⓑ교활(狡猾)하다.

강직[3] 強直 (강할 강, 곧을 직). ① 속뜻 뼈나 근육이 딱딱하고[強] 뻣뻣해져[直] 짐. ¶사후에 강직이 일어나다. ② 의학 관절을 이루는 뼈, 연골, 윤활 주머니 따위가 뻣뻣하게 굳어져서 움직일 수 없게 된 상태. ③ 의학 근육에 계속해서 몇 번 이상 자극을 줄 때에 지속적으로 수축을 일으키는 현상. ⓗ관절 굳음, 칼슘 경직(硬直).

강진 強震 (강할 강, 떨 진). ① 속뜻 강(強)한 지진(地震). ② 지리 진도(震度) 계급 5의 지진. 벽이 갈라지고 비석 등이 넘어지며 돌담이 무너질 정도의 지진. ¶세계 각국에서 강진이 발생했다. ⓑ약진(弱震), 미진(微震).

강철 鋼鐵 (강철 강, 쇠 철). ① 속뜻 굳고 질기게[鋼] 만든 쇠[鐵]. ② 공업 탄소의 함유량이 0.035~1.7%인 철. ¶강철을 제련하여 선박 부품을 만들다. ③아주 단단하고 굳센 것을 비유하여 이르는 말. ¶그 사람은 강철이다. ⓑ연철(軟鐵).

▸강철-봉 鋼鐵棒 (몽둥이 봉). 강철(鋼鐵)로 만든 막대기[棒]. ¶강철봉을 삼각형으로 구부려 트라이앵글을 만들다.

▸강철-판 鋼鐵板 (널빤지 판). 강철(鋼鐵)로 만든 철판(鐵板). ¶빙산에 부딪쳐 선체의 강철판에 구멍이 났다. ⓒ강판.

강:청 強請 (억지 강, 부탁할 청). 무리하게 억지로[強] 부탁함[請]. ¶그는 강청에 못 이겨 노래를 불렀다. ⓗ강요(強要).

강체 剛體 (굳셀 강, 몸 체). ① 속뜻 아주 단단한[剛] 물체(物體). ②외부의 힘을 가해도 형태나 부피가 변하지 않는 가상의 물체. ¶그는 강체의 회전 운동을 연구하였다.

▸강체 역학 剛體力學 (힘 력, 배울 학). 물리 강체(剛體)에 작용하는 힘[力]과 그 운동과의 관계를 연구하는 학문(學問).

강촌 江村 (강 강, 마을 촌). 강(江)가에 있는 마을[村].

▸강촌-별곡 江村別曲 (다를 별, 노래 곡). 문학 조선 선조 때 차천로가 자연[江村] 속에서의 한가로운 생활을 노래한 가사[別曲]. 『청구영언』(青丘永言)에 실려 전한다.

강타 強打 (굳셀 강, 칠 타). ① 속뜻 세게[強] 침[打]. ¶그는 도둑의 옆구리를 강타했다. ②큰 타격을 끼침. ¶유가 급등은 세계 경제를 강타했다. ③ 운동 야구·배구 등에서 타자나 공격수가 공을 세게 침. ¶타자는 투수의 초구를 강타해 3루타를 쳤다. ⓗ맹타(猛打).

강-타자 強打者 (강할 강, 칠 타, 사람 자). 야구에서 공을 세게[強] 잘 치는[打] 선수[者]. ¶저 팀은 강타자가 많아 팀의 타율이 높다.

강:탈 強奪 (억지 강, 빼앗을 탈). 남의 것을 억지로[強] 빼앗음[奪]. ¶강도는 돈을 강탈했다. ⓗ강취(強取).

강-태공 姜太公 (성씨 강, 클 태, 귀인 공). ① 속뜻 중국 주나라 때 '태공망'(太公望)을 그의 성(姓)인 강(姜)과 함께 이르는 말. ②'낚시꾼'을 비유하여 이르는 말. 강태공이 위수에서 낚시질을 하며 때가 오기를 기다렸다는 고사에서 유래.

강토 疆土 (지경 강, 흙 토). 국경[疆] 안에 있는 땅[土]. 나라의 영토. ¶아름다운 강토를 훌륭히 가꾸다. ⑪강역(疆域), 국토(國土), 강산(江山).

강:판[1] 降板 (내릴 강, 널빤지 판). 운동 야구에서, 투수가 투수판[板]을 내려오는[降] 일. 상대 타자들에게 맹타를 당할 때 주로 일어난다. ¶그는 1회에 5점을 내주고 강판을 당했다. ⑫등판(登板).

강판[2] 鋼板 (강철 강, 널빤지 판). 강철(鋼鐵)로 만든 널빤지[板]. ¶배의 갑판에 강판을 깔다. '강철판'의 준말.

강판[3] 薑板 (생강 강, 널빤지 판). 생강(生薑), 과일 따위를 가는 널빤지[板] 모양의 도구. ¶무를 강판에 갈아 즙을 내다.

강:평 講評 (강구할 강, 평할 평). ① 속뜻 해설하고[講] 평가(評價)함. ② 공연 작품, 발표회, 실습 따위에 대하여 총괄적으로 분석하고 평가함. 또는 그런 평가. ¶원작가가 직접 나와 우리의 연극을 강평했다.

강폭 江幅 (강 강, 너비 폭). 강(江)의 너비[幅]. ¶이 강은 강폭이 넓은 데다 수심까지 깊어 사고가 많이 난다.

강풍[1] 江風 (강 강, 바람 풍). 강(江)에서 불어오는 바람[風]. ¶강풍에 버들가지가 너울거린다.

강풍[2] 強風 (굳셀 강, 바람 풍). ① 속뜻 세차게[強] 부는 바람[風]. ¶강풍에 나뭇가지가 부러졌다. ② 지리 풍력 계급이 7인 바람. ¶강풍을 동반한 폭우가 쏟아졌다. ⑪센 바람, 경풍(勁風). ⑫약풍(弱風), 미풍(微風).

강하[1] 江河 (강 강, 물 하). ① 속뜻 강(江)과 하천(河川). ¶바다만큼 넓은 강하. ② 지리 중국에서 '양자강'(揚子江)과 '황하'(黃河)를 아울러 이르는 말.

강:하[2] 降下 (내릴 강, 아래 하). ① 속뜻 위에서 아래[下]로 내림[降]. 높은 데서 낮은 데로 내려감. ¶기온이 크게 강하했다. ② 공중에서 아래로 뛰어내림. ¶낙하산 강하 훈련. ③ 기온 따위가 내려감. ¶기온이 갑작스레 영하로 강하했다. ⑪하강(下降).

강:하-어 降河魚 (내릴 강, 물 하, 물고기 어). 동물 민물[河]에서 살다가 알을 낳을 때 바다로 내려가는[降] 물고기[魚]를 통틀어 이르는 말. 뱀장어, 숭어 따위. ⑪강류어(江流魚). ⑫소하어(溯河魚).

강:학 講學 (강구할 강, 배울 학). 학문[學]을 닦고 연구함[講]. ¶그는 평생을 강학에 힘썼다.

강:해 講解 (강의할 강, 풀 해). 문장이나 학설 따위를 강론(講論)하여 해석(解釋)함. ¶그는 성서를 강해하고 종교개혁 운동을 펼쳤다.

강:행 強行 (억지 강, 행할 행). ① 속뜻 힘들거나 어려움을 무릅쓰고[強] 실행함[行]. ② 강제로 시행함. ¶법안 의결을 강행했다.

▶강:행-법 強行法 (법 법). ① 속뜻 강제(強制)로 시행(施行)하는 법규(法規). ② 법률 당사자의 자유의사와는 상관없이 적용되는 법규. 헌법이나 형법 따위의 공법(公法)이 이에 속한다. ⓐ임의법(任意法).

강:-행군 強行軍 (굳셀 강, 다닐 행, 군사 군). ① 속뜻 힘찬[強] 행군(行軍). ¶병사들은 뙤약볕에도 강행군을 했다. ② '어떤 일을 기일 안에 기어이 끝내려고 무리하게 함'을 비유하여 이르는 말. ¶시일 내에 공사를 마치기 위해 강행군을 했다.

강호[1] 強豪 (굳셀 강, 호걸 호). 실력이나 힘이 센[強] 호걸(豪傑) 같은 사람. 또는 그러함. ¶축구의 강호 영국.

강호[2] 江湖 (강 강, 호수 호). ① 속뜻 강(江)과 호수(湖水). ② 예전에, 은자(隱者)나 시인(詩人), 묵객(墨客) 등이 현실을 도피하여 생활하던 시골이나 자연. ¶그는 강호에 묻혀 여생을 보냈다. ③ '세상'(世上)을 비유하여 이르는 말. '김두환'이란 이름은 강호에 이미 알려졌다. ⑪자연(自然), 세상(世上), 호해(湖海). ▶강호-가 江湖歌 (노래 가). 문학 속세를 떠나 대자연[江湖]에 묻혀 사는 삶을 읊은 시가(詩[歌]).

▶강호-객 江湖客 (손 객). 세상[江湖] 각 곳을 방랑하는 사람[客]. ¶그는 강호객으로 살며 많은 시를 남겼다.

▶강호-가도 江湖歌道 (노래 가, 방법 도). 문학 조선 시대에, 자연[江湖]을 예찬하는 시가(詩歌)를 짓는 창작 경향[道].

▶강호지락 江湖之樂 (어조사 지, 즐길 락). 자연[江湖]을 벗 삼아 살아가는 즐거움[樂].

▸강호지인 江湖之人 (어조사 지, 사람 인). 벼슬하지 않고 대자연[江湖]에 묻혀 사는 사람[人].

▸강호-사시가 江湖四時歌 (넉 사, 때 시, 노래 가). 문학 조선 때, 맹사성이 대자연[江湖]에 묻혀 사는 생활을 네[四] 절기[時]로 나누어 4수로 구성한 연시조[歌]. ㊊사시한정가(四時閒情歌).

▸강호-연군가 江湖戀君歌 (그리워할 련, 임금 군, 노래 가). 문학 조선 때 장경세가 대자연[江湖]에 묻혀 살면서 임금[君]을 사모하는[戀] 마음을 읊은[歌] 12수의 연시조.

강:화[1] **降話** (내릴 강, 말할 화). 천도교에서 '한울님이 세상 사람들에게 내려주는[降] 말씀[話]'을 이르는 말.

강화[2] **強化** (강할 강, 될 화). 모자라는 점을 보완하여 더 강(強)하게 함[化]. ¶음주 단속을 강화하다. ㊏약화(弱化).

강:화[3] **講話** (강의할 강, 말할 화). 어떤 주제의 내용에 대하여 강의(講義)하듯이 쉽게 풀어서 말함[話]. ㊊강석(講釋), 강해(講解).

강:화[4] **講和** (강구할 강, 어울릴 화). 싸움을 그치고 화해(和解)할 것을 강구(講究)함. ¶강화 조약 / 양국은 강화에 동의했다. ㊊화해(和解).

▸강:화 담판 講和談判 (말씀 담, 판가름할 판). 정치 전쟁 상태에 있던 나라끼리 서로 강화(講和)하기 위해 담판(談判)함.

▸강:화 조약 講和條約 (조목 조, 묶을 약). ① 속뜻 강화(講和)를 위해 체결하는 조약(條約). ② 법률 서로 싸우던 나라끼리 전쟁의 종료와 평화의 회복, 영토, 배상금 따위의 강화 조건을 규정하고 그 이행을 위한 담보 수단을 정하는 조약. ¶청국과 일본은 시모노세키에서 강화조약을 체결했다.

▸강:화 회:의 講和會議 (모일 회, 의논할 의). 정치 전쟁 상태에 있던 나라끼리 강화(講和) 조약을 맺기 위해 여는 회의(會議). ¶제1차 세계대전의 승전국들은 파리에서 강화 회의를 개최했다.

강화도 조약 江華島條約 (강 강, 꽃 화, 섬 도, 조목 조, 묶을 약). 역사 운요호 사건을 계기로 1876년에 강화도(江華島)에서 조선과 일본 사이에 맺어진 12개 항목의 조약(條約). 이 조약으로 조선은 일본에 문호를 개방하였다.

강화-성 江華城 (강 강, 꽃 화, 성곽 성). 고적 조선 시대에, 강화도(江華島)에 쌓았던 성(城). 돌로 쌓은 내성(內城)과 흙으로 쌓은 외성(外城)이 있으며, 병인양요, 신미양요 때에 외적 방어에 큰 구실을 하였다.

강화-학파 江華學派 (강 강, 꽃 화, 배울 학, 갈래 파). 역사 조선 후기의 양명학자들이 강화도(江華島)를 중심으로 형성한 학파(學派). ¶강화학파는 한말 민족주의 학자들에게 큰 영향을 주었다.

강:회 講會 (강의할 강, 모일 회). 불교 경전 강의(講義)를 위한 법회(法會).

강훈 強訓 (강할 강, 가르칠 훈). 강(強)한 훈련(訓練). '강화훈련'(強化訓練)의 준말.

강희-자전 康熙字典 (편안할 강, 빛날 희, 글자 자, 책 전). 책명 1716년 중국 청(淸) 나라 강희(康熙) 연간에 간행한 한자 자전(字典). ¶강희자전에는 214개의 부수(部首)를 세워놓았다.

개:가[1] **改嫁** (고칠 개, 시집갈 가). 다시[改] 시집감[嫁]. ¶고려 때까지만 해도 개가하는 일반적이었다. ㊊재가(再嫁), 재초(再醮), 재연(再緣).

개:가[2] **凱歌** (즐길 개, 노래 가). ①승리를 기뻐하며[凱] 부르는 노래[歌]나 함성. '개선가'(凱旋歌)의 준말. ②이기거나 큰 성과가 있을 때의 환성. ¶탐사 대원들은 1년 만에 개가를 올리고 돌아왔다.

개가[3] **開架** (열 개, 시렁 가). 자유로이 열람할 수 있도록 서가(書架)를 개방(開放)함. ¶도서관 개가 열람실.

▸개가-식 開架式 (법 식). 도서관 서가(書架)를 개방(開放)하는 운영 방식(方式). ¶자료실을 개가식으로 운영하다. ㊊개가제. ㊏폐가식(閉架式).

▸개가-제 開架制 (정할 제). 도서관 서가(書架)를 개방(開放)하는 운영 제도(制度). 열람자는 원하는 책을 자유로이 찾아볼 수 있다. ¶개가제 도서관. ㊊개가식. ㊏폐가제(閉架制).

개:각[1] **改刻** (고칠 개, 새길 각). 도장, 판각, 조각 따위를 다시 고치어[改] 새김[刻].

개:각[2] **改閣** (고칠 개, 관청 각). 내각(內閣)을 개편(改編)함. ¶개각으로 분위기가 뒤

숭숭하다.

개:각³ 介殼 (딱지 개, 껍질 각). 동물 연체동물의 외투막[介]에서 분비된 석회질이 단단하게 굳어져 된 겉껍데기[殼]. 굴, 전복, 조개 따위의 껍데기.

▸개:각-충 介殼蟲 (벌레 충). 동물 단단한 껍질[介殼]을 지닌 벌레[蟲]. 수컷은 한 쌍의 날개가 있고 바퀴와 비슷하며 암컷은 날개가 없고 개각 모양의 분비물로 덮여 있다. ⓑ패각충(貝殼蟲), 깍지벌레.

개각-류 皆脚類 (모두 개, 다리 각, 무리 류). 동물 모두[皆] 발[脚]이 많이 달려 특징을 지니는 절지 동물의 한 부류[類].

개:간¹ 改刊 (고칠 개, 책 펴낼 간). 출판 책 따위의 원판을 다시 고쳐서[改] 발간(發刊)함. ¶내용을 보충하여 문집을 개간하다.

개간² 開墾 (열 개, 밭갈 간). 버려 둔 거친 땅을 갈아[墾] 새로운 논밭을 만듦[開]. ¶황무지를 개간하다. ⓑ개척(開拓).

▸개간-지 開墾地 (땅 지). 새로 개간(開墾)한 땅[地]. ¶개간지에 농작물을 심다. ⓒ개지(開地). ⓑ개척지(開拓地). ⓟ미(未)개간지.

개:갑¹ 介甲 (딱지 개, 껍질 갑). ① 속뜻 단단한[介] 겉껍데기[甲]. ②예전에, 싸움을 할 때 적의 창검이나 화살을 막기 위해 입던 옷. ⓑ갑주(甲冑), 갑옷.

개:갑² 鎧甲 (갑옷 개, 갑옷 갑). 쇠로 된 비늘[鎧] 모양의 조각을 달아 놓은 갑옷[甲]. ¶개갑을 입은 장군.

개강 開講 (열 개, 강의할 강). 강의(講義)를 개시(開始)함. ¶개강이 언제입니까? ⓟ종강(終講).

개:개 個個 (=箇箇, 낱 개, 낱 개). 낱[個]낱[個]. 하나하나. ¶개개의 나라에는 수도가 있다.

▸개:개-인 個個人 (사람 인). 하나 하나[個個]의 사람[人]. 한 사람 한 사람. ¶소비자 개개인에게 맞는 제품을 개발하다.

개거 開渠 (열 개, 도랑 거). 건설 ①위를 덮지 않고 터놓은[開] 도랑[渠] 같은 수로. ¶개거는 외부로부터 오염을 받기 쉽다. ②철도나 궤도 밑을 가로 뚫어 도로나 운하를 통하게 하고 위를 덮지 않고 터놓은 작은 도랑. ⓑ개수로(開水路), 겉도랑.

개:걸 丐乞 (빌 개, 빌 걸). ①빌어[丐=乞] 먹음. ¶백성들은 배고픔을 견디지 못해 개걸하기 시작했다. ②남에게 빌어먹고 사는 사람. ⓑ거지.

개:결 介潔 (딱지 개, 깨끗할 결). 성질이 아주 꼿꼿하고[介] 깔끔함[潔]. ¶개결한 성품 / 개결한 선비의 절개를 지키다.

개경 開京 (열 개, 서울 경). 고려 때 서울[京]인 '개성'(開城)을 이름.

개:고 改稿 (고칠 개, 원고 고). 원고(原稿)를 고치어[改] 씀. 또는 그 원고.

개골-산 皆骨山 (모두 개, 뼈 골, 메 산). ① 속뜻 모든[皆] 뼈[骨]가 앙상하게 드러나는 산(山). ②겨울철의 금강산(金剛山)을 이르는 이름.

개:과 改過 (고칠 개, 지나칠 과). 잘못[過]을 고침[改]. 잘못을 뉘우침. ¶그는 자신의 잘못을 모두 개과했다. ⓑ개심(改心), 개전(改悛).

▸개:과-천선 改過遷善 (바뀔 천, 착할 선). 잘못[過]을 고치고[改] 착하게[善] 바뀜[遷]. ¶전과자였던 그는 개과천선해서 참 사람이 되었다. ⓑ회과(悔過)천선, 개과자신(自新).

개:관¹ 槪觀 (대강 개, 볼 관). ① 속뜻 대강[槪] 살펴봄[觀]. ¶이 책은 먼저 한국사를 개관했다. ②그림에서 색채, 윤곽, 명암, 구도 등의 대체적인 모양. ⓑ개괄(槪括).

개관² 開館 (열 개, 집 관). '관'(館)자가 붙는 기관이나 시설을 신설하여 그 업무를 시작함[開]. ¶도서관은 9시에 개관한다. ⓟ폐관(閉館), 휴관(休館).

▸개관-식 開館式 (의식 식). 도서관, 박물관[館] 따위의 기관이 처음으로 문을 열[開] 때 거행하는 의식(儀式). ¶도서관 개관식에 참석하다.

개:관-사정 蓋棺事定 (덮을 개, 관 관, 일 사, 정할 정). 시체를 관(棺)에 넣고 관 뚜껑을 덮은[蓋] 뒤에야 비로소 그가 한 일[事]의 가치를 정(定)할 수 있음. 사람이 죽은 후에야 비로소 그 사람에 대한 평가를 제대로 할 수 있음 이르는 말. ¶개관사정이라 했으니, 이번 좌천에 너무 낙심하지 말게.

개:괄 槪括 (대강 개, 묶을 괄). ① 속뜻 대강[槪]을 간추려 요점이나 줄거리를 묶음

[括]. ②중요한 내용이나 줄거리를 대강 추려 냄. ¶역사적 개괄 / 조선 시대의 군사 제도를 개괄하다. ③[논리]]어떤 개념의 외연을 확대하여 보다 많은 사물을 포괄하는 개념을 만드는 일.

개교 開校 (열 개, 학교 교). 새로 학교(學校)를 세워 교육 업무를 시작함[開]. ¶그 학교는 3월에 개교한다. [반]폐교(廢校), 폐교(閉校).

개구 開口 (열 개, 입 구). ① [속뜻] 입[口]을 벌림[開]. ②입을 열어 말함. ¶그는 무기력한 외교정책을 비난하는 것으로 개구했다. ③ [의학] '입'을 전문적으로 이르는 말. ¶개구의 천장이 높다. ④ [건설] 채광, 환기, 통풍, 출입을 위해 벽을 치지 않은 창이나 문을 통틀어 이르는 말. [반]폐구(閉口), 함구(緘口).

▶개구-도 開口度 (정도 도). [언어] 발음할 때 입[口]을 벌리는[開] 정도(程度). ¶개구도를 기준으로 모음도(母音圖)를 작성하다.

개국¹ 個國 (낱 개, 나라 국). ① [속뜻] 낱낱[個]의 나라[國]. ②나라를 세는 단위. ¶10개국 선수들이 참가하였다.

개국² 開國 (열 개, 나라 국). 나라[國]를 처음으로 세움[開]. ¶10월 3일은 단군이 고조선을 개국한 날이다. [비]건국(建國).

▶개국 공신 開國功臣 (공로 공, 신하 신). 개국(開國)할 때 공훈(功勳)이 많은 신하(臣下). 특별히 조선 건국을 도운 정도전, 배극렴, 조준 등에게 내린 칭호. ¶개국 공신들에게 공신전(功臣田)을 지급하다.

개권유익 開卷有益 (열 개, 책 권, 있을 유, 더할 익). ① [속뜻] 책[卷]을 열면[開] 이로움[益]이 있음[有]. ②책이나 사전을 열어 보기만 해도 이로움. 독서를 하면 할수록 좋음. ¶속뜻사전의 장점은 한 마디로 개권유익이라 할 수 있다.

개근 皆勤 (모두 개, 부지런할 근). 하루도 빠짐없이 모두[皆] 출석하거나 출근(出勤)함. ¶나는 3년 동안 개근했다.

▶개근-상 皆勤賞 (상줄 상). 개근(皆勤)한 사람에게 주는 상(賞).

개금 開襟 (열 개, 옷깃 금). ① [속뜻] 옷섶[襟]을 열어[開] 가슴을 헤쳐 놓음. ②속마음을 털어놓음.

개:금-불사 改金佛事 (고칠 개, 황금 금, 부처 불, 일 사). [불교] 불상(佛像)에 금칠(金漆)을 다시 하는[改] 불가(佛家)의 일[事]. ¶개금불사에 어마어마한 비용이 들다.

개기¹ 開基 (열 개, 터 기). ① [속뜻] 공사를 하려고 터[基]를 닦기[開] 시작함. ② [불교] 절을 창건함. ③ [불교] 절 짓는 일에 종사하는 큰스님.

개기² 皆既 (모두 개, 이미 기). ① [속뜻] 모두[皆] 이미[既] 그러함. ② [천문] '개기식'의 준말.

▶개기-식 皆既蝕 (갉아먹을 식). [천문] '개기일식'(皆既日蝕) 또는 '개기월식'(皆既月蝕)을 통칭하는 말. [준]개기. [반]부분식(部分蝕).

▶개기 월식 皆既月蝕 (달 월, 갉아먹을 식). ① [속뜻] 모두[皆] 이미[既] 달[月]이 좀먹음[蝕]. ② [천문] 지구가 해를 완전히 가려서 달이 햇빛을 받지 못하게 됨에 따라 달이 보이지 않는 현상. [반]부분 월식(部分月蝕).

▶개기 일식 皆既日蝕 (해 일, 갉아먹을 식). ① [속뜻] 모두[皆] 이미[既] 해[日]가 좀먹음[蝕]. ② [천문] 해가 달에 완전히 가리어져 보이지 않게 되는 현상. [반]부분 일식(部分日蝕).

개년 個年 (낱 개, 해 년). ① [속뜻] 낱낱[個]의 해[年]. ②해를 세는 단위. ¶경제 개발 5개년 계획.

개:념 概念 (대강 개, 생각 념). ① [속뜻] 대강[概]의 생각[念]. 또는 대강의 내용. ¶'세계화'라는 개념을 이해하다. ② [철학] 여러 관념 속에서 공통적 요소를 뽑아 종합하여 얻은 하나의 보편적인 관념. ¶미(美)의 개념을 정의하다.

▶개:념-도 概念圖 (그림 도). 어떤 일을 설명하기 위해 이해의 열쇠가 되는 말을 끌어내어 이들의 상호 관계 따위[概念]를 그림[圖]으로 알기 쉽게 나타낸 것.

▶개:념-론 概念論 (논할 론). [철학] ①개념(概念)에 대한 논리학상·인식론상의 이론(理論). ②스콜라 철학의 보편논쟁에서 유명론과 실념론의 중간 처지를 취하여 보편의 문제를 해명하려 하는 이론.

개도-국 開途國 (열 개, 길 도, 나라 국). '개발 도상국'(開發途上國)의 준말.

개:두환면 改頭換面 (고칠 개, 머리 두, 바꿀 환, 낯 면). 근본적인 것은 고치지 않고, 머

리[頭]만 바꾸거나[改] 얼굴[面]만 갈아서[換] 그 일을 그대로 시킴. ¶개두환면의 구태(舊態)를 없애다.

개:략 概略 (대강 개, 줄일 략). 대강[概] 간추려 줄임[略]. 또 그 줄인 것. ¶개략적 내용 / 본 사건을 개략하여 말씀드리겠습니다. [비]개요(概要).

개:량 改良 (고칠 개, 좋을 량). 주로 구체적인 것을 고쳐[改] 좋게[良] 함. ¶품종을 개량하다. [비]개선(改善). [반]재래(在來).

▸개:량-종 改良種 (갈래 종). ① [속뜻]개량(改良)한 품종(品種). ② 교배나 접목 따위를 하여 독특하거나 우수한 형질을 갖도록 길러 낸 동식물의 새 품종 [비]육성종(育成種). [반]재래종(在來種), 토종(土種).

▸개:량-품 改良品 (물건 품). 개량(改良)한 물품(物品). ¶기존 제품의 개량품을 출시하다.

개:론 概論 (대강 개, 논할 론). 내용을 대강 간추리어[概] 논설(論說)함. ¶언어학 개론. [비]범설(汎說), 개략(概略), 개설(概說). [참]총론(總論), 각론(各論).

개막 開幕 (열 개, 휘장 막). ① [속뜻]연극 따위를 시작할 때 막(幕)을 엶[開]. ② 회의나 행사 따위를 시작함. ¶영화제는 오후 8시에 개막한다. [반]폐막(閉幕).

▸개막-식 開幕式 (의식 식). 행사를 처음 시작할[開幕] 때 행하는 의식(儀式). ¶개막식에 참석하다. [반]폐막식(閉幕式).

개:명[1] 改名 (바꿀 개, 이름 명). 이름[名]을 고침[改]. 고친 이름. ¶그는 '지덕'으로 개명했다.

개명[2] 開明 (열 개, 밝을 명). ① [속뜻]문을 열어[開] 밝게[明] 함. ② 지혜가 계발되고 문화가 발달함. ¶개명의 물결. ③ 해가 뜨는 곳.

개-모음 開母音 (열 개, 어머니 모, 소리 음). [언어]입을 크게 벌리고[開] 발음하는 모음(母音). 'ㅐ', 'ㅏ'따위. [비]저모음(低母音).

개문 開門 (열 개, 문 문). 문[門]을 엶[開]. [반]폐문(閉門).

▸개문-영입 開門迎入 (맞이할 영, 들 입). 문(門)을 열고[開] 반갑게 맞아들임[迎入].

*__개발 開發__ (열 개, 드러날 발). ① [속뜻]열어서[開] 드러나게[發] 함. ② 개척하여 유용하게 함. ¶수자원 개발. ③ 지식이나 재능 따위를 발달하게 함. ¶기술 개발. ④ 새로운 물건이나 생각 따위를 만듦. ¶프로그램을 개발하다.

▸개발-비 開發費 (쓸 비). 신기술 도입, 자원 개발, 시장 개척 등 각종 개발(開發)에 들인 비용(費用). ¶연구 개발비 / 개발비를 투자하다.

▸개발 교:육 開發教育 (가르칠 교, 기를 육). [교육]학습자가 타고난 능력을 자기 힘으로 개발(開發)하도록 하는 교육(教育). [비]계발교육(啓發教育). [반]주입교육(注入教育).

▸개발 도상국 開發途上國 (길 도, 위 상, 나라 국). 경제 발전이 선진 공업국보다 뒤떨어진 상태이지만 개발(開發)되는 과정에 있는[途上] 나라[國]. [준]개도국. [반]선진국(先進國), 후진국(後進國).

개방[1] 開方 (열 개, 모 방). ① [속뜻]방정식(方程式)을 풀이함[開]. ② [수학]제곱근이나 세제곱근 따위를 계산하여 그 답을 구하는 일.

개방[2] 開放 (열 개, 놓을 방). ① [속뜻]문을 열어[開] 놓음[放]. ② 기밀·비밀 따위를 숨김없이 공개함. ¶개방 외교 ③ 금하던 것을 풀고 열어 놓음. ¶이 공원은 일반인에게 개방되어 있다. [비]공개(公開). [반]폐쇄(閉鎖).

▸개방-적 開放的 (것 적). 있는 그대로를 남에게 개방(開放)해 놓은 것[的]. 숨기지 않는 것. ¶개방적이고 민주적인 운영 방침. [반]폐쇄적(閉鎖的).

▸개방 경제 開放經濟 (다스릴 경, 건질 제). [경제]외국과의 상품·자본 따위의 거래에 있어, 아무 제한이 없이 개방(開放)해 놓은 자유로운 경제(經濟). [참]봉쇄경제(封鎖經濟).

▸개방 대:학 開放大學 (큰 대, 배울 학). [교육]교육 과정을 일반 시민에게 개방(開放)해 놓은 대학(大學).

▸개방 정책 開放政策 (정치 정, 꾀 책). [정치]외국과 수교하여 문호를 개방(開放)하는 정책(政策). ¶개방 정책으로 경제 구조가 급변하다. [반]쇄국 정책(鎖國政策).

개벽 開闢 (열 개, 열 벽). ① [속뜻]천지가 처음 열림[開=闢]. ② '새로운 시대나 상황이 시작됨'을 비유하여 이르는 말. ¶천지가 개벽할 일이 일어났다. [비]태초(太初), 태고(太古).

개:변 改變 (바꿀 개, 바뀔 변). 어떤 상태,

제도, 시설 따위를 근본적으로 바꾸거나[改] 발전적인 방향으로 변화(變化)시킴. ¶사상 의식의 개변 / 제도를 개변하다 / 국가 조직이 개변되다. [비]변혁(變革), 개혁(改革).

개:별 個別 (낱 개, 나눌 별). 하나하나[個] 나뉜[別] 것. ¶학생을 개별 지도하다. [비]낱개, 별개(別個). [반]종합(綜合), 전체(全體).

▸개:별 개:념 個別概念 (대강 개, 생각 념). [논리]개별(個別)의 대상을 나타내는 개념(概念).

▸개:별 지도 個別指導 (가리킬 지, 이끌 도). [교육]피교육자의 처지나 특성에 따라 개별적(個別的)으로 가르치는[指導] 일.

개병 皆兵 (모두 개, 군사 병). ① [속뜻]모두[皆]가 병사(兵士)가 됨. ¶당시의 군역은 양인 개병과 농병 일치가 원칙이었다. ② [법률]국민 모두가 병역의 의무를 가지는 것. [비]국민개병(國民皆兵). [반]모병(募兵).

▸개병-주의 皆兵主義 (주될 주, 뜻 의). [법률]국민 모두[皆]가 병역(兵役)의 의무를 지게 하자는 주장[主義].

개:복¹ 蓋覆 (덮을 개, 덮을 복). 덮개[覆] 따위로 덮어 씌움[蓋]. ¶개복되었던 하천을 복구하였다.

개복² 開腹 (열 개, 배 복). 배[腹]를 갈라 엶[開]. ¶개복하지 않고 내시경으로 치료할 수 있다.

▸개복 수술 開腹手術 (손 수, 꾀 술). [의학]개복(開腹)하여 복강 안에 있는 기관이나 이물을 제거하는 수술(手術). [준]개복술.

개봉 開封 (열 개, 봉할 봉). ① [속뜻]봉(封)한 것을 떼어 엶[開]. ¶편지를 개봉했다. ② 새로 만들거나 새로 수입한 영화를 처음으로 상영함. ¶영화는 어제 개봉했다. [반]폐쇄(閉鎖), 밀폐(密閉).

▸개봉-관 開封館 (집 관). 새로 만들거나 새로 수입한 영화만을 상영하는[開封] 영화관(映畵館). 이 영화는 전국 30개 개봉관에서 개봉할 예정이다.

개비 改備 (바꿀 개, 갖출 비). 있던 것을 갈아내고[改] 다시 장만하여 갖춤[備].

개:산¹ 概算 (대강 개, 셀 산). 어림으로[概] 계산함[算]. ¶출하된 물량을 개산해보니 3만개 정도이다. [비]어림셈. [반]정산(精算).

개산² 開山 (열 개, 메 산). [불교]① 산(山)에 절을 세워 엶[開]. ② 새로운 종파를 처음으로 세워 여는 일. ③'개산조사'의 준말. [비]개종(開宗).

▸개산-조사 開山祖師 (조상 조, 스승 사). [불교]새로운 종파를 처음으로 열었거나, 어떤 절을 처음으로 세워[開山] 시조(始祖)가 되는 승려[師]. [준]개산. 개조.

개:서¹ 改書 (고칠 개, 쓸 서). 쓴 글이나 글씨를 다시 고쳐[改] 씀[書]. ¶명의 개서 / 변호사 입회하에 유언장을 개서하다.

개서² 開書 (열 개, 글 서). 편지[書]의 겉봉을 뜯어 엶[開]. ¶개서해보니 군에 있는 아들이 보낸 편지였다.

개:석¹ 蓋石 (덮을 개, 돌 석). [고적]무덤의 구덩이를 덮는[蓋], 판으로 된 돌[石]. ¶개석 암각화 / 그는 개석을 따고 능을 도굴하였다. [비]뚜껑돌.

개석² 開析 (열 개, 가를 석). ① [속뜻]땅이 깎이거나[開] 갈라짐[析]. ② [지리]원래의 지형면이 하천의 침식 작용으로 골짜기가 형성되면서 새로운 지형으로 바뀌는 일. ¶개마고원은 압록강과 두만강 지류에 의해 개석된 곳이다.

▸개석 대지 開析臺地 (돈대 대, 땅 지). ① [속뜻]땅이 깎이거나[開] 갈라져[析] 생긴 골짜기가 있는 널찍한[臺] 땅[地]. ② [지리]하천의 침식 작용으로 생긴 골짜기가 있는 평탄한 땅. ¶브라질 고원은 개석 대지에 속한다.

▸개석 삼각주 開析三角洲 (석 삼, 모서리 각, 섬 주). ① [속뜻]땅이 깎이거나[開] 갈라져[析] 생긴 골짜기가 있는 삼각주(三角洲). ② [지리]삼각주가 융기한 곳에 새로운 하천의 침식 작용으로 골짜기가 많이 생긴 곳. [비]개석델타(delta).

***개:선¹ 改善** (고칠 개, 좋을 선). ① [속뜻]고쳐서[改] 좋게[善] 함. ② 잘못된 점을 고치어 잘 되게 함. ¶근무환경을 개선했다. [비]개량(改良). [반]개악(改惡).

개:선² 改選 (고칠 개, 고를 선). 다시[改] 뽑음[選]. 새로 선거함. ¶시 의원의 개선하다.

개:선³ 凱旋 (즐길 개, 돌 선). 승리의 기쁨[凱]을 안고 돌아[旋] 옴. ¶개선 장군(將

軍). ⓑ개귀(凱歸), 개환(凱還). ⓒ개진03(凱陣).

▸개:선-가 凱旋歌 (노래 가). 전쟁에 승리하여[凱] 돌아올[旋] 때 부르는 노래[歌]. 승리의 노래. ¶개선가를 소리 높여 부르다. ㊀개가.

▸개:선-문 凱旋門 (문 문). 전쟁에 승리하여[凱] 돌아온[旋] 군사들을 환영하기 위해 세운 문(門). ¶나폴레옹은 승리를 기념하여 개선문을 세웠다.

▸개:선-장군 凱旋將軍 (장수 장, 군사 군). ① 속뜻 전쟁에서 승리하여[凱] 돌아온[旋] 장군(將軍). ¶적을 물리치고 개선장군이 되어 돌아오다. ②'어떤 일에 크게 성공한 사람'을 비유하여 이르는 말. ¶그는 개선장군처럼 의기양양하게 마을로 돌아왔다.

개:설[1] **改設** (고칠 개, 세울 설). 시설이나 기구 따위를 고치어[改] 설치(設置)함.

개설[2] **開設** (열 개, 세울 설). ① 속뜻 어떤 시설을 새로 설치(設置)하여 업무를 시작함[開]. ¶수업을 개설하다. ②은행 등에서 새로운 계좌를 설정함. ¶저금하려고 통장을 개설했다.

개:설[3] **概說** (대강 개, 말씀 설). 내용을 개략적(概略的)으로 설명(說明)함. 또는 그런 내용의 글이나 책. ¶국문학 개설. ⓑ개론(概論), 범설(汎說). ⓟ상론(詳論), 각론(各論).

개성[1] **開城** (열 개, 성곽 성). ① 속뜻 성문(城門)을 엶[開]. ②성문을 열고 적에게 항복함.

⁑**개:성**[2] **個性** (낱 개, 성질 성). ① 속뜻 사람마다[個] 지닌 남과 다른 특성(特性). ②개체가 지닌 고유의 특성. ¶타인의 개성을 존중하다. ⓑ개인성(個人性).

▸개:성 교:육 個性教育 (가르칠 교, 기를 육). 교육 피교육자의 개성(個性)을 존중하고, 그 타고난 재질을 계발하려는 교육(教育). ⓟ획일(劃一) 교육.

개성-상인 開城商人 (열 개, 성곽 성, 장사 상, 사람 인). 역사 고려·조선 시대에, 개성(開城)을 중심으로 활동을 하던 상인(商人). 상혼(商魂)이 투철하고 재산 증식에 뛰어난 것으로 유명하다.

개:세 蓋世 (덮을 개, 세상 세). 기개(氣槪)나 기력(氣力)이 온 세상(世上)을 뒤덮을[蓋] 만큼 왕성함. ¶개세의 영웅.

▸개:세지재 蓋世之才 (어조사 지, 재주 재). 온 세상(世上)을 뒤덮을[蓋] 만큼 뛰어난 재능(才能). 또는 그런 인물. ¶개세지재의 인물로 자라나다.

개:소 個所 (낱 개, 곳 소). ① 속뜻 낱낱[個]의 장소(場所)를 세는 단위. ¶이 부근에 경찰서는 두 개소가 있다. ②여러 곳 가운데 한 곳. ¶그는 여관 중 어느 개소를 골라 안으로 들어갔다. ⓑ군데.

개:수[1] **改修** (고칠 개, 닦을 수). 고치고[改] 수리(修理)하여 바로잡음. ¶도로 개수 / 실록을 개수하다 / 왕궁이 개수되다. ⓑ개량(改良).

개:수[2] **個數** (낱 개, 셀 수). 한 개씩 낱[個]으로 셀 수 있는 물건의 수효(數爻). ¶상자의 개수를 헤아리다.

개:수[3] **概數** (대강 개, 셀 수). 대략[概]의 수(數). 어림수.

개:술 概述 (대강 개, 말할 술). 줄거리만 대강[概] 말함[述]. 또는 대강의 진술. ¶업무 내용을 개술한 보고서를 제출하다. ⓟ상술(詳述).

개시[1] **開市** (열 개, 저자 시). ① 속뜻 시장(市場)을 처음 열어[開] 거래가 시작됨. ¶개시 무역 / 회령 개시. ②하루 중 처음으로, 또는 가게 문을 연 뒤 처음으로 이루어지는 거래. ¶개시한 지 두 시간 만에 물건이 동났다. ⓑ개점(開店). ⓟ폐시(閉市).

개시[2] **開示** (열 개, 보일 시). ① 속뜻 열어[開] 보임[示]. ②분명히 나타냄. ③가르쳐 타이름.

개시[3] **開始** (열 개, 처음 시). 열어서[開] 시작(始作)함. 행동이나 일 따위를 시작함. ¶공격 개시. ⓟ마감, 종결(終結), 종료(終了).

개식 開式 (열 개, 의식 식). 의식(儀式)을 시작함[開]. ¶사회자가 개식을 선언했다. ⓟ폐식(閉式).

▸개식-사 開式辭 (말씀 사). 의식(儀式)을 시작할[開] 때에 하는 인사말[辭]. ⓟ폐식사(閉式辭).

개:신 改新 (고칠 개, 새 신). 고치어[改] 새롭게[新] 함. ¶제도가 개신되었다.

▸개:신-교 改新教 (종교 교). 기독교 16세기

에, 종교 개혁의 결과로 가톨릭의 부조리를 고쳐[改] 새로[新] 갈라져 나온 기독교(基督教)의 여러 파. ㊌신교. ㊐프로테스탄트(Protestant).

개:심 改心 (고칠 개, 마음 심). 마음[心]을 바르게 고침[改]. ¶그는 출소한 뒤 개심하고 딴사람이 되었다. ㊐개과(改過), 개전(改悛).

개:악 改惡 (고칠 개, 나쁠 악). 본디보다 더 나쁘게[惡] 고침[改]. ¶이번 조치로 상황은 더욱 개악되고 말았다. ㊥개선(改善).

개안 開眼 (열 개, 눈 안). ① 속뜻 눈[眼]을 열어[開] 볼 수 있게 됨. ② 깨달아 앎. ③ 불교 불상을 만들어, 처음 불공을 드리는 의식.

▶개안 수술 開眼手術 (손 수, 꾀 술). 의학 각막 이식 따위로, 먼 눈[眼]을 볼 수 있게[開] 하는 수술(手術). ¶그는 개안 수술로 다시 빛을 볼 수 있게 되었다.

개업 開業 (열 개, 일 업). 영업(營業)을 처음 시작함[開]. ¶상점은 내일 개업한다. ㊥폐업(閉業).

▶개업-의 開業醫 (치료할 의). 본인 스스로 개업(開業)하여 병원을 경영하고 있는 의사(醫師). ¶그는 종합 병원을 그만두고 개업의가 되었다.

개:역[1] 改易 (고칠 개, 바꿀 역). 있던 것을 고치어[改] 다른 것으로 바꿈[易]. ¶이번 개혁안은 경제 구조 개역이 주요 내용이다.

개:역[2] 改譯 (고칠 개, 옮길 역). 이미 번역하였던 것을 고쳐[改] 다시 번역(翻譯)함. 또는 그런 글이나 책. ¶개역 성경 / 영문 소설을 개역하여 출판하다.

개연[1] 開演 (열 개, 펼칠 연). 연극(演劇), 연설, 연주 따위를 시작함[開]. ¶이 연극은 2000년에 개연하여 매년 개최되고 있다. ㊥종연(終演).

개:연[2] 慨然 (슬퍼할 개, 그러할 연). 억울하고 원통하여 몹시 분한[慨] 그러한[然]. ¶개연한 어조의 말.

개:연[3] 蓋然 (덮을 개, 그러할 연). 확실하지는 않으나 덮어놓고[蓋] 그러할[然] 것이라고 생각함.

▶개:연-량 蓋然量 (분량 량). ① 속뜻 아마[蓋] 그러할[然] 가능성의 정도[量]. ② 수학 확률(確率).

▶개:연-론 蓋然論 (논할 론). 철학 지식은 개연적(蓋然的)인 것이라는 이론(理論). 절대적 지식은 없으므로 개인적인 지식으로 만족해야 한다는 생각.

▶개:연-성 蓋然性 (성질 성). 논리 절대적으로 확실하지는 않으나 아마[蓋] 그러할[然] 것이라고 생각되는 성질(性質). ¶이 화재는 사용자의 부주의로 일어났을 개연성이 높다. ㊥필연성(必然性).

▶개:연-율 蓋然率 (비율 률). ① 속뜻 아마[蓋] 그러할[然] 가능성의 비율(比率). ② 수학 확률(確率).

▶개:연-적 蓋然的 (것 적). 절대적으로 확실하지는 않으나 아마[蓋] 그러할[然] 것이라고 생각되는 것[的]. ¶개연적 사건 / 개연적인 이야기.

개:오[1] 改悟 (고칠 개, 깨달을 오). 잘못을 깨달아[悟] 마음을 바르게 고쳐[改] 먹음. ¶도둑이 개오해서 새사람이 되었다. ㊐개전(改悛).

개오[2] 開悟 (열 개, 깨달을 오). 불교 지혜를 열어[開] 불도(佛道)를 깨달음[悟]. ¶선(禪)의 본질인 개오를 얻다. ㊐해오(解悟).

개:와 蓋瓦 (덮을 개, 기와 와). 기와[瓦]로 지붕을 덮음[蓋]. ¶장마가 오기 전에 개와를 해 두어야겠다. ㊟개초(蓋草).

개운 開運 (열 개, 운수 운). 운(運)이 트임[開]. ¶개운을 빌다.

개:요 槪要 (대강 개, 요할 요). 대강[槪]의 요점(要點). 또는 대강의 줄거리. ¶사건의 개요. ㊐줄거리, 개략(槪略), 요약(要約). ㊥전문(全文).

개:원[1] 改元 (바꿀 개, 으뜸 원). 역사 ① 원년(元年)을 바꿈[改]. 연호를 바꿈. ② 왕조나 임금이 바뀜. ¶고종 황제는 광무(光武)라고 개원하였다. ㊐개호(改號).

개원[2] 開院 (열 개, 집 원). ① '원'(院)자가 붙는 업소나 기관을 새로 개설(開設)함. ¶병원을 개원하다. ② 국회나 다른 의회가 회기를 맞아 회의를 엶. ¶국회 개원.

개월 個月 (낱 개, 달 월). 낱낱[個]의 달[月]. 달의 수를 나타내는 말. ¶그들은 결혼한 지 2개월이 되었다.

개-음절 開音節 (열 개, 소리 음, 마디 절).

언어 입이 열린[開] 상태로 끝나는 음절(音節). '가', '두', '리'처럼 받침이 없어 모음으로 끝나는 음절을 일컫는다. ㊟개음. ㊥폐음절(閉音節).

개:의¹ 介意 (끼일 개, 뜻 의). 언짢은 일 따위를 마음에 두어[介] 생각함[意]. ¶조금도 개의치 않다. ㊐개회(介懷), 현념(懸念).

개:의² 改議 (고칠 개, 의논할 의). ① 속뜻 고치어[改] 논의(論議)함. ② 회의에서 발의된 안건이나 동의를 수정하여 제의함. ¶개의를 반대하다.

개의³ 開議 (열 개, 의논할 의). 안건에 대한 토의(討議)를 시작함[開]. ¶개의한 지 한 시간이 지나서야 본격적인 토의에 들어갔다.

개:의⁴ 概意 (대강 개, 뜻 의). 내용의 개략적(概略的)인 뜻[意]. ¶개의를 파악하다.

개:인¹ 改印 (고칠 개, 도장 인). ① 속뜻 도장[印]을 본디 모양과 다르게 고쳐[改] 새김. ② 신고 된 인감(印鑑)을 바꿈.

⁑개:인² 個人 (낱 개, 사람 인). ① 속뜻 단체 구성원인 낱낱[個]의 사람[人]. ② 단체의 제약에서 벗어난 한 인간. ¶개인의 권리를 보호하다. ㊐개체(個體). ㊥단체(團體), 전체(全體).

▸ 개:인-기 個人技 (재주 기). 개인(個人)이 가진 기량(技倆)이나 기술(技術). ¶개인기를 뽐내다.

▸ 개:인-상 個人賞 (상줄 상). 개인(個人)에게 주는 상(賞). ㊥단체상(團體賞).

▸ 개인-용 個人用 (쓸 용). 개인(個人)이 사용(使用)하는 물건. ¶개인용 컴퓨터.

▸ 개:인-적 個人的 (것 적). 개인(個人)을 중심으로 한 것[的]. ¶개인적인 문제 / 이것은 개인적 의견일 뿐이다.

▸ 개:인-전¹ 個人展 (펼 전). 한 개인(個人)의 작품만을 모아서 하는 전시(展示). ¶서양화 개인전을 열다.

▸ 개:인-전² 個人戰 (싸울 전). 운동 운동 경기에서, 개인(個人)끼리 승부를 겨루는 시합[戰]. ¶탁구 개인전에서 우승하다. ㊥단체전(團體戰).

▸ 개:인-차 個人差 (어긋날 차). 낱낱[個]의 사람[人] 간에 생기는 정신적·신체적 능력이나 특성의 차이(差異). ¶개인차를 고려해 학습을 지도하다.

▸ 개:인 소:득 個人所得 (것 소, 얻을 득). 경제 개인(個人)이 벌어들인 소득(所得).

▸ 개:인 윤리 個人倫理 (인륜 륜, 이치 리). 철학 도덕 원리가 개인적(個人的) 생활에 적용되었을 때의 윤리(倫理). ㊥사회(社會) 윤리.

개:입 介入 (끼일 개, 들 입). 어떤 일에 끼어[介] 들어가[入] 관계함. ¶기업 간 분쟁에 정부가 개입했다 / 개인적인 감정을 개입시키지 마시오. ㊐관여(關與), 간섭(干涉), 참견(參見).

▸ 개:입-권 介入權 (권리 권). ① 속뜻 어떤 일에 끼어[介] 들어[入] 관계할 수 있는 권리(權利). ② 법률 지배인, 대리상, 회사의 이사 따위가 영업주나 회사의 영업과 경쟁적 성질을 가지는 행위를 하지 않을 의무를 어기고 자기 또는 제삼자를 위한 거래를 하였을 때, 영업주나 회사가 그 거래 행위로 얻은 보수나 이득의 양도를 요구할 수 있는 권리. ③ 법률 위탁을 받은 위탁 매매인 따위가 위탁 처리 방법의 하나로 자기가 직접 거래의 상대편이 될 수 있는 권리.

개:작 改作 (고칠 개, 지을 작). 고치어[改] 새로 지음[作]. 또는 그 작품. ¶그 희곡은 소설을 개작한 것이다.

개:장¹ 改裝 (고칠 개, 꾸밀 장). ① 속뜻 장식 따위를 고쳐[改] 다시 꾸밈[裝]. ② 시설 따위를 뜯어고쳐 새롭게 함. ¶개장 공사.

개:장² 改葬 (고칠 개, 장사지낼 장). ① 속뜻 다시[改] 장사 지냄[葬]. ② 무덤을 옮겨 씀. ㊐이장(移葬).

개장³ 開場 (열 개, 마당 장). '장'(場)자가 붙는 사업을 열어[開] 업무를 처음 시작함. ¶증시가 개장했다. ㊥폐장(閉場).

개:재 介在 (끼일 개, 있을 재). 사이에 끼어[介] 있음[在]. ¶제3국의 개재를 불허하다. ㊐개립(介立).

개:전¹ 改悛 (고칠 개, 뉘우칠 전). 잘못을 깨달아[悛] 마음을 바르게 고쳐[改] 먹음. ㊐개오(改悟), 전개(悛改).

개전² 開戰 (열 개, 싸울 전). 전쟁(戰爭)을 시작함[開]. ¶개전을 선포하다. ㊥종전(終戰).

개점 開店 (열 개, 가게 점). ① 속뜻 가게[店]

를 내어[開] 영업을 처음 시작함. ②그 날의 영업을 하려고 가게의 문을 엶. ¶아침 6시에 개점합니다. ㊇개업(開業), 개시(開市). ㊦폐점(閉店).

개정[1] 開廷 (열 개, 법정 정). 법률 법정(法廷)을 열어[開] 재판을 시작함. ¶개정 시간이 다 됐다. ㊦폐정(閉廷).

개:정[2] 改定 (고칠 개, 정할 정). 한번 정했던 것을 고치어[改] 다시 정(定)함. ¶개정 요금에 따라 돈을 내십시오.

개:정[3] 改訂 (고칠 개, 바로잡을 정). 잘못된 내용을 고치고[改] 부족한 부분을 바로잡아[訂] 채움. ¶그 책은 지금 개정 중이다.

개:정[4] 改正 (고칠 개, 바를 정). 고치어[改] 바르게[正]함. ¶헌법을 개정하다.

▸개:정-안 改正案 (안건 안). 개정(改正)할 안건(案件). 또는 개정한 안건.

▸개:정-표 改正表 (겉 표). 개정(改正)한 내용을 표(表)로 만들어 정리한 것.

개:제 改題 (바꿀 개, 제목 제). 제목(題目)을 다른 것으로 바꿈[改]. 또는 그 바꾼 제목. ¶그 잡지는 「문학과 예술」로 개제하여 재발행 되었다.

개조[1] 開祖 (열 개, 조상 조). 불교 한 종파를 새로 열어[開] 그 원조(元祖)가 되는 사람. ㊇개종조(開宗祖), 개산조사(開山祖師).

개:조[2] 改造 (고칠 개, 만들 조). 고치어[改] 다시 만듦[造]. ¶창고를 공장으로 개조하다.

개:조[3] 改組 (고칠 개, 짤 조). 조직(組織)이나 구성을 고쳐[改] 다시 짬. ¶내각을 개조하다.

개:조[4] 個條 (낱 개, 조목 조). 낱낱[個]의 조목(條目). ¶12개조로 이루어진 회칙.

▸개:조-식 個條式 (법 식). 낱낱[個]의 조목(條目)에 따라 열거하는 방식(方式). ¶긴 문장을 개조식으로 바꾸어 작성하다.

개:종[1] 改宗 (바꿀 개, 마루 종). 종교 믿던 종교(宗教)를 바꾸어[改] 다른 종교를 믿음. ¶그는 불교로 개종했다.

개종[2] 開宗 (열 개, 마루 종). 불교 한 종파(宗派)를 처음으로 세워 엶[開]. ㊇개산(開山).

개:주 改鑄 (고칠 개, 쇠 불릴 주). 활자나 주물 따위를 고쳐[改] 다시 주조(鑄造)함. ¶개주 활자 / 개주갑인자본(甲寅字本) / 엘리자베스1세는 화폐를 개주했다.

개:중 個中 (낱 개, 가운데 중). 여러 개(個) 가운데[中]. ¶귤을 한 상자 샀는데, 개중에는 상한 것도 있었다.

개:진[1] 改進 (고칠 개, 나아갈 진). ① 속뜻 고쳐서[改] 앞으로 나아감[進]. ②낡은 것을 고치어 문명을 발전시킴. ㊇발전(發展).

개진[2] 開陳 (열 개, 아뢸 진). 입을 열어[開] 진술(陳述)함. 자기의 의견이나 생각 등을 말함. ¶그는 회사 사정을 주주들에게 개진했다.

개진[3] 開進 (열 개, 나아갈 진). ① 속뜻 개화(開化)하여 진보(進步)함. ②문물이 발달하고 사람의 지혜가 열림. ¶학교를 세워 민족이 개진하도록 돕다. ㊇개명(開明), 개화(開化), 진보(進步).

개착 開鑿 (열 개, 뚫을 착). 터널이나 길을 내기[開] 위해 산을 뚫거나[鑿] 팜. ¶새로운 터널을 내기 위해 개착 공사를 시작하였다.

개:찬 改竄 (고칠 개, 달아날 찬). ① 속뜻 글을 고쳐[改] 원래의 뜻과 달라짐[竄]. ②글의 뜻을 달리하기 위하여 글의 일부 구절이나 글자를 일부러 고침. ¶증서를 개찬하다.

개찰[1] 開札 (열 개, 패 찰). 입찰(入札)한 결과표를 열어[開] 봄. ¶개찰한 결과 우리 업체가 선정되었다.

개:찰[2] 改札 (고칠 개, 패 찰). ① 속뜻 표[札]를 고침[改]. ②승차권이나 입장권 따위에 구멍을 뚫어 탑승이나 입장을 허락함. ¶9시 부산행 열차의 개찰을 시작합니다. ㊇개표(改票).

▸개:찰-구 改札口 (구멍 구). 개찰(改札)하는 어떤 장소의 입구(入口). ¶개찰구는 승객들로 붐볐다. ㊇개표소(改票所).

개창 開創 (열 개, 처음 창). 처음[創] 새로 엶[開]. ¶새로운 왕조를 개창하였다.

개척 開拓 (열 개, 넓힐 척). ① 속뜻 거친 땅을 일구어[開] 경작지를 넓힘[拓]. ②아무도 손대지 않은 새로운 분야를 열어 그 부문의 길을 닦음. ¶새로운 시장을 개척하다. ③어려움을 이기고 나아갈 길을 헤쳐 엶. ¶자신의 삶을 개척하다. ㊇개간(開墾).

▸개척-민 開拓民 (백성 민). 어떤 지역을 개척(開拓)하기 위하여 이주한 사람[民]. ¶

연해주 개척민.

▸개척-자 開拓者 (사람 자). ① [속뜻] 거친 땅을 일구어[開] 쓸모 있는 땅으로 만드는[拓] 사람[者]. ② 새로운 영역, 운명, 진로 따위를 처음으로 열어 나가는 사람. ¶국어학 이론의 개척자.

개천-절 開天節 (열 개, 하늘 천, 철 절). ① [속뜻] 하늘[天]을 연[開] 것을 기념하는 날[節]. ② 단군의 고조선 건국을 기념하는 국경일. 10월 3일이다.

개청 開廳 (열 개, 관청 청). ① [속뜻] 관청(官廳)을 새로 엶[開]. ② 관청을 새로 설치함. 또는 관청이 업무를 보기 시작함. ¶기획재정부에 통계청을 개청하다.

개:체¹ 改替 (고칠 개, 바꿀 체). 고치어[改] 바꿈[替]. ¶낡은 기계를 새 기계로 개체하다.

개:체² 個體 (낱 개, 몸 체). ① [속뜻] 낱낱[個]의 몸체[體]. ② [생물] 하나의 독립된 생물체. 살아가는 데에 필요한 독립적인 기능을 갖고 있다. ¶생물은 생식과정을 거쳐 새로운 개체가 발생한다. ③ [철학] 단일하고 독립적인 통일적 존재. ¶개체 개념. [비]개물(個物). [반]전체(全體).

▸개:체 발생 個體發生 (나타날 발, 날 생). [생물] 생물의 개체(個體)가 알에서 발생(發生)하여 완전한 개체로 되기까지의 과정. [비]개체 발육(發育). [반]계통(系統) 발생.

▸개:체 변:이 個體變異 (바뀔 변, 다를 이). [생물] 같은 종류의 생물이 각 개체(個體) 사이에 일어나는 변이(變異). 환경 따위가 달라서 생기며, 유전되지 않는다. [비]방황(彷徨) 변이.

▸개:체 접합 個體接合 (이을 접, 합할 합). [생물] 영양체가 그대로 생식 세포가 되어 개체(個體)내에서 접합(接合)하는 일. [반]배우자 접합(配偶者接合).

개:초 蓋草 (덮을 개, 풀 초). 풀[草] 따위를 엮은 이엉을 지붕에 덮음[蓋]. ¶지붕은 여러 해 개초도 못하여 초라하기 짝이 없었다. [비]개와(蓋瓦).

***개최 開催** (열 개, 열 최). 어떤 모임이나 행사 따위를 엶[開=催]. ¶호텔에서 모임을 개최했다.

▸개최-국 開催國 (나라 국). 어떤 대회를 개최(開催)하는 나라[國]. ¶다음 대회 개최국은 우리나라이다.

개:축 改築 (고칠 개, 쌓을 축). 축조물을 새로 고치어[改] 쌓음[築]. ¶담장을 개축하다.

개:충 介蟲 (딱지 개, 벌레 충). [동물] 온몸이 단단한 껍데기[介]로 싸여 있는 벌레[蟲]를 통틀어 이르는 말. [비]갑충(甲蟲).

개:칠 改漆 (고칠 개, 칠할 칠). ① [속뜻] 한 번 칠한 것을 다시 고쳐[改] 칠(漆)함. ¶칠이 벗겨진 불상을 개칠하였다. ② 글씨를 쓰거나 그림을 그릴 때, 한 번 그은 곳에 다시 붓을 대서 칠함. [비]가칠(加漆).

개:칭 改稱 (고칠 개, 일컬을 칭). 칭호(稱號)를 고침[改]. 또는 그 고친 칭호. ¶한성(漢城)을 '서울'로 개칭하다.

개:탄 慨歎 (=慨嘆, 슬퍼할 개, 한숨지을 탄). 분하거나 슬퍼하여[慨] 한숨지음[歎]. ¶개탄의 소리 / 정치권의 부패를 개탄하다.

개토 開土 (열 개, 흙 토). 뫼를 쓰거나 집을 짓거나 할 때 땅[土]을 파기 시작함[開]. ¶부분적으로 개토하다.

▸개토-제 開土祭 (제사 제). [민속] 개토(開土)하기 전에 토신(土神)에게 올리는 제사(祭祀). ¶개토제를 올리다. [참]평토제(平土祭).

개통 開通 (열 개, 통할 통). 도로, 교량 따위를 개설(開設)하여 통(通)하게 함. ¶터널은 내일 개통된다.

▸개통-식 開通式 (의식 식). 개통(開通)을 기념하기 위해 베푸는 의식(儀式). ¶장관이 고속도로 개통식에 참석하였다.

개:판¹ 改版 (고칠 개, 널빤지 판). [출판] ① 인쇄할 때에, 원판을 고쳐[改] 다시 판(版)을 짜는 일. 또는 그 판. ¶목판본을 개판하다. ② 출판물의 내용에 손을 보아 판을 새로이 하여 펴내는 일. 또는 그 출판물. [비]개정판(改訂版).

개판² 蓋板 (덮을 개, 널빤지 판). ① [건설] 서까래, 목반자 따위의 위를 덮는[蓋] 널빤지[板]. ② [수공] 옷장이나 책장 따위의 맨 위에 모양을 내기 위해 댄 나무판. ¶개판 밑에 서랍을 설치하다.

개:편 改編 (고칠 개, 엮을 편). ① [속뜻] 책 따위를 다시 고쳐[改] 엮어서[編] 냄. ② 인적

(人的)기구나 조직 따위를 고치어 다시 짬. ¶인사(人事) 개편 / 조직을 개편하다.

개:평 **概評** (대강 개, 평할 평). 개략적(概略的)으로 대충대충 하는 비평(批評). ¶작품에 대해 개평하다. ㊥세평(細評).

개:폐[1] **改廢** (고칠 개, 그만둘 폐). 고치거나[改] 아주 없앰[廢]. ¶악법의 개폐 / 이 조항은 개폐할 수 없는 규정이다.

개폐[2] **開閉** (열 개, 닫을 폐). 열거나[開] 닫음[閉]. ¶자동개폐장치. ㊥개합(開闔).

▸개폐 운:동 開閉運動 (돌 운, 움직일 동). 식물 식물이 기공(氣孔)을 여닫는[開閉] 운동(運動). 식물체 안의 물기를 조절하는 공변세포의 내압(內壓)의 변화에 따라서 일어난다.

개:표[1] **改票** (고칠 개, 쪽지 표). ① 속뜻 표(票)를 고침[改]. ②차표 또는 입장권 따위를 입구에서 검사함. ¶자동으로 개표하다. ㊥개찰(改札).

개표[2] **開票** (열 개, 쪽지 표). 투표함을 열어[開] 투표(投票)의 결과를 점검하는 일. ¶모두가 보는 가운데 개표하다.

▸개표-구 開票區 (나눌 구). 개표(開票)하기 위해 정해 놓은 단위 구역(區域). ¶개표구마다 공정 선거 기구를 설치하다

▸**개표-소** 開票所 (곳 소). 개표(開票) 하는 장소(場所). 투표함의 경우, 선거 관리 위원회가 각 개표구의 구청, 시청, 군청 소재지 따위에 설치한다. ㊥개표장(開票場).

▸개표 참관인 開票參觀人 (참여할 참, 볼 관, 사람 인). 개표(開票)하는 현장에서 개표를 지켜보는[參觀] 사람[人].

개학 **開學** (열 개, 배울 학). 학교에서 방학, 휴교 따위로 한동안 쉬었다가 배움[學]을 다시 시작함[開]. ¶2월 3일에 개학한다. ㊥방학(放學).

개항 **開港** (열 개, 항구 항). ① 속뜻 항구(港口)를 외국에 개방(開放)함. ②항구나 공항의 구실을 처음으로 시작함. ¶2001년 인천 국제공항이 개항했다.

▸개항-장 開港場 (마당 장). 외국과 통상하기 위해 항구(港口)를 개방(開放)한 곳[場]. ¶개항장에 조계(租界)를 설정하다. ㊥개항지.

▸개항-지 開港地 (땅 지). 외국과 통상하기 위해 항구(港口)를 개방(開放)한 지역(地域). ¶개항지에서 장사를 시작하다. ㊥개항장.

개:항-포 **蓋項布** (덮을 개, 목 항, 베 포). 가톨릭 미사 때 신부가 목[項]에 두르는[蓋] 긴 네모꼴의 헝겊[布].

개:헌 **改憲** (고칠 개, 법 헌). 법률 헌법(憲法)을 고침[改]. ¶내각제를 대통령제로 개헌하다. ㊥호헌(護憲).

▸개:헌-안 改憲案 (문서 안). 법률 고치려[改] 하는 헌법(憲法)의 초안(草案). ¶국회에서 개헌안이 부결되다.

*__개:혁__ **改革** (고칠 개, 바꿀 혁). ① 속뜻 다른 것으로 고치거나[改] 완전히 바꾸어버림[革]. ②제도나 기구 따위를 완전히 새롭게 뜯어고침. ¶교육개혁 / 개혁적 관료 / 제도를 개혁하다. ㊥혁신(革新). ㊥보수(保守).

▸개:혁 교:회 改革教會 (종교 교, 모일 회). 기존의 가톨릭을 개혁(改革)하여 새롭게 일어난 교회(教會). 종교 개혁의 결과로 유럽 각국에서 일어났다. ¶네덜란드에 개혁 교회를 설립하다.

개:호 **改號** (바꿀 개, 이름 호). ① 속뜻 당호(堂號)나 호(號) 따위를 바꿈[改]. ② 역사 연호(年號)를 고침. ㊥개원(改元).

개혼 **開婚** (열 개, 혼인할 혼). 한 집안에서 자녀의 혼인(婚姻)을 처음으로 치름[開]. 또는 그 혼인. ¶개혼이라서 결혼 준비에 진땀을 뺐다. ㊥초혼(初婚). ㊥필혼(畢婚).

개화[1] **開化** (열 개, 될 화). 사람들의 지식이 깨어나게[開] 됨[化]. ¶문명의 개화 / 사상이 개화되다. ㊥개명(開明), 문명화(文明化).

▸개화-기 開化期 (때 기). 역사 1876년의 강화도 조약 이후부터, 서양 문물의 영향을 받아 근대적 사회로 개혁되어[開化] 가던 시기(時期).

▸개화-당 開化黨 (무리 당). 역사 조선 고종 때, 수구파에 대항하여 개화(開化)와 개혁을 주장하던 당파(黨派). 김옥균(金玉均), 박영효(朴泳孝) 등이 중심이 되었다. ¶개화당은 갑신정변을 일으켰다. ㊥수구당(守舊黨).

▸개화-인 開化人 (사람 인). 사상이 깨어난[開化] 사람[人]. ¶그는 개화인으로서 전

통과 근대 사상 사이에서 갈등했다.

▸개화-파 開化派 (갈래 파). 개화(開化)를 주장하는 사람들의 집단이나 갈래[派]. ¶개화파 인사(人士)를 등용하다. [반]수구파(守舊派).

▸개화-사상 開化思想 (생각 사, 생각 상). [역사]근대적 사회로 개혁하려는[開化] 사상(思想). 낡은 제도나 풍습 등을 물리치고 진보된 서구 문물을 받아들이려는 사상.

▸개화 운:동 開化運動 (돌 운, 움직일 동). [역사]근대적 사회로 개혁하려는[開化] 운동(運動). 조선 말기에, 김옥균 등이 주도하였으며, 종래의 봉건적 사상과 풍속 따위를 타파하고 정치·경제·사회·문화 전반에 걸쳐 새로운 문화를 일으키고자 하였다.

개화² 開花 (열 개, 꽃 화). ① [속뜻]꽃[花]을 피움[開]. ¶봄이 되자 식물이 개화를 시작했다. ② '문화의 발달'을 비유하여 이르는 말. ¶그 나라도 이제는 많이 개화되었다. [반]낙화(落花).

▸개화-기 開花期 (때 기). ① [속뜻]꽃[花]이 피는[開] 시기(時期). ¶복숭아의 개화기는 4월이다. ② '학문이나 예술 등 문화가 한창 발달한 시기'를 비유하여 이르는 말. ¶민족 문화의 개화기를 맞다.

개활 開豁 (열 개, 넓을 활). ① [속뜻]막힘없이 앞이 트이어[開] 너르다[豁]. ¶그 아파트는 조망이 개활하다. ② 도량이 넓고 원만하다. ¶그는 개활한 성격을 지녔다.

개:황 概況 (대강 개, 상황 황). 대략적인[概] 상황(狀況). ¶그간의 영업 개황을 보고하다.

개회 開會 (열 개, 모일 회). 회의(會義) 따위를 시작함[開]. ¶내일부터 국회는 개회한다. [반]폐회(閉會).

▸개회-사 開會辭 (말씀 사). 개회(開會)할 때에 하는 인사말[辭]. ¶개회사를 시작으로 행사가 진행되었다. [반]폐회사(閉會辭).

▸개회-식 開會式 (의식 식). 개회(開會)할 때에 거행하는 의식(儀式). ¶이 행사는 개회식만 있고 폐회식은 없다. [반]폐회식(閉會式).

개:획 改劃 (고칠 개, 그을 획). 붓글씨를 쓸 때 한번 그은 획(劃)을 고쳐[改] 씀. ¶개획하려다가 오히려 작품을 망쳤다. [비]개칠(改漆).

객거 客居 (손 객, 살 거). 집을 떠나 손님[客]처럼 떠돌며 삶[居]. 객지에서 삶. [비]여우(旅寓).

객고 客苦 (손 객, 괴로울 고). ① [속뜻]객지(客地)에서 겪는 고생(苦生). ¶십년 동안 객고에 시달렸다. ② 공연히 겪게 되는 고생. ¶객고를 치르다.

객관 客觀 (손 객, 볼 관). ① [속뜻]자기 생각에서 벗어나 제삼자나 객체(客體)의 입장에서 사물을 보거나[觀] 생각하는 일. ② [철학]세계나 자연 따위가 주관의 작용과는 독립하여 존재한다고 생각되는 것. [반]주관(主觀).

▸객관-성 客觀性 (성질 성). ① [속뜻]객체(客體)의 입장에서 보는[觀] 성질(性質). ② 주관에 좌우되지 않고 언제 누가 보아도 그러하다고 인정되는 성질. ¶이 뉴스는 객관성이 있다. [반]주관성(主觀性).

▸객관-식 客觀式 (법 식). ① [속뜻]객체(客體)의 입장에서 보는[觀] 방식(方式). ② [교육]미리 제시된 답 가운데에서 정답을 고르게 하는 방식의 문제 형식. 진위형(眞僞型)·선다형(選多型)·배합형(配合型)이 있다. ¶이번 시험은 모두 객관식이다. [비]선택형(選擇形). [반]주관식(主觀式).

▸객관-적 客觀的 (것 적). 객체(客體)의 입장에서 보는[觀] 것[的]. ¶사물을 객관적으로 관찰하다. [반]주관적(主觀的).

▸객관-화 客觀化 (될 화). 주관적인 것을 객관적(客觀的)인 것이 되게[化] 하는 일. ¶자신의 감정을 객관화하여 표현하다.

▸객관 가치설 客觀價值說 (값 가, 값 치, 말씀 설). ① [속뜻]상품은 객관적(客觀的)인 조건에 따라 그 가치(價値)가 결정된다는 학설(學說). ② [경제]객관적 가치의 본질과 그 결정을 설명하는 가치 학설. [반]주관 가치설(主觀價值說).

객귀 客鬼 (손 객, 귀신 귀). ① [속뜻]객지(客地)에서 죽은 사람의 혼령[鬼]. ¶징용으로 끌려간 사람들은 대부분 황량한 산천의 객귀가 되었다. ② 떠돌아다니는 귀신.

객기 客氣 (손 객, 기운 기). 객쩍게[客] 부리는 혈기(血氣). 분수를 모르고 부리는 쓸데없는 용기. ¶객기 부리지 마라.

객담 客談 (손 객, 말씀 담). 객쩍은[客] 말[談]. 실없는 말. [비]객론(客論), 객설(客說).

객몽 客夢 (손 객, 꿈 몽). 객지(客地)에서 꾸는 꿈[夢].

객반위주 客反爲主 (손 객, 반대로 반, 할 위, 주인 주). 손님[客]이 도리어[反] 주인(主人) 행세를 함[爲]. ⓑ주객전도(主客顚倒).

객비 客費 (손 객, 쓸 비). ① 속뜻 객지(客地)에서 드는 비용(費用). ¶가족이 여럿이라 객비가 많이 든다. ② 쓸데없는 곳에 드는 비용.

객사[1] 客死 (손 객, 죽을 사). 객지(客地)에서 죽음[死]. ¶평생을 장돌뱅이로 떠돌다 결국 객사하고 말았다.

객사[2] 客舍 (손 객, 집 사). 나그네[客]가 묵는 집[舍]. ¶짐을 풀러놓고 객사에서 나와 주변을 구경했다. ⓑ객관(客館).

객사[3] 客思 (손 객, 생각 사). 객지(客地)에서 느끼는 생각[思]. ¶객사를 표현한 시.

객상[1] 客床 (손 객, 평상 상). 손님[客]을 위해 따로 차리는 밥상[床]. ¶순이는 객상 심부름을 하느라 바쁘다.

객상[2] 客商 (손 객, 장사 상). 고향을 떠나 객지(客地)에서 하는 장사[商]. 또는 그런 사람. ¶당나라 객상은 궁예에게 거울을 바쳤다.

객석 客席 (손 객, 자리 석). 극장, 경기장 따위에서 관객(觀客)들이 앉는 자리[席]. ¶관중들이 객석을 가득 메웠다. ⓑ관람석(觀覽席), 관중석(觀衆席).

객선 客船 (손 객, 배 선). 여행객(旅行客)을 실어 나르는 배[船]. '여객선'(旅客船)의 준말. ¶객선을 타고 육지 사람들이 섬으로 들어왔다.

객설 客說 (손 객, 말씀 설). 객쩍게[客] 말함[說]. 또는 그런 말. ¶객설은 그만하고 본론을 말해라. ⓑ객담(客談).

객수[1] 客水 (손 객, 물 수). ① 속뜻 다른 데서 들어온[客] 겉물[水]. ¶한강은 서울 시내를 관통한 다음 서해로 흘러나가는 객수이다. ② 갑자기 불어난 물. ③ 끼니때 이외에 마시는 물. ⓑ군물.

객수[2] 客愁 (손 객, 근심 수). 객지(客地)에서 느끼는 걱정[愁]이나 쓸쓸함. ¶글에 객수를 토로하다. ⓑ객회(客懷), 여수(旅愁).

객승 客僧 (손 객, 스님 승). 다른 절에서 손님[客]으로 와 있는 승려(僧侶).

객-식구 客食口 (손 객, 먹을 식, 입 구). 본식구 이외에 손님[客]으로 와서 함께 지내는 식구(食口). 더부살이하는 사람. ¶객식구들을 집에 들였더니 불편하다.

객실 客室 (손 객, 방 실). ① 속뜻 손님[客]을 위하여 마련한 방[室]. ② 여관, 선박, 열차 따위에서 손님이 드는 방. ¶객실을 예약하다. ⓑ응접실(應接室).

객심 客心 (손 객, 마음 심). ① 속뜻 객지(客地)에서 느끼는 쓸쓸한 마음[心]. ② 딴마음. 주의를 기울이지 않고 다른 것을 생각하는 마음.

객연 客演 (손 객, 펼칠 연). 손님[客]으로 참여하여 연기를 펼침[演]. 전속이 아닌 배우가 임시로 고용되어 출연함. ¶객연 출연 / 객연 연기자.

객원 客員 (손 객, 사람 원). 손님[客]으로 대우를 받으며 참여한 사람[員]. ¶객원 지휘자로 초빙되다.

객인 客人 (손 객, 사람 인). ① 속뜻 손님[客]으로 찾아온 사람[人]. ¶객인을 대접하다. ② 객쩍은 사람. ⓑ나그네, 손님.

객주 客主 (손 객, 주인 주). 역사 조선 시대에 객지(客地)에 장사하러 온 사람들의 거처를 제공하며 물건을 맡아 팔거나 흥정을 붙여 주는 일을 하던 집의 주인(主人). 속담 객주가 망하려니 짚단만 들어온다.

객중 客中 (손 객, 가운데 중). 객지(客地)에 있는 동안[中]. ¶객중에 쓴 편지.

객지 客地 (손 객, 땅 지). 나그네[客]가 임시로 머무르는 곳[地]. ¶객지에서 고향 사람을 만나다. ⓑ타지(他地), 타향(他鄕). ⓑ고향(故鄕).

객차 客車 (손 객, 수레 차). 교통 여행객(旅行客)을 실어 나르는 철도 차량(車輛). '여객열차'(旅客列車)의 준말. ⓑ화차(貨車).

객창 客窓 (손 객, 창문 창). ① 속뜻 손님[客]이 묵는 방의 창문(窓門). ② '타지에서의 생활'을 비유하여 이르는 말. ¶객창에서 병을 얻어 몸이 몹시 고단하다. ⓑ여창(旅窓), 객지살이.

▶ 객창-감 客窓感 (느낄 감). 타지에서[客窓] 생활하는 사람이 느끼는 감정(感情).

객체 客體 (손 객, 몸 체). ① 속뜻 객관적(客觀的)인 대상[體]. ② 법률 의사(意思)나 행위가 미치는 목적물을 이르는 말. ¶권리의 객체. ③ 언어 문장 내에서 동사의 행위가 미치는 대상. ¶피동문에서 주어는 주로 객체이다. ④ 철학 작용의 대상이 되는 것을 이르는 말. ㊐물격(物格), 교체(僑體). ㊥주체(主體).

▸객체 존대법 客體尊待法 (높을 존, 대할 대, 법 법). 언어 한 문장의 객체(客體)를 높여[尊待] 이르는 표현 방법(方法). ㊐객체 높임법. ㉱주체 존대법(主體尊待法).

객초 客草 (손 객, 풀 초). 손님[客]을 대접하기 위해 마련한 담배[煙草]. ¶손님에게 객초를 권하다.

객토 客土 (손 객, 흙 토). 농업 토질을 개량하기 위해 다른[客] 곳의 흙[土]을 원래의 논밭에 옮긴 것. ¶논에 객토를 붓다 / 겨울철에 객토하면 다음해 농사가 쉽다.

객혈 喀血 (=咯血, 토할 객, 피 혈). ① 속뜻 피[血]를 토함[喀]. ② 의학 기도(氣道)에서의 출혈이 원인이 되어 입으로 혈액이나 혈액이 섞인 가래를 토하는 일. ¶폐병으로 객혈이 심해졌다. ㊐각혈(咯血), 토혈(吐血).

객회 客懷 (손 객, 품을 회). 객지(客地)에서 갖는[懷] 마음. 외로움과 쓸쓸함 따위. ¶대금소리가 객회를 자아내다. ㊐객의(客意), 객정(客情), 여정(旅情), 여회(旅懷).

갱구 坑口 (구덩이 갱, 어귀 구). 광업 갱도(坑道)의 입구(入口). ¶갱구에서 300미터를 들어가 작업하다. ㊐광구(鑛口).

갱내 坑內 (구덩이 갱, 안 내). 광물을 채취하기 위해 파 놓은 구덩이[坑]의 안[內]. ¶갱내에 가스가 차서 위험하다.

갱:년-기 更年期 (다시 갱, 해 년, 때 기). 사람의 몸이 성숙기에서 다시[更] 노년기[年]로 접어드는 시기(時期). ¶갱년기 여성.

갱도 坑道 (구덩이 갱, 길 도). ① 속뜻 갱(坑) 안에 뚫은 길[道]. ¶갱도를 뚫고 들어가며 석탄을 캐다. ② 건설 큰 굴을 뚫을 때에 먼저 뚫고 들어가는 작은 굴길. ㊐갱로(坑路), 도갱(導坑).

갱목 坑木 (구덩이 갱, 나무 목). 갱이 무너지지 않도록 갱내(坑內)나 갱도에 버티어 대는 통나무[木]. ¶갱목이 부러져 갱도(坑道)가 무너졌다.

갱부 坑夫 (구덩이 갱, 사나이 부). 광산의 구덩이[坑]에 들어가서 채광 작업에 종사하는 인부(人夫). ¶갱부들이 막장으로 들어갔다.

갱:생 更生 (다시 갱, 날 생). ① 속뜻 거의 죽은 상태에서 다시[更] 살아남[生]. ② 죄악의 구렁에서 벗어나 바른 삶을 되찾음. ㊐소생(蘇生).

갱:신 更新 (다시 갱, 새 신). ① 속뜻 다시[更] 새롭게[新] 함. ¶생활 기록부 내용을 갱신했다. ② 법률 법률관계의 존속 기간이 끝났을 때 그 기간을 연장하는 일. ¶여권을 갱신하다 / 자동차 보험을 갱신하다.

갱외 坑外 (구덩이 갱, 밖 외). 광산의 갱(坑) 바깥쪽[外]. ¶채굴한 석탄을 갱외로 운반하다.

갱:지 更紙 (다시 갱, 종이 지). 폐지를 다시[更] 활용하여 만든 종이[紙]. ¶갱지에 신문을 인쇄하다.

갹금 醵金 (추렴할 갹, 돈 금). 여러 사람이 저마다 돈[金]을 추렴함[醵]. 또는 그 돈. ¶회원들의 갹금으로 경비를 충당하다.

갹출 醵出 (추렴할 갹, 날 출). 여러 사람이 저마다 얼마씩의 금품을 추렴하여[醵] 냄[出]. ¶군자금을 갹출하다.

거:각 拒却 (막을 거, 물리칠 각). 거절(拒絶)하여 물리침[却].

▸거:각 소권 拒却訴權 (하소연할 소, 권리 권). 법률 남이 요구한 어떤 일을 거각(拒却)하여 법원에 소송(訴訟)을 제기할 수 있는 권리(權利).

거간 居間 (살 거, 사이 간). 사이[間]에 들어[居] 흥정을 붙임. 또는 그러한 일을 하는 사람. ¶거간을 겸한 객주업을 시작했다 / 이곳은 장돌뱅이들이 거간하는 곳이다. ㊐거간꾼.

거갑 居甲 (살 거, 첫째 갑). 으뜸[甲]의 자리를 차지함[居]. ㊐거수(居首).

거:개 擧皆 (모두 거, 모두 개). 거의 모두[擧=皆]. 대부분. ¶거개의 경우 / 그의 말은 거개가 허풍이다.

거:구 巨軀 (클 거, 몸 구). 큰[巨] 몸뚱이[軀]. ¶그는 육 척 장신의 거구였다.

거:국 擧國 (모두 거, 나라 국). ① 속뜻 온[擧] 나라[國]. 또는 국민(國民) 전체. ② 여

야의 구별 없이 모든 정치 세력을 합침. ¶지금은 무엇보다 거국일치가 필요하다.

▸거:국-적 擧國的 (것 적). 온[擧] 국민(國民)이 함께 참여하는 것[的]. ¶거국적인 활동.

▸거:국 내:각 擧國內閣 (안 내, 관청 각). ① 속뜻 온[擧] 국민(國民) 함께 참여하는 내각(內閣). ② 정치 특정한 정당이나 정파를 배경으로 하지 않는 내각. ⓑ중립(中立) 내각, 초연(超然) 내각.

거:국-가 去國歌 (갈 거, 나라 국, 노래 가). 문학 1910년 안창호가 고국(故國)을 떠나며[去] 남긴 시가(詩歌).

거:근 去根 (없앨 거, 뿌리 근). ① 속뜻 식물의 뿌리[根]를 뽑아 없앰[去]. ② 병, 근심 따위의 근원을 없앰.

거:금[1] 巨金 (클 거, 돈 금). 규모가 큰[巨]의 돈[金]. ¶불우 이웃을 위해 거액을 선뜻 내놓다. ⓑ거액(巨額), 큰돈. ⓑ푼돈.

거:금[2] 距今 (떨어질 거, 이제 금). 지금(只今)으로부터 거슬러 올라가서[距]. ¶거금 반만년 전에 우리나라가 생겨났다.

거:담 祛痰 (없앨 거, 가래 담). 가래[痰]를 없앰[祛]. ¶더덕은 거담에 효과가 있다.

거:당 擧黨 (모두 거, 무리 당). 한 정당(政黨)의 전체[擧]. ¶거당적 연합.

▸거:당-적 擧黨的 (것 적). 모든[擧] 당원(黨員)이 마음을 합하여 같은 태도를 취하는 것[的]. ¶거당적 연합.

*__거:대 巨大__ (클 거, 큰 대). 엄청나게[巨] 큼[大]. ¶몸집이 거대하다. ⓑ막대(莫大). ⓑ왜소(矮小).

거:독 去毒 (없앨 거, 독할 독). 한의 약재의 독기(毒氣)를 없앰[去]. ¶거독한 약재만 넣어야 한다.

거:동 擧動 (들 거, 움직일 동). 몸을 들어[擧] 움직이는[動] 짓이나 태도. ¶거동이 불편하다. ⓑ행동(行動).

거:두[1] 巨頭 (클 거, 머리 두). ① 속뜻 큰[巨] 머리[頭] 같은 존재. ② 어떤 분야에서 큰 힘을 가진 지도급 인물. 유력한 우두머리. ¶그는 정계(政界)의 거두이다.

거:두[2] 擧頭 (들 거, 머리 두). ① 속뜻 머리[頭]를 듦[擧]. ② 굽힘이 없이 머리를 들고 태연히 남을 대함. ¶이 사건으로 그는 거두를 못하게 되었다. ⓑ거수(擧首).

거:두[3] 去頭 (없앨 거, 머리 두). 머리[頭]를 없앰[去].

▸거:두-절미 去頭截尾 (끊을 절, 꼬리 미). ① 속뜻 머리[頭]를 없애고[去] 꼬리[尾]를 자름[截]. ② 요점만을 남기고 앞뒤의 군말을 빼어 버림.

거:래 去來 (갈 거, 올 래). ① 속뜻 가고[去] 옴[來]. ② 상품을 팔고 사들이는 일. 돈을 주고받는 일. ¶상인들의 거래가 활발하다. ③ 영리 목적의 경제 행위. ④ 서로의 이해득실에 관련되는 교섭. ¶거래해 주셔서 감사합니다. ⓑ왕래(往來).

▸거:래-법 去來法 (법 법). 법률 경제 거래(去來)에 관한 모든 법(法)을 통틀어 이르는 말. ¶공정 거래법.

▸거:래-소 去來所 (곳 소). 경제 상품, 유가 증권 따위를 대량으로 거래(去來)하는 기관[所]. ¶증권 거래소.

▸거:래-일 去來日 (날 일). 경제 공휴일을 제외하고 상거래(商去來)가 이루어지는 날[日].

▸거:래-처 去來處 (곳 처). 돈이나 물건 따위를 거래(去來)하는 곳[處]. ¶거래처에 물건을 배달하다

거:례 擧例 (들 거, 본보기 례). 실례(實例)를 듦[擧].

▸거:례-법 擧例法 (법 법). 문학 앞서 말한 이론을 증명하기 위해 실례(實例)를 들어[擧] 설명하는 수사법(修辭法).

거:론 擧論 (들 거, 논할 론). 어떤 사항을 논제(論題)를 들어[擧] 말함. ¶그건 이 자리에서 거론할 문제가 아니다.

거:류[1] 去留 (갈 거, 머무를 류). ① 속뜻 떠나감[去]과 머물러 있음[留]. ② 죽음과 삶. ③ 일이 되고 안 됨.

거류[2] 居留 (살 거, 머무를 류). ① 속뜻 어떤 곳에 살며[居] 머무름[留]. ② 외국의 거류지에 삶. ¶외국에 거류하고 있는 한국인을 대피시켰다.

▸거류-민 居留民 (백성 민). ① 속뜻 임시로 살거나[居] 머무르고[留] 있는 외국인[民]. ¶해외 거류민. ② 거류지에 사는 외국인. ¶거류민을 보호하라는 공문이 내려왔다. ⓑ재류민(在留民).

▸ 거류-지 居留地 (땅 지). 외국인의 거류(居留)와 영업을 허가한 지역(地域). ¶그는 외국인 거류지에 땅을 사두었다.

거:리 距離 (떨어질 거, 떨어질 리). ① [속뜻] 서로 떨어져[距=離] 있는 두 곳 사이의 길이. ② [수학] 두 점을 잇는 직선의 길이. ¶집에서 학교까지 거리가 가깝다. ③ 인간관계에서 친밀하지 못한 사이. ¶그와 거리를 두는 것이 좋겠다.

▸ 거:리-감 距離感 (느낄 감). ① [속뜻] 서로 떨어져[距離] 있는 느낌[感]. ② 어떤 대상이나 사람과 일정한 거리가 떨어져 있다고 느끼는 느낌. ¶교통사고 후로 거리감이 없다 / 오래 떨어져 지내서 어머니와 거리감이 느껴진다.

거마 車馬 (수레 거, 말 마). 수레[車]와 말[馬]. ¶예전엔 거마가 주요 교통수단이었다.

▸ 거마-비 車馬費 (쓸 비). ① [속뜻] 수레[車]와 말[馬]을 타는 비용(費用). ② 탈것을 타고 다니는 데 드는 비용. [비] 노자(路資), 차비(車費), 교통비(交通費).

거:만[1] 巨萬 (클 거, 일만 만). ① [속뜻] 만(萬)의 곱절[巨]. ② 많은 수를 비유하여 이르는 말. ¶그는 거만의 돈을 벌었다.

거:만[2] 倨慢 (뽐낼 거, 건방질 만). 잘난 체 뽐내며[倨] 건방지게[慢] 굴다. ¶거만한 태도. [비] 교만(驕慢), 오만(傲慢). [반] 겸손(謙遜).

거:목 巨木 (클 거, 나무 목). ① [속뜻] 매우 큰[巨] 나무[木]. ¶마을회관 앞에는 10미터 높이의 거목이 서 있다. ② '큰 인물'을 비유하여 이르는 말. ¶그는 한국 경제계의 거목이다. [비] 위인(偉人).

거:물 巨物 (클 거, 만물 물). ① [속뜻] 거대(巨大)한 물건(物件). ② 사회적으로 큰 영향력을 가진 뛰어난 인물. ¶이 작가는 문단의 거물이다.

▸ 거:물-급 巨物級 (등급 급). 거물(巨物)의 수준[級]. 거물이라 일컬을 만한 사람. ¶정계(政界)의 거물급 인사를 초청하다.

거민 居民 (살 거, 백성 민). 그 지방에 살고 있는[居] 사람[民]. '거주민'(居住民)의 준말. [비] 주민(住民).

거반 居半 (살 거, 반 반). 절반(折半)을 차지함[居]. '거지반'(居之半)의 준말. ¶그의 말은 거반이 거짓말이다.

거:배 擧杯 (들 거, 잔 배). 잔[杯]을 듦[擧]. 술을 마심. ¶하객들이 자리에서 일어나 거배하였다.

거:번 去番 (갈 거, 차례 번). 지난[去] 번(番). ¶거번에 약속했던 것을 잊지 마세요.

거:벽 巨擘 (클 거, 엄지손가락 벽). ① [속뜻] 굵고 큰[巨] 엄지손가락[擘]. ② 어떤 전문적인 분야에서 가장 뛰어난 사람. ¶문단의 거벽.

거:병 擧兵 (들 거, 군사 병). 군사[兵]를 일으킴[擧]. ¶그는 거병하여 반란을 일으켰다.

거:보 巨步 (클 거, 걸음 보). ① [속뜻] 목표를 향하여 크게[巨] 나아가는 걸음[步]. ¶새 희망의 거보를 내딛다. ② 크고 훌륭한 업적을 비유하여 이르는 말. ¶그는 이 나라 학술 발전에 거보를 남겼다.

거:부[1] 巨富 (클 거, 넉넉할 부). 대단히 큰[巨] 규모의 재산[富]. 또는 그것을 가진 부자. ¶거부를 축적하다 / 그는 땅 투기로 거부가 되었다. [비] 대부(大富), 백만장자(百萬長者).

거:부[2] 拒否 (막을 거, 아닐 부). 남의 제의나 요구 따위를 물리치고[拒] 동의하지 않음[否]. ¶감독의 제의를 거부했다. [비] 거절(拒絶), 사절(謝絶). [반] 수락(受諾), 승인(承認).

▸ 거:부-감 拒否感 (느낄 감). 거부(拒否)하는 태도나 느낌[感]. ¶거부감이 들다.

▸ 거:부-권 拒否權 (권리 권). ① [속뜻] 거부(拒否)할 수 있는 권리(權利). ② [법률] 국회에서 가결된 법률안에 대하여 대통령이 동의를 거부할 수 있는 권리. ¶장관 임명에 대해 거부권을 행사하다. [비] 비토(veto).

거:사[1] 巨事 (클 거, 일 사). 매우 거창(巨創)한 일[事]. ¶거사를 앞두고 있으니, 행동을 조심해라.

거사[2] 居士 (살 거, 선비 사). ① [속뜻] 세상을 피해 은거(隱居)하는 선비[士]. ② [불교] 속인으로서 불교의 법명을 가진 남자. [비] 우바새(優婆塞), 처사(處士).

거:사[3] 擧事 (들 거, 일 사). 큰 일[事]을 일으킴[擧]. ¶거사를 모의하다 / 의병들은 내일 밤 거사하기로 약속했다. [비] 사거(事

擧).

▸거사-일 擧事日 (날 일). 거사(擧事)하기로 한 날[日]. ¶드디어 내일이 거사일이다.

거:상¹ 巨像 (클 거, 모양 상). 커다란[巨] 모습[像]. ¶맴논의 거상.

거:상² 巨商 (클 거, 장사 상). ① 속뜻 규모가 큰[巨] 장사[商]. ② 거래 규모가 대단한 장수. ¶경강 지역의 거상과 거래하다. ⓑ대고(大賈), 대상(大商), 부고(富賈), 부상(富商), 승상(勝商), 호상(豪商).

거상³ 居喪 (살 거, 죽을 상). ① 속뜻 상중(喪中)에 있음[居]. ¶아직 거상인 사람이 어찌 그곳에 갈 수 있겠습니까? ② 상복(喪服)을 속되게 이르는 말. ¶시어머니의 거상을 입다.

거:석 巨石 (클 거, 돌 석). 매우 큰[巨] 돌[石]. ¶공원을 꾸밀 거목과 거석을 옮겨왔다.

▸거:석-문화 巨石文化 (글월 문, 될 화). 고적 고인돌·선돌 등 거대(巨大)한 돌덩이[石]를 사용한 건축물을 특징으로 하는 신석기 시대의 문화(文化). ¶스톤헨지는 거석 문화의 대표적인 유적이다.

거:성 巨星 (클 거, 별 성). ① 천문 지름과 광도가 큰[巨] 항성(恒星). ② 어떤 방면에 뛰어난 인물을 비유하여 이르는 말. ¶민족의 거성이 지다.

거:세 去勢 (없앨 거, 세력 세). ① 속뜻 저항하거나 반대하는 세력(勢力)을 없애버림[去]. ¶그들은 대원군을 거세하기 위해 모의했다. ② 동물의 수컷 불알을 발라내거나 암컷의 난소를 들어내어 생식을 못하게 하는 일. ¶거세 공포증.

거소 居所 (살 거, 곳 소). 거주(居住)하는 장소(場所). ¶거소 지정권 / 거소가 불분명하다. ⓑ처소(處所), 거처(居處).

거:수 擧手 (들 거, 손 수). 손[手]을 위로 듦[擧]. ¶찬성하는 분들은 거수해 주십시오.

▸거:수-기 擧手機 (틀 기). ① 속뜻 손[手]을 드는[擧] 기계(機械). ② 표결에서 '일정한 주견이 없이 남이 시키는 대로 손을 드는 사람'을 비꼬는 말.

▸거:수-가결 擧手可決 (옳을 가, 결정할 결). 손[手]을 들어[擧] 의안이 합당한지를[可] 결정(決定)함. 용지를 이용한 투표 대신 거수로 찬성과 반대 여부를 결정함.

▸거:수-경례 擧手敬禮 (공경할 경, 예도 례). 오른손[手]을 모자챙의 끝, 눈썹 높이까지 올려서[擧] 하는 경례(敬禮). ㉾거수례.

거:시 巨視 (클 거, 볼 시). 어떤 대상을 전체적으로 크게[巨] 봄[視].

▸거:시-적 巨視的 (것 적). 사회 현상이나 경제 현상 따위를 전체적·종합적으로[巨] 파악하려는[視] 것[的]. ¶현상을 거시적으로 분석하다. ⓑ미시적(微視的).

▸거:시 경제학 巨視經濟學 (다스릴 경, 건질 제, 배울 학). ① 속뜻 전체적·종합적인[巨] 시각으로[視] 경제(經濟) 사회를 설명하는 이론[學]. ② 경제 국민 경제 전반의 통계량을 토대로 하여 경기 변동이나 경제 성장의 규칙성을 분석하는 경제학. ㉾미시(微視) 경제학.

거:식 擧式 (들 거, 의식 식). 의식(儀式)이나 예식 따위를 거행(擧行)함. ¶거식 시간을 공지하다.

거:식-증 拒食症 (막을 거, 먹을 식, 증세 증). 의학 먹는[食] 것을 거부(拒否)하거나 두려워하는 병적 증상(症狀).

거실 居室 (살 거, 방 실). 온 가족이 살며[居] 공동으로 사용하는 방[室]. ¶거실에 소파를 놓았다.

거:액 巨額 (클 거, 액수 액). 많은[巨] 액수(額數)의 돈. ¶할머니는 거액을 기부했다. ⓑ소액(少額).

거:역¹ 巨役 (클 거, 부릴 역). ① 속뜻 몹시 힘든 큰[巨] 일이나 역할(役割). ¶거역을 맡다. ② 규모가 매우 큰 공사.

거:역² 拒逆 (막을 거, 거스를 역). 윗사람의 뜻이나 명령을 어기어[拒] 거스름[逆]. ¶부모를 거역하고 집을 나갔다. ⓑ순종(順從), 복종(服從).

거:우 擧隅 (들 거, 모퉁이 우). ① 속뜻 한 구석[隅]을 들어[擧] 세 구석을 알게 함. ② 일부의 예를 들어 전체를 알게 하는 공자의 교육법.

▸거:우-법 擧隅法 (법 법). 문학 사물의 한 부분을[隅] 예를 들어[擧] 전체를 나타내는 수사법(修辭法). ⓑ제유법(提喩法).

거:유 巨儒 (클 거, 선비 유). 학문과 덕이 높은[巨] 이름난 선비[儒]. ㊊대유(大儒), 석유(碩儒), 홍유(鴻儒).

거:인 巨人 (클 거, 사람 인). ① 속뜻 몸집이 유난히 큰[巨] 사람[人]. ¶그는 키가 2미터나 되는 거인이다. ②신화, 전설, 동화 등에 나오는 초인간적인 힘을 가진 인물. ¶잭은 콩나무를 타고 거인의 집으로 올라갔어요. ③품성·재능 등이 뛰어난 인물. ¶역사의 흐름을 바꾼 거인. ㊊위인(偉人).

거:작 巨作 (클 거, 지을 작). ① 속뜻 규모가 큰[巨] 작품(作品). ②뛰어나게 훌륭한 작품. ¶셰익스피어는 여러 편의 거작을 남긴 극작가이다. ㊊대작(大作).

거:장 巨匠 (클 거, 장인 장). 어떤 전문 분야에서 크게[巨] 뛰어난 사람[匠]. ¶모차르트는 고전음악의 거장이다. ㊊대가(大家), 거물(巨物), 명인(名人).

거:재 巨材 (클 거, 재목 재). ① 속뜻 매우 큰[巨] 재목(材木). ②'위대한 재능을 가진 사람'을 비유하여 이르는 말.

거재-두량 車載斗量 (수레 거, 실을 재, 말 두, 잴 량). ① 속뜻 수레[車]에 싣고[載] 말[斗]로 잴[量] 정도로 많음. ②물건이나 인재 따위가 많아서 그다지 귀하지 않음. ¶그런 물건은 거재두량으로 많다.

거:절 拒絶 (막을 거, 끊을 절). 상대방의 요구나 부탁을 막고[拒] 물리침[絶]. ¶제의를 거절했다. ㊊거부(拒否). ㊉응낙(應諾).

▸거:절-증 拒絶症 (증세 증). 의학 남의 명령이나 요구를 이유 없이 거부하고[拒絶] 반대로 하는 행동이나 증상[症].

거:점 據點 (근거할 거, 점 점). 활동의 근거(根據)가 되는 중요 지점(地點). ¶군사 거점을 공격하다. ㊊근거지(根據地), 본거지(本據地).

거:조 擧措 (들 거, 놓을 조). ① 속뜻 어떤 조치(措置)를 거행(擧行)함. 큰일을 저지름. ¶당장 무슨 거조를 낼 듯이 소리를 질렀다. ②말이나 행동 따위를 하는 태도. ¶그들의 거조가 백팔십도로 달라졌다. ③어떤 일을 꾸미거나 처리하기 위한 조치. ¶앙갚음할 거조를 차렸다.

거:족[1] 巨族 (클 거, 겨레 족). 큰[巨] 세력을 지닌 족벌(族閥). '거가대족'(巨家大族)의 준말. ¶명문 거족 / 척신 거족들에게 미움을 사서 집안이 망했다.

거:족[2] 擧族 (모두 거, 겨레 족). 온[擧] 겨레[族]. 민족 전체.

▸거:족-적 擧族的 (것 적). 온[擧] 겨레[族]가 참가하거나 관계되는 것[的]. ¶거족적인 항일운동을 벌이다.

거주 居住 (살 거, 살 주). 일정한 곳에 자리를 잡고 머물러 삶[居=住]. ¶그는 독도에서 30년째 거주하고 있다. ㊊주거(住居).

▸거주-자 居住者 (사람 자). 일정한 곳에 거주(居住)하는 사람[者]. ¶지역 거주자들은 박물관 건립에 찬성했다.

▸거주-지 居住地 (땅 지). 현재 거주(居住)하고 있는 땅[地]. ¶거주지를 옮기다.

거중 居中 (살 거, 가운데 중). 두 편의 중간(中間)에 들어 있음[居].

▸거중 조정 居中調停 (고를 조, 멈출 정). ① 속뜻 중간(中間)에 서서[居] 화해를 시켜[調] 싸움을 말림[停]. ② 법률 국제기구, 국가, 개인 따위의 제삼자가 국제 분쟁을 일으킨 당사국 사이에 끼어 분쟁을 평화적으로 해결하는 일.

거:중-기 擧重器 (들 거, 무거울 중, 그릇 기). 기계 무거운[重] 물건을 들어[擧] 올리는 데에 쓰던 기계나 장치[器]. ¶정약용은 화성을 쌓을 때 거중기를 사용했다. ㊊학경칭(鶴頸秤). ㊉기중기(起重機).

거:증 擧證 (들 거, 증거 증). 증거(證據)를 듦[擧]. 사실을 들어 논증함. ㊊입증(立證).

▸거:증 책임 擧證責任 (꾸짖을 책, 맡길 임). 법률 자신에게 유리한 증거(證據)를 제출해야[擧] 하는 책임(責任). 형사 소송에서는 검사가, 민사 소송에서는 원고가 거증 책임을 지고 법원을 설득한다. ㊊입증(立證) 책임.

거:지 巨指 (클 거, 손가락 지). 가장 굵은[巨] 손가락[指]이나 발가락. ㊊엄지가락.

거지-반 居之半 (살 거, 어조사 지, 반 반). 절반(折半)을 차지함[居]. ¶참석자는 거지반이 대학생이다. ㊟거반. ㊊거의.

거:창 巨創 (클 거, 처음 창). ① 속뜻 처음으로[創] 크게[巨] 함. ②규모나 크기가 엄청나게 크다. ¶거창한 계획 / 거창하게 떠벌리다.

거:처¹ 去處 (갈 거, 곳 처). 간[去] 곳[處]. 혹은 갈 곳. ¶그는 퇴임 후의 거처를 결정하지 못했다.

거처² 居處 (살 거, 곳 처). 사는[居] 곳[處]. ¶그는 우리 집에서 거처하고 있다. ⓑ처소(處所), 거주지(居住地).

거:체 巨體 (클 거, 몸 체). ① 속뜻 큰[巨] 몸집[體]. ¶100킬로그램이 넘는 거체의 소녀. ② 부피가 큰 물체.

거:취¹ 去取 (없앨 거, 가질 취). 버리기[去]와 갖기[取].

거취² 去就 (갈 거, 나아갈 취). ① 속뜻 사람이 어디로 가거나[去] 다님[就]. ¶그의 거취를 알아보다. ② 어떤 사건에 대하여 밝히는 자신의 입장. ¶거취를 표명하다.

거치¹ 据置 (일할 거, 둘 치). ① 속뜻 손대지[据] 않고 그대로 둠[置]. ② 경제 공채(公債), 사채(社債) 따위를 상환하지 않고 그대로 둠.

▸ 거치 예:금 据置預金 (맡길 예, 돈 금). 경제 일정기간 그대로[据] 두도록[置] 조건이 붙는 예금(預金).

거:치² 鋸齒 (톱 거, 이 치). ① 속뜻 톱[鋸] 따위의 가장자리에 있는 뾰족뾰족한 이[齒]. ¶거치 무늬. ② 식물 식물의 잎이나 꽃잎 가장자리에 있는, 톱니처럼 깔쭉깔쭉하게 베어져 들어간 자국. ⓑ톱니.

▸ 거:치상-엽 鋸齒狀葉 (형상 상, 잎 엽). 식물 가장자리가 톱니[鋸齒] 모양[狀]으로 생긴 식물의 잎[葉]. ⓑ톱니잎.

거:피 去皮 (없앨 거, 가죽 피). 껍질이나 가죽[皮]을 벗김[去]. ¶우선 녹두를 맷돌로 타서 물에 불려 거피하였다.

거:한 巨漢 (클 거, 사나이 한). 몸집이 매우 큰[巨] 사내[漢]. ¶어둠 속에서도 그 놈이 거한임을 단번에 알 수 있었다.

거:함 巨艦 (클 거, 싸움배 함). 매우 큰[巨] 군함(軍艦). ¶수십 척의 거함들이 몰려 왔다.

거:행 擧行 (들 거, 행할 행). ① 속뜻 명령을 받들어[擧] 그대로 시행(施行)함. ¶분부대로 곧 거행하겠습니다. ② 행사나 의식을 치름. ¶시상식을 거행하다.

▸ 거:행지-법 擧行地法 (땅 지, 법 법). 법률 혼인을 거행(擧行)한 나라[地]의 법률(法律).

건:각 健脚 (튼튼할 건, 다리 각). 튼튼한[健] 다리[脚]. 또는 그런 다리를 가진 사람. ¶삼리혈을 지압하면 건각에 도움이 된다.

건:강¹ 健剛 (튼튼할 건, 굳셀 강). 몸이 다부지고[健] 마음이 굳세다[剛]. ¶건강한 사나이.

⁑건:강² 健康 (튼튼할 건, 편안할 강). ① 속뜻 육체가 튼튼하고[健] 마음이 편안함[康]. ¶담배는 건강에 해롭다. ② 의식이나 사상이 바르고 건실함. ⓑ허약(虛弱).

▸ 건:강-미 健康美 (아름다울 미). 건강(健康)한 육체에서 나타나는 아름다움[美]. ¶참가자들은 건강미가 넘쳤다.

▸ 건:강-식 健康食 (밥 식). 건강(健康)을 위하여 특별히 만든 식사(食事). ¶야채류로만 만든 건강식을 매일 먹었다.

▸ 건:강 보:균자 健康保菌者 (지킬 보, 세균 균, 사람 자). 의학 건강(健康)하지만 병원균(病原菌)을 몸에 지니고[保有] 있는 사람[者].

건곤 乾坤 (하늘 건, 땅 곤). ① 속뜻 하늘[乾]과 땅[坤]. ¶적군의 말굽 소리가 건곤을 뒤흔들었다. ② 하늘과 땅을 상징하는 '건'(乾)과 '곤'(坤) 두 괘의 이름. ③ 남성과 여성. 천지(天地). ⓑ음양(陰陽).

▸ 건곤감리 乾坤坎離 (물 감, 불 리). 하늘[乾]과 땅[坤], 물[坎]과 불[離]을 상징하는 4개의 괘(卦). 『주역』(周易)의 기본 괘이자, 우리나라의 국기인 태극기의 모서리에 표현되어 있다. 각각 '☰', '☷', '☵', '☲'로 표현한다.

▸ 건곤-일색 乾坤一色 (한 일, 빛 색). 눈이 내려 하늘[乾]과 땅[坤]이 온통 한[一] 빛깔[色] 임.

▸ 건곤-일척 乾坤一擲 (한 일, 던질 척). ① 속뜻 하늘[乾]이냐 땅[坤]이냐를 결정하려고 주사위를 한[一] 번 던짐[擲]. ② 운명을 걸고 단판걸이로 승부를 겨룸. ¶관우는 그와 건곤일척의 혈투를 벌였다.

건과 乾果 (마를 건, 열매 과). ① 속뜻 익으면 껍질이 마르는[乾] 과일[果]. ¶밤은 건과이다. ② 생과일을 햇볕이나 열에 말린 것. '건조과'(乾燥果)의 준말. ¶건포도, 곶감은 건과이다. ⓑ액과(液果).

건괘 乾卦 (하늘 건, 걸 괘). 민속 하늘[乾]을 상징하는 팔괘(八卦)의 하나. ¶'☰'을 일러 건괘라고 한다.

건구 乾球 (마를 건, 공 구). 건습계에서 공[球] 모양의 수은 단지 부분을 젖은 헝겊으로 싸지 않은[乾] 온도계. '건구 온도계'의 준말. ¶건구와 습구의 온도를 따로 재어서 그 온도 차로 습도를 잰다.

건:국 建國 (세울 건, 나라 국). 새로 나라[國]를 세움[建]. ¶건국 기념일. ⓑ개국(開國). ⓑ망국(亡國).

▸건:국-이념 建國理念 (이치 리, 생각 념). 건국(建國)의 근본 정신[理念]. ¶조선은 '농본민생주의'(農本民生主義)를 건국이념으로 삼았다.

▸건:국 훈장 建國勳章 (공 훈, 글 장). 법률 건국(建國)할 때 크게 공[勳]을 세운 사람에게 주는 휘장(徽章). ¶민영환에게 건국 훈장을 추서(追敍)하다.

건:군 建軍 (세울 건, 군사 군). 군대(軍隊)를 창설함[建]. ¶건군 기념일. ⓑ창군(創軍).

건기 乾期 (마를 건, 때 기). 건조(乾燥)한 시기(時期). '건조기'의 준말. ¶건기에는 동물들이 먹이를 찾으러 이동한다. ⓑ건계(乾季). ⓒ우기(雨期).

건달 乾達 (하늘 건, 통달할 달). ① 속뜻 산스크리트어 'gandharva'를 음역(音譯)한 '乾達婆'의 준말. ② 빈둥빈둥 놀거나 게으름을 부리는 사람. ¶백수 건달. ③ 난봉을 부리고 돌아다니는 사람. ¶건달들의 행패가 심하다. ④ 아무것도 가진 것이 없는 빈털터리.

건답 乾畓 (마를 건, 논 답). 조금만 가물어도 물이 잘 마르는[乾] 논[畓]. ¶올해에는 비가 많이 와서 건답이 수답보다 농사가 잘되었다. ⓑ강답. ⓑ수답(水畓).

▸건답 직파 乾畓直播 (곧을 직, 뿌릴 파). 건답(乾畓)에 물을 대지 않고 볍씨를 바로[直] 뿌리는[播] 일. ¶건답 직파를 하고 물도랑을 쳐 주다.

건락 乾酪 (마를 건, 유즙 락). 우유 속에 있는 단백질인 카세인을 뽑아 말려[乾] 응고·발효[酪]시킨 식품. ⓑ치즈(cheese).

▸건락-소 乾酪素 (바탕 소). 치즈[乾酪]의 주성분[素]. 포유류의 젖 속에 들어 있는 단백질의 80%를 차지한다. ⓑ카세인(casein).

건량 乾糧 (마를 건, 양식 량). 말린[乾] 양식(糧食). ¶행군하는 군인들에게 건량을 지급하다.

건류 乾溜 (마를 건, 물방울질 류). ① 속뜻 가열하여[乾] 액체로[溜] 만듦. ② 화학 고체 유기물을 가열하여 휘발성 물질과 비휘발성 물질을 분리하는 일. 또는 그런 방법. ¶석탄을 건류하면 가스가 발생한다.

건:립 建立 (세울 건, 설 립). ① 속뜻 건물, 기념비, 동상, 탑 따위를 만들어 세움[建=立]. ¶동상을 건립하다. ② 기관, 조직체 따위를 새로 조직함. ¶학교를 건립하다.

건:망 健忘 (굳셀 건, 잊을 망). ① 속뜻 몸은 튼튼한데[健] 정신이 허약하여 잘 잊어버림[忘]. ② 의학 건망증(健忘症).

▸건:망-증 健忘症 (증세 증). 의학 잘 잊어버리는[健忘] 병증(病症). ¶엄마는 건망증이 심하다.

건명 乾命 (하늘 건, 목숨 명). ① 속뜻 하늘[乾]이 준 목숨[命]. ② '남자가 태어난 해'를 이르는 말. ③ 불교 축원문에서 '남자'를 이르는 말. ⓑ곤명(坤命).

⁑**건:물 建物** (세울 건, 만물 물). 건축(建築) 구조물(構造物). ¶현대적 건물 / 이 건물은 지진에도 끄떡없다. ⓑ구조물(構造物).

건:반 鍵盤 (열쇠 건, 소반 반). 피아노 따위의 앞부분에 건(鍵)을 늘어놓은 소반[盤] 같은 면. ¶건반을 치다 / 상아로 만든 건반. ⓑ키보드(keyboard).

▸건:반 악기 鍵盤樂器 (음악 악, 그릇 기). 음악 건반(鍵盤)으로 연주하는 악기(樂器). ¶피아노는 건반악기이다.

건배 乾杯 (마를 건, 술잔 배). 술잔[杯]을 말리듯[乾] 잔에 있는 술을 몽땅 다 마심. ¶성공을 위해 건배하자.

건삼 乾蔘 (마를 건, 인삼 삼). 말린[乾] 인삼(人蔘). ⓑ수삼(水蔘).

건생 乾生 (마를 건, 살 생). 건조(乾燥)한 곳에서 자람[生]. ⓑ건성(乾性). ⓑ습생(濕生).

▸건생 식물 乾生植物 (심을 식, 만물 물). 식물 흙이나 공기가 건조(乾燥)한 곳에 서식하는[生] 식물(植物). ¶선인장은 건생 식물이다. ⓑ습생 식물(濕生植物).

⁑건ː설 建設 (세울 건, 세울 설). ① 속뜻 건물 따위를 만들어 세움[建=設]. ¶건설 현장 / 댐을 건설하다. ② 어떤 조직체를 이룩하여 꾸려나감. ¶복지사회를 건설하다. ㊐건조(建造), 건축(建築). ㊥파괴(破壞).

▸ **건ː설-업 建設業** (일 업). 건설(建設)에 따르는 업무를 맡아 하는 사업(事業). ¶1980년대 건설업이 크게 일었다.

▸ **건ː설-적 建設的** (것 적). 어떤 일이 좋은 방향으로 나아가도록[建設] 하는 것[的]. ¶건설적 비판이 필요하다.

건성 乾性 (마를 건, 성질 성). 건조(乾燥)한 성질(性質). 건조하기 쉬운 성질. ¶건성 피부. ㊥습성(濕性).

▸ **건성-유 乾性油** (기름 유). ① 속뜻 말라[乾] 굳는 성질(性質)의 기름[油]. ② 화학 불포화도가 높은 지방산을 함유하여 공기 중에 두면 산소와 반응하여 수지 형태로 굳어 버리는 기름. ¶들기름은 건성유에 속한다. ㊥불건성유(不乾性油).

건수 件數 (사건 건, 셀 수). 사물이나 사건(事件)의 가지 수(數). ¶상담 건수.

건습 乾濕 (마를 건, 젖을 습). 마름[乾]과 젖음[濕]. 건조와 습기. ¶이 식물은 기후의 건습 정도를 나타낸다.

▸ **건습-도 乾濕度** (정도 도). 건조(乾燥)한 상태와 습(濕)한 상태의 정도(程度). 또는 그것을 표시하는 지표나 지수.

▸ **건습 운ː동 乾濕運動** (돌 운, 움직일 동). 식물 식물의 세포벽이 공기가 건조[乾]하거나 습(濕)함에 따라 부풀거나 옴츠러드는 움직임[運動]. ¶콩의 깍지가 마르면서 벌어지는 것은 건습 운동의 하나이다.

건ː승 健勝 (튼튼할 건, 이길 승). ① 속뜻 튼튼한[健] 몸으로 모든 역경을 잘 이겨나감[勝]. ② 탈 없이 건강함. ¶여러분의 건승을 빕니다.

건시 乾柿 (마를 건, 감 시). 껍질을 벗기고 꼬챙이에 꿰어서 말린[乾] 감[柿]. ㊐곶감.

건식 乾式 (마를 건, 법 식). 물이나 액체 따위를 쓰지 않고[乾] 하는 방식(方式). ¶이 복사기는 건식이다. ㊥습식(濕式).

건ː실 健實 (굳셀 건, 참될 실). ① 속뜻 건전(健全)하고 착실(着實)하다. ¶건실한 생활. ② 몸이 건강하다. ¶그는 건실하지 못해 자주 병가를 낸다.

건ː아 健兒 (튼튼할 건, 아이 아). ① 속뜻 튼튼한[健] 아이[兒]. ② 씩씩하고 굳센 사나이. ¶대한의 건아.

건ː양 建陽 (세울 건, 볕 양). ① 속뜻 새로운 양력(陽曆)을 세움[建]. ② 역사 조선 고종(1896) 때 사용한 연호(年號). ¶건양 1년에 통신사(通信司)를 설치했다.

건어 乾魚 (마를 건, 물고기 어). 말린[乾] 물고기[魚]. ¶읍내에 가서 건어를 사왔다.

건-어물 乾魚物 (마를 건, 물고기 어, 만물 물). 말린[乾] 물고기[魚]나 이를 이용한 제품[物]. ¶건어물 가게.

건열 乾裂 (마를 건, 찢어질 렬). ① 속뜻 땅 따위가 말라서[乾] 갈라짐[裂]. ② 지리 진흙 따위의 퇴적층이 말라서 거북 등처럼 갈라진 틈. ¶이 지역에서는 연흔과 건열의 퇴적 구조가 확인되었다.

건ː원 建元 (세울 건, 으뜸 원). ① 속뜻 으뜸가는[元] 일을 세움[建]. ② 나라의 연호를 새로 정함. ¶건원 칭제(稱帝). ③ 역사 신라 때에, 법흥왕 23년부터 진흥왕 11년까지(536~550) 사용한 연호.

건위[1] 乾位 (하늘 건, 자리 위). 남자[乾]의 신주나 무덤[位]. ¶건위를 모시다. ㊥곤위(坤位).

건ː위[2] 健胃 (튼튼할 건, 밥통 위). ① 속뜻 튼튼한[健] 위(胃). ② 위를 튼튼하게 함. ¶구절초는 건위에 좋다.

▸ **건ː위-제 健胃劑** (약제 제). 약학 위(胃)의 기능을 튼튼하게[健] 하는 약제(藥劑).

건육 乾肉 (마를 건, 고기 육). 말린[乾] 고기[肉]. ¶이 지역은 건육을 가공하는 산업이 발달했다. ㊟육포2(肉脯)

건ː의 建議 (세울 건, 의논할 의). 의논(議論)거리를 냄[建]. 자신의 의견을 내놓음. ¶노동조건 개선을 건의했다.

▸ **건ː의-권 建議權** (권리 권). 법률 건의(建議)할 수 있는 권리(權利).

▸ **건ː의-문 建議文** (글월 문). 건의(建議)하는 내용을 적은 문서(文書). ¶그는 서적에 대한 건의문을 올렸다.

▸ **건ː의-서 建議書** (글 서). 건의(建議)하는 내용을 적은 글[書]. 또는 그 문서. ¶건의서를 제출하다.

▸건:의-안 建議案 (문서 안). 법률 건의(建議)하는 내용을 적은 초안(草案). 또는 의안(議案). ¶해임건의안을 가결하다.

건:장 健壯 (튼튼할 건, 씩씩할 장). 몸이 튼튼하고[健] 씩씩하다[壯]. ¶건장한 남자 셋이 집으로 들어왔다.

건재[1] 乾材 (마를 건, 재료 재). 한의 말린[乾] 상태의 약재(藥材). 조제하지 않은 그대로의 약재. ¶작두로 건재를 썰다.

건:재[2] 健在 (튼튼할 건, 있을 재). 아무 탈 없이 튼튼하게[健] 잘 있음[在]. ¶그의 사업은 건재하다.

건:재[3] 建材 (세울 건, 재료 재). 건축(建築)에 쓰이는 여러 가지 자재(資材). '건축 용재'(建築用材)의 준말.

▸건:재-상 建材商 (장사 상). 건축(建築) 재료(材料)를 파는 장수나 가게[商]. ¶할아버지는 건재상을 운영하신다.

***건:전 健全** (굳셀 건, 온전할 전). ① 속뜻 굳세고[健] 온전(穩全)함. ¶건전한 신체에 건전한 정신이 깃든다. ②조직 따위의 활동이나 상태가 건실하고 정상임. ¶그 기업은 건전하게 잘 운영되고 있다.

▸건:전 재정 健全財政 (재물 재, 정사 정). ① 속뜻 건전(健全)하게 운영되는 재정(財政). ② 경제 경상적 지출과 경상적 수입이 같아서 균형이 잡힌 재정 상태. ㊊균형(均衡) 재정. ㊥적자(赤字) 재정.

건-전지 乾電池 (마를 건, 전기 전, 못 지). 화학 휴대하거나 다루기에 편리하도록 만든 일차 전지. 'dry[乾] cell[電池]'의 한자 의역어.

건:조[1] 建造 (세울 건, 만들 조). 건물이나 배 따위를 짓거나[建] 만듦[造]. ¶유조선을 건조하다. ㊊건축(建築). ㊥파괴(破壞).

▸건:조-물 建造物 (만물 물). 가옥, 창고 따위의 지어[建] 만든[造] 물건(物件). ¶올림픽 기념 건조물.

▸건:조-보험 建造保險 (지킬 보, 험할 험). 경제 선박 건조(建造) 중에 일어나는 여러 가지 위험에 대비하는 보험(保險).

건조[2] 乾燥 (마를 건, 마를 조). ① 속뜻 습기나 물기가 없는 마른[乾=燥] 상태. ¶이 식물은 건조한 곳에서도 잘 자란다. ②분위기, 정신, 환경 등이 여유나 윤기가 없이 메마름. ¶글이 무미(無味)건조하다.

▸건조-과 乾燥果 (열매 과). ① 속뜻 익으면 껍질이 마르는[乾燥] 과일[果]. ¶밤은 건과이다. ②생과일을 햇볕이나 열에 말린 것. ¶건포도, 곶감은 건과이다. ㊟건과. ㊥액과(液果).

▸건조-기[1] 乾燥期 (때 기). 기후가 건조(乾燥)한 시기(時期). ¶겨울철 건조기에는 화재 사고를 조심해야 한다. ㊟건기. ㊊건계(乾季). ㊥우기(雨期).

▸건조-기[2] 乾燥機 (틀 기). 기계 물기 있는 물건을 말리는[乾燥] 장치[機]. ¶식기 건조기.

▸건조-림 乾燥林 (수풀 림). 지리 기후·토질이 건조(乾燥)한 곳에 이루어진 숲[林]. ¶여우원숭이는 건조림에서도 잘 서식한다. ㊊건생림(乾生林).

▸건조-제 乾燥劑 (약제 제). 화학 ①수분을 제거하여 건조(乾燥)시키는 물질[劑]. ¶흡습성이 강한 실리카 젤을 건조제로 사용하다. ②건성유나 반건성유의 산화를 촉진하여 건조성을 증가시키는 데 사용하는 물질. ㊟건제. ㊊방습제(防濕劑).

▸건조-증 乾燥症 (증세 증). 한의 몸이 건조(乾燥)해지는 증상(症狀). 몸에 수분이 적어져서 땀, 침, 대소변 따위가 잘 나오지 않는다. ¶안구 건조증.

▸건조-체 乾燥體 (모양 체). 문학 여유가 없이 건조(乾燥)한 느낌을 주는 문체(文體). 화려한 수식을 피하고, 오직 내용의 완전한 전달만을 목적으로 한다. ¶건조체로 쓴 기사. ㊥화려체(華麗體).

▸건조 기후 乾燥氣候 (기후 기, 기후 후). 지리 강우량이 증발량보다 적어 건조(乾燥)한 기후(氣候). 주로 중위도 고압대의 회귀선 부근에 분포하며 증발에 의한 기온의 일교차와 연교차가 크다. ㊥습윤기후(濕潤氣候).

▸건조 단열 감률 乾燥斷熱減率 (끊을 단, 더울 열, 덜 감, 비율 률). 지리 건조(乾燥)한 기단(氣團)이 외부와 열(熱) 교환 없는[斷] 상태에서 온도가 내려가는[減] 비율(比率). 100m 상승할 때마다 1℃정도가 내려간다.

건:책 建策 (세울 건, 꾀 책). 어떤 일을 대비하여 미리 대책(對策)이나 계획을 세움[建].

건천 乾川 (마를 건, 내 천). 조금만 가물어도 이내 물이 마르는[乾] 내[川]. ¶이 섬은 대부분이 건천이라 가뭄을 많이 탄다.

건초 乾草 (마를 건, 풀 초). 베어 말린[乾] 풀[草]. ¶말에게 건초를 먹이다. ㊥말린 풀, 마른풀. ㊦생초(生草).

***건ː축 建築** (세울 건, 쌓을 축). 집, 성, 다리 따위를 짓거나[建] 쌓음[築]. ¶지진에 견딜 수 있는 집을 건축하다. ㊥건조(建造), 축조(築造). ㊦파괴(破壞).

▸건ː축-가 建築家 (사람 가). 건축(建築)과 관련되어 지휘·감독 따위를 전문으로 하는 사람[家].

▸건ː축-물 建築物 (만물 물). 건축(建築)한 구조물(構造物). ¶고딕 양식의 건축물. ㊤건물.

▸건ː축-미 建築美 (아름다울 미). 건축물(建築物)이 지닌 아름다움[美]. ¶남대문의 건축미를 연구하다.

▸건ː축-사 建築士 (선비 사). 건설 교통부로부터 자격증을 받아 건축물(建築物)의 설계, 공사 감리 따위의 업무를 행하는 사람[士].

▸건ː축-업 建築業 (일 업). 건축(建築) 공사를 전문으로 하는 사업(事業)이나 직업(職業). ¶삼촌은 건축업에 종사하신다.

▸건ː축 의ː장 建築意匠 (뜻 의, 장인 장). 건설 건축물(建築物) 내부와 외부의 형태를 미적으로 특수하게 설계하는[意匠] 고안(考案). ¶이 건물에 부분적으로 새로운 건축 의장을 가미했다.

건춘-문 建春門 (세울 건, 봄 춘, 문 문). ① 속뜻 봄[春]이 시작되는[建] 문(門). ② 고적 경복궁의 동문. 안쪽에 세자가 기거하던 춘궁(春宮)이 있었으며, 임금의 친족이나 상궁들만이 드나들 수 있었다.

건ː층 鍵層 (열쇠 건, 층 층). 지리 그 지역의 층서(層序) 구조를 밝히는 열쇠[鍵]가 되는 단층(單層). 지층 가운데 특징이 있는 암상(巖相)을 가지므로 암석의 생성시기를 서로 비교할 때 단서가 된다. ㊥열쇠층.

건ː투 健鬪 (굳셀 건, 싸울 투). 굳세게[健] 잘 싸움[鬪]. 씩씩하게 잘해 나감. ¶건투를 빈다.

건판 乾板 (마를 건, 널빤지 판). ① 속뜻 말린[乾] 널빤지[板]. ② 화학 유리나 셀룰로이드 같은 투명한 것에 감광액을 발라서 암실에서 말린 감광판. ③ 출판 활자 지형을 눌러 만드는 기계. ㊥습판(濕板).

건ː평 建坪 (세울 건, 면적단위 평). 건설 건물(建物)이 자리 잡은 터의 평수(坪數). ¶우리 집은 건평 30평이다. ㊥건축면적(建築面積).

건ː폐-율 建蔽率 (건물 건, 덮을 폐, 비율 률). 건설 대지(垈地)에서 건평(建坪)이 차지하는[蔽] 비율(比率). ¶이 건물의 건폐율은 매우 낮다.

건포 乾脯 (마를 건, 포 포). 얇게 저미어 말린[乾] 고기[脯]. ¶뱅어를 가공하여 건포로 만들다.

건-포도 乾葡萄 (마를 건, 포도 포, 포도 도). 말린[乾] 포도(葡萄). ¶아내는 안주로 건포도와 땅콩을 내 왔다.

건ː필 健筆 (굳셀 건, 글씨 필). ① 속뜻 힘있게[健] 잘 쓴 글씨[筆]. 또는 그런 글씨를 쓰는 사람. ¶그의 필체는 건필이다. ② 문장이나 시 따위를 의욕적으로 씀. 또는 그런 사람. ¶그는 건필을 휘둘러 우리 사회의 모습을 적나라하게 표현했다. ㊥필건(筆健), 건호(健豪).

걸객 乞客 (빌 걸, 손 객). 이리저리 떠다니며 빌어먹는[乞] 사람[客]. ¶걸객 신세가 된 시인.

걸물 傑物 (뛰어날 걸, 만물 물). 뛰어난[傑] 사람[物]. ¶그는 문무를 겸비한 당대의 걸물이다.

걸식 乞食 (빌 걸, 밥 식). 음식(飮食)을 남에게 빌어[乞] 먹음. ¶승려들은 걸식으로 의식(衣食)을 해결했다.

걸신 乞神 (빌 걸, 귀신 신). ① 속뜻 빌어먹는[乞] 귀신(鬼神). ② 염치없이 지나치게 음식을 탐하는 마음을 비유하여 이르는 말. ¶걸신이 들린 것처럼 음식을 먹어치웠다.

걸인 乞人 (빌 걸, 사람 인). 빌어[乞] 먹는 사람[人]. ¶걸인에게 빵을 주다. ㊥거지.

걸작 傑作 (뛰어날 걸, 지을 작). ① 속뜻 매우 뛰어난[傑] 작품(作品). ¶피카소의 걸작만을 골라 전시하다. ② '익살스러운 사람'을 비꼬아 이르는 말. ¶사실이 탄로나자 그의 표정은 정말 걸작이었다. ㊥명작(名作). ㊦

졸작(拙作).

▸걸작-품 傑作品 (물건 품). 뛰어난[傑] 작품(作品)이나 물건. ㊟걸작.

걸출 傑出 (뛰어날 걸, 날 출). 뛰어나게[傑] 출중(出衆)함. 또는 그런 사람. ¶그는 조선 후기의 걸출한 화가이다.

검:객 劍客 (칼 검, 손 객). 검술(劍術)에 능한 사람[客]. ¶중세의 저명한 검객. ㊐검술사(劍術師), 칼잡이.

검:거 檢擧 (검사할 검, 들 거). 법률 수사기관에서 범법 용의자를 찾아내어[檢] 잡아들이는[擧] 일. ¶마침내 범인을 검거했다.

검:뇨 檢尿 (검사할 검, 오줌 뇨). 의학 오줌[尿]의 성분을 검사(檢査)하여 상태와 병변(病變)을 알아내는 진단법. ¶검뇨를 통해 당뇨병을 확인하다. ㊐소변 검사.

검:대 劍帶 (칼 검, 띠 대). 검(劍)을 차기 위해 허리에 두르는 가죽 띠[帶]. ¶그는 검대를 풀러놓고 잠자리에 들었다.

검:도 劍道 | 칼 검, 길 도 [swordsmanship] ① 속뜻 칼[劍]을 잘 휘두르는 도술(道術). ② 운동 죽도(竹刀)로 상대편을 치거나 찔러서 얻은 점수로 승패를 겨루는 운동 경기. ㊐검술(劍術).

검:량 檢量 (검사할 검, 분량 량). 물건의 양(量)이나 무게를 검사(檢査)함. ¶창고의 곡식을 검량했다.

검:맥 檢脈 (조사할 검, 맥 맥). 한의 병을 진찰하기 위하여 맥(脈)을 짚어 보는[檢] 일. ¶그는 할머니를 검맥한 후 침을 놓았다. ㊐진맥(診脈).

검:무 劍舞 (칼 검, 춤출 무). 칼[劍]을 들고 추는 춤[舞]. ¶신윤복은 검무를 추는 여인들을 그렸다. ㊐칼춤.

검:문 檢問 (검사할 검, 물을 문). 검사(檢査) 위하여 따져 물음[問]. ¶경찰이 행인들을 검문했다 / 불심(不審) 검문.

▸검:문-소 檢問所 (곳 소). 군경(軍警) 등이 통행인을 검문(檢問)하도록 마련한 곳[所]. ¶범인은 검문소에서 잡혔다.

검:박 儉朴 (검소할 검, 소박할 박). 검소(儉素)하고 소박(素朴)함. ¶검박한 살림.

검:법 劍法 (칼 검, 법 법). 칼[劍]을 쓰는 방법(方法). ¶그의 검법은 따라올 사람이 없었다. ㊐검술(劍術).

검:변 檢便 (검사할 검, 똥오줌 변). 질병을 진단하기 위해 대변(大便)을 검사(檢査)함. '대변 검사'의 준말. ¶검변으로 기생충을 찾아내다.

검:사[1] 檢事 (봉함 검, 일 사). ① 속뜻 봉함[檢]을 해두는 일[事]. ② 법률 형사사건의 공소를 제기하고 형벌의 집행을 감독하는 사법관. ¶검사가 증인에게 질문을 했다.

⁑**검:사[2] 檢査** (봉함 검, 살필 사). ① 속뜻 봉함[檢]을 하여 조사(調査)에 대비함. ② 적합 여부와 이상 유무를 조사함. ¶정밀검사 / 숙제를 검사하다. ㊐조사(調査), 검열(檢閱), 점검(點檢).

▸검:사-기 檢査器 (그릇 기). 검사(檢査)에 필요한 설비나 도구[器]. ¶시력 검사기.

▸검:사-필 檢査畢 (마칠 필). 검사(檢査)를 다 마침[畢]. ¶검사필 도장.

검:산 檢算 (검사할 검, 셀 산). 계산(計算)의 맞고 안 맞음을 검사(檢査)함. ¶검산해 보니 계산이 틀렸다.

검:상 돌기 劍狀突起 (칼 검, 형상 상, 갑자기 돌, 일어날 기). 의학 복장뼈 아래쪽에 칼[劍] 모양[狀]으로 툭 불거진 돌기(突起). 연골로 되어 있다가 중년이 되면서 뼈로 발달하기도 한다. ㊐칼 돌기.

검:색 檢索 (검사할 검, 찾을 색). ① 속뜻 증거 따위를 검사(檢査)하여 찾아봄[索]. ¶검색을 당하다. ② 목적에 따라 필요한 자료들을 찾아내는 일. ¶인터넷으로 신문 기사를 검색하다.

▸검:색-어 檢索語 (말씀 어). 검색(檢索)에 필요한 단어(單語).

▸검:색-표 檢索表 (겉 표). 생물 생물이 속한 생물군을 검색(檢索)하기 쉽도록 만든 표(表). ¶이 잡초가 어디에 속하는지 검색표를 찾아보자.

검:소 儉素 (수수할 검, 본디 소). 겉치레하지 않고 수수하고[儉] 그대로임[素]. 꾸밈없이 무던함. ¶옷차림이 검소하다.

검:속 檢束 (검사할 검, 묶을 속). 법률 예전에, 공공의 안전을 해롭게 하거나 죄를 지을 염려가 있는 사람을 경찰에서 검색(檢索)하여 잠시 가두던[束] 일. ¶보호 검속 / 밀수 사건으로 검속되었다.

검:수[1] 檢水 (검사할 검, 물 수). 수질(水質)

이나 수량(水量) 등을 검사(檢査)하는 일. ¶남한강의 수질을 검수하다.

검:수² 檢數 (검사할 검, 셀 수). 물건의 개수(個數)를 검사(檢査)하고 헤아려 확인함. 또는 그러한 일. ¶물품의 재고량을 검수하다.

검:술 劍術 (칼 검, 꾀 술). 칼[劍]을 쓰는 기술(技術). ¶그는 검술이 뛰어나다. ㊥검법(劍法).

검:시¹ 檢屍 (검사할 검, 시체 시). 법률 시체(屍體)를 검사(檢査)함. ¶검시 결과 타살인 것으로 드러났다.

검:시² 檢視 (검사할 검, 볼 시). ① 속뜻 시력(視力)의 좋고 나쁨을 검사(檢査)함. ¶검시 결과, 약시로 밝혀졌다. ②사실을 조사하다. ¶사건 현장을 검시하다. ㊥검시(檢屍).

검:안 檢案 (검사할 검, 생각 안). ① 속뜻 형적(形迹)이나 상황을 검사(檢査)하고 따짐[案]. ②검시(檢視)한 기록. '검안서'(檢案書)의 준말. ¶피해자와 증인을 검안하다.

검:안 檢眼 (검사할 검, 눈 안). 눈[眼]의 시력을 검사(檢査)함. ¶검안해보니 색약이었다.

검:약 儉約 (검소할 검, 아낄 약). 검소(儉素)하고 절약(節約)함. ¶생활비를 검약하다. ㊥절약(節約). ㊦사치(奢侈).

검:역 檢疫 (검사할 검, 돌림병 역). 돌림병[疫]의 유무를 검사(檢査)하고 소독하는 일. ¶수입 농산물을 검역하다.

▸검:역-권 檢疫圈 (범위 권). 법률 검역(檢疫)을 실시하는 구역[圈].

▸검:역-소 檢疫所 (곳 소). 법률 검역(檢疫)을 하기 위하여 항구나 공항에 마련된 기관[所]. ¶검역소를 설치하다.

▸검:역-항 檢疫港 (항구 항). 법률 검역(檢疫)과 소독을 하는 설비를 갖춘 항구(港口)나 공항(空港). ¶영국에서 돌아온 승무원이 검역항에서 검역을 받았다.

▸검:역 전염병 檢疫傳染病 (전할 전, 물들일 염, 병 병). 법률 검역(檢疫)의 대상이 되는 전염병(傳染病). ¶두창, 황열(黃熱), 콜레라, 페스트는 검역 전염병이다.

검:열 檢閱 (검사할 검, 훑어볼 열). 검사(檢査)하여 훑어봄[閱]. ¶검열을 강화하다 / 기사를 검열하다. ㊥점검(點檢), 검사(檢查).

검:온 檢溫 (검사할 검, 따뜻할 온). 온도(溫度)를 잼[檢]. ¶이 환자는 1일 4회 이상 검온해야 한다.

검:인 檢印 (검사할 검, 도장 인). 서류나 물건을 검사(檢査)한 표시로 찍는 도장[印]. ¶검인된 상품만 판매할 수 있다.

▸검:인-증 檢印證 (증거 증). 서류나 물건에 검사(檢査)한 표시로 도장[印]을 찍어 증명(證明)함. 또는 그런 도장을 찍은 종이.

검:-인정 檢認定 (검사할 검, 알 인, 정할 정). ① 속뜻 검토(檢討)하여 인정(認定)함. ¶이 교과서는 교육부의 검인정을 받았다. ②검정(檢定)과 인정(認定). ¶검인정 교재.

▸검:인정-필 檢認定畢 (마칠 필). 검인정(檢認定) 과정을 마침[畢].

검:자 檢字 (검사할 검, 글자 자). 한자 자전에서 글자[字]를 잘 찾아볼[檢] 수 있도록 한 색인(索引). ¶검자를 이용해 '鎭'자를 찾다.

검:정 檢定 (검사할 검, 정할 정). 검사(檢査)하여 그 자격을 정(定)하는 일. ¶교과서 검정 / 사업의 타당성을 검정하다.

▸검:정-고시 檢定考試 (살필 고, 시험할 시). 어떤 자격을 얻는데 필요한 지식이나 기술의 유무를 검정(檢定)하기 위하여 실시하는 시험[考試]. ¶어머니는 검정고시를 보고 대학에 들어갔다. ㊥검정시험(試驗).

▸검:정 교:과서 檢定教科書 (가르칠 교, 과목 과, 책 서). 교과서 검정(檢定) 과정을 통과·합격하여 발행허가를 맡은 교과서(教科書). ¶초등학교에서 검정 교과서를 사용하다.

검:증 檢證 (검사할 검, 증명할 증). 검사(檢査)하여 증명(證明)함. ¶가설을 검증하다. ② 법률 법관이나 수사관이 자기의 감각으로 어떤 대상의 성질이나 상태 따위를 인식하여 증거를 조사하는 일. ③ 철학 어떤 명제의 참, 거짓을 사실에 비추어 검사하는 일. ㊥실증(實證).

검:진¹ 檢眞 (검사할 검, 참 진). 법률 사문서(私文書)가 진짜인지를[眞] 조사함[檢]. ¶서체를 보고 유언장을 검진하다.

검:진² 檢診 (검사할 검, 살펴볼 진). 의학 병

의 유무를 검사(檢査)하기 위한 진찰(診察). ¶건강 검진.

검:차 檢車 (검사할 검, 수레 차). 차량(車輛)의 고장이나 정비 상태를 검사(檢査)하는 일. ¶검차 결과 고장의 원인은 엔진 과열로 밝혀졌다.

검:찰 檢察 (검사할 검, 살필 찰). ① 속뜻 검사(檢査)하고 사정을 잘 살펴[察] 밝힘. ② 법률 형사사건에서 범죄의 형적(形跡)을 수사하여 증거를 모으는 일.

▶검:찰-청 檢察廳 (관청 청). 법률 검사의 검찰(檢察) 사무를 맡아보는 관청(官廳). ¶검찰청으로 출두하다.

검:출 檢出 (검사할 검, 날 출). 검사(檢査)하여 찾아냄[出]. ¶그 지역에서 방사능이 검출되었다. ㊝검색(檢索), 색출(索出).

검:침 檢針 (검사할 검, 바늘 침). 전기 계량기 따위의 바늘[針]이 가리키는 눈금을 검사(檢査)함. ¶전기계량기를 검침하다.

검:토 檢討 (검사할 검, 따질 토). 내용을 자세히 검사(檢査)하며 잘 따져 봄[討]. ¶제안서를 검토하다.

검:파 檢波 (검사할 검, 물결 파). ① 물리 고주파(高周波) 전류를 검사(檢査)하여 알아내는 일. ② 전기 변조되어 있는 반송파 가운데서 본디의 신호를 가려냄. ㊝복조(複調).

검:표 檢票 (검사할 검, 쪽지 표). 차표, 배표, 비행기표[票] 따위를 검사(檢査)함. ¶그는 검표할 때 표가 없어 다음 역에서 내려야 했다.

검:품 檢品 (검사할 검, 물건 품). 상품(商品)이나 제품(製品)의 품질 따위를 검사(檢査)함. ¶도축된 돼지를 검품하여 냉장고에 넣다.

겁간 劫姦 (위협할 겁, 간음할 간). 폭행하거나 위협하여[劫] 부녀자의 몸을 뺏는 일[姦]. ¶유부녀를 겁간하려다 망신을 당했다. ㊝강간(強姦), 겁탈(劫奪).

겁나 怯懦 (무서울 겁, 나약할 나). 겁(怯)이 많고 마음이 약함[懦弱]함. ㊝겁약(怯弱).

겁약 怯弱 (무서울 겁, 약할 약). 겁(怯)이 많고 마음이 약(弱)함. ¶그는 매우 겁약해 왕의 재질이 없다. ㊝겁나(怯懦).

겁탈 劫奪 (위협할 겁, 빼앗을 탈). ① 속뜻 폭력으로 위협하여[劫] 빼앗음[奪]. ¶백성들의 재물을 겁탈하다. ② 위협하거나 폭력을 써서 성 관계를 맺음. ¶부녀자를 겁탈하다.

게:기 揭記 (내걸 게, 기록할 기). 쓴[記] 내용을 걸어[揭] 두어서 여러 사람이 보게 함. ¶작년의 수출입 내역을 게기하다.

게:류 憩流 (쉴 게, 흐를 류). ① 속뜻 흐름이 잠시 멈춘[憩] 상태의 조류(潮流). ② 지리 조류가 밀물에서 썰물로, 썰물에서 밀물로 바뀌기 직전에 조류의 속도가 거의 정지에 가까운 상태가 되어 해수가 거의 흐르지 않을 때의 조류. ¶게류는 하루 네 번 일어난다. ㊝게조(憩潮).

게:시 揭示 (내걸 게, 보일 시). 내붙이거나 내걸어[揭] 두루 보게[示] 함. ¶게시를 벽에 붙이다.

▶게:시-문 揭示文 (글월 문). 게시(揭示)하여 놓은 글[文]. ¶그들은 백성들의 고통을 담은 게시문을 벽에 붙였다.

▶게:시-판 揭示板 (널빤지 판). 게시(揭示)하는 글, 그림, 사진 따위를 붙이는 판(板). ¶게시판에 공고문을 붙이다. ㊝알림판.

게:양 揭揚 (내걸 게, 오를 양). 국기 따위를 높이 내걸어[揭] 올림[揚]. ¶집집마다 국기를 게양하다.

▶게:양-대 揭揚臺 (돈대 대). 깃발을 게양(揭揚)하기 위하여 높이 만들어 놓은 대(臺). ¶국기 게양대.

게:재 揭載 (내걸 게, 실을 재). 그림을 내걸거나[揭] 글을 실음[載]. ¶신문에 광고를 게재하다. ㊝등재(登載).

게:조 憩潮 (쉴 게, 바닷물 조). ① 속뜻 흐름이 잠시 멈춘[憩] 상태의 조류(潮流). ② 지리 게류(憩流).

격감 激減 (거셀 격, 덜 감). 급격(急激)하게 줄어듦[減]. ¶재해로 농작물의 생산량이 격감하다. ㊞격증(激增).

격고 擊鼓 (칠 격, 북 고). ① 속뜻 북[鼓]을 침[擊]. ② 역사 임금이 거둥할 때에, 억울한 일을 상소하기 위해 북을 쳐서 하문(下問)을 기다리던 일. ¶장인의 격고로 그의 악행이 탄로 났다.

격구 擊毬 (칠 격, 공 구). 역사 말을 타거나 걸어 다니면서 막대기로 공[毬]을 치던[擊] 무예 또는 운동경기. ¶조선시대에는 격구가 매우 성행하였다. [비]기격구(騎擊毬), 격방(擊棒), 편구(鞭毬).

격납 格納 (바를 격, 들일 납). 제자리에 바르게[格] 잘 수납(收納)해 둠. ¶비행기의 격납이 편리하다.

▸ 격납-고 格納庫 (곳집 고). 비행기 따위를 넣어 두거나[格納] 정비하는 창고(倉庫) 모양의 건물. ¶훈련이 끝나자 전투기가 격납고로 들어갔다.

격년 隔年 (사이 뜰 격, 해 년). 한 해 또는 한 해씩[年]을 거름[隔]. ¶이 과일은 격년으로 풍성하게 열린다.

격노 激怒 (격할 격, 성낼 노). 격렬(激烈)하게 성냄[怒]. ¶격노하여 말이 나오지 않다. [비]격분(激忿).

격돌 激突 (격할 격, 부딪칠 돌). 격렬(激烈)하게 부딪침[突]. ¶두 팀은 결승에서 격돌하게 됐다.

격동 激動 (거셀 격, 움직일 동). ① [속뜻] 급격(急激)하게 변동(變動)함. ② 몹시 흥분하고 감동함. ¶민심이 격동하다.

격랑 激浪 (거셀 격, 물결 랑). ① [속뜻] 거센[激] 물결[浪]. ¶우리가 탄 배는 격랑을 헤치며 나갔다. ② '모진 시련'을 비유하여 이르는 말. ¶격랑의 시대. [비]격파(激波).

격려 激勵 (격할 격, 힘쓸 려). 남의 용기나 의욕을 북돋워 격(激)하게 힘쓰도록[勵] 함. ¶선수를 격려하다. [비]고무(鼓舞), 고취(鼓吹).

▸ 격려-문 激勵文 (글월 문). 격려(激勵)하는 글[文]. ¶장병들에게 격려문을 보내다.

▸ 격려-사 激勵辭 (말씀 사). 격려(激勵)하는 말[辭]. ¶교장이 학생들에게 격려사를 하다.

격렬 激烈 (거셀 격, 세찰 렬). 몹시 거세고[激] 세차다[烈]. ¶격렬한 몸싸움을 하다.

격론 激論 (격할 격, 논할 론). 격렬(激烈)히 논쟁(論爭)함. 또는 그 논쟁. ¶출병을 앞두고 둘은 격론을 벌였다.

격류 激流 (거셀 격, 흐를 류). ① [속뜻] 빠르고 세차게[激] 흐르는[流] 물. ¶아버지는 격류에서 낚시를 하신다. ② 사회적 발전이나 사조 따위의 거센 흐름을 비유하여 이르는 말. ¶굴곡 많은 현대사의 격류.

격리 隔離 (사이 뜰 격, 떨어질 리). 사이를 떼어[隔] 떨어뜨려[離] 놓음. ¶전염병 환자를 격리하여 치료하다.

▸ 격리 병:원 隔離病院 (병 병, 집 원). 전염병 환자만을 따로 격리(隔離)하여 치료하는 병원(病院).

▸ 격리 처:분 隔離處分 (처리할 처, 나눌 분). [법률] 전염병 환자나 범죄인을 강제로 격리(隔離)하는 행정 처분(處分).

격막 膈膜 (칸막이 격, 꺼풀 막). ① [의학] 포유류의 배와 가슴을 가르는[膈] 막(膜). ② [생물] 동물체의 기관이나 조직 따위를 가르고 있는 막. ③ [의학] 칸막이 같이 구조들을 분리하는 막이나 근육. [비]가로막.

격멸 擊滅 (칠 격, 없앨 멸). 적이나 상대편을 쳐서[擊] 멸망(滅亡)시킴. ¶그는 에스파냐의 무적함대를 격멸했다. [비]격퇴(擊退).

격몽 擊蒙 (칠 격, 어두울 몽). 어리석고 사리에 어두운[蒙] 어린이들을 일깨움[擊].

▸ 격몽-요결 擊蒙要訣 (요할 요, 방법 결). [책명] 조선 때 이이가 어린이들을 일깨우기[擊蒙] 위하여 한문 학습의 요점(要點)과 비결(祕訣)을 적은 책.

격무 激務 (격할 격, 일 무). 몹시 고된[激] 직무(職務). ¶그는 격무에 시달리다 결국 쓰러지고 말았다.

격문 檄文 (격문 격, 글월 문). 널리 세상 사람들을 선동하거나 의분을 고취시키려고[檄] 쓴 글[文]. ¶전국에 격문을 띄우다.

격물 格物 (바를 격, 만물 물). 사물(事物)의 이치를 바로잡음[格].

▸ 격물-치지 格物致知 (이를 치, 알 지). ① [속뜻] 사물(事物)의 이치를 바로잡고[格] 높은 지식(知識)에 이름[致]. ② 실제 사물의 이치를 연구하여 지식을 완전하게 함. ≪대학≫에 나오는 말이다. [준]격치.

격발[1] 激發 (격할 격, 일어날 발). 기쁨이나 분노 따위의 감정이 격렬(激烈)하게 일어남[發]. ¶탐관오리들에 대한 증오심이 격발하여 농민 봉기로 이어졌다.

격발[2] 擊發 (칠 격, 쏠 발). 방아쇠를 당겨[擊] 탄환을 쏨[發]. ¶격발 장치 / 그는 적을 향해 격발하였다.

격변 激變 (거셀 격, 바뀔 변). 급격(急激)하게 바뀜[變]. ¶물가의 격변 / 격변하는 세계 정세(政勢). [비]극변(劇變).

격-변화 格變化 (자격 격, 바뀔 변, 될 화). ① 속뜻 자격(資格)에 따라 형태가 변화(變化)함. ② 언어 곡용(曲用).

격분[1] 激忿 (격할 격, 성낼 분). 격렬(激烈)한 분노(忿怒). 몹시 성을 냄. ¶그의 몰염치한 태도에 격분했다. ⓑ격노(激怒).

격분[2] 激憤 (격할 격, 성낼 분). ①감정이 급히 일어나면서[激] 왈칵 성을 냄[憤]. ②격렬하게 분노함. ¶격분에 찬 목소리. ⓑ격노(激怒).

격분[3] 激奮 (격할 격, 떨칠 분). 격렬(激烈)하게 흥분(興奮)함.¶이제는 올림픽의 격분을 가라앉히고 냉정하게 비판해야 할 때이다.

격세 隔世 (사이 뜰 격, 세대 세). ① 속뜻 세대(世代)를 거름[隔]. ②심하게 변천하여 매우 크게 느껴지는 세대. 또는 그런 느낌. ¶여성이 각계에서 활약하는 것을 보니 격세를 느낀다.

▸격세 유전 隔世遺傳 (남길 유, 전할 전). ① 속뜻 세대(世代)를 걸러서[隔] 유전(遺傳)됨. ② 생물 생물의 체질·성질 따위의 열성 형질이 한 대 또는 여러 대를 걸러서 후손에게 나타나는 현상. ⓒ직접유전(直接遺傳).

▸격세지감 隔世之感 (어조사 지, 느낄 감). 변화가 커서 다른 세상(世上)으로 넘어온[隔] 것 같은 느낌[感]. ¶양 노인은 압구정을 보며 격세지감을 느꼈다.

격식 格式 (품격 격, 꼴 식). 품격(品格)에 맞는 법식(法式). ¶격식을 따지다 / 격식을 차리다.

격실 隔室 (사이 뜰 격, 방 실). 따로 떨어져 있는[隔] 방[室]. ¶방수 격실.

격심 激甚 (거셀 격, 심할 심). 거셀[激] 정도로 매우 심함[甚]. ¶격심한 피해를 보다. ⓑ급격(急激).

격앙 激昻 (격할 격, 오를 앙). 감정이 격하게[激] 북받침[昻]. 몹시 흥분함. ¶격앙된 목소리.

격양[1] 激揚 (격할 격, 오를 양). 감정·기운 따위가 격렬(激烈)하게 일어남[揚]. ¶그는 격양된 목소리로 사령관을 치하했다.

격양[2] 擊壤 (칠 격, 땅 양). ① 속뜻 땅[壤]을 침[擊]. ②보습으로 논밭을 갈아 뒤집음. ③ 음악 흙으로 만든 악기. 또는 그런 악기를 치는 일.

▸격양-가 擊壤歌 (노래 가). ① 속뜻 땅[壤]을 치며[擊] 부르는 노래[歌]. ②풍년이 들어 농부가 태평한 세월을 즐기는 노래. ¶백성들은 격양가를 부르며 왕을 칭송했다.

격언 格言 (바를 격, 말씀 언). 인생에 대한 교훈이나 경계가 되는 바른[格] 말[言]. ¶이 격언을 나의 좌우명으로 삼았다.

격외 格外 (격식 격, 밖 외). 격식(格式)이나 관례에 벗어나[外] 있음. 또는 그 정도나 사물. ¶격외의 대화를 나누다. ⓑ예외(例外).

격월 隔月 (사이 뜰 격, 달 월). 한 달씩[月] 거름[隔]. ¶우리는 격월로 모이기로 했다. ⓑ간삭(間朔), 간월(間月).

▸격월-간 隔月刊 (책 펴낼 간). 한 달씩[月] 걸러[隔] 간행(刊行)함. 두 달에 한번 간행하는 출판물. ¶이 기관지는 격월간이다.

격음 激音 (거셀 격, 소리 음). 언어 입안의 공기가 밖으로 거세게[激] 튀어나오는 소리[音]. ⓑ거센소리, 유기음(有氣音).

▸격음-화 激音化 (될 화). 언어 예사소리가 거센[激]소리[音]로 바뀌는[化] 것. ¶전라도 지방은 격음화 현상이 발달했다. ⓑ유기음화(有氣音化).

격의 隔意 (사이 뜰 격, 뜻 의). 서로 털어놓지 않는[隔] 속마음[意]. ¶그들은 격의 없이 토론을 벌였다. ⓑ격심(隔心).

격일 隔日 (사이 뜰 격, 날 일). 하루씩[日] 거르거나[隔], 하루를 거름. ¶격일 근무 / 가뭄이 들자 마을에서는 격일로 급수를 했다. ⓑ간일(間日).

격자 格子 (격식 격, 접미사 자). ① 속뜻 일정한 간격으로 직각이 되도록[格] 성기게 짠 물건[子]. 또는 그러한 형식. ¶창에는 쇠창살로 격자가 되어 있다. ② 물리 그물이나 나선 모양으로 된 전자관의 전극. 양극과 음극 사이에 장치되어, 주로 두 극 사이의 전자 흐름을 제어한다.

격전 激戰 (격할 격, 싸울 전). 격렬(激烈)하게 싸움[戰]. 또는 그런 전투. ¶각지에서 격전이 벌어지고 있다. ⓑ열전(熱戰), 격투(激鬪).

▸격전-지 激戰地 (땅 지). 격전(激戰)이 벌어진 곳[地]. ¶독립전쟁의 격전지. ⓑ격전장(激戰場).

격절 隔絶 (사이 뜰 격, 끊을 절). 서로 사이가 떨어져서[隔] 연락이 끊어짐[絶]. ¶이 민족은 외부와 격절된 채 고유의 문화가 발달했다.

격정 激情 (격할 격, 마음 정). 격렬(激烈)한 마음[情]. ¶격정을 억누르다.

▸격정-적 激情的 (것 적). 격렬(激烈)한 마음[情]이 일어나는 것[的]. ¶격정적인 연극.

격조[1] **隔阻** (사이 뜰 격, 막힐 조). 멀리 떨어져 있어[隔] 오랫동안 서로 소식이 막힘[阻]. ¶그 사람과는 오래 격조하여 연락처도 알지 못한다. ㊇소조(疏阻), 구활(久闊), 구조(久阻), 적조(積阻).

격조[2] **格調** (격식 격, 가락 조). ① 속뜻 문예 작품 따위에서 격식(格式)과, 운치에 어울리는 가락[調]. ②사람의 품격과 취향.

격-조사 格助詞 (자격 격, 도울 조, 말씀 사). 언어 체언이나 체언 구실을 하는 말 뒤에 붙어 앞말이 다른 말에 대하여 갖는 일정한 자격(資格)을 나타내는 조사(助詞).

격주 隔週 (사이 뜰 격, 주일 주). 한 주(週)씩 거름[隔]. 한 주일을 거름. ¶격주에 한 번씩 대청소를 한다.

격증 激增 (거셀 격, 더할 증). 급격(急激)하게 불어남[增]. ¶인구가 격증하다. ㊥격감(激減).

격지[1] **隔紙** (사이 뜰 격, 종이 지). 물건 따위를 포개어 쌓을 때 그 사이를 띄우기[隔] 위해 끼우는 종이[紙]. ¶원고를 무작정 쌓지 말고 격지를 끼워 구분해 두어라.

격지[2] **隔地** (사이 뜰 격, 땅 지). 멀리 떨어진[隔] 곳[地]. ¶아들이 산간 격지에서 근무한다.

▸격지-자 隔地者 (사람 자). ① 속뜻 멀리 떨어진[隔] 곳[地]에 있는 사람[者]. ② 법률 계약할 때 상대방의 의사표시를 알 수 있게 될 때까지 상당한 시간이 필요한 사람. ㊥대화자(對話者).

격진 激震 (격할 격, 떨 진). ① 속뜻 매우 격렬(激烈)한 지진(地震). ② 지리 진도 7의 격렬한 지진. 집이 30% 이상 쓰러지고 큰 산사태가 일어나며, 단층이 생기고 땅이 갈라질 정도이다. ¶터키에서 격진이 발생했다. ㊔미진(微震), 경진(輕震), 약진(弱震), 중진(中震), 강진(強震), 열진(烈震).

격차[1] **格差** (지위 격, 다를 차). 가격이나 자격, 품등 따위의 등급[格]이 서로 다름[差]. 또는 그 정도. '차이'로 순화.

격차[2] **隔差** (사이 뜰 격, 다를 차). ① 속뜻 서로 사이가 뜨거나[隔] 다름[差]. ②품질, 수량 따위가 서로 다른 정도. ¶빈부 격차가 줄었다.

격찬 激讚 (격할 격, 기릴 찬). 매우 격렬(激烈)하게 칭찬(稱讚)함. ¶그가 만든 제품은 격찬을 받았다. ㊇극찬(極讚).

격추 擊墜 (칠 격, 떨어질 추). 비행기 따위를 쏘아[擊] 떨어뜨림[墜]. ¶적의 전투기를 격추시키다.

격침 擊沈 (칠 격, 가라앉을 침). 적의 배를 공격(攻擊)하여 침몰(沈沒)시킴. ¶아군이 적함을 격침하였다.

격통 激痛 (격할 격, 아플 통). 격심(激甚)한 통증(痛症). ¶그는 격통에 온 미간을 찌푸렸다.

격퇴 擊退 (칠 격, 물러날 퇴). 적을 쳐서[擊] 물리침[退]. ¶적의 공격을 격퇴하다.

격투[1] **激鬪** (격할 격, 싸울 투). 격렬(激烈)하게 싸움[鬪]. ¶적군과 격투를 벌이다. ㊇격전(激戰).

격투[2] **格鬪** (겨룰 격, 싸울 투). 몸으로 맞붙어 치고받으며[格] 싸움[鬪]. ¶경찰은 격투 끝에 도둑을 잡았다. ㊇박투(搏戰), 박전(搏戰).

▸격투-기 格鬪技 (재주 기). 운동 격투(格鬪)의 우열을 겨루는 경기(競技). 권투, 유도, 레슬링, 태권도 따위. ¶종합 격투기 대회.

격파[1] **激波** (거셀 격, 물결 파). 거센[激] 물결[波]. ㊇격랑(激浪).

격파[2] **擊破** (칠 격, 깨뜨릴 파). 주먹 따위로 쳐서[擊] 부숨[破]. ¶맨손으로 벽돌을 격파하다.

격하 格下 (품격 격, 아래 하). 자격이나 등급, 지위[格] 따위를 낮춤[下]. ¶1위에서 3위로 격하되다. ㊥격상(格上).

격화 激化 (거셀 격, 될 화). 격렬(激烈)하게 됨[化]. 격렬해짐. ¶경쟁이 갈수록 격화되다.

▸격화-일로 激化一路 (한 일, 길 로). ①

[속뜻] 격렬(激烈)해지는[化] 하나의[一] 길[路]만 있음. ②격렬하게 되는 과정. ¶민족 간 대립이 격화일로로 치닫고 있다.

격화-소양 隔靴搔癢 (사이 뜰 격, 구두 화, 긁을 소, 가려울 양). ① [속뜻] 구두[靴]를 신은 채[隔] 가려운[癢] 발바닥을 긁음[搔]. ② '성에 차지 않거나 철저하지 못한 안타까움'을 비유하여 이르는 말. [비]격화파양(隔靴爬癢), 격혜소양(隔鞋搔癢).

격-황소-서 檄黃巢書 (격문 격, 누를 황, 새집 소, 글 서). [문학] 황소(黃巢)의 난에 대한 격문(檄文)으로 지은 글[書]. 신라 헌강왕 때 중국 당 나라 관리로 있던 최치원(崔致遠)이 썼다. [비]토황소격문(討黃巢檄文).

견갑 肩胛 (어깨 견, 어깨 갑). [의학] 어깨[肩=胛].

▶ 견갑-골 肩胛骨 (뼈 골). ① [속뜻] 어깨[肩胛] 뼈[骨]. ② [의학] 척추동물의 팔뼈와 몸통을 연결하는, 등의 위쪽에 있는 한 쌍의 뼈. [준]갑골(胛骨). [비]어깨뼈.

▶ 견갑-근 肩胛筋 (힘줄 근). [의학] 어깨[肩胛] 뼈가 있는 자리에 붙어있는 근육(筋肉).

견강-부회 牽強附會 (끌 견, 억지 강, 붙을 부, 모일 회). 가당치도 않은 말을 억지로[強] 끌어다[牽] 대어[附] 자기주장에 맞도록[會] 함.

견고 堅固 (굳을 견, 굳을 고). ① [속뜻] 매우 튼튼하고[固] 단단하다[堅]. ¶견고한 성문을 부수다. ②사상이나 의지 따위가 동요됨이 없이 확고하다. ¶그는 견고하게 자기의 신념을 지켰다. [비]굳건하다, 견뢰하다(堅牢), 공고(鞏固), 완뢰(完牢).

견공 犬公 (개 견, 귀인 공). 개[犬]를 높여[公] 이르는 말. ¶견공들이 재주를 뽐내다.

견과 堅果 (굳을 견, 열매 과). [식물] 단단한[堅] 껍데기에 싸여 있는 나무 열매[果]. 밤, 은행, 호두, 도토리 따위. ¶견과로 케이크를 장식하다. [비]각과(殼果).

견:리-망의 見利忘義 (볼 견, 이로울 리, 잊을 망, 옳을 의). 눈앞의 이익(利益)을 보면[見] 의리[義]를 잊음[忘]. [반]견리사의(見利思義).

견:리-사의 見利思義 (볼 견, 이로울 리, 생각 사, 옳을 의). 눈앞의 이익(利益)을 보면[見] 의리[義]를 먼저 생각함[思]. [반]견리망의(見利忘義).

견마 犬馬 (개 견, 말 마). ① [속뜻] 개[犬]와 말[馬]. ②윗사람에 대하여 '자기 자신'을 낮추어 이르는 말.

▶ 견마지로 犬馬之勞 (어조사 지, 일할 로). ① [속뜻] 개[犬]나 말[馬] 정도의 하찮은 힘[勞]. ② '윗사람에게 충성을 다하는 자신의 노력'을 낮추어 이르는 말. ¶견마지로의 충성을 다하겠습니다.

▶ 견마지치 犬馬之齒 (어조사 지, 이 치). ① [속뜻] 개[犬]나 말[馬]의 이빨[齒]. ②개나 말처럼 보람 없이 헛되게 먹은 나이라는 뜻으로 '자기의 나이'를 겸손하게 이르는 말. 가축의 이빨을 보고 나이를 파악하는 데서 유래한다. [비]견마지년(犬馬之年).

견:문 見聞 (볼 견, 들을 문). ① [속뜻] 보고[見] 들음[聞]. ②보고 들어서 얻은 지식. ¶여행을 통하여 견문을 넓혔다. [비]도문(睹聞), 문견(聞見).

▶ 견:문-록 見聞錄 (기록할 록). 보고[見] 들은[聞] 것을 적은[錄] 글. ¶마르코 폴로는 동방을 여행한 후 견문록을 썼다.

견:문-발검 見蚊拔劍 (볼 견, 모기 문, 뺄 발, 칼 검). ① [속뜻] 모기[蚊]를 보고[見] 칼[劍]을 빼어[拔] 듦. ②사소한 일에 크게 성내어 덤빔. ¶견문발검하지 말고, 차분히 해결하면 될 것이다.

견:물-생심 見物生心 (볼 견, 만물 물, 날 생, 마음 심). 물건(物件)을 보면[見] 그것을 가지고 싶은 욕심(慾心)이 생김[生]. 어떠한 실물을 보게 되면 그것을 가지고 싶은 욕심이 생김.

견본[1] 絹本 (비단 견, 책 본). ① [속뜻] 비단으로[絹] 만든 책[本]. ②글씨나 그림에 쓰기 위해 마른 비단. 또는 거기에 쓰거나 그린 글씨나 그림. [준]견. [참]지본(紙本).

견:본[2] 見本 (볼 견, 본보기 본). 본보기[本]를 보임[見]. 또는 그러한 제품. ¶견본을 보고 옷감을 골랐다. [비]견품(見品), 표본(標本).

▶ 견:본 매매 見本賣買 (팔 매, 살 매). [경제] 견본(見本)을 보고서 상품을 사고[買] 팔[賣] 것을 결정하는 거래.

▶ 견:본 시:장 見本市場 (저자 시, 마당 장). [경제] 각종 상품의 견본(見本)을 전시하여

거래를 하는 임시 시장(市場).

견비 肩臂 (어깨 견, 팔 비). 어깨[肩]와 팔[臂].

▸견비-통 肩臂痛 (아플 통). 한의 어깨[肩]에서 팔[臂]까지 저리고 아픈 통증(痛症).

견사¹ 絹紗 (비단 견, 깁 사). ①명주[絹]와 비단[紗]. ②명주로 짠 얇은 비단. ¶견사로 새 한복을 해 입다.

견사² 繭絲 (고치 견, 실 사). 누에고치[繭]에서 켠 실[絲]. ⓑ잠사(蠶絲), 진사(眞絲).

견사³ 絹絲 (비단 견, 실 사). 비단을 짤 때 쓰이는 명주[絹] 실[絲]. ¶견사로 자수를 놓다.

▸견사-선 絹絲腺 (샘 선). 동물 나비, 나방 따위의 곤충이 고치나 집을 만들기 위해 실[絹絲]을 분비하는 샘(腺).

▸견사 방적 絹絲紡績 (실뽑을 방, 실낳을 적). 공업 견사(絹絲)를 원료로 하여 실을 잣는[紡績] 일. ¶이 지역은 견사 방적이 발달해 있다. ㊀견방.

견:성 見性 (볼 견, 성품 성). 불교 모든 망념과 미혹을 버리고 자기 본디의 타고난 성품(性品)을 보아[見] 깨달음.

▸견:성-성불 見性成佛 (이룰 성, 부처 불). 자기의 타고난 성품(性品)을 알게 되어[見] 부처[佛]가 됨[成].

견:습 見習 (볼 견, 익힐 습). 숙련공의 시범을 보고[見] 따라 익힘[習]. ¶2개월간의 견습을 마치다. ⓑ수습(修習).

▸견:습-공 見習工 (장인 공). 견습(見習) 단계에 있는 직공(職工). ⓑ수습공(修習工).

▸견:습-생 見習生 (사람 생). 견습(見習)하는 학생(學生). ⓑ수습생(修習生).

견:식 見識 (볼 견, 알 식). 견문(見聞)과 학식(學識). ¶그는 미술에 대한 견식이 넓다. ⓑ식견(識見).

견실 堅實 (굳을 견, 참될 실). 의지가 굳고[堅] 태도가 착실(着實)함. 튼튼하고 충실함. ¶그는 서민들의 견실한 생활을 화폭에 담았다.

견아-석 犬牙石 (개 견, 어금니 아, 돌 석). 광업 개[犬]의 이빨[牙]처럼 뾰족한 결정을 가진 암석(岩石).

견용-동물 牽用動物 (끌 견, 쓸 용, 움직일 동, 만물 물). 수레나 농구(農具) 등을 끄는[牽] 데 이용(利用)되는 동물(動物). 소, 말 따위.

견우 牽牛 (끌 견, 소 우). ①문학 견우직녀(牽牛織女) 설화에 나오는 소[牛]를 치는[牽] 남자 주인공. ②식물 나팔꽃. ③천문 견우성(牽牛星).

▸견우-화 牽牛花 (꽃 화). ①속뜻 견우(牽牛)를 상징하는 꽃[花]. ②식물 여름에 나팔 모양의 꽃이 피는 풀. 꽃은 아침 일찍 피었다가 낮에는 오므라든다. ⓑ나팔꽃.

▸견우-성 牽牛星 (별 성). ①속뜻 견우(牽牛)가 하늘에 올라가 된 별[星]. ②천문 독수리자리에서 가장 밝은 별. 견우를 상징하며 직녀성(織女星)과 마주하고 있다.

▸견우-직녀 牽牛織女 (짤 직, 여자 녀). ①속뜻 소[牛]를 치는[牽] 남자와 옷감을 짜는[織] 여자[女]. ②문학 견우와 직녀. ¶칠월 칠석에 견우직녀가 만난다는 전설이 있다. ③천문 견우성과 직녀성(織女星).

견원 犬猿 (개 견, 원숭이 원). ①속뜻 개[犬]와 원숭이[猿]. ②'서로 사이가 나쁜 두 사람'을 비유하여 이르는 말.

▸견원지간 犬猿之間 (어조사 지, 사이 간). ①속뜻 개[犬]와 원숭이[猿]의 사이[間]. ②'서로 사이가 나쁜 두 사람의 관계'를 비유하여 이르는 말. ¶아테네와 스파르타는 견원지간이라 전쟁이 끊이지 않았다.

견:위수명 見危授命 (볼 견, 위태할 위, 줄 수, 목숨 명). 나라가 위태로운[危] 것을 보면[見] 자기의 목숨[命]을 줌[授]. ⓑ견위치명(見危致命).

견:위치명 見危致命 (볼 견, 위태할 위, 보낼 치, 목숨 명). 나라가 위태로운[危] 것을 보면[見] 자기의 목숨[命]을 바침[致]. ⓑ견위수명(見危授命).

견인¹ 堅忍 (굳을 견, 참을 인). 굳게[堅] 참고 견딤[忍]. ¶혹독한 겨울을 견인하고 꽃을 피우다.

견인² 堅靭 (굳을 견, 질길 인). 단단하고[堅] 질기다[靭]. ¶견인한 가죽끈으로 책을 새로 묶다.

견인³ 牽引 (끌 견, 당길 인). 끌어[牽] 당김[引]. ¶주차위반 차량을 견인하다.

▸견인-력 牽引力 (힘 력). 사물을 끌어당기는[牽引] 힘[力].

▸견인-차 牽引車 (수레 차). ① 속뜻 다른 차량을 뒤에 달고 끄는[牽引] 차(車). ¶사고 난 차를 견인차가 와서 끌고 갔다. ② 선두에 서서 여러 사람을 이끌어 가는 사람을 비유하여 이르는 말. ¶그가 견인차 역할을 했다.

견장 肩章 (어깨 견, 글 장). 제복의 어깨[肩]에 붙여 관직의 종류나 계급 따위를 나타내는 표장(標章). ¶겉옷에 견장을 달다.

견:적 見積 (볼 견, 쌓을 적). 필요한 비용 따위를 모두 모은[積] 금액을 미리 어림잡아 계산해 봄[見]. ¶차를 수리하기 전에 견적을 내다. ㊥추산(推算).

▸견:적-서 見積書 (글 서). 견적(見積)을 적은 문서(文書). ¶견적서를 면밀히 검토한 후 계약해야 한다. ㊥추산서(推算書).

견제 牽制 (끌 견, 누를 제). ① 속뜻 아군에게 유리한 곳으로 적을 끌어들여[牽] 억누름[制]. ② 일정한 작용을 가함으로써 상대편이 지나치게 세력을 펴거나 자유롭게 행동하지 못하게 억누름. ¶투수가 주자를 견제하다.

▸견제-구 牽制球 (공 구). 운동 야구에서, 주자를 견제(牽制)하기 위해 투수나 포수가 내야수에게 던지는 공[球]. ¶투수가 1루에 견제구를 던졌다.

견종-법 畎種法 (밭도랑 견, 심을 종, 법 법). 농업 밭고랑[畎]에 파종(播種)하는 방법(方法). 조선 시대 실학자 박세당, 서유구가 소개하였다. ¶이앙법(移秧法)과 견종법이 널리 보급되면서 생산력이 늘었다. ㊀농종법(壟種法).

견:지¹ 見地 (볼 견, 땅 지). 사물이나 현상을 관찰할 때에 그 사람이 보고[見] 생각하는 태도나 방향[地點]. ¶생물학적 견지에서 이론을 전개하다. ㊥관점(觀點).

견지² 堅持 (굳을 견, 지킬 지). 주의 주장이나 태도 따위를 굳게[堅] 지니거나 지킴[持]. ¶그는 비폭력 노선을 견지하면서 독립운동을 펼쳤다. ㊥견집(堅執).

견직 絹織 (비단 견, 짤 직). 명주실[絹]로 짬[織]. ¶진주는 견직 공업이 발달했다.

▸견직-물 絹織物 (만물 물). 명주실[絹]로 짠[織] 피륙[物]. ¶얇은 견직물로 스카프를 만들다.

견:책¹ 見責 (볼 견, 꾸짖을 책). 책망(責望)을 당함[見]. ¶그는 무리한 사업을 벌이다가 견책을 받았다.

견책² 譴責 (꾸짖을 견, 꾸짖을 책). ① 속뜻 허물이나 잘못을 꾸짖음[譴=責]. ¶견책 소설 / 상사에게 견책을 당하다. ② 법률 공무원에 대한 징계 처분의 한 가지. 잘못을 꾸짖고 다시 그런 일이 없도록 주의시키는 가벼운 벌. ¶이 사건으로 그는 견책 처분을 받았다.

견치 犬齒 (개 견, 이 치). ① 속뜻 개[犬]의 특징적인 이[齒]. ② 의학 앞니와 어금니 사이에 있는 뾰족한 이. '송곳니'를 전문적으로 이르는 말. ¶네안데르탈인은 견치가 발달해있다.

견토지쟁 犬兎之爭 (개 견, 토끼 토, 어조사 지, 다툴 쟁). ① 속뜻 개[犬]와 토끼[兎]의[之] 다툼[爭]. ② 두 사람의 싸움에 제삼자가 이익을 봄을 이르는 말. ¶견토지쟁에 사냥꾼이 덕을 본다. ㊀방휼지쟁(蚌鷸之爭), 어부지리(漁夫之利), 전부지공(田夫之功).

견포 絹布 (비단 견, 베 포). 비단[絹]으로 짠 천[布]. ¶견포 20만 필을 조공으로 바치다.

⁂견:학 見學 (볼 견, 배울 학). 실제로 보고[見] 배움[學]. ¶공장을 견학하다.

견:해 見解 (볼 견, 풀 해). ① 속뜻 무엇을 보고[見] 그 의미 따위를 풀이함[解]. ② 어떤 사물이나 현상에 대한 의견(意見)이나 생각. ¶견해를 밝히다.

결강 缺講 (빠질 결, 강의할 강). 강의(講義)에 빠짐[缺]. ¶결강한 학생들은 리포트를 제출하시오.

결격 缺格 (모자랄 결, 자격 격). 필요한 자격(資格)이 모자람[缺]. ¶결격 사유 / 그는 탈세로 인해 국회의원 후보에서 결격되었다. ㊦적격(適格).

⁂결과 結果 (맺을 결, 열매 과). ① 속뜻 열매[果]를 맺음[結]. ② 어떤 까닭으로 말미암아 이루어지는 결말의 상태. 또는 그 결말. ¶결과보다 과정이 중요하다. ㊥결실(結實), 성과(成果). ㊦원인(原因), 동기(動機).

▸결과-기 結果期 (때 기). 열매[果]를 맺는[結] 시기(時期). ¶과수(果樹)마다 결과기가 다르다.

▸결과-론 結果論 (논할 론). ①[속뜻]행위의 원인이나 경과와는 상관없이, 오직 결과(結果)만을 가지고 펼치는 논의(論議). ②[철학] 행위의 동기와는 상관없이, 행위의 결과를 도덕적 판단의 대상으로 삼는 윤리설. [비]결과설(結果說).

▸결과-적 結果的 (것 적). 어떤 원인으로 생긴 결과(結果) 같은 것[的]. ¶결과적으로는 우리 측이 불리했다.

결교 結交 (맺을 결, 사귈 교). 교분을 맺어[結] 서로 사귐[交]. ¶이 속담은 결교할 때 주의해야 할 점을 말해준다.

결구¹ 結句 (맺을 결, 글귀 구). ①[속뜻]시문을 끝맺는[結] 구(句). ¶시는 아름다운 결구로 끝을 맺고 있다. ②[문학] 한시(漢詩)의 기승전결(起承轉結) 구조에서 '結'에 해당하는 구(句).

결구² 結構 (맺을 결, 얽을 구). ①[속뜻]매듭짓고[結] 얽음[構]. ②일정한 형태로 얼개를 만듦. 또는 그렇게 만든 물건. ¶이 고택(古宅)은 결구가 매우 견실하다.

***결국 結局** (맺을 결, 판 국). ①[속뜻]일의 마무리[結] 단계[局]. ¶결국에는 모든 것이 좋아질 것이다. ②형국을 완전히 갖춤. [비]결말(結末).

결근 缺勤 (빠질 결, 부지런할 근). 근무(勤務)를 빠짐[缺]. 근무해야 할 날에 출근하지 않음. ¶그는 독감 때문에 결근하였다. [반]출근(出勤).

결단¹ 結團 (맺을 결, 모일 단). 단체(團體)를 결성(結成)함. ¶우리나라는 결단할 수 있는 자유가 보장되어 있다. [반]해단(解團).

결단² 決斷 (결정할 결, 끊을 단). 무엇에 대한 생각을 결정(決定)하여 판단(判斷)함. ¶신속한 결단 / 결단을 내리다.

▸결단-력 決斷力 (힘 력). 생각을 결정(決定)하여 판단(判斷)할 수 있는 능력(能力). ¶그는 결단력이 부족하다.

▸결단-성 決斷性 (성품 성). 생각을 결정(決定)하여 판단(判斷)하는 능력이 뛰어난 성질(性質). ¶그는 위급할 때일수록 결단성 있다.

결당 結黨 (맺을 결, 무리 당). 정당(政黨)을 결성(結成)함. ¶공화당 결당 대회 / 그들은 자유민주주의를 표방하며 결당했다.

결렬 決裂 (터질 결, 찢어질 렬). ①[속뜻]제방이 터지고[決] 이불이 찢어짐[裂]. ②교섭이나 회의 따위에서 의견이 합쳐지지 않아 각각 갈라서게 됨. ¶회담이 결렬됐다.

결례 缺禮 (모자랄 결, 예도 례). 예의(禮儀) 범절에 벗어나거나 모자람[缺]. ¶수업 중에 휴대전화를 켜 놓는 것은 결례다. [비]실례(失禮).

결론 結論 (맺을 결, 논할 론). ①[속뜻]끝맺는[結] 부분의 말[論]. ②최후로 내려진 의견. ¶결론을 내리다. [비]맺음말, 결어(結語). [반]서론(序論), 머리말.

결막 結膜 (맺을 결, 꺼풀 막). [의학] 눈꺼풀 안과 눈알의 겉을 싸서 연결(連結)하는 무색 투명한 얇은 꺼풀[膜]. ¶바깥쪽의 결막에 반점이 생겼다.

▸결막-염 結膜炎 (염증 염). [의학]결막(結膜)에 생기는 염증(炎症). ¶급성 결막염 / 전염성 결막염.

▸결막 반:사 結膜反射 (되돌릴 반, 쏠 사). [의학]결막(結膜)에 자극을 주면 눈꺼풀이 닫히는 반사(反射) 작용. ¶결막 반사는 병에 대한 방어 작용으로 일어난다.

결말 結末 (맺을 결, 끝 말). ①[속뜻]끝[末]을 매듭지음[結]. ②어떤 일이 마무리되는 끝. ¶결말을 짓다. [비]결미(結尾). [반]시작(始作), 발단(發端), 서두(序頭).

결맹 結盟 (맺을 결, 맹세할 맹). ①[속뜻]연맹이나 동맹(同盟)을 결성(結成)함. ¶신라는 당나라와 결맹하고 백제를 공격했다. ②굳은 약속을 맺음. [비]정맹(訂盟).

결명-자 決明子 (터질 결, 밝을 명, 씨 자). ①[속뜻]눈을 밝게[明] 틔어주는[決] 열매[子]. ②[한의] 결명차의 씨. 간열(肝熱)을 내리고 눈을 밝게 하며 두통, 변비에 약재로 쓴다.

결미 結尾 (맺을 결, 꼬리 미). ①[속뜻]꼬리[尾] 부분을 매듭지음[結]. ②글, 말, 일 등의 끝을 맺음. [비]결말(結末), 결초(結梢). [반]시작(始作), 발단(發端), 서두(序頭).

결박 結縛 (맺을 결, 묶을 박). 움직이지 못하게 단단히 매듭을 지어[結] 묶음[縛]. ¶형사는 범인을 결박하였다. [비]포박(捕縛).

결백 潔白 (깨끗할 결, 흰 백). ①[속뜻]깨끗하고[潔] 흼[白]. ②행동이나 마음 따위가 조촐하여 얼룩이나 허물이 없음. ¶범인이 결백을 주장하다. ㊊무죄(無罪). ㊉부정(不正).

결번 缺番 (빠질 결, 차례 번). ① 속뜻 당번(當番)을 거름[缺]. ¶지난번에 결번한 사람은 당번을 두 번 더 해야 한다. ②중간에서 번호가 빠짐. 또는 그 빠진 번호. ¶이 전화번호는 결번입니다. ㊊궐번(闕番).

결벽 潔癖 (깨끗할 결, 버릇 벽). ① 속뜻 남달리 깨끗함[潔]을 좋아하는 성벽(性癖). ②부정이나 악 따위를 극단적으로 미워하는 성질. ㊊결병(潔病), 결질(潔疾).

▸결벽-증 潔癖症 (증세 증). 병적으로 깨끗한[潔] 것에 집착하는[癖] 증상(症狀). ¶그녀는 결벽증이 심하다.

결별 訣別 (이별할 결, 나눌 별). ① 속뜻 영원히 이별하여[訣] 헤어짐[別]. ②관계나 교제를 영원히 끊음. ¶그는 친구와 결별했다. ㊊작별(作別).

결본 缺本 (모자랄 결, 책 본). 질(帙)로 된 책 가운데서 낱권[本]이 모자람[缺]. 또는 그 빠져나간 낱권. ㊊낙질(落帙).

결부 結付 (맺을 결, 줄 부). 서로 맺어[結] 줌[付]. 또는 서로 연관시킴. ¶이 문제를 나와 결부시키지 마라.

결빙 結氷 (맺을 결, 얼음 빙). 물이 얼어서 얼음[氷]이 됨[結]. ¶오슬로 항은 겨울에도 결빙하지 않는 항구이다. ㊉해빙(解氷).

결사[1] 結社 (맺을 결, 모일 사). 모임[社]을 결성(結成)함. 또는 그 단체. ¶비밀 결사 / 결사의 자유.

▸결사-죄 結社罪 (허물 죄). 법률 반국가적인 목적으로 단체[社]를 조직[結]·가입하거나 그 목적을 위해 벌이는 행위 등으로 성립되는 죄(罪).

결사[2] 決死 (결정할 결, 죽을 사). 어떤 일을 위하여 죽음[死]을 각오함[決]. ¶결사 반대하다. ㊊필사(必死).

▸결사-대 決死隊 (무리 대). 죽기[死]를 결심(決心)한 사람으로 이루어진 부대(部隊)나 무리. ¶결사대를 조직하다.

▸결사-적 決死的 (것 적). 죽기[死]를 결심(決心)하고 일을 하는 것[的]. ¶대표팀은 결사적으로 뛰었다.

⁑결산 決算 (결정할 결, 셀 산). ① 속뜻 계산(計算)을 마감함[決]. ②공공기관이나 기업체 등에서 일정 기간의 수입과 지출을 계산하는 일. ¶월말에 매출을 결산하다. ㊉예산(豫算).

▸결산-서 決算書 (글 서). 경제 일정한 기간 동안의 영업 개황과 재정 상태를 결산(決算)하여 기록한 글[書]. 또는 그 문서. ¶결산서를 검토해 보다.

결석[1] 結石 (맺을 결, 돌 석). 의학 몸 안의 장기 속에 돌[石]같이 단단하게 맺히는[結] 물질. ¶신장에 결석이 생기다.

결석[2] 缺席 (빠질 결, 자리 석). 출석해야 할 자리[席]에 빠짐[缺]. ¶감기로 결석하다. ㊊궐석(闕席). ㊉출석(出席).

결선 決選 (결정할 결, 고를 선). ① 속뜻 결선 투표로 당선자(當選者)를 결정(決定)함. 또는 그 선거. ②일등 또는 우승자를 가리는 마지막 겨룸. ¶우리 팀은 결선에 진출했다. ㊉예선(豫選).

결성 結成 (맺을 결, 이룰 성). 단체 따위를 맺어[結] 이룸[成]. ¶밴드를 결성하다.

결속 結束 (맺을 결, 묶을 속). 뜻이 같은 사람끼리 모임을 맺어[結] 하나로 뭉침[束]. ¶국민을 결속시키다 / 결속을 강화하다. ㊊단결(團結), 결집(結集). ㊉분산(分散).

결손 缺損 (빠질 결, 덜 손). ① 속뜻 빠지거나[缺] 모자람[損]. ②수입보다 지출이 많아서 생기는 금전상의 손실. ¶결손을 메우다. ㊊손해(損害). ㊉이득(利得), 이익(利益).

결승[1] 決勝 (결정할 결, 이길 승). ① 속뜻 마지막으로 승부(勝負)를 결정(決定)함. ②운동 경기 따위에서 마지막으로 승부를 가리는 시합. '결승전'(決勝戰)의 준말. ¶우리 반이 배구대회의 결승에 올랐다. ㊉예선(豫選).

▸결승-선 決勝線 (줄 선). 운동 달리기 따위에서, 결승(決勝)을 판가름하는 장소에 가로 치거나 그은 선(線). ㊊골라인(goal line).

▸결승-전 決勝戰 (싸울 전). 운동 경기 따위에서, 마지막으로 승부(勝負)를 가리는[決] 시합[戰]. ¶결승전에서 우승을 놓고 겨루다.

▸결승-점 決勝點 (점 점). ① 속뜻 승부(勝負)가 결정(決定)되는 지점(地點). ②승부를 결정짓는 점수. ¶결승점을 내주다 / 결

승점을 뽑다.

결승[2] 結繩 (맺을 결, 노끈 승). 노끈이나 새끼[繩] 따위로 매듭을 지음[結]. 또는 그 매듭. ¶고대 인디언은 결승으로 수를 기록하였다.

▸ 결승 문자 結繩文字 (글자 문, 글자 자). 역사 끈이나 새끼[繩] 따위로 일정하게 매듭을 지어[結] 표시하던 방식의 고대 문자(文字).

결식 缺食 (빠질 결, 밥 식). 끼니[食]를 거름[缺]. ¶결식 아동에게 도시락을 배급하다. ㊥궐식(闕食).

결실 結實 (맺을 결, 열매 실). ① 속뜻 열매[實]를 맺음[結]. ¶가을은 결실의 계절이다. ② 일의 결과가 잘 맺어짐. ¶오랜 연구 끝에 드디어 결실을 거두었다. ㊥결과(結果), 과실(果實).

결심[1] 決心 (결정할 결, 마음 심). 마음[心]을 굳게 작정함[決]. ¶결심하면 못 해낼 일이 없다. ㊥결의(決意), 결단(決斷).

결심[2] 結審 (맺을 결, 살필 심). ① 속뜻 심사(審査)를 끝맺음[結]. ② 법률 소송에서 변론을 끝내는 일. 또는 그런 상태. ㊟예심(豫審).

결어 結語 (맺을 결, 말씀 어). 끝맺는[結] 말[語]. 또는 그 부분. ¶작가는 시(詩)로 결어를 대신했다. ㊥결론(結論), 맺음말.

결여 缺如 (빠질 결, 같을 여). 마땅히 있어야 할 것이 빠져서[缺] 없거나 모자라는 것 같음[如]. ¶그 아이는 자신감이 결여되어 있다. ㊥부족(不足), 결핍(缺乏). ㊞충분(充分), 완전(完全).

결연[1] 決然 (결정할 결, 그러할 연). 태도나 결심(決心)이 매우 굳세고 꿋꿋하다[然]. ¶결연한 태도.

결연[2] 結緣 (맺을 결, 인연 연). 인연(因緣)을 맺음[結]. ¶자매 결연을 맺다 / 해외난민과 결연하다.

결원 缺員 (모자랄 결, 사람 원). 정원(定員)에서 사람[員]이 빠져 모자람[缺]. ¶결원을 보충하다. ㊥공석(空席), 궐원(闕員). ㊞전원(全員).

결의[1] 結義 (맺을 결, 옳을 의). 남남끼리 가족의 의리(義理)를 맺음[結]. ¶도원(桃園) 결의 / 그와 나는 결의하여 의형제가 되었다.

결의[2] 決意 (결정할 결, 뜻 의). 뜻[意]을 굳게 정함[決]. ¶필승의 결의를 다지다. ㊥결심(決心).

결의[3] 決議 (결정할 결, 의논할 의). 회의에서 의안(議案)이나 제의 등의 가부를 결정(決定)함. ¶법안을 폐지하기로 결의했다. ㊥의결(議決), 결정(決定).

▸ 결의-문 決議文 (글월 문). 결의(決議)한 내용을 적은 글[文]. ¶결의문을 작성하다.

▸ 결의-안 決議案 (안건 안). 결의(決議)에 부칠 의안(議案). ¶결의안을 채택하다.

결자 缺字 (빠질 결, 글자 자). 인쇄물 따위에서 빠진[缺] 글자[字]. ㊥궐자(闕字), 일자(逸字), 탈자(脫字), 낙자(落字).

결자해지 結者解之 (맺을 결, 사람 자, 풀 해, 그것 지). ① 속뜻 맺은[結] 사람[者]이 그것[之]을 풀어야[解] 함. ② '일을 저지른 사람이 그 일을 해결해야 함'을 이르는 말. ¶결자해지이니 이 문제는 네가 해결해야 한다.

결장[1] 缺場 (빠질 결, 마당 장). 나와야할 장소(場所)에 나오지 않음[缺]. ¶증인의 결장으로 재판이 연기되었다 / 선수가 부상으로 결장하다.

결장[2] 結腸 (맺을 결, 창자 장). ① 속뜻 매듭[結] 모양의 창자[腸]. ② 의학 대장의 일부로, 맹장과 직장사이에 있는 부분. 작은창자에서 소화된 음식물에서 수분을 흡수하는 구실을 한다. ¶결장은 상행·횡행·하행 결장으로 구성되어 있다. ㊥잘록창자.

결재 決裁 (결정할 결, 처리할 재). ① 속뜻 결정(決定)하거나 처리함[裁]. ② 상관이 부하가 제출한 안건을 검토하여 허가하거나 승인함. ¶결재 서류에 사인을 하다. ㊥재결(裁決), 재가(裁可).

결전 決戰 (결정할 결, 싸울 전). 승부를 결판(決判)내는 싸움[戰]. ¶결전의 날이 다가오다.

결절 結節 (맺을 결, 마디 절). ① 속뜻 맺혀서[結] 이루어진 마디[節]. ② 뼈에 두둠하게 솟은 부분. ¶손목 결절. ③ 의학 살갗 밑에 비정상적인 조직이 생겨서 강낭콩 같이 볼록하게 솟아난 것. ¶염증성 결절.

결점 缺點 (모자랄 결, 점 점). 잘못되거나 모자라는[缺] 점(點). ¶결점을 보완하다. [비]단점(短點), 약점(弱點), 흠(欠). [반]장점(長點).

결정[1] **決定** (결단할 결, 정할 정). ① [속뜻]결단(決斷)을 내려 확정(確定)함. ¶참전(參戰)을 결정하다. ② [법률]법원이 행하는 판결 및 명령 이외의 재판. [비]결단(決斷). [반]미결(未決), 보류(保留).

▶**결정-권** 決定權 (권리 권). 결정(決定)할 수 있는 권한(權限). ¶의장이 결정권을 갖다.

▶**결정-론** 決定論 (논할 론). [철학]자연의 현상이나 인간의 의지 등 모든 것은 반드시 일정한 인과 관계에 따른 법칙에 의하여 결정(決定)되는 것일 뿐, 선택의 자유에 의한 것이 아니라고 하는 이론(理論). ¶환경 결정론. [비]규정론(規定論), 정도론(定道論), 필연론(必然論). [반]비결정론(非決定論).

▶**결정-적** 決定的 (것 적). ① [속뜻]곧 결정(決定)될 것 같이 확실한 것[的]. ¶결정적인 증거. ② 최후의 판가름이 나기 직전의 것. ¶결정적 실수.

▶**결정-타** 決定打 (칠 타). ① [속뜻]승부를 결정(決定) 지을만한 타격(打擊). ② [운동]야구나 권투 따위에서, 승패를 판가름 낸 타구나 타격. ¶결정타를 가하다.

▶**결정-판** 決定版 (책 판). ① [속뜻]더 이상 수정·증보할 여지가 없도록[決定] 완벽하게 다듬어 내는 출판물(出版物). ¶결정판을 내다. ② 더 이상의 것이 없을 정도로 완벽한 것을 비유하여 이르는 말. ¶이 기계는 현대 의학의 결정판이다. [비]완성판(完成版).

결정[2] **結晶** (맺을 결, 맑을 정). ① [속뜻]수정(水晶)처럼 맑은 형체를 맺음[結]. ② '노력의 결과로 얻어진 훌륭한 보람'을 비유하여 이르는 말. ¶노력의 결정. ③ [화학]원자, 이온, 분자 따위가 규칙적으로 배열되고, 외형도 대칭 관계에 있는 몇 개의 평면으로 둘러싸여 고른 형체를 이룸. 또는 그런 물질. ¶금속 결정 / 편마암은 큰 결정으로 이루어져 있다.

▶**결정-계** 結晶系 (이어 맬 계). [광업]결정체(結晶體)를 종류별로 나누어 이은[系] 것. 결정축의 수, 위치, 길이에 따라 나누는데, 등축(等軸), 정방(正方), 사방(斜方), 단사(單斜), 삼사(三斜), 육방(六方)으로 나뉜다. ¶이 과정을 통해 광물의 결정계를 알 수 있다.

▶**결정-도** 結晶度 (정도 도). ① [속뜻]결정(結晶)되는 정도(程度). ② [광업]마그마가 냉각되어 화성암이 될 때 결정질 광물의 구성 비율. ¶이 암석은 결정도가 높다. ③ [화학]고분자 화합물에서 물질의 전체 질량에 대한 결정 부분의 질량 비율. ¶이 물질은 성형(成形)한 후에 결정도가 급격히 낮아진다.

▶**결정-립** 結晶粒 (알 립). 금속 따위를 구성하는 결정(結晶)의 입자(粒子). ¶결정립의 형태를 보고 광물을 구분하다.

▶**결정-면** 結晶面 (쪽 면). [광업]결정(結晶)의 바깥쪽을 이루는 면(面). 결정격자의 규칙성에 따라 일정한 기하학적 모양을 이루고 있어 물질의 종류를 구별하는 데 도움이 된다.

▶**결정-수** 結晶水 (물 수). [화학]물질의 결정(結晶) 속에 일정한 화합비로 들어 있는 물[水]. ¶결정수를 갖지 않는 물질을 무수물이라 한다.

▶**결정-질** 結晶質 (바탕 질). [화학]결정(結晶)을 이루고 있는 물질(物質). ¶결정질 석회암. [준]정질.

▶**결정-체** 結晶體 (몸 체). ① [화학]결정(結晶)하여 일정한 형체를 이룬 물체(物體). ¶바닷물이 증발하면 소금 결정체가 생긴다. ② '노력의 결과로 얻어진 훌륭한 보람'을 비유하여 이르는 말. ¶이 책은 그의 평생의 노력이 담겨 있는 결정체이다.

▶**결정-축** 結晶軸 (굴대 축). [광업]공간상에서 결정면(結晶面)의 위치를 표현하기 위해 설정하는 축(軸). 결정 내부의 중심을 지난다고 가정하고 보통 전후·좌우·상하의 축으로 나타낸다. ¶이 암석은 3개의 직교하는 결정축을 가진다.

▶**결정-형** 結晶形 (모양 형). [광업]결정(結晶)이 나타내는 겉모양[形]. ¶눈[雪]은 육각형 모양의 결정형을 가진다. [준]정형.

▶**결정-화** 結晶化 (될 화). ① [속뜻]결정(結晶)으로 되게[化] 함. ② [화학]액체 또는 비결정상태의 고체가 결정을 형성함. ¶탄소 원자가 흑연으로 결정화되다.

▶**결정-격자** 結晶格子 (격식 격, 접미사 자). [화학]결정(結晶) 안에 원자·이온·분자가 규

칙적·주기적으로 배열된 그물 모양의 격자(格子). ㈜격자. ㈟공간(空間)격자.

▸결정 광학 結晶光學 (빛 광, 배울 학). 물리 결정(結晶) 내부를 빛[光]이 통과할 때 생기는 현상을 연구하는 학문(學問)

▸결정 구조 結晶構造 (얽을 구, 만들 조). 화학 결정(結晶)을 이루고 있는 원자나 분자 등의 배열 상태나 구조(構造). ¶이 광물은 뚜렷한 결정 구조를 지니고 있다.

결제 決濟 (결정할 결, 끝낼 제) ① 속뜻 지불 금액, 조건 따위를 결정하여[決] 대금을 지불하여 거래 관계를 끝냄[濟]. ②증권 또는 현금을 주고받아 매매 당사자 간의 거래 관계를 마무리함. ¶현금으로 결제하다.

▸결제 통화 決濟通貨 (통할 통, 돈 화). 경제 국제간 거래의 결제(決濟)에 실제로 이용되는 통화(通貨). ¶결제 통화로 달러를 사용하다. ㈟경제(經濟) 통화, 지불(支拂) 통화.

결집 結集 (맺을 결, 모을 집). ① 속뜻 한데 모여[集] 뭉침[結]. ¶노사 간의 힘을 결집하여 경제 불황을 이겨 내다. ② 불교 '회의'(會議)를 뜻하는 산스크리트어 '상기티'를 의역한 말. 많은 자격 있는 사람들이 모여 불전(佛典)을 올바로 평가하고 편찬하는 일을 말한다. ㈟결속(結束).

결체[1] 結締 (맺을 결, 맺을 체). 단단히 졸라맴[結=締]. ¶이 조직은 동물체의 기관들을 결체하는 역할을 한다. ㈟결합(結合).

결체[2] 結滯 (맺을 결, 막힐 체). ① 속뜻 무엇이 맺히거나[結] 막힘[滯]. ② 의학 맥박이 불규칙하게 되거나 가끔 박동이 끊어지는 일. 또는 그런 증상. ㈟부정맥(不整脈).

결초보은 結草報恩 (맺을 결, 풀 초, 갚을 보, 은혜 은). ① 속뜻 풀[草]을 엮어서[結]라도 은혜[恩]를 갚음[報]. ②죽어 혼령이 되어도 은혜를 잊지 않고 갚음. 남의 은혜에 깊이 감사할 때 하는 말이다. ¶까마귀는 죽으면서도 결초보은했다.

결초-심 結草心 (맺을 결, 풀 초, 마음 심). 풀[草]을 엮어서[結]라도 은혜를 갚으려는 마음[心]. 은혜를 잊지 않고 갚는 마음. ㉟결초보은(結草報恩).

결탁 結託 (맺을 결, 맡길 탁). ① 속뜻 서로 마음을 맺고[結] 맡김[託]. ②주로 부정적인 어떤 일을 꾸미려고 서로 한통속이 됨. ¶권력 있는 사람들과 결탁하다.

결투 決鬪 (결정할 결, 싸울 투). 서로의 원한이나 갈등을 풀기 어려울 때, 미리 합의한 방법으로 승부[鬪]를 결판(決判)내는 일. ¶결투를 벌이다.

▸결투-장 決鬪狀 (문서 장). 결투(決鬪)를 신청하는 도전장(挑戰狀). ¶그에게 결투장을 보내다.

결판 決判 (결정할 결, 판가름할 판). 승부나 시비를 결정(決定)짓는 판정(判定). ¶결판이 날 때까지 싸우다.

결핍 缺乏 (빠질 결, 모자랄 핍). ① 속뜻 빠지거나[缺] 모자람[乏]. ②있어야 할 것이 없거나 모자라거나 함. ¶철분이 결핍되면 빈혈이 생긴다. ㈟부족(不足), 궁핍(窮乏). ㉤충분(充分), 충족(充足).

▸결핍-증 缺乏症 (증세 증). 무엇이 모자라[缺乏] 나타나는 증세(症勢). ¶비타민 결핍증.

결함 缺陷 (모자랄 결, 빠질 함). 일정한 수에 모자라거나[缺] 빠짐[陷]. ¶결함 제품 / 결함을 드러내다. ㈟결점(缺點), 약점(弱點), 단점(短點). ㉤장점(長點).

결합 結合 (맺을 결, 합할 합). 둘 이상의 것이 서로 관계를 맺고[結] 합쳐져[合] 하나로 됨. ¶산소는 수소와 결합하여 물을 만든다. ㈟결속(結束), 연합(聯合). ㉤분리(分離), 분해(分解).

▸결합-범 結合犯 (범할 범). 법률 각각 독립하여 죄가 될 둘 이상의 행위가 결합(結合)되어 하나를 구성하는 범죄(犯罪). ¶폭행과 재물 갈취가 결합되어 결합범이 되다. ㈟결합죄(結合罪).

▸결합-체 結合體 (몸 체). 둘 이상의 개체가 결합(結合)하여 이룬 하나의 조직체(組織體). ¶기술과 훈련의 결합체.

▸결합 법칙 結合法則 (법 법, 법 칙). 수학 덧셈이나 곱셈에서 수나 식을 어떤 방식으로 묶어[結合] 셈하더라도 그 값은 같다는 법칙(法則).

결항 缺航 (빠질 결, 건널 항). 비행기나 선박이 정기적인 운항(運航)을 거름[缺]. ¶폭풍 때문에 연락선이 결항됐다.

결핵 結核 (맺을 결, 씨 핵). ① 속뜻 씨(核)를 맺음[結]. ② 의학 결핵균의 기생으로 국부에 맺히는 작은 결절 모양의 망울이나 핵. '결핵병'(結核病)의 준말. ¶그녀는 결핵에 걸렸다. ③ 지리 수성암이나 응회암의 용액이 핵 주위에 침전하여 생긴 혹 모양의 불규칙한 덩이.

결행 決行 (결정할 결, 행할 행). 마음을 정하여[決] 실행(實行)함. ¶파업을 결행하다. ㊥단행(斷行).

결혼 結婚 (맺을 결, 혼인할 혼). 남녀가 정식으로 부부관계[婚]를 맺음[結]. ¶결혼 기념일. ㊥혼인(婚姻). ㊦이혼(離婚).

▸결혼-식 結婚式 (의식 식). 부부 관계[婚]를 맺는[結] 서약을 하는 의식(儀式). ¶결혼식을 올리다.

▸결혼 비행 結婚飛行 (날 비, 다닐 행). 동물 꿀벌, 개미, 흰개미 따위의 수컷과 여왕이 공중으로 날아올라서[飛行] 교미하는[結婚] 일.

▸결혼-정략 結婚政略 (정사 정, 꾀할 략). 결혼(結婚)으로써 맺어지는 관계를 자기 쪽에 이롭게 이용하려는 정략(政略). ¶태조는 결혼정략을 펼쳤다.

결획 缺劃 (빠질 결, 그을 획). ① 속뜻 글자를 쓸 때, 획(劃)을 빠뜨림[缺]. ② 왕이나 귀인의 이름자와 같은 한자를 쓰기를 꺼려, 마지막 한 두 획을 일부러 빠뜨리는 일. ¶진시황(秦始皇)의 이름인 '정'(政)을 '정'(正)으로 결획하다. ㊥궐획(闕劃).

결후 結喉 (맺힐 결, 목구멍 후). ① 속뜻 목구멍[喉]에 맺혀 있는 것[結]. ② 의학 후두의 연골이 약간 튀어 나온 부분. 성인 남자의 목 중간쯤에 있으며, 어린아이와 여자에게는 드물다.

겸덕 謙德 (겸손할 겸, 베풀 덕). 겸손(謙遜)한 덕성(德性). ¶그는 겸덕을 지녔다.

겸무 兼務 (아우를 겸, 일 무). 맡은 직무 외에 다른 직무(職務)를 아울러[兼] 맡아봄. 또는 그 직무. ¶새 직원을 뽑을 때까지 자네가 겸무하게.

겸병 兼併 (아우를 겸, 어우를 병). 둘 이상의 것을 아울러[兼] 합침[併]. 또는 합치어 가짐. ¶귀족이 겸병한 토지를 소유자에게 반환하다.

겸비[1] 兼備 (아우를 겸, 갖출 비). 두 가지 이상의 좋은 점을 아울러[兼] 갖춤[備]. ¶문무(文武)를 겸비한 인재.

겸비[2] 謙卑 (겸손할 겸, 낮을 비). 겸손(謙遜)하게 자기를 낮춤[卑]. ㊥겸하(謙下).

겸사[1] 兼事 (아우를 겸, 일 사). 한 가지 일을 하면서 동시에 다른 일도 아울러[兼] 함[事]. ¶그곳에 가는 길에 겸사로 심부름을 했다 / 볼일도 보고 너도 만나러 겸사겸사 왔다.

겸사[2] 謙辭 (겸손할 겸, 말씀 사). ① 속뜻 겸손(謙遜)한 말[辭]. ¶그 말씀은 지나친 겸사입니다. ② 겸손하게 사양함. ㊥겸어(謙語), 겸양(謙讓).

▸겸사-법 謙辭法 (법 법). 겸손(謙遜)하게 말[辭]하는 방법(方法).

겸상 兼床 (아우를 겸, 평상 상). 둘 또는 그 이상의 사람이 아울러[兼] 함께 먹을 수 있도록 차린 밥상[床]. 또는 그렇게 차려 먹음. ¶그는 부인과 겸상을 차려 식사했다. ㊦각상(各床), 독상(獨床).

겸손 謙遜 (남을릴 겸, 몸낮출 손). 남은 올리고[謙] 자기는 낮춤[遜]. 또는 그런 태도나 마음가짐. ¶겸손한 태도 / 겸손하게 대답하다. ㊥겸양(謙讓), 겸허(謙虛). ㊦교만(驕慢), 거만(倨慢), 오만(傲慢).

▸겸손-법 謙遜法 (법 법). 언어 문장의 주어의 행위가 미치는 대상은 높이고[謙] 자신은 낮추어서[遜] 표현하는 방법(方法). ㊥겸양법(謙讓法), 객체(客體) 높임법. ㊦공손법(恭遜法).

겸-수익 謙受益 (겸손할 겸, 받을 수, 더할 익). 겸손(謙遜)하면 이익(利益)을 얻게[受] 됨.

겸애 兼愛 (아우를 겸, 사랑 애). 가리지 않고 모든 사람을 똑같이 두루[兼] 사랑함[愛]. ¶그는 겸애를 설파하였다.

▸겸애-설 兼愛說 (말씀 설). 철학 '겸애교리설'(兼愛交利說)의 준말.

▸겸애-사상 兼愛思想 (생각 사, 생각 상). 철학 만인을 차별 없이 두루[兼] 사랑하자[愛]는 사상(思想). ㊥겸애교리설.

▸겸애-교리설 兼愛交利說 (서로 교, 이로울 리, 말씀 설). 철학 만인을 차별 없이 두루[兼] 사랑하고[愛] 서로[交] 이롭게[利] 하자는 학설(學說). 중국 전국 시대 묵자의

윤리설이다. ㊟겸애설.

겸양 謙讓 (겸손할 겸, 사양할 양). 겸손(謙遜)하게 사양(辭讓)함. ¶그는 겸양한 태도로 말했다. ㊥겸손(謙遜). ㊦교만(驕慢), 거만(倨慢), 오만(傲慢).

▸겸양-법 謙讓法 (법 법). 언어 문장의 주어의 행위가 미치는 대상은 높이고[謙] 자신이 높아지는 것은 사양(辭讓) 표현하는 방법(方法). ㊥겸양법(謙讓法), 객체(客體) 높임법. ㊦공손법(恭遜法).

▸겸양-사 謙讓辭 (말씀 사). 언어 대상은 높이고[謙] 자신이 높아지는 것은 사양(辭讓)하는 말[辭]. ㊥겸양어(謙讓語).

▸겸양-어 謙讓語 (말씀 어). 언어 대상은 높이고[謙] 자신이 높아지는 것은 사양(辭讓)하는 말[語]. '저희', '여쭈다' 따위. ㊥겸양사(謙讓辭).

겸어 謙語 (겸손할 겸, 말씀 어). 겸손(謙遜)한 말[語]. ㊥겸사(謙辭).

겸업 兼業 (아우를 겸, 일 업). 본업 이외에 다른 업종(業種)을 겸(兼)함. ¶농사와 양잠을 겸업하다.

겸연 慊然 (언짢을 겸, 그러할 연). ① 속뜻 미안하여 언짢고[慊] 면목이 없고 그러하다[然]. ② 쑥스럽고 어색하다. ¶그는 겸연한 지 머리를 긁적였다 / 그는 겸연쩍은 얼굴로 나를 쳐다보았다.

겸영 兼營 (아우를 겸, 꾀할 영). 본업 이외에 다른 사업을 아울러[兼] 경영(經營)함. ¶삼촌은 가게를 운영하면서 복덕방도 겸영하고 있다.

겸용 兼用 (아우를 겸, 쓸 용). 하나로 두 가지 이상의 목적에 아울러[兼] 사용(使用)함. ¶침대 겸용 소파.

▸겸용-종 兼用種 (갈래 종). 가축·가금으로서 두 가지 이상의 용도(用途)를 겸(兼)할 수 있는 품종(品種). 털과 고기를 겸하여 공급해 주는 면양 따위. ¶이 닭은 난육(卵肉) 겸용종이다.

겸유 兼有 (아우를 겸, 있을 유). 여러 가지를 아울러[兼] 가짐[有]. ¶건강한 신체와 학식을 겸유한 선비. ㊥겸비(兼備).

겸임 兼任 (아우를 겸, 맡길 임). 한 사람이 두 가지 이상의 직무를 아울러[兼] 맡아봄[任]. 또는 그 직무. ¶겸임 교원 / 이순신은 전라 좌수사와 삼도 수군통제사를 겸임했다. ㊥겸대(兼帶), 겸직(兼職), 겸업(兼業), 겸영(兼營). ㊦전임(專任).

겸장 兼掌 (아우를 겸, 맡을 장). 한 사람이 두 가지 이상의 일을 아울러[兼] 관장(管掌)함. ¶정치와 군사를 겸장하다.

겸전 兼全 (아우를 겸, 모두 전). 여러 가지를 아울러[兼] 모두[全] 갖고 있음. ¶문무 겸전의 자질 / 지덕 겸전의 장수.

겸직 兼職 (아우를 겸, 일 직). 본직 이외에 다른 직무(職務)를 겸(兼)함. ¶겸직 금지의 의무 / 공직자가 모 기업의 이사를 겸직해 물의를 빚었다. ㊥겸관(兼官).

겸칭 謙稱 (겸손할 겸, 일컬을 칭). 겸손(謙遜)하게 일컬음[稱]. 또는 그런 뜻을 나타내는 말. ¶'부기'(附驥)란 자신을 겸칭할 때 쓴다.

겸행 兼行 (아우를 겸, 행할 행). ① 속뜻 여러 가지 일을 아울러[兼] 일함[行]. ¶영사(領事)들은 무역업을 겸행할 수 없다. ② 쉴 시간이나 쉬지 않을 시간이나 가리지 않고 계속 일함. ㊥섭행(攝行).

겸허 謙虛 (겸손할 겸, 빌 허). ① 속뜻 겸손(謙遜)하게 마음을 비움[虛]. ② 아는 체하거나 잘난 체하지 않음. ¶겸허하게 남의 말에 귀를 기울이다.

경각[1] 頃刻 (잠깐 경, 시각 각). 아주 짧은[頃] 시간[刻]. 또는 눈 깜빡할 사이. ¶경각도 지체할 수 없다. ㊥순식간(瞬息間), 삽시간(霎時間).

경각[2] 傾角 (기울 경, 모서리 각). ① 속뜻 기울기[傾]를 나타내는 각도(角度). ② 물리 지구 위의 임의의 지점에 놓은 자침의 방향이 수평면과 이루는 각. ¶극지방에서 경각은 90도이다. ③ 수학 복수 평면상에서 복소수를 나타내는 점과 원점을 잇는 직선이 실축(實軸)과 이루는 각. ㊥복각(伏角), 편각(偏角).

경:각[3] 警覺 (타이를 경, 깨달을 각). 정신을 바짝 차리도록 타이르고[警] 일깨워 줌[覺]. ¶그 조치가 공무원들에게는 큰 경각이 되었다.

▸경:각-심 警覺心 (마음 심). 경계(警戒)하며 정신을 가다듬는[覺] 마음[心]. ¶경각심을 불러일으키다.

경감 輕減 (가벼울 경, 덜 감). 가볍게[輕] 덜어[減] 줌. ¶농민의 부담을 경감시킬 방안을 내놓다. ㊥감경(減輕).

경강-상인 京江商人 (서울 경, 강 강, 장사 상, 사람 인). 역사 조선 때, 서울[京]의 한강(漢江)을 중심으로 한 시장에서 활동하던 상인(商人). ¶경강상인들은 쌀을 매매하여 부를 축적하였다. ㊟강상, 경강상. ㊥강상부민(江商富民).

경개 梗概 (줄기 경, 대강 개). 전체의 내용을 간추린 중요한 내용[梗]이나 대강의 줄거리[概]. ¶장편 소설은 경개를 파악하기 어렵다.

경거 輕擧 (가벼울 경, 들 거). 경솔(輕率)하게 거동(擧動)함. 가벼이 행동함.

▸경거-망동 輕擧妄動 (망령될 망, 움직일 동). 경솔(輕率)하게 함부로[妄] 행동함[擧=動]. ¶그렇게 경거망동하지 마라. ㊥오두방정.

경:건[1] 敬虔 (공경할 경, 정성 건). 공경(恭敬)하는 마음으로 삼가며[虔] 조심성이 있다. ¶경건한 마음으로 기도를 드리다.

경건[2] 勁健 (굳셀 경, 튼튼할 건). ① 속뜻 굳세고[勁] 건장(健壯)하다. ② 미술 화필의 필세(筆勢)가 매우 굳세고 건장하다. ¶이 묵화(墨畵)는 경건한 느낌을 준다.

경겁 驚怯 (놀랄 경, 무서울 겁). 놀라서[驚] 겁(怯)을 냄. ¶경겁도주(逃走) / 경겁하여 비명을 지르다.

경결 硬結 (단단할 경, 맺을 결). ① 속뜻 단단하고 굳게[硬] 맺힘[結]. ② 의학 조직이나 그 한 부분이 염증이나 출혈 때문에 결합 조직이 증식하여 단단해짐. ¶근육에 경결이 생겼다.

경:경 耿耿 (빛날 경, 빛날 경). ① 속뜻 불빛이 약하게 환함[耿+耿]. 불빛이 깜박거림. ② 마음에서 사라지지 않고 염려가 됨.

경계[1] 經界 (날실 경, 지경 계). ① 속뜻 옳고 그른 경위(經緯)가 분간되는 한계(限界). ② 옳고 그름, 선과 악이 나누어지는 한계. ¶이상과 현실의 경계. ㊥경계(境界), 계경(蹊徑).

***경계**[2] 境界 (지경 경, 지경 계). ① 속뜻 지역이 갈라지는[境] 한계(限界). ¶경계 분쟁. ② 어떤 분야와 다른 분야와의 갈라지는 한계. ¶학문 간의 경계가 허물어지고 있다. ㊥임계(臨界).

▸경계-선 境界線 (줄 선). 경계(境界)가 되거나 이를 나타내는 선(線). ¶군사 경계선 밖으로 나가면 위험하다.

▸경계-인수 境界因數 (인할 인, 셀 수). 한 나라의 경계선(境界線)의 길이를 그 영토와 같은 넓이인 정사각형의 둘레의 길이로 나눈 몫[因數].

경:계[3] 警戒 (타이를 경, 주의할 계). ① 속뜻 타일러[警] 주의하도록[戒] 함. ② 잘못을 저지르지 않도록 미리 타일러 조심하게 함. ¶경계경보 / 낯선 사람을 경계하다. ㊥주의(注意).

▸경:계-망 警戒網 (그물 망). 경계(警戒)를 위해 그물[網]처럼 여러 군데에 펴놓은 조직.

▸경:계-색 警戒色 (빛 색). 동물 다른 동물이 함부로 자기를 해치지 못하도록 경계(警戒)하기 위해, 동물이 가지는 유난히 뚜렷한 몸 빛깔[色]. 나비나 독사의 몸 빛깔 따위.

▸경:계-선 警戒線 (줄 선). ① 속뜻 경계(警戒)하기 위해 하천의 위험 수위를 나타내는 선(線). ② 경계하기 위해 설정한 지대나 지역.

▸경:계-경보 警戒警報 (타이를 경, 알릴 보). 적기(敵機)의 공습(空襲)이 예상될 때 미리 위험을 경계(警戒)하라고 알리는 경보(警報). ¶군 당국은 국민들에게 경계경보를 내렸다. ㊥황색(黃色)경보. ㊠공습(空襲)경보.

▸경:계-관제 警戒管制 (관리할 관, 누를 제). 군사 적의 야간 공습(空襲)을 경계(警戒)하여 실시하는 등화(燈火) 관제(管制).

▸경:계-표지 警戒標識 (나타낼 표, 기록할 지). 경계(警戒)하라는 뜻에서 해 둔 표지(標識). ¶굽은 길에 경계표지를 설치하였다.

경:고 警告 (타이를 경, 알릴 고). ① 속뜻 타이르고[警] 알려[告]줌. ¶엄중히 경고하다. ② 운동 경기에서 반칙을 범했을 때 심판이 일깨우는 주의. ¶경고를 두 번 받으면 퇴장이다. ㊥주의(注意).

경골[1] 脛骨 (정강이 경, 뼈 골). 종아리 안쪽에 있는 정강이[脛] 뼈[骨]. ¶경골의 신경이 마비되었다.

경골² **頸骨** (목 경, 뼈 골). 척추의 맨 윗부분인 목[頸] 부분에 있는 뼈[骨]. ¶경골이 뻣뻣하게 굳었다.

경골³ **硬骨** (단단할 경, 뼈 골). ① [의학] 척추동물의 뼈 중 굳고 단단한[硬] 뼈[骨]. ② 의지나 신념이 강하여 남에게 쉽사리 굽히지 않는 일. 또는 그런 사람을 비유하여 이르는 말. ¶경골의 사나이. [반]연골(軟骨).

▸경골-어류 硬骨魚類 (물고기 어, 무리 류). [동물] 뼈가 주로 경골(硬骨)로 이루어진 어류(魚類). 부레와 아감딱지가 있으며, 대부분의 물고기가 이에 속한다. [반]연골(軟骨)어류.

경-공업 **輕工業** (가벼울 경, 장인 공, 일 업). [공업] 섬유·식품·제지·잡화 등 주로 가벼운[輕] 소비재를 생산하는 공업(工業). ¶공업 체계를 경공업에서 중공업으로 전환했다. [반]중공업(重工業).

경과 **經過** (지날 경, 지날 과). ① [속뜻] 어떤 곳이나 단계를 거쳐[經] 지나감[過]. ¶늪지대를 경과하다 / 시일이 경과하다. ② 시간이 지남에 따라 진행하고 변화하는 상태. ¶수술 경과가 좋다. [비]과정(過程), 변천(變遷), 변화(變化).

▸경과-법 經過法 (법 법). [법률] 법령의 제정·개폐(改廢)시, 구법(舊法)에서 신법(新法)으로 원활히 이행하기 위해 필요한 과도적[經過] 조처를 정한 법률(法律)이나 규정. [비]경과규정(規定).

경-과실 **輕過失** (가벼울 경, 지나칠 과, 그르칠 실). ① [속뜻] 가벼운[輕] 잘못[過]이나 실수(失手). ② [법률] 일반적으로 요구되는 보통 정도의 주의를 기울이지 않아 일어나는 가벼운 과실. [반]중과실(重過失).

경관¹ **景觀** (볕 경, 볼 관). ① [속뜻] 밝고[景] 볼만한[觀] 곳. ② 산이나 들, 강, 바다 따위의 자연이나 지역의 풍경. ¶경관이 빼어나다 / 수려한 설악산의 경관. [비]경광(景光), 풍경(風景), 경개(景槪), 경치(景致), 경색(景色).

경:관² **警官** (지킬 경, 벼슬 관). 국민의 안전과 재산을 지키는[警] 일을 하는 관직(官職). '경찰관'(警察官)의 준말.

경광 **景光** (볕 경, 빛 광). ① [속뜻] 햇살[景]이 빛남[光]. ② 자연의 아름다운 모습. [비]경개(景槪), 경관(景觀), 경색(景色), 경치(景致), 풍경(風景).

경-교육 **硬教育** (단단할 경, 가르칠 교, 기를 육). [교육] 엄격한[硬] 방식의 교육(教育). 학생의 흥미나 즐거움보다 노력이나 단련을 통하여 교육의 효과를 올리려는 교육방침. ¶로크는 경교육을 주장했다. [반]연교육(軟教育).

경구¹ **硬球** (단단할 경, 공 구). [운동] 고무 또는 코르크 위에 펠트나 가죽을 씌운 단단한[硬] 공[球]. ¶야구에서는 경구를 사용한다. [반]연구(軟球).

경:구² **警句** (타이를 경, 글귀 구). 어떤 진리를 간결하게 나타내어 경계(警戒)로 삼을 만한 문구(文句). ¶이 경구를 명심해 두어라.

▸경:구-법 警句法 (법 법). [문학] 경구(警句)을 인용하는 표현 방법(方法). 속담, 격언, 금언 따위를 인용해 글의 효과를 높인다.

경구³ **經口** (지날 경, 입 구). 약이나 세균 따위가 입[口]을 통하여[經] 몸 안으로 들어감.

▸경구 감:염 經口感染 (느낄 감, 물들일 염). [의학] 병원체(病原體)가 입[口]을 통하여[經] 몸속에 감염(感染)되는 것. [비]경구 전염(傳染).

▸경구 면:역 經口免疫 (면할 면, 돌림병 역). [의학] 백신을 입속으로[口] 투여하여[經] 어떤 병에 대한 면역(免疫)을 얻는 일. 소아마비의 백신 따위.

▸경구 투약 經口投藥 (들일 투, 약 약). 입[口]을 거쳐[經] 약(藥)을 먹게[投] 하는 일.

▸경구 피:임약 經口避妊藥 (피할 피, 아이 밸 임, 약 약). 입[口]을 거쳐[經] 먹는 피임약(避妊藥).

경-구개 **硬口蓋** (단단할 경, 입 구, 덮을 개). [의학] 입[口]천장[蓋] 앞쪽의 단단한[硬] 부분. [비]딱딱입천장. [참]연구개(軟口蓋).

▸경구개-음 硬口蓋音 (소리 음). [언어] 혓바닥과 경구개(硬口蓋) 사이에서 나는 소리[音]. ¶현대 국어의 'ㅈ·ㅊ'은 경구개음이다.

경국[1] **經國** (다스릴 경, 나라 국). 나라[國]를 다스림[經]. ¶그는 경국에 있어서 법치의 중요성을 설파했다.

▸ **경국-대전** 經國大典 (큰 대, 책 전). ① [속뜻] 나라[國]를 다스리는[經] 데 필요한 큰[大] 법전(法典). ② [책명] 조선 성종 때 반포된 것으로 100년간의 법령, 교지, 조례 따위가 실려 있음.

▸ **경국-제세** 經國濟世 (건질 제, 세상 세). 나라[國]를 다스리고[經] 세상(世上)의 백성을 구제(救濟)함. ¶그는 경국제세의 대책을 세웠다.

▸ **경국지재** 經國之才 (어조사 지, 재주 재). 나라[國]의 일을 경영할[經] 만한 능력[才]. 또는 그런 능력을 가진 사람. ¶경국지재의 인물을 천거했다.

경국[2] **傾國** (기울 경, 나라 국). ① [속뜻] 나라[國]를 기울어뜨림[傾]. 나라를 위태롭게 함. ② '경국지색'의 준말. ¶경국의 미인. ③ 나라의 힘을 다 기울임.

▸ **경국지색** 傾國之色 (어조사 지, 빛 색). 임금이 혹하여 국정을 게을리 함으로써 나라[國]를 위태롭게[傾] 할 정도의 매우 아름다운 여자[美色]. ¶그 여인은 가히 경국지색이라 할 만큼 아름다웠다. [비]경성지색(傾城之色).

경극 **京劇** (서울 경, 연극 극). [연영] 옛날 중국 북경(北京)에서 유행하던 희극(戲劇).

경-금속 **輕金屬** (가벼울 경, 쇠 금, 속할 속). [화학] 다른 금속에 비하여 비중이 낮아 가벼운[輕] 금속(金屬). ¶알루미늄은 대표적인 경금속이다. [반]중금속(重金屬).

경기[1] **驚氣** (놀랄 경, 기운 기). 놀란[驚] 기색(氣色). ¶놀라서 경기를 일으키다.

경기[2] **京畿** (서울 경, 경기 기). ① [속뜻] 서울[京]을 중심으로 500리 이내의 땅[畿]. ② 우리나라 중서부에 있는 도. '경기도'(京畿道)의 준말. [비]기내(畿內).

▸ **경기 입창** 京畿立唱 (설 립, 부를 창). [음악] 서울, 경기(京畿) 지방을 중심으로 발전한 것으로, 여럿이 서서[立] 부르는[唱] 소리.

▸ **경기 잡가** 京畿雜歌 (섞일 잡, 노래 가). [음악] 조선 말기에 서울, 경기(京畿) 지방을 중심으로 공예인·상인·기녀들 사이에 즐겨 부르던 잡가(雜歌).

▸ **경기 좌:창** 京畿坐唱 (앉을 좌, 부를 창). [음악] 서울, 경기(京畿) 지방을 중심으로 발전한 것으로, 여럿이 앉아서[坐] 부르는[唱] 소리.

경기[3] **景氣** (볕 경, 기운 기). ① [속뜻] 햇볕[景] 같이 밝은 기운(氣運). ② [경제] 매매나 거래 따위에 나타나는 경제 활동의 상황. ¶경기가 회복되어 수출이 활기를 띠고 있다. [반]불경기(不景氣).

▸ **경기 순환** 景氣循環 (돌아다닐 순, 고리 환). [경제] 자본주의 경제 아래서 경기(景氣)가 호황, 후퇴, 불황, 회복의 여러 국면을 주기적으로 되풀이하는[循環] 일. ¶경기 순환의 양상. [비]경기 변동(變動).

▸ **경기 지수** 景氣指數 (가리킬 지, 셀 수). [경제] 경기(景氣) 변동을 민감하게 반영하는 자료를 바탕으로 작성한 지수(指數). ¶경기 지수를 통해 미래 경제 상황을 예측한다.

▸ **경기적 실업** 景氣的失業 (것 적, 잃을 실, 일 업). [경제] 경기(景氣)의 침체로 생기는 실업(失業) 형태. ¶불황이 계속되자 경기적 실업이 늘고 있다.

⁑**경:기**[4] **競技** (겨룰 경, 재주 기). 일정한 규칙 아래 기량(技倆)과 기술(技術)을 겨룸[競]. 또는 그런 일. ¶운동 경기. [비]겨루기.

▸ **경:기-장** 競技場 (마당 장). 여러 가지 운동 경기(競技)를 하기 위한 시설을 갖춘 곳[場]. ¶축구 경기장.

경기체-가 **景幾體歌** (볕 경, 기미 기, 모양 체, 노래 가). [문학] 고려 때 유행하던 시가로 끝에 '경기여하'(景幾如何) 또는 '경(景)긔엇더하니잇고'란 후렴이 붙은 형식[體]의 시가(詩歌). ¶「불우헌곡」(不憂軒曲)은 정극인(丁克仁)이 지은 경기체가이다.

경내 **境內** (지경 경, 안 내). 일정한 지경(地境)의 안[內]. 구역의 안. ¶사찰 경내에서는 금연하십시오. [반]경외(境外).

경:단 **瓊團** (구슬 경, 둥글 단). 찹쌀, 수수 따위의 가루를 반죽하여 구슬처럼[瓊] 동글게[團] 빚어 익힌 뒤 고물을 묻힌 떡. ¶경단을 빚다.

경-단백질 **硬蛋白質** (단단할 경, 새알 단, 흰 백, 바탕 질). [화학] 용해되거나 분해되지 않는 단단한[硬] 성질의 단순 단백질(蛋白

質). 동물의 피부, 손발톱, 뼈의 성분을 이룬다. ¶털의 주성분은 경단백질(硬蛋白質)의 케라틴이다. ㊐유(類)단백질.

경:대 **鏡臺** (거울 경, 돈대 대). 거울[鏡]을 달아 세운 화장대(化粧臺). ¶경대 앞에 앉아 치장하다.

경도[1] **硬度** (단단할 경, 정도 도). ① 속뜻 굳고 단단한[硬] 정도(程度). ¶활석(滑石)의 경도는 1, 다이아몬드의 경도는 10이다. ② 물리 엑스선의 종류에 따라 물체에 투과하는 정도. ③ 화학 물속에 칼슘염과 마그네슘염이 함유되어 있는 정도. ¶경도 20 이상의 물을 '센물'이라 한다. ㊐굳기.

경도[2] **傾倒** (기울 경, 넘어질 도). ① 속뜻 기울어[傾] 넘어짐[倒]. ② 어떤 일에 열중하여 온 정신을 쏟음. 또는 어떤 인물이나 사상 따위에 마음을 기울여 열중함. ¶신식 문물에 경도되다.

경도[3] **輕度** (가벼울 경, 정도 도). 가벼운[輕] 정도(程度). ¶경도의 화상(火傷)이라니 불행 중 다행이다.

경도[4] **傾度** (기울 경, 정도 도). 지리 기울어진[傾] 정도(程度). '경사도'(傾斜度)의 준말.

▸경도-풍 傾度風 (바람 풍). ① 속뜻 기울기[傾度]가 있는 바람[風]. ② 지리 등압선(isobaric line)이 원형인 경우, 전향력, 원심력, 기압 경도력이 균형을 이루어 등압선을 따라 부는 바람.

경도[5] **經度** (날실 경, 정도 도). ① 속뜻 날실[經] 같이 세로로 표시한 도수(度數). ② 지리 지구 위의 위치를 세로로 표시한 것. ¶서울의 경도는 동경(東經) 126도 59분이다. ㊥위도(緯度).

▸경도-시 經度時 (때 시). 지리 본초 자오선과 다른 지점과의 경도(經度)의 차를 시, 분, 초로 환산한 시간(時間).

경동[1] **輕動** (가벼울 경, 움직일 동). ① 속뜻 경솔(輕率)하게 행동(行動)함. '경거망동'(輕擧妄動)의 준말. ¶그렇게 경동하지 마라. ㊐오두방정.

경동[2] **傾動** (기울 경, 움직일 동). 지리 단층(斷層)에 의하여 땅덩이가 솟아오를 때, 땅덩이의 한 쪽이 보다 크게 솟아올라 기울어져[傾] 움직이는 운동(運動).

▸경동 지형 傾動地形 (땅 지, 모양 형). 지리 단층(斷層)에 의하여 땅덩이의 한 쪽이 보다 크게 솟아올라[傾動] 생성된 지형(地形). ¶우리나라는 동고서저의 경동 지형을 이루고 있다.

▸경동 지괴 傾動地塊 (땅 지, 덩어리 괴). 지리 단층(斷層)에 의하여 땅덩이의 한 쪽이 보다 크게 솟아올라[傾動] 생성된 땅[地]덩어리[塊]. 한쪽은 가파른 단층이 되고, 다른 쪽은 완만하게 기울어진 형태로 형성된다.

경락[1] **經絡** (날실 경, 이을 락). 한의 인체 내의 경맥(經脈)과 낙맥(絡脈)을 아울러 이르는 말. 전신의 기혈(氣血)을 운행하고 각 부분을 조절하는 통로이다. 이 부분을 침이나 뜸으로 자극하여 병을 낫게 한다. ¶경락 마사지.

경:락[2] **競落** (겨룰 경, 떨어질 락). 법률 동산, 부동산을 경매(競賣)를 통해 낙찰(落札) 받음. ¶아파트를 경락으로 마련했다. ㊐경매차지.

경랍 **硬鑞** (단단할 경, 땜납 랍). 공업 딱딱한[硬] 성질의 납땜[鑞]용 합금. 녹는점이 높은 황동랍, 동랍, 은랍, 금랍 따위를 이른다.

경략 **經略** (다스릴 경, 다스릴 략). ① 속뜻 나라를 경영(經營)하여 다스림[略]. ② 침략하여 점령한 지역을 다스림. ¶당(唐)은 도호부를 세워서 서돌궐(西突厥)을 경략했다.

경량 **輕量** (가벼울 경, 분량 량). 가벼운[輕] 무게나 분량(分量). ¶경량 벽돌. ㊥중량(重量).

▸경량-급 輕量級 (등급 급). 체급 경기에서 체중[量]이 가벼운[輕] 체급(體級). ¶경량급 권투 선수. ㊥중량급(重量級).

경력 **經歷** (지날 경, 지낼 력). 어제까지 거쳐 온[經] 학업, 직업, 지위 따위의 이력(履歷). ¶경력을 쌓다. ㊐이력(履歷), 관록(貫祿).

▸경력-담 經歷談 (이야기 담). 어제까지 겪어 온[經歷] 여러 가지 일에 대한 이야기[談]. ¶경력담을 기록하여 책으로 엮었다.

▸경력-직 經歷職 (일 직). 해당 분야에 대한 경력(經歷)이 있어야 할 수 있는 직업이나 직위(職位). ¶경력직 사원 / 경력직 공무원.

경련[1] **頸聯** (목 경, 잇달 련). ① 속뜻 목[頸]에 해당하는 연(聯). ② 문학 율시(律詩)의 수(首)·함(頷)·경(頸)·미(尾) 중 세 번째 연.

제5, 6구에 해당한다.

경련[2] **痙攣** (떨 경, 쥐날 련). 의학 근육이 별다른 이유 없이 갑자기 떨거나[痙] 쥐가 나는[攣] 현상. ¶갑자기 온몸에 심한 경련이 일었다.

경:례 敬禮 (공경할 경, 예도 례). 공경(恭敬)의 예도(禮度)를 나타내는 일. 또는 그 동작. ¶국기에 대한 경례 / 거수 경례. ㊥절, 인사(人事).

경로[1] **經路** (지날 경, 길 로). ① 속뜻 지나는[經] 길[路]. ②사람이나 사물이 거쳐 온 길. ¶태풍의 경로를 살펴보다. ③일이 진행되는 방법이나 순서. ¶여러 경로를 통하여 정보를 수집했다. ㊥궤도(軌道), 길, 과정(過程), 단계(段階).

경:로[2] **敬老** (공경할 경, 늙을 로). 노인(老人)을 공경(恭敬)함. ¶경로사상.

▸경:로-당 敬老堂 (집 당). 노인(老人)을 공경(恭敬)하는 뜻에서 노인들을 위해 지어 놓은 집[堂]. ㊥노인정(老人亭).

▸경:로-석 敬老席 (자리 석). 대중교통에서 노인(老人)을 공경(恭敬)하는 뜻으로 노인들만 앉도록 마련한 좌석(座席).

경륜[1] **經綸** (날실 경, 실 륜). ① 속뜻 베틀의 날실[經]로 쓰인 실[綸]. ②일정한 포부를 가지고 일을 조직적으로 계획함. 또는 그 계획이나 포부. ¶경륜을 쌓다. ㊥영륜(營綸).

경:륜[2] **競輪** (겨룰 경, 바퀴 륜). 운동 경기용 자전거[輪]를 타고 달려 빠르기를 겨루는 경기(競技). ¶경륜 선수.

경리 經理 (다스릴 경, 다스릴 리). ① 속뜻 일을 경영(經營)하고 관리(管理)함. ②어떤 기관이나 단체에서 물자의 관리나 금전의 출납 따위를 맡아보는 사무. ㊥회계(會計).

경린 硬鱗 (단단할 경, 비늘 린). 철갑상어 따위에서 볼 수 있는 단단한[硬] 비늘[鱗]. 마름모꼴 판자 모양으로 연결되어 있다. ¶경린 어류(魚類).

경:마 競馬 (겨룰 경, 말 마). 운동 말[馬]을 타고 달려 빠르기를 겨루는 경기(競技).

▸경:마-장 競馬場 (마당 장). 경마(競馬)를 하는 경기장(競技場).

경망 輕妄 (가벼울 경, 망령될 망). 언행이 가볍고[輕] 망령됨[妄]. ¶경망한 행동을 삼가시오. ㊥경박(輕薄), 경솔(輕率). ㊤신중(愼重).

경:매[1] **競買** (겨룰 경, 살 매). 팔려는 사람이 많을 경우, 그들을 서로 경쟁(競爭)시켜, 가장 싸게 팔겠다는 사람에게서 물건을 사들이는[買] 일. ¶경매를 통해 원자재를 구입했다.

경:매[2] **競賣** (겨룰 경, 팔 매). 사려는 사람이 많을 경우, 서로 경쟁(競爭)시켜 가장 비싸게 사겠다는 사람에게 물건을 파는[賣] 일. ¶집을 경매에 부치다.

경:면 鏡面 (거울 경, 쪽 면). ① 속뜻 거울[鏡]의 비치는 쪽[面]. ②'물결이 일지 않아서 맑고 고요한 수면'을 비유하여 이르는 말.

▸경:면-지 鏡面紙 (종이 지). 거울[鏡面]처럼 반들반들하고 광택이 있는 종이[紙].

경멸 輕蔑 (가벼울 경, 업신여길 멸). 남을 가벼이[輕]보고 업신여김[蔑]. ¶남을 경멸해서는 안 된다. ㊥멸시(蔑視). ㊤존경(尊敬).

경:모[1] **景慕** (볕 경, 그리워할 모). 햇빛[景]을 보듯 우러러 그리워함[慕]. ¶경모의 마음으로 편지를 썼다. ㊥경앙(景仰), 앙모(仰慕).

경모[2] **傾慕** (기울 경, 그리워할 모). 마음을 기울여[傾] 사모(思慕)함. ¶그녀는 박 진사를 경모하는 기색이었다.

경:모[3] **敬慕** (공경할 경, 그리워할 모). 존경(尊敬)하고 사모(思慕)함. ¶선생의 인격을 깊이 경모하고 있다. ㊥경앙(敬仰).

경모[4] **輕侮** (가벼울 경, 업신여길 모). 남을 가벼이[輕] 보고 업신여김[侮]. ¶그는 일본군의 경모와 멸시를 받았다.

경:무 警務 (지킬 경, 일 무). 경찰(警察)에 관한 사무(事務). ¶경무 행정.

▸경:무-국 警務局 (관청 국). 역사 예전에 경찰(警察) 업무(業務)를 맡아보던 관청[局].

▸경:무-총:장 警務總長 (묶을 총, 어른 장). 역사 갑오개혁 이후 설치된 경무청(警務廳)을 총괄(總括)하여 관리하던 기관장(機關長).

경:무-호 警霧號 (타이를 경, 안개 무, 표지 호). ① 속뜻 안개[霧]주의를 알리는[警]

신호(信號). ② 바다 위에 짙은 안개가 끼었을 때, 안개의 위치를 배에 알리는 음향 신호.

경문 經文 (책 경, 글월 문). ① [불교] 불경(佛經)의 문구(文句). ¶스님이 목탁을 치며 경문을 외고 있다. ② [민속] 고사를 지내거나 푸닥거리할 때 외는 주문.

경물 景物 (볕 경, 만물 물). 철에 따라 달라지는 자연의 경치(景致)와 만물(萬物). ¶가을의 소슬한 경물에 마음이 설레었다.

▸경물-시 景物詩 (시 시). [문학] 철을 따라 달라지는 자연[景物]을 읊은 시(詩). ¶그는 유배된 후 경물시를 많이 지었다.

경미 輕微 (가벼울 경, 작을 미). 정도가 가볍고[輕] 작다[微]. ¶경미한 실수 / 피해가 경미하다. [비]경소(輕小).

경박 輕薄 (가벼울 경, 엷을 박). 말과 행실이 가볍고[輕] 신중하지 못함[薄]. ¶경박한 언행. [비]경솔(輕率), 경망(輕妄). [반]신중(愼重).

경:배 敬拜 (공경할 경, 절 배). 공경(恭敬)하여 공손히 절함[拜]. ¶아기 예수에게 경배하다. 편지글 끝에 "○○○ 경배"라고 썼다.

경:백 敬白 (공경할 경, 말할 백). 공경(恭敬)하여 아룀[白]. 주로 한문 투의 편지 글 끝에 쓰는 말이다.

경벌 輕罰 (가벼울 경, 벌할 벌). 가벼운[輕] 벌(罰). ¶다행히 경벌에 그쳤다. [반]중벌(重罰).

경-범죄 輕犯罪 (가벼울 경, 범할 범, 허물 죄). [법률] 가벼운[輕] 범죄(犯罪). 경범죄 처벌법에 규정된 범죄. ¶공공장소에서의 흡연은 경범죄에 해당한다. [준]경범.

경변 硬便 (단단할 경, 똥오줌 변). 굳고[硬] 딱딱한 똥[便].

경변-증 硬變症 (단단할 경, 바뀔 변, 증세 증). [의학] 결합 조직이 비정상적으로 많이 자라서 장기(臟器)가 굳게[硬] 되는[變] 증세(症勢). ¶경변증이 완화되다.

경보¹ 經寶 (책 경, 보배 보). ① [속뜻] 불경(佛經) 간행을 위한 재단[寶]. ② [역사] 고려 정종 때, 불경(佛經)을 간행하기 위해 설립한 재단(財團). '보'(寶)는 일정한 사업을 운영하기 위한 자원을 뜻한다.

경:보² 競步 (겨룰 경, 걸음 보). [운동] 일정한 거리를 걸어서[步] 빠르기를 겨루는 경기(競技). 어느 한쪽 발이 반드시 땅에 닿은 상태로 하여 걷는다. ¶경보 대회에서 일등을 차지했다.

경:보³ 警報 (타이를 경, 알릴 보). 위험 또는 재해가 닥쳐 올 때, 사람들에게 경계(警戒)하도록 알리는[報] 일. 또는 그 보도. ¶지진경보 / 태풍경보.

▸경:보-기 警報器 (그릇 기). 갑작스러운 사고나 위험을 알리는[警報] 장치[器]. ¶화재를 대비하여 경보기를 설치했다.

▸경:보-음 警報音 (소리 음). 갑작스러운 사고나 위험을 알리는[警報] 소리[音]. ¶도난 경보음이 울렸다.

경:복¹ 敬服 (공경할 경, 따를 복). 존경(尊敬)하여 복종(服從)하거나 감복함. ¶선생의 뛰어난 인품에 경복했다.

경:복² 景福 (볕 경, 복 복). 햇볕[景]같이 비치는 크나큰 복(福).

▸경:복-궁 景福宮 (대궐 궁). [고적] '왕조에 햇볕[景]같이 밝은 복(福)이 깃들기를 빈다'는 뜻을 담은 조선 시대의 궁전(宮殿). 서울특별시 종로구에 위치.

경부¹ 經部 (책 경, 나눌 부). 중국 고전을 경·사·자·집(經·史·子·集)의 네[四] 종류로 분류한 것 중에서 '경'(經)에 딸린 부류(部類). 유교의 경서가 이에 속한다. ¶사서오경과 소학은 경부에 해당한다. [비]갑부(甲部). [참]경사자집.

경부² 頸部 (목 경, 나눌 부). ① [속뜻] 목[頸] 부분(部分). ¶교통사고로 경부를 크게 다쳤다. ② 목처럼 가늘게 되어 있는 부분. ¶이 도자기는 경부가 길다.

경부-선 京釜線 (서울 경, 부산 부, 줄 선). [교통] 서울[京]과 부산(釜山)을 잇는 철도선(鐵道線). 총길이 444.5km이다. ¶경부선의 기점은 서울역이다.

경비¹ 經費 (지날 경, 쓸 비). ① [속뜻] 어떠한 일을 하는 데 드는[經] 비용(費用). ¶여행 경비 / 경비를 줄이다. ② 국가나 공공 단체가 사업을 하고 정책을 실현하는 데 지출하는 비용. ¶공공사업 경비.

경:비² 警備 (지킬 경, 갖출 비). 지키고[警] 대비(對備)함. 경계하여 지킴. ¶경비 초소.

▸경:비-대 警備隊 (무리 대). [군사] 경비(警

備) 임무를 맡은 부대(部隊).

▸경ː비-원 警備員 (사람 원). 경비(警備)의 임무를 맡은 사람[員].

▸경ː비-정 警備艇 (거룻배 정). 바다나 강을 경비(警備)하는 데 쓰는 작은 함정(艦艇). ¶경찰 경비정.

경-비행기 輕飛行機 (가벼울 경, 날 비, 다닐 행, 틀 기). ① 속뜻 몸체가 작아 가벼운[輕] 비행기(飛行機). ② 항공 단발 또는 쌍발을 가진 프로펠러 비행기. ¶경비행기로 항공 사진을 찍다.

경ː사[1] 慶事 (기쁠 경, 일 사). 매우 즐겁고 기쁜[慶] 일[事]. ¶그 집에 경사가 났다. ㊥흉사(凶事).

경ː사[2] 警査 (지킬 경, 살필 사). ① 속뜻 경계(警戒)하고 조사(調査)함. ② 법률 경찰 공무원 계급의 하나. 경위의 아래, 경장의 위이다. ¶경사로 승진하다.

경사[3] 傾瀉 (기울 경, 쏟을 사). 화학 침전물이 가라앉으면 그릇을 기울여[傾] 위쪽의 액체를 쏟아[瀉] 분리하는 방법.

*__경사[4] 傾斜__ (기울 경, 비낄 사). ① 속뜻 기울어지고[傾] 비스듬한[斜] 정도나 상태. ② 지층면과 수평면이 어떤 각도를 이룸. 또는 그 각도. ¶바닥이 약간 경사가 졌다. ㊐기울기.

▸경사-계 傾斜計 (셀 계). ① 항공 지면에 대하여 기체(機體)가 기울어진[傾斜] 정도를 측정하는 계기(計器). ② 지리 지층면이나 단층면의 경사각을 측정하는 기구.

▸경사-도 傾斜度 (정도 도). 기울어진[傾斜] 정도(程度). ¶경사도가 큰 지형. ㊟경도. ㊐기울기, 비탈, 사경(斜傾).

▸경사-로 傾斜路 (길 로). 경사(傾斜)진 길[路]. 주로 병원, 전시장, 차고 따위에서 이용한다. ¶장애우의 편의를 위해 경사로를 마련했다.

▸경사-면 傾斜面 (쪽 면). 비스듬히 기울어진[傾斜] 면(面). ¶산의 경사면을 깎아 도로를 냈다. ㊐비탈면.

▸경사 습곡 傾斜褶曲 (주름 습, 굽을 곡). 지리 습곡 축면이 어떤 각도로 기울어진[傾斜] 습곡(褶曲).

경사[5] 經史 (책 경, 역사 사). 중국 고전의 경서(經書)와 사서(史書). ¶경사를 강론하다.

▸경사자집 經史子集 (아이 자, 모을 집). 경서(經書)와 사서(史書), 자서(子書)와 집서(集書)를 아울러 이르는 말. 동양의 전통적인 도서 분류법. ¶고서를 경사자집으로 분류하다.

경-사대부 卿士大夫 (벼슬 경, 선비 사, 큰 대, 사나이 부). 영의정, 좌의정, 우의정 이외의 벼슬[卿]을 하는 사대부(士大夫)를 통틀어 이르던 말. ¶경사대부에게 녹봉을 지급했다.

경사-육학 京師六學 (서울 경, 스승 사, 여섯 륙, 배울 학). 역사 고려 때, 서울[京師]에 있던 국자감의 여섯[六] 학과(學科).

경산-부 經産婦 (지날 경, 낳을 산, 여자 부). 아이를 낳은[産] 경험(經驗)이 있는 여자[婦]. ¶경산부는 비교적 쉽게 출산을 한다. ㊥초산부(初産婦).

경상[1] 輕傷 (가벼울 경, 다칠 상). 가볍게[輕] 다침[傷]. ¶경상을 입다. ㊥중상(重傷).

경상[2] 經常 (지날 경, 늘 상). 늘[常] 일정한 상태를 지속하며[經] 변함이 없는 일. ¶경상 사업 / 경상적인 수입. ㊐불변(不變). ㊥임시(臨時).

▸경상-비 經常費 (쓸 비). 경제 매년 경상적(經常的)으로 지출되는 일정한 비용(費用). ㊐경상 지출(支出). ㊥임시비(臨時費).

▸경상 거ː래 經常去來 (갈 거, 올 래). 경제 일반 기업 간 거래나 국제 거래에서 이루어지는 경상적(經常的)인 거래(去來). 자본 거래는 제외한다.

▸경상 계ː정 經常計定 (셀 계, 정할 정). 경제 경상적(經常的)으로 이루어지는 거래를 나타내는 계정(計定).

▸경상 수입 經常收入 (거둘 수, 들 입). 경제 매년 경상적(經常的)으로 들어오는 수입(收入).

▸경상 수지 經常收支 (거둘 수, 가를 지). 경제 일반 기업 간 거래나, 국제 거래에서 이루어지는 경상(經常) 수입(收入)과 지출(支出).

경색[1] 景色 (별 경, 빛 색). ① 속뜻 경치(景致)와 기색(氣色). ¶입동이 지나자 완전히 겨울 경색이 되었다. ② 정경이나 광경. ¶잔치의 즐거운 경색. ㊐경개(景槪), 경관(景觀), 경치(景致), 풍경(風景).

경색² 梗塞 (막힐 경, 막힐 색). ① 속뜻 소통되지 못하고 막힘[梗=塞]. ¶정국의 분위기가 경색되었다. ② 의학 혈액 속에 떠다니는 혈전 따위의 물질이 혈관을 막는 일. ¶심근(心筋) 경색.

경서 經書 (다스릴 경, 책 서). 유교의 큰 가르침[經]을 적은 서적(書籍). 사서오경(四書五經) 따위. ¶이 생원은 평생 경서를 공부하였다. ㊥경적(經籍), 경전(經典).

경:석 磬石 (경쇠 경, 돌 석). 광업 경쇠[磬]를 만드는 데 쓰이는 돌[石]. 검은 빛이 나고, 단단하여 정으로 치면 맑은 소리가 난다. ¶경석으로 편경(編磬)을 만들었다. ㊥경돌.

경-석고 硬石膏 (단단할 경, 돌 석, 기름 고). 광업 단단한[硬] 성질의 석고(石膏). 염산에 녹으며 물을 흡수하면 석고가 된다. ¶암염광상에서 경석고가 산출되었다. ㊥무수(無水)석고.

경선¹ 經線 (날실 경, 줄 선). ① 속뜻 베틀의 날실[經]과 같은 세로 방향의 선(線). ② 지리 지구를 양극을 지나는 평면으로 잘랐을 때, 그 평면과 지구 표면이 만나는 가상의 선. 곧 경도(經度)를 나타낸 선. ㊦위선(緯線).

경선² 頸腺 (목 경, 샘 선). 목[頸]에 있는 림프샘[腺].

경선³ 鯨船 (고래 경, 배 선). 고래[鯨]를 잡기 위한 설비를 갖춘 배[船]. '포경선'(捕鯨船)의 준말. ¶삼촌은 경선을 탔다.

경:선⁴ 競選 (겨룰 경, 고를 선). 둘 이상의 후보가 경쟁(競爭)하는 선거(選擧). ¶경선으로 반장을 뽑았다.

경:설 鏡說 (거울 경, 말할 설). 문학 고려 때 이규보가 거울[鏡]을 소재로 하여 지은 한문 수필[說]. 거사가 흐린 거울에 자신을 비추는 모습에서 단점이 많은 사람도 수용할 줄 알아야한다는 관용의 자세를 보여준다.

경성¹ 京城 (서울 경, 성곽 성). ① 속뜻 도읍[京]의 성(城). ② 일제 때 '서울'의 행정명칭.

경성² 傾性 (기울 경, 성질 성). 식물 식물체가 외부의 자극을 받았을 때 자극의 세기 변화에 따라 반응[傾]을 보이는 성질(性質). 자극 방향과 상관이 없어 굴성(屈性)과 구별된다. 경열성(傾熱性)·경광성(傾光性)·경촉성(傾觸性)·경진성(傾震性)·경화성(傾化性) 등으로 구분된다. ¶튤립은 경성이 있다. ㊥감성(感性).

경성³ 硬性 (단단할 경, 성질 성). 단단한[硬] 성질(性質). 고치기 어려운 성질. ¶그 병은 연성과 경성으로 구분할 수 있다. ㊦연성(軟性).

▸경성 헌:법 硬性憲法 (법 헌, 법 법). ① 속뜻 고정화되어[硬性] 있는 헌법(憲法). ② 법률 개정 절차가 보통 법률보다 까다롭게 되어 있는 헌법. ㊟경헌법. ㊥강성(剛性) 헌법, 경질(硬質) 헌법, 고정(固定) 헌법. ㊦연성(軟性) 헌법.

경-성분 硬成分 (단단할 경, 이룰 성, 나눌 분). 물리 방사선이나 우주선(宇宙線)에서 물질을 투과하는 힘이 강한[硬] 성분(成分). ㊦연(軟)성분.

경:세¹ 警世 (타이를 경, 세상 세). 세상(世上) 사람들을 경계(警戒)하여 깨우침. ¶경세의 문장을 썼다.

경세² 經世 (다스릴 경, 세상 세). 세상(世上)을 다스림[經]. ¶경세에 밝다 / 그는 경세의 포부를 가진 사람이었다. ㊥경국(經國).

▸경세-가 經世家 (사람 가). 세상(世上)을 다스리는[經] 사람[家].

▸경세-유표 經世遺表 (남길 유, 밝힐 표). 책명 세상(世上)을 다스리는[經] 방법을 훗날에 남겨[遺] 밝힌[表] 책. 조선 때, 정약용이 주로 관제 개혁과 부국강병 방안을 임금님에게 알리기 위해 지은 것이다.

▸경세-제민 經世濟民 (건질 제, 백성 민). 세상(世上)을 다스리고[經] 백성[民]을 구제(救濟)함. ㊟경제.

▸경세지책 經世之策 (어조사 지, 꾀 책). 세상(世上)을 다스리는[經] 좋은 방책(方策).

▸경세-치용 經世致用 (이를 치, 쓸 용). 역사 학문은 세상(世上)을 다스리고[經] 실생활에 쓸모가[用] 있는[致] 것이어야 한다는 유교의 한 주장.

경솔 輕率 (가벼울 경, 거칠 솔). 언행이 가볍고[輕] 거칢[率]. ¶경솔하게 행동하다. ㊥경망(輕妄), 경박(輕薄). ㊦신중(愼重).

경수¹ 硬水 (단단할 경, 물 수). 화학 딱딱하게

[硬] 느껴지는 천연수(天然水). 물속에 칼슘염과 마그네슘염이 비교적 많이 함유되어 있기 때문이며 일반적으로 경도 20도 이상의 것을 가리킨다. ¶경수라서 비누가 잘 풀리지 않는다. ㊐센물. ㊀연수(軟水).

경수² 輕水 (가벼울 경, 물 수). 중수(重水)에 상대하여 '가벼운[輕] 물[水]'의 뜻으로 보통의 물을 이르는 말. ㊟중수(重水).

▸경수-로 輕水爐 (화로 로). 물리 경수(輕水)를 감속재와 냉각재로 사용하는 원자로(原子爐). ¶경수로를 건설하다.

경-순양함 輕巡洋艦 (가벼울 경, 돌 순, 큰바다 양, 싸움배 함). 군사 소형[輕]의 순양함(巡洋艦). 해양을 순찰하는 업무를 수행하는 군함이다.

경술 庚戌 (천간 경, 개 술). 민속 천간의 '庚'과 지지의 '戌'이 만난 간지(干支). 육십갑자의 마흔일곱째. ¶경술국치(國恥).

경승 景勝 (별 경, 뛰어날 승). 경치(景致)가 뛰어남[勝]. 또는 그런 곳. ¶그 별장 주위의 경승에 도취되었다. ㊐명승(名勝), 승경(勝景), 승치(勝致).

경시 輕視 (가벼울 경, 볼 시). 가볍게[輕] 봄[視]. 대수롭지 않게 여김. ¶인명을 경시하는 풍조가 만연하다. ㊐멸시(蔑視), 무시(無視). ㊀중시(重視).

경시-서 京市署 (서울 경, 저자 시, 관청 서). 역사 고려·조선 때, 서울[京]의 시전(市廛)을 관리, 감독하는 일을 맡아보던 관아[署]. ¶경시서 관원들은 저울과 물건 값을 검사하고 다녔다.

경식 硬式 (단단할 경, 법 식). ① 속뜻 단단한[硬] 공을 사용하는 방식(方式). ¶경식 야구공. ② 운동 야구나 테니스 따위에서, 단단한 공을 사용하여 경기하는 방식. ¶경식 정구(庭球). ㊀연식(軟式).9

▸경식 야:구 硬式野球 (들 야, 공 구). 운동 경구(硬球)를 사용하는 방식(方式)의 야구(野球). ㊀연식 야구(軟式野球).

경신¹ 更新 (고칠 경, 새 신). ① 속뜻 고쳐[更] 새롭게[新] 함. ¶종묘(種苗) 방식을 경신했다. ② 종전의 기록을 깨뜨려 새로운 기록을 세움. ¶기록을 경신하였다. ㊐갱신(更新).

경신² 庚申 (천간 경, 원숭이 신). 민속 천간의 '庚'과 지지의 '申'이 만난 간지(干支). 육십갑자의 쉰일곱째.

▸경신-환국 庚申換局 (바꿀 환, 판 국). ① 속뜻 경신(庚申)년에 정국(政局)의 주도권이 바뀐[換] 사건. ② 역사 조선 숙종 6년(1680)인 경신년에 서인 일파가 남인을 몰아내고 권력을 잡았던 사건. ㊐경신출척(黜陟).

경:신-숭조 敬神崇祖 (공경할 경, 귀신 신, 높을 숭, 조상 조). 신(神)을 공경(恭敬)하고 조상(祖上)을 숭상(崇尙)하는 일. ¶우리나라는 경신숭조의 전통이 있다.

경아 驚訝 (놀랄 경, 맞을 아). 놀랄[驚] 정도로 의아(疑訝)하게 여김. ¶경아한 일이 생겼다.

경악 驚愕 (놀랄 경, 놀랄 악). 깜짝 놀람[驚=愕]. ¶그 소식을 듣고 경악을 금치 못했다.

경:애 敬愛 (공경할 경, 사랑 애). 존경(尊敬)하고 사랑함[愛]. ¶경애하는 신사 숙녀 여러분. ㊐애경(愛敬).

경야 經夜 (지날 경, 밤 야). ① 속뜻 밤[夜]을 지냄[經]. ② 죽은 사람을 장사 지내기 전에 가까운 친척이나 친구들이 관 옆에서 밤을 새워 지키는 일. ¶초상집에서 친구들과 경야하고 왔다.

경-양식 輕洋食 (가벼울 경, 서양 양, 밥 식). 간단한[輕] 서양(西洋)식 요리[食]. ¶부모님을 모시고 경양식을 먹었다.

경:어 敬語 (공경할 경, 말씀 어). 존경(尊敬)의 뜻을 나타내기 위하여 사용하는 말[語]. ¶어른에게 경어를 쓰다. ㊐높임말, 존댓말. ㊀비어(卑語).

경:업 競業 (겨룰 경, 일 업). 경쟁적(競爭的)인 영업(營業). ¶인근에 동업종의 가게가 들어서 경업을 할 수밖에 없었다.

▸경업 금지 競業禁止 (금할 금, 멈출 지). 법률 특정한 사람이 다른 사람의 영업(營業)과 관련하여 부정한 방법으로 경쟁(競爭)하는 것을 금지(禁止)하는 일. 영업 사원은 영업에 관련된 기밀을 잘 알고 있으므로, 자기 또는 다른 사람의 재산으로 영업주의 영업 부류에 속하는 거래를 하지 못하는 일 따위이다. ㊐경업 피지.

▸경업 피지 競業避止 (피할 피, 멈출 지). 법률 특정한 사람이 다른 사람의 영업(營

業)과 관련하여 부정한 방법으로 경쟁(競爭)하는 것을 피(避)하거나 하지 않아야[止] 할 의무. ¶지배인에게는 퇴직 후에 경업 피지의 의무가 있다. ㊐경업 금지.

경역 境域 (지경 경, 지경 역). ① 속뜻 경계(境界)가 되는 구역(區域). ② 경계 안의 지역. ¶산에 오르자 소금강의 경역이 한눈에 들어왔다.

경연¹ 硬軟 (단단할 경, 무를 연). ① 속뜻 굳음[硬]과 무름[軟]. ② 단단함과 부드러움.

경연² 經筵 (책 경, 대자리 연). 역사 임금 앞에서 경서(經書)를 강론하던 자리[筵]. 또는 이를 주최하던 관청. ¶경연이 끝나고 임금과 신하들은 정치 현안들을 협의했다. ㊐경연청(廳), 경유(經帷). ㊂서연(書筵).

경:연³ 慶宴 (기쁠 경, 잔치 연). 경사(慶事)스러운 잔치[宴]. ¶경연의 자리인지라 말다툼은 삼가해야 한다.

경:연⁴ 慶筵 (기쁠 경, 대자리 연). 경사(慶事)스러운 잔치를 벌인 자리[筵]. ¶임금은 경연을 베풀어 군신들을 격려했다.

경:연⁵ 競演 (겨룰 경, 펼칠 연). 연기(演技)나 기능 따위를 겨룸[競]. ¶요리 경연 대회 / 무용 경연 대회.

경:염 競艶 (겨룰 경, 고울 염). 여자들이 모여 서로의 아름다움[艶]을 겨룸[競]. ¶경염 대회에 많은 미녀들이 모였다.

경엽 식물 莖葉植物 (줄기 경, 잎 엽, 심을 식, 만물 물). 식물 뿌리, 줄기[莖], 잎[葉]의 구별이 뚜렷한 식물(植物). ㊐줄기 식물. ㊊엽상(葉狀) 식물.

경엽 식물 硬葉植物 (단단할 경, 잎 엽, 심을 식, 만물 물). 식물 잎[葉]이 작고 단단한[硬] 상록 식물(植物). ¶지중해 지방에서 자라는 계수나무는 대표적인 경엽 식물이다.

경:영¹ 競泳 (겨룰 경, 헤엄칠 영). 운동 일정한 거리를 헤엄쳐[泳] 그 빠르기를 겨룸[競]. 또는 그런 경기. ¶경영 대회에 해마다 참가한다.

경영² 經營 (다스릴 경, 꾀할 영). ① 속뜻 일이나 사람을 다스리어[經] 이익을 꾀함[營]. ② 기업체나 사업체 따위를 관리하여 운영함. ¶기업 경영으로 큰돈을 벌다.

▸ 경영-난 經營難 (어려울 난). 기업이나 사업 따위의 경영(經營)상의 어려움[難]. ¶경영난을 타개하다.

▸ 경영-자 經營者 (사람 자). 경제 기업이나 사업을 관리하고 운영하는[經營] 기관이나 사람[者]. ¶최고 경영자.

▸ 경영-주 經營主 (주인 주). 기업이나 사업 따위를 경영(經營)하는 주인(主人). ¶그 회사는 경영주가 바뀌었다.

▸ 경영-학 經營學 (배울 학). 경제 합리적인 기업 경영(經營) 방법을 연구하는 학문(學問). ¶그는 외국에서 경영학을 수학했다.

경오 庚午 (천간 경, 말 오). 민속 천간의 '庚'과 지지의 '午'가 만난 간지(干支). 육십갑자의 일곱째. ¶경오 년에 삼포에서 왜란이 일어났다.

경옥 硬玉 (단단할 경, 옥돌 옥). ① 속뜻 단단한[硬] 옥(玉). ② 광업 나트륨과 알루미늄을 함유한 규산염 광물. 옥의 한 가지로, 단사 정계에 속하며, 보석으로는 비취(翡翠)라고 한다. ¶경옥으로 보살상을 조각했다. ㊊연옥(軟玉).

경:외¹ 敬畏 (공경할 경, 두려워할 외). 공경(恭敬)하고 두려워함[畏]. ¶신을 경외하다. ㊐외경(畏敬).

경외² 境外 (지경 경, 밖 외). 어떤 경계(境界)의 밖[外]. ¶반란군을 경외로 쫓아냈다. ㊊경내(境內).

⁑경우 境遇 (상태 경, 만날 우). ① 속뜻 어떤 조건이나 상태[境]에 놓이게 됨[遇]. ② 놓여 있는 사정이나 형편. ¶만일의 경우를 대비하다.

경운 耕耘 (밭갈 경, 김맬 운). 농업 논밭을 갈고[耕] 김을 맴[耘]. ㊐경누(耕耨), 누경(耨耕).

▸ 경운-기 耕耘機 (틀 기). ① 속뜻 땅을 갈아[耕] 일구는[耘] 데 쓰이는 농업용 기계(機械). ¶경운기로 밭을 갈다. ② 땅을 갈아엎는 데 쓰는 쟁기, 가래 따위의 농기구를 통틀어 이르는 말. ㊐경간기(耕墾機).

경:운-궁 慶運宮 (기쁠 경, 운수 운, 대궐 궁). 고적 '덕수궁'(德壽宮)의 예전 이름. '경사(慶事)스러운 기운(氣運)이 감도는 궁전(宮殿)'이라는 뜻으로 지은 이름이다.

경:원 敬遠 (공경할 경, 멀 원). ① 속뜻 공경하되[敬] 멀리함[遠]. ② 겉으로는 공경하

는 듯 하나 실제로는 꺼리어 멀리함. ¶그는 바른말만 해대는 통에 사람들에게 경원을 당했다. ㉥경이원지(敬而遠之).

경위[1] **涇渭** (경수 경, 위수 위). ① 속뜻 중국의 경수(涇水)는 항상 흐리고, 위수(渭水)는 항상 맑음. 뚜렷이 구별됨. ②'사리의 옳고 그름과 시비의 분간'을 이르는 말. ¶경위가 분명하다.

경:위[2] **警衛** (지킬 경, 지킬 위). ① 속뜻 지킴[警=衛]. 또는 그렇게 하는 사람. ② 경찰 공무원 계급의 하나. 경감의 아래, 경사의 위이다.

▶경:위-병 警衛兵 (군사 병). 역사 임금을 경위(警衛)하던 병사(兵士).

경위[3] **經緯** (날실 경, 씨실 위). ① 속뜻 직물(織物)의 날실[經]과 씨실[緯]. ② 일이 진행되어 온 과정. ¶사건의 경위를 밝히다. ③ 지리 경도(經度)와 위도(緯度). ④ 지리 경위선(經緯線).

▶경위-서 經緯書 (글 서). 일이 벌어진 경위(經緯)를 적은 서류(書類). ¶이 경위서에는 사건의 전말이 다 기록되어 있다. ㉥시말서(始末書), 전말서(顚末書).

경-위도 經緯度 (날실 경, 씨실 위, 정도 도). 지리 경도(經度)와 위도(緯度).

경-위선 經緯線 (날실 경, 씨실 위, 줄 선). 경선(經線)과 위선(緯線). ¶경위선을 평면에 투영한 도법(圖法). ㊜경위.

경유[1] **經由** (지날 경, 말미암을 유). ① 속뜻 지나거나[經] 말미암음[由]. ② 거쳐 지나감. ¶일본을 경유하여 귀국하다.

경유[2] **輕油** (가벼울 경, 기름 유). 화학 ① 콜타르를 증류할 때, 맨 처음 얻는 가장 가벼운[輕] 기름[油]. ② 석유의 원유를 증류할 때, 등유 다음으로 얻는 기름. 내연 기관의 연료로 쓰인다. ㉥중유(重油).

경음[1] **鯨飮** (고래 경, 마실 음). 고래[鯨]가 물을 마시듯이[飮], 술 따위를 아주 많이 마심. ¶그는 경음을 방불케할 정도로 술을 많이 마셨다.

경음[2] **硬音** (단단할 경, 소리 음). 언어 후두 근육을 긴장하거나 성문(聲門)을 폐쇄했다가 내는 딱딱한[硬] 느낌의 소리[音]. 'ㄲ', 'ㄸ', 'ㅃ', 'ㅆ', 'ㅉ' 따위. ㉥된소리.

▶경음화 현:상 硬音化現象 (될 화, 나타날 현, 모양 상). 언어 예사소리가 안울림소리나 울림소리 뒤에서 된소리[硬音]로 변화(變化)되는 현상(現象). ¶'등불'이 '등뿔'로 발음되는 것은 경음화 현상 때문이다.

경-음악 輕音樂 (가벼울 경, 소리 음, 풍류 악). 음악 악단의 연주에 의한, 가벼운[輕] 기분으로 즐길 수 있는 음악(音樂). ¶라디오에서 경쾌한 경음악이 흘러나왔다.

경:의 敬意 (공경할 경, 뜻 의). 존경(尊敬)의 뜻[意]. ¶선생님께 경의를 표하다. ㉥예의(禮意).

경의-선 京義線 (서울 경, 옳을 의, 줄 선). 교통 서울[京]에서 신의주(新義州)를 잇는 철도선(鐵道線). ¶경의선 열차를 타면 신의주까지 간다.

경이 驚異 (놀랄 경, 다를 이). 놀랍고[驚] 이상(異常)함. ¶자연의 경이 / 경이로운 사건.

▶경이-감 驚異感 (느낄 감). 놀랍고[驚] 이상스러운[異] 느낌[感]. ¶그 그림은 경이감을 불러일으킨다.

▶경이-적 驚異的 (것 적). 놀랍고[驚] 이상스럽게[異] 여길 만한 것[的]. ¶그는 단거리 육상에서 경이적인 기록을 남겼다.

경:이원지 敬而遠之 (공경할 경, 말이을 이, 멀 원, 그것 지). 겉으로는 공경(恭敬)하는 체하면서 실제로는 꺼리어 그[之]를 멀리함[遠]. ㊜경원.

경인[1] **庚寅** (천간 경, 범 인). 민속 천간의 '庚'과 지지의 '寅'이 만난 간지(干支). ¶경인년생은 범띠이다.

경인[2] **京仁** (서울 경, 인천 인). 서울[京]과 인천(仁川)을 아울러 이르는 말. ¶경인 지역.

▶경인-선 京仁線 (줄 선). 교통 서울[京]과 인천(仁川)을 잇는 철도선(鐵道線).

경자 庚子 (천간 경, 쥐 자). 민속 천간의 '庚'과 지지의 '子'가 만난 간지(干支). ¶경자년생은 쥐띠다.

▶경자-자 庚子字 (글자 자). 출판 세종대왕 2년(1420)인 경자(庚子)년에 만든 구리 활자(活字). ¶경자자는 태종 때에 나온 계미자(癸未字)를 개주(改鑄)한 것이다.

경작 耕作 (밭갈 경, 지을 작). 논밭을 갈아[耕] 농사를 지음[作]. ¶유기농법으로 벼를 경작하다. ㉥농경(農耕), 경운(耕耘).

▸경작-권 耕作權 (권리 권). 법률 농민이 농지를 경작(耕作)할 수 있는 권리(權利). ¶농민에게 경작권을 주었다.

▸경작-지 耕作地 (땅 지). 경작(耕作)하는 토지(土地). ¶경작지를 잘 가꾸다. ⓑ농경지(農耕地).

▸경작 한:계지 耕作限界地 (끝 한, 지경 계, 땅 지). ① 속뜻 경작(耕作)할 수 있는 한계(限界)에 다다른 토지(土地). ② 농업 지력(地力)이 낮아서 생산량과 생산비용이 비슷하여 경작 가치가 거의 없는 땅.

경장[1] **更張** (고칠 경, 당길 장). ① 속뜻 거문고의 줄을 고쳐[更] 팽팽하게 당겨 맴[張]. ②정치적·사회적으로 낡은 제도를 고쳐 새롭게 함. ¶구법(舊法)을 경장했다.

경장[2] **輕裝** (가벼울 경, 꾸밀 장). 가볍고[輕] 홀가분한 옷차림[裝]. 또는 그런 차림새. ¶손가방만 들고 경장으로 집을 나섰다.

경재 硬材 (단단할 경, 재목 재). 활엽수에서 얻은 단단한[硬] 목재(木材). 마호가니, 나왕 따위. ¶경재로 만든 옷장. ⓑ경목(硬木).

경:쟁 競爭 (겨룰 경, 다툴 쟁). 서로 앞서거나 이기려고 겨루고[競] 다툼[爭]. ¶치열한 경쟁을 벌이다. ⓑ경합(競合). ⓑ독점(獨占).

▸경:쟁-력 競爭力 (힘 력). 경쟁(競爭)할 만한 힘[力]. 또는 그런 능력. ¶경쟁력을 높이다.

▸경:쟁-률 競爭率 (비율 률). 경쟁(競爭)의 비율(比率). ¶경쟁률이 높다.

▸경:쟁-심 競爭心 (마음 심). 경쟁(競爭)에서 이기려는 마음[心].

▸경:쟁-자 競爭者 (사람 자). 서로 다투는[競爭] 상대자(相對者). ¶경쟁자를 물리치다. ⓑ맞수, 라이벌(rival).

▸경:쟁-적 競爭的 (것 적). 서로 앞서거나 이기려고 다투는[競爭] 것[的]. ¶경쟁적으로 물건을 사들이다.

▸경:쟁 가격 競爭價格 (값 가, 이를 격). 경제 ①수요와 공급 간의 경쟁(競爭)에 따라 이루어지는 가격(價格). ⓑ균형(均衡) 가격. ⓑ독점(獨占) 가격. ②경쟁 입찰에서의 가격.

경:적 警笛 (타이를 경, 피리 적). 위험을 알리거나 경계(警戒)를 위하여 울리는 고동[笛]. 또는 그 소리. ¶자동차 경적. ⓑ호각(號角), 사이렌(siren).

경적-필패 輕敵必敗 (가벼울 경, 원수 적, 반드시 필, 패할 패). 적(敵)을 가벼이[輕] 보면, 반드시[必] 패배(敗北)함. ¶경적필패이니 적의 동태를 잘 살펴야 한다.

경전[1] **耕田** (밭갈 경, 밭 전). 논밭[田]을 갊[耕]. 또는 그 논. ¶아버지에게 경전하는 법을 배웠다. ⓑ경운(耕耘).

경전[2] **經典** (책 경, 법 전). ① 속뜻 경서(經書)나 법전(法典)같이 중요한 책. ②성현이 짓거나 성현의 말이나 행실을 적은 책. ③종교의 교리를 적은 책. ¶유교(儒敎) 경전.

경전[3] **經傳** (책 경, 전할 전). ① 속뜻 경서(經書)와 경서를 주석한[傳] 책. ②유학의 성현들이 남긴 책. '성경현전'(聖經賢傳)의 준말. ⓑ경서(經書).

경-전철 輕電鐵 (가벼울 경, 전기 전, 쇠 철). 교통 수송량과 운행 거리가 기존 지하철의 절반 정도 수준인 경량(輕量) 전철(電鐵).

경정 更定 (고칠 경, 정할 정). 한번 정했던 것을 고치어[改] 다시 정(定)함. ¶경정된 요금 / 경정 전시과(田柴科)를 시행하다.. ⓑ개정(改定).

경정[1] **更訂** (고칠 경, 바로잡을 정). 책의 내용 따위를 고쳐[更] 바로 잡음[訂]. ¶초판본을 경정하여 증보판을 냈다. ⓑ교정(校正).

경:정[2] **敬呈** (공경할 경, 드릴 정). 공경(恭敬)하는 마음으로 드림[呈]. ¶스승님께 이 책을 경정했다.

경정[3] **更正** (고칠 경, 바를 정). ① 속뜻 잘못된 내용을 고쳐[更] 바로[正] 함. ② 법률 납세 의무자의 신고가 없거나 신고액이 너무 적을 때 정부가 과세 표준과 과세액을 변경하는 일. ⓑ개정(改正).

▸경정 예:산 更正豫算 (미리 예, 셀 산). 경제 예산이 확정된 후에 경비의 총액을 늘리지 않는 범위에서 내용이 변경된[更正] 예산(豫算).

경-정맥 頸靜脈 (목 경, 고요할 정, 줄기 맥). 의학 목[頸] 부분에 분포하는 정맥(靜脈). 내경정맥과 외경정맥이 있으며, 머리와 얼굴의 혈액을 모아 심장으로 보내는 역할을 한다. ⓑ목정맥.

⁑경제 經濟 (다스릴 경, 건질 제). ① 속뜻 세상을 다스리고[經] 백성을 구제(救濟)함.

'경세제민'(經世濟民)의 준말. ¶영조는 경제를 위해 제도를 개혁했다. ② 경제 인간이 공동생활을 하는 데에 필요한 재화를 획득·이용하는 활동 및 이를 통하여 이루어지는 사회관계. ¶자본주의 경제 / 경제가 회복되다. ③비용이나 시간 따위를 적게 들이는 일. ¶노력 경제의 원칙에 따라 비용이 적게 드는 방법을 택했다.

▸**경제-권** 經濟圈 (범위 권). 경제 국제적·국내적으로 경제(經濟) 활동이 뚜렷하게 교류하는 일정한 지역 범위[圈]. ¶동아시아 경제권. ¶'친디아'는 중국과 인도를 하나의 경제권으로 묶어 부르는 용어이다.

▸**경제-권** 經濟權 (권리 권). 경제 경제(經濟) 행위를 맡아서 다루는 권리(權利). ¶우리 집의 경제권은 아버지가 쥐고 있다.

▸**경제-난** 經濟難 (어려울 난). 경제(經濟)상의 어려움[難]. ¶경제난을 극복하기 위해 개방정책을 폈다.

▸**경제-란** 經濟欄 (칸 란). 신문 따위에서, 경제(經濟)에 관한 기사를 싣는 칸[欄]. ¶수출액이 사상 최고치를 달성한 기사가 경제란에 실렸다.

▸**경제-력** 經濟力 (힘 력). 경제 개인이나 국가가 지닌 경제적(經濟的)인 힘[力]. ¶막강한 경제력을 이용해 이웃 나라를 지배하였다.

▸**경제-림** 經濟林 (수풀 림). 경제(經濟) 활동을 목적으로 가꾸는 산림(山林). 주로 임산물(林産物)을 사용하거나 이를 이용해 수익을 얻는다. ㊥공용림(供用林).

▸**경제-면** 經濟面 (쪽 면). 신문 따위에서, 경제(經濟)에 관한 기사를 싣는 지면(紙面). ¶석유 파동에 관련된 기사가 경제면을 온통 덮고 있다.

▸**경제-범** 經濟犯 (범할 범). 법률 경제적(經濟的)인 법익(法益)을 침해한 범죄(犯罪). 또는 그 범인. '경제 사범'(事犯)의 준말. ¶그는 고의로 부도를 냈다가 경제범으로 몰렸다.

▸**경제-성** 經濟性 (성질 성). 경제적(經濟的) 측면에서 본 합리성(合理性). ¶경제성이 있어야 우수한 엔진이다.

▸**경제-재** 經濟財 (재물 재). 경제 경제적(經濟的) 가치가 있으며 경제 행위의 대상이 되는 재화(財貨). ㉫자유재(自由財).

▸**경제-적** 經濟的 (것 적). ① 속뜻 경제(經濟)에 관한 것[的]. ②금전상의 융통에 관계되는 것. ③비용이나 노력 따위가 더 적게 드는 것. ¶대중교통을 이용하면 경제적이다.

▸**경제-학** 經濟學 (학문 학). 경제 경제(經濟) 현상을 대상으로 하여 생산과 교환, 분배와 소비 등의 법칙을 연구하는 학문(學問). ㊥이재학(理財學).

▸**경제-문감** 經濟文鑑 (글월 문, 볼 감). ① 속뜻 경국제세(經國濟世)를 위해 지은 책[文鑑]. ② 책명 조선 초기, 정도전이 쓴 조선왕조의 정치체제에 대한 초안. 재상 중심의 중앙집권체제를 주장하였다.

▸**경제 수역** 經濟水域 (물 수, 지경 역). 지리 경제적(經濟的) 목적으로 보유·관할하고 있는 수역(水域). 연안국이 생물 자원 및 해저자원 등을 소유한다. ¶경제 수역은 연안으로부터 200해리까지이다.

▸**경제-육전** 經濟六典 (여섯 륙, 책 전). ① 속뜻 경국제세(經國濟世)를 위한 육조(六曹)의 법전(法典). ② 책명 조선 태조 6년(1397)에 반포된 국가의 법전. 육전(六典)의 형식을 갖추어 만든 것으로, 정도전 조준 등이 지었다고 한다.

경:조[1] **敬弔** (공경할 경, 위문할 조). 죽은 이를 존경(尊敬)하는 마음으로 조의(弔意)를 표함. ¶많은 학자들이 찾아와 고인을 경조했다. ㊥근조(謹弔).

경:조[2] **慶弔** (기쁠 경, 위문할 조). 경축(慶祝)할 일과 조문(弔問)할 일.

▸**경조-사** 慶弔事 (일 사). 경사(慶事)스러운 일과 불행한[弔] 일[事]. ¶집안의 경조사를 챙기다.

경:조[3] **競漕** (겨룰 경, 실어 나를 조). 운동 조정(漕艇)으로 빠르기를 겨루는 경기(競技). ㊥조정.

경:종[1] **警鐘** (타이를 경, 쇠북 종). ① 속뜻 경계(警戒)의 뜻으로 치는 종(鐘). ②'주의나 충고'를 비유하여 이르는 말. ¶그 사건은 우리 사회에 경종을 울렸다.

경종[2] **耕種** (밭갈 경, 심을 종). 논밭을 갈고[耕] 씨를 뿌리거나[種] 모를 내어 가꿈. ¶전통적인 경종 양식 / 이 지역에서는 쌀과 보리를 경종했다.

▸**경종 방식** 耕種方式 (방법 방, 꼴 식).

농업 경종(耕種)하는 방식(方式). 작물의 선택이나 배치, 재배 순서 등을 자연이나 경제적 조건에 맞추어 정하는 것으로, 화전식(火田式), 혼작식(混作式), 체대식(遞代式) 따위가 있다.

경죄 輕罪 (가벼울 경, 허물 죄). 가벼운[輕] 죄(罪). ¶경죄라고 하더라도 죄를 지으면 안 된다. ㊥박죄(薄罪). ㊥중죄(重罪).

경주¹ 傾注 (기울 경, 부을 주). ① 속뜻 액체가 들어 있는 그릇 따위를 기울여[傾] 부음[注]. ②정신이나 힘을 한곳에만 기울임. ¶국가 발전에 온 힘을 경주하다.

경:주² 競走 (겨룰 경, 달릴 주). 일정한 거리를 달려[走] 그 빠르기를 겨루는[競] 운동. ¶100미터 경주.

경:중¹ 敬重 (공경할 경, 무거울 중). 공경(恭敬)하여 소중(所重)히 여김. ¶그 분은 제가 경중하는 인물입니다.

경중² 輕重 (가벼울 경, 무거울 중). ① 속뜻 가벼움[輕]과 무거움[重]. 또는 그 정도. ② 중요한 것과 중요하지 않은 것. ¶사건의 경중을 따지다.

경증¹ 輕症 (가벼울 경, 증세 증). 가벼운[輕] 병의 증세(症勢). ¶경증 환자. ㊥중증(重症).

경증² 驚症 (놀랄 경, 증세 증). 말이나 나귀가 잘 놀라는[驚] 성질[症]. ¶유아들은 경증이 심하다.

***경지¹ 耕地** (밭갈 경, 땅 지). 경작(耕作)하는 토지(土地). '경작지'(耕作地)의 준말. ¶경지 정리 / 경지 이용률이 높다.

경지² 境地 (지경 경, 땅 지). ① 속뜻 경계(境界) 안의 땅[地]. ②자신의 특성과 연구로 이룩한 독자적 방식이나 세계. ¶수필문학의 새로운 경지를 열다. ③어떠한 단계에 이른 상태. ¶해탈의 경지에 도달하다.

경직¹ 京職 (서울 경, 일 직). 역사 조선 때, 서울[京]에 있던 여러 관아의 관직(官職)을 통틀어 이르던 말. '경관직'(京官職)의 준말.

경직² 硬直 (단단할 경, 곧을 직). ① 속뜻 몸 따위가 굳어서[硬] 꼿꼿해짐[直]. ¶근육 경직. ②생각이나 태도 등이 매우 딱딱함. ¶경직된 분위기. ㊥강직(強直). ㊥유연(柔軟).

경진¹ 庚辰 (천간 경, 용 진). 민속 천간의 '庚'과 지지의 '辰'이 만난 간지(干支). 육십갑자의 열일곱째. ¶경진 년생은 용띠이다.

경:진² 競進 (겨룰 경, 나아갈 진). ① 속뜻 서로 다투어[競] 앞으로 나아감[進]. ②생산품이나 제품 따위의 우열을 겨룸.

경진³ 輕震 (가벼울 경, 떨 진). ① 속뜻 가벼운[輕] 지진(地震). ② 지리 진도 2의 약한 지진. 일반 사람들이 몸으로 느낄 수 있으며, 창문이 약간 흔들릴 정도이다. ㊟미진(微震), 약진(弱震), 중진(中震), 강진(強震), 열진(烈震), 격진(激震).

경질¹ 更迭 (고칠 경, 갈마들 질). 어떤 직위에 있는 사람을 갈아내고[迭] 다른 사람으로 바꿈[更]. ¶장관을 경질하다.

경질² 硬質 (단단할 경, 바탕 질). 단단하고 굳은[硬] 성질(性質). ¶경질의 나무로 만든 장롱. ㊥연질(軟質).

▸**경질 도기 硬質陶器** (질그릇 도, 그릇 기). 공업 경도(硬度)가 높은 성질(性質)의 도기(陶器). 높은 열로 구워 만든다. ¶경질 도기로 만든 욕조. ㊥장석질(長石質) 도기.

▸**경질 유리 硬質琉璃** (유리 류, 유리 리). 보통 유리보다 경도(硬度)가 높은 성질(性質)의 유리(琉璃). 화학 실험용, 전기용으로 많이 쓰인다.

▸**경질 자:기 硬質瓷器** (사기그릇 자, 그릇 기). 공업 경도(硬度)가 높은 성질(性質)의 만든 자기(瓷器). 높은 열로 굽고 잿물을 발라 다시 굽기 때문에 매우 단단하다. ¶경질 자기로 만든 식기. ㊥장석질(長石質) 자기.

***경:찰 警察** (타이를 경, 살필 찰). ① 속뜻 경계(警戒)하여 살핌[察]. ② 법률 국가 사회의 공공질서와 안녕을 보장하고 국민의 안전과 재산을 보호하는 일. 또는 그 일을 하는 조직. ¶경찰에 신고하다. ③'경찰서'의 준말. ④'경찰관'의 준말.

▸**경:찰-관 警察官** (벼슬 관). 법률 경찰(警察) 업무에 종사하는 관직(官職). ¶우리 할아버지는 대한민국 초기의 경찰관이셨다. ㊟경관. ㊥경찰 공무원(公務員), 순경(巡警).

▸**경:찰-서 警察署** (관청 서). 법률 경찰(警察) 사무를 맡아보는 관청[署]. ¶강도가 경찰서로 연행되었다.

▶경ː찰 국가 警察國家 (나라 국, 집 가). [정치] 통치권자가 경찰권(警察權)을 마음대로 행사하여 국민 생활을 감시하고 통제하는 국가(國家). ¶17세기 유럽의 여러 나라는 경찰 국가를 표방하였다. [참]법치 국가(法治國家).

경창¹ 京倉 (서울 경, 창고 창). ① [속뜻] 서울[京]에 둔 창고(倉庫). ② [역사] 조선 시대에 둔, 서울 한강 가에 있던 각종 관곡(官穀) 창고. 지방에서 수송해 오는 세곡(稅穀)과 공물을 저장하였다. ¶전라도에서 올라온 쌀을 경창에 수납해두었다.

경창² 京唱 (서울 경, 부를 창). [음악] 국악에서, 특별히 서울[京]에서 많이 부르던 노래[唱]나 곡조를 이르는 말.

경ː창³ 競唱 (겨룰 경, 부를 창). 노래[唱] 솜씨를 겨룸[競].

경척 鯨尺 (고래 경, 자 척). ① [속뜻] 고래[鯨]의 뼈로 만든 자[尺]. ②재봉용 자의 한 가지. 길이는 약 37.88㎝이다.

경ː천 敬天 (공경할 경, 하늘 천). 하늘[天]을 공경(恭敬)함. ¶천도교에서는 경천, 경인(敬人), 경물(敬物)을 삼경(三敬)이라 한다.

▶경ː천-근민 敬天勤民 (부지런할 근, 백성 민). 하늘[天]을 공경(恭敬)하고 백성[民]을 위해 부지런히[勤] 힘씀. ¶이 지역을 위해 경천근민하겠습니다.

▶경ː천-애인 敬天愛人 (사랑 애, 사람 인). 하늘[天]을 공경[敬]하고 사람[人]을 사랑함[愛]. ¶경천애인을 좌우명으로 삼았다.

경천-동지 驚天動地 (놀랄 경, 하늘 천, 옮길 동, 땅 지). ① [속뜻] 하늘[天]을 놀래키고[驚] 땅[地]을 옮겨놓음[動]. ②세상을 크게 놀라게 함을 비유하여 이르는 말. ¶경천동지할 사건이 벌어졌다. [준]경천.

경천-위지 經天緯地 (날실 경, 하늘 천, 씨실 위, 땅 지). ① [속뜻] 하늘[天]을 세로[經]로 나누고, 땅[地]을 가로[緯]로 나눔. ②온 천하를 조직적으로 잘 계획하여 다스림.

경ː철¹ 鏡鐵 (거울 경, 쇠 철). ① [속뜻] 절단면이 거울[鏡]처럼 빛나는 철(鐵). ② [화학] 13~30%의 망간을 함유하고 있는 선철(銑鐵).

경철² 輕鐵 (가벼울 경, 쇠 철). [교통] 기관차와 차량이 작아 가볍고[輕] 궤도가 좁은 철도(鐵道). '경편 철도'(輕便鐵道)의 준말.

경첩¹ 勁捷 (굳셀 경, 날랠 첩). 굳세고[勁] 날래다[捷]. ¶경첩한 배를 몰고 전장에 나섰다.

경첩² 輕捷 (가벼울 경, 날랠 첩). 움직임이 가뿐하고[輕] 재빠르다[捷]. ¶경첩한 발걸음.

경ː청¹ 敬請 (공경할 경, 부탁할 청). 삼가 공경(恭敬)하는 마음으로 부탁함[請]. ¶저의 경청을 받아주십시오.

경ː청² 敬聽 (공경할 경, 들을 청). 공경(恭敬)하는 마음으로 들음[聽]. ¶선생님의 말씀을 경청했다.

경청³ 傾聽 (기울 경, 들을 청). 귀를 기울여[傾] 주의해 들음[聽]. 귀담아 들음. ¶그의 연설을 경청하다. [비]동청(動聽), 정청(靜聽), 제청(諦聽).

경추 頸椎 (목 경, 등뼈 추). [의학] 척추의 맨 윗부분인 목[頸] 부분에 있는 등뼈[椎]. ¶모든 포유류의 경추는 7개이다. [비]목등뼈.

경ː축 慶祝 (기쁠 경, 빌 축). 경사(慶事)로운 일을 축하(祝賀)함. ¶광복절 경축 행사 / 개교 50주년을 경축하다.

⁑경치 景致 (볕 경, 이를 치). ① [속뜻] 볕[景]이 듦[致]. ②자연의 아름다운 모습. ¶경치가 좋다. [비]경광(景光), 풍경(風景).

경칩 驚蟄 (놀랄 경, 숨을 칩). 겨울잠을 자던[蟄] 벌레, 개구리 따위가 깨어 놀라[驚] 꿈틀거리기 시작한다는 절기(節氣). 우수(雨水)와 춘분(春分) 사이에 있는 절기. 양력 3월 5일경이다.

경ː칭 敬稱 (공경할 경, 일컬을 칭). ① [속뜻] 존경(尊敬)하여 일컬음[稱]. ¶어른께는 경칭을 써야 한다. ②이름이나 관직명 따위에 붙여 그 사람에 대한 경의를 나타내는 말. [비]존칭(尊稱). [반]비칭(卑稱).

경쾌 輕快 (가벼울 경, 기쁠 쾌). ① [속뜻] 마음이 가뜬하고[輕] 기쁨[快]. ②몸놀림이 가볍고 날래다. ¶경쾌한 걸음.

경ː탄¹ 敬歎 (=敬嘆, 공경할 경, 감탄할 탄). 공경(恭敬)하고 탄복(歎服)함. ¶그의 성공담에 경탄을 금하지 못하였다.

경탄² 驚歎 (놀랄 경, 감탄할 탄). 몹시 놀라

[驚] 감탄(感歎)함. ¶나는 자연의 아름다움에 경탄했다.

경토 耕土 (밭갈 경, 흙 토). 농업 ① 경작(耕作)하기에 적당한 땅[土]. ¶경토의 질이 좋은 곳에 배추를 심었다. ② 토질이 부드러워 갈고 맬 수 있는 땅 표면의 흙. ¶경토를 가는 작업을 하다. ㊥작토(作土), 표토(表土).

경:통 鏡筒 (거울 경, 대롱 통). 현미경이나 망원경 따위에서 접안렌즈와 대물렌즈의 두 개의 렌즈[鏡]를 연결하는 통(筒). ¶망원경의 경통을 진공으로 만들었다.

경판 經板 (책 경, 널빤지 판). 책으로 만들기 위하여 불경(佛經)을 새긴 판(板). ¶해인사에는 팔만대장경 경판이 소장되어 있다.

경:포-대 鏡浦臺 (거울 경, 개 포, 돈대 대). 고적 강원도 강릉시 경포(鏡浦) 호수의 북쪽에 있는 조선시대 누대(樓臺). 관동 팔경의 하나.

경:품 景品 (볕 경, 물건 품). ① 속뜻 햇볕[景]의 그림자같이 곁들여 주는 물건[品]. ② 상품에 곁들여 고객에게 거저 주는 물건. ¶경품을 나누어 주다. ③ 제비를 뽑거나 하여 선물로 거저 주는 물건. ¶경품을 추첨하다

▸ 경:품-권 景品券 (문서 권). 경품(景品)을 탈 제비를 뽑는 표[券]. ¶5만 원 이상 구입자에게 경품권을 드립니다. ㊥복권(福券).

경풍[1] 輕風 (가벼울 경, 바람 풍). ① 속뜻 가볍게[輕] 솔솔 부는 바람[風]. ② 지리 풍력 계급 2의 바람. 초속 1.6~3.3미터로 불며, 얼굴에 바람이 느껴지고 나뭇잎이 살랑일 정도의 바람이다. ㊥남실바람.

경풍[2] 驚風 (놀랄 경, 바람 풍). 한의 어린아이에게 나타나는 증상의 하나로, 풍(風)으로 인해 갑자기 놀란[驚] 듯 의식을 잃고 경련하는 병증. ¶경풍 들린 아이처럼 발작을 일으키다.

경피 감:염병 經皮感染病 (지날 경, 가죽 피, 느낄 감, 물들일 염, 병 병). 피부(皮膚)를 통하여[經] 병원체가 들어가 감염(感染)되는 병(病).

경:하[1] 敬賀 (공경할 경, 축하할 하). 공경(恭敬)하여 축하(祝賀)함. ¶제자의 경하를 받아 주십시오.

경:하[2] 慶賀 (기쁠 경, 축하할 하). 경사(慶事)스러운 일을 축하(祝賀)함. ¶경하의 말을 하다. ㊥경축(慶祝).

경학 經學 (책 경, 배울 학). ① 속뜻 경서(經書)를 연구하는 학문(學問). ② 유교(儒教)의 정통 학문. ¶경학은 한나라 때에 발생했다.

경:합 競合 (겨룰 경, 싸울 합). ① 속뜻 겨루어[競] 맞서 싸움[合]. ② 법률 동일한 대상에 대하여 같은 효력을 가지는 권리 따위가 중복되는 일. ¶올림픽을 유치하기 위해 두 도시가 경합했다. ㊥경쟁(競爭).

▸ 경:합-범 競合犯 (범할 범). ① 속뜻 경합(競合)되는 범죄(犯罪). ② 법률 판결이 확정되지 않은 몇 가지의 죄. 또는 판결이 확정된 죄와 그 판결 확정 전에 지은 죄. ㊥경합죄(競合罪).

경향[1] 京鄉 (서울 경, 시골 향). 서울[京]과 시골[鄉]. ¶경향에 널리 이름을 떨치다. ㊥경외(京外), 도비(都鄙).

경향[2] 傾向 (기울 경, 향할 향). 어떤 방향(方向)으로 기울어[傾] 쏠림. 또는 그런 방향. ¶그는 통계수치를 과신하는 경향이 있다.

▸ 경향-극 傾向劇 (연극 극). 어떤 주의(主義)나 사상을 선전하여 독자들을 그 경향(傾向)으로 이끌고자 상연하는 연극(演劇). 흔히 사회주의적인 연극을 이른다.

▸ 경향 문학 傾向文學 (글월 문, 배울 학). 어떤 주의(主義)나 사상을 선전하여 독자들을 그 경향(傾向)으로 이끌고자 하는 문학(文學). 흔히 사회주의적인 문학을 이른다.

▸ 경향 소:설 傾向小說 (작을 소, 말씀 설). 어떤 주의(主義)나 사상을 선전하여 독자들을 그 경향(傾向)으로 이끌고자 하는 소설(小說).

⁑경험 經驗 (지날 경, 겪을 험). 자신이 실제로 해 보거나[經] 겪어봄[驗]. 또는 거기서 얻은 지식이나 기능. ¶경험을 쌓다 / 다양한 경험을 하다. ㊥체험(體驗). ㊦관념(觀念), 사변(思辨).

▸ 경험-담 經驗談 (이야기 담). 몸소 겪어 본 [經驗] 이야기[談]. ¶그는 극지 탐험의 경험담을 늘어놓았다. ㊥체험담(體驗談).

▸ 경험-론 經驗論 (논할 론). 철학 경험(經驗)을 중요시하는 견해나 주의[論]. ¶로크는 경험론을 주창했다.

▸ 경험-적 經驗的 (것 적). 경험(經驗)으로

얻은 지식이나 인상을 중시하는 것[的]. ¶그는 경험적 방법과 신학적 사변을 양립시켰다.

경혈 經穴 (날실 경, 구멍 혈). 한의 한방의 경락(經絡)에 있는 구멍[穴]. ¶침으로 경혈(經穴)에 자극을 주었다. ⓑ공혈(孔穴), 기혈(氣穴).

경협 經協 (다스릴 경, 합칠 협). ① 속뜻 국제 간의 경제적(經濟的) 협력(協力). ② 경제 '경제 협력'(經濟協力)의 준말. 선진국이 약소국이나 개발도상국에 대하여 자본이나 기술을 무상 또는 유상으로 주는 일. ¶양국에 경협 기구를 설치했다. ⓑ경제 원조(經濟援助).

경:호 警護 (지킬 경, 돌볼 호). 지켜주어[警] 보호(保護)함. ¶경찰이 증인을 경호했다.

▸경:호-원 警護員 (사람 원). 다른 사람의 신변의 안전을 돌보는[警護] 일을 임무로 하는 사람[員]. ¶대통령 경호원.

경화[1] 京華 (서울 경, 빛날 화). ① 속뜻 서울[京]의 번화(繁華)함. ② 번화한 서울.

경화[2] 硬貨 (단단할 경, 돈 화). ① 속뜻 금속[硬]으로 주조한 화폐(貨幣). ② 경제 금이나 외국의 통화와 항시 바꿀 수 있는 통화. ⓑ교환 가능 통화(交換可能通貨). ⓟ연화(軟貨).

경화[3] 硬化 (단단할 경, 될 화). 단단하게[硬] 됨[化]. ¶근육이 경화되었다. ⓟ연화(軟化).

▸경화-증 硬化症 (증세 증). 의학 몸의 조직이나 기관이 비정상적으로 단단하게[硬] 변화(變化)하는 병증(病症). ¶동맥 경화증.

경:화-수월 鏡花水月 (거울 경, 꽃 화, 물 수, 달 월). ① 속뜻 거울[鏡]에 비친 꽃[花]과 물[水]에 비친 달[月]. ② '눈으로 볼 수 있으나 잡을 수는 없는 것'을 비유하여 이르는 말. ¶이 시는 경화수월 같은 미묘한 정취를 준다.

경-환자 輕患者 (가벼울 경, 병 환, 사람 자). 가벼운[輕] 질환(疾患)에 걸린 사람[者]. ⓟ중환자(重患者).

경황[1] 景況 (볕 경, 상황 황). ① 속뜻 햇볕[景]을 쏘일 여유나 형편[況]. ② 정신적·시간적 여유 또는 형편. ¶너무 바빠서 인사할 경황도 없었다.

경황[2] 驚惶 (놀랄 경, 두려워할 황). 놀라고[驚] 두려워함[惶]. ¶상감을 보고 경황해서 바닥에 엎드렸다 / 경황실색(失色).

경:회-루 慶會樓 (기쁠 경, 모일 회, 다락 루). 고적 경복궁 서쪽 연못 안에 있는 누각. 임금과 신하가 경사(慶事)스런 날에 모여[會] 잔치하던 누각(樓閣)이다.

계:가 計家 (셀 계, 집 가). 바둑을 다 둔 뒤에, 집[家] 수를 계산(計算)하는 일. ¶둘은 대국을 마치고 계가해 보았다.

계:간[1] 季刊 (계절 계, 책 펴낼 간). 잡지 따위를 철[季] 마다 발간(發刊)함. 또는 그 간행물. ¶계간 학술지.

계간[2] 溪澗 (시내 계, 산골물 간). 산골짜기[澗]에 흐르는 시냇물[溪]. ¶계간을 따라 올라가면 큰 폭포가 나온다. ⓑ계류(溪流).

▸계간 공사 溪澗工事 (장인 공, 일 사). 건설 계간(溪澗)의 침식을 방지하기 위해 양쪽 기슭을 고정하는 공사(工事). ¶장마가 오기 전에 계간 공사를 마쳐야한다.

계:고[1] 啓告 (아뢸 계, 알릴 고). 윗사람에게 의견을 여쭈고[啓] 사정을 알림[告]. 또는 이러한 글이나 말. ⓑ상신(上申).

계:고[2] 戒告 (경계할 계, 알릴 고). 법률 ① 행정상의 의무 이행을 재촉하는[戒] 행정 기관의 통고(通告). ② 공무원의 의무 위반에 대한 징계 처분.

▸계:고-장 戒告狀 (문서 장). 법률 행정상의 의무 이행을 촉구하는[戒告] 문서[狀].

계곡 溪谷 (시내 계, 골짜기 곡). 시냇물[溪]이 흐르는 골짜기[谷]. ¶계곡에서 물놀이를 하다가 사고를 당했다.

계:-곡선 計曲線 (셀 계, 굽을 곡, 줄 선). ① 속뜻 등고선을 쉽게 셀[計] 수 있도록 나타낸 곡선(曲線). ② 지리 등고선 가운데 읽기 쉽게 하기 위하여 굵은 실선으로 나타낸 것. 축척 1대 5만 지형도에서는 높이 100미터마다 그리는 것이 그 예다. ⓒ주곡선(主曲線), 간곡선(間曲線), 조곡선(助曲線).

계:관[1] 桂冠 (계수나무 계, 갓 관). 계수나무[桂] 가지로 엮어 만든 관(冠). '월계관'(月桂冠)의 준말.

▸계:관 시인 桂冠詩人 (시 시, 사람 인). ① 속뜻 월계관(月桂冠)을 쓴 시인(詩人). ②

영국 왕실이 영국의 가장 뛰어난 시인에게 내리는 명예 칭호. 고대 그리스와 로마시대에 명예의 상징으로 월계관을 씌워준 데서 유래. ㊥계관 시종(詩宗).

계:관[2] **鷄冠** (닭 계, 갓 관). ① 속뜻 닭[鷄]의 볏[冠]. ② 식물 계관화(鷄冠花).

▸ 계관-석 鷄冠石 (돌 석). 광업 닭[鷄] 벼슬[冠]처럼 생긴 붉은색의 광석(鑛石). 그림의 채료(彩料)로 쓴다.

▸ 계관-화 鷄冠花 (꽃 화). ① 속뜻 닭[鷄] 벼슬[鷄冠]처럼 생긴 꽃[花]. ② 식물 비름과의 한해살이풀. 높이가 90cm 정도이며 7~8월에 닭의 볏 모양으로 꽃이 핀다. ㊥맨드라미.

계:교[1] **計巧** (꾀 계, 약을 교). 이리저리 생각하여 짜낸 공교(工巧)로운 꾀[計]. ¶계교를 부리다.

계:교[2] **計較** (셀 계, 견줄 교). 비교하고 헤아려[計] 견주어[較] 봄. ¶여러 방안을 계교해 본 뒤 결정해도 늦지 않다. ㊥교계(較計).

계구우후 鷄口牛後 (닭 계, 입 구, 소 우, 뒤 후). ① 속뜻 닭[鷄]의 부리[口]가 될지언정 소[牛]의 꼬리[後]는 되지 않겠음. ② '큰 집단의 말석보다는 작은 집단의 우두머리가 나음'을 비유하여 이르는 말.

*__계급 階級__ (섬돌 계, 등급 급). ① 속뜻 지위나 관직 등의 품계(品階)나 등급(等級). ¶한 계급 승진하다. ② 신분이나 직업, 재산 등이 비슷한 사람들로 이루어지는 사회적 집단. 또는 그것을 기준으로 구분되는 계층. ¶계급 간의 갈등이 심하다. ③ '계급장'의 준말.

▸ 계급-장 階級章 (글 장). 조직에서 계급(階級)을 나타내기 위하여 다는 표장(標章). ¶소위(少尉) 계급장을 달았다.

▸ 계급 국가 階級國家 (나라 국, 집 가). 사회 국가의 권력과 기능은 일부 지배 계급(階級)의 이익을 위해 존재한다고 보는 국가관(國家觀).

▸ 계급 문학 階級文學 (글월 문, 배울 학). 문학 특정 계급(階級)의 세계관을 반영한 문학(文學). 특별히 노동자, 농민 등 무산계급의 해방을 목적으로 삼는 계몽적 성격의 문학을 일컫는다. ¶그는 계급 문학의 대표 작가이다.

*__계:기__[1] **契機** (맺을 계, 실마리 기). 어떤 결과를 맺게[契] 된 실마리[機]. ¶불의 발견은 인류 진화의 계기가 되었다. ㊥원인(原因), 동기(動機).

계:기[2] **計器** (셀 계, 그릇 기). 길이, 면적, 무게, 양, 온도, 속도, 시간 따위를 재는[計] 기계나 기구(器具). ¶고도의 계기를 장치한 비행기. ㊥계측기(計測器).

▸ 계:기 비행 計器飛行 (날 비, 다닐 행). 항공 항공기가 계기(計器)에만 의존하여 비행(飛行)하는 일. ㊥맹목(盲目) 비행.

▸ 계:기 속도 計器速度 (빠를 속, 정도 도). 항공 항공기의 계기(計器)에 나타난 속도(速度).

계:녀-가 戒女歌 (경계할 계, 딸 녀, 노래 가). ① 속뜻 시집 보낼 딸[女]에게 훈계(訓戒)하는 노래[歌]. ② 문학 나이 찬 딸의 출가를 앞두고 여자의 규범이 될 만한 이야기를 어머니가 자신의 시집살이 경험과 결부시켜 노래한 내용의 가사. 작자·연대 미상.

계:단[1] **戒壇** (경계할 계, 단 단). 불교 계(戒)를 주는 의식이 이루어지는 단(壇).

*__계단__[2] **階段** (섬돌 계, 층계 단). ① 속뜻 오르내리기 편하도록 건물이나 비탈에[階] 만든 층계[段]. ¶계단을 내려가다. ② 일을 하는 데 밟아야 할 순서. ㊥층계(層階), 단계(段階).

▸ 계단-만 階段灣 (물굽이 만). 지리 침강 등의 원인으로 바다 밑이 계단(階段) 모양으로 된 만(灣). ㊥함몰만(陷沒灣).

▸ 계단-석 階段席 (자리 석). 계단(階段) 모양으로 뒤로 갈수록 높아지게 만든 좌석(座席). ¶계단석이 있는 강당.

▸ 계단-식 階段式 (법 식). ① 속뜻 계단(階段) 모양을 본뜬 방식(方式). ¶계단식 밭. ② 한 계단 한 계단씩 어떤 차례를 밟아서 하는 방식. ¶계단식 학습법.

▸ 계단 경작 階段耕作 (밭갈 경, 지을 작). 농업 비탈진 땅에 계단(階段)처럼 논밭을 만들어 농사짓는[耕作] 일. ¶이 계곡 일대에는 계단경작이 발달했다.

▸ 계단 농업 階段農業 (농사 농, 일 업). 농업 비탈진 땅에 계단(階段)처럼 논밭을 만들어 하는 농업(農業).

▸ 계단 단:층 階段斷層 (끊을 단, 층 층). 지리 같은 종류의 단층(斷層)이 평행으로

발달하여, 지반(地盤)이 계단(階段) 모양을 이룬 것.

계:대 繼代 (이을 계, 대신할 대). 대(代)를 이음[繼]. 또는 그런 사람. ¶셋째 아들로 계대를 세우다.

계:도[1] 啓導 (일깨울 계, 이끌 도). 깨우치어[啓] 이끌어[導] 줌. ¶선생님이 학생들을 계도했다.

계:도[2] 系圖 (이어 맬 계, 그림 도). 대대의 계통(系統)을 나타낸 도표(圖表). ¶그 집안의 계도를 조사해 보았다. ㊥성계(姓系).

▸계:도 소:설 系圖小說 (작을 소, 말씀 설). 한 가문이나 사회를 역사적·전기적으로 다룬[系圖] 장편 소설(小說). ㊥사거(saga).

계:동 季冬 (끝 계, 겨울 동). ① 속뜻 겨울[冬]의 맨 끝[季]. 늦겨울. ② 음력 12월을 달리 이르는 말. ㊀계하(季夏), 계추(季秋), 계춘(季春).

계란 鷄卵 (닭 계, 알 란). 닭[鷄]이 낳은 알[卵]. ㊥달걀.

▸계란유골 鷄卵有骨 (있을 유, 뼈 골). ① 속뜻 계란(鷄卵)에 뼈[骨]가 있음[有]. ② 계란이 다 곯았음. 운수가 나쁜 사람은 모처럼 좋은 기회를 만나도 역시 일이 잘 안될 때 쓰는 말이다. ¶계란유골이라더니, 나는 왜 이렇게 재수가 없지.

계:략 計略 (꾀 계, 꾀할 략). 계획(計劃)과 책략(策略). ¶계략을 꾸미다. ㊥계책(計策).

계:량 計量 (셀 계, 분량 량). 분량(分量)이나 무게 따위를 잼[計]. ¶밀가루를 계량하여 담다. ㊥계측(計測).

▸계:량-기 計量器 (그릇 기). 분량(分量)이나 무게 따위를 재는[計] 데 쓰는 기구(器具). ¶수도 계량기.

계:루 繫累 (=係累, 맬 계, 엮일 루). ① 속뜻 다른 일이나 사물에 얽매여[繫] 묶임[累]. ¶정치적 사건에 계루되다. ② 다른 일이나 사물에 얽매어 당하는 괴로움. ③ 식구. ¶원래 그는 독신이었기에 찾아가야 할 가족도 돌볼 계루도 없다.

계류[1] 溪流 (=谿流, 시내 계, 흐를 류). 산골짜기[澗]에 흐르는 시냇물[溪]. ¶계류를 따라 올라가면 큰 폭포가 나온다. ㊥계간(溪澗), 계수(溪水).

계:류[2] 繫留 (맬 계, 머무를 류). ① 속뜻 붙잡아 매어[繫] 놓음[留]. ② 어떤 사건이 해결되지 않고 걸려 있음.

▸계:류-선 繫留船 (배 선). 부두나 바닷가에 매어[繫] 놓은[留] 배[船].

▸계:류-부표 繫留浮標 (뜰 부, 나타낼 표). 일정한 곳에 매어[繫留] 띄워 두는 부표(浮標).

계륵 鷄肋 (닭 계, 갈비 륵). ① 속뜻 닭[鷄]의 갈비[肋]. ② '그다지 큰 소용은 없으나 버리기에는 아까운 것'을 비유하여 이르는 말. ③ '몸이 몹시 약한 사람'을 비유하여 이르는 말.

계:리 計理 (셀 계, 다스릴 리). 계산(計算)하여 정리(整理)함. ¶보험 계리사 / 회사에서 계리 업무를 담당하였다.

계:림[1] 桂林 (계수나무 계, 수풀 림). ① 속뜻 계수나무[桂]로 이루어진 숲[林]. ② 아름다운 숲. ③ '문인들의 사회'를 비유하여 이르는 말. ¶계림의 지도자가 되었다.

계림[2] 鷄林 (닭 계, 수풀 림). ① 역사 '신라'의 딴 이름. 숲[林] 속에서 이상한 닭[鷄] 울음소리가 들리기에 가 보니, 나뭇가지에 흰 닭과 금빛의 궤 속에 신라 김씨 왕조의 시조가 되는 김알지가 있었다는 설화에서 유래. ② 지리 '경주'(慶州)의 옛 이름. ③ '우리나라'를 가리키던 이름.

▸계림-유사 鷄林類事 (무리 류, 일 사). 책명 중국 송(宋)의 손목(孫穆)이 고려시대 우리나라[鷄林]의 풍습, 제도, 언어 따위의 여러 일[事]을 부류(部類)별로 모아 소개한 책.

▸계림-잡전 鷄林雜傳 (섞일 잡, 전할 전). 책명 신라[鷄林] 성덕왕 때 김대문(金大問)이 삼국 시대의 여러[雜] 설화를 모아 엮은[傳] 책.

▸계림-팔도 鷄林八道 (여덟 팔, 길 도). 우리나라[鷄林] 전체 국토[八道].

계:면 界面 (지경 계, 쪽 면). ① 속뜻 서로 맞닿아 있는 두 물질의 경계(境界)를 이루는 면(面). ② 물리 서로 맞닿아 있는 두 가지 상(相)의 경계면. ③ 음악 계면조(界面調).

▸계:면-조 界面調 (가락 조). 음악 우리나라 속악 음계의 한 가지. 슬프고 애타는 느낌을 주는 음조(音調)인데, 계면(界面)이

무슨 뜻으로 쓰인 것인지는 확실하지 않다.

▸계:면 반:응 界面反應 (되돌릴 반, 응할 응). 화학 상태가 다른 두 물질의 계면(界面)에서 일어나는 화학 반응(反應).

▸계:면 장력 界面張力 (당길 장, 힘 력). 물리 상태가 다른 두 물질이 서로 만났을 때 경계면(境界面)의 넓이를 감소시키려고 분자를 잡아당기는[張] 힘[力]. ㊥표면(表面) 장력.

▸계:면 화:학 界面化學 (될 화, 배울 학). 화학 계면(界面)에 관한 현상과 성질을 연구하는 화학(化學)의 한 분과.

▸계:면 활성제 界面活性劑 (살 활, 성질 성, 약제 제). 화학 계면(界面) 장력을 감소시켜, 성질이 다른 두 물질을 활성화(活性化)시키는 물질[劑]. 비누, 합성 세제 따위.

계:명[1] **戒名** (경계할 계, 이름 명). ① 불교 계(戒)를 받을 때, 스님이 지어 주는 이름[名]. ② 죽은 사람에게 붙여 주는 이름. ㊥법명(法名).

계:명[2] **誡命** (경계할 계, 명할 명). 도덕상 또는 종교상 지켜야 하는[誡] 규정[命]. 기독교의 십계명 따위. ¶그는 평생 계명을 잘 지켰다.

계명[3] **階名** (섬돌 계, 이름 명). ① 속뜻 계급(階級)이나 품계(品階)의 이름[名]. ② 음악 음계(音階)의 이름. ¶계명을 부르다. ㊥계이름.

▸계명-창법 階名唱法 (부를 창, 법 법). 음악 계명(階名)을 부르는[唱] 방법(方法).

계:명[4] **啓明** (열 계, 밝을 명). ① 속뜻 밝은 빛[明]을 엶[啓]. ② 인습에 젖거나 바른 지식을 가지지 못한 사람을 일깨움. ¶국민을 계명하다. ③ '금성'(金星)을 일반적으로 이르는 말. ㊥계몽(啓蒙), 샛별.

▸계:명-성 啓明星 (별 성). ① 속뜻 하늘을 밝게[明] 열어주는[啓] 별[星]. ② '금성(金星)'을 일상적으로 이르는 말. ㊥금성(金星), 샛별.

계명[5] **鷄鳴** (닭 계, 울 명). ① 속뜻 닭[鷄]이 욺[鳴]. 또는 그 울음 소리. ¶계명을 듣고 잠이 깼다.

▸계명-성 鷄鳴聲 (소리 성). ① 속뜻 닭[鷄] 울음[鳴]소리[鳴]. ¶계명성에 새벽 잠을 깼다.

▸계명-구도 鷄鳴狗盜 (개 구, 훔칠 도). ① 속뜻 닭[鷄] 울음소리[鳴]를 잘 내는 사람과 개[狗] 흉내로 남의 물건을 잘 훔치는[盜] 사람. ② 비굴하게 남을 속이는 하찮은 재주. 또는 그런 재주를 가진 사람을 이르는 말.

계:모[1] **季母** (끝 계, 어머니 모). 계부(季父)의 아내를 어머니[母]처럼 높여 이르는 말. ¶계모는 그를 친아들처럼 길러주셨다.

계:모[2] **計謀** (꾀 계, 꾀할 모). 계획(計劃)과 모략(謀略). ¶사기꾼의 계모에 빠져 많은 돈을 잃었다. ㊥계략(計略).

계:모[3] **繼母** (이을 계, 어머니 모). 친어머니의 뒤를 이은[繼] 새어머니[母]. 아버지의 후처. ¶콩쥐는 계모에게 구박을 받았다. ㊥의붓어머니, 새어머니. ㊤친모(親母).

계:몽 啓蒙 (일깨울 계, 어릴 몽). ① 속뜻 무식한 사람이나 어린아이[蒙]를 일깨워[啓] 줌. ② 인습에 젖거나 바른 지식을 가지지 못한 사람을 일깨워, 새롭고 바른 지식을 가지도록 함. ¶국민을 계몽하다 / 계몽 문학. ㊥계발(啓發).

▸계:몽-사상 啓蒙思想 (생각 사, 생각 상). 철학 이성의 계몽(啓蒙)을 주장한 사상(思想). ¶이 소설은 계몽사상을 담고 있다. ㊥계몽주의.

▸계:몽 문학 啓蒙文學 (글월 문, 배울 학). ① 속뜻 계몽사상(啓蒙思想)을 담은 문학(文學). ② 문학 전통적인 인습을 비판하고 이성의 계발과 합리성의 진작을 목적으로 한 문학 경향. 16~18세기 유럽에서 일어났으며, 우리나라의 경우 갑오개혁 이후의 문학이 이에 속한다.

▸계:몽-주의 啓蒙主義 (주될 주, 뜻 의). 철학 이성의 계몽(啓蒙)을 주장한 사상[主義]. 16~18세기에 유럽 전역에서 일어났으며, 기존의 기독교 권위에 바탕을 둔 구시대적 인습에 반대하여 합리적인 생각과 이성의 계몽을 통해 인간 생활의 진보와 개선을 꾀하려고 하였다. ㊥계몽사상.

계:묘 癸卯 (천간 계, 토끼 묘). 민속 천간의 '癸'와 지지의 '卯'가 만난 간지(干支). 육십갑자의 마흔째. ¶계묘년에 혜종이 즉위했다.

계:미 癸未 (천간 계, 양 미). 민속 천간의 '癸'와 지지의 '未'가 만난 간지(干支). 육십갑

자의 스무째.

▸ 계:미-자 癸未字 (글자 자). 출판 조선 태종 3년(1403)인 계미(癸未)년에 만든 구리 활자(活字). ¶계미자로 찍은 책.

계:발 啓發 (일깨울 계, 밝힐 발). ① 속뜻 일깨워주고[啓] 밝혀줌[發]. ② 재능이나 사상 따위를 일깨워 줌. ¶창의력을 계발하다.

▸ 계:발 교:육 啓發敎育 (가르칠 교, 기를 육). 교육 문답을 통하여 자발적으로 깨달아 알게[啓發] 하고, 창의와 자발성을 길러 주는 교육(敎育) 방법. ⓑ개발(開發) 교육.

계:백료-서 誡百僚書 (경계할 계, 여러 백, 벼슬아치 료, 책 서). 책명 고려 태조가 여러[百] 관료(官僚)들을 훈계하기 위해[誡] 쓴 책[書].

계:보 系譜 (이어 맬 계, 적어놓을 보). ① 속뜻 조상 때부터 이어온[系] 혈통이나 집안의 역사를 적어 놓음[譜]. ② 사람의 혈연관계나 학문, 사상 등의 계통 또는 순서의 내용을 나타낸 기록. ¶전통문학의 계보를 잇다. ⓑ가계(家系).

계:부[1] 季父 (끝 계, 아버지 부). 아버지의 막내[季] 아우를 아버지[父]처럼 이르는 말.

계:부[2] 繼父 (이을 계, 아버지 부). 친아버지의 뒤를 이어[繼] 들어온 아버지[父]. ⓑ의붓아버지, 새아버지. ⓟ친부(親父).

계분 鷄糞 (닭 계, 똥 분). 닭[鷄]의 똥[糞]. ¶계분을 비료로 썼다.

계:비 繼妃 (이을 계, 왕비 비). 임금이 원래의 아내를 이어[繼] 새로 맞은 아내[妃].

계:사[1] 戒師 (경계할 계, 스승 사). 불교 ① 계(戒)에 대한 법을 가르치는 스님[師]. ② 자기에게 계법을 준 스님. ③ 계법을 지키는 스님.

계:사[2] 癸巳 (천간 계, 뱀 사). 민속 천간의 '癸'와 지지의 '巳'가 만난 간지(干支). 육십갑자의 서른째. ¶계사년에 김보당이 무신정권에 대해 반란을 일으켰다.

계사[3] 鷄舍 (닭 계, 집 사). 닭[鷄]을 사육하는 우리[舍]. ¶아버지는 새 계사를 지어주셨다. ⓑ닭장.

계:사[4] 繫辭 (맬 계, 말씀 사). ① 속뜻 본문에 딸려[繫] 그 말을 설명하는 말[辭]. ② 논리 명제에 있어서, 주어와 목적어를 연결하여 긍정 또는 부정의 뜻을 나타내는 말. '나는 사람이다'의 '이다'같은 것으로, 우리말에는 빈사 속에 계사가 들어 있다. ③ 역사 문왕(文王)과 주공(周公)이 역(易)의 괘(卦)와 효(爻)의 아래에 써넣은 설명의 말. ⓑ계소(繫素), 연사(連辭), 연어(連語), 괘사(卦辭).

계:산 計算 (셀 계, 셀 산). ① 속뜻 수량을 셈[計=算]. ② 수학 식을 연산(演算)하여 수치를 구하는 것. ¶거스름돈을 잘 계산해 보았다.

▸ 계:산-기 計算機 (=計算器, 틀 기). 계산(計算)을 빠르게 하기 위하여 사용하는 기기(機器). ¶계산기를 사용하면 편리하다.

▸ 계:산-서 計算書 (글 서). ① 속뜻 계산(計算)한 것을 적은 글[書]. 또는 그 문서. ② 물건 값의 청구서. ¶물건값을 치르고 계산서를 받아 갔다.

▸ 계:산 사:건 計算事件 (일 사, 것 건). 법률 민사 소송에서 쟁점의 근본이 계산(計算)의 옳고 그름에 있는 사건(事件).

계삼-탕 鷄蔘湯 (닭 계, 인삼 삼, 끓을 탕). 영계[鷄]의 내장을 빼고 인삼(人蔘)을 넣어 곤 보약[湯]. ⓑ삼계탕.

계:상[1] 啓上 (아뢸 계, 위 상). 윗사람[上]에게 말씀을 드림[啓]. ¶신의 의향을 계상하겠습니다.

계:상[2] 計上 (셀 계, 위 상). 계산(計算)하여 올림[上]. ¶내년 예산에 도로 공사비를 계상하였다.

▸ 계:상-금 計上金 (돈 금). 예산에 계산(計算)해 올린[上] 금액(金額).

계:색 戒色 (경계할 계, 빛 색). 여색(女色)을 경계(警戒)함. 색욕(色欲)을 삼감.

계서-야담 溪西野談 (시내 계, 서녘 서, 들 야, 이야기 담). 책명 조선 순조 때의 계서(溪西) 이희준이 우리나라 고금의 여러 잡다한[野] 이야기[談]를 모아 기록한 책.

계:석 界石 (지경 계, 돌 석). 경계(境界)를 나타내기 위해 세워 놓은 돌[石]. '경계석'의 준말.

계:선 繫船 (맬 계, 배 선). 배[船]를 항구 따위에 매어[繫] 둠. 또는 그 배. ¶계선 작업 / 계선 말뚝.

계:세-징인 戒世懲人 (경계할 계, 세상 세, 징계할 징, 사람 인). 세상(世上) 사람[人]들을 경계(警戒)하고 징벌(懲罰)함. ¶그 소설

은 계세징인을 주제로 하고 있다.

계:속¹ 繫屬 (=係屬, 맬 계, 엮을 속). ① [속뜻] 매여져[繫] 소속(所屬)되어 있음. ② 남의 관리를 받음. ③ [법률] '소송(訴訟) 계속'의 준말. [비]연속(連屬).

***계:속² 繼續** (이을 계, 이을 속). 끊이지 않고[繼] 이어 나감[續]. ¶여행을 계속하다. [비]지속(持續). [반]중단(中斷).

▶계:속-범 繼續犯 (범할 범). [법률] 범죄(犯罪) 행위가 이미 이루어진 뒤에도 그 상태가 계속(繼續)되는 것. 불법 감금죄 따위.

▶계:속-적 繼續的 (것 적). 끊이지 않고 이어 나가는[繼續] 것[的]. ¶계속적인 성장세를 보이다.

▶계:속-치 繼續齒 (이 치). [의학] 원래의 치근(齒根)을 기초로 하여 인공 치관(齒冠)을 씌운[繼續] 의치(義齒).

계:수¹ 季嫂 (끝 계, 부인 수). ① [속뜻] 남자 형제가 여러 명일 경우 막내[季]의 부인[嫂]을 이르는 말. ② 제수(弟嫂). ¶형수는 음식을 장만하고 계수는 옆에서 거들었다.

계:수² 係數 (맬 계, 셀 수). ① [속뜻] 줄지어 있는[係] 수(數). ② [수학] 기호와 숫자로 된 식에서 숫자를 기호에 대하여 이르는 말.

계:수³ 計數 (셀 계, 셀 수). 수(數)를 계산(計算)함. 계산해서 얻은 값. ¶그는 손익에 대한 계수가 밝았다.

▶계:수 화:폐 計數貨幣 (돈 화, 돈 폐). 수(數)를 헤아려[計] 사용하는 화폐(貨幣). 일정한 순도(純度), 분량, 모양으로 주조하여 그 표면에 가격을 표시한다. [비]개수(個數) 화폐. [반]칭량(秤量) 화폐.

계:수-법 繼受法 (이을 계, 받을 수, 법 법). [법률] 다른 나라의 법률을 이어[繼]받아[受] 만든 법률(法律). [반]고유법(固有法).

계:술 繼述 (이을 계, 지을 술). ① [속뜻] 선조의 업적을 이어받아[繼] 그것을 바탕으로 서술(敍述)함. ¶이 책은 태종이 저작하고 세종이 계술하였다. ② 선조나 부친의 뜻과 사업을 이어 나감. ¶그는 부모의 유업을 계술했다. [비]계습(繼襲).

계승¹ 階乘 (섬돌 계, 곱할 승). ① [속뜻] 단계(段階)별로 곱해[乘]나감. ② [수학] n이 하나의 자연수일 때, 1에서 n까지의 모든 자연수의 곱을 n에 대하여 이르는 말. ¶4의 계승은 1×2×3×4이다.

계:승² 繼承 (이을 계, 받들 승). 조상이나 선임자의 뒤를 이어[繼] 받들음[承]. ¶아버지의 유업을 계승하다. [비]승계(承繼), 수계(受繼). [반]단절(斷絶).

계:시¹ 計時 (셀 계, 때 시). [운동] 기록 경기나 바둑 따위에서, 소요 시간(時間)을 재는[計] 일. 또는 그 시간.

계:시² 啓示 (열 계, 보일 시). ① [속뜻] 열어[啓] 보여 줌[示]. ② 사람의 지혜로는 알 수 없는 진리를 신이 영감(靈感)으로 알려 줌. ¶신의 계시를 받다. [비]현시(現示).

▶계:시 문학 啓示文學 (글월 문, 배울 학). [문학] 하나님이 감추고 드러내지 않은 신비를 계시(啓示)한 문학(文學). 다니엘서, 계시록 따위.

▶계:시 종교 啓示宗教 (마루 종, 가르칠 교). [종교] 인간에 대한 신의 은총을 바탕으로 하는, 계시(啓示)에 의한 진리를 중시하는 종교(宗教). 기독교, 유대교, 이슬람교 따위. [반]자연 종교(自然宗教).

계:심 戒心 (경계할 계, 마음 심). 마음[心]을 놓지 않고 경계(警戒)함.

계:씨 季氏 (끝 계, 높임말 씨). 백(伯), 중(仲), 숙(叔), 계(季)로 서열을 매긴 형제의 호칭 중 막내[季] 형제를 높여[氏] 일컫는 말. [비]제씨(弟氏).

계:약 契約 (맺을 계, 묶을 약). ① [속뜻] 약속(約束)을 맺음[契]. ② 관련되는 사람이나 조직체 사이에서 서로 지켜야 할 의무에 대하여 글이나 말로 정하여 둠. 또는 그런 약속. ¶계약을 체결하다. [비]약정(約定), 약속(約束).

▶계:약-금 契約金 (돈 금). [법률] 계약(契約) 보증금(保證金). ¶계약금을 치르다.

▶계:약-서 契約書 (글 서). 계약(契約)의 조항들을 적은 글[書]. 또는 그 문서. ¶매매 계약서. [비]계권(契券), 계문(契文).

계:엄 戒嚴 (경계할 계, 엄할 엄). ① [속뜻] 일정한 곳을 병력으로 엄하게[嚴] 경계(警戒)함. ② [법률] 군사적 필요나 사회의 안녕과 질서 유지를 위하여 일정한 지역의 행정권과 사법권의 전부 또는 일부를 군이 맡아 다스리는 일. ¶계엄을 해제하다.

▶계:엄-령 戒嚴令 (명령 령). 국가 원수가

계엄(戒嚴) 실시를 선포하는 명령(命令). ¶계엄령을 해제하다.

계ː열 系列 (이어 맬 계, 벌일 렬). 서로 관련이 있는 것을 이어지게[系] 벌여[列] 놓음. 또는 그런 조직. ¶언니는 인문계열 고등학교에 입학했다. ⓑ계통(系統).

▸계ː열-사 系列社 (회사 사). 한 계열(系列)에 딸린 회사(會社). ¶이 그룹은 10개의 계열사가 있다.

계ː영 繼泳 (이을 계, 헤엄칠 영). 운동 일정 구간을 여럿이서 이어서[繼] 수영(水泳)하는 것. 보통 네 명이 한 조가 되어 동일한 거리를 왕복하면서 빠르기를 겨룬다. ¶우리는 계영 1000미터 경기에서 금메달을 땄다.

계우 溪友 (시내 계, 벗 우). 속세를 떠나 산중 계곡(溪谷)에서 숨어사는 사람[友].

계ː원¹ 係員 (단위 계, 사람 원). 계(係) 단위의 부서에서 일을 하는 사람[員]. ¶구청의 여권 담당 계원.

계ː원² 契員 (맺을 계, 사람 원). 계(契)를 함께 하는 사람[員]. ¶계원 여덟 명이 모두 모였다.

계ː원필경-집 桂苑筆耕集 (계수나무 계, 마당 원, 글씨 필, 밭갈 경, 모을 집). 책명 신라 말기, 최치원(崔致遠)이 여러 가지 글[筆耕]을 모아 엮은 시문집(詩文集). 20권 4책. 계원(桂苑)은 이 글을 쓸 당시 그가 살던 동네의 뒷동산을 이르는 것으로 추정되는데 확실한 문헌적 근거는 없다.

계ː위 繼位 (이을 계, 자리 위). 왕위(王位)를 계승(繼承)함. ¶마침내 정조가 계위했다.

계ː유 癸酉 (천간 계, 닭 유). 민속 천간의 '癸'와 지지의 '酉'가 만난 간지(干支). 육십갑자의 열째.

▸계ː유-정난 癸酉靖難 (편안할 정, 어려울 난). ① 속뜻 계유(癸酉)년에 나라의 어려움[難]을 편안하게[靖] 함. ② 역사 조선 단종 원년(1453)인 계유년에 수양대군이 김종서·황보인 등 여러 대신을 없애고 정권을 잡은 난.

계육 鷄肉 (닭 계, 고기 육). 닭[鷄]의 살코기[肉]. ¶그는 공장에서 계육을 가공한다.

계ː율 戒律 (경계할 계, 법칙 률). 경계(警戒)하여 지켜야 할 규율(規律). ¶불교의 계율을 따르다. ⓑ율법(律法).

계ː음 戒飮 (경계할 계, 마실 음). 술 마시는[飮] 것을 삼감[戒]. ⓑ계주(戒酒).

계ː인 契印 (맺을 계, 도장 인). '契'자를 새긴 도장[印]. 두 장의 문서에 걸쳐서 찍어 서로 관련되어 있음을 증명한다.

계ː자¹ 季子 (끝 계, 아들 자). 막내[季] 아들[子].

계ː자² 繼子 (이을 계, 아들 자). 아들이 없는 집에서 대를 잇기[繼] 위해 데려와서 아들[子]로 삼는 아이. ¶둘째를 큰댁에 계자로 보냈다. ⓑ양자(養子), 의붓아들.

계ː-자석 界磁石 (지경 계, 자기 자, 돌 석). 물리 자력이 파급되는 범위[界]가 강한 전자석(電磁石). 철심에 코일이 감겨있는 발전기나 전동기 따위에 쓴다.

계ː장 係長 (단위 계, 어른 장). 계(係) 단위 조직의 우두머리[長]. ¶서무계 계장.

***계ː절 季節** (철 계, 마디 절). ① 속뜻 일년 가운데 철[季]로 구분되는 마디[節]. ② 한 해를 날씨에 따라 나눈 그 한 철. 온대(溫帶)에는 봄, 여름, 가을, 겨울의 네 철이 있고 열대(熱帶)에는 건계(乾季)와 우계(雨季)가 있다. ③ 어떤 일을 하는 데 가장 알맞은 시절. ¶가을은 독서의 계절이다.

▸계ː절-병 季節病 (병 병). 의학 어떤 특정한 계절(季節)에 특히 많이 발생하는 병(病). ¶알레르기성 비염은 봄철의 대표적인 계절병이다.

▸계ː절-풍 季節風 (바람 풍). 지리 계절(季節)에 따라 일정한 지역에 일정한 방향으로 불어오는 바람[風]. 여름에는 해양에서 대륙으로, 겨울에는 대륙에서 해양으로 방향을 바꾸어 분다. ¶여름에는 주로 남동 계절풍이 분다. ⓑ기후풍(氣候風), 몬순(monsoon).

계ː정 計定 (셀 계, 정할 정). ① 속뜻 계산(計算)의 편이를 위해 설정(設定)한 항목. ② 경제 부기(簿記)의 원장(原帳)에서 같은 종류나 동일 명칭의 자산, 부채, 자본, 수익, 비용, 손실에 대하여 그 증감을 계산·기록하기 위하여 설정한 단위. ¶부채를 계정에 기입하다. ⓑ셈갈래.

▸계ː정-계좌 計定計座 (셀 계, 자리 좌). 경제 계정(計定)별로 계산(計算)하도록 한

자리[座]. 부기에서 각 계정의 금액의 증감을 차변과 대변으로 나누어 기록·계산한다. [준]계좌.

▶계:정 과목 計定科目 (분과 과, 눈 목). [경제] 회계에서, 단위가 되는 각 계정(計定)의 항목[科目]이나 명칭.

계제 階梯 (섬돌 계, 사다리 제). ① [속뜻] 층계(層階)와 사닥다리[梯]. ② 일이 되어 가는 순서나 절차. ③ 어떤 일을 할 수 있게 된 형편. ¶아직은 그럴 계제가 못된다. ④ [운동] 기계 체조에 사용하는, 옆으로 비스듬히 세운 사닥다리. [비]단계(段階), 기회(機會).

계:좌 計座 (셀 계, 자리 좌). ① [속뜻] 계정(計定)별로 계산(計算)·기록하는 자리[座]. '계정계좌'(計定計座)의 준말. ② '예금계좌'(預金計座)의 준말. ¶계좌 번호가 어떻게 됩니까?

계:주¹ 戒酒 (경계할 계, 술 주). 술[酒] 마시는 것을 삼가 함[戒]. [비]계음(戒飮).

계:주² 契主 (맺을 계, 주인 주). 계(契)를 조직하여 관리하는 사람[主]. ¶계주가 곗돈을 유용했다.

계:주³ 繼走 (이을 계, 달릴 주). [운동] 일정한 거리를 몇 사람이 나누어 이어[繼] 달리는[走] 경기. ¶400미터 계주 경기.

▶계:주 경:기 繼走競技 (겨룰 경, 재주 기). [운동] 이어[繼] 달리기[走] 경기(競技).

계:지 季指 (끝 계, 손가락 지). 맨 가[季]에 있는 손가락[指]이나 발가락. [비]새끼손가락.

계:책 計策 (꾀 계, 꾀 책). 계교(計巧)와 방책(方策). ¶교묘한 계책을 쓰다. [비]계략(計略), 꾀.

계:처 繼妻 (이을 계, 아내 처). 원래의 아내를 이어[繼] 다시 맞은 아내[妻].

계천¹ 溪川 (시내 계, 내 천). 산골짜기[溪]에 흐르는 내[川]. ¶장마로 계천마다 유량이 증가했다.

계천² 溪泉 (시내 계, 샘 천). 산골짜기[溪]에서 솟는 샘[泉]. ¶계천에서 목을 축였다.

계:첩 戒牒 (경계할 계, 문서 첩). [불교] 계(戒)를 받았다는 증서[牒].

계:추¹ 季秋 (끝 계, 가을 추). ① [속뜻] 가을[秋]의 맨 끝[季]. 늦가을. ② 음력 9월을 달리 이르는 말. [참]계춘(季春), 계하(季夏).

계:추² 桂秋 (계수나무 계, 가을 추). 음력 8월을 달리 이르는 말. 계수나무[桂]의 꽃이 가을[秋]에 핀다는 데서 유래.

계:축 癸丑 (천간 계, 소 축). [민속] 천간 '癸'와 지지의 '丑'이 만난 간지(干支). 육십갑자의 쉰째.

▶계:축-자 癸丑字 (글자 자). [출판] 조선 성종 24년(1493)인 계축(癸丑)년에 구리로 만든 활자(活字). ¶『동국여지승람』(東國輿地勝覽)은 계축자로 인쇄되었다.

▶계:축-일기 癸丑日記 (날 일, 기록할 기). ① [속뜻] 계축(癸丑)년에 궁녀가 적은 일기(日記). ② [역사] 조선 광해군이 영창 대군을 역모로 몰아 죽이고 인목대비를 가두었던 일들을 어느 궁녀가 기록한 글. 『서궁록』(西宮錄)이라고도 한다.

계:춘 季春 (끝 계, 봄 춘). ① [속뜻] 봄[春]의 맨 끝[季]. 늦봄. ② 음력 3월을 달리 이르는 말. [참]계하(季夏), 계추(季秋), 계동(季冬).

계:측 計測 (셀 계, 잴 측). 부피·무게·길이 따위를 기계나 기구로 헤아려[計] 재어 봄[測]. ¶치수를 계측하다. [비]계량(計量).

계층 階層 (섬돌 계, 층 층). ① [속뜻] 걸어서 층(層) 사이를 오르내릴 수 있도록 턱이 지게 만들어 놓은 설비[階]. ② 사회적 지위에 따른 여러 층. ¶저소득 계층 / 사회적 계층. [비]층계(層階), 계급(階級).

계:친 繼親 (이을 계, 어버이 친). 친부모의 뒤를 잇는[繼] 부모[親]. 계부(繼父) 또는 계모(繼母). [비]의붓부모.

계:통¹ 繼統 (이을 계, 계통 통). 왕통(王統)을 이음[繼]. ¶그는 황실을 계통할 황태자이다.

계:통² 系統 (이어 맬 계, 큰 줄기 통). ① [속뜻] 일정한 차례에 따라 이어져[系] 있는 큰 줄기[統]. ② 같은 방면이나 같은 종류 등에 딸려 있는 것. ¶소화기 계통 / 계통에 따라 동물을 나누다.

▶계:통-도 系統圖 (그림 도). 사물의 계통(系統) 관계를 나타낸 도표(圖表). ¶진화의 계통도.

▶계:통-수 系統樹 (나무 수). [생물] 생물의 진화 과정이나 계통(系統) 관계를 나무[樹]의 줄기와 가지의 관계로 나타낸 것.

계:투 繼投 (이을 계, 던질 투). [운동] 앞의 투

수를 이어[繼] 새 투수가 나와 공을 던지는 [投] 일. ¶그는 계투 선수로 활약했다.

계:표 計票 (셀 계, 쪽지 표). 표(票)의 수를 셈[計]. ¶이번 선거에서는 컴퓨터를 사용해 계표했다.

계:피 桂皮 (계수나무 계, 껍질 피). 계수나무[桂]의 껍질[皮]. 한약재로 쓴다. ¶계피로 차를 끓였다.

계:하[1] 季夏 (끝 계, 여름 하). ① 속뜻 여름[夏]의 맨 끝[季]. 늦여름. ② 음력 6월을 달리 이르는 말. 참 계춘(季春), 계추(季秋), 계동(季冬).

계하[2] 階下 (섬돌 계, 아래 하). 섬돌[階]이나 층계의 아래[下]. ¶계하에 꿇어앉은 사람을 노려보았다.

계:해 癸亥 (천간 계, 돼지 해). 민속 천간의 '癸'와 지지의 '亥'가 만난 간지(干支). 육십갑자의 육십 번째.

▶계:해 약조 癸亥約條 (묶을 약, 조목 조). 역사 조선 세종 25년(1443)인 계해(癸亥)년에 조선과 대마도의 영주가 맺은 약조(約條).

계:행 戒行 (경계할 계, 행할 행). 불교 계율(戒律)을 지키며 수행(修行)함. ¶승려의 계행을 돕다.

계혈-석 鷄血石 (닭 계, 피 혈, 돌 석). 광업 닭[鷄]의 붉은 피[血] 색깔의 무늬가 있는 돌[石]. 비 주사석(朱砂石), 주자석(朱子石).

계:호 戒護 (경계할 계, 지킬 호). 범죄자나 용의자 따위를 경계(警戒)하여 지킴[護]. ¶교도관이 죄수를 구치소까지 계호했다.

계:획 計劃 (셀 계, 나눌 획). ① 속뜻 미리 잘 세어보고[計] 잘 나누어봄[劃]. ② 앞으로 할 일의 절차, 방법, 규모 따위를 미리 헤아려 작정함. ¶우주여행을 계획하다. 비 기획(企劃), 심산(心算).

▶계:획-도 計劃圖 (그림 도). 설계나 계획(計劃)에 쓰는 기초적인 도면(圖面). ¶계획도를 보고 제작도를 만들었다.

▶계:획-서 計劃書 (글 서). 계획(計劃)한 내용을 담은 글[書]. 또는 그 문서. ¶학교 운영 계획서를 작성하다.

▶계:획-성 計劃性 (성품 성). 모든 일을 계획(計劃)을 짜서 처리하려고 하는 성질(性質). ¶계획성이 있다.

▶계:획-적 計劃的 (것 적). 어떤 일을 미리 계획(計劃)을 세워서 하는 것[的]. ¶계획적인 범죄.

▶계:획-표 計劃表 (겉 표). 계획(計劃)을 세워 자세히 적은 표(表). ¶계획표를 짜다.

계:화 桂花 (계수나무 계, 꽃 화). 계수나무[桂]의 꽃[花].

계:후 繼後 (이을 계, 뒤 후). 양자(養子)를 맞아 뒤[後]를 잇게[繼] 함. 비 계사(繼嗣).

고:가[1] 古家 (옛 고, 집 가). 지은 지 퍽 오래된[古] 집[家]. ¶그는 지은 지 100년이 넘는 고가에 산다. 비 고옥(古屋), 구옥(舊屋).

고:가[2] 古歌 (옛 고, 노래 가). 옛[古] 노래[歌]. 옛 가사나 가요. ¶그는 고가를 즐겨 부른다.

고:가[3] 故家 (옛 고, 집 가). 여러 대(代)를 걸쳐[故] 지체 높게 잘 살아 온 집안[家].

고가[4] 高價 (높을 고, 값 가). 높은[高] 가격(價格). ¶고가의 물건을 사다. 반 저가(低價), 염가(廉價).

고가[5] 高架 (높을 고, 건너지를 가). 땅 위에 높다랗게[高] 건너지름[架]. ¶고가 사다리.

▶고가-선 高架線 (줄 선). ① 속뜻 높다랗게[高] 가설(架設)하여 전류를 송전하는 전선(電線). ¶고가선으로 고압의 전류가 흐른다. ② 교통 고가 철도. 비 가공 철도(架空鐵道).

▶고가 도:로 高架道路 (길 도, 길 로). 교통 땅 위에 지대(支臺)를 높게[高] 세우고 그 위로 가설(架設)한 도로(道路). ¶고가 도로를 설치하여 운행 시간을 감축하였다.

▶고가 철도 高架鐵道 (쇠 철, 길 도). 교통 땅 위에 높이[高] 다리를 놓고 그 위에 가설(架設)한 철도(鐵道). ¶고가 철도를 설치하자 교통 체증이 감소되었다. 비 고가선, 가공 철도(架空鐵道).

고각[1] 高角 (높을 고, 모서리 각). ① 속뜻 높이[高] 올려 본 각도(角度). ② 수학 수평면 보다 높이 있는 어떤 지점을 바라볼 때 수평면과 시선이 이루는 각. 비 앙각(仰角). 반 부각(俯角).

고각[2] 高閣 (높을 고, 집 각). 높게[高] 지은 누각(樓閣). ¶한강 둔치에 고각을 지었다.

고각[3] **鼓角** (북 고, 뿔 각). 군중에서 호령할 때 쓰던 북[鼓]과 뿔[角] 모양의 나팔. ¶이곳에서 조선시대의 고각이 발견되었다.

▸고각-함성 鼓角喊聲 (소리 함, 소리 성). 전쟁터에서 사기를 돋우려고 북[鼓]을 치고 나팔[角]을 불며 아우성치는[喊] 소리[聲].

고간[1] **苦艱** (괴로울 고, 어려울 간). 고생(苦生)스럽고 어려움[艱]. ¶그는 고간을 이겨내고 마침내 연구에 성공했다. ㊐간고(艱苦).

고:간[2] **苦諫** (괴로울 고, 간언할 간). 어려움[苦]을 무릅쓰고 간절히 간언(諫言)함. ¶왕은 신하들의 고간을 귀담아 들었다.

고간[3] **苦懇** (괴로울 고, 정성 간). 애타게[苦] 간절(懇切)히 청함. ¶아들이 무사히 돌아오도록 고간으로 기도했다.

고갈 枯渴 (마를 고, 목마를 갈). ① 속뜻 목마를[渴] 정도로 물기가 없음[枯]. ② 물자나 자금이 달림. ¶자원을 고갈시키다. ③ 인정이나 정서 따위가 없어짐. 메마름. ¶상상력이 고갈되다. ㊥해갈(解渴).

고객[1] **孤客** (외로울 고, 손 객). 외로운[孤] 나그네[客]. ¶스님은 고객을 반갑게 맞았다. ㊐고기(孤羈).

고:객[2] **顧客** (돌아볼 고, 손 객). ① 속뜻 자주 들러 보는[顧] 손님[客]. ② 상점 따위에 물건을 사러 자주 오는 손님. ¶고객에게 친절하게 대하라. ③ 단골로 오는 손님.

고거 考據 (살필 고, 근거할 거). 참고(參考)하여 근거(根據)로 삼음. ¶고거하기 어려웠던 기존의 법전을 보간(補刊)하였다.

고:-건물 古建物 (옛 고, 세울 건, 만물 물). ① 속뜻 옛날[古]의 건물(建物). ¶고건물 수십 채가 수몰되었다. ② 지은 지 오래된 헌 건물. ¶고건물을 허물고 고층 빌딩을 신축하였다.

고검[1] **考檢** (살필 고, 검사할 검). 역사 법률을 상고(詳考)하여 검사(檢査)해 봄. ¶그는 문안을 고검해서 상소를 올렸다.

고검[2] **高檢** (높을 고, 검찰 검). 법률 고등(高等) 법원에 대응하여 설치한 검찰청(檢察廳). '고등 검찰청'의 준말. ¶서울 고검에 항소했다.

고견 高見 (높을 고, 볼 견). ① 속뜻 높은[高] 식견(識見). ② 상대편의 '의견'을 높여 이르는 말. ¶선생님의 고견을 듣고 싶습니다. ㊐탁견(卓見).

고결 高潔 (높을 고, 깨끗할 결). 고상(高尙)하고 깨끗함[潔]. ¶성품이 강직하고 고결하다.

고:경 苦境 (괴로울 고, 처지 경). 어렵고 괴로운[苦] 처지[境]나 형편. ¶전쟁의 고경에서도 꿋꿋이 살아갔다. ㊥낙경(樂境).

고:계 苦界 (괴로울 고, 지경 계). 불교 괴로움[苦]의 세계(世界). 지옥, 아귀, 축생, 수라, 인간, 천상의 육도(六道)를 이른다.

고고[1] **呱呱** (울 고, 울 고). ① 속뜻 아이가 세상에 나오면서 처음 우는 울음소리[呱+呱]. ② 젖먹이의 우는 소리. ③ 값있고 귀중한 것이 처음으로 발족함을 알리는 소식을 비유하여 이르는 말.

고고[2] **孤高** (홀로 고, 높을 고). 홀로[孤] 세속에 초연(超然)하여 고상(高尙)하다. ¶고고한 생활을 하다.

고:고[3] **考古** (살필 고, 옛 고). 유물이나 유적으로 옛[古] 일을 고찰(考察)함. ¶고고인류학.

▸고:고-학 考古學 (배울 학). 유물·유적을 통해 고대(古代) 인류에 관한 일을 연구하는[考] 학문(學問). ¶그는 고고학을 전공했다. ㊥고현학(考現學).

고골 枯骨 (마를 고, 뼈 골). 죽은 뒤에 살이 말라[枯] 썩어 없어지고 남은 뼈[骨]. ¶고골을 잘 수습하다.

고공[1] **高空** (높을 고, 하늘 공). ① 속뜻 높은[高] 공중(空中). ② 높이 1500~2000m 위의 하늘. ㊥저공(低空).

▸고공-병 高空病 (병 병). 의학 높은[高] 지역의 공기(空氣) 상태 때문에 생기는 병증(病症). 기상변화, 산소부족 등으로 인한 두통, 귀통증, 치통, 피로, 구역질 따위의 증상이 일어난다. ㊐고도병(高度病).

▸고공-비행 高空飛行 (날 비, 다닐 행). 항공 지상 1500~2000m의 높은[高]하늘[空]을 나는[飛行] 일. ㊥저공(低空) 비행.

고공[2] **雇工** (품팔 고, 장인 공). ① 속뜻 품을 팔아[雇] 남의 일을 해주는 사람[工]. ¶고공은 집안일을 돌보았다. ② 주로 농가에 고용되어 그 집의 농사일과 잡일을 해 주고

대가를 받는 사내. ㊐품팔이, 머슴.

▸고공-가 雇工歌 (노래 가). 문학 조선 선조 때, 당시 국정의 부패와 무능을 임금의 처지에서 개탄하고, 만조백관을 머슴[雇工]에 비유하여 부지런하고 검소하기를 권장하는 내용의 가사(歌辭).

▸고공-답주인가 雇工答主人歌 (답할 답, 주될 주, 사람 인, 노래 가). 문학 조선 순조 때 이원익이 허전의 「고공가」(雇工歌)를 지은 주인(主人)에게 화답(和答)하는 형식과 내용으로 지은 가사(歌辭).

고과 考課 (살필 고, 매길 과). 군인이나 공무원, 회사원, 학생 따위의 근무 성적이나 태도, 능력 따위를 조사하여[考] 우열을 매김[課]. ¶인사 고과. ㊐고적(考績).

▸고과-표 考課表 (겉 표). 근무 성적이나 공부 성적 따위를 조사하여[考] 우열을 매긴[課] 표(表). ¶향회(鄕會)에서는 아전들의 고과표를 두어 관리했다.

고관 高官 (높을 고, 벼슬 관). 높은[高] 벼슬자리[官]. 또는 그런 지위에 있는 관리. ¶정부 고관들이 회의에 참석했다.

▸고관 대:작 高官大爵 (큰 대, 벼슬 작). 지위가 높고[高] 권세가 큰[大] 벼슬[官=爵]. 또는 그 벼슬아치. ㊀미관말직(微官末職).

고-관절 股關節 (넓적다리 고, 빗장 관, 마디 절). 볼기뼈에서 넓적다리[股] 뼈를 연결하는 관절(關節). ㊐엉덩 관절.

고굉 股肱 (넓적다리 고, 팔뚝 굉). ① 속뜻 넓적다리[股]와 팔뚝[肱]. ② '고굉지신'의 준말.

▸고굉지신 股肱之臣 (어조사 지, 신하 신). 다리[股]와 팔[肱] 같이 임금이 가장 믿고 중히 여기는 신하(臣下). ㊟고굉.

고교 高校 (높을 고, 학교 교). '고등학교'(高等學校)의 준말.

▸고교-생 高校生 (사람 생). 고등학교(高等學校)에 다니는 학생(學生). ¶고교생을 위한 참고서.

고구[1] 考究 (살필 고, 생각할 구). 자세히 살피고[考] 골똘히 생각함[究]. ¶많은 자료를 참고하여 중세 미술을 고구하였다. ㊐참구(參究).

고:구[2] 故舊 (옛 고, 오래 구). ① 예전[故]부터 오래도록[舊] 사귀어 온 친구. ¶그는 30년 만에 고구를 다시 만났다. ② 이미 세상을 떠난 벗. ¶고구를 추모하기 위해 많은 이들이 모였다. ㊐고교(故交), 고우(故友).

고구려 高句麗 (높을 고, 글귀 구, 고울 려). 역사 우리나라 고대 왕국 중의 하나. 북부여 사람 주몽이 한반도 북쪽과 중국 동북 지방 일대에 자리 잡아 세웠다는 나라. '高句麗'의 유래에 대해서는 정설이 없다.

고:국 故國 (옛 고, 나라 국). ① 속뜻 예전[故]에 살던 나라[國]. ② 남의 나라에 가 있는 사람의 처지에서 '자기 나라'를 이르는 말. ¶고국을 그리다. ㊐모국(母國), 본국(本國), 조국(祖國). ㊀타국(他國).

고군 孤軍 (외로울 고, 군사 군). 후방의 지원을 받을 수 없는 고립(孤立)된 군사(軍士). ¶적이 사방에서 공격을 해와, 그들은 고군이 되었다.

▸고군-분투 孤軍奮鬪 (떨칠 분, 싸울 투). ① 속뜻 수가 적고 후원이 없는 외로운[孤] 군대(軍隊)가 힘에 겨운 적과 용감하게[奮] 싸움[鬪]. ② 적은 인원의 힘으로, 도움도 받지 않고 힘겨운 일을 그악스럽게 해냄. ¶그들은 악천후 속에서도 매몰자를 구하려고 고군분투했다. ㊐악전고투(惡戰苦鬪).

고:궁 故宮 (옛 고, 대궐 궁). 옛[故] 궁궐(宮闕). ¶고궁으로 소풍을 가다.

고귀 高貴 (높을 고, 귀할 귀). ① 속뜻 인품이나 지위가 높고[高] 귀(貴)함. ¶고귀한 정신. ② 값이 비쌈. ¶희귀한 물건일수록 고귀하기 마련이다. ③ 훌륭하고 귀중하다. ¶고귀한 문화재.

고:금 古今 (옛 고, 이제 금). 옛날[古]과 지금(只今). ¶그는 고금을 통틀어 가장 훌륭한 학자이다.

▸고:금-록 古今錄 (기록할 록). 책명 고려 초, 박인량이 고금(古今)의 역사를 기록(記錄)한 책.

▸고:금-주 古今注 (쏟을 주). ① 속뜻 고금(古今)의 글을 모아 주(注)를 달아 놓은 책. ② 책명 중국 진(晋)나라 최표가 명물을 고증하여 엮은 책. 총 8편 3권.

▸고:금-가곡 古今歌曲 (노래 가, 노래 곡). 문학 조선 시대에 송계연월옹(松桂烟月翁)이 엮은 고금(古今)의 시가[歌曲]를 모아

놓은 책.

▸고:금-동서 古今東西 (동녘 동, 서녘 서). ① 속뜻 옛날[古]과 현재[今] 그리고 동양(東洋)과 서양(西洋)을 통틀어 이르는 말. ②모든 시대와 모든 지역. ¶음악의 형태는 고금동서에 걸쳐 매우 다양하다. ⓑ동서고금.

▸고:금-석림 古今釋林 (풀 석, 수풀 림). 책명 고금(古今)의 말을 뽑아 주석(注釋)달아 엮은[林] 사전. 조선 정조 13년(1789)에 이의봉이 우리나라, 중국, 미얀마, 일본 등 여러 나라의 말과 신라, 고려의 이두에 주석을 달아 만든 사전.

▸고:금-소총 古今笑叢 (웃을 소, 모일 총). 책명 19세기경에 민간에 예부터 당시까지[古今] 전해오던 우스개[笑] 이야기를 모아[叢] 만든 설화집.

▸고:금-천지 古今天地 (하늘 천, 땅 지). 예전부터 지금[古今]까지의 온 세상[天地]. ¶이렇게 억울한 일은 고금천지에 없을 것이다.

▸고:금-상정예문 古今詳定禮文 (자세할 상, 정할 정, 예도 례, 글월 문). 책명 고려 의종 때, 최윤의(崔允儀)가 고금(古今)의 예문(禮文)을 상세히 소개한[詳定] 책. ㊟상정예문.

고-금리 高金利 (높을 고, 돈 금, 이로울 리). 높은[高] 금리(金利). 비싼 이자. ㊟고리.

고:급[1] 告急 (알릴 고, 급할 급). 급(急)한 상황을 알림[告].

고급[2] 高給 (높을 고, 줄 급). 높은[高] 액수의 봉급(俸給).

고급[3] 高級 (높을 고, 등급 급). 높은[高] 등급(等級)이나 계급(階級). ¶고급 승용차. ⓑ상급(上級).

▸고급 상징 高級象徵 (모양 상, 밝힐 징). 문학 인간의 수준 높은[高級] 사상이나 깊은 정신세계에 대한 상징(象徵).

고:기[1] 古記 (옛 고, 기록할 기). 옛날[古] 기록(記錄). ¶할아버지는 손녀에게 고기를 들려주었다.

고:기[2] 古器 (옛 고, 그릇 기). 옛적[古]에 쓰던 그릇[器]. 오래된 그릇. ¶짚으로 고기를 닦았다.

고-기압 高氣壓 (높을 고, 공기 기, 누를 압). 지리 주위보다 높은[高] 기압(氣壓). ¶고기압의 영향으로 하늘이 맑다. ⓑ저기압(低氣壓).

고:난 苦難 (괴로울 고, 어려울 난). 괴로움[苦]과 어려움[難]을 아울러 이르는 말. ¶고난 속에 인생의 기쁨이 있다. ⓑ고초(苦楚).

고:녀 鼓女 (북 고, 여자 녀). ① 속뜻 북[鼓] 같이 속이 빈 여자[女]. ②생식기의 기능이 완전하지 못한 여자. ⓑ고자(鼓子).

고:념 顧念 (돌아볼 고, 생각 념). ① 속뜻 남의 사정이나 일을 돌보아[顧] 생각해 줌[念]. ②남의 허물을 덮어 줌. ⓑ고시(顧視).

고뇌 苦惱 (괴로울 고, 괴로울 뇌). 몸의 괴로움[苦]과 마음의 괴로움[惱]. 괴로운 번뇌. ¶고뇌에 찬 얼굴을 하다. ⓑ고민(苦悶), 고환(苦患).

고단[1] 孤單 (홀로 고, 홑 단). 집안이 번창하지 못하고 홀로[孤=單] 되어 외롭다. ¶부모 형제 없이 고단한 처지.

고단[2] 高段 (높을 고, 구분 단). 무술이나 바둑, 장기 따위에서 단수(段數)가 높음[高]. ¶고단의 선수를 상대로 대국에서 이겼다.

고-단백 高蛋白 (높을 고, 새알 단, 흰 백). 단백질(蛋白質)의 함유량이 높음[高]. ¶고단백 음식을 삼가다.

고-단수 高段數 (높을 고, 구분 단, 셀 수). 수단이나 술수를 쓰는 재간의 정도[段數]가 높은[高] 것. 또는 그런 사람. ¶그의 고단수에 넘어갔다.

고:담[1] 古談 (옛 고, 이야기 담). 옛날[古] 이야기[談]. ¶할아버지는 전설과 고담을 들려주셨다. ⓑ고설(古說).

고담[2] 枯淡 (마를 고, 맑을 담). 글, 그림, 글씨, 인품 따위가 꾸밈이 없고[枯] 담담(淡淡)하다. ¶고담한 색채로 그림을 그렸다.

고담[3] 高談 (높을 고, 말씀 담). ① 속뜻 고상(高尙)한 말[談]. ②남의 말을 높여 이르는 말. ③거리낌 없이 큰 소리로 하는 말.

▸고담-준론 高談峻論 (높을 준, 논할 론). ① 속뜻 고상(高尙)한 말[談]과 준엄(峻嚴)한 언론(言論). ¶그들은 모여 고담준론을 벌이고 시도 지었다. ②잘난 체하고 과장하고 떠벌리는 말. ¶그는 고담준론으로 자신의

경력을 자랑했다.

고답 高踏 (높을 고, 밟을 답). ① 속뜻 높은[高] 경지를 거닒음[踏]. ② 지위나 명리를 바라지 않고 속세에 초연함. ¶고답한 생활을 시로 남겼다.

▸고답-적 高踏的 (것 적). 현실과 동떨어진[高踏] 것을 고상한 것으로 여기는 태도를 가지거나 그런 경향을 띠는 것[的]. ¶고답적인 선비.

▸고답-파 高踏派 (갈래 파). 문학 현실과는 동떨어진[高踏] 예술 지상주의를 주장한 시문학의 한 유파(流派). 1860년대 프랑스에서 유행하였다.

고당 高堂 (높을 고, 집 당). ① 속뜻 높게[高] 지은 좋은 집[堂]. ② 남의 '부모'를 높여 일컫는 말. ¶고당께서는 편안하신가? ③ 상대편을 높여 그의 '집'을 이르는 말. ¶선생님의 고당은 김천이다. ㊥귀댁(貴宅).

고대¹ 苦待 (괴로울 고, 기다릴 대). 애타게[苦] 기다림[待]. ¶다시 만날 날을 고대했다.

고대² 高大 (높을 고, 큰 대). 높고[高] 큼[大]. ¶고대한 건축물.

⁑**고:대³ 古代** (옛 고, 시대 대). ① 속뜻 옛[古] 시대(時代). ¶고대에 그린 벽화. ② 역사 역사 시대를 구분할 때, 원시 시대와 중세 사이의 시대. 흔히 우리나라에서는 고조선 때부터 통일 신라 시대까지, 중국은 하나라 때부터 당나라 때까지, 서양은 그리스 때부터 5세기의 게르만 족의 대이동 때까지를 이른다. 상고(上古), 중고(中古), 근고(近古)로 세분할 수도 있다. ¶고대 사회 / 고대 문학. ㊥고세(古世). ㊟근대(近代), 현대(現代).

▸고:대-극 古代劇 (연극 극). 연영 ① 고대(古代)에 있었던 고전극(古典劇). ¶로마의 고대극이 부활했다. ② 고대를 제재로 한 극.

▸고:대 가요 古代歌謠 (노래 가, 노래 요). 문학 고대(古代) 부족 국가 시대에서 삼국 시대 초기까지 향가 성립 이전에 불린 노래[歌謠]를 통틀어 이르는 말.

▸고:대 국가 古代國家 (나라 국, 집 가). ① 속뜻 예전에[古代] 존재했던 국가(國家). ② 역사 역사상 처음으로 출현한 중앙 집권적인 통일 국가. ¶우리나라에서는 삼국시대에 고대 국가가 형성되었다.

▸고:대 국어 古代國語 (나라 국, 말씀 어). ① 속뜻 고대(古代)에 사용되던 국어(國語). ② 언어 고려 건국 이전의 국어. 삼국 시대 및 통일 신라 시대의 국어.

고대⁴ 高臺 (높을 고, 돈대 대). ① 속뜻 높이[高] 쌓아 올린 터[臺]. ② 높이 쌓은 대(臺).

▸고대-광실 高臺廣室 (넓을 광, 집 실). 높은[高] 터[臺]와 넓은[廣] 집[室]. 매우 크고 좋은 집.

고:덕¹ 古德 (옛 고, 베풀 덕). 덕행(德行)이 높은 옛[古] 스님. 옛 고승(高僧).

고덕² 高德 (높을 고, 베풀 덕). 덕(德)이 높음[高]. ¶그의 고덕을 기려 송덕비를 세웠다.

고:도¹ 古都 (옛 고, 도읍 도). 옛[古] 도읍(都邑). ¶경주는 신라의 고도이다.

고도² 孤島 (홀로 고, 섬 도). 육지에서 멀리 떨어진 외딴[孤] 섬[島]. ¶절해(絕海)의 고도.

고도³ 高跳 (높을 고, 뛸 도). 몸을 솟구쳐 높이[高] 뜀[跳].

고도⁴ 高度 (높을 고, 정도 도). ① 속뜻 높은[高] 정도(程度). ¶고도로 발달한 문명 / 비행기가 고도를 유지하며 난다. ② 천문 지평면에서 천체까지의 각거리. 천체에 대한 올려본 각 또는 내려본 각.

▸고도-화 高度化 (될 화). 높은[高] 정도[度]로 되거나 되게 함[化]. ¶생산 기술이 고도화되었다.

고독 孤獨 (외로울 고, 홀로 독). ① 속뜻 짝 없이 외로운[孤] 홀[獨]몸. ② 외로움. ¶고독한 생활. ③ 어려서 부모를 여읜 아이와 자식 없는 늙은이.

▸고독-감 孤獨感 (느낄 감). 외로움[孤獨]을 느끼는[感] 마음. ¶고독감에 사로잡혔다.

고동¹ 鼓動 (북 고, 움직일 동). ① 속뜻 북을 치고[鼓] 춤을 춤[動]. ② 혈액 순환에 따라 심장이 뛰는 일. ¶심장 고동 소리 / 고동을 멈추다. ㊥고무(鼓舞).

고:동² 古銅 (옛 고, 구리 동). ① 속뜻 고대(古代)의 구리[銅]. ② 헌 구리쇠. ③ 오래된 동전.

▸고:동-색 古銅色 (빛 색). ① 속뜻 오래된[古] 구리[銅]같이 검누른 색(色). ② 적갈

색(赤褐色).

고두 叩頭 (조아릴 고, 머리 두). 경의를 나타내기 위해 머리[頭]를 조아림[叩]. ¶임금께 고두하고 자리를 물러났다. ㊥고수(叩首).

고등[1] 高騰 (높을 고, 오를 등). 물건 값이 높이[高] 뛰어오름[騰]. ¶물가가 고등했다. ㊥조용(刁踊).

고등[2] 高等 (높을 고, 무리 등). 정도나 수준이 높은[高] 무리[等]. ¶고등동물. ㊥하등(下等), 초등(初等).

▶고등 감:각 高等感覺 (느낄 감, 깨달을 각). 심리 높은[高] 수준[等]의 감각(感覺). 시각과 청각을 이른다. ㊥고등 감관(感官). ㊥하등(下等) 감각.

▶고등 교:육 高等教育 (가르칠 교, 기를 육). 교육 높은[高] 수준[等]의 교육(教育). 대학 이상의 교육을 말한다. ¶고등 교육을 받은 인재. ㊥보통(普通) 교육.

▶고등 동:물 高等動物 (움직일 동, 만물 물). ① 속뜻 높은[高] 수준[等]의 동물(動物). ② 동물 복잡한 체제를 갖춘 동물. 보통 척추동물을 이르는데, 소화·순환·호흡·비뇨·생식·신경·운동 따위의 기관을 가지고 있다. ㊥하등(下等) 동물.

▶고등 수:학 高等數學 (셀 수, 배울 학). 수학 높은[高] 수준[等]의 수학(數學)을 통틀어 이르는 말. 미적분, 함수론, 해석, 기하학 따위.

▶고등 식물 高等植物 (심을 식, 만물 물). ① 속뜻 높은[高] 수준[等]의 식물(植物). ② 식물 뿌리, 줄기, 잎의 세 부분을 갖추고 있어야 꽃이 피고 열매가 맺는 식물. ㊥하등 식물(下等植物).

▶고등 재:배 高等栽培 (심을 재, 북돋울 배). ① 속뜻 높은[高] 수준[等]의 재배(栽培) 방식. ②온실이나 온상 따위의 특수 설비를 이용하여 채소나 과실나무를 집약적으로 재배하는 방법.

▶고등-학교 高等學校 (배울 학, 가르칠 교). ① 속뜻 높은[高] 수준[等]의 학교(學校). ② 교육 중학교 교육을 기초로 하여 고등 교육 및 실업 교육을 베푸는 학교. ㊥고교.

고락 苦樂 (괴로울 고, 즐거울 락). 괴로움[苦]과 즐거움[樂]. ¶조강지처와 고락을 함께 하다. ㊥감고(甘苦).

고랭-증 痼冷症 (고질 고, 찰 랭, 증세 증). ① 속뜻 고질적(痼疾的)으로 몸이 찬[冷] 증세(症勢). ② 한의 찬 기운이 몸 안에 오랫동안 머물러서 춥고 손발이 싸늘한 병.

고랭-지 高冷地 (높을 고, 찰 랭, 땅 지). 지리 해발(海拔)이 높고[高] 기후가 한랭(寒冷)한 지방(地方). 해발 600m 이상의 지역을 말한다. ¶고랭지 배추.

▶고랭지 농업 高冷地農業 (농사 농, 일 업). 농업 표고(標高)가 높고[高] 기후가 한랭(寒冷)한 지방(地方)에서 하는 농업(農業). ¶대관령에서는 고랭지 농업을 한다. ㊥한랭지(寒冷地) 농업.

고량 高粱 (높을 고, 기장 량). 식물 볏과의 한해살이풀. 줄기는 높이가 2미터 정도로 크고[高] 이삭이 기장[粱]과 비슷하다. 열매로는 엿이나 술을 만든다. ㊥수수.

▶고량-미 高粱米 (쌀 미). 수수[高粱] 열매를 도정한 쌀알[米].

▶고량-주 高粱酒 (술 주). 수수[高粱]로 빚은 소주(燒酒). ¶고량주를 한잔 마셨더니 벌써 취한다. ㊥배갈, 백주(白酒).

고량진미 膏粱珍味 (기름질 고, 기장 량, 보배 진, 맛 미). 기름진 고기[膏]와 좋은 곡식[粱]으로 만든 보배롭고[珍] 맛있는[味] 음식. ¶고량진미도 자기 입에 안 맞으면 그만이다

*__고려[1] 考慮__ (살필 고, 생각할 려). 잘 살피고[考] 깊이 생각함[慮]. ¶신중히 고려한 다음에 실행하였다.

고:려[2] 高慮 (높을 고, 생각할 려). 자기에 대한 남의 생각[慮]을 높여[高] 이르는 말. ¶저에 대한 선생님의 고려가 고맙기 그지없습니다.

고려[3] 高麗 (높을 고, 고울 려). 역사 우리나라 중세 왕조의 하나. 태봉의 장수 왕건(王建)이 세운 나라. 후백제를 멸하고 신라를 항복시켜 후삼국을 통일하였다. 산(山)이 높고[高] 강물[水]이 아름답다[麗]는 '산고수려'(山高水麗)의 준말에서 유래됐다는 설이 있다.

▶고려-사 高麗史 (역사 사). 책명 조선 세종 때, 고려(高麗)의 역사(歷史)를 기록한 책. 정인지 등이 편찬.

▶고려-장 高麗葬 (장사지낼 장). ① 속뜻 고

구려(高句麗) 때에 늙어서 쇠약한 이를 산채로 묘실(墓室)에 옮겨 두었다가 죽은 뒤에 그곳에서 장사(葬事)지내던 풍습. ②지난날, '규모가 큰 토분'(土墳)을 흔히 이르던 말.

▸고려 가요 高麗歌謠 (노래 가, 노래 요). [문학] 고려(高麗) 시대의 속요[歌謠]. [비]고려 속요(俗謠), 고려 가사(歌詞). [준]여요.

▸고려-국사 高麗國史 (나라 국, 역사 사). [책명] 조선 태조 4년(1395)에 정도전 등이 고려(高麗)의 국사(國史)를 쓴 책.

▸고려-인삼 高麗人蔘 (사람 인, 인삼 삼). '우리나라[高麗]에서 나는 인삼(人蔘)'을 흔히 이르는 말.

▸고려-자기 高麗瓷器 (=高麗磁器, 사기그릇 자, 그릇 기). [수공] 고려(高麗) 시대에 유행하던 공법으로 만든 자기(瓷器). ¶고려자기는 주로 청자(青瓷)가 많다.

▸고려-장가 高麗長歌 (길 장, 노래 가). [문학] 고려(高麗) 시대에 유행하던 긴[長] 형식의 시가(詩歌). 주로 민중 사이에 널리 불리던 속요를 일컫는다.

▸고려-청자 高麗青瓷 (=高麗青磁, 푸를 청, 사기그릇 자). [수공] 고려(高麗) 시대에 만든 푸른빛[青]의 자기(瓷器)를 통틀어 이르는 말. 상감(象嵌) 청자가 유명하다.

▸고려 대:장경 高麗大藏經 (큰 대, 감출 장, 책 경). [고적] 고려(高麗) 고종 38년(1251)에 완성된 대장경(大藏經). 이에 앞서 간행한 초조장경(初雕藏經)과 속장경(續藏經)이 몽고의 침략으로 소실되어 새롭게 만든 것으로, 경판(經板) 수가 81,258판이므로 팔만대장경으로도 불린다. ¶고려 대장경 판은 현재 해인사에 보관되어 있다.

▸고려사-절요 高麗史節要 (역사 사, 마디 절, 요할 요). [책명] 조선 전기에 고려(高麗) 시대 역사(歷史)에서 중요한 부분[節] 만을 요약(要約)해 편찬한 책.

고령 高齡 (높을 고, 나이 령). 높은[高] 나이[齡]. 많은 나이. ¶할아버지는 고령에도 불구하고 등산을 좋아하신다. [반]유년(幼年), 소년(少年).

▸고령-자 高齡者 (사람 자). 나이[齡]가 많은[高] 사람[者]. ¶고령자 복지 시설.

▸고령-화 高齡化 (될 화). 나이[齡]가 많은[高] 사람[者]의 비율이 높아지는[化] 것. ¶농촌의 고령화 문제가 갈수록 심각해지고 있다.

고령-토 高嶺土 (높을 고, 고개 령, 흙 토). [광업] 바위 속의 장석(長石)이 풍화 작용을 받아 이루어진 진흙[土]. 중국 고령(高嶺) 지방에서 많이 산출된 데서 유래된 것이다. ¶고령토로 도자기를 빚었다. [비]고량토(高粱土), 고릉토(高陵土).

고:례¹ 古例 (옛 고, 법식 례). 예로부터[古] 내려오는, 습관이 된 전례(典例). ¶고례에 어긋나는 일을 하면 안 된다.

고:례² 古禮 (옛 고, 예도 례). 옛날[古]의 예법이나 예절(禮節). ¶고례를 잘 지키고 따라야 한다.

고:로¹ 古老 (옛 고, 늙을 로). 경험이 많고 옛일[古]을 잘 아는 늙은이[老]. ¶이 이야기는 마을의 고로들에게 들었다.

고:로² 故老 (옛 고, 늙을 로). ① [속뜻] 옛날[故] 인습에 젖은 늙은이[老]. ②고로(古老). ¶시골의 고로들만이 지키는 예법이다.

고로³ 孤老 (외로울 고, 늙을 로). 의지할 데 없는 외로운[孤] 늙은이[老]. ¶그는 마을의 고로를 자주 찾아 뵈었다.

고론 高論 (높을 고, 논할 론). ① [속뜻] 고상(高尚)한 언론(言論). ¶고론 탁설(卓說). ②남의 언론의 높임말. ¶사람들은 최 박사의 고론을 확신했다.

고료 稿料 (원고 고, 삯 료). 원고(原稿)를 쓴 데 대한 보수[料]. '원고료'의 준말. ¶일천만 원 고료의 수기를 공모하다.

고루¹ 孤陋 (홀로 고, 좁을 루). 홀로[孤] 살아서 마음이나 견문이 좁다[陋]. ¶고루한 저의 견해를 받아 주셔서 감사합니다.

고루² 固陋 (굳을 고, 좁을 루). 고집(固執)이 세고 마음이 좁아[陋] 새로운 것을 잘 받아들이지 아니함. ¶고루한 사고방식 / 고루하게 옛 것만 따르다.

고루³ 高樓 (높을 고, 다락 루). 높이[高] 지은 누각(樓閣). ¶고루에 올라 바다를 바라보았다. [비]숭루(崇樓), 위루(危樓), 준루(峻樓).

고리 高利 (높을 고, 이로울 리). 법정 이자나 보통의 이자보다 높은[高] 이자(利子). ¶고리로 돈을 빌렸다.

▸고리-채 高利債 (빚 채). 보통의 이자보다

높은[高] 이자(利子)로 생긴 빚[債]. ¶많은 농민들이 고리채 때문에 몰락하고 말았다. ⓑ저리채(低利債).

▸고리-대금 高利貸金 (빌릴 대, 돈 금). 보통의 이자보다 높은[高] 이자(利子)를 받고 돈[金]을 빌려주는[貸] 것. 또는 그 돈. ¶고리대금으로 막대한 돈을 벌었다. ⓒ고리대.

▸고리대 자본 高利貸資本 (빌릴 대, 재물 자, 밑 본). 고리대금(高利貸金)에 의하여 이득을 얻는 자본(資本).

고립 孤立 (외로울 고, 설 립). ① 속뜻 홀로 외따로[孤] 떨어져 있음[立]. ¶고립 상태 / 외부와 완전히 고립되다. ②남과 어울리지 못하고 외톨이가 됨. ¶고립적 외교 정책. ⓑ사면초가(四面楚歌).

▸고립-어 孤立語 (말씀 어). 언어 어형이 고립적(孤立的)인 특성을 나타내는 언어(言語). 어형 변화나 접사 따위가 없이, 문장 속에서의 어순에 의하여 단어의 기능이나 어법 관계가 결정되는 언어. 중국어, 타이어, 베트남 어 따위가 있다. ⓒ교착어(膠着語), 굴절어(屈折語).

▸고립 경제 孤立經濟 (다스릴 경, 건질 제). ① 속뜻 외부 사회와 고립(孤立)되어 있는 경제(經濟). ② 경제 외부에서 재화를 공급받거나 내부의 생산물을 유출하지 않는 경제. ⓑ사회 경제(社會經濟).

▸고립-무원 孤立無援 (없을 무, 도울 원). 고립(孤立)되어 도움[援]을 받을 데가 없음[無]. ¶고립무원의 상태에서도 끝까지 항전했다.

▸고립 의:무 孤立義務 (옳을 의, 일 무). 법률 권리와 대립하지 않고, 외따로이[孤] 성립(成立)하는 의무(義務). 병역·납세의 의무 따위. ⓑ절대(絶對) 의무. ⓑ대립(對立) 의무, 상대(相對) 의무.

▸고립-주의 孤立主義 (주될 주, 뜻 의). 정치 자국과 관계가 없는 경우, 타국과 동맹 관계를 맺지 않으려는[孤立] 사상이나 태도[主義]. ¶영국은 근대 이래 고립주의 외교정책을 고수해왔다. ⓑ개입주의.

고막 鼓膜 (북 고, 꺼풀 막). 의학 귓구멍 안쪽에 있는 북[鼓] 모양의 둥글고 얇은 꺼풀[膜]. 공기의 진동에 따라 이 막이 울려 소리를 듣게 한다. ¶폭탄 소리에 고막이 터지다.

▸고막-염 鼓膜炎 (염증 염). 의학 고막(鼓膜)에 발생하는 염증(炎症). 추위나 약물 자극 등이 원인이며, 물집이 생기는 등의 증세가 있다. ¶고막염으로 치료를 받았다.

고매 高邁 (높을 고, 뛰어날 매). 품위, 인격, 학식 등이 높고[高] 뛰어나다[邁]. ¶고매한 선비 / 인격이 고매하다.

고:명[1] 古名 (옛 고, 이름 명). 옛날[古] 이름[名]. ¶'한성'(漢城)은 서울의 고명 가운데 하나이다.

고:명[2] 告明 (알릴 고, 밝을 명). 가톨릭 신부에게 죄를 사실대로 고백(告白)하여 밝힘[明]. ¶저의 죄를 고명하니 용서받기를 원합니다. ⓑ고백(告白).

고명[3] 高名 (높을 고, 이름 명). ① 속뜻 명성(名聲)이 높음[高]. 또는 그 명성. ¶고명이 자자하다. ②상대편을 높여 그의 '이름'을 이르는 말. ¶선생님의 고명은 익히 들었습니다. ⓑ대명(大名).

고명[4] 高明 (높을 고, 밝을 명). 식견(識見)이 높고[高] 사리에 밝음[明]. ¶고명한 선비를 찾아갔다.

고명[5] 顧命 (돌아볼 고, 명할 명). 임금이 유언으로 세자나 종친, 신하 등에게 나라의 뒷일을 돌보도록[顧] 부탁함[命]. 또는 그런 부탁. ¶고명 대신(大臣) / 제갈량은 유비의 고명으로 유선을 보좌했다. ⓑ유조(遺詔).

고명사의 顧名思義 (돌아볼 고, 이름 명, 생각 사, 옳을 의). 어떤 일을 당하여 자신의 명예(名譽)를 더럽히는 일이 아닌지 돌이켜 보고[顧], 의리(義理)에 어긋나는 일이 아닌지 생각함[思].

⁑고모 姑母 (고모 고, 어머니 모). 아버지의 누이[姑]로서 어머니[母] 같은 분. ⓑ이모(姨母).

▸고모-부 姑母夫 (지아비 부). 고모(姑母)의 남편[夫].

고-모음 高母音 (높을 고, 어머니 모, 소리 음). 언어 입을 조금 열고, 혀의 위치를 높여서[高] 발음하는 모음(母音). 국어에서 'ㅣ', 'ㅟ', 'ㅡ', 'ㅜ' 따위.

고:목[1] 古木 (옛 고, 나무 목). 오래[古] 묵은 나무[木]. ¶몇 백 년 된 고목에서 새싹이 돋다. ⓑ노수(老樹).

고목[2] **枯木** (마를 고, 나무 목). 말라[枯] 죽은 나무[木]. ¶고목을 땔감으로 사용하다.

고ː묘[1] **古墓** (옛 고, 무덤 묘). 오래된[古] 무덤[墓]. ¶마을 뒷산에 고묘가 많이 있었다.

고묘[2] **高妙** (높을 고, 묘할 묘). 아주 고상(高尙)하고 묘(妙)하다. ¶그의 그림 솜씨는 고묘하다.

고무 **鼓舞** (북 고, 춤출 무). ① 속뜻 북[鼓]을 치며 춤을 춤[舞]. ② 격려하여 힘이 나게 함. ¶응원 소리를 듣고 고무되어 목숨을 걸고 싸웠다.

고ː문[1] **古文** (옛 고, 글월 문). 갑오개혁 이전의 옛[古] 글[文]. ¶고문을 부흥시키다. 반 현대문(現代文).

고문[2] **拷問** (칠 고, 물을 문). 피의자에게 여러 가지 신체적 고통을 주며[拷] 신문(訊問)함. ¶밤새 고문을 당하다.

▶고문-치사 拷問致死 (이를 치, 죽을 사). 지나친 고문(拷問)으로 사람을 죽음[死]에 이르게[致] 함.

고문[3] **顧問** (돌아볼 고, 물을 문). ① 속뜻 찾아가서[顧] 물어봄[問]. ② 자문에 응함. ¶고문에 응하다. ③ 어떤 분야에 대하여 전문적인 지식과 풍부한 경험을 가지고 자문에 응하여 의견을 제시하고 조언을 하는 직책. 또는 그런 직책에 있는 사람. ¶고문 변호사.

▶고문-관 顧問官 (벼슬 관). 자문(諮問)에 응하여[顧] 의견을 말하는 관직(官職). ¶군사 담당 고문관.

고ː-문서 **古文書** (옛 고, 글월 문, 글 서). 옛날[古]의 문서(文書). ¶우리 도서관은 고문서를 많이 소장하고 있다.

고ː-문헌 **古文獻** (옛 고, 글월 문, 바칠 헌). 옛날[古]의 문헌(文獻). ¶보존적 가치가 있는 고문헌.

고ː물 **古物** (옛 고, 만물 물). ① 속뜻 옛날[古] 물건(物件). ② 낡고 헌 물건. ¶이 라디오는 고물이 되었다. ③ 쓸모없이 된 사람을 비유하여 이르는 말. ¶내 머리도 이젠 고물이 되었다. 비 폐물(廢物).

▶고ː물-상 古物商 (장사 상). 고물(古物)을 팔고 사는 장사[商]. 또는 그 장수. ¶고장 난 라디오를 고물상에게 주었다.

고미 **苦味** (쓸 고, 맛 미). 쓴[苦] 맛[味]. ¶이 차는 고미가 느껴진다. 반 감미(甘味).

▶고미-제 苦味劑 (약제 제). 쓴[苦] 맛[味]이 나는 약제(藥劑).

고미가 정책 **高米價政策** (높을 고, 쌀 미, 값 가, 정치 정, 꾀 책). 농촌 경제의 안정을 위해 양곡[米]의 수매 가격(收買價格)을 올리려는[高] 정부의 정책(政策). ¶고미가 정책으로 쌀 생산량이 크게 늘었다.

***고민** **苦悶** (괴로울 고, 번민할 민). 괴로워하고[苦] 속을 태움[悶]. ¶머리카락이 많이 빠져서 고민이다. 비 고뇌(苦惱), 고심(苦心).

고-밀도 **高密度** (높을 고, 빽빽할 밀, 정도 도). 빽빽한[密] 정도(程度)가 높음[高]. ¶고밀도 물질 / 고밀도 개발.

고ː박 **古朴** (=古樸, 옛 고, 소박할 박). 예스럽고[古] 질박(質朴)함.

고ː발 **告發** (알릴 고, 드러낼 발). ① 속뜻 잘못이나 비리 따위를 알려[告] 드러냄[發]. ② 피해자나 고소권자가 아닌 제삼자가 수사 기관에 범죄 사실을 신고하여 수사 및 범인의 기소를 요구하는 일. ¶경찰에 사기꾼을 고발하다. 비 고언(告言), 발고(發告).

▶고ː발-인 告發人 (사람 인). 법률 범죄 사실을 고발(告發)한 사람[人]. ¶고발인의 신고로 범죄를 막을 수 있었다. 비 고발자(告發者).

▶고ː발-장 告發狀 (문서 장). 법률 범죄 사실을 고발(告發)하기 위해 수사 기관에 제출하는 서류[狀]. ¶검찰에 고발장을 제출하다. 비 고소장(告訴狀).

▶고ː발 문학 告發文學 (글월 문, 배울 학). 문학 사회의 모순을 고발(告發)하듯 비판하는 데 주안(主眼)을 둔 문학(文學).

고방 **庫房** (곳집 고, 방 방). 창고(倉庫)로 쓰는 방(房). ¶곡식이 쌓인 고방.

고배 **苦杯** (쓸 고, 잔 배). ① 속뜻 쓴[苦] 맛의 음료나 술이 든 잔[杯]. ② '쓰라린 경험'을 비유하여 이르는 말. ¶인생의 고배를 마시다.

고ː백 **告白** (알릴 고, 말할 백). 마음속에 숨기고 있던 것을 알려[告] 털어놓음[白]. ¶그녀에게 사랑을 고백하다. 비 자백(自白). 반 은폐(隱蔽).

▶고ː백-체 告白體 (모양 체). 문학 작가가

자신의 경험을 고백(告白)하는 듯한 형식의 문체(文體).

▸고:백 문학 告白文學 (글월 문, 배울 학). 문학 고백(告白)하는 형식으로 자신의 모든 생활을 있는 그대로 서술한 문학(文學).

▸고:백 성:사 告白聖事 (거룩할 성, 일 사). 가톨릭 신자가 죄를 뉘우치고 고백(告白)하여 용서받는 일을 성(聖)스러운 일[事]의 하나로 보는 것.

고:범 故犯 (연고 고, 범할 범). 법률 고의(故意)로 죄를 범한 범인(犯人). '고의범'(故意犯)의 준말. ⑪유의범(有意犯).

고:법¹ 古法 (옛 고, 법 법). 옛날[古]의 법률(法律) 또는 법식(法式). ¶고법을 지키다.

고법² 高法 (고등 고, 법 법). 법률 법원 조직 중에서 최상위[高等]의 법원(法院). 지방 법원의 심판에 대한 항소·항고 사건 따위를 다룬다. '고등 법원'(高等法院)의 준말. ¶사건은 서울 고법으로 넘어갔다.

고벽 痼癖 (고질 고, 버릇 벽). 아주 굳어져서 고치기 어려운[痼] 버릇[癖].

고:변 告變 (알릴 고, 바뀔 변). ① 속뜻 변고(變故)를 알림[告]. ② 반역 행위를 고발함.

고:별 告別 (알릴 고, 나눌 별). 서로 헤어지게[別] 됨을 알림[告]. ¶동료들과 고별하다.

▸고:별-사 告別辭 (말씀 사). ① 속뜻 전근이나 퇴직 등으로 그 자리를 떠나는[告別] 사람의 인사말[辭]. ② 죽은 사람의 영혼에 대하여 친척이나 친지 등이 영결(永訣)을 고하는 말.

▸고:별-식 告別式 (의식 식). ① 속뜻 전근(轉勤)이나 퇴직 등으로 작별을 고하는[告別] 의식(儀式). ② 죽은 사람의 영혼에 대하여 친척이나 친지 등이 영결(永訣)을 고하는 의식. 영결식.

고:병 古兵 (옛 고, 군사 병). ① 속뜻 고참(古參) 병사(兵士). ② 경험이 많은 병사. ⑪신병(新兵). ¶신병을 맞이한 고병들. ③ 경험이 많은 사람.

고:본¹ 古本 (옛 고, 책 본). 오래된[古] 옛 책[本].

고본² 稿本 (원고 고, 책 본). 초고(草稿)를 맨 책[本].

고봉¹ 高捧 (높을 고, 받들 봉). 그릇 위로 수북하게[高] 담는[捧] 일. ¶밥을 고봉으로 담다.

고봉² 高峯 (높을 고, 봉우리 봉). 높은[高] 산봉우리[峯]. ¶히말라야 산맥의 고봉을 오르다.

▸고봉-준:령 高峯峻嶺 (높을 준, 고개 령). 높이[高] 솟은 산봉우리[峯]와 험한[峻] 산마루[嶺].

고:부¹ 告訃 (알릴 고, 부고 부). 사람이 죽음을[訃] 남에게 알림[告]. ⑪부고, 통부(通訃).

고부² 姑婦 (시어머니 고, 며느리 부). 시어머니[姑]와 며느리[婦]. ⑪고식(姑息).

▸고부-간 姑婦間 (사이 간). 시어머니[姑]와 며느리[婦] 사이[間]. ¶고부간의 갈등.

***고:분 古墳** (옛 고, 무덤 분). 옛[古] 무덤[墳]. ¶백제시대 고분을 발굴하다.

▸고:분-군 古墳群 (무리 군). 아주 오래된[古] 무덤[墳]들이 무리[群]를 지어 많이 있는 곳. ¶고분군을 조사하다.

고-분자 高分子 (높을 고, 나눌 분, 씨 자). 화학 유기 화합물 가운데 분자량이 1만 이상인[高] 분자(分子). ¶두 물질은 고분자를 형성한다. ⑪거대(巨大) 분자.

▸고분자 화:학 高分子化學 (될 화, 배울 학). 화학 고분자(高分子) 화합물을 연구 대상으로 하는 화학(化學)의 한 분야.

▸고분자 화:합물 高分子化合物 (될 화, 합할 합, 만물 물). 화학 분자량(分子量)이 큰[高] 화합물(化合物).

고:비¹ 古碑 (옛 고, 비석 비). 옛[古] 비석(碑石). ¶이곳에는 당 나라의 고비가 보존되어 있다.

고비² 高卑 (높을 고, 낮을 비). 고귀(高貴)함과 비천(卑賤)함. 신분이 높음과 낮음.

고:사¹ 古史 (옛 고, 역사 사). 옛날[古] 역사(歷史). ¶고사를 살펴볼 필요가 있다.

고사² 古寺 (옛 고, 절 사). 오래된[古] 절[寺]. 옛 절. ⑪고찰(古刹).

고:사³ 古事 (옛 고, 일 사). 옛[古] 일[事]. ¶이미 고사가 되어 버린 일이다.

고사⁴ 古祠 (옛 고, 사당 사). 옛[古] 사당(祠堂). 오래된 사당.

고:사⁵ 告祀 (알릴 고, 제사 사). 민속 액운은 없어지고 행운이 오도록 집안에서 섬기는

신에게 음식을 차려 놓고 그런 뜻을 알려[告] 비는 제사(祭祀). ¶산신령에게 고사를 드리다.

고:사[6] **固辭** (굳을 고, 물러날 사). 제의나 권유 따위를 굳이[固] 사양(辭讓)함. ¶그의 권유를 수차례 고사하였다.

고사[7] **枯死** (마를 고, 죽을 사). 나무나 풀이 말라[枯] 죽음[死]. ¶환경 오염으로 나무가 고사했다.

고:사[8] **考査** (생각할 고, 살필 사). ① 속뜻 자세히 생각하여[考] 알뜰히 살펴봄[査]. ② 학교에서 학생의 학업 성적을 시험함. 또는 그 시험. ¶월말 고사.

▸고:사-장 考査場 (마당 장). 시험[考査]을 보는 곳[場]. ¶고사장으로 가는 버스.

고:사[9] **故事** (옛 고, 일 사). ① 속뜻 옛날[故]에 있었던 일[事]. ② 옛날 이야기. ¶고사를 이야기해주었다.

▸고:사 성-어 故事成語 (이룰 성, 말씀 어). 옛날[故] 이야기[事]를 근거로 하여 만들어진[成] 말[語].

고:-사본 古寫本 (옛 고, 베낄 사, 책 본). 옛날[古]부터 전해오는 손으로 베껴[寫] 쓴 책[本]. ¶이곳에서 고사본이 발견되었다.

고사-포 高射砲 (높을 고, 쏠 사, 대포 포). 군사 높이[高] 있는 물체를 사격(射擊)할 수 있는 대포(大砲. ¶탱크에 고사포를 장착했다.

고:산[1] **故山** (옛 고, 메 산). ① 속뜻 고향(故鄕)에 있는 산(山). ② 자기가 태어나서 자란 곳. ¶그는 고산에 돌아가 여생을 보냈다. ㊥ 고향(故鄕).

고산[2] **孤山** (홀로 고, 메 산). 외따로[孤] 떨어져 있는 산(山). ㊥ 이산(離山), 독산(獨山).

▸고산-유고 孤山遺稿 (남길 유, 원고 고). 책명 조선 중기의 학자 고산(孤山) 윤선도의 유고(遺稿)를 모아 엮은 문집. 정조 15년(1791)에 편찬되었다.

고산[3] **高山** (높을 고, 메 산). 높은[高] 산(山). ¶이 꽃은 고산 지대에서 자생(自生)한다. ㊥ 태산(泰山).

▸고산-대 高山帶 (띠 대). 식물 고도가 높은[高] 산지(山地) 지대(地帶). 식물의 수직 분포 중 삼림 한계선 이상에서 항설대(恒雪帶)까지를 가리키는 수직적인 식생대(植生帶). ¶한국에서는 2,400m 전후의 지역이 고산대에 속한다.

▸고산-병 高山病 (병 병). 의학 고도가 높은[高] 산지(山地)에 올라갔을 때 낮아진 기압 때문에 일어나는 병(病). ¶이곳은 지대가 높아 외지인들은 고산병에 걸리기 쉽다.

▸고산 기후 高山氣候 (기후 기, 기후 후). 지리 고도가 높은[高] 산지(山地)에서 나타나는 기후(氣候). 기온의 일변화와 연변화가 작다. ¶로키 산맥의 고지대에는 고산기후가 나타난다.

▸고산 식물 高山植物 (심을 식, 만물 물). 식물 고도가 높은[高] 산지(山地)에서 절로 자라는 식물(植物). ¶이곳에는 눈잣나무와 같은 고산식물이 자란다.

▸고산-구곡가 高山九曲歌 (아홉 구, 노래 곡, 노래 가). 문학 조선 선조 11년(1578)에 율곡 이이가 고산(高山)의 구곡(九曲) 풍경과 감회를 읊은 연시조[歌]. 고산은 황해도의 수양산(首陽山)을 말한다. ㊥ 석담(石潭) 구곡가.

고상 高尚 (높을 고, 받들 상). 인품이나 학문 따위가 높아[高] 숭상(崇尚)할 만함. ¶그는 고상한 취미를 가지고 있다. ㊥ 저속(低俗)하다.

고:색 古色 (옛 고, 빛 색). ① 속뜻 오래되어[古] 낡은 빛깔[色]. ¶고색이 짙다. ② 고풍스러운 정치(情致). ¶고색이 짙은 궁궐.

▸고:색-창연 古色蒼然 (푸를 창, 그러할 연). 퍽 오래되어 예스러운[古] 정치[色]가 그윽한[蒼] 모양[然]. ¶고색창연한 산사(山寺).

*__고생 苦生__ (괴로울 고, 살 생). ① 속뜻 괴롭게[苦] 살아감[生]. ② 어렵고 힘든 생활을 함. 또는 그런 생활. ¶그는 당뇨로 고생하고 있다. ㊥ 고난(苦難), 곤란(困難), 고초(苦楚). 속담 고생 끝에 낙이 온다.

▸고생-문 苦生門 (문 문). ① 속뜻 고생(苦生)할 길로 들어가는 문(門). ② '앞으로 고생을 겪게 될 운명'을 비유하여 이르는 말. ¶고생문이 훤하다

고:생-대 古生代 (옛 고, 살 생, 시대 대). ① 속뜻 오래[古] 전에 생물이 나타난[生] 시대(時代). ② 지리 원생대 이후의 지질시

대. 약 5억 7000만 년 전부터 2억 4000만 년 전까지의 기간에 해당되며, 캄브리아기·오르도비스기·실루리아기·데본기·석탄기·페름기로 나뉜다. ¶태백에서 고생대의 화석이 발견되었다. ㊟지질 시대(地質時代).

고:-생물 古生物 (옛 고, 살 생, 만물 물). ① 속뜻 옛날[古]에 살았던 생물(生物). ② 생물 지질 시대에 살았던 생물. 화석이나 퇴적물 자료에서 지사적(地史的) 변천을 추정하게 해준다.

▶고:생물-학 古生物學 (학문 학). 생물 고생물(古生物)을 연구하는 학문(學問). 화석을 통하여 고생물의 구조, 분포, 계통, 진화 등을 연구한다.

고:서 古書 (옛 고, 책 서). ① 속뜻 옛[古] 책[書]. ¶이 사찰에는 고려시대 고서가 소장되어 있다. ② 헌 책. ¶헌책방에서 고서를 구입했다. ㊐전고(典誥). ㊥신간(新刊).

고:성¹ 古城 (옛 고, 성곽 성). 옛날[古]에 지은 오래된 성(城). ¶중세의 고성.

고성² 鼓聲 (북 고, 소리 성). 북[鼓] 소리[聲]. ¶고성에 맞춰 행진했다.

고성³ 孤城 (홀로 고, 성곽 성). ① 속뜻 외딴[孤] 성(城). ② 같은 편의 도움이 없어 고립된 성. ¶고성을 사수하다.

▶고성-낙일 孤城落日 (떨어질 낙, 해 일). ① 속뜻 외딴[孤] 성(城)과 서산에 지는[落] 해[日]. ② 세력이 다하여 매우 외로운 처지를 이르는 말. ¶고성낙일 같은 신세가 되었다고 한탄하다.

고성⁴ 高聲 (높을 고, 소리 성). 높고[高] 큰 목소리[聲]. ¶회의에서 고성이 오갔다. ㊥저성(低聲).

▶고성-방가 高聲放歌 (놓을 방, 노래 가). 큰[高] 소리[聲]를 지르거나 노래[歌]를 부름[放]. ¶한 남자가 고성방가로 골목을 시끄럽게 하고 있다.

고-성능 高性能 (높을 고, 성질 성, 능할 능). 성능(性能)의 수준이 높음[高]. 높은 성능. ¶그 자동차는 고성능 엔진을 갖추고 있다.

고소¹ 苦笑 (쓸 고, 웃을 소). 쓴[苦] 웃음[笑]. 어이가 없거나 마지못하여 짓는 웃음. ¶고소를 머금은 표정.

고:소² 告訴 (알릴 고, 하소연할 소). ① 속뜻 알려서[告] 하소연함[訴]. ② 법률 범죄의 피해자나 그 법정 대리인이 수사기관에 범죄 사실을 신고하여 수사 및 범인의 소추를 요구함. ¶명예훼손으로 고소하다 / 고소를 취하하다. ㊐고발(告發).

▶고:소-인 告訴人 (사람 인). 법률 고소(告訴)를 한 사람[人]. 또는 그의 법정 대리인. ㊟소인.

▶고:소-장 告訴狀 (문서 장). 법률 고소(告訴)의 내용을 적어서 수사 기관에 제출하는 서류[狀]. ¶피해자가 검찰에 고소장을 제출했다.

고소³ 高所 (높을 고, 곳 소). 높은[高] 곳[所]. ¶그들은 건물의 고소에서 농성을 벌였다. ㊐고처(高處).

▶고소 공:포증 高所恐怖症 (두려울 공, 두려워할 포, 증세 증). 의학 높은[高] 곳[所]에 오르면 몹시 무서움[恐怖]을 느끼는 신경증(神經症)의 한 가지.

고:-소설 古小說 (옛 고, 작을 소, 말할 설). 문학 고대(古代)에 쓰인 소설(小說). 19세기 이전에 창작된 소설을 이른다. '고대 소설'의 준말.

고속 高速 (높을 고, 빠를 속). 아주 빠른[高] 속도(速度). ¶고속 성장. ㊥저속(低俗).

▶고속-화 高速化 (될 화). 속도(速度)가 매우 빨라지게[高] 됨[化]. 또는 그렇게 함. ¶작업공정이 고속화되다.

고-속도 高速度 (높을 고, 빠를 속, 정도 도). 아주 빠른[高] 속도(速度). ¶고속도 카메라 / 이 기계는 금속을 고속도로 가공할 수 있다. ㊟고속. ㊥저속도(低速度).

▶고속도-강 高速度鋼 (정도 도, 강철 강). 공업 금속을 고속도(高速度)로 자르거나 깎는 공구에 쓰이는 강철(鋼鐵).

고:송¹ 古松 (옛 고, 소나무 송). 오래된[古] 소나무[松]. ¶마을 입구에 고송 한 그루가 서 있다. ㊐노송(老松).

고송² 孤松 (홀로 고, 소나무 송). 외따로[孤] 서 있는 소나무[松]. ¶산 정상의 고송이 운치를 더해주었다.

고송³ 枯松 (마를 고, 소나무 송). 말라[枯] 죽은 소나무[松]. ¶재선충병(材線蟲病)으로 고송이 많이 생겨났다.

고수¹ 固守 (굳을 고, 지킬 수). 굳게[固] 지킴[守]. 단단히 지킴. ¶자신의 의견을 고수하다. ㊐묵수(墨守), 견수(堅守).

고수[2] **高手** (높을 고, 솜씨 수). 뛰어난[高] 재주나 솜씨[手]. 어떤 분야에서 능력이나 기술이 뛰어난 사람. ¶드디어 고수의 경지에 이르다. ㊐상수(上手). ㊞하수(下手).

고수[3] **鼓手** (북 고, 사람 수). 음악 북[鼓]을 치는 사람[手]. 노래에 장단을 맞춰준다. ¶고수는 추임새를 넣어 흥을 돋웠다.

고-수로 高水路 (높을 고, 물 수, 길 로). 하천 바닥이 높게[高] 된 물길(水路). 보통 때는 말라 있다가 큰물이 날 때에만 물이 흐른다. ㊞저수로(低水路).

고수-부지 高水敷地 (높을 고, 물 수, 펼 부, 땅 지). 강물[水] 보다 높은[高] 둔치[敷地]. ¶홍수로 고수부지가 물에 잠겼다. ㊐둔치.

고:습[1] **故習** (옛 고, 버릇 습). 옛날[故]부터의 습관(習慣). 오랜 습관. ¶고습을 따르다.

고습[2] **高濕** (높을 고, 젖을 습). 습도(濕度)가 높음[高]. 축축한 기운이 많음. ¶고습한 장마철. ㊐다습(多濕).

고승 高僧 (높을 고, 스님 승). 불교 학덕이 높은[高] 승려(僧侶). ㊐성승(聖僧), 대덕(大德). ㊞소승(小僧).

▸고승-전 高僧傳 (전할 전). ① 책명 신라 때, 김대문이 쓴 고승(高僧)들의 전기(傳記). ② 책명 중국 양(梁)나라 때, 혜교(慧皎)가 지은 고승들의 전기.

고:시[1] **古詩** (옛 고, 시 시). ① 속뜻 옛날[古]의 시(詩). ② 문학 '고체시'(古體詩)의 준말. ¶5언 고시.

고:시[2] **考試** (살필 고, 시험할 시). ① 역사 과거(科擧) 시험(試驗) 성적을 살펴서[考] 등수를 매기던 일. ② 어떤 자격이나 면허를 주기 위하여 시행하는 여러 가지 시험. 주로 공무원의 임용 자격을 결정하는 시험을 이른다.

고시[3] **高試** (높을 고, 시험할 시). 법률 '고등고시'(高等考試)의 준말. 행정 고등 공무원 또는 법관, 검사, 변호사의 자격을 검정하기 위해 실시하던 자격 시험. ¶행정 고시 / 사법 고시.

고시[4] **顧視** (돌아볼 고, 볼 시). ① 속뜻 돌아다[顧] 봄[視]. ② 남의 사정이나 일을 돌보아 줌. ㊐고념(顧念).

고:시[5] **告示** (알릴 고, 보일 시). 행정 기관이 일반 국민들에게 널리 알리기[告] 위해 글로 써서 게시(揭示)함. ¶선거 일정을 1월 20일로 고시했다.

▸고:시 가격 告示價格 (값 가, 이를 격). 정부에서 고시(告示)하여 지정한 가격(價格). ¶주요 생필품에 대한 고시 가격을 발표했다. ㊅고시가.

고:-시조 古時調 (옛 고, 때 시, 가락 조). 문학 갑오개혁 이전에 창작된 옛[古] 시조(時調). ¶난해한 고시조.

고:식[1] **古式** (옛 고, 법 식). ① 속뜻 옛날[古]의 법도(法道)와 양식(樣式). ¶이 건축물의 구조는 상당히 고식이다. ② 옛날에 유행하던 형식. ㊐구투(舊套), 진투(陳套), 구식(舊式).

고식[2] **姑息** (잠시 고, 숨쉴 식). ① 속뜻 잠시[姑] 숨을 쉼[息]. ② 당장에 탈이 없고 편안하게 지냄을 비유하는 말. ¶난리 속에서 잠깐의 고식을 찾았다.

▸고식-적 姑息的 (것 적). 임시 변통[姑息]의 것[的]. ¶고식적인 방법으로는 안 된다.

▸고식-책 姑息策 (꾀 책). 임시 변통[姑息]의 계책(計策). ㊐고식지계.

▸고식지계 姑息之計 (어조사 지, 꾀 계). 근본적인 해결책이 아닌, 임시 변통[姑息]의 계책(計策).

고실 鼓室 (북 고, 방 실). 의학 고막(鼓膜) 안쪽에 있는, 방[室]처럼 생긴 가운데귀의 한 부분. 소리의 진동을 속귀로 전하는 작용을 한다.

고심 苦心 (괴로울 고, 마음 심). 몹시 괴로운[苦] 마음[心]. 몹시 애씀. ¶이 문제를 두고 오랫동안 고심했다. ㊐고려(苦慮).

고:아[1] **古雅** (옛 고, 고울 아). 예스럽고[古] 우아(優雅)하다. ¶고아한 기와집 / 고아한 정취를 풍기다.

고아[2] **高雅** (높을 고, 고울 아). 고상(高尙)하고 우아(優雅)하다. ¶선비의 고아한 지조.

고아[3] **孤兒** (홀로 고, 아이 아). ① 속뜻 부모가 돌아가시어 홀로[孤]된 아이[兒]. ② 부모님을 여읜 사람. ¶할머니는 고아를 맡아 길렀다.

▸고아-원 孤兒院 (집 원). 고아(孤兒)를 기

르는 사회사업 기관[院]. ¶그는 고아원에서 자랐다. ㊊보육원(保育院).

고:악 古樂 (옛 고, 음악 악). 고대(古代)의 음악(音樂). ¶고악을 보존하다.

고안 考案 (생각할 고, 안건 안). 새로운 방안(方案)을 생각해[考] 냄. 또는 그 안. ¶새로운 방법을 고안하다.

고압 高壓 (높을 고, 누를 압). ① 속뜻 높은[高] 압력(壓力). 강한 압력. ② 전기 높은 전압(電壓). ¶고압 주의. ㊥저압(低壓).

▸고압-대 高壓帶 (띠 대). 어떤 지역에 주위보다 기압(氣壓)이 높은[高] 부분이 띠[帶]처럼 퍼져 있는 곳. ¶아열대 고압대.

▸고압-선 高壓線 (줄 선). 전기 고압(高壓)의 전류를 보내는 전선(電線). ¶몸이 고압선에 닿아 감전됐다. ㊥저압선(低壓線).

▸고압-적 高壓的 (것 적). 남을 마구[高] 억누르는[壓] 것[的]. ¶고압적인 자세

고애-자 孤哀子 (홀로 고, 슬플 애, 아이 자). ① 속뜻 혼자[孤] 남아 슬픔[哀]에 잠긴 자식(子息). ② 양친을 모두 여의어 상중(喪中)에 있는 사람이 자기를 이르던 말. ㊟고자(孤子), 애자(哀子).

고액 高額 (높을 고, 액수 액). 많은[高] 금액(金額). 큰돈. ¶고액 과외 / 고액의 연봉을 받다. ㊥저액(低額).

▸고액-권 高額券 (문서 권). 액면 금액이 고액(高額)인 지폐[券]. ¶고액권을 발행하다. ㊥소액권(少額券).

고약 膏藥 (기름질 고, 약 약). 헐거나 곪은 데 붙이는 기름지고[膏] 끈끈한 약(藥). ¶상처에 고약을 바르다.

고양 高揚 (높을 고, 오를 양). 높이[高] 올림[揚]. 정신이나 기분 따위를 드높임. ¶애국심을 고양하다.

고:어 古語 (옛 고, 말씀 어). 오늘날은 쓰지 않는 옛[古] 말[語]. ¶고어의 발음을 연구하다. ② 옛[古] 사람이 한 말[言]. ㊊옛말, 고언(古言). ㊥현대어(現代語).

고:언[1] 古言 (옛 고, 말씀 언). 오늘날은 쓰지 않는 옛날[古]의 말[言].

고:언[2] 古諺 (옛 고, 상말 언). 예로부터[古] 전해 오는 속담[諺].

고언[3] 苦言 (쓸 고, 말씀 언). ① 속뜻 쓴[苦] 말[言]. ② 듣기에는 거슬리나 유익한 점이 있는 충고의 말. ¶친구의 고언이 큰 도움이 되었다. ㊊고어(苦語). ㊥감언(甘言).

고언[4] 高言 (높을 고, 말씀 언). 뱃심 좋게 장담하는 큰[高] 소리[言]. ¶그는 고언하더니 정작 일이 터지자 도망가 버렸다.

고역 苦役 (쓸 고, 부릴 역). 쓴[苦] 맛이 감돌 정도로 몹시 힘들게 부림[役]. 고된 일. ¶매일 약 먹는 것은 정말 고역이다.

고열 高熱 (높을 고, 더울 열). ① 속뜻 높은[高] 열(熱). ② 높은 신열(身熱). ¶밤새 고열에 시달리다. ㊊대열(大熱). ㊥미열(微熱).

▸고열 반:응 高熱反應 (되돌릴 반, 응할 응). 화학 어떤 물질을 높은[高] 온도[熱]로 가열하였을 때 일어나는 반응(反應).

고엽 枯葉 (마를 고, 잎 엽). 마른[枯] 잎[葉]. ¶고엽이 우수수 떨어졌다.

▸고엽-제 枯葉劑 (약제 제). 식물의 잎[葉]을 인위적으로 말라[枯] 죽게 하는 약제(藥劑). ¶밀림에 고엽제를 뿌렸다.

고:옥 古屋 (옛 고, 집 옥). 지은 지 오래되어[古] 낡은 집[屋]. ¶그는 쓰러져 가는 고옥에 살았다. ㊊고가(古家), 구옥(舊屋).

고온 高溫 (높을 고, 따뜻할 온). 높은[高] 온도(溫度). ¶고온 다습한 지역. ㊥저온(低溫).

고:요 古謠 (옛 고, 노래 요). 고대(古代)의 가요(歌謠). ¶고요를 복원하다.

고욕 苦辱 (괴로울 고, 욕될 욕). 괴롭고[苦] 불명예스러운 일[辱]. ¶도둑으로 몰려 고욕을 치르고 풀려났다.

고용[1] 雇用 (품팔 고, 쓸 용). 보수를 주고[雇] 사람을 부림[用]. ¶고용 보험 / 직원을 고용하다.

▸고용-인 雇用人 (사람 인). 보수를 주고[雇] 사람을 부리는[用] 사람[人]. ¶사주와 사원은 고용인과 피고용인의 관계이다. ㊊사용자(使用者). ㊥피(被)고용인.

▸고용-주 雇用主 (주인 주). 보수를 주고[雇] 사람을 부리는[用] 주체(主體). ¶이 일은 고용주로서 책임을 져야한다. ㊊사용자(使用者).

고용[2] 雇傭 (품팔 고, 품팔 용). 삯을 받고[雇] 남의 일을 해 줌[傭]. ¶장애인의 고용을 촉진하기 위한 제도가 필요하다.

▸고용-원 雇傭員 (사람 원). 보수를 받고[雇] 남의 일을 해주는[傭] 사람[員]. ¶이 주민들은 농장에서 고용원으로 일했다.

▸고용-인 雇傭人 (사람 인). 보수를 받고[雇] 남의 일을 해주는[傭] 사람[人]. ¶고용인을 둔 회사는 4대 보험에 가입해야 한다.

고용-체 固溶體 (굳을 고, 녹을 용, 몸 체). 어떤 결정체[固]에 다른 결정체가 녹아서[溶] 고르게 섞인 상태의 고체 혼합물[體].

고:우 故友 (옛 고, 벗 우). ① 속뜻 사귄 지 오래된[故] 벗[友]. ¶그는 오랜만에 고우와 해후하였다. ② 고인(故人)이 된 벗. 세상을 떠난 벗. ¶고우를 추모하다. ⓑ구우(舊友), 고구(故舊).

고원[1] 高原 (높을 고, 들판 원). 지리 높은[高] 산지에 펼쳐진 넓은 들판[原]. ¶고원 지대에서는 양과 염소를 기르기도 한다.

고원[2] 高遠 (높을 고, 멀 원). ① 속뜻 높고[高] 멀다[遠]. ② 뜻이 높고 원대하다. ¶고원한 이상을 품다.

고원[3] 雇員 (품팔 고, 사람 원). ① 속뜻 보수를 받고[雇] 일을 해주는 사람[員]. ② 관청에서 사무를 돕기 위해 두는 임시 직원. ¶고원이 정식으로 채용되는 경우는 거의 없었다.

고위 高位 (높을 고, 자리 위). ① 속뜻 높은[高] 지위(地位). ② 높은 위치. ¶고위 평탄면(平坦面). ⓑ하위(下位).

▸고위-급 高位級 (등급 급). 높은[高] 지위(地位)에 있는 계급(階級). 또는 그 급에 해당하는 사람. ¶고위급 인사 / 고위급 회담.

▸고위-층 高位層 (층 층). 높은[高] 지위(地位)에 있는 계층(階層). 또는 그런 사람. ¶고위층 인사(人士).

고-위도 高緯度 (높을 고, 씨실 위, 정도 도). 지리 위도(緯度)가 높은[高] 지역. 남극과 북극에 가까운 지역. ¶이 나무는 고위도 지방에서 서식한다.

고:유[1] 告由 (알릴 고, 까닭 유). 큰 일이 있을 때 사당에 그 내용이나 사유(事由)를 고(告)하는 일. ¶동종(銅鐘)을 만들기 전에 부처에게 고유했다.

***고유[2] 固有** (굳을 고, 있을 유). ① 속뜻 본디부터 굳어져[固] 있음[有]. ② 본래부터 있음. ¶이 음식은 우리나라 고유의 것이다. ⓑ특유(特有).

▸고유-법 固有法 (법 법). 법률 어떤 나라나 민족이 본래부터[固] 가지고[有] 있는 풍습·관습 등에 바탕을 두고 자연 발생적으로 발달해 온 법(法). ¶당시의 고유법을 성문화(成文化)하여 법전을 만들었다. ⓑ계수법(繼受法).

▸고유-색 固有色 (빛 색). 그 물체가 본래부터[固] 가지고[有] 있는 빛깔[色]. ¶그들은 물체의 고유색을 정밀하게 표현했다.

▸고유-성 固有性 (성질 성). 어떤 사물이나 겨레가 본래부터[固] 가지고[有] 있는 성질(性質). ¶각 민족의 고유성을 인정하는 정책을 고수해왔다.

▸고유-어 固有語 (말씀 어). ① 언어 어떤 언어에 본래부터[固] 있던[有] 낱말[語]. ¶고유어 사용을 장려하다. ② 그 고장 고유의 독특한 말. ⓑ토박이말. ⓑ외래어(外來語).

▸고유-종 固有種 (갈래 종). 생물 어떤 지역에만 본래부터[固] 있던[有] 생물의 종류(種類). ¶펭귄류는 남극의 고유종이다.

▸고유 명사 固有名詞 (이름 명, 말씀 사). 언어 어떤 특정한[固有] 사람이나 사물의 이름[名]을 나타내는 낱말[詞]. ¶대한민국의 수도 '서울'은 고유명사이다. ⓑ보통명사(普通名詞).

▸고유 문자 固有文字 (글자 문, 글자 자). 언어 어떤 나라나 국민이 본래부터[固] 가지고[有] 있는 문자(文字). ¶이것은 티베트어의 고유 문자이다.

▸고유 문화 固有文化 (글월 문, 될 화). 어떤 나라나 민족만이 본래부터[固] 있던[有] 독특한 문화(文化). ¶종교별로 다양한 고유 문화를 향유하고 있다.

▸고유 식물 固有植物 (심을 식, 만물 물). 식물 어떤 지방에서만 본래부터[固] 있던[有] 식물(植物). ¶이 꽃은 한국 고유 식물이다.

▸고유 운:동 固有運動 (돌 운, 움직일 동). 천문 항성이 태양과의 상대 운동으로 인하여 각각 고유(固有)의 방향으로 위치를 바꾸는 운동(運動).

▸고유 재산 固有財産 (재물 재, 재물 산). 법률 어떤 개인이 본래부터[固] 가지고[有] 있던 재산(財産). 상속이나 양도 등으로 가지게 된 재산과 구별된다.

▸고유 진:동 固有振動 (떨칠 진, 움직일 동). 물리 어떤 진동 회로 자체가 본래부터[固] 가지고[有] 있던 진동(振動). ㊐규준(規準) 진동, 기준(其準) 진동.

고육지계 苦肉之計 (괴로울 고, 살 육, 어조사 지, 꾀 계). ① 속뜻 자신의 살[肉]을 도려내는 괴로움[苦]을 무릅쓰는 계책(計策). ② 자신의 희생까지 무릅씀. ¶고육지계까지 동원하였다. ㊐고육지책(苦肉之策).

고육지책 苦肉之策 (괴로울 고, 살 육, 갈 지, 꽤 책). ① 속뜻 자신의 살[肉]을 도려내는 괴로움[苦]을 무릅쓰는[之] 계책(計策). ② 자기희생을 감수하며 어쩔 수 없이 꾸미는 계책. ¶자기희생을 무릅쓰고 그런 고육지책을 생각해 냈다. ㊟고육계, 고육책. ㊐고육지계(苦肉之計).

고율 高率 (높을 고, 비율 률). 어떤 표준보다 높은[高] 비율(比率). ¶덤핑 상품에 고율의 세금을 부과했다. ㊥저율(低率).

고은 高恩 (높을 고, 은혜 은). 높고[高] 큰 은혜(恩惠). ¶스승님의 고은을 기리다. ㊐대은(大恩), 융은(隆恩), 홍은(鴻恩).

고음 高音 (높을 고, 소리 음). 높은[高] 소리[音]. ¶그 가수는 고음을 잘 낸다. ㊥저음(低音).

▸고음-계 高音階 (섬돌 계). 음악 높은[高] 음(音)들로 이루어진 음계(音階). ㊥저음계(低音階).

고:읍 古邑 (옛 고, 고을 읍). ① 속뜻 옛[古] 고을[邑]. ¶이곳에는 고려시대의 고읍이 있었다. ② 군아(郡衙)가 있던 곳.

고의[1] 固意 (굳을 고, 뜻 의). 뜻[意]을 굳게 함[固]. ¶그는 이 목표 달성을 고의했다.

고의[2] 高誼 (높을 고, 정 의). ① 속뜻 두텁고 높은[高] 정[情誼]. ② 상대편의 정의를 높여 이르는 말.

고:의[3] 故意 (옛 고, 뜻 의). ① 속뜻 본래[故] 가지고 있던 생각이나 뜻[意]. ② 일부러 하는 생각이나 태도. ¶이 사고는 고의가 아니었다. ㊥과실(過失).

▸고:의-범 故意犯 (범할 범). 법률 고의(故意)로 죄를 범한 범인(犯人). 죄를 범할 의사를 가지고 저지른 범죄. ㊟고범. ㊐유의범(有意犯). ㊥과실범(過失犯).

▸고:의-적 故意的 (것 적). 일부러 하는[故意] 것[的]. ¶고의적으로 하는 행동. ㊥우발적(偶發的).

고:인[1] 古人 (옛 고, 사람 인). 옛날[古] 사람[人]. ¶고인의 지혜. ㊐석인(昔人). ㊥금인(今人).

고:인[2] 故人 (옛 고, 사람 인). ① 속뜻 옛[故] 사람[人]. 죽은 사람. ¶고인의 무덤. ② 오래전부터 사귀어온 친구. ㊐고우(故友), 구우(舊友).

고인[3] 高人 (높을 고, 사람 인). ① 속뜻 지위가 높은[高] 사람[人]. ② 고결한 선비. ¶고인은 절개를 꺾지 않았다. ㊐고사(高士).

고:-인쇄 古印刷 (옛 고, 찍을 인, 박을 쇄). 옛날[古]에 인쇄(印刷)된 책. 또는 그런 방법.

고일-계 高日季 (높을 고, 해 일, 계절 계). 지리 해[日]가 높게[高] 뜨는 계절(季節). 적도 부근에서 계절 구분을 할 때 해의 높이를 기준으로 한다.

고:자[1] 古字 (옛 고, 글자 자). 옛날[古] 글자[字]. ¶한글의 'ㆁ', 'ㆆ', 'ㅿ', 'ㅸ'는 고자이다.

고:자[2] 告者 (알릴 고, 사람 자). 고자질하는[告] 사람[者].

고자[3] 孤子 (홀로 고, 아이 자). ① 속뜻 혼자[孤] 남은 자식(子息). ② 아버지의 상중(喪中)에 있는 사람이 자기를 이르던 말. ㊟고애자(孤哀子), 애자(哀子).

고자[4] 鼓子 (북 고, 아들 자). ① 속뜻 북[鼓] 같이 속이 빈 남자(男子). ② 생식기의 기능이 완전하지 못한 남자. ㊥고녀(鼓女).

고-자세 高姿勢 (높을 고, 맵시 자, 기세 세). 자기를 높이고[高] 상대방은 낮게 보는 자세(姿勢). 또는 그러한 태도. ㊥저자세(低姿勢).

고:장[1] 故障 (사고 고, 막을 장). ① 속뜻 사고(事故)와 장애(障礙). ② 기계 따위의 기능에 이상이 생기는 일. ¶고물이라 고장이 잦다. ③ 몸에 탈이 생기는 일. ¶머리가 고장이 났는지…. ㊐탈.

고장[2] 高張 (높을 고, 벌릴 장). ① 속뜻 당겨지는[張] 힘이 더 높음[高]. ② 생물 한 용액의 삼투압이 다른 용액의 삼투압과 비교하여 높은 것. 주로 생물학에서 각종 용액의 농도를 체액이나 혈액과 비교할 때 쓴다. ㊟저장(低張), 등장(等張).

▸고장-액 高張液 (진 액). 생물 삼투압이 다른 두 용액 가운데 삼투압이 높아[高] 잘 당기는[張] 쪽의 용액(溶液).

고장-난명 孤掌難鳴 (홀로 고, 손바닥 장, 어려울 난, 울 명). ① 속뜻 한[孤] 손[掌]으로는 쳐서 울리게[鳴] 하기 어려움[難]. ② '혼자서는 일을 이루기 어려움'을 비유하여 이르는 말.

고저 高低 (높을 고, 낮을 저). 높음[高]과 낮음[低]. ㊥높낮이.

▸고저-각 高低角 (모서리 각). ① 군사 사격 목표와 사수(射手)를 이은 선이 지평선과 이루는 높낮이[高低]의 각도(角度). ② 고각(高角). ㊥앙각(仰角).

▸고저-파 高低波 (물결 파). 물리 매질이 위[高] 아래[低]로 움직이면서 진동하는 파동(波動). 전자파, 지진의 에스파 따위. ㊥횡파(橫波). ㊞종파(縱波).

▸고저 장단 高低長短 (길 장, 짧을 단). 높고[高] 낮음[低]과 길고[長] 짧음[短]. 높낮이와 길이. ¶고저장단을 고려하여 창(唱)을 하다.

고ː적¹ 古跡 (=古蹟, 옛 고, 발자취 적). ① 속뜻 옛날[古] 사람들의 발자취[跡]. ② 옛적 건물이나 시설물 따위가 남아 있음. 또는 그런 유물이나 유적(遺跡). ¶이 절은 고려 시대의 고적이다. ㊥사적(史跡).

고ː적² 孤寂 (외로울 고, 고요할 적). 외롭고[孤] 고요함[寂]. 외롭고 쓸쓸함. ¶고적한 분위기 / 그는 평생을 산속에서 고적히 살았다.

고적³ 鼓笛 (북 고, 피리 적). 북[鼓]과 피리[笛]. ¶고적 소리 / 고적을 울리다.

▸고적-대 鼓笛隊 (무리 대). 북[鼓]과 피리[笛] 따위의 악기로 이루어진 행진용의 악대(樂隊). ¶고적대가 시가를 행진했다.

고적-운 高積雲 (높을 고, 쌓을 적, 구름 운). 지리 높은[高] 하늘에 구름덩어리가 뭉친[積] 모양의 구름[雲]. 권적운에 비해 구름덩어리가 크다. ㊥높쌘구름.

고ː전¹ 古錢 (옛 고, 돈 전). 옛날[古] 돈[錢]. ¶할아버지는 고전 한 꾸러미를 꺼냈다.

고전² 苦戰 (괴로울 고, 싸울 전). 몹시 괴롭고[苦] 힘든 싸움[戰]. ¶고전을 면치 못하다. ㊥악전(惡戰).

*__고ː전³ 古典__ (옛 고, 책 전). ① 속뜻 고대(古代)의 전적(典籍). ② 옛날의 법식이나 의식. ③ 시대를 대표할 만한 가치를 지닌 작품. 특히 문예 작품을 이른다. ¶동양 고전을 섭렵하다.

▸고ː전-극 古典劇 (연극 극). 연영 ① 고전(古典)의 내용을 주제로 하는 연극(演劇). ② 입센의 근대극 이전의 극을 통틀어 이르는 말. ③ 고대 그리스·로마에서 발달한 연극의 영향으로 16~18세기에 이탈리아·프랑스 등지에서 일어난 고전주의 연극. ㊞현대극(現代劇).

▸고ː전-미 古典美 (아름다울 미). 고전적(古典的)인 아름다움[美]. ¶조선시대의 고전미를 간직한 건물.

▸고ː전-어 古典語 (말씀 어). 언어 고전(古典)에 쓰이어 후세 언어의 규범이 된 언어(言語). ¶인도의 고전어인 산스크리트어를 연구했다.

▸고ː전-적 古典的 (것 적). ① 속뜻 고전(古典)을 중히 여기는 것[的]. ② 고전으로서 가치가 있는 것. ¶『춘향전』은 우리나라의 고전적인 명작이다. ③ 전통적이며 형식적인 것. ¶고전적인 건축양식.

▸고ː전-파 古典派 (갈래 파). 고전주의(古典主義)를 주장하고 실천하는 유파(流派). 또는 그러한 경향의 사람들. ¶고전파 음악.

▸고ː전 문학 古典文學 (글월 문, 배울 학). 문학 ① 고전(古典)으로서 전하여 오는 문학(文學) 작품. ¶고전문학을 계승하다. ② 고전주의(古典主義)의 문학.

▸고ː전-주의 古典主義 (주될 주, 뜻 의). 예술 고전(古典)을 중히 여기고 그 형식을 규범으로 삼는 예술 경향[主義]. 17~18세기에 유럽에서 일어났다.

고절 苦節 (괴로울 고, 지조 절). 어려운[苦] 지경에 빠져도 변하지 않고 끝까지 지켜 나가는 굳은 절개(節槪). ¶우국지사의 고절.

고정¹ 考訂 (생각할 고, 바로잡을 정). 옛 서적을 고찰(考察)하여 그 진위와 이동(異同)을 바로잡음[訂].

고정² 固定 (굳을 고, 정할 정). ① 속뜻 굳게[固] 정해져[定] 있음. ② 일정한 곳이나 상태에서 변하지 아니함. ¶임금이 3년째 고정되었다. ③흥분이나 노기를 가라앉힘. ¶고정하고 제 말 좀 들어보세요. ⓑ불변(不變), 응고(凝固), 동결(凍結). ⓑ유동(流動), 변동(變動).

▸**고정-급** 固定給 (줄 급). 경제 고정적(固定的)으로 지급되는 급여(給與). 일의 성과에 상관없이 근로 시간에 따라 일정한 금액을 지급하는 것을 이른다. ¶고정급 이외에 성과급도 받았다.

▸**고정-란** 固定欄 (칸 란). 신문, 잡지 등에서 어떤 종류의 기사가 고정적(固定的)으로 게재되는 난(欄). ¶신문의 수요일 고정란에는 교육에 관련된 기사가 실린다.

▸**고정-비** 固定費 (쓸 비). 경제 조업도나 생산량의 증감과는 관계없이 고정적(固定的)으로 지출되는 비용(費用). 불변(不變) 비용. ¶매출액에 대한 고정비의 비율이 높다. ⓑ변동비(變動費).

▸**고정-식** 固定式 (법 식). 한곳에 고정(固定)해 움직이지 않게 하는 방식(方式). ¶고정식 크레인. ⓑ이동식(移動式).

▸**고정-액** 固定液 (진 액). 생물 원형질을 응고시켜 조직이나 세포 등을 살아 있는 상태로 고정(固定)시키는 액체(液體). ¶포르말린을 고정액으로 사용했다.

▸**고정-적** 固定的 (것 적). 고정하거나 고정(固定)되어 있는 것[的]. ¶고정적 관념 / 고정적으로 들어오는 수입.

▸**고정-표** 固定票 (쪽지 표). 선거 때에, 항상 어떤 특정[固定] 정당이나 후보자를 지지하는 사람의 표(票). ¶그는 고정표가 많아서 당선되었다. ⓑ부동표(浮動票).

▸**고정-화** 固定化 (될 화). 제도·사물 따위를 고정(固定)되게 함[化]. ¶고정화된 연극 양식 / 표현이 고정화되었다.

▸**고정-관념** 固定觀念 (볼 관, 생각 념). 심리 그 사람의 마음속에 늘 자리하여 흔들리지 않는[固定] 관념(觀念). ¶고정관념에서 벗어나다.

▸**고정 부수** 固定部數 (나눌 부, 셀 수). 언론 정기 간행물에서 과거의 통계로 보아 고정적(固定的)으로 팔리어 나가는 최저의 부수(部數). ¶고정 부수에 따라 광고비가 달라진다.

▸**고정불변** 固定不變 (아닐 불, 바뀔 변). 고정(固定)되어 있어 변하지[變] 아니함[不]. ¶고정불변의 진리.

▸**고정 악상** 固定樂想 (음악 악, 생각 상). 음악 표제 음악에서 고정(固定)된 관념을 표현하는 사상[樂想].

▸**고정 자본** 固定資本 (재물 자, 밑 본). 경제 고정(固定) 자산을 구입하기 위해 투자하는 자본(資本). 1년 넘게 보유되며 유통을 목적으로 하지 않는다. ⓑ유동 자본(流動資本).

▸**고정 자산** 固定資産 (재물 자, 재물 산). 경제 생산 활동에 고정적(固定的)으로 쓰이는 자산(資産). 1년 이상 유지되는 토지, 공장, 기계 따위를 말하며 며 수익의 원천이 된다. ⓑ고정 재산(財産), 설비자산(設備資産), 설비재산(設備財産). ⓒ유동 자산(流動資産).

▸**고정 환:율제** 固定換率制 (바꿀 환, 비율 률, 정할 제). 경제 환율(換率)을 고정(固定)시켜 평가의 상하 변동을 일정한 범위 안에서 억제하는 제도(制度). ⓑ변동(變動) 환율제.

고:제[1] 古制 (옛 고, 정할 제). 옛[古] 제도(制度). ¶정조는 고제를 개혁했다.

고:제[2] 告祭 (알릴 고, 제사 제). 집안에 무슨 일이 있을 때 신에게 고(告)하며 제사(祭祀)를 지냄. ¶사당에 고제를 지냈다.

고:조[1] 古調 (옛 고, 가락 조). ① 속뜻 예스러운[古] 곡조(曲調). ¶대금으로 고조를 연주했다. ② 옛날부터 전해 내려오는 가락.

고조[2] 枯凋 (마를 고, 시들 조). ① 속뜻 말라서[枯] 시들어짐[凋]. ② 일이 쇠해짐.

고조[3] 高祖 (높을 고, 조상 조). 증조(曾祖) 바로 윗대[高]의 조상[祖]. '고조부'(高祖父)의 준말. ¶그의 고조는 자손에게 많은 유산을 남겼다.

고조[4] 高調 (높을 고, 가락 조). ① 속뜻 높은[高] 가락[調]. ¶고조의 노래. ② 어떤 분위기나 감정 같은 것이 한창 무르익거나 높아짐. ¶분위기가 고조되었다. ⓑ저조(低調).

▸**고조-파** 高調波 (물결 파). 물리 기본 주파수보다 정수배로 높은[高調] 주파수의 파동(波動). ⓑ저조파(低調波).

고조[5] 高潮 (높을 고, 바닷물 조). ① 속뜻 조수(潮水)가 밀려들어와 해수면이 높아짐[高]. ¶고조로 인한 재해가 발생했다. ② '감정이나 기세가 가장 고양된 상태'를 비유하여 이르는 말. ¶보호관세 정책이 고조되었다. ㊥만조(滿潮). ㊦저조(低潮).

▸고조-선 高潮線 (줄 선). 조수(潮水)가 밀려들어와 해수면이 가장 높아졌을[高] 때 바다와 육지의 경계선(境界線). ㊦저조선(低潮線).

▸고조-시 高潮時 (때 시). 조수(潮水)가 밀려들어와 해수면이 가장 높아졌을[高] 때[時]. ㊦저조시(低潮時).

고:-조선 古朝鮮 (옛 고, 아침 조, 고울 선). ① 속뜻 옛[古] 적의 조선(朝鮮). ② 역사 우리나라 최초의 국가. 기원전 2333년 무렵에 단군 왕검이 세운 나라로, 중국의 요동과 한반도 서북부 지역에 자리 잡았으며, 기원전 108년에 중국 한(漢)나라에 멸망하였다.

고족 高足 (높을 고, 발 족). ① 속뜻 높은[高] 발[足]. ② '학식과 품행이 뛰어난 제자'를 비유하여 이르는 말. '고족제자'(高足弟子)의 준말.

▸고족-사기 高足沙器 (모래 사, 그릇 기). 굽[足]이 높은[高] 사기(沙器) 그릇.

▸고족-제자 高足弟子 (아우 제, 아이 자). 많은 제자 가운데 특히 뛰어난[高足] 제자(弟子). ㊟고제. 고족.

고:졸 高卒 (높을 고, 마칠 졸). 고등학교(高等學校)를 졸업(卒業)함. ¶그의 최종 학력은 고졸이다.

고:종[1] 古鐘 (옛 고, 쇠북 종). 옛날[古]에 만든 오래된 종(鐘). ¶에밀레종은 신라 때의 고종으로 문화적 가치가 높다.

고종[2] 姑從 (고모 고, 사촌 종). 고모(姑母)의 아들이나 딸[從]. ㊥내종(內從). ㊔이종(姨從).

▸고종-매 姑從妹 (누이 매). 고모(姑母)의 자식으로 자기와 사촌[從]인 여동생[妹]. ㊥내종매(內從妹).

▸고종 사:촌 姑從四寸 (넉 사, 관계 촌). 고종(姑從)의 자식으로 자기와 사촌[從=四寸]인 사람.

고종-명 考終命 (오래살 고, 끝마칠 종, 목숨 명). 제명대로 오래 살다가[考] 편히 죽음[終命]. 오복(五福)의 하나. ㊥영종(令終).

고:죄 告罪 (알릴 고, 허물 죄). 기독교 자신이 지은 죄(罪)를 고백(告白)하는 일.

고주 孤舟 (홀로 고, 배 주). 홀로[孤] 떠 있는 배[舟]. ¶망망대해의 고주 같은 신세.

고-주파 高周波 (높을 고, 둘레 주, 물결 파). 물리 주파수(周波數)가 큰[高] 전파나 전류. ¶고주파 진동청소기. ㊥단파(短波). ㊦저주파(低周派).

▸고주파-로 高周波爐 (화로 로). 공업 고주파(高周波) 전류를 이용한 전기로(電氣爐). ¶고주파로에서 특수강을 만들다.

고증 考證 (생각할 고, 증명할 증). 옛 문헌이나 유물 등에 대하여 고찰(考察)하여 사실을 증명(證明)함. ¶역사학자들의 고증으로 궁궐을 복원했다.

▸고증-학 考證學 (배울 학). ① 속뜻 옛 문헌이나 유물 등에 대하여 고찰(考察)하여 사실을 증명(證明)하는 학문(學問). ② 역사 중국 명나라 말기에 일어나 청나라 때에 발전한 학문 또는 학풍. 옛 문헌에서 확실한 증거를 찾아 경서를 설명하려고 하였다.

고지[1] 固持 (굳을 고, 가질 지). 놓치지 않고 굳게[固] 가지거나 지님[持]. ¶의견을 고지하다.

고:지[2] 故地 (옛 고, 땅 지). 예전[故]에 살던 곳[地]. ¶복숭아꽃이 피던 고지가 생각난다.

고:지[3] 故址 (옛 고, 터 지). 옛날[故]에 구조물이나 성곽 같은 것이 있었던 터[址]. ¶고지에는 잡초만 무성하다.

고지[4] 高志 (높을 고, 뜻 지). ① 속뜻 고상(高尙)한 뜻[志]. ② 남의 의견을 높여 이르는 말. ¶사장님의 고지를 신중히 생각해 보겠습니다. ㊥고견(高見).

고지[5] 高地 (높을 고, 땅 지). ① 속뜻 평지보다 높은[高] 땅[地]. ¶고지를 사수하다. ② 이루고자 하는 목표. 또는 그 수준에 이른 단계. ¶유리한 고지를 점령하다. ㊦평지(平地).

고:지[6] 告知 (알릴 고, 알 지). 어떤 사실을 알려서[告] 관계자가 알게[知] 함. ¶세금 납부를 고지하다.

▸고:지-서 告知書 (글 서). 국가 기관이 일정한 일을 민간에 알리는[告知] 법적인 글[書]. 또는 그 문서. ¶납세 고지서를 받았다.

고-지대 高地帶 (높을 고, 땅 지, 띠 대). 높은[高] 지대(地帶). ¶고지대에는 벌써 서리가 내렸다. ⓑ저지대(低地帶).

고진-감래 苦盡甘來 (쓸 고, 다될 진, 달 감, 올 래). ① 속뜻 쓴[苦] 것이 다하면[盡] 단[甘] 것이 옴[來]. ②'고생 끝에 낙이 옴'을 비유하여 이르는 말. ¶고진감래이니, 조금만 견디자. ⓑ흥진비래(興盡悲來).

고-진공 高眞空 (높을 고, 참 진, 빌 공). 물리 진공(眞空)의 정도가 높은[高] 상태. 10억분의 1기압에서 10조분의 1기압이다.

고질[1] 固質 (굳을 고, 바탕 질). 단단한[固] 성질(性質).

고질[2] 痼疾 (고질 고, 병 질). ① 속뜻 오래되어 고치기 어려운[痼] 병[疾]. ¶그는 고질로 결국 병원에 입원했다. ② 오래되어 바로잡기 어려운 나쁜 버릇. ¶고질이 된 도벽. ⓗ숙병(宿病).

▸고질-병 痼疾病 (병 병). 고치기 어려운[痼疾] 병(病). ¶한국 사회의 고질병 / 고질병이 생겼다.

고집 固執 (굳을 고, 잡을 집). 자신의 생각이나 의견만을 굳게[固] 잡고[執] 굽히지 아니함 . 또는 그러한 성질. ¶그는 따라가겠다고 고집을 부렸다. ⓗ억지, 아집(我執).

▸고집불통 固執不通 (아닐 불, 통할 통). 성질이 고집(固執)스럽고 융통성(融通性)이 없음[不]. 또는 그러한 사람. ⓗ옹고집(甕固執).

고집멸도 苦集滅道 (괴로울 고, 모일 집, 없앨 멸, 길 도). 불교 불교의 근본 원리인 사제(四諦)의 첫 글자를 따서 이르는 말. '고'(苦)는 생로병사의 괴로움, '집'(集)은 괴로움의 원인이 되는 번뇌가 모여듦, '멸'(滅)은 번뇌를 없앤 깨달음의 경계, '도'(道)는 그 깨달음의 경계에 도달한 수행을 이른다.

고차 高次 (높을 고, 차례 차). ① 수학 수학의 방정식에서 높은[高] 차수(次數). 보통 3차 이상의 차수를 이른다. ② 생각이나 행동 따위의 수준이 높은 것. ¶고차적인 문제. ⓗ고계(高階).

▸고차 방정식 高次方程式 (모 방, 거리 정, 법 식). 수학 차수(次數)가 높은[高] 방정식(方程式). 보통 3차 방정식 이상의 방정식을 이른다.

고-차원 高次元 (높을 고, 차례 차, 으뜸 원). ① 높은[高] 차원(次元). 정신적 또는 내용적으로 정도가 높은 것. ¶이 문제는 고차원의 사고력을 요구한다. ② 수학 삼차원 이상의 높은 차원. ¶고차원 방정식.

▸고차원 세:계 高次元世界 (으뜸 원, 세상 세, 지경 계). 높은[高] 차원(次元)의 세계(世界). 시간과 공간을 초월한 세계.

고착 固着 (굳을 고, 붙을 착). ① 속뜻 물건 같은 것이 들러붙어[着] 굳음[固]. ② 어떤 상황이나 현상이 굳어져 변하지 않음. ¶부익부 빈익빈 현상이 고착되었다. .

▸고착-제 固着劑 (약제 제). 화학 섬유에 염료 따위를 고착(固着)시키는 약제(藥劑).

▸고착 관념 固着觀念 (볼 관, 생각 념). 심리 마음 속에 들러붙어[固着] 있으면서 행동을 지배하는 관념(觀念). ¶고착 관념에서 벗어나다. ⓗ고정(固定) 관념.

▸고착 생활 固着生活 (살 생, 살 활). 생물 어떤 물건이나 생물체에 들러붙어[固着] 살아가는 생활(生活). ⓗ부착(附着) 생활.

고:찰[1] 古刹 (옛 고, 절 찰). 역사가 오래된[古] 사찰(寺刹). ¶낙산사는 이 지역의 고찰이다.

고찰[2] 考察 (생각할 고, 살필 찰). 깊이 생각하여[考] 살핌[察]. ¶문제를 여러 각도에서 고찰하다.

고:참 古參 (옛 고, 참여할 참). 오래[古] 전부터 참여(參與)한 사람. 오래전부터 그 일에 종사하여 온 사람. ¶그녀는 이 회사에서 나보다 훨씬 고참이다. ⓑ신참(新參), 신입(新入).

고창[1] 高唱 (높을 고, 부를 창). ① 속뜻 노래나 구호 따위를 큰[高] 소리로 부르거나 외침[唱]. ② 자신의 의견 등을 강하게 내세움. ⓗ고가(高歌).

고창[2] 鼓脹 (북 고, 배부를 창). ① 속뜻 북[鼓]처럼 배가 볼록해 짐[脹]. ② 의학 창자 안에 가스가 차서 배가 붓는 병. ③ 농업 반추 동물, 특히 소의 위에서 음식물의 이상 발효로 갑자기 많은 가스가 생겨 배가 불룩해지는 병.

고:철 古鐵 (옛 고, 쇠 철). 낡은[古] 쇠[鐵]. ¶고철을 모아 팔다.

고:체[1] 古體 (옛 고, 모양 체). ① 속뜻 글, 그

림, 글씨 따위의 옛날[古]의 모양이나 양식[體]. ¶고체로 쓴 글씨. ② 문학 고체시.

▸고:체-시 古體詩 (시 시). 문학 옛날[古] 형식[體]의 시(詩). 중국 당나라 시대를 기준으로 그 이전에 형성된 형식의 한시(漢詩). 참 근체시(近體詩).

고체[2] **固體** (굳을 고, 몸 체). 물리 쉽게 변형되지 않는 굳은[固] 물체[體]. ¶고체 연료.

▸고체-화 固體化 (될 화). 액상의 물질이 고체(固體)로 변함[化]. ¶물이 얼음으로 고체화되었다.

▸고체 연료 固體燃料 (태울 연, 거리 료). 고체(固體)로 된 연료(燃料). ¶석탄은 대표적인 고체 연료이다.

고초 苦楚 (괴로울 고, 가시나무 초). ① 속뜻 괴롭고[苦] 힘든 가시나무[楚] 길. ② 어려움. ¶갖은 고초를 다 겪다. 비 고난(苦難), 고통(苦痛).

고:총 古塚 (옛 고, 무덤 총). 오래된[古] 무덤[塚]. ¶잡풀이 무성한 고총.

고:축 告祝 (알릴 고, 빌 축). 신명(神明)에게 고(告)하여 빎[祝]. ¶축관은 신령에게 고축했다.

고-출력 高出力 (높을 고, 나갈 출, 힘 력). ① 전기 높은[高] 전기 출력(出力). ¶고출력 레이저. ② 물리 원동기, 펌프 따위의 기계나 장치가 만들어 내는 힘이나 동력 따위가 큰 것.

고충[1] **孤忠** (홀로 고, 충성 충). 혼자서[孤] 바치는 충성(忠誠).

고충[2] **苦衷** (괴로울 고, 속마음 충). ① 속뜻 괴로운[苦] 속마음[衷]. ② 어려운 사정. ¶다른 사람의 고충을 헤아리다.

고취 鼓吹 (북 고, 불 취). ① 속뜻 북[鼓]을 치고 피리를 붊[吹]. ② 사상 따위를 열렬히 주장하여 널리 알림. ¶애국심을 고취하다. ③ 용기를 북돋아 줌. ¶아이들은 선생님의 칭찬에 고취됐다.

고층 高層 (높을 고, 층 층). ① 속뜻 높은[高] 층(層). ② 상공의 높은 곳. ③ 층이 여러 겹으로 되어 있는 것. ¶고층 건물이 들어서다.

▸고층-운 高層雲 (구름 운). 지리 높은[高] 하늘에 층상(層狀)을 이루는 구름[雲]. 비 높층구름.

▸고층 습원 高層濕原 (젖을 습, 들판 원). 지리 고산 지대[高層]의 습기(濕氣)가 많은 지역의 초원(草原).

고침-단명 高枕短命 (높을 고, 베개 침, 짧을 단, 목숨 명). 베개[枕]를 높이[高] 베면 목숨[命]이 짧아짐[短].

고:탑[1] **古塔** (옛 고, 탑 탑). 옛[古] 탑(塔). ¶이 사찰의 고탑에서 사리가 발견되었다.

고탑[2] **高塔** (높을 고, 탑 탑). 높은[高] 탑(塔). ¶산 정상에 고탑을 세웠다.

고:택[1] **古宅** (옛 고, 집 택). 옛날에 지은 오래된[古] 집[宅]. ¶쓰러질 듯한 고택.

고:택[2] **故宅** (옛 고, 집 택). 예전[故]에 살던 집[宅]. ¶고향에 돌아와 고택을 찾아보았다. 비 고거(故居), 구가(舊家), 구옥(舊屋), 구택(舊宅).

고:토 故土 (옛 고, 흙 토). 고국(故國)의 땅[土]. 고향의 땅. ¶그리운 고토로 돌아가고 싶다.

⁑**고통 苦痛** (괴로울 고, 아플 통). 몸이나 마음이 괴롭고[苦] 아픔[痛]. ¶고통을 견디다. 비 통고(痛苦). 반 쾌락(快樂).

고투 苦鬪 (괴로울 고, 싸울 투). 몹시 힘들게[苦] 싸우거나[鬪] 일함. ¶악전(惡戰) 고투 / 오늘의 성공은 그동안 고투한 결과이다. 비 고전(苦戰).

고:판 古版 (옛 고, 널빤지 판). ① 오래된[古] 판목(版木). ② 신판에 상대하여, 예전에 간행한 책. 반 신판(新版).

▸고:판-본 古版本 (책 본). 옛날[古]의 목판(木版)으로 인쇄한 책[本]. 준 고판.

고평 高評 (높을 고, 평할 평). ① 속뜻 남의 평론(評論)이나 평가를 높여[高] 이르는 말. ¶선생님의 고평에 감사드립니다. ② 어떤 대상이 뛰어나거나 훌륭하다는 평론이나 평가. ¶그의 그림은 미술계에서 고평을 받고 있다.

고:품 古品 (옛 고, 물품 품). 옛[古] 물품(物品). 낡은 물품. ¶고품 하나도 버리지 않고 다 모아 두었다. 비 고물(古物/故物), 노물(老物). 반 신품(新品).

고-품질 高品質 (높을 고, 물건 품, 바탕 질). 우수하고 높은[高] 품질(品質). ¶고품질의 도서.

고:풍 古風 (옛 고, 풍속 풍). ① 속뜻 옛[古] 풍속(風俗). ¶두레는 농민들의 아름다운 고

풍이다. ② 예스러운 풍취나 모습. ¶고풍이 배어 있는 전통 가옥을 답사했다. ③ 한시의 한 체.

고:필 古筆 (옛 고, 붓 필). ① 속뜻 오래된[古] 붓[筆]. ② 옛사람의 필적.

고하 高下 (높을 고, 아래 하). ① 속뜻 높음[高]과 낮음[下]. ② 나이의 많음과 적음. ¶인격은 나이의 고하와는 상관없다. ③ 지위나 등급, 신분 등의 높고 낮음이나 귀하고 천함. ¶지위의 고하에 상관없이 의견을 말하다. ④ 값의 많고 적음. ¶값의 고하를 막론하고 사들이다. ⑤ 내용의 품질 따위의 좋고 나쁨. ¶성능의 고하를 따져 보았다. ㊥고저(高低), 귀천(貴賤), 고헐(高歇).

▸고하-간 高下間 (사이 간). 나이나 지위, 가격, 품질 따위의 수준이 높든지[高] 낮든지[下] 간(間)에.

고학 苦學 (괴로울 고, 배울 학). 괴롭게[苦] 학비를 스스로 벌어서 배움[學]. ¶그는 고학으로 대학을 졸업했다.

▸고학-생 苦學生 (사람 생). 학비를 스스로 벌어서 고생(苦生)하며 공부하는[學] 학생(學生). ¶야간 학교에 다니는 고학생.

고-학년 高學年 (높을 고, 배울 학, 해 년). 높은[高] 학년(學年). ¶초등학교 고학년. ㊥저학년(低學年).

고한 苦汗 (괴로울 고, 땀 한). 힘들게[苦] 일하며 흘린 땀[汗].

▸고한 노동 苦汗勞動 (일할 로, 움직일 동). 사회 좋지 않은 노동 조건 아래에서 힘들게[苦] 땀[汗]을 흘리며 하는 노동(勞動).

▸고한 제:도 苦汗制度 (정할 제, 법도 도). 사회 고한(苦汗) 노동에 의한 극도의 노동 착취 제도(制度). ¶최저임금제도로 고한 제도는 사라졌다.

고함[1] 高喊 (높을 고, 소리 함). 크게[高] 외치는 목소리[喊]. ¶오라고 고함치다. ㊥큰소리, 함성(喊聲).

고함[2] 鼓喊 (북 고, 소리 함). 북[鼓]을 울리며 여럿이 한꺼번에 소리를 지름[喊].

고해[1] 苦海 (괴로울 고, 바다 해). ① 속뜻 괴로움[苦]의 바다[海]. ② 불교 '괴로움이 많은 속세'를 바다에 비유하여 이르는 말. ¶고해의 중생들을 위해 기도했다. ㊥고하(苦河).

고:해[2] 告解 (알릴 고, 풀 해). ① 속뜻 알리어[告] 해명(解明)함. ② 가톨릭 '고해 성사'(告解聖事)의 준말.

▸고:해 성:사 告解聖事 (거룩할 성, 일 사). 가톨릭 신자가 신부를 통하여 하느님에게 지은 죄를 고백하고[告解] 잘못을 뉘우쳐 용서받는 일[聖事]. ㊟고해. ㊥고백성사(告白聖事).

고행[1] 孤行 (홀로 고, 갈 행). ① 속뜻 홀로[孤] 감[行]. ② 홀로 함.

고행[2] 苦行 (괴로울 고, 행할 행). ① 속뜻 괴로움[苦]을 감수하며 수행(修行)함. ② 절에 거주하면서 심부름을 하는 사람.

⁑고향 故鄕 (옛 고, 시골 향). ① 속뜻 예전[故]에 살던 시골[鄕]. ② 태어나서 자란 곳. ¶고향을 떠나 객지를 떠돌다. ③ 조상 때부터 대대로 살아온 곳. ¶아버지는 혼자서 고향을 지키고 계신다. ㊥타향(他鄕), 객지(客地).

고:현 古賢 (옛 고, 어질 현). 옛[古] 현인(賢人). ¶고전에는 고현의 지혜가 담겨 있다. ㊥석현(昔賢).

고현-학 考現學 (살필 고, 지금 현, 배울 학). 현대(現代) 사회를 연구하는[考] 학문(學問). ㊥고고학(考古學).

고혈[1] 膏血 (기름 고, 피 혈). ① 속뜻 사람의 기름[膏]과 피[血]. ② 몹시 고생하여 얻은 이익이나 재산을 비유하여 이르는 말. ¶백성의 고혈을 빨아 가다.

고혈[2] 孤孑 (홀로 고, 외로울 혈). 혈육이 없어 혼자된[孤] 몸[孑]. '고혈단신'의 준말. ¶가문이 고혈하다.

▸고혈-단신 孤孑單身 (홑 단, 몸 신). 혈육이 없이[孤] 외롭게[孑] 혼자된[單] 몸[身]. ㊟고혈.

고혈당-증 高血糖症 (높을 고, 피 혈, 엿 당, 증세 증). 의학 혈당(血糖)의 수치가 너무 높은[高] 병증(病症).

고-혈압 高血壓 (높을 고, 피 혈, 누를 압). 정상 수치보다 높은[高] 혈압(血壓). 또는 그러한 증상. ㊥저혈압(低血壓).

고형 固形 (굳을 고, 모양 형). 질이 단단하고[固] 일정한 모양과 부피를 가진 형체(形體). ¶고형 연료.

▸고형 사료 固形飼料 (먹일 사, 거리 료). 농업 비타민이나 무기 염류 등을 섞어 단단

한[固] 알갱이의 형태(形態)로 만든 사료(飼料).

고혹 蠱惑 (독 고, 홀릴 혹). 아름다움이나 매력 같은 독[蠱]에 홀려서[惑] 정신을 못 차림. ¶고혹할 만한 자태 / 고혹적인 눈웃음.

고혼 孤魂 (외로울 고, 넋 혼). 의지할 곳 없는 외로운[孤] 넋[魂]. ¶고혼을 위로하다.

고:화 古畫 (옛 고, 그림 화). 옛[古] 그림[畫]. ¶고화를 수집하다.

고환 睾丸 (불알 고, 알 환). ① 속뜻 불알[睾=丸]. ② 의학 포유류의 음낭 속에 있는 공 모양의 기관. 좌우 한 쌍이 있으며, 정자를 만들고 남성 호르몬을 분비한다. ¶고환이 퉁퉁 부었다.

고:희 古稀 (옛 고, 드물 희). ① 속뜻 옛[古]부터 보기 드문[稀] 나이. ② '일흔 살'의 나이를 이르는 말. 두보의 시 '곡강'(曲江)에 나오는 '人生七十古來稀'에서 유래.

▸고:희-연 古稀宴 (잔치 연). 일흔 살[古稀]이 되는 생일에 베푸는 잔치[宴]. ¶할머니의 고희연을 차렸다. ㊤희연.

곡가 穀價 (곡식 곡, 값 가). 곡식(穀食)의 가격(價格). ¶폭우로 인해 국내 곡가가 폭등했다.

곡경 曲境 (굽을 곡, 처지 경). 몹시 힘들고 어려운[曲] 처지[境]. ¶곡경을 겪었다. ㊥곤경(困境), 난경(難境).

곡곡 曲曲 (굽을 곡, 굽을 곡). ① 속뜻 굴곡이 많은 산천이나 길의 굽이굽이[曲+曲]. ¶계류(溪流)가 곡곡으로 흘러나온다. ② 방방곡곡(坊坊曲曲).**곡기¹ 曲技** (굽을 곡, 재주 기). 아슬아슬한 곡예(曲藝) 기술(技術). ¶곡기를 선보였다.

곡기² 穀氣 (곡식 곡, 기운 기). ① 속뜻 곡식(穀食)을 먹고 차린 기운(氣運). ② 곡식으로 만든 적은 분량의 음식. ¶곡기를 끊다.

곡론 曲論 (굽을 곡, 논할 론). 이치에 맞지 않는[曲] 이론(理論)을 폄. 또는 그 이론. ¶곡론을 주장하다 / 곡론을 펴다. ㊞정론(正論). **곡류¹ 曲流** (굽을 곡, 흐를 류). 물이 굽이쳐[曲] 흘러감[流]. 또는 그 흐름. ¶낙동강은 곡류를 이루고 흐른다.

곡류² 穀類 (곡식 곡, 무리 류). 쌀, 보리, 밀과 같은 곡식(穀食) 종류(種類)를 통틀어 이르는 말. ¶곡류 가격이 급등하다.

곡률 曲率 (굽을 곡, 비율 률). 수학 곡선이나 곡면의 굽은[曲] 비율(比率)이나 정도.

▸곡률-원 曲率圓 (둥글 원). 수학 평면 곡선에 접하는 접선을 공통 접선으로 하며 이 접선에 대하여 곡선과 같은 쪽에 있고 곡률(曲率) 반지름을 반지름으로 하는 원(圓).

곡륭-산지 曲隆山地 (굽을 곡, 높을 륭, 메 산, 땅 지). 지리 지각이 활 모양으로 굽으면서[曲] 상승하여[隆] 형성된 산지(山地).

곡마 曲馬 (굽을 곡, 말 마). 말[馬]을 타고 부리는 여러 가지 곡예(曲藝).

▸곡마-단 曲馬團 (모일 단). 곡마(曲馬)를 중심으로 여러 가지 곡예를 보여 주는 단체(團體). ¶곡마단은 유럽 각지를 다녔다. ㊥곡예단(曲藝團).

▸곡마-사 曲馬師 (스승 사). 곡마(曲馬)를 전문으로 삼는 사람[師]. ¶곡예사가 달리는 말 위에 훌쩍 올라탔다.

곡면 曲面 (굽을 곡, 쪽 면). 수학 평평하지 않고 굽은[曲] 면(面). 원기둥이나 공의 표면 따위. ¶뫼비우스의 띠는 안과 겉을 구별할 수 없는 곡면으로 되어 있다. ㊞평면(平面).

▸곡면-체 曲面體 (몸 체). 표면의 일부가 곡면(曲面)으로 된 입체(立體) 도형.

곡명 曲名 (노래 곡, 이름 명). 음악 악곡(樂曲)의 이름[名]. ¶연주할 곡명은 무엇입니까? ㊥곡목(曲目).

곡목 曲目 (노래 곡, 눈 목). 음악 연주할 악곡(樂曲)이나 곡명(曲名)을 적어 놓은 목록(目錄). ¶곡목에 내가 제일 좋아하는 곡이 실려 있다. ② 곡명(曲名).

***곡물 穀物** (곡식 곡, 만물 물). 사람의 식량[穀]이 되는 먹을거리[物]. ¶곡물을 재배하다. ㊥곡식(穀食).

▸곡물-상 穀物商 (장사 상). 곡물(穀物)을 매매하는 장사나 장수[商]. 그런 가게. ¶이 거리에는 곡물상이 즐비하다. ㊤곡상.

▸곡물-식 穀物式 (법 식). 농업 주로 곡물(穀物)을 재배하는 방식(方式). ㊟주곡식(主穀式).

▸곡물 한:계 穀物限界 (끝 한, 지경 계). 농업 지구 위에서 곡물(穀物)을 재배할 수 있는 한계(限界). ¶벼의 곡물 한계는 하계의 연평균 기온이 18도 이상 되는 곳이다.

㊗경작(耕作) 한계.

곡미 **曲眉** (굽을 곡, 눈썹 미). 초승달처럼 굽은[曲] 모양의 눈썹[眉]. 미인의 눈썹.

곡보 **曲譜** (노래 곡, 적어놓을 보). 음악의 곡조(曲調)를 일정한 기호를 써서 기록한 것[譜]. ¶이 작품은 곡보는 전하지 않고, 제목만 전한다. ㊗악보(樂譜).

곡사 **曲射** (굽을 곡, 쏠 사). 군사 탄환이 굽은[曲] 탄도로 높이 올라갔다가 목표물에 떨어지게 하는 사격(射擊). ¶곡사할 수 있는 화기(火器)를 개발했다.

▶곡사-포 曲射砲 (대포 포). 군사 곡사(曲射)를 하는 데 쓰이는 화포(火砲). ¶곡사포를 쏘아 적진을 공격했다. ㊥직사포(直射砲).

*__곡선__ **曲線** (굽을 곡, 줄 선). 굽은[曲] 선(線). ¶원반이 곡선을 그리며 날다. ㊥직선(直線).

▶곡선-미 曲線美 (아름다울 미). ① 속뜻 곡선(曲線)으로 표현된 아름다움[美]. ② 육체의 곡선에서 나타나는 아름다움. ¶그 조각상은 곡선미가 뛰어나다.

곡설 **曲說** (굽을 곡, 말씀 설). 편벽되고 그른[曲] 이론[說]. ¶그의 곡설은 젊은이들을 미혹했다. ㊗곡론(曲論).

곡성 **哭聲** (울 곡, 소리 성). 우는[哭] 소리[聲]. ¶초상집에서 곡성이 서럽게 들려왔다. ㊗곡소리.

⁑__곡식__ **穀食** (곡물 곡, 밥 식). 곡물[穀]로 만든 먹을거리[食]. 또는 그 곡물. ¶곡식이 잘 익었다.

곡예 **曲藝** (굽을 곡, 재주 예). 곡마(曲馬), 요술 따위 신기한 재주[藝]. 또는 그 활동. ¶곡예를 펼치다. ㊗기예(技藝), 서커스.

▶곡예-사 曲藝師 (스승 사). 곡예(曲藝)를 전문으로 하는 사람[師]. ¶외줄을 타는 곡예사.

▶곡예-비행 曲藝飛行 (날 비, 다닐 행). 공중에서 비행기로 곡예(曲藝)하는 비행(飛行). 또는 그 기술.

곡옥 **曲玉** (굽을 곡, 구슬 옥). 예전에, 옥을 반달 모양으로 굽혀[曲] 다듬어 끈에 꿰어서 장식으로 쓰던 구슬[玉]. ¶금관에 수백 개의 곡옥이 달려 있다.

곡용 **曲用** (굽을 곡, 쓸 용). ① 속뜻 형태가 원래의 것에서 바뀌어[曲] 쓰임[用]. ② 언어 인도·유럽 어에서 명사, 대명사, 수사, 형용사 따위의 격(格), 수(數), 성(性)에 의한 굴절을 이르는 말. 국어에서는 명사·대명사와 같은 체언의 격을 표시하는 어미변화를 말하지만, 학교 문법에서는 이를 인정하지 않는다. ㊗격변화(格變化), 첨용(添用). ㊟활용(活用).

곡우 **穀雨** (곡식 곡, 비 우). ① 속뜻 곡식(穀食)을 키워주는 비[雨]. ② 민속 청명(淸明)과 입하(立夏) 사이로, 4월 20일경이다. ¶곡우가 가까워지자 농가에서는 침종을 서둘렀다.

곡읍 **哭泣** (울 곡, 울 읍). 소리 내어 울[哭]과 흐느끼며 울[泣]. 몹시 슬피 욺. ¶그녀는 삼년시묘를 하는 동안 하루같이 곡읍했다.

곡절 **曲折** (굽을 곡, 꺾을 절). ① 속뜻 굽음[曲]과 꺾임[折]. ② 복잡하게 뒤얽힌 사연이나 내용. ¶분명 무슨 곡절이 있을 것이다. ③ 문맥 따위가 단조롭지 않고 변화가 많은 것. ㊗사정(事情), 내막(內幕).

곡조 **曲調** (노래 곡, 가락 조). ① 속뜻 노래[曲]의 가락[調]. ② 음악적 통일을 이루는 음의 연속. ¶가사에 곡조를 붙이다.

곡직 **曲直** (굽을 곡, 곧을 직). ① 속뜻 굽음[曲]과 곧음[直]. ② 사리의 옳고 그름을 이르는 말. ¶곡직을 가리다 / 곡직을 논하다 / 곡직을 불문하고.

곡진 **曲盡** (굽을 곡, 다할 진). 간곡(懇曲)하게 정성을 다함[盡]. ¶그는 곡진하게 문묘(文廟)를 돌보았다.

곡차 **穀茶** (곡식 곡, 차 차). ① 속뜻 곡식(穀食)으로 다린 차(茶). ② 불교 절에서, '술'을 달리 이르는 말.

곡창 **穀倉** (곡식 곡, 창고 창). ① 속뜻 곡식(穀食)을 쌓아 두는 창고(倉庫). ② 곡식이 많이 나는 곳. ¶곡창 지대. ㊗곡향(穀鄕).

곡초 **穀草** (곡식 곡, 풀 초). 곡식(穀食)의 풀[草]. 곡식풀에서 이삭을 떨고 남은 줄기. ¶곡초를 묶다 / 곡초를 쌓아 두다.

곡출 **穀出** (곡식 곡, 날 출). 곡식(穀食)을 생산하여[出] 거둔 수량. ¶올해는 곡출이 작년보다 줄었다.

곡피 **穀皮** (곡식 곡, 껍질 피). 곡식(穀食)의 껍질[皮]. ¶곡피를 벗기다.

곡필 曲筆 (굽을 곡, 글씨 필). ① 속뜻 굽게[曲] 쓴 글[筆]. ② 사실을 바른대로 쓰지 않고 왜곡하여 씀. 또는 그런 글. ¶당론에 의해 곡필하는 폐단을 없앴다. ⓗ무필(舞筆). ⓑ직필(直筆).

곡학 曲學 (굽을 곡, 배울 학). 바른 길에서 벗어난, 그릇된[曲] 학문(學問). ⓑ정학(正學).

▸곡학-아세 曲學阿世 (아첨할 아, 세상 세). 그릇된[曲] 학문[學]으로 시세(時勢)나 권력자에게[世] 아첨(阿諂)하여 인기를 얻으려는 언행(言行)을 함. ¶그는 곡학아세로 요직을 차지했다.

곡해 曲解 (굽을 곡, 풀 해). 사실과 어긋나게[曲] 잘못 이해(理解)함. ¶나는 그의 말을 곡해했다. ⓗ오해(誤解).

곡향 穀鄕 (곡식 곡, 시골 향). 곡식(穀食)이 많이 나는 고장[鄕]. ¶삼남은 곡향이라 굶는 이가 없었다. ⓗ곡창(穀倉).

곡형 曲形 (굽을 곡, 모양 형). 굽은[曲] 모양[形]. ¶곡형 동물 / 곡형의 협곡이 발달해 있다.

곤:경 困境 (괴로울 곤, 처지 경). 곤란한[困] 처지[境]. 딱한 사정. ¶곤경에 빠지다. ⓗ난관(難關).

곤괘 坤卦 (땅 곤, 걸 괘). 민속 땅[坤]을 상징하는 팔괘(八卦)의 하나. ¶'☷'을 일러 곤괘라고 한다.

곤:궁 困窮 (괴로울 곤, 궁할 궁). 곤란하고[困] 가난함[窮]. ¶곤궁한 생활을 하다. ⓑ부유(富裕).

곤:란 困難 (본음 [곤난], 괴로울 곤, 어려울 난). ① 속뜻 괴롭고[困] 어려움[難]. ② 처리하기 어려움. ¶지금은 통화하기가 곤란하다. ③ 생활이 쪼들림. ④ 괴로움.

곤:룡-포 袞龍袍 (곤룡포 곤, 용 룡, 핫옷 포). 왕조 때 임금이 입던 정복. 가슴과 등과 어깨에 곤룡(袞龍)의 무늬가 수놓아져 있는 핫옷[袍]이란 뜻에서 붙여진 이름이다.

곤명 坤命 (땅 곤, 목숨 명). ① 속뜻 땅[坤]이 준 목숨[命]. ② 민속 '여자가 태어난 해'를 이르는 말. ③ 불교 축원문에서 '여자'를 이르는 말. ⓑ건명(乾命).

*곤봉 棍棒** (몽둥이 곤, 몽둥이 봉). ① 속뜻 짤막한 몽둥이[棍=棒]. ¶곤봉을 휘두르다 / 곤봉으로 범인을 제압했다. ② 운동 곤봉 체조에 쓰이는 운동 기구. 단단한 나무로 둥근 병 모양으로 만든다.

▸곤봉 체조 棍棒體操 (몸 체, 부릴 조). 운동 곤봉(棍棒)을 가지고 하는 체조(體操). 양손에 곤봉을 쥐거나 손가락 사이에 끼고 전후 좌우로 휘두른다.

곤여만국전도 坤輿萬國全圖 (땅 곤, 많을 여, 일만 만, 나라 국, 모두 전, 그림 도). ① 속뜻 땅[坤]위의 온갖[輿] 여러[萬] 나라[國] 전체(全體)를 그린 지도(地圖). ② 지리 1602년에, 이탈리아의 선교사 마테오 리치가 만든 세계 지도. 세계 지명이 한자로 적혀 있다.

곤:욕 困辱 (괴로울 곤, 욕될 욕). 괴롭고[困] 심한 모욕(侮辱). 또는 참기 힘든 일. ¶곤욕을 치르다 / 곤욕을 겪다.

곤위 坤位 (땅 곤, 자리 위). 여자[坤]의 신주나 무덤[位]. ⓑ건위(乾位).

곤:이지지 困而知之 (괴로울 곤, 말이을 이, 알 지, 그것 지). 도(道)를 애써[困] 공부하여 그것을[之] 깨달아 앎[知]. 삼지(三知)의 하나. ⓒ생이지지(生而知之), 학이지지(學而知之).

곤장 棍杖 (몽둥이 곤, 지팡이 장). 지팡이[杖] 같이 긴 몽둥이[棍]. 옛날에 죄인의 볼기를 칠 때 사용했다. ¶돌쇠는 곤장 열대를 맞고 풀려났다.

곤충 昆蟲 (여러 곤, 벌레 충). ① 속뜻 여러[昆] 벌레[蟲]. ② 곤충류에 딸린 동물.

▸곤충-류 昆蟲類 (무리 류). 동물 곤충강(昆蟲綱) 종류(種類)의 동물. 몸은 키틴질의 외골격으로 싸여 있으며 머리, 가슴, 배의 세 부분으로 나누어진다. 머리에 한 쌍의 더듬이와 겹눈, 가슴에 두 쌍의 날개와 세 쌍의 다리가 있다. ¶곤충류는 전체 동물의 70%를 차지한다.

곤:침 困寢 (곤할 곤, 잠잘 침). 고단하여[困] 깊이 잠이 듦[寢]. ¶곤침에 빠지다.

곤:혹 困惑 (괴로울 곤, 홀릴 혹). 곤란(困難)한 일에 홀리어[惑] 어찌할 바를 모름. ¶곤혹스러운 질문을 받다.

골각 骨角 (뼈 골, 뿔 각). ① 속뜻 뼈[骨]와 뿔[角]. ② 신체 가운데 뼈가 쑥 불거져 나온 곳.

▸골각-기 骨角器 (그릇 기). [고적] 석기 시대에 짐승의 뼈[骨]나 뿔[角]·엄니 등으로 만들어 쓰던 기구(器具). ¶구석기 시대부터 골각기를 만들어 사용했다. [준]골기.

골간 骨幹 (뼈 골, 줄기 간). ① [속뜻] 뼈[骨] 줄기[幹]. 뼈대. 골격. ② 사물의 중심이 되는 부분. ¶골간을 이루다 / 교통은 철도와 수운을 골간으로 한다.

골격 骨格 (뼈 골, 격식 격). 몸을 지탱하는 여러 가지 뼈[骨]의 조직이나 격식(格式). ¶골격이 좋다. [비]뼈대, 골간(骨幹).

▸골격-근 骨格筋 (힘줄 근). [의학] 골격(骨格)에 붙어 있는 근육(筋肉). 운동 신경의 지배에 따라 마음대로 움직일 수 있다. [반]내장근(內臟筋).

골계 滑稽 (익살 골, 맞을 계). 익살[滑]을 부리는 가운데 어떤 교훈을 주는 일[稽]. ¶골계적인 내용의 작품.

▸골계-극 滑稽劇 (연극 극). [연영] 익살스럽게 꾸민[滑稽] 연극(演劇).

▸골계-미 滑稽美 (아름다울 미). 예술 작품 따위의 익살스러움에서[滑稽] 느껴지는 아름다움[美]. ¶판소리는 골계미가 있는 것이 특징이다.

▸골계 소:설 滑稽小說 (작을 소, 말씀 설). 생활이나 인간성에서의 부정적 측면을 익살스럽게[滑稽] 그려 낸 소설(小說). [비]해학(諧謔) 소설.

골기¹ 骨氣 (뼈 골, 기운 기). ① [속뜻] 뼈대[骨]와 기질(氣質). ② 주로 얼굴이나 머리뼈의 겉으로 드러나 보이는 생김새. ¶귀하게 될 골기이다. ③ 힘찬 필세. ¶그의 필체에는 골기가 느껴진다. [비]골상(骨相).

골기² 骨器 (뼈 골, 그릇 기). ① [속뜻] 뼈[骨]로 만든 기물(器物). ② [고적] '골각기'(骨角器)의 준말. ¶김해 유적지에서 골기가 발견되었다.

골다공-증 骨多孔症 (뼈 골, 많을 다, 구멍 공, 증세 증). [의학] 무기질과 단백질이 줄어들어 뼈[骨]에 많은[多] 구멍[孔]이 생기는 것 같이 골조직이 엉성해지는 병증(病症). ¶흡연은 골다공증을 유발한다.

골동 骨董 (뼈 골, 견고할 동). ① [속뜻] 뼈[骨] 같이 견고한[董] 물건. ② 오래되었거나 희귀한 옛날의 기구나 예술품. ¶할아버지의 방은 골동으로 가득하다. ③ 여러 가지 자질구레한 것이 한데 섞인 것. [비]고동(古董).

▸골동-반 骨董飯 (밥 반). 여러 가지를 한데 섞은[骨董] 밥[飯]. [비]비빔밥.

▸골동-품 骨董品 (물건 품). 가치가 있는 오래된[骨董] 세간이나 미술품(美術品). ¶골동품을 수집하다.

골막 骨膜 (뼈 골, 꺼풀 막). [의학] 뼈[骨]의 가죽을 싸고 있는 얇고 튼튼한 흰 막(膜).

▸골막-염 骨膜炎 (염증 염). [의학] 주로 세균의 감염으로 골막(骨膜)에 생기는 염증(炎症). 뼈조직이 곪거나 파괴된다. [비]뼈막염.

골몰 汨沒 (빠질 골, 빠질 몰). 오로지 한 가지 생각에만 빠짐[汨=沒]. ¶자신의 이익에만 골몰하다.

골반 骨盤 (뼈 골, 쟁반 반). [의학] 고등 척추동물의 허리부분을 이루는 깔때기 모양의 크고 납작한 쟁반[盤]같은 뼈[骨]. ¶골반이 골절되다.

골분 骨粉 (뼈 골, 가루 분). 지방을 뽑아낸 동물의 뼈[骨]로 만든 가루[粉]. ¶골분으로 비료를 만들다.

골상 骨相 (뼈 골, 모양 상). ① [속뜻] 골격(骨格)의 모양[相]. ② 주로 얼굴이나 머리뼈의 겉으로 드러나 보이는 생김새. ¶골상을 보니 귀하게 될 인물이다. [비]골기(骨氣).

골-세포 骨細胞 (뼈 골, 작을 세, 태보 포). [의학] 뼈[骨]를 이루는 기본 세포(細胞). [비]뼈세포.

골수 骨髓 (뼈 골, 골수 수). ① [의학] 뼈[骨]의 내강(內腔)에 차 있는 누른빛 또는 붉은빛의 연한 조직[髓]. ¶골수 이식. ② 마음속. ¶원한이 골수에 맺히다. ③ 요점(要點) 또는 골자(骨子).

▸골수-암 骨髓癌 (암 암). 골수(骨髓)에 생긴 암(癌).

▸골수-염 骨髓炎 (염증 염). [의학] 골수(骨髓)에 생기는 염증(炎症). 외상이나 수술 또는 혈류를 통한 세균 감염 때문에 일어나는데 뼈가 붓고 고열 증상이 일어난다.

골연-증 骨軟症 (뼈 골, 무를 연, 증세 증). [농업] 뼈[骨]가 연화(軟化)되는 가축병[症]. 칼슘의 부족으로 생긴다.

골연화-증 骨軟化症 (뼈 골, 무를 연, 될 화,

증세 증). 의학 뼈[骨]가 물러지는[軟化] 병증(病症). 뼈조직에서 칼슘이나 인 같은 무기질이 침착되지 않아 뼈가 약해지고, 잘 변형된다.

골육 骨肉 (뼈 골, 살 육). ① 속뜻 뼈[骨]와 살[肉]. ② 피와 살을 나눈 혈육. '골육지친'(骨肉之親)의 준말.

▸골육-상잔 骨肉相殘 (서로 상, 해칠 잔). ① 속뜻 혈육[骨肉]끼리 서로[相] 해침[殘]. ② 같은 민족끼리 해치며 싸우는 일. ¶골육상잔의 비극을 겪었다. ⓑ골육상쟁.

▸골육-상쟁 骨肉相爭 (서로 상, 다툴 쟁). 혈육[骨肉]끼리 서로[相] 다툼[爭]. ⓑ골육상잔.

▸골육지친 骨肉之親 (어조사 지, 어버이 친). 뼈[骨]와 살[肉]을 나눈 친척[親]. 부자, 형제 등의 육친. ㊟골육.

골자 骨子 (뼈 골, 접미사 자). 일정한 내용에서 가장 요긴한[骨] 부분[子]. 가장 중요한 곳. ¶논쟁의 골자를 추려내다. ⓑ요점(要點), 핵심(核心).

골재 骨材 (뼈 골, 재료 재). 건설 콘크리트를 만들 때 뼈[骨]같이 기본이 되는 모래나 자갈 따위의 재료(材料). ¶트럭이 공사장으로 골재를 실어 나른다.

골절[1] 骨折 (뼈 골, 꺾을 절). 의학 뼈[骨]가 부러짐[折]. ¶다리가 골절되다. ⓑ절골(折骨). ⓟ접골(接骨).

골절[2] 骨節 (뼈 골, 마디 절). 뼈[骨]와 뼈가 서로 맞닿아 연결되는 마디[節]. ⓑ관절(關節).

골조 骨組 (뼈 골, 짤 조). 건물에 있어서 뼈대[骨]에 해당되는 주요 구조의 짜임[組]. ¶건물의 골조가 완성되었다.

골질 骨質 (뼈 골, 바탕 질). ① 속뜻 뼈[骨]같이 단단한 물질(物質). 또는 그와 같은 성질. ② 뼈를 구성하는 물질. ¶골질이 감소하여 골다공증에 걸렸다.

골침 骨針 (뼈 골, 바늘 침). 고적 석기 시대에 쓰던 동물의 뼈[骨]로 만든 바늘[針].

골탄 骨炭 (뼈 골, 숯 탄). ① 화학 동물의 뼈[骨]를 말려 만든 활성탄(活性炭). ② 광업 탄소가 주성분인 석유 등의 물질을 가열하여 휘발 성분을 없앤, 구멍이 많은 고체 탄소 연료.

골통 骨痛 (뼈 골, 아플 통). 뼈[骨]가 아픔[痛]. 또는 그 증상.

골판 骨板 (뼈 골, 널빤지 판). ① 속뜻 동물의 뼈[骨]와 같은 단단한 성질의 판때기[板]. ② 동물 성게의 몸 표면에 석회질의 작은 판이 모여서 된 외골격.

▸골판-문 骨板門 (대문 문). 건설 문짝의 틀에 널빤지[骨板]를 끼워서 만든 문(門).

골패 骨牌 (뼈 골, 나무쪽 패). ① 속뜻 흰 뼈[骨]를 붙여 만든 자그마한 나뭇조각[牌]. ② 납작하고 네모진 작은 나뭇조각 32개에 각각 흰 뼈를 붙이고, 여러 가지 수효의 구멍을 판 노름 기구. 또는 그것으로 하는 노름. ¶골패를 떼다 / 골패를 추리다.

골품 제도 骨品制度 (뼈 골, 물건 품, 정할 제, 법도 도). 역사 신라 때, 혈통에 따라 골(骨)과 품(品)으로 나눈 신분 제도(制度). 왕족은 성골(聖骨)과 진골(眞骨)로, 귀족은 육두품·오두품·사두품으로, 평민은 삼두품·이두품·일두품으로 나누었다. ¶그는 골품 제도를 비판하다가 탄압을 받았다.

골학 骨學 (뼈 골, 배울 학). 의학 척추동물의 뼈[骨] 구조와 변화에 대하여 연구하는 학문(學問).

골회 骨灰 (뼈 골, 재 회). 동물의 뼈[骨]에서 아교질이나 지방질을 빼고 난 후에 태워서 얻은 흰빛의 가루[灰]. ¶골회를 잿물에 넣은 뒤 도자기에 발랐다.

곳간 庫間 (곳집 고, 사이 간). ① 속뜻 창고(倉庫)의 칸[間]. ② 물건을 간직해 두는 곳. ¶쌀가마를 곳간에 쌓아두다. ⓑ곳집, 창고(倉庫).

공가 公暇 (여럿 공, 겨를 가). 공식(公式)으로 인정되어 있는 휴가(休暇). ¶공가를 받아 봉사활동을 했다.

⁑**공간 空間** (빌 공, 사이 간). ① 속뜻 아무것도 없이 비어[空] 있는 곳[間]. ¶좁은 공간에 사람들이 빽빽이 들어섰다. ② 모든 방향으로 끝없이 펼쳐져 있는 빈 곳. ¶생활 공간 / 휴식 공간.

▸공간-미 空間美 (아름다울 미). 공간적(空間的)으로 형성되는 조각, 건축 따위의 아름다움[美]. ¶입체적인 공간미를 강조했다.

▸공간-역 空間閾 (문지방 역). 심리 사이가

떨어진 두 점의 공간(空間)을 판별하는 데 필요한 최소한의 거리[閾]. ¶신체 부위나 감각에 따라서 공간역은 다르다.

▸공간-파 空間波 (물결 파). 물리 송신 안테나로부터 나와, 땅에 닿지 않고 공기 중의[空間] 이온층에서 반사되어 수신안테나에 이르는 전파(電波).

▸공간-격자 空間格子 (격식 격, 접미사 자). 화학 결정체의 공간(空間) 안에 원자·이온·분자가 규칙적·주기적으로 배열된 그물 모양의 격자(格子). ⓑ결정(結晶) 격자.

▸공간 예:술 空間藝術 (재주 예, 꾀 술). 그림·조각·건축 등 물질적인 소재(素材)로써 일정한 공간(空間)을 구성하여 형상화하는 예술(藝術). ⓑ조형(造刑) 예술. ⓑ시간 예술(時間時間).

▸공간 지각 空間知覺 (알 지, 깨달을 각). 심리 상하·좌우·전후의 공간적(空間的) 관계를 감각을 통하여 알고[知] 느낌[覺].

공:갈 恐喝 (두려울 공, 꾸짖을 갈). ① 속뜻 두려움[恐]을 느끼도록 겁을 주고 꾸짖음[喝]. ②'거짓말'을 속되게 이르는 말. ¶공갈로 돈을 갈취하다. ⓑ협박(脅迫), 위협(威脅).

▸공:갈-죄 恐喝罪 (허물 죄). 남을 공갈(恐喝)하여 금품을 뜯어내거나 재산상의 이익을 얻음으로써 성립되는 죄(罪).

공:감 共感 (함께 공, 느낄 감). 남들과 함께[共] 똑같이 느낌[感]. 또는 그런 감정. ¶그들의 고통을 공감하다.

▸공감-대 共感帶 (띠 대). 서로 공감(共感)하는 부분[帶]. ¶공감대를 이루다.

공:-감각 共感覺 (함께 공, 느낄 감, 깨달을 각). 심리 함께[共] 일어나는 감각(感覺). 어떤 하나의 감각이 다른 영역의 감각을 함께 일으키는 일. 소리를 들으면 빛깔이 느껴지는 것 따위이다.

공개 公開 (드러낼 공, 열 개). 일반에게 드러내어[公] 개방(開放)함. ¶공개 토론 / 정보를 공개하다. ⓑ비공개(非公開).

▸공개-적 公開的 (것 적). 비밀로 하지 않고 공개(公開)하는 것[的]. ¶공개적으로 발표하다.

공:격 攻擊 (칠 공, 칠 격). ① 속뜻 나아가 적을 침[攻=擊]. ¶적을 공격하다. ②말로 상대편을 논박하거나 비난함. ③운동 경기 따위에서 상대편을 수세에 몰아넣고 강하게 밀어붙임. ⓑ공박(攻駁), 논란(論難). ⓑ방어(防禦), 수비(守備).

▸공:격-권 攻擊權 (권리 권). 공격(攻擊)할 수 있는 권리(權利). 주로 농구나 배구 경기에서 많이 쓴다. ¶우리 팀이 공격권을 가지고 있다.

▸공:격-력 攻擊力 (힘 력). ① 속뜻 공격(攻擊)하는 힘[力]. ②공격할 수 있는 병력이나 군사력. ¶공격력이 향상되었다.

▸공:격-수 攻擊手 (사람 수). 운동 공격(攻擊)을 주로 맡고 있는 선수(選手). ¶공격수를 보강하였다. ⓑ수비수(守備手).

▸공:격-적 攻擊的 (것 적). 공격(攻擊)하려는 태도를 취하려는 것[的]. ¶공격적인 태도를 보였다.

▸공:격-진 攻擊陣 (진칠 진). 공격(攻擊)을 하는 편의 진(陣). 또는 그 군사나 선수. ¶적의 공격이 주춤한 틈을 타 아군은 공격진을 구축했다. ⓑ수비진(守備陣).

공경¹ 恭敬 (공손할 공, 존경할 경). 공손(恭遜)한 마음가짐으로 남을 존경(尊敬)함. ¶하늘을 공경하고 백성을 사랑하다. ⓑ구박(驅迫).

공경² 公卿 (귀인 공, 벼슬 경). 삼공(三公)과 구경(九卿)을 아울러 이르던 말. ⓑ고관대작(高官大爵).

▸공경-대부 公卿大夫 (큰 대, 사나이 부). 역사 ①삼공(三公)과 구경(九卿) 및 대부(大夫)를 아울러 이르던 말. ②'벼슬이 높은 사람'을 이르던 말. ¶공경대부 이하로 만조백관이 백성을 사랑했다.

공-경제 公經濟 (관공서 공, 다스릴 경, 건질 제). 경제 국가나 지방 공공 단체[公] 등이 영위하는 경제(經濟). '공공경제'(公共經濟)의 준말. ⓑ사경제(私經濟).

공고¹ 工高 (장인 공, 높을 고). 교육 '공업고등학교'(工業高等學校)의 준말. 고등 보통 교육 및 공업에 관한 전문 지식을 가르친다.

공고² 鞏固 (묶을 공, 굳을 고). ① 속뜻 묶어서[鞏] 굳게[固]함. ②견고하고 튼튼하다. ¶기초를 공고히 다지다.

공고³ 公告 (드러낼 공, 알릴 고). 법률 국가기관이나 공공단체가 일반인에게 드러내어[公] 널리 알림[告]. ¶해병대 모집 공고 / 헌법 개정안 공고.

▸공고-문 公告文 (글월 문). 널리 알리려는 [公告] 의도로 쓴 글[文]. ¶게시판에 붙어 있는 공고문.

공공 公共 (여럿 공, 함께 공). 여러 사람[公]들이 함께[共] 하거나 가짐. ¶공공의 복지를 위해 노력하다.

▸공공-물 公共物 (만물 물). 공중(公衆)이 공동(共同)으로 사용하는 물건(物件)이나 시설. '공공용물'(公共用物)의 준말. ¶이 도로는 공공물에 속한다.

▸공공-성 公共性 (성질 성). 사회 일반이나 공중(公衆)에 두루[共] 관계되는 성질(性質). ¶우리 사업은 공공성이 강하다.

▸공공-심 公共心 (마음 심). 공공(公共)의 행복과 이익을 위하는 마음[心]. ¶그들은 공공심 있는 조직을 만들었다. ⓑ이기심(利己心).

▸공공 방:송 公共放送 (놓을 방, 보낼 송). 언론 공공(公共)의 이익을 위해 하는 방송(放送). ⓑ민간 방송(民間放送). ⓒ국영방송(國營放送), 민영방송(民營放送).

▸공공-복지 公共福祉 (복 복, 복 지). 사회 사회 일반이나 공중(公衆)에 두루[共] 관계되는 복지(福祉). ¶공공복지에 위반되지 않는 한 자유롭게 거주할 수 있다. ⓑ공공복리(福利).

▸공공-요금 公共料金 (삯 료, 돈 금). 공공(公共)의 이익을 위한 사업에 대한 요금(料金). 철도, 우편, 전신, 전화, 수도, 전기 따위. ¶각종 공공요금이 인상되다.

공공연 公公然 (드러낼 공, 드러낼 공, 그러할 연). ① 속뜻 숨김이나 거리낌이 없이 그대로 드러나[公+公] 있다[然]. ②지극히 공변되고 떳떳하다. ¶공공연한 사실.

공과[1] 公課 (관공서 공, 매길 과). ① 속뜻 공공(公共) 기관에서 부과(賦課)하는 세금. ② 국가나 공공 단체가 국민에게 부과하는 금전상의 부담이나 육체적인 일.

▸공과-금 公課金 (돈 금). 관청[公]에서 매긴[課] 세금(稅金). ¶공과금을 내다.

공과[2] 工科 (장인 공, 분과 과). 공학(工學)에 관한 학문을 배우거나 연구하는 학과(學科).

▸공과 대:학 工科大學 (큰 대, 배울 학). 교육 공학(工學)에 관한 학과(學科)들로 이루어진 대학(大學). ¶삼촌은 공과 대학을 졸업했다.

공과[3] 功過 (공로 공, 지나칠 과). 공로(功勞)와 과실(過失). ¶공과를 따져서 상벌해야 한다. ⓑ공죄(功罪).

▸공과-상반 功過相半 (서로 상, 반 반). 공로(功勞)와 과실(過失)이 서로[相] 반반임[半].

공관 公館 (여럿 공, 집 관). ① 속뜻 공공(公共)의 건물[館]. ②정부 고관의 관저(官邸). ¶총리 공관. ③ 법률 대사관·공사관·영사관 등을 통틀어 이르는 말.

▸공관-장 公館長 (어른 장). 대사·공사·영사 등 해외에 주재하고 있는 공관(公館)의 장(長).

공교 工巧 (장인 공, 솜씨 교). ① 속뜻 장인[工]같이 빼어난 솜씨[巧]. ¶공교한 조각 작품. ②우연하고 교묘함. ¶공교롭게도 나는 아버지와 생일이 같다.

공-교육 公敎育 (관공서 공, 가르칠 교, 기를 육). 교육 국가나 공공 단체 등이[公] 베푸는 교육(敎育). ⓑ학교 교육. ⓑ사교육(私敎育).

공구[1] 工區 (장인 공, 나눌 구). 공사(工事)를 하고 있는 구역(區域). ¶지하철 공사 제10 공구.

⁑**공구[2]** 工具 (장인 공, 갖출 구). 기계 따위를 만들거나 조작하는데[工] 쓰이는 기구(機具). ¶공구 상자.

공국 公國 (귀인 공, 나라 국). 중세 유럽에서, 큰 나라로부터 '공'(公)의 칭호를 받은 군주가 다스리던 작은 나라[國]. 현재는 리히텐슈타인 공국, 모나코 공국 따위가 있다.

공군 空軍 (하늘 공, 군사 군). 군사 하늘[空]을 지키는 군대(軍隊). 주로 항공기를 사용하여 적을 공격하거나 방어한다. ¶우리 오빠는 공군이다. ⓒ육군(陸軍), 해군(海軍).

공권[1] 空拳 (빌 공, 주먹 권). 빈[空] 주먹[拳]. ¶공권으로 싸우다 / 도수(徒手)공권. ⓑ맨주먹.

공권[2] 公權 (관공서 공, 권리 권). 법률 공법(公法)상으로 인정된 권리(權利). ¶공권을 발동하다. ⓑ사권(私權).

▸공권-력 公權力 (힘 력). 법률 국가나 공공 단체가 법적으로 부여된 권리[公權]로 국민에 대하여 명령·강제하는 힘[力]. 또는

그 권력을 행사하는 국가. ¶공권력을 행사하다.

▸공권 박탈 公權剝奪 (벗길 박, 빼앗을 탈). [법률] 사형·무기형의 판결을 받은 자에 대해서 일체의 공권(公權)을 빼앗는[剝奪] 일.

공규 空閨 (빌 공, 안방 규). 오랫동안 남편이 없이[空] 아내 혼자서 사는 방[閨]. ¶그녀는 공규에 홀로 누워 잠을 이루지 못했다.

공극 空隙 (=孔隙, 빌 공, 틈 극). 비어[空] 있는 틈[隙]이나 구멍. ¶거대한 댐도 공극 하나로 무너질 수 있다.

▸공극-률 空隙率 (비율 률). [지리] 암석이나 토양의 입자와 입자 사이에 있는 비어있는[空] 틈[隙]이 차지하는 비율(比率). ¶암석의 입자 크기가 고를수록 공극률이 높다. [비]간극률(間隙律).

공금 公金 (관공서 공, 돈 금). ① [속뜻] 국가나 공공단체[公]의 소유로 되어 있는 돈[金]. ② 단체나 회사의 돈. ¶공금을 제멋대로 써버리다. [반]사비(私費).

▸공금 유용 公金流用 (흐를 류, 쓸 용). [법률] 공금(公金)을 본디의 용도 외의 곳에 사사로이 돌려쓰는[流用] 일.

▸공금 횡령 公金橫領 (멋대로 횡, 차지할 령). [법률] 공금(公金)을 제멋대로[橫] 차지하는[領] 일. ¶그는 공금 횡령으로 해임되었다.

***공:급 供給** (드릴 공, 줄 급). ① [속뜻] 물품 따위를 제공(提供)하여 줌[給]. ② [경제] 교환하거나 판매하기 위하여 시장에 재화나 용역을 제공하는 일. ¶이재민들에게 물을 공급하다. [비]제공(提供), 조달(調達). [반]수요(需要).

▸공:급-량 供給量 (분량 량). [경제] 공급(供給)의 수량(數量). ¶원유 공급량을 줄이다.

▸공:급-원 供給源 (근원 원). 공급(供給)하는 원천(源泉)이 되는 곳. ¶산림은 산소의 공급원이다.

공기¹ 工期 (장인 공, 때 기). 공사(工事)하는 기간(期間). ¶공기를 단축하다.

공기² 公器 (여럿 공, 그릇 기). ① [속뜻] 공공(公共) 전체가 이용하는 물건[器]. ② 사회 개개인 모두에게 영향을 미치는, 공공성을 띤 기관. ¶신문은 사회의 공기이다.

공기³ 空器 (빌 공, 그릇 기). ① [속뜻] 아무것도 담겨 있지 않은 빈[空] 그릇[器]. ② 위가 넓게 벌어지고 밑이 좁은 작은 그릇. ③ 밥 따위를 담아 그 분량을 세는 단위. ¶밥 세 공기 주세요.

공기⁴ 空氣 (하늘 공, 기운 기). ① [속뜻] 하늘[空]에 가득한 대기(大氣). ② 지구를 둘러싼 대기의 하층부를 구성하는 기체. ¶신선한 공기. ③ 그 자리에 감도는 기분이나 분위기. ¶공기가 심상찮다. [비]상황(狀況).

▸공기-압 空氣壓 (누를 압). [물리] 공기(空氣)의 압력(壓力). 특히 자동차 타이어 따위 속에 있는 공기의 압력을 이른다.

▸공기-증 空氣症 (증세 증). [의학] ① 조직 내에 공기(空氣)가 침입하여 부어오른 증세[症]. ② 폐의 과팽창(過膨脹)과 기포(氣胞)의 파괴가 일어나는 폐 질환의 하나. [비]기종(氣腫).

▸공기-총 空氣銃 (총 총). 압축 공기(空氣)의 힘을 이용하여 탄알이 나가도록 만든 총(銃). ¶꿩을 공기총으로 쏘았다.

▸공기 기관 空氣機關 (틀 기, 빗장 관). [공업] 공기(空氣)를 매개로 하여 열에너지를 운동에너지로 변환시키는 기관(機關).

▸공기 냉:각 空氣冷却 (찰 랭, 물리칠 각). [기계] 내연 기관의 과열을 막기 위해 실린더와 공기(空氣)와의 접촉 면적을 넓게 만들어 열을 발산·냉각(冷却)시키는 것.

▸공기 저:항 空氣抵抗 (맞설 저, 막을 항). [물리] 공기(空氣)가 물체의 움직임을 막는[抵抗] 현상.

▸공기 전염 空氣傳染 (전할 전, 물들일 염). [의학] 공기(空氣) 중에 있는 병원체가 피부·점막 등에 붙거나 체내에 들어가거나 하여 일으키는 전염(傳染).

공-기업 公企業 (관공서 공, 꾀할 기, 일 업). [경제] 국가 또는 공공단체[公] 등이 경영하는 기업(企業). ¶정부는 공기업을 매각했다. [반]사기업(私企業).

공:납¹ 貢納 (바칠 공, 바칠 납). 백성이 지방에서 나는 특산물을 현물로 조정에 바치던[貢=納] 일. [비]납공(納貢).

공납² 公納 (관공서 공, 바칠 납). 관공서(官公署)에 의무적으로 조세를 내는[納] 일. ¶공납의 의무.

▸공납-금 公納金 (돈 금). ① [속뜻] 관공서(官

公署)에 의무적으로 납부(納付)하는 돈[金]. ②학생이 학교에 정기적으로 내는 돈.

공:노 共怒 (함께 공, 성낼 노). 함께[共] 노(怒)함. ¶신인(神人)이 공노할 대역적.

공능 功能 (공로 공, 능할 능). ①속뜻 공적(功績)과 재능(才能). ¶그는 외교 활동에서 공능을 나타냈다. ②공들인 보람을 나타내는 능력.

공단¹ 工團 (장인 공, 모일 단). 공업 국가나 지방단체가 미리 공장용 부지를 조성하여 공업(工業)과 관련된 공장을 유치한 단지(團地). '공업단지'의 준말. ¶개성공단.

공단² 公團 (관공서 공, 모일 단). 법률 국가적[公] 사업을 수행하기 위하여 설립한 단체(團體)의 특수 법인. ¶의료보험공단.

공:단³ 貢緞 (바칠 공, 비단 단). ①속뜻 조공(朝貢)으로 바치던 비단[緞]. ②두껍고, 무늬는 없지만 윤기가 도는 비단. ¶붉은색 공단으로 만든 한복.

공담¹ 公談 (공평할 공, 말씀 담). ①속뜻 공평(公平)한 말[談]. ②공무에 관한 말. ⓑ공언(公言). ⓑ사담(私談).

공담² 空談 (빌 공, 이야기 담). 쓸데없는 헛된[空] 이야기[談]. ¶공담으로 시간을 보내다.

공답 公畓 (여럿 공, 논 답). 나라[公] 소유의 논[畓]. ¶공답을 개국 공신에게 나누어 주었다.ⓑ사답(私畓).

공당 公黨 (여럿 공, 무리 당). 당의 정강(政綱)이나 정책을 공공연하게 밝혀 그 활동이 공적(公的)으로 인정되는 정당(政黨)이나 당파. ⓑ사당(私黨).

공대 恭待 (공손할 공, 대할 대). ①속뜻 공손(恭遜)히 대접(待接)함. ¶시부모를 공대하다. ②상대편에게 높임말을 씀. ¶그는 공대하며 손님을 맞았다. ⓑ하대(下待).

공-대공 空對空 (하늘 공, 대할 대, 하늘 공). 공중(空中)에서 공중(空中)에 있는 것을 상대(相對) 함. ¶공대공 사격 훈련. ⓒ공대지(空對地), 공대수중(空對水中), 지대공(地對空), 지대지(地對地).

공-대지 空對地 (하늘 공, 대할 대, 땅 지). 공중(空中)에서 지상(地上)에 있는 것을 상대(相對) 함. ¶공대지 미사일. ⓒ공대공(空對空), 공대수중(空對水中), 지대공(地對空), 지대지(地對地).

공-대수중 空對水中 (하늘 공, 대할 대, 물 수, 가운데 중). 공중(空中)에서 물 속[水中]에 있는 것을 상대(相對) 함. ¶공대수중 유도탄. ⓒ공대공(空對空), 공대지(空對地), 지대공(地對空), 지대지(地對地).

공덕¹ 公德 (여럿 공, 베풀 덕). 공중(公衆)을 위하는 도덕(道德). '공중 도덕'의 준말.

▸**공덕-심 公德心** (마음 심). 공중(公衆) 도덕(道德)을 존중하고 지키려는 마음[心]. ¶공덕심을 함양하다.

공덕² 功德 (공로 공, 베풀 덕). ①속뜻 공적(功績)과 덕행(德行). ②불교 현재 또는 미래에 행복을 가져올 선행을 이르는 말. ¶공덕을 쌓다.

▸**공덕-심 功德心** (마음 심). 불교 남을 위해 좋은 일[功德]을 많이 하려는 마음[心]을 이름. ¶보살의 공덕심을 찬양하여 시를 지었다.

공도¹ 公度 (여럿 공, 법도 도). ①속뜻 공적(公的)인 법도(法度). ②수학 같은 종류인 둘 이상의 양(量)에 공통으로 들어 있는 분량.

공도² 公道 (여럿 공, 길 도). ①속뜻 사회 일반이나 공중(公衆)에게 통용되는 바른 도리(道理). ②공중의 통행을 위해 공공 단체 등에서 만들어 관리·유지하는 길. ⓑ공로(公路). ⓑ사도(私道).

공:도³ 孔道 (공자 공, 길 도). 공자(孔子)가 가르친 도(道).

공:도-동망 共倒同亡 (함께 공, 넘어질 도, 한가지 동, 망할 망). 넘어져도 같이[共] 넘어지고[倒], 망해도 같이[同] 망함[亡]. 운명을 같이함. ¶공도동망의 비운.

공동¹ 公同 (여럿 공, 한가지 동). 여럿이[公] 함께 하거나[同] 서로 관계됨.

공동² 空洞 (빌 공, 구멍 동). ①속뜻 아무 것도 없이 텅 빈[空] 굴[洞]. ②의학 상하거나 염증을 일으킨 조직이 밖으로 배출되거나 흡수되어 장기(臟器)에 생긴 빈 공간.

▸**공동화 현상 空洞化現象** (될 화, 나타날 현, 모양 상). ①사회 속이 텅[空] 빈 굴[洞]처럼 되는[化] 현상(現象). 흔히 도심(都心)의 상주인구가 감소하는 현상을 이른다. ②

경제 해외의 생산 활동 비중이 높아지면서 국내 생산 활동의 규모가 축소되는 일. 무역 규모는 유지되지만 국내에서는 고용 문제가 생긴다.

공:동[3] 共同 (함께 공, 같을 동). ① 속뜻 두 사람 이상이 함께[共] 같이함[同]. ② 두 사람 이상이 동등한 자격으로 결합함. ¶공동으로 운영하다. ⓑ합동(合同). ⓑ단독(單獨).

▸공:동-전 共同栓 (마개 전). 공동(共同)으로 쓰는 수도전(水道栓). ⓑ공용전(共用栓).

▸공:동-체 共同體 (몸 체). 같은 이념을 가지고 함께[共同] 행동하는 단체(團體). ¶가족은 운명 공동체이다.

▸공:동 납제 共同納制 (바칠 납, 정할 제). 역사 조선 후기, 세금을 여러 사람이 공동(共同)으로 납부(納付)하게 했던 제도(制度).

공:락 攻落 (칠 공, 떨어질 락). 공격(攻擊)하여 함락(陷落)시키다. ¶우리는 획기적인 기술로 세계 시장을 공략했다. ⓑ공함(攻陷).

공란 空欄 (빌 공, 칸 란). 지면의 빈[空] 칸[欄]. ¶정답을 공란에 적어 넣으시오.

공:람 供覽 (드릴 공, 볼 람). 여러 사람들에게 주어서[供] 보게[覽] 함. ¶납세 명부를 공람할 수 있다.

공랭 空冷 (하늘 공, 찰 랭). 기계 공기(空氣)로 차게[冷] 함. '공기냉각'(空氣冷却)의 준말.

▸공랭-식 空冷式 (법 식). 기계 총포나 엔진 따위를 공기(空氣)로 냉각(冷却)시키는 방식(方式). ¶공랭식 소총. ⓒ수랭식(水冷式).

공:략[1] 攻掠 (칠 공, 빼앗을 략). 남을 공격(攻擊)하여 그 소유물을 노략질함[掠]. ¶공략한 전리품을 나누어 갖다.

공:략[2] 攻略 (칠 공, 빼앗을 략). 군사 군대의 힘으로 적의 영토 따위를 공격(攻擊)하여 빼앗음[略]. ¶적진을 공략하다.

공:량 貢糧 (바칠 공, 양식 량). 역사 예전에 수업료를 곡식[糧]으로 바침[貢]. ⓑ강미(講米).

공력[1] 工力 (장인 공, 힘 력). 어떤 분야의 공부(工夫)를 해서 쌓은 실력(實力). ¶그는 공력이 보통이 아니다.

공력[2] 公力 (관공서 공, 힘 력). 공공(公共)기관이 갖는 권력(權力). 예전에, 백성들에게 강제로 노역(勞役), 과역(課役), 공역(公役) 따위를 부과하던 것을 이른다.

공력[3] 功力 (공로 공, 힘 력). ① 속뜻 애써 들인[功] 힘[力]. ¶공력을 들이다. ② 불교 공덕의 힘. ⓑ공덕력(功德力).

공:력[4] 共力 (함께 공, 힘 력). 여럿이 함께[共] 합친 힘[力].

▸공:력-근 共力筋 (힘줄 근). 의학 힘을 합하여 함께[共] 도와 같은 작용을[力] 하는 근육(筋肉). ⓑ공동근(共動筋), 협동근(協同筋). ⓑ길항근(拮抗筋).

공렬 功烈 (공로 공, 굳셀 렬). 공적(功績)과 위업[烈]. ¶그는 개국이라는 공렬을 세웠다. ⓑ공업(功業), 훈업(勳業).

공로[1] 公路 (여럿 공, 길 로). 많은 사람[公]과 차가 다니는 큰길[路]. ¶공로에 차량들이 질주하고 있다. ⓑ공로(孔路).

공로[2] 功勞 (공로 공, 일할 로). 어떤 일[勞]에 이바지한 공적(功績). ¶공로를 치하하다. ⓑ공훈(功勳).

공로[3] 空路 (하늘 공, 길 로). ① 속뜻 하늘[空]에 난 길[路]. ② 일정하게 운항하는 항공기의 지정된 공중 통로. '항공로'(航空路)의 준말. ¶이곳은 공로로 모스크바와 연결된다.

공론[1] 公論 (여럿 공, 논할 론). 사회 전체 여러 사람[公]의 여론(輿論). ¶공론이 분분하다. ⓑ세론(世論). ⓑ사론(私論).

공론[2] 空論 (빌 공, 논할 론). 실제와는 동떨어진 쓸데없는[空] 의론(議論). ¶탁상에서 벌이는 공론. ⓑ허론(虛論).

▸공론-가 空論家 (사람 가). 공론(空論)만을 일삼는 사람[家]. ¶공론가의 말에 귀를 기울일 필요가 없다.

▸공론-공담 空論空談 (빌 공, 이야기 담). 쓸데없는[空] 이야기[論=談]. 헛된 이야기. ¶시간을 공론공담에 허비하다.

공:룡 恐龍 (두려울 공, 용 룡). ① 속뜻 두렵게[恐] 보이는 용(龍). ② 동물 중생대의 쥐라기에서 백악기에 걸쳐 살았던 거대한 파충류의 화석동물을 통틀어 이름. 말.

공률 工率 (장인 공, 비율 률). ① 속뜻 일하는[工] 효율(效率). ② 물리 단위 시간에 이루어지는 일의 양. 단위는 와트(W) 또는 마력

(馬力).

공리[1] 公吏 (관공서 공, 벼슬아치 리). ① 속뜻 공공(公共) 단체의 사무를 맡아보는 사람[吏]. ② 법률 관리가 아니면서 법이 정한 바에 따라 나라의 사무 및 자치 단체의 사무를 맡아보는 사람.

공리[2] 公利 (여럿 공, 이로울 리). 여러 사람[公]의 이익(利益). ¶공리 단체. ㉥사리(私利).

▸공리-적 公利的 (것 적). 그 행위가 공공의 이익[公利]이 되는지를 먼저 생각하는 것[的]. ¶공리적 행동.

공리[3] 公理 (여럿 공, 이치 리). ① 속뜻 사회 일반이나 공중(公衆)에 통용되는 도리(道理). ¶공리를 지키다. ② 논리 증명이 없이 자명한 진리로 인정되며, 다른 명제를 증명하는데 전제가 되는 원리.

▸공리-주의 公理主義 (주될 주, 뜻 의). 수학 모든 수학 이론은 몇몇 공리(公理)에서 출발하여 엄밀한 추론에 의하여 논리적으로 세워져야 한다는 사상이나 태도[主義].

공리[4] 空理 (빌 공, 이치 리). 실제와는 동떨어진 쓸데없는[空] 이론(理論).

▸공리-공론 空理空論 (빌 공, 논할 론). 실천이 뒤따르지 않는 쓸데없는[空] 이론(理論). ¶공리공론을 일삼는 무리.

공리[5] 功利 (공로 공, 이로울 리). ① 속뜻 개인의 공명(功名)과 이익(利益). ② 철학 다른 목적을 실현하는 데 도움이 되는 것.

▸공리-설 功利說 (말씀 설). 철학 개인의 공명(功名)과 이익(利益)만을 추구하는 사상[說]. ㉥공리주의(功利主義).

▸공리-성 功利性 (성질 성). ① 속뜻 공명(功名)과 이익(利益)을 추구하는 성질(性質). ② 딴 목적을 실현하는 데 쓸모 있는 성질.

▸공리-적 功利的 (것 적). 그 행위가 자신의 공명(功名)과 이익(利益)이 되는지를 먼저 생각하는 것[的].

▸공리-주의 功利主義 (주될 주, 뜻 의). ① 개인의 공명(功名)과 이익(利益)만을 추구하는 사상이나 태도[主義]. ㉥실리주의(實利主義). ② 철학 쾌락·행복·이익 따위를 가치의 기준으로 삼는 학설. 개인적 공리주의와 사회적 공리주의가 있다. ㉥공리설(功利說).

공:립[1] 共立 (함께 공, 설 립). ① 속뜻 함께[共] 나란히 섬[立]. ¶두 이론은 공립할 수 없다. ② 공동으로 설립함. ¶그들은 회사를 공립했다.

공립[2] 公立 (관공서 공, 설 립). 지방공공단체[公]가 설립(設立)하여 운영하는 일. 또는 그 시설. ¶공립 도서관. ㉥사립(私立).

▸공립-학교 公立學校 (배울 학, 가르칠 교). 교육 지방공공단체[公]가 설립(設立)하여 운영하는 학교(學校). ¶육영공원은 현대식 공립학교의 효시이다.

공막 鞏膜 (묶을 공, 꺼풀 막). ① 속뜻 묶여[鞏] 있는 막(膜). ② 의학 각막(角膜)을 제외한 눈알의 바깥벽 전체를 둘러싸고 있는 막. 희고 튼튼한 섬유질로 되어 있다. ㉥흰자위막.

공매 公賣 (드러낼 공, 팔 매). 법률 압류한 재산이나 물건 따위를 경매나 입찰 등의 방법으로 일반에게 공개(公開)하여 팖[賣]. ¶아파트를 공매에 붙였다.

▸공매 처:분 公賣處分 (처리할 처, 나눌 분). 법률 관공서에서 세금 체납자의 재산을 강제 집행하여 공매(公賣)에 부치는 처분(處分).

공:-맹 孔孟 (공자 공, 맹자 맹). 공자(孔子)와 맹자(孟子).

▸공:맹-학 孔孟學 (배울 학). 공자(孔子)와 맹자(孟子)에 관한 학문(學問). ㉥유학(儒學).

▸공:맹지도 孔孟之道 (어조사 지, 길 도). 공자(孔子)와 맹자(孟子)의 가르침인 인의(仁義)의 도(道).

공명[1] 公明 (공정할 공, 밝을 명). 사사로움이 없이 공정(公正)하고 숨김없이 명백(明白)하다. ¶공명한 판결.

▸공명정대 公明正大 (바를 정, 큰 대). 마음이 공명(公明)하며 조금도 사사로움이 없이 바름[正大]. ¶공명정대하게 일을 처리하다.

공명[2] 功名 (공로 공, 이름 명). 공(功)을 세워 이름[名]을 널리 알림. ¶공명을 세우다 / 부귀와 공명을 누리다.

▸공명-심 功名心 (마음 심). 공(功)을 세워 이름[名]을 떨치려는 데 급급한 마음[心]. ¶공명심에 사로잡히다.

공:명³ 共鳴 (함께 공, 울 명). ① [속뜻] 한 물체가 외부의 음파에 자극되어 함께[共] 울림[鳴]. ¶소리가 공명되어 더 크게 들린다. ② 남의 사상이나 의견 따위에 동감(同感)함. [비] 공진(共振), 공감(共感).

▸공:명-관 共鳴管 (대롱 관). [물리] 내부의 공기를 크게 진폭시켜[共鳴] 음의 세기를 높이는 데 쓰이는 대롱[管] 모양의 기구. [비] 공명 상자.

▸공:명-기 共鳴器 (그릇 기). [물리] 특정한 진동수의 소리에만 울리도록[共鳴] 만들어진 장치[器]. 공명 상자도 공명기의 하나이다.

▸공:명 상자 共鳴箱子 (상자 상, 접미사 자). [물리] 내부의 공기를 크게 진폭시켜[共鳴] 음의 세기를 높이도록 만들어진 상자(箱子). [비] 공명함(共鳴函), 공명관(共鳴管).

▸공:명 회로 共鳴回路 (돌아올 회, 길 로). [물리] 외부의 음파에 자극되어 함께[共] 진하는[鳴] 회로(回路). [비] 공진 회로(共振回路).

공명-첩 空名帖 (빌 공, 이름 명, 표제 첩). [역사] 관원의 성명(姓名)이 비어있는[空] 임명장[帖]. 중앙의 관원이 이것을 가지고 전국을 돌면서 돈이나 곡식을 바치는 사람에게 즉석에서 그 사람의 이름을 적어 넣어 관직을 주던 것으로, 국가의 재정이 궁핍할 때 국고(國庫)를 채우는 수단으로 사용되었다.

공:모¹ 共謀 (함께 공, 꾀할 모). 함께[共] 일을 꾸밈[謀]. '공동 모의'(共同謀議)의 준말.

▸공:모-범 共謀犯 (범할 범). [법률] 잘못을 함께[共] 꾀한[謀] 범인(犯人). ¶테러 공모범을 재판하였다. [준] 공범.

공모² 公募 (드러낼 공, 뽑을 모). 일반에게 드러내어[公] 널리 모집(募集)함. ¶새 이름을 공모하다.

▸공모-전 公募展 (펼 전). 공개(公開)하여 모집(募集)한 작품의 전시회(展示會). ¶환경 사진 공모전을 열었다.

공:묘 孔廟 (공자 공, 사당 묘). 공자(孔子)를 모신 사당[廟]. ¶공묘에 참배하다.

공무¹ 工務 (장인 공, 일 무). ① [속뜻] 공장[工]의 사무[務]. ② 토목·건축에 관한 일. ③ 신문사나 출판사에서 하는 문선, 식자, 인쇄, 제본 따위의 일.

▸공무-국 工務局 (관청 국). 신문사나 출판사에서 주로 문선, 식자, 인쇄, 제본 따위의 일[工務]을 맡아보는 부서[局].

▸공무-아문 工務衙門 (관청 아, 대문 문). [역사] 조선 후기, 공사(工事)에 관계된 모든 일[務]을 맡아보던 관청[衙門].

공무² 公務 (관공서 공, 일 무). 국가나 공공단체[公]의 사무(事務). 공무원의 직무. ¶공무 집행 방해죄 / 그는 공무로 바쁘다. [비] 공사(公事). [반] 사무(私務).

▸공무-원 公務員 (사람 원). 국가나 지방 공공 단체의 공무(公務)를 맡아보는 사람[員]. ¶교육 공무원. [비] 공직자(公職者).

▸공무 담임권 公務擔任權 (맬 담, 맡길 임, 권리 권). [법률] 국민이 나라의 공무(公務)를 맡을[擔任] 수 있는 권리(權利). 공직 피선거권(被選擧權), 공무원의 피임권(被任權) 따위.

공무도하-가 公無渡河歌 (귀인 공, 없을 무, 건널 도, 물 하, 노래 가). [문학] 남편[公]이 강[河]을 건너지[渡] 못하고[無] 물에 빠져 죽은 것을 애도하는 내용의 노래[歌]. 고조선 때, 백수광부(白首狂夫)의 아내가 지었다는 4언 4구체의 노래. 한문으로 적힌 가사가 『해동역사』(海東繹史)에 실려 전한다. [비] 공후인(箜篌引).

공문¹ 公文 (관공서 공, 글월 문). 관공서[公]의 문서(文書). '공문서'의 준말. ¶공문을 보내다.

공문² 空文 (빌 공, 글월 문). ① [속뜻] 실제 효력이 없는[空] 법률이나 조문(條文). ¶이 법률은 실제 공문에 지나지 않는다. ② 아무런 결과도 기대할 수 없거나 실행이 불가능한 헛된 글. '지상(紙上) 공문'의 준말..

공:문³ 孔門 (공자 공, 문 문). 공자(孔子)의 문하(門下). ¶공문 십철(十哲). [비] 성문(聖門).

공:문⁴ 孔紋 (구멍 공, 무늬 문). [생물] 생물의 세포막에 있는 구멍[孔] 무늬[紋]. 세포 상호간의 연락을 함.

공:문⁵ 拱門 (한아름 공, 대문 문). 윗부분이 반원형[拱] 모양인 문(門). ¶공문을 지나 뒤뜰로 들어섰다.

공-문서 公文書 (관공서 공, 글월 문, 글 서).

① [속뜻] 공적(公的)인 문서(文書). ② 공무원이 직무상 작성한 문서. 공무에 관한 모든 서류. ¶공문서를 위조하다. [준]공문. [반]사문서(私文書).

공물¹ 公物 (여럿 공, 만물 물). 공용(公用) 물건(物件). 국가나 지방 공공 단체가 직접 제공하고 있는 공용의 유체물(有體物).

공:물² 供物 (드릴 공, 만물 물). 신불 앞에 바치는[供] 물건(物件). ¶인당수에 공물을 바치다.

공:물³ 貢物 (바칠 공, 만물 물). [역사] 나라에 세금으로 바치던[貢] 지방의 특산물(特産物). ¶안동에서는 돗자리를 공물로 바쳤다. [비]폐공(幣貢), 조공(租貢).

공:미 貢米 (바칠 공, 쌀 미). [역사] 조선 후기에, 공물(貢物) 대신 바치던 쌀[米]. 방납(防納)의 폐단을 없애기 위해 실시한 대동법에 따른 것이다. [비]대동미(大同米).〉

공민 公民 (여럿 공, 백성 민). ① [속뜻] 국가[公]의 일원으로서 독립 생활을 하는 자유민(自由民). ② [법률] 지방 자치 단체의 구성원으로서 공민권을 가진 사람.

▸공민-권 公民權 (권리 권). ① [속뜻] 공민(公民)으로서의 권리(權利). ② [법률] 국민이 국정에 참여하는 권리. [비]참정권(參政權).

공박 攻駁 (칠 공, 칠 박). 남의 잘못을 몹시 따지고 공격함[攻=駁]. ¶그는 성리학의 공론(空論)을 공박했다.

공방¹ 工房 (장인 공, 방 방). ① [속뜻] 장인[工]의 작업실[房]. ¶도예 공방. ② [역사] 조선 시대에 공전(工典)에 관한 일을 맡아보던 공방의 하나. ③ [역사] 지방 관아에 있는 공방의 아전.

공방² 空房 (빌 공, 방 방). ① [속뜻] 비워 둔[空] 방(房). ② 오랫동안 남편 없이 아내 혼자서 거처하는 방. ¶그녀는 공방을 지키며 아이를 키웠다. [비]공규(空閨).

공:방³ 攻防 (칠 공, 막을 방). 적을 공격(攻擊)하는 것과 적의 공격을 방어(防禦)하는 일. ¶양측의 공방이 치열하다.

▸공:방-전 攻防戰 (싸울 전). 공격(攻擊)과 방어(防禦)를 번갈아 하며 싸우는[戰] 것. ¶양국은 일진일퇴의 공방전을 펼쳤다.

공:방-전 孔方傳 (구멍 공, 모 방, 전할 전). [문학] 고려 때, 임춘이 네모난[方] 구멍[孔]이 있는 엽전을 의인화하여 전기(傳記) 형식으로 쓴 가전체 문학 작품.

공-배수 公倍數 (여럿 공, 곱 배, 셀 수). [수학] 두 개 이상의 정수에 공통[公]이 되는 배수(倍數). ¶4와 6의 공배수는 0,12,24,…이다. [반]공약수(公約數).

공백 空白 (빌 공, 흰 백). ① [속뜻] 텅 비어[空] 아무것도 없음[白]. ② 종이 따위에 글씨를 쓰거나 그림을 그리고 남은 자리. ¶궁금한 점을 공백에 적었다. [비]여백(餘白).

▸공백-기 空白期 (때 기). 활동과 실적이 없는 공백(空白)의 기간(期間). ¶이 잡지는 20년의 공백기를 끝내고 재창간되었다.

공:범 共犯 (함께 공, 범할 범). [법률] 몇 사람이 함께[共] 저지른 범죄(犯罪). 또는 그 사람. ¶공범을 체포하다 / 이 사건은 세 사람이 공범했다. [반]단독범(單獨犯).

▸공:범-자 共犯者 (사람 자). [법률] 공모하여 함께[共] 죄를 지은[犯] 사람[者]. ¶다른 공범자를 고소했다.

▸공:범-죄 共犯罪 (허물 죄). [법률] 공모하여 함께[共] 지은[犯] 죄(罪).

공법¹ 工法 (장인 공, 법 법). 공사(工事) 방법(方法). ¶이 다리는 새로운 공법으로 지어졌다.

공법² 公法 (관공서 공, 법 법). ① [법률] 국가[公]의 조직이나 국가 간 또는 국가와 개인 간의 관계를 규정하는 법률(法律). ② [수학] 기하학의 작도제의 기초가 되는 가장 단순한 작도법. [반]사법(私法).

▸공법-학 公法學 (배울 학). [법률] 공법(公法)의 법리(法理)나 본질을 연구하는 학문(學問).

공-법인 公法人 (여럿 공, 법 법, 사람 인). [법률] 특정한 공공(公共) 목적을 위해 설립한 법인(法人). [반]사법인(私法人).

공:변-세포 孔邊細胞 (구멍 공, 가 변, 작을 세, 태보 포). [식물] 식물의 공기구멍[孔]을 구성하는 것으로 서로 붙어 있는[邊] 두 개의 세포(細胞). 표피 세포가 변해서 된 것으로, 반달 모양 또는 콩팥 모양에 가깝다. 기공을 여닫는 구실을 하여 수분을 조절하고 내부를 보호한다.

공병 工兵 (장인 공, 군사 병). [군사] ① 군대에서 다리를 놓거나 길을 닦는 등 군사상의 공사(工事)의 임무를 맡은 병과(兵科). ② 공병대에 딸린 병사.

▸공병-대 工兵隊 (무리 대). [군사] 공병(工兵)으로 편성된 부대(部隊). ¶한국은 전쟁 지역에 공병대를 파견했다.

공보 公報 (관공서 공, 알릴 보). 관공서(官公署) 등이 일반에게 각종 활동 사항을 알리는[報] 일. [반]사보(私報).

공복[1] 公僕 (여럿 공, 종 복). 사회 일반이나 공중(公衆)을 위한 봉사자[僕]. '공무원'(公務員)을 달리 이르는 말. ¶국민의 공복 으로 열심히 일하겠습니다.

공복[2] 空腹 (빌 공, 배 복). 아무것도 먹지 않아 비어[空] 있는 배[腹]. 빈 속. ¶이 약은 공복에 먹어야 한다.

공복[3] 公服 (관공서 공, 옷 복). [역사] 관원이 평상시 조정에 나아갈 때 공적(公的)으로 입던 옷[服]. ¶문무백관이 공복을 입고 조정에 들어갔다.

▸공복 제:도 公服制度 (공사 공, 옷 복, 정할 제, 법도 도). [역사] 공직자(公職者)들이 입는 관복(官服)에 대한 제도(制度). ¶신라는 공복 제도를 제정했다.

⁂**공부** 工夫 (장인 공, 사나이 부). ① [속뜻] 공사(工事)나 작업에 동원된 인부(人夫). ② 학문이나 기술을 배우고 익힘. ¶공부는 늙어 죽을 때까지 해도 다 못한다. [비]학습(學習).

▸공부-방 工夫房 (방 방). 공부(工夫)하기 위하여 따로 마련한 방(房). ¶공부방이 있으면 좋겠다.

공분 公憤 (여럿 공, 성낼 분). ① [속뜻] 공중(公衆)의 분노(憤怒). ¶그는 공금을 횡령하여 국민들의 공분을 샀다. ② 공적(公的)인 일로 느끼는 분노. [반]사분(私憤).

공비[1] 公比 (여럿 공, 견줄 비). ① [속뜻] 여럿[公]을 서로 견주어[比] 봄. ② [수학] 등비(等比)급수나 등비수열에서 어떤 항과 그 앞의 항에 대한 비.

공비[2] 公費 (관공서 공, 쓸 비). 관청이나 공공 단체[公]에서 쓰는 경비(經費). ¶그는 공비로 유럽의 공장을 시찰하였다. [비]공용(公用). [반]사비(私費).

공:비[3] 共沸 (함께 공, 끓을 비). ① [속뜻] 함께[共] 끓음[沸]. ② [물리] 외부 압력이 일정한 상태에서 액체 혼합물을 증류할 때 어떤 일정한 온도에서 액체 혼합물과 증류된 증기의 성분비가 같아지는 현상. 이때 끓는점은 순물질처럼 일정한 온도를 나타낸다. 에탄올과 물 등에서 일어난다.

공:비[4] 共匪 (함께 공, 도둑 비). ① [속뜻] 공산당(共産黨)을 도둑[匪]에 비유한 말. ② 중국에서 공산당의 지도 아래 활동하던 게릴라를 이르는 말. ¶공비를 소탕하다.

공사[1] 公私 (여럿 공, 사사로울 사). ① [속뜻] 여러 사람[公]의 것과 한 사람[私]의 것. ② 공적(公的)인 일과 사적(私的)인 일. ¶공사를 명확히 구별하다. ② 공적(公的)기관과 사적(私的) 기관.

공사[2] 公事 (여럿 공, 일 사). ① [속뜻] 공공(公共)에 관계되는 일[事]. ¶그는 공사에 매여 짬을 내기 힘들다. ② 관청의 일. [비]공무(公務). [반]사사(私事).

공사[3] 公社 (여럿 공, 회사 사). [법률] 국가가 공공(公共)의 이익을 위하여 설립된 기업체[社]. 한국방송공사, 한국전력공사 따위.

공사[4] 空士 (하늘 공, 선비 사). [군사] 공군(空軍) 장교[士]를 양성하는 4년제 정규 군사학교. '공군사관학교'(空軍士官學校)의 준말.

⁂**공사**[5] 工事 (장인 공, 일 사). 토목이나 건축[工] 등에 관한 일[事]. ¶이 공사는 완성에 3년이 걸렸다. [비]공역(工役).

▸공사-비 工事費 (쓸 비). 공사(工事)에 드는 비용(費用). ¶공사비를 마련하기 위해 국채를 발행했다. [준]공비.

▸공사-장 工事場 (마당 장). 공사(工事)를 하고 있는 곳[場]. ¶공사장에서 일하는 노동자.

공사[6] 公使 (관공서 공, 부릴 사). [법률] 나라를 대표하라는 특명(特命)에 의해 전권(全權)을 위임받고 다른 나라에 파견되어 외교를 담당하는 공식적(公式的)인 직급[使]. '특명 전권 공사'(特命全權公使)의 준말. ¶국왕은 공사 일행에게 답례했다. [비]전권 공사.

▸공사-관 公使館 (집 관). [법률] 공사(公使)가 주재지에서 사무를 맡아보는 공관(公館). 국제법상 본국의 영토로 인정되어 있다. ¶러시아 공사관 건물.

공-사채 公社債 (여럿 공, 회사 사, 빚 채).

[경제] 공채(公債)와 사채(社債). ¶공사채를 발행하는 은행.

공산[1] **公算** (여럿 공, 셀 산). ① [속뜻] 여러 사람[公]들이 확실하다고 생각하는 셈[算]. ② 확실성의 정도. 이루어질 수 있는 확률. ¶이길 공산이 크다.

공산[2] **工産** (장인 공, 낳을 산). 공업(工業)으로 생산(生産)함. ¶공산 시설을 확충하다.

▸공산-품 工産品 (물건 품). 공업(工業)으로 생산(生産)한 물건[品]. ¶공산품 가격이 상승하다. [반]농산품(農産品), 수산품(水産品).

***공:산**[3] **共産** (함께 공, 낳을 산). ① [속뜻] 공동(共同)으로 생산(生産)하고 관리함. ¶원시 공산 사회. ② [사회] '공산주의'의 준말.

▸공:산-군 共産軍 (군사 군). 공산주의(共産主義) 국가의 군대(軍隊). 또는 공산당으로 조직된 군대.

▸공:산-권 共産圈 (범위 권). 제2차 세계대전 이후 구(舊)소련의 영향 밑에서 공산주의(共産主義) 정권을 세운 나라들[圈].

▸공:산-당 共産黨 (무리 당). [정치] 공산주의(共産主義)의 실현을 목표로 하는 정당(政黨).

▸공:산 국가 共産國家 (나라 국, 집 가). [정치] 공산주의(共産主義)를 신봉하고 그 주의에 따라 정치를 하는 나라[國家].

▸공:산-주의 共産主義 (주될 주, 뜻 의). 개인의 사유를 부인하고 공동(共同) 생산(生産)·소유를 주장하는 정치이념[主義].

공산-명월 空山明月 (빌 공, 메 산, 밝을 명, 달 월). ① [속뜻] 사람이 없어 비어있는[空] 적적한 산(山)에 비치는 외로이 밝은[明] 달[月]. ② '대머리'를 농담조로 이르는 말. ③ 화투짝의 한 가지. 산과 달을 그린, 공산의 스무 끗짜리 딱지.

공상[1] **工商** (장인 공, 장사 상). ① [속뜻] 공업(工業)과 상업(商業). ② 장인(匠人)과 장수.

공상[2] **公傷** (관공서 공, 다칠 상). 공무(公務)를 수행하다가 다침[傷]. ¶그는 공상으로 석 달 간 치료를 받았다. [반]사상(私傷).

공상[3] **功狀** (공로 공, 형상 상). 공적(功績)의 실상(實狀). ¶그의 공상과 죄상을 낱낱이 고발했다.

공상[4] **空想** (빌 공, 생각 상). 실행할 수 없거나 실현될 수 없는 헛된[空] 생각[想]. ¶공상에 빠지다. [비]몽상(夢想). [반]현실(現實).

▸공상-가 空想家 (사람 가). 헛된[空] 생각[想]을 늘 하는 사람[家]. ¶그는 발명가라기보다는 공상가에 가깝다.

▸공상-적 空想的 (것 적). 헛된[空] 생각[想]을 하는 것[的]. 현실에서 동떨어진 것. 실현될 가망이 없는 것.

공:생 共生 (함께 공, 살 생). ① [속뜻] 서로 도움을 주며 함께[共] 생활(生活)함. ② [생물] 다른 종류의 생물이 서로 이익을 주고받으며 한 곳에서 사는 일. ¶말미잘과 흰동가리는 공생 관계에 있다. ④ [광업] 어떤 광물이 다른 광물과 함께 산출되는 일.

▸공:생 식물 共生植物 (심을 식, 만물 물). [식물] 이익을 서로 주고받으며 함께[共] 사는[生] 식물(植物).

공:서 共棲 (함께 공, 살 서). ① [생물] 종류가 다른 동물들이 한곳에서 함께[共] 사는[棲] 일. ② 함께 머무름. ¶현대 사회는 각종 사상이 무질서하게 공서하고 있다. [비]공생(共生).

공서 양속 公序良俗 (여럿 공, 차례 서, 좋을 량, 풍속 속). [법률] 공공(公共)의 질서(秩序)와 선량(善良)한 풍속(風俗)을 아울러 이르는 말. ¶공서양속을 위반하는 광고는 허용하지 않는다.

공석[1] **公席** (여럿 공, 자리 석). ① [속뜻] 여러 사람[公]이 모인 자리[席]. ¶공석에서는 사담을 하지 맙시다. ② 공적인 업무를 맡아보는 직위. ¶공석에 앉은 몸으로 함부로 처신할 수 없다. [반]사석(私席).

공석[2] **空席** (빌 공, 자리 석). 비어 있는[空] 좌석(座席)이나 지위. ¶공석이 생겨서 할머니께 양보했다 / 현재 과장 자리가 공석이다. [비]공위(空位).

공:석 변:태 共析變態 (함께 공, 가를 석, 바뀔 변, 모양 태). ① [속뜻] 동시에[共] 분리되어[析] 상태(狀態)가 바뀜[變]. ② [화학] 하나의 고용체(固溶體)에서 두 가지 이상의 서로 다른 결정을 분석하여 분리해 내는 일. [준]공석. [비]공석 변화.

공선 公選 (공평할 공, 고를 선). ① [속뜻] 공평(公平)한 선거(選擧). ② 일반 국민이 선거로 뽑음. 또는 그 선거. ¶공선을 치르다.

공설 公設 (관공서 공, 세울 설). 국가나 공공 단체[公]에서 설립(設立)함. ¶공설 운동장. ⓑ공립(公立). ⓟ사설(私設).

▸공설 시:장 公設市場 (저자 시, 마당 장). 국가나 공공(公共) 단체가 설립(設立)하여 운영하는 시장(市場). ⓟ사설(私設) 시장.

▸공설 운:동장 公設運動場 (돌 운, 움직일 동, 마당 장). 국가 또는 공공(公共) 단체에서 설립(設立)한 운동장(運動場). ¶공설 운동장에서 마을체육대회가 개최되었다.

공:성[1] 孔性 (구멍 공, 성질 성). 물리 분자(分子) 사이에 빈틈[孔]이 있는 물질의 성질(性質). ¶설탕은 공성이 있어서 물에 녹는다.

공:성[2] 孔聖 (공자 공, 거룩할 성). '공자'(孔子)를 성인(聖人)으로 높여 일컫는 말.

공성-명수 功成名遂 (공로 공, 이룰 성, 이름 명, 이룰 수). 공(功)을 이루어[成] 명성(名聲)을 떨침[遂]. ¶그는 목숨을 걸고 적과 싸워 공성명수하였다. ⓑ공성명립(功成名立).

공성-신퇴 功成身退 (공로 공, 이룰 성, 몸 신, 물러날 퇴). 공(功)을 이룬[成] 뒤에 자신(自身)은 물러남[退]. ¶그들 의병은 적으로 부터 마을을 지켰지만 공성신퇴하였다.

공:세 攻勢 (칠 공, 세력 세). 공격(攻擊)하는 세력(勢力)이나 태세. ¶질문 공세를 퍼붓다. ⓟ수세(守勢).

공:소[1] 控訴 (아뢸 공, 하소연할 소). ① 속뜻 아뢰어[控] 하소연함[訴]. ② 법률 '항소3'(抗訴)의 예전 용어.

공소[2] 公訴 (관공서 공, 하소연할 소). ① 속뜻 공적으로[公] 하소연함[訴]. ¶화전민들은 공납을 없애달라고 공소를 올렸다. ② 법률 검사가 형사 사건에 관하여 법원에 재판을 청구하는 일. ¶공소를 제기하다.

▸공소-권 公訴權 (권리 권). 법률 검사가 법원에 대하여 공소(公訴)를 제기할 수 있는 권리(權利). ¶그는 이 사건의 공소권을 포기했다.

▸공소-장 公訴狀 (문서 장). 법률 공소(公訴)를 신청할 때 관할 법원에 내는 문서[狀]. ¶검사는 공소장에 기소의 이유를 진술했다. ⓑ기소장(起訴狀).

▸공소 기각 公訴棄却 (버릴 기, 물리칠 각). 법률 법원이 공소(公訴)를 무효로 하는[棄却] 재판이나 결정. 소송 요건을 갖추지 못하였거나 공소권이 없는 경우에 이렇게 처리한다.

***공손 恭遜** (공손할 공, 겸손할 손). 예의 바르고[恭] 겸손(謙遜)하다. ¶공손한 태도. ⓑ겸손(謙遜)하다. ⓟ오만(傲慢)하다.

▸공손-법 恭遜法 (법 법). 언어 상대에 따라 일정한 종결 어미를 선택함으로써 공손(恭遜)하게 높이는 문법적 방법(方法). ⓑ상대(相對) 높임법. ⓟ겸양법(謙讓法). 9

▸공손 선어말 어:미 恭遜先語末語尾 (먼저 선, 말씀 어, 끝 말, 말씀 어, 꼬리 미). 언어 용언의 어간과 어말 어미 사이에 쓰이어, 공손(恭遜)의 뜻을 나타내는 선어말(先語末) 어미(語尾). ⓒ겸양(謙讓) 선어말 어미.

공수[1] 空手 (빌 공, 손 수). 빈[空] 손[手]. 손에 아무것도 가진 것이 없음.

공:수[2] 拱手 (맞잡을 공, 손 수). ① 속뜻 두 손[手]을 마주 잡아[拱] 공경의 뜻을 나타냄. 또는 그런 예의. ¶그는 현령에게 공수를 올렸다. ② 팔짱을 끼고 아무 일도 하지 않고 있음. ¶공수 방관. ⓑ수수방관(袖手傍觀).

공:수[3] 攻守 (칠 공, 지킬 수). 공격(攻擊)과 수비(守備). ¶그 팀은 공수가 다 약하다.

▸공:수 동맹 攻守同盟 (한가지 동, 맹세할 맹). 정치 제삼국의 공격이 있을 때, 이에 대한 공격(攻擊)이나 방어를[守] 공동으로 하기 위해 나라 사이에 맺은 군사 동맹(同盟). ¶여섯 나라는 진나라에 대항하기 위해 공수 동맹을 맺었다.

공수[4] 空輸 (하늘 공, 나를 수). 교통 '항공 수송'(航空輸送)의 준말. 항공기를 이용하여 사람이나 우편물, 짐 따위를 옮기는 일 ¶공수부대 / 전쟁터에 의약품을 공수하다.

▸공수 부대 空輸部隊 (나눌 부, 무리 대). 군사 ① 항공기(航空機)로 병력이나 군수 물자 따위를 수송(輸送)하기 위해 편성한 부대(部隊). ② 공중으로부터 낙하산을 타고 적진에 침투하여 작전하는 부대.

공수래-공수거 空手來空手去 (빌 공, 손 수, 올 래, 빌 공, 손 수, 갈 거). ① 속뜻 빈[空] 손[手]으로 왔다[來]가 빈[空]손[手]으로 돌아감[去]. ② 불교 재물에 욕심을 부릴 필요가 없음을 이르는 말.

공:수-병 恐水病 (두려울 공, 물 수, 병 병). [의학] 물[水]을 보기만 해도 매우 두려워하는[恐] 병증(病症). '광견병'을 달리 이르는 말.

공-수표 空手票 (빌 공, 손 수, 쪽지 표). ① [경제] 현금화 할 수 없는 빈[空] 수표(手票). ② '실행이 없는 약속'을 비유하여 이르는 말. ¶그의 공약은 공수표가 되었다. [비]부도수표.

공순 恭順 (공손할 공, 순할 순). 공손(恭遜)하고 온순(溫順)하다. ¶공순하게 여쭙다.

공:술 供述 (드릴 공, 말할 술). ① [속뜻] 관련 자료를 제공(提供)하여 구술(口述)함. ② [법률] 형사 소송에서, 당사자가 관련 사항을 구술 또는 서면으로 알리는 일.

공습 空襲 (하늘 공, 습격할 습). [군사] 항공기로 공중(空中)에서 습격(襲擊)하는 일. ¶공습 훈련.

▸공습-경보 空襲警報 (타이를 경, 알릴 보). 적의 항공기가 공습(空襲)해 왔을 때 알리는 경보(警報). ¶공습경보를 해제하다. [비]청색경보. [참]경계(警戒)경보.

공시 公示 (드러낼 공, 보일 시). [법률] 어떤 사실을 일반에게 드러내어[公] 널리 보여줌[示]. ¶공시 가격 / 회의 결과를 공시하다.

▸공시-가 公示價 (값 가). [법률] 정부나 공공기관에서 공시(公示)한 값[價].

▸공시 송:달 公示送達 (보낼 송, 보낼 달). [법률] 민사 소송에서 서류를 송달하기 어려울 경우에 게시판이나 신문에 공시(公示)하여 송달(送達)을 갈음하는 일.

▸공시 최고 公示催告 (재촉할 최, 알릴 고). [법률] 법원이 불분명한 이해 관계자의 권리나 청구의 신고를 공시(公示)하여 독촉하는[催告] 일.

공:시 언어학 共時言語學 (함께 공, 때 시, 말씀 언, 말씀 어, 배울 학). [언어] 특정한 공통(共通)의 시기(時期)에 있어서의 언어 요소 간의 관계를 횡적으로 연구하는 언어학(言語學). [반]통시(通時) 언어학.

공식[1] 空食 (빌 공, 먹을 식). ① [속뜻] 음식을 거저[空] 얻어먹음[食]. ¶끼니때가 되면 공식을 바라다. ② [불교] 무료로 손님에게 음식을 주는 일.

공식[2] 公式 (여럿 공, 법 식). ① [속뜻] 여러 사람[公]에게 널리 알려진 방식(方式). ¶공식 회담. ② [수학] 계산의 법칙 따위를 문자와 기호로 나타낸 식. ¶공식에 대입해 문제를 풀다. [반]비공식(非公式).

▸공식-어 公式語 (말씀 어). 공식적(公式的)으로 표준으로 삼아 쓰는 말[語]. ¶대한민국의 공식어는 한국어이다.

▸공식-적 公式的 (것 적). 공적(公的)인 방식(方式)을 취하는 것[的]. ¶공식적인 권한. [반]사적(私的).

▸공식-화 公式化 (될 화). 일정한 공식(公式)으로나 공식적인 것으로 됨[化]. 또는 그렇게 되게 함. ¶서구 열강들은 베를린 회의를 통해 아프리카 식민지 분할을 공식화했다.

▸공식 용:어 公式用語 (쓸 용, 말씀 어). 공식적(公式的)으로 쓰는[用] 말[語].

공:식-건축 拱式建築 (한아름 공, 법 식, 세울 건, 쌓을 축). [건설] 출입문의 위를 반원[拱] 형식(形式)으로 만든 건축(建築) 양식. [참]미식건축(楣式建築).

공신[1] 公信 (여럿 공, 믿을 신). ① [속뜻] 여러 사람[公]들이 믿음 [信]. ② [경제] 국가의 지급 의사와 지급 능력에 대한 대부 자본가·자금 소유자의 신뢰. [비]국가 신용(國家信用).

▸공신-력 公信力 (힘 력). 공적(公的)인 신뢰(信賴)를 받을 만한 능력(能力). ¶이 기사는 공신력이 있다.

공신[2] 功臣 (공로 공, 신하 신). 나라에 공로(功勞)가 있는 신하(臣下). ¶건국 공신.

▸공신-전 功臣田 (밭 전). [역사] 고려·조선 때 국가에 훈공(勳功)이 있는 신하(臣下)에게 내리던 땅[田]. ¶그는 반란에 연루되어 공신전을 박탈당했다.

공심-복 空心服 (빌 공, 마음 심, 먹을 복). 속[心]이 비어[空] 있을 때에 약을 먹음[服]. [반]식후복(食後服).

공안[1] 公安 (여럿 공, 편안할 안). 공공(公共)의 안녕과 질서가 편안(便安)히 유지되는 상태. ¶정부는 이번 사건을 계기로 공안에 힘쓰고 있다.

공안[2] 公案 (관공서 공, 문서 안). ① [속뜻] 공무(公務)에 관한 문안(文案). ② 공론에 따라 결정된 안. ③ 불교 석가모니의 언어와 행동. ④ 불교 공정하여 범하지 못할 법령.

▸공안 소:설 公案小說 (작을 소, 말씀 설). 문학 억울한 일을 당한 백성이 관장(官長)의 올바른[公] 처결로[案] 구원받는다는 줄거리로 되어 있는 소설(小說).

공약¹ 公約 (여럿 공, 묶을 약). ① 속뜻 일반인을 대상으로 공식적(公式的)으로 한 약속(約束). ¶선거공약을 내걸다. ② 법률 법적 효력을 지닌 계약.

공약² 空約 (빌 공, 묶을 약). 헛된[空] 약속(約束). ¶당선자들은 공약(公約)이 공약(空約)이 되지 않도록 노력했다.

공-약수 公約數 (여럿 공, 묶을 약, 셀 수). 수학 두 개 이상[公]의 정수에 공통이 되는 약수(約數). ¶12와 18의 공약수는 1, 2, 3, 6이다. ⓑ공배수(公倍數).

공:양 供養 (드릴 공, 기를 양). ① 속뜻 양생(養生)에 필요한 음식을 드림[供]. 음식을 드림. ② 불교 부처에게 음식물을 바치는 일. ⓑ봉양(奉養), 불공(佛供).

▸공:양-미 供養米 (쌀 미). 불교 부처에게 공양(供養)으로 드리는 쌀[米]. ¶부처께 공양미 삼백 석을 시주했다.

▸공:양-주 供養主 (주인 주). ① 불교 부처에게 공양(供養)하는 사람[主]. ②절에서 밥을 짓는 사람. ¶공양주가 저녁을 준비했다.

공언¹ 公言 (여럿 공, 말씀 언). ① 속뜻 여러 사람[公]에게 한 말[言]. ¶그는 사퇴를 공언했다. ②공평한 말. ⓑ공담(公談).

공언² 空言 (빌 공, 말씀 언). ① 속뜻 근거나 현실성이 없는 빈[空] 말[言]. ②실천이 따르지 않는 빈말. ¶그들은 공언을 일삼았다. ⓑ허언(虛言).

공업¹ 功業 (공로 공, 일 업). 공적(功積)이 뚜렷한 큰 사업(事業). ¶그가 이룬 공업은 세세대대로 빛날 것이다. ⓑ공렬(功烈), 훈업(勳業).

*__공업² 工業__ (장인 공, 일 업). 인공(人工)을 가하여 물품을 만드는 산업(産業). ¶공업을 진흥시키다.

▸공업-국 工業國 (나라 국). 공업(工業)이 산업의 대부분을 차지하는 나라[國]. ¶신흥 공업국.

▸공업-용 工業用 (쓸 용). 공업(工業)에 쓰임[用]. ¶공업용 폐수 / 공업용 화약.

▸공업-화 工業化 (될 화). ① 속뜻 공업(工業)이 일어나게 하는[化] 일. ②산업의 중점이 농업이나 광업에서 제조 공업으로 발달하여 가는 현상. ¶농촌이 급속히 공업화되었다.

공:여 供與 (제공할 공, 줄 여). 돈이나 물건 따위를 제공(提供)하여 줌[與]. ¶뇌물 공여 사실을 털어 놓다.

공역¹ 公役 (관공서 공, 부릴 역). 국가나 공공(公共) 단체가 지우는 의무[役]. ⓒ부역(賦役), 병역(兵役).

공:역² 共譯 (함께 공, 옮길 역). 한 작품이나 글을 두 사람 이상이 함께[共] 번역(翻譯)함. 또는 그런 번역. ¶연구생들이 전문 서적을 공역하였다.

공:연¹ 共演 (함께 공, 펼칠 연). 연극이나 영화에 함께[共] 출연(出演)함. ¶그는 이 영화에서 중국 배우와 공연했다.

공연² 空然 (빌 공, 그러할 연). 까닭 없이[空] 그렇게[然]. 이유나 필요 없이. ¶공연한 짓을 하다 / 공연히 트집을 잡다. ⓑ부질없다.

공연³ 公演 (여럿 공, 펼칠 연). 연극이나 음악, 무용 등을 여러 사람[公]이 모인 자리에서 펼쳐[演]보임. ¶축하 공연이 시작되었다.

▸공연-장 公演場 (마당 장). 연극이나 음악, 무용, 콘서트 따위의 공연(公演)을 하는 장소(場所). ¶공연장을 가득 메운 관객.

공-염불 空念佛 (빌 공, 생각 념, 부처 불). ① 속뜻 헛되이[空] 입으로만 외는 염불(念佛). ②'실행이나 내용이 따르지 않는 주장이나 선전'을 비유하여 이르는 말. ¶그의 선거 공약은 공염불에 불과했다. ③아무리 타일러도 허사가 되는 말.

공:영¹ 共榮 (함께 공, 꽃필 영). 서로 함께[共] 번영(繁榮)함. ¶인류 공영에 이바지하다.

공:영² 共營 (함께 공, 꾀할 영). 공동(共同)으로 경영(經營)함. ¶사원들이 그 회사를 공영하였다.

공영³ 公營 (여럿 공, 꾀할 영). 여러 사람[公]들의 이익을 꾀함[營]. ¶공영 기업 /

공영방송. ⓑ사영(私營), 민영(民營).

▸공영 방:송 公營放送 (놓을 방, 보낼 송). 언론 공공의 이익을 목적으로 운영되는[公營] 방송(放送). 또는 그 기관.

▸공영 주:택 公營住宅 (살 주, 집 택). 건설 국가나 지방 자치 단체에서 지어 분양하거나 임대하는[公營] 주택(住宅). ¶정부는 공영 주택 20만 채를 공급했다.

공예 工藝 (장인 공, 재주 예). ① 속뜻 물건을 만드는[工] 기술에 관한 재주[藝]. ②직물, 칠기, 도자기 따위의 실용적이면서도 아름다운 물건을 만드는 기술. ¶도자기 공예.

▸공예-가 工藝家 (사람 가). 공예(工藝)에 관한 전문적인 기술과 지식을 가진 사람[家]. ¶그는 특출한 기술을 가진 공예가이다.

▸공예-품 工藝品 (물건 품). 예술적인 조형미를 조화시켜서 만든[工藝] 작품(作品). ¶이것은 돌로 만든 공예품이다.

공용[1] 公用 (여럿 공, 쓸 용). ① 속뜻 여러 사람[公]들이 함께 씀[用]. ¶공용 물품. ②공적인 용무. ¶공용 출장. ③관청이나 공공단체의 비용. ¶공용을 아껴 썼다. ⓑ공무(公務), 공비(公費).

▸공용-물 公用物 (만물 물). 법률 국가나 지방 자치 단체[公]에 소용(所用)되는 물품(物品). ¶관사(官舍)는 공용물에 속한다.

▸공용-어 公用語 (말씀 어). ① 속뜻 국가나 공공 단체에서 공식적(公式的)으로 쓰는[用] 말[語]. ¶유엔에서는 6가지 공용어를 지정했다. ②한 나라에 여러 언어가 있을 때 정식 국어로 인정되어 있는 공통어. ¶하와이 주에서는 하와이어를 공용어로 지정했다.

공:용[2] 共用 (함께 공, 쓸 용). 공동(共同)으로 씀[用]. ¶남녀 공용 / 캐나다는 영어와 프랑스어를 공용한다. ⓑ전용(專用).

▸공:용-물 共用物 (만물 물). 두 사람 이상이 공동(共同)으로 이용(利用)하는 물건(物件).

공:용[3] 供用 (드릴 공, 쓸 용). 특정 용도나 목적에 제공(提供)되어 쓰임[用].

▸공:용-림 供用林 (수풀 림). 주로 임산물(林産物)을 사용하거나 수익을 얻는 등 특정 용도(用途)에 제공(提供)하기 위해 가꾸는 산림(山林). ¶민둥산을 공용림으로 가꾸다. ⓑ경제림(經濟林).

공원[1] 工員 (장인 공, 인원 원). 공장(工場)의 노무원(勞務員).

*__공원__[2] 公園 (여럿 공, 동산 원). 여러 사람들[公]이 이용하는 놀이 동산[園]. 공공의 휴양 공간을 말한다. ¶공원을 산책한다.

▸공원-묘지 公園墓地 (무덤 묘, 땅 지). 공원(公園)의 기능을 갖춘 집단 묘지(墓地). ¶할아버지의 유해를 공원묘지에 모셨다.

공위 空位 (빌 공, 자리 위). ① 속뜻 비어[空] 있는 자리[位]나 직위. ¶연구소에 공위가 났다. ②실권이 없이 이름뿐인 지위.

공유[1] 公有 (관공서 공, 있을 유). 국가 또는 공공 단체[公]의 소유(所有). ¶이 산의 절반은 사유고, 절반은 공유이다. ⓑ사유(私有).

▸공유-권 公有權 (권리 권). 법률 물건을 공법적(公法的)으로 완전히 소유(所有)·지배하는 국가의 절대권(絶對權).

▸공유-림 公有林 (수풀 림). 지방 자치 단체나 공공(公共) 단체 소유(所有)의 산림(山林). ¶삼림은 소유권에 따라 국유림, 공유림, 사유림으로 구별한다.

▸공유-물 公有物 (만물 물). 국가나 공공(公共) 단체 소유(所有)의 물건(物件). ⓑ사유물(私有物).

공:유[2] 共有 (함께 공, 있을 유). 공동(共同)으로 소유(所有)함. ¶정보를 공유하다. ⓑ독점(獨占).

▸공:유-물 共有物 (만물 물). 공동(共同)으로 소유(所有)하고 있는 물건(物件). ¶낙타는 이 부족의 공유물이다. ⓑ전유물(專有物).

▸공:유 결합 共有結合 (맺을 결, 합할 합). 화학 두 원자가 한 쌍의 전자를 공유(共有)하여 생기는 결합(結合). ⓑ전자쌍 결합(電子雙結合).

공:융 共融 (함께 공, 녹을 융). 화학 두 가지 이상의 결정으로 이루어진 혼합물을 녹일 때, 각 성분들이 본래의 녹는점보다 낮은 온도에서 동시[共]에 녹는[融] 현상.

▸공:융-성 共融性 (성질 성). 화학 두 가지 이상의 다른 물질이 동시에[共] 녹는[融] 성질(性質).

▸공:융 혼:합물 共融混合物 (섞을 혼, 합할 합, 만물 물). 화학 화학 일정한 온도에서 완

전히[共] 녹는[融] 고체 혼합물(混合物). 마치 단일 성분의 고체 화합물처럼 일정한 녹는점을 나타낸다.

공음-전 功蔭田 (공로 공, 덕택 음, 밭 전). ① [속뜻] 공로(功勞)를 세운 조상의 음덕(蔭德)으로 후손에게 세습되는 토지[田]. ② [역사] 고려 때, 5품 이상의 고위 관리에게 준, 상속 가능한 토지. [참] 전시과(田柴科).

공익[1] 公益 (여럿 공, 더할 익). 개인이 아닌 여러 사람[公]의 이익(利益). ¶공익광고 / 공익을 도모하다. [반] 사익(私益).

▸공익 기업 公益企業 (꾀할 기, 일 업). 공익(公益)을 목적으로 하는 기업(企業).

▸공익 단체 公益團體 (모일 단, 몸 체). 공익(公益)을 목적으로 하는 단체(團體). ¶그들은 향토문화를 보존하는 공익 단체를 결성했다.

공:익[2] 共益 (함께 공, 더할 익). 공동(共同)의 이익(利益). ¶우리 회사는 공익을 위한 사업을 한다.

▸공:익-권 共益權 (권리 권). [법률] 공동(共同)의 이익(利益)을 달성하기 위해 사원이 조직이나 운영에 참여하는 권리(權利). [반] 자익권(自益權).

공인[1] 工人 (장인 공, 사람 인). [역사] 조선 때, 악기를 연주하는 일을 맡아 하던 사람[工=人]. 악생(樂生)과 악공(樂工).

공인[2] 公人 (여럿 공, 사람 인). ① [속뜻] 국가 또는 사회[公]를 위하여 일하는 사람[人]. ② 공직(公職)에 있는 사람. ¶공무원은 공인으로서 져야할 책임이 있다. [반] 사인(私人).

공인[3] 公認 (여럿 공, 알 인). ① [속뜻] 여러 사람[公]이 다 같이 인정(認定)함. ② 국가나 공공 단체가 인정함. ¶공인 8단 / 공인 중개사 / 신라는 법흥왕 때 불교를 공인했다.

공:인[4] 貢人 (바칠 공, 사람 인). [역사] 조선 후기, 국가로부터 대동미를 대가로 받고 물품을 바치던[貢] 상인(商人).

공일 空日 (빌 공, 해 일). 일을 하지 않고 쉬는[空] 날[日]. ¶이번 공일에 나와 함께 등산 가자.

공임 工賃 (장인 공, 품삯 임). 직공(職工)들이 품을 판 대가로 받는 임금(賃金). ¶공임을 받다. [비] 공전(工錢).

공자 公子 (귀인 공, 아들 자). 지체가 높은 귀인[公]의 아들[子].

공작[1] 公爵 (귀인 공, 벼슬 작). 오등작(五等爵) 중에 첫째인 공(公)에 해당되는 작위(爵位). 또는 그 작위를 가진 사람. ¶켄트 공작. [참] 후작(侯爵), 백작(伯爵), 자작(子爵), 남작(男爵).

공:작[2] 孔雀 (구멍 공, 참새 작). [동물] 꿩과의 새[雀]. 머리 위에 10㎝ 정도의 깃털이 삐죽하게 있으며[孔], 수컷이 꽁지를 펴면 큰 부채와 같으며 오색찬란하다. 암컷은 수컷보다 작고 꼬리가 짧으며 무늬가 없다.

공작[3] 工作 (장인 공, 지을 작). ① [속뜻] 물건을 만드는[工=作] 일. ¶공작 시간에 연필꽂이를 만들었다. ② 어떤 목적을 위하여 미리 일을 꾸밈. ¶방해 공작을 벌이다. [비] 작업(作業), 작전(作戰).

▸공작-대 工作隊 (무리 대). 어떤 공작(工作) 임무를 수행하기 위해 조직된 부대(部隊). ¶정치 공작대.

▸공작-물 工作物 (만물 물). ① [속뜻] 재료를 기계적으로 가공하고 조립하여 만든[工作] 물건(物件). ¶직접 만든 공작물을 진열해 놓았다. ② [법률] 땅 위나 땅속에 인공을 가하여 제작한 물건.

▸공작-실 工作室 (방 실). 간단한 기구나 물품을 만들[工作] 수 있는 시설을 갖추어 놓은 방[室]. ¶학교에 공작실을 마련하였다.

▸공작-원 工作員 (사람 원). 어떤 목적을 이루기 위해 자기 쪽에 유리하도록 일을 미리 꾸미는[工作] 활동을 하는 사람[員]. ¶적국에 공작원을 파견했다.

공장[1] 工匠 (장인 공, 장인 장). [역사] 공방(工房)에서 연장을 가지고 물품 만드는 일을 전문으로 하는 사람[匠]. ¶이 공장은 화살촉을 만드는 솜씨가 좋다.

⁑**공장[2] 工場** (장인 공, 마당 장). 근로자가 기계 등을 사용하여 물건을 가공·제조하거나 수리·정비하는[工] 시설이나 장소(場所). ¶연탄 공장.

▸공장-도 工場渡 (건넬 도). 제품을 공장(工場)에서 거래자에게 직접 인도(引渡)하는 거래 방식. ¶공장도 가격.

▸공장-장 工場長 (어른 장). 공장(工場)의 우두머리[長]. ¶우리 아버지는 이 회사의

공장장이다.

공저[1] **公邸** (관공서 공, 집 저). 고급 공무원이 그 직위에 있는 동안 머물러 살 수 있게 공적(公的)으로 제공한 저택(邸宅). [반]사저(私邸).

공ː저[2] **共著** (함께 공, 지을 저). 한 책을 두 사람 이상이 함께[共] 저술(著述)함. 또는 그렇게 지은 책. ¶그들은 전문 서적을 공저했다. [비]합저(合著).

공적[1] **公敵** (여럿 공, 원수 적). 국가나 사회 또는 공공(公共)의 적(敵). ¶도박은 현대 사회의 공적이다. [반]사적(私敵).

공적[2] **功績** (공로 공, 실적 적). 공로(功勞)의 실적(實績). 쌓은 공로(功勞). ¶그는 학계 발전에 큰 공적을 세웠다. [비]공훈(功勳).

공적[3] **公的** (여럿 공, 것 적). ① [속뜻]여러 사람[公]들을 위한 것[的]. ② 여러 사람들에게 공개됨. ¶공적인 장소에서는 말과 행동을 조심해야 한다. [반]사적(私的).

▸**공적 부조** 公的扶助 (도울 부, 도울 조). [사회]공적(公的) 단체가 생활 능력이 없는 사람에게 최저한도의 생활수준을 보장하기 위해 돕는[扶助] 일.

공전[1] **工錢** (장인 공, 돈 전). 물건을 만들거나[工] 어떤 일을 하는 데 드는 품삯[錢]. ¶한복 한 벌 맞추는 데 공전이 얼마나 드나요?

공전[2] **公轉** (섬길 공, 구를 전). [천문]한 천체가 다른 천체를 섬기듯이[公] 그 둘레를 주기적으로 도는[轉] 일. ¶달은 지구를 공전한다. [반]자전(自轉).

공전[3] **空轉** (빌 공, 구를 전). ① [속뜻]바퀴가 헛[空]도는[轉] 일. ¶진흙에 빠진 바퀴가 공전했다. ② 일이나 행동이 헛되이 진행됨. ¶양측의 협상은 공전을 계속했다.

공전 **空前** (빌 공, 앞 전). 비교할 만한 것이 전(前)에는 없었음[空]. ¶이 연구는 공전의 업적이다. [비]광전(曠前).

▸**공전-절후** 空前絶後 (끊을 절, 뒤 후). 이전(以前)에 없었고[空] 이후(以後)에도 없을[絶] 것임. [비]전무후무(前無後無).

공정[1] **工程** (장인 공, 거리 정). ① [속뜻]기술적 작업[工]이 진행되어 가는 과정(過程). ② 작업하는 데 거쳐야 하는 하나하나의 단계. ¶자동화 공정.

▸**공정-도** 工程圖 (그림 도). [공업]한 공정(工程)의 상태를 나타낸 도면(圖面). ¶가공 공정도 / 제조 공정도.

▸**공정-표** 工程表 (겉 표). [공업]한 공정(工程)을 나타낸 도표(圖表). 일의 진행 과정을 파악하고, 인력이나 장비, 경비 등을 조정하고 관리하기 위해서 만든다.

***공정**[2] **公正** (공평할 공, 바를 정). 공평(公平)하고 올바름[正]. ¶일을 공정히 처리하다 / 공정한 재판. [비]공명정대(公明正大). [반]불공정(不公正).

▸**공정-가** 公正價 (값 가). [경제]'공정 가격'(公正價格)의 준말.

▸**공정 가격** 公正價格 (값 가, 이를 격). ① [속뜻]공평(公平)하고 정당(正當)한 가격(價格). ② [경제]국민의 경제생활을 안정시키기 위해 법령에 따라 정부가 통제하고 결정한 상품의 가격. [준]공정가.

▸**공정 거ː래** 公正去來 (갈 거, 올 래). [경제]공정(公正)한 거래(去來). 시장 경제에서 독점화를 억제하고, 제한적이거나 불공정한 거래 행위를 규제한다.

공정[3] **公定** (관공서 공, 정할 정). ① [속뜻]관청이나 공공(公共) 기관에서 정(定)함. ¶한국은행은 금리를 공정했다. ② 일반 사회의 공론에 따라 정함.

▸**공정-가** 公定價 (값 가). [경제]관청이나 공공(公共) 기관에서 정(定)한 가격(價格). '공정가격'(公定價格)의 준말.

▸**공정-가격** 公定價格 (값 가, 이를 격). [경제]관청이나 공공(公共) 기관에서 정(定)한 가격(價格). 국민의 경제생활을 안정시키기 위해 법령에 따라 정부가 상품의 가격을 통제하고 결정한다. [준]공정가.

▸**공정 환ː율** 公定換率 (바꿀 환, 비율 률). [경제]정부[公]가 인위적으로 정(定)한 환율(換率). 외환의 수급에 따라 수시로 변동하지 않는다. [비]고정(固定) 환율. [반]변동(變動) 환율.

공ː제[1] **控除** (당길 공, 덜 제). ① [속뜻]당겨서[控] 빼냄[除]. ② 받을 몫에서 일정한 금액이나 수량을 빼냄. ¶월급에서 세금을 공제하다. ③ [운동]바둑에서, 맞바둑의 경우 흑이 백에게 덤으로 준 집을 계가할 때 빼는 것. ¶4호 반을 공제하다.

공ː제[2] **共濟** (함께 공, 건질 제). 함께[共] 서

로 힘을 합하여 도움[濟].

▸공:제 조합 共濟組合 (짤 조, 합할 합). 사회 같은 종류의 직업, 또는 같은 사업에 종사하는 사람들이 서로 도움[共濟]을 목적으로 출자하여 만든 조합(組合). ¶공무원 공제 조합 / 건설 공제 조합.

공:조[1] **共助** (함께 공, 도울 조). 공동(共同)으로 도움[助]. ¶공조 수사 / 수사 기관 간의 공조가 이루어지다.

공조[2] **工曹** (장인 공, 관아 조). 역사 고려·조선 때, 공장(工匠)에 관한 일을 맡아보던 관아[曹]. 건축물, 도야에 관한 일을 했다. 참 육조(六曹).

공:존 共存 (함께 공, 있을 존). 두 가지 이상의 사물이나 현상이 함께[共] 존재(存在)함. 함께 살아감. ¶두 국가가 공존을 꾀하다 / 이 도시는 전통과 현대가 공존한다. 비 공생(共生), 공재(共在), 구재(俱在).

▸공:존-공:영 共存共榮 (함께 공, 꽃필 영). 함께[共] 살고[存] 함께[共] 번영(繁榮)함. 함께 잘 살아감. ¶공존공영의 길로 나가다.

▸공:존 용액 共存溶液 (녹을 용, 진 액). 화학 섞이지 않고 함께[共] 존재(存在)하는 용액(溶液). 두 종류의 액체가 섞이지 않아 두 층으로 각각 분리된다.

▸공:존-의식 共存意識 (뜻 의, 알 식). 공존(共存)하고 있다는 의식(意識). ¶공존의식을 갖고 생태계를 보존하다.

공죄 功罪 (공로 공, 허물 죄). 잘한 일[功]과 잘못한 일[罪]. ¶공죄를 살펴 상벌해야 한다. 비 공과(功過).

*__공주 公主__ (귀인 공, 주될 주). 정실 왕비가 낳은 임금의 딸. 옛날 중국에서, 왕이 그 딸을 제후에게 시집보낼 때 삼공(三公)이 그 일을 주관(主管)하도록 한 데서 유래되었다. 반 왕자(王子).

▸공주-병 公主病 (병 병). 여성이 마치 자기 자신이 공주(公主)처럼 예쁘다고 착각하는 일이나 병증(病症).

공준 公準 (공평할 공, 고를 준). ① 속뜻 일반적인[公] 기준(基準). ② 수학 기하학적인 내용을 갖는 전제 원리. ③ 철학 공리처럼 자명하지는 않으나 증명이 불가능한 명제로서, 학문적 또는 실천적 원리로서 인정되는 것. 비 요청(要請).

공중[1] **公衆** (여럿 공, 무리 중). 여러 사람[公]의 무리[衆]. 일반 사람들. ¶공중 전화 / 공중 목욕탕.

▸공중-도덕 公衆道德 (길 도, 베풀 덕). 공중(公衆)의 복리를 위하여 모두가 지켜야 할 도덕(道德). ¶공중도덕을 지킵시다.

⁑**공중**[2] **空中** (하늘 공, 가운데 중). 하늘[空]의 한가운데[中]. 하늘과 땅 사이의 빈 곳. ¶새가 공중으로 날아올랐다. 비 허공(虛空). 반 육상(陸上), 해상(海上).

▸공중-권 空中權 (권리 권). 법률 공중(空中)에 대한 소유 권리(權利). 항공로 따위.

공증 公證 (여럿 공, 증명할 증). 법률 특정한 법률 사실이나 법률 관계의 존부(存否)를 공식(公式)으로 증명(證明)하는 일. 또는 그 증서. ¶둘은 각서를 쓰고 이를 공증받았다. 비 증명(證明).

공지[1] **公知** (여럿 공, 알 지). 여러 사람[公]에게 널리 알림[知]. ¶학생들에게 변경된 시험 날짜를 공지하다.

▸공지 사:실 公知事實 (일 사, 실제 실). 사회 일반이 다 알고 있어[公知] 의심할 여지가 없는 명백한 사실(事實).

공:지[2] **共知** (함께 공, 알 지). 여러 사람이 다같이[共] 앎[知]. ¶학계의 보고로 공지의 사실이 되었다.

공지[3] **空地** (빌 공, 땅 지). ① 속뜻 빈[空] 땅[地]. ¶농업이 위축되면서 많은 경작지가 공지로 변했다. ② 하늘과 땅. 공중과 지상. 비 공한지(空閑地).

공직 公職 (관공서 공, 일 직). 국가나 지방 공공단체[公]에서 맡은 직무(職務). ¶그는 일체의 공직을 사퇴했다.

▸공직-자 公職者 (사람 자). 공무원, 국회의원 따위의 공직(公職)에 종사하는 사람[者]. ¶고위 공직자.

공:진 共振 (함께 공, 떨칠 진). 물리 한 진동체가 다른 진동체에 이끌려 그와 함께[共] 진동(振動)함. 비 공명(共鳴).

▸공:진 회로 共振回路 (돌아올 회, 길 로). 물리 외부의 진동을 받아 그와 함께[共] 진동(振動)하는 회로(回路). 비 공명 회로(共鳴回路).

공차[1] **公差** (여럿 공, 어긋날 차). ① 속뜻 공적

(公的)으로 허용되는 오차(誤差). ② [법률] 도량형기의 일정한 표준과 실제와의 차이를 법률에서 허용하는 범위. ③ [수학] 등차 수열이나 등차 급수에서 연속되는 두 항의 차. ④ [수학] 어떤 수량을 다룰 때에 실제로 채용되는 근삿값에 대한 오차의 한계나 범위. [비]허용 오차.

공차[2] **空車** (빌 공, 수레 차). ① [속뜻] 사람이나 짐을 싣지 않은 빈[空] 차(車). ¶화물 차량의 공차 운행이 감소하다. ② 요금을 내지 않고 공짜로 타는 차.

공창 公娼 (관공서 공, 몸파는 여자 창). 관청[公]의 허가를 받고 매음 행위를 하는 여자[娼]. [반]사창(私娼).

공채[1] **公採** (드러낼 공, 가려낼 채). 공개적(公開的)인 방법으로 채용(採用)함. '공개 채용'(公開採用)의 준말. ¶신입 사원을 공채하다.

공채[2] **公債** (관공서 공, 빚 채). 공공(公共) 기관이 진 빚[債]. ¶군사비를 충당하기 위해 공채를 발행했다.

***공책 空册** (빌 공, 책 책). 글씨를 쓸 수 있게 비어있는[空] 종이를 매어 놓은 책(册). ¶공책에 시를 옮겨 적었다.

공ː처 恐妻 (두려울 공, 아내 처). ① [속뜻] 아내[妻]를 두려워함[恐]. ② 남편을 눌러 쥐여 살게 하는 아내.

▸공ː처-가 恐妻家 (사람 가). 아내[妻]를 두려워하는[恐] 사람[家]. ¶박 대리는 유명한 공처가라네.

공천 公薦 (공정할 공, 천거할 천). ① [속뜻] 공정(公正)하게 추천(推薦)함. ¶그는 공천을 통한 관리 채용을 주장했다. ② 여러 사람의 합의에 따라서 천거함. ③ [정치] 정당에서 공식적으로 후보자를 내세움. ¶당에서 그를 공천했다.

공청-회 公聽會 (여럿 공, 들을 청, 모일 회). [정치] 국가나 공공 단체가 중요 안건을 결정하기 전에 여러[公] 사람의 의견을 듣기[聽] 위해 여는 모임[會]. 또는 그런 제도. ¶과학기술 정책 수립을 위한 공청회를 열었다.

공축 恭祝 (공손할 공, 빌 축). 삼가[恭] 축하(祝賀)함. ¶후임 장관을 공축했다.

공ː출 供出 (드릴 공, 날 출). 나라에 내어[供] 놓음[出]. 또는 나라에 바침. ¶강제 공출 / 관청에서는 백성들의 숟가락까지도 공출해 갔다.

공-치사[1] **功致辭** (공로 공, 보낼 치, 말씀 사). 자기가 수고한 것을[功] 빛내려고 스스로 자랑하여 말함[致辭]. ¶그는 공치사를 늘어놓았다.

공-치사[2] **空致辭** (빌 공, 보낼 치, 말씀 사). 빈[空] 말[辭]로 치하(致賀)함. 빈말로 칭찬함. ¶뻔한 공치사는 필요 없다.

공칭 公稱 (여럿 공, 일컬을 칭). ① [속뜻] 공적(公的)인 이름[稱]. ② 일반에 널리 터놓고 일컬음.

▸공칭 자본 公稱資本 (재물 자, 밑 본). [경제] 공식적으로[公] 제시한[稱] 자본(資本). 은행이나 회사 등이 정관(定款)에 기재하여 등기한 자본의 총액. [비]등기 자본(登記資本).

공ː탁 供託 (드릴 공, 부탁할 탁). ① [속뜻] 돈이나 물건을 제공(提供)하고 그 보관을 위탁(委託)함. ② [법률] 법령의 규정에 따라 금전이나 유가 증권 따위를 공탁소에 맡겨 두는 일.

▸공ː탁-금 供託金 (돈 금). [법률] 공탁(供託)한 돈[金]. ¶법원에 공탁금을 예치하였다.

▸공ː탁-법 供託法 (법 법). [법률] 법령의 규정에 따라 행하는 공탁(供託) 절차를 규정한 법률(法律).

***공ː통 共通** (함께 공, 통할 통). 여럿 사이에 두루[共] 통용(通用)되거나 관계됨.

▸공ː통-성 共通性 (성질 성). 공통(共通)되는 성질(性質). ¶두 나라가 문화적으로 공통성이 많다.

▸공ː통-어 共通語 (말씀 어). [언어] ① 한 나라에서 공통(共通)으로 사용되는 언어(言語). ¶'보통화'(普通話)는 현대 한(漢)민족의 공통어이다. ② 방언에 대하여, '표준어'를 이르는 말.

▸공ː통-적 共通的 (것 적). 여럿 사이에 두루[共] 통(通)하거나 관계하는 것[的]. ¶공통적인 현상.

▸공ː통-점 共通點 (점 점). 여럿 사이에 두루[共] 통(通)하는 점(點). ¶버스와 지하철은 공통점이 있다. [비]유사점(類似點). [반]차이점(差異點).

▸공:통-항 共通項 (항목 항). ① 속뜻 공통(共通)되는 항목(項目). ② 수학 수열, 급수 따위에서 구체적인 항이 아닌 n번째 항. ⓜ 일반항(一般項).

▸공:통-현 共通弦 (시위 현). 수학 두 원이 만날 때 생기는 교점(交點)을[共通] 이은 선분[弦].

▸공:통-분모 共通分母 (나눌 분, 어머니 모). ① 수학 분모가 다른 분수들을 함께[共] 통분(通分)한 분모(分母). 〈추가:② 둘 또는 그 이상의 여럿 사이에 두루 통하는 점을 비유하여 이르는 말. ¶공통분모를 찾다. ㊟공분모.

▸공:통 인수 共通因數 (인할 인, 셀 수). 수학 둘 이상의 정수(整數)나 단항식 또는 다항식에 공통(共通)으로 포함되어 있는 인수(因數). ㊟공인수.

▸ 공:통 접선 共通接線 (교차할 접, 줄 선). 수학 두 원이 동시에[共通] 접하는[接] 직선(直線).

공판 公判 (드러낼 공, 판가름할 판). 법률 법원이 공개(公開)된 법정에서 형사 사건의 재판(裁判)을 하는 일. 또는 그 소송 절차. ¶테러범을 공판하다.

▸공판-정 公判廷 (법정 정). 법률 공판(公判)을 하는 법정(法廷). ¶그는 공판정에서 사형을 판결받았다.

공:판 共販 (함께 공, 팔 판). 경제 판매 조합 따위를 통하여 공동(共同)으로 하는 판매(販買). '공동판매'의 준말.

▸공:판-장 共販場 (마당 장). 경제 공동(共同)으로 판매(販賣)하는 장소(場所). ¶공판장에서 인삼을 샀다.

공평 公平 (공정할 공, 고를 평). 공정(公正)하여 똑같이[平] 대함. ¶공평한 판단을 내리다. ⓜ공정(公正). ⓑ불공평(不公平).

▸공평-무사 公平無私 (없을 무, 사사로울 사). 공평(公平)하고 사사로움[私]이 없음[無]. ¶관원들은 매사에 공평무사했다.

공포[1] 公布 (드러낼 공, 펼 포). ① 속뜻 공개적(公開的)으로 퍼트려[布] 널리 알게 함. ② 법률 새로 제정된 법령이나 조약 등을 국민에게 두루 알림. 또는 그 절차. ¶앙리 4세는 낭트칙령을 공포했다.

공포[2] 空包 (빌 공, 쌀 포). 실탄을 넣지 않고[空] 나무나 종이로 마개를 하여[包] 만든 탄약. ¶훈련에서 공포를 쏘았다.

공포[3] 空胞 (빌 공, 태보 포). 식물 식물 세포 안에 있는 속이 빈[空] 형태의 세포(細胞) 기관. 안에는 세포액이 가득 차있다. ⓜ액포(液胞).

공포[4] 空砲 (빌 공, 대포 포). ① 속뜻 위협하려고 공중(空中)에 대고 쏘는 총[砲]. ¶시위대를 해산하기 위해 군인들은 공포를 쏘았다. ② 실탄을 재지 않고 쏨. ¶연습할 때는 공포를 쏜다.

▸공포-탄 空砲彈 (탄알 탄). 화약은 들어 있으나 탄알[砲]이 없는[空] 탄약(彈藥). ⓑ 실탄(實彈).

공:포[5] 恐怖 (두려울 공, 두려워할 포). 무서워[恐] 두려워함[怖]. ¶죽음의 공포 / 공포에 떨다.

▸공:포-감 恐怖感 (느낄 감). 무섭고[恐] 두려운[怖] 느낌[感]. ¶땅이 흔들리자 마을 사람들은 공포감에 휩싸였다.

▸공:포-심 恐怖心 (마음 심). 무섭고[恐] 두려운[怖] 마음[心]. ¶극단적 공포심.

▸공:포-증 恐怖症 (증세 증). 의학 공포감(恐怖感)이 특정 대상에 결부되어 행동을 저해하는 병증(病症). ¶전쟁 공포증.

공표[1] 公表 (드러낼 공, 밝힐 표). 드러내어[公] 널리 밝힘[表]. ¶새 학설을 공표하다.

공표[2] 空票 (빌 공, 쪽지 표). ① 속뜻 값을 치르지 않고 거저[空] 얻은 표(票). ② 추첨 등에서 아무런 배당이 없는 표.

공:하 恭賀 (공손할 공, 축하할 하). 공경(恭敬)하고 축하(祝賀)함. ¶공하 신년.

공학[1] 工學 (장인 공, 배울 학). 공업 공업(工業) 생산 기술을 연구하는 학문(學問). 전자, 전기, 기계, 항공, 토목, 컴퓨터 따위의 여러 분야가 있다

공:학[2] 共學 (함께 공, 배울 학). 함께[共] 공부함[學]. ¶남녀 공학 / 양반들은 여전히 서민들과 공학하는 것을 꺼렸다.

공한 公翰 (관공서 공, 글 한). 공적(公的)인 편지[翰]. ¶그들은 대사관에 공한을 보내서 협조를 부탁했다. ⓑ사한(私翰).

공한-지 空閑地 (빌 공, 한가할 한, 땅 지). ① 속뜻 비어 있는[空] 한가(閑暇)한 땅[地]. 집을 짓지 않은 빈터. ¶공한지에 주택을 지었다. ② 농사를 지을 수 있는데도 아

무것도 심지 않고 놀리는 땅. ¶공한지에 채소를 심었다. ㊟공지.

공함 公函 (관공서 공, 편지 함). 공적(公的)인 일로 주고받는 편지[函]. ¶군수는 수군절도사에게 공함을 보냈다. ㊥공찰(公札). ㊦사함(私函).

공항[1] 公項 (여럿 공, 항목 항). ① 속뜻 일반적인[公] 항(項)을 일컫는 말. 예 공통적으로는 항(項). ② 수학 수열, 급수 따위에서 구체적인 항이 아닌 n번째 항(項). ㊥일반항(一般項), 공통항'(共通項).

공항[2] 空港 (하늘 공, 항구 항). ① 속뜻 하늘[空]을 나는 비행기를 위한 항구(港口) 같은 곳. ②항공 수송을 위해 여러 가지 시설을 갖춘 곳. ¶인천 공항. ㊥비행장(飛行場).

공해[1] 公海 (여럿 공, 바다 해). 어느 나라의 주권에도 딸리지 않아 모든 나라에 두루[公] 개방된 바다[海].

공해[2] 空海 (하늘 공, 바다 해). ① 속뜻 하늘[空]처럼 끝없는 바다[海]. ② 바다와 같은 창공.

공해[3] 公害 (여럿 공, 해칠 해). 여러 사람[公]에게 미치는 피해(被害). 주로 각종 산업 활동에 의하여 발생되는 것을 말한다. ¶서울은 각종 공해로 시달리고 있다.

▸공해-병 公害病 (병 병). 의학 대기 오염이나 수질 오탁 등 공해(公害)로 말미암아 생기는 병(病). ¶카드뮴은 공해병을 유발한다.

▸공해 산:업 公害産業 (낳을 산, 일 업). 공해(公害)의 주된 원인이 되는 산업(産業). ¶공해 산업을 규제하다.

공해-전 公廨田 (관공서 공, 관아 해, 밭 전). 역사 고려·조선 때, 관청[公=廨]의 경비를 충당하기 위해 나누어 주던 땅[田].

공행 公行 (관공서 공, 행할 행). ① 속뜻 공무(公務)를 수행(修行)함. 또는 공무로 하는 여행. ② 일반 공중이 널리 행함. ③ 거리낌없이 공공연하게 행함. ④ 역사 중국 청나라 때, 외국과의 무역을 독점하였던 관허 상인들이 결성한 조합.

공허 空虛 (빌 공, 빌 허). ① 속뜻 속이 텅 빔[空=虛]. ¶마음이 공허하다. ② 헛됨. ¶그는 공허한 글이나 지으며 살았다. ㊦충실(充實).

▸공허-감 空虛感 (느낄 감). 텅 비어[空虛] 허전한 느낌[感]. ¶아무도 없는 집에는 공허감이 느껴졌다.

공:헌 供獻 (드릴 공, 바칠 헌). 물건을 주어[供] 바침[獻].

***공:헌 貢獻** (바칠 공, 바칠 헌). ① 역사 예전에 공물(貢物)을 나라에 바치던[獻] 일. ¶백성들은 각지의 특산물을 조정에 공헌했다. ② 크게 이바지함. ¶아인슈타인은 과학의 발전에 크게 공헌했다. ㊥기여(寄與).

공:화 共和 (함께 공, 어울릴 화). ① 속뜻 여러 사람이 함께[共] 어울려[和] 일함. ② 정치 '공화제도'(共和制度)의 준말.

▸공:화-국 共和國 (나라 국). 정치 공화제(共和制)를 정치 기본으로 하는 나라[國]. 주권이 다수의 국민에게 있는 나라. ㊦전제국(專制國), 군주국(君主國).

▸공:화-제 共和制 (정할 제). 정치 '공화제도'(共和制度)의 준말.

▸공:화-제도 共和制度 (정할 제, 법도 도). 정치 여러 사람이 함께[共] 화합(和合)하여 공동으로 정무(政務)를 펴 나가는 정치 제도(制度). ¶그는 왕정을 반대하고 공화제도를 옹호했다. ㊟공화, 공화제.

▸공:화 정체 共和政體 (정치 정, 몸 체). 정치 공화제도(共和制度)를 기본으로 하는 정치(政治) 체제(體制). ¶최초의 공화정체가 수립되었다.

▸공:화 정치 共和政治 (정사 정, 다스릴 치). 정치 공화제도(共和制度)를 기본으로 하는 정치(政治). 국민이 선출한 대표자 또는 대표 기관의 의사에 따라 주권이 행사된다. ¶군주정치가 종식되고, 공화정치가 실시되었다. ㊟공화정.

공활 空豁 (빌 공, 넓을 활). 텅 비고[空] 매우 넓다[豁]. ¶공활한 가을 하늘.

공:황[1] 恐惶 (두려울 공, 두려워할 황). 두려워서[恐=惶] 어찌할 바를 모름.

공:황[2] 恐慌 (두려울 공, 절박할 황). ① 속뜻 상황이 두렵고[恐] 절박함[慌]. ¶공황 장애 / 테러가 일어나자 시민들은 공황 상태에 빠졌다. ② 경제 생산과 공급의 과잉과 부족으로 인해 경제가 혼란되는 현상. '경제공황'(經濟恐慌)의 준말. ¶은행이 도산하자 공황은 더욱 심각해졌다.

▸공황-장애 恐慌障礙 (막을 장, 거리낄 애). 『의학』뚜렷한 이유 없이 갑자기 심한 불안과 공포를 느끼는 공황(恐慌) 발작이 되풀이되어 일어나는 장애(障礙)나 병. ¶공황장애는 심장이 빨리 뛰고 호흡이 가빠지는 등의 증상을 보이며 곧 죽을 것 같은 두려움을 느끼게 된다.

공회 公會 (여럿 공, 모일 회). ① 속뜻 여러 사람[公]들의 모임[會]. ② 공적인 문제를 의논하기 위한 모임. ¶공회를 소집하다.

▸공회-당 公會堂 (집 당). 일반 대중[公]이 모임[會] 따위를 하기 위하여 지은 집[堂]. ¶의원들이 공회당에 모였다.

공후 箜篌 (공후 공, 공후 후). 음악 예전에 동양 각 국에서 쓰이던 현악기[箜篌]의 한 가지. 현(絃)이 열세 줄, 스물한 줄, 스물세 줄로 된 것 등이 있다.

▸공후-인 箜篌引 (당길 인). 문학 공후(箜篌)를 연주하며[引] 부른 노래. 고조선 때, 곽리자고의 아내 여옥이 백수광부를 따라 죽은 여인의 슬픔을 표현한 노래이다. ⓑ공무도하가(公無渡河歌).

공훈 功勳 (공로 공, 공 훈). 나라나 회사 등에 드러나게 세운 공로[功=勳]. ¶나라에 큰 공훈을 세워 표창을 받았다. ⓑ훈공(勳功).

공휴 公休 (관공서 공, 쉴 휴). ① 속뜻 관공서[公]가 쉬는 휴일[休日]. ② '공휴일'의 준말.

▸공휴-일 公休日 (날 일). 공식적(公式的)으로 쉬기로[休] 정한 날[日]. ¶삼일절은 공휴일이다. ⓑ평일(平日).

과:감 果敢 (날랠 과, 용감할 감). 날래고[果] 용감(勇敢)함. ¶과감한 조치를 취하다.

▸과:감-성 果敢性 (성품 성). 과감(果敢)한 성질(性質). ¶그 일을 맡으려면 과감성이 있어야 한다.

과객[1] 科客 (과목 과, 손 객). 과거(科擧)를 보러 온 사람[客]. ¶과거장 앞은 각지에서 올라온 과객들로 붐볐다.

과:객[2] 過客 (지날 과, 손 객). 지나가는[過] 나그네[客]. ¶과객이 하룻밤 묵어가길 청했다. ⓑ길손.

***과거[1] 科擧** (과목 과, 들 거). 역사 각 과목[科]별로 관리를 뽑기[擧] 위하여 보던 시험. ¶이몽룡은 드디어 과거에 급제하다.

***과:거[2] 過去** (지날 과, 갈 거). 지나[過] 감[去]. 또는 그때. 지난번. ¶과거는 돌이킬 수 없다. ⓑ미래(未來), 현재(現在).

▸과:거-사 過去事 (일 사). 지나[過] 간[去] 일[事]. 이미 겪은 일. '과거지사'(過去之事)의 준말.

▸과:거 분사 過去分詞 (나눌 분, 말씀 사). 언어 과거(過去)를 만드는 분사(分詞). 영어·프랑스 어·독일어 따위에서, 형용사의 성질을 띠며, 완료형 및 수동형을 만드는 동사의 변화형. ⓒ현재(現在) 분사.

▸과:거 시제 過去時制 (때 시, 정할 제). 언어 사건이나 동작이 일어난 시간이 말하는 이가 말한 시간보다 앞서 있는[過去] 시제(時制).

▸과:거 완료 過去完了 (완전할 완, 마칠 료). 언어 과거(過去) 어느 때에 이미 동작이 완료(完了)되었음을 나타내는 시제.

▸과:거 진:행 過去進行 (나아갈 진, 갈 행). 언어 과거(過去) 어느 때에 동작이 진행(進行) 중이었음을 나타내는 시제.

▸과:거 진:행 완료 過去進行完了 (나아갈 진, 갈 행, 완전할 완, 마칠 료). 언어 과거(過去)에 진행(進行)되던 동작이 어느 때에 이미 완료(完了)되었음을 보이는 시제.

과:격 過激 (지나칠 과, 격할 격). 말이나 행동이 지나치게[過] 격렬(激烈)함. ¶과격한 운동 / 행동이 과격하다. ⓑ온건(穩健).

▸과:격-파 過激派 (갈래 파). 과격(過激)한 방법으로 주의나 이상을 실현하려는 파(派). ¶과격파들은 무력 통일을 주장했다.

과:공 過恭 (지나칠 과, 공손할 공). 정도에 지나치게[過] 공손(恭遜)함. ¶이렇게 과공하시면 제가 다시 방문하기 어렵습니다.

▸과:공-비:례 過恭非禮 (아닐 비, 예도 례). 정도에 지나치게[過] 공손(恭遜)함은 예의(禮儀)가 아님[非].

과:급-기 過給器 (지날 과, 줄 급, 그릇 기). 기계 기관을 통과(通過)해 공급(供給)되는 공기를 미리 압축시키는 장치[器]. ⓑ예압기(豫壓器).

과기 瓜期 (오이 과, 때 기). ① 역사 벼슬의 임기가 끝나는 시기를 이르던 말. 중국 춘추 시대에, 제(齊)나라의 양공이 관리를 임지로 보내면서 다음 해 오이[瓜]가 익을 무렵

[期]에는 돌아오게 하겠다고 말한 데서 유래. ②기한이 다 된 시기. ③여자의 열대여섯 살 무렵. [비]과년(瓜年).

과ː납 過納 (지나칠 과, 바칠 납). 세금 따위를 정해진 액수보다 초과(超過)하여 냄[納]. ¶과납한 세금을 환불받았다.

과ː-냉각 過冷却 (지나칠 과, 찰 랭, 물리칠 각). [물리] 액체를 응고점 이하로 지나치게[過] 냉각(冷却)하여도 액체 상태로 있음. 또는 그런 현상. [준]과랭.

과년¹ 瓜年 (오이 과, 나이 년). ① [속뜻] 여자의 열대여섯 살[年] 무렵. '瓜'자가 두 개의 '八'자로 파자(破字)되는 것에서 유래. ②결혼하기에 적당한 여자의 나이. ③벼슬의 임기가 다한 해. [비]과기(瓜期).

과ː년² 過年 (지날 과, 나이 년). ① [속뜻] 결혼 적령기를 지난[過] 여자의 나이[年]. ②지난해.

과ː념 過念 (지나칠 과, 생각 념). 지나치게[過] 염려(念慮)함. 또는 그런 염려. [비]과려(過慮).

과농소초 課農小抄 (매길 과, 농사 농, 작을 소, 뽑을 초). [책명] 조선 때, 박지원이 농업(農業) 기술과 정책에 관해 시험 해봄직한[課] 개인적인[小] 의견을 적은[抄] 책.

과ː다 過多 (지나칠 과, 많을 다). 지나치게[過] 많음[多]. ¶인구 과다 / 영양과다. [반]과소(過少).

▸과ː다-증 過多症 (증세 증). 정도에 지나쳐[過] 너무 많은[多] 증상(症狀). ¶위산 과다증.

과ː단 果斷 (날랠 과, 끊을 단). 날래게[果] 딱 잘라서[斷] 결정함. ¶사장은 회사의 미래를 위해 과단을 내렸다.

▸과ː단-성 果斷性 (성품 성). 일을 딱 잘라서 결정하는[果斷] 성품(性品). ¶과단성 있는 행동. [비]결단성(決斷性).

과ː당¹ 果糖 (열매 과, 엿 당). 꿀이나 단 과일[果] 속에 들어 있는 당분(糖分). ¶포도에는 과당이 많이 들어 있다.

과ː당² 過當 (지나칠 과, 마땅 당). 적당(適當)한 정도를 지나침[過]. ¶과당한 요구 조건을 제시하였다.

▸과ː당 경ː쟁 過當競爭 (겨룰 경, 다툴 쟁). [경제] 같은 업종의 기업 사이에 투자·생산·판매 등에 있어서 적당(適當)한 정도를 넘어서[過] 경쟁(競爭)함. ¶여러 회사가 난립하여 과당 경쟁을 벌였다.

과ː대¹ 過大 (지나칠 과, 큰 대). 지나치게[過] 큼[大]. ¶그는 회사에 과대한 요구를 했다. [반]과소(過少).

▸과ː대-평가 過大評價 (평할 평, 값 가). 실제보다 지나치게[過] 높이[大] 평가(評價)함. ¶자신의 실력을 과대평가하다. [반]과소평가(過小評價).

과ː대² 誇大 (자랑할 과, 큰 대). 작은 것을 큰[大] 것처럼 과장(誇張)함. ¶과대광고.

▸과ː대-망상 誇大妄想 (헛될 망, 생각 상). [의학] 자기의 능력, 용모, 지위 등을 과대(誇大) 평가하는 헛된[妄] 생각[想]. 또는 그런 일. ¶과대망상에 빠지다.

과ː덕 寡德 (적을 과, 베풀 덕). 덕(德)이 적음[寡]. ¶짐이 과덕하여 백성이 고통 받는 것 같소 / 이것은 과덕의 소치이다. [비]비덕(菲德), 박덕(薄德).

과ː도¹ 果刀 (열매 과, 칼 도). 과일[果]을 깎을 때 쓰는 작은 칼[刀]. ¶과도로 사과 껍질을 깎다.

과ː도² 過度 (지나칠 과, 정도 도). 정도(程度)가 지나침[過]. ¶과도한 음주는 몸에 해롭다.

과ː도³ 過渡 (지날 과, 건널 도). 다른 것으로 옮아가거나[過] 바뀌어 가는[渡] 도중. ¶과도 내각 / 과도적 특징.

▸과ː도-기 過渡期 (때 기). ① [속뜻] 어떤 단계에서 다른 단계로 옮아가는[過渡] 시기(時期). ¶과도기에 나타난 미술 양식. ②사회의 사상이나 제도, 질서 등이 확립되지 않고 인심이 안정되지 못한 시기. ¶이 소설은 과도기의 불투명성을 잘 나타냈다.

▸과ː도 정부 過渡政府 (정사 정, 관청 부). 한 정체(政體)에서 다른 정체로 넘어가는[過渡] 과정에서 임시로 조직된 정부(政府). ¶대통령이 하야하고 과도 정부가 들어섰다.

과ː동 過冬 (지날 과, 겨울 동). 겨울[冬]을 지냄[過]. ¶하여간에 과동이나 한 뒤에 봅시다. ¶월동(越冬).

과ː두 寡頭 (적을 과, 머리 두). 몇 안 되는[寡] 우두머리[頭]. ¶과두 체제.

▸과:두 정치 寡頭政治 (정사 정, 다스릴 치). 정치 몇몇의[寡] 우두머리들이[頭] 국가의 지배권을 장악해 행하는 정치(政治). ¶아테네의 귀족정 시대 말기에 과두 정치가 나타났다.

과두 문자 蝌蚪文字 (올챙이 과, 올챙이 두, 글자 문, 글자 자). 언어 올챙이[蝌蚪]모양의 글자(文字). 고대 중국 문자 형태의 하나로, 옻을 묻혀 쓰다 보니 획의 머리는 굵고 끝은 가는 모양으로 나타났다.

과락 科落 (과목 과, 떨어질 락). 과목(科目)의 점수 따위가 기준에 이르지 못함[落]. '과목낙제'(科目落第)의 준말. ¶그는 한 과목에서 과락이 되어 시험에 떨어졌다.

과:량 過量 (지나칠 과, 분량 량). ① 속뜻 지나치게[過] 많은 분량(分量). ② 분량이 일정 기준을 지나침. ¶과량의 약을 복용하다 / 위산이 과량 분비되다.

과:로 過勞 (지나칠 과, 일할 로). 지나치게[過] 일하여[勞] 지침. ¶과로로 쓰러지다.

과료 科料 (형벌 과, 삯 료). 가벼운 죄[科]를 범한 사람에게 부과하는 벌금[料]. ¶과료를 부과하다.

과립 顆粒 (낟알 과, 알 립). ① 속뜻 둥글고 작은 낟알[顆]의 알갱이[粒]. ¶이 약은 먹기 편하게 과립의 형태로 되어 있다. ② 생물 세포나 체액 안에 들어 있는 매우 잔 알갱이.

과명 科名 (과목 과, 이름 명). ① 속뜻 과거(科擧)에 급제한 사람들의 이름[名]. ② 생물 동식물 분류에서 쓰는 과(科)의 학명.

과:목[1] 果木 (열매 과, 나무 목). 열매[果]를 얻기 위해 기르는 나무[木]. ㊥과일나무.

과목[2] 科目 (분과 과, 눈 목). ① 속뜻 사물을 분류한[科] 조목(條目). ② 교육 분야별로 나눈 학문의 구분. 또는 교과를 구성하는 단위. ¶내가 가장 좋아하는 과목은 국어이다. ③ 역사 과거(科擧).

▸과목-낙제 科目落第 (떨어질 락, 등급 제). 과목(科目)의 점수 따위가 기준[第]에 이르지 못함[落]. ㊟과락.

과:묵 寡默 (적을 과, 입 다물 묵). 말수가 적거나[寡] 입을 다물어[默] 말을 하지 아니함. 침착함. ¶그는 과묵한 편이다.

과:문 寡聞 (적을 과, 들을 문). 보고 들은[聞] 것이 적음[寡]. 견문이 좁음. ¶과문의 소치이다. ㊐다문(多聞), 박문(博聞).

▸과:문-천식 寡聞淺識 (얕을 천, 알 식). 적은[寡] 견문(見聞)과 얕은[淺] 학식(學識). ㊐박학다식(博學多識).

과:문불입 過門不入 (지날 과, 대문 문, 아닐 불, 들 입). 아는 사람의 집[門] 앞을 지나면서도[過] 들르지[入] 않음[不].

과:민 過敏 (지나칠 과, 재빠를 민). 지나치게[過] 예민(銳敏)함. ¶과민반응 / 그녀는 꽃가루에 과민하다.

▸과:민-증 過敏症 (증세 증). 의학 어떤 자극에 대하여 지나치게 예민한[過敏] 반응을 일으키는 증세(症勢). ¶신경 과민증.

과:밀 過密 (지나칠 과, 빽빽할 밀). 한곳에 지나치게[過] 빽빽하게[密] 모여 있음. ¶서울은 과밀 도시이다. ㊐과소(過疏).

과:반 過半 (지날 과, 반 반). 반(半)을 넘음[過]. 반이 더 됨. ¶목표의 과반을 달성하다.

▸과:반-수 過半數 (셀 수). 반이 넘는[過半] 수(數). ¶과반수의 지지를 얻었다.

과:방 果房 (열매 과, 방 방). 잔치 때 과일[果]과 음식을 차려 내가는 방(房). ¶어머니는 과방을 맡아 음식을 만들었다.

과:병 寡兵 (적을 과, 군사 병). 매우 적은[寡] 병력(兵力). ¶이렇게 보잘 것 없는 과병으로 어찌 십만 대군의 적과 싸울 수 있으랴!

과:보 果報 (열매 과, 갚을 보). '인과응보'(因果應報)의 준말. ¶이번 일은 제가 저지른 죄의 과보입니다.

과:-보호 過保護 (지나칠 과, 지킬 보, 돌볼 호). 부모가 어린아이를 지나치게[過] 보호(保護)함. ¶그녀는 아들을 과보호한다.

과:부 寡婦 (적을 과, 여자 부). 남편이 죽어 혼자 사는[寡] 여자[婦]. ㊥미망인(未亡人). ㊐홀아비. 속담 과부는 은이 서 말이고 홀아비는 이가 서 말이다.

과:-부족 過不足 (지나칠 과, 아닐 부, 넉넉할 족). 기준에 넘거나[過] 모자람[不足]. ¶과부족 없이 꼭 들어맞다.

과:-부하 過負荷 (지나칠 과, 질 부, 멜 하). 전기 기기나 장치가 전기의 규정량을 초과(超過)하는 부하(負荷). ¶전력 시설에 과부

하가 걸렸다.

과ː분 過分 (지나칠 과, 나눌 분). 분수(分數)에 넘침[過]. ¶과분한 대접을 받다.

과ː불 過拂 (지나칠 과, 지불할 불). ① [속뜻] 한도를 넘어서[過] 지불(支拂)함. ② [경제] 은행에서 당좌 예금의 잔액을 초과하여 지불하여 주는 일. ¶과불에 따른 이자 부담이 크다.

과ː-산화 過酸化 (지나칠 과, 산소 산, 될 화). [화학] 표준적인 산화물보다 많은[過] 산소(酸素)를 갖는 화학(化學) 상태. ¶과산화 작용.

▶과ː산화-물 過酸化物 (만물 물). [화학] 표준적인 산화물보다 많은[過] 산소(酸素)를 가진 화합물(化合物).

▶과ː산화-수소 過酸化水素 (물 수, 바탕 소). [화학] 수소(水素)에 두 개의[過] 산소(酸素) 원자가 결합된 화합물(化合物). 화학식은 H_2O_2. [비]이산화수소(二酸化水素).

과ː세¹ 過歲 (지날 과, 해 세). 설[歲]을 쇰[過]. ¶올해는 고향에 내려가 과세했다.

과세² 課稅 (매길 과, 세금 세). 세금(稅金)을 매김[課]. 또는 그 세금. ¶개인 소득의 1%를 과세하다.

▶과세-권 課稅權 (권리 권). [법률] 통치권에 의하여 조세(租稅)를 부과(賦課)·징수하는 권리(權利).

▶과세-율 課稅率 (비율 률). [법률] 과세 표준에 따라서 세액[稅]을 산정하는[課] 법정 비율(比率). ¶담배는 과세율이 높다.

과ː소¹ 過小 (지나칠 과, 작을 소). 지나치게[過] 작음[小]. ¶그 공장은 생산량에 비해 규모가 과소하다. [반]과대(過大).

▶과ː소-평가 過小評價 (평할 평, 값 가). 실제보다 지나치게 낮게[過小] 평가(評價)함. ¶그를 과소평가했다가는 큰 코 다친다. [반]과대(過大)평가.

과ː소² 過少 (지나칠 과, 적을 소). 지나치게[過] 적음[少]. ¶이 약은 과소한 양만 먹어도 죽을 수 있다. [반]과다(過多).

과ː소³ 過疏 (지나칠 과, 드물 소). 지나치게[過] 성김[疏]. ¶농촌 인구의 과소 현상이 심화되다. [반]과밀(過密).

과ː소⁴ 寡少 (적을 과, 적을 소). 아주 적음[寡=少]. ¶과소한 표 차이로 낙선하다.

과ː-소비 過消費 (지나칠 과, 사라질 소, 쓸 비). 분에 넘치게[過] 소비(消費)함. 씀씀이가 지나치게 헤픔. ¶과소비를 부추기다.

과ː속 過速 (지나칠 과, 빠를 속). 제한을 넘는[過] 속도(速度). ¶과속 운행 / 과속 차량.

과ː수¹ 過手 (지나칠 과, 손 수). [운동] 바둑이나 장기 등에서 지나치게[過] 욕심을 낸 수(手). ¶과수를 두다 대국에서 지고 말았다.

과ː수² 果樹 (열매 과, 나무 수). 과일[果]이 열리는 나무[樹]. ¶동산에 과수를 심었다. [비]과목(果木).

▶과ː수-원 果樹園 (동산 원). 과일나무[果樹]를 재배하는 농원(農園). ¶과수원에서 포도를 땄다.

과ː수³ 寡守 (과부 과, 지킬 수). 남편 없는 여자[寡]가 홀로 방을 지킴[守]. ¶청상(靑孀)의 과수. [비]과부(寡婦).

▶과ː수-댁 寡守宅 (댁 댁). '과수'(寡守)의 높임말[宅]. [비]과부댁(寡婦宅).

과ː시 誇示 (자랑할 과, 보일 시). ① [속뜻] 자랑하여[誇] 보임[示]. ¶그녀는 그동안 갈고 닦은 기량을 과시했다. ② 실제보다 과장하여 보임. ¶권력을 과시하다.

과ː식 過食 (지나칠 과, 먹을 식). 지나치게[過] 많이 먹음[食]. ¶과식하여 배탈이 났다. [비]포식(飽食). [반]소식(小食).

과ː신 過信 (지나칠 과, 믿을 신). 지나치게[過] 믿음[信]. ¶자신의 능력을 과신하다.

과ː실¹ 果實 (열매 과, 열매 실). ① [속뜻] 열매[果=實]. ¶과실이 탐스럽게 익었다. ② [법률] 원물(元物)에서 생기는 이익을 비유하여 이르는 말. [비]이익(利益). [속담] 과실 망신은 모과가 시킨다.

▶과ː실-주 果實酒 (술 주). 과실즙(果實汁)을 발효시켜 만들거나 소주 따위에 과실을 담가 우려서 만든 술[酒]. ¶복분자로 과실주를 담갔다.

▶과ː실-즙 果實汁 (즙 즙). 과실(果實)에서 짜낸 즙(汁).

과ː실² 過失 (지나칠 과, 그르칠 실). ① [속뜻] 지나침[過]과 잘못[失]. ¶의료 과실 / 그는 자신의 과실을 인정했다. ② [법률] 부주의로 인하여, 어떤 예상되는 결과의 발생을 미리 내다보지 못한 일. ¶의료 과실 / 과실은 주의의무 위반 정도에 따라 경과실과 중과실로 나뉜다. ㊥과류(過謬), 과오(過誤), 실착(失錯). ㊥고의(故意).

▸과:실-범 過失犯 (범할 범). 법률 과실(過失)로 말미암아 성립되는 범죄(犯罪). 또는 그 범인. ㊥무의범(無意犯). ㊥고의범(故意犯).

▸과:실 상계 過失相計 (서로 상, 셀 계). ① 속뜻 과실(過失)을 서로[相] 계산(計算)해 없앰. ② 법률 채무 불이행이나 불법 행위에 대해 채권자나 피해자에게도 과실이 있는 경우, 법원이 이를 고려하여 배상액을 정하는 제도.

▸과:실-상규 過失相規 (서로 상, 법 규). 과오(過誤)나 실수(失手)를 저지르지 않도록 서로[相] 규제(規制)함. 향약(鄕約)의 네 가지 덕목 가운데 하나. ㊟덕업상권(德業相勸), 예속상교(禮俗相交), 환난상휼(患難相恤).

▸과:실 책임 過失責任 (꾸짖을 책, 맡길 임). 법률 과실(過失)로 말미암아 생긴 손해에 대하여 지는 배상 책임(責任).

▸과:실 치:사 過失致死 (이를 치, 죽을 사). 법률 과실(過失) 행위로 사람을 죽음[死]에 이르게[致] 함.

과:액 寡額 (적을 과, 액수 액). 아주 적은[寡] 금액(金額). ㊥거액(巨額).

과:언[1] 過言 (지나칠 과, 말씀 언). 정도에 지나친[過] 말[言]. ¶그는 최고의 선수라고 해도 과언이 아니다.

과:언[2] 寡言 (적을 과, 말씀 언). 말[言]수가 적음[寡]. ㊥과묵(寡默). ㊥다언(多言).

과업 課業 (매길 과, 일 업). 매겨 놓은[課] 일[業]. 또는 학업. ¶통일은 우리의 역사적 과업이다.

*__과:연 果然__ (정말로 과, 그러할 연). 정말로[果] 그러함[然]. ¶그것은 과연 거짓이었다. ㊥과시(果是).

과:열 過熱 (지나칠 과, 뜨거울 열). 지나치게[過] 뜨겁게 하거나 뜨거워짐[熱]. 또는 그 열. ¶자동차 엔진이 과열되었다 / 과열된 입시교육.

▸과:열-기 過熱器 (그릇 기). 기계 보일러 안의 증기의 온도[熱]를 비등점 이상으로[過] 높이는 장치[器].

▸과:열 증기 過熱蒸氣 (찔 증, 공기 기). 증기를 더[過] 가열하여[熱] 그 온도를 비등점보다 높게 만든 증기(蒸氣).

과:-염소산 過鹽素酸 (지나칠 과, 염기 염, 바탕 소, 산소 산). ① 속뜻 염소(鹽素)가 지나치게[過] 많은 산(酸). ② 화학 염소산의 산화물로 빛깔이 없고 휘발성이 있는 물질.

과:오 過誤 (지나칠 과, 그르칠 오). 지나침[過]과 그르침[誤]. ¶놀부는 과오를 뉘우쳤다. ㊥과실(過失).

과외 課外 (매길 과, 밖 외). ① 속뜻 정해진 교육 과정(課程)의 이외(以外). ② 학교의 정해진 교과 과정 이외에 비공식적으로 하는 수업. '과외 수업'(課外授業)의 준말. ¶수학 과외를 받는다.

▸과외 활동 課外活動 (살 활, 움직일 동). 교육 학교의 정규 교육 과정(課程) 이외(以外)에 진행되는 학생들의 활동(活動).

과:욕[1] 過慾 (지나칠 과, 욕심 욕). 지나친[過] 욕심(慾心). 또는 욕심이 지나침. ¶과욕을 부리다.

과:욕[2] 寡慾 (적을 과, 욕심 욕). 적은[寡] 욕심(慾心). 또는 욕심이 적음.

과:용 過用 (지나칠 과, 쓸 용). 지나치게[過] 많이 씀[用]. ¶이 약초를 고혈압과 부종을 일으킨다.

과원 課員 (매길 과, 인원 원). 과(課)의 직원(職員). ¶총무과는 과원이 열 명이다.

과유불급 過猶不及 (지나칠 과, 같을 유, 아닐 불, 미칠 급). ① 속뜻 지나침[過]은 미치지[及] 못함[不]과 같음[猶]. ② 적당한 중용(中庸)이 중요함을 이르는 말. ¶과유불급이라 했으니, 이쯤해서 그만 둡시다.

과:육 果肉 (열매 과, 살 육). ① 속뜻 과실(果實)의 살[肉]. ¶사과는 과육이 단단하고 과즙이 많다. ② 과실과 고기. ¶어머니는 진짓상에 과육을 푸짐하게 올렸다.

과율 課率 (매길 과, 비율 률). 법률 과세 표준에 따라서 세액을 산정하는[課] 법정 비율(比率). '과세율'(課稅率)의 준말.

과:음[1] 過淫 (지나칠 과, 음란할 음). 성생활이 지나치게[過] 음란(淫亂)함.

과:음[2] 過飮 (지나칠 과, 마실 음). 술을 지나치게[過] 마심[飮]. ¶과음하여 속이 쓰리다.

과ː인[1] 過人 (지나칠 과, 사람 인). 덕망이나 학식, 힘 따위가 보통 사람[人]보다 훨씬 뛰어남[過].

과ː인[2] 寡人 (적을 과, 사람 인). ① 속뜻 덕이 적은[寡] 사람[人]. ② 임금이 자신을 낮추어 이르던 말. ¶과인은 훌륭한 신하를 얻어 흡족하기 한량없소.

과ː잉 過剩 (지나칠 과, 남을 잉). 지나치게[過] 많아 남음[剩]. ¶과잉 보호. ⓑ부족(不足).

▸과ː잉-수 過剩數 (셀 수). 수학 어떤 수의 양의 약수(約數) 총합이 그 수의 두 배보다 더[過] 넘는[剩] 수(數). ¶12와 18 등은 과잉수이다. ⓗ초과수(超過數). ⓑ부족수(不足數).

▸과ː잉 투자 過剩投資 (던질 투, 재물 자). 경제 설비의 확장이나 신설에 한도보다 더[過] 많이[剩] 투자(投資)하는 일. ¶그 은행은 과잉 투자로 인해 도산하고 말았다.

과자 菓子 (열매 과, 접미사 자). 과일[菓]같은 간식용 식품[子]. ¶유밀과는 한국 전통의 과자이다.

과ː작 寡作 (적을 과, 지을 작). 작품 등을 양적으로 적게[寡] 지어냄[作]. ¶그는 과작이지만 뛰어난 작품을 발표하여 문단의 인정을 받았다. ⓑ다작(多作).

과장[1] 科長 (분과 과, 어른 장). 과(科) 단위 조직의 최고 책임자[長]. ¶산부인과 과장.

과장[2] 課長 (매길 과, 어른 장). 과(課)의 책임자[長]. ¶승격하여 총무과 과장이 되었다.

과ː장[3] 誇張 (자랑할 과, 벌릴 장). 사실보다 부풀려[張] 떠벌림[誇]. ¶그는 과장이 심하다. ⓗ과대(誇大).

▸과ː장-법 誇張法 (법 법). 문학 어떤 사물을 과장(誇張)하여 표현하는 방법(方法).

과ː적 過積 (지나칠 과, 쌓을 적). 지나치게[過] 많이 쌓음[積]. ¶과적 차량 진입 금지.

과ː-적재 過積載 (지나칠 과, 쌓을 적, 실을 재). 화물의 정량(定量)을 초과(超過)하여 실음[積載]. ¶과적재 차량의 통행을 금한다.

과전 科田 (조목 과, 밭 전). 역사 고려·조선 때, 관리의 품등[科]에 따라 나누어 준 토지[田]. ¶과전은 원칙적으로 세습이 불가했다.

▸과전-법 科田法 (법 법). 역사 고려·조선 때, 관리의 품등[科]에 토지[田]를 나누어 준 제도[法]. ¶공양왕은 과전법을 공포해 문란해진 사전(私田)을 정리했다.

과전이하 瓜田李下 (오이 과, 밭 전, 오얏 리, 아래 하). ① 속뜻 오이[瓜] 밭[田]에서는 신을 갈아 신지 말고, 자두나무[李] 아래[下]에서는 갓을 고쳐 쓰지 말라. 과전불납리(瓜田不納履), 이하부정관(李下不整冠)의 준말. ②장소에 따라 의심받기 쉬운 행동은 피하는 것이 좋음을 이르는 말.

과ː-전압 過電壓 (지나칠 과, 전기 전, 누를 압). 물리 적정한 전압보다 지나치게[過] 높은 전압(電壓).

과ː점 寡占 (적을 과, 차지할 점). 경제 어떤 상품 시장의 대부분을 소수[寡]의 기업이 차지하는[占] 일. ¶독점과 과점 행위를 엄격히 금지한다.

⁑**과ː정[1]** 過程 (지날 과, 거리 정). 지나온[過] 거리[程]. 또는 일이 되어가는 경로. ¶생산 과정.

과정[2] 課程 (매길 과, 분량 정). 정해진[課] 일이나 학업의 분량[程]. ¶대학 과정을 마치다.

▸과정-표 課程表 (겉 표). 교육 학년에 따라 배울 과정(課程)을 배당한 표(表).

***과제** 課題 (매길 과, 문제 제). 주어진[課] 문제(問題)나 임무. ¶수업 과제.

▸과제-물 課題物 (만물 물). 숙제나 과제(課題)로 제출해야 할 물건(物件)이나 일. ¶방학 과제물.

과ː중 過重 (지나칠 과, 무거울 중). ① 속뜻 지나치게[過] 무거움[重]. ¶화물을 과중하게 적재하다. ②힘에 벅차다. ¶과중한 책임을 지다.

과ː즙 果汁 (열매 과, 즙 즙). 과일[果]로 만든 즙(汁). ¶과즙 음료.

과ː징 過徵 (지나칠 과, 거둘 징). 세금 따위를 지나치게[過] 많이 거둠[徵]. ¶정부는 과징한 재산세를 환불해 주었다.

과ː찬 過讚 (지나칠 과, 기릴 찬). 정도에 지나치게[過] 칭찬함[讚]. ¶과찬의 말씀이십니다.

과ː채-류 果菜類 (열매 과, 나물 채, 무리

류). 열매[果]를 식용으로 하는 채소(菜蔬) 종류(種類). 수박, 오이, 토마토 따위. ¶폭우로 과채류 가격이 급등했다.

과ː-체중 過體重 (지나칠 과, 몸 체, 무거울 중). 기준이나 표준에 비하여 지나치게[過] 무거운 몸[體]무게[重]. ¶과체중이면 다이어트를 하는 게 좋다.

과ː태 過怠 (지나칠 과, 게으를 태). 지나치게[過] 게으름[怠]. ㊎태만(怠慢).

▸과ː태-료 過怠料 (삯 료). 법률 공법상의 의무를 이행하지 않을[過怠] 때 매기는 벌금[料]. ¶주차 위반으로 과태료를 물다.

과ː-포화 過飽和 (지나칠 과, 배부를 포, 고를 화). 물리 용액이 일정 정도 이상의[過] 물질을 함유하고 있는[飽和] 상태. ②증기가 어떤 온도에서 포화 증기압보다 큰 압력을 가진 상태.

과표 課標 (매길 과, 우듬지 표). 법률 과세(課稅)의 표준(標準)이 되는 것. '과세 표준'의 준말.

*ᐩ**과학 科學** (조목 과, 배울 학). 보편적인 진리나 법칙의 발견을 목적으로 조목조목[科] 체계적으로 연구하는 학문(學問). 넓게는 학문 전체를 이르고, 좁게는 자연과학만을 가리킨다.

▸과학-계 科學界 (지경 계). 과학(科學)에 관계되는 조직체나 개인의 활동 영역[界]. ¶과학계에 큰 영향을 미쳤다.

▸과학-관 科學館 (집 관). 과학(科學)에 관한 자료와 물품을 갖추어 일반인이 관람하도록 꾸며 놓은 장소나 집[館]. ¶국립 과학관을 견학하다.

▸과학-실 科學室 (방 실). 과학(科學)에 관한 자료와 물품을 갖추어 놓은 집이나 방[室]. ¶과학실에서 실험 수업을 했다.

▸과학-자 科學者 (사람 자). 과학(科學)을 전문으로 연구하는 사람[者]. ¶우주의 신비를 밝힌 과학자.

▸과학-적 科學的 (것 적). ① 속뜻 과학(科學)의 면에서 본 정확성이나 타당성이 있는 것[的]. ②과학의 본질에 근거한 것. ¶이 현상은 과학적으로 설명하기 어렵다.

▸과학-책 科學冊 (책 책). 과학(科學)에 관하여 상세히 다루고 있는 책(冊).

▸과학-화 科學化 (될 화). 과학적(科學的)으로 체계화하는[化] 일. ¶고도로 과학화된 사회.

과ː혹 過酷 (지나칠 과, 독할 혹). 지나치게[過] 참혹(慘酷)함. ¶이 영화는 과혹한 장면이 많다.

관가 官家 (벼슬 관, 집 가). 관리(官吏)가 업무를 보던 집[家]. ㊎관공서(官公署). ㊉민가(民家).

관감 觀感 (볼 관, 느낄 감). 눈으로 보고[觀] 마음으로 느낌[感]. ¶그는 관감한 것을 글로 적었다.

*__관ː개 灌漑__ (물댈 관, 물댈 개). 농사에 필요한 물을 논밭에 끌어대는[灌=漑] 일. ¶관개 저수지. ㊎관수(灌水).

▸관ː개-지 灌漑地 (땅 지). 농사에 필요한 물을 끌어대[灌=漑] 쓰는 땅[地]. ¶이 지역 경작지의 대부분은 관개지이다.

▸관ː개-용수 灌漑用水 (쓸 용, 물 수). 논밭에 끌어대[灌=漑] 농사에 사용(使用)하는 물[水]. ¶관개용수를 확보하기 위해 저수지를 만들었다.

관객 觀客 (볼 관, 손 객). 구경하는[觀] 사람[客]. ¶많은 관객이 공연을 보러 왔다. ㊎관중(觀衆), 구경꾼.

▸관객-석 觀客席 (자리 석). 구경꾼[觀客]이 구경하는 자리[席]. ¶그는 관객석 맨 앞자리에 앉았다. ㊜객석.

관건 關鍵 (빗장 관, 열쇠 건). ① 속뜻 문빗장[關]과 열쇠[鍵]. ②'어떤 사물이나 문제 해결의 가장 중요한 부분'을 비유하여 이르는 말. ¶이 문제를 어떻게 푸느냐가 관건이다.

관견 管見 (대롱 관, 볼 견). ① 속뜻 대롱[管]을 통해 무엇을 봄[見]. ②'자기의 의견'을 겸손하게 이르는 말. ¶이 문제에 대한 제 관견을 말씀드리겠습니다.

관계[1] 官界 (벼슬 관, 지경 계). 관리(官吏)들로 이루어지는 사회[界]. ¶관계에 진출하다.

*ᐩ**관계[2] 關係** (빗장 관, 맬 계). ① 속뜻 둘 이상이 서로 관련(關聯)을 맺음[係]. ¶관계를 끊다. ②어떤 방면이나 영역에 관련이 있거나 영향을 미치다. ¶교육 관계 서적 / 네가 있든 없든 관계 없다. ③남녀간의 성교(性交). ¶관계를 가지다. ④어떤 일에 대한 참견. ¶내가 내 돈 쓰겠다는데 당신이 무슨

관계야? ⑤'까닭', '때문'의 뜻. ¶사업 관계로 자주 출장을 간다. ㊥관련(關聯), 상관(相關).

▸관계-언 關係言 (말씀 언). 언어 문장에 쓰인 단어들의 관계(關係)를 나타내는 문장 성분[言]. 자립 형태소에 붙어서 표현된다. ¶한국어에서 조사는 관계언에 속한다. ㊥관계사(關係詞).

▸관계-식 關係式 (법 식). 수학 양이나 문자 사이의 관계(關係)를 나타내는 식(式). 공식, 등식, 부등식, 방정식 따위.

▸관계-자 關係者 (사람 자). 어떤 일과 관계(關係) 되어 있는 사람[者]. ¶관계자 외 출입금지.

▸관계 망:상 關係妄想 (헛될 망, 생각 상). 심리 주위에서 일어나는 여러 가지 일을 모두 자기와 관계(關係)되어 있다고 여기는 헛된[妄] 생각[想]. ㊥관계 관념(觀念).

▸관계 부:사 關係副詞 (도울 부, 말씀 사). 언어 문장에서 뒤에 오는 절을 연결해주고[關係], 부사(副詞)의 구실을 겸한 말.

▸관계 대:명사 關係代名詞 (대신할 대, 이름 명, 말씀 사). 언어 문장에서 뒤에 오는 절을 연결해주고[關係], 앞에 오는 명사를 대신하는 대명사(代名詞)의 구실을 겸한 말.

관-공서 官公署 (벼슬 관, 여럿 공, 관청 서). 국가 사무를 집행하는 관서(官署)와 공공단체의 사무를 담당하는 공서(公署)를 아울러 이르는 말. ¶폭도들이 관공서를 점거했다.

관곽 棺槨 (널 관, 덧널 곽). 시체를 넣는 속널[棺]과 겉의 덧널[槨]을 아울러 이르는 말. ¶좋은 재질의 관곽을 마련하였다.

⁑관광 觀光 (볼 관, 빛 광). 다른 지방이나 다른 나라에 가서 그곳의 풍광(風光), 풍습, 문물 따위를 구경함[觀]. ¶해외 관광 / 이 지역은 관광할 곳이 많다. ㊥유람(遊覽).

▸관광-객 觀光客 (손 객). 관광(觀光)을 하러 다니는 사람[客]. ¶관광객을 유치(誘致)하다.

▸관광-단 觀光團 (모일 단). 관광(觀光)을 목적으로 하여 구성된 여행 단체(團體). ¶그는 관광단을 인솔하고 러시아를 방문했다.

▸관광-업 觀光業 (일 업). 경제 관광(觀光)에 관한 사업(事業). ¶제주도는 관광업이 발달했다.

▸관광-지 觀光地 (땅 지). 명승지나 유적지가 많아 관광(觀光)할만한 곳[地]. ¶왕릉을 관광지로 개발하다.

관구 管區 (맡을 관, 나눌 구). ① 속뜻 맡은[管] 구역(區域). ¶관구의 총책임자. ② 가톨릭 교회의 행정 구역의 하나. 교구보다 큰 단위로, 우리나라에는 세 개의 관구가 있다.

관군 官軍 (벼슬 관, 군사 군). 군사 예전에, 국가[官]에 소속되어 있던 정규 군대(軍隊). ¶관군과 동학군이 백병전을 벌였다. ㊥관병(官兵).

관권 官權 (벼슬 관, 권리 권). 관청(官廳) 또는 관리의 권한이나 권리(權利). ¶관권을 남용하다. ㊦민권(民權).

관극 觀劇 (볼 관, 연극 극). 연극(演劇)을 구경함[觀]. ¶관극 모임을 결성하였다.

관급 官給 (벼슬 관, 줄 급). 금전이나 물품 따위를 관청(官廳)에서 내어 줌[給]. ¶관급 공사.

관기[1] 官妓 (벼슬 관, 기생 기). 궁중 또는 관청(官廳)에 속하여 노래하고 춤을 추던 기생(妓生). ¶관기를 데리고 술판을 벌였다.

관기[2] 官紀 (벼슬 관, 벼리 기). 관리(官吏)들이 지켜야 할 기강(紀綱). ¶관기가 문란해지다.

관납 官納 (벼슬 관, 바칠 납). 관청(官廳)에 납품(納品)함. ¶우리 회사에서는 생산품 전량을 정부 기관에 관납하고 있다.

관내 管內 (맡을 관, 안 내). 관할(管轄) 구역의 안[內]. ¶경찰이 관내를 순찰하고 있다. ㊦관외(管外).

***관념 觀念** (볼 관, 생각 념). ① 어떤 일이나 사실을 바라보는[觀] 생각이나 견해[念]. ¶고정 관념 / 그는 시간 관념이 없다. ② 현실에 의하지 않는 추상적이고 공상적인 생각. ¶관념에 빠지다. ③ 심리 사고(思考)의 대상이 되는 의식의 내용, 심적 형상(心的形象)을 통틀어 이르는 말. ㊦감각(感覺).

▸관념-론 觀念論 (논할 론). ① 속뜻 관념(觀念)을 토대로 구축한 이론(理論). ② 철학 정신, 이성, 이념 따위를 본질적인 것으로 보고 이것으로 물질적 현상을 밝히려는 이론. ¶칸트는 독일 관념론의 시조이다.

▸관념-시 觀念詩 (시 시). 문학 주관적 관념(觀念)으로 이상과 감정을 읊은 시(詩).

▸관념-적 觀念的 (것 적). ① 속뜻 관념(觀念)에 관한 것[的]. ② 현실성이 없고 추상에 흐르는 것. ¶관념적 이론. ⓑ현실적(現實的).

▸관념 소:설 觀念小說 (작을 소, 말씀 설). 문학 주제를 예술적 형상화에 의하지 않고 작가가 품고 있는 어떤 관념(觀念)이나 사상을 뚜렷이 나타내는 유형의 소설(小說).

관노 官奴 (벼슬 관, 종 노). 역사 봉건시대에, 관청(官廳)에 소속된 노비(奴婢). ¶원님은 관노를 풀어주었다. ⓑ관비(官婢). ⓑ사노(私奴).

관능 官能 (벼슬 관, 능할 능). ① 속뜻 생물의 생명을 영위하는 여러 기관(器官)의 기능(機能). ② 생물의 감각기의 작용. ③ 육체적 쾌감을 느끼는 작용. ¶그녀의 관능에 유혹되다.

▸관능-미 官能美 (아름다울 미). 관능(官能)을 자극하는 아름다움[美]. ¶그녀는 관능미가 넘친다.

▸관능-파 官能派 (갈래 파). 문학 관능미(官能美)를 중시하는 예술상의 유파(流派). ¶보들레르는 관능파의 대표적인 작가이다.

▸관능-적 官能的 (것 적). 육체적 쾌감[官能]을 자극하는 것[的]. ¶관능적 묘사.

▸관능-주의 官能主義 (주될 주, 뜻 의). 예술 감각을 생성하는 감각 기관의 기능이 미(美)와 깊은 관계가 있다고 보고 관능(官能) 중에서 미를 추구하려는 사상이나 태도[主義].

관:대[1] 款待 (새길 관, 대할 대). 정성껏[款] 대접(待接)함. 친절히 대접함. ¶사신을 관대하기 위한 만찬을 열다.

관대[2] 寬大 (너그러울 관, 큰 대). 마음이 너그럽고[寬] 도량이 크다[大]. ¶그는 아이들에게 관대하다.

관대[3] 寬待 (너그러울 관, 대할 대). 너그럽게[寬] 대접(待接)함. ¶원수를 관대하다.

⁑**관동** 關東 (빗장 관, 동녘 동). ① 속뜻 대관령(大關嶺) 동(東)쪽 지역. ② 금강산과 동해 일대. 강원도 일대. ⓑ영동(嶺東).

▸관동-별곡 關東別曲 (다를 별, 노래 곡). 문학 ① 고려 때, 안축(安軸)이 관동(關東) 지방의 경치를 읊은 경기체가[別曲]. ② 조선 선조 때, 정철(鄭澈)이 금강산과 동해 일대의 경치를 읊은 기행 가사.

▸관동-팔경 關東八景 (여덟 팔, 볕 경). 지명 강원도 동해안[關東]에 있는 여덟[八] 군데의 명승지[景]. 간성의 청간정(淸澗亭), 강릉의 경포대(鏡浦臺), 고성의 삼일포(三日浦), 삼척의 죽서루(竹西樓), 양양의 낙산사(洛山寺), 통천의 총석정(叢石亭), 울진의 망양정(望洋亭), 평해의 월송정(越松亭). ⓑ영동팔경(嶺東八景).

관두 關頭 (빗장 관, 접미사 두). ① 속뜻 관문(關門)이 있는 곳[頭]. ② 가장 중요한 고비. ¶성패의 관두 / 흥망의 관두에 서다.

관등[1] 官等 (벼슬 관, 무리 등). 벼슬[官]의 등급(等級). ¶관등 조직 / 관등이 낮다.

관등[2] 觀燈 (볼 관, 등불 등). 불교 초파일이나 절의 주요 행사 때에 온갖 등(燈)을 달아 불을 밝히고 구경하는[觀] 일.

▸관등-절 觀燈節 (철 절). 불교 관등(觀燈)하는 명절(名節). 석가가 탄생한 음력 4월 8일을 일컫는다.

▸관등-회 觀燈會 (모일 회). 관등절(觀燈節) 행사를 위한 모임[會]. ¶어머니와 함께 관등회에 참가했다.

관람 觀覽 (볼 관, 볼 람). 연극, 영화, 운동 경기 따위를 구경함[觀=覽]. ¶미성년자 관람불가 / 야구 경기를 관람하다.

▸관람-객 觀覽客 (손 객). 관람(觀覽)하는 손님[客]. ¶관람객들에게 전시물을 설명해 주었다. ⓒ관객. ⓑ관중(觀衆).

▸관람-권 觀覽券 (문서 권). 관람(觀覽)할 수 있는 문서[券]나 표. ¶무료 관람권 / 입장 시 관람권을 제시해 주십시오.

▸관람-료 觀覽料 (삯 료). 관람(觀覽)하기 위해 내는 요금(料金). ¶이 박물관의 관람료는 없다.

▸관람-석 觀覽席 (자리 석). 관람(觀覽)하기 위해 마련한 좌석(座席). ¶관람석을 가득 메운 태극기의 물결. ⓑ객석(客席).

관력 官力 (벼슬 관, 힘 력). 관청(官廳)이나 관리의 권력(權力). ¶관력과 금력을 동원하였다.

⁑**관련** 關聯 (관계할 관, 잇달 련). 어떤 사물과 다른 사물이 서로 관계(關係)되어 잇달

려[聯] 있음. 서로 어떠한 관계가 있음. ¶관련 보도 / 흡연은 폐암과 밀접한 관련이 있다. ㊥연관(聯關).

▸**관련-성** 關聯性 (성질 성). 서로 관련(關聯)되는 성질(性質)이나 경향. ¶운동량과 비만의 관련성.

▸관련-자 關聯者 (사람 자). 관련(關聯)이 있는 사람[者]. ¶사건의 관련자들이 다 모였다.

관령 官令 (벼슬 관, 명령 령). 관청(官廳)의 명령(命令). ¶관령을 거역하다 / 관령으로 금하다.

관례[1] 冠禮 (갓 관, 예도 례). 민속 아이가 어른이 되었다는 의미로 갓[冠]을 쓰고 올리던 예식(禮式). 예전의 성년식 때 남자는 갓을 쓰고, 여자는 쪽을 쪘다. ¶관례를 치르다.

관례[2] 慣例 (버릇 관, 본보기 례). 이전부터 지켜 내려와 관습(慣習)이 되어 버린 사례(事例). ¶악수는 오른손으로 하는 것이 관례다.

관록[1] 官祿 (벼슬 관, 녹봉 록). 역사 관리(官吏)에게 주는 녹봉(祿俸). ¶관록은 대개 토지로 지급했다. ㊥관봉(官俸).

관:록[2] 貫祿 (꿸 관, 녹봉 록). ① 속뜻 예전에 녹봉(祿俸)으로 받은 동전을 꿰어[貫] 놓음. 또는 그 금액이나 경력. ②어떤 일을 오랫동안 하여 쌓은 경력이나 권위. ¶관록을 자랑하다.

관료 官僚 (벼슬 관, 벼슬아치 료). ① 속뜻 같은 관직(官職)에 있는 벼슬아치[僚]. ②정부의 관리. 특히 정치적인 영향력을 지닌 고급 관리. ¶청문회에 정부 고위 관료가 참석했다. ㊥관리(官吏), 관원(官員).

▸관료-적 官僚的 (것 적). ① 속뜻 관료(官僚)의 분위기가 나는 것[的]. ¶관료적 자세. ②상대편의 의향이나 처지 등을 무시한 형식적·권위주의적인 태도나 경향이 있는 것. ¶관료적 사회.

▸관료-전 官僚田 (밭 전). 역사 통일 신라 때, 관료(官僚)에게 녹봉으로 주던 밭[田]. ¶관직에서 물러나면 관료전을 반납해야 했다.

▸관료-제 官僚制 (정할 제). 정치 특권을 가진 관료(官僚)가 권력을 쥐고 있는 정치 제도(制度). '관료제도'의 준말. ¶태조(太祖)는 중앙집권적 관료제를 확립했다.

▸관료 정치 官僚政治 (정사 정, 다스릴 치). 정치 어떤 특권층에 있는 소수의 관료(官僚)가 권력을 쥐고 행하는 정치(政治). ¶조선은 사대부에 의한 관료 정치를 기반으로 하였다. ②권위적·독선적·형식적·비민주적인 정치.

*__관리__[1] 官吏 (벼슬 관, 벼슬아치 리). 관직(官職)에 있는 사람[吏]. ¶그 관리는 원님만 믿고 위세를 부렸다.

⁑**관리**[2] 管理 (맡을 관, 다스릴 리). 어떤 일을 맡아서[管] 처리(處理)함. ¶그 공원은 시에서 관리한다.

▸관리-권 管理權 (권리 권). 법률 남의 재산을 관리(管理)할 수 있는 권리(權利). ¶수에즈 운하의 관리권은 이집트에 귀속되었다.

▸관리-농 管理農 (농사 농). 농업 농지 소유자가 관리인(管理人)을 두고 경영하는 농업(農業). ¶이 지역은 관리농이 대부분이다.

▸관리-비 管理費 (쓸 비). 시설이나 물건을 관리(管理)하는 데 드는 비용(費用). ¶아파트 관리비.

▸관리-소 管理所 (곳 소). 관리(管理) 업무를 처리하는 곳[所]. ¶공원 관리소.

▸관리-실 管理室 (방 실). 관리(管理) 업무를 보는 방[室]. ¶관리실에서 출입증을 받으세요.

▸관리-인 管理人 (사람 인). 법률 ①남의 재산을 관리(管理)하는 사람[人]. ②소유자로부터 위임을 받아 시설 따위를 관리하는 사람. ¶별장 관리인.

▸관리-자 管理者 (사람 자). 어떤 사람에게서 위탁을 받아 시설 등을 관리(管理)하는 사람[者]. ¶기업 관리자.

▸관리-직 管理職 (일 직). 기업 따위에서 관리(管理)나 감독을 하는 지위에 있는 직종(職種). 또는 그런 사람. ¶이 도서관에는 사서직 6명, 관리직 25명이 근무하고 있다.

▸관리 무:역 管理貿易 (바꿀 무, 바꿀 역). 경제 정부가 수출입 총액, 무역 내용, 결제 방식 따위를 직접 관리(管理)하고 통제하는 무역(貿易). ㊟보호(保護) 무역, 자유(自由) 무역.

▸관리 통화 제:도 管理通貨制度 (통할 통, 돈 화, 정할 제, 법도 도). 경제 통화당국이 금의 보유량과는 관계없이 자유로이 통화량(通貨量)을 관리(管理)하고 조절할 수 있는 제도(制度).

관립 官立 (벼슬 관, 설 립). 국가기관[官]에서 세움[立]. ¶관립 학교.

관망 觀望 (볼 관, 바라볼 망). ① 속뜻 높은 곳에서 멀리 내다봄[觀=望]. ②풍경 따위를 멀리서 바라봄. ¶이 정자는 휴식과 관망을 위한 곳이다. ③한 발 물러나서 어떤 일이 되어 가는 형편을 바라봄. ¶사태를 관망하다.

관맥 關脈 (빗장 관, 맥 맥). 한의 맥(脈)을 진찰할 때의 관부(關部). 진찰하는 사람의 가운뎃손가락이 놓이는 부분에서 느껴지는 맥이다.

관명[1] 官名 (벼슬 관, 이름 명). 벼슬[官]의 이름[名]. 관직의 이름. ¶그 도적은 관명을 사칭하고 다녔다.

관명[2] 官命 (벼슬 관, 명할 명). 관청(官廳)에서 내리는 명령(命令). ¶관명을 거역하다.

관명[3] 冠名 (갓 관, 이름 명). 관례(冠禮)를 치르고 어른이 되면서 새로 지은 이름[名]. 보통 항렬에 따라 짓는다. ¶아명을 버리고 관명을 짓다.

관모[1] 冠毛 (갓 관, 털 모). ① 동물 새의 머리에 갓[冠]을 쓴 것처럼 길고 더부룩하게 난 털[毛]. ② 식물 씨방의 맨 끝에 붙은 솜털 같은 것.

***관모[2] 冠帽** (갓 관, 모자 모). 예전에 벼슬아치들이 쓰던 갓[冠] 모양의 모자(帽子). ¶말총으로 만든 관모를 썼다.

관:목 灌木 (덥수룩할 관, 나무 목). 식물 나무의 키가 작고 덥수룩하게[灌] 밑동에서 가지를 많이 치는 나무[木]. ⑪떨기나무. ⑫교목(喬木).

▸관:목-대 灌木帶 (띠 대). 식물 관목(灌木)이 주로 자라는 지대(地帶). 식물의 수직 분포대 중, 교목대(喬木帶)와 초본대(草本帶) 사이에 위치한다.

관문 關門 (빗장 관, 대문 문). ① 속뜻 지난날, 국경이나 교통의 요새 같은 데 설치한 관(關)의 문(門). ②그곳을 지나야만 드나들 수 있는 중요한 길목. ¶부산은 동아시아의 관문이다. ③어떤 일을 하자면 반드시 거쳐야 하는 중요한 대목. ¶입학시험이라는 관문을 통과하다. ④문을 닫음.

관물 官物 (벼슬 관, 만물 물). 관청(官廳) 소유의 물건(物件). ¶관물이 분실되다. ⑫사물(私物).

▸관물-대 官物臺 (대 대). 개인 소유물이 아닌 관물(官物)을 두는 받침대[臺].

관민 官民 (벼슬 관, 백성 민). 공무원[官]과 민간인[民]을 아울러 이르는 말. ¶관민이 협력했다. ⑪민관(民官).

▸관민 공:동회 官民共同會 (함께 공, 같을 동, 모일 회). 역사 1898년 독립 협회의 주최로 서울 종로에서 열린 관리(官吏)와 백성[民]이 함께[共同] 했던 민중 대회(大會).

관병 官兵 (벼슬 관, 군사 병). 관청(官廳) 소속의 병사(兵士). ¶조정에서 관병을 보냈다. ⑫민병(民兵).

관보 官報 (벼슬 관, 알릴 보). ① 속뜻 정부[官]가 일반 국민에게 널리 알릴[報] 사항을 실어서 발행하는 인쇄물. ¶개정된 법령을 관보에 고시했다. ②관공서에서 발송하는 공용 전보.

관복 官服 (벼슬 관, 옷 복). ① 속뜻 관리(官吏)의 제복(制服). ¶지급받은 관복을 잃어버렸다. ②관리들이 조정(朝廷)에 나아갈 때 입던 제복. ¶관복을 입고 조회에 참석했다. ⑪공복(公服).

***관북 關北** (빗장 관, 북녘 북). ① 속뜻 마천령을 관문(關門)으로 한 북(北)쪽 지방. ② 지리 함경북도 지방.

관:불 灌佛 (물 댈 관, 부처 불). 불교 ①불상(佛像)에 감차(甘茶)나 향수를 뿌리는[灌] 일. ②'관불회'의 준말. ⑪욕불(浴佛).

▸관:불-회 灌佛會 (모일 회). 불교 석가 탄신일에 아기 부처상[佛]의 정수리에 감차(甘茶)를 뿌리는[灌] 법회(法會).

관비[1] 官婢 (벼슬 관, 여자종 비). 봉건시대에, 관가(官家)에 속하여 있던 여자종[婢]. ¶그는 관비를 데리고 도망쳤다. ⑫관노(官奴).

관비[2] 官費 (벼슬 관, 쓸 비). 관청(官廳)에서 부담하는 비용(費用). ¶관비 유학생. ⑫사비(私費).

관사[1] 官舍 (벼슬 관, 집 사). 관리가 살도록 국가나 공공단체[官]에서 지은 집[舍]. ¶선생님은 관사에서 머물고 계신다. ⓑ관저(官邸), 공사(公舍).

관사[2] **冠詞** (갓 관, 말씀 사). ① 속뜻 머리 위의 갓[冠]처럼 쓰이는 낱말[詞]. ② 언어 영어, 프랑스 어, 독일어 따위에서 명사 앞에 놓여 단수, 복수, 성, 격 따위를 나타내는 품사.

관사[3] **館舍** (집 관, 집 사). 지난날 외국 사신을 머물게[館] 하던 집[舍]. ¶마을마다 관사를 설치했다. ⓑ객사(客舍).

관상[1] **管狀** (대롱 관, 형상 상). 대롱[管]처럼 생긴 모양[狀].

관상[2] **冠狀** (갓 관, 형상 상). 갓[冠]처럼 생긴 형상(形狀). ¶관상 동맥 / 관상 봉합.

▸**관상 동:맥 冠狀動脈** (움직일 동, 줄기 맥). 의학 심장벽에 붙어 심장에 영양을 공급하는 갓[冠] 모양[狀]의 동맥(動脈).

▸**관상 정맥 冠狀靜脈** (고요할 정, 줄기 맥). 의학 심장벽에 분포하여 우심방으로 열려 있는 갓[冠] 모양[狀]의 정맥(靜脈).

관상[3] **觀相** (볼 관, 모양 상). 민속 얼굴 등의 모양[相]을 보고[觀] 그 사람의 재수나 운명 등을 판단하는 일. ¶관상이 좋다.

▸**관상-가 觀相家** (사람 가). 얼굴 등의 모양[相]을 보고[觀] 그 사람의 운명 등을 판단하는 것을 전문으로 하는 사람[家].

관상[4] **觀象** (볼 관, 모양 상). 천문(天文)이나 기상(氣象)을 관측(觀測)하는 일. ¶관상을 위하여 누대를 세웠다.

▸**관상-대 觀象臺** (돈대 대). 지리 기상(氣象) 상태를 관측(觀測)·조사·연구하는 곳[臺]. '기상대'(氣象臺)의 이전 명칭. ¶그는 고의 관상대를 견학했다.

관상[5] **觀賞** (볼 관, 즐길 상). 동식물이나 자연 따위를 보고[觀] 감상(感賞)함. ¶관상을 위한 식물을 심었다.

▸**관상-수 觀賞樹** (나무 수). 두고 보면서[觀] 즐기기[賞] 위해 키우는 나무[樹]. ¶소철은 관상수로 인기가 많다. ⓑ관상목(觀賞木).

▸**관상-어 觀賞魚** (물고기 어). 두고 보면서[觀] 즐기기[賞] 위해 기르는 물고기[魚]. ¶금붕어를 관상어로 기르다.

▸**관상-용 觀賞用** (쓸 용). 두고 보면서[觀] 즐기는[賞] 데 씀[用]. 또는 그런 물건. ¶관상용 어류.

▸**관상-식물 觀賞植物** (심을 식, 만물 물). 두고 보면서[觀] 즐기기[賞] 위해 가꾸는 식물(植物).

관서[1] **官署** (벼슬 관, 관청 서). ① 속뜻 관청(官廳)과 그 부속 기관[署]을 통틀어 이르는 말. ¶중앙 관서 / 행정 관서. ② 역사 조선시대에, 문서에 관인(官印)을 찍던 일. 부(部), 처(處), 원(院), 청(廳), 국(局), 서(署), 소(所) 따위로 나뉜다.

***관서**[2] **關西** (빗장 관, 서녘 서). ① 속뜻 마천령을 관문(關門)으로 한 그 서(西)쪽 지방. ② 지리 평안도와 황해도 북부 지역.

▸**관서-별곡 關西別曲** (다를 별, 노래 곡). 문학 조선 때, 백광홍이 평안도 평사로 부임하여 평안도[關西] 지역을 기행하며 그 아름다움을 노래한 가사[別曲].

관석 罐石 (양철통 관, 돌 석). 화학 기관(汽罐)의 물이 증발한 뒤에 안쪽 벽에 가라앉아서 돌[石]같이 단단하게 굳어 붙은 고체. ¶관석이 많아 열전도가 낮아졌다.

관선 官選 (벼슬 관, 고를 선). 국가 기관[官]에서 가려 뽑아[選] 임명함. ¶관선 이사진을 구성하였다. ⓑ민선(民選).

관설 官設 (벼슬 관, 세울 설). 국가 기관[官]에서 설립(設立)함. 또는 그렇게 세운 시설. ¶관설 기관.

관섭 關涉 (관계할 관, 관여할 섭). 어떤 일에 관여(關與)하여 간섭(干涉)함.

관성 慣性 (버릇 관, 성질 성). ① 속뜻 버릇[慣]이 된 행동이나 성질(性質). ② 물리 물체가 밖의 힘을 받지 않는 한 정지 또는 등속도 운동의 상태를 지속하려는 성질. ¶관성의 법칙. ⓑ타성(惰性).

관세[1] **冠歲** (갓 관, 나이 세). 남자가 관례(冠禮)를 치르는 나이[歲]. 20세.

관세[2] **關稅** (빗장 관, 세금 세). 법률 세관(稅關)을 통과(通過)하는 화물에 대하여 부과되는 조세(租稅). ¶수입 자동차에 높은 관세를 물리다. ⓑ통관세(通關稅).

▸**관세-청 關稅廳** (관청 청). 법률 수출입 물품을 관리하고 관세(關稅)에 관한 사무를 맡아보는

▸**관세 동맹 關稅同盟** (한가지 동, 맹세할

맹). 경제 국가 사이에 관세(關稅)에 관해 체결한 동맹(同盟). 관세 제도를 통일하여 동맹국 상호 간에는 관세를 폐지 또는 인하하고 제3국에 대하여는 공통된 관세를 설정해 교역의 자유를 도모한다. ¶프로이센은 독일 연방국들과의 관세 동맹을 주도했다.

▸관세 장벽 關稅障壁 (막을 장, 담 벽). 경제 수입품에 관세(關稅)를 높게 부과함으로써 장벽(障壁)과 같은 효과를 얻는 것. ¶관세 장벽을 철폐하기 위해 각국과 협상했다.

관세음보살 觀世音菩薩 (볼 관, 세상 세, 소리 음, 보살 보, 보살 살). 불교 세상(世上)의 소리[音]를 들어 알 수 있는[觀] 보살(菩薩).

관수관급-제 官收官給制 (벼슬 관, 거둘 수, 벼슬 관, 줄 급, 정할 제). 역사 조선 성종 때, 국가[官]가 경작자에게 세금을 직접 걷어[收] 이를 국가[官]가 직접 관리들에게 지급(支給)하던 제도(制度). ¶관수관급제가 실시되면서 국가의 토지지배권이 강화되었다.

관습 慣習 (버릇 관, 버릇 습). 어떤 사회에서 오랫동안 지켜 내려와[慣] 그 사회구성원들이 널리 인정하는 질서나 풍습(風習). ¶오랜 관습을 깨다. ㉥관례(慣例), 관행(慣行).

▸관습-법 慣習法 (법 법). 법률 사회생활에서 관행(慣行)이나 습관(習慣)이 굳어져서 법(法)의 효력을 갖게 된 것. ¶관습법을 바탕으로 법률을 제정하다.

관식 冠飾 (갓 관, 꾸밀 식). 고적 관(冠)을 꾸미는[飾] 데 쓰던 물건. '관장식'(冠裝飾)의 준말. ¶천마총에서 신라시대의 관식이 출토되었다.

관심[1] 觀心 (볼 관, 마음 심). 불교 마음[心]의 본바탕을 바르게 살펴봄[觀]. ¶오랜 수행을 통해 관심의 경지에 이르다.

＊관심[2] 關心 (관계할 관, 마음 심). ① 속뜻 관계(關係)하고 싶은 마음[心]. ② 마음이 끌려 주의를 기울임. ¶관심을 모으다.

▸관심-사 關心事 (일 사). 관심(關心)을 끄는 일[事]. ¶언니의 요즘 관심사는 결혼이다.

관아 官衙 (벼슬 관, 관청 아). 예전에, 벼슬아치들[官]이 모여 나랏일을 처리하던 곳[衙]. ¶죄인을 관아로 압송하다.

관악 管樂 (피리 관, 음악 악). 음악 관악기(管樂器)로 연주하는 음악(音樂). ¶관악 합주. ㉠취주악(吹奏樂), 현악(絃樂), 타악(打樂).

관-악기 管樂器 (피리 관, 음악 악, 도구 기). 음악 입으로 불어서 관(管) 안의 공기를 진동시켜 소리를 내는 악기(樂器). ¶플루트와 클라리넷은 관악기의 하나다.

관여 關與 (관계할 관, 도울 여). 어떤 일에 관계(關係)하여 참여(參與)함. ¶넌 관여하지 마. ㉥간여(干與).

관역 官役 (벼슬 관, 부릴 역). ① 속뜻 지방 관청(官廳)에서 시키는 부역(賦役). ② 국가 기관에서 하는 토목, 건축 따위의 공사.

관엽 식물 觀葉植物 (볼 관, 잎 엽, 심을 식, 만물 물). 식물 잎사귀[葉]의 모양이나 빛깔의 아름다움을 보고[觀] 즐기기 위하여 재배하는 식물(植物). 단풍나무, 고무나무 따위.

관영 官營 (벼슬 관, 꾀할 영). 국가 기관[官]에서 경영(經營)함. ¶관영 신문.

관옥 冠玉 (갓 관, 구슬 옥). ① 속뜻 관(冠)의 앞을 꾸미는 옥(玉). ② 남자의 아름다운 얼굴을 비유하여 이르는 말. ¶그의 얼굴은 관옥 같고 눈은 호수 같았다.

관외 管外 (맡을 관, 밖 외). 어떤 기관이 맡은[管] 구역의 밖[外]. ¶관외 사람. ㉤관내(管內).

관요 官窯 (벼슬 관, 가마 요). 역사 고려·조선 때, 도자기를 굽기 위해 관아(官衙)에서 운영하던 가마[窯]. 또는 거기서 만든 도자기. ¶관요의 도공.

관용[1] 寬容 (너그러울 관, 담을 용). 남의 잘못을 너그럽게[寬] 받아들이거나[容] 용서함. 또는 그런 용서. ¶관용을 베풀다. ㉥관면(寬免).

관용[2] 官用 (벼슬 관, 쓸 용). 정부기관이나 국립 공공기관[官]에서 사용(使用)함. ¶관용 설비.

▸관용-차 官用車 (수레 차). 공공 기관에서 사용하는[官用] 자동차(自動車). ¶대형 관용차.

관용[3] 慣用 (버릇 관, 쓸 용). 습관적(習慣的)으로 늘 씀[用]. 또는 그렇게 쓰는 것. ¶관용적인 표현.

▸관용-구 慣用句 (글귀 구). ① 속뜻 습관적(習慣的)으로 쓰는[用] 어구(語句). ② 언어 주어진 단어들의 의미만으로는 그 문장의 뜻을 알 수 없는 특수한 의미를 나타내는 어구(語句). '손(을) 끊다'가 '교제나 거래 따위를 중단하다'는 뜻으로 쓰이는 것 따위이다. ㊥숙어(熟語).

▸관용-어 慣用語 (말씀 어). ① 속뜻 습관적(習慣的)으로 쓰는[用] 말[語]. 원래의 뜻과는 다른 특별한 의미를 갖는다. ② 언어 관용구(慣用句).

▸관용-음 慣用音 (소리 음). 언어 어법에는 어긋나지만 습관적(習慣的)으로 쓰여[用] 굳어진 말소리[音]. ㊥습관음(習慣音).

관운 官運 (벼슬 관, 운수 운). 벼슬살이[官]에 따른 운수(運數). ¶관운이 좋아 줄곧 승진을 했다. ㊥관복(官福).

관원 官員 (벼슬 관, 사람 원). 벼슬[官]에 있는 사람[員]. ¶관원들이 어가를 옹위해 행렬하고 있다.

관유[1] 官有 (벼슬 관, 있을 유). 정부나 관청(官廳)의 소유(所有). ¶관유 창고.

관유[2] 寬裕 (너그러울 관, 넉넉할 유). 마음이 너그럽고[寬] 넉넉함[裕]. ㊥광유(廣裕).

관음-상 觀音像 (볼 관, 소리 음, 모양 상). 불교 관세음(觀世音) 보살의 상(像). ¶석굴암의 관음상이 유명하다.

관인[1] 官印 (벼슬 관, 도장 인). 정부 기관[官]의 인증(認證)이 필요한 문서 따위에 찍는 도장[印]. ¶관인을 찍다 ㊥공인(公印), 인관(印官) ㊦사인(私印).

관인[2] 官認 (벼슬 관, 알 인). 국가 기관[官]에서 인정(認定)함. ¶관인 태권도학원.

관:입 貫入 (꿸 관, 들 입). ① 속뜻 꿰뚫고[貫] 들어감[入]. ② 지리 마그마가 주변의 암석을 뚫고 들어가는 일. ¶이곳은 화성암이 관입된 흔적이 있다. ③ 도자기의 표면에 보이는 아주 섬세한 금. ㊥관유(貫乳).

▸관:입-암 貫入巖 (바위 암). 지리 마그마가 주변의 암석을 뚫고[貫] 들어가[入] 형성된 암석(巖石). 지표로 분출하지 않고 지각 중에서 고결된 화성암체를 총칭한다. ㊥심성암(深成巖)

관작 官爵 (벼슬 관, 벼슬 작). 역사 관직(官職)과 작위(爵位). ¶그는 역모에 연루되면서 관작을 추탈 당하였다.

관장[1] 管掌 (관리할 관, 손바닥 장). 손바닥[掌]으로 쥔 듯이 맡아 관리(管理)함. ¶그는 업무를 관장하느라 바쁘다. ㊥관할(管轄).

관장[2] 館長 (집 관, 어른 장). ① 속뜻 도서관, 박물관, 전시관 따위와 같이 '관'(館) 자가 붙은 기관의 최고 책임자[長]. ¶도서관 관장. ② 역사 조선 때, 성균관의 으뜸 벼슬.

관장[3] 灌腸 (물댈 관, 창자 장). 의학 약물을 항문으로 넣어서 직장이나 큰창자[腸]에 들어가게[灌] 하는 일.

▸관장-제 灌腸劑 (약제 제). 약학 항문에서 직장으로[腸] 집어넣는[灌] 약물[劑].

관재[1] 官災 (벼슬 관, 재앙 재). 민속 관청(官廳)에서 비롯되는 재앙(災殃). 또는 관아의 억압이나 착취 따위로 인하여 받는 재앙. ¶관재를 입다. ㊥관액(官厄).

관재[2] 管財 (관리할 관, 재물 재). 재산(財産)을 관리(管理)함. ¶그는 우리 회사의 관재를 담당하고 있다.

관저 官邸 (벼슬 관, 집 저). 정부에서 장관급 이상의 고관(高官)들이 살도록 마련한 집[邸]. ¶국무총리 관저. ㊦사저(私邸).

관전 觀戰 (볼 관, 싸울 전). ① 속뜻 전쟁(戰爭)의 실황을 직접 살펴봄[觀]. ¶관전하던 장군은 장병들에게 후퇴를 지시했다. ② 운동 경기나 바둑 대국(對局) 따위를 구경함. ¶야구를 관전하다.

▸관전-기 觀戰記 (기록할 기). 관전(觀戰)한 내용이나 느낌 따위를 적은 기록(記錄).

▸관전-평 觀戰評 (평할 평). 경기 따위를 관전(觀戰)하고 나서 하는 평가(評價). ¶해설위원이 관전평을 했다.

*__관절__ 關節 (빗장 관, 마디 절). 의학 뼈와 뼈가 서로 맞닿아 연결되어 있는[關] 부분[節]. ¶지나친 운동은 관절에 무리를 준다. ㊥골절(骨節).

▸관절-염 關節炎 (염증 염). 의학 관절(關節)에 생기는 염증(炎症). ¶관절염으로 절뚝거리며 걷다.

관점 觀點 (볼 관, 점 점). 사물이나 현상을 관찰할 때에 그 사람이 보고[觀] 생각하는 태도나 방향[點]. ¶다른 관점에서 생각해

보자. ㊊시각(視角), 견지(見地).

관정 管井 (대롱 관, 우물 정). 둘레가 대롱[管] 모양으로 된 우물[井]. 둥글게 판 우물. ¶가뭄이 잦은 지역에 관정을 팠다.

관제[1] 官制 (벼슬 관, 정할 제). 법률 국가의 행정 조직[官] 및 권한에 관한 제도(制度). ¶중앙 관제 / 관제를 개혁하다. ㊊직제(職制).

관제[2] 官製 (벼슬 관, 만들 제). 정부가 경영하는 기업체나 관청(官廳)에서 물건을 만듦[製]. 또는 그렇게 만든 물품. ¶이곳은 관제 물품 외에는 반입할 수 없다. ㊐사제(私製).

▸관제-엽서 官製葉書 (잎 엽, 글 서). 정부에서[官] 발행한[製] 일정한 규격의 우편엽서(郵便葉書). ㊊체신(遞信) 엽서.

관제[3] 管制 (관리할 관, 누를 제). 관리(管理)하여 통제(統制)함. ¶중앙 관제 시스템.

▸관제-탑 管制塔 (탑 탑). 항공 비행장에서 안전과 능률을 위해 항공 교통 관제(管制)를 행하는 탑(塔).

관조 觀照 (볼 관, 비칠 조). 고요한 마음으로 사물이나 현상을 관찰(觀察)하거나 비추어[照] 봄. ¶그는 인생을 관조하듯 살아왔다. ㊟반조(反照).

관족 管足 (대롱 관, 발 족). 동물 극피동물의 수관계에 붙은 대롱[管]과 같이 생긴 발[足]. 성게나 해삼에서 볼 수 있으며, 이를 이용해 몸을 이동하고 숨을 쉰다.

관존-민비 官尊民卑 (벼슬 관, 높을 존, 백성 민, 낮을 비). 관리(官吏)는 높고[尊] 귀하며, 백성[民]은 낮고[卑] 천하다고 여기는 생각. ¶관료제에 의해 관존민비의 사상이 조성되었다.

관중 觀衆 (볼 관, 무리 중). 연극이나 운동경기 따위를 구경하는[觀] 무리[衆]. ¶관중들의 환호를 받다. ㊊관객(觀客).

▸관중-석 觀衆席 (자리 석). 구경하는 사람들[觀衆]이 앉는 자리[席]. ¶관중석이 꽉 찼다.

관:지 款識 (새길 관, 기록할 지). ① 속뜻 글자 따위를 음각한 것을 '款'이라 하고 양각을 '識'라 함. ②글씨나 그림의 표제, 작자의 이름을 이르는 말.

관직 官職 (벼슬 관, 일 직). ① 속뜻 벼슬[官]을 하면서 맡은 일[職]. '관'(官)은 직무의 일반적 종류를 뜻하며, '직'(職)은 구체적 범위를 뜻한다. ②공무원 또는 관리가 국가로부터 위임받은 일정한 직무. 또는 그런 지위. ¶관직 생활 / 관직을 박탈당하다.

⁑관찰 觀察 (볼 관, 살필 찰). 사물이나 현상을 주의 깊게 보고[觀] 살핌[察]. ¶현미경으로 미생물을 관찰하다.

▸관찰-도 觀察道 (길 도). 역사 조선 고종 33년(1896)에 행정 구역을 13도로 나눈 뒤 관찰부(觀察部)를 둔 각 도(道).

▸관찰-력 觀察力 (힘 력). 사물이나 현상을 주의하여 자세히 살펴보는[觀察] 능력(能力). ¶관찰력을 기르다.

▸관찰-부 觀察府 (관청 부). 역사 조선 시대에, 관찰사(觀察使)가 직무를 보던 관아[府].

▸관찰-사 觀察使 (부릴 사). 역사 고려·조선 때, 지방의 경찰·사법·징세 따위를 통합하여 관리하고, 주민의 생활을 관찰(觀察)하던 각 도의 으뜸 관리[使]. ㊊감사(監司), 관찰(觀察), 도신(道臣), 방백(方伯).

▸관찰-자 觀察者 (사람 자). 관찰(觀察)하는 사람[者]. ¶가장 훌륭한 창작자는 가장 훌륭한 관찰자이다.

▸관찰자 시:점 觀察者視點 (사람 자, 볼 시, 점 점). 문학 소설에서 화자가 관찰자(觀察者)가 되어 객관적으로 세계를 보고[視] 그대로 서술하는 관점(觀點). ¶관찰자 시점의 소설.

관:철 貫徹 (꿸 관, 뚫을 철). 어려움을 꿰뚫고[貫] 난관을 극복해[徹] 끝내 목적을 이룸. ¶끝까지 목적을 관철하다.

관청 官廳 (벼슬 관, 관아 청). 국가[官]의 사무를 집행하는 국가기관[廳]. 또는 그런 곳.

관촉-사 灌燭寺 (물댈 관, 촛불 촉, 절 사). 불교 고려 광종 19년(968)에 혜명(慧明)이 창건한 절[寺]. 우리나라에서 제일 큰 미륵보살 입상인 '은진 미륵'의 미간에 있는 옥호에서 발생한 빛이 마치 '촛불[燭]을 부워 놓은[灌] 것 같다'고 붙여진 이름이다.

관측 觀測 (볼 관, 헤아릴 측). ① 속뜻 어떤 사정이나 형편 따위를 잘 살펴보고[觀] 그 장래를 헤아림[測]. ②관찰하여 측정함. ¶천문을 관측하다.

▸관측-대 觀測臺 (돈대 대). 천문 천체나 기상을 관측(觀測)하는 시설[臺]. ¶첨성대는

신라시대 천문 기상 관측대이다.

▶관측-소 觀測所 (곳 소). 적의 동태나 기상(氣象) 상태를 살피는[觀測] 곳[所]. ¶항공 관측소 / 기상 관측소.

▶관측-자 觀測者 (사람 자). 현상의 상태, 추이, 변화 따위를 관찰(觀察)하여 측정(測定)하는 사람[者]. ¶기상 관측자 / 경제 관측자들은 경기가 호전될 것이라고 말했다.

▶관측-통 觀測通 (통할 통). 언론에서 정계나 재계 따위 어떤 분야에 대하여 동정을 잘 관측(觀測)하는 사람[通]. 또는 그런 기관. ¶이 정보는 믿을 만한 관측통에서 나온 것이다.

관치 官治 (벼슬 관, 다스릴 치). 국가의 행정 기관[官]이 직접 맡아 처리함[治]. ¶관치 금융 / 불교는 관치 중심에서 벗어나 민중들에게 정착하기 시작했다.

▶관치-행정 官治行政 (행할 행, 정사 정). 정치 국가의 행정 기관[官]이 직접 맡아[治] 하는 행정(行政). ㊟관치.

관:통 貫通 (꿸 관, 통할 통). ① 속뜻 꿰뚫어서[貫] 통(通)하게 함. ¶탄알이 가슴을 관통하다. ②처음부터 끝까지 일관함. ㊐통관(通貫).

▶관:통-상 貫通傷 (다칠 상). 총탄 따위가 몸을 꿰뚫어[貫通] 다침[傷]. ¶그는 흉부에 관통상을 입고 병원으로 후송되었다.

관폐 官弊 (벼슬 관, 나쁠 폐). 관리(官吏)들의 잘못이나 부정으로 인하여 생기는 폐단(弊端). ¶백성들은 조정에 관폐를 호소했다.

관포지교 管鮑之交 (성씨 관, 성씨 포, 어조사 지, 사귈 교). 중국 춘추 시대의 관중(管仲)과 포숙아(鮑叔兒)의 우정과 교분(交分)이 아주 돈독하였다는 고사에서 유래하여 '아주 친한 친구 사이의 사귐'을 이르는 말.

관하 管下 (맡을 관, 아래 하). 관할(管轄) 아래[下]에 있는 구역이나 범위. ¶강남 경찰서 관하에서 사건이 발생하였다.

관학 官學 (벼슬 관, 배울 학). ① 속뜻 나라[官]에서 세운 학교(學校)나 학원 따위의 교육 기관. ② 역사 나라에서 인재를 양성하기 위해 세운 학교. 국자감, 성균관, 사학(四學), 향교 따위가 있다. ¶칠재는 관학이고 십이도는 사학이다. ㊥사학(私學).

관할 管轄 (맡을 관, 다스릴 할). 일정한 권한에 의하여 맡아[管] 다스림[轄]. 또는 그런 지배가 미치는 범위. ¶관할 지역 / 이 도로는 동대문 경찰서가 관할하고 있다. ㊐담당(擔當).

▶관할-권 管轄權 (권리 권). 법률 특정한 사건에 대하여 법원이 처리할 수 있는[管轄] 권리(權利). ¶배타적 관할권.

▶관할-지 管轄地 (땅 지). 법률 관할권(管轄權)이 미치는 지역(地域). ¶사령관이 관할지의 민정까지 겸하였다.

관:항 款項 (항목 관, 항목 항). ① 속뜻 조항[款]이나 항목(項目). ②예산서나 결산서 따위의 내용 구분 단위인 '관'(款)과 '항'(項)을 아울러 이르는 말.

관행 慣行 (버릇 관, 행할 행). 오랜 관례(慣例)에 따라서 행함[行]. ¶관행에 따르다.

관향 貫鄕 (꿸 관, 시골 향). 시조(始祖)가 살던 본관(本貫)이 있는 시골[鄕]. ¶그는 나와 관향이 같다.

관허 官許 (벼슬 관, 허락 허). 정부에서[官] 특정한 사람에게 특정한 일을 허가(許可)함. 또는 그런 허가. ¶관허 업소 / 관허 학원.

관헌 官憲 (벼슬 관, 법 헌). ① 속뜻 정부나 관청(官廳)에서 정한 법규[憲]. ¶관헌에 따르자면. ②예전에, '관청'을 달리 이르던 말. ¶중국 관헌에 붙잡혀 갔다. ③예전에, 관직에 있는 사람을 달리 이르던 말. ¶지방 관헌.

관현 管絃 (대롱 관, 줄 현). 음악 대롱[管]이 달린 관악기와 줄[絃]로 엮은 현악기. ¶관현 합주.

▶관현-악 管絃樂 (음악 악). 음악 ①관악기(管樂器), 현악기(絃樂器) 따위로 함께 연주하는 음악(音樂). ¶졸업생들은 식장에서 관현악을 연주했다. ②국악에서 관악기, 현악기와 편종, 편경 따위의 타악기가 반드시 들어가는 큰 규모의 합주.

▶관현악-단 管絃樂團 (음악 악, 모일 단). 음악 관현악(管絃樂)을 연주하는 단체(團體).

관형 冠形 (갓 관, 모양 형). 갓[冠]을 쓴 모양[形]으로 앞에서 꾸며주는 것.

▶관형-격 冠形格 (자격 격). ① 속뜻 관형어

(冠形語)가 되는 자격(資格). ② [언어] 체언 앞에 놓여서, 앞에 오는 체언이 뒤에 오는 체언의 관형어임을 보이는 격. [비]매김자리, 소유격(所有格), 속격(屬格).

▸**관형-구** 冠形句 (글귀 구). [언어] 문장에서 관형어(冠形語) 역할을 하는 구(句). "예쁜 아이"에서의 "예쁜" 따위.

▸**관형-사** 冠形詞 (말씀 사). [언어] 체언 앞[冠]에 놓인 형태(形態)로, 그 내용을 자세히 꾸며주는 역할을 하는 말[詞].

▸**관형-어** 冠形語 (말씀 어). [언어] 체언 앞[冠]에 놓인 형태(形態)로, 그 내용을 자세히 꾸며 주는 문장 성분[語].

▸**관형-절** 冠形節 (마디 절). [언어] 문장에서 관형어(冠形語) 역할을 하는 절(節). "네가 좋아할 옷을 사왔다."에서 "네가 좋아할" 따위.

▸**관형사-형** 冠形詞形 (말씀 사, 모양 형). [언어] 관형사(冠形詞) 역할을 하는 활용형(活用形). [준]관형형. [비]매김꼴.

▸**관형격 조:사** 冠形格助詞 (자격 격, 도울 조, 말씀 사). ① [속뜻] 관형어(冠形語)의 자격(資格)을 갖게 하는 조사(助詞). ② [언어] 문장 안에서, 앞에 오는 체언이 뒤에 오는 체언의 관형어임을 보이는 조사.

▸**관형사형 어:미** 冠形詞形語尾 (말씀 사, 모양 형, 말씀 어, 꼬리 미). [언어] 문장에서, 용언을 관형사(冠形詞)와 같은 형태(形態)로 변화시키는 어미(語尾).

관화 官話 (벼슬 관, 말할 화). 중국 청나라 때, 중국 관청(官廳)에서 쓰던 표준말[話].

관혼 冠婚 (갓 관, 혼인할 혼). 관례(冠禮)와 혼례(婚禮). ¶이 책은 당시 서민의 관혼(冠婚)에 대해 기록하고 있다.

▸**관혼상제** 冠婚喪祭 (죽을 상, 제사 제). 관례(冠禮), 혼례(婚禮), 상례(喪禮), 제례(祭禮). ¶우리 조상들은 관혼상제를 중요하게 여겼다.

관후 寬厚 (너그러울 관, 두터울 후). 마음이 너그럽고[寬] 온후(溫厚)하다. ¶사람들은 그가 관후 장자(長者)라고 칭송했다. [비]관대(寬大).

괄대 恝待 (소홀히 할 괄, 대접할 대). 업신여겨 소홀히[恝] 대접(待接)함. 또는 그런 대접. ¶나를 괄대하다니.

괄목 刮目 (비빌 괄, 눈 목). 눈[目]을 비비고[刮] 다시 볼 만큼 발전 속도가 매우 빠름. ¶괄목할 만한 성장.

▸**괄목상대** 刮目相對 (서로 상, 대할 대). ① [속뜻] 눈[目]을 비비고[刮] 서로[相] 마주함[對]. ② 발전 속도가 매우 빠름. ③ '남의 학식이나 재주가 놀랄 만큼 늚'을 비유하여 이르는 말.

괄시 恝視 (소홀히 할 괄, 볼 시). 업신여겨 하찮게[恝] 봄[視]. 또는 그렇게 대함. ¶가진 것이 없다고 괄시하지 마라. [비]푸대접, 홀대(忽待). [반]후대(厚待), 환대(歡待).

괄약 括約 (묶을 괄, 묶을 약). ① [속뜻] 벌어진 것을 오므라지게 묶음[括=約]. ¶이 신경은 동공의 괄약을 지배한다. ② 모아서 한데 합함.

▸**괄약-근** 括約筋 (힘줄 근). [의학] 오므리거나[括約] 벌림으로써 생체 기관의 열고 닫음을 조절하는 고리 모양의 근육(筋肉). 입·항문·요도 따위에 있다.

괄태-충 括胎蟲 (묶을 괄, 아이 밸 태, 벌레 충). ① [속뜻] 태(胎)로 싸여 있는[括] 듯한 모양의 벌레[蟲]. ② [동물] 복족류에 속하는 껍데기가 없는 달팽이. [비]민달팽이.

괄호 括弧 (묶을 괄, 활 호). ② [언어] 일정 내용을 묶기 위해 사용하는 문장 부호. ¶괄호에는 소괄호(( )), 중괄호({ }), 대괄호([ ]) 등이 있다. [비]묶음표.

광각[1] 光角 (빛 광, 모서리 각). [물리] 한 점을 볼 때 양쪽 눈[光]과 그 점을 잇는 직선이 만드는 각(角).

광각[2] 光覺 (빛 광, 깨달을 각). [생물] 빛[光]에 대한 감각(感覺). 좁은 뜻으로는 밝기의 감각만을 이르나, 넓은 뜻으로는 색깔에 대한 감각도 포함한다. ¶광각 검사.

광:각[3] 廣角 (넓을 광, 모서리 각). ① [속뜻] 넓은[廣] 각도(角度). 특히 사진에서 렌즈의 사각(寫角)이 넓은 것을 이른다. ¶광각 렌즈. ② 시야가 넓은 것.

광객 狂客 (미칠 광, 손 객). ① [속뜻] 미친[狂] 사람[客]. ② 말이나 행동이 미친 사람처럼 일상의 이치에서 벗어난 사람.

광견 狂犬 (미칠 광, 개 견). 미친[狂] 개[犬]. ¶광견에게 물리다.

▸**광견-병** 狂犬病 (병 병). [의학] 미친[狂] 개[犬]에게서 볼 수 있는 바이러스성 질환

[病]. ¶광견병이 돌다.

광경 光景 (빛 광, 볕 경). ① 속뜻 아름답게 빛나는[光] 풍경(風景). ② 벌어진 일의 형편과 모양. ¶참혹한 광경이 벌어지다. ⓑ상황(狀況).

광:고 廣告 (넓을 광, 알릴 고). 세상에 널리[廣] 알림[告]. 또는 그런 일. ¶신문에 광고를 내다 / 신제품을 광고하다.

▶광:고-란 廣告欄 (칸 란). 신문이나 잡지 따위에서 광고(廣告)를 싣는 칸[欄]. ¶일간 신문의 광고란.

▶광:고-문 廣告文 (글월 문). 광고(廣告)하기 위하여 쓴 글[文]. ¶광고문의 내용을 참조하시오.

▶광:고-물 廣告物 (만물 물). 광고(廣告)에 관한 문서나 물건(物件). ¶광고물이 쌓여 있다.

▶광:고-지 廣告紙 (종이 지). 광고(廣告)하는 글이나 그림 따위가 실린 종이[紙]. ¶집집마다 광고지를 돌리다.

▶광:고-탑 廣告塔 (탑 탑). 광고(廣告)를 위해 탑(塔)처럼 높이 만들어 세운 구조물. ¶강풍으로 광고탑이 쓰러졌다.

▶광:고-판 廣告板 (널빤지 판). 광고(廣告)하는 글이나 그림을 붙이기 위하여 만든 판(板).

광:-공업 鑛工業 (쇳돌 광, 장인 공, 일 업). ① 광업(鑛業)과 공업(工業). ¶이 도시는 광공업이 모두 발달했다. ② 광업에 딸린 공업. ¶광공업 제품.

광관 光冠 (빛 광, 갓 관). ① 속뜻 태양[光]이나 달의 왕관(王冠) 같은 테. ② 천문 구름이 태양이나 달의 표면을 가릴 때, 태양이나 달의 둘레에 생기는 불그스름한 빛의 둥근 테). ③ 천문 태양 대기(大氣)의 가장 바깥 층에 있는 엷은 가스층.

광구[1] 光球 (빛 광, 공 구). ① 속뜻 빛[光]을 내는 구슬[球] 모양의 것. '빛'의 뜻인 'photo'와 '球'의 뜻인 'sphere'를 의역한 말. ② 천문 항성에서 빛의 대부분이 복사되는 표면.

광:구[2] 鑛區 (쇳돌 광, 나눌 구). 법률 관청에서 어떤 광물(鑛物)의 채굴이나 시굴을 허가한 구역(區域). ¶제7광구가 무너졌다.

광:궤 廣軌 (넓을 광, 바퀴자국 궤). 교통 철도에서 선로와 선로 사이의 너비가 표준 너비인 1.435m보다 넓은[廣] 궤도(軌度).

▶광:궤 철도 廣軌鐵道 (쇠 철, 길 도). 교통 궤도의 너비가 표준 너비인 1.435m보다 넓은[廣] 궤도(軌度)의 철도(鐵道). 인도, 오스트레일리아, 에스파냐, 남아메리카, 러시아 등지에서 채택하고 있다.

광기 狂氣 (미칠 광, 기운 기). ① 속뜻 미친[狂] 듯한 기미(氣味). ② 미친 듯이 날뛰는 기질을 속되게 이르는 말. ¶눈에 광기가 서려 있다.

광년 光年 (빛 광, 해 년). 천문 빛[光]이 초속 30만km의 속도로 1년(年) 동안 나아가는 거리를 단위로 한 것. 1광년은 9조 4670억 7782만km이다. 기호는 ly 또는 lyr.

광달-거리 曠達距離 (밝을 광, 이를 달, 떨어질 거, 떨어질 리). ① 속뜻 밝은[曠] 빛이 도달(到達)할 수 있는 거리(距離). ② 해양 등댓불을 사람이 육안으로 식별할 수 있는 가장 먼 거리.

광:대 廣大 (넓을 광, 큰 대). 넓고[廣] 큼[大]. ¶광대한 평야.

▶광:대-무변 廣大無邊 (없을 무, 가 변). 넓고[廣] 커서[大] 끝[邊]이 없음[無]. ¶광대무변한 세계.

광도 光度 (빛 광, 정도 도). ① 속뜻 밝기[光]의 정도(程度). ② 물리 빛의 진행방향에 수직한 면을 통과하는 빛의 양. 단위는 칸델라(candela). ③ 천문 지구의 표면에 수직으로 비치는 항성의 밝기. 혹은 항성의 밝은 정도를 표현한 등급. '항성 광도'의 준말. ¶이 별의 광도는 태양의 10배이다.

▶광도 계급 光度階級 (섬돌 계, 등급 급). 천문 별의 밝은[光] 정도(程度)를 나타내는 계급(階級). 단위는 '등급'(等級)이고, 가장 희미한 빛을 내는 별을 6등급, 가장 밝은 빛을 내는 별을 1등급이라고 한다. ⓑ광도 등급(等級).

광란 狂亂 (미칠 광, 어지러울 란). 미친[狂] 듯이 어지럽게[亂] 날뜀. ¶광란 같은 축제가 벌어졌다.

광량 光量 (빛 광, 분량 량). 물리 발광체가 빛[光]을 내는 양(量). 광속과 시간을 곱한 값이다.

광력 光力 (빛 광, 힘 력). 물리 빛[光]의 힘

[力]. ¶이 등대는 광력이 약하다. [비]광도(光度).

광림 光臨 (빛 광, 임할 림). ① [속뜻]햇빛[光]처럼 높은 사람이 낮은 사람이 있는 곳에 옴[臨]. ② '남이 찾아오는 일'을 높여 이르는 말. ¶광림해주셔서 영광입니다. [비]광고(光顧), 비림(賁臨).

광:막 廣漠 (넓을 광, 아득할 막). 넓은[廣] 사막처럼 아득하다[漠]. ¶광막한 초원.

광망 光芒 (빛 광, 바늘 망). 바늘[芒]같이 가늘게 비치는 빛살[光]. ¶흐릿한 광망만이 겨우 느껴졌다.

광:맥 鑛脈 (쇳돌 광, 줄기 맥). [광업]광물(鑛物)이 많이 묻혀 길게 맥(脈)을 형성하고 있는 것. 광분(鑛分)이 섞인 가스나 열수(熱水)가 암석의 틈을 채우면서 생겨난다. ¶광맥을 발견하다.

광명 光明 (빛 광, 밝을 명). ① [속뜻]빛[光]이 환함[明]. 또는 밝은 미래나 희망을 상징하는 밝고 환한 빛. ¶그는 자수해서 광명을 찾았다. ② [불교]부처와 보살 등의 몸에서 나는 빛. ③ [불교]번뇌나 죄악의 암흑에 신앙상의 지혜와 견해를 갖도록 밝게 비춤.

▸광명-정대 光明正大 (바를 정, 큰 대). 말이나 행실이 떳떳하고[光明] 정당함[正大]. ¶그는 광명정대하여 권력자에게 아첨하지 않았다.

광:목 廣木 (넓을 광, 나무 목). 폭을 넓게[廣] 짠 목면(木棉). ¶광목 한 필 / 광목으로 적삼을 짓다.

광무 光武 (빛 광, 굳셀 무). ① [속뜻]빛[光]과 같이 곧고 굳셈[武]. ② [역사]조선 고종 때 사용한 연호(1897~1907).

광:문자-전 廣文者傳 (넓을 광, 글월 문, 사람 자, 전할 전). [문학]거지 두목인 광문(廣文)이란 자(者)를 주인공으로 한 전기(傳記) 형식의 소설. 조선 정조 때의 박지원이 지은 한문 단편 소설이다.

광:물 鑛物 (쇳돌 광, 만물 물). [광업]암석[鑛]이나 토양 중에 함유된 천연 무기물(無機物). ¶지하에는 많은 광물이 매장되어 있다.

▸광:물-성 鑛物性 (성질 성). [광업]광물(鑛物)의 성질(性質). 또는 광물로 이루어진 것. ¶광물성 섬유. [반]동물성(動物性), 식물성(植物性).

▸광:물-유 鑛物油 (기름 유). [광업]석유와 같은 광물성(鑛物性) 기름[油]. ¶냉동기의 윤활유로 광물유를 사용한다. [준]광유.

▸광:물-질 鑛物質 (바탕 질). ① [광업]광물(鑛物)로 된 물질(物質). 또는 광물성의 물질. ¶광천수에는 광물질이 다량 함유되어 있다. ② [생물]생체의 생리 기능에 필요한 광물성 영양소. ¶광물질은 (단백질·지방·탄수화물·비타민과 함께) 5대 영양소 중 하나이다.

▸광:물-학 鑛物學 (배울 학). [광업]광물(鑛物)의 물리적·화학적 성질과 종류, 광물이 이루어지는 원인, 산출되는 상태, 쓰임새 따위를 연구하는 학문(學問). [준]광학. [비]금석학(金石學).

광배 光背 (빛 광, 등 배). 회화나 조각에서 인물의 성스러움을 드러내기 위해 머리나 등[背]의 뒤에 표현한 둥근 빛[光]. ¶불상 뒤에 석조로 만든 광배가 있다.

▸광배 효:과 光背效果 (보람 효, 열매 과). [심리]광배(光背) 같은 효과(效果). 어떤 대상을 평가할 때, 대상이 가진 하나의 특질이 다른 특질들에까지도 영향을 미치는 일. [비]후광(後光) 효과.

광:범 廣範 (넓을 광, 틀 범). 범위(範圍)가 넓다[廣]. ¶이번 토의에 광범한 대중이 참가했다.

광:-범위 廣範圍 (넓을 광, 틀 범, 둘레 위). 넓은[廣] 범위(範圍). 범위가 넓음. ¶에디슨은 과학 분야에 광범위한 영향을 주었다.

***광복 光復** (빛 광, 되돌릴 복). ① [속뜻]빛[光]이 회복(回復)됨. ② 빼앗긴 주권을 도로 찾음. ¶조국의 광복을 위해 투쟁하다.

▸광복-군 光復軍 (군사 군). [역사]일제 강점기에, 중국에서 우리나라의 독립을 위해 일본에 대항하여 조국 광복(光復)을 위해 싸우던 군대(軍隊). ¶상하이는 광복군의 거점이었다.

▸광복-절 光復節 (철 절). [법률]1945년 8월 15일, 우리나라의 광복(光復)을 기념하기 위하여 제정한 국경일[節].

광:부 鑛夫 (쇳돌 광, 사나이 부). 광물(鑛物)을 캐는 인부(人夫). ¶석탄 광부.

광분 狂奔 (미칠 광, 달릴 분). ① [속뜻] 미친 듯이[狂] 뛰어 달아남[奔]. ② 어떤 목적을 이루기 위해 미친 듯이 날뜀. ¶열강들은 식민지를 확장에 광분했다.

광-분해 光分解 (빛 광, 나눌 분, 가를 해). [물리] 물질에 흡수된 빛[光]에 의해 성분이 두 가지 이상의 성분으로 분해(分解)되는 것.

광비 光比 (빛 광, 견줄 비). 광도(光度)가 한 등급 다른 두 천체의 광도의 비율(比率).

광:산¹ 鑛產 (쇳돌 광, 낳을 산). [광업] ① 광물(鑛物)의 생산(生產). ② 광산에서 나는 모든 생산물. '광산물'(鑛產物)의 준말. ¶이 지역은 광산물이 풍부하다.

광:산² 鑛山 (쇳돌 광, 메 산). 광물(鑛物)을 캐내는 산(山). ¶광산에서 석탄을 캐다.

▶ 광:산-촌 鑛山村 (마을 촌). 광산(鑛山)을 끼고 이루어진 마을[村]. ¶광산촌에는 먼지가 많다.

광:산-물 鑛產物 (쇳돌 광, 낳을 산, 만물 물). [광업] 광산(鑛山)에서 생산(生產)되는 모든 물건(物件). ¶광산물의 생산량이 크게 감소하였다.

광:상¹ 鑛床 (쇳돌 광, 평상 상). [광업] 광물(鑛物)이 평상(平床)처럼 땅속에 널리 묻혀 있는 부분. 성인(成因)에 따라 화성(火成) 광상, 퇴적(堆積) 광상, 변성(變成) 광상으로 분류된다.

광상² 狂想 (미칠 광, 생각 상). 미친[狂] 생각[想]. 또는 허황된 생각. ¶그는 광상에 빠졌다.

▶ 광상-곡 狂想曲 (노래 곡). [음악] 일정한 형식에 구속되지 않고[狂想] 자유로운 요소가 강한 기악곡(器樂曲). [비]기상곡(奇想曲), 카프리치오(capriccio).

광:석 鑛石 (쇳돌 광, 돌 석). [광업] 경제적 가치가 있는 광물(鑛物)을 포함하고 있는 암석(巖石). 또는 그런 광물. ¶광석에서 금을 추출하다.

광선 光線 (빛 광, 줄 선). ① [속뜻] 발광체에서 나오는 빛[光]의 줄기[線]. ¶태양 광선. ② [물리] 빛 에너지가 전파되는 경로를 나타내는 직선. ¶광선은 물을 통과하면서 굴절되었다.

광-섬유 光纖維 (빛 광, 가늘 섬, 밧줄 유). [물리] 빛[光]을 전파하는 가는 유리 섬유(纖維). ¶통신망에 광섬유를 이용하다.

광성-보 廣城堡 (넓을 광, 성곽 성, 작은성 보). [고적] 광성(廣城)나루에 있던 성보(城堡). 고려가 몽고에 대항하기 위하여 강화로 천도하였을 때 쌓았다.

광소 光素 (빛 광, 바탕 소). [물리] 빛[光]을 이루는 가장 작은 입자[素]. [비]광입자(光粒子).

광속¹ 光束 (빛 광, 다발 속). [물리] ① 빛[光]의 다발[束]. 빛 에너지가 전파되는 경로를 나타내는 다발들의 묶음. ② 빛이 진행하는 방향에 수직인 단위 면적을 단위 시간에 지나가는 빛의 양. 단위는 루멘(lumen). [비]광선속(光線束).

광속² 光速 (빛 광, 빠를 속). [물리] 진공 속에서 빛[光]이 나아가는 속도(速度). 약 30만 km/s. '광속도'의 준말.

광-속도 光速度 (빛 광, 빠를 속, 정도 도). [물리] 진공 속에서 빛[光]이 나아가는 속도(速度). 약 30만 km/s. [준]광속.

광:수 鑛水 (쇳돌 광, 물 수). ① [광업] 광물질(鑛物質)을 포함하고 있는 물[水]. ② [광업] 광산이나 제련소에서 흘러나오는, 광독(鑛毒)이 섞인 물.

광시 狂詩 (미칠 광, 시 시). 격을 맞추지 않고 속어나 비어 따위로 익살스럽게 쓴 상스러운[狂] 시(詩).

광신 狂信 (미칠 광, 믿을 신). 신앙이나 사상 따위에 대하여 이성을 잃고 미친[狂] 듯이 믿음[信]. ¶종교를 광신하다.

▶ 광신-도 狂信徒 (무리 도). 이성을 잃고 무비판적으로[狂] 종교를 믿는[信] 사람들[徒]. ¶그는 사이비(似而非) 종교의 광신도가 되었다.

▶ 광신-자 狂信者 (사람 자). 이성을 잃고 무비판적으로[狂] 종교를 믿는[信] 사람[者]. [비]광신도(狂信徒).

광심 光心 (빛 광, 가운데 심). [물리] 빛[光]의 중심(中心). '광중심'의 준말.

광압 光壓 (빛 광, 누를 압). [물리] 빛[光]이나 전자기파가 물체의 표면에 미치는 압력(壓力). ¶광압을 이용해 추진(推進)시키는 로켓을 개발했다.

광:야 曠野 (=廣野, 넓을 광, 들 야). 광활(曠

闊)한 벌판[野]. 텅 비고 아득히 넓은 들. ¶무변(無邊) 광야 / 늑대가 광야에서 울부짖는다.

광-양자 光量子 (빛 광, 헤아릴 량, 씨 자). ① 속뜻 빛[光]의 입자[量子]. ② 물리 빛을 입자의 모임이라고 볼 때의 입자. 광양자의 크기와 정지 질량은 0이지만 에너지를 가지고 있는 입자로 항상 일정한 속력으로 이동한다. ㊥포톤(photon).

광:어 廣魚 (넓을 광, 물고기 어). ① 속뜻 넓게[廣] 펼쳐 말린 물고기[魚]. ② 동물 위아래로 넓적한 긴 타원형의 바닷물고기. 몸의 길이는 60㎝ 정도인데, 눈이 있는 왼쪽은 어두운 갈색이고 눈이 없는 쪽은 흰색이다. ㊥넙치.

광언 狂言 (미칠 광, 말씀 언). 상식에 벗어난 미친[狂] 듯한 말[言]. ¶말도 안 되는 광언에 대꾸할 필요 없다. ㊥광담(狂談).

광:업 鑛業 (쇳돌 광, 일 업). 광물(鑛物)의 채굴, 선광, 제련 따위와 관련된 산업(産業). ¶영월은 광업이 발달했다.

광:역 廣域 (넓을 광, 지경 역). 넓은[廣] 지경[域]. 또는 그 구역이나 범위. ¶광역단체장 선거.

▸광:역-시 廣域市 (도시 시). ① 속뜻 매우 넓은[廣] 지역(地域)을 관할하는 시(市). ② 법률 상급 지방 자치 단체의 하나. 현재의 광주, 대구, 대전, 부산, 울산, 인천이 이에 해당한다.

▸광:역-화 廣域化 (될 화). 지역(地域) 범위를 넓게[廣] 함[化]. ¶교통 발달로 도시가 광역화되고 있다.

▸광:역 경제 廣域經濟 (다스릴 경, 건질 제). 경제 넓은[廣] 지역(地域)에 걸쳐 형성된 경제(經濟) 권역. 몇몇 나라가 경제적으로 상호 보완하기 위해 하나의 경제권을 이룬다.

▸광:역 도시 廣域都市 (도읍 도, 저자 시). 사회 넓은[廣] 지역(地域)에 걸쳐 형성된 도시(都市). 일부 지역의 인구 과밀, 산업 집중을 막기 위해 주변 지역을 수용하여 형성한다.

▸광:역 변성 작용 廣域變成作用 (바뀔 변, 이룰 성, 지을 작, 쓸 용). 지리 넓은[廣] 지역(地域)에 걸쳐서 일어나는 변성(變成) 작용(作用). 조산운동으로 압력과 온도가 변하여 기존 암석의 구조를 파괴하고 새로운 광물을 만들어 낸다.

광열[1] 狂熱 (미칠 광, 뜨거울 열). 미친[狂] 듯한 열정(熱情). 또는 미친 듯이 열중함. ㊥열광(熱狂).

광열[2] 光熱 (빛 광, 더울 열). 빛[光]과 열(熱).

▸광열-비 光熱費 (쓸 비). 경제 빛[光]과 열(熱) 에너지를 사용하는 데 드는 비용. 전등이나 난방에 드는 비용을 말한다. ¶이번 달 광열비 지출이 늘었다.

광원 光源 (빛 광, 근원 원). 물리 빛[光]을 내는 근원(根源). 태양, 별 따위의 자연적인 광원과 전등과 같은 인공적인 광원이 있다.

광음 光陰 (빛 광, 응달 음). ① 속뜻 햇빛[光]과 그늘[陰]. 낮과 밤. ② '시간이나 세월'을 이르는 말. ¶광음을 헛되이 보내지 말라.

▸광음-여시 光陰如矢 (같을 여, 화살 시). 세월[光陰]의 흐름이 화살[矢]과 같음[如]. 세월이 매우 빠름. ㊥광음여전(光陰如箭).

광:의 廣義 (넓을 광, 뜻 의). 어떤 말의 개념을 정의할 때 넓은[廣] 의미(義味). ¶광의로 해석하다. ㊥협의(狹義).

광인 狂人 (미칠 광, 사람 인). 미친[狂] 사람[人]. ¶고흐는 천재 아니면 광인일 것이다.

광자 光子 (빛 광, 씨 자). 물리 빛[光]의 입자(粒子).

광:작 廣作 (넓을 광, 지을 작). 역사 한 사람이 넓은[廣] 농토를 경작(耕作)함. 조선 후기 이앙법과 견종법의 보급으로 노동력이 절약되면서 1인당 경작 농지가 확대된 현상이다. ¶광작을 통해 많은 부농이 출현했다. ㊥광농(廣農).

광:장 廣場 (넓을 광, 마당 장). 많은 사람이 모일 수 있도록 거리에 만들어 놓은 넓은[廣] 빈 터[場]. ¶광장에서 음악회가 열렸다.

광적[1] 光跡 (빛 광, 발자취 적). 물리 빛을 내며 움직이는 물체에서 보이는 빛[光]의 자취[跡]나 줄기.

광적[2] 狂的 (미칠 광, 것 적). 미친[狂] 사람과 같은 것[的]. 제정신이 아닌. ¶광적인 신도.

광전 光電 (빛 광, 전기 전). 물리 물질이 빛[光]을 받아 광전자를 방출하기 때문에 생기는 전기(電氣). '광전기'의 준말.

▸광전-관 光電管 (대롱 관). 물리 광전(光電) 효과를 이용하여 빛의 강약을 전류의 강약으로 바꾸는 장치[管]. 텔레비전이나 사진 전송기 따위에 쓴다.

▸광전 효:과 光電效果 (보람 효, 열매 과). 물리 물질의 표면에 빛[光]을 쪼이면 자유 전자(電子)가 튀어나오는 효과(效果)나 현상. ¶아인슈타인은 광전 효과를 설명했다.

광-전기 光電氣 (빛 광, 전기 전, 기운 기). 물리 물질이 빛[光]을 받아 광전자를 방출하기 때문에 생기는 전기(電氣).

광-전자 光電子 (빛 광, 전기 전, 씨 자). 물리 물질의 표면에 빛[光]을 쪼이면 튀어나오는 자유 전자(電子).

광-전지 光電池 (빛 광, 전기 전, 못 지). 물리 광전 효과를 이용하여 빛[光] 에너지를 전기 에너지로 바꾸는 전지(電池).

광점 光點 (빛 광, 점 점). 물리 면적을 가지지 않고, 하나의 점(點)으로 보이는 빛[光]. ¶광점은 광선의 근원이 된다. ⓑ점광원(點光源).

광정 匡正 (바로잡을 광, 바를 정). 잘못된 것이나 부정 따위를 바르게[正] 바로잡음[匡]. ¶그는 사회의 모순을 광정하기 위해 노력했다.

광:제-원 廣濟院 (넓을 광, 건질 제, 관청 원). 역사 병든 백성들을 널리[廣] 구제(救濟)하는 병원(病院). 대한 제국 광무(光武) 3년(1899)에 건립되었다.

광:주 鑛主 (쇳돌 광, 주인 주). 광업권(鑛業權)을 가진 사람[主]. ¶광주와 계약을 맺고 채굴을 시작했다. ⓑ광산주(鑛山主).

광주-성 光週性 (빛 광, 돌 주, 성질 성). 생물 볕[光]을 쬐는 시간의 변화[週期]에 따라 생물의 생활 현상이 달라지는 일이나 성질(性質). 광주기성. ⓑ주광성(走光性).

광-주기성 光週期性 (빛 광, 돌 주, 때 기, 성질 성). 생물 볕[光]을 쬐는 시간의 변화[週期]에 따라 일어나는 생체의 반응성(反應性). ¶가너는 실험을 통해 광주기성을 발견했다.

광:중 壙中 (광 광, 가운데 중). 시체가 놓이는 무덤 가운데[中]의 구덩이 부분[壙]. ¶광중에 시신을 안치했다. ⓑ광내(壙內), 광혈(壙穴), 묘혈(墓穴), 장혈(葬穴), 지실(地室), 지중(地中).

광-중심 光中心 (빛 광, 가운데 중, 가운데 심). 물리 빛[光]의 중심(中心). 렌즈로 들어가고 나오는 빛이 평행일 때, 그 빛이 광축(光軸)과 만나는 점. ㊄광심.

광-중합 光重合 (빛 광, 겹칠 중, 합할 합). 화학 광화학(光化學) 반응에 의해 두 가지의 원자가 서로 결합해[重] 큰 분자량의 화합물로 되는[合] 일.

광증 狂症 (미칠 광, 증세 증). 정신에 이상이 생겨 일어나는 미친[狂] 증세(症勢). ¶술은 근후한 사람도 광증을 일으키게 한다.

광차 光差 (빛 광, 어긋날 차). ① 속뜻 빛[光]의 속도 때문에 생기는 시간 차이(差異). ② 천문 천체(天體)에서 어떤 현상이 실제로 일어난 시각과 그것을 관측한 시각과의 차이. 빛이 천체에서 지구까지 오는 데 걸리는 시간과 같다.

광채 光彩 (빛 광, 빛깔 채). ① 속뜻 찬란하게 빛[光]나는 빛깔[彩]. ②정기 있는 밝은 빛. ¶광채가 나다. ③섬뜩할 정도로 날카로운 빛. ¶광채가 번득이다

광:천 鑛泉 (쇳돌 광, 샘 천). 지리 비교적 많은 양의 광물질(鑛物質)을 함유하고 있는 샘[泉]. 독특한 맛을 내거나 치료의 효과가 있다.

▸광:천-수 鑛泉水 (물 수). 광물질(鑛物質)이 함유되어 있는 샘[泉]에서 솟는 물[水]. 또는 그런 특성을 지닌 물. ¶이 지역은 광천수로 유명하다.

광체 光體 (빛 광, 몸 체). 물리 빛[光]을 내는 물체(物體). ⓑ광원(光源).

광축 光軸 (빛 광, 굴대 축). ① 속뜻 빛[光]의 중심축[軸]. ② 물리 이중 굴절을 하는 결정체에 빛이 들이비칠 때 빛이 갈라지지 않고 주축이 되는 방향. ③ 물리 일렬로 배열된 광학계에서, 렌즈의 중심과 초점을 연결한 선. ⓑ광학축(光學軸), 주축(主軸).

광:층 鑛層 (쇳돌 광, 층 층). 광업 물에 녹아 있던 광물 성분이 바다나 호수 밑에 침전하여 층(層)을 형성한 광상(鑛床). ⓑ성층 광상(成層鑛床).

광-탄성 光彈性 (빛 광, 탄알 탄, 성질 성). 물리 바깥의 빛[光]이나 열의 영향을 받아

변형된 탄성체(彈性體)가 다른 형태로 복굴절하는 현상.

광태 狂態 (미칠 광, 모양 태). 미치광이[狂人] 같은 태도(態度)나 모양. ¶그는 술을 먹고 광태를 부렸다.

광택 光澤 (빛 광, 윤날 택). 빛[光]의 반사로 반짝반짝 윤이 남[澤]. 또는 그 빛. ¶천으로 문질러 광택을 내다. ⓑ윤기.

광-통신 光通信 (빛 광, 통할 통, 소식 신). 통신 영상, 음성, 데이터 따위의 전기 신호를 빛[光]의 신호로 바꾸어 보내는 통신(通信).

광파 光波 (빛 광, 물결 파). ① 속뜻 빛[光]의 물결[波]. ② 물리 파동성(波動性)을 강조하는 뜻에서 빛을 이르는 말. ¶광파를 이용한 로켓.

광포 狂暴 (미칠 광, 사나울 포). 미쳐[狂] 날뛰듯이 매우 거칠고 사나움[暴]. ¶그는 본래 광포한 성격이다. ⓑ광폭(狂暴).

광:-포화점 光飽和點 (빛 광, 배부를 포, 고를 화, 점 점). 물리 식물의 호흡 작용에서 광합성(光合成)이 포화(飽和) 상태에 이른 한계점(限界點). 빛을 더 강하게 비추어도 광합성량이 증가하지 않는 시점에서의 빛의 세기. ¶양지(陽地) 식물은 광포화점이 높다.

광:폭 廣幅 (넓을 광, 너비 폭). ① 속뜻 넓은[廣] 폭(幅). ¶광폭 동체 비행기. ② 까닭 없이 남의 일에 간섭함.

광풍[1] 光風 (빛 광, 바람 풍). ① 속뜻 비가 갠 뒤에 맑은 햇살[光]과 함께 부는 상쾌하고 시원한 바람[風]. ② 비가 갠 뒤의 깨끗하고 상쾌한 경치. ③ 화창한 봄날에 부는 바람.

광풍[2] 狂風 (미칠 광, 바람 풍). ① 속뜻 미친[狂] 듯이 사납게 휘몰아치는 거센 바람[風]. ¶광풍에 나무가 부러졌다. ② 갑자기 또는 무섭게 일어나는 기세를 비유하여 이르는 말. ¶공업화의 광풍이 불었다.

광학 光學 (빛 광, 학문 학). 물리 빛[光]의 성질과 현상을 연구하는 학문(學問). ¶광학 렌즈.

▸광학-계 光學系 (이어 맬 계). 물리 광학적(光學的) 현상이나 성질을 이용하여 물체의 영상을 만들거나 빛 에너지를 전달하기 위해 반사경이나 렌즈, 프리즘 따위를 적당히 배열한 체계(體系). 광학 기기를 만드는 데 쓴다.

▸광학 병기 光學兵器 (군사 병, 그릇 기). 군사 광학적(光學的) 현상이나 성질을 응용하여 만든 병기(兵器). 망원경이나 작전용 사진기 따위.

▸광학 유리 光學琉璃 (유리 류, 유리 리). 화학 렌즈, 프리즘, 반사경 따위의 광학(光學) 기계에 쓰는 특수 유리(琉璃). 납유리, 소다 유리 따위가 있다.

▸광학 현:미경 光學顯微鏡 (드러낼 현, 작을 미, 거울 경). 물리 빛[光學]의 굴절을 이용하여 생물의 조직이나 미세한 세균 따위를 확대하여 관찰하는 현미경(顯微鏡).

광한-루 廣寒樓 (넓을 광, 찰 한, 다락 루). 고적 전라북도 남원시 천거동에 있는 누각. 조선 태조 때 황희가 세웠으며 인조 16년(1638)에 재건하였다. 〈춘향전〉의 배경으로 유명하다. 달 속의 선녀가 사는 월궁의 이름인 광한전(廣寒殿)의 '광한청허루'(廣寒淸虛樓)에서 따온 이름이다.

광-합성 光合成 (빛 광, 합할 합, 이룰 성). 식물 유기물이 빛[光] 에너지로 물질을 합성(合成)하여 새로운 화합물을 만드는 일. ¶녹색식물은 광합성을 한다.

광행-차 光行差 (빛 광, 다닐 행, 어긋날 차). 천문 별을 관측하는 사람이 지구의 공전 속도로 지구와 함께 일정하게 운동하고 광선(光線)도 일정한 속도로 운동하기[行] 때문에 별의 위치가 본래 위치와는 다르게[差] 보이는 현상.

광:협 廣狹 (넓을 광, 좁을 협). ① 속뜻 넓음[廣]과 좁음[狹]. ② 평면이나 넓은 물체의 가로로 건너지른 거리. ¶광협 장단(長短). ⓑ너비.

광:혜-원 廣惠院 (넓을 광, 은혜 혜, 관청 원). ① 속뜻 널리[廣] 은혜(恩惠)를 베푸는 곳[院]. ② 역사 조선 말기, 일반 백성을 위해 세운 한국 최초의 근대식 병원(病院). 같은 해에 제중원(濟衆院)으로 이름을 고쳤다.

광-호흡 光呼吸 (빛 광, 내쉴 호, 마실 흡). 식물 식물이 빛[光]이 있는 곳에서 하는 호흡(呼吸) 작용.

광화-문 光化門 (빛 광, 될 화, 문 문). ①

[속뜻] 햇빛[光] 같은 임금의 덕화(德化)를 상징하는 문(門). ② [고적] 경복궁의 정문.

광:활 廣闊 (넓을 광, 트일 활). 넓고[廣] 탁 트이다[闊]. 훤하게 넓다. ¶광활한 평야.

광휘 光輝 (빛 광, 빛날 휘). ① [속뜻] 빛[光]이 환하고 아름답게 빛남[輝]. 또는 그 빛. ② 눈부시게 훌륭함을 비유하여 이르는 말. ¶칠백년의 광휘한 역사를 자랑하다. [비]광화(光華).

광희 狂喜 (미칠 광, 기쁠 희). 미칠 듯이[狂] 기뻐함[喜]. ¶걷잡을 수 없는 광희를 느꼈다.

광희-문 光熙門 (빛 광, 빛날 희, 문 문). ① [속뜻] 영광(榮光)이 빛난다[熙]는 뜻을 담은 성문(城門). ② [고적] '남소문'(南小門)의 본 이름. 조선 시대에 한양의 동남쪽에 건립한 성문으로, 지금의 것은 1975년에 개축한 것이다. [비]수구문(水口門). [참]사소문(四小門).

괘경 掛鏡 (걸 괘, 거울 경). 벽이나 기둥에 거는[掛] 거울[鏡].

괘념 掛念 (걸 괘, 생각 념). 마음에 두고[掛] 걱정하거나 생각함[念]. ¶너무 괘념치 마세요.

괘도 掛圖 (걸 괘, 그림 도). 벽에 걸어 놓고[掛] 보는 학습용 그림[圖]이나 지도. ¶선생님은 괘도에서 멕시코를 가리켰다. [비]걸그림.

괘력 掛曆 (걸 괘, 책력 력). 벽이나 기둥에 걸어[掛] 놓고 보는 달력[曆].

괘:선 罫線 (줄 괘, 줄 선). ① [속뜻] 가로세로로 그은[罫] 선(線). ¶출토된 판본에서는 행간(行間)에 괘선이 없다. ② [경제] 주가의 변동을 모눈종이에 나타낸 선.

괘종-시계 掛鐘時計 (걸 괘, 쇠북 종, 때 시, 셀 계). 시간 마다 울리는 종(鐘)이 달려 있는[掛] 시계(時計). ¶12시가 되자 괘종시계가 뎅뎅 울렸다.

괘:지 罫紙 (줄 괘, 종이 지). 가로 세로로 괘선(罫線)을 그려 넣은 종이[紙]. '괘선지'의 준말. ¶양면 괘지.

괴:걸 怪傑 (이상할 괴, 뛰어날 걸). 괴상(怪常)할 정도로 재주나 힘이 뛰어남[傑]. 또는 그런 사람. ¶그는 괴걸이다.

괴금 塊金 (덩어리 괴, 황금 금). [광업] 흙이나 돌 속에서 천연으로 나는 덩어리[塊] 형태의 금(金). ¶괴금이 산출되었다.

괴:기 怪奇 (이상할 괴, 기이할 기). ① [속뜻] 괴상(怪狀)하고 기이(奇異)함. ¶괴기 영화 / 괴기스러운 형상의 조각품. ② 이유나 근거가 없이 허황되어 믿을 수가 없음.

▶**괴:기 소:설 怪奇小說** (작을 소, 말씀 설). [문학] 괴상(怪狀)하고 기이(奇異)한 사건이나 현상을 소재로 하여 무서운 분위기와 공포감을 주는 소설(小說). 영국의 고딕 소설이나 중국의 전기(傳奇) 소설 따위. ¶괴기 소설을 읽고 나니 잠을 잘 수 없었다.

괴:담 怪談 (이상할 괴, 이야기 담). 괴상(怪常)한 이야기[談]. ¶이웃집 할머니가 귀신이라는 괴담이 떠돌았다. [비]환담(幻談).

▶**괴:담-이설 怪談異說** (다를 이, 말씀 설). 괴상(怪常)하고 이상(異常)한 이야기[談=說]. ¶쓸데없이 괴담이설을 퍼트리고 다니지 마라.

괴:동 怪童 (이상할 괴, 아이 동). 괴상(怪狀)한 재주를 가진 아이[童]. ¶그 마을에 괴동이 태어났다고 야단이었다.

괴:망 怪妄 (이상할 괴, 망령될 망). 말이나 행동이 괴상(怪狀)하고 망측함[妄]. ¶그는 술만 먹으면 괴망을 떤다.

괴:력 怪力 (이상할 괴, 힘 력). 괴상(怪常)할 정도로 뛰어나게 센 힘[力]. ¶그는 괴력을 발휘해 아이를 구했다.

괴:뢰 傀儡 (꼭두각시 괴, 꼭두각시 뢰). ① [속뜻] 꼭두각시[傀=儡]. 나무로 만들어 줄을 매달아 노는 인형. ② 남의 지시대로 움직이는 사람을 비유하는 말. ¶괴뢰 정부.

▶**괴:뢰-군 傀儡軍** (군사 군). 꼭두각시[傀儡]처럼 다른 나라가 조종하는 대로 움직이는 군대(軍隊). 특히 북한 인민군을 소련의 꼭두각시로 비난하여 이르던 말이다. ¶북한 괴뢰군.

괴리 乖離 (어그러질 괴, 떨어질 리). 서로 어그러져[乖] 동떨어짐[離]. ¶이론과 현실의 괴리가 너무 크다 / 이 정책은 현 상황과 괴리되어 있다. [비]괴격(乖隔).

괴:멸 壞滅 (무너질 괴, 없어질 멸). 조직이나 체계 따위가 모조리 파괴(破壞)되어 멸망(滅亡)함. ¶그들은 회사 돈으로 도박을 벌여 괴멸하고 말았다 / 적군을 급습해 괴멸시켰다.

괴목 槐木 (회화나무 괴, 나무 목). ① [속뜻] 회화[槐] 나무[木]. ② [식물] 콩과의 낙엽 활엽 교목. 높이는 25~30미터이며, 목재는 가구재, 땔감으로 쓴다.

▶ 괴목-장 槐木欌 (장롱 장). 회화[槐] 나무[木]로 만든 장(欌).

괴:문 怪聞 (이상할 괴, 들을 문). 괴상(怪常)한 소문(所聞). ¶큰 난리가 날 것이라는 괴문이 돌았다.

괴:물 怪物 (이상할 괴, 만물 물). ① [속뜻] 괴상(怪狀)하게 생긴 물체(物體). ¶영화에 나온 괴물은 정말 실감났다. ② '괴상한 사람'을 비유하여 이르는 말. ¶100미터를 8초에 뛰다니, 그는 정말 괴물이다. [비]괴짜.

괴:벽 怪癖 (이상할 괴, 버릇 벽). 괴이(怪異)한 버릇[癖]. ¶형은 시험 때만 되면 머리를 감지 않는 괴벽이 있다.

괴:변 怪變 (이상할 괴, 바뀔 변). 괴상(怪狀)한 변고(變故)나 재난. ¶괴변이 일어나다.

괴:병 怪病 (이상할 괴, 병 병). 원인을 알 수 없는 괴상(怪常)한 병(病). [비]괴질(怪疾).

괴:사¹ 怪事 (이상할 괴, 일 사). 괴상(怪常)한 일[事].

괴:사² 壞死 (무너질 괴, 죽을 사). ① [속뜻] 무너져[壞] 죽음[死]. ② [의학] 생체 내의 조직이나 세포가 부분적으로 죽는 일. 냉, 열, 타박 따위가 원인이다. ¶췌장에 궤사가 일어났다.

괴상¹ 乖常 (어그러질 괴, 보통 상). 상리(常理)를 어그러뜨리다[乖]. ¶그는 괴상한 언행을 일삼았다.

괴:상² 怪狀 (이상할 괴, 형상 상). 괴이(怪異)한 모양[狀].

괴상³ 怪常 (이상할 괴, 보통 상). 보통[常]과 달리 괴이(怪異)하고 이상함. ¶괴상한 물건. [비]기괴(奇怪), 기이(奇異).

▶ 괴상망측 怪常罔測 (없을 망, 헤아릴 측). 측량(測量)할 수 없을[罔] 정도로 괴상(怪常)하다. 말할 수 없을 정도로 괴상하고 이상함. ¶도마뱀은 괴상망측해 보이지만, 실제로 매우 온순하다.

괴:석¹ 怪石 (이상할 괴, 돌 석). 괴상(怪狀)하게 생긴 돌[石]. ¶아버지는 취미로 괴석을 수집하신다. [비]기석(奇石). [참]괴암(怪巖).

괴석² 塊石 (덩어리 괴, 돌 석). 덩어리[塊]진 돌[石]. 돌덩이보다 작고 자갈보다 큰 돌. [비]돌멩이.

괴:설 怪說 (이상할 괴, 말씀 설). 괴상(怪常)하여 믿을 수 없는 말[說]. 또는 그런 소문. ¶그 집에 귀신이 나타난다는 괴설이 있다.

괴:성 怪聲 (이상할 괴, 소리 성). 괴상(怪狀)한 소리[聲]. ¶괴성을 지르다.

괴:수¹ 怪獸 (이상할 괴, 짐승 수). 괴상(怪狀)하게 생긴 짐승[獸]. ¶사자와 뱀을 합친 듯한 괴수가 나타났다.

괴수² 魁首 (으뜸 괴, 머리 수). 못된 짓을 하는 무리의 우두[魁]머리[首]. ¶임꺽정은 화적들의 괴수가 되었다. [비]수괴(首魁), 거수(渠帥).

괴:암 怪巖 (이상할 괴, 바위 암). 괴상(怪狀)하게 생긴 바위[巖]. ¶괴암 절벽. [비]기암(奇巖).

괴:이 怪異 (이상할 괴, 다를 이). 괴상(怪狀)하고 이상(異狀)하다. ¶괴이한 소리가 들리다.

괴:인 怪人 (이상할 괴, 사람 인). ① [속뜻] 생김새나 성격이 괴상(怪狀)한 사람[人]. ② 정체를 알 수 없는 수상한 사람. ¶한밤에 괴인이 담을 넘어 들어왔다.

괴:질 怪疾 (이상할 괴, 병 질). ① [속뜻] 원인을 알 수 없는 이상한[怪] 질병(疾病). ② '콜레라'를 속되게 이르는 말. ¶아이는 괴질에 걸려 죽고 말았다.

괴:팍 乖愎 (본음 [괴퍅], 이상할 괴, 어긋날 팍). 성미가 이상하고[乖] 별나게 까다롭다[愎]. ¶그는 성미가 남달리 괴팍하다.

괴:한 怪漢 (이상할 괴, 사나이 한). 거동이나 차림새가 수상한[怪] 사내[漢]. ¶괴한의 습격을 받다.

괴:-현상 怪現象 (이상할 괴, 나타날 현, 모양 상). 괴상(怪狀)하여 알 수 없는 현상(現象). ¶독일에서 일어난 괴현상을 주제로 영화를 제작했다.

괴:혈-병 壞血病 (무너질 괴, 피 혈, 병 병). [의학] 기운이 없고 잇몸, 점막과 피부가 헐어서[壞] 피[血]가 나는 병(病). ¶라임 과즙으로 괴혈병을 치료했다.

굉음 轟音 (울릴 굉, 소리 음). 몹시 요란하게 울리는[轟] 소리[音]. ¶귀를 찢는 듯한 굉음.

굉장 宏壯 (클 굉, 씩씩할 장). ① 속뜻 아주 크고[宏] 씩씩하다[壯]. ② 보통 이상으로 대단하다. ¶굉장한 인파 / 굉장한 미인.

교:가 校歌 (학교 교, 노래 가). 학교(學校)를 상징하는 노래[歌]. ¶졸업식 때 교가를 불렀다.

교각[1] 交角 (꼴 교, 모서리 각). 수학 ① 두 직선이 엇갈려서[交] 이루는 각(角). ② 두 곡선이나 두 원이 만날 때에 교점에서 두 곡선이나 두 원의 접선이 만나서 이루는 각. ⓑ 만난각.

교각[2] 橋脚 (다리 교, 다리 각). 건설 다리[橋]를 받치는 기둥[脚]. ¶이 교각의 높이는 5미터이다.

교각-살우 矯角殺牛 (바로잡을 교, 뿔 각, 죽일 살, 소 우). ① 속뜻 소의 뿔[角]을 바로잡으려다[矯] 소[牛]를 죽임[殺]. ② '잘못된 점을 고치려다가 그 방법이나 정도가 지나쳐 오히려 일을 그르침'을 이르는 말.

교:감[1] 校監 (학교 교, 볼 감). 교육 학교장을 도와서 학교(學校)를 관리하거나 감독(監督)하는 일을 수행하는 직책. 또는 그런 사람.

교감[2] 交感 (서로 교, 느낄 감). ① 속뜻 서로[交] 접촉하여 따라 움직이는 느낌[感]. ¶교감을 나누다 / 자연과 교감하다. ② 최면술을 쓰는 사람이 상대편에게 최면을 걸어 의식을 지배하는 관계.

▶교감 신경 交感神經 (정신 신, 날실 경). 의학 척추의 가슴 부분과 위쪽 허리 부분에서 일어나 내장에 분포하는 신경(神經). 심장 작용, 혈관 수축, 동공 확대 따위의 교감(交感) 작용을 한다. ⓒ 부교감(副交感) 신경.

교거 僑居 (더부살이 교, 거주할 거). 남의 집에서 더부살이[僑]로 붙어 삶[居]. ¶그는 이 마을에 교거를 정했다. ⓑ 우거(寓居).

교:결 皎潔 (밝을 교, 깨끗할 결). ① 속뜻 달빛이 밝고[皎] 깨끗하다[潔]. ¶교결한 달빛. ② 마음씨가 깨끗하고 맑다. ¶교결한 선비로 이름을 떨쳤다.

교:계 教界 (종교 교, 지경 계). 종교(宗教)를 가진 사람들의 사회[界]. '종교계'(宗教界)의 준말. ¶그는 교계의 주목을 받았다.

교:과 教科 (가르칠 교, 과목 과). 교육 학교에서 교육의 목적에 맞게 가르쳐야[教] 할 내용을 계통적으로 짜놓은 일정한 과목[科目]. ¶필수 교과 / 그는 수학 교과를 맡아 가르쳤다.

▶교:과-목 教科目 (눈 목). 교육 학교에서 가르쳐야 할 지식이나 경험의 체계를 세분하여 계통[教科]을 세운 영역[目]. ¶중학교 교과목.

▶교:과-서 教科書 (책 서). ① 교육 교육 과정에 따라 주된 교재[教科]로 사용하기 위하여 편찬한 책[書]. ¶수학 교과서. ② 해당 분야에서 모범과 표본이 될 만한 것을 비유하여 이르는 말. ¶그 작품은 영화 학도들의 교과서가 되는 작품이다. ⓑ 교본(教本).

교:관 教官 (가르칠 교, 벼슬 관). 군사 군사 교육이나 훈련을 맡아 가르치는[教] 교사나 장교[官].

교:관-겸수 教觀兼修 (가르칠 교, 볼 관, 아우를 겸, 닦을 수). 불교 불교의 교리(教理)와 실천 수행법인 지관(止觀)을 함께[兼] 닦아야[修] 한다는 사상.

교관-선 交關船 (서로 교, 빗장 관, 배 선). 역사 통일 신라 때, 장보고가 당나라와 관문(關門)을 오가며 서로[交] 교역하기 위해 만든 배[船].

교:구[1] 教具 (가르칠 교, 갖출 구). 교육 효과적으로 가르치기[教] 위해 사용하는 도구(道具). 칠판, 괘도, 표본, 모형 따위가 있다. ¶다양한 교구를 활용하다.

교:구[2] 教區 (종교 교, 나눌 구). 종교 종교(宗教)의 전파, 신자의 지도 따위를 위하여 편의상 나누어 놓은 구역(區域). ¶교황청에서는 조선 교구를 새롭게 설정했다.

교군 轎軍 (가마 교, 군사 군). ① 속뜻 가마[轎]를 메는 사람들[軍]. ¶교군이 당도하였다. ② 가마를 메는 일.

교:권 教權 (가르칠 교, 권리 권). ① 교사(教師)로서 지니는 권위나 권리(權利). ¶교권을 남용하다 / 교권을 확립하다. ② 종교상의 권위. ¶교권을 장악하기 위한 분쟁이 일어났다.

교:규 校規 (학교 교, 법 규). 학교(學校)의 규칙(規則). ⓑ 교칙(校則).

교기[1] 巧技 (약을 교, 재주 기). 교묘(巧妙)한 재주[技].

교:기[2] 校紀 (학교 교, 벼리 기). 학교(學校)의 기율(紀律)과 질서.

교:기[3] 校旗 (학교 교, 깃발 기). 학교(學校)를 상징하는 깃발[旗]. ¶교기를 앞세우고 학교 대표 선수단이 입장했다.

교기[4] 驕氣 (교만할 교, 기운 기). 남을 업신여기고 잘난 체하며 뽐내는[驕] 태도나 기세(氣勢). ¶교기를 부리다.

교:내 校內 (학교 교, 안 내). 학교(學校)의 안[內]. ¶교내 방송 / 교내 체육 대회. ⓑ교외(校外).

교:단[1] 教團 (가르칠 교, 모일 단). ① 속뜻 같은 교의(教義)를 믿는 사람들끼리 모여서 만든 종교 단체(團體). ¶우리 교단의 신도는 5만 명이다. ② 정신적 수련을 목적으로 공동생활을 하는 수양 단체.

교:단[2] 校壇 (학교 교, 단 단). 학교(學校)의 운동장에 무대처럼 만들어 놓은 단(壇). ¶교장선생님께서 교단에 올라 훈화를 시작하셨다.

교:단[3] 教壇 (가르칠 교, 단 단). ① 속뜻 교사(教師)가 강의할 때 올라서는 단(壇). ¶교단에 서서 학생들을 바라보았다. ② 교육 교육에 관한 일을 하는 곳. ¶그는 교단을 떠났다. ⓑ교육 기관.

▶교:단 문학 教壇文學 (글월 문, 배울 학). 문학 ① 예술가가 아닌 교단(教壇)에 종사하는 사람들이 창작한 문학(文學). ② 교단에서 강의하는 식의 추상적 설명을 위주로 하는 문학. ⓑ교수(教授) 문학.

교:당 教堂 (가르칠 교, 집 당). 종교 종교(宗教) 단체의 신자들이 모여 예배나 포교를 하는 집[堂]. ¶그들은 일요일마다 교당에 모여 기도했다.

교:대[1] 教大 (가르칠 교, 큰 대). 교육 초등학교 교사(教師)를 양성하기 위한 대학(大學). '교육대학'(教育大學)의 준말. ¶우리 언니는 교대를 졸업했다.

교대[2] 交代 (서로 교, 바꿀 대). ① 속뜻 차례에 따라 서로[交] 바꾸어[代] 일을 함. ② 차례에 따라 일을 맡음. ¶나는 매일 동생과 교대로 방 청소를 한다. ⓑ겨끔내기.

▶교대 광:상 交代鑛床 (쇳돌 광, 평상 상). 광업 교대(交代) 작용에 의하여 생겨난 광상(鑛床).

▶교대 작용 交代作用 (지을 작, 쓸 용). 광업 기존 암석의 화학 조성을 바꾸는[交代] 작용(作用). 원래의 광상에 가스나 고온의 용액이 스며들어 용해, 침전, 치환이 일어나면서 발생한다.

교:도[1] 教徒 (종교 교, 무리 도). 종교(宗教)를 믿는 사람이나 그 무리[徒]. ¶불교 교도들을 위한 행사가 열렸다.

교:도[2] 教導 (가르칠 교, 이끌 도). ① 속뜻 가르치고[教] 이끌어줌[導]. ¶그는 고향에서 후생을 교도했다. ② 교육 학생의 주변 문제를 지도하고 상담함. '지도 교육'(指導教育)으로 순화. ⓑ교화(教化), 계적(啓迪), 교유(教誘).

▶교:도 교:사 教導教師 (가르칠 교, 스승 사). 상담 활동[教導]을 전문적으로 하는 사람[教師].

교:도[3] 矯導 (바로잡을 교, 이끌 도). ① 속뜻 바로잡아[矯] 이끌어 줌[導]. ② 법률 교정직 9급 공무원의 직급.

▶교:도-관 矯導官 (벼슬 관). 법률 교도소(矯導所)에서 행형(行刑)에 관한 사무에 종사하는 공무원[官].

▶교:도-소 矯導所 (곳 소). 법률 징역형이나 금고형, 노역장 유치나 구류 처분을 받은 사람에 대한 교도(矯導) 업무를 맡아보는 기관[所]. ⓑ감옥(監獄).

교두-보 橋頭堡 (다리 교, 머리 두, 작은성 보). ① 군사 다리를 엄호하기 위하여 다리[橋] 입구[頭]에 쌓은 보루(堡壘). ② '침략하기 위한 발판'을 비유하여 이르는 말. ¶일제는 한반도를 중국 침략의 교두보로 삼았다. ③ 상륙 작전에서 적군이 점령하고 있는 강기슭이나 해안선의 한 모퉁이를 점거하고 그곳에 마련한 작은 진지.

교란 攪亂 (어지러울 교, 어지러울 란). 마음이나 상황 따위를 뒤흔들어서 어지럽고[攪] 혼란(混亂)하게 함. ¶교란작전을 펼치다 / 적의 통신망을 교란하였다.

교량 橋梁 (다리 교, 들보 량). ① 속뜻 다리[橋]의 들보[梁]. ② 강을 건널 수 있게 만든 다리. ¶교량을 놓다.

교:련 教鍊 (가르칠 교, 익힐 련). ① 속뜻 가

르쳐[教] 익힘[鍊]. ② 군인이나 학생에게 가르치는 군사 훈련.

교:령 教令 (가르칠 교, 명령 령). ① 속뜻 교시(教示)와 명령(命令). ② 임금의 명령. ¶ 임금께서 교령을 내리셨다. ③ 가톨릭 교회법에 대한 질문에 교황이 문서 식으로 답변한 편지. 그 자체로 교회법으로서의 효력을 지닌다.

교:료 校了 (고칠 교, 마칠 료). 출판 인쇄물의 교정(校正)을 끝냄[了]. ¶그는 교료한 뒤 도장을 찍었다. ㊥완준(完準), 완교(完校).

*교류 交流** (서로 교, 흐를 류). ① 속뜻 근원이 다른 물줄기가 서로[交] 섞이어 흐름[流]. 또는 그런 줄기. ② 문화나 사상 따위가 서로 통함. ¶문화적 교류. ③ 전기 시간에 따라 크기와 방향이 주기적으로 바뀌어 흐름. 또는 그런 전류. 흐르는 방향이 1초 동안 변경되는 횟수를 주파수라고 한다. ㊥소통(疏通). ㊥직류(直流).

교:리 教理 (종교 교, 이치 리). 종교 특정 종교(宗教)의 참된 이치(理致)나 진리. 또는 그렇게 규정한 신앙의 체계. ¶동학(東學)의 교리는 인내천(人乃天)이다. ㊥교의(教義), 교조(教條).

교린 交鄰 (사귈 교, 이웃 린). 이웃[鄰] 나라와의 사귐[交].

▸**교린 정책** 交鄰政策 (정치 정, 꾀 책). 역사 조선 시대에 태조가 여진(女眞)과 일본 등 이웃 나라와[鄰] 서로 친하게 지내려고[交] 펼친 외교 정책(政策). ¶교린 정책으로 관(官)무역이 성행하게 되었다.

교만 驕慢 (버릇없을 교, 건방질 만). 버릇없고[驕] 건방짐[慢]. ¶그는 교만해서 사과를 하지 않았다. ㊥오만(傲慢), 방자(放恣). ㊥겸손(謙遜).

교:명 校名 (학교 교, 이름 명). 학교(學校) 이름[名]. ¶빈 칸에 교명과 성명을 적으시오.

교:모 校帽 (학교 교, 모자 모). 학교(學校)에서 정한, 학생들이 쓰는 모자(帽子).

교목 喬木 (높을 교, 나무 목). 식물 키가 큰[喬] 나무[木]. 소나무, 향나무, 감나무처럼 줄기가 곧고 굵으며 키가 크다. ㊥관목(灌木).

▸**교목-대** 喬木帶 (띠 대). 식물 교목(喬木)이 주로 자라는 지대(地帶). 식물의 수직 분포대 중, 산록대(山麓帶)와 관목대(灌木帶) 사이에 위치한다.

교묘 巧妙 (솜씨 교, 묘할 묘). 솜씨[巧]가 뛰어나고 묘하다[妙]. 매우 잘 되고 묘하다. ¶교묘히 속이다. ㊥공교(工巧).

교:무[1] 校務 (학교 교, 일 무). 교육 학교(學校)에서 이루어지는 사무(事務).

교:무[2] 教務 (가르칠 교, 일 무). ① 교육 학생을 가르치는[教] 일에 대한 사무(事務). ② 종교 종교적인 사무.

▸**교:무-실** 教務室 (방 실). 교육 교사가 교재를 준비하는 등 여러 가지 교무(教務)를 맡아보는 곳[室]. ¶교무실로 선생님을 찾아가다.

교:문 校門 (학교 교, 대문 문). 학교(學校)의 문(門). ¶교문을 꽃으로 장식하다.

교미 交尾 (꼴 교, 꼬리 미). ① 속뜻 꼬리[尾]를 서로 꼼[交]. ② 동물 동물의 암컷과 수컷이 성적(性的)인 관계를 맺는 일. ㊥짝짓기.

교민 僑民 (더부살이 교, 백성 민). 외국에 나가 살고 있는[僑] 자기 나라의 백성[民]. ¶교민들은 태극기를 휘날리며 선수들을 응원했다.

교:방 教坊 (가르칠 교, 동네 방). 역사 고려 시대의 기생을 가르치던[教] 학교. 또는 기생 학교가 있는 지역[坊].

교배[1] 交拜 (서로 교, 절 배). ① 속뜻 서로[交] 번갈아 절[拜]함. ② 전통 결혼식에서 신랑과 신부가 서로 절을 주고받는 예(禮).

교배[2] 交配 (서로 교, 짝 배). 생물의 암수를 서로[交] 인위적으로 짝[配]짓기 시켜 다음 세대를 얻는 일. ¶이 종자(種子)는 토종과 외래종을 교배한 것이다.

▸**교배-종** 交配種 (갈래 종). 생물 종류가 다른 생물을 교배(交配)하여 만든 새로운 종자(種子).

교:범 教範 (가르칠 교, 본보기 범). 모범으로 삼아 가르치는[教] 기본 법칙[範]. ¶각개 전투 교범 / 태권도 교범 / 사격 교범.

교:법 教法 (가르칠 교, 법 법). ① 속뜻 가르치는[教] 방법(方法). ② 불교 부처가 설법한 가르침. ③ 종교 교의(教義).

교:보 校報 (학교 교, 알릴 보). 학교(學校)

안팎의 소식을 알리기[報] 위한 인쇄물. ¶우리 학교는 격주로 교보를 발행한다.

교:복 校服 (학교 교, 옷 복). 학교(學校)에서 학생들이 입도록 정한 제복(制服). ¶토요일은 교복을 입지 않는다.

교:본[1] 校本 (고칠 교, 책 본). [출판] 교정(校正)을 끝내 오자(誤字)나 탈자가 없는 책[本].

교:본[2] 教本 (가르칠 교, 책 본). 가르치는[教] 데 쓰는 책[本]. [비] 교과서(教科書). [비] 교과서(教科書).

교:부[1] 教父 (종교 교, 아버지 부). [가톨릭] ① 고위 성직자를 종교(宗教) 상의 아버지[父]에 비유한 말. ② 고대 교회에서 교의와 교회의 발달에 큰 공헌을 한, 종교상의 훌륭한 스승과 저술가들을 이르는 말. ③ 대부(代父).

교부[2] 交付 (=交附, 서로 교, 줄 부). 문서나 물건을 서로[交] 주고[付]받음. ¶원서는 17일까지 교부합니다.

▸교부-금 交付金 (돈 금). ① [속뜻] 내어[交] 주는[付] 돈[金]. ② [법률] 보조금(補助金).

교분 交分 (사귈 교, 나눌 분). 서로 사귀며[交] 나눈[分] 정. ¶그들은 교분이 두텁다.

교:비 校費 (학교 교, 쓸 비). 학교(學校)의 여러 일을 하는 데 드는 돈[費].

교:사[1] 校舍 (학교 교, 집 사). 학교(學校)의 건물[舍]. ¶신축 교사.

교사[2] 絞死 (목맬 교, 죽을 사). 목을 매어[絞] 죽음[死]. ¶그 방에서 교사한 시체가 발견되었다.

교:사[3] 教師 (가르칠 교, 스승 사). 일정한 자격을 가지고 초등학교·중학교·고등학교 등에서 학생을 가르치는[教] 스승[師]. ¶체육 교사. ② [불교] 태고종에서, 교리를 연구하는 승려의 법계(法階) 가운데 하나. 대교사(大教師)와 대덕(大德) 사이이다. [비] 교원(教員), 선생(先生).

▸교:사-상 教師像 (모양 상). 교사(教師)로서의 본보기가 되는 모습[像].

교:사[4] 教唆 (가르칠 교, 부추길 사). 나쁜 짓을 하도록 남에게 가르쳐 주거나[教] 부추김[唆]. ¶그는 부하들에게 폭력을 교사했다.

▸교:사-범 教唆犯 (범할 범). [법률] 나쁜 짓을 하도록 남에게 가르쳐 주거나[教] 부추겨서[唆] 죄를 저지르게 만든 범인(犯人).

▸교:사-죄 教唆罪 (허물 죄). [법률] 나쁜 짓을 하도록 남에게 가르쳐 주거나[教] 부추겨서[唆] 죄를 짓게 함으로써 성립하는 범죄(犯罪).

교살 絞殺 (목맬 교, 죽일 살). 목을 졸라[絞] 죽임[殺]. ¶범인은 노인을 삼끈으로 교살했다. [비] 교륙(絞戮), 교수(絞首), 액살(縊殺).

교상 膠狀 (아교 교, 형상 상). 아교(阿膠)처럼 끈끈한 상태(狀態).

▸교상-질 膠狀質 (바탕 질). 아교(阿膠)처럼 끈끈한 상태(狀態)의 성질(性質).

교:생 教生 (가르칠 교, 사람 생). [교육] 교육 과정을 이수하기 위해 학교에 나가 교육(教育) 실습을 하는 학생(學生). ¶모교에 교생으로 나가다.

교:서[1] 校書 (고칠 교, 글 서). 책이나 문서에서 글[書]이나 글자를 살피어 잘못된 것을 바로잡음[校].

▸교:서-관 校書館 (집 관). [역사] 조선 시대에 경서(經書)의 인쇄나 교정(校正) 따위를 맡아보던 관아[館].

교:서[2] 教書 (가르칠 교, 글 서). ① [가톨릭] 로마 교황이 공식으로 발표하는 신앙과 교리(教理)에 관한 서한(書翰). ② [역사] 왕이 신하, 백성, 관청 등에 내리던 문서. ¶세종은 백성들에게 교서를 내려 농사에 힘쓸 것을 권고했다. ③ [정치] 미국 대통령이 정치, 행정 따위에 관한 의견을 적어 국회에 보내는 문서. ¶대통령은 의회로 교서를 보내 예산안을 제시했다.

▸교:서-권 教書權 (권리 권). [정치] 대통령이 교서(教書)를 의회에 보낼 수 있는 권리(權利). 거부권과 더불어 미국 대통령의 입법 참여권 가운데 하나이다.

교섭 交涉 (서로 교, 건널 섭). ① [속뜻] 서로 엇갈려[交] 물을 건넘[涉]. ② 어떤 일을 이루기 위해 서로 의논하고 절충함. ¶근무 조건을 놓고 교섭하다.

교성 嬌聲 (아리따울 교, 소리 성). 여자의 간드러지는[嬌] 소리[聲]. ¶작부의 자지러지는 교성이 들렸다.

교성-곡 交聲曲 (서로 교, 소리 성, 노래 곡).

음악 독창과 합창에 기악 반주 소리[聲]가 서로[交] 섞여 있는 서정적 악곡(樂曲). ¶바흐는 교성곡의 대가였다.

교:세 教勢 (종교 교, 세력 세). 종교(宗敎)의 세력(勢力). ¶교세를 확장하다.

교:수[1] 教授 (가르칠 교, 줄 수). ① 속뜻 학문 따위를 가르쳐[敎] 줌[授]. ② 대학에서 전문 학술을 가르치고 연구하는 사람. ¶경영학과 교수. ③ 역사 조선 시대에 지방 유생의 교육을 맡아보던 종육품 벼슬. ④ 역사 동학(東學)의 교직인 육임(六任) 가운데 두 번째 직위. ㊊학생(學生).

▸교:수-법 教授法 (법 법). 교육 학문이나 기예를 가르쳐[敎] 주기[授] 위한 체계적인 지식과 방법(方法). ¶그는 속뜻을 이용한 획기적인 교수법을 창안했다.

교수[2] 絞首 (목맬 교, 머리 수). 사형수의 목[首]을 매어[絞] 죽임. ㊐교살(絞殺).

▸교수-대 絞首臺 (돈대 대). 교수형을 받은 사람의 목[首]을 옭아매어[絞] 죽이는 대(臺). 또는 그 장치.

▸교수-형 絞首刑 (형벌 형). 법률 목[首]을 옭아매어[絞] 죽이는 형벌(刑罰). ¶연쇄 살인범은 교수형을 받았다.

교:술 教述 (가르칠 교, 지을 술). 문학 대상이나 세계를 가르치듯[敎] 객관적으로 묘사하고[述] 설명하는 장르. ¶수필은 교술 문학의 하나이다.

교:습 教習 (가르칠 교, 익힐 습). 학문이나 기예 따위를 가르쳐[敎] 익히게[習] 함. ¶교습을 받다 / 외국인에게 한국어를 교습하는 곳이 늘고 있다.

교:시[1] 校是 (학교 교, 옳을 시). 학교(學校)의 기본 교육 방침[是]. ¶우리 학교의 교시는 자유, 진리, 창조, 봉사이다.

교:시[2] 校時 (학교 교, 때 시). 학교(學校)의 수업 시간(時間)을 세는 단위. 흔히 40분 또는 45분, 50분 따위로 정한다. ¶1교시는 수학 수업이다.

교:시[3] 教示 (가르칠 교, 보일 시). ① 속뜻 가르쳐서[敎] 보임[示]. ¶승려는 신도들에게 불법을 교시했다. ② 길잡이로 삼는 가르침. ㊐시교(示敎).

교신 交信 (서로 교, 소식 신). 우편, 전신, 전화 따위로 정보나 소식[信] 또는 의견을 서로[交] 주고받음. ¶지휘관은 병사들과 교신하면서 상황을 파악했다.

⁑**교:실 教室** (가르칠 교, 방 실). 교육(敎育)이 이루어지는 방[室]. ¶웃음소리가 교실에서 흘러나오다. ㊐강의실(講義室).

교:안 教案 (가르칠 교, 문서 안). 교육 가르치기[敎] 위하여 작성한 문서[案]. ¶교안을 준비했다.

교:양 教養 (가르칠 교, 기를 양). ① 속뜻 가르치어[敎] 기름[養]. ② 학문, 지식, 사회생활을 바탕으로 이루어지는 품위. 또는 문화에 대한 폭넓은 지식. ¶그녀는 교양이 있다. ㊐소양(素養), 식견(識見).

▸교:양-미 教養美 (아름다울 미). 교양(敎養)이 있어 느껴지는 아름다움[美]. ¶그녀는 교양미가 넘친다.

▸교:양-인 教養人 (사람 인). 교양(敎養)이 있는 사람[人]. ¶교양인이라면 이 고전은 꼭 읽어봐야 한다.

교언 巧言 (약을 교, 말씀 언). 교묘(巧妙)하게 꾸며대는 말[言]. ¶교언에 속아 넘어가다.

▸교언-영색 巧言令色 (좋을 령, 빛 색). 아첨하는[巧] 말[言]과 알랑거리는[令] 태도[色]. ¶교언영색하는 사람 중에 어진 사람이 드물다.

교:역[1] 教役 (종교 교, 부릴 역). 기독교 종교적(宗敎的) 업무를 맡아 하는 일[役]. 설교, 전도, 신자 방문과 교회의 관리 운영 등 교회의 모든 사업을 책임지고 하는 것을 이른다.

*__교역[2] 交易__ (서로 교, 바꿀 역). 물건을 사고팔고 하여 서로[交] 바꿈[易]. ¶아라비아 상인들은 인도항로를 오가며 교역했다. ㊐무역(貿易).

▸교역-로 交易路 (길 로). 교역(交易)에 사용되던 길[路]. ¶실크로드는 고대 동서양의 교역로였다.

교:열 校閱 (고칠 교, 훑어볼 열). 원고의 내용 가운데 잘못된 것을 바로잡아 고치며[校] 훑어봄[閱].

▸교:열-본 校閱本 (책 본). 출판 교열(校閱)을 마친 책[本]. ㊟교본.

교외[1] 郊外 (성 밖 교, 밖 외). 도시에서 떨어진[郊] 주변[外] 지역. ¶교외로 소풍을 갔다. [반]시내(市內).

교:외² 校外 (학교 교, 밖 외). 학교(學校)의 밖[外]. ¶교외에서도 교복을 입어야 한다. [반]교내(校內).

교:외-별전 教外別傳 (가르칠 교, 밖 외, 다를 별, 전할 전). ① [속뜻]경전[教] 이외(以外)에서 얻는 다른[別] 가르침[傳]. ② [불교]선종에서, 부처의 가르침을 말이나 글에 의하지 않고 바로 마음에서 마음으로 전하여 진리를 깨닫게 하는 법.

교우¹ 交友 (사귈 교, 벗 우). 벗[友]을 사귐[交]. 또는 그 벗. ¶교우 관계가 좋다.

▸교우이신 交友以信 (써 이, 믿을 신). [역사]벗[友]을 믿음[信]으로써[以] 사귐[交]. 세속 오계의 하나. [참]세속 오계(世俗五戒).

교우² 校友 (학교 교, 벗 우). ① [속뜻]같은 학교(學校)를 다니는 벗[友]. ② 같은 학교의 직원과 졸업생, 재학생을 통틀어 이르는 말. ¶교우 회관을 건립하였다.

교:우³ 教友 (종교 교, 벗 우). [가톨릭]같은 종교(宗教)를 믿는 벗[友].

교:원 教員 (가르칠 교, 사람 원). [교육]각급 학교에서 학생을 가르치는[教] 사람[員]. [비]교사(教師), 선생(先生).

교유¹ 交遊 (사귈 교, 놀 유). 서로 사귀어[交] 놀거나[遊] 왕래함. ¶그는 당대 학자들과 교유했다.

교:유² 教諭 (가르칠 교, 깨우칠 유). ① [속뜻]가르치고[教] 깨우쳐 줌[諭]. ② 일제 강점기에, 정식 자격을 가진 중등학교의 교원을 이르던 말.

⁂교:육 教育 (가르칠 교, 기를 육). 지식과 기술 따위를 가르치며[教] 인격을 길러[育] 줌. ¶아이를 교육하다 / 교육적 효과가 뛰어나다.

▸교:육-계 教育界 (지경 계). 교육(教育)이나 교육 사업과 관계가 있는 분야[界]. ¶선생님께서는 40년 동안 교육계에 몸담아 오셨다.

▸교:육-법 教育法 (법 법). [법률]교육(教育)에 관한 기본 법률(法律).

▸교:육-비 教育費 (쓸 비). 교육(教育)에 드는 경비(經費). ¶예산 중 일부를 교육비로 투입했다.

▸교:육-세 教育税 (세금 세). 의무 교육(教育)에 필요한 경비를 마련할 목적으로 부과하는 세금(税金). ¶교육세는 목적세의 하나이다.

▸교:육-애 教育愛 (사랑 애). 학습자에 대한 교육자(教育者)의 사랑[愛]. ¶이 글에는 설립자의 교육애가 잘 담겨져 있다.

▸교:육-열 教育熱 (뜨거울 열). 교육(教育)에 대한 열의(熱意). ¶우리나라 사람들은 교육열이 대단히 높다.

▸교:육-자 教育者 (사람 자). 교원으로서 교육(教育)에 종사하는 사람[者]. ¶교육자로서 일생을 마쳤다.

▸교:육-장 教育場 (마당 장). [군사]주로 군사 교육(教育)에 활용되는 곳[場]. ¶공장 지대를 교통안전 교육장으로 개발했다.

▸교:육-청 教育廳 (관청 청). [교육]시나 군을 단위로 하여 학교 교육(教育)에 관한 사무를 맡아보는 관청(官廳).

▸교:육-대:학 教育大學 (큰 대, 배울 학). [교육]초등학교 교사를[教育] 길러 내기 위한 4년제 대학(大學). [준]교대.

▸교:육-한자 教育漢字 (한나라 한, 글자 자). 교육부에서 중·고등학교 학생의 교육(教育)을 위해 선정한 1,800자(字)의 한자(漢字).

▸교:육형-론 教育刑論 (형벌 형, 논할 론). [법률]형벌(刑罰)의 본질은 죄에 대한 보복이 아니라 범죄자를 교육(教育)하기 위한 데 있다는 이론(理論). [반]응보형론(應報刑論).

▸교:육 입국 조서 教育立國詔書 (설 립, 나라 국, 고할 조, 글 서). [역사]'교육(教育)은 나라[國]를 세우는[立] 기본'이라는 취지를 담은 조서(詔書). 1895년 고종이 발표한 각종 학교에 관한 내용이 담겨 있다.

교의¹ 交誼 (사귈 교, 정 의). 사귀어[交] 친해진 정[情誼]. ¶그는 국내외 서예가들과 교의를 맺고 지냈다. [비]교분(交分), 교정(交情).

교:의² 教義 (가르칠 교, 뜻 의). ① [교육]교육(教育)의 근본 취지[義]. ② [종교]어떤 종교의 신앙 내용이 진리로서 공인된, 종교상의 가르침. ¶'삼위일체'(三位一體)는 그리스도교의 기본 교의이다. [비]교법(教法). [참]교리(教理), 교조(教條).

교:인 敎人 (종교 교, 사람 인). 종교(宗敎)를 가지고 있는 사람[人]. ¶기독교 교인.

교자 交子 (꼴 교, 접미사 자). ① 속뜻 다리가 교차(交叉)되어 있는 것[子]. ② 교자상에 차려 놓은 음식.

▶교자-상 交子床 (평상 상). 교자(交子) 형태의 밥상(床). 네모꼴이 많으며 음식을 차려 놓는데 쓴다.

교잡 交雜 (서로 교, 섞일 잡). ① 속뜻 서로 한데 어울려[交] 뒤섞임[雜]. ② 생물 계통, 품종, 성질이 다른 암수의 교배.

▶교잡-종 交雜種 (갈래 종). 계통, 품종, 성질 따위가 다른 것끼리 교배하여[交雜] 새롭게 생긴 품종(品種). ¶한우와 젖소의 교잡종.

교:장[1] 校長 (학교 교, 어른 장). 교육 대학이나 학원을 제외한 각 급 학교(學校)의 으뜸 직위[長]. 또는 그 직위에 있는 사람. ¶초등학교 교장.

교:장[2] 敎場 (가르칠 교, 마당 장). ① 속뜻 가르치는[敎] 곳[場]. ② 군사 군사 교육 또는 군사 훈련을 위한 교육 시설을 갖추어 놓은 곳.

교:장-도감 敎藏都監 (가르칠 교, 감출 장, 모두 도, 살필 감). 역사 불교[敎] 경전[藏]인 대장경과 속장경의 판각을 맡아보던 관청[都監]. 고려 때, 의천의 제청으로 흥왕사에 설치하였다.

교:재 敎材 (가르칠 교, 재료 재). 교육 학문이나 기예 따위를 가르치거나[敎] 배우는 데 필요한 여러 가지 재료(材料).

▶교:재-원 敎材園 (동산 원). 교육 교육에 필요한 동식물을 사육하고 재배하여 학생들이 관찰할 수 있게 하여 교재(敎材) 같은 역할을 하는 동산[園].

교전[1] 交戰 (서로 교, 싸울 전). ① 속뜻 서로 병력을 가지고 섞이어[交] 전쟁(戰爭)을 함. ② 십팔기의 하나. 두 사람이 각기 왜검(倭劍)을 가지고 맞서서 검술을 익히는 무예이다.

교:전[2] 敎典 (가르칠 교, 법 전). ① 교육 교육(敎育)의 기본이 되는 법칙[典]. 또는 그런 법칙을 기록한 책. ② 종교 한 종교의 경전이나 규범.

교절 交截 (서로 교, 끊을 절). ① 속뜻 엇갈리는[交] 부분을 끊어냄[截]. ② 수학 두 도형이나 물체가 서로 교차되어 공통된 부분을 가지는 일.

교점 交點 (꼴 교, 점 점). ① 속뜻 서로 엇갈려[交] 만나는 점(點). ② 수학 둘 이상의 선이 서로 만나는 점. ③ 천문 천구(天球) 위에서 행성, 혜성, 달 따위의 궤도면이 황도면과 만나는 점. 강교점(降交點)과 승교점(昇交點)이 있다.

▶교점-월 交點月 (달 월). 천문 달이 황도(黃道)와 백도(白道)의 한 교점(交點)을 떠나 다시 그 지점까지 돌아오는 데 걸리는 시간을 한 달[月]로 치는 것. 27일 5시간 5분 35.8초이다.

교접 交接 (서로 교, 닿을 접). ① 속뜻 서로[交] 닿아서 접촉(接觸)함. ② 동물 교미(交尾).

교정[1] 交情 (사귈 교, 사랑 정). 사귀어[交] 온 정(情). ¶그동안의 교정을 생각해서 참았다.

교:정[2] 敎程 (가르칠 교, 분량 정). 교육 ① 가르치는[敎] 정도(程度). ② 가르치는 순서와 방식. ③ 교과서(敎科書). ④ 가르치는 과정.

교:정[3] 矯正 (바로잡을 교, 바를 정). ① 속뜻 틀어지거나 삐뚤어진 것을 바르게[正] 바로잡음[矯]. ¶치아 교정 / 척추 교정. ② 법률 교도소나 소년원 따위에서 재소자의 잘못된 품성이나 행동을 바로잡음. ¶교정 시설에서 보호를 받다.

교:정[4] 校庭 (학교 교, 뜰 정). 학교(學校)의 마당[庭]이나 운동장. ¶학생들이 교정에서 뛰어놀고 있다.

교:정[5] 校定 (고칠 교, 정할 정). 출판 출판물의 글을 검토하고 고쳐[校] 바르게 정하는[定] 일. ¶교정한 오자를 다음날 신문에 게재했다.

교:정[6] 校正 (고칠 교, 바를 정). 출판 교정쇄와 원고를 대조하여 다른 곳을 고쳐[校] 바르게[正] 함. ¶원고를 교정하다.

▶교:정-청 校正廳 (관청 청). 역사 ① 조선 때, 서적을 편찬할 때 교정(校正)을 위해 임시로 설치한 관아[廳]. ② 조선 후기, 정치를 개혁하기 위해 임시로 설치한 기구.

▶교:정-판 校正版 (책 판). 교정(校正)하여

다시 손질하여 인쇄한 출판물(出版物). ㊟ 원판(原版).

교:정⁷ 校訂 (고칠 교, 바로잡을 정). 남의 문장 또는 출판물의 잘못된 글자나 글귀 따위를 고쳐서[校] 바로잡음[訂].

▸교:정-본 校訂本 (책 본). 고서(古書)의 문장, 어구 따위를 후세 사람이 교정(校訂)하여 펴낸 책[本]. ¶그는 『신약성서』의 인쇄 교정본을 최초로 펴냈다.

교제 交際 (사귈 교, 사이 제). ① 속뜻 서로 사귀어[交] 가까운 사이[際]가 됨. ¶교제를 넓히다. ② 어떤 목적을 달성하기 위한 수단으로 남과 가까이 사귐. ¶그는 사업상 관청 직원들과 교제했다. ㊥ 사교(社交). ㊤ 절교(絶交).

교:조¹ 教祖 (종교 교, 조상 조). 종교 어떤 종교(宗教)나 종파를 처음 세운 사람[祖]. ¶대종교(大倧教)는 단군을 교조로 한다. ㊥ 교주(教主).

▸교:조 신원 운:동 教祖伸冤運動 (펼 신, 억울할 원, 돌 운, 움직일 동). 동학교의 교조(教祖)인 최제우가 처형된 뒤 그 억울함[冤]을 풀고[伸] 동학신앙의 자유를 얻으려고 벌인 운동(運動).

교:조² 教條 (가르칠 교, 조목 조). ① 속뜻 교훈(教訓)의 조목(條目). ② 종교 종교상의 신조. ¶그들은 금욕을 교조로 삼았다. ③ 역사적 환경이나 구체적 현실과 관계없이 어떠한 상황에서도 절대로 변하지 않는 진리인 듯 믿고 따르는 것.

▸교:조-주의 教條主義 (주될 주, 뜻 의). 논리 ① 특정 사상을 경전[教條]에 나온 그대로 수용·추종하려는 사상이나 태도[主義]. 특히 마르크스주의에 있어서 여러 조건을 무시한 채 이를 기계적으로 적용하는 것을 의미한다. ② 과학적인 해명 없이 신앙 또는 신조(信條)에 입각하여 명제(命題)를 고집하는 입장. ¶이 종파는 기독교의 교조주의를 반대했다.

교졸 巧拙 (약을 교, 서툴 졸). ① 속뜻 교묘(巧妙)하고 졸렬(拙劣)함. ② 익숙함과 서투름.

교:종 教宗 (종교 교, 마루 종). ① 불교 교리(教理)를 통해 불도를 터득하려는 불교의 한 종파(宗派). ② 가톨릭 예전에 교회 내에서 특히 기도서에서 교황을 이르던 말. ㊤ 선종(禪宗).

▸교:종-선 教宗選 (고를 선). 역사 고려 때, 교종(教宗)의 승려를 뽑기[選] 위해 실시하던 시험.

▸교:종 본산 教宗本山 (뿌리 본, 메 산). 불교 교종(教宗)의 중심이 되는 절[本山].

교주¹ 交奏 (서로 교, 연주할 주). 음악 향악(鄕樂)과 당악(唐樂)을 교대(交代)로 연주(演奏)함. '향당교주'의 준말.

교:주² 校主 (학교 교, 주인 주). ① 속뜻 학교(學校)의 주인(主人). ② '사립학교를 설립하였거나 경영하는 사람'을 이르는 말.

교:주³ 校註 (=校注, 고칠 교, 주석 주). 문장을 교정(校訂)하여 주석(註釋)을 더함. 또는 그 주석. ¶그 책에는 교주가 달려 있어 내용을 더 잘 이해할 수 있다.

교:주⁴ 教主 (종교 교, 주인 주). ① 종교 한 종교(宗教) 단체의 우두머리[主]. ② 종교의 개조를 높여 이르는 말. 불교의 석가모니 등. ㊥ 교조(教祖).

교:지¹ 校地 (학교 교, 땅 지). 학교(學校)가 자리한 땅[地]. ¶학교를 신설하기 위해 교지를 매입했다.

교:지² 校誌 (학교 교, 기록할 지). 한 학교(學校)의 학생들이 편집·발행하는 잡지(雜誌). ¶그의 기행문이 교지에 실렸다.

교:지³ 教旨 (가르칠 교, 뜻 지). ① 교육 교육(教育)의 취지(趣旨). ② 역사 승정원을 통하여 전하는 왕명서(王命書). ¶왕은 천주교도들에게 교지를 내렸다. ③ 역사 조선 시대에, 임금이 사품 이상의 벼슬아치에게 주던 사령(辭令). ¶상감의 교지를 받은 목민관이 마을로 내려왔다. ④ 종교 종교의 취지. ㊥ 유지(有旨).

교직¹ 交織 (꼴 교, 짤 직). ① 수공 두 가지 이상의 실을 섞어서[交] 짜는[織] 일. 또는 그런 직물. ② 어떠한 현상이나 사건, 생각 따위를 번갈아 나타내는 것을 비유하여 이르는 말. ¶이 소설은 허구의 인물과 역사의 실존 인물을 교직하였다.

교:직² 教職 (가르칠 교, 일 직). ① 교육 학생을 가르치는[教] 직무(職務). ¶그는 작년부터 교직 생활을 시작했다. ② 기독교 교회에서 신도의 지도와 교회의 관리를 맡은 직책.

▸교:직-원 教職員 (사람 원). 학교의 교원

(教員) 및 사무직원(職員). ¶교직원 회의.

교-집합 交集合 (서로 교, 모일 집, 합할 합). 수학 두 집합이 교차(交叉)되는 부분에 속한 원소들로 이루어진 집합(集合). 'A∩B'로 나타낸다. ¶'1,2,3,4'로 구성된 집합과 '3,4,5,6'으로 구성된 집합의 교집합 원소는 '3,4'이다.

교질 膠質 (아교 교, 바탕 질). ① 속뜻 아교(阿膠)처럼 끈끈한 성분[質]. ② 화학 보통의 분자나 이온보다 크고 지름이 1nm~100nm 정도의 미립자. ⓑ콜로이드.

교차[1] 較差 (견줄 교, 어긋날 차). 최고와 최저를 비교(比較)하였을 때의 차이(差異). 흔히 일정한 시간 동안 관측된 기상요소나 바다·호수의 수위변화 등에서 극대값과 극소값의 차이를 말한다. ¶밤과 낮의 기온의 교차가 심하다. ⓒ연교차(年較差), 일교차(日較差).

교차[2] 交叉 (서로 교, 엇갈릴 차). ① 속뜻 서로[交] 엇갈리거나[叉] 마주침. ¶어렸을 적 친구를 보니 만감이 교차한다. ② 생물 생식세포가 감수 분열 할 때 상동 염색체 사이에 일어나는 부분적인 교환 현상. ⓑ평행(平行).

▸교차-로 交叉路 (길 로). 서로[交] 엇갈려[叉] 난 길[路]. 두 길이 엇갈린 곳. ¶교차로에서 왼쪽으로 돌면 은행이 있다. ⓑ갈림길.

▸교차-점 交叉點 (점 점). 서로[交] 엇갈리거나[叉] 마주친 곳[點]. ¶도로와 철도의 교차점에서 사고가 났다.

▸교차 개:념 交叉槪念 (대강 개, 생각 념). 논리 두 개념이 근본적인 의의는 다르나 그 외연(外延)의 일부가 같은[交叉] 개념(槪念). 이를테면 '학자와 교육자', '군인과 용사', '소녀와 미인' 따위가 있다.

교착[1] 交着 (서로 교, 붙을 착). 서로[交] 붙음[着].

교착[2] 交錯 (서로 교, 섞일 착). 이리저리 서로[交] 서로 뒤섞임[錯]. ¶그를 보자 이런 저런 감정이 교착했다.

교착[3] 膠着 (아교 교, 붙을 착). ① 속뜻 아교(阿膠)처럼 아주 단단히 달라붙음[着]. ② 어떤 상태가 굳어 조금도 변동이나 진전이 없이 머묾. ¶교착 상태에 빠지다.

▸교착-어 膠着語 (말씀 어). 언어 어근에 문법적인 기능을 하는 요소가 딱 달라붙어[膠着] 문법적 역할을 하는 언어(言語). 한국어·터키 어·일본어·핀란드 어 따위가 있다. ⓑ부착어(附着語), 점착어(粘着語), 첨가어(添加語). ⓒ고립어(孤立語), 굴절어(屈折語).

교체 交替 (서로 교, 바꿀 체). 서로[交] 바꿈[替]. 교대로 바꿈. ¶선수 교체. ⓑ교환(交換).

교:칙[1] 校則 (학교 교, 법 칙). 학교(學校)의 규칙(規則). ¶교칙을 준수하다. ⓑ학칙(學則).

교:칙[2] 教則 (가르칠 교, 법 칙). ① 속뜻 교학(教學)에 대한 규칙(規則). 학교가 학과, 편제, 교과 과정, 입학, 졸업, 상벌 따위에 대해 정한 규칙. ¶교칙에 따라 그는 정학을 받았다. ② 종교적인 규칙. 교회의 규칙. ⓑ학칙(學則), 교구(教規).

교:탁 教卓 (가르칠 교, 탁자 탁). 글을 가르칠[教] 때 책 따위를 올려놓는 탁자(卓子).

교태 嬌態 (아리따울 교, 모양 태). ① 속뜻 아리따운[嬌] 자태(姿態). ② 아양을 부리는 태도. ¶그녀는 교태를 부리며 품에 안겼다.

⁑**교통 交通** (서로 교, 통할 통). ① 속뜻 오고 가며 서로[交] 통(通)함. ② 자동차, 기차, 배, 비행기 따위의 탈것을 이용하여 사람이 오고 가는 일이나 짐을 실어 나르는 일. ¶이곳은 교통이 매우 편리하다.

▸교통-난 交通難 (어려울 난). 교통(交通) 혼잡 따위로 발생되는 각종 어려움[難]. ¶교통난이 심하다.

▸교통-량 交通量 (분량 량). 일정한 곳을 일정한 시간에 왕래하는 사람이나 차량 따위[交通]의 수량(數量). ¶명절 때 고속도로의 교통량이 크게 늘어났다.

▸교통-로 交通路 (길 로). 교통(交通)에 이용되는 길[路]. ¶일찍이 그 길이 교통로로 이용되었다.

▸교통-망 交通網 (그물 망). 교통(交通) 도로가 이리저리 분포되어 있는 상태를 그물[網]에 비유하여 이르는 말. ¶대도시는 교통망이 발달하였다.

▸교통-비 交通費 (쓸 비). ① 속뜻 탈것을 타고 다니는 데[交通] 드는 비용(費用). ② 자

동차를 운행하거나 유지하는 데 드는 비용. ¶교통비가 많이 든다.

▸교통-편 交通便 (편할 편). 교통(交通)에 편리(便利)한 수단. 자동차, 기차, 비행기 따위. ¶이 마을은 교통편이 좋다

교:파 教派 (종교 교, 갈래 파). 같은 종교(宗教)에서 나뉜 계파(系派). ¶교파 간에 정통성 시비가 벌어졌다. ㊥종파(宗派).

교:편 教鞭 (가르칠 교, 채찍 편). ① 속뜻 가르칠[教] 때 사용하는 채찍[鞭]. 또는 가느다란 막대기. ②학생을 가르치는 생활. 또는 직업. ¶그는 십 년 동안 교편을 잡고 있다.

교포 僑胞 (더부살이 교, 태보 포). 다른 나라에 살고 있는[僑] 동포(同胞). ㊥교민(僑民).

교:풍 校風 (학교 교, 풍속 풍). 해당 학교(學校) 특유의 기풍(氣風). ¶학교의 교풍을 존중하다.

교:학 教學 (가르칠 교, 배울 학). 가르치는 일[教]과 배우는 일[學]. ¶교학상장(教學相長) / 그는 지방 자제들을 모아 교학에 힘썼다.

▸교:학상장 教學相長 (서로 상, 길 장). ① 속뜻 가르침[教]과 배움[學]이 서로[相]에게 도움이 됨[長]. ②스승은 학생을 가르침으로써 지혜를 쌓고, 학생은 스승에게 배움으로써 지식을 쌓아 서로에게 도움이 됨. ¶교생 실습은 교학상장을 경험할 수 있는 좋은 기회이다.

교합 交合 (서로 교, 합할 합). ① 속뜻 서로[交] 몸을 합(合)침. ②마음이나 뜻이 서로 맞음. ㊥성교(性交).

교향 交響 (서로 교, 울릴 향). 서로[交] 어우러져 울림[響].

▸교향-곡 交響曲 (노래 곡). 음악 교향악.

▸교향-악 交響樂 (음악 악). ① 속뜻 관악과 현악이 서로 어우러져[交] 울리는[響] 악곡(樂曲). ② 음악 관현악을 위해 만든 음악을 통틀어서 이르는 말.

교호 交互 (서로 교, 서로 호). ① 속뜻 서로 어긋나게[交=互] 맞춤. ②서로 번갈아 함.

▸교호 작용 交互作用 (지을 작, 쓸 용). 둘 또는 그 이상의 사물이 서로 작용을 미치는[交互] 일이나 작용(作用). ㊥상호(相互) 작용.

교:화¹ 校花 (학교 교, 꽃 화). 학교(學校)를 상징하는 꽃[花]. ¶우리 학교 교화는 목련이다.

교:화² 教化 (가르칠 교, 될 화). ① 속뜻 가르치고[教] 이끌어서 훌륭한 인물이 되도록 함[化]. ¶교도소는 범죄자를 교화하는 곳이다. ② 불교 부처의 진리로 사람을 가르쳐 착한 마음을 가지게 함. ㊥교도(教導).

교환¹ 交歡 (사귈 교, 기쁠 환). 서로 사귀며[交] 기뻐함[歡]. 서로 즐거움을 나눔. ¶즐두 학교간 교환경기(交歡競技)를 벌이다.

교환² 交換 (서로 교, 바꿀 환). ① 속뜻 물건 따위를 서로[交] 주고받아 바꿈[換]. ¶정보를 교환하다. ②전화나 전신을 통할 수 있도록 사이에서 선로를 연결해 줌. 또는 그 일을 하는 사람. ¶교환 설비. ③ 경제 어떤 재화나 용역을 다른 사람에게 주고, 그 가격만큼 다른 재화나 용역 또는 화폐를 얻는 일. ④ 통신 우체국에서 발송인이 위탁한 물건을 수취인에게 전해 주고, 그 물건 값을 받아서 발송인에게 보내는 일. ㊥인환(引換).

▸교환 가격 交換價格 (값 가, 이를 격). 경제 사회 일반의 수요와 공급을 표준으로 교환(交換)한 가격(價格).

▸교환 가치 交換價値 (값 가, 값 치). 경제 ①화폐를 다른 나라의 화폐와 교환(交換)할 때의 가치(價値). ②일정량의 물품이 다른 종류의 물품과 어떤 비율로 교환될 수 있는가를 나타내는 상대적 가치.

▸교환 경제 交換經濟 (다스릴 경, 건질 제). 경제 경제 주체 사이에 재화를 교환(交換)하여 이루어지는 경제(經濟).

교활 狡猾 (교활할 교, 교활할 활). 간사하고 음흉함[狡=猾]. ¶교활한 녀석. ㊥간사(奸邪).

교:황 教皇 (종교 교, 임금 황). 가톨릭 가톨릭 교회(教會)의 우두머리[皇]인 로마 대주교. ¶교황이 성탄 미사를 집전했다.

▸교:황-령 教皇領 (다스릴 령). 가톨릭 로마 교황(教皇)이 통치하는 세속적 영역(領域). ¶그는 프랑크 제국으로부터 교황령을 인정받았다 / 바티칸 시국은 교황령이다.

▸교:황-청 教皇廳 (관청 청). 가톨릭 교황

(敎皇)을 중심으로 하여 전 세계의 가톨릭 교회와 교도를 다스리는 교회 행정의 중앙 기관[廳]. ¶교황청은 전 세계 가톨릭의 중심이다.

교:회[1] **敎會** (종교 교, 모일 회). 기독교 그리스도교(敎)를 믿고 따르는 신자들의 모임[會]이나 공동체. 또는 그 장소. ¶그녀는 일요일마다 교회에 간다. ㊥성당(聖堂).

교:회[2] **敎誨** (가르칠 교, 가르칠 회). 잘 가르치고[敎] 타일러서 지난날의 잘못을 깨우치게[誨] 함. ¶그는 은사의 교회로 새사람이 되었다.

교:훈[1] **校訓** (학교 교, 가르칠 훈). 교육 학교(學校)에서 가르치고자[訓] 하는 이념이나 목표를 간명하게 나타낸 표어. ¶우리 학교의 교훈은 성실이다.

교:훈[2] **敎訓** (가르칠 교, 가르칠 훈). 앞으로의 행동이나 생활에 지침이 될 만한 가르침[敎=訓]. ¶실패는 그에게 교훈이 되었다.

▸교:훈-가 敎訓歌 (노래 가). 문학 교훈(敎訓)을 주목적으로 지은 시가(詩歌). ¶「훈민시조」는 대표적인 교훈가이다.

▸교:훈-주의 敎訓主義 (주될 주, 뜻 의). 문학 문학의 목적은 독자에게 교훈(敎訓)을 주는 데 있다고 하는 주장[主義].

구:가[1] **舊家** (옛 구, 집 가). ① 속뜻 예전[舊]에 살던 집[家]. ¶고향에는 어릴 때 살던 구가가 그대로 남아 있다. ② 여러 대를 이어 온 집안. ③ 한곳에 오랫동안 살아온 집안. ㊥구옥(舊屋), 구거(舊居).

구가[2] **謳歌** (읊조릴 구, 노래할 가). ① 속뜻 여러 사람이 입을 모아 칭송하고[謳] 노래함[歌]. ¶백성들이 태평성대를 구가했다. ② 행복한 처지나 기쁜 마음 따위를 거리낌 없이 나타냄. ¶그는 올해 전성기를 구가했다.

구간[1] **區間** (나눌 구, 사이 간). ① 속뜻 구역(區域)과 구역 사이[間]. ¶정체 구간은 빨간 색으로 표시된다. ② 수학 수직선 위에서 두 실수 사이에 있는 모든 실수의 집합.

구:간[2] **舊刊** (옛 구, 책 펴낼 간). 예전[舊]에 발간(發刊)된 책. ¶구간을 반품하고 신간을 주문했다. ㊥신간(新刊).

구간[3] **軀幹** (몸 구, 줄기 간). ① 속뜻 몸[軀]의 줄기[幹]에 해당하는 몸통. ② 의학 포유동물에서, 머리와 팔, 다리, 날개, 꼬리 등 딸린 것들을 제외한 몸통 부분. ¶이 새는 구간이 희고, 정수리에 빨간 볏이 났다. ㊥몸통.

구:갈 **口渴** (입 구, 목마를 갈). 입[口]이 마름[渴]. ¶할머니는 밤중에 구갈이 나서 몇 번이나 깼다. ㊥조갈(燥渴).

구:강 **口腔** (입 구, 빈 속 강). 의학 입[口]에서 목구멍에 이르는 입안[腔]. ¶구강 검진 / 구강이 헐었다.

▸구:강-염 口腔炎 (염증 염). 의학 입 안[口腔] 조직에 생기는 염증(炎症). ¶소금물은 구강염을 완화해준다. ㊥구내염(口內炎).

구:개 **口蓋** (입 구, 덮을 개). 의학 입[口] 안의 천장[蓋]을 이루는 부분. 코와 입안을 나누는 역할을 한다. ¶선천성 구개 파열. ㊥입천장.

▸구:개-음 口蓋音 (소리 음). 언어 혓바닥과 경구개(硬口蓋) 사이에서 나는 소리[音]. 국어의 'ㅈ', 'ㅉ', 'ㅊ'따위.

▸구:개음-화 口蓋音化 (소리 음, 될 화). 언어 구개음(口蓋音)으로 변화(變化)함. 자음 'ㄷ', 'ㅌ'가 모음 'ㅣ'[i]나 반모음 'ㅣ'[j]를 만나면 'ㅈ', 'ㅊ'이 되거나, 'ㄷ'뒤에 '히'가 올 때 'ㅎ'과 결합하여 이루어진 'ㅌ'이 'ㅊ'이 되는 현상. '굳이'가 '구지'로 '굳히다'가 '구치다'로 되는 것 따위가 있다.

구걸 **求乞** (구할 구, 빌 걸). 거저 달라고[求] 빎[乞]. ¶구걸하여 목숨을 이었다. ㊥동냥.

구:결 **口訣** (입 구, 이별할 결). 언어 한문을 읽을 때, 말[口]로 끊어[訣] 읽기 위해 각 구절 끝에 달던 문법적 요소를 통틀어 이르는 말. ㊥현토(懸吐).

구경[1] **九經** (아홉 구, 책 경). 중국 고전인 아홉[九] 가지의 경서(經書). 『주례』(周禮), 『의례』(儀禮), 『예기』(禮記), 『좌전』(左傳), 『공양전』(公羊傳), 『곡량전』(穀梁傳), 『주역』(周易), 『시경』(詩經), 『서경』(書經)을 이르기도 하고, 『주역』, 『시경』, 『서경』, 『예기』, 『춘추』(春秋), 『효경』(孝經), 『논어』(論語), 『맹자』(孟子), 『주례』를 이르기도 한다.

구:경[2] **口徑** (입 구, 지름길 경). ① 속뜻 원통 모양 물건에서 그 입구[口]의 지름[徑]. ② 렌즈나 거울 따위의 유효 지름. ¶망원경의 구경.

▸구ː경-비 口徑比 (견줄 비). 물리 망원경이나 사진기 따위에서 조리개의 지름[口徑]과 초점 거리의 비율(比率). ¶구경비가 높을수록 상(像)은 어둡다.

구곡-간장 九曲肝腸 (아홉 구, 굽을 곡, 간 간, 창자 장). ① 속뜻 아홉[九] 번이나 굽은[曲] 간(肝)과 창자[腸]. ②'깊은 마음속 또는 시름이 쌓인 마음속'을 비유하여 이르는 말. ¶구곡간장 맺힌 한을 구월 상풍에 풀어볼까.

구공-탄 九孔炭 (아홉 구, 구멍 공, 숯 탄). ① 속뜻 '십구공탄'(十九孔炭)의 준말. ② 구멍이 많이 뚫려 있는 연탄. ¶구공탄은 주로 난방용으로 사용된다.

구관[1] 球冠 (공 구, 갓 관). ① 속뜻 공[球] 모양의 갓[冠]. ② 수학 구면(球面)이 평면과 만나 나누어 졌을 때, 그 평면에 의하여 나누어진 구의 한쪽 부분. 그 평면과 구관이 만난 자리에 생기는 원을 구관의 밑면, 밑면의 중심을 지나고 밑면에 수직인 직선의 밑면과 구면과의 사이의 길이를 구관의 높이라고 한다.

구ː관[2] 舊官 (옛 구, 벼슬 관). 예전[舊]의 관리(官吏). 먼저 재임했던 벼슬아치. 속담 구관이 명관이다.

구ː관[3] 舊館 (옛 구, 집 관). 예전[舊]에 세운 건물[館]. ¶사무실을 구관에서 신관으로 옮겼다. ㊥신관(新館).

구관-조 九官鳥 (아홉 구, 벼슬 관, 새 조). 동물 찌르레깃과의 새[鳥]. 크기는 비둘기만 한데 온몸이 검고 날개에는 커다란 흰무늬가 있다. 사람의 말을 잘 흉내낸다. 일본어 한자이름 '九官'을 그대로 들여온 것으로 추정된다.

구교[1] 溝橋 (도랑 구, 다리 교). ① 속뜻 도랑물[溝]이 건너는 다리[橋] 역할을 하는 것. ② 건설 콘크리트나 돌 따위로 만든 지하의 물길. 운하, 둑, 도로 따위의 밑을 가로질러 물을 통하게 한다.

구ː교[2] 舊教 (옛 구, 종교 교). ① 속뜻 예전[舊]의 교파(教派). ② 종교 로마 가톨릭교와 그리스 정교회를 신교(新教)에 상대하여 이르는 말. ¶구교와 신교간의 갈등으로 전쟁이 일어났다. ㊥신교(新教).

구구[1] 區區 (나눌 구, 나눌 구). ① 속뜻 각각 다름[區+區]. ¶소문이 구구하다. ② 잘고 구차함. ¶구구한 잔소리.

구구[2] 九九 (아홉 구, 아홉 구). 수학 1에서 9[九]까지의 숫자를 1에서 9[九]까지 곱하는 셈 방법. '구구법'(九九法)의 준말.

▸구구-단 九九段 (구분 단). 구구법(九九法)에 구분된 각 단(段). ¶구구단을 외우다.

▸구구-표 九九表 (겉 표). 구구법(九九法)의 공식을 차례대로 적은 표(表).

구구절절 句句節節 (글귀 구, 마디 절). 구(句)와 구(句), 절(節)과 절(節)의 모든 문장. 또는 모든 말 ¶구구절절에 정성이 어려 있다/구구절절이 옳은 말을 하다.

구ː국 救國 (구원할 구, 나라 국). 위태로운 나라[國]를 구원(救援)함. ¶구국 운동을 벌이다.

구ː규 舊規 (옛 구, 법 규). 예전[舊]에 시행하였던 규칙(規則). 또는 전부터 있어 온 규칙. ¶그는 구규에 어긋난다는 이유로 통상을 거절했다.

구균 球菌 (공 구, 세균 균). 생물 둥근 공[球] 모양으로 생긴 세균(細菌)을 통틀어 이르는 말. ¶쌍구균 / 포도상 구균 / 연쇄상 구균.

구근 球根 (공 구, 뿌리 근). ① 속뜻 공[球] 모양의 뿌리[根]. ② 식물 땅속의 뿌리나 줄기 또는 잎 따위가 둥글게 커져서 양분을 저장한 것. ¶구근은 잎이나 줄기, 뿌리 등이 변형된 것이다. ㊀알뿌리.

▸구근-류 球根類 (무리 류). 식물 둥근 알[球] 모양의 뿌리[根]가 있는 식물의 종류(種類). ¶감자는 구근류에 속한다.

▸구근 식물 球根植物 (심을 식, 만물 물). 식물 알[球]뿌리[根]가 있는 식물(植物). ¶감자는 구근 식물의 하나이다. ㊀구근류(球根類).

구금 拘禁 (잡을 구, 금할 금). 법률 피고인 또는 피의자를 구치소나 교도소 따위에 가두어[拘] 신체의 자유를 금지(禁止)하는 것. ¶경찰서에 구금되다. ㊀구류(拘留).

***구ː급 救急** (구원할 구, 급할 급). ① 속뜻 위급(危急)한 상황에서 구(救)하여 냄. ¶정부는 수재민을 위한 구급 대책을 내놓았다. ② 병이 위급할 때 우선 목숨을 구하기 위한 처치를 함. ¶구급 상자.

▸구ː급-낭 救急囊 (주머니 낭). 구급약(救

急藥)을 넣어 두는 주머니[囊]. ¶그는 구급낭에서 붕대를 꺼내 다리에 감았다.

▸구:급-법 救急法 (법 법). 의학 병이 위급(危急)한 사람을 구(救)하기 위한 간단한 치료법(治療法). ¶구급법을 알아두면 유용하다. ⑪응급 치료법(應急治療法).

▸구:급-약 救急藥 (약 약). 응급[救急] 치료에 필요한 의약품(醫藥品). ¶민들레 뿌리는 가정에서 구급약으로도 썼다.

▸구:급-차 救急車 (수레 차). 위급한 환자나 부상자를 신속하게 병원으로 실어 나르는[救急] 자동차(自動車). ¶부상자는 구급차에 실어 병원으로 보낸다.

▸구:급-도감 救急都監 (모두 도, 살필 감). 역사 고려 때, 위급(危急)한 상황에 처한 백성들을 구제(救濟)하기 위해 설치한 임시 관청[都監].

구기 球技 (공 구, 재주 기). 운동 공[球]을 사용하는 운동 경기(競技). 야구, 축구, 배구, 탁구 따위. ¶한국은 구기 종목에서 많은 메달을 획득하였다.

구기-자 枸杞子 (구기자 구, 구기자 기, 씨 자). 한의 구기자(枸杞子)나무의 열매[子]. 해열제와 강장제로 쓴다.

구:난 救難 (도울 구, 어려울 난). 재난(災難)을 만난 사람을 구(救)함. ⑪구재(救災).

구내[1] 區內 (나눌 구, 안 내). 일정한 구역(區域)의 안[內]. ¶구내 주민들을 초청해 강연회를 열었다.

구내[2] 口內 (입 구, 안 내). 입[口] 안[內]. ¶양치질은 구내 청결에 필수적이다. ⑪구강(口腔).

▸구:내-염 口內炎 (염증 염). 의학 입안[口內]에 생긴 염증(炎症). ¶수포성 구내염. ⑪구강염(口腔炎).

구내[3] 構內 (얽을 구, 안 내). ① 속뜻 나무로 얽은[構] 집의 안쪽[內]. ②큰 건물이나 시설의 내부. ¶구내 서점 / 재판소 구내에 들어올 수 없다.

▸구내-매점 構內賣店 (팔 매, 가게 점). 학교, 병원, 역 따위의 시설물[構] 안[內]에서 식료품이나 일용 잡화 따위를 파는 곳[賣店].

▸구내-전화 構內電話 (전기 전, 말할 화). 건물이나 시설물[構] 안[內]에서 상호 간의 연락을 위해 시설한 전화(電話). ⑪구외전화(構外電話), 국선(局線).

구:년 舊年 (옛 구, 해 년). 지난[舊]해[年]를 새해에 상대하여 이르는 말. ⑪묵은 해. ⑫신년(新年).

구단 球團 (공 구, 모일 단). 야구(野球), 축구, 농구 따위를 사업으로 하는 단체(團體). ¶회의에 각 구단 대표들이 참석했다.

구:담 口談 (입 구, 이야기 담). ① 속뜻 입[口]으로 하는 이야기[談]. ② 말하는 솜씨. ¶그는 구담이 좋아서 사기꾼처럼 보인다. ③ 어떤 사실에 관하여, 또는 있지 않은 일을 사실처럼 꾸며 재미있게 하는 말. ¶황당무계한 구담은 그만 해라.

구:-대륙 舊大陸 (옛 구, 큰 대, 뭍 륙). 지리 콜럼버스가 아메리카 대륙을 발견하기 이전[舊]에 알려져 있던 대륙(大陸). ¶구렁이는 주로 구대륙에 분포한다. ⑫신대륙(新大陸).

구도[1] 構圖 (얽을 구, 그림 도). ① 속뜻 얽거나[構] 짜놓은 그림[圖]. ② 미술 그림에서 모양, 색깔, 위치 따위의 짜임새. ¶구도를 잡다.

구:도[2] 舊都 (옛 구, 도읍 도). 예전[舊]의 도읍(都邑). ¶이 도시는 최고의 구도였다. ⑫신도(新都).

구:도[3] 舊道 (옛 구, 길 도). 예전[舊]의 도로(道路). ¶구도를 따라 들어가니 원주민 마을이 나왔다.

구도[4] 求道 (구할 구, 길 도). ① 불교 불법의 정도(正道)를 구(求)함. ② 진리나 종교적인 깨달음의 경지를 구함. ¶구도를 위한 수련 과정.

▸구도-자 求道者 (사람 자). 진리나 종교적인 깨달음의 경지를 구하는[求道] 사람[者]. ¶구도자의 길을 걷다.

구독 購讀 (살 구, 읽을 독). 책이나 신문, 잡지 따위를 구입(購入)하여 읽음[讀]. ¶경제 신문을 구독하다.

▸구독-료 購讀料 (삯 료). 책이나 신문, 잡지 따위를 정기적으로 구입(購入)하여 읽기[讀] 위해 지급하는 돈[料]. ¶구독료는 선불해야 합니다.

구동 驅動 (몰 구, 움직일 동). 동력을 가하여[驅] 움직임[動]. ¶구동 장치 / 후륜 구동.

▸구동-축 驅動軸 (굴대 축). 원동기의 회전 동력을 기계의 작동 기구에 가하여[驅] 기계를 움직이게[動] 하는 전달하는 주축(主軸).

구:두[1] **口頭** (입 구, 접미사 두). 입[口]으로 하는 말. ¶구두 약속. ⓑ서면(書面).

▸구:두-선 口頭禪 (참선 선). ① 속뜻 실행이 따르지 않는 실속 없이 말[口頭]로만 하는 선(禪). ¶개혁이 구두선에 그치고 말았다. ② 불교 경문(經文)의 글귀만 읽고 참된 선(禪)의 도를 닦지 않는 태도. ⓑ구두 삼매(三昧).

▸구:두 계:약 口頭契約 (맺을 계, 묶을 약). 법률 증서 따위를 만들지 않고 말[口頭]로만 맺는 계약(契約). ¶부가적인 사항에 대해 구두 계약을 체결했다.

▸구:두-시험 口頭試驗 (따질 시, 효과 험). 교육 시험관의 물음에 말[口頭]로 대답하는 시험(試驗). ¶2차로 구두시험을 치렀다.

▸구:두 심리 口頭審理 (살필 심, 다스릴 리). 법률 말[口頭]로 묻고 대답하는 심리(審理).

▸구:두 약속 口頭約束 (묶을 약, 묶을 속). 말[口頭]로써 하는 약속(約束).

▸구:두 위임 口頭委任 (맡길 위, 맡길 임). 법률 위임장을 주지 않고 말[口頭]로 하는 형식의 위임(委任).

구두[2] **句讀** (글귀 구, 구절 두). ① 속뜻 글[句]이나 단락[讀]. ② 언어 '구두법'의 준말.

▸구두-법 句讀法 (법 법). 언어 글[句]이나 단락[讀]을 쓸 때 문장부호를 쓰는 방법(方法).

▸구두-점 句讀點 (점 점). 언어 글[句]이나 단락[讀]을 마치거나 쉴 때 찍는 마침표와 쉼표[點]. ¶구두점을 찍어야 읽기 편하다.

구라파 歐羅巴 (유럽 구, 새그물 라, 땅이름 파). '유럽'(Europe)의 한자 음역어.

구락부 俱樂部 (함께 구, 즐길 락, 나눌 부). '클럽'(club)의 한자 음역어.

구:랍 舊臘 (옛 구, 섣달 랍). 지난해[舊]의 섣달[臘].

구:래 舊來 (옛 구, 올 래). 예전[舊]부터 내려옴[來]. ¶구래의 풍습을 이어 가다.

구:령[1] **口令** (입 구, 명령 령). 여러 사람이 일정한 동작을 일제히 취하도록 하기 위하여 지휘자가 입[口]으로 내리는 간단한 명령(命令). ¶구령에 따라 움직였다. ⓑ호령(號令).

구:령[2] **救靈** (구원할 구, 혼령 령). 가톨릭 신앙의 힘으로 영혼(靈魂)을 구원(救援)하는 일.

구:례 舊例 (옛 구, 법식 례). 예전[舊]부터 전하여 내려오는 관례(慣例). ¶그 조치는 오래된 구례에 의한 것이다.

구류 拘留 (잡을 구, 머무를 류). ① 속뜻 붙잡아[拘] 일정한 곳에 머무르게[留] 함. ② 법률 죄인을 1일 이상 30일 미만 동안 교도소나 경찰서 유치장에 가두어 자유를 속박하는 일. 또는 그런 형벌. ⓑ구금(拘禁), 유치(留置).

▸구류-장 拘留狀 (문서 장). 법률 법관이 범죄의 혐의가 있는 사람을 구류(拘留)할 때 발부하는 영장(令狀).

구륵-법 鉤勒法 (갈고랑이 구, 굴레 륵, 법 법). 미술 동양화에서 굴레[勒] 윤곽을 떠내어[鉤] 줄을 긋고 그 내부를 색칠하여 채우는 화법(畵法). ⓑ쌍구법(雙鉤法). ⓑ몰골법(沒骨法).

구릉 丘陵 (언덕 구, 언덕 릉). 작은 언덕[丘]과 큰 언덕[陵]. ¶밋밋한 구릉.

▸구릉-지 丘陵地 (땅 지). 지리 해발 고도 200~600미터의 완만한 언덕[丘陵]을 이루고 있는 지형(地形). ¶구릉지에서 목축을 한다.

구매 購買 (살 구, 살 매). 물건 따위를 사들임[購=買]. ¶상품을 구매하신 고객은 사은품을 받아가세요.

▸구매-력 購買力 (힘 력). 경제 ① 개인이나 단체가 어떤 재화나 용역을 살 수 있는[購買] 재력(財力). ¶장년층은 구매력이 크다. ② 한 단위의 통화가 여러 가지 재화나 용역을 살 수 있는 능력. ¶엽전은 현재 구매력이 없다.

▸구매 동:기 購買動機 (움직일 동, 실마리 기). 경제 소비자가 어떤 상품을 사게[購買] 되는 원인이나 동기(動機). ¶광고를 통해 구매 동기를 유발하다.

구:면[1] **舊面** (오래 구, 낯 면). 오래[舊] 전부터 알고 있는 얼굴[面]이나 처지. ¶그와는 구면이지만 그의 부인과는 초면이다. ⓑ면

식(面識). ⓑ초면(初面).

구면² 球面 (공 구, 쪽 면). ① 속뜻 공 또는 둥근 물체[球]의 겉면[面]. ② 수학 삼차원 공간에서 일정한 점으로부터 일정한 거리에 있는 점의 자취. ¶구면 거울.

▸구면-파 球面波 (물결 파). 물리 구면(球面) 모양의 파동(波動). ⓒ평면파(平面波).

▸구면 수차 球面收差 (거둘 수, 어긋날 차). 물리 구면(球面) 거울이나 렌즈에서 굴절되거나 반사된 빛이 상을 맺을[收] 때, 원래의 것과 차이(差異)가 나는 현상. 빛이 곡률 때문에 빛이 다시 한 점에 모이지 않기 때문이다.

▸구면 기하학 球面幾何學 (몇 기, 무엇 하, 배울 학). 수학 구면(球面) 위의 도형[幾何]에 대하여 연구하는 수학(數學)의 한 분야.

▸구면 다각형 球面多角形 (많을 다, 모서리 각, 모양 형). 수학 구면(球面) 상에 생기는 다각형(多角形). 셋 이상의 대원호(大圓弧)로 둘러싸인 한 부분.

구명¹ 究明 (생각할 구, 밝힐 명). 물의 본질, 원인 따위를 깊이 연구(硏究)하여 밝힘[明]. ¶사고 원인을 구명하다.

구:명² 舊名 (옛 구, 이름 명). 예전[舊]에 부르던 이름[名]. 고치기 전의 이름.

구:명³ 救命 (구원할 구, 목숨 명). 사람의 목숨[命]을 구원(救援)함.

▸구:명-구 救命具 (갖출 구). 바다나 강 따위에서, 물에 빠진 사람[命]을 구조(救助)하는 데 쓰는 기구(機具)를 통틀어 이르는 말. ¶배는 반드시 구명구를 갖추어야 한다.

▸구:명-대 救命帶 (띠 대). 물에 빠져도 목숨[命]을 구할[救] 수 있게 허리에 두르는 띠[帶].

▸구:명-삭 救命索 (동아줄 삭). ① 속뜻 구명(救命)을 위해 잠수자의 몸에 매는 동아줄[索]. ② 물에 빠지지 않도록 하기 위해 갑판 위에 가로세로로 쳐 놓는 줄.

▸구:명-정 救命艇 (거룻배 정). 인명(人命)을 구조(救助)하기 위하여 본선(本船)에 싣고 다니는 작은 배[艇]. ⓑ구명보트.

▸구:명-동의 救命胴衣 (몸통 동, 옷 의). 구명(救命)을 위해 윗몸[胴]에 걸치는 옷[衣]. ¶배에 타기 전에 구명동의를 착용하십시오. ⓑ구명조끼.

▸구:명-부대 救命浮帶 (뜰 부, 띠 대). 구명(救命)을 위해 물위에 띄우는[浮] 띠[帶] 형태의 기구. ⓒ구명대.

▸구:명-부표 救命浮標 (뜰 부, 나타낼 표). 바퀴 모양의 구명구(救命具). 물에 빠진 사람의 몸을 물 위에 뜨게[浮] 하여 표적(標的)으로 삼는다. ⓑ구난부표(救難浮漂).

구문¹ 歐文 (유럽 구, 글자 문). 유럽[歐] 사람들이 쓰는 문자(文字). 또는 그 글.

구:문² 舊聞 (옛 구, 들을 문). ① 속뜻 예전[舊]에 이미 들은 소문(所聞)이나 이야기. ② 신기할 것 없는 이야기. ¶최 대감의 추행도 이미 구문이 되었다. ③ 지난 날짜의 신문을 오늘 신문에 상대하여 이르는 말. ⓑ초문(初聞).

구문³ 構文 (얽을 구, 글월 문). 글[文]의 짜임새[構]. 문장(文章)의 구성(構成).

▸구문-론 構文論 (논할 론). ① 언어 문장(文章)의 구조[構]나 기능, 문장의 구성 요소 따위를 연구하는 학문 분야[論]. ② 논리 의미를 무시하고 기호 사이의 형식적 관계를 취급하는 학문. ⓑ통사론(統辭論).

구:물 舊物 (옛 구, 만물 물). ① 속뜻 예전[舊]의 물건(物件). ¶순수비(巡狩碑)는 시대의 구물이 되어버렸다. ② 대대로 전해 내려오는 물건.

구:미¹ 口味 (입 구, 맛 미). 입[口]으로 느끼는 맛[味]. ¶구미가 당기다.

구미² 歐美 (유럽 구, 미국 미). 유럽[歐羅巴]과 아메리카주[美洲]. 또는 유럽과 미국. ¶아프리카는 구미 열강의 통치를 받았다.

구미-호 九尾狐 (아홉 구, 꼬리 미, 여우 호). ① 속뜻 꼬리[尾]가 아홉[九] 개 달린 여우[狐]. ② '몹시 교활한 사람'을 비유하여 이르는 말.

구민 區民 (나눌 구, 백성 민). 해당 구역(區域)에 사는 사람[民]. ¶그 사업은 구민의 지지를 받았다.

구:밀-복검 口蜜腹劍 (입 구, 꿀 밀, 배 복, 칼 검). ① 속뜻 입[口]에는 꿀[蜜]이 있고 배[腹] 속에는 칼[劍]이 있음. ② '말로는 친한 척하지만 속으로는 해칠 생각이 있음'을 이르는 말.

구박 驅迫 (몰 구, 다그칠 박). 몰아붙이고[驅] 다그침[迫]. 못 견디게 괴롭힘. ¶며느리를 구박하다. ⓑ타박(打撲), 학대(虐待).

[반]공경(恭敬).

구법[1] **句法** (글귀 구, 법 법). [문학] 시문(詩文) 따위의 구절(句節)을 만들거나 배열하는 방법(方法). ¶그는 독특한 구법으로 시를 지었다.

구:법[2] **舊法** (옛 구, 법 법). ① [속뜻] 예전[舊]에 제정한 법(法). ¶그는 구법을 철폐하려고 노력했다. ② 예전의 방법. [반]신법(新法).

구:벽 口癖 (입 구, 버릇 벽). 입[口]에 배어 굳은 말버릇[癖]. ¶그는 구벽이 좋지 않다. [비]입버릇.

구:변 口辯 (입 구, 말 잘할 변). 입[口]으로 말을 잘하는[辯] 재주나 솜씨. ¶그는 구변이 청산유수 같다. [비]언변(言辯).

*__구별 區別__ (나눌 구, 나눌 별). ① [속뜻] 구역(區域)에 따라 나누어[別] 경계를 지음. ② 성질이나 종류에 따라 나타나는 차이. 또는 그것을 갈라놓음. ¶쌀과 보리를 구별하다. [반]혼동(混同).

구보 驅步 (달릴 구, 걸음 보). 달리듯[驅] 빨리 걸어감[步]. 또는 그런 걸음걸이. ¶단체 구보.

구:복 口腹 (입 구, 배 복). 입[口]과 배[腹]. ¶그 돈으로는 다섯의 구복을 다스리기에도 부족했다.

구:본-신참 舊本新參 (옛 구, 뿌리 본, 새 신, 헤아릴 참). [역사] 옛[舊] 것을 근본(根本)으로 삼고, 새로운[新] 문화를 받아들여 참고(參考)하자는 이론. 19세기 말 개화파가 전개한 논리로 전통문화는 그대로 유지하면서 서양문물을 받아들이자는 이론이다. ¶구본신참은 동도서기론(東道西器論)에 뿌리를 두고 있다.

구부[1] **球部** (공 구, 나눌 부). 물건에서 공[球]처럼 둥글게 생긴 부분(部分). ¶이 온도계는 유리관과 구부로 구성되어 있다.

구부[2] **舅婦** (시아비 구, 며느리 부). 시아버지[舅] 며느리[婦].

▶구부-간 舅婦間 (사이 간). 시아버지와 며느리[舅婦] 사이[間].

**__구분 區分__ (나눌 구, 나눌 분). [속뜻] 전체를 몇 개의 갈래로 나눔[區=分]. ¶옳은 일과 그른 일을 구분하다. [비]구별(區別).

▶구분 구적법 區分求積法 (구할 구, 쌓을 적, 법 법). [수학] 도형의 넓이나 부피를 구할 때, 그 도형을 여러 개의 작은 부분[區]으로 나누어[分] 그 넓이와 부피의 합[積]을 구(求)하여 계산하는 방법(方法).

구:분-전 口分田 (입 구, 나눌 분, 밭 전). ① [속뜻] 인구[口]에 따라 나눈[分] 전답(田畓). ② [역사] 고려의 전시과(田柴科) 체제에서, 군인 유가족, 무의탁 고령군인 등 생활 능력이 없는 사람에게 나누어 주던 토지. 세습이 허용되지 않았다. ③ [역사] 중국의 균전제(均田制) 체제에서, 정남(丁男)·여자, 위독한 병자에게 나누어 주던 토지. 세습이 허용되지 않았다. [참]영업전(永業田).

구비[1] **具備** (갖출 구, 갖출 비). 갖추어야[備] 할 것을 빠짐없이 다 갖춤[具]. ¶구비 서류. [비]완비(完備).

구:비[2] **口碑** (입 구, 비석 비). ① [속뜻] 입[口]으로 전해 오는 것이 비석(碑石)처럼 오래 됨. ② 예전부터 말로 전하여 내려온 것. ¶구비 설화.

▶구:비 동:화 口碑童話 (아이 동, 이야기 화). [문학] 입에서[口] 입으로 전하여[碑] 오는 동화(童話).

▶구:비 문학 口碑文學 (글월 문, 배울 학). [문학] 입에서[口] 입으로 전하여[碑] 오는 문학(文學). 설화, 민요, 무가, 판소리, 민속극 따위처럼 유형화되어 있는 것이 특징이다. ¶'초공본풀이'는 말로 구연되는 구비 문학이다. [비]구승 문학(口承文學).

구:빈 救貧 (도울 구, 가난할 빈). 가난한[貧] 사람을 구제(救濟)함. ¶이 세금은 구빈 활동에 사용된다.

구사 驅使 (몰 구, 부릴 사). ① [속뜻] 사람이나 동물을 함부로 몰아쳐[驅] 부림[使]. ② 말이나 수사법, 기교, 수단 따위를 능숙하게 마음대로 부려 씀. ¶외국어 구사 능력 / 그는 풍부한 어휘를 구사하여 걸작을 남겼다. [비]구역(驅役).

구사-일생 九死一生 (아홉 구, 죽을 사, 한 일, 살 생). ① [속뜻] 아홉[九] 번 죽을[死] 뻔하다 한[一] 번 살아남[生]. ② '죽을 고비를 여러 차례 넘기고 겨우 살아남'을 이르는 말. ¶그는 전투에서 구사일생으로 살아 돌아왔다.

구산 求山 (구할 구, 메 산). 좋은 묏자리를 잡으려고 산(山)을 찾아[求] 다님. ¶구산을 위해 많은 시간과 돈을 들였다.

구산-선문 九山禪門 (아홉 구, 산 산, 참선 선, 문 문). 불교 9~10세기 선종을 전국 곳곳에 퍼뜨리면서 당시 사상계를 이끈 아홉[九] 개 선종(禪宗) 사찰[山門]. ㊀구산문.

구상¹ 鉤狀 (갈고리 구, 형상 상). 갈고리[鉤]처럼 꼬부라진 모양[狀]. ㊐구형(鉤形).

구상² 臼狀 (절구 구, 형상 상). 절구[臼]처럼 생긴 모양[狀].

▸구상 화:산 臼狀火山 (불 화, 메 산). ① 속뜻 절구[臼] 모양[狀]으로 생긴 화산(火山). ② 지리 강력한 폭발로 화산의 몸체가 날아가서 화산체에 비하여 화구가 유난히 큰 분지 형태가 된 화산. 바닥 면적에 비해서 높이가 낮다.

구상³ 求償 (구할 구, 갚을 상). 경제 채무 따위를 갚을[償] 것을 요구(要求)함.

▸구상-권 求償權 (권리 권). 법률 다른 사람을 위해 그 사람의 빚을 갚은 사람이 다른 연대 채무자나 주된 채무자에게 상환(償還)을 요구(要求)할 수 있는 권리(權利).

▸구상 무:역 求償貿易 (바꿀 무, 바꿀 역). 경제 수출입 물품의 대금을 돈으로 지급하지 않고 그에 상응하는 수입 또는 수출을 물물교환 형태로 계산하는[求償] 방식의 국제 무역(貿易). 일정 기간 동안 수입액과 수출액의 균형이 맞도록 무역 상대국과 협정하여 이루어진다.

구상⁴ 具象 (갖출 구, 모양 상). ① 속뜻 사물, 특히 예술 작품 따위가 직접 경험하거나 지각할 수 있도록 일정한 모양[象]을 갖춤[具]. ¶신의 존재를 구상화(化)하다. ② 미술 실제로 있거나 상상할 수 있는 사물을 사실적으로 표현하는 미술. '구상 미술'(美術)의 준말. ¶그의 그림은 구상적 요소가 거의 없다. ㊥추상(抽象).

▸구상-성 具象性 (성질 성). ① 속뜻 일정한 모양[象]을 가지는[具] 성질(性質). ② 철학 사물 그 자체가 가지는 현상적·개별적·실재적 성질. '구체성'(具體性)을 전문적으로 이르는 말. ㊥추상성(抽象性).

▸구상-화 具象畫 (그림 화). 미술 모양[象]을 갖추고[具] 있는 사물을 그대로 나타낸 그림[畫]. ㊥추상화(抽象化).

▸구상 예:술 具象藝術 (재주 예, 꾀 술). 예술 ① 그림, 조각, 건축 따위와 같이 형체[象]를 갖춘[具] 예술(藝術). ② 눈에 보이는 대상을 사실대로 표현하는 예술. ㊥비(非)구상 예술, 추상(抽象) 예술.

구상⁵ 球狀 (공 구, 형상 상). 공[球]처럼 둥근 모양[狀]. ¶구상 돌기 / 구상 풍화(風化).

▸구상-균 球狀菌 (세균 균). 생물 공[球]처럼 둥근 모양[狀]의 세균(細菌). ㊀구균.

▸구상 관절 球狀關節 (빗장 관, 마디 절). 의학 관절의 한쪽은 둥근[球] 모양[狀]으로 된 관절(關節). 다른 한쪽은 절구 모양으로 되어 서로 맞물려 있어 자유로이 움직일 수 있다. ¶어깨 관절은 전형적인 구상 관절이다. ㊀구관절.

▸구상 성단 球狀星團 (별 성, 모일 단). 천문 수십만 개에서 수백만 개의 별들이 은하를 중심으로 공[球] 모양[狀]으로 모여 있는 항성(恒星)의 집단(集團). ¶구상 성단은 중력에 의해 매우 단단하게 묶여있다.

구상⁶ 構想 (얽을 구, 생각 상). ① 속뜻 생각을[想] 얽어냄[構]. ② 앞으로 하려는 일의 내용이나 규모, 실현 방법 따위를 어떻게 정할 것인지 생각을 가다듬음. 또는 그 생각이나 내용. ¶조직 개편을 구상하다. ③ 예술 작품을 창작할 때, 작품의 주요 내용이나 표현 형식 따위에 대하여 생각함. 또는 그 생각. ¶작품을 구상하다. ㊐구사(構思), 구안(構案).

▸구상-도 構想圖 (그림 도). 계획한[構] 생각[想]을 표현하는 바탕이 될 그림이나 도면(圖面). ¶그는 먼저 건축 구상도를 그렸다.

구:상-유취 口尚乳臭 (입 구, 아직 상, 젖 유, 냄새 취). ① 속뜻 어려서 입[口]에서 아직[尚] 젖[乳] 냄새[臭]가 남. ② 말이나 행동이 매우 유치함을 비유적으로 이르는 말. ¶구상유취의 어린애 같다. ㊟황구유취(黃口乳臭).

구색 具色 (갖출 구, 빛 색). ① 속뜻 여러 빛깔[色]을 고루 갖춤[具]. ② 여러 가지 물건을 고루 갖춤. ¶구색을 갖추다.

구생 舅甥 (외삼촌 구, 조카 생). ① 속뜻 외삼촌[舅]과 생질(甥姪). ② 장인과 사위를 아울러 이르는 말. ¶왕건은 신라 종실과 결혼하여 두 나라는 구생의 나라가 되었다.

구:서¹ 口書 (입 구, 쓸 서). ① 속뜻 붓을 입

[口]에 물고 쓴 글씨[書]. ②죄인이 말로 자백한 내용을 받아 적은 서류. ⓑ구필(口筆).

구서² 具書 (갖출 구, 쓸 서). 한자를 쓸 때, 한자의 획을 생략하지 않고 모두 갖추어[具] 씀[書]. ⓑ생획(省劃).

구:-석기 舊石器 (옛 구, 돌 석, 그릇 기). 고적 신석기 시대 보다 오래[舊] 전에 만든, 돌[石]을 깨서 만든 도구[器]. 인류가 만들어 쓴 타제(打製) 석기로, 주먹 도끼 따위가 있다.

▸구:석기 시대 舊石器時代 (때 시, 연대 대). 역사 신석기 시대 보다 오래[舊] 전에, 석기(石器)를 만들어 쓰던 때[時代]. 타제(打製) 석기, 즉 뗀석기를 사용하던 시대를 말한다. 도구 제작 기술에 의해 구분된 인류 발달과정 중 가장 이른 시기이다. ¶공주에서 구석기 시대 유적이 발굴되었다.

구:설 口舌 (입 구, 혀 설). ① 속뜻 입[口]과 혀[舌]. ②남에게 시비하거나 헐뜯는 말. ¶구설을 듣다.

▸구:설-수 口舌數 (셀 수). 남에게 시비하거나 헐뜯는 말[口舌]을 듣게 될 신수(身數). ¶구설수에 오르다.

구성¹ 九城 (아홉 구, 성곽 성). 역사 고려 예종 2년(1107)에 윤관이 별무반을 편성하여 함흥평야의 여진족을 정벌하고 쌓은 아홉[九] 개의 성(城).

⁑구성² 構成 (얽을 구, 이룰 성). ① 속뜻 몇 가지 부분이나 요소들을 모아 전체를 짜서[構] 하나로 이룸[成]. ¶자문 위원회를 구성하다. ② 문학 문학 작품에서 형상화를 위한 여러 요소들을 유기적으로 배열하거나 서술하는 일. ¶이 작품은 구성이 탄탄하다. ③ 미술 색채와 형태 따위의 요소를 조화롭게 조합하는 일. ¶그는 색채와 형상을 조화롭게 구성했다. ⓑ얼개, 구조(構造).

▸구성-원 構成員 (사람 원). 어떤 조직이나 단체를 이루고 있는[構成] 사람들[員]. ¶사회 구성원 / 가족 구성원.

▸구성-파 構成派 (갈래 파). 예술 선, 형, 색의 짜임새[構成]를 바탕으로 한 아름다움을 추구하는 예술 유파(流派). ¶칸딘스키는 구성파의 대표적 작가이다.

▸구성 개:념 構成概念 (대강 개, 생각 념). 심리 과학적인 이론이나 설명을 위해 조작적으로 만들어 낸[構成] 개념(概念). ¶욕구, 자아 등은 구성 개념에 속한다.

▸구성 요소 構成要素 (요할 요, 바탕 소). 어떤 사물을 구성(構成)하는 데 없어서는 안 될 성분[要素]. ¶혈구의 구성 요소는 적혈구, 백혈구, 혈소판이다.

▸구성 심리학 構成心理學 (마음 심, 이치 리, 학문 학). 심리 의식을 구성(構成)하는 요소들을 분석, 기술하는 심리학(心理學). 티치너가 대표적이다. ⓑ기능(機能) 심리학.

구:세 救世 (구원할 구, 세상 세). ① 속뜻 세상(世上) 사람들을 불행과 고통에서 구원(救援)함. ② 기독교 신앙으로 인류를 마귀의 굴레와 죄악에서 구원함. 또는 그런 사람. ③ 불교 중생을 괴로움에서 벗어나게 함. 또는 그런 사람.

▸구:세-군 救世軍 (군사 군). 기독교 1865년에 영국에서 창시된 기독교파의 하나. 구세(救世)를 위하여 군대(軍隊)처럼 조직된 종교 단체.

▸구:세-주 救世主 (주인 주). ① 속뜻 세상(世上)을 구원(救援)하는 군주(君主). ②'어려움이나 고통에서 구해 주는 사람'을 비유하여 이르는 말. ③ 기독교 세상의 악이나 위험으로부터 인류를 구원하는 주인이라는 뜻으로, 예수 그리스도를 이르는 말. ④ 불교 '석가모니'의 다른 이름. '모든 중생을 고통에서 벗어나게 해 준다'하여 이렇게 이른다.

구:-세:대 舊世代 (옛 구, 인간 세, 시대 대). 이전[舊]의 세대(世代). 또는 나이 든 낡은 세대. ¶이 소설은 구세대와 신세대의 갈등을 주제로 하였다. ⓑ신세대(新世代).

구:-소련 舊蘇聯 (옛 구, 되살아날 소, 잇달 련). 옛날[舊]의 소비에트[蘇] 연방(聯邦). 소비에트 사회주의공화국 연방이 해체된 후 이전의 연방 체제를 이르는 이름.

구속¹ 球速 (공 구, 빠를 속). 운동 야구에서, 투수가 던지는 공[球]의 속도(速度). ¶구속이 시속 150km에 달한다.

구:속² 救贖 (구원할 구, 속죄할 속). 기독교 예수가 십자가에 못 박혀 인류의 죄를 대속(代贖)하여 구원(救援)함.

구속³ 拘束 (잡을 구, 묶을 속). ① 속뜻 붙잡아[拘] 묶어둠[束]. ¶구속에서 벗어나다. ②

법률 법원이나 판사가 피의자나 피고인을 강제로 일정한 장소에 잡아 가두는 일. ¶그는 뇌물 수수 혐의로 구속되었다. ③ 물리 물체의 운동이 다른 물체나 전자기 마당에 제한을 받아 어떤 공간에 갇히는 현상. 🅑억류(抑留), 구금(拘禁). 🅑석방(釋放).

▸구속-력 拘束力 (힘 력). 법률 자유행동을 구속(拘束)하는 효력(效力). ¶향약은 농촌 사회에서 강한 구속력이 있었다.

▸구속 시간 拘束時間 (때 시, 사이 간). 사회 출근해서부터 퇴근할 때까지 휴게 시간을 포함한 근로자가 회사에 매여[拘束] 근무하는 시간(時間).

▸구속 영장 拘束令狀 (명령 령, 문서 장). 법률 피의자의 신체를 구속(拘束)할 수 있는 명령서[令狀]. 검사의 신청으로 판사가 발부한다.

▸구속 적부 심사권 拘束適否審査權 (알맞을 적, 아닐 부, 살필 심, 살필 사, 권리 권). 법률 피의자나 피고인의 구속(拘束)이 적법한가[適] 아닌가[否]를 심사(審査)하도록 법원에 청구할 수 있는 권리(權利).

구:송 口誦 (입 구, 욀 송). 입[口]으로 소리 내어 외우거나[誦] 읽음. ¶할머니는 자리에 앉아 '웃머리' 사설을 구송했다.

▸구:송-체 口誦體 (모양 체). 운율이 있어 입[口]으로 소리 내어 읽거나 외기[誦] 좋게 된 문체(文體). ¶구송체 소설.

구수[1] 丘首 (언덕 구, 머리 수). ① 속뜻 여우는 죽을 때 자기가 원래 살던 산 언덕[丘] 쪽으로 머리[首]를 둠. ② '자신의 근본을 잊지 않음'을 비유하여 이르는 말. ③ 고향을 그리워함.

구수[2] 鳩首 (비둘기 구, 머리 수). ① 속뜻 비둘기[鳩]들이 모여 머리를[首] 맞댐. ② '서로 머리를 맞대고 의논함'을 비유하여 이르는 말.

▸구수 회의 鳩首會議 (모일 회, 의논할 의). 비둘기들이[鳩] 모여 머리를[首] 맞대듯이 여럿이 한자리에 모여 앉아 의논함. 또는 그런 회의(會議). 🅑구수응의(鳩首凝議), 구수협의(鳩首協議).

구:순 口脣 (입 구, 입술 순). 입[口]과 입술[脣].

▸구:순-기 口脣期 (때 기). 심리 입술[口脣]의 자극에서 성적 쾌감을 얻는 시기(時期). 프로이트가 나눈 성적·심리적 발달 단계의 첫 단계로 대체로 생후 18개월까지의 시기이다. 🅒항문기(肛門期), 성기기(性器期).

▸구:순-성격 口脣性格 (성질 성, 품격 격). 심리 성장한 후에도 발달이 구순기(口脣期)에 고착되어서 생기는 수동적이고 의존적인 성격(性格).

구술[1] 灸術 (뜸 구, 꾀 술). 한의 뜸[灸]으로 치료하는 방법[術]. ¶그는 구술로 유명하다. 🅑구치(灸治).

구:술[2] 口述 (입 구, 말할 술). 입[口]으로 진술(陳述)함. ¶할머니의 구술을 받아 적었다.

▸구:술-시험 口述試驗 (따질 시, 효과 험). 구술(口述) 형식으로 보는 시험(試驗). ¶2차는 구술시험이다. 🅑구두(口頭) 시험.

구:습 舊習 (옛 구, 버릇 습). 예전[舊]부터 내려오는 낡은 풍습(風習). ¶구습을 타파하다 / 우리 생활에는 아직도 구습에 젖어 있는 부분이 많다.

구:승 口承 (입 구, 이을 승). 입[口]에서 입으로 이어져[承] 내려옴. ¶이 전설은 지금껏 구승되고 있다. 🅑구비(口碑), 구점(口占), 구전(口傳).

▸구:승 문학 口承文學 (글월 문, 배울 학). 문학 입으로[口] 전해져 내려온[承] 문학(文學). 또는 그 작품. ¶그는 구승 문학 자료를 수집하였다. 🅑구비(口碑) 문학.

구:-시가 舊市街 (옛 구, 도시 시, 거리 가). 예전[舊]의 시가지(市街地). ¶구시가에 박물관을 설립했다.

구:-시대 舊時代 (옛 구, 때 시, 연대 대). 예전의 낡은[舊] 시대(時代). ¶구시대의 가치관 / 구시대의 틀을 깨다. 🅑신시대(新時代).

구:식 舊式 (옛 구, 법 식). ① 속뜻 예전[舊]의 방식(方式)이나 형식. ¶구식 군사훈련. ② 케케묵어 시대에 뒤떨어짐. 또는 그런 것. ¶이 옷은 이제 구식이다. 🅑신식(新式).

구:실 口實 (입 구, 열매 실). ① 속뜻 입[口] 안에 든 열매[實]. ② 핑계를 삼을 만한 재료를 비유하여 이르는 말. ¶구실을 내세우다. 🅑핑계, 변명(辯明).

구심[1] 球心 (공 구, 가운데 심). ① 속뜻 구(球)

의 중심(中心). ②중심이 되는 것. ¶그는 외조부를 삶의 구심으로 삼았다.

구심[2] **球審** (공 구, 살필 심). 운동 야구에서, 투수가 던진 공[球]의 성격을 판정하는 심판(審判). 구질(球質)을 볼, 스트라이크로 판정하고 시합의 진행을 전체적으로 담당하며 포수 뒤에서 서 있다. ¶구심이 아웃을 선언했다.

구심[3] **求心** (구할 구, 마음 심). ① 불교 참된 마음[心]을 찾아[求] 참선함. ② 물리 중심으로 가까워져 옴. ¶구심 가속도.

▸구심-력 求心力 (힘 력). 물리 원운동을 하는 물체나 물체 위의 질점(質點)에 작용하는, 원의 중심(中心)으로 나아가려는[求] 힘[力]. ¶롤러코스터는 구심력과 원심력의 원리를 이용한 놀이기구이다. ⓑ원심력(遠心力).

▸구심-점 求心點 (점 점). ① 속뜻 구심(求心) 운동의 중심점(中心點). ②'중심적 역할을 하는 사람·단체·상 따위'를 비유하여 이르는 말. ¶이 학교는 만세운동의 구심점이 되었다.

▸구심 운:동 求心運動 (돌 운, 움직일 동). 원운동을 하는 물체가 회전 중심(中心)으로 가려는[求] 운동(運動).

구십 九十 (아홉 구, 열 십). 십(十)의 아홉[九] 배가 되는 수. 90. ⓑ아흔.

구:악 舊惡 (옛 구, 나쁠 악). ① 속뜻 이전[舊]에 잘못한 죄악(罪惡). ¶그는 자신의 구악이 드러나는 것이 두려웠다. ②예전 사회의 여러 가지 악습이나 병폐. ¶구악을 제거하다.

구애[1] **求愛** (구할 구, 사랑 애). 이성에게 사랑[愛]을 구(求)함. ¶그가 적극적으로 구애하자 그녀가 결혼을 허락했다.

구애[2] **拘礙** (잡을 구, 거리낄 애). 붙잡혀[拘] 얽매이거나 거리낌[礙]. ¶비용에 구애받다.

구:액 口液 (입 구, 진 액). 생물 입[口]에서 분비되는 액체(液體). 끈기 있는 소화액. 녹말을 맥아당으로, 맥아당을 포도당으로 만드는 작용을 한다. ⓑ침.

구:약 舊約 (오래 구, 묶을 약). ① 속뜻 오래[舊] 전의 약속(約束). ② 기독교 예수가 나기 전에 하나님이 이스라엘 민족에게 준 구원의 약속. ⓑ신약(新約).

▸**구:약 성경** 舊約聖經 (거룩할 성, 책 경). 기독교 예수가 나기 전의 이스라엘 민족의 역사와 하나님이 이전부터[舊] 약속한[約] 것을 기록한 기독교의 성스러운[聖] 경서(經書). 창세기에서 말라기까지 39권으로 되어 있다. ⓑ구약 성서(聖書).

구:어 口語 (입 구, 말씀 어). 언어 주로 입에서[口] 나오는 일상적인 대화에서 사용하는 말[語]. ⓑ입말. ⓑ문어(文語).

▸구:어-문 口語文 (글월 문). 언어 일상적인 대화에서[口語] 쓰는 말투로 쓴 글[文]. ⓑ문어문(文語文).

▸구:어-체 口語體 (모양 체). 언어 일상적인 대화에서[口語] 쓰는 말로 된 문체(文體). ¶개화기에 들어서는 구어체로 쓰인 글이 많이 발표되었다. ⓑ문어체(文語體).

구:업 口業 (입 구, 업보 업). 불교 입[口]으로 말을 잘못하여 짓는 죄업(罪業). ⓒ삼업(三業).

⁑**구역**[1] **區域** (나눌 구, 지경 역). ① 속뜻 갈라 놓은[區] 지역(地域). ② 기독교 한 교회의 신자들을 지역에 따라 일정 수로 나누어 놓은 단위. ¶구역 신도들을 방문하다.

구역[2] **嘔逆** (토할 구, 거스를 역). 음식물 따위가 거꾸로 솟아[逆] 토할[嘔] 듯 메스꺼운 느낌. ¶폐사한 닭들을 보자 구역이 났다. ⓑ구토(嘔吐).

▸구역-증 嘔逆症 (증세 증). 속이 메스꺼워 음식물을 토하려는[嘔逆] 듯한 증세(症勢). ¶땡볕에 오랫동안 서 있으니 구역증이 치밀었다.

구:연[1] **舊緣** (옛 구, 인연 연). 예전[舊]에 맺은 인연(因緣). 또는 예전부터 이어 내려온 인연. ¶구연을 생각해서라도 소송만은 참아주시오. ⓑ구인(舊因).

구:연[2] **口演** (입 구, 펼칠 연). ① 속뜻 동화, 야담 따위를 여러 사람 앞에서 말로[口] 실감나게 펼쳐[演] 보임. ¶동화를 재미있게 구연하다. ②문서에 의하지 않고 입으로 사연을 말함. ⓑ구선(口宣), 구술(口述).

▸구:연-동화 口演童話 (아이 동, 이야기 화). 말로[口] 실감나게 연기(演技)하여 들려주는 동화(童話).

구연-산 枸櫞酸 (구기자 구, 구연 연, 신맛

산). [화학] 레몬이나 밀감 등의 과실 속에 있는 염기성(鹽基性)의 산(酸). 청량음료·의약·염색 등에 쓰인다. '枸橼'은 'citric'의 일본어 음역어로 추정된다.

구:옥 舊屋 (옛 구, 집 옥). 옛[舊] 집[屋]. ¶구옥을 헐어내고 현대식 주택을 신축했다. [비]고가(古家).

구외 構外 (얽을 구, 밖 외). ① [속뜻] 나무로 얽은[構] 집의 바깥쪽[外]. ② 큰 건물이나 시설의 밖. ¶구외에 거주하는 외국인. [반]구내(構內).

구:우 舊友 (오래 구, 벗 우). 사귄 지 오래[舊] 된 친구[友]. ¶십년 만에 만난 구우와 밤새도록 이야기를 나누었다. [비]구붕(舊朋), 고구(故舊), 고우(故友).

구우일모 九牛一毛 (아홉 구, 소 우, 한 일, 털 모). ① [속뜻] 여러 마리 소[九牛]의 털 중에서 한[一] 가닥의 털[毛]. ② 대단히 많은 것 가운데 없어져도 아무 표시가 나지 않는 극히 적은 부분. ¶그런 일은 구우일모에 불과할 만큼 드물다.

구운몽 九雲夢 (아홉 구, 구름 운, 꿈 몽). [문학] 조선 숙종 때, 문인 김만중이 지은 장편 소설. 육관대사(六觀大師)의 제자인 성진이 양소유로 환생하여 여덟 선녀의 환신(幻身)인 여덟 여인과 여러[九] 차례 인연을 맺고 입신양명하여 부귀영화를 누리다 깨어 보니 뜬 구름[雲] 같은 꿈[夢]이었다는 내용이다.

구:원[1] 久遠 (오랠 구, 멀 원). ① [속뜻] 오래되고[久] 아득하게 먼[遠]. ¶구원한 역사. ② 영원하고 무궁함. ¶구원의 진리.

구:원[2] 舊怨 (오래 구, 원망할 원). 오래전[舊]부터 품어 왔던 원한(怨恨). ¶이번 일을 계기로 둘은 수십 년의 구원을 풀었다.

구:원[3] 救援 (건질 구, 당길 원). ① [속뜻] 물에 빠진 사람을 건져주기[救] 위해 잡아당김[援]. ② 어려움이나 위험에 빠진 사람을 구하여 줌. ¶구원의 손길 / 구원이 우환이라. ③ [기독교] 인류를 죽음과 고통과 죄악에서 건져내는 일. ¶인간의 영혼을 죄에서 구원하다. [비]구증(救拯), 원구(援救), 구제(救濟).

▸**구:원-병** 救援兵 (군사 병). 구원(救援)하기 위해 파견하는 군사[兵]. ¶전장에 구원병을 파견했다.

▸**구:원 투수** 救援投手 (던질 투, 사람 수). [운동] 야구에서 앞서 던지던 투수가 위기에 몰렸을 때, 팀을 구하기[救] 위해 내보내는[援] 투수(投手).

구월 九月 (아홉 구, 달 월). 한 해 열두 달 가운데 아홉째[九] 달[月].

구위 球威 (공 구, 위엄 위). [운동] 야구에서 투수가 던지는 공[球]의 위력(威力). ¶7회부터 투수의 구위가 살아났다.

구유 具有 (갖출 구, 있을 유). 성질, 재능, 자격 따위를 갖추고[具] 있음[有]. ¶병술과 지모를 구유한 장군을 초빙했다.

구:음 口音 (입 구, 소리 음). ① [언어] 구강(口腔)으로만 기류를 통하게 하여 내는 소리[音]. ② [음악] 거문고, 가야금, 피리, 대금 따위의 악기에서 울려 나오는 특징적인 음들을 계명창처럼 입으로 흉내 내어 읽는 소리.

구:읍 舊邑 (옛 구, 고을 읍). 이전[舊]의 읍(邑)을 신읍(新邑)에 상대하여 이르는 말. ¶신시가지를 개발한 뒤로 구읍은 날로 축소되었다.

구:인[1] 救人 (도울 구, 사람 인). 어려운 처지에 놓인 사람[人]을 도와줌[救]. 또는 그렇게 하는 사람. ¶그는 나에게 구인이나 다름없다.

구인[2] 求人 (구할 구, 사람 인). 일할 사람[人]을 구(求)함. ¶급하게 구인 광고를 냈다. [반]구직(求職).

▸**구인-난** 求人難 (어려울 난). 일할 사람을 구하기[求人] 어려움[難]. 또는 그런 상태. ¶중소기업들은 구인난에 허덕이고 있다.

▸**구인-란** 求人欄 (칸 란). 신문 따위에서 구인(求人) 광고를 싣는 칸[欄]. ¶구인난에서 일자리를 찾았다.

구인[3] 拘引 (잡을 구, 끌 인). ① [속뜻] 사람을 강제로 잡아서[拘] 끌고 감[引]. ¶강도범은 한 소녀를 인질로 구인해 갔다. ② [법률] 법원이 신문하기 위해 피고인이나 증인 따위를 일정한 장소로 끌고 가는 강제 처분. ¶그는 검찰에 구인되어 취조를 받았다.

▸**구인-장** 拘引狀 (문서 장). [법률] 법원이 피고인이나 사건 관계인, 증인 등을 일정한 장소로 끌고 가서[拘引] 신문하기 위해 발부하는 영장(令狀).

구인-회 九人會 (아홉 구, 사람 인, 모일 회). 문학 1933년에 이종명, 김유영을 비롯한 아홉[九] 사람[人]이 결성한 문학 동인회(同人會). 순수문학을 지향하였다.

구입 購入 (살 구, 들 입). 물건을 사[購] 들임[入]. ¶매표소에서 입장권을 구입하다. ㊐매입(買入), 구매(購買). ㊥판매(販賣).

구:작 舊作 (옛 구, 지을 작). 예전[舊]에 지었거나 만든 작품(作品). ¶아버지의 구작을 모아 경매에 내놓았다. ㊥신작(新作).

구장[1] 區長 (나눌 구, 어른 장). 예전에, 시골 동네의[區] 우두머리[長]를 이르던 말.

구장[2] 球場 (공 구, 마당 장). 축구, 야구 따위의 구기(球技) 경기를 하는 운동장(運動場). 특히 야구장을 가리키는 경우가 많다. ¶잠실 구장에서 경기가 열린다.

구재[1] 九齋 (아홉 구, 방 재). ① 역사 고려 문종 때, 최충이 제자를 가르치던 아홉[九] 군데의 학당[齋]. ② 역사 조선 때, 경학(經學)을 가르치기 위해 성균관 안에 설치한 아홉 개의 전문학과.

구:재[2] 口才 (입 구, 재주 재). ① 속뜻 입[口]으로 말을 잘하는 재주[才]. ¶그는 뛰어난 구재로 위기를 모면했다. ②노래를 잘 부르는 재주.

구재[3] 俱在 (함께 구, 있을 재). 두 가지 이상의 사물이나 현상이 함께[俱] 있음[在]. ¶이곳은 전통과 현대가 구재한 도시이다. ㊐공존(共存).

구:재[4] 救災 (도울 구, 재앙 재). 재난(災難)을 만난 사람을 구(救)함. ¶구재 활동. ㊐구난(救難).

구적 求積 (구할 구, 쌓을 적). 수학 ①넓이나 부피[積]를 계산하여 내는[求] 일. ②구적법.

▶**구적-법 求積法** (법 법). 수학 미분 방정식을 부정적분(不定積分)으로 푸는[求] 법(法).

구:전[1] 舊典 (옛 구, 책 전). ① 속뜻 옛날[舊]의 법전(法典). ②옛날의 문물과 제도. ③옛날의 책이나 문서를 통틀어 이르는 말. ㊐고서(古書), 고전(古典).

구:전[2] 口錢 (입 구, 돈 전). 입[口]으로 흥정을 붙여 주고 그 보수로 받는 돈[錢]. ¶구전을 떼다. ㊐구문(口文).

구전[3] 俱全 (갖출 구, 모두 전). 모두[全] 갖추고[俱] 있다. ¶복(福)·록(祿)·수(壽)를 구전하다.

구:전[4] 口傳 (입 구, 전할 전). 입에서 입[口]으로 전(傳)함. 말로 전함. '구비전승'(口碑傳承)의 준말.

▶**구:전 문학 口傳文學** (글월 문, 배울 학). 문학 말[口]로 전해 오는[傳] 문학(文學) 작품. ¶그는 구전 문학을 보전하기 위해 노력해왔다. ㊐구비(口碑) 문학.

▶**구:전 민요 口傳民謠** (백성 민, 노래 요). 음악 입[口]에서 입으로 전해[傳] 내려오는 민요(民謠). ¶구전 민요를 채록하다.

구절 句節 (글귀 구, 마디 절). ① 언어 구(句)와 절(節)을 아울러 이르는 말. ②한 토막의 말이나 글. ¶유명한 구절.

구절-양장 九折羊腸 (아홉 구, 꺾을 절, 양 양, 창자 장). ① 속뜻 아홉[九] 번 꼬부라진[折] 양(羊)의 창자[腸]. ② '꼬불꼬불하며 험한 산길'을 비유하여 이르는 말. ¶구절양장 같은 길을 따라 들어가니 훤한 들판이 나왔다.

구절-초 九節草 (아홉 구, 철 절, 풀 초). 식물 9~11월에 국화와 비슷한 모양의 꽃이 피는 풀[草]. 전체를 말려서 약으로 쓰는데, 음력 9월 9일에[九節] 캔 것이 가장 약효가 좋다는 데서 이름이 유래되었다.

구:정 舊正 (옛 구, 정월 정). 예전[舊]부터 음력 1월 1일을 설[正朔]로 정해 지냈던 것. '신정'(新正)에 상대하여 이른다.

구정-체 球晶體 (공 구, 밝을 정, 몸 체). ① 속뜻 공[球] 둥근 결정(結晶)의 물체(物體). ② 생물 세포 속의 단백질의 알갱이 가운데 있는 작고 둥근 결정. ③ 식물 달리아, 우엉 따위의 뿌리나 뚱딴지의 덩이줄기의 세포 속에 있는 둥근 모양의 결정.

구제[1] 驅除 (몰 구, 덜 제). 해충 따위를 몰아내어[驅] 없앰[除]. ¶기생충 구제 / 송충이 구제 / 해충 구제 사업.

구:제[2] 救濟 (건질 구, 건질 제). ① 속뜻 강물에 빠진 사람을 구하여[救] 건져[濟] 줌. ②어려운 처지에 있는 사람을 도와줌. ¶빈민 구제. 속담 가난 구제는 나라도 못한다.

▶**구:제-책 救濟策** (꾀 책). 구제(救濟)할 대책(對策). ¶고국천왕은 농민 구제책인 진

대법(賑貸法)을 실시하였다.

▸구ː제-품 救濟品 (물건 품). 불행이나 재해 따위로 어려운 처지에 빠진 사람을 돕기[救濟] 위해 보내는 물품(物品). ¶수재민에게 구제품을 전달했다.

구ː제-역 口蹄疫 (입 구, 발굽 제, 돌림병 역). 농업 소나 돼지 따위의 입[口]이나 발톱[蹄] 사이의 피부에 물집이 생기는 전염병[疫].

구ː조[1] 救助 (도울 구, 도울 조). 재난 따위를 당하여 어려운 처지에 빠진 사람을 도와줌[救=助]. ¶인명을 구조하다. ⓑ구명(救命).

▸구ː조-대 救助袋 (자루 대). 고층 건물 따위에서 불이 났을 때, 그 건물 안의 사람이나 물건을 구해 내는 데[救助]에 쓰는 긴 부대[袋]. ¶구조대를 타고 불이 난 건물을 빠져나왔다.

▸구ː조-대 救助隊 (무리 대). 일정한 장비를 갖추고 위험에 빠진 사람이나 물건을 구조(救助)하는 사람들로 조직된 무리[隊]. ¶계곡에 고립된 사람들이 구조대에 연락했다.

▸구ː조-선 救助船 (배 선). 해상에서 조난을 당한 사람이나 선박을 구조(救助)할 수 있도록 장치를 갖춘 배[船]. ¶구조선에 다급하게 발광 신호를 보냈다.

▸구ː조 신ː호 救助信號 (소식 신, 표지 호). 위험한 상황에 놓인 사람이 구조(救助)를 요청하기 위해 발신하는 신호(信號). ¶조난당한 사람들이 조명탄을 쏘아 구조 신호를 보냈다.

⁑**구조[2] 構造** (얽을 구, 만들 조). ① 속뜻 얽어서[構] 만듦[造]. ② 부분이나 요소가 어떤 전체를 짜 이룸. ③ 구조물. ¶가옥 구조 / 컴퓨터의 구조. ③ 광업 탁상, 섬유상 따위와 같은 광물의 형태. ④ 수학 집합과 그것이 가지고 있는 집합론적 대상으로써 얽어진 것. ⑤ 철학 구조주의에서 어떤 일을 성립시키는 것 사이의 상호 기능적 연관.

▸구조-곡 構造谷 (골짜기 곡). 지리 단층이나 습곡 따위의 구조(構造) 운동으로 생긴 골짜기[谷].

▸구조-물 構造物 (만물 물). 일정한 설계에 따라 여러 가지 재료를 얽어서 만든[構造] 물건(物件). 다리, 건물 등.

▸구조-선 構造線 (줄 선). 지리 구조(構造) 운동으로 대규모의 단층이 나타난 선(線).

▸구조-식 構造式 (법 식). 화학 분자의 구조(構造)를 화학 기호의 도식(圖式)으로 나타낸 것. 물의 구조식을 'H-O-H'로 나타내는 따위.

▸구조-호 構造湖 (호수 호). 지리 단층이나 습곡 따위의 구조(構造) 운동으로 생긴 호수(湖水). 일반적으로 호수 기슭의 경사가 급하고 물이 깊다. ¶바이칼호는 구조호에 속한다.

▸구조 단구 構造段丘 (층계 단, 언덕 구). 지리 구조(構造) 운동과 하천의 침식이 여러 번 되풀이되면서 생긴 계단(階段) 모양의 지형[丘].

▸구조 운ː동 構造運動 (돌 운, 움직일 동). 지리 암석과 지층이 형성된 후, 그것이 구조적(構造的)으로 변형되거나 파괴되는 운동(運動). 또는 그 과정. 습곡과 단층 등의 변형을 가져온다.

▸구조 지진 構造地震 (땅 지, 떨 진). 지리 조산 운동이나 단층 같은 구조(構造) 운동에 의해 일어나는 지진(地震).

▸구조 평야 構造平野 (평평할 평, 들 야). 지리 구조(構造) 운동으로 인행 생성된 평야(平野). 침식 윤회의 장년기에 이른 지역에서 수평으로 놓여 있는 지층이 침식을 받을 때에 상위의 비교적 약한 지층이 쉽게 침식됨으로써 넓은 지역에 걸쳐 평탄하게 이루어지는 구조. ¶팜파스는 구조 평야에 속한다. ⓐ퇴적(堆積) 평야.

▸구조주의 비ː평 構造主義批評 (주될 주, 뜻 의, 따질 비, 평할 평). 문학 문학 작품의 구조(構造) 분석을 중요하게 여기는 태도[主義]로 하는 문학 비평(批評).

구족[1] 九族 (아홉 구, 겨레 족). ① 속뜻 아홉[九] 대의 동종(同宗) 친족(親族). 즉, 고조·증조·조부·부친·자기·아들·손자·증손·현손까지를 통틀어 이른다. ② 모족(母族)인 외조부, 외조모, 이모의 자녀와 처족(妻族)인 장인·장모, 부족인 고모의 자녀, 자매의 자녀, 딸의 자녀와 자기의 동족(同族)을 통틀어 이르는 말. ¶그는 역적으로 몰려 구족이 멸을 당했다.

구족[2] 具足 (갖출 구, 넉넉할 족). 어떤 사물이나 형태 등이 충분히[足] 갖추어져[具] 있다. ¶신언서판(身言書判)을 두루 구족한 선비. ⓑ구존(具存).

구존¹ 具存 (갖출 구, 있을 존). 어떤 사물이나 형태 등이 다 갖추어져[具] 있다[存]. ⓑ구족(具足).

구존² 俱存 (함께 구, 있을 존). 부모가 모두 함께[俱] 살아 계심[存]. ¶부모님은 다 구존하신가? ⓑ구경(具慶). ⓟ구몰(俱歿/俱沒).

구:좌 口座 (입 구, 자리 좌). 경제 예금을 한 사람[口]을 위하여 개설한 계좌(計座). '계좌'(計座)로 순화.

구:주¹ 救主 (구원할 구, 주인 주). 기독교 '구세주'(救世主)의 준말. ¶구주 예수를 믿으면 영생을 얻습니다.

구주² 歐洲 (유럽 구, 섬 주). 유럽[歐羅巴] 대륙[洲].

구:주³ 舊株 (옛 구, 주식 주). 경제 증자를 통하여 새로 발행한 주식에 대하여 그 이전[舊]의 주식(株式). ⓟ신주(新株).

구중-궁궐 九重宮闕 (아홉 구, 겹칠 중, 대궐 궁, 대궐 궐). ① 속뜻 여러[九] 겹[重]의 문으로 둘러막은 깊은 궁궐(宮闕). ② '임금이 있는 대궐 안'을 이르는 말. ¶그녀는 구중궁궐 높은 담에 갇혀 쓸쓸히 늙어 갔다. ㊟구중. ⓑ구중심처(九重深處).

구:중-약 口中藥 (입 구, 가운데 중, 약 약). 약학 입[口] 속[中]의 병을 치료하거나 구강위생을 위해 쓰는 약(藥).

구지-가 龜旨歌 (거북 구, 맛 지, 노래 가). 문학 구지봉(龜旨峯) 주위에 살던 구간(九干)과 그 백성들이 수로왕(首露王)을 맞이하기 위해서 부른 고대 가요(歌謠).

구직 求職 (구할 구, 일 직). 직업(職業)을 찾음[求]. ¶요즘은 구직하기가 정말 힘들다. ⓟ구인(求人).

구질¹ 九秩 (아홉 구, 열 살 질). 열 살[秩]을 아홉[九]번 거듭한 나이. 아흔 살. 90세.

구질² 球質 (공 구, 바탕 질). 운동 야구·탁구·테니스 따위에서, 선수가 던지거나 친 공[球]의 성질(性質). ¶그는 구질이 까다로운 투수이다.

구:차 苟且 (진실로 구, 또 차). ① 속뜻 실로[苟] 말이나 행동이 떳떳하고 또[且] 버젓하지 못함. ¶구차한 변명. ② 살림이 매우 가난함. ¶가세가 매우 구차하다.

구:창 口瘡 (입 구, 부스럼 창). 입[口] 안에 생기는 부스럼[瘡].

구척-장신 九尺長身 (아홉 구, 자 척, 길 장, 몸 신). 아홉[九] 자[尺]나 되는 아주 큰[長] 키[身]. 또는 그런 사람. ¶구척장신의 사내가 칼을 뽑아들었다.

구천¹ 九天 (아홉 구, 하늘 천). ① 속뜻 하늘[天]을 아홉[九] 방위로 나누어 이르는 말. 중앙을 균천(鈞天), 동쪽을 창천(蒼天), 서쪽을 호천(昊天), 남쪽을 염천(炎天), 북쪽을 현천(玄天)이라 하고 동남쪽을 양천(陽天), 서남쪽을 주천(朱天), 동북쪽을 변천(變天), 서북쪽을 유천(幽天)이라 한다. ② 가장 높은 하늘. ¶종소리가 구천에 울려 퍼졌다. ③ 궁중(宮中). ④ 불교 지구를 중심으로 회전하는 아홉 개의 천체. ⓑ구중천(九重天), 구현(九玄).

구천² 九泉 (아홉 구, 샘 천). ① 속뜻 구척(九尺)이나 될 정도로 깊은 샘[泉]. ② 불교 땅속 깊은 밑바닥. 죽은 뒤에 넋이 돌아가는 곳을 이르는 말. ¶죽어서 구천을 떠돌다.

구청 區廳 (나눌 구, 관청 청). 법률 구(區)의 행정 사무를 맡은 관청(官廳). ¶그는 구청에 민원을 냈다.

▸**구청-장** 區廳長 (어른 장). 구청(區廳)의 행정 사무를 총괄하는 최고 책임자[長]. ¶구청장을 선출하다.

구:체¹ 久滯 (오랠 구, 막힐 체). 한의 오래된[久] 체증(滯症). 묵은 체증. ⓑ구체(舊滯).

구체² 球體 (공 구, 몸 체). 공[球] 모양으로 된 물체(物體). ¶구체 관절.

***구체³** 具體 (갖출 구, 모양 체). ① 속뜻 눈으로 볼 수 있는 모양을[體] 갖춤[具]. ② 사물이 직접 경험하거나 지각할 수 있도록 일정한 형태와 성질을 갖춤. ③ 운동 바둑에서, 7단을 달리 이르는 말. ⓑ구비(具備), 구상(具象). ⓟ추상(抽象).

▸**구체-어** 具體語 (말씀 어). 언어 뚜렷한 모양이나[體] 형체를 갖춘[具] 사물을 가리키는 말[語]. ⓟ추상어(抽象語).

▸**구체-적** 具體的 (것 적). 어떤 사물이 뚜렷한 실체를[體] 갖추고[具] 있는 것[的]. ¶구체적인 계획을 세우다. ⓟ추상적(抽象的).

▸구체-화 具體化 (될 화). ① 속뜻 구체적(具體的)인 것으로 됨[化]. 또는 그렇게 되게 함. ¶회의 일정을 구체화했다. ② 계획 따위가 실행됨. 또는 그렇게 되게 함. ¶도시 재개발 계획이 구체화되고 있다.

구축[1] **構築** (얽을 구, 쌓을 축). ① 속뜻 얽어서[構] 만들어 쌓음[築]. ¶진지(陣地)를 구축하다. ② 체제나 체계 따위의 기초를 닦아 세움. ¶신뢰를 구축하다.

구축[2] **驅逐** (몰 구, 쫓을 축). 어떤 세력 따위를 몰아서[驅] 쫓아냄[逐]. ¶사치 풍조 구축하자는 운동이 일어났다. ㊥구출(驅出).

▸구축-함 驅逐艦 (싸움배 함). 군사 몰아서[驅] 적의 주력함이나 잠수함을 쫓아내는[逐] 일을 주로 하는 군함(軍艦). 주로 어뢰를 무기로 사용한다. ¶구축함을 적진에 파견했다. ㊥구출(驅出).

구:출[1] **救出** (구원할 구, 날 출). 구원(救援)하여 위험한 상태에서 벗어나오게 함[出]. ¶인질로 잡혀있는 여왕을 구출했다.

구출[2] **驅出** (몰 구, 날 출). 몰아서[驅] 쫓아서냄[出]. ㊥구축(驅逐).

구충 驅蟲 (몰 구, 벌레 충). 약품 따위로 해충이나 기생충[蟲] 따위를 몰아[驅] 없앰. ㊥살충(殺蟲).

▸구충-제 驅蟲劑 (약제 제). 약학 ① 몸 안의 기생충[蟲]을 없애는[驅] 데 쓰는 약제(藥劑). ② 살충제(殺蟲劑).

구:취 口臭 (입 구, 냄새 취). 입[口]에서 나는 좋지 않은 냄새[臭].

구:치[1] **灸治** (뜸 구, 다스릴 치). 한의 뜸[灸]으로 병을 고치는[治] 방법. ㊥구술(灸術).

구치[2] **臼齒** (절구 구, 이 치). ① 속뜻 절구[臼] 모양의 이[齒]. ② 의학 송곳니의 안쪽에 있는 큰 이. ㊥어금니.

구치[3] **拘置** (잡을 구, 둘 치). 법률 피의자나 범죄자 따위를 잡아서[拘] 일정한 곳에 가둠[置].

▸구치-소 拘置所 (곳 소). ① 속뜻 범죄자를 잡아서[拘] 가둬두는[置] 곳[所]. 법률 형사 피의자 또는 형사 피고인으로서, 구속 영장에 의하여 구속된 사람을 판결이 내려질 때까지 수용하는 시설. ¶뺑소니로 잡힌 그는 구치소에 수감되었다.

구침 鉤針 (갈고랑이 구, 바늘 침). ① 속뜻 끝이 갈고리[鉤]처럼 생긴 바늘[針]. ② 털이나 실 따위로 무엇을 엮어 겯는 데 쓰는 바늘.

구:칭 舊稱 (옛 구, 일컬을 칭). 예전[舊]에 일컫던[稱] 이름. ㊥현칭(現稱).

구타 毆打 (때릴 구, 칠 타). 사람이나 짐승을 함부로 때리고[毆] 침[打]. ¶구타 사건 / 어떤 이유로든 어린아이를 구타해서는 안 된다. ㊥구격(毆擊).

구:태 舊態 (옛 구, 모양 태). 뒤떨어진 예전[舊] 그대로의 모습[態]. ¶구태를 답습해서는 안 된다.

▸구:태의연 舊態依然 (의지할 의, 그러할 연). 변하거나 진보·발전한 데가 없이 옛[舊] 모습[態] 그대로[依然]이다. ¶구태의연한 태도.

구:택 舊宅 (옛 구, 집 택). ① 속뜻 예전[舊]에 살던 집[宅]. ② 옛 사람이 살던 집.

구토 嘔吐 (토할 구, 토할 토). 먹은 음식물을 토함[嘔=吐]. ¶식중독에 걸려 구토하다.

구토지설 龜兎之說 (거북 구, 토끼 토, 어조사 지, 말씀 설). 문학 거북이[龜]가 토끼[兎]를 꾀어 수궁으로 잡아왔으나 토끼는 다시 꾀를 내어 무사히 육지로 돌아온다는 이야기[說]. 판소리 「수궁가」(水宮歌)와 소설 「토끼전」의 근원설화이다.

구:파 舊派 (옛 구, 갈래 파). ① 속뜻 예전의[舊] 양식이나 방식을 따르는 파(派). ② 이전에 이루어진 파. ¶신파는 구파를 축출하고 정권을 잡았다. ㊥구류(舊流).

▸구:파 연:극 舊派演劇 (펼칠 연, 연극 극). 예전의[舊] 형식을 따른[派] 연극(演劇).

구:판 舊版 (옛 구, 책 판). 출판 새로 만들기 이전[舊]의 출판물(出版物). ¶그는 구판을 완전히 개정했다. ㊥신판(新版).

구:폐 舊弊 (오래 구, 나쁠 폐). 오래 전부터[舊] 내려오는 폐단(弊端). ¶구폐를 이 기회에 바로 잡아야 한다.

구풍 颶風 (폭풍 구, 바람 풍). ① 속뜻 맹렬하게 몰아쳐[颶] 부는 바람[風]. ② 지리 풍력 계급 12의 바람. 초속 32.7미터 이상으로 불며, 육지에서는 보기 드문 엄청난 피해를 일으키고 바다에서는 산더미 같은 파도를 일으킬 정도의 바람이다. ㊥싹쓸바람.

구:필 口筆 (입 구, 글씨 필). 붓을 입[口]에

묻고 쓰는 글씨[筆]. ㊐구호(口毫), 구서(口書).

구학 求學 (구할 구, 배울 학). 배움[學]의 길을 찾음[求]. ¶그는 모든 것을 버리고 구학의 길에 들어섰다.

구:-한말 舊韓末 (옛 구, 나라이름 한, 끝 말). 역사 옛[舊] 대한 제국(大韓帝國)의 말기(末期). 즉 조선 말기에서 대한제국까지의 시기를 이른다. ¶그는 구한말 때의 대표적인 인물이다.

구현 具現 (갖출 구, 나타날 현). 어떤 내용이 구체적(具體的)인 사실로 나타나게[現] 함. ¶민주주의의 구현 / 정의 구현.

구형[1] 求刑 (구할 구, 형벌 형). 법률 형사재판에서 피고인에게 어떤 형벌(刑罰)을 줄 것을 검사가 판사에게 요구(要求)하는 일. ¶징역 10년을 구형하다.

구형[2] 矩形 (곱자 구, 모양 형). ① 속뜻 곱자[矩] 모양[形]. ② 수학 '직사각형'(直四角形)으로 순화.

구형[3] 球形 (공 구, 모양 형). 공[球]같이 둥근 형태(形態). ¶지구는 구형이다. ㊐구상(球狀).

구:형[4] 舊型 (옛 구, 모형 형). 예전[舊]에 사용됐던 모형(模型). ¶구형 세탁기 / 구형 자동차. ㊉신형(新型).

구:호[1] 口號 (입 구, 부를 호). ① 속뜻 입[口]으로 부르짖음[號]. ② 집회나 시위 따위에서 어떤 요구나 주장 따위를 간결한 형식으로 표현한 문구. ¶다 같이 구호를 외쳤다. ③ 서로 눈짓이나 말 따위로 몰래 연락함. ¶몰래 군호를 주고받다. ④ 즉석에서 시를 지음. ¶그는 길을 걷다가 구호로 시 한 구를 읊었다. ⑤ 음악 궁중 춤의 시작과 끝에 춤추는 사람이 부르는 송축사. ㊐군호(軍號), 구점(口占).

구:호[2] 救護 (도울 구, 돌볼 호). ① 속뜻 어려움에 처한 사람을 구(救)하여 돌봄[護]. ¶난민을 구호하다. ② 병자나 부상자를 간호하거나 치료함. ㊐구제(救濟), 구휼(救恤).

▸구:호-금 救護金 (돈 금). 재해나 재난 따위로 어려움에 처한 사람을 돕기[救護] 위해 나라에서 내놓거나 여러 사람이 내어 마련한 돈[金]. ¶학생들이 모은 구호금을 수재민에게 전달했다.

▸구:호-책 救護策 (꾀 책). 재해나 재난 따위로 어려움에 처한 사람을 돕기[救護] 위한 대책(對策). ¶구호책을 강구하기 위해 긴급 회의를 열었다.

▸구:호-품 救護品 (물건 품). 재해나 재난 따위로 어려움에 처한 사람을 돕기[救護] 위해 지급되는 각종 물품(物品). ¶구호품이 도착하였다.

구혼 求婚 (구할 구, 혼인할 혼). ① 속뜻 결혼(結婚)할 상대자를 구(求)함. ② 결혼을 청함. ¶그녀는 구혼을 거절했다. ㊐청혼(請婚).

구:황 救荒 (도울 구, 거칠 황). 황폐(荒廢)한 빈민들을 도와줌[救]. ¶구황 식품.

▸구:황 작물 救荒作物 (지을 작, 만물 물). ① 속뜻 굶주림[荒]에서 벗어나도록 도와주는[救] 농작물(農作物). ② 농업 흉년 따위로 기근이 심할 때 주식물 대신 먹을 수 있는 농작물. 토질이나 기후에 영향을 받지 않고 잘 자라는 작물. 감자나 메밀 따위가 이에 속한다. ㊐비황(備荒) 작물.

구획 區劃 (나눌 구, 나눌 획). 토지 따위를 구분(區分)하여 나눔[劃]. 또는 그런 구역. ¶도시를 세 부분으로 구획하여 개발하다.

▸구획 정:리 區劃整理 (가지런할 정, 다스릴 리). 사회 도시 계획 따위에서 토지를 구획(區劃)하거나 정리(整理)하는 일. ¶농지가 네모반듯하게 구획 정리가 되어 있다.

구:휼 救恤 (도울 구, 도울 휼). ① 속뜻 불쌍한 사람을 도와줌[救=恤]. ② 사회적 또는 국가적 차원에서 재난을 당한 사람이나 빈민에게 금품을 주어 구제함. ㊐증휼(拯恤), 휼구(恤救).

국가[1] 國歌 (나라 국, 노래 가). 나라[國]를 상징하는 노래[歌]. 그 나라의 이상이나 영예를 나타내며, 주로 식전(式典)에서 연주·제창한다. ¶대한민국의 국가는 「애국가」(愛國歌)이다.

⁑**국가[2] 國家** (나라 국, 집 가). 일정한 영토[國]와 거기에 사는 사람들로 구성되고 주권에 의한 하나의 통치 조직을 가지고 있는 사회 집단[家]. 국민·영토·주권의 3요소를 필요로 한다.

▸국가-관 國家觀 (볼 관). 통일적인 전체로서의 국가(國家)의 목적, 의의, 성립, 형태

따위에 대하여 가지는 견해[觀]. 또는 주장의 체계. ¶올바른 국가관을 확립하다.

▸국가-적 國家的 (것 적). ① 속뜻 국가(國家)에 관련되는 것[的]. ② 국가 전체의 범위나 규모에서 하는 것. ¶올림픽은 국가적인 차원에서 개최하는 행사이다.

*국경¹ 國境 (나라 국, 지경 경). 나라[國]와 나라의 영역을 가르는 경계(境界). ¶국경을 넘어 탈출하다. ⓑ경경(竟境), 경장(境場), 국계(國界), 방강(邦疆), 방경(邦境).

▸국경-선 國境線 (줄 선). 국경(國境)을 이은 선(線). ¶군대를 국경선에 배치하다.

국경² 國慶 (나라 국, 기쁠 경). 나라[國]의 경사(慶事). ¶왕은 국경을 기념하여 죄인들을 사면했다. ⓑ방경(邦慶).

▸국경-일 國慶日 (날 일). 나라[國]의 경사(慶事)를 기념하기 위하여, 법률로 정한 날[日]. 삼일절, 제헌절, 광복절, 개천절이 있다. ¶국경일에는 집집마다 태극기를 단다.

국고 國庫 (나라 국, 곳집 고). ① 역사 나라[國]의 재산인 곡식이나 돈 따위를 넣어 보관하던 창고(倉庫). ¶왕은 국고를 열어 굶주린 백성에게 곡식을 나누어 주었다. ② 경제 국가의 재정적 활동에 따른 현금의 수입과 지출을 담당하기 위하여 한국은행에 설치한 예금 계정. 또는 그 예금. ¶국고를 지원하다. ③ 법률 현금을 수납하고 지급하는 주체로서의 국가를 이르는 말. ¶국고 수입을 늘리다.

▸국고-금 國庫金 (돈 금). 경제 국고(國庫)에 속하는 돈[金]. ¶국고금을 착복한 공직자를 구속했다.

국구 國舅 (나라 국, 장인 구). 나라[國] 임금의 장인[舅]. ¶그는 국구가 된 뒤 정사를 좌지우지했다.

국교¹ 國交 (나라 국, 사귈 교). 나라[國]와 나라 사이에 맺는 외교(外交) 관계. ¶국교를 정상화하다. ⓑ수교(修交).

국교² 國教 (나라 국, 종교 교). 국가(國家)에서 법으로 정하여 온 국민이 믿도록 하는 종교(宗教). ¶영국의 국교는 '성공회'이다.

국군¹ 國君 (나라 국, 임금 군). 나라[國]의 임금[君]. ⓑ군주(君主), 국왕(國王).

국군² 國軍 (나라 국, 군사 군). 나라 안팎의 적으로부터 나라[國]를 보존하기 위하여 조직한 군대(軍隊). ¶국군 장병 / 국군을 베트남에 파견했다.

국궁¹ 國弓 (나라 국, 활 궁). 우리나라[國] 고유의 활[弓]. 또는 그 활을 쏘는 기술. ¶할아버지는 국궁의 명수이시다. ⓑ양궁(洋弓).

국궁² 鞠躬 (굽힐 국, 몸 궁). 존경하는 뜻으로 몸[躬]을 굽힘[鞠]. ¶국궁 재배 / 한동안 국궁을 하고 서 있었다.

국권 國權 (나라 국, 권력 권). 정치 국가(國家)가 행사하는 권력(權力). ¶국권을 회복하다.

국극 國劇 (나라 국, 연극 극). 한 나라[國]의 특유의 전통적인 연극(演劇). ¶그는 국극을 육성하기 위해 국극단을 만들었다.

국금 國禁 (나라 국, 금할 금). 나라[國]의 법으로 금지(禁止)함. 또는 그렇게 금한 일. ¶국금을 어기다 / 국금을 범하다.

국기¹ 國技 (나라 국, 재주 기). 나라[國]에서 전통적으로 즐겨 내려오는 대표적인 운동이나 기예(技藝). 우리나라의 태권도, 영국의 축구 따위.

국기² 國紀 (나라 국, 벼리 기). 나라[國]가 올바른 방향으로 나아가는 데 기틀이 되는 정신적·사회적 질서나 기강(紀綱). ¶국기를 바로잡다. ⓑ방기(邦紀).

국기³ 國記 (나라 국, 기록할 기). 나라[國]에 관한 기록(記錄). 또는 그것을 적은 책. ¶『조선왕조실록』(朝鮮王朝實錄)은 조선시대의 대표적인 국기이다.

국기⁴ 國基 (나라 국, 터 기). 나라[國]를 이루거나 유지해 나가는 기초(基礎). 또는 그런 터전. ¶세종은 조선의 국기를 튼튼히 다져놓았다.

*국기⁵ 國旗 (나라 국, 깃발 기). 일정한 형식을 통하여 한 나라[國]의 역사, 국민성, 이상 따위를 상징하도록 정한 깃발[旗]. 우리나라의 태극기, 미국의 성조기, 일본의 일장기 따위이다. ¶국기를 게양하다.

국난 國難 (나라 국, 어려울 난). 나라[國]가 당면한 어려움[難]. ¶힘을 모아 국난을 극복하다.

국내 國內 (나라 국, 안 내). 나라[國]의 안[內]. ¶국내 최초로 발명하다. ⓑ국외(國外).

▸국내-외 國內外 (밖 외). 나라[國]의 안[內]과 밖[外]을 아울러 이르는 말. ¶국내외에서 큰 활약을 하다.

국도[1] **國都** (나라 국, 도읍 도). 한 나라[國]의 수도(首都). ¶경주는 천여 년 동안 신라의 국도로 번영을 누렸다. ⓑ수도(首都).

국도[2] **國道** (나라 국, 길 도). 교통 나라[國]에서 직접 관리하는 도로(道路). 고속 국도와 일반 국도가 있다. ¶1번 국도. ⓑ지방도로(地方道路).

국란 國亂 (나라 국, 어지러울 란). 나라[國] 안에서 일어난 난리(亂離). ¶그는 의병을 일으켜 국란을 평정했다.

국량 局量 (판 국, 헤아릴 량). ① 속뜻 남의 형편[局]을 잘 헤아려[量] 줌. ②남의 잘못 따위를 잘 이해하고 감싸주며 일을 처리하는 능력. ¶국량이 넓다 / 국량이 모자라다 / 국량이 좁다.

국력 國力 (나라 국, 힘 력). 한 나라[國]가 지닌 정치, 경제, 문화, 군사 따위의 모든 방면의 힘[力]. ¶국력이 막강하다.

국록 國祿 (나라 국, 녹봉 록). 나라[國]에서 주는 녹봉(祿俸). ¶그는 국록을 받는 관리이다.

국론 國論 (나라 국, 논할 론). 국민(國民) 또는 사회 일반의 공통된 의견[論]. ¶국론을 모으다.

국리-민복 國利民福 (나라 국, 이로울 리, 백성 민, 복 복). 나라[國]의 이익(利益)과 국민(國民)의 행복(幸福)을 아울러 이르는 말. ¶국리민복에 기여한 사람에게 훈장을 수여했다.

국립 國立 (나라 국, 설 립). ① 속뜻 나라[國]에서 세움[立]. ②국가(國家)의 돈으로 설립(設立)하여 운영함. ¶국립 도서관. ⓑ공립(公立). ⓑ사립(私立).

국면 局面 (판 국, 쪽 면). ① 속뜻 일이 벌어진 형편[局]이나 장면(場面). ¶새로운 국면으로 접어들다. ② 운동 바둑이나 장기에서, 반면(盤面)의 형세를 이르는 말.

국명[1] **國名** (나라 국, 이름 명). 나라[國]의 이름[名]. ¶여권에 국명을 명시하다. ⓑ국호(國號).

국명[2] **國命** (나라 국, 명할 명). ① 속뜻 나라[國]의 명령(命令). ¶국명을 받들다. ②나라의 운명. ¶외세의 침략으로 국운이 쇠퇴했다. ⓑ국운(國運).

국모 國母 (나라 국, 어머니 모). 임금의 아내를 '나라[國]의 어머니[母]'라는 뜻으로 높여 부르는 말. ¶왜병은 국모를 시해했다.

국무 國務 (나라 국, 일 무). ① 속뜻 나라[國]의 정무(政務). ¶국무를 수행하다. ②나라를 맡아 다스리고 이끌어 가는 일. ⓑ국정(國政).

국문 國文 (나라 국, 글자 문). ① 속뜻 우리나라[國]에서 쓰는 글자[文]. 한글과 한자 그리고 일부 아라비아문자(1, 2, 3…) 등을 말한다. ②우리나라 말로 쓴 글. ¶영문 소설을 국문으로 번역하다.

국-문법 國文法 (나라 국, 글월 문, 법 법). 언어 국어(國語)의 문법(文法). ¶그는 국문법을 연구하였다.

***국민 國民** (나라 국, 백성 민). 국가(國家)를 구성하는 사람[民]. 또는 그 나라의 국적을 가진 사람. ¶의회는 국민의 대표이다. ⓑ백성(百姓).

▸국민-복 國民服 (옷 복). 온 국민(國民)이 입도록 간편하고 검소하게 만든 옷[服]. ¶국민복으로 갈아입다.

▸국민-성 國民性 (성질 성). 어떤 국민(國民)에게 공통적으로 나타나는 가치관, 행동양식, 사고방식, 기질 따위의 특성(特性). ⓑ민족성(民族性).

▸국민-개병 國民皆兵 (모두 개, 군사 병). 법률 국민(國民) 모두[皆]가 병역(兵役)의 의무를 가지는 것. ¶이 나라는 국민개병 제도를 취하고 있다. ㊟개병. ⓑ모병(募兵).

▸국민 발안 國民發案 (보낼 발, 안건 안). 법률 국민(國民)이 직접 법안(法案)을 냄[發]. ¶국민 발안은 직접민주제의 한 형태이다. ⓑ국민 창안(創案).

▸국민 소환 國民召還 (부를 소, 돌아올 환). 정치 선거 따위로 선출·임명한 국민의 대표 또는 공무원을 임기가 끝나기 전에 국민(國民)의 발의에 의하여 파면하거나 소환(召還)하는 일. ⓑ국민 해직(解職).

▸국민-학교 國民學校 (배울 학, 가르칠 교). ① 속뜻 '국민(國民) 의무'의 하나로서 다니는 학교(學校). ②'초등학교'(初等學校)의 예전 용어.

*국방 國防 (나라 국, 막을 방). 외국의 침략에 대비 태세를 갖추고 국토(國土)를 방위(防衛)하는 일. ¶국방의 의무를 다하다.

▸국방-부 國防部 (나눌 부). [법률] 국가 방위[國防]에 관련된 군정을 맡아보는 중앙 행정 부서(部署). ¶국방부 대변인은 대응 사격의 결과를 발표했다.

▸국방-비 國防費 (쓸 비). [경제] 국가가 외국의 침략에 대비 태세를 갖추고 국토를 방위하는[國防] 데에 쓰는 비용(費用). 넓은 뜻으로는 전쟁의 경비와 전쟁에 대비하는 경비를 포함한다. ¶국방비를 삭감하다.

▸국방-색 國防色 (빛 색). 국방(國防) 임무를 맡은 육군의 군복 빛깔[色]. 카키색이나 진초록색을 이른다.

국번 局番 (관청 국, 차례 번). 전화의 국명(局名)을 나타내는 번호(番號). ¶화재 신고는 국번 없이 119로 한다.

국법 國法 (나라 국, 법 법). [법률] 나라[國]의 법률(法律)이나 법규. ¶국법으로 역적을 엄히 다스리다. [비]국헌(國憲), 헌법(憲法), 방헌(邦憲).

*국보 國寶 (나라 국, 보배 보). ① [속뜻] 나라[國]의 보배[寶]. ② 나라에서 지정하여 법률로 보호하는 문화재. ¶남대문은 우리나라 국보 1호이다. ③ [역사] 국새(國璽).

▸국보-급 國寶級 (등급 급). 국보(國寶)에 상당할 만한 매우 귀한 등급(等級). ¶국보급 보물이 발견되었다.

국부¹ 局部 (판 국, 나눌 부). ① [속뜻] 전체의 어느 한 부분[局=部]. ¶국부 절개. ② '음부'(陰部)를 완곡하게 이르는 말.

국부² 國父 (나라 국, 아버지 부). ① [속뜻] 나라[國]의 아버지[父]. 임금. ② 나라를 세우는 데 공로가 많아 국민에게 존경받는 위대한 지도자를 이르는 말. ¶그는 국부로 사람들의 존경을 받았다. [반]국모(國母).

국부³ 國富 (나라 국, 넉넉할 부). 나라[國]가 지닌 경제력[富]. ¶『국부론』(國富論).

국비 國費 (나라 국, 쓸 비). 나라[國]의 재정으로 부담하는 비용(費用). ¶국비 유학생. [비]국고(國庫). [반]사비(私費).

▸국비-생 國費生 (사람 생). 나라[國]에서 대 주는 학비(學費)로 공부하는 학생(學生). ¶그는 국비생으로 대학을 졸업했다.

국빈 國賓 (나라 국, 손님 빈). ① [속뜻] 나라[國]에서 정식으로 초대한 외국 손님[賓]. 주로 외국의 국가 원수가 이 대우를 받는다. ¶중국을 국빈 자격으로 방문하다. ② [역사] 전조(前朝) 임금의 자손으로 전조의 제사를 지내던 사람.

국사¹ 國士 (나라 국, 선비 사). 나라[國]의 뛰어난 선비[士].

국사² 國史 (나라 국, 역사 사). 나라[國]의 역사(歷史). ¶국사 과목.

국사³ 國事 (나라 국, 일 사). 나라[國]에 관한 일[事]. 또는 나라의 정치에 관한 일. ¶국사를 논하다 / 국사에도 사정이 있다.

국사⁴ 國師 (나라 국, 스승 사). [역사] ① 나라[國]를 통치하던 임금의 스승[師]. ② 통일신라·고려·조선 전기의 법계(法階) 가운데 가장 높은 등급. ¶왕은 국사와 함께 정사를 의논했다. [비]국승(國乘).

국산 國産 (나라 국, 낳을 산). 자기 나라[國]에서 생산(生産)함. 또는 그 물건. ¶국산 자동차가 세계 판매량 1위를 차지했다. [반]외국산(外國産).

▸국산-품 國産品 (물건 품). 자기 나라에서 생산한[國産] 물품(物品). ¶국산품을 애용합시다. [준]국산. [반]외제(外製).

국상 國喪 (나라 국, 죽을 상). [역사] 국민(國民) 전체가 복상(服喪)을 하던 왕실의 초상[喪]. 태상왕(太上王), 상왕(上王), 왕, 왕세자, 왕세손 및 그 비(妃)의 상사(喪事)를 이른다. ¶국상을 당하다. [속담] 국상에 죽산마(竹散馬) 지키듯.

국새 國璽 (나라 국, 도장 새). ① [속뜻] 나라[國]를 대표하는 도장[璽]. ② [역사] 국권의 상징으로 국가적 문서에 사용하던 임금의 도장. ¶그는 국새를 손에 넣고 왕 행세를 했다. [비]곤보(袞寶), 대보(大寶), 보(寶), 부새(符璽), 새(璽), 신새(神璽), 어보(御寶), 영새(靈璽), 인새(印璽).

국선 國選 (나라 국, 고를 선). 나라[國]에서 뽑음[選]. ¶국선 변호인.

국선-도 國仙徒 (나라 국, 신선 선, 무리 도). [역사] 신라[國] 때에 둔 화랑[仙]의 무리[徒]. [비]화랑도(花郎徒).

국선생-전 麴先生傳 (누룩 국, 먼저 선, 날 생, 전할 전). [문학] 누룩[麴]을 의인화[先

生]하여 전기(傳記) 형식으로 지은 작품. 고려의 이규보(李奎報)가 지은 가전체 설화로, 등장인물과 지명 등을 모두 술과 관련된 이름으로 지어 당시의 문란한 정치·사회상을 비판하였다.

국세[1] **局勢** (판 국, 형세 세). 어떤 국면(局面)에 드러난 형세(形勢). 또는 어떤 판국으로 되어 가는 형세. ¶국세를 잘 살펴 처신해야 한다.

국세[2] **國勢** (나라 국, 형세 세). ① [속뜻] 나라[國]의 형편[勢]. ¶국세가 기울다. ② 인구, 산업, 자원 따위의 방면에서 한 나라가 지니고 있는 힘. ¶발해는 해동성국으로 국세를 널리 떨쳤다.

국세[3] **國稅** (나라 국, 세금 세). [법률] 국가(國家)의 재정을 충당하기 위하여 국민에게 부과하여 거두어들이는 세금(稅金). ¶국세를 징수하다. [반] 지방세(地方稅).

▶국세-청 國稅廳 (관청 청). [법률] 국세(國稅)에 관한 사무를 맡아보는 관청(官廳).

국소 局所 (판 국, 곳 소). 전체 가운데 일부[局] 지역[所]. ¶국소 마취 / 국소 수술. [비] 국부(局部).

국수[1] **國手** (나라 국, 사람 수). ① [속뜻] 장기, 바둑 따위에서 그 실력이 한 나라[國]에서 으뜸가는 사람[手]. ¶그의 장기 실력은 국수만큼 뛰어났다. ② 이름난 의사.

▶국수-전 國手戰 (싸울 전). [운동] 장기·바둑 따위에서, 그 실력이 한 나라[國]에서 으뜸가는 사람[手]을 가리는 대국[戰]. ¶그는 국수전에서 이겼다.

국수[2] **國粹** (나라 국, 순수할 수). 한 나라[國]나 민족이 지닌 순수(純粹)함. 주로 고유한 정신적·물질적 우수성을 말한다. ¶국수를 보존하다.

▶국수-주의 國粹主義 (주될 주, 뜻 의). [사회] 자기 나라의 고유한[國粹] 역사·전통·정치·문화만이 가장 뛰어나다고 믿고, 다른 나라나 민족을 배척하는 극단적인 태도나 경향[主義]. ¶민족 문화를 계승하는 것은 국수주의와는 다르다.

국순-전 麴醇傳 (누룩 국, 진한 술 순, 전할 전). [문학] 술[麴醇]을 의인화하여 지은 전기(傳記) 형식의 작품. 고려 시대에 임춘의 작품으로 지은 것으로, 당시의 정치 현실을 풍자하고 술로 인한 패가망신을 경계했다.

국시 國是 (나라 국, 옳을 시). ① [속뜻] 나라[國]를 위하여 옳다[是]고 여기는 주의나 방침. ② 국가 이념이나 정책의 기본 방침. ¶국시를 정하다.

국악 國樂 (나라 국, 음악 악). ① [속뜻] 나라[國]의 고유한 음악(音樂). ② [음악] 서양 음악에 상대하여 우리의 전통 음악을 이르는 말. ¶국악 연주회.

▶국악-기 國樂器 (그릇 기). [음악] 국악(國樂)에 쓰는 기구(器具)를 통틀어 이르는 말. 장구, 가야금 따위.

*__국어 國語__ (나라 국, 말씀 어). ① [속뜻] 한 나라[國]에서 정한 표준말[語]. ¶이 책은 이십여 개 국어로 번역되었다 / 3개 국어에 능통하다. ② 우리나라 공용어로서의 한국어. ¶국어 과목. [반] 외국어(外國語).

▶국어-사 國語史 (역사 사). [언어] 국어(國語)의 변화에 관한 역사(歷史). 또는 그것을 연구하는 학문. 국어의 음운, 어휘, 문법의 변화과정을 연구한다. ¶이 책은 국어사 연구에 귀중한 자료이다.

▶국어-학 國語學 (배울 학). [언어] 국어(國語)를 과학적으로 연구하는 학문(學問). 국어의 음운, 문법, 의미 구조와 국어가 변화해 온 역사, 방언 따위를 연구한다. ¶그는 국어학 발전에 기여했다.

국역 國譯 (나라 국, 옮길 역). 다른 나라 말로 된 것을 자기 나라 말[國語]로 번역(翻譯)함. 또는 다른 나라 말로 된 것을 우리나라 말로 번역함. ¶고전 국역 사업.

▶국역-본 國譯本 (책 본). 다른 나라 말로 된 것을 우리나라[國] 말로 번역(翻譯)한 책[本]. ¶『금강경삼가해』의 국역본을 간행하다.

국영 國營 (나라 국, 꾀할 영). 나라[國]에서 직접 관리하여 이익을 꾀함[營]. 또는 그런 방식. ¶국영 기업. [비] 관영(官營). [반] 사영(私營), 민영(民營).

국왕 國王 (나라 국, 임금 왕). 나라[國]의 임금[王]. ¶국왕 극단 / 일본 국왕이 방한했다.

국외[1] **局外** (판 국, 밖 외). 어떤 상황[局]이나 일에 직접 관계가 없음[外]. 또는 그런 지위나 처지. ¶그 사건은 나에게 국외의 일이다.

국외[2] **國外** (나라 국, 밖 외). 한 나라[國]의 영토 밖[外]. ¶불법 체류자를 국외로 추방하다. ㊥국내(國內).

국운 國運 (나라 국, 운수 운). 나라[國]의 운명(運命). ¶국운이 기울다. ㊥국보(國步), 국명2(國命).

국위 國威 (나라 국, 위엄 위). 나라[國]의 권위(權威)나 위력(威力). ¶국위 선양 / 국위를 높이다.

국유 國有 (나라 국, 있을 유). 나라[國]의 소유(所有). 또는 그에 속한 것. ¶국유 철도 / 광물 자원을 국유로 하다. ㊥사유(私有), 민유(民有).

▸국유-림 國有林 (수풀 림). 국가(國家)에서 소유(所有)하고 관리하는 산림(山林). ¶국유림 관리소 / 국유림 조성 사업.

▸국유-지 國有地 (땅 지). 국가(國家)에서 소유(所有)하고 있는 토지(土地). ¶국유지 정리 사업 / 국유지를 개간하다.

▸국유-화 國有化 (될 화). 국가(國家)의 소유(所有)가 됨[化]. 또는 그렇게 되게 함. ¶주요 산업을 국유화하다.

▸국유 재산 國有財産 (재물 재, 재물 산). ① 경제 국가(國家)에서 소유(所有)한 재산(財產)을 통틀어 이르는 말. ② 법률 국유 재산법에서 나라의 재산으로 열거한 재산.

국음 國音 (나라 국, 소리 음). ① 속뜻 한 나라[國]의 고유한 말소리[音]. ② 우리나라 국어의 말소리.

국은 國恩 (나라 국, 은혜 은). 백성이 나라[國]로부터 받는 은혜(恩惠). ¶국은을 입다 / 국은을 베풀다.

국익 國益 (나라 국, 더할 익). 나라[國]의 이익(利益). ¶국익을 증진하다. ㊥국리(國利).

국인 國人 (나라 국, 사람 인). 그 나라[國] 사람[人]. ㊥국민(國民).

국자[1] **國字** (나라 국, 글자 자). ① 속뜻 우리나라[國]에서 제정한 자모(字母). ¶국자의 과학성. ② 언어 한 나라의 국어를 표기하는 전통적인 공용 문자.

국자[2] **國子** (나라 국, 아들 자). ① 속뜻 나라[國]의 아들[子] 같은 역할을 할 사람. ② 역사 공경대부의 자제. ¶국자들을 모아 잔치를 베풀었다. ③ 역사 국자감. 또는 그곳의 학생.

▸국자-감 國子監 (살필 감). 역사 ① 고려 시대에 국자(國子)들을 전담으로 보살피고[監] 교육하던 학교. 국가에서 필요한 인재를 양성하기 위해 유학과 전문 기술을 가르치던 최고의 교육기관이었다. ② 중국 수나라 때에 양제가 국자학을 고쳐 둔 교육 기관.

▸국자-학 國子學 (배울 학). 역사 ① 고려 시대에 국자(國子)들만 입학하던 전문 학과(學科). ② 중국 진(晉) 나라 때, 무제가 귀족 자제나 영재를 가르치기 위해 만든 교육 기관.

국장[1] **局長** (관청 국, 어른 장). 기관이나 조직에서 한 국(局)을 맡은 수장(首長). ¶편집국 국장.

국장[2] **國章** (나라 국, 글 장). 한 나라[國]를 상징하는 공식적인 표장(標章). ¶대한민국의 국장은 태극과 무궁화 꽃잎으로 구성되어 있다.

국장[3] **國葬** (나라 국, 장사지낼 장). ① 속뜻 나라[國]에 큰 공이 있는 사람이 죽었을 때 국비로 장례(葬禮)를 치르는 일. 또는 그 장례. ¶그의 장례는 국장으로 치른다. ② 역사 태상황, 황제, 황태자, 황태손과 그 비(妃)들의 장례. 또는 상왕, 왕, 왕세자, 왕세손과 그 비(妃)들의 장례. ¶국장을 치르는 동안 금주를 명했다. ㊥인산(因山).

국적[1] **國賊** (나라 국, 도둑 적). 나라[國]를 어지럽히는 역적(逆賊). 또는 나라에 해를 끼치는 자. ¶의병들은 도리어 국적으로 몰리게 되었다. ㊥역적(逆賊), 조적(朝敵).

국적[2] **國籍** (나라 국, 문서 적). ① 법률 한 나라[國]의 구성원이 되는 자격[籍]. ¶미국 국적을 취득하다. ② 배나 비행기 따위가 소속되어 있는 나라. ¶중국 국적의 비행기가 추락했다.

▸국적-법 國籍法 (법 법). 법률 대한민국 국민의 국적(國籍) 취득과 상실 요건에 관해 규정한 법률(法律).

국전[1] **國典** (나라 국, 책 전). ① 속뜻 나라[國]의 법전(法典). ② 나라의 고유 의식이나 전례(典禮). ¶국전에 따라 제사를 지냈다. ③ 나라의 문물 제도. ④ 한 나라의 국어로 쓰인 그 나라에서 출판된 전적(典籍). ¶

여진학(女眞學)이 국전에 수록되었다.

국전[2] **國展** (나라 국, 펼 전). 미술 한국(韓國) 미술협회가 주관하는 신인 작가를 위한 공모 미술 전람회(展覽會). '대한민국 미술 전람회'의 준말. ¶그는 국전에 여러 번 입상했다.

국정[1] **國定** (나라 국, 정할 정). 나라[國]에서 정(定)함. 또는 그런 것. ¶국정 교과서.

국정[2] **國政** (나라 국, 정치 정). 나라[國]의 정치(政治). 국가의 행정. ¶국정에 참여하다. ㊐국무(國務), 국사(國事).

국정[3] **國情** (나라 국, 실상 정). 나라[國]의 정세(情勢)나 형편. ¶국정을 시찰하다 / 국정이 불안해지다.

***국제 國際** (나라 국, 사이 제). ① 속뜻 나라[國] 사이[際]에 관계됨. ② 여러 나라에 공통됨. ¶국제무역. ③ 여러 나라가 모여서 이루거나 함. ¶국제 학술대회.

▸국제-법 國際法 (법 법). 법률 공존공영의 생활을 도모하기 위하여 국가 간의 협의에 따라 각각의 권리·의무에 대하여 규정한 국제(國際) 사회의 법률(法律). ¶새 국제법이 발효되었다. ㊥국내법(國內法).

▸국제-선 國際線 (줄 선). 국가 사이[國際]의 통신 교환이나 항공, 선박, 철도 따위의 교통편에 이용하는 항로[線]. ¶국제선 항공권. ㊥국내선(國內線).

▸국제-성 國際性 (성질 성). 국제적(國際的)인 성질(性質). ¶이곳은 국제성을 띤 무역 도시로 번성했다.

▸국제-어 國際語 (말씀 어). 언어 ① 국제(國際) 간에 통용하기로 정한 언어(言語). ¶과거 수세기동안 프랑스어는 국제어로 군림해왔다. ② 세계 여러 나라에서 공통으로 사용하기 위해 만든 언어. ¶국제어로 에스페란토 어를 창안했다. ㊐세계어(世界語).

▸국제-적 國際的 (것 적). ① 속뜻 여러 나라 사이[國際]에 관계가 있는 것[的]. ¶우리나라의 국제적 지위가 향상되었다. ② 세계적인 규모인 것. ¶국제적 기구.

▸국제-항 國際港 (항구 항). 세계 여러 나라[國際]의 배가 드나드는 큰 항구(港口). ¶부산항은 국제항으로서 면모를 갖추었다.

▸국제-화 國際化 (될 화). 국제적(國際的)인 것으로 됨[化]. ¶국제화 시대가 열리다.

국조[1] **國祖** (나라 국, 조상 조). 나라[國]의 시조(始祖). ¶국조 단군.

국조[2] **國鳥** (나라 국, 새 조). 나라[國]를 대표하는 새[鳥]. 일반적으로 국민과의 친근성·고유성 따위를 고려하여 선정하는데 우리나라는 까치, 영국은 울새, 일본은 꿩이다.

국조-오례의 國朝五禮儀 (나라 국, 조정 조, 다섯 오, 예도 례, 의식 의). 책명 조선 전기, 국가(國家)의 조정(朝廷)에서 행해지는 다섯[五] 가지 의례(儀禮)에 대해 정해놓은 책. ㊟오례의.

국주한종-체 國主漢從體 (나라 국, 주될 주, 한나라 한, 따를 종, 모양 체). 문학 우리나라[國] 글을 주(主)로 하고 한자(漢字)을 보조적[從]으로 쓴 문체(文體).

국지 局地 (판 국, 땅 지). 한정된[局] 지역(地域). ¶국지 기후 / 국지성 호우.

▸국지-전 局地戰 (싸울 전). 군사 한정된[局] 지역(地域)벌이는 전쟁(戰爭). ¶재래식 무기를 이용해 소규모 국지전을 벌였다.

▸국지-풍 局地風 (바람 풍). 지리 지형·수륙·분포·기압 배치 따위의 영향으로, 한정된[局] 지역(地域)에서 부는 바람[風]. ¶높새바람은 국지풍의 하나이다.

국채 國債 (나라 국, 빚 채). ① 속뜻 나라[國]의 빚[債]. ② 경제 국가가 재정상의 필요에 따라 국가의 신용으로 설정하는 금전상의 채무. 또는 그것을 표시하는 채권. ¶국채를 상환하다.

▸국채 보:상 운:동 國債報償運動 (갚을 보, 갚을 상, 돌 운, 움직일 동). 역사 대한 제국 때 일본에 빌렸던 국채(國債)를 갚기[報償] 위해 벌인 애국 운동(運動).

국책 國策 (나라 국, 꾀 책). 나라[國]의 정책(政策)이나 시책. ¶국책을 수립하다.

국철 國鐵 (나라 국, 쇠 철). 교통 국가(國家)가 직접 소유·관리하는 철도(鐵道). '국유철도'(國有鐵道)의 준말. ¶국철을 민영화하다.

국초[1] **國初** (나라 국, 처음 초). ① 속뜻 나라[國]를 세운 처음[初] 시기. ② 현 왕조의 처음 시기. ¶그 일은 국초부터 있었던 것이다.

국초[2] **國礎** (나라 국, 주춧돌 초). 나라[國]의 기초(基礎). ¶국초를 닦다. ㊐국기(國基).

국치 國恥 (나라 국, 부끄러울 치). 나라[國]의 수치(羞恥). ¶경술(庚戌) 국치.

▸국치-일 國恥日 (날 일). 나라[國]가 수치(羞恥)를 당한 날[日]. 흔히 우리나라가 일본에게 국권을 강탈당한 날인 1910년 8월 29일을 이른다.

***국토 國土** (나라 국, 땅 토). 나라[國]의 땅[土]. 한 나라의 통치권이 미치는 지역을 이른다. ¶국토 개발 계획.

국통 國統 (나라 국, 계통 통). 역사 신라시대에 국왕에게 국사(國事)를 자문하던[統] 승려에게 주던 관직. ¶혜량법사는 국통에 임명되었다.

국판 菊版 (국화 국, 널빤지 판). ① 속뜻 국화(菊花) 모양의 널빤지[版]. ② 출판 가로 148mm, 세로 210mm 크기의 인쇄물의 규격.

국폐[1] 國弊 (나라 국, 나쁠 폐). 나라[國]의 폐해(弊害). 또는 폐단. ¶당백전을 과도하게 발행한 것은 큰 국폐가 되었다.

국폐[2] 國幣 (나라 국, 돈 폐). ① 속뜻 나라[國]에서 발행한 화폐(貨幣). ② 역사 조선 시대에 나라에서 공식으로 인정하여 쓰던 화폐. ¶포(布)와 저화(楮貨)를 국폐로 통용했다. ⓑ국화(國貨).

국풍 國風 (나라 국, 풍속 풍). 그 나라[國] 특유의 풍속(風俗). ¶학문을 숭상하는 국풍이 이어져 왔다.

국학 國學 (나라 국, 배울 학). ① 속뜻 나라[國]의 전통 학문(學問). ¶국학의 대가. ② 역사 신라, 고려, 조선 때에 국가 최고의 교육기관. ⓑ양학(洋學).

▸국학-자 國學者 (사람 자). 국학(國學)을 연구하는 학자(學者).

국한 局限 (판 국, 한할 한). 범위를 일정한 부분[局]에 한정(限定)함. ¶환경오염 문제는 우리나라에만 국한된 것이 아니다.

국-한문 國漢文 (나라 국, 한나라 한, 글월 문). ① 속뜻 국문(國文)에 한자(漢字)가 섞인 글[文]. ¶『만세보』는 국한문을 혼용한 일간지였다. ② 한글과 한자를 아울러 이르는 말.

▸국한문-체 國漢文體 (모양 체). 언어 국문(國文)에 한자(漢字)를 섞어 쓴 문체(文體).

▸국한문 혼:용 國漢文混用 (섞을 혼, 쓸 용). 언어 국문(國文)에 한자(漢字)를 섞어[混] 씀[用]. ¶국한문 혼용의 기사.

국헌 國憲 (나라 국, 법 헌). ① 속뜻 나라[國]의 근본이 되는 법규[憲]. ② '헌법'(憲法)을 달리 이르는 말. ¶국헌을 준수하다. ⓑ조헌(朝憲).

국호 國號 (나라 국, 이름 호). 나라[國]의 이름[號]. ¶우리나라의 국호는 대한민국이다. ⓑ국명(國名).

국혼 國婚 (나라 국, 혼인할 혼). 나라[國] 왕실의 혼인(婚姻). 임금, 왕세자, 왕세손, 왕자, 공주, 옹주, 왕손 등의 혼인. ¶국혼의 장면을 그림으로 남겼다.

국화[1] 國花 (나라 국, 꽃 화). 한 나라[國]를 상징하는 꽃[花]. 우리나라는 무궁화, 영국은 장미, 프랑스는 백합이다.

국화[2] 菊花 (국화 국, 꽃 화). 식물 국화과[菊]의 여러해살이풀. 또는 그 꽃[花].

▸국화-전 菊花煎 (지질 전). 깨끗이 씻은 국화(菊花)에 찹쌀가루를 묻혀서 기름에 지진[煎] 음식. ¶중양절에 국화전을 만들어 먹었다.

국회 國會 (나라 국, 모일 회). ① 속뜻 국민(國民)을 대표하는 사람들의 모임[會]. ② 법률 국민의 대표로 구성한 입법기관. ¶국회가 개회되었다.

▸국회-법 國會法 (법 법). 법률 국회(國會)의 조직, 의사(議事) 따위에 대하여 규정한 법률(法律).

군가 軍歌 (군사 군, 노래 가). 군대(軍隊)의 사기를 북돋우기 위하여 부르는 노래[歌]. ¶군인들이 기운차게 군가를 부른다.

군거 群居 (무리 군, 살 거). 무리[群]를 지어 삶[居].

군견 軍犬 (군사 군, 개 견). 군사적(軍事的) 목적을 위해 기르는 개[犬]. '군용견'(軍用犬)의 준말. ¶군견이 마약을 찾아냈다.

군경 軍警 (군사 군, 지킬 경). 군대(軍隊)와 경찰(警察). ¶군경이 합동으로 수색 작전을 펼쳤다.

군:계 郡界 (고을 군, 지경 계). 군(郡)과 군 사이의 경계(境界). ¶이 도로는 군계로 쓰인다.

군계-일학 群鷄一鶴 (무리 군, 닭 계, 한 일, 두루미 학). ① 속뜻 닭[鷄]의 무리[群] 가운데 있는 한[一] 마리의 학(鶴). ② '많은 사람 가운데서 뛰어난 인물'을 비유하여 이르는 말.

군공 軍功 (군사 군, 공로 공). 군사적(軍事的)인 일로 세운 공로(功勞). ¶군공을 세우다. ⓑ무공(武功).

군관 軍官 (군사 군, 벼슬 관). 역사 조선 시대에, 각 군영과 지방 관아의 군무(軍務)에 종사하던 낮은 벼슬아치[官]. ⓑ장교(將校).

군관구 제:도 軍管區制度 (군사 군, 관리할 관, 나눌 구, 정할 제, 법도 도). 군대(軍隊)가 일정 구역(區域)을 관할(管轄)하는 제도(制度).

군교 軍校 (군사 군, 가르칠 교). ① 군사 군대(軍隊)의 장교(將校). ② 역사 조선 때, 각 군영과 지방 관아의 군무에 종사하던 낮은 벼슬아치. ¶군교들은 화적떼를 잡으러 산으로 올라갔다.

군국[1] 君國 (임금 군, 나라 국). ① 속뜻 임금[君]과 나라[國]를 아울러 이르는 말. ② 정치 군주가 세습적으로 국가 원수가 되는 나라. '군주국'(君主國)의 준말.

군국[2] 軍國 (군사 군, 나라 국). ① 속뜻 군대(軍隊)와 나라[國]. 혹은 군무(軍務)와 국정(國政)을 아울러 이르는 말. ② 군사를 정치의 핵심으로 삼고 있는 나라. ¶군국주의 국가. ③ 전쟁을 하고 있는 나라. ⓒ민국(民國).

▸군국-주의 軍國主義 (주될 주, 뜻 의). 정치 군사(軍事)를 국가[國]의 주요 목적으로 두는 사상이나 태도[主義]. 이에 군사력 증강과 전쟁 준비를 위한 정책을 국민 생활 속에서 최상위에 둔다. ¶그는 일본 군국주의를 부정하며 항일투쟁을 벌였다

▸군국기무-처 軍國機務處 (실마리 기, 일 무, 곳 처). 역사 조선 후기에 군사(軍事)와 국정(國政)같이 중요한[機] 일[務]을 담당하던 관청[處].

군권 君權 (임금 군, 권력 권). 군주(君主)의 권력(權力). ¶문제(文帝)는 군권을 강화하고 과거제도를 시작했다.

군규 軍規 (군사 군, 법 규). 군사 군대(軍隊)의 규율(規律). ¶군규를 엄수하다. ⓑ군율(軍律).

군기[1] 軍紀 (군사 군, 벼리 기). 군대(軍隊)의 기강(紀綱). ¶무너진 군기를 바로잡다. ⓑ군율(軍律).

군기[2] 軍記 (군사 군, 기록할 기). 전쟁이나 군사(軍事)에 관한 이야기를 적은[記] 책. ¶군기 소설. ⓑ군서(軍書).

군기[3] 軍旗 (군사 군, 깃발 기). 군사 군(軍) 부대를 상징하는 깃발[旗]. ¶백호가 수놓아진 군기를 받들고 호위했다.

군기[4] 軍機 (군사 군, 실마리 기). 군사(軍事)상의 기밀(機密). ¶군기를 누설하다.

군납 軍納 (군사 군, 바칠 납). 인가를 받은 민간 업자가 군(軍)에 필요한 물자를 납품(納品)함. ¶그는 식료품을 군납해 큰 돈을 벌었다.

▸군납-품 軍納品 (물건 품). 군에 납품하는[軍納] 물품(物品). ¶군납품 비리.

군:내[2] 郡內 (고을 군, 안 내). 고을[郡]의 안[內]. ¶체육대회에 군내 주민이 참여하였다.

군단 軍團 (군사 군, 모일 단). 군사 육군에서 사단(師團) 이상의 병력[軍]으로 편성되는 전술 단위 부대[團]. ¶군단의 명령에 복종해야 한다.

군담 소:설 軍談小說 (군사 군, 이야기 담, 작을 소, 이야기 설). 문학 주인공의 군사적(軍事的) 활약상을 주요 내용[談]으로 하는 소설(小說)을 통틀어 이르는 말. ¶『임진록』과 『임경업전』 등은 군담 소설의 하나이다.

군당 群黨 (무리 군, 무리 당). ① 속뜻 무리를 지은[群] 여러 사람들[黨]. ② 여러 당파. ¶군당의 대표들이 한자리에 모였다.

⁑군대 軍隊 (군사 군, 무리 대). 일정한 규율과 질서를 가지고 조직된 군인(軍人)의 집단[隊]. ¶군대 생활 / 오빠는 지난달에 군대에 입대했다. ⓒ군.

▸군대-식 軍隊式 (법 식). 군대(軍隊)에서 하는 것과 같은 방식(方式). 질서나 규율을 중시하고 개인의 자유로운 행동이나 의견을 제한한다. ¶군대식 조직.

군도[1] 軍刀 (군사 군, 칼 도). 군인(軍人)이 허리에 차는 칼[刀]. ¶군도를 뽑아 들었다.

군도[2] 群島 (무리 군, 섬 도). 무리를 이루고 있는[群] 크고 작은 섬[島]들. ¶흑산도 주위의 군도.

군락 群落 (무리 군, 마을 락). ① 속뜻 한 지역에 무리지어[群] 있는 부락(部落). ② 식물 같은 생육 조건에서 떼를 지어 자라는 식물 집단. ¶군락을 이루다.

군란 軍亂 (군사 군, 어지러울 란). 군대(軍隊)가 일으키는 난리(亂離). ¶군란이 일어나다.

군량 軍糧 (군사 군, 양식 량). 군대(軍隊)의 양식(糧食). ¶그는 군량을 모아 의병의 군진에 보냈다.

▸군량-미 軍糧米 (쌀 미). 군대의 양식[軍糧]으로 쓰는 쌀[米]. ¶군량미를 조달하다. ⓑ군수미(軍需米).

군령 軍令 (군사 군, 명령 령). ① 속뜻 군사(軍事) 상의 명령(命令). ¶군령을 따르다. ② 국가 원수가 통수권에 의하여 군대에 내리는 명령. ⓑ군명(軍命).

▸군령-장 軍令狀 (문서 장). 역사 군령(軍令)의 내용을 적어 시행하던 문서[狀]. ¶장군은 군령장을 보내 전세를 자세히 알렸다.

군례 軍禮 (군사 군, 예도 례). ① 속뜻 군대(軍隊)에서 지켜야할 예절(禮節). ② 군대에서 행하는 예식. ¶상관에게 군례를 올리다. ③ 역사 오례(五禮)의 하나. 출정이나 반사(班師) 같은 군사 의식에 관한 예식을 이른다. ⓒ길례(吉禮), 흉례(凶禮), 빈례(賓禮), 가례(嘉禮).

군림 君臨 (임금 군, 임할 림). ① 속뜻 임금[君]의 자리에 임(臨)하여 나라를 다스림. ¶왕은 군림하나 통치하지 않는다. ② 어떤 분야에서 절대적인 세력을 가지고 남을 압도함을 비유하여 이르는 말. ¶그는 국문학계에서 일인자로 군림하고 있다.

군마 軍馬 (군사 군, 말 마). ① 속뜻 군사(軍士)와 말[馬]. 병력을 상징적으로 나타낸다. ② 군대에서 쓰는 말. ¶군마 한 필. ⓑ융마(戎馬).

군막 軍幕 (군사 군, 휘장 막). 군대(軍隊)에서 쓰는 장막(帳幕). ¶군사들이 군막 앞에 집결해 있다.

군명 軍命 (군사 군, 명할 명). 군대(軍隊)의 명령(命令). 군령. ¶군명으로 지시하다.

군모 軍帽 (군사 군, 모자 모). 군인(軍人)이 쓰는 모자[帽]. ¶군모를 벗고 땀을 닦다.

군무[1] **群舞** (무리 군, 춤출 무). 여러 사람이 무리[群]를 지어 추는 춤[舞]. ¶가을 운동회에서 군무를 추다. ⓑ독무(獨舞).

군무[2] **軍務** (군사 군, 일 무). ① 속뜻 군사(軍事)에 관한 일[務]. ¶군무를 맡아보다. ② 군인으로서 군대에 복무하는 일. ¶군무에 충실하다.

▸군무-원 軍務員 (인원 원). 법률 국군(國軍)에 복무(服務)하는 특정직 공무원(公務員).

군문 軍門 (군사 군, 문 문). ① 속뜻 군영(軍營)의 입구[門]. ¶군문 앞에서 보초를 섰다. ② 군영의 경내(境內). ¶군문에서는 술을 마실 수 없다. ③ '군대'(軍隊)를 비유하여 이르는 말. ¶그는 아들이 군문에 들어간 뒤 노심초사했다. ④ 역사 훈련도감이나 금위영, 어영청, 수어청 따위 군사 관계의 관아나 국방에 관한 군무를 통틀어 이르는 말. ⓑ아문(牙門), 원문(轅門), 기문(期門), 영문(營門).

군물 軍物 (군사 군, 만물 물). 군대(軍隊)에서 쓰는 물건(物件)을 통틀어 이르는 말. ¶군물을 하나하나 점검하였다.

군민[1] **軍民** (군사 군, 백성 민). 군인(軍人)과 민간인(民間人)을 아울러 이르는 말. ¶군민이 함께 구조하다.

군:민[2] **郡民** (고을 군, 백성 민). 그 군(郡)에 사는 사람[民]. ¶금릉군 군민 체육대회.

군번 軍番 (군사 군, 차례 번). 군사 군인(軍人) 개인마다 주어지는 고유 번호(番號).

군벌 軍閥 (군사 군, 무리 벌). ① 속뜻 군인(軍人)의 파벌(派閥). ② 군부를 중심으로 한 정치 세력. ¶신흥 군벌이 정권을 장악했다. ③ 역사 중국에서, 군인의 일단이 사병(私兵)으로서 지방에 수립하던 지배 기구. ¶위안스카이는 군벌을 이끌고 자금성으로 향했다.

군법 軍法 (군사 군, 법 법). 법률 군(軍) 내부에 적용하는 형법(刑法). ¶이 사건은 군법회의에 회부되었다.

군복 軍服 (군사 군, 옷 복). 군인(軍人)의 제복(制服). ¶깨끗한 군복을 입다.

군-복무 軍服務 (군사 군, 입할 복, 힘쓸 무). 군대에서 일정 기간 군인(軍人)이 되어 복무(服務)하는 일. ¶2년간의 군복무를 마치다.

군부[1] **君父** (임금 군, 아버지 부). ① 속뜻 임금

[君]과 아버지[父]를 아울러 이르는 말. ② '임금'을 백성의 아버지라고 존경하여 이르는 말.

군부[2] **軍部** (군사 군, 나눌 부). ① 군사 군사(軍事)를 총괄하여 맡아보는 군의 수뇌부(首腦部). 또는 그것을 중심으로 한 세력. ¶군부가 정치에 개입하기 시작했다. ② 역사 고려 때, 치안을 맡아보던 관아. ③ 역사 조선 때, 군정에 관한 일을 맡아보던 관아.

군-부대 軍部隊 (군사 군, 나눌 부, 무리 대). 군인(軍人)들의 부대(部隊). ¶군부대 위문 공연.

군비[1] **軍備** (군사 군, 갖출 비). 전쟁을 수행하기 위하여 갖춘 군사력, 군사(軍事) 시설이나 장비(裝備). ¶군비를 증강하다. ㊥융비(戎備), 무비(武備), 병비(兵備).

군비[2] **軍費** (군사 군, 쓸 비). 군사(軍事)에 드는 비용(費用). '군사비'의 준말. ¶군비를 감축하다.

군사[1] **軍士** (군사 군, 선비 사). ① 속뜻 예전에, 군대(軍隊)에 소속된 사람[士]을 이르던 말. ② 부사관 이하의 군인. ㊥군인(軍人), 병사(兵士).

군사[2] **軍史** (군사 군, 역사 사). 군대(軍隊)의 역사(歷史).

군사[3] **軍使** (군사 군, 사신 사). 군사 전쟁 중에, 군(軍)의 명령으로 교섭의 임무를 띠고 적군에 파견되는 사람[使]. 휴전이나 항복을 권고하는 일 따위를 하며 표지(標識)로 흰 기를 사용한다.

군사[4] **軍師** (군사 군, 스승 사). ① 역사 사령관 밑에서 군사(軍事) 작전을 짜던 사람[師]. ¶제갈량은 유비의 군사가 되었다. ② '책략이나 수단을 교묘하게 잘 꾸며내는 사람'을 비유하여 이르는 말.

⁑**군사**[5] **軍事** (군사 군, 일 사). 군대, 군비, 전쟁 따위와 같은 군(軍)에 관한 일[事]. ¶군사 기지 / 군사 위성 / 군사 교육. ㊥군무(軍務).

▸군사-력 軍事力 (힘 력). 병력·군비 따위를 종합한[軍事], 전쟁을 수행할 수 있는 능력(能力). ¶군사력을 강화하다.

▸군사-비 軍事費 (쓸 비). 군사(軍事)상의 목적에 사용되는 모든 경비(經費). ¶막대한 군사비를 부담하다. ㊟군비.

▸군사-적 軍事的 (것 적). 군대·군비·전쟁 등 군사(軍事)에 관한 것[的]. ¶군사적 대응.

▸군사-통 軍事通 (통할 통). 군사(軍事)에 널리 통달(通達)한 사람.

▸군사-학 軍事學 (배울 학). 군사 ① 군사(軍事) 발전을 위한 과제를 연구하는 학문(學問). ② 군대나 전쟁 따위에 관련된 모든 이공 계열 학문과 사회 과학 분야를 통틀어 이르는 말.

군사부 君師父 (임금 군, 스승 사, 아버지 부). 임금[君]과 스승[師]과 아버지[父]를 통틀어 이르는 말. ¶군사부일체.

▸군사부-일체 君師父一體 (임금 군, 스승 사, 아버지 부, 한 일, 몸 체). 임금[君], 스승[師], 아버지[父]로 부터 받은 은혜가 같음[一體]. ¶군사부일체니 스승의 은덕도 생전 저버려서는 안 된다.

군상 群像 (무리 군, 모양 상). ① 속뜻 무리지어[群] 있는 모습[像]. ② 미술 회화나 조각에서 여러 인물을 하나의 주제 아래 형상화한 작품. ¶로댕은 '칼레의 시민'이라는 군상 작품을 남겼다.

군ː색 窘塞 (막힐 군, 막힐 색). ① 속뜻 자유롭거나 자연스럽지 못하여 거북하고[窘] 어색(語塞)하다. ¶군색한 변명을 늘어놓다. ② 필요한 것이 없거나 모자라서 딱하고 옹색하다. ¶군색하게 사는 형제에게 자신의 재산을 나누어 주었다.

군생 群生 (무리 군, 살 생). ① 속뜻 무리지어[群] 있는 생물(生物). 여러 생물. ② 많은 백성. ③ 생물 군서(群棲).

군서[1] **群書** (무리 군, 책 서). 많은[群] 책[書]. 또는 여러 가지 책. ¶『군서표기』(群書標記). ㊥군편(群篇), 군적(群籍), 군전(群典).

군서[2] **群棲** (무리 군, 살 서). 생물 같은 종류의 생물이 생식, 포식, 방어, 수면 따위를 위해 한곳에 무리지어[群] 사는[棲] 일. ¶박쥐는 동면을 위해 군서한다. ㊥군생(群生).

군선 軍船 (군사 군, 배 선). 군사 군대(軍隊)에서 쓰는 배[船]. 예전에 해전(海戰)에서 쓰던 배를 주로 이른다. ¶이순신은 대형 군선을 건조했다.

군세 軍勢 (군사 군, 세력 세). ① 속뜻 군대(軍隊)의 형세나 세력(勢力). ¶군세를 확장하다 / 군세를 뻗치다. ② 군대의 인원수. ¶팔백 명의 군세.

군소 群小 (무리 군, 작을 소). ① 속뜻 무리[群]를 이루고 규모가 작은[小]. ② '규모가 그다지 크지 않거나 잘 드러나지 않는 여러 개'를 이르는 말. ¶군소 업체들이 난립했다. ③ 소인들의 무리. '군소배'(群小輩)의 준말.

▸군소 정당 群小政黨 (정치 정, 무리 당). 세력이 별로 없고 규모가 작은[群小] 정당(政黨)들. ¶군소 정당은 합당하여 단일 후보를 내세웠다.

군속 軍屬 (군사 군, 엮을 속). 군사 국군(國軍)에 소속(所屬)된 공무원. '군무원'(軍務員)의 예전 용어.

군:수[1] 郡守 (고을 군, 지킬 수). 법률 군(郡)의 치안[守]과 행정을 맡아보는 으뜸 직위에 있는 사람. 또는 그 직위. ¶정선 군수. ② 역사 조선 시대에 둔 지방 행정 단위인 군의 으뜸 벼슬.

군수[2] 軍需 (군사 군, 쓰일 수). 군사(軍事)적인 일에 쓰이는[需] 것. ¶군수 물자를 조달하다.

▸군수-미 軍需米 (쌀 미). 군수(軍需)에 충당할 쌀[米]. ¶그는 쌀 오백 석을 군수미로 내놓았다. ㊥군량미(軍糧米).

▸군수-품 軍需品 (물건 품). 군사 군수(軍需)에 충당할 물품(物品). ¶전쟁에 필요한 군수품을 생산하다. ㊥군비(軍備).

▸군수 공장 軍需工場 (장인 공, 마당 장). 군사 군대(軍隊)에 필요한[需] 물품을 생산하고 수리하는 공장(工場). ¶항구 근처에 군수 공장을 세우다.

▸군수 물자 軍需物資 (만물 물, 재물 자). 군사 전투 식량, 군복, 병기 따위의 군대(軍隊)에 필요한[需] 물자(物資). ¶군수 물자를 실은 배가 끊임없이 드나들고 있다. ㊥ 군용(軍用) 물자.

군승 軍僧 (군사 군, 스님 승). 군사 각 부대[軍]에서 불교를 믿는 장병들의 신앙생활과 관련된 일을 맡아보는 승려(僧侶).

군신[1] 軍神 (군사 군, 귀신 신). ① 속뜻 군사(軍事) 전쟁의 신(神). ② 군인의 무운(武運)을 지켜 준다는 신. ¶아레스는 그리스신화에 나오는 군신이다. ③ 큰 무공을 세우고 죽은 군인을 높여 이르는 말. ㊥무신(武神).

군신[2] 君臣 (임금 군, 신하 신). 임금[君]과 신하(臣下)를 아울러 이르는 말.

▸군신-유의 君臣有義 (있을 유, 옳을 의). 임금[君]과 신하(臣下) 간의 도리는 의리(義理)에 있음[有]. 오륜(五倫)의 하나.

군악 軍樂 (군사 군, 음악 악). 음악 군대(軍隊)에서 군대 의식이나 사기를 높이기 위해 쓰는 음악(音樂). ¶군악을 울려 출정식을 시작했다. ② 「현악 영산회상」의 마지막 곡. 궁중 연례악에서 타령 금전악에 이어 계주(繼奏)되는 관악이다.

▸군악-대 軍樂隊 (무리 대). 군악(軍樂)을 연주하기 위하여 조직된 부대(部隊).

군역 軍役 (군사 군, 부릴 역). ① 군사 군대(軍隊)에 복역(僕役)함. ② 역사 삼국 시대 이래 군적에 등록된 신역.

군영 軍營 (군사 군, 집 영). 군대(軍隊)가 주둔하는 곳[營]. ¶국경 주변에 군영을 설치했다.

군왕 君王 (임금 군, 임금 왕). 임금[君=王]. ¶어진 군왕.

군용[1] 軍容 (군사 군, 얼굴 용). ① 속뜻 군대(軍隊)의 위용(威容)이나 장비. ② 군대의 상태나 사기. ¶군용을 가다듬고 공격을 준비했다.

군용[2] 軍用 (군사 군, 쓸 용). 군사(軍事)를 위해 씀[用]. 또는 그 돈이나 물건.

▸군용-기 軍用機 (틀 기). 군사 군사적(軍事的) 목적에 쓰는[用] 비행기(飛行機). 전투기, 폭격기, 정찰기, 수송기 따위. ¶국내 기술로 군용기를 제작했다.

▸군용-선 軍用船 (배 선). 군사 군사적 목적에 쓰는[軍用] 배[船]. ¶이 배는 임진왜란 때 군용선으로 사용되었다. ㊟군선.

▸군용-차 軍用車 (수레 차). 군사 군사적 목적으로 쓰는[軍用] 자동차(自動車)나 열차.

▸군용-품 軍用品 (물건 품). 군사상으로 또는 군대에서 쓰는[軍用] 물품(物品). ¶적군의 군용품을 노획했다.

군우 軍友 (군사 군, 벗 우). ① 속뜻 군대(軍隊) 친구[友]. 전투를 함께 한 동료. ②

[기독교] 구세군에서 '신도'(信徒)를 이르는 말. [비] 전우(戰友).

군웅 群雄 (무리 군, 뛰어날 웅). 같은 시대에 출현한 여러[群] 영웅(英雄). ¶군웅이 중원을 할거했다.

군위신강 君爲臣綱 (임금 군, 될 위, 신하 신, 벼리 강). 삼강(三綱)의 하나. 임금[君]은 신하(臣下)의 벼리[綱]가 됨[爲].

군율 軍律 (군사 군, 법칙 률). [군사] ① 모든 군인(軍人)에게 적용되는 군대 내의 기율(紀律)이나 질서. ¶군율이 엄하다. ② 군법에 따라 군에서 다스리는 처벌. ¶투항한 자들을 군율에 따라 처벌했다. [비] 군기(軍紀).

군의-관 軍醫官 (군사 군, 치료할 의, 벼슬 관). [군사] 군대(軍隊)에서 의사(醫師)의 임무를 맡고 있는 장교[官]. ¶군의관을 불러왔다. [비] 의무관(醫務官).

군 의원 郡議員 (군 군, 의논할 의, 사람 원). [법률] 군(郡) 의회(議會)의 구성원(構成員). 임기는 4년이다.

군인 軍人 (군사 군, 사람 인). 군대(軍隊)에서 복무하는 사람[人]. [비] 군사(軍士), 병사(兵士).

▸**군인-전 軍人田** (밭 전). [역사] 고려 때, 군인(軍人)에게 군역의 대가로 나누어주던 토지[田].

군자[1] 君子 (임금 군, 접미사 자). ① [속뜻] 임금[君]같이 학식과 덕행이 높은 사람[子]. ¶참으로 군자답도다. ② 예전에 높은 벼슬에 있던 사람을 이르던 말. ③ 예전에 아내가 자기 남편을 이르던 말. [반] 소인(小人).

▸**군자-란 君子蘭** (난초 란). ① [속뜻] 군자(君子)와 같은 모습의 난(蘭). ② [식물] 수선화과로 여러 개의 굵은 뿌리가 뭉쳐 있으며 잎은 칼 모양임.

군자[2] 軍資 (군사 군, 밑천 자). 군사(軍事)에 쓸 자금(資金).

▸**군자-금 軍資金** (돈 금). [군사] 군사(軍事)상 필요한 모든 자금(資金). ¶조부는 독립군에게 군자금을 대주었다.

군장 軍裝 (군사 군, 꾸밀 장). ① [속뜻] 군인(軍人)의 복장(服裝). ② 군대의 장비. ¶군장 검열 / 군장을 꾸리다.

군적 軍籍 (군사 군, 문서 적). ① [속뜻] 군인(軍人)의 소속과 신원을 적어 놓은 명부[籍]. ② 군인이라는 신분이나 지위. [비] 군안(軍案).

군정[1] 軍情 (군사 군, 실상 정). 군대(軍隊) 내의 정세(情勢)나 형편. ¶군정을 시찰하다.

군:정[2] 郡政 (고을 군, 정사 정). 지방 자치 단체로서의 군(郡)의 행정(行政).

군정[3] 軍政 (군사 군, 정치 정). ① [정치] 군부(軍部)가 국가의 실권을 장악하고 행하는 정치(政治). ② [역사] 조선 시대의 삼정(三政) 가운데 정남(丁男)으로부터 군포를 받아들이던 일. ¶조선 후기에는 군정이 문란해졌다. ③ [정치] 전시 또는 전후에 점령지에서 군대가 행하는 임시 행정. ¶미국은 휴전 이후 남한에 군정을 실시했다.

▸**군정-관 軍政官** (벼슬 관). [정치] 점령 지역에서 군정(軍政)을 시행하는 사령관(司令官).

▸**군정-권 軍政權** (권리 권). [법률] 군사(軍事) 행정(行政)에 관한 권한(權限). [참] 통수권(統帥權).

군제 軍制 (군사 군, 정할 제). [군사] 군(軍)을 건설·유지·관리·운용하는 데에 필요한 모든 제도(制度). ¶그는 왕권을 강화하고 군제를 정비했다.

군졸 軍卒 (군사 군, 군사 졸). 군대(軍隊)의 하급 병사[卒]. [비] 병졸(兵卒).

군주 君主 (임금 군, 주인 주). 임금[君]을 나라의 주인(主人)으로 이르던 말. 세습적으로 나라를 다스리는 최고 지위에 있는 사람.

▸**군주-국 君主國** (나라 국). [정치] 군주(君主)가 세습적으로 국가 원수가 되는 나라[國]. 입헌 군주국과 전제 군주국이 있다. ¶카타르는 전제 군주국이다. [반] 민주국(民主國), 공화국(共和國).

▸**군주-제 君主制** (정할 제). [정치] 군주(君主)가 세습적으로 나라를 다스리는 정치 체제(體制). 입헌 군주제와 전제 군주제가 있다. ¶쿠데타를 통해 군주제가 무너졌다. [참] 공화제(共和制), 민주제(民主制).

▸**군주 국체 君主國體** (나라 국, 몸 체). [정치] 주권이 군주(君主)에게 속하는 국가(國家) 체제(體制). [반] 민주(民主) 국체.

▸**군주-신권설 君主神權說** (귀신 신, 권리 권, 말씀 설). [정치] 국왕[君主]의 권리(權利)는

신(神)에게서 받은 것이라는 주장[說]. ㊥ 왕권신수설(王權神授說).

군중 群衆 (무리 군, 무리 중). ① 속뜻 한곳에 모인[群] 많은 사람[衆]. ② 수많은 사람. ㊥ 대중(大衆). ㊥ 개인(個人).

군직 軍職 (군사 군, 일 직). ① 군사 군대(軍隊)에서의 직위나 직무(職務). ② 역사 고려 시대에, 이군 육위에 속한 무관 벼슬을 통틀어 이르던 말. ③ 역사 조선 시대에, 오위에 속한 무관 벼슬을 통틀어 이르던 말. ㊥ 군함(軍銜).

군집 群集 (무리 군, 모일 집). ① 속뜻 사람이나 동물 따위가 한곳에 떼[群]를 지어 모임[集]. ¶군집 사회 / 고인돌이 군집하고 있는 유적지를 발견했다. ② 생물 여러 종류의 생물이 자연계의 한 지역에 살면서 유기적인 관계를 가지고 생활하는 개체군의 모임. ¶사슴은 겨울에 군집을 이루기도 한다. ③ 식물 같은 생육 조건에서 떼를 지어 자라는 식물 집단. ㊥ 군락(群落).

*__군:청__[1] **郡廳** (고을 군, 관청 청). 군(郡)의 행정 사무를 맡아보는 기관[廳]. 또는 그 청사.

군청[2] **群青** (무리 군, 푸를 청). ① 속뜻 고운 광택이 나는 짙은[群] 남색[青]의 물감. ② 군청색.

▶군청-색 群青色 (빛 색). 고운 광택이 나는 짙은[群] 남색[青] 빛깔[色].

군체 群體 (무리 군, 몸 체). 동물 같은 종류의 개체가 많이 모여서[群] 공통의 몸[體]을 조직하여 살아가는 집단. 산호나 곰팡이 따위.

군축 軍縮 (군사 군, 줄일 축). 군사 군사력이나 군비(軍備)를 줄임[縮]. '군비축소'(軍備縮小)의 준말.

▶군축 회:의 軍縮會議 (모일 회, 의논할 의). 역사 제1차 세계대전 후, 군비(軍備)를 제한·축소(縮小)하고자 몇 차례에 걸쳐 열린 회의(會議). ¶제네바에서 군축 회의를 열었다.

군취 群聚 (무리 군, 모을 취). 무리지어[群] 모임[聚]. ㊥ 군집(群集).

군통 郡統 (고을 군, 거느릴 통). 역사 신라 때, 각 군(郡)의 교단을 다스리던[統] 벼슬아치.

군함 軍艦 (군사 군, 싸움배 함). 군사 해군(海軍)에 소속되어 있는 배[艦]. 흔히 전투에 참여하는 모든 배를 이른다. 전함·순양함·항공 모함·구축함 따위가 있다.

군항 軍港 (군사 군, 항구 항). 군사 군사적(軍事的) 목적으로 특별한 시설을 갖춘 항구(港口). ¶블라디보스토크는 러시아 동해 연안의 최대 군항이다

군:현-제 郡縣制 (고을 군, 고을 현, 정할 제). 역사 전국을 군(郡)으로 가르고 이를 다시 현(縣)으로 갈라, 중앙 정부에서 지방관을 보내어 직접 다스리던 제도(制度). ¶진나라는 군현제를 실시하여 중앙의 권력을 강화하였다. ㊟ 봉건제.

군호 軍號 (군사 군, 표지 호). ① 역사 군중(軍中)에서, 나발이나 화살 따위를 이용하여 보내는 신호(信號). ¶전투에 앞서 군호를 정하다. ② 역사 조선 시대에, 도성이나 대궐의 순라군이 자기편의 식별이나 비밀의 보장을 위해 쓰던 암호나 신호. ③ 서로 눈짓이나 말 따위로 몰래 연락함. 또는 그런 신호. ¶몰래 군호를 주고받다. ㊥ 구호(口號).

군혼 群婚 (무리 군, 혼인할 혼). ① 속뜻 무리를 지어[群] 혼인식(婚姻式)을 올림. ② 사회 원시 사회에서, 여러 명의 남녀가 각기 공동의 배우자가 될 수 있는 결혼 형태. '군혼제'(群婚制)의 준말.

군화 軍靴 (군사 군, 구두 화). 군인(軍人)들이 신는 구두[靴]. ¶군화 끈을 조여 맸다.

굴곡 屈曲 (굽힐 굴, 굽을 곡). ① 속뜻 이리저리 꺾이거나 굽음[屈=曲]. ¶굴곡이 심한 해안선. ② 사람이 살아가면서 잘 되거나 잘 안 되거나 하는 일이 번갈아 나타나는 변동. ¶굴곡진 인생. ③ 언어 굴절(屈折).

▶굴곡-어 屈曲語 (말씀 어). 언어 어형이 원래의 것에서 바뀌면서[屈折] 문법적 역할을 표시하는 언어(言語). ㊥ 굴절어(屈折語), 곡미어(曲尾語), 곡절어(曲折語). ㊟ 고립어(孤立語), 교착어(膠着語).

굴광-성 屈光性 (굽힐 굴, 빛 광, 성질 성). 식물 식물체가 빛[光]의 자극에 반응하여 굽어[屈] 자라는 성질(性質). 잎과 줄기는 빛의 방향으로, 뿌리는 그 반대 방향으로 구부러진다. ㊟ 굴성(屈性).

굴근 屈筋 (굽힐 굴, 힘줄 근). ① 속뜻 굽는

[屈] 힘줄[筋]. ② 의학 팔꿈치나 무릎을 구부리는 것처럼 관절 양쪽에 있는 뼈 사이의 각도를 줄이는 근육.

굴복¹ 屈伏 (굽힐 굴, 엎드릴 복). ① 속뜻 머리를 숙이고[屈] 꿇어 엎드림[伏]. ② 굴복(屈服).

굴복² 屈服 (굽힐 굴, 따를 복). 힘이 모자라서 몸을 굽히어[屈] 남을 따름[服]. ⓑ굴종(屈從). ⓡ저항(抵抗).

굴성 屈性 (굽힐 굴, 성질 성). 식물 식물체가 외부의 자극을 받았을 때 그 자극 방향에 관계되는 쪽으로 굽는[屈] 성질(性質). 자극이 주어진 방향으로 굽는 것과 그 반대 방향으로 굽는 것이 있다. 굴광성(屈光性), 굴수성(屈水性), 굴지성(屈地性) 굴촉성(屈觸性), 굴전성(屈電性) 등으로 구분된다.

굴수-성 屈水性 (굽힐 굴, 물 수, 성질 성). 식물 식물체가 물기[水]나 습도의 영향으로 굽어[屈] 자라는 성질(性質). 뿌리는 습도가 높은 쪽으로 굽는다. ⓒ굴성(屈性).

굴신¹ 屈身 (굽힐 굴, 몸 신). ① 속뜻 몸[身]을 앞으로 굽힘[屈]. ¶그는 조부에게 굴신하고 방을 나갔다. ② 겸손하게 처신함.

굴신² 屈伸 (굽힐 굴, 펼 신). 팔, 다리 따위를 굽혔다[屈] 폈다[伸] 함. ¶굴신 관세 / 굴신 환율.

▸굴신 운:동 屈伸運動 (돌 운, 움직일 동). 운동 몸을 굽혔다[屈] 폈다[伸] 하는 운동(運動).

굴욕 屈辱 (굽힐 굴, 욕될 욕). 남에게 굴복(屈服)되어 업신여김을 받음[辱]. ¶굴욕을 당하다. ⓑ모욕(侮辱).

굴절 屈折 (굽힐 굴, 꺾을 절). ① 속뜻 휘어져 굽히거나[屈] 꺾임[折]. ② 생각이나 말 따위가 어떤 것에 영향을 받아 본래의 모습과 달라짐. ¶번역서는 번역가에 의해 원서의 내용이 어느 정도 굴절한다. ③ 물리 빛, 소리, 물결 따위가 진행 방향이 바뀌는 현상. ¶빛의 굴절. ④ 언어 접사를 부착하거나 모음을 바꾸는 등 낱말의 형태를 바꾸어서 문법 현상을 나타내는 방법. 주로 인도·유럽어에서 나타나며 곡용(曲用)과 활용(活用)이 있다.

▸굴절-각 屈折角 (모서리 각). 물리 빛이나 소리가 하나의 매질(媒質)을 지나 다른 매질로 들어가면서 그 경계면에서 굴절(屈折)되어 경계면의 법선과 이루는 각도(角度).

▸굴절-률 屈折率 (비율 률). 물리 빛이나 전자파가 하나의 매질(媒質)에서 다른 매질로 비추어 들 때 입사각의 사인(sine)과 굴절각(屈折角)의 사인에 대하여 보이는 비율(比率). 이는 두 매질에서 빛 속도의 비와 같다. ⓑ굴절도(屈折度).

▸굴절-면 屈折面 (쪽 면). 물리 빛이나 소리가 굴절(屈折)하는 매질의 면(面).

▸굴절-어 屈折語 (말씀 어). 언어 어형이 원래의 것에서 바뀌면서[屈折] 문법적 역할을 표시하는 언어(言語). 인도·유럽 어족에 속한 대부분의 언어가 이에 속한다. ⓑ곡미어(曲眉語), 곡절어(曲折語), 굴곡어(屈曲語). ⓒ고립어(孤立語), 교착어(膠着語).

▸굴절 광선 屈折光線 (빛 광, 줄 선). 물리 하나의 매질을 지나 다른 매질로 들어갈 때, 두 매질의 경계면에서 꺾이어[屈折] 방향을 바꾸어 나아가는 광선(光線).

▸굴절 망:원경 屈折望遠鏡 (바라볼 망, 멀 원, 거울 경). 물리 렌즈와 프리즘을 통과하는 빛의 굴절(屈折)을 이용하는 망원경(望遠鏡).

굴종 屈從 (굽힐 굴, 따를 종). 제 뜻을 굽혀[屈] 남에게 복종(服從)함. ¶굴종 외교 / 권력에 굴종하다.

굴지 屈指 (굽힐 굴, 손가락 지). ① 속뜻 무엇을 셀 때, 손가락[指]을 꼽음[屈]. ② 수많은 가운데서 손가락을 꼽아 셀 만큼 아주 뛰어남. ¶국내 굴지의 기업.

굴지-성 屈地性 (굽힐 굴, 땅 지, 성질 성). 식물 식물체가 지구(地球) 중력의 작용으로 굽어[屈] 자라는 성질(性質). 중력의 방향의 굴지성을 향지성(向地性), 그 반대 방향의 굴지성을 배지성(背地性)이라고 한다. ⓒ굴성(屈性).

굴진 掘進 (팔 굴, 나아갈 진). 땅을 파[掘] 들어감[進]. ¶터널의 굴진 작업.

굴착 掘鑿 (팔 굴, 뚫을 착). 땅이나 바위를 파고[掘] 구멍을 뚫음[鑿]. ¶터널 굴착 공사가 한창이다 / 굴착기(掘鑿機).

굴화-성 屈化性 (굽힐 굴, 될 화, 성질 성). 식물 식물체가 화학(化學) 물질의 영향으로 굽어[屈] 자라는 성질(性質). 화학물질의 농도가 높은 방향의 것을 양의 굴화성, 반대는 음의 굴화성이라 한다. ㉟굴성(屈性).

궁경 窮境 (궁할 궁, 상태 경). ① 속뜻 생활이 매우 어려운[窮] 상태[境]. ¶궁경에서 벗어나다. ② 궁지(窮地). ¶궁경에 몰리다 / 궁경에 빠지다.

궁구 窮究 (다할 궁, 생각할 구). 속속들이 파고들어 깊게[窮] 연구(硏究)함. ¶성리학은 사물과 우주의 이치를 궁구하고자 하는 학문이다.

궁구-막추 窮寇莫追 (다할 궁, 도둑 구, 없을 막, 쫓을 추). ① 속뜻 궁지(窮地)에 몰려 피할 곳 없는 도둑[寇]은 쫓지[追]를 말라[莫]. ② '곤란한 지경에 있는 사람을 모질게 다루면 해를 입으니 건드리지 말라'는 말. ㊥궁구물박(窮寇勿迫), 궁구물추(窮寇勿追), 궁서막추(窮鼠莫追).

궁구-물박 窮寇勿迫 (다할 궁, 도둑 구, 말 물, 다그칠 박). ① 속뜻 궁지(窮地)에 몰려 피할 곳 없는 도둑[寇]은 다그치지[迫] 말라[勿]. ② 궁구막추(窮寇莫追).

***궁궐 宮闕** (대궐 궁, 대궐 궐). 임금이 거처하는 집[宮=闕]. ¶으리으리한 궁궐을 짓다. ㊥궁성(宮城), 왕궁(王宮).

궁극 窮極 (다할 궁, 끝 극). ① 속뜻 어떤 과정의 마지막[窮]이나 끝[極]. ¶궁극의 목표. ② 더할 나위 없이 간절하거나 철저하다. ¶궁극한 소원 / 그는 모든 일에 궁극하다. ③ 생활이 더할 나위 없이 빈궁하다. ¶궁극한 생활.

▸ 궁극-적 窮極的 (것 적). 더할 나위 없는 지경[窮極]에 도달하는 것[的]. ¶궁극적 목표.

궁기 窮氣 (궁할 궁, 기운 기). 궁핍(窮乏)한 기색(氣色). ¶궁기가 돌다 / 얼굴에 궁기가 흐르다.

궁내-부 宮內府 (대궐 궁, 안 내, 관청 부). 역사 조선 후기에 왕실[宮]의 부속 기관[內]을 통할하던 관아[府]. ¶의정부와 궁내부 대신들이 모여 회의를 했다.

궁녀 宮女 (대궐 궁, 여자 녀). 역사 궁궐(宮闕) 안에서 왕과 왕비를 가까이 모시는 여자[女]. ¶삼천 명의 궁녀.

궁도 弓道 (활 궁, 방법 도). ① 속뜻 활[弓]을 쏘는 방법[道]을 익히는 일. ② 활 쏘는 데 지켜야 할 도리. ③ 활을 쏘는 무술. ¶궁도 대회.

궁륭 穹窿 (활꼴 궁, 활꼴 륭). 활 모양[穹=窿]으로 가운데가 높음. 또는 그렇게 만든 천장이나 지붕. ¶궁륭한 천장에는 천사가 채색되어 있었다.

▸ 궁륭-상 穹窿狀 (형상 상). 활 모양[穹窿]의 형상(形狀). ¶이 고분의 석실은 궁륭상으로 처리되어 있다.

▸ 궁륭-형 穹窿形 (모양 형). 활 모양[穹窿]의 형상(形狀). ¶석교의 아래에는 궁륭형의 통로를 만들어 놓았다.

궁리 窮理 (다할 궁, 이치 리). ① 속뜻 사물의 이치(理致)를 깊이 연구함[窮究]. ② 마음속으로 이리저리 따져 깊이 생각함. 또는 그런 생각. ¶궁리 끝에 답을 찾았다.

궁마 弓馬 (활 궁, 말 마). ① 속뜻 활[弓]과 말[馬]을 아울러 이르는 말. ¶궁마를 대령시키다. ② 궁술(弓術)과 마술(馬術)을 아울러 이르는 말. ¶그는 궁마와 무술에 능하다.

궁민 窮民 (궁할 궁, 백성 민). 생활이 어렵고 궁핍(窮乏)한 백성[民]. ¶궁민을 구제하다.

궁벽 窮僻 (다할 궁, 후미질 벽). 구석지고[窮] 으슥함[僻]. ¶그는 궁벽한 산골에서 여생을 보냈다.

궁사 弓師 (활 궁, 스승 사). ① 속뜻 활[弓]을 잘 쏘는 사람[師]. ¶그는 조선 최고의 궁사였다. ② 활을 잘 만드는 사람. ㊥활잡이.

궁상[1] 窮狀 (궁할 궁, 형상 상). 어렵고 곤궁(困窮)한 상태(狀態). ¶궁상을 떨다 / 궁상맞아 보이다.

궁상[2] 窮相 (궁할 궁, 모양 상). 궁핍(窮乏)하게 생긴 관상(觀相). ¶어머니는 그의 얼굴이 궁상이라며 결혼을 반대했다. ㊥빈상(貧相).

궁상각치우 宮商角徵羽 (집 궁, 장사 상, 뿔 각, 부를 치, 깃 우). 음악 동양 음악에서 다섯 음계의 각 이름. 각 글자가 어떤 의미로 쓰였는지 그 이유에 대해서는 정설이 없다.

궁색[1] 窮色 (궁할 궁, 기색 색). 곤궁(困窮)한 기색(氣色). ¶그의 얼굴에 궁색이 흘렀다.

궁색[2] 窮塞 (궁할 궁, 막힐 색). ① 속뜻 생활이 곤궁(困窮)하고 앞길이 막힘[塞]. ¶살림이 궁색하다. ②말의 이유나 근거 따위가 부족하다. ¶궁색한 변명.

궁서 窮鼠 (다할 궁, 쥐 서). 쫓겨서 궁지(窮地)에 몰린 쥐[鼠]. 속담 궁서가 고양이를 문다.

궁설 窮說 (궁할 궁, 말씀 설). 곤궁(困窮)한 형편을 이야기함[說]. ¶형님은 궁설하며 쌀을 꾸어달라고 했다.

궁성 宮城 (대궐 궁, 성곽 성). ① 속뜻 궁궐(宮闕)을 둘러싼 성곽(城郭). ② 임금이 거처하는 집. ¶왕은 궁성을 빠져나가 피신하였다. ㊥궁궐(宮闕), 왕궁(王宮).

궁수 弓手 (활 궁, 사람 수). 역사 활[弓] 쏘는 일을 맡아 하는 군사[手]. ㊥사수(射手).

궁술 弓術 (활 궁, 꾀 술). 활[弓] 쏘는 기술(技術). ¶그의 궁술은 천하 제일이었다.

궁시 弓矢 (활 궁, 화살 시). 활[弓]과 화살[矢]을 아울러 이르는 말. ¶궁시를 뽑아 들었다.

궁실 宮室 (대궐 궁, 방 실). 궁전(宮殿) 안에 있는 방[室]. ¶궁실을 중수(重修)하다 / 궁실을 짓다.

궁여지책 窮餘之策 (궁할 궁, 남을 여, 어조사 지, 꾀 책). 궁(窮)한 나머지[餘] 생각다 못하여 짜낸 계책(計策). ¶궁여지책으로 거짓말을 하다.

궁전 宮殿 (대궐 궁, 대궐 전). 궁궐(宮闕)의 대전(大殿). ¶이 궁전은 바로크 양식의 대표적인 건물이다.

궁절 窮節 (궁할 궁, 철 절). 어렵고 궁핍(窮乏)한 계절(季節). ¶궁절이 되면 사람들은 나무껍질로 끼니를 잇기도 했다. ㊥춘궁기.(春窮期).

궁정[1] 宮廷 (대궐 궁, 관청 정). 임금이 거처하는 궁(宮)이나 관청[廷]. ¶궁정에서 밤늦도록 연회가 열렸다. ㊥궁궐(宮闕), 왕궁(王宮), 궁성(宮城).

궁정[2] 宮庭 (대궐 궁, 뜰 정). 궁궐(宮闕) 안의 마당[庭]. ¶궁정에서 귀빈을 위한 연회가 열렸다.

***궁중 宮中** (대궐 궁, 가운데 중). 궁궐(宮闕)의 한가운데[中]. 대궐 안. ¶궁중 요리. ㊥궁리(宮裏), 궁위(宮衛), 궐중(闕中), 궁성(宮省), 금중(禁中).

▶궁중 무:용 宮中舞踊 (춤출 무, 춤출 용). 예술 궁중(宮中)에서 연회나 의식 때 추던 춤[舞踊]. 향악 무용과 당악 무용이 있다.

▶궁중 문학 宮中文學 (글월 문, 배울 학). 문학 궁중(宮中)에서 일어난 일들이나 생활을 소재로 한 문학(文學). ¶『계축일기』, 『인현왕후전』, 『한중록』은 궁중 문학의 대표적 작품이다.

궁지 窮地 (궁할 궁, 땅 지). 상황이 매우 곤궁(困窮)한 일을 당한 처지(處地). ¶궁지로 몰다. ㊥진퇴양난(進退兩難).

궁진 窮盡 (다할 궁, 다할 진). 다하여[窮] 없어짐[盡].

궁체 宮體 (대궐 궁, 모양 체). 조선 시대, 궁녀(宮女)들이 쓰던 한글 서체(書體). ¶그는 특히 궁체를 잘 썼다.

궁촌 窮村 (궁할 궁, 마을 촌). ① 속뜻 가난하여[窮] 살기 어려운 마을[村]. ¶그는 굶기를 밥 먹듯이 하는 궁촌에서 자랐다. ②외따로 떨어진 구석진 마을. ¶궁촌 벽지 / 궁촌에 사는 순진한 농부.

궁핍 窮乏 (궁할 궁, 가난할 핍). 생활이 몹시 곤궁(困窮)하고 가난함[乏]. ¶궁핍한 생활. ㊥삼순구식(三旬九食). ㊤풍요(豐饒), 풍족(豐足).

궁합 宮合 (집 궁, 맞을 합). ① 속뜻 자궁(子宮)에 잘 맞음[合]. ② 민속 혼인에 앞서 신랑 신부의 사주(四柱)를 오행에 맞추어 보아 부부 생활의 좋고 나쁨을 미리 알아보는 점.¶궁합을 보다.

궁형[1] 弓形 (활 궁, 모양 형). ① 속뜻 활[弓] 모양으로 굽은 꼴[形]. ② 수학 원이 호와 두 끝을 맺는 현으로 이루어지는 평면도형. ㊥활꼴.

궁형[2] 宮刑 (집 궁, 형벌 형). 역사 중국에서, 죄인의 생식기[宮]를 없애던 형벌(刑罰). ¶사마천은 궁형을 당하고도 『사기』(史記)를 완성했다. ㊟오형(五刑).

권:고[1] 眷顧 (돌아볼 권, 돌아볼 고). 관심을 가지고 돌보아 보살핌[眷=顧]. ¶선생님은 고아가 된 학생을 권고했다. ㊥권우(眷佑).

▶권:고지은 眷顧之恩 (어조사 지, 은혜 은). 돌보아준[眷顧] 은혜(恩惠). ¶선생님의 권고지은을 잊지 않겠습니다.

권:고[2] 勸告 (타이를 권, 알릴 고). 타이르고[勸] 알려 줌[告]. 또는 그런 말. ¶금연을

권고하다. [비]충고(忠告). [반]만류(挽留).

▸권:고-사직 勸告辭職 (물러날 사, 일 직). 권고(勸告)하여 그 직책(職責)에서 물러나게[辭] 함. ¶결국 권고사직을 당했다.

권내 圈內 (범위 권, 안 내). 일정한 테두리[圈]나 범위의 안[內]. ¶합격 권내에 들다 / 태풍의 권내. [비]권외(圈外).

권:농 勸農 (권할 권, 농사 농). ① [속뜻] 농사(農事)를 장려함[勸]. ¶권농 정책. ② [역사] 조선 시대에 지방의 방(坊)이나 면(面)에 속하여 농사를 장려하던 직책. 또는 그 사람.

권능 權能 (권세 권, 능할 능). ① [속뜻] 권세(權勢)와 능력(能力)을 아울러 이르는 말. ¶황제의 위엄과 권능을 보여주었다. ② [법률] 권리를 주장하고 행사할 수 있는 능력.

권:두 卷頭 (책 권, 머리 두). 책[卷]의 첫머리[頭]. ¶그의 논문이 학술지의 권두에 실렸다.

▸권:두-언 卷頭言 (말씀 언). 책[卷]의 첫머리[頭]에 쓰는 말[言]. ¶그는 권두언에서 이 책의 편찬 목적을 밝혔다. [비]권두사(卷頭辭), 머리말. [참]권말기(卷末記).

권력 權力 (권리 권, 힘 력). 남을 복종시키거나 지배할 수 있는 공인된 권리(權利)와 힘[力]. 특히 국가나 정부가 국민에 대하여 가지고 있는 강제력을 이른다. ¶군대가 권력을 장악하다. [비]권세(權勢), 강제력(強制力).

▸권력-자 權力者 (사람 자). 권력(權力)을 가진 사람[者]. ¶최고 권력자. [비]세도가(勢道家).

권리 權利 (권세 권, 이로울 리). ① [속뜻] 권세(權勢)와 이익(利益). ② [법률] 어떤 일을 행하거나 타인에 대하여 당연히 요구할 수 있는 힘이나 자격. ¶투표는 국민의 권리이다. [반]의무(義務).

▸권리-금 權利金 (돈 금). [법률] 임차인이 임대인의 부동산에 대한 권리(權利)를 빌리는 대가로 지급하는 금전(金錢). ¶권리금이 많이 올랐다.

▸권리-증 權利證 (증거 증). ① [속뜻] 권리(權利)를 주장할 수 있는 증서(證書). ② [법률] 등기소에서 등기가 완료된 것을 증명하여 교부하는 서류. [비]등기필증(登記畢證).

▸권리 장전 權利章典 (글 장, 법 전). [역사] ① 1689년 영국에서 의회의 권리(權利)를 규정한 법률[章典]. 명예혁명의 결과로 이루어졌으며 왕권을 제약하고 의회의 우위를 다졌다. ② 1791년에 미국 의회가 개인의 기본적 인권을 보장하려고 합중국 헌법에 덧붙여 통과시킨 헌법 수정안.

권:말 卷末 (책 권, 끝 말). ① [속뜻] 책[卷]의 맨 끝[末]. ¶권말에 수록된 작품의 색인을 실었다. ② 책의 마지막 권.

▸권:말-기 卷末記 (기록할 기). 책[卷]의 맨 뒤[末]에 적어 넣은 말[記]. [비]꼬리말. [반]권두언(卷頭言).

권:면 勸勉 (권할 권, 힘쓸 면). 알아듣도록 권(勸)하고 격려하여 힘쓰게[勉] 함. ¶그는 부인의 권면으로 불교 신자가 되었다.

권모 權謀 (저울질할 권, 꾀할 모). 때와 형편에 따라 이리저리 저울질하여[權] 꾀를 부림[謀]. ¶그는 무력과 권모로 권력을 쥐었다 / 권모가(權謀家). [비]권략(權略).

▸권모-술수 權謀術數 (꾀 술, 셀 수). 목적 달성을 위하여 수단과 방법을 가리지 않는 온갖 모략[權謀]이나 술책[術數]. ¶권모술수가 난무하는 정치판. [비]권모술책(權謀術策).

권문 權門 (권세 권, 집안 문). 벼슬과 권력(權力)이 높은 집안[門].

▸권문-귀족 權門貴族 (귀할 귀, 무리 족). 권문세가(權門勢家)와 귀족(貴族)을 아울러 이르는 말. [준]권귀.

▸권문-세가 權門勢家 (권세 세, 집 가). 벼슬이 높고 권세(權勢)가 있는 가문(家門). ¶그는 딸을 권문세가의 첩으로 들여보냈다. [비]권문세족.

▸권문-세족 權門勢族 (세력 세, 무리 족). [역사] 벼슬이 높고 권세(權勢)가 있는 가문(家門)이나 족벌(族閥). ¶그는 권문세가들과 영합하여 많은 부를 축적했다. [비]권문세가.

▸권문-자제 權門子弟 (아들 자, 아우 제). 권세(權勢)가 있는 가문(家門)의 자식[子弟]. ¶그는 권문자제들을 위해 학교를 세웠다.

권:배 勸杯 (권할 권, 잔 배). 술잔[杯]을 권(勸)함. ¶그는 사원들에게 권배했다.

권번 券番 (문서 권, 차례 번). 일제 강점기에, 기생들의 조합을 이르던 말. 기생을 관리하기 위해 엄쪽[券]을 차례로[番] 나누어 준

데에서 유래된 것으로 추정된다. ⓑ검번(檢番), 권반(券班).

권:법 拳法 (주먹 권, 법 법). ① 속뜻 주먹[拳]을 잘 쓰는 법(法). ② 운동 정신 수양과 신체 단련을 위해 주먹을 놀리어서 하는 운동. ③십팔기 또는 이십사반 무예의 하나. ¶권법을 익히다.

권병 權柄 (권력 권, 자루 병). 권력(權力)을 잡아서[柄] 사람을 마음대로 좌우할 수 있는 힘. 또는 그런 지위나 신분. ¶권병을 농단(壟斷)하다.

권부 權府 (권세 권, 관청 부). 권력(權力)을 행사하는 관부(官府). ¶언론은 현대 사회에서 제4의 권부이다.

권불십년 權不十年 (권세 권, 아닐 불, 열 십, 해 년). ① 속뜻 권세(權勢)는 십 년(十年)을 가지 못함[不]. ②아무리 높은 권세라도 오래가지 못함.

권:사 勸士 (권할 권, 선비 사). 기독교 신자를 찾아다니며 신앙심을 두텁게 하고, 믿지 않는 사람에게 권(勸)하는 사람[士]. ¶교회 집사와 권사가 다 모였다.

권:선 勸善 (권할 권, 착할 선). ① 속뜻 착한[善] 일을 하도록 권장(勸奬)함. ② 불교 불사를 위하여 신자들에게 보시(布施)를 청함. ⓑ권진(勸進), 진선(進善).

▸권:선-문 勸善文 (글월 문). 불교 신자들에게 보시[善]를 청하는[勸] 글[文]. ¶그는 절을 창건하면서 권선문을 썼다.

▸권:선-징악 勸善懲惡 (혼낼 징, 나쁠 악). 착한[善] 일을 권장(勸奬)하고 나쁜[惡] 일을 징계(懲戒)함. ¶『흥부전』은 권선징악을 주제로 한다.

권세 權勢 (권력 권, 세력 세). 권력(權力)과 세력(勢力)을 아울러 이르는 말. ¶권세를 부리다.

권:속 眷屬 (돌볼 권, 무리 속). ① 속뜻 돌보아[眷] 주어야할 한집 식구[屬]. ¶그는 전쟁 통에 권속을 모두 잃었다. ②'아내'의 낮춤말. ⓑ권솔(眷率).

권:솔 眷率 (돌볼 권, 거느릴 솔). 한집에서 돌보고[眷] 거느리고[率] 사는 식구. ¶권솔이 많아 살림이 빠듯하다. ⓑ권속(眷屬).

권수 卷數 (책 권, 셀 수). ① 속뜻 책[卷]의 수효(數爻). ② 불교 경문(經文) 따위를 읽고 그 명칭과 편수, 횟수의 목록을 쓴 것.

권신 權臣 (권세 권, 신하 신). 권세(權勢)를 잡은 신하(臣下). 또는 권세 있는 신하. ¶권신들의 전횡으로 나라가 멸망했다.

권:애 眷愛 (돌볼 권, 사랑 애). 돌보아[眷] 보살펴 사랑함[愛]. ¶처자식을 권애하다.

권외 圈外 (범위 권, 밖 외). 일정한 테두리[圈]나 범위의 밖[外]. ⓑ권내(圈內).

권운 卷雲 (말 권, 구름 운). 발생한 위치에서 뒤쪽으로 말려[卷] 올라간 듯한 모양의 구름[雲]. ⓑ새털구름.

권원 權原 (권리 권, 본디 원). 법률 어떤 행위를 정당화하는 법률적 권리(權利)의 원인(原因).

권위 權威 (권세 권, 위엄 위). ① 속뜻 권세(權勢)와 위엄(威嚴). ¶권위를 잃다. ②남을 지휘하거나 통솔하여 따르게 하는 힘. ¶그는 권위를 잃었다. ③일정한 분야에서 뛰어난 실력을 가진 데서 오는 위신. ¶권위 있는 학자의 연구에 따르면….

▸권위-자 權威者 (사람 자). 일정한 분야에 정통하여 권위(權威)가 있는 탁월한 전문가[者]. ¶그는 게임에 관한 권위자이다. ⓑ전문가(專門家).

▸권위-주의 權威主義 (주될 주, 뜻 의). 어떤 일에 있어 권위(權威)를 내세우거나, 권위에 순종하는 태도나 생각[主義]. ¶권위주의 정치 제체 / 권위주의적인 인물.

권:유 勸誘 (권할 권, 꾈 유). 어떤 일 따위를 하도록 권(勸)하고 유도(誘導)함. ¶가입을 권유하다. ⓑ권고(勸告), 권장(勸奬).

권익 權益 (권리 권, 더할 익). 권리(權利)와 그에 따르는 이익(利益). ¶국민의 권익을 보호하다.

권:장 勸奬 (권할 권, 장려할 장). 권(勸)하여 장려(奬勵)함. ¶저축을 권장하다. ⓑ장려(奬勵), 권유(勸誘).

▸권:장-량 勸奬量 (분량 량). 권장(勸奬)하는 적정량(適正量). ¶하루 영양 권장량.

▸권:장 가격 勸奬價格 (값 가, 이를 격). 경제 정부가 적당하다고 생각하여 표준으로 권장(勸奬)하는 가격(價格). ⓑ권고가격(勸告價格).

권:적-운 卷積雲 (말 권, 쌓을 적, 구름 운). 지리 양털처럼 말려[卷] 올라간 듯한 작은

덩어리의 흰 구름이 촘촘히[積] 흩어져 있는 모양의 구름[雲]. [비]털쌘구름

권점 **圈點** (울타리 권, 점 점). ① [속뜻] 울타리[圈]처럼 가운데를 비워두고 그리는 점(點). 글을 맺는 끝에 찍는다. ¶세로쓰기를 할 때는 문장이 끝나는 곳에 권점을 찍는다. ②글이 잘된 곳 또는 중요한 곳을 표시하기 위해 찍는 둥근 점.

권좌 **權座** (권세 권, 자리 좌). 권력, 특히 통치권(統治權)을 가지고 있는 자리[座]. ¶여왕은 권좌에서 물러났다.

권:주 **勸酒** (권할 권, 술 주). 술[酒]을 권(勸)함. ¶그는 잔을 들며 권주하였다.

▸권:주-가 勸酒歌 (노래 가). ① [속뜻] 술[酒]을 권(勸)하는 노래[歌]. ¶권주가를 부르다. ② [문학] 조선 시대 십이 가사의 하나로 허무한 인생을 탄식하고 부귀와 장수를 빌며 술을 권하는 내용.

권질 **卷帙** (책 권, 책갑 질). 책을 낱개로 세는 단위인 권(卷)과 여러 책으로 된 한 벌을 세는 단위인 질(帙)을 아울러 이르는 말.

권:총 **拳銃** (주먹 권, 총 총). 한 손[拳]으로 다룰 수 있는 짧고 작은 총(銃). ¶보안관은 허리춤에서 권총을 꺼내 들었다. [비]단총(短銃). [반]장총(長銃).

권:축 **卷軸** (말 권, 굴대 축). ① [속뜻] 글씨나 그림 따위를 표장(表裝)하여 말아[卷] 놓은 축(軸). ②주련(柱聯) 아래에 가로 대는 둥글고 긴 막대.

권:층-운 **卷層雲** (말 권, 층 층, 구름 운). [지리] 층상(層狀)을 이루며 말려[卷] 올라간 듯한 모양의 구름[雲]. [비]털층구름.

권:태 **倦怠** (게으를 권, 게으를 태). 어떤 일이나 상태에 시들해져서 생기는 게으름[倦]이나 싫증[怠]. ¶권태로운 생활.

▸권:태-기 倦怠期 (때 기). 부부가 결혼한 뒤 어느 정도 시간이 지나 권태(倦怠)를 느끼는 시기(時期).

권:토-중래 **捲土重來** (말 권, 흙 토, 거듭 중, 올 래). ① [속뜻] 흙먼지[土]를 날리며[捲] 다시[重] 옴[來]. ②'한 번 실패하였으나 힘을 회복하여 다시 쳐들어옴'을 비유하여 이르는 말.

권:투 **拳鬪** (주먹 권, 싸울 투). [운동] 두 사람이 양손에 글러브를 끼고 주먹[拳]을 쥐고 상대편 허리 벨트 위의 상체를 쳐서 승부를 겨루는[鬪] 경기.

권:학 **勸學** (권할 권, 배울 학). 학문(學問)에 힘쓰도록 권(勸)함. ¶그는 어린 유생들에게 권학할 것을 당부했다.

▸권:학-가 勸學歌 (노래 가). ① [문학] 조선 때, 최석정을 비롯한 여러 학자가 학문(學問)을 권장(勸奬)하며 지은 가사(歌辭). ② [문학] 조선 후기에 최제우가 천도교를 포교하기 위해 지은 가사체의 글.

권한 **權限** (권리 권, 끝 한). 어떤 사람이나 기관의 권리(權利)나 권력(權力)이 미치는 범위[限]. ¶국회는 법률을 제정할 수 있는 권한이 있다. [비]권리(權利).

▸권한-내 權限內 (안 내). 권리(權利)나 직권 등이 미치는 범위[限]의 안[內].

▸권한-외 權限外 (밖 외). 권리(權利)나 직권 등이 미치는 범위[限]의 밖[外].

권형 **權衡** (저울추 권, 저울대 형). ① [속뜻] 저울추[權]와 저울대[衡]. ②사물의 경중을 재는 척도나 기준. ③사물의 균형. [비]권칭(權稱), 저울.

궐기 **蹶起** (넘어질 궐, 일어날 기). ① [속뜻] 넘어져[蹶] 가만히 있지 않고 벌떡 일어남[起]. ②힘차게 일어나 항거함. 또는 그런 행위. ¶반 공 궐기 대회에 참가하다.

궐내 **闕內** (대궐 궐, 안 내). 대궐(大闕)의 안[內]. [비]궁중(宮中).

궐문 **闕門** (대궐 궐, 문 문). 대궐(大闕)의 문(門). ¶궐문 밖으로 나섰다. [비]궁문(宮門), 금문(禁門).

궐석 **闕席** (빠질 궐, 자리 석). 참석해야할 자리[席]에 빠짐[闕]. ¶회의에 궐석해서는 안 된다. [비]결석(缺席).

▸궐석 재판 闕席裁判 (분별할 재, 판가름할 판). [법률] 피고인이 출석(出席)하지 않은[闕] 상태에서 판결을 내리는 재판(裁判). [비]결석(缺席) 재판.

▸궐석 판결 闕席判決 (판가름할 판, 결정할 결). [법률] 피고인이 출석(出席)하지 않은[闕] 상태에서 내린 판결(判決). [비]결석(缺席) 판결.

궐식 **闕食** (빠질 궐, 밥 식). 끼니[食]를 거름[闕]. ¶그는 아들을 잃은 슬픔에 잠겨 며칠을 궐식했다. [비]결식(缺食).

궐외 闕外 (대궐 궐, 밖 외). 대궐(大闕)의 밖[外]. ¶그는 궐외로 축출되었다. ㉥궁외(宮外). ㉦궐내(闕內)

궐위 闕位 (빠질 궐, 자리 위). ① 속뜻 빠져[闕] 비워 있는 직위(職位). ②어떤 직위나 관직 따위가 빔. 또는 그런 자리. ¶대통령의 궐위 시에는 국무총리가 그 직을 대행한다.

궤:간 軌間 (바퀴자국 궤, 사이 간). ① 속뜻 궤도(軌道)의 사이[間]. ②철도의 두 쇠줄 사이의 너비. ¶표준궤보다 넓은 궤간을 광궤(廣軌)라고 한다.

궤:계 詭計 (속일 궤, 꾀 계). 간사하게 남을 속이는[詭] 꾀[計]. ¶그는 궤계가 많고 음흉한 놈이었다.**궤:도 軌道** (바퀴자국 궤, 길 도). ① 속뜻 수레가 지나간 바큇자국[軌]이 난 길[道]. ② 교통 기차 등이 다니도록 깔아놓은 철길. ¶기차가 궤도를 이탈했다. ③일이 발전하는 방향과 단계. ¶사업이 정상 궤도에 올랐다. ④ 천문 행성, 혜성, 인공위성 따위가 중력의 영향을 받아 다른 천체의 둘레를 돌면서 그리는 곡선의 길. ¶인공위성이 무사히 궤도에 진입했다. ㉥차도(車道), 선로(線路), 경로(經路).

궤:란 潰亂 (무너질 궤, 어지러울 란). ① 속뜻 무너져[潰] 어지러워짐[亂]. ②싸움에 패하여 흩어져 도망침. ¶아군의 기습으로 적은 궤란에 빠졌다.

궤:멸 潰滅 (무너질 궤, 없어질 멸). 무너지거나[潰] 흩어져 없어짐[滅]. ¶내부 분란으로 적이 스스로 궤멸하였다.

궤:변 詭辯 (속일 궤, 말 잘할 변). ① 속뜻 속이는[詭] 말을 잘함[辯]. ②겉으로는 그럴듯하지만 실제로는 이치에 맞지 않는 말. ¶궤변을 늘어놓다.

▸ 궤:변-가 詭辯家 (사람 가). 궤변(詭辯)을 잘하는 사람[家]. ¶그는 춘추전국시대의 궤변가였다.

궤:양 潰瘍 (무너질 궤, 종기 양). 의학 피부 또는 점막에 상처가 생기고 헐어서[潰] 출혈하기 쉬운 상태[瘍]. ¶궤양을 치료하다 / 위궤양.

궤:적 軌跡 (바퀴자국 궤, 발자취 적). ① 속뜻 수레바퀴[軌]가 지나간 자국[跡]. 물체가 움직이면서 남긴 흔적. ¶항공기의 비행 궤적. ②어떠한 일을 이루어 온 과정이나 흔적. ¶근대 문학의 궤적을 남긴 작품. ③ 수학 어떤 일정한 성질을 가진 점들의 집합으로 이루어진 도형. 자취.

궤:-전선 饋電線 (드릴 궤, 전기 전, 줄 선). 전기 발전소나 변전소에서 다른 발전소나 변전소를 거치지 않고 직접 간선(幹線)이나 가공선(架空線) 따위에 이르는[饋] 전선(電線).

귀:가 歸家 (돌아갈 귀, 집 가). 집[家]으로 돌아감[歸]. ¶일찍 귀가하다.

귀감 龜鑑 (거북 귀, 거울 감). ① 속뜻 점치는 데 쓰이는 거북[龜]과 얼굴을 비춰보는 데 쓰이는 거울[鑑]. ②본보기가 될 만한 언행이나 거울삼아 본받을 만한 모범(模範). ¶귀감으로 삼다.

귀갑 龜甲 (거북 귀, 껍질 갑). ① 속뜻 거북[龜]의 등딱지[甲]. ¶갑골 문자가 새겨진 귀갑이 대량으로 출토되었다. ②거북의 등딱지 모양과 비슷한 육각형 무늬나 모양. ¶귀갑 무늬를 새기다. ㉥귀각(龜殼).

귀:객 貴客 (귀할 귀, 손 객). 귀(貴)한 손님[客]. ¶귀객으로 모시다. ㉥귀빈(貴賓).

귀:-거래-사 歸去來辭 (돌아갈 귀, 갈 거, 올 래, 말씀 사). 문학 중국 진(晉)나라의 도연명(陶淵明)이 벼슬을 버리고 고향으로 돌아가며[歸去來] 지은 가사(歌辭). 자연과 더불어 사는 전원생활의 즐거움을 동경하는 내용.

귀:격 貴格 (귀할 귀, 격식 격). ① 속뜻 귀(貴)한 체격(體格). 흔하지 않은 체격. ②귀한 사람이 될 만한 얼굴 생김새. ¶그의 얼굴에 귀격이 있는 것 같다. ㉥귀골(貴骨).

귀:견 貴見 (귀할 귀, 볼 견). 상대편의 의견(意見)을 높여[貴] 이르는 말. ¶귀견을 부탁드립니다.

귀:결 歸結 (돌아갈 귀, 맺을 결). ① 속뜻 어떤 결말(結末)이나 결과로 돌아감[歸]. 또는 그 결말이나 결과(結果). ¶결국은 공부 문제로 귀결된다. ② 논리 어떤 사태를 원인으로 하여 그 결과로 생기는 상태. 또는 일정한 논리적 전제로부터 이끌어 내게 되는 결론. ㉥종결(終結).

귀:경 歸京 (돌아갈 귀, 서울 경). 서울[京]로 돌아가거나 돌아옴[歸]. ¶고속도로에

는 귀경 차량이 몰려 혼잡했다.

귀:곡 鬼哭 (귀신 귀, 울 곡). ① 속뜻 귀신(鬼神)의 울음[哭]. ② 사람의 죽은 넋이 밤에 우는 울음.

▸귀:곡-성 鬼哭聲 (소리 성). ① 속뜻 귀신(鬼神)들이 우는[哭] 소리[聲]. ② 귀곡새의 울음소리.

귀:골 貴骨 (귀할 귀, 뼈 골). ① 속뜻 귀(貴)하게 될 사람의 골격(骨格). ¶그는 귀골로 생겼다. ② 귀하게 자란 사람. ⑪귀격(貴格).

귀:공 貴公 (귀할 귀, 귀인 공). 상대편을 귀인[公]으로 높여[貴] 이르는 말. ¶이번 일은 모두 귀공의 덕분입니다.

귀:-공자 貴公子 (귀할 귀, 귀인 공, 아들 자). 신분이 높은[貴] 귀인[公]의 아들[子]. 또는 귀한 집 젊은 남자를 이르는 말. ¶양반 집 귀공자.

귀:교 歸校 (돌아갈 귀, 학교 교). 학교(學校)로 돌아오거나 돌아감[歸]. ¶귀교 시간.

귀:국[1] 貴國 (귀할 귀, 나라 국). 상대편의 나라[國]를 높여[貴] 이르는 말. ¶귀국의 협조를 바랍니다. ⑪귀방(貴邦).

귀:국[2] 歸國 (돌아갈 귀, 나라 국). 외국에 나가 있던 사람이 자기 나라[國]로 돌아오거나 돌아감[歸]. ¶귀국 연주회 / 그는 십여 년의 망명 생활을 마치고 귀국했다. ⑫출국(出國).

귀:-금속 貴金屬 (귀할 귀, 쇠 금, 속할 속). 산출량이 적어 값이 비싼[貴] 금속(金屬). 금, 은, 백금 따위를 이른다. ¶귀금속으로 만든 장신구. ⑫비금속(卑金屬).

귀:기 鬼氣 (귀신 귀, 기운 기). ① 속뜻 귀신(鬼神)이 나타날 것 같은 무시무시한 기운(氣運). ¶귀기가 감도는 집. ② 귀신이 붙은 기색.

귀:납 歸納 (돌아올 귀, 들일 납). 논리 개별적인 특수한 사실이나 원리로부터 일반적이고 보편적인 명제 및 법칙으로 돌아가는[歸] 것을 유도해 내는[納] 일. ¶사회 현상을 귀납해서 결론을 얻었다. ⑫연역(演繹).

▸귀:납-법 歸納法 (법 법). 논리 개별적인 특수한 사실이나 원리를 전제로 하여 일반적인 사실이나 원리로서의 결론을 이끌어 내는[歸納] 연구 방법(方法). ⑫연역법(演繹法).

▸귀:납-적 歸納的 (것 적). 귀납(歸納)으로 논리를 전개하는 것[的]. ¶귀납적으로 추론했다.

▸귀:납-학파 歸納學派 (배울 학, 갈래 파). 경제 귀납법(歸納法)과 역사적 경험적 연구 방법을 경제학의 연구 방법으로 하는 학파(學派). ⑫연역(演繹)학파.

귀:녀 貴女 (귀할 귀, 딸 녀). ① 속뜻 여자(女子)인 상대편을 높여[貴] 이르는 말. ② 귀여움을 매우 많이 받는 딸. ③ 귀한 집 딸. ¶양반의 집에서 난 귀녀. ⑪귀공녀(貴公女).

귀:녕 歸寧 (돌아갈 귀, 편안할 녕). 시집간 딸이 친정에 돌아가[歸] 부모가 편안한지[寧] 살펴 봄. ¶갑순이가 첫 귀녕을 한 것은 이듬해 이른 봄이었다.

귀:농 歸農 (돌아갈 귀, 농사 농). 사회 농사를 지으려고 농촌(農村)으로 돌아가는[歸] 현상. ¶그는 도시에서 귀농하여 여생을 보냈다. ⑫이농(離農).

▸귀:농-자 歸農者 (사람 자). 도시의 일을 그만두고 농사를 지으려고 농촌(農村)으로 돌아간[歸] 사람[者]. ¶귀농자가 차츰 늘고 있다.

귀:대 歸隊 (돌아갈 귀, 무리 대). 군사 자기가 근무하는 부대(部隊)로 돌아오거나 돌아감[歸]. ¶그는 보름간의 휴가를 마치고 귀대했다.

귀:댁 貴宅 (귀할 귀, 집 댁). 상대편의 집[宅]을 높여[貴] 이르는 말. ¶귀댁에 평화가 가득하시길 빕니다

귀두 龜頭 (거북 귀, 머리 두). ① 속뜻 거북이[龜] 머리[頭]. 또는 거북이 머리 모양의 것. ② 고적 귀부(龜趺). ¶귀두를 용두화하고 그 위에 비석을 올렸다. ③ 의학 남자 생식기인 음경의 끝 부분.

귀:로 歸路 (돌아갈 귀, 길 로). 돌아오는[歸] 길[路]. ¶귀로에 오르다.

귀:면 鬼面 (귀신 귀, 낯 면). ① 속뜻 귀신(鬼神)의 얼굴[面]. ¶방패 중간에 귀면을 붙였다. ② 귀신의 얼굴을 상상하여 만든 탈.

귀:명[1] 貴名 (귀할 귀, 이름 명). 상대편의 이름을 높여 이르는 말. ¶선생님의 귀명을 여쭈어도 되겠습니까?

귀:명[2] 歸命 (돌아갈 귀, 목숨 명). 불교 삼보

(三寶)에 돌아가[歸] 몸과 마음[命]을 불도에 의지함. ¶불법에 귀명하다.

▸귀:명-정례 歸命頂禮 (정수리 정, 예도 례). 불교 ① 마음으로 삼보(三寶)에 귀의하여[歸命] 부처의 발에다 머리[頂]를 대고 하는 절[禮]. ② 예불할 때에 부르는 말.

귀:문 貴門 (귀할 귀, 문 문). 상대편의 집안을 높여 이르는 말. ㊥존문(尊門).

귀:물[1] 鬼物 (귀신 귀, 만물 물). 귀신(鬼神) 같이 괴상한 물건(物件). ¶수수떡을 만들어 귀물이 퇴치되기를 기원했다.

귀:물[2] 貴物 (귀할 귀, 만물 물). ① 속뜻 귀중(貴重)한 물건(物件). ¶금고에 귀물을 보관하다. ② 드물어서 얻기 어려운 물건. ¶귀물스러운 것으로 왕좌를 치장했다.

귀:범 歸帆 (돌아갈 귀, 돛 범). 배가 돛[帆]을 내리고 돌아옴[歸]. 또는 그 배. ¶귀범하는 배들로 항구가 북적인다. ㊥출범(出帆).

귀부 龜趺 (거북 귀, 발등 부). 고적 거북[龜] 모양으로 만든 비석(碑石)의 받침돌[趺]. ¶비석은 사라지고 귀부만 남아 있다.

귀:-부인[1] 貴夫人 (귀할 귀, 지아비 부, 사람 인). 남의 아내[夫人]를 높여[貴] 이르는 말. ㊥영부인(令夫人).

귀:-부인[2] 貴婦人 (귀할 귀, 부인 부, 사람 인). 신분이 높고[貴] 결혼한[婦] 여인[人]. ¶기품이 있는 귀부인.

귀:비 貴妃 (귀할 귀, 왕비 비). ① 속뜻 지체가 높은[貴] 왕비(王妃). ② 역사 고려 시대에 비빈(嬪)에게 내린 정일품 내명부의 품계. ② 조선 초기에 후궁에게 내리던 가장 높은 지위. ③ 중국 당나라 때에 후궁에게 주던 칭호.

귀:빈 貴賓 (귀할 귀, 손님 빈). 귀(貴)한 손님[賓]. ¶존경하는 내외 귀빈 여러분! ㊥상빈(上賓), 귀빈(貴賓).

▸귀:빈-석 貴賓席 (자리 석). 귀빈(貴賓)을 위해 특별히 마련하여 놓은 자리[席]. ¶그를 귀빈석으로 안내했다.

귀:사 貴社 (귀할 귀, 회사 사). 상대편의 회사(會社)를 높여[貴] 이르는 말. ¶귀사의 발전을 기원합니다. ㊥폐사(弊社).

귀:선 歸船 (돌아갈 귀, 배 선). ① 속뜻 항구로 돌아가거나 돌아오는[歸] 배[船]. ¶풍랑이 크게 일자 어선들은 귀선을 서둘렀다. ② 배에서 내린 사람이 그 배로 다시 되돌아감. ¶승객 여러분, 오후 6시까지 귀선해주십시오.

귀:성 歸省 (돌아갈 귀, 살필 성). 고향으로 돌아가[歸] 부모님을 보살펴 드림[省]. ¶기차역은 귀성하려는 사람들로 붐볐다. ㊥귀향(歸鄕).

▸귀:성-객 歸省客 (손 객). 귀성[歸省] 길에 오른 여객(旅客). ¶귀성객을 수송하기 위해 임시 열차를 편성했다.

▸귀:성-열차 歸省列車 (벌일 렬, 수레 차). 명절 때 귀성(歸省) 길에 오른 사람들을 위해 특별히 운행하는 열차(列車). ¶추석을 맞아 귀성열차를 증편했다.

귀:소 歸巢 (돌아갈 귀, 새집 소). 보금자리[巢]로 돌아감[歸]. ㊥귀서(歸棲).

▸귀:소-성 歸巢性 (성질 성). 보금자리[巢]로 돌아가고자[歸] 하는 성질(性質). ¶비둘기의 귀소성을 이용해 소식을 전했다.

▸귀:소 본능 歸巢本能 (뿌리 본, 능할 능). 보금자리[巢]로 돌아가고자[歸] 하는 본능(本能).

귀:속 歸屬 (돌아갈 귀, 속할 속). ① 속뜻 재산이나 영토, 권리 따위가 특정 주체에 돌아가[歸] 딸리거나 속함[屬]. ¶이 땅은 국가에 귀속된다. ② 어떤 개인이 특정 단체의 소속이 됨.

귀:순 歸順 (돌아갈 귀, 따를 순). 적이었던 사람이 반항심을 버리고 돌아서서[歸] 순종(順從)함. ¶무기를 버리고 귀순하다. ㊥투항(投降).

▸귀:순-자 歸順者 (사람 자). 적으로 맞서다가 반항심을 버리고 순종해 온[歸順] 사람[者]. ¶귀순자들을 잘 대해 주었다.

귀:신 鬼神 (귀신 귀, 귀신 신). ① 속뜻 인신(人神)인 '鬼'와 천신(天神)인 '神'을 아울러 이르는 말. ② 사람에게 화(禍)와 복(福)을 내려 준다는 신령(神靈). ③ 어떤 일에 남보다 뛰어난 재주가 있는 사람을 비유하여 이르는 말. ¶귀신같은 솜씨. 속담 말 안 하면 귀신도 모른다.

귀:심 歸心 (돌아갈 귀, 마음 심). ① 속뜻 고향으로 돌아가고[歸] 싶은 마음[心]. ② 참으로 사모하여 마음이 이끌림. ㊥귀사(歸思).

귀:영 歸營 (돌아갈 귀, 집 영). 군사 군인이

부대 밖의 업무나 휴가 따위로 나갔다가 다시 병영(兵營)으로 돌아옴[歸]. ¶귀영을 재촉하는 북소리가 울렸다. ㊎귀대(歸隊).

귀:원-성 歸原性 (돌아갈 귀, 본디 원, 성질 성). 동물 물고기가 자신이 원래(原來) 태어난 곳에 돌아가서[歸] 알을 낳는 습성(習性). 연어와 같은 물고기에서 볼 수 있다.

귀:의 歸依 (돌아갈 귀, 의지할 의). ① 속뜻 돌아가거나 돌아와[歸] 몸을 의지(依支)함. ② 종교 불교 등에서 절대자에게 돌아가 의지하여 구원을 청함. ¶그는 아버지를 따라 불교에 귀의했다. ③ 종교 몰아의 경지에서 종교적 절대자나 종교적 진리를 깊이 믿고 의지하는 일. ¶그는 참회하고자 종교에 귀의했다. ㊎의귀(依歸).

귀:인 貴人 (귀할 귀, 사람 인). ① 속뜻 사회적 지위가 높은[貴] 사람[人]. ¶귀인을 만나다. ② 역사 조선 시대에, 왕의 후궁에게 내리던 종일품 내명부의 봉작. ㊥천인(賤人).

귀:임 歸任 (돌아갈 귀, 맡길 임). 임지(任地)로 돌아가거나 돌아옴[歸]. ¶그는 삼 년 만에 해외 지사에서 귀임했다.

귀:재 鬼才 (귀신 귀, 재주 재). ① 속뜻 귀신(鬼神) 같은 재주[才]. ② 세상에서 보기 드물게 뛰어난 재능. 또는 그런 재능을 가진 사람. ¶그는 변장술의 귀재이다.

귀:정 歸正 (돌아올 귀, 바를 정). 그릇되었던 일이 올바로[正] 돌아옴[歸]. ¶이번 일은 귀정을 내어야 한다.

귀:제 貴弟 (귀할 귀, 아우 제). 상대편의 아우[弟]를 높여[貴] 이르는 말.

⁑귀:족 貴族 (귀할 귀, 무리 족). 가문이나 신분 따위가 높아[貴] 정치적·사회적 특권을 가진 계층이나 무리[族]. ¶그는 백작의 지위를 받은 귀족이다. ㊟평민(平民), 서민(庶民), 노예(奴隸).

▸귀:족-어 貴族語 (말씀 어). 언어 주로 귀족(貴族) 계층에서 사용하는 언어(言語).

▸귀:족-적 貴族的 (것 적). 귀족(貴族)에서 볼 수 있는 것[的]. 귀족다운 것. ¶귀족적 특성이 드러난 작품.

▸귀:족-제 貴族制 (정할 제). 정치 특권을 가진 소수의 귀족(貴族)이 권력을 잡고 다스리는 통치 방식이나 제도(制度). ㊟군주제(君主制), 공화제(共和制), 민주제(民主制).

귀주 대:첩 龜州大捷 (거북 귀, 고을 주, 큰 대, 이길 첩). 역사 1019년 고려에 침입한 거란군을 강감찬(姜邯贊)이 귀주(龜州)에서 크게[大] 무찔러 이긴[捷] 전쟁.

귀:중[1] 貴中 (귀할 귀, 가운데 중). 편지나 물품 따위를 받을 단체나 기관의 이름 아래나 가운데[中] 쓰는 높임말[貴]. ¶세계언어문자 집현원 귀중.

***귀:중[2] 貴重** (귀할 귀, 무거울 중). 매우 귀(貴)하고 소중(所重)하다. ¶이 암석은 지질학 연구 자료로 매우 귀중하다. ㊎진귀(珍貴), 중요(重要).

▸귀:중-품 貴重品 (물건 품). 귀중(貴重)한 물품(物品). ¶귀중품은 금고에 보관하십시오.

귀:착 歸着 (돌아갈 귀, 붙을 착). ① 속뜻 먼 곳으로부터 돌아와[歸] 닿음[着]. ② 의논이나 어떤 일의 경과 따위가 여러 과정을 거쳐 어떤 결말에 다다름. ¶이 현상은 결국 역사관의 차이에 귀착된다.

귀:책 歸責 (돌아갈 귀, 꾸짖을 책). 법률 자유의사에 의한 행위를 그 행위자의 책임(責任)으로 돌리는[歸] 일.

▸귀:책-사유 歸責事由 (일 사, 까닭 유). ① 속뜻 귀책(歸責)이 될 만한 사유(事由)나 행위. ② 법률 법률적인 불이익을 부과하기 위해 필요한 주관적 요건. 의사 능력이나 책임 능력이 있고 고의나 과실이 있어야 한다.

귀:천 貴賤 (귀할 귀, 천할 천). 신분이 귀(貴)하거나 천(賤)한 일. 또는 신분이 높은 사람과 낮은 사람. ¶직업에는 귀천이 없다.

귀:체 貴體 (귀할 귀, 몸 체). 상대편의 몸[體]을 높여[貴] 이르는 말. ¶귀체 평안하신지요.

귀:촌 歸村 (돌아갈 귀, 시골 촌). 도시에 살다가 시골[村]로 돌아가서[歸] 삶. ¶60세 때 이곳으로 귀촌하였다.

귀:추 歸趨 (돌아갈 귀, 달아날 추). ① 속뜻 돌아[歸] 달려감[趨]. ② 일이 되어 가는 형편. ¶이번 사건의 귀추가 주목된다.

귀:축 鬼畜 (귀신 귀, 가축 축). ① 속뜻 아귀(餓鬼)와 축생(畜生)을 아울러 이르는 말. ② 야만적이고 잔인한 짓을 하는 사람을 비

유하여 이르는 말. ¶그들은 원주민들을 사살하는 귀축 같은 짓을 저질렀다. ③은혜를 모르는 사람을 비유하여 이르는 말.

귀:측 貴側 (귀할 귀, 곁 측). 상대편을 높여[貴] '당신 쪽[側]'을 나타내는 말. ¶귀측의 제의를 수용하겠습니다. ㊥귀편(貴便).

귀:태 貴態 (귀할 귀, 모양 태). ① 속뜻 고귀(高貴)한 태도나 모습[態]. ¶그녀의 얼굴에는 귀태가 흐른다. ②귀여운 태도.

귀:택 歸宅 (돌아갈 귀, 집 택). 집[宅]에 돌아가거나 돌아옴[歸]. ¶아이는 마당으로 나가 아버지의 귀택을 맞았다.

귀:하 貴下 (귀할 귀, 아래 하). ① 속뜻 상대편을 높여[貴] 그의 이름 뒤[下]에 쓰는 말. ¶담당자 귀하. ②상대편을 높여 그의 이름 대신 부르는 말. ¶귀하의 편지는 잘 받았습니다. ㊥당신(當身).

귀:한 貴翰 (귀할 귀, 글 한). 상대편의 편지[翰]를 높여[貴] 이르는 말. ㊥귀함(貴函).

귀:함 貴函 (귀할 귀, 편지 함). 상대편의 편지[函]를 높여[貴] 이르는 말. ㊥귀한(貴翰).

귀:항¹ 歸航 (돌아갈 귀, 건널 항). 배나 비행기가 출발하였던 곳으로 다시 돌아오는[歸] 항해(航海). ¶군함이 적진에서 귀항했다.

귀:항² 歸港 (돌아갈 귀, 항구 항). 배가 출발하였던 항구(港口)로 다시 돌아가거나 돌아옴[歸]. ¶만선의 배가 포구로 귀항하다. ㊤출항(出港).

귀:향 歸鄕 (돌아갈 귀, 시골 향). 고향(故鄕)으로 돌아가거나 돌아옴[歸]. ¶귀향 인파 / 그는 객지 생활을 정리하고 귀향했다. ㊥환향(還鄕). ㊤이향(離鄕).

귀:형 鬼形 (귀신 귀, 모양 형). ① 속뜻 귀신(鬼神)의 형상(形狀). ②몹시 파리하여지거나 아주 추하고 흉하게 된 얼굴.

귀:화¹ 鬼火 (귀신 귀, 불 화). ① 속뜻 도깨비[鬼] 불[火]. ②밤에 무덤이나 축축한 땅 또는 고목이나 낡고 오래된 집에서 인 따위의 작용으로 저절로 번쩍이는 푸른빛의 불꽃. ¶귀화 같은 파란 불꽃이 일었다.

귀:화² 歸化 (돌아갈 귀, 될 화). ① 속뜻 왕의 어진 정치에 감화되어 돌아가[歸] 그 백성이 됨[化]. ② 법률 다른 나라의 국적을 얻어 그 나라의 국민이 되는 일. ¶그는 한국으로 귀화했다.

▸**귀:화 생물 歸化生物** (살 생, 만물 물). 생물 다른 곳으로 옮겨가[歸] 그 지역에 맞게 변화(變化)하여 사는 생물(生物). ㊥귀화종(歸化種).

▸**귀:화 식물 歸化植物** (심을 식, 만물 물). 식물 다른 곳으로 옮겨가[歸] 그 지역에 맞게 변화(變化)하여 사는 식물(植物). ¶개망초는 북아메리카가 원산인 귀화 식물이다.

귀:환 歸還 (돌아갈 귀, 돌아올 환). 본래 있던 곳으로 돌아가거나[歸] 돌아옴[還]. ¶무사 귀환을 빕니다 / 난민들은 본국으로 귀환했다. ㊥환귀(還歸).

귀:호-곡 歸乎曲 (돌아갈 귀, 어조사 호, 노래 곡). 문학 고려 시대, 떠난 임이 돌아오기[歸乎]를 바라며 지은 가곡(歌曲). ㊥가시리.

규각 圭角 (서옥 규, 모서리 각). ① 속뜻 서옥[圭, 위는 둥글고 아래는 네모진 홀]의 뾰족한 모서리[角]. ②말이나 뜻, 행동이 서로 맞지 아니함. ¶협상이 진행되는 동안 내부에 규각이 생겼다.

규격 規格 (법 규, 격식 격). ① 속뜻 규정(規定)에 맞는 격식(格式). ②공업 제품 등의 품질이나 치수, 모양 등에 대한 일정한 표준(標準). ¶규격 봉투 / 이 상품은 산업 규격에 맞는다.

▸**규격-품 規格品** (물건 품). 질, 모양, 치수 따위를 어떤 규정(規定)과 표준[格]에 맞추어 만든 물품(物品).

▸**규격-화 規格化** (될 화). ① 속뜻 같은 종류의 제품이나 재료 등을 규격(規格)에 맞게 함[化]. ¶축구공을 규격화했다. ②사물을 일정한 틀에 맞추어 독자성이나 개성 따위를 없앰. ¶사고의 규격화.

규구 規矩 (그림쇠 규, 곱자 구). ① 속뜻 컴퍼스[規]와 곱자[矩]. 또는 치수와 모양. 그림쇠. ②'규구준승'(規矩準繩)의 준말.

▸**규구-준승 規矩準繩** (평평할 준, 노끈 승). ① 속뜻 컴퍼스[規], 곱자[矩], 수준기[準], 먹줄[繩]을 통틀어 이르는 말. ②일상생활에서 지켜야 할 법도. ¶규구준승에 맞게 행동해라.

규례 規例 (법 규, 법식 례). 일정한 규칙(規

則)과 정해진 관례(慣例). ¶예전의 규례대로 의식을 거행하다.

규명 糾明 (따질 규, 밝을 명). 어떤 사실을 자세히 따져서[糾] 바로 밝힘[明]. ¶사건의 진상을 규명하다.

⁑규모 規模 (법 규, 본보기 모). ① 속뜻 법[規]이 될 만한 본보기[模]. ② 사물의 구조나 구상(構想)의 크기. ¶이 사업은 규모가 크다. ③ 씀씀이의 계획성이나 일정한 한도(限度). ¶그녀는 규모 있게 살림을 한다.

규문 糾問 (따질 규, 물을 문). 죄를 엄하게 따져[糾] 물음[問]. ¶규문 소송.

▸규문-주의 糾問主義 (주될 주, 뜻 의). 법률 법원이 스스로 소송 절차를 개시하여 심리하고[糾問] 재판하는 원칙[主義]. 반 탄핵주의(彈劾主義).

규방 閨房 (부녀자 규, 방 방). ① 속뜻 부녀자[閨]가 거처하는 방(房). ¶그녀는 청상이 되어 규방에 갇혀 생활했다. ② 안주인이 거처하는 방. ③ 부부의 침실. 비 규실(閨室), 유규(幽閨), 안방, 유방(帷房).

▸규방 가사 閨房歌詞 (노래 가, 말씀 사). 문학 조선 시대에 부녀자[閨房]가 짓거나 읊은 가사(歌詞) 작품을 통틀어 이르는 말. 주로 시집에서 지켜야 할 몸가짐과 예절 따위에 대한 것이다. 비 내방(內房) 가사, 규중 가도(閨中歌道).

▸규방 문학 閨房文學 (글월 문, 배울 학). 문학 조선 시대에 양반 부녀자[閨房]의 생활을 그린 문학(文學). ¶'내간'(內簡)은 대표적인 규방 문학이다.

규범 規範 (법 규, 틀 범). ① 속뜻 법규(法規)와 모범(模範). ② 인간이 마땅히 따르고 지켜야 할 가치 판단의 기준. ¶규범에 어긋나다.

▸규범-학 規範學 (배울 학). 철학 윤리학, 논리학, 미학과 같이 규범(規範)의 법칙을 연구하는 학문(學問). '규범 과학'(科學)의 준말. 비 당위학(當爲學).

▸규범 문법 規範文法 (글월 문, 법 법). 언어 언어생활을 올바르게 하기 위해 규칙[規範]을 설정하고 그것을 지키도록 한 문법(文法). 비 명령 문법(命令文法), 실용 문법(實用文法). 반 과학(科學) 문법.

규사 硅沙 (규소 규, 모래 사). 광업 화강암 따위의 풍화로 생긴, 이산화규소(二酸化硅素)의 모래[沙]. 도자기나 유리를 만드는데 쓴다.

규산 硅酸 (규소 규, 산소 산). 화학 ① 규소(硅素)와 산소(酸素)·수소의 화합물. 화학식은 H4SiO4. ② '이산화규소'(二酸化硅素)를 흔히 이르는 말.

규석 硅石 (규소 규, 돌 석). 광업 규소(硅素)를 주성분으로 하는 암석(岩石). 유리, 도자기 따위를 만드는 데 쓴다.

규선-석 硅線石 (규소 규, 줄 선, 돌 석). 광업 규산염(硅酸鹽)을 포함한, 가느다란 기둥 또는 섬유[線] 모양의 광물[石].

규성 叫聲 (부르짖을 규, 소리 성). 부르짖는[叫] 소리[聲]. ¶어디선가 규성이 들려 왔다.

규소 硅素 (규소 규, 바탕 소). 화학 비금속 원소(元素)의 하나. 자연계에는 규산염(硅酸鹽) 등으로 존재하며 암석권의 주요 구성성분이다. 벼·대나무, 동물의 깃털·발톱, 해면 등에도 함유되어 있다. 원소기호는 Si. 비 실리콘(silicon).

규수 閨秀 (안방 규, 빼어날 수). ① 속뜻 안방[閨] 일에 빼어난[秀] 솜씨. 또는 그런 솜씨를 가진 여자. ¶양갓집 규수. ② 혼기에 이른 남의 집 처녀를 점잖게 이르는 말. ¶숙부가 규수를 소개해주셨다. 비 아가씨.

규식 規式 (법 규, 법 식). 정해진 법규(法規)와 격식(格式). ¶업무 규식 / 개량된 규식에 따라 화포를 주조했다.

규암 硅巖 (규소 규, 바위 암). ① 속뜻 규소(硅素) 성분의 바위[巖]. ② 지리 주로 석영의 입자만으로 된 매우 단단한 입상(粒狀) 암석.

규약 規約 (법 규, 묶을 약). 서로 협의하여 정한[約] 규칙(規則). ¶향약은 향촌에서 전해 내려오는 규약의 하나이다. 비 협약(協約).

규운-암 硅雲巖 (규소 규, 구름 운, 바위 암). 지리 차돌[硅]과 운모(雲母)가 주로 들어 있는 화강암(花崗巖).

규원 閨怨 (부녀자 규, 원망할 원). 사랑하는 사람에게 버림받은 여자[閨]의 원한(怨恨). ¶규원을 표현한 작품.

▸규원-가 閨怨歌 (노래 가). 문학 남편의 사

랑을 받지 못하는 여인[閨]의 애처로운 마음[怨]을 읊은 가사(歌辭). 조선 중기에 허난설헌이 지은 규방 가사이다.

규율 規律 (법 규, 법칙 률). ① 속뜻 따라야 할 법규(法規)와 기율(紀律). ② 질서 유지를 위한 행동 준칙이나 본보기. ¶규율을 지키다. ⑪규정(規定), 규약(規約).

규장 奎章 (문장 규, 글 장). ① 속뜻 중요한 문장[奎]이나 글[章]. ② 역사 임금이 쓴 글이나 글씨. ⑪규한(奎翰).

▶ **규장-각** 奎章閣 (관청 각). 역사 조선 정조 때 설치한 역대 임금의 글[奎章]이나 글씨·고명·유교·선보·보감 따위와 어진을 보관하는 역할을 하던 왕실 도서관[閣].

규정[1] 規程 (법 규, 분량 정). ① 속뜻 조목별로 정하여 놓은 규칙[規]이나 표준[程]. ② 관공서 따위에서, 내부 조직이나 사무 취급 등에 대하여 정해 놓은 규칙. ¶인사 규정 / 출장 규정.

규정[2] 規定 (법 규, 정할 정). ① 속뜻 규칙(規則)으로 정(定)함. 또는 정하여 놓은 것. ¶대회 규정. ② 어떤 것의 내용, 성격, 의미 등을 밝히어 정함. 또는 밝히어 정한 것. ¶사건에 대하여 명확히 규정하다. ③ 법률 어떤 사항을 법률의 조항으로 정함. 또는 그 정해진 조항. ¶헌법으로 규정하다. ⑪규제(規制).

▶ **규정-론** 規定論 (논할 론). 철학 세상 모든 일은 일정한 법칙[規]에 의해 정해지는[定] 것이라는 이론(理論). ⑪결정론(決定論).

규제 規制 (법 규, 누를 제). ① 속뜻 일정한 한도를 넘지 못하게 규칙(規則)이나 규정으로 억누름[制]. ¶수입 규제 정책. ② 규칙으로 정함. ¶총리의 역할을 규제하다. ⑪통제(統制), 규정(規定).

규준 規準 (법 규, 고를 준). ① 속뜻 인식 따위에서 규범(規範)이 되는 표준(標準). ② 행동할 때 따라야 할 규칙. ¶작업 규준.

규중 閨中 (안방 규, 가운데 중). 부녀자가 거처하는 안방[閨]의 안[中]. ¶널뛰기는 규중 여인들이 정초에 즐기던 놀이이다. ⑪규내(閨內), 규문(閨門).

▶ **규중-행실가** 閨中行實歌 (행할 행, 실제 실, 노래 가). 문학 작자·연대 미상의 규방 가사. 부녀자[閨中]의 도리와 예의범절[行實] 따위를 읊은 가사(歌辭).

▶ **규중칠우-쟁론기** 閨中七友爭論記 (일곱 칠, 벗 우, 다툴 쟁, 논할 론, 기록할 기). 문학 안방[閨中]의 일곱[七] 벗[友]인 바늘·자·가위·인두·다리미·실·골무가 다투는[爭論] 이야기[記]. 작자·연대 미상의 한글 수필로, 이를 통해 인간 세상을 풍자하였다.

규찰 糾察 (따질 규, 살필 찰). 어떤 사실을 캐고 따져[糾] 자세히 살피어 밝힘[察]. ¶지방 관리의 불법을 규찰하다.

⁑**규칙** 規則 (법 규, 법 칙). ① 국가나 어떤 단체에 속해 있는 사람의 행위, 또는 사무 절차 따위의 기준[規]으로 정해 놓은 준칙(準則). ¶경기 규칙 / 규칙을 어기다. ② 법률 헌법이나 법률에 입각하여 입법·사법·행정의 각 부에서 제정한 법. ¶자치 규칙 / 행정 규칙. ⑪법칙(法則), 승률(繩律).

▶ **규칙-성** 規則性 (성질 성). 규칙(規則)에 잘 맞는 성질(性質). 또는 규칙이 있는 성질. ¶기계적인 규칙성.

▶ **규칙-적** 規則的 (것 적). 일정한 규칙(規則)에 따른 것[的]. 규칙이 바른 것. ¶원자가 규칙적으로 배열되어 있다. ⑫불규칙적.

▶ **규칙 용:언** 規則用言 (쓸 용, 말씀 언). 언어 어미의 활용(活用)이 규칙적(規則的)으로 이루어지는 동사와 형용사[用言]. ⑪정칙(正則) 용언, 정격(正格) 용언.

▶ **규칙 활용** 規則活用 (살 활, 쓸 용). 언어 어미의 활용(活用)이 규칙적(規則的)으로 이루어지는 일. ⑫불규칙 활용.

규탄 糾彈 (따질 규, 퉁길 탄). ① 속뜻 잘못을 따지어[糾] 탄핵[彈劾]함. ② 잘못을 공식적으로 엄하게 따지고 나무람. ¶적국의 만행(蠻行)을 규탄하는 모임이 열렸다.

규토 硅土 (규소 규, 흙 토). ① 속뜻 규소(硅素) 성분의 흙[土]. ② 지리 석영을 주성분으로 하는 흙. 유리나 도자기를 만드는 재료로 쓴다.

규표 圭表 (서옥 규, 겉 표). 예전에 쓰던, 천문 관측 기계의 하나. 가운데 세운 수직막대를 '표'(表)라 하고, 표 아래 끝에 붙여서 수평으로 북쪽을 향하여 누인 자를 '규'(圭)라 한다. 그림자의 길이로 태양의 시차를 관측하였다.

규합 糾合 (얽힐 규, 합할 합). 어떤 목적 아래 많은 사람들을 한데 끌어[糾] 모음[合]. ¶그는 동지를 규합하여 독립 운동을 벌였다.

규화[1] 硅化 (규산 규, 될 화). [화학] ①퇴적물이나 바위 속에 규산(硅酸)이 스며들어 변함[化]. ②규소와 그보다 전기 음성도가 작은 원소가 화합하는 일.

규화[2] 硅華 (규소 규, 꽃 화). ①[속뜻] 규산(硅酸) 성분 때문에 꽃[華]과 같은 모양으로 침전되는 물질. ②[광업] 단백석의 하나. 이산화규소를 함유한 온천에 침전한다.

규환 叫喚 (부르짖을 규, 부를 환). 괴로워 큰 소리로 부르짖어[叫] 부름[喚]. ¶규환 지옥 / 아비규환(阿鼻叫喚). [비]규호(叫號).

균독 菌毒 (세균 균, 독할 독). [생물] 독균(毒菌)에 포함되어 있는 유독한 세균(細菌).

균등 均等 (고를 균, 가지런할 등). 수량이나 상태 등이 고르고[均] 가지런함[等]. ¶균등한 기회 / 균등하게 배분하다. [비]균일(均一). [반]차등(差等).

균류 菌類 (세균 균, 무리 류). ①[속뜻] 세균[菌] 종류(種類). ②[식물] 광합성을 하지 않는 하등 식물을 통틀어 이르는 말. 세균, 조균, 자낭균, 담자균, 변형균 따위.

균모 菌帽 (버섯 균, 모자 모). [식물] 버섯[菌]의 줄기 위에 모자(帽子)처럼 덮인 부분. [비]균산(菌傘).

균배 均配 (고를 균, 나눌 배). 고르게[均] 분배(分配)함. 고루 나누어 줌. ¶장군은 전리품을 부하들과 균배했다.

균분 均分 (고를 균, 나눌 분). 고르게[均] 나눔[分]. ¶그들은 회사의 지분을 균분했다.

균사 菌絲 (버섯 균, 실 사). [식물] 버섯[菌]의 몸을 이루고 있는 가는 실[絲]오라기 모양의 세포. [비]곰팡이실.

▶균사-체 菌絲體 (몸 체). [식물] 균류(菌類)의 몸을 이루고 있는 가는 실오라기[絲] 모양의 구조체[體].

균산 菌傘 (버섯 균, 우산 산). [식물] 버섯[菌]의 줄기 위에 우산(雨傘) 모양으로 덮인 부분. [비]균모(菌帽).

균안 均安 (고를 균, 편안할 안). 두루[均] 편안(便安)하다. ¶옥체 균안하십시오. [비]균태(均泰), 균온(均穩)

균여-전 均如傳 (고를 균, 같을 여, 전할 전). [책명] 균여(均如) 대사의 전기(傳記). 고려 때, 혁련정이 엮었으며, 여기에 향가 '보현십원가'(普賢十願歌)가 실려 전함.

균역-법 均役法 (고를 균, 부릴 역, 법 법). ①[속뜻] 모든 백성에게 고르게[均] 군역(軍役)을 지우는 법(法). ②[역사] 조선 영조 때, 백성의 세금 부담을 줄이기 위해 만든 납세 제도. 종래의 군포를 두 필에서 한 필로 줄이고, 부족한 액수는 어업세·염세·선박세·결작 따위를 징수하여 보충하였다 .

균열 龜裂 (갈라질 균, 찢어질 렬). ①[속뜻] 거북의 등에 있는 무늬처럼 갈라지고[龜] 찢어짐[裂]. ¶벽에 균열이 생기다. ②친하게 지내는 사이에 틈이 남. ¶둘 사이에 균열이 생겼다. ③추위 따위로 손발이 터짐. [비]균탁(龜坼), 분열(分裂).

균일 均一 (고를 균, 같을 일). 금액이나 수량 따위가 골고루[均] 똑같음[一]. 차이가 없음. ¶요금은 어른이나 아이나 균일하다. [비]균등(均等).

▶균일-제 均一制 (정할 제). 값이나 요금 따위를 균일(均一)하게 하는 제도(制度).

▶균일 혼:합물 均一混合物 (섞을 혼, 합할 합, 만물 물). [화학] 두 가지 이상의 순물질이 균일(均一)하게 섞여 이루어진 혼합물(混合物). 혼합물의 어느 부분이나 같은 성질을 나타낸다.

균전 均田 (고를 균, 밭 전). [역사] ①토지[田]를 백성들에게 고르게[均] 나누어주던 제도. ¶양민이라면 균전을 받을 자격이 있었다. ②토지의 규모에 맞추어 세금을 고르게 하던 제도.

▶균전-론 均田論 (논할 론). [역사] 토지[田]를 균등(均等)하게 분배하자는 개혁론(改革論). 조선 후기, 실학자들을 중심으로 제기되었으나 실현되지 못하였다. ¶유형원은 균전론을 주장했다.

균점 均霑 (고를 균, 젖을 점). ①[속뜻] 고르게[均] 젖어듦[霑]. ②고르게 이익이나 혜택을 받음. ¶이익의 균점. ③[법률] 국제법에서, 다른 나라와 똑같은 혜택을 받는 일.

균제 均齊 (고를 균, 가지런할 제). 고르고[均] 가지런함[齊]. ¶체격의 균제와 살결의 고움. [비]균등(均等), 균일(均一).

균조-식물 菌藻植物 (세균 균, 바닷말 조, 심을 식, 만물 물). 식물 균류(菌類)·조류(藻類)를 포함하는 이끼 이하의 하등 식물(植物).

균질 均質 (고를 균, 바탕 질). ① 속뜻 성분[質]이나 특성이 고르게[均] 되어 있음. ¶인간소외 현상은 세계적으로 균질하게 나타난다. ② 하나의 물질에서 어느 부분을 취하여도 성분이나 특성이 일정함. ¶성분이 균질한 금속. ㊒등질(等質).

▶균질-권 均質圈 (범위 권). 지리 대기의 성분[質]이 고루[均] 잘 섞여있는 대기권(大氣圈). 지표로부터 80~100km 높이의 대기가 이에 해당한다. ㊓비균질권(非均質圈).

균평 均平 (고를 균, 평평할 평). ① 속뜻 고르고[均] 평평(平平)하다. ② 고루 공평하다. ¶이익을 균평하게 분배했다.

균할 均割 (고를 균, 나눌 할). 균등(均等)하게 분할(分割)함. 똑같이 할당(割當)함.

⁂**균형 均衡** (고를 균, 저울대 형). 균등(均等)하고 평형(平衡)을 이룸. 어느 한쪽으로 기울거나 치우치지 않고 고름. ¶균형 있는 발전 / 입법부와 행정부가 균형을 유지하다. ㊒권형(權衡). ㊓불균형(不均衡).

▶균형-미 均衡美 (아름다울 미). 균형(均衡)이 알맞게 잘 잡힌 데서 우러나오는 아름다움[美]. ¶이 건물은 고전주의 건축의 균형미를 잘 보여준다.

▶균형 예:산 均衡豫算 (미리 예, 셀 산). 경제 세입과 세출이 균형(均衡)을 이루고 있는 예산(豫算).

▶균형 재정 均衡財政 (재물 재, 정사 정). 경제 세입과 세출이 균형(均衡)을 이루고 있는 재정(財政) 상태. ㊒건전(健全) 재정. ㊓적자(赤字) 재정.

귤색 橘色 (귤나무 귤, 빛 색). ① 속뜻 잘 익은 귤(橘) 껍질의 빛깔[色]. ② 주황과 노랑의 중간 색상의 이름. ㊒등황색(橙黃色).

귤피 橘皮 (귤나무 귤, 껍질 피). 한의 귤(橘)의 껍질[皮]. 약재로 쓰인다. ¶귤피로 차를 끓였다.

▶귤피-문 橘皮紋 (무늬 문). 귤(橘)의 껍질[皮]처럼 두툴두툴하게 생긴 도자기의 무늬[紋]. ㊒계피문(鷄皮紋).

귤화-차 橘花茶 (귤나무 귤, 꽃 화, 차 차). 귤나무[橘]의 꽃[花]을 말렸다가 물에 넣어 끓인 차(茶).

극간 極諫 (지극할 극, 간언할 간). 임금이나 웃어른에게 잘못된 일이나 행동을 고치도록 온 힘을 다하여[極] 말함[諫]. ¶그는 당쟁의 폐해를 극간했다.

극감 極減 (다할 극, 덜 감). 극도(極度)로 줄임[減]. ¶매출이 줄어 광고비를 극감했다.

극계 劇界 (연극 극, 지경 계). 연극(演劇) 관계자의 사회[界]. ¶그는 이탈리아 극계에서 활약했다. ㊒극단(劇壇).

극관 極冠 (끝 극, 갓 관). 천문 화성(火星)의 양 극(極) 부분에 보이는 갓[冠] 모양의 흰 부분. 얼음과 눈으로 덮여 있다.

극광 極光 (끝 극, 빛 광). 지리 지구의 북극(北極)과 남극(南極) 지방의 높은 하늘에 이따금 나타나는 아름다운 빛[光]의 현상. ¶이곳에서는 극광을 관찰할 수 있다. ㊒오로라(aurora).

극구 極口 (다할 극, 입 구). ① 속뜻 입[口]으로 온갖 말을 다함[極]. ② 온갖 말을 다하여. ¶극구 사양하다.

극권 極圈 (끝 극, 범위 권). ① 속뜻 지구에서 극(極)에 해당하는 지역[圈]. ② 지리 지구의 남북 위도로 66°33'에서 각각 남 또는 북의 지역을 일컬음.

극기[1] 極忌 (다할 극, 꺼릴 기). ① 속뜻 극(極)히 꺼림[忌]. ② 몹시 미워함.

극기[2] 克己 (이길 극, 자기 기). 자기(自己)의 욕망이나 충동, 감정 따위를 의지로 눌러 이김[克]. ¶극기 훈련. ㊒자제(自制). ㊓이기(利己).

▶극기-심 克己心 (마음 심). 자기(自己)의 욕심이나 충동, 감정 따위를 눌러 이기려는[克] 마음[心]. ¶극기심을 함양하다.

▶극기-복례 克己復禮 (되돌릴 복, 예도 례). 자기(自己)의 욕심을 누르고[己] 예의(禮義) 범절을 따름[復].

▶극기-주의 克己主義 (주될 주, 뜻 의). 철학 극기(克己)를 최고의 가치로 삼는 사상이나 태도[主義]. ㊒금욕주의(禁慾主義).

극-기후 極氣候 (끝 극, 기후 기, 기후 후). 지리 극지방(極地方)에 나타나는 기후(氣候). 기온이 낮고 비 대신 눈이 내리며 풀과 나무가 지리지 못한다.

극난 極難 (다할 극, 어려울 난). 매우[極] 어려운[難]. ¶극난한 일.

극년 極年 (끝 극, 해 년). 지리 세계 각국의 지구 물리학자들이 50년에 한 번씩 1년 동안에 걸쳐 극지방(極地方)을 공동 관측하기로 결정한 해[年]. '국제극년'의 준말.

극단¹ 劇團 (연극 극, 모일 단). 연영 연극(演劇)의 상연을 목적으로 결성된 단체(團體). ¶그는 극단에 가입했다.

극단² 劇壇 (연극 극, 단 단). ① 속뜻 연극(演劇)의 무대[壇]. ② 연극에 관련된 일에 종사하는 사람들의 활동 분야. ¶그는 극단의 주목을 받으며 등장했다. ㊐연극계(演劇界).

극단³ 極端 (다할 극, 끝 단). ① 속뜻 맨[極] 끄트머리[端]. ② 중용을 벗어나 한쪽으로 치우치는 일. ¶극단에 치우치다. ③ 극도에 이르러 더 나아갈 수 없는 상태. ¶사태가 극단으로 치닫다.

▸극단-적 極端的 (것 적). 극단(極端)의 상태인 것[的]. ¶극단적인 태도를 보이다.

극대 極大 (다할 극, 큰 대). ① 속뜻 더 없이[極] 큼[大]. ② 수학 어떤 양이 일정 법칙에 따라 늘어나다가 더 이상 늘어날 수 없는 정도까지 이르렀을 때. 극댓값. ㊥극소(極小).

▸극대-량 極大量 (분량 량). 지극(至極)히 많은[大] 분량(分量). ㊥극소량(極少量).

▸극대-치 極大値 (값 치). 수학 어떤 함수가 극대(極大)일 때의 값[値]. ¶유성군(流星群)은 오늘 밤 극대치에 이른다. ㊥극소치(極小値).

▸극대-화 極大化 (될 화). 매우[極] 크게[大] 됨[化]. 또는 그렇게 함. ¶이윤의 극대화.

극도 極度 (다할 극, 정도 도). 더할 수 없이 극심(極甚)한 정도(程度). ¶극도로 긴장하다. ㊐극한(極限).

극동 極東 (끝 극, 동녘 동). ① 속뜻 동(東)쪽의 맨 끝[極]. ② 지리 아시아 대륙의 동쪽에 위치한 지역. 한국, 중국, 일본, 대만 등지를 이른다. ¶극동 아시아. ㊐원동(遠東). ㊥극서(極西).

극-동풍 極東風 (끝 극, 동녘 동, 바람 풍). 지리 지구의 극지방(極地方)에서 발생하는 편동풍(偏東風). 지구의 자전으로 말미암아 생긴다. ㊐주극풍(周極風).

극락 極樂 (다할 극, 즐길 락). ① 속뜻 더없이[極] 안락(安樂)하고 깨끗한 땅. ② 불교 아미타불이 살고 있는 괴로움이 없으며 지극히 안락하고 자유로운 세상. '극락정토'(極樂淨土)의 준말. ㊥지옥(地獄).

▸극락-계 極樂界 (지경 계). 불교 아미타불이 살고 있는, 괴로움이 없으며 지극(至極)히 안락(安樂)한 세계(世界). '극락 세계'(極樂世界)의 준말.

▸극락-왕생 極樂往生 (갈 왕, 날 생). 불교 ① 죽어서 극락정토(極樂淨土)에 가서[往] 다시 태어남[生]. ② 편안히 죽음. ㊐왕생극락(往生極樂), 정토왕생(淨土往生).

▸극락-정토 極樂淨土 (깨끗할 정, 땅 토). 불교 아미타불이 살고 있는, 괴로움이 없으며 지극(至極)히 안락(安樂)하고 깨끗한[淨] 세상[土]. ㊐서방정토(西方淨土), 안락정토(安樂淨土), 안양정토(安養淨土).

극량 極量 (다할 극, 분량 량). ① 속뜻 규정한 최대[極]의 분량(分量). ② 의학 위험이 없이 한 번 또는 하루에 사용할 수 있는 약의 최대 분량. '최대 용량'의 예전 용어.

극력 極力 (다할 극, 힘 력). 있는 힘[力]을 다함[極]. ¶극력 반대하다.

극렬 極烈 (다할 극, 세찰 렬). 더할 수 없이[極] 매우 세참[烈]. 지독히 심함. ¶유림(儒林)들은 극렬하게 반대했다.

▸극렬-분자 極烈分子 (나눌 분, 접미사 자). 사상이나 언행 등이 매우[極] 과격한[烈] 사람[分子]. ¶극렬분자들이 폭력 시위를 벌이다.

극론¹ 極論 (다할 극, 논할 론). ① 속뜻 극단적(極端的)인 이론(理論). ¶양측의 토론은 극론에 빠졌다. ② 힘껏 주장하여 논의함. ¶그는 기자회견까지 열어 극론했다.

극론² 劇論 (심할 극, 논할 론). 격렬한[劇] 논쟁(論爭). ¶노사는 밤새 극론을 벌였다. ㊐격론(激論).

극류 極流 (끝 극, 흐를 류). 지리 양극(兩極)의 해양에서 적도 쪽으로 흐르는 한류(寒流).

극명 克明 (능히 극, 밝을 명). ① 속뜻 능히[克] 할 수 있을 만큼 자세하고 분명(分明)

함. ¶극명한 사실 / 극명한 대조를 보이다. ② 속속들이 똑똑히 밝힘. ¶교황은 세계평화의 대의를 극명했다.

극-문학 劇文學 (연극 극, 글월 문, 배울 학). 문학 무대 상연을 목적으로 쓴 희곡[劇] 형식의 문학(文學) 작품. ¶그는 극문학의 새 경지를 개척했다.

극물 劇物 (심할 극, 만물 물). 적은 분량으로도 격렬한[劇] 화학 반응을 일으켜 독성(毒性)을 나타내는 의약품 이외의 약물(藥物). ㊂독물(毒物).

극-미세 極微細 (다할 극, 작을 미, 가늘 세). 극도(極度)로 작고[微] 가늘음[細]. ¶극미세 섬유.

극변 劇變 (심할 극, 바뀔 변). 심한[劇] 변화(變化). ¶극변하는 국제 정세. ㊐격변(激變), 급변(急變).

*__극복¹ 克服__ (이길 극, 따를 복). ① 속뜻 이기어[克] 따르도록[服] 하다. ¶어려움을 극복하다. ② 적을 이기어 굴복시킴. ¶일제를 극복하기 위해 노력했다.

극복² 克復 (이길 극, 되돌릴 복). ① 속뜻 이겨내어[克] 본디의 상태로 되돌아감[復]. ② '극기복례'(克己復禮)의 준말.

극본 劇本 (연극 극, 책 본). 연영 연극(演劇)이나 방송극 등의 대본(臺本). ¶극본을 쓰다.

극비 極祕 (다할 극, 숨길 비). 절대 알려져서는 안 되는 몹시[極] 중요한 비밀(祕密). '극비밀'(極祕密)의 준말. ¶극비 문서.

▸극비-리 極祕裡 (속 리). 몹시[極] 비밀(祕密)스러운 가운데[裡]. ¶양국은 극비리에 군사 회담을 열었다.

극-비밀 極祕密 (다할 극, 숨길 비, 몰래 밀). 절대 알려져서는 안 되는 몹시[極] 중요한 비밀(祕密). ㊟극비.

극빈 極貧 (다할 극, 가난할 빈). 더할 수 없이[極] 몹시 가난함[貧]. ¶극빈에서 벗어나기 위해 애쓰다 / 극빈한 소년시절을 보냈다.

▸극빈-자 極貧者 (사람 자). 몹시[極] 가난한[貧] 사람[者]. ¶극빈자를 돕다.

극상 極上 (다할 극, 위 상). 가장[極] 위[上]임. 가장 좋음. 또는 그런 물건. ¶극상의 품질 / 극상의 물품.

극선 極線 (끝 극, 줄 선). 수학 어느 한 점에서 원 또는 원뿔 곡선에 두 접선을 그었을 때 그 접점(接點)[極]을 이은 선(線).

극성¹ 極性 (끝 극, 성질 성). ① 속뜻 극단(極端)의 성질(性質). ② 물리 전극의 양극과 음극, 자석의 남극과 북극이 가지고 있는 서로 다른 성질. ③ 생물 생체 내의 세포나 조직이 어떤 축을 따라 형태적·생리적으로 서로 다른 성질을 나타내는 일. ㊐축성(軸性).

극성² 極星 (끝 극, 별 성). 천문 천구(天球)의 극(極)에 가장 가까운 별[星]. ¶작은곰자리의 알파성은 극성의 역할을 한다.

극성³ 極盛 (다할 극, 가득할 성). ① 속뜻 더 이상 빈곳이 없을 정도로[極] 가득함[盛]. ② 성질이나 행동이 매우 드세거나 적극적임. ¶아이가 장난감을 사달라고 극성이다.

▸극성-기 極盛期 (때 기). 한창 번성한[極盛] 시기(時期). ¶이 작품은 고려시대의 극성기를 잘 드러내준다.

극소¹ 極少 (다할 극, 적을 소). 수량 따위가 매우[極] 적음[少]. ¶극소 분량. ㊥극다(極多).

극소² 極小 (다할 극, 작을 소). ① 속뜻 극히[極] 작음[小]. ② 수학 어떤 함수가 극소일 때의 함숫값. ㊥극대(極大).

▸극소-치 極小値 (값 치). 수학 매우[極] 작은[小] 수치(數值). ㊥극대치(極大値).

극-소량 極少量 (다할 극, 적을 소, 분량 량). 매우[極] 적은[少] 분량(分量). ¶이 약은 극소량만으로도 치사에 이른다.

극-소수 極少數 (다할 극, 적을 소, 셀 수). 극히[極] 적은[少] 수(數). ¶극소수의 사람들만 대회에 참가했다.

극수 極數 (다할 극, 셀 수). 극단(極端)의 수(數). 최고(最高)와 최저(最低)의 수.

극시 劇詩 (연극 극, 시 시). 문학 희곡[劇] 형식으로 쓴 시(詩). ¶이 곡은 극시에 음악을 붙인 것이다. ㊂서정시(抒情詩), 서사시(敍事詩).

극심 極甚 (=劇甚, 다할 극, 심할 심). 지극(至極)히 심(甚)하다. ¶피해가 극심했다. ㊐지독(至毒)하다.

극악 極惡 (다할 극, 악할 악). 더없이[極] 악(惡)함. 지독히 나쁨. ¶극악을 부리다 / 범죄의 수법이 극악하다. ㊥극선(極善).

▸극악-무도 極惡無道 (없을 무, 길 도). 더없이[極] 악(惡)하고 도의심(道義心)이 없음[無]. ¶극악무도한 범죄를 저지르다.

극야 極夜 (끝 극, 밤 야). 지리 극(極) 지역의 밤[夜]. 고위도(高緯度) 지방에서 추분과 춘분 사이에 오랫동안 해가 뜨지 않고 밤만 계속되는 동안. ⓑ백야(白夜).

극약 劇藥 (심할 극, 약 약). ① 약학 성분이 매우 심하게[劇] 독한 약(藥). 적은 분량으로 사람이나 동물에게 위험을 줄 수 있다. ¶극약을 먹고 자살하려 했다. ② '극단적인 해결 방법'을 비유하여 이르는 말. ¶경기 회복을 위해 극약을 처방했다. ⓒ독약(毒藥).

극언 極言 (다할 극, 말씀 언). ① 속뜻 생각하는 바를 거리낌 없이 모두 다[極] 말함[言]. 또는 그 말. ¶극언을 올리다. ② 극단적으로 말함. 또는 그 말. ¶감정이 격해지자 그들은 서로에게 극언을 퍼부었다.

극우 極右 (다할 극, 오른쪽 우). '극우익'(極右翼)의 준말. ¶극우 세력. ⓑ극좌(極左).

극-우익 極右翼 (다할 극, 오른쪽 우, 날개 익). 극단적(極端的)인 우익(右翼) 사상. 또는 그런 사상을 가진 사람. ¶그는 극우익 장교에게 암살당했다. ⓑ극좌익(極左翼).

극-음악 劇音樂 (연극 극, 소리 음, 풍류 악). 음악 가극(歌劇)과 같이 연극적인 대사나 줄거리, 무대 장치 따위를 곁들이는 음악(音樂). ¶이탈리아 극음악의 선구자.

극작 劇作 (연극 극, 지을 작). 연극(演劇)의 각본을 씀[作]. ¶그는 파리에서 왕성한 극작 활동을 했다.

▸극작-가 劇作家 (사람 가). 연극(演劇)의 각본을 쓰는[作] 일을 전문으로 하는 사람[家].

극장 劇場 (연극 극, 마당 장). 연극(演劇), 영화, 무용 등을 감상할 수 있도록 무대와 관람석 등 여러 가지 시설을 갖춘 곳[場]. ¶야외 극장 / 영화를 보러 극장에 갔다.

극적 劇的 (연극 극, 것 적). ① 속뜻 연극(演劇)과 같은 요소가 있는 것[的]. ② 연극을 보는 것처럼 감격적이고 인상적인 것. ¶양측의 협상은 극적으로 타결되었다.

극-전선 極前線 (끝 극, 앞 전, 줄 선). ① 속뜻 극(極)지역에 생기는 전선(前線). ② 지리 남반구와 북반구의 중위도 지역 기단과 극지역 기단과의 경계면에 생기는 불연속선. ③ 지리 한류와 난류가 만나는 경계선.

극점 極點 (끝 극, 점 점). ① 속뜻 궁극(窮極)에 이른 점(點). ¶인내의 극점. ② 지리 위도 90도의 지점. 남극점과 북극점이 있다.

극존 極尊 (다할 극, 높을 존). ① 속뜻 지위가 더없이 매우[極] 높음[尊]. ② '임금'의 높임말.

극-존대 極尊待 (다할 극, 높을 존, 대접할 대). 극진(極盡)히 받들어[尊] 대접(待接)함.

극-존칭 極尊稱 (다할 극, 높을 존, 일컬을 칭). 언어 아주[極] 높여서[尊] 일컫는[稱] 말. ¶'안자'란 '안향'(安珦)을 극존칭으로 표현한 것이다.

극좌 極左 (다할 극, 왼쪽 좌). '극좌익'(極左翼)의 준말. ¶극좌 세력이 반격했다. ⓑ극우(極右).

극-좌익 極左翼 (다할 극, 왼쪽 좌, 날개 익). 극단적(極端的)인 좌익(左翼) 사상. 또는 그런 사상을 가진 사람. ¶러시아에서 극좌익 세력은 강력해졌다. ⓑ극우익(極右翼).

극-좌표 極座標 (끝 극, 자리 좌, 나타낼 표). 수학 평면상의 점의 위치를, 정점[極]으로부터의 거리와 x축과 이루는 각으로 나타내는 좌표(座標).

극중 劇中 (연극 극, 가운데 중). 연극(演劇) 가운데[中]. ¶극중 인물의 이름을 다 외웠다.

극지 極地 (끝 극, 땅 지). ① 속뜻 맨 끝[極]에 있는 땅[地]. 아주 먼 땅. ¶그는 한양에서 극지로 쫓겨났다. ② 남극과 북극 지방. '극지방'(極地方)의 준말. ¶극지를 탐험하다.

▸극지-법 極地法 (법 법). 운동 극지방(極地方)을 탐험할 때 사용하는 방법(方法). 먼저 베이스캠프를 마련하고 차차로 전진 기지를 설치해 가며 목적지에 이르는 방식이다.

▸극지 식물 極地植物 (심을 식, 만물 물). 식물 극지방(極地方)에서만 자라는 식물(植物). 삼림 한계선보다 고위도 지대에서 자라는 식물을 통틀어 이르는 말. ¶이 이끼는 극지 식물의 하나이다.

▸극지 항:법 極地航法 (건널 항, 법 법).

항공 극지방(極地方)의 항행에 쓰이는 항공 항법(航法).

극-지방 極地方 (끝 극, 땅 지, 모 방). 지리 지구 양 극(極)의 주변 지역[地方]. ¶극지방을 관측하다. ㊟극지.

극진 極盡 (다할 극, 다할 진). ① 속뜻 다하여[極] 남음이 없음[盡]. ② 마음과 힘을 들이는 정성이 그 이상 더 할 수 없다. ¶심청은 효성이 극진했다.

극찬 極讚 (다할 극, 기릴 찬). 지극(至極)히 칭찬(稱讚)함. 또는 그 칭찬. ¶그는 뛰어난 연주로 극찬을 받았다.

극체 極體 (다할 극, 몸 체). 동물 동물의 난모세포가 감수 분열을 하여 난자가 되는 과정에서 생기는 세 개의 매우[極] 작은 세포[體].

극치[1] 極致 (다할 극, 이를 치). 극도(極度)에 다다름[致]. 또는 그런 경지. 그보다 더 할 수 없을 만한 최고의 경지나 상태. ¶아름다움의 극치.

극치[2] 極値 (다할 극, 값 치). ① 속뜻 최대[極] 값[値]. ② 수학 함수의 극대치(極大値)와 극소치(極小値)를 통틀어 이르는 말. ㊥극값.

극침 棘針 (가시 극, 바늘 침). 가시[棘]나 바늘[針]처럼 뾰족하게 돋친 것. ¶찬바람이 극침처럼 살을 파고들었다.

극통 極痛 (다할 극, 아플 통). ① 속뜻 몹시[極] 심한 아픔[痛]. ¶지금은 극통하지만 곧 괜찮아질 것이다. ② 뼈에 사무치게 맺힌 고통. ¶머리끝까지 치밀어 오른 극통을 걷잡지 못하였다.

극피 棘皮 (가시나무 극, 껍질 피). 동물 석회질의 가시[棘]가 돋아있는 동물의 껍데기[皮].

▸극피-동물 棘皮動物 (움직일 동, 만물 물). ① 속뜻 가시[棘] 같은 것이 등 껍데기[皮]에 돋아 있는 동물(動物). ② 동물 몸의 표면에 가시가 있는 동물. 몸속에는 골편이나 골판이 있으며, 수관계라는 특별한 구조가 있어 운동·순환·배설 작용을 한다.

극한[1] 極寒 (=劇寒, 다할 극, 찰 한). 몹시[極] 심하여서 견디기 어려운 추위[寒]. ¶긴 극한을 견디고 새싹이 돋았다.

극한[2] 極限 (다할 극, 한할 한). ① 속뜻 사물의 끝이 다하여[極] 닿은 곳이나 한계(限界). ② 사물이 더 이상은 나아갈 수 없는 한계. ¶양측의 대립이 극한에 이르다. ③ 수학 함수 f(x)에서 x가 일정한 값 a에 한없이 가까워지면 f(x)도 일정한 값 b에 가까워질 때 b를 이르는 말. ㊥극치(極致), 극한값.

▸극한-적 極限的 (것 적). 한계(限界)에 이른[極] 것[的]. ¶두 사람은 극한적으로 대립하게 되었다.

▸극한 상황 極限狀況 (형상 상, 형편 황). 더 할 수 없이 막다른 한계(限界)까지 이른[極] 상황(狀況). ¶사람은 극한 상황에서 자신의 실존을 각성한다. ㊥한계(限界) 상황.

극형 極刑 (다할 극, 형벌 형). ① 속뜻 가장[極] 무거운 형벌(刑罰). ② 사형(死刑)을 달리 이르는 말. ¶극형을 받다.

극화 劇化 (연극 극, 될 화). 사건이나 소설 따위를 극(劇)의 형식이 되도록 함[化]. ¶이 드라마는 임진왜란을 극화한 것이다. ㊥각색(脚色).

근:간[1] 近刊 (가까울 근, 책 펴낼 간). 최근(最近)에 출판함[刊]. 또는 그런 간행물. ¶뉴스에서 근간을 소개했다.

근:간[2] 近間 (가까울 근, 사이 간). 가까운[近] 시일의 장래[間]. ¶그는 편지로 근간의 일을 알렸다. ㊥근래(近來), 요사이, 요즈음.

근간[3] 根幹 (뿌리 근, 줄기 간). ① 속뜻 뿌리[根]와 줄기[幹]. ¶100년 된 나무의 근간을 베었다. ② 사물의 바탕이나 가장 중심이 되는 부분. ¶근간 산업 / 국민 경제의 근간을 이루다. ㊥간근(幹根), 근기(根基), 근저(根底), 근본(根本), 기초(基礎).

근거 根據 (뿌리 근, 의지할 거). ① 속뜻 뿌리[根]에 의지함[據]. ② 어떤 의견의 이유. ¶근거를 대다. ③ 어떤 일이나 의논, 의견에 그 근본이 됨. 또는 그런 까닭.

▸근거-지 根據地 (땅 지). 활동의 터전[根據]으로 삼는 곳[地]. ㊥본거지(本據地), 거점(據點).

근:-거리 近距離 (가까울 근, 떨어질 거, 떨어질 리). 가까운[近] 거리(距離). ¶근거리 통신망. ㊥원거리(遠距離).

근:검 勤儉 (부지런할 근, 검소할 검). 부지런

하고[勤] 검소(儉素)함. ¶근검 절약 / 근검 하는 생활 태도.

▸근:검-절약 勤儉節約 (마디 절, 맺을 약). 부지런하고[勤] 검소(儉素)하고 알뜰하게 재물을 아낌[節約]. ¶근검절약하는 습관이 들었다.

근:경[1] **近景** (가까울 근, 볕 경). ① 속뜻 가까이[近] 보이는 경치(景致). ② 그림이나 사진 등에서 가까운 곳에 있는 것으로, 그려지거나 찍히는 대상. ¶농묵(濃墨)으로 근경을 묘사했다. ⓑ원경(遠景).

근:경[2] **近境** (가까울 근, 지경 경). ① 속뜻 가까운 부근(附近)의 일대[境]. ¶그 도시의 근경이 쓰레기로 덮여 있다. ② 비슷한 경우. ¶이번 사건은 처음 있는 일이어서 그 근경을 찾아보기가 힘들다.

근경[3] **根莖** (뿌리 근, 줄기 경). 식물 뿌리[根]처럼 보이는 줄기[莖]. ¶연꽃은 굵고 마디가 많은 근경이 있다. ⓑ뿌리줄기.

근:계 謹啓 (삼갈 근, 아뢸 계). '삼가[謹] 아뢰니다[啓]'의 뜻으로, 편지 첫머리에 쓰는 말. ⓑ경계(敬啓), 배계(拜啓).

근:고[1] **近古** (가까울 근, 옛 고). ① 속뜻 그리 오래되지 않은 가까운[近] 옛날[古]. ¶근고에 있었던 일. 역사 역사 시대를 구분할 때, 중고와 근세(近世) 사이의 시기. 우리나라에서는 고려 시대를 이른다. ⓒ상고(上古), 중고(中古).

근:고[2] **謹告** (삼갈 근, 알릴 고). 삼가[謹] 아뢴[告].

근고[3] **勤苦** (부지런할 근, 괴로울 고). 부지런히[勤] 애씀[苦]. 또는 그런 일. ¶그의 근고를 본보기로 삼다.

근골 筋骨 (힘줄 근, 뼈 골). ① 속뜻 근육(筋肉)과 뼈[骨]. ¶근골기육(肌肉). ② '체력'을 비유하여 이르는 말. ¶근골이 남다르다.

근:공 勤工 (부지런할 근, 장인 공). 부지런히 [勤] 힘써 공부(工夫)함. ¶근공 정진하다.

근관 根管 (뿌리 근, 대롱 관). 의학 치근(齒根)의 중심에 있는 대롱[管] 모양의 빈 부분. ¶치아 뿌리에 염증이 일어나서 근관을 치료했다.

근:교 近郊 (가까울 근, 성 밖 교). 도심에서 가까운[近] 지역[郊]. ¶대도시 근교의 인구가 늘고 있다. ⓑ교외(郊外).

▸근:교 농업 近郊農業 (농사 농, 일 업). 농업 대도시 주변[近郊]에서 하는 농업(農業). ¶집약적 영농으로 근교 농업이 발달했다. ⓑ원교(遠郊) 농업.

근:근[1] **近近** (가까울 근, 가까울 근). 가까운 [近+近] 장래에. 머지않아. ¶근근 좋은 소식이 올거야.

근:근[2] **僅僅** (겨우 근, 겨우 근). 겨우[僅+僅]. ¶얼마 안 되는 돈으로 근근이 살아가다. ⓑ가까스로.

근:기[1] **近畿** (가까울 근, 경기 기). 서울에서 가까운[近] 지방[畿]. ¶근기에서 온 손님. ⓑ기근(畿近).

근기[2] **根氣** (뿌리 근, 기운 기). ① 속뜻 어떤 일을 하는 데 밑바탕[根]이 되는 힘이나 기운(氣運). ¶할아버지는 한약을 드시더니 근기를 차렸다. ② 참을성 있게 배겨내는 힘. ¶근기 있는 노력. ③ 음식이 차지거나 영양이 많아서 먹은 다음에 오랫동안 든든한 기운. ¶아침밥을 먹었더니 근기가 있다.

근-긴장 筋緊張 (힘줄 근, 팽팽할 긴, 당길 장). 의학 근육(筋肉)의 긴장(緊張). 근육이 수축 상태를 오래 끄는 일. '근육 긴장'의 준말.

근:년 近年 (가까울 근, 해 년). ① 속뜻 가까운[近] 해[年]. ② 요 몇 해 사이. 지나간 지 얼마 안 되는 해. ¶올해는 근년에 없었던 추위가 있었다. ⓑ경년(頃年), 근세(近歲).

근:념 勤念 (부지런할 근, 생각 념). ① 속뜻 부지런히[勤] 생각해[念] 줌. ② 마음을 써서 돌보아 줌. ¶여러분께서 너무 근념들 해 주셔서 감사하기 짝이 없습니다. ③ 애쓰고 수고함.

근:농 勤農 (부지런할 근, 농사 농). 농사(農事)에 힘씀[勤]. 또는 그런 농가. ¶근농한 소작인들에게 떡을 나누어주었다. ⓑ나농(懶農).

⁑**근:대 近代** (가까울 근, 시대 대). ① 속뜻 지나간 지 얼마 안 되는 가까운[近] 시대(時代). ② 역사 중세와 현대의 중간 시대. ⓑ근세(近世). ⓑ고대(古代), 현대(現代).

▸근:대-식 近代式 (법 식). 근대(近代)의 발전 수준에 맞는 방식(方式). ¶근대식 공장.

▸근:대-적 近代的 (것 적). 근대(近代)의

특징이 될 만한 성질이나 경향을 띤 것[的]. ¶근대적인 사고 / 근대적 사고방식. [반]봉건적(封建的).

▸근:대-화 近代化 (될 화). 전(前)근대적인 상태에서 근대적(近代的)인 상태로, 또는 후진적인 상태에서 선진적인 상태로 되거나 되게 함[化]. ¶설비를 근대화했다.

근:동 近東 (가까울 근, 동녘 동). [지리] 유럽에 가까운[近] 동(東)쪽 지역. 터키에서 이집트에 이르는 지중해 연안 지역을 이른다. [참]극동(極東), 중동(中東).

*__근:래 近來__ (가까울 근, 올 래). 요즈음[近]에 와서[來]. ¶근래에 드문 큰 비가 왔다.

근량 斤量 (무게 근, 헤아릴 량). '근'(斤)을 단위로 한 무게[量]. ¶쌀의 근량이 많이 나간다.

근력 筋力 (힘줄 근, 힘 력). ① [속뜻] 근육(筋肉)의 힘[力]. 또는 그 지속성. ¶이 운동은 근력을 증강하는데 좋다. ② 기력(氣力). ¶근력이 부치다. [비]체력(體力).

근:로 勤勞 (부지런할 근, 일할 로). ① [속뜻] 힘써 부지런히[勤] 일함[勞]. ② 일정한 시간에 일정한 일을 함. ¶근로 조건. [비]노동(勞動), 근무(勤務). [반]휴식(休息).

▸근:로-권 勤勞權 (권리 권). [법률] 근로 능력을 가진 사람이 국가에 대하여 근로(勤勞) 기회의 제공을 요구할 수 있는 권리(權利). ¶근로자의 근로권을 보장하다. [비]노동권(勞動權).

▸근:로-자 勤勞者 (사람 자). 근로(勤勞)에 의한 소득으로 생활하는 사람[者]. ¶회사는 근로자의 요구를 수용했다. [비]노동자(勞動者).

근:린 近隣 (가까울 근, 이웃 린). ① [속뜻] 가까운[近] 이웃[隣]. ¶근린 관계. ② 가까운 곳. ¶근린공원 / 근린상가. [비]근처(近處).

근막 筋膜 (힘줄 근, 꺼풀 막). [의학] 근육(筋肉), 장기, 몸 안의 공간을 싸는 얇은 막(膜). ¶근막에 염증이 생겼다.

근:면 勤勉 (부지런할 근, 힘쓸 면). 부지런히[勤] 일하며 힘씀[勉]. ¶근면과 협동 / 근면한 생활. [비]역면(力勉). [반]나태(懶怠).

▸근:면-성 勤勉性 (성품 성). 부지런한[勤勉] 품성(稟性). ¶강한 정신력과 근면성.

근멸 根滅 (뿌리 근, 없앨 멸). 뿌리[根]째 없애 버림[滅]. ¶악습을 근멸하다. [비]근절(根絶).

근모 根毛 (뿌리 근, 털 모). [식물] 식물의 뿌리[根] 끝에 실처럼 길고 부드럽게 나온 가는 털[毛]. 땅속에서 양분과 수분을 빨아들이는 작용을 한다. [비]뿌리털.

근:무 勤務 (부지런할 근, 힘쓸 무). 직장 등에서 부지런히[勤] 맡은 일을 함[務]. ¶충실히 근무하다. ② 근무나 보초 따위의 일을 맡아 함. ¶근무 교대 / 야간 근무. [비]근로(勤勞), 근사(勤仕).

근:묵자-흑 近墨者黑 (가까울 근, 먹 묵, 사람 자, 검을 흑). ① [속뜻] 먹[墨]을 가까이[近] 하는 사람[者]은 검어지기[黑] 쉬움. ② '나쁜 사람을 가까이 하면 물들기 쉬움'을 비유하여 이르는 말.

근:방 近方 (가까울 근, 모 방). 가까운[近] 곳[方]. ¶이 근방에 살다. [비]근처(近處), 인근(隣近).

근:배 謹拜 (삼갈 근, 절 배). '삼가[謹] 절함[拜]'의 뜻으로, 편지 끝의 자기 이름 뒤에 쓰는 말. [비]근상(謹上), 근배(謹拜), 근언(謹言).

근:백 謹白 (삼갈 근, 말할 백). '삼가[謹] 아룀[白]'의 뜻으로, 편지 끝의 자기 이름 뒤에 쓰는 말. [비]근상(謹上), 근배(謹拜), 근언(謹言).

근본 根本 (뿌리 근, 뿌리 본). ① [속뜻] 초목의 뿌리[根=本]. ② 사물의 본질이나 본바탕. ¶근본 원칙 / 근본 원인. ③ 자라 온 환경이나 혈통. ¶그는 근본이 좋은 사람이다. [비]근원(根源).

▸근본-적 根本的 (것 적). 본질이나 본바탕[根本]의 것[的]. ¶근본적으로 나쁜 사람은 없다.

근:사 近似 (가까울 근, 닮을 사). ① [속뜻] 가깝거나[近] 닮다[似]. ② 썩 그럴듯하다. 꽤 좋다. ¶참 근사한 생각이구나!

▸근:사-치 近似値 (값 치). ① [속뜻] 근사(近似)한 수치(數値). ② [수학] 근사 계산에 의하여 얻어진 수치로 참값에 가까운 값. [비]근삿값.

근상-엽 根狀葉 (뿌리 근, 형상 상, 잎 엽). [식물] 뿌리[根] 모양[狀]으로 탈바꿈한 잎[葉]. 뿌리가 없는 부생식물(浮生植物)에서 볼 수 있다. ⓑ뿌리꼴잎.

근생-엽 根生葉 (뿌리 근, 날 생, 잎 엽). 뿌리[根]나 땅속줄기에서 직접 땅 위로 나온[生] 잎[葉]. 연꽃, 고사리 등에서 볼 수 있다. ¶이 풀은 근생엽과 경엽(莖葉)이 모두 난다. ⓑ근출엽(根出葉).

근-섬유 筋纖維 (힘줄 근, 가늘 섬, 밧줄 유). 근육(筋肉) 조직을 구성하는 가늘고 긴 실[纖維] 모양의 세포. 수축성을 지니고 있다. ¶이 운동은 근섬유를 자극하여 근육을 성장시킨다. ⓑ근세포(筋細胞).

근성 根性 (뿌리 근, 성질 성). ① 속뜻 뿌리[根] 깊이 박힌 나쁜 성질(性質). ② 사람이 원래부터 가진 성질. ③ 어떤 일을 끝까지 해내려고 하는 끈질긴 성질. ¶저 아이는 승부 근성이 강하다. ⓑ본성(本性).

근:세 近世 (가까울 근, 세상 세). ① 속뜻 오래되지 않은 가까운[近] 세상(世上). ② 역사 역사 시대를 구분할 때, 중세 시대와 현대 사이의 시대. 우리나라에서는 조선 전기, 유럽에서는 르네상스로부터 현대에 이르기까지의 기간이다. ⓑ근대(近代).

근-세포 筋細胞 (힘줄 근, 작을 세, 태보 포). 생물 근육(筋肉) 조직을 구성하는 세포(細胞). 가늘고 긴 형태로 존재하며, 수축성을 지니고 있다. '근육세포'(筋肉細胞)의 준말. ⓑ근섬유(筋纖維).

근:소 僅少 (겨우 근, 적을 소). 얼마 되지 않을 만큼 아주[僅] 적다[少]. ¶근소한 차로 졌다.

근:속 勤續 (부지런할 근, 이을 속). 근무(勤務)를 계속(繼續)함. 한 일자리에서 오래 근무함. ¶아버지는 30년을 이곳에서 근속하셨다.

▸근:속-급 勤續給 (줄 급). 근로자의 근속(勤續) 기간에 비례하여 지급되는 급여(給與).

근수[1] 斤數 (근 근, 셀 수). 저울에 단 무게[斤]의 수(數). ¶근수를 달다 / 근수를 재다.

근수[2] 根數 (뿌리 근, 셀 수). 근호(根號)가 붙은 수(數). 거듭제곱근으로 나타내는 수. 루트(root)의 수.

근:시[1] 近時 (가까울 근, 때 시). ① 속뜻 가까운[近] 때[時]. 요사이. ¶근시에 어떻게 지내십니까? ② 요즈음. ¶참외는 근시가 제철이다.

근:시[2] 近視 (가까울 근, 볼 시). 먼 곳은 잘 못 보지만, 가까운[近] 곳은 잘 봄[視]. '근시안'의 준말. ⓑ원시(遠視).

▸근:시-안 近視眼 (눈 안). ① 의학 시력이 약해 짧은[近] 거리의 물체만을 볼[視] 수 있는 눈[眼]. ② '소견이 짧고 좁아 앞일을 내다보지 못함', '시야가 좁아 사물의 전모를 관찰하지 못함'을 비유하여 이르는 말. ⓑ단시(短視). ⓑ원시안(遠視眼).

근:신[1] 近臣 (가까울 근, 신하 신). 임금을 가까이[近]에서 모시던 신하(臣下). ¶왕은 근신들과 사냥을 즐겼다. ⓑ근습(近習), 시신(侍臣), 근시(近侍).

근:신[2] 近信 (가까울 근, 소식 신). ① 속뜻 최근(最近)에 온 소식이나 서신(書信). ② 가까이하여 신용함.

근:신[3] 謹身 (삼갈 근, 몸 신). 몸[身]가짐이나 행동을 삼감[謹]. ¶당분간은 집에서 근신하는 것이 좋겠다. ⓑ각근(恪謹), 각신(恪愼).

근:신[4] 謹愼 (삼갈 근, 삼갈 신). ① 속뜻 말을 삼가고[謹] 행동을 신중(愼重)히 함. ¶매사에 근신하는 것이 필요하다. ② 벌로 일정 기간 동안 출근이나 등교, 집무 따위의 활동을 하지 않고 말이나 행동을 삼감. ¶오빠는 근신을 받았다.

근:실 勤實 (부지런할 근, 참될 실). 부지런하고[勤] 착실(着實)함. ¶그는 청렴하고 근실하게 고을을 다스렸다.

근압 根壓 (뿌리 근, 누를 압). 식물 식물의 뿌리[根]가 땅속에서 빨아들인 물기를 물관을 통하여 줄기나 잎으로 밀어 올리는 압력(壓力). ¶근압이 높아 수액을 채취하기 쉽다.

근어 根魚 (뿌리 근, 물고기 어). 동물 암초나 해초가 무성한 곳에서 뿌리[根] 박고 사는 물고기[魚]. ¶근어는 근해어(近海魚)의 한 종류이다. ⓒ부어(浮魚), 저어(底魚).

근:엄 謹嚴 (삼갈 근, 엄할 엄). 매우 점잖고[謹] 엄(嚴)하다. ¶근엄하게 꾸짖다.

근:역 槿域 (무궁화 근, 지경 역). ① 속뜻 무궁화[槿]가 많은 곳[域]. ② '우리나라'를 달리 이르던 말. ¶근역 삼천리 강산. ⓑ근화

향(槿花鄕).

근:연 近緣 (가까울 근, 인연 연). 가까운(近) 혈연(血緣). 또는 생물의 분류에서 가까운 관계. ¶사자는 표범과 근연 관계에 있다.

근염 筋炎 (힘줄 근, 염증 염). 의학 근육(筋肉)에 생기는 염증(炎症)을 통틀어 이르는 말. ¶이 연고는 근염에 좋다.

근엽 根葉 (뿌리 근, 잎 엽). ① 속뜻 뿌리[根]와 잎[葉]. ② 식물 뿌리나 땅속줄기에서 돋아 땅 위로 나온 잎. '근생엽'(根生葉)의 준말.

근:영 近影 (가까울 근, 모습 영). 근래(近來)에 찍은 인물 사진[影]. ¶저자의 근영.

근:왕 勤王 (부지런할 근, 임금 왕). 임금[王]이나 왕실을 위해 부지런히[勤] 충성을 다함. ¶근왕의 신하는 보이지 않았다.

근원 根源 (뿌리 근, 수원 원). ① 속뜻 나무의 뿌리[根]나 물의 수원(水源). 또는 그 같은 곳. ¶남한강의 근원은 삼척시의 대덕산이다. ② 어떤 일이 생겨나는 본바탕. ¶소문의 근원. ㊐남상(濫觴), 원본(原本).

▸근원-지 根源地 (땅 지). 근원(根源)이 되는 곳[地]. ¶근대 산업의 근원지 / 낙동강의 근원지는 황지이다.

▸근원 설화 根源說話 (말씀 설, 이야기 화). 후대 판소리와 소설, 신소설의 근원(根源)이 된 설화(說話). ¶이 이야기는 『별주부전』(鼈主簿傳)의 근원 설화이다.

근:위 近衛 (가까울 근, 지킬 위). 임금을 가까이[近]에서 호위(護衛)함. ¶교황을 근위하다.

▸근:위-대 近衛隊 (무리 대). 역사 지난날, 임금을 가까이서 호위하던[近衛] 군대(軍隊). ¶로마 황제의 근위대.

▸근:위-병 近衛兵 (군사 병). 역사 지난날, 임금을 가까이에서 호위하던[近衛] 병사(兵士). ¶소설 『삼총사』는 근위병의 활약상을 담고 있다.

***근육 筋肉** (힘줄 근, 살 육). 힘줄[筋]과 살[肉]. ¶꾸준하게 운동하면 근육이 발달한다.

▸근육-질 筋肉質 (바탕 질). ① 속뜻 근육(筋肉)처럼 연하고 질긴 성질(性質). ¶코끼리의 코는 근육질로 되어 있다. ② '근육이 잘 발달한 체격'을 이르는 말. ¶근육질의 사나이.

근:읍 近邑 (가까울 근, 고을 읍). 가까운[近] 고을[邑]. ¶소문이 근읍에 널리 퍼지다.

근:인[1] 近因 (가까울 근, 까닭 인). 결과와의 관계가 가까운[近] 원인(原因). 직접적인 원인. ㊇원인(遠因).

근인[2] 根因 (뿌리 근, 까닭 인). 근본(根本)이 되는 원인(原因). ¶사건의 근인을 찾았다.

근:일 近日 (가까울 근, 날 일). ① 속뜻 앞으로 가까운[近] 날[日]. ¶근일에 한번 만납시다. ② 과거로부터 오늘까지의 여러 날 동안. ¶근일에 독립운동의 분위기가 확산되고 있다. ㊐근자(近者).

▸근:일-점 近日點 (점 점). 천문 태양계의 행성이나 혜성 등이 그 궤도상에서 태양[日]과 가장 가까워졌을[近] 때의 지점(地點). ㊇원일점(遠日點).

▸근:일점 거:리 近日點距離 (점 점, 떨어질 거, 떨어질 리). 천문 근일점(近日點)과 태양과의 거리(距離).

근:자 近者 (가까울 근, 것 자). 가까운[近] 것[者]. 근래의 날 동안. ¶근자에는 전통 복식이 점차 사라지고 있다. ㊐근일(近日).

근:작 近作 (가까울 근, 지을 작). 최근(最近)의 작품(作品). ¶문학상 수상자의 근작을 소개했다.

근:저[1] 近著 (가까울 근, 지을 저). 요즈음[近]에 지은 책[著]. ㊐근업(近業).

근저[2] 根底 (=根柢, 뿌리 근, 밑 저). 뿌리[根]가 되는 밑바탕[底]. 사물의 밑바탕이 되는 기초. ¶유학의 근저 / 이런 행동의 근저에는 열등감이 있다. ㊐근기(根基), 근간(根幹), 근본(根本), 기초(基礎), 기저(基底).

근-저당 根抵當 (뿌리 근, 맞설 저, 맡을 당). ① 속뜻 계약의 기초[根]를 위해 담보[當]를 잡아둠[抵]. ② 법률 장래에 생길 채권의 담보로서 저당권을 미리 설정함. 또는 그 저당권. ¶근저당을 설정하다.

근절 根絶 (뿌리 근, 끊을 절). 다시 살아날 수 없게 뿌리째[根] 없애 버림[絶]. ¶부정부패를 근절하다.

▸근절-책 根絶策 (꾀 책). 뿌리째 없애 버리기[根絶] 위해 세운 방책(方策). ¶정부는 두기 근절책을 내놓았다.

근:점 近點 (가까울 근, 점 점). ① 의학 눈으로 똑똑하게 볼 수 있는 가장 가까운[近] 점(點). 눈에서부터의 거리로 나타내는데 성인의 정상적인 눈은 약 10㎝이다. ② 천문 '근지점'(近地點)의 준말. ③ 천문 '근일점'(近日點)의 준말.

▸근:점-년 近點年 (해 년). 천문 지구가 근일점(近日點)을 통과하여 다시 그 지점으로 돌아오기까지의 시간을 한 해[年]로 치는 것. 약 365일 6시간 13분 53초이다.

▸근:점-월 近點月 (달 월). 천문 달이 근지점(近地點)을 통과하여 다시 근지점에 돌아오기까지의 시간을 한 달[月]로 치는 것. 약 27일 13시간 18분 33초이다.

근:접 近接 (가까울 근, 닿을 접). 가까이[近] 닿음[接]. 또는 가까이 다가감. ¶공장은 항구와 근접해 있다. ㊐접근(接近).

근:정 謹呈 (삼갈 근, 드릴 정). 물품이나 편지 따위를 삼가[謹] 드림[呈]. ¶기념품 근정.

근:정-전 勤政殿 (부지런할 근, 정사 정, 대궐 전). 고적 경복궁(景福宮) 안에 있는 정전(正殿). 조선 때, 임금이 조회(朝會)를 행하던 곳이다. '정무(政務)에 힘쓰는[勤] 곳'이라는 뜻이 담겨 있다.

근:정 훈장 勤政勳章 (부지런할 근, 정사 정, 공 훈, 글 장). ① 속뜻 정사를 부지런히 하는 데 크게 공[勳]을 세운 사람에게 주는 휘장(徽章). ② 법률 군인과 군무원을 제외한 공무원 및 사립학교의 교원으로서 그 직무에 힘써 공적이 뚜렷한 사람에게 주는 훈장. 청조(靑條), 황조(黃條), 홍조(紅條), 녹조(綠條), 옥조(玉條)의 다섯 등급이 있다.

근:제 謹製 (삼갈 근, 만들 제). 삼가[謹] 짓거나 만듦[製].

근:조 謹弔 (삼갈 근, 위문할 조). 삼가[謹] 조상(弔喪)함. ¶근조의 뜻으로 화환을 보냈다.

근-조직 筋組織 (힘줄 근, 짤 조, 짤 직). 의학 동물의 근세포(筋細胞)가 모여 이루어진 조직(組織). 주로 이동 운동(移動運動)에 쓰인다. '근육 조직'(筋肉組織)의 준말.

근:족 近族 (가까울 근, 겨레 족). 촌수가 가까운[近] 일가 친족(親族). ¶근족간의 혼인을 금지하다. ㊐근척(近戚), 근친(近親). ㊥원족(遠族).

근종 筋腫 (힘줄 근, 종기 종). 의학 근육(筋肉)에 생기는 종양(腫瘍). ¶자궁에 근종이 생겼다.

근-지구력 筋持久力 (힘줄 근, 잡을 지, 오랠 구, 힘 력). 근육(筋肉)이 지속적(持續的)으로 오랫동안[久] 발휘할 수 있는 힘[力]. ¶근지구력을 향상시키기 위해서 운동을 계속하다.

근-지수 根指數 (뿌리 근, 가리킬 지, 셀 수). 수학 거듭제곱[根]을 한 횟수를 가리키는[指] 수(數).

근:지-점 近地點 (가까울 근, 땅 지, 점 점). 천문 지구를 도는 달이나 인공위성이 그 궤도 위에서 지구(地球)에 가장 가깝게[近] 접근할 때의 위치[點]. ㊟근점. ㊥원지점(遠地點).

근:착 近着 (가까울 근, 붙을 착). 최근(最近)에 도착(到着)함. ¶근착 외서(外書) / 근착한 선박을 조사하다.

근채 根菜 (뿌리 근, 나물 채). 주로 뿌리[根]를 먹는 채소(菜蔬). 무, 당근, 우엉 따위.

▸근채-류 根菜類 (무리 류). 주로 뿌리[根]를 먹는 채소[菜] 종류(種類). ¶최근 근채류의 가격이 크게 올랐다. ㊕소채류(蔬菜類).

근:처 近處 (가까울 근, 곳 처). 가까운[近] 곳[處]. ¶근처에 서점이 있나요? ㊐부근(附近).

근:체-시 近體詩 (가까울 근, 모양 체, 시 시). ① 속뜻 근래(近來)에 만들어진 형식[體]의 시(詩). ② 문학 구수, 자수, 평측 등에 대한 엄격한 규칙이 있는 한시(漢詩). 고체시와 상대되며, 중국 당나라 때에 정형이 이루어져 율시(律詩) 및 절구(絶句)가 대량으로 나타났다. ㊥고체시(古體詩).

근:촌[1] 近寸 (가까울 근, 관계 촌). 가까운[近] 촌수(寸數). ¶근촌만 불러 조용히 결혼식을 치렀다. ㊥원촌(遠寸).

근:촌[2] 近村 (가까울 근, 마을 촌). 가까운[近] 마을[村]. ¶근촌에서 몰려든 사람들로 읍내가 북적거렸다.

근축 根軸 (뿌리 근, 굴대 축). 수학 ①두 원에 대한 접선의 길이가 같은 점으로 이루어진, 뿌리[根]를 같이하는 축(軸)을 형성하는 직선. ②서로 바깥쪽에 있는 두 원의 중심선과 공통 내접선과의 교점에서 중심선에 직교하는 직선.

근치 根治 (뿌리 근, 다스릴 치). 병을 뿌리[根]까지 완전히 고침[治]. ¶약물만으로도 근치가 가능하다.

근친[1] 覲親 (뵐 근, 어버이 친). ① 속뜻 시집간 딸이 친정에 가서 부모[親]를 뵘[覲]. ¶그녀는 오랜만에 근친을 갔다. ② 불교 출가한 승려가 속가(俗家)의 어버이를 뵘. ⓑ귀녕(歸寧).

근:친[2] 近親 (가까울 근, 친할 친). 가까운[近] 친족(親族). 특히 팔촌 이내의 일가붙이. ¶그녀의 근친인 종숙모가 아이를 맡아 주었다. ⓑ근족(近族). ⓑ원친(遠親).

▸근친 교배 近親交配 (서로 교, 짝 배). 생물 혈연이 매우 가까운[近] 친족(親族) 사이의 교배(交配).

▸근:친-결혼 近親結婚 (맺을 결, 혼인할 혼). 가까운[近] 친족(親族)끼리 하는 결혼(結婚).

근:칭 近稱 (가까울 근, 일컬을 칭). 언어 가까이[近] 있는 대상을 가리키는[稱] 것. ¶3인칭은 근칭, 중칭, 원칭으로 나뉜다. ⓒ중칭(中稱), 원칭(遠稱)

▸근:칭 대:명사 近稱代名詞 (대신할 대, 이름 명, 말씀 사). 언어 화자와 가까이[近] 있는 사람·사물·방향 등을 가리키는[稱] 대명사(代名詞). '이분', '여기', '이것', '이리' 따위. ⓑ원칭 대명사(遠稱代名詞).

근:태 勤怠 (부지런할 근, 게으를 태). ① 속뜻 부지런함[勤]과 게으름[怠]. ②출근과 결근을 아울러 이르는 말. ¶근태 상황을 기록했다. ⓑ근만(勤慢), 근타(勤惰).

근:하 謹賀 (삼갈 근, 축하할 하). 삼가[謹] 축하(祝賀)함.

▸근:하-신년 謹賀新年 (새 신, 해 년). '삼가[謹] 새해[新年]를 축하(祝賀)합니다'의 뜻으로 연하장 따위에 쓰는 말. ⓑ공하신년(恭賀新年).

근:학 勤學 (부지런할 근, 배울 학). 부지런히[勤] 배움[學]. 부지런히 학문에 힘씀. ¶근학하여 스승님을 욕되게 하지 않겠습니다.

근:함 謹緘 (삼갈 근, 봉할 함). '삼가[謹] 편지를 봉함(封緘)함'의 뜻으로, 편지 겉봉의 봉한 자리에 쓰는 말.

근:해 近海 (가까울 근, 바다 해). 육지에 가까운[近] 바다[海]. ¶근해에 크고 작은 섬들이 있다. ⓑ연해(沿海). ⓑ원양(遠洋).

▸근:해-어 近海魚 (물고기 어). 해양 육지에 인접한 가까운[近] 바다[海]에 사는 물고기[魚]. 부어(浮魚), 근어(根魚), 저어(底魚)의 세 종류로 구별한다. ⓑ원해어(遠海魚).

▸근:해 항:로 近海航路 (배 항, 길 로). 해양 육지에 인접한 가까운[近] 바다[海]의 뱃길[航路].

근-호 根號 (뿌리 근, 표지 호). 수학 거듭제곱근(根)을 나타내는 부호(符號). '√'로 표시.

근:화-향 槿花鄕 (무궁화 근, 꽃 화, 시골 향). ① 속뜻 무궁화[槿] 꽃[花]이 많이 피는 시골[鄕]. ②'우리나라'를 이르던 말. ⓑ근역(槿域).

근:황 近況 (가까울 근, 상황 황). 요즈음[近]의 형편[況]. ¶친구의 근황이 궁금하다. ⓑ근상(近狀).

금강 金剛 (쇠 금, 굳셀 강). ① 속뜻 '금강석'(金剛石)을 일상적으로 이르는 말. ②'매우 단단하여 결코 부서지지 않는 것'을 비유하여 이르는 말. ③ 불교 '대일여래(大日如來)의 지덕(智德)'을 비유하여 이르는 말. ④금강산.

▸금강-경 金剛經 (책 경). 불교 완벽한 지혜[般若]와 깨달음의 완성[波羅密]을 금강(金剛)의 굳셈에 비유하여 해설한 불경(佛經). '금강 반야 바라밀경'(金剛般若波羅密經)의 준말.

▸금강-산 金剛山 (메 산). ① 속뜻 금강(金剛)같이 아름다운 산(山). ② 지명 강원도 고성군·회양군·통천군에 걸쳐 있는 명산. 속담 금강산도 식후경.

▸금강-석 金剛石 (돌 석). 광업 탄소의 결정(結晶)으로 광물[金] 중에서 가장 단단한[剛] 보석(寶石). 다이아몬드.

▸금강-심 金剛心 (마음 심). 불교 금강(金剛)과 같은 굳은 신앙심(信仰心).

▸금강혼-식 金剛婚式 (혼인할 혼, 의식 식). 서양 풍속으로 부부가 다이아몬드[金剛石]로 된 물건을 주고받는 결혼(結婚) 75주년의 기념식(記念式).

금갱 金坑 (황금 금, 구덩이 갱). 광업 금(金)을 캐내는 구덩이[坑]. ¶산기슭에서 금갱을 발견했다. ⓑ금혈(金穴).

금:계¹ 禁戒 (금할 금, 경계할 계). ① 속뜻 어떤 일을 하지 못하도록 막고[禁] 경계(警戒)함. ¶이슬람교에서는 돼지고기를 금계하고 있다. ② 나쁜 일을 하지 못하게 하는 계율.

금:계² 禁界 (금할 금, 지경 계). 다니지 못하도록 금지(禁止)하는 지역이나 경계(境界).

금고¹ 今古 (이제 금, 옛 고). 지금[今]과 옛날[古]을 아울러 이르는 말. ¶그는 금고에 드문 학자이다. ⓑ금석(今昔), 고금(古今).

금고² 金庫 (돈 금, 곳집 고). ① 속뜻 돈[金]이나 귀중품 따위를 안전하게 보관하는 데 쓰이는 상자[庫]. ¶보석을 금고에 넣어 두다. ② 국가나 공공 단체의 현금 출납 기관. ¶상호신용 금고.

금:고³ 禁錮 (금할 금, 가둘 고). ① 속뜻 출입을 금지(禁止)하고 교도소에 가두어 두는[錮] 형벌. ② 역사 조선 시대에, 죄과(罪過) 혹은 신분의 허물이 있는 사람을 벼슬에 쓰지 않던 일. ⓑ금고형(禁錮刑).

금과-옥조 金科玉條 (황금 금, 조목 과, 옥돌 옥, 조목 조). ① 속뜻 금[金]이나 옥(玉) 같은 법률의 조목[科]과 조항[條]. ② '소중히 여기고 꼭 지켜야 할 법률이나 규정'을 비유하여 이르는 말. ¶주자가례를 금과옥조처럼 지키다.

금관 金冠 (황금 금, 갓 관). ① 속뜻 예전에, 주로 임금이 쓰던, 황금(黃金)으로 만든 관(冠). ¶백제시대의 금관이 발굴되었다. ② 역사 삼국 시대에, 왕공(王公) 계급에서 쓰던 관(冠)의 하나. '황금 보관'(黃金寶冠)의 준말. ③ 의학 치아머리를 깎아 적당한 형태로 만든 뒤 금으로 치관을 덮는 보철법.

금관 악기 金管樂器 (쇠 금, 피리 관, 음악 악, 그릇 기). 음악 쇠붙이[金]로 된 피리[管] 종류의 악기(樂器). 관의 한끝으로 숨을 불어넣어 연주자의 두 입술의 진동으로 소리를 낸다. 트럼펫, 호른 따위. ¶금관 악기로 구성된 악단.

금광 金鑛 (황금 금, 쇳돌 광). 금(金)이 들어 있는 광석(鑛石). 또는 그 광산. ¶그들은 합작해서 금광을 개발했다. ⓑ금돌, 금산(金山), 금점(金店).

금-광상 金鑛床 (황금 금, 쇳돌 광, 평상 상). 광업 금(金)이 들어 있는 광상(鑛床). ¶이 일대에는 금광상이 분포하고 있다.

금-광석 金鑛石 (황금 금, 쇳돌 광, 돌 석). 광업 금(金)이 들어 있는 광석(鑛石). ¶금광석을 채취하다. ㉰금광, 금석.

금괴 金塊 (황금 금, 덩어리 괴). 덩어리[塊]로 뭉쳐놓은 금(金). ¶집에 두었던 금괴를 도난당했다. ⓑ금덩어리.

▶금괴 본위제 金塊本位制 (뿌리 본, 자리 위, 정할 제). 경제 금괴(金塊)를 한 나라의 기초[本位] 화폐로 하는 제도(制度). 실제로는 지폐나 은화만 유통하고, 금은 대외 지불을 위한 태환(兌換)에만 사용한다.

금:구 禁句 (금할 금, 글귀 구). 남의 감정을 해칠 우려가 있어 피해야[禁] 할 말[句]. ¶이제 '독립'은 금구가 되었다.

금권 金權 (돈 금, 권리 권). 돈[金]의 위력[權]. 재력(財力)의 위세.

▶금권 정치 金權政治 (정사 정, 다스릴 치). 정치 금권(金權)으로 지배하는 정치(政治). ¶금권 정치의 부패로 이월 혁명이 일어났다.

▶금권 만:능주의 金權萬能主義 (일만 만, 능할 능, 주될 주, 뜻 의). 돈의 힘[金權]으로 무엇이든지 다[萬] 할 수 있다[能]는 사상이나 태도[主義]. ⓑ황금(黃金) 만능주의.

금궤 金櫃 (황금 금, 함 궤). ① 속뜻 금(金)으로 만들거나 장식한 궤(櫃). ¶김알지가 금궤에서 나왔다는 전설이 있다. ② 철궤(鐵櫃).

금귤 金橘 (황금 금, 귤나무 귤). ① 속뜻 황금(黃金)색의 귤(橘). ② 식물 금귤속의 상록 관목을 통틀어 이르는 말. 또는 그 열매.

금-극목 金克木 (=金剋木, 쇠 금, 이길 극, 나무 목). 민속 음양오행설에서, 쇠[金]는 나무[木]를 이긴다[克]는 뜻으로 이르는 말. ㉧오행상극(五行相剋).

금기¹ 今期 (이제 금, 때 기). 이번[今] 기간(期間). 또는 이번 시기. ¶금기에 차량십부제를 시행한다.

금:기² 禁忌 (금할 금, 꺼릴 기). ① 속뜻 신앙이나 관습 등으로 금지(禁止)하거나 꺼림[忌]. ¶각 민족의 풍습에 따라 금기하는 것

이 다르다. ②어떤 약이나 치료법이 좋지 않은 것으로 여겨 쓰지 않는 일.

금:난전-권 禁亂廛權 (금할 금, 어지러울 란, 가게 전, 권세 권). 역사 조선 후기, 난전(亂廛)을 규제할[禁] 수 있도록 나라로부터 부여받은 시전의 특권(特權).

금:남 禁男 (금할 금, 사내 남). 남자(男子)의 출입이나 접근을 금지(禁止)함. ¶수녀원은 금남의 구역이다. ⓑ금녀(禁女).

금:낭-화 錦囊花 (비단 금, 주머니 낭, 꽃 화). 식물 여인네의 비단[錦] 치마 속에 넣고 다니던 주머니[囊]를 닮은 꽃[花]이 피는 풀.

금년 今年 (이제 금, 해 년). 지금(只今)이 속해 있는 해[年]. ¶금년 농사는 대풍이다. ⓑ올해, 금세(今歲), 당세(當歲).

▸금년-도 今年度 (정도 도). 올해[今年]의 연도(年度). ¶금년도 성장 목표.

▸금년-생 今年生 (날 생). 올해[今年]에 태어남[生].

금:단 禁斷 (금할 금, 끊을 단). ① 속뜻 어떤 행위를 금지(禁止)하여 끊도록[斷] 함. ¶금단의 지역. ②어떤 구역에 드나들지 못하도록 막음. ⓑ금절(禁絶).

▸금:단 증상 禁斷症狀 (증세 증, 형상 상). 의학 어떤 물질에 중독된 사람이 행동을 끊었을[禁斷] 때 일어나는 정신·신체상의 증상(症狀). ¶약물로 금단 증상을 치료했다.

금당 金堂 (황금 금, 집 당). 불교 금불상(金佛像)을 모신 절의 본당(本堂). ⓑ대웅전(大雄殿).

금대 今代 (이제 금, 시대 대). 지금(只今)의 시대(時代). ¶금대에 이르러 전통이 끊어질 위기에 놓였다.

금:도 襟度 (옷깃 금, 정도 도). 다른 사람을 가슴[襟]에 포용할 만한 도량(度量). ¶병사들은 장군의 배포와 금도에 감격했다.

금-도금 金鍍金 (황금 금, 도금할 도, 쇠 금). 화학 다른 금속의 표면에 얇은 금박(金箔)을 입히는[鍍金] 일. ¶불상을 금도금하다.

금동 金銅 (황금 금, 구리 동). 금(金)으로 도금한 구리[銅]. ¶유적지에서 금동 향로를 발굴했다.

▸금동-불 金銅佛 (부처 불). 금(金)으로 도금한 청동(靑銅) 불상(佛像). ¶이것은 조선시대에 제작된 금동불이다.

금란지교 金蘭之交 (쇠 금, 난초 난, 어조사 지, 사귈 교). ① 속뜻 쇠[金] 같이 단단하고 난초(蘭草) 꽃 같이 향기로운 두 사람의 [之] 사귐[交]. ②마음이 같은 두 사람의 사귐을 비유하여 이르는 말. 주역 계사편에 있는 명구("二人同心, 其利斷金; 同心之言, 其臭如蘭")에서 따온 말이다.

금력 金力 (돈 금, 힘 력). 돈[金]의 힘[力]. 또는 금전의 위력. ¶금력에 의한 정치. ⓑ금권(金權).

금:렵 禁獵 (금할 금, 사냥 렵). 사냥[獵]을 못하게 금지(禁止)함. ¶금렵 구역 / 금렵 동물.

금:령 禁令 (금할 금, 명령 령). 무엇을 금지(禁止)하는 법령(法令). ¶그는 금령 때문에 벼슬도 할 수 없었다. ⓑ금법(禁法).

금리 金利 (돈 금, 이로울 리). 경제 빌려 준 돈[金]이나 예금 따위에 붙는 이자(利子). 또는 그 비율. ¶금리 인상 / 금리 인하 / 끝없이 치솟던 금리.

금맥 金脈 (황금 금, 줄기 맥). 광업 ①금(金)이 나는 광맥(鑛脈). ¶금맥을 찾아 전국을 헤맸다. ②돈을 변통하여 쓸 수 있는 연줄.

금명-간 今明間 (이제 금, 밝을 명, 사이 간). 오늘[今]에서 내일[明] 사이[間]. ¶금명간에 소식이 올 것이다. ⓑ곧.

금문[1] 金文 (쇠 금, 글자 문). ①금(金)빛이 나는 문자(文字). '금문자'(金文字)의 준말. ②조서(詔書). ③ 역사 '금석 문자'(金石文字)의 준말.

금:문[2] 禁門 (금할 금, 문 문). ① 속뜻 출입을 금지(禁止)한 문(門). ②궐문(闕門).

금-문자 金文字 (황금 금, 글자 문, 글자 자). 금(金)빛이 나는 문자(文字). 금박을 입히거나 금실로 수를 놓아 만든다. ㊟금문, 금자.

금:물 禁物 (금할 금, 만물 물). ① 속뜻 매매나 사용이 금지(禁止)된 물건(物件). ②해서는 안 되는 일. ¶방심은 금물이다.

금박 金箔 (황금 금, 얇을 박). 금(金)을 두드려 종이처럼 아주 얇게[箔] 늘인 물건. ¶단청에 금박을 입혔다. ⓑ황아(黃芽).

금-반지 金半指 (황금 금, 반 반, 손가락 지). 금(金)으로 만든 반지(半指). ¶할머니는 금

반지를 끼고 있다. [비]금가락지.

금발 金髮 (황금 금, 머리털 발). 황금(黃金) 빛이 나는 머리털[髮]. ¶금발 머리 / 금발의 서양인.

금방[1] 金房 (황금 금, 방 방). 금은(金銀)을 가공하거나 사고파는 가게[房].

금방[2] 金榜 (황금 금, 방 방). ① [속뜻] 금(金)처럼 찬란한 방(榜). ② 급제한 사람의 이름을 써서 거리에 붙이던 글. ¶금방의 맨 위에 그의 이름이 있다. [비]과방(科榜).

***금방[3] 今方** (이제 금, 바로 방). ① [속뜻] 지금(只今) 바로[方]. ¶금방 비가 올 것처럼 하늘이 어둡다. ② 방금(方今). ¶금방 구워 낸 빵.

▸금방-금방 (今方今方). 일이나 행동 따위를 지체하지 않고 바로[今方] 바로[今方] 하는 모양.

금번 今番 (이제 금, 차례 번). 이번[今] 차례[番]. 이번. ¶그는 금번 사마시에 합격했다.

금:법 禁法 (금할 금, 법 법). 어떤 행위를 하지 못하게 금지(禁止)하는 법령(法令). ¶이때는 8조(條)의 금법을 시행했다고 전해진다. [비]금령(禁令).

금 본위 제:도 金本位制度 (황금 금, 뿌리 본, 자리 위, 정할 제, 법도 도). [경제] 금(金)을 한 나라의 기초[本位] 화폐로 하는 제도(制度). [준]금본위, 금본위제.

금분 金粉 (황금 금, 가루 분). ① [속뜻] 금(金)을 미세하게 부수어 만든 가루[粉]. ¶자기에 금분을 칠하다. ② 금빛이 나는 가루. ¶금분 같은 꽃가루가 날렸다.

금불 金佛 (황금 금, 부처 불). [불교] 금(金)으로 도금한 부처[佛]. ¶대웅전에 금불 백여 좌를 모시고 있다.

금비 金肥 (돈 금, 거름 비). 돈[金]을 주고 사서 쓰는 비료(肥料). 화학 비료를 말한다. ¶금비를 사느라 돈을 많이 썼다.

금사-연 金絲燕 (황금 금, 실 사, 제비 연). [동물] 금[金]빛 실[絲] 모양의 깃털이 있는 제비[燕]와 비슷한 칼새. ¶금사연의 둥지로 수프를 만들었다.

금:산 禁山 (금할 금, 메 산). 나라에서 나무를 베지 못하도록 금지(禁止)하는 산(山). ¶그는 금산에서 벌목하다가 잡혀갔다.

금상 金賞 (황금 금, 상줄 상). 상(賞)의 등급을 금(金), 은(銀), 동(銅)으로 구분하였을 때의 일등상. ¶그는 음악콩쿠르에서 금상을 받았다.

금:상첨화 錦上添花 (비단 금, 위 상, 더할 첨, 꽃 화). ① [속뜻] 비단[錦] 위[上]에 꽃[花]을 더함[添]. ② '좋은 일 위에 또 좋은 일이 더하여짐'을 비유하여 이르는 말.

금색 金色 (황금 금, 빛 색). 황금(黃金)과 같이 광택이 나는 누런 색(色). ¶금색 단추.

금-생수 金生水 (쇠 금, 날 생, 물 수). [민속] 음양오행설에서, 쇠[金]에서 물[水]을 낳는다[生]는 뜻으로 이르는 말. [참]오행상생(五行相生).

금:서 禁書 (금할 금, 책 서). 출판이나 판매 또는 독서를 법적으로 금지(禁止)한 책[書]. ¶이 책이 그 당시에는 금서였다.

▸금:서-령 禁書令 (명령 령). 책[書]의 출판이나 판매 또는 독서를 법적으로 금지(禁止)하는 명령(命令). ¶왕은 금서령을 내려 지식인을 탄압했다.

금석[1] 今夕 (이제 금, 저녁 석). 오늘[今] 저녁[夕]. [비]금만(今晩).

금석[2] 今昔 (이제 금, 옛 석). 지금(只今)과 옛적[昔]을 아울러 이르는 말. ¶금석을 막론하고 돈 이야기란 참으로 하기 어려운 것이다.

▸금석지감 今昔之感 (어조사 지, 느낄 감). 지금(只今)과 옛적[昔]을 비교할 때 차이가 너무 심하여 일어나는 느낌[感].

금석[3] 金石 (쇠 금, 돌 석). ① [속뜻] 쇠붙이[金]와 돌[石]. ② '매우 굳고 단단한 것'을 비유하는 말. ③ [광업] '금광석'(金鑛石)의 준말. ④ [역사] '금석문자'(金石文字)의 준말.

▸금석-문 金石文 (글자 문). [역사] 금속(金屬)의 판이나 비석(碑石) 따위에 새겨진 글자[文]. '금석문자'의 준말.

▸금석-학 金石學 (배울 학). ① [속뜻] 금석(金石) 문자를 연구하는 학문(學問). ② [광업] 광물학(鑛物學).

▸금석-맹약 金石盟約 (맹세할 맹, 묶을 약). 쇠[金]나 돌[石]같이 단단하고 굳센[盟] 약속(約束).

▸금석 문자 金石文字 (글자 문, 글자 자). [역사] 금속(金屬)의 판이나 비석(碑石) 따위에 새겨진 글자[文字]. 고대의 역사나 문화

를 연구하는 데 귀중한 자료이다. ㊄금문, 금석, 금석문.

▸금석지교 金石之交 (어조사 지, 사귈 교). 쇠[金]나 돌[石]같이 굳고 변함 없는 사귐[交]이나 약속.

▸금석 병:용기 金石竝用期 (나란히 병, 쓸 용, 때 기). 역사 금속기(金屬器)와 석기(石器)를 아울러[竝] 쓰던[用] 시기(時期). 신석기 시대와 청동기 시대의 중간.

금성[1] **金姓** (쇠 금, 성씨 성). 민속 오행(五行) 가운데서 금(金)에 해당하는 성(姓). 김(金)·한(韓)·황(黃)·안(安)·강(康)·유(柳)·장(張)·백(白)·신(申)·서(徐)·배(裵)·왕(王)·용(龍)·방(方)·성(成)·온(溫)·문(文)·경(慶)·남(南)·양(楊)·유(俞)·노(盧)·원(元)·채(蔡)를 말한다.

금성[2] **金星** (쇠 금, 별 성). ① 속뜻 금(金)을 상징하는 별[星]. ② 천문 태양에서 두 번째로 가깝고 지구에 가장 가까이 있는 행성. 수성(水星)과 지구 사이에 있으며, 크기는 지구와 비슷하다. ㊐샛별, 태백성(太白星).

금성[3] **金城** (쇠 금, 성곽 성). ① 속뜻 쇠[金]로 만든 성(城). ② 굳고 단단한 성. ③ 임금이 거처하는 성.

▸금성-철벽 金城鐵壁 (쇠 철, 담 벽). ① 속뜻 금(金)으로 된 성(城)과 철(鐵)로 된 벽(壁). ② '방비가 튼튼한 성'을 비유하여 이르는 말. ③ 견고하고 빈틈이 없는 사물을 비유하여 이르는 말. ㊐철옹성(鐵甕城).

▸금성-탕지 金城湯池 (끓을 탕, 못 지). ① 속뜻 금(金)으로 된 성(城)과 그 주위에 펄펄 끓는 물[湯]로 못[池]을 만들어 놓음. ② '방어 시설이 극도로 튼튼한 성'을 이름.

금세[1] **今世** (이제 금, 세상 세). ① 속뜻 지금(只今)의 세상(世上). '금세상'(今世上)의 준말. ¶금세의 도덕은 옛날과 다르다. ② 금세기(今世紀).

금세[2] **今歲** (이제 금, 해 세). 지금(只今)의 해[歲]. ¶금세는 비가 많이 내렸다. ㊐올해, 금년(今年).

금-세기 今世紀 (이제 금, 세대 세, 연대 기). 지금(只今)의 세기(世紀). 이 세기. ¶전기는 금세기 최고의 발명품이다.

*__금속 金屬__ (쇠 금, 속할 속). ① 속뜻 쇠[金]에 속(屬)하는 물질. ② 열이나 전기를 잘 전도하고 펴지고 늘어나는 성질이 풍부하며 특수한 광택을 가진 물질을 이르는 말. ¶금속 재료. ㊉비금속(非金屬).

▸금속-성 金屬性 (성질 성). ① 속뜻 금속(金屬) 특유의 성질(性質). ¶바이올린은 금속성의 줄을 매서 사용한다. ② 금속과 비슷한 성질. ¶하늘소는 금속성 광택이 난다.

▸금속-성 金屬聲 (소리 성). ① 속뜻 쇠붙이[金屬]가 부딪혀서 나는 소리[聲]. ¶칼과 칼이 맞부딪치자 금속성이 울렸다. ② 쨍쨍 울리는 높고 날카로운 소리.

▸금속-제 金屬製 (만들 제). 쇠붙이[金屬]로 만든 제품(製品). ¶금속제 무기.

▸금속-판 金屬板 (널빤지 판). 금속(金屬)으로 만든 판(板). ¶금속판에 인쇄하다.

▸금속 결합 金屬結合 (맺을 결, 합할 합). 화학 금속 결정을 형성하는 금속(金屬) 원자 사이의 화학 결합(結合).

▸금속 원소 金屬元素 (으뜸 원, 바탕 소). 화학 금, 은, 철, 나트륨 따위처럼 금속(金屬)을 이루는 원소(元素).

▸금속 화:폐 金屬貨幣 (돈 화, 돈 폐). 경제 금, 은, 구리 따위 금속(金屬)으로 만든 화폐(貨幣).

▸금속 활자 金屬活字 (살 활, 글자 자). 출판 금속(金屬)으로 만든 활자(活字). ¶고려시대에 이미 금속 활자를 사용해서 책을 만들었다.

금송-화 金松花 (황금 금, 소나무 송, 꽃 화). ① 속뜻 황금(黃金)빛을 띠고 있고 모양이 소나무[松] 같은 꽃[花]. ② 식물 국화과의 한해살이풀. 여름부터 가을까지 가지와 줄기 끝에 노란색 머리 모양의 꽃이 핀다. ㊐금잔화(金盞花).

금수[1] **禽獸** (날짐승 금, 짐승 수). 날아다니는 날짐승[禽]과 기어다니는 길짐승[獸]. ¶금수만도 못한 사람이라고!

▸금수-회의록 禽獸會議錄 (모일 회, 의논할 의, 기록할 록). 문학 1908년에 안국선이 금수(禽獸)들을 의인화하여 그들이 모여 회의(會議)한 내용의 기록(記錄)을 통해 인간의 추악한 면과 사회의 부패상을 풍자한 소설.

금:수[2] **禁輸** (금할 금, 나를 수). 수출입(輸出入)을 금지(禁止)함. ¶쿠바에 대해 금수 조치를 취했다.

▸금ː수-품 禁輸品 (물건 품). 수출입(輸出入)을 금지(禁止)한 물품(物品).

금ː수[3] **錦繡** (비단 금, 수놓을 수). ① 속뜻 비단[錦]에 수놓은[繡] 것. 수놓은 비단. ¶금수 같은 우리 강산. ②'아름다운 시문'(詩文)을 비유하여 이르는 말.

▸금ː수-강산 錦繡江山 (강 강, 메 산). ① 속뜻 비단[錦]에 수(繡)놓은 것처럼 아름다운 강산(江山). ②'우리나라의 산천'을 비유하는 말. ¶삼천리 금수강산.

금슬 琴瑟 (거문고 금, 비파 슬). ① 속뜻 거문고[琴]와 비파[瑟]를 아울러 이르는 말. ¶그녀는 금슬을 튕기며 그리움을 달랬다. ②'금실'의 본딧말.

금시 今時 (이제 금, 때 시). ① 속뜻 지금(只今) 이 때[時]. ②곧. 바로. ㊥금방(今方).

금시-초견 今始初見 (이제 금, 비로소 시, 처음 초, 볼 견). 이제야[今] 비로소[始] 처음[初] 봄[見]. 보느니 처음. ¶금시초견의 젊은이가 다가와 인사를 했다.

금시-초문 今始初聞 (이제 금, 비로소 시, 처음 초, 들을 문). 지금(只今)에야 비로소[始] 처음[初] 들음[聞]. ¶그 소식은 금시초문이다.

금ː식 禁食 (금할 금, 먹을 식). 치료나 종교, 또는 그 밖의 이유로 얼마 동안 음식물을 먹지[食] 않는 일[禁]. ¶이 환자는 금식해야 합니다.

금실 琴瑟 (본음 [금슬], 거문고 금, 비파 슬). ① 속뜻 거문고[琴]와 비파[瑟]를 아울러 이르는 말. ②'부부간의 사랑'을 비유하여 이르는 말. ¶그 부부는 금실이 좋다.

⁑**금액 金額** (돈 금, 액수 액). 돈[金]의 액수(額數). ¶가격표에 적힌 금액을 확인하다. ㊥값, 가격(價格).

금야 今夜 (이제 금, 밤 야). 오늘[今] 밤[夜]. ㊥금소(今宵).

금ː약 禁藥 (금할 금, 약 약). 먹기를 금지(禁止)하는 약(藥).

금양-잡록 衿陽雜錄 (옷깃 금, 볕 양, 섞일 잡, 기록할 록). 책명 조선 때, 강희맹이 금양(衿陽)에 은퇴해 있으면서 농사에 관해 자신의 경험과 견문을 토대로 저술한 책[雜錄].

금ː어[1] **禁漁** (금할 금, 고기잡을 어). 고기잡이[漁]를 금지(禁止)함. ¶금어 시기.

▸금ː어-구 禁漁區 (나눌 구). 고기잡이[漁]를 금지(禁止)하는 구역(區域). ¶독도 주변을 금어구로 지정했다.

금어[2] **金魚** (황금 금, 물고기 어). 금(金)빛이 나는 붕어[魚].

▸금어-초 金魚草 (풀 초). 식물 금붕어[金魚] 입처럼 생긴 꽃이 피는 풀[草]. 현삼과(玄蔘科)의 풀로, 높이는 20~80㎝이며 잎은 어긋나거나 마주나고 갸름한 피침 모양이다.

금언 金言 (황금 금, 말씀 언). ① 속뜻 생활의 지침이 될 만한 금쪽[金]같이 귀중하고 짤막한 말[言]. ¶『명심보감』(明心寶鑑)은 금언을 모아놓은 책이다. ② 불교 부처의 입에서 나온 불멸의 법어(法語). ㊥격언(格言).

금ː연 禁煙 (금할 금, 담배 연). ① 속뜻 담배[煙] 피우는 것을 금지(禁止)함. ¶금연 구역. ②담배를 끊음. ¶아빠는 금연하기로 약속하셨다.

금오 金烏 (황금 금, 까마귀 오). ① 속뜻 금(金)빛이 나는 까마귀[烏]. ②'해'를 달리 이르는 말. 태양 속에 세 개의 발을 가진 까마귀가 있다는 전설에서 유래.

금오-신화 金鰲新話 (황금 금, 자라 오, 새 신, 이야기 화). 문학 금오산(金鰲山)에 머물면서 쓴 신기(新奇)한 이야기[話]. 조선 때, 김시습이 한문으로 지은 우리나라 최초의 전기(傳奇) 소설집.

금옥 金玉 (황금 금, 옥돌 옥). ① 속뜻 금(金)과 옥(玉)을 아울러 이르는 말. ②아주 귀중한 것을 비유하여 이르는 말.

금와 金蛙 (황금 금, 개구리 와). 문학 동부여의 왕으로, 부여 왕 해부루에게 발견될 때, 온 몸이 금빛[金]으로 된 개구리[蛙]를 닮았었다고 한다.

금-요일 金曜日 (쇠 금, 빛날 요, 해 일). 칠요일 중 쇠[金]에 해당하는 요일(曜日). ¶금요일에 소풍을 간다.

금ː욕 禁慾 (금할 금, 욕심 욕). 성적(性的) 욕구(慾求)나 욕망을 억제함[禁]. ¶수도사는 금욕 생활을 한다 / 금욕주의(主義).

▸금ː욕-주의 禁慾主義 (주될 주, 뜻 의). 철학 모든 정신적·육체적인 욕심(慾心)을 억제하여[禁] 종교나 도덕에서 이상을 성

취하려는 사상[主義]. ㉥극기주의(克己主義).

금:원 禁苑 (금할 금, 나라동산 원). ① 속뜻 일반인의 출입을 금지(禁止)한 동산[苑]. ② 예전에, 궁궐 안에 있던 동산이나 후원. ㉥비원(秘苑), 어원(御苑).

금월 今月 (이제 금, 달 월). 금번(今番) 달[月]. 이달. ¶금월 말까지는 돌려 주워야한다.

금:위-영 禁衛營 (금할 금, 지킬 위, 집 영). 역사 조선 후기에 궁중을 지키고[禁] 임금을 호위(護衛)하던 군영(軍營). ¶숙종은 금위영을 창설하라 명했다. ㉩오군영(五軍營).

금융 金融 (돈 금, 녹을 융). ① 속뜻 돈[金]의 융통(融通). ② 경제 자금의 수요와 공급의 관계. ¶금융 시장 / 긴축 금융.

▸금융-계 金融界 (지경 계). ① 속뜻 금융업자(金融業者)의 사회[界]. ¶그는 금융계의 뛰어난 인재이다. ② 경제 자금의 수요와 공급이 만나 금리 체계가 결정되고, 자금 거래가 이루어지는 추상적인 시장을 통틀어 이르는 말. ¶아버지는 금융계에 종사하셨다. ㉥금융 시장(市場).

▸금융-업 金融業 (일 업). 은행이나 보험회사 등에서 자금(資金)을 융통(融通)하는 일[業].

▸금융 실명제 金融實名制 (실제 실, 이름 명, 정할 제). 경제 은행 예금이나 증권 투자 따위 금융(金融) 거래를 할 때, 실제(實際) 이름[名]을 쓰는 제도(制度).

금은 金銀 (황금 금, 은 은). 금(金)과 은(銀).

▸금은-방 金銀房 (방 방). 금은(金銀) 따위의 보석을 가공·매매하는 가게[房]. ㉥금은포(金銀鋪).

▸금은-보화 金銀寶貨 (보배 보, 재물 화). 금(金), 은(銀) 따위의 보배[寶]와 재화(財貨). ¶건강을 잃으면 금은보화가 무슨 소용이냐.

▸금은 병:행 본위 제:도 金銀竝行本位制度 (나란히 병, 행할 행, 뿌리 본, 자리 위, 정할 제, 법도 도). 경제 금(金)과 은(銀)을 함께[竝行] 한 나라의 기초[本位] 화폐로 하는 제도(制度). ㉥금은 복본위(複本位) 제도.

금:의 錦衣 (비단 금, 옷 의). 비단[錦] 옷[衣]. ¶금의를 입고 고향에 나타났다.

▸금:의-야행 錦衣夜行 (밤 야, 다닐 행). ① 속뜻 비단[錦] 옷[衣]을 입고 밤[夜]길을 다님[行]. 또는 그런 행위. ② 자랑삼아 하지 않으면 생색이 나지 않음. ¶금의야행같이 생색이 나니 않았다. ③ 아무 보람이 없는 일을 함을 이르는 말. ¶금의야행을 해봤자 보람이 없다.

▸금:의-환향 錦衣還鄕 (돌아올 환, 시골 향). ① 속뜻 비단[錦]옷[衣]을 입고 고향(故鄕)에 돌아옴[還]. ② '성공하여 고향으로 돌아옴'을 비유하여 이르는 말. ¶그는 과거에 급제하여 금의환향했다.

금일 今日 (이제 금, 날 일). 오늘[今] 날[日]. ¶금일 휴업.

금-일봉 金一封 (돈 금, 한 일, 봉할 봉). ① 속뜻 종이에 싸서[封] 주는 한[一] 뭉치의 돈[金]. ② 금액을 밝히지 않고 주는 상금, 격려금, 기부금 따위를 이르는 말. ¶백일장에서 장원을 한 학생에게 금일봉을 주었다.

금자 金字 (황금 금, 글자 자). 금박을 올리거나 금빛 수실로 수를 놓거나 이금(泥金)으로 써서 금(金)빛이 나는 글자[字]. '금문자'(金文字)의 준말. ㉥금문(金文).

▸금자-탑 金字塔 (탑 탑). ① 속뜻 '金'자(字) 모양의 탑(塔). ② '후세에까지 빛날 훌륭한 업적'을 비유하여 이르는 말. ¶한글은 찬란한 우리 문화의 금자탑이다. ㉥피라미드(pyramid).

금자-동 金子童 (황금 금, 접미사 자, 아이 동). ① 속뜻 금[金子]과 같이 귀한 아이[童]. ② '어린아이'를 이르는 말. ¶금자동아, 옥자동아, 만첩청산 보배동아.

금잔 金盞 (황금 금, 잔 잔). 금(金)으로 만든 술잔(盞). ¶신랑 신부의 금잔에 합환주를 따랐다.

▸금잔-화 金盞花 (꽃 화). 식물 여름부터 가을까지 황금[金] 술잔[盞] 모양의 노란색 꽃[花]이 피는 풀. ㉥금송화(金松花).

▸금잔-옥대 金盞玉臺 (옥돌 옥, 돈대 대). ① 속뜻 금(金)으로 만든 술잔[盞]과 옥(玉)으로 만든 잔대[臺]. ② '수선화 꽃'을 아름답게 이르는 말.

금장 金裝 (황금 금, 꾸밀 장). 금(金)으로 장식(裝飾)함. 또는 그렇게 장식한 것. ¶금장

술잔.

금-장도 金粧刀 (황금 금, 단장할 장, 칼 도). ① 속뜻 금(金)으로 만든 작은 장도(粧刀). ② 지난날 나무로 칼 모양을 만들어 금칠을 한 의장(儀仗)의 한 가지.

금-장식 金粧飾 (황금 금, 단장할 장, 꾸밀 식). 황금(黃金)으로 꾸민 장식(粧飾). ¶금장식한 촛대. ㊥금장.

금전 金錢 (쇠 금, 돈 전). ① 속뜻 쇠붙이[金]로 만든 돈[錢]. ② 돈. ¶금전 거래. ㊐금화(金貨), 화폐(貨幣).

▸금전 등록기 金錢登錄器 (오를 등, 기록할 록, 기기 기). 경제 상품 판매의 현금[金錢] 거래에서 그 내용을 표시하여 기록하는 기계.

▸금전 출납부 金錢出納簿 (날 출, 들일 납, 장부 부). 경제 돈[金錢]이 나가고[出] 들어오는[納] 것을 적는 장부(帳簿).

금점 金店 (황금 금, 가게 점). ① 속뜻 금(金)을 파는 가게[店]. ② 광업 금광(金鑛). ¶저 산 너머 금점이 있다고 한다. ③ 역사 조선 후기에, 금광의 세금을 거두는 일을 맡아보던 관아.

금정 金井 (황금 금, 우물 정). ① 속뜻 무덤을 만들 때에, 구덩이의 길이와 너비를 재기 위해 쓰는 '井'자 모양의 황금(黃金)빛 나무틀. ¶금정을 놓다. ② 뫼를 쓰기 위해 판 구덩이. ③ '우물'을 아름답게 이르는 말.

금제 金製 (황금 금, 만들 제). 금(金)으로 만든 제품(製品). ¶금제 장신구.

금:족 禁足 (금할 금, 발 족). ① 속뜻 일정한 곳에 머무르게 하고 다니는[足] 것을 금지(禁止)함. ② 불교 결제(結制)할 때 드나들지 못하게 하는 일. 절의 방문 밖 문지방 왼쪽에 써 붙인다.

▸금:족-령 禁足令 (명령 령). 외출 또는 출입, 여행 등 다니는[足] 것을 금지(禁止)하는 명령(命令). ¶도성의 아녀자들에게 금족령을 내렸다.

금주[1] 今週 (이제 금, 주일 주). 이번[今] 주일(週日). ¶금주 일정.

금:주[2] 禁酒 (금할 금, 술 주). ① 속뜻 술[酒]을 못 마시게 함[禁]. ② 술을 끊음. ¶금주를 결심하다.

금:중 禁中 (금할 금, 가운데 중). 안[中]으로 들어오는 것을 금지(禁止)하는 곳. ¶금중에 감나무를 심었다. ㊐궁중(宮中).

금:지[1] 禁地 (금할 금, 땅 지). 함부로 드나들지 못하게 금지(禁止)하는 땅[地]. ¶유물이 발견된 뒤 이곳은 금지가 되었다.

금:지[2] 禁止 (금할 금, 멈출 지). ① 속뜻 금(禁)하여 멈추게[止] 함. ② 말리어 못하게 함. ¶총기류의 수입을 금지하다. ㊐저지(沮止). ㊉허가(許可).

▸금:지-령 禁止令 (명령 령). 금지(禁止)하는 명령(命令). ¶범죄자에게 출국 금지령을 내렸다.

▸금:지-법 禁止法 (법 법). ① 속뜻 특정한 행위를 하지 못하도록 금지(禁止)하는 법(法). ¶노예무역 금지법을 제정했다. ② 법률 국제 사법에서 외국법의 적용을 배제하는 법률.

▸금:지-세 禁止稅 (세금 세). 실제로 수입을 금지(禁止)하는 것과 같은 효과를 보이는 관세(關稅). 자기 나라의 산업을 보호하기 위해 수입품에 높은 비율의 관세를 부과하는 것이다.

▸금:지-품 禁止品 (물건 품). 법률 소유나 거래를 금지(禁止)하는 물품(物品). ¶아편은 금지품이다. ㊐금제품(禁制品).

금지-옥엽 金枝玉葉 (황금 금, 가지 지, 옥돌 옥, 잎 엽). ① 속뜻 금(金)으로 된 가지[枝]와 옥(玉)으로 된 잎[葉]. ② '임금의 가족'을 높여 이르는 말. ③ '귀한 자손'을 이르는 말. ¶그는 금지옥엽으로 귀하게 자랐다.

금차 今次 (이제 금, 차례 차). 이번[今] 차례(次例). 이번. ¶금차의 회의에서는 결말의 짓기로 합시다.

금:-치산 禁治産 (금할 금, 다스릴 치, 재물 산). 법률 자기 재산(財産)의 관리나[治] 처분을 금지(禁止)함. 가정 법원에서 심신(心身) 상실자에게 내린다.

▸금:치산-자 禁治産者 (사람 자). 법률 자기 재산(財産)의 관리나[治] 처분을 금지(禁止)당한 사람[者].

금침 衾枕 (이불 금, 베개 침). 이부자리[衾]와 베개[枕]를 아울러 이르는 말. ¶금침 한 벌.

금패 金牌 (황금 금, 나무쪽 패). ① 속뜻 금(金)으로 만든 상패(賞牌). ② 역사 조선 시대에 서리나 노비 등이 규장각을 출입할 때에 내보이던 금칠한 나무패.

금품 金品 (돈 금, 물품 품). 돈[金]과 물품(物品)을 아울러 이르는 말. ¶금품을 요구하다 / 금품을 수수하다.

금풍 金風 (쇠 금, 바람 풍). '가을[金] 바람[風]'을 달리 이르는 말. 오행에 따르면 가을은 금(金)에 해당한다는 데에서 이르는 말이다. ¶창밖에 금풍이 소슬하구나.

금 핵 본위 제:도 金核本位制度 (황금 금, 씨 핵, 뿌리 본, 자리 위, 정할 제, 법도 도). 경제 금(金)을 한 나라의 가장 중심 되는[核] 기초[本位] 화폐로 하는 제도(制度). 실제로는 지폐나 은화만 유통하고, 금은 대외 지불을 위한 태환(兌換)에만 사용한다.

금:혼 禁婚 (금할 금, 혼인할 혼). ① 속뜻 혼인(婚姻)을 금지(禁止)함. ② 역사 왕조 때, 세자나 세손의 비(妃)를 간택하기 위해 일정 기간 동안 백성들의 혼인을 금하던 일.

금혼-식 金婚式 (황금 금, 혼인할 혼, 의식 식). 서양 풍속으로 부부가 금(金)으로 된 물건을 주고받는 결혼(結婚) 50주년의 기념식(記念式).

금화 金貨 (황금 금, 돈 화). 금(金)으로 만든 돈[貨].

▸금화 준:비 金貨準備 (고를 준, 갖출 비). 경제 중앙은행이 은행권을 바꾸어주기 위해 보유하는[準備] 금지금(金地金)이나 금화(金貨).

▸금화 본위 제:도 金貨本位制度 (뿌리 본, 자리 위, 정할 제, 법도 도). 경제 금화(金貨)를 한 나라의 기초[本位] 화폐로 하는 제도(制度).

금화-벌초 禁火伐草 (금할 금, 불 화, 벨 벌, 풀 초). 불[火]을 금지(禁止)하여 조심하고 때맞추어 풀[草]을 베어[伐] 무덤을 잘 보살핌.

금 환 본위 제:도 金換本位制度 (황금 금, 바꿀 환, 뿌리 본, 자리 위, 정할 제, 법도 도). 경제 태환(兌換)에 대비하여 금본위제(金本位制)를 채택한 국가의 통화를 보유하는 제도(制度).

금환-식 金環蝕 (황금 금, 고리 환, 갉아먹을 식). 천문 달이 태양의 한가운데만을 가리어 태양 광선이 달의 주위에 황금(黃金)빛 고리[環] 모양으로 나타나는 일식(日蝕). ㊥고리일식.

금회 今回 (이제 금, 돌 회). 지금(只今) 회(回). 이번. ¶금회는 결방합니다.

금후 今後 (이제 금, 뒤 후). 이제[今]로부터 뒤[後]. ¶도시 집중 현상은 금후에도 큰 문제가 될 것이다.

급감 急減 (급할 급, 덜 감). 급작스럽게[急] 줄거나 줄임[減]. ¶밀렵으로 붉은여우의 개체수가 급감했다. ㊥급증(急增).

급-강하 急降下 (급할 급, 내릴 강, 아래 하). ① 속뜻 급히[急] 아래로[下] 내려감[降]. ¶기온이 급강하했다. ② 비행기나 새 따위가 공중에서 거의 수직으로 급히 내려오는 일. ¶적기가 급강하하여 마을을 폭격했다. ㊥급상승(急上昇).

급거 急遽 (급할 급, 서둘 거). 급히[急] 서둘러[遽]. 갑자기. 썩 급하게. 서둘러. ¶국왕은 내란이 일어나자 급거 귀국했다.

*__급격[1] 急激__ (급할 급, 거셀 격). 급(急)하고 격렬(激烈)하다. ¶사춘기에는 몸이 급격히 발달한다.

급격[2] 急擊 (급할 급, 칠 격). 급속(急速)한 공격(攻擊). ¶아군은 적진을 급격했다. ㊥급습(急襲), 신격(迅擊).

급경 急境 (급할 급, 상태 경). 위급(危急)한 경우(境遇). ¶급경에 처하다.

급-경사 急傾斜 (급할 급, 기울 경, 비낄 사). 몹시 가파른[急] 비탈[傾斜]. ¶광맥은 급경사를 이루고 있다. ㊟급사.

급고 急告 (급할 급, 알릴 고). 급(急)히 알림[告]. ㊥급보(急報).

급구[1] 急求 (급할 급, 구할 구). 급(急)히 구(求)함. 급히 찾음. ¶직원 급구.

급구[2] 急救 (급할 급, 구원할 구). 급(急)히 구원(救援)함. ¶조난자를 급구하다.

급급 汲汲 (힘쓸 급, 힘쓸 급). 어떤 일에 정신을 쏟아[汲+汲] 마음의 여유가 없다. ¶변명에 급급하다.

급기야 及其也 (미칠 급, 그 기, 어조사 야). ① 속뜻 거기[其]까지에 미치는[及] 것이다[也]. ② 마지막에 가서는. ¶급기야 어려운 지경에 이르렀다.

급난 急難 (급할 급, 어려운 난). 갑자기[急]

닥친 어려운[難] 일. ¶급난을 무릅쓰고 백성을 구하다.

급등 急騰 (급할 급, 오를 등). 물가나 시세 따위가 갑자기[急] 오름[騰]. ¶쌀값이 급등하다. ㊥폭등(暴騰). ㊥급락(急落).

▸급등-세 急騰勢 (형세 세). 물가나 시세 따위가 급등(急騰) 할 기세(氣勢). ¶국제 유가(油價)가 급등세를 보이고 있다.

급락[1] 及落 (이를 급, 떨어질 락). 급제(及第)와 낙제(落第). ¶이번 시험으로 급락이 결정된다.

급락[2] 急落 (급할 급, 떨어질 락). 물가나 시세 따위가 갑자기[急] 떨어짐[落]. ¶주가(株價)가 급락하다. ㊥폭락(暴落). ㊥급등(急騰).

급랭 急冷 (급할 급, 찰 랭). 급(急)히 차갑게[冷] 함. ¶잡은 참치를 급랭하여 운반한다.

급료 給料 (줄 급, 삯 료). 일한 대가로 주는[給] 품삯[料]. 일한 데에 대한 보수(報酬). ¶한 달 치 급료를 받았다. ㊥급여(給與).

급류 急流 (급할 급, 흐를 류). 물이 급(急)하게 흐름[流]. ¶급류를 타다. ㊥완류(緩流).

급매 急賣 (급할 급, 팔 매). 급(急)히 팔려고[賣] 내놓음. ¶집을 급매로 내놓았다.

급모 急募 (급할 급, 모을 모). 급(急)히 모집(募集)함. ¶직원 급모.

급무 急務 (급할 급, 일 무). 급(急)히 해야 할 일[務]. ¶급무부터 처리해야 한다.

급박 急迫 (급할 급, 닥칠 박). 사태가 급(急)히 닥쳐[迫] 여유가 없음. ¶그는 급박한 사정이 생겨 참석하지 못했다. ㊥긴박(緊迫).

급변 急變 (급할 급, 바뀔 변). ① 속뜻 급격(急激)하게 바뀜[變]. 갑자기 달라짐. ¶날씨가 급변하다. ② 갑자기 일어난 변고. ¶그는 봉화를 피워 급변을 알렸다. ㊥극변(劇變), 급변사(急變事).

급병 急病 (급할 급, 병 병). 몹시 위급(危急)한 병(病). ㊥급증(急症).

급보 急報 (급할 급, 알릴 보). 급(急)히 알림[報]. 또는 급한 기별. ¶그가 급보를 전했다. ㊥급고(急告).

급부 給付 (줄 급, 줄 부). ① 속뜻 재물 따위를 공급(供給)하여 줌[付]. ¶그가 나에게 현물 급부를 주었다. ② 법률 채권의 목적이 되는, 채무자가 해야 할 행위.

급비 給費 (줄 급, 쓸 비). 주로 국가나 공공단체에서 비용(費用)을 댐[給]. 또는 그 비용. ¶그는 급비로 유학했다.

급사[1] 急死 (급할 급, 죽을 사). 갑자기[急] 죽음[死]. ¶심장마비로 급사하다.

급사[2] 急使 (급할 급, 부릴 사). ① 속뜻 급(急)한 심부름[使]. ② 급한 용무로 보내는 사람. ¶급사를 시켜 전갈을 보내다. ㊥주사(走使).

급사[3] 急事 (급할 급, 일 사). 급(急)한 일[事]. 갑자기 생긴 일. ¶그는 급사가 생겨 먼저 자리에서 일어났다.

급살 急煞 (급할 급, 죽일 살). ① 속뜻 갑자기[急] 닥치는 재액[煞]. ② 보게 되면 운수가 나빠진다는 별. 관용 급살을 맞다.

급-상승 急上昇 (급할 급, 위 상, 오를 승). ① 속뜻 급(急)하게 위[上]로 올라감[昇]. ¶체온이 급상승했다. ② 비행기나 새 따위가 거의 수직으로 급히 치솟는 일. ¶고기를 낚아챈 새는 급상승했다. ㊥급강하(急降下).

급서[1] 急書 (급할 급, 글 서). 급(急)한 일을 알리는 편지글[書]. ¶어머니께 급서를 보냈다.

급서[2] 急逝 (급할 급, 죽을 서). 갑자기[急] 세상을 떠남[逝]. ¶왕이 급서하자 정세가 혼란해졌다.

급-선무 急先務 (급할 급, 먼저 선, 일 무). 긴급(緊急)하여 가장 먼저[先] 서둘러 해야 할 일[務]. ¶부상자를 병원으로 옮기는 것이 급선무다.

급-선회 急旋回 (급할 급, 돌 선, 돌 회). ① 속뜻 급격(急激)한 선회(旋回). ¶제비는 급강하와 급선회를 반복하면서 날아올랐다. ② 별안간 태도를 바꿈. ¶그는 공산당을 탈당하여 우익진영으로 급선회했다.

급성 急性 (급할 급, 성질 성). 병 따위가 갑작스럽게 일어나거나 급(急)히 악화되는 성질(性質). ¶급성 맹장염. ㊥만성(慢性).

▸급성-병 急性病 (병 병). 갑자기 일어나거나 급(急)히 악화되는 성질(性質)의 병(病). ㊥만성병(慢性病).

▸급성 전염병 急性傳染病 (전할 전, 물들일 염, 병 병). 급성(急性)으로 진행되는 전염성(傳染性) 질환[病]. 장티푸스, 이질, 성홍열, 콜레라 따위.

급-성장 急成長 (급할 급, 이룰 성, 어른 장). 사물의 규모가 급격(急擊)하게 성장(成長)함. ¶경제가 눈부시게 급성장했다.

급소 急所 (급할 급, 곳 소). ① [속뜻] 사물의 가장 긴급(緊急)하거나 가장 중요한 곳[所]. ② 조금만 다쳐도 생명에 지장을 주는 몸의 중요한 부분. ¶급소를 찌르다. [비] 핵심(核心).

급소 화:약 急燒火藥 (급할 급, 불사를 소, 불 화, 약 약). 아주 빨리[急] 타버리는[燒] 화약(火藥).

***급속 急速** (급할 급, 빠를 속). 몹시 급(急)하고 빠름[速]. ¶급속 냉각.

급-속도 急速度 (급할 급, 빠를 속, 정도 도). 매우 빠른[急] 속도(速度). ¶도시가 급속도로 발전했다.

급송 急送 (급할 급, 보낼 송). 급(急)히 서둘러 보냄[送]. ¶부상자를 병원으로 급송했다.

급수¹ 級數 (등급 급, 셀 수). ① [속뜻] 기술의 우열을 급(級)으로 나누어 매긴 수(數). ¶바둑 급수. ② [수학] 일정한 법칙에 따라 증감하는 수를 일정한 순서로 배열한 수열의 합.

급수² 給水 (줄 급, 물 수). 물[水]을 공급(供給)함. 또는 그 물. [반] 배수(排水).

▸급수-관 給水管 (대롱 관). 물[水]을 공급(供給)하는 관(管). 가정이나 건물로 수돗물을 보내는 관을 이른다.

▸급수-전 給水栓 (마개 전). 물[水]을 공급(供給)하는 관의 끝에 달린, 물을 여닫는 장치[栓]. [비] 수도꼭지.

▸급수-지 給水池 (못 지). 물[水]을 공급(供給)하기 위해 만든 저수지(貯水池).

▸급수-차 給水車 (수레 차). 급수(給水)에 쓰이는 차(車).

▸급수-탑 給水塔 (탑 탑). 물[水]을 공급(供給)하기 위해 설치한 탑(塔). 위에 물탱크를 장치하여, 이곳으로 물을 올려서 급수에 필요한 수압을 얻는다.

급습 急襲 (급할 급, 습격할 습). 상대편의 방심을 틈타서 급히[急] 습격(襲擊)함. [비] 급격(急擊).

급식 給食 (줄 급, 밥 식). 학교나 공장 등에서 아동이나 종업원에게 음식(飮食)을 주는[給] 일. 또는 그 끼니 음식.

▸급식-비 給食費 (쓸 비). 식사(食事)를 공급(供給)하는 데 드는 비용(費用). ¶급식비가 부족했다.

▸급식-실 給食室 (방 실). 식사를 제공하는[給食] 곳[室]. ¶급식실로 달려갔다.

급신 急信 (급할 급, 소식 신). 급(急)하게 전달해야 할 소식[信]. ¶부모님이 위독하다는 급신을 받았다.

급양 給養 (줄 급, 기를 양). 먹을 것과 입을 것 따위를 대어 주며[給] 기름[養]. ¶급양 시설 / 고아의 급양을 맡다.

급여 給與 (줄 급, 줄 여). 일한 대가로 돈이나 물품 따위를 공급(供給)하여 줌[與]. 또는 그 돈이나 물품. [비] 급료(給料).

▸급여-금 給與金 (돈 금). 공급(供給)하여 주는[與] 돈[金]. ¶상이군경에게 급여금을 지급하다.

▸급여 소:득 給與所得 (것 소, 얻을 득). 노동을 지급하고 대신 보수로 공급받는[給與] 소득(所得). 급료·임금·세비·연금 및 상여 등이 이에 속한다. [비] 근로 소득(勤勞所得).

급용 急用 (급할 급, 쓸 용). ① [속뜻] 급(急)히 쓸[用] 것. ¶급용으로 돈 백만 원이 필요하다. ② 급한 볼일. ¶그는 급용이 있어서 어젯밤 귀국했다.

급우 級友 (등급 급, 벗 우). 같은 학급(學級)의 친구[友]. ¶급우와 친하게 지내다.

급유 給油 (줄 급, 기름 유). ① [속뜻] 기름을[油] 넣어줌[給]. ② 기계의 마찰 부분에 윤활유 따위의 기름을 침.

▸급유-기 給油機 (틀 기). 항공 중에 있는 비행기에 연료를[油] 공급(供給)하는 비행기(飛行機).

▸급유-선 給油船 (배 선). 항해 중에 있는 선박에 연료를[油] 공급(供給)하는 배[船].

▸급유-소 給油所 (곳 소). 연료를[油] 넣어주는[給] 곳[所]. [비] 주유소(注油所).

급장 級長 (등급 급, 어른 장). 학급(學級)의 반장(班長).

급전¹ 急電 (급할 급, 전기 전). 급(急)한 일을 알리는 전보나 전화(電話). ¶그는 급전을 받고 서둘러 고향으로 내려갔다.

급전² 急傳 (급할 급, 전할 전). 급(急)히 전

(傳)함. 또는 급한 전달. ¶그는 아내에게 승진 소식을 급전했다.

급전[3] **急錢** (급할 급, 돈 전). 급(急)한 데 쓸 돈[錢]. 또는 급히 쓸 돈. ¶급전이 필요하다.

급전[4] **急轉** (급할 급, 옮길 전). 상태나 형세 따위가 갑자기[急] 바뀜[轉].

▸급전-직하 急轉直下 (곧을 직, 아래 하). ① 속뜻 상승하던 상황이 갑자기[急] 바뀌어[轉] 곧장[直] 아래로[下]로 떨어짐. ② 사정이나 형세가 걷잡을 수 없을 만큼 급작스럽게 전개됨.

급전[5] **給電** (줄 급, 전기 전). 수요자에게 전력(電力)을 공급(供給)함.

▸급전-선 給電線 (줄 선). ① 전기 발전소나 변전소 따위에서 필요한 곳으로 전기를 공급(供給)하는 전선(電線). ② 통신 안테나와 송수신기를 연결하여 고주파 전력을 전하는 선로.

급-정거 急停車 (급할 급, 멈출 정, 수레 거). 급(急)히 차(車)를 세움[停]. 달리던 차가 급히 섬. ¶버스가 급정거해서 넘어질 뻔 했다.

급-정지 急停止 (급할 급, 멈출 정, 멈출 지). 그때까지 움직이던 것이 급작스럽게[急] 멈춤[停止]. 또는 갑자기 멈추게 함.

급제 及第 (이를 급, 집 제). 역사 옛날 과거시험에 합격하면 벼슬을 하게 되어 큰 집[第]에 들어가[及] 살 수 있게 되므로 '과거시험에 합격함'을 일러 '及第'라 했다는 설이 있다. ⓑ낙제(落第).

급조 急造 (급할 급, 만들 조). 임시변통으로 급(急)히 만듦[造]. ¶성명서가 사전 동의도 없이 급조돼 발표되었다.

급증[1] **急症** (급할 급, 병 증). 아주 위급(危急)한 병[症]. ¶이 약초는 급증에 유용하다.

급증[2] **急增** (급할 급, 더할 증). 급작스럽게[急] 늘어남[增]. ¶이 지역 인구가 급증했다. ⓑ급감(急減).

급진 急進 (급할 급, 나아갈 진). ① 속뜻 앞으로 급(急)히 나아감[進]. ② 목적이나 이상 따위를 급히 실현하고자 변혁을 서두름. ⓑ점진(漸進).

▸급진-적 急進的 (것 적). 목적이나 이상 따위를 급격(急激)히 추진(推進)하려고 하는 것[的]. ¶경제가 급진적으로 발전했다. ⓑ점진적(漸進的).

▸급진-파 急進派 (갈래 파). 어떤 일을 급격(急激)히 추진(推進)하려는 분파(分派). ¶보수파와 급진파의 대립.

▸급진-주의 急進主義 (주될 주, 뜻 의). 현존의 사회 질서나 정치 체계 등을 급격(急激)히 변혁해 나가려고 하는[進] 사상이나 태도[主義]. ¶급진주의를 지지하는 사람들이 모였다. ⓑ점진주의(漸進主義).

급-진전 急進展 (급할 급, 나아갈 진, 펼 전). 국면이 빠르게[急] 진전(進展)됨. ¶수사가 급진전을 보이다.

급체 急滯 (급할 급, 막힐 체). 급(急)하게 체(滯)함. 또는 증세가 매우 다급한 체증.

급파 急派 (급할 급, 보낼 파). 급(急)히 파견(派遣)함. ¶사고 현장에 구조대를 급파하다.

급행 急行 (급할 급, 갈 행). ① 속뜻 급(急)히 감[行]. ② '급행열차'의 준말.

▸급행-권 急行券 (문서 권). 급행 열차(急行列車)의 차표[券]. ¶급행권을 끊다.

▸급행-열차 急行列車 (벌일 렬, 수레 차). 고속으로 운행하며[急行] 주요한 역에서만 정거하는 열차(列車). ⓑ완행열차(緩行列車).

급혈 給血 (줄 급, 피 혈). 수혈(輸血)하는데 필요한 혈액(血液)을 공급(供給)함. ¶출혈이 심각해서 급혈했다.

급환 急患 (급할 급, 병 환). 위급(危急)한 병환(病患). ¶할아버지는 급환을 앓다가 돌아가셨다.

급-회전 急回轉 (급할 급, 돌 회, 구를 전). 급(急)히 회전(回轉)함. 아주 빨리 돎. ¶그 차는 급회전하다가 전복되었다.

급훈 級訓 (등급 급, 가르칠 훈). 학급(學級)의 교육 목표로 내세운 교훈(敎訓). ¶우리 반의 급훈은 '성실'이다.

긍:긍 兢兢 (조심할 긍, 조심할 긍). 삼가고 조심하다[兢+兢]. 조마조마해 하는 모양. ¶어머니는 오빠의 시험을 앞두고 긍긍하셨다.

긍:정 肯定 (기꺼이 긍, 정할 정). 어떤 사실이나 생각 따위를 기꺼이[肯] 인정(認定)함. ¶그는 내 말에 긍정했다. ⓑ부정(否定).

▸긍:정-문 肯定文 (글월 문). 언어 그러하다고[肯] 인정(認定)하는 뜻을 나타내는 문장(文章). ⓑ부정문(否定文).

▸긍:정-적 肯定的 (것 적). 그러하다고[肯] 인정(認定)하는 내용을 갖는 것[的]. ¶긍정적인 입장. ⓑ부정적(否定的).

긍:지[1] 肯志 (기꺼이 긍, 뜻 지). 긍정(肯定)하는 뜻[志]. 찬성하는 뜻. ¶의장은 그의 말에 긍지를 보냈다. ⓑ찬의(贊意).

긍:지[2] 矜持 (아낄 긍, 가질 지). ① 속뜻 자신을 아끼는[矜] 마음을 가짐[持]. ②자신의 능력을 믿음으로써 가지는 당당함. ¶긍지가 높다 / 긍지로 삼다. ⓑ자부심(自負心).

긍:휼 矜恤 (아낄 긍, 도울 휼). 가엾게 여겨[矜] 도와줌[恤]. 불쌍히 여김. ¶교황은 난민들에게 긍휼을 베풀었다.

기:가[1] 妓家 (기생 기, 집 가). 기생(妓生)들의 집[家]. ⓑ기생집.

기가[2] 起家 (일어날 기, 집 가). ① 속뜻 기울어져 가는 집[家]안을 다시 일으킴[起]. ②벼슬자리에 천거되어 입신 출세함. ¶그는 역관이 되어 기가하였다.

기각 棄却 (버릴 기, 물리칠 각). ① 속뜻 내다 버리거나[棄] 물리침[却]. ② 법률 소송을 수리한 법원이 소송이 이유가 없거나 적법하지 않다고 판단하여 무효를 선고하는 일. ¶그 안건은 기각되었다. ⓑ각하(却下).

기간[1] 既刊 (이미 기, 책 펴낼 간). 이미[既] 간행(刊行)됨. 또는 그 간행물. ¶기간된 출판물에서 우수도서를 선정했다.

기간[2] 基幹 (터 기, 줄기 간). ① 속뜻 터[基]가 되고 중심[幹]이 되는 것. ¶조선은 유교 이념을 기간으로 삼았다. ②어떤 조직이나 체계를 이룬 것 가운데 중심이 되는 것.

▸기간-산:업 基幹産業 (낳을 산, 일 업). 경제 한 나라의 산업의 바탕[基幹]이 되는 산업(産業). 전력·철강·가스 산업 따위.

▸기간-요원 基幹要員 (요할 요, 사람 원). 어떤 단체나 기관에서 바탕[基]과 중심[幹]이 되는 중요(重要)한 사람[員]. ¶국방부는 추천을 통해 기간요원을 확충했다.

기간[3] 期間 (때 기, 사이 간). 어느 일정한 시기에서 다른 일정한 시기(時期)까지의 사이[間]. ¶공백 기간. ⓑ시기(時期).

▸기간-급 期間給 (줄 급). 일의 분량이나 능률과는 상관없이 일한 기간(期間)에 따라서 지급되는 급료(給料). ¶월급은 기간급의 하나이다.

기간-지 既墾地 (이미 기, 밭갈 간, 땅 지). 이미[既] 개간(開墾)된 땅[地]. ¶산적들은 화전민들의 기간지를 강점했다. ⓑ미간지(未墾地).

기갈 飢渴 (배고플 기, 목마를 갈). 배고프고[飢] 목마름[渴]. 관용 기갈이 들다.

기갑 機甲 (기계 기, 갑옷 갑). 군사 기계화(機械化)된 병기로 무장함[甲]. ¶기갑 장비.

▸기갑 부대 機甲部隊 (나눌 부, 무리 대). 군사 기계화(機械化)된 병기로 무장한[甲] 부대(部隊). ¶탱크를 앞세워 기갑 부대가 마을로 밀고 들어왔다.

기강 紀綱 (벼리 기, 벼리 강). ① 속뜻 그물코를 꿴 벼리[紀=綱]. ②으뜸이 되는 중요한 규율과 질서. ¶사회 기강을 바로잡다. ⓑ강기(剛氣).

기개 氣概 (기운 기, 절개 개). ① 속뜻 기운(氣運)과 절개(節概). ②어떤 어려움에도 굽히지 않는 강한 의지. 또는 그러한 기상. ¶그는 세계무대에서 한국인의 기개를 떨쳤다. ⓑ기상(氣象), 의기(意氣).

기거[1] 起居 (일어날 기, 살 거). ① 속뜻 몸을 일으켜[起] 살아감[居]. ②일정한 곳에서 먹고 자고 하는 따위의 일상적인 생활을 함. 또는 그 생활. ¶잠시 친척집에서 기거하다.

기거[2] 寄居 (맡길 기, 살 거). 잠시 남의 집에 덧붙어서[寄] 삶[居]. ¶삼촌이 기거하는 통에 살림이 더 쪼들렸다. ⓑ우식(寓食), 기식(寄食).

▸기거-충 寄居蟲 (벌레 충). 동물 갑각류(甲殼類) 가운데 소라, 게 따위 같이 껍데기 속에 붙어서[寄] 사는[居] 벌레[蟲].

기겁 氣怯 (기운 기, 무서울 겁). 기운(氣運)을 잃고 겁(怯)에 질림. ¶기겁을 하고 도망쳤다. ⓑ질겁.

기결[1] 起結 (일어날 기, 맺을 결). ① 속뜻 처음 일어남[起]과 끝맺음[結]. 처음과 끝을 아울러 이르는 말. ②한시(漢詩)에서의 기구(起句)와 결구(結句). ⓑ두미(頭尾).

기결[2] 既決 (이미 기, 결정할 결). 이미[既] 결정(決定)됨. ¶기결된 안건. ⓑ이결(已決). ⓑ미결(未決).

▸기결-감 旣決監 (살필 감). 법률 기결수(旣決囚)를 가두어 두는 감방(監房). ⓑ기결사(旣決舍). ⓑ미결감(未決監).

▸기결-수 旣決囚 (가둘 수). 법률 재판에서 이미[旣] 유죄라고 판결(判決)되어 형벌을 받고 있는 죄수(罪囚). ¶그 기결수는 푸른 색의 옷을 입고 있었다. ⓑ수형자(受刑者). ⓑ미결수(未決囚).

기경 起耕 (일어날 기, 밭갈 경). ① 속뜻 묵힌 땅이나 생땅을 일구어[起] 논밭을 갈아[耕] 만듦. ¶버려진 땅을 기경하여 감자를 심었다. ② 논밭을 갊.

기계[1] 奇計 (기이할 기, 꾀 계). 기묘(奇妙)한 꾀[計]. ¶기계를 쓰다. ⓑ기모(奇謀), 기책(奇策), 기획(奇劃), 묘책(妙策).

기계[2] 棋界 (=碁界, 바둑 기, 지경 계). 장기나 바둑[棋]을 즐기는 사람들의 세계(世界).

*****기계[3] 器械** (그릇 기, 기구 계). 그릇[器]이나 연장, 기구[械] 따위를 통틀어 이르는 말. 구조가 간단하며 제조나 생산을 목적으로 하지 않고 사용하는 도구를 이른다. ¶의료 기계 / 실험용 기계 / 기계 체조.

⁑기계[4] 機械 (베틀 기, 형틀 계). ① 속뜻 베틀[機]과 형틀[械]. ② 동력으로 움직여서 일정한 일을 하게 만든 장치. ③ 행동이나 생각이 판에 박힌 듯 수동적·맹목적인 사람. ¶그는 돈 벌어오는 기계가 되었다.

▸기계-력 機械力 (힘 력). 기계(機械)로 일하는 힘[力]. ¶태양 에너지를 기계력으로 바꾸는 장치.

▸기계-론 機械論 (논할 론). 철학 모든 현상을 기계적(機械的)인 법칙에 따라 설명하려 하는 이론(理論). ¶기계론적 세계관. ⓑ기계설(機械說). ⓑ목적론(目的論).

▸기계-실 機械室 (방 실). 기계(機械)를 설치해 둔 방[室].

▸기계-어 機械語 (말씀 어). 컴퓨터 전자 계산기[機械]가 이해하여 실행할 수 있는 언어(言語). ⓑ인공어(人工語).

▸기계-적 機械的 (것 적). ① 속뜻 기계(機械)의 조작으로 하는 것[的]. ¶기계적인 생산 체제. ② 기계와 비슷한. 또는 그런 것. ¶기계적인 질서 / 기계적으로 일을 하다. ③ 수동적·맹목적으로 움직이는 것. ¶기계적으로 받아들이다.

▸기계-화 機械化 (될 화). ① 속뜻 사람이나 동물이 하는 노동을 기계(機械)가 대신하게 함[化]. ¶기계화 시대. ② 사람의 언행이 자주성, 창조성을 잃고 기계적으로 됨. ¶행동 방식의 기계화. ③ 탱크, 자동차 따위의 기계를 도입하여 군대의 기동력이 향상됨. ¶기계화 부대.

기고[1] 忌故 (꺼릴 기, 옛 고). 고인(故人)에 대하여 기제사(忌祭祀)를 지내는 일. 또는 그 제사. ¶내일은 할머니의 기고이다.

기고[2] 寄稿 (부칠 기, 원고 고). 원고(原稿)를 써서 보냄[寄]. ¶환경에 대한 글을 기고하다. ⓑ투고(投稿).

기고[3] 起稿 (일어날 기, 원고 고). 원고(原稿)를 쓰기 시작함[起]. ¶그는 새로운 소설을 기고하고 있다. ⓑ탈고(脫稿).

기고[4] 旗鼓 (깃발 기, 북 고). ① 속뜻 싸움터에서 쓰는 깃발[旗]과 북[鼓]을 아울러 이르는 말. ② 병력(兵力)과 군세(軍勢)를 비유하여 이르는 말. ③ '싸움터'를 비유하여 이르는 말.

기고-만장 氣高萬丈 (기운 기, 높을 고, 일만 만, 길이 장). ① 속뜻 기세(氣勢)의 높은[高] 정도가 만장(萬丈) 정도나 됨. ② 일이 뜻대로 잘될 때 우쭐하여 뽐내는 기세가 대단함. ¶기고만장해진 그는 왕과 함께 신하들의 절을 받았다.

기골[1] 肌骨 (살 기, 뼈 골). 살[肌]과 뼈[骨]대를 아울러 이르는 말. ¶그는 단단한 기골을 타고 났다.

기골[2] 氣骨 (기운 기, 뼈 골). ① 속뜻 기혈(氣血)과 뼈대[骨]. 기백과 골격. ② 건장하고 튼튼한 체격. ¶그는 기골이 장대하다.

기공[1] 技工 (재주 기, 장인 공). ① 속뜻 기술(技術)이 뛰어난 장인[工]. ② 손으로 가공하는 기술. ¶유명한 장인 아래서 기공을 갈고 닦았다.

기공[2] 氣孔 (숨 기, 구멍 공). ① 동물 곤충류의 몸 옆에 있는 숨[氣]구멍[孔]. ② 식물 호흡, 증산(蒸散)을 위하여 식물의 잎이나 줄기의 표피에 무수히 나 있는 구멍. ¶빛과 습도에 따라 기공이 여닫힌다. ⓑ기문(氣門).

기공[3] 紀功 (=記功, 벼리 기, 공로 공). 공로(功勞)를 기념(紀念)함.

▸기공-비 紀功碑 (비석 비). 공로(功勞)를

기념(紀念)하기 위해 세운 비석(碑石). ¶전쟁에서 활약한 그를 위해 기공비를 세웠다.

기공[4] **起工** (일어날 기, 일 공). 공사(工事)를 시작함[起]. ¶국립박물관을 기공했다. ⓑ착공(着工). ⓡ준공(竣工), 완공(完工).

▸기공-식 起工式 (의식 식). 토목이나 건축 따위의 공사(工事)를 시작할[起] 때에 하는 의식(儀式). ¶기공식을 거행하다. ⓡ낙성식(落成式).

기관[1] **汽管** (수증기 기, 대롱 관). 증기[汽]가 통하게 만든 쇠파이프[管]. ⓑ증기관(蒸氣管).

기관[2] **汽罐** (수증기 기, 양철통 관). ① 속뜻 증기[汽]가 들어있는 용기[罐]. ② 기계 보일러에서 보낸 증기의 팽창과 응축을 이용하여 피스톤을 왕복 운동시킴으로써 동력을 얻는 기관. ¶보일러 기관. ⓑ증기 기관(蒸氣機關).

⁑**기관**[3] **器官** (그릇 기, 벼슬 관). ① 속뜻 그릇[器]같이 일정한 기능을 하는 감관(感官). ② 생물 일정한 모양과 생리 기능을 가진 생물체의 부분. ¶소화 기관 / 생식 기관.

기관[4] **氣管** (숨 기, 대롱 관). ① 의학 척추동물이 숨쉴 때 공기(空氣)가 흐르는 관(管) 모양의 기관. ② 동물 절지동물의 호흡 기관.

▸기관-지 氣管支 (가를 지). 의학 기관(氣管)의 아래쪽에서 두 갈래로 갈라져[支] 폐에 이어지는 부분. ¶기관지로 액체가 흡입되면 기침을 하게 된다.

⁑**기관**[5] **機關** (틀 기, 빗장 관). ① 속뜻 화력·수력 따위를 유용한 에너지로 바꾸는 기계(機械) 장치[關]. ¶증기기관. ② 사회생활의 영역에서 일정한 역할과 목적을 위하여 만든 기구나 조직. ¶이번 정책은 각급 기관의 지지를 받았다. ③ 정보기관(情報機關).

▸기관-사 機關士 (선비 사). 교통 선박, 기차, 항공기 등의 기관(機關)을 맡아보는 사람[士]. ⓑ기관수(機關手).

▸기관-실 機關室 (방 실). 발전, 냉난방, 환기, 급수, 배수 따위의 기관(機關)을 설치하여 놓은 방[室].

▸기관-원 機關員 (사람 원). ① 속뜻 정보 기관(機關)에 종사하는 사람[員]. ¶기관원을 사칭하다. ② 법률 배에 관련된 기능 공무원 직급의 하나. ¶이 배에는 기관사 1명, 기관원 5명이 타고 있다.

▸기관-장 機關長 (어른 장). ① 속뜻 일정한 역할과 목적을 위해서 설치한 기관(機關)의 우두머리[長]. ¶기관장 회의. ② 기관을 운영하고 수리하는 사람들의 최고 책임자. ¶기관장의 명령에 따라 선원들이 다 모였다.

▸기관-지[1] 機關紙 (종이 지). 언론 기관(機關)에서 그 기관의 이념 따위를 널리 알리기 위해 펴내는 신문[紙]. ¶당을 조직한 뒤 기관지를 발행했다. ⓑ기관 신문(新聞).

▸기관-지[2] 機關誌 (기록할 지). 언론 기관(機關)에서 그 기관의 이념 따위를 널리 알리기 위해 펴내는 잡지(雜誌). '기관 잡지'의 준말.

▸기관-차 機關車 (수레 차). ① 속뜻 기관(機關)이 달려 있는 객차나 화차를 끌고 다니는 철도 차량(車輛). ② '어떤 일을 이끌어가는 힘을 가진 존재'를 비유하여 이르는 말. ¶전기는 근대 산업 발전의 기관차 역할을 했다.

▸기관-총 機關銃 (총 총). 군사 방아쇠를 당기고 있으면 탄환이 자동으로 장전되면서 연속으로 발사되는 기관(機關)이 달려 있는 소구경의 총(銃). ¶그들은 무고한 양민들에게 기관총을 쏘아댔다.

▸기관-포 機關砲 (대포 포). 군사 기관총(機關銃) 가운데 구경이 20mm 이상인 포(砲).

기괴 **奇怪** (기이할 기, 이상할 괴). 기이하고[奇] 이상함[怪]. ¶기괴한 사건이 일어났다.

▸기괴망측 奇怪罔測 (없을 망, 헤아릴 측). 이상야릇[奇怪] 하기가 이루 헤아릴[測] 수 없음[罔]. ¶기괴망측한 옷차림.

기교 **技巧** (재주 기, 솜씨 교). 빼어난 기술(技術)이나 솜씨[巧]. ¶표현 기교 / 기교를 부려 연주하다.

▸기교-파 技巧派 (갈래 파). 예술 등에서 특히 표현상의 기교(技巧)에 중점을 두는 유파(流派). ¶기교파 시인.

기구[1] **起句** (일어날 기, 글귀 구). 문학 ① 시문이 시작되는[起] 구(句). ② 한시(漢詩)의 기승전결(起承轉結) 구조에서 '起'에 해당하는 구(句). ⓑ수구(首句).

기구[2] **氣球** (공기 기, 공 구). 밀폐된 커다란 주머니에 수소나 헬륨 따위의 공기보다 가벼운 기체(氣體)를 넣어 그 부양력으로 공중에 높이 올라가도록 만든 공[球] 모양의 물건. ¶그는 기구를 타고 세계를 일주했다. ⓑ풍선(風船).

기구[3] **祈求** (빌 기, 구할 구). 원하는 바가 실현되도록 빌어[祈] 구(求)함. ⓑ희구(希求).

기구[4] **器具** (그릇 기, 갖출 구). ① 속뜻 그릇[器] 따위의 도구(道具)를 통틀어 이르는 말. ¶부엌 기구. ② 예법에 필요한 것이 골고루 갖추어져 있는 형세. ¶기구 있게 혼례를 치르다. ③ 어떤 일을 해결하는 데 수단이 되는 세력. ⓑ집물(什物).

기구[5] **機具** (틀 기, 갖출 구). 기계(機械)와 기구(器具).

기구[6] **機構** (틀 기, 얽을 구). ① 속뜻 기계(機械)의 내부 구조(構造). ¶자동차의 기구를 분석하다. ② 하나의 조직을 이루고 있는 구조적인 체계. ¶관료 기구. ⓑ구조(構造), 조직(組織).

기구[7] **崎嶇** (갈림길 기, 험할 구). ① 속뜻 갈림길[岐]이 많은 험한[嶇] 산길. ② 사람의 세상살이가 순탄하지 못하고 가탈이 많다. ¶신세가 기구하다.

▸기구망측 崎嶇罔測 (없을 망, 헤아릴 측). 세상살이나 운수 등이 험난하기가[岐嶇] 이루 헤아릴[測] 수 없음[罔].

기국[1] **棋局** (=碁局, 바둑 기, 판 국). ① 속뜻 바둑[棋]의 판[局]. ② 바둑의 승부의 형세.

기국[2] **器局** (그릇 기, 재간 국). 넓은 마음과 능력 있는 사람[器]의 도량[局]. ¶그는 기국이 큰 빼어난 인물이다. ⓑ기량(器量).

기국[3] **旗國** (깃발 기, 나라 국). 배의 국적을 알리기 위해 게양하는 깃발[旗]이 나타내는 나라[國].

▸기국-법 旗國法 (법 법). 법률 선박이 소속된 나라[旗國]의 법률(法律). 선박의 본국법(本國法). ⓑ선적국법(船籍國法).

기권[1] **氣圈** (공기 기, 범위 권). 지리 지구를 둘러싼 대기(大氣)가 있는 범위[圈]. '대기권'의 준말. ¶미확인 비행물체가 기권으로 진입했다.

기권[2] **棄權** (버릴 기, 권리 권). 부여받은 권리(權利)를 스스로 포기(抛棄)하고 행사하지 아니함. ¶그는 이번 경기에 기권했다.

기근[1] **氣根** (숨 기, 뿌리 근). 식물 땅위줄기 및 땅속에 있는 뿌리에서 나와 공기(空氣) 가운데 노출되어 있는 뿌리[根]. ¶풍란의 뿌리는 기근이다.

기근[2] **基根** (터 기, 뿌리 근). 사물이나 현상, 이론, 시설 따위의 기초(基礎)와 근본(根本). ⓑ기본(基本).

기근[3] **飢饉** (=饑饉, 배고플 기, 흉년들 근). ① 속뜻 먹을 양식이 모자라 굶주릴[飢] 정도로 흉년이 듦[饉]. ② '최소한의 수요도 채우지 못할 만큼 심히 모자라는 상태'를 비유하여 이르는 말. ¶생필품 기근 현상. ⓑ기아(饑餓), 고갈(枯渴).

기금 **基金** (터 기, 돈 금). 어떤 목적을 위하여 쓰는 기본(基本) 자금(資金). ¶재난 구호 기금 / 행사에 쓸 기금을 모으다.

기기[1] **棋器** (=碁器, 바둑 기, 그릇 기). 바둑[棋] 돌을 넣어 두는 그릇[器].

기기[2] **機器** (=器機, 틀 기, 그릇 기). 기계(機械)와 기구(器具)의 통칭. ¶음향기기 / 자동화 기기를 설치하였다.

▸기기-창 機器廠 (공장 창). 역사 조선 후기, 신식의 군사 기기(機器)와 무기를 만들던 공장[廠].

기기묘묘 **奇奇妙妙** (기이할 기, 기이할 기, 묘할 묘, 묘할 묘). 매우 기이(奇異)하고 야릇함[妙]. ¶기기묘묘한 재주.

기낭 **氣囊** (숨 기, 주머니 낭). ① 속뜻 공기(空氣) 주머니[囊]. ② 배나 비행기 따위에서 가스를 넣는 주머니. ③ 동물 새의 가슴과 배에 있어 몸을 뜨게 해주는 얇은 막의 주머니. ③ 식물 갈조류의 줄기나 잎에 있어 물에 뜨게 해주는 기포(氣胞). ⓑ가스주머니, 공기주머니, 기포낭(氣胞囊), 부낭(浮囊).

기내[1] **畿內** (경기 기, 안 내). ① 속뜻 나라의 수도에서 가까운 행정 구역[畿]의 안[內]. ② 조선 시대에 경기도 일대를 이르던 말. ¶기내 지역을 잘 다스리다.

기내[2] **機內** (틀 기, 안 내). 비행기(飛行機)의 안[內]. ¶기내에서는 금연해야 합니다.

▸기내-식 機內食 (밥 식). 비행기(飛行機)의 안[內]에서 제공되는 식사(食事). ¶기내식으로 비빔밥이 나왔다.

기:녀 **妓女** (기생 기, 여자 녀). ① 속뜻 기생(妓生)인 여자(女子). ¶기녀를 불러 흥을 돋

우었다. ② 역사 춤, 노래, 의술, 바느질 따위를 배우고 익혀서 나라에서 필요한 때 봉사하는 관비를 통틀어 이르던 말. ¶기녀는 왜장을 안고 절벽 아래로 뛰었다.

기년[1] **期年** (기약할 기, 해 년). ① 속뜻 미리 기약(期約)하여 정한 해[年]. ¶부채 상환 기년. ② 꼭 일 년.

기년[2] **朞年** (돌 기, 해 년). 만 일[朞] 년(年)이 되는 날. ¶기년을 맞다.

기:년[3] **耆年** (늙은이 기, 나이 년). 예순 살이 넘은[耆] 나이[年]. ㊥기구(耆舊), 기로(耆老).

기년[4] **饑年** (굶주릴 기, 해 년). 흉년이 든[饑] 해[年]. ㊥흉년(凶年).

기년[5] **紀年** (연대 기, 해 년). 일정한 기원(紀元)으로부터 계산한 햇수[年]. ¶단군기원은 기원전 2333년을 기년으로 한다.

▸기년-법 紀年法 (법 법). 나라나 민족이 어떤 특정한 연도를 기원(紀元)으로 하여 그로부터 햇수[年]를 세는 방법(方法). ¶대만은 1912년을 원년으로 하는 기년법을 적용한다.

기념 紀念 (=記念, 벼리 기, 생각 념). 벼리[紀]가 되는 중요한 일이나 인물을 오래오래 마음에 두고 생각함[念]. ¶순국 선열들의 희생을 기념하다.

▸기념-관 紀念館 (집 관). 어떤 뜻 깊은 일을 기념(紀念)하기 위해 지은 집[館]. ¶독립 기념관.

▸기념-물 紀念物 (만물 물). ① 속뜻 공적으로 특히 보존하여 기념(紀念)할 가치가 있는 물건(物件). ② 기념품.

▸기념-비 紀念碑 (비석 비). 어떤 일을 기념(紀念)하기 위하여 세운 비석(碑石). 또는 그러한 인물이나 업적을 비유하여 이르는 말. ¶이 우주선은 우주기술의 기념비가 될 것이다.

▸기념-사 紀念辭 (말씀 사). 기념(紀念)의 뜻을 나타내는 말이나 글[辭]. ¶광복절 기념사를 낭독했다.

▸기념-식 紀念式 (의식 식). 어떤 일을 기념(紀念)하기 위하여 베푸는 의식(儀式). ¶독립선언 기념식.

▸기념-일 紀念日 (날 일). 어떤 일을 기념(紀念)하기 위하여 정한 날[日]. ¶결혼 기념일.

▸기념-탑 紀念塔 (탑 탑). 어떤 일을 길이 기념(紀念)하기 위하여 세운 탑(塔). 또는 그러한 인물이나 업적을 비유하여 이르는 말. ¶순국선열 기념탑 / 이 논문은 역사학계의 기념탑이라 할 수 있다.

▸기념-패 紀念牌 (나무쪽 패). 어떤 일을 기념(紀念)하기 위해 만든 패(牌).

▸기념-품 紀念品 (물건 품). 기념(紀念)으로 주고받는 물품(物品). ¶여행지에서 아버지께 드릴 기념품을 샀다.

⁑**기능**[1] **機能** (틀 기, 능할 능). ① 속뜻 기계(機械)의 능력(能力)이나 역할. ¶이 장치는 오래 되어 기능이 약화되었다. ② 권한이나 직책, 능력 따위에 따라 일정한 분야에서 하는 역할과 작용. ¶행정부의 기능을 확대했다.

⁑**기능**[2] **技能** (재주 기, 능할 능). 기술적(技術的)인 능력(能力)이나 재능. ¶기능을 갈고 닦아 다시 도전하겠다. ㊥기량(技倆).

▸기능-공 技能工 (장인 공). ① 속뜻 생산 분야에서 기술적(技術的)인 능력(能力)이 있는 노동자[工]. ¶일급 기능공. ② 일정한 기술 자격을 취득한 사람. ¶철도 기능공 / 일급 기능공.

기단[1] **氣團** (공기 기, 모일 단). 지리 넓은 지역에 걸쳐 있는, 수평 방향으로 거의 같은 성질을 가진 공기(空氣) 덩어리[團]. 발원지에 따라 적도 기단, 열대 기단, 한대 기단, 북극 기단 따위가 있다. ¶시베리아 기단.

기단[2] **基壇** (터 기, 단 단). 건설 건축물의 터[基]를 반듯하게 다듬은 다음에 그 보다 한 층 높게 쌓은 단[壇].

기담 奇談 (=奇譚, 기이할 기, 이야기 담). 이상야릇하고[奇] 재미있는 이야기[談]. ¶그들은 기담으로 밤을 지새웠다.

*__기대 期待__ (=企待, 기약할 기, 기다릴 대). 어느 때로 기약(期約)하여 성취되기를 기다림[待], 또는 그런 바람. ¶기대에 어긋나다 / 원조를 기대하다.

▸기대-감 期待感 (느낄 감). 어떤 일이 이루어지기를 바라고 기다리는[期待] 심정[感]. ¶기대감에 부풀다.

기도[1] **企圖** (꾀할 기, 꾀할 도). 일을 꾀하여[企] 도모(圖謀)함. ¶그들은 항공기 납치를 기도했다.

기도[2] **氣道** (숨 기, 길 도). 의학 호흡할 때 공기(空氣)가 지나가는 길[道]. 구강, 콧구멍, 콧속, 인두, 후두, 기관, 기관지로 이루어져 있다. ¶기도가 막혀서 숨을 쉴 수 없다.

기도[3] **棋道** (바둑 기, 방법 도). ① 속뜻 바둑이나 장기[棋]를 두는 방도(方道)나 기술. ② 바둑이나 장기를 둘 때의 예절.

기도[4] **冀圖** (바랄 기, 꾀할 도). 바라는[冀] 것을 이루려고 꾀함[圖].

기도[5] **祈禱** (빌 기, 빌 도). 절대적 존재에게 바라는 것을 빎[祈=禱]. 또는 그런 의식. ¶비를 내려달라고 신에게 기도하다.

▸기도-문 祈禱文 (글월 문). ① 속뜻 기도(祈禱)의 내용을 적은 글[文]. ¶사제가 기도문을 낭송했다. ② 기독교 주기도문(主祈禱文).

기독 **基督** (터 기, 살필 독). 기독교 '제사장', '예언자'를 뜻하는 포르투갈어 'Christo'를 일본 한자음으로 음역한 '基利斯督'(일본음, Kirisuto)의 줄임말.

▸기독-교 基督教 (종교 교). 기독교 세계 3대 종교의 하나. 서기 1세기에 예수 그리스도[基督]가 창시한 종교(宗教). 그리스도를 이 세상의 구세주로 믿으며 그의 신앙과 사랑을 따름으로써 영혼의 구원을 얻음을 목적으로 한다. ㊥그리스도교.

기동[1] **起動** (일어날 기, 움직일 동). 몸을 일으켜[起] 움직임[動]. ¶허리를 다쳐 기동이 불편하다.

기동[2] **機動** (때 기, 움직일 동). ① 속뜻 그때그때[機] 재빠르게 움직임[動]. ② 군사 부대나 병기(兵器) 등을 상황에 따라 재빠르게 전개(展開)·운용(運用)하는 일. ¶기동 훈련/기동 부대.

▸기동-기 機動器 (그릇 기). 물리 전동기의 기동(機動)을 순조롭게 하기 위한 부속 장치[器]. ㊥기동장치(起動裝置).

▸기동-대 機動隊 (무리 대). 상황에 따라 재빠르게 움직이는[機動] 부대(部隊). ¶경찰 기동대.

▸기동-력 機動力 (힘 력). 상황에 따라 재빠르게 행동[機動] 할 수 있는 조직의 능력(能力). ¶기동력을 발휘해 적을 일시에 진압했다.

▸기동-성 機動性 (성질 성). 상황에 따라 재빠르게 행동[機動] 할 수 있는 특성(特性). ¶기동성 있게 움직였다.

기두 **起頭** (일어날 기, 머리 두). ① 속뜻 글이 시작되는[起] 첫머리[頭]. ② 일의 맨 처음. ③ 중병이 차차 낫기 시작함.

기득 **既得** (이미 기, 얻을 득). 이미[既] 얻음[得]. 앞서 차지함. ¶기득 이익 / 기득 지식. ㊞미득(未得).

▸기득-권 既得權 (권리 권). 법률 특정한 개인이나 법인 또는 국가가 정당한 절차를 밟아 이미[既] 얻은[得] 법률상의 권리(權利). ¶기득권을 보호하다.

기라 **綺羅** (비단 기, 비단 라). ① 속뜻 무늬가 있는 비단[綺]과 얇은 비단[羅]. ② 화려한 옷차림. 또는 그 옷차림을 한 사람. ㊥나기(羅綺).

▸기라-성 綺羅星 (별 성). ① 속뜻 비단[綺羅]처럼 빛나고 화려한 무수한 별[星]. ② '신분이 높거나 권력이나 명예 따위를 가지고 있는 사람이 모여 있는 것'를 비유하여 이르는 말. ¶기라성 같은 전문가들이 한 자리에 모였다.

기략 **機略** (틀 기, 꾀할 략). ① 속뜻 기지(機智)와 책략(策略). ② 상황에 알맞게 문제를 잘 찾아내고 그 해결책을 재치 있게 처리할 수 있는 슬기나 지혜. ¶그는 기략을 발휘해 나라를 구했다.

기량[1] **技倆** (=伎倆, 재주 기, 재주 량). 기술적(技術的)인 재주[倆]. ¶기량을 연마하다 / 예술적 기량이 뛰어나다 / 기량을 마음껏 발휘하다.

기량[2] **氣量** (공기 기, 분량 량). ① 속뜻 기체(氣體)의 양(量). ② 기개(氣概)와 도량(度量). ¶윗사람으로서의 기량. ㊥기국(器局), 기우(氣宇).

기량[3] **器量** (그릇 기, 분량 량). 각 사람이 지닌 도량을 그릇[器]의 분량(分量)에 비유한 말. ¶그는 기량과 식견이 있고 청렴했다.

기력[1] **汽力** (수증기 기, 힘 력). 증기[汽]의 힘[力]. ㊥증기력(蒸氣力).

기력[2] **氣力** (공기 기, 힘 력). ① 물리 압착한 공기(空氣)의 힘[力]. ② 일을 감당할 수 있는 정신과 육체의 힘. ¶기력이 왕성하다. ㊥근력(筋力).

기력[3] **棋力** (=碁力, 바둑 기, 힘 력). 바둑이나 장기(將棋)의 실력(實力). ¶그는 기력이 출중하다.

기력[4] **棋歷** (바둑 기, 지낼 력). 바둑이나 장기(將棋)를 두었던 경력(經歷). ¶그는 기력 20년의 고수이다.

기력[5] **機力** (틀 기, 힘 력). 기계(機械)의 힘[力]. ¶기력을 이용해 농사를 짓다.

기로[1] **岐路** (갈림길 기, 길 로). 갈려져[岐] 나뉜 길[路]. ¶성공과 실패의 기로에 서 있다. ㊥갈림길.

기:로[2] **耆老** (늙은이 기, 늙을 로). 예순 살[耆] 이상일 정도로 연로하고 덕이 높은 노인(老人). ¶그 고을 기로들을 다 모셔왔다.

***기록 記錄** (적을 기, 베낄 록). ① 속뜻 적어 두고[記] 베껴둠[錄]. ② 주로 후일에 남길 목적으로 어떤 사실을 적음. 또는 그런 글. ③ 운동 경기 따위에서 세운 성적이나 결과를 수치로 나타낸 것. ¶그는 세계 최고 기록을 경신했다.

▸기록-문 記錄文 (글월 문). 어떤 사실을 기록(記錄)한 글[文]. ¶견학 기록문.

▸기록-표 記錄表 (겉 표). 어떤 사실을 기록(記錄)한 표(表). ¶근무시간 기록표.

▸기록-화 記錄畵 (그림 화). 미술 기록(記錄)하여 오래 남기기 위한 목적으로 그린 그림[畵]. ¶전쟁 기록화.

기뢰 機雷 (틀 기, 천둥 뢰). ① 속뜻 기계(機械) 형식으로 된, 천둥[雷]같은 소리를 내며 터지는 폭탄. ② 군사 적의 함선을 파괴하기 위하여 물속이나 물 위에 설치한 폭탄. 감지 방식에 따라 자기 기뢰, 수압 기뢰 등으로 나뉜다.¶남해 연안에 기뢰를 부설하다.

▸기뢰-원 機雷原 (들판 원). 군사 바다에서 많은 기뢰(機雷)를 부설해 놓은 구역[原].

▸기뢰-정 機雷艇 (거룻배 정). 군사 기뢰(機雷)를 설치하거나 거두어들이는 함정(艦艇).

기:루 妓樓 (기생 기, 다락 루). 창기(娼妓)를 두고 영업하는 집[樓]. ¶그는 허구한 날 기루에서 술타령을 했다.

기류[1] **寄留** (맡길 기, 머무를 류). ① 속뜻 남의 집에 일시적으로 기탁(寄託)하여 머무름[留]. ¶그녀는 친정에 기류를 부탁했다. ② 법률 예전에, 본적지 이외의 일정한 곳에 주소나 거소를 두는 일.

기류[2] **氣流** (공기 기, 흐를 류). ① 속뜻 대기 중에서 일어나는 공기(空氣)의 흐름[流]. ¶온난 기류. ② 항공기 등이 공중에서 일으킨 바람. ¶기류를 타다.

기린[1] **騏驎** (준마 기, 얼룩말 린). 하루에 천 리를 달릴 수 있는 말[騏=驎]. ㊥준마(駿馬).

기린[2] **麒麟** (기린 기, 기린 린). ① 민속 성인(聖人)이 세상에 나올 징조로 나타난다고 하는 상상 속의 짐승[麒=麟]. 몸은 사슴 같고 꼬리는 소 같고 발굽과 갈기는 말과 같으며 빛깔은 오색이라고 한다. ② 동물 기린과의 포유동물. 키는 6미터 정도로 포유류 가운데 가장 크며 목이 길다. ¶기린이 나뭇가지의 잎을 뜯어 먹고 있다. ③ 천문 천구의 북극 가까이에 있는 기린 모양의 별자리.

▸기린-아 麒麟兒 (아이 아). ① 속뜻 기린(麒麟)같이 출중한 젊은이[兒]. ② 슬기와 재주가 남달리 뛰어난 젊은이. ¶그는 화단(畵壇)의 기린아로 주목을 받았다.

기립 起立 (일어날 기, 설 립). 일어나서[起] 섬[立]. ¶기립박수 / 의원들은 기립하여 그에게 경의를 표했다. ㊥착석(着席).

기마 騎馬 (말 탈 기, 말 마). 말[馬]을 탐[騎]. ¶기마 자세.

▸기마-대 騎馬隊 (무리 대). 군대나 경찰에서 말[馬]을 타고[騎] 직무를 수행하는 부대(部隊). ¶적의 기마대를 격퇴시켰다.

▸기마-병 騎馬兵 (군사 병). 말을 타고[騎馬] 싸우는 군사[兵]. ¶기마병을 훈련시키다.

▸기마-전 騎馬戰 (싸울 전). 말을 타고[騎馬] 하는 싸움[戰]. ¶적군은 기마전에 능했다.

기만[1] **幾萬** (몇 기, 일만 만). 몇[幾] 만(萬). 만의 몇 배가 되는 수. ¶기만의 오랑캐가 밀려들어왔다. ㊥수만(數萬).

기만[2] **欺瞞** (속일 기, 속일 만). 거짓으로 남의 눈을 속임[欺=瞞]. ¶자신을 기만하다.

기말 期末 (때 기, 끝 말). 어느 기간(期間)의 끝[末].

▸기말-고사 期末考査 (생각할 고, 살필 사). 각 학기(學期)의 끝[末]에 학력을 평가하기 위해 실시하는 시험[考査]. ㊥기말시험(試驗).

기망[1] 期望 (=企望, 기약할 기, 바랄 망). 어떤 일이 이루어지기를 기대(期待)하고 바람[望]. ㊐기앙(期仰), 기대(企待).

기망[2] 祈望 (빌 기, 바랄 망). 빌고[祈] 바람[望]. ㊐기구(祈求), 기도(祈禱), 기원(祈願).

기망[3] 既望 (이미 기, 보름 망). ① 속뜻 보름날[望]이 이미[既] 지남. ② 음력 열엿샛날. 또는 그날 밤의 달. ¶팔월 기망이 제 생일입니다.

기망[4] 欺罔 (속일 기, 속일 망). 거짓말 따위로 남을 속임[欺=罔]. ¶그는 부모님을 기망했다. ㊐기만(欺瞞).

기망[5] 幾望 (거의 기, 보름 망). ① 속뜻 보름날[望]이 거의[幾] 다 되어 감. ② 음력 열 나흗날 밤. 또는 그날 밤의 달.

기맥 氣脈 (숨 기, 맥 맥). 의학 숨을 쉬는 데 따라 맥박의 크기가 변하는 부정맥.

▸기맥-상통 氣脈相通 (숨 기, 맥 맥, 서로 상, 통할 통). ① 속뜻 기혈(氣血)과 맥락(脈絡)이 서로[相] 통(通)함. ② 마음과 뜻이 서로 통함. 의기가 서로 맞음. ¶기맥상통하는 사람들과 술을 마셨다.

기면[1] 嗜眠 (즐길 기, 잠잘 면). ① 속뜻 잠자기[眠]를 즐김[嗜]. ② 의학 항상 꾸벅꾸벅 졸거나 잠이 들어 있는 상태. 열이 몹시 오르거나 아주 쇠약하거나 뇌수종 따위에 걸렸을 때에 나타나는 증상이다. ㊐졸음증.

기면[2] 旗面 (깃발 기, 쪽 면). 깃발[旗]을 펼쳐놓았을 때의 겉면(面). ¶기면의 중앙에 태극이 그려져 있다.

기명[1] 記銘 (외울 기, 새길 명). ① 속뜻 기억(記憶)하여 새겨[銘]둠. ② 심리 기억과정에서 새로운 경험을 머릿속에 새기는 일. 정보 처리 용어로는 '부호화'에 해당한다.

기명[2] 器皿 (그릇 기, 그릇 명). 살림살이에 쓰는 그릇[器=皿]을 통틀어 이르는 말. ¶기명을 새로 장만하였다.

기명[3] 記名 (기록할 기, 이름 명). 이름[名]을 적음[記]. ¶기명 투표. ㊥무기명(無記名).

▸기명-식 記名式 (법 식). 투표용지나 증권 따위에 권리자의 이름[名]이나 상호를 적는[記] 방식(方式). ¶기명식 어음. ㊥무기명식.

▸기명 투표 無記名投票 (던질 투, 쪽지 표). 정치 투표용지에 투표자의 이름[名]을 적는[記] 방식의 비밀 투표(投票). ㊥기명 투표(記名投票).

기모[1] 奇謀 (기이할 기, 꾀할 모). 기이(奇異)한 모략(謀略). ¶기모를 짜내다. ㊐기계(奇計).

기모[2] 起毛 (일어날 기, 털 모). 수공 모직물이나 면직물의 표면을 긁어서 털[毛]을 보풀어 일어나게[起] 하는 일. ¶기모하면 보온력이 높아진다.

기묘[1] 奇妙 (기이할 기, 묘할 묘). 기이(奇異)하고 묘(妙)하다. ¶기묘한 일이 벌어졌다.

기묘[2] 己卯 (천간 기, 토끼 묘). 민속 천간의 '己'와 지지의 '卯'가 만난 간지(干支). 육십갑자의 열여섯째.

▸기묘-사화 己卯士禍 (선비 사, 재화 화). ① 속뜻 기묘(己卯)년에 선비[士]들이 겪은 화(禍). ② 역사 조선 중종 14년(1519)인 기묘년에 훈구파(勳舊派)에 의해 조광조 등 신진사대부들이 숙청된 사건.

기무 機務 (실마리 기, 일 무). ① 속뜻 기밀(機密) 정무(政務). 비밀을 지켜야할 중요한 일. ¶국군 기무사령부. ② 근본이 되는 일.

▸기무-처 機務處 (곳 처). 역사 '군국 기무처'(軍國機務處)의 준말.

기문 氣門 (숨 기, 문 문). ① 속뜻 숨[氣]이 들어가고 나오는 문(門). ② 동물 절지동물의 체절 옆에 있는 숨을 쉬는 구멍. ㊐숨구멍.

기물[1] 棄物 (버릴 기, 만물 물). 버릴[棄] 물건(物件). 또는 버린 물건. ¶남이 내놓은 기물을 모아 되팔았다.

기물[2] 器物 (그릇 기, 만물 물). 그릇[器] 따위의 물건(物件). ¶기물 파손죄. ㊐기명(器皿).

▸기물 손괴죄 器物損壞罪 (상할 손, 무너질 괴, 허물 죄). 법률 남의 기물(器物)을 상하게[損] 하거나 파괴(破壞)하여 해를 끼침으로써 성립하는 죄(罪).

기미[1] 氣味 (기운 기, 맛 미). ① 속뜻 기분(氣分)과 취미(趣味). ¶그와 나는 기미가 통하는 사이이다. ② 냄새와 맛. ¶수라를 올리기 전에 기미를 보았다. ㊐취미(臭味).

기미[2] 幾微 (=機微, 낌새 기, 작을 미). ① 속뜻 낌새[幾]가 희미(稀微)하게 보임. ② 어떤 일을 알아차릴 수 있는 눈치. 또는 일이 되어 가는 분위기. ¶경제가 좋아질 기미가 보이다. ⓑ낌새.

기미[3] **己未** (천간 기, 양 미). 민속 천간의 '己'와 지지의 '未'가 만난 간지(干支). 육십갑자의 쉰여섯째.

▸ 기미-독립운동 己未獨立運動 (홀로 독, 설 립, 돌 운, 움직일 동). 역사 1919년인 기미(己未)년 3월 1일을 기하여 자주 독립(獨立)을 목적으로 일제에 항거하여 일어난 민족적인 운동(運動).

기민[1] **飢民** (=饑民, 굶주릴 기, 백성 민). 굶주린[飢] 백성[民]. ¶기민을 구제하다.

기민[2] **機敏** (때 기, 재빠를 민). 동작 따위가 때[機]에 맞게 재빠름[敏]. ¶기민한 동작. ⓑ민첩(敏捷).

기밀[1] **氣密** (공기 기, 빽빽할 밀). ① 속뜻 사방이 꽉 막혀 공기(空氣)가 빽빽하게[密] 차 있는 상태. ②기계 따위가 외부 기압의 영향을 받지 않는 상태.

▸ 기밀-복 氣密服 (옷 복). ① 속뜻 일정한 기압의 공기(空氣)를 채운[密] 옷[服]. ② 항공 성층권이나 우주를 비행할 때 입는 특수복. 몸을 둘러싼 공간을 일정한 기압으로 유지하여 비행사를 보호한다. ⓑ여압복(與壓服).

▸ 기밀-실 氣密室 (방 실). ① 속뜻 일정한 기압의 공기(空氣)를 채운[密] 방[室]. 고압 실험이나 저압 실험을 위해 바깥과 차단하여 만든 방이다. ② 항공 제트 비행기가 고도 비행을 할 때에 기내의 기압을 높여 충분한 공기를 유지하도록 만든 객실.

기밀[2] **機密** (실마리 기, 몰래 밀). 어떤 일의 실마리[機]나 단서가 되는 중요 비밀(祕密). ¶국가기밀을 누설하다.

▸ 기밀-비 機密費 (쓸 비). 지출 내용을 밝히지 않고 기밀(機密)한 일에 쓰는 비용(費用).

▸ 기밀-실 機密室 (방 실). 기밀(機密)에 관한 일을 취급 보관하여 아무나 함부로 드나들지 못하게 하는 방[室]. ¶장부를 기밀실에 두었다.

▸ 기밀-문서 機密文書 (글월 문, 글 서). 기밀(機密) 내용을 적은 문서(文書). ¶국방에 관한 기밀문서.

▸ 기밀 누:설죄 機密漏泄罪 (샐 루, 샐 설, 허물 죄). 법률 정치 또는 군사에 관한 기밀(機密)을 드러내어 외국이나 적군에게 누설(漏泄)한 범죄(犯罪).

기반[1] **基盤** (터 기, 소반 반). 기초(基礎)가 되는 지반(地盤). 기본이 되는 자리. ¶기반을 다지다 / 판소리는 설화에 기반을 두고 형성되었다.

기반[2] **棋盤** (=碁盤, 바둑 기, 소반 반). 바둑[棋] 판[盤]. ¶기반을 청결히 닦다.

기반[3] **羈絆** (굴레 기, 묶을 반). ① 속뜻 굴레[羈]를 씌우고 줄로 묶음[絆]. ②자유를 구속하거나 억압함. ¶일제 36년의 기반에서 드디어 해방되었다. ⓑ굴레.

기발 **奇拔** (기이할 기, 빼어날 발). 유달리[奇] 재치 있고 빼어나다[拔]. ¶생각이 기발하다.

기백 **氣魄** (기운 기, 넋 백). 씩씩하고 굳센 기상(氣像)과 진취적인 정신[魄]. ¶기백이 넘치는 태도.

기범-선 **機帆船** (틀 기, 돛 범, 배 선). 동력 기관(機關)과 돛[帆]을 함께 갖춘 비교적 작은 배[船]. ¶기범선으로 대서양을 횡단했다.

⁑**기법** **技法** (재주 기, 법 법). 기술(技術)을 부리는 방법(方法). 기교를 부리는 방법. ¶상감기법을 이용하여 무늬를 넣은 도자기.

기벽[1] **奇癖** (기이할 기, 버릇 벽). 특이한[奇] 버릇[癖]. ¶그는 맨발로 무대에 오르는 기벽이 있다.

기벽[2] **氣癖** (기운 기, 버릇 벽). 자부심이 많고 기세(氣勢)가 당당하여 남에게 지거나 굽히지 않으려는 성질이나 버릇[癖]. ¶이 시에는 작가의 기벽이 유감없이 드러나 있다.

기별 **奇別** (기이할 기, 나눌 별). ① 속뜻 기이한[奇] 소식 따위를 나누어 줌[別]. ②소식을 전함. 또는 소식을 전하는 종이. ¶기별을 보내다. ③ 역사 조선 때, 승정원에서 처리한 일을 아침마다 적어서 반포하던 일. 또는 그것을 적은 종이. ⓑ조보(朝報). 속담 간에 기별도 안 간다.

기병[1] **起兵** (일어날 기, 군사 병). 군사[兵]를 일으킴[起]. ¶전국에서 기병한 의병들이 모여들었다. ⓑ흥병(興兵), 흥사(興師).

기병[2] **氣病** (기운 기, 병 병). 기분(氣分)이 울적하거나 근심, 걱정이 많아서 생기는 병(病). ¶그녀는 아들을 잃고 기병을 앓았다.

기병[3] 騎兵 (말 탈 기, 군사 병). [군사] 말을 타고[騎] 싸우는 군사[兵]. ¶흉노족의 기병들이 달려들었다. [비]기졸(騎卒). 마병(馬兵).

▸기병-대 騎兵隊 (무리 대). [군사] 기병(騎兵)으로 편성한 군대(軍隊). [비]기마대(騎馬隊).

기보 棋譜 (=碁譜, 바둑 기, 적어놓을 보). ① [속뜻] 바둑[棋]이나 장기 두는 법을 적은 책[譜]. ¶혼자서 기보를 보고 배운 솜씨치곤 바둑을 잘 둔다. ② 바둑이나 장기를 둔 내용의 기록. ¶신문에 바둑 기보가 실렸다.

기복[1] 祈福 (빌 기, 복 복). 복(福)을 빎[祈]. 복을 내려 주기를 기원하는 일.

▸기복 신:앙 祈福信仰 (믿을 신, 우러를 앙). 복(福)을 기원(祈願)함을 목적으로 믿는 미신적인 신앙(信仰).

기복[2] 起伏 (일어날 기, 엎드릴 복). ① [속뜻] 일어났다[起] 엎드렸다[伏] 함. ② 지세(地勢)가 높아졌다 낮아졌다 함. 또는 그런 상태. ③ 세력이 강해졌다 약해졌다 함. ¶감정의 기복이 심하다. ④ 임금에게 아뢸 때 먼저 일어섰다가 다시 몸을 굽히던 일. [비]굴곡(屈曲).

▸기복-량 起伏量 (분량 량). [지리] 지세가 가장 높은 지점[起]과 가장 낮은 지점[伏] 사이의 높이 차[量].

⁑**기본** 基本 (터 기, 뿌리 본). ① [속뜻] 토대[基]나 뿌리[本]. ② 일이나 사물의 가장 중요한 밑바탕이 되는 것. ¶기본이 충실해야 발전할 수 있다. [비]근본(根本), 기근(基根).

▸기본-권 基本權 (권리 권). [법률] 기본적(基本的)인 권리(權利). ¶국민의 기본권을 보장하다.

▸기본-급 基本給 (줄 급). 임금(賃金)의 기본(基本)이 되는 급료(給料). 여러 가지 수당을 제외한 급료. [비]본급(本給), 본봉(本俸).

▸기본-법 基本法 (법 법). ① [속뜻] 다른 여러 가지 법의 기본(基本)이 되는 법(法). ② [법률] 국가의 기본 조직을 규정하는 법. 헌법 따위. [비]근본법(根本法).

▸기본-수 基本數 (셀 수). [수학] 수를 나타내는 데 기본(基本)이 되는 수(數). 십진법에서는 0에서 9까지의 정수를 이른다.

▸기본-음 基本音 (소리 음). ① [음악] 기본(基本)이 되는 음(音). ② [물리] 어떤 물체가 진동에 의하여 소리가 날 때 가장 진동수가 적은 기본 진동에 해당하는 소리. [준]기음. [비]원음(原音).

▸기본-적 基本的 (것 적). 기본(基本)이 되는 성질을 가진 것[的]. ¶기본적인 개념.

▸기본-형 基本形 (모양 형). ① [속뜻] 변화하는 것의 본디[基本] 모양[形]. ② [언어] 활용어의 기본 형태. ¶'빠르게'의 기본형은 '빠르다'이다. [반]활용형(活用形).

▸기본 수:사 基本數詞 (셀 수, 말씀 사). [언어] 수량을 셀 때 기본적(基本的)으로 쓰는 수사(數詞). 하나, 둘, 셋 따위. [준]기수사.

기봉 奇逢 (기이할 기, 만날 봉). 기이(奇異)한 만남[逢]. 또는 그런 상봉.

▸기봉 소:설 奇逢小說 (작을 소, 말씀 설). [문학] 기이(奇異)한 만남[逢] 같이 우연적 요소가 많은 고대 소설(小說)의 한 유형. 『쌍미기봉』(雙美奇逢), 『구운몽』(九雲夢) 따위.

기부[1] 肌膚 (살 기, 살갗 부). 몸을 싸고 있는 살[肌]이나 살가죽[膚]. ¶그녀는 기부가 좋아서 나이에 비해 젊어 보인다.

기부[2] 寄付 (부칠 기, 줄 부). ① [속뜻] 마음이나 뜻을 전달해[寄] 줌[付]. ② 의뢰하거나 부탁함. ¶그에게 기부하면 잘 될 것 같다.

기부[3] 基部 (터 기, 나눌 부). 기초(基礎)가 되는 부분(部分). ¶기부에서 탑 꼭대기까지 대리석 기둥을 세웠다.

기부[4] 寄附 (부칠 기, 붙을 부). 돈 따위를 대가없이 보내주거나[寄] 덧붙여[附] 내놓음. ¶적십자에 돈을 기부하다. [비]기증(寄贈), 기탁(寄託).

▸기부-금 寄附金 (돈 금). 대가 없이 내놓는[寄附] 돈[金]. ¶기부금을 거두다. [비]출연금(出捐金).

기-부족 氣不足 (기운 기, 아닐 부, 넉넉할 족). [한의] 원기(元氣)가 모자라서[不足] 생기는 병.

⁑**기분** 氣分 (기운 기, 나눌 분). ① [속뜻] 기운(氣運)이 상황에 따라 나뉨[分]. ② 대상과 환경 따위에 따라 마음에 절로 생기며 한동안 지속되는 유쾌함이나 불쾌함 따위의 감정. ¶기분이 좋다. ③ 주위를 둘러싸고 있는 상황이나 분위기. ¶거리는 온통 연말 기분에 휩싸여 북적거렸다.

▸ 기분-파 氣分派 (갈래 파). 그때그때의 기분(氣分)에 따라 행동하는 사람들[派].

기사[1] **技士** (재주 기, 선비 사). ① 속뜻 어떤 분야의 기술(技術)이 뛰어난 사람[士]. ② 전문적으로 차를 운전하는 사람. ¶택시 기사.

기사[2] **技師** (재주 기, 스승 사). 전문적인 기술(技術)을 가진 사람을 스승[師]으로 높여 부르는 말. ¶촬영 기사.

기사[3] **記寫** (기록할 기, 베낄 사). 기록(記錄)하여 씀[寫]. ¶지리지(地理志)는 인문·자연 환경을 기사한 것이다.

기사[4] **飢死** (=饑死, 배고플 기, 죽을 사). 굶어[飢] 죽음[死]. ¶전쟁으로 많은 아이들이 기사했다. ⓑ아사(餓死).

기사[5] **幾死** (거의 기, 죽을 사). 거의[幾] 다 죽게[死] 됨. ¶교통사고로 기사 상태에 이르렀다.

기사[6] **棋士** (=碁士, 바둑 기, 선비 사). 직업적으로 바둑[棋]이나 장기를 두는 사람[士]. ⓑ기객(棋客).

기사[7] **棋師** (=碁師, 바둑 기, 스승 사). 바둑[棋]의 스승[師]. ¶그는 조훈현 9단을 기사로 두었다.

기사[8] **騎射** (말 탈 기, 쏠 사). ① 속뜻 말을 타는 일[騎]과 활을 쏘는 일[射]. ② 말을 타고 달리면서 활을 쏨. ¶기사를 보아 무관을 뽑았다.

기사[9] **己巳** (천간 기, 뱀 사). 민속 천간의 '己'와 지지의 '巳'가 만난 간지(干支). 육십갑자의 여섯째.

▸ 기사-환국 己巳換局 (바꿀 환, 판 국). ① 속뜻 기사(己巳)년에 정국(政局)의 주도권이 바뀐[換] 사건. ② 역사 조선 숙종 15년(1689)인 기사년에 소의 장씨의 아들을 원자로 정하는 문제로 정권이 서인에서 남인으로 바뀐 일.

***기사**[10] **記事** (기록할 기, 일 사). ① 속뜻 사실(事實)을 적음[記]. 또는 그 글. ¶조선왕조실록의 기사. ②신문이나 잡지 등에 어떤 사실을 실어 알리는 글. 또는 기록된 사실. ¶학교문제에 관한 기사가 실렸다.

▸ 기사-문 記事文 (글월 문). 보고들은 사실(事實)을 객관적으로 그대로 적은[記] 글[文].

▸ 기사-체 記事體 (모양 체). 기사문(記事文)의 문체(文體). ¶기사체로 작성한 글.

기사[11] **騎士** (말 탈 기, 선비 사). ① 속뜻 말을 탄[騎] 병사(兵士). ② 역사 중세 유럽의 무인(武人) 또는 그 계급을 일컫는 말. ¶기사 문학. ⓑ기병(騎兵).

▸ 기사-도 騎士道 (길 도). 중세 유럽에서, 기사(騎士)로서 지켜야 했던 도리(道理). 무용(武勇)·성실·명예·예의·경건·겸양 및 약자 보호 등을 이른다. ¶기사도를 발휘하다.

기사 본말체 紀事本末體 (벼리 기, 일 사, 밑 본, 끝 말, 모양 체). 역사 중요한[紀] 사건(事件)을 처음[本]부터 끝[末]까지 순서대로 한데 모아 일관성 있게 역사를 기술하는 방식[體]. 편년체와 기전체를 보완하는 형식이다. ⓒ편년체(編年體), 기전체(紀傳體).

기사-회생 起死回生 (일어날 기, 죽을 사, 돌아올 회, 살 생). 죽을[死] 뻔하다가 일어나[起] 다시[回] 살아남[生]. ¶그는 사고 한 달 만에 기적같이 기사회생했다.

기산 起算 (일어날 기, 셀 산). 셈하기[算]를 시작함[起].

▸ 기산-일 起算日 (날 일). 일정 기간의 날수를 계산할 때, 셈[算]을 시작하기로[起] 정한 날[日]. ¶계약서에 기산일을 명시했다.

▸ 기산-점 起算點 (점 점). 셈[算]을 시작한[起] 때 또는 그 곳[點]. ¶영해(領海)는 저조시(低潮時)의 해안을 기산점으로 한다.

기상[1] **起牀** (일어날 기, 평상 상). 잠자리[牀]에서 일어남[起]. ¶아침 7시에 기상하다. ⓑ기침(起寢/起枕). ⓑ취침(就寢).

기상[2] **氣相** (공기 기, 모양 상). 화학 '기체상'(氣體相)의 준말.

***기상**[3] **氣像** (기운 기, 모양 상). 기개(氣槪)나 마음씨가 겉으로 드러난 모양[像]. ¶진취적인 기상. ⓑ기백(氣魄).

기상[4] **奇想** (기이할 기, 생각 상). 좀처럼 짐작할 수 없는 별난[奇] 생각[想].

▸ 기상-곡 奇想曲 (=綺想曲, 노래 곡). 음악 일정한 형식에 구속되지 않고 자유로운[奇想] 요소가 강한 기악곡(器樂曲). ⓑ광상곡(狂想曲), 카프리치오(capriccio).

▸ 기상-천외 奇想天外 (하늘 천, 밖 외). 기발(奇拔)한 생각[想]이 상상을 초월할[天外] 정도임. ¶기상천외한 방법으로 전쟁에서 승리했다.

기상[5] **氣象** (공기 기, 모양 상). 천문 바람, 구름, 비, 더위처럼 대기(大氣) 중에서 일어나는 현상(現象). ⓑ날씨, 일기(日氣).

▸기상-대 氣象臺 (돈대 대). 지리 기상(氣象) 상태를 관측·조사·연구하는 기관[臺].

▸기상-도 氣象圖 (그림 도). 지리 기상(氣象) 상태를 표시하여 놓은 지도(地圖). ¶기상도를 분석하여 예보했다.

▸기상-병 氣象病 (병 병). 기상(氣象)의 변화와 밀접한 관련이 있는 병(病). 신경통, 천식 따위.

▸기상-청 氣象廳 (관청 청). 법률 기상(氣象) 상태를 관측·조사·연구하는 관청(官廳). ¶기상청에서 주간 일기를 예보했다.

▸기상-학 氣象學 (배울 학). 지리 대기(大氣)의 상태와 거기에서 일어나는 여러 현상(現象)을 연구하는 학문(學問). ¶항공 기상학.

▸기상 경:보 氣象警報 (타이를 경, 알릴 보). 지리 기상(氣象) 현상으로 큰 재해가 예상될 때 미리 경고(警告)하여 알리는[報] 일. 대설 경보, 태풍 경보, 폭풍 경보, 호우 경보 따위.

▸기상 조석 氣象潮汐 (바닷물 조, 바닷물 석). ① 속뜻 기상(氣象) 변화로 일어나는 조수[潮=汐] 현상. ② 지리 해양 위의 열대성 저기압이나 열대 밖의 저기압 또는 돌풍으로 바닷물이 일시적 또는 지역적으로 몹시 높아지는 현상. ¶일본은 기상 조석이 매우 높게 인다. ⓑ기상 해일.

기색[1] **起色** (일어날 기, 형상 색). ① 속뜻 어떠한 일이 일어날[起] 동정이나 형상[色]. ¶전쟁의 기색이 있다. ②장사 시세. ¶그는 기색에 무척 밝은 장사꾼이었다.

기색[2] **氣色** (기운 기, 빛 색). ① 속뜻 기운(氣運)이나 얼굴빛[色]. ②마음의 생각이나 감정이 얼굴에 드러나는 것. ¶놀란 기색. ③예측 가능한 눈치나 낌새. ¶점심을 준비할 기색이 전혀 없었다. ⓑ안색(顔色), 기상(氣相).

기색[3] **飢色** (=饑色, 배고플 기, 빛 색). 굶주린[飢] 얼굴빛[色]. ¶아이들은 기색이 역력했다.

기색[4] **氣塞** (숨 기, 막힐 색). ① 속뜻 숨[氣]이 막힘[塞]. ② 한의 어떠한 원인으로 인하여 호흡이나 기(氣)의 소통이 원활하지 못하고 막힘. 또는 그런 상태. ¶그는 성질이 북받쳐 기색하고 말았다.

▸기색-혼절 氣塞昏絶 (어두울 혼, 끊을 절). 숨[氣]이 막히고[塞] 정신이 아찔하여[昏] 기절(氣絶)함. ¶딸을 잃어버리고 그녀는 기색혼절했다.

기:생[1] **妓生** (기생 기, 살 생). 잔치나 술자리에서 흥을 돋우는 일[妓]로 살아가는[生] 여자. ⓑ화류(花柳), 기녀(妓女).

▸기:생-방 妓生房 (집 방). 기생(妓生)의 집[房].

기생[2] **寄生** (맡길 기, 살 생). 생물 다른 생물에 붙어서[寄] 사는[生] 것. 한쪽이 이익을 얻고 다른 쪽이 해를 입고 있는 생활 형태를 이른다. ¶오리는 벼에 기생하는 해충을 잡아먹는다. ⓑ더부살이.

▸기생-근 寄生根 (뿌리 근). 식물 다른 생물에 붙어[寄] 생활(生活)하는 식물의 뿌리[根].

▸기생-물 寄生物 (만물 물). 생물 다른 생물에 붙어[寄] 생활(生活)하는 생물(生物).

▸기생-충 寄生蟲 (벌레 충). ① 생물 다른 생물에 붙어[寄] 생활(生活)하는 벌레[蟲]. ②스스로 노력하지 않고 남에게 덧붙어서 살아가는 사람을 낮잡아 이르는 말. ¶사회의 기생충.

▸기생 식물 寄生植物 (심을 식, 만물 물). 식물 다른 생물에 붙어[寄] 생활(生活)하는 식물(植物). ¶겨우살이는 기생 식물이다.

▸기생 화:산 寄生火山 (불 화, 메 산). 지리 큰 화산의 옆에 기대어[寄] 생겨난[生] 작은 화산(火山). ¶한라산은 수백 개의 기생 화산을 거느리고 있다. ⓑ측화산(側火山).

기서[1] **奇書** (기이할 기, 책 서). 기이(奇異)한 내용의 책[書]. ¶《산해경》(山海經)은 중국 고대의 기서이다. ⓑ기적(奇籍).

기서[2] **寄書** (부칠 기, 글 서). ① 속뜻 편지글[書]을 부침[寄]. 또는 그 편지. ②기고(寄稿).

기석 **棋石** (=碁石, 바둑 기, 돌 석). 바둑[棋]을 둘 때에 쓰는 동글납작한 돌[石]. ¶기사는 기석을 적소에 놓았다.

기선[1] **汽船** (수증기 기, 배 선). 증기[汽] 기관을 동력으로 하여 항해하는 배[船]. ¶기존의 범선(帆船)을 기선으로 바꾸다. ⓑ증기선(蒸氣船).

기선[2] **基線** (터 기, 줄 선). ① 속뜻 도로, 수로, 철도 따위에서 기본(基本)이 되는 주요한 선(線). ② 수학 삼각 측량에서 토지를 측량하는 기준이 되는 직선. ⓑ본선(本線), 간선(幹線).

기선[3] **機先** (때 기, 먼저 선). ① 속뜻 이길 수 있는 기회(機會)를 먼저[先] 잡음. ② 운동 경기나 싸움 따위에서 상대편의 세력이나 기세를 억누르기 위하여 먼저 행동하는 것. ¶기선을 잡다.

기설 既設 (이미 기, 세울 설). 이미[既] 만들어[設] 놓음. ¶기설 건물.

기성[1] **奇聲** (기이할 기, 소리 성). 기이(奇異)한 소리[聲]. ¶기성을 지르다 / 기성을 연발하다.

기성[2] **棋聖** (=碁聖, 바둑 기, 거룩할 성). 바둑이나 장기[棋]에 특히 뛰어난 사람을 성인(聖人)에 비유하여 이르는 말.

기성[3] **既成** (이미 기, 이룰 성). 어떤 사물이나 상황이 이미[既] 만들어져[成] 있음. ¶기성 제품.

▸**기성-복** 既成服 (옷 복). 맞춤에 의한 것이 아니고, 일정한 기준 치수에 따라 미리[既] 만들어[成] 놓고 파는 옷[服].

▸**기성-품** 既成品 (물건 품). 이미[既] 만들어[成] 놓고 파는 물품(物品). 또는 미리 일정한 규격대로 만들어 놓고 파는 물품. ⓑ주문품(注文品).

▸**기성-화** 既成靴 (구두 화). 미리[既] 만들어[成] 놓고 파는 구두[靴]. ¶나는 발이 작아서 기성화는 맞지 않는다.

▸**기성-도덕** 既成道德 (길 도, 베풀 덕). 사회 일반의 통념으로 이미[既] 형성(形成)된 도덕(道德)이나 관습. ¶그들은 기성도덕을 거부하고 새롭게 가치를 정립했다.

▸**기성 문단** 既成文壇 (글월 문, 단 단). 이미[既] 형성(形成)되어 있는 문인(文人)들의 사회[壇]. ¶그의 작품은 기성 문단의 주목을 받았다.

▸**기성-사실** 既成事實 (일 사, 실제 실). 이미[既] 이루어진[成] 사실(事實). ¶기성사실을 맹목적으로 받아들이다.

▸**기성-세:대** 既成世代 (인간 세, 시대 대). 이미[既] 다 자란[成] 세대(世代). 현재 사회를 이끌어 가는 나이가 든 세대. ¶기성세대의 권위.

▸**기성-세력** 既成勢力 (권세 세, 힘 력). 이미[既] 형성(形成)된 세력(勢力)과 권력. ¶부패한 기성세력에 저항하다.

▸**기성 작가** 既成作家 (지을 작, 사람 가). 문학 이미[既] 일가(一家)를 이룬[成] 작가(作家). ¶기성작가의 작품을 전시했다.

기성[4] **氣成** (공기 기, 이룰 성). 지리 마그마에서 방출된 기체(氣體)가 주변 암석과 반응하여 새로운 광물을 형성(形成)하거나 주변 암석을 변화시키는 일. ¶이 암석은 기성 작용으로 형성된 것이다.

▸**기성 광:물** 氣成鑛物 (쇳돌 광, 만물 물). 지리 마그마에서 방출된 기체(氣體)가 주변 암석과 반응하여 형성(形成)된 광물(鑛物). 전기석(電氣石), 형석(螢石), 황옥석(黃玉石) 따위.

기성[5] **期成** (기약할 기, 이룰 성). 어떤 일을 꼭 이룰[成] 것을 기약(期約)함.

▸**기성-회** 期成會 (모일 회). 어떤 일을 이룰[成] 것을 기약(期約)하여 뜻을 같이하는 사람들이 만든 모임[會].

▸**기성-동맹** 期成同盟 (한가지 동, 맹세할 맹). 어떤 일을 이룰[成] 것을 기약(期約)하여 뜻을 같이하는 사람들이 만든 동맹(同盟).

기성-암 基性巖 (터 기, 성질 성, 바위 암). 지리 이산화규소의 함유량이 비교적 적어 염기성(鹽基性)을 띠는 화성암(火成巖)을 통틀어 이르는 말.

기세[1] **棄世** (버릴 기, 세상 세). ① 속뜻 세상(世上)을 버림[棄]. ② 웃어른이 돌아가심을 이르는 말. ③ 세상을 멀리하여 초탈함. ⓑ하세(下世).

기세[2] **氣勢** (기운 기, 형세 세). 기운(氣運)차게 내뻗는 형세(形勢). ¶기세를 떨치다.

기소 起訴 (일어날 기, 하소연할 소). ① 속뜻 소송(訴訟)을 일으킴[起]. ② 법률 형사사건에서 검사가 법원에 공소를 제기함. ¶그는 살인죄로 기소됐다.

기속 羈束 (=羇束, 얽매일 기, 묶을 속). ① 속뜻 얽어매어[羈] 묶음[束]. ② 자유를 구속함.

▸**기속-력** 羈束力 (힘 력). ① 속뜻 구속시키는[羈束] 힘[力]. ② 법률 법원이 자신의 판결에 철회나 변경할 수 없는 구속력.

▸**기속 처:분** 羈束處分 (처리할 처, 나눌 분).

법률 법률이나 명령에 구속되어[羈束] 행정청이 집행해야 하는 처분(處分). ⓑ재량처분(裁量處分).

기송[1] **記誦** (외울 기, 욀 송). 기억(記憶)하여 외움[誦]. ¶그는 기송을 잘하고 필법에 능했다.

기송[2] **寄送** (부칠 기, 보낼 송). 물건을 다른 사람 편에 부쳐[寄] 보냄[送].

기수[1] **忌數** (꺼릴 기, 셀 수). 사람들이 꺼리어[忌] 싫어하는 숫자(數字). 4, 13 따위. ¶기수를 빼고 번호를 달았다.

기수[2] **奇數** (홀수 기, 셀 수). 수학 홀[奇] 수(數). 2로 나누어서 나머지 1이 남는 수. ⓑ우수(偶數), 짝수.

기수[3] **氣數** (공기 기, 운수 수). 민속 공기(空氣)처럼 저절로 오고 가고 한다는 길흉화복의 운수(運數).

기수[4] **旣遂** (이미 기, 이룰 수). ① 속뜻 이미[旣] 일을 다 이룸[遂]. ② 법률 어떠한 행위가 일정한 범죄의 구성 요건으로 완전히 성립하는 일. ⓑ미수(未遂).

기수[5] **基數** (터 기, 셀 수). 수학 수를 나타내는 데 기본(基本)이 되는 수(數). 십진법에서는 0에서 9까지의 정수를 이른다. '기본수'(基本數)의 준말.

기수[6] **旗手** (깃발 기, 사람 수). ① 속뜻 군대나 단체 따위의 행렬 또는 행진에서 앞에서 깃발[旗]을 드는 사람[手]. ② '어떤 단체적인 활동의 대표로 앞장서는 사람'을 비유하여 이르는 말. ¶80년대 문학계의 기수.

기수[7] **機首** (틀 기, 머리 수). 항공기(航空機)의 앞머리[首]. ¶기수를 돌리다.

기수[8] **騎手** (말 탈 기, 사람 수). 경마 따위에서 말을 타는[騎] 사람[手]. ¶기수가 말에서 떨어졌다.

기수[9] **汽水** (수증기 기, 물 수). ① 속뜻 '염분[汽] 있는 물[水]'이라는 뜻의 영문명 'brackish water'를 의역한 말. ② 지리 바닷물과 민물이 섞인 물. 강 하구에 있는 바닷물을 이른다. ¶이 물고기는 기수 습지에 서식한다.

▸기수 생물 汽水生物 (살 생, 만물 물). 생물 염분[汽]있는 담수(淡水)에 사는 생물(生物). 재첩, 빙어, 숭어, 뱀장어 따위.

기-수사 **基數詞** (터 기, 셀 수, 말씀 사). 언어 수량을 셀 때 기본적(基本的)으로 쓰는 수사(數詞). 하나, 둘, 셋 따위. '기본 수사'(基本數詞)의 준말. ⓑ서수사(序數詞).

기:숙[1] **耆宿** (늙은이 기, 묵을 숙). 나이가 많아[耆=宿] 덕망이 높고 경험이 풍부한 사람. ¶이런 일은 기숙에게 조언을 듣는 것이 좋다.

기숙[2] **寄宿** (맡길 기, 잠잘 숙). 남의 집에 위탁하여[寄] 먹고 자고[宿] 함.

▸기숙-사 寄宿舍 (집 사). 학생이나 사원들이 기숙(寄宿)하는 집[舍]. ¶기숙사에서 생활하다.

▸기숙-생 寄宿生 (사람 생). 기숙사 등에서 위탁하여[寄] 머무는[宿] 학생(學生). ¶이곳의 기숙생은 200명이다.

기술[1] **奇術** (기이할 기, 꾀 술). 기묘(奇妙)한 속임수[術]나 재주. ¶곡마단은 갖가지 기술을 선보이며 사람들의 눈길을 끌었다.

기술[2] **旣述** (이미 기, 지을 술). 이미[旣] 서술(敍述)한 바 있는. ¶위에서 기술한 대로…

기술[3] **技術** (재주 기, 꾀 술). ① 속뜻 사물을 잘 다룰 수 있는 재주[技]나 방법[術]. ② 과학 이론을 실제로 적용하여 자연의 사물을 인간 생활에 유용하도록 가공하는 수단. ¶기술을 개발하다.

▸기술-공 技術工 (장인 공). 기술(技術)을 가지고 물건을 수리·제작하는 직공(職工). ¶백제의 기술공들이 일본으로 건너갔다.

▸기술-사 技術士 (선비 사). 어떤 분야에 전문적 기술(技術)을 가진 사람[士]. ¶정보관리 기술사.

▸기술-자 技術者 (사람 자). 어떤 분야에 전문적 기술(技術)을 가진 사람[者]. ¶소프트웨어 기술자. ⓑ기능공(技能工).

▸기술-적 技術的 (것 적). ① 속뜻 기술(技術)에 관계되는 것[的]. ② 사물의 본질이나 이론보다는 그 실제의 응용이나 운영에 관한 것. ¶기술적인 문제를 해결하는 것은 쉽다.

▸기술-직 技術職 (일 직). 기술(技術) 분야의 직책(職責). ⓑ사무직(事務職).

기술[4] **記述** (기록할 기, 지을 술). ① 속뜻 기록(記錄)하거나 문장을 지음[述]. ② 사물의 특질을 객관적·체계적·학문적으로 적음. ¶역사 기술 방법 / 사회 현상을 기술하다.

▸기술 문법 記述文法 (글월 문, 법 법). 언어 특정한 시기의 한 언어 상태를 있는 그대로 기술(記述)하는 문법(文法).

기습[1] **奇習** (기이할 기, 버릇 습). ① 속뜻 이상한[奇] 습관이나 버릇[習]. ② 기이한 풍습. ¶이 부족은 코를 뚫는 기습이 있다.

기습[2] **奇襲** (갑자기 기, 습격할 습). 몰래 움직여 갑자기[奇] 습격(襲擊)함. ¶기습을 당하다. ㊥급습(急襲).

기습[3] **氣習** (기운 기, 버릇 습). 집단이나 개인에게서 특징적으로 보이는 기질(氣質)이나 습관(習慣). ¶진솔한 그에게는 세도가의 기습이 없었다.

기승[1] **奇勝** (기이할 기, 뛰어날 승). ① 속뜻 기묘(奇妙)하고 뛰어난[勝] 경치. ¶이 산의 기승은 관광객의 눈길을 사로잡았다. ② 뜻밖에 얻은 승리.

기승[2] **氣勝** (기운 기, 이길 승). ① 속뜻 기운(氣運)이나 힘 따위가 누그러들지 않음[勝]. ¶더위가 기승을 부리다. ② 성미가 억척스럽고 굳세어 좀처럼 굽히지 않음. 또는 그 성미.

기승[3] **起承** (일어날 기, 이을 승). 문학 한시(漢詩)에서 기구(起句)와 승구(承句)를 아울러 이르는 말.

▸기승전결 起承轉結 (옮길 전, 맺을 결). 문학 ① 한시(漢詩)에서 시를 시작하는[起] 부분, 그것을 이어받아[承] 전개하는 부분, 시의(詩意)를 전환(轉換)하는 부분, 전체 시의를 끝맺는[結] 부분을 이름. ② 논설문 따위의 글을 짜임새 있게 짓는 형식.

기시-감 **旣視感** (이미 기, 볼 시, 느낄 감). ① 속뜻 이미[旣] 본[視] 듯한 느낌[感]. ② 『심리』 한 번도 경험한 일이 없는 상황이나 장면이 언제, 어디에선가 이미 경험한 것처럼 친숙하게 느껴지는 일. ¶그를 본 순간 묘한 기시감에서 헤어날 수가 없었다. ㊦미시감(未視感).

기시-기 **記時器** (기록할 기, 때 시, 그릇 기). 전화의 통화 시간(時間)을 기록(記錄)하는 계기(計器).

기식[1] **氣息** (숨 기, 숨쉴 식). 숨[氣]을 쉼[息]. 호흡의 기운. ¶기식이 날로 쇠약해졌다.

기식[2] **寄食** (맡길 기, 먹을 식). 남의 집에 위탁하여[寄] 밥을 얻어먹으며[食] 지냄. ¶나는 숙부댁에 기식하면서 대학을 다녔다.

기신[1] **起身** (일어날 기, 몸 신). ① 속뜻 몸[身]을 움직여 일어남[起]. ¶옆에서 부축해 주지 않으면 그는 기신을 못할 정도였다. ② 몸을 빼어 관계를 끊음.

기신[2] **氣神** (기운 기, 정신 신). 기력(氣力)과 정신(精神)을 아울러 이르는 말. ¶차츰 기신을 되찾았다.

기-신호 **旗信號** (깃발 기, 소식 신, 표지 호). 깃발[旗]를 사용하여 통신하는 신호(信號). 수기(手旗) 신호, 군기(軍旗) 신호 따위. ¶기신호를 보고 기차가 출발했다.

기실[1] **其實** (그 기, 실제 실). 그[其] 실제(實際)는. 그 실상은. ¶기실 그도 나쁜 사람은 아니다.

기실[2] **氣室** (공기 기, 방 실). ① 기계 액체의 유출을 고르게 하기 위해 물을 뿜어내는 관과 펌프 사이에 공기(空氣)가 들어 있는 공간[室]. ② 식물 식물의 잎 기공 아래에 있는 세포 사이의 공실.

기심 **欺心** (속일 기, 마음 심). 자기의 양심(良心)을 속임[欺].

기십 **幾十** (몇 기, 열 십). 몇[幾] 십(十). ¶기십 만원 / 기십 배.

기아[1] **棄兒** (버릴 기, 아이 아). 자기의 아이[兒]를 버리는[棄] 일. 또는 그렇게 버려진 아이. ㊥유아(遺兒).

기아[2] **飢餓** (=饑餓, 배고플 기, 굶주릴 아). 굶주림[飢=餓]. ¶기아에 허덕이다. ㊥기근(饑饉).

▸기아 수출 飢餓輸出 (나를 수, 날 출). ① 속뜻 굶주린[飢餓] 가운데서도 수출(輸出)함. ② 경제 외화를 벌어들이기 위하여 국민의 생활을 희생하고 국내 소비를 억제하면서까지 외국으로 수출을 강행하는 일. ㊥기근(饑饉) 수출.

▸기아 임:금 飢餓賃金 (품삯 임, 돈 금). 배를 곯을[飢餓] 정도로 극히 낮은 품삯[賃金].

기:악[1] **妓樂** (기생 기, 음악 악). ① 속뜻 기생(妓生)과 풍류[樂]. ¶그는 매일 같이 기악을 즐겼다. ② 기생의 풍류.

기악[2] **器樂** (그릇 기, 음악 악). 음악 악기(樂器)로 연주하는 음악(音樂). ㊦성악(聲樂).

▸기악-곡 器樂曲 (노래 곡). 음악 기악(器樂) 연주를 위한 악곡(樂曲). ¶이 기악곡은

연주하기가 어렵다.

기안[1] **奇案** (기이할 기, 생각 안). 기묘(奇妙)한 생각[案]이나 계획. ¶그는 기안이 떠올랐다.

기안[2] **起案** (일어날 기, 문서 안). 초안(草案)을 작성함[起]. 또는 그 초안. ¶기안을 제출하다 / 공문을 기안하다.

기암 奇巖 (기이할 기, 바위 암). 기이(奇異)하게 생긴 바위[巖]. ㊞괴암(怪巖).

▸기암-괴석 奇巖怪石 (이상할 괴, 돌 석). 기이(奇異)하게 생긴 바위[巖]와 괴상(怪狀)하게 생긴 돌[石]. ¶기암괴석이 하늘을 찌를 듯 솟아있다.

▸기암-절벽 奇巖絶壁 (끊을 절, 담 벽). 기이(奇異)하게 생긴 바위[巖]와 깎아지른[絶] 듯한 낭떠러지[壁]. ¶기암절벽 아래 검은 파도가 일렁였다. 속담 기암절벽 천층석(千層石)이 눈비 맞아 썩어지거든.

기압 氣壓 (공기 기, 누를 압). 물리 대기(大氣)의 압력(壓力). ¶산 정상은 기압이 낮아 귀가 멍멍해진다.

▸기압-계 氣壓計 (셀 계). 물리 대기(大氣)의 압력(壓力)을 재는[計] 장치. 기상 관측용은 '청우계'(晴雨計)라고도 한다. ㊞바로미터(barometer).

▸기압 경도 氣壓傾度 (기울 경, 정도 도). 지리 동일한 평면상의 두 지점의 기압(氣壓)의 차를 그 거리로 나눈 수치. 기울기[傾度]로 표현되며, 기압 경도가 클수록 바람이 세게 분다. ¶기압경도가 완만할 때 국지풍이 나타난다.

▸기압 경도력 氣壓傾度力 (기울 경, 정도 도, 힘 력). 지리 대기 중에서 기압(氣壓) 경도(傾度)로 인해 생기는 힘[力]. 바람이 불게 되는 근본적인 원인이며 고압에서 저압 방향으로 작용한다. ㊟기압력.

기약[1] **期約** (때 기, 묶을 약). 때[期]를 정하여 약속(約束)함. ¶다시 만날 것을 기약하다.

기약[2] **旣約** (이미 기, 묶을 약). ① 속뜻 이미[旣] 다 묶어놓음[約]. ② 수학 이미 다 된 약분. 더 이상 약분이 안 됨.

▸기약 분수 旣約分數 (나눌 분, 셀 수). 수학 이미[旣] 다 된 약분(約分)된 분수(分數). 분수식을 공통인수로 나누게 되면 기약분수가 된다. ¶15/20의 기약분수는 3/4이다.

기어 綺語 (비단 기, 말씀 어). ① 교묘하게 꾸며[綺] 대는 말[語]. ② 불교 십악의 하나. 도리에 어긋나며 교묘하게 꾸며 대는 말을 이른다.

기억 記憶 (기록할 기, 생각할 억). 지난 일을 적어두어[記] 잊지 않고 생각해냄[憶]. ¶내 기억이 틀림없다. ㊥망각(忘却).

▸기억-력 記憶力 (힘 력). 기억(記憶)하는 능력(能力). ¶전두엽은 기억력을 관장한다고 알려져 있다.

▸기억-술 記憶術 (꾀 술). 쉽게 기억(記憶)하는 방법[術].

▸기억 소:자 記憶素子 (바탕 소, 접미사 자). 컴퓨터 전자 계산기의 주기억(主記憶) 장치에 쓰이는 반도체 부품[素子].

기업[1] **起業** (일어날 기, 일 업). 새로 사업(事業)을 일으킴[起]. ¶이 기업은 우리 할아버지가 150년 전에 기업하신 것이다.

기업[2] **基業** (터 기, 일 업). ① 속뜻 기초(基礎)가 되는 사업(事業). ¶기업을 세우다. ② 대대로 물려 내려오는 재산과 사업. ¶수십 년 기업을 한순간에 버렸다.

***기업**[3] **企業** (꾀할 기, 일 업). ① 속뜻 이익을 꾀하기[企] 위하여 일[業]을 함. ② 영리를 목적으로 운영하는 사업체. ¶기업을 운영하다.

▸기업-가 企業家 (사람 가). 기업(企業)에 자본을 대고 그 기업을 경영하는 사람[家].

▸기업-주 企業主 (주인 주). 기업(企業)의 주인(主人). ¶악덕 기업주.

▸기업-체 企業體 (몸 체). 영리를 목적으로 일하는[企業] 단체(團體). ¶그는 여러 기업체를 거느리고 있다.

▸기업-화 企業化 (될 화). 기업(企業)의 형태를 갖추어 조직하는[化] 일. ¶농업을 기업화하여 운영했다.

기여[1] **其餘** (그 기, 남을 여). 그[其] 나머지[餘]. ㊞이여(爾餘).

***기여**[2] **寄與** (부칠 기, 줄 여). ① 속뜻 물건을 부쳐[寄] 줌[與]. ② 도움이 되도록 이바지함. ¶승리에 결정적으로 기여하다. ㊞증여(贈與).

기연 奇緣 (기이할 기, 인연 연). 기이(奇異)한 인연(因緣). 뜻하지 않은 연분. ¶그녀는 인호와 자기의 기연을 느꼈다

기염 氣焰 (기운 기, 불꽃 염). 불꽃[焰]처럼

대단한 기세(氣勢). ¶기염을 내뿜다.
▸기염-만장 氣焰萬丈 (일만 만, 길이 장). 불꽃[焰] 같은 기세(氣勢)가 만(萬) 장(丈)이나 될 정도로 굉장히 높음.

기엽 氣葉 (숨 기, 잎 엽). [식물] 수중에서 나오는 공기(空氣)로 살아가는 수생식물의 잎[葉]. 물속의 잎과는 모양이 좀 다르다. ¶다시마는 가로기엽이 잘 발달되어 있다.

기예 技藝 (재주 기, 재주 예). 훌륭한 기술(技術)이나 재주[藝]. ¶이 책은 당대 미인의 사진과 기예(技藝)를 기록한 것이다.

⁑**기온** 氣溫 (공기 기, 따뜻할 온). 대기(大氣)의 온도(溫度). ¶기온이 크게 상승했다.
▸기온-계 氣溫計 (셀 계). 기온(氣溫)을 재는 계기(計器).

기와 起臥 (일어날 기, 누울 와). ① [속뜻] 일어남[起]과 누움[臥]. ② 일상적인 생활 상태. ¶그들과 기와를 같이하였다.

기왕 既往 (이미 기, 갈 왕). ① [속뜻] 이미[既] 지나감[往]. 과거. ② 이미. 벌써. ¶기왕 늦었으니 자고 가자. [비]이왕(以往), 이전(以前).
▸기왕지사 既往之事 (어조사 지, 일 사). 이미[既] 지나간[往] 일[事]. [비]이왕지사(已往之事).

기외 其外 (그 기, 밖 외). 그[其] 밖[外]의 나머지. ¶어머니와 기외의 식구들을 데리고 피난을 떠났다.

기요 紀要 (벼리 기, 요할 요). 벼리[紀]같이 중요한 사실이나 요점(要點)만 추려서 적어 놓음. ¶강의 기요. [비]적요(摘要).

기욕 嗜慾 (좋아할 기, 욕심 욕). 좋아하고[嗜] 즐기려는 욕심(慾心). ¶자기의 기욕만 채우려는 사람들이 있다.

기용 起用 (일어날 기, 쓸 용). ① [속뜻] 인재를 높은 자리에 올려[起] 씀[用]. ¶감독은 선수들을 적재적소에 기용했다. ② 면직되거나 휴직한 사람을 다시 관직에 불러 씀. [비]등용(登用).

기우1 杞憂 (나라 기, 근심할 우). ① [속뜻] 중국 기(杞)나라에 살던 사람의 근심[憂]. 하늘이 무너지고 땅이 꺼지면 어쩌나 쓸데없이 근심하다가 큰 병이 들었다고 한다. ② 앞일에 대해 쓸데없이 지나치게 근심함. 또는 그런 근심. ¶그건 기우에 불과하다.

기우2 奇偶 (홀수 기, 짝 우). 홀수[奇數]와 짝수[偶數].

기우3 奇遇 (기이할 기, 만날 우). 기이(奇異)한 만남[遇]. 뜻밖의 인연으로 만나게 되는 일. ¶그들이 피난지에서 다시 만난 것은 기우였다.

기우4 寄寓 (맡길 기, 묵을 우). 임시로 남의 집에 몸을 맡겨[寄] 묵음[寓]. ¶집을 구할 때까지 친구의 집에 기우했다. [비]기주(寄住).

기우5 氣宇 (기운 기, 도량 우). 기개(氣槪)와 도량[宇]을 아울러 이르는 말. ¶그는 의지가 굳세고 기우가 활달하다. [비]기량(氣量).

기우6 祈雨 (빌 기, 비 우). 가물 때에 비[雨]가 오기를 빎[祈]. ¶왕은 비가 올 때까지 기우를 계속했다. [비]구우(求雨), 청우(請雨).
▸기우-제 祈雨祭 (제사 제). 비가 오지 않을 때에 비 오기를 비는[祈雨] 제사(祭祀). ¶기우제를 올렸다. [비]무우제(舞雩祭), 한제(旱祭). [반]기청제(祈晴祭).

기운1 氣運 (기운 기, 돌 운). 어떤 일이 벌어지려고 도는[運] 분위기(雰圍氣). ¶봄의 따스한 기운.

기운2 氣韻 (기운 기, 그윽할 운). ① [속뜻] 분위기(雰圍氣)와 운치(韻致). ② 글이나 글씨, 그림 따위에서 표현된 풍격(風格)과 정취(情趣). ¶이 그림은 기운이 넘쳐난다.

기원1 祈願 (빌 기, 바랄 원). 소원(所願)이 이루어지기를 빎[祈]. ¶행복을 기원합니다. [비]기축(祈祝).

기원2 起源 (=起原, 일어날 기, 근원 원). 사물이 생기기 시작한[起] 근원(根源). ¶인류의 기원. [비]발원(發源), 남상(濫觴), 발상(發祥).

기원3 棋院 (=碁院, 바둑 기, 집 원). ① [속뜻] 바둑[棋]을 두는 사람에게 장소와 시설을 빌려 주고 돈을 받는 곳[院]. ¶할아버지는 매일 기원에 가서 바둑을 두신다. ② 바둑을 즐기는 사람들이 조직하는 단체.

⁑**기원**4 紀元 (연대 기, 으뜸 원). ① [속뜻] 새로운 연대[紀]가 시작되는 그 으뜸[元]. ¶전기의 발명은 대량생산의 기원이 되었다. ② 연대를 계산하는 데에 기준이 되는 해. ¶단군 기원 / 서력 기원. ③ 나라를 세우거나 종교가 만들어진 첫 해.
▸기원-전 紀元前 (앞 전). 기원(紀元)의 이

전(以前). 영어로는 'Before Christ'(B.C.)로 표기한다. ¶주몽은 기원전 58년에 태어났다. [반]기원후(紀元後).

▸기원-후 紀元後 (뒤 후). 기원(紀元)의 이후(以後). '그리스도의 해'를 뜻하는 라틴어 'Anno Domini'(A.D.)로 표기한다. ¶기원후 4세기 중엽 백제는 일본과 활발히 교류했다. [비]서기(西紀). [반]기원전.

기월 期月 (기약할 기, 달 월). ① [속뜻]기약(期約)한 달[月]. ②꼭 한 달. ③열두 달.

기위 旣爲 (이미 기, 할 위). 이미[旣] 된[爲]. 이미. ¶기위 당한 일은 당한 일이다.

기유 己酉 (천간 기, 닭 유). [민속]천간의 '己'와 지지의 '酉'가 만난 간지(干支). 육십갑자의 마흔여섯째.

▸기유 약조 己酉約條 (묶을 약, 조목 조). [역사]광해군 1년(1609)인 기유(己酉)년에 일본과 맺은 조약[約條]. 이로 임진왜란으로 단절되었던 일본과의 국교가 재개되었다.

기율 紀律 (벼리 기, 법칙 률). ① [속뜻]기강(紀綱)과 규율(規律). ②도덕상으로 여러 사람에게 행위의 표준이 될 만한 질서. ¶우리 학교는 기율이 아주 엄했다.

기음¹ 基音 (터 기, 소리 음). ① [물리]'기본음'(基本音)의 준말. ② [음악]원음(原音).

기음² 氣音 (숨 기, 소리 음). [언어]숨[氣]이 거세게 나오는 파열음(破裂音). 국어의 'ㅊ', 'ㅋ', 'ㅌ', 'ㅍ' 따위. '유기음'(有氣音)의 준말. [비]거센소리.

▸기음-화 氣音化 (될 화). [언어]숨[氣]이 거세게 나오는 파열음(破裂音)으로 바뀜[化].

기음³ 記音 (기록할 기, 소리 음). ① [속뜻]소리[音]를 기호나 자모로 옮겨 적음[記]. ② [물리]소리가 진동하는 모양을 그려서 나타냄.

▸기음 문자 記音文字 (글자 문, 글자 자). [언어]말소리[音]를 그대로 기록(記錄)해 나타낸 문자(文字). 한글, 로마자, 아라비아 문자 따위. [비]표음(表音) 문자.

기의 記意 (기록할 기, 뜻 의). ① [속뜻]기호(記號) 안에 담긴 의미(意味). ② [언어]소쉬르의 기호 이론에서, 말이 소리와 그 소리로 표시되는 의미로 성립된다고 할 때, 그 의미를 이른다. [비]시니피에(signifié). [반]기표(記標), 시니피앙(signifiant).

기이 奇異 (이상할 기, 다를 이). 이상야릇할[奇] 정도로 보통과는 크게 다름[異]. ¶그곳에 갔다가 기이한 광경을 보았다.

기인¹ 奇人 (기이할 기, 사람 인). 성질이나 언행이 기이(奇異)한 사람[人]. ¶김삿갓은 일세를 풍미했던 기인이었다. [반]범인(凡人).

기인² 起因 (일어날 기, 까닭 인). 무슨 일을 일으키는[起] 원인(原因). ¶민란은 지배층의 과도한 착취에 기인했다. [비]기인(基因).

기인³ 基因 (터 기, 까닭 인). 가장 기본적(基本的)인 원인(原因). ¶이번 사건의 기인은 개인의 상실감이다. [비]기인(起因).

기인⁴ 棄人 (버릴 기, 사람 인). ① [속뜻]도리에서 벗어난 행동을 하여 버림[棄]을 받은 사람[人]. ②폐인(廢人). ¶그는 결국 가족들도 포기한 기인이 되었다.

기일¹ 忌日 (꺼릴 기, 날 일). ① [속뜻]꺼려야[忌] 할 일이 많은 날[日]. ¶기일을 피해 이사를 했다. ②해마다 돌아오는 제삿날. ¶오늘은 할머니 기일이다. [비]명일(命日), 연기(年忌).

기일² 奇日 (홀수 기, 날 일). 1일, 3일, 5일 따위의 홀수[奇] 날[日]. [비]홀숫날, 척일(隻日). [반]우일(偶日).

기일³ 期日 (기약할 기, 날 일). ① [속뜻]기약(期約)한 날짜[日]. 정해진 날짜. ¶기일 내에 일을 마치다. ② [법률]법원이나 소송 당사자 또는 그 소송에 관계되는 사람이 모여 소송 행위를 하는 특정한 날이나 기간. [비]약정일(約定日).

⁑**기입 記入** (기록할 기, 들 입). 적어[記] 넣음[入]. ¶서류에 기입하다. [비]기재(記載).

▸기입-장 記入帳 (장부 장). 적어[記] 넣는[入] 공책이나 장부(帳簿). ¶용돈 기입장 / 기입장에 잘 적어 놓다.

기자¹ 箕子 (키 기, 아이 자). [문학]고조선 때에 있었다고 하는 전설상의 기자 조선의 시조(始祖). '箕子'라고 이름 지은 근거에 대한 정설이 없음.

기자² 祈子 (빌 기, 아들 자). [민속]아들[子] 낳기를 빎[祈]. 또는 그런 풍속. ¶현재까지도 이곳에는 여러 형태의 기자 습속이 남아 있다.

기자³ 記者 (기록할 기, 사람 자). ① [속뜻]신문, 잡지, 방송 따위에 실을 기사(記事)를 취재하여 쓰거나 편집하는 사람[者]. ¶정치부 기자. ②문서의 초안을 잡는 사람.

▶기자-단 記者團 (모일 단). 같은 지방이나 부처(部處)에서 취재를 담당하는 기자(記者)들로 이루어진 단체(團體). ¶기자단에게 보도 자료를 보냈다. ⓑ기자 클럽.

▶기자-실 記者室 (방 실). 국회·관공서 등에 마련되어 있는 출입 기자(記者)들의 대기실(待機室).

기자-감식 飢者甘食 (배고플 기, 사람 자, 달 감, 먹을 식). 굶주린[飢] 사람[者]은 음식을 가리지 않고 달게[甘] 먹음[食].

기자-력 起磁力 (일어날 기, 자석 자, 힘 력). 물리 물체에 자기(磁氣)를 생기게[起] 하는 외부의 힘[力]. ¶'길버트'(gilbert)는 기자력을 재는 단위이다.

기-자재 機資材 (=器資材, 틀 기, 재물 자, 재료 재). 기계(機械)나 기구(器具), 자재(資材)를 통틀어 이르는 말. ¶건축 기자재 / 다양한 기자재를 활용하여 수업했다.

기장[1] 記帳 (기록할 기, 장부 장). 장부(帳簿)에 적음[記]. ¶거래액을 과다하게 기장하였다.

기장[2] 機長 (틀 기, 어른 장). 항공기(航空機) 승무원들의 책임자[長]. ¶기장은 승객들에게 안내방송을 했다.

기재[1] 奇才 (기이할 기, 재주 재). 세상에 드문 뛰어난[奇] 재주[才]. ¶그의 거문고 실력은 가히 기재라 할 수 있다.

기재[2] 記載 (기록할 기, 실을 재). 글로 기록(記錄)하여 문서, 신문 따위에 실음[載]. ¶신청서에 이름을 기재하다. ⓑ기입(記入).

기재[3] 器才 (그릇 기, 재주 재). 기량(器量)과 재주[才]. ¶그는 기재가 뛰어나 왕의 총애를 받았다.

기재[4] 器材 (그릇 기, 재료 재). 기구(器具)와 재료(材料). ¶실험 기재.

기재[5] 機材 (틀 기, 재료 재). 기계(機械)의 재료(材料). ¶첨단 기재로 신무기를 만들었다. ⓑ기계감.

기저 基底 (터 기, 밑 저). ① 속뜻 어떤 것의 바닥[基]이 되는 부분[底]. ¶무용총의 기저는 한 면이 15m정도이다. ②근저(根底). ¶이 소설은 윤히 사상을 기저에 깔고 있다. ③ 수학 벡터 공간에서 임의의 벡터를 그 집합에 속하는 벡터들의 일의적(一意的)인 일차 결합으로 나타낼 수 있는 집합.

기적[1] 汽笛 (수증기 기, 피리 적). 기차나 배 따위에서 증기[汽]를 내뿜는 힘으로 경적(警笛) 소리를 내는 장치. 또는 그 소리. ¶열차가 기적을 울리며 달린다. ⓑ고동.

기적[2] 奇跡 (=奇迹, 기이할 기, 발자취 적). ① 속뜻 상식으로는 생각할 수 없는 기이(奇異)한 일이나 업적[跡]. ¶한강의 기적. ② 종교 신(神)에 의하여 행해졌다고 믿어지는 불가사의한 현상. ⓑ이적(異跡).

기적[3] 棋敵 (=碁敵, 바둑 기, 원수 적). 바둑[棋]에서의 맞수[敵]. ¶그들은 기적이자 둘도 없는 친구이다.

기전[1] 棋戰 (=碁戰, 바둑 기, 싸울 전). 바둑[棋]이나 장기의 승부[戰].

기전[2] 紀傳 (벼리 기, 전할 전). 기전체 역사책에서 왕의 전기인 본기(本紀)와 신하의 전기인 열전(列傳)을 이르는 말.

▶기전-체 紀傳體 (모양 체). 본기(本紀)와 열전(列傳)을 중심으로 역사를 기술하는 방식[體]. 역사적 인물의 개인 전기(傳記)를 이어 감으로써 한 시대의 역사를 구성하는 기술 방법으로, 사마천의 『사기』(史記)에서 비롯된 것이다. ⓒ편년체(編年體), 기사본말체(紀事本末體).

기전[3] 起電 (일어날 기, 전기 전). 마찰이나 정전기 유도를 이용하여 전기(電氣)를 일으킴[起].

▶기전-기 起電機 (틀 기). 전기 마찰이나 정전기 유도를 이용하여 전기(電氣)를 일으키는[起] 장치[機]. ¶그는 새로운 기전기를 발명했다.

▶기전-력 起電力 (힘 력). 물리 두 점 사이의 전위차[電氣]를 일으켜[起] 전류를 흐르게 하는 힘[力]. 단위는 볼트(V). ⓑ동전력(動電力), 전동력(電動力).

기절[1] 氣絶 (숨 기, 끊을 절). ① 속뜻 잠깐 동안 정신을 잃고 숨[氣息]이 끊어짐[絶]. ②갑자기 몹시 놀람. ⓑ실기(失氣), 실신(失神), 혼절(昏絶).

기절[2] 氣節 (기운 기, 지조 절). ① 속뜻 굽힐 줄 모르는 기개(氣槪)와 절조(節操). ¶전하께서는 곧은 기절을 배양하시옵소서! ②기후(氣候).

기점[1] 起點 (일어날 기, 점 점). 무엇이 시작되는[起] 지점(地點)이나 시점(時點). ¶이 노선의 기점은 청량리이다. [비]출발점(出發點). [반]종점(終點).

기점² 基點 (터 기, 점 점). 기준(基準)이 되는 점(點). '기준점'의 준말. ¶온도계는 0도를 기점으로 하여 그 위는 영상, 그 아래는 영하라고 한다.

기정 既定 (이미 기, 정할 정). 이미[既] 정(定)해져 있음. ¶기정의 방침대로 진행하시오. [반]미정(未定).

▸기정-사실 既定事實 (일 사, 실제 실). 이미[既] 정(定)해진 사실(事實).

기제¹ 既濟 (이미 기, 그칠 제). 필요한 절차나 의무 따위가 이미[既] 처리됨[濟]. ¶기제 서류. [반]미제(未濟).

기제² 忌祭 (꺼릴 기, 제사 제). 행동을 삼가야하는[忌] 제사(祭祀). '기제사'(忌祭祀)의 준말.

기제-류 奇蹄類 (홀수 기, 굽 제, 무리 류). 홀수[奇]의 발굽[蹄]을 지닌 동물의 부류(部類). 말, 물소, 코뿔소, 낙타 따위.

기-제사 忌祭祀 (꺼릴 기, 제사 제, 제사 사). 행동을 삼가야하는[忌] 제사(祭祀). 해마다 사람이 죽은 날에 지내는 제사. ¶할아버지 기제사를 지내러 고향에 내려갔다. [준]기제.

기조 基調 (터 기, 가락 조). ① [속뜻] 악곡의 기본적(基本的)인 가락[調]. ②사상, 작품, 학설 따위에 일관해서 흐르는 기본적인 경향이나 방향. ③ [경제] 시세나 경제 정세의 기본적 동향. [비]주선율(主旋律), 주조음(主調音).

▸기조 연:설 基調演說 (펼칠 연, 말씀 설). 국회, 전당 대회, 학회 따위에서 중요 인물이 기본(基本) 취지나 정책, 방향[調] 따위에 대하여 설명하는 연설(演說). ¶회장의 기조연설로 대회가 시작되었다.

기조-력 起潮力 (일어날 기, 바닷물 조, 힘 력). [지리] 밀물과 썰물 등 조수(潮水)를 일으키는[起] 힘[力]. 달과 태양의 인력과 지구의 원심력이 상호 작용한 결과이다.

기존 既存 (이미 기, 있을 존). 이미[既] 존재(存在)함. ¶『속뜻사전』은 기존의 사전보다 훨씬 유익하다.

기종¹ 氣腫 (공기 기, 종기 종). [의학] ①조직 내에 공기(空氣)가 침입하여 부어오른[腫] 상태. ②폐의 과팽창(過膨脹)과 기포(氣胞)의 파괴가 일어나는 폐 질환의 하나. [비]공기증(空氣症).

기종² 機種 (틀 기, 갈래 종). ① [속뜻] 항공기(航空機)의 종류(種類). ¶최신 기종의 전투기를 들여왔다. ②기계의 종류. ¶다양한 기종의 의료 기기를 선보였다.

기주¹ 嗜酒 (즐길 기, 술 주). 술[酒]을 즐김[嗜]. 술 마시기를 좋아함.

기주² 寄主 (맡길 기, 주인 주). [생물] 기생(寄生) 생물에게 영양을 공급하는 주체(主體)가 되는 생물. [비]숙주(宿主).

▸기주 식물 寄主植物 (심을 식, 만물 물). [식물] 기생(寄生) 식물의 숙주(宿主)가 되는 식물(植物). ¶이 식물원에서는 여러 곤충과 그 기주 식물을 볼 수 있다. [비]숙주(宿主) 식물.

⁑기준 基準 (터 기, 고를 준). 기본(基本)이 되는 표준(標準). ¶평가 기준.

▸기준-량 基準量 (분량 량). 기준(基準)으로 삼는 양(量). ¶기준량을 초과하였다.

▸기준-선 基準線 (줄 선). ① [속뜻] 무엇을 재거나 그릴 때의 기준(基準)이 되는 선(線). ②어떤 것을 할 때 기준이 되는 생각이나 사실. ¶물가를 기준선으로 대출 금리를 정했다.

▸기준-점 基準點 (점 점). ① [속뜻] 계산하거나 측정할 때 기준(基準)이 되는 점(點). ②어떤 것을 할 때 기준이 되는 생각이나 사실. ¶1948년을 기준점으로 하다.

기중¹ 忌中 (꺼릴 기, 가운데 중). 상제(喪制)의 몸으로 행동을 삼가야[忌] 하는 동안[中]. [비]상중(喪中).

기중² 其中 (그 기, 가운데 중). 그[其] 가운데[中]. 그 속. ¶이 색깔이 기중 낫다.

기중³ 期中 (때 기, 가운데 중). 기일(期日) 안[中]. 기한 안. ¶반드시 기중에 돈을 갚기로 약속했다.

기중-기 起重機 (일어날 기, 무거울 중, 틀 기). [기계] 썩 무거운[重] 물건을 들어 올리거나[起] 옮기는 기계(機械). ¶기중기는 도르래를 이용한다. [참]거중기(擧重器).

기증 寄贈 (부칠 기, 보낼 증). 돈이 될 만한 물건을 대가 없이 부쳐주거나[寄] 보내 줌[贈]. ¶장기를 기증하다.

기지¹ 奇智 (기이할 기, 슬기 지). 기발(奇拔)

한 지혜(智慧).

기지[2] **氣志** (기운 기, 뜻 지). 기개(氣槪)와 의지(意志). ¶기지가 굳은 청년. ㊊지기(志氣).

기지[3] **基地** (터 기, 땅 지). 군대나 탐험대 따위의 활동의 기점(基點)이 되는 근거지(根據地). ¶군사 기지.

기지[4] **旣知** (이미 기, 알 지). 이미[旣] 알고[知] 있음. ㊉미지(未知).

기지[5] **機智** (때 기, 슬기 지). 그때그때[機]에 맞게 재빨리 생각해내는 재치나 슬기[智]. ¶꼬마는 기지를 발휘해 적장을 쓰러뜨렸다.

기진 氣盡 (기운 기, 다될 진). 기운(氣運)이 다하여[盡] 없어짐. ¶과로로 기진해서 병원에 실려 가다.

▸기진-맥진 氣盡脈盡 (맥 맥, 다될 진). 기력(氣力)이 다하고[盡] 맥(脈)이 풀림[盡]. ¶달리기를 하고 나서 기진맥진했다. ㊊기진역진(氣盡力盡).

기질[1] **氣質** (기운 기, 바탕 질). ① 속뜻 기력(氣力)과 체질(體質). ② 한 개인이나 어떤 집단 특유의 성질. ¶그는 예술가 기질이 있다. ③ 심리 자극에 대한 민감성이나 특정한 유형의 정서적 반응을 보여 주는 개인의 성격적 소질. ㊊기성(氣性), 기풍(氣風).

기질[2] **基質** (터 기, 바탕 질). ① 생물 결합 조직의 기본(基本) 물질(物質). ② 화학 효소와 작용하여 화학 반응을 일으키는 물질. ③ 화학 호흡에 쓰이는 물질. 당류나 지방 따위가 있다.

*__기차 汽車__ (수증기 기, 수레 차). 증기[汽]나 디젤의 힘으로 움직이는 철도 차량(車輛). ㊊열차(列車).

▸기차-역 汽車驛 (정거장 역). 기차(汽車)가 도착하거나 떠나는 역(驛). ¶기차역에서 기다리고 있다.

▸기차-표 汽車票 (쪽지 표). 기차(汽車)를 탈 수 있음을 증명하는 쪽지[票]. ¶기차표를 예매하다.

기착 寄着 (맡길 기, 붙을 착). ① 속뜻 몸을 잠시 의탁해[寄] 지냄[着]. ② 목적지를 가는 도중 잠깐 들름.

▸기착-지 寄着地 (땅 지). 목적지로 가는 도중 잠시 들르는[寄着] 곳[地].

기채 起債 (일어날 기, 빚 채). ① 속뜻 채무(債務)를 발생시킴[起]. 빚을 얻음. ② 경제 국가나 공공단체가 국채·공채 따위를 모집하는 일.

▸기채 시:장 起債市場 (저자 시, 마당 장). 경제 공채, 사채, 금융채 따위를 발행하는[起債] 시장(市場).

기청-제 祈晴祭 (빌 기, 갤 청, 제사 제). 입추(立秋)가 지나도록 장마가 계속될 때 날이 개기[晴]를 빌던[祈] 제사(祭祀). ㊉기우제(祈雨祭).

*__기체__[1] **氣體** (공기 기, 몸 체). ① 속뜻 공기(空氣)같은 형체(形體). ② 물리 공기, 수증기처럼 일정한 모양이나 부피가 없이 유동하는 물질. ㊉액체(液體), 고체(固體).

▸기체-상 氣體相 (모양 상). 화학 기체(氣體)의 어느 부분을 취하여도 물리적으로나 화학적으로 균일한 성질을 가지는 상태[相]. ㊣기상(氣相).

▸기체 연료 氣體燃料 (태울 연, 거리 료). 가스난로나 가스 기관 따위에 쓰는 기체(氣體) 상태의 연료(燃料).

기체[2] **氣體** (기운 기, 몸 체). ① 속뜻 기운(氣運)과 몸[體]의 형편. ② 웃어른께 올리는 편지에서 문안할 때 쓰는 말. ¶그간 기체 강녕하시옵니까? ㊊기후(氣候).

▸기체-후 氣體候 (물을 후). 기체(氣體)에 대한 문후(問候). 안부를 물음. ¶기체후 일향 만강하옵신지요?

기체[3] **機體** (틀 기, 몸 체). ① 속뜻 기계(機械)의 몸체[體]. ② 비행기의 몸체. ¶난기류가 심해 기체가 심하게 흔들렸다.

기초[1] **起草** (일어날 기, 거칠 초). 글의 초안(草案)을 잡음[起]. ¶공화정은 헌법을 기초했다. ㊣초. ㊊출초(出草).

기초[2] **期初** (때 기, 처음 초). 어느 기간(期間)이나 기한(期限)의 처음[初]. ㊊기수(期首). ㊉기말(期末).

⁑**기초**[3] **基礎** (터 기, 주춧돌 초). ① 속뜻 기둥의 밑[基]을 받치는 주춧돌[礎]같은 토대. 또는 그 역할을 하는 것. ¶기초를 다지다 / 역사적 사실에 기초하다. ② 건물, 다리 따위와 같은 구조물의 무게를 받치기 위하여 만든 밑받침. ¶기초 공사. ㊊근간(根幹), 근기(根基), 근본(根本), 근저(根底).

▸기초-적 基礎的 (것 적). 사물의 밑바탕[基礎]이 되는 것[的]. ¶기초적인 지식과

전문적인 기술.

▸기초 대ː사 基礎代謝 (대신할 대, 물러날 사). 의학 동물이 생명을 유지하는 데 필요한 기본[基礎]이 되는 에너지 대사(代謝).

기초-시계 記秒時計 (기록할 기, 초 초, 때 시, 셀 계). 경기 등에서 초(秒) 이하의 정밀한 시간을 기록(記錄)할 때 쓰는 시계(時計).

기총 機銃 (틀 기, 총 총). '기관총'(機關銃)의 준말. ¶그들은 기총을 난사하며 들이닥쳤다.

▸기총 소사 機銃掃射 (쓸 소, 쏠 사). 군사 항공기의 기관총(機關銃)을 이용해 적을 비로 쓸[掃] 듯이 사격(射擊)함.

기축[1] 己丑 (천간 기, 소 축). 민속 천간의 '己'와 지지의 '丑'이 만난 간지(干支). 육십갑자의 스물여섯째. ¶순조 29년 기축년에 『기축진찬의궤』(己丑進饌儀軌)를 펴냈다.

기축[2] 基軸 (터 기, 굴대 축). ① 속뜻 터[基]의 축(軸)이 되는 부분. ② 무슨 일의 중심이 되는 부분.

▸기축 통화 基軸通貨 (통할 통, 돈 화). 경제 국제간의 결제나 금융 거래에서 기본적으로[基軸] 통용(通用)되는 화폐(貨幣). ¶요즘의 기축 통화는 미국의 달러 등이다.

기축[3] 氣縮 (기운 기, 줄일 축). 두렵거나 무서워 기(氣)가 질리거나 움츠러듦[縮]. ¶그는 겁을 먹고 기축되어 있었다.

기축[4] 機軸 (틀 기, 굴대 축). ① 속뜻 기관(機關)이나 바퀴 따위의 굴대[軸]. ② 어떤 활동의 중심이 되는 중요한 부분. ¶자유주의는 현대 사회의 기축을 이루는 사상이다. ③ 시문(詩文)의 체재. ④ 건설 마룻대.

기층 基層 (터 기, 층 층). 어떤 사물의 바탕[基]을 이루는 층(層).

기치 旗幟 (깃발 기, 깃발 치). ① 속뜻 군대에서 쓰던 깃발[旗=幟]. ② 일정한 목적을 위해 내세우는 태도나 주장. ¶시민들은 자유·평등의 기치 아래 혁명을 일으켰다. ③ 기에 나타난 표지(標識).

기침[1] 起枕 (일어날 기, 베개 침). 윗사람이 잠자리[枕]에서 일어남[起]. ¶할아버지가 기침하셨는지 보고 오너라. ⓑ기상(起床).

기침[2] 起寢 (일어날 기, 잠잘 침). ① 속뜻 잠자리[寢]에서 일어남[起]. ② 불교 밤중에 일어나 부처에게 절하는 일. ⓑ기상(起床).

***기타** 其他 (그 기, 다를 타). 그[其] 밖의 또 다른[他] 것. 그 밖. ¶기타 사항. ⓑ여타(餘他).

기탁 寄託 (맡길 기, 맡길 탁). ① 속뜻 물건이나 돈을 맡김[寄=託]. ¶장학금을 기탁하다. ② 법률 임치(任置).

▸기탁-금 寄託金 (돈 금). 기탁(寄託)한 돈[金]. ¶입후보 등록 기탁금.

기탄 忌憚 (꺼릴 기, 꺼릴 탄). 꺼림[忌=憚]. 어려워함. ¶기탄없이 의견을 말하다.

기통 汽筒 (=氣筒, 수증기 기, 대롱 통). 기계 증기[汽] 기관이나 내연 기관 따위에서 피스톤이 왕복 운동을 하는, 속이 빈 원통(圓筒) 모양의 장치. ⓑ실린더(cylinder).

기특 奇特 (기이할 기, 특별할 특). ① 속뜻 기이(奇異)하고 특별(特別)하다. ② 말씨나 행동이 신통하여 귀염성이 있다. ¶아이는 기특하게도 혼자서 옷을 입는다.

기판[1] 基板 (터 기, 널빤지 판). 전기 배선(配線)을 변경할 수 있는 기본(基本)이 되는 판(板). 전기 회로가 편성되어 있다.

기판[2] 旗瓣 (깃발 기, 꽃잎 판). 식물 콩과 식물의 깃발[旗] 모양 꽃부리의 한가운데 있는 큰 꽃잎[瓣].

기포[1] 氣泡 (공기 기, 거품 포). 액체나 고체 속에 기체(氣體)가 들어가 거품[泡]처럼 둥그렇게 부풀어 있는 것. ¶빵을 발효시키면 기포가 생긴다.

기포[2] 氣胞 (숨 기, 태보 포). ① 속뜻 공기(空氣) 주머니[胞]. ② 의학 허파로 들어간 기관지의 끝에 포도송이처럼 달려 있는 자루. 호흡할 때에 가스를 교환하는 작용을 한다. ⓑ허파꽈리.

기포[3] 起泡 (일어날 기, 거품 포). 거품[泡]이 일어남[起]. ¶이 세탁기는 기포 작용을 통해 때를 세척물에서 분리시킨다. ⓑ발포(發泡).

▸기포-성 起泡性 (성질 성). 액체를 그릇에 넣고 흔들 때 거품[泡]이 일어나는[起] 성질(性質). ¶기포성 물질.

기폭[1] 旗幅 (깃발 기, 너비 폭). ① 속뜻 깃발[旗]의 너비[幅]. ② 깃발. ¶기폭이 휘날리다.

기폭[2] 起爆 (일어날 기, 터질 폭). 화약이 압력이나 열 따위의 충동을 받아서 폭발(爆發)

을 일으키는[起] 현상. ¶기폭 장치.

▸기폭-제 起爆劑 (약제 제). ① 화학 충격이 나 마찰 따위로 쉽게 발화하여 폭파약을 폭발시키는 데[起爆] 쓰이는 화약[劑]. ②큰 일이 일어나는 계기가 된 일. ¶이 사건은 3·1 운동의 기폭제가 되었다.

기표[1] **記標** (기록할 기, 나타낼 표). ① 속뜻 기호(記號)로 나타낸[標] 것. ② 언어 소쉬르의 기호 이론에서, 말이 소리와 그 소리로 표시되는 의미로 성립된다고 할 때, 그 소리를 이른다. ㊥시니피앙(signifiant). ㊤기의(記意), 시니피에(signifié).

기표[2] **記票** (기록할 기, 쪽지 표). 투표(投票) 용지에 써넣음[記]. ¶기표가 끝난 후 개표가 시작되었다.

▸기표-소 記票所 (곳 소). 투표장에서, 기표(記票)하도록 특별히 마련한 곳[所]. ¶기표소 안에 비치된 도장으로 기표하시오.

기품[1] **氣品** (기운 기, 품격 품). ① 속뜻 기골(氣骨)의 품격(品格). ②인격이나 작품 따위에서 드러나는 고상한 품격. ¶기품있는 귀부인. ㊥품위(品位).

기품[2] **氣稟** (기운 기, 받을 품). 타고난 기질(氣質)과 성품(性稟). ¶서체에 그의 기품이 그대로 드러나 있다.

기풍 氣風 (기운 기, 모습 풍). ① 속뜻 기상(氣象)과 풍채(風采)를 아울러 이르는 말. ②어떤 집단이나 지역 사람들의 공통적인 기질. ¶진취적인 기풍.

기피 忌避 (꺼릴 기, 피할 피). ① 속뜻 싫어하거나 꺼리어[忌] 피함[避]. ¶병역을 기피하다. ② 법률 법관, 법원 직원 따위가 한쪽 소송 관계인과 특수한 관계에 있거나 어떠한 사정으로 불공평한 재판을 할 염려가 있다고 여겨질 때 다른 쪽 소송 당사자가 그 법관이나 직원의 직무 집행을 거부하는 일. ㊥위피(違避), 기휘(忌諱).

▸기피-자 忌避者 (사람 자). 싫어하거나 꺼리어[忌] 피하는[避] 사람[者]. ¶병역 기피자 / 납세 기피자.

기필 期必 (기약할 기, 반드시 필). 틀림없이[必] 이루어지기를 기약(期約)함. ¶기필코 계약을 성사시키겠다.

기하 幾何 (몇 기, 무엇 하). ① 속뜻 몇[幾] 또는 얼마[何]. ②'기하학'(幾何學)의 준말.

▸기하-학 幾何學 (배울 학). 수학 도형 및 공간[幾何]의 성질에 대하여 연구하는 학문(學問).

▸기하 광학 幾何光學 (빛 광, 배울 학). 물리 빛의 직진, 반사, 굴절 따위에 대하여 기하학적(幾何學的)으로 연구하는 광학(光學). ㊟물리 광학(物理光學).

▸기하-급수 幾何級數 (등급 급, 셀 수). ① 속뜻 기하학적(幾何學的)으로 늘어나는 급수(級數). ② 수학 서로 이웃하는 항의 비(比)가 일정한 급수. ㊥등비(等比) 급수.

▸기하 평균 幾何平均 (평평할 평, 고를 균). ① 속뜻 기하학적(幾何學的)으로 산출한 평균(平均). ② 수학 여러 개의 수의 상승적(相乘積)을 그 개수의 거듭제곱근으로 놓은 수. ㊤산술 평균(算術平均).

▸기하 화:법 幾何畵法 (그림 화, 법 법). 미술 자, 컴퍼스 등의 제도 기구를 써서 기하학적(幾何學的)으로 그리는[畵] 방법(方法).

기한[1] **飢寒** (=饑寒, 배고플 기, 찰 한). 굶주리고[飢] 헐벗어 배고프고 추움[寒]. ¶기한에 떠는 모습이 안타깝다.

기한[2] **期限** (때 기, 끝 한). ① 속뜻 미리 정해 놓은 어느 시기(時期)의 끝[限]. ¶유통 기한 / 기한을 넘기다. ②어느 때까지를 기약함. ③ 법률 법률 행위의 효력의 발생 및 소멸, 채무 이행을 장래에 발생할 것이 확실한 사실에 의존시키는 일. ㊥마감, 시한(時限).

▸기한-부 期限附 (붙을 부). 어떤 일에 대하여 일정한 기한(期限)이 붙어[附] 있는 일. ¶기한부 어음.

기함 旗艦 (깃발 기, 싸움배 함). ① 속뜻 사령관의 기(旗)가 달려 있는 배[艦]. ② 군사 함대의 사령관이 타고 있는 배. ¶적의 기함을 격침했다.

기합 氣合 (기운 기, 합할 합). ① 속뜻 어떤 특별한 힘을 내기 위하여 기운(氣運)을 모음[合]. 또는 그 때 내는 소리. ②단체 생활을 하는 곳에서 잘못한 사람을 단련하기 위하여 몸을 힘들게 하는 벌. ¶기합을 받다.

▸기합-술 氣合術 (꾀 술). 힘과 정신[氣]을 모아[合] 소리를 지르면서 보통 이상의 능력을 나타내는 정신적 술법(術法).

기항 寄港 (맡길 기, 항구 항). 항해 중인 배가 도중에 있는 항구(港口)에 잠깐 들름[寄]. ¶그는 부산항에 기항한 상선(商船)을 니포했다.

▸기항-지 寄港地 (땅 지). 항해 중인 배가 의탁하는[寄] 항구(港口)가 있는 지역(地域).

기해[1] **己亥** (천간 기, 돼지 해). [민속]천간의 '己'와 지지의 '亥'가 만난 간지(干支). 육십갑자의 서른여섯째.

▸기해-박해 己亥迫害 (다그칠 박, 해칠 해). [역사]조선 헌종 5년(1839) 기해(己亥)년에 가톨릭교도를 박해(迫害)한 사건. 여럿의 외국인 신부와 내국인 교도를 학살했다.

기해[2] **氣海** (공기 기, 바다 해). ① [속뜻]대기(大氣)를 바다[海]에 비유하여 이르는 말. ② [한의]배꼽 아래 한 치쯤 되는 부분의 급소로 한방에서 하단전을 혈로서 이르는 말.

기행[1] **奇行** (기이할 기, 행할 행). 기이(奇異)한 행동(行動). ¶이것은 김삿갓의 기행을 기록한 책이다.

기행[2] **紀行** (=記行, 벼리 기, 다닐 행). 여행(旅行) 중의 견문이나 체험, 감상 따위를 적음[紀]. ¶경주 기행을 기록했다.

▸기행-문 紀行文 (글월 문). [문학]여행(旅行) 중의 견문이나 체험, 감상 따위를 적은[紀] 글[文].

▸기행 가사 紀行歌辭 (노래 가, 말씀 사). [문학]여행(旅行) 중에 의 견문이나 체험, 감상 따위를 적은[紀] 가사(歌辭) 작품. 〈관동별곡〉, 〈연행가〉 등이 이에 속한다.

▸기행 일기 紀行日記 (날 일, 기록할 기). 여행(旅行) 중에 보고 듣고 느낀 일들을 적은[紀] 일기(日記) 형식의 글.

기-현상 奇現象 (기이할 기, 나타날 현, 모양 상). 기이(奇異)한 현상(現象). ¶이 책은 당시의 기현상을 기록한 것이다.

기형 畸形 (기이할 기, 모양 형). ① [속뜻]기이하게[畸] 생긴 모양[形]. ② [생물]동식물에서, 정상의 형태와는 다른 것. ¶기형 물고기.

▸기형-아 畸形兒 (아이 아). 몸의 모양이 정상이 아닌[畸形] 아이[兒].

▸기형-적 畸形的 (것 적). 정상이 아니거나[畸形] 불완전한 형태인 것[的]. ¶기형적인 사회 구조.

*‡***기호**[1] **記號** (기록할 기, 표지 호). 어떠한 뜻을 기록(記錄)하기 위하여 쓰이는 표지[號]. ¶음성 기호 / 원소 기호.

기호[2] **嗜好** (즐길 기, 좋을 호). 어떤 사물을 즐기고[嗜] 좋아함[好]. ¶문화에 따라 기호하는 것이 다르다.

▸기호-품 嗜好品 (물건 품). 취미로 즐기거나 좋아하는[嗜好] 물품(物品)이나 식품. 술, 담배, 커피 따위. ¶담배는 기호품의 하나이다. [비]기호물(嗜好物).

▸기호 작물 嗜好作物 (지을 작, 만물 물). [농업]기호품(嗜好品)을 얻기 위해 가꾸는 작물(作物). 술, 담배, 커피 따위. ¶기호 작물을 재배하여 농가의 수익이 증대되었다.

기호[3] **畿湖** (경기 기, 호수 호). '경기도'(京畿道)와 '충청도'[湖]를 아울러 이르는 말. ¶기호 지역의 인사들을 등용하다.

▸기호-학파 畿湖學派 (배울 학, 갈래 파). [역사]조선 때, 기호(畿湖) 지방의 학자들이 이룬 성리학의 학파(學派). 율곡 이이를 조종(祖宗)으로 하며 영남학파와 쌍벽을 이루었다. [참]영남학파(嶺南學派).

기호지세 騎虎之勢 (말탈 기, 범 호, 갈 지, 형세 세). ① [속뜻]호랑이[虎]를 타고[騎] 달리는[之] 형세(形勢). ② 이미 시작하여 진행 중에 있는 일을 중도에서 그만둘 수 없는 경우를 비유적으로 이르는 말. ¶기호지세의 형국이니 끝을 낼 때까지 버티어야 한다.

기혼 既婚 (이미 기, 혼인할 혼). 이미[既] 결혼(結婚)함. ¶기혼 여성을 대상으로 조사를 실시했다. [반]미혼(未婚).

기화[1] **奇貨** (기이할 기, 재물 화). ① [속뜻]진기(珍奇)한 재물이나 보배[貨]. ② 뜻밖의 이익을 얻을 수 있는 물건. 또는 그런 기회. ¶승진을 기화로 새 가구를 들여놓았다. [비]핑계.

기화[2] **氣化** (공기 기, 될 화). 고체 또는 액체가 기체(氣體)로 변함[化]. ¶물이 기화하다. [비]증발(蒸發), 승화(昇華).

▸기화-열 氣化熱 (더울 열). [물리]액체가 기화(氣化)하는데 필요한 열량(熱量). ¶100℃에서 물 1그램의 기화열은 539.8cal이다. [비]증발열(蒸發熱).

▸기화-기 氣化器 (그릇 기). [기계]기관에서 가솔린을 기화(氣化)하여 실린더로 보내는 장치[器].

기황 饑荒 (굶주릴 기, 거칠 황). 굶주림[饑]으로 행동 따위가 거칠어짐[荒]. ¶기황에 허덕이는 백성들에게 군량을 나누어주었다.

*기회 機會 (때 기, 모일 회). ① 속뜻 적절한 때[機]를 만남[會]. ② 무슨 일을 하기에 알맞은 시기. ¶좋은 기회를 놓치다. ⓑ적기(適期).

▶기회-균등 機會均等 (고를 균, 가지런할 등). ① 속뜻 누구에게나 기회(機會)를 고루[均等] 주는 일. ② 경제 국제간의 통상이나 사업 경영 등에 관하여 어떤 특정한 국가에 준 것과 동일한 대우를 다른 국가에도 주는 일.

▶기회-비용 機會費用 (쓸 비, 쓸 용). ① 속뜻 어느 대상이 기회(機會)를 갖게 될 때의 비용(費用). ② 경제 한 품목의 생산이 다른 품목의 생산 기회를 놓치게 한다는 관점에서, 어떤 품목의 생산 비용을 그것 때문에 생산을 포기한 품목의 가격으로 계산한 것. 영문명 'opportunity cost'를 의역한 말.

▶기회-주의 機會主義 (주될 주, 뜻 의). 일관된 입장을 지니지 못하고 시기[機會]에 따라 이로운 쪽으로 행동하는 태도[主義].

기획 企劃 (꾀할 기, 나눌 획). 일을 미리 잘 꾀하고[企] 잘 나누어[劃] 꾸밈. ¶전시회를 기획하다.

▶기획-전 企劃展 (펼 전). 특별히 기획(企劃)한 전람회(展覽會). ¶기획전을 개최할 예정이다.

**기후 氣候 (기후 기, 기후 후). ① 속뜻 일 년의 이십사절기(二十四節氣)와 칠십이후(七十二候)를 통틀어 이르는 말. '氣'는 15일, '候'는 5일을 뜻한다. ② 일정한 지역에서 여러 해에 걸쳐 나타난 기온, 비, 눈, 바람 따위의 평균 상태. ¶제주도는 기후가 온화하다. ③ 기온, 비, 눈, 바람 따위의 대기 상태. ⓑ기절(氣節), 천후(天候).

▶기후-대 氣候帶 (띠 대). 지리 공통적인 기후(氣候) 특성에 따라 구분한 지대(地帶). ¶기온에 의한 기후대와 대기 순환에 따른 기후대가 있다.

▶기후-도 氣候圖 (그림 도). 지리 기후(氣候)의 지리적 분포를 나타낸 지도(地圖). ¶등압을 표시한 기후도.

▶기후-조 氣候鳥 (새 조). 동물 기후(氣候)에 따라 이리저리 옮겨 다니며 사는 새[鳥]. ⓑ철새.

기휘 忌諱 (꺼릴 기, 싫어할 휘). ① 속뜻 꺼리고[忌] 싫어함[諱]. ② 꺼리거나 두려워 피함. ③ 나라의 금령(禁令). ¶기휘를 어기다. ⓑ기피(忌避).

긴급 緊急 (긴요할 긴, 급할 급). ① 속뜻 중요하고[緊] 급(急)함. ¶긴급히 대처하다. ② 현악기의 줄이 팽팽함.

▶긴급-권 緊急權 (권리 권). 법률 한 나라가 긴급(緊急)할 때에 그 위험을 피하기 위해 다른 나라의 권리나 이익을 침해할 수 있는 국제법상의 권리(權利).

▶긴급-동의 緊急動議 (움직일 동, 의논할 의). 회의에서 긴급(緊急)한 안건[議]을 먼저 제안함[動]. 예정된 의제보다 우선적으로 처리하도록 한다.

긴담 緊談 (긴요한 긴, 말씀 담). 중요한[緊] 말[談]. 긴한 이야기. ¶둘은 한참동안 긴담을 나누었다.

긴밀 緊密 (팽팽할 긴, 빽빽할 밀). ① 속뜻 팽팽하고[緊] 빽빽하다[密]. ② 관계가 서로 밀접하다. ¶긴밀한 협력.

긴박 緊迫 (긴요할 긴, 닥칠 박). 매우 중요하고[緊] 절박(切迫)함. ¶긴박한 상태를 완화하다. ⓑ급박(急迫).

▶긴박-감 緊迫感 (느낄 감). 긴박(緊迫)한 느낌[感]. ¶긴박감이 넘치는 장면.

긴요 緊要 (긴급할 긴, 구할 요). ① 속뜻 긴급(緊急)하게 구하다[要]. ② 매우 중요하다. ¶긴요한 문제.

긴용 緊用 (긴요할 긴, 쓸 용). ① 속뜻 긴요(緊要)하게 씀[用]. ② 긴한 일.

긴장 緊張 (팽팽할 긴, 당길 장). ① 속뜻 팽팽하게[緊] 당김[張]. ② 마음을 조이고 정신을 바짝 차림. ③ 정세나 분위기가 평온하지 않은 상태. ¶시험을 앞두고 긴장하다. ⓑ이완(弛緩).

▶긴장-감 緊張感 (느낄 감). 긴장(緊張)한 느낌[感]. ¶팽팽한 긴장감이 감돌다.

▶긴장-도 緊張度 (정도 도). 긴장(緊張)된 정도(程度). ¶근육 긴장도.

긴축 緊縮 (팽팽할 긴, 줄일 축). ① 속뜻 팽팽하게[緊] 조이거나 줄임[縮]. ② 재정의 기초를 다지기 위하여 지출을 줄임. ¶긴축정책 / 재정을 긴축하다.

▶긴축-미 緊縮美 (아름다울 미). 압축된[緊縮] 문장 표현에서 느껴지는 깔끔한 맛이

나 아름다움[美].

길경 吉慶 (길할 길, 기쁠 경). 아주 길(吉)하고 경사(慶事)스러운 일. ¶왕은 길경을 맞아 큰 잔치를 베풀었다.

길괘 吉卦 (길할 길, 걸 괘). 좋은[吉] 점괘(占卦). ¶다행히 길괘가 나왔다.

길년 吉年 (길할 길, 해 년). 결혼하기 좋다고 하는[吉] 해[年]나 나이. ¶올해는 길년이라니 막내딸을 시집보내야겠다.

길례 吉禮 (길할 길, 예도 례). ① 속뜻 경사스러운[吉] 일에 지켜야할 예식(禮式). ② 역사 오례(五禮)의 하나. 흉례를 제외한 나라의 모든 제사 의식을 이른다. ㊟흉례(凶禮), 군례(軍禮), 빈례(賓禮), 가례(嘉禮).

길몽 吉夢 (길할 길, 꿈 몽). 좋은 징조[吉]의 꿈[夢]. ¶길몽을 꾸다. ㊥악몽(惡夢).

길보 吉報 (길할 길, 알릴 보). 좋은[吉] 소식[報]. ¶길보를 알리다 / 길보를 전하다. ㊥흉보(凶報).

길사 吉事 (길할 길, 일 사). 혼인이나 환갑 같은 좋은[吉] 일[事]. ¶길사를 앞두다. ㊥흉사(凶事).

길상[1] 吉相 (길할 길, 모양 상). 복을 많이 받을 아주 좋은[吉] 얼굴 생김[相格]. ¶그는 사위가 길상이라며 좋아하셨다. ㊥흉상(凶相).

길상[2] 吉祥 (길할 길, 상서로울 상). 운수가 좋고[吉] 상서(祥瑞)로움. 또는 그런 좋은 일이 있을 조짐. ¶길상의 염원을 담아 수를 놓았다. ㊐가조(佳兆), 길조(吉兆), 길서(吉瑞), 선상(善祥), 휴상(休祥).

▸길상-문 吉祥紋 (무늬 문). 장수나 행복 따위의 좋은 일[吉祥]을 상징하는 무늬[紋]. 십장생(十長生)이나 나비 따위의 소재로 구성한다. ¶치마 끝단에 길상문을 수놓았다. ㊐길상무늬.

길인 吉人 (길할 길, 사람 인). 성품이 바르고 복스러워 좋은[吉] 사람[人].

길일 吉日 (길할 길, 날 일). ① 속뜻 운이 좋은[吉] 날[日]. ¶길일을 택하여 혼례를 치르다. ② 매달 음력 초하룻날을 달리 이르는 말. ㊐길신(吉辰). ㊥악일(惡日), 흉일(凶日).

길조 吉兆 (길할 길, 조짐 조). 좋은[吉] 일이 있을 조짐(兆朕). ¶설날에 눈이 오는 것을 길조로 여기다. ㊥흉조(凶兆).

길항 작용 拮抗作用 (맞설 길, 막을 항, 지을 작, 쓸 용). 생물 상반되는 요인이 동시에 작용하여[拮] 그 효과를 서로 막는[抗] 작용(作用). ㊐대항 작용(對抗作用).

길흉 吉凶 (길할 길, 흉할 흉). 운이 좋고[吉] 나쁨[凶]. ¶길흉을 점치다.

김현 감호 설화 金現感虎說話 (성 김, 나타날 현, 느낄 감, 호랑이 호, 말씀 설, 이야기 화). 문학 김현(金現)과 인연을 맺은 처녀로 변신한 호랑이[虎]의 감동적(感動的)인 이야기[說話]. 고려 박인량의 『수이전』(殊異傳)에 실린 설화.

끽겁 喫怯 (먹을 끽, 무서울 겁). 잔뜩 겁(怯)을 먹음[喫].

끽경 喫驚 (마실 끽, 놀랄 경). 놀라운[驚] 일을 당함[喫]. 몹시 놀람.

끽고 喫苦 (마실 끽, 괴로울 고). 고생(苦生)을 겪음[喫].

끽다 喫茶 (마실 끽, 차 다). 차[茶]를 마심[喫].

끽반 喫飯 (먹을 끽, 밥 반). 밥[飯]을 먹음[喫].

끽연 喫煙 (마실 끽, 담배 연). 담배[煙]를 피움[喫]. ㊐흡연(吸煙).

▸끽연-실 喫煙室 (방 실). 담배를 피우며[喫煙] 쉬도록 마련한 방[室]. ㊐흡연실(吸煙室).

나각 **螺角** (소라 라, 뿔 각). 음악 소라[螺]의 껍데기로 만든 옛 뿔[角] 모양의 군악기. ¶나각을 불다.

나:락 **那落** (=奈落, 어찌 나, 떨어질 락). ① 불교 '지옥'을 뜻하는 산스크리트어 'naraka'를 음역한 말. ② 벗어나기 어려운 절망적인 상황을 비유하여 이르는 말. ¶나락으로 빠져 들다 / 계속된 실패로 절망의 나락에 떨어지다.

나:맥 **裸麥** (벌거숭이 라, 보리 맥). ① 속뜻 쌀알만 남은[裸] 보리[麥]. ② 식물 보리[麥]의 한 품종. 씨알이 성숙하여도 작은 껍질과 큰 껍질이 잘 벗어지는[裸] 특성이 있다. ⓑ쌀보리.

나무-아미타불 **南無阿彌陀佛** (나무 나, 없을 무, 언덕 아, 두루 미, 비탈질 타, 부처 불). 불교 '아미타불에 귀의한다'는 뜻으로, 염불하는 소리.

나:목 **裸木** (벌거숭이 라, 나무 목). 잎이 지고 가지만 앙상히 남은[裸] 나무[木]. ¶겨울 산의 나목이 맨몸으로 찬바람을 맞고 있었다.

나:변 **那邊** (어찌 나, 가 변). ① 속뜻 어느[那] 곳[邊] 또는 어디. ¶진정한 행복이 나변에 있는지? ② 그곳 또는 거기.

나:병 **癩病** (문둥병 라, 병 병). 문둥[癩] 병(病). ¶나병에 대한 막연한 공포.

▸나:병 환:자 癩病患者 (병 환, 사람 자). 나병(癩病)에 걸려 아픈[患] 사람[者]. ¶이곳에 나병 환자를 수용하는 요양원이 있다. ⓑ문둥이.

나:-병원 **癩病院** (문둥병 라, 병 병, 집 원). 나병(癩病)에 걸린 사람을 전문으로 치료하는 병원(病院). ¶그는 나병원에서 치료를 받았다.

나:부 **裸婦** (벌거숭이 라, 여자 부). 벌거벗은[裸] 여자[婦]. ¶그 화가는 나부를 소재로 한 나체화를 잘 그린다.

나사[1] **羅紗** (비단 라, 직물 사). ① 속뜻 포르투갈의 모직물 '라사'(raxa)의 한자 음역어. 털실만으로, 또는 털실과 견사[羅]를 섞어서 짠 직물[紗]. 보온성이 풍부하여 겨울용 양복감, 코트감으로 쓰인다. ② 두꺼운 모직물을 통틀어 이르는 말.

*__나사__[2] **螺絲** (소라 라, 실 사). ① 속뜻 소라[螺]의 껍데기에 있는, 비틀려 돌려진 실선[絲]. ② 몸의 표면에는 나사 모양으로 홈이 나 있고, 머리에는 드라이버로 돌릴 수 있도록 홈이 나 있는 못. ¶나사를 죄다. 관용 나사가 풀리다. ⓑ나사못.

▸나사-선 螺絲線 (줄 선). 나사(螺絲) 모양으로 소용돌이 친 곡선(曲線).

나:상 **裸像** (벌거숭이 라, 모양 상). 미술 사람이나 신의 알몸[裸體]을 표현한 형상[像]. '나체상'의 준말. ¶미술관 정문 안쪽에는 나상이 하나 세워져 있었다.

나선[1] **螺線** (소라 라, 줄 선). 소라[螺]의 껍데기에 있는, 비틀려 돌려진 선(線).

나선[2] **螺旋** (소라 라, 돌 선). 소라[螺] 껍데기처럼 빙빙 소용돌이치는[旋] 것.

▸나선-균 螺旋菌 (세균 균). 생물 나선(螺旋) 모양의 세균(細菌).

▸나선-형 螺旋形 (모양 형). 나선(螺旋)으로 생긴 형태(形態). 비나선상(螺旋狀).

▸나선 계단 螺旋階段 (섬돌 계, 층계 단). 나선형(螺旋形)으로 올려 지은 계단(階段).

▸나선상-균 螺旋狀菌 (형상 상, 세균 균). 생물 나선(螺旋) 모양[狀]의 세균(細菌). 준나선균.

나선 정벌 羅禪征伐 (새그물 라, 참선 선, 칠 정, 칠 벌). 역사 청나라의 요청으로 1654년과 1658에 조선이 러시아[羅禪]를 정벌(征伐)한 싸움.

나성 羅城 (늘어설 라, 성곽 성). ① 속뜻 도읍지를 둘러 죽 늘어선[羅] 성(城). ¶서울 외곽에 나성을 쌓다. ② '로스앤젤레스'(Los Angeles)의 한자 음역어. 비외성(外城).

나:약 懦弱 (무기력할 나, 약할 약). 무기력하고[懦] 의지가 약함[弱]. ¶나약한 태도. 비타약(惰弱).

나열 羅列 (늘어설 라, 줄 렬). ① 속뜻 나란히 줄[列]을 지어 늘어놓음[羅]. ¶숫자를 순서대로 나열하다. ② 죽 벌여 놓음. 또는 죽 벌여 있음. ¶미사여구를 나열해서 소비자를 현혹시키다. 비나진(羅陳).

▸나열-형 羅列形 (모양 형). 나란히 줄지어[列] 늘어놓은[羅] 형태(形態).

나:엽 裸葉 (벌거숭이 라, 입 엽). 식물 양치(羊齒) 식물의 잎 가운데 홀씨를 만들지 않는 맨[裸] 잎[葉]. 동화 작용만 한다. 비영양엽(營養葉). 반포자엽(胞子葉).

나왕 羅王 (새그물 라, 임금 왕). 식물 'lauan'의 한자 음역어. 말레이시아, 인도, 인도네시아, 필리핀 등지에 분포하는 상록교목으로, 높이는 40미터 정도이며, 가구재, 건축재로 쓴다.

나제 동맹 羅濟同盟 (새그물 라, 건질 제, 한가지 동, 맹세할 맹). 역사 신라(新羅)와 백제(百濟)가 맺은 동맹(同盟). 삼국 때, 고구려의 남진을 막기 위해 맺었다. ¶양국은 나제 동맹으로 장수왕의 공격을 막았다.

나전 螺鈿 (소라 라, 장식 전). 수공 광채가 나는 소라[螺]나 자개 조각을 박아 넣어 장식하는[鈿] 공예 기법. ¶나전 세공 / 나전 칠기.

나졸 邏卒 (순찰할 라, 군사 졸). 역사 조선 시대에 관할 구역을 돌며[邏] 죄인을 잡아들이는 일을 맡아 하던 포도청의 병졸(兵卒). ¶나졸이 성문을 지키고 있다.

나:체 裸體 (벌거벗을 라, 몸 체). 벌거벗은[裸] 몸[體]. 비알몸.

▸나:체-상 裸體像 (모양 상). 미술 사람이나 신의 알몸[裸體]을 표현한 형상(形像). ¶나체상을 조각하다. 준나상. 비나신상(裸身像).

▸나:체-화 裸體畫 (그림 화). 미술 사람이나 신의 알몸[裸體]을 표현한 그림[畫]. ¶그 화가는 나체화를 주로 그린다.

나:충 裸蟲 (벌거숭이 라, 벌레 충). 동물 몸에 털, 날개 따위가 없는[裸] 벌레[蟲]를 통틀어 이르는 말.

나침-반 羅針盤 (비단 라, 바늘 침, 소반 반). 물리 명주실[羅]에 자침(磁針)을 매달아 남북을 가리키도록 만든 편평한[盤] 모양의 기계. 항공, 항해 따위에 쓰인다. 비지남침(指南針).

나침-의 羅針儀 (비단 라, 바늘 침, 천문기계 의). 물리 명주실[羅]에 자침(磁針)을 매달아 남북을 가리키도록 만든 기계[儀]. 비나침반.

나:태 懶怠 (게으를 라, 게으를 태). 행동, 성격 따위가 느리고 게으름[懶=怠]. ¶나태한 행동. 반근면(勤勉).

나팔 喇叭 (나팔 라, 입벌릴 팔). 음악 산스크리트어 'rappa'의 한자 음역어. 끝이 벌려진[叭] 모양으로 된 금관 악기[喇]를 통틀어 이르는 말. 비나발.

▸나팔-관 喇叭管 (대롱 관). 의학 ① 가운뎃귀의 고실(鼓室)과 인두(咽頭)를 연결하는 나팔(喇叭) 모양의 관(管). ② 자궁 아래 좌우 양쪽에 있는 나팔 모양의 관. 난소에서 생긴 난자를 자궁으로 보내는 구실을 한다. 비난관(卵管), 수란관(輸卵管).

▸나팔-수 喇叭手 (사람 수). 나팔(喇叭)을 부는 사람[手].

나:포 拿捕 (붙잡을 나, 잡을 포). ① 속뜻 죄인을 붙잡음[拿=捕]. ② 사람이나 배, 비행기 등을 사로잡음. ③ 군사 전쟁 중에 전쟁 당사국의 군함이 해상에서 적국이나 중립국의 선박 및 화물을 그 지배 아래 두는 일.

¶영해를 침범한 외국 어선을 나포하다.

나한 羅漢 (새그물 라, 사나이 한). 불교 산스크리트어 'arahan'의 한자 음역어인 '아라한'(阿羅漢)의 준말. 생사를 초월하여 배울 만한 법도가 없게 된 경지의 부처.

▸나한-전 羅漢殿 (대궐 전). 불교 십육 나한(羅漢)이나 오백 나한을 봉안한 사찰 건물[殿].

나:-환자 癩患者 (문둥병 라, 병 환, 사람 자). 나병(癩病)을 앓고 있는[患] 사람[者]. ¶그는 평생을 바쳐 나환자를 치료하였다. ㊥문둥이, 나병자(癩病者).

나:획 拿獲 (붙잡을 나, 얻을 획). 죄인을 잡아[拿] 물건을 빼앗음[獲].

낙과 落果 (떨어질 락, 열매 과). 나무에서 떨어진[落] 열매[果]. ¶낙과를 싸게 팔았다.

낙관[1] 落款 (떨어질 락, 도장 관). 글씨나 그림을 다 완성한[落] 뒤에 연월일, 장소, 이름 따위를 적어 넣고 도장[款]을 찍는 일. ¶이 그림에는 낙관이 없어 작가를 알 수 없다.

낙관[2] 樂觀 (즐길 락, 볼 관). ① 속뜻 인생이나 사물을 밝고 희망적인[樂] 것으로 봄[觀]. ②앞으로의 일 따위가 잘 되어 갈 것으로 여김. ¶결과를 낙관하긴 이르다 / 낙관적인 성격. ㊥비관(悲觀).

▸낙관-론 樂觀論 (논할 론). 인생이나 사물을 밝고 희망적인[樂] 것으로 보는[觀] 견해[論]. ㊥비관론(悲觀論).

낙구 落句 (떨어질 락, 글귀 구). 문학 시부(詩賦)의 끝[落] 구절(句節).

낙농 酪農 (우유 락, 농사 농). 농업 젖소나 염소 따위를 기르고 그 젖[酪]을 이용하는 농업(農業). '낙농업'의 준말.

▸낙농-가 酪農家 (사람 가). 낙농업(酪農業)을 주로 하는 사람[家].

▸낙농-업 酪農業 (일 업). 농업 젖소나 염소 따위를 기르고 그 젖을 이용하는[酪農] 산업(産業). ¶이곳은 목초지가 많아서 낙농업이 발달했다.

▸낙농-품 酪農品 (물건 품). 우유를 이용하여 생산한[酪農] 모든 식료품(食料品). 버터, 치즈, 연유, 분유 따위.

낙담 落膽 (떨어질 락, 쓸개 담). ① 속뜻 너무 놀라서 간담(肝膽)이 떨어지는[落] 듯함. ②바라던 일이 뜻대로 되지 않아 마음이 몹시 상함. ¶그렇게 낙담하지 마라. ㊥낙심(落心), 실망(失望).

낙도 落島 (떨어질 락, 섬 도). 육지에서 멀리 떨어진[落] 외딴섬[島]. ¶낙도의 초등학교 학생들이 서울 구경에 나섰다.

낙락-장송 落落長松 (떨어질 락, 떨어질 락, 길 장, 소나무 송). 눈 무게를 못 이겨 잔가지가 다 떨어져[落落] 길고[長] 곧게 자란 소나무[松]. ¶눈이 많이 오는 강원도 지역에는 낙락장송이 많다. 속담 낙락장송도 근본은 종자(種子).

낙뢰 落雷 (떨어질 락, 벼락 뢰). 벼락[雷]이 떨어짐[落]. 또는 그 벼락. ¶낙뢰로 인하여 화재가 발생하다.

낙루 落淚 (떨어질 락, 눈물 루). 눈물[淚]을 흘림[落]. 또는 그 눈물. ¶어머니는 낙루하면서 아들에게 편지를 썼다. ㊥타루(墮淚).

낙마 落馬 (떨어질 락, 말 마). 말[馬]에서 떨어짐[落]. ¶낙마하여 다리를 다쳤다.

낙망 落望 (떨어질 락, 바랄 망). 희망(希望)을 잃음[落]. ¶입학 시험에 떨어지자 그는 크게 낙망하였다. ㊥낙담(落膽), 낙심(落心).

낙명 落名 (떨어질 락, 이름 명). 명성(名聲)이나 명예가 떨어짐[落]. 또는 그 명성이나 명예. ¶죽기 전에 낙명을 회복하고자 노력하였다. ㊥양명(揚名).

낙목-한천 落木寒天 (떨어질 낙, 나무 목, 찰 한, 하늘 천). ① 속뜻 나무[木]의 잎이 다 떨어진[落] 겨울의 춥고[寒] 쌀쌀한 날씨[天]. ②겨울철의 춥고 쌀쌀함. 또는 그런 풍경. ¶낙목한천에 매화가 홀로 피어 있다

낙반 落磐 (떨어질 락, 너럭바위 반). 광산 따위의 갱내에서, 천장이나 벽의 넓은 암석[磐]이 떨어짐[落]. 또는 그 암석. ¶그 인부는 작업 중에 낙반으로 다리를 크게 다쳤다.

낙방 落榜 (떨어질 락, 명단 방). ① 역사 과거 시험에 응하였으나 급제 명단[榜]에 떨어짐[落]. ②시험, 모집, 선거 따위에 응했다가 떨어짐. ②시험, 모집, 선거 따위에 응하였다가 떨어짐. ¶그는 과거에서 낙방하였다. ㊥낙과(落科), 낙제(落第), 하제(下第). ㊥급제(及第).

낙백 落魄 (떨어질 락, 넋 백). ① 속뜻 넋[魄]

을 잃음[落]. ②세력이나 살림이 줄어들어 보잘것없이 됨. [비]영락(零落).

낙부 諾否 (승낙할 낙, 아닐 부). 허락[諾]과 허락하지 아니함[否]. 허락과 거절을 아울러 이르는 말. ¶낙부를 묻다 / 낙부 통지.

낙빈-가 樂貧歌 (즐길 락, 가난할 빈, 노래 가). [문학] 자연 속에서 가난함[貧]을 즐기는[樂] 삶을 찬미하는 내용의 가사(歌辭). 조선 선조 때에 차천로가 벼슬에서 물러나 지내며 지은 것이다.

낙산 酪酸 (우유 락, 신맛 산). ① [속뜻] 버터[酪]에서 뽑은 산(酸). ② [화학] 산패(酸敗)에 의하여 불쾌한 냄새가 나는 물질로 천연으로는 버터, 치즈 등의 유지(乳脂) 속에 존재하는 물질.

▶낙산-균 酪酸菌 (세균 균). [화학] 탄수화물을 발효시켜 뷰티르산[酪酸]을 생성하는 균(菌).

낙산-사 洛山寺 (물이름 락, 메 산, 절 사). [불교] 강원도 양양군 강현면 전진리 오봉산에 있는 절. 보타락가(補陀洛伽)가 내려온 산[山]에 있는 절[寺]이라는 뜻으로, 관동 팔경의 하나.

낙상 落傷 (떨어질 락, 다칠 상). 떨어지거나[落] 넘어져 다침[傷]. 또는 그 때 입은 상처. ¶빙판길에 낙상하여 다리를 다치다.

낙서 落書 (떨어질 락, 글 서). ① [속뜻] 함부로 떨어뜨려[落] 놓은 글[書]. ②글자, 그림 따위를 장난으로 아무 데나 함부로 씀. 또는 그 글자나 그림. ¶동생이 책에 낙서를 해 놓았다.

낙석 落石 (떨어질 락, 돌 석). 산이나 벼랑에서 돌[石]이 굴러 떨어짐[落]. 또는 그 돌. ¶낙석이 많으니 주의하십시오.

낙선 落選 (떨어질 락, 고를 선). 선거(選擧)나 선발에서 떨어짐[落]. ¶총선에서 낙선하다. [반]당선(當選), 입선(入選).

낙설 落屑 (떨어질 락, 가루 설). [의학] 표피의 각질층이 조각[屑]이 되어 떨어지는[落] 현상. 또는 그 조각. 비듬 따위.

낙성[1] 落城 (떨어질 락, 성곽 성). 성(城)이 함락(陷落)됨.

낙성[2] 落成 (떨어질 락, 이룰 성). ① [속뜻] 궁전을 완성(完成)하여 제사[落]를 지냄. 예전에 궁전을 다 지은 다음에 기념하는 제사를 지낼 때 술 방울을 떨어뜨렸기에 그 제사를 이름 하여 '落'이라 하였다고 한다. ②건축물이 완공됨. ¶새 도서관의 낙성을 축하하기 위해 연회를 열었다.

▶낙성-식 落成式 (의식 식). 건축물의 낙성(落成)을 기념하는 의식(儀式).

▶낙성 관지 落成款識 (새길 관, 기록할 지). 글씨나 그림을 다 마친[落成] 뒤에 연월일, 장소, 이름 따위를 적어 놓고 도장[款識]을 찍는 일. [준]낙관.

낙성 계:약 諾成契約 (승낙할 낙, 이룰 성, 맺을 계, 묶을 약). [법률] 당사자의 승낙(承諾)만으로 이루어지는[成] 계약(契約). 계약 자유의 원칙 아래에 이루어지는 증여, 매매, 교환, 임대차 계약 따위.

낙수 落水 (떨어질 락, 물 수). 물[水] 따위가 떨어짐[落]. 또는 그 물. ¶낙수한 물이 댓돌을 뚫는다.

낙승 樂勝 (즐길 락, 이길 승). 운동 경기 따위에서 쉽게[樂] 이김[勝]. ¶우리 축구팀은 4대1로 낙승을 거두었다. [반]신승(辛勝).

낙심 落心 (떨어질 락, 마음 심). 마음[心]이 떨어지듯[落] 아픔. ¶성적이 떨어져 크게 낙심했다. [비]상심(傷心).

낙양 落陽 (떨어질 락, 볕 양). 태양(太陽)이 서쪽으로 떨어짐[落]. 또는 그 햇빛. ¶낙양이 창가를 비추었다. [비]석양(夕陽).

***낙엽 落葉** (떨어질 락, 잎 엽). ① [속뜻] 나뭇잎[葉]이 떨어짐[落]. ②말라서 떨어진 나뭇잎. ¶가을이 되면 낙엽이 떨어진다. [비]갈잎, 고엽(枯葉).

▶낙엽-색 落葉色 (빛 색). 낙엽(落葉)의 빛깔[色]과 같이 누런빛을 띤 붉은색.

▶낙엽-송 落葉松 (소나무 송). [식물] 소나뭇[松]과의 낙엽(落葉) 교목(喬木). 잎은 20~30개씩 무더기로 나고 바늘 모양인데 부드럽다.

▶낙엽-수 落葉樹 (나무 수). [식물] 가을에 잎이 떨어졌다가[落葉] 봄에 새잎이 나는 나무[樹]를 통틀어 이르는 말. [반]상록수(常綠樹).

▶낙엽 관:목 落葉灌木 (물댈 관, 나무 목). [식물] 가을에 잎[葉]이 떨어져서[落] 봄에 새잎이 나는 관목(灌木). ¶진달래는 낙엽 관목이다.

▸낙엽 교목 落葉喬木 (높을 교, 나무 목). [식물] 가을에 잎[葉]이 떨어져서[落] 봄에 새잎이 나는 교목(喬木). ¶밤나무는 낙엽 교목이다.

낙오 落伍 (떨어질 락, 대오 오). ① [속뜻] 대오(隊伍)에서 처져 뒤떨어짐[落]. ②사회나 시대의 진보에 뒤떨어짐. ¶경쟁에서 낙오되다.

▸낙오-병 落伍兵 (군사 병). ① [군사] 행군에서 뒤떨어짐[落] 병사(兵士). ¶그는 낙오병을 인솔하여 부대로 복귀했다. ② '뒤처지거나 뒤떨어진 것'을 비유하여 이르는 말. ¶시대의 낙오병.

▸낙오-자 落伍者 (사람 자). 사회나 시대의 진보에 뒤떨어진[落] 사람[者]. ¶인생의 낙오자.

낙원 樂園 (즐길 락, 동산 원). ① [속뜻] 즐겁게[樂] 놀 수 있는 동산[園]. ②아무런 괴로움이나 고통이 없이 안락하게 살 수 있는 즐거운 곳. ¶이 섬은 새들의 낙원이다. ③ '죽은 뒤의 세계'를 비유하여 이르는 말. [비] 낙토(樂土).

낙인 烙印 (지질 락, 도장 인). ① [속뜻] 쇠붙이로 만들어 불에 달구어 찍는[烙] 도장[印]. ② '다시 씻기 어려운 불명예스럽고 욕된 판정이나 평판'을 비유하여 이르는 말. ¶그는 사고뭉치로 낙인이 찍혔다. [비] 화인(火印).

낙일 落日 (떨어질 락, 해 일). 떨어져[落] 지는 해[日]. ¶낙일이 붉은 빛을 내며 작아진다.

낙자 落字 (떨어질 락, 글자 자). 글을 쓰는 과정이나 인쇄 과정에서 빠진[落] 글자[字]. ¶낙자가 없는지 자세히 샅샅이 훑어보았다.

낙장 落張 (떨어질 락, 낱장 장). ① [속뜻] 책을 제본하거나 옛 책이 전하여지는 과정에서 책장(冊張)이 빠지는[落] 일. 또는 그 책장. ¶낙장이 있는 책은 교환해 드립니다. ②화투(花鬪)·투전(投錢)·트럼프 따위를 할 때에, 판에 한번 내어 놓은 패. [비] 낙정(落丁).

▸낙장불입 落張不入 (아닐 불, 들 입). 화투(花鬪)·투전(投錢)·트럼프 따위를 할 때, 판에 한번 내어 놓은[落] 패[張]는 물리기 위해 다시 집어들지[入] 못함[不].

낙정하석 落穽下石 (떨어질 락, 함정 정, 내릴 하, 돌 석). ① [속뜻] 우물[穽]에 빠진[落] 사람에게 밧줄이 아니라 돌[石]을 떨어뜨림[下]. ②어려운 처지에 놓인 사람을 도와주기는커녕 도리어 괴롭힘. ¶그것은 낙정하석하는 것만큼 안 좋은 일이다.

낙점 落點 (떨어질 락, 점 점). ① [역사] 조선 시대에 이품 이상의 벼슬아치를 뽑을 때, 임금이 이조에서 추천된 세 후보자 가운데 마땅한 사람의 이름 위에 점(點)을 찍던[落] 일. ②여러 후보가 있을 때 그 중에 마땅한 대상을 고름. ¶낙점을 기다리다 / 낙점을 받다. ③총알이나 폭탄, 화살 따위를 쏘아서 떨어진 지점. '낙하점'(落下點)의 준말.

낙제 落第 (떨어질 락, 등급 제). ① [속뜻] 시험에서 일정한 등급[第]에 미치지 못하여 떨어짐[落]. ②진학 또는 진급을 못함. ¶60점 미만은 낙제이다. ③ '일정한 기준에 미치지 못함'을 비유하여 이르는 말. ¶여기서 불성실한 태도는 낙제이다. ④ [역사] 낙방(落榜). [비] 불합격(不合格). [반] 급제(及第).

▸낙제-생 落第生 (사람 생). 낙제(落第)한 학생(學生). ¶낙제생들만 모아 따로 지도했다.

낙조[1] **落照** (떨어질 락, 빛 조). 저녁에 떨어지듯[落] 지는 햇빛[照]. ¶낙조가 산봉우리를 비추었다. [비] 석양(夕陽).

낙조[2] **落潮** (떨어질 락, 바닷물 조). [지리] 바닷물이 밀려 나가는[落] 조수(潮水). [비] 썰물. [반] 만조(滿潮).

낙진 落塵 (떨어질 락, 티끌 진). ① [속뜻] 화산 폭발 등으로 생겨나 주변의 땅 위에 떨어져[落] 쌓인 먼지나 티끌[塵]. ¶낙진이 온 거리에 가득하다. ②핵폭발이나 핵 실험으로 대기 중에 흩어지거나 떨어지는 방사능 물질. ¶방사능 낙진에 노출되다.

낙질 落帙 (떨어질 락, 책갑 질). 한 질을 이루는 여러 권의 책 중에서 빠진[落] 책이 있는 질(帙). ¶고서 중에는 낙질이 많다. [비] 결질(缺帙), 결본(缺本), 궐본(闕本), 단본(端本), 산질(散帙), 일질(逸帙). [반] 완질(完帙).

▸낙질-본 落帙本 (책 본). 전질책(全帙冊)에서 빠진[落] 책[本]. 또는 낙질이 있는 질책. ¶실록의 낙질본을 찾았다. [비] 잔결본(殘缺本). [반] 완질본(完帙本).

낙차 落差 (떨어질 락, 다를 차). ① [속뜻] 높은 곳에서 낮은 곳으로 떨어질[落] 때의 높낮이 차이(差異). ¶물의 낙차를 이용해 전기를 일으키다. ② 물체가 높은 곳에서 낮은 곳으로 떨어질 때의 높낮이 차이. ¶낙차가 큰 커브볼을 던지다. ③ 두 가지 것 사이의 정도, 수준 따위의 차이. ¶북한의 경제 수준은 남한과 큰 낙차를 보이고 있다.

낙착 落着 (떨어질 락, 붙을 착). ① [속뜻] 떨어져[落] 붙음[着]. ② 문제가 되던 일이 결말이 맺어짐. 또는 문제가 되던 일의 해결을 위해 결론을 내림. ¶그가 퇴임하는 것으로 낙착이 났다.

낙찰 落札 (떨어질 락, 패 찰). ① [속뜻] 패[札]가 자기에게 떨어짐[落]. ② [경제] 경매나 경쟁 입찰 따위에서 물건이나 일이 어떤 사람이나 업체에 돌아가도록 결정하는 일. 혹은 그 물건이나 일을 받음. ¶공사를 낙찰하다 / 그림이 저가에 낙찰되다.

▶낙찰-계 落札契 (맺을 계). 경쟁 입찰(入札)로 곗돈을 타도록[落] 되어 있는 계(契).

낙천[1] 落薦 (떨어질 락, 천거할 천). 추천(推薦)이나 천거(薦擧)에서 떨어짐[落]. ¶회장 후보에서 낙천되었다. [반]공천(公薦).

낙천[2] 樂天 (즐길 락, 하늘 천). 자기의 운명이나 처지를 천명(天命)으로 알고 즐겁게[樂] 사는 일. 세상이나 인생을 즐겁고 좋게 생각하는 일. [반]염세(厭世).

▶낙천-가 樂天家 (사람 가). 세상과 인생[的]을 즐겁고[樂] 좋은 것으로 여기는 사람[家]. ¶그는 타고난 낙천가이다.

▶낙천-적 樂天的 (것 적). 세상과 인생[的]을 즐겁고[樂] 좋은 것으로 여기는 것[的]. ¶낙천적인 성격. [반]염세적(厭世的).

▶낙천-주의 樂天主義 (주될 주, 뜻 의). [철학] ① 세상과 인생[的]을 즐겁고[樂] 좋은 것으로 여기는 사상이나 태도[主義]. ② 모든 일을 밝고 희망적인 방향으로 생각하려는 경향. [비]낙천관(樂天觀). [반]염세주의(厭世主義).

낙체 落體 (떨어질 락, 몸 체). [물리] 중력의 작용으로 떨어지는[落] 물체(物體).

낙타 駱駝 (낙타 락, 낙타 타). [동물] 낙타[駱=駝]과의 포유동물. 키 2m 가량. 등에 지방을 저장해 두는 큰 혹이 있어 사막 생활에 알맞게 되어 있다.

낙태 落胎 (떨어질 락, 태아 태). ① [의학] 인위적으로 태아(胎兒)를 모체로부터 떼어냄[落]. 또는 그 태아. ¶낙태를 반대하다. ② 태아가 달이 차기 전에 죽어서 나옴. [비]유산(流産).

▶낙태-죄 落胎罪 (허물 죄). [법률] 태아(胎兒)를 모체 안에서 고의로 죽이거나 조산시킴으로써[落] 성립되는 범죄(犯罪).

낙토 樂土 (즐길 락, 흙 토). 근심 걱정 없이 살기 좋은[樂] 곳[土]. [비]낙경(樂境), 낙지(樂地).

낙필 落筆 (떨어질 락, 붓 필). 붓[筆]을 종이에 대어[落] 글씨를 쓰거나 그림을 그림.

낙하 落下 (떨어질 락, 아래 하). 높은 곳에서 아래[下]로 떨어짐[落]. ¶자유 낙하하다. [반]상승(上昇).

▶낙하-산 落下傘 (우산 산). 비행 중인 항공기 따위에서 사람이나 물건을 안전하게 지상으로 내리는 데[落下] 쓰이는 양산(洋傘) 모양의 용구.

▶낙하 운:동 落下運動 (돌 운, 움직일 동). [물리] 중력으로 인하여 물체가 높은 곳에서 아래[下]로 떨어지는[落] 운동(運動).

낙향 落鄕 (떨어질 락, 시골 향). 도시 등에서 시골[鄕]로 내려감[落]. 고향으로 거처를 옮김. ¶그는 낙향하여 여생을 보냈다.

낙화[1] 烙畵 (지질 락, 그림 화). 나무, 대나무, 상아 따위의 표면에 인두를 지져서[烙] 그린 그림[畵].

낙화[2] 落火 (떨어질 락, 불 화). 불놀이 등에서 떨어지는[落] 불꽃[火]. ¶낙화는 불놀이의 절정이다.

낙화[3] 落花 (떨어질 락, 꽃 화). 떨어진[落] 꽃[花]. 또는 꽃이 떨어짐. ¶낙화유수(落花流水). [반]개화(開花).

▶낙화-생 落花生 (날 생). ① [속뜻] 떨어진[落] 꽃[花]에서 새싹이 돋아남[生]. ② [식물] 땅콩. 콩과의 한해살이풀. 모래땅에서 자라며, 열매는 씨방이 땅속에서 자라 고치 모양으로 달리는데, 맛이 좋고 기름도 많다.

▶낙화-암 落花巖 (바위 암). ① [속뜻] 꽃[花] 같은 궁녀들이 떨어져[落] 죽은 바위[巖]. ② [지리] 충청남도 부여군 부여읍 부소산에 있는 큰 바위. 백제가 망할 때 삼천 궁녀가

이 바위에서 백마강에 몸을 던져 죽었다는 전설이 있다.

낙후 落後 (떨어질 락, 뒤 후). 어떤 기준에 이르지 못하고 뒤[後]떨어짐[落]. ¶낙후된 농촌을 발전시키다. [반]선진(先進).

난:가 亂家 (어지러울 란, 집 가). 싸움이 그치지 아니하여 소란스러운[亂] 집안[家]. ¶그 난가는 하루도 잠잠할 날이 없었다.

난:각 卵殼 (알 란, 껍질 각). [동물] 알[卵]의 껍데기[殼]. ¶병아리가 난각을 깨고 나왔다.

▸난:각-막 卵殼膜 (꺼풀 막). [동물] 알의 껍데기[卵殼] 안쪽에 있는 얇은 막(膜).

난간 欄干 (칸 란, 막을 간). [건설] 계단, 다리 따위의 가장자리를 칸막이[欄]로 막음[干]. 또는 그 구조물. ¶난간에 기대면 위험하다.

난감 難堪 (어려울 난, 견딜 감). ① [속뜻] 견디어[堪] 내기 어려움[難]. ② 이러기도 어렵고 저러기도 어려워 처지가 매우 딱하다. ¶입장이 난감하다.

난건 難件 (어려울 난, 사건 건). 처리하기 어려운[難] 사건(事件)이나 안건(案件). ¶마침내 그가 난건을 해결했다.

난경 難境 (어려울 난, 처지 경). 어려운[難] 처지[境]. 뚫고 나가기가 어려운 상황. ¶난경에 처하다. [비]곤경(困境).

난공 難攻 (어려울 난, 칠 공). 공격(攻擊)하기가 어려움[難]. 공격하기 힘든 일. ¶난공의 요새.

▸난공불락 難攻不落 (아닐 불, 떨어질 락). 공격(攻擊)하기가 어려워[難] 좀처럼 함락(陷落)되지 아니함[不]. ¶난공불락의 성.

난-공사 難工事 (어려울 난, 장인 공, 일 사). 해내기가 무척 어려운[難] 공사(工事). ¶100년 만에 난공사를 마쳤다.

난:관¹ 卵管 (알 란, 대롱 관). [의학] 난소에서 생긴 난자(卵子)를 자궁(子宮)으로 보내는 구실을 하는 나팔 모양의 관(管). [비]수란관(輸卵管).

난관² 難關 (어려울 난, 빗장 관). ① [속뜻] 통과하기 어려운[難] 관문(關門). ② 뚫고 나가기 어려운 사태나 상황. ¶난관을 이겨내다. [비]곤경(困境).

난구 難句 (어려울 난, 글귀 구). 이해하기 어려운[難] 문구(文句). 난해한 구절.

난:국¹ 亂局 (어지러울 란, 판 국). 어지러운[亂] 판국[局]. ¶난국을 헤쳐 나가다.

난:국² 亂國 (어지러울 란, 나라 국). 질서가 문란(紊亂)한 나라[國]. 어지러운 나라. [비]난방(亂邦).

난국³ 難局 (어려울 난, 판 국). 어려운[難] 국면(局面). 어려운 고비. ¶난국을 타개하다.

난:군 亂軍 (어지러울 란, 군사 군). ① [속뜻] 규율이 잡히지 아니하여 난잡(亂雜)한 군대(軍隊). ¶난군을 바로잡다 / 난군의 기강을 재정비하다. ② 반란군(叛亂軍). ¶난군이 일어나다 / 난군을 토벌하다.

난:기 暖氣 (=煖氣, 따뜻할 난, 기운 기). 따뜻한[暖] 기운(氣運). ¶바람에서 난기가 느껴진다. [비]온기(溫氣).

난:-기류 亂氣流 (어지러울 란, 공기 기, 흐를 류). [지리] 항공기의 비행에 영향을 미칠 정도의 불규칙한[亂] 기류(氣流). ¶난기류를 만나 기체(機體)가 심하게 흔들렸다.

난:낭 卵囊 (알 란, 주머니 낭). ① [속뜻] 알[卵]을 감싸고 있는 주머니[囊]. ② [동물] 고둥류 따위에 있는 두껍고 튼튼한 난막(卵膜). ③ [동물] 곤충류에서, 알을 보호하는 피막(被膜).

난:당 亂黨 (어지러울 란, 무리 당). 반란(叛亂)이나 소란을 일으키는 무리[黨]. ¶잔인무도한 난당 무리를 토벌하라!

난:대 暖帶 (=煖帶, 따뜻할 난, 띠 대). [지리] 온대 지방 가운데서 열대에 가까운 비교적 온난(溫暖)한 지대(地帶). ¶난대성 식물. [비]아열대(亞熱帶).

▸난:대-림 暖帶林 (수풀 림). [지리] 난대(暖帶)에 발달하는 삼림(森林). 상록 활엽수가 주를 이룬다. [비]아열대림(亞熱帶林).

난:도¹ 亂刀 (어지러울 란, 칼 도). 칼[刀]을 마구[亂] 휘두름. 칼로 사람이나 물건을 함부로 마구 벰. ¶그는 정신이 나간 채로 물건을 난도질했다.

난도² 難度 (어려울 난, 정도 도). 어려운[難] 정도(程度). ¶수험자의 수준에 맞게 난도를 조절하다.

난:독 亂讀 (어지러울 란, 읽을 독). 책의 내용이나 수준 따위를 가리지 않고 아무 책이

나 닥치는 대로 마구[亂] 읽음[讀]. ¶난독하는 습관을 고쳐야 한다.

난:동[1] **亂動** (어지러울 란, 움직일 동). 질서를 어지럽히며[亂] 함부로 행동(行動)함. ¶취객이 난동을 부리다. ㊐소동(騷動).

난:동[2] **暖冬** (따뜻할 난, 겨울 동). 겨울답지 않게 따뜻한[暖] 겨울[冬].

난득 難得 (어려울 난, 얻을 득). 얻기[得] 힘들다[難]. 구하기 어렵다.

난:로 暖爐 (=煖爐, 따뜻할 난, 화로 로). 방안을 따뜻하게[暖] 해주는 화로(火爐) 따위의 기구. ¶난로에 손을 데다.

난:류[1] **亂流** (어지러울 란, 흐를 류). ① 지리 넓은 골짜기 따위에서, 물속에 있는 퇴적물의 영향으로 물이 어지럽게[亂] 흐르는[流] 현상. ② 지리 공기가 작은 소용돌이를 일으키며 불규칙하게 흐르는 현상. ③ 물리 각 지점에서의 속도의 크기와 방향이 시간적으로 변하는 유체의 흐름. ㊐난상류(亂狀流).

*__난:류__[2] **暖流** (=煖流, 따뜻할 난, 흐를 류). 지리 따뜻한[暖] 해류(海流). ¶고등어는 난류성 물고기이다. ㊥한류(寒流).

난:리 亂離 (어지러울 란, 떠날 리). ① 속뜻 난(亂)을 피하여 떠남[離]. ② 전쟁이나 재변(災變) 따위로 세상이 어지러워진 사태. 또는 그와 비슷하게 복잡하고 소란스러움. ¶난리가 나다 / 별것도 아닌 일로 난리다. ㊐전란(戰亂).

난:립 亂立 (어지러울 란, 설 립). ① 속뜻 무질서하고 어지럽게[亂] 늘어섬[立]. ¶무허가 건물이 난립하다. ② 선거 따위에서 많은 후보가 무턱대고 마구 나섬.

난:마 亂麻 (어지러울 란, 삼 마). ① 속뜻 어지럽게[亂] 뒤얽힌 삼[麻]실의 가닥. ② 어지럽게 얽혀 정돈되지 않은 사물이나 상태를 비유하여 이르는 말. ¶정국이 난마처럼 얽혀졌다.

난:막 卵膜 (알 란, 꺼풀 막). ① 동물 동물의 알[卵]을 싸고 있는 비세포성의 피막(被膜). ② 의학 자궁 안에서 태아와 양수를 싸고 있는 주머니 모양의 막.

난:만 爛漫 (빛날 란, 흩어질 만). ① 속뜻 환하고[爛] 질편함[漫]. ② 꽃이 활짝 피어 화려함.

난망[1] **難忘** (어려울 난, 잊을 망). 잊기[忘] 어려움[難]. 잊지 못함. ¶백골(白骨)난망.

난망[2] **難望** (어려울 난, 바랄 망). 바라기[望] 어려움[難]. ¶양보하지 않으면 문제의 해결은 난망하다.

난:맥 亂脈 (어지러울 란, 줄기 맥). 이리저리 흩어져서[亂] 질서나 체계[脈]가 서지 않는 일. 또는 그런 상태. ¶동화 정책에서 난맥을 드러냈다.

난면 難免 (어려울 난, 면할 면). 면(免)하기 어렵다[難]. ¶난면한 문제.

난:무 亂舞 (어지러울 란, 춤출 무). ① 속뜻 한데 뒤섞여 어지럽게[亂] 춤을 춤[舞]. ② 함부로 나서서 마구 날뜀. ¶폭력이 난무하다.

난-문제 難問題 (어려울 난, 물을 문, 주제 제). 해결하기 어려운[難] 문제(問題). ¶건설사는 난문제에 봉착했다. ㊟난제.

난:민[1] **亂民** (어지러울 란, 백성 민). 떼를 지어 난동을 부리는 등 사회의 안녕·질서를 어지럽히는[亂] 백성[民]. ¶관군이 난민을 토벌했다.

난민[2] **難民** (어려울 난, 백성 민). 전쟁이나 재난으로 집을 잃고 떠돌아다니며 고생하는[難] 사람[民]. ¶난민을 수용하다. ㊐피난민(避難民).

▸**난민-촌 難民村** (마을 촌). 내전이나 기아 등으로 인하여 생긴 난민(難民)들이 모여 사는 마을[村]. ¶난민촌 구호 사업.

난:-반사 亂反射 (어지러울 란, 되돌릴 반, 쏠 사). 물리 빛이 요철이 있는 면에서 사방으로 불규칙하게[亂] 반사(反射)하는 일. ¶눈이 난반사하여 온통 하얗게 보인다.

난:발[1] **亂發** (어지러울 란, 쏠 발). ① 속뜻 제대로 겨냥하지 않고 함부로 마구[亂] 쏨[發]. ¶범인은 총을 사방에 난발했다. ② 남발(濫發). ㊐난사(亂射).

난:발[2] **亂髮** (어지러울 란, 머리털 발). 어수선하게 마구 헝클어진[亂] 머리털[髮]. ¶봉두(蓬頭) 난발.

난:발[3] **爛發** (무르익을 란, 필 발). 꽃이 한창 흐드러지게[爛] 핌[發]. ¶백화가 난발했다. ㊐난개(爛開).

난:방 暖房 (=煖房, 따뜻할 난, 방 방). 건물 전체 또는 방(房)을 따뜻하게[暖] 하는 일.

¶난방 공사 / 난방을 했더니 금세 따듯해졌다. ㊥온방(溫房). ㊥냉방(冷房).

난:백 卵白 (알 란, 흰 백). 생물 알[卵]의 흰[白] 자위. 난황(卵黃)을 싸고 있는 단백질로 열을 가하면 흰색으로 굳어진다. ㊥단백(蛋白). ㊥난황(卵黃).

▸난:백-막 卵白膜 (꺼풀 막). 난백(卵白)의 얇은 막(膜).

▸난:백-분 卵白粉 (가루 분). 조류의 알, 특히 달걀의 난백(卵白)을 말려서 빻은 가루[粉]. ㊥난백소(卵白素).

난백난중 難伯難仲 (어려울 난, 맏 백, 둘째 중). ① 속뜻 맏이[伯]가 낫다고 하기도 어렵고[難], 둘째[仲]가 낫다고 하기 어려움[難]. ② 비교되는 대상이 되는 두 사람의 우열을 가리기 어려움을 이르는 말. ¶두 선수가 난백난중이라 누가 이길지 알기 어렵다. ㊥난형난제(難兄難弟), 백중지세(伯仲之勢).

난:분 卵粉 (알 란, 가루 분). 달걀[卵]의 알맹이를 말려 가루[粉]로 만든 것. ㊥달걀가루

난:비 亂飛 (어지러울 란, 날 비). 어지럽게[亂] 날아다님[飛]. ¶철새들이 늪지를 난비하고 있다 / 온갖 소문이 난비했다.

난:사[1] 亂射 (어지러울 란, 쏠 사). 어지럽게[亂] 마구 쏨[射]. ¶총을 난사하다. ㊥난발(亂發).

난사[2] 難事 (어려울 난, 일 사). 처리하거나 해결하기 어려운[難] 일[事]. ¶난사를 앞둔 그들의 표정이 어두워졌다.

난산 難産 (어려울 난, 낳을 산). ① 속뜻 해산이 순조롭지 못하여 어렵게[難] 아이를 낳음[産]. ¶첫째보다 둘째가 오히려 난산이었다. ② 무슨 일이 순조롭지 못하고 어렵게 이루어짐. ¶난산에 난산을 거듭했다. ㊥순산(順産).

난삽 難澁 (어려울 난, 떫을 삽). 말이나 문장 따위의 표현이 어렵고[難] 매끄럽지 못함[澁]. ¶난삽한 문장.

난:상[1] 卵狀 (알 란, 형상 상). 달걀[卵] 모양[狀]. ㊥달걀꼴, 계란형(鷄卵形).

난:상[2] 爛商 (무르익을 란, 헤아릴 상). 무르익을[爛] 정도로 충분히 상의(商議)함. ¶난상을 거듭하다 / 난상토론을 벌이다.

▸난:상-토의 爛商討議 (따질 토, 의논할 의). 최대한 충분히 의논하는[爛商] 토의(討議).

난색 難色 (어려울 난, 빛 색). 승낙이나 찬성을 하지 않고 난처(難處)해 하는 기색(氣色). ¶그의 제의에 난색을 표하다.

난:생 卵生 (알 란, 날 생). 동물 동물의 새끼가 알[卵]의 형태로 태어남[生]. ¶거북은 난생 동물이다. ㊥태생(胎生).

▸난:생 동:물 卵生動物 (움직일 동, 만물 물). 동물 물고기, 벌레, 새 따위처럼 알[卵]을 낳아[生] 새끼를 까는 동물(動物). ㊥태생 동물(胎生動物).

난:세 亂世 (어지러울 란, 세상 세). 전쟁이나 무질서한 정치 따위로 어지러워진[亂] 세상(世上). ¶난세의 영웅. ㊥치세(治世).

난:-세포 卵細胞 (알 란, 작을 세, 태보 포). 생물 암컷의 난자(卵子) 생식 세포(細胞). 유성 생식을 하는 생물에서 볼 수 있으며, 수정 후 발달하여 배(胚)를 형성한다. ㊥알, 난자(卵子), 난주(卵珠).

난:소 卵巢 (알 란, 새집 소). 의학 난자(卵子)를 만들어 내는 생식기관[巢]. 여성 골반의 안의 양쪽 옆벽에 위치한 납작한 타원형 기관으로 호르몬을 분비한다. ㊥정소(精巢).

난:수-표 亂數表 (어지러울 란, 셀 수, 겉 표). 0에서 9까지의 숫자[數]를 무질서하게[亂] 늘어놓은 표(表). 각 숫자가 나오는 비율이 같도록 구성되어 통계나 암호 따위에 사용한다.

난:숙 爛熟 (무르익을 란, 익을 숙). ① 속뜻 문드러지도록[爛] 푹 익음[熟]. ② 과일 따위가 무르익음. ③ 사물이나 현상이 더할 수 없이 충분히 발달하거나 성숙함. ¶난숙한 불교문화 / 난숙한 여인. ㊥숙란(熟爛).

▸난:숙-기 爛熟期 (때 기). ① 속뜻 과일 따위가 무르익는[爛熟] 때[期]. ¶가을이 되면 많은 과일이 난숙기에 접어든다. ② 사물이나 현상이 더할 수 없이 충분히 발달하거나 성숙된 시기. ¶유교 문화가 난숙기에 도달하였다.

난:시[1] 亂時 (어지러울 란, 때 시). 세상이 어지러운[亂] 시기(時期). ¶난시를 맞다.

난:시[2] 亂視 (어지러울 란, 볼 시). ① 속뜻 어지럽게[亂] 보임[視]. ② 의학 각막(角膜)이

나 수정체의 굴절면이 고르지 않아 밖에서 들어오는 광선이 망막(網膜) 위의 한 점에 모이지 않으므로 물체를 명확하게 볼 수 없는 눈의 굴절 이상. ¶난시를 교정하기 위해 안경을 쓴다.

난:신 亂臣 (어지러울 란, 신하 신). 나라를 어지럽히는[亂] 신하(臣下). ¶조정에 난신이 들끓었다.

▸난:신-적자 亂臣賊子 (도둑 적, 아들 자). 나라를 어지럽히는[亂] 신하[臣]와 어버이를 해치는[賊] 자식(子息). ¶난신적자를 잡아다 처형했다.

난:심 亂心 (어지러울 란, 마음 심). 어지러운[亂] 마음[心].

난외 欄外 (칸 란, 밖 외). 신문이나 잡지, 책 따위에서 본문 글을 싣는 칸[欄]의 바깥쪽[外]. ¶난외에 주석을 달아 놓았다.

난:용 亂用 (어지러울 란, 쓸 용). 정해진 용도의 범위를 벗어나 아무데나 함부로[亂] 씀[用]. ¶의약품의 난용. ㊀남용(濫用).

난:용-종 卵用種 (알 란, 쓸 용, 갈래 종). 알[卵]을 얻어 쓰기[用] 위하여 기르는 가축의 품종(品種). ¶닭과 오리는 난용종이다. ㊀육용종(肉用種)

난:운 亂雲 (어지러울 란, 구름 운). ① 속뜻 어지러이[亂] 떠도는 구름[雲]. ② 지리 구름의 유형을 분류할 때 사용하는 이름의 하나. 비나 눈을 내리게 하는 구름을 이른다. ㊀비구름.

난:원 세포 卵原細胞 (알 란, 본디 원, 작을 세, 태보 포). 생물 알[卵]과 그것을 만드는 세포의 근원[原]이 되는 세포(細胞).

난:의-포식 暖衣飽食 (따뜻할 난, 옷 의, 배부를 포, 먹을 식). 따뜻하게[暖] 입고[衣] 배불리[飽] 먹음[食]. 의식에 부족함이 없이 편안히 지냄. ㊁난포. ㊀포식난의(飽食暖衣).

난이 難易 (어려울 난, 쉬울 이). 어려움[難]과 쉬움[易].

▸난이-도 難易度 (정도 도). 어렵고[難] 쉬운[易] 정도(程度). ¶시험의 난이도를 조정하다.

난:입 亂入 (어지러울 란, 들 입). 함부로 어지럽게[亂] 우르르 몰려 들어감[入]. ¶궁에 난입하여 황후를 시해하다.

난:자[1] 卵子 (알 란, 씨 자). 생물 조류, 파충류, 어류, 곤충 따위의 암컷이 낳는 알[卵] 모양의 물질[子]. ㊀난세포(卵細胞). ㊁정자(精子).

난:자[2] 亂刺 (어지러울 란, 찌를 자). 칼이나 창 따위로 함부로 마구[亂] 찌름[刺]. ¶범인은 인질을 흉기로 난자했다.

난자[3] 難字 (어려울 난, 글자 자). 이해하기 어려운[難] 글자[字].

난:잡 亂雜 (어지러울 란, 어수선할 잡). ① 속뜻 어지럽고[亂] 어수선하다[雜]. ¶책이 난잡하게 널려있다. ② 행동이 막되고 너저분하다. ¶난잡한 생활.

난:장[1] 亂杖 (어지러울 란, 지팡이 장). ① 역사 고려·조선 시대에, 신체의 부위를 가리지 않고[亂] 마구 곤장(棍杖)을 치던 고문. ② 여러 사람이 한꺼번에 덤비어 때리는 매. ¶난장을 맞다 / 난장을 치다. ㊀몰매.

난:장[2] 亂場 (어지러울 란, 마당 장). ① 속뜻 어지러운[亂] 곳[場]. ② 여러 사람이 마구 떠들어 뒤죽박죽이 된 판. ¶이번 회의는 난장이 되었다. ③ 역사 과거를 보는 마당에서 선비들이 질서 없이 들끓어 뒤죽박죽이 된 곳.

난:적 亂賊 (어지러울 란, 도둑 적). 세상을 어지럽히는[亂] 무리나 도둑[賊]. ¶난적을 잡아들여라!

난:전[1] 亂戰 (어지러울 란, 싸울 전). 전투나 운동 경기 따위에서, 두 편이 마구 뒤섞여 어지럽게[亂] 싸움[戰]. 또는 그런 싸움. ¶일대 난전이 벌어지다 / 난전을 치르다.

난:전[2] 亂廛 (어지러울 란, 가게 전). 어지럽게[亂] 널려 있는 가게[廛]. ¶난전에 좌판을 벌여 놓다. ㊀노점(露店).

난점 難點 (어려울 난, 점 점). 처리하거나 해결하기가 곤란(困難)한 점(點). ㊀난제(難題).

난:정 亂政 (어지러울 란, 정치 정). 어지러운[亂] 정치(政治). ¶난정을 바로 잡다.

난:정-소 卵精巢 (알 란, 정액 정, 새집 소). 동물 난자(卵子)와 정자(精子)를 함께 만들어 내는 생식 기관[巢]. 암수가 한 몸인 동물에서 볼 수 있다. ¶달팽이류는 자웅동체이며 난정소를 갖고 있다. ㊀양성소(兩性巢).

난제 難題 (어려울 난, 문제 제). ① 속뜻 풀기 어려운[難] 문제(問題). ②처리하기 어려운 일. ¶환경오염은 피할 수 없는 난제이다. ③시부(詩賦)의 짓기 어려운 제목.

난:조 亂調 (어지러울 란, 고를 조). 조화(調和)나 정상을 벗어난 흐트러진[亂] 상태. ¶사업이 난조를 보이다.

난:중 亂中 (어지러울 란, 가운데 중). 전란(戰亂)이 일어난 와중(渦中). ¶난중에 아버지가 돌아가셨다.

▸난:중-일기 亂中日記 (날 일, 기록할 기). 책명 임진왜란 때, 이순신이 전쟁 중[亂中]에 적은 일기(日記).

난증 難症 (어려울 난, 증세 증). 고치기 어려운[難] 증세(症勢).

난처 難處 (어려울 난, 처리할 처). 처리(處理)하기 어렵다[難]. ¶아주 난처한 표정을 지었다.

난청 難聽 (어려울 난, 들을 청). ① 속뜻 듣기[聽] 어려움[難]. 라디오 방송 따위가 잘 들리지 않는 일. ¶난청 지역. ②청력이 약하여 소리를 잘 들을 수 없는 상태. ¶난청을 치료하다.

▸난청-자 難聽者 (사람 자). 의학 청력의 저하, 손실로 인해 소리를 듣기[聽] 어려운[難] 사람[者]. ㊥난청인(難聽人).

난초 蘭草 (난초 란, 풀 초). ① 식물 난초과(蘭草科)의 다년초(多年草)를 통틀어 이름. 대체로 꽃이 아름답고 향기가 좋다. ②화투짝의 한 가지. 난초를 그린 5월을 상징하는 딱지. ㊟난.

▸난초-과 蘭草科 (분과 과). 식물 난초(蘭草)에 속하는 종류[科]의 식물. 우리나라에는 보춘화, 풍란, 따위의 60여 종이 분포한다.

난측 難測 (어려울 난, 헤아릴 측). 헤아려[測] 알기 어려움[難]. 짐작하기 어려움. ¶황홀난측(恍惚難測).

난층-운 亂層雲 (어지러울 란, 층 층, 구름 운). 지리 비나 눈을 내리는[亂] 층상(層狀)을 이루는 구름[雲]. 운층(雲層)이 아주 두꺼워 운저가 암흑색으로 보인다. ㊥비층구름.

난치 難治 (어려울 난, 다스릴 치). 병을 치료(治療)하기 어려움[難]. ¶난치 질환.

▸난치-병 難治病 (병 병). 치료하기 힘든[難治] 병(病). ¶결핵은 더 이상 난치병이 아니다.

난:타 亂打 (어지러울 란, 칠 타). ① 속뜻 마구[亂] 치고 때림[打]. ¶상대 선수에게 난타를 당했다. ② 운동 야구에서 여러 타자가 상대편 투수의 공을 잇달아 침.

▸난:타-전 亂打戰 (싸울 전). ① 속뜻 권투에서 두 선수가 서로 물러서지 않고 마구[亂] 치고받는[打] 싸움[戰]. ② 운동 야구에서 양편 선수가 각각 상대편 투수의 공을 잇달아 쳐내는 경기. ¶오늘 경기는 14:10의 난타전이었다.

난:투 亂鬪 (어지러울 란, 싸울 투). 양편이 서로 뒤섞여 어지럽게[亂] 싸움[鬪]. ¶난투가 벌어지다.

▸난:투-극 亂鬪劇 (연극 극). 난투(亂鬪)가 벌어진 장면[劇]. ¶선원들은 서로 엉켜서 난투극을 벌였다.

난:파[1] 暖波 (=煖波, 따뜻할 난, 물결 파). ① 속뜻 따뜻한[暖] 기운이 물결[波]처럼 밀려오는 것. ② 지리 따뜻한 기단이 고위도 지방으로 흘러들어 그 계절에 맞지 아니하게 큰 폭의 기온 상승을 일으키는 현상. ¶난파로 인해 기온이 예년보다 2도 이상 올라갔다. ㊥온파(溫波). ㊦한파(寒波).

난파[2] 難破 (어려울 난, 깨뜨릴 파). 배가 항해 중에 폭풍우 따위의 어려움[難]을 만나 부서지거나[破] 뒤집힘. ¶배는 풍랑을 만나 난파했다.

▸난파-선 難破船 (배 선). 난파(難破)된 배[船]. ¶난파선이 표류했다. ㊥조난선(遭難船).

난:폭 亂暴 (어지러울 란, 사나울 폭). 행동이 몹시 거칠고[亂] 사나움[暴]. ¶그는 술에 취하면 난폭해진다.

난풍 難風 (어려울 난, 바람 풍). 항해하는 배의 진행을 어렵게 하는[難] 폭풍(暴風). ¶난풍을 만나 배가 뒤집혔다.

난:필 亂筆 (어지러울 란, 글씨 필). ① 속뜻 되는 대로 마구[亂] 쓰는 글씨[筆]. ②'자기의 글씨'를 겸손하게 이르는 말.

난:할 卵割 (알 란, 나눌 할). 생물 단세포인 수정란(受精卵)이 다세포로 분열되는[割] 과정. ¶수정란은 난할을 거듭하면서 자궁

에 착상했다.

난항 難航 (어려울 난, 건널 항). ① [속뜻] 폭풍우 따위로 배나 항공기가 몹시 어렵게[難] 항해(航海)함. ¶난항 중인 배가 도움을 요청했다. ② '어떤 일이 순조롭게 진척되지 않음'을 비유하여 이르는 말. ¶양국의 교섭은 난항을 겪었다.

난:해[1] 暖海 (=煖海, 따뜻할 난, 바다 해). 아열대 지방의 따뜻한[暖] 바다[海]. ¶베개우렁쉐이는 난해 수역에 산다. [반]한해(寒海).

난해[2] 難解 (어려울 난, 풀 해). 이해(理解)하기 어렵다[難]. ¶이 영화는 난해하다.

난:행[1] 亂行 (어지러울 란, 행할 행). ① [속뜻] 난폭(亂暴)한 행동(行動). ¶너무도 과격한 난행에 모두 눈살을 찌푸렸다. ② 난잡하고 음란한 행동. ¶부녀자에게 난행을 하다.

난행[2] 難行 (어려울 난, 행할 행). ① [속뜻] 실행(實行)하기 어려움[難]. ② [불교] 매우 힘든 수행. [반]이행(易行).

난형난제 難兄難弟 (어려울 난, 맏 형, 어려울 난, 아우 제). ① [속뜻] 형[兄]이 낫다고 하기도 어렵고[難], 동생[弟]이 낫다고 하기도 어려움[難]. ② 우열을 가리기 힘듦. ¶난형난제라 우열을 가리기 힘들다. [비]막상막하(莫上莫下).

난:황 卵黃 (알 란, 누를 황). [생물] 알[卵]의 노른자위[黃]. 알의 세포질 안에 있는 영양물질로 단백질, 지질, 당류, 비타민, 무기 염류 따위를 함유하고 있다. [반]난백(卵白).

▸ 난:황-분 卵黃粉 (가루 분). 달걀[卵]이나 오리알의 노른자위[黃]를 가루[粉]로 만든 것.

날염 捺染 (누를 날, 물들일 염). ① [속뜻] 눌러[捺] 찍어 색을 입히는 방식의 염색법(染色法). ② [수공] 천에 무늬가 새겨진 본을 대고 풀을 섞은 물감을 발라 부분적으로 착색하여 무늬가 나타나게 염색하는 방법. [반]발염(拔染).

날인 捺印 (누를 날, 도장 인). 도장[印]을 눌러[捺] 찍음. ¶서류에 날인을 하다.

날조 捏造 (꾸밀 날, 만들 조). 거짓으로 꾸며[捏] 만듦[造]. ¶유언비어를 날조하다.

남가-일몽 南柯一夢 (남녘 남, 나뭇가지 가, 한 일, 꿈 몽). ① [속뜻] 남(南)쪽으로 뻗은 가지[柯] 밑에서 꾼 한[一] 꿈[夢]. ② 중국 당의 순우분이 괴안국으로부터 영접을 받아 20년 동안 영화를 누리는 꿈을 꾸었던 데서 유래된 말로 '꿈과 같이 헛된 한때의 부귀영화'를 이르는 말로 쓰임.

남경[1] 男莖 (사내 남, 줄기 경). 남자(男子)의 생식기[莖]. ¶남경 모양의 입석(立石).

남경[2] 南京 (남녘 남, 서울 경). ① [속뜻] 남쪽[南]에 있는 서울[京]. ② [역사] 고려 시대에 사경(四京) 가운데 지금의 서울에 해당하는 행정 구역. [참]사경(四京), 동경(東京), 서경(西京), 중경(中京).

▸ 남경-길지설 南京吉地說 (길할 길, 땅 지, 말씀 설). [역사] 고려 때, 김위제가 풍수 도참설에 의거해 남경(南京)이 매우 좋은[吉] 땅[地]이라고 제기한 이론[說].

남계 男系 (사내 남, 이어 맬 계). 남자(男子)를 대로 이음[系]. ¶남계 중심의 가족 제도. [비]부계(父系). [반]여계(女系).

남공 男工 (사내 남, 장인 공). 남자(男子) 직공(職工). ¶남공들이 짐을 나르면 여공들이 정리했다. [반]여공(女工).

남구 南歐 (남녘 남, 유럽 구). 유럽[歐羅巴]의 남부(南部) 지역. '남구라파'의 준말. [반]북구(北歐).

남-구라파 南歐羅巴 (남녘 남, 유럽 구, 새그물 라, 땅이름 파). 유럽[歐羅巴]의 남부(南部) 지역. 유럽 문화의 발상지로 에스파냐, 포르투갈, 이탈리아, 그리스, 몰타, 모나코 등의 여러 나라가 있다. [준]남구. [반]북구(北歐).

남국 南國 (남녘 남, 나라 국). 남(南)쪽에 있는 나라[國]. ¶남국의 정취 / 남국의 정열.

남극 南極 (남녘 남, 끝 극). [지리] 지구의 남(南)쪽 끝[極]. ¶남극의 해저를 탐험하다. [반]북극(北極).

▸ 남극-계 南極界 (지경 계). [생물] 남극(南極)을 중심으로 하는 대륙 및 여러 섬을 포함하는 지역[界]. [반]북극계(北極界).

▸ 남극-권 南極圈 (범위 권). [지리] 남극(南極)을 중심으로 한 지역[圈]. 남위 66도 33분의 지점을 이은 선. 대부분 남극 대륙이며 반년 동안은 낮이, 반년 동안은 밤이 계속된다. [반]북극권(北極圈).

▸ 남극-성 南極星 (별 성). [천문] 천구의 남극

(南極)에 가장 가까운 별[星]. 고대 중국의 천문학에서는 '노인성'(老人星)이라 하여 사람의 수명을 맡아보는 별이라 하였다. ㊥노인성(老人星), 수성(水星).

▸남극-해 南極海 (바다 해). 지리 남극(南極) 대륙의 주변, 남위 50°의 위선으로 둘러싸인 바다[海]. 태평양, 대서양, 인도양의 가장 남쪽 부분에 있으며 1년 내내 얼음에 덮여 있다. ㊥남빙양(南氷洋).

남근 男根 (사내 남, 뿌리 근). ① 속뜻 남성성(男性性)의 근본(根本)이 되는 것. ② '음경'(陰莖)을 일상적으로 이르는 말.

남남북녀 南男北女 (남녘 남, 사내 남, 북녘 북, 여자 녀). ① 속뜻 남(南)쪽의 남자(男子)와 북(北)쪽의 여자(女子). ② 우리나라에서 남자는 남부 지방에 여자는 북부 지방에 잘난 사람이 많다는 뜻으로 예로부터 일러온 말.

⁑남녀 男女 (사내 남, 여자 녀). 남자(男子)와 여자(女子). ¶이번 마라톤 대회에 성인 남녀 2백 명이 응모했다.

▸남녀-별 男女別 (나눌 별). 남자(男子)와 여자(女子)를 구별(區別)하여 각각으로 함. ¶남녀별로 따로 앉다.

▸남녀 공:학 男女共學 (함께 공, 배울 학). 교육 남(男)학생과 여(女)학생이 함께[共] 교육받는 학교(學校).

▸남녀-유별 男女有別 (있을 유, 나눌 별). 유교 사상에서 남녀(男女) 사이에는 분별(分別)이 있어야[有] 함을 뜻하는 말.

▸남녀-동등권 男女同等權 (같을 동, 무리 등, 권리 권). 사회 남녀(男女)가 성별에 의해 차별받지 않고 동등(同等)하게 갖는 권리(權利).

▸남녀-평등권 男女平等權 (고를 평, 가지런할 등, 권리 권). 사회 남녀(男女)가 성별에 의해 차별받지 않고 평등(平等)하게 갖는 권리(權利).

▸남녀상열지사 男女相悅之詞 (서로 상, 기쁠 열, 어조사 지, 말씀 사). 문학 남녀(男女)가 서로[相] 육체적으로 사랑하면서 즐거워하는[悅] 내용을 읊은 가사[詞]. 조선 시대에 사대부들이 '고려 가요'를 낮잡아 이르던 말.

남단 南端 (남녘 남, 끝 단). 남(南)쪽의 끝[端]. ¶한반도 남단에 위치한 부산. ㊥북단(北端).

남-대문 南大門 (남녘 남, 큰 대, 문 문). ① 속뜻 남(南)쪽에 있는 큰[大] 문(門). ② 고적 서울에 위치한 '숭례문'(崇禮門)의 딴 이름.

남도 南道 (남녘 남, 길 도). ① 속뜻 남과 북으로 되어 있는 도에서 남(南)쪽에 있는 도(道)를 이르는 말. ② 경기도 이남의 충청도와 전라도, 경상도, 제주도를 통틀어 이르는 말. ¶남도 가락을 좋아하다. ㊥북도(北道).

남:독 濫讀 (함부로 람, 읽을 독). 닥치는 대로 아무 책이나 마구[濫] 읽음[讀]. ¶남독은 좋은 습관이 아니다. ㊥난독(亂讀). ㊥정독(精讀).

***남동 南東** (남녘 남, 동녘 동). 남(南)쪽과 동(東)쪽 사이인 방향. ㊥동남.

▸남동-풍 南東風 (바람 풍). 남동(南東)쪽에서 북서쪽으로 부는 바람[風]. ¶여름에 남동풍이 분다.

남록 南麓 (남녘 남, 산기슭 록). 산의 남(南)쪽 기슭[麓].

남:루 襤褸 (누더기 람, 누더기 루). 옷 따위가 때 묻고 해어져[襤] 너절함[褸]. ¶옷차림이 남루하다. ㊥누더기.

남만 南蠻 (남녘 남, 오랑캐 만). ① 속뜻 남(南)쪽의 오랑캐[蠻]. ② 역사 고대 중국 사람들이 그들의 남쪽 지역에 사는 민족을 멸시하여 이르던 말. ㊟북적(北狄), 동이(東夷), 서융(西戎).

▸남만-북적 南蠻北狄 (북녘 북, 오랑캐 적). 남쪽의 오랑캐[南蠻]와 북(北)쪽의 오랑캐[狄].

⁑남매 男妹 (사내 남, 누이 매). 오빠[男]와 누이[妹]. 누나와 남동생. ㊥오누이.

▸남매-간 男妹間 (사이 간). 오빠[男]와 누이[妹] 사이[間].

남면 南面 (남녘 남, 낯 면). ① 속뜻 남(南)쪽으로 향함[面]. ② 임금이 되어 나라를 다스리는 일. 지난날 임금이 남쪽을 향하여 신하와 대면한 데서 유래한다.

남문 南門 (남녘 남, 문 문). ① 속뜻 남(南)쪽으로 난 문(門). ② 성곽의 남쪽에 있는 문. ㊥북문(北門).

남미 南美 (남녘 남, 미국 미). 남[南] 아메리카[美].

남-반구 南半球 (남녘 남, 반 반, 공 구). 지리 지구(地球)를 반(半)으로 나누었을 때 적도 이남(以南)의 부분. ¶남반구는 북반구에 비해 바다 면적이 훨씬 넓다. ⓑ북반구(北半球).

남:발 濫發 (함부로 람, 쏠 발). ① 속뜻 화폐나 증명서 따위를 함부로[濫] 발행(發行)함. ¶법령을 남발하다 / 화폐를 남발하여 급격한 인플레이션이 발생했다. ② 어떤 말이나 행동을 함부로 함. ¶지키지도 못할 약속을 남발하다.

남방 南方 (남녘 남, 모 방). 남(南)쪽 지방(地方). ¶따뜻한 남방의 겨울 날씨. ⓑ북방(北方).

남-배우 男俳優 (사내 남, 광대 배, 광대 우). 남자(男子) 배우(俳優). ⓑ여(女)배우.

남벌[1] 南伐 (남녘 남, 칠 벌). 남(南)쪽 지방을 정벌(征伐)함. ⓑ남정(南征). ⓑ북벌(北伐).

남:벌[2] 濫伐 (함부로 람, 벨 벌). 산림의 나무를 함부로[濫] 벰[伐]. ¶산림 남벌.

남복 男服 (사내 남, 옷 복). ① 속뜻 남자(男子)의 옷[服]. ② 여자가 남자의 옷을 입음.

⁑**남부 南部** (남녘 남, 나눌 부). 어느 지역의 남(南)쪽 부분(部分). ¶남부 지방에 호우가 쏟아졌다. ⓑ북부(北部).

남북 南北 (남녘 남, 북녘 북). ① 속뜻 남(南)쪽과 북(北)쪽. ② 남한(南韓)과 북한(北韓)을 아울러 이르는 말. ¶남북 교류.

▸남북-극 南北極 (끝 극). 남극(南極)과 북극(北極). ¶남북극의 빙하가 녹고 있다.

남-북한 南北韓 (남녘 남, 북녘 북, 나라이름 한). 남한(南漢)과 북한(北韓)을 통틀어 이르는 말. ¶남북한 단일팀을 구성하다.

남빙-양 南氷洋 (남녘 남, 얼음 빙, 큰바다 양). 지리 남극(南極) 지역에 얼음[氷]으로 덮여있는 큰 바다[洋]. ⓑ남극해(南極海). ⓒ북빙양(北氷洋).

남산 南山 (남녘 남, 메 산). ① 속뜻 남(南)쪽에 있는 산(山). ② 지리 서울특별시 중구와 용산구 사이에 있는 산. 예전에 한양의 궁성에서 남쪽에 있는 산이라는 데서 유래하였다.

남상[1] 男相 (사내 남, 모양 상). 남자(男子)처럼 생긴 여자의 얼굴 모양[相]. 관용 남상을 지르다. ⓑ여상(女相).

남상[2] 男像 (사내 남, 모양 상). 그림이나 조각에서의 남자(男子)의 형상(形像). ¶이 돌하르방은 틀림없이 남상이다.

남:상[3] 濫觴 (넘칠 람, 잔 상). ① 속뜻 큰 강물도 그 시초(始初)는 한 잔[觴]에 넘칠[濫] 정도의 물임. ② '사물의 시초'를 비유하여 이르는 말. ¶현대 방적기의 남상. ⓑ기원(起源), 근원(根源).

남색 藍色 (쪽 람, 빛 색). 쪽[藍]과 같은 짙은 푸른빛[色]. 파랑과 보라의 중간색. ¶남색 치마.

남서 南西 (남녘 남, 서녘 서). 남(南)쪽과 서(西)쪽을 아울러 이르는 말.

▸남서-풍 南西風 (바람 풍). 남서(南西)쪽에서 불어오는 바람[風]. ¶남서풍이 강하게 불었다. ⓑ곤신풍(坤申風).

남섬-석 藍閃石 (쪽 람, 번쩍할 섬, 돌 석). ① 속뜻 쪽빛[藍]이며 번쩍이는[閃] 결정체를 가진 암석(岩石). ② 광업 소다를 주성분으로 하는 각섬석(角閃石). 단사 정계에 속하며 남색 또는 푸른색을 띠고 산(酸)에 강하다.

남성[1] 男聲 (사내 남, 소리 성). ① 속뜻 남자(男子)의 목소리[聲]. ② 음악 성악에서 남자가 담당하는 테너, 바리톤, 베이스 따위의 성부(聲部).

남성[2] 男性 (사내 남, 성별 성). ① 속뜻 성(性)의 측면에서 남자(男子)를 이르는 말. ② 언어 인도-유럽어 문법에서 단어를 성(性)에 따라 구별한 종류의 한 가지. 남성 명사, 남성 대명사 따위. ⓑ여성(女性).

▸남성-미 男性美 (아름다울 미). 남성(男性)으로서의 남자다운 아름다움[美]. ¶참가자들이 남성미를 뽐내고 있다. ⓑ여성미(女性美).

▸남성-복 男性服 (옷 복). 남성(男性)들이 입는 옷[服]. ¶남성복만을 파는 가게.

남아 男兒 (사내 남, 아이 아). ① 속뜻 사내[男] 아이[兒]. ¶남아를 선호하다. ② 남자다운 남자. ¶씩씩한 대한의 남아. ⓑ여아(女兒).

남안 南岸 (남녘 남, 언덕 안). 남(南)쪽의 강기슭[岸]이나 바닷가. ¶한강 남안

남양 南洋 (남녘 남, 큰바다 양). 남부(南部)

태평양(太平洋). 적도를 중심으로 하는 섬이 많은 지역. 또는 그 지역의 바다.

남염부주-지 南閻浮洲志 (남녘 남, 마을 염, 뜰 부, 섬 주, 기록할 지). 문학 김시습이 지은 한문 소설. 불교를 믿지 않던 박생(朴生)이 꿈속에서 남(南)쪽의 염부주(閻浮洲)에 다녀온 후 크게 깨닫는다는 내용의 소설[志].

남:용 濫用 (함부로 람, 쓸 용). 함부로[濫] 씀[用]. 마구 씀. ¶약물을 남용하다. ⓑ난용(亂用). ⓑ절용(節用).

남우 男優 (사내 남, 광대 우). 남자(男子) 배우(俳優). ¶남우주연상. ⓑ여우(女優).

남위 南緯 (남녘 남, 가로 위). 지리 적도(赤道) 이남(以南)의 위도(緯度). 적도가 0도이고 남극이 90도이다. ¶아르헨티나는 남위 22도와 55도 사이에 위치해 있다. ⓑ북위(北緯).

▸남위-선 南緯線 (줄 선). 지리 적도 이남(以南)의 위도(緯度)를 표시하는 선(線). ⓑ북위선(北緯線).

남인 南人 (남녘 남, 사람 인). 역사 조선 시대에, 유성룡과 우성전 등을 중심으로 하여 북인(北人)과 대립한 당파. 남산(南山) 아래에 살던 우성전을 따르는 사람[人]들에서 유래. 경종 이후 정계에서 멀어져 고향에서 학문과 교육에 전념하였다. ⓒ사색당파(四色黨派).

⁑**남자** 男子 (사내 남, 접미사 자). ① 속뜻 남성(男性)인 사람[子]. ¶남자 친구. ② 남성다운 사내. ¶그는 남자 중에 남자이다. ⓑ여자(女子), 여인(女人), 부녀자(婦女子), 아녀자(兒女子), 여성(女性).

남작[1] 男爵 (사내 남, 벼슬 작). 오등작(五等爵) 중에 마지막 남(男)에 해당되는 작위(爵位). 또는 그 작위를 가진 사람. ⓒ공작(公爵), 후작(侯爵), 백작(伯爵), 자작(子爵).

남:작[2] 濫作 (함부로 람, 지을 작). 글이나 시 따위를 마구[濫] 지음[作].

남장 男裝 (사내 남, 꾸밀 장). 여자가 남자(男子)처럼 꾸며 차림[裝]. ¶그녀는 남장을 하고 아버지를 대신해 전쟁터에 나갔다. ⓑ여장(女裝).

남정[1] 男丁 (사내 남, 장정 정). ① 속뜻 열다섯 살이 넘은 사내[男]. 장정(壯丁)을 이르던 말. ② 젊은 남자. ⓑ외정(外丁).

남정[2] 男情 (사내 남, 사랑 정). 남자(男子)의 정(情). 남자의 정욕. ⓑ여정(女情).

남정[3] 南征 (남녘 남, 칠 정). 남(南)쪽 지방을 정벌(征伐)함. ⓑ남벌(南伐).

▸남정-가 南征歌 (노래 가). 문학 을묘왜변 때, 양사언이 남정군(南征軍)으로서 왜병을 물리친 일을 읊은 가사(歌辭).

남존-여비 男尊女卑 (사내 남, 높을 존, 여자 녀, 낮을 비). 남성(男性)을 존중(尊重)하고 여성(女性)을 비천(卑賤)하게 여기는 일. ¶남존여비 사상. ⓑ여존남비(女尊男卑).

남중 南中 (남녘 남, 가운데 중). 지리 태양이 남(南)쪽 하늘의 한가운데[中] 이르는 일. ¶토끼자리의 남중(南中)은 2월 6일이다.

▸남중 고도 南中高度 (높을 고, 정도 도). 지리 태양이 남(南)쪽 하늘의 한 가운데[中] 이르렀을 때의 고도(高度). ¶하지에는 태양의 남중고도가 가장 높아진다.

남진 南進 (남녘 남, 나아갈 진). 남(南)쪽으로 나아감[進]. ¶러시아의 남진 정책. ⓑ북진(北進).

남창[1] 男唱 (사내 남, 부를 창). ① 속뜻 남자(男子)가 부르는 노래[唱]. ② 국악에서, 여자가 남자 목소리로 부르는 노래. ⓑ여창(女唱).

남창[2] 男娼 (사내 남, 몸 팔 창). 남자(男子)가 몸을 파는 일[娼].

남창[3] 南窓 (남녘 남, 창문 창). 남(南)쪽으로 난 창(窓). ¶남창 밖을 내다보았다. ⓑ북창(北窓).

남천 南天 (남녘 남, 하늘 천). ① 속뜻 남(南)쪽 하늘[天]. ② 천문 황도대(黃道帶)의 남쪽 하늘. ⓑ북천(北天).

남첩 男妾 (사내 남, 첩 첩). 남자(男子)가 여자에게 얻어먹으면서 잠자리 벗[妾]을 해 줌. ¶남첩을 집 안에 두다.

남촌 南村 (남녘 남, 마을 촌). ① 속뜻 남(南)쪽에 있는 마을[村]. ② 조선 때, 서울 안의 남쪽에 있는 동네를 이르던 말. ⓑ북촌(北村).

남측 南側 (남녘 남, 곁 측). ① 속뜻 남(南)쪽에 자리한 쪽[側]. ② 남한 지역을 북한 지역에 상대하여 이르는 말. ¶남측 대표단. ⓑ북측(北側).

남침 南侵 (남녘 남, 쳐들어갈 침). 북쪽에 있는 나라가 남(南)쪽에 있는 나라를 쳐들어 옴[侵]. ¶1950년 6월 25일 북한이 남침했다. ㉥북침(北侵).

남탕 男湯 (사내 남, 욕탕 탕). 남자(男子)들이 목욕하는 탕(湯). ㉥여탕(女湯).

남파 南派 (남녘 남, 보낼 파). 남(南)쪽으로 파견(派遣)함. ¶북한은 간첩을 남파했다.

*__남편__ 男便 (사내 남, 쪽 편). 혼인한 부부의 남자(男子) 쪽[便]을 일컫는 말. ㉥부군(夫君). ㉥아내.

남풍 南風 (남녘 남, 바람 풍). 남(南)쪽에서 불어오는 바람[風]. ㉥마파람. ㉥북풍(北風).

남하 南下 (남녘 남, 아래 하). 남(南)쪽으로 내려감[下]. 또는 내려옴. ¶장마 전선이 남하하다. ㉥북상(北上).

남-학생 男學生 (사내 남, 배울 학, 사람 생). 남자(男子) 학생(學生). ¶남학생 출입 금지. ㉥여학생(女學生).

남한 南韓 (남녘 남, 한국 한). 국토가 분단된 후 한반도 38선 이남(以南)의 한국(韓國). ㉥북한(北韓).

남-한강 南漢江 (남녘 남, 한양 한, 강 강). 지리 한강(漢江)을 이루는 지류 중 남(南)쪽 지역을 거쳐 흘러들어오는 강. 강원도의 오대산에서 시작하여 충청북도를 거쳐 흐른다. ㉾북한강(北漢江).

남-한대 南寒帶 (남녘 남, 찰 한, 띠 대). 지리 지구의 남반구(南半球)에 있는 한대(寒帶). ㉾북한대(北寒帶).

남한산-성 南漢山城 (남녘 남, 한양 한, 메 산, 성곽 성). 고적 경기도 광주시 중부면 산성리 남한산(南漢山)에 있는 산성(山城).

남항 南航 (남녘 남, 건널 항). 남(南)쪽으로 항해(航海)함.

남해 南海 (남녘 남, 바다 해). ① 속뜻 남(南)쪽 바다[海]. ② 지리 한반도 남쪽 연안의 바다 이름.

남-해:안 南海岸 (남녘 남, 바다 해, 언덕 안). 남(南)쪽에 있는 해안(海岸). ¶남해안으로 피서를 가다.

남행 南行 (남녘 남, 갈 행). 남(南)쪽으로 감[行]. 남쪽 지방으로 감. ¶남행 열차.

남향 南向 (남녘 남, 향할 향). 남(南)쪽을 향(向)함. ¶이 집은 남향이다. ㉥북향(北向).

남-회귀선 南回歸線 (남녘 남, 돌 회, 돌아갈 귀, 줄 선). 지리 태양이 적도에서 남(南)쪽으로 기울다가 다시 적도로 향하여 회귀(回歸)하는 지점의 위선(緯線). 남위 23도 27분이다. ㉥동지선(冬至線). ㉥북회귀선(北回歸線).

남:획 濫獲 (함부로 람, 잡을 획). 짐승이나 물고기 따위를 마구[濫] 잡음[獲]. ¶보호 어류를 남획하다.

납골 納骨 (바칠 납, 뼈 골). 유골(遺骨)을 일정한 그릇에 담아[納] 모심.

▸납골-당 納骨堂 (집 당). 유골을 안치하는 [納骨] 건물[堂]. ¶할아버지의 유골을 납골당에 안치했다.

납금 納金 (바칠 납, 돈 금). 세금, 공과금, 사용료 따위의 돈[金]을 바침[納]. 또는 그런 돈. ¶세도가에게 거액을 납금하다.

납기 納期 (바칠 납, 때 기). 세금이나 공과금 따위를 바치는[納] 기한(期限). ¶납기 안에 세금을 내지 않으면 가산금까지 내야 한다.

납길 納吉 (바칠 납, 길할 길). 민속 우리나라 전통의 혼인 예법에서, 신랑 집에서 길일(吉日)을 혼인날로 정해서 신부 집에 알리는[納] 것. ㉾육례(六禮).

납득 納得 (들일 납, 얻을 득). 남의 말이나 행동을 받아들여[納] 이해함[得]. ¶네 말은 납득할 수 없다.

납량 納凉 (들일 납, 서늘할 량). ① 속뜻 시원한[凉] 기운을 들여놓음[納]. ② 여름철에 더위를 피하여 서늘한 기운을 느낌. ¶납량 특집 프로그램.

납본 納本 (바칠 납, 책 본). ① 속뜻 주문 받은 책[本]을 거래처에 드림[納]. ② 새로 발간한 출판물을 본보기로 해당 기관에 제출함. ¶신간 서적들을 납본했다.

납부 納付 (바칠 납, 줄 부). 세금이나 공과금 따위를 관계기관에 바치거나[納] 건네 줌[付]. ¶가까운 은행에 납부하시오. ㉥납입(納入).

▸납부-금 納付金 (돈 금). 납부(納付)하는 돈[金]. ㉥납입금(納入金).

납북 拉北 (끌어갈 랍, 북녘 북). 북(北)쪽으로 납치(拉致)해 감. ¶납북되었던 어부들이 무사히 귀환하였다.

납세 納稅 (바칠 납, 세금 세). 세금(稅金)을 바침[納]. ¶납세의 의무. ⓑ세납(稅納).

▸ 납세-액 納稅額 (액수 액). 세금(稅金)으로 내야할[納] 액수(額數). ¶고소득자들의 납세액을 상향 조정했다.

▸ 납세-자 納稅者 (사람 자). 세금(稅金)을 내는[納] 사람[者]. ¶재산세는 납세자가 직접 부담하는 직접세이다.

납-세공 蠟細工 (밀 랍, 가늘 세, 장인 공). 밀랍(蜜蠟)을 재료로 하여 만드는 섬세(纖細)한 손 공예(工藝). ¶그녀는 납세공의 대가이다.

납속-책 納粟策 (바칠 납, 조 속, 꾀 책). 역사 조선 때, 곡물[粟]을 바치게[納] 하고 그 대가로 상이나 벼슬을 주던 정책(政策). ¶납속책으로 재정을 보충했다.

납씨-가 納氏歌 (바칠 납, 성씨 씨, 노래 가). ① 속뜻 납씨(納氏)를 물리친 노래[歌]. ② 문학 조선 때, 정도전이 태조가 중국 원나라의 나하추[納哈出]를 무찌른 공을 송축하며 지은 악장.

납월 臘月 (섣달 랍, 달 월). 음력 섣[臘]달[月]을 달리 이르는 말.

납입 納入 (바칠 납, 들 입). 세금이나 공과금 따위를 내는 것[納=入]. ¶재산세를 납입했다. ⓑ납부(納付).

▸ 납입-금 納入金 (돈 금). 공과금이나 등록금 따위로 내는[納入] 돈[金]. ⓑ납부금(納付金).

▸ 납입-액 納入額 (액수 액). 납입(納入)하는 금액(金額).

납지[1] 蠟地 (밀 랍, 땅 지). 밀랍(蜜蠟)을 바른 듯 광택이 있는 매끄러운 천이나 종이 따위의 바탕질[地].

납지[2] 蠟紙 (밀 랍, 종이 지). 밀랍(蜜蠟)이나 백랍 따위를 입힌 종이[紙]. ¶벽에 납지를 발라 방수했다.

납질 蠟質 (밀 랍, 바탕 질). 밀랍(蜜蠟)의 성질(性質). ¶연잎은 납질로 되어 있어 물에 젖지 않는다.

납채 納采 (바칠 납, 가릴 채). 민속 ① 우리나라 전통의 혼인 예법에서, 신랑 집에서 신부를 골라[采] 혼인을 구하는[納] 것. ② 납폐(納幣). ⓒ육례(六禮).

납촉 蠟燭 (빌 랍, 촛불 촉). 밀랍(蜜蠟)으로 만든 촛불[燭]. ⓑ밀초.

납치 拉致 (끌어갈 랍, 보낼 치). 강제 수단을 써서 억지로 끌어서[拉] 데리고 감[致]. ¶항공기를 납치하다. ⓑ유괴(誘拐).

납폐 納幣 (바칠 납, 예물 폐). 민속 우리나라 전통의 혼인 예법에서, 신랑 집에서 정혼의 증거로 신부 집으로 폐백(幣帛)을 보내는[納] 것. 보통 밤에 푸른 비단과 붉은 비단을 혼서와 함께 함에 넣어 보낸다. ⓑ납채(納采). ⓒ육례(六禮).

납품 納品 (바칠 납, 물건 품). 물품(物品)을 가져다 줌[納]. ¶제품을 거래처에 납품하다.

납함 吶喊 (떠들 납, 소리 함). 여러 사람이 일제히 크게[吶] 소리[喊]를 지름. ¶군사들이 납함하는 소리가 천지를 흔들었다.

납회 納會 (바칠 납, 모일 회). ① 속뜻 그 해의 마지막으로 하는[納] 모임[會]. ② 경제 증권 거래소에서 실시하는, 매달 최종 입회일. ⓑ발회(發會).

낭군 郎君 (남편 랑, 남편 군). 젊은 여자가 자기 남편[郎=君]이나 연인을 부르던 말. ⓑ남편(男便).

⁑낭:독 朗讀 (밝을 랑, 읽을 독). 또랑또랑하게[朗] 소리내어 읽음[讀]. ¶시를 낭독하다. ⓑ낭송(朗誦).

낭:랑 朗朗 (밝을 랑, 밝을 랑). ① 속뜻 소리 따위가 매우 밝음[朗=朗]. ② 소리가 매우 맑고 또랑또랑하다. ¶낭랑한 목소리.

낭:만 浪漫 (물결 랑, 흩어질 만). ① 속뜻 'romantic'의 한자 음역어 '浪漫蒂克'의 준말. ② 매우 정서적이며 이상적으로 사물을 파악하는 심리 상태나 그러한 분위기. ¶낭만을 즐기다 / 낭만적인 밤.

▸ 낭:만-파 浪漫派 (갈래 파). ① 속뜻 낭만(浪漫)주의를 신봉하는 유파[派]. ② 예술 낭만주의 문학가, 또는 예술가. ¶낭만파 음악. ③ 달콤한 정서나 꿈 또는 공상을 즐기는 사람.

▸ 낭:만-주의 浪漫主義 (주될 주, 뜻 의). 예술 꿈이나 공상의 세계를 동경하고 감상적인 정서[浪漫]를 중시하는 창작 태도[主義]. ¶낭만주의 소설.

낭:보 朗報 (밝을 랑, 알릴 보). 반가운[朗] 소식[報]. 기쁜 소식. ¶우리 팀이 우승했다

는 낭보가 전해졌다.

낭:비 浪費 (함부로 랑, 쓸 비). 함부로[浪] 씀[費]. ¶시간을 낭비하다. ⓑ절약(節約).

▸낭:비-벽 浪費癖 (버릇 벽). 낭비(浪費)하는 나쁜 버릇[癖]. ¶그는 낭비벽이 있다.

낭:설 浪說 (함부로 랑, 말씀 설). 함부로[浪]하는 말[說]. 터무니없는 헛소문. ¶낭설을 퍼뜨리다.

낭-세포 娘細胞 (아가씨 낭, 작을 세, 태보 포). 생물 분열하기 전의 모(母) 세포에 대하여 세포 분열에 의하여 생긴 두 개의 딸[娘] 세포(細胞)를 이르는 말. ⓑ모세포(母細胞).

낭:송 朗誦 (밝을 랑, 욀 송). 또랑또랑하게[朗] 소리내어 외움[誦]. ¶시를 낭송하다 / 낭송회. ⓑ낭독(朗讀), 독송(讀誦).

낭:인 浪人 (물결 랑, 사람 인). 물결[浪]처럼 이리저리 떠돌아다니며 빈둥빈둥 노는 사람[人]. ¶그는 낭인처럼 혼자 떠돌아 다녔다.

낭:자¹ 狼藉 (이리 랑, 깔개 자). ① 속뜻 이리[狼]의 깔개[藉]. ②이리 떼는 풀을 깔고 누워 있다가 일어설 때는 풀을 발로 밟아 문질러서 종적을 감추는 습관이 있다고 한다. 그래서 '어지럽게 흩어져 있음'을 일러 '狼藉'라고 하였다는 설이 있다. ¶유혈이 낭자하다.

낭자² 娘子 (아가씨 낭, 접미사 자). 예전에 '처녀'[娘]를 높여 이르던 말. ⓑ처녀(處女), 규수(閨秀). ⓑ도령.

▸낭자-군 娘子軍 (군사 군). 여성[娘子] 만으로 조직된 선수단이나 단체[軍]. ¶양궁에 출전한 낭자군이 금메달을 휩쓸었다.

낭중지추 囊中之錐 (주머니 낭, 가운데 중, 어조사 지, 송곳 추). ① 속뜻 주머니[囊] 속[中]의 송곳[錐]. ②'유능한 사람은 숨어 있어도 그 존재가 드러나게 됨'을 비유하여 이르는 말.

낭충 囊蟲 (주머니 낭, 벌레 충). ① 속뜻 자루[囊] 모양의 애벌레[蟲]. ② 동물 조충류(絛蟲類)의 유생의 한 단계. 중간 숙주의 체내에서 볼 수 있다. 길이는 5mm 안팎으로 자루 모양이고 머리는 뒤집혀서 자루 속으로 빠져 들어가 있다.

낭:패 狼狽 (이리 랑, 이리 패). ① 속뜻 전설상의 동물 '狼'과 '狽'는 항상 둘이 함께 있어야 걸을 수 있었는데, 이 둘이 서로 떨어져 허둥지둥하던 것을 이름. ②실패 따위를 당하여 허둥지둥함. 또는 매우 딱하게 됨. ¶낭패를 당하다.

낭하 廊下 (곁채 랑, 아래 하). ① 속뜻 행랑(行廊) 아래[下]. 예전에, 대문 안에 죽 벌여서 지은 방. 주로 하인이 거처했다. ②건물 안에 다니게 된 통로. ¶긴 낭하를 걸어갔다. ⓑ복도(複道).

내:각¹ 內角 (안 내, 모서리 각). 수학 서로 만나는 두 직선의 안[內]쪽 각(角). 또는 다각형의 안쪽 각. ¶삼각형 내각의 합은 180도이다. ⓑ외각(外角).

내:각² 內閣 (안 내, 관청 각). ① 속뜻 행정부 안[內]의 각료(閣僚). ② 정치 국가의 행정권을 담당하는 최고 합의기관. 국무 위원 또는 수상과 각료들로 구성되며 내각 책임제 국가에서는 최고 정책 결정 기관이고 대통령 중심제 국가에서는 대통령을 보좌 자문하는 기관이다. ¶내각을 구성하다.

▸내:각-제 內閣制 (정할 제). 국회의 신임에 따라 정부[內閣]가 성립, 존속하는 정치 제도(制度).

내:간¹ 內艱 (안 내, 어려울 간). ① 속뜻 모친[內]이나 조모의 죽음으로 겪게 되는 어려움[艱]. ②어머니나 할머니의 상사(喪事). ¶내간을 당하다. ⓒ내간(內艱). ⓑ외간(外艱).

내:간² 內簡 (안 내, 대쪽 간). 부녀자[內] 사이에 주고받는 편지[簡]. ⓑ내서(內書), 내찰(內札).

▸내:간-체 內簡體 (모양 체). ① 속뜻 부녀자[內] 사이에 오가던 옛날 편지[內簡]의 글체[體]. ②일상어로 말하듯이 써나간 일기나 수필 따위의 고전 글체.

내:강 內剛 (안 내, 굳셀 강). 겉으로는 부드럽고 순해 보이나 속[內]마음은 굳세고[剛] 단단함. ⓑ외유(外柔).

내:경 內徑 (안 내, 지름길 경). ① 속뜻 안[內]쪽의 지름[徑]. ② 수학 관(管) 따위의 안쪽에서 잰 지름. ③총신, 포신 따위의 구경. ¶이것은 내경 10mm의 소형화기이다. ⓑ안지름.

내:계 內界 (안 내, 지경 계). ① 속뜻 안[內]

쪽 세계(世界). 마음속의 세계. 내부의 세계. ②경계의 안쪽. ⓑ외계(外界).

내:공[1] 內攻 (안 내, 칠 공). ① 속뜻 안[內]으로 공격(攻擊)함. ② 심리 정신적 결함이나 타격이 겉으로 나타나지 않고 속으로만 퍼지는 일.

내:공[2] 內功 (안 내, 공적 공). ① 속뜻 오랜 기간 안[內]에서 쌓은 공적(功績). ② 오랜 기간 숙련과 경험을 통해 쌓은 능력. ¶ 이제는 내공이 많이 쌓였다.

내공[3] 來攻 (올 래, 칠 공). 침공(侵攻)하여 옴[來]. ¶적의 내공에 대비하다.

내:공[4] 耐空 (견딜 내, 하늘 공). ① 속뜻 공중(空中)에서 잘 견딤[耐]. ② 항공기나 새 따위가 땅에 내리지 않고 뜬 채로 오랫동안 나는 것. '내고공'(耐高空)의 준말.

내:과 內科 (안 내, 분과 과). 의학 내장(內臟)의 병을 수술하지 않고 치료하는 임상 의학의 한 분과(分科). ¶할머니는 내과 치료를 받았다. ⓑ외과(外科).

▸내:과-의 內科醫 (치료할 의). 내과(內科)의 치료를 전문으로 하는 의사(醫師).

내:-과피 內果皮 (안 내, 열매 과, 껍질 피). 식물 과피(果皮)에서, 가장 안[內] 쪽에서 씨를 싸고 있는 층(層). ⓒ외과피(外果皮), 중과피(中果皮).

내:관[1] 內官 (안 내, 벼슬 관). 역사 ① 백제 때, 궁중의 내부(內部)의 제반 업무를 관장하는 관리(官吏)를 통틀어 이르던 말. ② 내시(內侍).

내:관[2] 內棺 (안 내, 널 관). 외관인 곽(槨) 속[內]에 넣는 관(棺). ⓒ외관(外棺).

내:관[3] 內觀 (안 내, 볼 관). ① 불교 자기 자신의 내심(內心)을 관찰(觀察)함. ② 심리 자기의 의식 현상을 관찰하는 일. ⓑ자기 관찰(自己觀察). ⓑ내성(內省).

내구[1] 來寇 (올 래, 도둑 구). 도적[寇]이 침범해 옴[來]. 또는 그 도적. ¶고려 말엽, 해안 지방에는 내구가 잦아서 백성들이 많은 피해를 입었다.

내:구[2] 耐久 (견딜 내, 오랠 구). 오래[久] 견딤[耐]. 오래 지속함. ⓑ내용(耐用).

▸내:구-력 耐久力 (힘 력). 오래[久] 견디는[耐] 힘[力]. ¶이 솥은 내구력이 뛰어나다.

▸내:구-성 耐久性 (성질 성). 변질되거나 변형되지 않고 오래[久] 견디는[耐] 성질(性質). ¶이 제품은 내구성이 좋다.

▸내:구-재 耐久財 (재물 재). 경제 오래[久] 쓸 수 있는[耐久] 재물(財物). ¶생산자 내구재. ⓑ비내구재(非耐久財).

내:국 內國 (안 내, 나라 국). ① 속뜻 나라[國] 안[內]. ② 자기 나라를 다른 나라에 상대하여 이르는 말. ¶내국 기업. ⓑ국내(國內). ⓑ외국(外國).

▸내:국-인 內國人 (사람 인). 자기 나라[內國]의 국적을 가진 사람[人]. ¶내국인 투자가 늘다. ⓑ외국인(外國人).

내:규 內規 (안 내, 법 규). 회사, 단체, 관청, 학교 등에서 그 내부(內部)에서만 시행되는 규칙(規則). ¶학교 내규에 따라 처리하다. ⓑ내칙(內則).

내:근 內勤 (안 내, 일할 근). 자신의 근무지 안[內]에서 일하는[勤] 것. ¶내근직으로 자리를 옮겼다. ⓑ외근(外勤).

내:금 內金 (안 내, 돈 금). 법률 대금, 보수에 앞서 미리[內] 지급하는 금액(金額).

내년 來年 (올 래, 해 년). 올해의 다음[來] 해[年]. ⓑ이듬해, 명년(明年). ⓑ작년(昨年), 금년(今年).

▸내년-도 來年度 (정도 도). 올해의 다음[來] 해[年]의 연도(年度). 내년의 한 해. ¶내년도 입시 경향을 파악하다.

내:당 內堂 (안 내, 집 당). ① 속뜻 안[內]쪽에 있는 집[堂]. ② 안방. ¶내당 큰마님.

내도 來到 (올 래, 이를 도). ① 속뜻 어떤 지점에 와서[來] 이름[到]. ¶돛단배가 강변에 내도했다. ② 기회나 시간 따위가 옴.

내:락 內諾 (본음 [내낙], 안 내, 승낙할 낙). ① 비공식으로[內] 승낙(承諾)함. ¶그를 후계자로 내락했다는 소문이 있다. ② 둘 사이에만 은밀히 약속함.

내:란 內亂 (안 내, 어지러울 란). 정부를 뒤엎을 목적으로 나라 안[內]에서 일으킨 난리(亂離). ¶장군은 내란을 평정했다. ⓑ내전(內戰). ⓑ외란(外亂).

▸내:란-죄 內亂罪 (허물 죄). 법률 국내(國內)에서 난리(亂離)를 일으킨 범죄(犯罪). 정부에 반대하여 일정한 규모와 조직을 갖추고 무력을 행사함으로써 성립하는 범죄.

¶그는 내란죄로 참수를 당했다. [반]외란죄(外亂罪).

*내력 來歷 (올 래, 지낼 력). ① [속뜻] 지금까지 지내온[來] 경력(經歷). ¶살아온 내력을 소설로 쓰다. ② 어떤 과정을 거쳐서 온 까닭. ¶일이 그렇게 된 내력을 알아보라.

⁑내:륙 內陸 (안 내, 뭍 륙). [지리] 바다에서 안[內]쪽으로 멀리 떨어져 있는 육지(陸地). ¶내륙 지방.

내:막¹ 內幕 (안 내, 휘장 막). ① [속뜻] 장막(帳幕)으로 둘러싸인 그 안[內] 쪽. ② 내부의 사정. 일의 속내. ¶사건의 내막이 궁금하다.

내:막² 內膜 (안 내, 꺼풀 막). [의학] 내부(內部)의 막(膜). ¶자궁 내막에 암 세포가 생기다.

내:면 內面 (안 내, 쪽 면). ① [속뜻] 안[內] 쪽을 향한 면(面). ② 사람의 정신이나 심리에 관한 면. ¶이 작품은 인간의 내면세계를 그렸다. [반]외면(外面).

내:무 內務 (안 내, 일 무). ① [속뜻] 나라 안[內]의 정무(政務). ② 조직 내부에서 처리하는 업무. [반]외무(外務).

▸내:무-반 內務班 (나눌 반). [군사] 병영에서 군인들이 일상생활을 하는[內務] 방[班].

▸내:무-부 內務部 (나눌 부). [법률] 주로 국내(國內)의 정무(政務)를 맡아보던 중앙 행정 부서(部署).

▸내:무 사열 內務査閱 (살필 사, 훑어볼 열). [군사] 내무(內務) 생활에 대한 조사(調査)와 검열(檢閱).

내:밀 內密 (안 내, 몰래 밀). ① [속뜻] 내부(內部) 비밀(祕密). ② 어떤 일이 겉으로 드러나지 아니함. 또는 그런 일. ¶내밀을 밝히다.

내방¹ 來訪 (올 래, 찾을 방). 와서[來] 찾아 봄[訪]. ¶협정을 체결하기 위해 한국을 내방하다. [반]왕방(往訪).

내:방² 內房 (안 내, 방 방). 아녀자[內]가 거처하는 방(房). [비]안방, 규방(閨房), 내당(內堂).

▸내:방 가사 內房歌辭 (노래 가, 말씀 사). [문학] 조선 때, 영남 지방을 중심으로 부녀자들이[內房] 지은 가사(歌辭) 문학. ¶『계녀가』는 영남지방의 내방 가사이다. [비]규방(閨房) 가사.

내:-배엽 內胚葉 (안 내, 아이 밸 배, 잎 엽). [생물] 다세포 동물의 발생 초기의 배엽 가운데 가장 안[內] 쪽의 배엽(胚葉). 소화 기관, 호흡 기관 등이 형성된다. [참]중배엽(中胚葉), 외배엽(外胚葉).

내:-배유 內胚乳 (안 내, 아이밸 배, 젖 유). [식물] 배낭의 안쪽에[內] 있으면서, 배(胚)가 자랄 때 영양[乳]을 저장하고 있는 조직. 벼나 밤 따위의 먹는 부분이 이에 속한다. [준]배유. [비]배젖. [반]외배유(外胚乳).

내:벽 內壁 (안 내, 담 벽). [건설] 안쪽[內] 벽(壁). ¶건물 내벽 / 엔진 내벽의 불순물.

내:병-성 耐病性 (견딜 내, 병 병, 성질 성). [농업] 농작물이나 가축이 병(病)을 잘 견디어내는[耐] 성질(性質). ¶방목하면 내병성이 높아진다.

내:보 內報 (안 내, 알릴 보). ① [속뜻] 외부에 공개되지 않게 내부(內部)에만 알림[報]. 또는 그 보고. ¶내보가 언론에 공개되었다. ② 내부에 관계되는 보고나 보도. ¶신문에 나온 내보를 계속 스크랩하다.

내:복¹ 內服 (안 내, 옷 복). 안[內]에 입는 옷[服]. ¶내복을 입으면 난방비를 절약할 수 있다. [비]속옷, 내의(內衣). [반]겉옷.

내:복² 內服 (안 내, 먹을 복). 약을 입 안[內]에 넣어 먹음[服]. 약을 먹음. ¶아스피린을 내복하다. [비]내용(內用).

▸내:복-약 內服藥 (약 약). [약학] 먹는[內服] 약(藥). [반]외용약(外用藥).

*내:부 內部 (안 내, 나눌 부). ① [속뜻] 사물의 안쪽[內] 부분(部分). ¶내부 수리 / 건물 내부. ② 어떤 조직에 속하는 범위. ¶회사 내부 사정에 밝다. [반]외부(外部).

▸내:부 영력 內部營力 (지을 영, 힘 력). [지리] 지구 내부(內部)의 작용으로 지각을 변동시키는[營] 힘[力]. 지진, 화산 활동 따위를 일으키면서 지구 표면의 기본 형태를 결정하는 데 큰 영향을 준다. [반]외부(外部) 영력.

▸내:부 저항 內部抵抗 (맞설 저, 막을 항). [물리] 기기의 내부(內部)에 있는 전류에 대한 저항(抵抗). [준]내저항. [반]외부(外部) 저항.

내:분¹ 內紛 (안 내, 어지러울 분). 내부(內

部)에서 일어난 분쟁(紛爭). ¶내분이 끊이지 않다.

내:분² 內分 (안 내, 나눌 분). 수학 ①한 선분을 그 안[內]의 임의의 한 점을 경계로 하여 두 부분으로 나누는[分] 일. ②한 각을 그 안의 임의의 한 선분을 경계로 하여 두 부분으로 나누는 일.

▸내:분-비 內分比 (견줄 비). 수학 내분(內分)한 두 선분의 길이의 비(比). 반외분비(外分比).

▸내:분-선 內分線 (줄 선). 수학 한 각을 내분(內分)하는 직선(直線).

▸내:분-점 內分點 (점 점). 수학 선분을 내분(內分)하는 점(點). 반외분점(外分點).

내:-분비 內分泌 (안 내, 나눌 분, 스며나올 비). 의학 몸 속의 내분비선에서 만들어진 호르몬을 도관(導管)을 거치지 않고 직접 혈액 속[內]으로 분비(分泌)하는 일. 반외분비(外分泌).

▸내:분비-물 內分泌物 (만물 물). 의학 내분비(內分泌) 작용으로 분비되는 물질(物質). 다른 기관이나 조직의 작용을 촉진, 억제하는 작용을 한다. 비호르몬.

▸내:분비-선 內分泌腺 (샘 선). 의학 호르몬을 내분비(內分泌)하는 선(線). 도관(導管)을 거치지 않고 직접 몸이나 혈액 속으로 보낸다. ¶갑상선은 내분비선이다. 비내분비샘, 호르몬샘.

내:빈¹ 內賓 (안 내, 손님 빈). ① 속뜻 여성[內] 손님[賓]. ② 역사 조선 때, 궁중에서 베풀어지는 잔치에 초대된 명부(命婦).

내:빈² 耐貧 (견딜 내, 가난할 빈). 가난[貧]을 참고 견딤[耐]. ¶내빈에는 익숙하다. 비내핍(耐乏).

내빈³ 來賓 (올 래, 손님 빈). 초대를 받아 찾아온[來] 손님[賓]. ¶참석하신 내빈 여러분께 감사드립니다.

▸내빈-석 來賓席 (자리 석). 찾아온[來] 손님[賓]이 앉도록 마련한 자리[席]. ¶식장의 내빈석이 가득 찼다.

▸내빈-용 來賓用 (쓸 용). 찾아온[來] 손님[賓]이 쓰도록[用] 특별히 마련해 둔 것. ¶내빈용 침실.

내:사¹ 內査 (안 내, 살필 사). ① 속뜻 조직체 내(內)에서 자체적으로 하는 조사(調査). ② 겉으로 드러나지 아니하게 몰래 조사함. ¶내사를 받다 / 내사를 벌이다 / 내사에 착수하다.

내사² 來社 (올 래, 회사 사). 어떤 회사(會社)에 찾아옴[來]. ¶직접 내사하시면 자세히 설명해드리겠습니다.

내:사-문하성 內史門下省 (안 내, 기록 사, 문 문, 아래 하, 관청 성). 역사 고려 때, 최고 중앙 의정 기관으로 내사성(內史省)과 문하성(門下省)을 합한 명칭.

내:산 耐酸 (견딜 내, 산소 산). 산(酸)의 부식력에 견디는[耐] 일. 산에 부식되지 않는 일. ¶내산 합금.

▸내:산-성 耐酸性 (성질 성). 산(酸)의 부식력에 견디는[耐] 성질(性質). ¶내산성을 강화한 철을 개발하다.

내:상¹ 內相 (안 내, 도울 상). ① 속뜻 집안[內]의 재상(宰相). ②아내가 집안을 잘 보살펴 다스림. 또는 그런 아내. ③ 역사 조선 시대에, 내무대신이나 내부대신을 이르던 말. 반외상(外相).

내:상² 內喪 (안 내, 죽을 상). 아낙네[內]가 죽은 상사(喪事). ¶내상을 당하다 / 내상을 치르다.

내:상³ 內傷 (안 내, 다칠 상). 의학 신체 내부(內部)에 입은 상처(傷處). '내부 손상'(內部損傷)의 준말. ¶심한 내상을 입었다. 반외상(外傷).

내상⁴ 萊商 (명아주 래, 장사 상). 역사 예전에 부산 동래(東萊) 지역에서 크게 활동하던 상인(商人). ¶내상들의 매점매석이 심했다.

내:생¹ 內生 (안 내, 날 생). 속뜻 안[內]에서 생(生)김. ¶내생 포자(胞子).

내:생² 來生 (올 래, 살 생). ① 속뜻 죽은 뒤에 올[來] 생애(生涯). ② 불교 삼생(三生)의 하나. 죽은 뒤의 생애를 이른다. 비후생(後生). 반전생(前生), 금생(今生).

내:서 耐暑 (견딜 내, 더울 서). 더위[暑]를 견디어[耐] 냄. 더위를 이김. ¶이 가옥 구조는 내서에 효과적이다. 반내한(耐寒).

내:선-일체 內鮮一體 (안 내, 고울 선, 한 일, 몸 체). ① 속뜻 내지(內地)인 일본 본토와 조선(朝鮮)은 한[一] 몸[體]. ② 역사 일제 강점기 때 일본이 조선인의 정신을 말살하고 조선을 착취하기 위하여 만들어 낸 구호

내ː성¹ 內城 (안 내, 성곽 성). 이중으로 쌓은 성에서 안[內]쪽의 성(城). ¶내성과 외성 사이에 못을 파놓았다. ⓑ외성(外城).

내ː성² 耐性 (견딜 내, 성질 성). ① 속뜻 견딜[耐] 수 있는 성질(性質). ② 약물을 반복해서 복용할 때 약효가 저하하는 현상. ¶두통약은 내성이 있다.

▸내ː성 세ː균 耐性細菌 (작을 세, 버섯 균). 생물 ① 항생 물질이나 약물에 견디는[耐] 성질(性質)이 강한 세균(細菌). ② 물리적 영향이나 세균에 감염하여 증식하는 바이러스에 대하여 감수성(感受性)이 낮은 균. ⓒ내성균.

내ː성³ 內省 (안 내, 살필 성). ① 속뜻 자신의 내면(內面)을 돌이켜 살펴봄[省]. ② 심리 자신의 심리 상태나 정신의 움직임을 내면적으로 관찰하는 일. ⓑ자기 관찰(自己觀察).

▸내ː성-적 內省的 (것 적). 겉으로 드러내지 않고 속으로만[內] 생각하는[省] 것[的]. ¶그는 내성적이어서 친해지기 힘들다. ⓑ외향적(外向的).

내세 來世 (올 래, 세상 세). 불교 죽은 뒤에 영혼이 다시 태어나 산다는 미래(未來)의 세상(世上). ¶내세의 명복을 빌다. ⓑ후세(後世). ⓑ현세(現世), 전세(前世).

내ː수¹ 內需 (안 내, 쓰일 수). 국내(國內)의 수요(需要). ¶내수 시장. ⓑ외수(外需).

▸내ː수 산ː업 內需産業 (낳을 산, 일 업). 경제 국내(國內) 수요(需要)를 충족하기 위한 물품을 생산하는 산업(産業). ¶내수 산업이 부진하다. ⓑ수출(輸出) 산업.

내ː수² 耐水 (견딜 내, 물 수). ① 속뜻 물[水]에 잘 견디어[耐] 냄. 물에 묻어도 젖거나 배지 않음. ② 물에 젖어도 변질하지 않음.

▸내ː수-성 耐水性 (성질 성). 물[水]이 묻어도 젖거나 배지 않는[耐] 성질(性質). ¶이 등산복은 내수성이 강하다.

▸내ː수-지 耐水紙 (종이 지). 파라핀이나 아스팔트 등으로 가공하여 물[水]에 젖지 않도록[耐] 한 종이[紙]. ⓑ방수지(防水紙).

내ː수면 어업 內水面漁業 (안 내, 물 수, 면 면, 고기잡을 어, 일 업). 수산 육지 안[內]쪽에 있는 강이나 호수, 저수지[水面] 따위에서 하는 어업(漁業).

내습¹ 來襲 (올 래, 습격할 습). 몰래 와서[來] 습격(襲擊)함. ¶한밤중에 적이 내습했다.

내ː습² 耐濕 (견딜 내, 젖을 습). 습기(濕氣)를 받아도 변하지 않고 잘 견딤[耐]. ¶내습 목재.

내ː시¹ 內示 (안 내, 보일 시). 공식적으로 알리기 전에 내적(內的)으로 몰래 알림[示]. ¶인사(人事)에 관한 내시를 받다.

내ː시² 內侍 (안 내, 모실 시). 역사 궁궐 안[內]에서 임금의 시중을 들던[侍] 관리. ⓑ환관(宦官). ⓑ궁녀.

내ː시-경 內視鏡 (안 내, 볼 시, 거울 경). 의학 신체의 내부(內部)를 들여다볼[視] 수 있도록 렌즈[鏡]를 단 의료 장비. ¶내시경 검사를 받았다.

내ː식 耐蝕 (견딜 내, 갉아먹을 식). 금속 따위가 쉽사리 부식(腐蝕)되지 않고 잘 견딤[耐]. ¶내식 합금.

▸내ː식-성 耐蝕性 (성질 성). 화학 부식(腐蝕)에 견디는[耐] 성질(性質). ¶내식성을 높이다.

내신¹ 來信 (올 래, 소식 신). 자기에게 보내온[來] 서신(書信). ⓑ내서(來書).

내ː신² 內申 (안 내, 알릴 신). ① 속뜻 내적(內的)으로 남몰래 아룀[申]. ② 교육 상급 학교 진학이나 취직과 관련하여 선발의 자료가 될 수 있도록 지원자의 출신 학교에서 학업 성적, 품행 등을 적어 보냄. 또는 그 성적. ¶이 학교는 내신 1등급만 지원할 수 있다.

▸내ː신-서 內申書 (글 서). 진학이나 취직 등을 위해 그가 속한 조직 내부(內部)에서 평가하여 알리는[申] 서류(書類).

▸내ː신 성적 內申成績 (이룰 성, 실적 적). 학교 내부(內部)에서 평가하여 외부로 알리는[申] 성적(成績).

내ː실¹ 內室 (안 내, 방 실). 부녀자[內]가 거처하는 방[室]. ¶내실을 따지다. ⓑ내당(內堂), 내방(內房). ⓑ외실(外室).

내ː실² 內實 (안 내, 채울 실). ① 속뜻 속[內]이 알참[實]. ② 내적인 가치나 충실성. ¶내실을 기하다. ③ 내부의 실제 사정. ⓑ허례(虛禮), 허식(虛飾).

내:심 內心 (안 내, 마음 심). ① [속뜻] 속[內] 마음[心]. ② 은근히. 마음속으로. ¶내심 그를 무척 그리워했다. ③ [수학] 삼각형에 내접(內接)하는 원의 중심(中心). [반]외심(外心).

내:압[1] 內壓 (안 내, 누를 압). 어떤 물체의 내부(內部)에서 밖을 향하여 가해지는 압력(壓力). [반]외압(外壓).

내:압[2] 耐壓 (견딜 내, 누를 압). 압력(壓力)에 잘 견딤[耐]. 또는 그 정도.

▸내:압-병 耐壓甁 (병 병). 압력(壓力)에 잘 견디도록[耐] 만든 유리병[甁]. 압력이나 열을 가하여 화학 반응을 진행시킬 때 쓴다.

내:야 內野 (안 내, 들 야). [운동] 야구장에서, 네 개의 루를 이은 사각형[野]의 안[內]. ② '내야수'의 준말. ③ '내야석'의 준말. [반]외야(外野).

▸내:야-석 內野席 (자리 석). [운동] 야구장에서, 내야(內野)에서 가까운 쪽의 관람석(觀覽席). [반]외야석(外野席).

▸내:야-수 內野手 (사람 수). [운동] 야구장에서, 내야(內野)를 수비하는 선수(選手). [반]외야수(外野手).

내:약 內約 (안 내, 묶을 약). 내적(內的)으로 남몰래 은밀하게 하는 약속(約束). ¶알고 보니 그 두 사람 사이에는 그런 내약이 있었다.

내:역 內譯 (안 내, 풀이할 역). ① [속뜻] 내용(內容)을 자세히 풀이함[譯]. ② 물품이나 금액 따위의 자세한 내용이나 명세. 또는 그런 명세. ¶공사비 내역 / 물품 내역.

내:연[1] 內緣 (안 내, 인연 연). 혼인 신고를 하지 않고 둘이서 내적(內的)으로 인연(因緣)을 맺어 사는 부부 관계. ¶내연의 관계.

내:연[2] 內燃 (안 내, 태울 연). ① [속뜻] 마음속[內]에서 감정이 불타오름[燃]. ② 가솔린이나 중유(重油) 따위의 연료가 기통(汽筒) 안에서 폭발(爆發)·연소(燃燒)하는 일.

▸내:연 기관 內燃機關 (틀 기, 빗장 관). [기계] 실린더 속[內]에서 연료를 연소(燃燒)시켜 생긴 가스의 팽창력으로 피스톤을 움직이게 하는 원동기 기관(機關)을 통틀어 이르는 말.

내:열 耐熱 (견딜 내, 더울 열). [공업] 높은 열(熱)에도 잘 견딤[耐]. ¶내열 장치를 해놓다.

▸내:열-강 耐熱鋼 (강철 강). [공업] 높은 열(熱)에도 잘 견디도록[耐] 합금한 강철(鋼鐵).

▸내:열-성 耐熱性 (성질 성). [공업] 높은 열(熱)에도 잘 견디는[耐] 성질(性質). ¶내열성이 강하다.

▸내:열 유리 耐熱琉璃 (유리 류, 유리 리). [화학] 높은 열(熱)에도 잘 견디도록[耐] 만든 유리(琉璃).

▸내:열 합금 耐熱合金 (합할 합, 쇠 금). [공업] 높은 열(熱)에도 잘 견디도록[耐] 만든 합금(合金).

내왕 來往 (올 래, 갈 왕). 오고[來] 감[往]. ¶내왕이 잦았다. [비]왕래(往來).

내:외[1] 內外 (안 내, 밖 외). ① [속뜻] 안[內]과 밖[外]. 안팎. ¶경기장 내외를 가득 메운 관중들. ② 부부(夫婦). ¶장관 내외가 함께 참석하였다. ③ 국내와 국외. ④ 수량, 시간 따위를 나타내는 말에 이어 쓰여 '그에 가까움'을 뜻하는 말. ¶500자 내외의 글.

내:외[2] 內外 (안 내, 밖 외). 외간 남[外]녀[內]간에 서로 얼굴을 마주 대하지 않고 피하는 일. ¶얼마 전까지만 해도 남녀 간에 내외하는 것이 예의였다.

내:용[1] 內用 (안 내, 쓸 용). ① [속뜻] 안[內]살림에 드는 비용(費用). 또는 그 씀씀이. ¶내용을 충당하려면 내 월급으로는 모자라다. ② 약 따위를 먹음. [비]내복(內服). [반]외용(外用).

*__내:용__[2] 內容 (안 내, 담을 용). ① [속뜻] 그릇이나 포장 따위의 속[內]에 들어있는[容] 것. ② 글이나 말 따위에 담겨져 있는 사항. ¶글의 내용을 잘 알아야 한다. ③ 어떤 일의 줄거리가 되는 것. ¶영화 내용이 어때? ④ [철학] 사물이나 현상 등을 성립시키고 있는 실질(實質). [반]형식(形式).

▸내:용-물 內容物 (만물 물). 속[內]에 들어있는[容] 물건이나 물질(物質). ¶소포의 내용물을 확인하다.

▸내:용-미 內容美 (아름다울 미). [예술] 내용(內容)이 지니고 있는 아름다움[美]. ¶이 뮤지컬은 내용미가 뛰어나다. [반]형식미(形式美).

▸내:용-교과 內容敎科 (가르칠 교, 과목 과). [교육] 사실적인 지식 내용(內容)을 가르

치는 교과(教科). ¶자연은 내용교과에 속한다.

▸내:용 심리학 內容心理學 (마음 심, 이치 리, 학문 학). [심리] 의식의 내용(內容)만을 다루는 심리학(心理學).

내:용[3] **耐用** (견딜 내, 쓸 용). 기계나 시설 따위가 장기간의 사용(使用)에 견디는[耐] 일.

▸내:용-재 耐用財 (재물 재). [경제] 쉽게 소모 되지 않고 장기간의 사용(使用)에도 견디는[耐] 재화(財貨). [반]단용재(單用財).

내:우 內憂 (안 내, 근심할 우). ① [속뜻] 나라 안이나 조직 내부(內部)의 걱정스러운[憂] 사태. ¶나라가 내우로 혼란스럽다. ② 어머니 또는 승중(承重)으로서 당하는 할머니의 상사(喪事). [비]내환(內患), 내간(內艱). [반]외우(外憂), 외환(外患).

▸내:우-외환 內憂外患 (밖 외, 근심 환). 국내(國內)의 정세가 어지러운[憂] 때 외국(外國)과도 어려운 상태[患]. ¶내우외환이 겹쳤다.

내원 來援 (올 래, 도울 원). 와서[來] 도와줌[援]. ¶적에게 포위당한 군대는 아군의 내원을 고대하고 있었다.

내:월 來月 (올 래, 달 월). 이번 달의 바로 다음[來] 달[月]. ¶내월에 해산할 예정이다. [비]내달.

내:유 來遊 (올 래, 놀 유). 와서[來] 놂[遊]. ¶해마다 이맘때면 이곳에는 물고기 떼의 내유로 어장이 형성된다.

내:유-외강 內柔外剛 (안 내, 부드러울 유, 밖 외, 굳셀 강). 속[內]은 부드러우나[柔] 겉[外]으로는 강(剛)하게 보임. [비]외강내유(外剛內柔). [반]외유내강(外柔內剛).

내:응 內應 (안 내, 응할 응). 내부(內部)에서 외부와 몰래 통함[應]. [비]내부(內附), 내통(內通).

내:의[1] **內衣** (안 내, 옷 의). 안[內]에 입는 옷[衣]. ¶겨울에는 내의를 입는다. [반]겉옷.

내:의[2] **內意** (안 내, 뜻 의). 마음 속[內]에 품은 뜻[意]. 속마음. ¶그 사람이 친절한 내의가 따로 있었다.

내의[3] **來意** (올 래, 뜻 의). ① [속뜻] 찾아온[來] 뜻[意]. ¶손님에게 내의를 여쭙다. ② 보내어 온 의견. ¶여러 사람의 내의를 참작하여 결정하였다.

내:-의원 內醫院 (안 내, 치료할 의, 관청 원). [역사] 조선시대 왕실 내부(內部)의 의약(醫藥)을 맡아보던 관아[院].

내:인 內人 (안 내, 사람 인). ① [속뜻] 안[內] 사람[人]. ② 아낙네. ③ [역사] 고려·조선 시대에, 궁궐 안에서 왕과 왕비를 가까이 모시는 내명부를 통틀어 이르던 말. '나인'의 본래 말.

***내일 來日** (올 래, 날 일). 오늘의 바로 다음[來] 날[日]. ¶내일은 금요일이다. [비]명일(明日). [반]오늘, 어제.

내:입 內入 (안 내, 들 입). ① [속뜻] 안[內]으로 물품을 들여옴[入]. ② 갚을 돈이나 지급하기로 한 돈의 일부를 먼저 냄.

내:자[1] **內子** (안 내, 접미사 자). 안[內] 사람[子]. 자기 '아내'를 일컫는 말. [비]실인(室人).

내:자[2] **內資** (안 내, 재물 자). [경제] 국내(國內)의 자본(資本). ¶내자를 조달하다. [반]외자(外資).

내자가추 來者可追 (올 래, 것 자, 가히 가, 쫓을 추). ① [속뜻] 앞으로 다가 올[來] 것[者]은 가히[可] 쫓을[追] 수 있음. ② 앞으로의 일은 조심하면 예전의 잘못은 범하지 않을 수 있음. ≪논어≫ 〈미자편(微子篇)〉에 나온다. ¶내자가추라고 하니 앞으로는 잘하도록 하세!

내:장[1] **內粧** (안 내, 단장할 장). 건물의 내부(內部)를 단장(丹粧)함. ¶아파트의 내장 공사.

내:장[2] **內藏** (안 내, 감출 장). 안[內]에 가지고[藏] 있음. ¶자동 제어장치가 내장되어 있다.

내:장[3] **內臟** (안 내, 장기 장). ① [속뜻] 몸 속[內]에 있는 장기(臟器). ② [의학] 척추동물의 가슴이나 배 속에 있는 위(胃), 장(腸), 간(肝)의 기관을 통틀어 이르는 말. ¶그는 오랫동안 병을 앓아 내장이 성한 데가 없었다.

내:-장전 內莊田 (안 내, 별장 장, 밭 전). [역사] 고려 때, 왕실 내부(內部)에서 소유·경영하던 사유지[莊]로서의 농토[田]. 왕실 운영 비용을 마련하기 위해 두었다.

내:재 內在 (안 내, 있을 재). ① [속뜻] 안[內]

에 가지고 있음[在]. ¶이 계획은 위험한 요소를 내재하고 있다. ② 철학 스콜라 철학에서 정신 작용에 있어서 원인과 결과가 모두 그 작용의 안에 있음을 이르는 말. ⊕외재(外在).

▸내:재-율 內在律 (가락 률). 문학 자유시나 산문시에서 문장에 잠재하는[內在] 운율(韻律). ⊕외형률(外形律).

▸내:재-인 內在因 (까닭 인). 철학 사물의 운동이나 변화에 있어 그 원인(原因)이 자신 안[內]에 있다[在]고 보는 것. 아리스토텔레스의 '이데아는 개체에 내재한다'는 말에서 유래.

▸내:재-적 內在的 (것 적). ① 속뜻 내재(內在)하는 것[的]. ② 철학 인식은 경험의 한계 안에 있다고 보는 것.

▸내:재-비평 內在批評 (따질 비, 평할 평). ① 문학 작품에 내재(內在)된 요소만을 비평(批評)하는 것. 작품의 사회적·역사적 의의보다는 작품의 구성 요소, 주제, 기교, 내용을 고려한다. ② 철학 어떤 학설이나 사상 등에 대하여 그 전제가 되는 것을 일단 인정하고 그 내부의 자세한 것을 비평하는 것. ⊕외재(外在)비평.

▸내:재-철학 內在哲學 (밝을 철, 학문 학). 철학 모든 실재는 개인의 의식에 내재(內在)하고 있다는 철학적(哲學的) 견해.

내:-저항 內抵抗 (안 내, 맞설 저, 막을 항). 물리 '내부 저항'(內部抵抗)의 준말. ⊕외저항(外抵抗).

내:적 內的 (안 내, 것 적). ① 속뜻 사물의 내부(內部)에 관한 것[的]. ¶내적 구조. ② 정신이나 마음의 작용에 관한 것. ¶내적 동기.

내:전[1] 內殿 (안 내, 대궐 전). ① 속뜻 안[內] 주인이 거처하는 궁전(宮殿). 왕비가 거처하던 궁전. ¶내전에 들다. ② 궁궐 안에 임금이 거처하는 집. ⊜중궁전(中宮殿).

내:전[2] 內戰 (안 내, 싸울 전). 국내(國內)에서 벌어진 전쟁(戰爭). ¶앙골라 내전. ⊜내란(內亂).

내전[3] 來電 (올 래, 전기 전). 전화나 전보(電報)가 옴[來]. 또는 그 전화나 전보. ⊜내보(來報).

내:접 內接 (안 내, 닿을 접). 수학 한 도형이 다른 도형의 안쪽[內]에 닿는[接] 것. ¶원에 내접한 삼각형 / 두 원이 내접하고 있다. ⊕외접(外接).

내:정[1] 內定 (안 내, 정할 정). ① 속뜻 드러내지 않고 속[內]으로 정(定)함. ¶낙찰된 가격이 내정 가격에 못 미친다. ② 정식 발표가 나기 전에 이미 내부적으로 인사가 정해짐. ¶그는 이사로 내정되었다.

내:정[2] 內情 (안 내, 실상 정). 내부(內部)의 사정(事情). ¶그는 회사의 내정에 밝다.

내:정[3] 內政 (안 내, 정치 정). 국내(國內)의 정치(政治). ¶청나라는 조선의 내정을 간섭했다.

▸내:정 간섭 內政干涉 (막을 간, 관여할 섭). 정치 다른 나라의 국내(國內) 정치(政治)나 외교에 간섭(干涉)하여 그 주권을 속박·침해하는 일. ¶원은 고려에 정동행성을 설치해 내정 간섭을 시작했다.

내:조[1] 內助 (안 내, 도울 조). 안[內] 사람의 도움[助]. ¶내가 성공한 것은 아내의 내조 덕분이다.

내:조[2] 來朝 (올 래, 조정 조). ① 속뜻 지방의 신하가 조정(朝廷)에 와서[來] 임금을 뵘. ¶해마다 납월(臘月)에는 많은 제후의 내조가 있어서 도성 안이 북적댄다. ② 외국의 사신이 찾아옴.

내:종 內從 (안 내, 사촌 종). '고종'(姑從)을 외종에 상대하여[內] 이르는 말. ⊕외종(外從).

내주 來週 (올 래, 주일 주). 다음에 오는[來] 주(週). ⊕전주(前週).

내:지 乃至 (이에 내, 이를 지). ① 속뜻 이에[乃] 얼마에 이름[至]. ② 수량을 나타내는 말 사이에서 '얼마에서 얼마까지'의 정도를 말한다. ¶열 명 내지 스무 명 정도가 올 것 같다. ③ 사물의 이름 사이에서 '또는', '혹은'의 뜻을 나타냄. ¶미국 내지는 캐나다로 갈 계획이다.

내:직[1] 內職 (안 내, 일 직). ① 속뜻 집안[內]에서 일을 하는 직업(職業). ② 본직(本職) 이외에 따로 하는 일.

내:직[2] 內職 (안 내, 일 직). 역사 서울 안[內]에 있던 각 관아의 관직(官職). ¶내직으로 발령을 받았다. ⊕외직(外職).

내:진[1] 內診 (안 내, 살펴볼 진). 의학 장(腸)이나 여성의 생식기 안[內]에 손가락을 넣

어 만져 보아 진찰(診察)하는 일. ⓑ외진(外診).

내진² **來診** (올 래, 살펴볼 진). ① 속뜻 의사가 환자의 집에 와서[來] 진찰(診察)함. ② 진찰을 받으러 병원에 옴. ¶내진을 받다.

내:진³ **耐震** (견딜 내, 떨 진). 지진(地震)에 잘 견딤[耐]. ¶내진할 수 있는 건물을 짓다.

▶내:진 구조 耐震構造 (얽을 구, 만들 조). 건설 지진(地震)을 견디어[耐] 낼 수 있도록 설계된 구조(構造).

내:착 **來着** (올 래, 붙을 착). 와서[來] 닿음[着]. ¶기차의 출발과 내착 시간을 알아보았다.

내:찰 **內札** (안 내, 쪽지 찰). 아낙네[內]들이 쓴 서찰(書札). ⓑ내간(內簡).

내:채 **內債** (안 내, 빚 채). 경제 ① 국내(國內)에서 발행한 국채(國債). '내국채'(內國債)의 준말. ② 드러나 있지 않은 빚. ⓑ외채(外債).

내:척 **內戚** (안 내, 겨레 척). 같은 본(本)의 안[內]에 속하는 친척(親戚). 아버지 쪽에 속하는 친척. ¶왕실 내척이 대립하였다. ⓑ본종(本宗), 내친(內親). ⓑ외척(外戚).

내:추 **來秋** (올 래, 가을 추). 돌아오는[來] 가을[秋].

내:춘 **來春** (올 래, 봄 춘). 돌아오는[來] 봄[春].

내:치 **內治** (안 내, 다스릴 치). ① 속뜻 나라 안[內]을 다스림[治]. ② 의학 상처나 병을 내복약으로 다스림. ⓑ외치(外治).

내:침 **內寢** (안 내, 잠잘 침). ① 속뜻 아내[內]의 방에서 잠[寢]. 또는 그 방. ¶영감이 내침을 바라는 눈치였다. ② 안방. 안주인이 거처하는 방.

내:탄 **耐彈** (견딜 내, 탄알 탄). 총탄(銃彈)을 맞아도 뚫어지거나 터지지 않고 견딤[耐]. ¶내탄할 수 있는 전투복을 개발하다.

내:탐 **內探** (안 내, 살필 탐). 내부적(內部的)으로 몰래 살펴봄[探]. ¶경찰서에서 벌써 내탐에 착수하였다.

내:통 **內通** (안 내, 통할 통). ① 속뜻 안[內]에 있으면서 외부 사람과 몰래 연락함[通]. ¶그는 적과 내통하였다. ② 남녀가 몰래 정을 통함. ⓑ내응(內應), 사통(私通).

내:포 **內包** (안 내, 쌀 포). ① 속뜻 어떤 성질이나 뜻 따위를 속[內]에 품음[包]. ¶이 글은 중요한 뜻을 내포하고 있다. ② 논리 개념이 적용되는 범위에 속하는 여러 사물이 공통으로 지니는 필연적 성질의 전체. 형식논리학상으로는 내포와 외연(外延)은 반대 방향으로 증가 혹은 감소한다. ⓑ외연(外延).

▶내:포-량 內包量 (분량 량). ① 속뜻 내포(內包)만 달라지는 양(量). ② 논리 열이나 빛과 같은 성질이 갖는 강도의 차이로써 나타나는 양. 서로 보태도 외연이 커지는 게 아니라 성질의 세기가 강해진다. ⓑ외연량(外延量).

내:폭 **耐爆** (견딜 내, 터질 폭). ① 속뜻 건축물 따위의 구조물이 폭탄(爆彈)에 맞아도 견딜[耐] 수 있음. ¶이 대피소는 내폭할 수 있도록 지어졌다. ② 기계 가솔린의 옥탄가를 높여 내연 기관의 실린더 안에서의 이상 폭발을 방지하는 일.

▶내:폭-성 耐爆性 (성질 성). 화학 내연 기관의 실린더 안에서 연료가 비정상적으로 연소되면서 생기는 폭발(爆發)을 방지할[耐] 수 있는 가솔린의 성질(性質).

▶내:폭-제 耐爆劑 (약제 제). 화학 내연 기관의 실린더 안에서 연료가 비정상적으로 연소되면서 생기는 폭발(爆發)을 방지하기[耐] 위해 연료에 조금 섞는 물질[劑].

내:피 **內皮** (안 내, 껍질 피). ① 속뜻 속[內] 껍질[皮]. ② 동물 척추동물의 혈관이나 심장 따위의 내강(內腔) 벽을 싸고 있는 조직. ③ 식물 식물 조직의 피층과 중심주(中心柱) 사이에 있는 한 줄의 세포층. ⓑ외피(外皮).

내:핍 **耐乏** (견딜 내, 가난할 핍). 물자의 부족[乏]을 참고 견딤[耐]. ¶내핍 생활 / 내핍하여 고난을 이겨내다. ⓑ내빈(耐貧).

내-학기 **來學期** (올 래, 배울 학, 때 기). 다음[來] 학기(學期).

내-학년 **來學年** (올 래, 배울 학, 해 년). 다음[來] 학년(學年).

내:한¹ **來韓** (올 래, 한국 한). 외국인이 한국(韓國)에 옴[來]. ¶내한 공연을 열다.

내:한² **耐寒** (견딜 내, 찰 한). 추위[寒]를 견딤[耐]. ¶내한 훈련. ⓑ내서(耐暑).

내:항¹ **內航** (안 내, 건널 항). 국내(國內)를

항행(航行)하는 일. 또는 그 항로(航路). ¶내항 선박. [반]외항(外航).

내:항[2] **內港** (안 내, 항구 항). [해양] 항만의 안[內]쪽 깊숙이 있는 항구(港口). ¶내항에 배를 대고 물건을 내리다. [반]외항(外港).

내:항[3] **內項** (안 내, 항목 항). [수학] 비례식의 안[內]쪽에 있는 두 항(項). a:b=c:d에서 b와 c를 이른다. [반]외항(外項).

내:해 **內海** (안 내, 바다 해). ① [지리] 육지로 둘러싸인 안[內]쪽 바다[海]. ② 바다처럼 아주 큰 호수.

내:행 **內行** (안 내, 갈 행). 부녀자[內]가 여행(旅行) 길에 오름. 또는 그 부녀자. ¶내행을 허락하였다.

내:-행성 **內行星** (안 내, 다닐 행, 별 성). [천문] 태양계의 행성 중, 지구 궤도보다 안쪽[內]에 궤도를 가지는 행성(行星). 수성과 금성이 있다. [비]내유성(內遊星), 내혹성(內惑星). [반]외행성(外行星).

내:향 **內向** (안 내, 향할 향). ① [속뜻] 안쪽[內]으로 향(向)함. ② [의학] 병이 내장의 기관을 침범함. [반]외향(外向).

▶내:향-성 內向性 (성품 성). 마음의 작용이 자기의 내면(內面)으로만 향(向)하는 성격(性格). 내성적인 성격. [반]외향성(外向性).

▶내:향-적 內向的 (것 적). ① [속뜻] 안[內]쪽으로 향(向)하는 것[的]. ② 성격이 내성적이고 사교적이지 않은. ¶내향적인 성격. [비]내성적(內省的). [반]외향적(外向的).

내:-호흡 **內呼吸** (안 내, 내쉴 호, 마실 흡). ① [생물] 세포가 외부에서 산소를 받아들이고[吸] 양분을 이산화탄소와 물로 분해하여[吸] 에너지를 발생하는 과정. ② [동물] 동물의 몸 속[內]에서 혈액과 조직 세포 사이에 일어나는 호흡(呼吸). [비]세포(細胞) 호흡, 조직(組織) 호흡. [반]외호흡(外呼吸).

내:홍 **內訌** (안 내, 어지러울 홍). 집단이나 조직의 내부(內部)에서 자기들끼리 일으킨 분쟁[訌]. ¶내홍이 벌어지다 / 내홍이 일어나다.

내:화[1] **內貨** (안 내, 돈 화). [경제] 국내(國內)에 통용되는 화폐(貨幣).

내:화[2] **耐火** (견딜 내, 불 화). 높은 열이나 불[火]에 잘 견딤[耐]. ¶내화 설비를 갖추다.

▶내:화-도 耐火度 (정도 도). [공업] 높은 열이나 불[火]에 견디는[耐] 정도(程度). ¶내화도가 높은 벽돌을 사용했다.

▶내:화-물 耐火物 (만물 물). [공업] 높은 열이나 불[火]에 견딜[耐] 수 있는 비금속 물질(物質).

▶내:화-성 耐火性 (성질 성). [공업] 높은 열이나 불[火]에 견디는[耐] 성질(性質). ¶내화성이 좋은 진흙으로 거푸집을 만들었다.

▶내:화-재 耐火材 (재료 재). [건설] 높은 열이나 불[火]에 견딜[耐] 수 있는 재료(材料).

▶내:화 건:축 耐火建築 (세울 건, 쌓을 축). [건설] 높은 열이나 불[火]에 견딜[耐] 수 있는 재료를 사용해서 집 따위의 구조물을 만드는[建築] 것.

▶내:화 점토 耐火粘土 (끈끈할 점, 흙 토). [공업] 높은 열이나 불[火]에 견딜[耐] 수 있는 점토(粘土).

내:환 **內患** (안 내, 근심 환). ① [속뜻] 나라 안[內]의 근심거리[患]. ¶외우와 내환이 겹쳤다. ② 집안의 근심스러운 일. ③ 아내의 병(病). [비]내우(內憂). [반]외환(外患).

내-후년 **來後年** (올 래, 뒤 후, 해 년). 내년(來年)의 다음[後] 해[年]. [비]명후년(明後年), 후후년(後後年).

내:훈 **內訓** (안 내, 가르칠 훈). ① [속뜻] 내부적(內部的)으로 하는 훈시(訓示). ② 집안의 부녀자들에게 하는 훈시나 교훈. ③ 내부에 대한 훈령이나 훈시. ¶행정에 관한 내훈을 시달하다.

냉:각[1] **冷覺** (찰 랭, 깨달을 각). [의학] 체온보다 낮은 온도[冷]의 자극을 받았을 때 일어나는 감각(感覺). 피부에 있는 냉점으로 수용된 감각. [반]온각(溫覺).

냉:각[2] **冷却** (찰 랭, 물리칠 각). ① [속뜻] 차게 하여[冷] 따뜻한 기운을 물리침[却]. 차게 함. ¶물을 냉각시키다. ② 애정, 정열, 흥분 따위의 기분이 가라앉음. ¶양국 관계가 급속히 냉각되었다.

▶냉:각-도 冷却度 (정도 도). 냉각(冷却)된 정도(程度).

▶냉:각-수 冷却水 (물 수). 높은 열을 내는 기계를 식히는[冷却] 데 쓰는 물[水].

▶냉:각-액 冷却液 (진 액). ① [속뜻] 높은 열

을 내는 기계를 식히는[冷却] 데 쓰는 액체(液體). ② 발열 반응의 냉매(冷媒)로 쓰이는 액체.

▸냉ː각-제 冷却劑 (약제 제). 냉각(冷却)하는 데 쓰는 물질[劑]. 냉동기에서 쓰는 염화메틸 따위의 냉매를 이른다.

▸냉ː각-기간 冷却期間 (때 기, 사이 간). [사회] 노동 쟁의나 정치적 분쟁 따위의 열기를 식혀서[冷却] 문제를 원만히 해결하기 위해 두는 유예(猶豫) 기간(期間). ¶냉각기간을 갖고 해결안을 찾아보자.

냉ː간 冷間 (찰 랭, 사이 간). ① [속뜻] 차가운[冷] 틈[間]. ② [공업] 금속 따위를 재결정 온도보다 낮은 온도로 처리함. [반]열간 압연(熱間壓延).

▸냉ː간 압연 冷間壓延 (누를 압, 늘일 연). [공업] 금속을 가열하지 않은[冷] 상태에서[間] 눌러[壓] 늘이는[延] 가공 방법. [반]열간 압연(熱間壓延).

냉ː감-증 冷感症 (찰 랭, 느낄 감, 증세 증). 성교할 때 감정(感情)이 식어[冷] 전혀 일어나지 않는 증세(症勢). [비]불감증(不感症).

냉ː기 冷氣 (찰 랭, 공기 기). ① [속뜻] 찬[冷] 공기(空氣). 찬 기운. ¶집에 냉기가 돈다. ② 딱딱하거나 차가운 분위기를 비유하여 이르는 말. ¶집에 냉기가 돈다. [비]한기(寒氣). [반]온기(溫氣).

냉ː-난방 冷煖房 (찰 랭, 따뜻할 난, 방 방). 냉방(冷房)과 난방(煖房). ¶냉난방 시설을 갖추다.

냉ː담 冷淡 (찰 랭, 맑을 담). 마음이 차갑고[冷] 담담(淡淡)함. 무슨 일에도 쌀쌀맞고 무관심함. ¶냉담한 태도. [비]냉정(冷情).

냉ː대[1] 冷待 (찰 랭, 대접할 대). 냉담(冷淡)하게 대접(待接)함. 푸대접함. ¶손님을 냉대하다. [반]환대(歡待).

냉ː대[2] 冷帶 (찰 랭, 띠 대). ① [속뜻] 날씨나 기후가 차가운[冷] 지대(地帶). ② [지리] 온대(溫帶)와 한대(寒帶)의 사이의 지대. 겨울은 길고 한랭하며 여름은 짧고 비교적 고온이다. ¶러시아는 냉대에 속한다. 아한대(亞寒帶).

냉ː동 冷凍 (찰 랭, 얼 동). 냉각(冷却)시켜서 얼림[凍]. ¶생선을 냉동시키다. [반]해동(解凍).

▸냉ː동-고 冷凍庫 (곳집 고). 식품 따위를 얼려서[冷凍] 보관하는 창고(倉庫)나 상자 같은 것.

▸냉ː동-기 冷凍機 (틀 기). [기계] 냉각(冷却)시켜서 얼리기[凍] 위한 기계(機械).

▸냉ː동-법 冷凍法 (법 법). 냉각(冷却)시켜서 얼리는[凍] 방법(方法).

▸냉ː동-선 冷凍船 (배 선). 냉동(冷凍) 설비를 갖춘 배[船]. ¶대형 냉동선.

▸냉ː동-실 冷凍室 (방 실). 식품 따위를 얼려서[冷凍] 보관하는 곳[室]. ¶아이스크림을 냉동실에 넣어 놓았다.

▸냉ː동-어 冷凍魚 (물고기 어). 장기간 보존하기 위해 냉동(冷凍)시킨 물고기[魚].

▸냉ː동-업 冷凍業 (일 업). ① [속뜻] 냉동기(冷凍機)를 사용하는 영업(營業). ② 식품을 냉각·냉동하여 보존하는 영업.

냉ː랭 冷冷 (찰 랭, 찰 랭). ① [속뜻] 쌀쌀하게 차다[冷+冷]. ¶냉랭한 밤공기. ② 태도가 몹시 쌀쌀하다. ¶양국의 관계가 냉랭하다.

냉ː매 冷媒 (찰 랭, 맺어줄 매). [물리] 냉각(冷却)이 되도록 맺어주는[媒] 물체. ¶프레온은 냉장고의 냉매로 주로 사용된다. [비]냉동제(冷凍劑).

냉ː면 冷麵 (찰 랭, 국수 면). 찬국이나 동치밋국 같은 것에 말아서 차게[冷] 먹는 국수[麵]. [반]온면(溫麵).

냉ː방 冷房 (찰 랭, 방 방). ① [속뜻] 불을 피우지 않아 차게[冷] 된 방(房). ② 더위를 막기 위해 실내의 온도를 낮추는 일. ¶날이 더우니 냉방해 주십시오. [반]난방(煖房).

▸냉ː방-기 冷房機 (틀 기). 실내[房]의 온도를 차게 하는[冷] 장치[機]. ¶밤새 냉방기를 틀어 놓았다.

▸냉ː방-병 冷房病 (병 병). [의학] 냉방(冷房) 때문에 일어나는 병(病).

냉ː상 冷床 (찰 랭, 평상 상). [농업] 인공으로 따뜻한 열을 주지 않고[冷] 태양열만을 이용한 자연 그대로의 묘상(苗床). [반]온상(溫床).

냉ː소 冷笑 (찰 랭, 웃을 소). 쌀쌀한[冷] 태도로 비웃음[笑]. ¶얼굴에 냉소를 띠고 있다.

▸냉ː소-주의 冷笑主義 (주될 주, 뜻 의). [철학] 사물을 냉소적(冷笑的)으로 보는 태도

[主義]. ⓑ견유주의(犬儒主義).

냉:수 冷水 (찰 랭, 물 수). 찬[冷] 물[水]. ¶냉수를 한 잔 마시다. ⓑ온수(溫水).

▸냉:수-욕 冷水浴 (목욕할 욕). 찬[冷]물[水]로 목욕(沐浴)함.

냉습 冷濕 (찰 랭, 젖을 습). ① 속뜻 냉기(冷氣)와 습기(濕氣). ② 한의 질병을 일으키는 차고 축축한 기운. 또는 냉기와 습기 때문에 생기는 병증.

냉:신 冷神 (찰 랭, 정신 신). 의학 찬[冷] 것을 느끼게 하는 피부 신경(神經). ⓑ온신(溫神).

냉:안 冷眼 (찰 랭, 눈 안). 남을 무시하거나 애정 없는 차가운[冷] 눈빛이나 눈길[眼].

▸냉:안-시 冷眼視 (볼 시). 차가운[冷] 눈초리[眼]로 봄[視]. ¶냉안시하는 그의 태도에 화를 내고 말았다.

냉:암 冷暗 (찰 랭, 어두울 암). 차고[冷] 어둡다[暗]. ¶이 약은 냉암한 장소에 보관해야 한다.

냉:엄 冷嚴 (찰 랭, 엄할 엄). ① 속뜻 태도가 냉정(冷情)하고 엄숙(嚴肅)하다. ② 상황이 적당히 할 수 없게 분명하고 확실하다. ¶냉엄한 현실과 맞닥뜨리다.

냉:연 冷然 (찰 랭, 그러할 연). 태도가 몹시 쌀쌀한[冷] 모양[然]이다. ¶그는 냉연하게 돌아섰다.

냉:열 冷熱 (찰 랭, 더울 열). ① 속뜻 차가움[冷]과 더움[熱]. ② 냉담과 열심.

냉:온 冷溫 (찰 랭, 따뜻할 온). ① 속뜻 차가움[冷]과 따뜻함[溫]. ② 낮은 온도.

냉:-온대 冷溫帶 (찰 랭, 따뜻할 온, 띠 대). 지리 한대[冷]와 온대(溫帶)의 중간 지대(地帶). ¶이 식물은 냉온대에 분포한다. ⓑ아한대(亞寒帶).

냉:육 冷肉 (찰 랭, 고기 육). 쪄서 그대로 식히거나 요리하여 식힌[冷] 고기[肉]. ¶돼지고기로 냉육을 만들었다.

냉:장 冷藏 (찰 랭, 감출 장). 차가운[冷] 상태로 저장(貯藏)하는 일. ⓑ온장(溫藏).

▸냉:장-고 冷藏庫 (곳집 고). 식품 따위를 차가운[冷] 상태로 저장(貯藏)하는 상자 모양의 장치[庫]. ¶냉장고가 고장났다.

▸냉:장-실 冷藏室 (방 실). 식품 따위를 차가운[冷] 상태로 저장(貯藏)하는 곳[室]. ¶채소는 냉장실에 넣어 두어야 한다.

냉:전 冷戰 (찰 랭, 싸울 전). 정치 군사 행동까지는 이르지 않지만 냉담(冷淡)하게 서로 적대시하고 있는 국가 간의 대립[戰] 상태. ¶1980년대 동서 냉전 체제가 막을 내렸다. ⓑ열전(熱戰).

냉:점 冷點 (찰 랭, 점 점). 의학 체온보다 낮은[冷] 온도의 자극을 느끼는 감각점(感覺點). ⓑ온점(溫點).

냉:정[1] 冷情 (찰 랭, 마음 정). ① 속뜻 차가운[冷] 마음[情]. ② 인정이 없이 쌀쌀하다. ¶냉정한 표정.

냉:정[2] 冷靜 (찰 랭, 고요할 정). ① 속뜻 마음을 식히고[冷] 차분히[靜]하다. ② 감정에 따라 움직이지 않고 침착하다. ¶상황을 냉정하게 판단하다.

냉:증 冷症 (찰 랭, 증세 증). 한의 하체를 차갑게[冷] 하여 생기는 병증(病症). ⓑ냉병(冷病).

냉:지 冷地 (찰 랭, 땅 지). 기후나 토질이 한랭(寒冷)한 땅[地].

냉:차 冷茶 (찰 랭, 차 차). 차게[冷] 만든 찻물[茶]. 또는 청량음료. ¶더우니 냉차를 마셔라.

냉:채 冷菜 (찰 랭, 나물 채). 익히지 않고 차게[冷] 조리하여 먹는 나물[菜]. ¶오이냉채.

냉:처 冷處 (찰 랭, 곳 처). 서늘한[冷] 곳[處]. 찬 곳. ¶냉처에 보관하다.

냉:천 冷泉 (찰 랭, 샘 천). ① 속뜻 찬[冷] 물이 솟는 샘[泉]. ② 광업 물의 온도가 낮은 광천(鑛泉). ⓑ온천(溫泉).

냉:철 冷徹 (찰 랭, 뚫을 철). 냉정(冷靜)하고 철저(徹底)함. ¶문제를 냉철하게 분석하다.

냉:탕 冷湯 (찰 랭, 욕탕 탕). 차가운[冷] 물을 채운 목욕탕(沐浴湯). ¶냉탕에서 몸을 식히다. ⓑ온탕(溫湯).

냉:평 冷評 (찰 랭, 평할 평). ① 속뜻 냉혹(冷酷)한 비평(批評). ② 비웃거나 업신여기는 태도로 비평함. ¶언론의 냉평에 기분이 언짢았다. ⓑ가평(苛評), 혹평(酷評).

냉:풍 冷風 (찰 랭, 바람 풍). 차가운[冷] 바람[風]. ¶골짜기에서 냉풍이 불어온다. ⓑ온풍(溫風).

냉:한 冷汗 (찰 랭, 땀 한). ① 속뜻 식은[冷] 땀[汗]. ② 몸이 쇠약하여 덥지 아니하여도 병적으로 나는 땀.

냉:해 冷害 (찰 랭, 해칠 해). 찬[冷] 기운으로 생기는 농작물 피해(被害). ¶비닐을 덮어두면 냉해를 막을 수 있다.

냉:혈 冷血 (찰 랭, 피 혈). ① 속뜻 차가운[冷] 피[血]. ② 동물 체온이 바깥 기온보다 낮은 상태. ③ '인간다운 정이 없이 냉정함'을 비유하여 이르는 말. ④ 한의 찬 기운으로 인하여 뱃속에 뭉친 피. ⓑ온혈(溫血).

▸냉:혈-한 冷血漢 (사나이 한). 차가운[冷] 피[血]를 가진 사나이[漢]. 몰인정한 사나이. ¶냉혈한으로 소문난 사업가이다.

▸냉:혈 동:물 冷血動物 (움직일 동, 만물 물). ① 속뜻 차가운[冷] 피[血]를 가진 동물(動物). ② 동물 바깥 온도에 따라 체온이 변하는 동물. ③ '냉혹하고 몰인정한 사람'을 비유하여 이르는 말. ⓑ변온 동물(變溫動物). ⓑ온혈 동물(溫血動物).

냉:혹 冷酷 (찰 랭, 독할 혹). 사람을 대하는 태도가 차갑고[冷] 독하다[酷]. ¶냉혹한 현실 / 그는 냉혹하기 짝이 없다. ⓑ가혹(苛酷)하다.

년간 年間 (해 년, 사이 간). 몇 해[年] 동안[間]. ¶3년간 취업률이 상승했다.

년대 年代 (해 년, 시대 대). 그 단위의 첫 해[年]로부터 다음 단위로 넘어가기 전까지의 기간[代]. ¶80년대 한국 경제는 크게 발전했다.

년도 年度 (해 년, 정도 도). 일정한 기간 단위[度]로서의 그해[年]. ¶국회에서 2014년도 예산안을 심의했다.

노:객 老客 (늙을 로, 손 객). ① 속뜻 늙은[老] 손님[客]. ② 늙은 사람을 낮잡아 이르는 말.

노:걸대-언해 老乞大諺解 (늙을 로, 빌 걸, 클 대, 상말 언, 풀 해). 책명 조선 정조 때, 『노걸대』(老乞大)를 언문(諺文)으로 풀이한[解] 책.

노:견 路肩 (길 로, 어깨 견). 도로(道路)의 양쪽 어깨[肩]에 해당하는 부분의 길. ¶양측 노견에 보도를 설치했다. ⓑ갓길.

노:경 老境 (늙을 로, 처지 경). 늙어서[老] 나이가 많은 때[境]. 또는 그때 즈음. ¶노경에 들다.

노고¹ 老苦 (늙을 로, 괴로울 고). 불교 늙어[老] 가는 고통(苦痛). 사고(四苦)의 하나. ⓒ사고(四苦).

노고² 勞苦 (일할 로, 괴로울 고). 힘들게 일하느라[勞] 고생(苦生)을 함. ¶장병들의 노고를 치하하다.

노곤 勞困 (일할 로, 곤할 곤). 일을 많이 하여[勞] 피곤(疲困)하다. 고달프고 고단하다. ¶온몸이 노곤하다.

노골 露骨 (드러낼 로, 뼈 골). ① 속뜻 몸속에 있는 뼈[骨]까지 드러남[露]. ② 속에 담은 감정이나 욕망 따위를 숨김없이 드러냄. ⓑ시부골로(尸腐骨露).

▸노골-적 露骨的 (것 적). 숨기지 않고 있는 속까지[骨] 드러낸[露] 것[的]. ¶노골적인 표현 / 노골적으로 불만을 드러냈다.

▸노골-화 露骨化 (될 화). 숨기지 않고 있는 속까지[骨] 드러나게[露] 됨[化]. 있는 그대로를 드러나게 함. ¶열강들은 침략 야욕을 노골화했다.

노:구¹ 老嫗 (늙을 로, 할미 구). 늙은[老] 할멈[嫗]. ¶노구가 지팡이를 짚고 길을 건넌다. ⓑ노파(老婆).

노:구² 老軀 (늙을 로, 몸 구). 늙은[老] 몸[軀]. ¶노구를 이끌고 선거장을 찾았다. ⓑ노골(老骨), 노체(老體).

노:기¹ 老妓 (늙을 로, 기생 기). 늙은[老] 기생(妓生). ¶춘향은 노기의 딸이었다.

노:기² 怒氣 (성낼 노, 기운 기). 성난[怒] 얼굴빛이나 기색(氣色). ¶노기를 띠다 / 얼굴에 노기를 드러내다. ⓑ화기(和氣).

▸노:기충천 怒氣衝天 (찌를 충, 하늘 천). 성난[怒] 기세(氣勢)가 하늘[天]을 찌를[衝] 것 같음. 잔뜩 성이 나 있음. ¶장 영감은 노기충천하여 발을 굴렀다.

노:년 老年 (늙을 로, 나이 년). 늙은[老] 나이[年]. ⓑ만년(晩年), 모년(暮年). ⓑ소년(少年), 유년(幼年).

▸노:년-기 老年期 (때 기). 나이 든 늙은[老年] 시기(時期). ¶치매나 중풍은 노년기에 나타나는 질병이다. ⓑ황혼기(黃昏期).

노:당익장 老當益壯 (늙을 로, 당할 당, 더할 익, 씩씩할 장). 노인(老人)이 되어서도[當]

원기가 더욱[益] 씩씩함[壯]. [준]노익장.

노대 露臺 (드러낼 로, 무대 대). ① [속뜻] 노천(露天)에 판자만 깔아서 만든 무대(舞臺). ¶관객만 있으면 노대에서라도 노래를 불렀다. ② [건설] 2층 이상의 양옥에서, 건물 벽면 바깥으로 돌출되어 난간이나 낮은 벽으로 둘러싸인 뜬 바닥이나 마루. ¶노대에서 전경을 둘러보았다. [비]난간뜰, 발코니(balcony).

노:도 怒濤 (성낼 노, 파도 도). 성난[怒] 것처럼 무섭게 밀려오는 큰 파도(波濤). 주로, 어떤 무리들이 무서운 기세로 달려 나가는 모습을 비유하여 이른다. ¶자유를 외치는 군중들의 물결이 노도처럼 밀려들었다.

노:독 路毒 (길 로, 독할 독). 먼 길[路]에 지치고 시달려서 생긴 피로나 여독(旅毒). ¶노독을 풀다.

***노동 勞動** (일할 로, 움직일 동). ① [속뜻] 힘들게 일하느라[勞] 몸을 많이 움직임[動]. ②사람이 생활에 필요한 것을 얻기 위하여 체력이나 정신을 씀. 또는 그런 행위. ¶그는 노동으로 생계를 꾸린다. [비]노무(勞務). [반]휴식(休息).

▶노동-권 勞動權 (권리 권). ① [속뜻] 노동(勞動)할 수 있는 권리(權利). ② [법률] 근로 능력을 가진 사람이 국가에 대하여 근로 기회의 제공을 요구할 수 있는 권리. ¶노동권 보장을 요구하는 시위를 벌였다. [비]근로권(勤勞權).

▶노동-력 勞動力 (힘 력). ① [속뜻] 노동(勞動)을 할 수 있는 인력(人力). ②인간이 노동할 때 쓰이는 육체적 정신적인 모든 능력. ¶일감은 많은데 노동력이 부족하다.

▶노동-법 勞動法 (법 법). [법률] 근로[勞動] 관계를 규정하고 근로자들의 생활을 향상하려고 만든 법규(法規). ¶노동법을 개정했다.

▶노동-부 勞動部 (나눌 부). [법률] 노동(勞動)과 관련된 사무를 맡아보는 중앙 행정 부서(部署).

▶노동-복 勞動服 (옷 복). 노동(勞動)할 때 입는 작업복(作業服).

▶노동-요 勞動謠 (노래 요). 힘든 노동(勞動)을 보다 즐겁고 능률적으로 하기 위해 부르는 노래[謠]. ¶노동요는 원시 시가의 기원이다.

▶노동-자 勞動者 (사람 자). 노동(勞動)을 하여 그 대가를 받고 살아가는 사람[者]. ¶그는 노동자를 위해 무료로 진료해주었다. [비]근로자(勤勞者).

노두 露頭 (드러낼 로, 머리 두). ① [속뜻] 드러난[露] 머리[頭] 부분. ② [광업] 광맥(鑛脈), 암석이나 지층, 석탄층 따위가 지표(地表)에 드러난 부분. 광석을 찾는 데에 중요한 실마리가 된다. ¶노두에서 금을 채취했다.

노:둔[1] 老鈍 (늙을 로, 둔할 둔). 늙어서[老] 굼뜨다[鈍]. ¶노둔한 나귀.

노둔[2] 駑鈍 (=魯鈍, 둔할 노, 둔할 둔). 미련하고[駑] 굼뜨다[鈍]. ¶저의 노둔한 점을 깨우쳐 주십시오. [비]우둔(愚鈍).

노략 擄掠 (사로잡을 로, 빼앗을 략). 사람을 사로잡고[擄] 재물을 빼앗음[掠]. ¶바이킹은 노략을 일삼던 무리이다. [비]약탈(掠奪).

*****노력[1] 努力** (힘쓸 노, 힘 력). 힘[力]을 다하여 애씀[努]. 또는 그 힘. ¶꿈을 이루기 위해서는 노력해야 한다.

노력[2] 勞力 (일할 로, 힘 력). ① [속뜻] 어떤 일을 하는[勞] 데 드는 힘[力]. ② [경제] 생산에 드는 인력(人力). '노동력'(勞動力)의 준말.

▶노력 이전 勞力移轉 (옮길 이, 옮길 전). [경제] 노동력(勞動力)을 대체하여 바꿈[移=轉]. 즉, 임금을 많이 받는 나이의 많은 노동자를 해고하고 임금을 적게 받는 젊은 노동자를 고용함으로써 인건비를 줄이는 일.

노:련 老鍊 (늙을 로, 익힐 련). 오래도록[老] 능란하게 익히다[鍊]. ¶그는 노련하게 자동차를 수리했다. [반]미숙(未熟).

노:령 老齡 (늙을 로, 나이 령). 늙은[老] 나이[齡]. ¶그는 노령에도 불구하고 마라톤을 완주했다.

▶노:령-화 老齡化 (될 화). 사람들의 나이가 많아지게[老齡] 됨[化]. ¶인구의 노령화 문제.

노:론 老論 (늙을 로, 논할 론). ① [속뜻] 늙은[老] 사람들의 주장이나 의견[論]. ② [역사] 조선 숙종 때 서인(西人)이 두 파로 분열되면서 서인(西人)의 영수였던 송시열을 중심으로 형성된 붕당. [반]소론(少論).

노:망 老妄 (늙을 로, 망령될 망). 늙어서[老] 망령(妄靈)을 부림. 또는 그 망령. ¶노

망을 떨다.

노:면 路面 (길 로, 쪽 면). 도로(道路)의 겉면[面]. ¶노면이 움푹 파였다.

▸노:면 전:차 路面電車 (전기 전, 수레 차). 교통 길의 노면(路面)에 부설된 레일 위를 운행하는 전차(電車).

노:모 老母 (늙을 로, 어머니 모). 늙은[老] 어머니[母]. ¶그는 노모를 정성껏 모셨다.

노:목 老木 (늙을 로, 나무 목). 오래 살아[老] 생장 활동이 활발하지 못한 나무[木]. ¶노목의 뿌리가 땅 위로 불거져 드러났다.

노무 勞務 (일할 로, 일 무). ① 속뜻 임금을 받으려고 육체적 노력(勞力)을 들여서 하는 일[務]. ¶각종 노무에 시달리다. ② 노동에 관한 사무. ¶노무 관리.

▸노무-자 勞務者 (사람 자). 노무(勞務)에 종사하는 사람[者]. ¶건설 노무자.

▸노무-배상 勞務賠償 (물어줄 배, 갚을 상). 남에게 끼친 손해를 기술이나 노무(勞務)로 배상(賠償)하는 일. ⓑ역무(役務)배상.

▸노무 출자 勞務出資 (날 출, 재물 자). 법률 구성원이 노무(勞務)를 제공하는 방식으로 자본(資本)을 내는[出] 것.

노:물 老物 (늙을 로, 만물 물). ① 속뜻 낡고 오래된[老] 물건(物件). ¶저 노물은 이제 아무 데도 쓸모없다. ② 너무 늙어서 쓸모없는 사람을 낮잡아 이르는 말. ¶나는 이제 노물이 되어버렸어. ③ 늙은 사람이 자기를 낮추어 이를 때 쓰는 말.

노:반 路盤 (길 로, 소반 반). 건설 ① 도로(道路)를 포장하기 위해 땅을 잘 다져 놓아 쟁반(錚盤)같이 판판한 땅바닥. ② 철도의 궤도를 부설하기 위한 토대. ¶노반에 레일을 얹다.

노:발-대발 怒發大發 (성낼 노, 드러낼 발, 큰 대, 드러낼 발). 성[怒] 내기를[發] 크게[大] 함[發]. 큰 성을 냄.

노:방-초 路傍草 (길 로, 곁 방, 풀 초). ① 속뜻 길[路] 가[傍]에 난 잡초(雜草). ② '기생'(妓生)을 비유하여 이르는 말.

노:변[1] 路邊 (길 로, 가 변). 길[路] 가[邊]. ¶노변에 코스모스가 피었다. ⓑ노방(路傍).

노변[2] 爐邊 (화로 로, 가 변). 화로[爐]의 가[邊]. 난로 옆. ¶노변에 앉아 할머니의 이야기를 들었다.

▸노변-담화 爐邊談話 (이야기 담, 이야기 화). 난롯가[爐邊]에서 서로 허물없이 주고받는 세상 이야기[談話].

노:병[1] 老兵 (늙을 로, 군사 병). ① 속뜻 나이 많은[老] 병사(兵士). ② 군사(軍事)에 경험이 많은 병사. ¶노병은 죽지 않는다, 다만 사라질 뿐이다.

노:병[2] 老病 (늙을 로, 병 병). 노쇠(老衰)하여 생기는 병(病). ¶할아버지는 노병으로 돌아가셨다. ⓑ노질(老疾).

노복 奴僕 (종 노, 종 복). 사내종[奴=僕]. ¶그의 집에는 노복이 셋이나 있었다.

노:부[1] 老父 (늙을 로, 아버지 부). 늙은[老] 아버지[父].

노:부[2] 老夫 (늙을 로, 사나이 부). ① 속뜻 늙은[老] 남자[夫]. ② 늙은 남자가 자기를 겸손하게 일컫는 말. ¶한낱 노부인 제가 무엇을 알겠습니까?

노:부[3] 老婦 (늙을 로, 여자 부). 늙은[老] 여자(婦人). ¶노부가 밥상을 들고 들어왔다.

노:-부부 老夫婦 (늙을 로, 지아비 부, 아내 부). 나이든[老] 부부(夫婦). ¶노부모를 봉양하다.

노:비[1] 路費 (길 로, 쓸 비). 먼 길[路]을 가는 데 드는 비용(費用). ¶노비를 두둑이 챙겨주었다. ⓑ노자(路資).

노비[2] 奴婢 (종 노, 여자종 비). 사내종[奴]과 여자종[婢]. ¶광종은 노비들을 해방시켰다. ⓑ노예(奴隷).

▸노비-안검법 奴婢按檢法 (살필 안, 검사할 검, 법 법). 역사 고려 초, 노비(奴婢)를 자세히 조사하여[按檢] 양민이었던 사람들을 원래의 신분으로 회복시켜주었던 법(法).

노:사[1] 老死 (늙을 로, 죽을 사). 늙어[老] 죽음[死].

노사[2] 勞使 (일할 로, 부릴 사). 노동자(勞動者)와 사용자(使用者=경영자)를 아울러 이르는 말. ¶노사 협약 / 노사 교섭.

노:산 老産 (늙을 로, 낳을 산). 나이 많아서[老] 아이를 낳음[産]. ¶노산에도 불구하고 튼튼한 아이를 놓았다.

노:상 路上 (길 로, 위 상). ① 속뜻 길[路] 위[上]. ② 길가는 도중. ¶노상 방뇨. ⓑ가상(街上), 도상(途上). 관용 노상에 오르다.

▸노:상-강도 路上強盜 (억지 강, 훔칠 도). 길[路]을 가다가[上] 금품을 탈취하는 강도(強盜). ¶명절이 다가오자 노상강도가 들끓었다.

노:색¹ 老色 (늙을 로, 빛 색). ① 속뜻 늙은이[老]에게 어울리는 옷의 빛깔[色]. ¶노색의 옷. ②늙어 보이는 태도나 기색.

노:색² 怒色 (성낼 노, 빛 색). 성난[怒] 얼굴빛[色]. ¶얼굴에 노색을 띠고 말하다.

노석¹ 鹵石 (소금 로, 돌 석). 화학 소금기[鹵]가 있는 경금속[石]. 즉 염화물, 브롬화물, 요오드화물에 대한 통칭.

노석² 露石 (드러낼 로, 돌 석). 땅 위에 드러난[露] 돌[石]. ¶광맥의 노석에서 금을 채취하다.

노:선 路線 (길 로, 줄 선). ① 속뜻 버스, 기차 따위가 운행하는 길[路]을 표시해 놓은 줄[線]. ¶버스 노선. ②개인이나 조직 단체 따위의 일정한 활동 방침. ¶그는 독자적인 노선을 걸었다.

▸노:선-도 路線圖 (그림 도). 지리 지질 조사 때 노선(路線)에 따라 관찰한 사항을 그려 놓은 지도(地圖).

노:성 怒聲 (성낼 노, 소리 성). 성이 난[怒] 목소리[聲]. ¶노성을 터뜨리다.

노:소 老少 (늙은 로, 젊을 소). 늙은이[老]와 젊은이[少]. ¶남녀 노소 모두 좋아한다. ⓑ소장(少長).

노:송 老松 (늙을 로, 소나무 송). 늙은[老] 소나무[松]. ¶마을 어귀에 노송 한 그루가 서 있다.

노:쇠 老衰 (늙을 로, 쇠할 쇠). 늙어서[老] 몸과 마음이 쇠약(衰弱)함. ¶나이가 들면 노쇠해진다. ⓑ쇠로(衰老).

▸노:쇠-기 老衰期 (때 기). ① 속뜻 늙어서[老] 기운이 쇠한[衰] 시기(時期). ②사물이 오래되어 기세가 쇠잔해진 시기. ¶광산은 노쇠기에 접어들었다. ⓑ노년기(老年期).

노:숙¹ 老宿 (늙을 로, 묵을 숙). ① 속뜻 나이가 많아[老] 경험이 풍부한[宿] 사람. ②학식이 높고 견문이 넓은 사람. ③ 불교 오랫동안 수행하여 덕이 높은 승려.

노:숙² 老熟 (늙을 로, 익을 숙). 오랫동안[老] 경험을 쌓아 아주 숙련(熟鍊)되어 있다. ¶노숙한 기술자. ⓑ노련(老鍊).

노숙³ 露宿 (이슬 로, 잠잘 숙). ① 속뜻 이슬[露]이 내리는 밖에서 잠을 잠[宿]. ②집이 없어 밖에서 잠. ¶일자리를 잃고 노숙하는 사람이 많다. ⓑ야숙(野宿).

▸노숙-자 露宿者 (사람 자). 길이나 공원 등지에서 한뎃잠을 자는[露宿] 사람[者]. ¶노숙자가 동사(凍死)하였다.

노:승 老僧 (늙을 로, 스님 승). 늙은[老] 승려(僧侶). ¶노승이 보시를 청했다. ⓑ소승(少僧).

노심 勞心 (일할 로, 마음 심). 힘써 일하며[勞] 마음[心]을 씀.

▸노심-초사 勞心焦思 (태울 초, 생각 사). ① 속뜻 애[心]를 쓰고[勞] 속을 태우며[焦] 골똘히 생각함[思]. ②몹시 애를 태움. ¶집 나간 아들 때문에 노심초사하다.

노:안¹ 老眼 (늙을 로, 눈 안). 늙어[老] 눈[眼]의 시력이 나빠짐. 또는 그런 눈. ¶노안을 한탄하다.

노:안² 老顔 (늙을 로, 얼굴 안). 노쇠(老衰)한 얼굴[顔]. 노인의 얼굴. ¶그는 젊지만 노안이다.

노:약 老弱 (늙을 로, 약할 약). ① 속뜻 늙어서[老] 기운이 쇠약(衰弱)함. ②늙은이와 연약한 어린이. ¶노약한 사람들을 먼저 대피시켰다. ⓑ노소(老少), 노약자(老弱者).

▸노:약-자 老弱者 (사람 자). ① 속뜻 노약(老弱)한 사람[者]. ②늙은 사람과 약한 사람. ¶노약자를 위한 좌석.

노역 勞役 (일할 로, 부릴 역). 힘든[勞] 부역(賦役). 몹시 괴롭고 힘든 노동. ¶그는 노역에 시달리다 죽고 말았다.

노예 奴隸 (종 노, 따를 례). ① 속뜻 남의 소유물이 되어 종[奴]으로 부림[隸]을 당하는 사람. ¶노예를 사고파는 시장. ②인간으로서 기본적인 권리나 자유를 빼앗겨 자기 의사나 행동을 주장하지 못하고 남에게 사역(使役)되는 사람. ¶식민지의 노예가 되었다. ③인격의 존엄성마저 저버리면서까지 어떤 목적에 얽매인 사람. ¶재물의 노예가 되다. ⓑ노비(奴婢). ⓑ주인(主人).

▸노예-시 奴隸視 (볼 시). 노예(奴隸)처럼 보고[視] 대함.

▸노예-근성 奴隸根性 (뿌리 근, 성질 성). 노

예(奴隸)처럼 남에게 매여 살기를 좋아하는 타고난[根] 성질(性質). 자기를 내세우지 못하고 굽실거리기를 좋아하는 태도를 이르는 말.

노:옹 老翁 (늙을 로, 늙은이 옹). 나이가 많은[老] 남자 늙은이[翁]. 나이가 많은 남자. ¶노옹이 바둑을 두고 계신다.

노이무공 勞而無功 (일할 로, 말이을 이, 없을 무, 공로 공). ① 속뜻 애[勞]는 많이 썼는데[而] 공(功)은 하나도 없음[無]. ② 애는 썼으나 고생한 보람이 없음. 수고만 하고 아무런 공이 없음. ¶그렇게 하면 노이무공이니 다른 방법을 생각하자. ㊥도로무공(徒勞無功).

노:-익장 老益壯 (늙을 로, 더할 익, 씩씩할 장). 노인(老人)이 되어서도 원기가 더욱[益] 씩씩함[壯]. '노당익장'(老當益壯)의 준말. ¶할아버지는 씨름판에서 노익장을 과시했다.

⁑**노:인 老人** (늙을 로, 사람 인). 늙은[老] 사람[人]. ¶노인을 공경하다. ㊥늙은이. ㊦젊은이.

▸노:인-장 老人丈 (어른 장). '노인'(老人)을 높여서[丈] 일컫는 말.

▸노:인-정 老人亭 (정자 정). 노인(老人)들이 모여 쉴 수 있도록 마련해 놓은 정자(亭子)나 집. ¶팔각정으로 꾸민 노인정. ㊥경로당(敬老堂).

노임 勞賃 (일할 로, 품삯 임). 힘들게 일을 한[勞] 대가로 받는 품삯[賃]. '노동 임금'(勞動賃金)의 준말. ¶노임을 인상하다. ㊥임금(賃金), 노비(勞費).

노자¹ 勞資 (일할 로, 재물 자). 노동자(勞動者)와 자본가(資本家). ㊥노사(勞使).

노:자² 路資 (길 로, 재물 자). 먼 길[路]을 떠나 오가는 데 드는 비용[資]. ¶노자가 떨어지다. ㊥여비(旅費), 거마비(車馬費).

노작 勞作 (일할 로, 지을 작). ① 속뜻 힘들여[勞] 만듦[作]. 또는 그 작품. ¶오랜 각고 끝에 완성한 노작. ② 힘들여 일함. ¶노작의 산물. ㊥역작(力作).

▸노작-가축 勞作家畜 (집 가, 기를 축). 힘들여[勞] 일하는[作] 가축(家畜). ¶소는 노작가축의 하나이다.

▸노작 교:육 勞作教育 (가르칠 교, 기를 육). 교육 학습자의 정신과 신체의 작업[勞作]을 중심 원리로 하여 행하는 교육(教育). ¶그는 노작 교육을 중시하였다.

노:장¹ 老壯 (늙을 로, 장할 장). 노년(老年)과 장년(壯年).

노:장² 老長 (늙을 로, 길 장). ① 속뜻 나이 많고[老] 덕이 높은[長] 승려. ② 나이 많은 승려를 높여서 일컫는 말.

노:장³ 老莊 (노자 로, 장자 장). 고대 중국의 사상가인 노자(老子)와 장자(莊子). 또는 그 사상과 학문. ¶노장 사상.

노:장⁴ 老將 (늙을 로, 장수 장). ① 속뜻 늙은[老] 장군(將軍). 경험이 많은 노련한 장군. ② '어떤 분야에서 많은 경험을 쌓은 노련한 사람'을 비유하여 이르는 말. ¶노장 선수들은 경기 운영이 노련하다. ㊥백전노장(百戰老將).

노:적 露積 (드러낼 로, 쌓을 적). 창고가 없어 밖에 드러내어[露] 쌓아[積] 둠. ¶물건을 길가에 노적해 두면 위험하다. ㊥야적(野積).

노점¹ 露點 (이슬 로, 점 점). 물리 대기의 온도가 낮아져서 수증기가 이슬[露]같이 응결(凝結)하는 온도 점(點). '이슬점'으로 순화.

노점² 露店 (드러낼 로, 가게 점). 집이 없어 밖에 드러내어[露] 벌여 놓고 물건을 파는 가게[店]. '노천상점'(露天商店)의 준말. ㊥난전(亂廛).

▸노점-상 露店商 (장사 상). 길가의 한데에[露] 물건을 벌여 놓고 하는[店] 장사[商]. 또는 그런 장사를 하는 사람. ¶노점상이 하나 둘 늘어났다.

노정¹ 露呈 (드러낼 로, 드러낼 정). 겉으로 다 드러냄[露=呈].

노:정² 路程 (길 로, 거리 정). ① 속뜻 여행의 경로(經路)와 일정(日程). ¶험난한 노정. ② 어떤 지점에서 목적지까지의 거리. 또는 목적지까지 걸리는 시간. ㊥역정(驛程), 정도(程道).

▸노:정-기 路程記 (기록할 기). 여행의 노정(路程)을 적은[記] 글. ¶그는 서두에 노정기를 적었다.

노:제 路祭 (길 로, 제사 제). 길거리[路]에서 지내는 제사(祭祀).

노조 勞組 (일할 로, 짤 조). 사회 노동조건의 개선 및 노동자의 사회·경제적인 지위 향상을 목적으로 노동자(勞動者)들이 조직(組織)한 단체. '노동조합'(勞動組合)의 준말.

▸노조-원 勞組員 (사람 원). 사회 노동조합(勞動組合)에 가입한 사람[員]. ¶노조원의 90%가 파업에 동참했다.

노지 露地 (드러낼 로, 땅 지). ① 속뜻 지붕 따위로 덮거나 가리지 않아 땅[地]을 드러낸[露] 곳. ② 불교 삼계(三界)의 화택(火宅)을 떠난 안온한 곳. 속계를 떠난 고요한 경지.

▸노지 재:배 露地栽培 (심을 재, 북돋울 배). 농업 밭이나 화단 등 한데[露地]에서 채소나 꽃 따위를 재배(栽培)하는 일.

노:-처녀 老處女 (늙을 로, 살 처, 여자 녀). 결혼하지 않은 나이 많은[老] 처녀(處女). ㉥노총각(老總角).

노천 露天 (드러낼 로, 하늘 천). 지붕이 없어 하늘[天]이 드러난[露] 곳. ¶노천극장 / 노천 카페. ㉥실내(室內).

▸노천-상 露天商 (장사 상). 노천(露天)에서 물건을 파는[商] 가게. 또는 그 상인(商人).

▸노천-강당 露天講堂 (강의할 강, 집 당). 지붕이 없이[露天] 만들어진 강당(講堂).

▸노천-극장 露天劇場 (연극 극, 마당 장). 지붕이 없이[露天] 야외에 무대를 마련한 극장(劇場). ¶노천극장에서 콘서트가 열렸다.

▸노천 수업 露天授業 (줄 수, 일 업). 교육 교실이 아닌 야외[露天]에서 하는 수업(授業).

▸노천 채:굴 露天採掘 (캘 채, 팔 굴). 광업 땅 속이 아니라 땅 밖에서[露天] 광석을 캐내는 일[採掘].

노:체 老體 (늙을 로, 몸 체). ① 속뜻 늙은[老] 몸[體]. ¶노체인지라 더욱 피곤하련만. ② 늙은 사람을 높여 이르는 말. ㉥노구(老軀).

노:촌 路村 (길 로, 마을 촌). 지리 도로(道路)를 따라 가옥이 모인 형태를 나타내는 촌락(村落). ㉥가촌(街村).

노총 勞總 (일할 로, 거느릴 총). '노동조합총연합회'(勞動組合總聯合會)의 준말.

노:-총각 老總角 (늙을 로, 묶을 총, 뿔 각). 결혼하지 않은 나이 많은[老] 남자[總角]. ¶마흔이 다 되도록 장가를 못 간 노총각. ㉥노처녀(老處女).

노출 露出 (드러낼 로, 날 출). ① 속뜻 속을 드러내거나[露] 나옴[出]. ¶속살이 노출되다. ② 연영 사진을 찍을 때 셔터를 열어 필름에 빛을 비춤. ¶밝은 곳에서 사진을 찍을 때는 노출을 줄여야 한다. ㉥노광(露光).

▸노출-증 露出症 (증세 증). 의학 자기의 육체, 특히 성기(性器)를 이성에게 드러내[露出] 보임으로써 성적(性的) 쾌감을 얻으려는 정신 이상의 한 증상(症狀).

노:친 老親 (늙을 로, 어버이 친). ① 속뜻 늙은[老] 부모[親]. ¶노친을 모시다. ② 나이가 지긋한 부인.

노:퇴 老退 (늙을 로, 물러날 퇴). 늙어서[老] 스스로 관직에서 물러남[退]. ¶그는 노퇴를 결심하였다.

노:파 老婆 (늙을 로, 할미 파). 늙은[老] 여자[婆]. ¶허리가 굽은 노파가 다가왔다. ㉥노옹(老翁).

▸노:파-심 老婆心 (마음 심). 어떤 일에 대해 지나치게 염려하는 할머니[老婆]같은 마음[心]. ¶노파심 때문에 잔소리를 하다. ㉥기우(杞憂).

노:폐 老廢 (늙을 로, 그만둘 폐). 오래되거나 낡아서[老] 쓰지 않음[廢]. ㉥노후(老朽).

▸노:폐-물 老廢物 (만물 물). ① 속뜻 오래되어서[老] 쓸모없이 된[廢] 물건(物件). ② 생물 신진대사의 결과로 생물의 몸 안에 생긴 불필요한 찌꺼기. ¶노폐물이 땀을 통해 배출되다.

노:폭 路幅 (길 로, 너비 폭). 도로(道路)의 너비[幅]. ¶이 도로는 노폭이 좁아 사고가 많이 난다.

노:표 路標 (길 로, 나타낼 표). 길[路]의 방향이나 이정(里程) 따위에 대한 푯말[標]. ¶노표를 보니 이쪽이 한양이겠구나. ㉥도표(道標).

노:형 老兄 (늙을 로, 맏 형). 자기보다 나이 많은[老] 남자[兄]를 부르는 말. ¶노형은 어디 출신이요? ㉥형장(兄丈)

노:호 怒號 (성낼 노, 부를 호). 성내어[怒] 소리를 지름[號]. 또는 큰 소리.

노:화 老化 (늙을 로, 될 화). 생물 나이가 많

아짐[老]에 따라 신체적·정신적 기능이 쇠퇴하는[化] 일. ¶마늘은 노화를 억제하는 효과가 있다.

노:환 老患 (늙을 로, 병 환). 늙고[老] 쇠약해지면서 생기는 병[患]. '노병'(老病)의 높임말. ¶노환으로 별세하시다.

노:회 老獪 (늙을 노, 교활할 회). 경험이 많아 노련(老鍊)하고 교활하다[獪]. ¶ 그는 노회한 정치가로 정평이 났다.

노획[1] 虜獲 (포로 로, 잡을 획). 포로(捕虜)를 산 채로 사로잡음[獲]. ¶소년이 적장을 노획했다.

노획[2] 鹵獲 (노략질할 로, 얻을 획). 싸워서 적의 물품을 빼앗아[鹵] 차지함[獲]. '소금 로'(鹵)자는 '노략질할 로'(擄)와 통용한다. ¶무기를 노획하다.

▸노획-물 鹵獲物 (만물 물). 노획(鹵獲)한 물건(物件). ¶해적들은 노획물을 나누었다. ㊥전리품(戰利品).

노:후[1] 老朽 (늙을 로, 썩을 후). 오래되거나[老] 낡아서[朽] 쓸모가 없음. ¶노후 시설을 보수하다. ㊥노폐(老廢).

노:후[2] 老後 (늙을 로, 뒤 후). 늙은[老] 뒤[後]. ¶보험으로 노후를 대비하다.

녹각 鹿角 (사슴 록, 뿔 각). 사슴[鹿]의 뿔[角]. ¶녹각을 달여 먹다.

녹-내장 綠內障 (초록빛 록, 안 내, 막을 장). 의학 안압(眼壓)이 높아져서 눈 안쪽[內]에서 시력 장애(障礙)를 일으키는 질병. 시력을 잃은 눈동자가 푸른[綠] 색을 띤다는 데서 유래. ㊟백내장(白內障).

녹니 綠泥 (초록빛 록, 진흙 니). ① 속뜻 깊은 바다 밑에 있는 짙은 녹색(綠色)을 띤 진흙[泥]. ② 광업 녹니석.

▸녹니-석 綠泥石 (돌 석). ① 속뜻 녹색(綠色)의 진흙[泥] 같은 돌[石]. ② 광업 철, 알루미늄, 마그네슘 따위를 함유한 규산염 광석. 비늘 같은 녹색 결정으로 되어있으며, 한류와 난류가 합류하는 부근의 대륙붕 해저 같은 곳에 있다.

녹두 綠豆 (초록빛 록, 콩 두). ① 속뜻 초록빛[綠]의 콩[豆]. ② 식물 콩과의 일년초. 모양이 팥과 비슷하다. ¶녹두로 빈대떡을 만들다.

▸녹두-죽 綠豆粥 (죽 죽). 녹두(綠豆)와 쌀로 쑨 죽(粥).

녹렴-석 綠簾石 (초록빛 록, 발 렴, 돌 석). ① 속뜻 녹색(綠色) 발[簾]을 드리운 것처럼 반짝이는 돌[石]. ② 광업 알루미늄, 칼슘, 철 따위를 함유한 규산염 광물. 녹색 또는 누런색의 결정으로 되어 있다.

녹림 綠林 (초록빛 록, 수풀 림). ① 속뜻 푸른[綠] 숲[林]. ② 화적이나 도둑의 소굴을 이르는 말. 중국 후한 말 왕광(王匡), 왕봉(王鳳) 등 선비가 녹림산(綠林山)에 숨어 있다가 도둑이 되었다는 데서 유래. ¶녹림에서 알 만한 자들은 모두 그 이름을 알아줍니다.

녹말 綠末 (초록빛 록, 가루 말). 감자, 고구마, 물에 불린 녹두(綠豆) 따위를 갈아서 가라앉힌 앙금을 말린 가루[粉末]. ¶녹말을 넣었더니 탕이 걸쭉해졌다. ㊥전분(澱粉).

녹모-색 鹿毛色 (사슴 록, 털 모, 빛 색). 사슴[鹿]의 털[毛] 빛과 같은 색(色). 엷은 다갈색. ¶낙타는 녹모색의 털을 가졌다.

녹변 綠便 (초록빛 록, 똥 변). 소화 불량 따위로 젖먹이가 누는 푸른[綠] 색의 똥[便]. ¶아이가 녹변을 누다.

녹봉 祿俸 (녹 록, 녹 봉). 역사 벼슬아치에게 일 년이나 계절 단위로 나누어 주던 금품[祿=俸]. ¶쌀로 녹봉을 받다. ㊥봉록(俸祿), 녹질(祿秩), 녹료(祿料), 녹조(祿租), 봉질(俸秩), 식록(食祿), 질록(秩祿).

녹비[1] 鹿皮 (본음 [녹피], 사슴 록, 가죽 피). ① 속뜻 사슴[鹿]의 가죽[皮]. ② 사슴 가죽처럼 늘이는 대로 늘어나는 것에서 '일정한 주견이 없이 남의 말을 따라 이랬다저랬다 함'을 비유하여 이르는 말. ¶녹비에 가로왈.

녹비[2] 綠肥 (초록빛 록, 거름 비). 비료(肥料) 대신에 썩히지 않고 그대로 논밭에 넣는 생풀이나 생나뭇잎[綠]. ㊥초비(草肥).

▸녹비 작물 綠肥作物 (지을 작, 만물 물). 농업 녹비(綠肥)로 쓰려고 가꾸는[作] 식물(植物). ¶녹비 작물로 쓰려고 논가에 자운영을 심었다.

*__녹색 綠色__ (초록빛 록, 빛 색). 초록[綠] 빛깔[色]. 파랑과 노랑의 중간 색.

▸녹색-등 綠色燈 (등불 등). 녹색(綠色)빛이 나는 신호등(信號燈). 주행을 나타낸다. ¶녹색등이 켜졌을 때 건너가야 한다.

▸녹색 식물 綠色植物 (심을 식, 만물 물).

[식물] 엽록소를 가지고 있어 잎이 녹색(綠色)인 식물(植物). ¶녹색 식물은 광합성 작용을 한다.

▸녹색 조류 綠色藻類 (바닷말 조, 무리 류). [식물] 청각이나 파래처럼 녹색(綠色)인 물풀[藻] 종류(種類). [준]녹조류.

▸녹색 혁명 綠色革命 (바꿀 혁, 운명 명). [농업] 개발도상국에서 농업[綠色] 분야의 급속한 증대를 혁명(革命)에 비유하여 이르는 말.

녹-색맹 綠色盲 (초록빛 록, 빛 색, 눈멀 맹). [의학] 붉은색과 그 보색(補色)인 녹색(綠色)의 두 빛깔[色]을 가려내지 못하는 시각 이상[盲]. '적록 색맹'(赤綠色盲)의 준말.

녹수 綠樹 (초록빛 록, 나무 수). 푸른[綠] 잎이 우거진 나무[樹]. ¶녹수 아래서 쉬었다 가자.

녹수-청산 綠水靑山 (초록빛 록, 물 수, 푸를 청, 메 산). 초록빛[綠] 물[水]과 푸른[靑] 산(山). ¶녹수청산을 화폭에 담았다.

녹-십자 綠十字 (초록빛 록, 열 십, 글자 자). 녹색(綠色)으로 십자(十字) 모양을 나타낸 표지. 재해로부터의 안전을 상징한다.

녹안 綠眼 (초록빛 록, 눈 안). 눈동자가 녹색(綠色)인 눈[眼]. ¶녹안의 외국인이 다가와 말을 걸었다. [비]벽안(碧眼).

녹암 綠巖 (초록빛 록, 바위 암). [지리] 녹색(綠色)의 변성암(變成巖)을 통틀어 이르는 말. 휘록암, 섬록암, 현무암 따위가 변화하여 생긴다. ¶녹암으로 만든 공예품.

녹야-원 鹿野苑 (사슴 록, 들 야, 마당 원). [불교] 사슴[鹿]들이 들[野]에서 뛰놀고 있는 동산[苑]이란 뜻을 담고 있는 옛 인도어의 'Mrgadava'를 한자어로 의역한 말. 석가가 깨달음을 얻은 후 처음으로 설법한 곳이다. [준]녹원.

녹양 綠楊 (초록빛 록, 버들 양). 푸르게[綠] 우거진 버들[楊]. ¶녹양이 너울너울 춤춘다.

▸녹양-방초 綠楊芳草 (푸를 녹, 버들 양, 꽃다울 방, 풀 초). 푸른[綠] 버드나무[楊]와 향기로운[芳] 풀[草]. ¶녹양방초로 뒤덮인 고향의 들판!

녹엽 綠葉 (초록빛 록, 잎 엽). 푸른[綠] 나뭇잎[葉]. ¶녹엽이 우거지나.

녹옥 綠玉 (초록빛 록, 옥돌 옥). 녹색(綠色)의 옥(玉). ¶녹옥으로 목걸이를 만들다.

녹용 鹿茸 (사슴 록, 녹용 용). [한의] 사슴[鹿]의 새로 돋은 연한 뿔[茸]. [비]녹각(鹿角).

녹음[1] 綠陰 (초록빛 록, 응달 음). 초록빛[綠] 잎이 우거진 나무의 그늘[陰]. ¶녹음이 우거진 숲길을 걷다.

▸녹음-방초 綠陰芳草 (향기 방, 풀 초). ① [속뜻] 푸르게[綠] 우거진[陰] 나무와 향기로운[芳] 풀[草]. ② 여름철의 자연경관.

녹음[2] 錄音 (기록할 록, 소리 음). 소리[音]를 재생할 수 있도록 기계로 기록(記錄)하는 일. ¶테이프에 음악을 녹음하다.

▸녹음-기 錄音器 (그릇 기). 녹음(錄音)하는 기계[器].

▸녹음-판 錄音板 (널빤지 판). 기계적 녹음(錄音)에 쓰이는 소리판(板).

녹읍 祿邑 (녹봉 록, 고을 읍). [역사] 신라에서 고려 초기까지, 벼슬아치에게 직무의 대가[祿]로 일정 지역[邑]의 수조권(收租權)을 주던 일. ¶신문왕은 녹읍을 폐지했다.

녹의-홍상 綠衣紅裳 (초록빛 록, 옷 의, 붉을 홍, 치마 상). ① [속뜻] 연두[綠] 저고리[衣]와 다홍[紅] 치마[裳]. ② '젊은 여인의 고운 옷차림'을 이르는 말. ¶녹의홍상의 여인이 춤을 추었다.

녹조 綠藻 (초록빛 록, 바닷말 조). [식물] 초록빛[綠]을 띤 바닷풀[藻]. '녹조류'의 준말.

▸녹조-류 綠藻類 (무리 류). [식물] 엽록소(葉綠素)를 가지고 있어 녹색(綠色)을 띤 해조류(海藻類). 광합성에 의하여 녹말을 만들며, 볼복스·청각·파래 따위가 있다.

▸녹조-식물 綠藻植物 (심을 식, 만물 물). [식물] 녹조류(綠藻類)에 속하는 식물(植物). [비]녹조류.

녹주-석 綠柱石 (초록빛 록, 기둥 주, 돌 석). ① [속뜻] 녹색(綠色) 기둥[柱] 모양의 돌[石]. ② [광업] 베릴륨과 알루미늄을 함유한 규산염 광물. 육방정계(六方晶系)에 속하는 기둥 모양의 결정을 가진 암석.

녹즙 綠汁 (초록빛 록, 즙 즙). 녹색(綠色) 채소의 잎 따위를 갈아 만든 즙(汁). ¶매일 아침 녹즙을 마신다.

녹지 綠地 (초록빛 록, 땅 지). 초록빛[綠]의 풀이나 나무가 무성한 땅[地]. ¶공공 녹지.

▸녹지-대 綠地帶 (띠 대). [사회] 도시나 그 주변에 만든 녹지(綠地) 지대(地帶). 자연 환경을 보전하거나 공해를 방지하기 위해 조성한다. [비]그린벨트(green belt).

녹차 綠茶 (초록빛 록, 차 차). 초록빛[綠]이 그대로 나도록 말린 부드러운 찻잎[茶]. 또는 그것을 끓인 차. ¶녹차가 향긋하다.

녹채 鹿砦 (=鹿寨, 사슴 록, 울타리 채). [역사] 적의 침입을 막기 위해 사슴[鹿] 뿔 모양으로 나무토막을 박거나 엮어 놓은 울타리[砦]. ¶녹채를 걷어내고 토성을 쌓았다. [비]녹각(鹿角).

녹청 綠青 (초록빛 록, 푸를 청). ① [속뜻] 구리에 생기는 녹색(綠色)과 청색(青色)의 녹. ② [화학] 염기성 초산동으로 만든 녹색과 청색의 도료.

녹초 綠草 (초록빛 록, 풀 초). 푸른[綠] 풀[草]. ¶녹초와 야생화가 피어 있다.

녹태 綠苔 (초록빛 록, 이끼 태). 푸른[綠] 이끼[苔]. [비]벽선(碧蘚), 벽태(碧苔), 취태(翠苔).

녹토 綠土 (초록빛 록, 흙 토). ① [속뜻] 푸른[綠] 초목이 무성한 땅[土]. ② [광업] 흑운모 따위가 분해되어 생기는 녹색 광물. ③ [지리] 규산 광물의 입자를 함유하여 녹색을 띤, 근해의 침전물.

녹피 鹿皮 (사슴 록, 가죽 피). '녹비'의 원말.

녹혈 鹿血 (사슴 록, 피 혈). 사슴[鹿]의 피[血]. 강장제로 쓰인다.

녹화[1] 綠化 (초록빛 록, 될 화). 나무를 심어 산이나 들을 초록빛[綠]으로 물들게 함[化]. ¶재해를 막기 위해 민둥산을 녹화하다.

녹화[2] 錄畫 (기록할 록, 그림 화). 재생을 목적으로 텔레비전 카메라로 찍은 화상(畫像)을 필름 따위에 기록(紀錄)함. ¶공연을 녹화하다.

▸녹화 방:송 錄畫放送 (놓을 방, 보낼 송). [언론] 녹화(錄畫)해 두었다가 하는 방송(放送). [반]생방송(生放送).

녹-황색 綠黃色 (초록빛 록, 누를 황, 빛 색). 녹색(綠色)을 띤 황색(黃色). ¶녹황색 채소에는 비타민A가 많이 들어 있다.

논강 論講 (논할 론, 강의할 강). [불교] 경전을 연구하여 토론(討論)하고 강의(講義)함.

논객 論客 (논할 론, 손 객). 옳고 그름을 잘 논하는[論] 사람[客]. ¶각지에서 온 논객과 교류하다.

논거 論據 (논할 론, 근거할 거). 의론(議論)이나 논설(論說)이 성립하는 근거(根據)가 되는 것. ¶논거가 확실하다.

논결 論結 (논할 론, 맺을 결). 논의(論議)하여 결말(結末)을 지음.

논고[1] 論考 (논할 론, 살필 고). 논술(論述)하고 고찰(考察)함. 흔히 논문 제목에 쓴다. ¶「삼국사 논고」.

논고[2] 論告 (논할 론, 알릴 고). ① [속뜻] 자기의 주장이나 믿는 바를 논술(論述)하여 알림[告]. ② [법률] 검사가 피고의 범죄 사실과 그에 대한 법률 적용에 관한 의견을 진술하는 일. ¶논고를 펼치다.

논공 論功 (논할 론, 공로 공). 공(功)이 있고 없음이나 크고 작음 따위를 논의(論議)하여 정함. ¶전쟁이 끝나고 논공이 시작되었다. [반]논죄(論罪).

▸논공-행상 論功行賞 (행할 행, 상줄 상). 논공(論功)에 의하여 거기에 알맞은 상(賞)을 내림[行].

논과 論過 (논할 론, 지나칠 과). ① [속뜻] 잘못[過]을 논(論)함. ② 무의식중에 논리상의 과실을 범함. [비]논오(論誤).

논구 論究 (논할 론, 생각할 구). 사물의 이치를 깊이 논(論)하여 골똘히 생각해[究] 봄. ¶자연현상의 원리에 대한 논구를 시도하였다.

논급 論及 (논할 론, 미칠 급). 논의(論議)가 관련된 다른 일에까지 미침[及]. ¶일반적인 문제에서부터 사소한 것까지 논급하다.

논란 論難 (본음 [논난], 논할 론, 꾸짖을 난). 잘못된 점 따위를 논(論)하여 비난(非難)함. [비]논쟁(論爭).

논단[1] 論壇 (논할 론, 단 단). ① [속뜻] 토론(討論)을 하거나 의견을 진술하는 곳[壇]. ¶논단에 오르다. ② 논객들의 사회. ¶이 문제로 논단은 연일 시끄러웠다.

논단[2] 論斷 (논할 론, 끊을 단). 의론(議論)하여 판단(判斷)을 내림. 논하여 단정함. ¶명확한 근거 없이 논단하면 안 된다.

논담 論談 (논할 론, 말씀 담). 논의(論議)하고 담화(談話)함. [비]담론(談論).

논란 論難 (본음 [논난], 논할 론, 꾸짖을 난). 잘못된 점 따위를 논(論)하여 비난(非難)함. ¶논란을 벌이다 / 그건 우리가 논란할 일이 아니다. [비]논쟁(論爭).

논리 論理 (논할 론, 이치 리). 의론(議論)이나 사고·추리 따위를 끌고 나가는 조리(條理). ¶그의 주장은 논리에 맞지 않다. [비]이치(理致).

▸논리-성 論理性 (성질 성). 논리(論理)에 알맞은 성질(性質). 논리의 확실성. ¶이 글은 논리성과 설득력이 뛰어나다.

▸논리-학 論理學 (배울 학). ① [속뜻] 이론(理論)을 논증(論證)하는 학문(學問). ② [논리] 바른 판단과 인식을 얻기 위한 올바른 사유의 형식과 법칙 따위를 연구하는 학문.

▸논리-적 論理的 (것 적). 논리(論理)의 법칙에 들어맞는 것[的]. ¶논리적 근거가 있어야 한다.

▸논리-주의 論理主義 (주될 주, 뜻 의). [철학] ① 철학의 인식론에서 인식 및 인식의 가치가 성립하는 논리적(論理的)인 근거를 구명하려는 사상이나 태도[主義]. ② 우주는 이성적이고 논리적인 것이 지배하고 있다고 보는 형이상학설. 헤겔의 철학이 여기에 해당한다. [반]심리주의(心理主義).

논문 論文 (논할 론, 글월 문). ① [속뜻] 어떤 일에 대하여 자기 의견을 논술(論述)한 글[文]. ② 학술 연구의 업적이나 결과를 발표한 글. ¶논문 심사 / 논문을 내다.

▸논문-집 論文集 (모을 집). 논문(論文)을 모아서[集] 엮은 책. [준]논집.

논박 論駁 (논할 론, 칠 박). 상대의 의견이나 주장에 대하여 그 잘못된 점을 말하여[論] 공격함[駁]. ¶그의 주장을 논박했다. [비]반박(反駁).

논법 論法 (논할 론, 법 법). 의론(議論)을 전개해 나가는 방법(方法). ¶예리한 논법 / 삼단 논법.

논변 論辯 (=論辨, 논할 론, 말 잘할 변). ① [속뜻] 사리의 옳고 그름을 논(論)하여 말함[辯]. 또는 그런 말이나 의견. ¶철학적인 논변. ② 어떤 의견을 논하여 진술함.

논봉 論鋒 (논할 론, 칼끝 봉). ① [속뜻] 언론(言論)이나 평론, 논평 따위의 날카롭고 격렬한 말씨를 칼끝[鋒]에 비유하여 이르는 말. ¶예리한 논봉. ② 논박하는 대상이나 목표. ¶논봉을 다른 곳으로 돌리다.

논설 論說 (논할 론, 말씀 설). ① [속뜻] 자기의 의견이나 주장[論]을 조리 있게 설명(說明)함. 또는 그러한 글. ¶사회 문제에 대하여 논설하다. ② 신문이나 잡지 따위의 사설(社說). ¶논설 위원. [비]논평(論評).

▸논설-문 論說文 (글월 문). 자기의 의견이나 주장[論]을 조리 있게 설명(說明)한 글[文].

논술 論述 (논할 론, 지을 술). 의견이나 주장을 논(論)하는 글을 지음[述]. 또는 그 글. ¶이 문제에 대하여 논술하시오.

논식 論式 (논할 론, 법 식). [논리] 전제와 결론을 이루는 판단의 질이나 양에 따라 구분되는 여러 가지 삼단논법(三段論法)의 형식(形式).

논어 論語 (논할 론, 말씀 어). [책명] 공자(孔子)의 논설(論說)과 어록(語錄)을 모아 엮은 책.

논외 論外 (논할 론, 밖 외). 논의(論議)의 범위 밖[外]에 있는 것. 논의 할 가치도 없는 것. ¶이것은 일단 논외로 하고 본론으로 들어갑시다.

논의[1] 論意 (논할 논, 뜻 의). 논(論)하는 말이나 글의 뜻[意]이나 의도. ¶이 글의 논의를 말해보시오.

논의[2] 論議 (논할 론, 따질 의). 어떤 문제에 대하여 서로 의견을 말하며[論] 토의(討議)함. ¶대책을 논의하다. [비]담론(談論), 토론(討論).

논자 論者 (논할 론, 사람 자). 이론이나 의견을 내세워 말하는[論] 사람[者].

논쟁 論爭 (논할 론, 다툴 쟁). 여럿이 자신의 의견을 주장하며[論] 다툼[爭]. ¶열띤 논쟁을 벌이다. [비]논전(論戰), 논판(論判).

논저 論著 (논할 론, 지을 저). 어떤 일에 대하여 자기 의견을 밝혀[論] 저술(著述)하는 일. ¶그는 철학에 관한 많은 논저를 남겼다.

논적 論敵 (논할 론, 원수 적). 논쟁(論爭)의 적수(敵手). ¶그의 이론은 논적들을 주눅들게 했다.

논전 論戰 (논할 론, 싸울 전). 자기의 의견을 말하며[論] 다툼[戰]. ¶주전파과 주화파의 논전은 계속되었다. [비]논쟁(論爭).

논점 論點 (논할 론, 점 점). 논의(論議)의 요점(要點). 논의의 중심이 되는 문제. ¶논점을 벗어나다.

논제 論題 (논할 론, 주제 제). ① 속뜻 토의나 논의(論議)의 주제(主題). ¶이번 논제는 '환경 오염'이다. ② 역사 과거 시험에서 출제하던 논(論)의 제목.

논조 論調 (논할 론, 가락 조). ① 속뜻 말하는[論] 투[調]. ¶그의 논조는 명쾌하다. ② 논설이나 평론의 경향. ¶보수적인 논조.

논죄 論罪 (논할 론, 허물 죄). 죄(罪)를 논(論)하여 형의 적용을 정함. ¶상감이 직접 반란군들을 논죄하였다. ⓑ논공(論功).

논증 論證 (논할 론, 증명할 증). 옳고 그름을 따져서[論] 증명(證明)함. 또는 그 근거나 이유. ¶주장을 논증하다 / 직접 논증. ⓑ증명(證明).

논지 論旨 (논할 론, 뜻 지). 의론(議論)의 요지(要旨)나 취지(趣旨). ¶논지를 요약하면 다음과 같다.

논진 論陣 (논할 론, 진칠 진). 논쟁(論爭)이나 토론, 변론 따위를 하는 사람들의 구성이나 배치[陣]. ¶논진이 막강하다.

논집 論集 (논할 론, 모을 집). 논문(論文)을 모아서[集] 엮은 책. '논문집'(論文集)의 준말.

논책[1] 論責 (논할 론, 꾸짖을 책). 잘못을 논하여[論] 책망(責望)함. ¶대신들은 왕자의 행동을 논책하였다. ⓑ논힐(論詰).

논책[2] 論策 (논할 론, 꾀 책). 문학 시사 문제나 정책(政策) 등에 대하여 의견을 말한[論] 글.

논총 論叢 (논할 론, 모일 총). 논문(論文)을 모은[叢] 책. ¶학위 논문 논총. ⓑ논문집(論文集).

논파 論破 (논할 론, 깨뜨릴 파). 논설(論說)이나 의론(議論)으로 남의 설을 뒤엎음[破]. ¶기존 학설의 모순점을 논파하다.

논판 論判 (논할 론, 판가름할 판). ① 속뜻 논의(論議)하여 시비를 가림[判]. ② 여러 사람들이 자기의 의견을 말이나 글로 논하여 다툼. ⓑ논쟁(論爭).

논평 論評 (논할 론, 평할 평). 어떤 사건이나 작품 등의 내용에 대하여 설명하면서[論] 비평(批評)함. ¶정부는 이 사건에 대해 공식적으로 논평했다. ⓑ평론(評論).

논핵 論劾 (논할 론, 캐물을 핵). 허물이나 죄과를 논하고[論] 캐물어[劾] 꾸짖음. ⓑ탄핵(彈劾).

농가[1] 農歌 (농사 농, 노래 가). 농부(農夫)들이 농사일을 할 때 즐겨 부르는 노래[歌]. '농부가'(農夫歌)의 준말. ¶농가를 부르며 모내기를 하다.

*__농가__[2] 農家 (농사 농, 집 가). 농업(農業)을 생업으로 삼는 사람의 집[家]. ¶쌀 농가 / 축산 농가.

▸**농가-집성** 農家集成 (모을 집, 이룰 성). 책명 조선 인조 때, 신속(申洬)이 농가(農家)에서 알아야 할 내용을 모아[集] 엮은[成] 책. ≪농사직설≫, ≪권농문(勸農文)≫, ≪금양잡록≫, ≪사시찬요≫를 모아 놓았다.

▸**농가-월령가** 農家月令歌 (달 월, 시킬 령, 노래 가). 문학 조선 후기에 정학유가 농가(農家)에서 매달[月] 해야 할[令] 일을 열두 달의 순서에 따라 읊은 가사(歌辭).

농:가성진 弄假成眞 (놀릴 롱, 거짓 가, 이룰 성, 참 진). 거짓[假]말을 꾸며[弄] 말한 것이 진짜[眞] 사실로 됨[成]. ⓑ가농성진(假弄成眞).

농:간 弄奸 (놀릴 롱, 간사할 간). 간사한 꾀를 써서 남을 희롱(戲弄)하여 속이거나 남의 일을 그르치게[奸] 함. 또는 그런 짓. ¶농간을 부리다.

*__농경__ 農耕 (농사 농, 밭갈 경). 논밭을 갈아[耕] 농사(農事)를 지음. ¶철제 농기구의 사용으로 농경이 발달했다.

▸**농경-기** 農耕期 (때 기). 농사(農事)를 짓는[耕] 시기(時期). ¶농경기를 앞두고 비가 왔다. ⓑ농사철.

▸**농경-지** 農耕地 (땅 지). 농사(農事)를 짓는[耕] 땅[地]. ¶홍수로 농경지가 침수되었다. ⓑ경작지(耕作地).

▸**농경 시대** 農耕時代 (때 시, 연대 대). 사회 농사[農耕]에 의존하여 생활하던 시대(時代). 인류의 경제 발달 단계의 하나. ⓐ어렵(漁獵) 시대, 목축(牧畜) 시대.

농고 農高 (농사 농, 높을 고). 교육 농업(農業)에 관한 실업 교육을 하는 고등학교(高等學校). '농업고등학교'의 준말. ¶농고를 졸업하고도 장관이 되었다.

농공¹ 農工 (농사 농, 장인 공). 농업(農業)과 공업(工業).

▶농공 병:진 農工竝進 (나란히 병, 나아갈 진). 농업(農業)과 공업(工業)이 함께[竝] 발전[進]하는 일. ¶농공 병진 정책.

농공² 農功 (농사 농, 공로 공). 농사(農事) 일[功].

▶농공-가무 農功歌舞 (노래 가, 춤출 무). 민속 씨를 뿌릴 때와 가을걷이[農功]를 한 후에 여러 사람이 모여 노래하고[歌] 춤추며[舞] 놀았다고 하는 삼한 시대의 의식.

농과 農科 (농사 농, 분과 과). 교육 대학에서, 농업(農業)에 관한 학문을 전공하는 한 분과(分科). ¶농과 대학.

농구¹ 農具 (농사 농, 갖출 구). 농사(農事)짓는데 쓰이는 기구(器具). ¶농구를 손질해 두다.

농구² 籠球 (대그릇 롱, 공 구). ① 속뜻 대바구니[籠] 같은 바스켓에 공[球]을 던져 넣는 운동 경기. ② 운동 다섯 사람씩 두 편으로 나뉘어, 상대편의 바스켓에 공을 던져 넣어 얻은 점수의 많음을 겨루는 구기 운동. ¶일요일에 친구들과 농구를 했다.

▶농구-대 籠球臺 (돈대 대). 농구(籠球)를 할 때에, 공을 던져 넣을 수 있도록 만든 대(臺).

▶농구-장 籠球場 (마당 장). 농구(籠球) 경기를 하는 경기장(競技場). ¶농구 경기를 보러 농구장에 가다.

▶농구-화 籠球靴 (구두 화). 농구(籠球) 할 때 신는 신발[靴]. ¶농구화가 닳았다.

농군 農軍 (농사 농, 군사 군). ① 역사 농사(農事)짓는 일에 종사하던 군사(軍士). ② 농민(農民). ¶그는 농군의 아들답게 농사일에 능숙했다.

농:권 弄權 (놀 롱, 권리 권). 권력(權力)을 가지고 놂[弄]. 마음대로 권력을 휘두름. ¶권문세가의 농권.

농기 農旗 (농사 농, 깃발 기). 민속 농촌(農村)에서 한 마을을 대표하고 상징하는 깃발[旗]. '신농유업'(神農遺業), '농자천하지대본'(農者天下之大本) 따위의 글자를 쓰고, 두렛일을 할 때 풍물을 치며 이 기를 앞세우고 나온다.

농-기계 農機械 (농사 농, 베틀 기, 형틀 계). 농사(農事)를 짓는 데 쓰이는 기계(機械). ¶그는 농기계를 능숙하게 다룬다.

농-기구 農器具 (농사 농, 그릇 기, 갖출 구). 농사(農事)에 쓰이는 기계나 기구(器具). ¶농기구를 개량하다. ⑪농구(農具).

농노 農奴 (농사 농, 종 노). ① 속뜻 농사(農事)에 동원된 노예(奴隸). ② 사회 중세 봉건 사회에서 봉건 영주에게 예속된 농민. ¶알렉산드르 2세는 농노 해방령을 발표했다. ⑪예농(隷農)

농-녹색 濃綠色 (짙을 농, 초록빛 록, 빛 색). 짙은[濃] 녹색(綠色). ¶농녹색의 치마.

농:단 壟斷 (=隴斷, 언덕 롱, 끊을 단). ① 속뜻 깎아[斷] 세운 듯한 높은 언덕[壟]. ② '이익이나 권리를 독차지함'을 이르는 말. 어떤 사람이 시장에서 높은 곳에 올라가 사방을 살펴보고 자기 물건을 팔기에 적당한 곳으로 가서 상업상의 이익을 독점하였다는 데서 유래. ¶악덕 상인의 농단을 뿌리뽑다.

농담¹ 濃淡 (짙을 농, 맑을 담). 빛깔이나 맛 따위의 짙고[濃] 맑은[淡] 정도. ¶농담을 조절하다.

농:담² 弄談 (놀릴 롱, 말씀 담). 장난삼아 놀리는[弄] 말[談]. ¶실없이 농담을 주고받다. ⑪진담(眞談).

▶농:담-조 弄談調 (가락 조). 농담(弄談)하는 말투[調]. ¶농담조로 그에게 처자가 있느냐고 물었다.

***농도 濃度** (짙을 농, 정도 도). ① 속뜻 액체 따위의 짙은[濃] 정도(程度). ② 빛깔이나 명암 따위의 짙음과 옅음의 정도. ¶농도가 진한 물감으로 색을 칠하다. ③ 화학 주어진 양의 용매나 용액에 들어 있는 용질의 양. ¶오염물질의 농도.

농락 籠絡 (대그릇 롱, 묶을 락). ① 속뜻 대그릇[籠]에 묶어[絡] 넣음. ② 남을 교묘한 꾀로 휘잡아서 제 마음대로 놀리거나 이용함. ¶농락에 놀아나다 / 농락을 부리다. ⑪희롱(戲弄).

농로 農路 (농사 농, 길 로). 농사(農事)일에 많이 이용되는 길[路].

농루-안 膿漏眼 (고름 농, 샐 루, 눈 안). ① 속뜻 눈[眼]에서 고름[膿]이 흐름[漏]. ②

[의학] 임균(淋菌)에 감염되어 일어나는 급성 결막염.

농류 膿瘤 (고름 농, 혹 류). 화농성염(化膿性炎)으로 생긴 고름[膿]이 막혀서 솟은 혹[瘤].

농림 農林 (농사 농, 수풀 림). 농업(農業)과 임업(林業).

▸농림-부 農林部 (나눌 부). [법률] 주로 농업(農業)과 임업(林業)에 관한 사무를 맡아보던 중앙 행정 부서(部署).

농막 農幕 (농사 농, 휘장 막). 농사(農事)에 편리하도록 논밭 가까이에 지은 간단한 집[幕]. ¶급한 대로 우선 농막에서 머물렀다.

농무[1] **農務** (농사 농, 일 무). ① [속뜻] 농사(農事)짓는 일[務]. ②농업에 관한 사무나 정무.

농무[2] **濃霧** (짙을 농, 안개 무). 짙은[濃] 안개[霧]. ¶농무가 호수를 뒤덮었다.

⁑**농민 農民** (농사 농, 백성 민). 농업(農業)에 종사하는 사람[民]. ¶자영 농민. [비]농부(農夫).

▸농민-군 農民軍 (군사 군). 농민(農民)들로 조직된 군사(軍事). ¶농민군이 가담하였다.

▸농민 문학 農民文學 (글월 문, 학문 학). [문학] 농촌의 풍토와 농민(農民)의 생활을 소재로 한 문학(文學). ¶그는 농민 문학의 선구자이다.

▸농민 운:동 農民運動 (돌 운, 움직일 동). [사회] 농민(農民)의 경제적·정치적 이익의 옹호를 위한 사회 운동(運動). ¶동학 농민 운동.

농밀 濃密 (짙을 농, 빽빽할 밀). 밀도가 짙고[濃] 빽빽하다[密]. ¶농밀한 어둠.

농번 農繁 (농사 농, 많을 번). 농사(農事)일이 많아짐[繁]. [반]농한(農閑).

▸농번-기 農繁期 (때 기). 농사일이 한창 바쁜[農繁] 철[期]. ¶농번기라 시골은 일손이 바쁘다. [반]농한기(農閑期).

농법 農法 (농사 농, 법 법). 농사(農事)짓는 방법(方法). '농사법'(農事法)의 준말. ¶무공해 농법.

농병 일치 農兵一致 (농사 농, 군사 병, 한 일, 이를 치). [역사] 조선 중기, 농지(農地) 제도와 군사[兵] 제도를 일치(一致)시키자는 주장. 유형원이 중농주의를 바탕으로 주장하였다.

농본 農本 (농사 농, 뿌리 본). 농업(農業)을 산업의 근본(根本)으로 삼음.

▸농본-국 農本國 (나라 국). 농업(農業)을 산업의 근본(根本)으로 삼는 나라[國]. ¶그는 농본국의 정책을 폈다.

▸농본-주의 農本主義 (주될 주, 뜻 의). 농업(農業)이나 농촌 경제를 국가 발전의 근본(根本)으로 삼는 사상이나 태도[主義]. ¶농본주의를 표방하다.

농부[1] **農婦** (농사 농, 여자 부). 농사(農事)일을 하는 여자[婦]. 농촌의 아낙네.

⁑**농부**[2] **農夫** (농사 농, 사나이 부). 농사(農事)에 종사하는 사람[夫]. [비]농민(農民). [속담] 오월 농부, 팔월 신선.

▸농부-가 農夫歌 (노래 가). 농부(農夫)들이 농사일을 할 때 즐겨 부르는 노래[歌]. [준]농가.

농불실시 農不失時 (농사 농, 말라 불, 잃을 실, 때 시). 농사(農事)를 잘 짓자면 시기(時期)를 놓치지[失] 말아야[不] 한다는 말.

⁑**농사 農事** (농사 농, 일 사). 논이나 밭에 곡류, 채소, 과일 등을 심어 가꾸는[農] 일[事]. ¶그는 시골에서 농사를 짓는다. [비]농업(農業).

▸농사-력 農事曆 (책력 력). 농사(農事) 지을 시기를 나타낸 책력(冊曆)이나 도표. ¶농사력에서는 추분이 추수하는 시기이다.

▸농사-직설 農事直說 (곧을 직, 말할 설). [책명] 조선 전기에 세종의 명으로 각 도의 경험 많은 농부들이 농사(農事)에 관해 직접(直接) 경험한 내용을 말하고[說] 그것을 모아 엮은 책.

*__농산-물 農産物__ (농사 농, 낳을 산, 만물 물). 곡식이나 채소 등 농업(農業)에 의하여 생산(生産)된 것[物]. ¶수입 농산물.

농산 자원 農産資源 (농사 농, 낳을 산, 재물 자, 근원 원). 농업(農業) 생산(生産)을 위한 자원(資源). ¶이 지역은 농산자원이 풍부하다.

농상 農商 (농사 농, 장사 상). 농업(農業)과 상업(商業).

농상-집요 農桑輯要 (농사 농, 뽕나무 상, 모을 집, 요할 요). [책명] 고려 때, 이암이 들여

온 중국 원나라의 농서. 농사[農]와 양잠[桑] 따위에 관해 중요(重要)한 내용을 모아[輯] 기록한 책이다.

농서 農書 (농사 농, 책 서). 농사(農事)에 관한 책[書]. ¶『해동농서』(海東農書) / 『농서집요』(農書輯要).

농:성[1] **弄聲** (놀 롱, 소리 성). 음악 노래 곡조의 하나인 농(弄)의 성조(聲調). '弄'은 멋들어지게 흥청거리는 소리를 말한다.

농성[2] **籠城** (대그릇 롱, 성곽 성). ① 속뜻 적에게 둘러싸여[籠] 성문을 굳게 닫고 성(城)을 지킴. ② 어떤 목적을 이루기 위해 한자리를 떠나지 않고 시위함. ¶임금 인상을 요구하며 농성하다.

농-수산 農水産 (농사 농, 물 수, 낳을 산). 농업(農業)과 수산업(水産業). ¶농수산이 함께 발전했다.

농숙 濃熟 (짙을 농, 익을 숙). ① 속뜻 과일이 충분히 질게[濃] 익음[熟]. ¶농숙한 사과. ② 삶은 것이 푹 익음.

농아 聾啞 (귀머거리 롱, 벙어리 아). 귀머거리[聾]와 벙어리[啞]. ¶농아 학교.

농악 農樂 (농사 농, 음악 악). 음악 농촌(農村)에서 명절이나 공동 작업을 할 때 연주되는 민속음악(民俗音樂).

▶농악-대 農樂隊 (무리 대). 농악(農樂)을 연주하는 사람들의 집단[隊].

▶농악-무 農樂舞 (춤출 무). 농악(農樂)에 맞추어 추는 우리나라 고유의 민속춤[舞]. 풍물놀이 때에 춘다. ㊅농무.

농액[1] **濃液** (짙을 농, 진 액). 농도가 짙은[濃] 액체(液體). ¶농액을 희석해서 사용했다.

농액[2] **膿液** (고름 농, 진 액). 곪은[膿] 곳에서 생기는 끈끈한 액체(液體). ¶농액이 흘러내리다. ㊥고름.

*****농약 農藥** (농사 농, 약 약). 농사(農事)에서 소독이나 병충해의 구제 따위에 쓰이는 약품(藥品). ¶농약을 치다.

농양 膿瘍 (고름 농, 종기 양). 의학 세균의 침입으로 신체의 조직 속에 고름[膿]이 괴고 종기[瘍]가 생기는 증세. ㊥고름집.

농-어민 農漁民 (농사 농, 고기잡을 어, 백성 민). 농민(農民)과 어민(漁民)을 아울러 이르는 말. ¶그는 농어민 후계자다.

농-어업 農漁業 (농사 농, 고기잡을 어, 일 업). 농업(農業)과 어업(漁業)을 아울러 이르는 말.

농-어촌 農漁村 (농사 농, 고기잡을 어, 마을 촌). 농촌(農村)과 어촌(漁村). ¶농어촌을 개발하다.

******농업 農業** (농사 농, 일 업). 땅을 이용하여 인간 생활에 필요한 식물을 가꾸는[農] 산업(産業). ㊥농사(農事).

▶농업-인 農業人 (사람 인). 농업(農業)에 종사하는 사람[人]. ¶농업인의 날.

▶농업 시대 農業時代 (때 시, 연대 대). 사회 농경 시대(農耕時代).

▶농업-용수 農業用水 (쓸 용, 물 수). 농사짓는데[農業] 필요한[用] 물[水]. ¶농업용수를 마련하기 위해 저수지를 구축하다.

▶농업 고등학교 農業高等學校 (높을 고, 무리 등, 배울 학, 가르칠 교). 교육 농업(農業)에 관한 실업 교육을 하는 고등학교(高等學校). ㊅농고.

▶농업 협동조합 農業協同組合 (합칠 협, 한가지 동, 짤 조, 합할 합). 농업 생산성 증진과 소득 증대를 위해 전국적으로 조직된 농업(農業) 생산업자의 협동(協同) 조직체[組合]. ㊅농협.

농염 濃艶 (짙을 농, 고울 염). 매우[濃] 요염(妖艶)함. 무르익은 아름다움. ¶농염하게 화장하다.

농예 農藝 (농사 농, 재주 예). 농업(農業)에 관한 기예(技藝).

▶농예 화:학 農藝化學 (될 화, 학문 학). 화학 농업 생산[農藝]과 관련되는 화학적(化學的) 문제를 연구하는 학문.

농:와 弄瓦 (놀 롱, 실패 와). 예전 중국에서 딸을 낳으면 베를 잘 짜라는 뜻으로 장난감[弄] 실패[瓦]를 주었다는 데서 유래하여 '딸을 낳음'을 이른다. '농와지경'의 준말.

▶농:와지경 弄瓦之慶 (어조사 지, 기쁠 경). 딸을 낳은[弄瓦] 경사(慶事). ㊥농장지경(弄璋之慶).

농요 農謠 (농사 농, 노래 요). 농부(農夫)들 사이에 전해져 불리는 속요(俗謠). ¶농요를 부르며 김매기를 하다.

농우 農牛 (농사 농, 소 우). 농사(農事)에 부리는 소[牛]. ¶농우를 빌려 와 밭을 갈았다.

농운 濃雲 (짙을 농, 구름 운). 짙은[濃] 구름[雲]. 검은 구름.

농원 農園 (농사 농, 동산 원). 채소, 화초, 과수 따위[農]를 가꾸는 동산[園] 같은 농장. ¶공터를 농원으로 조성하다.

농:월 弄月 (놀 롱, 달 월). 달[月]을 바라보며 즐김[弄]. ¶음풍(吟風) 농월.

농음 濃陰 (짙을 농, 응달 음). 짙은[濃] 그늘[陰]. ¶농음이 정자를 덮었다.

농인 農人 (농사 농, 사람 인). 농업(農業)에 종사하는 사람[人]. [비]농민(農民).

농자 農者 (농사 농, 사람 자). 농업(農業)에 종사하는 사람[者]. [비]농민(農民).

***농작 農作** (농사 농, 지을 작). 논밭을 갈아 농사(農事)를 지음[作].

▸**농작-물 農作物** (만물 물). 농사를 지어[農作] 재배한 식물(植物). ¶폭우로 농작물이 큰 피해를 입었다.

농잠 農蠶 (농사 농, 누에 잠). 농업(農業)과 잠업(蠶業). 농사 짓기와 누에 치기. [비]농상(農桑).

농장[1] 農莊 (농사 농, 별장 장). ① [속뜻] 농사(農事)짓는 데 편리하게 하려고 논밭 근처에 지은 집[莊]. ② [역사] 고려 말기·조선 초기에, 세력가들 소유의 대토지. [비]농사(農舍), 농소(農所).

농장[2] 農場 (농사 농, 마당 장). 농사(農事)를 짓는 장소(場所). ¶돼지 농장.

농:장[3] 弄璋 (놀 롱, 구슬 장). 예전에, 중국에서 아들을 낳으면 옥구슬의 덕을 본받으라는 의미로 장난감[弄] 구슬[璋]을 주었다는 데서 유래하여 '아들을 낳음'을 이른다. '농장지경'의 준말.

▸**농:장지경 弄璋之慶** (어조사 지, 기쁠 경). 아들을 낳은[弄璋] 경사(慶事). [반]농와지경(弄瓦之慶)

농정 農政 (농사 농, 정사 정). 농업(農業)에 관한 정책이나 행정(行政). ¶농정을 개혁하다.

농종-법 壟種法 (언덕 롱, 심을 종, 법 법). [역사] 밭이랑[壟]에 파종(播種)하는 방법(方法). 평평한 땅에 씨를 뿌린 뒤 흙을 일구어 두둑을 만드는 경작법이다. [참]견종법(畎種法).

농주 農酒 (농사 농, 술 주). 농사일을 할 때에 일꾼들을 대접하기 위해 농가(農家)에서 빚은 술[酒]. ¶농주로 막걸리를 내왔다.

농즙[1] 濃汁 (짙을 농, 즙 즙). 걸쭉한[濃] 즙(汁).

농즙[2] 膿汁 (고름 농, 즙 즙). 곪은 곳에서 생기는 끈끈한[膿] 액체[汁]. ¶흐르는 농즙을 닦아내다. [비]고름.

농지 農地 (농사 농, 땅 지). 농사(農事)를 짓는 데 쓰이는 땅[地]. ¶농지 개간 / 5천 평의 농지를 경작하다. [비]농토(農土).

▸**농지-세 農地稅** (세금 세). [법률] 농지(農地)를 대상으로 하여 그 소유자에게 부과하는 세금(稅金). ¶농지세는 지방세에 속한다.

▸**농지 개:량 農地改良** (고칠 개, 좋을 량). [농업] 농지(農地)를 더 좋게[良] 바꿈[改]. 경지 정리, 수리 시설 확충 따위를 하여 토지 이용도를 높이는 것.

농차 濃茶 (짙을 농, 차 차). 진하게[濃] 끓인 차(茶).

농채 濃彩 (짙을 농, 빛깔 채). 짙은[濃] 채색(彩色). [반]담채(淡彩).

⁑**농촌 農村** (농사 농, 마을 촌). 농업(農業)으로 생업을 삼는 주민이 대부분인 마을[村]. ¶농촌 생활. [반]도시(都市), 도회지(都會地).

농축 濃縮 (짙을 농, 줄일 축). 액체를 진하게[濃] 졸임[縮]. 용액 따위의 농도를 높임. ¶농축 과즙 / 독성 물질이 몸속에 농축되다.

▸**농축-액 濃縮液** (진 액). 액체를 졸여서[濃縮] 진하게 만든 액체(液體).

농-축산물 農畜産物 (농사 농, 가축 축, 낳을 산, 만물 물). 농산물(農産物)과 축산물(畜産物)을 아울러 이르는 말. ¶농축산물 도매 시장.

농탁[1] 農濁 (농사 농, 흐릴 탁). 농가(農家)에서 농사일에 쓰려고 빚은 막걸리[濁酒]. ¶새참으로 농탁을 시원하게 들이켰다.

농탁[2] 濃濁 (짙을 농, 흐릴 탁). 진하고[濃] 걸쭉하다[濁].

농:탕[1] 弄蕩 (놀릴 롱, 거침없을 탕). 남녀가 음탕(淫蕩)한 소리와 난잡한 행동으로 놀아대는[弄] 짓. ¶농탕을 벌이다.

농탕[2] 濃湯 (짙을 농, 끓을 탕). 흠씬 끓여서 진하게[濃] 된 국물[湯]. ¶농탕은 아버지를 드렸다.

*농토 農土 (농사 농, 흙 토). 농사(農事)를 짓는 데 쓰이는 땅[土]. [비]농지(農地).

농필 弄筆 (놀릴 롱, 글씨 필). ① [속뜻] 희롱조(戱弄調)로 글을 지음[筆]. 또는 그렇게 지은 글. ②멋을 부려 붓을 흥청거려서 글씨를 씀. 또는 그렇게 쓴 글씨. ③사실과 다르게 글을 씀. 또는 그렇게 쓴 글.

농학 農學 (농사 농, 배울 학). 농업(農業)에 관한 생산 기술, 경제의 원리 및 그 실제적인 응용에 대하여 연구하는 학문(學問).

농한 農閑 (농사 농, 한가할 한). 농사(農事) 일이 한가(閑暇)함. [반]농번(農繁).

▸농한-기 農閑期 (때 기). 농사(農事)일이 그다지 바쁘지 않은[閑] 시기(時期). ¶농한기에는 베를 짠다. [반]농번기(農繁期).

농협 農協 (농사 농, 합칠 협). '농업협동조합'(農業協同組合)의 준말.

농화 濃化 (짙을 농, 될 화). 짙게[濃] 함[化]. 짙어짐.

농후 濃厚 (짙을 농, 두터울 후). ① [속뜻] 빛깔이 짙고[濃] 두께가 두꺼움[厚]. ②그럴 가능성이나 요소 따위가 다분히 있다. ¶그가 범인일 가능성이 농후하다. [반]희박(稀薄)하다.

▸농후 사료 濃厚飼料 (먹일 사, 거리 료). [농업] 단백질·지방·탄수화물이 풍부하게[濃厚] 들어 있는 사료(飼料).

뇌간 腦幹 (골 뇌, 줄기 간). ① [속뜻] 뇌(腦)의 줄기[幹]에 해당되는 부분. ② [의학] 뇌에서, 대뇌 반구와 소뇌를 뺀 나머지 부분. 지각, 의식, 운동, 생명 유지 따위에 중요한 부분이다. ¶뇌간 종양. [비]뇌줄기.

뇌격 雷擊 (천둥 뢰, 칠 격). 어뢰(魚雷)를 발사하여 적의 군함을 공격(攻擊)하는 일. ¶적군의 잠수함을 뇌격하다.

▸뇌격-기 雷擊機 (틀 기). [군사] 어뢰(魚雷)를 발사하여 적의 군함을 공격(攻擊)하는 비행기(飛行機).

뇌관 雷管 (천둥 뢰, 대롱 관). 포탄이나 탄환 따위의 화약을 점화(點火)하는 데[雷] 쓰는 금속으로 만든 대롱[管]. ¶뇌관이 터지다.

뇌교 腦橋 (골 뇌, 다리 교). ① [속뜻] 뇌(腦)를 이어주는 다리[橋] 같은 부분. ② [의학] 중간뇌와 숨뇌 사이의 부분. 소뇌의 앞쪽에 있으며, 앞부분은 소뇌와 연결되는 섬유 다발에 의해 뇌줄기의 다른 부분보다 튀어나와 있다. [비]다리뇌.

뇌-농양 腦膿瘍 (골 뇌, 고름 농, 종기 양). [의학] 뇌(腦) 안에 고름[膿]집[瘍]이 생기는 병. 세균, 원생동물 따위가 뇌에 침투하여 발생한다.

뇌동 雷同 (천둥 뢰, 한가지 동). ① [속뜻] 천둥[雷]이 칠 때를 이용해 함께[同] 소리 지름. ②주견 없이 남의 의견을 따라 함께 어울림. ¶뇌동하지 않고 자신의 신념을 지켜 가다.

뇌락 磊落 (돌무더기 뢰, 떨어질 락). ① [속뜻] 돌무더기[磊]가 와르르 굴러 떨어짐[落]. ②마음이 활달하여 작은 일에 거리낌이 없고 씩씩하다. ¶호방하고 뇌락한 사람.

뇌력 腦力 (골 뇌, 힘 력). 머리[腦]를 써서 생각하는 힘[力]. ¶체력과 뇌력을 동시에 갖춰야 한다.

뇌리 腦裏 (골 뇌, 속 리). ① [속뜻] 골[腦]이 있는 머리의 속[裏]. ②머릿속. ¶뇌리에 떠오르다. [비]뇌중(腦中).

뇌막 腦膜 (골 뇌, 꺼풀 막). [의학] 두개골 속의 뇌(腦)를 싸고 있는 얇은 막(膜).

▸뇌막-염 腦膜炎 (염증 염). [의학] 뇌막(腦膜)에 생기는 염증(炎症).

뇌명 雷鳴 (천둥 뢰, 울 명). ① [속뜻] 천둥소리[雷]가 울림[鳴]. 또는 그런 소리. ¶멀리서 뇌명이 들려왔다. ②굉장히 세고 큰 소리를 비유하여 이르는 말. ¶와부뇌명(瓦釜雷鳴).

뇌문 雷紋 (벼락 뢰, 무늬 문). 번개[雷] 모양의 굴절된 선으로 만드는 연속 무늬[紋]. ¶뇌문 토기.

뇌물 賂物 (뇌물 줄 뇌, 만물 물). 직권을 이용하여 특별한 편의를 보아 달라는 뜻으로 주는[賂] 부정한 금품[物]. ¶뇌물을 받다. [비]뇌사(賂謝).

뇌병 腦病 (골 뇌, 병 병). [의학] 뇌(腦)에 일어나는 질병(疾病).

뇌-병원 腦病院 (골 뇌, 병 병, 집 원). [의학] 정신병[腦] 환자를 수용하여 치료하는 병원(病院). [비]정신(精神) 병원.

뇌-빈혈 腦貧血 (골 뇌, 모자랄 빈, 피 혈). [의학] 뇌(腦)를 순환하는 혈액량(血液量)이 줄면서[貧] 일어나는 두통, 현기증, 구역 따위의 증세.

뇌사[1] 腦死 (골 뇌, 죽을 사). 의학 뇌(腦)의 기능이 완전히 멈추어져[死] 본디 상태로 되돌아가지 않는 상태. ¶교통사고로 뇌사 상태에 빠지다.

뇌사[2] 腦寫 (골 뇌, 베낄 사). 의학 뇌(腦) 속을 엑스선 사진(寫眞)으로 찍는 일. 또는 그런 사진.

뇌성 雷聲 (천둥 뢰, 소리 성). 천둥[雷] 소리[聲]. ¶먼 데서 뇌성이 들린다. ⓑ우레소리. 관용 뇌성에 벽력(霹靂).

▸뇌성-벽력 雷聲霹靂 (벼락 벽, 벼락 력). 우레[雷] 소리[聲]와 벼락[霹靂]. ¶뇌성벽력과 같은 호통 소리.

뇌성 소:아마비 腦性小兒痲痺 (골 뇌, 성질 성, 작을 소, 아이 아, 저릴 마, 저릴 비). 의학 어려서부터[小兒] 뇌(腦)에 이상이 있어서 팔다리의 마비(痲痺)나 이상 운동 지능 장애 따위를 일으키는 병.

뇌쇄 惱殺 (괴로울 뇌, 빠를 쇄). ① 속뜻 괴로움[惱]이 빠르게 심해짐[殺]. ②애가 타도록 몹시 괴로워함. 또는 그렇게 괴롭힘. 특히 여자의 아름다움이 남자를 매혹시켜 애가 타게 함을 이른다. ¶사람을 뇌쇄시킬 듯한 매력.

뇌수 腦髓 (골 뇌, 골수 수). ① 속뜻 뇌(腦)의 골수(骨髓). ② 의학 중추 신경 계통 가운데 머리뼈 안에 있는 부분. ¶기름 냄새가 뇌수를 건드린다. 근육의 운동을 조절하고 감각을 인식하며, 말하고 기억하며 생각하고 감정을 일으키는 중추가 있다. 대뇌, 소뇌, 간뇌(間腦) 등으로 나뉜다. ⓒ뇌.

뇌-수면 腦睡眠 (골 뇌, 잠잘 수, 잠잘 면). 의학 뇌(腦)만 잠이 든[睡眠] 상태. 잠이 비교적 얕게 든 상태이다. ⓑ체수면(體睡眠).

뇌-신경 腦神經 (골 뇌, 정신 신, 날실 경). 의학 뇌(腦)의 신경(神經). 척추동물에서 뇌와 가슴 부분의 근육이나 감각 기관을 직접 연결시켜 준다. ¶뇌신경 세포.

뇌실 腦室 (골 뇌, 방 실). 의학 수액으로 채워져 있는, 뇌(腦) 안의 빈 곳[室].

뇌염 腦炎 (골 뇌, 염증 염). 의학 뇌(腦)에 염증(炎症)을 일으키는 전염병. 바이러스 감염이나 물리적 화학적 자극에 의해 일어나며, 두통, 의식 장애, 경련 같은 증상을 보인다. ¶뇌염 예방 주사.

뇌운 雷雲 (천둥 뢰, 구름 운). 번개, 천둥[雷], 뇌우(雷雨) 따위를 몰고 오는 구름[雲]. ¶뇌운이 끼더니 비가 많이 내렸다.

뇌우 雷雨 (천둥 뢰, 비 우). 천둥[雷] 소리와 함께 내리는 비[雨]. ¶뇌우가 퍼붓다.

뇌-일혈 腦溢血 (골 뇌, 넘칠 일, 피 혈). 의학 고혈압이나 동맥경화 등으로 뇌(腦) 속에 피[血]가 넘쳐흐르는[溢] 상태. 고혈압이나 동맥경화 등이 그 원인이다. ⓑ뇌출혈(腦出血).

뇌전 雷電 (천둥 뢰, 번개 전). 천둥[雷]과 번개[電]를 아울러 이르는 말. ¶뇌전을 동반한 소나기가 내렸다.

뇌조 雷鳥 (천둥 뢰, 새 조). ① 속뜻 천둥[雷] 같은 소리를 내는 새[鳥]. ② 동물 들꿩과의 새. 몸빛은 여름에는 붉은 갈색 바탕에 가늘고 검은 무늬가 있고, 겨울에는 희고, 봄가을에는 그 중간색을 띤다. 한국, 일본, 중국, 유럽, 북아메리카 등지에 분포한다.

뇌-졸중 腦卒中 (골 뇌, 갑자기 졸, 맞을 중). ① 속뜻 뇌(腦)에 갑자기[卒] 중풍[中風]이 듦. ② 의학 뇌에 혈액 공급이 제대로 되지 않아 손발의 마비, 언어 장애, 호흡 곤란 따위를 일으키는 증상. ¶뇌졸중으로 쓰러지다.

뇌-종양 腦腫瘍 (골 뇌, 종기 종, 종기 양). 의학 뇌(腦)에 생기는 종양(腫瘍).

뇌-진탕 腦震蕩 (골 뇌, 떨 진, 흐릴 탕). 의학 머리를 부딪치거나 얻어맞거나 뇌(腦)가 흔들리면서[震] 의식이 흐려지는[蕩] 일.

뇌-척수 腦脊髓 (골 뇌, 등뼈 척, 골수 수). 생물 중추 신경계인 뇌(腦)와 척수(脊髓)를 통틀어 이르는 말.

▸뇌척수-막 腦脊髓膜 (꺼풀 막). 생물 뇌(腦)와 척수(脊髓)를 싸고 있는 막(膜).

뇌천 腦天 (골 뇌, 하늘 천). ① 속뜻 뇌(腦)를 덮고 있는 천장(天障). ②머리 위의 숫구멍이 있는 자리. ⓑ정수리.

뇌-출혈 腦出血 (골 뇌, 날 출, 피 혈). 의학 고혈압이나 동맥경화 등으로 뇌(腦) 속에 출혈(出血)을 일으키는 병. ⓑ뇌일혈(腦溢血).

뇌-충혈 腦充血 (골 뇌, 채울 충, 피 혈). 의학 뇌(腦)의 혈관 속을 흐르는 혈액량(血液量)이 늘어난[充] 상태.

뇌파 腦波 (골 뇌, 물결 파). 의학 뇌(腦)의 활동에 따라서 일어나는 전류[波]. 또는 그것을 끌어내어 확대하여 기록한 것. ¶뇌파를 분석하다.

뇌-하수체 腦下垂體 (골 뇌, 아래 하, 드리울 수, 몸 체). 의학 척추동물의 대뇌(大腦) 아래쪽[下]에 가느다란 줄기가 드리워져[垂] 연결된 콩만한 크기의 내분비선[體]. ¶뇌하수체 호르몬.

누:가 累加 (포갤 루, 더할 가). ① 속뜻 여러 번 거듭[累] 보탬[加]. ¶과태료가 누가되다. ②같은 수를 거듭하여 보탬. ㉥누감(累減).

누각[1] 樓閣 (다락 루, 집 각). 다락[樓] 같이 높게 지은 집[閣]. ¶누각에 올라 유유히 흐르는 강을 바라보았다.

누각[2] 鏤刻 (새길 루, 새길 각). ① 속뜻 금속이나 나무에 글씨, 그림 따위를 아로새김[鏤=刻]. ②말이나 문장을 고치고 다듬음.

누:감 累減 (포갤 루, 덜 감). ① 속뜻 여러 번 거듭[累] 뺌[減]. ② 수학 어떤 수에서 같은 수를 거듭하여 자꾸 몇 번이고 빼는 일. ㉥누가(累加).

▶ 누:감-세 累減稅 (세금 세). 법률 과세물건(課稅物件)의 가격이 증가함에 따라 갈수록[累] 세율이 낮아지는[減] 조세(租稅).

누:거 陋居 (좁을 루, 살 거). 좁고[陋] 너절한 집[居].

누:견 陋見 (좁을 루, 볼 견). ① 속뜻 좁은[陋] 생각[意見]. 사소한 의견. ②'자신의 의견'을 겸손하게 이르는 말. ¶누견이지만 몇 말씀 드리겠습니다. ㉥누심(陋心), 비견(鄙見).

누:계 累計 (포갤 루, 셀 계). 부분 부분을 차례차례 포개어[累] 더한 합계(合計). ¶누계를 내다.

누:관 淚管 (눈물 루, 대롱 관). 의학 눈물[淚]이 흘러내리는 대롱[管] 같은 길.

누:기 漏氣 (샐 루, 기운 기). 축축한[漏] 물기[氣]. 관용 누기가 지다.

누:년 累年 (여러 루, 해 년). 거듭된[累] 해[年]. 오랜 세월.

누:대 累代 (여러 루, 시대 대). 거듭된[累] 세대(世代). ¶누대에 걸쳐 전해오다.

누:락 漏落 (샐 루, 떨어질 락). 새거나[漏] 떨어짐[落]. 빠짐. ¶한 항목이 누락되었다. ㉥궐루(闕漏).

누:란 累卵 (포갤 루, 알 란). ① 속뜻 층층이 쌓아[累] 놓은 알[卵]. ②'몹시 위태로운 형편'을 비유하여 이르는 말.

▶ 누:란지세 累卵之勢 (어조사 지, 형세 세). 포개놓은[累] 알[卵]처럼 몹시 위태로운 형세(形勢).

누:만 累萬 (여러 루, 일만 만). ① 속뜻 여러[累] 만(萬). ②'아주 많은 수'를 이르는 말.

누:명 陋名 (추할 루, 이름 명). 사실이 아닌 일로 이름[名]을 더럽히는[陋] 억울한 평판. ¶누명을 벗다 / 누명을 쓰다.

누:문 漏聞 (샐 루, 들을 문). 새어[漏] 나온 소문(所聞). 얻어들은 말.

누:범 累犯 (여러 루, 범할 범). ① 속뜻 거듭[累] 죄를 지음[犯]. 또는 그런 사람. ② 법률 형법에서 금고 이상의 형을 받아 그 집행이 끝나거나 면제된 사람이 3년 안에 다시 금고 이상에 해당하는 죄를 범하는 일. 또는 그런 사람.

누:설 漏泄 (샐 루, 샐 설). ① 속뜻 기체나 액체 따위가 밖으로 새어[漏=泄] 나감. ②비밀이 새어 나감. ¶군사기밀을 누설하다.

누:세 累世 (포갤 루, 세대 세). 거듭된[累] 세대(世代). ¶우리 집안은 누세에 걸쳐 이 마을을 지켜 왔다. ㉥누대(累代).

누:수[1] 淚水 (눈물 루, 물 수). 눈물[淚]로 나오는 물[水]같은 분비물. 눈물샘에서 나오는데, 자극을 받으면 더 많이 나온다. 눈알 바깥 면의 위에 있는 눈물샘에서 나오는 분비물. ㉥눈물.

누:수[2] 漏水 (샐 루, 물 수). 새어[漏] 나오는 물[水]. 물이 샘. ¶수도관이 누수하다.

누:습 漏濕 (샐 루, 젖을 습). 습기(濕氣)가 새어[漏] 나옴.

누:승 累乘 (포갤 루, 곱할 승). ① 속뜻 거듭[累] 곱함[乘]. ② 수학 같은 수나 식을 거듭 곱하는 일. 또는 그렇게 하여 얻어진 수. 제곱, 세제곱, 네제곱 따위가 있다. ㉥멱(冪), 승멱(乘冪), 거듭제곱.

누:실[1] 陋室 (좁을 루, 집 실). ① 속뜻 좁고[陋] 너저분한 집[室]. ②'자기가 사는 집'

을 겸손하게 이르는 말. ¶누실을 찾아주셔서 감사합니다.

누실[2] **漏失** (샐 루, 잃을 실). 빠뜨려[漏] 잃어버림[失]. ¶자료를 누실하다.

누심 壘審 (진 루, 살필 심). 운동 야구에서, 일루(一壘)·이루(二壘)·삼루(三壘)의 가까이에서 그곳에 관한 판정과 파울·스윙에 대한 판정을[審] 맡아보는 사람. ¶1루심.

누:옥 陋屋 (좁을 루, 집 옥). ① 속뜻 좁고[陋] 너저분한 집[屋]. ②'자기가 사는 집'을 겸손하게 이르는 말. ㊥누사(陋舍), 모옥(茅屋).

누:적[1] **累積** (포갤 루, 쌓을 적). 포개져[累] 쌓임[積]. ¶피로가 누적되다. ㊥축적(蓄積).

누:적[2] **漏籍** (샐 루, 문서 적). 호적(戶籍), 병적(兵籍), 학적(學籍) 따위에서 빠짐[漏]. ¶내 이름이 학적부에서 누적되었다.

누:전 漏電 (샐 루, 전기 전). 전기 전류(電流)가 전선 밖으로 새어[漏] 나가는 일. ¶누전으로 불이 나다.

누:증 累增 (포갤 루, 더할 증). 수량 따위가 자꾸 포개어[累] 늘어남[增]. 또는 늘림. ¶과태료가 누증하다.

누:지 陋地 (좁을 루, 땅 지). ① 속뜻 누추(陋醜)한 곳[地]. ②'자기가 사는 곳'을 겸손하게 이르는 말. ¶이렇게 몸소 누지까지 찾아주셔서 감사합니다.

누:진 累進 (포갤 루, 나아갈 진). ① 속뜻 여러 번 포개어[累] 올라감[進]. ② 등급, 가격 따위가 증가함에 따라 상대적으로 그에 대한 비율이 높아짐. ㊥누천(累遷).

▸누:진-세 累進稅 (세금 세). 법률 과세 물건(課稅物件)의 수량, 또는 가격의 증가에 따라 세율이 누진적(累進的)으로 증가하는 세금(稅金). ㊤비례세(比例稅).

▸누:진-율 累進率 (비율 률). 수량이나 가격이 많아짐에 따라 누진적(累進的)으로 증가하는 비율(比率).

▸누:진 과세 累進課稅 (매길 과, 세금 세). 법률 누진(累進) 세율(稅率)에 의하여 세금(稅金)을 부과(賦課)하는 일.

누:차 屢次 (여러 루, 차례 차). 여러[屢] 차례(次例). ¶누차 당부하다.

누:추 陋醜 (좁을 루, 추할 추). ① 속뜻 좁고[陋] 지저분하다[醜]. ②'자기가 사는 집'을 겸손하게 이르는 말. ¶누추하지만 들어오세요.

누:출 漏出 (샐 루, 날 출). ① 속뜻 기체나 액체 따위가 새어[漏] 나옴[出]. ¶가스 누출. ② 비밀이나 정보가 밖으로 새어나감. ¶개인 정보를 누출하다. ㊥누설(漏泄).

누:항 陋巷 (좁을 루, 거리 항). ① 속뜻 좁은[陋] 골목[巷]. ②'자기가 사는 거리나 동네'를 겸손하게 이르는 말.

▸누:항-사 陋巷詞 (말씀 사). 문학 조선 때, 박인로가 자신이 사는 집과 동네[陋巷]에 대하여 읊은 가사[詞].

눌변 訥辯 (말 더듬을 눌, 말 잘할 변). 더듬거리는[訥] 말솜씨[辯]. ㊥눌언(訥言). ㊤달변(達辯), 능변(能辯).

늑간 肋間 (갈비 륵, 사이 간). 의학 늑골(肋骨)과 늑골 사이[間].

▸늑간-근 肋間筋 (힘줄 근). 의학 늑골(肋骨) 사이[間]에 붙은 근육(筋肉).

▸늑간 신경 肋間神經 (정신 신, 날실 경). 의학 척수 신경 가운데 늑골(肋骨) 사이[間]를 지나는 열두 쌍의 신경(神經).

늑골 肋骨 (갈비 륵, 뼈 골). 의학 흉곽을 구성하는 갈비[肋] 뼈[骨]. ㊥갈비뼈.

늑막 肋膜 (갈비 륵, 꺼풀 막). 의학 가슴[肋]에 있는 폐를 싸고 있는 막(膜). ㊥흉막(胸膜), 가슴막.

▸늑막-염 肋膜炎 (염증 염). 의학 늑막(肋膜)에 생기는 염증(炎症).

늑목 肋木 (갈비 륵, 나무 목). ① 속뜻 갈비대[肋] 모양으로 엮은 나무[木]. ② 운동 몸을 바르게 하는 데에 쓰는 체조 기구. 나무 기둥 사이에 여러 개의 가로 대를 고정시킨 것이다.

늑-연골 肋軟骨 (갈비 륵, 무를 연, 뼈 골). 늑골(肋骨)과 흉골을 결합시키는 흉부를 구성하고 있는 연골(軟骨) 부분.

늑탈 勒奪 (억지 륵, 빼앗을 탈). 폭력이나 위력을 써서 억지로[勒] 빼앗음[奪]. ¶늑탈을 당하다 / 늑탈이 심하다.

늠:름 凜凜 (의젓할 름, 의젓할 름). 의젓하고[凜+凜] 당당하다. ¶늠름한 청년.

능가 凌駕 (앞설 릉, 오를 가). 남을 앞서[凌] 오름[駕]. ¶그녀의 피아노 실력은 이제 스승을 능가한다.

능동 能動 (능할 능, 움직일 동). ① 속뜻 능(能)히 스스로 움직임[動]. ② 언어 다른 것에 동작을 미치게 하는 동사의 성질. ⓑ수동(受動), 피동(被動).

▸능동-문 能動文 (글월 문). 언어 문장의 서술어가 능동사(能動詞)로 된 문장(文章). ⓑ피동문(被動文).

▸능동-사 能動詞 (말씀 사). 언어 문장의 주체가 제 힘으로[能] 행하는 동작(動作)을 나타내는 동사(動詞). '철수가 친구를 업다', '아이가 밥을 먹다', '사냥꾼이 토끼를 잡다' 따위에서 '업다', '먹다', '잡다' 따위이다.

▸능동-성 能動性 (성품 성). 스스로[能]의 생각이나 뜻에 따라 행동(行動)하거나 그런 행동이 다른 것에 작용하는 성질(性質). ⓑ수동성(受動性).

▸능동-적 能動的 (것 적). 스스로[能] 움직이려는[動] 태도나 성질 따위의 것[的]. ¶능동적인 사고방식. ⓑ수동적(受動的).

▸능동-태 能動態 (모양 태). 언어 문장의 주체가 스스로[能] 어떤 동작(動作)을 했을 때, 서술어가 취하는 형식[態]. ⓑ수동태(受動態).

능라 綾羅 (비단 릉, 비단 라). 두꺼운 비단[綾]과 얇은 비단[羅].

능란 能爛 (능할 능, 무르익을 란). 어떤 일을 잘하고[能] 익숙하다[爛]. ¶그는 일본어를 매우 능란하게 말한다 / 능수능란(能手能爛)하다.

⁑**능력 能力** (능할 능, 힘 력). 어떤 일을 해낼 수 있는[能] 힘[力]. ¶능력을 기르다 / 능력을 발휘하다. ⓑ깜냥, 역량(力量).

▸능력-급 能力給 (줄 급). 근로자의 일에 대한 능력(能力)에 따라 임금을 지급하는 급여(給與) 제도.

▸능력-자 能力者 (사람 자). ① 속뜻 어떤 일을 해낼 수 있는[能] 힘이 있는 사람[者]. ② 법률 법률 행위를 할 자격이 있는 사람. 금치산자, 한정 치산자, 미성년자를 제외한 대부분의 사람이 해당한다. ⓑ무능력자(無能力者).

능률 能率 (능할 능, 비율 률). 일정한 시간에 해낼 수 있는[能] 일의 분량, 또는 비율(比率). ¶작업 능률 / 능률을 올리다.

▸능률-급 能率給 (줄 급). 근로자의 작업 능률(能率)에 따라서 임금을 지급하는 급여(給與) 제도.

▸능률-적 能率的 (것 적). 능률(能率)이 많이 오르는 성질의 것[的]. ¶이런 일은 기계로 하면 능률적이다.

능멸 凌蔑 (깔볼 릉, 업신여길 멸). 깔보며[凌] 업신여김[蔑]. ¶감히 나를 능멸하다니!

능변 能辯 (능할 능, 말 잘할 변). 능숙(能熟)하게 말을 잘함[辯].

▸능변-가 能辯家 (사람 가). 능숙(能熟)하게 말을 잘하는[辯] 사람[家].

능사[1] 能士 (능할 능, 선비 사). 재능(才能)있는 선비[士]. 쓸모 있는 사람.

능사[2] 能事 (능할 능, 일 사). ① 속뜻 자기에게 알맞아 잘 해낼 수[能] 있는 일[事]. ② 잘하는 일. ¶빨리 출발하는 것만이 능사가 아니다.

능상 菱狀 (마름 릉, 형상 상). 마름모[菱] 꼴[狀]. ¶능상의 보도블록.

능서 能書 (능할 능, 쓸 서). 글씨를 잘[能] 씀[書]. 또는 잘 쓴 글씨. ⓑ능필(能筆).

능선 稜線 (모 릉, 줄 선). 산의 봉우리에서 봉우리로 이어지는 산등성이[稜]의 선(線). ¶능선을 따라 내려오다.

능소능대 能小能大 (능할 능, 작을 소, 능할 능, 큰 대). ① 속뜻 작은[小] 일에도 능하고[能] 큰[大] 일에도 능함[能]. 모든 일에 두루 능함. ② 작아질 수도 있고 커질 수도 있음.

능수 能手 (능할 능, 솜씨 수). 어떤 일에 능란(能爛)한 솜씨[手]. 또는 그런 사람. ¶실무에 있어서는 그가 능수다 / 능수능란(能手能爛).

능숙 能熟 (능할 능, 익을 숙). 기술이 있어 일을 잘하고[能] 그 일에 익숙[熟]하다. ¶능숙한 솜씨로 기저귀를 갈았다 / 젓가락을 능숙하게 사용하다.

능욕 凌辱 (깔볼 릉, 욕될 욕). ① 속뜻 남을 업신여겨[凌] 욕보임[辱]. ¶약자를 능욕하는 것은 강자의 도리가 아니다. ② 폭력으로 여자를 욕보임. ¶치한에게 능욕을 당하다.

능지 凌遲 (깔볼 릉, 더딜 지). ① 속뜻 오래오래[遲] 깔보게 한[凌]. ② '산비탈[陵]이 서서히 평평하게[夷] 됨'을 처음에는 성하다가 나중에는 쇠퇴함을 이르는 말. [비]능이(陵夷).

▶능지-처참 凌遲處斬 (처할 처, 벨 참). [역사] 죄인의 머리를 베어[斬] 처형(處刑)한 뒤에 시신의 몸, 팔, 다리를 토막 쳐서 각지에 돌려보내어 만백성이 오래오래[遲] 깔보게 하는[凌] 형벌.

능통 能通 (능할 능, 온통 통). 능(能)히 모든[通] 것을 다 잘 함. ¶그는 4개 국어에 능통하다.

능필 能筆 (능할 능, 글씨 필). 능히[能] 잘 쓴 글씨[筆]. 또는 글씨를 잘 쓰는 사람.

능형 菱形 (마름 릉, 모양 형). ① [속뜻] 마름모[菱] 꼴[形]. ② [수학] 네 변의 길이가 같고, 두 쌍의 마주 보는 변이 서로 평행하며, 두 대각선이 중점에서 서로 수직으로 만나는 사각형의 모양. [비]마름모, 등변 사각형.

다각 多角 (많을 다, 모서리 각). ① 속뜻 여러[多] 각도(角度). ② 여러 방면이나 부문. ¶제품을 다각화하다 / 다각적인 취미.

▸ **다각-도** 多角度 (정도 도). 여러[多] 각도(角度). 또는 여러 방면. ¶해결책을 다각도로 모색했다.

▸ **다각-선** 多角線 (줄 선). 다각점(多角點)을 연결한 선분(線分)의 집합.

▸ **다각-점** 多角點 (점 점). 건설 다각(多角) 측량을 위해 기준으로 정한 여러 개의 측점(測點).

▸ **다각-주** 多角柱 (기둥 주). 수학 밑면이 다각형(多角形)인 기둥[柱] 모양의 입체. ㊥다각기둥.

▸ **다각-형** 多角形 (모양 형). ① 속뜻 여러[多] 개의 모서리[角]가 있는 모양[形]. ② 수학 셋 이상의 직선으로 둘러싸인 평면 도형. 선분의 수에 따라 삼각형, 사각형, 오각형 따위가 있다.

▸ **다각 경영** 多角經營 (다스릴 경, 꾀할 영). 경제 기업체 따위에서 주된 사업과 관련이 없는 여러 종류[多角]의 사업을 아울러 경영(經營)하는 일.

▸ **다각 농업** 多角農業 (농사 농, 일 업). 농업 여러[多] 방면[角]의 산업을 결합한 농업(農業) 형태. 벼나 보리 농사뿐만 아니라 특용 작물의 재배, 축산 따위이다. ¶정부에서는 다각 농업을 장려했다. ㊥다각 영농(營農). ㊟단작(單作) 농업.

▸ **다각 묘:사** 多角描寫 (그릴 묘, 베낄 사). 문학 어떤 한 가지 대상을 여러[多] 각도(角度)에서 그리는[描寫] 표현 방법.

▸ **다각 무:역** 多角貿易 (바꿀 무, 바꿀 역). 경제 여러[多] 지역[角]의 나라를 상대로 하는 무역(貿易).

다-갈색 茶褐色 (차 다, 털옷 갈, 빛 색). 붉은 기운보다 찻물[茶]처럼 검누른 기운이 더 많은 갈색(褐色). ¶가을이 되자 나뭇잎이 다갈색으로 변했다.

다감 多感 (많을 다, 느낄 감). 느낌이 많고[多] 감동(感動)하기 쉽다. 감정이나 감수성이 풍부하다. ¶그는 다감하고 정이 많다.

다-감각 多感覺 (많을 다, 느낄 감, 깨달을 각). 생물 어느 한군데를 자극했을 때, 여러[多] 군데의 자극처럼 느끼게[感覺] 되는 이상 지각.

다겁 多怯 (많을 다, 무서울 겁). 겁(怯)이 많다[多].

다공 多孔 (많을 다, 구멍 공). 구멍[孔]이 많음[多]. ¶다공 벽돌.

▸ **다공-도** 多孔度 (정도 도). ① 속뜻 구멍이 많은[多孔] 정도(程度). ② 물리 다공질(多孔質)인 물질에서 전 부피에 대한 구멍 부분의 부피 비율.

▸ **다공-질** 多孔質 (바탕 질). 작은 구멍이 많이[多孔] 뚫려 있는 물질(物質). ¶부석(浮石)은 다공질의 가벼운 돌이다.

다과[1] 多寡 (많을 다, 적을 과). 수량이 많고[多] 적음[寡]. ¶전투의 승패는 병력의 다과만으로 좌우되는 게 아니다.

다과[2] 茶菓 (차 다, 과자 과). '차'[茶]와 '과자'(菓子). ¶다과를 내오다.

▸ **다과-상** 茶菓床 (평상 상). 손님을 접대하려고 차[茶], 과일[菓] 따위를 차린 상(床). ¶다과상을 차리다.

▸ **다과-회** 茶菓會 (모일 회). 차[茶]와 과자[菓] 따위를 베푸는 간단한 모임[會]. ¶행사가 끝난 후 다과회를 베풀었다.

다관 茶館 (차 다, 집 관). 차[茶]를 파는 집[館]. 중국 사람들의 사교장 겸 오락장.

다구 茶具 (차 다, 갖출 구). 차[茶]를 달이어 마시는 데 쓰이는 여러 가지 기구(器具). ¶다구 한 벌을 사다. ㊥차제구(茶諸具).

다-국적 多國籍 (많을 다, 나라 국, 문서 적). 여러[多] 나라에 국적(國籍)을 두고 있음. 여러 나라가 참여하거나 여러 나라의 것이 섞여 있음. ¶다국적 문화 산업.

▸다국적 기업 多國籍企業 (꾀할 기, 일 업). 경제 여러[多] 나라에 진출해 현지 국적(國籍)을 취득한 기업(企業) 조직. ¶국내에 다국적 기업이 진출했다.

다극 多極 (많을 다, 끝 극). ① 속뜻 극(極)이 많음[多]. ② 중심이 되는 세력 따위가 없이 여러 세력이 분산되어 서로 대립하고 있는 상태. 극이 여러 개임. ¶다극 체제.

▸다극-관 多極管 (대롱 관). 물리 여러[多] 개의 전극(電極)을 가진 진공관(眞空管). '다극 진공관'의 준말.

▸다극-화 多極化 (될 화). ① 속뜻 극(極)이 여럿[多]으로 나뉜 형태가 됨[化]. ② 세계의 중심 세력이 다원화되는 것. ¶다극화 시대.

다급 多急 (많을 다, 급할 급). 많이[多] 급(急)하다. ¶다급한 목소리 / 일이 다급하게 되었다. ㊥급(急)하다, 촉박(促迫)하다.

다기[1] 茶器 (차 다, 그릇 기). ① 속뜻 차[茶]를 달여 마시는 데 쓰이는 여러 가지 기구(器具). ¶다반에 다기를 올려놓다. ② 불교 절에서 부처 앞에 맑은 물을 떠놓은 그릇. ㊥다구(茶具), 차제구(茶諸具).

다기[2] 多岐 (많을 다, 갈림길 기). ① 속뜻 여러[多] 갈래[岐]. ② 여러 방면으로 갈림. ¶다기한 의견.

▸다기-망양 多岐亡羊 (망할 망, 양 양). ① 속뜻 갈림길[岐]이 많아[多] 양(羊)을 잃어버림[亡]. 또는 그런 양. ② 갈래 길이 많아 갈팡질팡하다가 옳은 길을 잃음. ¶다기망양이라니, 갈 길을 잘 찾아야 성공한다. ③ 방침이 많아서 도리어 갈 바를 모름. ¶사공이 많으면 다기망양하기 쉽다.

다난 多難 (많을 다, 어려울 난). 많은[多] 어려움[難]. 어려움이 많다. ¶다난했던 한 해가 저물고 있다.

다년 多年 (많을 다, 해 년). 여러[多] 해[年]. 오랜 세월.

▸다년-간 多年間 (사이 간). 여러[多] 해[年] 동안[間]. 오랜 세월 동안. ¶다년간의 노고에 보답하였다. ㊥수년간(數年間).

▸다년-생 多年生 (살 생). 식물 식물체의 전부 또는 일부가 여러[多] 해[年] 동안 자라는[生] 것. ㊥여러해살이.

다뇨-증 多尿症 (많을 다, 오줌 뇨, 증세 증). 많이[多] 오줌[尿]을 누는 증세(症勢). 오줌을 누는 횟수와 양이 병적으로 많은 증세. ¶당뇨로 인한 다뇨증.

다능 多能 (많을 다, 능할 능). 많은[多] 것을 할[能] 수 있다. 재주가 많음. ¶다재(多才) 다능 / 다능한 사람.

다다익선 多多益善 (많을 다, 더할 익, 좋을 선). ① 속뜻 많으면[多] 많을수록[多] 더욱[益] 좋음[善]. ② 많을수록 더욱더 좋음. 중국 한(漢)나라의 장수 한신(韓信)이 고조(高祖)와 장수의 역량에 대하여 얘기할 때, 고조는 10만 정도의 병사를 거느릴 수 있지만, 자신은 병사의 수가 다다익선이라고 한 말에서 유래한다. ¶다다익선이 돈이라지만 사람의 역량에 따라 돈이 독이 될 수도 있다.

다단 多段 (많을 다, 구분 단). 여러[多] 단(段). ¶다단 편집.

다당-류 多糖類 (많을 다, 엿 당, 무리 류). 화학 여러[多] 당류(糖類)가 복합되어 있는 탄수화물 종류(種類). 가수 분해로 한 분자에서 두 개 이상의 단당류를 생성한다. 녹말, 글리코겐, 셀룰로스 따위. ㊥복당류(複糖類). ㊟단당류(單糖類).

다대 多大 (많을 다, 큰 대). 많고도[多] 크다[大]. ¶다대한 업적.

다도 茶道 (차 다, 방법 도). 차[茶]를 손님에게 대접하거나 마실 때의 방법[道] 및 예의범절. ¶학생들은 다도에 따라 차를 마셨다.

다독 多讀 (많을 다, 읽을 독). 책을 많이[多] 읽음[讀]. ¶다독하는 것도 중요하지만, 정독도 필요하다. ㊤과독(寡讀).

▸다독-상 多讀賞 (상줄 상). 책을 많이 읽는[多讀] 사람에게 주는 상(賞). ¶다독상을 받았다.

다량 多量 (많을 다, 분량 량). 분량(分量)이 매우 많음[多]. ¶물건을 다량으로 구입하다. ㊥대량(大量). ㊤소량(少量), 미량(微

量).

다례 茶禮 (차 다, 예도 례). 음력 초하루 보름이나 명절날, 또는 조상의 생일 등에 간단하게 차[茶]를 올리며 지내는 제사 예식(禮式). ㊐차례(茶禮).

다망 多忙 (많을 다, 바쁠 망). 일이 매우 많고[多] 바쁨[忙]. ¶공사 다망(公私多忙) / 다망하신 데도 참석해주셔서 감사합니다.

다매 多賣 (많을 다, 팔 매). 많이[多] 팖[賣]. ¶박리(薄利) 다매.

다면 多面 (많을 다, 쪽 면). 여러[多] 면(面). 여러 방면.

▸다면-각 多面角 (모서리 각). 수학 셋 이상[多]의 평면(平面)이 한 점에서 만나 이루어진 뾰족한[角] 형상을 이루는 입체각. 삼면각, 사면각, 육면각 따위.

▸다면-성 多面性 (성질 성). 여러[多] 방면(方面)에 걸친 다양한 성질(性質).

▸다면-체 多面體 (몸 체). 수학 넷 이상의[多] 평면(平面)으로 둘러싸인 입체(立體) 도형. 사면체, 오면체 따위.

다모 多毛 (많을 다, 털 모). 몸에 털[毛]이 많음[多].

▸다모-증 多毛症 (증세 증). 털[毛]이 지나치게 많이[多] 나는 증세(症勢).

다모-작 多毛作 (많을 다, 털 모, 지을 작). ① 속뜻 여러[多] 번 모[毛]를 심어 경작함. ② 농업 같은 땅에서 1년에 종류가 다른 작물을 세 번 이상 심어 거둠. 또는 그런 방식. ¶이 지역은 다모작에 적당한 기후이다. ㊐여러그루짓기.

다-목적 多目的 (많을 다, 눈 목, 과녁 적). 여러 가지[多] 목적(目的). ¶다목적 댐을 건설하다.

다문 多聞 (많을 다, 들을 문). 보고들은[聞] 것이 많음[多]. 견문이 넓음.

▸다문-박식 多聞博識 (넓을 박, 알 식). 보고 들은 것이 많고[多聞] 지식(知識)이 넓음[博].

다반 茶飯 (차 다, 밥 반). ① 속뜻 항상 먹는 차[茶]와 밥[飯]. ② '늘 있어 이상할 것이 없는 예사로운 일'을 비유하여 이르는 말. '항다반'(恒茶飯)의 준말.

▸다반-사 茶飯事 (일 사). 늘 있는[茶飯] 일[事]. 예사로운 일. '항다반사'(恒茶飯事)의 준말.

다발 多發 (많을 다, 나타날 발). 많이[多] 발생(發生)함. 자주 일어남. ¶사고 다발 지역.

▸다발-성 多發性 (성질 성). ① 속뜻 여러[多] 가지 일이 함께 일어나는[發] 성질(性質). ②두 군데 이상의 신체 부분에서 병이 동시에 발생하는 성질. ¶다발성 위궤양.

▸다발-기 多發機 (틀 기). 항공 셋 이상[多]의 발동(發動) 엔진이 있는 항공기(航空機).

▸다발-식 多發式 (법 식). 항공기 따위에서, 셋 이상[多]의 발동(發動) 엔진이 있는 방식(方式)의 구조.

다방 茶房 (차 다, 방 방). 차[茶] 종류를 조리하여 팔거나 청량 음료 및 우유 따위 음료수를 파는 영업소[房]. ㊐찻집.

다-방면 多方面 (많을 다, 모 방, 쪽 면). 여러[多] 방면(方面). 여러 분야. ¶그는 다방면에 취미를 가진 사람이다. ㊐다각(多角).

다배 多胚 (많을 다, 아이 밸 배). 생물 여러[多] 개의 배(胚).

▸다배 현:상 多胚現象 (나타날 현, 모양 상). 생물 한 개의 씨앗이나 알에서 여럿[多]의 배(胚)가 생겨 생식하는 현상(現象). 일란성 쌍둥이의 발생과 같은 경우이다.

▸다배 형성 多胚形成 (모양 형, 이룰 성). 생물 1개의 종자 또는 알에서 여럿[多]의 배(胚)가 형성(形成)되는 것.

다변[1] 多變 (많을 다, 바뀔 변). 변화(變化)가 많음[多]. ¶다변하는 국제 정세.

다변[2] 多辯 (많을 다, 말 잘할 변). 말[辯]을 많이[多] 함. 수다스러움. ¶다변한 아낙 때문에 머리가 아팠다.

▸다변-가 多辯家 (사람 가). 말[辯]을 많이[多] 하는 사람[家].

다변-적 多邊的 (많을 다, 가 변, 것 적). 여러 방면[多邊]에 관련되는. 또는 그런 것[的]. ¶다변적 관계 / 다변적 외교.

다변-화 多邊化 (많을 다, 가 변, 될 화). 방법이나 양상이 단순하지 않고 여러[多] 갈래[邊]로 나뉘어 복잡해짐[化]. ¶수출 시장의 다변화.

다보 多寶 (많을 다, 보배 보). ① 속뜻 많은[多] 보물(寶物). ② 불교 '다보여래'(多寶如來)의 준말.

▸다보-탑 多寶塔 (많을 다, 보배 보, 탑 탑).

[고적] 다보여래(多寶如來)의 사리를 모신 탑(塔). 다보여래가 열반할 때의 원(願)을 따라 다보여래의 전신이 탑 속에 봉안되어 있다고 전해진다.

▸다보-여래 多寶如來 (같을 여, 올 래). [불교] 오(五)여래의 하나로 동방의 보정 세계(寶淨世界)에 나타났다는 부처[如來]. 석가모니가 영취산에서 법화경을 설법할 때 땅속에서 다보탑(多寶塔)과 함께 솟아 소리를 질러 석가모니의 설법이 참이라고 증명하였다고 한다.

다복 多福 (많을 다, 복 복). 많은[多] 복(福). 복이 많음. ¶다복한 생활을 하다. [비]유복(裕福)하다.

다분 多分 (많을 다, 나눌 분). 많은[多] 분량(分量)이나 비율. ¶그는 예술가적 소질이 다분하다.

다비[1] 茶毘 (차 다, 도울 비). [불교] '불에 태운다'는 뜻의 팔리어 'jhāpita'의 한자 음역어. 시체를 화장하는 일을 이른다.

다비[2] 多肥 (많을 다, 거름 비). [농업] 많은[多] 거름[肥]. 거름을 많이 필요로 함.

▸다비 농업 多肥農業 (농사 농, 일 업). [농업] 농산물의 생산량을 늘리기 위해 일정한 경작지에 많은[多] 거름[肥]을 주는 농업(農業)의 방법.

다사 多事 (많을 다, 일 사). ① [속뜻] 많은[多] 일[事]. ② 일이 많아 매우 바쁨.

▸다사-다난 多事多難 (많을 다, 어려울 난). 여러 가지 일[事]도 많고[多] 어려움[難]도 많음[多]. ¶다사다난했던 한 해가 저물고 있다.

▸다사-다단 多事多端 (많을 다, 처음 단). 많은[多] 일[事]이나 많은[多] 실마리[端]가 서로 뒤얽혀 복잡함.

▸다사-다망 多事多忙 (많을 다, 바쁠 망). 많은[多] 일[事]이 있어 많이[多] 바쁨[忙].

다산 多産 (많을 다, 낳을 산). ① [속뜻] 아이 또는 새끼를 많이[多] 낳음[産]. ¶다산을 권장하다. ② 물품을 많이 생산함. [비]다생(多生). [반]과산(寡産).

▸다산-형 多産型 (모형 형). 아이 또는 새끼를 많이[多] 낳는[産] 체형(體型).

다산 염기 多酸鹽基 (많을 다, 산소 산, 소금 염, 터 기). [화학] 분자 중에 염기로 바꿀 수 있는 둘 이상[多]의 수산기(水酸基)를 가진 염기(鹽基).

다상 多相 (많을 다, 모양 상). 여러[多] 개의 상(相).

▸다상 교류 多相交流 (서로 교, 흐를 류). [물리] 주파수는 같으나 위상(位相)을 달리하는 둘 또는 그 이상[多]의 교류(交流) 방식.

다색[1] 茶色 (차 다, 빛 색). ① [속뜻] 차[茶] 잎 같은 색(色). ② 차(茶)의 종류. [비]갈색(褐色).

다색[2] 多色 (많을 다, 빛 색). 여러[多] 가지 빛깔[色]. [반]단색(單色).

▸다색-성 多色性 (성질 성). [물리] 편광(偏光)이 결정체를 통과할 때, 편광의 진동 방향에 따라 여러[多] 가지 빛깔[色]이 나오는 특성(特性). 편광 현미경으로 볼 수 있다.

▸다색-훈 多色暈 (무리 훈). [광업] 흑운모 각섬석 등의 속에 방사성 광물이 있을 때, 그 둘레에 생기는 다색성(多色性)의 반점 무리[暈].

다성 음악 多聲音樂 (많을 다, 소리 성, 소리 음, 풍류 악). [음악] 둘 또는 그 이상[多]의 독립된 성부(聲部)로 이루어진 음악(音樂). '다성부 음악'의 준말.

다성 잡종 多性雜種 (많을 다, 성질 성, 섞일 잡, 갈래 종). [생물] 여러[多] 쌍의 대립 유전자[性]를 가진 양친 사이에서 나온 잡종(雜種). [참]단성(單性) 잡종.

다성-화 多性化 (많을 다, 성질 성, 될 화). 여러[多] 성질(性質)을 가지는 것으로 바뀜[化]. [비]잡종화(雜種化).

다-세대 多世帶 (많을 다, 세대 세, 띠 대). 많은[多] 세대(世帶). 세대가 많음. ¶다세대 주택.

다-세:포 多細胞 (많을 다, 작을 세, 태보 포). [생물] 생물체 안에 세포(細胞)가 여럿[多] 임. [반]단세포(單細胞).

▸다세:포 동:물 多細胞動物 (움직일 동, 만물 물). [동물] 여러[多] 세포(細胞)가 모여 한 개체를 이루고 있는 동물(動物). [비]복세포(複細胞) 동물.

▸다세:포 생물 多細胞植物 (살 생, 만물 물). [생물] 여러[多] 세포(細胞)가 모여 한 개체를 이루고 있는 생물(生物). [비]복세포(複細胞) 생물.

▸다세포 식물 多細胞植物 (심을 식, 만물 물). 식물 여러[多] 세포(細胞)가 모여 한 개체를 이루고 있는 식물(植物). ⓑ복세포(複細胞) 식물.

다소 多少 (많을 다, 적을 소). ① 속뜻 분량이나 정도의 많음[多]과 적음[少]. ②조금. 약간. ¶배가 아파서 다소 불편하다.

▸다소-간 多少間 (사이 간). ① 속뜻 많고 적음[多少]의 정도[間]. ②얼마쯤. ¶양측 사이에 다소간의 마찰이 있다. ⓑ얼마간, 약간(若干).

다수 多數 (많을 다, 셀 수). 수효(數爻)가 많음[多]. ¶다수의 의견을 따르다. ⓑ다대수(多大數). ⓟ소수(少數).

▸다수-결 多數決 (결정할 결). 회의의 구성원 중 다수(多數)의 찬성으로 가부(可否)를 결정(決定)하는 일. ¶그 의안은 다수결로 통과되었다.

▸다수-당 多數黨 (무리 당). 정치 의석의 다수(多數)를 차지하고 있는 정당(政黨). ⓟ소수당(少數黨).

다-수확 多收穫 (많을 다, 거둘 수, 거둘 확). 많은[多] 수확(收穫). ¶다수확 품종을 개발하다.

▸다수확 작물 多收穫作物 (지을 작, 만물 물). 농업 일정한 경작지에서 다른 작물에 비해 많은[多] 수확(收穫)을 낼 수 있는 작물(作物).

다습 多濕 (많을 다, 젖을 습). 많이[多] 습(濕)함. 습도가 높음. ¶이 식물은 다습한 지역에서 잘 자란다.

다시-증 多視症 (많을 다, 볼 시, 증세 증). 의학 하나의 물체가 여러[多] 개로 보이는[視] 병증(病症).

다식[1] 多識 (많을 다, 알 식). 많이[多] 앎[識]. 아는 것이 많음. ¶박학다식 / 이 방면에 다식한 학자들을 초청했다. ⓑ박식(博識).

다식[2] 多食 (많을 다, 먹을 식). 음식을 많이[多] 먹음[食]. ⓑ건담(健啖), 건식(健食), 대식(大食).

▸다식-증 多食症 (증세 증). 의학 음식을 아무리 많이[多] 먹어도[食] 배부른 느낌을 느끼지 못하는 병증(病症).

다식[3] 茶食 (차 다, 밥 식). 우리나라 고유 과자의 하나. 삼국시대에, 찻잎[茶] 가루에 찻물을 부어 뭉쳐 만든 떡 따위의 먹거리[食]에서 유래.

▸다식-과 茶食菓 (과자 과). 다식(茶食)처럼 만들어 기름에 지진 과자[菓] 같은 음식.

▸다식-판 茶食板 (널빤지 판). 다식(茶食)을 박아내는 틀[板].

다신-교 多神教 (많을 다, 귀신 신, 종교 교). 종교 많은[多] 신(神) 또는 정령이나 영혼을 인정하여 숭배의 대상으로 삼는 종교(宗教)의 한 형태. ¶그리스는 다신교 문화이다. ⓟ일신교(一神教).

다실 茶室 (차 다, 집 실). 차[茶]를 파는 집[室]. ¶이 다실은 손님들이 특별히 좋아한다. ⓑ다방(茶房).

다심 多心 (많을 다, 마음 심). 조그만 일에도 마음[心]을 많이[多] 씀. ¶그녀는 다심도 하다.

다액 多額 (많을 다, 액수 액). 많은[多] 액수(額數). ¶사업에 필요한 다액의 돈을 마련하다.

⁑**다양** 多樣 (많을 다, 모양 양). 종류[樣]가 여러[多] 가지인 것. ¶다양한 의견 / 서비스가 다양하다. ⓟ획일(劃一).

▸다양-성 多樣性 (성질 성). 다양(多樣)한 특성(特性). ¶문화의 다양성.

▸다양-화 多樣化 (될 화). 모양(模樣), 빛깔, 형태, 양식 따위가 여러[多] 가지로 된[化]. 또는 그렇게 많게 한. ¶디자인의 다양화 / 제품의 다양화.

다언 多言 (많을 다, 말씀 언). 수다스럽게 말[言]이 많음[多]. 또는 많은 말. ¶다언이 화를 불렀다. ⓑ다변(多辯), 장광설(長廣舌). ⓟ과언(寡言).

▸다언-혹중 多言或中 (혹시 혹, 맞을 중). 말[言]을 많이[多] 하다 보면 더러[或] 사리에 맞는[中] 말도 있음.

다염기-산 多鹽基酸 (많을 다, 소금 염, 터 기, 산소 산). 화학 염기도(鹽基度)가 둘 이상[多]인 산(酸). 산(酸)에 포함된 수소 원자 중 금속 원자 또는 양성기로 치환할 수 있는 수소 원자의 수를 염기도라 한다. 황산, 탄산 따위. ⓑ다가산(多價酸).

다예 多藝 (많을 다, 재주 예). 여러[多] 가지 기예(技藝)에 능함. 또는 그 예능. ¶그는 서예, 거문고 등에 다예하신 분이었다.

다용 多用 (많을 다, 쓸 용). 많이[多] 씀[用].

다-용도 多用途 (많을 다, 쓸 용, 길 도). 여러[多] 가지 쓰임새[用途]. ¶컴퓨터를 다용도로 사용한다.

다우 多雨 (많을 다, 비 우). 비[雨]가 많이[多] 내림. [반]과우(寡雨).

▸다우-지 多雨地 (땅 지). [지리]일정 기간 동안에 다른 지방보다 기준량 이상으로 비[雨]가 많이[多] 내리는 지역(地域). ¶이 지역은 건조지대 중에서 이례적인 다우지이다.

다원¹ 茶園 (차 다, 동산 원). 차[茶] 나무를 재배하는 밭이나 동산[園]. ¶보성은 다원이 많다.

다원² 多元 (많을 다, 으뜸 원). ① [속뜻]근원[元]이 많음[多]. 또는 그 근원. ② [수학]방정식의 미지수가 여럿임. [반]일원(一元).

▸다원-론 多元論 (논할 론). [철학]여럿[多]의 근본적 실체[元]가 결합되어 우주를 구성하고 있다는 이론(理論). [반]일원론(一元論).

▸다원-화 多元化 (될 화). 근원[元]이 여럿[多]이 됨[化]. ¶사회가 다원화되었다.

▸다원 묘:사 多元描寫 (그릴 묘, 베낄 사). [문학]소설의 구성에서 여러[多] 시점[元]을 통해 대상을 따로따로 묘사(描寫)하여 전체의 조화를 꾀하는 방법. [참]일원(一元) 묘사.

▸다원 방:송 多元放送 (놓을 방, 보낼 송). [언론]한 방송국에서 하나의 주제 아래 여러[多] 방송망[元]을 통하여 제작한 내용을 한 진행 순서로 편성한 방송(放送).

▸다원 방정식 多元方程式 (모 방, 거리 정, 법 식). [수학]둘 이상[多]의 미지수[元]를 가진 방정식(方程式).

다육 多肉 (많을 다, 살 육). 과일의 살[肉]이 많음[多].

▸다육-경 多肉莖 (줄기 경). [식물]수분이 많아서 살[肉]이 두툼하게[多] 찐 식물의 줄기[莖]. ¶선인장은 다육경의 식물이다.

▸다육-과 多肉果 (열매 과). [식물]살[肉]과 즙이 많아서[多] 익은 뒤에도 마르지 않는 열매[果]. 사과, 복숭아 따위.

▸다육-엽 多肉葉 (잎 엽). [식물]수분이 많아서 살[肉]이 두툼하게[多] 오른 식물의 잎[葉]. ¶돌나물는 다육엽을 틔운다.

▸다육-질 多肉質 (바탕 질). 살[肉]이 두툼한[多] 성질(性質)이나 특질(特質). ¶이 닭은 다육질이다.

▸다육 식물 多肉植物 (심을 식, 만물 물). [식물]선인장처럼, 줄기나 잎의 일부 또는 전체가 수분을 많이 간직한 다육질(多肉質)의 식물(植物). [비]다장(多漿) 식물.

다음-자 多音字 (많을 다, 소리 음, 글자 자). [언어]둘 이상 여러[多] 음가(音價)를 가진 한자(漢字). ¶'樂' 자는 다음자이다.

다-음절 多音節 (많을 다, 소리 음, 마디 절). [언어]셋 이상 여러[多] 음절(音節). [반]단음절(單音節).

▸다음절-어 多音節語 (말씀 어). [언어]셋 이상 여러[多] 음절(音節)로 이루어진 말[語].

다의¹ 多疑 (많을 다, 의심할 의). 의심(疑心)이 많음[多].

다의² 多義 (많을 다, 뜻 의). 한 낱말이나 표현이 여러[多] 가지 뜻[義]을 가짐. 또는 그 뜻. ¶그의 글은 다의적으로 해석할 수 있다.

▸다의-어 多義語 (말씀 어). [언어]두 가지 이상의 뜻[多義]을 가진 단어(單語).

다-자손 多子孫 (많을 다, 아이 자, 손자 손). 자손(子孫)이 많음[多].

다-자엽 多子葉 (많을 다, 아이 자, 잎 엽). [식물]하나의 싹이 틀 때 세 개 이상[多]의 떡잎[子葉]이 생기는 것.

다작 多作 (많을 다, 지을 작). ① [속뜻]작품 따위를 양적으로 많이[多] 지어냄[作]. ¶그는 다작을 남긴 애국시인이었다. ② 농산물이나 물품을 많이 생산함. ¶올해는 배추를 다작하여 그 값이 크게 떨어졌다. [반]과작(寡作).

다장-근 多漿根 (많을 다, 미음 장, 뿌리 근). [식물]무나 당근 따위와 같이 즙액[漿]을 많이[多] 지닌 뿌리[根].

다장-식물 多漿植物 (많을 다, 미음 장, 심을 식, 만물 물). [식물]줄기나 잎에 수분[漿]을 많이[多] 지닌 식물(植物). 건조에 잘 견딘다. ¶선인장은 다장식물이다.

다재 多才 (많을 다, 재주 재). 재주[才]가 많음[多].

▸다재-다능 多才多能 (많을 다, 능할 능). 재주[才]가 많고[多] 능력(能力)이 풍부하다[多]. ¶다재다능한 아이.

***다정 多情** (많을 다, 마음 정). 다감(多感)한 마음[情]. 다정다감(多情多感). ¶다정한 미소 / 다정하게 지내다. [비]살갑다. [반]박정(薄情).

▸다정다감 多情多感 (많을 다, 느낄 감). 정이 많고[多情] 감성(感性)이 많음[多]. ¶그는 매우 다정다감하다.

▸다정-다한 多情多恨 (많을 다, 원한 한). 애틋한 정(情)도 많고[多] 한(恨)스러운 일도 많음[多].

▸다정-불심 多情佛心 (부처 불, 마음 심). 다정(多情)한 것은 곧 부처님 마음[佛心]이라는 말.

다정 수정 多精受精 (많을 다, 정액 정, 받을 수, 정액 정). [동물] 하나의 난자에 둘 이상[多]의 정자(精子)가 들어가 수정(受精)하는 것. [참]단정(單精) 수정.

다조 多照 (많을 다, 비칠 조). 햇빛이 쬐는[照] 시간이 많음[多]. [반]과조(寡照).

▸다조-기 多照期 (때 기). 햇빛이 쬐는[照] 시간이 많은[多] 시기(時期).

다조-성 多調性 (많을 다, 가락 조, 성질 성). [음악] 둘 이상[多]의 다른 조성(調聲)을 동시에 사용하는 기법[性]. ¶그는 다조성을 사용한 음악을 작곡했다. [준]다조.

다족 多足 (많을 다, 발 족). 발[足]의 수가 많음[多].

▸다족-류 多足類 (무리 류). [동물] 다리[足]가 많은[多] 절지동물의 종류(種類). ¶이곳에는 수백 종의 다족류가 서식한다. [비]다지류(多肢類).

다종¹ 茶鍾 (차 다, 술병 종). 차[茶]를 따라 마실 때 쓰는 종지[鍾]. [비]찻종.

다종² 多種 (많을 다, 갈래 종). 종류(種類)가 많음[多]. ¶한라산에는 다종의 곤충이 자생한다.

▸다종-다양 多種多樣 (많을 다, 모양 양). 종류(種類)도 많고[多] 모양(模樣)도 많음[多]. 가짓수나 양식, 모양이 여러 가지로 많음. ¶이 상점에서는 다종다양한 물건을 판매한다.

다중¹ 多衆 (많을 다, 무리 중). 많은[多] 사람[衆]. ¶다중이 몰려와 그의 연설을 들었다.

다중² 多重 (많을 다, 겹칠 중). 여러[多] 겹[重]. 겹겹. ¶다중 인격 / 다중 방송.

▸다중-성 多重星 (별 성). [천문] 여러[多] 개의 별이 가까이 있거나 겹쳐[複] 늘어서서 하나처럼 보이는 별[星]. [비]중성(重星), 다중성(多重星).

▸다중 방:송 多重放送 (놓을 방, 보낼 송). [전기] 하나의 주파수로 여러[多] 가지를 동시에[重] 내보내는 방송(放送).

▸다중 통신 多重通信 (통할 통, 소식 신). [통신] 동일한 통신로를 이용하여 여러[多] 신호를 동시에[重] 내보내는 통신(通信).

다지-증 多指症 (많을 다, 손가락 지, 증세 증). [의학] 손가락[指]이나 발가락의 수효가 정상인보다 많은[多] 기형 병증(病症).

다채 多彩 (많을 다, 빛깔 채). ① [속뜻] 다양(多樣)한 빛깔[彩]. ② 여러 색채가 어울려 호화로움. ¶옷감이 다채롭다 / 다채로운 축하 행사.

다처 多妻 (많을 다, 아내 처). 한 남자가 둘 이상[多]의 아내[妻]를 가지는 일. ¶일부(一夫) 다처.

다축 多畜 (많을 다, 가축 축). 가축(家畜)이 많은[多] 것. ¶다축 농가(農家).

다층 多層 (많을 다, 층 층). 여러[多] 층(層).

▸다층-림 多層林 (수풀 림). 임관(林冠)이 여러[多] 층(層)으로 이루어진 숲[林]. [비]복층림(複層林).

▸다층-탑 多層塔 (탑 탑). 탑신(塔身)이 여러[多] 층(層)으로 된 탑(塔). ¶이 석탑은 고려시대에 축조된 다층탑이다.

다탁 茶卓 (차 다, 탁자 탁). 차[茶]를 마실 때 사용하는 탁자(卓子). ¶다탁을 사이에 두고 마주 앉았다.

다태 多胎 (많을 다, 아이 밸 태). [동물] 포유동물에서 여러[多] 개의 수정체[胎]가 형성되는 일. 난자가 수정한 뒤 여럿으로 분리되거나, 여러 개의 난자가 동시에 수정되는 것이다. [반]단태(單胎).

▸다태-아 多胎兒 (아이 아). [의학] 다태(多胎) 임신으로 밴 태아(胎兒).

▸다태 동:물 多胎動物 (움직일 동, 만물 물). 동물 한 배에 여럿의[多] 새끼[胎]를 갖는 동물(動物). ¶개는 다태 동물이다.

▸다태 임:신 多胎妊娠 (아이 밸 임, 아이 밸 신). 의학 한 배에 여럿의[多] 태아(胎兒)를 동시에 배는[妊娠] 일.

다한-증 多汗症 (많을 다, 땀 한, 증세 증). 의학 땀[汗]이 많이[多] 나는 증세(症勢).

다항 선:택법 多項選擇法 (많을 다, 항목 항, 고를 선, 고를 택, 법 법). 교육 한 문제에 대하여 여럿의[多] 항목(項目)을 늘어놓고 옳은 답을 가려내게[選擇] 하는 시험 방법(方法).

다항-식 多項式 (많을 다, 항목 항, 법 식). 수학 여럿의[多] 항(項)을 덧셈표 또는 뺄셈표로 이어 놓은 정식(整式). ㊥단항식(單項式).

다핵 도시 多核都市 (많을 다, 씨 핵, 도읍 도, 저자 시). 사회 도시 기능을 달리하는 여럿의[多] 핵심(核心) 도시가 모여서 이룬 거대한 도시(都市).

다핵 세:포 多核細胞 (많을 다, 씨 핵, 작을 세, 태보 포). 생물 두 개 이상의[多] 핵(核)을 가진 세포(細胞). ㊥다핵체(多核體).

다행 多幸 (많을 다, 행운 행). ① 속뜻 많은[多] 행운(幸運). ② 일이 잘되어 좋음. ¶상처가 크지 않아 다행이다. ㊥불행(不幸).

▸다행-다복 多幸多福 (많을 다, 복 복). 행운(幸運)이 많고[多] 복(福)이 많음[多].

다혈 多血 (많을 다, 피 혈). ① 속뜻 몸에 피[血]가 많음[多]. ② 쉽게 감정에 치우치거나 쉽게 감격함. ㊥빈혈(貧血).

▸다혈-증 多血症 (증세 증). 의학 적혈구(赤血球)가 병적으로 많아지는[多] 증세(症勢).

▸다혈-질 多血質 (바탕 질). 쾌활하고 활동적이나 성급하고[多血] 인내력이 부족한 기질(氣質). ¶다혈질의 성격.

다형[1] 多型 (많을 다, 모형 형). ① 속뜻 여러[多] 가지 본보기[型]. ② 생물 같은 종(種)의 생물 집단에 형태나 형질이 다른 개체들이 공존하는 일.

다형[2] 多形 (많을 다, 모양 형). ① 속뜻 여러[多] 가지 모양[形]. ② 광업 동일한 화학 성분의 물질이 압력이나 온도 변화에 따라 서로 다른 결정 구조를 이루는 것. ¶흑연과 다이아몬드는 다형의 물질이다. ㊥동질 이상(同質異像).

▸다형-화 多形花 (꽃 화). 식물 같은 종(種)에 딸린 식물의 다른 그루 또는 같은 그루 가운데서 두 종류 이상[多]의 형태(形態)로 피는 꽃[花].

▸다형 변:정 多形變晶 (바뀔 변, 밝을 정). 광업 동일한 화학 성분의 물질이 압력이나 온도 변화에 따라 여러[多] 형태(形態)로 결정(結晶) 구조를 바꾸는[變] 것.

다화 茶話 (차 다, 말할 화). 차[茶]를 마시면서 나누는 대화(對話).

다화-과 多花果 (많을 다, 꽃 화, 열매 과). 식물 여러[多] 개의 꽃[花]이 꽃차례를 이룬 채 성숙하여 한 개의 열매[果]처럼 생긴 것. ㊥복화과(複花果), 복합과(複合果).

다화-성 多化性 (많을 다, 될 화, 성질 성). 동물 한 해에 여러[多] 번 부화(孵化)하여 알을 까는 누에 품종의 성질(性質).

단:가[1] 短歌 (짧을 단, 노래 가). ① 음악 판소리를 부르기 전에 목을 풀기 위해 부르는 짧은[短] 노래[歌]. ② 문학 가사에 상대하여 '시조'를 달리 이르는 말. ㊥장가(長歌).

단가[2] 團歌 (모일 단, 노래 가). 어떤 단체(團體)의 노래[歌]. ¶소년단 단가.

단가[3] 單價 (홑 단, 값 가). 낱개[單]의 값[價]. 각 단위의 값. ¶생산 단가를 절감하다.

▸단가-표 單價標 (나타낼 표). 경제 부기나 계산서 따위에서 물건의 단가(單價)를 표시할 때 쓰는 부호[標]. 숫자 앞에 쓰는 "이다.

단:각-과 短角果 (짧을 단, 뿔 각, 열매 과). 식물 열과(裂果) 중에서 열매가 짧은[短] 뿔[角] 모양으로 맺히는 열매[果]. ㊟단각. ㊥장각과(長角果).

단:갈 短碣 (짧을 단, 비석 갈). 무덤 앞에 세우는 작고[短] 둥근 비석[碣]. ¶단갈만이 묘지를 지키고 있었다.

단강 鍛鋼 (쇠 두드릴 단, 강철 강). ① 속뜻 쇠를 두드려[鍛] 만든 강철(鋼鐵). ② 공업 정련(精鍊)한 쇠를 거푸집에 넣어 덩어리를 만든 다음, 프레스 따위로 두들기거나 가압하여 만든 강철.

단ː-거리 短距離 (짧을 단, 떨어질 거, 떨어질 리). 짧은[短] 거리(距離). ¶그는 단거리 육상선수다. ⓑ장거리(長距離).

▶단ː거리 경ː영 短距離競泳 (겨룰 경, 헤엄칠 영). 운동 50m, 200m 등 비교적 단거리(短距離)를 수영(水泳)해 속도를 겨룸[競]. 또는 그런 경기.

▶단ː거리 경ː주 短距離競走 (겨룰 경, 달릴 주). 운동 비교적 단거리(短距離)를 달려[走] 속도를 겨룸[競]. 또는 그런 경기.

단ː검 短劍 (짧을 단, 칼 검). 길이가 짤막한[短] 칼[劍]. ¶이것은 자루와 함께 주조한 단검이다. ⓑ단도(短刀). ⓑ장검(長劍).

단ː견[1] 短見 (짧을 단, 볼 견). ① 속뜻 짧은[短] 생각이나 의견(意見). ¶그의 주장은 아집에 사로잡힌 단견에 불과하다. ② '자기의 생각이나 의견'을 겸손하게 이르는 말. ¶저의 단견일 뿐입니다. ⓑ국견(局見).

단ː견[2] 斷見 (끊을 단, 볼 견). 불교 세상만사가 무상하듯 사람도 한번 죽으면 몸과 마음이 모두 없어져[斷] 무(無)로 돌아간다는 그릇된 견해(見解). ⓒ칠견(七見).

단ː결[1] 斷決 (끊을 단, 결정할 결). 딱 잘라서[斷] 결정(決定)함. ¶어서 단결을 내려주십시오. ⓑ결단(決斷).

단결[2] 團結 (모일 단, 맺을 결). 단체(團體)로 잘 뭉침[結]. ⓑ단합(團合), 협동(協同). ⓑ분열(分裂).

▶단결-권 團結權 (권리 권). 법률 노동자가 노동 조건을 유지 개선하기 위해 단체(團體)를 결성(結成)하고 이에 가입할 수 있는 권리(權利).

▶단결-력 團結力 (힘 력). 많은 사람이 한데[團] 뭉치는[結] 힘[力]. ¶단결력이 강한 팀.

단-결정 單結晶 (홑 단, 맺을 결, 밝을 정). 광업 전체가 고르고 규칙적으로 연결된 단(單) 하나의 결정(結晶). ⓑ다결정(多結晶).

단ː경[1] 短徑 (짧을 단, 지름길 경). ① 속뜻 짧은[短] 지름[徑]. ② 수학 타원에서 둘레 위의 두 점을 잇는 선분의 수직이등분선이 타원에 의하여 잘리는 선분. ⓑ장경(長徑).

단ː경[2] 斷經 (끊을 단, 지날 경). 한의 여자들이 병을 앓았거나 일정한 나이가 되어 월경(月經)이 끊어짐[斷]. 또는 그런 현상.

*__단계__ 段階 (층계 단, 섬돌 계). ① 속뜻 층계[段]에 놓은 섬돌[階]. ② 일을 해 나갈 때 밟아야 할 일정한 과정. ¶다음 단계는 무엇입니까?

▶단계-적 段階的 (것 적). 차례를 따라 구분하는[段階] 것[的]. ¶일을 단계적으로 하다. ⓑ과정(過程), 순서(順序), 차례(次例).

단계-석 端溪石 (바를 단, 시내 계, 돌 석). 중국 단계(端溪) 지방에서 나는 돌[石]. 돌의 질이 단단하며 치밀하고 무거워 예부터 벼룻돌로 애용되었다. ⓒ단석. ⓒ단계연(端溪硯).

단계-연 端溪硯 (바를 단, 시내 계, 벼루 연). 단계석(端溪石)으로 만든 벼루[硯]. ⓒ단연.

단괴 團塊 (모일 단, 덩어리 괴). 지리 퇴적암 속에서 어떤 특정 성분이 농축·응집되어[團] 주위보다 단단하여진 덩어리[塊]. ¶단괴에서 조개 화석이 발견되었다.

단ː교 斷交 (끊을 단, 사귈 교). ① 속뜻 교제(交際)를 끊음[斷]. ② 나라와 나라 사이의 외교 관계를 끊음. ¶그는 청나라와 단교할 것을 상소하였다.

단ː교 경ː주 斷郊競走 (끊을 단, 성 밖 교, 겨룰 경, 달릴 주). 운동 육상·사이클·경마·스키 따위에서, 들이나 초원지 따위를[郊外] 통과하는[斷] 길을 달려[走] 승부를 겨룸[競]. 또는 그러한 경기.

단ː구[1] 短句 (짧을 단, 글귀 구). 글자 수가 적어 짧은[短] 글귀[句]. ¶비석에 단구를 새겼다.

단구[2] 段丘 (층계 단, 언덕 구). 지리 강이나 바다 가에 형성된 계단(階段) 모양의 언덕[丘]. 강물이나 바닷물의 침식, 지반의 융기에 따라 흙 모래 자갈의 퇴적에 의하여 생긴다. ¶해안 단구.

단ː구[3] 短軀 (짧을 단, 몸 구). 키가 작은[短] 몸[軀]. ⓑ단신(短身). ⓑ장구(長軀).

단구-법 單鉤法 (홑 단, 갈고리 구, 법 법). 예술 서예에서, 집게손가락 하나[單]로 걸고[鉤] 엄지를 대어 붓을 쥐는 방법(方法). ⓒ단구. ⓒ쌍구법(雙鉤法).

단군 檀君 (박달나무 단, 임금 군). ① 속뜻 박달나무[檀] 같이 굳센 임금[君]. ② 우리 겨레의 시조.

▸**단군-교** 檀君教 (종교 교). [종교] 단군(檀君)을 교조로 하는 종교(宗教).

▸**단군-기원** 檀君紀元 (연대 기, 으뜸 원). 단군(檀君)이 개국하여 왕위에 오른 해를 원년(元年)으로 잡은 우리나라의 기원(紀元). [준]단기.

▸**단군-왕검** 檀君王儉 (임금 왕, 검소할 검). 우리 민족의 시조로 받드는 태초의 임금. 단군(檀君) 신화에 따르면, 환웅과 웅녀 사이에 태어나 고조선[王儉]을 세워 약 2천 년 동안 나라를 다스렸다고 한다. [준]단군.

▸**단군 조선** 檀君朝鮮 (아침 조, 고울 선). [역사] 단군(檀君)이 기원전 2333년에 아사달에 도읍하고 건국한 고조선(古朝鮮).

단-굴절 單屈折 (홑 단, 굽힐 굴, 꺾을 절). [물리] 입사한 빛이 하나[單]로 굴절(屈折)되는 현상. [참]복굴절(複屈折).

단권 單券 (홑 단, 문서 권). 한[單] 권(券)으로 이루어진 책. '단권책'의 준말.

▸**단권-책** 單券冊 (책 책). 한[單] 권(券)으로 책(冊)으로 이루어진 책. [준]단권.

단궤 單軌 (홑 단, 바퀴자국 궤). 하나[單]의 궤도(軌道). '단선궤도'(單線軌道)의 준말. [반]복궤(複軌).

▸**단궤 철도** 單軌鐵道 (쇠 철, 길 도). [교통] 상하행의 열차가 하나[單]의 궤도(軌道)로 운행하도록 한 철도(鐵道). [준]단궤. [반]복궤(複軌) 철도.

단극 전:위 單極電位 (홑 단, 끝 극, 전기 전, 자리 위). [물리] 어느 하나[單]의 극성(極性)을 가지는 물체와 그 이온을 함유하는 용액을 접촉시킬 때 양자의 경계면에 나타나는 전위(電位).

단근 單根 (홑 단, 뿌리 근). [식물] 끝이 갈라지지 않고 외줄로[單] 뻗은 뿌리[根]. [참]복근(複根).

단:금 斷金 (끊을 단, 쇠 금). ① [속뜻] 쇠[金]라도 끊을[斷] 만함. ② 교분이 아주 두텁거나 두 마음이 같음을 이르는 말. ≪역경≫ 〈계사전(繫辭傳)〉의 '二人同心, 其利斷金'(두 사람의 같은 마음은 그 날카로움이 쇠라도 끊을 만함)에서 나온 말이다.

▸**단:금지교** 斷金之交 (어조사 지, 사귈 교). ① [속뜻] 쇠[金]라도 자를[斷] 만큼 강한[之] 교분(交分). ② 매우 두터운 우정을 이르는 말. [비]단금지계(斷金之契).

단:금지교 斷琴之交 (끊을 단, 거문고 금, 갈 지, 사귈 교). ① [속뜻] 좋아하던 거문고[琴]의 줄을 끊을[斷] 정도의 깊은 교분(交分). ② 매우 친밀한 우정이나 교제를 이르는 말. ¶단금지교는 옛날 중국의 백아가 자기의 거문고 소리를 듣고 그의 음악을 좋아한 종자기를 유일한 친구로 삼았는데, 갑자기 종자기가 죽자 거문고의 줄을 끊어 평생 손을 대지 않았다는 데서 유래한 성어(成語)이다.

단:기[1] 短氣 (짧을 단, 기운 기). ① [속뜻] 숨이 짧아 짐. ② 성질이 너그럽지 못하고 조급함. ¶그녀는 단기하여 곧잘 남편을 닦달했다.

단기[2] 單機 (홑 단, 틀 기). ① [속뜻] 단일(單一) 기계(機械). ② 한 대의 비행기. ¶단기 출격(出擊). ③ 짐을 두 사람이 메고 다니도록 만든 틀.

단기[3] 單騎 (홑 단, 말 탈 기). 홀로[單] 말을 타고[騎] 감. ¶그는 단기로 말을 달려 전장(戰場)에 어명을 전했다.

단기[4] 團旗 (모일 단, 깃발 기). 어떤 단체(團體)를 상징하는 기(旗). ¶소년단 단기 / 흥사단 단기.

단기[5] 檀紀 (박달나무 단, 연대 기). '단군기원'(檀君紀元)의 준말. ¶서기 2000년은 단기 4333년이다. [반]서기(西紀).

단:기[6] 短期 (짧을 단, 때 기). 짧은[短] 기간(期間). ¶단기 유학을 가다. [반]장기(長期).

▸**단:기-채** 短期債 (빚 채). [경제] 짧은[短] 기간(期間) 안에 갚기로 하고 얻은 빚[債].

단:-기간 短期間 (짧을 단, 때 기, 사이 간). 짧은[短] 기간(期間). ¶그동안의 부진을 단기간에 만회했다. [준]단기. [반]장기간(長期間).

단기명 單記名 (홑 단, 기록할 기, 이름 명). ① [속뜻] 이름[名]을 하나[單]만 적음[記]. ② [법률] 한 선거인이 한 장의 투표용지에 한 사람의 피선거인 이름만 적어서 하는 투표 방식. [비]단기 투표(單記投票). [반]연기 투표명(連記投票).

단:기지계 斷機之戒 (끊을 단, 틀 기, 어조사 지, 경계할 계). 학문을 중도에서 그만두면 짜던 베틀[機]의 날을 끊는[斷] 것처럼 아무 쓸모없음을 경계(警戒)한 말. 맹자가 수

학(修學) 도중에 집에 돌아오자 그의 어머니가 짜던 베를 끊어 그를 훈계하였다는 데서 유래.

단:념 斷念 (끊을 단, 생각 념). 품었던 생각[念]을 끊어[斷] 버림. ¶그는 가정 형편 때문에 진학을 단념했다. ㉥체념(諦念), 포기(抛棄).

단답-형 單答型 (홑 단, 답할 답, 모형 형). 문제에 대해 간단(簡單)하게 답(答)하는 문제 형식[型]. ¶단답형 문제를 잘 푼다.

단당-류 單糖類 (홑 단, 사탕 당, 무리 류). 화학 단일(單一)의 당류(糖類)로 조성된 탄수화물 종류(種類). 탄수화물 구조의 기본이 되며 포도당, 과당, 젖당 따위가 있다. ㉶다당류(多糖類).

단:도 短刀 (짧을 단, 칼 도). 길이가 짧은[短] 칼[刀]. ¶그녀는 단도를 강도에게 들이댔다.

단도-직입 單刀直入 (홑 단, 칼 도, 곧을 직, 들 입). ① 속뜻 혼자서[單] 칼[刀]을 휘두르며 적진으로 곧장[直] 쳐들어[入] 감. ② '여러 말을 늘어놓지 않고 바로 요점이나 본문제를 중심적으로 말함'을 비유하여 이르는 말.

단독 單獨 (홑 단, 홀로 독). ① 속뜻 혼자[單=獨]. ¶단독으로 결정하다. ② 단 하나. ㉤공동(共同), 단체(團體).

▸단독-범 單獨犯 (범할 범). 법률 단독(單獨)으로 저지른 범죄(犯罪). 또는 그 사람. ㉤공범(共犯). ¶이 사건은 단독범의 소행으로 밝혀졌다. ㉤단독범(單獨犯).

▸단독-제 單獨制 (정할 제). 법률 ① 한 사람의 법관이 단독(單獨)으로 재판권을 행사하는 제도(制度). ② 한 사람의 관리로 하나의 관청을 이루는 제도. ㉤합의제(合議制).

▸단독 강:화 單獨講和 (강구할 강, 어울릴 화). 정치 동맹국 중의 한[單] 나라가 그 동맹을 이탈하여[獨] 교전국과 맺는 강화(講和). 또는 많은 상대국 가운데서 어느 한 나라와 단독으로 맺는 강화. ㉤전면(全面) 강화.

▸단독 정:범 單獨正犯 (바를 정, 범할 범). 법률 단독(單獨)으로 범죄를 실제[正]로 저지른[犯] 사람. 또는 그 행위. ㊀단독범. ㉤공동(共同) 정범.

▸단독 주:택 單獨住宅 (살 주, 집 택). 한[單] 채씩 따로[獨] 지은 주택(住宅). ㉤공동주택(共同住宅), 연립주택(聯立住宅).

단동-기관 單動機關 (홑 단, 움직일 동, 틀 기, 빗장 관). 기계 왕복식 기관의 하나. 가스 폭발의 압력이나 증기의 압력이 피스톤의 한쪽[單] 면에만 작용하여 움직이는[動] 기관(機關).

단:두[1] 短頭 (짧을 단, 머리 두). 머리의 위아래의 길이가 짧은[短] 형태의 머리[頭]. 머리의 가장 큰 폭과 가장 긴 길이의 비가 0.81 이상인 머리의 모양. 한국인, 일본인, 몽골인의 머리가 이에 해당한다. ㉤장두(長頭).

단:두[2] 斷頭 (끊을 단, 머리 두). 죄인의 목[頭]을 자름[斷].

▸단:두-대 斷頭臺 (돈대 대). 죄인의 목을 자르는[斷頭] 대(臺) 모양의 형구. ¶단두대의 이슬로 사라지다.

단락[1] 段落 (구분 단, 떨어질 락). ① 속뜻 구분[段]하여 떼어낸[落] 부분. 한 부분. ② 언어 긴 문장에서 내용상으로 일단 끊어지는 곳. ¶이 단락은 너무 길어서 이해하기 어렵다. ㉥단원(單元), 문단(文段).

단:락[2] 短絡 (짧을 단, 이을 락). 전기 전기회로에서 둘 또는 그 이상의 곳을 전기저항이 아주 작은 도선(導線)으로 짧게[短] 잇는[絡] 일. ㉥합선(合線).

단란 團欒 (둥글 단, 둥글 란). ① 속뜻 한 가족이 둥글게[團=欒] 모여 정답게 즐김. ② 관계 등이 매우 원만하고 가족적임. ¶단란한 가정 / 단란한 분위기. ㉥단원(團圓).

단련 鍛鍊 (쇠 두드릴 단, 불릴 련). ① 속뜻 쇠붙이를 두드리고[鍛] 불에 달구고[鍊]를 반복하여 단단하게 함. ② 시련이나 수련 따위를 통해서 몸과 마음을 굳세게 닦음. ¶신체를 단련하다. ③ 배운 것을 익숙하게 익힘. ¶새로 배운 동작을 단련하다. ④ 귀찮거나 괴로운 일로 시달림. ¶역경에 단련되다. ㉥수련(修練/修鍊), 연마(鍊磨).

단리[1] 單離 (홑 단, 떼놓을 리). 화학 혼합물에서 어떤 원소를 순수하게 그것만[單] 따로 떼어내는[離] 일. ㉤분리(分離).

단리[2] 單利 (홑 단, 이로울 리). 경제 원금 한[單] 가지에 대해서만 계산하는 이자(利子). ㉤복리(複利).

▸단리-법 單利法 (법 법). 경제 이자 계산에서 원금 한[單] 가지에 대해서만 약정된 비율로 이자(利子)를 계산하는 방법(方法). 반 복리법(複利法).

단립 團粒 (둥글 단, 알 립). 지리 개개의 흙 알갱이[粒]가 모여 덩어리[團]를 이룬 토양. 공기나 물을 잘 통과시키므로 식물의 성장에 적합하다.

단막 單幕 (홑 단, 막 막). 연영 희곡이나 연극의 구성이 단 한[單] 개의 막(幕)으로 이루어진 것.

▸단막-극 單幕劇 (연극 극). 연영 한[單] 개의 막(幕)으로 구성한 연극(演劇). 비 일막극(一幕劇).

단말 端末 (끝 단, 끝 말). ① 속뜻 끄트머리[端=末]. 끝. ②전기 회로의 전류의 출입구. ③'단말기'의 준말.

▸단말-기 端末機 (틀 기). 단말(端末)에서 중앙 처리 장치에 연결되어 자료를 입력하기도 하고 출력하기도 하는 기기(機器). ¶휴대전화 단말기. 비 단말 장치(端末裝置).

단:-말마 斷末魔 (끊을 단, 끝 말, 마귀 마). ① 속뜻 마지막 숨[末魔]이 끊어짐[斷]. 末魔는 '숨통', '급소'를 뜻하는 산스크리트어 'marman'을 음역한 것이다. ② 불교 숨이 끊어질 때의 모진 고통. ¶마지막 단말마의 고통 소리.

단:면 斷面 (끊을 단, 쪽 면). ① 속뜻 물체의 잘린[斷] 면(面). ¶나무의 단면에는 나이테가 있다. ②사물 현상의 부분적인 상태. ¶이 사건은 현대 사회의 어두운 단면을 나타내고 있다. 비 단절면(斷截面), 단구(斷口), 절단면(切斷面).

▸단:면-도 斷面圖 (그림 도). 제도(製圖)에서 물체를 평면으로 자른 것[斷面]처럼 가정하여 그 내부 구조를 그린 도면(圖面). ¶지구의 단면도.

▸단:면-상 斷面相 (모양 상). 물체를 평면으로 자른[斷] 면(面)의 모양[相].

단:-면적 斷面積 (끊을 단, 쪽 면, 쌓을 적). 물체를 평면으로 자른[斷] 면(面)의 면적(面積). ¶이 원기둥의 단면적은 얼마인가?

단:명 短命 (짧을 단, 목숨 명). 짧은[短] 목숨[命]. 또는 목숨이 짧음. ¶천재는 단명하는 경향이 있다.

단-모음 單母音 (홑 단, 어머니 모, 소리 음). 언어 소리를 낼 때 처음부터 끝까지 한[單] 가지의 같은 소리로 발음되는 모음(母音).

▸단-모음화 單母音化 (될 화). 언어 어떤 단어 안에 있는 이중 모음이 발음의 편의를 위해 단모음(單母音)으로 변화(變化)하는 현상.

단목 檀木 (박달나무 단, 나무 목). ① 속뜻 박달[檀]나무[木]. ② 식물 자작나뭇과의 낙엽 활엽 교목. 나무질이 단단하여 건축재나 가구재로 쓴다. 한국 전역과 일본, 만주, 우수리 강 등지에 분포한다. 비 박달나무.

단문[1] 單文 (홑 단, 글월 문). 언어 주어와 서술어의 관계가 한[單] 번만 이루어지는 문장(文章). ¶단문인데도 글이 매끄럽다. 반 복문(複文).

단:문[2] 短文 (짧을 단, 글월 문). ① 속뜻 길이가 짤막한[短] 문장(文章). ¶아래의 단문을 번역하시오. ②글을 아는 것이 그리 넉넉하지 못함. 반 장문(長文).

단:발[1] 短髮 (짧을 단, 머리털 발). 짧은[短] 머리털[髮]. 반 장발(長髮).

단발[2] 單發 (홑 단, 쏠 발). ① 속뜻 총알이나 대포의 한[單] 발(發). ¶단발 조준 사격. ②엔진이 하나인 것. ¶단발 증폭기. ③ 운동 야구에서, 하나의 안타로 그쳐 득점에 연결되지 못하는 일. 반 연발(連發).

▸단발-기 單發機 (틀 기). 항공 발동기(發動機)를 하나만[單] 장치한 항공기(航空機).

▸단발-식 單發式 (법 식). 항공기 따위에서 발동기(發動機)를 하나만[單] 장치한 양식(樣式).

▸단발-총 單發銃 (총 총). 군사 총을 쏠 때마다 탄알을 하나씩[單] 재어 쏘게[發] 되어 있는 총(銃).

단:발[3] 斷髮 (끊을 단, 머리털 발). 머리털[髮]을 짧게 깎거나 자름[斷]. 또는 그 머리털. 반 장발(長髮).

▸단:발-령 斷髮令 (명령 령). 역사 조선 말기, 을미개혁에 의해 상투를 틀었던 머리[髮]를 자르도록[斷] 한 명령(命令).

단-방[1] 單房 (홑 단, 방 방). 하나[單] 밖에 없는 방(房). 단 한 칸의 방.

단방[2] 單放 (홑 단, 놓을 방). ① 속뜻 한번[單] 놓음[放]. 단 한 방의 발사. ¶단방에 맞히다. ② 일방(一放)에, 단참(單站)에. ¶ 그는 내 제의를 단방에 거절했다. ③ 뜸 뜰 때의 단 한 자리. [비]단번(單番).

단배 團拜 (모일 단, 절 배). 여러 사람이 한자리에 모여[團] 함께 절[拜] 함. 또는 그렇게 하는 절.

***단:백 蛋白** (새알 단, 흰 백). ① [속뜻] 달걀, 새알 등 날짐승 알[蛋]의 흰[白]자위. ② [생물] 단백질로 이루어진 것. ③ [생물] '단백질'(蛋白質)의 준말. [비]난백(卵白).

▸ **단:백-광 蛋白光** (빛 광). ① [속뜻] 단백(蛋白)처럼 뿌연 빛[光]. ② [물리] 물체 내부에 들어온 빛이 산란(散亂)되어 나타나는 뿌연 빛. 물체 내부의 밀도가 고르지 않거나 그 밖의 원인으로 굴절률이 고르지 않을 때에 생긴다.

▸ **단:백-뇨 蛋白尿** (오줌 뇨). [의학] 일정량 이상의 단백질(蛋白質)이 섞여 나오는 오줌[尿].

▸ **단:백-석 蛋白石** (돌 석). ① [속뜻] 단백(蛋白)같이 흰색 돌[石]. ② [광업] 비결정질이나 그에 가까운 함수 규산염 광물.

▸ **단:백-유 蛋白乳** (젖 유). 건락소(乾酪素)를 첨가하여 단백질(蛋白質)의 함량을 늘린 우유(牛乳).

▸ **단:백-질 蛋白質** (바탕 질). ① [속뜻] 알 따위의 흰자위[蛋白] 물질(物質). ② [생물] '최초의 중심이 되는 물질'이라는 뜻에서 유래한 그리스어 'protein'을 의역한 말. 생물체를 구성하는 고분자 유기물을 통틀어 이르는 말로, 수많은 아미노산의 연결체로 동식물 세포의 원형질의 주성분이다. [비]달걀흰자.

▸ **단:백 소화 효소 蛋白消化酵素** (사라질 소, 될 화, 발효 효, 바탕 소). [생물] 단백질(蛋白質)을 분해하여 소화(消化)하도록 돕는 효소(酵素).

단번 單番 (홑 단, 차례 번). 단 한[單] 번(番). 한차례. ¶ 단번에 시험에 합격하다. [비]단방(單放).

단보 段步 (구분 단, 걸음 보). ① [속뜻] 걸음[步]으로 구분[段]함. ② 논밭의 면적을 나타내는 단위. 1단보는 300평에 해당한다. ¶ 그들은 150만 단보에 달하는 임야를 사들였다.

단복¹ 單複 (홑 단, 겹칠 복). ① [속뜻] 단수(單數)와 복수(複數). ② [운동] 테니스나 탁구 따위에서의 단식과 복식.

단복² 團服 (모일 단, 옷 복). 어떤 단체(團體)의 제복(制服). ¶ 우리 팀은 단복을 맞추었다.

단본위-제 單本位制 (홑 단, 뿌리 본, 자리 위, 정할 제). [경제] 단일(單一)한 금속을 기초[本位] 화폐로 삼는 제도(制度). [준]단본위. [반]복본위제(複本位制).

단봉-낙타 單峯駱駝 (홑 단, 봉우리 봉, 낙타 락, 낙타 타). [동물] 등에 육봉(肉峯)이 하나만[單] 있고 다리가 길며 털이 짧은 낙타(駱駝).

단-분수 單分數 (홑 단, 나눌 분, 셀 수). [수학] 분모와 분자가 모두 간단(簡單)한 정수의 형태로 된 분수(分數). [반]번분수(繁分數).

단-비례 單比例 (홑 단, 견줄 비, 본보기 례). [수학] 두 개의 비가 하나[單]의 식으로 표시되는 비례(比例). [반]복비례(複比例).

단사 簞食 (대광주리 단, 밥 사). 대나무로 만든 밥그릇[簞]에 담은 밥[食].

▸ **단사-표음 簞食瓢飮** (표주박 표, 마실 음). ① [속뜻] 도시락밥[簞食]과 표주박[瓢]에 담긴 마실 거리[飮]. ② '변변찮은 음식', '청빈한 생활'을 비유하여 이르는 말.

단사 정계 單斜晶系 (홑 단, 비낄 사, 밝을 정, 이어 맬 계). ① [속뜻] 한[單] 축만 비스듬한[斜] 결정계(結晶系). ② [광업] 광물 결정계에서, 세 축의 길이가 모두 다르고, 좌우축과 상하축은 직교하지만 전후축은 좌우축과 비스듬한 각을 형성하는 결정 형태. ¶ 휘석은 단사 정계의 광물이다. [참]정계(晶系).

단:산 斷産 (끊을 단, 낳을 산). 아이를 낳던 여자가 아이를 낳는[産] 것을 끊음[斷]. 또는 못 낳게 됨.

단삼 丹蔘 (붉을 단, 인삼 삼). ① [속뜻] 뿌리가 붉은[丹] 인삼(人蔘)의 일종. ② [식물] 꿀풀과의 여러해살이풀. 뿌리는 적색으로, 약용한다.

단:상¹ 短喪 (짧을 단, 죽을 상). 삼년상(三年喪)의 기한을 짧게[短] 줄여 한 해만 복을 입는 일.

단상² 壇上 (단 단, 위 상). 연단(演壇)이나 교단(敎壇) 등의 위[上]. ¶ 단상에 올라 연설하다. ⓑ단하(壇下).

단:상[3] **斷想** (끊을 단, 생각 상). 때에 따라 떠오르는 단편적(斷片的)인 생각[想]. 또는 그것을 적은 글.

단상[4] **單相** (홑 단, 모양 상). ① 속뜻 단 하나[單]의 위상(位相). 또는 단 한 개의 상. ② 물리 단상 교류. ③ 생물 세포의 감수 분열에서 염색체의 수가 반으로 줄어든 상태. 보통 n으로 나타낸다. ⓑ복상(複相).

▶단상 교류 單相交流 (서로 교, 흐를 류). 물리 단 하나[單]의 위상(位相)으로 공급되는 교류(交流). 일반 가정의 전등선과 같은 보통 교류를 말한다.

단색[1] **丹色** (붉을 단, 빛 색). 붉은[丹] 색(色). ¶단색 치마.

단색[2] **單色** (홑 단, 빛 색). 한[單] 가지 빛깔[色]. ¶단색으로 그리다. ⓑ다색(多色).

▶단색-광 單色光 (빛 광). 물리 파장이 일정하며 한[單] 가지 색(色)으로 된 광선(光線). 스펙트럼으로 그 이상 분해되지 않는 광선.

▶단색-판 單色版 (널빤지 판). 출판 한[單] 가지 색(色)으로 인쇄하는 판(版).

단서[1] **丹書** (붉을 단, 글 서). ① 속뜻 붉은[丹] 색으로 쓴 글씨[書]. ② 금석(金石)에 새긴 글. ③ 임금의 명령을 일반에게 알리기 위해 적은 문서. ⓑ주서(朱書). 조서(詔書)

단서[2] **但書** (다만 단, 글 서). 본문 다음에 덧붙여 본문의 내용에 대한 조건이나 예외 등을 밝혀 적은 글[書]. 대개 '단'(但) 또는 '다만'이라는 말을 먼저 씀. ¶조문에 단서를 붙였다.

단서[3] **端緖** (끝 단, 실마리 서). ① 속뜻 끄트머리[端]나 실마리[緖]. ② 어떤 문제를 해결하는 실마리. ¶그녀는 문제 해결의 단서를 찾아냈다. ⓑ단초(端初).

단:서-법 **斷敍法** (끊을 단, 쓸 서, 법 법). 문학 접속어를 생략하여 구(句)와 구의 관계를 끊어서[斷] 적는[敍] 수사법(修辭法). 문장에 힘을 주고 상상의 여지를 많이 남긴다.

단선[1] **團扇** (둥글 단, 부채 선). 둥근[團] 부채[扇]. ¶그에게 단선을 선물했다.

단선[2] **單線** (홑 단, 줄 선). ① 속뜻 외[單] 줄[線]. ② 교통 '단선궤도'(單線軌道)의 준말. ¶이 노선은 현재 단선 운행 중이다. ⓑ복선(複線).

▶단선 궤:도 單線軌道 (바퀴자국 궤, 길 도). 교통 오가는 열차가 하나[單]의 선로(線路)를 이용하도록 깔아놓은 궤도(軌道). ㊟단궤. ⓑ단선 철도(鐵道). ⓑ복선(複線) 궤도.

▶단선 철도 單線鐵道 (쇠 철, 길 도). 교통 오가는 열차가 하나[單]의 선로(線路)를 이용하도록 깔아놓은 철도(鐵道). ⓑ단선 궤도(單線軌道).

단-선율 **單旋律** (홑 단, 돌 선, 가락 률). 음악 하나[單]의 성부로 이루어지는 선율(旋律). ¶단선율로 된 상송.

단성[1] **單性** (홑 단, 성별 성). 생물 암수 가운데 어느 한쪽[單]의 생식 기관[性] 만을 가지는 일.

▶단성-화 單性花 (꽃 화). 식물 수술이나 암술의 어느 한쪽[單]만의 생식 기관[性]을 가진 꽃[花]. ⓑ자웅 이화(雌雄異花). ⓑ양성화(兩性化).

▶단성 결실 單性結實 (맺을 결, 열매 실). ① 속뜻 한쪽[單]의 생식 기관[性]만으로 열매[實]를 맺음[結]. ② 식물 속씨식물이 수정하지 않고도 씨방이 발달하여 열매가 되는 현상을 말한다. 이 열매에는 씨앗이 들어있지 않는데, 바나나 감귤류 따위가 그렇다. ⓑ단위(單爲) 결실.

▶단성 생식 單性生殖 (날 생, 불릴 식). ① 속뜻 암수 중 한쪽[單]의 생식 기관[性]만으로 새로운 개체가 생겨나서[生] 자라는[殖] 것. ② 생물 암컷 배우자가 수컷 배우자와 수정하지 않고 새로운 개체를 만드는 생식 방법. ⓑ단위(單爲) 생식, 처녀(處女) 생식, 난자(卵子) 생식, 자성(自性) 생식. ㊟양성(兩性) 생식.

▶단성 잡종 單性雜種 (섞일 잡, 갈래 종). 생물 특정한 한[單] 쌍의 대립 유전자[性]를 가진 양친 사이에서 나온 잡종(雜種). ㊟다성(多性) 잡종.

단성[2] **單聲** (홑 단, 소리 성). 음악 남성(男聲) 또는 여성(女聲)의 어느 한[單] 가지 성부(聲部)만인 것. 또는 그런 악곡.

▶단성 합창 單聲合唱 (합할 합, 부를 창). 음악 단성(單聲)으로 이루어지는 합창(合唱).

단세 **單稅** (홑 단, 세금 세). 경제 한[單] 가지

조세(租稅)만을 인정하는 것. ¶지조(地租)에 부과하는 단세 제도. [반]복세(複稅).

단-세:포 單細胞 (홑 단, 작을 세, 태보 포). [생물] 한 생물체가 단 하나(單)의 세포(細胞)로만 이루어진 것. [비]홑세포. [반]다세포(多細胞).

▸단세:포 동:물 單細胞動物 (움직일 동, 만물 물). [동물] 한 개체가 하나[單]의 세포(細胞)로 이루어진 동물(動物). ¶아메바는 단세포 동물이다. [반]다세포(多細胞) 동물.

▸단세:포 생물 單細胞生物 (살 생, 만물 물). [생물] 한 개체가 하나[單]의 세포(細胞)로 이루어진 생물(生物). [반]다세포(多細胞) 생물.

▸단세:포 식물 單細胞植物 (심을 식, 만물 물). [식물] 한 개체가 하나[單]의 세포(細胞)로 이루어진 식물(植物). ¶플랑크톤은 단세포 식물이다. [반]다세포(多細胞) 식물.

단:소¹ 短小 (짧을 단, 작을 소). 짧고[短] 작음[小]. ¶그는 몸집이 단소하다.

단:소² 短簫 (짧을 단, 퉁소 소). [음악] 오래된 대나무로 만든 관악기로 퉁소[簫]보다 좀 짧고[短] 가늘며 구멍은 앞에 넷, 뒤에 하나임.

단소³ 壇所 (단 단, 곳 소). 제단(祭壇)이 있는 곳[所].

단속¹ 團束 (둥글 단, 묶을 속). ① [속뜻] 둥글게[團] 묶음[束]. ②주의를 기울여 단단히 다잡거나 보살핌. ¶아이를 단속하다. ③법률, 규칙, 명령 따위를 어기지 않게 통제함. ¶속도위반을 단속하다. [비]통제(統制).

단:속² 斷續 (끊을 단, 이을 속). 끊어졌다[斷] 이어졌다[續] 함.

▸단:속-기 斷續器 (도구 기). [물리] 직류를 교류로 바꾸는 인버터의 하나. 전자석이나 유도 코일 따위를 전로(電路) 안에 넣어서 전로를 단속(斷續)하는 도구[器].

▸단:속-음 斷續音 (소리 음). 끊어졌다[斷] 이어졌다[續] 하는 소리[音]. ¶덜컹거리는 기차의 단속음.

▸단:속-적 斷續的 (것 적). 끊어졌다[斷] 이어졌다[續] 하는 것[的]. ¶단속적으로 불빛이 비쳤다.

단수¹ 段數 (구분 단, 셀 수). ① [속뜻] 바둑이나 태권도 등, 단으로 등급을 매기는 기능이나 운동 따위의 단(段)의 수(數). ②술수를 쓰는 재간의 정도. ¶그는 고단수이다.

단수² 單手 (홑 단, 손 수). [운동] 바둑에서, 한[單] 수로 상대편의 돌을 잡게 되는 수[手]. ¶흑이 단수로 몰았다.

단수³ 端數 (끝 단, 셀 수). [수학] 끝[端]자리에 있는 수(數).

단:수⁴ 斷水 (끊을 단, 물 수). ① [속뜻] 물[水]길이 막힘[斷]. 또는 물길을 막음. ②수도(水道)의 급수가 끊어짐. 또는 급수를 끊음. ¶수도관 공사로 단수되었다.

단수⁵ 單數 (홑 단, 셀 수). 단일(單一)한 수(數). 한번. [비]홑수. [반]복수(複數).

▸단수 여권 單數旅券 (나그네 려, 문서 권). 한[單] 번만[數] 사용할 수 있는 여권(旅券). [반]복수 여권(複數旅券).

단:-수로 短水路 (짧을 단, 물 수, 길 로). [운동] 수영 경기장에서 길이 25m 이상, 50m 미만으로 짧은[短] 수로(水路). [반]장수로(長水路).

단순 單純 (홑 단, 순수할 순). ① [속뜻] 간단(簡單)하고 순수(純粹)함. ②잡것이 섞이지 않고 홑짐. ¶사태를 단순하게 생각하지 마라 / 그는 단순한 사람이다. [비]단일(單一), 간단(簡單). [반]복잡(複雜).

▸단순-림 單純林 (수풀 림). 한[單] 종류의 나무들만으로 순수(純粹)하게 이루어진 숲[林]. ¶동백나무가 단순림을 조성하고 있다. [준]순림. [반]혼성림(混成林), 혼효림(混淆林).

▸단순-음 單純音 (소리 음). [물리] 기본음 하나로만[單] 순수(純粹)하게 이루어진 음(音). [준]단음, 순음.

▸단순-화 單純化 (될 화). 단순(單純)하게 됨[化]. 단순하게 함. ¶소송 절차를 단순화하다.

▸단순 개:념 單純概念 (대강 개, 생각 념). 하나[單]로만 순수(純粹)하게 이루어진 개념(概念). 개념과 내포가 일치하므로 더 이상 분석할 수 없다. 산, 사람, 높다, 좋다 따위. [반]복합 개념(複合概念).

▸단순 노동 單純勞動 (일할 로, 움직일 동). 전문적인 기능이 없어도 할 수 있는 단순(單純)한 육체노동(肉體勞動). [반]복잡 노동(複雜勞動).

▸단순 사회 單純社會 (단체 사, 모일 회). 생

산 과정이나 기능이 단순(單純)한 형태의 사회(社會). 분업이나 분화가 이루어지지 않고 전체가 모든 기능을 수행한다. [반]복합(複合) 사회.

▸단순 승인 單純承認 (받들 승, 알 인). [법률] 상속인이 피상속인의 채무를 포함한 재산상의 모든 권리와 의무를 제한 없이[單純] 이어받을 것을 승인(承認)하는 일. [반]한정 승인(限定承認).

▸단순 음표 單純音標 (소리 음, 나타낼 표). [음악] 점이 붙지 않은[單純] 음표(音標). 온음표, 2분음표, 4분음표, 8분음표, 16분음표, 36분음표 따위. [참]점음표(點音標).

▸단순 평균 單純平均 (평평할 평, 고를 균). [수학] 각 항의 수치를 각 항의 중요도를 고려하지 않고[單純] 산출한 평균(平均). 단순 산술 평균(單純算術平均)의 준말.

▸단순 단:백질 單純蛋白質 (새알 단, 흰 백, 바탕 질). [화학] 오직[單] 순수하게[純] 아미노산만으로 이루어진 단백질(蛋白質).

▸단순 재:생산 單純再生產 (다시 재, 날 생, 낳을 산). [경제] 추가 투자가 이루어지지 않고 같은 규모로만 단순(單純)하게 되풀이 되는[再] 생산(生産). [반]확대(擴大) 재생산.

단순-호치 丹脣皓齒 (붉을 단, 입술 순, 흴 호, 이 치). ① [속뜻] 붉은[丹] 입술[脣]과 하얀[皓] 이[齒]. ② '매우 아름다운 여자의 얼굴'을 이르는 말. [비]주순호지(朱脣皓齒), 호치단순(皓齒丹脣).

단승-식 單勝式 (홑 단, 이길 승, 법 식). [운동] 경마나 경륜 따위에서 오로지[單] 1등[勝]만을 알아맞히는 방식(方式). [준]단승, 단식. [참]연승식(連勝式), 쌍승식(雙勝式), 복승식(複勝式).

단:시¹ 短視 (짧을 단, 볼 시). ① [의학] 시력이 약해 짧은[短] 거리의 물체만을 볼[視] 수 있는 눈. ② '소견이 짧고 좁아 앞일을 내다보지 못함', '시야가 좁아 사물의 전모를 관찰하지 못함'을 비유하여 이르는 말. [비]근시안(近視眼).

단:시² 短詩 (짧을 단, 시 시). [문학] 짧게[短] 쓴 시(詩). 또는 짧은 형식의 시. ¶그는 주로 단시를 남겼다. [반]장시(長詩).

단:-시간 短時間 (짧을 단, 때 시, 사이 간). 짧은[短] 시간(時間). ¶단시간에 끝내다.

단:-시일 短時日 (짧을 단, 때 시, 날 일). 짧은[短] 시일(時日). ¶사회 개혁은 단시일에 이루어지는 것이 아니다.

단:-시조¹ 短時調 (짧을 단, 때 시, 가락 조). [문학] 3장 형식으로 이루어진 가장 기본적이고 대표적인 짧은[短] 시조(時調). 평시조(平時調).

단-시조² 單時調 (홑 단, 때 시, 가락 조). [문학] 하나[單]의 주제로 한 수(首)를 이루는 시조(時調). 또는 그런 형식.

단식¹ 單式 (홑 단, 법 식). ① [속뜻] 단순(單純)한 방식(方式)이나 형식(形式). ② [운동] '단식 경기'(競技)의 준말. ¶그는 여자 단식에서 우승하였다. [반]복식(複式).

▸단식 경:기 單式競技 (겨룰 경, 재주 기). [운동] 테니스나 탁구 등에서 한 팀에 한 명만[單] 나와서 겨루는 방식(方式)의 경기(競技).

▸단식 부기 單式簿記 (장부 부, 기록할 기). [경제] 계정 과목 사이에 유기적 관계가 없이 단순(單純)히 재산 구성 부분의 변동만을 장부에 적는 방식(方式)의 부기(簿記). [반]복식 부기(複式簿記).

▸단식 화:산 單式火山 (불 화, 메 산). [지리] 화구가 하나뿐인[單] 형태[式]의 화산(火山). ¶일본의 후지 산(富士山)은 단식 화산이다.

단:식² 斷食 (끊을 단, 먹을 식). 식사(食事)를 끊음[斷]. 일정 기간 음식물을 먹지 않음. ¶그는 3일째 단식 중이다. [비]금식(禁食).

▸단:식 요법 斷食療法 (병 고칠 료, 법 법). [의학] 식사(食事)를 끊고[斷] 다스리는 치료법(治療法). ¶단식 요법으로 위장병을 치료했다.

단식-성 單食性 (홑 단, 먹을 식, 성질 성). [동물] 단일(單一) 종류의 생물만을 먹고[食] 사는 동물의 습성(習性). ¶코알라는 유칼립투스 잎만 먹는 단식성이 있다. [참]식성(食性).

단:신¹ 短身 (짧을 단, 몸 신). 작은[短] 키의 몸[身]. [비]단구(短軀). [반]장신(長身).

단:신² 短信 (짧을 단, 소식 신). ① [속뜻] 짤막한[短] 서신(書信). ¶그는 집으로 단신을 보냈다. ② 짤막하게 전하는 뉴스. ¶해외 단

신 / 스포츠 단신.

단신[3] **單身** (홑 단, 몸 신). 혼자[單]의 몸[身].

▸단신-복엽 單身複葉 (겹칠 복, 잎 엽). [식물] 하나[單]의 잎사귀[身]로 보이지만, 실제로는 복엽(複葉)인 것. 잎자루에 마디가 있다.

단실 單室 (홑 단, 방 실). 하나만[單] 있는 방[室].

▸단실 자방 單室子房 (씨 자, 방 방). [식물] 단 하나[單]의 칸[室]으로 이루어진 씨방[子房]. 콩, 완두 따위의 씨방. [준]단자방. [비]홑씨방. [반]복실(複室) 자방.

단심 丹心 (붉을 단, 마음 심). ① [속뜻] 붉은[丹] 마음[心]. ②정성스러운 마음. ¶일편단심(一片丹心). [비]적심(赤心), 충심(忠心).

▸단심-가 丹心歌 (노래 가). [문학] 고려 말, 정몽주(鄭夢周)가 임금에 대한 충성심[丹心]을 읊은[歌] 시조. 이방원(李芳遠)의 『하여가』(何如歌)에 답하여 지었다.

단아[1] **單芽** (홑 단, 싹 아). [식물] ①잎 겨드랑이에서 하나[單]의 잎만 나오는 싹[芽]. ②꽃눈과 잎눈이 따로 나오는 싹. [비]홑눈. [반]복아(複芽), 혼아(混芽).

단아[2] **端雅** (바를 단, 고울 아). 자세가 바르고[端] 모습이 곱다[雅]. ¶단아한 모습.

단:안[1] **斷岸** (끊을 단, 언덕 안). 깎아지른[斷] 듯한 벼랑[岸].

단:안[2] **斷案** (끊을 단, 생각 안). ① [속뜻] 어떤 일에 대한 생각[案]을 마지막으로 결정함[斷]. 또는 그 결정된 생각. ¶고심 끝에 단안을 내렸다. ② [논리] 삼단 논법에서 앞의 전제에서 이끌어 낸 결론.

단안 시:야 單眼視野 (홑 단, 눈 안, 볼 시, 들 야). 한[單]쪽 눈[眼]만으로 그 위치를 변경하지 않고 보는[視] 외계의 범위[野]. [반]양안 시야(兩眼視野).

단압 鍛壓 (쇠 두드릴 단, 누를 압). [공업] 금속 재료를 단련(鍛鍊)하거나 압연(壓延)함.

단:애 斷崖 (끊을 단, 벼랑 애). 깎아지른[斷] 듯한 낭떠러지[崖]. ¶험준한 단애가 빚어낸 절경. [비]절애(絶崖).

단:야 短夜 (짧을 단, 밤 야). 여름날의 짧은[短] 밤[夜]. ¶단야에 무슨 술인가, 잠이나 자세!

단양 팔경 丹陽八景 (붉을 단, 볕 양, 여덟 팔, 볕 경). [지리] 충청북도 단양(丹陽)군에 있는 여덟[八] 곳의 명승지[景]. 상선암(上仙巖), 중선암(中仙巖), 하선암(下仙巖), 구담봉(龜潭峯), 옥순봉(玉筍峯), 도담삼봉(島潭三峯), 석문(石門), 사인암(舍人巖)을 이른다.

단어 單語 (홑 단, 말씀 어). ① [속뜻] 말뜻을 간단(簡單)하게 하는 말[語]. ② [언어] 문법상의 일정한 뜻과 기능을 지닌 최소 단위의 말. ¶단어 실력을 늘리다 / 영어 단어를 많이 알고 있다. [비]낱말.

▸단어 문자 單語文字 (글자 문, 글자 자). [언어] 낱낱의 글자가 단어(單語)에 상당하는 단위를 나타내는 문자(文字). [비]표의(表意) 문자.

단언[1] **端言** (바를 단, 말씀 언). 바른[端] 말[言]. 또는 그런 말을 함.

단:언[2] **斷言** (끊을 단, 말씀 언). 딱 잘라서[斷] 말함[言]. ¶쉬운 문제라고 단언할 수 없다. [비]확언(確言).

단역 端役 (끝 단, 부릴 역). [연영] 영화나 연극의 배역 중에서 중요하지 않고 간단한 말단(末端) 배역(配役). 또는 그러한 역을 맡은 배우. ¶단역 배우 생활을 10년이나 했다. [반]주역(主役).

단연[1] **端硯** (바를 단, 벼루 연). 단계석(端溪石)으로 만든 벼루[硯]. '단계연'(端溪硯)의 준말.

단:연[2] **斷然** (끊을 단, 그러할 연). ① [속뜻] 확실히 단정(斷定)할 만하게 그러함[然]. ¶단연 반대한다. ②두드러지게. 뚜렷하게. ¶단연 앞서다.

단:연[3] **斷煙** (끊을 단, 담배 연). 담배[煙]를 끊음[斷]. [비]금연(禁煙).

단열[1] **單列** (홑 단, 줄 렬). 한[單] 줄[列]. 한 줄로 되어 있는.

▸단열 기관 單列機關 (틀 기, 빗장 관). [기계] 실린더가 한[單] 줄[列]로 되어 하나의 크랭크축으로 동력을 다른 것에 전달하는 기관(機關).

단:열[2] **斷熱** (끊을 단, 더울 열). [물리] 열(熱)의 전도(傳導)를 끊어[斷] 막음. ¶이 벽은 단열이 필요하다.

▸단:열-재 斷熱材 (재료 재). [건설] 열의 전

도를 막는데[斷熱] 쓰이는 건축 재료(材料). 석면, 유리 섬유 따위.

▸단:열 변:화 斷熱變化 (바뀔 변, 될 화). [물리] 열역학에서, 외부와의 열(熱) 교환이 전혀 없이[斷] 일어나는 물질의 상태 변화(變化). 기체인 경우의 단열 압축이나 단열 팽창 따위. [참]등온(等溫) 변화.

▸단:열 시:공 斷熱施工 (베풀 시, 일 공). 건축물의 열(熱) 손실을 막기[斷] 위해 하는[施] 공사(工事).

▸단:열 압축 斷熱壓縮 (누를 압, 줄일 축). [물리] 물체가 외부와의 열(熱) 교환이 전혀 없이[斷] 부피를 압축(壓縮)하는 변화. [반] 단열 팽창.

▸단:열 팽창 斷熱膨脹 (부풀 팽, 부풀 창). [물리] 물체가 외부와의 열(熱) 교환이 전혀 없이[斷] 부피를 팽창(膨脹)시키는 변화. [반]단열 압축.

단엽 單葉 (홑 단, 잎 엽). ① [식물] 잎사귀의 몸이 작은 잎으로 갈라져 있지 않고 한[單] 장으로 된 잎[葉]. ② [식물] 홑으로 된 꽃잎. 단판(單瓣). ③ [항공] 하나로 된 비행기의 주익(主翼). [비]홑잎. [반]복엽(複葉).

▸단엽 비행기 單葉飛行機 (날 비, 다닐 행, 틀 기). [항공] 양쪽에 하나[單]씩의 날개[葉]를 단 비행기(飛行機). [준]단엽기. [반]복엽(複葉) 비행기.

단오 端午 (처음 단, 낮 오). [민속] 음력 5월에서 맨 첫[端] 5[五]일에 해당되는 명절을 '端五'라 했는데, 당나라 현종(玄宗)의 생일이 8월 5일이었으므로 '五'를 피하여 '端午'라 불렀다고 한다. [비]수리.

▸단오-절 端午節 (철 절). [민속] 단오(端午)를 명절(名節)로 기념한 날. [비]중오절(重午節)

▸단오-제 端午祭 (제사 제). 음력 5월 5일 단오(端午)를 전후해서 벌어지는 축제(祝祭).

단용-재 單用財 (홑 단, 쓸 용, 재물 재). [경제] 한[單]번의 사용(使用)으로 소모하는 재화(財貨). 생산용 원자재 연료 따위. [반]내용재(耐用財).

단원[1] 團員 (모일 단, 사람 원). 단체(團體)를 구성하고 있는 사람[員]. 단체에 딸린 사람. ¶합창단 단원.

단원[2] 團圓 (모일 단, 둥글 원). ① [속뜻] 둥글게[圓] 모임[團]. ② 연극 따위의 결말. 끝. 마무리.

단원[3] 單元 (홑 단, 으뜸 원). ① [철학] 단일(單一)한 근원[元]. ② 어떤 주제를 중심으로 전개되는 학습 활동의 한 단위(單位). ¶이 책은 10단원으로 되어 있다.

▸단원-론 單元論 (논할 론). ① [생물] 우주의 만물은 모두 하나[單]의 근원[元]에서 비롯되었다고 주장하는 학설[論]. ② [철학] 우주의 본체는 오직 하나라는 견해나 학설. [비]단원설(單元說), 일원론(一元論). [반]다원론(多元論).

단원[4] 單院 (홑 단, 관청 원). 의원제(議院制)의 구성에서 상원과 하원으로 구분하지 않고 하나[單]만 둔 의원(議院).

▸단원 제:도 單院制度 (정할 제, 법도 도). [정치] 단 하나[單]의 의원(議院)만 두는 의회 제도(制度). [비]일원(一院) 제도. [반]양원(兩院) 제도.

단월 端月 (처음 단, 달 월). 한 해를 시작[端]하는 달[月]이라는 뜻. '음력 정월'을 달리 이르는 말.

***단위** 單位 (홑 단, 자리 위). ① [속뜻] 하나의 조직 따위를 구성하는 기본적인 한[單] 덩어리[位]. ¶가족은 사회의 기본 구성 단위이다. ② 길이, 무게, 수효, 시간 등의 수량을 수치로 나타낼 때 기초가 되는 일정한 기준. ¶미터는 길이의 단위이다. ③ 일정한 학습량. 흔히 학습 시간을 기준으로 하여 정한다.

▸단위-명 單位名 (이름 명). 길이, 무게, 수량 따위의 단위(單位)를 나타내는 데 쓰는 이름[名]이나 말.

▸단위-제 單位制 (정할 제). [교육] 학습량을 단위(單位) 수로 계산하여 일정한 단위 수를 마친 경우에 수료나 졸업을 인정하는 제도(制度).

▸단위 분수 單位分數 (나눌 분, 셀 수). [수학] 분수의 기본 단위(單位)인, 분자가 1인 분수(分數). 1/2 따위.

단위 결실 單爲結實 (홑 단, 할 위, 맺을 결, 열매 실). ① [속뜻] 혼자서[單] 열매[實]를 맺게[結] 되는[爲] 것. ② [식물] 속씨식물이 수정하지 않고도 씨방이 발달하여 열매가 되는 현상을 말한다. 이 열매에는 씨앗이 들어있지 않는데, 바나나 감귤류 따위가 그렇다. ⓑ단성(單性) 결실, 단위 결과(結果).

단위-생식 單爲生殖 (홑 단, 할 위, 날 생, 불릴 식). ① 속뜻 혼자서[單] 새로운 개체를 낳아[生] 번성시키는[殖] 것[爲]. ② 생물 암컷 배우자가 수컷 배우자와 수정하지 않고 새로운 개체를 만드는 생식 방법. ⓑ단성(單性) 생식. ⓒ양성(兩性) 생식.

단:유 斷油 (끊을 단, 기름 유). 유류(油類)의 공급이 끊어짐[斷]. 또는 유류의 공급을 끊음.

단:음[1] 短音 (짧을 단, 소리 음). 언어 짧게[短] 소리내는 발음(發音). ⓑ장음(長音).

단:음[2] 斷飮 (끊을 단, 마실 음). 술을 즐겨 마시던 사람이 술[飮]을 끊음[斷]. ⓑ금주(禁酒), 단주(斷酒).

단음[3] 單音 (홑 단, 소리 음). ① 물리 단일(單一)한 진동수의 소리[音]. 단순음(單純音). ② 언어 음성을 구성하는 음의 최소 단위. 발음하는 동안 줄곧 한 가지 소리로만 나는 모음 및 자음. 모음 ㅏ·ㅓ·ㅗ·ㅜ·ㅣ·ㅐ·ㅔ·ㅚ, 자음 ㄱ·ㄴ·ㄷ·ㄹ·ㅁ·ㅂ·ㅅ·ㅇ·ㅈ·ㅎ·ㄲ·ㄸ·ㅃ·ㅆ·ㅉ 이다. ③ 음악 단일한 선율만을 내는 소리. ⓑ복음(複音).

▸단음 문자 單音文字 (글자 문, 글자 자). 언어 언어를 표음적(表音的)으로 표기하는 문자 체계에서 자음과 모음으로 구분되는 낱낱의 자모가 단음(單音)을 나타내는 글자[文字]. 한글 자모와 알파벳이 이에 속한다.

▸단음절-어 單音節語 (마디 절, 말씀 어). 언어 ① 한[單] 음절(音節)로 이루어진 단어(單語). 배, 손, 발, 개, 강 따위. ② 형태소(形態素)가 한 음절로 되어 있는 언어.

단:음[4] 斷音 (끊을 단, 소리 음). ① 속뜻 내던 소리를[音] 끊음[斷]. ② 언어 발음과 동시에 끊어지는 자음. 파열음(破裂音), 촉음(促音) 따위. ⓑ속음(續音).

▸단:음 기호 斷音記號 (기록할 기, 표지 호). 음악 음을 짧게 끊어[斷音] 연주하거나 노래하라는 악보 기호(記號).

▸단:음 주법 斷音奏法 (연주할 주, 법 법). 음악 낱낱의 음을 끊어서[斷音] 연주하는 연주법(演奏法).

단:-음정 短音程 (짧을 단, 소리 음, 거리 정). 음악 장음정(長音程)을 반음 낮춘[短] 음정(音程).

단:-음계 短音階 (짧을 단, 소리 음, 섬돌 계). 음악 음정 사이의 거리가 온음보다 짧은[短] 음계(音階). 대체로 슬픔이나 감상적인 느낌을 나타낸다. ⓑ장음계(長音階).

단-음악 單音樂 (홑 단, 소리 음, 풍류 악). 음악 하나[單]의 성부로만[音] 이루어진 음악(音樂). 또는 그런 형식. 그리스 음악이나 초기 교회 음악 따위가 이에 속한다. ⓑ단선율(單旋律) 음악, 단성부(單聲部) 음악.

단의-어 單義語 (하나 단, 뜻 의, 말씀 어). 언어 하나[單]의 뜻[義]만을 가진 단어(單語).

단일[1] 單一 (홑 단, 한 일). ① 속뜻 오직[單] 하나[一]. 혼자. ② 다른 것이 섞이지 않고 순수함. ¶단일 민족. ③ 구성이나 구조가 복잡하지 않음. ¶남북한 단일팀. ⓑ복합(複合).

▸단일-국 單一國 (나라 국). 법률 '단일 국가'(單一國家)의 준말. ⓑ복합국(複合國).

▸단일-란 單一卵 (알 란). 생물 난세포 안에 오직[單] 하나의[一] 난황(卵黃)을 축적하고 있는 알[卵]. ⓑ복합란(複合卵).

▸단일-물 單一物 (만물 물). 법률 오직[單] 하나[一]만으로 독립된 개체를 이루며 하나의 명칭을 갖는 물건(物件).

▸단일-성 單一性 (성질 성). 단일(單一)한 성질(性質). 단일한 특성. ¶국어의 역사적 단일성을 밝혔다.

▸단일-어 單一語 (말씀 어). 언어 하나[單一]의 형태소로 이루어진 단어(單語). 집, 꽃, 바다, 하늘 따위. ⓑ단순어(單純語). ⓑ복합어(複合語).

▸단일-화 單一化 (될 화). 오직[單] 하나[一]로 됨[化]. 또는 하나로 만듦. ¶민원 창구가 단일화되었다.

▸단일 경작 單一耕作 (밭갈 경, 지을 작). 농업 일정한 농경지에 오직[單] 한[一] 가지 작물만을 농사짓는[耕作] 일. ⓒ단작(單作).

▸단일 국가 單一國家 (나라 국, 집 가). 법률 하나의 나라가 단일(單一)한 주권으로 구성된 국가(國家). ⓒ단일국. ⓑ복합(複合) 국가.

▸단일 민족 單一民族 (백성 민, 무리 족). 정치 단일(單一)한 인종으로써 나라를 이룬

민족(民族). ¶단일 민족의 독특한 문화가 생성되었다.

단:일[2] 短日 (짧을 단, 해 일). 해[日]가 떠있는 시간이 짧은[短] 날. 일조(日照) 시간이 짧은 날.

▸단:일 식물 短日植物 (심을 식, 만물 물). [식물]해[日]가 내리쬐는 시간이 짧아야[短] 꽃을 피우는 식물(植物). 국화, 나팔꽃 따위가 그렇다. [반]장일 식물(長日植物).

단임 單任 (홑 단, 맡을 임). 정해진 임기를 한 번[單]만 맡음. [반]중임(重任). ¶우리나라는 5년 단임 방식으로 대통령을 선출 한다.

단자[1] 單字 (홑 단, 글자 자). 낱낱[單]의 한자(漢字). 江, 山, 冊 따위.

단자[2] 緞子 (비단 단, 접미사 자). ① [속뜻]비단[緞]으로 된 직물 따위의 물건[子]. ②광택과 화려한 무늬가 있는 수자직(繻子織)의 견직물.

단자[3] 單子 (홑 단, 접미사 자). ① [속뜻]낱개[單]로 된 것[子]. ②남에게 보내는 물품의 품목과 수량을 적은 종이. ③사주나 폐백을 보낼 때 그 내용물을 적은 종이. ④ [철학]실재를 구성하는 형이상학적인 개체나 단위(單位)를 이루는 말.

▸단자-론 單子論 (논할 론). [철학]단자(單子)를 궁극의 원리로 해서 형이상학을 구성하려는 독일 라이프니츠의 학설[論].

단:자[4] 短資 (짧을 단, 재물 자). [경제]상환기간이 단기(短期)인 대부 자금(資金).

▸단:자 시:장 短資市場 (저자 시, 마당 장). [경제]단기(短期) 자금(資金)이 거래되는 시장(市場).

▸단:자-업자 短資業者 (일 업, 사람 자). [경제]단기(短期) 자금(資金) 거래의 중개를 업(業)으로 하는 사람[者]. 콜 자금, 어음, 외국환 등의 대차·매매·중개를 한다.

단자[5] 端子 (끝 단, 접미사 자). [전기]전기 기계나 기구 따위에서 쓰는 회로의 끝[端] 부분[子].

▸단자 전:압 端子電壓 (전기 전, 누를 압). [전기]전기 에너지를 쓰는 전등이나 전동기 등의 단자(端子) 사이에 나타나는 전압(電壓).

단-자방 單子房 (홑 단, 씨 자, 방 방). [식물]칸막이가 없이 단 하나[單]의 칸으로 이루어진 씨방[子房]. 콩, 완두의 씨방. '단실 자방'(單室子房)의 준말.

단-자음 單子音 (홑 단, 아이 자, 소리 음). [언어]소리의 성질이 단음(單音)인 자음(子音). 곧 ㄱ·ㄴ·ㄷ·ㄹ·ㅁ·ㅂ·ㅅ·ㅇ·ㅈ·ㅎ·ㄲ·ㄸ·ㅃ·ㅆ·ㅉ의 15자. [반]복자음(複子音).

단-자엽 單子葉 (홑 단, 씨 자, 잎 엽). [식물]한 개의 씨눈에서 나오는 한[單] 장의 떡잎[子葉]. [비]외떡잎. [참]복자엽(複子葉).

▸단자엽 식물 單子葉植物 (심을 식, 만물 물). [식물]한[單] 개의 떡잎[子葉]이 나오는 식물(植物). 백합, 보리 따위가 있다. [비]외떡잎 식물.

단-자예 單雌蘂 (홑 단, 암컷 자, 꽃술 예). [식물]심피(心皮)가 한[單] 개인 암[雌] 꽃술[蘂]. [비]홑암술. [참]복자예(複雌蕊).

단작 농업 單作農業 (홑 단, 지을 작, 농사 농, 일 업). [농업]한[單] 종류의 농작물만을 재배하는[作] 농업(農業) 경영 방법. ¶경제 구조가 단작 농업에서 다각 농업으로 바뀌고 있다. [참]다각(多角) 농업.

단장[1] 丹粧 (붉을 단, 화장할 장). ① [속뜻]곱게[丹] 화장(化粧)함. 머리나 옷차림 따위를 매만져서 맵시 있게 꾸밈. ②손을 대어 산뜻하게 꾸밈. ¶곱게 단장하고 나서다. [비]장식(裝飾).

단:장[2] 短杖 (짧을 단, 지팡이 장). ① [속뜻]길이가 짧은[短] 지팡이[杖]. ②손잡이가 꼬부라진 짧은 지팡이. ¶단장을 짚은 할아버지. [비]개화장(開化杖).

단장[3] 團長 (모일 단, 어른 장). 일정한 조직체를 이룬 단체(團體)의 우두머리[長]. ¶각국 대표단 단장.

단:장[4] 斷章 (끊을 단, 글 장). ① [속뜻]시(詩)나 문장(文章)의 일부분[斷]. 시문의 도막. ②일정한 구성없이 산문체로 쓴 토막글.

▸단:장 취:의 斷章取義 (가질 취, 뜻 의). 남이 쓴 문장(文章)을 한 부분만 잘라서[斷] 그 문장이나 전체적인 뜻[義]인 양 취(取)하거나 인용하는 일. ¶단장 취의해서 나의 주장을 곡해(曲解)하지 마시오.

단:장[5] 斷腸 (끊을 단, 창자 장). 창자[腸]가 끊어질[斷] 듯한 슬픔이나 괴로움. ¶단장의 미아리 고개.

▸단:장-곡 斷腸曲 (노래 곡). 창자[腸]가 끊어질[斷] 듯이 슬픈 곡조(曲調).

단-적 端的 (바를 단, 것 적). 바르고[端] 명백한 것[的]. ¶단적인 예를 들어보겠다.

단:전[1] 斷電 (끊을 단, 전기 전). 전기(電氣)의 공급이 중단(中斷)되거나 공급을 중단함. ¶예고 없이 단전되었다.

단전[2] 丹田 (붉을 단, 밭 전). ① 속뜻 붉은[丹] 밭[田] 같은 곳. ②배꼽 아래 한 치 다섯 푼(4.53㎝) 되는 곳. 도가(道家)에서는 이곳을 힘의 원천이라고 여겼다. ¶단전에 힘을 주다.

▸단전 호흡 丹田呼吸 (내쉴 호, 마실 흡). 운동 단전(丹田)으로 하는 숨쉬기[呼吸].

단:절[1] 短折 (짧을 단, 꺾을 절). ① 속뜻 짧게[短] 꺾임[折]. ②일찍 부러짐. ③젊은 나이에 죽음. ¶그는 결핵으로 단절했다. ㊥요절(夭折).

단:절[2] 斷切 (=斷截, 끊을 단, 끊을 절). 자르거나 베어서 끊음[斷=截]. ¶그는 사고로 다리를 단절했다. ㊥절단(切斷).

단:절[3] 斷折 (끊을 단, 꺾을 절). 부러뜨리거나[斷] 꺾음[折].

단:절[4] 斷絶 (끊을 단, 끊을 절). 어떤 관계나 교류를 끊음[斷=絶]. ¶양국의 국교가 단절되었다. ㊥절단(絶斷).

*__단:점__ 短點 (짧을 단, 점 점). 짧아서[短] 모자라거나 흠이 되는 점(點). ¶그는 성격이 급한 게 단점이다. ㊥결점(缺點). ㊟장점(長點).

단접 鍛接 (쇠 두드릴 단, 이을 접). 공업 금속의 이어 붙일 부분을 녹는점 가까이까지 달구어 누르거나 망치로 때려서[鍛] 이어 붙임[接].

단정 수정 單精受精 (홑 단, 정액 정, 받을 수, 정액 정). 생물 한 개의 난자에 한[單] 개의 정자(精子)만 들어가 수정(受精)하는 일. ㊟다정(多精) 수정.

단정[1] 端正 (바를 단, 바를 정). 자세가 바르고[端] 마음이 올바름[正]. 품행이 단정함. ¶단정하게 앉다. ㊥얌전하다.

단정[2] 端整 (바를 단, 가지런할 정). 단아(端雅)하고 가지런하다[整]. ¶교실을 단정하게 정리했다.

단:정[3] 斷定 (끊을 단, 정할 정). ① 속뜻 자르듯이[斷] 분명한 태도로 결정(決定)함. ②명확하게 판단을 내림. 또는 그 판단. ¶결과를 성급히 단정해서는 안 된다.

단:정[4] 斷情 (끊을 단, 사랑 정). 정(情)을 끊음[斷].

단정-학 丹頂鶴 (붉을 단, 정수리 정, 두루미 학). 동물 붉은[丹] 색의 정수리[頂]가 있는 학(鶴). '두루미'의 한자 이름.

단정 화서 單頂花序 (홑 단, 꼭대기 정, 꽃 화, 차례 서). 식물 꽃대 끝[頂]에 꽃 하나[單]가 피는 화서(花序). 튤립 따위.

*__단조__[1] 單調 (홑 단, 가락 조). ① 속뜻 변화 없이 단일(單一)한 가락[調]. ¶이 음악은 가락이 단조롭다. ②사물이 단순하고 변화가 없어 새로운 느낌이 없음. ¶단조한 일상 / 단조로운 작업이 계속되었다. ㊥단순(單純), 평이(平易).

단:조[2] 短調 (짧을 단, 가락 조). 음악 단음계(短音階)로 된 곡조(曲調). ㊟장조(長調).

단조[3] 鍛造 (쇠 두드릴 단, 만들 조). 공업 쇠붙이를 불에 달군 다음 두드려[鍛] 늘려 필요한 물건을 만듦[造].

▸단조-공 鍛造工 (장인 공). 쇠붙이를 단련(鍛鍊)하여 물건을 만드는[造] 일에 종사하는 기능공(技能工).

▸단조 기계 鍛造機械 (베틀 기, 형틀 계). 공업 쇠붙이를 단련(鍛鍊)하여 물건을 만드는[造] 기계(機械).

단:종 斷種 (끊을 단, 씨 종). ① 속뜻 씨[種]를 없애 버림[斷]. ② 동물 인공적으로 생식력을 없애 버림.

▸단:종 수술 斷種手術 (손 수, 꾀 술). 의학 생식 기능을 하는 씨[種]를 없애는[斷] 수술(手術).

단-종선 斷縱線 (끊을 단, 세로 종, 줄 선). 음악 악보에서 소절(小節)을 구분하는[斷] 한 가닥의 세로[縱] 줄[線].

단좌[1] 單座 (홑 단, 자리 좌). 한 사람만 앉도록 하나[單]만 놓인 좌석(座席). ㊟복좌(複座).

단좌[2] 團坐 (모일 단, 앉을 좌). 여러 사람이 한자리에 둥글게 모여[團] 앉음[坐]. ¶유생들이 단좌하여 시국(時局)을 성토했다.

단:죄 斷罪 (끊을 단, 허물 죄). ① 속뜻 죄(罪)를 처단(處斷)함. ¶살인자를 찾아내 내 손

으로 단죄하겠다. ②죄로 단정함. ¶그는 복권을 투기라고 단죄했다. ㊥과죄(科罪).

단주[1] **丹朱** (붉을 단, 붉을 주). ① 속뜻 붉은[丹=朱] 빛깔. ② 광업 수은으로 이루어진 황화 광물. 진한 붉은색을 띠고 다이아몬드 광택이 난다. 수은의 원료나 안료(顔料)로 쓴다. ㊥주사(朱沙), 진사(辰沙).

단:주[2] **短珠** (짧을 단, 구슬 주). 54개 이내로 구슬을 꿰어 짧게[短] 만든 염주(念珠). ¶그는 눈을 감고 단주를 굴렸다. ㊥단념(短念).

단주[3] **端株** (끝 단, 주식 주). 경제 ① 일정한 거래 단위 미만[端]의 주식(株式). 보통 10주 미만의 것을 이른다. ②상법에서, 증자 신주를 발행하여 배당할 때 소수점 이하의 수효가 되는 주식.

단:주[4] **斷奏** (끊을 단, 연주할 주). 음악 한 음씩 끊는[斷] 듯이 연주(演奏)함. 또는 그러한 연주법. ¶단주를 하니 경쾌한 분위기가 난다. ㊥분할 주법(分割奏法).

단:주[5] **斷酒** (끊을 단, 술 주). 술[酒]을 끊음[斷]. ¶아버지는 단주하겠다고 약속했다. ㊥금주(禁酒), 단음(斷飮).

*__단:지__[1] **但只** (다만 단, 다만 지). 다만(但=只). ¶단지 그 혼자만 있었다. ㊥다만, 오직.

⁑**단지**[2] **團地** (모일 단, 땅 지). ① 속뜻 일정한 산업시설이 모여[團] 있는 지역(地域). ② 주택이나 공장 등 같은 종류의 현대적 건물이나 시설들을 한데 모아 조성한 일정 지역. ¶아파트 단지.

단:지[3] **斷指** (끊을 단, 손가락 지). 손가락[指]을 자름[斷]. ¶그는 단지하여 혈서를 썼다.

단:지-증 短指症 (짧을 단, 손가락 지, 증세 증). 의학 손가락[指]이나 발가락이 병적으로 짧은[短] 증상(症狀).

단진동 운:동 單振動運動 (홑 단, 떨칠 진, 움직일 동, 돌 운, 움직일 동). ① 속뜻 가장 기본적인[單] 진동(振動) 운동(運動). ② 물리 물체가 일정 직선 위를 왕복 운동할 때의 위치 변화를 시간의 사인 또는 코사인 함수로 나타낼 수 있는 진동. ㊥단현(單弦) 운동. ㊟단진동.

단-진자 單振子 (홑 단, 떨칠 진, 접미사 자). ① 속뜻 간단(簡單)하게 흔들리는[振] 것[子]. ② 물리 작고 무거운 물체를 아주 가볍고 늘어나지 않는 줄에 매달아서 지면과 수직인 면 위에서 움직이게 만든 장치. ㊥단일 진자.

단:찰 短札 (짧을 단, 쪽지 찰). ① 속뜻 짧게[短] 쓴 편지[札]. ②자기가 쓴 편지를 겸손하게 이르는 말.

단:창 短槍 (짧을 단, 창 창). 짧은[短] 창(槍). ¶그는 단창만으로 왜군을 대적했다.

단-채유 單彩釉 (홑 단, 빛깔 채, 잿물 유). 한[單] 가지 채색(彩色)의 유약(釉藥). 또는 그 유약으로 구운 자기. 청자나 백자 따위.

단:처 短處 (짧을 단, 곳 처). ① 속뜻 모자라는[短] 점[處]. 결점(缺點). 단소(短所). 단점(短點). ② 능하지 못한 점. ㊤장처(長處).

단철 鍛鐵 (쇠 두드릴 단, 쇠 철). ① 속뜻 쇠[鐵]를 불림[鍛]. 또는 불린 쇠. ② 공업 0~0.1 %의 탄소를 함유한 순철에 가깝게 조성된 것. ㊥연철(鍊鐵).

▸단철-장 鍛鐵場 (마당 장). 쇠[鐵]를 불려[鍛] 온갖 연장을 만드는 곳[場]. ㊥대장간.

단청 丹青 (붉을 단, 푸를 청). ① 속뜻 붉은[丹] 색과 푸른[青] 색. ②궁궐, 사찰, 정자 등 옛날식 집의 벽, 기둥, 천장 따위에 여러 가지 빛깔로 그림이나 무늬를 그림. 또는 그 그림이나 무늬. ③채색(彩色).

⁑**단체 團體** (모일 단, 몸 체). 같은 목적으로 모인[團] 두 사람 이상의 모임[體]. ¶단체로 신청하면 요금이 싸다. ㊥집단(集團). ㊤개인(個人), 단독(單獨).

▸단체-법 團體法 (법 법). 법률 단체(團體)의 조직이나 활동 등의 준칙을 정한 법규(法規). 각종 공공 단체의 법 따위.

▸단체-상 團體賞 (상줄 상). 특정 명목으로 어떤 단체(團體)에게 주는 상(賞). ㊤개인상(個人賞).

▸단체-장 團體長 (어른 장). 지방 자치 단체(團體)의 우두머리[長]. ¶단체장 선거.

▸단체-전 團體戰 (싸울 전). 운동 단체(團體) 간에 펼치는 경기 [戰]. ㊤개인전(個人戰).

▸단체 경:기 團體競技 (겨룰 경, 재주 기). 운동 단체(團體)끼리 대항하여 승부를 겨루

는 경기(競技). [반]개인 경기(個人競技).

▸단체 교섭 團體交涉 (서로 교, 관여할 섭). [사회] ①개인이 아닌 단체(團體)의 자격으로 교섭(交涉)하는 일. ②근로자들이 단결하여 사용자와 대등한 처지에서 근로 조건의 개선들에 관하여 교섭하는 일.

▸단체 웅예 團體雄蘂 (수컷 웅, 꽃술 예). [식물] 같은 꽃 안에 있는 수술끼리 서로 붙어 하나[團體]로 되어 있는 수술[雄蘂]. 동백꽃, 목화꽃 따위.

단초 端初 (끝 단, 처음 초). ①[속뜻] 어떤 일의 끝[端]이나 처음[初]. ②어떤 일의 실마리. ¶문제 해결의 단초를 찾았다.

단:총 短銃 (짧을 단, 총 총). ①[속뜻] 길이가 짧은[短] 총(銃). ②한 손으로 조작할 수 있는 짧고 작은 총. ¶그녀는 단총을 내게 겨누었다. [비]권총(拳銃). [반]장총(長銃).

단:축1 短軸 (짧을 단, 굴대 축). ①[속뜻] 짧은[短] 지름[軸]. ②[수학] 타원의 장축과 수직을 이루도록, 중심을 지나서 둘레 위의 두 점을 이은 선분. ③[광업] 사방 정계(斜方晶系) 및 삼사 정계(三斜晶系)에 속하는 결정의 짧은 축. [반]장축(長軸).

단:축2 短縮 (짧을 단, 줄일 축). 일정 기준보다 짧게[短] 줄임[縮]. ¶기상악화로 행사 시간을 단축했다. [반]연장(延長).

단취 團聚 (둥글 단, 모을 취). 화목하게 둥글게[團] 한자리에 모임[聚]. ¶뿔뿔이 흩어졌던 가족이 드디어 단취할 수 있었다.

단층1 單層 (홑 단, 층 층). 단 하나[單]의 층(層). 또는 단 하나의 층으로 된 사물. ¶단층집.

▸단층-림 單層林 (수풀 림). 수관(樹冠)이 하나[單]의 층(層)을 이룬 숲[林].

단:층2 斷層 (끊을 단, 층 층). [지리] 지각 변동으로 생긴 지각의 틈을 따라 지층이 아래위로 어그러져[斷] 층(層)을 이룬 현상. 또는 그러한 현상으로 나타난 서로 어그러진 지층.

▸단:층-곡 斷層谷 (골짜기 곡). [지리] 지표에 드러난 단층(斷層)의 한 면의 침식을 받아 생긴 골짜기[谷].

▸단:층-면 斷層面 (쪽 면). [지리] 단층(斷層) 운동으로 어긋난 두 지괴의 경계면(境界面).

▸단:층-애 斷層崖 (벼랑 애). [지리] 단층(斷層) 운동으로 생긴 절벽[崖].

▸단:층-호 斷層湖 (호수 호). [지리] 단층(斷層) 운동으로 오목하게 꺼진 땅에 물이 괴어 생긴 호수(湖水).

▸단:층 분지 斷層盆地 (동이 분, 땅 지). [지리] 단층(斷層) 운동으로 꺼지면서 오목한 동이[盆]처럼 형성된 땅[地].

▸단:층 운:동 斷層運動 (돌 운, 움직일 동). [지리] 하나로 구성되어 있던 지층이나 암석이 어떤 면을 경계로 끊어져 움직인 지각 운동. 장력(張力), 횡압력, 중력 등에 의해 일어난다. [비]지괴(地塊) 운동.

▸단:층 지진 斷層地震 (땅 지, 떨 진). [지리] 단층(斷層) 운동으로 생기는 지진(地震). [비]구조(構造) 지진. [참]화산성(火山性) 지진.

▸단:층 촬영 斷層撮影 (찍을 촬, 모습 영). [의학] 몸의 한 단면[斷層]을 촬영(撮影)하는 X선 검사법.

▸단:층 해:안 斷層海岸 (바다 해, 언덕 안). [지리] 단층(斷層) 운동으로 생긴 해안(海岸). 단층애가 해안선을 형성한다.

단:침 短針 (짧을 단, 바늘 침). 시계의 짧은[短] 바늘[針]. [비]시침(時針). [반]장침(長針).

단칭 單稱 (홑 단, 일컬을 칭). [논리] 판단에서 주어가 특정 대상 하나[單]만을 지칭(指稱)하는 것. [반]복칭(複稱).

▸단칭 판단 單稱判斷 (판가름할 판, 끊을 단). [논리] 주사(主辭)가 단독 개념[單稱]으로 된 판단(判斷).

단타1 單打 (홑 단, 칠 타). [운동] 야구에서, 타자나 주자가 한[單] 루만을 갈 수 있게 친 안타(安打). [비]일루타(一壘打).

단:타2 短打 (짧을 단, 칠 타). [운동] 야구에서, 진루를 목적으로 배트를 짧게[短] 잡아 날카롭고 정확하게 치는 타격(打擊). [반]장타(長打).

단:파 短波 (짧을 단, 물결 파). [물리] 파장(波長)이 10~100m로 짧고[短] 진동수가 3~30㎒의 전자파(電磁波). 원거리 무선 전신 등에 쓴다.

▸단:파 방:송 短波放送 (놓을 방, 보낼 송). [언론] 단파(短波)를 사용하는 방송(放送). 단파는 먼 거리까지 도달하는 성질이 있으므

로 원거리 방송 따위에 쓴다.

▸단:파 요법 短波療法 (병 고칠 료, 법 법). 의학 단파(短波)를 이용하여 신경, 관절, 뼈, 피부 등의 질병을 치료하는 요법(療法).

단:-파장 短波長 (짧을 단, 물결 파, 길 장). 물리 단파(短波)의 파장(波長).

단-파의 單罷議 (홑 단, 마칠 파, 의논할 의). 단번(單番)에 토의(討議)를 끝냄[罷]. 단 한 번의 의논으로 결정함.

단판 單瓣 (홑 단, 꽃잎 판). 식물 한[單] 겹으로 된 꽃잎[瓣]. ㉥단엽(單葉), 홑꽃잎. ㉾중판(重瓣).

▸단판-화 單瓣花 (꽃 화). 식물 한[單] 겹의 꽃잎[瓣]으로 이루어진 꽃[花]. ㉾중판화(重瓣花).

단패 單牌 (홑 단, 패거리 패). ① 속뜻 한[單] 쌍의 짝패[牌]. ②서로 뜻이 맞거나 매우 친하여 늘 함께 어울리는 사이. ㉥단짝.

단:편¹ 斷片 (끊을 단, 조각 편). ① 속뜻 여럿으로 쪼개져 끊어진[斷] 조각[片]. ¶추억의 단편을 더듬다. ②전체 가운데의 한 부분.

단:편² 短篇 (짧을 단, 책 편). 문학 ①길이가 짧은[短] 글이나 책[篇]. ②'단편소설'(小說)의 준말. ㉤장편(長篇).

▸단:편-집 短篇集 (모을 집). 단편(短篇) 소설을 모아[集] 엮은 책. ¶그녀는 단편집을 편찬했다.

▸단:편 소:설 短篇小說 (작을 소, 말씀 설). 문학 길이가 짧은[短篇] 형태의 소설(小說). 보통 200자 원고지 70매 내외. ㉤장편(長篇) 소설.

단:평 短評 (짧을 단, 평할 평). 간단하고 짤막한[短] 비평(批評). ¶시사 단평.

단포-약 單胞葯 (홑 단, 태보 포, 꽃밥 약). 식물 한[單] 개의 약포(葯胞)로 된 꽃밥[葯]. 목화나 부용(芙蓉) 따위의 꽃밥.

단풍 丹楓 (붉을 단, 단풍나무 풍). ① 속뜻 가을에 잎이 붉게[丹] 물든 나무[楓]. 또는 그 잎. ¶단풍이 들다. ② 식물 '단풍(丹楓)나무'의 준말. ¶설악산은 가을 단풍으로 유명하다. ㉥단풍나무, 단풍잎.

단피-화 單被花 (홑 단, 덮을 피, 꽃 화). 식물 꽃받침[被]이나 꽃부리 가운데 어느 한쪽[單]만 있는 꽃[花].

단합 團合 (모일 단, 합할 합). 많은 사람이 모여[團] 마음과 힘을 합침[合]. ¶우리 반은 단합이 잘 된다. ㉥단결(團結).

단핵 單核 (홑 단, 씨 핵). 단 하나[單]의 핵(核).

▸단핵-구 單核球 (공 구). 의학 단 하나[單]의 핵(核)을 가진 백혈구(白血球). 백혈구 가운데 가장 큰데, 둥글거나 말굽 모양의 핵이 있으며, 식세포 작용을 한다.

단:행¹ 斷行 (끊을 단, 행할 행). 반대나 위험 등을 무릅쓰고 결단(決斷)하여 실행(實行)함. ¶반대를 무릅쓰고 개혁안을 단행했다. ㉥감행(敢行), 결행(結行).

단행² 單行 (홑 단, 행할 행). ① 속뜻 단 한[單] 번만 하는 행동(行動). ②동행이 없이 혼자서 감. ③혼자서 하는 행동.

▸단행-범 單行犯 (범할 범). 법률 단 한[單] 번의 위법 행위(行爲)로 성립된 범죄(犯罪).

▸단행-법 單行法 (법 법). 법률 포괄적인 법전에 대하여, 특정한[單] 사항[行]에 관해서만 제정된 법률(法律). 상법에 대한 어음법 따위.

▸단행-본 單行本 (책 본). 출판 한[單] 권으로 간행(刊行)된 책[本]. 지속적으로 발행되는 총서나 전집 잡지 등에 상대하는 책이다. ㉥총서(叢書), 전집(全集).

단:현 斷絃 (끊을 단, 줄 현). ① 속뜻 현악기의 줄[絃]이 끊어짐[斷]. 또는 끊어진 그 줄. ②'아내의 죽음'을 비유하여 이르는 말. ¶단현의 슬픔이 얼마나 크십니까? ㉤속현(續絃).

단현-운동 單弦運動 (홑 단, 시위 현, 돌 운, 움직일 동). ① 속뜻 한[單] 줄[弦]에 매달려 움직임[運動]. ② 물리 물체가 일정 직선 위를 왕복 운동할 때의 위치 변화를 시간의 사인 또는 코사인 함수로 나타낼 수 있는 진동. 스프링에 매달린 물체의 운동 따위. ㉥단진동(單振動) 운동.

단형 시조¹ 單形時調 (홑 단, 모양 형, 때 시, 가락 조). 문학 한[單] 수로 하나의 작품[形]을 이룬 시조(時調). ㉾단시조.

단:형 시조² 短形時調 (짧을 단, 모양 형, 때 시, 가락 조). 문학 길이가 짧은[短] 형태(形態)의 시조(時調). 엇시조나 사설시조에 대해 평시조를 이르는 말.

단:호 斷乎 (끊을 단, 어조사 호). 결심한 것을 처리함에 과단성(果斷性)이 있음[乎]. ¶전에 없이 단호한 태도를 보였다.

단:화 短靴 (짧을 단, 구두 화). ① 속뜻 목이 짧아[短] 발목 아래로 오는 구두[靴]. ¶그는 징을 박은 단화를 신고 있었다. ② 굽이 낮은 여자들의 구두. ¶청바지에 단화 차림.

단-황란 端黃卵 (끝 단, 누를 황, 알 란). 생물 노른[黃]자위가 알의 한쪽 끝[端]으로 치우쳐 있는 알[卵]. 양서류, 조류, 어류 따위의 알에서 볼 수 있다.

달견 達見 (통달할 달, 볼 견). ① 속뜻 사리에 밝은[達] 견문(見聞)과 학식. ¶그분은 달견이 있는 분이다. ② 뛰어난 의견. ¶비록 달견은 아니지만 참고의 가치는 있다. ㊥달식(達識).

달관 達觀 (통달할 달, 볼 관). ① 속뜻 사리에 밝은[達] 관점(觀點)이나 식견. ¶철학적 달관. ② '사소한 일에 얽매이거나 흔들리지 않고 세속을 벗어난 높은 견식. ¶그는 인생을 달관한 사람처럼 보인다.

달마 達磨 (통달할 달, 갈 마). 불교 '법·진리·본체·궤범(軌範)·이법(理法)·교법(敎法)' 등의 뜻을 나타내는 산스크리트어 'dharma'의 한자 음역어.

달문 達文 (통달할 달, 글월 문). ① 속뜻 익숙한 솜씨로 잘 지은[達] 글[文]. ② 조리가 있고 세련된 문장. ¶그는 달문으로 좌중을 압도했다.

달변 達辯 (통달할 달, 말 잘할 변). 통달할[達] 정도로 말을 잘함[辯]. ¶그는 달변이지만 곧잘 실언을 한다. ㊥능변(能辯). ㊥눌변(訥辯).

달성 達成 (이를 달, 이룰 성). 목적지에 이르러[達] 뜻한 바를 이룸[成]. ¶상반기 영업 목표를 달성했다. ㊥성취(成就), 성공(成功). ㊥실패(失敗).

달인 達人 (통달할 달, 사람 인). ① 속뜻 사물의 이치에 통달(通達)한 사람[人]. ② 학문이나 기예 따위에 뛰어난 사람. ¶달인의 경지. ㊥달자(達者), 명인(名人).

달초 撻楚 (매질할 달, 가시나무 초). 회초리[楚]로 볼기나 종아리를 때림[撻]. ㊥초달(楚撻).

달통 達通 (이를 달, 통할 통). 사리를 꿰뚫어[通] 진리에 이름[達].

달필 達筆 (통달할 달, 글씨 필). 글씨[筆] 쓰기에 달통(達通)함. 또는 그러한 글씨. 능필(能筆). ㊥악필(惡筆).

담가 譚歌 (이야기 담, 노래 가). 음악 신화, 전설, 역사 따위의 이야기[譚]를 바탕으로 지은 가곡(歌曲).

담:-갈색 淡褐色 (맑을 담, 갈색 갈, 빛 색). 연한[淡] 갈색(褐色).

담:-결석 膽結石 (쓸개 담, 맺을 결, 돌 석). 의학 쓸개[膽]관이나 쓸개주머니에 생기는[結] 돌[石]처럼 단단한 물질. ㊤담석.

담:낭 膽囊 (쓸개 담, 주머니 낭). 의학 쓸개[膽] 주머니[囊]. 간장에서 분비되는 쓸개즙을 일시적으로 저장 농축하는 내장.

▸ 담:낭-염 膽囊炎 (염증 염). 의학 쓸개[膽囊]에 생기는 염증(炎症).

담:-녹색 淡綠色 (맑을 담, 초록빛 록, 빛 색). 엷은[淡] 녹색(綠色). ㊥연두색(軟豆色).

담:담 淡淡 (맑을 담, 맑을 담). ① 속뜻 빛깔이 엷고 맑음[淡+淡]. ¶담담한 달빛 아래 거닐다. ② 마음이 편안하고 차분한. ¶심경이 담담하다. ③ 음식이 느끼하지 않다. ¶나물 맛이 담담하다. ④ 말없이 잠자코 있다. ¶그저 담담하게 앉아만 있다.

*__담당__ 擔當 (멜 담, 맡을 당). 책임을 지고[擔] 일을 맡아 처리함[當]. 일을 맡음. ㊥담임(擔任).

▸ 담당-관 擔當官 (벼슬 관). 정책의 기획 및 연구 조사를 맡아서[擔當] 하는 관리(官吏)나 공무원.

▸ 담당-자 擔當者 (사람 자). 일을 맡은[擔當] 사람[者].

담대 膽大 (쓸개 담, 클 대). ① 속뜻 담력(膽力)이 큼[大]. ② 겁이 전혀 없고 배짱이 두둑함. ¶그의 담대함에 놀랐다. ㊥대담(大膽)하다.

▸ 담:대-심소 膽大心小 (마음 심, 작을 소). 담력(膽力)은 크게[大] 가지되 주의[心]는 세심[小] 해야 함. 문장을 지을 때의 마음가짐을 말한 것.

담:략 膽略 (쓸개 담, 꾀할 략). ① 속뜻 담력(膽力)과 기략(機略)을 아울러 이르는 말. ¶그 사람은 담략이 뛰어나다. ② 대담하고

꾀가 많음.

담:력 膽力 (쓸개 담, 힘 력). ① 속뜻 대담(大膽)한 정도나 힘[力]. ②겁이 없고 용감한 기운. ¶담력을 기르다. 비배짱.

담론 談論 (말씀 담, 논할 론). 담화(談話)하고 논의(論意)함. 또는 담화와 논의.

담박 淡泊 (맑을 담, 머무를 박). ① 속뜻 마음이 맑은[淡] 곳에 머물음[泊]. ②마음이 맑아 사욕(私慾)을 부리지 않음. ¶그는 마음이 담박한 사람이다. ③담박명지(淡泊明志)의 준말.

▸담박명지 淡泊明志 (밝을 명, 뜻 지).① 속뜻 마음이 담박(淡泊)해야 뜻[志]이 밝아짐[明]. ②사리사욕을 버려서 마음을 맑게 해야 뜻을 크게 떨칠 수 있음. [예문]담박명지는 제갈량의 〈계자서〉(誡子書)에서 유래된 말이다

담:반 膽礬 (쓸개 담, 명반 반). ① 속뜻 쓸개[膽] 모양의 명반(明礬). ② 광업 황산구리로 이루어진 삼사 정계(三斜晶系)에 속하는 광물. 반투명한 푸른색을 띠는데, 구우면 흰 가루가 되고, 수분을 흡수하면 파랗게 변하여 수분량 측정에 쓰인다.

담:백 淡白 (묽을 담, 흰 백). 진하지 않아 묽고[淡] 산뜻함[白]. ¶음식이 매우 담백하다. ②욕심이 없고 마음이 깨끗하다. ¶담백한 성품. 비산뜻하다. 반텁텁하다.

담:병 痰病 (가래 담, 병 병). 한의 체액[痰]이 큰 열을 받아서 생기는 병(病). 비담증(痰症).

담보 擔保 (멜 담, 지킬 보). ① 속뜻 맡아서[擔] 지킴[保]. ② 법률 민법에서 채무 불이행 때 채무의 변제를 확보하는 수단으로 채권자에게 제공하는 것. ¶집을 담보로 돈을 빌리다. 비보장(保障).

▸담보-권 擔保權 (권리 권). 법률 채무자가 채무를 이행하지 않을 경우에, 채권자가 일정한 물건을 맡아둘[擔保] 수 있는 권리(權利).

▸담보-물 擔保物 (만물 물). 법률 담보(擔保)로 제공하는 물건(物件). 비담보품(擔保品).

▸담보 물권 擔保物權 (만물 물, 권리 권). 법률 채권 담보(擔保)로 일정한 물건(物件)을 사용할 수 있는 권리(權利).

담부 擔負 (멜 담, 질 부). 어깨에 메고[擔] 등에 짊어짐[負]. 짐을 메고 지고 함.

담:색 淡色 (맑을 담, 빛 색). 엷은[淡] 빛깔[色]. ¶담색의 치마. 반농색(濃色).

담:석 膽石 (쓸개 담, 돌 석). 의학 쓸개[膽]관이나 쓸개주머니에 생기는 돌[石]처럼 단단한 물질. 비쓸갯돌.

▸담:석-증 膽石症 (증세 증). 의학 쓸개[膽] 관이나 쓸개주머니에 돌[石]처럼 단단한 물질이 생기는 병[症].

담세 擔稅 (멜 담, 세금 세). 조세(租稅)를 부담(負擔)함. 납세 의무를 짐.

▸담세-자 擔稅者 (사람 자). 법률 조세(租稅)를 부담(負擔)하는 사람[者]. 납세 의무를 지는 사람.

▸담세 능력 擔稅能力 (능할 능, 힘 력). 법률 조세(租稅)를 부담(負擔)할 수 있는 능력(能力).

담소[1] 談笑 (말씀 담, 웃을 소). 말[談]을 주고받으며 웃음[笑]. ¶담소를 나누다. 비언소(言笑).

담:소[2] 膽小 (쓸개 담, 작을 소). 담력(膽力)이 작음[小]. 겁이 많고 용기가 없음. 비담약(膽弱). 반담대(膽大).

담수[1] 潭水 (못 담, 물 수). 연못[潭]이나 늪의 물[水]. ¶오랜 가뭄으로 담수의 물이 다 말랐다.

담:수[2] 淡水 (맑을 담, 물 수). 강이나 호수 따위와 같이 염분이 없는[淡] 물[水]. 반함수(鹹水).

▸담:수-어 淡水魚 (물고기 어). 동물 민물[淡水]에 사는 물고기[魚].

▸담:수-조 淡水藻 (바닷말 조). 식물 민물[淡水]에서 자라는 조류(藻類).

▸담:수-호 淡水湖 (호수 호). 지리 민물[淡水]이 모여서 된 호수(湖水). 반함수호(鹹水湖).

▸담:수-화 淡水化 (될 화). 바닷물의 염분 농도를 묽게 하여 민물[淡水]로 만듦[化]. 또는 그렇게 됨.

▸담:수 어업 淡水漁業 (고기잡을 어, 일 업). 수산 하천이나 호수(湖水) 따위의 민물[淡水]에서 물고기를 길러 식용으로 공급하는 어업(漁業).

담시 譚詩 (이야기 담, 시 시). 문학 짧은 이야

기[譚]를 담고 있는 시(詩). 중세 유럽에서 형성된 정형시의 하나이다. ⓑ발라드(ballade)

▸담시-곡 譚詩曲 (노래 곡). 음악 짧은 이야기[譚]를 담고 있는 시(詩)와 같은 가곡(歌曲)이나 기악곡.

담:식 淡食 (맑을 담, 먹을 식). ① 속뜻 음식을 싱겁게[淡] 먹음[食]. ② 느끼한 음식보다 담박한 음식을 즐겨 먹음.

담:액 膽液 (쓸개 담, 진 액). 쓸개[膽] 즙[液]. ⓑ담즙(膽汁).

담:용 膽勇 (쓸개 담, 날쌜 용). ① 속뜻 담력(膽力)과 용기(勇氣). ② 담차고 용감함.

담임 擔任 (멜 담, 맡길 임). 주로 학교에서 학급을 맡아서[擔] 책임(責任)짐. 또는 그런 사람. ¶담임 선생님. ⓑ담당(擔當).

담자균-류 擔子菌類 (멜 담, 접미사 자, 세균 균, 무리 류). 식물 유성 생식한 결과로 담자기(擔子器)라는 세포가 되어 포자를 만드는 균류(菌類). 목이, 송이, 노타리버섯 따위.

담:즙 膽汁 (쓸개 담, 즙 즙). 의학 쓸개[膽] 즙(汁). ⓑ담액(膽液).

담:채 淡彩 (맑을 담, 빛깔 채). ① 속뜻 맑고[淡] 엷은 빛깔[彩]. ② 미술 물감을 엷게 써서 그린 그림. '담채화'(淡彩畵)의 준말.

▸담:채-화 淡彩畵 (그림 화). 미술 물감을 엷게 써서 그린 그림.

담:천 曇天 (흐릴 담, 하늘 천). ① 속뜻 구름이 끼어 흐린[曇] 하늘[天]. 흐린 날씨. ② 지리 기상 관측에서 하늘에 구름이 80%이상 낀 날씨를 이르는 말. ⓑ청천(晴天).

담:-청색 淡青色 (맑을 담, 푸를 청, 빛 색). 엷은[淡] 푸른[青] 빛깔[色]. ⓑ담벽색(淡碧色).

담:타 痰唾 (가래 담, 침 타). ① 속뜻 가래[痰]와 침[唾]을 아울러 이르는 말. ② 가래가 섞인 침. ⓑ가래침.

담판 談判 (말씀 담, 판가름할 판). ① 속뜻 말[談]을 주고받아 옳고 그름을 판단(判斷)함. ② 부당한 점을 시정하도록 강력히 항의함. ¶담판을 짓다.

담합 談合 (말씀 담, 합할 합). ① 속뜻 서로 의논하여[談] 합의(合意)함. ② 법률 공사 입찰 등에서 입찰자들이 미리 상의하여 입찰 가격을 협정함. ¶담합하여 우유값을 인상하다. ⓑ짬짜미.

담:해 痰咳 (가래 담, 기침 해). ① 속뜻 가래[痰]와 기침[咳]. ② 가래가 나오는 기침.

담:-홍색 淡紅色 (맑을 담, 붉을 홍, 빛 색). 엷은[淡] 붉은[紅] 빛깔[色]. ⓑ천(淺)홍색.

담화 談話 (이야기 담, 이야기 화). ① 속뜻 서로 주고받는 이야기[談=話]. ② 어떤 일에 관한 견해나 취할 태도 따위를 공적으로 밝히는 말. ¶대통령의 담화가 발표되었다.

▸담화-문 談話文 (글월 문). 어떤 문제에 대한 견해나 태도를 밝힌[談話] 글[文]. 공적인 자리에 있는 사람이 공식적으로 발표한다. ¶대통령이 대국민 담화문을 발표했다.

▸담화-체 談話體 (모양 체). 이야기[談話] 형식으로 쓴 문체(文體).

담:-황색 淡黃色 (맑을 담, 누를 황, 빛 색). 엷은[淡] 노랑[黃色]. ⓑ천황색(淺黃色).

담:-흑색 淡黑色 (맑을 담, 검을 흑, 빛 색). 엷은[淡] 검정[黑色].

답농 畓農 (논 답, 농사 농). 논[畓]에 짓는 농사(農事). ¶이곳의 기후는 답농에 적합하다. ⓑ논농사.

답례 答禮 (답할 답, 예도 례). 남의 호의(好意)에 보답(報答)하는 뜻으로 표하는 예(禮). ¶찾아온 손님에게 웃으며 답례하다. ⓑ사례(謝禮), 사은(謝恩).

답방 答訪 (답할 답, 찾을 방). 남의 방문에 대한 답례(答禮)로 방문(訪問)함. 또는 그런 방문. ¶대통령은 미국 대통령의 방한에 곧 답방할 계획이다.

답배[1] 答杯 (답할 답, 잔 배). 받은 술잔에 대한 답례(答禮)로 술잔[杯]을 돌려줌. 또는 그 술잔.

답배[2] 答拜 (답할 답, 절 배). 절을 받고 답례(答禮)로 절[拜]을 함. 또는 그 절.

답변 答辯 (답할 답, 말 잘할 변). 물음에 대하여 답(答)하여 말함[辯]. ¶증인은 검사의 질문에 답변하였다. ⓑ대답(對答).

▸답변-서 答辯書 (글 서). 답변(答辯) 내용을 적은 글[書].

답보 踏步 (밟을 답, 걸음 보). 앞으로 나아가지 못하고 한 자리에서 걸음[步]을 걷고[踏] 있음. ¶교육 여건이 10년 전의 상태를 답보하고 있다. ⓑ제자리걸음.

답사[1] **答辭** (답할 답, 말씀 사). 회답(回答)하여 하는 말[辭]. ⓑ답언(答言). ⓑ송사(頌辭).

답사[2] **踏査** (밟을 답, 살필 사). 실지로 현장에 가서[踏] 보고 조사(調査)함. ¶소풍갈 장소를 답사하다.

답서 **答書** (답할 답, 글 서). 답(答)으로 보내온 서신(書信). ¶답서가 오다 / 답서를 쓰다 / 답서를 기다리다. ⓑ답장(答狀).

답습 **踏襲** (밟을 답, 물려받을 습). ① 속뜻 앞선 사람이 밟은[踏] 방식을 그대로 물려받음[襲]. ②예부터 해 오던 방식이나 수법을 뒤따라 그대로 행함. ¶옛 작품을 답습하는 풍조가 만연하다. ⓑ모방(模倣), 인습(因襲). ⓑ창조(創造).

답신[1] **答信** (답할 답, 소식 신). 회답(回答)으로 서신(書信)이나 통신(通信)을 보냄. 또는 그 서신이나 통신.

답신[2] **答申** (답할 답, 알릴 신). 상부나 상사의 물음에 대하여 답(答)을 알려줌[申].

▸답신-서 答申書 (글 서). 관청 같은 데서 묻는 어떤 질문이나 자문에 대하여 답신(答申)하는 글[書]. ¶학교는 교육청에 사고 재발방지 방안에 대한 답신서를 제출했다.

▸답신-안 答申案 (안건 안). 문의한 사항에 대해 답신(答申)하는 안건(案件).

답안 **答案** (답할 답, 생각 안). ① 속뜻 답[答]으로 내놓은 생각[案]. ②문제에 대한 해답(解答). 또는 그 해답을 쓴 종이. ¶시험 답안을 채점하다. ⓑ해답(解答). ⓑ문제(問題).

▸답안-지 答案紙 (종이 지). 답안(答案)을 쓸 종이[紙]. ⓑ문제지(問題紙).

답언 **答言** (답할 답, 말씀 언). 말[言]로 대답(對答)함. 또는 대답하는 말. ⓑ답사(答辭).

답인 **踏印** (밟을 답, 도장 인). 관인(官印)을 찍음[踏]. ⓑ타인(打印), 개인(蓋印).

답장 **答狀** (답할 답, 문서 장). 회답(回答)으로 보내는 편지나 문서[狀]. ¶친구는 답장이 없었다. ⓑ회신(回信), 답신(答信).

답전 **答電** (답할 답, 전기 전). 회답(回答)하는 전보(電報). ⓑ회전(回電).

답지[1] **答紙** (답할 답, 종이 지). 답(答)을 쓴 종이[紙]. '답안지'(答案紙)의 준말. ⓑ문제지(問題紙).

답지[2] **遝至** (뒤섞일 답, 이를 지). 한꺼번에 뒤섞이어[遝] 몰려옴[至]. ⓑ지답(至遝).

답청 **踏青** (밟을 답, 푸를 청). ① 속뜻 봄에 파릇파릇하게[青] 난 풀을 밟으며[踏] 거니는 일. ②청명절에 교외를 거닐면서 자연을 즐기는 민속놀이. ¶삼삼오오 답청을 나섰다. ⓑ청답(青踏).

▸답청-절 踏青節 (철 절). 답청(踏青)을 하는 날을 절기(節氣) 삼아 이르는 말. 음력 3월 3일.

답토 **畓土** (논 답, 흙 토). 논[畓]으로 쓰이는 토지(土地). ¶답토 세 마지기.

답파 **踏破** (밟을 답, 깨뜨릴 파). 먼 길이나 험한 길을 걸어서[踏] 돌파(突破)함. ¶하루 만에 지리산을 답파하다.

당간 **幢竿** (기 당, 장대 간). 불교 절에서 기도나 법회 등이 있을 때 당(幢)을 달아 두는 기둥[竿].

▸당간 지주 幢竿支柱 (버틸 지, 기둥 주). 불교 당간(幢竿)을 지탱(支撐)하기 위해 세운 두 개의 받침대[柱].

당-고모 **堂姑母** (집 당, 고모 고, 어머니 모). '종고모'(從姑母)를 친근하게[堂] 일컫는 말.

▸당-고모부 堂姑母夫 (지아비 부). '종고모부'(從姑母夫)를 친근하게[堂] 일컫는 말.

당과 **糖菓** (사탕 당, 과자 과). 사탕[砂糖]과 과자(菓子)를 아울러 이르는 말.

당구 **撞球** (부딪칠 당, 공 구). 운동 일정한 대위에 붉은 공[球]과 흰 공을 놓고 큐로 쳐서 맞혀[撞] 그 득점으로 승부를 겨루는 실내 오락.

▸당구-장 撞球場 (마당 장). 당구(撞球)를 칠 수 있도록 시설을 마련해 놓은 곳[場].

당국[1] **當局** (맡을 당, 관청 국). ① 속뜻 어떤 일을 담당(擔當)하여 처리하는 기관이나 부서[局]. ¶당국의 허가를 얻다. ② 운동 바둑에서, 바로 이 대국(對局).

▸당국-자 當局者 (사람 자). 그 일을 직접 맡아보는[當] 자리에[局] 있는 사람[者].

당국[2] **當國** (당할 당, 나라 국). 해당(該當)하는 나라[國]. '당사국'(當事國)의 준말.

당권 **黨權** (무리 당, 권리 권). 당(黨)의 주도권(主導權). ¶소장파가 당권을 장악했다.

당귀 當歸 (당할 당, 돌아갈 귀). 한의 신감채의 뿌리를 한방에서 이르는 말. 보혈 작용이 뛰어나 부인병에 쓴다. 뜻과 무관한 음역한 자어로 추정된다.

당규 黨規 (무리 당, 법 규). 정당(政黨)의 규칙(規則). ¶당규를 어기고 개별적으로 성명을 발표했다. ㊥당칙(黨則).

당기[1] 當期 (당할 당, 때 기). ① 속뜻 해당(該當)하는 시기(時期). 또는 그런 기간. ¶당기에 즈음하여. ② 법률 어떤 법률관계를 연, 월, 주 따위로 나눌 경우에 현재 지내고 있는 기간.

당기[2] 黨紀 (무리 당, 벼리 기). 당(黨)의 기율(紀律). ¶당기에 어긋나다.

당기[3] 黨旗 (무리 당, 깃발 기). 당(黨)의 표지(標識)로 정한 기(旗).

당내[1] 堂內 (집 당, 안 내). ① 속뜻 사당(祠堂) 따위 건물의 안[內]. ② 같은 성을 가진 팔촌 안에 드는 일가. 집안에 초상이 나면 상복을 입게 되는 가까운 친척을 이른다. ¶자손이 귀한 집안이라 당내의 사람들이 별로 없다.

당내[2] 黨內 (무리 당, 안 내). 한 정당(政黨)의 안[內]. ¶당내 파벌 간의 대립이 심하였다.

당년 當年 (당할 당, 해 년). ① 속뜻 해당(該當)되는 그 해[年]. ② 그 해의 나이. ③ 그 연대(年代).

당뇨 糖尿 (엿 당, 오줌 뇨). 의학 포도당(葡萄糖)이 많이 섞여 나오는 병적인 오줌[尿].

▶ 당뇨-병 糖尿病 (병 병). 의학 혈액 속에 포도당이 많아져서 당뇨(糖尿)가 오랫동안 계속되는 병(病). 오줌의 분량이 많고 목이 마르며 쉬이 피로해지나 식욕은 도리어 왕성해진다.

당당 堂堂 (집 당, 집 당). ① 속뜻 집[堂]처럼 번듯하고, 집[堂]처럼 버젓하다. ② 남 앞에서 내세울 만큼 떳떳한 모습이나 태도. ¶당당히 1위에 입상하였다. ㊥의젓하다, 어엿하다.

당대 當代 (당할 당, 시대 대). ① 속뜻 해당(該當)되는 그 시대(時代). ¶최치원은 신라 당대 최고의 문장가였다. ② 이 시대. 지금 세상. ¶그는 당대 최고의 시인이다. ③ 사람의 일대(一代). ㊥당세(當世), 당조(當朝), 일생(一生), 일세(一世).

당도[1] 當到 (당할 당, 이를 도). 어느 곳에 닿아서[當] 이름[到]. ¶목적지에 당도하다.

당도[2] 糖度 (엿 당, 정도 도). ① 속뜻 엿[糖] 같이 단맛이 나는 정도(程度). ② 음식물에 들어 있는 단맛의 탄수화물 양을 그 음식물에 대하여 백분율로 나타낸 것. ¶그 과일은 당도가 높다.

당:돌 唐突 (황당할 당, 부딪칠 돌). ① 속뜻 황당(荒唐)하고 저돌(猪突)적임. ¶그 아이는 당돌하고 야무지다. ② 부딪힘. ③ 갑자기. 느닷없이. ㊥당차다, 야무지다.

당동벌이 黨同伐異 (무리 당, 같을 동, 칠 벌, 다를 이). 일의 옳고 그름은 따지지 않고, 뜻이 같으면[同] 무리[黨]를 지어 무작정 돕고, 뜻이 다르면[異] 사정없이 쳐서[伐] 배척함. ㊟당벌.

당두 當頭 (당할 당, 머리 두). 기일이나 시기가 머리[頭] 가까이 닥쳐옴[當]. ¶공연이 코앞에 당두했다. ㊥박두(迫頭).

당락 當落 (마땅 당, 떨어질 락). 당선(當選)과 낙선(落選). 붙음과 떨어짐.

당랑-거철 螳螂拒轍 (사마귀 당, 사마귀 랑, 막을 거, 수레 철). ① 속뜻 사마귀[螳螂]가 앞발을 들고 수레바퀴[轍]를 멈추려[拒] 함. ② '제 역량을 생각하지 않고 강한 상대나 되지 않을 일에 덤벼드는 무모한 행동거지'를 비유하여 이르는 말. 중국 제나라 장공(莊公)이 사냥을 나가는데 사마귀가 수레바퀴를 멈추려고 나섰다는 이야기에서 유래.

당략 黨略 (무리 당, 꾀할 략). ① 속뜻 당파(黨派)의 계략(計略). ② 정당의 정략. ¶당리 당략 / 당략을 세우다.

당량 當量 (당할 당, 분량 량). 화학 수소 1원자량이나 산소 8원자량과 직·간접으로 대등하게 화합하는 다른 원소의 상당(相當) 물질량(物質量).

▶ 당량 농도 當量濃度 (짙을 농, 정도 도). 화학 용액 1리터 당(當) 녹아 있는 용질의 양(量)으로 나타내는 농도(濃度). ㊥노말 농도(normal濃度).

당론 黨論 (무리 당, 논할 론). 정당(政黨)의 의견이나 논의(論議). ¶당론을 통일하다.

당료[1] 黨僚 (무리 당, 벼슬아치 료). 정당(政黨)에서 주요 직책을 맡은 관리[僚].

당료[2] **糖料** (엿 당, 거리 료). ① 속뜻 엿[糖] 같이 단맛을 내는 탄수화물인 당의 원료(原料). ②설탕의 원료. 사탕단풍, 사탕무, 사탕수수 따위가 있다.

▸당료 작물 糖料作物 (지을 작, 만물 물). 설탕[糖]의 원료(原料)를 수확하기 위해 재배하는 농작물(農作物).

당류 **糖類** (엿 당, 무리 류). ① 속뜻 엿[糖] 같이 단맛이 있는 종류(種類). ② 화학 물에 잘 녹으며 단맛이 있는 탄수화물. 단당류·이당류·다당류로 나뉘며, 포도당·과당·맥아당·전분 따위가 있다.

당리 **黨利** (무리 당, 이로울 리). 자기 정당(政黨)의 이익(利益). ¶당리에만 급급하다.

당면[1] **唐麵** (당나라 당, 국수 면). ① 속뜻 당(唐)에서 들어온 국수[麵]. ②녹말가루로 만든 마른 국수. 잡채를 만들 때 쓴다. ㊐호면(胡麵).

당면[2] **當面** (당할 당, 쪽 면). 일이 바로 눈앞[面]에 닥침[當]. ¶당면한 문제를 해결하다. ㊐직면(直面), 봉착(逢着), 대면(對面).

당명 **黨命** (무리 당, 명할 명). 정당(政黨)에서 내리는 명령(命令). ¶당명을 따르다.

당목 **唐木** (당나라 당, 무명 목). ① 속뜻 당나라[唐]에서 나는 무명[木]. ②나비가 넓고 발이 고운 피륙. 두 가닥 이상의 가는 실을 되게 꼬아 만든다. 서양에서 발달하여 서양목이라고 하였는데, 중국을 거쳐 우리나라에 들어왔으므로 당목이라고 한다. ¶당목 보자기 / 당목 치마저고리.

당무[1] **黨務** (무리 당, 일 무). 당(黨)의 사무(社務). ¶급한 당무를 처리하다.

당무[2] **當務** (맡을 당, 일 무). 현재 맡고[當] 있는 직무(職務). ¶당무에 충실하다.

▸당무-자 當務者 (사람 자). 어떤 직무를 직접 맡아보는[當務] 사람[者]. ㊐실무자(實務者).

당밀 **糖蜜** (사탕 당, 꿀 밀). ① 속뜻 설탕[糖]을 녹여 꿀[蜜]처럼 만든 즙액. ②식물의 꽃 속에 있는 꿀샘이나 줄기 따위에서 만들어지는 맛이 단 물질.

당백-전 **當百錢** (당할 당, 일백 백, 돈 전). 역사 일반 엽전 백(百) 푼과 맞먹던[當] 엽전(葉錢). 조선 고종 때 주조하여 경복궁 재건에 사용하였다.

*__당번__ **當番** (맡을 당, 차례 번). 어떤 일을 책임지고 돌보는[當] 차례[番]가 됨. 또는 그 차례가 된 사람. ¶이번 주는 미영이가 청소 당번이다. ㊐당직(當直). ㊞비번(非番).

당벌 **黨閥** (무리 당, 무리 벌). ① 속뜻 같은 당파(黨派) 사람들의 파벌(派閥). ¶당벌 싸움. ②당동벌이(黨同伐異).

당부[1] **當付** (마땅 당, 청할 부). 마땅히[當] 어찌해야 한다고 단단히 청함[付]. ¶아들에게 당부하였다. ㊐부탁(付託).

당부[2] **當否** (마땅 당, 아닐 부). 마땅함[當]과 그렇지 아니함[否]. 옳고 그름.

당분 **糖分** (엿 당, 나눌 분). 엿[糖] 같은 단맛의 성분(性分).

당분-간 **當分間** (당할 당, 나눌 분, 사이 간). 지금[當]으로부터 얼마의 시간[分] 동안[間]. 잠시 동안. ¶당분간 휴식을 취해야 한다. ㊐잠시(暫時).

당비 **黨費** (무리 당, 쓸 비). ① 속뜻 당(黨)의 비용(費用). ②당원(黨員)이 당규에 따라 의무적으로 당에 내는 돈.

당사[1] **黨舍** (무리 당, 집 사). 정당(政黨)의 사무소로 쓰는 건물[舍]. ¶당사를 옮기다.

당사[2] **當事** (맡을 당, 일 사). 어떤 일[事]을 직접 맡음[當].

▸당사-국 當事國 (나라 국). 국제 간의 사건(事件) 등에 직접 관계가 있거나 관계한[當事] 그 나라[國]. ㊟당국.

▸당사-자 當事者 (사람 자). ① 속뜻 어떤 일에 직접 관계가 있거나 관계한[當事] 그 사람[者]. ② 법률 어떤 법률행위에 직접 관계하는 사람. ¶이 문제는 당사자가 풀어야 한다. ㊟당자. ㊐장본인(張本人). ㊞제삼자(第三者).

당산 **堂山** (집 당, 메 산). 민속 토지나 마을의 수호신이 있다는 집[堂]이나 산(山). 대개 마을 근처에 있다. ¶당산에서 굿을 벌이다.

▸당산-제 堂山祭 (제사 제). 민속 당산(堂山)에서 신(神)에게 지내는 제사(祭祀).

당-삼채 **唐三彩** (당나라 당, 석 삼, 빛깔 채). 수공 당(唐)나라 때 유행한, 녹색·노랑·백색(혹은 남색)의 세[三] 가지 빛깔[彩]의 유약을 이용해 만들었던 도자기.

당상 **堂上** (집 당, 위 상). ① 속뜻 대청[堂]의 위[上]. ② 역사 조선 때, '당상의 벼슬 계제

(階梯)'를 이르던 말.

▸당상-관 堂上官 (벼슬 관). 역사 당상(堂上) 품계의 벼슬아치[官]. ¶당상관들이 편전으로 모였다. ⓑ당하관(堂下官).

당선 當選 (당할 당, 고를 선). ① 속뜻 선거(選擧)에서 뽑힘[當]. ¶대통령에 당선되다. ② 출품작 따위가 심사에서 뽑힘. ¶단편소설 당선작. ⓑ입선(入選). ⓑ낙선(落選).

▸당선-권 當選圈 (범위 권). 당선(當選)될 가능성이 있는 범위[圈]. ¶당선권에 들다.

▸당선-자 當選者 (사람 자). 선거나 심사에서 뽑힌[當選] 사람[者]. ¶국회의원 당선자 / 현상 공모 당선자.

▸당선-작 當選作 (지을 작). 당선(當選)된 작품(作品). ¶당선작을 모아 출판하다.

당성 黨性 (무리 당, 성품 성). 소속 정당(政黨)을 위해 적극적으로 활동하는 충실한 성품(性品). ¶당성을 의심하다.

당세[1] 當世 (당할 당, 세상 세). ① 속뜻 해당(該當) 세상(世上). 그 세상. ② 이 시대. 또는 이 세상. ¶당세 최고의 인물.

당세[2] 黨勢 (무리 당, 세력 세). 당(黨)의 세력(勢力). 당파의 기세. ¶당세를 회복하다.

당송 唐宋 (당나라 당, 송나라 송). 중국의 당(唐)나라와 송(宋)나라.

당수[1] 唐手 (당나라 당, 솜씨 수). 운동 일본식 권법인 '가라테'를 한자어로 읽은 것. 중국 소림사의 호신술이 일본에 전해지면서 '당(唐)나라의 권법[手]'이라는 뜻으로 일러 온 말.

당수[2] 黨首 (무리 당, 머리 수). 당(黨)의 우두머리[首].

당숙 堂叔 (집 당, 아저씨 숙). '종숙'(從叔)을 친근하게[堂] 일컫는 말. 아버지의 사촌 형제.

당-숙모 堂叔母 (집 당, 아저씨 숙, 어머니 모). '종숙모'(從叔母)를 친근하게[堂] 일컫는 말.

당시[1] 唐詩 (당나라 당, 시 시). 문학 중국 당(唐)나라 때 유행하던 형식의 한시(漢詩). ¶이백(李白)은 당시의 대가이다.

***당시[2] 當時** (당할 당, 때 시). 어떤 일을 당한[當] 바로 그때[時]. 또는 이야기하고 있는 그 시기. ¶그 당시를 생각해 보다 / 사고 당시의 충격.

당시[3] 黨是 (무리 당, 옳을 시). 정당(政黨)이 옳다[是]고 여기어 정한 기본 방침. ¶당시를 따르다.

당신 當身 (당할 당, 몸 신). ① 속뜻 해당(該當)되는 그 몸[身]. ② 상대방을 높여 부르는 말. ③ 부부간에 상대편을 높여 부르는 말. ¶당신이 아이를 데려다주세요. ④ 싸울 때 상대편을 낮잡아 이르는 이인칭 대명사. ¶당신이 뭔데 참견이야? ⓑ너, 여보.

당악 唐樂 (당나라 당, 음악 악). 음악 ① 당(唐)나라 때 유행하던 형식의 음악(音樂). ② 당송(唐宋) 이후에 우리나라에 들어온 중국의 속악. '당부악'(唐部樂)의 준말.

당연 當然 (마땅 당, 그러할 연). 마땅히[當] 그러함[然]. ¶봄에 꽃이 피는 것은 당연하다.

▸당연-시 當然視 (볼 시). 당연(當然)한 것으로 여김[視]. ¶가사 분담을 당연시하다.

▸당연지사 當然之事 (어조사 지, 일 사). 마땅히[當] 그렇게 해야 하거나 되리라고[然] 여겨지는 일[事]. ¶사람이 나고 죽는 것은 당연지사이다.

당원 黨員 (무리 당, 사람 원). 정당(政黨)에 든 사람[員]. 당적을 가진 사람. '정당원'(政黨員)의 준말.

당월 當月 (당할 당, 달 월). ① 속뜻 바로 그[當] 달[月]. ② 아이를 밴 여자가 아이를 낳게 될 달. ⓑ당삭(當朔).

당위 當爲 (마땅 당, 할 위). 마땅히[當] 해야 할[爲] 일이라고 요구되는 것. 반드시 있어야 하는 것.

▸당위-성 當爲性 (성질 성). 마땅히 그렇게 해야 할[當爲] 성질(性質). ¶전쟁의 당위성.

▸당위-학 當爲學 (배울 학). 철학 마땅히 해야 할[當爲] 규범 법칙을 연구하는 학문(學問).

당의[1] 唐衣 (당나라 당, 옷 의). ① 속뜻 중국 당(唐)나라 풍의 옷[衣]. ② 여자들이 저고리 위에 덧입는 한복의 하나.

당의[2] 黨議 (무리 당, 의논할 의). 정당(政黨)의 결의(決議). 정당의 의견.

당의[3] 糖衣 (사탕 당, 옷 의). 약학 정제나 환약 따위의 변질을 막고 먹기 쉽게 하기 위해 약의 겉에 당분(糖分)이 든 막을 얇게 입힌

[衣] 것.

▸당의-정 糖衣錠 (덩이 정). 약학 약의 겉에 당의(糖衣)를 입힌 정제(錠劑)나 환약(丸藥).

당인 黨人 (무리 당, 사람 인). 어떤 정당(政黨)에 속해 있는 사람[人].

당일 當日 (당할 당, 날 일). 바로 그[當] 날[日]. 그 날 하루. ¶서울에서 부산까지는 당일에 다녀올 수 있다. ⓑ즉일(卽日).

당자 當者 (당할 당, 사람 자). ① 속뜻 바로 그[當] 사람[者]. ¶결혼할 당자보다도 그 어머니의 기쁨이 더 컸다. ② 당사자(當事者). ¶당자들이 좋다는데 주위에서 어떻게 말립니까?

당장 當場 (당할 당, 마당 장). ① 속뜻 무슨 일이 일어난 바로 그[當] 자리[場]. ② 바로 그 자리에서 곧. 지체 없이 곧. ¶당장 치료해야 합니다. ⓑ곧, 즉시(卽時).

당쟁 黨爭 (무리 당, 다툴 쟁). 역사 당파(黨派)를 이루어 서로 싸움[爭]. 또는 그 싸움. ¶당쟁을 일삼다 / 국회는 당쟁으로 얼룩졌다. ⓑ당파(黨派) 싸움.

당적 黨籍 (무리 당, 문서 적). 당원(黨員)으로 등록되어 있는 문서[籍]. ¶당적을 말소하다.

당점 當店 (당할 당, 가게 점). 해당(該當) 점포(店鋪). 이 지점. ¶당점의 영업시간.

당정 黨政 (무리 당, 정사 정). 여당(與黨)과 정부(政府). ¶당정이 협의하다.

당좌 當座 (마땅 당, 자리 좌). 경제 예금자가 수표를 발행하면 은행이 어느 때나 예금액으로 그 수표에 대한 지급을 마땅히[當] 하도록 되어 있는 예금계좌(計座). '당좌예금'(預金)의 준말.

▸당좌 대:월 當座貸越 (빌릴 대, 넘을 월). 경제 은행이 일정 기간과 일정 금액을 한도로 하여 당좌(當座) 예금 거래처에서 예금 잔고 이상으로 발생한[貸越] 수표나 어음에 대해서도 지급에 응하는 일. 또는 그 초과분.

당지[1] 唐紙 (당나라 당, 종이 지). 예전에, 중국[唐]에서 만든 종이[紙]의 하나. 닥나무 껍질과 대나무로 만들어 누렇고 찢어지기 쉽다.

당지[2] 當地 (당할 당, 땅 지). ① 속뜻 일이 일어난 바로 그[當] 곳[地]. ② 자기가 있는 이곳.

당직[1] 當直 (맡을 당, 당번 직). ① 속뜻 숙직(宿直), 일직(日直) 같은 당번[直]을 맡음[當]. 또는 그런 사람. ¶어젯밤에 당직을 섰다. ② 조선 시대, 의금부의 도사(都事)가 한 사람씩 번을 들어 소송 사무를 처결하던 곳. ⓑ당번(當番).

당직[2] 黨職 (무리 당, 일 직). 당(黨)의 직책(職責).

당질[1] 堂姪 (집 당, 조카 질). '종질'(從姪)을 친근하게[堂] 이르는 말.

당질[2] 糖質 (엿 당, 바탕 질). ① 속뜻 당분(糖分)이 들어 있는 물질(物質). ② 화학 탄수화물과 그 유도 물질을 통틀어 이르는 말.

당착 撞着 (부딪칠 당, 붙을 착). ① 속뜻 서로 맞부딪쳐[撞] 달라붙음[着]. ② 말이나 행동의 앞뒤가 서로 맞지 아니함. ¶자가(自家) 당착 / 그의 말은 당착이 심하다.

당책 唐冊 (당나라 당, 책 책). 예전에, 중국[唐]에서 박아 펴낸 책(冊).

당처 當處 (당할 당, 곳 처). ① 속뜻 일이 있는 바로 그[當] 곳[處]. 또는 이곳. ② 헌데가 생긴 그 자리.

당첨 當籤 (당할 당, 제비 첨). 제비[籤] 뽑기에 뽑힘[當]. ¶복권에 당첨되었다. ⓑ당선(當選). ⓑ낙첨(落籤).

당체 唐體 (당나라 당, 모양 체). ① 속뜻 중국 당(唐) 때 유행하던 모양과 비슷한 한자의 서체(書體). 가로 그은 획은 가늘고 내리 그은 획은 굵은 한자의 글씨체. ② 명조체(明朝體).

당초 當初 (당할 당, 처음 초). 그[當] 처음[初]. ⓑ처음, 애초.

당칙 黨則 (무리 당, 법 칙). 당(黨)의 규칙(規則). ⓑ당규(黨規).

당파 黨派 (무리 당, 갈래 파). ① 속뜻 주장과 이해를 같이하는 사람끼리 무리지어[黨] 나뉜 갈래[派]. ¶당파를 결성하다. ② 역사 조선 시대에, 정치 세력 결집 단체였던 붕당(朋黨) 안에서 정치적인 입장에 따라 다시 나뉜 파벌. ¶영조는 탕평책을 써서 각 당파에서 고르게 인재를 등용했다. ⓑ파당(派黨), 파벌(派閥).

당풍 黨風 (무리 당, 풍속 풍). 당(黨)의 기풍

(氣風). ¶당풍 쇄신 운동.

당한 當限 (당할 당, 끝 한). 기한(期限)이 닥쳐옴[當]. 또는 닥쳐온 기한.

당해 當該 (당할 당, 그 해). 바로 그[當] 사물에 해당(該當)하는. ¶당해 관청.

당헌 黨憲 (무리 당, 법 헌). 정당(政黨)에서 내부적으로 정한 강령이나 기본 방침[憲]. ¶당헌을 어기다 / 당헌에 위배되다.

당호 堂號 (집 당, 이름 호). 집[堂]의 이름[號].

당혹 當惑 (당할 당, 홀릴 혹). 갑자기 일을 당(當)하여 어찌할 바를 모르고 쩔쩔맴[惑]. ¶그의 태도에 당혹했다 / 당혹감을 감추지 못했다. ㊥당황(唐慌).

당혼 當婚 (당할 당, 혼인할 혼). 혼인(婚姻)할 나이가 됨[當]. ¶당혼의 딸자식.

당황 唐慌 (=唐惶, 황당할 당, 절박할 황). 황당(荒唐)하여 어찌할 바를 모름[慌]. 놀라서 어리둥절해 함. ¶뜻밖의 질문에 선생님은 당황스러운 표정이었다. ㊥당혹(當惑), 어리둥절하다.

대:가[1] 大家 (큰 대, 사람 가). ① 속뜻 학문이나 기예 등 전문 분야에 조예가 크게[大] 깊은 사람[家]. ¶서예의 대가. ② 대대로 번창한 집안. ¶대가가 몰락하다. ③ 규모가 큰 집. ㊥달인(達人), 명인(名人), 거장(巨匠), 대옥(大屋). .

대:가[2] 代價 (대신할 대, 값 가). ① 속뜻 물건을 대신(代身)하는 값[價]으로 치르는 돈. ¶노동의 대가로 임금을 받다. ② 어떤 일을 함으로써 생기는 희생이나 손해. 또는 그것으로 하여 얻어진 결과. ¶어떤 대가를 치르더라도 반드시 해낼 것이다. ㊥대금(代金), 삯.

대:가[3] 對價 (대할 대, 값 가). ① 속뜻 자기의 재산이나 노무 따위를 남에게 제공한 것에 대(對)한 값어치[價]. ¶수고의 대가. ② 법률 보수로서 얻는 재산상의 이익. 물건의 매도, 대금, 가옥의 임대, 노임 따위로 얻는 이익을 이른다.

대:-가족 大家族 (큰 대, 집 가, 겨레 족). ① 속뜻 식구가 많은[大] 가족(家族). ② 직계와 방계 및 노비 등을 포함하는 가족. ¶우리 집은 대가족이다. ㊙소가족(小家族).

▸대:가족-제 大家族制 (정할 제). 사회 조부모, 부모, 형제 및 그 배우자와 자녀들 등 많은 가족[大家族]이 한 집에 모여 사는 가족 제도(制度). '대가족제도'의 준말. ¶전통적인 대가족제가 해체되고 있다.

대:각[1] 大覺 (큰 대, 깨달을 각). 불교 ① 도(道)를 닦아 크게[大] 깨달음[覺]. 또는 그런 사람. ② '부처'를 달리 이르는 말.

대:각[2] 對角 (대할 대, 모서리 각). 수학 다각형에서 어떤 각에 대해 마주보는[對] 각(角).

▸대:각-선 對角線 (줄 선). 수학 다각형에서 서로 마주보는[對] 두 꼭짓점[角]을 잇는 직선(直線). 또는 다면체에서 같은 면에 있지 않은 두 꼭짓점을 잇는 직선. ¶사각형은 두 개의 대각선을 가진다.

▸대:각 묘:사 對角描寫 (그릴 묘, 베낄 사). 문학 대상과 반대(反對)되는 각도(角度)에서 그 대상을 묘사(描寫)하는 문예 기법.

대간 臺諫 (돈대 대, 간언할 간). 역사 감찰의 임무를 맡은 대관(臺官)과 국왕에 대한 간쟁의 임무를 맡은 간관(諫官)을 합하여 부르는 명칭.

대:갈 大喝 (큰 대, 꾸짖을 갈). 큰[大] 소리로 외쳐서 꾸짖음[喝].

****대:감**[1] 大監 (큰 대, 볼 감). ① 속뜻 큰[大] 일을 맡아보던[監] 벼슬아치. ② 역사 조선 시대, 정이품 이상의 벼슬아치의 존칭. ③ 대신이나 장관 등의 지위에 있는 관리의 존칭.

대:감[2] 大鑑 (큰 대, 볼 감). 어떤 분야에 대해 대강(大綱)의 지식을 살펴볼[鑑] 수 있도록 만든 책. ¶지리 대감.

대:강[1] 代講 (대신할 대, 강의할 강). 남을 대신(代身)하여 강의(講義)나 강연(講演)을 함. 또는 그 강의나 강연.

대:강[2] 大綱 (큰 대, 줄거리 강). ① 속뜻 큰[大] 줄거리[綱]. '대강령'(大綱領)의 준말. ¶대강을 파악하다. ② 일의 중요한 부분만 간단하게. ¶그 일은 대강 끝났다. ㊥대충, 대략(大略), 대개(大概). ㊙일일이.

▸대:강-대강 大綱大綱 (큰 대, 줄거리 강). 여러 가지를 다 중요한 부분만[大綱] 간단하게. 대충대충. ¶비가 올 것 같으니 대강대강 치우고 얼른 갑시다.

대:-강령 大綱領 (큰 대, 벼리 강, 요점 령). 가장 크게[大] 중요한 부분[綱領]. 또는 그

부분만 따낸 줄거리.

대:-강당 大講堂 (큰 대, 강의할 강, 집 당). ① 속뜻 큰[大] 강당(講堂). ② 불경을 배우는 큰 강당.

대-강풍 大強風 (큰 대, 강할 강, 바람 풍). ① 속뜻 매우[大] 세게[強] 부는 바람[風]. ② 지리 풍력 계급 9의 바람. 초속 20.8~24.4미터로 불며, 굴뚝 뚜껑과 슬레이트가 날아갈 정도의 바람이다. ⓑ큰센바람.

대:개[1] 大蓋 (큰 대, 덮을 개). ① 속뜻 큰[大] 덮개[蓋]. ② 일의 큰 원칙으로 보아서 말하건대. ¶대개 사내대장부란 그릇이 커야 한다.

대:개[2] 大概 (큰 대, 대강 개). ① 속뜻 대체(大體)의 줄거리[概]. ② 그저 웬만한 정도로. 대체로. ¶씨앗은 대개 이른 봄에 뿌린다. ⓑ대략(大略), 대부분(大部分).

대:-개념 大概念 (큰 대, 대강 개, 생각 념). ① 속뜻 큰[大] 개념(概念). ② 논리 삼단 논법에서 결론의 술어가 되는 개념. '물고기는 동물이다. 붕어는 물고기다. 그러므로 붕어는 동물이다.'에서 '동물'과 같은 개념을 이른다. ⓒ소개념(小概念), 중개념(中概念).

대:객 待客 (대접할 대, 손 객). 손님[客]을 대접(待接)함.

대:거 大擧 (큰 대, 움직일 거). ① 속뜻 많은[大] 무리를 움직여[擧] 일을 일으킴. 또는 그 일. ② 한꺼번에 많이. ¶이 행사에 유명 인사가 대거 참석했다. ③ 바삐 서둘러서 일을 함. ④ 널리 인재를 천거함.

대:검[1] 大劍 (큰 대, 칼 검). 큰[大] 칼[劍]. ¶대검을 휘두르다.

대:검[2] 帶劍 (두를 대, 칼 검). ① 속뜻 칼[劍]을 참[帶]. 또는 그 칼. ② 군사 가까운 거리에 있는 적과 싸울 때 소총에 꽂아 쓰는 작은 칼.

대:-검찰청 大檢察廳 (큰 대, 검사할 검, 살필 찰, 관청 청). 법률 대법원에 대응하여 설치된 최고[大] 검찰(檢察) 기관[廳]. ⓒ대검.

대:결[1] 代決 (대신할 대, 결정할 결). 남을 대신(代身)하여 결재(決裁)함. 또는 그런 결재.

대:결[2] 對決 (대할 대, 결정할 결). 둘이 맞서서[對] 승부를 결정(決定)함. ¶세기의 대결을 벌이다. ⓑ투쟁(鬪爭).

대:경-실색 大驚失色 (큰 대, 놀랄 경, 잃을 실, 빛 색). 크게[大] 놀라[驚] 얼굴빛[色]이 제 모습을 잃어[失] 하얗게 변함.

대:계[1] 大系 (큰 대, 이어 맬 계). ① 속뜻 대략적(大略的)인 체계(體系). ② 하나의 주제에 체계를 세워 그에 속하는 책이나 내용을 모아 엮은 책. ¶한국 문학 대계.

대:계[2] 大計 (큰 대, 셀 계). 큰[大] 계획(計劃). ¶국가의 대계 / 미래를 위한 대계.

대:고 大鼓 (큰 대, 북 고). ① 속뜻 큰[大] 북[鼓]. ② 음악 타악기의 하나. 나무나 금속으로 테를 두르고 가죽을 씌워 세워놓고 방망이로 쳐서 소리를 낸다. ⓒ소고(小鼓).

대:공[1] 大功 (큰 대, 공로 공). 큰[大] 공적(功績). ⓑ대훈로(大勳勞), 혁공(奕功). ⓑ소공(小功).

대:공[2] 對共 (대할 대, 함께 공). 공산주의(共産主義) 또는 공산주의자를 상대(相對)로 함. ¶대공 수사.

대:공[3] 對空 (대할 대, 하늘 공). 지상에서 공중(空中)의 목표물을 상대(相對)함. ¶군은 대공 미사일을 개발했다.

▶ **대:공-포** 對空砲 (대포 포). 군사 지상이나 함정(艦艇)에서 공중(空中)의 목표물을 사격하는[對] 대포(大砲).

▶ **대:공 사격** 對空射擊 (쏠 사, 칠 격). 지상이나 함정(艦艇)에서 공중(空中)의 목표물에 대포 등을 쏘아[射] 맞힘[擊].

▶ **대:공 화:기** 對空火器 (불 화, 그릇 기). 지상이나 함정(艦艇)에서 공중(空中)의 목표물을 사격하는데 쓰는 화기(火器).

대공무사 大公無私 (큰 대, 공평할 공, 없을 무, 사사로울 사). ① 속뜻 매우[大] 공평[公]하고 사사로움[私]이 없음[無]. ② 일처리가 매우 공정하고 공평함. 사리사욕을 취하지 아니함. ¶대공무사한 일처리로 남들의 추앙을 받았다.

대:-공원 大公園 (큰 대, 여럿 공, 동산 원). 규모가 매우 큰[大] 공원(公園).

대:공-친 大功親 (큰 대, 공로 공, 친할 친). ① 속뜻 상을 당했을 때 대공(大功)의 복장을 입어야하는 친척(親戚). ② 사촌 형제자매·중손(衆孫)·중손녀(衆孫女)·중자부(衆子婦)·질부(姪婦)와 남편의 조부모 백숙·

부모·질부 등의 겨레붙이를 이르는 말.

대:-공포 大恐怖 (큰 대, 두려울 공, 두려워할 포). 역사 프랑스 혁명 초기에 농촌사회가 사회 불안을 크게[大] 두려워하던[恐怖] 현상. 농업 무산자, 실업자 등이 모인 부랑 집단의 농촌 약탈에, 외국군 침입에 대한 유언비어가 원인이었다.

대:과 大過 (큰 대, 지나칠 과). 큰[大] 허물[過]. 큰 잘못.

대:관¹ 大官 (큰 대, 벼슬 관). ① 속뜻 높은[大] 벼슬[官]. 또는 그 벼슬에 있는 사람. ② 역사 정승(政丞). ③ 역사 지역이 넓고 인구가 많으며 물산이 풍부한 큰 고을.

대:관² 大觀 (큰 대, 볼 관). ① 속뜻 국면(局面)을 널리[大] 관찰(觀察)함. 또는 그런 관찰. ② 훌륭한 경치.

대:관³ 戴冠 (쓸 대, 갓 관). 제왕이 왕관(王冠)을 받아 씀[戴].

▸대:관-식 戴冠式 (의식 식). 유럽에서 임금이 왕관(王冠)을 쓰는[戴] 의식(儀式). 왕위에 올랐음을 널리 공표하는 의식.

대:-관절 大關節 (큰 대, 빗장 관, 마디 절). ① 속뜻 큰[大] 고비[關]가 되는 마디[節]. ② 여러 말 할 것 없이 요점만 말하건대. ¶대관절 어떻게 된 일입니까? ㊥도대체.

대:-괄호 大括弧 (큰 대, 묶을 괄, 활 호). 언어 크게[大] 묶을[括] 때 사용하는 활[弧] 모양의 문장부호. '[ ]'로 표기한다.

대:광 반:응 對光反應 (대할 대, 빛 광, 되돌릴 반, 응할 응). ① 속뜻 빛[光]에 대한[對] 신체 반응(反應). ② 의학 망막에 빛이 들어가면 눈동자가 작아지는 반응. ㊥빛 반사(反射), 동공 반사(瞳孔反射).

대:교 大橋 (큰 대, 다리 교). 규모가 큰[大] 다리[橋]. ¶서강 대교.

대구¹ 大口 (큰 대, 입 구). 동물 큰[大] 입[口]이 특징인 대구과(大口科)의 바닷물고기. 몸의 길이는 70~75㎝이고 넓적하며 옆은 회갈색이다.

▸대구-탕 大口湯 (끓을 탕). 생선 대구(大口)로 끓인 국[湯].

대:구² 對句 (짝 대, 글귀 구). 짝[對]을 맞춘 시의 글귀[句].

▸대:구-법 對句法 (법 법). 문학 어조가 비슷한 글귀[句]를 짝지이[對] 늘어놓는 표현 방법(方法).

대:-구치 大臼齒 (큰 대, 절구 구, 이 치). ① 속뜻 큰[大] 절구[臼] 모양의 어금니[齒]. ② 의학 앞어금니 안쪽으로 위아래 모두 12개가 있는데, 맨 안쪽의 어금니는 나지 않을 수도 있다. ㊥뒤어금니. ㊦소구치(小臼齒).

대:국¹ 大局 (큰 대, 판 국). ① 속뜻 일이 벌어져 있는 대체(大體)의 형국(形局). ② 운동 바둑이나 장기 따위에서, 전체적인 승부의 형세를 이르는 말. ¶대국이 기울다.

대:국² 對局 (대할 대, 판 국). ① 속뜻 마주보고[對] 앉아서 바둑이나 장기 판[局]을 둠. ¶이창호와 대국하다. ② 어떤 형편이나 국면에 당면함. ¶대국을 판단하다.

대:국³ 大國 (큰 대, 나라 국). 큰[大] 나라[國]. ¶중국은 경제대국이다. ㊦소국(小國).

▸대:국-적 大國的 (것 적). 큰[大] 나라[國]의 특징이 있는 것[的]. ¶대국적 기질.

▸대:국-주의 大國主義 (주될 주, 뜻 의). 정치 강대국(強大國)이 경제력이나 군사력을 바탕으로 약소국을 압박하는 태도[主義].

대:군¹ 大君 (큰 대, 임금 군). ① 속뜻 큰[大] 군주(君主). 군주를 높여 이르는 말. ② 역사 예전에 왕의 종친(宗親)에게 주던 정일품 벼슬. ¶효령대군.

대:군² 大軍 (큰 대, 군사 군). 병사의 수효가 많고 규모가 큰[大] 군대(軍隊). ㊥대병(大兵). ¶백만 대군.

대:군³ 大群 (큰 대, 무리 군). 큰[大] 무리[群].

대:궁 對宮 (대할 대, 대궐 궁). 운동 장기에서 양쪽 궁(宮)이 그 사이에 딴 장기짝이 놓이지 않은 상태로 직접 맞서게[對] 놓인 관계.

▸대:궁-장군 對宮將軍 (장수 장, 군사 군). 운동 장기에서 대궁(對宮)이 된 때 부르는 장군(將軍). 이 장군을 받지 못하면 비기게 된다.

대:권¹ 大權 (큰 대, 권리 권). 대통령(大統領)의 권한이나 권리(權利). ¶그는 차기 대권에 도전했다.

대:권² 大圈 (큰 대, 범위 권). ① 속뜻 큰[大]

범위[圈]. ② 수학 구(球)를 그 중심을 지나는 평면으로 자를 때 생기는 원. ③ 지리 지구 표면에 그린 대원. ¶대권 항법. ⓑ대원(大圓).

▸대:권 항:로 大圈航路 (배 항, 길 로). 항공 대권(大圈) 코스를 따라 설정한 항로(航路). 출발점과 종착점을 연결하는 최단 거리이다.

대:궐 大闕 (큰 대, 대궐 궐). 임금이 거처하며 정사(政事)를 보던 큰[大] 집[闕]. ⓑ궁궐(宮闕), 궁전(宮殿).

대:-규모 大規模 (큰 대, 법 규, 본보기 모). 일의 범위가 넓고 큰[大] 규모(規模). ¶대규모 집회를 열다. ⓑ소규모(小規模).

대:극 大戟 (큰 대, 창 극). ① 속뜻 큰[大] 창[戟] 모양의 풀. ② 식물 대극과의 여러해살이풀. 높이는 80㎝ 정도이고 잔털이 나 있으며, 잎은 어긋나고 피침 모양이다.

대:근 代勤 (대신할 대, 일할 근). 남을 대신(代身)하여 근무(勤務)함. 또는 그런 근무.

대:금[1] 大金 (큰 대, 돈 금). 많은[大] 돈[金].

대:금[2] 大笒 (큰 대, 첨대 금). 음악 대에 13개의 구멍이 뚫린, 크기가 큰[大] 전통피리[笒]. ⓒ소금(小笒).

대:금[3] 代金 (대신할 대, 돈 금). 물건의 값 대신(代身)으로 치르는 돈[金]. ¶대금을 치르다. ⓑ값, 대가(代價).

▸대:금 상환 代金相換 (서로 상, 바꿀 환). 경제 물건과 물건값[代金]을 동시에 서로[相] 바꿈[換].

▸대:금 추심 代金推尋 (받을 추, 찾을 심). 경제 은행이 수취인의 위탁을 받고 어음, 수표, 배당금 따위의 대금(代金)을 받아 내는[推尋] 일.

▸대:금 교환 우편 代金交換郵便 (서로 교, 바꿀 환, 우송할 우, 편할 편). 경제 수취인에게 우편물을 전하고 돈을[代金] 받아서 물품 발송인에게 보내 주는[交換] 특수 우편(郵便) 제도.

대:금[4] 貸金 (빌릴 대, 돈 금). ① 속뜻 돈[金]을 빌려 줌[貸]. 또는 빌려 준 그 돈. ¶대금 업무. ② 돈놀이 함. 또는 그 돈.

▸대:금-업 貸金業 (일 업). 남에게 돈[金]을 빌려 주고[貸] 이자를 받는 일[業]. 또는 그 직업. ⓑ돈놀이.

대:급 貸給 (빌릴 대, 줄 급). 빌려[貸] 줌[給]. ⓑ대여(貸與). ⓑ차급(借給).

⁑대:기[1] 大氣 (큰 대, 공기 기). 지리 지구 중력에 의해 지구 둘레를 크게[大] 싸고 있는 기체(氣體).

▸대:기-권 大氣圈 (범위 권). 지리 지구 둘레를 싸고 있는 대기(大氣)의 범위[圈]. ¶대기권 밖으로 로켓을 발사하다 / 대기권 밖으로 나가다. ⓒ기권.

▸대:기-차 大氣差 (어긋날 차). 천문 빛이 지구 대기층(大氣層)을 지나며 굴절하는 현상 때문에 생기는 천체의 겉보기 방향과 실제 방향과의 차이(差異). ⓒ기차.

▸대:기 오:염 大氣汚染 (더러울 오, 물들일 염). 지리 산업 활동이나 인간생활에서 생기는 유독 물질이 대기(大氣) 속에 섞여 생물이나 기물(器物)에 해를 끼칠 만큼 더러워진[汚染] 현상. ¶배기가스에 의한 대기 오염이 심각하다.

▸대:기 요법 大氣療法 (병 고칠 료, 법 법). 의학 환자에게 맑은 공기[大氣]를 마시게 하여 병을 다스리는 요법(療法). 호흡기 질환의 치료에 좋다. 개방 요법(開放療法).

대:기[2] 大器 (큰 대, 그릇 기). ① 속뜻 큰[大] 그릇[器]. ② 됨됨이나 도량이 커서 큰일을 할 만한 인재. ③ '임금의 자리'를 비유하여 이르는 말. 신기(神器).

▸대:기-만성 大器晩成 (늦을 만, 이룰 성). ① 속뜻 큰 그릇[大器]을 만드는 데는 시간이 오래 걸려 늦게[晩] 이루어짐[成]. ② '크게 될 사람은 성공이 늦음'을 비유하여 이르는 말.

대:기[3] 待機 (기다릴 대, 때 기). ① 속뜻 때나 기회(機會)를 기다림[待]. ② 군사 군대 등에서 출동 준비를 끝내고 명령을 기다림. ③ 공무원의 대명(待命) 처분. ¶대기 발령.

▸대:기-소 待機所 (곳 소). 대기(待機)할 수 있게 마련한 곳[所]. 기다리는 곳.

▸대:기-실 待機室 (방 실). 대기(待機)하는 사람이 기다리도록 마련된 방[室]. ¶환자 대기실 / 분만 대기실.

▸대:기 명:령 待機命令 (명할 명, 시킬 령). ① 군사 언제나 출동할 수 있도록 대기(待機)하고 있으라는 명령(命令). ② 공무원을 무보직(無補職) 상태로 두는 인사 발령. ⓒ

대명.

대:기 속도 對氣速度 (대할 대, 공기 기, 빠를 속, 정도 도). 항공기의 대기(大氣)에 대(對)한 속도(速度).

대:-기업 大企業 (큰 대, 꾀할 기, 일 업). 경제 자본금이나 종업원 수 따위의 규모가 큰[大] 기업(企業). ⓑ중소 기업.

대:길 大吉 (큰 대, 길할 길). 크게[大] 길(吉)함. 아주 좋음.

대:남 對南 (대할 대, 남녘 남). 남(南)쪽 또는 남방(南方)을 상대(相對)로 함. ¶북한은 대남 방송을 했다.

대:납 代納 (대신할 대, 바칠 납). ① 속뜻 남을 대신(代身)하여 바침[納]. ¶세금을 대납하다. ②다른 물건으로 대신하여 바침. ¶현물로 대납하다.

대:내 對內 (대할 대, 안 내). 내부(內部) 또는 국내(國內)에 대(對)함. ⓑ대외(對外).

대:년 待年 (기다릴 대, 해 년). 약혼한 뒤에 혼인할 해[年]를 기다리는[待] 일.

대:농[1] 大籠 (큰 대, 대그릇 롱). 크게[大] 만든 농(籠).

대:농[2] 大農 (큰 대, 농사 농). 큰[大] 규모로 짓는 농사(農事). 또는 그런 농가. ⓗ호농(豪農).

대:-농가 大農家 (큰 대, 농사 농, 집 가). 큰[大] 규모로 짓는 농가(農家). ⓒ대농.

대:-농지 大農家地 (큰 대, 농사 농, 땅 지). 큰[大] 규모로 농사(農事)를 짓는 땅[地].

대:뇌 大腦 (큰 대, 골 뇌). 의학 척추동물 뇌(腦)의 대부분(大部分)을 차지하여 좌우 한 쌍을 이룬 기관. 정신 작용, 지각, 운동, 기억력 등을 맡은 중추가 분포한다. ⓑ소뇌(小腦).

▶대:뇌 수질 大腦髓質 (골수 수, 바탕 질). 의학 대뇌(大腦) 피질 밑에 있는 신경 섬유의 골수(骨髓) 성분[質].

▶대:뇌 피질 大腦皮質 (겉 피, 바탕 질). 의학 대뇌(大腦) 겉[皮] 표면을 둘러싸고 있는 회백질의 얇은 물질(物質).

▶대:뇌 생리학 大腦生理學 (살 생, 이치 리, 학문 학). 의학 대뇌(大腦) 기능을 연구하는 생리학(生理學)의 한 분야.

대:-다수 大多數 (큰 대, 많을 다, 셀 수). ① 속뜻 대단히[大] 많은[多] 수(數). ②거의 다. 거의 대부분. ¶대다수 사람의 동의를 얻었다. ⓗ대부분(大部分), 거의, 다대수(多大數).

대-단결 大團結 (큰 대, 모일 단, 맺을 결). 여럿이[大] 모여[團] 뭉침[結]. ¶민족의 대단결을 도모하다.

대:-단원 大團圓 (큰 대, 모일 단, 둥글 원). ① 속뜻 큰[大] 단원(團圓). ②일의 맨 끝. ③ 문학 영화나 연극 등에서 사건의 얽힌 실마리를 풀어 결말을 짓는 마지막 장면. ¶영화는 대단원의 막을 내렸다. ⓗ대미(大尾).

대:-단위 大單位 (큰 대, 홑 단, 자리 위). 아주 큰[大] 규모나 단위(單位). ¶대단위 공장이 들어설 예정이다. ⓑ소단위(小單位).

대:담[1] 大膽 (큰 대, 쓸개 담). ① 속뜻 매우 큰[大] 쓸개[膽]. ②담력이 크고 용감함. ¶대담하게 행동하다.

대:담[2] 對談 (대할 대, 이야기 담). 어떤 일에 대(對)하여 서로 이야기[談]를 주고받음. 또는 그 이야기. ¶사업에 대해 대표자와 대담했다.

*__대:답__ 對答 (대할 대, 답할 답). ① 속뜻 묻는 말에 대(對)하여 답(答)함. ¶선생님의 질문에 대답했다. ②어떤 문제를 푸는 실마리. 또는 그 해답. ¶잘 생각해보면 대답을 찾을 수 있다. ⓗ응답(應答), 답변(答辯), 해답(解答). ⓑ질문(質問).

대:당 관계 對當關係 (대할 대, 당할 당, 빗장 관, 맬 계). ① 속뜻 낫고 못함이 없이 서로에 대(對)하여 걸맞는[當] 관계(關係). ② 논리 형식 논리학에서 주사(主辭)와 빈사(賓辭)를 공유하면서 질과 양을 달리하는 두 정언적 판단 간의 참과 거짓의 관계. 모순 대당, 반대 대당, 소반대 대당, 대소 대당의 네 가지 경우가 있다.

대:대[1] 大隊 (큰 대, 무리 대). ① 속뜻 대규모(大規模)의 사람으로 조직된 한 무리[隊]. ② 군사 군대 편제상의 단위. 연대(聯隊)의 아래, 중대(中隊)의 위. ③ 역사 군사 50명의 한 떼를 이르던 말.

▶대:대-장 大隊長 (어른 장). 대대(大隊)를 지휘 통솔하는 지휘관[長].

대:대[2] 代代 (세대 대, 세대 대). 거듭된 세대(世代). 여러 대를 계속하여. ¶우리 집은 대

대로 학자 집안이다. [비]세세(世世).

▸대ː대손손 代代孫孫 (손자 손, 손자 손). 대대(代代)로 이어 내려오는 자손(子孫). [비]세세손손(世世孫孫), 자자손손(子子孫孫).

대ː대-적 大大的 (큰 대, 큰 대, 것 적). 범위나 규모가 썩 큰[大] 것[的]. ¶대대적 검문을 실시했다.

대ː덕 大德 (큰 대, 베풀 덕). ① [속뜻] 넓고 큰[大] 인덕(仁德). 또는 그것을 지닌 사람. ② [불교] 덕이 높은 승려.

대ː도¹ 大盜 (큰 대, 도둑 도). 큰[大] 도둑[盜]. [비]거도(巨盜).

대ː도² 大道 (큰 대, 길 도). ① [속뜻] 큰[大] 길[道]. 넓은 길. ¶한양 대도. ② 사람으로서 마땅히 지켜야 할 근본이 되는 도리. ¶충효는 인륜의 대도이다. [비]대로(大路).

대ː-도구 大道具 (큰 대, 방법 도, 갖출 구). [연영] 연극 무대 장치 따위에서 비교적 큰[大] 건물이나 나무, 바위와 같은 장치물[道具]을 통틀어 이르는 말. [반]소도구(小道具).

대ː-도시 大都市 (큰 대, 도읍 도, 저자 시). 지역이 넓고 인구가 많으며, 정치적·경제적·문화적 활동의 중심이 되는 큰[大] 도시(都市). [비]대도회(大都會). [반]소도시(小都市).

▸대ː도시-권 大都市圈 (범위 권). 대도시(大都市)를 중심으로 밀접한 관계를 맺고 있는 주변 지역[圈].

대ː도호-부 大都護府 (큰 대, 도읍 도, 보호할 보, 관청 부). [역사] 고려·조선 때, 지방 행정 기관. 고려 때는 경주·해주·전주·안주의 네 곳에, 조선 때는 안동·창원·강릉·영변·영흥의 다섯 곳에 설치하였다.

대ː-도회 大都會 (큰 대, 도읍 도, 모일 회). 지역이 넓고 인구가 많으며, 정치적·경제적·문화적 활동의 중심이 되는 큰[大] 도시[都會]. [비]대도시(大都市).

대ː독 代讀 (대신할 대, 읽을 독). 축사나 식사 따위를 남을 대신(代身)하여 읽음[讀]. ¶대통령이 불참하여 총리가 선언문을 대독했다.

대ː동¹ 帶同 (두를 대, 한가지 동). 함께[同] 데리고[帶] 감. ¶그는 몸종을 대동하고 절을 찾았다.

대ː동² 大同 (큰 대, 한가지 동). ① [속뜻] 크게[大] 하나로[同] 화합함. ¶대동 화합의 정신. ② 요순 같은 성군의 세상과 똑같이 번영하여 화평하게 됨. ¶대동 세상. ③ 조금 차이는 있어도 대체로 같음.

▸대ː동-법 大同法 (법 법). [역사] 조선 중기 후기에 여러 가지 공물을 쌀로 통일하여[大同] 바치게 한 납세 제도[法].

▸대ː동-보 大同譜 (적어놓을 보). 한 씨족의 모든 파보(派譜)를 한데 모아[大同] 엮은[譜] 족보.

▸대ː동-단결 大同團結 (모일 단, 맺을 결). 여러 집단이나 사람이 어떤 목적을 이루려고 크게[大] 한[同] 덩어리[團]로 뭉침[結].

▸대ː동-소ː이 大同小異 (작을 소, 다를 이). 대체(大體)로 같고[同] 조금[小]만 다름[異]. 비슷비슷함. ¶두 제품의 기능은 대동소이하다.

대ː동³ 大東 (큰 대, 동녘 동). ① [속뜻] 동방(東方)의 큰[大] 나라. ② '우리나라'를 달리 이르던 말.

▸대ː동-시선 大東詩選 (시 시, 고를 선). [문학] 우리나라[大東] 역대 인물 40명의 시(詩)를 모아[選] 엮은 책. 편자와 연대 미상.

▸대ː동-지지 大東地志 (땅 지, 기록할 지). [책명] 조선 때(1864), 김정호가 편찬한 우리나라[大東] 전국 지리지(地理志). 지역별 지지와 분야별 지리학을 결합하여 지도 서술의 신기원을 이룩하였다.

▸대ː동-여지도 大東輿地圖 (많을 여, 땅 지, 그림 도). [지리] 조선 때(1861), 김정호가 우리나라[大東]의 모든[輿] 지역(地域)을 답사하여 그린 지도(地圖).

▸대ː동-운부군옥 大東韻府群玉 (운 운, 관청 부, 무리 군, 옥돌 옥). [책명] 조선 때, 권문해가 원(元)나라의 『운부군옥』(韻府群玉)을 본떠서 편찬한 우리나라[大東]의 백과사전.

대ː-동맥 大動脈 (큰 대, 움직일 동, 줄기 맥). ① [의학] 대순환(大循環)의 본줄기를 이루는 굵은[大] 동맥(動脈). 심장의 좌심실에서부터 시작된다. ② '한 나라 교통의 가장 중요한 간선(幹線)'을 비유하여 이르는 말. ¶경부선은 우리나라 교통의 대동맥이다.

▶대:동맥-판 大動脈瓣 (판 판). 의학 대동맥(大動脈)과 좌심실 사이에 있는 판(瓣). 피가 심장으로 역류하지 못하도록 방지하는 구실을 한다.

대:-동사 代動詞 (대신할 대, 움직일 동, 말씀 사). 언어 영어에서 같은 동사의 반복 사용을 피하기 위해 대신(代身) 쓰는 동사(動詞). 'do' 따위.

대두[1] 大斗 (큰 대, 말 두). 열 되들이 큰[大] 말[斗]. ¶쌀 대두 한 말.

대두[2] 擡頭 (들 대, 머리 두). ① 속뜻 고개[頭]를 듦[擡]. ②어떤 현상이 일어남. ¶르네상스가 새롭게 대두되다. ③여러 줄로 써 나가는 글 속에서 경의(敬意)를 나타내는 글귀는 다른 줄을 잡아 쓰되 다른 줄보다 몇 자 올려 쓰는 일.

대:두[3] 大豆 (큰 대, 콩 두). 식물 콩[豆]과의 한해살이풀. 콩. '팥'을 이르는 '소두'(小豆)와 구분을 위하여 '大'자를 붙여 부른다.

▶대:두-박 大豆粕 (찌꺼기 박). 콩[大豆] 기름을 짜고 남은 찌꺼기[粕]. 사료, 비료로 쓴다. 콩깻묵.

▶대:두-유 大豆油 (기름 유). 콩[大豆]을 짜서 얻은 기름[油].

대:등 對等 (대할 대, 같을 등). 서로에 대(對)하여 걸맞음[等]. 양쪽이 비슷함. ¶양 팀은 대등한 시합을 펼쳤다.

▶대:등-문 對等文 (글월 문). 언어 의미적으로 서로 대등(對等)한 두 문장이 연결된 문장(文章). '범은 가죽을 남기고, 사람은 이름을 남긴다'와 같은 문장. ㊥중문(重文).

▶대:등-법 對等法 (법 법). 언어 의미적으로 서로 대등(對等)한 두 문장을 연결 어미로 연결하여 접속문을 만드는 방법(方法). ㊥병립법(竝立法).

▶대:등-절 對等節 (마디 절). 언어 한 문장 안에서 의미적으로 서로 대등(對等)한 자격을 가지고 있는 절(節). '얼굴도 예쁘고 마음씨도 곱다' 같은 것. ㊥대립절(對立節).

▶대:등 조약 對等條約 (조목 조, 묶을 약). 법률 국제 관계에서 양쪽의 권리와 의무가 대등(對等)한 조약(條約).

▶대:등적 연결 어:미 對等的連結語尾 (것 적, 이을 련, 맺을 결, 말씀 어, 꼬리 미). 언어 연결 어미의 한 가지. 뒤에 오는 용언과 대등(對等)한 자격으로 연결(連結)되게 하는 어말 어미(語尾). '산은 높고 물은 깊다'에서의 '-고'따위.

대:란 大亂 (큰 대, 어지러울 란). ① 속뜻 큰[大] 난리(亂離). 큰 변란. ②몹시 어지러움. ¶귀향 인파가 몰려 교통대란이 예상된다.

대:략 大略 (큰 대, 꾀할 략). ① 속뜻 큰[大] 계략(計略). 뛰어난 지략. ②대체의 개략(槪略). ¶대략의 내용을 소개했다. ㊥대강(大綱), 개요(槪要).

▶대:략-적 大略的 (것 적). 전체를 요약한 [大略] 것[的]. ¶대략적인 지식만으로는 부족하다.

*__대:량 大量__ (큰 대, 분량 량). 크게[大] 많은 분량(分量). ¶대량으로 사면 값이 싸다. ㊥다량(多量). ㊥소량(小量).

▶대:량 생산 大量生産 (날 생, 낳을 산). 경제 기계를 이용하여 똑같은 제품을 대량(大量)으로 생산(生産)해 내는 일. ¶기계의 발달은 상품의 대량 생산을 가능하게 한다.

대:련[1] 對聯 (대할 대, 잇달 련). ① 속뜻 시(詩) 등에서 대(對)가 되는 연(聯). ②문이나 기둥 따위에 써 붙이는 대구(對句).

대:련[2] 對鍊 (대할 대, 익힐 련). 운동 태권도나 유도 따위에서 두 사람이 상대(相對)하여 공격과 방어를 하면서 기술을 익힘[鍊]. ㊥겨루기.

대:령[1] 大領 (큰 대, 거느릴 령). 군사 영관(領官) 계급 중 가장 윗[大]계급. 중령의 위, 준장의 아래.

대:령[2] 待令 (기다릴 대, 명령 령). 명령(命令)을 기다림[待]. ㊥대기(待機).

대:례 大禮 (큰 대, 예도 례). ① 속뜻 규모가 중대(重大)한 예식(禮式). ¶대례를 지내다. ②혼인을 치르는 큰 예식. ¶대례를 치르다.

▶대:례-복 大禮服 (옷 복). 역사 나라의 중대한 의식[大禮]이 있을 때에 벼슬아치가 입던 예복(禮服).

대:로[1] 大老 (큰 대, 늙을 로). 크게[大] 존경을 받는, 나이가 많은[老] 사람.

대:로[2] 大路 (큰 대, 길 로). 폭이 넓고 큰[大] 길[路]. ¶대로를 활보하고 다니다. ㊥대도(大道). ㊥소로(小路).

대:류 對流 (대할 대, 흐를 류). ① 속뜻 서로 맞은[對] 편으로 흐름[流]. ② 물리 밀도차

로 인하여 온도가 높은 기체나 액체가 위로 올라가고, 온도가 낮은 것은 아래로 내려오는 현상. 이런 과정을 통해 물체가 전체적으로 가열된다.

▶대:류-권 對流圈 (범위 권). [지리] 대류(對流) 현상이 일어나는 대기권(大氣圈). 대기권의 최하층이며, 지표로부터 10km까지의 범위로 구름, 비 따위의 일기 현상이 일어난다.

▶대:류 방:전 對流放電 (놓을 방, 전기 전). [물리] 서로 반대되는 전기를 띤 두 금속판을 마주 세울 경우, 그 사이에 먼지 따위의 미세한 물체가 양쪽을 오가며[對流] 전기(電氣)가 방출(放出)되어 중화되는 현상.

▶대:류 전:류 對流電流 (전기 전, 흐를 류). [물리] 전기를 띤 물체가 운동할 때[對流] 그 물체에 나타나는 전류(電流). 보통 기체나 액체 속의 이온 전류를 가리킨다.

▶대:류성 강:우 對流性降雨 (성질 성, 내릴 강, 비 우). 공기가 상하로 바뀌어[對] 흐르는[流] 성질(性質) 때문에 내리는[降] 비[雨].

*대:륙 大陸 (큰 대, 뭍 륙). ① [속뜻] 크고[大] 넓은 땅[陸]. ② [지리] 바다로 둘러싸인 지구상의 커다란 육지. [비] 대주(大洲).

▶대:륙-도 大陸島 (섬 도). [지리] 대륙(大陸)의 일부가 단층이나 수식(水蝕) 등으로 말미암아 분리되거나 바다 밑의 융기에 따라 생긴 섬[島]. [비] 뭍섬, 육지도(陸地島). [반] 대양도(大洋島).

▶대:륙-법 大陸法 (법 법). [법률] 독일, 프랑스를 중심으로 하는 유럽 대륙(大陸) 여러 나라의 법체계(法體系). 성문법(成文法)을 중심으로 한다. [반] 영미법(英美法).

▶대:륙-붕 大陸棚 (선반 붕). [지리] 대륙(大陸)이나 큰 섬 주변을 둘러싸고 있는 경사가 완만한 선반[棚] 모양의 해저(海底). [비] 육붕(陸棚).

▶대:륙-성 大陸性 (성질 성). 넓은 대륙(大陸)에서 볼 수 있는 특성(特性). 민족성으로는 끈기가 강하고, 기후로는 기온차가 심하다. ¶대륙성 문화. [반] 해양성(海洋性).

▶대:륙-적 大陸的 (것 적). ① [속뜻] 대륙(大陸)에서 볼 수 있는 특징적인 것[的]. ② 대범하고 도량이나 기백 따위가 큰 것.

▶대:륙-판 大陸坂 (비탈 판). [지리] 대륙붕(大陸棚)의 가에서 해저에 이르는 가파른 경사면[坂].

▶대:륙-판 大陸板 (널빤지 판). [지리] 지구의 표면을 구성하는 암판(巖板) 중에서 육지[大陸]에 분포하는 것. 북아메리카 판 따위.

▶대:륙 기단 大陸氣團 (공기 기, 모일 단). [지리] 대륙(大陸)에서 생기는 몹시 건조한 기단(氣團).

▶대:륙 대지 大陸臺地 (돈대 대, 땅 지). [지리] 대륙(大陸) 내부에 넓은 면적을 이루고 있는 높고 반반한 평지[臺地].

▶대:륙 빙하 大陸氷河 (얼음 빙, 물 하). [지리] 대륙(大陸)의 넓은 지역을 덮고 있는 빙하(氷河). 설선(雪線)이 아주 낮은 지역에서 형성된다.

▶대:륙 사면 大陸斜面 (비낄 사, 쪽 면). [지리] 대륙붕(大陸棚)의 끝에서 해저에 이르는 가파른 경사면(傾斜面). 경사는 평균 4도이다.

▶대:륙성 기후 大陸性氣候 (성질 성, 기후 기, 기후 후). [지리] 대륙(大陸) 내부의 특성(特性)을 보이는 기후(氣候). 기온의 일교차와 연교차(年較差)가 크며 강수량이 적고 건조하다. [반] 해양성 기후(海洋性氣候).

▶대:륙 이동설 大陸移動說 (옮길 이, 움직일 동, 말씀 설). [지리] 본디 한 덩어리였던 대륙(大陸)이 분열과 이동(移動)을 거듭하여 현재의 대륙 분포를 이루었다는 가설을 바탕으로 하여 지각(地殼)의 성립을 설명하려는 학설(學說).

▶대:륙 간 탄:도 유도탄 大陸間彈道誘導彈 (사이 간, 탄알 탄, 길 도, 꾈 유, 이끌 도, 탄알 탄). [군사] 대형의 핵폭탄을 적재하고 초음속으로 대륙간(大陸間)을 나는 전략용 장거리 탄도(彈道) 미사일[誘導彈].

대:리[1] 大利 (큰 대, 이로울 리). 큰[大] 이익(利益).

대:리[2] 代理 (대신할 대, 다스릴 리). 남의 일을 대신(代身) 처리(處理)함. 또는 그런 사람. ¶대리 출석하다 / 대리 만족.

▶대:리-관 代理官 (벼슬 관). 어떤 관리를 대신(代身)하여 그 소관 직무를 처리(處理)하는 관리(官吏).

▶대:리-권 代理權 (권리 권). [법률] 대리인(代理人)과 본인 사이의 법률관계로서 대

리인의 행위가 직접 본인에게 효과를 나타내게 하기 위해 대리인에게 부여된 자격이나 권리(權利).

▸대ː리-모 代理母 (어머니 모). 정상적인 방법으로는 아이를 가질 수 없는 사람을 위해 그 사람 대신 아이를 낳아 주는[代理] 여자[母].

▸대ː리-부 代理父 (아버지 부). 정상적인 방법으로는 아이를 가질 수 없는 사람을 위해 남편 대신 정자(精子)를 제공하는[代理] 남자[父].

▸대ː리-상 代理商 (장사 상). 특정 회사의 위탁을 받아 그 거래를 대리(代理)하거나 매개를 전문으로 하는 상인(商人).

▸대ː리-업 代理業 (일 업). 남의 위탁을 받아 거래를 대신하는[代理] 일[業].

▸대ː리-인 代理人 (사람 인). 법률 남을 대신하여 스스로 의사 표시를 하거나 또는 제삼자로부터 의사 표시를 받을 권한을 가진[代理] 사람[人].

▸대ː리-자 代理者 (사람 자). 법률 대리권(代理權)이 있는 사람[者].

▸대ː리-점 代理店 (가게 점). 남의 위탁을 받아 거래를 대신하는[代理] 가게[店].

▸대ː리 공사 代理公使 (관공서 공, 부릴 사). 법률 ① 공사의 직무를 대신(代身) 처리(處理)하기 위해 파견되는 외교 사절[公使]. 특명 전권 공사 다음인 제3계급이다. ㊟대사(大使), 공사(公使).

▸대ː리 소송 代理訴訟 (하소연할 소, 송사할 송). 법률 대리인(代理人)을 시켜서 하는 소송(訴訟).

▸대ː리-전쟁 代理戰爭 (싸울 전, 다툴 쟁). 자기 나라가 직접 전쟁을 하는 것이 아니라 동맹국이나 다른 나라로 하여금 대신 치르게[代理] 하는 전쟁(戰爭).

▸대ː리 점유 代理占有 (차지할 점, 있을 유). 법률 남을 대리(代理)하여 물건을 한때 점유(占有)하는 일. ㊥간접 점유(間接占有). ㊦자기 점유(自己占有).

대ː리-석 大理石 (큰 대, 다스릴 리, 돌 석). ① 속뜻 중국 대리(大理)에서 생산되는 암석(巖石). ② 광업 석회암이 높은 열과 강한 압력을 받아 재결정한 암석. ㊥대리암(大理巖).

대ː리-암 大理巖 (큰 대, 다스릴 리, 바위 암). ① 속뜻 중국 대리(大理)에서 생산되는 암석(巖石). ② 광업 대리석(大理石).

***대ː립** 對立 (대할 대, 설 립). ① 속뜻 서로 마주하여[對] 섬[立]. 서로 맞서거나 버팀. ② 서로 반대되거나 모순됨. 또는 그런 관계. ¶양당이 대립하고 있다. ㊥대치(對峙), 대항(對抗).

▸대ː립-절 對立節 (마디 절). 언어 한 문장 안에서 의미적으로 서로 대등한 자격을 가지고 대립(對立)된 절(節). '산은 높고 물은 맑다' 같은 것. ㊥대등절(對等節).

▸대ː립 의ː무 對立義務 (옳을 의, 일 무). 법률 권리와 대립(對立)하는 의무(義務). ㊦고립 의무(孤立義務).

▸대ː립 인자 對立因子 (인할 인, 씨 자). 생물 대립(對立) 형질을 지배하는 유전자[因子].

▸대ː립 형질 對立形質 (모양 형, 바탕 질). 생물 멘델식(Mendel式) 유전에서 대립적(對立的)으로 존재하는 우성 형질(形質)과 열성 형질(形質).

대ː마[1] 大馬 (큰 대, 말 마). 운동 바둑에서, 한 덩어리를 이루어 자리를 크게[大] 차지하는 많은 돌[馬].

▸대ː마-불사 大馬不死 (아닐 불, 죽을 사). 운동 바둑에서, '대마(大馬)는 쉽사리 죽지[死] 않음[不]'을 이르는 말.

대ː마[2] 大麻 (큰 대, 삼 마). 식물 뽕나뭇과에 속하는 긴[大] 섬유[麻]가 채취되는 식물을 통틀어 이르는 말. ㊥삼.

▸대ː마-유 大麻油 (기름 유). 삼[大麻]씨에서 뽑아낸 기름[油].

▸대ː마-초 大麻草 (풀 초). 삼[大麻]의 이삭이나 잎[草].

대ː-만원 大滿員 (큰 대, 찰 만, 인원 원). 정원(定員)이 꽉[大] 참[滿]. ¶극장은 연일 대만원이다.

대ː-만족 大滿足 (큰 대, 가득할 만, 넉넉할 족). 매우 크게[大] 만족(滿足)스러워함. ¶그 일이 나로서는 대만족이다.

대ː망[1] 大望 (큰 대, 바랄 망). ① 속뜻 큰[大] 희망(希望). ② 큰 야망(野望).

대ː망[2] 待望 (기다릴 대, 바랄 망). 기다리고[待] 바람[望]. ¶대망의 1위는 홍길동 선수입니다.

대ː-매출 大賣出 (큰 대, 팔 매, 날 출). 기한을 정하여 대대적인 선전을 하면서 대량(大量)의 물건을 싸게 매출(賣出)함.

대ː맥 大麥 (큰 대, 보리 맥). 식물 보리. '밀'을 '소맥'(小麥)이라 하는 것에 대한 상대적인[大] 명칭.

대ː면 對面 (대할 대, 낯 면). 얼굴[面]을 마주보고 대(對)함. ¶첫 대면에서 실례를 하고 말았다. ㊥면접(面接), 면대(面對).

▸대ː면 통행 對面通行 (통할 통, 다닐 행). 교통 보도와 차도의 구별이 없는 도로에서 걸어 다니는 사람과 차량이 마주하여[對面] 일정 방향으로 통행(通行)하는 방식.

대ː명[1] 大名 (큰 대, 이름 명). ① 속뜻 큰[大] 명예(名譽). ② 널리 알려진 훌륭한 이름. ㊥고명(高名).

대ː명[2] 大命 (큰 대, 명할 명). 임금의 중대(重大)한 명령(命令). 어명(御命). ¶대명을 받들다.

대ː명[3] 待命 (기다릴 대, 명할 명). ① 속뜻 잘못을 저지른 관리가 상부의 처분[命]을 기다림[待]. ② 대기(待機) 명령.

▸대ː명 휴직 待命休職 (쉴 휴, 일 직). 법률 대명(待命) 기간 동안 직무(職務)를 쉬게[休] 함. 공무원의 신분을 유지시키면서 퇴직을 전제로 일정 기간을 정해놓고 그 기간 중 휴직급을 준다.

대ː-명사[1] 大名辭 (큰 대, 이름 명, 말씀 사). 논리 대개념(大槪念)을 언어로 나타낸 것[名辭].

대ː-명사[2] 代名詞 (대신할 대, 이름 명, 말씀 사). ① 언어 사람이나 장소, 사물의 이름[名]을 대신(代身)하여 쓰는 말[詞]. 문장에서 체언(體言) 구실을 하며 인칭(人稱)·지시(指示) 대명사로 나뉜다. ¶자기를 가리키는 일인칭 대명사는 '나'이다. ② 어떤 사람이나 사물의 대표적인 특색을 대신하여 나타내는 말. ¶신사임당은 현모(賢母)의 대명사이다. ㊥대이름씨.

대ː명-천지 大明天地 (큰 대, 밝을 명, 하늘 천, 땅 지). 아주[大] 밝은[明] 세상[天地]. ¶대명천지에 감히 그런 짓을 저지르다니.

대ː모[1] 大母 (큰 대, 어머니 모). 할아버지와 같은[大] 항렬인 유복지친(有服之親) 외의 친척의 아내[母].

대ː모[2] 大謀 (큰 대, 꾀할 모). 큰[大] 모의(謀議). 큰 계획.

대ː모[3] 代母 (대신할 대, 어머니 모). 가톨릭 성세(聖洗) 성사나 견진(堅振) 성사를 받는 여자의 신상 생활을 도와 대신(代身)하는 여자[母] 후견인을 이르는 말.

대ː모[4] 玳瑁 (대모 대, 바다거북 모). ① 속뜻 큰 바다거북[玳=瑁]. ② 동물 바다거북과의 하나. 몸의 길이는 60㎝ 정도이며, 등딱지는 노란색에 구름 모양의 어두운 갈색 무늬가 있다.

대ː목[1] 大木 (큰 대, 나무 목). ① 속뜻 큰[大] 건축 일을 잘하는 목수(木手). ② 목수(木手).

대목[2] 臺木 (돈대 대, 나무 목). 농업 접붙일 때 바탕[臺]이 되는 나무[木]. ㊥접본(接本).

대ː몽 大夢 (큰 대, 꿈 몽). 장차 좋은 일이 있을 징조가 되는 크게[大] 길한 꿈[夢].

대ː무 對舞 (대할 대, 춤출 무). 마주서서[對] 춤을 춤[舞]. 또는 그렇게 추는 춤.

대문[1] 大文 (큰 대, 글월 문). ① 속뜻 주해(註解)가 있는 글의 대부분(大部分)을 차지하는 본문(本文). ② 글의 한 동강이나 단락. ¶흥부전의 박타는 대문이 압권이다.

대ː문[2] 大門 (큰 대, 문 문). ① 속뜻 큰[大] 문(門). ② 집의 정문. ¶대문에 초인종을 달았다. ㊥정문(正門). ㊤소문(小門).

대ː-문자 大文字 (큰 대, 글자 문, 글자 자). 큰[大] 서체의 글자[文字]. ¶'a'의 대문자는 'A'이다. ㊤소문자(小文字).

대ː-문장 大文章 (큰 대, 글월 문, 글 장). 크게[大] 잘 지은 훌륭한 글[文章]. 또는 그런 글을 잘 짓는 사람. ¶당대의 대문장.

대ː물[1] 代物 (대신할 대, 만물 물). 대신(代身)하여 쓰는 물건(物件).

▸대ː물 변ː제 代物辨濟 (가릴 변, 그칠 제). 법률 민법에서 채무자가 채권의 목적물 대신(代身) 다른 물건(物件)으로 채무를 소멸[辨濟] 하는 일.

대ː물[2] 貸物 (빌릴 대, 만물 물). 빌려 준[貸] 물건(物件).

▸대ː물 담보 貸物擔保 (멜 담, 지킬 보). 법률 특정 재산으로[貸物] 채무를 갚도록 담보(擔保)하는 것. ㊤대인 담보(對人擔

保).

대ː물[3] **對物** (대할 대, 만물 물). 물건(物件)을 상대(相對)로 함.

▸대ː물 신ː용 對物信用 (믿을 신, 쓸 용). 법률 담보물과 같은 물적(物的)인 것을 상대(相對)로 한 신용(信用).

대ː미[1] **大米** (큰 대, 쌀 미). 쌀. '좁쌀'을 '소미'(小米)라 하는 것에 대한 상대적인[大] 명칭.

대ː미[2] **大尾** (큰 대, 꼬리 미). ① 속뜻 큰[大] 꼬리[尾]. ② 행사 따위의 맨 마지막 부분. ¶마술공연은 파티의 대미를 장식했다. ⓑ대단원(大團圓).

대ː미[3] **對美** (대할 대, 미국 미). 미국(美國)에 대(對)한. ¶대미 무역 / 대미 의존도 / 대미 무역 적자.

대ː민 **對民** (대할 대, 백성 민). 민간인(民間人)을 상대(相對)함. ¶대민 지원 / 대민 활동.

대ː박 **大舶** (큰 대, 큰 배 박). ① 속뜻 바다에서 쓰는 큰[大] 배[舶]. ② '큰 물건'이나 '큰 이득'을 비유하여 이르는 말. ⓑ대선(大船).

대ː-반석[1] **大盤石** (큰 대, 소반 반, 돌 석). ① 속뜻 큰[大] 쟁반[盤] 모양의 넓고 편평한 바위[石]. ② '사물이나 바탕이 견고하여 움직이지 않고 매우 든든함'을 비유하여 이르는 말.

대-반석[2] **臺盤石** (돈대 대, 소반 반, 돌 석). 돌탑을 세울 때 기단(基壇)의 밑바닥[臺]에 까는 반석(盤石).

대ː방 **大房** (큰 대, 방 방). ① 속뜻 큰[大] 방(房). ② 여러 승려가 한데 모여 밥을 먹는 절의 큰 방. ③ 남의 어머니나 할머니를 높여 일컫는 말. ¶대방 마님.

대ː방광불 화엄-경 **大方廣佛華嚴經** (큰 대, 모 방, 넓을 광, 부처 불, 꽃 화, 엄할 엄, 책 경). 불교 '매우[大] 크고 넓은[方廣] 우주에 편만해 계시는 부처[佛]의 만덕과 갖가지 꽃[華]으로 장엄(莊嚴)된 진리의 세계를 설하고 있는 경전(經典)'이라는 뜻으로, 불교의 가장 높은 교리를 담고 있는 불경. ㊟화엄경.

대ː번 **代番** (대신할 대, 차례 번). ① 속뜻 남을 대신(代身)하는 당번(當番). ② 순번을 교대함.

대ː범[1] **大凡** (두루 대, 무릇 범). ① 속뜻 두루[大] 모두[凡]. ② 무릇.

대범[2] **大汎** (큰 대, 넘칠 범). ① 속뜻 물이 크게[大] 철철 넘침[汎]. ② 사물 따위가 잘지 않고 까다롭지 않음. ¶대범한 성격. ⓑ대담(大膽), 낙락(落落).

대ː-법관 **大法官** (큰 대, 법 법, 벼슬 관). 법률 대법원(大法院)을 구성하는 법관(法官).

대ː-법원 **大法院** (큰 대, 법 법, 관청 원). 법률 우리나라의 최고[大] 법원(法院). ¶대법원은 사법부의 최고 기관이다.

대ː-법정 **大法廷** (큰 대, 법 법, 관청 정). 법률 대법원 판사 3분의 2 이상으로 구성되는 대법원(大法院)의 재판 기관[法廷]. ⓑ소법정(小法廷).

대ː-법회 **大法會** (큰 대, 법 법, 모일 회). 불교 '경전(經典)을 설(說)하는 비교적 규모가 큰[大] 법회(法會)'를 이르는 말.

대ː변[1] **大便** (큰 대, 똥오줌 변). 사람의 똥[便]. '오줌'을 '소변'(小便)이라고 하는 것에 대한 상대적인[大] 명칭. ㊟변. ⓑ소변(小便).

대ː변[2] **大變** (큰 대, 변고 변). 중대하고 큰[大] 변고(變故).

대ː변[3] **代辨** (대신할 대, 가릴 변). ① 속뜻 남을 대신(代身)하여 변상(辨償)함. ② 남을 대신하여 사무를 처리함. ⓑ대상(代償), 대판(代辦).

대ː변[4] **待變** (기다릴 대, 바뀔 변). ① 속뜻 죽음으로 변(變)하기를 기다림[待]. ② 병세가 몹시 심하여 살아날 가망이 없게 된 처지.

대ː변[5] **貸邊** (빌릴 대, 쪽 변). ① 속뜻 빌린[貸] 것 같은 부채 따위를 적는 쪽[邊]. ② 경제 부채의 증가, 자산의 감소 따위를 적는 분개장의 오른쪽을 이르는 말. ⓑ차변(借邊).

대ː변[6] **對邊** (대할 대, 가 변). 수학 다각형에서, 한 변이나 한 각과 마주 대(對)하고 있는 변(邊).

대ː변[7] **代辯** (대신할 대, 말 잘할 변). ① 속뜻 어떤 기관이나 개인을 대신(代身)하여 말함[辯]. ¶어머니를 위하여 딸이 대변했다 / 노동자의 권익을 대변하다. ② 사실이나 상황을 나타내다. ¶증시는 경제를 대변한다.

▸대:변-인 代辯人 (사람 인). 대변(代辯)하는 일을 맡은 사람[人]. ¶정부 대변인은 개각을 발표했다. ㊥대변자(代辯者).

▸대:변-지 代辯紙 (종이 지). 어떤 기관의 의견과 태도 등을 대변(代辯)하는 신문[紙].

대:별 大別 (큰 대, 나눌 별). 주요한 것으로 크게[大] 나눔[別].

대:병[1] 大兵 (큰 대, 군사 병). 큰[大] 규모의 병사(兵士). ¶백만 대병 / 적이 대병을 거느리고 침입했다. ㊥대군(大軍).

대:병[2] 大病 (큰 대, 병 병). 큰[大] 병(病). 또는 몹시 위중한 병. ¶대병에 걸리다.

대:보 大寶 (큰 대, 보배 보). ① 속뜻 큰[大] 보물(寶物). 귀중한 보배. ② 임금의 도장.

대:보-탕 大補湯 (큰 대, 도울 보, 끓을 탕). 한의 원기를 크게[大] 돕는[補] 효과가 있는 탕약(湯藥).

대:복 大福 (큰 대, 복 복). 큰[大] 복(福).

대:본[1] 大本 (큰 대, 뿌리 본). ① 속뜻 으뜸가는[大] 근본(根本). ② 같은 종류의 물건 가운데서 가장 큰 본새.

대본[2] 臺本 (무대 대, 책 본). ① 속뜻 배우가 연극을 연습할 때 무대[臺]에서 보는 책[本]. ② 문학 연극의 상연이나 영화 제작 등에 기본이 되는 각본(脚本). ¶소설을 바탕으로 대본을 썼다. ㊥각본(脚本).

대:봉 代捧 (대신할 대, 받들 봉). 꾸어 준 돈이나 물건 대신(代身)에 다른 것으로 받음[捧]. ¶그는 빌려 준 돈 대신 쌀을 대봉쳐서 받기로 했다.

대:부[1] 大父 (큰 대, 아버지 부). 할아버지와 같은 항렬인[大] 유복친(有服親) 외의 남자 친척[父].

대:부[2] 大富 (큰 대, 부자 부). 큰[大] 부자(富者). ¶당대 최고의 대부. ㊥거부(巨富), 백만장자(百萬長者).

대:부[3] 代父 (대신할 대, 아버지 부). ① 속뜻 아버지[父] 역할을 대신[代]함. 또는 그런 사람. ② 가톨릭 영세나 견진성사(堅振聖事)를 받는 남자의 신앙생활을 돕는 남자 후견인을 이르는 말. ③ 어떤 분야에서, 영향력이 가장 큰 남자 지도자. ¶영화계의 대부. ㊥교부(敎父). ㊦대모(代母).

대:부[4] 大夫 (큰 대, 사나이 부). 역사 고려 조선 때, 높은[大] 벼슬 품계[夫]에 붙이던 칭호.

대:부[5] 貸付 (빌릴 대, 줄 부). ① 경제 이자나 기한을 정하여 돈을 빌려[貸] 줌[付]. ② 어떤 물건을 돌려받기로 하고 남에게 빌려 주어 쓰게 함.

▸대:부-금 貸付金 (돈 금). 이자와 기한을 정하고 빌려[貸] 주는[付] 돈[金].

▸대:부 신:탁 貸付信託 (믿을 신, 맡길 탁). 경제 신탁 은행이 대부 신탁(信託) 증권을 발행하여 모인 자금으로 대부(貸付)나 어음 할인 등을 하여 그 이익을 증권 소유자에게 분배하는 제도.

▸대:부 자본 貸付資本 (재물 자, 밑 본). 경제 산업 자본에 대하여 화폐의 형태로 자본을 대부(貸付)함으로써 이자를 얻는 자본(資本). 은행 자본 등이 이에 딸린다.

대:-부인 大夫人 (큰 대, 지아비 부, 사람 인). ① 속뜻 남의 '어머니'[夫人]를 높여[大] 일컫는 말. ② 역사 천자(天子)를 낳은 부인. ㊥모당(母堂), 자당(慈堂).

대:-부분 大部分 (큰 대, 나눌 부, 나눌 분). 반이 훨씬 넘어 전체에 가까운[大] 수효나 분량[部分]. 거의 다. ¶장례식에 참석한 사람들은 대부분 검은 색 옷을 입었다. ㊥거의, 대개(大槪).

대:북 對北 (대할 대, 북녘 북). 북(北)쪽 또는 북방(北方)을 상대(相對)로 함. ¶한국 정부는 대북 지원을 아끼지 않다.

대:-분수 帶分數 (지닐 대, 나눌 분, 셀 수). 수학 정수가 진분수(眞分數)를 지니고[帶] 있는 것. 3과 2분의1 따위.

대:붕 大鵬 (큰 대, 새 붕). 하루에 구만 리나 날아간다는 상상의 큰[大] 새[鵬]. 북해(北海)에 살던 곤(鯤)이라는 물고기가 변해서 되었다고 한다. 속담 군작이 어찌 대붕의 뜻을 알랴.

*__대:비[1] 對備__ (대할 대, 갖출 비). 앞으로 있을 어떤 일에 대응(對應)하여 미리 준비(準備)함. 또는 그런 준비. ¶노후를 대비해 저축하다.

대:비[2] 大妃 (큰 대, 왕비 비). ① 속뜻 큰[大] 왕비(王妃). ② 선왕의 후비. ¶대비께서 나오신다.

대:비[3] **大悲** (큰 대, 슬플 비). 불교 ① 중생의 고통을 구제하려는 부처의 크고[大] 거룩한 자비심(慈悲心). ② '관세음보살'을 달리 이르는 말.

▸대:비-원 大悲院 (관청 원). 역사 고려 때, 나라에서 큰[大] 자비(慈悲)를 베푸는 취지에서 가난한 백성의 질병 치료를 맡아보던 의료 구제 기관[院].

***대:비**[4] **對比** (대할 대, 견줄 비). ① 속뜻 서로 맞대어[對] 비교(比較)함. ¶성적이 전년과 대비해 20점이 올랐다. ② 서로 대립되는 감정이 접근해 있을 때 그 차이가 두드러지는 현상. ¶붉은 색과 검은 색의 대비가 인상적이다.

▸대:비 가격 對比價格 (값 가, 이를 격). ① 속뜻 맞대어[對] 비교(比較)하기 위해 설정한 가격(價格). ② 경제 일정한 기간에 있어서의 어떤 생산물의 가격 변동을 밝히기 위해 그 기초로 설정하는 가격.

▸대:비 착시 對比錯視 (어긋날 착, 볼 시). ① 속뜻 대비(對比)하였을 때 원래와 다르게[錯] 보이는[視] 현상. ② 심리 대상의 크기나 모양, 색채의 대비로 일어나는 기하학적 착시 현상. 두 도형에서 큰 도형에 이웃하는 작은 도형은 보기보다 더 작게 보이는 현상 따위.

대:사[1] **大事** (큰 대, 일 사). ① 속뜻 큰[大] 일[事]. ② '대례'(大禮)를 속되게 이르는 말. ¶교육은 국가의 대사다. ㊥소사(小事).

대:사[2] **大師** (큰 대, 스승 사). 불교 ① '고승'(高僧)을 스승[師]으로 높여[大] 일컫는 말. ② 고려·조선 때, 덕이 높은 선사(禪師)에게 내리던 승려 법계(法階)의 한 가지.

대사[3] **臺詞** (무대 대, 말씀 사). 배우가 무대(舞臺) 위에서 하는 말[詞]. 대화(對話)·독백(獨白)·방백(傍白) 따위. ¶대사를 다 못 외웠으니 큰일이다.

대:사[4] **大使** (큰 대, 부릴 사). 법률 나라를 대표하라는 특명(特命)에 의해 전권(全權)을 위임받고 다른 나라에 파견되어 외교를 담당하는 최고[大] 직급[使]. ¶주미 한국 대사로 발령을 받아 곧 미국으로 떠난다. '특명 전권 대사'(特命全權大使)의 준말. ㊐전권 대사.

▸대:사-관 大使館 (집 관). 법률 대사(大使)를 장(長)으로 하는 외교 사절단이 주재하며 공무를 집행하는 공관(公館).

대:사[5] **大赦** (큰 대, 용서할 사). 법률 일정한 죄를 지은 모든[大] 죄인의 형을 사면(赦免)하는 일. '일반 사면'(一般赦免)을 흔히 이르는 말.

▸대:사-령 大赦令 (명령 령). 법률 대사(大赦)를 베풀게 하는 국가 원수의 명령(命令). ¶임금은 대사령을 놓아 모든 죄수를 놓아 주었다. ㊐일반 사면령.

대:사[6] **代謝** (대신할 대, 물러날 사). ① 속뜻 새 것이 들어오는 대신(代身)에 헌 것이 물러남[謝]. ② 생물 생물이 생명을 유지하기 위해 물질을 섭취하여 필요한 구성 물질로 바꾸고 이 때 생긴 노폐물을 체외로 배출하는 과정에서 나타나는 화학변화. '물질대사'(物質代謝)의 준말.

▸대:사 기능 代謝機能 (틀 기, 능할 능). 생물 물질 대사(代謝)를 하는 기능(機能).

대:-사성 大司成 (큰 대, 벼슬 사, 이룰 성). 역사 고려·조선 때, 성균관(成均館)의 으뜸[大] 벼슬[司成]. 품계는 정삼품. ㊐사유장(師儒長).

대:-사제 大司祭 (큰 대, 맡을 사, 제사 제). ① 가톨릭 한 도시의 가장 높은[大] 사제(司祭). ② 구약 시대에, 하나님에게 제사 지내는 일을 맡아보던 성직자. ③ 기독교 '예수 그리스도'를 이르는 말. ㊐대제사장(大祭司長).

대:-사헌 大司憲 (큰 대, 맡을 사, 법 헌). 역사 예전에, 사헌부(司憲府)의 으뜸[大] 벼슬. 관리들을 감찰하는 업무를 맡았다.

대:상[1] **大商** (큰 대, 장사 상). ① 속뜻 사업 규모가 큰[大] 상인(商人). ② 장사를 크게 하는 사람.

대:상[2] **大祥** (큰 대, 제사 상). 죽은 지 2년 만에 지내는 제사. 1년 만에 지내는 제사를 '소상'(小祥)이라 하는 것에 대한 상대적[大] 명칭. ㊐대기(大朞), 상사(祥事).

대:상[3] **大喪** (큰 대, 죽을 상). 규모가 큰[大] 상사(喪事). 임금의 상사. ¶나라에 대상이 났다.

대:상[4] **大賞** (큰 대, 상줄 상). 경연 대회 등에서 가장 우수한[大] 사람이나 단체에 주는 상(賞). ¶전국노래자랑에서 대상을 반

았다.

대상[5] **隊商** (무리 대, 장사 상). 사막 지방에서 낙타나 말에 상품을 싣고 떼[隊]를 지어 먼 곳을 다니면서 장사하는 상인(商人). ㊥상대(商隊).

대:상[6] **代償** (대신할 대, 갚을 상). ① 속뜻 남을 대신(代身)하여 갚아 줌[償]. ② 본디의 채무나 손해에 대한 보상(補償) 따위를 다른 물건으로 대신(代身) 물어주는 일. ㊥대변(代辨), 대물 변제(代物辨濟).

▶대:상 수입 代償輸入 (나를 수, 들 입). 경제 어떤 사정이나 행위의 결과로 끼친 손해를 물건으로 대신[代] 갚기[償] 위해 물건을 수입(輸入)하는 일.

대:상[7] **帶狀** (띠 대, 형상 상). 띠[帶]처럼 좁고 길게 생긴 모양[狀].

▶대:상 도시 帶狀都市 (도읍 도, 저자 시). 지리 한 줄기의 도로를 따라 띠[帶] 모양[狀]으로 길쭉하게 형성된 도시(都市).

▶대:상 포진 帶狀疱疹 (물집 포, 홍역 진). 의학 몸에 띠[帶] 모양[狀]으로 물집[疱疹]이 생기는 병.

대:상[8] **貸上** (빌릴 대, 위 상). ① 속뜻 빌려[貸] 드림[上]. ② 경제 정부가 국고금의 부족을 메우기 위하여 중앙은행에서 돈을 빌리는 일.

▶대:상-금 貸上金 (돈 금). 경제 중앙은행이 정부에 대여해 주는[貸上] 돈[金].

*__대:상__[9] **對象** (대할 대, 모양 상). ① 속뜻 대면(對面)하고 있는 형상(形象). ② 행위의 상대(相對) 또는 목표가 되는 것. ¶먼저 연구 대상을 선정해야 한다. ㊥목표(目標).

▶대:상-론 對象論 (논할 론). 철학 정신 작용이 지향하는 대상(對象)의 본질을 연구하는[論] 학문.

▶대:상-물 對象物 (만물 물). 어떤 일의 대상(對象)이나 목표나 목적이 되는 것[物].

▶대:상-애 對象愛 (사랑 애). 심리 자기 이외의 대상(對象)을 향하여 나타나는 사랑[愛]을 이르는 말. ㊥자기애(自己愛).

▶대:상-자 對象者 (사람 자). 대상(對象)이 되는 집단이나 사람[者]. ¶경쟁 대상자 / 상금 수여 대상자.

▶대:상 감:정 對象感情 (느낄 감, 마음 정). 심리 대상(對象)의 성질을 알고 나서 느끼는 감정(感情).

▶대:상 개:념 對象概念 (대강 개, 생각 념). 논리 판단의 주사(主辭)가 될 수 있는 사물 및 대상(對象)을 나타내는 개념(概念). ㊥속성(屬性) 개념.

대:상부동 大相不同 (큰 대, 서로 상, 아닐 부, 같을 동). 서로[相] 조금도 비슷하지 않고 크게[大] 다름[不同].

대:생 對生 (대할 대, 날 생). 식물 잎이 마디마다 두 개씩 마주[對] 붙어 남[生]. 또는 그런 잎차례.

대:서[1] **大暑** (큰 대, 더울 서). ① 속뜻 몹시 심한[大] 더위[暑]. ② 민속 소서(小暑)와 입추(立秋) 사이로, 양력 7월 23일경이다.

대:서[2] **代序** (대신할 대, 차례 서). 대신(代身)하여 서문(序文)을 씀. 또는 그 서문.

대:서[3] **代署** (대신할 대, 쓸 서). 남을 대신(代身)하여 서명(署名)함.

대:서[4] **大書** (큰 대, 쓸 서). 글씨를 크게[大] 씀[書]. 또는 크게 쓴 글씨.

▶대:서-특필 大書特筆 (특별할 특, 글씨 필). ① 속뜻 크게[大] 써서[書] 특별(特別)히 두드러져 보이도록 한 글씨[筆]. ② 신문 따위의 출판물에서 어떤 기사에 큰 비중을 두어 다룸을 이르는 말. ¶미국 대통령의 러시아 방문을 대서특필하다.

대:서[5] **代書** (대신할 대, 쓸 서). 서류 따위를 본인 대신(代身) 써[書] 주는 일. ㊥대필(代筆).

▶대:서-방 代書房 (방 방). 대서(代書)를 영업으로 하는 곳[房]. ㊥대서소(代書所).

▶대:서-사 代書士 (선비 사). 남을 대신하여 공문서를 작성[代書] 하는 사람[士]. ㊥대서인(代書人).

▶대:서-소 代書所 (곳 소). 대서(代書)를 영업으로 하는 곳[所]. ㊥대서방(代書房).

▶대:서-인 代書人 (사람 인). 남을 대신하여 공문서를 작성[代書]하는 사람[人]. ㊥대서사(代書士).

대:서-양 大西洋 (큰 대, 서녘 서, 큰바다 양). 지리 유럽 대륙(大陸)의 서(西)쪽에 있는 바다[洋]. 오대양의 하나로 유럽 대륙과 아메리카 대륙의 사이에 있다.

대석[1] **臺石** (돈대 대, 돌 석). 밑받침[臺] 돌[石]. ¶묘의 대석을 놓다.

대:석[2] **對席** (대할 대, 자리 석). ① 속뜻 자리

[席]를 마주함[對]. ②쌍방이 동시에 같은 장소에 출석함.

▸대:석 판결 對席判決 (판가름할 판, 결정할 결). [법률] 소송 당사자의 양쪽이 함께[對] 자리한[席] 법정에서 심리하여 내리는 판결(判決). [비]대심 판결(對審判決). [반]결석 판결(缺席判決).

대:선[1] **大船** (큰 대, 배 선). 큰[大] 배[船]. [비]대박(大舶).

대:선[2] **大選** (큰 대, 고를 선). [정치] '대통령선거'(大統領選擧)의 준말. 대통령(大統領)을 뽑는 선거.

대:-선거구 大選擧區 (큰 대, 고를 선, 들 거, 나눌 구). [정치] 한 선거구에 두 사람 이상의 의원을 동시에 뽑는 큰[大] 선거구(選擧區). [반]소선거구(小選擧區).

대:-선사 大禪師 (큰 대, 참선 선, 스승 사). [불교] ①선(禪)을 수행한 승려[師]에게 주는 가장 높은[大] 법계(法階). ②선을 닦아 득도한 훌륭한 승려를 높여 일컫는 말.

대:설 大雪 (큰 대, 눈 설). ①[속뜻] 많이[大] 내린 눈[雪]. ¶대설로 비행기 운행이 중단됐다. ②소설(小雪)과 동지(冬至) 사이에 있는 절기. 12월 7일경. ¶올해 대설에는 눈이 오지 않았다. [비]폭설(暴雪).

대:성[1] **大成** (큰 대, 이룰 성). ①[속뜻] 큰[大] 성공(成功). 크게 성공함. ¶자식의 대성을 바라는 부모. ②학문을 크게 이룸. ¶주자학(朱子學)을 대성하다.

대:성[2] **大姓** (큰 대, 성씨 성). ①[속뜻] 후손이 크게[大] 번성한 성씨(姓氏). ②지체가 높은 집안의 성씨.

대성[3] **臺省** (돈대 대, 관청 성). [역사] 고려 때, 사헌대(司憲臺)와 중서문하성(中書門下省)을 합친 말.

대:성[4] **大聖** (큰 대, 거룩할 성). ①[속뜻] 지극히 크게[大] 거룩한[聖] 분. ②공자(孔子)를 높여 이르는 말. ③[불교] 석가처럼 정각(正覺)을 얻은 사람을 이르는 말.

▸대:성-전 大聖殿 (=大成殿, 대궐 전). 문묘(文廟) 안에 공자[大聖]의 위패를 모셔 놓은 전각(殿閣).

대:-성공 大成功 (큰 대, 이룰 성, 공로 공). 만족할 만큼 크게[大] 성공(成功)함. ¶전국체전은 대성공이었다.

대:-성당 大聖堂 (큰 대, 거룩할 성, 집 당). [가톨릭] 교구의 중심이 되는 큰[大] 성당(聖堂). [비]주교좌성당(主敎座聖堂).

대:성-악 大晟樂 (큰 대, 밝을 성, 음악 악). [음악] 중국 송나라 때, 대성부(大晟府)라는 관청서 작곡한 음악(音樂).

대:성-통곡 大聲痛哭 (큰 대, 소리 성, 아플 통, 울 곡). 큰[大] 소리[聲]로 마음이 아파[痛] 슬피 욺[哭]. [비]방성대곡(放聲大哭).

대:-성황 大盛況 (큰 대, 성할 성, 상황 황). 어떤 행사나 흥행 따위에 사람이 많이[大] 모이는 등 성대(盛大)한 상황(狀況)을 이루는 일. ¶공연은 대성황을 이루었다.

대:세 大勢 (큰 대, 형세 세). ①[속뜻] 대체(大體)의 형세(形勢). ②큰 세력. ¶대세가 우리 쪽으로 기울었다. [비]형세(形勢), 사세(事勢).

대:소[1] **大小** (큰 대, 작을 소). 크고[大] 작음[小]. ¶대소의 일을 가리지 않고 해결해 주었다.

대:소[2] **大笑** (큰 대, 웃을 소). 크게[大] 웃음[笑].

대:소[3] **代訴** (대신할 대, 하소연할 소). [법률] 소송 당사자를 대신(代身)하여 송사[訴]를 일으킴.

대:-소동 大騷動 (큰 대, 떠들 소, 움직일 동). 큰[大] 소동(騷動).

대:-소변 大小便 (큰 대, 작을 소, 똥 오줌 변). 똥[大便]과 오줌[小便]. ¶아이가 대소변을 가릴 나이는 지났다.

대:-소사 大小事 (큰 대, 작을 소, 일 사). 크고[大] 작은[小] 모든 일[事]. ¶집사는 그동안 우리 집안 대소사를 맡아왔다.

대:-소수 帶小數 (지닐 대, 작을 소, 셀 수). [수학] 정수(整數)가 소수(小數)를 지니고[帶] 있는 것. 4.13, 5.041 따위.

대:속 代贖 (대신할 대, 속죄할 속). ①[속뜻] 남의 죄를 대신(代身) 갚음[贖]. ②[기독교] 예수가 십자가의 보혈로 만민의 죄를 대신 씻어 구원한 일.

대:손 貸損 (빌릴 대, 덜 손). [경제] 빌려준[貸] 돈을 돌려받지 못하여 손해(損害)를 입는 일.

▸대:손 충당금 貸損充當金 (채울 충, 마땅 당, 돈 금). [경제] 대손(貸損)을 예상하여 장

부상으로 충당(充當)한 금액(金額).

대:수[1] **大數** (큰 대, 셀 수). ① [수학] 1보다 큰[大] 수(數)를 소수에 상대하여 이르는 말. ②큰 운수. ③물건의 수가 많은 일. [비]대운(大運). [반]소수(小數).

대수[2] **臺數** (돈대 대, 셀 수). 대(臺)를 단위로 헤아리는 물건의 수(數). ¶택시 대수가 크게 늘었다.

대:수[3] **代數** (대신할 대, 셀 수). [수학] '대수학'(代數學)의 준말.

▸대:수-식 代數式 (법 식). [수학] 대수학(代數學)의 가(加)·감(減)·승(乘)·제(除)·멱(冪)·근(根)의 여섯 기호 중의 몇 개로 연결된 식(式).

▸대:수-학 代數學 (배울 학). [수학] 개개의 숫자[數] 대신(代身)에 숫자를 대표하는 일반적인 문자를 사용하여 수의 관계, 성질, 계산 법칙 따위를 연구하는 학문(學問).

▸대:수 기하학 代數幾何學 (몇 기, 무엇 하, 학문 학). [수학] 대수(代數) 방정식의 자취·대수 곡면·로그 곡선에 대해서 연구하는 해석 기하학(幾何學)의 한 분야.

▸대:수 방정식 代數方程式 (모 방, 거리 정, 법 식). [수학] 몇 개의 미지수에 관하여 두 개의 대수식(代數式)을 등호로 연결한 방정식(方程式).

대:수[4] **對數** (대할 대, 셀 수). [수학] '로그'(log)의 한자 용어. 1이 아닌 양의 어떤 수를 거듭제곱하여 다른 주어진 수와 대등(對等)해지는 거듭 제곱수[數].

▸대:수-표 對數表 (겉 표). [수학] 수의 로그값[對數]을 정리하여 만든 표(表).

▸대:수 곡선 對數曲線 (굽을 곡, 줄 선). [수학] 직각 좌표에 관하여 로그[對數] 방정식으로 나타내는 곡선(曲線).

▸대:수 함:수 對數函數 (넣을 함, 셀 수). [수학] 변수의 로그[對數]로 된 함수(函數).

대:-순환 大循環 (큰 대, 돌아다닐 순, 고리 환). [의학] 몸의 전체[大]를 돎[循環]. 심장의 좌심실(左心室)에서 대동맥(大動脈)을 거쳐 몸의 각 부분의 모세 혈관에 이르러 가스 교환 따위를 한 다음, 대정맥(大靜脈)을 통하여 우심방(右心房)으로 되돌아오는 순환. [비]체순환(體循環).

대:습-상속 代襲相續 (대신할 대, 물려받을 습, 서로 상, 이을 속). [법률] 법정 상속권자가 어떤 사유로 상속권을 상실하였을 경우, 그의 직계 비속이 대신(代身) 이어[襲] 상속(相續)을 받는 일. [반]본위 상속(本位相續).

대:승[1] **大勝** (큰 대, 이길 승). 크게[大] 이김[勝]. ¶강감찬은 귀주에서 대승을 거두었다. [비]대승리(大勝利), 대첩(大捷), 대파(大破). [반]대패(大敗).

대:승[2] **大乘** (큰 대, 수레 승). ① [속뜻] 깨달음의 세계인 피안으로 타고 가는 큰[大] 수레[乘]. ② [불교] 이타주의(利他主義)에 의하여 널리 인간 전체의 구제를 주장하는 적극적인 불법. [반]소승(小乘).

▸대:승-적 大乘的 (것 적). [불교] ①대승(大乘)의 정신에 맞는 것[的]. ②부분적인 것이나 개인적인 것에 얽매이지 않고 전체를 생각하는 것. [비]대국적(大局的). [반]소승적(小乘的).

▸대:승 불교 大乘佛教 (부처 불, 종교 교). [불교] 대승(大乘)을 주지로 하는 불교(佛教) 종파를 통틀어 이르는 말. ¶대승 불교는 중앙아시아를 거쳐 동북아시아로 전파되었다.

대:-승리 大勝利 (큰 대, 이길 승, 이로울 리). 큰[大] 승리(勝利). ¶국가 대표팀은 중국을 상대로 대승리를 거두었다. [준]대승.

대:승기신론-소 大乘起信論疏 (큰 대, 수레 승, 일어날 기, 믿을 신, 논할 론, 트일 소). [불교] 신라 때, 원효(元曉)가 대승불교의 개론서인 『대승기신론』(大乘起信論)에 주석을 단[疏] 책.

대식 帶蝕 (두를 대, 갉아먹을 식). [천문] 일식(日蝕)이나 월식(月蝕)이 생긴 채로[帶] 해나 달이 뜨거나 지는 현상.

대:식-가 大食家 (큰 대, 먹을 식, 사람 가). 음식을 남달리 많이[大] 먹는[食] 사람[家]. [비]건담가(健啖家), 건식가(健食家).

대:-식구 大食口 (큰 대, 먹을 식, 입 구). 많은[大] 식구(食口). 식구가 많음. ¶아버지는 대식구를 먹여 살리느라 고생이 많았다.

***대:신**[1] **大臣** (큰 대, 신하 신). 크고[大] 무거운 책무를 맡은 신하(臣下).

⁑**대:신**[2] **代身** (바꿀 대, 몸 신). ① [속뜻] 몸[身]을 바꿈[代]. ②어떤 대상과 자리를 바

꾸어서 있게 되거나 어떤 대상이 하게 될 구실을 바꾸어서 하게 됨. ¶사장을 대신해 부사장이 왔다. [반]직접(直接).

대-신기전 大神機箭 (큰 대, 귀신 신, 틀 기, 화살 전). ① [속뜻]대형(大型)의 신기전(神機箭). ②총길이 558㎝정도에, 약통을 달아 만든 로켓 다연발 화살무기.

대:실 貸室 (빌릴 대, 방 실). 세를 받고 방[室]을 빌려[貸] 줌. 또는 그 방.

대:심 對審 (대할 대, 살필 심). [법률]소송의 양쪽 당사자를 출석하게 마주 대(對)하게 하여 심리(審理)함. 또는 그런 심리.

▸대:심 판결 對審判決 (판가름할 판, 결정할 결). [법률]소송 당사자의 양쪽이 마주한[對] 법정에서 심리(審理)하여 내리는 판결(判決). [비]대석 판결(對席判決).

대:아¹ 大我 (큰 대, 나 아). ① [철학]우주의 유일 절대적인 본체로서 참되고 큰[大] 의미의 나[我]. ② [불교]좁은 견해나 집착을 떠난 경지. [반]소아(小我).

대:아² 大雅 (큰 대, 고울 아). ① [속뜻]아주[大] 우아(優雅)함. 아주 올바름. ②문인 학자끼리, 우편물 따위의 겉봉의 상대편 이름 밑에 써서 '~님께' 정도의 뜻을 나타내는 말. ③ [음악]시경(詩經)의 편명(篇名).

대:악 大惡 (큰 대, 나쁠 악).). 매우[大] 나쁜[惡] 짓. 또는 그런 짓을 하는 사람. ¶대악을 저지르다.

대:안¹ 大安 (큰 대, 편안할 안). 크게[大] 평안(平安)함. 흔히 평교(平交)간 편지에서 안부를 물을 대 쓰는 말. ¶귀체 대안한지 궁금합니다.

대:안² 代案 (바꿀 대, 안건 안). 기존의 방안을 바꾸어[代] 내놓은 안건(案件). ¶획기적인 대안을 내놓았다.

대:안³ 對岸 (대할 대, 언덕 안). 강이나 호수 따위의 맞은편[對] 기슭이나 언덕[岸].

대:안⁴ 對案 (대할 대, 생각 안). ① [속뜻]어떤 문제에 대한[對] 이편의 해결 방안(方案). ③상대편에 맞선 이편의 생각이나 방안. ¶피고인의 변호에 맞서 검사 측에서도 대안을 마련했다.

대:액 大厄 (큰 대, 재앙 액). 크게[大] 사나운 운수나 재액(災厄). ¶대액이 닥치다 / 대액을 당하다.

대:양 大洋 (큰 대, 큰바다 양). [지리]크고[大] 넓은 바다[洋]. 특히 태평양, 대서양, 인도양, 북극해, 남극해를 가리킨다.

▸대양-도 大洋島 (섬 도). 큰[大]바다[洋] 한가운데 있는 섬[島]. 산호도, 화산도 따위. [준]양도. [반]대륙도(大陸島).

▸대:양-주 大洋洲 (섬 주). ① [속뜻]큰[大] 바다[洋] 한가운데 있는 대륙[洲]. ②오세아니아.

대:어¹ 大魚 (큰 대, 물고기 어). 큰[大] 물고기[魚]. ¶대어를 낚다.

대:어² 對語 (대할 대, 말씀 어). ① [속뜻]직접 면대(面對)하여 하는 말[語]. ② [언어]글이나 말 중에 의미상 서로 대응이 되는 말. '산은 높고, 물은 깊다.'에서 '산'과 '물', '높다'와 '깊다' 같은 예. [비]대언(對言), 반의어(反意語).

대:언¹ 代言 (대신할 대, 말씀 언). ① [속뜻]남을 대신(代身)하여 말[言]함. ② [역사]고려 시대에, 왕명을 하달하는 일을 맡아보던 벼슬. '승지'를 고친 이름이다.

대:언² 對言 (대할 대, 말씀 언). 직접 면대(面對)하여 하는 말[言]. [비]대어(對語).

대:업 大業 (큰 대, 일 업). ① [속뜻]큰[大] 사업(事業). ¶민족 중흥의 역사적 대업을 이루다. ②나라를 세우는 일.

대:여 貸與 (빌려줄 대, 줄 여). 빌려 주거나[貸] 꾸어 줌[與]. [비]대급(貸給), 임대(賃貸). [반]차용(借用).

▸대:여-금 貸與金 (돈 금). 빌려주는[貸與] 돈[金]. ¶대여금을 갚다.

▸대:여-료 貸與料 (삯 료). 빌려주는[貸與] 물건에 대하여 물리는 요금(料金). ¶대여료를 연체하다.

▸대:여-점 貸與店 (가게 점). 돈을 받고 일정 기간 동안 특정한 물품을 빌려주는[貸與] 가게[店]. ¶비디오 대여점 / 스키 대여점.

대:역¹ 代役 (바꿀 대, 부릴 역). ① [속뜻]역할(役割)을 바꿈[代]. ② [연영]연극·영화 따위에서 어떤 배우의 배역을 대신하여 일부 연기를 다른 사람이 하는 일. 또는 그런 사람. ¶비록 대역이었지만 열심히 연기했다. ③ [역사]삯을 주고 산 사람에게 자신의 부역을 대신하게 하던 일.

대:역[2] **對譯** (대할 대, 옮길 역). 원문(原文)과 번역문을 대조(對照)할 수 있도록 나란히 나타내는 일. 또는 그 번역(翻譯).

대:역[3] **大逆** (큰 대, 거스를 역). 역사 인륜(人倫)에 크게[大] 거스르는[逆] 일이나 죄. 왕권을 침해하거나 부모를 살해하는 따위. ¶국모(國母) 시해라는 대역의 죄를 범하다.

▶대:역-죄 大逆罪 (허물 죄). 인륜(人倫)에 크게[大] 거스르는[逆] 일을 범한 죄(罪).

▶대:역-무도 大逆無道 (없을 무, 길 도). 인륜(人倫)에 크게[大] 거스르는[逆] 일을 하여 사람의 도리(道理)가 크게 어긋나[無] 있음. ⓑ대역부도(大逆不道).

대:-역사 大役事 (큰 대, 부릴 역, 일 사). 큰[大] 공사[役事]. 대규모의 토목건축 공사. ¶진시황은 대역사를 일으켰다.

대:-연회 大宴會 (큰 대, 잔치 연, 모일 회). 크게[大] 차리는 연회(宴會). ¶임금은 공신들을 위해 대연회를 베풀었다.

대열 隊列 (무리 대, 줄 렬). ① 속뜻 질서 있게 늘어선[隊] 행렬(行列). ② 어떤 활동을 목적으로 이루어진 한 떼. ¶휴식이 끝나고 대열을 정돈했다. ⓑ대오(隊伍).

대:영 對英 (대할 대, 영국 영). 영국(英國)에 대(對)한. ¶대영 무역.

대:오[1] **大悟** (큰 대, 깨달을 오). 번뇌를 벗고 진리를 크게[大] 깨달음[悟]. ¶대오 각성(覺醒).

대오[2] **隊伍** (무리 대, 대오 오). 군대(軍隊) 따위에서 무리를 줄을 지어[伍] 편성함[隊]. ¶대오를 정비하다.

⁑**대:왕 大王** (큰 대, 임금 왕). ① 속뜻 훌륭하고 업적이 뛰어나게 큰[大] 임금[王]을 높여 일컫는 말. ② '선왕'(先王)의 높임말.

▶대:왕-대비 大王大妃 (큰 대, 왕비 비). 살아 있는, 전전(前前) 임금[大王]의 비(妃).

대:외 對外 (대할 대, 밖 외). 외부 또는 외국(外國)에 대(對)함. ¶대외 무역수지가 크게 악화되었다. ⓡ대내(對內).

▶대:외 투자 對外投資 (던질 투, 재물 자). 외국(外國)에 대한[對] 투자(投資). ¶경기가 좋아져 대외 투자가 늘었다. ⓑ해외(海外) 투자.

대:요 大要 (큰 대, 요할 요). 대략(大略)의 요지(要旨). ⓑ대약(大約).

대:욕 大慾 (큰 대, 욕심 욕). 큰[大] 욕심(慾心). ¶대욕을 부리다.

대:용[1] **貸用** (빌릴 대, 쓸 용). 빌려[貸] 씀[用]. ⓑ차용(借用).

대:용[2] **代用** (대신할 대, 쓸 용). 다른 것의 대신(代身)으로 씀[用]. 또는 그 물건. ¶밥을 대용할 새로운 식품을 개발 중이다.

▶대:용-식 代用食 (밥 식). 주식(主食) 대신(代身)으로 먹는[用] 음식[食]. ¶빵은 밥의 대용식으로 많이 사용된다.

▶대:용-작 代用作 (지을 작). 농업 오랜 가뭄이나 홍수 따위로 인하여 씨 뿌릴 시기를 놓쳐 심으려고 한 곡식을 심지 못하고, 대용(代用) 할 만한 곡식의 씨앗을 뿌리는 일[作].

▶대:용-품 代用品 (물건 품). 어떤 물품의 대신(代身)으로 쓰이는[用] 물품(物品). ⓩ대품.

▶대:용 작물 代用作物 (지을 작, 만물 물). 농업 파종하려던 곡식을 심을 수 없을 경우, 그 대신(代身)으로 심는[用] 농작물(農作物).

▶대:용 증권 代用證券 (증거 증, 문서 권). 경제 금전의 대용(代用)으로 증거금, 담보 따위에 제공할 수 있는 유가 증권(證券).

대:우[1] **待遇** (기다릴 대, 만날 우). ① 속뜻 기다려[待] 만남[遇]. ② 신분에 맞게 대접함. ¶국빈 대우를 하다. ③ 직장 따위에서 받는 보수의 수준이나 직위. ¶그 회사는 대우가 좋다.

대:우[2] **對偶** (상대 대, 짝 우). ① 속뜻 둘이 서로 상대[對]가 되고 짝[偶]이 됨. ② 문학 '대우법'(對偶法)의 준말. ③ 논리 주어진 명제(命題)의 결론을 부정한 것을 가설로 하고, 가설을 부정한 것을 결론으로 한 명제.

▶대:우-법 對偶法 (법 법). 문학 두 개의 사물을 짝[偶]으로 대응(對應)하게 하여 대립의 미(美)를 나타내는 수사법(修辭法). ⓑ대구법(對句法).

대:-우주 大宇宙 (큰 대, 하늘 우, 하늘 주). ① 속뜻 전체[大] 우주(宇宙). ② 철학 '인간'과 '우주'를 같은 구조의 세계로 보고 자아를 '소우주'라고 하는 데 대하여 이르는 말. ⓡ소우주(小宇宙).

대:운 大運 (큰 대, 운수 운). 큰[大] 행운(幸

運).

대:웅 大雄 (큰 대, 뛰어날 웅). ① [속뜻] 위대(偉大)한 영웅(英雄). ② [불교] '부처'에 대한 덕호(德號).

▸대:웅-전 大雄殿 (대궐 전). [불교] 부처[大雄]를 모신 법당[殿].

대:웅-좌 大熊座 (큰 대, 곰 웅, 자리 좌). [천문] 큰[大] 곰[熊] 자리[座]. 북두칠성을 중심으로 북극에 가까이 있는 별자리. 북극성 주위에서 가장 크고 밝게 빛나는 별자리로, 5월 초순에 자오선을 통과한다.

대:원1 大願 (큰 대, 바랄 원). ① [속뜻] 큰[大] 소원(所願). ② [불교] 부처가 중생을 구하려고 하는 큰 원망(願望).

대원2 隊員 (무리 대, 사람 원). 부대(部隊)나 집단을 이루고 있는 사람[員]. ¶행동대원 / 탐험대 대원.

대:-원군 大院君 (큰 대, 집 원, 임금 군). [역사] 왕위를 이을 적자손이 없어 왕족 중에서 왕위를 이어 받았을 때 그 임금의 친아버지[大]에게 봉(封)하던 작위[院君]. ¶흥선대원군.

대:-원수 大元帥 (큰 대, 으뜸 원, 장수 수). [군사] 육·해·공군을 통수(統帥)하는 원수(元帥)를 높이어[大] 일컫는 칭호.

대:월1 大月 (큰 대, 달 월). 양력으로 한 달의 날수가 많은[大] 달[月]. ¶1월, 3월 등은 대월이다. [비]큰달. [반]소월(小月).

대:월2 貸越 (빌릴 대, 넘을 월). [경제] '당좌대월'(當座貸越)의 준말.

▸대:월-금 貸越金 (돈 금). [경제] 당좌 대월(貸越)한 돈[金].

▸대:월-한 貸越限 (한할 한). [경제] 은행이 예금주와 협의하여 정한 당좌 대월(貸越)의 상한(上限) 금액.

대:위1 大尉 (큰 대, 벼슬 위). [군사] 국군의 위관(尉官)중 가장 높은[大] 계급. 소령(少領)의 아래, 중위(中尉)의 위.

대:위2 代位 (대신할 대, 자리 위). ① [속뜻] 지위(地位)를 대신(代身)함. ② [법률] 제삼자가 타인의 법률상의 지위에 대신하여 그가 가진 권리를 취득하거나 행사하는 일.

▸대:위 변:제 代位辨濟 (가릴 변, 그칠 제). [법률] 제삼자가 대신하여[代位] 채무를 갚음[辨濟]으로써 채무자에 대한 채권을 취득하는 일.

대:위-법 對位法 (대할 대, 자리 위, 법 법). [예술] 건축, 문학, 영화 따위에서 두 개의 대위적(對位的) 양식이나 주제 따위를 결합시켜 작품을 만드는 기법(技法).

대:유-법 代喩法 (대신할 대, 비유할 유, 법 법). [문학] 사물의 일부나 그 속성을 들어서 그 전체나 자체를 대신(代身)해서 비유(比喩)하는 수사법(修辭法). '흰옷'으로 우리 민족을 '백의(白衣)의 천사'로 간호사를 나타내는 것 따위이다.

대:-유성 大遊星 (큰 대, 떠돌 유, 별 성). [천문] 태양계에서 크기가 비교적 큰[大] 행성[遊星]. 목성이나 토성 따위. [비]큰떠돌이별, 대행성(大行星).

대:은 大恩 (큰 대, 은혜 은). 넓고 큰[大] 은혜(恩惠).

대:음 大飮 (큰 대, 마실 음). 술을 크게[大] 많이 마심[飮]. 또는 그런 사람.

대:-음순 大陰脣 (큰 대, 응달 음, 입술 순). [의학] 여성의 음부(陰部)에 입술[脣]처럼 크게[大] 도드라져 털이 돋아나 있는 부분.

대:읍 大邑 (큰 대, 고을 읍). 주민과 산물이 많고 땅이 크게[大] 넓은 고을[邑]. ¶예전에는 이 고을도 수천 호 대읍이었다.

대:응 對應 (대할 대, 응할 응). ① [속뜻] 맞서서[對] 서로 응(應)함. ② 어떤 일이나 사태에 알맞은 조치를 취함. ¶폭력사태에 대해 강력하게 대응하다. ③ [수학] 합동이나 닮은꼴인 두 도형의 같은 자리에서 짝을 이루는 요소끼리의 관계. ④ [철학] 서로 관계하고 있는 것. [비]상대(相對), 대등(對等).

▸대:응-각 對應角 (모서리 각). [수학] 두 도형이 합동이거나 닮은꼴일 때 서로 대응(對應)하는 자리에 있는 각(角). [비]짝진각.

▸대:응-변 對應邊 (가 변). [수학] 두 도형이 합동이거나 닮은꼴일 때 서로 대응(對應)하는 자리에 있는 변(邊). [비]짝진변.

▸대:응-점 對應點 (점 점). [수학] 두 도형이 합동이거나 닮은꼴일 때 서로 대응(對應)하는 자리에 있는 점(點). [비]짝진점.

▸대:응-책 對應策 (꾀 책). 어떤 사태에 대하여[對] 취할[應] 방책(方策).

▸대:응-표 對應表 (겉 표). [수학] 두 사실이 서로 규칙적으로 일정한 관계를 맺고 있는

[對應] 여러 경우들을 나타낸 표(表).

▸대:응 원리 對應原理 (본디 원, 이치 리). 물리 양자론에서의 어떤 종류의 양은 고전 물리학에서의 양과 다르지만, 둘 간에는 일정한 대응(對應) 관계가 있다는 원리(原理).

대:의[1] **大意** (큰 대, 뜻 의). 대강(大綱)의 뜻[意]. ⓑ대지(大旨).

대:의[2] **大義** (큰 대, 옳을 의). 사람, 특히 국민으로서 마땅히 행하거나 지켜야 할 큰[大] 도리[義]. ¶대의를 따르다.

▸대:의-명분 大義名分 (이름 명, 나눌 분). 사람으로서 응당 지켜야 할 도리[大義], 떳떳한 명분(名分).

대:의[3] **代議** (대신할 대, 의논할 의). ① 속뜻 많은 사람을 대표(代表)하여 나온 사람끼리의 논의(論議). ② 정치 선거로 뽑힌 의원이 국민의 의사를 대표하여 정치를 논의하는 일. ¶대의 정치 / 대의 민주주의.

▸대:의-원 代議員 (사람 원). 지역이나 직장 따위에서 대표(代表)로 선출되어 정당이나 노동조합 등의 대회에서 의결(議決)에 참가하는 사람[員]. ¶안건은 대의원 회의를 통해 가결되었다.

▸대:의-제 代議制 (정할 제). 정치 대의(代議) 제도(制度).

▸대:의 기관 代議機關 (틀 기, 빗장 관). 정치 대의원(代議員)들로 구성되어 정사(政事)를 논의하는 기관(機關).

▸대:의 정치 代議政治 (정사 정, 다스릴 치). 정치 대의원(代議員)이 정무를 꾸려가는 정치(政治). 대의 제도에 따라서 행하는 정치.

▸대:의 제:도 代議制度 (정할 제, 법도 도). 정치 ① 대의원(代議員)이 정무를 꾸려가는 정치 제도(制度). 국민이 스스로 선출한 대표자를 통하여 국가 권력을 행사하는 정치 제도. ② 간접 민주 정치의 제도. ⓑ의회 제도(議會制度).

대:-이동 大移動 (큰 대, 옮길 이, 움직일 동). 여럿이[大] 한꺼번에 자리를 옮겨[移] 움직이는[動] 일. ¶설과 추석만 되면 민족 대이동이 일어난다.

대:인[1] **代印** (대신할 대, 도장 인). 남을 대신(代身)하여 도장[印]을 찍음. 또는 그 도장.

대:인[2] **大人** (큰 대, 사람 인). ① 속뜻 다 큰[大] 사람[人]. ¶소인은 3천원, 대인은 5천원이다. ② 마음이 넓고 점잖은 사람. '대인군자'(大人君子)의 준말. ③ 몸집이 큰 사람. ④ '남의 아버지', '높은 관리', '세력 있는 토호나 지주' 등을 높여 이르는 말. ⓑ성인(成人), 거인(巨人). ⓟ소인(小人).

▸대:인-군자 大人君子 (임금 군, 접미사 자). 도량이 넓고 덕행이 있는[大人] 점잖은 사람[君子].

대:인[3] **對人** (대할 대, 남 인). 남[人]을 대(對)함.

▸대:인-권 對人權 (권리 권). 법률 채권 따위와 같이 특정의 사람[人]에 대해서만[對] 주장할 수 있는 권리(權利).

▸대:인-세 對人稅 (세금 세). 법률 사람[人]을 과세의 대상(對象)으로 하여 매기는 세금(稅金). 법인세, 상속세, 소득세 따위.

▸대:인 관계 對人關係 (빗장 관, 맬 계). 남과 만나[對人] 이루어진 관계(關係). ¶그는 대인 관계가 좋다.

▸대:인 담보 對人擔保 (멜 담, 지킬 보). 법률 채권자가 채무자[人]의 신용을 믿고[對] 채권의 담보(擔保)로 하는 일. 보증 채무나 연대 채무 따위. ⓟ대물 담보(對物擔保).

▸대:인 방어 對人防禦 (막을 방, 막을 어). 운동 농구나 축구 따위에서 각 선수가 상대 팀의 선수 한 사람씩을[人] 맡아[對] 수비[防禦]하는 일.

▸대:인 신:용 對人信用 (믿을 신, 쓸 용). 법률 민법에서 채권자가 채무자[人]의 신용을 믿고[對] 담보물을 취하지 않는 신용(信用).

대:일 對日 (대할 대, 일본 일). 일본(日本)에 대(對)한. ¶대일 청구권.

대:임[1] **大任** (큰 대, 맡길 임). 아주 중요한[大] 임무(任務). ¶대임을 완수하다.

대:임[2] **代任** (대신할 대, 맡길 임). 남을 대신(代身)하여 임무(任務)를 수행함. 또는 그런 사람.

대입[1] **大入** (큰 대, 들 입). '대학교입학'(大學校入學)의 준말. ¶대입 시험 / 대입 준비.

대:입[2] **代入** (바꿀 대, 들 입). ① 속뜻 다른 것으로 바꾸어[代] 넣음[入]. ② 수학 대수

식에서 문자 대신 일정한 수치를 바꿔 넣는 일. ¶수를 대입해 문제를 풀다.

▸대:입-법 代入法 (법 법). 수학 어떤 특정의 수치 대신(代身)에 다른 수나 문자를 넣어서[入] 푸는 대수식의 연산법(演算法).

대:자[1] 代赭 (대신할 대, 붉은 흙 자). ① 광업 잘 부스러지는 붉은 흙색[赭]의 적철석(赤鐵石). ② 대자석(代赭石)으로 만든 가루 모양의 안료. 또는 그 색. ㊥대자석.

대:자[2] 大字 (큰 대, 글자 자). 큰[大] 글자[字]. '대문자'(大文字)의 준말. ㉡소자(小字).

▸대:자-보 大字報 (알릴 보). 큰[大] 글씨[字]로 쓴 벽보(壁報). ¶대자보를 붙여 집회를 알렸다.

대:자-대:비 大慈大悲 (큰 대, 사랑할 자, 큰 대, 슬플 비). 불교 그지없이 넓고 큰[大] 자비(慈悲). 특히 관세음보살이 중생을 사랑하고 불쌍히 여기는 마음을 이른다.

대:-자연 大自然 (큰 대, 스스로 자, 그러할 연). 넓고 큰[大] 자연(自然). 위대한 자연.

대:작[1] 大作 (큰 대, 지을 작). ① 속뜻 내용이 방대하고 규모가 큰[大] 작품(作品). ② 뛰어난 작품. ¶이 영화는 20세기 최고의 대작이다. ㊥거작(巨作), 걸작(傑作). ㉡졸작(拙作).

대:작[2] 大斫 (큰 대, 장작 작). 크게[大] 굵은 장작(長斫).

대:작[3] 大爵 (큰 대, 벼슬 작). 높은[大] 작위(爵位). ¶그는 전쟁에 이겨 대작에 올랐다.

대:작[4] 代作 (대신할 대, 지을 작). ① 속뜻 남을 대신(代身)하여 지은[作] 글. 또는 대신 짓는 짓. ② 농업 오랜 가뭄이나 홍수 따위로 인하여 원래 심으려고 한 작물을 심지 못해 다른 곡식의 씨앗을 뿌리는 일. ㊥대용갈이.

대:작[5] 對酌 (대할 대, 술따를 작). 서로 마주하여[對] 술을 마심[酌]. ¶두 사나이는 대작을 하면서 쾌담을 하였다. ㊥대음(對飮).

대:장[1] 大將 (큰 대, 장수 장). ① 군사 국군의 장성(將星) 중 가장 위[大] 계급. ② 그 방면에 능하거나 몹시 즐기는 사람. ¶지각대장. ③ 역사 왕조 때, 도성에 상주하던 각 영(營)의 장수. ㊥수장(首長), 장신(將臣).

대:장[2] 大檣 (큰 대, 돛대 장). 해양 배의 뒤쪽에 달린 큰[大] 돛대[檣].

대장[3] 隊長 (무리 대, 어른 장). 한 부대(部隊)를 지휘하는 우두머리[長].

대장[4] 臺帳 (돈대 대, 장부 장). ① 속뜻 근거나 밑받침[臺]이 되도록 어떤 사항을 기록한 장부(帳簿). ¶토지대장. ② 상업상의 모든 계산을 기록한 원부(原簿). ¶출납대장.

대:장[5] 大腸 (큰 대, 창자 장). 의학 큰[大] 창자[腸].

▸대:장-균 大腸菌 (세균 균). 생물 사람 및 포유류의 창자[大腸] 속에 늘 있는 세균(細菌)의 한 가지.

▸대:장-암 大腸癌 (암 암). 의학 대장(大腸)에 생기는 암(癌). 변비와 설사를 되풀이하고 대변에 혈액이나 점액이 섞여 나오는 것이 특징이다.

▸대:장-염 大腸炎 (염증 염). 의학 대장(大腸)에 나타나는 염증(炎症).

대:-장경 大藏經 (큰 대, 감출 장, 책 경). 불교 경장(經藏)·율장(律藏)·논장(論藏) 등을 모두 집대성(集大成)한 불경(佛經). ¶팔만대장경. ㊥일체경(一切經).

대:-장군 大將軍 (큰 대, 장수 장, 군사 군). ① 속뜻 으뜸가는[大] 장군(將軍). ② 역사 신라 시대에 둔 무관의 으뜸 벼슬. ③ 역사 고려 때, 무관의 종삼품 벼슬. 지위는 상장군(上將軍)의 아래, 장군의 위이다.

대:장-도감 大藏都監 (큰 대, 감출 장, 모두 도, 살필 감). 역사 고려 1236에 대장경(大藏經)을 새기기 위해 설치하였던 임시 관아[都監].

대:-장부 大丈夫 (큰 대, 어른 장, 사나이 부). 기골이 장대(壯大)한 사나이[丈夫]. ¶대장부가 이까짓 추위에 떨어서야 되겠니? ㉡졸장부(拙丈夫).

대:저[1] 大抵 (큰 대, 밀 저). 대체(大體)로 미루어[抵] 보아서. ¶대저 모든 일에는 순서가 있는 법이다. ㊥무릇.

대:저[2] 大著 (큰 대, 지을 저). 내용이 방대하고 규모가 큰[大] 저서(著書). '대저작'(大著作)의 준말.

대:-저작 大著作 (큰 대, 지을 저, 지을 작). 내용이 방대하고 규모가 큰[大] 저작(著作).

대:적[1] 大敵 (큰 대, 원수 적). 수가 많고 세력이 크게[大] 강한 적(敵). ¶어렵게 대적

을 물리쳤다.

대:적[2] 對敵 (대할 대, 원수 적). ① 속뜻 적(敵)을 마주 대(對)함. 적과 맞섬. ② 서로 맞서 겨룸. ¶저 선수를 대적할 사람은 없다.

▶ 대:적 방조 對敵幇助 (도울 방, 도울 조). 적(敵)에 대하여[對] 중립국이 도와주는[幇助] 일.

대:전[1] 大全 (큰 대, 완전할 전). ① 속뜻 매우[大] 완전(完全)하게 갖추어져 있음. ② 일정한 분야에 관한 사항을 두루 망라하여 편찬한 책. ¶사서(四書) 대전.

대:전[2] 大殿 (큰 대, 대궐 전). ① 속뜻 임금이 사는 제일 큰[大] 대궐[殿]. ② '임금'을 높여 일컫는 말. ⓑ대내(大內).

대:전[3] 大篆 (큰 대, 도장 전). 중국 주(周)나라 때 사주(史籒)가 만든 글씨체로 소전(小篆)과 구분을 위해 '大'자를 붙임. ⓑ전주(篆籒).

대:전[4] 大戰 (큰 대, 싸울 전). 여러 나라가 넓은 지역에 걸쳐 벌이는 큰[大] 싸움[戰]. ¶세계 대전.

대:전[5] 對戰 (대할 대, 싸울 전). 맞서[對] 싸움[戰]. 상대하여 겨룸.

▶ 대:전-료 對戰料 (삯 료). 프로 권투나 레스링 따위에서 맞서[對] 싸운[戰] 대가로 받는 돈[料金].

▶ 대:전차-포 對戰車砲 (수레 차, 대포 포). 군사 전차(戰車)를 공격하는[對] 데 쓰이는 대포(大砲).

대전[6] 帶電 (띠 대, 전기 전). 물리 어떤 물체가 전기(電氣)를 띰[帶]. 또는 그렇게 함. ⓒ하전(荷電).

▶ 대전-체 帶電體 (몸 체). 물리 전기(電氣)를 띠고[帶] 있는 물체(物體).

대:전[7] 大典 (큰 대, 책 전). ① 속뜻 나라의 큰[大] 일에 대하여 규정한 법전(法典). ② 나라의 큰 의식(儀式).

▶ 대:전-통편 大典通編 (통할 통, 엮을 편). 책명 조선 때, 김치인이 왕명에 따라 『경국대전』, 『대전속록』, 『대전후속록』, 『수교집록』, 『속대전』의 여러 대전(大典)을 모아[通] 편찬(編纂)한 책.

▶ 대:전-회통 大典會通 (모일 회, 통할 통). 책명 조선 때, 조두순 등이 『대전통편』(大典通編) 이후의 사실을 모아[會=通] 보충하여 만든 책.

대:-전제 大前提 (큰 대, 앞 전, 들 제). 논리 삼단 논법의 명제 중에서 대개념(大槪念)을 포함하는 전제(前提). 대개 삼단 논법의 첫머리에 둔다. ⓑ소전제(小前提).

대:절[1] 大節 (큰 대, 지조 절). ① 속뜻 대의(大義)를 위해 목숨을 바쳐 지키는 절개(節槪). ② 크게 빛나는 절조.

대:절[2] 貸切 (빌릴 대, 끊을 절). 계약에 의해 일정 기간 그 사람에게만 빌려[貸] 주어 다른 사람의 사용을 금하는[切] 일. '전세'(專貰)의 일본식 표현.

대:점 對點 (대할 대, 점 점). 수학 원(圓)이나 구(球)의 지름의 두 끝에 마주 대(對)하고 있는 한 쌍의 점(點).

대:-점포 貸店鋪 (빌릴 대, 가게 점, 가게 포). 점포(店鋪)를 세놓음[貸]. 또는 세놓은 점포.

대:접 待接 (기다릴 대, 맞이할 접). ① 속뜻 남을 기다려[待] 맞이함[接]. ② 음식을 차려 손님을 맞이함. ¶대접할 것이 마땅찮다. ③ 어떤 인격적 수준으로 사람을 대우하거나 대함. ¶자녀를 동등한 인격체로 대접하다. ⓑ영접(迎接), 응접(應接). ⓑ푸대접.

대:-정각 對頂角 (대할 대, 꼭대기 정, 모서리 각). 수학 두 직선이 교차할 때 생기는 네 각 중에서 서로 마주보는[對] 꼭지각[頂角]. 크기가 같다.

대:-정맥 大靜脈 (큰 대, 고요할 정, 줄기 맥). 의학 몸의 각 기관에 흩어져 있는 소정맥의 피를 모아서 심장의 우심방으로 들여보내는 큰[大] 정맥(靜脈). ⓑ대동맥(大動脈).

대:제[1] 大帝 (큰 대, 임금 제). 위대(偉大)한 황제(皇帝). '황제(皇帝)'를 높여 일컫는 말.

대:제[2] 大祭 (큰 대, 제사 제). ① 속뜻 크게[大] 지내는 제사(祭祀). ② 역사 조선 시대에, 종묘·사직·영녕전에서 지내던 큰 제사. '대제사'(大祭祀)의 준말.

대:-제국 大帝國 (큰 대, 임금 제, 나라 국). 황제(皇帝)가 다스리는 큰[大] 나라[國].

대:-제전 大祭典 (큰 대, 제사 제, 의식 전). 크게[大] 지내는 제사(祭祀)와 의식[典]. ¶올림픽은 인류 화합의 대제전이다.

대:-제학 大提學 (큰 대, 거느릴 제, 학자

학). 역사 조선 때, 홍문관(弘文館)과 예문관(藝文館)의 우두머리[大] 제학(提學). ㊥문형(文衡), 주문(主文).

대:조¹ 大潮 (큰 대, 바닷물 조). ① 속뜻 크게[大] 밀려온 바닷물[潮]. ②음력 보름과 그믐 무렵에 밀물이 가장 높은 때. ㊥한사리.

대:조² 對照 (대할 대, 비칠 조). ① 속뜻 둘 이상의 대상을 맞대어[對] 견주어 봄[照]. ②서로 반대되거나 상대적으로 대비됨. 또는 그러한 대비. ¶대조해보니 차이점이 크게 드러난다. ㊥비교(比交), 대비(對比).

▸대:조-법 對照法 (법 법). 문학 뜻이 상반되거나 정도가 다른 사물을 대조(對照)시켜 어떤 한 사물을 강조하는 표현 방법(方法).

▸대:조-적 對照的 (것 적). ① 속뜻 서로 달라서 대비가 되는[對照] 것[的]. ②마주 견주어 보기에 좋은 모양인 것.

▸대:조-표 對照表 (겉 표). 대조(對照)해 놓은 일람표(一覽表). ¶대차 대조표 / 연별 대조표.

대:족 大族 (큰 대, 겨레 족). 자손이 많고 세력이 큰[大] 집안이나 족벌(族閥).

대졸 大卒 (큰 대, 마칠 졸). 대학(大學)을 졸업(卒業)함.

대:종¹ 大宗 (큰 대, 마루 종). ① 속뜻 가장 큰[大] 종파(宗派). ②사물의 큰 근본. ③어떤 분야의 가장 권위 있는 대가. ④어떤 분야의 주류.

대:종² 大鐘 (큰 대, 쇠북 종). 큰[大] 종(鐘).

대:-종가 大宗家 (큰 대, 마루 종, 집 가). 여러 갈래의 종파 중에서 시조의 제사를 받드는 제일 큰[大] 종파(宗派)의 집안[家].

대:종-교 大倧教 (큰 대, 상고신인 종, 종교 교). 종교 조화신(造化神)인 환인(桓因), 교화신(教化神)인 환웅(桓雄)과 치화신(治化神)인 환검(桓儉)의 3위(位)의 일체, 곧 '한얼님'을 신앙적 대상으로 존중하는 한국 고유의 교. ㊥단군교(檀君教), 삼성교(三聖教), 환검교(桓儉教).

대:-종손 大宗孫 (큰 대, 마루 종, 손자 손). 대종가(大宗家)의 맏자손(子孫).

대:-종중 大宗中 (큰 대, 마루 종, 가운데 중). 대개 5대 이상의 선조에서 갈린 자손들 중 가장 큰[大] 종중(宗中).

대:-종사 大宗師 (큰 대, 마루 종, 스승 사). ① 속뜻 모든 사람이 크게[大] 우러러 존경하는 사람[宗師]. ② 불교 조계종에서 이르는 비구 법계의 첫째. 종사(宗師)의 법계를 받은 지 7년 이상 지난 사람 가운데 특히 뛰어난 이에게 준다.

대:좌 對坐 (대할 대, 앉을 좌). 마주 대(對)하여 앉음[坐]. ¶핵문제를 해결하기 위해 양국 정상이 대좌하였다.

대:죄¹ 大罪 (큰 대, 허물 죄). 큰[大] 죄(罪). ¶대죄를 범하다 / 대죄를 짓다. ㊥거죄(巨罪).

대:죄² 待罪 (기다릴 대, 허물 죄). 죄를 지은 사람이 처벌[罪]을 기다림[待].

대:주¹ 貸主 (빌릴 대, 주인 주). 돈이나 물건을 빌려 준[貸] 사람[主]. ¶대주는 집을 저당할 것을 요구했다.

대:주² 代走 (대신할 대, 달릴 주). 운동 다른 선수가 대신(代身) 주자(走者)가 됨.

대:-주자 代走者 (대신할 대, 달릴 주, 사람 자). 운동 다른 선수 대신(代身) 주자(走者)가 된 사람.

대:-주교 大主教 (큰 대, 주될 주, 종교 교). 가톨릭 관구(管區)를 주관(主管)하는 최고[大] 교직(教職). 또는 그 직에 있는 사람.

대:중¹ 對中 (대할 대, 중국 중). 중국(中國)에 대(對)한. ¶대중 무역 흑자.

대:중² 大衆 (큰 대, 무리 중). ① 속뜻 신분의 구별이 없이 한 사회의 대다수(大多數)를 이루는 무리[衆]. ② 불교 불가의 모든 승려. ㊥뭇사람, 민중(民衆), 군중(群衆).

▸대:중-성 大衆性 (성질 성). ① 속뜻 일반 여러 사람[大衆]이 널리 공통적으로 갖고 있는 성질(性質). ②대중의 기호에 맞는 성질.

▸대:중-용 大衆用 (쓸 용). 일반 여러 사람[大衆]이 널리 쉽게 쓰거나[用] 쓸 수 있는 것. ¶대중용 자동차.

▸대:중-적 大衆的 (것 적). 일반 여러 사람[大衆]에게 저항 없이 받아들여지는 것[的]. ¶대중적인 인기를 얻다.

▸대:중-판 大衆版 (책 판). 일반 여러 사람[大衆]을 상대로 펴낸 값이 싼 출판물(出版物).

▸대:중-화 大衆化 (될 화). 어떤 사물이 일

반 여러 사람[大衆] 사이에 널리 퍼져 친근하게 됨[化]. 또는 그렇게 되게 함.

▸대:중-가요 大衆歌謠 (노래 가, 노래 요). 일반 여러 사람[大衆]이 즐겨 부르는 노래[歌=謠]. 일반 대중의 흥미를 위주로 한 노래.

▸대:중 공:생 大衆共生 (함께 공, 살 생). 일반 여러 사람[大衆]이 한데 모여 서로 도우며 공동(共同)으로 살아감[生].

▸대:중-공양 大衆供養 (드릴 공, 기를 양). 불교 불교 신자들[大衆]이 절의 승려들에게 음식을 차려 대접하는[供養] 일.

▸대:중 과세 大衆課稅 (매길 과, 세금 세). 경제 일반 여러 사람[大衆]에게 지우는 세금[課稅]. 국민 대다수인 저소득층에게 상대적으로 무거운 부담이 된다. 소비세 따위.

▸대:중-교통 大衆交通 (서로 교, 통할 통). 일반 여러 사람[大衆]이 주로 이용하는 교통(交通) 수단. ¶대중교통을 이용하면 돈을 절약할 수 있다.

▸대:중 매체 大衆媒體 (맺어줄 매, 몸 체). 일반 여러 사람[大衆]에게 동시에 정보를 전달하는[媒] 도구[體]. 신문, 잡지 텔레비전 따위. ¶대중 매체의 영향력이 크다.

▸대:중 문학 大衆文學 (글월 문, 배울 학). 문학 일반 여러 사람[大衆]을 대상으로 하는 문학(文學). 오락성이 강하다. ⓑ통속 문학(通俗文學).

▸대:중 사회 大衆社會 (단체 사, 모일 회). 사회 일반 여러 사람[大衆]이 정치·경제·사회·문화의 모든 분야에 진출하여 그 기반을 이루는 사회(社會).

▸대:중 소:설 大衆小說 (작을 소, 말씀 설). 문학 일반 여러 사람[大衆]을 대상으로 하는 흥미 위주의 소설(小說). ⓑ통속 소설(通俗小說).

▸대:중-식당 大衆食堂 (먹을 식, 집 당). 일반 여러 사람[大衆]을 대상으로 하여 싼값으로 간편하게 식사할 수 있는 식당(食堂).

▸대:중 심리 大衆心理 (마음 심, 이치 리). 심리 일반 여러 사람[大衆]을 대상으로 하는 이 모였을 때에 개인적인 판단을 잃고 다른 사람이 움직이는 대로 따르는 심리(心理) 상태. 군중심리(群衆心理).

▸대:중-오락 大衆娛樂 (즐길 오, 즐길 락). 일반 여러 사람[大衆]을 쉽게 즐기는 오락(娛樂).

▸대:중 운:동 大衆運動 (돌 운, 움직일 동). 사회 다수인의 공동 목적을 위해 일반 사람들[大衆]이이 주체가 되어 집단적으로 행하는 활동[運動]을 통틀어 이르는 말.

▸대:중 작가 大衆作家 (지을 작, 사람 가). 대중(大衆) 소설을 쓰는 작가(作家).

▸대:중 잡지 大衆雜誌 (섞일 잡, 기록할 지). 언론 일반 여러 사람[大衆]을 대상으로 한 흥미 위주의 잡지(雜誌).

▸대:중 전달 大衆傳達 (전할 전, 보낼 달). 사회 정보나 지식을 일반 여러 사람[大衆]에게 전달(傳達)하는 것.

▸대:중 조작 大衆操作 (잡을 조, 지을 작). 사회 정치권력을 가진 지도자가 자신의 목적을 실현하기 위해 비강제적인 방법으로 대중(大衆)을 쥐고[操] 움직임[作]. 사회 통제의 한 양식.

▸대:중-목욕탕 大衆沐浴湯 (머리감을 목, 몸씻을 욕, 욕탕 탕). 개인이나 단체의 전용 목욕탕이 아닌 일반 여러 사람[大衆]이 쓸 수 있는 목욕탕(沐浴湯).

▸대:중 전달 매체 大衆傳達媒體 (전할 전, 보낼 달, 맺어줄 매, 몸 체). 언론 대량의 정보나 지식 등을 넓은 지역의 여러 사람에게[大衆] 전달(傳達)하는 매체(媒體).

대:증 對症 (대할 대, 증세 증). 병의 증세(症勢)에 대(對)해 알맞은 조처를 취하는 일.

▸대:증 요법 對症療法 (병 고칠 료, 법 법). 의학 병의 근원은 염두에 두지 않고 겉으로 드러나는 증세(症勢)에 대(對)해서만 치료(治療)하는 방법(方法).

대:-증광 大增廣 (큰 대, 더할 증, 넓을 광). 역사 왕실에 큰 경사가 있을 때 임시로 보이던 과거. 일반 과거 보다 모집 정원을 크게[大] 늘리고[增] 응시 대상을 넓힘[廣].

대증-식 帶證式 (두를 대, 증거 증, 법 식). 논리 대전제나 소전제 한쪽, 또는 양쪽에 이유[證]가 붙은[帶] 복합적 삼단 논법의 한 특수 형식(形式).

대:지[1] 大旨 (큰 대, 뜻 지). 대강(大綱)의 요지(要旨). ⓑ대의(大意).

대:지[2] 大志 (큰 대, 뜻 지). 원대(遠大)한 뜻[志]. ⓑ홍지(鴻志).

대:지[3] 大指 (큰 대, 손가락 지). 큰[大] 손가

락[指]. ¶그는 대지를 치켜세웠다. ㊊엄지손가락.

대지[4] **垈地** (터 대, 땅 지). 집터[垈]로 쓰이는 땅[地]. ¶대지 면적이 300평방미터이다. ㊊가대(家垈).

대지[5] **帶紙** (띠 대, 종이 지). 지폐나 서류 따위를 둘러 감아 매는 데 쓰는 좁다란 띠[帶] 모양의 종이[紙].

대:지[6] **貸地** (빌릴 대, 땅 지). 세를 받고 빌려 주는[貸] 땅[地].

대지[7] **臺地** (돈대 대, 땅 지). 지리 주위의 평지보다 높게 돋운 평평한[臺] 땅[地]. 순상지(楯狀地)와 탁상지(卓狀地)로 구분하기도 한다.

대지[8] **臺紙** (돈대 대, 종이 지). 그림이나 사진 따위를 붙일 때 밑에 놓아 바탕으로[臺] 쓰는 종이[紙].

대:지[9] **大地** (큰 대, 땅 지). 대자연의 넓고 큰[大] 땅[地]. ¶봄비에 대지가 촉촉이 젖었다. ㊊땅.

▶대:지 측량 大地測量 (잴 측, 분량 량). 지리 반지름 10km 이상의 넓은 지역[大地]의 면적을 잴 때 평면측량으로 생기는 오차를 줄이기 위해 지구를 회전 타원체로 취급하여 하는 측량(測量).

대:지 공:격 對地攻擊 (대할 대, 땅 지, 칠 공, 칠 격). 군사 하늘에서 땅[地]에 대고[對] 공격(攻擊)하는 것. 적의 부대에 대한 항공기의 공격 따위.

대:지 속도 對地速度 (대할 대, 땅 지, 빠를 속, 정도 도). 항공 지면(地面)에 대한[對] 속도(速度). 항공기가 실제 날아간 거리가 아닌 항공기가 이착륙한 두 지점간의 거리를 비행시간으로 나눈 수치.

대:-지주 大地主 (큰 대, 땅 지, 주인 주). 넓은[大] 땅[地]을 가진 주인(主人). ¶대지주 집안 출신. ㊌소지주(小地主).

대:진[1] **代診** (대신할 대, 살펴볼 진). 담당 의사를 대신(代身)하여 진찰(診察)함. 또는 그런 사람.

대:진[2] **對陣** (대할 대, 진칠 진). ① 속뜻 양쪽 군사가 마주 대(對)하고 서서 진(陣)을 침. ② 놀이나 운동 경기에서 편을 갈라 맞섬.

▶대:진-표 對陣表 (겉 표). 운동 여러 경기자나 팀이 참가하는 경기에서 서로 맞서[對陣] 싸울 짝과 경기 진행의 순서를 적어 놓은 표(表).

대:질 對質 (대할 대, 바탕 질). 법률 서로 엇갈린 말을 하는 두 사람을 마주해놓고[對] 질문(質問)함. ¶대질 심문으로 진짜 범인을 찾았다. ㊊무릎맞춤, 면질(面質).

▶대:질 심문 對質審問 (살필 심, 물을 문). 법률 원고, 피고, 증인 등을 대질(對質)시켜 자세히 따져[審] 묻는[問] 일.

대:-집행 代執行 (대신할 대, 잡을 집, 행할 행). 법률 명령을 이행하지 아니할 때에 관청이 직접 또는 제삼자에게 시켜 권리자를 대신(代身)하여 집행(執行)하는 것.

대:차[1] **大差** (큰 대, 어긋날 차). 큰[大] 차이(差異). ¶예상했던 것과 대차 없다.

대:차[2] **貸借** (빌릴 대, 빌려줄 차). ① 속뜻 빌린[貸] 부채와 빌려준[借] 자산. ② 어떤 것을 빌려주고 빌리는 것과 관계된 계약을 통틀어 이르는 말. ③ 경제 부기의 부채와 자본 등을 적는 대변(貸邊)과 자산 등을 적는 차변(借邊).

▶대:차 차액 貸借差額 (어긋날 차, 액수 액). 경제 대변(貸邊)과 차변(借邊)과의 차이(差異)가 나는 액수(額數).

▶대:차 대:조표 貸借對照表 (대할 대, 비칠 조, 겉 표). 경제 차변(借邊)에는 자산을, 대변(貸邊)에는 부채와 자본을 기재하여 대조(對照)함으로써 일정한 시점에 있어서 기업의 재정 상태를 한눈에 알아볼 수 있게 도식화 한 표(表).

대:찰 大刹 (큰 대, 절 찰). 불교 규모가 크거나[大] 이름난 절[刹]. ¶그 절은 우리나라 대찰이다. ㊊거찰(巨刹).

대:책[1] **大冊** (큰 대, 책 책). 면수가 크게[大] 많은 책[冊]. 또는 큰 저술.

*__대:책__[2] **對策** (대할 대, 꾀 책). 어떤 일에 대응(對應)하는 방책(方策). ¶노령화 사회에 대책을 강구하다. ㊊대비책(對備策).

대:처[1] **對處** (대할 대, 처리할 처). 어떤 일에 대(對)하여 알맞게 처리(處理)함. 또는 그런 처리. ㊊조치(措置), 대비(對備).

대:처[2] **帶妻** (찰 대, 아내 처). 아내[妻]를 둠[帶].

▶대:처-승 帶妻僧 (스님 승). 불교 아내[妻]를 두고[帶] 있는 승려(僧侶).

대:척 對蹠 (대할 대, 도달할 척). ① 속뜻 마주보는[對] 자리에 있음[蹠]. ② 어떤 사물이나 현상을 비교해 볼 때, 서로 정반대가 됨.

▸대척-점 對蹠點 (점 점). ① 속뜻 마주보는[對] 자리에 있는[蹠] 지점(地點). ② 지리 지구 위의 한 지점에 대하여, 지구의 반대쪽에 있는 지점. 이 두 지점은 기후가 정반대이고 12시간의 시차가 난다.

대:천 大川 (큰 대, 내 천). ① 속뜻 큰[大] 내[川]. 또는 이름난 내. ② 역사 나라에서 신성시하여 봄가을이나 가물 때에 제사를 지내던 큰 내. 속담 대천 바다도 건너 봐야 안다.

대:-천명 待天命 (기다릴 대, 하늘 천, 목숨 명). 천명(天命)을 기다림[待]. 운수에 맡김.

*__대:첩__ 大捷 (큰 대, 이길 첩). 싸워서 크게[大] 이김[捷]. ¶한산 대첩. ㊊대승(大勝). ㊥대패(大敗).

대청[1] 大青 (큰 대, 푸를 청). ① 속뜻 매우[大] 푸른[青] 풀. ② 식물 십자화과의 풀. 열매는 해독제나 해열제로 쓰고 피침 모양의 잎은 쪽빛 물감의 재료로 쓴다.

대:청[2] 大廳 (큰 대, 마루 청). 한옥에서, 몸채의 방과 방 사이에 있는 큰[大] 마루[廳].

대:-청소 大淸掃 (큰 대, 맑을 청, 쓸 소). 구석구석 빠진 데 없이 하는 대규모(大規模)의 청소(淸掃). ¶설을 앞두고 대청소를 하다.

⁑**대:체**[1] 大體 (큰 대, 몸 체). ① 속뜻 일이나 내용의 기본적인 큰[大] 줄거리[體]. ¶그 일의 대체를 알고 있다 / 대체로 잘된 편이다. ② 도대체. ¶너는 대체 누구냐?

대:체[2] 代替 (바꿀 대, 바꿀 체). 다른 것으로 바꿈(代=替). ㊊대신(代身), 대치(代置).

▸대:체-물 代替物 (만물 물). 법률 어느 하나와 종류 크기 무게 형태 따위가 같아 다른 것과 바꿔[代替] 쓸 수 있는 물건(物件). ㊥부대체물(不代替物).

▸대:체 식량 代替食糧 (먹을 식, 양식 량). 주식(主食) 대신 바꿔[代替] 쓸 만한 식량(食糧).

▸대체 자원 代替資源 (재물 자, 근원 원). 제한된 자원을 대신하여[代替] 쓸 수 있는 자원(資源). ¶대체자원을 개발하다.

대:체[3] 對替 (대할 대, 바꿀 체). ① 속뜻 상대(相對)를 교체(交替)함. ② 경제 어떤 계정(計定)의 금액을 다른 계정으로 바꾸는 일.

▸대:체 계:정 對替計定 (계획 계, 정할 정). 경제 어떤 금액을 한 계정에서 다른 계정(計定)으로 대체(對替)하는 일. 또는 그 계정.

▸대:체 저:금 對替貯金 (쌓을 저, 돈 금). 경제 우편 저금의 절차에 따라 거래하려는 사람이 자기 계좌가 있는 우체국에 저금(貯金)을 하면 그 저금한 금액이 상대방의 계좌가 있는 우체국을 통해 장부상에서 바뀌어[對替] 들어가는 것.

▸대:체 제:도 對替制度 (정할 제, 법도 도). 직접 통화로 입출금하는 대신에 장부상으로 대체(對替) 정리하여 채권·채무를 결제하는 제도(制度).

대:체-적 大體的 (큰 대, 몸 체, 것 적). ① 속뜻 대강(大綱)의 줄거리만[體] 나타낸 것[的]. ② 대충 그러한 것.

대:-초원 大草原 (큰 대, 풀 초, 들판 원). 매우 너른[大] 초원(草原). ㊊대평원(大平原).

대-추장 大酋長 (큰 대, 두목 추, 어른 장). 미개 부족의 제일 높은[大] 두목[酋]이 되는 어른[長].

대:-축제 大祝祭 (큰 대, 빌 축, 제사 제). 크게[大] 벌이는 축하(祝賀) 행사[祭]. ¶봄의 대축제.

대:축척 지도 大縮尺地圖 (큰 대, 줄일 축, 자 척, 땅 지, 그림 도). 지리 축척(縮尺)의 크기를 크게[大] 하여 좁은 지역을 자세하게 나타낸 지도(地圖). 세계 전도(世界全圖) 따위. ¶대동여지도는 김정호가 제작한 우리나라의 대축척 지도이다. ㊥소축척 지도(小縮尺地圖).

대:춘 待春 (기다릴 대, 봄 춘). 봄[春]을 기다림[待].

대:출 貸出 (빌릴 대, 날 출). 돈이나 물건 따위를 빚으로 꾸어 주거나 빌려[貸] 줌[出]. ¶도서관에서 책을 대출해준다.

▸대:출-부 貸出簿 (장부 부). 대출(貸出) 내용을 적어 두는 장부(帳簿). ¶대출부를 정리하다. ㊥차입(借入).

▶대ː출-일 貸出日 (날 일). 돈이나 도서관의 책 따위를 빌린[貸出] 날[日]. ¶대출일로부터 3일이 지났다.

▶대ː출 초과 貸出超過 (뛰어넘을 초, 지날 과). [경제] 일반적으로 시중 은행이 예금액 이상으로 대출하여 대출(貸出) 금액이 예금을 초과(超過)하고 있는 상태.

대ː충 代充 (대신할 대, 채울 충). 다른 사람이나 사물로 대신(代身)하여 채움[充].

대ː충-자금 對充資金 (대할 대, 채울 충, 밑천 자, 돈 금). [경제] 제2차 대전 후, 미국의 원조 물자를 받은 나라의 정부가 그 물자에 상당하는[對] 자국의 통화액을 그 나라의 중앙은행에 예치해두고[充當] 그 예금을 환출할 때 미국의 승인을 얻도록 한 자금(資金).

대ː취 大醉 (큰 대, 취할 취). 크게[大] 취(醉)함. [비]명정(酩酊).

대ː-취타 大吹打 (큰 대, 불 취, 칠 타). [음악] 부는[吹] 악기와 치는[打] 악기를 합친 취타와 세악(細樂)을 통합 편성한 대규모(大規模)의 옛 군악. 나발, 날라리, 나각, 대각, 관, 적, 징, 자바라, 북, 장구, 해금 따위를 망라하여 연주한다. [반]소취타(小吹打).

대ː치[1] 代置 (바꿀 대, 둘 치). 다른 것으로 바꾸어[代] 놓음[置]. 다른 것으로 갈아 놓음. ¶노동력을 기계로 대치하다. [비]개치(改置), 대체(代替), 환치(換置).

대ː치[2] 對峙 (대할 대, 우뚝 솟을 치). 서로 마주 대(對)하여 버팀[峙]. [비]대립(對立).

대ː침 大針 (큰 대, 바늘 침). ① [속뜻] 큰[大] 바늘[針]. ¶대침으로 이불을 꿰매다. ②분침(分針).

대ː칭 對稱 (대할 대, 맞을 칭). ① [속뜻] 서로 마주 대하여[對] 있으면서 잘 맞음[稱]. ② [수학] 도형 따위가 어떤 기준이 되는 점·선·면을 중심으로 서로 꼭 맞서는 자리에 놓이는 것. ② [물리] 결정체가 어떤 축을 중심으로 일정한 각도만큼 회전시켰을 때 원래의 모양과 꼭 같은 위치에 놓인 꼴이 되는 경우.

▶대ː칭-률 對稱律 (법칙 률). [수학] 어떤 식을 이루는 각 항이 같은 관계에 있다면 그 식과 대칭(對稱)되는 또 다른 식도 성립한다는 법칙[律].

▶대ː칭-면 對稱面 (쪽 면). [수학] 두 도형이 한 평면을 사이에 두고 대칭(對稱)을 이룰 때 그 평면(平面).

▶대ː칭-식 對稱式 (법 식). [수학] 어떤 식에서 문자의 앞뒤 순서를 맞바꾸어[對稱] 놓아도 값은 변하지 않는 식(式).

▶대ː칭-점 對稱點 (점 점). [수학] 두 도형이 한 점을 사이에 두고 대칭(對稱)을 이룰 때 그 점(點).

▶대ː칭-축 對稱軸 (굴대 축). [수학] 두 도형이 한 직선을 사이에 두고 대칭(對稱)을 이룰 때 축(軸)이 되는 그 직선. [비]맞선대.

▶대ː칭-형 對稱形 (모양 형). [수학] 하나의 점·선·면을 중심으로 하여 대칭(對稱)이 되는 모양[形]. 또는 그러한 도형. '대칭 도형'(對稱圖形)의 준말.

▶대ː칭 도형 對稱圖形 (그림 도, 모양 형). [수학] 대칭형(對稱形).

▶대ː칭 배ː사 對稱背斜 (등 배, 비낄 사). ① [속뜻] 대칭적(對稱的)으로 등져[背] 기울어진[斜] 땅. ② [지리] 양쪽 습곡의 날개가 같은 기울기로 아래로 휘어진 구조. [비]직립배사(直立背斜).

▶대ː칭 위치 對稱位置 (자리 위, 둘 치). [수학] 이등분 된 선분에 대하여 서로 대칭(對稱)하는 자리[位置].

▶대ː칭 이동 對稱移動 (옮길 이, 움직일 동). [수학] 도형을 점·직선·평면 따위에 대하여, 대칭(對稱)이 되도록 옮기는[移動] 것.

▶대ː칭 대ː명사 對稱代名詞 (대신할 대, 이름 명, 말씀 사). [언어] 상대방(相對方)을 부를[稱] 때 이름 대신 쓰는 인칭대명사(人稱代名詞). '너', '당신', '자네', '그대' 따위.

대ː타 代打 (바꿀 대, 칠 타). [운동] 야구에서 타자를 바꾸어[代] 치게[打] 하는 일. 또는 그러한 사람.

▶대ː타-자 代打者 (사람 자). [운동] 대타(代打)를 하는 사람[者]. [준]대타.

대ː토 代土 (대신할 대, 땅 토). ① [속뜻] 원래 땅을 팔고 대신(代身) 장만한 토지(土地). ②지주가 소작인이 부치던 땅을 소작료 대신 주는 땅. ③땅을 서로 바꿈.

대ː통[1] 大通 (큰 대, 통할 통). 운수 따위가 크게[大] 트임[通].

대ː통[2] 大統 (큰 대, 계통 통). 왕위를 계승할 수 있는 옳은[大] 계통(繼統). [비]황통(皇統).

대:통령 大統領 (큰 대, 큰 줄기 통, 다스릴 령). ① 속뜻 대통(大統)을 이어 다스림[領]. ②외국에 대하여 국가를 대표하는 국가의 원수. ¶새로운 대통령에 취임했다.

▶대:통령-령 大統領令 (명령 령). 대통령(大統領)이 발하는 명령(命令).

▶대:통령-제 大統領制 (정할 제). 대통령(大統領)이 국민의 대표로서 나라를 이끌어 가는 제도(制度). 임기 동안 대통령이 강력한 집행권을 행사함으로써 정국이 안정된다.

대:퇴 大腿 (큰 대, 넓적다리 퇴). 의학 큰[大] 넓적다리[腿]. ⓑ상퇴(上腿).

▶대:퇴-골 大腿骨 (뼈 골). 의학 넓적다리[大腿] 뼈[骨].

▶대:퇴-근 大腿筋 (힘줄 근). 의학 넓적다리[大腿]에 딸린 근육(筋肉).

▶대:퇴 동:맥 大腿動脈 (움직일 동, 줄기 맥). 의학 넓적다리[大腿] 안쪽에 있는 동맥(動脈). ⓑ고동맥(股動脈).

▶대:퇴 정맥 大腿靜脈 (고요할 정, 줄기 맥). 의학 넓적다리[大腿] 안쪽에 있는 정맥(靜脈). ⓑ고정맥(股靜脈).

▶대:퇴 사:두근 大腿四頭筋 (넉 사, 접미사 두, 힘줄 근). 의학 넓적다리[大腿]의 앞쪽에 있는 네[四] 가닥[頭]의 근육(筋肉). ⓑ넙다리 네 갈래근.

대:파 大破 (큰 대, 깨뜨릴 파). 크게[大] 부서지거나 깨뜨림[破]. 또는 크게 쳐부숨. ¶적군을 대파하다.

대:판¹ 大版 (큰 대, 널빤지 판). 출판 ①글자체가 큰[大] 책판(冊版). ②책, 종이, 사진 등의 크기가 큰 판. 사륙 배판, 타블로이드판 따위가 있다.

대:판² 代辦 (대신할 대, 힘쓸 판). ① 속뜻 남을 대신(代身)하여 일을 처리함[辦]. ②남을 대신하여 갚음. ⓑ대무(代務).

대:패 大敗 (큰 대, 패할 패). ① 속뜻 크게[大] 패(敗)함. 큰 실패. ②싸움이나 경기에서 큰 차이로 짐. ¶연합군은 게릴라전에서 대패하고 말았다. ⓟ대승(大勝), 대첩(大捷).

대:-평원 大平原 (큰 대, 평평할 평, 들판 원). ① 속뜻 넓고 큰[大] 평원(平原). ②대초원(大草原). ¶대평원을 달리는 서부의 사나이.

대:포 大砲 (큰 대, 탄알 포). ① 속뜻 화약의 힘으로 큰[大] 탄알[砲]을 멀리 내쏘는 무기. ¶대포 소리에 깜짝 놀랐다. ②'허풍'이나 '거짓말'을 비유하여 이르는 말. ¶대포도 어지간히 놓아라. ㊜포.

대:폭¹ 大幅 (큰 대, 너비 폭). ① 속뜻 넓은[大] 너비[幅]. 큰 정도. ②매우 많이. ¶가뭄으로 올해 곡물 가격이 대폭 상승했다. ⓟ소폭(小幅).

대:폭² 對幅 (짝 대, 너비 폭). 서로 짝[對]을 이루는 서폭(書幅)이나 화폭(畵幅). ⓑ대축(對軸), 쌍폭(雙幅).

대:-폭발 大爆發 (큰 대, 터질 폭, 일으킬 발). 화산 따위가 갑자기 아주 크게[大] 터지는[爆發] 일. ¶이 섬은 화산의 대폭발로 생겨난 것이다.

⁑대:표 代表 (바꿀 대, 나타낼 표). ① 속뜻 바꾸어[代] 나타냄[表]. ②전체의 상태나 성질을 어느 하나로 잘 나타냄. 또는 그런 것. ¶김치는 한국을 대표하는 음식이다. ③전체를 대신하여 나선 사람. ¶대한민국 국가대표 선수. ④법률 어떤 단체나 기관을 대신하여 어떤 행위를 했을 때 그 단체나 법인의 행위와 같은 법률 효과가 발생하는 것. 또는 대신한 사람. ⓑ대표자(代表者).

▶대:표-권 代表權 (권리 권). 대표(代表)하는 권한(權限).

▶대:표-단 代表團 (모일 단). 대표(代表)하는 사람들로 이루어진 집단(集團). ¶대표단을 파견하다.

▶대:표-부 代表部 (나눌 부). ① 속뜻 대표(代表)하는 권한(權限)을 지닌 부서(部署)나 기관. ② 정치 정식으로 국교 관계를 맺지 않은 나라나 국제기관 따위에 나라를 대표하는 역할을 하는 공관. 공관장은 특명 전권 대사 또는 특명 전권 공사가 맡는다.

▶대:표-음 代表音 (소리 음). 언어 음절의 첫머리에서는 서로 구별되는 각각의 자음들이 받침으로 쓰일 때는 이들 자음을 대표(代表)하는 하나의 자음으로 발음(發音)되는 것. 또는 그 발음. 받침에서 'ㄱ, ㅋ, ㄲ'이 'ㄱ'으로 'ㄷ, ㅌ, ㅅ, ㅈ, ㅊ'이 'ㄷ'으로 'ㅂ, ㅍ'이 'ㅂ'으로 발음되는데, 이 'ㄱ', 'ㄷ', 'ㅂ'을 대표음이라 한다.

▶대:표-자 代表者 (사람 자). 전체를 대표

(代表)하는 사람[者]. ㉥대표인(代表人).

▸대ː표-작 代表作 (지을 작). 일정한 집단 또는 시기의 여러 작품을 대표(代表)할만한 전형적인 작품(作品).

▸대ː표-적 代表的 (것 적). 어떤 범주 내에 있는 요소들을 대표(代表)할 만큼 전형적이거나 특징적인 것[的].

▸대ː표-치 代表値 (값 치). 수학 어떤 자료의 특징이나 경향을 대표(代表)하는 수의 값[値]. ㉥평균치(平均値).

▸대ː표 번호 代表番號 (차례 번, 차례 호). 어떤 단체의 많은 전화번호 가운데 대표(代表)로 정한 하나의 전화번호(電話番號).

▸대ː표 사원 代表社員 (회사 사, 사람 원). 법률 회사의 운영에 딸린 모든 행위에 대하여 회사(會社)를 대표(代表)하는 사람[員]. 합명 회사의 각 사원, 합자 회사의 무한 책임 사원, 유한 회사의 이사, 주식회사의 대표 이사 따위.

▸대ː표 이ː사 代表理事 (다스릴 리, 일 사). 경제 주주 총회의 결의나 이사회의 선임으로 회사를 대표(代表)하게 된 이사(理事).

▸대ː표 민주제 代表民主制 (백성 민, 주인 주, 정할 제). 정치 일반 국민을 대표(代表)하는 사람을 뽑아 그를 통해 국민이 간접적으로 정치에 참여하는 민주 정치 제도(民主政治制度). ㉥간접(間接) 민주제. ㉵순수(純粹) 민주제.

대ː풍[1] **大風** (큰 대, 바람 풍). ① 속뜻 세게[大] 부는 바람[風]. ② 지리 풍력 계급 8의 바람. 초속 17.2~20.7미터로 불며, 나무의 잔가지가 부러지고, 걷기가 힘들 정도의 바람이다. ㉥큰바람.

대ː풍[2] **大豐** (큰 대, 풍년 풍). 곡식이 매우[大] 잘 되어 풍년(豐年)이 듦. 또는 그런 해. '대풍년'의 준말. ¶올해는 벼농사가 대풍이다. ㉥어거리풍년(豐年). ㉵대흉(大凶).

대ː피 待避 (기다릴 대, 피할 피). 위험이나 피해가 지나가기를 기다리며[待] 잠시 피(避)함. ¶공습 경보가 울리면 즉시 대피하십시오.

▸대ː피-선 待避線 (줄 선). 교통 단선 철도에서 한 열차가 지나갈 때까지 그 열차를 피(避)해서 기다릴[待] 수 있도록 따로 만든 철길[線].

▸대ː피-소 待避所 (곳 소). 비상시에 대피(待避)할 수 있도록 만들어 놓은 곳[所].

▸대ː피-호 待避壕 (도랑 호). 적의 폭격, 포격 및 기타 화력의 피해를 입지 않도록 대피(待避)하기 위해 파 놓은 구덩이[壕].

대ː필[1] **大筆** (큰 대, 붓 필). ① 속뜻 큰[大] 붓[筆]. ②크게 쓴 글씨. ③잘 쓴 글씨. ④글씨를 잘 쓰는 사람.

대ː필[2] **代筆** (대신할 대, 글씨 필). 글이나 서류 따위를 본인 대신(代身) 써주는 일. 또는 그 글[筆]. ¶대필 작가. ㉥대서(代書).

대ː하[1] **大廈** (큰 대, 큰 집 하). 큰[大] 건물[廈].

대ː하[2] **大蝦** (큰 대, 새우 하). 왕[大] 새우[蝦]. ¶대하 축제.

대ː하[3] **帶下** (띠 대, 아래 하). ① 속뜻 허리띠[帶] 아래[下] 부분. ② 의학 여자 생식기에서 나오는 희거나 붉은 점액. 냉(冷).

▸대ː하-증 帶下症 (증세 증). 의학 대하(帶下)가 심하게 나오는 증세(症勢).

대ː하[4] **大河** (큰 대, 물 하). ① 속뜻 큰[大] 강[河]. ② 지리 황하(黃河)를 달리 이르는 말.

▸대ː하 소ː설 大河小說 (작을 소, 말씀 설). 문학 사람들의 생애나 가족의 역사 따위를 소재로 삼아 등장하는 여러 인물들과 사건을 큰[大] 강[河]의 흐름처럼 포괄적이며 연이어지도록 구성한 소설(小說).

대ː학 大學 (큰 대, 배울 학). ① 속뜻 큰[大] 학문(學問). 고차원의 학문. ② 교육 고등 교육의 중심을 이루는 기관으로 학문의 이론이나 응용을 연구하고 가르치는 학교. ¶나는 내년에 대학 입시에 응시한다.

▸대ː학-가 大學街 (거리 가). ① 속뜻 대학(大學) 주변의 거리[街]. ②대학을 중심으로 형성된 사회.

▸대ː학-생 大學生 (사람 생). 대학(大學)에 다니는 학생(學生).

▸대ː학-원 大學院 (집 원). 교육 대학(大學)을 졸업한 사람이 보다 전문적인 학술을 연구하는 과정[院].

▸대ː학-교수 大學敎授 (가르칠 교, 줄 수). 대학(大學)에서 학문을 연구하고 학생들을 가르치는 사람[敎授].

▸대학 병ː원 大學病院 (병 병, 집 원). 의과 대학(大學)에 딸린 병원(病院).

▸대학 예ː과 大學豫科 (미리 예, 과목 과). [교육] 대학(大學)의 학부에 정식으로 들어가기 전에 거치던 예비(豫備) 과정(科程).

대ː-학교 大學校 (큰 대, 배울 학, 가르칠 교). ① [속뜻] 큰[大] 학교(學校). ② [교육] 단과 대학과 구별하여 종합 대학을 이르던 말.

대ː-학자 大學者 (큰 대, 배울 학, 사람 자). 학식이 아주 뛰어나고 학문적 업적이 큰[大] 학자(學者).

대ː한[1] 大旱 (큰 대, 가물 한). 크게[大] 일어난 가뭄[旱].

대ː한[2] 大寒 (큰 대, 찰 한). ① [속뜻] 크게[大] 추움[寒]. ② [민속] 24절기의 하나로 한 해중 가장 추운 날의 절기. 소한(小寒)과 입춘(立春) 사이로 1월 20일경. [비]엄한(嚴寒). ¶대한이 소한의 집에 가서 얼어 죽는다. [비]엄한(嚴寒).

대ː한[3] 大韓 (큰 대, 나라이름 한). ① [지리] 대한민국(大韓民國). ② [역사] 대한제국(大韓帝國).

▸대ː한-민국 大韓民國 (백성 민, 나라 국). ① [속뜻] 위대(偉大)한 한민족(韓民族)이 세운 민주주의(民主主義) 국가(國家). ② [지리] 아시아 대륙 동쪽에 있는 한반도와 그 부속 도서로 이루어진 공화국. [준]한국.

▸대ː한-신문 大韓新聞 (새 신, 들을 문). [역사] 1907년 7월에 이인직이 창간한 대한제국(大韓帝國)의 신문(新聞). 이완용 내각의 친일 정책을 옹호하는 기관지 구실을 하다가 1910년에 폐간되었다.

▸대ː한 제ː국 大韓帝國 (임금 제, 나라 국). ① [속뜻] 위대(偉大)한 한민족(韓民族)의 제국(帝國). ② [역사] 조선 고종이 1897에 새로 정한 우리나라의 국호(國號).

▸대ː한 해협 大韓海峽 (바다 해, 골짜기 협). [지리] 우리나라[大韓]와 일본의 규슈(九州) 사이에 있는 해협(海峽).

▸대ː한 협회 大韓協會 (합칠 협, 모일 회). [역사] 1907년에 윤효정, 장지연 등이 '대한자강회'(大韓自強會)를 계승해 만든 국민 계몽 단체[協會].

▸대ː한 자강회 大韓自強會 (스스로 자, 강할 강, 모일 회). [역사] 1906년에 윤치호, 장지연 등이 대한(大韓) 사람은 스스로[自] 강(強)해져야 한다는 취지를 갖고 조직한 민중 계몽 단체[會].

대ː합[1] 對合 (짝 대, 합할 합). [생물] 세포가 감수 분열을 할 때 서로 같은 염색체끼리 짝[對]을 이루어 접합(接合)하는 현상.

대ː합[2] 大蛤 (큰 대, 대합조개 합). [동물] 큰[大] 바닷물 조개[蛤]. [비]백합(白蛤).

▸대ː합-죽 大蛤粥 (죽 죽). 대합(大蛤)과 쌀로 쑨 죽(粥). 대합의 살로 맑은장국을 끓이다가 쌀을 넣고 쑨다.

대ː합-실 待合室 (기다릴 대, 만날 합, 방 실). 기다리거나[待] 만날[合] 수 있도록 마련한 집[室]이나 방. ¶기차역 대합실.

대ː항 對抗 (대할 대, 막을 항). 굽히거나 지지 않으려고 맞서서[對] 버티거나 항거(抗拒)함. ¶적의 공격에 비폭력으로 대항했다. [반]항복(降服), 굴복(屈服), 투항(投降), 귀순(歸順).

▸대ː항-력 對抗力 (힘 력). ① [속뜻] 대항(對抗)하는 힘[力]. ② [법률] 이미 유효하게 이루어진 권리관계를 제삼자가 인정하지 않을 때 이를 대항할 수 있는 법률에서의 권리와 능력.

▸대ː항-로 對抗路 (길 로). [군사] 요새전(要塞戰)에서 상대의 공격에 대항(對抗)하여 뚫은 길[路].

▸대ː항-책 對抗策 (꾀 책). 대항(對抗)할 방법이나 대책(對策). ¶대항책을 논의하다.

▸대ː항 연ː습 對抗演習 (펼칠 연, 익힐 습). [군사] 양편으로 나누어 한편을 적군으로 가정하여 맞서서[對] 싸우는[抗] 전투를 연출(演出)하여 공격과 수비를 익히는[習] 훈련. [비]쌍방 훈련(雙方訓練).

▸대ː항 요건 對抗要件 (구할 요, 조건 건). [법률] 이미 이루어진 권리관계를 다른 사람에게 내세우고자[對抗] 할 때에 필요(必要)한 법률적 조건(條件).

대ː해[1] 大害 (큰 대, 해칠 해). 큰[大] 피해(被害). 큰 재해.

대ː해[2] 大海 (큰 대, 바다 해). 넓고 큰[大] 바다[海]. [비]대영(大瀛), 거해(巨海).

대ː행 代行 (바꿀 대, 행할 행). 남을 대신(代身)하여 어떤 권한이나 직무를 행(行)함. 또는 그러한 사람. ¶은행에서 보험 업무를 대행하다. [비]대리(代理).

▸대ː행 기관 代行機關 (틀 기, 빗장 관). 어

떤 일을 전문적으로 대행(代行)하는 기관(機關).

대:-행성 大行星 (큰 대, 다닐 행, 별 성). 천문 태양계에서 크기가 비교적 큰[大] 행성(行星). 목성이나 토성 따위. ㊥큰떠돌이별, 대유성(大遊星), 대혹성(大惑星).

대:-행진 大行進 (큰 대, 다닐 행, 나아갈 진). 큰[大] 규모의 행진(行進). ¶어린이날 대행진.

대:향-범 對向犯 (대할 대, 향할 향, 범할 범). 법률 반대(反對)쪽을 향(向)하여 서로 반응하는 사람이 있어야 이루어지는 범죄(犯罪). 또는 그런 죄를 범한 사람. ㊥회합범(會合犯).

대:-헌장 大憲章 (큰 대, 법 헌, 글 장). ① 속뜻 위대(偉大)한 헌법(憲法) 문서[章]. ② 역사 1215년, 영국의 귀족들이 영국의 국왕 존(John)에게 받아낸 문서. 왕권의 제한과 제후의 권리를 확인하는 내용이 들어있다. ㊥마그나 카르타(Magna Carta).

대:-혁명 大革命 (큰 대, 바꿀 혁, 운명 명). ① 속뜻 큰[大] 규모의 혁명(革命). ② 역사 1789년부터 1799년까지 프랑스에서 일어난 시민 혁명. ㊥프랑스 혁명.**대:형[1] 大兄** (큰 대, 맏 형). ① 속뜻 큰[大] 형(兄). 맏형. ②편지 글에서 친구 사이에 상대편을 높여 이르는 이인칭 대명사.

대형[2] 隊形 (무리 대, 모양 형). 여러 사람이 줄지은[隊] 형태(形態). ¶전투 대형을 갖추다.

대:형[3] 大型 (큰 대, 모형 형). 같은 종류의 사물 가운데 큰[大] 규격의 모형(模型). ¶대형 버스 / 기업이 대형화되고 있다. ㊥소형(小型).

▸대:형-기 大型機 (틀 기). 항공 비교적 규모가 큰[大型] 비행기(飛行機). 사발(四發) 이상의 중폭격기(重爆擊機)나 수송기, 여객기 따위를 이른다.

▸대:형-화 大型化 (될 화). 큰 규모[大型]로 바꿈[化]. 또는 크게 함.

대:호[1] 大豪 (큰 대, 호걸 호). 큰[大] 부호(富豪). 큰 부자.

대:호[2] 對壕 (대할 대, 도랑 호). 군사 상대방(相對方)의 공격을 피할 수 있도록 파 놓은 구덩이나 도랑[壕].

대:혼-기간 待婚期間 (기다릴 대, 혼인할 혼, 때 기, 사이 간). 법률 여성이 재혼(再婚)을 하기 위해 기다려야[待] 하는 기간(期間). 2005년부터 삭제된 조항이다. ㊥재혼 금지 기간(再婚禁止期間).

대:화[1] 大禍 (큰 대, 재화 화). 큰[大] 재화(災禍)나 재앙. ¶대화를 당하다 / 대화를 모면하다.

대화[2] 帶化 (띠 대, 될 화). 식물 줄기가 띠[帶] 모양으로 지나치게 편평하게 변함[化].

*__대:화[3] 對話__ (대할 대, 말할 화). 마주 보며[對] 이야기[話]를 주고받음. 또는 그 이야기. ¶대화를 나누다 / 대화로 문제를 해결하다. ㊥대담(對談). ㊥독백(獨白).

▸대:화-극 對話劇 (연극 극). 연영 ① 몸짓이나 표정보다 대화(對話) 내용이 중심이 되는 극(劇). ②라디오 드라마와 같이 음성 연기만을 연출되는 극.

▸대:화-문 對話文 (글월 문). 대화(對話)의 형식으로 이루어진 글[文]. ¶이 소설은 주인공과의 대화문으로 이루어져 있다.

▸대:화-법 對話法 (법 법). ① 속뜻 대화(對話)하는 방법(方法). ② 철학 소크라테스의 진리 탐구 방법으로 상대편에게 질문을 하고 답을 이끌어 내는 방법을 통해 사물에 대한 올바른 개념에 도달하게 하는 방법.

▸대:화-자 對話者 (사람 자). ① 속뜻 이야기를 서로 주고받는[對話] 사람[者]. ② 법률 상대편이 의사 표시를 하면 이를 곧 알 수 있는 상태에 있는 사람. 직접 대화하고 있거나 전화로 이야기하고 있는 사람 따위.

▸대:화-체 對話體 (모양 체). 문학 대화(對話)하는 형식으로 쓴 문체(文體).

▸대:화-편 對話篇 (책 편). ① 속뜻 대화(對話) 형식으로 쓴 책[篇]. ②소크라테스를 주인공으로 하여 그가 제자들과 나눈 대화를 내용으로 한, 플라톤의 여러 저서를 이른다.

대:환 大患 (큰 대, 근심 환). ① 속뜻 큰[大] 근심[患]이나 재난. ②대병(大病).

대:-환영 大歡迎 (큰 대, 기쁠 환, 맞이할 영). 성대(盛大)하게 환영(歡迎)함. 또는 그런 환영.

대:회 大會 (큰 대, 모일 회). ① 속뜻 큰

[大] 모임이나 회의(會議). ¶궐기대회를 열다. ②기술이나 재주를 겨루는 큰 모임. ¶전국 육상 대회.

▸대:회-장 大會場 (마당 장). 대회(大會)가 열리는 장소(場所). ¶응원단의 함성소리가 대회장을 뒤흔들었다.

대:-회전 大回轉 (큰 대, 돌 회, 구를 전). 운동 비탈진 코스의 중간 중간에 세운 30개 이상의 깃대를 크게[大] 돌아[回轉] 통과하면서 활강한 속도로 승부를 겨루는 스키 경기. '대회전 경기'(競技)의 준말.

대:-회향 大茴香 (큰 대, 회향풀 회, 향기 향). ① 한의 큰[大] 회향(茴香)의 열매. ② 식물 산형과의 여러해살이풀. 높이는 1~2m이며 7~8월에 노란 꽃이 피며 열매로는 기름을 짜거나 약재로 쓴다. ㊟회향.

▸대:회향-유 大茴香油 (기름 유). 대회향(大茴香)을 증류하여 만든 기름[油].

대:효 大孝 (큰 대, 효도 효). ① 속뜻 크게[大] 지극한 효도(孝道). 또는 지극한 효자. ②편지에서, 부모상(父母喪)을 당한 사람을 높여 이르는 말.

대:흉 大凶 (큰 대, 흉할 흉). 큰[大] 흉작(凶作). 큰 흉년. 농사가 크게 안 됨. ㊞대풍(大豐).

대:흉-근 大胸筋 (큰 대, 가슴 흉, 힘줄 근). 의학 척추동물의 가슴[胸]에 있는 삼각형의 큰[大] 근육(筋肉). 팔 운동이나 호흡 운동 따위에 관계하며 특히 조류(鳥類)에 발달하여 있다.

덕교 德敎 (베풀 덕, 가르칠 교). 도덕(道德)으로써 사람을 착한 길로 이끄는 가르침[敎].

덕기 德氣 (베풀 덕, 기운 기). 어질고[德] 넉넉한 마음씨나 기색(氣色). ¶덕기가 어린 얼굴 / 덕기를 지니다 / 덕기가 풍기다.

덕담 德談 (베풀 덕, 말씀 담). 남이 잘되기를 비는 덕행(德行)으로 하는 말[談]. ¶새해 첫날 덕담을 나누는 미풍양속이 있다. ㊞악담(惡談).

덕량 德量 (베풀 덕, 분량 량). 베푸는[德] 마음의 크기[量]. 어질고 너그러운 마음씨나 생각. ¶덕량이 없어 보인다.

덕망 德望 (베풀 덕, 바랄 망). 남에게 많이 베풂[德]으로써 얻은 명망(名望). ¶덕망이 있는 스승에게 가르침을 받았다. ㊐인망(人望).

덕목 德目 (베풀 덕, 눈 목). 남에게 베풀어야[德] 할 항목(項目). 충(忠), 효(孝), 인(仁), 의(義) 따위. ¶효를 최고의 덕목으로 삼는다.

▸덕목-주의 德目主義 (주될 주, 뜻 의). 교육 일상생활에 필요한 모든 덕목(德目)을 체계적으로 가르쳐 사람들이 도덕적으로 살아가게 하자는 사상이나 태도[主義].

덕문 德門 (베풀 덕, 가문 문). 덕망(德望)이 높은 가문(家門).

덕분 德分 (베풀 덕, 나눌 분). ① 속뜻 베풀어[德]주고 나누어[分] 줌. ②베풀어 준 은혜나 도움. ¶선생님 덕분에 대학 생활을 마칠 수 있었습니다. ㊐덕(德), 덕택(德澤).

덕성 德性 (베풀 덕, 성품 성). 어질고 착한[德] 성품(性品). ¶덕성을 기르다.

덕수-궁 德壽宮 (베풀 덕, 목숨 수, 대궐 궁). ① 속뜻 덕행(德行)을 베풀어 장수(長壽)하는 궁궐(宮闕). ② 고적 서울특별시 중구 정동에 있는 조선 시대의 궁궐(宮闕). 본래는 행궁(行宮)이었으나 선조 26년(1593)에 의주에서 환도한 후 보수하여 궁궐로 삼았다.

덕업 德業 (베풀 덕, 일 업). 어질고 착한[德] 일[業]. 좋은 일.

▸덕업-상권 德業相勸 (서로 상, 권할 권). 좋은[德] 일[業]은 서로[相] 권(勸)하여 장려함. 향약(鄕約)의 네 가지 덕목 가운데 하나. ㊟과실상규(過失相規), 예속상교(禮俗相交), 환난상휼(患難相恤).

덕용 德用 (베풀 덕, 쓸 용). ① 속뜻 덕(德)이 있고 응용(應用)의 재주가 있음. ②쓰기 편하고 이로움.

▸덕용-품 德用品 (물건 품). 이롭고[德] 쓰기 편한[用] 물건[品].

덕육 德育 (베풀 덕, 기를 육). 교육 '도덕 교육'(道德敎育)의 준말.

덕의 德義 (베풀 덕, 옳을 의). ① 속뜻 도덕(道德)과 정의(正義). ②사람으로서 마땅히 지켜야 할 도덕적 의무.

▸덕의-심 德義心 (마음 심). 도덕(道德)과 정의(正義)를 소중히 여기는 마음[心].

덕인 德人 (베풀 덕, 사람 인). 덕(德)이 있는 사람[人].

덕정 德政 (베풀 덕, 정치 정). 덕(德)으로 다스리는 어질고 바른 정치(政治).

덕치 德治 (베풀 덕, 다스릴 치). 덕(德)으로 다스림[治]. 또는 그런 정치.

▸덕치-주의 德治主義 (주될 주, 뜻 의). 덕치(德治)를 정치의 요체로 삼는 사상이나 태도[主義]. ¶맹자는 덕치주의를 정치의 근본으로 삼았다.

덕택 德澤 (베풀 덕, 은덕 택). ① 속뜻 은덕[澤]을 베풂[德]. ② 남에게 끼친 혜택. ¶어머니가 도와주신 덕택으로 성공했다. ⓑ덕분(德分).

덕행 德行 (베풀 덕, 행할 행). 어질게 베풂[德]과 너그러운 행실(行實). ¶덕행을 갖추다 / 덕행을 쌓다.

덕화 德化 (베풀 덕, 될 화). 옳지 못한 사람들을 덕행(德行)으로 감화(感化)함. 또는 그런 감화. ¶그 선생님의 덕화에 경의를 표한다.

도가[1] 都家 (모두 도, 집 가). ① 속뜻 동업자들이 모여서 함께[都] 계나 장사에 대한 의논을 하는 집[家]. ② 계나 굿 따위의 마을일을 도맡아 하는 집. ③ 물건을 묶어서 파는 장사. ⓑ도매상(都賣商).

도:가[2] 道家 (길 도, 사람 가). 우주 본체는 도(道)와 덕(德)으로 이루어져 있다고 주장하는 학파[家]. 중국 선진(先秦)때 발생하였으며, 제자백가(諸子百家)의 하나이다.

도감[1] 都監 (모두 도, 살필 감). ① 속뜻 모든[都] 일을 살펴봄[監]. ② 역사 나라의 일이 있을 때 임시로 설치하던 관아.

도감[2] 圖鑑 (그림 도, 볼 감). 실물 대신 그림[圖]이나 사진을 모아 알아보기[鑑] 쉽게 한 책. ⓑ도보(圖譜).

도강 渡江 (건널 도, 강 강). 강(江)을 건넘[渡].

▸도강-록 渡江錄 (기록할 록). 문학 조선 정조 때, 박지원이 청나라에 사신을 배웅하여 연경으로 가던 중 압록강(鴨綠江)을 건너[渡] 요양(遼陽)까지의 일을 기록(記錄)한 기행문.

▸도강-선 渡江船 (배 선). 강(江)을 건너기[渡] 위해 쓰는 배[船].

▸도강 작전 渡江作戰 (일으킬 작, 싸울 전). 군사 적의 통제 아래 있는 강(江)이나 큰 내를 건너[渡] 공격하는 작전(作戰). ⓑ도하작전(渡河作戰).

도개-교 跳開橋 (뛸 도, 열 개, 다리 교). 건설 다리의 상판이 위로 솟구쳐[跳] 열리는[開] 구조로 만든 다리[橋]. 큰 배가 밑으로 지나갈 수 있도록 하기 위해 만든다. ¶영도대교는 도개교이다.

도검 刀劍 (칼 도, 칼 검). 짧은 칼[刀]과 긴 검(劍)을 아울러 이르는 말.

도:경 道警 (길 도, 지킬 경). 법률 각 도(道)에 둔 지방 경찰청(警察廳).

도:계 道界 (길 도, 지경 계). 도(道)와 도 사이의 경계(境界). ¶다른 도와 도계를 이루고 있다.

도고 都賈 (모두 도, 장사할 고). 물건을 도거리[都]로 맡아서 팖[賈]. 또는 그렇게 하는 개인이나 조직. ¶도고를 내다.

도공[1] 刀工 (칼 도, 장인 공). 칼[刀]을 만드는 일을 하는 사람[工].

도공[2] 陶工 (질그릇 도, 장인 공). 옹기[陶] 만드는 일을 하는 사람[工]. ⓑ옹기장이, 도예가(陶藝家).

도:관[1] 道觀 (길 도, 볼 관). ① 속뜻 도(道)를 깨쳐 봄[觀]. ② 불교 도사가 수도하는 깊은 산 속의 깨끗하고 으슥한 곳. ③ 도교의 사원.

도:관[2] 導管 (이끌 도, 대롱 관). ① 속뜻 물이나 수증기 따위가 통하도록[導] 만든 관(管). ② 식물 속씨식물의 물관부에서 물의 통로 구실을 하는 조직. ⓑ물관(管).

도:괴 倒壞 (넘어질 도, 무너질 괴). 넘어지거나[倒] 무너짐[壞]. 또는 넘어뜨리거나 무너뜨림. ¶왕권이 도괴되었다.

도:교 道敎 (길 도, 종교 교). 종교 우주 본체는 도(道)와 덕(德)으로 이루어져 있다고 주장하는 종교(宗敎). 무위자연설(無爲自然說)을 근간으로 하는 다신적 종교이다. ⓑ도학(道學). 현문(玄門). 황로학(黃老學).

⁑**도:구** 道具 (방법 도, 갖출 구). ① 속뜻 어떤 목적을 이루기 위한 방법[道]이나 수단[具]. ¶언어는 중요한 의사소통 도구이다. ② 일을 할 때 쓰는 연장. ¶인간은 도구를 사용할 수 있다. ⓑ연장, 공구(工具).

▸도:구-함 道具函 (상자 함). 도구(道具)를 넣어 두는 상자[函]. ¶도구함을 가져 왔다.

도굴 盜掘 (훔칠 도, 팔 굴). 광물이나 유물을 훔치기[盜] 위해 광산이나 고분을 몰래 파는[掘] 것. ¶도굴로 많은 문화재가 사라졌다.

도근-점 圖根點 (그림 도, 뿌리 근, 점 점). ① [속뜻] 그림[圖]의 기준[根]이 되는 점(點). ② [건설] 평판 측량(平板測量)에서 실지 형을 측량하는 데 기준이나 근거가 되는 점.

도근 측량 圖根測量 (그림 도, 뿌리 근, 잴 측, 분량 량). ① [속뜻] 도근점(圖根點)을 결정하기 위한 측량(測量). ② [건설] 지형 측량의 기준점이 부족할 때 보조 기준점을 결정하기 위한 측량.

도금¹ 淘金 (일 도, 황금 금). 사금을 일어서[淘] 금(金)을 골라냄.

도:금² 鍍金 (도금할 도, 쇠 금). [공업] 금속이나 비금속의 겉에 금이나 은 따위의 금속(金屬)을 얇게 입히는[鍍] 일.

▶도:금-액 鍍金液 (진 액). [공업] 전기 도금(鍍金)을 할 때 쓰는 금속 염류의 수용액(水溶液).

도급 都給 (모을 도, 줄 급). 일정한 기일 안에 완성해야 할 일의 양이나 비용을 미리 정하고 그 일을 하나로 몰아[都] 맡기는[給] 일.

▶도급-금 都給金 (돈 금). [건설] 일감을 도맡은[都給] 사람이 일한 대가로 받는 돈[金]. [비]청부금(請負金).

▶도급-업 都給業 (일 업). [건설] 다른 사람으로부터 일감을 도맡아[都給] 하는 일[業]. [비]청부업(請負業).

▶도급-인 都給人 (사람 인). [법률] 도급(都給)을 주는 사람[人]. [비]청부인(請負人).

▶도급 계:약 都給契約 (맺을 계, 묶을 약). [법률] 당사자 가운데 한쪽이 어떤 일을 도맡아[都給] 완성할 것을 약속하고 상대편이 그 일의 결과에 대하여 보수를 지급할 것 따위의 내용으로 이루어진 계약(契約). [비] 청부 계약(請負契約).

도기 陶器 (질그릇 도, 그릇 기). 진흙을 원료로 빚어서[陶] 비교적 낮은 온도로 구운 그릇[器]. [비]오지그릇.

도난 盜難 (도둑 도, 어려울 난). 도둑[盜]을 맞은 재난(災難). 도둑맞음. ¶지갑을 도난 당했다.

도:내 道內 (길 도, 안 내). 어떤 도(道)의 구역 안[內]. ¶도내 체육 대회.

도:달 到達 (이를 도, 이를 달). 목적한 곳에 이르거나[到] 목표한 수준에 다다름[達]. ¶합의를 통해 결론에 도달하다. [반]출발(出發).

▶도:달-점 到達點 (점 점). 다다른[到達] 지점(地點). 또는 최후에 다다른 결과.

▶도:달-주의 到達主義 (주될 주, 뜻 의). [법률] 의사 표시가 상대편에게 도달(到達)하였을 때에 그 효력이 생긴다는 견해[主義]. [비]수신주의(受信主義).

도당¹ 徒黨 (무리 도, 무리 당). ① [속뜻] 집단을 이룬 무리[徒=黨]. ② 불순한 사람의 무리.

도당² 都堂 (모두 도, 집 당). [역사] 삼국시대 왕과 관리가 모두[都] 모여 정사를 의논하고 행정 사무를 집행하던 기구[堂].

도-대체 都大體 (모두 도, 큰 대, 몸 체). ① [속뜻] 모두[都] 또는 대체(大體)로. ② 요점만 말하자면. ¶도대체 그녀는 어디를 갔을까? ③ 유감스럽게도 전혀. ¶그는 도대체 이해할 수가 없다. [비]대관절, 도무지.

***도:덕 道德** (길 도, 베풀 덕). ① [속뜻] 가야 할 바른 길[道]과 베풀어야 할 일[德]. ② 사회의 구성원들이 양심, 사회적 여론, 관습 따위에 비추어 스스로 마땅히 지켜야 할 행동 준칙이나 규범. ¶공중도덕을 지키다. [반] 부도덕(不道德).

▶도:덕-계 道德界 (지경 계). [철학] 도덕(道德)의 문제로 한정되는 범위[界]. 도덕법이 완전히 실현된 이상적 세계.

▶도:덕-관 道德官 (벼슬 관). [철학] 도덕적(道德的) 선악이나 바르고 그릇됨을 분별해 내는 심리적 감각 기관(器官).

▶도:덕-률 道德律 (법칙 률). [철학] 도덕적(道德的) 행위의 기준이 되는 보편타당한 법칙[律].

▶도:덕-성 道德性 (성품 성). ① [속뜻] 도덕적(道德的) 품성(品性). ② [철학] 칸트 도덕 철학의 용어로, 적법성이나 이해관계가 아니라 도덕률 그 자체에 대한 존중에서 자발적으로 도덕을 준수하는 것.

▶도덕-심 道德心 (마음 심). ① [속뜻] 도덕(道德)을 지키는 마음[心]. ② 선악과 옳고 그름을 판별하여 선을 행하려는 마음.

▸도:덕-적 道德的 (것 적). ① 속뜻 도덕(道德)에 관한 것[的]. ¶도덕적 책임을 지다. ② 도덕에 합당한 것. ⓑ비도덕적(非道德的).

▸도:덕 과학 道德科學 (조목 과, 배울 학). 사회 도덕(道德)의 사회적 규범, 의무, 권리 같은 추상적인 대상을 과학적(科學的)이고 객관적으로 연구하는 학문.

▸도:덕-관념 道德觀念 (볼 관, 생각 념). 철학 도덕(道德)에 관한 관념(觀念).

▸도:덕 관세 道德關稅 (빗장 관, 세금 세). 경제 사회의 도덕적(道德的) 질서를 유지하고자 보석, 귀금속 같은 사치품에 부과하는 높은 관세(關稅). 또는 그러한 일.

▸도:덕 교:육 道德教育 (가르칠 교, 기를 육). 교육 도덕성(道德性)을 기르고 정서를 순화시킴으로써 사회생활에 적응하는 건전한 인격을 갖추게 하는 교육(教育).

▸도:덕-군자 道德君子 (임금 군, 접미사 자). 수행으로 도(道)와 덕(德)을 높이 쌓은 사람[君子].

▸도:덕 원리 道德原理 (본디 원, 이치 리). 철학 도덕(道德)과 관련된 행위를 규제하는 최고의 근본 원칙[原理].

▸도:덕 의:무 道德義務 (옳을 의, 일 무). 철학 도덕(道德) 현상에 관하여 선악과 정사(正邪)를 분별하고 정선(正善)을 향해야 할 의무(義務). ㊟덕의무.

▸도:덕-의식 道德意識 (뜻 의, 알 식). ① 속뜻 도덕(道德)에 대하여 개인이 가지는 심리적인 의식(意識). ② 철학 도덕 현상에 대해서 선악과 옳고 그름을 분별하고, 옳음을 지향하여 사악함을 물리치려는 마음.

▸도:덕 철학 道德哲學 (밝을 철, 배울 학). 철학 도덕(道德)의 근본 원리를 연구하는 철학(哲學).

▸도:덕 사:회학 道德社會學 (단체 사, 모일 회, 배울 학). 사회 도덕(道德)을 종교적·형이상학적이 아닌 구체적 상황에서의 사회적(社會的) 사실로 연구하는 학문(學問).

▸도:덕 재:무장 운:동 道德再武裝運動 (다시 재, 굳셀 무, 꾸밀 장, 돌 운, 움직일 동). 사회 인종과 계층을 초월하여 도덕(道德) 관념을 재무장(再武裝)하여 세계 평화를 수립하자는 사회 운동(運動).

도도 滔滔 (물 넘칠 도, 물 넘칠 도). ① 속뜻 물이 널리 퍼져 흐르는 모양[滔+滔]. ¶도도하게 흘러가는 강물. ② 말하는 모양이 거침없는 모양. ¶도도한 웅변을 토하다.

도독[1] 荼毒 (씀바귀 도, 독할 독). ① 속뜻 씀바귀[荼]의 독(毒). ② 심한 해독(害毒). ③ 참기 어려울 정도의 심한 고통. ④ '부친상'을 비유하여 이르는 말.

도독[2] 盜讀 (훔칠 도, 읽을 독). 몰래 훔쳐[盜] 읽음[讀].

도독[3] 都督 (모두 도, 살필 독). 역사 통일 신라 시대 각 주를 모두[都] 총괄하여 감독(監督)하던 으뜸 벼슬.

▸도독-부 都督府 (관청 부). 역사 중국 당나라 때, 군정을 모두[都] 맡아 다스리던[督] 지방 관청[府].

도:동-곡 道東曲 (길 도, 동녘 동, 노래 곡). 문학 조선 때, 주세붕이 지은 경기체가. 도학(道學)이 우리나라[東國]에 들어온 것을 찬양한 노래[曲]로 모두 9장으로 되어 있다.

도:락 道樂 (길 도, 즐길 락). ① 속뜻 도(道)를 깨달아 스스로 즐기는[樂] 일. ② 재미나 취미로 하는 일. ¶화초 가꾸는 일을 도락으로 삼다. ③ 술, 여자, 도박 따위의 못된 일에 흥미를 느껴 빠지는 일. ¶도락에 빠지다.

도:래[1] 到來 (이를 도, 올 래). 어떤 시기나 기회가 닥쳐[到] 옴[來]. ¶정보화 시대가 도래했다.

도래[2] 渡來 (건널 도, 올 래). ① 속뜻 물을 건너[渡] 옴[來]. ② 외부에서 전해져 들어옴.

▸도래-지 渡來地 (땅 지). 철새가 바다나 대륙을 건너[渡] 와서[來] 일정한 기간 동안 머무는 곳[地]. ¶철새 도래지.

도량[1] 跳梁 (뛸 도, 들보 량). ① 속뜻 들보[梁] 위까지도 마구 뛰어 다님[跳]. ② 거리낌 없이 함부로 날뛰어 다님. ¶도적 떼의 도량이 날로 심해지고 있다.

도:량[2] 度量 (정도 도, 헤아릴 량). ① 속뜻 길이를 재는[度] 자와 양을 재는[量] 되. ② 넓은 마음과 깊은 생각. ¶그는 넓은 도량으로 친구를 용서했다. ③ 재거나 되거나 하여 사물의 크기나 양 등의 정도를 헤아림. ⓑ 아량(雅量).

▸도:량-형 度量衡 (저울대 형). 길이[度], 부피[量], 무게[衡] 따위의 단위를 재는 법.

또는 그 도구. ¶도량형을 통일하다.

도:력 道力 (길 도, 힘 력). 도(道)를 닦아서 얻은 능력(能力). ¶한눈에 그가 도력이 높은 사람인 것을 알아봤다.

도령[1] 都領 (모두 도, 거느릴 령). 역사 고려 때, 전투 부대를 모두[都] 총괄하여 다스리던[領] 우두머리.

도:령[2] 道令 (길 도, 명령 령). ① 역사 일제 강점기에, 도지사(道知事)가 행정 사무에 관하여 낸 법규 명령(命令). ② 민속 탈놀이에 등장하는 인물의 하나. 극에 따라 탈의 모습과 복장이 다르다.

도로[1] 徒勞 (헛될 도, 일할 로). 헛된[徒] 노고(勞苦). 헛된 수고. ¶이번 사고로 그동안의 연구가 도로로 끝나버렸다.

⁑도:로[2] 道路 (길 도, 길 로). 사람, 차 따위가 잘 다니도록 만들어 놓은 비교적 넓은 길[道=路]. ¶도로에 차가 많다. ⓑ길거리, 가로(街路).

▸도:로-망 道路網 (그물 망). 그물[網]처럼 이리저리 얽힌 도로(道路) 체계. ¶서울의 도로망을 정비하다.

▸도:로-변 道路邊 (가 변). 도로(道路)의 언저리[邊]. ¶도로변에 주차하면 위험하다.

▸도:로-율 道路率 (비율 률). 교통 도시나 일정한 지역의 전체 면적에 대하여 도로(道路)가 차지하는 비율(比率).

▸도:로 경:기 道路競技 (겨룰 경, 재주 기). 운동 경보(競步)나 마라톤처럼 일반 도로(道路)에서 빨리 달리기를 겨루는 육상 경기(競技).

▸도:로 원표 道路元標 (으뜸 원, 표지 표). 교통 도로(道路) 노선의 어떤 기준[元]을 나타내는 표지(標識).

▸도:로 표지 道路標識 (나타낼 표, 기록할 지). 교통 교통의 편리와 보행자의 안전을 위해 길[道路]가에 세운 표지(標識).

도록 圖錄 (그림 도, 기록할 록). 그림[圖]이나 사진으로 엮어 만든 기록(記錄). 또는 그러한 책. ¶작품 도록.

도료 塗料 (칠할 도, 거리 료). 물건의 겉에 칠하여[塗] 그것을 썩지 않게 하거나 외관상 아름답게 하는 재료(材料). 바니시, 페인트, 옻칠 따위. ¶야광 도료.

도루 盜壘 (훔칠 도, 진 루). 운동 주자(走者)가 수비의 허술한 틈을 타서 다음 베이스[壘]를 빼앗음[盜].

도륙 屠戮 (잡을 도, 죽일 륙). 사람이나 짐승을 함부로 잡아[屠] 죽임[戮]. ¶반란군에 의해서 많은 사람이 도륙을 당했다. ⓑ도살(屠殺).

도리[1] 桃李 (복숭아 도, 자두 리). ① 속뜻 복숭아[桃]와 자두[李]. 또는 그 꽃. ② '남이 천거한 어진 사람'이나 '남의 훌륭한 제자'를 비유하여 이르는 말.

도:리[2] 道理 (길 도, 이치 리). ① 속뜻 사람이 마땅히 행해야 할 도덕적(道德的)인 이치(理致). ¶도리에 어긋나다. ② 어떤 일을 해 나갈 방법. ¶알 도리가 없다.

도:립[1] 倒立 (거꾸로 도, 설 립). 운동 체조에서, 손으로 바닥을 짚고 발로 땅을 차서 거꾸로[倒] 서는[立] 동작. ⓑ물구나무서기.

도:립[2] 道立 (길 도, 설 립). 시설 따위를 도(道)에서 세워[立] 운영함. ¶도립 도서관 / 도립 병원.

도마 跳馬 (뛸 도, 말 마). 말[馬]잔등 모양의 기구에 뛰어올라[跳] 하는 경기.

도말 塗抹 (칠할 도, 바를 말). ① 속뜻 칠을 하거나[塗] 덧붙여 바름[抹]. ② 칠하거나 발라서 물체나 존재가 드러나지 않게 가림. ③ 이리저리 임시변통으로 발라 맞추거나 꾸며 댐.

▸도말 연:고 塗抹軟膏 (무를 연, 기름 고). 피부에 바르는[塗抹] 연고(軟膏).

도망 逃亡 (달아날 도, 달아날 망). 피하거나 쫓기어 달아남[逃=亡]. ¶도망 중인 용의자 / 슬그머니 도망가다 / 간신히 도망치다. ⓑ도주(逃走).

도매[1] 都買 (모두 도, 살 매). 물건을 낱개로 사지 않고 하나로 묶어서[都] 삼[買]. ¶도매로 사면 물건 값이 훨씬 싸다.

도매[2] 都賣 (모두 도, 팔 매). 낱개로 팔지 않고 모아서[都] 대량으로 판매(販賣)함. ⓑ소매(小賣).

▸도매-상 都賣商 (장사 상). 물건을 모개로 파는[都賣] 장사[商]. 또는 그런 가게나 장수. ¶농수산물 도매상. ⓑ소매상(小賣商).

▸도매-업 都賣業 (일 업). 물건을 모아서[都] 대량으로 파는[賣] 업종(業種).

도면 圖面 (그림 도, 쪽 면). 토목, 건축, 기계 따위의 구조나 설계 또는 토지, 임야 따위를 기하학적으로 그린[圖] 면(面). ¶집의 도면을 그리다. ㊥도본(圖本).

도모 圖謀 (꾀할 도, 꾀할 모). 어떤 일을 이루기 위하여 대책과 방법을 세움[圖=謀]. ¶친목을 도모하다.

도미[1] 渡美 (건널 도, 미국 미). 미국(美國)으로 건너[渡] 감. ¶도미 유학생.

도미[2] 稻米 (벼 도, 쌀 미). 보리쌀이 아니라 벼[稻]의 쌀[米]. ㊥입쌀.

도민[1] 島民 (섬 도, 백성 민). 섬[島]에 사는 그곳 출신의 사람[民]. ¶울릉도 도민.

도:민[2] 道民 (길 도, 백성 민). 그 도(道)에 사는, 그곳에서 태어난 사람[民]. ¶강원도 도민.

도박 賭博 (걸 도, 쌍륙 박). ① 속뜻 쌍륙[博]으로 돈을 걸고[賭] 하는 놀음놀이. ¶도박으로 재산을 탕진하다. ②요행수를 바라고 불가능하거나 위험한 일에 손을 댐. ㊥노름.

▸도박-장 賭博場 (마당 장). 노름[賭博]을 하는 곳[場]. ㊟도장.

▸도박-죄 賭博罪 (허물 죄). 법률 재물이나 재산상의 이익을 걸고 노름[賭博]을 함으로써 성립하는 범죄(犯罪).

도발 挑發 (돋울 도, 나타날 발). 감정 따위를 돋워[挑] 일이 생겨나게[發] 함. ¶전쟁을 도발하다.

도방 都房 (모두 도, 방 방). 역사 고려 무신 정권 때, 집권자들이 모두[都] 모여 정사를 처리하던 곳[房].

도배[1] 島配 (섬 도, 나눌 배). 역사 섬[島]으로 유배(流配)보내던 일.

도배[2] 徒輩 (무리 도, 무리 배). 함께 어울려 나쁜 짓을 하는 무리[徒=輩].

도배[3] 塗褙 (칠할 도, 속적삼 배). 종이로 벽이나 반자, 장지 따위[褙]를 바르는[塗] 일. ¶도배를 새로 하다.

▸도배-지 塗褙紙 (종이 지). 도배(塗褙)하는 데 쓰는 종이[紙]. 도배종이. ¶벽에 도배지를 바르다.

도:백 道伯 (길 도, 맏 백). 역사 조선 시대에 외직 문관의 종이품 벼슬로 각 도(道)의 장관[伯]을 일컫던 말.

도벌 盜伐 (훔칠 도, 벨 벌). 허가 없이 산의 나무를 몰래[盜] 베어[伐] 감. ㊥도작(盜斫), 투작(偸斫).

도범 盜犯 (훔칠 도, 범할 범). 법률 도둑질[盜]을 함으로써 성립하는 범죄(犯罪). 또는 그 범인.

도법[1] 刀法 (칼 도, 법 법). 조각이나 판화 따위에서 칼[刀]을 사용하는 방법(方法).

도법[2] 圖法 (그림 도, 법 법). 수학 자와 컴퍼스만을 써서 주어진 조건에 알맞은 선이나 도형을[圖] 그리는 방법(方法). '작도법'(作圖法)의 준말.

도벽 盜癖 (훔칠 도, 버릇 벽). 습관적으로 물건을 훔치는[盜] 버릇[癖]. ¶그는 도벽이 있다.

도:별 道別 (길 도, 나눌 별). 도(道)마다 따로 나눔[別]. ¶각 도별로 선수단을 출전시켰다.

도-병마사 都兵馬使 (도읍 도, 군사 병, 말 마, 부릴 사). 역사 고려 때, 서북면과 동북면의 병마사(兵馬使)를 지휘 감독하고 군사 문제를 처리하기 위해 수도(首都)에 설치한 기관.

도보[1] 圖譜 (그림 도, 적어놓을 보). ① 속뜻 그림[圖]으로 나타낸 계보(系譜). ②동식물이나 그 밖의 여러 사물을 그림으로 설명하여 종류에 따라 정렬한 책. ㊥도감(圖鑑).

도보[2] 徒步 (걸을 도, 걸음 보). 탈것을 타지 않고 걸어서[步=徒] 감. ¶우리 집은 역에서 도보로 10분 거리에 있다. ㊥보행(步行).

▸도보-전 徒步戰 (싸울 전). 군사 군사가 무엇을 타지 않고 걸어 다니며[徒步] 하는 싸움[戰].

도:복 道服 (길 도, 옷 복). ① 속뜻 도사(道士)가 입는 겉옷[服]. ②유도나 태권도 따위를 할 때 입는 운동복.

도:부 到付 (이를 도, 줄 부). ① 속뜻 어느 곳에 가서[到] 줌[付]. ②장사치가 물건을 가지고 이리저리 돌아다니며 팖. ¶도부를 치다.

도북 圖北 (그림 도, 북녘 북). 지도(地圖)에 나타나는 좌표의 북(北)쪽.

도비 徒費 (헛될 도, 쓸 비). 보람 없이 헛되이[徒] 씀[費].

도:사[1] 道士 (길 도, 선비 사). ① 속뜻 도(道)를 갈고 닦는 사람[士]. ②노교를 믿고 수

행하는 사람. ③'어떤 일에 도가 트여서 능숙하게 해내는 사람'을 비유하여 이르는 말.

도:사² 導師 (이끌 도, 스승 사). 불교 ①어리석은 중생에게 바른길을 가르쳐서 깨달음의 경지로 이끌어[導] 주는 법사(法師). ②법회 때에 그 모임의 주장이 되는 직명.

도-사공 都沙工 (모두 도, 모래 사, 장인 공). 여러 뱃사공[沙工]을 이끄는[都] 사람.

도사-기 圖寫器 (그림 도, 그릴 사, 그릇 기). 도형(圖形)을 임의의 크기로 확대하거나 축소하여 그대로 그릴[寫] 수 있도록 만든 기계(器械).

도산¹ 逃散 (달아날 도, 흩을 산). 뿔뿔이 도망쳐[逃] 이리저리 흩어짐[散].

도:산² 倒産 (거꾸로 도, 낳을 산). ① 의학 아이를 거꾸로[倒] 발부터 먼저 낳음[産]. ②재산을 모두 잃고 무너짐. ¶경제 불황으로 기업들이 도산했다. ⑪파산(破産).

도-산매 都散賣 (모두 도, 흩을 산, 팔 매). 도매(都賣)와 산매(散賣). ¶이곳은 도산매를 겸하고 있다.

도산 서원 陶山書院 (질그릇 도, 메 산, 글 서, 집 원). 역사 경상북도 안동시 도산(陶山)면에 있는 서원(書院). 조선 선조 7년(1574)에 퇴계 이황의 학덕을 기리기 위하여 문인과 유림이 중심이 되어 창건하였다.

도산-십이곡 陶山十二曲 (질그릇 도, 메 산, 열 십, 두 이, 노래 곡). 문학 조선 명종 20년(1565)에 퇴계 이황이 자신이 살던 도산(陶山) 주위의 경치와 풍물 등에 대하여 지은 열 두[十二] 수의 연시조[曲].

도살¹ 盜殺 (훔칠 도, 죽일 살). ① 속뜻 남몰래[盜] 사람을 죽임[殺]. ②가축을 허가 없이 몰래 죽임. ⑪암살(暗殺), 재살(宰殺).

도살² 屠殺 (잡을 도, 죽일 살). ① 속뜻 마구[屠] 죽임[殺]. ②짐승을 잡아 죽임. ¶감염된 동물을 도살하다. ⑪도륙(屠戮).

▶도살-장 屠殺場 (마당 장). 고기를 얻기 위하여 소나 돼지 따위의 가축을 잡아 죽이는[屠殺] 곳[場]. ⑪도축장(屠畜場).

도상¹ 途上 (=道上, 길 도, 위 상). ① 속뜻 길[途] 위[上]. ②어떤 일이 진행되는 과정이나 도중. ¶발전 도상에 있는 나라들.

도:상² 道床 (길 도, 평상 상). 건설 철도(鐵道) 따위의 궤도에서, 노반과 침목 사이에 자갈 따위를 깔아 놓은 평상(平床)같이 평평한 바닥.

도상³ 圖上 (그림 도, 위 상). 지도(地圖)나 도면(圖面)의 위[上].

▶도상 연:습 圖上演習 (펼칠 연, 익힐 습). 군사 지도(地圖) 위[上]에 부대나 군사 시설을 표시한 다음, 도구나 부호를 이용하여 실제 작전처럼 연출(演出)하며 익히는[習] 군사 훈련.

도색 桃色 (복숭아 도, 빛 색). ① 속뜻 복숭아[桃] 꽃의 빛깔과 같이 연한 붉은 색(色). ②남녀 사이에 일어나는 색정적인 일.

▶도색 영화 桃色映畵 (비칠 영, 그림 화). 연영 남녀간의 색정적인 행위[桃色]를 찍은 영화(映畵).

▶도색 유희 桃色遊戲 (놀 유, 놀 희). 남녀간의 음란한[桃色] 짓거리[遊戲]. 도덕적으로 건전하지 못한 짓거리.

도색 塗色 (칠할 도, 빛 색). 색(色)을 아름답게 칠함(塗). 또는 그런 일. ¶도색 작업을 하느라 돈이 많이 들었다.

도:생¹ 倒生 (거꾸로 도, 날 생). ① 속뜻 거꾸로[倒] 생겨남[生]. ②식물의 뿌리를 머리로 보고 가지를 손발로 보아 거꾸로 난다는 뜻에서 '초목'(草木)을 달리 이르는 말.

도생² 圖生 (꾀할 도, 살 생). 살아 나가기[生]를 꾀함[圖].

도서¹ 島嶼 (섬 도, 섬 서). 크고 작은 온갖 섬[島=嶼]. ⑫육지(陸地), 대륙(大陸).

도서² 圖書 (그림 도, 글 서). ① 속뜻 그림[圖], 글[書], 글씨 따위를 통틀어 이르는 말. ②일정한 목적, 내용, 체제에 맞추어 사상, 감정, 지식 따위를 글이나 그림으로 표현하여 적거나 인쇄하여 묶어 놓은 것. ¶도서를 구입하다. ⑪책(冊), 서적(書籍).

▶도서-관 圖書館 (집 관). 온갖 종류의 도서(圖書), 문서, 기록, 출판물 따위를 모아 보관하고 공중에게 열람하도록 개방한 시설[館].

▶도서-실 圖書室 (방 실). 온갖 종류의 도서(圖書)를 모아 두고 일반이 볼 수 있도록 만든 방[室].

▶도서 목록 圖書目錄 (눈 목, 기록할 록). 책[圖書]의 제목을 분류하여 적어 놓은 목록(目錄).

도선[1] **渡船** (건널 도, 배 선). 강을 건널[渡] 때 타는 작은 나룻배[船]. ¶도선이 길게 널어서 있다.

도:선[2] **導船** (이끌 도, 배 선). [해양] 해협이나 항만을 출입 통과하는 배에 탑승하여 그 배[船]를 안전한 수로로 이끌어[導] 안내해 주는 일.

도:선[3] **導線** (이끌 도, 줄 선). ① [속뜻] 전기의 양극을 이어 전류를 이끌어[導] 통하게 하는 쇠붙이 줄[線]. ② [수학] 어떤 곡선을 따라 움직이는 직선에 의하여 하나의 곡면이 생길 때에 그 곡선을 이르는 말.

도설[1] **塗說** (진흙 도, 말씀 설). 길거리[塗]에서 하는 말[說]. 뜬소문. '도청도설'(道聽塗說)의 준말.

도설[2] **圖說** (그림 도, 말씀 설). 어떤 책을 그림[圖]을 곁들여 설명(說明)함. 또는 그 책. ¶식물 도설.

도성 **都城** (도읍 도, 성곽 성). 도읍(都邑)을 둘러싼 성곽(城郭). 성 안의 도읍.

도:성-덕:립 **道成德立** (길 도, 이룰 성, 베풀 덕, 설 립). 수양을 하여 도(道)를 이루고[成] 덕(德)을 세움[立]. 수양을 많이 함.

도:세 **道稅** (길 도, 세금 세). [법률] 도민(道民)에게서 받는 지방세(地方稅).

도솔-가 **兜率歌** (투구 도, 거느릴 솔, 노래 가). [문학] 신라 경덕왕 때, 월명사가 미륵불[兜率]을 모시는 것을 내용으로 지은 향가(鄕歌).

도솔-천 **兜率天** (투구 도, 거느릴 솔, 하늘 천). 육욕천(六欲天)의 넷째 하늘[天]. 수미산의 꼭대기에서 12만 유순(由旬) 되는 곳에 있는 미륵보살[兜率]이 사는 곳으로 미륵보살의 정토인 내원(內院)과 천계 대중이 환락하는 외원(外院)이 있다고 한다. [준] 도솔.

도:수[1] **度數** (정도 도, 셀 수). ① [속뜻] 각도, 온도, 광도 따위의 정도(程度)를 나타내는 수(數). ¶그는 도수가 높은 안경을 낀다. ② 거듭하는 횟수. ¶도수가 드물다. ③ [수학] 통계 자료의 각 계급에 해당하는 변량의 수량. ④ 일정한 정도나 한도.

▸도수 분포표 度數分布表 (나눌 분, 펼 포, 겉 표). [수학] 도수(度數)의 분포(分布) 상태를 나타내는 노표(圖表).

도수[2] **徒手** (헛될 도, 손 수). 아무것도 쥐지 않은 맨[徒] 손[手].

▸도수-공권 徒手空拳 (빌 공, 주먹 권). 맨[徒=空] 손[手=拳]을 강조하여 이르는 말.

▸도수 체조 徒手體操 (몸 체, 부릴 조). 맨손[徒手] 체조(體操).

도:수[3] **導水** (이끌 도, 물 수). 물[水]을 이끌어[導] 길을 내어 일정한 방향으로 흐르게 함.

▸도:수-거 導水渠 (도랑 거). 물줄기[水]를 다른 곳으로 대거나 빼기[導] 위해 땅속이나 건물 밑으로 낸 도랑[渠].

▸도:수-관 導水管 (대롱 관). 물줄기[水]를 일정한 방향으로 이끌기[導] 위해 설치한 관(管).

▸도:수-교 導水橋 (다리 교). [건설] 물줄기[水]를 이끌기[導] 위해 계곡, 수로, 도로, 철로를 가로질러 만든 구조물[橋].

▸도:수-로 導水路 (길 로). 물[水]을 끌어들이는[導] 길[路].

도:술 **道術** (길 도, 꾀 술). 도(道)를 닦아 여러 가지 조화를 부리는 기술(技術).

도습 **蹈襲** (밟을 도, 물려받을 습). 옛 정책, 수법, 방식 따위를 그대로 뒤따라[蹈] 물려받음[襲]. ¶시문을 잘못 인용하면 도습의 시비에 휘말리게 된다.

도-승지 **都承旨** (모두 도, 받들 승, 뜻 지). [역사] 왕의 뜻[旨]을 받들어[承] 전달하거나 신하들이 왕에게 글을 올리는 일을 하는 승정원(承政院) 관리를 모두[都] 거느리는 으뜸 벼슬.

도시[1] **都是** (모두 도, 옳을 시). ① [속뜻] 모두[都] 옳음[是]. ② 도무지. ¶도시 모르다 / 그가 어떤 생각을 하는지 도시 알 수 없다.

도시[2] **圖示** (그림 도, 보일 시). 그림[圖]이나 표(表)로 그려 보임[示].

⁑**도시**[3] **都市** (도읍 도, 저자 시). ① [속뜻] 도읍(都邑)의 시장(市場). ② 일정한 지역에서 사람들이 많이 모여 사는 지역. ¶도시를 건설하다. [비] 도회지(都會地). [반] 시골.

▸도시-화 都市化 (될 화). 도시가 아닌 곳이 도시(都市)로 변화(變化)함. ¶농촌의 도시화에 따른 문제.

▸도시 경제 都市經濟 (다스릴 경, 건실 제).

경제 중세 도시(都市)를 중심으로 한 봉건적 가내 경제와 국민 경제 사이의 과도기적 경제(經濟) 형태.

▸도시 계:획 都市計劃 (셀 계, 나눌 획). 사회 도시(都市) 주민이 편리하고 효율적으로 생활할 수 있도록 시설과 환경을 만드는 계획(計劃).

▸도시 국가 都市國家 (나라 국, 집 가). 역사 고대와 중세에 도시(都市)가 정치적으로 독립하여 하나의 국가(國家)인 형태.

도식[1] **徒食** (헛될 도, 먹을 식). ① 속뜻 하는 일 없이[徒] 먹기만[食] 함. ② 고기반찬 없이 밥을 먹음.

도식[2] **塗飾** (칠할 도, 꾸밀 식). ① 속뜻 칠 따위로 발라서[塗] 꾸밈[飾]. ② 거짓으로 꾸밈.

도식[3] **圖式** (그림 도, 법 식). 그림[圖]으로 나타낸 양식(樣式). ¶생산 구조를 도식으로 나타내다.

▸도식-화 圖式化 (될 화). ① 속뜻 사물의 구조, 관계, 변화 상태 따위를 그림[圖]이나 양식(樣式)으로 만듦[化]. ② 사물의 본질이나 특성을 구체적으로 밝히기 위한 창조적 태도 없이 일정한 형식이나 틀에 기계적으로 맞춤. 또는 그렇게 되게 함. ¶도식화된 생활방식.

도신 刀身 (칼 도, 몸 신). 칼[刀]의 몸[身]. ¶도신이 짧다.

도심 都心 (도읍 도, 가운데 심). 도시(都市)의 가운데[心]. 시내 중심. ¶도심에는 고층 빌딩이 즐비하다.

▸도심-지 都心地 (땅 지). 도시(都市)의 중심(中心)이 되는 구역[地].

▸도심 지대 都心地帶 (땅 지, 띠 대). 도시의 중심[都心]이 되는 지대(地帶).

도안 圖案 (그림 도, 생각 안). 미술 작품을 만들 때 형상, 모양, 색채, 배치, 조명 따위에 관하여 생각하고[案] 연구하여 그것을 그림[圖]으로 설계하여 나타낸 것. ¶화폐 도안을 바꾸다.

*__도야 陶冶__ (질그릇 도, 불릴 야). ① 속뜻 도기(陶器)를 만드는 일과 쇠를 불리어[冶] 주조하는 일. ② '훌륭한 사람이 되도록 몸과 마음을 닦아 기름'을 비유하여 이르는 말. ¶인격을 도야하다. ㊥수양(修養), 수련(修鍊).

▸도야-성 陶冶性 (성품 성). 사람이 교육에 의하여 변화되고 계발될[陶冶] 수 있는 가능성(可能性).

도약 跳躍 (뛸 도, 뛰어오를 약). ① 속뜻 몸을 위로 솟구쳐 뛰어[跳] 오름[躍]. ¶높이뛰기를 하기 전에 도약하다. ② '더 높은 단계로 발전하는 것'을 비유하여 이르는 말. ¶세계 일류 기업으로 도약하다.

▸도약-대 跳躍臺 (돈대 대). ① 속뜻 도약(跳躍)의 발판이 되는 대(臺). ② '도약을 하는 중요한 기회나 계기'를 비유하여 이르는 말.

▸도약 경:기 跳躍競技 (겨룰 경, 재주 기). 운동 뛰어 오르는[跳躍] 방식으로 진행되는 육상 경기(競技). 멀리뛰기, 높이뛰기, 장대높이뛰기, 세단뛰기 따위.

도양 渡洋 (건널 도, 큰바다 양). 바다[洋]를 건넘[渡]. ㊟도해(渡海).

▸도양 작전 渡洋作戰 (일으킬 작, 싸울 전). 군사 바다[洋]를 건너가[渡] 싸움을 벌이는 해군 작전(作戰).

도:어 倒語 (거꾸로 도, 말씀 어). 언어 어법상으로 순서를 바꾸어[倒] 놓은 말[語].

▸도:어-법 倒語法 (법 법). 언어 말[語]의 차례를 바꾸어[倒] 강조하는 표현법(表現法). ㊥도치법(倒置法).

도업 陶業 (질그릇 도, 일 업). 흙을 구워서 도자기(陶瓷器), 벽돌, 기와 따위의 물건을 만드는 일[業]. ㊥요업(窯業).

도열 堵列 (담장 도, 벌일 렬). 많은 사람이 담장[堵]처럼 죽 늘어섬[列]. 또는 그런 대열.

도열-병 稻熱病 (벼 도, 더울 열, 병 병). 벼[稻] 잎을 마르게[熱] 하는 병(病). 벼의 병해 중에서 가장 흔하고 저온 다습한 해에 많이 발생한다.

도엽-명 圖葉名 (그림 도, 잎 엽, 이름 명). 지도(地圖) 상단부에 잎[葉] 모양의 여백 가운데 한자로 표기된 지도 명칭(名稱). 주로 시청, 군청 소재지 등 유명 지명을 표기해 둔다.

도영 渡英 (건널 도, 영국 영). 영국(英國)으로 건너[渡]감.

도예 陶藝 (질그릇 도, 재주 예). 수공 도자기

(陶瓷器)를 만들어내는 공예(工藝). 또는 그 기술. ¶현대 도예 작품 / 그는 세계적인 도예가이다.

도:외 度外 (정도 도, 밖 외). 일정한 정도(程度)나 범위의 밖[外]. ¶그의 잘못은 도외로 치고 이야기하자.

▸도:외-시 度外視 (볼 시). 상관하지 아니하거나[度外] 무시(無視)함. ¶현실을 도외시하다.

도요 陶窯 (질그릇 도, 가마 요). 도기(陶器)를 굽는 가마[窯].

▸도요-지 陶窯址 (터 지). 도기를 굽던 가마[陶窯]가 있던 터[址].

도요-시절 桃夭時節 (복숭아 도, 젊을 요, 때 시, 철 절). ① 속뜻 복숭아[桃] 꽃이 활짝 피듯 젊은[夭] 무렵[時節]. ②'혼인을 하기 좋은 시절'을 이르는 말. ㊜도요.

도용 盜用 (훔칠 도, 쓸 용). 남의 물건이나 명의를 몰래 훔쳐[盜] 씀[用]. ¶명의 도용 / 아이디어를 도용하다. ㊥도답(盜踏).

도우 屠牛 (잡을 도, 소 우). 소[牛]를 잡아 죽임[屠].

도원[1] 桃園 (복숭아 도, 동산 원). 복숭아[桃] 나무가 많은 정원(庭園).

▸도원-결의 桃園結義 (맺을 결, 옳을 의). ① 속뜻 유비, 관우, 장비가 도원(桃園)에서 의(義)를 맺음[結]. ②'의형제를 맺음'을 이르는 말.

도원[2] 桃源 (복숭아 도, 수원 원). ① 속뜻 복숭아[桃]꽃이 아름답게 핀 수원지[源]. ②신선이 살았다던 이 세상과는 다른 별천지.

▸도원-경 桃源境 (지경 경). ① 속뜻 무릉도원(武陵桃源)처럼 아름다운 곳[境]. ②상상(想像) 속에 그린 완전한 곳. ㊥이상향(理想鄕).

도:음 導音 (이끌 도, 소리 음). ① 속뜻 선율을 안정된 음으로 이끄는[導] 성질을 가진 음(音). ② 음악 으뜸음에서 반음(半音) 아래의 음. 보통 장음계, 단음계의 제7음을 가리킨다. ㊥이끎음.

⁑**도읍 都邑** (도읍 도, 고을 읍). 수도(首都)에 상당하는 큰 고을[邑]. 또는 수도를 정함. ¶한양은 조선의 도읍이다 / 평양성에 도읍하다. ㊥서울.

▸도읍-지 都邑地 (땅 지). 한 나라의 서울[都邑]로 삼은 곳[地].

도:의 道義 (길 도, 옳을 의). 사람이 마땅히 지키고 행해야 할 도덕적(道德的) 의리(義理). ¶그는 도의를 모르는 사람이다.

▸도:의-심 道義心 (마음 심). 사람이 마땅히 행해야 할 도의리(道義理)를 소중히 여기는 마음[心].

▸도:의-적 道義的 (것 적). 도의(道義)에 맞는 것[的].

도:-의원 道議員 (길 도, 의논할 의, 인원 원). 도의회(道議會)를 구성하는 의원(議員). '도의회 의원'의 준말.

도:-의회 道議會 (길 도, 의논할 의, 모일 회). 법률 도(道)의 의결(議決) 기관[會]. ㊜도의.

도이장-가 悼二將歌 (슬퍼할 도, 두 이, 장수 장, 노래 가). 문학 고려 때, 개국 공신인 신숭겸과 김낙, 두[二] 장수(將帥)의 공을 추도(追悼)하기 위해 예종이 지은 8구체 향가(鄕歌).

도:인 道人 (길 도, 사람 인). ① 속뜻 도(道)를 닦는 사람[人]. ② 종교 천도교를 믿는 사람.

도:임 到任 (이를 도, 맡길 임). 새로 근무할 임지(任地)에 도착(到着)함. ¶관찰사가 새로 도임해왔다.

도:입 導入 (이끌 도, 들 입). ① 속뜻 기술, 방법, 물자 따위를 끌어[導] 들임[入]. ¶최신 기술을 도입하다. ②수업에서 본격적인 내용을 다루기 전의 첫 단계. 학습 동기의 유발, 앞선 학습과의 연계, 학습자의 진단, 문제의 제기, 교사와 학생간의 학습 계획 따위를 포함한다.

▸도:입-부 導入部 (나눌 부). 음악 노래의 주요 부분을 이끌어주는[導入] 역할을 하는 부분(部分).

⁑**도자 陶瓷** (=陶磁, 질그릇 도, 사기그릇 자). 질그릇[陶器]과 사기그릇[瓷器]. ¶한국의 섬세한 도자 기술은 세계 최고이다.

▸도자-기 陶瓷器 (=陶磁器, 그릇 기). 질그릇[陶器]과 사기그릇[瓷器] 따위의 그릇[器] 종류를 통틀어 이르는 말. ¶도자기를 굽다.

도작[1] 盜作 (훔칠 도, 지을 작). 남의 작품 일부나 전부를 몰래 훔치듯[盜] 본떠서 자기가 지은 듯이 대강 고쳐서 자기 글로 만듦[作]. 또는 그렇게 만든 작품.

도작[2] **稻作** (벼 도, 지을 작). [농업] 벼[稻]를 심고 가꾸어 거두는[作] 일.

도장[1] **塗裝** (칠할 도, 꾸밀 장). [건설] 부식을 막기 위해 도료를 칠하고[塗] 장식(裝飾)함. ¶도장 공사를 시작했다.

도:장[2] **道場** (방법 도, 마당 장). 무예를 잘하는 방법[道]을 배우는 곳[場]. ¶태권도 도장에 다닌다.

도장[3] **圖章** (그림 도, 글 장). ① [속뜻] 그림[圖]이나 글[章]을 새긴 것. ② 이름을 새겨 서류에 찍어 증거로 삼는 물건. ¶도장을 찍다. [비]인장(印章).

도저 到底 (이를 도, 밑 저). ① [속뜻] 밑바닥[底]에 이를[到] 정도로 깊음. ② 학식 따위가 매우 깊다. ¶그는 서양 의술에 도저한 사람이다. ③ 몸가짐이 바르고 훌륭하다. ¶그녀의 도저한 행동은 가히 본받을 만하다.

도적 盜賊 (훔칠 도, 도둑 적). 남의 물건 따위를 훔친[盜] 도둑[賊]. ¶산속에서 도적을 만났다. [비]도둑.

도전[1] **挑戰** (돋울 도, 싸울 전). ① [속뜻] 감정 따위를 돋워[挑] 싸움[戰]을 겲. ¶도전에 응하다 / 챔피언에게 도전하다. ② '어려운 사업이나 기록 경신 따위에 맞섬'을 비유하여 이르는 말. ¶정상 도전 / 세계 기록에 도전하다. [비]도발(挑發). [반]응전(應戰).

▸도전-자 挑戰者 (사람 자). 정면으로 맞서 싸움을 거는[挑戰] 사람[者]. ¶도전자가 아무도 없었다.

도:전[2] **導電** (이끌 도, 전기 전). [전기] 전기(電氣)를 전도(傳導)함. '전기 전도'의 준말.

도:정[1] **道政** (길 도, 정사 정). 한 도(道)를 다스리는 정사(政事)에 관계되는 일.

도:정[2] **道程** (길 도, 거리 정). ① [속뜻] 길[道]의 이정(里程)이나 이수(里數). ¶이 지도는 도정이 적혀 있어서 여행자에게 편리하다. ② 어떤 장소나 상태에 이르기까지의 과정. ¶한국은 현재 복지 국가로 가는 도정에 있다.

도정[3] **搗精** (찧을 도, 쓿을 정). 곡식을 찧거나[搗] 쓿음[精]. ¶쌀을 도정하다.

도제[1] **陶製** (질그릇 도, 만들 제). 도자기(陶磁器) 따위를 만듦[製]. 또는 그런 물건.

도제[2] **徒弟** (무리 도, 제자 제). ① [속뜻] 배우는 중에 있는 여러[徒] 제자(弟子). ② 직업에 필요한 지식, 기능을 배우기 위해 스승의 밑에서 일하며 배우는 나이 어린 직공. ¶도제를 받아 목공을 가르쳤다. [비]문인(門人).

▸도제 제:도 徒弟制度 (정할 제, 법도 도). [역사] 중세에 길드에서 수공업자가 후계자[徒弟]를 양성하던 제도(制度).

도조 賭租 (걸 도, 조세 조). 남의 논밭을 빌린 대가[賭]로 해마다 세금[租] 격으로 내는 벼. ¶지주에게 도조를 바치다.

▸도조-법 賭租法 (법 법). [역사] 조선 때, 소작료[租]를 미리 정하여[賭] 수확량에 관계없이 일정한 소작료를 징수하던 방법(方法).

도주 逃走 (달아날 도, 달릴 주). 달아나[逃] 달림[走]. ¶범인들이 도주했다. [비]도망(逃亡), 도피(逃避).

도:중[1] **道中** (길 도, 가운데 중). 길[道]의 한 가운데[中]. [비]노중(路中).

도:중[2] **途中** (길 도, 가운데 중). ① [속뜻] 길[途]을 오가는 중간(中間). ¶집에 오는 도중에 그를 만났다. ② 일이 계속되고 있는 과정이나 일의 중간. ¶통화하는 도중에 전화가 끊어졌다. [비]노중(路中), 동안.

▸도:중-하차 途中下車 (아래 하, 수레 차). ① [속뜻] 목적지에 닿기 전에[途中] 차(車)에서 내림[下]. ② 일을 다 마치기 전에 중간에서 그만둠. ¶그는 이 사업에서 도중하차하고 말았다.

도지 賭地 (걸 도, 땅 지). ① [속뜻] 일정한 대가를 주고[賭] 빌려 쓰는 논밭이나 집터[地]. ¶이웃에게 논밭을 도지로 주었다. ② 도조(賭租). ¶도지를 바치다. ③ [역사] 조선 후기에 땅을 빌린 대가로 정해진 양의 생산물을 내던 정액제 소작 형태.

도:-지사 道知事 (길 도, 알 지, 일 사). 한 도(道)의 행정 사무를 총괄하는 자치단체장[知事]. ¶강원도 도지사로 당선되다.

도:착[1] **倒錯** (거꾸로 도, 섞일 착). ① [속뜻] 뒤바뀌고[倒] 뒤섞임[錯]. ② [심리] 감정 또는 덕성의 이상(異常)으로 사회나 도덕에 어그러진 행동을 나타냄. ¶도착 증상 / 감정 도착 상태.

*__도:착__[2] **到着** (이를 도, 붙을 착). 목적한 곳

에 이르러[到] 닿음[着]. ¶비가 와서 물건이 늦게 도착했다. [비]당도(當到), 도달(到達), 도래(到來). [반]출발(出發).

▸도:착-순 到着順 (차례 순). 목적한 곳에 다다른[到着] 순서(順序). ¶도착순으로 접수하다.

▸도:착-점 到着點 (점 점). 도착(到着)한 지점(地點). 또는 결과.

도찰 塗擦 (칠할 도, 문지를 찰). 바르고[塗] 문지름[擦]. ¶도찰 연고.

▸도찰-제 塗擦劑 (약제 제). [약학] 살갗에 발라[塗] 문질러서[擦] 스며들게 하는 약[劑]. 살갗에 자극을 주어 염증을 덜거나 신경통을 진정하는 데 쓴다.

▸도찰 요법 塗擦療法 (병 고칠 료, 법 법). [의학] 약제를 피부에 발라[塗] 문질러서[擦] 약물이 몸속에 스며들게 하는 치료(治療) 방법(法).

도참 圖讖 (꾀할 도, 조짐 참). ① [속뜻] 조짐이나 비결[讖]을 헤아려[圖] 봄. ② 앞날에 일어날 일의 길흉을 예언하는 술법. 또는 그런 내용을 적은 책. 『정감록』(鄭鑑錄) 따위.

도:처 到處 (이를 도, 곳 처). 발길이 닿거나 이르는[到] 곳[處]마다. ¶도처에 위험이 도사리고 있다. [비]각처(各處).

도천수대비-가 禱千手大悲歌 (빌 도, 일천 천, 손 수, 큰 대, 슬플 비, 노래 가). [문학] 천수관음(千手觀音)이 큰[大] 자비(慈悲)를 베풀어주기를 빌며[禱] 지은 10구체 향가(鄕歌). 신라 때, 희명이 지은 것으로 이 노래를 불러 눈먼 아들의 눈을 뜨게 하였다는 이야기가 전한다.

도:첩-제 度牒制 (법도 도, 문서 첩, 정할 제). ① [속뜻] 승려 허가장[牒]을 발급하던[度] 제도(制度). ② [역사] 고려·조선 때, 백성이 출가(出家)하는 것을 억제하기 위하여 승려가 되려는 자에게 일정한 대가를 받고 허가장을 내주던 제도. [비]도승법(度僧法).

도청[1] 盜聽 (훔칠 도, 들을 청). 남의 이야기, 회의의 내용, 전화 통화 따위를 몰래 훔쳐[盜] 듣거나[聽] 녹음하는 일.

*__도:청[2] 道廳__ (길 도, 관청 청). 도(道)의 행정을 맡아 처리하는 지방 관청(官廳). ¶도청 소재지.

도:청-도설 道聽塗說 (길 도, 들을 청, 진흙 도, 말씀 설). ① [속뜻] 길[道] 거리에서 들은[聽] 이야기를 근거 없이 길[塗]에서 만난 다른 사람에게 말함[說]. ② 뜬소문을 근거 없이 함부로 말함. 또는 그런 말. [준]도설.

도:체 導體 (이끌 도, 몸 체). [물리] 열 또는 전기 따위를 잘 전도(傳導)하는 물체(物體). '도전체'(導電體)의 준말. [반]부도체(不導體).

도축 屠畜 (잡을 도, 가축 축). 고기를 얻기 위해 가축(家畜)을 죽임[屠]. ¶흉년에는 소의 도축을 금하였다.

▸도축-장 屠畜場 (마당 장). 가축(家畜)을 잡아 죽이는[屠] 곳[場].

도:출 導出 (이끌 도, 날 출). 판단이나 결론 따위를 이끌어[導] 냄[出]. ¶합의 도출 / 결론을 도출하다.

도충 稻蟲 (벼 도, 벌레 충). 벼[稻]에 피해를 주는 벌레[蟲]를 통틀어 이르는 말. [비]벼벌레.

도취[1] 盜取 (훔칠 도, 가질 취). 남의 물건을 도둑질하여[盜] 가짐[取]. ¶값나가는 물건을 모두 도취해 갔다.

도취[2] 陶醉 (기뻐할 도, 취할 취). ① [속뜻] 기쁜[陶] 마음에 흠뻑 취함[醉]. ② 어떠한 것에 마음이 쏠려 취하다시피 됨. ¶자아 도취 / 아름다운 경치에 도취되다.

▸도취-경 陶醉境 (상태 경). ① [속뜻] 술이 거나하게[陶] 취했을[醉] 때와 같이 기분이 무척 좋은 상태[境]. ② 어떠한 것에 마음이 쏠려 취하다시피 된 경지.

도:치 倒置 (거꾸로 도, 둘 치). ① [속뜻] 차례나 위치(位置)가 거꾸로[倒] 뒤바뀜. ② [언어] 문장에서 어순이 뒤바뀌는 일.

▸도:치-법 倒置法 (법 법). [언어] 말의 차례를[置] 바꾸어[倒] 강조하는 표현법(表現法).

도탄 塗炭 (진흙 도, 숯 탄). ① [속뜻] 진흙탕[塗]에 빠지고 숯불[炭]에 탐. ② '몹시 곤궁하여 고통스러운 지경'을 비유하여 이르는 말. ¶도탄에 빠지다.

▸도탄지고 塗炭之苦 (갈 지, 쓸 고). ① [속뜻] 진흙[塗] 구덩이에 빠지고 숯[炭]불에 타는[之] 괴로움[苦]. ② 매우 힘들고 다급함. ¶그가 도탄지고를 겪고 있는 것을 보면 안타깝기 그지없다.

도태 淘汰 (일 도, 일 태). ① 속뜻 물건을 물에 넣고 일어서[淘=汰] 좋은 것만을 가려냄. ② 여럿 중에서 불필요하거나 부적당한 것을 줄여 없앰. ¶부실 기업은 도태되기 마련이다. ③ 생물 생물 집단에서 환경이나 조건에 적응하지 못하는 개체군이 사라져 없어짐. 또는 그런 일. ¶자연 도태.

▸도태-법 淘汰法 (법 법). 광업 광립(鑛粒), 광사(鑛沙) 따위를 물에 담가, 비중의 차이를 이용하여 좋은 질의 광물만 골라내는[淘汰] 방법(方法).

도토 陶土 (질그릇 도, 흙 토). 도자기(陶磁器)의 원료로 쓰는 진흙[土]을 통틀어 이르는 말.

도통[1] 都統 (모두 도, 묶을 통). ① 속뜻 모두[都] 묶어[統] 합한 셈. ¶도통 10개였다. ② 이러니저러니 할 것 없이 아주. 전혀. ¶무슨 말씀인지 도통 모르겠습니다. ㊐도합(都合), 도무지.

도:통[2] 道通 (길 도, 통할 통). ① 사물의 이치와 도(道)를 깨달아 통(通)함. 도통한 고승. ② 어떤 일을 잘 알거나 잘하다. ¶남녀 문제에 도통하다.

도:통[3] 道統 (길 도, 계통 통). 도학(道學)을 전하는 계통(系統). ¶끊어진 도통을 잇다.

도판 圖版 (그림 도, 널빤지 판). ① 속뜻 그림[圖]을 그려 놓은 널빤지[版]. ② 인쇄물에 들어가는 그림.

도편 추방제 陶片追放制 (질그릇 도, 조각 편, 쫓을 추, 내칠 방, 정할 제). 역사 고대 도시 국가 아테네에서, 시민들이 도자기(陶瓷器) 파편(破片)에 그 이름을 적어 야심가를 가려내어 나라 밖으로 추방(追放)하던 제도(制度).

도:포 道袍 (길 도, 두루마기 포). 예전에 남자들이 도의(道義)상 예복으로 입던 겉옷[袍]. 소매가 넓고 등 뒤에는 딴 폭을 댄다.

도:폭-선 導爆線 (이끌 도, 터질 폭, 줄 선). 폭약(爆藥)이 일어나도록[導] 하는 줄[線]. 폭약을 아주 가느다란 금속관에 넣거나, 종이 또는 실로 싸서 끈처럼 만든다.

도:표[1] 道標 (길 도, 나타낼 표). 길 가는 사람의 편의를 위해 도로의 뻗어 나간 방향이나 거리, 갈림길 따위를 표시하여 길가에[道] 세운, 돌이나 나무로 된 푯말[標]. ㊐노표(路標).

도표[2] 圖表 (그림 도, 겉 표). 여러 가지 자료를 분석하여 그 관계를 일정한 양식의 그림[圖]으로 나타낸 표(表). ¶매상을 도표로 나타내다.

도피 逃避 (달아날 도, 피할 피). ① 속뜻 달아나[逃] 위험이나 어려움을 피(避)함. ¶테러범은 스위스로 도피했다. ② 적극적으로 나서지 않고 몸을 사려 빠져 나감. ¶현실을 도피하다. ㊐피신(避身), 도망(逃亡), 회피(回避).

▸도피-행 逃避行 (갈 행). 도망(逃亡)하여 문제를 피해[避] 감[行]. 남의 눈총을 받을 일을 하였거나 현실 문제가 귀찮아진 사람이 도망감. ¶빚쟁이들이 몰려오자 그는 도피행을 떠났다.

▸도피 문학 逃避文學 (글월 문, 배울 학). 문학 현실 문제에 적극적으로 참여하지 않고[逃避] 낭만적, 향락적, 비현실적 세계를 지향하는 문학(文學).

▸도피-사상 逃避思想 (생각 사, 생각 상). 현실 사회에서 멀리 도망하여[逃] 숨어 살려는[避] 사상(思想). ㊐은둔사상(隱遁思想)

▸도피 행각 逃避行脚 (갈 행, 다리 각). 여기저기로 도망(逃亡)치거나 피해[避] 걸어[脚] 다니는[行] 일. ¶둘은 집안의 반대에 결국 도피 행각을 벌였다.

도필 刀筆 (칼 도, 글씨 필). ① 속뜻 예전에 대나무 조각에 글자[筆]를 새기는 데 쓰던 칼[刀]. ② 역사 예전에 죽간에 잘못 기록된 글자를 아전이 늘 칼로 긁고 고치는 일을 한 데서 유래한 말로 아전을 낮춰 부르는 말. '도필리'(刀筆吏)의 준말.

도하[1] 都下 (도읍 도, 아래 하). 서울[首都] 아래[下]. 서울 안에.

도하[2] 渡河 (건널 도, 물 하). 하천(河川)을 건넘[渡]. ㊐과섭(過涉).

▸도하 작전 渡河作戰 (일으킬 작, 싸울 전). 군사 적의 수중에 있는 하천(河川)을 건너[渡] 공격하는 작전(作戰). ㊐도강 작전(渡江作戰).

도:학 道學 (길 도, 배울 학). ① 속뜻 유교 도덕(道德)에 관한 학문(學問). ② 종교 도교(道教). ㊐성리학(性理學).

▸도:학-자 道學者 (사람 자). 유교 도덕(道

德)에 관한 학문(學問)을 연구하는 학자(學者). ㊐도학가(道學家).

▸도ː학-파 道學派 (갈래 파). 역사 조선 초중기 때의 도학(道學)을 중시하던 한학(漢學) 학파(學派). ㊫사장파(詞章派).

▸도ː학-군자 道學君子 (임금 군, 접미사 자). ① 속뜻 도학(道學)을 닦아 덕이 높은 사람[君子]. ② 도학선생. ㊐도덕군자(道德君子).

▸도ː학-선생 道學先生 (먼저 선, 날 생). 도학(道學)만 중시하고 실제의 세상일에는 어두운, 융통성 없는 사람[先生]을 놀림조로 이르는 말. ㊐도학군자(道學君子).

도ː-함수 導函數 (이끌 도, 넣을 함, 셀 수). 수학 함수를 미분하여 이끌어낸[導] 함수(函數). '유도함수'(誘導函數)의 준말.

도합 都合 (모두 도, 합할 합). 모두[都] 합(合)한 셈.

도항 渡航 (건널 도, 배 항). 배[航]를 타고 바다를 건넘[渡].

도해[1] 渡海 (건널 도, 바다 해). 바다[海]를 건넘[渡]. ㊐도양(渡洋).

도해[2] 圖解 (그림 도, 풀 해). 글의 내용을 그림으로[圖] 풀이함[解]. 또는 그렇게 한 풀이나 책자.

도형[1] 徒刑 (걸을 도, 형벌 형). 역사 죄인을 중노동[徒]을 시키던 형벌(刑罰). ㊟오형(五刑).

도형[2] 圖形 (그림 도, 모양 형). ① 속뜻 그림[圖]의 모양이나 형태(形態). ② 수학 점, 선, 면, 체 또는 그것들로 이루어진 형태를 가진 것을 통틀어 이르는 말. 사각형, 원, 구 따위. ¶입체 도형.

▸도형-판 圖形板 (널빤지 판). 여러 가지 도형(圖形)을 만들 수 있는 종이·나무·아크릴 따위의 조각[板].

도호-부 都護府 (도읍 도, 지킬 호, 관청 부). 역사 ① 도(都)에 설치하여 지역을 보호(保護)하던 군사적인 통치기구[府]. ② 고려·조선 시대에, 군(郡) 위에 둔 지방 관아.

도ː혼 倒婚 (거꾸로 도, 혼인할 혼). 형제나 자매 중에서 나이 많은 사람보다 나이 적은 사람이 거꾸로[倒] 먼저 결혼(結婚)하는 일. ¶어머니는 도혼은 안 된다며 동생의 결혼을 반대했다. ㊐역혼(逆婚).

도혼-식 陶婚式 (질그릇 도, 혼인할 혼, 의식 식). 부부가 질그릇[陶器] 제품을 선물로 주고받으며 결혼(結婚) 20주년을 축하하는 기념식(記念式).

도홍-색 桃紅色 (복숭아 도, 붉을 홍, 빛 색). 복숭아[桃] 꽃의 빛깔과 같이 붉은[紅] 색(色). ㊅도홍. ㊐도화색(桃花色).

도화[1] 桃花 (복숭아 도, 꽃 화). 복숭아[桃] 꽃[花].

도화[2] 圖畵 (그림 도, 그림 화). ① 속뜻 도안(圖案)과 그림[畵]을 아울러 이르는 말. ② 그림을 그리는 일. 또는 그려 놓은 그림.

▸도화-서 圖畵署 (관청 서). 역사 조선 때, 그림[圖畵]에 관한 일을 맡아보던 관아[署]. 성종 때 도화원을 고친 것이다. ¶도화서 화원으로 뽑혔다.

▸도화-원 圖畵院 (관청 원). 역사 조선 때, 그림[圖畵]에 관한 일을 맡아보던 관아[院].

▸도화-지 圖畵紙 (종이 지). 그림을 그리는 [圖畵] 데 쓰는 종이[紙]. ¶도화지를 펼쳐 그림을 그렸다.

도ː화[3] 導火 (이끌 도, 불 화). ① 속뜻 폭약이 터지도록 이끄는[導] 불[火]. ② 사건의 원인이나 동기를 비유하여 이르는 말.

▸도ː화-선 導火線 (줄 선). ① 속뜻 폭약을 터트리기 위해 불을 붙이는[導火] 심지나 줄[線]. ② 사건이 일어나게 된 직접적인 원인. ¶그 사건은 민란(民亂)의 도화선이 되었다.

도회 都會 (모두 도, 모일 회). ① 속뜻 사람들이 모두[都] 모임[會]. ② '도회지'(都會地)의 준말.

▸도회-병 都會病 (병 병). ① 속뜻 도회지(都會地) 사람들에게 생기기 쉬운 병(病). 도회지 특유의 생활환경이나 격심한 생존 경쟁 때문에 발생한다. 또는 신경이 날카롭게 변하는 병. ② 시골 사람이 도회지를 몹시 동경하는 경향.

▸도회-지 都會地 (땅 지). 사람들이 많이 모여[都會] 살아 번화한 지역(地域). ㊐도시(都市). ㊫시골.

도흔 刀痕 (칼 도, 흉터 흔). 칼에[刀] 베인 흔적(痕迹).

독감 毒感 (독할 독, 느낄 감). ① 속뜻 지독(至

毒)한 감기(感氣). 병세가 심한 감기. ② 의학 인플루엔자 바이러스에 의해 일어나는 감기. 고열과 함께 폐렴, 중이염, 뇌염 따위의 합병증을 일으킨다. ㊐유행성 감기.

독거 獨居 (홀로 독, 살 거). ① 속뜻 혼자서[獨] 삶[居]. 또는 홀로 지냄. ② 교도소에서 감방 하나에 죄수 한 사람만 홀로 지냄. ¶독거 감방. ㊐독처(獨處).

독경 讀經 (읽을 독, 책 경). 불교 불경(佛經)을 소리 내어 읽음[讀]. ¶독경 소리가 들린다.

독공 獨功 (홀로 독, 공로 공). 판소리 가객(歌客)들이 득음(得音)을 하기 위해 혼자[獨] 토굴 또는 폭포 앞에서 공(功)을 들이는 발성 훈련.

독균 毒菌 (독할 독, 세균 균). ① 속뜻 독(毒)이 있는 균류(菌類). ② 식물 독이 있는 버섯.

독-극물 毒劇物 (독할 독, 심할 극, 만물 물). 법률 법에서 정한 독약(毒藥) 물질과 극약(劇藥) 물질(物質)을 통틀어 이르는 말. ¶독극물에 중독되다.

독기 毒氣 (독할 독, 기운 기). ① 속뜻 독(毒)의 기운(氣運)이나 성분. ② 사납고 모진 기운이나 기색. ¶독기를 품다. ㊐독성(毒性), 독소(毒素), 살기(殺氣), 악의(惡意).

독단 獨斷 (홀로 독, 끊을 단). ① 속뜻 남과 상의하지도 않고 혼자서[獨] 판단(判斷)하고 결정함. ¶그는 늘 독단으로 일을 처리한다. ② 철학 근본적인 연구를 하지 않고 주관적인 편견으로 판단함. ㊐독전(獨專).

▸독단-론 獨斷論 (논할 론). 철학 ① 일반적으로 불완전한 점이나 잘못된 점을 검토하지 않고 주관적 편견으로 판단하거나 주장하는[獨斷] 이론(理論). ② 인간의 인식 능력에 관한 비판 없이 그대로 인식의 타당성을 믿는 이론.

▸독단-적 獨斷的 (것 적). 독단[獨斷]으로 하는 것[的].

▸독단 비:평 獨斷批評 (따질 비, 평할 평). 문학 자신[獨]의 주관과 견해에 따라 내리는[斷] 비평(批評).

독대 獨對 (홀로 독, 대할 대). ① 속뜻 윗사람을 혼자[獨] 만나는[對] 일. ¶사장님과의 독대. ② 벼슬아치가 다른 사람 없이 혼자 임금과 마주앉아 정치에 관한 의견을 나누던 일.

독도 獨島 (홀로 독, 섬 도). ① 속뜻 홀로[獨] 우뚝 솟아 있는 섬[島]. ② 지리 경상북도 울릉군에 속하는 화산섬으로, 동도(東島)와 서도(西島) 및 작은 섬들로 이루어져 있음.

독도-법 讀圖法 (읽을 독, 그림 도, 법 법). 지도(地圖)를 독해(讀解)하는 방법(方法). 지도에 표시되어 있는 내용을 해독하는 방법.

독두 禿頭 (대머리 독, 머리 두). 머리털이 많이 빠져서 벗어진[禿] 머리[頭]. 또는 그런 사람.

▸독두-병 禿頭病 (병 병). 의학 머리카락이 조금씩 빠져서 대머리[禿頭]가 되는 병(病). 머릿속의 지방질 과다, 영양 부족, 신경 장애, 기생충 따위가 원인이다.

독락 獨樂 (홀로 독, 즐길 락). 혼자서[獨] 즐김[樂].

▸독락-팔곡 獨樂八曲 (여덟 팔, 노래 곡). 문학 조선 선조 때 권호문이 빈부귀천을 하늘에 맡기고 일생을 한가롭게 즐기며[獨樂] 살아가는 멋과 자연의 아름다움을 읊은 8[八]수로 된 경기체가[別曲]. ㊟독락곡.

독려 督勵 (살필 독, 힘쓸 려). 감독(監督)하며 격려(激勵)함. ¶학생들을 독려하다.

독력 獨力 (홀로 독, 힘 력). 혼자[獨]의 힘[力]. ¶그는 힘든 일을 독력으로 해결하였다.

독립 獨立 (홀로 독, 설 립). ① 속뜻 독자적(獨自的)으로 존립(存立)함. ② 다른 것에 예속하거나 의존하지 않는 상태로 있음. ③ 법률 개인이 한 집안을 이루고 완전히 사권(私權)을 행사하는 능력을 가짐. ④ 정치 한 나라가 정치적으로 완전한 주권을 행사함.

▸독립-관 獨立館 (집 관). 역사 조선 고종 때 서재필, 윤치호 등이 모화관을 고쳐 세운 독립(獨立) 협회의 회관(會館).

▸독립-국 獨立國 (나라 국). 정치 독립(獨立)된 주권을 가진 나라[國]. '독립국가'(獨立國家)의 준말. ¶우크라이나는 신생 독립국이다. ㊥속국(屬國).

▸독립-군 獨立軍 (군사 군). 나라의 독립(獨立)을 이루기 위하여 싸우는 군대(軍隊).

▸독립-권 獨立權 (권리 권). 정치 한 나라가

독립적(獨立的)으로 대내외적인 문제를 처리할 수 있는 권리(權利).

▸독립-문 獨立門 (문 문). 고적 1898년 서재필을 중심으로 한 독립협회가 우리나라의 영구 독립(獨立)을 선언하기 위하여 영은문이 있던 자리에 돌을 이용해 세운 문(門). 사적 제32호.

▸독립-심 獨立心 (마음 심). 남에게 의지하지 않고 살아가려는[獨立] 마음[心]. ¶독립심이 강해야 성공할 수 있다.

▸독립-어 獨立語 (말씀 어). 언어 문장 내의 다른 성분과 밀접한 관계없이 독립적(獨立的)으로 쓰는 말[語]. 감탄사, 호격 조사가 붙은 명사, 제시어, 대답하는 말, 문장 접속 부사 등으로 '아, 별이 밝다', '아가야, 이리 와라', '바다, 여름을 부르는 소리', '예, 그렇습니다'에서 '아', '아가야', '바다', '예' 따위.

▸독립-언 獨立言 (말씀 언). 언어 독립적(獨立的)으로 쓰이는 말[語]. 감탄사를 이른다.

▸독립-인 獨立人 (사람 인). 법률 한 개인이 독립적(獨立的)으로 권리를 행사할 수 있는 능력이 있는 사람[人].

▸독립-적 獨立的 (것 적). 남의 도움을 받지 않고 자기 힘으로 어떤 일을 해내는[獨立] 것[的]. ¶부모로부터 독립적인 생활을 하다.

▸독립-독행 獨立獨行 (홀로 독, 행할 행). 남에게 의지하지 않고 독립적(獨立的)으로 판단하여 행동함[獨行]. ⑪독립독보(獨立獨步).

▸독립 변:수 獨立變數 (바뀔 변, 셀 수). ① 수학 함수 관계에서 다른 변수의 변화와는 관계없이 독립적(獨立的)으로 변화하고 이에 따라 다른 변수의 값을 결정하는 변수(變數). ② 심리 행동주의 심리학에서 실험자가 실험 조건으로 조작하는 변수. ⑪자변수(自變數), 독립 변인(獨立變因), 처치 변수(處置變數).

▸독립 사:건 獨立事件 (일 사, 것 건). 수학 다른 사건이 일어날 확률에 영향을 주지 않는 독립(獨立)된 사건(事件).

▸독립 선언 獨立宣言 (알릴 선, 말씀 언). 정치 한 나라가 독립적(獨立的)으로 완전한 주권을 행사하는 능력을 갖고 있다는 것을 국내외에 널리 알림[宣言].

▸독립 성분 獨立成分 (이룰 성, 나눌 분). 언어 문장의 주성분이나 부속 성분과 직접적인 관련을 맺지 않고 독립적(獨立的)으로 떨어져 있는 성분(成分).

▸독립-신문 獨立新聞 (새 신, 들을 문). 역사 ① 독립협회(獨立協會)의 서재필, 윤치호가 1896년에 창간한 우리나라 최초의 민간 신문(新聞). ② 대한민국 임시 정부에서 발행하던 기관 신문.

▸독립어-구 獨立語句 (말씀 어, 글귀 구). 언어 문장에서 독립어(獨立語)의 구실을 하는 구(句).

▸독립 영양 獨立營養 (지을 영, 기를 양). 생물 무기 화합물을 섭취하여 그것을 원료로 몸속에서 필요한 유기 화합물을 스스로[獨立] 합성하는 생물체의 영양(營養) 섭취 양식.

▸독립 운:동 獨立運動 (돌 운, 움직일 동). ① 속뜻 나라의 독립(獨立)을 위해 벌이는 갖가지 운동(運動). ② 역사 1924년 11월경 중국 상해(上海)에서 순 한글로 편집하여 창간한 독립 운동지.

▸독립-자존 獨立自存 (스스로 자, 있을 존). 독립적(獨立的)으로 자기(自己)의 존재(存在)를 지킴.

▸독립-자존 獨立自尊 (스스로 자, 높을 존). 독립적(獨立的)으로 자기(自己)의 인격과 품위를 높임[尊].

▸독립 협회 獨立協會 (합칠 협, 모일 회). 역사 1896년에 서재필, 이상재, 윤치호 등이 조선의 독립(獨立)과 내정 개혁을 위하여 조직한 단체[協會].

▸독립 기념관 獨立紀念館 (벼리 기, 생각 념, 집 관). 고적 우리나라의 독립(自主獨立) 운동의 역사를 기리기 위하여 세운 기념관(紀念館). 1987년 8월 15일에 개관하였고, 충청남도 천안시 동남구 목천읍에 있다.

▸독립 선언서 獨立宣言書 (알릴 선, 말씀 언, 글 서). 역사 ① 1919년 3·1운동 때 한국의 독립(獨立)을 세계만방에 선포한 선언서(宣言書). ② 1776년 7월 4일 북미 합중국의 독립을 내외에 선언한 문서.

▸독립 채:산제 獨立採算制 (가려낼 채, 셀 산, 정할 제). 경제 국영 기업이 독립적(獨立的)으로 경영 수지를 맞춰[採算] 운영하는 제도(制度).

독무 獨舞 (홀로 독, 춤출 무). 예술 혼자서[獨] 추는 춤[舞]. ¶무대에서 그녀는 독무를 추었다.

독-무대 獨舞臺 (홀로 독, 춤출 무, 돈대 대). ① 속뜻 홀로[獨] 나와서 연기하는 무대(舞臺). ② 독차지하는 판. ¶재주 많은 그의 독무대였다.

독물 毒物 (독할 독, 만물 물). ① 속뜻 독(毒)이 들어 있는 물질(物質). ② 성미가 악독한 사람이나 짐승.

▶ 독물-학 毒物學 (배울 학). 약학 생체에 대한 독물(毒物)의 작용, 중독의 예방 및 치료 방법을 연구하는 학문(學問).

독방 獨房 (홀로 독, 방 방). ① 속뜻 혼자서[獨] 쓰는 방(房). ② 법률 죄수 한 사람만을 가두어 놓는 감방. '독거감방'(獨居監房)의 준말. ㊥독실(獨室).

▶ 독방-제 獨房制 (정할 제). 법률 죄수를 따로 떼어 홀로[獨] 방(房)에 가두어 두는 제도(制度). ㊥독거제(獨居制).

독배 毒杯 (독할 독, 잔 배). 독약(毒藥)이나 독주(毒酒)가 든 그릇[杯]. ¶그녀는 모든 걸 체념한 듯 독배를 받아들었다.

독백 獨白 (홀로 독, 말할 백). 연영 극에서 배우가 상대자 없이 혼자[獨] 대사를 말함[白]. 또는 그 대사(臺詞).

▶ 독백-체 獨白體 (모양 체). 혼자서[獨] 중얼거리는[白] 식으로 쓴 문체(文體).

▶ 독백-극 獨白劇 (연극 극). 연영 한 사람의 배우가 모든 배역을 혼자[獨] 맡아 하는 연극(演劇). ㊥모노드라마(monodrama).

독법 讀法 (읽을 독, 법 법). 글이나 책을 읽는[讀] 방법(方法). ¶독법을 익히다.

독보[1] 獨步 (홀로 독, 걸음 보). ① 속뜻 남이 감히 따를 수 없을 만큼 혼자[獨] 앞서 걸어 감[步]. 매우 뛰어남. ② 교도소 안에서 수감자가 교도원 없이 혼자 다니는 일. 또는 그렇게 하는 사람.

▶ 독보-적 獨步的 (것 적). 어떤 분야에서 남이 따를 수 없을 만큼 홀로[獨] 뛰어난[步] 것[的]. ¶그는 그 분야에서 독보적인 존재가 되었다.

독보[2] 讀譜 (읽을 독, 적어놓을 보). ① 속뜻 악보(樂譜)를 읽음[讀]. ② 음악 악보를 보고 연주하는 일. 악보에 쓰여 있는 내용을 음악으로 표현하는 일이다.

독본 讀本 (읽을 독, 책 본). ① 속뜻 내용을 읽고[讀] 그것을 익히기 위한 책[本]. ② 주로 일반인에게 전문 분야에 대한 기초적인 지식을 전달하기 위해 지은 입문서나 해설서. ¶한문 독본.

독부 毒婦 (독할 독, 여자 부). 성품이나 행동이 몹시 악독(惡毒)한 여자[婦]. ¶그녀를 독부라고 욕했다.

독불-장군 獨不將軍 (홀로 독, 아닐 불, 장수 장, 군사 군). ① 속뜻 혼자서는[獨] 장군(將軍)이 되지 못함[不]. ② '무슨 일이든 자기 생각대로 혼자서 처리하는 사람'을 비유하여 이르는 말. ¶그는 독불장군이라서 말해도 소용없다.

독사[1] 毒死 (독할 독, 죽을 사). 독약(毒藥)을 먹고 죽음[死].

독사[2] 毒蛇 (독할 독, 뱀 사). ① 속뜻 독(毒)을 내뿜는 뱀[蛇]. ¶독사에게 물리다. ② 동물 살무사. 살무삿과의 뱀으로 몸길이는 70㎝ 정도이며, 온몸은 비늘로 싸여있고 머리는 납작한 세모 모양이며 입 안의 독니에는 독액을 뿜는 구멍이 있다.

독사-신론 讀史新論 (읽을 독, 역사 사, 새 신, 논할 론). ① 속뜻 역사(歷史)를 읽는[讀] 새로운[新] 논설(論說). ② 역사 신채호가 1908년 8월부터 2차에 걸쳐 『대한매일신보』에 연재한 미완성 논설.

독-사진 獨寫眞 (홀로 독, 베낄 사, 참 진). 혼자[毒] 찍은 사진(寫眞).

독살 毒殺 (독할 독, 죽일 살). 독약이나 독침과 같은 독(毒)으로 사람을 죽임[殺]. ¶왕을 독살하였다.

독삼-탕 獨蔘湯 (홀로 독, 인삼 삼, 끓을 탕). 한의 오로지[獨] 인삼(人蔘) 한 가지만을 달여 만드는 탕약(湯藥).

독상 獨床 (홀로 독, 평상 상). 혼자서[獨] 먹도록 차린 음식상(飮食床). ¶손님을 위해 독상을 차리다. ㊥외상. ㊤겸상(兼床).

독생-자 獨生子 (홀로 독, 날 생, 아들 자). ① 속뜻 홀로[獨] 낳은[生] 아들[子]. ② 기독교 하나님의 외아들이라는 뜻으로, '예수'를 이르는 말.

독서 讀書 (읽을 독, 글 서). 글[書]을 읽음[讀]. ¶가을은 독서하기에 가장 좋은 계절이다.

▸독서-량 讀書量 (분량 량). 책[書]을 읽는[讀] 분량(分量). ¶독서량이 가장 많은 학생.

▸독서-실 讀書室 (방 실). 책[書]을 읽거나[讀] 공부를 할 수 있도록 따로 차려 놓은 방[室]. ¶밤늦게까지 독서실에서 책을 봤다.

▸독서-삼도 讀書三到 (석 삼, 이를 도). 독서(讀書) 할 때는 세[三] 가지 경지에 이르러야함[到]. 입으로 다른 말을 하지 않고 책을 읽는 구도(口到), 눈으로 다른 것을 보지 않고 책만 잘 보는 안도(眼到), 마음속에 깊이 새기는 심도(心到)를 이른다.

▸독서-삼매 讀書三昧 (석 삼, 새벽 매). 다른 생각은 전혀 않고 오직 책 읽기에만[讀書] 집중하는[三昧] 것. ¶독서삼매에 빠지다.

▸독서-삼여 讀書三餘 (석 삼, 남을 여). 책[書]을 읽기에[讀] 적당한 세[三] 가지 여가(餘暇). 겨울, 밤, 비가 올 때이다. ㊤삼여.

▸독서-삼품과 讀書三品科 (셋 삼, 품위 품, 조목 과). **역사** 신라 때, 귀족의 자제에 한하여 독서(讀書)에 능통한 정도를 삼품(三品)으로 나누어 관리로 등용하던 과거(科擧) 제도.

독선 獨善 (홀로 독, 좋을 선). 자기 한 몸[獨]의 선(善)만을 꾀함. ¶독선에 빠지다 / 매우 독선적이다. ㊥독선기신(獨善其身).

▸독선-주의 獨善主義 (주될 주, 뜻 의). **철학** 남의 이해나 처지를 고려하지 않고 자신의 관점만이[獨] 옳다고[善] 여기는 사상이나 태도[主義].

독-선생 獨先生 (홀로 독, 먼저 선, 날 생). 한[獨] 아이만 맡아서 가르치는 선생(先生). ㊥가정교사(家庭敎師).

독설 毒舌 (독할 독, 말 설). 남을 해치거나 비방하는 모질고 악독(惡毒)한 말[舌]. ¶그는 연설 중 독설을 퍼부었다. ㊥독변(毒辯), 독언(毒言).

독성 毒性 (독할 독, 성질 성). ① **속뜻** 독(毒)이 있는 성분(性分). ¶정화 시설로 독성을 제거하다. ② 독한 성질. ③ **생물** 병원균이 질병을 일으킬 수 있는 능력. 넓게는 숙주로 인하여 나타나는 심각한 병의 증상을 이른다. ㊥독력(毒力).

독소 毒素 (독할 독, 바탕 소). ① **속뜻** 해로운[毒] 요소(要素). ② **생물** 생명체에 유독한 모든 물질. 세균이나 쌍편모충류(雙鞭毛蟲類)·조류(藻類)와 같은 미생물이 만드는 독소 외에 진균류·고등식물·동물이 만드는 진균독소·식물독소·동물독소 등이 있다. ¶패스트푸드를 많이 먹으면 몸 안에 독소가 쌓인다.

독송 讀誦 (읽을 독, 욀 송). 소리 내어 읽거나[讀] 외움[誦]. ¶경전을 독송하다.

독수 毒手 (독할 독, 솜씨 수). 남을 해치려는 악독(惡毒)한 수단(手段)을 비유하여 이르는 말. ¶독수에 걸리다 / 독수를 뻗치다.

독수-공방 獨守空房 (홀로 독, 지킬 수, 빌 공, 방 방). ① **속뜻** 빈[空] 방(房)을 혼자서[獨] 지킴[守]. ② 아내가 남편 없이 혼자 지내는 것. ㊥독숙공방(獨宿空房).

독숙 獨宿 (홀로 독, 잠잘 숙). ① **속뜻** 홀로[獨] 잠[宿]. ② 독수공방(獨守空房).

▸독숙-공방 獨宿空房 (빌 공, 방 방). 빈[空] 방(房)에서 홀로[獨] 잠[宿]. ㊥독수공방(獨守空房).

독순-술 讀脣術 (읽을 독, 입술 순, 꾀 술). 입술[脣]이 움직이는 모양을 보고 상대편이 하는 말을 읽어내는[讀] 기술(技術). ㊥독순법(讀脣法).

독습 獨習 (홀로 독, 익힐 습). 스승 없이 혼자[獨] 배워서 익힘[習]. ¶할아버지는 사서오경을 독습하셨다. ㊥독학(獨學).

독시 毒弑 (독할 독, 죽일 시). 독약(毒藥)으로 윗사람을 죽임[弑].

독식 獨食 (홀로 독, 먹을 식). ① **속뜻** 혼자서[獨] 먹음[食]. ② '성과나 이익 따위를 혼자서 다 차지함'을 비유하여 이르는 말. ¶케나다는 이번 동계올림픽에서 금메달을 독식하였다.

독신[1] 篤信 (도타울 독, 믿을 신). 깊고 확실하게[篤] 믿음[信]. 또는 그런 신앙이나 신념.

독신[2] 瀆神 (더럽힐 독, 귀신 신). 신(神)을 모독(冒瀆)함. ¶진화론은 창조론을 믿는 신자들에게는 일종의 독신 행위로 여겨진다.

독신[3] 獨身 (홀로 독, 몸 신). 배우자가 없어 혼자[獨] 사는 몸[身]. 또는 그런 사람. ¶그는 독신 생활을 즐기고 있다. ㊥홀몸.

▸독신-녀 獨身女 (여자 녀). 배우자가 없이 혼자[獨身] 사는 여자(女子).

▸독신-자 獨身者 (사람 자). 배우자가 없이 혼자[獨身] 사는 사람[者]. ¶이곳은 독신자들을 위한 아파트이다.

▸독신-주의 獨身主義 (주될 주, 뜻 의). 배우자가 없이 평생을 혼자[獨身] 지내려는 사상이나 태도[主義].

독실[1] **獨室** (홀로 독, 방 실). 혼자서[獨] 쓰는 방[室]. ¶아버지는 형에게 독실을 내주셨다. ㊥독방(獨房).

독실[2] **篤實** (도타울 독, 참될 실). 믿음이 두텁고[篤] 성실(誠實)하다. ¶그는 독실한 신자이다.

독심 **毒心** (독할 독, 마음 심). 독살(毒殺)스러운 마음[心]. ¶독심을 품다.

독심-술 **讀心術** (읽을 독, 마음 심, 꾀 술). 상대편의 몸가짐이나 얼굴 표정, 얼굴 근육의 움직임 따위로 속마음[心]을 읽어내는[讀] 기술(技術). ¶어머니는 독심술이라도 익혔는지 내 생각을 족집게처럼 맞추셨다.

독아 **毒牙** (독할 독, 어금니 아). ① 속뜻 독(毒)이 있는 이[牙]. ② 남을 해치려는 악랄한 수단.

독액 **毒液** (독할 독, 진 액). 독(毒)성분이 들어 있는 액체(液體). ¶독사의 이빨에서는 독액이 흘러나온다. ㊥독즙.

독야청청 **獨也靑靑** (홀로 독, 어조사 야, 푸를 청, 푸를 청). ① 속뜻 홀로[獨] 푸르디[靑] 푸름[靑]. ② '홀로 절개를 굳세게 지키고 있음'을 비유하여 이르는 말.

독야 **獨夜** (홀로 독, 밤 야). 아무도 없이 혼자[獨] 지내는 밤[夜].

독약 **毒藥** (독할 독, 약 약). 독성(毒性)을 가진 약제(藥劑). 극약보다 독성이 한층 강하여 극히 적은 양으로도 사람이나 동물의 건강이나 생명을 해칠 수 있다. ¶술은 마시기에 따라서 보약이 될 수도 있고 독약이 될 수도 있다. ㊥극약(劇藥). ㉫보약(補藥).

독어[1] **獨語** (독일 독, 말씀 어). 언어 독일(獨逸)·오스트리아·스위스 등지에서 쓰는 말[語]. '독일어'의 준말.

독어[2] **獨語** (홀로 독, 말씀 어). 말을 하는 상대가 없이 혼자서[獨] 하는 말[語]. ㊥혼잣말.

독염 **毒焰** (독할 독, 불꽃 염). ① 속뜻 독기(毒氣)를 내뿜는 불꽃[焰]. ② 독살스러운 기세를 비유하여 이르는 말. ¶그녀의 눈에서는 독염이 불타오르는 듯하였다.

독음 **讀音** (읽을 독, 소리 음). ① 속뜻 글을 읽는[讀] 소리[音]. ② 한자(漢字)의 음.

독일 **獨逸** (홀로 독, 달아날 일). 지리 '도이칠란트'(Deutschland)의 한자 음역어. ¶독일은 자동차 산업이 발달했다.

▸독일-어 獨逸語 (말씀 어). 언어 독일(獨逸)에서 사용하는 언어(言語). 주변 오스트리아, 스위스, 룩셈부르크, 벨기에 등지에서도 쓰며,복잡한 어형 변화와 다양한 복합어 형성 따위가 특징이다. ㉰독어.

독자[1] **獨子** (홀로 독, 아들 자). 단 하나뿐인[獨] 아들[子]. ¶그는 삼대 독자이다. ㉫독녀(獨女).

독자[2] **獨自** (홀로 독, 스스로 자). ① 속뜻 남에게 기대지 않고 혼자[獨] 스스로[自]. ¶독자 노선. ② 다른 것과 구별되는 그 자체만의 특유함. ¶독자 모델.

▸독자-적 獨自的 (것 적). ① 속뜻 자기 혼자서[獨自] 하는 것[的]. ② 자신에게만 독특한 것. ¶독자적인 기술을 개발하다.

독자[3] **讀者** (읽을 독, 사람 자). 책, 신문, 잡지 따위의 글을 읽는[讀] 사람[者]. ¶이 책은 독자의 사랑을 받고 있다. ㉫저자(著者).

▸독자-란 讀者欄 (칸 란). 신문이나 잡지 따위에서 독자(讀者)의 글을 싣는 칸[欄]. ¶독자란에 '주택가 주차공간'에 관한 글을 투고했다.

독작 **獨酌** (홀로 독, 술따를 작). 술을 따라 주거나 권하는 상대가 없이 혼자서[獨] 술을 따라[酌] 마심. ㊥독배(獨杯).

독재 **獨裁** (홀로 독, 처리할 재). ① 속뜻 독단(獨斷)적으로 처리함[裁]. ¶독재 정권을 타도하다. ② 정치 민주적인 절차를 부정하고 통치자의 독단으로 행하는 정치. '독재정치'(獨裁政治)의 준말. ¶독재 군주국. ㉫민주(民主).

▸독재-자 獨裁者 (사람 자). ① 속뜻 모든 일을 독단적으로 판단하여 처리하는[獨裁] 사람[者]. ¶독재자에 항거하다. ② 절대 권력을 가지고 독재 정치를 하는 사람. ¶독재자 히틀러.

▸독재 정치 獨裁政治 (정사 정, 다스릴 치). 정치 민주적인 절차를 부정하고 통치자의

독단으로 행하는[獨裁] 정치(政治). 고대 로마의 체제, 독일의 나치즘, 이탈리아의 파시즘, 일본의 군국주의 따위. ㊎독재.

독점 獨占 (홀로 독, 차지할 점). ① 속뜻 혼자서[獨] 모두 차지함[占]. ¶그는 우리와 독점 계약을 맺었다. ② 경제 한 기업(개인)이 생산과 시장을 지배하여 이익을 독차지함. ¶석유 판매를 독점하다. ㊥독차지. ㊦공유(共有).

▶독점-물 獨占物 (만물 물). 혼자서[獨] 차지하고[占] 있는 물건(物件). ¶골프는 더 이상 부유층의 독점물이 아니다.

▶독점 가격 獨占價格 (값 가, 이를 격). 경제 매입자(買入者)나 매출자(賣出者)가 시장을 독점(獨占)하여 형성된 가격(價格).

▶독점 관세 獨占關稅 (빗장 관, 세금 세). 경제 특정 국산품의 독점적(獨占的) 시장을 보호하기 위해 동종의 수입 상품에 부과하는 세금[關稅]. ¶쌀에 독점 관세를 매기다. ㊥카르텔(Kartell) 관세.

▶독점 기업 獨占企業 (꾀할 기, 일 업). 경제 시장 전체, 혹은 대부분의 공급량을 혼자서[獨] 점유(占有)하는 기업(企業). ¶다양한 상품개발로 독점 기업이 사라졌다. ㊥독점체(獨占體).

▶독점 사:업 獨占事業 (일 사, 일 업). 경제 ① 공중(公衆)의 생활에서 긴요한 것으로서 독점적(獨占的)인 성격을 띤 사업(事業). ② 한 회사가 생산과 판매를 독점하고 있는 사업.

▶독점 자본 獨占資本 (재물 자, 밑 본). 경제 생산과 자본의 집적에 의해서 생기는 독점적(獨占的) 자본(資本).

▶독점적 경:쟁 獨占的競爭 (것 적, 겨룰 경, 다툴 쟁). 경제 각 공급자의 생산물 사이에 질이나 가격이 차이가 있을 때 우수한 물품이 시장에서 어느 정도 독점력(獨占力)을 가지게 되는 상태의 경쟁(競爭).

▶독점 자본주의 獨占資本主義 (재물 자, 밑 본, 주될 주, 뜻 의). 경제 생산과 자본이 고도로 집적(集積)되고 은행 자본과 산업 자본이 융합되며 거대한 소수의 독점적(獨占的)인 기업이 지배적인 힘을 가지게 되는 자본주의(資本主義) 상태.

독존[1] 獨存 (홀로 독, 있을 존). 홀로[獨] 존재(存在)함. ㊦병존(竝存).

독존[2] 獨尊 (홀로 독, 높을 존). ① 속뜻 덕망이 높아 사람들의 존경(尊敬)을 독차지[獨占]함. ② 혼자만 높고 귀함.

독종 毒種 (독할 독, 갈래 종). 성질이 매우 독(毒)한 인종(人種). ¶그는 담배를 끊은 독종이다.

독주[1] 毒酒 (독할 독, 술 주). ① 속뜻 매우 독(毒)한 술[酒]. ② 독약을 탄 술.

독주[2] 獨走 (홀로 독, 달릴 주). ① 속뜻 혼자서[獨] 뜀[走]. ② 승부를 다투는 일에서 다른 경쟁 상대를 뒤로 떼어 놓고 혼자서 앞서 나감. ¶자동차시장에서 그 기업의 독주를 막을 수 없다. ③ 남을 아랑곳하지 않고 혼자서 행동함. ¶국회는 행정부의 독주를 견제하는 기구이다.

독주[3] 獨奏 (홀로 독, 연주할 주). 음악 홀로[獨] 하는 연주(演奏). ¶피아노 독주. ㊦합주(合奏).

▶독주-곡 獨奏曲 (노래 곡). 음악 독주(獨奏)를 위하여 지은 곡(曲). ㊦합주곡.

▶독주-자 獨奏者 (사람 자). 혼자서[獨] 연주하는[奏] 사람[者].

독지 篤志 (도타울 독, 마음 지). 도탑고[篤] 친절한 마음[志]. ¶그는 독지사업에 온 재산을 쏟아 부었다.

▶독지-가 篤志家 (사람 가). ① 속뜻 도탑고[篤] 친절한 마음[志]을 가진 사람[家]. ② 남을 위한 자선 사업이나 사회사업에 물심양면으로 참여하여 지원하는 사람. ¶익명의 독지가가 20억 원을 기부했다.

독직 瀆職 (더럽힐 독, 일 직). 어떤 직책에 있는 사람이 그 직책(職責)을 더럽힘[瀆]. 특히 공무원이 그 지위나 직권을 남용하여 뇌물을 받는 따위의 부정한 행위를 저지르는 것을 이른다. ㊥오직(汚職).

▶독직-죄 瀆職罪 (허물 죄). 법률 지위를[職] 더럽힐만한[瀆] 죄(罪). 공무원이 지위나 직무를 이용하여 저지르는 죄(罪). 직권 남용죄, 직무 위배죄, 뇌물죄 따위.

독창[1] 獨唱 (홀로 독, 부를 창). 성악에서 혼자서[獨] 노래를 부름[唱]. 또는 그 노래. ㊦합창(合唱).

▶독창-곡 獨唱曲 (노래 곡). 음악 혼자서[獨] 부르기[唱]에 알맞은 노래의 곡(曲). ㊦합창곡.

▸독창-회 獨唱會 (모일 회). 음악 한 사람이 [獨] 노래하는[唱] 음악회(音樂會). ¶그의 독창회가 열린다.

독창² **獨創** (홀로 독, 처음 창). 혼자서[獨] 처음[創] 생각해 냄. 또는 처음 만들어 냄. ¶독창적인 발상.

▸독창-력 獨創力 (힘 력). 다른 것을 모방하지 않고 혼자서[獨] 처음[創] 만들어 내거나 생각해 내는 능력(能力).

▸독창-성 獨創性 (성질 성). 혼자서[獨] 처음[創] 시도하는 성향(性向)이나 성질(性質). ¶이 작품은 독창성이 뛰어나다.

▸독창-적 獨創的 (것 적). 다른 것을 모방하지 않고 혼자서[獨] 처음[創] 만들어 내거나 생각해 내는 것[的]. ¶독창적인 방법으로 문을 열었다. 반모방성.

독초 **毒草** (독할 독, 풀 초). ① 속뜻 독(毒)이 들어 있는 풀[草]. ②몹시 쓰고 독한 담배.

독촉 **督促** (살필 독, 재촉할 촉). ① 속뜻 일이나 행동을 잘 살펴보아[督] 재촉함[促]. ¶그렇게 독촉하지 마. ② 법률 납세자가 세금을 납부 기한까지 내지 아니할 경우에 독촉장으로 납부하도록 통지하는 일. 압류의 전제 조건이다. 비재촉, 독책(督責), 최박(催迫).

독충 **毒蟲** (독할 독, 벌레 충). 독(毒)을 가진 벌레[蟲]. 모기, 벼룩, 빈대 따위. ¶독충들이 달라붙다.

독침¹ **毒針** (독할 독, 바늘 침). 독(毒)을 묻힌 바늘 따위의 침(針). ¶벌은 독침이 있다.

독침² **獨寢** (홀로 독, 잠잘 침). ① 속뜻 혼자서[獨] 잠[寢]. ②부부가 함께 자지 않고 따로 잠.

독탕 **獨湯** (홀로 독, 욕탕 탕). 혼자서[獨] 따로 쓰는 목욕탕(沐浴湯). 비외탕.

⁑**독특** **獨特** (홀로 독, 특별할 특). ① 속뜻 홀로[獨] 특별(特別)함. 홀로 유별남. ¶냄새가 독특하다. ②다른 것과 견줄 수 없을 정도로 매우 뛰어남. 특별히 독창적임. ¶독특한 기술.

독파 **讀破** (읽을 독, 깨뜨릴 파). 많은 분량의 책이나 글을 처음부터 끝까지 모두 다 읽어[讀] 버림[破]. ¶하룻밤 새 삼국지를 독파했다. 비독료(讀了).

독필¹ **禿筆** (대머리 독, 붓 필). ① 속뜻 붓촉이 닳아서 무디어진[禿] 붓[筆]. ②자신이 쓴 문장을 겸손하게 이르는 말. 비몽당붓.

독필² **毒筆** (독할 독, 글씨 필). 남에게 해독(害毒)을 끼치는 글[筆]. 남을 욕하고 비방하는 글.

독학¹ **篤學** (도타울 독, 배울 학). 학문(學問)에 충실함[篤].

독학² **獨學** (홀로 독, 배울 학). 스승이 없거나 학교에 다니지 않고 혼자서[獨] 공부함[學]. ¶그는 일본어를 독학했다.

독항-선 **獨航船** (홀로 독, 배 항, 배 선). ① 속뜻 홀로[獨] 항해(航海)하며 고기를 잡는 배[船]. ②원양 어업에서 육상 기지나 모선(母船)에 딸려 직접 고기를 잡아 그것을 모선에 넘기는 배.

독해¹ **毒害** (독할 독, 해칠 해). ① 속뜻 독(毒)이 주는 해로움[害]. ②심한 피해. 또는 커다란 재앙. ③독으로 남을 죽임.

독해² **讀解** (읽을 독, 풀 해). 글을 읽어서[讀] 뜻을 이해(理解)함.

▸독해-력 讀解力 (힘 력). 글을 읽어서[讀] 뜻을 이해(理解)하는 능력(能力). ¶독해력이 향상되다.

독행 **篤行** (도타울 독, 행할 행). 성실하고 친절한[篤] 행동(行動).

독혈 **毒血** (독할 독, 피 혈). ① 속뜻 독(毒)이 섞인 피[血]. ②나쁜 피. ¶침을 놓은 자리에서 조금씩 독혈이 흘러나왔다.

독회 **讀會** (읽을 독, 모일 회). ① 속뜻 책이나 글을 여럿이 모여 함께 책을 읽고[讀] 토론하는 모임[會]. ¶고전 독회에 참석하다. ② 법률 의회에서, 중요한 법률안을 신중하게 다루기 위해 세 번으로 나누어 심의하는 일. 또는 그런 모임. 제1독회에서는 제출된 법률안에 대한 설명·질의·응답이 이루어지고, 제2독회에서는 축조심의를 하고, 제3독회에서는 의안에 대한 가부(可否)를 결정한다.

독후-감 **讀後感** (읽을 독, 뒤 후, 느낄 감). 책이나 글 따위를 읽고[讀] 난 뒤[後]의 느낌[感]. 또는 그런 느낌을 적은 글. ¶『돈키호테』를 읽고 독후감을 썼다.

돈견 **豚犬** (돼지 돈, 개 견). ① 속뜻 돼지[豚]와 개[犬]를 아울러 이르는 말. ②자기 집 자식들을 남에게 겸손하게 이르는 말. ¶저의 돈견들을 잘 보살펴 주어서 대단히 감사합니다. ㊥가아(家兒), 돈아(豚兒).

돈대 墩臺 (돈대 돈, 돈대 대). 평지보다 높직하게 돋운 평평한 땅[墩=臺].

돈독 敦篤 (도타울 돈, 도타울 독). 인정이 두텁다[敦=篤]. ¶형제간의 우애가 돈독하다.

돈목 敦睦 (도타울 돈, 화목할 목). ① 속뜻 정이 두텁고[敦] 화목(和睦)함. ¶그는 우애 돈목은 물론이거니와 친구와 이웃에게까지도 친절하였다. ② 돈친(敦親).

돈사[1] 豚舍 (돼지 돈, 집 사). 돼지[豚]를 키우는 우리[舍]. ¶돈사에는 돼지가 한 마리도 없다.

돈:수[2] 頓首 (조아릴 돈, 머리 수). ① 속뜻 머리[首]를 조아려[頓] 땅에 닿도록 하는 절. ② 편지의 첫머리나 끝에 상대편에 대한 경의를 표하기 위해 쓰는 말. ㊀돈.

▸돈:수-재배 頓首再拜 (다시 재, 절 배). ① 속뜻 머리[首]가 땅에 닿도록[頓] 두[再]번 절함[拜]. 또는 그렇게 하는 절. ② 경의를 표하는 뜻으로, 주로 편지의 첫머리나 끝에 쓰는 말의 하나이다.

돈아 豚兒 (돼지 돈, 아이 아). ① 속뜻 미련한 돼지[豚] 같은 아이[兒]. ② 남에게 '자기 아들'을 낮추어 이르는 말. ㊥가아(家兒), 돈견(豚犬).

돈:오 頓悟 (갑자기 돈, 깨달을 오). ① 속뜻 갑자기[頓] 깨달음[悟]. ② 불교 처음부터 바로 대승의 깊고 묘한 교리를 듣고 단번에 깨달음. ㊥돈각(頓覺). ㊟점오(漸悟).

▸돈:오-점수 頓悟漸修 (점점 점, 닦을 수). 불교 문득[頓] 깨달은[悟] 후에도 반드시 점진적(漸進的)으로 수행(修行)을 계속 해야 함.

돈육 豚肉 (돼지 돈, 고기 육). 식용으로 하는 돼지[豚]의 고기[肉]. ㊥돼지고기.

돈의-문 敦義門 (도타울 돈, 옳을 의, 문 문). ① 속뜻 나라에 충성하는 뜻[義]을 도탑게[敦] 한다는 뜻을 담은 성문(城門). ② 고적 '서대문'(西大門)의 본이름. 조선시대에 건립한 한양 도성의 서쪽 정문으로 지금은 터만 남아있다. ㊟사대문(四大門).

돈:절 頓絶 (깨질 돈, 끊을 절). ① 속뜻 깨지고[頓] 끊어짐[絶]. ② 편지나 소식 따위가 딱 끊어짐. ¶소식이 돈절인 것이 자못 아쉽다.

돈:좌 頓挫 (깨질 돈, 꺾을 좌). ① 속뜻 기세 따위가 갑자기 깨지고[頓] 꺾임[挫]. ② 일이나 계획 따위가 갑자기 틀어짐.

돈호-법 頓呼法 (갑자기 돈, 부를 호, 법 법). 문학 문장 처음에 갑자기[頓] 사람이나 사물의 이름을 불러[呼] 주의를 불러일으키는 수사법(修辭法).

돈후 敦厚 (도타울 돈, 두터울 후). 마음이 도탑고[敦] 정이 두텁다[厚]. ¶성정이 돈후하다.

돌격 突擊 (갑자기 돌, 칠 격). ① 속뜻 갑자기[突] 냅다 침[擊]. ¶그는 느닷없이 나에게 돌격했다. ② 군사 공격 전투의 마지막 단계에 적진으로 돌진하여 공격함. 또는 그런 일. ¶돌격 앞으로! ㊥습격(襲擊), 돌진(突進).

돌기 突起 (갑자기 돌, 일어날 기). ① 속뜻 어떤 일이 갑자기[突] 일어남[起]. ② 뾰족하게 내밀거나 도드라짐. 또는 그런 부분. ¶해삼은 겉에 많은 돌기가 있다.

돌발 突發 (갑자기 돌, 나타날 발). 뜻밖의 일이 갑자기[突] 생겨남[發]. ¶돌발사고 / 돌발 상황. ㊥우발(偶發).

▸돌발-적 突發的 (것 적). 뜻밖에 일어나는[突發] 것[的]. ¶돌발적인 상황에 대처하다.

돌변 突變 (갑자기 돌, 바뀔 변). 뜻밖에 갑자기[突] 달라짐[變]. 또는 그런 변화. ¶돌변에 대비하다 / 태도가 돌변하다.

돌연 突然 (갑자기 돌, 그러할 연). 갑작스러운[突] 모양[然]. 갑자기 일어난. ¶돌연 그만두다 / 돌연한 죽음. ㊥별안간, 갑자기.

▸돌연-변:이 突然變異 (바뀔 변, 다를 이). 생물 갑자기[突然] 변(變)하여 달라진[異] 형질이 나타나는 유전 현상. ㊥우연변이(偶然變異).

▸돌연변이-설 突然變異說 (바뀔 변, 다를 이, 말씀 설). 생물 돌연변이(突然變異)에 의하여 생긴 새로운 적응 형질만이 새로운 종(種)으로 진화한다는 학설(學說). 네덜란드의 식물학자 더프리스가 제창하였다.

돌입 突入 (갑자기 돌, 들 입). 세찬 기세로 갑자기[突] 뛰어듦[入]. ¶파업에 돌입하다.

돌진 突進 (갑자기 돌, 나아갈 진). 세찬 기세로 거침없이[突] 곧장 나아감[進]. ㊐돌입(突入), 돌격(突擊).

돌출 突出 (갑자기 돌, 날 출). ① 속뜻 예기치 못하게 갑자기[突] 쑥 나오거나[出] 불거짐. ¶돌출 행동 / 돌출된 발언. ②바깥쪽으로 쑥 내밀거나 불거져 있음. ¶광대뼈의 돌출 / 돌출된 바위.

돌파 突破 (부딪칠 돌, 깨뜨릴 파). ① 속뜻 부딪쳐서[突] 깨뜨려[破] 뚫고 나아감. ¶범인은 경찰 저지선을 돌파하고 도망쳤다. ② 일정한 기준이나 기록 따위를 지나서 넘어섬. ¶세계 인구가 65억을 돌파했다. ③장애나 어려움 따위를 이겨냄. ¶난관을 돌파하다.

▸돌파-구 突破口 (어귀 구). ① 속뜻 가로막은 것을 쳐서 깨뜨려 통과할[突破] 수 있도록 뚫은 통로나 입구(入口). ②부닥친 장애나 어려움 따위를 해결하는 실마리. ¶돌파구를 마련하다.

돌풍 突風 (갑자기 돌, 바람 풍). ① 속뜻 갑자기[突] 세게 부는 바람[風]. ¶돌풍이 일다 / 돌풍이 불다. ②갑작스럽게 큰 영향을 끼치는 현상을 이르는 말. ¶돌풍을 일으키다. ㊐급풍(急風).

동가 同價 (같을 동, 값 가). 같은[同] 값[價]. ㊐동값.

▸동가-홍상 同價紅裳 (붉을 홍, 치마 상). 같은[同] 값[價]이면 다홍[紅] 치마[裳]. 같은 값이면 좋은 물건을 가짐.

동감[1] 同感 (같을 동, 느낄 감). 어떤 견해나 의견에 대해 똑같이[同] 생각함[感]. ¶나는 그의 말에 동감했다. ㊐공감(共感). ㊎반감(反感).

동:감[2] 動感 (움직일 동, 느낄 감). 움직이는[動] 듯한 느낌[感]. ¶이 작품은 동감이 잘 표현되어 있다.

동갑 同甲 (같을 동, 천간 갑). ① 속뜻 육십갑자(六十甲子)가 같음[同]. ②같은 나이의 사람. ¶그는 나와 동갑이다. ㊐동년, 동치, 동경(同庚).

▸동갑-계 同甲契 (맺을 계). 같은[同] 나이[甲]의 사람끼리 친목을 꾀하기 위해 맺는 계(契). ㊐동경계(同庚契).

동거 同居 (같을 동, 살 거). ② 속뜻 한집이나 한방에서 같이[同] 삶[居]. ¶동거하고 있는 가족은 모두 다섯이다. ②부부가 아닌 남녀가 부부 관계를 가지며 한집에서 삶. ③ 생물 종류가 다른 동물이 한곳에 모여 함께 삶. ㊐공서(共棲). ㊎별거(別居).

동검 銅劍 (구리 동, 칼 검). 구리[銅]나 청동(靑銅)으로 만든 칼[劍]. 청동기 시대의 대표적 유물로 비파형 동검과 세형동검 등이 있다.

동격 同格 (같을 동, 자격 격). ① 속뜻 같은[同] 지위나 자격(資格). ¶고대에서 왕은 신과 동격으로 여겨졌다. ② 언어 한 문장에서, 어떤 단어나 구절이 다른 단어나 구절과 문장 구성에서 같은 기능을 가지는 일.

동:결 凍結 (얼 동, 맺을 결). ① 속뜻 추위나 냉각으로 얼어[凍] 붙음[結]. ¶동결 건조한 채소. ② 경제 자산이나 자금 따위의 사용이나 이동을 완전히 묶음. ¶금리를 동결하다. ③사업, 계획, 활동 따위가 중단됨. 또는 그렇게 함.

동경[1] 東京 (동녘 동, 서울 경). ① 속뜻 동쪽[東]에 있는 서울[京]. ② 역사 고려 시대에 사경(四京) 가운데 지금의 경주에 해당하는 행정 구역. ㊟사경(四京), 남경(南京), 서경(西京), 중경(中京).

동경[2] 東經 (동녘 동, 날실 경). 지리 지구 동반구(東半球)의 경도(經度). 본초 자오선을 0도로 하여 동쪽으로 180도까지의 경선이다. ¶서울은 동경 127도에 위치해 있다. ㊎서경(西經).

동:경[3] 動徑 (움직일 동, 지름길 경). 수학 점의 위치를 표시할 때 기준이 되는 점으로부터 움직이는[動] 어떤 점까지 그은 직선[徑]을 벡터로 하는 선분.

동경[4] 銅鏡 (구리 동, 거울 경). ① 속뜻 구리[銅]로 만든 거울[鏡]. ¶동경에 푸른 이끼가 꼈다. ② 고적 통일신라시대의 구리거울. 국보 제126-18호.

동:경[5] 憧憬 (그리워할 동, 그리워할 경). ① 속뜻 어떤 것을 간절히 그리워하여[憧=憬] 그것만을 생각함. ¶동경의 대상. ②마음이 스스로 들떠서 안정되지 아니함.

동경[6] 同庚 (같을 동, 나이 경). 같은[同] 나이[庚]. ㊐동갑(同甲).

▸동경-계 同庚契 (맺을 계). 같은[同] 나이

[庚]의 사람끼리 친목을 꾀하기 위해 맺는 계(契). ㊐동갑계(同甲契).

동:계[1] **冬季** (겨울 동, 철 계). 겨울[冬] 철[季]. ¶동계 올림픽 / 동계 훈련. ㊐동절(冬節). ㊙하계(夏季).

동:계[2] **動悸** (움직일 동, 두근거릴 계). 의학 심장의 박동(搏動)이 빠르고 세지는[悸] 일. 흥분, 과로, 심장병 따위로 말미암아 일어난다. ㊐두근거림.

동계[3] **同系** (같을 동, 이어 맬 계). 같은[同] 계통(系統). ¶동계 언어 / 동계 작물 / 동계 고등학교.

▸동계 교배 同系交配 (서로 교, 짝 배). 생물 계통(系統)이 같은[同] 생물끼리의 교배(交配). 농작물이나 가축 품종의 유전자 조성(組成)을 고르게 한다.

▸동계 이식 同系移植 (옮길 이, 심을 식). 이식 항원이 같은[同] 계통[系]의 생물끼리 하는 이식(移植).

동고동락 同苦同樂 (한가지 동, 괴로울 고, 한가지 동, 즐길 락). 괴로움[苦]도 즐거움[樂]도 함께[同] 함.

동고-선 同高線 (같을 동, 높을 고, 줄 선). 지리 지도에서 해발 고도(高度)가 같은[同] 지점을 연결한 곡선(曲線). ㊐등고선(等高線).

동:공 瞳孔 (눈동자 동, 구멍 공). 눈동자[瞳]의 한가운데에 있는 구멍[孔] 같은 부분. 빛이 이곳을 통하여 들어간다. ¶놀라면 동공이 확대된다. ㊐눈동자.

▸동:공 반:사 瞳孔反射 (되돌릴 반, 쏠 사). 의학 ① 빛의 밝기에 따라 눈동자[瞳孔]의 크기가 달라지는 반사(反射) 작용. 빛이 들어가면 동공이 작아진다. ② 가까운 곳을 볼 때에는 동공이 작아지고 먼 곳을 볼 때에는 동공이 커지는 현상. ㊐빛 반사(反射), 대광 반응(對光反應).

동광[1] **銅鑛** (구리 동, 쇳돌 광). 광업 ① 구리[銅]를 캐는 광산(鑛山). ② 구리가 든 광석. 적동광, 황동광, 유동광 따위. ㊐동산(銅山), 동점(銅店).

동:광[2] **瞳光** (눈동자 동, 빛 광). 눈동자[瞳]의 빛[光]. ㊐안광(眼光).

동:구 洞口 (마을 동, 어귀 구). ① 속뜻 동네[洞] 어귀[口]. ¶동구 밖 과수원 길. ② 절로 들어가는 산문(山門)의 어귀.

동국 東國 (동녘 동, 나라 국). 중국의 동(東)쪽에 있는 나라[國]. 예전에 '우리나라'를 달리 이르던 말.

▸동국-병감 東國兵鑑 (군사 병, 볼 감). 책명 조선 명종 때, 고조선 때부터 고려 말기까지 우리나라[東國]와 중국 또는 여진 사이에 일어난 전쟁[兵]을 시대 순으로 볼[鑑] 수 있도록 기술한 책.

▸동국-사략 東國史略 (역사 사, 줄일 략). 책명 조선 태종 때, 단군 때부터 고려 말기까지의 우리나라[東國]의 역사(歷史)를 간략(簡略)하게 쓴 책.

▸동국-정:운 東國正韻 (바를 정, 운 운). 책명 조선 세종 때, 우리나라[東國]에서 사용되던 한자의 바른 음[正韻]을 정리한 책.

▸동국-지도 東國地圖 (땅 지, 그림 도). 지리 조선 때 간행된 우리나라[東國] 최초의 실측 지도(地圖).

▸동국-통보 東國通寶 (통할 통, 보배 보). 역사 우리나라[東國]에서 통용(通用)하는 보배[寶] 같은 돈. 고려 숙종 때 만든 엽전의 하나.

▸동국문헌-비고 東國文獻備考 (글월 문, 바칠 헌, 갖출 비, 살필 고). 책명 조선 영조 때, 홍봉한 등이 우리나라[東國] 고금의 문물 제도를 정리해놓은 책[文獻]. 중국의 『문헌통고』(文獻通考)에 준하여[備] 13개의 '고'(考, 분야)로 나누어 수록했다. 100권 40책.

▸동국-여지승람 東國輿地勝覽 (많을 여, 땅 지, 뛰어날 승, 볼 람). 책명 조선 성종 때, 우리나라[東國] 전국 모든[輿] 지역(地域)의 명승(名勝)을 직접 보고[覽] 다니며 기록한 책.

▸동국-이상국집 東國李相國集 (성씨 리, 서로 상, 나라 국, 모을 집). 책명 우리나라[東國] 고려시대 상국(相國)을 지낸 학자 이규보(李奎報)의 시문집(詩文集).

***동:굴 洞窟** (구멍 동, 굴 굴). 깊고 넓은 구멍[洞] 같은 골짜기나 굴(窟). ¶박쥐는 동굴에서 생활한다.

▸동:굴 인류 洞窟人類 (사람 인, 무리 류). 고적 동굴(洞窟) 속에서 살던 구석기 시대의 인류(人類).

동궁 東宮 (동녘 동, 대궐 궁). ① 속뜻 동(東)

쪽에 있는 궁궐(宮闕). ② 역사 동쪽 궁궐에 살던 '황태자'나 '왕세자'를 달리 이르던 말. ③ '태자궁'이나 '세자궁'을 달리 이르던 말. ㊥춘궁(春宮).

동권 同權 (같을 동, 권리 권). 같은[同] 권리(權利). 또는 평등한 권리. ¶남녀 동권.

동:극 童劇 (아이 동, 연극 극). 연영 ① 어린이들[童]의 교육과 오락을 위해 만든 연극(演劇). ② 어린이들이 하는 연극. '아동극'(兒童劇)의 준말.

동근 同根 (같을 동, 뿌리 근). ① 속뜻 근본(根本)이 같음[同]. 또는 같은 근본. ② 그 자라난 뿌리가 같음. ③ 형제를 달리 이르는 말. ④ 수학 둘 이상의 근의 값이 같음. ㊥등근(等根).

동급 同級 (같을 동, 등급 급). ① 속뜻 같은[同] 등급(等級). ¶이 제품은 동급 중 가장 저렴하다. ② 같은 학급이나 학년. ③ 같은 계급.

▸동급-생 同級生 (사람 생). 같은 학급이나 같은 학년처럼 같은 동급(同級)의 학생(學生).

동:기[1] 冬期 (겨울 동, 때 기). 계절(季節)이 겨울[冬]인 때[期].

▸동:기 방:학 冬期放學 (놓을 방, 배울 학). 한창 추운 겨울[冬期]에 학교에서 일정 기간 수업[學]을 쉬는[放] 일. ㊥겨울 방학.

▸동:기 휴가 冬期休暇 (쉴 휴, 겨를 가). 겨울철의[冬期] 정기 휴가(休暇). ㊟하기 휴가(夏期休暇).

동기[2] 同氣 (같을 동, 기운 기). ① 속뜻 같은[同] 기운(氣運)을 타고 난 사람들. ② 형제와 자매, 남매를 통틀어 이르는 말. ㊥형제(兄弟).

▸동기-간 同氣間 (사이 간). 형제자매[同氣] 사이[間]. ¶동기간에 정이 돈독하다.

동기[3] 同期 (같을 동, 때 기). ① 속뜻 같은[同] 시기(時期). 또는 같은 기간. ② 학교나 훈련소 따위에서의 같은 기(期). ¶우리는 학교 동기이다. ③ 동기생. ④ 전기 둘 이상의 주기 현상(週期現象)이 그들 사이의 상호 작용이나 외부로부터의 신호 작용에 의하여 같은 위상(位相). 또는 일정한 위상차(位相差)가 되는 일. 주파수가 일치하거나 정수비(整數比)의 관계로 된다.

▸동기-생 同期生 (사람 생). 같은 시기[同期]에 같은 곳에서 교육이나 강습을 함께 받은 학생(學生). ㊟동기.

동:기[4] 動機 (움직일 동, 실마리 기). ① 속뜻 어떤 일이나 행동(行動)을 일으키게 된 실마리[機]. ¶동기를 부여하다 / 학습동기. ② 음악 음악 형식을 구성하는 가장 적은 단위.

▸동:기-설 動機說 (말씀 설). 철학 행위를 도덕적으로 평가할 때 오직 내면적 동기(動機)를 기준으로 하여 가치를 판단하는 학설(學說).

동기[5] 銅器 (구리 동, 그릇 기). 구리[銅]로 만든 그릇[器].

▸동기 시대 銅器時代 (때 시, 연대 대). 역사 구리[銅]로 기구(器具)를 만들어 쓰던 시대(時代). 석기 시대와 청동기 시대의 사이.

동남[1] 東南 (동녘 동, 남녘 남). ① 속뜻 동(東)쪽과 남(南)쪽을 아울러 이르는 말. ② 동쪽을 기준으로 동쪽과 남쪽을 아울러 이르는 말. ¶동남풍이 불다. ㊟서북(西北).

▸동남-아 東南亞 (버금 아). 지리 아시아[亞]의 동남(東南)쪽 지역. 베트남·인도네시아·필리핀 따위의 나라가 포함된다. '동남아시아'(東南Asisa)의 준말.

동:남[2] 童男 (아이 동, 사내 남). 남자(男子) 아이[童].

▸동:남-동녀 童男童女 (아이 동, 여자 녀). 남자 아이[童男]와 여자 아이[童女]를 아울러 이르는 말. ¶진시황은 불사약을 구하기 위해 동남동녀 오천 명을 선경(仙境)으로 보냈다.

동:내 洞內 (마을 동, 안 내). 마을[洞] 안[內]. ¶동내 주민 모두가 참여했다.

동:녀 童女 (아이 동, 여자 녀). 여자(女子) 아이[童]. ㊥진녀(振女).

동년 同年 (같을 동, 나이 년). ① 속뜻 같은[同] 나이[年]. ② 같은 해. ③ 역사 같은 시기에 과거에 급제하여 방목(榜目)에 같이 참여함. 또는 함께 참여한 그 사람. ㊥동방(同榜).

▸동년-배 同年輩 (무리 배). 나이[年]가 같은[同] 또래의 사람들[輩].

동녕-부 東寧府 (동녘 동, 편안할 녕, 관청 부). 역사 고려 원종 때, 중국 원나라가 고려의 서경[東寧]에 설치한 통치 기관[府].

동단 東端 (동녘 동, 끝 단). 동(東)쪽 끝[端]. ¶우리나라의 동단은 독도다.

동:답 洞畓 (마을 동, 논 답). 동네[洞] 사람들이 공동으로 소유하여 농사를 짓는 논[畓].

동당 同黨 (같을 동, 무리 당). ① 속뜻 같은[同] 당(黨). 또는 그 당. ② 한 동아리.

동-대문 東大門 (동녘 동, 큰 대, 문 문). ① 속뜻 서울 도성의 동(東)쪽에 있는 큰[大] 문(門). ② 고적 '흥인지문'(興仁之門)의 속칭. 참 사대문(四大門).

동도 同道 (같을 동, 길 도). ① 속뜻 같은[同] 도(道). ② 길을 같이 감. ③ 같은 일에 종사함.

동독 東獨 (동녘 동, 독일 독). 역사 제2차 세계대전 후 동부(東部) 독일(獨逸)에 수립된 공산주의 국가. 1990년 서독과 통일해 독일 연방 공화국이 되었다.

동두-서미 東頭西尾 (동녘 동, 머리 두, 서녘 서, 꼬리 미). 제사상을 차릴 때 머리와 꼬리를 분간할 수 있는 음식은 머리[頭]를 동(東)쪽으로, 꼬리[尾]를 서(西)쪽으로 놓아 차려야 함을 이르는 말.

동등 同等 (같을 동, 무리 등). ① 속뜻 같은[同] 등급(等級). 정도 따위가 같음. ¶고교 졸업 또는 동등의 학력 / 조건이 동등하다. ② 수학 두 개의 수학적 표현이 동일한 내용을 나타내고 있어 그 어느 쪽을 사용해도 같은 결과를 가져올 수가 있는 일. 비 동치(同値).

▶**동등-권** 同等權 (권리 권). 동등(同等)한 권리(權利). ¶남녀 동등권 / 루터파의 신앙은 가톨릭 신앙과의 동등권이 인정되었다.

동락 同樂 (한가지 동, 즐길 락). 함께[同] 즐김[樂]. ¶노소 동락 / 우리는 음악을 연주하며 동락했다.

동란 動亂 (움직일 동, 어지러울 란). 폭동(暴動), 반란, 전쟁 따위가 일어나 사회가 질서를 잃고 소란(騷亂)해지는 일. ¶동란이 일어나다 / 동란을 겪다.

동량 棟樑 (=棟梁, 기둥 동, 들보 량). ① 속뜻 기둥[棟]과 들보[樑]. ② '동량지재'의 준말.

▶**동량지재** 棟樑之材 (어조사 지, 재목 재). 집이나 나라의 기둥이나 들보[棟樑]가 될 만한 훌륭한 인재(人材). 어떤 집단에서 중요한 일을 맡을 만한 인재. 준 동량재. 동량.

***동:력** 動力 (움직일 동, 힘 력). ① 물리 전력, 수력, 풍력 따위로 기계를 움직이게[動] 하는 힘[力]. ② 어떤 일을 발전시키고 밀고 나가는 힘.

▶**동:력-계** 動力計 (셀 계). 기계 원동기에서 발생하는 동력이나 다른 기계로 전달하는 동력(動力)을 재는[計] 기계. 비 다이너모미터(dynamometer).

▶**동:력-로** 動力爐 (화로 로). 물리 핵분열 과정에서 생기는 열을 동력(動力)으로 하는 원자로(原子爐). 발전용 원자로와 함선 항공기 로켓 따위의 추진력을 얻기 위한 추진용 원자로로 크게 나눈다. '동력용 원자로'의 준말.

▶**동:력-선**[1] 動力船 (배 선). 내연 기관의 동력(動力)을 추진기로 사용하는 배[船]. 비 모터보트(motorboat).

▶**동:력-선**[2] 動力線 (줄 선). 전기 전동기에 동력(動力)을 공급하는 전선(電線).

▶**동:력-원** 動力源 (근원 원). 동력(動力)의 근원(根源)이 되는 에너지. 수력, 전력, 화력, 원자력, 풍력 따위.

▶**동:력-차** 動力車 (수레 차). 원동기를 가지고 있어 스스로 동력(動力)을 지원하여 움직이는 철도 차량(車輛). 동차(動車)와 기관차로 구분한다.

▶**동:력 변:질** 動力變質 (바뀔 변, 바탕 질). 지리 지각(地殼)을 움직이는 힘[動力]의 영향으로 바위의 성질(性質)이 변(變)하는 현상.

▶**동:력 자원** 動力資源 (재물 자, 근원 원). 공업 동력(動力)을 일으키는 데 쓰는 자원(資源). 물, 석탄, 석유, 우라늄 따위.

▶**동:력 경운기** 動力耕耘機 (밭갈 경, 김맬 운, 틀 기). 농업 원동기[動力]를 장치하여 논과 밭을 갈거나[耕] 김을 매는[耘] 데 쓰는 농업 기계(機械). 비 자동(自動) 경운기.

동렬[1] 同列 (같을 동, 줄 렬). ① 속뜻 같은[同] 줄[列]. ¶남녀 학생들을 동렬에 세우다. ② 같은 수준이나 위치. ¶그 사람들과 동렬에 놓고 평가하지 마십시오. ③ 같은 동아리. ④ 같은 항렬. ⑤ 역사 같은 반열(班列). 비 동반(同班).

동:렬[2] 凍裂 (얼 동, 찢어질 렬). ① 속뜻 얼어서[凍] 터지거나 갈라짐[裂]. ② 의학 심한 추위에 발가락, 손가락, 귀 등의 살이 얼어서 상하는 증상. ⓑ동상(凍傷).

동령[1] 同齡 (같을 동, 나이 령). 같은[同] 나이[齡]. ¶동령의 친구를 사귀다. ⓑ동치(同齒).

동:령[2] 動令 (움직일 동, 명령 령). 동작(動作)을 지시하는 구령(口令).

동록 銅綠 (구리 동, 초록빛 록). 구리[銅]의 표면에 녹이 슬어 생기는 푸른빛[綠]의 물질. ¶동록이 슬다 / 그 청동 그릇들은 동록이 시퍼렇게 나 있었다.

동료 同僚 (같을 동, 벼슬아치 료). ① 속뜻 같은[同] 일을 하고 있는 벼슬아치[僚]. ② 같은 직장이나 같은 부문에서 함께 일하는 사람. ¶회사 동료 / 동료 의식을 발휘하다.

동류[1] 同流 (같을 동, 갈래 류). ① 속뜻 같은[同] 유파(流派). ② 나이나 신분이 서로 같거나 비슷한 사이의 사람. ⓑ동배(同輩).

동류[2] 同類 (같을 동, 무리 류). ① 속뜻 같은[同] 종류(種類)나 부류(部類). ¶고래는 포유류와 동류이다. ② 같은 무리. ⓑ등류(等類).

▸**동류-항** 同類項 (항목 항). 수학 다항식에서 계수는 다르나 문자 인수가 같은[同類] 두 개 이상의 항(項).

▸**동류-의식** 同類意識 (뜻 의, 알 식). 사회 타인이나 다른 집단과 같은[同] 부류[類]라고 생각하는 의식(意識). ⓑ무리의식.

동:륜 動輪 (움직일 동, 바퀴 륜). 원동기로부터 동력(動力)을 받아 회전함으로써 차량을 움직이게 하는 바퀴[輪].

동률 同率 (같을 동, 비율 률). 같은[同] 비율(比率). 또는 같은 비례. ¶동률 1위를 달리고 있다.

동:리 洞里 (마을 동, 마을 리). ① 속뜻 고을[洞]과 마을[里]. ② 지방 행정 구역의 최소 구획인 동(洞)과 리(里)를 아울러 이르는 말.

동:맥 動脈 (움직일 동, 줄기 맥). ① 속뜻 피가 힘차게[動] 흐르는 혈관 줄기[脈]. ② 의학 심장에서 피를 신체 각 부분에 보내는 혈관. 일반적으로 혈관의 벽이 두꺼우며 탄력성과 수축성이 많다. '동맥관'(動脈管)의 준말. ⓑ정맥(靜脈).

▸**동:맥-류** 動脈瘤 (혹 류). 의학 동맥벽이 손상되거나 이상을 일으켜 동맥(動脈) 내부 공간의 일부분이 늘어나 혹[瘤]처럼 불룩해지는 병. 동맥 경화증, 매독, 외상 따위가 원인이다.

▸**동:맥-망** 動脈網 (그물 망). 의학 동맥(動脈)이 여러 갈래로 갈라져 내려가면서 그물[網] 모양을 이룬 부분. 주로 말초에 많다.

▸**동:맥-혈** 動脈血 (피 혈). 의학 동맥(動脈) 속을 흐르는 피[血]. 허파에서 가스가 교환된 혈액으로 붉은빛을 띠며 산소가 풍부하다. 심장으로 환류(還流)된 다음 말초(末梢)를 향하여 보내어져 신체 각 부분의 조직에 산소를 공급한다.

▸**동:맥 수혈** 動脈輸血 (나를 수, 피 혈). 의학 동맥(動脈)에 하는 수혈(輸血). 위급한 상황에 한다.

▸**동:맥 주:사** 動脈注射 (물댈 주, 쏠 사). 의학 동맥(動脈)에 주사(注射)를 하는 일. 또는 그 주사.

▸**동:맥 혈전** 動脈血栓 (피 혈, 마개 전). 의학 동맥(動脈)에서 생긴 혈전(血栓). 이것이 떨어져 나와 혈류를 타고 가서 하류 동맥의 혈관을 막기도 한다.

▸**동:맥 경화증** 動脈硬化症 (단단할 경, 될 화, 증세 증). 의학 동맥(動脈)의 벽이 두꺼워지고 굳어져서[硬化] 탄력을 잃는 질환[症]. ⓒ동맥 경화.

▸**동:맥 색전증** 動脈塞栓症 (막힐 색, 마개 전, 증세 증). 의학 동맥(動脈) 속으로 흐르던 어떤 물질이 혈관을 막음으로써[塞=栓] 피의 흐름이 막히는 병[症].

동맹[1] 東盟 (동녘 동, 맹세할 맹). ① 속뜻 동쪽[東] 하늘을 바라보며 맹세(盟誓)함. ② 역사 고구려 때, 매년 10월에 온 나라 백성이 추수에 대한 감사로 하늘에 제사를 지낸 의식. ⓑ동명(東明).

동맹[2] 同盟 (한가지 동, 맹세할 맹). 서로의 이익이나 목적을 위하여 개인이나 단체, 또는 국가가 하나로[同] 행동하기로 맹세[盟誓]하여 맺는 약속이나 조직체. ¶동맹을 맺다. ⓑ연맹(聯盟).

▸**동맹-국** 同盟國 (나라 국). 서로 동맹(同盟) 조약을 체결한 당사국(當事國). ¶중국은 북한의 동맹국이다. ⓑ맹방(盟邦), 맹약

국(盟約國).

▸동맹 태업 同盟怠業 (게으를 태, 일 업). 사회 노동 조건의 유지 및 개선을 위해, 또는 어떤 정치적 목적을 달성하고자 노동자들이 서로 동맹(同盟)하여 의도적으로 일을 게을리[怠] 작업(作業)하는 것.

▸동맹 파:업 同盟罷業 (그만둘 파, 일 업). 사회 노동 조건의 유지 및 개선을 위해, 또는 어떤 정치적 목적을 달성하고자 노동자들이 서로 동맹(同盟)하여 한꺼번에 작업(作業)을 중지하는[罷] 일. ㊊동맹 파공(罷工).

▸동맹 해:고 同盟解雇 (풀 해, 품팔 고). 사회 같은 업종의 기업주들이 근로자의 요구를 물리치기 위해 서로 동맹(同盟)하여 한꺼번에 많은 노동자를 해고(解雇)하는 일.

▸동맹 휴업 同盟休業 (쉴 휴, 일 업). 사회 사업주들이 서로 동맹(同盟)하여 실시하는 휴업(休業).

▸동맹 휴학 同盟休學 (쉴 휴, 배울 학). 교육 어떤 주장을 관철하기 위해 관철 또는 항의의 표시로 학생들이 동맹(同盟)하여 학교를[學] 쉬는[休] 일. ㊊동맹 휴교(休校).

동:면[1] **冬眠** (겨울 동, 잠잘 면). ① 동물 동물이 겨울[冬] 동안 활동을 멈추고 잠자는[眠] 상태에 있는 현상. 이듬해 봄까지 지속된다. ¶곰은 동면을 한다. ② '어떤 활동이 일시적으로 휴지 상태에 이름'을 비유하여 이르는 말. ¶1년의 동면을 끝내고 남북 협상이 재개됐다. ㊊겨울잠. ㊥하면(夏眠).

동면[2] **東面** (동녘 동, 낯 면). ① 속뜻 동(東)쪽으로 향함[面]. ② 동쪽의 면.

동:명[1] **洞名** (마을 동, 이름 명). 동네[洞]의 이름[名]. ¶신천과 신촌은 동명이 비슷해 헷갈린다.

동명[2] **同名** (같을 동, 이름 명). 같은[同] 이름[名]. 또는 이름이 서로 같음.

▸동명-이인 同名異人 (다를 이, 사람 인). 같은[同] 이름[名]을 가진 서로 다른[異] 사람[人]. ¶장군 이순신과 나는 동명이인이다.

동명왕-편 東明王篇 (동녘 동, 밝을 명, 임금 왕, 책 편). 문학 고려 명종 때, 이규보가 지은 동명성왕(東明聖王)에 대해 쓴 영웅 서사시를 수록한 책[篇].

동명-일기 東溟日記 (동녘 동, 바다 명, 날 일, 기록할 기). 문학 조선 순조 때, 의유당 김씨가 한글로 쓴 일기(日記) 형식의 기행문. 함흥 판관으로 부임한 남편을 따라가서 그곳의 명승고적을 돌아보면서 느낀 감회를 적은 것으로 귀경대(龜景臺)에서 동해[東溟]의 해 뜨는 광경을 묘사한 것이 매우 뛰어나다.

동모-매 同母妹 (같을 동, 어머니 모, 누이 매). 같은[同] 어머니에게서[母] 난 누이[妹].

동모-제 同母弟 (같을 동, 어머니 모, 아우 제). 같은[同] 어머니에게서[母] 난 아우[弟].

동몽[1] **童蒙** (아이 동, 어릴 몽). 아직 장가를 들지 않은 어린[蒙] 아이[童].

▸동몽-선습 童蒙先習 (먼저 선, 익힐 습). 책명 『천자문』을 익히고 난 후의 아이들이[童蒙] 다른 공부를 하기 전에 먼저[先] 배워야[習] 할 내용을 담고 있는 초급 교재. 조선 중종 때 박세무(朴世茂)가 저술하였다.

동문[2] **東門** (동녘 동, 문 문). 동(東)쪽에 있는 문(門). ¶동문에서 기다리고 있겠다.

동문[3] **同文** (같을 동, 글월 문). ① 속뜻 같은[同] 글[文]이나 글자. ② 발신인이 본문이 같은 하나의 전보를 같은 착신국의 배달 구역 내에 있는 2인 이상의 수신인에게 각각 배달하는 특수 취급 전보. '동문전보'(同文電報)의 준말.

▸동문 휘고 同文彙考 (모을 휘, 살필 고). ① 속뜻 같은[同] 종류의 글[文]을 모아[彙] 밝힘[考]. ② 책명 조선 정조 때, 정창순(鄭昌順) 등이 왕명에 따라 편찬한 외교 문서집.

동문[4] **同門** (같을 동, 문 문). ① 속뜻 같은[同] 문(門). ② 같은 학교에서 수학하였거나 같은 스승에게서 배운 사람. ¶그와 나는 동문이다 / 동문회를 열었다. ㊊동학(同學), 동창(同窓).

▸동문-생 同門生 (사람 생). 한 스승에게서 함께 배운[同門] 학생(學生). 같은 학교 출신 학생. ¶동문생이 오랜만에 한자리에 모였다.

▸동문-동학 同門同學 (한가지 동, 배울 학).

같은[同] 학교[門]에서 함께[同] 배움[學]. [비]동문수학(同文修學).

▸동문-수학 同門修學 (=同門受學, 닦을 수, 배울 학). 같은[同] 학교[門]에서 함께 학문(學問)을 배움[修]. [비]동문동학(同門同學).

동문서답 東問西答 (동녘 동, 물을 문, 서녘 서, 답할 답). ① [속뜻] 동(東)쪽이 어디냐고 묻는데[問] 서(西)쪽을 가리키며 대답(對答)함. ② 묻는 말에 대하여 아주 엉뚱하게 대답함. ¶동문서답하며 딴청을 피우다.

동문-선 東文選 (동녘 동, 글월 문, 고를 선). [문학] 신라로부터 조선에 이르기까지의 우리나라[東國] 역대의 시문(詩文) 선집(選集). 조선 성종 때, 서거정이 왕명에 따라 편찬한 정편(正編) 130권과 중종 때 신용개, 숙종 때 송상기 등이 편찬한 속편(續編) 21권이 있다.

⁑동:물 動物 (움직일 동, 만물 물). ① [속뜻] 살아 움직이며[動] 생활하는 물체(物體). ② [생물] 생물을 식물과 함께 둘로 대별할 때의 하나로, 새·짐승·물고기 등의 총칭. ③ 사람을 제외한 짐승을 통틀어 이르는 말. [반]식물(植物).

▸동:물-계 動物界 (지경 계). 동물(動物)로 분류되는 생물의 범위[界]. [참]식물계(植物界).

▸동:물-상 動物相 (모양 상). [동물] 동물(動物)의 양상(樣相)을 지역이나 환경, 생활양식에 따라 나눈 모든 종류. [참]식물상(植物相).

▸동:물-성 動物性 (성질 성). ① [속뜻] 동물(動物)의 본바탕이 되는 성질(性質)이나 체질. ② 동물로부터 얻어지는 것. ¶동물성 지방. [반]식물성(植物性).

▸동:물-원 動物園 (동산 원). 온갖 동물(動物)을 먹여 기르면서 동물을 연구하고 일반에게 구경시키는 공원(公園). ¶이 동물원에는 코알라가 없다.

▸동:물-적 動物的 (것 적). ① [속뜻] 살아 움직이며[動] 생활하는 물체(物體)와 같은 것[的]. ② 지각이 없이 본능대로만 행동하는 동물의 본성과 같은 야만스러운 것.

▸동:물-질 動物質 (바탕 질). [동물] ① 동물(動物)을 구성하고 있는 물질(物質). 대체로 탄수화물은 적고 지방과 단백질이 많다. ② 동물의 특성을 나타내고 있는 물질. [비]동물성(動物性).

▸동:물-체 動物體 (몸 체). ① [속뜻] 동물(動物)의 몸[體]. ② 동물의 형태.

▸동:물-학 動物學 (배울 학). 동물(動物)의 분류, 형태, 생리, 생태, 분포, 유전 등을 연구하는 학문(學問).

▸동:물 검:역 動物檢疫 (검사할 검, 돌림병 역). [농업] 동물(動物)이나 축산물 따위를 수출하거나 수입할 때에 전염병[疫]을 예방하기 위해 해항(海港)이나 공항(空港)에서 실시하는 검사(檢査).

▸동:물 공:포 動物恐怖 (두려울 공, 두려워할 포). [심리] 동물(動物)이라면 뭐든지 무서워하는[恐怖] 것.

▸동:물 문학 動物文學 (글월 문, 배울 학). [문학] 동물(動物)을 소재로 하는 문학(文學). ¶시튼은 뛰어난 동물 문학 작품을 남겼다.

▸동:물성-유 動物性油 (성질 성, 기름 유). [동물] 동물성(動物性) 기름[油]. 동물체에서 짜낸 기름. [준]동물유.

▸동:물-숭배 動物崇拜 (높을 숭, 공경할 배). 어떤 동물(動物)을 신 또는 신의 화신(化身)으로 섬기는[崇拜] 사상. 또는 그 신앙.

▸동:물 시험 動物試驗 (따질 시, 효과 험). [의학] 생리학, 병리학, 세균학 등의 연구를 위해 사람 대신에 동물(動物)을 이용하는 시험(試驗). [비]동물 실험(動物實驗).

▸동:물 실험 動物實驗 (실제 실, 겪을 험). [동물] 동물의 기능, 형태를 연구할 목적으로 동물(動物)에게 행하는 실험(實驗). ② 동물 시험(試驗).

▸동:물 전:기 動物電氣 (전기 전, 기운 기). [전기] 동물(動物)의 몸에서 일어나거나 흐르는 전기(電氣). 전기뱀장어 등이 발하는 전기 따위.

▸동:물 심리학 動物心理學 (마음 심, 이치 리, 배울 학). [심리] ① 사람 이외의 동물(動物)의 행동을 연구 대상으로 하는 심리학(心理學). ② 동물을 이용해 일반 심리학의 이론을 밝히는 학문.

동:민 洞民 (마을 동, 백성 민). 어떤 동네[洞]에 사는 사람[民].

동반[1] 同班 (같을 동, 나눌 반). ① [속뜻] 서로 같은[同] 반(班). ② 같은 반열(班列).

동반[2] **東班** (동녘 동, 나눌 반). 역사 양반(兩班) 가운데 '문반'(文班)을 달리 이르던 말. 궁중의 조회 때 문관(文官)은 왕의 동(東)쪽에 무관은 서쪽에 늘어섰던 데서 유래. ⓑ 서반(西班).

동반[3] **同伴** (한가지 동, 짝 반). ① 속뜻 함께[同] 짝[伴]을 이룸. ② 함께 살아감. ¶이번 여행은 부부 동반으로 간다.

▸동반-성 同伴星 (별 성). 천문 주성과 함께[同] 짝[伴]을 이루고 있는 별[星]. 쌍성(雙星)에서 어두운 쪽의 별을 이른다. ⓑ주성(主星).

▸동반-자 同伴者 (사람 자). ① 속뜻 함께[同] 짝하여[伴] 살아가는 사람[者]. ② 어떤 행동을 함께하는 사람. ¶부부는 인생의 동반자이다.

▸동반 작가 同伴作家 (지을 작, 사람 가). 문학 어떤 사상이나 뜻을 함께 하는[同伴] 작가(作家).

▸동반자 문학 同伴者文學 (사람 자, 글월 문, 배울 학). 문학 어떤 사상이나 뜻을 함께 하는[同伴] 작가들[者]의 문학(文學).

동-반구 **東半球** (동녘 동, 반 반, 공 구). 지리 경도 0°에서 시작해 동(東)쪽으로 경도 180°선까지 이르는 지구(地球)의 반(半)쪽 부분. ⓑ서반구(西半球).

동방[1] **東邦** (동녘 동, 나라 방). ① 속뜻 동(東)쪽에 있는 나라[邦]. ② 중국에 대하여 '우리나라'를 이르는 말.

동방[2] **東方** (동녘 동, 모 방). ① 속뜻 동부(東部) 지방(地方). 동쪽. ② 유럽과 아메리카 대륙의 동쪽에 있는 지역. 인도의 인더스 강 서쪽에서 지중해 연안까지를 이른다. ⓑ 서방(西方).

▸동방-견문록 東方見聞錄 (볼 견, 들을 문, 기록할 록). 책명 이탈리아의 여행가 마르코 폴로가 중국과 동방(東方)의 여러 나라를 여행하면서 보고[見] 들은[聞] 것을 기록(記錄)한 여행기. 이후 콜럼버스의 신항로 개척에 많은 영향을 주었다.

▸동방예의지국 東方禮儀之國 (예도 례, 거동 의, 어조사 지, 나라 국). 동쪽[東方]에 있는 예의(禮儀)가 바른 나라[國]. 예전에 중국에서 우리나라를 이르던 말.

동방 내:각 **同傍內角** (한가지 동, 곁 방, 안 내, 모서리 각). ① 속뜻 같이[同] 옆에서[傍] 마주하고 있는 안쪽면의[內] 각(角). ② 수학 두 직선을 제3의 직선이 교차하여 끊었을 때에, 두 직선 안에서 마주 대하고 있는 각.

동배 **同輩** (같을 동 무리 배). 나이와 신분이 같거나[同] 비슷한 사이의 사람들[輩]. ⓑ 동류(同流), 제배(儕輩).

동백 **冬柏** (=冬栢, 겨울 동, 잣나무 백). ① 속뜻 겨울[冬]에 꽃이 피는 나무. 왜 '柏'자가 쓰였는지 이유는 확실하지 않다. ② 식물 긴 타원형의 잎이 나고, 이른 봄에 붉은색 또는 흰색의 큰 꽃이 피는 교목. 열매는 기름을 짜서 머릿기름, 등잔 기름 따위로 쓴다. ⓑ동백나무.

동:병 **動兵** (움직일 동, 군사 병). 군사[兵]를 일으킴[動].

동병-상련 **同病相憐** (같을 동, 병 병, 서로 상, 가엾을 련). ① 속뜻 같은[同] 병(病)에 걸린 환자끼리 서로[相] 가엾게 여김[憐]. ② 어려운 처지에 있는 사람끼리 동정하고 도움. ¶그들은 전쟁터에서 동병상련한 사이다.

동:복[1] **冬服** (겨울 동, 옷 복). 겨울[冬] 옷[服]. ¶날씨가 풀렸으니 동복을 정리해야겠다. ⓑ하복(夏服).

동복[2] **同腹** (같을 동, 배 복). 같은[同] 어머니 배[腹]에서 태어난 형제자매. ⓑ이복(異腹).

동:복[3] **童僕** (아이 동, 종 복). 사내아이[童] 종[僕]. ¶동복을 심부름 보냈다.

동복각-선 **同伏角線** (같을 동, 엎드릴 복, 모서리 각, 줄 선). 지리 지구의 표면 위에서 지구 자기의 복각(伏角)이 같은[同] 여러 지점을 이은 선(線).

동본 **同本** (같을 동, 뿌리 본). 같은[同] 본관(本貫). ¶동성(同姓) 동본.

동봉 **同封** (한가지 동, 봉할 봉). 함께[同] 넣어 봉함(封函). ¶편지에 사진을 동봉하여 할아버지에게 보냈다. ⓑ각봉(各封).

동부[1] **同父** (같을 동, 아버지 부). 아버지[父]가 같음[同]. 한 아버지에게서 태어났으나 어머니가 다른 경우를 이름. ⓑ이부(異父).

동부[2] **同符** (같을 동, 맞을 부). ① 속뜻 같은[同] 부호(符號). 또는 부호가 같음. ② 두 가지의 물건이나 일이 짝이 잘 맞음. ⓑ부합(符合).

동부[3] **東部** (동녘 동, 나눌 부). ① 속뜻 어떤 지역의 동(東)쪽 부분(部分). ¶동부 유럽. ② 역사 조선 시대, 한성을 5부로 나눈 구역 중의 동쪽 지역. 또는 그 지역을 관할하던 관아를 이르던 말.

동부[4] **胴部** (몸통 동, 나눌 부). 몸통[胴] 부분(部分). ⓑ동체(胴體).

동부[5] **東部** (동녘 동, 나눌 부). ① 속뜻 어떤 지역에서의 동(東)쪽 부분(部分). ¶동부 유럽. ② 역사 조선 때, 한성을 5부로 나눈 구역 중의 동쪽 지역. 또는 그 지역을 관할하던 관아를 이르던 말.

동-부여 東扶餘 (동녘 동, 도울 부, 남을 여). 역사 해부루가 북부여에서 나와 59년에 부여(扶餘) 동(東)쪽 두만강 유역에 세운 나라. 5세기 경 고구려의 침공을 받은 뒤 멸망하였다.

동-부인 同夫人 (한가지 동, 지아비 부, 사람 인). 아내[夫人]와 동행(同行)함. ¶그는 동부인하여 연회에 참석했다.

동북 東北 (동녘 동, 북녘 북). ① 속뜻 동(東)쪽과 북(北)쪽을 아울러 이르는 말. ② 동쪽을 기준으로 동쪽과 북쪽 사이의 범위. ¶동북 무역풍 / 동북아시아. ⓑ서남(西南).

▸ 동북-풍 東北風 (바람 풍). 동북(東北)쪽에서 불어오는 바람[風]. ⓑ북동풍(北東風), 염풍(炎風), 조풍(條風).

동-분모 同分母 (같을 동, 나눌 분, 어머니 모). 분모(分母)가 서로 같음[同]. 같은 분모. ⓑ이분모(異分母).

동분서주 東奔西走 (동녘 동, 달릴 분, 서녘 서, 달릴 주). ① 속뜻 동(東)쪽으로 달리다가[奔] 서(西)쪽으로도 달림[走]. ② 여기저기 분주(奔走)하게 다님. ¶돈을 구하기 위해 동분서주하다. ⓑ동치서주(東馳西走).

동분 이:성체 同分異性體 (같을 동, 나눌 분, 다를 이, 성질 성, 몸 체). 화학 분자식(分子式)은 같으나[同] 성질(性質)이 다른[異] 화합물[體]. 포도당과 과당 따위.

동:빙 凍氷 (얼 동, 얼음 빙). 물이 얼어서[凍] 얼음[氷]이 됨. ⓑ결빙(結氷).

▸ 동:빙-한설 凍氷寒雪 (찰 한, 눈 설). ① 속뜻 얼음[氷]이 얼고[凍] 찬[寒] 눈[雪]이 내림. ② 매서운 추위.

동사[1] **同死** (같을 동, 죽을 사). 함께[同] 죽음[死]. ¶그들은 의형제를 맺고 동사하기로 약속했다.

동사[2] **同社** (같을 동, 회사 사). ① 속뜻 같은[同] 회사(會社). ② 앞에서 이미 언급한 회사.

동사[3] **同事** (같을 동, 일 사). 일[事]을 같이[同] 함. ¶처음에는 친구와 동사로 가게를 시작했다. ⓑ동업(同業).

동:사[4] **洞祠** (마을 동, 사당 사). 마을[洞] 사람들이 공동으로 섬기는 신(神)이 모셔져 있는 사당(祠堂).

동:사[5] **凍死** (얼 동, 죽을 사). 얼어[凍] 죽음[死]. ¶그는 길거리를 전전하다 결국 동사하고 말았다.

동사[6] **東史** (동녘 동, 역사 사). 우리나라[東國]의 역사(歷史).

▸ 동사-강목 東史綱目 (묶을 강, 눈 목). 책명 조선 영조 때, 안정복(安鼎福)이 쓴 우리나라[東國] 역사(歷史)책. 줄거리 기사의 강(綱)과 구체적 서술의 목(目)으로 구성된 편년체(編年體) 형식.

동:사[7] **動詞** (움직일 동, 말씀 사). 언어 문장의 주체가 되는 사람이나 사물의 움직임[動]을 나타내는 말[詞]. ¶'빨리 달리다'의 '달리다'는 동사다.

▸ 동:사-구 動詞句 (글귀 구). 언어 문장에서 동사(動詞) 역할을 하는 구(句). "그는 매우 빨리 달린다."에서의 '매우 빨리 달린다' 따위.

동:-사무소 洞事務所 (마을 동, 일 사, 힘쓸 무, 곳 소). 동(洞)의 행정 사무(事務)를 맡아보는 곳[所].

동:산 動產 (움직일 동, 재물 산). 법률 옮길[動] 수 있는 재산(財產). ¶돈은 대표적인 동산이다. ⓑ부동산(不動產).

▸ 동:산-질 動產質 (볼모 질). 법률 채무자가 돈을 갚지 않을 것에 대비하여 동산(動產)을 담보[質]로 함. ⓑ부동산질(不動產質權).

▸ 동:산 저:당 動產抵當 (맞설 저, 맡을 당). 법률 채무에 대한 담보로 동산(動產)을 저당(抵當) 잡히는 것.

동:상[1] **凍傷** (얼 동, 상할 상). 의학 추위 때문

에 살갗이 얼어서[凍] 조직이 상함[傷]. 정도에 따라 네 단계로 나뉜다. ¶동상에 걸리다.

동상² 銅像 (구리 동, 모양 상). 구리[銅]로 만든 사람이나 동물 모양[像]. 또는 그 기념물. ¶광장에 이순신 동상을 세웠다.

동상³ 銅賞 (구리 동, 상줄 상). 상(賞)의 등급을 매길 때 금, 은, 동(銅) 중 3등상. ¶언니는 수영대회에서 동상을 받았다.

동상-이몽 同床異夢 (같을 동, 평상 상, 다를 이, 꿈 몽). ① 속뜻 같은[同] 잠자리[床]에서 다른[異] 꿈[夢]을 꿈. ② '겉으로는 같은 행동을 하면서도 속으로는 각각 딴 생각을 함'을 비유하여 이르는 말.

동색 同色 (같을 동, 빛 색). ① 속뜻 같은[同] 빛깔[色]. ② 같은 파벌.

동생 同生 (같을 동, 날 생). ① 속뜻 같은[同] 어머니에게서 태어난[生] 아우와 손아래 누이를 통틀어 일컫는 말. ¶내 동생은 곱슬머리다. ② 같은 항렬에서 자기보다 나이가 적은 사람. ¶사촌 동생. ⓑ아우. ⓡ형, 언니.

동생-공사 同生共死 (한가지 동, 살 생, 함께 공, 죽을 사). ① 속뜻 함께[同] 살고[生] 함께[共] 죽음[死]. ② 즐거움도 어려움도 같이함. ¶그들 셋은 동생공사를 약속했다.

동서¹ 同書 (같을 동, 책 서). ① 속뜻 같은[同] 책[書]. ② 그 책.

동서² 同棲 (한가지 동, 살 서). ① 속뜻 함께[同] 삶[棲]. ② 생물 종류가 다른 동물들이 한곳에서 같이 사는 일. ⓑ공서(共棲).

동서³ 同壻 (같을 동, 사위 서). ① 속뜻 같은[同] 사람의 사위[壻]끼리 호칭. ② 같은 자매의 남편끼리 또는 형제의 아내끼리의 호칭.

*__동서⁴ 東西__ (동녘 동, 서녘 서). ① 속뜻 동(東)쪽과 서(西)쪽. ② 동양과 서양. ¶실크로드는 아시아의 동서를 가로지르는 중요한 교역로였다. ③ '동서 양진영'(東西兩陣營). '자유 진영과 공산 진영'을 이르는 말.

▶동서-고금 東西古今 (옛 고, 이제 금). 동양(東洋)과 서양(西洋), 옛날[古]과 지금[今]을 합쳐 인간 사회의 모든 시대 모든 곳. ¶동서고금을 막론하고 최고의 가치는 사랑이다.

▶동서남북 東西南北 (남녘 남, 북녘 북). 동(東)쪽과 서(西)쪽과 남(南)쪽과 북(北)쪽. ⓑ사방(四方).

▶동서 무:역 東西貿易 (바꿀 무, 바꿀 역). 공산 진영[東]과 자유 진영[西] 사이의 무역(貿易). ¶비단길은 동서 무역의 주요 교역로였다.

동-서양 東西洋 (동녘 동, 서녘 서, 큰바다 양). ① 속뜻 동양(東洋)과 서양(西洋). ¶동서양의 교류. ② 온 세계. ¶동서양의 사람들은 모두 다를 바 없다.

동석¹ 同席 (한가지 동, 자리 석). ① 속뜻 자리[席]를 함께[同]함. 또는 같은 자리. ¶회의에 그와 동석했다. ② 같은 석차나 지위.

동:석² 凍石 (얼 동, 돌 석). ① 속뜻 얼음[凍] 같이 맑은 돌[石]. ② 광업 질이 좋고 모양이 고운 활석(滑石)의 하나.

동선¹ 同船 (같을 동, 배 선). 같은[同] 배[船]에 탐. ¶부두에서 섬사람들과 동선을 하게 되었다.

동:선² 動線 (움직일 동, 줄 선). 건설 움직이는[動] 자취나 방향을 나타내는 줄[線]. ¶사람의 동선을 고려하여 가구를 배치하다.

동:선-하로 冬扇夏爐 (겨울 동, 부채 선, 여름 하, 화로 로). ① 속뜻 겨울[冬] 부채[扇]와 여름[夏] 화로[爐]. ② '때에 맞지 않는 쓸모없는 것'을 비유하여 이르는 말. ⓑ하로동선(夏爐冬扇).

동설 同說 (같을 동, 말씀 설). ① 속뜻 같은[同] 학설(學說)이나 견해. ② 그 학설. 또는 그 견해.

동성¹ 同性 (같을 동, 성별 성). 남녀, 혹은 암수의 같은[同] 성(性). ¶동성 연애자. ⓡ이성(異性).

▶동성-애 同性愛 (사랑 애). 동성(同性)끼리 나누는 사랑[愛].

▶동성-연애 同性戀愛 (그리워할 련, 사랑 애). 같은[同] 성(性)을 가진 사람끼리 하는 연애(戀愛). 즉 남자와 남자 사이, 또는 여자와 여자 사이에 하는 연애를 이른다. ⓒ동성애.

동성² 同姓 (같을 동, 성씨 성). 같은[同] 성씨(姓氏).

▶동성-동명 同姓同名 (같을 동, 이름 명). 성(姓)과 이름[名]이 모두 같음[同]. ⓒ동성명.

▸동성-동본 同姓同本 (같을 동, 뿌리 본). 성(姓)과 본관(本貫)이 모두 같음[同]. ¶예전에 동성동본은 결혼할 수 없었다.

▸동성불혼 同姓不婚 (아닐 불, 혼인할 혼). 같은 부계(父系) 혈족[同姓]간의 결혼(結婚)을 피하는[不] 일.

동:세 動勢 (움직일 동, 기세 세). 미술 그림이나 조각에서 나타나는 살아 움직이는[動] 듯한 기세(氣勢). ¶드가(Degas)의 그림에서는 동세가 느껴진다.

동소[1] 同所 (같을 동, 곳 소). ① 속뜻 같은[同] 곳[所]. ②앞에서 이미 언급한 곳.

동소[2] 同素 (같을 동, 바탕 소). 똑같은[同] 원소(元素).

▸동소-체 同素體 (몸 체). 화학 같은[同] 원소(元素)로 이루어진 물체(物體). 결합 방법이나 원자 배열이 달라 다른 물체가 된다. 금강석·숯·흑연은 모두 탄소의 동소체이며, 황린·적린은 인(燐)의 동소체이다.

동수 同數 (같을 동, 셀 수). 같은[同] 수효(數爻).

동숙 同宿 (한가지 동, 잠잘 숙). 한방 또는 한곳에서 같이[同] 묵음[宿].

동승 同乘 (한가지 동, 탈 승). 차, 배, 비행기 따위를 함께[同] 탐[乘]. ¶승용차 동승. ⑪ 합승(合乘).

동시[1] 同視 (같을 동, 볼 시). ① 속뜻 같은[同] 것으로 봄[視]. 같게 봄. '동일시'(同一視)의 준말. ②차별 없이 똑같이 대우함. 한결 같이 대우함.

동:시[2] 凍屍 (얼 동, 시체 시). 얼어[凍] 죽은 시체(屍體). ⑪강시(僵屍).

동:시[3] 童詩 (아이 동, 시 시). ① 문학 주로 어린이를 독자로 예상하고 어린이[童]의 정서를 읊은 시(詩). ②어린이가 지은 시.

*__동시[4] 同時__ (같을 동, 때 시). ① 속뜻 같은[同] 때[時]. 같은 시간. ¶동시 통역 / 그 영화는 동시에 개봉했다. ②아울러. 곧바로. 잇달아. ¶종소리와 동시에 출발했다.

▸동시 녹음 同時錄音 (기록할 록, 소리 음). 연영 영화 촬영에서 촬영과 동시(同時)에 녹음(錄音)하는 일.

▸동시 대:비 同時對比 (대할 대, 견줄 비). 심리 서로 다른 감정, 감각, 관념 따위를 동시(同時)에 대비(對比)하면 그 차이가 뚜렷해지는 현상.

▸동시-통역 同時通譯 (통할 통, 옮길 역). 국제회의 등에서 발표하는 사람이 하는 말과 시차를 거의 두지 않고 동시(同時)에 하는 통역(通譯).

동:-식물 動植物 (움직일 동, 심을 식, 만물 물). 동물(動物)과 식물(植物).

동:신-제 洞神祭 (마을 동, 귀신 신, 제사 제). 민속 마을 사람들이 마을[洞]을 지켜 주는 신(神)에게 지내는 제사(祭祀). 마을 사람들의 무병과 풍년을 빌며 정월 대보름날에 서낭당, 산신당, 당산 따위에서 지낸다.

동실 同室 (같을 동, 방 실). ① 속뜻 같은[同] 방[室]. ¶두 분께서는 동실을 쓰실 겁니까? ②그 방.

동:심[1] 動心 (움직일 동, 마음 심). 자극 따위가 마음[心]을 움직임[動]. ¶그녀의 어여쁜 마음씨에 동심하게 되었다.

동:심[2] 童心 (아이 동, 마음 심). 어린이[童]의 마음[心]. 어린이의 마음처럼 순진한 마음. ¶동심으로 돌아가 아이와 공놀이를 했다.

동심[3] 同心 (같을 동, 마음 심). ① 속뜻 마음[心]을 같이함[同]. ② 수학 몇 개의 도형이 모두 같은 중심(中心)을 가지는 일.

▸동심-원 同心圓 (둥글 원). 수학 같은[同] 중심점(中心點)을 갖고 있는 원(圓). 중심은 같지만 반지름이 다른 여러 개의 원. ¶물결이 동심원을 그리며 퍼져나갔다.

▸동심동덕 同心同德 (한가지 동, 베풀 덕). ① 속뜻 마음[心]을 같이[同] 하고 덕(德)을 같이 함[同]. ②한 마음으로 일치단결함. ¶그들의 동심동덕이 그런 좋은 결과를 낳았다.

동심-선 同深線 (같을 동, 깊을 심, 줄 선). 지리 수심(水深)이 같은[同] 지점을 연결하여 이은 선(線). 지도에서 해저나 호저(湖底)의 기복 상태를 나타내기 위하여 그린다. ⑪등심선(等深線).

동심-원 同心圓 (같을 동, 마음 심, 둥글 원). 수학 같은[同] 중심점(中心點)을 갖고 있는 원(圓). 중심은 같지만 반지름이 다른 여러 개의 원. ¶물결이 동심원을 그리며 퍼져나갔다.

동아[1] 冬芽 (겨울 동, 싹 아). 식물 늦여름부터 가을 사이에 생겨 겨울[冬]을 넘기고 이듬해 봄에 자라는 싹[芽]. ⓑ겨울눈.

동아[2] 東亞 (동녘 동, 버금 아). 아시아[亞]의 동(東)쪽 지역. '동아세아'(東亞細亞)의 준말.

동:안 童顔 (아이 동, 얼굴 안). ① 속뜻 어린이[童]의 얼굴[顔]. ② 나이가 들었는데도 어린아이 같은 얼굴.

동안 기후 東岸氣候 (동녘 동, 언덕 안, 기후 기, 기후 후). 지리 대륙 동(東)쪽 연안(沿岸)에 나타나는 대륙성 기후(氣候).

동:-압력 動壓力 (움직일 동, 누를 압, 힘 력). 물리 움직이고[動] 있는 물체를 막았을 때 생기는 압력(壓力).

동액 同額 (같을 동, 액수 액). 같은[同] 액수(額數).

동:야 凍野 (얼 동, 들 야). ① 속뜻 얼음[凍]으로 뒤덮여 있는 들판[野]. ② 지리 연중 대부분은 눈과 얼음으로 덮여 있는 지역. 스칸디나비아 반도 북부에서부터 시베리아 북부, 알래스카 및 캐나다 북부에 걸쳐 타이가 지대의 북쪽 북극해 연안에 분포하는 지역으로, 짧은 여름 동안에 지표의 일부가 녹아서 선태류와 지의류가 자라며, 순록의 유목이 행하여진다. ⓑ툰드라(tundra), 동토(凍土).

동:약 洞約 (마을 동, 묶을 약). 역사 조선 때, 향촌 고을[洞]의 자치 규약(規約).

동양[1] 同樣 (같을 동, 모양 양). 같은[同] 모양(模樣). 또는 모양이 같음.

동:양[2] 動陽 (옮길 동, 볕 양). 양기(陽氣)를 옮김[動]. 양기가 움직임.

동양[3] 東洋 (동녘 동, 큰바다 양). 유럽 대륙을 중심으로 한 동부(東部) 지역. 명나라 때 중국에 들어온 유럽 선교사가 만든 세계 지도에서 북태평양 서쪽을 대동양(大東洋), 동쪽을 소동양(小東洋)이라고 한 데서 비롯되었다. 지금은 유럽지역을 가리키는 서양에 대응하여 아시아의 동부 및 남부의 한국, 중국, 일본, 인도, 미얀마, 태국, 인도네시아 등을 일컫는다. ⓑ서양(西洋).

▶**동양-계** 東洋系 (이어 맬 계). 동양(東洋) 계통(系統). 또는 그런 사람. ¶동양계 미국인.

▶**동양-란** 東洋蘭 (난초 란). 식물 예로부터 한국, 중국, 일본 등 동양(東洋)에서 재배되어 온 난초(蘭草). ¶춘란(春蘭)·한란(寒蘭)이 대표적인 동양란이다.

▶**동양-미** 東洋美 (아름다울 미). 동양(東洋)의 특색을 지닌 아름다움[美]. ¶이 건축물은 동양미를 잘 드러내고 있다.

▶**동양-사** 東洋史 (역사 사). 동양(東洋) 여러 나라의 역사(歷史). ⓑ서양사(西洋史).

▶**동양-인** 東洋人 (사람 인). 동양(東洋) 사람[人]. ¶동양인의 의식 세계. ⓑ서양인(西洋人).

▶**동양-학** 東洋學 (배울 학). 동양(東洋)의 문화 곧 동양의 언어, 문학, 역사, 풍습, 제도, 예술 따위를 연구하는 학문(學問).

▶**동양-화** 東洋畫 (그림 화). 미술 서양화에 대응되는 개념으로 중국에서 비롯하여 한국, 일본 등 동양(東洋) 여러 나라에서 발달해 온 회화(繪畫). ⓑ서양화(西洋畫).

▶**동양 음악** 東洋音樂 (소리 음, 풍류 악). 음악 한국, 일본, 중국 등 동양(東洋)의 여러 민족 사이에 전승되거나 고유한 풍토와 양식아래 만들어진 음악(音樂). 중국의 당악(唐樂), 우리나라의 아악(雅樂) 따위.

동어 반:복 同語反覆 (같을 동, 말씀 어, 되돌릴 반, 뒤집힐 복). ① 같은[同] 말[語]을 반복(反覆)함. ② 논리 대상을 다시 사용해 정의하는 것. ③ 논리 그것을 구성하고 있는 명제가 어떤 진릿값을 가지든지 항상 참이 되는 복합 명제.

동업 同業 (같을 동, 일 업). ① 속뜻 같은[同] 종류의 직업이나 영업(營業). ¶나와 동업에 종사하는 사람들. ② 같이 사업을 함. 또는 그 사업. ¶친구와의 동업은 피하는 게 좋다.

동:-역학 動力學 (움직일 동, 힘 력, 배울 학). 물리 물체의 운동(運動)과 힘[力]의 관계를 연구하는 학문(學問). ⓑ정역학(靜力學).

동연 개:념 同延概念 (같을 동, 늘일 연, 대강 개, 생각 념). 논리 내포는 다르지만 같은[同] 외연(外延)을 가진 개념(概念). ⓑ등치개념(等値概念), 등가개념(等價概念).

동:-영상 動映像 (움직일 동, 비칠 영, 모양 상). 컴퓨터로 움직이는[動] 물체의 영상(映像)을 텔레비전(TV)의 화면처럼 만든

것. 'moving picture'를 의역한 것으로 '동화상'(動畫像)이라고도 하며, MPEG, MOV, Real Video, Avi 등의 형식이 있다.

동예 東濊 (동녘 동, 깊을 예). 역사 1세기 초에 한반도의 북동(北東)쪽인 함경남도와 강원도 북부의 깊은[濊] 골짜기에 있던 부족 국가.

동:온하정 冬溫夏凊 (겨울 동, 따뜻할 온, 여름 하, 서늘할 정). ① 속뜻 추운 겨울[冬]에는 따뜻하게[溫] 더운 여름[夏]에는 시원하게[凊] 해 드림. ② '부모를 잘 모시어 섬기는 도리'를 일컫는 말.

동:요[1] 動搖 (움직일 동, 흔들 요). ① 속뜻 흔들어[搖] 움직임[動]. ② 생각이나 의지가 확고하지 못하고 흔들림. ¶부모님의 사고 소식에 그녀는 동요했다. ③ 어떤 체제나 상황 따위가 혼란스럽고 술렁임. ¶민심이 동요하다.

동:요[2] 童謠 (아이 동, 노래 요). 어린이들의[童] 감정을 반영하여 만든 노래[謠]. ¶동요 작곡가.

동우 同友 (같을 동, 벗 우). 서로 마음과 뜻이 같은[同] 벗[友].

동:원[1] 凍原 (얼 동, 들판 원). ① 속뜻 얼어[凍] 있는 벌판[原]. ② 지리 동야(凍野). ㊥ 툰드라(tundra).

동:원[2] 動員 (움직일 동, 사람 원). ① 속뜻 어떤 목적을 달성하기 위하여 사람[員]이나 물건을 옮겨[動] 한데 모음. ¶어떤 방법을 동원해서라도 아이를 찾아야 한다. ② 군사 전쟁 따위에 대비하여 병력, 군수 물자를 모으는 것. ¶테러 진압을 위해 군대를 동원했다.

▸동:원-령 動員令 (명령 령). 군사 전쟁 따위의 비상사태가 발생하였을 때 병력이나 군수 물자 따위를 동원(動員)하기 위해 내리는 명령(命令).

동월 同月 (같을 동, 달 월). ① 속뜻 같은[同] 달[月]. ¶우리는 동년 동월에 태어났다. ② 앞에서 이미 언급한 달. ¶그는 6월 11일에 출장 갔다가 동월 16일에 돌아왔다.

동위 同位 (같을 동, 자리 위). ① 속뜻 같은[同] 위치[位]. ② 같은 지위나 등급.

▸동위-각 同位角 (모서리 각). ① 속뜻 같은[同] 위치(位置)에 있는 두 개의 각(角). ② 수학 두 직선이 다른 한 직선과 교차하여 생기는 각 가운데 같은 위치에 있는 각 a와 각 a', 각 b와 각 b', 각 c와 각 c', 각 d와 각 d' 따위.

▸동위 개:념 同位概念 (대강 개, 생각 념). 논리 동일한 유(類)개념 속에 내포되어 있는 종(從)개념 사이에서 동일(同一) 위상(位相)에 있는 개념(概念).

▸동위 원리 同位原理 (본디 원, 이치 리). 논리 동일(同一)한 위상(位相)를 차지하고 있는 개념을 정의할 때의 원리(原理).

▸동위 원소 同位元素 (으뜸 원, 바탕 소). 화학 질량은 서로 달라도 원소 주기율표에서 같은[同] 위치(位置)에 배열되는 원소(元素). 원자 번호는 같아 화학적으로 거의 구별할 수가 없으나 그것을 구성하고 있는 원자의 질량이 서로 다른 것을 동위원소라고 한다. ㊥ 동위체(同位體), 동위핵(同位核), 동위핵종(同位核種).

동유 桐油 (오동나무 동, 기름 유). 화학 유동(油桐) 씨에서 짜낸 건성(乾性)의 기름[油].

동음 同音 (같을 동, 소리 음). 같은[同] 소리[音]. 또는 동일한 음.

▸동음-이의 同音異義 (다를 이, 뜻 의). 언어 글자의 음[音]은 같으나[同] 뜻[義]이 다름[異]. 같은 음의 다른 뜻의 낱말.

▸동음-이자 同音異字 (다를 이, 글자 자). 언어 소리[音]는 같으나[同] 글자(字)가 다른[異] 것. 또는 그 글자. '動', '同', '東' 따위.

▸동음 생략 同音省略 (덜 생, 줄일 략). 언어 한 단어 안에 같은 두 음소[同音]가 반복되어 나타날 때에 그중 하나를 생략(省略)하는 현상.

▸동음이의-어 同音異義語 (다를 이, 뜻 의, 말씀 어). 언어 소리[音]는 같으나[同] 뜻[義]이 다른[異] 단어(單語). ㊟ 동음어.

동:의[1] 冬衣 (겨울 동, 옷 의). 겨울[冬] 옷[衣]. ㊥ 동복(冬服).

동의[2] 同義 (같을 동, 뜻 의). 같은[同] 뜻[義]. 또는 뜻이 같음.

동의[3] 胴衣 (몸통 동, 옷 의). ① 속뜻 몸통[胴]에 입는 옷[衣]. ② 조끼. ¶비상시를 위한 구명(救命) 동의.

동:의[4] 動議 (움직일 동, 의논할 의). 회의 중에 토의(討議)할 안건을 제기함[動]. 또는

그 안건. ¶긴급 동의가 있습니다 / 그의 동의(動議)에 동의(同意)합니다.

동의[5] **同意** (같을 동, 뜻 의). ① [속뜻] 같은[同] 의미(意味). ② 의사(意思)나 의견을 같이함. ¶동의하시는 분은 손을 들어주십시오. ③ 다른 사람의 행위를 승인하거나 시인함. ¶그는 국민 의 동의를 얻었다. [비] 동의(同義), 찬성(贊成), 찬동(讚同). [반] 이의(異意), 반대(反對).

▶동의-어 同意語 (=同義語, 말씀 어). [언어] 뜻[意]이 같은[同] 말[語]. [비] 비슷한말.

동의-보감 東醫寶鑑 (동녘 동, 치료할 의, 보배 보, 거울 감). [책명] 조선 선조 때, 허준(許浚)이 편찬한 의학서. 중국 한의학을 바탕으로 우리나라[東國] 의학(醫學)을 총망라하여 후대까지 귀감이 되고 있는 귀중한[寶] 책[鑑].

동의-수세보원 東醫壽世保元 (동녘 동, 치료할 의, 목숨 수, 세상 세, 지킬 보, 으뜸 원). [책명] 조선 후기, 이제마가 '우리나라 의학[東醫]으로 사람들의 목숨[壽]을 구하고 세상(世上)을 보호(保護)하는 으뜸[元]'이 될 만한 의료 기법을 적은 책.

동이 東夷 (동녘 동, 오랑캐 이). ① [속뜻] 동(東)쪽의 오랑캐[夷]. ② [역사] 고대 중국 사람들이 그들의 동쪽 지역에 사는 민족을 멸시하여 이르던 말. [참] 남만(南蠻), 북적(北狄), 서융(西戎).

동인[1] **同仁** (같을 동, 어질 인). 누구에게나 차별 없이 똑같이[同] 어진[仁] 마음으로 대함.

동:인[2] **動因** (움직일 동, 까닭 인). 어떤 사태를 일어나게[動] 하거나 변화시킨 직접적인 원인(原因). ¶증기기관은 근대 산업사회 등장의 결정적 동인이 되었다.

동인[3] **同人** (같을 동, 사람 인). ① [속뜻] 같은[同] 사람[人]. '동일인'(同一人)의 준말. ¶문을 닫았던 사람이 지금 문을 연 사람과 동인이다. ② 바로 그 사람. ¶그는 범인이 아니라고 극구 부인했는데 조사 결과 동인이 범인이었다. ③ 어떤 일에 뜻을 같이하여 모인 사람. ¶문학 동인 / 여성 운동 동인 모임.

▶동인-회 同人會 (모일 회). 예술상의 주의, 취미, 경향 따위를 같이[同] 하는 사람[人]들끼리 모이는[會] 모임.

▶동인-잡지 同人雜誌 (섞일 잡, 기록할 지). 사상, 취미, 경향 따위가 같은[同] 사람[人]들끼리 모여 편집·발행하는 잡지(雜誌). [준] 동인지.

동인[4] **東人** (동녘 동, 사람 인). [역사] 조선 시대에, 김효원과 유성룡 등을 중심으로 하여 서인(西人)과 대립한 당파. 도성의 동(東)쪽에 살던 김효원의 견해를 따르는 사람[人]들에서 유래. 이후 다시 남인과 북인으로 나뉘었다. [참] 사색당파(四色黨派).

▶동인-시화 東人詩話 (시 시, 이야기 화). [문학] 조선 때, 서거정이 신라 때부터 우리나라[東國] 시인들[人]의 시[詩話]를 모아 엮은 책.

동일[1] **同日** (같을 동, 날 일). ① [속뜻] 같은[同] 날[日]. ¶우리는 동년 동월 동일에 태어났다. ② 바로 그날. ¶시상식은 경기가 있는 동일 오후에 진행할 예정이다.

동일[2] **同一** (같을 동, 모두 일). ① [속뜻] 어떤 것과 비교하여 모두[一] 꼭 같음[同]. ¶조건이 동일하다. ② 각각 다른 것이 아니라 하나임. ¶영과 혼은 동일하다. [반] 상이(相異).

▶동일-률 同一律 (법칙 률). [논리] 어떤 대상은 그 자체와 동일(同一)하다는 원리[律]. '갑은 갑이다'라고 표현된다. [비] 동일 원리(同一原理).

▶동일-설 同一說 (말씀 설). [철학] 서로 대립되는 개념도 실제로는 동일(同一) 하다고 보는 학설(學說). 정신과 물질, 주관과 객관은 하나의 절대적 실체가 표시되는 방법에 따라 다를 뿐이라고 본다. [비] 동일 철학(同一哲學).

▶동일-성 同一性 (성질 성). 둘 이상의 현상이나 사물이 갖고 있는 동일(同一)한 성질(性質).

▶동일-시 同一視 (볼 시). ① [속뜻] 둘 이상의 것을 똑같은[同一] 것으로 봄[視]. ② [심리] 정신 분석학에서 다른 개인이나 집단의 특징을 자신의 것과 동일하게 여기는 정신적 조작. [비] 동일화(同一化).

▶동일-인 同一人 (사람 인). 같은[同一] 사람[人]. ¶그 두 사건은 동일인의 소행으로 보인다.

▶동일-체 同一體 (몸 체). ① [속뜻] 같은[同

一] 몸[體]. ②모양이나 성질이 서로 같은 물체.

▸동일 개:념 同一概念 (대강 개, 생각 념). 논리 내포(內包)와 외연(外延)이 똑같은[同一] 개념(槪念). ¶'부모와 양친', '등변 삼각형과 등각 삼각형'은 동일 개념이다. 비동의(同義) 개념.

▸동일 철학 同一哲學 (밝을 철, 배울 학). 철학 서로 대립되는 개념도 실제로는 동일(同一) 하다고 보는 철학(哲學). 정신과 물질, 주관과 객관은 하나의 절대적 실체가 표시되는 방법에 따라 다를 뿐이라고 본다. 비동일설(同一說).

동:자[1] **瞳子** (눈동자 동, 접미사 자). 눈동자[瞳].

동:자[2] **童子** (아이 동, 아들 자). ①속뜻 나이 어린 사내[子] 아이[童]. ②불교 중이 되려고 절에서 공부하면서 아직 출가하지 않은 사내아이. ③불교 '순수한 아이'와 같다는 의미로 '보살'(菩薩)을 달리 이르는 말.

▸동:자-삼 童子蔘 (인삼 삼). 어린아이[童子] 모양처럼 생긴 산삼(山蔘).

▸동:자-석 童子石 (돌 석). ①속뜻 어린아이[童子]의 형상을 새겨서 무덤 앞에 세우는 돌[石]. ②돌난간의 중간에 세우는 짧은 돌기둥. 비동자주(童子柱).

▸동:자-승 童子僧 (스님 승). 불교 어린아이[童子]인 승려(僧侶).

⁑동:작 動作 (움직일 동, 지을 작). ①속뜻 움직여[動] 만듦[作]. ②몸을 움직임. ¶그는 동작이 느리다. ③무술이나 춤 따위에서 특정한 형식을 갖는 몸이나 손발의 움직임. 비행위(行爲), 행동(行動).

▸동:작-상 動作相 (모양 상). 언어 시간 영역 안에서 파악되는 동작(動作)의 모습[相]들을 일정한 언어 형식으로 나타내는 동사의 문법범주.

▸동:작 전:류 動作電流 (전기 전, 흐를 류). 생물 생물의 신경이나 근육 따위가 움직일[動作] 때 흐르는 전류(電流).

동:장 洞長 (마을 동, 어른 장). ①속뜻 한 동네[洞]의 우두머리[長]. ②법률 행정 구역 단위인 '동'(洞)을 대표하여 일을 맡아보는 사람.

동:-장군 冬將軍 (겨울 동, 장수 장, 군사 군). ①속뜻 겨울[冬] 장군(將軍). ②'혹독한 겨울 추위'를 장군에 비유하여 이르는 말.

동재 東齋 (동녘 동, 방 재). 역사 성균관이나 향교의 명륜당(明倫堂) 앞 동(東)쪽에 있는 집[齋]. 유생이 거처하며 글을 읽었다.

***동:적 動的** (움직일 동, 것 적). 움직이고[動] 있는 것[的]. ¶동적인 이미지. 반정적(靜的).

***동전 銅錢** (구리 동, 돈 전). 구리[銅]와 주석의 합금으로 만든 돈[錢]. 비동화(銅貨). 반지폐(紙幣).

동:-전기 動電氣 (움직일 동, 전기 전, 기운 기). 물리 흐르고[動] 있는 전기(電氣).

동:-전력 動電力 (움직일 동, 전기 전, 힘 력). 물리 전기(電氣)를 흐르게[動] 하는 힘[力]. 비기전력(起電力).

동:절 冬節 (겨울 동, 철 절). 겨울[冬] 철[節].

▸동:절-기 冬節期 (때 기). 겨울철[冬節]에 해당되는 시기(時期). 보통 12월에서 2월까지를 말한다. ¶동절기에 잡은 생선이 맛있다. 반하절기(夏節期).

동점[1] **同點** (같을 동, 점 점). ①속뜻 같은[同] 점수(點數). 또는 점수가 같음. ¶그 경기는 동점으로 끝났다. ②같은 결론.

동점[2] **東漸** (동녘 동, 점점 점). 세력을 넓혀 동(東)쪽으로 점차(漸次) 옮겨 감.

동점[3] **東點** (동녘 동, 점 점). 천문 천구(天球)의 적도(赤道)와 지평선이 만나는 두 개의 교점 가운데 동(東)쪽에 있는 점(點).

동정[1] **同定** (같을 동, 정할 정). 생물 생물의 분류학상의 같은[同] 소속을 바르게 정(定)하는 일.

동정[2] **東征** (동녘 동, 칠 정). 동방(東方)을 정벌(征伐)함. 또는 동쪽으로 원정함.

동:정[3] **動靜** (움직일 동, 고요할 정). ①속뜻 물질의 운동(運動)과 정지(靜止). ②사람이 일상적으로 하는 일체의 행위. ③일이나 현상이 벌어지고 있는 낌새. ¶적의 동정을 살피다.

동정[4] **同情** (한가지 동, 마음 정). ①속뜻 마음[情]을 함께 함[同]. ②남의 어려운 처지를 자기 일처럼 딱하고 가엾게 여겨 온정을 베풂. ¶동정하는 거라면 필요 없어요.

▸**동정-심** 同情心 (마음 심). 남의 어려운 처지를 안타깝게 여기는[同情] 마음[心]. ¶동정심을 불러일으키다. ⓑ연민(憐憫).

▸**동정 파:업** 同情罷業 (그만둘 파, 일 업). 사회 노동자가 파업 중인 다른 곳의 노동자를 이해하고 동정(同情)하여 행하는 파업(罷業).

동:정[5] **童貞** (아이 동, 곧을 정). ① 속뜻 아이[童]같이 순결한 정절(貞節). ② 이성(異性)과 아직 성적인 접촉이 없이 지키고 있는 순결. 또는 그런 사람.

▸**동:정-남** 童貞男 (사내 남). 동정(童貞)인 남자(男子). ⓑ숫총각. ⓑ동정녀(童貞女).

▸**동:정-녀** 童貞女 (여자 녀). ① 속뜻 동정(童貞)인 여자(女子). ② 가톨릭 '성모 마리아'를 가리키는 말. ⓑ숫처녀. ⓑ동정남(童貞男).

▸**동:정 생식** 童貞生殖 (날 생, 불릴 식). ① 속뜻 동정(童貞) 상태에서 새로운 개체가 생겨나서[生] 자라는[殖] 것. ② 생물 난자의 핵은 없어지고 정자의 핵만 남아 있는 수정란에서 배(胚)가 발생하는 생식 방법.

동:제[1] **洞祭** (마을 동, 제사 제). 민속 마을 사람들이 마을[洞]을 지켜 주는 신(神)에게 공동으로 지내는 제사(祭祀). '동신제'의 준말.

동제[2] **銅製** (구리 동, 만들 제). 구리[銅]로 만듦[製]. 또는 그렇게 만든 것. ¶동제 철사.

▸**동제-품** 銅製品 (물건 품). 구리[銅]로 만든[製] 물품(物品).

동조 同調 (같을 동, 가락 조). ① 속뜻 같은[同] 가락[調]. ② 남의 주장에 자기 의견을 일치시키거나 보조를 맞춤. ¶무력 침공에는 동조할 수 없다. ③ 문학 시 따위의 음률이 같은 것. ⓑ동의(同意), 찬성(贊成), 찬동(讚同). ⓑ반대(反對).

▸**동조-자** 同調者 (사람 자). 남의 의견을 지지하고 동조(同調)하는 사람[者]. ¶거사를 함께 할 동조자를 모으다.

▸**동조 회로** 同調回路 (돌아올 회, 길 로). 물리 외부의 전기 진동과 똑같은[同] 고유 진동수를[調] 가지고 공진(共振)하는 전기 회로(回路).

동족 同族 (같을 동, 겨레 족). 같은[同] 겨레[族]. ② 동종(同宗). ⓑ이민족(異民族).

▸**동족-애** 同族愛 (사랑 애). 같은[同] 겨레[族]로서 서로에게 느끼는 사랑[愛]. ¶동족애를 느끼다.

▸**동족-체** 同族體 (몸 체). 동족(同族) 계열에 속하는 유기 화합물[體]. 메탄올, 에탄올, 프로판올 따위.

▸**동족 계:열** 同族系列 (이어 맬 계, 벌일 렬). 화학 분자 구조에서 화학적 성질에 따라 분류한 '족'(族)이 같은[同] 계열(系列)의 유기화합물.

▸**동족-상잔** 同族相殘 (서로 상, 해칠 잔). 같은[同] 겨레[族]끼리 서로[相] 싸우고 해침[殘]. ¶동족상잔의 비극. ⓑ민족상잔(民族相殘), 동족상쟁(同族相爭).

동존 同存 (한가지 동, 있을 존). 함께[同] 존재(存在)함. ¶인간은 자연과 동존하여 살아가야 한다. ⓑ공존(共存).

동종[1] **同宗** (같을 동, 마루 종). ① 속뜻 한 조상에서 내려온 성과 본이 같은[同] 종족(宗族). ② 같은 종파(宗派). ⓑ동족(同族).

동종[2] **同種** (같을 동, 갈래 종). 같은[同] 종류(種類). ¶동종 업체.

동종[3] **銅鐘** (구리 동, 쇠북 종). 구리[銅]로 만든 종(鐘). ¶동종 소리.

동죄 同罪 (같을 동, 허물 죄). 같은[同] 죄(罪). ¶동죄에 대한 처벌은 같아야 한다.

동주 同舟 (같을 동, 배 주). ① 속뜻 같은[同] 배[舟]. ② 배를 같이 탐. ⓑ동선(同船).

▸**동주-상구** 同舟相救 (서로 상, 도울 구). ① 속뜻 같은[同] 배[舟]를 탄 사람끼리 서로[相] 도움[救]. ② 같은 운명이나 처지에 놓이면 아는 사람이나 모르는 사람이나 서로 돕게 됨.

동중-원소 同重元素 (같을 동, 무거울 중, 으뜸 원, 바탕 소). 화학 원자 번호는 다르나 질량[重]의 수는 같은[同] 원소(元素). ⓑ동중체(同重體), 동중핵(同重核).

동지[1] **同地** (같을 동, 땅 지). 같은[同] 땅[地]. 또는 같은 곳.

동지[2] **同志** (같을 동, 뜻 지). 목적이나 뜻[志]이 서로 같음[同]. 또는 그런 사람. ¶동지를 규합하다 / 동지 의식. ⓑ사우(社友).

동지[3] **冬至** (겨울 동, 지극할 지). ① 속뜻 겨울[冬]이 절정에 이른[至] 때. ② 민속 태양이

동지점(冬至點)을 통과하는 시기의 절기. 대설(大雪)과 소한(小寒) 사이로, 12월 22일이나 23일경. ⓑ하지(夏至).

▸동지-사 冬至使 (부릴 사). 역사 조선 시대에 해마다 동짓달에[冬至] 중국으로 보내던 사신(使臣). '하동지사'(賀冬至使)의 준말.

▸동지-선 冬至線 (줄 선). 지리 동지(冬至)에 태양이 이르는 선(線). ⓑ남회귀선(南回歸線). ⓑ하지선(夏至線).

▸동지-점 冬至點 (점 점). ① 속뜻 동지(冬至) 때 태양이 이르는 곳[點]. ② 천문 춘분점(春分點)에서 황도(黃道)를 따라 서쪽으로 90도 되는 점.

동진 東進 (동녘 동, 나아갈 진). 동(東)쪽으로 나아감[進].

동질 同質 (같을 동, 바탕 질). 본바탕[質]이 같음[同]. 성질이 같음. ¶동질 이상(異像)의 광물. ⓑ이질(異質).

▸동질-성 同質性 (성질 성). 본바탕[質]이 같은[同] 성질이나 특성(特性). ¶민족 문화의 동질성을 회복하다.

▸동질 다상 同質多像 (많을 다, 모양 상). 광업 동일(同一)한 화학 성분[質]의 물질이 압력이나 온도 변화에 따라 여러 가지[多] 모양체[像]를 이루는 것. ⓑ동질 이상(同質異像).

▸동질 이ː상 同質異像 (다를 이, 모양 상). 광업 동일(同一)한 화학 성분[質]의 물질이 압력이나 온도 변화에 따라 서로 다른[異] 모양체[像]를 이루는 것. ¶흑연과 다이아몬드는 동질 이상의 물질이다. ⓑ다형(多形), 동질 다상(多像).

동차-식 同次式 (같을 동, 차례 차, 법 식). 수학 같은[同] 차수(次數)를 가진 다항식(多項式). 각 항의 차수가 같은 다항식. 예를 들어 3x+4y+5z는 1차의 동차식.

동참 同參 (한가지 동, 참여할 참). ① 속뜻 어떤 모임이나 일에 하나로[同] 참가(參加)함. ¶봉사활동에 동참하다. ② 불교 중과 신도가 한 법회에서 같이 불도를 닦는 일.

동창[1] 東窓 (동녘 동, 창문 창). 동(東)쪽으로 난 창문(窓). ¶동창이 밝아 온다.

동창[2] 同窓 (같을 동, 창문 창). ① 속뜻 같은[同] 창문(窓門). ② 같은 학교에서 함께 공부한 친구 사이. '동창생'(同窓生)의 준말. ¶우리는 동창이다. ⓑ동학(同學), 동문(同門).

▸동창-생 同窓生 (사람 생). ① 속뜻 같은 학교[同窓]를 다니거나, 다녔던 학생(學生). ② 한 학교를 같은 해에 나온 사람. ㊟동창.

▸동창-회 同窓會 (모일 회). 같은 학교를 졸업한 사람들[同窓]이 모여[會] 서로 친목을 도모하고 모교와의 연락을 하기 위하여 조직한 모임. ¶연말에 동창회를 열다. ⓑ동문회(同門會).

동ː천[1] 冬天 (겨울 동, 하늘 천). ① 속뜻 겨울[冬] 하늘[天]. ② 겨울날. ¶추운 동천에 어딜 나서는 거요?

동천[2] 東天 (동녘 동, 하늘 천). 동(東)쪽 하늘[天]. ¶동천이 밝아 오다 / 새벽 해가 동천에 솟아오르다.

동천[3] 東遷 (동녘 동, 옮길 천). ① 속뜻 동(東)쪽으로 옮김[遷]. ② 역사 중국 주나라가 도읍을 호경(鎬京)에서 동쪽의 낙읍(洛邑)으로 옮긴 일.

동ː천[4] 洞天 (구멍 동, 하늘 천). 천신(天神)들이 살 정도로 경치가 좋은 골짜기[洞].

동ː천[5] 動天 (움직일 동, 하늘 천). 하늘[天]을 움직일[動] 만한 큰일이나 세력.

동체[1] 同體 (같을 동, 몸 체). ① 속뜻 한[同] 몸[體]. ② 같은 물체. '동일체'의 준말.

동체[2] 胴體 (몸통 동, 몸 체). ① 속뜻 사람이나 물체(物體)의 몸통[胴]을 이루는 부분[體]. ② 항공 항공기의 날개와 꼬리를 제외한 중심 부분. ¶동체 착륙.

동ː체[3] 動體 (움직일 동, 몸 체). ① 속뜻 움직이는[動] 물체(物體). ② 물리 기체(氣體)와 액체(液體)를 아울러 이르는 말. ⓑ유체(流體).

동충하초 冬蟲夏草 (겨울 동, 벌레 충, 여름 하, 풀 초). 식물 겨울[冬]에는 벌레[蟲]이던 것이 여름[夏]에는 풀[草]로 변하는 버섯을 통틀어 이르는 말. 거미, 매미, 나비, 벌 따위의 곤충의 시체에 기생한다.

동치 同値 (같을 동, 값 치). ① 속뜻 같은[同] 값[値]. ② 수학 두 개의 방정식이 같은 근(根)을 가지는 일. ③ 논리 두 개의 명제가 동일한 결과를 가져오는 일. 표현이 달라도 같은 결론을 갖는 것. '그가 정직하지 않은 것은 아니다'와 '그는 정직하다' 따위. [비]동가(同價), 등가(等價), 등치(等値).

동침 同寢 (한가지 동, 잠잘 침). 남녀가 잠자리[寢]를 함께[同] 함. [비]동금(同衾).

동:태¹ 凍太 (얼 동, 클 태). 얼린[凍] 명태(明太). ¶동태로 끓인 국.

동:태² 動態 (움직일 동, 모양 태). 움직이는[動] 상태(狀態). 변하여 가는 상태. ¶인구 동태 / 적의 동태를 살피다. [비]동정(動靜), 동향(動向). [반]정태(靜態).

▸동:태 집단 動態集團 (모일 집, 모일 단). [수학]사물의 변한 상태[動態]를 내용으로 하는 통계 집단(集團). 일정 시간 안에 발생한 사물의 시간적인 연속 상태를 내용으로 하는 통계 집단.

▸동:태 통:계 動態統計 (묶을 통, 셀 계). [수학]일정 기간 내의 시간적 경과가 문제가 되는 동태적(動態的) 현상에 관한 통계(統計).

동토¹ 東土 (동녘 동, 흙 토). ① [속뜻]동(東)쪽 땅[土]. 동쪽 나라. ②우리나라를 중국에 상대하여 이르는 말.

동:토² 凍土 (얼 동, 흙 토). ① [속뜻]얼어[凍] 붙은 땅[土]. ②'인간의 자유를 극도로 억압하여 사상이나 행동이 부자유스러운 곳'을 비유하여 이르는 말. ③ [지리]동토대(凍土帶). [비]툰드라(tundra), 동야(凍野).

▸동:토-대 凍土帶 (띠 대). ① [속뜻]늘 땅[土]이 얼어있는[凍] 지대(地帶). ② [지리]동야(凍野). [비]툰드라(tundra), 동원(凍原).

동:통 疼痛 (욱신거릴 동, 아플 통). 몸이 쑤시고[疼] 아픔[痛]. ¶어깨에 심한 동통을 느끼다.

동파¹ 同派 (같을 동, 갈래 파). ① [속뜻]같은[同] 파(派). ¶우리는 동파에 속한다. ②그 파. ¶나는 그들과 같은 파에 가입했다.

동:파² 凍破 (얼 동, 깨뜨릴 파). 얼어서[凍] 터짐[破]. ¶추운 날씨에 수도관이 동파했다.

동판 銅版 (구리 동, 널빤지 판). ① [속뜻]구리[銅]로 만든 판(版). ② [출판]평평한 구리 조각에 그림이나 글씨 따위를 새긴 인쇄판.

▸동판-화 銅版畵 (그림 화). [미술]동판(銅版)에 새긴 그림[畵]. 또는 동판으로 찍은 그림.

동편 東便 (동녘 동, 쪽 편). 동(東) 쪽[便]. 동쪽 방향. [비]동변(東邊). [반]서편.

▸동편-제 東便制 (정할 제). [음악]호남의 동쪽[東便]인 운봉·구례·순창·흥덕 등지에서 발달한 판소리로, 조선 영조 때의 명창 송흥록의 법제(法制)를 이어받은 것이라는 뜻에서 붙여진 이름. 웅건하고 그윽한 우조(羽調)를 바탕으로 하는 것이 특징이다.

동포 同胞 (같을 동, 태보 포). ① [속뜻]같은[同] 태보[胞]에서 태어난 형제자매. 같은 부모의 형제자매. ②같은 나라 또는 같은 민족의 사람. ¶해외 동포 / 재일동포 2세. [비]동기(同氣), 동족(同族), 겨레.

▸동포-애 同胞愛 (사랑 애). 동포(同胞)로서 서로 아끼고 사랑하는[愛] 마음.

동풍 東風 (동녘 동, 바람 풍). ① [속뜻]동(東)쪽에서 부는 바람[風]. ②봄철에 불어오는 바람. 봄바람. [반]서풍(西風).

동-하중 動荷重 (움직일 동, 짐 하, 무거울 중). [건설]움직이는[動] 물체[荷]가 다른 물체에 주는 무게[重]. 다리 위를 통과하는 차의 무게 따위가 있다. [반]정하중(靜荷重).

동학¹ 同學 (한가지 동, 배울 학). 한 학교나 한 스승 아래서 함께[同] 공부함[學]. 또는 그런 사람. ¶그는 어릴 적 나와 동학했다.

동학² 東學 (동녘 동, 배울 학). [역사]서양에서 들어온 종교에 대항해 19세기 중엽에 최제우(崔濟愚)가 세운 우리나라[大東] 우리 민족의 순수 종교[學]. [비]제우교(濟愚教).

▸동학-교 東學教 (종교 교). [역사]동학(東學).

▸동학-군 東學軍 (군사 군). [역사]①동학교(東學教)를 믿는 사람들이 모여 조직한 군대(軍隊). ②조선 후기에, 최제우를 교조(教祖)로 하여 일어난 동학도의 집단. [비]동학당(東學黨).

▸동학-란 東學亂 (어지러울 란). [역사]동학도(東學徒)들이 일으킨 민란(民亂). [비]동학 농민 운동(東學農民運動).

▸동학 혁명 東學革命 (바꿀 혁, 운명 명). 동학도(東學徒)들이 일으킨 혁명(革命). [비]동학 농민 운동(東學農民運動).

▸동학 농민 운:동 東學農民運動 (농사 농, 백성 민, 돌 운, 움직일 동). [역사]조선 고종 31년(1894)에 전라도 고부에서 선봉준 등을

지도자로 동학도(東學徒)와 농민(農民)들이 합세하여 일으킨 운동(運動). 후에 항일 의병 투쟁과 3·1 운동으로 계승되었다.

동:한[1] 冬寒 (겨울 동, 찰 한). 겨울[冬]의 추위[寒]. ¶동한으로 가축이 얼어 죽었다.

동:한[2] 凍寒 (얼 동, 찰 한). 얼어[凍] 붙을 정도로 심한 추위[寒].

동항[1] 同行 (같을 동, 항렬 항). 같은[同] 항렬(行列). 또는 항렬이 같음.

동:항[2] 凍港 (얼 동, 항구 항). 겨울에 해면(海面)이 얼어[凍] 배가 드나들지 못하는 항구(港口). ¶러시아는 동항이 대부분이다. [반]부동항(不凍港).

동:해[1] 凍害 (얼 동, 해칠 해). 농작물 따위가 추위로 인해 얼어서[凍] 입는 피해(被害).

동해[2] 東海 (동녘 동, 바다 해). ① [속뜻] 동(東)쪽에 있는 바다[海]. ¶동해에 솟아오르는 해. ② [지리] 우리나라 동쪽의 바다. ¶동해의 대륙붕은 매우 좁다. [비]동영(東瀛), 동명(東溟). [반]서해(西海).

동-해안 東海岸 (동녘 동, 바다 해, 언덕 안). ① [속뜻] 동(東)쪽의 바다[海]에 접해있는 언덕[岸]. ② [지리] 우리나라의 동쪽 해안. ¶동해안 지방에는 대설이 내렸다.

동행 同行 (한가지 동, 갈 행). ① [속뜻] 같이[同] 길을 감[行]. ¶어린이는 어른과 동행해야 합니다. ② 같이 길을 가는 사람.

▸동행-자 同行者 (사람 자). 같이[同] 길을 가는[行] 사람[者]. ¶기행문에 여행 날짜와 동행자를 자세히 기록했다.

동향[1] 同鄕 (같을 동, 시골 향). 같은[同] 고향(故鄕). 또는 고향이 같음. '동고향'의 준말. ¶객지에서 동향 사람을 만나다.

동향[2] 東向 (동녘 동, 향할 향). 동(東)쪽을 향(向)함. 또는 그 방향. ¶내 방 창문은 동향이다. [반]서향(西向).

동:향[3] 動向 (움직일 동, 향할 향). ① [속뜻] 움직임[動]과 방향(方向). ② 사람들의 사고, 사상, 활동이나 일의 형세 따위가 바뀌는 방향. ¶여론의 동향을 살피다. ③ 어떤 특정한 사람이나 사물의 낱낱의 움직임. 관군(官軍)의 동향이 심상치 않다. [비]동태(動態), 동정(動靜).

동헌 東軒 (동녘 동, 집 헌). ① [속뜻] 여러 채의 관사(官舍) 가운데 동(東)쪽에 있는 집[軒]. ② [역사] 지방 관아에서 고을 원님이나 수령(守令)들이 공사(公事)를 처리하던 중심 건물. [속담] 동헌에서 원님 칭찬한다.

동혈[1] 同穴 (같을 동, 구멍 혈). ① [속뜻] 같은[同] 구멍[穴]. 또는 같은 구덩이. ② 부부가 죽어 한 무덤에 묻힘. 또는 같은 무덤. [참]해로동혈(偕老同穴).

동:혈[2] 洞穴 (구멍 동, 구멍 혈). 깊고 넓은 굴[洞]의 구멍[穴]. ¶원시인이 거주했던 동혈에서 벽화를 발견했다.

동형[1] 同形 (같을 동, 모양 형). 사물의 성질, 모양[形] 따위가 서로 같음[同].

동형[2] 同型 (같을 동, 모형 형). ① [속뜻] 어떤 부류의 형식이나 형태[型]가 같음[同]. ② [생물] 생물학상 순수하고 질이 같은 것. ③ [수학] 두 개의 대수계(代數系)가 완전히 같은 구조를 갖는 일.

▸동형 배:우자 同型配偶子 (짝 배, 짝 우, 접미사 자). [생물] 유성 생식에서 모양[型]과 크기가 비슷하여[同] 암수를 구별하기 힘든 배우자(配偶子). 유공충이나 포자충 따위에서 볼 수 있다.

동호 同好 (한가지 동, 좋을 호). ① [속뜻] 어떤 일이나 물건을 함께[同] 좋아함[好]. ② 동호인(同好人).

▸동호-인 同好人 (사람 인). 같은[同] 기호(嗜好)나 취미 갖고 있는 사람[人]. ¶산악 동호인이 백여 명이 참석했다.

▸동호-회 同好會 (모일 회). 같은[同] 기호(嗜好)를 갖고 있는 사람들의 모임[會]. ¶마라톤 동호회.

동호-문답 東湖問答 (동녘 동, 호수 호, 물을 문, 답할 답). [역사] 조선 때, 이이가 동호(東湖) 독서당에서 자신의 정치관을 문답(問答)식으로 서술하여 선조에게 올린 글.

동혼-식 銅婚式 (구리 동, 혼인할 혼, 의식 식). 서양 풍속으로 부부가 구리[銅]로 된 선물을 주고받는 결혼(結婚) 15주년의 기념식(記念式).

동화[1] 同和 (한가지 동, 어울릴 화). 함께[同] 어우러짐[和]. ¶부부는 동화하면서 닮아간다.

동:화[2] 動畫 (움직일 동, 그림 화). [연영] 일반 만화와는 달리 각 장면의 그림이 움직이는[動] 만화(漫畫). [비]애니메이션

(animation).

동:화[3] 童畫 (아이 동, 그림 화). 미술 아동(兒童)이 그린 그림[畫]. ¶동화 전시회.

동화[4] 銅貨 (구리 동, 돈 화). 구리[銅]로 만든 돈[貨]. ¶동화 한 닢을 받아 들고는. ㊥ 동전(銅錢).

동화[5] 同化 (같을 동, 될 화). ① 속뜻 다르던 것이 서로 똑같이[同] 됨[化]. ¶자연에 동화되다. ② 생물 생물이 몸 밖에서 얻은 물질을 자기에게 맞게 변화하는 것. ㊥이화(異化).

▸동화-력 同化力 (힘 력). 동화(同化)를 하거나 동화를 시키는 힘[力].

▸동화 작용 同化作用 (지을 작, 쓸 용). ① 속뜻 성질이나 모양이 비슷하게[同] 바뀌는[化] 일[作用]. ② 광업 마그마가 바깥의 암석을 녹여 흡수하는 것. 또는 바깥의 암석과 화학 반응하여 성분이 바뀌는 것. ③ 생물 외부에서 섭취한 에너지원을 자체의 고유한 성분으로 변화시키는 일.

▸동화 전:분 同化澱粉 (앙금 전, 가루 분). 식물 탄소 동화 작용(同化作用)으로 엽록체 내에 생긴 녹말[澱粉]. ㊥동화 녹말(綠末).

▸동화 정책 同化政策 (정치 정, 꾀 책). 정치 식민지를 경영하는 나라가 식민지 원주민의 고유한 언어, 문화, 생활양식 따위를 없애고 자국의 것을 강요하여 동화(同化)시키려는 정책(政策).

▸동화 조직 同化組織 (짤 조, 짤 직). 식물 세포 속에 많은 엽록체가 있어 탄소 동화 작용(同化作用)을 주로 하는 조직(組織).

*__동:화[6] 童話__ (아이 동, 이야기 화). 문학 어린이를 위하여 동심(童心)을 바탕으로 지은 이야기[話]. 대체로 공상적·서정적·교훈적인 내용이다.

▸동:화-극 童話劇 (연극 극). 연영 어린이에게 보이기 위해 동화(童話)를 각색한 연극(演劇). 또는 그 각본.

▸동:화-책 童話冊 (책 책). 동화(童話)를 쓴 책(冊). ¶동화책 속에 나오는 왕자나 공주를 꿈꾸다.

동:-화상 動畫像 (움직일 동, 그림 화, 모양 상). ① 속뜻 'Moving[動] picture[畫像]'을 의역한 말. ②컴퓨터로 움직이는 물체의 영상을 텔레비전(TV)의 화면처럼 만든 것. '동영상'(動映像)이라고도 한다.

동-활자 銅活字 (구리 동, 살 활, 글자 자). 구리[銅]로 만든 활자(活字). ¶태종은 계미년에 동활자를 주조했다.

동:회 洞會 (마을 동, 모일 회). ① 속뜻 동네[洞]의 일을 협의하는 모임[會]. ②예전에, '동사무소'를 이르던 말. ¶동회에 가서 서류를 떼 오다.

두각 頭角 (머리 두, 뿔 각). ① 속뜻 짐승의 머리[頭]에 있는 뿔[角]. ②'뛰어난 학식이나 재능'을 비유하여 이르는 말. ¶체조계에서 두각을 드러내다.

두개 頭蓋 (머리 두, 덮을 개). 의학 척추동물의 두뇌(頭腦)를 덮고[蓋] 있는 달걀 모양의 골격.

▸두개-골 頭蓋骨 (뼈 골). 의학 척추동물의 뇌에 덮인[頭蓋] 뼈[骨]를 통틀어 이르는 말.

▸두개-근 頭蓋筋 (힘줄 근). 의학 두개(頭蓋)에 붙은 근육(筋肉).

두건 頭巾 (머리 두, 수건 건). ① 속뜻 머리[頭]에 쓰는 베로 된 쓰개[巾]. ¶백성들은 누런 두건을 두르고 황건적이 되었다. 상중(喪中)에 남자 상제 등의 복인(服人)이 머리에 쓰는 것. 베로 만들었다. ㊟건. ㊥효건(孝巾).

두견 杜鵑 (팥배나무 두, 접동새 견). ① 속뜻 팥배나무[杜]를 좋아하는 접동새[鵑]. ② 동물 등은 갈색이고 배에 검은 가로줄 무늬가 있는 여름 철새. ③ 식물 봄에 깔때기 모양의 엷은 분홍색 꽃이 3-5개씩 피는 관목. ㊥소쩍새, 진달래.

두골 頭骨 (머리 두, 뼈 골). 머리[頭] 뼈[骨].

두괄-식 頭括式 (머리 두, 묶을 괄, 법 식). 문학 글의 첫머리[頭]에 결론적인 주요 내용을 몰아놓는[括] 산문 구성 방식(方式).

두뇌 頭腦 (머리 두, 골 뇌). ① 의학 머리[頭] 속의 골[腦]. ②사물을 판단하는 슬기. ¶그는 두뇌 회전이 빠르다. ③'지식수준이 높은 사람'을 비유하여 이르는 말. ¶그는 한국 최고의 두뇌이다.

▸두뇌 노동 頭腦勞動 (일할 로, 움직일 동). 창조적 능력이 극도로 요구되어 주로 두뇌(頭腦)를 많이 사용해야 하는 정신노동(精神勞動)의 한 분야.

두둔 斗頓 (본음 [두돈], 말 두, 조아릴 돈). 편들어 감싸주거나 역성을 들어줌. ¶두둔을 받다 / 죄인을 두둔하다.

두량 斗量 (말 두, 헤아릴 량). ① [속뜻] '되'나 '말'[斗]을 단위로 한 곡식의 분량(分量). ¶쌀 한 되 두량. ②일을 헤아려 처리함. ¶집안일 두량에 이골이 났다.

두락 斗落 (말 두, 떨어질 락). 논밭 넓이의 단위. [비]마지기.

두령 頭領 (머리 두, 거느릴 령). 여러 사람을 거느리는[領] 우두머리[頭]. 또는 그를 부르는 칭호. ¶청석골 임 두령 / 두령! 분부만 내리십시오. [비]두목(頭目).

두류 豆類 (콩 두, 무리 류). [식물] ①콩[豆]과 식물의 종류(種類). ② [식물] 씨를 식용하는 콩과의 식물을 통틀어 이르는 말. 땅콩, 완두, 콩, 팥 따위가 있다. '두숙류'(豆菽類)의 준말.

두목 頭目 (머리 두, 눈 목). ① [속뜻] 머리[頭]에서 눈[目]처럼 중요한 것. ②패거리의 우두머리. ¶깡패 두목을 잡았다. [비]두령(頭領).

두문 杜門 (막을 두, 문 문). ① [속뜻] 밖으로 출입을 아니하려고 방문(房門)을 닫아 막음[杜]. ② [민속] 점술에서 팔문(八門)의 하나. 구성(九星)의 목성이 본 자리가 되는 상서로운 문(門)이다.

▸두문불출 杜門不出 (아닐 불, 날 출). 문(門)을 닫아걸고[杜] 밖으로 나가지[出] 않음[不].

두-문자 頭文字 (머리 두, 글자 문, 글자 자). 첫머리[頭]에 오는 글자[文字]. ¶두문자를 장식하다.

두미 頭尾 (머리 두, 꼬리 미). ① [속뜻] 머리[頭]와 꼬리[尾]. ②처음과 끝.

두발 頭髮 (머리 두, 머리털 발). 머리[頭]에 난 털[髮]. ¶두발 모양을 자유롭게 하다.

두병 斗柄 (말 두, 자루 병). [천문] 국자 모양인 북두칠성(北斗七星)의 별 가운데 자루[柄]에 해당하는 세 개의 별.

두부¹ 頭部 (머리 두, 나눌 부). ① [속뜻] 동물의 머리[頭]가 되는 부분(部分). ¶곤충의 두부에는 더듬이가 달려있다. ②물건의 위쪽 부분.

두부² 豆腐 (콩 두, 썩을 부). ① [속뜻] 콩[豆]을 썩혀[腐] 만든 것. ②콩으로 만든 식품의 하나. 물에 불린 콩을 갈아서 짜낸 콩물을 끓인 다음 간수를 넣어 엉기게 하여 만든다. [비]두포(豆泡).

▸두부-전 豆腐煎 (달일 전). 두부(豆腐)를 넓적하게 저며서 기름에 지진[煎] 음식.

두상¹ 頭上 (머리 두, 위 상). ① [속뜻] 머리[頭]의 위[上]. ¶두상에 높이 뜬 태양. ② '머리'를 높여 이르는 말.

두상² 頭相 (머리 두, 모양 상). 머리[頭] 생김새나 모양[相]. ¶두상이 장군감이다.

두상³ 頭狀 (머리 두, 형상 상). 사람의 머리[頭] 형상(形狀).

▸두상-화 頭狀花 (꽃 화). [식물] 꽃대 끝에 많은 꽃이 뭉쳐 붙어서 머리[頭] 모양[狀]을 이룬 꽃[花]. [준]두화.

▸두상 화서 頭狀花序 (꽃 화, 차례 서). [식물] 여러 꽃이 꽃대 끝에 머리[頭] 모양[狀]으로 엉겨 붙어 피어서 한 송이처럼 보이는 꽃차례[花序]. ¶국화는 두상 화서에 속한다.

두색-동물 頭索動物 (머리 두, 찾을 색, 움직일 동, 만물 물). [동물] 척색동물 가운데 머리[頭] 쪽에 등뼈와 비슷한 척색(脊索)이 있는 무척추 동물(動物)을 통틀어 이르는 말.

두서¹ 頭書 (머리 두, 글 서). ① [속뜻] 글의 앞부분[頭]에 쓴 말[書]. ②본문(本文)에 앞서 모든 요소를 포함하여 쓴 부분.

두서² 頭緖 (머리 두, 실마리 서). ① [속뜻] 일의 첫머리[頭]나 실마리[緖]. ②일의 차례나 순서. ¶두서없이 말을 늘어놓다.

두수 頭數 (머리 두, 셀 수). ① [속뜻] 머리[頭]의 수(數). ②소, 말, 돼지 따위의 마리 수. ③'사람의 수효'를 속되게 이르는 말.

두시 杜詩 (팥배나무 두, 시 시). 중국 당나라 시인 두보(杜甫)의 시(詩).

▸두시-언해 杜詩諺解 (상말 언, 풀 해). [책명] 두보(杜甫)의 시(詩)를 우리말[諺]로 풀이한[解] 책. '분류두공부시언해'(分類杜工部詩諺解)의 준말.

두옥 斗屋 (말 두, 집 옥). ① [속뜻] 말[斗]같이 아주 작은 집[屋]. 자기 집을 겸손하게 말하는 것으로 쓰인다. ¶몇 칸 안 되는 두옥이지만 내 힘으로 마련한 집이라 애착이 간다. ②아주 작은 방.

두운 頭韻 (머리 두, 운 운). [문학] 시구의 첫머리[頭]에 같은 음의 글자[韻]를 되풀이하여 쓰는 수사법. [반]각운(脚韻).

두유[1] **豆油** (콩 두, 기름 유). 콩[豆]에서 짜낸 기름[油]. 정제하여 식용한다.

두유[2] **豆乳** (콩 두, 젖 유). 물에 불린 콩[豆]을 간 다음, 물을 붓고 끓여 걸러서 만든 우유(牛乳) 같은 액체.

두음 頭音 (머리 두, 소리 음). ① [속뜻] 음절 첫머리[頭]의 소리[音]. ② 단어의 첫소리.

▸ 두음 경화 頭音硬化 (단단할 경, 될 화). [언어] 단어의 첫소리[頭音]가 된[硬]소리로 변하는[化] 현상. '가마귀'가 '까마귀'로 '벋다'가 '뻗다'로 바뀌는 것 따위.

▸ 두음 법칙 頭音法則 (법 법, 법 칙). [언어] 일부의 소리가 단어의 첫머리[頭]에 발음(發音)되는 것을 꺼려 다른 소리로 발음되는 법칙(法則). ¶'리발'(理髮)은 두음 법칙에 따라 '이발'로 발음된다. [비]머리소리 법칙.

두인 頭印 (머리 두, 도장 인). 그림이나 글씨의 오른쪽 두부(頭部)에 찍는 도장[印].

두절 杜絶 (막힐 두, 끊을 절). 교통이나 통신 따위가 막히거나[杜] 끊어짐[絶]. ¶연락이 두절되었다.

두정-골 頭頂骨 (머리 두, 정수리 정, 뼈 골). [의학] 머리[頭]의 뒤쪽 꼭대기[頂]를 덮고 있는 뼈[骨]. 한 쌍의 편평하고 모가 난 뼈로 되어 있다.

두족 頭足 (머리 두, 발 족). ① [속뜻] 소, 돼지 따위의 머리[頭]와 발[足]. ② [동물] 두족류.

▸ 두족-류 頭足類 (무리 류). ① [속뜻] 머리[頭]에 발[足]이 달린 동물 종류(種類). ② [동물] 연체동물의 한 부류로, 몸은 발·머리·몸통의 세 부분으로 나뉘며, 머리 부분에 8~10개의 발이 달린 것이 특징임. 꼴뚜기, 오징어 따위.

두주[1] **頭註** (머리 두, 주석 주). 본문 위쪽[頭]에 적는 주석(註釋).

두주[2] **斗酒** (말 두, 술 주). 말[斗]이나 되는 많은 양의 술[酒].

▸ 두주불사 斗酒不辭 (아닐 불, 물러날 사). ① [속뜻] 말[斗]술[酒]도 사양(辭讓)하지 않음[不]. ② 술을 매우 잘 마심.

두지 頭指 (머리 두, 손가락 지). 손의 머리[頭] 부분 손가락[指]. [비]집게손가락.

두-지수 頭指數 (머리 두, 가리킬 지, 셀 수). 머리형[頭型]을 분류하는 지수(指數). 두장고지수(頭長高指數), 두장폭지수(頭長幅指數), 두폭고지수(頭幅高指數) 따위로 머리모양을 표시한다. [비]두시수(頭示數).

두진 痘疹 (천연두 두, 홍역 진). [한의] ① 천연두[痘]와 홍역[疹] 따위의 발진성 질병을 통틀어 이르는 말. ② 천연두의 증상. 춥고 열이 나며 얼굴부터 전신에 붉은 점이 생기는 것이 홍역과 비슷하다.

두찬 杜撰 (막을 두, 지을 찬). ① [속뜻] 옛날 중국의 두묵(杜默)이 지은[撰] 엉터리 시. 『야객총서』(野客叢書)에 그의 일화가 전한다. ② 근거 없이 함부로 지은 글. 억지로 날조한 글. 허구의 글. ③ 틀린 곳이 많은 작품.

두초-류 豆草類 (콩 두, 풀 초, 무리 류). [식물] 가축의 사료나 풋거름으로 쓰는 콩[豆]과 식물[草] 종류(種類)를 통틀어 이르는 말.

두태 豆太 (콩 두, 클 태). 콩[豆]과 팥[太].

두통 頭痛 (머리 두, 아플 통). 머리[頭]가 아픈[痛] 증세. ¶잠을 설쳤더니 두통이 심하다.

두한-족열 頭寒足熱 (머리 두, 찰 한, 발 족, 더울 열). 머리[頭]는 차게[寒] 하고 발[足]은 덥게[熱] 하는 것.

두호 斗護 (말 두, 돌볼 호). 남을 두둔(斗頓)하여 보호(保護)함. ¶그의 두호가 없었으면 석방되지 못했을 것이다.

두흉-갑 頭胸甲 (머리 두, 가슴 흉, 껍질 갑). [동물] 머리[頭]와 가슴[胸] 부위를 싸고 있는 딱지[甲]. 갑각류의 체표를 싸고 있는 외골격을 말한다. [비]갑각(甲殼).

두흉-부 頭胸部 (머리 두, 가슴 흉, 나눌 부). ① [속뜻] 머리[頭]와 가슴[胸] 부위(部位)를 아울러 이르는 말. ¶사고로 두흉부를 크게 다쳤다. ② [동물] 머리와 가슴 부분이 구별 없이 하나로 합쳐진 부분. [비]머리가슴.

둔:각 鈍角 (무딜 둔, 모서리 각). [수학] 두 변이 이루는 꼭지가 무딘[鈍] 각(角). 90°보다는 크고 180°보다는 작은 각. [반]예각(銳角).

▸ 둔:각 삼각형 鈍角三角形 (석 삼, 모서리 각, 모양 형). [수학] 한 내각(內角)이 둔각(鈍角)인 삼각형(三角形). [반]예각삼각형(銳角三角形).

둔:감 鈍感 (무딜 둔, 느낄 감). 무딘[鈍] 감정(感情)이나 감각. ¶그는 유행에 둔감하다. [반]민감(敏感).

둔:갑 遁甲 (숨을 둔, 껍질 갑). ① [속뜻] 술법을 써서 껍질[甲]의 겉모습을 바꾸거나 감춤[遁]. ¶여우가 여자로 둔갑하다. ② 본디 형체나 성질이 바뀌거나 가리어짐. ¶국산품으로 둔갑하다.

▶둔:갑-법 遁甲法 (법 법). [민속] 둔갑술(遁甲術).

▶둔:갑-술 遁甲術 (꾀 술). [민속] 마음대로 겉모습[甲]을 감추거나[遁] 다른 것으로 변하게 하는 기술(技術). ¶여우는 둔갑술을 써서 선비를 홀렸다. [준]둔술. [비]기문 둔갑(奇門遁甲), 둔갑법(遁甲法).

둔:기 鈍器 (무딜 둔, 그릇 기). ① [속뜻] 무딘[鈍] 연장이나 병기(兵器). ② 몽둥이나 벽돌처럼 날이 없는 도구.

둔:박 鈍朴 (둔할 둔, 순박할 박). 미련[鈍]하면서도 순박(淳朴)하다.

둔병 屯兵 (진칠 둔, 군사 병). 주둔(駐屯)한 병사(兵士). 또는 그렇게 하는 것. ¶이성계는 군사를 데리고 압록강에 둔병했다.

둔부 臀部 (엉덩이 둔, 나눌 부). 엉덩이[臀] 부분(部分). ¶둔부를 흔들며 걸어갔다.

둔:사 遁辭 (달아날 둔, 말씀 사). 관계나 책임을 회피하려고[遁] 꾸며서 하는 말[辭].

둔영 屯營 (진칠 둔, 집 영). 군사가 주둔(駐屯)하고 있는 군영(軍營). ¶둔영을 철수하지 않기로 하였다.

둔:세 遁世 (숨을 둔, 세상 세). ① [속뜻] 속세(俗世)를 피하여 은둔(隱遁)함. ② [불교] 속세를 등지고 불문(佛門)에 들어감.

둔:속 遁俗 (숨을 둔, 속될 속). 속세(俗世)를 피하여 은둔(隱遁)함. [비]둔세(遁世).

둔:재 鈍才 (둔할 둔, 재주 재). 둔한[鈍] 재주[才]. 또는 재주가 둔한 사람. [반]영재(英材), 천재(天才).

둔전 屯田 (진칠 둔, 밭 전). [역사] ① 변경이나 군사 요지에 주둔(駐屯)한 군대의 군량을 마련하기 위해 설치한 토지[田]. ② 각 궁궐과 관아에 속한 토지.

둔:주 遁走 (달아날 둔, 달릴 주). 도망쳐[遁] 달아남[走]. 쫓아 감.

▶둔:주-곡 遁走曲 (노래 곡). [음악] 하나의 성부가 주제를 나타내면 또 다른 성부가 원래의 성부를 쫓아가듯[遁走] 표현하는 악곡(樂曲) 형식. [비]푸가(fuga).

둔:탁 鈍濁 (무딜 둔, 흐릴 탁). ① [속뜻] 소리가 굵고[鈍] 거친[濁]것. ② 성질이 굼뜨고 흐리멍덩함.

둔:통 鈍痛 (무딜 둔, 아플 통). 둔(鈍)하고 무지근하게 느끼는 아픔[痛]. ¶심장을 멎게 하는 둔통이 느껴졌다.

둔:필 鈍筆 (둔할 둔, 글씨 필). ① [속뜻] 굼뜨고[鈍] 서투른 글씨[筆]. ② 글이나 글씨 쓰기에 필적이 서투른 사람. ③ '자기의 글이나 글씨'를 낮추어 이르는 말.

▶둔:필-승총 鈍筆勝聰 (이길 승, 총명할 총). 둔필(鈍筆)의 기록이 총명(聰明)한 기억보다 나음[勝].

둔:화 鈍化 (무딜 둔, 될 화). 느리고 무디어[鈍] 짐[化]. ¶감각의 둔화 / 수출이 둔화되다 / 경제 성장을 둔화시키다.

득남 得男 (얻을 득, 사내 남). 사내[男] 아이를 낳음[得]. [비]생남(生男), 생자(生子). [반]득녀(得女).

득녀 得女 (얻을 득, 딸 녀). 딸[女] 아이를 낳음[得]. [비]생녀(生女), [반]득남(得男).

득담 得談 (얻을 득, 말씀 담). 남으로부터 뒷말[談]을 들음[得]. 비방이나 나무라는 말을 들음.

득도[1] 得度 (얻을 득, 법도 도). [불교] ① 부처의 제도(濟度)를 얻음[得]. 깨달음의 경지에 이름. ② 재가(在家)의 사람이 출가하여 승려가 됨. [비]득오(得悟).

득도[2] 得道 (얻을 득, 길 도). 오묘한 이치나 도(道)를 깨달음[得]. ¶득도의 길을 걷다.

득리 得利 (얻을 득, 이로울 리). 이익(利益)을 얻음[得]. [비]획리(獲利).

득명 得名 (얻을 득, 이름 명). 세상 사람들로부터 명망(名望)을 얻음[得].

득병 得病 (얻을 득, 병 병). 병(病)을 얻음[得]. 병에 걸림.

득세 得勢 (얻을 득, 세력 세). ① [속뜻] 세력(勢力)을 얻음[得]. ② 형세가 좋게 됨. 또는 유리해진 형세.

득소실다 得少失多 (얻을 득, 적을 소, 잃을 실, 많을 다). 얻은[得] 것은 적고[少] 잃은[失] 것은 많음[多].

득승 得勝 (얻을 득, 이길 승). 경쟁이나 싸움에서 승리(勝利)를 거둠[得]. ¶우리팀의 득승을 장담하기 어렵다.

득시 得時 (얻을 득, 때 시). 좋은 때[時]를 알맞게 만남[得].

득실-상반 得失相半 (얻을 득, 잃을 실, 서로 상, 반 반). 이익[得]과 손해[失]가 서로[相] 반반(半半)임.

득음 得音 (얻을 득, 소리 음). ① [속뜻] 참된 소리[音]가 무엇인지를 체득(體得)함. ② 노래나 연주 솜씨가 매우 뛰어난 경지에 이름.

득의 得意 (얻을 득, 뜻 의). ① [속뜻] 뜻[意]한 바를 얻음[得]. 뜻을 이룸. ② 바라던 대로 되어 의기가 오름. [비]득지(得志).

▸득의-만면 得意滿面 (가득할 만, 낯 면). 뜻[意]한 바를 이루어[得] 기쁜 표정이 얼굴[面]에 가득 참[滿]. ¶득의만면한 웃음을 띠다.

▸득의-양양 得意揚揚 (오를 양, 오를 양). ① [속뜻] 뜻[意]한 바를 이루어[得] 우쭐거리며[揚揚] 뽐냄. ② 만족스런 듯 매우 기뻐함. ¶대학에 합격하여 득의양양해 하는 모습. [비]의기양양(意氣揚揚).

득인 得人 (얻을 득, 사람 인). 쓸 만한 사람[人]을 얻음[得].

득-인심 得人心 (얻을 득, 남 인, 마음 심). 남[人]의 마음[心]을 얻음[得]. 남에게 인심을 얻음.

득점 得點 (얻을 득, 점 점). 시험이나 경기 따위에서 점수(點數)를 얻음[得]. 또는 그 점수. ¶그는 한 경기에서 30점을 득점했다. [반]실점(失點).

▸득점-타 得點打 (칠 타). [운동] 야구에서 점수(點數)를 얻게[得]하는 안타(安打).

득죄 得罪 (얻을 득, 허물 죄). 남에게 큰 잘못을 저질러 죄(罪)를 지음[得]. ¶선녀는 옥황상제께 득죄하여 인간세상으로 내려왔다.

득지 得志 (얻을 득, 뜻 지). 뜻[志]한 바를 얻음[得]. 뜻대로 일이 이루어짐.

득책 得策 (얻을 득, 꾀 책). 좋은 계책(計策)을 얻음[得]. 또는 그 계책.

득표 得票 (얻을 득, 쪽지 표). 투표(投票)에서 자신을 지지하는 표(票)를 얻음[得]. 또는 그 얻은 표. ¶그는 과반수 득표로 당선되었다.

득효 得效 (얻을 득, 효과 효). 약 따위의 효과(效果)를 봄[得].

등:가 等價 (같을 등, 값 가). ① [속뜻] 같은[等] 값이나 가치(價値). ② [경제] 유가 증권을 매매할 때 매매 가격과 액면 가격이 같은 경우.

▸등:가-량 等價量 (분량 량). ① [속뜻] 같은[等] 값어치[價]의 양(量). ② [화학] 일반적으로 화학 반응에서 성질에 따라 각 원소나 화합물에 할당된 일정한 물질량(物質量). [비]화학 당량(化學當量).

▸등:가-물 等價物 (만물 물). 값이나 가치(價値)가 같은[等] 물건(物件). [반]부등가물(不等價物).

▸등:가 개:념 等價概念 (대강 개, 생각 념). [논리] 내포는 다르지만 외연은[價] 완전히 일치하는[等] 두 개념(概念). [비]동연 개념(同延概念), 등치 개념(等値概念).

등:-가속도 等加速度 (같을 등, 더할 가, 빠를 속, 정도 도). [물리] 항상 일정하게 같은[等] 가속도(加速度).

등:각[1] 等角 (같을 등, 모서리 각). 서로 크기가 같은[等] 각(角).

▸등:각 항:로 等角航路 (배 항, 길 로). [해양] 지구의 경선(經線)과 일정한[等] 각도(角度)로 교차하면서 다니는 항로(航路).

▸등:각 삼각형 等角三角形 (석 삼, 모서리 각, 모양 형). [수학] 내각(內角)이 모두 같은[等] 삼각형(三角形). [비]정삼각형(正三角形).

▸등:각 다각형 等角多角形 (많을 다, 모서리 각, 모양 형). [수학] 내각(內角)이 모두 같은[等] 다각형(多角形). 정다각형은 항상 등각 다각형이지만, 등각 다각형이 반드시 모두 정다각형이 되는 것은 아니다.

등:각[2] 等脚 (같을 등, 다리 각). [수학] 한 밑변과 양 각이 이루는 두 밑각[脚]의 크기가 같음[等].

▸등:각 삼각형 等脚三角形 (석 삼, 모서리 각, 모양 형). [수학] 한 밑변의 두 밑각[脚]이 같은[等] 삼각형(三角形). [비]이등변(二等邊) 삼각형.

등간 燈竿 (등불 등, 장대 간). ① [속뜻] 주막(酒

幕)이라는 표시의 등(燈)을 매달아 세운 기둥[竿]. ② 해상 바다 쪽으로 내민 방파제 끝에 야간 연안 항해선박의 안전을 위해 설치해 놓은 등을 높이 매단 기둥. ㊥등대.

등ː-거리 等距離 (같을 등, 떨어질 거, 떨어질 리). 같은[等] 거리(距離). ¶등거리 사격.

***등ː고**[1] 等高 (같을 등, 높을 고). 높이[高]가 같음[等].

▸등ː고-선 等高線 (줄 선). 지리 지도에서 해발 고도(高度)가 같은[等] 지점을 연결한 곡선(曲線). ¶등고선 모양으로 밭을 만들다. ㊥수평 곡선(水平曲線).

▸등ː고 곡선 等高曲線 (굽을 곡, 줄 선). 지리 지도에서 해발 고도(高度)가 같은[等] 지점을 연결한 곡선(曲線). ㊣등고선.

등고[2] 登高 (오를 등, 높을 고). ① 속뜻 높은[高] 곳에 오름[登]. ② 문학 중양절(重陽節)에 높은 데에 올라 가을의 쓸쓸한 정경과 노년의 슬픔을 읊은 두보의 7언 율시.

▸등고-자비 登高自卑 (스스로 자, 낮을 비). ① 속뜻 높은[高] 자리에 오르려면[登] 자기(自己)부터 낮춰야[卑] 함. ② 지위가 높아질수록 자신을 낮춤.

등과 登科 (오를 등, 과목 과). 과거(科擧)를 보아 합격자 명단에 오름[登]. 급제함. ㊥등제(登第).

등관 登官 (오를 등, 벼슬 관). 관직(官職)에 오름[登].

등교 登校 (오를 등, 학교 교). 학생이 수업을 받으러 학교(學校)에 감[登]. ¶나는 걸어서 등교한다. ㊀하교(下校).

등귀 騰貴 (오를 등, 귀할 귀). 물건 값이 뛰어올라[騰] 귀(貴)해짐. ㊣귀. ㊥등약(騰躍), 상귀(翔貴), 앙등(仰騰).

▸등귀-세 騰貴勢 (형세 세). 가격이나 물가가 오르는[騰貴] 기세(氣勢). ¶곡물 등귀세가 주춤해졌다. ㊥오름세.

등극 登極 (오를 등, 다할 극). ① 속뜻 가장 높은[極] 임금의 자리에 오름[登]. ¶드디어 선덕여왕이 등극했다. ② 어떤 분야에서 가장 높은 자리나 지위에 오름. ¶챔피언 등극. ㊥등조(登祚), 즉위(即位).

등ː극-결합 等極結合 (같을 등, 끝 극, 맺을 결, 합할 합). ① 속뜻 극(極)의 차이가 없는[等] 결합(結合). ② 화학 화학 결합의 하나로 2개의 원자가 서로 전자를 방출하여 전자쌍을 형성하고 이것을 공유함으로써 생기는 결합.

등ː근 等根 (같을 등, 뿌리 근). 수학 2차 이상의 대수 방정식에서 두 개 이상이 같은[等] 근(根).

등ː급 等級 (같을 등, 등급 급). ① 속뜻 같은[等] 급(級). 급이 같음. ② 같은 급별로 나눈 층차나 단계. ¶내 성적은 3등급이다. ③ 천문 별의 밝기를 나타내는 단위. 5등급 행성. ㊥등위(等位), 등성(等星).

▸등ː급 개ː념 等級概念 (대강 개, 생각 념). 논리 하나의 유(類)개념에 포함되는 종(種)개념 사이에서 급(級)이 같은[等] 개념(概念). '사람'이라는 유개념 아래서 '동양인'과 '서양인' 따위. ㊥동위(同位) 개념.

▸등ː급 선ː거 等級選擧 (고를 선, 들 거). 정치 납세액(納稅額)이나 직업, 교육 정도 따위의 기준에 따라 등급(等級)을 나누고 각 등급이 독립적으로 의원을 뽑는 선거(選擧) 제도. 보통선거가 일반화되기 이전에 실시하던 제한선거제도이다.

등ː기[1] 謄記 (베낄 등, 기록할 기). 원본을 베껴[謄] 적음[記]. ㊥등초(謄抄).

등기[2] 登記 (오를 등, 기록할 기). ① 속뜻 장부 따위에 올려[登] 기록(記錄)함. ② 법률 국가 기관이 법정 절차에 따라 등기부에 부동산에 관한 일정한 권리관계를 적는 일. 또는 그것. ¶건물을 본인 명의로 등기하다. ③ 법률 우체국에서 우편물의 인수·배달 과정을 기록하는 우편. ¶등기로 편지를 보내다. ㊥등기 우편(登記郵便).

▸등기-료 登記料 (삯 료). 등기(登記)하는 데 드는 삯[料].

▸등기-부 登記簿 (장부 부). 법률 등기(登記) 사항을 적어서 등기소에 마련해 둔 공적 장부(帳簿). 토지 등기부와 건물 등기부의 두 가지가 있다.

▸등기-선 登記船 (배 선). 법률 선박 등기부에 등기(登記)된 배[船]. ㊥등록선(登錄船), 등부선(登簿船).

▸등기-소 登記所 (곳 소). 등기(登記) 사무를 맡아보는 관청[所].

▸등기 우편 登記郵便 (우송할 우, 편할 편). 법률 우체국에서 우편물의 안전한 송달을

보증하기 위해 우편물을 등록하고[登] 배달하는 모든 과정을 기록하는[記] 우편물(郵便物).

▸등기 자본 登記資本 (재물 자, 밑 본). 경제 은행이나 회사 등이 정관에 기재하여 등기(登記)한 자본(資本). ㉥공칭 자본(公稱資本).

▸등기필-증 登記畢證 (마칠 필, 증거 증). 법률 등기소에서 등기(登記)가 완료된[畢] 것을 증명(證明)하여 교부하는 서류. ㊣등기증. ㉥권리증(權利證).

등단 登壇 (오를 등, 단 단). ① 속뜻 연단(演壇)이나 교단(敎壇) 같은 곳에 오름[登]. ② 어떤 사회적 분야에 처음으로 등장함. 주로 문단(文壇)에 처음으로 등장하는 것을 이른다.

등:대[1] 等待 (기다릴 등, 기다릴 대). 미리 준비하고 기다림[等=待].

등:대[2] 等對 (같을 등, 대할 대). 같은[等] 자격으로 마주 대(對) 함.

등대[3] 燈臺 (등불 등, 돈대 대). ① 속뜻 섬이나 바닷가에 세운 등불[燈]을 밝히는 탑[臺] 모양의 시설. 밤에 다니는 배에 목표, 뱃길, 위험한 곳 따위를 알려 주려고 불을 켜 비춘다. ¶등대의 불빛 덕분에 항로를 찾았다. ② '나아가야 할 길을 밝혀 줌'을 비유하여 이르는 말.

▸등대-선 燈臺船 (배 선). 등대(燈臺) 구실을 하는 배[船]. ㊣등선.

▸등대-원 燈臺員 (인원 원). 등대(燈臺)를 지키는 사람[員]. ㉥등대지기, 등대수(燈臺手).

▸등대 관리원 燈臺管理員 (맡을 관, 다스릴 리, 인원 원). 등대(燈臺)의 표지 업무를 맡아 관리(管理)하는 기능직 공무원(公務員).

등:등[1] 等等 (같을 등, 같을 등). 이 외에도 그와 같은[等+等] 여러 가지. 많은 사물 중에서 몇 가지만 줄여 열거한 다음 이를 써서 비슷한 것이 많이 있음을 표현한다. ¶동생의 책가방 속에는 교과서, 공책, 필통 등등이 들어 있다.

등등[2] 騰騰 (오를 등, 오를 등). 기세를 뽐내는 꼴이 아주 높다[騰+騰]. ¶기세가 등등하다. ㉥자신만만(自信滿滿)하다, 의기양양(意氣揚揚)하다.

등락[1] 登落 (오를 등, 떨어질 락). 합격자 명단에 오르고[登] 떨어지는[落] 일. 급제(及第)하거나 낙제(落第)하는 일. ¶1점차로 등락이 결정되었다.

등락[2] 騰落 (오를 등, 떨어질 락). 물가 따위가 오르고[騰] 내림[落]. ¶주가가 연일 등락을 거듭하고 있다.

등림 登臨 (오를 등, 임할 림). ① 속뜻 산에 오르고[登] 물가에 가까이[臨] 감. '등산임수'(登山臨水)의 준말. ② 높은 곳에 오름.

등:량 等量 (같을 등, 분량 량). 같은[等] 분량(分量). ¶감초와 당귀를 등량으로 담아라.

등:렬 等列 (같을 등, 줄 렬). ① 속뜻 같은[等] 항렬(行列). ② 서로 대등한 반열(班列).

등록[1] 謄錄 (베낄 등, 기록할 록). 베끼어[謄] 기록(記錄)함. 또는 선례(先例)를 적은 기록(記錄).

등록[2] 登錄 (오를 등, 기록할 록). ① 속뜻 문서에 올려[登] 기록함[錄]. ② 일정한 자격 조건을 갖추기 위하여 단체나 학교 따위에 문서를 올림. ¶신입생 등록을 마치다.

▸등록-금 登錄金 (돈 금). 학교나 학원 따위에 등록(登錄)할 때 내는 돈[金]. ㉥납입금(納入金).

▸등록-세 登錄稅 (세금 세). 법률 재산권의 취득, 이전, 변경, 소멸 따위나 법률에서 정한 일정한 자격에 대하여 관계 관청에 등록(登錄)하거나 등기할 때 매기는 세금(稅金).

▸등록-증 登錄證 (증거 증). 등록(登錄)하였음을 증명(證明)하는 문서. ¶자동차 등록증 / 등록증 발급.

▸등록 상표 登錄商標 (장사 상, 나타낼 표). 법률 특허청에 등록(登錄) 절차를 마친 상표(商標). 생산자가 자신의 상품을 다른 업자의 상품이나 유사품과 구별하기 위한 것으로 등록에 의하여 전용권을 보호받는다.

▸등록 의:장 登錄意匠 (뜻 의, 장인 장). 법률 특허청에 등록(登錄) 절차를 마친 의장(意匠). 물품의 형상, 모양, 색채 따위나 이들을 결합해 아름다운 느낌을 주는 장식적 고안(考案) 가운데 특허청에 등록을 마친 것.

등롱 燈籠 (등불 등, 대그릇 롱). 대나무로 살[籠]을 만들고 겉에 종이나 헝겊을 씌워 안에 촛불을 넣어 만든 등(燈).

등루 登樓 (오를 등, 다락 루). ① [속뜻] 누각(樓閣)에 오름[登]. ② 기생집에 놀러 감.

등명 燈明 (등불 등, 밝을 명). 신령이나 부처를 위해 밝혀[明] 놓은 등불[燈].

등반 登攀 (오를 등, 매달릴 반). 험한 산의 정상에 이르기 위하여 힘들게 기어[攀] 오름[登]. ¶백두산을 등반하다.

▸등반-대 登攀隊 (무리 대). 험한 산이나 높은 곳에 오르기[登攀] 위하여 조직한 무리[隊].

등:방 等方 (가지런할 등, 모 방). ① [속뜻] 방향(方向)을 가지런히[等] 함. ② [물리] 기체, 액체, 유리 따위로 된 물체의 물리적 성질이 물체 내의 방향에 따라 달라지지 않음.

▸등:방-성 等方性 (성질 성). ① [철학] 공간은 모든 방면(方面)에 있어서 성질(性質)이 같음[等]을 이르는 말. ② [물리] 물질의 물리적 성질이 방향이 바뀌어도 일정한 성질.

▸등:방-체 等方體 (몸 체). [물리] 등방성(等方性)을 가지고 있는 물체(物體).

▸등:방위각-선 等方位角線 (자리 위, 모서리 각, 줄 선). [지리] 자기자오선(磁氣子午線)의 방위각(方位角)이 같은[等] 여러 개의 지점을 지도 위에 이은 선(線). [준]등방위선. [비]등편각선(等偏角線).

등:변 等邊 (같을 등, 가 변). [수학] 다각형에서 각 변(邊)의 길이가 같음[等]. 또는 길이가 같은 변.

▸등:변 다각형 等邊多角形 (많을 다, 모서리 각, 모양 형). [수학] 각 변(邊)의 길이가 모두 같은[等] 다각형(多角形).

▸등:변 삼각형 等邊三角形 (석 삼, 모서리 각, 모양 형). 각 변(邊)의 길이가 모두 같은[等] 삼각형(三角形). [비]정삼각형(正三角形).

등:변-선 等變線 (같을 등, 바뀔 변, 줄 선). [지리] 일기도에서 기압, 기온 따위의 기상 요소의 변화(變化)하는 정도가 같은[等] 지점을 연결하여 나타낸 선(線). '등변화선'(等變化線)의 준말.

등:복각-선 等伏角線 (같을 등, 엎드릴 복, 모서리 각, 줄 선). [지리] 지표상에서 자침(磁針)의 복각(伏角)이 같은[等] 여러 개의 지점을 연결하여 지도 위에 표시하여 놓은 선(線). [준]등복선. [비]동복각선(同伏角線).

등본 謄本 (베낄 등, 책 본). [법률] 원본(原本)을 똑같이 베낌[謄]. 또는 그런 서류. ¶등본을 뜨다 / 주민등록등본.

등:분[1] 等分 (같을 등, 나눌 분). ① [속뜻] 똑같이[等] 나눔[分]. ② 수나 양을 똑같은 부분이 되도록 둘 또는 그 이상으로 갈라 나눔. ③ 똑같은 분량으로 나누어진 몫을 세는 단위. ¶반죽을 네 등분으로 나누다.

등분[2] 登盆 (오를 등, 동이 분). 땅에 심었던 화초를 화분(花盆)에 옮겨[登] 심음. [반]퇴분(退盆).

등:비-급수 等比級數 (같을 등, 견줄 비, 등급 급, 셀 수). [수학] 같은[等] 비례(比例)로 이루어지는 급수(級數). 즉 각 항이 그 앞의 항에 일정한 수를 곱한 것으로 이루어지는 급수로 1+2+4+8+16+… 따위. [비]기하급수(幾何級數). [반]등차급수(等差級數).

등:비-수열 等比數列 (같을 등, 견줄 비, 셀 수, 줄 렬). [수학] 초항부터 차례로 일정하게 같은[等] 비례(比例)로 이루어진 숫자[數]의 배열(排列). 1, 2, 4, 8, 16, 32,… 따위. [비]기하수열(幾何數列).

등:-비용선 等費用線 (같을 등, 쓸 비, 쓸 용, 줄 선). 운송비[費用]가 같은[等] 거리를 표시한 선(線).

등사 謄寫 (베낄 등, 베낄 사). ① [속뜻] 원본에서 베껴[謄=寫] 옮김. ② [출판] 등사(謄寫)하는 기계로 찍음. [비]등초(謄抄).

등산 登山 (오를 등, 메 산). 운동, 놀이, 탐험 따위의 목적으로 산(山)에 오름[登]. [반]하산(下山).

▸등산-가 登山家 (사람 가). 등산(登山)을 잘하거나 즐기는 사람[家]. ¶북한산은 등산가들이 애호하는 산이다.

▸등산-객 登山客 (손 객). 운동이나 놀이를 목적으로 산에 오르는[登山] 사람[客]. ¶서울 근교의 산들은 휴일이면 등산객으로 무척 붐빈다.

▸등산-로 登山路 (길 로). 등산(登山)하는 길[路]. ¶눈이 와서 등산로가 미끄럽다.

▸등산-모 登山帽 (모자 모). 등산(登山)할 때에 쓰는 모자(帽子).

▸등산-복 登山服 (옷 복). 등산(登山)할 때에 입는 옷[服]. ¶등산복 차림의 젊은이들.
▸등산-화 登山靴 (구두 화). 등산(登山)할 때 신는 신[靴]. 보통 창이 두껍고 바닥이 울퉁불퉁하며 벗겨지지 않도록 만들어졌다.
등색 橙色 (등자나무 등, 빛 색). 귤이나 등자(橙子) 껍질의 빛깔[色]과 같이 붉은빛을 약간 띤 누런색. ¶등색 옷을 입은 아이.
등선[1] 登仙 (오를 등, 신선 선). ① [속뜻] 하늘로 올라가[登] 신선(神仙)이 됨. ② 존귀한 사람의 죽음.
등선[2] 登船 (오를 등, 배 선). 배[船]에 오름[登].
등선[3] 燈船 (등불 등, 배 선). 등대(燈臺) 구실을 하는 배[船]. '등대선'(燈臺船)의 준말.
등세 騰勢 (오를 등, 형세 세). 물가나 시세 따위가 오르는[騰] 형세(形勢). [비]오름세. [반]낙세(落勢).
등:속[1] 等屬 (같을 등, 속할 속). 나열한 사물과 같은[等] 종류에 속(屬)하는 것.
등:속[2] 等速 (같을 등, 빠를 속). 같은[等] 속도(速度). 또는 속도가 같음.
▸등:속 운:동 等速運動 (돌 운, 움직일 동). [물리] 속도(速度)가 일정한[等] 운동(運動). 힘이 작용하지 않으면 물체는 등속 운동을 한다.
등:수 等數 (무리 등, 셀 수). 등급(等級)에 따라 붙인 번호[數]. ¶등수를 매기다. [비]등급(等級), 순위(順位).
등:시-성 等時性 (같을 등, 때 시, 성질 성). [물리] 진자의 주기운동에서, 진폭에 상관없이 주기가[時] 일정한[等] 성질(性質).
등:식 等式 (같을 등, 법 식). [수학] 수나 문자, 식을 등호(等號)인 '='를 써서 나타내는 관계식(關係式). ¶양변에 같은 수를 더하거나 곱해도 등식은 성립한다. [반]부등식(不等式).
등:신[1] 等神 (같을 등, 귀신 신). ① [속뜻] 사람같이[等] 만들어 놓은 신상(神像). ② 몹시 어리석은 사람을 낮잡아 이르는 말. ¶등신 같은 녀석 / 사람을 등신 취급하다.
등:신[2] 等身 (같을 등, 몸 신). 자신(自身)의 키와 같은[等] 높이.
▸등:신-불 等身佛 (부처 불). 사람의 크기와[身] 같게[等] 만든 불상(佛像).
▸등:신-상 等身像 (모양 상). 사람의 크기와[身] 같게[等] 만든 조각상(彫刻像)이나 그림.
등심 燈心 (등불 등, 가운데 심). 등(燈)의 심지[心]. [비]등주(燈炷).
등:심 곡선 等深曲線 (같을 등, 깊을 심, 굽을 곡, 줄 선). [지리] 수심(水深)이 같은[等] 지점을 연결하여 이은 곡선(曲線). 지도에서 해저나 호저(湖底)의 기복 상태를 나타내기 위하여 그린다. [준]등심선.
등:심-선 等深線 (같을 등, 깊을 심, 줄 선). [지리] 수심(水深)이 같은[等] 지점을 연결하여 이은 선(線). 지도에서 해저나 호저(湖底)의 기복 상태를 나타내기 위하여 그린다. [비]동심선(同深線).
등:압 等壓 (같을 등, 누를 압). [물리] 압력(壓力)이나 기압이 같음[等].
▸등:압-면 等壓面 (쪽 면). [지리] 대기 중에서 기압(氣壓)이 같은[等] 면(面).
▸등:압-선 等壓線 (줄 선). [지리] 일기도에서 기압(氣壓)이 같은[等] 지점을 연결하여 이은 선(線). 고기압이나 저기압의 분포를 나타낸다. ¶일기도(日氣圖)에 등압선을 표시하다.
등:어-선 等語線 (같을 등, 말씀 어, 줄 선). [언어] 지도상에 동일한[等] 언어(言語) 현상을 가진 지점을 연결하여 이은 선(線). [비]동위어선(同位語線).
등:온 等溫 (같을 등, 따뜻할 온). 같은[等] 온도(溫度). 또는 그러함.
▸등:온-선 等溫線 (줄 선). ① [지리] 일기도에서 온도(溫度)가 같은[等] 지점을 연결하여 이은 선(線). ② [물리] 한 물체가 일정한 온도에서 압력의 변화를 받았을 때 압력과 부피와의 관계를 나타내는 곡선.
▸등:온-층 等溫層 (층 층). [지리] 땅위에서 약 11km 이상의 높이로서 기온(氣溫)이 늘 같은[等] 층(層). 일반적으로 성층권(成層圈)을 이른다.
▸등:온 동:물 等溫動物 (움직일 동, 만물 물). [동물] 체온(體溫)이 늘 일정하게[等] 유지되는 동물(動物). 온혈 동물(溫血動物). 정온 동물(定溫動物).
▸등:온 변:화 等溫變化 (바뀔 변, 될 화).

물리 기체의 온도(溫度)를 일정하게[等] 유지하면서 그 압력 또는 부피를 변화(變化)시키는 일. ⑫단열 변화(斷熱變化).

등:외 等外 (무리 등, 밖 외). 정해진 등급(等級) 안에 들지 못한 바깥[外].

▸등:외-품 等外品 (물건 품). 정해진 등급(等級) 안에 들지 못한[外] 물품(物品).

등용[1] 登用 (오를 등, 쓸 용). 인재를 뽑아[登] 씀[用]. ¶인재를 등용하다. ⑪거용(擧用).

등용[2] 燈用 (등불 등, 쓸 용). 등(燈)을 밝히는 데에 쓰는[用] 것. ¶등용 석유.

등-용문 登龍門 (오를 등, 용 룡, 문 문). ① 속뜻 용문(龍門)에 오름[登]. ② 어려운 관문을 통과하여 크게 출세하게 됨. 또는 그 관문. 잉어가 중국 황하(黃河) 상류의 급류를 이룬 곳인 용문을 오르면 용이 된다는 전설에서 유래한 말이다.

등원[1] 登院 (오를 등, 관청 원). '○○원(院)'이란 이름의 기관에 출근함[登]. 주로 국회의원이 국회에 나가는 것을 이른다.

등:원[2] 等圓 (같을 등, 둥글 원). 수학 지름이 같은[等] 원(圓).

등:위 等位 (같을 등, 자리 위). ① 속뜻 같은[等] 위치[位]. ② 등급(等級).

등유 燈油 (등불 등, 기름 유). 등(燈)불을 켤 때 쓰는 기름[油]. 원유(原油)를 증류할 때 150℃에서 280℃ 사이에서 얻어지는 기름으로 가정용이나 공업용으로 쓰인다.

등-의자 藤椅子 (등나무 등, 의자 의, 접미사 자). 등(藤)의 줄기로 엮어 만든 의자(椅子).

등잔 燈盞 (등불 등, 잔 잔). 기름을 담아 등(燈)불을 켜는 데에 쓰는 그릇[盞]. ¶등잔에 불을 붙이다. 속담 등잔 밑이 어둡다.

***등장**[1] 登場 (오를 등, 마당 장). ① 속뜻 무대[場]나 연단 따위에 나옴[登]. ¶남자 주인공이 무대에 등장했다. ② 어떤 사건이나 분야에서 새로운 제품이나 현상, 인물 등이 세상에 처음으로 나옴. ¶신제품의 등장. ③ 연극, 영화, 소설 따위에 어떤 인물이 나타남. ¶이 소설에는 노인이 주인공으로 등장한다. ⑪출현(出現). ⑫퇴장(退場).

▸등장-인물 登場人物 (사람 인, 만물 물). ① 속뜻 연극[場], 영화, 소설 따위에 나오는[登] 인물(人物). ② 어떠한 사건에 관련되는 인물. ¶이 사건의 등장인물은 누구인가?

등:장[2] 等張 (같을 등, 당길 장). ① 속뜻 당겨지는[張] 힘이 같음[等]. ② 생물 두 용액의 삼투압(滲透壓)이 서로 같음. ⑬고장(高張), 저장(低張).

▸등:장-액 等張液 (진 액). ① 속뜻 당겨지는[張] 힘이 같은[等] 용액(溶液). ② 생물 삼투압이 서로 같은 두 용액(溶液). 특히 혈액이나 체액과 삼투압이 같은 용액을 말한다. 주사액(注射液), 점안수(點眼水) 따위.

등재 登載 (오를 등, 실을 재). ① 속뜻 서적 또는 잡지 같은 데에 올려[登] 실음[載]. ② 일정한 사항을 장부나 대장에 올림.

등:전위-면 等電位面 (같을 등, 전기 전, 자리 위, 쪽 면). 물리 전위(電位)가 같은[等] 점을 이어서 이루어지는 면(面).

등정[1] 登頂 (오를 등, 꼭대기 정). 산 따위의 꼭대기[頂]에 오름[登]. ¶장애우들이 히말라야 등정에 나섰다.

등정[2] 登程 (오를 등, 거리 정). 노정(路程)에 오름[登]. 길을 떠남. ⑪등도(登途).

등:지 等地 (같을 등, 땅 지). 지명 뒤에 쓰여 그와 비슷한[等] 여러 지역(地域)을 줄임을 나타내는 말. ¶일본, 홍콩, 태국 등지로 여행을 다니다.

등:질 等質 (같을 등, 바탕 질). ① 속뜻 같거나[等] 비슷한 품질(品質). ② 같은 성질. ⑪균질(均質).

▸등:질-체 等質體 (몸 체). 물리 물질 전체가 물리적·화학적으로 꼭 같은[等] 성질(性質)을 가진 물체(物體).

등:차 等差 (무리 등, 어긋날 차). ① 속뜻 등급(等級)에 따라 생기는 차이(差異). ② 대비 관계에서 나타나는 차이. ③ 수학 차가 같음.

▸등:차-급수 等差級數 (등급 급, 셀 수). 수학 앞 뒤 항이 일정한[等] 차(差)로 이루어지는 급수(級數). 2+4+6+8+⋯ 따위.

▸등:차-수열 等差數列 (셀 수, 줄 렬). 수학 서로 이웃하는 두 항 사이의 차(差)가 일정한[等] 숫자[數]의 배열(排列). 1, 3, 5, 7, ⋯ 따위.

등천 登天 (오를 등, 하늘 천). 하늘[天]에 오름[登]. ⑪승천(昇天).

등청 登廳 (오를 등, 관청 청). 관청(官廳)에 출근함[登]. ¶오늘 새 원님이 등청한다. ⓑ퇴청(退廳).

등초 謄抄 (=謄草, 베낄 등, 베낄 초). 원본에서 베껴(謄=抄) 옮김. ⓑ등기(謄記).

등촉 燈燭 (등불 등, 촛불 촉). 등불[燈]과 촛불[燭]. ¶신방에 등촉을 밝혔다 / 풍전(風前)등촉.

등:축 等軸 (같을 등, 굴대 축). 결정체에서 길이가 같은[等] 축(軸).

▸등:축 정계 等軸晶系 (밝을 정, 이을 계). ① 속뜻 길이가 같은[等] 축(軸)을 가진 결정계(結晶系). ② 광업 광물 결정계에서, 전후축, 좌우축, 상하축의 길이가 같고 서로 직교하는 결정 형태. ¶다이아몬드는 등축 정계의 광물이다. ⓑ입방(立方) 정계. ⓒ정계(晶系).

등:치 等値 (같을 등, 값 치). 값[値]이 같음[等]. ⓑ동치(同値).

▸등:치-법 等値法 (법 법). 수학 연립 방정식에서 어떤 미지수를 다른 미지수의 관계식으로 바꾼 후 그 두 개의 식을 같게[等値] 하여 놓고 푸는 방법(方法).

▸등:치 개:념 等値槪念 (대강 개, 생각 념). 논리 내포는 다르지만 외연은[値] 완전히 일치하는[等] 두 개념(槪念). ⓑ등연 개념(等延槪念), 등가 개념(等價槪念).

▸등:치선-도 等値線圖 (줄 선, 그림 도). 지리 어떤 사항에 대하여 같은[等] 수치(數値)를 가지는 지점을 선(線)으로 연결한 지도(地圖)를 통틀어 이르는 말.

등탑 燈塔 (등불 등, 탑 탑). 꼭대기에 등(燈)을 단 탑(塔) 모양의 시설물.

등판 登板 (오를 등, 널빤지 판). 운동 야구에서 투수가 널빤지[板] 같은 마운드에 올라서는[登] 일. ¶선발투수로 등판하다. ⓑ강판(降板).

등:표 等標 (같을 등, 나타낼 표). 식이나 단어 따위의 양쪽이 같음[等]을 보일 때 쓰는 기호[標] '='의 이름. ⓑ등호(等號).

등피 燈皮 (등불 등, 껍질 피). 등불이 꺼지지 않도록 등(燈)에 씌우는 껍데기[皮].

등피-유 橙皮油 (등자나무 등, 껍질 피, 기름 유). 감귤류[橙]의 열매 껍질[皮]을 건조하여 수개월간 물에 담가 두었다가 증류하여 얻는 무색 혹은 등황색의 향유(香油).

등:피-화 等被花 (같을 등, 덮을 피, 꽃 화). 식물 꽃받침[被]이 꽃잎의 색과 같은[等] 꽃[花]. 백합, 꽃창포 따위.

등-하:교 登下校 (오를 등, 아래 하, 학교 교). 학교에 수업하러 가는 것[登校]과 수업을 마치고 학교에서 돌아오는 것[下校]을 아울러 이르는 말. ¶등하교 시간에는 학교 앞이 무척 북적댄다.

등하불명 燈下不明 (등불 등, 아래 하, 아닐 불, 밝을 명). ① 속뜻 등잔(燈盞) 밑[下]이 밝지[明] 않음[不]. ② 가까이에 있는 물건이나 사람을 잘 찾지 못함. ¶등하불명이라고 탁자 위에 있던 것을 못 찾았네.

등:한 等閑 (=等閒, 같을 등, 한가할 한). ① 속뜻 한가한[閑] 것 같다[等]. ② 마음에 두지 않거나 소홀하다. 대수롭지 않게 여기다. ¶사회 문제에 등한한 사람들.

▸등:한-시 等閑視 (볼 시). 대수롭지 않게[等閑] 보아[視] 넘김. ¶건강을 등한시 여기다 / 국어 공부를 등한시하다.

등:할 等割 (같을 등, 나눌 할). ① 속뜻 똑같이[等] 나눔[割]. ② 동물 크기가 같은 할구로 분열되는 난할(卵割). 포유류 따위의 등황란(等黃卵)에서 볼 수 있다.

등:호 等號 (같을 등, 표지 호). 수학 서로 같음[等]을 나타내는 표지[號]. ⓑ등표(等標). ⓑ부등호(不等號).

등화[1] 登花 (오를 등, 꽃 화). 식물 완전한 암술을 가지고 꽃이 핀 다음에 열매를 맺는[登] 꽃[花]. ⓑ임성화(稔性花).

등화[2] 燈火 (등불 등, 불 화). 등(燈)이나 등잔에 켜진 불[火].

▸등화-관제 燈火管制 (관리할 관, 누를 제). 군사 적의 야간 공습이나 그에 대비하여 일정한 지역에서 등불[燈火]의 점등을 관리(管理)하고 통제(統制)하여 가리거나 끄도록 하는 것.

▸등화 신:호 燈火信號 (소식 신, 표지 호). 교통 등불[燈火]로 하는 신호(信號).

등:황-란 等黃卵 (가지런할 등, 누를 황, 알 란). 동물 노른자[黃卵]가 적어 세포질에 거의 고르게[等] 퍼져 있는 알[卵].

마:각 馬脚 (말 마, 다리 각). ① 속뜻 말[馬]의 다리[脚]. ② 말의 다리로 분장한 사람. '숨겨진 일이나 정체'를 비유하여 이르는 말. ¶그들은 점점 마각을 드러내기 시작했다.

마감 磨勘 (갈 마, 헤아릴 감). ① 속뜻 노력하여 간[磨] 것을 잘 따져봄[勘]. ② 역사 중국에서 관리들의 성적을 매기던 제도.

마:구 馬具 (말 마, 갖출 구). 말[馬]을 타거나 부리는 데 쓰는 기구(器具). ¶마구를 정리해두다.

마:구-간 馬廐間 (말 마, 모일 구, 사이 간). 말[馬]을 모아[廐] 기르는 곳[間]. ¶마구간에는 말 두 마리가 있다.

마굴 魔窟 (마귀 마, 굴 굴). ① 속뜻 마귀(魔鬼)들이 모여 있는 굴(窟). ② '못된 무리나 매춘부, 아편 중독자 따위가 모여 있는 곳'을 비유하여 이르는 말. ¶테러범들의 마굴을 간신히 벗어나다.

마:권 馬券 (말 마, 문서 권). 운동 경마에서, 이길 것으로 예상되는 말[馬]에 돈을 걸고 사는 표[券].

마귀 魔鬼 (마귀 마, 귀신 귀). ① 속뜻 요사스럽고 못된 귀신[魔=鬼]. ¶마귀가 들리다. ② 기독교 적대자라는 뜻으로, 하나님과 대립하여 존재하는 악(惡)을 인격화하여 이르는 말. ⓑ악마(惡魔), 사탄(satan).

마녀 魔女 (마귀 마, 여자 녀). ① 속뜻 마귀(魔鬼)처럼 요사스러운 여자(女子). ② 악마처럼 성질이 사악한 여자. 유럽의 민간 전설에 자주 등장된다. ¶심술궂은 마녀.

마노 瑪瑙 (마노 마, 마노 노). 광업 석영(石英), 단백석(蛋白石), 옥수(玉髓)의 혼합물[瑪=瑙]. ⓑ단석(丹石), 문석(文石).

마대 麻袋 (삼 마, 자루 대). 굵고 거친 삼[麻]실로 짠 커다란 자루[袋]. ¶쌀을 마대에 담다.

마:량 馬糧 (말 마, 양식 량). 말[馬]의 양식(糧食). 말먹이. ¶말을 좀 쉬게 하고 마량을 먹인 뒤에 다시 떠났다.

마:력[1] 馬力 (말 마, 힘 력). ① 속뜻 말[馬] 한 마리가 끄는 힘[力]. ② 물리 동력이나 일의 양을 나타내는 실용 단위. 기호는 'HP'. ¶200마력의 엔진.

마력[2] 魔力 (마귀 마, 힘 력). 사람을 현혹하는 마귀(魔鬼)와 같은 이상한 힘[力]. ¶그 여자에게는 사람을 사로잡는 이상한 마력이 있다.

마:마 媽媽 (어머니 마, 어머니 마). ① '천연두'(天然痘)를 일상적으로 이르는 말. ¶그녀는 어릴 적 마마를 앓았다. ② 임금 또는 그 가족(家族)들의 칭호(稱號)에 붙이어 존대(尊待)하는 뜻을 나타내던 말. ¶중전 마마.

마멸 磨滅 (갈 마, 없어질 멸). 갈려서[磨] 닳아 없어짐[滅]. ¶기계 부속이 마멸되었다.

마모 磨耗 (갈 마, 줄 모). 마찰 부분이 닳아서[磨] 작아지거나 없어짐[耗]. ¶타이어

가 마모됐다.

마물 **魔物** (마귀 마, 만물 물). 사람의 정신을 홀리는 요사스러운[魔] 물건(物件). ¶동네 사람들은 그 여자를 마물이라 불렀다.

마:방 **馬房** (말 마, 집 방). ① 속뜻 마구(馬廐)간을 갖춘 주막집[房]. ¶마방에 몰려 든 사람들. ②절 안에서, 손님의 말을 매어 두는 곳.

마법 **魔法** (마귀 마, 법 법). 마력(魔力)으로 불가사의한 일을 행하는 술법(術法).

▶마법-사 魔法師 (스승 사). 마법(魔法)을 부리는 사람[師].

마:부 **馬夫** (말 마, 사나이 부). 말[馬]을 부려 마차나 수레를 모는 사람[夫]. ㊥마정(馬丁), 말구종(馬驅從).

마:분 **馬糞** (말 마, 똥 분). 말[馬]의 똥[糞].

▶마:분-지 馬糞紙 (종이 지). ① 속뜻 주로 짚을 원료로 하여 만드는 종이의 하나. 빛이 누렇고 거친 느낌이 꼭 말[馬]의 똥[糞] 같은 종이[紙]라 하여 붙여진 이름이다. ②두껍고 단단하게 널빤지 모양으로 만든 종이. ㊥판지(板紙).

마비 **痲痺** (저릴 마, 저릴 비). ① 속뜻 손발이 저림[痲=痺]. ② 의학 신경이나 근육이 형태의 변화 없이 기능을 잃어버리는 상태. 감각이 없어지고 힘을 제대로 쓰지 못하게 된다. ¶근육 마비를 일으키다. ③본래의 기능이 둔해 정지되는 일을 비유하여 이르는 말. ¶업무가 마비 상태다.

마:상 **馬上** (말 마, 위 상). 말[馬]의 등 위[上]. ¶마상에서 떨어지다.

마석 **磨石** (갈 마, 돌 석). ① 속뜻 곡식을 가는 데[磨] 쓰이는 돌[石]. 맷돌. ②돌로 된 물건을 반들반들하게 갊.

마-석기 **磨石器** (갈 마, 돌 석, 그릇 기). 고적 돌[石]을 갈아서[磨] 만든 기구(器具). '마제석기'(磨製石器)의 준말.

마성 **魔性** (마귀 마, 성품 성). 사람을 현혹하는 악마(惡魔)와 같은 성질(性質). ¶마성을 드러내다.

마손 **磨損** (갈 마, 상할 손). 마찰에 의하여 쓸리어[磨] 닳음[損]. ¶기계가 금세 마손했다.

마수 **魔手** (마귀 마, 손 수). ① 속뜻 악마(惡魔)의 손길[手]. ②'남을 나쁜 길로 꾀거나 불행에 빠뜨리거나 하는 음험한 수단'을 비유하여 이르는 말. ¶침략의 마수를 뻗치다.

마:술[1] **馬術** (말 마, 꾀 술). ① 속뜻 말[馬]을 잘 부리는 기술(技術). ②말을 타고 부리는 온갖 재주. '승마술'(乘馬術)의 준말.

마술[2] **魔術** (마귀 마, 꾀 술). ① 속뜻 마력(魔力)으로써 하는 불가사의한 술법(術法). ②재빠른 손놀림이나 여러 가지 장치, 속임수 따위를 써서 불가사의한 일을 해 보이는 술법. 또는 그런 구경거리. ㊥요술(妖術), 마법(魔法).

▶마술-사 魔術師 (스승 사). 마술(魔術)을 부리는 것을 전문으로 하는 사람[師]. ㊥요술쟁이(妖術-), 마법사(魔法師).

마:신 **馬身** (말 마, 몸 신). ① 속뜻 말[馬]의 몸[身]. 말의 코끝에서 궁둥이까지의 길이. ②경마에서, 말과 말 사이의 거리를 나타내는 단위. ¶2번 말이 불과 반 마신 차이로 3번 말을 제치고 1위로 들어왔다.

마애 **磨崖** (갈 마, 벼랑 애). 암벽 벼랑[崖]을 갈아[磨] 글자나 그림, 불상 따위를 새김.

▶마애-불 磨崖佛 (부처 불). 불교 자연 암벽에 새긴[磨崖] 불상(佛像).

마약 **痲藥** (저릴 마, 약 약). 약학 사람의 신경을 마비(痲痺)시키는 약(藥). ¶마약에 중독되다.

▶마약 중독 痲藥中毒 (맞을 중, 독할 독). 의학 마약(痲藥)으로 인한 중독(中毒). 마약을 쓰지 않고는 정상적인 생활을 할 수 없게 된 상태.

마왕 **魔王** (마귀 마, 임금 왕). ① 속뜻 마귀(魔鬼)의 우두머리[王]. ② 불교 천마(天魔)의 왕. ③ 음악 슈베르트가 괴테의 시에 곡을 붙여 만든 가곡. ㊥귀왕(鬼王).

마유 **魔乳** (마귀 마, 젖 유). 생물 성별에 관계없이 생후 3~4일경부터 신생아의 유방에서 나오는 이상한[魔] 젖[乳].

마:육 **馬肉** (말 마, 고기 육). 말[馬] 고기[肉].

마의 **麻衣** (삼 마, 옷 의). 삼베[麻]로 지은 옷[衣]. ¶마의로 지은 도포를 입었다.

마:이동풍 **馬耳東風** (말 마, 귀 이, 동녘 동, 바람 풍). ① 속뜻 말[馬]의 귀[耳]에 동풍(東風)이 불어도 아랑곳하지 아니함. ②'남의 말을 귀담아듣지 않고 지나쳐 흘려버림'

을 비유하여 이르는 말. ¶아무리 말해도 그에게는 마이동풍이다.

마작 麻雀 (삼 마, 참새 작). 중국의 실내 오락. 네 사람의 경기자가 글씨나 숫자가 새겨진 136개의 패를 가지고 짝을 맞추며 진행한다. 패를 뒤섞을 때의 소리가 마치 대나무 숲에서 참새[麻雀]들이 떼 지어 재잘거리는 소리를 닮았다는 데서 이름이 유래.

마:장 馬場 (말 마, 마당 장). ① 속뜻 말[馬]을 매어 두거나 놓아기르는 곳[場]. ②경마장(競馬場).

▸마:장 마:술 馬場馬術 (말 마, 꾀 술). 마장(馬場) 안에서 말[馬]을 다루어 그 솜씨[術]를 겨루는 경기(競技). 마장의 넓이는 세로 60미터, 가로 20미터이다.

마:적 馬賊 (말 마, 도둑 적). 말[馬]을 타고 떼를 지어 다니는 도둑[賊]. ¶마적에게 몽땅 털렸다.

마:제¹ 馬蹄 (말 마, 굽 제). ① 속뜻 말[馬] 굽[蹄]. ② 건설 안쪽 끝을 말굽 모양으로 만들어 양쪽으로 붙이는 서까래. ⓑ말굽추녀.

마제² 磨製 (갈 마, 만들 제). 돌 따위를 갈아서[磨] 연장이나 기구를 만드는[製] 일. 또는 그렇게 만든 것.

▸마제 석기 磨製石器 (돌 석, 그릇 기). 고적 신석기시대에 주로 사용한, 돌을 갈아서[磨] 만든[製] 석기(石器). ⓑ간석기.

마직 麻織 (삼 마, 짤 직). 마(麻)로 만든 직물(織物).

▸마직-물 麻織物 (만물 물). 삼실[麻絲]이나 아마실 따위로 짠[織] 천[物]. ㊀마직.

마진 摩震 (문지를 마, 떨 진). 역사 904년에 후고구려를 세운 궁예가 바꾼 국명. '크다'는 뜻을 가진 범어 'maha'[摩訶]와 '동방 전체'를 의미하는 산스크리트어 'Chinistan'[震旦]을 합해 줄인 말.

마:차 馬車 (말 마, 수레 차). 말[馬]이 끄는 수레[車]. ¶마차를 타다 / 마차를 몰다 / 마차에 오르다.

*__마찰__ 摩擦 (문지를 마, 비빌 찰). ① 속뜻 두 물체가 서로 닿아 문지르듯이[摩] 비벼짐[擦]. ②이해나 의견이 서로 다른 사람이나 집단이 충돌함. ¶두 사람 사이에는 마찰이 끊이지 않는다. ③ 물리 접촉하고 있는 두 물체가 상대 운동을 하려고 하거나 또는 상대 운동을 하고 있을 때, 그 접촉면에서 운동을 방해하려고 하는 방향으로 힘이 작용하는 현상.

▸마찰-력 摩擦力 (힘 력). 물리 물체와 물체가 마찰(摩擦)할 때에 작용하는 두 물체 사이의 저항력(抵抗力).

▸마찰-열 摩擦熱 (더울 열). 물리 접촉하고 있는 두 물체가 마찰(摩擦)할 때 생기는 열(熱).

▸마찰-음 摩擦音 (소리 음). 언어 입 안이나 목청 따위의 조음 기관(調音器官)이 좁혀진 사이로 공기가 비집고 나오면서 마찰(摩擦)하여 나는 소리[音].

▸마찰 계:수 摩擦係數 (맬 계, 셀 수). 물리 마찰력(摩擦力)의 크기를 나타낸 숫자[係數].

▸마찰 전:기 摩擦電氣 (전기 전, 기운 기). 물리 마찰(摩擦)로 인하여 생기는 전기(電氣).

마천-루 摩天樓 (문지를 마, 하늘 천, 다락 루). 하늘[天]을 문지를[摩] 듯이 높이 솟은 건물[樓]. ¶뉴욕에는 마천루가 즐비하다. ⓑ마천각(摩天閣).

마:초 馬草 (말 마, 풀 초). 말[馬]에게 먹일 풀[草]. 말꼴. ¶마초 더미가 쌓여 있다.

마취 痲醉 (저릴 마, 취할 취). ① 속뜻 몸이 저리는[痲] 것과 술에 취(醉)하는 것. ②수술 등을 할 때 약물 따위를 이용하여 생물체의 육체적 · 정신적 감각을 일시적으로 마비시키는 일. ¶마취에서 깨어났다. ③사상이나 이념 따위에 의하여 판단력을 잃게 됨.

▸마취-과 痲醉科 (분과 과). 마취(痲醉)를 전문으로 다루는 임상 의학의 한 분과(分科).

▸마취-법 痲醉法 (법 법). 의학 마취(痲醉)하여 치료하거나 수술하는 방법(方法). 통증이 심한 치료나 수술 따위를 할 때 고통을 느끼지 않도록 하기 위해 사용한다.

▸마취-약 痲醉藥 (약 약). 약학 마취(痲醉)하기 위하여 쓰는 약(藥). ⓑ마취제.

▸마취-제 痲醉劑 (약제 제). 약학 마취(痲醉)하기 위하여 쓰는 약제(藥劑). ⓑ마취약.

마:태 馬太 (말 마, 클 태). 말[馬]에게 먹이는 콩[太].

마:판 馬板 (말 마, 널빤지 판). ① 속뜻 마구간[馬]의 바닥에 깔아 놓은 널빤지[板]. ②

마소를 매어 두는 바깥의 터.

마:패 馬牌 (말 마, 나무쪽 패). 역사 벼슬아치가 공무로 지방에 나갈 때 역마(驛馬)를 징발하는 증표로 쓰던 둥근 구리 패(牌). ¶말 네 마리가 그려진 마패를 꺼내보였다.

마:편 馬鞭 (말 마, 채찍 편). 말[馬]을 다루기 위해 만든 채찍[鞭]. ¶마편을 휘두르며 말을 모았다.

마포 麻布 (삼 마, 베 포). 삼실[麻]로 짠 천[布]. ⓑ삼베, 마직물(麻織物).

마:피 馬皮 (말 마, 가죽 피). 말[馬]의 가죽[皮]. ¶마피를 벗겨 말리다.

마:필 馬匹 (말 마, 마리 필). 속뜻 ① 말[馬] 몇 마리[匹]. ¶그 집은 마필깨나 있다고 잰다. ② 말. ¶마부는 마필을 잘 다루어야 한다.

막간 幕間 (막 막, 사이 간). ① 연영 연극에서 한 막(幕)이 끝나고 다음 막이 시작되기까지의 사이[間]. ② 어떤 일의 한 단락이 끝나고 다음 단락이 시작되기까지의 동안. ¶막간을 이용해 안내 말씀 드리겠습니다.

▸막간-극 幕間劇 (연극 극). ① 연영 본 연극의 막간(幕間)에 보이는 짧은 극(劇). ② 연회 따위에서 여흥으로 하는 짧은 극. ⓑ인테르메조(intermezzo).

막강 莫強 (없을 막, 강할 강). 더할 수 없이[莫] 강(強)함. ¶막강의 군사 / 막강한 경쟁 상대.

막골 膜骨 (꺼풀 막, 뼈 골). 피부의 막(膜)으로 이루어진 뼈[骨]. 척추동물에서 연골의 단계를 거치지 않고 결합 조직 안에서 직접 만들어지는 뼈. 두정골(頭頂骨), 비골(鼻骨), 구개골(口蓋骨) 따위.

막대 莫大 (없을 막, 큰 대). 더할 수 없이[莫] 크다[大]. ¶막대한 손해를 입다 / 막대한 재산.

막론 莫論 (없을 막, 논할 론). ① 속뜻 말할[論] 것조차 없음[莫]. ② 이것저것 따지고 가려 말하지 아니하다. ¶오늘은 누구를 막론하고 먼저 갈 수 없다.

막료 幕僚 (휘장 막, 벼슬아치 료). ① 속뜻 지휘부[幕]에 속한 관리[僚]. 중요한 계획의 입안이나 시행 따위의 일을 보좌하는 사람. ② 역사 조선 시대에, 감사(監司)·유수(留守)·병사(兵使)·수사(水使)·견외 사신(使臣)을 따라다니며 일을 돕던 무관 벼슬. ⓑ비장(裨將).

막리지 莫離支 (없을 막, 떠날 리, 가를 지). 역사 고구려에서 군사와 정치를 주관하던 으뜸 벼슬. 고구려 토박이말을 한자로 음역한 것으로 추정된다.

막막[1] 寞寞 (쓸쓸할 막, 쓸쓸할 막). ① 속뜻 고요하고 쓸쓸하다[寞+寞]. ¶산중의 밤은 막막하다. ② 의지할 데 없이 외롭다. ¶막막한 앞날.

막막[2] 漠漠 (아득할 막, 아득할 막). 끝이 보이지 않을 정도로 멀고 아득함[漠+漠]. ¶막막한 바다 / 막막한 벌판.

막무가내 莫無可奈 (없을 막, 없을 무, 가히 가, 어찌 내). 도무지 융통성이 없고 고집이 세어 어찌[奈] 할 수[可] 없음[莫=無]. ¶아무리 뭐라고 해도 그는 막무가내였다. ㊣무가내. ⓑ무가내하(無可奈何).

막부 幕府 (휘장 막, 관청 부). 역사 1192년에서 1868년까지 일본을 통치한 무인들의 정부(政府). 근위대장의 처소[幕]를 지칭하다가 이후 장군 자체를 지칭한 데서 유래하였다.

막사 幕舍 (휘장 막, 집 사). ① 속뜻 판자나 천막(天幕) 따위로 임시로 간단하게 지은 집[舍]. ¶피난민을 막사에 수용하다. ② 군사 군인들이 주둔할 수 있도록 만든 건물 또는 가건물. ¶사병 막사 / 야전군 지휘 막사. ③ 군사 예전에, 특수한 해안 지역의 경비를 맡아보던 대대 병력의 해군 부대.

막상-막하 莫上莫下 (없을 막, 위 상, 없을 막, 아래 하). ① 속뜻 위[上]인지 아래[下]인지 구분할 수 없음[莫]. ② 더 낫고 못함의 차이가 거의 없음. ¶세 후보의 지지율이 막상막하다. ⓑ난형난제(難兄難弟).

막설 莫說 (없을 막, 말씀 설). ① 속뜻 말[說]을 그만둠[莫]. ¶이제 쓸데 없는 말은 막설하자. ② 하던 일을 그만둠.

막심 莫甚 (없을 막, 심할 심). 더 이상 이를 수 없을[莫] 정도로 심(甚)함. ¶후회가 막심하다.

막역 莫逆 (없을 막, 거스를 역). 뜻이 맞아 서로 허물이[逆] 없다[莫]. ¶그와 나는 막역한 사이이다.

▸막역지간 莫逆之間 (어조사 지, 사이 간).

허물[逆]이 없는[莫] 아주 친한 사이[間]. ㊥막역간.

▸막역지교 莫逆之交 (어조사 지, 사귈 교). 허물[逆]이 없이[莫] 아주 친한 사귐[交]. ¶그와 막역지교를 나누다.

▸막역지우 莫逆之友 (어조사 지, 벗 우). 허물[逆]이 없이[莫] 아주 친한 친구[友].

막연 漠然 (=邈然, 아득할 막, 그러할 연). ① 속뜻 잘 보이지 않을 정도로 아득한[漠] 모양[然]. ② 갈피를 잡을 수 없게 아득하다. ¶먹고 살 길이 막연하다. ③ 똑똑하지 못하고 어렴풋함. ¶막연한 대답 / 막연히 기다리다.

막전 幕電 (휘장 막, 번개 전). ① 속뜻 장막(帳幕) 같은 구름에 가려서 보이지 않는 번개[電]. ② 물리 먼 곳에서 활동하는 뇌우의 번갯불을 받아서 구름 전체가 밝아지는 현상. 번갯불은 구름에 가려져서 보이지 않고 빛의 반사만 보인다.

막중 莫重 (없을 막, 무거울 중). 임무 따위가 더할 수 없이[莫] 무겁다[重]. ¶막중한 임무를 짊어지다.

▸막중-대사 莫重大事 (큰 대, 일 사). 더없이[莫] 중요(重要)한 큰[大] 일[事].

막질 膜質 (꺼풀 막, 바탕 질). 의학 꺼풀[膜]로 된 물질(物質).

막하 幕下 (휘장 막, 아래 하). ① 속뜻 옛날 대장군의 군막(軍幕)의 아래[下]에서 군대를 지휘하던 장교와 종사관(從事官)을 아울러 이르던 말. 장하(帳下). ② 지휘관이나 책임자가 거느리는 부하. 또는 그 지위.

막후 幕後 (휘장 막, 뒤 후). ① 속뜻 보이지 않는 막(幕)의 뒤[後]. ② 표면으로 드러나지 않은 뒤편.

▸막후-교섭 幕後交涉 (서로 교, 관여할 섭). 표면에 나서지 않고 막후(幕後)에서 은밀히 하는 교섭(交涉).

만가 輓歌 (=挽歌, 끌 만, 노래 가). ① 속뜻 상여를 끌고[輓] 가면서 부르는 노래[歌]. ② 죽은 이를 애도하는 시가(詩歌).

만:각 晩覺 (늦을 만, 깨달을 각). ① 속뜻 뒤늦게[晩] 깨달음[覺]. ② 늙어서야 지각이 듦.

만:감 萬感 (일만 만, 느낄 감). 여러[萬] 가지 느낌[感]. 온갖 생각.

만:강¹ 萬康 (일만 만, 편안할 강). 만사(萬事)가 편안하다[康]. 아주 편안함. ¶기체후 만강하옵신지요? ㊞만안(萬安).

만:강² 滿腔 (찰 만, 빈 속 강). 마음속[腔]에 가득 참[滿]. ¶만강의 사의(謝意)를 표하고자 합니다.

만:개 滿開 (찰 만, 열 개). ① 속뜻 활짝[滿] 열어[開] 놓음. ② 꽃이 활짝 다 핌. 활짝 핌. ¶벚꽃이 만개하다. ③ 돛을 돛대 끝까지 펴서 올림. ㊞만발(滿發).

만:-건곤 滿乾坤 (찰 만, 하늘 건, 땅 곤). 하늘[乾]과 땅[坤]에 가득 차다[滿].

만:겁 萬劫 (일만 만, 시간 겁). 한없이 긴[萬] 시간[劫]. 지극히 오랜 시간이나 세월. ㊞영겁(永劫).

만:경¹ 晩景 (저녁 만, 볕 경). ① 속뜻 해가 질 무렵[晩]의 경치(景致). ② 철 지난 경치. ㊞모경(暮景).

만:경² 萬頃 (일만 만, 백 이랑 경). ① 속뜻 백만(百萬) 이랑[頃]. 또는 그 정도로 넓음. ② 지면이나 수면이 매우 넓음.

▸만:경-창파 萬頃蒼波 (푸를 창, 물결 파). 아득하게 넓은[萬頃] 바다나 호수의 푸른[蒼] 물결[波]. ¶만경창파를 헤치고 배를 몰았다.

만:고 萬古 (일만 만, 옛 고). ① 속뜻 아주 많이[萬] 오랜 옛날[古]. ¶만고로부터 내려오는 풍습. ② 한없이 오랜 세월. ¶만고에 없는 난리.

▸만:고-강산 萬古江山 (강 강, 메 산). 오랜 세월[萬古]이 지나도 변함이 없는 산천[江山].

▸만:고불멸 萬古不滅 (아닐 불, 없어질 멸). 오랜 세월[萬古]이 지나도 없어지지[滅] 않음[不].

▸만:고불변 萬古不變 (아닐 불, 바뀔 변). 오랜 세월[萬古]이 지나도 변하지[變] 않음[不]. ㊞만대불변(萬代不變), 만세불변(萬世不變).

▸만:고불역 萬古不易 (아닐 불, 바꿀 역). 오랜 세월[萬古]이 지나도 바뀌지[易] 않음[不]. ㊞만대불역(萬代不易), 만세불역(萬世不易).

▸만:고불후 萬古不朽 (아닐 불, 썩을 후). 오랜 세월[萬古]이 지나도 썩지[朽] 않음

[不]. ⑪만대불후(萬代不朽), 만세불후(萬世不朽).

▸만:고-상청 萬古常青 (늘 상, 푸를 청). 오랜 세월[萬古]이 지나도 변함없이 항상[常] 푸름[青].

▸만:고-역적 萬古逆賊 (거스를 역, 도둑 적). 오랜 시간[萬古] 동안에 다시없을 끔찍한 역적(逆賊).

▸만:고-절색 萬古絶色 (뛰어날 절, 빛 색). 오랜 시간[萬古] 동안에 유례가 없을 만큼 뛰어난 미인[絶色].

▸만:고-절창 萬古絶唱 (뛰어날 절, 부를 창). 오랜 시간[萬古] 동안에 유례가 없을 만큼 뛰어난[絶] 명창(名唱).

▸만:고-천추 萬古千秋 (일천 천, 세월 추). 한없이 오랜[萬古] 세월[千秋]. 영원한 세월.

▸만:고-천하 萬古天下 (하늘 천, 아래 하). ① 속뜻 영원한[萬古] 세상[天下]. ② 아득한 옛적의 세상.

▸만:고-풍상 萬古風霜 (바람 풍, 서리 상). ① 속뜻 오랜 세월[萬古] 동안 겪은 수많은 바람[風]이나 서리[霜]. ② '수많은 고생'을 비유하여 이르는 말.

만곡 彎曲 (굽을 만, 굽을 곡). 활 모양으로 굽음[彎=曲]. ¶척추의 만곡.

만:-공산 滿空山 (찰 만, 빌 공, 메 산). 아무것도 없는[空] 적막한 산[山]에 가득 참[滿].

만:교 晩交 (늦을 만, 사귈 교). 늦게[晩] 사귄[交] 친구.

만:구 萬口 (일만 만, 입 구). ① 속뜻 많은[萬] 사람의 입[口]이나 말. ② '많은 사람'을 비유하여 이르는 말.

▸만:구-전파 萬口傳播 (전할 전, 뿌릴 파). 많은[萬] 사람의 입[口]을 통하여 온 세상에 널리 퍼짐[傳播].

▸만:구-칭송 萬口稱頌 (칭찬할 칭, 기릴 송). 많은[萬] 사람들이 입[口]을 모아 기림[稱頌].

▸만:구-칭찬 萬口稱讚 (일컬을 칭, 기릴 찬). 많은[萬] 사람들이 입[口]을 모아 칭찬(稱讚)함. ⑪만구칭송(萬口稱頌).

만:국 萬國 (일만 만, 나라 국). 많은[萬] 나라[國]. 세계의 모든 나라. 여러 나라. ⑪만방(萬邦).

▸만:국-기 萬國旗 (깃발 기). 세계 여러[萬] 나라[國]의 국기(國旗). ¶박람회장에 만국기가 펄럭인다.

▸만:국 지도 萬國地圖 (땅 지, 그림 도). 세계 여러[萬] 나라[國]가 그려진 지도(地圖). ⑪세계 지도(世界地圖).

▸만:국 통신 萬國通信 (통할 통, 소식 신). 통신 세계 여러[萬] 나라[國] 간에 서로 송수신하는 통신(通信).

▸만:국 박람회 萬國博覽會 (넓을 박, 볼 람, 모일 회). 경제 세계 여러[萬] 나라[國]가 많은 상품을 여러 사람들에게 널리[博] 보이기[覽] 위해 한곳에 모여[會] 여는 전람회. ⑪엑스포(Expo).

▸만:국 표준시 萬國標準時 (우듬지 표, 고를 준, 때 시). 지리 세계 여러[萬] 나라[國]가 표준(標準)으로 삼는 시각(時刻).

만:군 萬軍 (일만 만, 군사 군). ① 속뜻 많은[萬] 군사(軍士). ② 기독교 우주에 존재하는 모든 것. ⑪만유(萬有).

만:권 萬卷 (일만 만, 책 권). 매우 많은[萬] 책[卷]을 이르는 말. ¶만권 서적이 쌓여 있다.

만:근 萬斤 (일만 만, 무게 근). 아주 무거운[萬] 무게[斤]. ¶머리가 만근같이 무겁다.

만:금 萬金 (일만 만, 돈 금). 매우 많은[萬] 돈[金]. ¶만금을 줘도 이 책과는 안 바꾼다.

만:기[1] 晩期 (늦을 만, 때 기). ① 속뜻 늦은[晩] 시기(時期). ② 끝이 되는 시기. ⑪말기(末期).

만:기[2] 萬機 (일만 만, 기밀 기). ① 속뜻 매우 많은[萬] 기밀(機密). ② 정치상의 모든 중요한 기틀. ③ 임금이 보는 여러 가지 정무.

만기[3] 滿期 (찰 만, 때 기). 정해진 기한(期限)이 다 참[滿]. ¶이 보험은 십 년 만기이다.

▸만:기-일 滿期日 (날 일). ① 속뜻 정해진 기한(期限)이 다 된[滿] 날[日]. ② 경제 어음이나 수표 따위에 적혀 있는 지급 기일.

만끽 滿喫 (넘칠 만, 마실 끽). ① 속뜻 양이 다 차도록[滿] 많이 마심[喫]. ¶그 식당에서는 진짜 중국 요리를 만끽했다. ② 충분히 만족(滿足)할 만큼 즐김. ¶아름다운 경치를 만끽하다. ⑪포식(飽食)하다, 누리다.

만:난 萬難 (일만 만, 어려울 난). 온갖[萬] 어려움[難]. ¶만난을 헤치고 무인도를 탈

출했다.

만:년¹ 晩年 (늦을 만, 나이 년). ① 속뜻 늦은[晩] 나이[年]. ② 나이가 많이 든 시기. ¶만년의 고생.

만:년² 萬年 (일만 만, 해 년). ① 속뜻 일만(一萬) 년(年). ② 오랜 세월. ③ 언제나 변함없이 한결같은 상태. ¶만년 후보 선수.

▸만:년-설 萬年雪 (눈 설). 지리 오랜 세월[萬年]동안 녹지 않고 쌓여 있는 눈[雪]. ¶킬리만자로 산 정상에는 만년설이 쌓여있다.

▸만:년-빙 萬年氷 (얼음 빙). 지리 오랜 세월[萬年]동안 녹지 않고 얼어 있는 얼음[氷].

▸만:년-청 萬年靑 (푸를 청). ① 속뜻 늘[萬年] 푸름[靑]. ② 식물 백합과의 상록 다년초. 봄부터 초여름에 걸쳐 연한 황색의 꽃이 이삭 모양으로 피고 둥근 열매가 빨갛게 익는다.

▸만:년-필 萬年筆 (붓 필). 잉크만 넣으면 오랫동안[萬年] 글씨를 쓸 수 있도록 만든 펜[筆].

▸만:년불패 萬年不敗 (아닐 불, 패할 패). 오랜 시간[萬年]이 지나도록 지지[敗] 않음[不].

▸만:년지계 萬年之計 (어조사 지, 셀 계). 오랜 시간[萬年] 후에 일어날 일까지 헤아려 세운 계획(計劃). ㊞백년대계(百年大計).

▸만:년지택 萬年之宅 (어조사 지, 집 택). 오래 시간[萬年]이 지나도 무너지지 않도록 잘 지은 집[宅].

만:능 萬能 (일만 만, 능할 능). ① 속뜻 만사(萬事)에 두루 능통(能通)함. ② 온갖 것을 다 할 수 있음. ¶물질만능의 시대. ㊞전능(全能). ㊥무능(無能).

▸만:능 급혈자 萬能給血者 (줄 급, 피 혈, 사람 자). 의학 누구에게나[萬] 능히[能] 피[血]를 줄 수 있는[給] 혈액형의 사람[者]. O형의 사람을 말한다.

만다라 曼陀羅 (끌 만, 비탈질 타, 새그물 라). ① 불교 산스크리트어 'mandala'의 한자 음역어(音譯語). ② 불교의 본질인 깨달음의 경지. 또는 부처가 실제로 경험한 것을 그림으로 나타낸 것을 의미. ③ 부처나 보살의 상을 모시고 예배하며 공양하는 단.

만:단 萬端 (일만 만, 처음 단). 수많은[萬] 갈래나 실마리[端]. 여러 가지 방법. ㊞만반(萬般).

▸만:단-개유 萬端改諭 (고칠 개, 깨우칠 유). 여러[萬] 방법[端]으로 고치고[改] 깨닫게[諭] 함.

▸만:단-설화 萬端說話 (말씀 설, 이야기 화). 여러가지[萬端] 이야기[說話].

▸만:단-애걸 萬端哀乞 (슬플 애, 빌 걸). 여러[萬] 방법[端]으로 애처롭게[哀] 빎[乞].

▸만:단-의혹 萬端疑惑 (의심할 의, 홀릴 혹). 여러 가지[萬端] 의심(疑心)과 수상쩍은 것[惑]. 갖가지 의혹.

▸만:단-정화 萬端情話 (사랑 정, 이야기 화). 여러 가지[萬端] 정다운[情] 이야기[話]. 온갖 정담.

▸만:단-정회 萬端情懷 (사랑 정, 품을 회). 여러 가지[萬端] 정(情)과 회포(懷抱). ¶만단정회를 펴다.

만:담 漫談 (멋대로 만, 이야기 담). 재미있고 익살스럽게 멋대로[漫] 세상과 인정을 풍자하는 이야기[談].

▸만:담-가 漫談家 (사람 가). 만담(漫談)을 잘하거나 전문으로 하는 사람[家].

만:당 滿堂 (찰 만, 집 당). 강당 등 넓은 방[堂]에 사람이 가득 참[滿].

만:대 萬代 (일만 만, 세대 대). 여러 대에 걸친 오랜[萬] 세대(世代). 영원한 세월. ㊞만세(萬歲), 만년(萬年).

▸만:대불변 萬代不變 (아닐 불, 바뀔 변). 오랜[萬] 세대(世代)에도 변(變)하지 않음[不]. ¶효는 만대불변의 도리다. ㊞만세불변(萬世不變).

▸만:대불역 萬代不易 (아닐 불, 바꿀 역). 오랜[萬] 세대(世代)에도 바뀌지[易] 않음[不]. ㊞만세불역(萬世不易).

▸만:대불후 萬代不朽 (아닐 불, 썩을 후). 오랜[萬] 세대(世代)에도 썩지[朽] 않음[不]. ¶만대불후의 불상을 만들다. ㊞만세불후(萬世不朽).

▸만:대-영화 萬代榮華 (꽃필 영, 빛날 화). 오랜[萬] 세대(世代)에 걸쳐서 누리는 영화(榮華).

▸만:대-유전 萬代流傳 (흐를 류, 전할 전). 오랜[萬] 세대(世代)에 걸쳐 흘러[流]내려 전(傳)해 옴.

만:덕 萬德 (일만 만, 베풀 덕). 많은[萬] 덕행(德行)이나 공덕(功德). ¶만덕을 닦아 화엄에 이르다.

만두 饅頭 (만두 만, 접미사 두). 밀가루 따위를 반죽하여 소를 넣어 빚은 음식[饅] 같은 것[頭]. ⓑ교자(餃子).

▸만두-피 饅頭皮 (껍질 피). 만두(饅頭)의 소를 싸는 껍데기[皮].

만:득 晩得 (늦을 만, 얻을 득). 늙어서[晩] 자식을 얻음[得]. ¶그는 만득으로 딸아이 하나를 두었다. ⓑ만생(晩生).

▸만:득-자 晩得子 (아이 자). 늙어서[晩] 낳은[得] 자식(子息). ⓑ만생자(晩生子).

만:록[1] 萬綠 (일만 만, 초록빛 록). 여름철의 온갖[萬] 숲이 푸른[綠] 모양. 또는 여름철의 푸른 숲. ¶만록 청산 / 만록이 우거지다.

만:록[2] 漫錄 (멋대로 만, 기록할 록). ① 속뜻 느끼거나 생각나는 대로[漫] 글을 씀[錄]. ② 문학 일정한 형식이나 체계 없이 느끼거나 생각나는 대로 글을 쓰는 일. ⓑ만필(漫筆).

만:료 滿了 (찰 만, 마칠 료). 정해진 기간이 차서[滿] 일이 끝남[了]. ¶임기가 만료되다.

만:루 滿壘 (찰 만, 진 루). 운동 야구에서, 1·2·3루(壘)에 모두 주자가 차있는[滿] 상태.

만류[1] 挽留 (당길 만, 머무를 류). 붙잡아[挽] 머무르게[留] 함. 못하게 말림. ¶그는 만류를 뿌리치고 집으로 돌아갔다. ⓑ만지(挽止), 만집(挽執).

만류[2] 灣流 (물굽이 만, 흐를 류). 지리 큰 만의 해안을 따라 크게 휘돌아[灣] 가는 바닷물의 흐름[流]. 대서양 서안에 발달한 대해류.

만:리 萬里 (일만 만, 거리 리). 아주 먼[萬] 거리[里].

▸만:리-경 萬里鏡 (거울 경). 먼 거리[萬里]까지 볼 수 있는 안경(眼鏡) 따위의 물건. ⓑ망원경(望遠鏡).

▸만:리-장서 萬里長書 (길 장, 글 서). 만(萬) 리(里)나 될 정도로 매우 긴[長] 편지나 글[書].

▸만:리 장설 萬里長舌 (길 장, 말 설). 만(萬) 리(里)나 될 정도로 매우 길게[長] 늘어놓는 말[舌].

▸만:리-장성 萬里長城 (길 장, 성곽 성). 고적 총 길이가 만리(萬里)나 되는 긴[長] 성벽(城壁). 중국의 북쪽에 있는 성이다. ⓒ장성.

▸만:리-장천 萬里長天 (길 장, 하늘 천). 만(萬) 리(里)나 될 정도로 매우 높고 먼[長] 하늘[天]. 구만리장천(九萬里長天), 구공(九空).

만:-만세 萬萬歲 (일만 만, 일만 만, 해 세). 만세(萬歲)를 강조하여[萬] 이르는 말. ¶"만세! 만만세!"하고 외쳤다.

만:면 滿面 (가득할 만, 낯 면). 얼굴[面]에 가득함[滿]. 온 얼굴. ¶만면에 웃음이 가득이다.

▸만:면-수색 滿面愁色 (근심 수, 빛 색). 얼굴[面]에 가득한[滿] 근심스러운[愁] 기색(氣色). ¶남편이 며칠째 들어오지 않아 만면수색이다.

▸만:면-춘색 滿面春色 (봄 춘, 빛 색). 얼굴[面]에 봄[春] 기색(氣色) 같은 기쁨이 가득함[滿]. ⓑ만면희색(滿面喜色).

▸만:면-희색 滿面喜色 (기쁠 희, 빛 색). 얼굴에[面] 가득한[滿] 기쁜[喜] 기색(氣色). ⓑ만면춘색(滿面春色).

만몽 滿蒙 (만주 만, 몽골 몽). 만주[滿]와 몽골[蒙]을 아울러 이르는 말.

만:무 萬無 (일만 만, 없을 무). 절대로[萬] 없음[無]. 전혀 없음. ¶그것은 사실일 리가 만무하다.

▸만:무-시리 萬無是理 (옳을 시, 이치 리). 그럴[是] 리(理)가 절대로[萬] 없음[無]. 결코 그럴 수 없음.

▸만:무-일실 萬無一失 (한 일, 그르칠 실). 한번[一]의 실패(失敗)도 한 적이 전혀[萬] 없음[無]. 실패할 염려가 전혀 없음.

만:문[1] 漫文 (멋대로 만, 글월 문). ① 속뜻 마음이 내키는 대로[漫] 쓴 문장(文章). ② 문학 수필(隨筆).

만:문[2] 漫問 (멋대로 만, 물을 문). 마음이 내키는 대로[漫] 하는 질문(質問). ⓐ만담처럼 익살스럽게 물음.

만:물 萬物 (일만 만, 만물 물). ① 속뜻 온갖[萬] 물건(物件). ② 우주에 존재하는 모든 것. ¶인간은 만물의 영장(靈長)이다. ⓑ만

유(萬有).

▸만:물-상[1] 萬物相 (모양 상). 여러[萬] 가지 물건(物件)의 갖가지 양상(樣相).

▸만:물-상[2] 萬物商 (장사 상). 일상생활에 필요한 온갖[萬] 물건(物件)을 파는 장사치나 가게[商].

만:민 萬民 (일만 만, 백성 민). 모든[萬] 백성[民]. 또는 사람들. ⓑ만성(萬姓), 만인(萬人), 조서(兆庶).

▸만:민-법 萬民法 (법 법). 법률 모든 사람들[萬民]에게 적용한 법률(法律). 고대 로마 제국에서 로마 시민은 물론 시민권이 없는 외래인에게도 적용했다.

▸만:민 공:동-회 萬民共同會 (함께 공, 같을 동, 모일 회). 역사 1898년에 독립 협회 주최로 많은 사람[萬民]이 함께[共同] 모여 연 민중 대회(大會).

만:반[1] 萬般 (일만 만, 모두 반). ① 속뜻 일만[一萬] 가지 모두[般]. ② 모든 것. ¶만반의 준비를 하다. ⓑ제반(諸般).

만:반[2] 滿盤 (찰 만, 소반 반). 상[盤]에 가득함[滿].

▸만:반-진수 滿盤珍羞 (보배 진, 음식 수). 상[盤]에 가득히[滿] 차린 귀한[珍] 음식[羞].

만:발[1] 晩發 (늦을 만, 나타날 발). 병에 감염된 후에 그 증세가 늦게[晩] 나타남[發].

만:발[2] 滿發 (가득할 만, 필 발). 많은 꽃이 한꺼번에 활짝[滿] 핌[發]. ¶길가에 코스모스가 만발하다. ⓑ만개(滿開).

만:방[1] 萬方 (일만 만, 모 방). 여러[萬] 방면(方面). 여러 군데.

만:방[2] 萬邦 (일만 만, 나라 방). 세계 여러[萬] 나라[邦]. ¶명성(名聲)을 만방에 떨치다. ⓑ만국(萬國), 만역(萬域).

만:방[3] 萬放 (일만 만, 놓을 방). 운동 바둑에서, 91집 이상 많은[萬] 집을 만드는 수를 놓아[放] 이기는 것.

만:-백성 萬百姓 (일만 만, 여러 백, 성씨 성). 여러[萬] 백성(百姓). 모든 백성. ¶만백성이 군주를 칭송했다.

만:법 萬法 (일만 만, 법 법). ① 속뜻 여러[萬] 법률(法律)이나 규칙. ② 불교 우주에 존재하는 정신적·물질적인 일체의 것을 이르는 말.

만:병 萬病 (일만 만, 병 병). 갖가지[萬] 병(病). ¶비만은 만병의 근원이다. ⓑ백병(百病).

▸만:병-통치 萬病通治 (온통 통, 다스릴 치). 어떤 한 가지 약이 여러[萬] 가지 병(病)을 두루[通] 고칠[治] 수 있음. ¶수술은 병에 대한 만병통치는 아니다. ⓑ백병통치(百病通治).

만:보 漫步 (흩어질 만, 걸음 보). 한가롭게 슬슬 걷는 흩은[漫] 걸음[步]. ¶만보로 걷다.

만:복[1] 晩福 (늦을 만, 복 복). 느직이[晩] 누리는 복(福). ¶그는 젊어서 고생했지만, 만복이 있어 지금은 꽤나 편히 산다. ⓑ늦복.

만:복[2] 萬福 (일만 만, 복 복). ① 속뜻 많은[萬] 복(福). 모든 복. ¶만복을 빌다. ② 매우 행복함. ⓑ백복(百福).

▸만:복사-저포기 萬福寺樗蒲記 (절 사, 가죽나무 저, 부들 포, 기록할 기). 문학 조선 때 김시습이 지은 한문 소설. 남원의 노총각 양생이 만복사(萬福寺)라는 절에서 부처와 저포(樗蒲) 내기를 하여 아름다운 배필을 맞았으나 그녀가 죽은 처녀의 혼령임을 깨닫고는 지리산으로 들어가 소식을 끊었다는 내용을 기록한[記] 것이다.

만:복[3] 滿腹 (찰 만, 배 복). 배[腹]가 잔뜩 부름[滿].

▸만:복-경륜 滿腹經綸 (날실 경, 실 륜). 마음속[腹]에 가득[滿] 품고 있는 천하를 다스리는 계획이나 포부[經綸].

만:분 萬分 (일만 만, 나눌 분). ① 속뜻 어떤 수를 만(萬)으로 나눔[分]. ② 아주 충분히.

▸만:분-다행 萬分多幸 (많을 다, 행운 행). 일이 뜻밖에 잘되어 매우[萬分] 다행(多幸)임.

▸만:분-위중 萬分危重 (위태할 위, 무거울 중). 대단히[萬分] 위태(危殆)롭고 중요(重要)함.

▸만:분지일 萬分之一 (어조사 지, 한 일). ① 속뜻 만(萬)으로 나눈[分] 것의 하나[一]. ② 매우 적은 경우.

만:분-가 萬憤歌 (일만 만, 분할 분, 노래 가). 문학 여러[萬] 가지 억울한 마음[憤]을 표현한 노래[歌]. 조선 연산군 때 조위

가 지은 가사. 무오사화로 전남 순천에 귀양가 있으면서 그곳 생활을 읊은 내용.

만:사 萬事 (일만 만, 일 사). 온갖[萬] 일[事]. ¶만사가 귀찮다. ⓑ백사(百事), 범사(凡事).

▸만:사-여의 萬事如意 (같을 여, 뜻 의). 모든[萬] 일[事]이 뜻[意]한 바와 같음[如].

▸만:사-태평 萬事太平 (클 태, 평안할 평). 모든[萬] 일[事]에 너무[太] 평안(平安)하게 대함. 천하태평(天下泰平).

▸만:사-형통 萬事亨通 (풀릴 형, 통할 통). 모든[萬] 일[事]이 뜻한 바대로 잘 이루어짐[亨通]. ⓑ만사여의(萬事如意).

만삭 滿朔 (찰 만, 초하루 삭). 아이를 낳을 시기[朔]가 참[滿]. ⓑ산(産)달, 만월(滿月).

만:산¹ 晩産 (늦을 만, 낳을 산). ① 속뜻 늦어서[晩] 아이를 낳음[産]. ② 낳아야할 시기를 넘겨 아이를 낳음. ⓑ조산(早産).

만:산² 萬山 (일만 만, 메 산). 수많은[萬] 산(山). 모든 산.

만:산³ 滿山 (찰 만, 메 산). 온 산(山)에 가득 참[滿].

만:상¹ 萬狀 (일만 만, 형상 상). 온갖[萬] 모양[狀].

만:상² 萬象 (일만 만, 모양 상). 온갖[萬] 모양[象]의 사물. 만유(萬有).

만상³ 灣商 (물굽이 만, 장사 상). 역사 조선 때, 평안북도 의주의 용만(龍灣)에서 중국과 교역을 하던 상인(商人).

만:생-종 晩生種 (늦을 만, 날 생, 갈래 종). 성장[生]이 보통보다 늦은[晩] 품종(品種). ⓑ조생종(早生種).

만:석 萬石 (일만 만, 섬 석). ① 속뜻 벼 일만(一萬) 섬[石]. ② 썩 많은 곡식(穀食). ¶만석 살림.

만:선 滿船 (찰 만, 배 선). 사람이나 짐을 가득히[滿] 실은 배[船].

만:성¹ 晩成 (늦을 만, 이룰 성). 늦게[晩] 성공(成功)함. 늦게야 이룸. ¶대기만성(大器晩成). ⓑ속성(速成).

만성² 蠻性 (오랑캐 만, 성품 성). 야만적(野蠻的)인 성질(性質). 미개하여 문화 수준이 낮은 데가 있는 성질. '야만성'의 준말.

만성³ 慢性 (느릴 만, 성질 성). ① 속뜻 병 따위가 느리게[慢] 악화되는 성질(性質). ¶만성위염으로 시달리다. ② 바람직하지 않은 상태나 현상이 계속되거나 반복되어 버릇이 됨. ¶그의 거짓말은 만성이 되어 버렸다. ⓑ급성(急性).

▸만성-병 慢性病 (병 병). 의학 증세(症勢)가 느리게[慢] 진행되는 성질(性質)의 병(病). ⓑ급성병(急性病).

▸만성 전염병 慢性傳染病 (전할 전, 물들일 염, 병 병). 의학 증세(症勢)가 느리게[慢] 진행되는 성질(性質)의 전염병(傳染病).

만성⁴ 蔓性 (덩굴 만, 성질 성). 식물 식물의 줄기가 덩굴[蔓]로 뻗는 성질(性質).

▸만성 식물 蔓性植物 (심을 식, 만물 물). 식물 덩굴[蔓性] 식물(植物).

만:성-보 萬姓譜 (일만 만, 성씨 성, 적어놓을 보). 책명 온갖[萬] 성씨(姓氏)를 모아 엮은[譜] 책.

만:세¹ 萬世 (일만 만, 세대 세). 여러 대에 걸친 오랜[萬] 세대(世代).

▸만:세-무강 萬世無疆 (없을 무, 지경 강). ① 속뜻 오랜[萬] 세대(世代)에 걸쳐 끝[疆]이 없음[無]. ② 만수무강(萬壽無疆).

▸만:세불망 萬世不忘 (아닐 불, 잊을 망). 은덕을 영원히[萬世] 잊지[忘] 아니함[不]. ⓑ영세불망(永世不忘).

▸만:세불변 萬世不變 (아닐 불, 바뀔 변). 오랜[萬] 세월[世]이 지나도 변하지[變] 않음[不].

▸만:세불후 萬世不朽 (아닐 불, 썩을 후). 오랜[萬] 세월[世]이 지나도 썩지[朽] 않음[不]. ¶만세불후의 작품을 남기다. ⓑ만고불후(萬古不朽).

만:세² 萬歲 (일만 만, 해 세). ① 속뜻 오랜[萬] 세월(歲月). ② 오래도록 삶. 영원히 살아 번영함. ③ '영원하라!'는 뜻으로 크게 외치는 소리. ¶대한민국 만세! / 우리나라 만세! ⓑ만년(萬年).

▸만:세-력 萬歲曆 (책력 력). 앞으로 백 년 동안[萬歲]의 일월성신의 운행과 절기(節氣)를 추산하여 엮은 책력(冊曆).

▸만:세-전 萬歲前 (앞 전). 문학 전 국민이 만세(萬歲)를 외쳤던 3·1 운동 전(前)의 암울한 시대 상황을 사실적으로 묘사한 염상섭의 소설.

▸만:세-동락 萬歲同樂 (한가지 동, 즐길

락). 오래도록[萬歲] 함께 같이[同] 즐김[樂].

만:수[1] **滿水** (찰 만, 물 수). 어느 곳에 물[水]이 가득 참[滿].

만:수[2] **滿數** (찰 만, 셀 수). 정한 수효(數爻)에 가득 참[滿].

만:수[3] **萬壽** (일만 만, 목숨 수). 만년(萬年)의 수명(壽命). 오래도록 삶. ¶만수를 누리다

▶만:수-무강 萬壽無疆 (없을 무, 지경 강). 만년(萬年) 동안 장수(長壽)하며 끝[疆]이 없기[無]를 비는 말. ¶만수무강 하십시오. [비]만세무강(萬世無疆).

만:숙 晩熟 (늦을 만, 익을 숙). ① [속뜻] 식물의 열매가 늦게[晩] 익음[熟]. ② 나이에 비하여 정신적·육체적으로 발달이 느림.

만:승 萬乘 (일만 만, 수레 승). ① [속뜻] 일만(一萬) 채의 수레[乘]. 일만 채의 병거(兵車). ② '천자' 또는 '천자의 자리'를 비유하여 이르는 말.

▶만:승지국 萬乘之國 (어조사 지, 나라 국). ① [속뜻] 일만(一萬) 채의 병거(兵車)[乘]를 갖춘 나라[國]. ② '천자(天子)의 나라'를 비유하여 이르는 말.

만:시 晩時 (늦을 만, 때 시). 시간(時間)이나 시기가 뒤늦음[晩].

▶만:시지탄 晩時之歎 (어조사 지, 한숨지을 탄). 시기(時期)가 뒤늦었음[晩]을 원통해 하는 탄식(歎息).

만:식 晩植 (늦을 만, 심을 식). 모나 묘목 따위를 제철이 지나서 늦게[晩] 심음[植]. [비]늦심기.

▶만:식 재:배 晩植栽培 (심을 재, 북돋울 배). 벼를 6월 하순에서 7월 상순 사이에 모내기하여 10월 하순경에 늦게[晩] 심어[植] 수확하는 재배(栽培) 방식.

만:신 滿身 (찰 만, 몸 신). 온[滿] 몸[身]. ¶만신의 힘을 기울여 노력하겠습니다. [비]전신(全身).

▶만:신-창 滿身瘡 (부스럼 창). [한의] 온[滿] 몸[身]에 퍼진 부스럼[瘡].

▶만:신-창이 滿身瘡痍 (부스럼 창, 상처 이). ① [속뜻] 온[滿] 몸[身]이 성한 데가 없이 상처투성이[瘡痍] 임. ¶만신창이가 되도록 얻어맞았다. ② 성한 데가 없을 만큼 '결함이 많음'을 비유하여 이르는 말.

만심[1] **慢心** (건방질 만, 마음 심). ① [속뜻] 잘난 체 하면서 남을 업신여기는 거만(倨慢)한 마음[心]. ② [불교] 자신을 지나치게 믿고 자랑하며 남을 업신여기는 마음. [비]아만(我慢).

만:심[2] **滿心** (찰 만, 마음 심). 만족(滿足)스러운 마음[心].

▶만:심-환희 滿心歡喜 (기쁠 환, 기쁠 희). 만족스러워[滿心] 매우 기뻐함[歡喜].

만:안 萬安 (일만 만, 편안할 안). 모든[萬] 것이 편안(便安)하다. [비]만강(萬康).

***만:약 萬若** (일만 만, 같을 약). 만일(萬一) 그와 같다면[若]. ¶만약의 경우 / 만약을 생각하다. [비]만일(萬一).

만언-사 萬言詞 (일만 만, 말씀 언, 말씀 사). [문학] 조선 정조 때 안조환(安肇煥)이 여러[萬] 가지 말[言]로써 자기의 죄를 뉘우치는 내용의 유배 가사[詞].

만연 蔓延 (=蔓衍, 덩굴 만, 늘일 연). ① [속뜻] 식물의 덩굴[蔓]처럼 널리 뻗침[延]. ② 전염병이나 나쁜 현상이 널리 번짐.

▶만연-체 蔓延體 (=蔓衍體, 모양 체). ① [속뜻] 덩굴처럼[蔓] 늘여서[延] 표현하는 문체(文體). ② [문학] 많은 어구를 이용하여 반복·부연·수식·설명함으로써 문장을 장황하게 표현하는 문체. 많은 정보를 전달할 수 있다는 장점은 있으나 문장의 긴밀성이 떨어진다는 흠이 있다. [반]간결체(簡潔體).

만:열 滿悅 (찰 만, 기쁠 열). 기쁨[悅]으로 가득 참[滿]. 또는 그런 기쁨. ¶식후에 느끼는 생리적 만열.

만:염 晩炎 (늦을 만, 불꽃 염). 늦[晩] 여름이 되도록 가시지 않는 더위[炎]. [비]늦더위.

만:왕 萬王 (일만 만, 임금 왕). ① [속뜻] 세상의 모든[萬] 왕(王). ② 우주 만물의 왕. ③ [기독교] 만인을 구원하는 왕이라는 뜻으로, '예수'를 달리 이르는 말.

만용 蠻勇 (오랑캐 만, 날쌜 용). 오랑캐[蠻] 같이 분별없이 함부로 날뛰는 용기(勇氣). ¶슬기로운 사람은 만용을 부리지 않는다.

만:우-절 萬愚節 (일만 만, 어리석을 우, 철 절). 서양 풍습 중 하나로, 악의 없는 거짓말을 하여 여러[萬] 사람을 바보처럼 만들

어 속이는[愚] 날[節]. 4월 1일이다.

만:운 晩運 (늦을 만, 행운 운). 늙어서[晩]에 얻은 행운(幸運). ¶만운이 텄는지 큰 재물이 들어왔다.

만원 滿員 (찰 만, 인원 원). ① 속뜻 정원(定員)이 다 참[滿]. ②어떤 곳에 사람이 가득 들어참. ¶만원버스 / 극장은 만원이었다.

만:월 滿月 (찰 만, 달 월). 원이 꽉 차도록[滿] 이지러진 데가 없이 생긴 달[月]. ⓑ보름달, 망월(望月), 영월(盈月). ⓟ휴월(虧月).

만:유[1] 漫遊 (흩어질 만, 놀 유). 한가로이 이곳저곳을 두루 다니며 질펀하게[漫] 놂[遊].

만:유[2] 萬有 (일만 만, 있을 유). 우주에 존재하는[有] 모든[萬] 것. ⓑ만물(萬物), 만상(萬象).

▸만:유신-교 萬有神教 (귀신 신, 종교 교). 종교 만유(萬有)는 신(神)이며 신은 곧 일체인 만유라고 믿는 종교(宗教). ⓑ범신교(汎神教).

▸만:유신-론 萬有神論 (귀신 신, 논할 론). 철학 만유(萬有)는 신(神)이며 신은 곧 일체인 만유라고 보는 철학관[論]. ⓑ범신론(汎神論).

▸만:유심-론 萬有心論 (마음 심, 논할 론). 철학 자연의 모든 존재[萬有]에는 마음[心]이 있다고 하는 이론(理論). ⓑ범심론(汎心論).

▸만:유-인력 萬有引力 (끌 인, 힘 력). ① 속뜻 모든[萬] 물체에 존재하는[有] 당기는[引] 힘[力]. ② 물리 질량을 가지고 있는 모든 물체가 서로 잡아당기는 힘. 그 크기는 질량의 곱에 비례하고 거리는 제곱에 반비례한다. 1687년에 뉴턴이 발견하였다. ⓑ우주인력(宇宙引力).

만이 蠻夷 (오랑캐 만, 오랑캐 이). ① 속뜻 남만(南蠻)과 동이(東夷). ② 역사 고대 중국 사람들이 남쪽과 동쪽 지역에 사는 민족을 멸시하여 이르던 말.

만인[1] 蠻人 (오랑캐 만, 사람 인). 오랑캐[蠻] 민족[人]. '야만인'(野蠻人)의 준말. ¶나체의 만인이 몰려들었다.

만:인[2] 萬人 (일만 만, 사람 인). 아주 많은[萬] 사람[人]. 모든 사람. ¶그는 만인의 연인이다. ⓑ만민(萬民), 만성(萬姓).

▸만:인-소 萬人疏 (트일 소). 역사 조선 때, 만(萬)여 명의 선비[人]들이 연명(連名)하여 올리던 상소(上疏).

▸만:인-동락 萬人同樂 (한가지 동, 즐길 락). 모든[萬] 사람[人]이 다 함께[同] 즐김[樂].

▸만:인지상 萬人之上 (어조사 지, 위 상). 모든[萬] 사람들[人]의 윗자리[上]를 뜻하는 말로 옛날 영의정의 지위를 이르던 말.

만:일 萬一 (일만 만, 한 일). 만(萬) 가운데 하나[一]. 거의 없는 것이나 매우 드물게 있는 일. ¶만일의 경우에 대비하다. ⓑ만약(萬若), 만혹(萬或).

만입 灣入 (물굽이 만, 들 입). 강이나 바다의 물이 활 등처럼 휘어[灣] 뭍으로 들어옴[入].

만:자 卍字 (만자 만, 글자 자). ① 속뜻 '卍'자(字) 모양의 무늬나 표지. ② 불교 부처의 가슴·손발·두발 (頭髮)등에 나타난 길상만덕(吉祥萬德)의 상(相)을 나타내는 표지를 이름.

▸만:자-기 卍字旗 (깃발 기). '卍'자(字)를 그려 넣은 깃발[旗].

▸만:자-창 卍字窓 (창문 창). '卍'자(字) 모양의 창문(窓門). '완자창'의 본딧말.

만:장[1] 萬丈 (일만 만, 길이 장). 높이 혹은 깊이가 만(萬) 발[丈]이나 됨. ¶의기가 만장으로 치솟다.

만장[2] 輓章 (=挽章, 애도할 만, 글 장). 죽은 이를 애도하여[輓] 지은 글[章]. 혹은 이를 적은 종이나 깃발로 장사 때 상여를 따라 들고 감. ⓑ만사(輓詞), 만시(輓詩).

만:장[3] 滿場 (찰 만, 마당 장). 회장(會場)에 가득 참[滿]. 혹은 그곳에 모인 사람들.

▸만:장-일치 滿場一致 (한 일, 이를 치). 회장(會場)에 가득 찬[滿] 사람의 의견이 일치(一致)됨. ¶안건이 만장일치로 통과되었다.

만:재 滿載 (가득할 만, 실을 재). 사람이나 짐, 혹은 기사(記事) 따위를 어느 곳에 가득[滿] 실음[載].

▸만:재 흘수선 滿載吃水線 (머금을 흘, 물 수, 줄 선). 안전한 항해를 위해 사람이나 짐을 가득[滿] 실은[載] 배가 물[水]에 잠

기는[吃] 한도를 표시한 선(線).

만:적 滿積 (가득할 만, 쌓을 적). 물건 따위를 가득[滿] 쌓음[積].

만:전 萬全 (일만 만, 완전할 전). 모든[萬] 것이 완전(完全)함. 조금도 허술한 데가 없음. ¶대회 준비에 만전을 기하다.

▸만:전지책 萬全之策 (어조사 지, 꾀 책). 조금도 허술한 데가 없는 완전한[萬全] 계책(計策). ㊀만전지계(萬全之計).

만:전춘 滿殿春 (가득할 만, 대궐 전, 봄 춘). ① 문학 음악 남녀의 사랑을 봄[春] 향기가 가득한[滿] 집[殿]에 비유하여 지은 고려가요. ② 조선 세종 때에 윤회가 지은 가사. 나라의 태평함과 문물제도를 읊은 것으로 〈만전춘〉의 곡에 얹어 불렀다.

▸만:전춘-별사 滿殿春別詞 (다를 별, 글 사). 문학 남녀의 사랑을 봄[春] 향기가 가득한[滿] 집[殿]에 비유하여 지은 고려가요[別詞]. ㊁만전춘.

만점 滿點 (찰 만, 점 점). ① 속뜻 규정된 점수를 다 채운[滿] 점수(點數). ¶국어 시험에서 만점을 맞았다. ② 결점이나 부족한 데가 없이 아주 만족할 만한 정도. ¶서비스가 만점이다.

만:정 滿庭 (찰 만, 뜰 정). 뜰[庭]에 무엇이 가득함[滿]. 또는 그 뜰. ¶명월은 만정하고 미풍은 부동이라.

만:조[1] 滿朝 (찰 만, 조정 조). 온[滿] 조정(朝廷). 조정에 가득 참.

▸만:조-백관 滿朝百官 (여러 백, 벼슬 관). 온[滿] 조정(朝廷)의 여러[百] 벼슬아치[官]. ㊀만정제신(滿廷諸臣).

만:조[2] 滿潮 (찰 만, 바닷물 조). ① 속뜻 바닷물[潮]로 가득참[滿]. ② 지리 밀물이 가장 높은 해면까지 꽉 차게 들어오는 현상. 또는 그런 때. ㊀고조(高潮). ㊁간조(干潮).

▸만조-선 滿潮線 (줄 선). 조수(潮水)가 가득 찼을[滿] 때의 바다와 육지의 경계선(境界線). ¶이 게는 만조선 부근의 진흙에 서식한다. ㊀고조선(高潮線). ㊁간조선(干潮線).

만족[1] 蠻族 (오랑캐 만, 겨레 족). 야만(野蠻)스러운 종족(種族). '야만족'의 준말. ㊀만종(蠻種).

만족[2] 滿足 (가득할 만, 넉넉할 족). 가득하고[滿] 넉넉함[足]. 부족함이 없다고 여김. 충분함. ¶만족스러운 결과가 나왔다. ㊀흡족(洽足). ㊁불만(不滿), 불만족(不滿足).

▸만족-감 滿足感 (느낄 감). 흡족한[滿足] 느낌[感]. ㊁불만감(不滿感).

만:종[1] 晩種 (늦을 만, 갈래 종). 성장(成長)이 보통보다 늦은[晩] 품종(品種). '만생종'(晩生種)의 준말.

만:종[2] 晩鐘 (저녁 만, 쇠북 종). 저녁[晩] 무렵에 치는 종(鐘). ¶만종 소리에 맞춰 기도를 드렸다.

만:좌 滿座 (찰 만, 자리 좌). 자리[座]를 다 채움[滿]. ㊀일좌(一座).

만주 사변 滿洲事變 (만주 만, 섬 주, 일 사, 재앙 변). 역사 1931년을 시작으로 일본군이 만주(滿洲)를 비롯한 중국 동북 지방을 침략하기 위해 일으킨 전쟁[事變].

만주-족 滿洲族 (만주 만, 섬 주, 겨레 족). 만주(滿洲) 일대에 분포하고 있는 남방 퉁구스계 민족(民族). 역사상 청나라를 세우기도 하였다.

만지 蠻地 (오랑캐 만, 땅 지). 야만인(野蠻人)이 사는 땅[地]. ¶만지에 온 것만 같았다.

만:찬 晩餐 (저녁 만, 밥 찬). 저녁[晩] 식사[餐]. 특별히 잘 차려 낸 저녁 식사. ¶성대한 만찬을 베풀다. ㊀석찬(夕餐). ㊁조찬(朝餐).

▸만:찬-회 晩餐會 (모일 회). 손님을 청하여 저녁[晩] 식사[餐]를 겸하여 베푸는 연회(宴會).

만:천 滿天 (찰 만, 하늘 천). 하늘[天]에 가득 함[滿]. 온 하늘. ¶만천에 노을이 붉게 물들었다.

만:-천하 滿天下 (찰 만, 하늘 천, 아래 하). 천하(天下)에 가득함[滿]. 온 세계. ¶그들의 음모가 만천하에 모두 드러났다.

만:추 晩秋 (늦을 만, 가을 추). ① 속뜻 늦은[晩] 가을[秋]. ② 늦가을 무렵. ㊀늦가을, 계추(季秋).

만:춘 晩春 (늦을 만, 봄 춘). 늦은[晩] 봄[春]. ㊀늦봄, 계춘(季春), 모춘(暮春), 잔춘(殘春).

만:취[1] 晩翠 (늦을 만, 푸를 취). ① 속뜻 겨울이 되어도[晩] 변하지 않는 초목의 푸른빛

[翠]. ②'늙어서도 지조를 바꾸지 아니함'을 비유하여 이르는 말.

만:취² **滿醉** (넘칠 만, 취할 취). 술에 잔뜩[滿] 취함[醉]. ⓑ난취(爛醉).

만:태 **萬態** (일만 만, 모양 태). 여러[萬] 가지 모양[態]. '천자만태'(千姿萬態)의 준말.

만:파 **萬波** (일만 만, 물결 파). 수많은[萬] 파도(波濤). 겹겹이 밀려오는 파도. ¶먼 바다에서 만파가 밀려왔다.

▸만:파식-적 萬波息笛 (쉴 식, 피리 적). 이 피리를 불면 모든[萬] 풍파(風波)가 사라졌다[息]는 신라 때 전설상의 피리[笛].

만:평 **漫評** (멋대로 만, 평할 평). 일정한 형식이나 체계 없이 멋대로[漫] 하는 비평(批評). ¶시사 만평.

만:필 **漫筆** (멋대로 만, 글씨 필). 보고 듣고 느낀 바를 마음 내키는 대로[漫] 적은 글[筆]. ⓑ만록(漫錄).

▸만:필-화 漫筆畵 (그림 화). ① 속뜻 마음 내키는 대로[漫] 그린[筆] 그림[畵]. ②일정한 형식 없이 사물의 특징만을 살려 그린 사회를 풍자하는 그림. ⓑ만화(漫畵).

만:하¹ **晩夏** (늦을 만, 여름 하). 늦[晩] 여름[夏]. ⓑ계하(季夏), 모하(暮夏), 잔하(殘夏).

만:하² **晩霞** (저녁 만, 노을 하). ① 속뜻 저녁[晩] 노을[霞]. ②해질 무렵에 끼는 안개.

만:학¹ **晩學** (늦을 만, 배울 학). 보통 사람보다 늦은[晩] 나이에 공부[學]를 시작함. 또는 그 사람. ¶만학의 즐거움에 시간 가는 줄

만:학² **萬壑** (일만 만, 골 학). 겹겹의 수많은[萬] 골짜기[壑].

만:행¹ **萬幸** (일만 만, 다행 행). 매우[萬] 다행(多幸). ⓑ지행(至幸).

만행² **蠻行** (오랑캐 만, 행할 행). 야만(野蠻)스러운 행위(行爲). ¶천인공노할 만행을 저지르다.

만:호 **萬戶** (일만 만, 집 호). 썩 많은[萬] 집[戶]. ¶도성 만호에 흰 기가 내걸렸다.

만:혼 **晩婚** (늦을 만, 혼인할 혼). 보통 사람보다 늦게[晩] 결혼(結婚)함. 또는 그런 결혼. ¶요즘 만혼이 늘어나는 추세이다. ⓑ조혼(早婚).

만:화¹ **晩花** (늦을 만, 꽃 화). 제철이 지나 늦게[晩] 피는 꽃[花].

만:화² **萬化** (일만 만, 될 화). 갖가지[萬] 모양으로 변화(變化)함. '천변만화'(千變萬化)의 준말.

▸만:화-방창 萬化方暢 (바로 방, 화창할 창). 바야흐로[方] 화창(和暢)한 봄이 되어 만물(萬物)이 새롭게 됨[化].

만:화³ **滿花** (찰 만, 꽃 화). 가득[滿] 핀 꽃[花].

▸만:화-석 滿花席 (자리 석). 여러[滿] 송이의 꽃[花]무늬를 놓아서 짠 돗자리[席].

만:화⁴ **漫畵** (멋대로 만, 그림 화). 일정한 형식 없이 사물의 특징만을 살려 멋대로[漫] 그린 그림[畵]. ⓑ만필화(漫筆畵).

▸만:화-가 漫畵家 (사람 가). 만화(漫畵)를 그리는 것을 전문으로 하는 사람[家].

▸만:화-책 漫畵冊 (책 책). 만화(漫畵)를 주제로 한 그림책(冊).

▸만:화 영화 漫畵映畵 (비칠 영, 그림 화). 연영 장면을 만화(漫畵)로 그려서 만든 영화(映畵).

만:화-경 **萬華鏡** (일만 만, 빛날 화, 거울 경). 원통 안에 색색의 종이 조각을 넣어 돌려보면 여러[萬] 가지로 변하는 아름다운[華] 무늬가 보이는 거울[鏡]로 된 장난감.

만회 **挽回** (당길 만, 돌아올 회). 뒤쳐진 것을 바로잡아[挽] 회복(回復)함. 처음 상태로 돌이킴. ¶실수를 만회하다.

만:흥 **漫興** (흩어질 만, 흥겨울 흥). 저절로[漫] 일어나는 흥취(興趣).

말갈 **靺鞨** (버선 말, 가죽신 갈). 역사 퉁구스족의 일족. 시베리아·중국 동북 지방·우리나라의 함경도에 걸쳐 살았던 족속으로, 여진족·만주족이 모두 이 종족의 후예이다. 가죽신을 즐겨 신었기에 가죽 혁(革)이 들어간 글자를 썼을 것으로 추정된다.

말경 **末境** (끝 말, 상태 경). 사람이나 일의 마지막[末] 상황[境]. ¶말경에 일을 망쳤다.

말관 **末官** (끝 말, 벼슬 관). 하위[末] 벼슬[官]. 보잘것없는 관직. ⓑ말직(末職).

말국 **末局** (끝 말, 판 국). ① 속뜻 어떤 일이나 사건의 마지막[末] 판국(板局). ②바둑 따위의 끝판.

말기 末期 (끝 말, 때 기). ① 속뜻 대나 기간이 끝나는[末] 시기(時期). ② 어떤 일의 끝 무렵. ㊐ 만기(晩期), 말엽(末葉). ㊀ 초기(初期).

▸ **말기-적** 末期的 (것 적). 어떤 시대가 끝나는[末] 시기(時期)의 것[的]. 또는 그러한 특성이 있는 것.

말년 末年 (끝 말, 해 년). 인생과 같은 일정한 시기의 마지막[末] 무렵[年]. ¶ 말년을 편안히 보내다. ㊐ 늘그막, 노년(老年). ㊀ 초년(初年).

말단 末端 (끝 말, 끝 단). ① 속뜻 물건의 맨 끄트머리[末=端]. 말미(末尾). ② 조직의 중추(中樞)에서 먼 끝 부분.

▸ **말단 가격** 末端價格 (값 가, 이를 격). 유통 과정의 맨 마지막[末端]에 팔리는 가격(價格). '소비자 가격'을 달리 이르는 말.

▸ **말단 행정** 末端行政 (행할 행, 정사 정). 맨 하급[末端] 관청의 행정(行政).

말대 末代 (끝 말, 세대 대). ① 속뜻 마지막[末] 세대(世代). ② 왕위(王位)나 가독(家督)의 맨 마지막 대(代). ㊐ 말세(末世).

말로 末路 (끝 말, 길 로). ① 속뜻 마지막[末] 길[路]. ② 사람의 일생 가운데에서 마지막 무렵. ¶ 의자왕의 말로. ③ 망하여 가는 마지막 무렵의 모습. ¶ 독재자의 말로.

말류 末流 (끝 말, 갈래 류). ① 속뜻 보잘것없고 되잖은 말단(末端) 유파(流派). ② 말세(末世).

말문 末文 (끝 말, 글월 문). 전체 글을 끝맺는[末] 글[文]. ㊐ 결문(結文).

말미 末尾 (끝 말, 꼬리 미). 어떤 사물의 맨 끝[末] 꼬리[尾] 부분. ¶ 편지의 말미에 격려의 말을 덧붙였다. ㊐ 말단(末端).

말복 末伏 (끝 말, 엎드릴 복). 삼복(三伏)의 마지막[末] 복날[伏]. 입추(立秋)부터 첫째 경일(庚日).

말사 末寺 (끝 말, 절 사). 불교 일정한 교구의 본사(本寺)에 딸린 작은[末] 절[寺]을 이르는 말. ¶ 말사인데도 신자들이 꽤 많았다.

말살 抹殺 (문지를 말, 죽일 살). ① 속뜻 문질러서[抹] 죽임[殺]. ② 뭉개어 아주 없애 버림. ¶ 기록을 말살해 버렸다.

말석 末席 (끝 말, 자리 석). ① 속뜻 맨 끝[末]의 자리[席]. ② 모임 따위에서 지위가 낮은 사람이나 손아랫사람이 앉는 아랫자리. ¶ 그는 김 첨지에게 말석을 권했다. ㊐ 말좌(末座), 석말(席末), 하좌(下座). ㊀ 수석(首席), 상석(上席).

말세 末世 (끝 말, 세상 세). ① 속뜻 정치나 도의 따위가 어지러워지고 쇠퇴하여 끝[末]이 다 된 듯한 세상(世上). ② 불교 말법(末法)의 세상(世上). ③ 기독교 예수가 탄생한 때부터 재림할 때까지의 세상. ㊐ 계세(季世), 말대(末代), 말류(末流).

말소 抹消 (문지를 말, 사라질 소). 기록된 사실을 지워서[抹] 없앰[消]. ¶ 등기를 말소하다 / 소송을 말소하다. ㊐ 말거(抹去).

▸ **말소 등기** 抹消登記 (오를 등, 기록할 기). 이미 등기된 사항을 말소(抹消)하기 위해 하는 등기(登記).

말속 末俗 (끝 말, 풍속 속). ① 속뜻 말세(末世)의 풍속(風俗). ② 어지럽고 타락한 풍속.

말손 末孫 (끝 말, 손자 손). 먼 후대[末]의 자손(子孫). ㊐ 계손(系孫), 말예(末裔), 원손(遠孫).

말엽 末葉 (끝 말, 무렵 엽). 어떤 시대의 끝[末] 무렵[葉]. 초기, 중기, 말기로 구분했을 때의 마지막 무렵. ¶ 고려 말엽 / 18세기 말엽. ㊐ 말기(末期). ㊀ 초엽(初葉).

말음 末音 (끝 말, 소리 음). 어떠한 음절이나 단어의 끝[末]에서 나는 소리[音]. ㊀ 두음(頭音).

▸ **말음 법칙** 末音法則 (법 법, 법 칙). 언어 국어의 자음이 끝[末]소리[音]로 쓰일 때에 제 음가를 내지 않고 달리 발음되는 법칙(法則). ㊐ 받침 법칙, 종성 규칙(終聲規則).

말일 末日 (끝 말, 날 일). 어느 기간의 마지막[末] 날[日]. ¶ 이달 말일까지 납부하십시오.

말절 末節 (끝 말, 마디 절). ① 속뜻 여러 토막으로 나눈 맨 마지막[末] 마디[節]. ② 자질구레하거나 사소한 일. ㊐ 끝마디.

말좌 末座 (끝 말, 자리 좌). 끝[末] 부분의 자리[座]. ㊐ 말석(末席).

말직 末職 (끝 말, 일 직). 가장 낮은[末] 직위(職位). ㊐ 말관(末官).

말초 末梢 (끝 말, 나무 끝 초). ① 속뜻 끝[末] 부분의 나뭇가지[梢]. ② 사물의 끝 부분. ¶ 말초를 자극하다 / 말초적 문제.

▸말초-적 末梢的 (것 적). ① 속뜻 중심에서 벗어난 사소한[末梢] 것[的]. ② 정신이나 영혼에 영향을 주지 못하고 말초 신경만을 자극하는. 또는 그런 것. ¶말초적 자극 / 말초적인 감성만을 자극하다.

▸말초 신경 末梢神經 (정신 신, 날실 경). 의학 뇌와 척수에서 온몸의 끝부분으로[末梢] 갈려 나온 신경(神經). 몸의 각 부분과 중추 신경계를 연락하는 신경.

망:각¹ 妄覺 (헛될 망, 느낄 각). 심리 외계(外界)의 자극을 잘못 깨닫거나 없는 것을 있는 것처럼 거짓으로[妄] 생각하는[覺] 병적 현상.

망각² 忘却 (잊을 망, 물리칠 각). 잊어[忘] 버림[却]. ¶인간은 망각의 동물이다 / 학생의 본분을 망각하다. ㊥망실(忘失), 망치(忘置).

▸망각 곡선 忘却曲線 (굽을 곡, 줄 선). 심리 기억한 내용이 시간의 경과에 따라 어떻게 잊혀 가는가[忘却]를 나타내는 곡선(曲線).

망:거 妄擧 (망령될 망, 들 거). 말이나 행동이 보통에 어그러진[妄] 짓이나 거지(擧止).

망건 網巾 (그물 망, 수건 건). 상투를 튼 사람이 두르는 그물[網] 모양의 두건(頭巾). 속담 망건 쓰고 세수한다.

망:구 望九 (바라볼 망, 아홉 구). ① 속뜻 아흔[九] 살을 바라봄[望]. '망구순'(望九旬)의 준말. ② '81'세를 이르는 말.

망:-구순 望九旬 (바라볼 망, 아홉 구, 열흘 순). 아흔[九旬] 살을 바라보는[望] 나이. ㊟망구.

망국 亡國 (망할 망, 나라 국). 망(亡)한 나라[國]. ¶망국의 한(恨)을 노래하다. ㊥건국(建國).

▸망국-민 亡國民 (백성 민). 망(亡)한 나라[國]의 백성[民]. '망국지민'(亡國之民)의 준말.

▸망국-배 亡國輩 (무리 배). 나라[國]를 망(亡)치는 무리[輩].

▸망국-사 亡國史 (역사 사). 나라[國]가 망(亡)하는 과정을 담은 역사(歷史) 기록(記錄). ¶이 책은 당나라의 망국사를 기록한 것이다.

▸망국-대부 亡國大夫 (큰 대, 사나이 부). 망(亡)한 나라[國]의 벼슬아치[大夫]. ¶망국대부가 무슨 쓸모가 있겠소.

▸망국 민족 亡國民族 (백성 민, 무리 족). 망(亡)한 나라[國]의 민족(民族). 조국을 잃은 민족.

▸망국지본 亡國之本 (어조사 지, 뿌리 본). 나라[國]를 망(亡)하게 하는 근본(根本). ¶

▸망국지탄 亡國之歎 (어조사 지, 한숨지을 탄). 나라[國]가 망(亡)한 것에 대한 한탄(恨歎). ¶시를 지어 망국지탄을 노래했다. ㊥망국지한(亡國之恨).

▸망국지한 亡國之恨 (어조사 지, 한탄 한). 나라[國]가 망(亡)한 것에 대한 한탄(恨歎). ㊥망국지탄(亡國之歎).

망군¹ 亡君 (죽을 망, 임금 군). 죽은[亡] 임금[君].

망:군² 望軍 (바라볼 망, 군사 군). 역사 망(望)을 보는 군사(軍士). '요망군'(瞭望軍)의 준말. ¶망군들은 초롱초롱한 눈망울을 밝혔다.

망극 罔極 (없을 망, 끝 극). ① 속뜻 끝[極]이 없음[罔]. 주로 임금이나 어버이의 은혜가 매우 큼을 나타낼 때 쓴다. ¶성은(聖恩)이 망극하옵니다. ② '망극지통'(罔極之痛)의 준말.

▸망극지은 罔極之恩 (어조사 지, 은혜 은). 그지없이[罔極] 큰 은혜(恩惠).

▸망극지통 罔極之痛 (어조사 지, 아플 통). 그지없이[罔極] 큰 슬픔[痛]. 임금이나 부모님이 돌아가신 일을 두고 이르는 말. ¶그는 망극지통을 당하고도 겉으로 내색하지 않았다.

망녀 亡女 (죽을 망, 딸 녀). ① 속뜻 죽은[亡] 딸[女]. ② 몹시 주책이 없는 계집.

망년 忘年 (잊을 망, 나이 년). ① 속뜻 나이[年]를 잊음[忘]. ¶그들은 나이차가 많아도 망년의 우정을 나누었다. ② 그해의 온갖 괴로운 일을 잊음. ¶망년의 모임을 갖다.

▸망년-회 忘年會 (모일 회). 연말에 그해[年]의 온갖 수고로웠던 일들을 잊어버리자[忘]는 뜻에서 베푸는 연회(宴會). ㊥송년회(送年會).

▸망년지우 忘年之友 (어조사 지, 벗 우). 연장자가 나이[年]를 따지지 않고[忘] 사귀는 젊은 벗[友]. ㊥망년지교(忘年之交).

망:념 妄念 (헛될 망, 생각 념). 이치에 맞지 않는 쓸데없는[妄] 생각[念]. ㊥망상(妄想).

망:대 望臺 (바라볼 망, 돈대 대). 적이나 주위의 동정을 살피기[望] 위해 높이 세운 곳[臺]. ¶망대에 오르다.

망덕 亡德 (망할 망, 베풀 덕). 자신과 집안을 망(亡)칠 못된 말이나 행동[德].

망:동 妄動 (망령될 망, 움직일 동). 분수없는[妄] 행동(行動). ㊥망거(妄擧).

망:두-석 望頭石 (바라볼 망, 머리 두, 돌 석). ① 속뜻 무덤을 바라보며[望] 그 앞에[頭] 세우는 돌[石]기둥. ② 민속 무덤 앞의 양쪽에 세우는 한 쌍의 돌기둥. ㊥망주석(望柱石).

망라 網羅 (그물 망, 새그물 라). ① 속뜻 그물[網=羅]. ② 촘촘한 그물로 건지듯이 빠짐없이 모음. ¶이번 회의에는 사회의 각계각층을 망라한 인사들이 참석했다.

망령[1] 亡靈 (죽을 망, 혼령 령). ① 속뜻 죽은[亡] 사람의 영혼(靈魂). ¶망령의 천도를 빌다. ② 혐오스러운 과거의 잔재를 비유하여 이르는 말. ¶제국주의의 망령.

망:령[2] 妄靈 (헛될 망, 혼령 령). 늙거나 충격으로 정신[靈]이 흐려[妄] 이상한 상태. ¶늙어서 망령이 들면 어쩌나!

망:론 妄論 (망령될 망, 논할 론). 이치에 맞지 않는 쓸데없는[妄] 이론(理論). ¶망론은 그만두시오.

망:루 望樓 (바라볼 망, 다락 루). 외부의 침입이나 적진을 살펴보기(望) 위해 세운 높은 다락집[樓]. ㊥관각(觀閣).

망:륙 望六 (바라볼 망, 여섯 륙). ① 속뜻 60[六十]을 바라봄[望]. ② '51살'을 달리 이르는 말.

망막[1] 茫漠 (아득할 망, 사막 막). 아득한[茫] 사막[漠] 처럼 끝이 보이지 않다. ¶망막한 평원 / 앞날이 망막하다.

망막[2] 網膜 (그물 망, 꺼풀 막). 의학 안구의 가장 안쪽에 시신경(視神經)이 그물[網]처럼 분포되어 있는 꺼풀[膜].

▶망막-염 網膜炎 (염증 염). 의학 망막(網膜)에 생긴 염증(炎症)을 통틀어 이르는 말.

망망 茫茫 (아득할 망, 아득할 망). ① 속뜻 너무 넓고 멀어 아득하다[茫+茫]. ② 흐릿하다. 막연하다.

▶망망-대해 茫茫大海 (큰 대, 바다 해). 아득히[茫茫] 넓고 끝없이 펼쳐진 바다[大海]. ㊥망망대양(茫茫大洋).

망매 亡妹 (죽을 망, 누이 매). 죽은[亡] 누이동생[妹].

망명 亡命 (달아날 망, 목숨 명). ① 속뜻 달아나[亡] 목숨[命]을 유지함. ② 혁명 또는 그 밖의 정치적인 이유로 자기 나라에서 박해를 받고 있거나 박해를 받을 위험이 있는 사람이 이를 피하기 위하여 외국으로 몸을 옮김. ¶망명을 가다 / 망명길에 오르다.

▶망명-가 亡命家 (사람 가). 망명(亡命)한 사람[家]. ㊥망명자(亡命者).

▶망명-객 亡命客 (손 객). 망명(亡命)해 온 사람[客]. ㊟망객.

▶망명-자 亡命者 (사람 자). 망명(亡命)한 사람[者]. ¶이들은 각국의 망명자들을 도와주었다. ㊥망명가(亡命家).

▶망명-도생 亡命圖生 (꾀할 도, 살 생). 망명(亡命)하여 살[生] 길을 꾀함[圖]. ¶망명도생의 길을 떠나다.

▶망명-도주 亡命逃走 (달아날 도, 달릴 주). 목숨[命]을 잃지[亡] 않기 위해 멀리 달아남[逃走]. ¶그는 중국으로 망명도주했다.

▶망명 정부 亡命政府 (정사 정, 관청 부). ① 속뜻 망명(亡命)해 온 사람들이 모여 만든 임시 정부(臨時政府). ② 역사 일제 강점기에, 중국에 세웠던 대한민국의 임시 정부.

▶망명-죄인 亡命罪人 (허물 죄, 사람 인). 외국으로 도주해 망명(亡命)한 죄인(罪人).

망모 亡母 (죽을 망, 어머니 모). 세상을 떠난[亡] 어머니[母].

망:문-과부 望門寡婦 (바라볼 망, 문 문, 적을 과, 아내 부). 정혼(定婚)을 한 후 혼인을 하기 전에 남자가 죽어 문턱[門]만 바라보는[望] 처지가 된 처녀 과부(寡婦).

망:발 妄發 (망령될 망, 쏠 발). ① 속뜻 실수로 그릇된[妄] 말을 함부로 쏟아냄[發]. 또는 그 말이나 행동. ¶망발을 지껄이다. ② 말이나 행동을 잘못하여 자신이나 조상을 욕되게 함. 또는 그런 언행. ¶그런 망발은 절대 용서할 수 없다. ㊥망언(妄言), 망설(妄說).

망:배 望拜 (바라볼 망, 절 배). 멀리서 연고(緣故)가 있는 쪽을 바라보며[望] 절함

[拜]. ¶그는 고향을 향해 망배하고 유배 길에 올랐다. [비]망기(望祈), 요배(遙拜).

망:백 望百 (바라볼 망, 일백 백). ① [속뜻] 백(百) 살을 바라봄[望]. ② '91 살'을 달리 이르는 말.

망부[1] 亡夫 (죽을 망, 지아비 부). 죽은[亡] 남편[夫]. [비]선부(先夫).

망부[2] 亡父 (죽을 망, 아버지 부). 죽은[亡] 아버지[父].

망:부-석 望夫石 (바라볼 망, 지아비 부, 돌 석). 남편[夫]을 기다리며 길을 바라보던[望] 아내가 그대로 죽어 돌[石]이 됨. 또는 그런 돌.

망사[1] 網紗 (그물 망, 비단 사). 그물[網]같이 성기게 짠 비단[紗]같은 천. ¶망사 모기장.

망사[2] 網絲 (그물 망, 실 사). 그물[網]을 뜨는 데에 쓰는 실[絲].

망-사생 忘死生 (잊을 망, 죽을 사, 살 생). 죽고[死] 사는[生] 일을 잊음[忘]. [준]망사.

망:상[1] 望床 (바라볼 망, 평상 상). ① [속뜻] 큰 잔치 때에, 보기 좋게 과실·떡·어육 따위의 음식을 높이 괴어 차려 놓은 마주 보는[望] 큰 상(床). ② 혼인 잔치 때에, 신랑의 몸상 뒤에 놓는 큰 상.

망:상[2] 妄想 (헛될 망, 생각 상). ① [속뜻] 있지도 않은 사실을 마치 사실인 양 믿는 헛된[妄] 생각[想]. ¶과대망상 / 그는 자신이 최고라는 망상에 빠져 있다. ② [심리] 정신 장애로 말미암아 생기는 잘못된 생각이나 판단. [비]망념(妄念).

▸ 망:상-증 妄想症 (증세 증). 망상(妄想)이 생기는 증세(症勢). ¶피해망상증.

▸ 망:상 치매 妄想癡呆 (어리석을 치, 어리석을 매). [의학] 정신적 능력이 일반인들보다 떨어지는 망상(妄想)과 치매(癡呆) 증상이 동시에 나타나는 정신 분열증.

망상[3] 網狀 (그물 망, 형상 상). 그물[網]처럼 생긴 모양[狀].

▸ 망상-맥 網狀脈 (줄기 맥). [식물] 그물[網] 모양[狀]으로 퍼진 잎맥[脈]. [비]그물맥. [참] 평행맥(平行脈).

▸ 망상맥-엽 網狀脈葉 (줄기 맥, 잎 엽). [식물] 그물[網] 모양[狀]의 잎맥[脈]이 있는 잎[葉].

망:설 妄說 (헛될 망, 말씀 설). 이치에 맞지 않게 쓸데없이[妄] 말함[說]. [비]망언(妄言).

망:신[1] 妄信 (헛될 망, 믿을 신). 이치에 맞지 않게 쓸데없이[妄] 믿음[信].

망신[2] 亡身 (망할 망, 몸 신). ① [속뜻] 몸[身]을 망(亡)침. ② 말이나 행동을 잘못하여 자기 명예, 체면 따위가 구겨짐. ¶망신을 당하다 / 망신을 주다.

▸ 망신-살 亡身煞 (죽일 살). 몸[身]을 망(亡)치거나 망신을 당할 언짢은 운수[煞]. ¶망신살이 뻗쳤다.

망실[1] 亡失 (망할 망, 잃을 실). 잃어버림[亡=失]. ¶홍수로 인근의 논밭이 망실되었다. [비]실망(失亡).

망실[2] 亡室 (죽을 망, 집 실). 죽은[亡] 아내[室]. [비]망처(亡妻).

망실[3] 忘失 (잊을 망, 잃을 실). 잊거나[忘] 잃어버림[失]. ¶최근의 일을 대부분 망실했다. [비]망각(忘却).

망아[1] 亡兒 (죽을 망, 아이 아). 죽은[亡] 아이[兒].

망아[2] 忘我 (잊을 망, 나 아). 자아(自我)를 잊음[忘].

망양 茫洋 (아득할 망, 큰바다 양). 바다[洋]처럼 아득히 넓고 멂[茫].

망양-보뢰 亡羊補牢 (망할 망, 양 양, 기울 보, 우리 뢰). ① [속뜻] 양(羊)을 잃어버리고[亡] 외양간[牢]을 고침[補]. ② 이미 일을 그르친 뒤에 뉘우쳐도 소용없음.

망양지탄[1] 亡羊之歎 (망할 망, 양 양, 어조사 지, 탄식할 탄). ① [속뜻] 잃어버린[亡] 양(羊)을 찾을 길이 없어 탄식(歎息)함. ② 학문의 길이 여러 갈래여서 한 갈래의 진리도 얻기 어려움을 이르는 말. ¶학문의 어려움을 망양지탄에 비유하다. [비]다기망양(多岐亡羊).

망:양지탄[2] 望洋之歎 (바랄 망, 큰바다 양, 어조사 지, 탄식할 탄). ① [속뜻] 큰 바다[洋]를 바라보며[望] 하는 한탄(恨歎). ② 어떤 일에 자기 자신의 힘이 미치지 못할 때에 하는 탄식을 이르는 말. ¶망양지탄으로 자기 능력의 한계를 표출하였다.

망:어 妄語 (헛될 망, 말씀 어). ① [속뜻] 거짓된[妄] 말[語]. ② [불교] 십악의 하나. 진실하지 못한 허망한 말을 하는 일을 이른다. [비]거짓말.

망:언 妄言 (헛될 망, 말씀 언). 헛된[妄] 말[言]. ⓑ망발(妄發), 망설(妄說).

망연 茫然 (아득할 망, 그러할 연). ① 속뜻 매우 아득한[茫] 모양[然]. ¶망연하게 펼쳐진 바다. ② 충격으로 어이가 없어서 멍하다. ¶그 광경을 보고 어찌할 바를 몰라 망연하다.

▸망연-자실 茫然自失 (스스로 자, 잃을 실). 자신(自身)의 넋을 잃어버린[失] 듯이 멍함[茫然].

망:외 望外 (바랄 망, 밖 외). 바라거나[望] 희망하는 것 이상[外]의 것. ¶망외의 기쁨 / 희출망외(喜出望外).

망우 亡友 (죽을 망, 벗 우). 죽은[亡] 친구[友].

망운 亡運 (망할 망, 운수 운). 망(亡)할 운수(運數). ¶망운이 끼다 / 집에 망운이 들다.

망:운지정 望雲之情 (바랄 망, 구름 운, 갈 지, 뜻 정). ① 속뜻 고향 하늘 구름[雲]을 바라보며[望] 가지는 심정(心情). ② 객지의 자식이 고향에 계신 어버이를 그리워하는 마음. ¶망운지정을 한 편의 시로 표현하였다. ⓑ망운지회(望雲之懷).

망:원 望遠 (바라볼 망, 멀 원). 멀리[遠] 바라봄[望].

▸망:원-경 望遠鏡 (거울 경). 멀리[遠]까지 볼[望] 수 있는 렌즈[鏡]로 만든 기계. ¶망원경으로 달을 관찰하다. ⓑ만리경(萬里鏡).

▸망:원 사진 望遠寫眞 (베낄 사, 참 진). 망원(望遠) 렌즈를 사용하여 찍은 사진(寫眞).

망월[1] 忙月 (바쁠 망, 달 월). 농사일로 바쁜[忙] 달[月].

망:월[2] 望月 (바라볼 망, 달 월). ① 속뜻 달[月]을 바라봄[望]. 달맞이를 함. ② 보름달.

망은 忘恩 (잊을 망, 은혜 은). 은혜(恩惠)를 잊거나[忘] 모름.

망인 亡人 (죽을 망, 사람 인). 죽은[亡] 사람[人]. ¶망인의 명복을 빌다. ⓑ망자(亡者).

망:일 望日 (보름 망, 날 일). 보름[望]달이 뜨는 날[日].

망자[1] 亡子 (죽을 망, 아들 자). 죽은[亡] 아들[子]. ⓑ망식(亡息).

망자[2] 亡者 (죽을 망, 사람 자). 죽은[亡] 사람[者]. ⓑ망인(亡人).

망제[1] 亡弟 (죽을 망, 아우 제). 죽은[亡] 아우[弟].

망:제[2] 望祭 (바라볼 망, 제사 제). ① 속뜻 멀리서 조상의 무덤이 있는 쪽을 바라보고[望] 지내는 제사(祭祀). ② 왕조 때, 매달 음력 보름에 종묘에 지내던 제사.

망조 亡兆 (망할 망, 조짐 조). 망(亡)할 징조(徵兆). '망징패조'(亡徵敗兆)의 준말.

망종[1] 亡終 (죽을 망, 끝마칠 종). ① 속뜻 사람의 목숨이 끊어지는[亡] 마지막[終] 순간. ② 마지막. 끝판. ⓑ임종(臨終).

망종[2] 亡種 (망할 망, 씨 종). ① 속뜻 망할[亡] 놈의 종자(種子). ② '행실이 좋지 못한 사람'을 욕하는 말.

망종[3] 芒種 (까끄라기 망, 씨 종). ① 속뜻 겉껍질[芒]이 붙어 있는 곡식[種]. 또는 그 곡식의 씨를 뿌림. ② 민속 소만(小滿)과 하지(夏至) 사이로, 양력 6월 6일경이다. ¶망종에는 모내기와 보리 베기로 한창 바쁘다.

망:주-석 望柱石 (바라볼 망, 기둥 주, 돌 석). 민속 앞에서 무덤을 바라보도록[望] 세워 놓은 여덟모로 깎은 한 쌍의 돌[石] 기둥[柱]. ⓑ망두석(望頭石), 화표주(華表柱).

망중 忙中 (바쁠 망, 가운데 중). 바쁜[忙] 가운데[中]. ¶망중에 참석해주셔서 감사합니다.

▸망중-한 忙中閑 (틈 한). 바쁜[忙] 중(中)에 잠깐 얻어낸 틈[閑]. ⓑ한중망(閑中忙).

▸망중-유한 忙中有閑 (있을 유, 틈 한). 바쁜[忙] 중(中)에도 한가한 겨를[閑]이 있음[有].

망지소조 罔知所措 (없을 망, 알 지, 곳 소, 둘 조). ① 속뜻 마음을 둘[措] 곳[所]을 알지[知] 못함[罔]. ② 당황하고 급하여 어찌할 줄 몰라 갈팡질팡함. ¶임금의 뜻밖의 말에 망지소조하였다. ⓒ망조(罔措). ⓒ방황실조(彷徨失措).

망:집 妄執 (헛될 망, 잡을 집). ① 속뜻 망상(妄想)을 버리지 못하고 집착(執着)함. ② 헛된 고집.

망징-패조 亡徵敗兆 (망할 망, 조짐 징, 무너질 패, 조짐 조). 망(亡)하거나 무너질[敗]

징조(徵兆). ¶벌써 몇 달간 망징패조가 그치질 않는다.

망처 亡妻 (죽을 망, 아내 처). 죽은[亡] 아내[妻]. ⑪망실(亡室).

망측 罔測 (없을 망, 헤아릴 측). ① 속뜻 헤아릴[測] 수 없다[罔]. ② 상식에서 벗어나거나 어이가 없어서 차마 보기가 어렵다. ¶여자에게 그런 망측한 소리를 하다니!

망치 忘置 (잊을 망, 둘 치). 잊고[忘] 내버려 둠[置].

망친 亡親 (죽을 망, 어버이 친). 죽은[亡] 부모[親]. ¶망친의 기일(忌日)이 다가왔다.

망:칠 望七 (바라볼 망, 일곱 칠). ① 속뜻 70[七十] 대를 바라봄[望]. ② '61 살'을 이르는 말.

망:탄 妄誕 (헛될 망, 거짓 탄). 이치에 맞지 않는 쓸데없는[妄] 말로 속임[誕]. 터무니없는 거짓말.

망:팔 望八 (바라볼 망, 여덟 팔). ① 속뜻 80[八十]대를 바라봄[望]. ② '71살'을 이르는 말.

망:평 妄評 (망령될 망, 평할 평). 이치에 맞지 않는 쓸데없는[妄] 비평(批評).

망:향 望鄕 (바라볼 망, 시골 향). ① 속뜻 고향(故鄕)을 바라봄[望]. ② 고향을 그리워함.

▸망:향-가 望鄕歌 (노래 가). 고향(故鄕)을 그리는[望] 노래[歌]. ¶망향가를 부르다.

▸망:향-제 望鄕祭 (제사 제). 타향에서 고향을 그리워하며[望鄕] 지내는 제사(祭祀). ¶함께 망향제를 올리다.

망형 亡兄 (죽을 망, 맏 형). 죽은[亡] 형(兄).

망혼 亡魂 (죽을 망, 넋 혼). 죽은[亡] 사람의 넋[魂]. ¶망혼을 위로하다. ⑪유령(幽靈).

망:후 望後 (보름 망, 뒤 후). 음력으로 보름날[望] 이후(以後). ¶그는 망후에 다시 찾아오겠다고 했다. ⑫망전(望前).

매:가¹ 買價 (살 매, 값 가). 물건을 사는[買] 가격(價格).

매:가² 賣家 (팔 매, 집 가). 팔[賣] 집[家]. 또는 집을 파는 일. ¶매가가 많이 나왔다.

매:가³ 賣價 (팔 매, 값 가). 물건을 파는[賣] 가격(價格).

매:각 賣却 (팔 매, 물리칠 각). 물건을 팔아[賣] 버림[却]. ⑪매도(賣渡). ⑫매입(買入).

매:개¹ 每個 (마다 매, 낱 개). 낱낱[個] 마다[每]. 한 개 한 개. 낱낱. ¶공장에서 만든 물건 매개에 고유 번호가 찍혀 있다.

매개² 媒介 (맺어줄 매, 끼일 개). ① 속뜻 관계를 맺어주기[媒] 위하여 둘 사이에 끼어[介] 듦. 또는 그런 물체. ¶말라리아는 모기를 매개로 하여 전염된다. ② 논리 서로 떨어져 있는 두 명사 사이에서 두 명사의 관계를 맺어 주는 중간 항의 명사를 부여하는 작용.

▸매개-물 媒介物 (만물 물). 관계를 잇기[媒] 위해 중간에 끼어있는[介] 물건(物件). ¶언어는 민족을 묶는 중요한 매개물이다. ⑪매개체(媒介體).

▸매개-체 媒介體 (몸 체). 관계를 잇기[媒] 위해 중간에 끼어있는[介] 것[體]. ¶이 소설에서는 나무가 매개체 역할을 한다. ⑪매개물(媒介物). ㊀매체.

▸매개 모:음 媒介母音 (어머니 모, 소리 음). 언어 두 자음 사이에 끼여[媒介] 음을 고르게 하는 모음(母音).

▸매개 변:수 媒介變數 (바뀔 변, 셀 수). 수학 각각 다른 변수 사이에 놓여 이들의 관계를 나타내기 위한 매개(媒介)로 쓰이는 변수(變數). ⑪모수(母數).

▸매개 자음 媒介子音 (아이 자, 소리 음). 언어 모음과 모음 사이에 놓여 모음끼리 부딪치는 것을 막아주는데 매개(媒介)로 쓰이는 자음(子音).

매-개념 媒槪念 (맺어줄 매, 대강 개, 생각 념). 논리 대개념과 소개념 사이에 놓여 이들 둘을 연결해[媒] 결론을 이끄는 개념(槪念). ⑪중개념(中槪念).

매:거 枚擧 (낱낱 매, 들 거). 낱낱이[枚] 들어서[擧] 말함.

매골 埋骨 (묻을 매, 뼈 골). 뼈[骨]를 땅에 묻음[埋].

매:관-매:직 賣官賣職 (팔 매, 벼슬 관, 팔 매, 일 직). 관직(官職)을 돈이나 재물을 받고 팖[賣]. ¶매관매직을 일삼다.

매:국 賣國 (팔 매, 나라 국). 이익을 위해 다른 나라에 자기 나라[國]를 파는[賣] 일. 또는 나라를 파는 것처럼 해를 끼치는 일.

▸매:국-노 賣國奴 (종 노). 나라[國]를 파는[賣] 종[奴] 같은 놈.

▸매:국-적 賣國賊 (도둑 적). 나라[國]를 파는[賣] 역적(逆賊). ¶그는 매국적으로 몰려 망명을 떠났다.

▸매:국-적 賣國的 (것 적). 매국(賣國) 행위를 하는 것[的]. ¶매국적 행위.

매:기[1] **每期** (마다 매, 때 기). 시기(時期) 마다[每].

매:기[2] **買氣** (살 매, 기운 기). 물건을 사고[買] 싶은 마음[氣]. ¶헐값인데도 매기가 거의 없다.

*__매:년__ **每年** (마다 매, 해 년). 해[年] 마다[每]. ¶나는 매년 설악산에 간다. [비]매해.

매:도[1] **罵倒** (욕할 매, 넘어질 도). ① [속뜻] 욕하여[罵] 쓰러뜨림[倒]. ② 몹시 욕하거나 꾸짖음. ¶부정한 공무원으로 매도하다.

매:도[2] **賣渡** (팔 매, 건넬 도). 팔아[賣] 넘김[渡]. ¶토지를 매도하다. [비]매각(賣却).

▸매:도 담보 賣渡擔保 (멜 담, 지킬 보). [법률] 물건을 팔아넘길[賣渡] 것을 전제로, 그 물건을 담보(擔保)로 하여 돈을 빌리는 것. [비]매도 저당(賣渡抵當).

▸매:도 저:당 賣渡抵當 (맞설 저, 맡을 당). [법률] 물건을 팔아넘길[賣渡] 것을 전제로, 그 물건을 저당(抵當) 잡히고 돈을 빌리는 것. [비]매도 담보(賣渡擔保).

▸매:도 증서 賣渡證書 (증명할 증, 글 서). [법률] 물건을 판[賣渡] 사실을 증명(證明)하는 서류(書類).

매독 **梅毒** (매화나무 매, 독할 독). [의학] 매화(梅花)꽃 모양의 나선균 감염으로 일어나는 만성 독성(毒性) 성병(性病). [비]창병(瘡病).

매력 **魅力** (홀릴 매, 힘 력). 남의 마음을 홀리어[魅] 사로잡는 야릇한 힘[力]. ¶소설에 매력을 느끼다.

▸매력-적 魅力的 (것 적). 매력(魅力)이 있는 것[的]. ¶그녀의 미소는 정말 매력적이다.

매료 **魅了** (홀릴 매, 마칠 료). 남의 마음을 홀리어[魅] 사로잡음[了]. ¶바이올린 연주에 매료되다.

매립 **埋立** (묻을 매, 설 립). 우묵한 땅을 메워[埋] 올림[立]. ¶바다를 매립해 농지를 만들다. [비]매축(埋築).

▸매립-장 埋立場 (마당 장). 돌이나 흙, 쓰레기 따위로 메워 놓은[埋立] 땅[場]. ¶쓰레기 매립장.

▸매립-지 埋立地 (땅 지). 낮은 땅을 돌이나 흙 따위로 메워[埋立] 돋운 땅[地]. ¶매립지를 공장지대로 활용하다.

매매 **賣買** (팔 매, 살 매). 팔고[賣] 삼[買]. ¶토지 매매 / 자동차를 매매하다.

▸매매-장 賣買帳 (장부 장). 물건을 사고판[賣買] 내용을 적는 장부(帳簿). ¶매매장을 압수 조사하다.

▸매매 결혼 賣買結婚 (맺을 결, 혼인할 혼). [사회] 돈으로 신부를 사고파는[賣買] 형태의 결혼(結婚). [준]매매혼. [비]매매 혼인(賣買婚姻).

▸매매 혼인 賣買婚姻 (결혼할 혼, 시집갈 인). [사회] 돈으로 신부를 사고파는[賣買] 형태의 혼인(婚姻). [준]매매혼. [비]매매 결혼(賣買結婚).

매:명[1] **每名** (마다 매, 이름 명). 한 명 한 명(名) 마다[每]. ¶매명 십만 원씩 냈다. [비]매인(每人).

매:명[2] **買名** (살 매, 이름 명). 돈으로 명예(名譽)를 삼[買].

매:명[3] **賣名** (팔 매, 이름 명). 재물이나 권리 따위를 얻으려고 이름[名]을 내세움[賣]. ¶김 교수는 장관 집을 드나들며 매명하기에 바빴다.

매-명사 **媒名辭** (맺어줄 매, 이름 명, 말씀 사). [논리] 대개념과 소개념 사이에 놓여 이들 둘을 연결해[媒] 결론을 이끄는 개념(概念)의 역할을 하는 명사(名辭). [준]매사.

매목 **埋木** (묻을 매, 나무 목). ① [속뜻] 지질 시대의 나무[木]가 흙 속에 묻혀[埋] 탄화한 것. ¶매목 세공. ② 틈을 메우는 나무 조각. ¶문틀 아래쪽에 매목을 박았다.

매몰 **埋沒** (묻을 매, 빠질 몰). 땅속에 묻거나[埋] 물속에 빠짐[沒]. ¶그는 눈 속에 매몰됐다. [반]발굴(發掘).

매:문 **賣文** (팔 매, 글월 문). 돈벌이를 위해 실속 없는 글[文]을 파는[賣] 일.

▸매:문-매필 賣文賣筆 (팔 매, 글씨 필). 돈벌이를 위해 글[文]을 지어 팔거나[賣] 글씨[筆]를 써서 팖[賣]. ¶매문매필하는 처지일지라도 자존심은 남아 있었다.

매:물 賣物 (팔 매, 만물 물). 팔[賣] 물건(物件). ¶전화로 매물이 있는지 확인했다.

매:번 每番 (매양 매, 차례 번). 언제나[每] 번번(番番)이. 언제나. ¶그는 매번 약속에 늦는다. [비]매매(每每), 매양(每樣).

매병 梅甁 (매화 매, 병 병). ① [속뜻] 매화(梅花)무늬가 새겨진 병(甁). ② 입구가 좁고 어깨는 넓으며 몸이 서서히 좁아지는 형태의 병. ¶고려청자는 매병의 미를 잘 보여준다.

매복[1] 埋伏 (묻을 매, 숨길 복). ① [속뜻] 으슥한 곳에 몸을 묻어[埋] 숨어 있음[伏]. ② 적군을 기습하기 위하여 적당한 곳에 숨어서 기다리는 일. ¶많은 병사가 적에게 매복공격을 당했다.

▸매복-치 埋伏齒 (이 치). 전부 또는 일부가 잇몸 속에 묻혀 있는[埋伏] 이[齒]. [비]묻힌니.

매:복[2] 賣卜 (팔 매, 점칠 복). 돈을 받고[賣] 점[卜]을 쳐 줌.

▸매:복-자 賣卜者 (사람 자). 돈을 받고[賣] 점[卜]을 쳐주는 사람[者]. [비]점쟁이.

매부 妹夫 (누이 매, 지아비 부). ① [속뜻] 누이[妹]의 남편[夫]. ② 손위 누이의 남편인 자형(姊兄), 손아래 누이의 남편인 매제(妹弟)를 통틀어 이르는 말.

매:사 每事 (마다 매, 일 사). 하는 일[事]마다[每]. 모든 일. ¶그는 매사에 긍정적이다. [비]일마다.

▸매:사불성 每事不成 (아닐 불, 이룰 성). 하는 일[事] 마다[每] 이루어지지[成] 않음[不]. 일마다 실패함.

매사마골 買死馬骨 (살 매, 죽을 사, 말 마, 뼈 골). ① [속뜻] 죽은[死] 말[馬]의 뼈[骨]를 삼[買]. ② 귀중한 것을 손에 넣기 위해 먼저 공을 들이는 것을 비유하여 이르는 말. ¶매사마골의 옛 이야기가 생각난다.

매:삭 每朔 (마다 매, 초하루 삭). 매(每) 달[朔]. 다달이. ¶매삭 백만 원씩 기부하였다.

매:상[1] 買上 (살 매, 위 상). 공공 기관이 민간으로부터 물건을 사[買] 들이는[上] 일. ¶추곡 매상.

▸매:상-곡 買上穀 (곡식 곡). 정부가 농민으로부터 사들이는[買上] 양곡(糧穀).

▸매:상-미 買上米 (쌀 미). 정부가 농민으로부터 사들이는[買上] 쌀[米].

▸매:상 상환 買上償還 (갚을 상, 돌려줄 환). [경제] 정부나 기업이 자기가 발행한 채권을 다시 사들여[買上] 갚는[償還] 일.

매:상[2] 賣上 (팔 매, 위 상). ① [속뜻] 물건을 팔아서[賣] 수입을 올림[上]. ② 상품을 파는 일. ③ '매상고'의 준말. ¶어제는 100만 원의 매상을 올렸다.

▸매:상-고 賣上高 (높을 고). 상품을 판매한[賣上] 수량이나 금액의 총계[高]. [비]판매액(販賣額).

▸매:상-금 賣上金 (돈 금). 상품을 판매한[賣上] 금액[金]. [비]판매액(販賣額).

▸매:상 계:정 賣上計定 (셀 계, 정할 정). [경제] 매상(賣上)에 관한 거래를 정리(定理)하는 계정(計定).

매:색 賣色 (팔 매, 빛 색). 여색(女色)을 파는[賣] 것. 돈을 받고 몸을 파는 것. [비]매음(賣淫).

매:석 賣惜 (팔 매, 아낄 석). 값이 오르거나 양이 부족할 것을 예상하여 상품의 판매[賣]를 꺼리는[惜] 것. ¶매점매석(買占賣惜). [비]석매(惜賣).

매설 埋設 (묻을 매, 세울 설). 지뢰, 수도관, 전선 등을 땅속에 묻어[埋] 설치(設置)하는 일. ¶수도관 매설 공사

매:세 賣勢 (팔 매, 기세 세). ① [속뜻] 물건이 팔리는[賣] 기세(氣勢). ② 남의 세력을 빌려 기세를 부림.

매:소 賣笑 (팔 매, 웃을 소). 술자리에서 웃음[笑]을 팖[賣]. [비]매음(賣淫).

▸매:소-부 賣笑婦 (여자 부). 웃음[笑]을 파는[賣] 여자[婦]. [비]매춘부(賣春婦), 매음부(賣淫婦).

매수[1] 枚數 (낱낱 매, 셀 수). ① [속뜻] 낱낱[枚]의 모든 수(數). ② 종이나 유리 따위의 장으로 셀 수 있는 물건의 수효. ¶원고 매수를 세어 보아라.

매:수[2] 買收 (살 매, 거둘 수). ① [속뜻] 물건을 사[買]들임[收]. ¶주식을 매수하다. ② 금품 따위를 주어가며 남을 제 편으로 끌어들임. ¶그는 돈으로 정치인들을 매수했다.

매:수[3] 買受 (살 매, 받을 수). 물건을 사서[買] 넘겨받음[受]. ¶헐값에 땅을 매수하다.

▸매ː수-인 買受人 (사람 인). 물건을 사들인[買受] 사람[人]. ¶매수인과 매도인.

매ː시 每時 (마다 매, 때 시). 시간(時間) 마다[每]. '매시간'의 준말.

매ː-시간 每時間 (마다 매, 때 시, 사이 간). 시간(時間) 마다[每]. ¶라디오에서 매시간 교통상황을 방송한다.

매ː식 買食 (살 매, 먹을 식). ① 속뜻 음식을 사서[買] 먹음[食]. ② 음식점 등에서 돈을 내고 먹는 끼니 식사.

매ː신 賣身 (팔 매, 몸 신). ① 속뜻 몸값을 받고 몸[身]을 팖[賣]. ② 매음(賣淫).

매실 梅實 (매화나무 매, 열매 실). 매화(梅花)나무의 열매[實].

▸매실-주 梅實酒 (술 주). 매실(梅實)을 익혀 만든 술[酒].

매씨 妹氏 (누이 매, 높임말 씨). 상대방의 누이[妹]를 높여 부르는 말[氏]. ¶매씨는 건강이 어떠하신가?

매ː약 賣藥 (팔 매, 약 약). ① 속뜻 약(藥)을 팖[賣]. ② 의사의 처방에 따라 조제한 것이 아닌 제약 회사에서 미리 만들어 파는 의약품.

▸매ː약-상 賣藥商 (장사 상). 약(藥)을 파는[賣] 가게나 장사치[商]. ¶매약상은 원숭이를 데리고 다니며 약을 팔았다. ⓑ약방(藥房).

매연 煤煙 (그을음 매, 연기 연). 그을음[煤]이 섞인 연기(煙氣). ¶매연이 적게 나오는 자동차를 개발했다.

매염 媒染 (맺어줄 매, 물들일 염). 염색(染色)의 촉매(觸媒). 물을 잘 들이기 위해 특수한 약제를 넣고 염색하는 것.

▸매염-료 媒染料 (거리 료). 화학 염색(染色)할 때 촉매(觸媒) 역할을 하는 재료(材料). ⓑ매염제(媒染劑).

▸매염-제 媒染劑 (약제 제). 화학 염색(染色)할 때 촉매(觸媒) 역할을 하는 약제[劑]. ⓑ매염료(媒染料).

▸매염 염ː료 媒染染料 (물들일 염, 거리 료). 화학 매염제(媒染劑)가 필요한 염색제[染料].

매우 梅雨 (매화나무 매, 비 우). ① 속뜻 매실(梅實)이 농익을 무렵에 오는 비[雨]. ② 6월 중순께부터 7월 초순께까지 오는 장마.

▸매우-기 梅雨期 (때 기). 매우(梅雨)가 내리는 시기(時期). ¶매우기에 앞서 논도랑을 정리했다.

매원[1] 埋怨 (묻을 매, 원망할 원). 마음속에 원한(怨恨)을 품음[埋]. ¶매원의 눈길로 그를 쳐다보았다.

매ː원[2] 買怨 (살 매, 원망할 원). 남의 원한(怨恨)을 삼[買]. ¶아버지는 평생토록 남에게 매원할 일은 하지 않았다.

매ː월 每月 (마다 매, 달 월). 달[月] 마다[每]. ⓑ다달이, 매달.

매ː음 賣淫 (팔 매, 음란할 음). 여자가 돈을 받고 몸을 팔아[賣] 음란한[淫] 짓을 하는 것. ⓑ매색(賣色), 매소(賣笑), 매신(賣身), 매춘(賣春).

▸매ː음-굴 賣淫窟 (굴 굴). 몸 파는[賣淫] 여자들이 모여 사는 소굴(巢窟). 몸 파는 집들이 죽 늘어서 있는 곳. ⓑ사창가(私娼街).

▸매ː음-녀 賣淫女 (여자 녀). 매음부(賣淫婦).

▸매ː음-부 賣淫婦 (여자 부). 몸 파는[賣淫] 일을 하는 여자[婦]. ⓑ매소부(賣笑婦), 매음녀(賣淫女), 매춘부(賣春婦).

매ː인 每人 (마다 매, 사람 인). 사람[人] 마다[每]. 각 사람. ⓑ매명(每名).

▸매ː인-당 每人當 (맡을 당). 각[每] 사람[人]에게 돌아가는 몫[當]. 사람마다 각자 맡은 바. ¶매인당 쌀 닷 되를 나눠주었다.

***매ː일 每日** (마다 매, 날 일). 날[日] 마다[每]. 나날이. ¶엄마는 매일 가계부를 쓰신다. ⓑ만날, 연일(連日).

매ː입 買入 (살 매, 들 입). 물건을 사[買]들이는[入] 것. ¶금을 매입하다. ⓑ구매(購買). ⓑ매각(賣却), 매출(賣出).

▸매ː입-장 買入帳 (장부 장). 물건을 사들인[買入] 내용을 적은 장부(帳簿).

▸매ː입 상환 買入償還 (갚을 상, 돌려줄 환). 경제 정부나 기업이 자기가 발행한 채권(債券)을 다시 사들여[買入] 갚는[償還] 일.

▸매ː입 원가 買入原價 (본디 원, 값 가). 경제 물건을 사들일[買入] 때의 가격[原價].

매ː자 賣子 (팔 매, 아이 자). ① 속뜻 아이[子]를 파는[賣] 행위. ② 민속 자손이 귀하거나 자식이 있어도 허약하여 키우기 힘든 집에서 아이의 장수(長壽)를 비는 뜻으로 불상, 큰 바위, 나무 따위에 장수에 관한 글자를 새기는 일.

매ː장¹ 賣場 (팔 매, 마당 장). 물건을 파는[賣] 곳[場]. ¶할인매장 / 매장을 관리하다. ⑪판매소(販賣所).

매장² 埋葬 (묻을 매, 장사지낼 장). ① 속뜻 시체나 유골을 땅에 묻어[埋] 장사지냄[葬]. ¶시신을 매장하다. ②못된 짓을 한 사람을 집단에 들어오지 못하도록 따돌림. ¶성희롱 사건으로 그는 사회에서 매장을 당했다.

▸매장-지 埋葬地 (땅 지). 시체를 묻은[埋葬] 땅[地]. ㊟장지.

매장³ 埋藏 (묻을 매, 감출 장). ① 속뜻 묻어서[埋] 감춤[藏]. ②광물이나 인재 따위가 속에 묻혀 감춰져 있음. ¶풍부한 광물이 매장되어 있다.

▸매장-량 埋藏量 (분량 량). 광물 따위가 땅속에 묻혀[埋藏] 있는 양(量). ¶사우디아라비아의 석유 매장량은 약 3천억 배럴이다.

▸매장-물 埋藏物 (만물 물). 묻혀 있는[埋藏] 물건(物件). ¶도굴하여 매장물을 파내다.

▸매장 문화재 埋藏文化財 (글월 문, 될 화, 재물 재). 법률 사람 눈에 띄지 아니하는 곳에 묻혀 있는[埋藏] 유형의 문화재(文化財).

매ː절 買切 (살 매, 끊을 절). ① 속뜻 사[買] 없앰[切]. ②되사거나 되팔지 않는다는 조건하에 한데 몰아서 사는 일. ¶매절 판매.

매ː점¹ 賣店 (팔 매, 가게 점). 일상용품을 파는[賣] 작은 가게[店]. ¶매점에서 우유를 샀다.

매ː점² 買占 (살 매, 차지할 점). 경제 가격이 오르거나 물건이 부족할 것을 예상하고 미리 사서[買] 재두는[占] 것.

▸매ː점-매석 買占賣惜 (팔 매, 아낄 석). 값이 오르거나 양이 부족할 것을 예상하여 상품을 사서[買] 재두고[占] 판매[賣]를 꺼리는[惜] 것. ¶매점매석을 단속하다.

매제 妹弟 (누이 매, 아우 제). ① 속뜻 누이[妹] 동생[弟]. ②손아래 누이의 남편.

매ː주¹ 每週 (마다 매, 주일 주). 주(週) 마다[每]. 각각의 주. ¶이 프로그램은 매주 금요일 방송한다.

매ː주² 買主 (살 매, 주인 주). ① 속뜻 물건을 사는[買] 사람[主]. ② 경제 구매자(購買者). ¶가격이 변동되었을 때에는 매주에게 통보해야 한다. ⑫매주(賣主).

매ː주³ 賣主 (팔 매, 주인 주). ① 속뜻 물건을 파는[賣] 사람[主]. ② 경제 판매자(販賣者). ⑫매주(買主).

매ː주⁴ 賣酒 (팔 매, 술 주). ① 속뜻 파는[賣] 술[酒]. ②술을 팖.

매죽 梅竹 (매화나무 매, 대나무 죽). 매화(梅花)나무와 대나무[竹].

▸매죽-잠 梅竹簪 (비녀 잠). 매화(梅花)와 댓[竹]잎의 무늬를 새겨 놓은 비녀[簪].

매ː직 賣職 (팔 매, 일 직). 벼슬[職]을 돈을 주고 팖[賣]. '매관매직'(賣官賣職)의 준말.

매ː진¹ 賣盡 (팔 매, 다될 진). 모두 팔려[賣] 남은 것이 없음[盡]. ¶좌석이 매진되었다. ⑪절품(切品), 품절(品切).

매ː진² 邁進 (힘쓸 매, 나아갈 진). 힘차게[邁] 나아감[進]. ¶일에 매진하다 / 나는 오로지 학업에만 매진했다.

매질 媒質 (맺어줄 매, 바탕 질). 물리 힘이나 파동 등의 물리적 변화를 전하는[媒] 물질(物質).

매ː집 買集 (살 매, 모을 집). 물건을 사[買] 모음[集].

▸매ː집-상 買集商 (장사 상). 생산자로부터 물건을 사[買] 모아서[集] 시장으로 내다파는 장사[商]. ¶중간 매집상.

매ː-차 每次 (마다 매, 차례 차). 차례(次例)마다[每]. 각 차례.

매체 媒體 (맺어줄 매, 몸 체). ① 속뜻 한쪽과 다른 쪽을 맺어주는[媒] 물체(物體). 또는 그런 수단. ¶광고 매체. ② 물리 물질과 물질 사이에서 매질(媒質)이 되는 물체. ¶공기는 소리를 전달하는 매체이다.

매축 埋築 (묻을 매, 쌓을 축). 하천이나 바다 따위를 메워서[埋] 높이 쌓아[築] 뭍으로 만드는 일. ¶바다를 매축하여 도시를 세웠다. ⑪매립(埋立), 매적(埋積).

▸매축-지 埋築地 (땅 지). 메워서[埋] 높이 쌓은[築] 땅[地]. ¶매축지를 농경지로 바꾸다.

매ː춘 賣春 (팔 매, 봄 춘). 청춘(青春)을 팖

[賣]. 몸을 파는 것. ⓑ매음(賣淫).

▸매:춘-부 賣春婦 (여자 부). 몸을 파는[賣春] 여자[婦]. ⓑ매음부(賣淫婦).

매:출 賣出 (팔 매, 날 출). 팔아서[賣] 내보냄[出]. 판매함. ¶여름에 에어컨 매출이 늘었다 / 매출액이 급감하다. ⓑ매입(買入).

▸매:출-장 賣出帳 (장부 장). 상품을 판[賣出] 내용을 적은 장부(帳簿).

매탄 煤炭 (그을음 매, 숯 탄). ① 속뜻 태우면 그을음[煤]이 생기는 숯[炭]. ② 광업 석탄(石炭).

▸매탄-요 煤炭窯 (가마 요). 수공 석탄[煤炭]을 때서 그릇을 굽는 가마[窯].

매:토[1] 買土 (살 매, 흙 토). 땅[土]을 사는[買] 것.

매:토[2] 賣土 (팔 매, 흙 토). 땅[土]을 파는[賣] 것.

매파 媒婆 (맺어줄 매, 할미 파). 혼인을 중매(仲媒)하는 노파(老婆). ¶매파 노릇을 하다.

매:판 買辦 (살 매, 힘쓸 판). 경제 ① 1770년 무렵부터 중국에 들어와 있던 외국 상사(商社)나 영사관 등에서 중국 물건 구매(購買) 업무를 주관하는[辦] 데 필요한 수단으로서 고용했던 중국 사람을 이르는 말. ② 외국 자본의 앞잡이가 되어 자신의 이익만을 생각하고 자기 나라의 이익을 돌보지 않는 일. 또는 그 사람.

▸매:판-적 買辦的 (것 적). 외국 세력에 붙어[買辦] 자기 나라의 이익을 저버리는 것[的].

▸매:판 자본 買辦資本 (재물 자, 밑 본). 경제 식민지나 후진국 등에서 외국 자본과 결합하여[買辦] 자국민의 이익을 억압하는 자본(資本). ⓑ예속(隸屬) 자본. ⓑ민족(民族) 자본.

매:표[1] 買票 (살 매, 쪽지 표). 표(票)를 삼[買].

매:표[2] 賣票 (팔 매, 쪽지 표). 쪽지(티켓)[票]를 팖[賣].

▸매:표-구 賣票口 (구멍 구). 표(票)를 파는[賣] 창구(窓口).

▸매:표-소 賣票所 (곳 소). 표(票)를 파는[賣] 곳[所].

▸매:표-원 賣票員 (인원 원). 표(票)를 파는[賣] 직원(職員).

매:품 賣品 (팔 매, 물건 품). 파는[賣] 물건[品]. ⓑ비매품(非賣品).

매:필 賣筆 (팔 매, 글씨 필). 돈벌이를 위해 글씨[筆]를 써서 팖[賣]. ⓑ매문(賣文).

매합 媒合 (맺어줄 매, 만날 합). 혼인에 중매(仲媒)를 들거나 남녀 간에 관계를 갖도록[合] 다리를 놓아 줌.

매향[1] 埋香 (묻을 매, 향기 향). 민속 내세(來世)의 복을 빌 때, 향(香)을 강이나 바다에 묻는[埋] 일.

매향[2] 梅香 (매화나무 매, 향기 향). 매화(梅花)의 향기(香氣). ¶매향이 온동네를 감싸고 있다.

매:혈[1] 買血 (살 매, 피 혈). 혈액(血液)을 삼[買]. ⓑ매혈(賣血).

매:혈[2] 賣血 (팔 매, 피 혈). 제 몸의 피[血液]를 빼서 팖[賣]. ¶그는 매혈하여 끼니를 해결하고 있다. ⓑ매혈(買血).

매형 妹兄 (누이 매, 맏 형). 누이[妹]의 남편[兄]을 이르는 말. ⓑ매제(妹弟).

매:호[1] 每戶 (마다 매, 집 호). ① 속뜻 한 집 한 집[戶] 마다[每]. 각 집. ② 한 집 한 집.

매:호[2] 每號 (마다 매, 차례 호). ① 속뜻 신문, 잡지 따위의 각 호(號) 마다[每]. ¶매주 20면씩 매호 15만 부를 찍었다. ② 신문이나 잡지 따위의 각 호. ¶선생님께서는 신문 매호를 모아 두셨다.

매혹 魅惑 (홀릴 매, 꾀일 혹). 사람의 마음을 홀리고[魅] 꾀임[惑]. ¶그녀의 미소에 매혹을 느끼다 / 아름다운 풍경에 매혹되다. ⓑ현혹(眩惑), 미혹(迷惑).

▸매혹-적 魅惑的 (것 적). 남을 홀릴[魅惑] 만한 것[的]. ¶매혹적인 자태.

매화 梅花 (매화나무 매, 꽃 화). 매화나무[梅]의 꽃[花]. 또는 매화나무.

▸매화-가 梅花歌 (노래 가). 문학 평양의 기생 매화(梅花)가 연인을 빼앗기고 지은 가사(歌辭). ⓑ매화타령(梅花打令).

▸매화-사 梅花詞 (말씀 사). 문학 조선 헌종 때, 박효관이 손수 가꾼 매화(梅花)를 보고 안민영이 읊은 연시조[詞].

▸매화-잠 梅花簪 (비녀 잠). 매화(梅花)를 새긴 비녀[簪].

▸매화-점 梅花點 (점 점). ① 속뜻 점(點)으로 찍어 그린 매화(梅花) 무늬. ② 음악 고전

음악 악보에서 가사나 시조 따위의 창법을 매화 모양으로 표시한 점.

▸매화-주 梅花酒 (술 주). 매화(梅花)를 담아 만든 술[酒].

▸매화-죽 梅花粥 (죽 죽). 매화(梅花)를 넣어 쑨 죽(粥).

▸매화-총 梅花銃 (총 총). 던지면 매화(梅花)가 떨어지는 것과 비슷하게 터지는 딱총[銃]. 화약을 종이에 싸서 던진다. ⓑ매화포(梅花砲).

▸매화-육궁 梅花六宮 (여섯 륙, 집 궁). 운동 바둑에서, 여섯[六] 개의 빈 집[宮]이 열십자 모양인 형태로 다른 돌들에 에워싸여 매화(梅花)모양이 된 상태.

▸매화-타령 梅花打令 (칠 타, 명령 령). 문학 매화가(梅花歌).

매:회 每回 (마다 매, 돌 회). 각 회(回) 마다[每]. ¶이번 게임에서 그는 매회 출루했다. ⓑ매번(每番).

맥각 麥角 (보리 맥, 뿔 각). 농업 호밀이나 보리 따위의 씨방에 발생한 맥각균(麥角菌)을 말린 것. 약제로 쓰인다.

▸맥각-균 麥角菌 (버섯 균). 식물 보리류[麥]에 기생하는 균류[菌]. 결실할 무렵에는 뿔[角] 모양의 균핵을 형성한다.

▸맥각-병 麥角病 (병 병). 농업 곡식의 이삭에 맥각균(麥角菌)이 기생하여 생기는 병(病). ⓑ깜부깃병.

맥간 麥稈 (보리 맥, 짚 간). 밀짚이나 보릿[麥] 짚[稈]의 줄기.

▸맥간 세:공 麥稈細工 (가늘 세, 장인 공). 밀짚이나 보릿짚[麥稈]으로 하는 섬세(纖細)한 손 공예(工藝).

맥고 麥藁 (보리 맥, 짚 고). 밀짚이나 보릿[麥] 짚[藁].

▸맥고-지 麥藁紙 (종이 지). 밀짚이나 보릿짚[麥藁]으로 만든 종이[紙].

▸맥고-모자 麥藁帽子 (쓰개 모, 접미사 자). 밀짚이나 보릿짚[麥藁]으로 만든 모자(帽子). ㉾맥고모. 맥고자.

맥곡 麥穀 (보리 맥, 곡식 곡). 보리[麥]나 밀 따위의 곡식(穀食). ⓑ맥류(麥類), 하곡(夏穀).

맥관 脈管 (줄기 맥, 대롱 관). 의학 동물의 몸 속에서 체액이 흐르는 줄기[脈]나 관(管).

▸맥관-계 脈管系 (이어 맬 계). 의학 모든 맥관[脈管]으로 구성되는 일련의 계통(系統). ⓑ순환계(循環系).

맥농 麥農 (보리 맥, 농사 농). 보리[麥] 농사(農事). ¶지구 온난화로 맥농가가 줄고 있다.

맥답 麥畓 (보리 맥, 논 답). 보리[麥]를 심는 논[畓]. ⓑ보리논.

맥도 脈度 (맥 맥, 정도 도). 맥박(脈搏)이 뛰는 정도(程度).

맥동 脈動 (맥 맥, 움직일 동). ① 속뜻 맥박(脈搏)이 뛰[動]. ② 맥박이 뛰듯이 활력 있게 움직임.

맥락 脈絡 (줄기 맥, 이을 락). ① 속뜻 혈맥(血脈) 같이 이어져[絡] 있음. ② 사물의 줄기가 서로 얽혀 있는 것. ¶그 사건들은 같은 맥락에서 이해할 수 있다. ㉾맥.

▸맥락-막 脈絡膜 (꺼풀 막). 의학 눈알의 뒷부분에 혈관[脈絡]과 색소 세포가 많이 있는 막(膜). 빛을 차단하여 눈알 속을 어둠상자같이 해 주며, 눈알에 영양을 공급한다.

▸맥락-관통 脈絡貫通 (꿸 관, 통할 통). 일의 줄거리[脈絡]가 뚫려[貫] 통(通)함.

맥량[1] 麥凉 (보리 맥, 서늘할 량). 보리[麥]나 밀이 익을 무렵의 약간 서늘한[凉] 날씨. 음력 4월을 달리 부르는 말. ¶맥량이라 보리추수로 바쁘다.

맥량[2] 麥糧 (보리 맥, 양식 량). 보리[麥]를 양식(糧食)으로 먹는 것. 또는 그 보리.

맥류[1] 脈流 (맥 맥, 흐를 류). ① 속뜻 맥(脈)이 흐름[流]. 맥이 통함. ② 물리 흐르는 방향은 일정하나 유량(流量)이 시간에 따라 변하는 흐름. ⓑ정상 전류(定常電流).

맥류[2] 麥類 (보리 맥, 무리 류). 보리[麥]를 대표로 하는 곡식의 종류(種類). 보리, 귀리, 밀 따위가 속한다. ¶맥류마름병. ⓑ맥곡(麥穀).

맥리 脈理 (맥 맥, 이치 리). ① 속뜻 몸의 맥(脈)같이 글이나 사물 전체에 통하는 이치(理致). ¶맥리가 닿다. ② 한의 맥을 짚어서 병을 짐작하는 이치.

맥박 脈搏 (맥 맥, 뛸 박). 의학 맥(脈)이 뛰[搏]. 심장이 오그렸다 펴졌다 하면서 피가 흘러 혈관 벽을 주기적으로 두드리는 것. ¶맥박이 빠르다 / 맥박이 약하다.

▸맥박 계 脈搏計 (셀 계). 의학 맥박(脈搏)

의 횟수와 강약을 재는[計] 기계(器械).
▸맥박 곡선 脈搏曲線 (굽을 곡, 줄 선). [의학] 맥박(脈搏)의 수와 상태를 나타낸 곡선(曲線).

맥반 麥飯 (보리 맥, 밥 반). 보리[麥]로 지은 밥[飯]. ¶상황이 나아져 맥반이라도 먹을 수 있었다.

맥분 麥粉 (보리 맥, 가루 분). ① [속뜻] 보리[麥]를 빻아 만든 가루[粉]. ② 밀가루.

맥석 脈石 (줄기 맥, 돌 석). [광업] 영문명 'vein[脈]stone[石]'의 한자의역어. 광맥(鑛脈)에서 별로 가치가 없는 돌을 이른다. ¶광석과 맥석이 반반 섞여 있다.

맥소 脈所 (맥 맥, 곳 소). ① [의학] 맥박(脈搏)이 뛰는 곳[所]. ② 사물의 중요한 곳.

맥수지탄 麥秀之歎/嘆 (보리 맥, 꽃필 수, 어조사 지, 탄식할 탄). ① [속뜻] 자기 나라의 보리[麥] 이삭[秀] 보고 짓는[之] 한탄(恨歎). ② 고국의 멸망을 한탄함. 기자(箕子)가 은(殷)나라가 망한 뒤에도 자기 나라 보리만은 잘 자라는 것을 보고 한탄하였다는 데서 유래한다. ¶한일합방 후에 맥수지탄을 울부짖는 선비들이 많았다.

맥아 麥芽 (보리 맥, 싹 아). 보리[麥]에 싹[芽]을 틔워 말린 것. ¶맥아를 넣어 식혜를 만들다. [비] 엿기름.
▸맥아-당 麥芽糖 (사탕 당). [화학] 엿기름[麥芽]에 들어있는 당(糖)의 일종. [비] 엿당.

맥암 脈巖 (줄기 맥, 바위 암). [지리] 암석 사이에 스며든 마그마가 굳어 맥(脈)을 이룬 화성암(火成巖).

맥압 脈壓 (맥 맥, 누를 압). ① [속뜻] 맥박(脈搏)의 압력(壓力). ② [의학] 최고 혈압과 최저 혈압의 차이. ¶맥압이 커지면 위험하다. [비] 맥박압, 맥폭(脈幅).

맥우 麥雨 (보리 맥, 비 우). 보리[麥]가 익을 무렵에 오는 비[雨].

맥작 麥作 (보리 맥, 지을 작). 보리[麥]를 짓는 농사[農作]. [비] 보리농사.

맥주 麥酒 (보리 맥, 술 주). 엿기름을 짠 물에 보리[麥] 등과 섞어 발효시켜 만든 술[酒].
▸맥주-병 麥酒甁 (병 병). ① [속뜻] 맥주(麥酒)를 넣는 병(甁). ② '수영을 전혀 못하는 사람'을 비유하여 이르는 말.

맥진[1] 脈診 (맥 맥, 살펴볼 진). [한의] 병을 진찰하기 위하여 맥(脈)을 짚어 살펴봄[診]. ¶그는 할머니를 검맥한 후 침을 놓았다. [의학] 맥박의 수나 강약으로 병세를 판단하는 방법. [비] 진맥(診脈), 검맥(檢脈).

맥진[2] 脈盡 (맥 맥, 다될 진). 맥(脈)이 풀리고 기운이 다하다[盡]. ¶기진맥진해서 돌아왔다.

맥진[3] 驀進 (쏜살같이 맥, 나아갈 진). 쏜살같이[驀] 나아감[進]. 힘차게 나아감. ¶기차는 밤새 맥진하여 부산역에 닿았다.

맥차 麥茶 (보리 맥, 차 차). 볶은 보리[麥]를 넣어 끓인 차(茶).

맥추 麥秋 (보리 맥, 가을 추). 보리[麥]를 추수(秋收)하는 계절. 보리가 익어서 거둘 만하게 된 철. 음력 4월을 이르는 말. [비] 맥량(麥凉).

맥탁 麥濁 (보리 맥, 흐릴 탁). 보리[麥]로 빚은 막걸리[濁]. ¶김서방은 맥탁을 시원하게 들이켰다.

맥파 脈波 (맥 맥, 물결 파). [의학] 맥박(脈搏)이 말초 신경까지 전하여지면서 이루는 파동(波動). 동맥 경화가 있으면 맥파의 형태가 변하고 전파 속도도 빨라진다.

맹:격 猛擊 (사나울 맹, 칠 격). 사납게[猛] 적을 공격(攻擊)함. '맹공격'(猛攻擊)의 준말. ¶맹격을 퍼붓다.

맹:견 猛犬 (사나울 맹, 개 견). 매우 사나운[猛] 개[犬]. ¶맹견이 있으니 주의하십시오.

맹:공 猛攻 (사나울 맹, 칠 공). 사납게[猛] 적을 공격(攻擊)함. '맹공격'(猛攻擊)의 준말. ¶연달아 맹공해오다.

맹:-공격 猛攻擊 (사나울 맹, 칠 공, 칠 격). 맹렬(猛烈)히 공격(攻=擊)함. 사나운 공격.

맹:금 猛禽 (사나울 맹, 날짐승 금). [동물] 성질이 사나운[猛] 날짐승[禽]. ¶맹금을 길들이다.
▸맹:금-류 猛禽類 (무리 류). [동물] 매, 부엉이, 수리 따위의 몸이 굳세고 성질(性質)이 사나운 새[猛禽] 종류(種類).

맹도-견 盲導犬 (눈멀 맹, 이끌 도, 개 견). 맹인(盲人)이 활동할 수 있도록 이끄는[導] 개[犬]. ¶레트리버는 맹도견으로 알맞다.

맹:독 猛毒 (사나울 맹, 독할 독). 심한[猛]

독(毒). ¶복의 간에는 맹독이 있다.

맹:동¹ 孟冬 (맏이 맹, 겨울 동). ① 속뜻 겨울[冬]의 맨 처음[孟]. 초겨울. 이른 겨울. ② 음력 10월을 달리 이르는 말. 참맹춘(孟春), 맹하(孟夏), 맹추(孟秋).

맹동² 萌動 (싹 맹, 움직일 동). ① 속뜻 싹[萌]이 트기[動] 시작함. ② 어떤 생각이나 일이 나타나기 시작함.

맹:랑 孟浪 (매우 맹, 함부로 랑). ① 속뜻 매우[孟] 함부로[浪] 함. ② 만만히 볼 수 없을 만큼 똘똘하고 깜찍하다. ¶그 꼬마는 아이답지 않게 정말 당차고 맹랑하다 / 맹랑한 질문을 하다. ③ 처리하기가 어렵고 딱함. ¶일이 점점 맹랑하게 되어 간다.

맹:렬 猛烈 (사나울 맹, 세찰 렬). 기세가 몹시 사납고[猛] 세차다[烈]. ¶맹렬한 공격. 비통렬(痛烈).

맹:모-단기 孟母斷機 (맹자 맹, 어머니 모, 끊을 단, 베틀 기). 맹자가 공부하다 말고 집으로 돌아오자 맹자(孟子)의 어머니[母]가 짜던 베틀[機]의 실을 끊어[斷] 훈계함. 학업을 중도에 그만두면 안 된다는 뜻으로 하는 말.

맹:모-삼천 孟母三遷 (맹자 맹, 어머니 모, 석 삼, 옮길 천). 맹자(孟子)의 어머니[母]가 아들의 교육을 위해 집을 세[三] 번이나 옮긴[遷] 일. 교육에는 환경이 매우 중요하다는 뜻으로 하는 말. 비삼천지교(三遷之教).

맹목 盲目 (눈멀 맹, 눈 목). ① 속뜻 앞을 볼 수 없는, 먼[盲] 눈[目]. ② 사리 분별에 어두움. 또는 그런 안목.

▸맹목-적 盲目的 (것 적). 어떤 대상에 대하여 올바른 판단을 내릴 수 없게[盲目] 된 것[的]. ¶맹목적으로 사랑하다. 비무조건적(無條件的), 무비판적(無批判的).

▸맹목 비행 盲目飛行 (날 비, 다닐 행). 항공 날씨가 좋지 않은 때나 밤에 계기(計器)가 가리키는 대로만[盲目] 하는 비행(飛行). 비계기 비행.

맹방 盟邦 (맹세할 맹, 나라 방). 동맹(同盟)을 맺은 나라[邦]. ¶맹방의 지원을 받다.

맹사 盲射 (눈멀 맹, 쏠 사). 목표물이 없이, 또는 목표물을 겨누지 않고 눈을 감은 것처럼[盲] 함부로 사격(射擊)함. 비암사(暗射).

맹서 盟誓 (맹세할 맹, 맹세할 서). 꼭 이루거나 지키겠다고 굳게 다짐함[盟=誓]. '맹세'의 원말.

맹:성 猛省 (사나울 맹, 살필 성). 매우 맹렬(猛烈)하게 깊이 반성(反省)함. ¶맹성이 요구되다 / 언론의 맹성을 촉구하다.

맹:수 猛獸 (사나울 맹, 짐승 수). 사나운[猛] 짐승[獸]. ¶맹수 사냥을 하다.

맹:습 猛襲 (사나울 맹, 습격할 습). 맹렬(猛烈)히 습격(襲擊)함. 또는 그러한 습격. ¶야간 맹습에 적군은 뿔뿔이 흩어졌다.

맹신 盲信 (눈멀 맹, 믿을 신). ① 속뜻 눈이 멀어[盲] 남의 말만 듣고 그대로 믿음[信]. ② 옳고 그름을 가리지 않고 무턱대고 믿음. ¶종교를 맹신해서는 안 된다.

▸맹신-자 盲信者 (사람 자). 분별없이 덮어놓고[盲] 믿는[信] 사람[者].

맹아¹ 盲啞 (눈멀 맹, 벙어리 아). 눈먼[盲] 장님과 벙어리[啞]. ¶헬렌 켈러는 맹아였다.

▸맹아 학교 盲啞學校 (배울 학, 가르칠 교). 장님[盲], 귀머거리, 벙어리[啞]를 대상으로 특수 교육을 베푸는 학교(學校).

맹아² 萌芽 (싹 맹, 싹 아). ① 속뜻 식물의 새로 튼 싹[萌=芽]. ② '새로운 일의 시초. 또는 그러한 조짐'을 비유하여 이르는 말. ¶민주주의의 맹아.

▸맹아-기 萌芽期 (때 기). ① 속뜻 식물의 싹[萌芽]이 돋아나는 시기(時期). ② 어떤 새로운 일이 시작되는 시기.

맹약 盟約 (맹세할 맹, 묶을 약). 굳게 맹세[盟誓] 하여 약속(約束)함. 또는 그 약속. ¶맹약을 어기다.

▸맹약-국 盟約國 (나라 국). 동맹(同盟)을 맺은[約] 나라[國].

맹:-연습 猛練習 (사나울 맹, 익힐 련, 익힐 습). 매섭고 엄한[猛] 연습(練習).

맹:용 猛勇 (사나울 맹, 날쌜 용). 씩씩하고[猛] 용감(勇敢)함.

맹:우¹ 猛雨 (사나울 맹, 비 우). 세차게[猛] 내리는 비[雨].

맹우² 盟友 (맹세할 맹, 벗 우). 굳게 맹세[盟誓]한 벗[友]. ¶맹우가 믿음을 저버렸다.

맹:월 孟月 (맏이 맹, 달 월). 각 계절의 첫

[孟] 달[月]. 맹춘(孟春), 맹하(孟夏), 맹추(孟秋), 맹동(孟冬)에 해당하는 음력 정월, 사월, 칠월, 시월을 이름. ㊐맹삭(孟朔). ㊟중월(仲月), 계월(季月).

맹ː위 猛威 (사나울 맹, 위엄 위). 사납고[猛] 위엄(威嚴)있는 기세(氣勢). ¶한파가 맹위를 떨치다.

맹인 盲人 (눈멀 맹, 사람 인). 눈이 먼[盲] 사람[人]. ¶맹인을 위한 점자책을 만들다. ㊐봉사, 소경, 장님, 맹자(盲者).

맹자 盲者 (눈멀 맹, 사람 자). 눈이 먼[盲] 사람[者]. ㊐맹인(盲人).

▸맹자-단청 盲者丹靑 (붉을 단, 푸를 청). ① 속뜻 장님[盲者]이 단청(丹靑)을 구경함. ②사물을 제대로 판단할 능력이 없는 것.

▸맹자-정문 盲者正門 (바를 정, 문 문). ① 속뜻 장님[盲者]이 문(門)을 바로[正] 찾음. ②'우매한 사람이 어쩌다가 이치에 맞는 일을 하였을 경우'를 비유하여 이르는 말.

맹ː장[1] 猛將 (사나울 맹, 장수 장). 의지가 굳세고 용맹(勇猛)한 장수(將帥). ¶그는 트로이 전쟁의 맹장이었다. ㊐강장(強將).

맹장[2] 盲腸 (눈멀 맹, 창자 장). ① 속뜻 통하는 데가 없이 끝이 막혀 있는[盲] 창자[腸]. ② 의학 척추동물의 작은창자에서 큰창자로 넘어가는 부분에 있는 주머니 모양의 부분.

▸맹장-염 盲腸炎 (염증 염). 의학 맹장(盲腸)에 생긴 염증(炎症). ㊐충수염(蟲垂炎).

맹점 盲點 (눈멀 맹, 점 점). ① 의학 시세포가 없어서 빛깔이나 색을 느끼지 못하는[盲] 망막의 희고 둥근 점(點) 같은 부분. ②주의가 미치지 못하여 모르고 지나치기 쉬운 점. ¶맹점을 찌르다 / 맹점을 찾아내다.

맹ː졸 猛卒 (사나울 맹, 군사 졸). 날쌔고 용맹(勇猛)한 병졸(兵卒).

맹종 盲從 (눈멀 맹, 따를 종). ① 속뜻 눈이 멀어[盲] 남의 말을 그대로 따름[從]. ②옳고 그름을 가리지 않고 남이 시키는 대로 따름. ¶그는 부모님의 말에 맹종한다.

맹주 盟主 (맹세할 맹, 주인 주). 동맹(同盟)을 맺은 집단의 중심인물[主]. ¶스파르타를 맹주로 하여 주변 도시국가가 동맹을 맺었다.

맹진[1] 盲進 (눈멀 맹, 나아갈 진). 무턱대고[盲] 나아감[進].

맹ː진[2] 猛進 (사나울 맹, 나아갈 진). 힘차게[猛] 나아감[進]. ¶맹진만이 살길이다.

맹ː추 孟秋 (맏이 맹, 가을 추). ① 속뜻 가을[秋]의 맨 처음[孟]. 초가을. 이른 가을. ②음력 7월을 달리 이르는 말. ㊟맹춘(孟春), 맹하(孟夏), 맹동(孟冬).

맹ː춘 孟春 (맏이 맹, 봄 춘). ① 속뜻 봄[春]의 맨 처음[孟]. 초봄. 이른 봄. ②음력 정월을 달리 이르는 말. ㊟맹하(孟夏), 맹추(孟秋), 맹동(孟冬).

맹ː타 猛打 (사나울 맹, 칠 타). ① 속뜻 사납게[猛] 때림[打]. 세차게 공격함. ¶맹타를 가하다. ② 운동 야구에서, 투수의 공을 계속 쳐 내 공격함. ¶맹타를 휘두르다.

맹ː투 猛鬪 (사나울 맹, 싸울 투). 사납게[猛] 싸움[鬪]. ¶양국은 두 달 간 맹투를 벌였다.

맹폭 盲爆 (눈멀 맹, 터질 폭). 목표도 없이 마구[盲] 폭격(爆擊)함. 무차별 폭격.

맹ː폭 猛爆 (사나울 맹, 터질 폭). 매우 심하게[猛] 폭격(爆擊)함. 또는 그런 폭격. ¶적군은 민간인에게도 맹폭을 가했다.

맹ː풍 猛風 (사나울 맹, 바람 풍). 몹시 매서운[猛] 바람[風].

맹ː하 孟夏 (맏이 맹, 여름 하). ① 속뜻 여름[夏]의 맨 처음[孟]. 초여름. 이른 여름. ②음력 4월을 달리 이르는 말. ㊟맹춘(孟春), 맹추(孟秋), 맹동(孟冬).

맹ː호 猛虎 (사나울 맹, 호랑이 호). 사나운[猛] 호랑이[虎]. ¶맹호가 마을에 나타났다.

맹ː화 猛火 (사나울 맹, 불 화). 이글거리며 맹렬(猛烈)히 타는 불[火].

맹ː-활동 猛活動 (사나울 맹, 살 활, 움직일 동). 맹렬(猛烈)히 움직임[活動]. 뛰어난 활약. ¶그가 맹활동한 덕택으로 회사가 재기할 수 있었다.

맹ː-활약 猛活躍 (사나울 맹, 살 활, 뛰어오를 약). 눈부실 정도로 뛰어난[猛] 활약(活躍). ¶맹활약을 펼치다.

맹ː-훈련 猛訓練 (사나울 맹, 가르칠 훈, 익힐 련). 매우 열심히[猛] 훈련(訓練)함.

멱근 冪根 (제곱 멱, 뿌리 근). 수학 제곱근,

세제곱근 등의 거듭제곱[冪] 근(根). 어떤 수 a를 거듭 곱하여 x가 되었을 때, a를 x에 대하여 이르는 말.

멱법 冪法 (제곱 멱, 법 법). 수학 어떤 수나 식에서 일정한 수의 거듭제곱[冪]의 값을 셈하는 법(法)을 이르는 말. 멱승(冪乘). 멱승법(冪乘法).

멱수 冪數 (제곱 멱, 셀 수). 거듭제곱[冪]이 되는 수(數).

멱승 冪乘 (제곱 멱, 곱할 승). ① 속뜻 거듭해서[冪] 곱함[乘]. ② 수학 멱법(冪法).

▸멱승-법 冪乘法 (법 법). 수학 멱법(冪法).

면:각 面角 (쪽 면, 모서리 각). ① 수학 두 평면(平面)이 만나서 이루는 각(角). ② 의학 눈썹 사이에서 위턱까지의 선과 귀구멍에서 코끝까지의 선이 만나 이루는 각. ㊥이면각(二面角). 안면각(顏面角).

면:경 面鏡 (낯 면, 거울 경). 얼굴[面]을 비추어 보는 거울[鏡]. ¶면경을 들여다보다. ㊥석경(石鏡).

면:계 面界 (면 면, 지경 계). 행정 구획으로 나눈 면(面)과 면의 경계(境界).

면:관 免官 (면할 면, 벼슬 관). 관리(官吏)의 직책에서 물러나게[免] 함. ¶면관 처분을 받다.

면:괴 面愧 (낯 면, 부끄러울 괴). 남의 얼굴[面]을 마주치기 부끄럽다[愧]. ¶면괴스러워 고개를 돌리다.

면기 眠期 (잠잘 면, 때 기). 누에가 허물을 벗기 위해 잠을 자는[眠] 기간(期間).

면:담 面談 (낯 면, 이야기 담). 서로 만나 얼굴[面]을 마주하고 이야기함[談]. ㊥면어(面語), 면화(面話).

면:대 面對 (낯 면, 대할 대). 서로 얼굴[面]을 마주 대(對)함. ¶양쪽이 면대하는 자리를 마련했다. ㊥대면(對面), 면당(面當), 면접(面接).

면:-대칭 面對稱 (쪽 면, 대할 대, 맞을 칭). 수학 두 점을 연결한 직선이 하나의 평면(平面)을 사이에 두고 서로 맞서[對稱] 있는 상태. '평면 대칭'의 준말.

면:도 面刀 (낯 면, 칼 도). 얼굴[面]의 잔털이나 수염을 깎는 칼[刀]. 또는 그런 일.

▸면:도-기 面刀器 (그릇 기). 몸에 난 잔털을 깎는데[面刀] 쓰이는 기구(器具).

면:려 勉勵 (힘쓸 면, 힘쓸 려). ① 속뜻 남에게 힘쓰도록[勉] 격려(激勵)함. ¶학업에 더욱 매진하도록 면려하다. ② 스스로 힘써 함.

면류 麵類 (국수 면, 무리 류). 밀국수나 메밀국수 따위의 국수[麵] 류(類). ¶오늘 점심을 면류로 간단히 때웠다.

면:류-관 冕旒冠 (면류관 면, 깃발 류, 갓 관). 역사 네모난 판[冕]에 보석을 꿰어 늘어뜨려[旒] 장식한 관(冠). 임금이 의식 때 입던 정식(正式) 의복(衣服)에 갖추어 머리에 쓰던 모자.

면:마¹ 面馬 (낯 면, 말 마). 운동 장기에서, 마(馬)를 궁(宮)의 바로 앞에[面] 놓는 일. 또는 그렇게 놓인 말.

면:마² 面痲 (낯 면, 삼 마). 얼굴[面]에 있는 마마[痲] 자국.

면:면¹ 面面 (낯 면, 낯 면). ① 속뜻 여러 사람들의 얼굴[面+面] 하나하나. ② 각 방면.

면면² 綿綿 (이어질 면, 이어질 면). 끊임없이 이어지다[綿+綿]. ¶면면하게 이어져 내려온 전통 / 면면히 이어져 오는 풍속.

면:모¹ 面毛 (낯 면, 털 모). 얼굴[面]에 난 잔털[毛]. ¶면모를 제거하다.

면:모² 面貌 (낯 면, 모양 모). ① 속뜻 얼굴[面] 모양[貌]. ¶수려한 면모. ② 상태나 됨됨이. ¶새로운 면모를 갖추다. ㊥면목(面目).

면:목 面目 (낯 면, 눈 목). ① 속뜻 얼굴[面]과 눈[目]. ② 얼굴의 생김새. ③ 체면(體面). ¶그를 볼 면목이 없다. ㊥면모(面貌).

면:민 面民 (동네 면, 백성 민). 면(面)에 사는 사람[民]. ¶면민이 모두 나와 일을 거들었다.

면밀 綿密 (이어질 면, 빽빽할 밀). ① 속뜻 촘촘하게[密] 이어짐[綿]. ② 자세하고 빈틈이 없다. ¶면밀한 계획. ㊥빈틈없다. ㊥엉성하다.

면:박 面駁 (낯 면, 칠 박). 얼굴[面]을 서로 마주 대하고 꾸짖거나 논박(論駁)함. ¶면박을 주다 / 공개적으로 면박을 당했다.

면:방 綿紡 (솜 면, 실뽑을 방). 수공 '면방적'(綿紡績)의 준말.

면-방적 綿紡績 (솜 면, 실뽑을 방, 실낳을 적). 수공 면섬유(綿纖維)에서 실을 뽑는

[紡=績] 일. ㊟면방.

면-방직 綿紡織 (솜 면, 실뽑을 방, 짤 직). 수공 목화[綿]에서 뽑은 실을 원료로 하여 실을 뽑고[紡] 천을 짜는[織] 일.

면-방추 綿紡錘 (솜 면, 실뽑을 방, 저울 추). 솜[綿]에서 실을 자을[紡] 때 이를 감는 물레의 가락[錘].

면:-백두 免白頭 (면할 면, 흰 백, 머리 두). ① 속뜻 머리[頭]에 아무 관도 쓰지 못한[白] 신세를 면(免)함. ② 늙어서야 처음으로 벼슬을 하게 됨. ¶나이 사십이 넘어서 겨우 면백두하게 되었다.

면:벌 免罰 (면할 면, 벌할 벌). 벌(罰)을 면(免)함.

면:벽 面壁 (낯 면, 담 벽). 불교 얼굴[面]을 벽(壁)에 마주하고 앉아 하는 참선.

면복 綿服 (솜 면, 옷 복). 안에 솜[綿]을 두어 만든 옷[服].

면봉 綿棒 (솜 면, 몽둥이 봉). 끝에 솜[綿]을 말아 붙인 가느다란 막대[棒]. 흔히 귀나 코, 입 따위의 속에 약을 바를 때 사용한다.

면:부 面部 (낯 면, 나눌 부). 얼굴[面] 부분(部分).

면:분 面分 (낯 면, 나눌 분). 얼굴[面]이나 알 정도로 사귄 교분(交分). ¶면분이 있다 / 면분이 없다.

면:사[1] 免死 (면할 면, 죽을 사). 죽음[死]을 면(免)함.

면사[2] 綿絲 (솜 면, 실 사). 솜[綿]에서 자아 낸 실[絲]. ㊥무명실.

면:-사무소 面事務所 (면 면, 일 사, 일 무, 곳 소). 면(面)의 행정 사무(事務)를 맡아보는 곳[所].

면:사-포 面紗布 (낯 면, 비단 사, 베 포). 결혼식 때 신부의 얼굴[面]을 가리던 가는 망사(網紗)로 된 천[布].

면:상[1] 面上 (낯 면, 위 상). 얼굴[面]의 위[上]. 또는 얼굴. ¶상대편의 면상을 쳤다.

면:상[2] 面相 (낯 면, 모양 상). ① 속뜻 얼굴[面]의 생김새[相]. ② 얼굴의 상(相)을 뜻하는 관상 용어. ㊥용모(容貌).

면:상[3] 面象 (낯 면, 코끼리 상). 운동 장기에서, 궁(宮)의 바로 앞, 얼굴[面]에 해당되는 곳에 상(象)을 놓는 일. 또는 그렇게 놓인 상.

면:상[4] 面像 (낯 면, 모양 상). 사람의 얼굴[面]만을 본떠 만든 석상(石像)이나 동상(銅像).

면:색 面色 (낯 면, 빛 색). 얼굴[面]에 나타나는 표정이나 빛깔[色]. ¶불호령에 돌쇠의 면색은 흙빛이 되었다. ㊥안색(顏色).

면:-서기 面書記 (면 면, 쓸 서, 기록할 기). 면(面)의 사무를 맡아보는 서기(書記).

면:세[1] 面稅 (동네 면, 세금 세). 면(面)에서 주민에게 거두던 지방세(地方稅).

면:세[2] 免稅 (면할 면, 세금 세). 법률 세금(稅金)을 면제(免除)함. ¶이 제품은 면세 대상이다.

▸면:세-점 免稅店 (가게 점). 면세품(免稅品)을 파는 가게[店].

▸면:세-점 免稅點 (점 점). 세금(稅金)을 면제(免除)할 때의 기준점(基準點).

▸면:세-품 免稅品 (물건 품). ① 속뜻 세금(稅金)이 부과되지 않은[免] 물품(物品). ② 관세(關稅)가 면제(免除)되는 수출입품(輸出入品).

면:소[1] 免訴 (면할 면, 하소연할 소). 법률 기소(起訴)를 면제(免除)함.

면:소[2] 面訴 (낯 면, 하소연할 소). 직접 만나서[面] 하소연함[訴].

면:수 面數 (쪽 면, 셀 수). 물체나 책 따위의 면(面)의 개수(個數). ¶신문의 면수가 많다.

면:숙 面熟 (낯 면, 익을 숙). 낯[面]이 익음[熟]. ¶면숙한 사내가 다가와 말을 걸었다.

면:술 面述 (낯 면, 말할 술). 서로 만나[面] 자세히 말함[述].

면:시[1] 免試 (면할 면, 시험할 시). 시험(試驗)을 면제(免除)함.

면:시[2] 面試 (낯 면, 시험할 시). 수험생과 시험관이 서로 얼굴[面]을 마주 대하고 치르는 시험(試驗). ¶마지막으로 면시만 남았다.

면:식 面識 (낯 면, 알 식). 이전에 만난 적이 있어서 서로 얼굴[面]을 앎[識].

▸면:식-범 面識犯 (범할 범). 피해자와 서로 얼굴[面]을 아는[識] 사이인 범인(犯人). ¶면식범일 가능성이 높다.

면실 棉實 (목화 면, 열매 실). 목화[棉]의 씨

[實].

▸면실-유 棉實油 (기름 유). 목화[棉] 씨[實]에서 짠 기름[油].

면:알 面謁 (낯 면, 뵐 알). 지위가 높은 사람을 찾아가 얼굴[面]을 뵘[謁]. ¶고을 수령을 면알했다. ⓑ배알(拜謁).

면:앙 俛仰 (구부릴 면, 우러를 앙). 아래를 굽어보고[俛] 위를 우러러 봄[仰]. ⓑ부앙(俯仰).

▸면:앙정-가 俛仰亭歌 (정자 정, 노래 가). 문학 조선 중종 때 송순(宋純)이 담양에 면앙정(俛仰亭)을 짓고 그 주변의 이름다운 경치와 그곳에서의 생활을 노래[歌] 한 내용.

면:약 面約 (만날 면, 묶을 약). 직접 만나서[面] 약속(約束)함. ¶산적의 두령과 면약하다.

면양 緬羊 (=綿羊, 가는 실 면, 양 양). ① 속뜻 털을 모직[緬] 원료로 쓰는 양(羊). ② 동물 온몸에 가늘고 곱슬곱슬한 털이 빽빽이 난 초식동물.

면업 綿業 (솜 면, 일 업). 공업 ①솜[綿]에서 실을 잣고, 천을 짜고, 날염, 가공 따위를 포함하는 일체의 공업(工業). ②방적 공업.

면:역[1] 免役 (면할 면, 부릴 역). ① 역사 특별한 사람에게 신역(身役)을 면제(免除)하던 일. ②병역(兵役) 따위를 면함.

▸면:역-전 免役錢 (돈 전). 역사 부역(負役)을 면제(免除)받기 위해 관청에 바치던 돈[錢].

면:역[2] 免疫 (면할 면, 돌림병 역). ① 속뜻 돌림병[疫]의 감염을 면(免)하게 됨. ② 의학 몸속에 들어온 균에 대항하는 항체를 생산하여 다음에는 그 병에 걸리지 않도록 하는 기능. ¶예방 주사를 맞으면 그 병에 면역이 된다. ③반복되는 자극 따위에 무감각해지는 상태를 비유하여 이름. ¶그는 어머니의 꾸지람에 이미 면역이 됐다.

▸면:역-력 免疫力 (힘 력). 생물 외부에서 들어온 병균[疫]에 저항하는[免] 힘[力]. ¶몸이 허약하면 면역력도 떨어지게 마련이다.

▸면:역-성 免疫性 (성질 성). 전염병이나 유행병[疫]에 걸리지 않는[免] 성질(性質). ¶면역성이 강하다.

▸면:역-원 免疫原 (본디 원). 생물 병[疫]에 걸리지 않도록[免] 항체를 만드는 물질[原]. ⓑ항원(抗原).

▸면:역-질 免疫質 (바탕 질). 의학 질병[疫]에 걸리지 않게[免] 된 체질(體質).

▸면:역-체 免疫體 (몸 체). 생물 병균이 들어와도 병[疫]에 걸리지 않도록[免] 하는 물질[體]. ⓑ항체(抗體).

▸면:역 혈청 免疫血淸 (피 혈, 맑을 청). 생물 병원체[疫]에 대응하는[免] 항체(抗體)가 들어 있는 혈청(血淸). ⓑ항독성 혈청(抗毒性血淸), 항체 혈청(抗體血淸).

면:열 面熱 (낯 면, 더울 열). 얼굴[面]이 붉어지고 열(熱)이 나는 병증.

면:욕[1] 免辱 (면할 면, 욕될 욕). 치욕(恥辱)을 면(免)함.

면:욕[2] 面辱 (낯 면, 욕될 욕). 면전(面前)에서 욕설(辱說)을 하거나 욕을 당하게 함.

면:우 面友 (낯 면, 벗 우). 얼굴[面]이나 알고 지내는 정도의 친구[友]. ⓑ면교(面交), 면붕(面朋).

면:-의원 面議員 (면 면, 의논할 의, 인원 원). 면의회(面議會)의 의원(議員).

면:-의회 面議會 (면 면, 의논할 의, 모일 회). 지방 자치 단체로서의 면(面)의 의결(議決) 기관[會].

면작 綿作 (솜 면, 지을 작). 목화[綿] 농사[作].

면:장[1] 免狀 (면할 면, 문서 장). 법률 ①면허(免許)를 증명하는 문서[狀]. '면허장'의 준말. ②사면장(赦免狀).

면:장[2] 面長 (면 면, 어른 장). 법률 면(面)의 행정을 주관하는 책임자[長].

면-장갑 綿掌匣 (솜 면, 손바닥 장, 상자 갑). 솜[綿]실로 짠 장갑(掌匣). ¶손에 면장갑을 끼다.

면:장우피 面張牛皮 (낯 면, 벌릴 장, 소 우, 가죽 피). ① 속뜻 얼굴[面]에 소가죽[牛皮]을 바름[張]. ②'몹시 뻔뻔스러움'을 비유하여 이르는 말. ⓑ철면피(鐵面皮).

면:쟁-기단 面爭其短 (낯 면, 다툴 쟁, 그 기, 짧을 단). 당사자 앞에서[面] 그[其] 단점(短點)이나 잘못을 따져[爭] 말함. ¶면쟁기단할 필요는 없다. ㊀면쟁.

*__면:적__ 面積 (쪽 면, 쌓을 적). 일정한 평면

(平面)이나 구면(球面)의 크기나 넓이[積].

▸면:적-계 面積計 (셀 계). 면적(面積)을 재는[計] 기계.

▸면:적 속도 面積速度 (빠를 속, 정도 도). 물리 좌표의 원점을 중심으로 하여 이 점과 운동하는 물체를 잇는 직선이 그 물체의 운동에 따라 단위시간에 움직여 지나간 넓이[面積]의 크기로 나타내는 운동 속도(速度).

면:전[1] **面前** (낯 면, 앞 전). ① 속뜻 얼굴[面] 앞[前]. ②보고 있는 앞. 눈앞. ¶사람들 면전에서 망신을 당했다.

면전[2] **緬甸** (가는 실 면, 경기 전). '미얀마'(Myanmar)의 한자 음역어.

면:절 面折 (낯 면, 꺾을 절). 당사자 앞에서[面] 잘못이나 결점을 꾸짖음[折].

▸면:절-정쟁 面折廷爭 (관정 정, 다툴 쟁). 임금 앞에서[面] 상대방의 잘못을 꾸짖고[折] 조정(朝廷)에서 다툼[爭]. ⑭면인정쟁(面引廷爭).

면:접 面接 (낯 면, 맞이할 접). ① 속뜻 얼굴[面]을 맞이함[接]. ②직접 만나보고 됨됨이를 시험하는 일. '면접시험'(面接試驗)의 준말. ⑭면대(面對).

▸면:접-시험 面接試驗 (따질 시, 효과 험). 직접 만나서[面接] 인품이나 언행 등을 살펴보는 시험(試驗).

면:제[1] **免除** (면할 면, 덜 제). 책임이나 의무를 면(免)하거나 덜어줌[除]. ¶병역을 면제받다.

▸면:제-세 免除稅 (세금 세). 국가에 대한 의무를 면제(免除)시켜 준 대신 내는 세금(稅金).

면제[2] **綿製** (솜 면, 만들 제). '면제품'(綿製品)의 준말.

면-제품 綿製品 (솜 면, 만들 제, 물건 품). 솜[綿]으로 만든 제품(製品). ⑭무명 제품.

면:조 免租 (면할 면, 조세 조). 법률 조세(租稅)의 부담을 면제(免除)함.

면:종[1] **面腫** (낯 면, 종기 종). 의학 얼굴[面]에 나는 종기[腫]. ¶면종으로 몇 년간 고생했다.

면:종[2] **面從** (낯 면, 따를 종). 남이 보는 앞에서만[面] 고분고분한 척 따름[從].

▸면:종-복배 面從腹背 (배 복, 등질 배). 남이 보는 앞에서는[面] 따르는[從] 체하면서 속[腹]으로는 배반(背反)함. ¶면종복배하는 자들을 색출했다.

▸면:종-후언 面從後言 (뒤 후, 말씀 언). 남이 보는 앞에서는[面] 따르는[從] 체하면서 뒤[後]에서는 헐뜯고 욕함[言].

면:죄 免罪 (면할 면, 허물 죄). 죄(罪)를 면(免)함.

▸면:죄-부 免罪符 (부신 부). ① 속뜻 중세에 로마 가톨릭교회가 금전이나 재물을 바친 사람에게 죄(罪)를 사면(赦免)해 준다는 뜻으로 발행하던 증명서[符]. 종교개혁의 발단이 되었다. ②책임이나 죄를 없애 주는 조치나 일을 비유하여 이르는 말.

면:지 面紙 (쪽 면, 종이 지). 출판 책의 앞뒤 표지 안쪽 면(面)에 있는 붙이는 종이[紙]. 본문 용지보다 두꺼운 용지를 사용한다. ¶면지에 광고를 실었다.

면:직[1] **免職** (면할 면, 일 직). 일하던 자리[職]에서 물러나게[免] 함. ¶무능력한 직원을 면직하였다. ⑭면관(免官), 해임(解任), 해직(解職).

면직[2] **綿織** (솜 면, 짤 직). 수공 면(綿)으로 짠[織] 것. '면직물'(綿織物)의 준말.

▸면직-물 綿織物 (만물 물). 수공 면(綿)으로 짠[織] 천[物].

면:질[1] **面叱** (낯 면, 꾸짖을 질). 얼굴[面]을 바로 맞대 놓고 꾸짖음[叱].

면:질[2] **面質** (낯 면, 바탕 질). 법률 소송 사건의 관계자 양쪽을 대면(對面)시켜 질문(質問)하는 일. ¶사건에 연루된 세 명의 용의자를 면질했다. ⑭대질(對質).

면:책[1] **面責** (낯 면, 꾸짖을 책). 얼굴[面]을 마주 대하여 책망(責望)함. ¶선생님의 면책이 두려워 학교에 가지 못했다.

면:책[2] **免責** (면할 면, 꾸짖을 책). 책임(責任)을 면제(免除)해 줌.

▸면:책 특권 免責特權 (특별할 특, 권리 권). 법률 국회의원이 국회에서 직무상 행한 발언과 표결에 대해서는 국회 밖에서 책임(責任)을 지지 않는[免] 특별(特別)한 권리(權利).

▸면:책 행위 免責行爲 (행할 행, 할 위). 법률 채무자(債務者)가 책임(責任)을 면제(免除)받고자 하는 행위(行爲). 변제(辨濟),

공탁(供託), 대물 변제(代物辨濟) 등을 통틀어 이른다.

면:천 免賤 (면할 면, 천할 천). 역사 천민(賤民)의 신분을 벗어나게[免] 해줌. 또는 그렇게 해 주던 일. ¶임금은 의병으로 온 자들에게 면천을 약속했다.

면:청 面請 (낯 면, 부탁할 청). 직접 찾아가 면전(面前)에서 간청(懇請)함.

면:추 免醜 (면할 면, 추할 추). 여자의 얼굴이 못났다[醜] 할 정도를 겨우 면(免)함.

면:포 面包 (낯 면, 쌀 포). 운동 장기에서, 궁(宮)의 앞의 얼굴[面]에 상당하는 곳에 포(包)를 놓는 일. 또는 그렇게 놓인 포.

면:피[1] 免避 (면할 면, 피할 피). 위기나 어려움을 운 좋게 벗어나[免] 피(避)함. ¶버스 시간을 놓치는 바람에 그녀는 사고를 면피했다.

면:피[2] 面皮 (낯 면, 가죽 피). 낯[面] 가죽[皮]. ¶면피도 두껍게 또 와서 부탁이냐?

면:학 勉學 (힘쓸 면, 배울 학). 학문(學問)에 힘씀[勉]. ¶면학의 열기.

면:허 免許 (면할 면, 허락 허). ① 속뜻 면제(免除)해 주는 일과 허가(許可)해 주는 일. ② 법률 일반에게는 허가되지 않는 특수한 행위를 특정한 사람에게만 허가하는 행정 처분. ¶총기 소지면허 / 수출 면허. ③ 법률 특정한 일을 할 수 있는 공식적인 자격을 관청이 허가하는 일. ¶운전 면허.

▸면:허-세 免許稅 (세금 세). 법률 특정의 행위나 영업을 하도록 허가하고[免許] 받는 세금(稅金).

▸면:허-장 免許狀 (문서 장). 법률 면허(免許)의 내용이나 사실을 적은 문서[狀]. ㉥ 면허증(免許證).

▸면:허-증 免許證 (증거 증). 법률 면허(免許)의 내용이나 사실을 적어서 내주는 증서(證書). ㉥면허장(免許狀), 허가증(許可證).

면:화[1] 免禍 (면할 면, 재화 화). 재앙[禍]을 면(免)함.

면화[2] 面話 (낯 면, 말할 화). 서로 만나 얼굴[面]을 마주하고 이야기함[話]. ㉥면담(面談).

면화[3] 綿花 (솜 면, 꽃 화). 식물 솜[綿]을 채취하는 목화(木花). ¶면화를 생산하다.

면:회 面會 (낯 면, 모일 회). ① 속뜻 얼굴[面]을 보러 모임[會]. ② 찾아가 만나 봄. ¶면회 사절.

▸면:회-실 面會室 (방 실). 면회(面會)하는 사람을 위하여 따로 마련한 방[室].

▸면:회 사절 面會謝絶 (거절할 사, 끊을 절). 만나 보기[面會]를 거절하여[謝] 물리침[絶].

멸공 滅共 (없앨 멸, 함께 공). 공산주의(共産主義) 또는 공산주의자를 없앰[滅].

멸구 滅口 (없앨 멸, 입 구). 비밀을 유지하기 위해 그 일을 아는 사람의 입[口]을 막아 없앰[滅]. 비밀을 아는 사람을 죽여 없앰.

멸균 滅菌 (없앨 멸, 세균 균). 세균(細菌)을 죽여 없앰[滅]. ㉥살균(殺菌).

멸도 滅度 (없어질 멸, 법도 도). 불교 진리를 깨달아 불생불멸(不生不滅)의 법[度]을 체득함.

멸렬 滅裂 (없어질 멸, 찢어질 렬). 하나도 남김없이 찢기고[裂] 없어짐[滅]. ¶지리멸렬.

멸망 滅亡 (없어질 멸, 망할 망). 망(亡)하여 없어짐[滅]. ¶파괴된 환경은 인류를 멸망시킬 것이다.

멸문 滅門 (없앨 멸, 집안 문). 한 집안[門]을 없앰[滅]. 또는 멸망함.

▸멸문지화 滅門之禍 (어조사 지, 재화 화). 한 집안[門]이 멸망(滅亡)을 당하는 불행한 일[禍]. ㉥멸문지환(滅門之患).

▸멸문지환 滅門之患 (어조사 지, 근심 환). 한 집안[門]이 멸망(滅亡)을 당하는 걱정스런 일[患]. ㉥멸문지화(滅門之禍).

멸사-봉공 滅私奉公 (없앨 멸, 사사로울 사, 받들 봉, 여럿 공). 사심(私心)을 버리고[滅] 나라나 공공(公共)의 일을 받듦[奉]. ¶장병들은 멸사봉공을 다짐했다.

멸살 滅殺 (없앨 멸, 죽일 살). 모조리 죽여[殺] 없앰[滅]. ¶원주민들을 멸살하다.

멸시 蔑視 (업신여길 멸, 볼 시). 남을 업신여겨[蔑] 봄[視]. 깔봄. ¶가난하다고 멸시하면 안 된다. ㉥무시(無視), 백안시(白眼視). ㉯존경(尊敬).

멸실 滅失 (없어질 멸, 잃을 실). 멸망(滅亡)하여 사라짐[失]. 있던 것이 흔적도 없이 사라짐.

멸족 滅族 (없앨 멸, 겨레 족). 한 가족(家族)

이나 종족(宗族)을 없앰[滅]. 또는 멸망함. ¶역모에 가담한 자는 멸족을 당했다.

멸종 滅種 (없앨 멸, 씨 종). 씨[種]까지 없앰[滅]. 또는 씨까지 없어짐. ¶반달곰은 멸종 위기에 처해 있다.

멸패 滅覇 (없앨 멸, 으뜸 패). ① 운동 바둑에서, 상대가 쓸 패(覇) 구멍을 미리 없애 버림[滅]. ② 폐단이 생길 만한 자리를 미리 막아 버림.

명가[1] 名價 (이름 명, 값 가). 명성(名聲)에 대한 평가(評價).

명가[2] 名家 (이름 명, 집 가). ① 속뜻 명망(名望)이 높은 가문(家門). ② 어떤 전문 분야에서 이름이 난 사람. 또는 그런 집. ¶국수의 명가.

▶명가-자제 名家子弟 (아들 자, 아우 제). 이름[名] 있는 집안[家]의 자제(子弟). ¶명가자제를 추천하다.

명-가수 名歌手 (이름 명, 노래 가, 사람 수). 이름[名] 난 가수(歌手).

명각 銘刻 (새길 명, 새길 각). ① 속뜻 금속이나 돌에 문자를 새김[銘=刻]. ② 마음에 깊이 새김. ⓗ조각(彫刻). 각명(刻銘).

명감 明鑑 (밝을 명, 거울 감). ① 속뜻 사물의 모습을 분명(分明)히 비추어 주는 거울[鑑]. ② 훌륭한 귀감(龜鑑). ¶열녀에게 비를 내려 명감으로 삼았다. ③ 사물의 미래에 대한 정확한 관찰력. 또는 그런 관찰. ④ 책명 명심보감(明心寶鑑).

명-감독 名監督 (이름 명, 볼 감, 살필 독). 이름[名] 난 감독(監督). 뛰어난 감독.

명검 名劍 (이름 명, 칼 검). 이름난[名] 칼[劍]. 훌륭한 칼. ¶임금은 명검을 하사했다.

명견[1] 名犬 (이름 명, 개 견). 이름난[名] 개[犬]. ¶진돗개는 우리나라의 명견이다.

명견[2] 明見 (밝을 명, 볼 견). ① 속뜻 분명(分明)하게 봄[見]. ② 앞일을 잘 앎. ③ 현명한 의견. ¶그는 왜구 퇴치에 대한 명견을 내놓았다.

▶명견-만리 明見萬里 (일만 만, 거리 리). ① 속뜻 만리(萬里) 밖의 일을 환하게[明] 보는[見] 것처럼 앎. ② 관찰력이나 판단력 따위가 날카롭고 정확함.

명경 明鏡 (밝을 명, 거울 경). 밝게[明] 잘 보이는 거울[鏡]. ⓗ명감(明鑑).

▶명경-대 明鏡臺 (돈대 대). 불교 저승 입구에서 죽은 이가 살아있을 동안에 한 행실을 모두 똑같이 분명(分明)하게 보여준다는 거울[鏡]이 있는 곳[臺].

▶명경-지수 明鏡止水 (멈출 지, 물 수). ① 속뜻 맑은[明] 거울[鏡]과 고요하게 멈추어[止] 있는 물[水]. ② 맑고 고요한 심경(心境).

명경-과 明經科 (밝을 명, 책 경, 과목 과). 역사 고려·조선 때, 과거에서 「시경」, 「서경」 따위의 유교 경전(經典)에 밝고[明] 능통한 사람을 뽑는 과거(科擧).

명곡 名曲 (이름 명, 노래 곡). 이름[名] 난 노래[曲]. ¶명곡을 감상하다.

명공 名工 (이름 명, 장인 공). 기술이 뛰어나 이름[名] 난 장인[工]. ¶고려 명공들이 만든 청자의 빛은 신비로움으로 가득 차 있다.

명과 銘菓 (새길 명, 과자 과). 특별한 방법으로 만들고 고유의 상표가 붙은[銘] 좋은 과자(菓子).

명관[1] 名官 (이름 명, 벼슬 관). 정치를 잘하여 이름[名]이 난 관리(官吏).

명관[2] 明官 (밝을 명, 벼슬 관). ① 속뜻 일에 밝은[明] 벼슬아치[官]. ② 고을을 잘 다스리는 현명한 관리를 이르는 말. ¶구관이 명관이다.

명교 名教 (이름 명, 가르칠 교). ① 속뜻 인간으로서 지켜야할 도리[名分]를 가르침[教]. ② 유교(儒教).

명구 名句 (이름 명, 글귀 구). 유명(有名)한 문구(文句). 뛰어나게 잘된 글귀.

명군[1] 名君 (이름 명, 임금 군). 이름[名] 높은 군주(君主). 뛰어난 군주. ¶세종은 역사상 드문 명군이었다. ⓗ명왕(名王), 명주(名主).

명군[2] 明君 (밝을 명, 임금 군). 총명(聰明)한 임금[君]. ⓗ명주(明主).

명궁 名弓 (이름 명, 활 궁). ① 속뜻 이름난[名] 궁수(弓手). 뛰어난 궁수. ② 이름난 활.

명금 鳴禽 (울 명, 날짐승 금). ① 속뜻 고운 소리로 우는[鳴] 새[禽]. ② 동물 '명금류'(鳴禽類)의 준말.

▶명금-류 鳴禽類 (무리 류). ① 속뜻 고운 소리로 우는[鳴] 새[禽] 종류(種類). ② 동물

참새과, 종다리과, 제비과, 여새과, 딱새과, 찌꼬리과, 까마귀과가 달린 새의 한 목(目). ⓑ연작류(燕雀類).

명기[1] **名技** (이름 명, 재주 기). 매우 훌륭한 [名] 연기(演技). '명연기'(名演技)의 준말.

명기[2] **名器** (이름 명, 그릇 기). 이름난[名] 기물(器物). 또는 진귀한 그릇.

명기[3] **明氣** (밝을 명, 기운 기). ① 속뜻 맑고 [明] 아름다운 산천의 기운(氣運). ② 환하게 밝은 얼굴빛.

명기[4] **明記** (밝을 명, 기록할 기). 분명(分明)하고 정확히 적음[記]. ¶장부에 출납을 명기했다.

명기[5] **銘記** (새길 명, 외울 기). 마음에 깊이 새기고[銘] 외워[記] 잊지 않음. ⓑ명심(銘心).

명년 明年 (밝을 명, 해 년). 밝아 올[明] 해[年]. 다음 해. ⓑ내년(來年).

▸명년-도 明年度 (정도 도). 다음[明] 연도(年度). ⓑ내년도(來年度).

명념 銘念 (새길 명, 생각 념). 마음에 깊이 새기어[銘] 생각함[念]. 마음에 새김. ⓑ명심(銘心).

명단[1] **名單** (이름 명, 홑 단). 관계자의 이름[名]을 적은 표[單]. ¶참석자 명단. ⓑ명부(名簿).

명단[2] **明斷** (밝을 명, 끊을 단). 명확(明確)하게 판단(判斷)을 내림. 또는 그 판단. ¶명단을 내리다.

명담 名談 (이름 명, 말씀 담). ① 속뜻 유명(有名)한 격담(格談). ② 사리에 꼭 맞게 뜻이 깊고 멋있는 말.

명답[1] **名答** (이름 명, 답할 답). 매우 훌륭한 [名] 대답(對答). 꼭 알맞은 답. ¶제자의 명답에 흡족한 표정을 지었다.

명답[2] **明答** (밝을 명, 답할 답). 분명(分明)한 대답(對答). ¶내일까지는 명답을 주시오.

명당 明堂 (밝을 명, 집 당). ① 속뜻 밝은[明] 집[堂]. ② 민속 풍수지리에서 이르는 좋은 묏자리나 집터. ¶명당을 찾다. ③ 민속 무덤 바로 앞의 평지.

명덕 明德 (밝을 명, 베풀 덕). ① 속뜻 공평하고 밝으며[明] 바른[德] 행동. 선한 행위. ② 더러워지지 않은 본디의 천성.

명도[1] **名刀** (이름 명, 칼 도). 이름난[名] 칼[刀]. 좋은 칼.

명도[2] **明度** (밝을 명, 정도 도). 미술 색의 밝고[明] 어두운 정도(程度). ¶명도가 높다.

명도[3] **冥途** (저승 명, 길 도). ① 속뜻 저승[冥]으로 가는 길[途]. ② 불교 사람이 죽은 뒤에 간다는 영혼의 세계.

명도[4] **明渡** (밝을 명, 건넬 도). ① 속뜻 분명(分明)하게 인도(引渡)함. ② 법률 건물이나 토지 따위를 깨끗이 비워서 남에게 넘겨줌.

▸명도-령 明渡令 (명령 령). 법률 부동산을 명도(明渡)하라는 법원의 명령(命令).

명란 明卵 (명태 명, 알 란). ① 속뜻 명태(明太)의 알[卵]. ② 소금에 절여 담근 것. ⓑ명란젓.

명랑 明朗 (밝을 명, 밝을 랑). ① 속뜻 표정이 밝고[明] 마음이 밝음[朗]. 밝고 활달함. ¶명랑한 목소리. ② 맑고 밝음. ¶태양이 명랑하게 비친다. ⓑ쾌활하다, 발랄하다.

명량 대:첩 鳴梁大捷 (울 명, 들보 량, 큰 대, 이길 첩). 역사 조선 선조 30년(1597)에 이순신이 이끄는 수군이 명량(鳴梁)에서 적군의 배를 쳐부수고 크게[大] 이긴[捷] 싸움. 12척의 배로 133척을 거느린 적군을 맞아 싸워 31척의 배를 격파하여 크게 이겼다.

명:령 命令 (명할 명, 시킬 령). ① 속뜻 명(命)을 내려 시킴[令]. ② 윗사람이 아랫사람에게 시킴. ¶공격 명령. ③ 컴퓨터 컴퓨터에 동작을 지시하는 것. ③ 법률 공법에서 국회의 의결을 거치지 않고 행정 기관에 의하여 제정되는 국가의 법령. ¶행정 명령.

▸명:령-권 命令權 (권리 권). 명령(命令)을 내릴 수 있는 권한(權限).

▸명:령-문 命令文 (글월 문). ① 속뜻 명령(命令)의 내용을 적은 글[文]. ② 언어 상대방에게 무엇을 시키는 내용의 문장(文章).

▸명:령-법 命令法 (법 법). 언어 무엇을 시키거나 요구하는[命令] 뜻을 나타내는 표현 방법(方法).

▸명:령-어 命令語 (말씀 어). 컴퓨터에 명령(命令)을 전달하는 기계적인 말[語].

▸명:령-조 命令調 (가락 조). 명령(命令)하는 듯한 말투[調].

▸명:령 규범 命令規範 (법 규, 틀 범). 법률 명령(命令) 또는 금지를 정한 규칙(規則)과

법[範].

▸명:령 항:로 命令航路 (배 항, 길 로). 해양 정부가 보조금을 주거나 면세 등의 혜택을 주면서 해운업자에게 운항을 명령(命令)하는 뱃길[航路].

▸명:령형 종결 어:미 命令形終結語尾 (모양 형, 끝마칠 종, 맺을 결, 말씀 어, 꼬리 미). 언어 무엇을 시키는[命令] 형식(形式)의 문장을 끝맺는[終結] 어미(語尾). '~하라' '~해라' 따위.

명론 名論 (이름 명, 논할 론). 유명(有名)한 논문이나 이론(理論). 또는 뛰어난 학설. ¶명론을 펼치다.

명료 明瞭 (밝을 명, 밝을 료). 분명(分明)하고 똑똑하다[瞭]. ¶명료하게 대답하다.

명류 名流 (이름 명, 갈래 류). 이름난[名] 사람들의 무리[流]. ¶당대의 명류들과 교류하였다.

명리 名利 (이름 명, 이로울 리). 명예(名譽)와 이익(利益). ¶명리를 따져 행동하다.

명마 名馬 (이름 명, 말 마). 훌륭한[名] 말[馬].

명망 名望 (이름 명, 바랄 망). 세상 사람들이 우러러보는 명성(名聲)과 덕망(德望).

▸명망-가 名望家 (사람 가). 명망(名望)이 높은 사람[家].

명:맥 命脈 (목숨 명, 맥 맥). 살아가는데 필요한 목숨[命]과 맥박(脈搏). ¶간신히 명맥을 이어가다. ⓑ생명(生命).

명멸 明滅 (밝을 명, 없어질 멸). ① 속뜻 빛이 밝아졌다[明] 어두워졌다[滅] 함. 깜박거림. ②멀리 있는 물체가 보였다 안 보였다 함.

명명[1] 明明 (밝을 명, 밝을 명). ① 속뜻 매우 밝음[明+明]. ②분명하여 의심할 여지가 없음.

명명[2] 明命 (밝을 명, 명할 명). ① 속뜻 밝게[明] 일깨워주는 명령(命令). ②신령이나 임금의 명령. ¶천자의 명명을 받들다.

명명[3] 冥冥 (어두울 명, 어두울 명). ① 속뜻 어둑어둑[冥+冥]한 모양. ②나타나지 아니하여 알 수 없는 모양.

명:명[4] 命名 (명할 명, 이름 명). 사람이나 물건 등에 이름[名]을 지어 붙임[命].

▸명:명-식 命名式 (법 식). 새로운 사물에 이름[名]을 짓는[命] 의식(儀式).

명-명덕 明明德 (밝을 명, 밝을 명, 베풀 덕). 본디 타고난 맑고 밝은[明] 덕성(德性)을 밝히는[明] 것. 『대학』(大學)에서 이르는 삼강령(三綱領)의 하나.

명명-백백 明明白白 (밝을 명, 밝을 명, 흰 백, 흰 백). ① 속뜻 명백(明白)함을 강조하여 하는 말. ②의심의 여지가 없이 매우 분명함.

명목[1] 名木 (이름 명, 나무 목). ① 속뜻 어떤 유래가 있어 이름[名] 난 나무[木]. ②매우 훌륭한 향나무. ③이름난 목수. ¶각지의 명목들을 불러들였다.

명목[2] 瞑目 (눈감을 명, 눈 목). ① 속뜻 눈[目]을 감음[瞑]. ¶조용히 명목하고 기도를 올렸다. ②편안한 죽음을 비유하여 이르는 말.

명목[3] 名目 (이름 명, 눈 목). ① 속뜻 이름[名]이나 제목(題目). ②겉으로 내세우는 이름. ¶명목뿐인 사장. ③구실이나 이유. ¶무슨 명목으로 그를 부를까.

▸명목 소:득 名目所得 (것 소, 얻을 득). 경제 수치로만 나타낸, 겉으로만 드러난[名目] 소득(所得). 물가에 대비한 실제 소득은 변화가 없거나 줄은 경우. ⓑ화폐(貨幣) 소득.

▸명목 임:금 名目賃金 (품삯 임, 돈 금). 경제 근로자가 받는 화폐 단위로 표시된[名目] 임금(賃金). ⓑ화폐(貨幣) 임금. ⓟ실질(實質) 임금.

▸명목 자본 名目資本 (재물 자, 밑 본). 경제 액수로만 나타난[名目] 투자 자본(投資資本). ⓟ실체(實體) 자본.

▸명목 화:폐 名目貨幣 (돈 화, 돈 폐). 경제 실질적 가치와는 관계없이 표시되어 있는[名目] 가격으로 통용되는 화폐(貨幣).

명문[1] 名門 (이름 명, 집안 문). ① 속뜻 이름[名] 난 가문(家門). ②문벌(門閥)이 좋은 집안. ¶그는 명문가 출신이다. ③이름 난 학교. ¶명문 대학을 졸업하다. ⓑ명가(名家), 명벌(名閥).

명문[2] 銘文 (새길 명, 글월 문). ① 속뜻 금석(金石) 따위에 새긴[銘] 글[文]. ②마음에 새겨야할 문구(文句).

명문[3] 名文 (이름 명, 글월 문). 이름난[名] 글[文]. 매우 잘 지은 글. ¶명문 20여 편을 골라 책을 편찬하였다.

▸명문-가 名文家 (사람 가). 명문(名文)을 지은 사람[家]. 글을 매우 잘 짓는 사람. ¶명문가에게 글을 의뢰하다.

명문⁴ 名門 (이름 명, 집안 문). ① 속뜻 이름[名] 난 가문(家門). ② 문벌(門閥)이 좋은 집안. ¶그는 명문가 출신이다. ③ 이름 난 학교. ¶명문 대학을 졸업하다. ㊥명가(名家), 명벌(名閥).

▸명문-교 名門校 (학교 교). 전통과 역사가 있는 이름난[名門] 학교(學校).

▸명문-거족 名門巨族 (클 거, 겨레 족). 유명한[名] 집안[門]과 크게 번창한[巨] 민족(民族). ¶그는 명문거족의 외아들이다.

명문⁵ 名聞 (이름 명, 들을 문). ① 속뜻 유명(有名)한 좋은 소문(所聞). ¶이천은 예로부터 물이 좋기로 명문이 나있다.

▸명문-천하 名聞天下 (하늘 천, 아래 하). 이름[名]이 세상[天下]에 널리 알려짐[聞]. ㊥명만천하(名滿天下).

명문⁶ 明文 (밝을 명, 글월 문). ① 속뜻 글로 명백(明白)히 기록된 문구(文句). 또는 그런 조문(條文). ¶명문 규정. ② 사리가 명백하고 뜻이 분명한 글.

▸명문-화 明文化 (될 화). 법률의 조문(條文)으로 명확(明確)히 되도록 함[化]. ¶조약을 명문화하다.

명물 名物 (이름 명, 만물 물). ① 속뜻 그 지방에서 나는 유명(有名)한 물품(物品). '명산물'(名産物)의 준말. ¶안성의 명물은 유기(鍮器)다. ② 독특한 것으로 이름이 난 사람이나 사물. ¶그는 이 동네 명물이다.

명미 明媚 (밝을 명, 아름다울 미). 경치가 맑고[明] 아름답다[媚]. ¶경치가 특히 명미한 고장.

명민 明敏 (밝을 명, 재빠를 민). 총명(聰明)하고 재빠름[敏]. ¶아이가 매우 명민하다.

명-반응 明反應 (밝을 명, 되돌릴 반, 응할 응). 생물 광합성 과정에서 빛[明]을 받아 진행되는 화학 반응(反應). ㊥암반응(暗反應).

명-배우 名俳優 (이름 명, 광대 배, 광대 우). 유명(有名)한 배우(俳優). 연기가 훌륭한 배우. ¶명배우를 뽑아 상을 주다.

명백 明白 (밝을 명, 흰 백). 분명(分明)하고 결백(潔白)하다. 의심할 바 없이 뚜렷하다. ¶명백한 사실.

명복 冥福 (저승 명, 복 복). 죽은 뒤 저승[冥]에서 받는 복(福). ¶고인의 명복을 빕니다.

명부¹ 名簿 (이름 명, 장부 부). 관계자의 이름[名]이나 주소, 직업 따위를 적어 놓은 장부(帳簿). ¶선거인 명부. ㊥명적(名籍).

명부² 冥府 (저승 명, 집 부). ① 속뜻 저승[冥]에 있다는 집[府]. ② 불교 사람이 죽어서 심판을 받는다는 곳. ㊥명도(冥途), 황천(黃泉), 명조(冥曹).

▸명부-전 冥府殿 (대궐 전). 불교 명부(冥府)의 왕을 안치한 전각(殿閣). 불교에서 사람이 죽으면 이들을 심판하는 왕인 지장보살, 염라대왕 등 시왕(十王)을 안치한다. ㊥시왕전(十王殿).

명분 名分 (이름 명, 나눌 분). ① 속뜻 각각의 명의(名義)나 신분(身分)에 따라 마땅히 지켜야 할 도리. ② 일을 꾀하는 데에 있어 내세우는 구실이나 이유 따위. ¶명분 없는 전쟁.

▸명분-론 名分論 (논의할 론). 역사 일을 꾀하는 데에 있어 명분(名分)을 앞세우는 주장[論]. ¶명분론만 앞세우면 실리를 놓칠 수 있다.

명불허전 名不虛傳 (이름 명, 아닐 불, 헛될 허, 전할 전). ① 속뜻 이름[名]이 이유 없이 헛되게[虛] 퍼진[傳] 것이 아님[不]. ② 명성(名聲)이 널리 알려진 데는 그럴만한 실력이나 근거가 있음. ¶작품을 보니 역시 명불허전이군.

명사¹ 名士 (이름 명, 선비 사). ① 속뜻 명성(名聲)이 널리 알려진 인사(人士). ¶당대의 명사들이 한 자리에 모였다. ② 훌륭한 선비.

명사² 名辭 (이름 명, 말씀 사). 논리 명제(命題)를 구성하는 데에 요소[名]가 되는 말[辭]. 주사(主辭)와 빈사(賓辭)로 나뉜다.

명사³ 明沙 (밝을 명, 모래 사). 매우 맑고 깨끗한[明] 모래[沙]. ¶명사 십리(十里).

명사⁴ 名詞 (이름 명, 말씀 사). 언어 사물의 이름[名]을 나타내는 말[詞]. 대명사, 문장에서 체언(體言)의 구실을 하며, 보통(普通)·고유(固有)·자립(自立)·의존(依存) 명사가 있다. ¶'나무가 푸르다'의 '나무'는 명사이다. [비]이름씨.
▸명사-구 名詞句 (글귀 구). [언어]문장에서 명사(名詞) 역할을 하는 구(句). "왼쪽 물병이 내 것이다."에서 "왼쪽 물병이" 따위.
▸명사-절 名詞節 (마디 절). [언어]문장에서 명사(名詞) 역할을 하는 절(節). "그가 말했음이 틀림없다."에서 "그가 말했음이" 따위
▸명사-형 名詞形 (모양 형). [언어]명사(名詞) 역할을 하는 활용형(活用形).
▸명사형 어:미 名詞形語尾 (모양 형, 말씀 어, 꼬리 미). 명사(名詞)의 형태(形態)로 만들어주는 어미(語尾). [비]명사형 전성 어미(名詞形轉成語尾).
▸명사형 전:성 어:미 名詞形轉成語尾 (모양 형, 옮길 전, 이룰 성, 말씀 어, 꼬리 미). [언어]명사형(名詞形)으로 바꾸어주는[轉成] 어미(語尾).
명-사수 名射手 (이름 명, 쏠 사, 사람 수). 총이나 활 따위를 잘 쏘아 이름[名]이 난 사수(射手). ¶그는 근방에서 명사수로 알려져있다.
명산[1] 名山 (이름 명, 메 산). 이름[名] 난 산(山).
▸명산-대찰 名山大刹 (큰 대, 절 찰). 이름난[名] 산(山)과 큰[大] 절[刹].
▸명산 대:천 名山大川 (큰 대, 내 천). 이름[名] 난 산(山)과 큰[大] 냇물[川]. ¶명산대천을 유람하다.
명산[2] 名産 (이름 명, 낳을 산). '명산물'(名産物)의 준말.
명-산물 名産物 (이름 명, 낳을 산, 만물 물). 어떤 고장에서 이름난[名] 생산물(生産物). [비]인삼은 한국의 명산물이다. [준]명물, 명산.
명-산지 名産地 (이름 명, 낳을 산, 땅 지). 어떤 특정 생산물(生産物)이 나는 곳[地]으로 이름난[名] 곳. ¶영광은 굴비의 명산지이다.
명상[1] 名相 (이름 명, 도울 상). ① [속뜻]덕망 있고 유명(有名)한 재상(宰相). '명재상'(名宰相)의 준말. ② 이름난 관상쟁이.
명상[2] 瞑想 (=冥想, 눈 감을 명, 생각 상). 고요히 눈을 감고[瞑] 깊이 생각함[想]. 또는 그 생각. ¶그는 명상에 잠겼다.
▸명상-곡 瞑想曲 (노래 곡). [음악]명상(瞑想)을 하는 듯 고요한 노래[曲]. 명상에 도움을 주는 노래.
▸명상-록 瞑想錄 (기록할 록). 명상(瞑想)을 적은[錄] 글.
명색[1] 名色 (이름 명, 빛 색). ① [불교]이름만 있고 형상이 없는 마음과 형체가 있는 물질. 정신적인 것을 '名', 물질적인 것을 '色'이라고 한다. ② 어떤 이름이나 부류에 속함. ¶명색이 대학 교수인데 그런 일은 할 수 없다.
명색[2] 明色 (밝을 명, 빛 색). 밝은[明] 빛[色]. 환한 빛. ¶명색 광물. [반]암색(暗色).
명색[3] 冥色 (=瞑色, 어두울 명, 빛 색). 해질 무렵의 어둑어둑한[冥] 빛[色]. [비]모색(暮色).
명석[1] 明夕 (밝을 명, 저녁 석). 내일[明日] 저녁[夕]. ¶명석에 만나기로 약조했다.
명석[2] 明晳 (밝을 명, 밝을 석). 생각이나 판단이 분명(分明)하고 똑똑하다[晳]. ¶두뇌가 명석하다.
명성 名聲 (이름 명, 소리 성). ① [속뜻]널리 알려진 이름[名]과 목소리[聲]. ② 세상에 널리 떨친 이름이나 평판. [비]성명(聲名), 성문(聲聞).
명세[1] 名世 (이름 명, 세상 세). 세상(世上)에 이름[名]이 난 사람.
명세[2] 明細 (밝을 명, 가늘 세). ① [속뜻]분명(分明)하고 자세(仔細)함. ② 물품이나 금액 따위의 분명하고 자세한 내용. ¶용돈의 명세를 적다. [비]내역(內譯).
▸명세-서 明細書 (글 서). 하나하나의 내용을 자세히[明細] 적은 글[書]. 또는 그 문서. ¶지출 명세서.
명소 名所 (이름 명, 곳 소). 아름다운 경치나 고적 따위로 이름[名]난 곳[所]. ¶관광 명소 / 경주의 명소를 구경하다.
명수[1] 名手 (이름 명, 사람 수). 기능이나 기술이 뛰어나기로 유명한[名] 사람[手]. ¶그녀는 양궁의 명수다.
명수[2] 名數 (이름 명, 셀 수). 어떤 단위의 이름[名]을 붙여 나타낸 수치(數値). [반]무명수(無名數), 불명수(不名數).
명:수[3] 命數 (운명 명, 재수 수). 운명(運命)과 재수(財數). [비]명도(命途).
명:수-법 命數法 (명할 명, 셀 수, 법 법).

수학 수(數)를 이름 지어 부르는[命] 방법(方法). 십, 백, 천, 만, 억을 '십진(十進) 명수법'이라 일컫는 따위.

명-순응 明順應 (밝을 명, 따를 순, 응할 응). 생물 밝은[明] 빛에 눈이 순응(順應)하는 현상. 어두운 곳에서 갑자기 밝은 곳에 들어갔을 때, 처음에는 눈이 부시나 차차 적응하여 정상 상태로 되는 현상. ⓑ암순응(暗順應).

명승¹ 名僧 (이름 명, 스님 승). 학덕이 높아 이름난[名] 승려(僧侶).

명승² 名勝 (이름 명, 뛰어날 승). '명승지'(名勝地)의 준말.

▸명승-지 名勝地 (땅 지). 경관(景觀)이 뛰어나[勝] 이름[名] 난 곳[地]. ¶명승지를 찾아 전국을 유람하다. ㊟명승.

명시¹ 明示 (밝을 명, 보일 시). 분명(分明)하게 나타냄[示]. ¶설명서에 약의 복용법이 명시되어 있다.

명시² 名詩 (이름 명, 시 시). 유명(有名)한 시(詩). 썩 잘 지은 시.

▸명시-선 名詩選 (고를 선). 유명(有名)한 시(詩)를 가려[選] 모아 엮은 책.

명시³ 明視 (밝을 명, 볼 시). 분명(分明)히 봄[視].

▸명시 거:리 明視距離 (떨어질 거, 떨어질 리). 눈이 피로를 느끼지 않고 가장 정확하게[明] 물체를 볼[視] 수 있는 거리(距離). ¶근시안은 명시 거리가 가깝다.

명신 名臣 (이름 명, 신하 신). 명망(名望)이 높은 신하(臣下). 훌륭한 신하. ¶신라시대의 명신.

명실 名實 (이름 명, 실제 실). 명분(名分)과 실질(實質). 소문과 실제.

▸명실-상부 名實相符 (서로 상, 맞을 부). 이름[名]과 실상(實相)이 서로[相] 잘 부합(符合)함. ¶그는 명실상부한 한국 최고의 가수이다.

명심 銘心 (새길 명, 마음 심). ① 속뜻 마음[心]에 새기어[銘] 둠. ②꼭꼭 기억함. ¶그 일을 항상 명심해야 한다. ⓑ명간(銘肝), 명기(銘記), 명념(銘念).

▸명심불망 銘心不忘 (아닐 불, 잊을 망). 마음[心]에 깊이 새겨[銘] 두어 잊지[忘] 아니함[不]. ¶스승님의 말씀을 명심불망하겠습니다.

명심보감 明心寶鑑 (밝을 명, 마음 심, 보배 보, 거울 감). ① 속뜻 마음[心]을 밝혀주는[明] 보배로운[寶] 거울[鑑] 같은 책. ② 책명 고려 말기 때 어린이들의 바른 생활을 가르치기 위해서 만든 책. 중국의 옛 책에서 좋은 말씀을 가려 뽑아서 주제별로 나누어 엮어 놓았다.

명안 名案 (이름 명, 생각 안). 훌륭한[名] 생각[案]이나 그 안건. ¶경직된 분위기에서는 명안이 나오기 힘들다.

명암 明暗 (밝을 명, 어두울 암). ① 속뜻 밝음[明]과 어두움[暗]. ¶그림에 명암을 넣다. ②기쁨과 슬픔, 행복과 불행을 비유하여 이름.

▸명암-등 明暗燈 (등불 등). 일정한 동안을 두고 밝아졌다[明] 어두워졌다[暗] 하는 등(燈).

▸명암-법 明暗法 (법 법). 미술 한 가지 색상의 명암(明暗)에 의하여 입체감을 나타내는 기법(技法).

▸명암 순:응 明暗順應 (따를 순, 응할 응). 생물 명순응(明順應)과 암순응(暗順應).

명약 名藥 (이름 명, 약 약). 이름난[名] 약(藥). 효험이 뛰어난 약. ¶이것은 만병에 효험이 있는 명약이다.

명약관화 明若觀火 (밝을 명, 같을 약, 볼 관, 불 화). ① 속뜻 분명(分明)하기가 불[火]을 보는[觀] 것과 같음[若]. ②매우 명백(明白)함. ¶이를 빌미로 천주교도를 잡아들일 것이 명약관화했다. ㊟관화.

명언¹ 名言 (이름 명, 말씀 언). ① 속뜻 유명(有名)한 말[言]. ②사리에 들어맞는 훌륭한 말. ¶괴테는 많은 명언을 남겼다.

명언² 明言 (밝을 명, 말씀 언). 분명(分明)히 말함[言].

명역 名譯 (이름 명, 옮길 역). 매우 잘된[名] 번역(翻譯).

명연 名演 (이름 명, 펼칠 연). 유명(有名)한 연기(演技). 매우 훌륭한 연기나 연주(演奏), 연출(演出). ¶여주인공이 명연을 펼쳤다.

명-연기 名演技 (이름 명, 펼칠 연, 재주 기). 유명(有名)한 연기(演技). 매우 훌륭한 연기. ㊟명연.

명예 名譽 (이름 명, 기릴 예). ① [속뜻] 세상 사람들이 훌륭하다고 인정하여 이름[名]을 기림[譽]. 또는 그런 품위. ¶명예롭게 죽다. ② 사람 또는 단체의 사회적인 평가나 가치. [반] 불명예(不明譽).

▶ **명예-심** 名譽心 (마음 심). 명예(名譽)를 바라는 마음[心]. 명예를 중요시하는 마음. ¶군인의 명예심을 드높이다.

▶ **명예-욕** 名譽慾 (욕심 욕). 명예(名譽)를 얻으려는 욕망(慾望). ¶명예욕이 강하다.

▶ **명예-직** 名譽職 (일 직). 봉급을 받지 않고 다만 이름[名譽]으로만 맡은 직책(職責). [반] 유급직(有給職).

▶ **명예-형** 名譽刑 (형벌 형). [법률] 명예(名譽)를 떨어뜨리는 형벌(刑罰). ¶자격정지는 명예형의 하나이다.

▶ **명예 교:수** 名譽教授 (가르칠 교, 줄 수). [교육] 학술계에 큰 공적을 남겨 퇴직 후에도 명예(名譽)로 주는 교수(教授)로서의 직함. ¶서울대 명예 교수.

▶ **명예-박사** 名譽博士 (넓을 박, 선비 사). 학술 또는 문화 발전에 공헌이 큰 사람에게 학위 과정이수나 학위 논문에 관계없이 주는 명예(名譽)로 수여하는 박사(博士) 학위.

▶ **명예-시민** 名譽市民 (도시 시, 백성 민). 진짜 거주하는 시민은 아니지만 시의 발전에 크게 이바지한 사람에게 명예(名譽)로 주는 시민(市民) 자격.

▶ **명예-퇴직** 名譽退職 (물러날 퇴, 일 직). ① [속뜻] 명예(名譽)롭게 현직(現職)에서 물러남[退]. ② 정년이나 징계에 의하지 않고, 근로자가 스스로 신청하여 직장을 그만둠. 또는 그런 일.

▶ **명예-혁명** 名譽革命 (바꿀 혁, 운명 명). ① [속뜻] 명예(名譽)롭게 진행된 혁명(革命). ② [역사] 1688년에 영국에서 전쟁 따위의 무력 없이 전제 왕정을 입헌 군주제로 바꾸는 데 성공한 혁명.

▶ **명예 회복** 名譽回復 (돌아올 회, 되돌릴 복). 잃었던 명예(名譽)를 되찾음[回復].

▶ **명예 훼:손** 名譽毁損 (헐 훼, 상할 손). [법률] 남의 명예(名譽)를 무너뜨리거나[毁] 손상(損傷)하는 일.

▶ **명예 훼:손죄** 名譽毁損罪 (헐 훼, 상할 손, 허물 죄). [법률] 남의 명예(名譽)를 훼손(毁損)하여 지은 죄(罪).

명왕-성 冥王星 (저승 명, 임금 왕, 별 성). [천문] 태양계의 왜소(矮小) 행성(行星). 영문명 'pluto'가 '명부(冥府)의 왕(王)'이란 뜻에서 유래.

명우 名優 (이름 명, 광대 우). '명배우'(名俳優)의 준말.

명:운 命運 (목숨 명, 운수 운). ① [속뜻] 목숨[命]과 운수(運數). ② 앞으로의 생사나 존망에 관한 처지. ¶국가의 명운이 그것에 달려 있다. [비] 운명(運命).

명월 明月 (밝을 명, 달 월). ① [속뜻] 밝은[明] 달[月]. ② 보름달. 특히 음력 8월 보름달. ¶청풍(淸風) 명월.

명유 名儒 (이름 명, 선비 유). 이름[名] 난 선비[儒]. 또는 유명한 유학자. ¶당대의 명유.

명의[1] 名醫 (이름 명, 치료할 의). 병을 잘 고치는 이름난[名] 의사(醫師). ¶허준은 조선시대 명의였다. [비] 대의(大醫), 국수(國手).

명의[2] 名義 (이름 명, 옳을 의). ① [속뜻] 명분(名分)과 의리(義理). ② 문서에 기록된 개인이나 기관 이름.

▶ **명의 개:서** 名義改書 (고칠 개, 쓸 서). [법률] 권리자가 변경되었을 때 서류상에 기록된 이름[名義]을 고쳐[改] 쓰는[書] 일. [비] 명의 변경(變更).

▶ **명의 변:경** 名義變更 (바뀔 변, 고칠 경). [법률] 서류상에 기록된 이름[名義]을 변경(變更)함. 또는 그런 일. [비] 명의 개서(改書).

명인 名人 (이름 명, 사람 인). 어떤 기예(技藝) 등이 뛰어나 유명(有名)한 사람[人]. ¶이번 공연에 판소리의 명인들이 참가한다. [비] 달인(達人), 대가(大家), 명가(名家).

명인-법 明引法 (밝을 명, 끌 인, 법 법). 인용(引用)했음을 명확(明確)하게 밝혀 나타내는 표현법(表現法). 인용하는 글을 따옴표로 묶어서 표현.

명일[1] 名日 (이름 명, 날 일). 명절(名節)이 있는 날[日]. 국경일(國慶)도 포함한다. [비] 절일(節日).

명일[2] 明日 (밝을 명, 날 일). 밝아올[明] 다음 날[日]. ¶명일 오전 10시에 만나자. [비] 내일(來日).

명자 名字 (이름 명, 글자 자). ① 속뜻 사람의 이름[名] 글자[字]. ¶친구는 나에게 그 사람의 명자를 물어 왔다. ② 널리 알려진 이름. ③ 세상에서 소문난 평판. ¶명자가 나다.

명작 名作 (이름 명, 지을 작). 이름난[名] 작품(作品). 뛰어난 작품. ¶렘브란트의 명작을 감상하다. ㊥걸작(傑作), 대작(大作). ㊥졸작(拙作).

명장[1] 名匠 (이름 명, 장인 장). 이름난[名] 장인(匠人). ㊥명공(名工).

명장[2] 名將 (이름 명, 장수 장). 이름난[名] 장수(將帥). 뛰어난 장수. ¶이순신 장군은 지용(智勇)을 겸비한 명장이었다.

명-재상 名宰相 (이름 명, 맡을 재, 도울 상). 정사(政事)에 뛰어나 이름난[名] 재상(宰相). ¶나라를 구하는 명재상이 되다. ㊟명상.

명저 名著 (이름 명, 지을 저). 내용이 훌륭하여 유명(有名)해진 저서(著書). ¶만세불후의 명저.

명절 名節 (이름 명, 철 절). ① 속뜻 유명(有名)한 철[節]이나 날. ② 해마다 일정하게 지키어 즐기거나 기념하는 날. ¶고향으로 돌아가 명절을 쇠다. ③ 국가나 사회적으로 정하여 경축하는 기념일.

명정 銘旌 (새길 명, 기 정). 죽은 사람의 관직과 성씨 따위를 적은[銘] 기[旌]. 일정한 크기의 긴 천에 보통 다홍 바탕에 흰 글씨로 쓰며, 장사 지낼 때 상여 앞에서 들고 간 뒤에 널 위에 펴 묻는다.

명정언순 名正言順 (이름 명, 바를 정, 말씀 언, 따를 순). 이름[名]이 올바르게[正] 되어야 말[言]이 순조(順調)로움.

명:제 命題 (명할 명, 제목 제). ① 속뜻 제목(題目)을 지음[命]. 또는 그 제목. ② 논리 논리적인 판단을 언어나 기호로 나타낸 것. ㊥제목(題目).

명조[1] 明朝 (밝을 명, 아침 조). 내일[明] 아침[朝]. ㊥명단(明旦).

명조[2] 明朝 (밝을 명, 조정 조). ① 속뜻 중국 명(明)나라의 조정(朝廷). ② 출판 '명조 활자'(明朝活字)의 준말.

▶ 명조-체 明朝體 (모양 체). 출판 중국 명나라[明朝] 때 유행하던 서풍을 따른 서체(書體). 인쇄물이나 컴퓨터에 쓰이는 것으로, 내리긋는 획이 굵고 건너긋는 획이 가늘다.

▶ 명조 활자 明朝活字 (살 활, 글자 자). 출판 중국 명나라[明朝] 때 유행하던 서풍을 따른 글자체[活字]. 명조체(明朝體).

명종-실록 明宗實錄 (밝을 명, 마루 종, 실제 실, 기록할 록). 책명 조선 제13대 임금인 명종(明宗)이 재위하던 22년 동안 실제로[實] 일어난 일을 적은 글[錄]. 선조 4년에 편찬하였다. 34권 34책.

명주[1] 明紬 (밝을 명, 명주 주). ① 속뜻 밝은[明] 빛깔의 비단[紬]. ② 명주실로 무늬 없이 짠 천. ㊥비단(緋緞), 면주(綿紬).

명주[2] 銘酒 (새길 명, 술 주). 특별한 비법으로 빚어 고유의 상표를 붙인[銘] 질 좋은 술[酒].

명:중 命中 (명할 명, 맞을 중). ① 속뜻 맞추라고 명령(命令)한 곳에 적중(的中)시킴. ② 겨냥한 곳을 쏘아 정확히 맞힘. ¶화살이 과녁 한복판에 명중했다. ㊥적중(的中).

▶ 명:중-률 命中率 (비율 률). 활이나 총알이 원하는[命] 위치에 정확히 맞을[中] 비율(比率). ¶명중률이 높다.

▶ 명:중-탄 命中彈 (탄알 탄). 원하는[命] 위치에 정확히 맞은[中] 탄환(彈丸).

명증 明證 (밝을 명, 증거 증). ① 속뜻 분명(分明)한 증거(證據). ② 철학 논증이나 검증에 의하지 않고서도 직관적으로 진리임을 알 수 있는 일. ㊥명징(明徵).

명지[1] 名地 (이름 명, 땅 지). 이름난[名] 곳[地]. ¶명지마다 사찰이 들어서있다.

명지[2] 明知 (밝을 명, 알 지). 명확(明確)하게 앎[知].

명지[3] 明智 (밝을 명, 슬기 지). 총명(聰明)한 지혜(智慧). 똑똑한 슬기. ¶명지로 어려운 상황을 이겨내다.

명징 明澄 (밝을 명, 맑을 징). 밝고[明] 맑다[澄]. ¶명징한 문장.

명찰[1] 名札 (이름 명, 패 찰). 이름[名]을 써 놓은 패[札]. ¶옷에 명찰을 달다. ㊥이름표.

명찰[2] 名刹 (이름 명, 절 찰). 이름난[名] 사찰(寺刹). [속담]명찰에 절승.

명찰[3] 明察 (밝을 명, 살필 찰). 사물을 똑똑히[明] 살핌[察]. ¶그의 명찰에 감탄하였다.

명창 名唱 (이름 명, 부를 창). 뛰어나고 이름나게[名] 노래를 잘 부르는[唱] 사람. 또는 그 노래. ¶판소리 명창.

명철[1] 名哲 (이름 명, 밝을 철). 뛰어나고 이름난[名] 철학가(哲學家). ¶이 교수는 이 시대의 명철이다.

명철[2] 明哲 (밝을 명, 밝을 철). 세태나 사리에 밝다[明=哲].

▶ 명철-보신 明哲保身 (지킬 보, 몸 신). 총명하고 사리에 밝아서[明哲] 이치에 맞게 일을 처리하며 자신[身]을 잘 간수함[保].

명추 明秋 (밝을 명, 가을 추). 명년(明年) 가을[秋]. ㊗내추(來秋).

명춘 明春 (밝을 명, 봄 춘). 내년[明年] 봄[春]. ㊗내춘(來春).

명칭 名稱 (이름 명, 일컬을 칭). 사물을 일컫는[稱] 이름[名]. ㊗명호(名號), 명목(名目), 호칭(呼稱).

명쾌 明快 (밝을 명, 기쁠 쾌). ① 속뜻 마음이 밝아지고[明] 기쁘게[快] 됨. ② 말이나 글의 조리가 분명하여 시원스럽다. ¶그의 해설은 정말 명쾌하다.

명-탐정 名探偵 (이름 명, 찾을 탐, 염탐할 정). 사건 해결에 능숙한 솜씨를 발휘하는 유명(有名)한 탐정(探偵). ¶명탐정 셜록 홈스.

명태 明太 (밝을 명, 클 태). 동물 등은 푸른 갈색, 배는 은빛을 띤 밝은[明] 백색이고, 몸길이는 40~60㎝로 대구과 물고기에 비해 몸이 큰[太] 바닷물고기.

명판 名板 (이름 명, 널빤지 판). ① 속뜻 어떤 기관이나 대회, 회의 등의 이름[名]을 적어 눈에 잘 띄는 곳에 달아 놓는 판(板). ¶입구에 명판을 달다. ② 기계나 가구 등에 붙여, 제조 회사나 상표 등을 알리는 패.

명-판관 名判官 (이름 명, 판가름할 판, 벼슬 관). 훌륭하여 이름난[名] 재판관(裁判官). ¶명판관 포증(包拯).

명-판사 名判事 (이름 명, 판가름할 판, 일 사). 이름[名]이 널리 알려진 판사(判事). ¶포청천은 명판사이다.

명패[1] 名牌 (이름 명, 나무쪽 패). 이름[名]이나 직위 등을 적어 놓은 패찰(牌札). ¶명패에 이름을 새기다.

명:패[2] 命牌 (명할 명, 나무쪽 패). ① 속뜻 임금이 삼품(三品)이상의 신하를 부를 때 보내던, 붉은 칠을 한 나무에 '命'자를 쓴 패(牌). ② 형장으로 보내는 사형수의 목에 걸던 패.

명편 名篇 (이름 명, 책 편). 내용 좋아 이름난[名] 글[篇]. ¶명편을 정독하다.

명품 名品 (이름 명, 물건 품). 품질이 매우 좋기로 이름난[名] 물품(物品). ¶명품 가방.

명필 名筆 (이름 명, 글씨 필). ① 속뜻 유명(有名)한 글씨[筆]. ② 매우 잘 쓴 글씨. 또는 글씨를 매우 잘 쓰는 사람. ¶한석봉은 조선시대 명필이다. ㊥악필(惡筆).

명함 名銜 (이름 명, 받들 함). 이름[名] 등을 새겨 놓은[銜] 종이쪽. ¶그와 명함을 주고받았다.

명현[1] 名賢 (이름 명, 어질 현). 이름난[名] 어진[賢] 사람.

명현[2] 明賢 (밝을 명, 어질 현). 밝고[明] 현명(賢明)함. 또는 그러한 사람. ¶명현의 가르침을 본받고 실천하다.

명호 名號 (이름 명, 이름 호). 이름[名]과 아호(雅號)를 아울러 이르는 말.

명화 名畵 (이름 명, 그림 화). 유명(有名)한 그림[畵]이나 영화(映畵). ¶피카소의 명화 50점을 전시하다.

명확 明確 (밝을 명, 굳을 확). 분명(分明)하고 확실(確實)함. ¶명확한 증거가 있다.

모각 模刻 (본뜰 모, 새길 각). 이미 있는 작품을 본떠서[模] 그대로 새김[刻].

▶ 모각-본 模刻本 (책 본). 출판 본떠서[模] 글자를 새긴[刻] 인쇄물[本]. ¶이 화보(畵譜)는 모각본도 여러 종 남아있다.

모계[1] 謀計 (꾀할 모, 꾀 계). 꾀[計]를 꾸밈[謀]. 또는 그 계교. ¶모계를 꾸미다 / 적의 모계에 빠지다.

모:계[2] 母系 (어머니 모, 이어 맬 계). 혈연관계에서 어머니[母] 쪽의 계통(系統). ¶모계 유전 / 원시농경사회는 대부분 모계사회였다. ㊥부계(父系).

▶ 모:계-친 母系親 (친할 친). 사회 어머니[母] 쪽의 혈연[系]을 중심으로 하는 친계(親系). ㊥부계친(父系親).

▶ 모:계 가족 母系家族 (집 가, 겨레 족).

사회 어머니[母] 쪽의 혈연[系]을 잇는 가족(家族). ⓑ부계 가족(父系家族).

▸모:계 사회 母系社會 (단체 사, 모일 회). 사회 어머니[母] 쪽의 혈연[系]을 중심으로 한 사회(社會). ¶고대 모계 사회.

▸모:계 제:도 母系制度 (정할 제, 법도 도). 사회 어머니[母] 쪽의 혈연[系]을 중심으로 한 사회 제도(制度). ⓑ부계 제도(父系制度).

▸모:계 혈족 母系血族 (피 혈, 겨레 족). 사회 어머니[母] 쪽의 혈연[系]이 중심이 되어 내려오는 혈족(血族). ⓑ모계친(母系親). ⓑ부계 혈족(父系血族).

모골 毛骨 (털 모, 뼈 골). 털[毛]과 뼈[骨]. ¶모골이 오싹해졌다.

▸모골-송연 毛骨悚然 (두려워할 송, 그러할 연). 아주 끔찍한 일을 당하거나 볼 때에 두려워[悚然] 몸이나 털끝[毛骨]이 쭈뼛하여짐.

모공 毛孔 (털 모, 구멍 공). 털[毛]이 나는 구멍[孔]. ¶모공에 이물질이 쌓이다.

모관 毛管 (털 모, 대롱 관). ① 의학 털[毛]처럼 가는 혈관(血管). ② 물리 '모세관'(毛細管)의 준말.

▸모관 인력 毛管引力 (끌 인, 힘 력). 물리 모관(毛管)을 고체에 접근한 액면 위에 세웠을 때, 분자를 고체가 끌어당기는[引] 힘[力].

▸모관 현:상 毛管現象 (나타날 현, 모양 상). 물리 모관(毛管)을 액체 속에 넣어 세웠을 때, 대롱 안의 액면이 대롱 밖의 액면보다 높아지거나 낮아지는 현상(現象). '모세관 현상'의 준말.

모:교¹ 母校 (어머니 모, 학교 교). ① 속뜻 자기를 낳아 길러준 어머니[母] 같은 학교(學校). ②자기가 다니거나 졸업한 학교.

모:교² 某校 (아무 모, 학교 교). 불확실하거나 밝히기 어려운 어떤[某] 학교[校]. 아무 학교. ¶모교의 재학생들을 대상으로 설문하다.

모:국¹ 某國 (아무 모, 나라 국). 아무[某] 나라[國]. 또는 어떠한 나라.

모:국² 母國 (어머니 모, 나라 국). 외국에 있는 사람이 자기가 태어난 나라를, 어머니[母] 같은 나라[國]라는 뜻으로 부르는 말. ⓑ고국(故國), 본국(本國), 조국(祖國). ⓑ이국(異國), 타국(他國).

▸모:국-애 母國愛 (사랑 애). 외국에 있으면서 느끼는 모국(母國)에 대한 사랑[愛].

▸모:국-어 母國語 (말씀 어). 자기 나라[母國]의 말[語]. ⓒ모어. ⓑ본국어(本國語). ⓑ외국어(外國語).

모군 募軍 (모을 모, 군사 군). ① 속뜻 군인(軍人)을 모집(募集)함. ②공사판 따위에서 삯을 받고 일하는 사람. ¶모군이 되어 일을 하다.

모:권 母權 (어머니 모, 권리 권). 원시 가족 제도에서 가족에 대하여 행사하던 어머니[母]의 지배권(支配權). ⓑ부권(父權).

모근 毛根 (털 모, 뿌리 근). 살갗 안에 박힌 털[毛]의 뿌리[根] 부분. ¶모근까지 제거하다.

모금 募金 (모을 모, 돈 금). 특별한 목적을 위하여 돈[金]을 모음[募]. ¶불우 이웃을 돕기 위해 모금하다.

▸모금-함 募金函 (상자 함). 남을 위해 쓸 돈[金]을 모을[募] 때, 그 돈을 넣는 상자[函].

모:녀 母女 (어머니 모, 딸 녀). 어머니[母]와 딸[女]. ⓑ부자(父子).

모:년 某年 (아무 모, 해 년). 불확실하거나 밝히기 어려운 어느[某] 해[年]. 아무 해.

모:도 母道 (어머니 모, 길 도). 어머니[母]로서 지켜야 할 도리(道理).

모:독 冒瀆 (시기할 모, 더럽힐 독). 남을 시기하고[冒] 더럽힘[瀆]. ¶모독 행위 / 인격을 모독하는 말은 하면 안 된다. ⓑ모욕(侮辱).

모:두 冒頭 (쓰개 모, 머리 두). 이야기나 글의 첫[冒] 머리[頭].

모란 牡丹 (원음 [모단], 수컷 모, 붉을 란). 식물 잎이 크며[牡] 늦봄에 여러 겹의 붉고[丹] 큰 꽃이 핌. 뿌리의 껍질은 약재로 쓴다. 목단.

모략 謀略 (꾀할 모, 꾀할 략). 남을 해치려고 꾸미는[謀] 계략(計略). ¶모략을 꾸미다 / 동료를 모략하다.

모류 毛類 (털 모, 무리 류). ① 속뜻 털[毛]을 가진 동물 종류(種類). ②몸에 털이 있는 벌레를 통틀어 이르는 말. ⓑ모족(毛族), 모충(毛蟲).

모리 謀利 (꾀할 모, 이로울 리). 도덕과 의리는 생각하지 않고 오직 이익(利益)만을 꾀함[謀]. ¶오직 모리에만 혈안이 되어 있었다.

▸모리-배 謀利輩 (무리 배). 오직 이익(利益)만을 꾀하는[謀] 무리[輩]. 또는 그런 사람.

모면 謀免 (꾀할 모, 면할 면). 꾀를 쓰거나[謀] 운이 좋아 어려운 상황이나 죄 따위를 면(免)하게 됨. ¶큰 고비를 모면하다.

▸모면-책 謀免策 (꾀 책). 나쁜 상황을 벗어나기[謀免] 위한 방책(方策). ¶사령이 모면책을 내놓았다.

모:멸 侮蔑 (깔볼 모, 업신여길 멸). 깔보고[侮] 업신여김[蔑]. 모욕(侮辱)하고 멸시(蔑視)함. ¶모멸에 찬 눈초리로 바라보다 / 그를 거지라고 모멸하다.

▸모:멸-감 侮蔑感 (느낄 감). 모멸(侮蔑)을 당하는 느낌[感]. ¶모멸감을 느끼다.

모:모 某某 (아무 모, 아무 모). 아무[某] 아무[某]. 누구누구.

▸모:모-인 某某人 (사람 인). 아무아무[某某]의 여러 사람[諸人]. '모모 제인'(某某諸人)의 준말.

모물 毛物 (털 모, 만물 물). ① 속뜻 털[毛]로 만든 물건(物件). ② 털이 그대로 붙어 있는 짐승의 가죽. ⓑ털가죽.

모:반[1] 母斑 (어머니 모, 얼룩 반). 선천적으로[母] 살갗에 나타난 얼룩무늬나 반점(斑點). 사마귀, 점, 주근깨 따위를 이른다.

모반[2] 謀叛 (=謀反, 꾀할 모, 배반할 반). ① 속뜻 배반(背叛)을 꾀함[謀]. ② 국가나 군주의 전복을 꾀함. ¶모반에 가담하다 / 모반을 일으키다.

모발 毛髮 (털 모, 머리털 발). ① 속뜻 몸에 난 털[毛]과 머리에 난 털[髮]. ② 사람의 몸에 난 터럭을 통틀어 이르는 말.

모방 模倣 (본뜰 모, 본뜰 방). 어떤 것을 본뜸[模=倣]. 흉내냄. ¶아이들은 모방을 통해 배운다. ⓑ모습(模襲), 모본(模本). ⓑ창조(創造).

▸모방-론 模倣論 (논의할 론). 문학은 현실을 본뜬[模倣] 것이라는 이론(理論).

▸모방-색 模倣色 (빛 색). 생물 제 몸을 보호하기 위해서 다른 동물과 비슷한[模倣] 빛깔로 제 몸을 꾸민 빛깔[色].

▸모방-설 模倣說 (말씀 설). 사회 모든 사회 현상의 근원이 모방(模倣)에 있다고 하는 학설(學說).

▸모방 본능 模倣本能 (뿌리 본, 능할 능). 심리 유행, 전통, 습관 등을 형성하는 이유가 모방(模倣)을 하는 인간의 본능(本能)에 의한 것임을 이름.

▸모방 예:술 模倣藝術 (재주 예, 꾀 술). 예술 자연이나 현실의 모습, 동작, 소리 등을 그대로 본떠서[模倣] 나타내는 예술(藝術). 또는 그러한 작품.

▸모방 유희 模倣遊戲 (놀 유, 희롱할 희). 교육 소꿉장난이나 학교 놀이처럼 주위의 생활을 본뜬[模倣] 놀이[遊戲].

***모범 模範** (본보기 모, 틀 범). ① 속뜻 본보기[模]가 될 만한 틀[範]. ② 본받아 배울 만한 본보기. ¶모범 답안 / 부모는 자식에게 모범이 되어야 한다. ⓑ귀감(龜鑑), 모본(模本).

▸모범-생 模範生 (사람 생). 학업과 품행이 뛰어나서 남의 모범(模範)이 되는 학생(學生).

▸모범-수 模範囚 (가둘 수). 다른 죄수의 모범(模範)이 되는 죄수(罪囚). ¶모범수를 감형하다.

▸모범-적 模範的 (것 적). 본받아[模] 배울 만한 본보기[範]가 되는 것[的]. ¶모범적인 태도.

모:법 母法 (어머니 모, 법 법). 법률 모체(母體)가 되는 법(法). ¶로마법은 프랑스법의 모법이다. ⓑ자법(子法).

모병 募兵 (모을 모, 군사 병). ① 속뜻 병사(兵士)를 모집(募集)함. ¶전쟁이 발발하자 모병을 시행했다. ② 군제(軍制)의 한 가지. 지원자를 모집(募集)하여 군무에 종사하게 하는 제도. ⓑ모군(募軍). ⓑ개병(皆兵).

모본 模本 (본보기 모, 본보기 본). ① 속뜻 본보기[模=本]. ② 모형(模型). ③ 모방(模倣).

모사[1] 毛紗 (털 모, 깁 사). 털[毛]로 짠 얇은 비단[紗].

모사[2] 毛絲 (털 모, 실 사). 짐승의 털[毛]로 만든 실[絲]. ¶모사로 목도리를 짜다. ⓑ털실.

모사[3] **茅舍** (띠 모, 집 사). ① 속뜻 띠[茅]로 엮어 만든 초라한 집[舍]. ② 자기 집을 낮추어 이르는 말. ⓑ모옥(茅屋).

모사[4] **謀士** (꾀할 모, 선비 사). 계획이나 방법을 꾀하는[謀] 사람[士]. 또는 계책 쓰기를 좋아하거나 능한 사람. ⓑ책사(策士).

모사[5] **謀事** (꾀할 모, 일 사). 일[事]이 잘되도록 방법을 세움[謀].

모사[6] **模寫** (본뜰 모, 그릴 사). ① 미술 어떤 그림의 본을 떠서[模] 똑같이 그림[寫]. ¶피카소의 작품을 모사하다. ② 똑같이 따라 하거나 흉내 냄. ¶성대모사.

▶모사-본 模寫本 (책 본). 원본을 본떠서[模] 베낀[寫] 책[本]. 영사본(影寫本)과 임사본(臨寫本)으로 나눈다.

▶모사-설 模寫說 (말씀 설). 철학 인식(認識)은 바깥 세계의 사물 곧 객관적 대상을 그대로 본뜬[模寫] 것에 지나지 않는다는 학설(學說). 플라톤이나 스콜라 철학에서 이러한 인식을 찾을 수 있다.

모살 謀殺 (꾀할 모, 죽일 살). 미리 꾀하여[謀] 사람을 죽임[殺]. ¶역적을 모살하다.

모:상 母喪 (어머니 모, 죽을 상). 모친(母親)의 장례[喪]. ⓑ부상(父喪).

모색[1] **毛色** (털 모, 빛 색). ① 속뜻 깃이나 털[毛]의 빛깔[色]. 털빛. ② 비단의 검은 빛.

모색[2] **摸索** (더듬을 모, 찾을 색). 더듬어[摸] 찾음[索]. 일이나 사건 따위를 해결할 수 있는 방법이나 실마리를 더듬어 찾음. ¶해결책을 모색하다.

모:색[3] **暮色** (저물 모, 빛 색). 날이 저물어가는[暮] 어스레한 빛[色]. ¶모색이 짙다.

▶모:색-창연 暮色蒼然 (푸를 창, 그러할 연). 해질 무렵[暮]의 저녁 빛[色]이 매우 푸르스레함[蒼然].

모생-약 毛生藥 (털 모, 날 생, 약 약). 털[毛]을 나게[生] 하는 약(藥). ⓑ양모제(養毛劑).

모:서 母書 (어머니 모, 쓸 서). 어머니가 자녀에게 내는 편지 끝에 쓰는 말로 '어머니[母]가 씀[書]'의 뜻.

모:선[1] **母船** (어머니 모, 배 선). ① 속뜻 작은 배들을 거느리는 어미[母] 같은 배[船]. ② 해양 원양 어업 등에서 부속 어선을 거느리고 물자의 보급과 어획물의 처리 등을 맡아 하는 큰 배. ¶모선에 통조림 설비를 갖추다.

모:선[2] **母線** (어머니 모, 줄 선). ① 공업 개폐기를 거쳐 각 외선(外線)에 전류를 분배하는 모체(母體)가 되는 단면적이 큰 간선(幹線). ② 수학 뿔면에서 곡면을 만드는 직선. ④ 수학 선이 운동하여 면이 생기게 될 때 그 면에 대하여 그 선을 이르는 말.

모:-선망 母先亡 (어머니 모, 먼저 선, 죽을 망). 어머니[母]가 아버지보다 먼저[先] 죽음[亡]. ⓑ부선망(父先亡).

모:성 母性 (어머니 모, 성품 성). 여성이 어머니[母]로서 지니는 본능적인 성질(性質). ¶고래는 모성 본능이 강하다. ⓑ부성(父性).

▶모:성-애 母性愛 (사랑 애). 자식에 대한 어머니[母]의 본능적인[性] 사랑[愛]. ⓑ부성애(父性愛).

▶모:성-형 母性形 (모양 형). 어머니[母]로서의 자질[性]을 두루 갖춘 여성형(女性形).

▶모:성 유전 母性遺傳 (남길 유, 전할 전). 생물 암컷[母]의 생식 세포를 통해서만 유전 형질[性]이 다음 대에 전달되는[遺傳] 현상.

모세-관 毛細管 (털 모, 가늘 세, 대롱 관). ① 물리 털[毛] 같이 가느다란[細] 관(管). ② 의학 모세 혈관(毛細血管).

모:-세:포 母細胞 (어머니 모, 작을 세, 태보 포). 생물 분열하기 전의 어미[母] 세포(細胞). 분열 후 두 개의 딸세포가 된다. ⓑ낭세포(娘細胞).

모:수[1] **母數** (어머니 모, 셀 수). 수학 ① 통계적인 관찰의 대상이 되는 집단[母集團] 전체의 특성을 나타내는 값[數]. ② 보합산 원금(元金)을 이르는 말.

모:수[2] **母樹** (어머니 모, 나무 수). 어미[母] 나무[樹]. 종자나 묘목 따위를 얻기 위해 가꾸는 나무.

▶모:수-림 母樹林 (수풀 림). 임업용 종자나 묘목을 얻기 위해 어미나무[母樹]로 가꾸는 숲[林].

모순 矛盾 (창 모, 방패 순). ① 속뜻 창[矛]과 방패[盾]. ② '두 사실이 이치상 어긋나서 서로 맞지 않음'을 이르는 말. 중국 초나라의 상인이 창과 방패를 팔면서 이 창은 어떤 방패로도 막지 못하는 창이라 하고 이 방패는 어떤 창으로도 뚫지 못하는 방패라는 앞뒤가 맞지 않은 말을 하였다는 데서 유래. ¶구조적 모순 / 이 사항은 기본 원칙에 모순된다. ③ 논리 두 개의 개념이나 명제 사이에 의미 내용이 서로 상반되는 관계.

▸모순-율 矛盾律 (법칙 률). ① 속뜻 모순(矛盾)되는 규칙[律]. ② 논리 모든 사물(事物)은 그 자체와 같은 동시에 그 반대의 것과는 같을 수 없다는 원리.

▸모순 개:념 矛盾概念 (대강 개, 생각 념). 논리 두 개의 개념 또는 명사(名辭)가 서로 대립하여[矛盾] 양자 사이에 중간적인 것을 용납하지 않는 개념(概念).

▸모순 명사 矛盾名辭 (이름 명, 말씀 사). 논리 모순(矛盾) 개념을 표시하는 명사(名辭). 곧, 그 속성이 서로 양립할 수 없는 명사.

▸모순 원리 矛盾原理 (본디 원, 이치 리). ① 속뜻 모순(矛盾)되는 원리(原理). ② 논리 모순율(矛盾律).

모시[1] **毛詩** (털 모, 시 시). 한나라의 모형(毛亨)이 전한 시집(詩集)이라고 하여 「시전」(詩傳)을 달리 이르는 말.

모:시[2] **某時** (아무 모, 때 시). 아무[某] 때[時]. 또는 아무 시간. ¶모일 모시.

모시-류 毛翅類 (털 모, 날개 시, 무리 류). 온몸이 가는 털[毛]이 덮여 있고 날개[翅]가 있는 곤충류(昆蟲類).

모식 模式 (본보기 모, 법 식). 본보기[模]가 될 만한 형식(形式).

모신 謀臣 (꾀할 모, 신하 신). 계략을 잘 꾸미는[謀] 신하(臣下). ⑪계신(計臣).

모:씨[1] **母氏** (어머니 모, 높임말 씨). 아랫사람과 말할 때 그의 어머니[母]를 높여[氏] 부르는 말.

모:씨[2] **某氏** (아무 모, 높임말 씨). 어떤[某] 사람[氏]. '아무개'의 높임말.

모악-동물 毛顎動物 (털 모, 턱 악, 움직일 동, 만물 물). 동물 바닷물 위에 떠서 생활을 하는 플랑크톤. 몸집이 작고 투명하며 빳빳한 털[毛]이 좌우의 턱[顎]에 나 있는 동물(動物).

모:암 母巖 (모체 모, 바위 암). 지리 풍화작용에 의하여 생긴 흙모래의 모체(母體)가 되는 기초 지반 암석(巖石). ⑪기암(基岩).

모:액 母液 (모체 모, 진 액). ① 속뜻 모체(母體)가 되는 액체(液體). ② 화학 고체와 액체의 혼합물에서 고체 또는 침전물을 뺀 나머지의 액.

⁑**모양 模樣** (본보기 모, 모습 양). ① 속뜻 본보기[模]가 되는 모습[樣]. ② 겉으로 나타나는 생김새. ¶여학생들의 머리 모양. ③ 외모에 부리는 멋. ¶거울을 보며 모양을 부리다. ④ 어떠한 형편이나 되어 나가는 꼴. ¶사람들이 살아가는 모양은 가지각색이다. ⑤ 남들 앞에서 세워야 하는 위신이나 체면. ¶너 때문에 내 모양이 엉망이다. ⑥ 어떤 모습과 같은 모습. ¶사과 모양 / 벙어리 모양.

모양-체 毛樣體 (털 모, 모양 양, 몸 체). 의학 눈 안의 수정체를 둘러싸고 있는 털[毛] 모양(模樣)처럼 생긴 근육성의 조직[體].

모:어 母語 (어머니 모, 말씀 어). ① 속뜻 어머니[母]로부터 배운 말[語]. ② 언어 지리적·시대적으로 분화한 여러 언어의 뿌리가 되는 언어. ⑪모국어(母國語).

모역 謀逆 (꾀할 모, 거스를 역). ① 속뜻 반역(反逆)을 꾸밈[謀]. ② 역사 종묘(宗廟)나 능(陵), 궁전 등을 파괴하려는 계획.

모연[1] **募緣** (모을 모, 인연 연). 불교 돈이나 물건을 모집(募集)하여 좋은 인연(因緣)을 맺게 함.

모:연[2] **暮煙** (저물 모, 연기 연). 저녁[暮] 무렵에 피어오르는 연기(煙氣).

모옥 茅屋 (띠 모, 집 옥). ① 속뜻 띠[茅]나 이엉 따위로 이은 허술한 집[屋]. ② '자기 집'을 낮추어 이르는 말. ⑪모자(茅茨), 모사(茅舍).

모:욕 侮辱 (업신여길 모, 욕될 욕). 업신여기고[侮] 욕(辱)함. ¶모욕을 당하다. ⑪멸시(蔑視), 모멸(侮蔑).

▸모:욕-감 侮辱感 (느낄 감). 모욕(侮辱)을 당한 느낌[感]. ¶그의 무례함에 심한 모욕감을 느꼈다.

▸모:욕-적 侮辱的 (것 적). 깔보고[侮] 욕(辱)되게 하는 것[的]. ¶모욕적 행위.

▸모:욕-죄 侮辱罪 (허물 죄). 공공연하게 남을 모욕(侮辱)하는 죄(罪). ¶법원 모욕죄.

모:우[1] **冒雨** (무릅쓸 모, 비 우). 비[雨]를 무릅씀[冒].

모:우[2] 暮雨 (저물 모, 비 우). 저녁 무렵[暮]에 내리는 비[雨].

모:원-병 母原病 (어머니 모, 본디 원, 병 병). 의학 어머니[母]가 원인(原因)이 되어 태아가 어머니 배 속에서 걸린 병(病). 성장 단계에서 말이 늦거나 무기력한 증상으로 나타난다고 한다.

모:월 某月 (아무 모, 달 월). 아무[某] 달[月]. ¶모월 모일 모시에 이곳에서 보자.

모:유 母乳 (어머니 모, 젖 유). 어머니[母]의 젖[乳]. ㊥어미젖.

모:음 母音 (어머니 모, 소리 음). ① 속뜻 자음(子音)을 어미[母]처럼 도와주어 음절이 되도록 하는 소리[音]. ② 언어 성대의 진동을 받은 소리가 목, 입, 코를 막힘이 없이 거쳐 나오는 소리. ㅏ, ㅑ, ㅓ, ㅕ 따위. ㊥자음(子音).

▸모:음 교체 母音交替 (서로 교, 바꿀 체). 언어 하나의 어근 안에 있는 모음(母音)이 바뀌어[交替] 문법 기능이나 의미, 품사 따위가 달라지는 언어 현상.

▸모:음 도표 母音圖表 (그림 도, 겉 표). 언어 각각의 모음(母音)을 음성적 성질에 따라 분류해 놓은 그림표[圖表].

▸모:음 동화 母音同化 (같을 동, 될 화). 언어 모음(母音)과 모음(母音)이 서로 닮게 되는[同化] 음운 변화(音韻變化).

▸모:음 변:이 母音變異 (바뀔 변, 다를 이). ① 속뜻 모음(母音)이 변(變)하여 다르게[異] 됨. ② 언어 우리말에서 모음 'ㅏ·ㅓ·ㅗ·ㅜ' 등이 그 뒤 음절의 'ㅣ' 모음을 직접 또는 자음을 건너서 만날 때 그 'ㅣ'를 닮아서 'ㅐ·ㅔ·ㅚ·ㅟ' 등으로 바뀌는 현상.

▸모:음-조화 母音調和 (고를 조, 어울릴 화). 언어 두 음절 이상의 단어에서 뒤의 모음(母音)이 앞 모음의 영향으로 그와 가깝거나 같은 소리로 되어 조화(調和)를 이루는 언어 현상. 양성 모음은 양성 모음끼리, 음성 모음은 음성 모음끼리 어울린다.

▸모:음 충돌 母音衝突 (부딪칠 충, 부딪칠 돌). 언어 한 단어 안에 또는 두 단어가 결합할 때 모음(母音)끼리 서로 충돌(衝突)하여 발음이 불분명해지는 현상.

▸모:음 사각형 母音四角形 (넉 사, 모서리 각, 모양 형). 언어 모음(母音)을 발음할 때의 혀의 위치와 입을 벌리는 정도 및 음색(音色)의 다름을 나타낸 사각형(四角形)의 그림. ㊥모음 사각도.

모의[1] 毛衣 (털 모, 옷 의). ① 속뜻 짐승의 털[毛]가죽으로 안을 댄 옷[衣]. ② 포유류의 몸에 빽빽이 자라나는 털을 통틀어 이르는 말.

모의[2] 謀議 (꾀할 모, 의논할 의). 어떤 일을 꾸미고[謀] 의논(議論)함. ¶암살을 모의하다.

모의[3] 模擬 (본뜰 모, 흉내낼 의). 실제의 것을 본뜨고[模] 흉내냄[擬]. 또는 그런 일. ¶모의고사 / 모의로 재판을 열다.

▸모의-전 模擬戰 (싸울 전). 군사 실전에 대비하여 연습 삼아 하는 가상의 모의(模擬) 전투(戰鬪).

▸모의-고사 模擬考査 (생각할 고, 살필 사). 어떤 시험에 대비하여 실제의 시험과 똑같은[模擬] 방식으로 해보는 시험[考査]. ㊥모의시험(模擬試驗).

▸모의-국회 模擬國會 (나라 국, 모일 회). 모의(模擬)로 국회(國會)의 의사 진행 및 토론 따위를 연습 삼아 해보는 일.

▸모의-시험 模擬試驗 (따질 시, 효과 험). 어떤 시험에 대비하여 실제의 시험과 똑같은[模擬] 방식으로 해보는 시험(試驗). ㊥모의고사(模擬考査).

모:인[1] 某人 (아무 모, 사람 인). 아무[某] 사람[人]. 어떤 사람.

모인[2] 摹印 (베낄 모, 도장 인). ① 속뜻 베껴쓴[摹] 도장[印]. ② 한자의 팔체서(八體書)의 한 가지로 옥새(玉璽) 글자에 쓰던 글씨체.

모:일 某日 (아무 모, 날 일). 아무[某] 날[日]. ¶모월 모일까지.

모:자[1] 母慈 (어머니 모, 사랑할 자). 자식에 대한 어머니[母]의 사랑[慈].

모자[2] 帽子 (쓰개 모, 접미사 자). 머리에 쓰는 쓰개[帽]를 통틀어 이르는 말.

모:자[3] 母子 (어머니 모, 아이 자). 어머니[母]와 아이[子]. ¶전쟁으로 헤어졌던 모자가 다시 만났다. ㊥부녀(父女).

▸모:자-간 母子間 (사이 간). 어머니[母]와 자식[子] 사이[間]. ¶그 집은 모자간의 정이 깊다.

▸모:자-원 母子院 (집 원). 사회 급히 도움을 필요로 하는 어머니[母]와 그 자녀(子女)들을 돌보아주는 복지 시설[院].

▸모:자 가정 母子家庭 (집 가, 뜰 정). 사회 아버지 없이 어머니[母]와 자식[子] 만이 사는 가정(家庭).

▸모:자 보:건법 母子保健法 (지킬 보, 튼튼할 건, 법 법). 법률 어머니[母]와 자녀(子女)의 건강(健康)을 보호(保護)하기 위해 제정한 법률(法律). 모성을 보호하고 건전한 출산과 양육을 도모함을 목적으로 한다.

모작 模作 (본뜰 모, 지을 작). 남의 작품을 그대로 본떠서[模] 지음[作]. 또는 그 작품(作品). ⓑ창작(創作).

모:재 母材 (어머니 모, 재료 재). 공업 ①주요한[母] 재료(材料). 특히 콘크리트에 있어서 시멘트를 이른다. ②용접할 때 그 대상이 되는 금속.

모:정[1] 母情 (어머니 모, 마음 정). 자식에 대한 어머니[母]의 마음[情]. ¶모정보다 강한 것은 없다.

모:정[2] 慕情 (그리워할 모, 마음 정). 그리워하는[慕] 마음[情].

모조 模造 (본뜰 모, 만들 조). ①속뜻 모방(模倣)하여 만듦[造]. 또는 그 물품. ¶명화를 모조하다. ②'모조지'의 준말.

▸모조-금 模造金 (쇠 금). 공업 진짜 금처럼 만든[模造] 금속(金屬).

▸모조-석 模造石 (돌 석). 공업 진짜 돌처럼 만든[模造] 돌[石]. ⓑ인조석(人造石).

▸모조-지 模造紙 (종이 지). '송아지의 피지(皮紙)를 본떠[模] 만든[造] 종이[紙]'라는 뜻의 영문명 'imitation vellum'을 한자어로 풀어쓴 말. 질기며 윤택이 나는 인쇄용 종이. ⓑ백상지(白上紙).

▸모조-품 模造品 (물건 품). 원래의 작품과 비슷하게 흉내 내어[模] 만든[造] 물품(物品). ⓑ진품(眞品), 정품(正品).

모:종 某種 (아무 모, 갈래 종). 불확실하거나 밝히기 어려운 어떤[某] 종류[種].

모:주 母酒 (어머니 모, 술 주). ①속뜻 술[酒]의 모태(母胎). ②약주를 거르고 남은 찌끼 술. 밑술. ¶모주 한 잔 / 모주를 마시다.

모:죽지랑-가 慕竹旨郎歌 (그리워할 모, 대나무 죽, 뜻 지, 사나이 랑, 노래 가). 문학 신라 효소왕(孝昭王)때 득오곡(得烏谷)이 죽지랑(竹旨郎)을 추모(追慕)하여 지은 향가(鄕歌).

모직 毛織 (털 모, 짤 직). 수공 털[毛]로 짠[織] 천. ¶모직 바지.

▸모직-물 毛織物 (만물 물). 털[毛]로 짠[織] 피륙, 편물, 양탄자 따위의 것[物].

▸모직혼-식 毛織婚式 (혼인할 혼, 의식 식). 서양 풍속에서 부부가 모직물(毛織物) 선물을 주고받음으로서 결혼(結婚) 40주년을 기념하는 의식(儀式).

모진 耗盡 (줄 모, 다될 진). 닳거나 줄어서[耗] 다 없어짐[盡].

모:질-물 母質物 (어머니 모, 바탕 질, 만물 물). 지리 모암(母岩)의 성질(性質)을 지닌 물질(物質). 모암에서 떨어져 나온 암석 조각이나 흙으로 이루어진 토양.

모집 募集 (뽑을 모, 모을 집). ①속뜻 조건에 맞는 사람이나 뽑거나[募] 모음[集]. ¶직원을 모집하다. ②기부금 따위를 널리 구하여 모음.

▸모집 공채 募集公債 (여럿 공, 빚 채). 경제 발행과 함께 자금을 수납(收納)시키는[募集] 보통 공채(公債). ⓑ교부 공채(交付公債).

모:-집단 母集團 (어머니 모, 모일 집, 모일 단). 수학 측정이나 조사를 하기 위해 표본을 뽑아내는 모체(母體)가 되는 집단(集團).

모채 募債 (모을 모, 빚 채). 공채(公債)나 사채(社債) 따위를 모집(募集)함.

모책 謀策 (꾀할 모, 꾀 책). 계책(計策)을 꾸밈[謀]. 또는 그 계책. ¶모책을 세우다.

모:처 某處 (아무 모, 곳 처). 불확실하거나 밝히기 어려운 어떤[某] 곳[處]. ¶그들은 시내 모처의 호텔에서 만나기로 했다. ⓑ모소(某所).

모:처-혼 母處婚 (어머니 모, 살 처, 혼인할 혼). 사회 신랑이 신부[母]의 씨족 집단으로 들어가서 살던[處] 결혼(結婚) 풍속. ⓑ부처혼(父處婚).

모:천 母川 (어머니 모, 내 천). 물고기가 태어나서 바다로 갈 때까지 자란 어머니[母]의 품 같은 하천(河川). ¶연어는 알을 낳기

위해 모천으로 돌아오는 습성이 있다.

모:체 母體 (어머니 모, 몸 체). ① [속뜻] 아이나 새끼를 밴 어미[母]의 몸[體]. ¶태아의 건강은 모체의 건강에 달려있다. ②현재 형태의 기반이 되었던 것. ¶라틴어는 프랑스어의 모체이다.

▸모:체 공장 母體工場 (장인 공, 마당 장). [공업] 새로 생긴 공장의 모체(母體)가 되는 공장(工場).

▸모:체 전염 母體傳染 (전할 전, 물들일 염). [의학] 병원체가 모체(母體)를 통하여 다음 세대에 전염(傳染)되는 일.

모:추 暮秋 (저물 모, 가을 추). 저물어[暮] 가는 가을[秋]. 음력 구월을 이름. 늦가을. [비]만추(晩秋).

모:춘 暮春 (저물 모, 봄 춘). 저물어[暮] 가는 봄[春]. 음력 삼월을 이름. 늦봄. [비]만춘(晩春).

모충 毛蟲 (털 모, 벌레 충). [동물] 몸에 털[毛]이 있는 벌레[蟲]를 통틀어 이르는 말. ¶송충이는 모충의 하나이다.

모:친 母親 (어머니 모, 어버이 친). ① [속뜻] 모계(母系) 친족(親族). ②'어머니'의 높임말. [반]부친(父親).

▸모:친-상 母親喪 (죽을 상). 어머니[母親]의 죽음[喪]. [준]모상. [반]부친상(父親喪).

모:태 母胎 (어머니 모, 아이 밸 태). ① [속뜻] 어미[母]의 태(胎) 안. ②사물이 발생하거나 발전하는 데 바탕이 된 토대. ¶로마는 서양 문명의 모태가 되었다.

모표 帽標 (모자 모, 나타낼 표). 모자(帽子)에 붙이는 일정한 표지(標識). ¶학교의 모표 / 모표를 모자에 붙이다.

모피 毛皮 (털 모, 가죽 피). 털[毛]이 그대로 붙어 있는 짐승의 가죽[皮]. ¶모피로 만든 외투.

▸모피-상 毛皮商 (장사 상). 모피(毛皮)를 사고 파는 장사[商].

▸모피수-류 毛皮獸類 (짐승 수, 무리 류). 너구리, 물개, 여우, 족제비처럼 주로 모피(毛皮)가 이용되는 짐승들[獸類].

모필 毛筆 (털 모, 붓 필). 짐승의 털[毛]로 만든 붓[筆].

▸모필-화 毛筆畫 (그림 화). 털붓[毛筆]으로 그린 그림[畫].

모:하 暮夏 (저물 모, 여름 하). 저물어[暮] 가는 여름[夏]. 음력 유월을 이름. 늦여름. [비]만하(晩夏).

모:한 冒寒 (무릅쓸 모, 찰 한). 추위[寒]를 무릅씀[冒].

모함 謀陷 (꾀할 모, 빠질 함). 꾀를 써서[謀] 남을 어려운 처지에 빠뜨림[陷]. ¶이순신 장군은 모함을 받아 유배를 당했다.

모:항 母港 (근본 모, 항구 항). 그 배의 근거지[母]가 되는 항구(港口). ¶몇 달만에 모항으로 돌아오다.

모해 謀害 (꾀할 모, 해칠 해). 꾀를 써서[謀] 남을 해침[害]. ¶유신 장군에 대한 모해를 꾀하였다.

모:험 冒險 (무릅쓸 모, 험할 험). 위험(危險)을 무릅쓰고[冒] 어떠한 일을 함. 또는 그 일. ¶목숨을 걸고 모험을 하다.

▸모:험-가 冒險家 (사람 가). 모험(冒險)을 좋아하는 사람[家].

▸모:험-담 冒險談 (이야기 담). 위험(危險)을 무릅쓰고[冒] 얻은 경험이나 사실에 대한 이야기[談]. ¶모험담을 늘어놓다.

▸모:험-심 冒險心 (마음 심). 모험(冒險)을 즐기는 마음[心]. ¶그는 어릴 때부터 모험심이 강했다.

▸모:험-적 冒險的 (것 적). 위험(危險)을 무릅쓰고[冒] 하는 것[的].

▸모:험 사:업 冒險事業 (일 사, 일 업). ① [속뜻] 위험(危險)을 무릅쓰고[冒] 하는 사업(事業). ②새로운 분야에 도전하는 사업.

▸모:험 소:설 冒險小說 (작을 소, 말씀 설). [문학] 주인공의 모험(冒險)에 중점을 둔 소설(小說).

▸모:험-주의 冒險主義 (주될 주, 뜻 의). ① [속뜻] 모험적(冒險的)인 정책이나 방침을 취하는 태도[主義]. ②우연한 성공을 바라고 행동하는 태도.

*__모형__ 模型 (=模形, 본보기 모, 거푸집 형). ① [속뜻] 본보기[模]로 삼은 틀[型]. ②모양이 같은 물건을 만들기 위한 틀. ③실물을 모방하여 만든 물건.

▸모형-관 模型館 (집 관). 실물과 똑같이 만든 모형(模型)을 전시해 놓은 집[館].

▸모형-도 模型圖 (그림 도). 모형(模型)을

그린 그림[圖].

▶모형 비행기 模型飛行機 (날 비, 다닐 행, 틀 기). 실물을 본떠서[模型] 만든 비행기(飛行機).

모호 模糊 (본보기 모, 풀 호). ① 속뜻 모양(模樣)이 풀[糊]칠로 잘 안보임. ② 말이나 태도가 흐릿하여 분명하지 않음. ¶그는 내 질문에 모호하게 대답을 얼버무렸다. ⓑ애매(曖昧)하다, 애매모호하다.

모:화[1] 慕化 (그리워할 모, 될 화). 덕을 사모(思慕)하여 그 가르침을 따라 감화(感化)됨.

모:화[2] 慕華 (그리워할 모, 중국 화). 중국[華]의 문물이나 사상을 사모(思慕)함.

▶모:화-관 慕華館 (집 관). 역사 조선 때, 중국[華] 사신을 접대하던[慕] 곳[館]을 이르던 말.

▶모:화-사상 慕華思想 (생각 사, 생각 상). 역사 중국[華]의 문물을 우러러[慕] 따르려는 생각이나 태도[思想].

모:훈 母訓 (어머니 모, 가르칠 훈). 어머니[母]의 가르침[訓]. ⓑ모교(母敎), 자훈(慈訓).

목가 牧歌 (기를 목, 노래 가). 문학 전원시의 하나. 전원의 한가로운 목자(牧者)나 농부의 생활을 주제로 한 서정적이고 소박한 시가(詩歌).

▶목가-적 牧歌的 (것 적). 목동(牧童)이 부르는 노래[歌]처럼 소박하고 평화로운 것[的]. ¶목가적 시.

목-가구 木家具 (나무 목, 집 가, 갖출 구). 나무[木]로 만든 가구(家具).

목각 木刻 (나무 목, 새길 각). ① 속뜻 그림이나 글씨 따위를 나무[木]에 새김[刻]. ¶목각 활자. ② '목각화'의 준말.

▶목각-화 木刻畵 (그림 화). 미술 나무[木]에 새긴[刻] 그림[畵].

▶목각 활자 木刻活字 (살 활, 글자 자). 출판 나무[木] 조각에 새긴[刻] 활자(活字). ⓒ목활자.

목간[1] 木竿 (나무 목, 장대 간). 물건을 받치거나 버티는 데 쓰는 굵고 긴 나무[木]로 만든 장대[竿]. ⓑ장목(長木).

목간[2] 木幹 (나무 목, 줄기 간). 나무[木]의 줄기[幹] 부분.

목간[3] 木簡 (나무 목, 대쪽 간). 예전에 종이 대용으로 글을 적은 나무[木] 조각. 또는 대쪽[簡].

목간[4] 沐間 (머리감을 목, 사이 간). 목욕(沐浴)할 수 있도록 마련한 칸살[間].

▶목간-통 沐間桶 (통 통). 목욕하기 위해 목욕간(沐浴間)에 두는 통(桶).

목갑 木匣 (나무 목, 상자 갑). 나무[木]로 만든 작은 상자[匣]. ¶목갑에 태극기를 담아 두었다.

목검 木劍 (나무 목, 칼 검). 검술을 익힐 때 쓰는 나무[木]로 만든 칼[劍]. ⓑ목도(木刀).

목격 目擊 (눈 목, 부딪칠 격). ① 속뜻 눈[目]길이 부딪침[擊]. ② 우연히 보게 됨. ¶사고를 목격하다. ⓑ목견(目見), 목도(目睹).

▶목격-담 目擊談 (이야기 담). 직접 본[目擊] 것에 대한 이야기[談]. ¶사고 당시의 목격담을 들었다.

▶목격-자 目擊者 (사람 자). 어떤 일을 눈[目]으로 직접 본[擊] 사람[者]. ¶교통사고 목격자를 찾아 나섰다.

목견 目見 (눈 목, 볼 견). 눈[目]으로 봄[見]. ⓑ목격(目擊).

***목공 木工** (나무 목, 장인 공). 나무[木]로 물건을 만드는[工] 일. 혹은 그런 일을 하는 사람. ⓑ목수(木手).

▶목공-구 木工具 (갖출 구). 나무[木]를 깎고 다듬는[工] 데 쓰는 도구(道具). 톱, 대패, 끌 따위.

▶목공-소 木工所 (곳 소). 나무[木]로 여러 가지 물건을 만드는[工] 곳[所].

▶목공-품 木工品 (물건 품). 나무[木]로 만든[工] 물건[品].

목-공예 木工藝 (나무 목, 장인 공, 재주 예). 수공 나무[木]로 물건을 만드는[工] 재주[藝]. 또는 그런 공예품. ¶그는 취미로 목공예를 한다.

목관 木管 (나무 목, 피리 관). 나무[木]로 만든 피리[管].

▶목관 악기 木管樂器 (음악 악, 그릇 기). 음악 나무[木]로 만든 피리[管] 종류의 악기(樂器). ¶클라리넷은 목관 악기이다.

목-극토 木克土 (=木剋土, 나무 목, 이길 극, 흙 토). 민속 음양오행설에서, 나무[木]는 흙[土]을 이긴다[克]는 뜻으로 이르는 말.

(참)오행상극(五行相剋).

목근[1] 木根 (나무 목, 뿌리 근). 나무[木]의 뿌리[根]. 땅속에 묻혀 영양분을 빨아올리며, 줄기가 쓰러지지 않도록 지탱하여 주는 역할도 한다. ¶땅위로 목근이 드러나 있다.

목근[2] 木筋 (나무 목, 힘줄 근). **건설** 콘크리트 구조물에 심[筋]으로 쓰이는 나무[木].

목근[3] 木槿 (나무 목, 무궁화 근). 무궁화[槿] 나무[木]. 낙엽 활엽 관목. 여름부터 가을까지 분홍, 다홍, 보라, 자주, 순백의 종 모양 꽃이 핀다. 꽃이 피는 기간이 길어 관상용으로 많이 심는다. (비)무궁화.

목금 目今 (눈 목, 이제 금). ① **속뜻** 눈[目]앞에 닥친 현재[今]. ②이제 곧.

목기 木器 (나무 목, 그릇 기). 나무[木]로 만든 그릇[器].

목대 木臺 (나무 목, 돈대 대). **출판** 인쇄할 때에 목판을 올려놓는[臺] 나무[木]쪽. (비)판대(版臺).

목도 目睹 (눈 목, 볼 도). 눈[目]으로 직접 봄[睹]. 목격(目擊). ¶현장을 목도하다.

목동 牧童 (칠 목, 아이 동). 소나 양을 치는[牧] 아이[童]. ¶목동이 피리를 분다.

목련 木蓮 (나무 목, 연꽃 련). **식물** 봄에 잎보다 먼저 흰빛 또는 자줏빛 꽃이 피는 나무. 또는 그 꽃. '나무[木]에서 피는 연꽃[蓮]'이라는 뜻에서 붙여진 이름이다.

목례 目禮 (눈 목, 예도 례). 눈[目]짓으로 가볍게 예(禮)를 갖추어 하는 인사. ¶목례를 나누다. (비)눈인사.

목로[1] 木路 (나무 목, 길 로). 얕은 물에서 배가 다닐 만한 곳에 나뭇가지[木]를 꽂아 표시한 뱃길[路].

목로[2] 木壚 (나무 목, 주막 로). ① **속뜻** 나무[木]로 지은 주막[壚]. ¶목로의 불빛이 오가는 손님을 불렀다. ②술잔을 놓기 위해 널빤지로 만든 좁고 기다란 상.

▸**목로-주점** 木壚酒店 (술 주, 가게 점). 목로(木壚)를 늘어놓고 술[酒]을 파는 집[店].

목록 目錄 (눈 목, 기록할 록). 목차(目次)를 기록(記錄)해 놓은 것. ¶도서 목록.

목마 木馬 (나무 목, 말 마). ① **속뜻** 나무[木]로 말[馬] 모양을 깎아 만든 물건. ¶목마를 타고 놀다. ② **운동** 기계체조에 쓰는 말의 모양처럼 만든 기구의 하나. ③ **건설** 집을 지을 때에 발돋움을 하기 위해 쓰는 나무토막.

목멱-산 木覓山 (나무 목, 찾을 멱, 메 산). 서울의 '남산(南山)'의 딴이름. '남산'이라는 뜻의 옛말 '마뫼'를 한자어로 표기한 것에 '산'(山)을 덧붙인 것이다.

목면 木棉 (=木綿, 나무 목, 목화 면). ① **속뜻** 목화[棉] 나무[木]. ② **식물** 목면과의 교목. 인도에서 자바에 걸쳐 나는 열대 식물로 씨는 검은 색이며 겉껍질이 흰색의 털 모양 섬유로 변한다. 이를 모아 솜을 만들고 씨는 기름을 짠다.

▸**목면-공** 木棉公 (공작 공). 목화[木棉]를 들여와 퍼뜨린 문익점(文益漸)을 높이 부르는[公] 말.

▸**목면-사** 木棉絲 (실 사). 솜[木棉]을 자아 만든 실[絲]. (비)무명실.

▸**목면-직** 木棉織 (짤 직). 무명실[木棉絲]로 짠[織] 천. (비)무명천.

▸**목면-포** 木棉布 (베 포). 무명실[木棉絲]로 짠 천[布]. (비)목면직.

목문 木紋 (나무 목, 무늬 문). 나뭇[木]결이 나타내는 무늬[紋]. ¶탁자 겉면에 목문이 드러나있다.

▸**목문-지** 木紋紙 (종이 지). 나무[木]의 빛깔과 무늬[紋]를 나타내도록 만든 종이[紙].

목민 牧民 (다스릴 목, 백성 민). 백성[民]을 다스리는[牧] 일.

▸**목민-관** 牧民官 (벼슬 관). **역사** 백성[民]을 다스리는[牧] 관원(官員). '목민지관'(牧民之官)의 준말. ¶목민관의 표본이 되다.

▸**목민-심서** 牧民心書 (마음 심, 글 서). **책명** 백성[民]을 다스리는[牧] 사람들이 가져야 할 올바른 마음[心] 자세에 관하여 써 놓은 글[書]. 조선 순조 때 정약용(丁若鏞)이 지었다.

목본 木本 (나무 목, 본보기 본). **식물** 나무[木]와 같은 종류[本]의 식물. 줄기나 뿌리가 비대하여져서 질이 단단한 식물. 교목, 관목, 상록수, 낙엽수, 침엽수, 활엽수 따위로 분류한다. (참)초본(草本).

목불 木佛 (나무 목, 부처 불). **불교** 나무[木]를 다듬어 만든 부처[佛]. ¶목불에 정성스레 절을 했다.

목불식정 目不識丁 (눈 목, 아닐 불, 알 식,

천간 정). 눈[目] 앞의 고무래를 보고도 '정'[丁]자도 알아보지[識] 못함[不]. 글자를 전혀 모르거나 그런 사람을 이름. [비]일자무식(一字無識).

목불인견 目不忍見 (눈 목, 아닐 불, 참을 인, 볼 견). 차마[忍] 눈[目] 뜨고 볼[見] 수 없음[不]. 눈으로 차마 볼 수 없음. ¶목불인견의 참상. [준]불인견.

목사 牧師 (다스릴 목, 스승 사). [기독교] 교회를 맡아 다스리고[牧] 신자를 인도하는 스승[師] 같은 교역자(敎役者).

목상 木像 (나무 목, 모양 상). [미술] 나무[木]로 만든 불상(佛像), 인물 형상 따위의 조각.

목-생화 木生火 (나무 목, 날 생, 불 화). [민속] 음양오행설에서, 나무[木]에서 불[火]을 낳는다[生]는 뜻으로 이르는 말. [참]오행상생(五行相生).

목석 木石 (나무 목, 돌 석). ① [속뜻] 나무[木]와 돌[石]을 아우르는 말. ②나무나 돌처럼 '감정이 무디고 무뚝뚝한 사람'을 비유하여 이르는 말. ¶그는 목석같은 사람이다.

▸목석-한 木石漢 (사나이 한). 나무[木]나 돌[石]처럼 인정이 없고 감정이 무딘 사나이[漢].

목선 木船 (나무 목, 배 선). 나무[木]로 만든 배[船]. '목조선'의 준말. ¶낡은 목선을 타고 탈출했다.

목성 木星 (나무 목, 별 성). [천문] 태양으로부터 다섯 번째로 가깝고 음양오행설에서 목(木)에 해당되는 행성(行星). 태양계의 행성 가운데 가장 크다. [비]덕성(德星), 세성(歲星).

목수 木手 (나무 목, 사람 수). 나무[木]로 집을 짓거나 기구를 만드는 일을 업으로 하는 사람[手]. [비]목공(木工), 대목(大木).

목신1 木神 (나무 목, 귀신 신). [민속] 나무[木]에 붙어있다고 하는 귀신(鬼神).

목신2 牧神 (기를 목, 귀신 신). [문학] 숲, 사냥, 목축(牧畜)을 맡아보는 신(神). 그리스 신화의 'Pan', 로마 신화의 'Faunus'에 해당한다.

목야 牧野 (기를 목, 들 야). ① [속뜻] 가축을 놓아기르는[牧] 들[野]. ② [역사] 중국 주(周)나라의 무왕이 은나라의 주왕을 토벌한 곳. 지금의 하남성(河南省) 치현(淇縣) 남쪽의 땅이다.

목양1 牧養 (칠 목, 기를 양). 가축을 쳐서[牧] 기름[養]. [비]목축(牧畜).

목양2 牧羊 (칠 목, 양 양). 양(羊)을 침[牧].

▸목양-견 牧羊犬 (개 견). 양치기[牧羊]를 돕도록 길들여진 개[犬].

▸목양-신 牧羊神 (귀신 신). [문학] 양치기[牧羊] 같은 목축을 맡은 신(神). [비]목신(牧神).

목어 木魚 (나무 목, 물고기 어). ① [불교] 나무[木]로 만든 잉어[鯉魚] 모양의 목탁(木鐸). ② [불교] '목탁(木鐸)'을 달리 이르는 말. ③ [동물] 도루묵과의 바닷물고기. 몸의 길이는 25㎝ 정도이고 옆으로 편평하며 등은 누런 갈색이고 배는 흰 은빛이다. [비]어고(魚鼓), 어판(魚板).

목-요일 木曜日 (나무 목, 빛날 요, 해 일). 칠요일 중 나무[木]에 해당하는 요일(曜日). ¶목요일까지 과제를 제출하세요.

*__목욕__ 沐浴 (머리감을 목, 몸씻을 욕). ① [속뜻] 머리를 감고[沐] 몸을 씻음[浴]. ②온몸을 씻음. ¶하루에 한 번은 목욕을 해야 한다.

▸목욕-간 沐浴間 (사이 간). 목욕(沐浴)할 수 있도록 마련한 공간(空間). [준]목간.

▸목욕-실 沐浴室 (방 실). 목욕(沐浴)하는 시설을 갖춘 방[室].

▸목욕-탕 沐浴湯 (욕탕 탕). 목욕(沐浴)할 수 있도록 준비해둔 탕(湯). 또는 그러한 시설을 갖추어 놓고 영업을 하는 곳. [준]욕탕.

▸목욕-통 沐浴桶 (통 통). 목욕(沐浴)할 때 쓸 물을 담는 통(桶). [비]목간통(沐間桶).

▸목욕-재계 沐浴齋戒 (재계할 재, 경계할 계). 신성한 일을 하기 전에 목욕(沐浴)하여 부정한 일을 피해 몸과 마음을 가다듬는[齋戒] 일.

목우1 木偶 (나무 목, 허수아비 우). 나무[木]로 만든 인형[偶]. '목우인'(木偶人)의 준말. [비]목상(木像), 목인(木人).

목우2 牧牛 (칠 목, 소 우). 소[牛]를 침[牧]. ¶목우 농가.

목자 牧者 (칠 목, 사람 자). ① [속뜻] 양을 치는[牧] 사람[者]. ②교인(敎人)을 양에 비유하여 개신교의 목사(牧師)나 가톨릭의 사제(司祭)를 이르는 말. [비]양치기.

목장 牧場 (칠 목, 마당 장). 마소나 양 따위를 치는[牧] 넓은 땅[場].

⁑목재 木材 (나무 목, 재료 재). 건물이나 가구를 만드는 데 쓰이는 나무[木]로 된 재료(材料). ㊥재목(材木).

▸목재-상 木材商 (장사 상). 목재(木材)를 사고파는 장사[商]. 또는 그 장수.

▸목재-업 木材業 (일 업). 목재(木材)를 다루는 사업(事業).

▸목재 건류 木材乾溜 (마를 건, 물방울질 류). 화학 목재(木材)를 가열해[乾] 휘발성 물질[溜]과 비휘발성 물질을 분리하는 일.

⁑목적 目的 (눈 목, 과녁 적). ① 속뜻 목표(目標)로 정한 과녁[的]. ②이룩하거나 도달하려고 하는 목표나 방향. ¶인생의 목적이 무엇입니까? ③ 심리 행위에 앞서서 의지가 그 실천을 예정하는 것. ④어떤 일을 이루려고 뜻을 정함.

▸목적-격 目的格 (자격 격). ① 속뜻 목적어(目的語)가 되는 자격(資格). ② 언어 문장 안에서, 체언이 서술어의 목적어임을 표시하는 격. ㊥빈격(賓格).

▸목적-론 目的論 (논할 론). 철학 모든 사물이나 현상은 목적(目的)을 실현하기 위해 있는 것이라는 이론(理論). ㊥기계론(機械論).

▸목적-물 目的物 (만물 물). ① 속뜻 어떤 행위의 목표[目的]가 되는 사물(事物). ② 법률 법률 행위의 목적이 되는 물건.

▸목적-범 目的犯 (범할 범). 법률 어떤 목적(目的)을 위해서 일부러 지은 범죄(犯罪). 내란죄, 무고죄, 위조죄 따위가 있다.

▸목적-세 目的稅 (세금 세). 법률 특정한 경비에 쓸 목적(目的)으로 징수하는 세금(稅金). ¶교육비는 목적세의 하나이다. ㊥보통세(普通稅).

▸목적-시 目的詩 (시 시). 문학 예술성보다는 어떤 정치적 또는 사회적 목적(目的)을 전제로 하고 지은 시(詩).

▸목적-어 目的語 (말씀 어). 언어 타동사(他動詞)에 의하여 표현된 동작이나 작용이 미치는 대상[目的]이 되는 말[語]. ¶'나는 밥을 먹는다.'에서 목적어는 '밥을'이다. ㊥객어(客語).

▸목적-지 目的地 (땅 지). 목표(目標)로 삼거나 지목하는[的] 곳[地]. ¶목적지에 도착하다.

▸목적-형 目的刑 (형벌 형). 법률 사회 방위나 범인의 교정, 교화 따위의 목적(目的)을 위한 수단으로서의 형벌(刑罰). ㊥응보형(應報刑).

▸목적 사회 目的社會 (단체 사, 모일 회). 사회 일정한 개인의 목적(目的)을 위해 결합된 사회 집단(社會集團).

▸목적 소:설 目的小說 (작을 소, 말씀 설). 문학 예술성보다는 어떤 정치적 또는 사회적 목적(目的)을 전제로 하고 지은 소설(小說).

▸목적-의식 目的意識 (뜻 의, 알 식). 자기 행위의 목적(目的)에 대한 뚜렷한 자각[意識].

▸목적형-론 目的刑論 (형벌 형, 논할 론). 법률 형벌(刑罰)은 사회 방위나 범인의 교정, 교화 따위의 목적(目的)을 위한 수단이라고 보는 이론(理論). ㊥교육형론(教育刑論). ㊥응보형론(應報刑論).

▸목적격 조:사 目的格助詞 (자격 격, 도울 조, 말씀 사). ① 속뜻 목적어(目的語)의 자격(資格)을 갖게 하는 조사(助詞). ② 언어 문장 안에서, 체언이 서술어의 목적어임을 표시하는 격 조사. '을/를'이 있다.

목전 目前 (눈 목, 앞 전). ① 속뜻 눈[目] 앞[前]쪽. 아주 가까운 곳. ¶끔찍한 일이 목전에서 벌어지다. ②아주 가까운 장래. ¶목전의 이익만을 생각하다 / 결전의 날이 목전에 다가왔다.

목정 木精 (나무 목, 쓿을 정). 화학 목재(木材)를 건류할 때 생기는 향기 있는 액체[精]. ㊥메탄올[methyl alcohol].

***목제 木製** (나무 목, 만들 제). 나무[木]를 재료로 하여 만듦[製]. 또는 그 물건.

▸목제-품 木製品 (물건 품). 나무[木]로 만든[製] 물품(物品). ¶목제품을 특히 좋아한다.

목-제기 木祭器 (나무 목, 제사 제, 그릇 기). 나무[木]로 만든 제기(祭器).

목조[1] 木彫 (나무 목, 새길 조). 미술 나무[木]를 재료로 하는 조각(彫刻). 또는 그 작품.

목조[2] 木槽 (나무 목, 구유 조). 나무[木]로 만든 구유[槽]. 소나 말 따위의 가축들에게 먹이를 담아 주는 나무 그릇.

목조[3] 木造 (나무 목, 만들 조). 나무[木]로 지음[造]. 또는 그 건축물. ¶목조 주택.

▸목조 건:축 木造建築 (세울 건, 쌓을 축). [건설] 뼈대가 주로 목재(木材)로 지은[造] 건축물(建築物).

목질 木質 (나무 목, 바탕 질). ① [속뜻] 나무[木]와 같이 단단한 성질(性質). ② 나무줄기 내부의 단단한 부분. ③ 목재로서의 나무의 질.

▸목질-부 木質部 (나눌 부). [식물] 속씨식물의 관다발 가운데 물관, 헛물관, 목부 유조직, 목질(木質) 섬유 따위가 집합한 조직이나 부분(部分).

▸목질-화 木質化 (될 화). [식물] 식물의 세포막에 리그린이 쌓여 나무처럼 단단하게[木質] 되는[化] 현상. [준]목화.

목차 目次 (눈 목, 차례 차). 내용의 항목(項目)이나 제목(題目)을 차례(次例)대로 배열한 것. ¶책의 목차. [비]차례(次例), 목록(目錄).

목책 木柵 (나무 목, 울타리 책). 나무[木]로 만든 울타리[柵]. ¶임시로 목책을 둘러쳤다.

목첩 目睫 (눈 목, 속눈썹 첩). ① [속뜻] 눈[目]과 속눈썹[睫]을 아울러 이르는 말. ② 아주 가까운 때나 장소를 비유하여 이르는 말. ¶대통령 선거가 목첩에 박두하였다.

목초 牧草 (칠 목, 풀 초). 가축을 치기[牧] 위한 풀[草]. [비]꼴.

▸목초-지 牧草地 (땅 지). 가축의 사료가 되는 풀[牧草]이 자라고 있는 땅[地]. ¶넓은 목초지에 젖소들이 풀을 뜯고 있다.

목총 木銃 (나무 목, 총 총). 나무[木]로 만든 소총(小銃) 모양의 것.

***목축 牧畜** (칠 목, 가축 축). 소·말·양 따위의 가축(家畜)을 기르는[牧] 일. ¶목축에 종사하다. [비]목양(牧養).

▸목축-가 牧畜家 (사람 가). 가축(家畜)을 치는[牧] 일을 전문으로 하는 사람[家].

▸목축-농 牧畜農 (농사 농). [농업] 전문적으로 가축(家畜)을 치는[牧] 농사(農事).

▸목축-업 牧畜業 (일 업). 가축(家畜) 치는[牧] 것을 경영하는 기업(企業). ¶뉴질랜드는 목축업이 발달했다.

▸목축 농업 牧畜農業 (농사 농, 일 업). [농업] 전문적으로 가축(家畜)을 치는[牧] 농업(農業). [준]목축농.

▸목축 시대 牧畜時代 (때 시, 연대 대). [사회] 짐승[畜]을 길들여서 유목(遊牧)하며 생활하던 시대(時代). 인류의 경제 발달 단계의 하나. [참]어렵(漁獵) 시대, 농경(農耕) 시대.

목측 目測 (눈 목, 헤아릴 측). 눈[目]으로 보아 어림잡아 헤아림[測]. ¶목측으로 조준하여 총을 쐈다. [비]눈대중.

목침 木枕 (나무 목, 베개 침). 나무[木] 토막으로 만든 베개[枕]. ¶목침을 베고 자다.

목탁 木鐸 (나무 목, 방울 탁). [불교] 나무[木]를 둥글게 깎아 속을 파서 방울[鐸]처럼 만든 기구. 불공을 할 때나 사람들을 모이게 할 때 쓴다. ¶목탁 소리 / 목탁을 두드리다. ② 세상 사람을 깨우쳐 바르게 인도할 만한 사람이나 기관을 비유하여 이르는 말. ¶언론은 사회의 목탁임을 잊지 말아야한다.

목탄 木炭 (나무 목, 숯 탄). 나무[木]를 태워 만든 숯[炭].

▸목탄-지 木炭紙 (종이 지). [미술] 목탄화(木炭畵)를 그리는 데 쓰는 종이[紙].

▸목탄-화 木炭畵 (그림 화). [미술] 목탄(木炭)으로 그린 소묘나 밑그림[畵].

목탑 木塔 (나무 목, 탑 탑). 나무[木]로 만든 탑(塔). ¶황룡사 9층 목탑 / 목탑은 돌로 쌓는 석탑보다 쉽게 세울 수 있다.

목판¹ 木板 (나무 목, 널빤지 판). ① [속뜻] 나무[木]로 된 널빤지[板]. ② 음식을 담아 나르는 나무 그릇. [비]널조각, 목반(木盤).

목판² 木版 (나무 목, 널빤지 판). [출판] 나무[木]에 글이나 그림을 새긴 인쇄용의 널빤지[版].

▸목판-본 木版本 (책 본). [출판] 목판(木版)으로 박아낸 책[本]. [비]판각본(板刻本).

⁑**목표 目標** (눈 목, 우듬지 표). ① [속뜻] 눈[目]에 잘 띄는 우듬지[標]. 또는 그런 표적. ② 행동을 통하여 이루거나 도달하려는 대상이 되는 것. ¶목표를 세우다 / 목표를 달성하다.

▸목표-물 目標物 (만물 물). 목표(目標)로 하는 물건(物件).

목피 木皮 (나무 목, 껍질 피). 나무[木]의 껍질[皮]. ¶흉년이 들어 초근과 목피로 연명했다.

목하 目下 (눈 목, 아래 하). ① [속뜻] 눈[目]

아래[下]. 눈앞에. ②바로 이때. 지금. ¶그 회의는 목하 부산에서 열리고 있다. ⓑ목금(目今), 현금(現今).

목혼-식 木婚式 (나무 목, 혼인할 혼, 의식 식). 서양 풍속으로 부부가 나무[木]로 된 선물을 주고받는 결혼(結婚) 5주년 기념식(記念式).

목화[1] 木花 (나무 목, 꽃 화). ① 속뜻 솜이 나무[木]의 꽃[花]처럼 달리는 식물. ② 식물 아욱과의 한해살이풀. 솜털을 모아서 솜을 만들고 씨는 기름을 짠다. ¶목화를 틀어 솜을 만들다. ⓑ면화(綿花).

목화[2] 木畵 (나무 목, 그림 화). 목공품(木工品)의 표면에 자개, 상아, 수정, 금, 은, 진주 따위를 재료로 상감(象嵌)하여 여러 무늬를 그려[畵] 넣는 공예 기법.

목-활자 木活字 (나무 목, 살 활, 글자 자). 출판 나무[木]에 새겨 만든 활자(活字). '목판 활자'(木版活字)의 준말.

목회 牧會 (다스릴 목, 모일 회). 기독교 목사가 교회(教會)를 맡아 다스림[牧]. 설교하거나 신자의 신앙생활을 지도하는 일을 말한다.

몰각 沒却 (없어질 몰, 물리칠 각). ① 속뜻 아주 없애[沒] 버림[却]. ②무시해 버림.

몰골-법 沒骨法 (없어질 몰, 뼈 골, 법 법). ① 속뜻 뼈[骨]대가 되는 윤곽선은 숨기는[沒] 그림 기법(技法). ② 미술 동양화에서 윤곽선을 그리지 않고 먹이나 물감을 찍어서 한 붓에 그리는 기법. ⓑ몰선묘법(沒線描法). ⓑ구륵법(鉤勒法).

몰-경계 沒經界 (없어질 몰, 날실 경, 지경 계). 옳고 그름이나 선악의 경위(經緯)가 나뉘는 한계(限界)가 전혀 없음[沒]. ⓑ무경계(無經界).

몰년 沒年 (없어질 몰, 해 년). 죽은[沒] 해[年]. 또는 죽은 해의 나이.

*__몰두__ 沒頭 (빠질 몰, 머리 두). 머리[頭] 속의 생각이 어떤 한 가지 일에만 빠지게[沒] 함. ¶일에만 몰두하다. ⓑ열중(熱中), 집중(集中).

몰락 沒落 (빠질 몰, 떨어질 락). ① 속뜻 물속으로 가라앉거나[沒] 바닥으로 떨어짐[落]. ②잘 되던 것이 보잘것없이 됨. ¶그 집안은 몰락했다. ③멸망하여 없어짐. ¶로마제국의 몰락. ⓑ번영(繁榮), 번창(繁昌), 번성(繁盛).

몰사 沒死 (없어질 몰, 죽을 사). 모조리[沒] 죽음[死]. ¶더운 날씨로 닭들이 순식간에 몰사했다.

몰살 沒殺 (빠질 몰, 죽일 살). ① 속뜻 물에 빠트려[沒] 죽임[殺]. ②모조리 죽임. ¶강감찬 장군이 적을 몰살시켰다. ⓑ몰사(沒死), 전멸(全滅).

몰-상식 沒常識 (없어질 몰, 보통 상, 알 식). 일반적인[常] 지식(智識)이 없음[沒]. 사리에 어두움. ¶새치기를 하는 몰상식한 행동.

몰서 沒書 (빠질 몰, 글 서). ① 속뜻 신문이나 잡지에 실리지 못하고 빠진[沒] 글[書]. ② 보내는 사람이나 받는 사람의 주소나 이름이 정확하지 않아 전하거나 돌려보낼 수 없는 편지.

몰수 沒收 (없어질 몰, 거둘 수). 남은 재산이 하나도 없도록[沒] 모두 거두어[收] 들임. ¶법원은 그의 재산을 몰수했다.

몰아 沒我 (없어질 몰, 나 아). 자기[我]를 잊고 있는[沒] 상태. ¶몰아의 경지에 돌입하였다.

몰-염치 沒廉恥 (없어질 몰, 청렴할 렴, 부끄러울 치). 염치(廉恥)가 없음[沒]. ¶몰염치한 행동.

몰-이해[1] 沒利害 (없어질 몰, 이로울 리, 해칠 해). 이익(利益)과 손해(損害)를 따지지 않음[沒].

몰-이해[2] 沒理解 (없어질 몰, 이치 리, 풀 해). 전혀 이해(理解)를 하지 못함[沒]. ¶예술에 대한 몰이해.

몰-인격 沒人格 (없어질 몰, 사람 인, 품격 격). 인간으로서의 자격[人格]을 갖추지 못함[沒]. 사람답지 못함.

몰-인식 沒認識 (없어질 몰, 알 인, 알 식). 전혀 인식(認識)하지 못함[沒].

몰-인정 沒人情 (없어질 몰, 남 인, 마음 정). 인정(人情)이 전혀 없음[沒]. ¶그는 참 몰인정하다.

몰입 沒入 (빠질 몰, 들 입). ① 속뜻 어떤 일에 빠져[沒] 들어감[入]. ¶일에 몰입하다. ② 역사 죄인의 재산이나 가족을 몰수(沒收)하여 관가로 들여오던 일. ⓑ몰두(沒頭).

몰자-한 沒字漢 (없어질 몰, 글자 자, 사나이 한). 글[字]을 전혀 모르는[沒] 사람[漢]. ¶몰자한일지라도 사람의 도리는 안다.

몰-지각 沒知覺 (없어질 몰, 알 지, 깨달을 각). 지각(知覺) 능력이 없음[沒]. ¶예상치 못한 몰지각한 행동. [비]무지각(無知覺).

몰-취미 沒趣味 (없어질 몰, 뜻 취, 맛 미). 아무런 취미(趣味)가 없음[沒]. [비]무취미(無趣味). [반]다취미(多趣味).

몰판 沒板 (없어질 몰, 널빤지 판). [운동] 한 군데도 살아남은 돌이 없이[沒] 지는 바둑 경기 판(板).

몰패 沒敗 (없어질 몰, 패할 패). 여지없이[沒] 다 짐[敗]. 모두 패함. ¶공격 한 번 못해보고 몰패를 당했다.

몽고 蒙古 (어릴 몽, 옛 고). [지리] '몽골'(Mongol)의 한자 음역어. 13세기 칭기즈 칸의 통솔 아래 세력이 커지기 시작하여, 중국 대륙과 주위 여러 지역을 평정하여 원(元) 제국을 이루었다.

▸몽고-문 蒙古文 (글자 문). [언어] '몽고 문자'(蒙古文字)의 준말.

▸몽고-반 蒙古斑 (얼룩 반). [의학] 몽고(蒙古) 인종에게서 흔히 발견된다는, 어린아이의 엉덩이에서 등에 걸쳐 나타나는 푸른 반점(斑點). [비]소아반(小兒斑), 아반(兒斑).

▸몽고-어 蒙古語 (말씀 어). [언어] 몽고족(蒙古族)이 쓰는 언어(言語).

▸몽고-족 蒙古族 (겨레 족). 몽고(蒙古) 고원지역에 사는 여러 부족으로 이루어진 민족(民族).

▸몽고-풍 蒙古風 (풍속 풍). 몽고(蒙古)의 풍속(風俗).

▸몽고-풍 蒙古風 (바람 풍). [지리] 몽고(蒙古)의 고비 사막으로부터 중국 동북 지방과 중국 북쪽으로 부는 건조한 바람[風].

▸몽고 문자 蒙古文字 (글자 문, 글자 자). [언어] 몽고족이 몽고어(蒙古語)를 표기하는 데 쓰는 문자(文字). [준]몽고문.

몽롱 朦朧 (흐릴 몽, 흐릿할 롱). ① [속뜻] 매우 흐릿하다[朦=朧]. ¶몽롱한 달빛. ② 의식이 분명하지 않고 흐리멍덩하다. ¶기억이 몽롱하다. [반]뚜렷하다.

몽매[1] 蒙昧 (어두울 몽, 어두울 매). 어리석고[蒙] 사리에 어두움[昧]. ¶무지 몽매.

몽:매[2] 夢寐 (꿈 몽, 잠잘 매). 잠을 자며[寐] 꿈을 꿈[夢]. ¶몽매에도 그리던 고향

▸몽:매-간 夢寐間 (사이 간). 꿈을 꾸는[夢寐] 동안[間]. ¶몽매간에도 보고 싶던 아버지.

몽:상 夢想 (꿈 몽, 생각 상). ① [속뜻] 꿈[夢] 속의 생각[想]. ② 꿈같이 허황한 생각. ¶몽상에 잠기다.

▸몽:상-가 夢想家 (사람 가). 꿈[夢]같이 허황한 생각[想]을 잘하는 사람[家].

몽:설 夢泄 (꿈 몽, 샐 설). 성적(性的)인 쾌감을 얻는 꿈[夢]을 꾸면서 정액을 내쏟는[泄] 일. [비]몽유(夢遺), 몽정(夢精), 설정(泄精).

몽어-유해 蒙語類解 (몽고 몽, 말씀 어, 무리 류, 풀 해). [책명] 몽고말[蒙語]을 분야별[類]로 해설(解說)한 책. 이억성(李億成)이 편찬하였다.

몽:유-록 夢遊錄 (꿈 몽, 놀 유, 기록할 록). [문학] 꿈[夢]속에서 놀던[遊] 일을 기록(記錄)한 형식의 문학 작품. ¶『원생몽유록』(元生夢遊錄).

몽:유-병 夢遊病 (꿈 몽, 떠돌 유, 병 병). ① [속뜻] 꿈[夢]을 꾸면서 돌아다니는[遊] 병(病). ② [의학] 잠을 자다가 무엇에 이끌린 듯 일어나 멀쩡하게 행동을 하며 돌아다니기도 하다가 다시 잠이 든 뒤, 다음 날 아침 깨어나서는 그런 일을 전혀 기억하지 못하는 정신병. [비]이혼병(離魂病), 몽중방황(夢中彷徨).

몽은 蒙恩 (입을 몽, 은혜 은). 은덕(恩德)을 입음[蒙].

몽:정 夢精 (꿈 몽, 정액 정). 꿈[夢]속에서 실제로 정액(精液)을 내쏘는 일. [비]몽설(夢泄).

몽:중 夢中 (꿈 몽, 가운데 중). 꿈[夢] 속[中]. [비]몽리(夢裏).

▸몽:중-몽 夢中夢 (꿈 몽). ① [속뜻] 꿈[夢] 속[中]의 꿈[夢]. ② '세상 살이의 덧없음'을 비유하여 이르는 말.

몽진 蒙塵 (입을 몽, 티끌 진). ① [속뜻] 머리에 먼지[塵]를 뒤집어 씀[蒙]. ② [역사] 임금이 난리를 피하기 위해 궁궐을 나서서 안전한 곳으로 떠남. ¶적군이 몰려온다는 소식을 들은 왕은 북으로 몽진을 떠났다.

몽학 蒙學 (어릴 몽, 배울 학). 어린이[蒙]들의 공부[學].

▸몽학-훈장 蒙學訓長 (가르칠 훈, 어른 장). 어린이[蒙]들을 공부시킬[學] 정도의 실력만 갖춘 훈장(訓長).

몽:혼 朦昏 (흐릴 몽, 어두울 혼). ① [속뜻]매우[朦] 혼미(昏迷)해짐. ②독물이나 약물에 의하여 감각을 잃고 자극에 반응할 수 없게 됨.

몽:환 夢幻 (꿈 몽, 헛보일 환). 꿈[夢]과 환상(幻想). 또는 그처럼 덧없음.

▸몽:환-곡 夢幻曲 (노래 곡). [음악]몽환(夢幻) 같은 분위기를 나타낸 서정적인 피아노곡[曲]. [비]녹턴(nocturne), 야상곡(夜想曲).

▸몽:환-극 夢幻劇 (연극 극). [연영]꿈[夢]이나 환상(幻想)에서의 생활을 그린 희곡이나 연극(演劇).

▸몽:환-적 夢幻的 (것 적). 현실이 아닌 꿈[夢]이나 환상(幻想)과 같은 것[的].

묘:갈 墓碣 (무덤 묘, 비석 갈). 무덤[墓] 앞에 세우는 둥글고 작은 비석[碣]. ¶무덤 앞에 묘갈 하나 세우지 않았다.

▸묘:갈-명 墓碣銘 (새길 명). 묘갈(墓碣)에 새겨 넣은[銘] 글. ¶묘갈명을 알아보지 못할 정도로 오랜 세월이 흘렀다.

묘:경 妙境 (묘할 묘, 지경 경). 경치가 뛰어나게[妙] 아름다운 곳[境]. [비]가경(佳境).

묘:계 妙計 (묘할 묘, 꾀 계). 매우 교묘(巧妙)한 꾀[計]. 기묘한 계교. ¶묘계를 내놓다. [비]묘책(妙策).

묘:기 妙技 (묘할 묘, 재주 기). 절묘(絶妙)한 기술(技術). 매우 뛰어난 기술. ¶곡예사가 묘기를 부리다.

묘:년 妙年 (젊을 묘, 나이 년). 스무 살 안팎의 젊은[妙] 여자 나이[年]. [비]묘령(妙齡).

묘:당 廟堂 (사당 묘, 집 당). ① [속뜻]종묘(宗廟)와 명당(明堂)을 아울러 이르는 말. ② [역사]'의정부'를 달리 이르던 말.

묘:도 문자 墓道文字 (무덤 묘, 말할 도, 글자 문, 글자 자). 묘갈(墓碣), 묘비(墓碑), 묘지(墓誌) 및 묘표(墓表) 따위에 써넣은[道] 글자[文字].

묘:두-현령 猫頭懸鈴 (고양이 묘, 머리 두, 매달 현, 방울 령). ① [속뜻]고양이[猫] 머리[頭]에 방울[鈴] 달기[懸]. ②실행하기 어려운 공론(空論). [비]묘항현령(猫項懸鈴).

묘:령 妙齡 (젊을 묘, 나이 령). 젊은 여자의 꽃다운[妙] 나이[齡]. 20세 안팎의 여자의 나이. ¶묘령의 여인이 다가왔다. [비]묘년(妙年).

묘:리 妙理 (묘할 묘, 이치 리). 묘(妙)한 이치(理致). ¶묘리가 없다 / 약 쓰는 묘리를 알게 되었다.

묘망 渺茫 (아득할 묘, 아득할 망). 끝없이 넓고 아득하다[渺+茫]. ¶묘망한 바다를 바라보다.

*__묘:목 苗木__ (어릴 묘, 나무 목). 옮겨심기 위해 가꾼 어린[苗] 나무[木]. ¶묘목을 이식하다.

묘:문 墓門 (무덤 묘, 문 문). 무덤[墓] 앞으로 들어가는 어귀[門].

묘:미 妙味 (묘할 묘, 맛 미). ① [속뜻]야릇한[妙] 맛[味]. ②미묘한 재미나 흥취. ¶등산의 묘미. [비]묘취(妙趣).

묘:방 妙方 (묘할 묘, 방법 방). ① [속뜻]절묘(絶妙)한 방법(方法). ¶난국을 타개할 묘방이 필요하다. ②매우 효험 있는 처방(處方). 신묘한 약방문. ¶할아버지가 가르쳐준 묘방으로 아이를 치료했다. [비]묘법(妙法).

묘:법 妙法 (묘할 묘, 법 법). ① [속뜻]매우 교묘(巧妙)한 꾀[法]. ② [불교]심오한 법칙(法則), 곧 '불법(佛法)'을 이르는 말.

▸묘:법-연화경 妙法蓮華經 (연꽃 련, 꽃 화, 책 경). ① [속뜻]심오한[妙] 법칙(法則)을 담고 있는 연화(蓮華) 같은 불교 경전(經典). ② [불교]대승 경전의 하나. 석가가 영원한 부처임을 설한 것으로 모든 경전 중에서 가장 존귀하게 여겨진다.

묘:비 墓碑 (무덤 묘, 비석 비). 무덤[墓] 앞에 세우는 비석(碑石). ¶묘비에 이름을 새기다. [비]묘석(墓石).

▸묘:비-명 墓碑銘 (새길 명). 묘비(墓碑)에 새긴[銘] 글. ¶묘비명이 다 지워질 정도로 세월이 흘렀다.

*__묘:사 描寫__ (그릴 묘, 베낄 사). ① [속뜻]그림을 그리듯[描] 글을 씀[寫]. ②사물을 있는 그대로 그림. ¶장면을 생생하게 묘사하다.

▸묘:사-체 描寫體 (모양 체). [문학]묘사(描寫)하듯 표현하는 문체(文體).

▸묘:사 음악 描寫音樂 (소리 음, 풍류 악). 음악 자연이나 현실의 음을 그대로 옮겨 놓은[描寫] 듯이 표현한 음악(音樂). ⓑ기술 음악(記述音樂).

묘:상 苗床 (모종 묘, 평상 상). 농업 ①꽃이나 나무, 채소 따위의 모종[苗]을 키우는 평상[床] 모양의 자리. ②볍씨를 뿌려 모를 기르는 곳. ⓑ모판, 못자리.

묘:석 墓石 (무덤 묘, 돌 석). 무덤[墓] 앞에 돌[石]로 만들어 놓은 여러 가지 물건.

묘:소 墓所 (무덤 묘, 곳 소). 묘지(墓地)가 있는 곳[所]. '산소'(山所)의 높임말. ⓑ무덤, 산소(山所).

묘:수 妙手 (묘할 묘, 솜씨 수). ① 속뜻 절묘(絶妙)한 솜씨[手]. 또는 솜씨가 절묘한 사람. ② 운동 바둑이나 장기 따위에서, 절묘한 수. ⓑ교수(巧手).

묘:술 妙術 (묘할 묘, 꾀 술). 교묘(巧妙)한 꾀[術]. 절묘한 수법.

묘:실 墓室 (무덤 묘, 방 실). 고적 시체가 안치되 있는 무덤[墓] 안의 방[室] 같은 곳. ¶각저총의 묘실 벽에는 각저도가 그려져 있다.

묘:안 妙案 (묘할 묘, 생각 안). 아주 교묘(巧妙)한 생각[案]. 뛰어난 생각. 절묘(絶妙)한 방법. ¶묘안이 떠올랐다. ⓑ묘책(妙策).

묘:약 妙藥 (묘할 묘, 약 약). 신통하게 잘 듣는[妙] 약(藥).

묘:역 墓域 (무덤 묘, 지경 역). 묘소(墓所)로 정한 구역(區域).

묘연[1] 杳然 (멀 묘, 그러할 연). ① 속뜻 아득하고 멀어서[杳] 눈에 아물아물하게 그러한[然]. ②오래되어서 기억이 알쏭달쏭하다. ¶기억이 묘연하다. ③소식이 없어 행방을 알 수 없다. ¶행방이 묘연해졌다.

묘:연[2] 渺然 (아득할 묘, 그러할 연). 아득히 먼[渺] 모양[然]이다. 멀리 넓고 아득하다. ¶묘연한 망망대해.

묘:음 妙音 (예쁠 묘, 소리 음). 매우 아름다운[妙] 음성(音聲)이나 음악(音樂).

묘:전 墓前 (무덤 묘, 앞 전). 무덤[墓] 앞[前]. ¶조상의 묘전에 엎드려 절하다.

묘:제 墓祭 (무덤 묘, 제사 제). 묘소(墓所)에서 지내는 제사(祭祀).

묘:주 墓主 (무덤 묘, 주인 주). 무덤[墓]의 주인(主人).

묘:지[1] 墓地 (무덤 묘, 땅 지). 무덤[墓]이 있는 땅[地]. 또는 그 구역. ¶공동묘지 / 국립묘지. ⓑ택조(宅兆).

묘:지[2] 墓誌 (무덤 묘, 기록할 지). 죽은 사람의 이름, 신분, 행적 따위를 기록한 글. 사기판이나 돌에 새겨 무덤[墓] 옆에 묻거나 관에 직접 새겨 기록하기도[誌] 한다.

▸묘:지-명 墓誌銘 (새길 명). 묘지(墓誌)에 새긴[銘] 글.

묘:책 妙策 (묘할 묘, 꾀 책). 매우 절묘(絶妙)한 꾀[策]. ¶묘책을 생각해 내다. ⓑ묘계(妙計), 묘산(妙算), 묘안(妙案).

묘:출 描出 (그릴 묘, 날 출). 어떤 대상이나 현상 따위를 표현하여[描] 드러냄[出]. ¶사실적 묘출이 특징이다.

묘:판 苗板 (모종 묘, 널빤지 판). 모종[苗]을 심어놓은 널빤지[板]. ⓑ못자리.

묘:표 墓標 (무덤 묘, 적을 표). 죽은 사람의 이름, 생일, 죽은 날짜, 행적 따위를 새기어 무덤[墓] 앞에 세우는 푯말이나 푯돌[標].

묘:품 妙品 (묘할 묘, 물건 품). 뛰어난[妙] 작품(作品). 훌륭한 작품.

묘:필 妙筆 (묘할 묘, 글씨 필). ① 속뜻 매우 뛰어난[妙] 필적(筆跡). ②매우 뛰어난 글씨나 그림.

묘:항-현령 猫項懸鈴 (고양이 묘, 목 항, 매달 현, 방울 령). ① 속뜻 고양이[猫] 목[項]에 방울[鈴] 달기[懸]. ②실행하기 어려운 공론(空論). ⓑ묘두현령(猫頭懸鈴).

묘:혈 墓穴 (무덤 묘, 구멍 혈). 시체가 놓이는 무덤[墓]의 구덩이[穴] 부분을 이르는 말.

무:가[1] 巫歌 (무당 무, 노래 가). 무당(巫堂)이 부르는 노래[歌].

무:가[2] 武家 (굳셀 무, 집 가). 대대로 무관(武官)의 벼슬을 해 온 집안[家]. ¶그는 무가 출신이다.

무가[3] 無價 (없을 무, 값 가). ① 속뜻 가치(價値)가 없는[無] 것. 대가(代價)가 없는 일. ②값을 매길 수 없을 만큼 귀중한 것.

▸무가-보 無價寶 (보배 보). 값[價]을 매길 수 없을[無] 만큼 귀중한 보배[寶]. '무가지보'(無價之寶)의 준말.

무가-내하 無可奈何 (없을 무, 옳을 가, 어찌 내, 어찌 하). 가(可)히 어찌[奈何] 할 수가 없음[無]. ¶아무리 말려도 무가내하였다. [비]막무가내(莫無可奈).

무-가치 無價值 (없을 무, 값 가, 값 치). 아무런 값어치[價值]가 없음[無]. ¶그런 무가치한 일을 할 수는 없다.

무-가당 無加糖 (없을 무, 더할 가, 엿 당). 당분(糖分)을 넣지[加] 않음[無]. 또는 그러한 것. ¶무가당 주스.

무간 無間 (없을 무, 사이 간). 아주 친하여 서로 사이[間]에 막힘이 없다[無]. ¶무간한 사이 / 친구들과 무간하게 지내다.

▸무간-지옥 無間地獄 (땅 지, 감옥 옥). [불교] 팔열(八熱) 지옥의 하나. 조금도 쉴 사이[間] 없이[無] 고통을 받는 지옥(地獄). [비]극열지옥(極熱地獄), 아비지옥(阿鼻地獄), 무간나락(無間奈落).

무감 無感 (없을 무, 느낄 감). 느낌[感]이 없음[無]. 감각이 없음. 감정이 없음.

▸무감 지대 無感地帶 (땅 지, 띠 대). [지리] 지진의 진동이 느껴지지[感] 않는[無] 지대(地帶). [반]유감 지대(有感地帶).

▸무감 지진 無感地震 (땅 지, 떨 진). [지리] 진동이 느껴지지[感] 않을[無] 정도의 약한 지진(地震). 보통 진도 1이하의 것을 이른다. [반]유감 지진(有感地震).

무-감각 無感覺 (없을 무, 느낄 감, 깨달을 각). ① [속뜻] 감각이 마비되어 느낌[感覺]이 없음[無]. ¶무감각 상태 / 추위 때문에 손이 무감각해졌다. ② 주위 사정이나 분위기 따위에 전혀 관심이 없음. ¶다른 사람의 고통에 무감각하다.

무강 無疆 (없을 무, 지경 강). ① [속뜻] 끝[疆]이 없다[無]. ¶무강한 우주. ② 편지나 인사를 할 때에, 윗사람의 안부를 묻거나 건강을 기원하는 말. ¶부디 무강하시길 빕니다.

무개 無蓋 (없을 무, 덮을 개). 지붕이나 뚜껑[蓋]이 없음[無]. [반]유개(有蓋).

▸무개-차 無蓋車 (수레 차). ① [속뜻] 지붕[蓋]이 없는[無] 차(車). ② 무개화차(無蓋貨車). [반]개차(蓋車). 유개차(有蓋車).

▸무개-화차 無蓋貨車 (재물 화, 수레 차). 짐을 싣는 부분에 지붕[蓋]이 없는[無] 화물차(貨物車). [준]무개차.

무:격 巫覡 (무당 무, 박수 격). 여자 무당[巫]과 남자 무당[覡].

▸무:격 신:앙 巫覡信仰 (믿을 신, 우러를 앙). 무격(巫覡)을 신과 인간의 매개체로 생각하는 신앙(信仰).

무결 無缺 (없을 무, 모자랄 결). 부족한 부분이나 흠[缺]이 없다[無]. ¶완전 무결.

무계 無戒 (없을 무, 경계할 계). [불교] 처음부터 계(戒)를 받지 않음[無]. 또는 불교를 믿고 있어도 계율에는 관계하지 않음.

무-계획 無計劃 (없을 무, 셀 계, 나눌 획). 계획(計劃)이 없음[無]. ¶무계획한 행동.

무고[1] 無故 (없을 무, 연고 고). ① [속뜻] 별다른 이유나 까닭[故]이 없음[無]. ② 아무 탈 없음. [비]무사(無事).

무고[2] 無辜 (없을 무, 허물 고). 아무 잘못이나 허물[辜]이 없음[無]. ¶무고한 백성을 괴롭히다.

무:고[3] 舞鼓 (춤출 무, 북 고). ① [음악] 춤출[舞] 때 쓰는 북[鼓]. ② [예술] 북을 메고 추는 고전 무용.

무:고[4] 誣告 (꾸밀 무, 알릴 고). [법률] 없는 사실을 거짓으로 꾸며[誣] 남을 고발(告發)하거나 고소(告訴)함.

▸무:고-죄 誣告罪 (허물 죄). 거짓으로 꾸민[誣] 일을 신고(申告)한 죄(罪). ¶그를 신고했다가 도리어 무고죄로 몰렸다.

무:곡 舞曲 (춤출 무, 노래 곡). ① [속뜻] 춤[舞]과 노래[曲]. ② [음악] 춤출 때 사용되는 노래.

무골 無骨 (없을 무, 뼈 골). ① [속뜻] 뼈[骨]가 없음[無]. ② 줏대가 없음. ③ 체계가 서 있지 않아서 갈피를 잡을 수 없는 문장.

▸무골-충 無骨蟲 (벌레 충). ① [동물] 뼈[骨]가 없는[無] 벌레[蟲]를 통틀어 이르는 말. ② 줏대 없이 무른 사람을 빗댄 말.

▸무골-호인 無骨好人 (좋을 호, 사람 인). ① [속뜻] 뼈[骨]가 없는[無] 듯이 좋은[好] 사람[人]. ② '매우 순하여 남의 비위에 두루 잘 맞추는 사람'을 비유하여 이르는 말.

무공[1] 無功 (없을 무, 공로 공). 공로(功勞)가 없음[無]. [반]유공(有功).

무:공[2] 武功 (굳셀 무, 공로 공). 굳센[武] 군인으로 쌓은 공(功). ¶전투에서 혁혁한 무공을 세우다.

▸무ː공 훈장 武功勳章 (공 훈, 글 장). 법률 전투에 참가하여 뚜렷한 무공(武功)을 세운 군인에게 공[勳]을 기리며 주는 휘장(徽章). 태극, 을지, 충무, 화랑, 인헌의 5등급이 있다.

무-공해 無公害 (없을 무, 여럿 공, 해칠 해). 여러[公] 사람이나 자연에게 주는 피해(被害)가 없음[無]. ¶무공해 농산물 / 무공해 전기 자동차.

무ː과 武科 (굳셀 무, 과목 과). 역사 무관(武官)을 뽑던 과거(科擧). ⓑ문과(文科).

무-과실 無過失 (없을 무, 지나칠 과, 그르칠 실). 뚜렷한 잘못이나 허물[過失]이 없음[無].

▸무과실 책임 無過失責任 (꾸짖을 책, 맡길 임). 법률 손해를 발생시킨 사람에게 고의나 과실(過失)이 없어도[無] 법률상 손해 배상 책임(責任)을 지우는 일.

무ː관[1] 武官 (굳셀 무, 벼슬 관). ① 역사 무과(武科) 출신의 벼슬아치[官]. ② 군무(軍務)를 맡아보는 관리. ⓑ문관(文官).

무관[2] 無官 (없을 무, 벼슬 관). 관직(官職)이 없음[無]. ¶평생을 무관으로 지내다.

무관[3] 無冠 (없을 무, 갓 관). ① 속뜻 갓[冠]을 쓰지 못함[無]. ② 지위가 없음. ¶무관의 제왕. ⓑ무위(無位).

무관[4] 無關 (없을 무, 관계할 관). 관계(關係)가 없다[無]. ¶이 일은 나와 무관하다.

무-관계 無關係 (없을 무, 빗장 관, 맬 계). 관계(關係)가 없음[無].

무-관심 無關心 (없을 무, 관계할 관, 마음 심). 관심(關心)이 없음[無]. ¶남의 일에 대해서는 일체 무관심하다.

무교 無教 (없을 무, 종교 교). 믿는 종교(宗教)가 없음[無]. ¶무교였던 그가 갑자기 종교에 미쳐버렸다.

무ː구[1] 武具 (굳셀 무, 갖출 구). 군인[武]이 갖추어야 할 도구(道具). ¶전투에 임하기 전에 무구를 세밀히 점검하라.

무구[2] 無垢 (없을 무, 때 구). ① 속뜻 몸과 마음이 때[垢] 묻지 않고[無] 깨끗함. ② 광물에 불순물이 섞이지 않고 순수함.

▸무구정광대다라니경 無垢淨光大陀羅尼經 (깨끗할 정, 빛 광, 큰 대, 비탈질 다, 새그물 라, 여승 니, 책 경). ① 속뜻 티끌[垢] 없이[無] 깨끗하고[淨] 밝고[光] 큰[大] 다라니(陀羅尼) 경전(經典). ② 불교 1966년 10월에 경주 불국사 석가탑에서 발견된 다라니경. 신라 경덕왕 10년(751)에 불국사를 중창하면서 석가탑을 세울 때 봉안된 것으로, 세계에서 가장 오래된 목판 인쇄물이다. 국보 제126-6호.

무구-호 無口湖 (없을 무, 어귀 구, 호수 호). 물이 빠져나갈 어귀[口]나 하천이 없는[無] 호수(湖水). ⓑ유구호(有口湖).

무-국적 無國籍 (없을 무, 나라 국, 문서 적). 법률 어느 나라의 국적(國籍)도 가지지 아니함[無].

▸무국적-인 無國籍人 (사람 인). 어느 나라의 국적(國籍)도 가지지 않은[無] 사람[人]. ¶국내의 무국적인을 추방하다.

⁑**무궁** 無窮 (없을 무, 다할 궁). 다함[窮]이 없음[無]. 한(限)이 없음. ¶잠재력이 무궁하다.

▸무궁-아 無窮我 (나 아). ① 속뜻 다함이 없는[無窮] 자아(自我). ② 종교 도를 닦아서 천인합일(天人合一)의 지경에 이른 대아(大我)를 이르는 말.

▸무궁-화 無窮花 (꽃 화). ① 속뜻 무궁(無窮)하게 피는 꽃[花]. ② 식물 여름부터 가을까지 붉거나 흰 종 모양의 꽃이 피는 활엽 관목. 우리나라의 국화(國花)이다.

▸무궁-무진 無窮無盡 (없을 무, 다할 진). 다함이 없고[無窮] 다됨[盡]이 없음[無]. ¶생각이 무궁무진으로 많다 / 가능성이 무궁무진하다. ⓑ무진무궁(無盡無窮).

무권-대리 無權代理 (없을 무, 권리 권, 대신할 대, 다스릴 리). 법률 대리권(代理權)이 없는[無] 사람이 대리인이라 자칭하고 행사하는 대리(代理) 행위.

무-궤도 無軌道 (없을 무, 바퀴자국 궤, 길 도). ① 속뜻 궤도(軌道)가 없음[無]. ② 예절을 모르고 언행이 바른 법도에서 벗어나 있음. ¶무궤도 인생.

▸무궤도 전ː차 無軌道電車 (전기 전, 수레 차). 궤도(軌道) 없이[無] 달리는 전차(電車)로 도로 위에 가설된 가공 전선(架空電線)에서 전력을 공급받아 움직임.

무균 無菌 (없을 무, 세균 균). 세균(細菌)이 없음[無]. ¶무균 병실.

무극 無極 (없을 무, 끝 극). ① 속뜻 끝[極]이 없음[無]. ② 철학 태극(太極)의 맨 처음 상태, 곧 우주의 근원을 이르는 말.

▶무극-성 無極性 (성질 성). 극성(極性)을 가지지 않는[無] 성질(性質)이나 상태.

무근 無根 (없을 무, 뿌리 근). ① 속뜻 뿌리[根]가 없음[無]. ② 근거가 없음. ⓑ무거(無據).

▶무근지설 無根之說 (어조사 지, 말씀 설). 근거(根據) 없는[無] 말[說]. 뜬소문.

무급 無給 (없을 무, 줄 급). 보수[給]가 없음[無]. ¶무급 휴가. ⓑ무료(無料).

무:기[1] 武技 (굳셀 무, 재주 기). 무도(武道)에 대한 재주[技]. ⓑ무술(武術), 무예(武藝).

무:기[2] 舞妓 (춤출 무, 기생 기). 대궐에서 잔치를 벌일 때에 춤을 추던[舞] 기생(妓生).

무:기[3] 誣欺 (꾸밀 무, 속일 기). 거짓으로 꾸며[誣] 속임[欺].

***무:기[4] 武器** (굳셀 무, 그릇 기). ① 속뜻 무력(武力)에 사용하는 각종 병기(兵器). ② '어떤 일을 하거나 이루기 위한 중요한 수단이나 도구'를 비유하여 이르는 말. ¶눈물을 무기로 삼는다.

▶무:기-고 武器庫 (곳집 고). 무기(武器)를 보관하는 창고(倉庫).

무기[5] 無氣 (없을 무, 숨 기). ① 속뜻 숨[氣]이 나오지 않음[無]. ② 기력이 없음. '무기력'(無氣力)의 준말.

▶무기-음 無氣音 (소리 음). 언어 소리 낼 때 입안의 공기(空氣)가 입 밖으로 거세게 나가지 않는[無] 소리[音]. ⓑ유기음(有氣音).

▶무기-폐 無氣肺 (허파 폐). 의학 기관지가 막혀서 폐(肺)에 공기(空氣)의 양이 결핍되는[無] 상태.

▶무기 호흡 無氣呼吸 (내쉴 호, 마실 흡). 생물 생물이 산소[氣] 없이[無] 하는 호흡(呼吸). ⓑ유기 호흡(有氣呼吸).

무기[6] 無期 (없을 무, 때 기). 정해놓은 기한(期限)이 없음[無]. '무기한'의 준말.

▶무기-형 無期刑 (형벌 형). 법률 죄를 지은 자가 따로 정해진 기한(期限)이 없이[無] 형벌(刑罰)을 받는 것. 또는 그러한 형벌. 종신형(終身刑). ⓑ유기형(有期刑).

▶무기 공채 無期公債 (여럿 공, 빚 채). 경제 원금의 상환 기한(期限)을 미리 정하지 않은[無] 공채(公債). ⓑ유기 공채(有期公債).

▶무기 금:고 無期禁錮 (금할 금, 막을 고). 법률 금고형(禁錮刑)의 한 가지로 노역(勞役)을 과하지 않고 종신토록[無期] 감금하는 형벌.

▶무기-정학 無期停學 (멈출 정, 배울 학). 교육 기한(期限)을 정하지 않은[無] 정학(停學).

▶무기 징역 無期懲役 (혼낼 징, 부릴 역). 법률 기한(期限)을 정하지 않고[無] 수형자를 교도소에 가두어 두는 징역(懲役). ⓑ종신(終身) 징역. ⓑ유기(有期) 징역.

무기[7] 無機 (없을 무, 틀 기). ① 속뜻 스스로 살아갈 수 있는 기능(機能)이 없음[無]. ② 물, 공기, 광물처럼 생명 활동을 하지 않음. '무기물'의 준말. ③ 화학 '무기 화학'의 준말. ④ 화학 '무기 화합물'의 준말. ⓑ유기(有機).

▶무기-물 無機物 (만물 물). 생명 활동을 하지 않는[無機] 물질(物質). 물, 흙, 공기, 돌, 광물 따위. ⓑ유기물(有機物).

▶무기-산 無機酸 (산소 산). 화학 탄소를 제외한 비금속 원소나 탄소를 포함하지 않는[無機] 산기(酸基)와 수소가 결합하여 된 산을 통틀어 이르는 말. ⓑ유기산(有機酸).

▶무기-질 無機質 (바탕 질). 화학 칼슘·인·물·철·요오드처럼 무기(無機) 화합물의 성질(性質)을 가진 것. 생체 유지에 없어서는 안 되는 영양소이다. ⓑ유기질(有機質).

▶무기-체 無機體 (몸 체). 생물 무기물로 이루어져 생활 기능(機能)이 없는[無] 조직체(組織體). ⓑ무기물(無機物). ⓑ유기체(有機體).

▶무기 비:료 無機肥料 (기름질 비, 거리 료). 농업 무기 화합물(無機化合物)로 된 비료(肥料). ⓑ유기 비료(有機肥料).

▶무기 염류 無機鹽類 (염기 염, 무리 류). 화학 무기산(無機酸)과 염기(鹽氣)가 반응하여 생긴 물질[類].

▶무기 화:학 無機化學 (될 화, 배울 학). 화학 모든 원소와 무기(無機) 화합물을 연구하는 화학(化學)의 하나.

▶무기 화:합물 無機化合物 (될 화, 합할 합, 만물 물). 화학 탄소 이외의 모든 무기(無

機) 원소로 이루어진 화합물(化合物)과 일부의 탄소 화합물을 통틀어 이르는 말.

무-기력 無氣力 (없을 무, 기운 기, 힘 력). 어떠한 일을 감당할 수 있는 기운(氣運)과 힘[力]이 없음[無]. ¶무기력 상태에 빠지다 / 무기력한 얼굴로 앉아 있다.

무-기명 無記名 (없을 무, 기록할 기, 이름 명). 이름[名]을 적지[記] 않음[無]. ¶무기명 투표. [반]기명(記名).

▸무기명-식 無記名式 (법 식). 투표용지나 증권 따위에 권리자의 이름[名]이나 상호를 적지[記] 않는[無] 방식(方式). [반]기명식(記名式).

▸무기명 투표 無記名投票 (던질 투, 쪽지 표). [정치] 투표용지에 투표자의 이름[名]을 적지[記] 않는[無] 방식의 비밀 투표(投票). [반]기명 투표(記名投票).

무-기한 無期限 (없을 무, 때 기, 끝 한). 정해 놓은 기한(期限)이 없음[無]. ¶재판을 무기한 연기하였다. [준]무기(無期). [반]유기한(有期限).

무난 無難 (없을 무, 어려울 난). ① [속뜻] 어려움[難]이 없다[無]. 어렵지 않다. ¶무난하게 목표를 달성하다. ② 무던하다. ¶무난한 사람.

무남-독녀 無男獨女 (없을 무, 사내 남, 홀로 독, 딸 녀). 아들[男]이 없는[無] 집안의 외동[獨] 딸[女].

무:녀 巫女 (무당 무, 여자 녀). [민속] 귀신을 섬겨 길흉을 점치고 굿을 하는 것을 전문으로 하는[巫] 여자(女子). 무당. ¶무녀를 불러 굿을 하다.

▸무:녀-도 巫女圖 (그림 도). ① [속뜻] 무녀(巫女)를 그린 그림[圖]. ② [문학] 김동리의 단편 소설로 무녀도의 주인공 무녀의 사연을 중심으로 무속과 기독교의 대립을 그림.

무념 無念 (없을 무, 생각 념). ① [속뜻] 아무 생각[念]이 없음[無]. ② [불교] 무아(無我)의 경지에 이르러 사심(私心)이나 망념(妄念)이 없는 상태.

▸무념-무상 無念無想 (없을 무, 생각 상). 모든 생각[念=想]이 사라져[無] 마음이 빈 상태. [비]무상무념(無想無念).

무능 無能 (없을 무, 능할 능). 무엇을 할 수 있는[能] 힘이나 재주가 없음[無]. ¶이 사건으로 자신의 무능을 알게 되었다 / 그는 변호사로서 무능하다. [반]유능(有能).

▸무능-화 無能化 (될 화). 능력(能力)이 없게[無] 됨[化]. 또는 그렇게 되게 함.

무-능력 無能力 (없을 무, 능할 능, 힘 력). 능력(能力)이나 재주가 없음[無]. ¶그녀의 무능력을 비난하다 / 그는 경제적으로 무능력하다.

▸무능력-자 無能力者 (사람 자). ① [속뜻] 능력(能力)이 없는[無] 사람[者]. ② [법률] 홀로 완전한 법적 행위를 할 수 없는 사람. 미성년자, 금치산자, 한정 치산자의 세 가지가 있다.

무:단¹ 武斷 (굳셀 무, 끊을 단). ① [속뜻] 무력(武力)으로 억압하여 못하게 함[斷]. ② 무력으로 일을 처리함. ¶해적이 경비선을 무단으로 점거했다.

▸무:단 정치 武斷政治 (정사 정, 다스릴 치). [정치] 무력(武力)을 앞세워 행하는 강압적인[斷] 정치(政治). [비]무단 통치(武斷統治).

무단² 無斷 (없을 무, 끊을 단). ① [속뜻] 엄단(嚴斷)한 것을 지키지 아니함[無]. ② 미리 승낙을 얻지 않음. ¶무단 외박을 하다.

▸무단-출입 無斷出入 (날 출, 들 입). 미리 승낙을 받지 않고[無斷] 함부로 드나듦[出入]. ¶무단출입을 엄금하다.

무-담보 無擔保 (없을 무, 멜 담, 지킬 보). 담보(擔保)할 물건이 없음[無]. ¶무담보 대출.

*__무:대 舞臺__ (춤출 무, 돈대 대). ① [속뜻] 연극이나 무용[舞], 음악 따위를 공연하기 위하여 특별히 좀 높게 마련한 자리[臺]. ¶배우가 무대에 오르다. ② 재능이나 역량 따위를 시험해 보거나 발휘할 수 있는 활동 분야. ¶세계를 무대로 활동하다.

▸무:대-극 舞臺劇 (연극 극). [연영] 무대(舞臺) 위에서 공연하는 연극(演劇). '무대연극'의 준말.

▸무:대 감독 舞臺監督 (볼 감, 살필 독). [연영] 무대(舞臺) 예술을 공연하는 데 이를 종합적으로 감독(監督)하는 사람.

▸무:대 미:술 舞臺美術 (아름다울 미, 꾀 술). [연영] 무대(舞臺) 예술을 공연하는 데 필요한 조형 미술(造形美術)을 이름.

▸무:대 예:술 舞臺藝術 (재주 예, 꾀 술). [예술] 무대(舞臺) 위에서 공연하는 예술(藝

術). 특히 '연극'을 이른다.

▸무:대 장치 舞臺裝置 (꾸밀 장, 둘 치). [연영] 공연을 위해 무대(舞臺) 위를 꾸미는 [裝置] 일.

▸무:대 조:명 舞臺照明 (비칠 조, 밝을 명). [연영] 무대(舞臺)에 설치한 조명(照明)으로 연극적 효과를 높이는 무대 미술.

▸무:대 효:과 舞臺效果 (보람 효, 열매 과). [연영] 무대(舞臺) 예술의 연출 효과(效果)를 돕는 것. 특히 '음향 효과'를 이른다.

무-대상 無代償 (없을 무, 대신 대, 갚을 상). ① [속뜻] 대신(代身) 보상(報償)해 줌이 없음[無]. ② 공짜로 하여 값을 받지 아니함.

무덕 無德 (없을 무, 베풀 덕). 덕망(德望)이 없음[無]. [반] 유덕(有德).

무:도1 武道 (굳셀 무, 길 도). ① [속뜻] 무인(武人)이 마땅히 지켜야 할 도리(道里). ② 무예(武藝)와 무술(武術)을 통틀어 이르는 말. [반] 문도(文道).

무도2 無道 (없을 무, 길 도). 도리(道理)에서 벗어남[無].

무:도3 舞蹈 (춤출 무, 춤출 도). ① [속뜻] 춤을 춤[舞=蹈]. 또는 그 춤. ② 서양식의 춤. [비] 무용(舞踊).

▸무:도-곡 舞蹈曲 (노래 곡). [음악] 춤출[舞蹈] 때 사용되는 노래[曲].

▸무:도-병 舞蹈病 (병 병). [의학] 얼굴·손·발·혀 따위가 뜻대로 되지 않고 저절로 심하게 움직여, 마치 춤을 추는[舞蹈] 듯한 모습이 되는 신경병(神經病).

▸무:도-장 舞蹈場 (마당 장). 여러 사람이 모여 춤을 출[舞蹈] 수 있게 설비해 놓은 곳[場].

▸무:도-회 舞蹈會 (모일 회). 여러 사람이 춤을 추면서[舞蹈] 친분을 쌓는 모임[會]. ¶가면 무도회.

무독 無毒 (없을 무, 독할 독). ① [속뜻] 독성(毒性)이 없음[無]. ② 성질이 착하고 순함. [반] 유독(有毒).

무:동 舞童 (춤출 무, 아이 동). [민속] ① 나라 잔치 때 노래를 부르며 춤[舞]을 추던 소년[童]. ② 남사당놀이 따위에서 남의 어깨 위에 올라가서 춤을 추거나 재주를 부리는 소년.

무두-동물 無頭動物 (없을 무, 머리 두, 움직일 동, 만물 물). [동물] 몸은 좌우가 같고 옆으로 납작한 방추형이며 머리와 몸뚱이를 구별할 수 없어 머리[頭]가 없는[無] 것 같이 보이는 동물(動物). [비] 두색동물(頭索動物).

무득무실 無得無失 (없을 무, 얻을 득, 없을 무, 잃을 실). 얻은[得] 것도 없고[無] 잃은[失] 것도 없음[無]. 득실이 없음.

무-득점 無得點 (없을 무, 얻을 득, 점 점). 점수(點數)를 얻지[得] 못함[無]. 득점이 없음.

무등 無等 (없을 무, 무리 등). ① [속뜻] 등급(等級)을 매길 수 없음[無]. ② 그 이상 더할 수 없을 정도로.

무등산-가 無等山歌 (없을 무, 무리 등, 메 산, 노래 가). [음악] 백제 때, 무등산(無等山)에 성을 쌓아 백성이 마음 놓고 생업에 종사할 수 있게 됨을 기뻐하여 지어 부른 백제 가요(歌謠).

무:략 武略 (굳셀 무, 다스릴 략). 군사[武]를 부리는 책략(策略). ¶그 장수는 무략이 뛰어나다. [비] 군략(軍略).

무량 無量 (없을 무, 헤아릴 량). 헤아릴[量] 수 없이[無] 많음. [비] 무한량(無限量).

▸무량-겁 無量劫 (시간 겁). [불교] 무한한[無量] 시간[劫]을 이르는 말. ¶무량겁의 번뇌. [비] 아승기겁(阿僧祇劫).

▸무량-광 無量光 (빛 광). ① [속뜻] 끝이 없는[無量] 빛[光]. ② [불교] 지혜의 빛은 삼세(三世)에 미치도록 끝이 없음을 이르는 말.

▸무량-수 無量壽 (목숨 수). ① [속뜻] '무량상수'(無量上壽)의 준말. ② [불교] 아미타불과 그 국토의 백성들의 수명이 끝이 없음.

▸무량-상수 無量上壽 (위 상, 목숨 수). 헤아릴[量] 수 없이[無] 오랜 수명[上壽]. [준] 무량수.

▸무량수-경 無量壽經 (목숨 수, 책 경). [불교] 무량수(無量壽)를 실현하기 위한 경전(經典). '정토 삼부경'(淨土三部經)의 하나.

▸무량수-불 無量壽佛 (목숨 수, 부처 불). [불교] 수명(壽命)이 한없는[無量] 부처[佛]. '아미타불'을 달리 이르는 말.

▸무량수-전 無量壽殿 (목숨 수, 대궐 전). [불교] '수명이 한없다는 부처'인 무량수불(無量壽佛)을 모신 법당[殿].

무려 無慮 (없을 무, 생각할 려). ① [속뜻] 생각할[慮] 수가 없음[無]. ②그 수가 예상보다 상당히 많음을 나타내는 말. 상상을 초월함. ¶사상자가 무려 백만 명이 넘었다.

무:력[1] 武力 (굳셀 무, 힘 력). 군센[武] 군사상의 위력(威力). ¶무력 시위 / 무력으로 빼앗다.

▸무:력-적 武力的 (것 적). 군대의 힘[武力]을 사용하는 것[的]. ¶무력적 강요로 조약을 맺다.

▸무:력-전 武力戰 (싸울 전). 무력(武力)으로 하는 싸움[戰].

무력[2] 無力 (없을 무, 힘 력). ① 속뜻 힘[力]이 없거나[無] 부침. ¶그녀는 힘들고 지쳐서 무력해 보인다. ②능력이나 활동력이 없음. ⓑ유력(有力).

▸무력-감 無力感 (느낄 감). 힘이 부치거나 없는 데서[無力] 오는 허탈하고 맥 빠진 느낌[感]. ¶무력감에 빠지다.

▸무력-증 無力症 (증세 증). 의학 노쇠, 병약, 기갈 등으로 말미암아 힘이 부치는[無力] 증세(症勢).

▸무력-화 無力化 (될 화). 힘[力]이 없게[無] 됨[化]. 또는 그렇게 함. ¶방어체계를 무력화하다.

▸무력-소치 無力所致 (것 소, 이를 치). 힘[力]이 없는[無] 까닭으로 생긴[致] 것[所]. ¶일이 틀어진 것은 내 무력소치 때문이다.

무:령왕-릉 武寧王陵 (굳셀 무, 편안할 령, 임금 왕, 무덤 릉). 고적 충청남도 공주시 금성동에 있는 백제 무령왕(武寧王)의 무덤[陵].

무례 無禮 (없을 무, 예도 례). 예의(禮義)가 없거나[無] 그에 맞지 않음. 버릇없음. ¶무례한 태도 / 무례하게 굴다.

무론 毋論 (말 무, 논할 론). 말할[論] 것도 없음[毋]. ⓑ물론(勿論).

무뢰 無賴 (없을 무, 맡길 뢰). ① 속뜻 일을 맡길[賴]만한 사람이 못됨[無]. ②예의와 염치를 모르며 함부로 행동하는 사람. ¶저런 무뢰를 보았나.

▸무뢰-한 無賴漢 (사나이 한). 성품이 막되어 예의와 염치를 모르며[無賴] 함부로 행동하는 사내[漢].

무료[1] 無料 (없을 무, 삯 료). ① 속뜻 삯[料]이나 값을 받지 않음[無]. ¶학교 운동장을 무료로 개방하다. ②보수를 받지 않음. ¶무료 봉사자. ⓑ무급(無給). ⓑ유료(有料).

무료[2] 無聊 (없을 무, 즐길 료). ① 속뜻 즐거움[聊]이 없음[無]. ②흥미가 없어 지루하고 심심함. ¶무료를 달래다 / 무료한 오후를 보내다.

무류[1] 無謬 (없을 무, 그르칠 류). 오류(誤謬)가 없음[無].

무류[2] 無類 (없을 무, 비슷할 류). 비슷한 무리[類]가 없음[無]. 비길 데가 없음.

무:릉-도원 武陵桃源 (굳셀 무, 언덕 릉, 복숭아 도, 수원 원). 문학 중국 진(晉)나라 때, 호남 무릉(武陵)에서 복숭아[桃]꽃이 아름답게 핀 수원지[源]를 찾아가다 발견한 명승지. 도연명의 「도화원기」에서 유래.

*__무리__ 無理 (없을 무, 이치 리). 이치(理致)에 맞지 않거나[無] 정도에서 지나치게 벗어남. ¶그가 그렇게 화를 내는 것도 무리가 아니다. ②힘겨운 일을 억지로 우겨서 함. ¶몸도 안 좋은데 무리하지 말고 쉬세요. ③ 수학 실수(實數)이면서 정수·분수의 형식으로 나타낼 수 없는 것. ⓑ유리(有理).

▸무리-수 無理數 (셀 수). 수학 분수의 형식으로 나타낼 수 없는[無理] 실수(實數). 순환하지 않는 무한 소수로 나타나는 수. ⓑ유리수(有理數).

▸무리-식 無理式 (법 식). 수학 무리수(無理數)가 들어있는 대수식(代數式). ⓑ유리식(有理式).

무:마 撫摩 (어루만질 무, 문지를 마). ① 속뜻 어루만지며[撫] 쓰다듬음[摩]. ②남을 달래어 위로함. ¶사고를 당한 사람들을 무마하다. ③분쟁이나 사건 따위를 어물어물 덮어 버림. ¶돈을 주고 사건을 무마하다. ⓑ마무(摩撫).

무망[1] 無望 (없을 무, 바랄 망). 희망(希望)이 없음[無]. 바랄 것이 없음.

무:망[2] 誣罔 (무고할 무, 속일 망). 허위 사실을 꾸며[誣] 남을 속임[罔].

무-면목 無面目 (없을 무, 낯 면, 눈 목). 면목(面目)이 없음[無]. 체면이 서지 않음.

무:명[1] 武名 (굳셀 무, 이름 명). 무공(武功)이 뛰어나다는 명성(名聲). 무인으로서의 명예. ¶무명을 떨치다. ⓑ효명(驍名).

무명[2] **無銘** (없을 무, 새길 명). 이름 따위가 이 새겨져 있지[銘] 않음[無].

무명[3] **無名** (없을 무, 이름 명). ① 속뜻 이름[名]이 없음[無]. ¶이 시는 무명씨의 작품이다. ② 이름이 널리 알려져 있지 않음. ¶그는 아직 무명 가수이다. 반 유명(有名).

▸무명-석 無名石 (돌 석). ① 속뜻 이름[名]이 없는[無] 암석(岩石). ② 광업 암석에 붙어서 나는 검은 갈색의 윤기가 있는 쌀알만 한 작은 덩이의 광물.

▸무명-지 無名指 (손가락 지). ① 속뜻 이름 없는[無名] 손가락[指]. ② 가운뎃손가락과 새끼손가락 사이에 있는 손가락. 비 약손가락.

▸무명-초 無名草 (풀 초). 이름[名]이 없는[無] 풀[草]. 이름이 알려지지 않은 풀.

▸무명 계:약 無名契約 (맺을 계, 묶을 약). 법률 특정한 명칭(名稱) 없이[無]도 할 수 있는 계약(契約). 비 비전형 계약(非典型契約). 반 유명 계약(有名契約).

▸무명-소졸 無名小卒 (작을 소, 군사 졸). 이름[名]이 알려지지[無] 않은 일반 사람[小卒].

▸무명-작가 無名作家 (지을 작, 사람 가). 이름[名]이 널리 알려지지 않은[無] 작가[作家].

무명[4] **無明** (없을 무, 밝을 명). ① 속뜻 명확(明確)한 것이 없음[無]. ② 불교 번뇌로 말미암아 진리에 어둡고 불법을 이해하지 못하는 상태를 뜻하는 말.

▸무명 세:계 無明世界 (세상 세, 지경 계). 불교 불법을 이해하지 못하여[無明] 번뇌에 사로잡힌 고뇌의 세계(世界). 비 사바세계(娑婆世界).

무모[1] **無謀** (없을 무, 꾀할 모). ① 속뜻 깊이 생각하여 잘 꾀하지[謀] 아니함[無]. ② 생각이 깊지 못함. ¶무모한 계획.

무모[2] **無毛** (없을 무, 털 모). 털[毛]이 없음[無].

▸무모-증 無毛症 (증세 증). 의학 선천적으로 털[毛]이 나지 않거나[無] 발육이 불완전한 증세(症勢).

무문[1] **無紋** (없을 무, 무늬 문). 무늬[紋]가 없음[無]. ¶무문 토기.

무:문[2] **舞文** (춤출 무, 글월 문). ① 속뜻 춤추[舞]듯이 글[文]을 함부로 씀. ② 문서나 장부를 함부로 고침. ③ 무문곡필(舞文曲筆).

▸무:문-곡필 舞文曲筆 (굽을 곡, 글씨 필). 붓을 함부로 놀려[舞文] 쓴 왜곡(歪曲)된 글[筆]. 또는 그런 글.

무미 無味 (없을 무, 맛 미). ① 속뜻 맛[味]이나 재미가 없음[無]. 무맛. ② 별다른 뜻이 없음. 비 무의미(無意味).

▸무미-건조 無味乾燥 (마를 건, 마를 조). 글이나 그림 따위가 운치나 맛[味]이 없고[無] 깔깔하거나 딱딱함[乾燥]. ¶무미건조한 줄거리.

무:반 武班 (굳셀 무, 나눌 반). 역사 무신(武臣)의 반열(班列). ¶무반이 되는 것이 꿈이었다. 비 서반(西班). 반 문반(文班).

무반동-총 無反動銃 (없을 무, 반대로 반, 움직일 동, 총 총). 군사 발사할 때 화약의 폭발력에 따른 반동(反動)이 없게[無] 한 총(銃). 비 무반동포(無反動砲).

무반동-포 無反動砲 (없을 무, 반대로 반, 움직일 동, 대포 포). 군사 발사할 때 화약의 폭발력에 따른 반동(反動)이 없게[無] 한 화포(火砲). 비 무반동총(無反動銃).

무반-향 無班鄕 (없을 무, 나눌 반, 시골 향). 양반(兩班)이 살고 있지 않은[無] 시골[鄕]. ¶무반향의 조용한 마을. 반 반향(班鄕).

무방 無妨 (없을 무, 방해할 방). 방해(妨害)가 되지 않다[無]. 지장이 없다. ¶숙제는 내일까지 내도 무방하다. 비 상관(相關)없다, 관계(關係)없다.

무-방비 無防備 (없을 무, 막을 방, 갖출 비). 적을 막을[防] 준비(準備)가 되어 있지 않음[無]. 적에 대한 방어 시설과 경비가 없음. ¶이 건물은 화재에 무방비 상태에 있다.

무-배당 無配當 (없을 무, 나눌 배, 마땅 당). 경제 나누어[配] 받을[當] 이익금이 없음[無]. 특히 주식에서 배당이 없는 일.

무배 생식 無配生殖 (없을 무, 짝 배, 날 생, 불릴 식). ① 속뜻 교배(交配) 없이[無] 새로운 개체가 생겨나서[生] 자라는[殖] 것. ② 생물 수정 없이 암 배우자로부터 배가 만들어지는 생식 방법.

무배유 종자 無胚乳種子 (없을 무, 아이 밸 배, 젖 유, 씨 종, 씨 자). 식물 완두나 밤과 같이 씨눈[胚]의 양분[乳]이 되는 조직이 없는[無] 씨[種子]. ⓑ유배유 종자(有胚乳種子).

무백혈-병 無白血病 (없을 무, 흰 백, 피 혈, 병 병). 의학 백혈병의 과정에서 말초 혈액 속의 백혈구(白血球)의 수는 정상이거나 오히려 적어지는[無] 상태의 병(病).

무법 無法 (없을 무, 법 법). ① 속뜻 법(法)이 없음[無]. ② 도리나 도덕에 어긋나고 난폭함. ¶폭동이 일어나자 도시는 무법천지가 되었다.

▸무법-자 無法者 (사람 자). 법(法)을 무시(無視)하고 함부로 거칠고 험한 행동을 하는 사람[者]. ¶도로의 무법자.

▸무법-천지 無法天地 (하늘 천, 땅 지). ① 속뜻 법(法)이 없는[無] 것 같은 세상[天地]. ② 법이나 제도가 확립되지 않고 질서가 문란한 세상. ¶폭동으로 도시는 무법천지가 되었다.

무:변1 武弁 (굳셀 무, 고깔 변). ① 속뜻 무관(武官)들이 쓰던 고깔[弁]. ② 무관(武官). ¶봉학이는 무변에 속하였다.

무변2 無邊 (없을 무, 가 변). 가장자리[邊]가 없음[無]. 끝이 없음.

▸무변-광야 無邊曠野 (넓을 광, 들 야). 끝[無] 없이[邊] 넓은[曠] 들[野]. ¶무변광야에 혼자 남겨진 듯한 느낌이다.

▸무변-대양 無邊大洋 (큰 대, 큰바다 양). 끝[邊]이 보이지 않을[無] 만큼 큰[大] 바다[洋]. ¶이곳은 태평양의 무변대양 한가운데 홀로 있는 섬이다. ⓑ무변대해(無邊大海).

▸무변-대해 無邊大海 (큰 대, 바다 해). 끝[邊]이 보이지 않을[無] 만큼 큰[大] 바다[海]. ⓑ무변대양(無邊大洋).

▸무변 세:계 無邊世界 (세상 세, 지경 계). 불교 끝없이[無邊] 넓고 큰 세계(世界).

무병 無病 (없을 무, 병 병). 병(病)이 없음[無]. ¶무병 장수를 기원합니다.

▸무병-장수 無病長壽 (길 장, 목숨 수). 병(病) 없이[無] 오래[長] 삶[壽]. ¶상을 차려 놓고 아기의 무병장수를 빌었다.

무-보수 無報酬 (없을 무, 갚을 보, 갚을 수). 보수(報酬)가 없음[無]. 대가가 없음. ¶무보수로 일하다.

무보증 사채 無保證社債 (없을 무, 지킬 보, 증명할 증, 회사 사, 빚 채). 경제 금융 기관의 보증(保證) 없이[無] 발행되는 일반 사채(社債). ⓑ보증 사채(保證社債).

무:본 務本 (힘쓸 무, 뿌리 본). 근본(根本)이나 기초를 닦는 데 힘씀[務].

무본-대상 無本大商 (없을 무, 밑 본, 큰 대, 장사 상). ① 속뜻 밑천[本] 없이[無] 하는 큰[大] 장사[商]. ② '도둑'을 비꼬아 이르는 말.

무-분별 無分別 (없을 무, 나눌 분, 나눌 별). 분별(分別)이 없음[無]. 앞 뒤 생각이 없음. ¶무분별한 행위.

무불통지 無不通知 (없을 무, 아닐 불, 통할 통, 알 지). 무엇이든지 다 꿰어[通] 알지[知] 못하는[不] 것이 없음[無]. ¶그는 무불통지하는 대학자이다.

무:비1 武備 (굳셀 무, 갖출 비). 군사[武]에 관련된 장비(裝備). 또는 그 장비를 준비하는 일. ¶무비를 잘 갖추도록 하였다.

무비2 無比 (없을 무, 견줄 비). 아주 뛰어나서 견줄[比] 데가 없음[無]. ¶무비의 명장.

무-비판 無批判 (없을 무, 따질 비, 판가름할 판). 비판(批判)이 없음[無]. 옳고 그름을 가리지 않음.

▸무비판-적 無批判的 (것 적). 옳고 그름을 가리지[批判] 않는[無] 것[的].

무:빙 霧氷 (안개 무, 얼음 빙). 영하의 온도에서 안개[霧], 수증기 따위의 작은 물방울이 나뭇가지 따위에 붙어서 생기는 얼음[氷].

무:사1 武士 (굳셀 무, 선비 사). ① 속뜻 굳센[武] 기예를 닦은 사람[士]. ② 역사 무예를 익혀 전쟁에 종사하던 사람. ⓑ무인(武人). ⓑ문사(文士).

무:사2 武事 (굳셀 무, 일 사). 군대나 전쟁 따위[武]에 관한 일[事]. ⓑ문사(文事).

무사3 無死 (없을 무, 죽을 사). 운동 야구에서, 아직 아웃된[死] 사람이 하나도 없는[無] 상황을 이르는 말.

무사4 無似 (없을 무, 닮을 사). ① 속뜻 아버지, 할아버지만 같지[似] 못함[無]. ② '자기'를 겸손히 이르는 말. ⓑ불초(不肖).

무사5 無私 (없을 무, 사사로울 사). 사사로움[私]이 없음[無]. 공정함. ¶공무(公務)는 무사하게 처리해야 한다.

무사⁶ 無嗣 (없을 무, 이을 사). 대를 이을[嗣] 후손이 없음[無]. ¶그들은 무사하여 양자를 들였다. [비]무후(無後).

무사⁷ 無邪 (없을 무, 간사할 사). 사심(邪心)이나 악의가 없다[無].

무사⁸ 無事 (없을 무, 일 사). ① [속뜻] 아무 일[事]이 없음[無]. ② 아무 탈이 없음. ¶무사 귀환 / 대형 화재였는데도 사람들은 무사하다. [비]무고(無故). [반]유사(有事).

▸무사불참 無事不參 (아닐 불, 참여할 참). 무슨 일이고 참견(參見)하지 않는[不] 일[事]이 없음[無].

▸무사-주의 無事主義 (주될 주, 뜻 의). 모든 일[事]에서 말썽이 없이[無] 무난히 지내려는 소극적인 사상이나 태도[主義].

▸무사-태평 無事泰平 (클 태, 평안할 평). ① [속뜻] 어떤 일[事]에도 개의하지 않고[無] 마음이 태평(泰平)함. ② 아무 탈 없이 평안함. ¶동생은 방학숙제를 안 해놓고도 무사태평이다.

무-사고 無事故 (없을 무, 일 사, 사고 고). 사고(事故)가 없음[無]. 아무 탈이 없음.

무사-독학 無師獨學 (없을 무, 스승 사, 홀로 독, 배울 학). 스승[師]이 없이[無] 혼자서[獨] 공부함[學].

무사자통 無師自通 (없을 무, 스승 사, 스스로 자, 통할 통). 스승[師]이 없이도[無] 스스로[自] 깨달아 통달(通達)함.

무사무려 無思無慮 (없을 무, 생각 사, 없을 무, 생각할 려). 아무런 생각[思]도 없고[無] 근심[慮]도 없음[無].

무사 분열 無絲分裂 (없을 무, 실 사, 나눌 분, 찢어질 렬). [생물] 핵이 있는 그대로의 상태에서 둘로 분열되어 실[絲] 모양의 염색체가 나타나지 않는[無] 세포 분열(分裂)의 한 형식. [반]유사 분열(有絲分裂).

무:산¹ 霧散 (안개 무, 흩을 산). 안개[霧]가 걷히듯 흩어져[散] 사라짐. 또는 그렇게 흐지부지 취소됨. ¶계획이 무산되다.

무산² 無産 (없을 무, 재물 산). 재산(財産)이 없음[無]. ¶토지를 잃은 무산 농민 계층. [반]유산(有產).

▸무산-자 無産者 (사람 자). ① [속뜻] 재산(財産)이 없는[無] 사람[者]. ② 무산 계급에 속하는 사람. ¶무산자 혁명. [비]프롤레타리아(prolétariat). [반]유산자(有產者).

▸무산 계급 無産階級 (섬돌 계, 등급 급). [사회] 재산(財産)이 없이[無] 노동력만으로 생활해 가는 하층 계급(階級). [비]프롤레타리아(prolétariat). [반]유산 계급(有產階級).

무산-증 無酸症 (없을 무, 산소 산, 증세 증). [의학] 만성 위염이나 암 등으로 위액의 산도(酸度)가 매우 낮아지거나 없어진[無] 증세(症勢). [비]위산 결핍증(胃酸缺乏症).

무상¹ 無上 (없을 무, 위 상). 더 위[上]의 것이 없음[無]. 더 좋을 수 없음. 가장 좋음. ¶무상의 기쁨 / 무상한 영광.

무상² 無狀 (없을 무, 형상 상). ① [속뜻] 정해진 형상(形狀)이 없다[無]. ② 아무렇게나 함부로 행동하여 버릇이 없다. ③ 내세울 만한 선행이나 공적이 없다. [비]무상(亡狀).

무상³ 無相 (없을 무, 모양 상). [불교] ① 모든 사물은 공(空)이어서 일정한 형태나 양상(樣相)이 없음[無]. ② 모든 집착에서 떠나 초연해 있음. ③ 모든 집착을 떠난 경지.

무상⁴ 無常 (없을 무, 늘 상). ① [속뜻] 늘[常] 그대로인 것이 없음[無]. ② 덧없음. ¶인생의 무상과 허무를 느끼다 / 인생은 무상한 것이다.

▸무상-관 無常觀 (볼 관). 세상만사가 항상 변화하여 덧없다고[無常] 보는 관점(觀點).

▸무상-출입 無常出入 (날 출, 들 입). 늘[常] 거리낌 없이[無] 드나듦[出入].

무상⁵ 無想 (없을 무, 생각 상). 마음 속에 일체의 생각[想]이 없음[無].

▸무상-무념 無想無念 (없을 무, 생각 념). 모든 생각[想=念]을 떠나[無] 마음이 빈 상태. 무념무상(無念無想).

무상⁶ 無償 (없을 무, 갚을 상). ① [속뜻] 물건 값 따위를 갚지[償] 않아도[無] 됨. ② 값이나 삯을 받지 않음. ¶무상으로 수리하다. [반]유상(有償).

▸무상-주 無償株 (주식 주). [경제] 대가[償]를 치르지 않고[無] 공짜로 발행되는 주식(株式).

▸무상 계:약 無償契約 (맺을 계, 묶을 약). [법률] 무엇을 사용한 대가[償]를 치르지 않는[無] 계약(契約).

▸무상 대:부 無償貸付 (빌릴 대, 줄 부). 경제 대가[償]를 받지 않고[無] 빌려[貸] 줌[付]. 반유상 대부(有償貸付).

▸무상 증자 無償增資 (더할 증, 자본 자). ① 속뜻 대가[償]나 보상이 없는[無] 증자(增資). ② 경제 적립금을 자본으로 전입하거나 주식 배당을 출자하는 따위와 같이 자본의 법률상 증가만을 가져오는 명목상의 증자. 반유상 증자(有償增資).

▸무상 행위 無償行爲 (행할 행, 할 위). 법률 어떤 일에 대한 보상(報償)이 없는[無] 법률 행위(行爲). 반유상 행위(有償行爲).

무상 기간 無霜期間 (없을 무, 서리 상, 때 기, 사이 간). 서리[霜]가 내리지 않는[無] 기간(期間). 늦봄의 마지막 늦서리가 온 때부터 초가을의 첫서리가 내릴 때까지이다.

무상 일수 無霜日數 (없을 무, 서리 상, 날 일, 셀 수). 서리[霜]가 내리지 않는[無] 날[日]의 수효(數爻).

무색 無色 (없을 무, 빛 색). ① 속뜻 아무 빛깔[色]이 없음[無]. ¶물은 무색 무취의 액체다. ②부끄러워 볼 낯이 없음. ¶무색해서 고개를 숙였다. 비무안(無顔). 반유색(有色).

무생-대 無生代 (없을 무, 살 생, 세대 대). ① 속뜻 생물(生物)이 없었던[無] 시대(時代). ② 지리 캄브리아기보다 앞선 지질 시대를 이르던 말. '무생물 시대'(無生物時代)의 준말.

무생-물 無生物 (없을 무, 살 생, 만물 물). 생물 생활 기능이나 생명(生命)이 없는[無] 물체(物體). 세포로 이루어지지 않은 돌, 물, 흙 따위를 이른다. 반생물(生物), 유생물(有生物).

무:석 武石 (굳셀 무, 돌 석). '무석인'(武石人)의 준말.

무:-석인 武石人 (굳셀 무, 돌 석, 사람 인). 무관(武官)의 형상을 한 사람[人]을 만든 돌[石] 조각. 비무관석(武官石). 반문석인(文石人).

무선 無線 (없을 무, 줄 선). ① 속뜻 줄[線]이 없거나[無] 쓰이지 않음. ②통신이나 방송을 전선(電線) 없이 전파로 함. ¶무선 전화기. 반유선(有線).

▸무선-철 無線綴 (꿰맬 철). 실[線]이나 철사 따위를 쓰지 않고[無] 접착제만으로 책을 묶는[綴] 방법.

▸무선 송:신 無線送信 (보낼 송, 소식 신). 통신 전선(電線) 없이[無] 전파로 신호(信號)를 보냄[送]. 무선 전신(無線電信), 무선 전화(無線電話) 등의 송신.

▸무선 전:신 無線電信 (전기 전, 소식 신). 통신 무선(無線)으로 보내고 받는 전기(電氣) 신호(信號). 전파를 이용하여 하는 무선 통신의 한 가지이다. 반유선 전신(有線電信).

▸무선 전:파 無線電波 (전기 전, 물결 파). 물리 전선(電線) 없이[無] 전파되는 전자파(電磁波)의 한 가지. 무선 연락에 이용된다. 비무선파(無線波).

▸무선 전:화 無線電話 (전기 전, 말할 화). 통신 전선(電線) 없이[無] 전파를 이용한 전화(電話). 반유선 전화(有線電話).

▸무선 조종 無線操縱 (잡을 조, 놓아줄 종). 물리 사람이 타지 않은 항공기나 함선, 탱크 따위를 전파로써[無線] 원격 조종(操縱)하는 일.

▸무선 통신 無線通信 (통할 통, 소식 신). 통신 전선(電線)을 사용하지 않고[無] 전파를 이용한 통신(通信)을 통틀어 이르는 말. 반유선 통신(有線通信).

▸무선 표지 無線標識 (나타낼 표, 기록할 지). 물리 전선(電線) 없이[無] 전파를 이용하여 항공기나 선박의 위치나 방향 따위를 알려 주는 표지(標識). 또는 그러한 시설.

▸무선 유도탄 無線誘導彈 (꾈 유, 이끌 도, 탄알 탄). 군사 무선(無線) 조종 방식의 유도(誘導) 미사일[彈].

무:성[1] 茂盛 (우거질 무, 가득할 성). 초목 따위가 우거져[茂] 가득함[盛]. ¶풀이 무성하다.

무성[2] 無性 (없을 무, 성별 성). ① 동물 암수 성(性)의 구별이 없음[無]. ② 불교 불성(佛性)이 없음을 이르는 말. 반유성(有性).

▸무성-아 無性芽 (싹 아). 식물 무성생식(無性生殖)으로 생긴 싹[芽].

▸무성-화 無性花 (꽃 화). 식물 수술과 암술이 없는[無性] 꽃[花]. 비중성화(中性化).

▸무성 생식 無性生殖 (날 생, 불릴 식). ① 속뜻 암수의 성적(性的) 교배 없이[無] 새로운 개체가 생겨나서[生] 자라는[殖] 것.

② 생물 암수 배우자의 융합 없이 이루어지는 생식 방법. 개체가 갈라지거나, 싹이 나거나 땅속줄기에서 새로운 개체를 만드는 것 따위. 참 유성 생식(有性生殖).

▶ 무성 세ː대 無性世代 (인간 세, 시대 대). 생물 유성생식과 무성생식이 교대로 나타나는 생물 가운데서 무성생식(無性生殖)을 하는 세대(世代). 반 유성 세대(有性世代).

무성[3] 無聲 (없을 무, 소리 성). 소리[聲]가 없음[無]. 아무 소리도 나지 않음. 반 유성(有聲).

▶ 무성-시 無聲詩 (시 시). ① 속뜻 소리[聲] 없는[無] 시(詩). ② '회화'(繪畫)를 이름.

▶ 무성-음 無聲音 (소리 음). 언어 성대(聲帶)의 울림이 없는[無] 소리[音]. 국어에서는, 자음의 'ㄱ', 'ㄷ', 'ㅂ', 'ㅅ' 따위이다.

▶ 무성 영화 無聲映畫 (비칠 영, 그림 화). 연영 인물의 대사나 음향 따위의 소리[聲]가 없는[無] 영화(映畫). 반 발성 영화(發聲映畫).

무-성의 無誠意 (없을 무, 진심 성, 뜻 의). 진심[誠]에서 우러나오는 마음[意]이나 태도가 없음[無]. ¶너의 태도는 무성의하다.

무세 無勢 (없을 무, 세력 세). ① 속뜻 세력(勢力)이 없다[無]. ¶무세한 양반 집안. ② 거래의 흥정이 적고 시세(市勢)가 없음.

무-세력 無勢力 (없을 무, 세력 세, 힘 력). 세력(勢力)이 없다[無].

무세-지 無稅地 (없을 무, 세금 세, 땅 지). 경제 세금(稅金)을 매기지 않는[無] 땅[地]. ¶이곳은 사찰 소유라서 무세지이다. 반 유세지(有稅地).

무세-품 無稅品 (없을 무, 세금 세, 물건 품). 경제 세금(稅金)이 붙지 않는[無] 물품(物品). 반 유세품(有稅品).

무소-기탄 無忌憚 (없을 무, 것 기, 꺼릴 기, 꺼릴 탄). 아무 거리낌[忌=憚] 바가[所] 없음[無]. 준 무기탄.

무-소득 無所得 (없을 무, 것 소, 얻을 득). 아무 소득(所得)이 없음[無]. ¶무소득 계층.

무소부재 無所不在 (없을 무, 바 소, 아닐 부, 있을 재). ① 속뜻 없는[無] 곳[所]이 있지[在] 아니함[不]. ② 『기독교』 하나님 품성의 존재와 섭리가 모든 피조물 속에 다 미쳐 있음을 이르는 말. ¶하나님은 무소부재의 존재이다.

무소부지[1] 無所不至 (없을 무, 곳 소, 아닐 부, 이를 지). 이르지[至] 않는[不] 곳[所]이 없음[無]. 다 이르러 있음.

무소부지[2] 無所不知 (없을 무, 것 소, 아닐 부, 알 지). 모르는[不知] 것[所]이 아무 것도 없음[無]. 두루 다 앎.

무소불능 無所不能 (없을 무, 것 소, 아닐 불, 능할 능). 할 수[能] 없는[不] 것[所]이 아무 것도 없음[無]. 무엇이든지 다 할 수 있음. 비 무소불위(無所不爲).

무소불위 無所不爲 (없을 무, 것 소, 아닐 불, 할 위). 못[不] 할[爲] 것[所]이 아무 것도 없음[無]. ¶무소불위의 권력. 비 무소불능(無所不能).

무-소설 無所說 (없을 무, 것 소, 말씀 설). 말할[說] 것[所]이 없음[無]. 구구하게 말로써 나타내는 바가 없음.

무-소속 無所屬 (없을 무, 곳 소, 엮을 속). 어느 단체나 당파에도 속(屬)한 데[所]가 없음[無]. 또는 그 사람. ¶무소속 국회의원.

무-소식 無消息 (없을 무, 사라질 소, 불어날 식). 소식(消息)이 없음[無]. ¶그가 떠난 지 한 달이 되도록 무소식이다. 속담 무소식이 희소식.

무-소외 無所畏 (없을 무, 것 소, 두려워할 외). ① 속뜻 두려워[畏] 하는 것[所]이 없음[無]. ② 불교 불도(佛道)를 닦음에 있어 어떠한 장애도 두려워하지 않음을 이름.

무-소용 無所用 (없을 무, 곳 소, 쓸 용). 아무 쓸[用] 데[所]가 없음[無]. ¶무소용한 물건.

무-소유 無所有 (없을 무, 것 소, 있을 유). 가진[有] 것[所]이 없음[無].

무ː속 巫俗 (무당 무, 풍속 속). 무당(巫堂)들의 풍속(風俗)이나 습속(習俗). ¶무속 신앙.

무손 無孫 (없을 무, 손자 손). 후손(後孫)이 없음[無]. ¶백부님은 무손이시다.

무수[1] 無數 (없을 무, 셀 수). ① 속뜻 일정한 수(數)가 없음[無]. ② 셀 수 없이 많음. 또는 그런 수. ¶밤하늘의 별들이 무수하다 / 거리에 사람들이 무수히 많다.

무수[2] 無水 (없을 무, 물 수). 화학 물[水]이나 물기가 없음[無].

▸무수-물 無水物 (만물 물). [화학] 어떤 화합물에서 물[水] 분자가 떨어져 나간[無] 물질(物質).

▸무수 규산 無水珪酸 (홀 규, 산소 산). [화학] ① 물[水] 분자가 떨어져 나간[無] 규산(硅酸). ② 규소의 산화물. 경유리(硬琉璃)의 원료로 쓰이는데 천연으로는 석영, 수정, 규사, 규조토 등에서 산출된다. 화학식은 SiO_2. [비] 이산화규소(二酸化珪素).

▸무수 탄:산 無水炭酸 (숯 탄, 산소 산). [화학] 물[水] 분자가 떨어져 나간[無] 탄산(炭酸). 화학식은 CO_2. [비] 이산화탄소(二酸化炭素).

▸무수 황산 無水黃酸 (누를 황, 산소 산). [화학] 물[水] 분자가 떨어져 나간[無] 황산(黃酸). 강한 산성 물질로, 백금을 촉매로 이산화황과 산소를 반응시켜 만든다. 화학식은 SO_3. [비] 삼산화유황(三酸化硫黃).

무수-옹 無愁翁 (없을 무, 근심 수, 늙은이 옹). ① [속뜻] 아무 근심·걱정[愁]이 없이[無] 편안한 삶을 누리는 늙은이[翁]. ② 어리석어서 근심이나 걱정을 모르고 지내는 사람.

무숙-자 無宿者 (없을 무, 잠잘 숙, 사람 자). 묵을[宿] 곳이 없는[無] 사람[者]. ¶무숙자를 위한 수용시설을 마련하다.

무순 無順 (없을 무, 차례 순). 배열하거나 분류할 때 일정한 순서(順序)가 없음[無].

무:술[1] 戊戌 (천간 무, 개 술). [민속] 천간의 '戊'와 지지의 '戌'이 만난 간지(干支). 육십갑자의 서른다섯째. ¶청나라에서 무술년에 정변(政變)이 일어났다.

무:술[2] 巫術 (무당 무, 꾀 술). ① [속뜻] 무당(巫堂)의 요술(妖術). ② [종교] 주술사인 샤먼이 신의 세계나 조상신과 같은 초자연적 존재와 직접 교류를 하며 그에 의하여 점복, 예언, 병 치료 따위를 하는 원시 종교의 한 형태. [비] 샤머니즘(shamanism).

무:술[3] 武術 (굳셀 무, 꾀 술). 무인(武人)으로서 갖추어야 할 여러 기술(技術). ¶무술이 뛰어나다. [비] 무예(武藝).

무-승부 無勝負 (없을 무, 이길 승, 질 부). 경기나 내기에서 이기고[勝] 지는[負] 것을 가르지 못함[無]. 서로 비김. ¶경기가 무승부로 끝나다. [비] 비김, 동점(同點).

*__무시__[1] 無視 (없을 무, 볼 시). ① [속뜻] 보아[視] 주지 아니함[無]. ② 사물의 존재 의의나 가치를 알아주지 아니함. ¶무시하지 못하다 / 신호를 무시하고 달리다. ③ 사람을 업신여김. ¶그에게 무시를 당하다 / 동생이 나를 무시했다.

무시[2] 無始 (없을 무, 처음 시). [불교] ① 아무리 거슬러 올라가도 그 처음[始]이 없음[無]을 이르는 말. ② 시작을 알 수 없을 만큼 한없이 먼 과거. ¶무시 광겁.

▸무시-무종 無始無終 (없을 무, 끝마칠 종). ① [속뜻] 시작[始]도 끝[終]도 없음[無]. ② [불교] 진리나 윤회의 무한성. ③ [가톨릭] 하느님의 소극적 품성의 한 가지를 이르는 말.

▸무시-이래 無始以來 (부터 이, 올 래). [불교] 아주 먼 과거[無始] 이후로[以來].

무시[3] 無時 (없을 무, 때 시). 일정한 때[時]가 없음[無].

▸무시-복 無時服 (먹을 복). 약 따위를 시간(時間)을 정해두지 않고[無] 복용(服用)함. ¶차를 끓여서 무시복하십시오.

무-시험 無試驗 (없을 무, 따질 시, 효과 험). [교육] 시험(試驗)을 치르지 않음[無]. ¶중학교 무시험 제도.

무식 無識 (없을 무, 알 식). 배우지 못해 아는[識] 것이 없음[無]. ¶나의 무식이 탄로났다 / 그녀는 자주 무식한 소리를 한다. [반] 유식(有識).

무:신[1] 戊申 (천간 무, 원숭이 신). [민속] 천간의 '戊'와 지지의 '申'이 만난 간지(干支). 육십갑자의 마흔다섯째. ¶이 절은 무신년에 재건립되었다.

무:신[2] 武臣 (굳셀 무, 신하 신). 무과(武科) 출신의 신하(臣下). ¶무신 정변. [반] 문신(文臣).

무신[3] 無信 (없을 무, 믿을 신). ① [속뜻] 믿음[信]이 없음[無]. ② 소식이 없음. [반] 유신(有信).

▸무신-무의 無信無義 (없을 무, 옳을 의). 믿음[信]도 없고[無] 의리(義理)도 없음[無].

무-신경 無神經 (없을 무, 정신 신, 날실 경). ① [속뜻] 신경(神經)이 둔하거나 없음[無]. 감각이 둔함. ② 남의 감정이나 이목 따위를 고려하지 않고 어떤 자극에도 반응이 없음. ¶그는 주위의 시선에 무신경한 편이다.

무신-론 無神論 (없을 무, 귀신 신, 말씀 론). 철학 신(神)이 없다[無]고 여기는 견해나 관점[論]. ㊥유신론(有神論).

▸무신론-자 無神論者 (사람 자). 무신론(無神論)을 주장하거나 지지하는 사람[者]. ㊥유신론자(有神論者).

무실[1] 無失 (없을 무, 잃을 실). 운동 야구에서 실책(失策)이 없음[無].

무실[2] 無實 (없을 무, 열매 실). ① 속뜻 열매[實]가 달리지 않다[無]. ②실속이 없다. ㊥몰실(沒實).

무:실-역행 務實力行 (힘쓸 무, 참될 실, 힘력, 행할 행). ① 속뜻 실속[實]이 있도록 힘쓰고[務] 그것을 행(行)하는 데 노력(努力)함. ②참되고 실속 있도록 힘써 실행함.

무심 無心 (없을 무, 마음 심). ① 속뜻 아무런 생각[心]이 없음[無]. 감정이 없음. ¶무심한 표정으로 거울을 보다. ②다른 털로 속을 박지 않은 붓. ㊥무심필(無心筆).

▸무심-도인 無心道人 (길 도, 사람 인). ① 속뜻 도(道)를 닦아 삿된 욕심(慾心)이 없는[無] 사람[人]. ②『불교』도를 닦아 번뇌와 물욕에서 벗어난 경지에 도달하여 진리를 깨달은 사람. ¶무심도인의 경지에 이르다.

무쌍 無雙 (없을 무, 둘 쌍). 견줄만한 짝[雙]이 없다[無]. 둘도 없이 썩 뛰어나다. ¶고금무쌍(古今無雙) / 재주가 무쌍하다.

무아 無我 (없을 무, 나 아). ① 속뜻 자기[我]가 없다[無]고 여김. ¶무아의 경지에 도달하다. ②사사로운 마음이 없음. ③ 불교 일체는 무상(無常)한 것이므로 나라는 존재는 없음을 이름. ㊥무의식(無意識).

▸무아-경 無我境 (처지 경). 정신이 한곳에 통일되어 나[我]를 잊고[無] 있는 상태[境].

▸무아-애 無我愛 (사랑 애). 자기[我]는 전혀 돌보지 않고[無] 상대편만을 위하는 사랑[愛].

▸무아-도취 無我陶醉 (기뻐할 도, 취할 취). 자기[我]를 잊고[無] 무엇에 흠뻑 취함[陶醉].

무:악 舞樂 (춤출 무, 음악 악). 음악 춤출[舞] 때 연주하는 아악(雅樂).

무안 無顔 (없을 무, 얼굴 안). 부끄러워서 볼 낯[顔]이 없음[無]. ¶무안을 주다 / 나는 무안하여 얼굴이 빨개졌다. ㊥무색(無色).

무-안타 無安打 (없을 무, 편안할 안, 칠 타). 운동 야구에서, 타자가 안전(安全)하게 나갈 수 있도록 친[打] 공이 없음[無].

무애[1] 無涯 (없을 무, 끝 애). 끝[涯] 없이[無] 넓다. ㊥무제(無際).

무애[2] 無礙 (없을 무, 거리낄 애). 불교 막힘[礙]이 없음[無]. 장애물이 없음.

무:언[1] 誣言 (속일 무, 말씀 언). 없는 일을 거짓으로 꾸며서[誣] 남을 해치는 말[言].

무언[2] 無言 (없을 무, 말씀 언). 말[言]이 없음[無]. ¶무언의 압력을 받다. ㊥묵언(默言).

▸무언-극 無言劇 (연극 극). 연영 말[言]을 하지 않고[無] 몸짓과 얼굴의 표정만으로 표현하는 연극(演劇). 때로는 음악에 맞추어 춤을 추기도 함. ㊥팬터마임(pantomime).

▸무언-중 無言中 (가운데 중). 서로 말[言]이 없는[無] 가운데[中]. ¶무언중에 마음이 통했다.

▸무언-증 無言症 (증세 증). 의학 말[言] 하지도 않고[無] 남의 물음에 대답하려 하지도 않는 증세(症勢).

▸무언-용사 無言勇士 (날쌜 용, 선비 사). ① 속뜻 말[言] 없는[無] 용감한 군인[勇士]. ②싸움터에서 죽은 군인의 유골. ¶무언용사가 되어 돌아오다.

▸무언 무:용극 無言舞踊劇 (춤출 무, 뛸 용, 연극 극). 연영 말[言]을 하지 않고[無] 하는 노래나 춤[舞踊]만으로 이루어진 연극(演劇).

무엄 無嚴 (없을 무, 엄할 엄). 엄(嚴)하게 여기지 아니함[無]. 삼가고 어려워함이 없음. ¶무엄한 소리.

*__무:역__ 貿易 (바꿀 무, 바꿀 역). ① 경제 상품을 팔고 사며 서로 바꾸는[貿=易] 상행위. ②외국 상인과 물품을 수출입하는 상행위. ㊥교역(交易), 통상(通商).

▸무:역-로 貿易路 (길 로). 무역(貿易)을 하기 위해 오가는 길[路]. ¶무역로를 개척하였다.

▸무:역-업 貿易業 (일 업). 외국과의 무역

(貿易)을 전문으로 하는 일[業].

▸무:역-상 貿易商 (장사 상). 무역(貿易)을 영업으로 하는 상업(商業). 또는 그 상인(商人). ¶각국의 무역상들이 이곳을 드나들었다.

▸무:역-풍 貿易風 (바람 풍). 지리 중위도 고압대에서 열대 수렴대로 부는 바람. 이 바람은 북반구에서는 북동풍, 남반구에서는 남동풍이 되며 일 년 내내 끊임없이 분다. 무역(貿易) 범선이 이 바람[風]을 이용해 항해한데서 비롯된 이름이다. ㊥몬순(monsoon).

▸무:역-항 貿易港 (항구 항). 외국과의 상품 수출입[貿易] 허가를 얻은 항구(港口). ¶부산은 동아시아 최대의 무역항이다. ㊥상항(商港).

▸무:역 수지 貿易收支 (거둘 수, 가를 지). 경제 상품의 수출입[貿易]으로 생기는 수입(收入)과 지출(支出). ¶상반기 무역수지는 흑자이다.

▸무:역 외 수지 貿易外收支 (밖 외, 거둘 수, 가를 지). 경제 상품의 수출입[貿易] 이외(以外)의 수입(收入)과 지출(支出). 운임, 보험료, 대외 투자의 이윤, 외채 이자, 주식 배당 따위.

*무연[1] 無煙 (없을 무, 연기 연). 연기(煙氣)가 나지 않는[無] 것. 또는 연기가 없는 것.

▸무연-탄 無煙炭 (연기 연, 숯 탄). 광업 탈 때 연기(煙氣)가 나지 않는[無] 석탄(石炭). ¶강원도 정선은 무연탄 산지다. ㊥유연탄(有煙炭).

▸무연 화:약 無煙火藥 (없을 무, 연기 연, 불 화, 약 약). 화학 폭발할 때 연기(煙氣)가 나지 않는[無] 화약(火藥).

무연[2] 無緣 (없을 무, 인연 연). ① 속뜻 인연(因緣)이 없음[無]. ② 무연고(無緣故). ③ 전생(前生)에서 부처나 보살과 인연을 맺은 일이 없음.

▸무연-분묘 無緣墳墓 (무덤 분, 무덤 묘). 자손이나 관리하는 사람이 없는[無緣] 무덤[墳墓]. ㊥무주총(無主塚), 무연총(無緣塚).

무-연고 無緣故 (없을 무, 인연 연, 까닭 고). 일가친척이나 친구와 같이 인연으로 맺어진 관계[緣故]가 없음[無].

무연-분 無鉛粉 (없을 무, 납 연, 가루 분). 납[鉛]으로 만든 흰 물질을 함유하지 않는[無] 가루[粉].

무연 휘발유 無鉛揮發油 (없을 무, 납 연, 흩어질 휘, 떠날 발, 기름 유). 화학 자동차의 배기가스에서 납[鉛] 성분을 없애고[無] 만든 휘발유(揮發油).

무:열[1] 武列 (굳셀 무, 줄 렬). 무신(武臣)의 반열(班列).

무:열[2] 武烈 (굳셀 무, 세찰 렬). ① 속뜻 싸움[武]에서 열렬(熱烈)하고 용감한 일. ② 무공(武功).

무염 無鹽 (없을 무, 소금 염). 소금기[鹽]가 없음[無]. 소금이 들어 있지 않음.

▸무염-식 無鹽食 (밥 식). 소금기[鹽]가 없도록[無] 싱겁게 만든 음식(飮食).

▸무염-식사 無鹽食事 (먹을 식, 일 사). 소금기[鹽]가 없도록[無] 싱겁게 만들어 먹음[食事].

무염 원죄 無染原罪 (없을 무, 물들일 염, 본디 원, 허물 죄). 가톨릭 원죄(原罪)에 물들지[染] 아니하여[無] 그 벌을 면한 특별한 은혜. 예를 들면 성모 마리아가 그렇다.

무영 無影 (없을 무, 그림자 영). 그림자가[影] 없음[無].

▸무영-등 無影燈 (등불 등). 원하는 부분에 그림자[影]가 지지 않게[無] 만든 조명[燈]. 주로 수술실에서 쓴다.

▸무영-탑 無影塔 (탑 탑). ① 속뜻 그림자[影]가 지지 않는[無] 탑(塔). ② 고적 '불국사 삼층 석탑'을 달리 이르는 말.

*무:예 武藝 (굳셀 무, 재주 예). 검술(劍術), 궁술(弓術) 등 무술(武術)에 관한 재주[藝]. ㊥무기(武技).

무:오 戊午 (천간 무, 말 오). 민속 천간의 '戊'와 지지의 '午'가 만난 간지(干支). 육십갑자의 쉰다섯째.

▸무:오-사화 戊午士禍 (선비 사, 재화 화). ① 속뜻 무오(戊午)년에 선비[士]들이 겪은 화(禍). ② 역사 조선 연산군 4년(1498)인 무오년에 훈구파(勳舊派)에 의해 유자광(柳子光) 등 신진사대부들이 숙청된 사건.

▸무:오-연행록 戊午燕行錄 (제비 연, 다닐 행, 기록할 록). 책명 조선 정조 무오(戊午)년에 서유문(徐有聞)이 청나라 연경(燕京)에 다녀[行] 와서 기록한[錄] 한글 기행문.

무ː옥 誣獄 (속일 무, 가둘 옥). 거짓으로 죄를 꾸며[誣] 사람들을 옥에 가둠[獄].

무외 無畏 (없을 무, 두려워할 외). ① [속뜻] 두려움[畏]이 없음[無]. ② [불교] 불도를 닦는 데 만나는 어려움에 대해 두려움이 없음.

▶ 무외-시 無畏施 (베풀 시). [불교] '삼시'(三施)의 하나. 남의 두려움[畏]을 없애[無] 주는 일[施]. [참]삼시(三施).

무욕 無慾 (없을 무, 욕심 욕). 욕심(慾心)이 없음[無].

무용1 無用 (없을 무, 쓸 용). 소용(所用)이 없음[無]. 쓸데없음. ¶그의 조언은 나에게는 무용하다. [반]유용(有用).

▶ 무용-지물 無用之物 (어조사 지, 만물 물). 아무짝에도 쓸데[用] 없는[無] 물건(物件)이나 사람. ¶비가 억수같이 퍼부어서 우산이 있어도 무용지물이다.

무ː용2 武勇 (굳셀 무, 날쌜 용). ① [속뜻] 무예(武藝)와 용맹(勇猛). ② 싸움에서 용맹스러움. ¶무용을 자랑하다.

▶ 무ː용-담 武勇談 (이야기 담). 씩씩하고 용맹스럽게[武勇] 싸운 이야기[談]. ¶무용담을 늘어놓다.

⁑**무ː용**3 舞踊 (춤출 무, 뛸 용). ① [속뜻] 춤추며[舞] 즐겁게 뜀[踊]. ② 음악에 맞추어 몸을 움직여 감정과 의지를 나타내는 예술. ¶무용을 배우다. [비]춤, 무도(舞蹈).

▶ 무ː용-가 舞踊家 (사람 가). 춤[舞踊]을 잘 추는 사람[家]이나 무용을 전문으로 연구하는 사람.

▶ 무ː용-곡 舞踊曲 (노래 곡). [음악] 무용(舞踊)을 위하여 연주하는 악곡(樂曲).

▶ 무ː용-극 舞踊劇 (연극 극). [연영] 무용(舞踊)을 중심으로 짜여진 연극(演劇).

▶ 무ː용-단 舞踊團 (모일 단). 무용(舞踊)하는 사람으로 이루어진 단체(團體).

▶ 무ː용-수 舞踊手 (사람 수). 극단 따위에서 춤추는[舞踊] 역할을 맡은 사람[手].

▶ 무ː용-총 舞踊塚 (무덤 총). [고적] 14명의 남녀가 춤을 추는[舞踊] 모습과 말을 탄 4명의 무사가 사냥하는 모습 따위의 벽화가 있는 무덤[塚]. 중국의 만주 길림성(吉林省) 집안시(輯安市) 여산(如山) 남쪽에 있는, 고구려 때의 무덤으로 1940년에 발견되었다.

무용지물 無用之物 (없을 무, 쓸 용, 어조사 지, 만물 물). 아무짝에도 쓸데[用] 없는[無] 물건(物件)이나 사람. ¶계약서가 무용지물이 되었다.

무우 無憂 (없을 무, 근심할 우). 근심[憂]이 없음[無].

무ː우-제 舞雩祭 (춤출 무, 기우제 우, 제사 제). [역사] 고려나 조선 시대에 하지(夏至)가 지나도록 비가 오지 않을 때에 춤을 추며[舞] 비 오기를 빌던[雩] 제사(祭祀). [비]기우제(祈雨祭).

무ː운 武運 (굳셀 무, 운수 운). ① [속뜻] 무인(武人)으로서의 운명(運命). ¶무운 장구하기를 빕니다. ② 싸움에서 이기고 지는 운수. ¶산통을 들고 무운을 점치다.

무운-시 無韻詩 (없을 무, 운 운, 시 시). [문학] 압운(押韻)이 없는[無] 시(詩).

무원 無援 (없을 무, 도울 원). 어떤 도움[援]도 없음[無]. ¶고립(孤立) 무원.

무원-록 無冤錄 (없을 무, 억울할 원, 기록할 록). [책명] 중국 원나라 때, 왕여가 송나라의 형사 사건 지침서들을 바탕으로 사망자가 원통(冤痛)함이 없도록[無] 하기 위해 기록(記錄)한 법의학서.

무위1 無位 (없을 무, 자리 위). 일정한 지위(地位)가 없음[無]. [비]무관(無冠).

무위2 無違 (없을 무, 어길 위). 틀림이나 어김[違]이 없다[無].

무ː위3 撫慰 (어루만질 무, 위로할 위). 어루만져[撫] 위로(慰勞)함. ¶사고자들을 찾아 무위하다. [비]위무(慰撫).

무ː위4 武威 (굳셀 무, 위엄 위). 무력(武力)의 위엄(威嚴). ¶무위를 떨치다.

무위5 無爲 (없을 무, 할 위). ① [속뜻] 아무 일도 하지[爲] 아니함[無]. ② 사람의 지혜나 힘을 더하지 아니함. ③ [불교] 현상을 초월하여 상주(常住) 불변하는 존재를 이르는 말.

▶ 무위-도식 無爲徒食 (헛될 도, 먹을 식). 하는[爲] 일이 없이[無] 헛되이[徒] 먹기[食]만 함. ¶무위도식하며 세월을 보내다. [비]유수도식(遊手徒食).

▶ 무위-무책 無爲無策 (없을 무, 꾀 책). 하는[爲] 일도 없고[無] 해볼 만한 방법[策]도 없음[無]. ¶무위무책이니 기다릴 수밖에 없다.

▸무위-자연 無爲自然 (스스로 자, 그러할 연). 사람의 힘을 더하지 않은[無爲] 그대로의 자연(自然). 또는 그런 이상적인 경지.

무:위-영 武衛營 (굳셀 무, 지킬 위, 집 영). 역사 조선 말기에, 무장(武裝)하고 궁궐을 호위(護衛)하는 일을 맡아보던 병영(兵營).

무:육 撫育 (어루만질 무, 기를 육). 아랫사람을 잘 보살펴[撫] 기름[育]. ㉥무양(撫養).

▸무:육지은 撫育之恩 (어조사 지, 은혜 은). 잘 보살펴[撫] 길러준[育] 은혜(恩惠).

무-의탁 無依托 (없을 무, 의지할 의, 맡길 탁). 몸을 의지(依支)하여 맡길[托] 곳이 없음[無]. 외로운 상태를 이른다. ¶무의탁 노인. ㉥무의무탁(無依無托).

무의-무탁 無依無托 (없을 무, 의지할 의, 없을 무, 맡길 탁). 의지(依支)할 데가 없고[無] 맡아줄[托] 이가 없음[無]. ¶무의무탁한 고령 군인에게 땅을 지급하다. ㉥무의탁(無依托).

무-의:미 無意味 (없을 무, 뜻 의, 맛 미). ① 속뜻 아무 의미(意味)가 없음[無]. ¶무의미한 말. ② 아무런 가치나 의의가 없음. ¶무의미한 노력.

무의-범 無意犯 (없을 무, 뜻 의, 범할 범). 뜻[意] 하지 않게[無] 지은 범죄(犯罪). 혹은 그런 죄를 지은 사람. 고의성이 없는 범죄.

무-의:식 無意識 (없을 무, 뜻 의, 알 식). ① 속뜻 의식(意識)하지 않은[無] 상태. ② 심리 자신의 언동이나 상태 따위를 스스로 깨닫지 못하는 일체의 작용. ¶교통사고로 그는 무의식 상태에 빠졌다. ㉤의식(意識).

무-의의 無意義 (없을 무, 뜻 의, 뜻 의). 아무런 의의(意義)가 없다[無].

무-의지 無意志 (없을 무, 뜻 의, 뜻 지). ① 속뜻 의지(意志)가 없음[無]. ¶삶에 대한 무의지. ② 심리 의지의 장애로 어떤 행위가 불가능하게 되어 멍해진 상태.

무의 주:의 無意注意 (없을 무, 뜻 의, 쏟을 주, 뜻 의). 심리 의지(意志)의 노력이 없이[無] 강렬하거나 흥미로운 자극 따위를 수동적으로 받아들여 생기는 주의(注意). ㉥소동주의(所動注意). ㉤유의 주의(有意注意).

무의-촌 無醫村 (없을 무, 의원 의, 마을 촌). 의사(醫師)나 의료 시설(醫療施設)이 전혀 없는[無] 마을[村]. ¶무의촌에 순회 진료를 가다.

무이 無二 (없을 무, 두 이). 둘[二]도 없음[無]. 다시 없음. ¶유일무이(唯一無二).

무-이자 無利子 (없을 무, 이로울 리, 접미사 자). 이자(利子)가 없음[無]. ¶무이자로 쌀을 빌려주다.

무익[1] 無益 (없을 무, 더할 익). 이익(利益)이 없다[無]. ¶담배는 무익하다. ㉤유익(有益).

무:인[2] 戊寅 (천간 무, 범 인). 민속 천간의 '戊'와 지지의 '寅'이 만난 간지(干支). 육십갑자의 열다섯째. ¶이 종은 무인년에 제작된 것으로 추정된다.

무:인[3] 武人 (굳셀 무, 사람 인). ① 속뜻 무예(武藝)를 닦은 사람[人]. ② 역사 무관직(武官職)에 있는 사람을 이르던 말. ㉥무사(武士). ㉤문인(文人).

무:인[4] 拇印 (엄지손가락 무, 도장 인). 엄지손가락[拇]으로 찍은 도장[印].

무인[5] 無因 (없을 무, 까닭 인). ① 속뜻 원인(原因)이 없음[無]. ② 법률 어떤 계약이나 행위에서, 원인을 필요로 하지 않는 일.

무인[6] 無人 (없을 무, 사람 인). 사람[人]이 없거나[無] 살지 않음. ¶무인 판매기 / 무인 우주선. ㉤유인(有人).

▸무인-도 無人島 (섬 도). 사람[人]이 살지 않는[無] 섬[島]. ㉤유인도(有人島).

▸무인-궁도 無人窮途 (다할 궁, 길 도). 사람[人]이 없는[無] 외딴[窮] 길[途]. 막다른 곳에 이른 어려운 처지. ¶고집 때문에 무인궁도에 이르렀다.

▸무인지경 無人之境 (어조사 지, 지경 경). ① 속뜻 사람[人]이 없는[無] 외진 곳[境]. ② 아무것도 거칠 것이 없는 판. ㉦무인경.

무인 증권 無因證券 (없을 무, 까닭 인, 증거 증, 문서 권). 법률 증권의 권리가 증권의 발행 행위 이외의 다른 어떤 법률관계나 원인 관계의 효력에 의하여 영향을 받지 않는[無因] 유가 증권(有價證券). ㉥불요인 증권(不要因證券).

무-일물 無一物 (없을 무, 한 일, 만물 물). 하나[一]의 물건(物件)도 가진 것이 없음[無].

무임 無賃 (없을 무, 품삯 임). ① 속뜻 삯[賃]을 내지 않음[無]. ② 임금이 없음.

▸ 무임-승차 無賃乘車 (탈 승, 수레 차). 차비[賃]을 내지 않고[無] 차(車)를 탐[乘]. ¶ 무임승차하는 승객이 늘고있다.

무임-소 無任所 (없을 무, 맡길 임, 것 소). 공통적인 직책 이외에는 맡겨진[任] 것[所]이 없음[無]. ¶무임소 장관.

무:자[1] 戊子 (천간 무, 쥐 자). 민속 천간의 '戊'와 지지의 '子'가 만난 간지. 육십갑자의 스물다섯째. ¶향천사 승탑은 무자년에 건립되었다는 기록이 있다.

무자[2] 無子 (없을 무, 아들 자). ① 속뜻 대를 이을 아들[子]이 없음[無]. ¶무자는 칠거지악의 하나이다. ②자식이 없음. ⓑ무자식(無子息).

무-자식 無子息 (없을 무, 아이 자, 불어날 식). 자식(子息)이 없음[無]. 자녀가 없음. [속담]무자식 상팔자.

무-자격 無資格 (없을 무, 바탕 자, 품격 격). 일정한 지위나 능력 따위의 자격(資格) 없음[無]. ¶무자격 시술업자. ⓑ유자격(有資格).

무-자본 無資本 (없을 무, 재물 자, 밑 본). 장사나 사업의 밑천[資本]이 없음[無].

무-자비 無慈悲 (없을 무, 사랑할 자, 슬플 비). 남을 사랑하거나[慈] 남의 고통에 같이 슬퍼하지[悲] 않음[無]. ¶그는 무자비하게 동생을 내쫓았다.

무-작위 無作爲 (없을 무, 일으킬 작, 할 위). ① 속뜻 일부러 만들어서[作] 하지[爲] 않음[無]. ②통계의 표본 추출에서, 일어날 수 있는 모든 일이 동등한 확률로 발생하게 함. ¶무작위로 다섯 명을 선정하다.

▸ 무작위 추출법 無作爲抽出法 (뽑을 추, 날 출, 법 법). ① 속뜻 무작위(無作爲)로 뽑아내는[抽出] 방법(方法). ② 수학 모집단에서 표본을 추출할 때에 주관적인 방법에 의하지 않고 모집단의 각 원소가 표본으로 추출될 확률이 모두 같도록 하여 표본을 추출하는 방법. ⓑ임의(任意) 추출법.

무-작정 無酌定 (없을 무, 헤아릴 작, 정할 정). 미리 잘 헤아려 결정해[酌定] 놓은 것이 없음[無]. ¶무작정 회사를 그만두다. ⓑ무턱대고, 덮어놓고, 다짜고짜.

무:장[1] 武將 (굳셀 무, 장수 장). 군대[武]의 장군(將軍). ¶지혜와 용맹을 겸비한 무장. ⓑ장수(將帥).

무:장[2] 武裝 (굳셀 무, 꾸밀 장). ① 속뜻 전쟁이나 전투[武]를 위한 장비(裝備)나 필요한 것을 갖춤. ¶무장 군인 / 총으로 무장하다. ②필요한 사상이나 기술 따위를 단단히 갖춤. ¶정신 무장을 새롭게 하자 / 투철한 애국심으로 무장하다.

▸ 무:장 해:제 武裝解除 (풀 해, 덜 제). 군사 ①항복하거나 중립국으로 망명해 온 군대의 무장(武裝)을 강제로 풀어[解] 없앰[除]. ②비무장 지대로 만들기 위하여 일정한 지역의 군사적 주둔이나 시설을 없앰.

무재 無才 (없을 무, 재주 재). 재주[才]가 없음[無].

▸ 무재-인 無才人 (사람 인). 재주[才]가 없는[無] 사람[人].

▸ 무재-무능 無才無能 (없을 무, 능할 능). 아무 재능(才能)이 없음[無].

무저-갱 無底坑 (없을 무, 밑 저, 구덩이 갱). 기독교 악마가 벌을 받아 떨어진다는 끝[底]없는[無] 구렁텅이[坑]. ⓑ아바돈(ābaddōn).

무-저항 無抵抗 (없을 무, 맞설 저, 막을 항). 거역하거나[抵] 막지[抗] 않음[無]. ¶무저항 시위.

▸ 무저항-주의 無抵抗主義 (주될 주, 뜻 의). 정치 정치적·사회적 압박이나 학대에 대하여 폭력적으로 저항(抵抗)하지 않고[無], 인도주의적으로 감화시켜 자기의 주장을 이루려는 사상이나 태도[主義].

무적[1] 無敵 (없을 무, 원수 적). 맞서 싸울 상대[敵]가 없을[無] 정도로 아주 셈. ¶천하무적 / 무적 함대.

무적[2] 無籍 (없을 무, 문서 적). 호적(戶籍)이나 국적(國籍)이 없음[無]. ¶무적 어선.

무:적[3] 霧笛 (안개 무, 피리 적). 안개[霧]가 끼었을 때에 신호의 일종으로 등대나 배에서 울리는 고동[笛]. ¶등대 쪽에서 무적 소리가 연거푸 길게 들려왔다.

무전[1] 無電 (없을 무, 전기 전). ① 속뜻 전선(電線)이 없이[無] 전파로 주고받는 것. ② 통신 전선을 사용하지 않고 전자기파를 이용하여 전신을 주고받는 통신 방식. '무선전신'(無線電信)의 준말. ③ 통신 전선을 사용하지 않고 전파를 이용한 전화. '무선전화'(無線電話)의 준말.

▸무전-기 無電機 (틀 기). 무전(無電)으로 신호나 말소리를 주고 받는 기계(機械). ¶무전기로 교신하다.

무전² 無錢 (없을 무, 돈 전). 돈[錢]이 없음[無]. ¶무전으로 여행을 떠나다.

▸무전-여행 無錢旅行 (나그네 려, 다닐 행). 돈[錢] 없이[無] 하는 여행(旅行).

▸무전-취식 無錢取食 (가질 취, 밥 식). 음식 값을 낼 돈[錢]도 없이[無] 남이 파는 음식(飮食)을 먹음[取]. ¶가뭄이 계속되자 무전취식하는 자들이 늘었다.

무-절제 無節制 (없을 무, 알맞을 절, 누를 제). 정도에 넘지 않도록 알맞게[節] 제한(制限)하지 않음[無]. ¶무절제한 행동.

무정 無情 (없을 무, 마음 정). ① 속뜻 따뜻한 마음[情]이 없음[無]. ② 사랑이나 동정심이 없음. ¶그의 무정을 탓하다 / 그는 그녀의 부탁을 무정하게 거절했다. ⓑ유정(有情).

▸무정-물 無情物 (만물 물). 자극에 대한 느낌이[感情]이 없는[無] 물체(物體).

▸무정 명사 無情名詞 (이름 명, 말씀 사). 언어 감정(感情)을 나타내지 못하는[無] 식물이나 무생물을 가리키는 명사(名詞). ⓑ유정 명사(有情名詞).

▸무정-세월 無情歲月 (해 세, 달 월). 무정(無情)하게 덧없이 흘러가는 세월(歲月).

무-정견 無定見 (없을 무, 정할 정, 볼 견). 일정(一定)한 주장이나 견해(見解)가 없음[無]. ¶무능하고 무정견한 정치가.

무-정수 無定數 (없을 무, 정할 정, 셀 수). 일정(一定)한 수량(數量)이 없다[無].

무-정형 無定形 (없을 무, 정할 정, 모양 형). ① 속뜻 일정(一定)한 형태(形態)가 없음[無]. ② 화학 고체 물질을 구성하는 성분이 규칙적인 배열을 이루지 못하고 무질서하게 모여 있는 상태. ⓑ비결정성(非結晶性).

▸무정형 물질 無定形物質 (만물 물, 바탕 질). 화학 원자, 분자 따위가 규칙적으로[定形] 배열되어 있지 아니한[無] 고체 물질(物質).

▸무정형 탄:소 無定形炭素 (숯 탄, 바탕 소). 화학 석탄이나 목탄, 유연 따위의 결정(結晶)을 이루고[定形] 있지 않은[無] 탄소(炭素). ⓑ비결정성 탄소(非結晶性炭素).

무정-란 無精卵 (없을 무, 정액 정, 알 란). 생물 수정(受精)되지 않은[無] 알[卵]. ⓑ미수정란, 홀알. ⓑ수정란(受精卵).

무정자-증 無精子症 (없을 무, 정액 정, 씨 자, 증세 증). 의학 정액 속에 전혀 정자(精子)가 없는[無] 증세(症勢).

무-정부 無政府 (없을 무, 정사 정, 관청 부). ① 속뜻 정부(政府)가 없음[無]. ② 정치적으로 무질서한 상태에 있음.

▸무정부-주의 無政府主義 (주될 주, 뜻 의). 사회 정치권력이나 정부(政府)의 지배를 인정하지 않고[無] 절대적 자유가 보장되는 사회를 이상으로 삼는 극단적인 사상이나 태도[主義]. ¶무정부주의가 팽배하다. ⓑ아나키즘(anarchism).

▸무정부주의-자 無政府主義者 (주될 주, 뜻 의, 사람 자). 무정부주의(無政府主義)를 따르는 사람[者]. ⓑ아나키스트(anarchist).

무제¹ 無題 (없을 무, 제목 제). 제목(題目)이 없음[無]. 시나 그림 따위에서 제목을 붙이기 어려운 경우에 제목 대신에 사용한다.

무제² 無際 (없을 무, 가 제). 넓고 멀어서 끝[際]이 없다[無]. ¶무제한 광야. ⓑ무애(無涯).

무-제:한 無制限 (없을 무, 누를 제, 끝 한). 넘지 못하도록[制] 정해놓은 한도(限度)가 없음[無]. ¶무제한으로 사들이다.

▸무제한 법화 無制限法貨 (법 법, 돈 화). 경제 법률상 금액에 제재(制裁)나 한도(限度) 없이[無] 통용되는 법정(法定) 화폐(貨幣).

무-조건 無條件 (없을 무, 가지 조, 구분할 건). 아무 조건(條件)이 없음[無]. ¶무조건 승낙하다.

▸무조건 반:사 無條件反射 (되돌릴 반, 쏠 사). 심리 일정한 조건(條件)이 없이[無] 일어나는 반사(反射) 작용. 동물이 가지고 있는 선천적인 반사이다. ⓑ조건 반사(條件反射).

▸무조건 항복 無條件降伏 (항복할 항, 엎드릴 복). 군사 교전국의 한쪽이 모든 군사력

을 버리고 상대가 바라는 대로 조건(條件) 없이[無] 따르기로 하는 항복(降伏).

무죄 無罪 (없을 무, 허물 죄). ① 속뜻 잘못이나 허물[罪]이 없음[無]. ② 법률 피고 사건이 범죄가 되지 않거나 범죄의 증명이 없음. ¶무죄를 주장하다. ⓑ유죄(有罪).

무주 無主 (없을 무, 주인 주). 임자가[主] 없음[無].

▸무주-고혼 無主孤魂 (외로울 고, 넋 혼). 제사를 지낼 자손이[主] 없어[無] 떠돌아다니는 외로운[孤] 혼령(魂靈).

▸무주-공산 無主空山 (빌 공, 메 산). ① 속뜻 임자[主]가 없는[無] 빈[空] 산(山). ②인가도 인기척도 전혀 없는 쓸쓸한 곳. ¶벌써 오래전에 이곳은 무주공산이 되었다.

▸무주-공처 無主空處 (빌 공, 곳 처). 임자[主]가 없는[無] 빈[空] 곳[處].

무-주의 無主義 (없을 무, 주될 주, 뜻 의). 드러나는 어떠한 견해나 주장[主義]이 없음[無].

무중력 상태 無重力狀態 (없을 무, 무거울 중, 힘 력, 형상 상, 모양 태). 물리 중력(重力)이 작용하지 않는[無] 상태(狀態).

무:지[1] 拇指 (엄지손가락 무, 손가락 지). 엄지[拇] 손가락[指].

무지[2] 無地 (없을 무, 땅 지). 무늬가 전혀 없는[無] 바탕[地]의 옷감.

무지[3] 無智 (없을 무, 슬기 지). ① 속뜻 슬기[智]가 없음[無]. 꾀가 없음. ②매우 많이. ¶오늘은 무지 춥다.

무지[4] 無知 (없을 무, 알 지). 아는[知] 바가 없음[無]. ¶무지한 백성들을 선동하다.

▸무지막지 無知莫知 (없을 막, 알 지). ① 속뜻 아는[知] 것이 없고[無] 아무것도 알지[知] 못하다[莫]. ②매우 무식하다. ¶그는 무지막지하게 아들을 때렸다.

▸무지-몽매 無知蒙昧 (어두울 몽, 어두울 매). 아는[知] 것이 없고[無] 어리석으며[蒙] 사리에 어두움[昧]. ¶무지몽매한 백성들을 선동하다.

무-지각 無知覺 (없을 무, 알 지, 깨달을 각). 사물의 이치나 도리를 알 수 있는[知覺] 능력이 없음[無]. ¶무지각한 인종. ⓑ몰지각(沒知覺).

무직 無職 (없을 무, 일 직). 일정한 직업(職業)이 없음[無].

무:진[1] 戊辰 (천간 무, 용 진). 민속 천간의 '戊'와 지지의 '辰'이 만난 간지(干支). 육십갑자의 다섯째. ¶이 산성은 무진년에 축조되었다.

무진[2] 無盡 (없을 무, 다할 진). ① 속뜻 다함[盡]이 없음[無]. ¶무진 고생을 하다. ② '무궁무진'(無窮無盡)의 준말.

▸무진-장 無盡藏 (감출 장). ① 속뜻 끝이 없을[無盡] 정도로 많이 간직하고[藏] 있음. ¶그는 돈이 무진장 많다. ② 불교 덕이 넓어 끝이 없음. 닦고 닦아도 끝이 없는 법의(法義).

무-질서 無秩序 (없을 무, 차례 질, 차례 서). 질서(秩序)가 없음[無]. ¶거리에는 상점들이 무질서하게 들어서 있다.

무-차별 無差別 (없을 무, 다를 차, 나눌 별). ① 속뜻 차이[差別]를 두지 않음[無]. ②앞뒤 가리지 않고 마구잡이임. ¶무차별 공격. ③ 철학 주관과 객관, 관념과 실재 등이 아직 차별되지 아니한 상태.

무참[1] 無慘 (없을 무, 참혹할 참). 더없이[無] 참혹(慘酷)하다. ¶무참한 죽음.

무참[2] 無慙 (=無慚, 없을 무, 부끄러울 참). 더없이[無] 부끄럽다[慙]. ¶그는 무참한 듯 고개를 숙였다.

무채-색 無彩色 (없을 무, 빛깔 채, 빛 색). 미술 채도(彩度)나 색상은 없고[無] 명도의 차이만을 가지는 색(色). ¶검은색은 무채색이다. ⓑ유채색(有彩色).

무책 無策 (없을 무, 꾀 책). 계책(計策)이나 방법이 없음[無]. ¶무책이 상책이다.

무-책임 無責任 (없을 무, 꾸짖을 책, 맡길 임). ① 속뜻 책임(責任)이 없음[無]. ¶그녀는 그 일에는 무책임하다. ②책임감이 없음. ¶어떻게 이렇게 무책임할 수가 있소.

▸무책임 행위 無責任行爲 (행할 행, 할 위). 법률 법률적으로 아무런 책임(責任)이 없는[無] 행위(行爲).

무척추-동물 無脊椎動物 (없을 무, 등뼈 척, 등뼈 추, 움직일 동, 만물 물). 생물 등뼈[脊椎]가 없는[無] 동물(動物)을 통틀어 이르는 말.

무:천 舞天 (춤출 무, 하늘 천). 역사 하늘

[天]에 제사를 지내고 춤[舞]과 노래로 수확의 기쁨을 나누던 의식. 삼한 시대 예(濊)에서 음력 시월에 행해졌다.

무체 無體 (없을 무, 몸 체). ① 속뜻 몸뚱이[體]가 없음[無]. ② 무형(無形). ③ 일정한 서체가 없음.

▸ 무체-물 無體物 (만물 물). 법률 형체(形體)가 없고[無] 다만 생각 속의 존재에 지나지 않는 물건[物]. 음향, 향기, 전기, 빛, 열 따위. 반 유체물(有體物).

▸ 무체 재산권 無體財産權 (재물 재, 재물 산, 권리 권). ① 속뜻 일정한 형체(形體)가 없는[無] 재산(財産)에 대한 권리(權利). ② 법률 발명, 고안, 저작 따위의 정신적, 지능적 창조물을 독점적으로 이용할 수 있는 권리.

무축 농가 無畜農家 (없을 무, 가축 축, 농사 농, 집 가). 소, 돼지, 닭 등 기르는 가축(家畜)이 없는[無] 농가(農家). ¶구제역은 인근 무축 농가에도 피해를 입혔다.

무취 無臭 (없을 무, 냄새 취). 냄새[臭]가 없음[無]. ¶무색, 무취의 투명한 기체.

무-취미 無趣味 (없을 무, 뜻 취, 맛 미). 취미(趣味)가 없음[無]. 비 몰취미(沒趣味). 반 다취미(多趣味).

무치 無恥 (없을 무, 부끄러울 치). 부끄러움[恥]이 없음[無].

무통 無痛 (없을 무, 아플 통). 아프지 아니하거나 아픔[痛]이 없음[無].

▸ 무통 분만 無痛分娩 (나눌 분, 낳을 만). 의학 약물이나 정신 요법으로 산모가 진통(陣痛)을 느끼지 않고[無] 아이를 낳음[分娩].

무-통장 無通帳 (없을 무, 온통 통, 장부 장). 은행에서 통장(通帳)이 없이[無] 돈을 넣거나 빼는 것. ¶무통장 거래 / 무통장 입금.

무퇴 無退 (없을 무, 물러날 퇴). 물러남[退]이 없음[無].

무-투표 無投票 (없을 무, 던질 투, 쪽지 표). 투표(投票)를 하지 않음[無]. ¶무투표로 당선되다.

무판-화 無瓣花 (없을 무, 꽃잎 판, 꽃 화). 식물 꽃부리와 안쪽 꽃받침[瓣]이 없는[無] 꽃[花].

무패 無敗 (없을 무, 패할 패). 싸움이나 경기에서 한 번도 패(敗)한 적이 없음[無]. ¶무패를 자랑하던 스페인 함대.

무-폭력 無暴力 (없을 무, 사나울 폭, 힘 력). 폭력(暴力)을 쓰지 않음[無].

무-표정 無表情 (없을 무, 겉 표, 마음 정). 겉[表]으로 드러낸 마음[情]이 없음[無]. 아무런 표정이 없음. ¶무표정한 얼굴.

무풍 無風 (없을 무, 바람 풍). ① 속뜻 바람[風]이 없음[無]. ② 다른 곳의 재난이 미치지 않아 평온함. ¶홍싯골만은 무풍지대처럼 아무 일도 없었다.

▸ 무풍-대 無風帶 (띠 대). 지리 바다에서 일 년 내내 또는 계절에 따라서 바람[風]이 거의 없는[無] 지대(地帶). ¶적도 무풍대.

▸ 무풍-지대 無風地帶 (땅 지, 띠 대). ① 속뜻 바람[風]이 불지 않는[無] 지대(地帶). ② 다른 곳의 재난이 미치지 않아 평화롭고 안전한 곳.

무피-화 無被花 (없을 무, 덮을 피, 꽃 화). 식물 꽃받침과 꽃부리 같은 덮개[被]가 없는[無] 불완전한 꽃[花]. 반 유피화(有被花).

무학 無學 (없을 무, 배울 학). ① 속뜻 배운[學] 것이 없음[無]. ② 불교 모든 번뇌를 끊고 아라한과(阿羅漢果)를 얻은 사람이 얻는 지위. 더 배울 것이 없는 지위.

무:학-재 武學齋 (굳셀 무, 배울 학, 방 재). 역사 고려시대 국자감에 두었던 칠재(七齋)의 하나로 무예(武藝)에 관한 학문(學問)을 가르치던 집[齋].

무한 無限 (없을 무, 끝 한). 끝[限]이 없음[無]. ¶초대해 주셔서 무한한 영광입니다. 반 유한(有限).

▸ 무한-경 無限景 (볕 경). 한없이[無限] 좋은 경치(景致). ¶금강산의 무한경을 어디에 다 비할쏘냐?

▸ 무한-대 無限大 (큰 대). ① 속뜻 한없이[無限] 큼[大]. ② 수학 변수(變數)의 절댓값을 한없이 크게 할 경우의 그 변수. 반 무한소(無限小).

▸ 무한-소 無限小 (작을 소). ① 속뜻 한없이[無限] 작음[小]. ② 수학 극한값이 한없이 0에 가까워지는 변수. 반 무한대(無限大).

▸ 무한-궤도 無限軌道 (바퀴자국 궤, 길 도). ① 속뜻 끝이 없도록[無限] 만든 궤도(軌

道). ②탱크나 트랙터 따위에 앞 뒤 차바퀴의 둘레를 긴 고리 모양의 벨트로 이어 걸어 놓은 장치. [비]캐터필러(caterpillar).

▸무한 급수 無限級數 (등급 급, 셀 수). [수학] 항(項)의 수에 한정(限定)이 없는[無] 급수(級數). [반]유한 급수(有限級數).

▸무한 소:수 無限小數 (작을 소, 셀 수). [수학]소수점 이하가 한없이[無限] 계속되는 소수(小數). 원주율이나 순환 소수 따위. [반]유한 소수(有限小數).

▸무한 직선 無限直線 (곧을 직, 줄 선). [수학] 한없이[無限] 뻗어 나간 직선(直線). [반]유한 직선(有限直線).

▸무한 책임 無限責任 (꾸짖을 책, 맡길 임). ① [속뜻]한없이[無限] 책임(責任)을 짐. 모든 책임을 다 짊. ② [법률]채무자의 재산 중 일정액에 국한되는 것이 아니라, 전 재산을 담보로 채무를 갚아야 하는 책임. [반]유한 책임(有限責任).

무-한량 無限量 (없을 무, 한할 한, 분량 량). 한량(限量)이 없음[無]. [준]무량.

무-한:정 無限定 (없을 무, 한할 한, 정할 정). 한계(限界)로 정(定)해놓은 것이 없음[無]. ¶무한정 기다릴 수 없어서 집으로 돌아왔다.

무:함 誣陷 (무고할 무, 빠질 함). 없는 사실을 그럴듯하게 꾸며서[誣] 남을 어려운 지경에 빠지게[陷] 함. ¶간신의 무함으로 억울하게 죽임을 당했다.

무-항산 無恒產 (없을 무, 늘 항, 재물 산). 일정한[恒] 생업이나 재산(財產)이 없음[無]. ¶그는 무항산으로 십년을 지냈다.

무-항심 無恒心 (없을 무, 늘 항, 마음 심). 늘[恒] 지니고 있어야 할 올바른 마음[心]이 없음[無].

무해 無害 (없을 무, 해칠 해). 해(害)가 없음[無]. [반]유해(有害).

▸무해-무득 無害無得 (없을 무, 얻을 득). 해로움[害]도 없고[無] 이로움[得]도 없음[無]. [비]무득무실(無得無失).

무-허가 無許可 (없을 무, 허락 허, 가히 가). 허가(許可) 받은 것이 없음[無]. ¶무허가 건물을 철거하다.

무혈 無血 (없을 무, 피 혈). 피[血]를 흘리지 않음[無]. 또는 싸우지 아니함.

▸무혈 혁명 無血革命 (바꿀 혁, 운명 명). [사회]피[血]를 흘리지 않고[無] 평화스러운 수단으로 이루는 혁명(革命). ¶그는 무혈혁명으로 정권을 잡았다.

무-혐의 無嫌疑 (없을 무, 의심할 혐, 의심할 의). 혐의(嫌疑)가 없음[無]. ¶무혐의로 풀려나다. [준]무혐.

무:협 武俠 (굳셀 무, 호협할 협). 무술(武術)에 뛰어난 협객(俠客). ¶무협 소설 / 무협 영화.

***무형** 無形 (없을 무, 모양 형). 형체(形體)가 없음[無]. ¶지식은 무형의 재산이다. [반]유형(有形).

▸무형-물 無形物 (만물 물). 형체(形體)가 없이[無] 존재하는 물체(物體). 바람이나 소리 따위. [반]유형물(有形物).

▸무형-인 無形人 (사람 인). ① [속뜻]무형(無形)의 존재를 사람[人]에 비유한 것. ② [법률]자연인이 아니면서 법률상 권리와 의무의 주체가 되는 존재. 공법인과 사법인, 사단 법인과 재단 법인, 영리 법인과 공익 법인, 중간 법인, 외국 법인과 내국 법인 따위. [반]유형(有形) 무역.

▸무형 무:역 無形貿易 (바꿀 무, 바꿀 역). ① [속뜻]형체(形體)가 없는[無] 것의 무역(貿易). ② [경제]운송, 보험 같이 무역 외 수지의 원천이 되는 상업 형태. [반]유형(有形) 무역.

▸무형 자본 無形資本 (재물 자, 밑 본). [경제] 무형(無形) 재산으로 된 자본(資本). 전매권, 저작권, 특허권 따위. [반]유형(有形) 자본.

▸무형 재산 無形財產 (재물 재, 재물 산). [경제]구체적인 형태(形態)를 갖추지 아니한[無] 재산(財產). [준]무형재. [반]유형(有形) 재산.

▸무형 문화재 無形文化財 (글월 문, 될 화, 재물 재). [예술]구체적인 형태가 없는[無形] 문화적(文化的) 소산[財]. 연극이나 음악, 공예 기술 따위. [반]유형(有形) 문화재.

▸무형 고정 자산 無形固定資產 (굳을 고, 정할 정, 재물 자, 재물 산). [경제]구체적인 형태가 없는[無形] 고정(固定) 자산(資產). 저작권, 특허권 따위. [반]유형(有形) 고정 자산.

무-형식 無形式 (없을 무, 모양 형, 꼴 식). 형식(形式)이 없음[無]. ¶무형식의 예술.

무형-무적 無形無迹 (없을 무, 모양 형, 없을 무, 자취 적). 형태(形態)도 자취[迹]도 없음[無]. ㊟무형적.

무화-과 無花果 (없을 무, 꽃 화, 열매 과). ① 속뜻 꽃[花]이 피지 않고[無] 열매[果]를 맺음. ② 식물 봄에 잎겨드랑이에서 아주 작은 꽃이 달리고 가을에 자주색의 열매가 익는 나무. 또는 그 열매.

무효 無效 (없을 무, 효과 효). ① 속뜻 효과(效果)가 없음[無]. ② 법률 법률 행위가 어떤 원인으로 당사자가 의도한 효력을 나타내지 못함. ¶선거법 위반으로 그의 당선은 무효가 되었다. ㊥유효(有效).

▸무효-화 無效化 (될 화). 무효(無效)가 됨[化]. 또는 그렇게 함.

무후 無後 (없을 무, 뒤 후). 뒤[後]를 이을 자손이 없음[無]. ㊥무사(無嗣).

▸무후-총 無後塚 (무덤 총). 돌봐줄 후손(後孫)이 없는[無] 무덤[塚].

무:훈 武勳 (굳셀 무, 공 훈). 무력(武力)을 사용한 군사상의 공적[勳]. ¶무훈을 세우다. ㊥무공(武功).

무휴 無休 (없을 무, 쉴 휴). 쉬지[休] 아니함[無]. 휴일이 없음. ¶연중무휴.

무:희 舞姬 (춤출 무, 아가씨 희). 춤을 잘 추거나[舞] 춤추는 일을 업으로 하는 아가씨[姬].

묵가 墨家 (먹 묵, 사람 가). 철학 중국 춘추전국의 제자백가 중, 노나라 묵자(墨子)의 사상을 받들고 실천하던 사람들[家].

묵객 墨客 (먹 묵, 손 객). 먹[墨]을 갈아 글씨를 쓰거나 그림을 그리기를 좋아하는 사람[客]. ¶묵객들이 즐겨 찾는 절경.

묵계 默契 (입 다물 묵, 맺을 계). 말없이[默] 약속[契]함. 말 없는 가운데 뜻이 서로 맞음. ¶둘은 눈빛으로 묵계했다. ㊥묵약(默約).

묵과 默過 (입 다물 묵, 지나칠 과). 입 다물고[默] 말없이 지나침[過]. ¶그의 잘못을 묵과하다.

묵념 默念 (잠잠할 묵, 생각 념). ① 속뜻 잠잠하게[默] 생각[念]에 잠김. ② 마음속으로 빎. ¶호국 영령들을 위해 묵념을 올리다.

묵도 默禱 (입 다물 묵, 빌 도). 소리를 내지 않고[默] 마음속으로 기도(祈禱)함. 또는 그 기도. '묵기도'(默祈禱)의 준말. ¶고인을 위해 잠시 묵도했다.

묵독 默讀 (입 다물 묵, 읽을 독). 소리를 내지 않고[默] 읽음[讀]. ㊥목독(目讀). ㊥음독(音讀).

묵례 默禮 (잠잠할 묵, 예도 례). 말없이[默] 고개만 숙여 예(禮)를 표하는 인사.

묵묵 默默 (잠잠할 묵, 잠잠할 묵). 아무 말 없이 매우 잠잠하다[默+默]. ¶어려운 상황을 묵묵하게 이겨내다 / 아무 불평 없이 묵묵히 일을 하다.

▸묵묵부답 默默不答 (아닐 부, 답할 답). 입을 다문[默默] 채 아무 대답(對答)도 하지 않음[不]. ¶그는 어떤 질문에도 묵묵부답했다.

묵비 默祕 (입 다물 묵, 숨길 비). 입을 다물어[默] 말하지 않고 숨김[祕].

▸묵비-권 默祕權 (권리 권). 법률 피고나 피의자가 자기에게 불리한 진술을 거부하고 말하지 않을 수 있는[默祕] 권리(權利). ¶묵비권을 행사하다.

묵살 默殺 (입 다물 묵, 죽일 살). ① 속뜻 말하지 않고[默] 묻어 둠[殺]. ② 의견이나 제안 따위를 듣고도 못 들은 척함. ¶제안을 묵살하다.

묵상 默想 (입 다물 묵, 생각 상). ① 속뜻 입을 다물고[默] 조용히 생각함[想]. ¶묵상에 잠기다. ② 가톨릭 말없이 마음속으로 기도를 드림.

묵색 墨色 (먹 묵, 빛 색). 먹물[墨]같이 검은 빛깔[色]. ¶묵색 치마.

묵선 墨線 (먹 묵, 줄 선). 목수가 나무를 다룰 때 쓰는 먹[墨]통의 줄[線]. 또는 먹줄로 그은 선.

묵수 墨守 (먹 묵, 지킬 수). 제 의견이나 생각, 또는 옛날 습관 따위를 굳게 지킴을 이르는 말. 중국 춘추 시대 송나라의 묵자(墨子)가 성을 잘 지켜[守] 초나라의 공격을 아홉 번이나 물리쳤다는 데서 유래한다. ㊥고수(固守).

묵시1 默視 (입 다물 묵, 볼 시). ① 속뜻 말없이[默] 눈여겨 봄[視]. ② 간섭하지 않고 일이 되어가는 대로 가만히 보기만 함.

묵시2 默示 (입 다물 묵, 보일 시). ① 속뜻 말없이[默] 자기의 의사를 나타내 보임[示].

② 종교 하나님이 계시를 내려 그의 뜻이나 진리를 알게 해 주는 일. ¶비를 내려 묵시를 주었다. ㊔계시(啓示).

▸묵시-록 默示錄 (기록할 록). ① 속뜻 묵시(默示)한 것을 기록(記錄)해 둔 것. ② 기독교 신약 성경의 마지막 권. 신자들의 박해와 환난을 위로·격려하고 예수의 재림과 천국의 도래 및 로마의 멸망 따위를 상징적으로 예언하였다. 요한 계시록.

묵약 默約 (입 다물 묵, 묶을 약). 말없이[默] 서로 뜻이 맞아 성립된 약속(約束). ¶그들 사이에는 묵약이 있었다.

묵언 默言 (입 다물 묵, 말씀 언). 아무런 말[言]도 하지 않음[默]. ¶묵언 수행.

묵음 默音 (잠잠할 묵, 소리 음). 언어 발음되지 않는[默] 소리[音]. '젊다'가 '점따'로 발음될 때의 'ㄹ'이 묵음이다.

묵인 默認 (입 다물 묵, 허락할 인). 입을 다물고[默] 암암리에 슬며시 허락함[認]. ¶상급자의 묵인이 없었다면 불가능했다 / 시험 부정행위를 묵인할 수 없다.

묵종 默從 (입 다물 묵, 따를 종). 말없이[默] 남의 명령 따위에 그대로 따름[從]. ¶대감의 명령에 묵종할 수밖에 없었다.

묵주 默珠 (입 다물 묵, 구슬 주). ① 속뜻 묵언(默言)기도 때 쓰는 구슬[珠]. ② 가톨릭 염주처럼 줄에 꿴 구슬을 이름. '묵주 기도'를 할 적에 그 차례를 세는 데 쓰인다.

묵죽 墨竹 (먹 묵, 대나무 죽). 먹[墨]으로 그린 대나무[竹]. ¶그는 묵죽에 뛰어났고 시도 잘 지었다.

묵중 默重 (입 다물 묵, 무거울 중). 말이 아주 적고[默] 몸가짐이 신중(愼重)하다.

묵즙 墨汁 (먹 묵, 즙 즙). 먹[墨]을 갈아 만든 물[汁].

묵지[1] 墨池 (먹 묵, 못 지). 벼루의 앞쪽에 오목하게 패여 먹을 갈기 위해 물을 붓거나 간 먹[墨]물이 고이는 곳[池].

묵지[2] 墨紙 (먹 묵, 종이 지). 한쪽 또는 양쪽 면에 검은[墨] 칠을 한 얇은 종이[紙]. ¶묵지를 받치고 두 장을 겹쓰다. ㊔먹지.

묵필 墨筆 (먹 묵, 붓 필). ① 속뜻 먹[墨]과 붓[筆]. ② 먹물을 찍어서 쓰는 붓. ㊔필묵(筆墨).

묵향 墨香 (먹 묵, 향기 향). 먹[墨]의 향기[香]. ¶방안을 들어서자 묵향이 가득했다.

묵허 默許 (입 다물 묵, 허락 허). 말없이[默] 모르는 체 내버려둠으로써 슬며시 허락(許諾)함. ㊔묵인(默認).

묵형 墨刑 (먹 묵, 형벌 형). 역사 중국에서, 죄인의 이마나 팔뚝 따위에 먹[墨]줄로 죄명을 써넣던 형벌(刑罰). ㊟오형(五刑).

묵화 墨畵 (먹 묵, 그림 화). 먹[墨]물의 농담(濃淡)을 이용해 그린 그림[畵]. '수묵화'(水墨畵)의 준말.

묵흔 墨痕 (먹 묵, 흉터 흔). 먹[墨]물이 묻은 흔적(痕迹).

문간 門間 (문 문, 사이 간). 출입문(出入門)이 있는 곳[間]. ¶문간으로 걸어 나왔다

▸문간-방 門間房 (방 방). 문간(門間) 바로 옆에 있는 방(房).

문갑 文匣 (글월 문, 상자 갑). 문서(文書)나 문구(文具) 따위를 넣어 두는 궤짝[匣].

문건 文件 (글월 문, 것 건). 공적인 문서(文書) 같은 것[件]. ¶그 문건을 잘 보관해 두었다.

문:견 聞見 (들을 문, 볼 견). 들었거나[聞] 본[見] 것. 견문. ¶문견이 없다 / 문견이 좁다.

문경 刎頸 (목벨 문, 목 경). ① 속뜻 목[頸]을 벰[刎]. ② 해고(解雇)하는 것을 비유하여 이르는 말.

▸문경지교 刎頸之交 (어조사 지, 사귈 교). ① 속뜻 목[頸]을 베도[刎] 후회하지 않을 정도의 사귐[交]. ② 생사를 같이할 수 있는 아주 가까운 사이. 또는 그런 친구를 이르는 말.

***문고** 文庫 (글월 문, 곳집 고). ① 속뜻 책이나 문서(文書)를 넣어 두는 방이나 상자[庫]. ② 서고(書庫). ③ 출판 값이 싸고 가지고 다니기 편하게 작게 만든 출판물. 대중에게 널리 보급될 수 있도록 제작된다.

▸문고-본 文庫本 (책 본). 출판 문고(文庫) 형식으로 간행한 책[本].

▸문고-판 文庫版 (널빤지 판). 출판 문고(文庫) 형식으로 된 책판(冊版). 흔히 A6판을 이른다.

문과[1] 文科 (글월 문, 분과 과). ① 속뜻 인문과학(人文科學)의 이론과 현상을 연구하는 학과(學科). ② 대학에서 수학·자연 과학 이외

부문, 곧 인문과학 부문을 연구하는 학과. [반]이과(理科).

문과² **文科** (글월 문, 과목 과). [역사] 조선 시대, 문관(文官)을 뽑기 위해 치르던 과거(科擧). 시험은 3년마다 실시됐고, 초시(初試)·복시(覆試)·전시(殿試)의 3단계로 나뉘었다. 대과(大科). [반]무과(武科).

문관 **文官** (글월 문, 벼슬 관). ① [역사] 문과(文科) 출신의 관리(官吏)를 이르던 말. ② '군무원'(軍務員)을 달리 이르는 말. [반]무관(武官).

▸**문관-석** 文官石 (돌 석). [역사] 능 앞에 세우는 문관(文官)의 모습을 본떠 만든 돌[石]. [비]문석인(文石人). [반]무관석(武官石).

문교 **文教** (글월 문, 가르칠 교). ① [속뜻] 문화(文化)와 교육(教育)을 아울러 이르는 말. ②문화에 대한 교육.

문구¹ **文句** (글월 문, 글귀 구). 글[文]의 구절(句節). ¶그는 책을 읽다가 마음에 드는 문구가 있으면 수첩에 적는 습관이 있다.

문구² **文具** (글월 문, 갖출 구). 글[文] 공부에 필요한 도구(道具). '문방구'(文房具)의 준말.

▸**문구-점** 文具店 (가게 점). 공책이나 연필 등 문구(文具)를 파는 가게[店].

문내 **門內** (문 문, 안 내). ① [속뜻] 대문(大門)의 안[內]. ②문중(門中). ¶문내의 멸시를 받다.

*__문단¹__ **文段** (글월 문, 구분 단). 전체 글[文]의 한 단락(段落). ¶문단을 나누다.

문단² **文壇** (글월 문, 단 단). 문인(文人)들의 활동 무대[壇]. ¶시인으로 문단에 데뷔하다. [비]문림(文林), 문학계(文學界).

문-단속 **門團束** (문 문, 모일 단, 묶을 속). 탈이 없도록 문(門)을 닫아 잠그는 일[團束]. ¶외출 전에는 문단속 잘 해야 한다.

문:답 **問答** (물을 문, 답할 답). 물음[問]과 대답[答]. 또는 서로 묻고 대답함.

▸**문:답-법** 問答法 (법 법). ① [속뜻] 서술이나 설명 대신 스스로 묻고[問] 대답[答] 하는 형식을 써서 문장의 흐름에 색다른 변화 효과를 가져오는 표현 방법(方法). ② [철학] 지식을 갖고 있는 사람이 상대방에게 자신이 어떠한 것을 모르고 있다는 사실 자체를 깨닫게 될 때 까지 어려운 단계의 질문에서 쉬운 단계의 질문으로 계속해서 물어가는 방식의 대화법.

▸**문:답-식** 問答式 (법 식). ① [속뜻] 묻고[問] 대답(對答)하는 형식(形式). ¶이 책은 문답식으로 되어 있다. ② [교육] 교육을 받는 자의 입장에서 질문과 대답을 중심으로 학습을 진행하는 방식.

문덕 **文德** (글월 문, 베풀 덕). 문인(文人)으로서의 덕망(德望).

▸**문덕-곡** 文德曲 (노래 곡). [문학] 조선 초, 정도전이 조선 창업을 송축하고 태조의 문덕(文德)을 찬양하며 지은 가곡(歌曲).

문도¹ **文道** (글월 문, 길 도). 문인(文人)이 닦아야 할 도리(道理). [반]무도(武道).

문도² **門徒** (문 문, 무리 도). ① [속뜻] 문(門)앞에 모인 사람들[徒]. ②이름난 학자 밑에서 배우는 제자. ③'신도'(信徒)를 달리 이르는 말.

문:란 **紊亂** (어지러울 문, 어지러울 란). 뒤죽박죽 뒤엉켜[紊] 어지러움[亂]. 질서가 없음. ¶공공질서를 문란하게 하다 / 문란한 생활.

문례 **文例** (글월 문, 본보기 례). 문장(文章)을 짓는 법이나 쓰는 보기[例].

문루 **門樓** (문 문, 다락 루). 궁문(宮門), 성문 따위의 바깥문 위에 지은 다락집[樓]. ¶문루에 오르다.

문리 **文理** (글월 문, 이치 리). ① [속뜻] 글[文]의 뜻을 이해(理解)함. 또는 그런 능력이나 힘. ②사물의 이치를 깨달아 아는 힘. ③문과(文科)와 이과(理科).

문맥 **文脈** (글월 문, 줄기 맥). [언어] 글[文]의 맥락(脈絡). ¶작가의 의견이 문맥에 드러나 있다.

문맹 **文盲** (글월 문, 눈멀 맹). 글[文]을 알아보지 못함[盲]. 또는 그런 사람. ¶문맹을 퇴치하다 / 이 나라는 문맹률이 높다.

▸**문맹-자** 文盲者 (사람 자). 문맹(文盲)인 사람[者]. 글을 읽고 쓸 줄 모르는 사람. [준]문맹.

문면 **文面** (글월 문, 낯 면). 문장(文章)이나 편지의 겉으로[面] 드러난 대강의 내용. ¶문면에 드러나다.

문명¹ **文名** (글월 문, 이름 명). 글[文]을 잘

써서 얻은 명성(名聲). ¶문명을 떨치다.

문명² 問名 (물을 문, 이름 명). [민속] 우리나라 전통의 혼인 예법에서, 혼인을 정한 여자의 운수를 점치려고 그 어머니의 성씨[名]를 물음[問]. [참]육례(六禮).

＊＊문명³ 文明 (글월 문, 밝을 명). ① [속뜻] 문채(文彩)가 있고 밝게 빛남[明]. ② 인류가 이룩한 물질적, 기술적, 사회 구조적인 발전. ¶서구 문명의 발생지. [반]미개(未開), 야만(野蠻). [참]문화(文化).

▸**문명-국** 文明國 (나라 국). 문명(文明)이 발달한 나라[國]. 과학 기술이 발달하여 국민의 생활수준과 의식 수준이 높고 인권이 존중되는 나라를 이른다. ¶문명국의 대열에 진입하다.

▸**문명-권** 文明圈 (범위 권). 비슷한 문명(文明)을 가진 지역[圈]. ¶기독교 문명권.

▸**문명-병** 文明病 (병 병). [의학] 물질문명(物質文明)의 지나친 발달로 인해 생기는 병(病). [비]문화병(文化病).

▸**문명-인** 文明人 (사람 인). 문명(文明)이 발달한 사회에서 사는 사람[人]. [반]야만인(野蠻人).

▸**문명-개화** 文明開化 (열 개, 될 화). 낡은 폐습을 타파하고 발달된 문명(文明)을 받아들여 발전함[開化]. ¶문명개화를 위해 개항을 결정했다.

▸**문명-국가** 文明國家 (나라 국, 집 가). 문화와 문명(文明)이 발달한 나라[國家].

▸**문명 비:평** 文明批評 (따질 비, 평할 평). 문명(文明)의 본질을 밝히고 앞으로의 역할을 전망하는 데 주력하는 비평(批評).

문묘 文廟 (글월 문, 사당 묘). [고적] 문인(文人)의 대표적인 인물인 공자를 모신 사당[廟]. 중국 산동성(山東省) 곡부(曲阜)에 있는 것이 유명하다.

문무 文武 (글월 문, 굳셀 무). ① [속뜻] 문관(文官)과 무관(武官). ② 문식(文識)과 무략(武略). 문화적인 방면과 군사적인 방면. ¶이순신은 문무를 겸비한 위인이다.

▸**문무-석** 文武石 (돌 석). [역사] 능(陵) 앞에 세우는 문석(文石)과 무석(武石)을 아울러 이르는 말.

▸**문무-겸전** 文武兼全 (아우를 겸, 모두 전). 문식(文識)과 무략(武略)을 겸(兼)하여 모두[全]를 갖추고 있음. ¶문무겸전의 장수.

▸**문무-백관** 文武百官 (여러 백, 벼슬 관). 문관(文官)과 무관(武官)을 합한 모든[百] 관원(官員). ¶문무백관이 정전에 모여 조회를 하다.

문-무관 文武官 (글월 문, 굳셀 무, 벼슬 관). 문관(文官)과 무관(武官). ¶좌우로 문무관이 늘어섰다.

문묵 文墨 (글월 문, 먹 묵). 시문(詩文)을 짓거나 먹[墨]으로 서화(書畵)를 쓰거나 그리는 일. ¶문묵이 모여 담소를 나누었다.

문물 文物 (글월 문, 만물 물). 문화(文化)의 산물(産物). 법률, 학문, 예술, 종교 따위. ¶서양의 문물을 받아들이다.

▸**문물-제도** 文物制度 (정할 제, 법도 도). ① [속뜻] 문물(文物)과 제도(制度). ¶문물제도를 정비하다. ② 문물에 관한 제도. ¶각종 문물제도를 기록하다.

문민 文民 (글월 문, 백성 민). 직업 군인이 아닌[文] 일반 민간인(民間人). ¶문민 정부.

문반 文班 (글월 문, 나눌 반). 문관(文官)의 반열(班列). [반]무반(武班).

문방 文房 (글월 문, 방 방). ① [속뜻] 글[文] 공부를 하는 방(房). ② '문방구'(文房具)의 준말. ¶종이, 붓, 먹, 벼루는 문방사우(四友)이다. [비]서재(書齋).

▸**문방-구** 文房具 (갖출 구). ① [속뜻] 글방[文房]에 필요한 도구(道具). 학용품과 사무용품 따위를 통틀어 이르는 말. ② 학용품과 사무용품 따위를 파는 곳.

▸**문방-사보** 文房四寶 (넉 사, 보배 보). 서재[文房]에 있는 네[四] 보물(寶物). [비]문방사우.

▸**문방-사우** 文房四友 (넉 사, 벗 우). 서재[文房]에 갖추어야 할 네[四] 벗[友]. 종이[紙], 붓[筆], 먹[墨], 벼루[硯]를 일컫는다. [준]사우. [비]문방사보.

문벌 門閥 (집안 문, 무리 벌). ① [속뜻] 지체 높은 가문(家門)의 가족이나 무리[閥]. ② 대대로 내려오는 그 집안의 사회적 신분이나 지위. ¶그는 문벌 있는 집안에서 태어나다. [비]가벌(家閥), 세벌(世閥).

문범 文範 (글월 문, 본보기 범). ① [속뜻] 글[文]의 모범(模範). 또는 모범이 되는 글. ¶문범을 따라 글을 짓다. ② 모범이 되는 글을 모아 엮은 책.

문법 文法 (글월 문, 법 법). ① [속뜻] 문장(文章)을 만드는 법칙(法則). ② [언어] 말소리나 단어, 문장, 어휘 등에 관한 일정한 규칙.

문병[1] 門屛 (문 문, 병풍 병). 밖에서 집 안을 들여다보지 못하도록 대문(大門)이나 중문 안쪽에 세운 가림막[屛].

문:병[2] 問病 (물을 문, 병 병). 병(病)이 든 사람을 찾아가 문안(問安)함. ¶친구를 문병하다. [비]병문안(病問安).

문:복 問卜 (물을 문, 점칠 복). 점[卜]을 쳐서 물어봄[問].

문부 文簿 (글월 문, 장부 부). 나중에 자세하게 참고하거나 검토할 문서(文書)와 장부(帳簿). ¶문부에 잘 적어 두어라.

문빙 文憑 (글월 문, 기댈 빙). 증빙(證憑)이 될 만한 문서(文書). 증빙 서류.

문사[1] 文士 (글월 문, 선비 사). ① [속뜻] 글[文] 공부를 잘하여 크게 성공한 선비[士]. ② 문필에 종사하거나 시문(詩文)에 능한 사람. ¶가난한 문사. [반]무사(武士).

문사[2] 文事 (글월 문, 일 사). 문학(文學)이나 문교(文教)에 관한 일[事]. ¶총명한 자를 발탁해 문사를 맡겼다. [반]무사(武事).

문사[3] 文辭 (=文詞, 글월 문, 말씀 사). 문장(文章)에 나타난 말[辭].

문:상 問喪 (물을 문, 죽을 상). 남의 죽음에 대하여 슬퍼하는 뜻을 드러내어 상주(喪主)를 위문(慰問)함. 또는 그 위문. [비]조상(弔喪), 조문(弔問).

▸문:상-객 問喪客 (손 객). 상주(喪主)를 위문(慰問)하기 위하여 모인 사람들[客]. ¶문상객이 줄을 잇다. [비]조문객(弔問客).

문서 文書 (글월 문, 쓸 서). ① [속뜻] 실무상 필요한 사항을 글[文]로 적어서[書] 나타낸 것. ② 소송법상 각인이 알아볼 수 있는 기호에 의하여 사상을 표시한 모든 것. ③ 나중에 자세히 검토해야 할 문서와 장부. 문부(文簿). ④ 땅이나 집 따위의 소유권이나 그 밖의 권리를 증명하는 문서. [비]문권(文券), 서류(書類).

▸문서-화 文書化 (될 화). 문서(文書)로 만듦[化]. 글로 적어 둠. ¶회의 내용을 문서화하였다.

▸문서 변:조 文書變造 (바뀔 변, 만들 조). [법률] 문서(文書)를 아무 권한 없이 바꾸어[變] 만드는[造] 행위.

▸문서 손:괴 文書損壞 (상할 손, 무너질 괴). [법률] 남의 명의로 된 문서(文書)를 권한 없이 손상(損傷)하고 파괴(破壞)하는 행위.

▸문서 위조 文書僞造 (거짓 위, 만들 조). [법률] 문서(文書)를 아무 권한 없이 거짓으로[僞] 만드는[造] 행위.

▸문서 은닉 文書隱匿 (숨길 은, 숨길 닉). [법률] 남의 문서(文書)를 숨기는[隱=匿] 행위.

문선 文選 (글월 문, 고를 선). ① [속뜻] 좋은 글[文]을 가려 뽑음[選]. 또는 그러한 책. ② [출판] 활판 인쇄 과정에서 원고대로 활자를 뽑음. [비]채자(採字).

문세 文勢 (글월 문, 기세 세). 글[文]의 기세(氣勢)와 힘.

문수-보살 文殊菩薩 (글월 문, 뛰어날 수, 보리 보, 보살 살). [불교] 여래의 왼편에 있는 지혜[文殊]를 맡은 보살(菩薩). [비]문수사리(文殊師利), 만수시리(滿殊尸利), 만수실리(曼殊室利).

문식 文飾 (글월 문, 꾸밀 식). ① [속뜻] 글[文]을 수식(修飾)함. ② 실속은 없이 겉만 그럴듯하게 꾸미는 일.

문신[1] 文臣 (글월 문, 신하 신). 문관(文官)인 신하(臣下). [반]무신(武臣).

문신[2] 文身 (무늬 문, 몸 신). 살갗[身]을 바늘로 찔러 먹물이나 다른 물감으로 글씨, 그림, 무늬[文] 따위를 새기는 일. ¶팔에 문신을 새기다.

문안[1] 文案 (글월 문, 문서 안). 문서(文書)나 문장(文章)의 초안(草案). ¶기사 문안을 작성하다.

문:안[2] 問安 (물을 문, 편안할 안). 웃어른에게 안부(安否)를 물음[問]. ¶문안 인사를 드리다.

문약 文弱 (글월 문, 약할 약). 글[文]만 받들고 좋아하여 나약(懦弱)하다. ¶그는 문약한 인상을 지니고 있다.

문양[1] 文樣 (무늬 문, 모양 양). ① [속뜻] 무늬[文]나 모양(模樣). ¶비슷한 문양이 고구려 벽화에도 보인다. ② 옷감이나 조각품 따위를 장식하기 위한 여러 가지 모양. ¶문양을 새기다 / 청룡 문양을 수놓다.

문양[2] **紋樣** (무늬 문, 모양 양). ① [속뜻] 무늬[紋]의 모양(模樣). ② 옷감이나 조각품 따위를 장식하기 위한 여러 가지 모양. ¶형형색색의 문양을 넣다.

문어[1] **文魚** (무늬 문, 물고기 어). ① [속뜻] 무늬[文]가 있는 물고기[魚]. ② [동물] 낙지과의 연체동물로 낙지과에서 가장 큼. 몸통은 공처럼 둥글고 여덟 개의 발이 있다.

문어[2] **文語** (글월 문, 말씀 어). [언어] 주로 글[文]에만 쓰이는 말[語]. 일상적인 대화에서 쓰는 말이 아닌 문장에서만 쓰는 말. [반] 구어(口語).

▸문어-문 文語文 (글월 문). [언어] 문어체(文語體)로 된 문장(文章). [반] 구어문(口語文).

▸문어-체 文語體 (모양 체). [언어] 글말[文語] 문체(文體). 문어로 쓰인 문장의 체. [비] 문장체(文章體). [반] 구어체(口語體).

문언 **文言** (글월 문, 말씀 언). 문장(文章)이나 편지의 어구[言].

***문예** **文藝** (글월 문, 재주 예). ① [속뜻] 글[文]을 잘 쓰는 재주[藝]. ¶그는 문예에 조예가 깊다. ② 문학과 예술을 아울러 이르는 말.

▸문예-가 文藝家 (사람 가). 문학(文學)이나 예술(藝術)을 전문으로 하는 사람[家].

▸문예-극 文藝劇 (연극 극). [연영] 문예(文藝) 작품을 각색하여 상연하는 연극(演劇).

▸문예-란 文藝欄 (칸 란). 신문이나 잡지 등에서 문예(文藝)에 관한 기사를 싣는 칸[欄]. ¶그의 시가 교지(校誌) 문예란에 올랐다.

▸문예-반 文藝班 (나눌 반). 학교 따위에서 문예(文藝)에 관한 활동을 하는 모임[班]. ¶문예반에 가입하다.

▸문예-학 文藝學 (배울 학). [문학] 문예(文藝)에 관한 학문(學問).

▸문예 공론 文藝公論 (여럿 공, 논할 론). [문학] 1929년 양주동에 의해 창간된 순수 문예지(文藝誌). 당시 문단의 2대 조류였던 민족주의 문학 경향과 계급주의 문학 경향의 절충[公論]을 그 특색으로 한다.

▸문예 과학 文藝科學 (조목 과, 배울 학). [문학] 문학사와 문학 이론 등[文藝]을 과학적(科學的)인 체계를 세워 연구하는 학문(學問). [준] 문예학.

▸문예 부:흥 文藝復興 (다시 부, 일어날 흥). [역사] 14세기 말에서 16세기 초에 걸쳐 유럽에 일어난 인간성의 존중 및 고전 문화[文藝]의 부흥(復興)을 목적으로 한 운동. [비] 르네상스(Renaissance).

▸문예 비:평 文藝批評 (따질 비, 평할 평). [문학] 문예(文藝) 사조나 문예 작품에 대한 비평(批評). 문예 평론.

▸문예 사조 文藝思潮 (생각 사, 바닷물 조). [문학] 한 시대의 문학(文學) 예술(藝術)에 뚜렷이 나타나는 사상(思想)의 흐름[潮]이나 경향.

▸문예 연감 文藝年鑑 (해 년, 볼 감). [예술] 문예계(文藝界)에서 한 해[年] 동안에 일어난 일을 살펴보기[鑑] 위해 주요 자료 통계 등을 요약 정리한 정기 간행물.

▸문예 영화 文藝映畫 (비칠 영, 그림 화). [연영] 문예(文藝) 작품을 각색하여 예술성에 중점을 두고 만든 영화(映畫).

▸문예 작품 文藝作品 (지을 작, 물건 품). 시, 소설, 희곡 등 문학(文學) 예술(藝術)에 속하는 작품(作品).

▸문예 평:론 文藝評論 (평할 평, 논할 론). [문학] 문예(文藝) 작품의 구조 및 가치, 작가의 창작 방법, 세계관 따위를 일정한 기준에 따라 검토하고 평가하여 논함[評論]. [비] 문예 비평(文藝批評).

문외 **門外** (문 문, 밖 외). ① [속뜻] 대문(大門)의 바깥[外]. 문밖. ② 관계가 없는.

▸문외-한 門外漢 (사나이 한). 무엇에 대한 전문적인 지식이 없거나 관계가 없는[門外] 사람[漢]. ¶나는 미술에 문외한이다.

문우 **文友** (글월 문, 벗 우). 글[文]로써 사귄 벗[友]. ¶서로 시 한 수를 나누고 그 자리에서 문우가 되었다. [비] 글벗.

문운 **文運** (글월 문, 운수 운). ① [속뜻] 문인(文人)으로 성공할 운수(運數). ② 학문이나 예술이 크게 일어나는 운세.

문원 **文苑** (글월 문, 마당 원). 문인(文人)들의 사회[苑]. [비] 문단(文壇).

문음 **門蔭** (가문 문, 덕택 음). [역사] 고려·조선 때, 가문(家門)의 음덕(蔭德)으로 공신이나 전·현직 고관의 자제가 관리로 채용되던 일. ¶문음 취재(取才). [비] 음서(蔭敍).

문의[1] **文意** (글월 문, 뜻 의). 글[文]의 뜻[意]. ¶문의를 잘 파악하여라.

문:의² 問議 (물을 문, 의논할 의). 물어서[問] 의논(議論)함. ¶문의사항 / 전화 문의.

문인¹ 門人 (문 문, 사람 인). ① 속뜻 문하(門下)에 들어온 사람[人]. ② 가르침을 받는 스승의 아래에서 배우는 제자. ㊐문하생(門下生).

문인² 文人 (글월 문, 사람 인). ① 속뜻 문필(文筆)이나 문예창작(文藝創作)에 종사하는 사람[人]. ② 학문으로 입신(立身)한 사람. ㊉무인(武人).

▸문인-극 文人劇 (연극 극). 연영 배우가 아닌 문인(文人)들이 연출하고 연기하는 연극(演劇).

▸문인-화 文人畵 (그림 화). 미술 전문적인 직업 화가가 아닌 시인, 학자[文人]들이 취미로 그린 그림[畵]. ¶사군자는 문인화의 대표적인 소재이다.

문일지십 聞一知十 (들을 문, 한 일, 알 지, 열 십). ① 속뜻 하나[一]를 들으면[聞] 열[十]을 알다[知]. ② 지극히 총명함. ¶그는 문일지십할 만큼 총명한 사람이다.

⁑**문자** 文字 (글자 문, 글자 자). ① 속뜻 글자[文=字]. ② 언어 말의 소리나 뜻을 볼 수 있도록 적기 위한 체계적인 부호. ¶고대 문자 / 고유문자를 만들다. ③ 수학 수·양을 나타내는 데 쓰이는 숫자 외의 글자. ④ 한자말 숙어나 문구. ¶최 노인은 말 중에 문자 넣길 좋아한다. ⑤ '학식이나 학문'을 비유하여 이르는 말. ¶문자깨나 배웠다고 남을 무시하다니.

▸문자-반 文字盤 (소반 반). 컴퓨터, 계량기 따위에서 글자[文字]나 숫자가 그려진 면[盤]. ㊐글자판.

▸문자-열 文字列 (줄 렬). 컴퓨터에서 여러 종류의 문자(文字)로 줄지어[列] 놓은 정보.

▸문자-판 文字板 (널빤지 판). 글자[文字]를 새겨 놓은 판(板). ¶시계의 문자판.

▸문자-표 文字表 (겉 표). 컴퓨터에서 자판에 없는 여러 기호나 문자(文字)·숫자를 모아 놓은 표(表).

▸문자-학 文字學 (배울 학). 언어 세계 문자의 종류 및 그에 대한 역사, 표기법의 원리, 표기법으로 실현되는 문자(文字) 언어의 특징 따위를 연구하는 학문(學問).

▸문자 언어 文字言語 (말씀 언, 말씀 어). 언어 글자[文字]로 나타내는 말[言=語]. 소리·뜻·형체의 세 요소를 갖추어, 읽고 쓰고 함. ㊉음성 언어(音聲言語).

⁑**문장** 文章 (글자 문, 글 장). 언어 어떤 생각이나 느낌을 글자[文]로 적은 글[章]. 문장의 끝에 '.', '?', '!' 따위의 마침표를 찍는다. ¶어려운 문장. ② '문장가'의 준말. ㊐글월.

▸문장-가 文章家 (사람 가). 문장(文章)을 뛰어나게 잘 짓는 사람[家].

▸문장-론 文章論 (논할 론). ① 속뜻 문장(文章)에 관한 논설(論說). ② 언어 문장의 성분이나 짜임 따위를 다루는 문법의 한 갈래. ㊐구문론(構文論).

▸문장-법 文章法 (법 법). ① 문학 문장(文章)을 짓는 방법(方法). ② 언어 문장의 구조·형식·방법·종류 등에 관한 법칙.

▸문장-체 文章體 (모양 체). 언어 글[文章]에서 쓰는 문체(文體). ㊐문어체(文語體).

▸문장 부:사 文章副詞 (도울 부, 말씀 사). 언어 문장(文章) 전체를 꾸미는 부사(副詞).

▸문장 부:호 文章符號 (맞을 부, 표지 호). 언어 문장(文章)의 뜻을 돕거나 알아보기 쉽게 하기 위하여 쓰이는 여러 가지 부호(符號). 물음표(?), 느낌표(!), 반점(,), 쌍점(:) 따위.

▸문장 성분 文章成分 (이룰 성, 나눌 분). 언어 문장(文章)을 구성하는 요소[成分].

문재 文才 (글월 문, 재주 재). 글[文]을 잘 쓰는 재주[才]. ¶어릴적부터 문재가 뛰어났다.

문적 文籍 (글월 문, 문서 적). ① 속뜻 문서(文書)나 서적(書籍). ② 일정한 목적, 내용, 체재에 맞추어 사상, 감정, 지식 따위를 글이나 그림으로 표현하여 적거나 인쇄하여 묶어 놓은 것. ¶규장각은 역대 국왕의 문적을 보관하는 곳이었다. ㊐책(冊).

문전¹ 文典 (글월 문, 법 전). ① 속뜻 말이나 글[文]의 구성 및 운용상의 규칙[典]. ② 언어 문법, 어법을 설명한 책. ㊐문법(文法).

문전² 門前 (문 문, 앞 전). 문(門) 앞[前]. ¶문전 박대를 당하다.

▸문전-걸식 門前乞食 (빌 걸, 먹을 식). 이집 저집의 문[門]앞[前]을 돌아다니며 음식(飮食)을 구걸(求乞)함. ¶문전걸식으로 아

이를 키웠다.

▸문전성시 門前成市 (이룰 성, 저자 시). ① 속뜻 대문[門] 앞[前]에 시장[市]이 생길[成] 정도로 사람이 붐빔. ②찾아오는 사람이 많음. ¶구경 오는 사람들로 하루 종일 문전성시를 이루었다.

▸문전-옥답 門前沃畓 (기름질 옥, 논 답). 집[門] 앞[前] 가까이에 있는 기름진[沃] 논[畓]. ¶문전옥답을 모두 빼앗겼다.

▸문전-옥토 門前沃土 (기름질 옥, 흙 토). 집[門] 앞[前] 가까이에 있는 기름진[沃] 땅[土].

문정 門庭 (문 문, 뜰 정). ① 속뜻 대문(大門) 안에 있는 뜰[庭]. ②대문의 안.

문-정맥 門靜脈 (문 문, 고요할 정, 줄기 맥). 창자간막에서 서로 합류하여 간 안으로[門] 들어가는 장 속의 정맥(靜脈). 장에서 흡수한 양분을 간에 전달하는 역할을 한다.

⁑**문:제** 問題 (물을 문, 주제 제). ① 속뜻 묻는[問] 주제(主題). ②해답을 필요로 하는 질문이나, 연구하거나 해결해야 할 사항. ¶문제를 풀다. ③성가신 일이나 논쟁이 될 만한 일. ¶그것은 문제가 되지 않는다. ④세상의 이목이 쏠리는 것. ⓑ답(答), 답안(答案), 해답(解答).

▸문:제-극 問題劇 (연극 극). 사회나 종교 따위 특수한 문제(問題)를 다룬 연극(演劇).

▸문:제-시 問題視 (볼 시). 문제(問題)거리로 봄[視]. 문제로 삼음. ¶오존층 파괴가 크게 문제시되고 있다.

▸문:제-아 問題兒 (아이 아). 심리 문제(問題)가 많은 아이[兒].

▸문:제-점 問題點 (점 점). 문제(問題)가 되는 부분[點]. ¶문제점을 해결하다.

▸문:제-지 問題紙 (종이 지). 시험 문제(問題)를 인쇄해 놓은 종이[紙]. ⓑ답안지(答案紙), 답지(答紙).

▸문:제-집 問題集 (모을 집). 학습 내용에 관한 문제(問題)를 모아[集] 엮어 놓은 책.

▸문:제 소:설 問題小說 (작을 소, 이야기 설). 문학 ①정치나 사회·종교·도덕 따위 특수한 문제(問題)를 주제로 하여 쓴 소설(小說). ②논쟁이나 문제를 일으킨 소설.

▸문:제 아동 問題兒童 (아이 아, 아이 동). 지능, 성격, 행동 따위에 문제(問題)가 많은 아동(兒童).

▸문:제-의:식 問題意識 (뜻 의, 알 식). 대상에 대하여 문제(問題)를 제기하고 해답을 이끌어 내고자 하는 생각[意識].

문-제자 門弟子 (문 문, 아우 제, 아이 자). 스승의 문하(門下)에서 배우는 제자(弟子). ⓑ문하생(門下生).

문조 文鳥 (무늬 문, 새 조). ① 속뜻 예쁜 무늬[文]가 있는 새[鳥]. ② 동물 참새와 비슷하나 등은 회색인 애완용 새.

문:죄 問罪 (물을 문, 허물 죄). 죄(罪)를 캐어물음[問]. ¶반란군을 생포하여 문죄하였다.

문중 門中 (집안 문, 가운데 중). ① 속뜻 같은 가문(家門) 안[中]에 속함. ②성(姓)과 본(本)이 같은 가까운 집안. ¶문중의 땅을 되찾다. ⓑ문내(門內).

문:지 聞知 (들을 문, 알 지). 들어서[聞] 앎[知].

문-지방 門地枋 (문 문, 땅 지, 다목 방). 건설 드나드는 문(門)의 아래[地]에 가로 댄 나무[枋]. ¶문지방에 걸려 넘어졌다.

문진[1] 文鎭 (글월 문, 누를 진). 책이나 문서(文書)의 종이쪽이 바람에 날리지 아니하도록 눌러두는[鎭] 물건. 쇠나 돌로 만든다. ⓑ서진(書鎭).

문:진[2] 問診 (물을 문, 살펴볼 진). 의사가 환자에게 직접 건강 상태를 물어[問]보는 방법으로 진단(診斷)하는 것. ¶문진한 것을 기록하다.

문:진[3] 聞診 (들을 문, 살펴볼 진). 환자의 목소리를 듣거나[聞] 냄새를 맡아보고 분별하는 진단(診斷).

문질 文質 (글월 문, 바탕 질). ① 속뜻 겉으로 나타난 문체(文體)의 아름다움과 성질(性質). ②겉으로 드러난 모양과 실상의 바탕.

문집 文集 (글월 문, 모을 집). 어느 개인의 시문(詩文)을 한데 모아서[集] 엮은 책. ¶문집을 발간하다.

문창 門窓 (문 문, 창문 창). 문(門)과 창문(窓門)을 아울러 이르는 말. ¶문창을 두드리고 있었다.

문-창호 門窓戶 (문 문, 창문 창, 지게문 호). 문(門)과 창호(窓戶).

문채 文彩 (=文采, 무늬 문, 빛깔 채). ① 속뜻

무늬[文]와 빛깔[彩]. ②아름다운 광채(光彩).

문:책 問責 (물을 문, 꾸짖을 책). 일의 책임을 물어[問] 꾸짖음[責]. ¶문책을 당하다 / 잘못된 기안에 대하여 책임자를 문책하다.

문체 文體 (글월 문, 모양 체). 문학 ①문장(文章)에 드러난 글쓴이의 사상이나, 체재(體裁). ¶그의 문체는 화려하다. ②문장의 양식(樣式). 문어체와 구어체, 간결체와 만연체, 경어체와 평어체 따위. ③한문의 체재. 논변(論辨)이나 서기(序記) 따위. ㊥글체.

▸문체-론 文體論 (논할 론). 언어 어법·어휘·억양 등 언어 표현의 개성적 특색[文體]을 특정 작가나 국어·시대·유파 등을 대상으로 하여 연구하는[論] 언어학.

문:초 問招 (물을 문, 부를 초). ①속뜻 물어보기[問] 위하여 불러옴[招]. ②죄나 잘못을 따져 묻거나 심문함. ¶문초를 당하다 / 문초를 받다.

문치[1] 文治 (글월 문, 다스릴 치). ①속뜻 무력(武力)이 아니라 문덕(文德)으로써 하는 정치(政治). ②학문과 법령으로써 세상을 다스림.

문치[2] 門齒 (문 문, 이 치). ①속뜻 문(門)같이 앞쪽에 있는 이[齒]. ②'앞니'를 달리 이르는 말.

문투 文套 (글월 문, 틀 투). ①속뜻 글[文]에 나타나는 특징적인 틀[套]이나 버릇. ②글을 짓는 법식.

문패 門牌 (문 문, 나무쪽 패). 성명·주소 등을 적어 대문(大門)에 다는 나무나 돌로 만든 패(牌).

문풍[1] 文風 (글월 문, 풍속 풍). ①속뜻 글[文]을 숭상하는 풍습(風習). ¶문풍을 진작하다. ②문장의 풍류. ③글을 짓는 데 지켜야 할 수법이나 태도. ¶화려하기만 한 문풍을 쇄신하다.

문풍[2] 門風 (문 문, 바람 풍). ①속뜻 문(門)을 통해 들어오는 바람[風]. ②한집안에 전해 오는 범절이나 풍습(風習).

▸문풍-지 門風紙 (종이 지). 문(門)틈으로 새어 드는 바람[風]을 막기 위하여 문짝 가를 돌아가며 바르는 종이[紙].

문필 文筆 (글월 문, 글씨 필). ①속뜻 글[文]과 글씨[筆]. ②글을 짓거나 쓰는 일. ¶문필에 재주가 있다.

▸문필-가 文筆家 (사람 가). 글 쓰는[文筆] 일을 전문으로 하는 사람[家].

문하 門下 (문 문, 아래 하). ①속뜻 스승의 집 대문(大門) 아래[下] 모여 듦. ②스승의 집에 드나들며 가르침을 받는 제자. '문하생'(門下生)의 준말. ¶김 선생님의 문하에 들어가다.

▸문하-생 門下生 (사람 생). 문하(門下)에서 가르침을 받는 제자[生]. ㊣문생. ㊥문인(門人).

▸문하-인 門下人 (사람 인). 세도 있는 집[門下]에 드나들던 지체 낮은 사람[人].

▸문하-시중 門下侍中 (모실 시, 가운데 중). 역사 고려 때부터 조선 초까지, 정사를 총괄하던 문하부(門下府)의 으뜸 벼슬. 또는 그 벼슬아치[侍中].

문학 文學 (글월 문, 배울 학). ①속뜻 글[文]에 관한 학문(學問). ②사상이나 감정을 언어로 표현한 예술. 또는 그런 작품. 시, 소설, 희곡, 수필, 평론 따위. ¶문학 작품을 읽다 / 사실주의 문학. 시, 소설, 희곡, 수필, 평론 따위. ¶문학 작품을 읽다 / 사실주의 문학.

▸문학-가 文學家 (사람 가). 문학(文學)을 창작하거나 연구하는 사람[家]. ㊥문학자(文學者).

▸문학-계 文學界 (지경 계). ①속뜻 문학(文學)의 영역[界]. ②문인들의 사회. ¶문학계의 혜성. ㊥문단(文壇).

▸문학-관 文學觀 (볼 관). 문학(文學)에 대한 독자적인 견해나 관점(觀點). ¶자신의 문학관을 견지하다.

▸문학-도 文學徒 (무리 도). 문학(文學)을 전문적으로 연구하는 학도(學徒). ¶문학도들은 글을 써서 제국주의를 비판했다.

▸문학-론 文學論 (논할 론). 문학 문학(文學)의 본질이나 작품의 감상·평가에 관한 이론이나 논설(論說).

▸문학-사[1] 文學士 (선비 사). 학위의 한 가지. 대학의 문학부(文學部)를 졸업한 학사(學士)를 일컫는 말.

▸문학-사[2] 文學史 (역사 사). ①속뜻 문학(文學)의 역사(歷史). ②문학의 역사적 발전 과정을 연구하는 학문.

▸문학-상 文學賞 (상줄 상). 우수한 문학(文

學) 작품을 창작하였거나 문학(文學) 부문에 공적이 뛰어난 사람에게 주는 상(賞). ¶노벨 문학상.

▸문학 개:론 文學槪論 (대강 개, 논할 론). 문학 문학(文學) 전반에 관하여 개략적(槪略的)으로 논(論)한 글이나 책.

▸문학 소:녀 文學少女 (적을 소, 여자 녀). 문학(文學)을 좋아하는 감상적(感傷的)인 소녀(少女).

▸문학 예:술 文學藝術 (재주 예, 꾀 술). ① 속뜻 문학(文學)과 예술(藝術)을 아울러 이르는 말. ② 문학 순수 문학을 옹호하여, 1949년 8월에 모윤숙과 조연현이 창간한 월간 순수 문예지. ㊌문예.

▸문학 청년 文學靑年 (푸를 청, 해 년). 문학(文學)을 좋아하는 또는 문학가를 지망하는 청년(靑年).

문한 文翰 (글월 문, 붓 한). ① 속뜻 글[文]을 쓰는[翰] 일. ¶문한에 능하다. ② 문장(文章)에 능한 사람.

문:항 問項 (물을 문, 항목 항). 문제(問題)의 항목(項目). ¶바로 그 문항을 풀지 못했다.

문해 文解 (글월 문, 풀 해). 글[文]을 읽고 내용을 이해(理解)함. ¶문해 능력이 떨어지다.

▸문해-력 文解力 (힘 력). 글[文]을 읽고 내용을 이해(理解)하는 능력(能力). ⓑ독해력(讀解力).

문헌 文獻 (글월 문, 바칠 헌). ① 속뜻 글[文]을 바침[獻]. ② 옛날의 제도나 문물을 아는 데 증거가 되는 자료나 기록. ¶여러 문헌을 조사하다.

▸문헌-학 文獻學 (배울 학). ① 속뜻 문헌(文獻)에 의하여 어떤 민족이나 시대의 문화를 이해하려는 학문(學問). ② 서지학(書誌學).

문형 文型 (글월 문, 모형 형). 언어 요소가 문장(文章) 속에서 어떻게 배치되고 결합되는지를 형식화하고 규칙화하여 분류한 글의 유형(類型). ¶기본 문형.

문호[1] 文豪 (글월 문, 호걸 호). 문학(文學)에 크게 뛰어난 호걸[豪]. 또는 그런 사람. ¶톨스토이는 러시아의 문호이다. ⓑ문웅(文雄).

문호[2] 門戶 (문 문, 지게문 호). ① 속뜻 드나드는 문(門)과 지게문[戶]. ② 외부와 교류하기 위한 통로나 수단을 비유하여 이르는 말. ¶외국에 문호를 개방하다.

▸문호 개방 門戶開放 (열 개, 놓을 방). ① 속뜻 문[門戶]을 열어[開放] 아무나 드나들게 함. ② 자기 나라의 영토를 다른 나라의 경제적 활동을 위하여 터놓음. ③ 구속적인 금제(禁制)를 철폐함.

문화[1] 文華 (글월 문, 빛날 화). ① 속뜻 문장(文章)의 화려(華麗)함. ② 문화의 찬란함. ⓑ문조(文藻).

⁑문화[2] 文化 (글월 문, 될 화). ① 속뜻 문덕(文德)으로 백성을 가르쳐 이끎[敎化]. ¶문화 정책. ② 한 사회의 구성원에 의하여 습득, 공유, 전달되는 행동 양식이나 생활 양식의 과정 및 그 과정에서 이룩하여 낸 물질적·정신적 소득을 통틀어 이르는 말. ③ 어느 분야에 전반적으로 나타나는 경향. ¶고대 문화 / 새로운 문화를 접하다. ③ 학문을 통하여 사람들의 인지(人智)가 깨어 밝게 되는 것.

▸문화-계 文化界 (지경 계). 문화(文化)와 관계되는 사회적 분야[界]. ¶문화계 인사들이 모였다.

▸문화-권 文化圈 (범위 권). 지리 어떤 공통적 특징을 갖는 문화(文化)가 영향을 미치는 지역[圈].

▸문화-면 文化面 (쪽 면). 문화(文化)와 예술에 관련된 일을 싣는 신문의 지면(紙面).

▸문화-병 文化病 (병 병). ① 속뜻 문화(文化) 생활로 인하여 얻은 병(病). ② 의학 물질문명(物質文明)의 지나친 발달 때문에 생기는 병(病). 신경 쇠약이나 근시(近視) 따위. ⓑ문명병(文明病).

▸문화-부 文化部 (나눌 부). 학교나 방송국 따위에서, 문화(文化)에 관한 일을 맡아보는 부서(部署).

▸문화-비 文化費 (쓸 비). 경제 문화(文化) 생활에 드는 비용(費用).

▸문화-인 文化人 (사람 인). ① 속뜻 문화(文化)에 관한 일에 종사하는 사람[人]. ② 지성과 교양이 있는 사람. ⓑ미개인(未開人), 야만인(野蠻人).

▸문화-재 文化財 (재물 재). ① 속뜻 문화(文化) 활동에 의하여 창조된 가치가 뛰어난 재물(財物) 따위. ② 문화재 보호의 대상이 되는 유형 문화재(有形文化財)와 무형 문화

재(無形文化財) 및 기념물·민속자료를 통틀어 이르는 말. ¶문화재를 발굴하다.

▸**문화-적** 文化的 (것 적). 문화(文化)에 관한 것[的]. 문화의 혜택을 받는 것. ¶문화적 차이.

▸**문화 가치** 文化價値 (값 가, 값 치). ① [속뜻] 어떤 사물이 문화재(文化財)로서 지니고 있는 가치(價値). ② [철학] 문화재(文化財)를 평정하는 기준이 되는 가치(價値). 진(眞)·선(善)·미(美) 따위.

▸**문화 경관** 文化景觀 (볕 경, 볼 관). [지리] 자연경관에 인간의 영향이 가하여져 이루어진 문화적(文化的)인 경관(景觀). 오늘날 지표면의 대부분이 이에 해당한다. [반]자연 경관(自然景觀).

▸**문화 과학** 文化科學 (조목 과, 배울 학). ① [속뜻] 문화(文化) 현상을 다루는 과학(科學). ② [철학] 19세기 말 리케르트가 주장한 과학 분류법에 의한 학문 분야. 일체의 역사적 현상을 대상으로 한 과학을 이른다. ¶문화 과학의 가치를 연구하다. [반]자연 과학(自然科學).

▸**문화 국가** 文化國家 (나라 국, 집 가). [정치] 문화(文化)의 창조·유지·발전을 최고 목적으로 하는 국가(國家). 경찰 국가나 법치 국가와 대립하는 개념으로 19세기 독일에서 성립하였다.

▸**문화-생활** 文化生活 (살 생, 살 활). [사회] 문화(文化) 가치를 실현하거나 문화를 누리는 생활(生活).

▸**문화 양식** 文化樣式 (모양 양, 꼴 식). [사회] 문화 유형(文化類型).

▸**문화 영화** 文化映畵 (비칠 영, 그림 화). [연영] 극영화에 대해 교육이나 문화(文化) 발전을 위해 만든 영화(映畵).

▸**문화 요소** 文化要素 (구할 요, 바탕 소). 서로 밀접한 관계를 가지면서 전체의 문화(文化)를 이루는 요소(要素). 정치, 경제, 예술, 학문, 종교, 풍속 따위.

▸**문화-유산** 文化遺産 (남길 유, 재물 산). 다음 세대에 물려줄[遺産] 민족 및 인류 사회의 모든 문화(文化). ¶불국사는 세계적인 문화유산이다.

▸**문화 유:형** 文化類型 (비슷할 류, 모형 형). [사회] 문화(文化)의 여러 요소가 장기간에 걸쳐 일정한 성격으로 통합·형성하여 이룬 형태[類型]. [비]문화 양식(文化樣式).

▸**문화 접변** 文化接變 (닿을 접, 바뀔 변). 서로 다른 문화(文化)의 접촉(接觸)으로 새로운 양식의 문화로 변화(變化)되는 과정이나 결과.

▸**문화 정치** 文化政治 (정사 정, 다스릴 치). [정치] 무력 따위의 힘을 쓰지 않고 교화[文化]로써 다스리는 정치(政治).

▸**문화-주의** 文化主義 (주될 주, 뜻 의). [철학] 문화(文化)의 향상과 문화(文化) 가치의 실현을 인간 생활의 최고 목적으로 하는 사상이나 태도[主義].

▸**문화 주:택** 文化住宅 (살 주, 집 택). [건설] 생활상 편리하며 보건·위생에 알맞게 지은 문화적(文化的)인 주택(住宅).

▸**문화 지체** 文化遲滯 (더딜 지, 막힐 체). 비물질문화가 물질문화(文化)의 변동 속도를 좇아가지 못해 지체(遲滯)되어 생기는 사회적 부조화 현상.

▸**문화 포장** 文化褒章 (기릴 포, 글 장). [법률] 문화 예술 활동을 통하여 문화 발전(文化發展)에 이바지한 공적이 큰 사람을 기리는[褒] 의미로 주는 휘장(徽章).

▸**문화 훈장** 文化勳章 (공 훈, 글 장). [법률] 문화 예술 활동을 통하여 문화 발전(文化發展)에 크게 공[勳]을 세운 사람에게 주는 휘장(徽章).

▸**문화 사회학** 文化社會學 (단체 사, 모일 회, 배울 학). [사회] 인간 문화(文化)를 연구 대상으로 하는 사회학(社會學).

▸**문화 인류학** 文化人類學 (사람 인, 무리 류, 배울 학). [사회] 인류의 생활과 역사를 문화(文化) 면에서 실증적으로 연구하려는 인류학(人類學)의 한 부문.

문:후 問候 (물을 문, 물을 후). 웃어른의 안부를 물음[問=候]. ¶조모님께 문후를 여쭙다.

물가 物價 (만물 물, 값 가). [경제] 물건(物件)의 값[價]. 상품의 시장 가격. ¶물가가 오르다.

▸**물가-고** 物價高 (높을 고). 물건[物]값[價]이 비쌈[高]. 또는 그 정도.

▸**물가 정책** 物價政策 (정치 정, 꾀 책). [경제] 물가(物價)를 알맞게 유지시켜 경제적 안정을 꾀하려는 정책(政策).

▸**물가 지수** 物價指數 (가리킬 지, 셀 수).

[경제] 물가(物價)의 변동을 가리키는[指] 통계 숫자[數].

▸물가 평준 物價平準 (고를 평, 고를 준). [경제] 물가(物價) 지수로써 나타내는 상품 가격의 평균 위치[平準].

⁑**물건 物件** (만물 물, 것 건). ① [속뜻] 형체를 갖추고 있는 물품(物品) 같은 것[件]. ¶사용하신 물건은 제자리에 두세요. ② 사고파는 물품. ¶물건 값을 치르다. ③ [법률] 권리의 객체가 될 수 있는 것. 민법에서는 유체물(有體物) 및 전기, 기타 관리할 수 있는 자연력(自然力)을 가리킨다.

물경 勿驚 (말 물, 놀랄 경). ① [속뜻] 놀라지[驚] 말라[勿]. ② 엄청난 것을 말할 때에 쓰는 말. ¶그는 하룻밤에 물경 수억 원이나 도박으로 날렸다.

물고 物故 (만물 물, 옛 고). ① [속뜻] 유명한 인물(人物)이 고인(故人)이 됨. 사회적으로 이름난 사람이 죽음. ② 죄를 지은 사람이 죽음. 또는 죄를 지은 사람을 죽임. [관용] 물고를 내다.

물권 物權 (만물 물, 권리 권). [법률] 물건(物件)을 직접 지배할 수 있는 권리(權利).

▸물권 증권 物權證券 (증거 증, 문서 권). [법률] 물권(物權)을 나타내는 유가 증권(證券).

▸물권 행위 物權行爲 (행할 행, 할 위). [법률] 직접 물권(物權)의 변동을 발생시키는 법률 행위(行爲).

▸물권 법정주의 物權法定主義 (법 법, 정할 정, 주될 주, 뜻 의). [법률] 물권(物權)의 종류와 내용은 법률(法律)이 정(定)하는 것에 한하여 인정된다는 사상이나 태도[主義].

물납 物納 (만물 물, 바칠 납). 조세 따위를 물품(物品)으로 바침[納]. ¶물납으로 대체하였다.

물동-량 物動量 (만물 물, 움직일 동, 분량 량). 물자(物資)가 유동(流動)하는 양(量).

물량 物量 (만물 물, 분량 량). 물건(物件)의 양(量). ¶공급 물량이 넉넉하다.

⁑**물론 勿論** (없을 물, 논할 론). ① [속뜻] 말할[論] 필요가 없음[勿]. ¶학식은 물론이고 경험도 풍부하다. ② 말할 것도 없이. ¶그는 영어는 물론 중국어도 할 줄 안다. [비]무론(毋論).

물류 物流 (만물 물, 흐를 류). 물품(物品)을 유통(流通)하거나 보관하는 활동. '물적 유통'(物的流通)의 준말. ¶물류회사에 입사하다.

물리 物理 (만물 물, 이치 리). ① [속뜻] 모든 사물(事物)의 바른 이치(理致). ② [물리] '물리학'의 준말.

▸물리-학 物理學 (배울 학). ① [속뜻] 사물(事物)의 바른 이치(理致)를 연구하는 (學問). ② [물리] 자연 현상의 인과 관계를 설명하고, 물질의 운동이나 구조 따위를 연구하는 학문. [준]물리. [비]이학(理學).

▸물리 광학 物理光學 (빛 광, 배울 학). [물리] 물리학(物理學)에서, 전자기파로서의 빛의 여러 현상과 광학적(光學的) 성질을 연구하는 학문(學問). [참]기하 광학(幾何光學).

▸물리 변ː화 物理變化 (바뀔 변, 될 화). [물리] 물리적(物理的) 변화(變化). 물질의 성분은 조금도 변하지 않고 다만 그 상태만이 변하는 현상. [반]화학 변화(化學變化).

▸물리 상수 物理常數 (늘 상, 셀 수). [물리] 물질의 물리적(物理的) 성질을 나타내는 여러 가지 수치[常數].

▸물리 요법 物理療法 (병 고칠 료, 법 법). [의학] 열이나 전기, 광선, 공기, 물 등의 물리적(物理的) 작용을 이용하는 치료 방법(治療方法).

▸물리 탐광 物理探鑛 (찾을 탐, 쇳돌 광). [지리] 지구 물리학을 응용하여, 광물이나 암석의 고유한 물리적(物理的) 성질(性質)을 측정하여 지질의 구조나 광상(鑛床)의 존재를 탐지(探知)하는 방법.

▸물리 화ː학 物理化學 (될 화, 배울 학). ① [속뜻] 물리학(物理學)과 화학(化學). ② [화학] 물리학(物理學)의 이론을 바탕으로, 물질의 화학적 성질을 연구하는 과학.

▸물리 원자량 物理原子量 (본디 원, 씨 자, 분량 량). [물리] 물리적(物理的) 방법을 이용해 측정한 원자(原子)의 질량(質量).

물망 物望 (만물 물, 바랄 망). ① [속뜻] 인물(人物)됨과 명망(名望). ② 우러러 보는 대상. ¶물망에 오르다.

물망-초 勿忘草 (말 물, 잊을 망, 풀 초). ① [속뜻] 나를 잊지[忘] 말라[勿]는 꽃말을 가진 풀[草]. ② [식물] 습지에서 잘 자라며, 여름에 흰색, 자주색, 남색의 꽃이 피는 풀.

물명 物名 (만물 물, 이름 명). 물건(物件)의 이름[名].

물목 物目 (만물 물, 눈 목). 물품(物品)의 목록(目錄). ¶물목이 다양하다.

물물 교환 物物交換 (만물 물, 만물 물, 서로 교, 바꿀 환). 경제 교환의 원시적 형태로서 화폐의 매개 없이 물품(物品)과 물품(物品)을 직접 바꾸는[交換] 경제 행위.

물-보험 物保險 (만물 물, 지킬 보, 험할 험). 경제 물건(物件)의 손상(損傷)이나 소실(燒失) 따위를 보험 사고로 하는 보험(保險). 화재 보험 따위.

물산 物産 (만물 물, 낳을 산). 한 지방에서 물품(物品)을 생산(生産)하는 일. 또는 그 물건. ¶물산 장려운동을 벌이다.

물상[1] 物象 (만물 물, 모양 상). ① 속뜻 자연계 사물(事物)의 형태[象]. ② 자연계의 사물과 그 변화 현상. ③ 물리학·화학·광물학 따위를 통틀어 이르는 말.

물상[2] 物像 (만물 물, 모양 상). ① 속뜻 눈에 보이는 물체(物體)의 생김새나 상태[像]. ¶물상을 세밀하게 그려내다. ② 자연의 경치.

물상 대:위 物上代位 (만물 물, 위 상, 대신할 대, 자리 위). ① 속뜻 물건에 대한[物上] 권리나 지위(地位)를 다른 것으로 대신(代身)하는 일. ② 법률 담보 물권의 효력이 목적물의 변형된 상태에까지 미치는 일.

물상 청구권 物上請求權 (만물 물, 위 상, 부탁할 청, 구할 구, 권리 권). 법률 물권(物權)의 침해에 대하여 그 물건에 대한[物上] 권리를 회복하거나 예방하려는 청구권(請求權).

물색 物色 (만물 물, 빛 색). ① 속뜻 물건(物件)의 빛깔[色]. ¶물색 고운 저고리. ② 물건의 빛깔로 구별한다는 뜻에서, 어떤 기준에 맞는 사람이나 물건 따위를 고르는 일. ¶후임을 물색하다. ③ 까닭이나 형편. ¶물색 모르고 함부로 날뛰다. ④ 자연의 경치. ¶물색 좋은 우리 고향.

물성 物性 (만물 물, 성질 성). 물질(物質)이 가지고 있는 성질(性質).

물세 物稅 (만물 물, 세금 세). 법률 물건(物件)을 과세의 대상으로 하는 조세(租稅). 물품세(物品稅), 재산세(財産稅), 소비세(消費稅) 따위. '대물세'(對物稅)의 준말. ⓑ인세(人稅).

물심-양:면 物心兩面 (만물 물, 마음 심, 두 량, 쪽 면). 물질(物質)과 마음[心] 두[兩] 가지 측면(側面). ¶물심양면으로 도와주신 분들께 감사드립니다.

물아 物我 (만물 물, 나 아). 철학 ① 외물(外物)과 자아(自我). ② 주관과 객관. ③ 물질계와 정신계.

▸물아-일체 物我一體 (한 일, 몸 체). 철학 자연물(自然物)과 자아(自我), 주관과 객관, 물질계와 정신계가 하나[一]의 덩어리[體]를 이룬 상태. ¶그는 물아일체의 경지에 올라 작품을 완성했다. ⓗ물심일여(物心一如).

물역 物役 (만물 물, 부릴 역). 집을 짓는 데에 드는 재물(財物)과 노역(勞役). ¶많은 물역을 들여서 집을 다시 지었다.

물욕 物慾 (만물 물, 욕심 욕). 물질(物質)에 대한 욕심(慾心). ¶물욕에 사로잡히다.

물의 物議 (만물 물, 의논할 의). ① 속뜻 어떤 사물(事物)에 대해 논의(論議)함. ② 어떤 사람 또는 단체의 처사에 대하여 많은 사람이 이러쿵저러쿵 논평하는 상태. ¶물의를 빚다 / 물의를 일으키다.

***물자 物資** (만물 물, 재물 자). 어떤 활동에 필요한 각종 물건(物件)이나 재물[資]. ¶물자가 풍부하다.

물적 物的 (만물 물, 것 적). ① 속뜻 물질(物質)에 관한 것[的]. ② 물질에 치중하는 것. '물질적'(物質的)의 준말. ⓑ심적(心的), 인적(人的).

▸물적 담보 物的擔保 (멜 담, 지킬 보). 법률 채권의 경제적 가치에 대하여 물적(物的)으로 보장하는 담보(擔保). ⓗ물상(物上) 담보.

▸물적 유통 物的流通 (흐를 류, 통할 통). ① 속뜻 원료, 제품 등 상품[物的]의 사회적인 흐름[流通]. ② 개별 기업이 행하는 상품의 포장, 수송, 하역, 보관, 통신 등의 여러 활동. ⓒ물류.

▸물적 증거 物的證據 (증명할 증, 근거할 거). 법률 물질적(物質的) 증거(證據). 유체물(有體物)로서의 검증물이나 문서 따위. ⓒ물증. ⓑ인적 증거(人的證據).

물정 物情 (만물 물, 실상 정). ① 속뜻 만물(萬

物)의 실상[情]. ②세상의 사물(事物)이나 인심. ¶세상 물정에 어둡다.

물주 物主 (만물 물, 주인 주). ①속뜻 물건(物件)의 주인(主人). ②공사판이나 장사판에서 밑천을 대어 주는 사람.

물증 物證 (만물 물, 증거 증). 법률 물건(物件)으로 뚜렷이 드러난 증거(證據). '물적 증거'(物的證據)의 준말. ¶뚜렷한 물증을 찾다.

물질 物質 (만물 물, 바탕 질). ①속뜻 물건(物件)의 본바탕[質]. ②물리 자연계 구성 요소의 하나로 공간의 일부를 차지하고 질량을 갖는 것. ③철학 정신에 대하여 인간의 의식 바깥에 존재하는 것. ⓑ정신(精神).

▸물질-감 物質感 (느낄 감). 미술 그림에서, 물질(物質)의 형상이나 색채·광택·무게 따위에 대한 느낌[感]을 이르는 말.

▸물질-계 物質界 (지경 계). 물질(物質)의 세계(世界). ⓒ물계. ⓑ정신계(精神界).

▸물질-적 物質的 (것 적). ①속뜻 물질(物質)에 관한 것[的]. ②정신보다 금품 따위 물질에 치중하는 것. ⓒ물적. ⓑ정신적(精神的).

▸물질-파 物質波 (물결 파). 물리 진행하는 전자(電子) 따위의 물질(物質) 입자에 따라 다니는 파동(波動)의 현상. 전자 현미경 등에 응용된다.

▸물질 교대 物質交代 (서로 교, 바꿀 대). 생물 물질 대사(物質代謝).

▸물질-대사 物質代謝 (대신할 대, 물러날 사). 생물 생명을 유지하기 위해 생물체 안에 필요 없는 물질(物質)과 필요한 물질이 번갈아[代] 없어지고[謝] 들어오는 것. 물질 교대. 신진 대사(新陳代謝). ⓒ대사.

▸물질 명사 物質名詞 (이름 명, 말씀 사). ①속뜻 형상을 갖춘 것[物質]의 이름[名]을 가리키는 낱말[詞]. ⓑ추상 명사(抽象名詞). ②언어 물, 불, 공기 따위 등 나누어 셀 수 없는 것을 나타내는 명사.

▸물질-문명 物質文明 (글월 문, 밝을 명). 물질(物質)을 바탕으로 이루어진 문명(文明). ⓑ정신 문명(精神文明).

▸물질-문화 物質文化 (글월 문, 될 화). 인간이 자연환경에 적응하며 생활해 나가기 위해 물질(物質)을 바탕으로 이루어 놓은 문화(文化). 기계, 도구, 건조물, 교통 통신 수단 따위. ⓑ정신 문화(精神文化).

▸물질-주의 物質主義 (주될 주, 뜻 의). 철학 정신적인 것을 무시하고 물질(物質) 문제를 중히 여기는 사상이나 태도[主義]. ⓑ정신주의(精神主義).

물체 物體 (만물 물, 몸 체). ①속뜻 구체적인 형체(形體)를 가지고 존재하는 것[物]. ②철학 지각과 정신이 없는 유형물을 이르는 말.

물표 物票 (만물 물, 쪽지 표). 물건(物件)을 보내거나 맡긴 증거가 되는 쪽지[票]. ⓑ체크(check).

물품 物品 (만물 물, 물건 품). 쓸모 있는 물건(物件)이나 제품(製品).

물화 物貨 (만물 물, 재물 화). 물품(物品)과 재화(財貨)를 아울러 이르는 말. ¶여러 가지 물화가 모여들었다.

미가 米價 (쌀 미, 값 가). 쌀[米]을 팔고 사는 가격[價]. ¶풍작으로 미가가 크게 떨어졌다. ⓑ쌀값.

미각 味覺 (맛 미, 깨달을 각). 의학 무엇을 혀 따위로 맛보아[味] 일어나는 감각(感覺). 단맛, 짠맛, 쓴맛, 신맛 따위를 느낀다. ¶미각을 돋우는 음식. ⓑ미감(味感).

▸미각 기관 味覺器官 (그릇 기, 벼슬 관). 의학 미각(味覺)을 느끼는 기관(器官). ⓒ미각기.

▸미각 신경 味覺神經 (정신 신, 날실 경). 의학 미각(味覺)을 맡아보는 신경(神經). ⓒ미신경.

미:간[1] 未刊 (아닐 미, 책 펴낼 간). 책 따위가 아직 간행(刊行)되지 않음[未]. 또는 그런 간행물. ¶미간 도서.

미간[2] 眉間 (눈썹 미, 사이 간). 두 눈썹[眉]의 사이[間]. '양미간'(兩眉間)의 준말. ¶미간을 찡그리다.

미감[1] 味感 (맛 미, 느낄 감). 의학 맛[味]을 느끼는 감각(感覺). ⓑ미각(味覺).

미:감[2] 美感 (아름다울 미, 느낄 감). 아름다움[美]에 대한 감각(感覺). 또는 아름답다는 느낌.

미:개 未開 (아닐 미, 열 개). 아직 개화(開化)하지 못한[未] 상태. 문명이 깨지 못한 상태에 있음. ¶미개한 민족. ②꽃 따위가 아직 피지 못한 상태에 있음. ⓑ야만(野蠻).

[반]문명(文明).

▸미ː개-국 未開國 (나라 국). 문화가 발달하지[開] 못한[未] 나라[國].

▸미ː개-인 未開人 (사람 인). 미개(未開)한 사람[人]. [비]야만인(野蠻人), 원시인(原始人), 번인(蕃人). [반]문명인(文明人).

▸미ː개-지 未開地 (땅 지). ① [속뜻]농토로 개발(開發)하지 않은[未] 땅[地]. ② '미개척지'(未開拓地)의 준말.

미ː개간-지 未開墾地 (아닐 미, 열 개, 밭갈 간, 땅 지). 아직 개간(開墾)하지 않은[未] 땅[地]. [비]미경지(未耕地). [준]미간지. [반]개간지(開墾地).

미ː-개발 未開發 (아닐 미, 열 개, 드러날 발). 아직 개발(開發)하지 아니함[未]. ¶미개발 상태.

미ː-개척 未開拓 (아닐 미, 열 개, 넓힐 척). 어떤 지역이나 분야를 아직 개척(開拓)하지 아니함[未]. ¶미개척 시장.

▸미ː개척-지 未開拓地 (땅 지). ① [속뜻]아직 개척(開拓)하지 않은[未] 땅[地]. ② 아직 시작되거나 넓히지 않은 분야. [준]미개지.

미거[1] 未擧 (아닐 미, 들 거). ① [속뜻]아직 벼슬길에 오르지[擧] 아니함[未]. ② 철이 아직 나지 않아 아둔하다. ¶저의 미거한 자식들을 잘 보살펴 주셔서 감사합니다.

미ː거[2] 美擧 (아름다울 미, 들 거). 훌륭하게[美] 잘한 일[擧]. 또는 장하고 갸륵한 행동. ¶그의 선행은 보기 드문 미거이다.

미ː-검거 未檢擧 (아닐 미, 검사할 검, 들 거). 아직[未] 찾아내어[檢] 잡아들이지[擧] 않음. ¶용의자가 미검거되었다.

미ː견 迷見 (헤맬 미, 볼 견). 사리에 어두운[迷] 생각이나 견해(見解). ¶비록 저의 미견이지만 한번 들어 주시지요.

미ː결 未決 (아닐 미, 결정할 결). ① [속뜻]아직 결정(決定)하거나 결재(決裁)하지 않음[未]. '미결정'(未決定)·'미결재'(未決裁)의 준말. ② [법률]미결수를 가두어 두는 감방. '미결감'(未決監)의 준말. ③ [법률]'미결수'(未決囚)의 준말. [반]기결(旣決).

▸미ː결-수 未決囚 (가둘 수). [법률]법적 판결(判決)이 나지 않은[未] 상태로 구금되어[囚] 있는 피의자 또는 형사 피고인. ¶미결수를 구치소로 이동시켰다. [준]미결. [반]기결수(旣決囚).

▸미ː결-안 未決案 (안건 안). 아직 결정(決定)되지 않은[未] 안건(案件). ¶미결안을 토의하다.

▸미ː결 구금 未決拘禁 (잡을 구, 금할 금). [법률]법적 판결(判決)이 나지 않은[未] 사람을 재판이 확정될 때까지 잡아[拘] 감금(監禁)하는 일. [준]미결.

▸미ː결 수용자 未決收容者 (거둘 수, 담을 용, 사람 자). 법적 판결(判決)이 나지 않은[未] 상태에서 형사 피의자나 피고인으로서 구치소에 수용(收容)되어 있는 사람[者]. [비]미결수(未決囚).

미ː-결정 未決定 (아닐 미, 결단할 결, 정할 정). 아직 결정(決定)이 나지 않음[未]. ¶구체적인 방안은 미결정한 상태이다. [준]미결.

미곡 米穀 (쌀 미, 곡식 곡). ① [속뜻]쌀[米]과 갖가지 곡식(穀食). ¶미곡 판매. ② 벼에서 껍질을 벗겨 낸 알맹이. [비]쌀.

▸미곡-상 米穀商 (장사 상). 쌀[米]과 갖가지 곡식(穀食)을 팔고 사는 장사[商]. 또는 그 장수. [준]미상. [비]쌀가게, 쌀장수.

▸미곡 연도 米穀年度 (해 년, 정도 도). 미곡(米穀)을 처리하기 위해 정한 기간[年度]. 곧 11월 1일부터 다음 해 10월 31일까지의 1년을 이른다.

미골 尾骨 (꼬리 미, 뼈 골). [의학]등골뼈의 가장 아랫부분에 있는 뾰족한 꼬리[尾] 뼈[骨].

미관[1] 味官 (맛 미, 벼슬 관). [의학]맛[味]을 느끼는 감각을 맡는 기관(器官). [비]미각기(味覺器).

미ː관[2] 美觀 (아름다울 미, 볼 관). 아름다운[美] 외관(外觀)이나 좋은 경치. ¶자연의 미관 / 거리의 미관을 해치다.

▸미ː관 지구 美觀地區 (땅 지, 나눌 구). [지리]도시의 미관(美觀)을 살리기 위해 특별히 설정한 지구(地區). ¶한옥촌이 미관지구로 지정되었다.

미관[3] 微官 (작을 미, 벼슬 관). ① [속뜻]작은[微] 벼슬[官]. 보잘것없는 관직. ② 관리가 자기를 낮추어 이르는 말. [비]소관(小官).

▸미관-말직 微官末職 (끝 말, 일 직). 작고[微] 낮은[末] 관직(官職). 또는 그런 위치에 있는 사람. ¶비록 미관말직일지언정 소

심을 다해 일했다. ㉥미말지직(微末之職).

미괄-식 尾括式 (꼬리 미, 묶을 괄, 법 식). 문학 글의 끝[尾]에 결론적인 주요 내용을 묶어[括] 두는 구성 방식(方式).

미광 微光 (작을 미, 빛 광). 아주 희미(稀微)하고 약한 불빛[光]. ¶엷은 미광만이 희끄무레하게 비칠 뿐이었다.

미:구 未久 (아닐 미, 오랠 구). 얼마 오래지[久] 아니함[未]. ¶미구에 닥쳐올 어떤 엄청난 여파가 걱정이었다.

미국 美國 (아름다울 미, 나라 국). ① 속뜻 '미합중국'(美合衆國)의 준말. ② 지리 북아메리카에 있는 연방 공화국.

미군 美軍 (미국 미, 군사 군). 미국(美國)의 군대(軍隊)나 군인(軍人). ¶미군 장교들이 민첩하게 달려왔다.

미:궁 迷宮 (헤맬 미, 대궐 궁). ① 속뜻 궁전(宮殿)에 들어가 길을 잃고 헤맴[迷]. ②한 번 들어가면 빠져나오는 길을 쉽게 찾을 수 없는 곳. ③사건, 문제 따위가 복잡하게 얽혀서 판단하거나 해결하기 어렵게 된 상태. ¶사건은 미궁에 빠졌다.

미:급 未及 (아닐 미, 미칠 급). 아직 미치지[及] 못함[未]. 아직 차지 아니함. ¶아직 능력이 미급합니다.

미:기 美妓 (아름다울 미, 기생 기). 아름다운[美] 기생(妓生).

미:남 美男 (아름다울 미, 사내 남). 얼굴이 아름다운[美] 남자(男子). '미남자'의 준말. ¶그는 타고난 미남이다. ㉥추남(醜男).

미:납 未納 (아닐 미, 바칠 납). 내야 할 돈을 아직 내지[納] 못함[未]. ¶세금을 미납하다.

▶미:납-세 未納稅 (세금 세). 아직 내지[納] 못한[未] 세금(稅金). ¶미납세에 대한 연체료를 인상하다.

▶미:납-자 未納者 (사람 자). 세금, 공과금, 사용료 따위를 미납(未納)한 사람[者].

미:녀 美女 (아름다울 미, 여자 녀). 얼굴이 아름다운[美] 여자(女子). ¶미녀와 야수. ㉥미인(美人). ㉥추녀(醜女).

미농-지 美濃紙 (아름다울 미, 짙을 농, 종이 지). 일본 미노[美濃] 지방에서 난 종이[紙]에서 유래된 이름으로 닥나무 껍질로 만든 썩 질기고 얇은 종이. 묵지(墨紙)를 받치고 글씨를 쓰거나 장지문 따위에 바르는 데에 쓴다.

미:달 未達 (아닐 미, 이를 달). 어떤 한도나 표준에 아직 이르지[達] 못함[未]. ¶체중 미달 / 기준에 미달되다. ㉥초과(超過).

미:담 美談 (아름다울 미, 이야기 담). 사람을 감동시킬 만큼 아름다운[美] 내용을 가진 이야기[談]. ¶효(孝)에 관한 미담이 전해지다.

미:답 未踏 (아닐 미, 밟을 답). 아직 아무도 밟지[踏] 않음[未].

미:대 美大 (아름다울 미, 큰 대). 교육 미술(美術)을 전문적으로 가르치는 단과대학(大學). '미술대학'의 준말. ¶그는 미대에서 동양화를 전공했다.

미:덕 美德 (아름다울 미, 베풀 덕). 아름답게[美] 베푼[德] 일이나 행동. ¶미덕을 쌓다. ㉥영덕(令德). ㉥악덕(惡德).

미:동[1] 美童 (아름다울 미, 아이 동). ① 속뜻 얼굴이 예쁘게[美] 생긴 사내아이[童]. ② 비역을 할 때 밑에서 당하는 아이.

미동[2] 微動 (작을 미, 움직일 동). 아주 조금[微] 움직임[動]. ¶미동도 없다.

미등 尾燈 (꼬리 미, 등불 등). 자동차 따위의 뒤[尾]에 붙은 등(燈). ¶미등을 켜다.

미:-등기 未登記 (아닐 미, 오를 등, 기록할 기). 아직 등기(登記)를 하지 아니함[未]. ¶미등기 건물.

⁑**미:래** 未來 (아닐 미, 올 래). 현재를 기준으로 아직 다가오지[來] 않은[未] 때. ② 불교 미래세(未來世). ③앞으로 있을 동작이나 상태를 나타내는 어법. ㉥앞날, 장래(將來). ㉥과거(過去).

▶미:래-기 未來記 (기록할 기). 미래(未來)의 일을 예상하여 쓴 기록(記錄). ㉥참문(讖文).

▶미:래-사 未來事 (일 사). 앞[未來]으로 닥쳐올 일[事]. 앞일. ¶미래사를 알 수 있다면 얼마나 좋을까?

▶미:래-상 未來像 (모양 상). 미래(未來)의 모습[像]. 앞으로 닥칠 어떤 형상. ¶그 작품은 우리에게 밝은 미래상을 제시해 주고 있다.

▶미:래-세 未來世 (세상 세). 불교 삼세(三世)의 하나인 미래(未來)의 세상(世上). 곧

다가올 불세(佛世). 또는 죽은 뒤에 다시 태어날 세상. ㊥내세(來世), 후세(後世).

▸미:래-파 未來派 (갈래 파). 미술 미래주의(未來主義)를 신봉하는 예술의 갈래[派].

▸미:래-학 未來學 (배울 학). 사회 미래(未來) 사회를 예측하고 그 모델을 연구하는 학문(學問).

▸미:래 시제 未來時制 (때 시, 정할 제). 언어 동작이 일어나는 시간이 말하는 이가 말하는 시간보다 나중인[未來] 시제(時制). 선어말 어미 '-겠-'이나 관형사형 어미 '-ㄹ'로 나타낸다. "내일도 계속 눈이 오겠다."에서 '오겠다' 따위.

▸미:래 완료 未來完了 (완전할 완, 마칠 료). 언어 미래(未來)의 어느 때에 동작이 완료(完了)되었음을 나타내는 시제. 현재 완료에 '-겠-'을 더하여 쓴다. "지금쯤 도착했겠다."에서 '도착했겠다' 따위.

▸미:래 진:행 未來進行 (나아갈 진, 갈 행). 언어 미래(未來)에 동작이 진행(進行) 중일 것임을 보이는 시제. 현재 진행에 '-겠-'을 더하여 쓴다. "친구들과 한창 놀고 있겠다." 에서 '놀고 있겠다' 따위.

▸미:래 진:행 완료 未來進行完了 (나아갈 진, 갈 행, 완전할 완, 마칠 료). 언어 진행(進行)되는 동작이 미래(未來)에 완료(完了)되어 있음을 나타내는 시제.

미량 微量 (작을 미, 분량 량). 아주 적은[微] 분량(分量). ㊥다량(多量).

▸미량 요소 微量要素 (구할 요, 바탕 소). 화학 미량 원소(微量元素).

▸미량 원소 微量元素 (으뜸 원, 바탕 소). 화학 생물체 속에서, 매우 적은[微] 분량(分量)으로도 작용하는 원소(元素).

▸미량 영양소 微量營養素 (지을 영, 기를 양, 바탕 소). 화학 생물체 속에서, 매우 적은[微] 분량(分量)으로도 작용하는 영양소(營養素). 비타민 따위가 있다.

미:려 美麗 (아름다울 미, 고울 려). 아름답고[美] 고움[麗].

미력 微力 (작을 미, 힘 력). ① 속뜻 힘[力]이 적음[微]. 적은 힘. ② 남을 위해 보태는 '자기의 힘'을 겸손하게 이르는 말.

미:련[1] 未練 (아닐 미, 익힐 련). ① 속뜻 새로운 상황이나 사물에 익숙하지[練] 않음[未]. ② 깨끗이 잊지 못하고 끌리는 데가 남아 있는 마음. ¶아직 미련이 남아 있다.

미련[2] 尾聯 (꼬리 미, 잇달 련). ① 속뜻 꼬리[尾]에 해당하는 연(聯). ② 문학 율시(律詩)의 수(首)·함(頷)·경(頸)·미(尾) 중 네 번째 연. 제7, 8구에 해당한다. ㊥결련(結聯).

미:로 迷路 (헤맬 미, 길 로). ① 속뜻 한번 들어가면 방향을 알 수 없어 헤매게[迷] 되는 길[路]. ¶미로 속을 헤매다. ② 동물이나 인간의 학습 연구에 이용되는 장치의 한 가지. ③ 의학 중이(中耳)의 안쪽에 단단한 뼈로 둘러싸인 부분. 고막의 진동을 신경에 전달하는 일을 한다. ㊥미도(迷途), 내이(內耳).

미뢰 味蕾 (맛 미, 꽃봉오리 뢰). 의학 척추동물에서 맛[味]을 느끼는 꽃봉오리[蕾] 모양의 기관. ㊥맛봉오리.

미륵 彌勒 (두루 미, 굴레 륵). 불교 '자비'와 '우정'을 뜻하는 'Maitreya'를 한자어로 옮긴 말. '미륵보살'(彌勒菩薩)의 준말. ② '돌부처'를 두루 이르는 말.

▸미륵-불 彌勒佛 (부처 불). 불교 '미륵보살'(彌勒菩薩)의 후신(後身)으로 나타날 장래의 부처[佛].

▸미륵-보살 彌勒菩薩 (보리 보, 보살 살). 불교 도솔천(兜率天)에 살며 56억 7천만 년 후에 미륵불(彌勒佛)로 나타나 중생을 건진다는 보살(菩薩). ㊟미륵.

▸미륵 신:앙 彌勒信仰 (믿을 신, 우러를 앙). 불교 이상적인 복지 사회를 제시하는 미래불로서의 미륵(彌勒)을 믿는 신앙(信仰).

▸미륵사지 석탑 彌勒寺址石塔 (절 사, 터 지, 돌 석, 탑 탑). 고적 전라북도 익산시 미륵사(彌勒寺) 터[址]에 있는 석탑(石塔). 백제 무왕 때 화강암으로 만든 것으로 우리나라 석탑 가운데 가장 크고 오래되었다. 국보 제11호.

미립 微粒 (작을 미, 알 립). ① 속뜻 작은[微] 알맹이[粒]. ② 생물 누에의 미립자. 병의 병원체가 되는 포자(胞子).

▸미립-자 微粒子 (씨 자). 물리 맨눈으로는 보기 힘든 매우 미세(微細)한 입자(粒子).

▸미립자-병 微粒子病 (씨 자, 병 병). 농업 누에의 전염병의 한 가지. 몸에 작은 반점[微粒子]이 생겨 죽게 되는 병(病).

▸미립자 병:원체 微粒子病原體 (씨 자, 병 병, 본디 원, 몸 체). 생물 누에의 미립자병(微

粒子病)을 일으키는 병원체(病原體).

미ː만 未滿 (아닐 미, 찰 만). 정한 수나 정도에 차지[滿] 못함[未]. ¶18세 미만 출입 금지. [반]초과(超過).

미ː망 迷妄 (헤맬 미, 망령될 망). 사리에 어두워 갈피를 잡지 못하고 헤매고[迷] 망령되게[妄] 행동함. 또는 그런 상태. ¶미망에 빠지다.

미ː망-인 未亡人 (아닐 미, 죽을 망, 사람 인). ① [속뜻] 따라 죽지[亡] 못한[未] 사람[人]. ②'남편이 죽고 홀몸이 된 여자'를 이르는 말. [비]과부(寡婦).

미맥 米麥 (쌀 미, 보리 맥). 쌀[米]과 보리[麥]를 아울러 이르는 말. ¶이 지방 농업 경영은 미맥 중심이다.

미맹 味盲 (맛 미, 눈멀 맹). [의학] 미각의 장애로 정상인들과 달리 맛[味]을 느끼지 못하는[盲] 병적 상태. 또는 그런 상태에 있는 사람.

미ː명¹ 未明 (아닐 미, 밝을 명). 날이 채 밝지[明] 않음[未]. 또는 그런 때. ¶날이 밝으려면 아직 한참 기다려야 할 미명에 집을 나섰다.

미ː명² 美名 (아름다울 미, 이름 명). ① [속뜻] 훌륭한[美] 이름[名]. ② 그럴듯한 명목이나 명분. ¶댐을 건설한다는 미명 아래 기부를 강요했다.

미ː모 美貌 (아름다울 미, 모양 모). 아름다운[美] 얼굴 모양[貌]. ¶눈부신 미모에 사로잡히다.

미목 眉目 (눈썹 미, 눈 목). ① [속뜻] 눈썹[眉]과 눈[目]. ② 눈썹과 눈의 생김새가 용모를 결정한다는 데서 얼굴 모양을 이르는 말. ¶미목이 수려하다.

미ː몽 迷夢 (헤맬 미, 꿈 몽). ① [속뜻] 꿈[夢]에 미혹(迷惑)됨. ② 무엇에 홀린 듯이 똑똑하지 못하고 얼떨떨한 정신 상태. ¶미몽을 헤메다.

미묘¹ 美妙 (아름다울 미, 묘할 묘). 아름답고[美] 묘하다[妙]. ¶미묘한 여인이 걸어왔다.

미묘² 微妙 (작을 미, 묘할 묘). ① [속뜻] 섬세하고[微] 묘(妙)하다. ② 섬세하고 야릇하여 무엇이라고 딱 잘라 말할 수 없다. ¶이러지도 저러지도 못하는 미묘한 상황.

미ː문¹ 未聞 (아닐 미, 들을 문). 아직 듣지[聞] 못함[未]. ¶전대미문의 사건.

미ː문² 美文 (아름다울 미, 글월 문). 아름다운[美] 글[文]. ¶그는 다작은 아니지만 미문을 남겼다.

미물 微物 (작을 미, 만물 물). ① [속뜻] 작고 보잘것없는[微] 물건(物件). ② 벌레 따위의 작은 동물. ¶아무리 하찮은 미물이라도 함부로 죽여서는 안 된다. ③'변변치 못한 인간'을 비유하여 이르는 말.

미미 微微 (작을 미, 작을 미). 보잘것없이 매우 작다[微+微]. ¶그저 미미한 차이이다.

미ː-발표 未發表 (아닐 미, 드러낼 발, 겉 표). 아직 발표(發表)하지 않음[未]. ¶미발표 음원.

미복 微服 (작을 미, 옷 복). 지위가 높은 사람이 무엇을 몰래 살피러 다닐 때에 남의 눈을 피하려고 입는 남루한[微] 옷차림[服]. ¶상감이 미복으로 야밤에 잠행하는 일이 허다하였다.

미봉 彌縫 (두루 미, 꿰맬 봉). ① [속뜻] 두루[彌] 대충대충 꿰맴[縫]. ② 잘못된 것을 임시변통으로 이리저리 꾸며대어 맞춤. ¶과실을 미봉하다.

▸ 미봉-책 彌縫策 (꾀 책). 임시로 꾸며대어[彌縫] 눈가림만 하는 일시적인 대책(對策). ¶미봉책에 불과하다.

미부 尾部 (꼬리 미, 나눌 부). ① [속뜻] 동물의 꼬리[尾]나 꽁지가 되는 부분(部分). ② 어떤 물체의 끝 부분.

미분 微分 (작을 미, 나눌 분). ① [속뜻] 자꾸 작게[微] 나눔[分]. ② [수학] 어떤 함수(函數)의 미분계수(微分係數)를 구하는 셈법. 함수 $y=f(x)$에서 도함수(導函數) $f'(x)$와 x의 증분(增分) Δx를 곱한 것을 함수 $y=f'(x)$에 대하여 이르는 말. $dy=f'(x)\Delta x$로 표시한다.

▸ 미분-학 微分學 (배울 학). [수학] 함수(函數)의 미분(微分)에 관한 성질을 연구하는 수학(數學)의 한 분과. [준]미분.

▸ 미분 기하학 微分幾何學 (몇 기, 무엇 하, 배울 학). [수학] 미적분(微積分)을 써서 곡선이나 곡면의 성질을 연구하는 기하학(幾何學)의 한 분과.

▸ 미분 방정식 微分方程式 (모 방, 거리 정,

법 식). [수학] 미지(未知) 함수의 도함수(導函數)를 포함하는[微分] 한 방정식(方程式).

미-분자 微分子 (작을 미, 나눌 분, 씨 자). 매우 작은[微] 분자(分子).

미:-분화 未分化 (아닐 미, 나눌 분, 될 화). 아직 분화(分化)하지 않음[未]. ¶미분화 세포.

미:불[1] 未拂 (아닐 미, 지불할 불). 아직 지불(支拂)하지 아니함[未]. '미지불'의 준말. ¶미불 금액.

미불[2] 美弗 (미국 미, 달러 불). 미국(美國) 달러[弗]. [비]미화(美貨).

미:비 未備 (아닐 미, 갖출 비). 제대로 갖추어져[備] 있지 아니함[未]. 완전하지 못함. ¶미비한 점이 많다. [반]완비(完備).

미:사 美辭 (아름다울 미, 말씀 사). ① [속뜻] 아름답게[美] 표현된 말[辭]. ② 교묘하게 꾸민 말.

▶ 미:사-여구 美辭麗句 (고울 려, 글귀 구). 듣기에 좋게 아름답게[美] 꾸민 말[辭]과 아름다운[麗] 문구(文句). ¶미사여구로 아이들을 홀리다. [비]미문여구(美文麗句).

미삼 尾蔘 (꼬리 미, 인삼 삼). 인삼(人蔘)의 잔뿌리[尾].

▶ 미삼-차 尾蔘茶 (차 차). 인삼(人蔘)의 잔뿌리[尾]로 달인 차(茶).

미:상 未詳 (아닐 미, 자세할 상). 자세하지[詳] 않음[未]. 알려지지 않음. ¶작자 미상의 작품.

미:상-불 未嘗不 (아닐 미, 일찍이 상, 아닐 불). ① [속뜻] 일찍이[嘗] 아닌[不] 적이 없음[未]. ② 아닌 게 아니라 과연. [비]미상비(未嘗非).

미:-상환 未償還 (아닐 미, 갚을 상, 돌려줄 환). 아직 갚지[償還] 않음[未]. ¶미상환 대출금.

미색[1] 米色 (쌀 미, 빛 색). ① [속뜻] 쌀[米]의 빛깔[色]. ② 좀 노르께한 빛깔.

미:색[2] 美色 (아름다울 미, 빛 색). ① [속뜻] 아름다운[美] 빛깔[色]. ② 아름다운 여자의 얼굴. 또는 그런 여자. ¶미색이 뛰어나다.

미-생물 微生物 (작을 미, 살 생, 만물 물). [생물] 눈으로는 볼 수 없는 아주 작은[微] 생물(生物). 세균, 효모, 원생동물, 바이러스 따위를 이른다.

미생지신 尾生之信 (꼬리 미, 날 생, 어조사 지, 믿을 신). ① [속뜻] 미생(尾生)이 지킨 신의(信義). ② 약속을 굳게 지킴 또는 고지식하여 융통성이 전혀 없음을 비유하여 이르는 말. ¶미생지신의 옛 이야기를 방불케 할 정도로 고지식한 사람!

미:성[1] 美聲 (아름다울 미, 소리 성). 아름다운[美] 목소리[聲].

미:성[2] 未成 (아닐 미, 이룰 성). ① [속뜻] 아직 다 이루지[成] 못함[未]. ② 아직 성인(成人)이 못 됨.

미:-성년 未成年 (아닐 미, 이룰 성, 나이 년). ① 아직 성년(成年)이 되지 않음[未]. ② [법률] 만 20세가 되지 못한 나이. [비]미정년(未丁年). [반]성년(成年).

▶ 미:성년-자 未成年者 (사람 자). [법률] 아직 성년(成年)이 되지 않은[未] 사람[者]. 미성년인 사람. ¶미성년자 출입 금지. [반]성인(成人).

미세 微細 (작을 미, 가늘 세). ① [속뜻] 작고[微] 가늘음[細]. 아주 작음. ¶미세한 분말. ② 몹시 자세하고 꼼꼼함.

미:소[1] 美蘇 (미국 미, 소련 소). 미국(美國)과 소련(蘇聯)을 아울러 이르던 말. ¶미소 양국의 냉전시대.

미소[2] 媚笑 (아첨할 미, 웃을 소). 아양 부리는[媚] 웃음[笑].

미소[3] 微小 (작을 미, 작을 소). 작고[微] 작음[小]. 아주 작음. ¶미소 조직. [반]거대(巨大).

미소[4] 微少 (작을 미, 적을 소). 아주 작고[微] 적음[少]. ¶미소 분량 / 미소한 영향력.

***미소**[5] 微笑 (작을 미, 웃을 소). 작게[微] 웃음[笑]. 소리를 내지 않고 빙긋이 웃는 웃음. ¶미소를 띠다.

미:-소년 美少年 (아름다울 미, 적을 소, 나이 년). 얼굴이 예쁜[美] 소년(少年). ¶홍안(紅顔)의 미소년.

미:속 美俗 (아름다울 미, 풍속 속). 아름다운[美] 풍속(風俗). ¶미속을 잇다. [비]미풍(美風).

미송 美松 (미국 미, 소나무 송). [식물] 미국(美國) 동부 및 서부에서 산출되는 소나무[松]

의 한 가지. 높이는 100m에 이르며 재목은 적황색 또는 적색을 띤다.

미수[1] 眉壽 (눈썹 미, 목숨 수). 눈썹[眉]이 세도록 오래 삶[壽]. 축수(祝壽)할 때 쓰는 말. ¶미수하시길 빕니다.

미ː수[2] 未收 (아닐 미, 거둘 수). 아직 다 거두지[收] 못함[未]. ¶경기가 어려워 미수가 늘어났다. ⓑ미봉(未捧).

▸미ː수-금 未收金 (돈 금). 아직 거두어들이지 못한[未收] 돈[金]. ¶미수금을 받아오다.

미ː수[3] 未遂 (아닐 미, 이룰 수). ① 속뜻 뜻한 바를 아직 이루지[遂] 못함[未]. ② 법률 범죄에 착수하여 행위를 끝내지 못했거나 결과가 발생하지 않은 일. ¶살인 미수. ⓑ기수(旣遂).

▸미ː수-범 未遂犯 (범할 범). 법률 범죄의 실행에 착수하였으나 그 행위를 끝내지 않았거나[未遂] 결과가 발생하지 아니한 범죄(犯罪). 또는 그 범인(犯人). ¶미수범을 검거하다.

▸미ː수-죄 未遂罪 (허물 죄). 법률 미수(未遂)에 그친 범죄(犯罪). ¶강도 미수죄.

미수[4] 米壽 (쌀 미, 목숨 수). '米'자를 풀면 '八十八'이 되는 데에서 '여든여덟 살[壽]'을 달리 이르는 말.

▸미수-연 米壽宴 (잔치 연). 여든여덟 살[米] 까지 장수(長壽)한 것을 축하하여 베푸는 잔치[宴].

미ː숙 未熟 (아닐 미, 익을 숙). ① 속뜻 음식이나 과실 따위가 아직 익지[熟] 않음[未]. ② 일에 익숙하지 아니하여 서투름. ¶운전 미숙 / 나는 아직 일에 미숙하다.

▸미ː숙-과 未熟果 (열매 과). 덜[未] 익은[熟] 열매[果].

▸미ː숙-아 未熟兒 (아이 아). 의학 달이 덜 차서 사람으로서 완전히 갖추지[熟] 못하고[未] 태어난 아기[兒]. 37주 미만에 태어난 아이를 이른다. ⓒ조산아(早産兒), 성숙아(成熟兒), 과숙아(過熟兒).

미ː-숙련공 未熟練工 (아닐 미, 익을 숙, 익힐 련, 장인 공). 일에 아직 익숙하지[熟練] 아니한[未] 직공(職工).

***미ː술** 美術 (아름다울 미, 꾀 술). 회화, 건축, 조각처럼 시각(視覺)을 통해 감상할 수 있도록 일정한 공간 속에 미(美)를 표현하는 예술(藝術). ¶그는 현대 미술의 거장이다.

▸미ː술-가 美術家 (사람 가). 그림, 조각 등 미술품(美術品)을 전문으로 창작하는 사람[家]. ¶미켈란젤로는 최고의 미술가이자 시인이다.

▸미ː술-계 美術界 (지경 계). 미술(美術)에 관계하는 사람들의 사회[界].

▸미ː술-관 美術館 (집 관). 미술품(美術品)을 보관하고 전시하여 일반의 감상·연구에 이바지하는 시설[館].

▸미ː술-사 美術史 (역사 사). 미술(美術)의 변천과 발달 과정에 관한 역사(歷史). ¶이 그림은 서양 미술사에서 획기적인 작품이다.

▸미ː술-실 美術室 (방 실). 미술(美術) 과목의 실습을 하는 교실(教室).

▸미ː술-전 美術展 (펼 전). 미술(美術) 작품을 전시(展示)하여 구경시키는 행사. ¶미술전을 개최하다.

▸미ː술-품 美術品 (물건 품). 회화, 조각처럼 예술적으로 만든 미술(美術) 작품(作品). ¶미술품을 전시하다.

미시 微視 (작을 미, 볼 시). 작게[微] 봄[視]. ⓑ거시(巨視).

▸미시 경제학 微視經濟學 (다스릴 경, 건질 제, 배울 학). ① 속뜻 개별적인[微] 시각에서[視] 경제(經濟) 사회를 설명하는 이론[學]. ② 경제 경제활동을 영위하는 개개의 주체, 즉 소비자(가계) ·생산자(기업)의 행동분석을 통하여 사회적 경제현상을 분석하는 경제학. ⓒ거시 경제학(巨視經濟學).

미식[1] 米食 (쌀 미, 밥 식). 쌀[米]밥을 주식(主食)으로 함. ¶미식을 주로 하고 있다.

미식[2] 美式 (미국 미, 법 식). 미국(美國)의 방식(方式). ¶미식 발음 / 미식 영어.

▸미식-축구 美式蹴球 (찰 축, 공 구). 운동 미국(美國)에서 고안한 방식(方式)의 축구(蹴球).

미ː식[3] 美食 (아름다울 미, 밥 식). 맛있고 아름다운[美] 음식(飮食). 또는 그것을 먹음. ⓑ악식(惡食).

▸미ː식-가 美食家 (사람 가). 맛있고 아름다운[美] 음식(飮食)만 가려 먹는 취미를 가진 사람[家]. ¶미식가의 입맛을 사로잡

다.

미:신 迷信 (헤맬 미, 믿을 신). 종교적·과학적 관점에서 사람의 마음을 홀리거나 헤매게[迷] 되어 무작정 믿음[信]. 흔히 점복(占卜), 굿 따위가 따르는 민속신앙을 이른다.

미-신경 味神經 (맛 미, 정신 신, 날실 경). 의학 맛[味]을 느끼는 기능을 지닌 신경(神經). '미각 신경'(味覺神經)의 준말.

미:심 未審 (아닐 미, 살필 심). ① 속뜻 자세히 알지[審] 못함[未]. ② 일이 확실하지 않아 마음을 놓을 수 없음. ¶그의 말이 미심스러워 오빠에게도 물어보았다. ㊥불심(不審).

미아 迷兒 (헤맬 미, 아이 아). ① 속뜻 길을 잃고 헤매는[迷] 아이[兒]. '미로아'(迷路兒)의 준말. ¶그는 숲 속에서 미아가 되었다. ② 남에게 자기의 아들을 낮추어 이르는 말. 미돈(迷豚). 가아(家兒).

미:안[1] 未安 (아닐 미, 편안할 안). ① 속뜻 남에게 폐를 끼쳐 마음이 편하지[安] 못하고[未] 거북함. ② 남을 대하기가 조금 부끄럽고 겸연쩍음. ¶도와줄 수 없어 미안합니다. ㊥죄송(罪悚).

▶미:안 천만 未安千萬 (일천 천, 일만 만). 대단히[千萬] 미안(未安)함.

미:안[2] 美顏 (아름다울 미, 얼굴 안). ① 속뜻 아름다운[美] 얼굴[顏]. ② 얼굴을 아름답게 함.

▶미:안-수 美顏水 (물 수). 얼굴[顏]의 살결을 곱게[美] 하기 위해 바르는 액체[水]로 된 화장품.

미약[1] 媚藥 (아양부릴 미, 약 약). ① 속뜻 아양을 부리게 하는[媚] 약(藥). ② 약학 성욕을 일으키는 약. ③ 상대편에게 연정을 일으키게 한다는 약. ㊥음약(淫藥), 춘약(春藥).

미약[2] 微弱 (작을 미, 약할 약). 미미(微微)하고 약(弱)하다. 보잘 것 없다. ¶네 시작은 미약하였으나 네 나중은 심히 창대하리라.

미양 微恙 (작을 미, 병 양). ① 속뜻 대수롭지 않은[微] 병[恙]. ② 남에게 자기의 '병'을 겸손하게 이르는 말. ¶미양일 뿐이니 걱정 마세요.

미어 謎語 (수수께끼 미, 말씀 어). 어떤 사물에 대하여 바로 말하지 않고 빗대어[謎] 말하여[語] 알아맞히는 놀이. ㊥수수께끼.

미:연 未然 (아닐 미, 그러할 연). ① 속뜻 어떤 일이 아직[未] 그렇게 되지[然] 않은 때. ¶미연에 예방하다. ② 앞일이 정하여지지 아니함.

미열 微熱 (작을 미, 더울 열). 건강한 몸의 체온보다 조금[微] 높은[熱] 체온. ㊦고열(高熱).

미:온[1] 未穩 (아닐 미, 평온할 온). 아직 평온(平穩)하지 못하다[未].

미온[2] 微溫 (작을 미, 따뜻할 온). 온도(溫度)나 태도가 미적지근함[微]. 또는 그런 온도나 태도.

▶미온-수 微溫水 (물 수). 미지근한[微溫] 물[水]. ¶미온수로 씻어내세요.

▶미온-적 微溫的 (것 적). 태도에 적극성이 없고 미적지근한[微溫] 것[的]. ¶미온적인 수사.

미:완 未完 (아닐 미, 완전할 완). 아직 완성(完成)지 못함[未]. ¶미완의 작품.

미:-완성 未完成 (아닐 미, 완전할 완, 이룰 성). 아직 완성(完成)하지 아니함[未]. ¶미완성 교향곡. ㊟미완.

미:용 美容 (아름다울 미, 얼굴 용). 얼굴[容]이나 머리 등을 곱게[美] 매만짐. ¶피부미용에 관심을 갖다. ㊥미장(美粧).

▶미:용-사 美容師 (스승 사). 얼굴[容]이나 머리를 곱게[美] 다듬는 일을 직업으로 하는 사람[師].

▶미:용-술 美容術 (꾀 술). 얼굴[容]이나 머리를 곱게[美] 다듬는 기술(技術).

▶미:용-실 美容室 (방 실). 얼굴[容]이나 머리를 곱게[美] 다듬는 일을 전문적으로 하는 곳[室]. ¶미용실에서 머리를 자르다. ㊥미장원(美粧院).

▶미:용-원 美容院 (집 원). 얼굴[容]이나 머리를 곱게[美] 다듬는 일을 전문적으로 하는 곳[院]. ㊥미장원(美粧院).

▶미:용 체조 美容體操 (몸 체, 부릴 조). 몸[容]을 아름답게 만들기[美] 위해 하는 여러 가지 체조(體操).

미우[1] 眉宇 (눈썹 미, 도량 우). 눈썹[眉]이 있는 이마[宇]. 눈썹 근처. ¶수심이 미우를 스친다.

미우[2] 微雨 (작을 미, 비 우). 바람이 없는 날 가늘고[微] 성기게 조용히 내리는 비[雨]. ㊥보슬비.

미:육 美育 (아름다울 미, 기를 육). 교육 미(美)의 감상과 창조를 통하여 인간 형성을 도모하는 교육(教育). '미적 교육'(美的教育)의 준말.

미음[1] 米飮 (쌀 미, 마실 음). 쌀[米] 따위를 으깨어 마실[飮] 정도로 묽게 끓인 것. ¶환자에게 미음을 쑤어 먹이다.

미:음[2] 美音 (아름다울 미, 소리 음). ① 속뜻 아름다운[美] 음성(音聲). ② 아름답게 들리는 고운 소리.

미:-의식 美意識 (아름다울 미, 뜻 의, 알 식). 미(美)에 대하여 느끼고 판단하는 의식(意識). ¶이 작품에는 작가의 미의식이 잘 표현되어 있다.

미익 尾翼 (꼬리 미, 날개 익). 비행기 끝[尾]에 달린 날개[翼]. 비행기의 안정을 유지하고 방향을 바꾸는 구실을 한다. ㊥꼬리날개.

미:인 美人 (아름다울 미, 사람 인). 얼굴이 아름다운[美] 사람[人]. 주로 여자를 말한다. ¶그녀는 동양적인 미인이다. ㊥미녀(美女), 가인(佳人), 여인(麗人). ㊦추녀(醜女).

▶미:인-계 美人計 (꾀 계). 아름다운[美] 여성[人]을 이용하여 남을 꾀는 계략(計略). ¶미인계를 써서 기밀을 얻어냈다.

▶미:인-도 美人圖 (그림 도). 아름다운[美] 여성[人]을 그린 그림[圖]. ㊥미인화(美人畵).

▶미:인-박명 美人薄命 (엷을 박, 목숨 명). 아름다운[美] 여자[人]는 운명(運命)이 기박(奇薄)하거나 수명이 짧음. ㊥가인박명(佳人薄命).

미작 米作 (쌀 미, 지을 작). 벼[米]를 심어 가꾸고 거두는 일[作]. ¶미작 중심의 농업이 발달했다. ㊥벼농사.

▶미작-환지 米作換地 (바꿀 환, 땅 지). 농업 벼농사[米作]를 지을 수 있도록 개간하여 바꾼[換] 땅[地].

미:장[1] 美匠 (아름다울 미, 장인 장). ① 속뜻 물건 따위를 아름답게[美] 만드는 장인(匠人). ② 물건이 아름답게 보이도록 모양이나 빛깔을 특수하게 하는 고안이나 기술.

미:장[2] 美裝 (아름다울 미, 꾸밀 장). 아름답게[美] 꾸미고 차림[裝]. ¶아이는 미장하고 답청을 나섰다.

미:장[3] 美粧 (아름다울 미, 단장할 장). 머리나 얼굴을 아름답게[美] 다듬는[粧] 일. ㊥미용(美容).

▶미:장-원 美粧院 (집 원). 머리나 얼굴 모습을 아름답게 매만져 주는 일[美粧]을 영업으로 하는 집[院]. ㊥미용실(美容室).

미:적 美的 (아름다울 미, 것 적). 미(美)에 관한 것[的]. 미를 느끼는 것. ¶미적 기준은 시대마다 다르다.

▶미:적 감:정 美的感情 (느낄 감, 마음 정). 미의식(美意識) 또는 미적(美的) 체험에 수반되는 감정(感情).

▶미:적 범:주 美的範疇 (틀 범, 경계 주). 철학 미적(美的)으로 독특한 성질을 몇 가지의 기본적인 유형으로 분류한 범주(範疇). 비장미, 골계미, 숭고미 따위로 나뉜다.

▶미:적 생활 美的生活 (살 생, 살 활). 미(美)를 인생에 있어서의 최고의 것[的]으로 보고 그것을 추구하거나 체험함을 이상으로 삼는 생활(生活).

▶미:적 인상 美的印象 (새길 인, 모양 상). 미적(美的) 대상을 보았을 때 느껴지는 인상(印象).

▶미:적 쾌감 美的快感 (기쁠 쾌, 느낄 감). 미적(美的)인 대상에서 느껴지는 즐거운[快] 느낌[感].

미-적분 微積分 (작을 미, 쌓을 적, 나눌 분). 수학 수학에서 미분(微分)과 적분(積分)을 아울러 이르는 말.

미:전 美展 (아름다울 미, 펼 전). 교육, 소개 따위를 목적으로 미술(美術) 작품을 진열해 놓고[展] 여러 사람에게 보이는 모임. '미술 전람회'(美術展覽會)의 준말.

미점 米點 (쌀 미, 점 점). 미술 동양화에서 수목이나 산수 따위를 그릴 때 붓몸을 옆으로 뉘어 찍는 점(點). 중국 송나라 때의 미불(米芾) 부자에 의하여 시작된 데서 유래.

미:정 未定 (아닐 미, 정할 정). 아직 결정(決定)하지 못함[未]. ¶결혼식 날짜는 아직 미정이다. ㊦기정(既定).

▶미:정-고 未定稿 (원고 고). 아직 완성되지[定] 못한[未] 원고(原稿). ㊥미정초(未定草).

미:제[1] 未濟 (아닐 미, 그칠 제). ① 속뜻 아직

결제(決濟)되지 아니함[未]. ②하는 일이 아직 끝나지 않았거나 해결되지 아니함. ¶미제의 사건. [반]기제(旣濟).

미제² 美製 (미국 미, 만들 제). 미국(美國)에서 만든[製] 물건.

미주¹ 美洲 (미국 미, 섬 주). 미국(美國)이 있는 대륙[洲]. ¶이 제품은 미주 지역으로 수출된다.

미주² 米酒 (쌀 미, 술 주). ① [속뜻] 쌀[米]로 담근 술[酒]. ②대만 특산의 증류주. 술밥에 누룩을 넣어 띄운 후 증류하여 만든다.

미즙 米汁 (쌀 미, 즙 즙). 쌀[米]을 씻어낸 물[汁].

미:증유 未曾有 (아닐 미, 일찍 증, 있을 유). 아직까지[曾] 있어[有] 본 적이 없음[未]. ¶미증유의 사건. [비]광고(曠古), 전대미문(前代未聞).

미:지 未知 (아닐 미, 알 지). 아직 알지[知] 못함[未]. ¶미지의 세계를 탐험하다. [반]기지(旣知).

▶미:지-수 未知數 (셀 수). ① [수학] 방정식 따위에서 값이 알려져 있지 않은[未知] 수(數). ②앞으로 어떻게 될지 속셈할 수 없는 일. ¶그의 능력은 미지수이다. [반]기지수(旣知數).

▶미:지-칭 未知稱 (일컬을 칭). [언어] 모르는[未知] 사물이나 사람을 가리키는[稱] 대명사. '누구' '무엇' 따위.

미:진¹ 未盡 (아닐 미, 다할 진). 아직 다하지[盡] 못하다[未]. 아직 충분하지 못하다. ¶미진한 설명에 불만을 품다.

미진² 微震 (작을 미, 떨 진). ① [속뜻] 미세(微細)한 지진(地震). ② [지리] 진도 1의 약한 지진. 조용한 곳에 있는 사람이나 지진에 민감한 사람만이 느낄 수 있는 정도이다. [참]경진(輕震), 약진(弱震), 중진(中震), 강진(強震), 열진(烈震), 격진(激震).

미진³ 微塵 (작을 미, 티끌 진). ① [속뜻] 아주 작은[微] 티끌이나 먼지[塵]. ②아주 작고 변변치 못한 물건.

▶미진-설 微塵說 (말씀 설). [물리] 발광체가 내쏘는 일종의 미진(微塵)이 눈을 자극하여 빛을 느끼게 된다는 이론[說]. 뉴턴이 주장하였다.

미:착 未着 (아닐 미, 붙을 착). 정시까지 도착(到着)하지 못함[未]. ¶미착 물품.

미천 微賤 (작을 미, 천할 천). 신분이나 사회적 지위가 보잘것없고[微] 천(賤)하다. ¶미천한 몸. [비]세미(細微).

미:추 美醜 (아름다울 미, 추할 추). 아름다움[美]과 추(醜)함. ¶미추를 가리다.

미추-골 尾椎骨 (꼬리 미, 등뼈 추, 뼈 골). [의학] 등뼈[脊椎]의 가장 끝[尾]부분에 있는 뾰족한 뼈[骨]. [비]꼬리뼈.

미취 微醉 (작을 미, 취할 취). 술이 조금[微] 취(醉)함. ¶은은히 미취를 느끼는 것으로 족하다.

미:-취학 未就學 (아닐 미, 나아갈 취, 배울 학). 아직 학교(學校)에 들어가지[就] 아니함[未]. ¶미취학 아동.

미:칭 美稱 (아름다울 미, 일컬을 칭). ① [속뜻] 아름답게[美] 일컫는[稱] 이름. ②아름다운 칭찬.

미태 媚態 (아양부릴 미, 모양 태). 아양을 부리는[媚] 태도(態度). ¶그는 그만 여자의 미태에 끌리고 말았다.

미풍¹ 微風 (작을 미, 바람 풍). 솔솔 부는 약한[微] 바람[風]. ¶나뭇잎들이 미풍에 흔들렸다. [반]강풍(強風).

미:풍² 美風 (아름다울 미, 풍속 풍). 아름다운[美] 풍속(風俗). ¶전통 미풍을 잇다. [비]미속(美俗).

▶미:풍-양속 美風良俗 (좋을 량, 풍속 속). 아름답고[美] 좋은[良] 풍속(風俗). ¶미풍양속을 계승하다. [비]양풍미속(良風美俗).

미:필 未畢 (아닐 미, 마칠 필). 아직 마치지[畢] 못함[未]. [비]미료(未了).

▶미:필-자 未畢者 (사람 자). 어떤 과정이나 일을 다 마치지[畢] 못한[未] 사람[者]. ¶병역 미필자.

미:필적 고:의 未必的故意 (아닐 미, 반드시 필, 것 적, 연고 고, 뜻 의). ① [속뜻] 결과를 반드시[必] 의도한 것은 아니나[未] 그렇게 될 수도 있음을 알고 벌인 고의적(故意的) 행위. ② [법률] 자기의 행위로 인하여 어떤 범죄 결과의 발생 가능성을 인식하였음에도 불구하고 그 결과를 발생시킬 행동을 하는 것.

미:학 美學 (아름다울 미, 배울 학). [철학] 자연이나 인생 및 예술에 나타나는 아름다움

[美]의 본질과 구조를 연구하는 학문(學問). ⓑ심미학(審美學).

▸미:학-적 美學的 (것 적). 미학(美學)을 기초로 한 것[的]. ¶미학적 가치 / 미학적 사고.

미행¹ 尾行 (꼬리 미, 갈 행). ① 속뜻 남의 뒤[尾]를 몰래 따라감[行]. ② 다른 사람의 행동을 감시하거나 증거를 잡기 위하여 그 사람 몰래 뒤를 밟음. ¶경찰이 범인을 미행하다.

미:행² 美行 (아름다울 미, 행할 행). 아름다운[美] 행실(行實). ¶10년간 고아를 도와온 그의 미행이 알려졌다.

미행³ 微行 (몰래 미, 다닐 행). ① 속뜻 지위가 높은 사람이 무엇을 몰래 살피기 위해 남루한 옷차림을 하고 남 모르게[微] 다님[行]. '미복잠행(微服潛行)'의 준말. ② 법률 국제법에서, 외교 사절이나 국가 원수가 신분을 외국 관헌에게 알리지 않고 사적으로 하는 여행. ⓑ간행(間行).

미혹 迷惑 (헤맬 미, 홀릴 혹). ① 속뜻 마음이 헤매듯[迷] 무엇에 홀림[惑]. ¶어리석은 생각에 미혹되다. ② 정신이 헷갈려 갈팡질팡 헤맴.

미:혼 未婚 (아닐 미, 혼인할 혼). 성인으로서 아직 결혼(結婚)하지 않음[未]. ¶저는 아직 미혼입니다. ⓑ기혼(旣婚).

▸미:혼-모 未婚母 (어머니 모). 아직 결혼(結婚)하지 않은[未] 몸으로 아이를 가진 어머니[母].

▸미:혼-자 未婚者 (사람 자). 아직 결혼(結婚)하지 않은[未] 사람[者]. ⓑ기혼자(旣婚者).

미화¹ 美貨 (미국 미, 돈 화). 미국(美國)의 화폐(貨幣). 단위는 달러(dollar). 미불(美弗).

미:화² 美化 (아름다울 미, 될 화). 아름답게[美] 꾸미는 일[化]. ¶학교 환경 미화 작업을 하다.

▸미:화-법 美化法 (법 법). 문학 표현하려는 대상을 사실보다 미화(美化)하여 나타내는 표현 방법(方法). '도둑'을 '양상군자'라고 하는 따위.

▸미:화-원 美化員 (사람 원). 깨끗하게 청소하여 아름답게 하는[美化] 사람[員]. ¶환경 미화원을 모집하다.

미:-확인 未確認 (아닐 미, 굳을 확, 알 인). 아직 확인(確認)되지 아니함[未]. ¶미확인 비행물체.

미:흡 未洽 (아닐 미, 넉넉할 흡). 넉넉하지[洽] 못함[未]. 마음에 흡족하지 못함. ¶미흡한 설명.

미:희 美姬 (아름다울 미, 아가씨 희). 아름다운[美] 여자[姬]. ⓑ가희(佳姬), 미녀(美女).

민가 民家 (백성 민, 집 가). 일반 백성[民]들이 사는 살림집[家]. ¶배고픈 멧돼지가 민가로 내려왔다. ⓑ민호(民戶). ⓑ관가(官家).

민간 民間 (백성 민, 사이 간). ① 속뜻 백성[民]들 사이[間]. ② 일반 서민(庶民)의 사회. ¶민간에 전승되다. ③ 관(官)이나 군대에 속하지 않음. ¶민간 자본을 유치하다.

▸민간-약 民間藥 (약 약). 민간(民間)에서 예로부터 쓰이어 내려오는 약(藥). ¶어성초는 민간약으로 널리 쓰이고 있다.

▸민간-인 民間人 (사람 인). 관리나 군인이 아닌 보통[民間] 사람[人]. ⓑ관인(官人).

▸민간 방:송 民間放送 (놓을 방, 보낼 송). 언론 민간(民間)의 자본으로 설립하여 광고료 따위로 경영하는 방송(放送). ㊥민방. ⓑ공공 방송(公共放送).

▸민간 설화 民間說話 (말씀 설, 이야기 화). 문학 옛날부터 민간(民間)에 전해 오는 이야기[說話]. ¶민간 설화를 모아 책으로 엮다. ⓑ민담(民譚).

▸민간 신:앙 民間信仰 (믿을 신, 우러를 앙). 종교 옛날부터 민간(民間)에 전해 오는 신앙(信仰).

▸민간 외:교 民間外交 (밖 외, 사귈 교). 정치 민간인(民間人)끼리 이루는 외교(外交). 예술이나 스포츠 등을 통하여 친선 관계를 유지한다.

▸민간-요법 民間療法 (병 고칠 료, 법 법). 민간(民間)에서 옛날부터 전해 오는 경험을 바탕으로 한 질병 치료법(治療法). 민간약, 뜸질, 침술 따위. ¶할아버지는 민간요법으로 암을 이겨내셨다.

▸민간 은행 民間銀行 (돈 은, 가게 행). 경제 정부의 지원이나 규제를 받지 않고 민간인(民間人)이 경영하는 은행(銀行).

▸민간 항:공 民間航空 (건널 항, 하늘 공). 민간(民間) 기업이 운영하는 항공(航空). ㊤민항.

민감 敏感 (재빠를 민, 느낄 감). 감각(感覺)이 예민(銳敏)하다. ¶그는 더위에 민감하다.

민국 民國 (백성 민, 나라 국). 정치 민주 정치(民主政治)를 하는 나라[國]. ¶중화 민국.

민군 民軍 (백성 민, 군사 군). ① 속뜻 '민간인(民間人)'과 '군인(軍人)'을 아울러 이르는 말. ② 군사 민간인으로 구성한 부대. ㊥민병(民兵).

민권 民權 (백성 민, 권리 권). 국민(國民)의 권리(權利). 신체와 재산 등을 보호받을 권리나 정치에 참여할 수 있는 권리 따위.

▸민권 운:동 民權運動 (돌 운, 움직일 동). 정치 전제 정치를 반대하고 민권(民權)의 신장을 꾀하는 운동(運動). ¶흑인 민권 운동을 벌이다.

▸민권-주의 民權主義 (주될 주, 뜻 의). 정치 ① 민권(民權)의 신장을 목적으로 하는 사상이나 태도[主義]. ② 중국의 쑨원(孫文)이 제창한 삼민주의(三民主義)의 하나. 참정권을 국민에게 평등하게 주자는 주의.

민단 民團 (백성 민, 모일 단). 법률 남의 나라 영토에 머물러 사는 같은 민족(民族)끼리 조직한 자치 단체(團體). '거류민단'(居留民團)의 준말.

민담 民譚 (백성 민, 이야기 담). 문학 예로부터 민간(民間)에 전하여 내려오는 이야기[譚]. ¶이 글은 민담에 뿌리를 둔 이야기이다. ㊥민간설화(民間說話).

민답 民畓 (백성 민, 논 답). 민간인(民間人) 소유의 논[畓].

민도 民度 (백성 민, 정도 도). 국민(國民)의 생활이나 문화 수준의 정도(程度). ¶민도가 높아졌다.

민란 民亂 (백성 민, 어지러울 란). 포악한 정치 따위에 반대하여 백성[民]이 일으킨 폭동[亂].

민력 民力 (백성 민, 힘 력). 백성[民]의 노력이나 재력(財力). ¶민력으로 만리장성을 축조했다.

민망[1] 民望 (백성 민, 바랄 망). 백성[民]들이 믿는 희망(希望). ¶이순신 장군에게 대한 민망이 대단하였다.

민망[2] 憫惘 (불쌍할 민, 멍할 망). ① 속뜻 불쌍하여[憫] 정신이 멍해지다[惘]. ② 답답하고 딱하여 안타깝다. ¶보기에 민망하다 / 너무 민망하여 할 말을 잊었다. ㊥민연(憫然).

민박 民泊 (백성 민, 머무를 박). 민가(民家)에 숙박(宿泊)함. ¶바닷가 근처에서 민박을 하다.

민방 民放 (백성 민, 놓을 방). 민간 자본으로 민간인(民間人)이 운영하는 방송(放送). 주된 수입원은 광고 소득이다. '민간 방송'(民間放送)의 준말.

민-방공 民防空 (백성 민, 막을 방, 하늘 공). 민간(民間)에서 이루어지는, 적의 공중(空中) 습격에 대한 방어(防禦).

민-방위 民防衛 (백성 민, 막을 방, 지킬 위). 침략이나 재난이 있을 때 인명·재산상의 피해를 막기 위해 민간(民間)이 펴는 비군사적인 방위(防衛) 행위. ¶민방위 훈련.

▸민방위-대 民防衛隊 (무리 대). 민방위(民防衛)를 목적으로 편성된 조직[隊]. ¶민방위대가 출동하여 산불이 초기에 잡혔다.

민법 民法 (백성 민, 법 법). 법률 ① 개인[民]의 권리와 관련된 법규(法規)를 통틀어 이르는 말. ② 민법의 법전(法典).

▸민법-학 民法學 (배울 학). 법률 민법(民法)의 이론을 연구하는 학문(學問).

민병 民兵 (백성 민, 군사 병). 군사 민간인(民間人)으로 구성한 부대[兵]. 또는 그 구성원. ㊥민군(民軍).

▸민병-대 民兵隊 (무리 대). 군사 민병(民兵)들로 편성된 군대(軍隊). ¶민병대를 창설하다.

▸민병-제 民兵制 (정할 제). 법률 평시에는 민간인(民間人)으로 지내다가 유사시에 군사[兵]가 되는 의무병 제도(制度). 간부는 지원자 가운데서 뽑고 나머지는 평상시에는 가업에 종사하다가 소집에 의하여 입대하며 해마다 단기간의 훈련을 받고 유사시에는 정규군으로 편성된다.

민복 民福 (백성 민, 복 복). 국민(國民)의 복리(福利). ¶민복을 최우선으로 하다.

민본 사상 民本思想 (백성 민, 뿌리 본, 생각 사, 생각 상). 백성[民]을 근본(根本)으로 하는 정치 사상(思想). ¶민본 사상을 바탕으로 정치를 행하다.

민본-주의 民本主義 (백성 민, 뿌리 본, 주될 주, 뜻 의). 정치 국민(國民)을 위주[本]로 하는 정치 사상[主義]. ⓑ민주주의(民主主義).

민사 民事 (백성 민, 일 사). ① 속뜻 일반 국민(國民)에 관한 일[事]. ② 법률 사법상의 법률관계에 관련되는 사항. ¶그는 민사상 책임이 없다 / 민사 소송. ⓑ형사(刑事).

▸ **민사-범** 民事犯 (범할 범). 법률 민사상(民事上)의 불법 행위. 또는 그 범인(犯人).

▸ **민사-법** 民事法 (법 법). 법률 민사(民事)에 관한 법률(法律)을 통틀어 이르는 말. 민법, 상법, 민사 소송법 따위.

▸ **민사 사:건** 民事事件 (일 사, 것 건). 법률 민사(民事) 소송의 대상으로 사법(私法)에 의하여 다루어지는 개인 사이의 사건(事件).

▸ **민사 소송** 民事訴訟 (하소연할 소, 송사할 송). 법률 개인[民] 사이의 분쟁이나 이해 충돌[事]을 국가의 재판권에 따라 법률적 또는 강제적으로 해결·조정하기 위한 소송(訴訟). ㊂민소.

▸ **민사 재판** 民事裁判 (분별할 재, 판가름할 판). 법률 법원이 민사(民事) 사건에 관해서 하는 재판(裁判). ⓑ형사 재판.

▸ **민사 책임** 民事責任 (꾸짖을 책, 맡길 임). 법률 민사적(民事的)인 불법 행위에 대한 민법상의 손해 배상 책임(責任). ⓑ형사 책임.

민생 民生 (백성 민, 살 생). ① 속뜻 국민(國民)의 생활(生活). ¶민생을 안정시키다. ② 일반 국민. ⓑ생민(生民).

▸ **민생-고** 民生苦 (괴로울 고). 일반 국민(國民)이 생활(生活)하는 데 겪는 고통(苦痛). ¶민생고에 시달리다.

▸ **민생-주의** 民生主義 (주될 주, 뜻 의). 정치 중국의 쑨원(孫文)이 제창한 삼민주의(三民主義)의 하나. 모든 계급적 압박을 떨치고 국민 생활(國民生活)을 풍족하게 하자는 주의(主義).

민선 民選 (백성 민, 고를 선). 국민(國民)이 뽑음[選]. ⓑ관선(官選), 국선(國選).

▸ **민선 의원** 民選議員 (의논할 의, 인원 원). 국민(國民)이 선거를 통해 뽑은[選] 의원(議員).

민성 民聲 (백성 민, 소리 성). ① 속뜻 국민(國民)의 소리[聲]. ② 사회 여론을 이르는 말. ¶민성에 귀기울이다.

⁑**민속** 民俗 (백성 민, 풍속 속). 민간(民間)의 풍속(風俗). ¶민속의 날. ⓑ민풍(民風).

▸ **민속-극** 民俗劇 (연극 극). 연영 민간(民間)에 전해 도는 습속(習俗)이나 전설 등을 내용으로 한 연극(演劇).

▸ **민속-악** 民俗樂 (음악 악). 음악 민속(民俗)으로 전해 내려오는 음악(音樂).

▸ **민속-촌** 民俗村 (마을 촌). 옛 민속(民俗)을 보존함으로써 전통미를 간직하고 있는 마을[村].

▸ **민속-품** 民俗品 (물건 품). 보통 사람들의 생활과 풍속[民俗]이 잘 나타나 있는 상품(商品). ¶민속품을 수집하다.

▸ **민속-학** 民俗學 (배울 학). 예로부터 민간(民間)에 전해 내려오는 풍속(風俗)이나 습관, 전설, 신앙 따위를 과학적으로 연구하는 학문(學問). ¶한국 민속학을 연구하다.

▸ **민속 무:용** 民俗舞踊 (춤출 무, 뛸 용). 예술 각 지방의 생활과 풍속(風俗)을 내용으로 민간(民間)에 전해 도는 무용(舞踊). 강강술래, 봉산탈춤 따위.

▸ **민속-사회** 民俗社會 (단체 사, 모일 회). 예로부터 민간(民間)에 전해 내려오는 풍속(風俗)을 간직하고 있는 사회(社會).

▸ **민속 소:설** 民俗小說 (작을 소, 말씀 설). 문학 옛날부터 전하여 오는 민간(民間) 사회의 독특한 풍속(風俗)이나 습관 따위를 소재로 한 소설(小說).

민수 民需 (백성 민, 쓰일 수). 민간(民間)의 수요(需要). 민간에서 필요로 하여 쓰는 일. ⓑ관수(官需).

민수-기 民數記 (백성 민, 셀 수, 기록할 기). 기독교 구약성서에서 '모세 오경'의 하나로 이스라엘 민족이 시나이로부터 약속의 땅 가나안으로 가는 도중에 겪은 고난을 기록(記錄)한 내용을 담고 있다. '민수기'라는 이름은 최초로 시행한 이스라엘 민족(民族)의 인구수(數) 조사 기록이 담겨져 있어 붙여졌다.

민습 民習 (백성 민, 버릇 습). 민간(民間)의 풍습(風習). ¶그곳은 예로부터 민습이 흉악했다.

민심 民心 (백성 민, 마음 심). 백성[民]의 마음[心]. ¶민심이 날로 흉흉해지다. ⓑ민정(民情).

민약-설 民約說 (백성 민, 묶을 약, 말씀 설). 사회 자유롭고 평등한 개인[民] 간의 계약(契約)에 의해 사회나 국가가 발생하였다는 학설(學說). ⓑ사회 계약설(社會契約說).

민약 헌:법 民約憲法 (백성 민, 묶을 약, 법 헌, 법 법). 법률 국민(國民)과의 협약(協約)에 따라 제정한 헌법(憲法). ⓑ민정(民政) 헌법.

민어 民魚 (백성 민, 물고기 어). 동물 길고 납작하며 주둥이가 둔하게 생긴 바닷물고기. 식용으로 맛이 좋다.

민영 民營 (백성 민, 꾀할 영). 민간인(民間人)이 경영(經營)함. ¶민영 방송사. ⓑ관영(官營). 국영(國營).

▸ 민영-화 民營化 (될 화). 관에서 운영하던 것을 민간인(民間人)의 경영(經營) 체제로 바꿈[化]. ¶국영 기업을 민영화하다.

민예 民藝 (백성 민, 재주 예). ①전문가가 아닌 일반 백성[民]들의 예술(藝術) 작품. ②서민(庶)의 생활 속에서 생겨난, 지방의 특유한 풍토나 관습 따위를 표현한 예술(藝術). ¶조선시대 민예를 연구하다.

민옹-전 閔翁傳 (성씨 민, 늙은이 옹, 전할 전). ①속뜻 성씨가 민(閔)인 늙은이[翁] 이야기[傳]. ②문학 조선 때, 박지원이 지은 실존 인물 민유신(閔有信)의 전기.

민완 敏腕 (재빠를 민, 팔 완). ①속뜻 재빠른[敏] 팔[腕]. ②일을 재치 있고 빠르게 처리하는 솜씨를 이르는 말. ¶민완한 솜씨를 발휘하다. ⓑ둔완(鈍腕).

민요 民謠 (백성 민, 노래 요). 음악 민간(民間)에서 자연적으로 생겨나 오랫동안 전해 내려오는 노래[謠]. 민중의 생활 감정이 소박하게 담겨있다. ¶배따라기는 서도 민요이다.

▸ 민요-곡 民謠曲 (노래 곡). 음악 민요(民謠) 형식으로 된 가곡(歌曲). ¶민요곡을 채보하다.

▸ 민요-조 民謠調 (가락 조). 민요풍(民謠風)의 가락[調]. ¶전통적인 민요조에 시를 붙이다.

▸ 민요-집 民謠集 (모을 집). 민요(民謠)를 모아[集] 엮은 책.

▸ 민요-풍 民謠風 (모습 풍). 음악 민요(民謠)의 가락을 띤 형식[風]. ¶민요풍의 가곡.

민원[1] 民怨 (백성 민, 원망할 원). 국민(國民)의 원망(怨望). ¶암행어사가 탐관오리를 잡아들여 민원을 풀어주었다.

민원[2] 民願 (백성 민, 바랄 원). 국민(國民)의 소원(所願)이나 청원(請願). ¶민원을 제기하다.

▸ 민원-서류 民願書類 (글 서, 무리 류). 민원(民願) 사항에 관한 서류(書類), 곧 해당 관청에 제출하는 신고서나 허가원, 증명원 따위의 서류.

민유 民有 (백성 민, 있을 유). 국민(國民) 개인의 소유(所有).

민의 民意 (백성 민, 뜻 의). 국민(國民)의 의사(意思). ¶정책에 민의를 반영하다.

민자 民資 (백성 민, 재물 자). 민간(民間) 자본(資本). ¶민자 고속도로 / 민자를 유치하다.

민재 民財 (백성 민, 재물 재). 국민(國民)의 재산(財產). ¶민재를 약탈하다.

민적 民籍 (백성 민, 문서 적). ①속뜻 백성[民]들의 호적(戶籍). ②예전에, '호적'(戶籍)을 달리 이르던 말. ¶민적을 옮기다 / 민적에 올리다.

민전 民田 (백성 민, 밭 전). 예전에 백성[民]들의 사유지[田]를 이르던 말. ¶민전까지 빼앗기다.

민정[1] 民政 (백성 민, 정치 정). ①속뜻 국민(國民)의 안녕과 복리를 위한 정치적(政治的) 업무. ¶민정을 실시하다. ②군인이 아닌 민간인이 하는 정치. 또는 그 정부. ⓑ군정(軍政).

민정[2] 民情 (백성 민, 실상 정). ①속뜻 국민(國民)들이 살아가는 실상[情]. ¶민정을 두루 살피다. ②민심(民心).

민정 헌:법 民定憲法 (백성 민, 정할 정, 법 헌, 법 법). 법률 국민(國民)이 선출한 의회에 의하여 또는 국민 투표에 의하여 제정(制定)된 헌법(憲法). ⓑ민약(民約) 헌법. ⓑ흠정 헌법(欽定憲法).

⁑**민족** 民族 (백성 민, 무리 족). ①속뜻 같은 지역에 살고 있는 백성[民]의 무리[族]. ②

같은 지역에서 오랫동안 공동생활을 함으로써 언어나 풍속 따위 문화 내용을 함께 하는 사람들의 집단. ¶미국은 여러 민족으로 이루어진 나라이다.

▸**민족-사** 民族史 (**역사 사**). 한 민족(民族)이 겪어 내려온 역사(歷史). ¶체코 민족사.

▸**민족-성** 民族性 (**성질 성**). 한 민족(民族)의 특유한 성질(性質). ¶음식에는 민족성이 드러난다.

▸**민족-시** 民族詩 (**시 시**). 문학 민족(民族) 공통의 감정이나 체험이 자연 발생적으로 우러나와 이루어진 시(詩).

▸**민족-혼** 民族魂 (**넋 혼**). 그 민족(民族)만이 지니고 있는 고유한 정신[魂]. ¶민족혼을 되살리다. ㊊민족정신(民族精神).

▸**민족 국가** 民族國家 (**나라 국, 집 가**). 정치 단일한 민족(民族)이 하나의 국가를 차지하고 있거나 국민의 대다수를 이루고 있는 상태의 국가(國家).

▸**민족 문학** 民族文學 (**글월 문, 배울 학**). 문학 민족(民族)의 생활 감정과 언어, 사상, 환경 등을 배경으로 하여 이루어진 문학(文學).

▸**민족 문화** 民族文化 (**글월 문, 될 화**). 사회 한 민족(民族)의 언어, 풍속, 생활 환경 등을 바탕으로 하여 이루어진 민족의 특유의 문화(文化).

▸**민족-상잔** 民族相殘 (**서로 상, 해칠 잔**). 같은 민족(民族)끼리 서로를[相] 해침[殘]. ¶민족상잔의 비극을 겪다. ㊊동족상잔(同族相殘).

▸**민족 운:동** 民族運動 (**돌 운, 움직일 동**). 정치 민족(民族)의 통일이나 독립을 이룩하여 민족이 마땅히 누려야 할 권리를 되찾기 위해 펴는 활동[運動].

▸**민족-의식** 民族意識 (**뜻 의, 알 식**). ① 속뜻 같은 민족(民族)에 속한다는 자각[意識]. ② 민족이 단결하여 그 존속과 독립을 공고히 하고 그것을 바탕으로 민족의 발전을 꾀해야 한다는 생각.

▸**민족 자결** 民族自決 (**스스로 자, 결정할 결**). 정치 한 민족의 정치적 운명을 다른 민족이나 국가의 간섭을 받지 않고 그 민족(民族) 스스로[自] 결정(決定)하는 일.

▸**민족 자본** 民族資本 (**재물 자, 밑 본**). 경제 식민지, 반식민지, 개발도상국에서 외국 자본에 대항하고 민족 운동(民族運動)에 동조하는 토착 자본(資本). ㊥매판 자본(買辦資本).

▸**민족-자존** 民族自存 (**스스로 자, 있을 존**). 민족(民族)이 스스로[自]의 힘으로 생활을 유지함[存]. ¶민족자존을 회복하다.

▸**민족-정신** 民族精神 (**쓿을 정, 혼 신**). ① 속뜻 한 민족(民族)을 결속시키는 공통의 정신(精神). ② 어떤 민족이 이상(理想)으로 하는 정신. ㊊민족혼(民族魂).

▸**민족-주의** 民族主義 (**주될 주, 뜻 의**). 정치 ① 다른 민족(民族)의 지배를 벗어나 같은 민족으로서 나라를 이루려는 사상[主義]. ② 중국의 쑨원(孫文)이 제창한 삼민주의(三民主義)의 하나. 국내 여러 민족의 평등과 외국의 압박으로부터의 독립을 주장하였다.

▸**민족-중흥** 民族中興 (**가운데 중, 일어날 흥**). 쇠약해진 민족(民族)이 중간(中間)에 다시 일어남[興]. ¶민족중흥의 역사적 사명을 띠고 이 땅에 태어났다.

▸**민족 심리학** 民族心理學 (**마음 심, 이치 리, 배울 학**). 심리 각 민족(民族)의 특질을 심리학적(心理學的)으로 연구하는 학문(學問).

▸**민족 자결주의** 民族自決主義 (**스스로 자, 결정할 결, 주될 주, 뜻 의**). 정치 각 민족(民族)은 정치적 운명을 스스로[自] 결정(決定)할 권리가 있으며 다른 민족의 간섭을 받을 수 없다는 주장[主義]. 제1차 세계 대전 직후인 1918년, 미국의 대통령 윌슨이 제창했다.

민주 民主 (**백성 민, 주인 주**). ① 속뜻 국민(國民)이 나라의 주인(主人)임. 주권이 국민에게 있음. ¶우리나라는 민주 국가이다. ② 정치 '민주주의'의 준말.

▸**민주-국** 民主國 (**나라 국**). '민주 국가'(民主國家)의 준말.

▸**민주-적** 民主的 (**것 적**). 국민(國民)이 나라의 주인(主人)인 것[的]. 국민이 모든 결정의 중심에 있는 것. ¶민주적 절차를 거쳐 결정하다.

▸**민주-화** 民主化 (**될 화**). 체제(體制)나 사고방식이 민주적(民主的)으로 됨[化]. 또는 그렇게 되게 함. ¶민주화 운동.

▸**민주 국가** 民主國家 (**나라 국, 집 가**). 정치

국민(國民)이 나라의 주인(主人)인 나라[國家]. 주권이 국민에게 있는 나라. ㊟민주국.

▸**민주 국체** 民主國體 (나라 국, 몸 체). 정치 국민(國民)이 나라의 주인(主人)인 국가(國家) 체제(體制). ㊥군주 국체(君主國體).

▸**민주 정체** 民主政體 (정치 정, 몸 체). 정치 국민(國民)이 나라의 주인(主人)인 정치(政治) 체제(體制). ㊥군주 정체(君主政體).

▸**민주 정치** 民主政治 (정사 정, 다스릴 치). 정치 국민(國民)을 나라의 주인(主人)으로 보고 행하는 정치(政治). ㊥전제 정치(專制政治).

▸**민주 제ː도** 民主制度 (정할 제, 법도 도). 정치 국민(國民)이 나라의 주인(主人)으로 보는 정치 제도(制度). ¶직접 민주 제도. ㊟민주제.

▸**민주-주의** 民主主義 (주될 주, 뜻 의). 정치 국민(國民)이 나라의 주인(主人)이 되어 그 권력을 스스로 행사하는 사상[主義]. ¶민주주의를 실현하다. ㊟민주. ㊥전제주의(專制主義).

▸**민주 공ː화국** 民主共和國 (함께 공, 어울릴 화, 나라 국). 정치 국민(國民)이 나라의 주인(主人)이 되어 국민 공통(共通)의 합의[和]에 따라 그 권력을 행사하는 나라[國]. ¶대한민국은 민주 공화국이다.

민중 民衆 (백성 민, 무리 중). ① 속뜻 백성[民]의 무리[衆]. ② 국가나 사회를 구성하는 일반 국민. ¶민중의 지지를 받다 / 민중 심리.

▸**민중-화** 民衆化 (될 화). ① 속뜻 민중(民衆)의 것으로 되거나 되게 함[化]. ② 민중에 동화(同化)하거나 동화시킴.

▸**민중 예ː술** 民衆藝術 (재주 예, 꾀 술). 예술 ① 일반 대중[民衆] 사이에서 생겨난 예술(藝術). ¶탈춤은 대표적인 민중 예술이다. ② 일부 특권 계층을 위한 것이 아닌 일반 대중을 위한 예술. ㊥귀족 예술(貴族藝術).

민지 民智 (백성 민, 슬기 지). 국민(國民)의 슬기나 지혜(智慧). ¶민지를 모아 국난을 극복하자.

민첩 敏捷 (재빠를 민, 빠를 첩). 재빠르고[敏] 날래다[捷]. ¶민첩한 행동.

민촌 民村 (백성 민, 마을 촌). 예전에, 양반이 아닌 상민(常民)이 살던 마을[村].

민치 民治 (백성 민, 다스릴 치). 국민(國民)을 다스림[治].

민폐 民弊 (백성 민, 나쁠 폐). 민간(民間)에 끼치는 나쁨[弊]. ¶군대가 주둔하면서 민폐가 극심하다. ㊥관폐(官弊).

민항 民航 (백성 민, 건널 항). '민간 항공'(民間航空)의 준말.

민호 民戶 (백성 민, 집 호). 일반 백성[民]들이 사는 집[戶]. ¶민호를 조사하다. ㊐민가(民家).

민화[1] 民畫 (백성 민, 그림 화). 미술 서민(庶民)들의 생활이나 전해 내려오는 이야기나 전설을 소재로 그린 그림[畫].

민화[2] 民話 (백성 민, 이야기 화). 민간(民間)에 전해 내려오는 옛날이야기[話]. ¶민화를 채록하다 / 민화를 읽다.

민활 敏活 (재빠를 민, 살 활). 재빠르고[敏] 활발(活潑)하다. ¶민활한 동작 / 민활하게 움직이다.

민회 民會 (백성 민, 모일 회). 역사 고대 그리스·로마의 도시 국가에 있었던 정기적인 시민(市民) 총회(總會).

민휼 憫恤 (불쌍할 민, 도울 휼). 불쌍히[憫] 여겨 도와줌[恤].

밀감 蜜柑 (꿀 밀, 감자나무 감). ① 속뜻 꿀[蜜]처럼 단 귤나무[柑]의 열매. ② 식물 귤나무. 운향과의 상록 활엽 관목으로 높이는 3m 가량 자라고 초여름에 흰 다섯잎꽃이 피고 열매는 초겨울에 황적색으로 익는다. 제주도와 일본 등지에서 오래 전부터 과수(果樹)로 가꿨으며, 열매는 귤이다.

밀계[1] 密計 (몰래 밀, 꾀 계). 비밀(祕密)리에 꾸미는 계책(計策). ¶밀계가 들통나다. ㊐밀책(密策), 비계(祕啓).

밀계[2] 密啓 (몰래 밀, 아뢸 계). 임금에게 넌지시[密] 글을 아뢺[啓]. 또는 그 글. ¶밀계를 올리다.

밀고 密告 (몰래 밀, 알릴 고). 남몰래[密] 고자질함[告]. ¶누가 경찰에 나를 밀고했다.

밀교 密敎 (몰래 밀, 가르칠 교). ① 역사 임금의 은밀(隱密)한 교서(敎書). ¶왕은 죽기 전에 왕자에게 밀교를 남겼다. ② 불교 해석이나 설명을 할 수 없는 비밀 같은 가르침이나 경전, 주문, 진언 따위. 7세기 후반기에 흥했던 불교의 한 파. ¶밀교는 티베트 불교의 근본이다.

밀담 密談 (몰래 밀, 말씀 담). 은밀(隱密)히 주고받는 말[談]. 또는 그러한 의논. ¶밀담을 나누다.

밀도 密度 (빽빽할 밀, 정도 도). ① 속뜻 어떤 면적이나 부피에 들어 있는 물질의 빽빽한[密] 정도(定度). ¶인구 밀도. ② 내용의 충실한 정도. ¶밀도 있는 작품. ③ 물리 기본 단위의 체적 내에서의 일정한 물질의 질량. ¶이 물질은 밀도가 높다.

밀-도살 密屠殺 (몰래 밀, 잡을 도, 죽일 살). 허가 없이 몰래[密] 가축을 도살(屠殺)함. ㊟밀도. 밀살.

밀랍 蜜蠟 (꿀 밀, 밀 랍). 벌집에서[蜜] 채취한 동물성 고체 기름[蠟]. ¶밀랍으로 만든 장미꽃.

밀렵 密獵 (몰래 밀, 사냥 렵). 허가를 받지 않고 몰래[密] 사냥함[獵]. 또는 그런 사냥. ¶야생 여우를 밀렵하다.

밀림 密林 (빽빽할 밀, 수풀 림). 큰 나무들이 빽빽하게[密] 들어선 깊은 숲[林]. ¶밀림 지대 / 울창한 밀림. ㊥정글(jungle).

밀매 密賣 (몰래 밀, 팔 매). 금지된 물건 따위를 몰래[密] 팖[賣]. ¶마약 밀매로 붙잡혔다.

밀모 密謀 (몰래 밀, 꾀할 모). 주로 몰래[密] 나쁜 일을 꾸밈[謀議]. ¶범행을 오래전부터 밀모해왔다.

밀-무역 密貿易 (몰래 밀, 바꿀 무, 바꿀 역). 세관(稅關)을 통하지 않고 몰래[密] 하는 무역(貿易). ¶외국 상인과 밀무역하여 크게 돈을 벌었다. ㊥밀수(密輸).

밀보 密報 (몰래 밀, 알릴 보). 몰래[密] 알림[報]. 또는 그렇게 하는 보고. ¶첩보원이 적의 동태를 밀보해왔다.

밀봉[1] 密封 (빽빽할 밀, 봉할 봉). 딴 사람이 열지 못하도록 단단히[密] 봉함[封]. ¶서류를 밀봉하여 우편으로 보냈다.

밀봉[2] 蜜蜂 (꿀 밀, 벌 봉). 동물 꿀벌과의 곤충. 여왕벌을 중심으로 집단생활을 하며, 일벌[蜂]이 꿀[蜜]을 따다 나른다. ㊥꿀벌.

밀사 密使 (몰래 밀, 부릴 사). 몰래[密] 보내어 심부름을 시키는[使] 사람. ¶헤이그 밀사 / 밀사를 보내다.

밀생 密生 (빽빽할 밀, 날 생). 풀이나 나무 따위가 매우 빽빽하게[密] 남[生]. ¶나는 냉이가 밀생을 하는 자귀나무 밑으로 갔다.

밀서 密書 (몰래 밀, 글 서). 비밀(祕密)스럽게 보내는 편지글[書]. ¶밀서를 전하다.

밀선[1] 密船 (몰래 밀, 배 선). 법을 어기고 몰래[密] 다니는 배[船].

밀선[2] 蜜腺 (꿀 밀, 샘 선). 꿀[蜜]을 만들어 내는 조직이나 기관[腺].

▶밀선 식물 蜜腺植物 (심을 식, 만물 물). 식물 밀선(蜜腺)을 가진 식물(植物). 꽃에서 단물을 내어 개미나 벌 같은 곤충을 모여들게 하여 가루받이를 한다.

밀송 密送 (몰래 밀, 보낼 송). 몰래[密] 보냄[送]. ¶무기를 제삼국으로 밀송하다.

밀수 密輸 (몰래 밀, 나를 수). 법을 어기고 몰래[密] 하는 수출(輸出)이나 수입(輸入). ¶총기를 밀수하다. ㊥밀무역(密貿易).

밀-수입 密輸入 (몰래 밀, 나를 수, 들 입). 법을 어기고 몰래[密] 하는 수입(輸入). ㊥밀수출(密輸出).

밀-수출 密輸出 (몰래 밀, 나를 수, 날 출). 법을 어기고 몰래[密] 하는 수출(輸出). ㊥밀수입(密輸入).

밀실 密室 (몰래 밀, 방 실). 아무나 함부로 드나들지 못하게 하고 비밀(祕密)스럽게 쓰는 방[室].

밀약 密約 (몰래 밀, 묶을 약). 비밀(祕密)히 약속(約束)함. 또는 그 약속. ¶런던 밀약.

밀어[1] 密漁 (몰래 밀, 고기잡을 어). 허가 없이 몰래[密] 고기를 잡음[漁]. ¶중국 어선의 밀어가 늘고 있다.

밀어[2] 密語 (몰래 밀, 말씀 어). ① 속뜻 남이 못 알아듣게 비밀(祕密)히 말함[語]. 또는 그렇게 하는 말. ② 불교 밀교(密敎)에서, 여래의 교의를 설명하는 말. ③ 불교 밀교의 다라니.

밀어[3] 蜜語 (꿀 밀, 말씀 어). 남녀 사이의 꿀[蜜]처럼 달콤하고 정다운 이야기[語]. ¶사랑의 밀어 / 밀어를 속삭이다 / 밀어를 나누다.

밀원 蜜源 (꿀 밀, 근원 원). 꿀벌이 꿀[蜜]을 빨아 오는 근원(根源).

▶밀원 식물 蜜源植物 (심을 식, 만물 물). 식물 꿀벌이 꿀[蜜]을 빨아 오는 근원(根

源)이 되는 식물(植物). 아카시아, 메밀, 토끼풀 따위.

밀월 蜜月 (꿀 밀, 달 월). ① 속뜻 영문 'honey[蜜] moon[月]'의 한자 의역어. 결혼 초의 즐겁고 달콤한 동안. ② '밀월여행'의 준말.

▶ 밀월-여행 蜜月旅行 (나그네 려, 다닐 행). 결혼[蜜月]을 기념하여 가는 여행(旅行). ㊟밀월. ㊥신혼여행(新婚旅行).

밀의 密議 (몰래 밀, 의논할 의). 남몰래[密] 의논(議論)이나 회의를 함. 또는 그 의논이나 회의. ¶역모를 밀의하다.

*__밀접__ 密接 (빽빽할 밀, 닿을 접). 아주 가깝게[密] 맞닿음[接]. 또는 그런 관계에 있음. ¶두 기업은 밀접한 관계를 맺고 있다.

밀정 密偵 (몰래 밀, 염탐할 정). 남몰래[密] 사정을 살핌[偵]. 또는 그런 사람. ¶밀정을 파견하였다.

밀조 密造 (몰래 밀, 만들 조). ① 속뜻 법을 어기고 몰래[密] 만듦[造]. ② 금제품을 몰래 만듦.

밀주 密酒 (몰래 밀, 술 주). 허가 없이 몰래[密] 담그는 술[酒]. ¶밀주를 팔다.

밀지 密旨 (몰래 밀, 뜻 지). ① 속뜻 임금이 몰래[密] 내리던 명령[旨]. ¶임금은 그에게 밀지를 내렸다. ② 남몰래 갖는 생각. ㊥밀칙(密勅).

밀집 密集 (빽빽할 밀, 모일 집). 빽빽이[密] 모임[集]. ¶인구 밀집지역.

밀착 密着 (빽빽할 밀, 붙을 착). ① 속뜻 빈틈없이 탄탄히[密] 달라붙음[着]. ¶밀착 수비. ② 서로의 관계가 매우 가깝게 됨. ¶유교는 우리 민족의 삶과 밀착되어 있다.

▶ 밀착 인화 密着印畵 (찍을 인, 그림 화). 연영 확대기를 거치지 않고 음화 필름에다 직접 인화지나 양화 필름을 대고[密着] 복사하는 일[印畵].

밀탐 密探 (몰래 밀, 찾을 탐). 남몰래[密] 정탐(偵探)함. ¶그 군인들의 임무는 밀탐이었다.

밀통 密通 (몰래 밀, 통할 통). ① 속뜻 부부가 아닌 남녀가 몰래[密] 정을 통(通)함. ② 소식이나 사정을 몰래 알려 줌. ¶명나라와 밀통하다.

밀파 密派 (몰래 밀, 보낼 파). 밀정(密偵) 따위를 몰래[密] 파견(派遣)함. ¶특수 요원을 밀파하다.

밀폐 密閉 (빽빽할 밀, 닫을 폐). 빈틈없이[密] 꼭 막거나 닫음[閉]. ㊥개봉(開封).

밀항 密航 (몰래 밀, 건널 항). 법을 어기고 몰래[密] 해외로 항해(航海)함. ¶어선을 타고 일본으로 밀항했다.

밀행 密行 (몰래 밀, 다닐 행). 남몰래[密] 다니거나[行] 비밀히 행함. ¶밀행 수사. ㊥잠행(潛行).

밀회 密會 (몰래 밀, 모일 회). 비밀히[密] 모이거나 만나거나 함[會]. 또는 그 모임. ¶그와 한밤중의 밀회를 즐겼다.

바라밀 波羅蜜 (물결 파, 새그물 라, 꿀 밀). 불교 '바라밀다'(波羅蜜多)의 준말.

▶바라밀다 波羅蜜多 (많을 다). 불교 산스크리트어 'paramita'의 한자 음역어. 불교에서 차안(此岸)에서 열반(涅槃)의 피안(彼岸)으로 간다는 뜻으로, 보살의 수행을 이르는 말. ㊟바라밀. ㊥도안(到岸).

박격[1] 駁擊 (그릇될 박, 부딪칠 격). 다른 사람의 주장이나 이론에서 잘못된[駁] 점을 찾아 공격(攻擊)함. ¶박격하지만 말고 너의 해결안도 내놓아라.

박격[2] 迫擊 (닥칠 박, 칠 격). 적에게 바싹 다가가서[迫] 침[擊].

▶박격-포 迫擊砲 (대포 포). 군사 보병이 가지고 다니며, 적과 가까운 곳에서 쏘는[迫擊] 포(砲).

박답 薄畓 (엷을 박, 논 답). 기름지지 못하고 지력이 약한[薄] 논[畓]. ㊤옥답(沃畓).

박대 薄待 (엷을 박, 대접할 대). 아무렇게나 성의 없이[薄] 대접(待接)함. ¶박대를 받다 / 병든 어머니를 박대하다. ㊥푸대접, 냉대(冷待). ㊤후대(厚待).

박덕 薄德 (엷을 박, 베풀 덕). ① 속뜻 덕(德)이 적음[薄]. ¶내가 박덕한 탓이오. ②얇은 심덕. ㊥양덕(凉德). ㊤후덕(厚德).

박도 迫到 (닥칠 박, 이를 도). 가까이[迫] 닥쳐옴[到]. ¶결전의 날이 박도했다.

박동 搏動 (뛸 박, 움직일 동). 맥박이 뛰어[搏] 움직임[動]. ¶심장이 박동하는 소리가 들리다.

박두 迫頭 (닥칠 박, 머리 두). ① 속뜻 머리[頭] 가까이 다가옴[迫]. ②기일이나 시기가 매우 가까이 닥쳐옴. ¶개봉 박두. ㊥당두(當頭).

박락 剝落 (벗길 박, 떨어질 락). 비석 따위에 새긴 글씨가 긁히고 깎이어서[剝] 떨어져 나감[落].

박람 博覽 (넓을 박, 볼 람). ① 속뜻 여러 가지 책을 많이[博] 읽음[覽]. ②여러 곳을 다니며 널리 많은 것을 봄.

▶박람-회 博覽會 (모일 회). 산업이나 기술 따위의 발전을 위하여 농업, 공업, 상업 등에 관한 물품을 모아 일정한 기간 여러 사람에게 보이는[博覽] 모임[會]. ¶만국 박람회.

▶박람-강기 博覽强記 (강할 강, 기록할 기). 널리 여러 가지 책을 많이 읽어서[博覽] 잘[强] 기억(記憶)하고 있음.

박력 迫力 (닥칠 박, 힘 력). 행동에서 느껴지는 강하게 밀고 나가는[迫] 힘[力]. ¶그의 연설은 박력이 있었다.

박력-분 薄力粉 (엷을 박, 힘 력, 가루 분). 끈기[力]가 적은[薄] 밀로 만든 밀가루[粉]. 비스킷이나 튀김을 만드는 데 쓴다.

박론 駁論 (그릇될 박, 논할 론). 글이나 말의 잘못된[駁] 점을 따져 비평함[論]. 또는 그런 이론.

박리 薄利 (엷을 박, 이로울 리). 적은[薄] 이익(利益). ㊤폭리(暴利).

▸박리-다매 薄利多賣 (많을 다, 팔 매). 이윤(利潤)을 적게[薄] 남기고 많이[多] 파는[賣] 것.

▸박리-주의 薄利主義 (주될 주, 뜻 의). 이윤(利潤)을 적게[薄] 남기는 대신 많이[多] 팔려고[賣] 하는 태도[主義].

박막 薄膜 (엷을 박, 꺼풀 막). ① 속뜻 얇은[薄] 막(膜). ② 생물 동식물의 몸 안의 기관을 싸고 있는 얇은 꺼풀. ③ 물리 기계 가공으로 만들 수 없는 두께 1/1000㎜이하의 막을 통틀어 이르는 말.

▸박막-질 薄膜質 (바탕 질). 얇은[薄] 막(膜)으로 이루어진 물질(物質).

박멸 撲滅 (칠 박, 없앨 멸). 박살(撲殺)내서 없애버림[滅]. ¶기생충 박멸 / 해충을 박멸하다.

박명[1] 薄命 (엷을 박, 목숨 명). ① 속뜻 짧은[薄] 수명(壽命). ② 운명이 기구함.

박명[2] 薄明 (엷을 박, 밝을 명). 해가 뜨기 직전이나 해가 막 지고 난 후 주위가 희미하게[薄] 밝은[明] 상태. ¶내일 박명에 출발할 예정이다.

박모 薄暮 (엷을 박, 저물 모). 해가 막 져서[暮] 어스레한[薄] 동안. ¶박모 무렵에 집으로 돌아왔다. ㊐땅거미.

박문[1] 博文 (넓을 박, 글월 문). 학문[文]을 닦아 아는 것이 많음[博].

▸박문-국 博文局 (관청 국). ① 속뜻 글[文]을 널리[博] 알리는 일을 하던 관청[局]. ② 역사 1883년, 조선 고종 때 신문·잡지 따위의 출판에 관한 일을 맡아보던 기관.

▸박문-약례 博文約禮 (묶을 약, 예도 례). 널리[博] 학식[文]을 쌓아서 그것을 예(禮)로써 집약(集約)하여 사물의 본질을 터득하는 일.

박문[2] 博聞 (넓을 박, 들을 문). 사물에 대해 널리[博] 들어[聞] 아는 바가 많음.

▸박문-강기 博聞強記 (강할 강, 기록할 기). 사물에 대하여 널리[博] 듣고[聞] 보고 그것을 잘[強] 기억(記憶)하고 있음.

⁑**박물** 博物 (넓을 박, 만물 물). ① 속뜻 여러[博] 사물(事物)에 대하여 두루 앎. ② 여러 가지 사물과 그에 대한 참고가 될 만한 물건. ③ '박물학'(博物學)의 준말.

▸박물-관 博物館 (집 관). 역사, 민속, 산업, 과학, 예술 등에 관한 여러 가지[博] 자료[物]를 수집·보관하고 전시하여 사회 교육과 학술 연구에 도움이 되게 만든 시설[館]. ¶역사 박물관을 견학하다.

▸박물-학 博物學 (배울 학). 여러[博] 천연물(天然物)에 관한 학문(學問). ¶박물학을 가르치다.

▸박물-표본 博物標本 (나타낼 표, 본보기 본). 동물, 식물, 광물, 지질(地質) 등 자료가 될 만한 여러[博] 물질(物質)의 표본(標本).

박복 薄福 (엷을 박, 복 복). 복(福)이 적음[薄]. 복이 없음. ¶팔자가 박복하다.

박봉 薄俸 (엷을 박, 봉급 봉). 많지 않은[薄] 봉급(俸給). ¶박봉을 쪼개 저금을 하다.

박빙 薄氷 (엷을 박, 얼음 빙). 매우 얇은[薄] 얼음[氷]. 살얼음. ¶이번 경기는 박빙의 승부가 될 것이다.

*__박사__ 博士 (넓을 박, 선비 사). ① 속뜻 널리[博] 아는 사람[士]. ② 교육 대학에서 수여하는 가장 높은 학위. ¶아빠는 박사 학위를 받고 무척 기뻐하였다. ③ 어떤 일에 정통하거나 숙달된 사람을 비유하여 이르는 말. ¶컴퓨터 박사. ④ 역사 고구려·백제 때, 학문이나 전문 기술에 종사하는 사람에게 주던 벼슬. ⑤ 역사 조선 때, 성균관·홍문관·규장각·승문원에 딸린 정칠품 벼슬.

박살 撲殺 (칠 박, 죽일 살). 손으로 쳐서[撲] 죽임[殺]. ㊐타살(打殺).

박색 薄色 (엷을 박, 빛 색). 주로 아주 못생긴[薄] 여자의 얼굴[色]. 또는 그러한 여자. ¶얼굴은 박색이지만 마음은 곱다.

박수 拍手 (칠 박, 손 수). 환영, 축하, 격려, 찬성 등의 뜻으로 손뼉[手]을 여러 번 침[拍]. 관용 우레와 같은 박수.

▸박수-갈채 拍手喝采 (큰소리 갈, 주사위 채). 많은 사람이 일제히 손뼉[手]을 치고[拍] 소리를 지르며[喝采] 환영하거나 찬성함.

박식 博識 (넓을 박, 알 식). 보고 들은 것이 많아 널리[博] 앎[識]이 많음. ¶그녀의 박식에 놀랐다 / 여러 방면에 두루 박식하다. ㊐다식(多識).

박아 博雅 (넓을 박, 너그러울 아). 학식이 많고[博] 성품이 너그러움[雅]. 또는 그러한 사람.

박애 博愛 (넓을 박, 사랑 애). 뭇사람을 차별 없이 두루[博] 사랑함[愛]. ¶박애 정신. [비]범애(汎愛).

▸박애-주의 博愛主義 (주될 주, 뜻 의). [철학]인류는 인종·국가·종교·계급 등의 다름을 초월하여 널리[博] 서로 사랑해야[愛] 한다는 사상이나 태도[主義]. ¶박애주의 운동을 벌이다. [비]사해동포주의(四海同胞主義).

박약 薄弱 (엷을 박, 약할 약). ①[속뜻]의지나 체력 따위가 굳세지 못하고[薄] 여림[弱]. ¶의지가 박약하다. ②뚜렷하지 아니함. 확실하지 아니함.

박운 薄運 (엷을 박, 운수 운). 운수(運數)가 좋지 못함[薄]. 불행한 운수. [비]불운(不運).

박이부정 博而不精 (넓을 박, 말이을 이, 아닐 부, 쓿을 정). 많은[博] 것을 알고 있으나[而] 정통(精通)하지는 못함[不].

박자 拍子 (칠 박, 접미사 자). ①[속뜻]두들겨 치는[拍] 것[子]. ②[음악]음악적 시간을 구성하는 기본적 단위. ¶박자가 빠르다 / 박자를 맞추다.

박장 拍掌 (칠 박, 손바닥 장). 손바닥[掌]을 침[拍].

▸박장-대:소 拍掌大笑 (큰 대, 웃을 소). 손뼉을 치며[拍掌] 한바탕 크게[大] 웃음[笑].

박절 迫切 (닥칠 박, 몹시 절). ①[속뜻]일이 바싹 닥친[迫] 정도가 매우 심하다[切]. ②인정이 없고 야박하다. ¶박절하게 거절하다 / 박절한 말을 하다. [비]다급(多急).

박정 薄情 (엷을 박, 사랑 정). 인정(人情)이 없이[薄] 쌀쌀하다. 동정심이 없음. ¶박정하게 아이를 내쫓았다. [반]다정(多情).

박제 剝製 (벗길 박, 만들 제). 동물의 살과 내장을 발라낸[剝] 다음 방부제로 처리해 살아 있을 때와 같은 모양으로 만듦[製]. 또는 그 표본. ¶매를 박제하다.

박주 薄酒 (엷을 박, 술 주). ①[속뜻]맛이 좋지 못한[薄] 술[酒]. ②남에게 대접하는 술을 겸손하게 이르는 말. ¶오늘 저녁에 박주라도 한잔 대접하고 싶습니다.

박진 迫眞 (닥칠 박, 참 진). 표현 따위가 사실[眞]처럼 다가옴[迫]. 현실의 무습과 똑같다고 느낌. ¶박진한 연기.

▸박진-감 迫眞感 (느낄 감). 예술적 표현이 현실처럼[迫眞] 진실감이 넘치는 느낌[感].

박차 拍車 (칠 박, 수레 차). ①[속뜻]수레[車]의 말을 차서[拍] 빨리 달리게 하는 도구. ②말을 탈 때에 신는 구두의 뒤축에 달려 있는 물건. ¶말에 박차를 가하다. ③어떤 일을 촉진하려고 더하는 힘. ¶기술 개발에 박차를 가하다. [관용]박차를 가하다.

박찬 薄饌 (엷을 박, 반찬 찬). ①[속뜻]변변하지 못한[薄] 반찬(飯饌). ②남에게 대접하는 반찬을 겸손하게 이르는 말. ¶박찬이지만 많이 드십시오.

박탈[1] 剝脫 (벗길 박, 벗을 탈). 칠 따위가 벗겨짐[剝=脫]. 또는 그렇게 함. ¶박탈한 벽을 새로 칠하다.

박탈[2] 剝奪 (벗길 박, 빼앗을 탈). 지위나 자격 따위를 권력이나 힘으로 벗겨[剝] 빼앗음[奪]. ¶시민권을 박탈하다.

박토 薄土 (엷을 박, 흙 토). 메마른[薄] 땅[土]. ¶박토라도 내 땅을 가진 게 어디냐. [반]옥토(沃土).

박통 博通 (넓을 박, 통할 통). 널리[博] 통(通)하여 많이 앎. ¶그는 신식 문물에 박통하였다.

박피[1] 剝皮 (벗길 박, 껍질 피). 껍질[皮]이나 가죽을 벗김[剝]. ¶너구리를 박피하여 목도리를 만들었다.

박피[2] 薄皮 (엷을 박, 껍질 피). 얇은[薄] 껍질[皮]. [비]필터(filter).

박하 薄荷 (엷을 박, 연꽃 하). ①[속뜻]엷은[薄] 연꽃[荷] 향기가 나는 풀. ②[식물]좋은 향기가 나는 풀. 습지에 나며, 향료·음료·약재로 쓴다.

▸박하-유 薄荷油 (기름 유). 박하(薄荷)의 잎을 증류하여 만든 기름[油]과 같은 액체. 특이한 향기와 시원한 맛이 있어 식료품의 향료 등으로 널리 쓰인다.

▸박하-사탕 薄荷沙糖 (모래 사, 사탕 탕). 박하유(薄荷油)를 넣어 만든 사탕(沙糖).

박학[1] 薄學 (엷을 박, 배울 학). 학식(學識)이 얕고[薄] 아는 것이 적음. [비]천학(淺學).

박학[2] 博學 (넓을 박, 배울 학). 학식(學識)이 넓고[博] 아는 것이 많음. ¶그렇게 박학한 사람은 처음 보았다. ⑪홍학(鴻學). 천학(淺學).

▸박학-다문 博學多聞 (많을 다, 들을 문). 학식(學識)이 넓고[博] 견문(見聞)이 넓음[多].

▸박학-다식 博學多識 (많을 다, 알 식). 학식(學識)이 넓고[博] 많음[多]. ¶박학다식한 자제를 두셔서 좋겠습니다.

▸박학-다재 博學多才 (많을 다, 재주 재). 학식(學識)이 넓고[博] 재주[才]가 많음[多]. ¶박학다재하여 왕의 신임을 샀다.

박해 迫害 (다그칠 박, 해칠 해). ① 속뜻 다그쳐[迫] 해(害)를 입힘. ② 못살게 굴어 해롭게 함. ¶천주교 신도를 박해하다.

박행 薄行 (엷을 박, 행할 행). 경박(輕薄)한 행동(行動).

반:가[1] 半價 (반 반, 값 가). 본래 값[價]의 절반(折半). 반값. ¶세탁기를 반가에 샀다.

반가[2] 班家 (나눌 반, 집 가). 양반(兩班)의 집안[家]. 반갓집. ¶반가의 법도 / 할머님은 지체 높은 반가의 여인으로 예법에 밝았다.

반:-가공품 半加工品 (반 반, 더할 가, 장인 공, 물건 품). 반(半) 정도만 가공(加工)한 물품(物品). ¶베트남에서 반가공품을 수입해 조립한다.

반:가-상 半跏像 (반 반, 책상다리할 가, 모양 상). 불교 오른발을 왼편 무릎에 얹은 반(半)만 책상다리를 한[跏] 불상(佛像).

반:각 半角 (반 반, 모서리 각). ① 수학 어떤 각(角)의 절반(折半). ② 출판 활자의 절반 크기의 공간. ⑪이푼.

반:감[1] 反感 (반대로 반, 느낄 감). 상대편의 말이나 태도 등을 불쾌하게 생각하여 반발(反撥)하거나 반항하는 감정(感情). ¶나라에 반감을 품다.

반:감[2] 半減 (반 반, 덜 감). 절반(折半)으로 줆[減]. 또는 절반으로 줄임. ¶봉급을 반감하여 지불하다 / 흥미가 반감되다.

▸반:감-기 半減期 (때 기). 물리 방사성 원소의 원자가 붕괴하여 다른 원자로 변할 때, 본디의 원자 수가 최초의 절반(折半)으로 줄어들[減] 때까지 걸리는 시간[期].

반:개 半開 (반 반, 열 개). ① 속뜻 문 따위가 반(半)쯤 열림[開]. ② 꽃이 반쯤 핌.

반:-거치 反鋸齒 (거꾸로 반, 톱 거, 이 치). 식물 식물의 잎 가장자리에 있는 아래로 향하여[反] 생긴 톱니[鋸齒] 모양.

반:-건성유 半乾性油 (반 반, 마를 건, 성질 성, 기름 유). 화학 건성유(乾性油)와 불건성유(不乾性油)의 중간[半] 성질의 기름. ¶면실유(綿實油)는 목화씨에서 짜낸 반건성유이다.

반:격 反擊 (되돌릴 반, 칠 격). 쳐들어오는 적의 공격을 막아서 되잡아[反] 공격(攻擊)함. ¶반격할 기회를 엿보다.

▸반:격-전 反擊戰 (싸울 전). 적의 공격을 막아 반격(反擊)하는 전투(戰鬪)나 경기. ¶양국이 연합하여 반격전을 펼쳤다.

반:경 半徑 (반 반, 지름길 경). ① 수학 반(半) 지름[徑]. 원이나 구의 중심에서 그 원둘레 또는 구면상의 한 점에 이르는 선분의 길이. ② 행동이 미치는 범위.

반계-수록 磻溪隨錄 (강 이름 반, 시내 계, 따를 수, 기록할 록). 책명 조선 후기 학자 반계(磻溪) 유형원(柳馨遠)이 국가 운영과 개혁에 대한 견해를 수시(隨時)로 기록(記錄)하여 발간한 책.

반고 盤古 (=盤固, 아득할 반, 옛 고). ① 속뜻 아득한[盤] 옛날[古]. ② 중국에서 천지개벽 때 처음으로 태어났다고 하는 전설상의 천자(天子). ⑪태고(太古).

반:-고체 半固體 (반 반, 굳을 고, 몸 체). 액체가 약간[半] 엉긴 상태의 무른 고체(固體). 묵, 두부 따위.

반:고형-식 半固形食 (반 반, 굳을 고, 모양 형, 밥 식). 고형식(固形食)의 반(半) 정도 굳기의 음식(飮食). ⑪연식(軟食).

반:골 叛骨 (=反骨, 배반할 반, 뼈 골). 어떤 권력이나 권위에 순응하거나 따르지 않고 저항하는[叛] 기골(氣骨). 또는 그런 기골을 가진 사람. ¶반골 기질 / 반골 정신.

반:공[1] 反共 (반대로 반, 함께 공). 공산주의(共産主義)에 반대(反對)하는 일. ¶반공 영화.

반:공[2] 反攻 (되돌릴 반, 칠 공). 공격을 당하거나 막고만 있던 쪽이 반대(反對)로 공격(攻擊)에 나섬. ¶대열을 재정비하고 반공 태세를 갖추었다.

반:관-반:민 半官半民 (반 반, 벼슬 관, 반

반, 백성 민). 어떤 사업을 정부[官]와 민간[民] 기업이 공동[半]으로 출자하여 경영하는 형태.

반:구 半球 (반 반, 공 구). ① 속뜻 구(球)의 절반(折半). 또는 그런 모양의 물체. ¶반구 형태. ② 수학 중심을 지나는 하나의 평면으로 구(球)를 두 쪽으로 잘랐을 때 그 한쪽 부분. ③ 지리 지구면을 두 쪽으로 나눈 한 부분.

▸반:구-형 半球形 (모양 형). 구(球)를 반(半)으로 가른 모양[形]. 반구의 모양.

반:군[1] 反軍 (반대로 반, 군사 군). ① 속뜻 군부(軍部)에 반대(反對)함. ② 군벌 또는 군국주의에 반대함.

반:군[2] 叛軍 (배반할 반, 군사 군). 반란(叛亂)을 일으킨 군대(軍隊). '반란군'(叛亂軍)의 준말.

반:기[1] 反旗 (=叛旗, 반대로 반, 깃발 기). ① 속뜻 어떤 체제를 쓰러뜨리기 위하여 조직된 반란(反亂)의 무리가 내세운 깃발[旗]. ② 반대의 뜻이나 기세를 나타내는 표시. ¶환경단체들이 반기를 들고 일어서다.

반:기[2] 半期 (반 반, 때 기). ① 속뜻 어떤 기간(期間)의 절반(折半). ¶전반기(前半期) / 후반기(後半期). ② 한 해의 반.

반:기[3] 半旗 (반 반, 깃발 기). 조의를 표하기 위하여 깃봉에서 기의 한 폭만큼 내려서[半] 다는 국기(國旗). ㊐조기(弔旗).

반기[4] 飯器 (밥 반, 그릇 기). 밥[飯]을 담는 그릇[器]. ¶놋으로 만든 반기. ㊐밥그릇.

반:-기생 半寄生 (반 반, 맡길 기, 살 생). 식물 엽록소로 광합성도 하고 한편으로는[半] 다른 식물에 기생(寄生)하여 부족한 수분이나 양분을 섭취하며 살아가는 일. ¶반기생 식물.

반:-나체 半裸體 (반 반, 벌거숭이 라, 몸 체). 반(半)쯤 벌거벗은[裸] 몸[體]. ¶반나체의 모델을 스케치하다. ㊟반라.

반:납 返納 (돌아올 반, 바칠 납). 꾸거나 빌린 것을 되돌려[返] 줌[納]. ¶도서관에 책을 반납하다.

반:년 半年 (반 반, 해 년). 한 해[年]의 반(半)인 여섯 달. ㊐반세(半歲).

반:농-반:공 半農半工 (반 반, 농사 농, 반 반, 장인 공). 생업으로 농사(農事)를 지으면서 한편으로[半] 가내 공업(工業)도 하는 상태.

반:당 反黨 (반대로 반, 무리 당). ① 속뜻 반역(反逆)을 꾀하는 무리[黨]. ¶반당의 무리가 궁으로 쳐들어왔다. ② 당원으로 당을 배반하는 일. ¶반당 행위. ㊐반도(叛徒).

*__반:대__ 反對 (거꾸로 반, 대할 대). ① 속뜻 두 사물이 모양, 위치, 방향, 순서 따위에서 뒤집어져[反] 맞서[對] 있음. 또는 그런 상태. ② 어떤 의견이나 제안 등에 찬성하지 아니함. ¶그의 제안에 반대했다. ㊥찬성(贊成).

▸반:대-론 反對論 (논할 론). 반대(反對)되는 논설(論說). ¶내각제 개헌에 대한 반대론을 펴다.

▸반:대-색 反對色 (빛 색). 미술 서로 보색(補色) 관계[反對]에 있는 빛깔[色]. 빨강에 대한 녹색 따위.

▸반:대-설 反對說 (말씀 설). 반대(反對)하는 뜻을 나타내는 견해나 이론[說].

▸반:대-어 反對語 (말씀 어). 언어 서로 반대(反對)의 뜻을 나타내는 말[語]. ㊐반의어(反意語).

▸반:대-자 反對者 (사람 자). 반대(反對)하는 사람[者]. ¶그의 의견에는 반대자가 많다. ㊥동의자.

▸반:대-파 反對派 (갈래 파). 반대(反對)되는 처지에 있는 파(派). ¶연설로 반대파를 설득했다.

▸반:대-편 反對便 (쪽 편). 반대(反對)되는 방향이나 쪽[便]. ¶반대편 출구로 나가십시오.

▸반:대-표 反對票 (쪽지 표). 투표에서 반대(反對)하는 뜻을 나타낸 쪽지[票]. ¶반대표가 많이 나왔다. ㊥찬성표(贊成票).

▸반:대 개:념 反對槪念 (대강 개, 생각 념). 논리 분량이나 정도의 차이[反對]를 가진 개념(槪念)으로 그 중간 개념을 허용할 수 있는 두 개념. 이를테면 대(大)와 소(小), 백(白)과 흑(黑), 암(暗)과 명(明) 따위. ㊀모순(矛盾) 개념.

▸반:대-급부 反對給付 (줄 급, 줄 부). 법률 한쪽의 급부에 대하여 다른 한쪽[反對]이 해야 할 그와 대등한 급부(給付). 물건을 판 사람이 상품을 넘겨주고 산 사람이 대금을 지급하는 따위.

▸반:대 신:문 反對訊問 (물을 신, 물을 문).

[법률] 증인 신문에서 증인 신청을 한 당사자가 먼저 신문한 다음에 그 상대편[反對] 당사자가 하는 신문(訊問).

반:도[1] 半島 (반 반, 섬 도). [지리] 반은 대륙에 붙어 있고, 반(半)은 바다 쪽으로 길게 나와 섬[島]처럼 보이는 육지. 우리나라나 이탈리아 등이 그렇다.

반:도[2] 叛徒 (배반할 반, 무리 도). 반란(叛亂)을 꾀하거나 반란을 함께 일으킨 무리[徒]. ¶반도를 섬멸하다. ㊥반당(反黨).

반:-도체 半導體 (반 반, 이끌 도, 몸 체). [물리] 상온에서 전기를 이동시키는[導] 성질이 도체의 절반(折半) 정도 되는 물질[體]을 통틀어 이르는 말.

▸반:도체 소자 半導體素子 (바탕 소, 씨 자). [물리] 반도체(半導體)를 이용한 전자 회로 소자(素子). 정류기(整流機), 발광 소자(發光素子) 따위.

반:동 反動 (반대로 반, 움직일 동). ① [속뜻] 어떤 움직임에 반대(反對)하여 일어나는 움직임[動]. ② [물리] 한 물체가 다른 물체에 힘을 작용할 때, 다른 물체가 똑같은 크기의 힘을 반대 방향으로 한 물체에 미치는 작용. ③ 진보적인 경향에 대한 보수적인 경향.

▸반:동-적 反動的 (것 적). 어떤 작용에 대하여 정반대(正反對)의 작용[動]이 있는 것[的].

▸반:동 정당 反動政黨 (정치 정, 무리 당). [정치] 진보[動] 세력에 반대(反對)하는 보수적인 성격의 정당(政黨).

반:등 反騰 (반대로 반, 오를 등). [경제] 물가나 주식 따위의 시세가 떨어지다가 반대(反對)로 다시 오름[騰]. ¶원화 반등 / 주가 반등.

반:라 半裸 (반 반, 벌거벗을 라). 옷 따위를 반(半)쯤만 벗음[裸]. '반나체'(半裸體)의 준말. ¶반라의 여인.

반:락 反落 (되돌릴 반, 떨어질 락). [경제] 오르던 시세가 반동(反動)으로 떨어짐[落]. ㊥반등(反騰).

반:란 叛亂 (=反亂, 배반할 반, 어지러울 란). 정부나 지배자에게 반항하여[叛] 정국이나 나라를 어지럽게[亂] 하는 것. ㊥역란(逆亂).

▸반:란-군 叛亂軍 (군사 군). 반란(叛亂)을 일으킨 군대(軍隊). ¶반란군을 진압하다. ㊥난군(亂軍), 반군(叛軍).

▸반:란-죄 叛亂罪 (허물 죄). [법률] 군인이나 군인처럼 무기를 가진 사람들이 무리를 지어 반란(叛亂)을 일으킨 죄(罪).

반:려[1] 返戾 (돌아올 반, 벗어날 려). 사리에 벗어난다고[戾] 여겨 되돌려 줌[返]. ¶사표를 반려하였다.

반:려[2] 伴侶 (짝 반, 짝 려). ① [속뜻] 생각이나 행동을 함께 하는 짝[伴=侶]. 짝이 되는 동무. ② 늘 가까이 하거나 가지고 다니거나 하는 것을 비유하여 이르는 말.

▸반:려-자 伴侶者 (사람 자). 짝[伴侶]이 되는 사람[者]. ¶인생의 반려자를 찾다. ㊥동반자(同伴者).

반:론 反論 (반대로 반, 논할 론). 남의 의견에 대하여 반대(反對) 의견을 말함[論]. 또는 그 의론(議論).

반:-만년 半萬年 (반 반, 일만 만, 해 년). 만년(萬年)의 반(半). 오천 년. ¶반만년의 역사.

반:-만성 半蔓性 (반 반, 덩굴 만, 성질 성). [식물] 식물의 줄기가 반은 꼿꼿이 서고 반(半)은 덩굴[蔓]처럼 되는 성질(性質).

반:맹 半盲 (반 반, 눈멀 맹). 한쪽[半] 눈이 보이지 않음[盲]. 또는 그런 사람.

▸반:맹-증 半盲症 (증세 증). [의학] 시야의 왼쪽 절반(折半)이나 오른쪽 절반이 보이지 않는[盲] 증세(症勢).

반:면[1] 半面 (반 반, 쪽 면). ① [속뜻] 한 면(面)의 절반(折半). ¶반면은 수채화가, 나머지 반면은 묵화가 그려져 있다. ② 양쪽 면의 한 면. ③ 얼굴의 좌우 어느 한쪽. ¶얼굴 오른쪽 반면이 마비가 되었다.

***반:면**[2] 反面 (반대로 반, 쪽 면). ① [속뜻] 반대(反對)쪽의 면(面). ② 앞에 말한 것과는 달리. 어떠한 사실과는 반대로. ¶나는 말은 잘 하는 반면 실천력이 떨어진다.

▸반:면-교사 反面教師 (가르칠 교, 스승 사). 사람이나 사물 따위의 부정적인[反] 면(面)에서 얻는 깨달음이나 가르침을 주는 대상을 선생[教師]에 비유하여 이르는 말. ¶이번 사고를 반면교사로 삼아 안전에 더 주의해야겠다.

반명 班名 (나눌 반, 이름 명). ① [속뜻] 양반(兩

班)이라고 이를 만한 명색(名色). ¶반명을 떨치다 / 반명을 앞세워 큰기침하다. ②반(班)의 이름.

반:-모음 半母音 (반 반, 어머니 모, 소리 음). 언어 국어에서, 이중모음을 이루는 반[半] 쪽짜리 모음(母音). 'ㅑ·ㅕ·ㅛ·ㅠ / ㅒ·ㅖ'의 첫소리인 'ㅣ[j]', 'ㅘ·ㅙ / ㅝ·ㅞ·ㅟ'의 첫소리인 'ㅗ / ㅜ[w]'가 이에 해당한다. 반홀소리.

반:목 反目 (되돌릴 반, 눈 목). ① 속뜻 눈[目]길을 돌림[反]. ②어떤 일이나 상황에 대해 반대하는 입장을 가져 서로 미워하게 됨. ¶시민단체와 반목했다.

▸반:목-질시 反目嫉視 (시기할 질, 볼 시). 서로 반목(反目)하고 시기함[嫉視]. ¶반목질시를 조장하다.

반:문 反問 (거꾸로 반, 물을 문). 거꾸로[反] 되물음[問].

반:-물질 反物質 (반대로 반, 만물 물, 바탕 질). 물리 보통의 물질을 구성하는 소립자(素粒子)의 반입자(反粒子)로 구성되는 가상적인 물질(物質).

반:미 反美 (반대로 반, 미국 미). 미국(美國)에 반대(反對)함. 또는 미국에 반대되는 것. ¶반미 감정이 약해졌다.

반:민 反民 (반대로 반, 백성 민). ① 속뜻 반(反)민족(民族). ②반민주.

반:-민족 反民族 (반대로 반, 백성 민, 무리 족). 민족(民族)에 반역(反逆)되는 일. ¶반민족 행위. ㊤반민.

반:-민주 反民主 (반대로 반, 백성 민, 주인 주). 민주주의(民主主義)에 반대(反對)하는 일. 또는 반대되는 일. ¶나치스는 반민주를 내세우며 결성했다. ㊤반민.

반:박 反駁 (반대로 반, 칠 박). 남의 의견이나 비난에 대하여 반대(反對)의 의견으로 논박(論駁)함.

반:반 半半 (반 반, 반 반). 둘로 가른. 또는 갈라진 각각의 반(半+半)쪽. ¶설탕과 식초를 반반씩 넣다.

반:발 反撥 (거꾸로 반, 튀길 발). ① 속뜻 거꾸로[反] 되받아 튀김[撥]. ②어떤 상대나 행동에 대하여 거스르고 반항함. ¶반발 세력 / 정책에 반발하다.

▸반:발-력 反撥力 (힘 력). 반발(反撥)하는 힘[力].

▸반:발-심 反撥心 (마음 심). 반발(反撥)하는 마음[心].

▸반:발 계:수 反撥係數 (맬 계, 셀 수). 물리 두 물체가 서로 부딪혀 튕겨나가기[反撥] 전의 속도와 그 후의 속도의 비를 나타내는 계수(係數).

반백[1] 斑白 (얼룩 반, 흰 백). 얼룩진[斑] 흰[白]머리가 뒤섞여 있는 머리털. ¶반백의 중년 신사가 나타났다.

반:백[2] 半百 (반 반, 일백 백). 백(百) 살의 절반(折半). 오십 살.

반별 班別 (나눌 반, 나눌 별). 반[班]마다 따로따로[別]. ¶반별로 성금을 모았다.

반:보 半步 (반 반, 걸음 보). 반(半) 걸음[步].

반:복[1] 反覆 (되돌릴 반, 뒤집힐 복). ① 속뜻 본래 상태로 되돌려[反] 뒤집음[覆]. ②말이나 행동을 이랬다저랬다 하여 자주 고침.

***반:복[2] 反復** (되돌릴 반, 되돌릴 복). 처음으로 되돌아[反]가 같은 일을 되풀이함[復]. ¶반복 훈련.

▸반:복-법 反復法 (법 법). 문학 같거나 비슷한 어구(語句)를 되풀이하여[反復] 문장의 의미를 강조하는 표현 방법(方法).

▸반:복-적 反復的 (것 적). 되풀이[反復]되는 것(的). ¶반복적으로 연습하다.

▸반:복 기호 反復記號 (기록할 기, 표지 호). 음악 악보에서 악곡(樂曲)의 어느 부분을 되풀이하도록[反復] 지시하는 기호(記號).

반:-봉건 半封建 (반 반, 봉할 봉, 세울 건). 자본주의 체제 안에 여전히 봉건적(封建的) 제도나 의식이 남아 있는[半] 상태.

반:분 半分 (반 반, 나눌 분). 절반(折半)으로 나눔[分]. 또는 절반의 분량. 분반(分半).

반비[1] 飯婢 (밥 반, 여자종 비). 예전에, 밥[飯] 짓는 일을 맡아보던 여종[婢]. ¶반비를 구하려고 시골에 갔다.

반:비[2] 反比 (반대로 반, 견줄 비). 수학 비례식에서 앞의 항과 뒤의 항을 바꾸어[反] 만든 비(比). A:B에 대한 B:A 따위. ㊥정비(正比).

반:-비례 反比例 (되돌릴 반, 견줄 비, 본보기 례). 수학 반대(反對)로 비례(比例)하는 관계. 한쪽이 커질 때, 다른 한쪽은 같은 비

율로 작아지는 관계. [반]정비례(正比例).

반:사¹ 半死 (반 반, 죽을 사). 반[半] 죽음[死]. 거의 죽게 됨. ¶관청에 끌려갔다가 반사 상태로 돌아왔다.

***반:사²** 反射 (되돌릴 반, 쏠 사). ① [물리] 빛이나 전파 따위가 어떤 물체의 표면에 부딪혀 되돌아[反] 쏘는[射] 현상. ¶거울은 빛을 반사한다. ② [생물] 자극에 대하여 기계적으로 일어나는 신체의 생리적인 반응.

▶반:사-각 反射角 (모서리 각). [물리] 반사선(反射線)과 법선이 만드는 각(角).

▶반:사-경 反射鏡 (거울 경). [물리] 빛을 반사(反射)하는 거울[鏡].

▶반:사-능 反射能 (능할 능). ① [속뜻] 반사(反射)할 수 있는[能] 비율. ② [물리] 물체에 수직으로 입사한 전자기파의 반사율.

▶반:사-등 反射燈 (등불 등). 반사경(反射鏡)을 써서 빛을 한쪽으로 모아 비치게 한 등(燈).

▶반:사-로 反射爐 (화로 로). [물리] 천장의 반사열(反射熱)을 이용하여 원료를 녹이는 형식의 용광로(鎔鑛爐).

▶반:사-선 反射線 (줄 선). [물리] '반사 광선'(反射光線)의 준말.

▶반:사-시 反射時 (때 시). [생물] 생체가 자극을 받은 때로부터 실제로 반사(反射)가 일어날 때까지 걸리는 시간(時間).

▶반:사-열 反射熱 (더울 열). [물리] 물체가 타면서 내쏘는[反射] 열(熱).

▶반:사-율 反射率 (비율 률). [물리] 입사(入射) 에너지와 반사(反射) 에너지의 비율(比率).

▶반:사-재 反射材 (재료 재). [물리] 원자로(原子爐)의 노심(爐心)에서 발생한 중성자가 밖으로 새는 것을 막기 위해 노심을 둘러싸는 반사체(反射體)로 쓰는 물질[材].

▶반:사-적 反射的 (것 적). 어떤 자극에 반응을 보이는[反射] 것[的]. ¶반사적으로 공을 피했다.

▶반:사-체 反射體 (몸 체). [물리] 반사(反射)하는 물체(物體).

▶반:사-파 反射波 (물결 파). [물리] 매질(媒質) 속을 진행하는 파동이 다른 매질의 경계면에서 반사(反射)하여 방향을 바꾸는 파동(波動).

▶반:사 광선 反射光線 (빛 광, 줄 선). [물리] 입사 광선이 반사(反射)하여 진공 따위의 매질(媒質) 속을 향해 진행하는 광선(光線). [준]반사선. [반]입사 광선(入射光線).

▶반:사 성운 反射星雲 (별 성, 구름 운). [천문] 가까이에 있는 항성의 빛을 반사(反射)하여 밝게 보이는 성운(星雲).

▶반:사 운:동 反射運動 (돌 운, 움직일 동). [의학] 반사(反射)에 의하여 무의식적으로 일어나는 운동(運動).

▶반:사 작용 反射作用 (지을 작, 쓸 용). ① [속뜻] 반사(反射) 운동이 일어나는 작용(作用). ② [물리] 파동(波動)이 반사되는 작용.

▶반:사 망:원경 反射望遠鏡 (바라볼 망, 멀 원, 거울 경). [물리] 물체에서 오는 빛을 오목 반사경으로 반사(反射)시키고 접안렌즈로 상(像)을 확대하여 보는 망원경(望遠鏡).

▶반:사 방지막 反射防止膜 (막을 방, 멈출 지, 꺼풀 막). [물리] 반사(反射)를 막기 위해[防止] 렌즈의 표면에 입힌 얇은 막(膜).

▶반:사 측각기 反射測角器 (잴 측, 모서리 각, 그릇 기). [물리] 광물의 결정면(結晶面)에 빛을 반사(反射)시켜서 그 결정면의 각(角)을 재는[測] 기구(器具).

반:-사회적 反社會的 (반대로 반, 단체 사, 모일 회, 것 적). 사회(社會)의 진보·발전에 반대(反對)되는 것[的]. ¶반사회적 인물.

반:사회 집단 反社會集團 (반대로 반, 단체 사, 모일 회, 모일 집, 모일 단). 사회(社會)의 질서와 규범을 거스르는[反] 집단(集團). 절도단 따위. ¶반사회 집단을 소탕하다.

반:삭 半朔 (반 반, 초하루 삭). 한 달[朔]의 절반(折半). 보름동안을 이른다.

반상 班常 (나눌 반, 보통 상). 양반(兩班)과 보통[常] 사람을 아울러 이르는 말. ¶반상의 구별 / 반상의 타파.

반-상회 班常會 (나눌 반, 보통 상, 모일 회). 국민 조직의 최하 단위인 반(班)의 구성원의 상례적(常例的) 모임[會].

반:생 半生 (반 반, 살 생). 한평생(平生)의 반(半). 반평생. ¶그는 반생을 민주화 운동에 바쳤다.

▶반:생-반:사 半生半死 (반 반, 죽을 사). 반(半)은 살고[生] 반(半)은 죽게[死] 된 상태. 거의 죽게 되어 생사를 알 수 없는 지경에 이름. ¶사고로 그는 반생반사의 상

태에 놓였다.

반석 盤石 (=磐石, 소반 반, 돌 석). ① 속뜻 넓고 편편한 소반[盤]같은 바위[石]. ② '아주 믿음직스럽고 든든함'을 비유하여 이르는 말. ⓑ너럭바위.

반:-설음 半舌音 (반 반, 혀 설, 소리 음). 언어 혓[舌] 소리 /ㄴ/ /ㄷ/ /ㅌ/ /ㄸ/과 거의[半] 비슷한 위치에서 나는 소리[音]. 훈민정음의 초성 체계에서 /ㄹ/ 소리를 이르며, 현대 음성학의 설전음 /r/ 또는 설측음 /l/에 해당한다.

*__반:성__[1] 反省 (되돌릴 반, 살필 성). 자기의 언행·생각 따위의 잘잘못이나 옳고 그름을 깨닫기 위해 스스로를 돌이켜[反] 살핌[省]. ¶반성의 기미가 보이지 않는다 / 잘못을 깊이 반성하다.

▸반:성-문 反省文 (글월 문). 자신의 언행에 대하여 잘못이나 부족함을 돌이켜 보며[反省] 쓴 글[文]. ¶반성문을 쓰다.

반:성[2] 半醒 (반 반, 깰 성). 술기운이나 졸음이 반(半)쯤 깸[醒]. ⓟ반취(半醉).

반성 유전 伴性遺傳 (따를 반, 성별 성, 남길 유, 전할 전). 생물 성(性)염색체에 있는 유전자에 따라[伴] 일어나는 유전(遺傳).

반:-세기 半世紀 (반 반, 세대 세, 연대 기). 한 세기(世紀)의 절반(折半). 50년. ¶분단 반세기.

반-세:포 伴細胞 (따를 반, 작을 세, 태보 포). 식물 속씨식물의 체관 옆에 따라[伴] 붙어 있는 길쭉한 세포(細胞).

반:소 半燒 (반 반, 불사를 소). 건물 따위가 반(半)쯤 탐[燒]. ¶10층 건물이 반소되었다.

반:-소설 反小說 (반대로 반, 작을 소, 말씀 설). 문학 전통적인 소설의 개념을 부정하고[反] 새로운 수법에 의한 소설의 가능성을 추구하려는 소설(小說). ⓑ앙티 로망(anti-roman).

반:송[1] 伴送 (짝 반, 보낼 송). ① 속뜻 다른 물건에 끼워서[伴] 함께 보냄[送]. ¶편지에 사진을 반송해서 보냈다. ②존귀한 사람을 보낼 때 시중드는 사람을 딸려 보냄.

반:송[2] 返送 (돌아올 반, 보낼 송). 도로 돌려[返] 보냄[送]. ¶주소가 틀린 편지는 반송한다. ⓑ환송(還送)

반송[3] 盤松 (소반 반, 소나무 송). 줄기가 밑부분부터 갈라져 가지가 소반처럼[盤] 옆으로 평평하게 퍼진 소나무[松]. ¶마당에 반송을 심었다.

반송[4] 搬送 (옮길 반, 보낼 송). 화물 따위를 운반(運搬)하여 보냄[送].

▸반송-대 搬送帶 (띠 대). 물건을 연속적으로 나르는[搬送] 띠[帶] 모양의 자동 장치. ⓑ컨베이어(conveyor).

▸반송-파 搬送波 (물결 파). 물리 주파수가 낮은 신호 파동을 보낼 때 실어 보내는[搬送] 높은 주파수의 파동(波動).

▸반송 전:화 搬送電話 (전기 전, 말할 화). 반송파(搬送波)를 이용한 전화(電話).

▸반송식 통신 방식 搬送式通信方式 (꼴 식, 통할 통, 소식 신, 방법 방, 법 식). 통신 고주파 전류를 신호로 바꾸어 보내는[搬送] 방식(方式)의 통신 방식(通信方式).

반:수 半數 (반 반, 셀 수). 전체의 절반(折半)의 수(數). ¶위원 반수가 그의 의견에 찬성했다.

▸반:수-성 半數性 (성질 성). 생물 생식 세포가 체세포(體細胞)의 반수(半數)의 염색체를 가지고 있는 상태. 또는 그러한 성질(性質).

▸반:수 세:대 半數世代 (인간 세, 시대 대). 생물 염색체의 수(數)가 반(半)으로 줄어드는 세포 분열에서 수정(受精)이 될 때까지의 세대(世代). ⓟ배수 세대(倍數世代).

▸반:수 염:색체 半數染色體 (물들일 염, 빛 색, 몸 체). 생물 감수 분열 때 체세포 염색체 수의 절반[半數]이 된 염색체(染色體).

반:수-주의 半獸主義 (반 반, 짐승 수, 주될 주, 뜻 의). 인간의 이성에 비해, 동물적 본능[半獸]인 성(性)을 만족시키려는 사상이나 태도[主義].

반:숙 半熟 (반 반, 익을 숙). 반(半) 쯤만 익힘[熟]. 또는 그렇게 익은 것. ¶계란을 반숙하다.

반:시 半時 (반 반, 때 시). ① 속뜻 한 시간(時間)의 반(半) 쯤. ②아주 짧은 시간. ¶그들은 반시도 쉬지 않고 열심히 일했다.

반:시-기호 反始記號 (되돌릴 반, 처음 시, 기록할 기, 표지 호). 음악 다시 처음으로[始] 돌아가[反] 연주하라는 악보상의 기

호(記號). ⓑ다 카포(da capo).

반:시-류 半翅類 (반 반, 날개 시, 무리 류). 동물 두 쌍의 날개가 있지만 변화하거나 퇴화하여 절반(折半)인 한 쌍만 날개[翅]의 역할을 하는 곤충의 한 종류(種類). 매미, 진디, 빈대 따위.

반:-식민지 半植民地 (반 반, 심을 식, 백성 민, 땅 지). 반(半) 쯤은 식민지(植民地)가 된 나라. 주권(主權)을 가지고 있기는 하나 실질적으로는 식민지나 다름없는 나라. ¶아편전쟁으로 청국은 반식민지 상태에 놓였다.

반:신[1] 半身 (반 반, 몸 신). 온몸[身]의 절반[半]. ⓑ전신(全身).

▸반:신-상 半身像 (모양 상). 상반신(上半身)의 사진, 초상, 소상(塑像) 따위를 통틀어 이르는 말.

▸반:신불수 半身不隨 (=半身不遂, 아닐 불, 따를 수). 의학 뇌출혈, 혈전, 종양 따위로 말미암아 몸[身]의 절반[半]이 마음대로[隨] 움직이지 않음[不]. 또는 그런 사람. ¶중풍으로 반신불수가 되다.

반:신[2] 半信 (반 반, 믿을 신). 반(半) 쯤만 믿음[信]. 완전히 믿지는 아니함.

▸반:신-반:의 半信半疑 (반 반, 의심할 의). 반(半) 쯤은 믿고[信] 반(半) 쯤은 의심(疑心)함. ¶그는 친구의 말을 반신반의하며 들었다. ⓑ차신차의(且信且疑).

반:신[3] 返信 (돌아올 반, 소식 신). 되돌려[返] 보내는 편지[信]나 전보. 회답하는 편지. ⓑ회신(回信). ⓑ왕신(往信).

▸반:신-료 返信料 (삯 료). 예전에 회답으로 보내는 편지나 전보 따위[返信]의 요금(料金)을 이르던 말.

반:실 半失 (반 반, 잃을 실). 절반(折半) 가량 잃거나[失] 손해를 봄. ¶올 농사는 반실이다.

반:심 叛心 (배반할 반, 마음 심). 배반(背叛)하려고 하는 마음[心]. ¶질투와 반심 / 반심을 품다.

반암 斑巖 (얼룩 반, 바위 암). 지리 석기(石基)속에 반정(斑晶)이 있는 바윗돌[巖]을 통틀어 이르는 말.

반:액 半額 (반 반, 액수 액). 정해진 것의 절반(折半)에 해당되는 금액(金額). ¶월급의 반액을 저축하다. ⓑ반값, 반금, 반가(半價). ⓑ전액(全額).

반:야[1] 半夜 (반 반, 밤 야). 한 밤[夜]의 반(半). 한밤중. ¶반야에 여자 혼자 있는 방에 돌입하다.

반야[2] 般若 (돌 반, 반야 야). 불교 산스크리트어 'Prajna'의 한자 음역어. 모든 사물의 본질을 이해하고 불법(佛法)의 참다운 이치를 깨닫는 지혜.

▸반야-경 般若經 (책 경). 불교 불법을 깨닫는 지혜를 얻기[般若] 위한 내용의 경전(經典). 불교의 제법 실상(諸法實相)을 설(說)한 경전을 통틀어 이르는 말.

▸반야 바라밀다 般若波羅蜜多 (물결 파, 새그물 라, 꿀 밀, 많을 다). 불교 불법을 꿰뚫는 지혜[般若]로 번뇌와 고통이 없는 경지인 피안으로 건넘[波羅蜜多]. ⓒ반야바라밀.

반:-양식 半洋式 (반 반, 서양 양, 법 식). 반(半) 쯤 서양식(西洋式)을 본뜬 격식(格式).

반:-양자 反陽子 (반대로 반, 볕 양, 씨 자). 물리 양자(陽子)와 전하나 자기의 부호가 반대(反對)인 소립자(素粒子). 양자와 만나면 소멸되어 에너지로 바뀌는 성질이 있다. ⓑ앤티프로톤(antiproton).

반:-양장 半洋裝 (반 반, 서양 양, 꾸밀 장). ① 속뜻 반(半) 쯤만 양장(洋裝)의 형식을 따른 제본방법. 속장을 실로 매고 겉장을 접착시켜 씌운 다음 속장과 겉장을 동시에 마무른다. ②반쯤 서양식으로 꾸민 옷차림.

반:어 反語 (반대로 반, 말씀 어). 표현하려는 뜻과는 반대(反對)되는 말[語].

▸반:어-법 反語法 (법 법). 논리 표현하려는 본뜻과는 반대(反對)되는 말[語]을 함으로써 문장의 변화 효과를 한결 높이려는 표현 방법(表現方法).

반:역 叛逆 (=反逆, 배반할 반, 거스를 역). 배반(背叛)하여 돌아섬[逆]. ¶그는 민족을 반역하고 적에게 동조했다.

▸반:역-자 叛逆者 (사람 자). 반역(叛逆)한 사람[者].

▸반:역-죄 叛逆罪 (허물 죄). 반역(叛逆) 행위를 한 죄(罪). ¶그는 반역죄로 추방당했다.

반연 攀緣 (잡을 반, 가선 연). ① 속뜻 가장자리[緣]에 있는 무엇을 붙잡고[攀] 기어오름. ②속된 인연에 끌림. ③권력 있는 사람에게 의지하여 출세함.

▸반연-성 攀緣性 (성질 성). 식물 담쟁이나 호박처럼 다른 것에 달라붙어[攀緣] 뻗어가는 식물의 성질(性質).

▸반연 식물 攀緣植物 (심을 식, 만물 물). 식물 다른 것에 달라붙어[攀緣] 뻗어가는 식물(植物). 호박이나 나팔꽃, 수세미, 오이 따위.

반열 班列 (나눌 반, 줄 렬). 품계, 신분, 등급[班]의 차례[列]. ⑪반차(班次).

반:영¹ 反影 (되돌릴 반, 그림자 영). 반사(反射)하여 비친 그림자[影].

반:영² 反映 (되돌릴 반, 비칠 영). ① 속뜻 빛 따위가 반사(反射)하여 비침[映]. ②어떤 영향이 다른 것에 미쳐 나타남. ¶그 드라마는 70년대의 시대상을 반영하고 있다.

▸반:영-론 反映論 (논할 론). 철학 인간의 인식은 객관적 현실 세계의 반영(反映)이라고 하는 유물론적 인식론(認識論).

반:-영구 半永久 (반 반, 길 영, 오랠 구). 거의[半] 영구(永久)에 가까움.

▸반:영구-적 半永久的 (것 적). 거의[半] 영구(永久)에 가까운 것[的]. ¶이 상품은 반영구적으로 사용할 수 있다.

반요 식물 攀繞植物 (잡을 반, 두를 요, 심을 식, 만물 물). 식물 다른 물체를 잡고[攀] 휘감으면서[繞] 뻗어가는 식물(植物). 담쟁이덩굴, 포도나무, 나팔꽃, 칡 따위.

반원¹ 班員 (나눌 반, 인원 원). 반(班)을 이루고 있는 구성원(構成員). ¶반원 모두 참석해야 한다.

반:원² 半圓 (반 반, 둥글 원). 수학 원(圓)을 반(半)으로 나눈 한 부분.

▸반:원-형 半圓形 (모양 형). 수학 반원(半圓)처럼 생긴 모양[形]. ¶반원형으로 진을 치다.

반:-원주 半圓周 (반 반, 둥글 원, 둘레 주). 수학 지름을 따라 원둘레[圓周]를 반(半)으로 나눈 한쪽.

반:월 半月 (반 반, 달 월). ① 속뜻 반원형(半圓形)의 달[月]. ②한 달의 절반. 보름동안의 기간.

▸반:월-판 半月瓣 (꽃잎 판). 의학 반달[半月]같이 생긴 판막(瓣膜). 오른심실과 허파동맥구 사이와 왼심실과 대동맥옆체 사이에 있으며, 피가 거꾸로 흐르는 것을 막는 일을 한다. ⑪반달 판막.

반:유 泮儒 (학교 반, 선비 유). 역사 지난날, 성균관[泮]에서 생활하면서 공부하던 유생(儒生).

반:-유동체 半流動體 (반 반, 흐를 류, 움직일 동, 몸 체). 죽 따위와 같이 반(半)은 흘러내릴[流動] 듯 되직한 액체(液體).

반:음 半音 (반 반, 소리 음). 음악 온음의 절반(折半)이 되는 음정(音程). '반음정'(半音程)의 준말. ⑫온음.

▸반:음-계 半音階 (섬돌 계). 음악 각 음의 사이가 반음(半音)으로 이루어진 음계(音階).

반:-음정 半音程 (반 반, 소리 음, 거리 정). 음악 온음의 절반(折半)이 되는 음정(音程). ㊟반음.

***반:응 反應** (되돌릴 반, 응할 응). ① 속뜻 되돌아[反] 나온 대응(對應). ②생체가 자극이나 작용을 받으면 튕겨 나오는 변화나 움직임. ¶과도한 반응 / 신경은 자극에 반응한다. ③ 화학 물질과 물질이 서로 작용하여 화학 변화를 일으키는 일. ¶나트륨은 염소와 반응하여 소금을 만든다.

▸반:응-열 反應熱 (더울 열). 화학 화학 반응(反應)에 따라 발생하거나 흡수되는 열(熱).

▸반:응 물질 反應物質 (만물 물, 바탕 질). 화학 서로 작용하여 화학 반응(反應)을 일으키는 물질(物質).

▸반:응 속도 反應速度 (빠를 속, 정도 도). 화학 화학 반응(反應)이 일어나는 속도(速度). 반응 물질의 농도·온도·압력·촉매 따위에 따라 달리 나타난다.

반:의-어 反意語 (반대로 반, 뜻 의, 말씀 어). 언어 어떤 낱말에 대하여 반대(反對)되는 뜻[意]을 지닌 낱말[語]. ⑪반대어(反對語). ⑫동의어(同義語).

반:일 反日 (반대로 반, 일본 일). 일본(日本)을 반대(反對)함. 또는 그런 감정. ¶반일 감정이 날로 격화되었다.

반입 搬入 (옮길 반, 들 입). 물건을 옮겨[搬] 들임[入]. ¶음식물 반입 금지. ⑫반출(搬

出).

반:-입자 反粒子 (반대로 반, 알 립, 씨 자). [물리] 소립자와 물리적 성질은 같지만, 전하(電荷)나 자기(磁氣)의 부호가 반대(反對)인 소립자(素粒子). '반대 입자'의 준말.

반:-자성 反磁性 (반대로 반, 자석 자, 성질 성). [물리] 자장(磁場)안에 둔 물체가 자장과 반대(反對) 방향으로 자성(磁性)을 띠게 되는 성질(性質).

▸반:자성-체 反磁性體 (몸 체). [물리] 반자성(反磁性)을 나타내는 물체(物體).

반:작 半作 (반 반, 지을 작). ① [농업] 소출이 평년작(平年作)에 비하여 반(半)쯤 됨. 또는 그 정도의 소출. ② 소작(小作). ③ 둘이 반씩 나누어 가지거나 치름. ¶나와 동생이 반작을 하여 부모님 선물을 샀다.

반:-작용 反作用 (반대로 반, 지을 작, 쓸 용). ① [속뜻] 어떤 움직임에 대해 반대(反對)의 움직임이[作用] 생겨나는 일. ② [물리] 어떤 물체가 다른 물체에 힘을 미쳤을 때, 동시에 되 미치어 오는 그와 똑같은 크기의 힘. [반]작용.

반장 班長 (나눌 반, 어른 장). '반'(班)이라는 조직의 책임자[長]. ¶형사 반장 / 학급 반장.

반:-장경 半長徑 (반 반, 길 장, 지름길 경). 타원형에서 긴[長] 쪽 지름[徑]의 절반(半). [비]반긴지름.

반:적 叛賊 (배반할 반, 도둑 적). 자기 나라를 배반(背叛)한 역적(逆賊). ¶반적을 처단하다.

반:전1 反戰 (반대로 반, 싸울 전). 전쟁(戰爭)을 반대(反對)함. ¶반전 시위를 벌이다.

▸반:전 문학 反戰文學 (글월 문, 배울 학). [문학] 전쟁(戰爭)을 반대(反對)하는 사상이나 주장 따위를 주제로 다룬 문학(文學). ¶바르뷔스의 『포화』(砲火)는 반전 문학의 대표작이다.

반:전2 反轉 (반대로 반, 구를 전). ① [속뜻] 반대(反對)쪽으로 구름[轉]. ② 일의 형세가 뒤바뀜. ¶유가가 상승세로 반전했다. ③ [수학] 평면 위에서 그 위의 직선을 축으로 하여 점을 대칭으로 이동시키는 일. ④ [연영] 사진에서 현상한 음화(陰畵)를 양화(陽畵)로 만드는 일. [비]역전(逆轉).

▸반:전 기류 反轉氣流 (공기 기, 흐를 류). [지리] 원래의 흐름과 반대(反對)로 흐르는[轉] 기류(氣流). 상공(上空)의 공기가 하부의 공기보다 따뜻해 일어나며, 미국의 서해안 일대에서 흔히 일어나는 현상이다.

▸반:전 도형 反轉圖形 (그림 도, 모양 형). [심리] 같은 도형이면서 보고 있는 동안에 원근이나 그 밖의 조건이 다르게[反轉] 보이는 도형(圖形).

반:절1 反切 (거꾸로 반, 끊을 절). [언어] ① 한자의 음을 나타낼 때 다른 두 한자의 음을 반씩 따서 합치는 방법. 초성의 음을 나타내는 부분을 '반'(反), 중성과 종성의 음을 나타내는 부분을 '절'(切)이라 한다. ② 한글의 '자모(字母)'를 달리 이르던 말. '훈몽자회'(訓蒙字會)의 범례에 전한다. ③ '반절본문'(本文)의 준말.

반:절2 半切 (=半截, 반 반, 벨 절). ① [속뜻] 절반[半]으로 자름[切]. 또는 그렇게 자른 반. ② 백지 등의 전지(全紙)를 절반으로 자른 것.

반:절3 半折 (반 반, 꺾을 절). 반(半)으로 꺾거나[折] 가름. [비]절반(折半).

반:점1 半點 (반 반, 점 점). ① [속뜻] 한 점(點)의 절반(折半). ② 매우 적은 양을 비유하여 이르는 말. ¶반점의 성의도 없다. ③ 잠시. ¶그는 철없는 아들 때문에 반점도 마음 편할 때가 없었다. ④ [언어] 문장 안에서 짧게 쉴 때 사용하는 문장부호. ','로 표기한다. [비]쉼표.

반점2 斑點 (얼룩 반, 점 점). 동식물 따위의 몸에 박혀 있는 얼룩얼룩[斑]한 점(點). ¶반점이 생긴 수박 잎 / 그의 이마에 반점이 생겼다.

반:정 反正 (되돌릴 반, 바를 정). ① [속뜻] 정도(正道)로 돌아감[反]. ② 난리를 바로잡음. ③ 지난날 나쁜 임금을 폐하고 새 임금이 들어서던 일. ¶인조 반정.

반:-정립 反定立 (반대로 반, 정할 정, 설 립). [철학] 변증법에서 첫 명제에 반대(反對)되는 형식으로 정립(定立)된 명제. '정반합'(正反合)의 '반'에 해당한다.

반:-정부 反政府 (반대로 반, 정사 정, 관청 부). 정부(政府)에 반대(反對)함.

반:제 反帝 (반대로 반, 임금 제). [정치] 제국

주의(帝國主義)에 반대(反對)함.

반:제-품 半製品 (반 반, 만들 제, 물건 품). 기초 재료에서 반(半) 정도 완성된 제품(製品). 모든 제조 과정을 거치지는 않았으나 그대로 저장과 판매가 가능한 중간 제품.

반:조[1] 反照 (되돌릴 반, 비칠 조). ① 속뜻 돌이켜[反] 비춰봄[照]. ② 되돌아 살펴봄. ¶ 젊은 시절을 반조하다.

반:조[2] 返照 (돌아올 반, 비칠 조). ① 속뜻 빛이 되[返] 비침[照]. 또는 그러한 빛. ② 저녁 햇빛을 받아 하늘이 붉게 비치는 것. 또는 그 햇빛. ¶석양이 하얀 벽에 반조되었다.

반:주[1] 半周 (반 반, 둘레 주). ① 속뜻 한 바퀴[周]의 반(半). ¶이 호수는 반주가 십 리나 된다. ② 둘레의 반을 도는 일. ¶부산까지 왔으니 전국의 반주는 된 셈이다.

반주[2] 伴走 (짝 반, 달릴 주). 마라톤 경주 등에서 자동차나 자전거로 선수와 함께[伴] 달리는[走] 일.

반:주[3] 伴奏 (짝 반, 연주할 주). 음악 짝[伴]을 맞추어 함께하는 연주(演奏). ¶피아노 반주에 맞추어 합창하다.

반주[4] 飯酒 (밥 반, 술 주). 끼니 때 밥[飯]에 곁들여서 마시는 술[酒]. ¶아버지는 반주로 막걸리를 드신다.

반:증 反證 (반대로 반, 증거 증). ① 속뜻 반대(反對)되는 근거를 들어 증명(證明)함. 또는 그런 증거. ¶그의 주장은 논리가 워낙 치밀해서 반증을 대기가 어렵다. ② 어떤 사실과 반대되는 것 같지만 그것을 증명한다고 볼 수 있는 사실.

반지[1] 半指 (=斑指, 반 반, 손가락 지). 두 짝의 반(半), 즉 한 짝으로만 손가락[指]에 끼는 것. 두 짝을 끼는 것은 가락지라고 한다.

반:지[2] 半紙 (반 반, 종이 지). ① 속뜻 반(半) 정도 크기의 종이[紙]. ② 얇고 흰 일본 종이. 세로 25㎝, 가로 35㎝ 정도로 종이의 질은 질기고 거칠며, 종류와 쓰임이 다양하다. ¶반지에 쓴 편지.

반:-직선 半直線 (반 반, 곧을 직, 줄 선). 수학 어떤 직선(直線)을 반(半)으로 나눈 것. 한 직선을 선상의 한 점으로 둘로 나누었을 경우, 그 각각의 부분을 이르는 말.

반:-직업적 半職業的 (반 반, 일 직, 일 업, 것 적). 다른 목적도 있으나 반(半)은 직업(職業)으로 삼다시피 하는 것[的].

반찬 飯饌 (밥 반, 반찬 찬). ① 속뜻 밥[飯]과 반찬[饌]. ② 밥에 곁들여 먹는 음식. ¶반찬거리를 사다. ㊣찬. ㊥부식(副食).

반창-고 絆瘡膏 (묶을 반, 상처 창, 고약 고). 상처[瘡]를 보호하거나 붕대를 고정시키기[絆] 위하여, 끈적한 물질[膏]을 발라서 만든 헝겊이나 테이프 따위. ¶얼굴에 반창고를 붙이다.

반:-체제 反體制 (반대로 반, 몸 체, 정할 제). 그 시대의 국가·사회를 지배하는 정치 체제(體制)에 저항함[反]. 또는 그것을 변혁하려고 꾀하는 일.

반:촉성 재:배 半促成栽培 (반 반, 재촉할 촉, 이룰 성, 심을 재, 북돋울 배). 농업 생육 과정이나 방법에 있어 반(半)은 인공적인 방법을 통해 성장(成長)을 재촉하는[促] 재배(栽培) 방식.

반:촌[1] 泮村 (학교 반, 마을 촌). 지난날, 성균관[泮] 근처에 있는 동네[村]를 이르던 말.

반촌[2] 班村 (나눌 반, 마을 촌). 조선 때, 양반(兩班)들이 많이 사는 마을[村]을 이르던 말. ㊥민촌(民村).

반:추 反芻 (되돌릴 반, 꼴 추). ① 동물 소나 염소 따위가 한번 삼킨 꼴 따위의 먹이[芻]를 다시 입 속으로 되올려[反] 씹는 일. ② 어떤 일을 되풀이하여 음미하거나 생각하거나 하는 일. ¶그는 선생님 말씀을 반추했다.

▸반:추-류 反芻類 (무리 류). 소화 형태상 반추(反芻)하는 특성을 가진 동물 종류(種類). 소나 양, 염소 따위.

▸반:추-위 反芻胃 (밥통 위). 반추(反芻) 동물의 위(胃). 동물에 따라 3실 또는 4실로 나누어져 있다.

▸반:추-증 反芻症 (증세 증). 의학 음식물[芻]이 뜻하지 않게 다시 입으로 역류하는[反] 증세(症勢).

▸반:추 동:물 反芻動物 (움직일 동, 만물 물). 동물 소화 형태상 반추(反芻)하는 특성을 가진 동물(動物). 소나 양, 염소 따위.

반출 搬出 (옮길 반, 날 출). 운반(運搬)하여 내옴[出]. ¶문화재를 반출하다. ㊥반입(搬入).

▸반출-증 搬出證 (증거 증). 반출(搬出)을

허가하는 증서(證書).

반:취 半醉 (반 반, 취할 취). 술에 약간[半] 취(醉)함. ㊥반성(半醒). ㊀만취(滿醉).

반:측 反側 (반대로 반, 곁 측). ① 속뜻 반대(反對)되는 측면(側面). ② 잠을 이루지 못하거나 어떤 생각에 잠겨 누운 채로 몸을 뒤척임. '전전반측'(輾轉反側)의 준말. ③ 두 마음을 품고 바른길로 나아가지 아니함.

반:-치음 半齒音 (반 반, 이 치, 소리 음). 언어 반(半)잇[齒] 소리[音]. 치음(齒音)과 거의 비슷한 자리에서 나는 소리. 훈민정음의 'ㅿ'의 소리.

*__반:칙__ 反則 (반대로 반, 법 칙). 주로 운동 경기 따위에서 규칙(規則)을 어김[反]. 또는 규칙에 어긋남. ¶농구에서는 다섯 번 반칙하면 퇴장을 당한다.

반:탁 운:동 反託運動 (반대로 반, 맡길 탁, 돌 운, 움직일 동). 역사 8·15 광복 직후 신탁(信託) 통치를 반대(反對)한 국민 운동(運動).

반:투-막 半透膜 (반 반, 뚫을 투, 꺼풀 막). ① 속뜻 반(半)만 투과(透過)시키는 성질을 지닌 막(膜). ② 화학 용액이나 기체의 혼합물에 대하여 일부 성분은 투과하고 일부 성분은 걸러내는 막. ③ 빛을 잘 통과시키지 않는 막. ㊐반투벽(半透壁).

반:-투명 半透明 (반 반, 비칠 투, 밝을 명). ① 속뜻 반(半) 정도는 빛[明]을 투과(透過)함. ② 어떤 것의 너머 있는 물체의 윤곽은 또렷하지 않으나 명암이나 빛깔 등은 분간할 수 있는 정도의 상태. ¶반투명 유리 / 반투명한 용기.

▸반:투명-체 半透明體 (몸 체). 물리 반투명(半透明)한 물체(物體).

반:투-벽 半透壁 (반 반, 뚫을 투, 담 벽). 화학 용액이나 기체의 혼합물에 대하여 일부[半] 성분은 투과(透過)하고 일부 성분은 걸러내는 막[壁]. ㊐반투막(半透膜).

반:투-성 半透性 (반 반, 뚫을 투, 성질 성). 생물 원형질막 따위가 용액의 혼합물 등에서 어떤 성분의 일부[半]만을 가려 투과(透過)하는 성질(性質). '반투과성'(半透過性)의 준말.

반:파 半破 (반 반, 깨뜨릴 파). 반(半)쯤 부서짐[破]. ¶사고로 차량이 반파되었다.

반:편 半偏 (반 반, 치우칠 편). ① 속뜻 한 개를 절반(折半)으로 나눈 한 편(偏). ② 지능이 좀 모자란 듯한 사람. ¶이런 반편이 같으니라고.

반:-평면 半平面 (반 반, 평평할 평, 쪽 면). 수학 평면(平面)을 한 직선으로 나누었을 때 각각의 반(半)쪽.

반:-평생 半平生 (반 반, 평안할 평, 살 생). 평생(平生)의 절반(折半)이 되는 시간 동안. ¶반평생 아들을 찾아 헤맸다.

반포[1] 頒布 (나눌 반, 펼 포). 세상에 널리 나누고[頒] 퍼뜨려[布] 모두 알게 함. ¶경국대전의 반포 / 훈민정음을 반포하다.

반:포[2] 反哺 (되돌릴 반, 먹일 포). ① 속뜻 까마귀의 새끼가 자라서 먹이를 물어다가 도리어[反] 늙은 어미를 먹임[哺]. ② 자식이 자라서 늙은 부모를 봉양함. 또는 은혜를 갚음을 비유하여 이르는 말.

▸반:포-조 反哺鳥 (새 조). ① 속뜻 어미 새에게 먹을 것을 물어다[反哺] 주는 새[鳥]. ② '까마귀'를 이르는 말.

▸반:포-보은 反哺報恩 (갚을 보, 은혜 은). 늙은 부모를 봉양하여[反哺] 길러 준 은혜(恩惠)에 보답(報答)함.

▸반:포지효 反哺之孝 (어조사 지, 효도 효). 자식이 자라서 늙은 부모를 봉양하여[反哺] 어버이가 길러 준 은혜에 보답하는 효성(孝誠).

반:품 返品 (돌아올 반, 물건 품). 사들인 물품(物品) 따위를 도로[返] 돌려보냄. 또는 그러한 물품. ¶싸게 판 것은 반품할 수 없습니다.

반:-풍수 半風水 (반 반, 바람 풍, 물 수). 서투른[半] 풍수(風水). 풍수설을 잘 이해하지 못함. 또는 그러한 사람. [속담]반풍수 집안 망친다.

반:-할인 半割引 (반 반, 나눌 할, 당길 인). 어떤 액수의 반(半)을 할인(割引)함.

반합 飯盒 (밥 반, 그릇 합). 직접 밥[飯]을 지을 수 있게 된, 알루미늄으로 만든 뚜껑 달린 그릇[盒]. 주로 군인이나 등산객들이 쓴다. ¶반합에 라면을 끓여 먹기도 했다.

반:합성 섬유 半合成纖維 (반 반, 합할 합, 이룰 성, 가늘 섬, 밧줄 유). 공업 천연 섬유질에 화학 처리를 하여 반(半) 정도는 합성(合

成) 섬유의 특성을 지니게 만든 인조 섬유(纖維).

반:항 反抗 (반대로 반, 막을 항). 순순히 따르지 않고 반대(反對)하거나 저항(抵抗)함. ¶부모에게 반항하다. ㉥복종(服從).

▸반:항-기 反抗期 (때 기). 심리 아동의 정신 발달의 한 단계로 자의식(自意識)이 강렬해져서 반항(反抗)이 잦은 시기(時期). ㉥반동기(反動期).

▸반:항-심 反抗心 (마음 심). 반항(反抗)하는 마음[心].

반:핵 反核 (반대로 반, 씨 핵). 핵무기, 원자력 발전소 등 원자핵(原子核)의 사용을 반대(反對)함. ¶반핵 시위를 벌이다.

반행 伴行 (짝 반, 갈 행). 짝[伴]이 되어 같이 길을 감[行]. ㉥동행(同行).

반향¹ 班鄕 (나눌 반, 시골 향). 양반(兩班)이 많이 살던 고장[鄕].

반:향² 反響 (되돌릴 반, 울릴 향). ① 물리 소리가 장애물에 부딪쳐 반사(反射)하여 울리는[響] 현상. ②어떤 일에 한 반응으로 나타나는 현상. 또는 그 의견이나 논의. ¶반향을 불러일으키다. ㉥메아리.

▸반:향 증상 反響症狀 (증세 증, 형상 상). 심리 다른 사람의 말이나 몸짓을 무의식적으로 되풀이하는[反響] 병적인 증상(症狀).

반:-허락 半許諾 (본음 [반허낙], 반 반, 들어줄 허, 승낙할 낙). 반(半)쯤 허락(許諾)함. ¶아버지께서 우리 결혼을 반허락하셨다.

반:-혁명 反革命 (반대로 반, 바꿀 혁, 운명 명). 혁명(革命)을 반대(反對)하여 구체제의 부활을 꾀하는 일. 또는 그 운동. ¶반혁명 운동 단체를 조직하다.

반:현 半舷 (반 반, 뱃전 현). 군함의 승무원을 우현(右舷) 당직과 좌현(左舷) 당직으로 나누었을 때의 그 한쪽[半].

반:환 返還 (돌아올 반, 돌려줄 환). 되돌아오거나[返] 되돌려 줌[還]. ¶입장료를 반환해 주다.

▸반:환-점 返還點 (점 점). 운동 선수들이 되돌아오는[返還] 지점(地點). ¶그는 이제 막 반환점을 돌았다.

반:-환형 半環形 (반 반, 고리 환, 모양 형). 둥근 고리[環]의 반(半)쪽 같은 모양[形]. ¶숲이 반환형으로 마을을 감싸고 있다.

반회 盤回 (쟁반 반, 돌 회). 물의 흐름이나 길이 쟁반(錚盤)처럼 빙빙 돎[回].

반:-회장 半回裝 (반 반, 돌 회, 꾸밀 장). 여자 저고리의 끝동, 깃, 고름의 일부[半]만을 자줏빛이나 남빛 천으로 둘러[回] 꾸민[裝] 것. ¶신부는 노란 반회장 저고리를 입었다.

반:휴 半休 (반 반, 쉴 휴). 하루의 반(半)은 쉼[休]. ¶토요일은 반휴한다.

반:-휴일 半休日 (반 반, 쉴 휴, 날 일). 오전이나 오후 한나절만 일하고 반(半)은 쉬는[休] 날[日]. ㉥반공일(半空日).

발각 發覺 (드러낼 발, 깨달을 각). ① 속뜻 숨겼던 일이 드러나[發] 알게 됨[覺]. ②감추었던 것이 드러나 모두 알게 됨. ¶범행이 형사에게 발각되었다.

발간 發刊 (필 발, 책 펴낼 간). 책이나 신문 등을 발행(發行)하여 펴냄[刊]. ¶새로운 잡지를 발간하다.

발검 拔劍 (뺄 발, 칼 검). 검(劍)을 칼집에서 뺌[拔].

***발견 發見** (드러낼 발, 볼 견). 남이 미처 찾아내지 못하였거나 세상에 널리 알려지지 않은 것을 먼저 드러내[發] 보임[見]. ¶콜럼버스는 아메리카 대륙을 발견했다.

▸발견-지 發見地 (땅 지). 무엇을 발견(發見)한 곳[地]. ¶발견지를 적어 놓았다.

발광¹ 發狂 (일어날 발, 미칠 광). ① 속뜻 병으로 미친[狂] 증세가 일어남[發]. ②미친 듯이 날뜀. ¶그건 춤이 아니라 발광이다.

발광² 發光 (쏠 발, 빛 광). 빛[光]을 냄[發]. ¶안전을 위해 발광 도료를 발랐다.

▸발광-기 發光器 (그릇 기). 생물 빛[光]을 내는[發] 기관(器官). 발광 동물의 체표(體表)에 있는 생물 발광을 위해 분화된 특별한 기관. ¶아귀는 발광기를 이용해 먹이를 잡는다.

▸발광-지 發光紙 (종이 지). 화학 발광 도료를 발라 어두운 곳에서 빛[光]이 나게[發] 만든 종이[紙].

▸발광-체 發光體 (몸 체). 물리 스스로 빛[光]을 내는[發] 물체(物體). ㊟광체. ㉥암체(暗體).

▸발광-충 發光蟲 (벌레 충). 동물 몸에서 빛

[光]을 내는[發] 곤충(昆蟲). 개똥벌레 따위.

▸발광 도료 發光塗料 (칠할 도, 거리 료). ① [속뜻] 빛[光]을 내는[發] 칠감[塗料]. ② [화학] 외부에서 빛이 들어오면 그 빛을 반사시키는 물감으로 도로 표지판이나 야간 작업복 따위에 사용됨. [반]야광 도료(夜光塗料).

▸발광 동:물 發光動物 (움직일 동, 만물 물). [동물] 몸에서 빛[光]을 내는[發] 동물(動物). 야광충, 개똥벌레 따위.

▸발광 반:응 發光反應 (되돌릴 반, 응할 응). [화학] 상온(常溫)에서 빛[光]이 나게[發] 하는 화학 반응(反應).

▸발광 생물 發光生物 (살 생, 만물 물). [생물] 제 몸에서 빛[光]을 내는[發] 기능을 가진 생물(生物).

▸발광 세:균 發光細菌 (가늘 세, 버섯 균). [식물] 어두운 곳에서 저절로 빛[光]을 내는[發] 세균(細菌). [준]발광균.

▸발광 식물 發光植物 (심을 식, 만물 물). [식물] 제 몸에서 빛[光]을 내는[發] 기능을 가진 식물(植物).

▸발광 신:호 發光信號 (소식 신, 표지 호). [해양] 선박에서 불[光]을 켰다[發] 껐다 하는 방식의 신호(信號). ¶구조선에 발광 신호를 보내다.

발군 拔群 (빼어날 발, 무리 군). 여럿[群] 가운데서 특히 뛰어남[拔]. ¶발군의 실력을 발휘하다. [비]일군(逸群).

*__발굴 發掘__ (드러낼 발, 팔 굴). ① [속뜻] 땅속에 묻혀 있는 유적 따위를 발견(發見)하여 파냄[掘]. ¶고대의 유적을 발굴하다 ②아직 알려지지 않은 뛰어난 인재나 희귀한 물건을 찾아냄. ¶인재를 발굴하다. [반]매몰(埋沒).

발권 發券 (필 발, 문서 권). 지폐 또는 돈이나 물품과 교환할 수 있는 종이로 된 증서[券]를 발행(發行)함. ¶승차권을 발권하다.

▸발권 은행 發券銀行 (돈 은, 가게 행). [경제] 은행권(銀行券)을 발행(發行) 할 수 있는 은행(銀行). 우리나라에는 한국은행이 있다.

▸발권 제:도 發券制度 (정할 제, 법도 도). [경제] 은행권(銀行券)을 발행(發行)하는 제도(制度).

발근 拔根 (뺄 발, 뿌리 근). ① [속뜻] 뿌리[根]를 뽑음[拔]. ②어떤 현상의 근거가 되는 것을 아주 없애 버림. ③ [한의] 종기(腫氣)의 뿌리를 뽑음.

발급 發給 (드러낼 발, 줄 급). 발행(發行)하여 줌[給]. ¶여권을 발급하다. [비]발부(發付).

발기[1] 勃起 (발끈할 발, 일어날 기). ① [속뜻] 갑자기 불끈[勃] 일어나[起] 꼿꼿해짐. ¶온몸의 혈관이 일시에 발기를 일으키다. ② [의학] 남성 성기(性器) 내부의 모세 혈관이 팽창하여 크게 부풀거나 꼿꼿하게 됨. ¶발기 현상.

▸발기 부전 勃起不全 (아닐 부, 온전할 전). [의학] 남성 성기의 발기(勃起)가 온전(穩全)하지 못한[不] 병적인 상태. 과로나 내분비 장애, 뇌척수 질환 등이 원인이다. [비]발기 불능(不能).

발기[2] 發起 (일으킬 발, 일어날 기). ① [속뜻] 어떤 새로운 일을 일으켜[發] 세움[起]. 앞장서서 시작함. ② [불교] 학인(學人)들이 둘러앉아 토론할 때에 경전을 읽는 사람.

▸발기-문 發起文 (글월 문). 새로운 일을 일으킬[發起] 때에 그 취지와 목적 따위를 적은 글[文].

▸발기-인 發起人 (사람 인). ① [속뜻] 어떤 일을 발기(發起)한 사람[人]. ② [법률] 주식회사의 설립을 기획하여 정관(定款)에 서명한 사람.

▸발기-회 發起會 (모일 회). 어떤 일을 시작하려고[發起] 모이는 모임[會].

발노 發怒 (드러낼 발, 성낼 노). 노여움[怒]을 드러냄[發]. 화를 냄.

발단 發端 (나타날 발, 처음 단). ① [속뜻] 어떤 일이 생겨난[發] 그 첫머리[端]. 처음으로 시작함. ¶민란이 발단되다. ②어떤 일이 벌어지게 된 이유. ¶사건의 발단.

⁑**발달 發達** (나타날 발, 이를 달). ① [속뜻] 생체 따위가 나서[發] 차차 완전한 모양과 기능을 갖추는 단계에 이르다[達]. ¶신체 발달. ②어떤 것의 구실·규모 등이 차차 커져 감. 진보 발전함. ¶문명의 발달. ③훌륭한 기능을 발휘할 수 있는 상태로 됨. [비]발육(發育), 성장(成長), 진보(進步), 발전(發展).

▸발달 지수 發達指數 (가리킬 지, 셀 수).

심리 아동의 발달(發達) 정도를 나타내는 수치[指數].

▸발달 심리학 發達心理學 (마음 심, 이치 리, 배울 학). 심리 정신의 성장과 발달(發達)을 대상으로 하여 그 일반적 경향이나 법칙 따위를 연구하는 심리학(心理學)의 한 부문. ㊥발생 심리학(發生心理學).

발대 發隊 (일으킬 발, 무리 대). 순찰대·기동대 같은 '대'(隊)라는 이름이 붙는 조직을 새로 만들어 활동을 시작함[發].

▸발대-식 發隊式 (의식 식). 순찰대·기동대 같은 '대'(隊)라는 이름이 붙는 조직을 새로 만들어 활동을 시작하는[發] 것을 기념하는 의식(儀式).

발동 發動 (일으킬 발, 움직일 동). ① 속뜻 어떤 기능이 활동(活動)을 일으킴[發]. 움직이기 시작함. ¶호기심이 발동하다. ② 동력을 일으킴. ¶내 차는 발동이 잘 걸리지 않는다.

▸발동-기 發動機 (틀 기). 동력(動力)을 일으키는[發] 기계(機械). ¶배 끝에 발동기를 달았다.

▸발동-력 發動力 (힘 력). 동력(動力)을 일으키는[發] 힘[力]. ¶발동력이 큰 자동차.

▸발동기-선 發動機船 (틀 기, 배 선). 해양 발동기(發動機)를 장착해 움직이는 선박[船]. ㊅발동선. 기선.

발란 撥亂 (다스릴 발, 어지러울 란). 난리(亂離)를 잘 다스려[撥] 평정함. ¶발란에 실패하여 사회가 혼란에 빠졌다.

발랄 潑剌 (뿌릴 발, 어지러울 랄). ① 속뜻 물을 튀기며[潑] 물고기가 이리저리 마구 뛰며 노는[剌] 모양. ② 표정이나 행동이 활발하고 명랑하다. ¶그녀는 젊고 생기발랄하다.

발령 發令 (드러낼 발, 명령 령). 사령(辭令), 경보 따위를 발표(發表)하거나 공포함. ¶인사 발령을 받다 / 태풍 경보가 발령되었다.

발로 發露 (드러낼 발, 드러낼 로). 숨겨 두었거나 간직하고 있었던 것이 겉으로 드러냄[發=露]. ¶따뜻한 우정의 발로.

발론 發論 (드러낼 발, 논할 론). 제안 또는 의논(議論)거리 따위를 말하여 드러냄[發]. ¶나의 발론을 친구들이 잘 들어 주었다.

발매 發賣 (일으킬 발, 팔 매). 팔기[賣] 시작함[發]. 상품을 팖. ¶그 잡지는 오늘 발매된다.

▸발매-소 發賣所 (곳 소). 상품 따위를 파는[發賣] 곳[處]. ¶입장권 발매소. ㊥발매처(發賣處).

▸발매-처 發賣處 (곳 처). 상품 따위를 파는[發賣] 곳[處]. ㊥발매소(發賣所).

▸발매 금ː지 發賣禁止 (금할 금, 멈출 지). 법률 상품, 증권, 출판물 따위를 팔지[發賣] 못하게[禁止] 하는 행정 처분. 흔히 풍속을 어지럽히거나 치안을 해칠 것을 우려하여 내린다. ㊅발금.

*__발명__ 發明 (드러낼 발, 밝을 명). ① 속뜻 잘못이 없다는 사실을 드러내어[發] 밝힘[明]. ¶듣기 싫다는데 무슨 발명이 그리 많으냐! ② 그때까지 없던 기술이나 물건 따위를 새로 생각해 내거나 만들어 냄. ¶금속 활자의 발명. ㊥변명(辨明).

▸발명-가 發明家 (사람 가). 발명(發明)을 전문으로 하는 사람[家]. ¶전국 각지의 발명가들이 한 자리에 모였다.

▸발명-권 發明權 (권리 권). 법률 발명자가 그 발명(發明)에 따른 이권을 독점할 수 있는 권리(權利). 특허권(特許權) 따위.

▸발명-왕 發明王 (임금 왕). 유용한 발명(發明)을 많이 한 사람[王]을 이르는 말. ¶에디슨은 최고의 발명왕이다.

▸발명-품 發明品 (물건 품). 발명(發明)한 물품(物品).

발모 發毛 (나타날 발, 털 모). 몸에 털[毛]이 돋아남[發]. 주로 머리털이 새로 돋아나는 것을 이른다. ¶발모를 촉진하는 약. ㊫탈모(脫毛).

▸발모-제 發毛劑 (약제 제). 약학 몸에 털[毛]이 나게[發] 하는 약[劑]. ㊥모생약(毛生藥).

발묘 拔錨 (뺄 발, 닻 묘). ① 속뜻 닻[錨]을 거두어 올림[拔]. ② 배가 출항함. ㊫투묘(投錨).

발묵 潑墨 (뿌릴 발, 먹 묵). 수묵화를 그리거나 붓글씨를 쓸 때 먹물[墨]이 번져서 퍼짐[潑].

발문 跋文 (끝 발, 글월 문). 책의 본문 끝[跋]에 그 내용의 대강이나 또는 그에 관련된 일을 간략하게 적은 글[文]. ⓑ권말기(卷末記), 발사(跋辭), 후기(後記). ⓑ서문(序文).

발반 發斑 (나타날 발, 얼룩 반). 한의 살갗에 반진(斑疹)이 돋아나는[發] 것. ¶아이의 온 몸에 발반이 생겼다.

발발[1] 勃勃 (발끈할 발, 발끈할 발). 사물이나 기운이 발끈[勃+勃] 일어남.

발발[2] 勃發 (발끈할 발, 나타날 발). 어떤 큰일이 갑자기[勃] 나타남[發]. ¶전쟁이 발발했다.

발병[1] 發兵 (일으킬 발, 군사 병). 군사[兵]를 일으켜서[發] 보냄. ¶스님들도 나라를 구하고자 발병하였다. ⓑ발군(發軍).

발병[2] 發病 (나타날 발, 병 병). 병(病)이 생겨남 남[發]. ¶이 병은 주로 어린이에게 발병한다.

발복 發福 (필 발, 복 복). 운이 트어 복(福)이 생김[發]. ¶부처상에 절하며 발복을 빌다.

▸ **발복지지** 發福之地 (어조사 지, 땅 지). ① 속뜻 장차 복(福)이 생길[發] 땅[地]. ② '좋은 묏자리'를 이르는 말.

발본 拔本 (뽑을 발, 뿌리 본). ① 속뜻 사물의 근본(根本) 원인을 뽑아[拔] 없앰. ¶왜구와 내통하는 자를 발본했다. ② 장사에서 밑천을 뽑음.

▸ **발본-색원** 拔本塞源 (막힐 색, 근원 원). 폐단의 근본(根本) 원인을 뽑고[拔] 근원(根源)을 아주 막아 버림[塞].

발부[1] 發付 (필 발, 줄 부). 증서나 영장 따위를 발행(發行)하여 줌[付]. ¶압수 수색 영장 발부. ⓑ발급(發給).

발부[2] 髮膚 (머리털 발, 살갗 부). 머리털[髮]과 피부(皮膚).

발분 發憤 (=發奮, 드러낼 발, 분할 분). ① 속뜻 분노(憤怒)의 마음을 드러냄[發]. 화를 냄. ② 마음과 힘을 다하여 떨쳐 일어남. ⓑ분발(奮發).

▸ **발분-망식** 發憤忘食 (잊을 망, 먹을 식). 몸과 마음을 다해 노력을 기울이느라[發憤] 밥 먹는[食] 것도 잊을[忘] 정도임.

발사 發射 (쏠 발, 쏠 사). ① 속뜻 활을 쏘기[射] 시작함[發]. ② 총이나 로켓 따위를 쏨. ¶미사일을 발사하다. ⓑ방사(放射).

▸ **발사-각** 發射角 (모서리 각). 군사 탄알이 발사(發射)되는 순간에 총신이나 포신이 수평면과 이루는 각(角). ⓒ사각.

▸ **발사-대** 發射臺 (돈대 대). 군사 총알이나 로켓 따위를 발사(發射)하기 위해 장치를 고정시켜 놓은 높은 곳[臺].

▸ **발사-약** 發射藥 (약 약). 탄알의 발사(發射)나 로켓 등의 추진에 쓰이는 액체나 고체의 화약(火藥).

발산 發散 (드러낼 발, 흩을 산). ① 속뜻 밖으로 드러나[發] 흩어짐[散]. ② 감정이나 냄새 따위가 밖으로 퍼지거나 흩어지게 함. ¶매력 발산 / 감정을 발산하다 / 향기를 발산하다. ③ 수학 함수의 값이 어느 일정한 수의 근방에 모이지 않고 극한에서 양 또는 음의 무한대가 되거나 진동하는 일.

▸ **발산-류** 發散流 (흐를 류). 식물 식물이 수분을 잎에서 발산(發散)함에 따라 물관내의 물이 위쪽으로 흐르는[流] 것. ⓑ증산류(蒸散流).

▸ **발산-수열** 發散數列 (셀 수, 줄 렬). 수학 수렴(收斂)하지 않아 늘어져 있는[發散] 무한 수열(數列).

▸ **발산 작용** 發散作用 (지을 작, 쓸 용). 식물 식물의 수분이 수증기가 되어 배출되는[發散] 작용(作用). ⓑ증산(蒸散).

▸ **발산 광선속** 發散光線束 (빛 광, 줄 선, 다발 속). 물리 한 점에서 나와 흩어지는[發散] 빛[光線]다발[束].

발상[1] 發喪 (일으킬 발, 죽을 상). 상사(喪事)를 시작함[發]. ¶상제가 곡으로 발상을 알렸다.

발상[2] 發祥 (나타날 발, 상서로울 상). ① 속뜻 상서로운 일[祥]이나 행복의 조짐이 나타남[發]. ② 어떤 일이 처음으로 나타남.

▸ **발상-지** 發祥地 (땅 지). ① 속뜻 나라를 세운 임금이 태어난[發祥] 땅[地]. ② 역사적인 일 따위가 처음으로 일어난 곳. ¶고대 문명의 발상지.

발상[3] 發想 (일으킬 발, 생각 상). ① 속뜻 궁리하여 새로운 생각[想]을 일으켜[發] 내는 일. 또는 그 새로운 생각. ¶참신한 발상. ② 사상이나 감정 따위를 표현하는 일. ③ 음악 악곡이 지닌 정서 따위를 연주할 때의 빠르기나 강약 등으로 표현하는 일.

▸ **발상 기호** 發想記號 (기록할 기, 표지 호). 음악 작곡가가 드러내려는 생각을[發想]

악보에 표시한 기호(記號). 음절의 강약, 음량의 변화 따위를 지시한다. [비]나타냄표.

발색 發色 (드러낼 발, 빛 색). ① [속뜻]어떤 처리를 하여 빛깔[色]을 드러내게[發] 함. ② [미술]염색물이나 컬러 필름 따위의 빛깔의 상태. ¶염료를 넣어서 천을 발색했다.

***발생 發生** (나타날 발, 날 생). ① [속뜻]어떤 일이나 사물이 나타나고[發] 생겨남[生]. ¶강진이 발생하다. ② [생물]난자(卵子)나 배자(胚子)가 자라서 하나의 개체가 됨.

▸발생-기 發生機 (=發生器, 틀 기). 일정한 기체가 생겨나게[發生] 하기 위한 장치[機]. ¶발생기를 점검하다.

▸발생-량 發生量 (분량 량). 어떤 사물이 나타나거나[發] 생겨나는[生] 나타나는 분량(分量). ¶일산화탄소 발생량을 줄이다.

▸발생-률 發生率 (비율 률). 어떤 사물이 생겨나거나[發生] 나타나는 비율(比率). ¶교통사고 발생률이 점차 낮아지고 있다.

▸발생-적 發生的 (것 적). 발생(發生)에 관계되는 것[的].

▸발생-학 發生學 (배울 학). [생물]생물의 발생(發生) 과정과 체제를 연구하는 생물학(生物學). [비]태생학(胎生學).

발선 發船 (떠날 발, 배 선). 배[船]가 떠남[發]. ¶발선 시간이 다 되었다.

발설 發說 (드러낼 발, 말씀 설). 말[說]을 입 밖으로 드러냄[發]. ¶비밀을 발설하다.

발섭 跋涉 (밟을 발, 건널 섭). ① [속뜻]산을 넘고[跋] 물을 건넘[涉]. ②여러 곳을 두루 돌아다님. ¶그는 전국을 발섭하여 지도를 완성했다.

발성 發聲 (드러낼 발, 소리 성). ① [속뜻]소리[聲]를 냄[發]. ¶발성연습을 하다. ②말을 꺼냄.

▸발성-기 發聲器 (그릇 기). [동물]동물체에서 소리[聲]를 내는[發] 기관(器官). '발성 기관'의 준말. [비]발음(發音) 기관.

▸발성-법 發聲法 (법 법). ① [속뜻]소리[聲]를 내는[發] 방법(方法). ② [음악]성악 따위의 기초적인 훈련으로서 목소리를 조절하여 내는 방법.

▸발성 영화 發聲映畫 (비칠 영, 그림 화). [연영]영상과 함께 소리[聲]가 나도록[發] 제작한 영화(映畫). [비]유성(有聲) 영화. [반]무성(無聲) 영화.

발송 發送 (보낼 발, 보낼 송). 물건이나 우편물 따위를 보냄[發=送]. ¶우편물을 발송하다.

▸발송-인 發送人 (사람 인). 물건이나 편지, 서류 따위를 부친[發送] 사람[人].

발-송전 發送電 (일으킬 발, 보낼 송, 전기 전). 발전(發電)과 송전(送電). 전기(電氣)를 만드는 일과 전기(電氣)를 보내는 일을 아울러 이르는 말. ¶발송전 설비를 갖추다.

발신[1] 發身 (일으킬 발, 몸 신). ① [속뜻]몸[身]을 일으켜[發] 출세함. ②천하거나 가난한 처지를 벗어나 앞길이 훤히 트임. ¶평민이 양반집 사위가 되다니 그런 발신이 어디 있겠나?

발신[2] 發信 (보낼 발, 소식 신). 편지로 소식[信]을 보냄[發]. ¶이 편지는 서울 발신이다. [반]수신(受信).

▸발신-국 發信局 (관청 국). 전파나 통신 따위를 보내는[發信] 우체국이나 전신 전화국[局].

▸발신-기 發信機 (틀 기). ① [속뜻]신호(信號)를 보내는[發] 기계(機械). ② [통신]송신기(送信機).

▸발신-인 發信人 (사람 인). 편지나 전보 따위를 부친[發信] 사람[人]. ¶발신인 주소. [반]수신인(受信人).

▸발신-지 發信地 (땅 지). 발신(發信)한 곳[地]. ¶발신지가 표시되어 있지 않다.

▸발신-주의 發信主義 (주될 주, 뜻 의). [법률]멀리 떨어져 있는 이에 대한 의사 표시는 발신(發信)과 동시에 그 효력이 생긴다는 견해[主義]. [반]도달주의(到達主義).

발심 發心 (일으킬 발, 마음 심). ① [속뜻]무슨 일을 하겠다고 마음[心]을 먹음[發]. ② [불교]불도에 들고자 하는 마음을 일으킴. '발보리심'(發菩提心)의 준말. ¶그는 발심하여 절로 들어갔다.

발아 發芽 (필 발, 싹 아). [식물]풀이나 나무에서 싹[芽]이 피어[發] 돋아남. ② [식물]씨앗이나 포자(胞子)가 활동을 시작하여 새 식물체가 껍데기를 찢고 나오는 현상. ¶발아가 늦어지다 / 텃밭에 뿌린 씨앗들이 발아하기 시작했다. ③어떤 사물이나 사태가 비롯함을 비유하여 이르는 말. ¶사상의 발아.

㊐아생(芽生).

▸발아-기 發芽期 (때 기). ① 식물 싹[芽]을 틔우는[發] 시기(時期). ¶보리 발아기에 가뭄이 크게 들었다. ②어떤 사물이나 사태가 비롯하는 때를 비유하여 이르는 말. ¶민족 문화의 발아기.

▸발아-력 發芽力 (힘 력). 농업 싹[芽]을 틔우는[發] 힘[力]. 발아력은 발아율과 발아 속도 등을 종합하여 이른다. ㊐발아세(發芽勢).

▸발아-법 發芽法 (법 법). 생물 튼[發] 싹[芽]이 점점 커지다가 모체에서 떨어져 새로운 개체를 이루는 무성 생식법(生殖法). ㊐출아법(出芽法).

▸발아-세 發芽勢 (힘 세). [농업 싹[芽]을 틔우는[發] 힘[力]. ㊐발아력.

▸발아-율 發芽率 (비율 률). 식물 뿌린 씨앗 가운데서 싹[芽]이 트는[發] 비율(比率).

▸발아 시험 發芽試驗 (따질 시, 효과 험). 농업 씨앗의 발아율(發芽率)과 발아력(發芽力)을 시험(試驗)하는 일.

발악 發惡 (드러낼 발, 나쁠 악). 온갖 나쁜[惡] 짓을 함[發]. ¶최후의 발악을 하다.

발안 發案 (드러낼 발, 안건 안). ① 속뜻 어떤 안건(案件)을 새롭게 내놓음[發]. ¶국민 발안제도. ②어떤 생각을 내놓음. ¶제품 개선책을 발안하다. ㊐발의(發議).

▸발안-권 發案權 (권리 권). 법률 어떠한 의안(議案)을 제출할[發] 수 있는 권한(權限).

▸발안-자 發案者 (사람 자). ① 속뜻 새로운 안(案)을 낸[發] 사람[者]. ②토의에 부칠 안건을 제출한 사람. ¶발안자가 보충설명을 했다.

발암 發癌 (나타날 발, 암 암). 암(癌)이 생김[發]. 암을 생기게 함. ¶담배에는 발암 물질이 많다.

▸발암 물질 發癌物質 (만물 물, 바탕 질). 암(癌)을 생기게 하는[發] 물질(物質).

발양[1] 發陽 (일으킬 발, 볕 양). 양기(陽氣)를 일어나게[發] 함. 정력이 성해짐.

발양[2] 發揚 (일으킬 발, 오를 양). ① 속뜻 일으켜[發] 올림[揚]. ②마음, 기운, 재주 따위를 떨쳐 일으킴. ¶도덕심의 발양.

▸발양 망:상 發揚妄想 (헛될 망, 생각 상). 심리 자기 자신을 과대평가하거나[發揚] 바라는 바가 충족되었다고 믿는 헛된[妄] 생각[想]. ㊥미소 망상(微小妄想).

발어 發語 (밝힐 발, 말씀 어). 뜻을 말하여[語] 밝힘[發]. ㊐발언(發言).

발언 發言 (밝힐 발, 말씀 언). 뜻을 말[言]로 밝힘[發]. 의견을 말함. 또는 그 말. ¶그는 이 문제에 대해 어떤 발언도 하지 않았다. ㊐발어(發語).

▸발언-권 發言權 (권리 권). 회의 등에서 발언(發言)할 수 있는 권리(權利). ¶의장은 그에게 발언권을 주었다. ㊟언권.

발연[1] 勃然 (발끈할 발, 그러할 연). ① 속뜻 발끈 성을 내는[勃] 그러한[然] 모양. ②갑자기 또는 드세게 일어나는 그러한 모양.

▸발연-변색 勃然變色 (바뀔 변, 빛 색). 발끈 성을 내며[勃然] 얼굴빛[色]을 바꿈[變].

발연[2] 發煙 (일으킬 발, 연기 연). 연기(煙氣)를 냄[發]. ¶발연 물질.

▸발연-제 發煙劑 (약제 제). 군사 연기(煙氣)를 내는[發] 데 쓰는 약제(藥劑). ㊐연막제(煙幕劑).

▸발연-탄 發煙彈 (탄알 탄). 군사 발연제(發煙劑)를 넣어 만든 탄(彈)알. 총으로 쏘거나 던져서 연막을 치는 데 쓴다.

발열 發熱 (일으킬 발, 더울 열). ① 속뜻 물체가 열(熱)을 냄[發]. ② 의학 건강의 이상으로 체온이 보통 상태보다 높아지는 일. ¶발열증상을 보이다.

▸발열-량 發熱量 (분량 량). 물리 일정한 양의 원료가 완전히 연소했을 때 발생(發生)하는 열(熱)의 양(量).

▸발열-제 發熱劑 (약제 제). 약학 체온을 높이는[發熱] 작용을 하는 약[劑].

▸발열-체 發熱體 (몸 체). 열(熱)을 내는[發] 물체(物體).

▸발열 반:응 發熱反應 (되돌릴 반, 응할 응). 화학 열을 내면서[發熱] 진행되는 화학 반응(反應). 탄소(炭素)의 연소 따위.

▸발열 요법 發熱療法 (병 고칠 료, 법 법). 의학 말라리아를 접종하여 인위적으로 체온□을 높여서[發熱] 병을 치료(治療)하는 방법(方法).

발염 拔染 (뺄 발, 물들일 염). ① 속뜻 색을 빼는[拔] 방식의 염색법(染色法). ② 수공 염색한 천에 색을 빼는 약제를 섞은 풀로 무늬를 찍은 다음에 증기 열처리로 그 부분의 색을 뺌으로써 무늬를 만들어 냄. ⓑ날염(捺染).

▸ **발염-제** 拔染劑 (약제 제). 수공 천의 색을 빼는[拔] 데 쓰이는 염색법(染色) 약제(藥劑).

발원[1] 發源 (나타날 발, 근원 원). ① 속뜻 물줄기가 생겨나는[發] 근원(根源). ¶한강은 태백산맥에서 발원한다. ② 어떤 사상이나 현상 등이 발생하여 일어남. 또는 그 근원.

▸ **발원-지** 發源地 (땅 지). ① 속뜻 흐르는 물줄기가 처음 시작한[發源] 곳[地]. ¶압록강의 발원지는 백두산이다. ② 어떤 사회 현상이나 사상 따위가 맨 처음 생기거나 일어난 곳. ¶고대 문명의 발원지.

발원[2] 發願 (밝힐 발, 바랄 원). 신이나 부처에게 소원(所願)을 밝힘[發]. 소원을 빎.

▸ **발원-문** 發願文 (글월 문). 신이나 부처에게 소원을 비는[發願] 내용을 적은 글[文]. ㊟원문.

⁂**발육** 發育 (나타날 발, 기를 육). 생물이 생겨나서[發] 차차 자람[育]. ¶그 아이는 발육이 빠르다. ⓑ성장(成長).

▸ **발육-기** 發育期 (때 기). 자라는[發育] 시기(時期). ⓑ성장기(成長期).

▸ **발육-지** 發育枝 (가지 지). 식물 과실나무의 가지만 자라고[發育] 열매를 맺지 못하는 가지[枝]. 잎눈만 생기고 꽃눈은 없기 때문이다.

▸ **발육 부전** 發育不全 (아닐 부, 온전할 전). 의학 어떠한 장기나 조직의 발육(發育)이 온전(穩全)하지 못한[不] 상태. 발육 불량(發育不良).

발음[1] 發蔭 (필 발, 덕택 음). 조상의 음덕(蔭德)이 피어나[發] 운수가 터짐. 조상의 덕으로 후손의 운수가 열림.

발음[2] 發音 (일으킬 발, 소리 음). 언어 혀, 이, 입술 등을 이용하여 소리[音]를 냄[發]. ¶정확하게 발음하다.

▸ **발음-기** 發音器 (그릇 기). 동물 '발음 기관'(發音器官)의 준말.

▸ **발음-체** 發音體 (몸 체). 물리 자체가 진동되어 소리[音]가 나는[發] 물체(物體). 악기의 소리가 나는 부분 따위.

▸ **발음 기관** 發音器官 (그릇 기, 벼슬 관). 언어 인체의 말소리[音]를 내는[發] 기관(器官). ¶혀, 이, 입술은 발음 기관이다. ② 동물 동물체의 소리를 내는[發音] 기관(器官). ㊟발음기. ⓑ음성 기관(音聲器官).

▸ **발음 기호** 發音記號 (기록할 기, 표지 호). 언어 언어의 발음(發音)을 표기하는 데 쓰이는 기호(記號). ⓑ발음 부호(發音符號), 표음 부호(表音符號), 음성 기호(音聲記號).

발의[1] 發意 (밝힐 발, 뜻 의). ① 속뜻 의견(意見)을 밝힘[發]. ② 계획이나 구상 따위를 생각해 냄. ¶이번 행사는 모두 그가 발의한 것이다.

발의[2] 發議 (드러낼 발, 의논할 의). 회의 등에서 의안(議案)을 내놓음[發]. 의안을 냄. ¶자신의 발의가 정식 안건으로 채택되었다. ⓑ발안(發案).

발인 發靷 (떠날 발, 가슴걸이 인). 장사를 지낼 때, 상여의 가슴걸이[靷]를 메고 집에서 떠나는[發] 일.

▸ **발인-기** 發靷記 (기록할 기). 발인(發靷)하기 전에 대문간에 써 붙이는 장사에 관한 기록(記錄).

▸ **발인-제** 發靷祭 (제사 제). 상여가 집을 떠날 때[發靷] 상여 앞에서 지내는 제사(祭祀).

발작 發作 (나타날 발, 일으킬 작). 증세가 갑자기 나타나거나[發] 병을 일으킴[作]. ¶그는 갑자기 쓰러져서 발작하기 시작했다.

▸ **발작-증** 發作症 (증세 증). 발작(發作)하는 증세(症勢).

▸ **발작성 해수** 發作性咳嗽 (성질 성, 기침할 해, 기침할 수). 의학 발작적(發作的)인 성향(性向)을 지닌 기침[咳嗽].

발적 發赤 (나타날 발, 붉을 적). 의학 염증 등으로 피부의 한 부분이 충혈되어 붉은색[赤]이 나타나는[發] 증상.

⁂**발전**[1] 發展 (일으킬 발, 펼 전). ① 속뜻 세력 따위를 일으켜[發] 그 기세를 펼침[展]. ② 어떤 상태가 보다 좋은 상태로 되어 감. ¶기술이 발전하다. ③ 어떤 일이 더 복잡한 단계로 나아감. ¶말다툼이 싸움으로 발전했다.

▸ **발전-상** 發展相 (모양 상). 발전(發展)하는 모습[相]. ¶조국의 발전상을 둘러보다.

▸ **발전-성** 發展性 (성질 성). 발전(發展)할 가능성(可能性). ¶발전성 있는 사업.

▸발전-적 發展的 (것 적). 보다 발전(發展)한 단계로 뻗어 가는 것[的]. ¶전통문화의 발전적 계승

▸발전 도상-국 發展途上國 (길 도, 위 상, 나라 국). 경제 발전(發展)이 선진 공업국으로 가는 길[途] 위[上]에 있는 나라[國]. ⓑ개발 도상국(開發途上國).

발전[2] 發電 (일으킬 발, 전기 전). 전기(電氣)를 일으킴[發]. ¶원자력 발전.

▸발전-관 發電管 (대롱 관). 물리 진동 전류(電流)를 일으키는[發] 데 쓰이는 진공관(眞空管).

▸발전-기 發電機 (틀 기). 전기 수력이나 화력, 원자력 따위를 이용해 전기(電氣)를 일으키는[發] 기계(機械). ¶터빈 발전기.

▸발전-량 發電量 (분량 량). 발전(發電)한 전기의 총량(總量). ¶메가와트는 발전량을 나타내는 단위이다.

▸발전-력 發電力 (힘 력). 전기(電氣)를 일으키는[發] 힘[力].

▸발전-소 發電所 (곳 소). 수력이나 화력, 원자력 따위로 발전기를 움직여서 전기(電氣)를 일으키는[發] 곳[所]. 또는 그 시설. ¶풍력(風力) 발전소.

▸발전-용 發電用 (쓸 용). 전기(電氣)를 일으키는[發] 데에 쓰이는[用] 것. ¶발전용 기름.

▸발전-체 發電體 (몸 체). 전기(電氣)를 일으키는[發] 물체(物體).

▸발전 기관 發電器官 (그릇 기, 벼슬 관). 동물 특수한 종류의 물고기에서 볼 수 있는 전기(電氣)를 일으키는[發] 기관(器官). ¶전기뱀장어는 발전 기관이 있다. ⓒ발전기.

발정[1] 發程 (떠날 발, 거리 정). 여정(旅程)을 떠남[發]. ¶병사들은 이미 발정한 뒤였다. ⓑ계정(啓程), 출발(出發).

발정[2] 發情 (일으킬 발, 사랑 정). 동물 포유류의 성숙한 암컷이 본능적으로 정욕(情慾)을 일으키는[發] 일. 생리적으로 교미가 가능한 상태가 됨. ¶고양이는 발정이 났는지 이상한 소리를 냈다.

▸발정-기 發情期 (때 기). 동물 포유류의 성숙한 암컷이 주기적으로 발정(發情)하는 시기(時期).

발제 發題 (드러낼 발, 주제 제). 주제(主題)를 맡아 조사하고 발표(發表)함. ¶오늘 토론에서는 사장이 직접 발제를 하였다.

발족 發足 (떠날 발, 발 족). ① 속뜻 목적지를 향하여 발길[足]을 옮김[發]. ② 어떤 단체나 모임 따위가 새로 만들어져 활동을 시작함. ¶특별 위원회를 발족하다.

발주 發注 (보낼 발, 쏟을 주). 상품 구입 주문(注文)을 보냄[發]. ⓑ수주(受注).

발진[1] 發進 (떠날 발, 나아갈 진). 출발(出發)하여 나아감[進]. ¶제트기가 모함에서 발진했다.

발진[2] 發疹 (나타날 발, 홍역 진). 의학 종기[疹]가 나타남[發]. 또는 그 종기. ¶피부에 발진이 생겼다.

▸발진-열 發疹熱 (더울 열). 의학 전신에 발진(發疹)과 열(熱)이 나는 증세의 병. 쥐벼룩이 옮기는 급성 전염병.

발진[3] 發振 (일으킬 발, 떨칠 진). 물리 전기 진동(振動)을 일으킴[發]. 또는 그 상태.

▸발진-기 發振器 (그릇 기). 물리 전기 진동(振動) 따위를 일으키는[發] 장치[器]. ¶분자 발진기.

발진-시 發震時 (일어날 발, 떨 진, 때 시). 지리 지진(地震)이 처음으로 일어난[發] 시각(時刻).

발차[1] 發車 (떠날 발, 수레 차). 기차, 자동차[車] 따위가 떠남[發].

발차[2] 發差 (보낼 발, 어긋날 차). 역사 죄지은[差] 사람을 잡아오라고 사람을 보내던[發] 일. ¶발차를 명한 지 보름인데 아직도 당도하지 않았다.

발착 發着 (떠날 발, 붙을 착). 출발(出發)과 도착(到着). ¶열차의 발착 시간

▸발착 시각 發着時刻 (때 시, 새길 각). 버스, 열차, 항공기 따위의 출발(出發) 시각(時刻)과 도착(到着) 시각(時刻).

발초 拔抄 (뽑을 발, 베낄 초). 글 따위에서 필요한 대목을 가려 뽑아서[拔] 베낌[抄]. 또는 그런 내용. ¶참고 문헌에서 글을 발초하다.

발췌 拔萃 (뽑을 발, 모을 췌). 글 가운데서 필요하거나 중요한 대목만을 뽑아[拔] 모음[萃]. 또는 그 글.

▸발췌-곡 拔萃曲 (노래 곡). 음악 오페라와 같은 큰 규모의 악곡에서 주요 부분이나 유명한 부분만을 골라[拔] 하나의 음악으로

엮은[萃] 곡(曲).

▸발췌-안 拔萃案 (안건 안). 가려 뽑아[拔] 새로 엮은[萃] 안건(案件).

발치 拔齒 (뺄 발, 이 치). 이[齒]를 뽑음[拔]. ¶사랑니가 썩어서 발치해야 합니다.

발탁 拔擢 (뺄 발, 뽑을 탁). ① 속뜻 빼내거나[拔] 뽑아[擢] 씀. ② 많은 사람 가운데서 특별한 사람을 뽑아 씀. ㊐탁발(擢拔).

발파 發破 (쏠 발, 깨뜨릴 파). 바위 같은 데에 구멍을 뚫고 폭약을 터뜨려[發] 깨는[破] 일. ¶돌산을 발파하다.

발포[1] 發布 (밝힐 발, 펼 포). 뜻을 밝혀[發] 폄[布]. 널리 알림. ¶새 법령들을 발포하다.

발포[2] 發泡 (일으킬 발, 거품 포). 거품[泡]을 일으킴[發]. ¶발포 현상.

발포[3] 發捕 (보낼 발, 잡을 포). 지난날, 포교를 보내[發] 죄를 지은 사람을 잡던[捕] 것.

발포[4] 發砲 (쏠 발, 탄알 포). 탄알[砲]을 쏨[發]. ¶발포를 명령하다.

발포[5] 發疱 (나타날 발, 물집 포). 피부에 물집[疱]이 생김[發].

***발표 發表** (드러낼 발, 겉 표). ① 속뜻 겉[表]으로 드러냄[發]. ② 어떤 사실이나 결과 따위를 세상에 널리 드러내어 알림. ¶소설을 발표하다.

▸발표-자 發表者 (사람 자). 발표(發表)하는 사람[者]. ¶발표자들이 모이다.

▸발표-회 發表會 (모일 회). 학문의 연구 결과나 예술 작품 등을 여러 사람 앞에서 발표(發表)하는 모임[會]. ¶전통 무용 발표회.

발한 發汗 (생길 발, 땀 한). 땀[汗]이 생기게 함[發]. 땀을 냄.

▸발한-제 發汗劑 (약제 제). 약학 땀[汗]을 내게[發] 하는 약제(藥劑). ㊐취한제(取汗劑).

발함 發艦 (떠날 발, 싸움배 함). ① 속뜻 군함(軍艦)이 항구를 떠남[發]. ② 항공기가 항공모함에서 날아오름.

발항[1] 發航 (떠날 발, 배 항). 배[航]가 항구를 떠남[發]. 운항을 시작함. ㊐발선(發船).

발항[2] 發港 (떠날 발, 항구 항). 배가 항구(港口)를 떠나감[發]. ㊐출항(出港). ㊀착항(着港).

발해 渤海 (바다 이름 발, 바다 해). 역사 고구려의 장수 대조영(大祚榮)이 세운 나라. 698~926. 요동을 제외한 고구려의 옛 영토를 거의 회복하여 한때 세력을 크게 떨쳤으나 신라 말엽에 요(遼)나라에게 패망하였다. 당에서 발해의 건국을 인정하면서 대조영에게 발해군공(渤海郡公 - 발해지역의 군장)이라는 관작을 내리면서 '발해'(渤海)라 이름 하였다.

발행 發行 (떠날 발, 갈 행). ① 속뜻 출발(出發)하여 길을 감[行]. ¶폭우로 발행이 늦어지다. ② 책이나 신문 따위를 발간하여 사회에 펴냄. ¶발행 부수(部數). ③ 화폐, 증권, 증명서 등을 만들어 세상에 내놓음. ¶새로운 화폐를 발행하다.

▸발행-고 發行高 (높을 고). 발행(發行)한 화폐, 증권, 채권 따위의 전체 액수[高]. ㊐발행액(發行額).

▸발행-권 發行權 (권리 권). 법률 출판물 따위를 발행(發行)할 수 있는 권리(權利).

▸발행-세 發行稅 (세금 세). 법률 사채(社債), 증권, 주권, 상품권 등을 발행(發行)할 때 징수하는 인지세(印紙稅).

▸발행-액 發行額 (액수 액). 발행(發行)한 화폐, 증권, 채권 따위의 전체 액수(額數).

▸발행-인 發行人 (사람 인). ① 속뜻 출판물을 발행(發行)하는 사람[人]. ② 법률 어음이나 수표 따위를 발행한 사람. ㊐발행자(發行者), 펴낸이.

▸발행-처 發行處 (곳 처). 출판물 따위를 발행(發行)한 곳[處].

▸발행 가격 發行價格 (값 가, 이를 격). 경제 주식이나 사채 따위를 발행(發行)할 때의 가격(價格).

▸발행 시:장 發行市場 (저자 시, 마당 장). 경제 증권을 발행(發行)하고 이를 거래하여 장기 자금의 수급(需給)이 이루어지는 추상적인 시장(市場).

▸발행 주식 發行株式 (주식 주, 법 식). 경제 이미 발행(發行)되어 회사 자본으로 넣은 주식(株式).

발향 發向 (떠날 발, 향할 향). 목적지를 향(向)해 출발(出發)함. ㊐향발(向發).

발현 發現 (=發顯, 드러낼 발, 나타날 현). 드러나거나[發] 나타남[現]. 또는 드러나게 함. ¶희생정신을 발현하다.

발현 악기 撥絃樂器 (튀길 발, 줄 현, 음악

악, 그릇 기). 음악 손가락으로 뜯거나 채 따위로 현(絃)을 퉁겨서[撥] 소리를 내는 악기(樂器). 기타, 만돌린, 하프 따위.

발호[1] **跋扈** (밟을 발, 뒤따를 호). 권력자를 따라[扈] 그 세력을 믿고 함부로 날뜀[跋]. ¶군벌과 외척의 발호.

발호[2] **發號** (드러낼 발, 부를 호). 호령(號令)을 발표(發表)함. 호령을 냄.

▸**발호-시령** 發號施令 (베풀 시, 명령 령). 호령(號令)을 내리고[發] 그 명령(命令)을 그대로 시행(施行)하게 함.

발화[1] **發話** (열 발, 말할 화). ① 속뜻 입을 열어[發] 말을 함[話]. ② 언어 소리를 내어 말을 하는 현실적인 언어 행위.

발화[2] **發火** (일으킬 발, 불 화). 불[火]을 일으킴[發]. 불을 냄. ¶발화 원인을 조사하다.

▸**발화-성** 發火性 (성질 성). 일정한 온도에서 불[火]이 나는[發] 성질(性質).

▸**발화-전** 發火栓 (마개 전). 기계 불[火]을 붙이기[發] 위한 플러그[栓]. ⓑ점화전(點火栓).

▸**발화-점** 發火點 (점 점). ① 속뜻 불[火]이 나는[發] 온도[點]. ② 화학 어떤 물질이 공기 속이나 산소 속에서 가열되어 저절로 타기 시작하는 최저 온도. ③화재가 처음 일어난 자리. ⓑ착화점(着火點).

▸**발화 온도** 發火溫度 (따뜻할 온, 정도 도). 화학 어떤 물질에 불[火]이 붙어[發] 타기 시작하는 온도(溫度). ⓑ발화점(發火點).

▸**발화 장치** 發火裝置 (꾸밀 장, 둘 치). 군사 탄약 따위에 불[火]을 붙이는[發] 데 필요한 장치(裝置).

발회 **發會** (열 발, 모일 회). ① 속뜻 모임[會]을 새로 엶[發]. ¶청년회를 발회했다. ② 경제 증권 거래소에서 매월 처음으로 여는 입회(立會). ⓑ납회(納會).

발효[1] **發效** (나타날 발, 효과 효). 법률이나 규칙 등이 효력(效力)을 나타냄[發]. ¶새 법률은 3월 1일 발효된다.

발효[2] **醱酵** (술빚을 발, 술밑 효). ① 속뜻 술밑[酵]으로 술을 빚음[醱]. ② 화학 효모(酵母)나 세균 따위의 미생물이 화학적으로 변하는 현상. 물질내의 유기 화합물을 분해하여 알코올류, 유기산류, 탄산가스 따위를 생기게 하므로, 술, 된장, 간장, 치즈 따위를 만드는 데에 쓴다. ¶콩을 발효시켜 간장을 만들다.

▸**발효-균** 醱酵菌 (세균 균). 식물 발효(醱酵) 작용을 일으키는 미생물[菌]. ⓑ효모균(酵母菌).

▸**발효-소** 醱酵素 (바탕 소). 화학 유기 화합물을 분해하여 발효(醱酵) 작용을 일으키는 요소(要素).

▸**발효-열** 醱酵熱 (더울 열). 화학 발효(醱酵)할 때 생기는 열(熱).

▸**발효-유** 醱酵乳 (젖 유). 화학 우유 따위에 유산균이나 효모를 섞어 발효(醱酵)시켜 만든 유제품(乳製品). 요구르트, 젖산 음료 따위.

발훈 **發訓** (드러낼 발, 가르칠 훈). 훈령(訓令)을 발표(發表)함.

****발휘** **發揮** (드러낼 발, 떨칠 휘). 재주나 재능 따위를 드러내어[發] 널리 떨침[揮]. ¶실력을 발휘하다.

발흥[1] **勃興** (성할 발, 일어날 흥). 갑자기 기운이 성하여[勃] 일어남[興]. ¶금융 산업의 발흥.

발흥[2] **發興** (나타날 발, 일어날 흥). 어떤 일이나 현상이 나타나[發] 일어남[興]. ¶문화 운동의 발흥.

방:가 **放歌** (놓을 방, 노래 가). 큰 소리로 노래[歌]를 목 놓아[放] 부름. ¶고성방가.

방:각[1] **倣刻** (본뜰 방, 새길 각). 본새를 본떠서[倣] 새김[刻].

방각[2] **傍刻** (곁 방, 새길 각). 도장의 옆[傍]에 새긴[刻] 글자.

방각-탑 **方角塔** (모 방, 모서리 각, 탑 탑). 건설 탑신(塔身)의 평면을 네모지게[方] 모서리[角]를 잡아 만든 탑(塔).

방간 **防奸** (막을 방, 간사할 간). 간사한[奸] 짓을 못 하게 막음[防].

방계 **傍系** (곁 방, 이어 맬 계). 직계에서 갈라져[傍] 나온 계통(系統). ¶방계 친족 / 방계 분야. ▸**방계-친** 傍系親 (친할 친). 법률 같은 계통(系統)에서 갈려나간[傍] 친족(親族) 사이의 관계.

▸**방계 존속** 傍系尊屬 (높을 존, 무리 속). 법률 같은 계통(系統)에서 갈려나간[傍] 친족(親族) 중에 자기보다 항렬이 높은 친족[尊屬]. 백숙(伯叔) 부모, 백숙 조부모 따위.

▸방계 친족 傍系親族 (친할 친, 겨레 족). 법률 방계(傍系) 혈족(血族)과 인족(姻族)을[親族] 통틀어 이르는 말.

▸방계 혈족 傍系血族 (피 혈, 겨레 족). 법률 자기와 같은 시조(始祖)로부터 갈려나간[傍系] 혈족(血族).

▸방계 회:사 傍系會社 (모일 회, 단체 사). 경제 같은 계통(系統)에서 갈려나간[傍] 회사(會社).

방:고-주의 倣古主義 (본뜰 방, 옛 고, 주될 주, 뜻 의). 문학 옛[古] 것을 모방(模倣)하려는 사상이나 태도[主義].

방:곡 放哭 (놓을 방, 울 곡). 목을 놓아[放] 욺[哭].

방곡-령 防穀令 (막을 방, 곡식 곡, 명령 령). 역사 조선 말기(1889)에 함경 감사 조병식이 일본으로 곡물(穀物)이 방출되는 것을 막기[防] 위해 내린 명령(命令).

방공[1] 防共 (막을 방, 함께 공). 공산주의(共産主義) 세력이 들어오거나 커지는 것을 막음[防]. ¶방공에 전력을 기울이다.

방공[2] 防空 (막을 방, 하늘 공). 항공기나 미사일에 의한 공중(空中) 공격을 막음[防]. ¶방공 훈련.

▸방공-호 防空壕 (도랑 호). 공습(空襲)을 막기[防] 위해 파 놓은 해자[壕]. 땅속에 마련한 대피 시설. ⓑ대피호(待避壕).

▸방공 경:보 防空警報 (타이를 경, 알릴 보). 적기의 공습(空襲)이나 그 가능성을 막기[防] 위해 미리 알리는 경보(警報).

▸방공 연:습 防空演習 (펼칠 연, 익힐 습). 군사 공습(空襲)을 막는[防] 훈련을 모의로 연출(演出)하여 익힘[習].

▸방공 훈:련 防空訓練 (가르칠 훈, 익힐 련). 군사 가상 하에 적의 공습(空襲)에 대비하는[防] 훈련(訓練). ⓑ방공 연습(防空演習).

방:과 放課 (놓을 방, 매길 과). 하루의 정해진 수업[課]을 마침[放].

▸방:과-후 放課後 (뒤 후). 학교에서 그 날의 수업을 마친[放課] 뒤[後]. ¶방과 후에 남아 공부를 하다.

방:관 傍觀 (곁 방, 볼 관). 그 일에 상관하지 않고 곁[傍]에서 보기[觀]만 함. ¶문제를 더 이상 방관할 수 없다. ⓑ방참(傍參).

▸방:관-자 傍觀者 (사람 자). 방관(傍觀)하는 사람[者].

▸방:관-적 傍觀的 (것 적). 직접 관여하지 않고 방관(傍觀)하는 것[的]. ¶방관적인 태도.

방:광[1] 放光 (놓을 방, 빛 광). 빛[光]을 내쏨[放].

방광[2] 膀胱 (오줌통 방, 오줌통 광). ① 속뜻 오줌통[膀=胱]. ② 의학 척추동물의 신장에서 흘러나오는 오줌을 저장하였다가 일정한 양이 되면 요도를 통하여 배출시키는 주머니 모양의 배설 기관.

▸방광-암 膀胱癌 (암 암). 의학 방광(膀胱) 점막에 생기는 암(癌).

▸방광-염 膀胱炎 (염증 염). 의학 세균의 감염 등으로 방광(膀胱) 점막에 생기는 염증(炎症).

▸방광 결석 膀胱結石 (맺을 결, 돌 석). 의학 방광(膀胱) 안에 돌[石]처럼 단단한 물질이 생기는[結] 병.

▸방광 결핵 膀胱結核 (맺을 결, 씨 핵). 의학 방광(膀胱)의 벽에 결핵(結核)성 궤양이나 결절(結節)이 생기는 병.

▸방광 종양 膀胱腫瘍 (종기 종, 종기 양). 의학 방광(膀胱)의 벽에 생기는 종양(腫瘍).

방국 邦國 (나라 방, 나라 국). 나라[邦=國]. ⓑ국가(國家).

방군-수포제 放軍收布制 (놓을 방, 군사 군, 거둘 수, 베 포, 정할 제). 역사 조선 때, 군역(軍役)에서 벗어나고자[放] 하는 사람에게 군포(軍布)를 거두던[收] 제도(制度).

방금 方今 (바로 방, 이제 금). 바로[方] 지금(只今). ⓑ금방.

방:기 放棄 (내칠 방, 버릴 기). 내쳐[放] 버려[棄] 아예 돌아보지 아니함. ¶책임을 방기하다.

방납 防納 (막을 방, 바칠 납). 역사 조선 때, 백성들이 직접 나라에 공납(貢納)하던 것을 하급 관리나 상인들이 막던[防] 일. 백성을 대신하여 공물을 낸 뒤, 백성에게서 높은 대가를 받았다. ¶방납의 폐단을 시정하기 위해 대동법을 시행했다.

방년 芳年 (꽃다울 방, 나이 년). 여자의 스무 살 안팎의 꽃다운[芳] 나이[年]. ¶방년 열여덟입니다. ⓑ방령(芳齡).

방:념 放念 (놓을 방, 생각 념). 마음[念]을 놓음[放]. ¶일이 끝나기 전에 방념은 금물이다.

방:뇨 放尿 (놓을 방, 오줌 뇨). 오줌[尿]을 눔[放]. ¶노상방뇨 금지.

방:담 放談 (놓을 방, 말씀 담). 생각나는 대로 거리낌 없이[放] 말함[談]. 또는 그런 이야기.

방:대 厖大 (클 방, 큰 대). 양이나 규모가 매우 많거나 크다[厖=大]. ¶자료가 방대하다.

방도 方道 (=方途, 방법 방, 방법 도). 어떤 일을 하거나 문제를 풀어 가기 위한 방법(方法)과 도리(道理). ¶먹고 살 방도가 막막했다.

방독 防毒 (막을 방, 독할 독). 독(毒)가스를 막음[防].

▸방독-면 防毒面 (낯 면). 군사 독(毒)가스나 연기 따위를 막고[防] 호흡기나 눈 등을 보호하기 위하여 얼굴[面]에 쓰는 것.

▸방독-의 防毒衣 (옷 의). 독(毒)가스를 막아[防] 몸을 보호하기 위해 화학적으로 처리한 옷[衣].

방:돈 放豚 (놓을 방, 돼지 돈). ① 속뜻 놓아[放] 기르는 돼지[豚]. ②붙들어 잡아 주지 않아서 제멋대로 자라난 아이를 이르는 말.

방:랑 放浪 (내칠 방, 물결 랑). ① 속뜻 추방(追放)되어 이곳저곳을 물결[浪]처럼 떠돌아다님. ②정한 곳 없이 이리저리 떠돌아다님. ¶김삿갓은 방랑시인으로 유명하다.

▸방:랑-객 放浪客 (손 객). 이곳저곳을 떠돌아다니는[放浪] 사람[客].

▸방:랑-기 放浪記 (기록할 기). 방랑(放浪) 생활을 적은 기록(記錄).

▸방:랑-벽 放浪癖 (버릇 벽). 정처 없이 떠돌아다니기를[放浪] 좋아하는 버릇[癖]. ¶방랑벽을 주체하지 못하다.

▸방:랑-시 放浪詩 (시 시). 문학 방랑(放浪) 생활을 읊은 시(詩).

▸방:랑-자 放浪者 (사람 자). 이곳저곳을 떠돌아다니는[放浪] 사람[者].

▸방:랑 생활 放浪生活 (살 생, 살 활). 일정한 거처나 직업이 없이 떠돌아다니며[放浪] 삶[生活].

방략 方略 (방법 방, 꾀할 략). 일을 꾀하고 해 나가는 방법(方法)과 계략(計略). ¶좋은 계책을 찾아냈다.

방:렬[1] 放列 (놓을 방, 줄 렬). 군사 포병 진지에서 화포를 사격 대형으로 열(列)을 짓는[放] 일. 또는 그 대형.

방렬[2] 芳烈 (향기 방, 세찰 렬). ① 속뜻 향기[芳]가 몹시 짙음[烈]. ②의기가 씩씩함. ㊀의열(義烈).

방령 芳齡 (꽃다울 방, 나이 령). 꽃다운[芳] 나이[齡]. ㊀방년(芳年).

방:론 放論 (놓을 방, 논할 론). 생각하는 대로 거리낌 없이[放] 논의(論議)함. ¶오랜 방론 끝에 결론을 내렸다.

방:류 放流 (놓을 방, 흐를 류). ① 속뜻 가두어 놓은 물을 터서 흘려[流] 보냄[放]. ②기르기 위하여 어린 물고기를 물에 놓아줌. ¶강에 물고기를 방류하다. ㊀방수(放水), 방생(放生).

방:만 放漫 (놓을 방, 멋대로 만). ① 속뜻 방심(放心)하여 함부로[漫] 함. ②하는 일 따위가 야무지지 못하고 엉성함. ¶방만한 경영으로 부도가 났다.

방:매 放賣 (놓을 방, 팔 매). 물건을 내놓고[放] 팖[賣]. ¶땅을 헐값에 방매하다. ㊀척매(斥賣).

▸방:매-가 放賣家 (집 가). 팔려고[賣] 내놓은[放] 집[家].

방면[1] 方面 (모 방, 쪽 면). ① 속뜻 모서리[方]진 곳[面]. ②어떤 장소나 지역이 있는 방향이나 구역. ¶공항 방면의 도로가 막힌다. ③뜻을 두거나 생각하는 분야. ¶그는 미생물 방면에서 최고이다.

방:면[2] 放免 (놓을 방, 면할 면). ① 속뜻 얽매인 상태에 있던 것을 풀어[放] 벗겨[免] 줌. ②구금 중인 피의자나 형기를 마친 재소자를 내보냄. ㊀석방(釋放).

방명 芳名 (꽃다울 방, 이름 명). ① 속뜻 꽃다운[芳] 이름[名]. ②'남의 이름'을 높여 부르는 말. ¶여기에 방명을 적어 주십시오. ③남들이 칭송하는 좋은 평판이나 이름. ¶방명을 천추에 남기다.

▸방명-록 芳名錄 (기록할 록). 특별히 기념하기 위하여 남의 성명[芳名]을 기록(記錄)해 두는 책. ㊀인명록(人名錄).

방모 紡毛 (실뽑을 방, 털 모). 수공 ①짐승의 털[毛]에서 실을 뽑음[紡]. ②방모사(紡毛絲).

▸방모-사 紡毛絲 (실 사). 수공 짐승의 털[毛]을 자아서[紡] 만든 털실[絲]. ㊟방모.

방:목[1] **榜目** (방 붙일 방, 눈 목). 과거 급제자의 이름을 적어 놓는 방(榜)의 명목(名目). ¶현감이 방목을 살펴보았다.

방:목[2] **放牧** (놓을 방, 기를 목). 소나 말, 양 따위의 가축을 놓아[放] 기름[牧]. ¶들에 소를 방목하다. ⓑ방축(放畜).

▸방:목-지 放牧地 (땅 지). 농업 가축을 놓아기르는[放牧] 일정한 땅[地]이나 장소. ¶방목지에 견학을 갔다. ⓑ목축지(牧畜地).

방무-림 防霧林 (막을 방, 안개 무, 수풀 림). 해무(海霧)를 막아[防] 논밭을 보호하기 위해 해안 지대에 조성한 숲[林].

방문[1] **方文** (방법 방, 글월 문). 약을 처방하거나 복용하는 방법(方法)을 적어 놓은 글[文]. '약방문'의 준말. ¶방문을 잘 읽어보면서 약을 지었다.

방문[2] **房門** (방 방, 문 문). 방(房)으로 드나드는 문(門). ¶누군가 방문을 두드렸다.

방:문[3] **榜文** (패 방, 글월 문). 어떤 일을 널리 알리기 위해 사람들이 다니는 길거리나 많이 모이는 곳에 패[榜]를 붙이고 써놓은 글[文]. ¶큼직한 글씨로 방문을 내걸었다.

*__방:문__[4] **訪問** (찾을 방, 물을 문). 찾아가서[訪] 안부 등을 물음[問]. ¶총리가 중국을 방문하다.

▸방:문-객 訪問客 (손 객). 찾아온[訪問] 손님[客].

▸방:문-기 訪問記 (기록할 기). 어떤 곳을 방문(訪問)하여 그곳의 사정이나 인상 따위를 적은[記] 글. ¶유럽 방문기를 잡지에 연재하다.

▸방:문-단 訪問團 (모일 단). 방문(訪問)하기 위하여 조직한 집단이나 단체(團體). ¶중국 방문단.

▸방:문-자 訪問者 (사람 자). 어떤 사람이나 장소를 찾아오는[訪問] 사람[者]. ¶외부 방문자를 위한 방.

방:미 訪美 (찾을 방, 미국 미). 미국(美國)을 방문(訪問)함. ¶방미 일정.

방방곡곡 坊坊曲曲 (동네 방, 동네 방, 굽을 곡, 굽을 곡). 동네[坊] 마다 산골짜기의 굽이[曲] 마다 한 군데도 빼놓지 아니한 모든 곳. ¶전국 방방곡곡을 떠돌아다니다. ㊟곡곡. ⓑ각처(各處), 도처(到處).

방백 傍白 (곁 방, 말할 백). ①속뜻 바로 옆에서[傍] 하는 듯한 말[白]. ②문학 연극에서 연기자가 청중에게는 들리나 무대 위의 상대편에게는 들리지 않는 것으로 약속하고 하는 대사.

방범 防犯 (막을 방, 범할 범). 범죄(犯罪)가 일어나지 않도록 막음[防]. ¶방범 대책을 세우다.

▸방범-대 防犯隊 (무리 대). 범죄를 막기[防犯] 위하여 조직된 단체[隊]. ¶방범대를 조직하다.

*__방법 方法__ (방법 방, 법 법). ①속뜻 방식(方式)이나 수법(手法). ②어떤 목적을 달성하기 위하여 취하는 수단. ¶방법을 찾다.

▸방법-론 方法論 (논할 론). 철학 학문의 연구 방법(方法)에 관한 의론(議論).

방벽 防壁 (막을 방, 담 벽). ①속뜻 외적을 막기[防] 위해 쌓은 벽(壁). ②어떤 것을 지키는 구실을 하는 것.

방부 防腐 (막을 방, 썩을 부). 썩는[腐] 것을 막음[防]. 건조, 냉장, 밀폐, 소금 절임, 훈제, 가열 따위의 방법이 있다.

▸방부-성 防腐性 (성질 성). 어떤 물질이 썩는[腐] 것을 방지(防止)하는 성질(性質).

▸방부-재 防腐材 (재료 재). 건설 썩는[腐] 것을 막기[防] 위해 쓰는 재료(材料).

▸방부-제 防腐劑 (약제 제). 약학 물건이 썩는[腐] 것을 방지(防止)하는 약제(藥劑). 알코올이나 포르말린 따위. ¶방부제가 첨가된 식품은 건강에 좋지 않다.

방:불 彷彿 (비슷할 방, 비슷할 불). 거의 비슷함[彷=彿]. ¶산사태로 인한 사고 현장은 전쟁터를 방불케 했다.

방비 防備 (막을 방, 갖출 비). 적의 침공이나 재해 따위를 막을[防] 준비(準備)를 함. 또는 그 준비. ¶방비를 강화하다.

▸방비-책 防備策 (꾀 책). 방비(防備)하는 대책(對策).

방사[1] **房事** (방 방, 일 사). ①속뜻 방(房)에서 벌이는 일[事]. ②남녀가 잠자리를 같이 하는 일. ⓑ성교(性交), 야사(夜事), 양사(陽

事), 행방(行房).

방:사² 放赦 (놓을 방, 용서할 사). ① 속뜻 잘못을 용서하여[赦] 놓아줌[放]. ② 가톨릭 준성사의 하나. 성직자가 십자가, 묵주 따위에 기도하여 주는 일을 이른다.

방:사³ 放飼 (놓을 방, 먹일 사). 가축을 가두거나 매어 두지 않고 놓아서[放] 기름[飼]. ⊕방목(放牧).

방사⁴ 紡絲 (실뽑을 방, 실 사). 공업 실[絲]을 뽑아내는[紡] 일. 섬유를 만들 수 있는 고분자 물질을 녹여서 가는 구멍을 통하여 이루어지며, 건식 방사, 습식 방사, 용융 방사 따위의 방식이 있다.

⁑방:사⁵ 放射 (놓을 방, 쏠 사). ① 속뜻 사방으로 방출(放出)하거나 쏘아[射] 내뻗침. ② 물리 물체가 빛이나 열 같은 에너지를 밖으로 내뿜음.

▸**방:사-기** 放射器 (그릇 기). 액체나 기체를 방사(放射)하는데 쓰는 기구(器具).

▸**방:사-능** 放射能 (능할 능). 물리 라듐, 우라늄, 토륨 따위 원소의 원자핵이 붕괴하면서 방사선(放射線)을 방출할 수[能] 있는 성질. ¶원자로에서 방사능이 누출되었다.

▸**방:사-상** 放射狀 (형상 상). 중앙의 한 점에서 사방으로 바퀴살처럼 죽죽 뻗친[放射] 모양[狀].

▸**방:사-선** 放射線 (줄 선). ① 속뜻 중앙의 한 점에서 사방으로 죽죽 뻗쳐 있는[放射] 선(線). ② 물리 방사성 원소가 붕괴되면서 방출되는 입자선(粒子線) 및 복사선(輻射線).

▸**방:사-성** 放射性 (성질 성). 물리 물질이 방사능(放射能)을 가진 성질(性質). ¶방사성 동위 원소.

▸**방:사-열** 放射熱 (더울 열). 물리 물체에서 방사(放射)되는 전자기파가 물체에 흡수되어 열(熱)로 변함. 또는 그때 발생한 열이 변한 에너지. ⊕복사열(輻射熱).

▸**방:사-진** 放射塵 (티끌 진). '방사성 낙진'(放射性落塵)을 일상적으로 이르는 말.

▸**방:사-형** 放射形 (모양 형). 바퀴살[放射] 모양[形]. ¶방사형 도로. ⊕방사상(放射狀).

▸**방:사능-우** 放射能雨 (능할 능, 비 우). 핵폭발로 방출된 인공 방사능(放射能)이 들어 있는 비[雨]. ⊕방사능비.

▸**방:사능-전** 放射能戰 (능할 능, 싸울 전). 군사 방사능(放射能) 무기를 사용하는 전쟁(戰爭).

▸**방:사능-증** 放射能症 (능할 능, 증세 증). 의학 방사능(放射能)에 노출되어 일어나는 여러 가지 증세(症勢).

▸**방:사능-진** 放射能塵 (능할 능, 티끌 진). 핵이 폭발할 때 핵분열로 생기는 방사능(放射能)을 지닌 먼지[塵]. ㊜낙진(落塵), 방사진.

▸**방:사상-균** 放射狀菌 (형상 상, 세균 균). 생물 팡이실과 같은 것을 사방으로 내놓는[放射] 모양[狀]의 세균(細菌). 실제로는 세균과 곰팡이의 중간적 성질을 가진 미생물이다. ⊕방선균(放線菌).

▸**방:사선-과** 放射線科 (줄 선, 분과 과). 의학 방사선(放射線)을 이용하여 병을 진단하고 치료하는 과(科).

▸**방:사능 원소** 放射能元素 (능할 능, 으뜸 원, 바탕 소). 물리 방사선(放射線)을 방출할 수[能] 있는 원소(元素). ⊕방사성 원소(放射性元素).

▸**방:사능 무:기** 放射能武器 (능할 능, 굳셀 무, 그릇 기). 모든 생물, 공기, 물 따위의 환경을 방사성[放射能] 물질로 오염시켜 사람을 해치는 무기(武器).

▸**방:사선 사진** 放射線寫眞 (줄 선, 베낄 사, 참 진). 물리 투과력이 큰 엑스선, 감마선 따위의 방사선(放射線)을 이용하여 물체의 내부를 찍은 사진(寫眞). ⊕엑스선 사진.

▸**방:사선 요법** 放射線療法 (줄 선, 병 고칠 료, 법 법). 의학 방사선(放射線)을 이용하여 질병을 치료(治療)하는 방법(方法).

▸**방:사선 의학** 放射線醫學 (줄 선, 치료할 의, 배울 학). 의학 방사선(放射線)의 인체에 대한 치료 효과를 연구하는 의학(醫學).

▸**방:사선 장애** 放射線障礙 (줄 선, 막을 장, 거리낄 애). 의학 방사선(放射線)을 쬐었을 때 인체에 일어나는 장애(障礙).

▸**방:사성 물질** 放射性物質 (성질 성, 만물 물, 바탕 질). 물리 방사성(放射性) 원소를 지니는 물질(物質).

▸**방:사성 오염** 放射性汚染 (성질 성, 더러울 오, 물들일 염). 물리 방사성(放射性) 물질에 의한 오염(汚染).

▸**방:사성 원소** 放射性元素 (성질 성, 으뜸

원, 바탕 소). 물리 스스로 방사선(放射線)을 배출하는 성질(性質)을 지닌 원소(元素). 방사능 원소(放射能元素).

▶방:사성 동위 원소 放射性同位元素 (성질 성, 같을 동, 자리 위, 으뜸 원, 바탕 소). 물리 방사성(放射性)을 가지는 원자 번호는 같으나[同位] 질량수가 서로 다른 원소(元素).

방사-림 防沙林 (막을 방, 모래 사, 수풀 림). 산이나 바닷가에 모래[沙]가 비에 씻기거나 바람에 날리는 것을 막기[防] 위해 만들어 놓은 숲[林].

방:산 放散 (놓을 방, 흩을 산). 널리 펼쳐 놓아[放] 흩어짐[散]. 또는 흩뜨림.

▶방:산-충 放散蟲 (벌레 충). 생물 중심에서 밖을 향해 퍼지는[放散] 모습을 하는 플랑크톤[蟲] 종류.

방색 方色 (모 방, 빛 색). '동·서·남·북·중앙'의 다섯 방위(方位)에 따른 '청·백·적·흑·황'의 다섯 가지 빛깔[色].

▶방색-기 方色旗 (깃발 기). '동·서·남·북·중앙'의 다섯 방위(方位)에 따라 각기 빛깔[色]을 달리한 깃발[旗].

방:생 放生 (놓을 방, 살 생). 불교 사람에게 잡혀 죽게 된 생물(生物)을 놓아주는[放] 일. ¶거북이를 방생하다.

방서 芳書 (향기 방, 글 서). ① 속뜻 향기로운[芳]의 편지글[書]. ② '남의 편지'를 높여 이르는 말. ㊥방한(芳翰).

방석[1] 方席 (모 방, 자리 석). 네모[方] 모양의 깔고 앉는 자리[席]. ㊥좌욕(坐褥).

방:석[2] 放釋 (놓을 방, 풀 석). ① 속뜻 용서하여 풀어[釋] 놓아줌[放]. ② 법률 법에 의하여 구속하였던 사람을 풀어 자유롭게 하는 일. ㊥석방(釋放).

방선 傍線 (곁 방, 줄 선). 세로쓰기에서, 글줄의 오른편[傍]에 내리긋는 줄[線]. 가로쓰기에서의 밑줄과 같다. ¶방선을 긋다.

방:선-균 放線菌 (놓을 방, 줄 선, 세균 균). 생물 팡이실과 같은 것을 사방으로 내놓는[放射] 모양[狀]의 세균(細菌). 실제로는 세균과 곰팡이의 중간적 성질을 가진 미생물이다. ㊥방사상균(放射狀菌).

▶방:선균-병 放線菌病 (병 병). 의학 방선균(放線菌)에 의해서 발생하는 만성 전염병(傳染病).

방설 防雪 (막을 방, 눈 설). 폭설, 눈보라, 눈사태[雪] 따위로 생기는 피해를 막음[防]. ¶겨울철 방설 대책을 세워 놓았다.

방:성 放聲 (놓을 방, 소리 성). 크게 소리[聲]를 지름[放]. 또는 크게 지르는 소리.

▶방:성-대곡 放聲大哭 (큰 대, 울 곡). 소리[聲]를 지르며[放] 크게[大] 욺[哭]. ㊥방성통곡.

▶방:성-통곡 放聲痛哭 (아플 통, 울 곡). 소리[聲]를 지르며[放] 비통(悲痛)하게 욺[哭]. ㊥방성대곡.

방세 房貰 (방 방, 세놓을 세). 남의 방(房)에 세(貰)를 들고 내는 돈. ¶방세가 비싸다.

방소-항변 妨訴抗辯 (방해할 방, 하소연할 소, 막을 항, 말 잘할 변). ① 속뜻 소송(訴訟)을 방해(妨害)하며 항변(抗辯)함. ② 법률 민사 소송에서 피고가 원고에 의하여 제기된 소송 요건에 결함이 있음을 주장하는 일.

방속 方俗 (모 방, 풍속 속). 지방(地方)의 풍속(風俗).

방손 傍孫 (곁 방, 손자 손). 방계(傍系)에 속하는 혈족의 자손(子孫).

*__방:송__ 放送 (놓을 방, 보낼 송). ① 역사 죄인을 석방(釋放)하여 내보냄[送]. ② 라디오나 텔레비전을 통하여 음성이나 영상을 전파로 내보내는 일. ¶방송에 출연하다.

▶방:송-국 放送局 (관청 국). 일정한 시설을 갖추어 방송(放送)을 하는 기관[局].

▶방:송-극 放送劇 (연극 극). 연영 라디오 등을 통해서 방송(放送)하는 연극(演劇).

▶방:송-기 放送機 (틀 기). 언론 소리나 영상을 라디오나 텔레비전으로 수신할 수 있도록 고주파 전류로 바꾸어 송신 안테나로 보내는[放送] 기계(機械).

▶방:송-망 放送網 (그물 망). 언론 라디오나 텔레비전의 각 방송국을 연결시켜 동시에 같은 프로그램을 방송(放送)하는 체제[網].

▶방:송-반 放送班 (나눌 반). 학교에서 교내 방송(放送)을 맡아서 하는 학생들의 모임[班]. ¶방송반에 가입하다.

▶방:송-법 放送法 (법 법). 법률 방송(放送) 사업의 내용을 규정한 법률(法律).

▶방:송-사 放送社 (회사 사). 방송(放送)을

영업으로 하는 회사(會社). ¶방송사를 방문하다.

▸방:송-실 放送室 (방 실). 설비를 갖추고 방송(放送)을 하는 방[室].

▸방:송-원 放送員 (사람 원). 방송(放送)을 전문으로 맡아 하는 사람[員].

▸방:송-파 放送波 (물결 파). 전기 라디오나 텔레비전 방송(放送)에 사용되는 전파(電波).

▸방:송 교:육 放送教育 (가르칠 교, 기를 육). 교육 방송(放送)을 통하여 베푸는 교육(教育).

▸방:송-극본 放送劇本 (연극 극, 책 본). 언론 방송극(放送劇)의 전개, 장면, 배우의 대사, 동작, 음악, 음향 효과 등을 지정한 대본(臺本).

▸방:송 수신기 放送受信機 (받을 수, 소식 신, 틀 기). 언론 라디오나 텔레비전 따위의 전파를 통해 실려[放送] 온 소리나 영상을 받을[受信] 수 있게 한 기계(機械).

▸방:송 주파수 放送周波數 (둘레 주, 물결 파, 셀 수). 언론 방송(放送)에 사용되는 주파수(周波數).

방수[1] **傍受** (곁 방, 받을 수). 통신 무선 통신에서 당사자가 아닌 다른 사람이 옆[傍]에서 그 통신을 우연히 또는 고의적으로 수신(受信)함.

방수[2] **防水** (막을 방, 물 수). 물[水]이 새거나 넘쳐흐르는 것을 막음[防]. ¶방수 설비 / 방수 대책.

▸방수-림 防水林 (수풀 림). 수해(水害)를 막기[防] 위해 강가나 바닷가에 만들어 놓은 숲[林].

▸방수-모 防水帽 (모자 모). 물[水]이 스며들지 않도록[防] 처리하여 만든 모자(帽子).

▸방수-복 防水服 (옷 복). 물[水]이 스며들지 않도록[防] 처리하여 만든 옷[服].

▸방수-제 防水劑 (약제 제). 화학 종이나 헝겊, 건물 등에 물[水]이 스며들지 않도록[防] 바르는 약제(藥劑).

▸방수-지 防水地 (땅 지). 물[水]이 스며들지 않도록[防] 처리하여 만든 천[地].

▸방수-지 防水紙 (종이 지). 물[水]이 스며들지 않도록[防] 처리하여 만든 종이[紙]. ㊐내수지(耐水紙).

▸방수-층 防水層 (층 층). 건설 지붕이나 지하실의 벽과 바닥 등에 물[水]이 스며들지 않도록[防] 특수 재료로 시공한 부분[層].

▸방수-포 防水布 (베 포). 물[水]이 스며들지 않도록[防] 처리하여 만든 천[布].

▸방수-화 防水靴 (구두 화). 물[水]이 스며들지 않도록[防] 처리하여 만든 신[靴].

▸방수 장치 防水裝置 (꾸밀 장, 둘 치). 물[水]이 스며드는 것을 막는[防] 장치(裝置).

방수[3] **防守** (막을 방, 지킬 수). 막아서[防] 지킴[守].

▸방수 도시 防守都市 (도읍 도, 저자 시). 군사 군사적 방어력[防守]을 갖추고 있어서 국제법상으로 무차별 포격이나 폭격이 허용되는 도시(都市). ㊥개방 도시(開放都市), 무방비 도시(無防備都市).

▸방수 동맹 防守同盟 (한가지 동, 맹세할 맹). 군사 제삼국의 공격을 막고[防] 자기 나라를 지키기[守] 위해 맺은 두 나라 이상의 동맹(同盟). ㊐방어 동맹(防禦同盟).

방:수[4] **放水** (놓을 방, 물 수). 물길을 찾거나 터서 물[水]을 흘려보냄[放]. ¶방수 펌프.

▸방:수-로 放水路 (길 로). 홍수를 막거나 발전을 위해 인공으로 만든, 물[水]을 흘려보내는[放] 수로(水路).

방순 **芳醇** (향기 방, 진한 술 순). 향기롭고[芳] 맛이 좋은 술[醇].

방술 **方術** (방법 방, 꾀 술). 방법(方法)과 기술(技術). ㊐법술(法術).

방습 **防濕** (막을 방, 젖을 습). 습기(濕氣)를 막음[防]. ¶방습 공사.

▸방습-재 防濕材 (재료 재). 건설 건물 내부에 습기(濕氣)가 스며드는 것을 막기[防] 위해 사용하는 재료(材料). 도료, 합성수지 따위.

▸방습-제 防濕劑 (약제 제). 화학 습기(濕氣)를 막는[防] 데 쓰이는 약제(藥劑). 다른 물질에서 수분을 제거하여 건조시키는 물질. ㊐건조제(乾燥劑).

⁑**방식**[1] **方式** (방법 방, 꼴 식). 어떤 일정한 방법(方法)이나 형식(形式). ¶자기 방식대로 하다. ㊐법식(法式).

방식[2] **防蝕** (막을 방, 갉아먹을 식). 금속 표면의 부식(腐蝕)을 막음[防]. ¶금속판을 방식하다.

▸방식-제 防蝕劑 (약제 제). 화학 금속 표면의 부식(腐蝕)을 막는[防] 데 쓰이는 약제(藥劑).

방실-판 房室瓣 (방 방, 방 실, 꽃잎 판). 의학 심장의 심방(心房)과 심실(心室) 사이에 있는 판막(瓣膜). 혈액의 역류를 막는다.

방심[1] 芳心 (꽃다울 방, 마음 심). ① 속뜻 아름다운[芳] 마음[心]. ② 남의 친절한 마음. ⑪방정(芳情), 방지(芳志).

방:심[2] 放心 (놓을 방, 마음 심). ① 속뜻 다른 것에 정신이 팔려 마음[心]을 놓아 버림[放]. ¶방심은 금물이다. ② 걱정하던 마음을 놓음.

방심[3] 傍心 (곁 방, 마음 심). 수학 방접원(傍接圓)의 중심(中心). 삼각형에서 한 변과 다른 두 변의 연장선에 접하는 원의 중심.

방안[1] 方案 (방법 방, 생각 안). 해결 방법(方法)이나 생각[案]. ¶해결 방안이 떠올랐다.

방안[2] 方眼 (모 방, 눈 안). ① 속뜻 네모난[方] 눈[眼] 모양의 것. ② 수학 모눈종이에 그려진 세로줄과 가로줄의 교차로 생긴 사각형. ⑪모눈.

▸방안-지 方眼紙 (종이 지). 모눈[方眼]이 그려진 종이[紙]. ⑪모눈종이.

▸방안 지도 方眼地圖 (땅 지, 그림 도). 군사 동서와 남북으로 좌표를 표시하는 선이 교차되어 있는[方眼] 지도(地圖).

방애 妨礙 (방해할 방, 거리낄 애). ① 속뜻 방해(妨害)가 되는 장애(障礙). ② 일이 순조롭게 진행되지 못하도록 거치적거림.

▸방애-물 妨礙物 (만물 물). 방애(妨礙)가 되는 물건(物件).

방약무인 傍若無人 (곁 방, 같을 약, 없을 무, 사람 인). 곁[傍]에 사람[人]이 없는[無] 것같이[若] 거리낌 없이 함부로 행동함.

방어 防禦 (막을 방, 막을 어). 적이 쳐들어오는 것을 막음[防=禦]. ¶산성(山城)에서 적의 공격을 방어하다. ⑫공격(攻擊).

▸방어-망 防禦網 (그물 망). 군사 ① 적이 쳐들어오는 것을 막기[防禦] 위해 병력과 시설을 그물[網]처럼 늘여 놓은 전술적 체계. ¶철통같은 방어망을 치다. ② 정박 중인 함선을 어뢰의 공격에서 보호하기 위해 그 주위에 둘러친 그물.

▸방어-선 防禦線 (줄 선). 군사 적의 공격을 막기[防禦] 위하여 진지를 구축해 놓은 전선(戰線). ¶최후의 방어선이 무너졌다.

▸방어-율 防禦率 (비율 률). 운동 야구에서, 투수가 상대팀의 공격을 방어(防禦)한 비율(比率).

▸방어-전 防禦戰 (싸울 전). ① 군사 방어(防禦)를 위주로 하는 전투(戰鬪). ② 운동 프로 권투 따위에서 챔피언이 타이틀을 지키기 위해 갖는 경기. ¶그는 이번 경기가 타이틀 방어전이다. ㊟방전.

▸방어 동맹 防禦同盟 (한가지 동, 맹세할 맹). 군사 제삼국의 공격을 막기[防禦] 위해 맺은 두 나라 이상의 동맹(同盟). ⑪방수동맹(防守同盟).

▸방어 지역 防禦地域 (땅 지, 지경 역). 군사 각 부대가 적의 공격을 방어(防禦)하기 위해 맡은 지역(地域).

▸방어 진지 防禦陣地 (진칠 진, 땅 지). 군사 적의 공격을 막기[防禦] 위해 지형을 이용해서 만든 진지(陣地). ¶방어 진지를 구축하다.

▸방어 해:역 防禦海域 (바다 해, 지경 역). 군사 군사상의 방어(防禦)를 위해 지정된 해역(海域). ⑪방어 해면(防禦海面).

방:언[1] 放言 (놓을 방, 말씀 언). 거리낌 없이 함부로[放] 말[言]을 함. 또는 그런 말. ¶무책임한 방언을 하였다.

방언[2] 方言 (모 방, 말씀 언). ① 언어 표준어와 달리 어떤 지역이나 지방(地方)에서만 쓰이는 특유한 언어(言語). ¶함경도 방언은 알아듣기 어렵다. ② 기독교 성령을 받은 신자가 늘어놓는 뜻을 알 수 없는 말. ⑪사투리. ⑫표준어(標準語).

▸방언-학 方言學 (배울 학). 언어 방언(方言)에 관하여 연구하는 학문(學問).

방역[1] 邦譯 (나라 방, 옮길 역). 외국의 글을 자기 나라[邦] 말로 옮김[譯]. 또는 그 옮긴 글.

방역[2] 防疫 (막을 방, 돌림병 역). 돌림병[疫]의 발생, 침입, 전염 따위를 막음[防]. 또는 그것을 위해 마련하는 조처.

▸방역-진 防疫陣 (진칠 진). 전염병[疫]을 미리 막기[防] 위한 조직이나 의료진(醫療陣).

방연-석 方鉛石 (모 방, 납 연, 돌 석). 광업 납

[鉛]의 원료가 되는며, 정육면체[方]의 결정형을 갖는 광석(鑛石). 등축 정계(等軸晶系)로 되어 있다. 방연-석方鉛石

방:열 放熱 (놓을 방, 더울 열). 열(熱)을 밖으로 내놓음[放]. 열을 발산함.

▸방:열-기 放熱器 (그릇 기). 기계 ① 열을 발산시켜[放熱] 공기를 따뜻하게 하는 난방 장치[器]. ② 공기나 물의 열을 발산시켜 기계를 냉각시키는 장치. ⓑ라디에이터(radiator).

방열-형 傍熱型 (곁 방, 더울 열, 모형 형). 물리 음극(陰極)이 곁[傍]에 있는 가열기에 의하여 열(熱)을 받아서 열전자를 내보내게 되어 있는 방식[型]의 진공관.

방:영 放映 (놓을 방, 비칠 영). 텔레비전으로 영상(映像)을 방송(放送)함. ¶다큐멘터리를 방영하다.

방용 芳容 (꽃다울 방, 얼굴 용). ① 속뜻 꽃다운[芳] 얼굴[容]. ② '남의 용모'를 높여 이르는 말.

방원 方圓 (모 방, 둥글 원). 모진 것[方]과 둥근 것[圓].

*__방위__[1] 方位 (모 방, 자리 위). 방향(方向)을 정한 위치(位置). ¶지도에 방위를 표시하다.

▸방위-각 方位角 (모서리 각). 천문 관측자(觀測者)가 서 있는 위치(位置)의 자오선(子午線)과 주어진 점의 방위(方位)가 이루는 각(角).

▸방위-선 方位線 (줄 선). 방위(方位)를 나타내기 위해 그어 놓은 선(線).

▸방위-표 方位表 (겉 표). 방위(方位)를 나타내는 표식이 그려 있는 표(表). ¶방위표를 참고하다.

▸방위 도법 方位圖法 (그림 도, 법 법). 지리 지도의 중심으로부터 지도상의 어떤 점까지의 방위각(方位角)을 정확하게 나타낼 수 있는 지도(地圖) 투영법(投影法).

방위[2] 防衛 (막을 방, 지킬 위). 적이 쳐들어오는 것을 막아[防] 지킴[衛]. ¶방위 산업 / 수도를 방위하다.

▸방위-력 防衛力 (힘 력). 방위(防衛)하는 힘[力]. ¶방위력을 증강하다.

▸방위-선 防衛線 (줄 선). 군사 적의 공격을 막기[防衛] 위해 부대가 배치되어 있는 전선(戰線).

▸방위-세 防衛稅 (세금 세). 법률 국토 방위(防衛)를 위해 국방력을 증강하는 데 필요한 재원 확보를 목적으로 걷는 세금(稅金).

▸방위-주 防衛株 (주식 주). 경제 외국 자본이나 바람직하지 못한 자본에 의해서 기업이 지배되는 것을 막기[防衛] 위해 발행하는 주식(株式).

▸방위 산:업 防衛産業 (낳을 산, 일 업). 군사 국가 방위(防衛)를 위한 무기 등의 군수 물자를 생산하는 모든 산업(産業). ⓑ군수 산업(軍需産業).

▸방위 조약 防衛條約 (조목 조, 묶을 약). 군사 방위(防衛)를 목적으로 국가 간에 맺는 조약(條約). ¶한미 방위조약.

▸방위 포장 防衛褒章 (기릴 포, 글 장). 법률 국방[防衛]이나 치안, 사회 질서 유지에 이바지한 공적이 큰 사람을 기리는[褒] 의미로 주는 휘장(徽章).

*__방음__ 防音 (막을 방, 소리 음). 시끄러운 소리[音]를 막음[防]. ¶방음 시설.

▸방음-벽 防音壁 (담 벽). 건설 특별히 방음(防音)을 위하여 설치한 벽(壁). ¶방음벽을 쌓다.

▸방음-재 防音材 (재료 재). 건설 소리[音]가 밖으로 나가거나 밖의 소리가 들어오는 것을 막는[防] 재료(材料). 소리를 흡수하는 성질이 있는 코르크, 유리 섬유, 펠트 따위.

▸방음 장치 防音裝置 (꾸밀 장, 둘 치). 건설 소리[音]가 밖으로 나가거나 밖의 소리가 들어오는 것을 막기 위한 장치(裝置). ⓑ차음(遮音) 장치.

방인 邦人 (나라 방, 사람 인). 자기 나라[邦] 사람[人].

방:일 放逸 (놓을 방, 한가할 일). 거리낌 없이 방탕(放蕩)하게 놀며 즐김[逸].

방:임 放任 (놓을 방, 맡길 임). 임의(任意)대로 하도록 내버려둠[放]. 간섭하지 않고 마음대로 하도록 함. ¶아이들을 방임하다.

▸방:임-주의 放任主義 (주될 주, 뜻 의). ① 속뜻 간섭을 하지 않고 마음대로[任] 하도록 내버려두는[放] 사상이나 태도[主義]. ② 철학 선악을 구별하는 데 있어 서로 다른 의견을 허용하는 타협적·포용적인 주의.

▸방:임 행위 放任行爲 (행할 행, 할 위).

법률 법이 행위자의 의사에 맡기고 관여하지 않는[放任] 행위(行爲).

방자[1] 房子 (=幇子, 집 방, 아들 자). 역사 조선시대에, 지방의 관아[房]에서 심부름하던 남자 아이[子]. ¶방자 놈이 달려 왔다.

방자[2] 芳姿 (꽃다울 방, 맵시 자). 젊은 여인의 꽃처럼 아름다운[芳] 자태(姿態).

방:자[3] 放恣 (내칠 방, 마음대로 자). ① 속뜻 내치는[放] 대로 마음대로[恣] 함. ② 꺼리거나 삼가는 태도가 없이 건방지다. ¶방자한 행동 / 방자하게 굴다.

방장[1] 方丈 (모 방, 길이 장). ① 속뜻 사방(四方) 1장(丈)의 넓이. 또는 그 넓이의 방. ② 불교 절을 주관하는 스님이 거처하는 방. 또는 그 주지를 일컫는 말. ㉥주지(住持).

방장[2] 房帳 (방 방, 장막 장). 방문(房門)이나 창문에 치거나 두르는 휘장(揮帳). 흔히 겨울철에 외풍을 막기 위해 친다. ¶날씨가 추워지자 방장을 두를 채비를 하였다.

방재 防災 (막을 방, 재앙 재). 화재, 수재, 한재(旱災) 따위의 재해(災害)를 막음[防]. ¶이 건물은 방재 설비를 갖추었다.

▸방재 설비 防災設備 (베풀 설, 갖출 비). 건설 재해(災害)를 막기[防] 위한 일체의 건축 설비(設備). 방화, 소화, 파괴설비 따위.

방적 紡績 (실뽑을 방, 실낳을 적). 동식물의 섬유를 가공하여 실을 뽑는[紡=績] 일.

▸방적-사 紡績絲 (실 사). 면화, 양털, 삼, 명주 따위의 비교적 길이가 짧은 섬유로 만든[紡績] 실[絲].

▸방적-견사 紡績絹絲 (비단 견, 실 사). 양잠(養蠶)·제사(製絲) 과정에서 생기는 부스러기나 불량품을 정련하여 만든 풀솜을 방적(紡績)하여 만든 명주[絹] 실[絲].

▸방적 공업 紡績工業 (장인 공, 일 업). 공업 동식물의 섬유를 가공하여 방적(紡績)을 하는 섬유 공업(工業). ㉾방적업.

▸방적 기계 紡績機械 (베틀 기, 형틀 계). 기계 방적사(紡績絲)를 만드는 기계(機械).

▸방적 돌기 紡績突起 (갑자기 돌, 일어날 기). 동물 거미에 있는 실을 잣는[紡績] 돌기(突起). 배 밑면 끝에 있는 사마귀 모양의 세 쌍의 돌기로 방적선에서 점액이 나와 공기 중에서 바로 굳어 실이 된다.

▸방적-면사 紡績綿絲 (솜 면, 실 사). 면화(綿花)를 자아서 만든[紡績] 실[絲]. 또는 방적(紡績) 기계로 만든 면사(綿絲)를 통틀어 이르는 말.

방:전 放電 (놓을 방, 전기 전). 물리 ① 전지나 축전기 또는 전기를 띤 물체에서 전기(電氣)가 외부로 흘러나오는[放] 현상. ¶배터리가 방전되다. ② 기체 따위의 절연체를 통하여 양극 간에 전류가 흐르는 현상. ¶불꽃 방전. ㉥충전(充電).

▸방:전-관 放電管 (대롱 관). 물리 진공 방전(放電)에 쓰는 유리관(管). 관속에 불활성 기체나 수은 증기를 넣고 전극 사이에 전류를 통하게 한다. 형광등 따위.

▸방:전-등 放電燈 (등불 등). 전기 기체 속에서의 방전(放電)에 의한 빛을 이용하는 전등(電燈). 형광등, 수은등, 네온전구 따위.

▸방:전-차 放電叉 (갈래 차). 가운데에 절연체의 자루가 있고, 여기에 두 가닥[叉]으로 나뉜 막대기가 매달려 있으며, 도체 막대기 양 끝은 공 모양으로 되어 있는 물건. 이를 통해 양 전하가 흘러[放電] 축전기 따위의 전하를 중화시킨다.

▸방:전-함 放電函 (상자 함). 방전(放電) 현상을 이용하여 전기를 띤 입자가 물방울처럼 줄지어 나가는 현상을 관찰하는 상자[函] 모양의 장치.

방점 傍點 (곁 방, 점 점). ① 속뜻 보는 사람의 주의를 끌기 위해 글자의 곁[傍] 이나 위에 찍는 점(點). ¶특이한 병력이라서 진료카드에 방점을 찍었다. ② 언어 15세기 국어 표기에서 음절의 성조를 나타내기 위해 글자의 왼쪽에 찍던 점.

방접-원 傍接圓 (곁 방, 닿을 접, 둥글 원). 수학 삼각형의 한 변과 다른 두 변의 연장선[傍]과 맞닿는[接] 원(圓).

방정[1] 方正 (모 방, 바를 정). ① 속뜻 모양이 네모지고[方] 반듯하다[正]. ② 언행이 바르고 점잖다. ¶품행이 방정한 모범 학생.

방정[2] 芳情 (꽃다울 방, 마음 정). ① 속뜻 아름다운[芳] 마음[情]. ② '남의 마음씨'를 높여 이르는 말. ㉥방심(芳心).

방정[3] 方程 (모 방, 거리 정). ① 중국 고대 수학서인 『구장산술』(九章算術) 가운데 한 장. 『구장산술』에 따르면 자 모양으로 배열한 것을 '方'이라 하고, 계산 과정을 '程'이라 하였다. ② [수학] 미지수를 포함하고 있는 등식.

▸방정-식 方程式 (법 식). [수학] 어떤 문자가 특정한 값을 취할 때에만 성립하는[方程] 등식(等式). [반]항등식(恒等式).

방제 防除 (막을 방, 덜 제). ① [속뜻] 미리 막아서[防] 없앰[除]. ② 농작물의 병충해를 예방하거나 없앰. ¶병충해 방제를 위해 농약을 뿌렸다.

방조¹ 傍助 (곁 방, 도울 조). 곁[傍]에서 도와줌[助]. ¶친구들이 방조하여 모내기를 마쳤다.

방조² 傍祖 (곁 방, 조상 조). 직계가 아닌 방계(傍系) 조상(祖上). 육대조(六代祖) 이상의 조상의 형제.

방조³ 幇助 (=幫助, 도울 방, 도울 조). ① [속뜻] 어떤 일을 하도록 도와줌[幇=助]. ② [법률] 형법에서, 남의 범죄 수행에 편의를 주는 모든 행위. ¶범행을 방조한 죄를 지었다.

▸방조-범 幇助犯 (범할 범). [법률] 다른 사람의 범죄 수행을 도움으로써[幇助] 성립되는 범죄(犯罪). 또는 그 범인(犯人). [비]종범(從犯).

▸방조-죄 幇助罪 (허물 죄). [법률] 다른 사람의 범죄 수행을 도움으로써[幇助] 성립되는 죄(罪). ¶도주 방조죄.

방조-림 防潮林 (막을 방, 바닷물 조, 수풀 림). ① [속뜻] 바닷물[潮]에 의한 피해를 막기[防] 위해 만든 숲[林]. ② 해안 지대에서 바닷바람이나 해일의 피해를 막기 위하여 저항력이 강한 해송(海松) 따위의 나무를 심어 가꾸어 놓은 숲.

방조-제 防潮堤 (막을 방, 바닷물 조, 둑 제). [건설] 조수(潮水)로 인한 피해를 막기[防] 위하여 해안에 쌓은 둑[堤]. ¶태풍으로 방조제가 무너졌다.

방:종 放縱 (내칠 방, 놓아줄 종). ① [속뜻] 내치는[放] 대로 놓아줌[縱]. ② 아무 거리낌이 없이 함부로 행동함. ¶책임 없는 자유는 방종에 불과하다.

방주¹ 方舟 (모 방, 배 주). ① [역사] 상자 같은 네모[方] 모양의 배[舟]. ¶노아의 방주(Noah's ark). ② 두 척의 배를 나란히 함. 또는 그런 배.

방주² 旁註 (=傍註, 곁 방, 주석 주). 본문 옆[旁]에 써넣는 본문에 대한 주석(註釋). ¶방주를 달아 놓았다.

방증 傍證 (곁 방, 증거 증). 직접적인 증거가 되지는 않지만 주변[傍]의 상황 등을 통하여 간접적으로 증명이 되는 증거(證據). ¶방증 자료.

방지¹ 旁支 (곁 방, 가를 지). 본체에서 갈려 나간 곁[旁] 가닥[支].

***방지²** 防止 (막을 방, 멈출 지). 어떤 일을 막아[防] 그만두게[止] 함. ¶재난을 미연에 방지하다. [비]예방(豫防), 방비(防備).

▸방지-책 防止策 (꾀 책). 방지(防止)하기 위한 대책(對策).

방직¹ 方直 (모 방, 곧을 직). 심성 따위가 바르고[方] 곧음[直].

방직² 紡織 (실뽑을 방, 짤 직). ① [속뜻] 실을 뽑아[紡] 피륙을 짬[織]. ② 실을 뽑아서 천을 짬. ¶방직산업 / 방직공장.

▸방직-물 紡織物 (만물 물). 방직(紡織) 기계로 짠 피륙[物].

▸방직 공업 紡織工業 (장인 공, 일 업). [공업] 방적(紡績) 공업(工業)과 직조(織造) 공업.

▸방직 기계 紡織機械 (베틀 기, 형틀 계). [공업] 실을 뽑아서 천을 짜는[紡織] 기계(機械).

방진¹ 方陣 (모 방, 진칠 진). ① [군사] 병사들을 사각형[方]으로 배치하여 친 진(陣). ② [수학] 마방진.

방진² 防塵 (막을 방, 티끌 진). 먼지[塵]가 들어오는 것을 막음[防].

방창 方暢 (바로 방, 화창할 창). 바야흐로[方] 화창(和暢)함.

방책¹ 方策 (방법 방, 꾀 책). 방법(方法)과 계책(計策). ¶범죄 방지를 위한 방책을 세우다.

방책² 防柵 (막을 방, 울타리 책). 적을 막기[防] 위해 말뚝을 박아서 만든 울타리[柵].

방천 防川 (막을 방, 내 천). 둑을 쌓아서 냇물[川]이 넘쳐 들어오는 것을 막음[防]. 또는 그 둑.

방첨-탑 方尖塔 (모 방, 뾰족할 첨, 탑 탑). 단면이 네모지고[方] 끝이 뾰족한[尖] 탑(塔). 오벨리스크.

방첩 防諜 (막을 방, 염탐할 첩). 적의 첩보(諜

報) 활동을 막고[防] 비밀이 새어 나가지 못하게 함.

방청 傍聽 (곁 방, 들을 청). 직접적인 관계가 없는 사람이 회의나 토론, 공판 따위를 곁[傍]에서 들음[聽]. ¶재판을 방청하다.

▸방청-객 傍聽客 (손 객). 방청(傍聽)하는 사람[客]. ¶가수가 나오자 방청객들이 환호했다. ⓑ방청인(傍聽人).

▸방청-권 傍聽券 (문서 권). 방청(傍聽)을 허락하는 표[券].

▸방청-석 傍聽席 (자리 석). 방청인(傍聽人)이 앉는 자리[席]. ¶방청석은 만원(滿員)이다.

▸방청-인 傍聽人 (사람 인). 방청(傍聽)하는 사람[人].

방초 芳草 (향기 방, 풀 초). 향기로운[芳] 풀[草].

방-초석 方礎石 (모 방, 주춧돌 초, 돌 석). 네모난[方] 주춧돌[礎石].

방촌 方寸 (모 방, 마디 촌). ① 속뜻 사방(四方) 한 치[寸]의 넓이. 좁은 땅. ② '마음'을 이르는 말.

방추[1] 方錐 (모 방, 송곳 추). ① 속뜻 날이 네모난[方] 송곳[錐]. ② 수학 '방추형'의 준말.

▸방추-형 方錐形 (모양 형). 수학 네모난[方] 송곳[錘] 모양의 도형(圖形). 정사각뿔. ㊟방추.

방추[2] 紡錘 (실뽑을 방, 저울 추). 물레에서 실을 감는[紡] 가락[錘]. 북.

▸방추-근 紡錘根 (뿌리 근). 식물 방추형(紡錘形)으로 생긴 저장근(貯藏根). 무, 고구마 따위.

▸방추-사 紡錘絲 (실 사). 생물 세포가 유사분열을 할 때 양극과 염색체 또는 염색체와 염색체를 잇는 방추(紡錘)에 감긴 실[絲] 모양의 미세관 구조물.

▸방추-형 紡錘形 (모양 형). 물레의 가락처럼 생긴[紡錘] 모양[形]. 원기둥꼴의 양끝이 뾰족한 모양.

방:축[1] 放畜 (놓을 방, 가축 축). 가축(家畜) 따위를 놓아[放] 기름. 방목(放牧).

방축[2] 防築 (막을 방, 쌓을 축). 물이 밀려들어오는 것을 막기[防] 위해 쌓은[築] 둑. '방죽'의 원말. ¶높고 높게 막았던 방축이 터졌다.

방축[3] 防縮 (막을 방, 줄일 축). 직물 따위가 주는[縮] 것을 막음[防].

▸방축 가공 防縮加工 (더할 가, 장인 공). 수공 직물이 세탁 따위로 줄어들지 않도록 [防縮] 하는 가공(加工).

방:축[4] 放逐 (내칠 방, 쫓을 축). ① 속뜻 자리에서 쫓아[逐] 보냄[放]. ② '방축향리'의 준말.

▸방:축-향리 放逐鄕里 (시골 향, 마을 리). 역사 벼슬을 삭탈하고 제 고향[鄕里]으로 내쫓던 일[放逐]. ㊟방축.

방춘 芳春 (꽃다울 방, 봄 춘). ① 속뜻 꽃[芳]이 한창인 봄[春]. ② 꽃다운 나이. 방기(芳紀).

방춘-화시 方春和時 (바로 방, 봄 춘, 따스할 화, 때 시). 바야흐로[方] 봄[春]이 한창 화창(和暢)한 때[時].

방:출 放出 (놓을 방, 날 출). ① 속뜻 내놓음[放=出]. ② 비축하여 놓은 것을 내놓음. ¶정부미를 방출하다.

▸방:출-미 放出米 (쌀 미). 정부에서 내놓은[放出] 쌀[米].

▸방:출 성운 放出星雲 (별 성, 구름 운). 천문 중심부 또는 주위에 있는 고온의 별의 강력한 복사에 의해 빛을 내는[放出] 가스 성운(星雲).

방충 防蟲 (막을 방, 벌레 충). 해충(害蟲)을 막음[防]. ¶이 장롱은 방충가공을 했다.

▸방충-망 防蟲網 (그물 망). 파리나 모기, 나방 따위 벌레가 들어오지 못하도록[防蟲] 창 같은 데에 치는 그물[網]. ¶창문에 방충망을 치다.

▸방충-제 防蟲劑 (약제 제). 약학 해충이 싫어하는 특이한 냄새로 해충(害蟲)이 꾀지 못하게[防] 하는 약제(藥劑). ¶방충제를 뿌려 흰개미를 없애다.

방취 防臭 (막을 방, 냄새 취). 좋지 못한 냄새[臭]가 풍기지 못하도록 막음[防].

▸방취-제 防臭劑 (약제 제). 좋지 못한 냄새를 없애는[防臭] 데 쓰이는 약제(藥劑).

방:치 放置 (내칠 방, 둘 치). 그대로 버려[放] 둠[置]. ¶자전거를 대문 밖에 방치하다. ⓑ기치(棄置).

방친 傍親 (곁 방, 친할 친). 방계(傍系)의 친척(親戚).

방침 方針 (모 방, 바늘 침). ① [속뜻] 방향(方向)을 가리키는 지남침(指南針). ② '무슨 일을 처리해 나가는 계획과 방향'을 이르는 말. ¶회사의 방침.

방:탄[1] 放誕 (놓을 방, 거짓 탄). 터무니없는 말만[誕] 늘어놓음[放].

방탄[2] 防彈 (막을 방, 탄알 탄). 탄알[彈]을 막음[防].

▸방탄-구 防彈具 (갖출 구). 탄알[彈]을 막는[防] 도구(道具)나 장치.

▸방탄-차 防彈車 (수레 차). 탄알을 막을[防彈] 수 있게 만든 승용차(乘用車).

▸방탄-유리 防彈琉璃 (유리 류, 유리 리). 날아드는 탄알이 뚫지 못하도록[防彈] 특수 가공해서 만든 유리(琉璃).

방:탕 放蕩 (내칠 방, 거침없을 탕). ① [속뜻] 내치는[放] 대로 음탕(淫蕩)하게 굶. ② 주색(酒色)에 빠져 행실이 추저분함. ¶방탕에 빠지다 / 방탕한 생활.

▸방:탕-아 放蕩兒 (아이 아). 방탕(放蕩)한 남자[兒]. 탕자(蕩子). [준]탕아.

방토 邦土 (나라 방, 흙 토). 나라[邦]의 영토(領土). 국토(國土).

방파-제 防波堤 (막을 방, 물결 파, 둑 제). [건설] 파도(波濤)를 막기[防] 위하여 항만에 쌓은 둑[堤]. ¶거친 파도로 방파제가 무너졌다.

방판 方板 (모 방, 널빤지 판). 네모반듯한[方] 널빤지[板].

방패 防牌 (막을 방, 나무쪽 패). ① [속뜻] 칼이나 창, 화살 등을 막는데[防] 쓰던 널찍한[牌] 무기. ¶화살이 방패를 뚫었다. ② '무슨 일을 하는데 있어서 앞장을 세울만한 사람'을 비유하여 이르는 말.

▸방패-연 防牌鳶 (연 연). 방패(防牌) 모양으로 만든 연(鳶).

방편 方便 (방법 방, 편할 편). ① [속뜻] 경우에 따라 편(便)하고 쉽게 이용하는 수단과 방법(方法). ¶일시적인 방편. ② [불교] 십바라밀의 하나. 중생을 구제하기 위해 쓰는 묘한 수단과 방법.

방폐 防弊 (막을 방, 나쁠 폐). 폐단(弊端)을 막음[防].

방:포 放砲 (놓을 방, 대포 포). 대포(大砲)나 총을 쏘는[放] 일. ¶방포 소리가 세 번이나 울렸다.

방풍 防風 (막을 방, 바람 풍). 바람[風]을 막음[防]. ¶이 제품은 방풍 효과가 뛰어나다.

▸방풍-림 防風林 (수풀 림). 바람[風]을 막기[防] 위해 가꾼 숲[林]. ¶바닷가에 방풍림을 조성하다.

▸방풍-채 防風菜 (나물 채). 방풍(防風)나물의 싹을 잘라서 데친 뒤에 소금과 기름에 무친 요리[菜].

▸방풍-판 防風板 (널빤지 판). 바람[風]을 막기[防] 위해 지붕 끝에 세운 벽에 붙인 널빤지[板].

방:학 放學 (놓을 방, 배울 학). ① [속뜻] 공부하던[學] 손길을 놓음[放]. ② [교육] 학교에서 한더위나 한추위 때, 다음 학기 초까지 일정 기간 수업을 쉬는 일. ¶겨울 방학 / 내일 방학이 시작된다.

방:한[1] 訪韓 (찾을 방, 한국 한). 한국(韓國)을 방문(訪問)함. ¶영국 여왕이 방한했다.

방한[2] 防寒 (막을 방, 찰 한). 추위[寒]를 막음[防]. ¶이 옷은 방한 기능이 있다.

▸방한-구 防寒具 (갖출 구). 추위[寒]를 막는[防] 온갖 기구(器具). ¶방한구를 갖추고 산에 오르다.

▸방한-모 防寒帽 (모자 모). 추위[寒]를 막기[防] 위한 모자[帽].

▸방한-벽 防寒壁 (담 벽). 추위[寒]를 막기[防] 위한 벽(壁). 겹으로 쌓거나 단열재를 붙여서 만든다.

▸방한-복 防寒服 (옷 복). 추위[寒]를 막기[防] 위해 입는 옷[服]. ¶등산할 때 방한복을 입다.

▸방한-용 防寒用 (쓸 용). 추위[寒]를 막는[防] 데 쓰이는[用] 것. ¶방한용 모자.

▸방한-화 防寒靴 (구두 화). 추위[寒]를 막기[防] 위해 신는 신[靴]. ¶방한화를 신어도 발이 시렵다.

방해 妨害 (거리낄 방, 해칠 해). 남에게 거리낌[妨]이나 해(害)를 끼침. ¶방해해서 죄송합니다. [비]훼방(毁謗).

▸방해-물 妨害物 (만물 물). 방해(妨害)가 되는 물건(物件). ¶방해물을 제거하다.

▸방해-죄 妨害罪 (허물 죄). [법률] 권리자의 행위나 수익(受益)을 방해(妨害)함으로써 성립되는 죄(罪). 공무집행 방해죄, 업무 방

해죄 따위.

방해-석 方解石 (모 방, 풀 해, 돌 석). ① 속뜻 네모[方] 모양으로 분해(分解)되는 돌[石]. ② 광업 탄산칼슘을 주성분으로 하는 탄산염(炭酸鹽) 광물.

방향[1] 方向 (모 방, 향할 향). ① 속뜻 어떤 방위(方位)를 향(向)한 쪽. ¶동쪽 방향에서 바람이 불어왔다. ② 어떤 뜻이나 현상이 일정한 목표를 향하여 나아가는 쪽. ¶이 책은 내가 나아갈 방향을 제시해 주었다.

▸ **방향 계:수** 方向係數 (맬 계, 셀 수). 수학 평면 해석 기하학에서 직선의 방향(方向)을 나타내는 계수(係數).

▸ **방향 전:환** 方向轉換 (옮길 전, 바꿀 환). ① 속뜻 나아가던 방향(方向)을 바꿈[轉換]. ② 주의(主義)나 방침을 바꿈. ⓑ전향(轉向).

방향[2] 芳香 (꽃다울 방, 향기 향). 꽃다운[芳] 향기[香]. ⓑ가방(佳芳).

▸ **방향-유** 芳香油 (기름 유). 식물의 잎, 열매, 꽃봉오리, 수지(樹脂)등에서 얻는 좋은[芳] 향기(香氣)가 있는 휘발성의 기름[油].

▸ **방향족 화:합물** 芳香族化合物 (무리 족, 될 화, 합할 합, 만물 물). 화학 향기[芳香]를 내는 종류[族]의 화합물(化合物). 유기 화합물의 한 족으로 분자 안에 벤젠핵을 가진 화합물을 통틀어 이르는 말.

방형 方形 (모 방, 모양 형). 네모[方] 반듯한 모양[形].

방호 防護 (막을 방, 지킬 호). 위험 따위를 막아[防] 안전하게 지킴[護]. ¶방호 진지.

방화[1] 邦貨 (나라 방, 돈 화). 경제 ① 우리나라[邦]의 화폐(貨幣). ② 자기 나라의 화폐.

방화[2] 邦畵 (나라 방, 그림 화). 자기 나라[邦]에서 제작된 영화(映畵). ⓑ국산 영화(國産映畵). ⓡ외화(外畵).

방화[3] 防火 (막을 방, 불 화). 화재(火災)를 미리 막음[防]. ¶그 건물은 방화 시설을 갖추고 있다.

▸ **방화-림** 防火林 (수풀 림). 불[火]이 번지는 것을 막기[防] 위해 만든 숲[林]. 삼림의 주변에 불에 강한 나무를 심는다.

▸ **방화-벽** 防火壁 (담 벽). 불[火]이 번지는 것을 막기[防] 위해 불에 타지 않는 재료로 만들어 세운 벽(壁).

▸ **방화-사** 防火沙 (모래 사). 불[火]을 막기[防] 위해 마련해 둔 모래[沙].

▸ **방화-선** 防火線 (줄 선). 불[火]이 번지는 것을 막기[防] 위해 불에 탈만한 것을 치우고 일정한 폭을 두고[線] 남겨둔 땅. ⓑ산불 저지선.

▸ **방화-수** 防火水 (물 수). 불[火]을 막기[防] 위해 마련해 둔 물[水].

▸ **방화-수** 防火樹 (나무 수). 불[火]이 번지는 것을 막기[防] 위해 집 둘레에 심는 나무[樹]. 은행나무 같은 내화성(耐火性)의 나무를 심는다.

▸ **방화-용** 防火用 (쓸 용). 불[火]이 번지는 것을 막기[防] 위해 쓰임[用]. ¶방화용 섬유.

▸ **방화-전** 防火栓 (마개 전). 불[火]을 막기[防] 위해 상수도의 급수관에 설치한 수도꼭지[栓]. ⓑ소화전(消火栓).

▸ **방화-제** 防火劑 (약제 제). 약학 불[火]이 번지는 것을 막는[防] 약제(藥劑). 불에 잘 타지 않으며, 습기를 빨아들이는 성질이 있다.

▸ **방화 가공** 防火加工 (더할 가, 장인 공). 공업 종이나 베, 목재 따위에 불[火]이 잘 붙지 않도록[防] 하는 가공(加工). ⓑ방염(防焰) 가공.

▸ **방화 도료** 防火塗料 (칠할 도, 거리 료). 공업 나무 따위에 발라서 불[火]이 잘 붙지 않도록[防] 하는 칠감[塗料].

방:화[4] 放火 (놓을 방, 불 화). 일부러 불[火]을 놓음[放]. ¶정신이상자가 지하철에서 방화했다. / 방화범을 잡다.

▸ **방:화-범** 放火犯 (범할 범). 법률 불[火]을 지른[放] 죄를 저지른 사람[犯].

▸ **방:화-자** 放火者 (사람 자). 불[火]을 지른[放] 사람[者].

▸ **방:화-죄** 放火罪 (허물 죄). 법률 건조물, 차량 따위에 일부러 불[火]을 지른[放] 죄(罪).

방황 彷徨 (거닐 방, 노닐 황). ① 속뜻 정처 없이 거닐고[徨] 노닒[彷]. ¶거리를 이리저리 방황하다. ② 할 바를 모르고 갈팡질팡함. ¶그는 자식을 잃고 오랫동안 방황했다.

방훈 芳薰 (꽃다울 방, 향풀 훈). 향기로운[芳] 냄새[薰]. ⓑ방향(芳香).

배:가 倍加 (곱 배, 더할 가). 갑절[倍]로 늘어남[加]. 또는 갑절로 늘림.

배:각-류 倍脚類 (곱 배, 다리 각, 무리 류). 대부분 몸마디에 두 쌍[倍]의 다리[脚]가 있는 종류(種類)의 절지동물. 노래기 따위.

배:갑 背甲 (등 배, 껍질 갑). 게나 거북 따위의 등[背]을 이룬 단단한 껍데기[甲].

배:강 背講 (등질 배, 익힐 강). 책을 등지고[背] 돌아앉아서 외우며 익힘[講]. ⓑ배독(背讀), 배송(背誦).

배격 排擊 (밀칠 배, 부딪칠 격). 어떤 사상, 의견, 물건 따위를 밀치고[排] 공격(攻擊)함. ¶군국주의를 배격하다.

배:견 拜見 (절 배, 볼 견). ① 속뜻 높은 분을 만나 절하여[拜] 봄[見]. ②남의 편지나 작품 등을 공경하는 마음으로 봄. ⓑ배관(拜觀).

배:경 背景 (등 배, 볕 경). ① 속뜻 뒤쪽[背]의 경치(景致). ¶산을 배경으로 사진을 찍다 ② 연영 무대의 안쪽 벽에 그린 그림. 또는 무대 장치. ¶배경을 꾸미다. ③ 문학 작품의 시대적·역사적인 환경. ¶그 소설은 한반도를 배경으로 하고 있다. ⓑ전경(前景).

▶배:경 음악 背景音樂 (소리 음, 풍류 악). 연영 영화나 연극 따위에서 분위기를 조성하기 위하여 대사나 동작의 배경(背景)으로 연주하는 음악(音樂). ¶배경 음악에 맞춰 배우가 등장했다.

배:계 拜啓 (절 배, 아뢸 계). 절하며[拜] 아뢰[啓]. 주로 편지 첫머리에 쓴다.

배공 胚孔 (아이 밸 배, 구멍 공). 동물 '원구(原口)'의 잘못.

배:관 配管 (나눌 배, 대롱 관). 기체나 액체 따위를 다른 곳으로 보내기 위해 파이프[管]를 배치(配置)함. ¶배관 공사.

▶배:관-공 配管工 (장인 공). 배관(配管) 일을 하는 기술자[工].

▶배:관-도 配管圖 (그림 도). 배관(配管) 상태를 나타낸 도면(圖面).

배:광-성 背光性 (등 배, 빛 광, 성질 성). ① 속뜻 빛을[光] 등지는[背] 성질(性質). ② 식물 식물체가 빛이 없는 방향으로 자라는 성질. 식물의 뿌리, 성숙한 곰팡이 따위가 이 성질을 띤다. ⓑ향광(向光).

배:교 背教 (등질 배, 종교 교). 믿던 종교(宗教)를 배반(背叛)함. 다른 종교로 바꾸거나 무종교인이 되는 일을 이른다. ¶배교를 강요하다.

배구[1] 胚球 (아이 밸 배, 공 구). 생물 속씨식물의 전배형성에서 배병과 떨어져서 세포[胚]를 형성하는 공[球]모양의 세포덩어리.

배:구[2] 倍舊 (곱 배, 옛 구). 예전[舊]의 곱이 됨[倍]. ¶새해에도 배구의 지도와 편달을 바랍니다. ⓑ배전(倍前).

***배구[3] 排球** (밀칠 배, 공 구). ① 속뜻 네트 위로 공[球]을 밀쳐[排] 넘기는 운동 경기. ② 운동 직사각형으로 된 코트의 중앙에 네트를 두고 두 팀으로 나누어 공을 땅에 떨어뜨리지 않고 손으로 공을 패스하여 세 번 안에 상대편 코트로 넘겨 보내는 운동 경기.

배:금 拜金 (공경할 배, 돈 금). 돈[金]을 숭배(崇拜)함. 돈을 지나치게 소중히 여김.

▶배:금-주의 拜金主義 (주될 주, 뜻 의). 돈[金]이나 돈의 힘을 받들고[拜] 집착하는 사상이나 태도[主義].

배:급 配給 (나눌 배, 줄 급). ① 속뜻 나누어[配] 줌[給]. ②영리를 목적으로 하지 않고 상품을 나누어 주는 일. 물자를 일정한 비례에 따라 몫을 떼어 나누어 준다. ¶식량 배급을 받다.

▶배:급-소 配給所 (곳 소). 물품을 나누어[配]주는[給] 곳[所].

▶배:급-제 配給制 (정할 제). 어떤 물품을 나누어[配]주는[給] 제도(制度).

▶배:급-표 配給票 (쪽지 표). 배급품(配給品)을 받을 수 있음을 증명하는 표(票).

▶배:급-품 配給品 (물건 품). 배급(配給)하는 물품(物品).

배기 排氣 (밀칠 배, 공기 기). ① 속뜻 안에 든 공기(空氣)를 밖으로 뽑아[排] 냄. ② 공업 내연 기관 등에서 쓸모없게 된 증기나 가스를 밖으로 내보냄. 또는 그 증기나 가스. ¶건물에 배기 설비를 갖추다.

▶배기-갱 排氣坑 (구덩이 갱). 광업 광산에서 갱내의 나쁜 공기를 공기(空氣)를 뽑아내기[排] 위해 설치한 수직 갱도(坑道).

▶배기-관 排氣管 (대롱 관). 공업 관(管).

▶배기-량 排氣量 (분량 량). 엔진 따위의 열기관에서 실린더 안의 피스톤이 맨 위에서

맨 아래까지 내려 갈 때에 배출(排出)되는 기체(氣體)의 양(量). ¶자동차 엔진의 배기량이 많으면 발동력도 크다.

▸배기-종 排氣鐘 (쇠북 종). 물리 배기(排氣) 펌프를 달아 속을 진공으로 하여 여러 가지 실험에 쓰는 종(鐘) 모양의 용기.

▸배기-통 排氣筒 (대롱 통). 차량이나 공장 따위에서 배기(排氣) 작용을 하기 위하여 설치한 통(筒). ¶매연 차량의 배기통.

▸배기-판 排氣瓣 (꽃잎 판). 기계 내연 기관 등에서 쓸모없게 된 증기나 가스[氣]를 밖으로 뽑아내기[排] 위하여 구멍을 닫았다 열었다 하는 판(瓣). ⓑ배출판(排出瓣), 폐기판(廢氣瓣).

배낭[1] **胚囊** (아이 밸 배, 주머니 낭). 식물 배아(胚芽)를 안고 있는 주머니[囊].

배:낭[2] **背囊** (등 배, 주머니 낭). 물건을 넣어 등[背]에 질 수 있도록 천이나 가죽으로 주머니[囊]처럼 만든 것. ¶배낭을 어깨에 둘러매다.

배농 排膿 (밀칠 배, 고름 농). 곪은 곳을 째거나 따서 고름[膿]을 빼냄[排]. ¶종기가 어찌나 깊이 났던지 배농이 쉽지 않았다.

배뇨 排尿 (밀칠 배, 오줌 뇨). 오줌[尿]을 눔[排]. ¶배뇨하는 데 어려움이 있다.

배:단 拜壇 (절 배, 단 단). 배례(拜禮)하기 위해 신위(神位) 앞에 만들어 놓은 단(壇). ¶배단에 꽃을 올려놓았다.

배:달 配達 (나눌 배, 보낼 달). 받는 사람별로 나누어[配] 전달(傳達)함. ¶우유를 배달하다.

▸배:달-원 配達員 (인원 원). 배달(配達)하는 일을 직업으로 삼는 인원(人員).

배담 작용 排膽作用 (밀칠 배, 쓸개 담, 지을 작, 쓸 용). 의학 쓸개즙[膽汁]이 쓸개의 수축에 따라 십이지장으로 배출(排出)하는 작용(作用).

배:당 配當 (나눌 배, 마땅 당). ① 속뜻 일정한 기준에 따라 적당(適當)하게 나누어[配] 줌. ② 경제 주식회사가 이익금을 주주에게 몫몫이 나누어주는 일. ¶이윤을 배당하다.

▸배:당-금 配當金 (돈 금). ① 속뜻 배당(配當)되는 돈[金]. ② 경제 주식 소유자에게 주는 회사의 이익 분배금. ¶실적에 따라 배당금을 나누었다.

▸배:당-락 配當落 (떨어질 락). 경제 최근의 배당금(配當金)을 받을 권리가 없는[落] 상태. ⓑ배당부(配當附).

▸배:당-률 配當率 (비율 률). 경제 출자액에 대한 배당금(配當金)의 비율(比率). ¶다른 투자에 비해 배당률이 높다.

▸배:당-부 配當附 (붙을 부). 경제 결산기의 이익 배당금(配當金)을 받을 권리가 있는 딸려있는[附] 상태. ⓑ배당락(配當落).

▸배:당-주 配當株 (주식 주). 경제 현금을 배당(配當)하는 대신에 나누어 주는 주식(株式).

▸배:당 소:득 配當所得 (것 소, 얻을 득). 경제 법인으로부터 배당(配當)받는 이익에 의한 소득(所得)을 이르는 말.

배:당-체 配糖體 (짝 배, 엿 당, 몸 체). 화학 비당질 화합물이 당류(糖類)의 수산기(水酸基)와 결합한[配] 화합물[體]. ⓑ글리코사이드(glycoside).

배:덕 背德 (등질 배, 베풀 덕). 도덕(道德)을 등짐[背].

배:도[1] **背道** (등질 배, 길 도). 도리(道理)에 어긋남[背].

배:도[2] **配島** (나눌 배, 섬 도). 섬[島]으로 유배(流配)시킴. 섬으로 귀양 보냄.

배:독 拜讀 (절 배, 읽을 독). 상대편을 공경하는 뜻에서 절하면서[拜] 그의 글을 읽음[讀]. ⓑ배람(拜覽), 배송(拜誦).

배란 排卵 (밀칠 배, 알 란). 의학 성숙기에 이른 포유류 암컷의 난소에서 성숙한 난자(卵子)가 배출(排出)되는 일. ¶생리 예정일로부터 14일 전후로 배란된다.

▸배란-기 排卵期 (때 기). 의학 성숙한 난자(卵子)가 난소에서 배출(排出)되는 시기(時期). ¶배란기를 피하다.

배:량 倍量 (곱 배, 분량 량). 어떤 양의 갑절[倍]이 되는 양(量). ¶준비량을 배량으로 늘리다.

배:려 配慮 (나눌 배, 생각할 려). 마음을 나누어[配] 남도 생각해줌[慮]. ¶세심하게 배려하다.

배:례 拜禮 (절 배, 예도 례). 절하는[拜] 예(禮). 또는 절하여 예를 표함. ¶공손히 손을 모아 배례를 올린다.

배:리 背理 (등질 배, 이치 리). ① 속뜻 사리(事理)에 어긋남[背]. ② 논리 부주의에서 생기는 추리의 오류.

배:면 背面 (등 배, 쪽 면). 뒤[背] 쪽[面]의 면. 등 뒤쪽. ㊥후배(後背).

배:명 拜命 (절 배, 명할 명). 명령 또는 임명(任命)을 삼가 절하여[拜] 받음. ¶황희는 정승으로 배명을 받았다.

배반[1] 杯盤 (잔 배, 소반 반). ① 속뜻 술잔[杯]과 술상[盤]. ② 술상에 차려 놓은 그릇. 또는 거기에 담긴 음식. ③ 흥취 있게 노는 잔치.

배반[2] 胚盤 (아이 밸 배, 소반 반). 식물 배(胚)와 배젖을 연결하여 배젖에서 양분을 흡수하는 소반[盤] 모양의 조직.

배:반[3] 背反 (=背叛, 등질 배, 되돌릴 반). 신의를 저버리고 등지고[背] 돌아섬[反]. ¶약속을 배반하다. ㊥배신(背信).

▶배:반-자 背反者 (=背叛者, 사람 자). 배반(背反)한 사람[者].

배반 사:건 排反事件 (밀칠 배, 되돌릴 반, 일 사, 것 건). 수학 확률론에서 두 개의 사건이 반대[反]에 위치하여 서로를 밀쳐냄으로써[排], 절대로 동시에 일어나지 않을 사건(事件).

배:백 拜白 (절 배, 말할 백). ① 속뜻 절하여[拜] 아룀[白]. ② 편지 끝의 이름 아래에 쓰는 말.

배변 排便 (밀칠 배, 똥오줌 변). 대변(大便)을 배설(排泄)함. ¶배변 활동.

배:복 拜伏 (절 배, 엎드릴 복). 절하여[拜] 엎드림[伏].

배:본 配本 (나눌 배, 책 본). ① 속뜻 책[本]을 배달(配達)해 줌. ② 예약된 출판물을 예약한 사람에게 나누어 줌. ¶신간을 서점에 배본하다.

배:부[1] 背部 (등 배, 나눌 부). 몸 가운데 등[背] 부분(部分). ㊥등.

배:부[2] 配付 (나눌 배, 줄 부). 나누어[配] 줌[付]. ¶원서를 배부하다.

배:분 配分 (나눌 배, 나눌 분). 몫을 따로 나눔[配=分]. ¶권력 배분 / 이익을 배분하다. ㊥분배(分配).

배불 排佛 (밀칠 배, 부처 불). 불교(佛敎)를 배척(排斥)함. ¶배불 사상.

▶**배불 숭유 정책 排佛崇儒政策** (높을 숭, 유학 유, 정치 정, 꾀 책). 역사 조선 전기에, 불교(佛敎)를 배척(排斥)하고 유교(儒敎)를 숭상(崇尙)하던 정책(政策).

배:비 配備 (나눌 배, 갖출 비). 배치(配置)하여 설비(設備)함. ¶군사 무기 배비.

배:사 背斜 (등 배, 비낄 사). 지리 지층의 횡압력에 밀려 등[背]쪽이 불룩하게 경사(傾斜)진 부분. ㊥향사(向斜).

▶배:사-곡 背斜谷 (골짜기 곡). 지리 지층의 배사부(背斜部)가 침식을 받아 이루어진 골짜기[谷].

▶배:사 구조 背斜構造 (얽을 구, 만들 조). 지리 배사부(背斜部)가 발달되어 있는 지질 구조(地質構造). ㊟배사.

배:산임수 背山臨水 (등질 배, 메 산, 임할 림, 물 수). 산(山)을 등지고[背] 강[水]을 바라보는[臨] 지세(地勢).

배:상[1] 拜上 (절 배, 위 상). ① 속뜻 삼가 절하며[拜] 올림[上]. ② 한문 투의 편지글 끝에 쓰는 말.

배상[2] 賠償 (물어줄 배, 갚을 상). 법률 남에게 입힌 손해를 물어[賠] 갚아줌[償]. ¶피해자가 입은 손해를 배상하다. ㊥보상(補償), 변상(辨償).

▶배상-금 賠償金 (돈 금). 남에게 입힌 손해에 대해 물어[賠] 갚아주는[償] 돈[金]. ¶피해 배상금.

배:색 配色 (나눌 배, 빛 색). 두 가지 이상의 색(色)을 배합(配合)함. 또는 섞은 그 색. ¶저고리와 치마의 배색이 좋다.

배:서 背書 (등 배, 쓸 서). ① 속뜻 책장이나 서면(書面) 따위의 뒤쪽[背]에 글씨를 씀[書]. 또는 그 글씨. ② 법률 어음, 수표 등 지시 증권의 소유자가 그 증권의 뒷면에 필요한 사항을 적고 이름을 써서 상대편에게 주는 일. ㊥이서(裏書), 전서(轉書).

▶배:서-인 背書人 (사람 인). ① 속뜻 책장이나 서면(書面) 따위의 뒤쪽[背]에 서명한[書] 사람[人]. ② 법률 배서를 하여 어음 따위의 증권을 양도하거나 입질(入質)한 사람. ㊥이서인(裏書人).

배:석 陪席 (모실 배, 자리 석). 웃어른을 모시고[陪] 함께 참석(參席)함. ¶대통령 기자

회견에는 국방 장관이 배석하였다.

▸배:석 판사 陪席判事 (판가름할 판, 일 사). 법률 합의제 재판에서의 재판장을 모시고[陪] 함께 자리하는[席] 판사(判事).

배:선[1] **配船** (나눌 배, 배 선). 일정한 해역이나 항구, 항로에 배[船]를 할당하여 배치(配置)함.

배:선[2] **配線** (나눌 배, 줄 선). 전기 전기를 보낼 전선(電線)을 나누어[配] 설치함. '배전선'(配電線)의 준말. ¶전화 배선을 하다.

▸배:선-도 配線圖 (그림 도). 전기 전기 기기나 전자 장치 등의 각 부품의 배선(配線)과 수량 따위를 기호로 나타낸 그림[圖].

▸배:선-함 配線函 (상자 함). 전기 통신용 전선(電線)을 여러 갈래로 나눌[配] 때 사용하는 상자[函] 모양의 장치.

배설[1] **排雪** (밀칠 배, 눈 설). 쌓인 눈[雪]을 치워 버림[排]. ⑭쌓인 눈을 배설하다.

배설[2] **排設** (밀칠 배, 베풀 설). 회나 의식에 쓰는 물건을 차려[排] 놓음[設]. ¶정성껏 마련한 음식을 잔치상에 배설하다. ⑪진설(陳設).

배설[3] **排泄** (밀칠 배, 샐 설). ① 속뜻 안에서 밖으로 밀어[排] 새나가게[泄] 함. ② 생물 생물체가 몸 안에 생긴 노폐물을 몸 밖으로 내보내는 일. ¶땀을 통해 노폐물을 배설하다. ⑪배출(排出).

▸배설-강 排泄腔 (빈 속 강). 생물 배설기(排泄器)와 생식기(生殖器)를 겸하고 있는 구멍[腔].

▸배설-기 排泄器 (그릇 기). 의학 배설(排泄) 작용을 하는 기관(器官). '배설 기관'의 준말.

▸배설-물 排泄物 (만물 물). 배설(排泄)된 물질(物質). ¶배설물을 모아 비료를 만들다.

▸배설 작용 排泄作用 (지을 작, 쓸 용). 의학 생체가 불필요한 물질 등을 배설(排泄)하는 작용(作用).

배:성 **陪星** (모실 배, 별 성). 천문 인력에 의하여 한 행성을 모시고[陪] 그것을 둘레를 도는 별[星]. 지구(地球)에 대한 달 따위. ⑪위성(衛星).

배:소[1] **拜掃** (절 배, 쓸 소). 조상의 묘에 절한[拜] 후에 깨끗이 청소(淸掃)함.

배:소[2] **配所** (나눌 배, 곳 소). 죄인이 유배(流配)된 곳[所]. ⑪귀양지.

배:소[3] **焙燒** (불쬘 배, 불사를 소). ① 속뜻 불을 쬐어[焙] 굽는[燒] 일. ② 화학 광석 따위를 녹는점보다 낮은 온도로 가열하여 그 화학적 조성과 물리적 조직의 변화를 일으키게 하는 일.

배:속 **配屬** (나눌 배, 엮을 속). ① 속뜻 물자나 기구 따위를 배치(配置)하여 소속(所屬)시킴. ②사람을 어떤 곳에 배치하여 종사하게 함. ¶신입 사원을 각 부서에 배속하다.

▸배:속 장:교 配屬將校 (거느릴 장, 부대 교). 군사 임시로 다른 부대에 배치(配置)되어 소속(所屬)되는 장교(將校).

배:송 **拜送** (절 배, 보낼 송). ① 속뜻 공손히 절하여[拜] 보냄[送]. ② 민속 천연두를 앓은 뒤 13일 만에 두신(痘神)을 떠나보내던 일.

배:수[1] **拜受** (절 배, 받을 수). 공경하는 마음으로 절하여[拜] 받음[受]. ⑪배령(拜領).

배수[2] **配水** (나눌 배, 물 수). ① 속뜻 수원지에서 급수관을 통하여 수돗물[水]을 나누어[配] 보냄. ②논에 물을 댐.

▸배:수-관 配水管 (대롱 관). 물[水]을 나누어[配] 보내주는 관(管). 주로 수원지에서 물을 여러 갈래로 나누어 보내는 송수관을 이른다.

▸배:수-지 配水池 (못 지). 급수 구역에 수돗물[水]을 공급하기[配] 위해 만든 큰 저수지(貯水池).

▸배:수-탑 配水塔 (탑 탑). 급수 구역에 수돗물[水]을 공급하기[配] 위해 지상에 세운 탑(塔).

배:수[3] **倍數** (곱 배, 셀 수). 수학 어떤 수의 갑절[倍]이 되는 수(數). ¶6은 2의 배수이다. ⑫약수(約數).

▸배:수-성 倍數性 (성질 성). 생물 어떤 생물에서 염색체의 수(數)가 같은 종(種)의 기본 염색체 수의 배(倍)가 되는 현상이나 성질(性質).

▸배:수-체 倍數體 (몸 체). 생물 배수성(倍數性)의 개체(個體).

▸배:수 세:대 倍數世代 (인간 세, 시대 대). 생물 수정이 끝나 염색체의 수가 배가 되어

있는[倍數] 세대(世代). ㉥반수 세대(半數世代).

배수⁴ 排水 (밀칠 배, 물 수). ① 속뜻 불필요한 물[水]을 다른 곳으로 흘려버림[排]. ¶이 논은 배수가 잘 된다. ② 물에 뜬 물체가 그것이 물속에 잠긴 만큼의 부피의 물을 사방으로 밀어냄.

▸배수-갱 排水坑 (구덩이 갱). 광업 갱 내의 물[水]을 밖으로 뽑아내기[排] 위해 만든 갱도(坑道).

▸배:수-관 排水管 (대롱 관). 물[水]을 빼내 흘려보내는[排] 관(管).

▸배수-구 排水口 (어귀 구). 물[水]이 빠지는[排] 곳[口].

▸배수-구 排水溝 (도랑 구). 빼낸[排] 물[水]을 내보내기 위해 만든 도랑[溝]. 배수로(排水路).

▸배수-량 排水量 (분량 량). ① 속뜻 펌프가 물[水]을 뽑아낸[排] 분량(分量). ② 물에 뜬 배가 그 무게로 밀어내는 물의 분량. 그 분량이 그 배의 중량이 됨.

▸배수-로 排水路 (길 로). 건설 빼낸[排] 물[水]을 내보내기 위해 만든 물길[路]. ¶노후한 배수로를 수리하다. ㉥배수구(排水溝).

▸배수 현:상 排水現象 (나타날 현, 모양 상). 식물 식물이 내부의 불필요한 수분[水]을 물의 형태로 배출(排出)하는 현상(現象).

배:수-진 背水陣 (등질 배, 물 수, 진칠 진). ① 속뜻 물[水]을 등지고[背] 치는 진(陣). ② 군사 더 이상 물러설 수 없음을 비유하여 이르는 말. 중국 한(漢)나라의 한신이 강을 등지고 진을 쳐서 병사들이 물러서지 못하고 힘을 다하여 싸우도록 하여 조(趙)나라의 군사를 물리쳤다는 데서 유래한다. ¶대표팀은 배수진을 치고 경기에 임했다.

배:식¹ 配食 (나눌 배, 밥 식). ① 속뜻 음식(飮食)을 나누어[配] 줌. ¶노숙자에게 점심을 배식하다. ② 역사 공신의 신주를 종묘에 모시는 일. 배향(配享).

배:식² 陪食 (모실 배, 먹을 식). 웃어른을 모시고[陪] 함께 음식을 먹음[食]. ㉥반식(伴食), 시반(侍飯), 시식(侍食).

배:신 背信 (등질 배, 믿을 신). 신의(信義)를 등짐[背]. ¶혼자만 살려고 친구들을 배신했다. ㉥배반(背反).

▸배:신-감 背信感 (느낄 감). 믿음이나[信] 의리의 저버림[背]을 당한 느낌[感]. ¶그 소식을 듣고 배신감을 느꼈다.

▸배:신-자 背信者 (사람 자). 배신(背信)한 사람[者]. ¶배신자의 말로.

배:심¹ 背心 (등질 배, 마음 심). 배반(背叛)하려는 마음[心]. ㉥반심(叛心).

배:심² 陪審 (배석할 배, 살필 심). ① 속뜻 재판의 심리(審理)에 배석(陪席)함. ② 법률 배심원이 재판의 기소나 심리에 참여함.

▸배:심-원 陪審員 (사람 원). 법률 일반 국민으로부터 선출되어 배심(陪審) 재판에 참여하는 사람[員]. ¶배심원들이 평결하다.

▸배:심 재판 陪審裁判 (분별할 재, 판가름할 판). 법률 배심원(陪審員)들의 의견을 토대로 하는 재판(裁判).

배아 胚芽 (아이 밸 배, 싹 아). 식물 식물의 씨[胚] 속에 있는 발생 초기의 어린 식물[芽]. 떡잎·씨눈줄기·어린눈·어린뿌리의 네 가지로 구성되어 있다.

▸배아-미 胚芽米 (쌀 미). ① 속뜻 배아(胚芽)가 다 떨어져 나가지 않도록 도정한 쌀[米]. ② 벼를 물에 담갔다가 싹이 터서 나올 듯할 때 말려서 도정한 쌀.

배:알 拜謁 (절 배, 뵐 알). 지위가 높거나 존경하는 사람을 찾아가 절하고[拜] 뵘[謁]. ¶황제를 배알하다. ㉥면알(面謁).

배:암-투명 背暗投明 (등질 배, 어두울 암, 들여놓을 투, 밝을 명). ① 속뜻 어둠[暗]을 등지고[背] 밝은 데[明]로 나아감[投]. ② '그른 길을 버리고 바른길'로 나아감.

배:압 背壓 (등질 배, 누를 압). 증기 원동기 또는 내연 기관에서 등져[背] 뿜어져 나오는 증기나 가스의 압력(壓力). ¶원동기의 배압을 측정하다.

배:액 倍額 (곱 배, 액수 액). 곱절[倍]의 금액(金額).

배:양 培養 (북돋울 배, 기를 양). ① 식물 식물이나 동물의 일부를 가꾸어[培] 기름[養]. ¶인공 배양. ② 사람이나 힘을 길러 냄. ¶국력을 배양하다. ③ 생물 미생물이나 동식물의 조직의 일부를 인공적으로 길러 증식시킴. ¶세균을 배양하다.

▸배:양-기 培養基 (터 기). 생물 미생물을

배양(培養)하는데 필요한 기본(基本) 영양소가 들어 있는 액체. ⓑ배지(培地).

▸배:양-액 培養液 (진 액). 생물 미생물이나 동식물의 조직 따위를 배양(培養)하는데 필요한 모든 영양소가 들어 있는 액체(液體). ⓑ배양기(培養基).

▸배:양-토 培養土 (흙 토). 꽃이나 묘목 식물 따위를 재배하는[培養] 데 쓰려고 인공으로 거름을 섞어 만든 흙[土].

배:역[1] 背逆 (등질 배, 거스를 역). 은혜를 저버리고[背] 뜻을 거역(拒逆)함. ¶어려울 때 거두어준 나를 배역하다니.

배:역[2] 配役 (나눌 배, 부릴 역). 연영 영화나 연극 따위에서 배우들에게 어떤 역(役)을 나누어[配] 맡김. 또는 맡긴 그 역. ¶신데렐라 배역을 정하다.

배연 排煙 (밀칠 배, 연기 연). ① 속뜻 굴뚝 따위에서 배출(排出)되어 나오는 연기(煙氣). ②건물 따위의 안에 찬 연기를 밖으로 뽑아 냄.

▸배연-소방차 排煙消防車 (사라질 소, 막을 방, 수레 차). 화재 때, 건물 안에 차 있는 연기(煙氣)를 배출(排出)하고 바깥 공기를 들여보낼 수 있도록 만든 소방차(消防車).

배열 排列 (밀칠 배, 벌일 렬). 일정한 차례나 간격으로 밀어[排] 늘어놓거나 벌여[列] 놓음. ¶진열대에 상품을 배열하다.

배엽 胚葉 (아이 밸 배, 잎 엽). 생물 동물의 수정란[胚]이 발생 초기에 세포 분열을 거듭하여 생기는 잎[葉] 모양의 세포층. ¶내배엽 / 중배엽 / 외배엽.

배:영 背泳 (등 배, 헤엄칠 영). 운동 등[背]을 대고 눕듯이 하여 치는 헤엄[泳].

배:외[1] 拜外 (공경할 배, 밖 외). 외국(外國)의 문물이나 사상 따위를 숭배(崇拜)함. ⓑ배외(排外).

배외[2] 排外 (밀칠 배, 밖 외). 외국(外國)의 문, 사상 따위를 반대하여 배격(排擊)함. ¶배외 사상이 강하다. ⓑ배외(拜外).

배우[1] 俳優 (광대 배, 광대 우). ① 속뜻 익살을 잘 부리는 광대[俳]와 연극을 잘하는 광대[優]. ② 연영 영화나 연극 등에서 극중의 인물로 꾸며 연기하는 사람. ¶그녀는 배우 지망생이다 / 주연 배우.

배:우[2] 配偶 (짝 배, 짝 우). 부부가 될 짝[配=偶]. 또는 그런 남녀. ⓑ배필(配匹).

▸배:우-자 配偶子 (씨 자). 생물 서로 합하여 새로운 개체를 만드는 짝[配偶]이 되는 생식 세포[子]. ⓑ접합자(接合子).

▸배:우-자 配偶者 (사람 자). 부부로서 짝[配偶]이 되는 상대자(相對者)라는 뜻으로 부부가 서로를 이르는 말. ¶적당한 배우자를 고르다. ⓑ반려자(伴侶者).

▸배:우-체 配偶體 (몸 체). 생물 세대 교번이 이루어지는 식물에서 배우자(配偶子)를 만들어 유성생식을 하는 세대의 식물체(植物體). ⓑ포자체(胞子體).

▸배:우 생식 配偶生殖 (날 생, 불릴 식). ① 속뜻 짝을 만나 새로운 개체가 생겨나서[生] 자라는[殖] 것. ② 생물 두 생식 세포가 한 몸이 되어 새로운 개체를 만드는 생식 방법.

▸배:우자 접합 配偶子接合 (접미사 자, 이을 접, 합할 합). 생물 단세포 생물에서 모체(母體)에 만들어진 배우자(配偶子)에 의하여 이루어지는 접합(接合). ⓑ개체 접합(個體接合).

▸배:우 상속인 配偶相續人 (서로 상, 이을 속, 사람 인). 법률 배우자(配偶者)인 호주(戶主)나 재산을 물려받는[相續] 사람[人].

배:위 配位 (짝 배, 자리 위). 남편과 아내가 다 죽었을 때에 그 아내[配]의 자리[位]를 높여 이르는 말. ¶우리 집안의 오대 할아버님의 배위는 밀양 박씨이다.

배:위-설 配位說 (나눌 배, 자리 위, 말씀 설). 화학 착화합물 속의 금속 원자를 중심으로 일정한 수의 원자, 이온, 기(基)가 일정한 자리[位]가 배치(配置)되어 입체적으로 결합하고 있다는 학설(學說).

배:위 결합 配位結合 (나눌 배, 자리 위, 맺을 결, 합할 합). 화학 한쪽의 원자에서 제공된 전자쌍을 두 개의 원자가 공유함으로써[配位] 생기는 화학 결합(結合).

배유 胚乳 (아이 밸 배, 젖 유). 식물 식물이 싹틀 때, 씨[胚] 눈의 양분[乳]이 되는 씨앗 속 조직.

배:율[1] 倍率 (곱 배, 비율 률). 실제 도형이나 그림의 크기를 곱[倍]으로 축소 또는 확대한 비율(比率). ¶배율이 높은 망원경.

배율[2] **排律** (늘어설 배, 가락 률). ① 속뜻 음률(音律)을 배열(排列)함. ② 문학 오언(五言)이나 칠언(七言)의 대구(對句)를 여섯 구 이상 짝수로 배열한 형식의 한시(漢詩).

배:은 背恩 (등질 배, 은혜 은). 은혜(恩惠)를 등져버림[背]. ㊊고은(孤恩). ㊥보은(報恩).

▸배:은-망덕 背恩忘德 (잊을 망, 베풀 덕). 은혜(恩惠)를 저버리고[背] 덕택(德澤)을 잊음[忘].

배:음 背音 (등 배, 소리 음). 연영 영상 효과를 높이기 위해서 대사나 해설이 나올 때 뒤[背]에서 흘려보내는 소리[音]. '배경음악'(背景音樂)의 준말.

배:음 倍音 (곱 배, 소리 음). 물리 어떤 진동체가 내는 여러 가지 음 가운데, 원음(原音)보다 곱[倍]이 될 만큼 많은 진동수를 가진 소리[音].

배일 排日 (밀칠 배, 일본 일). ① 속뜻 일본(日本) 사람이나 일본의 문물, 사상, 언어, 정치 따위를 배척(排斥)함. ¶배일 사상. ② 하루에 얼마씩 일정하게 갈라서 나눔.

배:일-성 背日性 (등질 배, 해 일, 성질 성). 식물 식물체가 햇빛[日]을 등진[背] 방향으로 자라는 성질(性質).

배:임 背任 (등질 배, 맡길 임). 자기가 맡은[任] 일을 저버림[背].

▸배:임-죄 背任罪 (허물 죄). 법률 남의 일을 맡아 처리하는 사람이 그 일에 어긋나는[背任] 행위를 하여 그 일을 맡긴 본인에게 손해를 끼친 죄(罪).

배자[1] **胚子** (아이 밸 배, 씨 자). 동물 알에서 발생하여 아직 외계로 나오지 않고 모체의 태반에 있는[胚] 동물의 어린 생명체[子].

배자[2] **排字** (늘어설 배, 글자 자). 글씨를 쓰거나 인쇄할 판을 짤 때 글자[字]를 알맞게 벌여 놓음[排]. ¶배자 간격을 알맞게 조정하였다.

배:자[3] **褙子** (속적삼 배, 접미사 자). 추울 때에 부녀자들이 저고리 위에 덧입는 옷[褙]. 조끼와 비슷하나 주머니와 소매가 없다.

배:전[1] **倍前** (곱 배, 앞 전). 전(前) 보다 곱[倍]으로 더함. ㊊배구(倍舊).

배:전[2] **配電** (나눌 배, 전기 전). 전기 발전소에서 보내온 전력(電力)이나 전류를 곳곳으로 배송(配送)함.

배:점[1] **背點** (등 배, 점 점). 천문 운동하는 천체의 방향을 나타낸 천구(天球) 위의 점의 반대[背]의 점(點). ㊥향점(向點).

배:점[2] **配點** (나눌 배, 점 점). 문제마다 점수(點數)를 나누어[配] 매김. ¶문제에 따라 배점이 다르다.

배:정[1] **拜呈** (절 배, 드릴 정). 공손히 절하며[拜] 드림[呈]. 진상(進上)함. ㊊근정(謹呈).

배:정[2] **配定** (나눌 배, 정할 정). 나누어서[配] 몫을 정(定)함. ¶좌석을 배정하다.

배정[3] **排定** (늘어설 배, 정할 정). 여러 군데로 늘여[排] 놓음[定]. ¶진열대에 상품을 알맞게 배정하다.

배:제[1] **配劑** (나눌 배, 약제 제). 여러 가지 약제(藥劑)를 배합(配合)함. 또는 그 약제. ¶한방에서 쓰는 배제로 대표적인 것이 우황청심환이다.

배제[2] **排除** (밀칠 배, 덜 제). 장애가 되는 것을 한곳에서 밀어내[排] 없앰[除]. ¶그러한 가능성을 완전히 배제할 수는 없다.

배주 胚珠 (아이 밸 배, 구슬 주). ① 속뜻 아이를 밸[胚] 수 있는 구슬[珠] 모양의 것. ② 식물 꽃식물의 꽃의 암꽃술에 있는 중요 기관. 수정(授精)한 뒤에 자라서 씨가 되는 암술의 일부분. ㊊밑씨.

배중 排中 (밀칠 배, 가운데 중). 이것도 저것도 아닌 중간(中間)을 배척(排斥)함.

▸배중-론 排中論 (논할 론). 논리 두 개의 개념 사이의 중간(中間) 개념을 인정하지 않는다는[排斥] 이론(理論). ㊊배중률(排中律).

▸배중-률 排中律 (법칙 률). 논리 배중론(排中論).

▸배중 원리 排中原理 (본디 원, 이치 리). 논리 논리 두 개의 개념 사이의 중간(中間) 개념을 인정하지 않는다는[排斥] 원리(原理). ㊊배중론(排中論).

배:증 倍增 (곱 배, 더할 증). 곱[倍]으로 늘어남[增]. 또는 갑절로 늘림. ¶수입액의 배증.

배:지 培地 (북돋울 배, 땅 지). 생물 세균, 배양 세포 따위를 기르는[培] 데 필요한 영양소가 들어 있는 액체 형태의 것[地]. ㊊배

양액(培養液), 배양기(培養基).

배:지-성 背地性 (등질 배, 땅 지, 성질 성). ① 식물 땅[地]을 등지는[背] 성질(性質). ② 동물 동물이 날거나 뛰거나 하는 것이 지구의 인력과 정반대의 방향인 성질. ③ 식물 식물의 여러 조직이 중력(重力)이 작용하는 반대 방향으로 자라는 성질. ⓑ향지성(向地性).

배:진[1] 拜塵 (절 배, 티끌 진). ① 속뜻 윗사람이 탄 수레가 일으킨 먼지[塵]를 보고도 절함[拜]. ② '윗사람이나 권력가에게 아첨함'을 비유하여 이르는 말. ¶그는 정승에게 배진해서 관직을 얻었다.

배:진[2] 倍振 (곱 배, 떨칠 진). 물리 기본 진동수의 갑절[倍]로 진동(振動)함. 또는 그러한 진동. ⓑ배진동(倍振動).

배차[1] 坯車 (질그릇 배, 수레 차). 도자기[坯]를 만드는 데 쓰는 물레[車]. 둥근 널조각 위에 흙덩이를 놓고 돌리면서 도자기를 만든다.

배:차[2] 配車 (나눌 배, 수레 차). 일정한 노선이나 구간에 차(車)를 알맞게 나눔[配]. ¶10분 간격으로 버스를 배차하다.

배차[3] 排次 (늘어설 배, 차례 차). 차례(次例)를 정해 늘어놓음[排]. 또는 그 정해진 차례.

배척 排斥 (밀칠 배, 물리칠 척). 밀쳐[排]내거나 물리침[斥]. ¶새로운 사상을 배척하다. ⓑ포용(包容).

배:청 拜聽 (절 배, 들을 청). 공손히 절하며[拜] 들음[聽]. ¶스승님의 가르침을 배청하다.

배축 胚軸 (아이 밸 배, 굴대 축). 식물 속씨식물의 씨[胚]눈의 중심을 이루는 줄기 모양[軸]의 부분. ⓑ씨눈줄기.

배:출[1] 倍出 (곱 배, 날 출). 갑절[倍]이나 더 남[出].

배:출[2] 輩出 (무리 배, 날 출). 인재들[輩]을 양성하여 사회에 내보냄[出]. ¶훌륭한 기술자 배출이 우리 학교의 목표다.

***배출**[3] 排出 (밀칠 배, 날 출). ① 속뜻 불필요한 물질을 밀어서[排] 밖으로 내보냄[出]. ¶폐수를 여과 없이 배출하다. ② 생물 동물체가 음식의 영양을 섭취하고 그 찌꺼기를 몸 밖으로 내보내는 일. ¶이산화탄소를 배출하다. ⓑ배설(排泄).

▸**배출-구** 排出口 (어귀 구). 불필요한 물질을 밖으로 밀어[排] 내보내는[出] 곳[口]. ¶배출구가 막히다.

▸**배출-량** 排出量 (분량 량). 밖으로 내보내는[排出] 물질의 양(量). ¶배출량 통계.

▸**배출-형** 排出型 (모형 형). 침, 오줌, 위액 등의 속에 자신의 혈액형을 나타내는 물질이 나오는[排出] 유형(類型).

배:치[1] 背馳 (등 배, 달릴 치). 서로 등[背]을 보이며 달림[馳]. 서로 어긋남. ¶말과 행동이 배치되다.

배치[2] 排置 (늘어설 배, 둘 치). 갈라 나누어 늘어[排] 놓음[置]. ¶책상 배치 간격을 조정하다. ⓑ배포(排布), 포치(布置).

배:치[3] 配置 (나눌 배, 둘 치). 사람이나 물건을 알맞은 자리에 나누어[配] 둠[置]. ¶좌석을 배치하다. ②사람을 알맞은 자리에 나누어 앉힘. ¶그를 비상대책위원회의 위원장으로 배치했다.

▸**배:치-도** 配置圖 (그림 도). ① 속뜻 인원이나 물자를 알맞게 놓을[配置] 자리를 표시한 그림[圖]. ② 공장 따위에서 여러 기계를 장치한 위치를 표시한 그림.

배타 排他 (밀칠 배, 다를 타). 타인(他人)을 배척(排斥)함. ¶외국 문물을 배타하다.

▸**배타-성** 排他性 (성질 성). ① 속뜻 남[他]이나 다른 생각 따위를 밀어내는[排] 성질(性質). ② 법률 한 개의 목적물에 관한 물권이 같은 내용을 가진 다른 권리의 존재를 허락하지 않는 일.

▸**배타-심** 排他心 (마음 심). 남[他]이나 이견(異見) 따위를 밀어내는[排斥] 마음[心].

▸**배타-적** 排他的 (것 적). 남[他]이나 이견(異見) 따위를 밀어내려는[排斥] 경향이 있는 것[的]. ¶배타적인 태도를 보이다.

▸**배타-주의** 排他主義 (주될 주, 뜻 의). 남[他]이나 이견(異見) 따위를 밀어내는[排斥] 사상이나 태도[主義].

배태 胚胎 (아이 밸 배, 아이 밸 태). ① 속뜻 아이나 새끼를 뱀[胚=胎]. ② 어떤 일이 일어날 빌미를 지님.

배토[1] 坯土 (질그릇 배, 흙 토). 질그릇[坯]의 원료로 쓰이는 흙[土].

배:토[2] 培土 (북돋울 배, 흙 토). 농작물의 포

기 밑을 흙[土]으로 두둑하게 북돋아줌 [培]. ¶밭에 자주 배토를 해주었다.

배:판[1] **背板** (등 배, 널빤지 판). 곤충 등[背]에 있는 널빤지[板]처럼 판판한 부분. ㊈등판.

배:판[2] **倍版** (곱 배, 널빤지 판). 책 따위가 어떤 규격의 갑절[倍]이 되는 크기의 판(版). ¶사륙배판.

배:포[1] **配布** (나눌 배, 펼 포). 널리[布] 나누어[配] 줌. ¶관광객에게 안내책자를 배포했다. ㊈배부(配付).

배포[2] **排布** (=排鋪, 늘어설 배, 펼 포). ① 속뜻 늘어놓거나[排] 펼쳐[布] 놓음. 배치함. ② 머리를 써서 일을 조리 있게 계획함. 또는 그런 속마음. ¶배포가 두둑하다 / 배포가 남다르다. ③살림을 꾸리거나 차림. ¶배포를 차리다.

배표-분화 胚表分化 (아이 밸 배, 겉 표, 나눌 분, 될 화). ① 속뜻 배엽(胚葉)의 표면(表面)이 나뉨[分化]. ② 생물 동물이 개체 발생을 하는 초기배에서 배표면 재료의 분화. 수정란의 각 부분이 배엽(胚葉)을 이루고 이것이 다시 각 기관으로 분화함.

배:풍 背風 (등 배, 바람 풍). 등[背] 뒤쪽에서 불어오는 바람[風]. ¶그는 배풍에 밀린 듯 빠르게 걸었다.

배:필 配匹 (짝 배, 짝 필). 부부로서의 짝[配=匹]. ¶배필을 만나다. ㊈배우(配偶).

배:합 配合 (나눌 배, 합할 합). ① 속뜻 두 가지 이상을 일정한 비율로 나누어[配] 한데 섞어 합(合)침. ¶배합 비율. ②부부의 인연을 맺음. ¶사람들은 두 사람의 배합을 아주 부러워했다.

▸배:합-률 配合率 (비율 률). 배합(配合)하는 비율(比率). ¶계절에 따라 재료의 배합률이 다르다.

▸배:합-토 配合土 (흙 토). 식물의 성장에 적합하도록 무기질 비료, 유기 물질 따위를 알맞게 배합(配合)하여 만든 토양(土壤). ¶배합토를 화분에 넣다.

▸배:합 금:기 配合禁忌 (금할 금, 꺼릴 기). 약학 약제를 배합할 때, 효력이 없어지거나 감소되는 물질을 섞는[配合] 것을 피함[禁忌].

▸배:합 비:료 配合肥料 (기름질 비, 거리 료). 농업 농작물에 필요한 양의 질소, 인, 칼륨이 골고루 들어가도록 여러 가지를 섞어서[配合] 만든 비료(肥料).

▸배:합 사료 配合飼料 (먹일 사, 거리 료). 농업 동물 사육에 필요한 영양소를 알맞게 섞어[配合] 만든 사료(飼料).

배해 처:분 排害處分 (밀칠 배, 해칠 해, 처리할 처, 나눌 분). 법률 사회에 위험한 일을 할 가능성이 있는 사람을 사회에서 격리하여 침해(侵害)를 배척(排斥)하고자 하는 처분(處分).

배:행[1] **陪行** (모실 배, 다닐 행). ① 속뜻 윗사람을 모시고[陪] 따라다님[行]. ¶임금은 배행을 물리치고 암행에 나섰다. ②떠나는 사람을 일정한 곳까지 따라감. ¶그는 친구를 역까지 배행했다. ㊈배웅.

배:행[2] **輩行** (무리 배, 다닐 행). ① 속뜻 무리 지어[輩] 다님[行]. ②나이가 서로 비슷한 친구. ¶서로 배행 간이니 말을 트고 지내세.

배:향 配享 (모실 배, 제사지낼 향). 역사 ① 공신(功臣)의 신주(神主)를 종묘에 모시고[配] 제사를 드림[享]. ②학덕이 있는 사람의 신주를 문묘나 사당, 서원 등에 모시는 일. ¶퇴계 선생을 도산 서원에 배향하다. ㊈배식(配食), 종사(從祀).

배:혁 背革 (등 배, 가죽 혁). 책 표지의 등[背]만을 가죽[革]으로 입히는 일. 또는 그 가죽. ¶배혁 제본.

배:화-교 拜火教 (공경할 배, 불 화, 종교 교). 종교 신의 상징으로서 불[火]을 숭배(崇拜)하는 종교(宗教)를 통틀어 이르는 말.

배회 徘徊 (노닐 배, 노닐 회). 목적 없이 이리저리 거닒[徘=徊]. ¶거리를 배회하다. ㊈지회(遲徊).

▸배회-증 徘徊症 (증세 증). 쓸데없이 여기저기를 돌아다니는[徘徊] 증세(症勢).

배:후 背後 (등 배, 뒤 후). ① 속뜻 등[背] 뒤[後]. 뒤쪽. ②사건 따위의 표면에 드러나지 않는 부분. ¶배후 세력 / 사건의 배후를 밝히다. ㊈막후(幕後).

▸배:후 관계 背後關係 (빗장 관, 맬 계). 표면에 나타나지 않고 뒤[背後]에서 지시하거나 협력하거나 하는 사이[關係].

▸배:후 습지 背後濕地 (젖을 습, 땅 지). 지리 범람원이나 삼각주에 발달한 자연 제

방의 뒤쪽[背後]에 생긴 습지(濕地).

백가 百家 (여러 백, 집 가). ① 속뜻 여러[百] 학자[家]. ② 여러 학자가 지은 저서. ⓑ백가서(百家書).

▶백가-쟁명 百家爭鳴 (다툴 쟁, 울 명). ① 속뜻 많은[百] 학자나 논객[家]이 거리낌 없이 앞 다투어[爭] 토론함[鳴]. ② 1956년에 중국 공산당이 사회주의 문화정책의 한 정치 구호로 내건 말. 공산주의 이론도 다른 사상과 개방적으로 경쟁하는 가운데 그 지도적 위치를 차지해야 한다고 한 주장하였다.

백강 白殭 (흰 백, 굳어질 강). ① 속뜻 하얗게[白] 굳은[殭] 시체. ② 한의 백강병으로 죽은 누에.

▶백강-균 白殭菌 (세균 균). ① 속뜻 누에를 하얗게[白] 말려 죽이는[殭] 병균(病菌). ② 식물 사상균(絲狀菌)의 하나. 누에에 기생하여 백강병(白殭病)을 일으킨다. 공 모양의 흰색 포자가 누에의 피부를 통하여 몸 안으로 침투한다.

▶백강-병 白殭病 (병 병). 농업 누에를 하얗게[白] 말려 죽이는[殭] 병(病).

▶백강-잠 白殭蠶 (누에 잠). 한의 백강병(白殭病)으로 죽은 누에[蠶]. ⓑ백간잠(白簡蠶).

백견-병 白絹病 (흰 백, 비단 견, 병 병). 식물 오이, 담배, 콩, 삼 따위의 줄기 밑동에 흰[白] 비단실[絹] 모양의 균사가 생겨 식물을 말라 죽게 하는 병(病).

백계[1] 白鷄 (흰 백, 닭 계). 털이 흰[白] 닭[鷄]. ⓑ옥계(玉鷄).

백계[2] 百計 (여러 백, 꾀 계). 온갖[百] 방법[計]. 여러 가지의 꾀. ¶백계를 부리다.

▶백계-무책 百計無策 (없을 무, 꾀 책). 온갖[百] 방법[計]을 다 생각해 봐도 좋은 대책(對策)이 없음[無]. ⓑ계무소출(計無所出).

백고천난 百苦千難 (여러 백, 괴로울 고, 일천 천, 어려울 난). 온갖[百=千] 고생(苦生)과 어려움[難]. ¶백고천난을 이겨내다.

백곡 百穀 (여러 백, 곡식 곡). 온갖[百] 곡식(穀食). ¶백곡이 무르익다.

백골 白骨 (흰 백, 뼈 골). ① 속뜻 죽은 사람의 살이 다 썩은 뒤에 남은 흰[白] 뼈[骨]. ¶스승님의 은혜는 백골이 되어서도 잊지 못한다. ② 옻칠을 하기 전에 흰 상태의 나무 빼대.

▶백골-송 白骨松 (소나무 송). 식물 나무줄기[骨]가 흰[白] 소나무[松]. 희귀한 품종으로 대부분 천연기념물로 지정되어 있다. ㊕백송.

▶백골-난망 白骨難忘 (어려울 난, 잊을 망). 죽어 백골(白骨)이 된다 하여도 은혜를 잊기[忘] 어려움[難]. ¶그동안 길러 주신 은혜 백골난망이로소이다.

▶백골-징포 白骨徵布 (거둘 징, 베 포). 역사 조선 후기에, 죽어 백골(白骨)이 된 사람의 이름을 군적과 세금 대장에 올려놓고 군포(軍布)를 징수(徵收)하던 일.

백공 百工 (여러 백, 장인 공). ① 속뜻 여러[百] 기술자[工]. ② 모든 벼슬아치. ⓑ백관(百官).

백과 百科 (여러 백, 과목 과). 여러[百] 가지 과목(科目). 모든 분야.

▶백과-사전 百科事典 (일 사, 책 전). 문화, 예술 등 여러[百] 분야의[科] 일[事]을 체계에 따라 늘어놓은 책[典]. ¶백과사전에서 조롱박을 찾아보았다. ⓑ백과전서(百科全書).

▶백과-전서 百科全書 (모두 전, 책 서). ① 속뜻 여러[百] 분야의 내용[科]을 모두[全] 모아 체계적으로 만든 책[書]. ② 백과사전(百科事典).

백관 百官 (여러 백, 벼슬 관). 모든[百] 벼슬아치[官]. ¶조정의 백관이 나서서 왕에게 간언했다. ⓑ백공(百工), 백규(百揆), 백료(百僚).

백구[1] 白球 (흰 백, 공 구). 야구, 배구, 골프 따위의 흰[白] 공[球]을 두루 이름.

백구[2] 白駒 (흰 백, 망아지 구). 빛깔이 흰[白] 망아지[駒].

▶백구-과극 白駒過隙 (지날 과, 틈 극). ① 속뜻 흰[白] 망아지[駒]가 달리는[過] 것이 문틈[隙]으로 보임. ② 눈 깜빡할 정도의 짧은 시간. '인생이 너무 빨리 지나감'을 비유하여 이르는 말. ㊕구극.

백국 白菊 (흰 백, 국화 국). 빛깔이 흰[白] 국화(菊花).

백군 白軍 (흰 백, 군사 군). 운동 경기 따위에서, 흰[白] 색의 상징물을 사용하는 편[軍].

¶줄다리기에서 백군이 이겼다. ⓑ청군(靑軍).

백금 白金 (흰 백, 쇠 금). 화학 은백색(銀白色)의 금속(金屬) 원소. 은보다 단단하며 녹슬지 않는다.

▸백금족 원소 白金族元素 (무리 족, 으뜸 원, 바탕 소). ① 속뜻 흰색[白]을 띠는 쇠붙이[金] 종류[族]의 원소(元素). ② 화학 원소 주기율표 제8속의 원소(元素). 루테늄, 로듐, 팔라듐, 오스뮴, 이리듐, 백금의 여섯 원소.

백기 白旗 (흰 백, 깃발 기). ① 속뜻 흰[白] 깃발[旗]. ② 항복의 표지로 쓰이는 흰 깃발. ¶백기를 들고 적에게 투항하다. ③ 교섭을 위해 적군에 파견되는 사람을 표시하는 데 쓰이는 흰 깃발. ⓑ항기(降旗).

백난지중 百難之中 (여러 백, 어려울 난, 어조사 지, 가운데 중). 온갖[百] 어려움[難]을 겪는 가운데[中].

백-내장 白內障 (흰 백, 안 내, 장애 장). 의학 수정체가 회백색(灰白色)으로 흐려져서 눈 안쪽[內]에서 시력 장애(障礙)를 일으키는 질병. 노화로 발병하는 경우가 가장 많다. ⓒ녹내장(綠內障).

백년 百年 (여러 백, 해 년). ① 속뜻 오랜[百] 세월[年]. 많은 해. ② 한평생.

▸백년-초 百年草 (풀 초). ① 속뜻 오래[百年] 사는 풀[草]. ② 식물 선인장(仙人掌).

▸백년-가약 百年佳約 (아름다울 가, 묶을 약). 젊은 남녀가 결혼하여 한평생[百年]을 함께 지내자는 아름다운[佳] 약속(約束). ¶백년가약을 맺다.

▸백년-대계 百年大計 (큰 대, 셀 계). 먼 장래[百年]를 내다보고 세우는 큰[大] 계획(計劃). ¶나라의 백년대계를 세우다. ⓑ백년지계(百年之計).

▸백년지객 百年之客 (어조사 지, 손 객). ① 속뜻 늘[百年] 깍듯이 대해야 하는 어려운 손님[客]. ② '사위'를 이르는 말.

▸백년지계 百年之計 (어조사 지, 셀 계). 먼 장래[百年]를 내다보고 세우는 계획(計劃). ¶교육은 나라의 백년지계이다. ⓑ백년대계(百年大計).

▸백년-하청 百年河淸 (물 하, 맑을 청). ① 속뜻 백(百) 년(年)이 지난다 해도 황하[河]의 물이 맑아[淸] 지리오. ② 아무리 오랜 시일이 지나도 어떤 일이 이루어지기 어려움을 비유하여 이르는 말. ¶그 일을 바라느니 백년하청을 기다리는 것이 낫겠다.

▸백년-해락 百年偕樂 (함께 해, 즐길 락). 부부가 되어 한평생[百年]을 함께[偕] 즐겁게[樂] 지냄. ⓑ백년동락(百年同樂).

▸백년-해로 百年偕老 (함께 해, 늙을 로). 부부가 되어 한평생[百年]을 잘 살면서 함께[偕] 늙어[老] 감. ¶둘은 백년해로하기로 약속했다.

백단-유 白檀油 (흰 백, 박달나무 단, 기름 유). 백단향(白檀香)의 나뭇조각을 물과 함께 끓여 얻는 황색의 끈끈한 휘발성 기름[油]. 특이한 향기가 있어 향료나 약재로 쓰인다.

백담-사 百潭寺 (여러 백, 못 담, 절 사). 불교 강원도 인제군 북면 용대리에 있는 절. 신라 진덕 여왕 1년(647)에 자장이 창건하였다. 크고 작은 많은[百] 못[潭]으로 이어져 있는 계곡 옆에 자리 잡은 절[寺]이라고 해서 붙여진 이름으로 추정된다.

백대 百代 (여러 백, 연대 대). ① 속뜻 오랫동안[百] 이어 내려오는 여러 세대(世代). ② 오랜 세월. 영원히. ¶율곡 이이 백대의 스승이다.

▸백대지과객 百代之過客 (어조사 지, 지날 과, 손 객). ① 속뜻 영원히[百代] 지나가기[過]만 할 뿐 다시 돌아오지 않는 나그네[客]. ② '세월'(歲月)을 달리 이르는 말.

백덕 百德 (여러 백, 베풀 덕). 많은[百] 덕행(德行). ¶백덕을 쌓다.

백도[1] 白桃 (흰 백, 복숭아 도). 살이 희고[白] 맛이 단 복숭아[桃]의 한 품종.

백도[2] 白道 (흰 백, 길 도). 천문 달[白]이 천구(天球) 위에 그리는 궤도(軌道). 황도(黃道)와는 평균 5도 9분의 경사를 이루며 두 점에서 교차한다. 약 18년 6개월을 주기로 황도의 반대쪽으로 돈다.

백두 白頭 (흰 백, 머리 두). ① 속뜻 허옇게[白] 센 머리[頭]. ¶그는 어느새 백두의 노인이 되어 있었다. ② 지체는 높으나 벼슬하지 못한 사람을 비유하여 이르던 말. ¶그분은 평생 백두 신세를 면하지 못하였다. ⓑ백수(白首).

▸백두-산 白頭山 (메 산). ① 속뜻 눈으로 덮

여있어 마치 하얀[白] 머리[頭]가 있는 것 같이 보이는 산(山). ② 지리 함경도와 만주 사이에 있는 산. 우리나라 제일의 산으로 높이는 2,744미터다. ¶겨울방학에 백두산을 관광했다. ㊥장백산(長白山).

▸백두산-정계비 白頭山定界碑 (메 산, 정할 정, 지경 계, 비석 비). 역사 조선 중기, 조선과 청나라의 경계(境界)를 정(定)하고 백두산(白頭山) 위에 세운 비석(碑石).

백두-옹 白頭翁 (흰 백, 머리 두, 늙은이 옹). ① 속뜻 머리[頭]가 허옇게[白] 센 늙은 남자[翁]. ② 식물 미나리아재빗과의 풀. 높이는 30~40㎝이고 봄에 자주색 꽃이 핀다. ㊥할미꽃.

백-등유 白燈油 (흰 백, 등불 등, 기름 유). 원유를 하얗게[白] 정제한 등유(燈油). 가정용 난방이나 주방용 연료로 쓰인다.

백락 百樂 (여러 백, 즐길 락). 온갖[百] 즐거움[樂]. ¶몸이 아프면 백락이 다 소용없다.

백랍 白蠟 (흰 백, 밀 랍). 약학 하얗게[白] 표백한 밀랍(蜜蠟). 연고, 경고 따위의 기제(基劑)로 쓴다.

▸백랍-충 白蠟蟲 (벌레 충). ① 속뜻 백랍(白蠟)을 만드는 벌레[蟲]. ② 동물 밀깍지벌렛과의 곤충. 쥐똥나무, 광나무 따위에 기생하는데 수컷의 애벌레가 숙주 식물에 붙어 분비하는 흰색 납질(蠟質)은 백랍의 원료가 된다. ㊥쥐똥밀깍지벌레

백련 白蓮 (흰 백, 연꽃 련). ① 속뜻 흰[白] 빛의 연꽃[蓮]. ② 식물 목련과의 낙엽 교목. 높이 15미터 정도로 봄에 종 모양의 희고 향기 있는 꽃이 잎보다 먼저 핀다. '백목련'(白木蓮)의 준말.

백령-도 白翎島 (흰 백, 깃 령, 섬 도). 지리 흰[白] 날개[翎]를 펼치고 나는 새 모양의 섬[島]. 우리나라 서북쪽 가장 끝 부분에 있는 외딴섬으로, 조기를 비롯한 수산물이 많이 난다.

백로[1] 白鷺 (흰 백, 해오라기 로). ① 속뜻 흰색[白] 해오라기[鷺]. ② 동물 부리·목·다리는 길고, 무논, 호수, 해안 등지에서 물고기, 개구리, 수생 곤충 따위를 잡아먹고 사는 왜가릿과의 새.

백로[2] 白露 (흰 백, 이슬 로). ① 속뜻 하얀[白] 이슬[露]. ②이슬이 내리며 가을을 알린다는 절기로 처서와 추분 사이인 9월 8일경에 있는 24절기의 하나. ¶백로가 되자 오곡이 무르익었다.

▸백로-주 白露酒 (술 주). 이슬[白露]처럼 매우 깨끗하고 맑은 술[酒]. 쌀을 담가 만든다.

▸백로-지 白露紙 (종이 지). ① 속뜻 이슬[白露]처럼 매우 흰 종이[紙]. ② '갱지'(更紙)를 속되게 이르는 말.

백록-담 白鹿潭 (흰 백, 사슴 록, 못 담). ① 속뜻 하얀[白] 사슴[鹿] 같은 못[潭]. ② 지리 제주도 한라산 봉우리에 있는 화구호. 화산 작용으로 생긴 분화구에 물이 고여 형성되었다.

백료 百僚 (여러 백, 벼슬아치 료). 많은[百] 벼슬아치[僚]. ¶백료가 조정에 모였다. ㊥백관(百官).

백리-향 百里香 (일백 백, 거리 리, 향기 향). ① 속뜻 향기(香氣)가 백리(百里)를 갈 정도로 향기가 좋은 낙엽 관목. ② 식물 꿀풀과의 낙엽 활엽 관목. 높은 산의 바위 위에 나는데 줄기는 덩굴지고 향기가 있으며 여름에 분홍색 꽃이 핀다.

백림 伯林 (맏 백, 수풀 림). '베를린'(Berlin)의 한자 음역어 표기.

백마 白馬 (흰 백, 말 마). 털빛이 흰[白] 말[馬]. ¶백마 탄 왕자님을 기다리다.

▸백마-강 白馬江 (강 강). 지리 충청남도 부여군 북부를 흐르는 강. 당나라 장수 소정방이 흰[白] 말[馬]의 머리를 미끼로 이 강(江)에서 용을 낚았다는 전설에서 유래된 이름이다.

백만 百萬 (일백 백, 일만 만). ① 속뜻 만(萬)의 백(百) 곱절. ②썩 많은 수. ¶백만 대군을 이끌고 전투에 나서다.

▸백만-장자 百萬長者 (어른 장, 사람 자). 재산이 매우 많은[百萬] 큰 부자[長者]. ¶그는 미국에서 손에 꼽히는 백만장자다. ㊥거부(巨富).

백망-중 百忙中 (여러 백, 바쁠 망, 가운데 중). 몹시[百] 바쁜[忙] 가운데[中]. ¶백망중에 참석해주셔서 감사합니다.

백면서생 白面書生 (흰 백, 낯 면, 글 서, 사람 생). ① 속뜻 밖에 나가지 않아 하얀[白] 얼굴[面]로 오로지 글[書]만 읽은 사람[生].

②세상물정에 어두운 사람을 비유하여 이르는 말. ¶백면서생인 그가 뭘 알겠느냐!

백면-지 白綿紙 (흰 백, 솜 면, 종이 지). 흰[白] 목화[綿]를 섞어 만든, 품질이 썩 좋은 흰 종이[紙].

백모 伯母 (맏 백, 어머니 모). 큰[伯] 어머니[母]. 아버지의 형수. ㊥숙모(叔母).

백목 白木 (흰 백, 무명 목). 흰[白] 무명[木]. ¶백목 한 필을 보내 왔다.

백-목련 白木蓮 (흰 백, 나무 목, 연꽃 련). ① 속뜻 흰[白] 꽃을 피우는 목련(木蓮). ② 식물 목련과의 낙엽 교목. 높이 15미터 정도로 봄에 종 모양의 희고 향기 있는 꽃이 잎보다 먼저 핀다. ㊟백련. ㊥백란(白蘭), 옥란(玉蘭).

백묘 白描 (흰 백, 그릴 묘). ① 속뜻 동양화에서 깨끗하게[白] 선으로만 묘사(描寫)하는 화법. ② 미술 백묘화(白描畵).

▶백묘-화 白描畵 (그림 화). 미술 한 가지 색깔의 먹물로 선을 그어 그리는[白描] 그림[畵]. ㊟백묘.

백무-가관 百無可觀 (여러 백, 없을 무, 가히 가, 볼 관). 눈에 띄는 것마다[百] 볼[觀] 만한[可] 것이 하나도 없음[無].

백무-일실 百無一失 (여러 백, 없을 무, 한 일, 그르칠 실). 여러[百] 일에도 한번도[一] 실패(失敗)가 없음[無].

백무-일취 百無一取 (여러 백, 없을 무, 한 일, 가질 취). 많은[百] 언행 중에서 무엇 하나[一] 가질[取]만한 것이 없음[無].

백묵 白墨 (흰 백, 먹 묵). 흰[白] 먹[墨]처럼 생긴 필기구로 칠판에 글을 쓰면 흰색 가루가 부서져 글이 써짐. ㊥분필(粉筆).

백문¹ 白文 (흰 백, 글월 문). ① 속뜻 주석(註釋)이나 구두점(句讀點)이 달려 있지 않아 그 부분이 공백(空白) 상태인 한문(漢文). ② 역사 조선 때, 관인(官印)이 찍히지 않은 증서를 이르던 말.

백문² 百聞 (여러 백, 들을 문). ① 속뜻 여러[百] 번 들음[聞]. [속담]백문이 불여일견(不如一見).

백미¹ 白米 (흰 백, 쌀 미). 희게[白] 찧은 멥쌀[米]. ¶백미 삼백 석을 공양했다.

백미² 白眉 (흰 백, 눈썹 미). ① 속뜻 흰[白] 눈썹[眉]. ②옛날 중국의 마씨(馬氏)집 다섯 형제가 모두 재주가 뛰어났으나 그중에서도 흰 눈썹이 있는 마량(馬良)이 가장 뛰어났다는 이야기에서 비롯된 말로 '여럿 중에서 가장 뛰어난 사람이나 물건'을 비유함. ¶'춘향전'은 한국 고전문학의 백미다.

백미-병 白米病 (흰 백, 쌀 미, 병 병). 의학 흰[白] 쌀밥[米]만 늘 먹음으로써 비타민 B가 부족하여 생기는 병(病). 두통, 식욕 부진, 불면, 설사, 각기 따위의 증상이 있다.

백반¹ 白飯 (흰 백, 밥 반). ① 속뜻 흰[白] 쌀로 지은 밥[飯]. ②흰밥에 국과 반찬을 곁들여 파는 한 상의 음식. ¶불고기 백반.

백반² 白礬 (흰 백, 명반 반). ① 속뜻 하얀[白] 빛깔의 명반(明礬). ② 화학 황산알루미늄 수용액에 황산칼륨 수용액을 넣었을 때 석출되는 정팔면체의 무색 결정. ㊥명반(明礬).

백반³ 白斑 (흰 백, 얼룩 반). 하얀[白] 반점(斑點). 하얀 얼룩.

▶백반-병 白斑病 (병 병). 농업 채소 잎의 표면에 흰[白] 반점(斑點)이 생기는 병(病). 반점이 차차 커지면서 말라 죽게 된다.

백발 白髮 (흰 백, 머리털 발). 하얗게[白] 센 머리털[髮]. ¶그는 어느새 백발의 노인이 되었다. ㊥흰머리, 은발(銀髮).

▶백발-증 白髮症 (증세 증). 의학 젊은 나이에 머리털[髮]이 하얗게[白] 세는 증상(症狀). ㊥백모증(白毛症).

▶백발-노인 白髮老人 (늙을 로, 사람 인). 머리털[髮]이 하얗게[白] 센 늙은이[老人].

▶백발-홍안 白髮紅顔 (붉을 홍, 얼굴 안). ① 속뜻 흰머리[白髮]에 소년처럼 불그레한[紅] 얼굴[顔]. ②'나이는 많은데 매우 젊어 보이는 사람'을 비유하여 이르는 말.

백발백중 百發百中 (일백 백, 쏠 발, 일백 백, 맞을 중). ① 속뜻 백(百) 번을 쏘아[發] 백(百) 번을 다 적중(的中)시킴. ②총이나 활 따위를 쏠 때마다 겨눈 곳에 다 맞음. 무슨 일이나 틀림없이 잘 들어맞음. ¶그 점쟁이는 백발백중이라고 소문이 났다.

백방 百方 (여러 백, 방법 방). 온갖[百] 방법(方法). 여러 방면. ¶백방으로 알아보다. ㊥천방(千方).

▶백방-천계 百方千計 (일천 천, 꾀 계). 여러[百] 가지 방법[方]과 온갖[千] 꾀[計].

백배[1] 百倍 (일백 백, 곱 배). ① 속뜻 백[百] 곱절[倍]. ② 식물 비름과의 여러해살이풀. ⓑ쇠무릎.

백배[2] 百拜 (여러 백, 절 배). 여러[百] 번 절을 함[拜]. 또는 그 절.

▸백배-사례 百拜謝禮 (고마워할 사, 예도 례). 거듭[百] 절하며[拜] 고마움[謝]을 나타냄[禮]. ¶아이를 구해준 경찰에게 백배사례했다. ⓑ백배치사(百拜致謝).

▸백배-사죄 百拜謝罪 (용서빌 사, 허물 죄). 거듭[百] 절하며[拜] 죄(罪)에 대한 용서를 빎[謝]. ¶피해자들에게 백배사죄했다.

백변 白邊 (흰 백, 가 변). ① 속뜻 통나무의 중심에서 바깥쪽[邊]으로 목질이 좀 무르고 빛깔이 엷은[白] 부분. ②같은 겨레붙이 가운데서 번성하지 못하고 가세가 기울어진 집안.

백병[1] 百病 (여러 백, 병 병). 온갖[百] 병(病). ¶백병에 시달리다. ⓑ만병(萬病).

백병[2] 白兵 (흰 백, 군사 병). ① 속뜻 칼이나 창처럼 칼날이 하얗게[白] 번쩍이는 날카로운 무기[兵]. 프랑스어 'arme blanche'를 옮긴 말이다. ② 적과 직접 몸으로 맞붙어 싸움을 할 때, 적을 베고 찌를 수 있는 칼이나 창 따위의 무기. ⓑ백인(白刃).

▸백병-전 白兵戰 (싸울 전). 칼이나 창처럼 칼날이 하얗게[白] 번쩍이는 날카로운 무기[兵]를 가지고 온몸으로 싸움[戰]. ¶성으로 들어가 적군과 백병전을 시작했다.

백부 伯父 (맏 백, 아버지 부). 큰[伯] 아버지[父]. 아버지의 형. ⓑ숙부(叔父).

백분[1] 白粉 (흰 백, 가루 분). ① 속뜻 곡물의 흰[白] 가루[粉]. ② 여자들이 얼굴을 화장할 때 바르는 흰 가루. ⓑ연분(鉛粉), 연화(鉛華).

백분[2] 百分 (일백 백, 나눌 분). ① 속뜻 백(百)으로 나눔[分]. ② 아주 충분히. '십분'을 과장하여 이르는 말. ¶백분 활용하다 / 그는 이번 일에 능력을 백분 발휘하였다.

백분-비 百分比 (일백 백, 나눌 분, 견줄 비). 전체의 수나 양을 백(百)으로 나눈[分] 뒤 그일정수가 그중 몇이 되는가를 나타낸 비율(比率). ⓑ백분율(百分率).

백분-산 百分算 (일백 백, 나눌 분, 셀 산). ① 속뜻 백분율(百分率)을 이용한 계산(計算). ② 수학 보합산(步合算).

백분-율 百分率 (일백 백, 나눌 분, 비율 률). 전체의 수나 양을 백(百)으로 나눈[分] 뒤 일정수가 그중 몇이 되는가를 나타낸 비율(比率). '퍼센트'(%)로 나타낸다. ¶쌀의 생산량을 백분율로 나타내다. ⓑ백분비(百分比).

백분-표 百分標 (일백 백, 나눌 분, 표 표). 백분율(百分率)을 나타낼 때 쓰는 부호[標]. '%'로 나타낸다.

백사[1] 白蛇 (흰 백, 뱀 사). 빛깔이 흰[白] 뱀[蛇].

백사[2] 白絲 (흰 백, 실 사). 흰[白] 실[絲].

백사[3] 白沙 (=白砂, 흰 백, 모래 사). 흰[白] 모래[沙].

▸백사-장 白沙場 (마당 장). 강가나 바닷가에 흰[白] 모래[沙]가 깔려 있는 곳[場]. ¶백사장은 여름마다 피서객으로 붐빈다.

▸백사-지 白沙地 (땅 지). ① 속뜻 흰[白] 모래[沙]가 깔려 있는 땅[地]. ② 곡식이나 초목 따위가 자라지 못하는 메마른 땅. ¶백사지로 무엇을 할 수 있겠나? ③ 지할 데가 도무지 없는 객지나 타향. ¶백사지에서 고생하느니 고향으로 돌아가는 게 좋겠다.

▸백사-청송 白沙青松 (푸를 청, 소나무 송). ① 속뜻 흰[白] 모래밭[沙]에 푸른[青] 소나무[松]가 어우러짐. ② 해안이나 강변의 아름다운 경치. ¶이곳의 백사청송은 동해안의 명승으로 꼽힌다.

백사[4] 百事 (여러 백, 일 사). 여러[百] 가지 일[事]. 온갖 일. ¶그는 백사를 제쳐두고 어머니께 달려갔다. ⓑ만사(萬事).

▸백사불성 百事不成 (아닐 불, 이룰 성). 모든[百] 일[事]이 이루어지지[成] 않음[不].

▸백사-여의 百事如意 (같을 여, 뜻 의). 모든[百] 일[事]이 뜻[意]과 같음[如]. 모든 일이 뜻한 대로 이루어짐.

백사-일생 百死一生 (여러 백, 죽을 사, 한 일, 살 생). 여러[百] 차례 죽을[死] 고비를 겪다가 한[一] 번 살아남[生]. ⓑ구사일생(九死一生).

백-산호 白珊瑚 (흰 백, 산호 산, 산호 호). ① 속뜻 빛깔이 하얀[白] 산호(珊瑚). ② 동물 산호과의 강장동물. 가지가 적고 가지

마다 끝이 둥글다.

백산-흑수 白山黑水 (흰 백, 메 산, 검을 흑, 물 수). 백두산(白頭山)과 흑룡강(黑龍江)의 물[水].

백삼 白蔘 (흰 백, 인삼 삼). 하얗게[白] 말린 인삼(人蔘).

백색 白色 (흰 백, 빛 색). 하얀[白] 색(色). ⓑ흰색. ⓟ흑색(黑色).

▸백색-광 白色光 (빛 광). ① 속뜻 백색(白色)의 빛[光]. ② 물리 햇빛처럼 각 파장의 빛이 적절히 합쳐진 빛. ⓑ백광(白光), 주광(晝光).

▸백색-체 白色體 (몸 체). 식물 콩나물처럼 엽록소가 없어져 희게[白色] 된 엽록체(葉綠體).

▸백색 왜성 白色矮星 (작을 왜, 별 성). 천문 밀도가 높고 흰빛[白色]을 내는 작은[矮] 항성(恒星). 지름은 지구와 비슷하고 질량은 태양과 비슷하다. 시리우스의 동반성 따위가 있다.

▸백색 인종 白色人種 (사람 인, 갈래 종). 흰[白] 피부색(皮膚色)을 가진 인종(人種). 유럽 민족의 대부분이 이에 속한다. ⓒ백인종.

백서[1] 白書 (흰 백, 글 서). ① 속뜻 백색(白色) 종이에 쓴 글[書]. ② 정치 정부가 정치, 경제, 외교 등에 관한 실정이나 시책을 국민에게 알리기 위해 발표하는 보고서. 영국 정부에서 사용하던 흰 표지를 씌운 보고서에서 비롯되었다.

백서[2] 帛書 (비단 백, 글 서). 비단[帛]에 쓴 글[書]. 글을 쓴 비단.

백석 白石 (흰 백, 돌 석). 흰[白] 돌[石].

백선 百選 (일백 백, 고를 선). 백(百) 개를 가려 뽑음[選]. ¶〈세계 소설 백선〉.

백설 白雪 (흰 백, 눈 설). 흰[白] 눈[雪].

▸백설 공주 白雪公主 (귀인 공, 주될 주). ① 속뜻 백설(白雪)같이 살결이 흰 아름다운 공주(公主). ② 문학 『그림 동화집』에 실려 있는 독일의 전래 민화. 또는 그 이야기에 나오는 여자 주인공. 백설 공주가 못된 계모의 계교로 독약이 든 사과를 먹고 죽어 유리로 된 관 속에 들어갔으나, 왕자가 와서 공주를 되살리고 계모는 벌을 받는다는 내용이다.

⁑**백성** 百姓 (여러 백, 성씨 성). ① 속뜻 온갖[百] 성씨(姓氏). ② 일반 국민. ¶백성은 나라의 근본이다. ③ 문벌이 높지 않은 여느 사람. 창맹(蒼氓).

백세 百歲 (일백 백, 나이 세). ① 속뜻 백(百) 살[歲]. ② 긴 세월.

백세지사 百世之師 (여러 백, 세대 세, 어조사 지, 스승 사). 여러[百] 세대(世代) 동안에도 모든 사람의 스승[師]으로 우러름을 받을 만한 사람.

백-소주 白燒酒 (흰 백, 불사를 소, 술 주). 빛깔을 들이지 않은[白] 보통의 소주(燒酒). ⓟ홍소주(紅燒酒).

백송 白松 (흰 백, 소나무 송). 식물 나무줄기가 흰[白] 소나무[松]. 희귀한 품종으로 대부분 천연기념물로 지정되어 있다.

백수[1] 白水 (흰 백, 물 수). ① 속뜻 깨끗하고 맑은[白] 물[水]. ② 깨끗한 마음.

백수[2] 白叟 (흰 백, 늙은이 수). 머리가 허옇게 센[白] 늙은이[叟].

백수[3] 白壽 (흰 백, 목숨 수). '百'자에서 '一'을 뺀[白] 나이[壽]. 99세를 이르는 말.

백수[4] 白鬚 (흰 백, 수염 수). 허옇게[白] 센 수염[鬚].

백수[5] 百獸 (여러 백, 짐승 수). 온갖[百] 짐승[獸]. ¶백수의 왕 사자.

백수[6] 白手 (흰 백, 손 수). ① 속뜻 손[手]에 가진 것이 없어 깨끗함[白]. ② 일정한 직업이 없음.

▸백수-건달 白手乾達 (하늘 건, 통달할 달). 손에 가진 게 아무것도 없는[白手] 멀쩡한 건달(乾達).

백수[7] 白首 (흰 백, 머리 수). 허옇게[白] 센 머리[首]. ⓑ백두(白頭).

▸백수-문 白首文 (흰 백, 머리 수, 글월 문). 천자문(千字文). 후량(後粱)의 주흥사(周興嗣)가 하룻밤사이에 이 글[文]을 만들고 머리[首]가 허옇게[白] 세었다는 고사에서 유래.

백숙[1] 白熟 (흰 백, 익을 숙). 고기나 생선 따위를 양념하지 않고 하얗게[白] 푹 삶아 익힘[熟]. 또는 그렇게 익힌 음식.

백숙[2] 伯叔 (맏 백, 아저씨 숙). 네 형제 중 맏이[伯]와 셋째[叔].

백승 百勝 (일백 백, 이길 승). ① 속뜻 백(百) 번을 이김[勝]. ② 수많은 싸움에서 늘 이김. ¶백전백승.

백씨 伯氏 (맏 백, 높임말 씨). 백(伯), 중(仲), 숙(叔), 계(季)로 서열을 매긴 형제의 호칭 중 맏형[伯]을 높여 일컫는[氏] 말.

백악[1] 百惡 (여러 백, 나쁠 악). 온갖[百] 나쁜[惡] 짓. 모든 악(惡).

백악[2] 白堊 (흰 백, 석회 악). ① 속뜻 흰[白] 석회[堊]. 또는 그것으로 이루어진 암석. 곤충이나 미생물의 시체가 쌓여서 형성된다. ② 석회로 칠한 흰 벽. ③ 백토(白土).

▸백악-계 白堊系 (이어 맬 계). 지리 백악기(白堊紀)에 이루어진 지층[系]. ⓑ백악층(白堊層).

▸백악-관 白堊館 (집 관). 미국 대통령 관저를 가리키는 '화이트(White) 하우스[house=館]'를 한자로 옮긴 이름. 1815년 개장할 때 외벽을 석회[白堊]로 칠한 데서 유래한다.

▸백악-기 白堊紀 (연대 기). 지리 중생대(中生代)를 셋으로 나눈 것 중의 마지막 지질시대[紀]. 이 시기의 지층이 대부분 백악(白堊)으로 이루어진 데서 유래한다. ¶백악기 말에 큰 지각변동이 있었다.

▸백악-질 白堊質 (바탕 질). 백악(白堊)이 지닌 성질(性質). ⓑ백토질(白土質).

백안 白眼 (흰 백, 눈 안). ① 속뜻 하얀[白] 눈[眼]자위. ② 업신여기거나 냉대하여 흘겨보는 눈. ⓟ청안(靑眼).

▸백안-시 白眼視 (볼 시). 업신여기거나 냉대하여 흘겨[白眼] 봄[視]. ¶마을 사람들은 쇠돌이를 백안시했다. ⓟ청안시(靑眼視).

백야 白夜 (흰 백, 밤 야). ① 속뜻 하늘이 밝은[白] 밤[夜]. ② 지리 밤에 어두워지지 않는 현상. 또는 그런 밤. 위도(緯度)가 높은 지방에서 해가 진 후에도 밤까지도 빛이 유지되는 현상. ¶극지방에서는 여름에 백야 현상이 일어난다.

백약 百藥 (여러 백, 약 약). 온갖[百] 약(藥). ¶백약이 무효하다.

▸백약지-장 百藥之長 (어조사 지, 길 장). ① 속뜻 온갖[百] 약(藥) 가운데 으뜸[長]. ② '술'을 비유하여 이르는 말.

백양[1] 白羊 (흰 백, 양 양). 흰[白] 빛깔의 털을 가진 양(羊).

백양[2] 白楊 (흰 백, 버들 양). ① 속뜻 잎의 뒷면이 하얀[白] 빛깔을 띤 버드나무[楊]. ② 식물 잎의 뒷면이 흰빛을 띠며 적갈색 꽃이 피는 버들과의 낙엽 교목. 재목은 성냥개비, 세공물, 제지용으로 쓰인다.

백양[3] 百樣 (여러 백, 모양 양). 여러[百] 가지 모양(模樣). ⓑ백태(百態).

백-양지 白洋紙 (흰 백, 서양 양, 종이 지). 색이 하얗고[白] 질이 아주 좋은 서양(西洋) 종이[紙].

백어 白魚 (흰 백, 물고기 어). ① 속뜻 비늘이 흰[白] 물고기[魚]. ② 동물 뱅엇과의 민물고기. 몸은 투명하고 10㎝정도이다. 봄에 강으로 올라가 알을 낳는다.

백열 白熱 (흰 백, 더울 열). ① 물리 물체에서 흰[白] 빛이 날만큼 몹시 높은 열(熱). ② 대단히 높은 열정이나 좋은 운.

▸백열-등 白熱燈 (등불 등). 전기 흰[白]빛을 내는[熱] 등(燈). 백열 가스등이나 백열 전기등 따위. ¶백열등 주위로 모기가 몰려들었다.

▸백열-선 白熱線 (줄 선). 전기 백열전구(白熱電球) 속의 불이 켜지는 텅스텐 따위의 줄[線].

▸백열-전구 白熱電球 (전기 전, 공 구). 진공 또는 특별한 기체를 넣은 유리공 안에 금속 코일을 넣어 흰[白]빛을 내게[熱] 만든 전구(電球).

▸백열-전등 白熱電燈 (전기 전, 등불 등). 백열전구(白熱電球)를 사용하는 전등(電燈).

▸백열 와사등 白熱瓦斯燈 (기와 와, 이것 사, 등불 등). 흰 빛[白熱]의 가스[瓦斯] 등(燈).

▸백열-전기등 白熱電氣燈 (전기 전, 기운 기, 등불 등). 백열전구(白熱電球)를 사용하는 전등(電燈).

백엽고-병 白葉枯病 (흰 백, 잎 엽, 마를 고, 병 병). 식물 벼 잎[葉] 끝에서부터 시작되어 물결 모양으로 하얗게[白] 마르는[枯] 병(病).

백엽-상 百葉箱 (일백 백, 잎 엽, 상자 상). ① 속뜻 백(百) 개의 나무조각[葉]을 이어 붙여 만든 상자[箱]. ② 기상 관측용 기구가 설비되어 있는, 조그만 집 모양의 흰색 나무 상자. 내부에 있는 온도계를 지표에서 약 1.5미터 높이에 오도록 설치하며, 온도계·습도계·기압계 따위가 장치되어 있다.

백엽-주 柏葉酒 (잣나무 백, 잎 엽, 술 주). 측백(側柏)나무의 잎[葉]을 담가서 만든 술[酒].

백옥[1] 白屋 (흰 백, 집 옥). ① 속뜻 하얀[白] 집[屋]. ② 허술한 초가집.

백옥[2] 白玉 (흰 백, 옥돌 옥). ① 속뜻 흰[白] 빛깔의 옥(玉). ¶그녀의 피부는 백옥 같다. ② 옥황상제(玉皇上帝). ⓑ백벽(白璧).

▶백옥-경 白玉京 (서울 경). 하늘 위에 옥황상제[白玉]가 산다는 서울[京].

▶백옥-루 白玉樓 (다락 루). 옥황상제[白玉]의 누각(樓閣). ㊟옥루.

▶백옥-반 白玉盤 (쟁반 반). ① 속뜻 백옥(白玉)으로 만든 쟁반[盤]. ② '둥근 보름달'을 비유하여 이르는 말.

▶백옥-유 白玉釉 (잿물 유). 수공 흰[白] 옥(玉) 같은 빛을 내는 잿물[釉]. 도자기를 구울 때 칠하는데 납유리 가루로 만든다.

▶백옥-무하 白玉無瑕 (없을 무, 티 하). ① 속뜻 흠[瑕]이 없는[無] 흰[白] 구슬[玉]. ② '아무 흠이 없는 원만한 사람'을 비유하여 이르는 말.

백완-반 百玩盤 (여러 백, 놀 완, 소반 반). ① 속뜻 여러[百] 가지 장난감[玩]을 벌여 놓는 상[盤]. ② 첫돌 돌잡이 할 때 차려놓는 상. ⓑ돌상.

백우-선 白羽扇 (흰 백, 깃 우, 부채 선). 새의 흰[白] 깃털[羽]로 만든 부채[扇].

백운 白雲 (흰 백, 구름 운). ① 속뜻 흰[白] 구름[雲]. ② 불교 절의 큰방 윗목 벽에 써 붙인 문자로 손님의 자리임을 가리킴. 구름처럼 오고 가고 한다는 뜻이다. ⓑ흑운(黑雲).

▶백운-교 白雲橋 (흰 백, 구름 운, 다리 교). ① 속뜻 흰[白] 구름[雲]을 상징하는 다리[橋]. ② 고적 불국사 청운교와 백운교에서 위 다리.

▶백운-석 白雲石 (돌 석). 광업 탄산석회와 탄산마그네슘이 결합해 흰[白] 구름[雲] 무늬로 모양을 이루는 탄산염 광물[石]. ⓑ돌로마이트(dolomite).

▶백운-향 白雲香 (향기 향). 하얀[白] 구름[雲] 같은 배꽃을 넣어 빚은 향기(香氣)로운 술. ⓑ이화주(梨花酒).

▶백운-소설 白雲小說 (작을 소, 말씀 설). 문학 고려 고종 때, 백운(白雲) 이규보(李奎報)가 삼국 이후 고려까지의 여러 문학 작품의 해설을 담은 책[小說].

백-운모 白雲母 (흰 백, 구름 운, 어머니 모). 광업 판상(板狀) 또는 편상(片狀)의 운모(雲母)의 한 가지. 색이 없거나[白] 연하며 광택이 난다.

백월 白月 (흰 백, 달 월). 빛이 희고[白] 밝은 달[月]. ⓑ명월(明月), 소월(素月).

백의 白衣 (흰 백, 옷 의). ① 속뜻 빛깔이 흰[白] 옷[衣]. ② 베로 지은 옷. ③ 벼슬 없는 선비나 속인을 이르는 말. ⓑ포의(布衣).

▶백의-민족 白衣民族 (백성 민, 무리 족). ① 속뜻 예로부터 흰 옷[白衣]을 즐겨 입은 민족(民族). ② '한국(韓國) 민족'을 비유하여 이르는 말.

▶백의-용사 白衣勇士 (날쌜 용, 선비 사). ① 속뜻 치료 중에 흰[白] 옷[衣]을 입은 군인[勇士]. ② 전투 중에 몸을 다친 군인. ⓑ상이군인(傷痍軍人).

▶백의-재상 白衣宰相 (맡을 재, 도울 상). 벼슬 없이[白衣] 있다가 한 번에 정승[宰相] 자리에 오른 사람을 이름. ⓑ백의정승(白衣政丞).

▶백의-종군 白衣從軍 (따를 종, 군사 군). 벼슬이 없는[白衣] 사람으로 군대(軍隊)를 따라[從] 싸움터로 나아감. ¶이순신은 벼슬에서 쫓겨나고도 백의종군했다.

▶백의-천사 白衣天使 (하늘 천, 부릴 사). ① 속뜻 흰 옷[白衣]을 입은 천사(天使). 또는 그와 같은 사람. ② 간호사. 간호사가 흰 가운을 입은 데서 유래.

백인[1] 百忍 (여러 백, 참을 인). 모든[百] 어려움을 참고 견디어[忍] 냄.

백인[2] 白人 (흰 백, 사람 인). 피부색이 흰[白] 빛에 가까운 인종(人種). ¶그는 백인 어머니와 흑인 아버지 사이에서 태어났다.

백인[3] 百人 (여러 백, 사람 인). 성질이 다른 여러[百] 종류의 사람[人].

▶백인-백색 百人百色 (여러 백, 빛 색). 많은[百] 사람[人]이 저마다 달리 가지는 여러

[百] 가지 특색(特色).

백-인종 白人種 (흰 백, 사람 인, 갈래 종). 피부색이 흰[白] 빛에 가까운 인종(人種).

백일[1] 白日 (흰 백, 해 일). ① 속뜻 구름이 조금도 끼지 않은 맑은 날의 밝은[白] 해[日]. ②환히 밝은 낮. 대낮. ¶그의 범죄가 백일하에 드러나다.

▸백일-몽 白日夢 (꿈 몽). ① 속뜻 한낮[白日]에 꾸는 꿈[夢]. ②'헛된 공상'을 비유하여 이르는 말.

▸백일-장 白日場 (마당 장). ① 속뜻 대낮[白日]에 공개적인 장소(場所)에서 겨루는 시문(詩文) 짓기. ¶그는 학교를 대표해서 백일장에 나간다. ② 역사 조선 시대에, 유생의 학업을 권장하기 위해 각 지방에서 베풀던 시문의 시험.

▸백일 승천 白日昇天 (오를 승, 하늘 천). 정성스럽게 도를 닦아 살아있는 채로 신선이 되어 대낮[白日]에 하늘[天]로 올라감[昇]. ㊥육신 승천(肉身昇天).

백일[2] 百日 (일백 백, 날 일). 아이가 태어난 날로부터 백(百) 번째 되는 날[日]. ¶백일 떡 / 백일 사진.

▸백일-재 百日齋 (재계할 재). 불교 사람이 죽은 지 백일(百日) 만에 드리는 불공[齋]. ㊟백재.

▸백일-주 百日酒 (술 주). 빚은 뒤 백일(百日) 동안 땅속에 묻어 두었다가 먹는 술[酒].

▸백일-해 百日咳 (기침 해). 의학 경련성의 기침을 일으키는 어린이의 급성 전염병. 한 번 감염되면 백일(百日) 동안 기침[咳]이 멈추지 않는다고 붙여진 이름이다.

▸백일-홍 百日紅 (붉을 홍). ① 속뜻 백일(百日)동안 피는 붉은[紅] 빛깔의 꽃. ② 식물 부처꽃과의 관상식물. 여름에서 가을에 걸쳐, 여러 빛깔의 두상화(頭狀花)가 핀다. ㊥자미(紫薇).

*__백자__ 白瓷 (=白磁, 흰 백, 사기그릇 자). 수공 흰[白] 빛을 띠는 자기(瓷器). ¶조선 백자. ㊥백사기(白沙器).

백-자기 白瓷器 (=白磁器, 흰 백, 사기그릇 자, 그릇 기). 수공 백자(白瓷).

백작 伯爵 (맏 백, 벼슬 작). 오등작(五等爵) 중에 셋째인 백(伯)에 해당되는 작위(爵位). 또는 그 작위를 가진 사람. ¶몽테크리스토 백작. ㊟공작(公爵), 후작(侯爵), 자작(子爵), 남작(男爵).

백재 百齋 (일백 백, 재계할 재). 불교 사람이 죽은 후 백일(百日) 째 되는 날에 재계(齋戒)하고 드리는 불공. '백일재'(百日齋)의 준말.

백전 白戰 (흰 백, 싸울 전). ① 속뜻 맨손[白]으로 하는 싸움[戰]. ②문인(文人)들이 글 재주를 겨루는 일.

백전-노장 百戰老將 (여러 백, 싸울 전, 늙을 로, 장수 장). ① 속뜻 많은[百] 싸움[戰]을 치른 노련(老鍊)한 장수(將帥). ②'세상일을 많이 겪어서 여러 가지로 능란한 사람'을 비유하여 이르는 말. ㊥백전노졸(百戰老卒).

백전백승 百戰百勝 (일백 백, 싸울 전, 일백 백, 이길 승). ① 속뜻 백(百) 번 싸워[戰] 백(百) 번을 다 이김[勝]. ②싸울 때마다 다 이김. ¶우리 팀은 백전백승의 막강한 실력을 보였다.

백절불굴 百折不屈 (일백 백, 꺾을 절, 아닐 불, 굽힐 굴). ① 속뜻 백(百) 번 꺾여도[折] 굽히지[屈] 않음[不]. ②어떠한 어려움에도 굽히지 않음. ㊥백절불요(百折不撓).

백절불요 百折不撓 (일백 백, 꺾을 절, 아닐 불, 구부러질 요). ① 속뜻 백(百) 번 꺾여도[折] 굽히지[屈] 않음[不]. ②어떠한 어려움에도 굽히지 않음. ㊥백절불굴(百折不屈).

백정 白丁 (흰 백, 장정 정). ① 속뜻 백수(白手) 상태의 사나이[丁]. ②소나 개, 돼지 따위를 잡는 일을 직업으로 하는 사람. ③ 역사 고려 때, 서인(庶人) 계통에 속하던 한인(閑人). ④ 역사 고려 때, 토지를 직접 경작하는 일반 농민을 이르던 말. ⑤ 역사 조선 세종 때, 천민 계급에 대하여 관에서 내린 칭호.

백제 百濟 (여러 백, 건질 제). 역사 우리나라 고대 왕국의 하나. 고구려 왕족인 온조(溫祚)가 한반도의 남서쪽에 자리잡아 세운 나라. '백성(百姓)을 모두 구제(救濟)한다'는 뜻이 담겨 있다는 설이 있다.

백조 白鳥 (흰 백, 새 조). ① 속뜻 몸이 흰색[白]인 새[鳥]. ② 동물 몸이 순백색이고 다리가 검은 오릿과의 물새. ㊥고니.

백족지충 百足之蟲 (여러 백, 발 족, 어조사 지, 벌레 충). ① 속뜻 발[足]이 많은[百] 벌레[蟲]. ② 동물 백족충, 그리마, 노래기, 지네 따위의 다족류(多足類)를 통틀어 이르는 말. ③ '친척이나 아는 사람이 많은 사람'을 비유하여 이르는 말.

백족-충 百足蟲 (여러 백, 발 족, 벌레 충). ① 속뜻 발[足]이 여럿[百]인 벌레[蟲]. ② 동물 절지동물의 하나. 각 마디마다 두 쌍의 발이 있으며, 건드리면 둥글게 말리고 고약한 노린내를 풍긴다. ㊥노래기.

백종 百種 (여러 백, 씨 종). ① 속뜻 여러[百] 가지 곡식의 씨앗[種]. ② '백중날'을 달리 이르는 말. 이 무렵에 과실과 채소가 많이 나와 옛날에는 백 가지 곡식의 씨앗을 갖추어 놓았다 하여 유래된 명칭이다.

백주[1] 白酒 (흰 백, 술 주). ① 속뜻 빛깔이 맑은[白] 술[酒]. ② 고량주(高粱酒).

백주[2] 白晝 (흰 백, 낮 주). 환한[白] 대낮[晝]. 한낮. ¶백주의 강도 사건.

▸백주 현:상 白晝現像 (나타날 현, 모양 상). 연영 사진 기술에서 특수 장치로 된 현상 탱크를 이용하여 밝은 곳[白晝]에서 하는 현상(現像).

백중[1] 百衆 (=百中, 여러 백, 무리 중). ① 속뜻 많은[百] 사람들[衆]이 절에 모임. ② 불교 음력 칠월 보름. 승려들이 재(齋)를 설(設)하여 부처를 공양하는 날로 큰 명절을 삼았다. 근래 민간에서는 여러 과실과 음식을 마련하여 먹고 논다.

백중[2] 伯仲 (맏 백, 가운데 중). ① 속뜻 맏이[伯]와 둘째[仲]. ② 기술이나 지식 따위가 서로 어슷비슷하여 우열을 가리기 힘듦. '백중세'(伯仲勢)의 준말.

▸백중지세 伯仲之勢 (어조사 지, 형세 세). 서로 어슷비슷하여 우열을 가리기 어려운[伯仲] 형세(形勢). ¶양 팀은 백중지세의 경기를 펼쳤다. ㊟백중세.

백지[1] 白地 (흰 백, 땅 지). ① 속뜻 농사가 안 되어 거둘 것이 없이 비어[白] 있는 땅[地]. ② 정해진 근거가 없는 상태.

▸백지 징세 白地徵稅 (거둘 징, 세금 세). 역사 조선 후기에, 천재지변 따위로 수확이 전혀 없는[白] 땅[地]에 세금(稅金)을 물리던[徵] 일. 불법 징세였다. ㊟백징.

▸백지 형법 白地刑法 (형벌 형, 법 법). 법률 공백[白地]으로 두고 있는 형벌 법규(刑罰法規). 법규의 조문 중에 형벌만을 규정하고 형벌의 전제가 되는 구성 요건의 전부 또는 일부의 규정은 다른 법률이나 명령 또는 고시 등에 의하여 보충하도록 한다.

백지[2] 白紙 (흰 백, 종이 지). ① 속뜻 빛깔이 흰[白] 종이[紙]. ② 아무것도 쓰지 않은 종이. ¶백지 답안지. ③ 어떠한 대상에 대하여 아무것도 모르는 상태. ¶나는 경제 분야에 백지나 다름없다. ㊥공지(空紙).

▸백지-장 白紙張 (낱장 장). ① 속뜻 흰[白] 종이[紙]의 낱장[張]. ② '핏기가 없이 창백한 얼굴빛'을 비유하여 이르는 말. ¶부모님은 형의 소식을 듣고 얼굴이 백지장처럼 창백해졌다. 속담 백지장도 맞들면 낫다.

▸백지-화 白紙化 (될 화). 아무것도 없었던[白紙] 상태가 됨[化]. ¶불법 도박으로 임용이 백지화되었다.

▸백지 동맹 白紙同盟 (한가지 동, 맹세할 맹). 교육 시험 볼 때 학생들이 모두 단결하여[同盟] 아무것도 쓰지 않은 빈[白] 답안지(答案紙)를 내는 일. 교사나 학교 당국에 대항하기 위한 단체 행동이다.

▸백지-상태 白紙狀態 (형상 상, 모양 태). ① 속뜻 어떤 사물에 대하여 아무것도 아는 것이 없는[白紙] 상태(狀態). ② 어떤 사물에 대하여 아무런 선입견이 없는 상태. ㊟백지.

▸백지 수표 白紙手票 (손 수, 쪽지 표). 경제 수표 요건의 전부 또는 일부를 비워 두어[白紙] 후일 소지자에게 그것을 완성하도록 권리를 준 수표(手票).

▸백지 위임장 白紙委任狀 (맡길 위, 맡길 임, 문서 장). 법률 위임자의 성명만 써 놓고 다른 것은 비워두어[白紙] 수임자(受任者)의 마음대로 쓰게 하는 위임장(委任狀).

백-지도 白地圖 (흰 백, 땅 지, 그림 도). 지리 대륙·섬·나라 등의 윤곽만 그리고 나머지는 기입 연습 또는 분포도 작성을 위하여 비워둔[白] 지도(地圖). ㊥암사 지도(暗射地圖).

백질 白質 (흰 백, 바탕 질). 동물 고등 동물의 뇌 및 척수에서 육안적으로 희게[白] 보이는 물질(物質). 말이집 신경 섬유가 집합한 것이다.

백차 白車 (흰 백, 수레 차). 차체에 흰[白] 칠을 한, 경찰이나 헌병의 순찰차[車]. ¶경찰이 탄 백차를 보자 도망쳤다.

백척-간두 百尺竿頭 (일백 백, 자 척, 장대 간, 머리 두). ① 속뜻 백 자[百尺]나 되는 높은 장대[竿] 끝[頭]. ② '매우 위태롭고 어려운 상태'를 비유하여 이르는 말. ㊟간두.

백천만-겁 百千萬劫 (일백 백, 일천 천, 일만 만, 시간 겁). 백(百) 년, 천(千) 년, 만(萬) 년이 되는 한없는 시간[劫]. 영원한 시간.

백천만-사 百千萬事 (일백 백, 일천 천, 일만 만, 일 사). 백(百) 가지, 천(千) 가지, 만(萬) 가지나 되는 온갖 일[事].

백철 白鐵 (흰 백, 쇠 철). ① 속뜻 빛깔이 흰[白] 쇠붙이[鐵]. 양은, 니켈, 함석 따위. ② 공업 표면에 아연을 도금한 얇은 철판. 양동이, 대야를 만드는 데 쓴다. ㊥함석.

▸백철-석 白鐵石 (돌 석). 광업 흰[白] 빛깔을 띤 철(鐵)의 황화(黃化) 광물[石].

백청 白淸 (흰 백, 맑을 청). 빛깔이 희고[白] 맑은[淸], 품질이 좋은 꿀.

백-청자 白靑瓷 (흰 백, 푸를 청, 사기그릇 자). 수공 몸통은 백자(白瓷)로 빚은 뒤 청자(靑瓷)의 잿물을 입혀 만든 자기(瓷器). 청백자(靑白瓷).

백체 白體 (흰 백, 몸 체). 생물 황체(黃體)가 수정하지 않았을 경우에 그 기능을 잃고 퇴축되어 하얗게[白] 변한 덩어리[體].

백출 百出 (여러 백, 날 출). 여러[百] 가지로 많이 나옴[出]. 수없이 많이 나타남.

백치[1] 白齒 (흰 백, 이 치). 하얀[白] 빛깔의 이[齒]. ¶그는 백치를 드러내며 환하게 웃었다. ㊥호치(皓齒).

백치[2] 白痴 (=白癡, 흰 백, 어리석을 치). 뇌의 장애나 질병 따위로 연령에 비해 머리가 텅 비어[白] 있는 바보[痴] 같은 사람. 또는 그러한 병. ¶그녀는 백치같이 웃었다. ㊥천치(天癡).

▸백치-미 白痴美 (아름다울 미). 주로 여자에게 쓰이는 말로 지능이 좀 모자란[白痴] 듯하고 표정이 없는 데서 느끼는 아름다움[美].

▸백치-천재 白痴天才 (하늘 천, 재주 재). 바보[白痴]같으면서도 어떤 한 가지 일에는 뛰어난 재주를 가진 사람[天才].

백탄 白炭 (흰 백, 숯 탄). 빛깔은 맑지 못하고 흰[白] 듯하며 화력이 매우 센 참숯[炭]. ㊥화이트코크스(white cokes). ㊥검탄(黔炭).

백태[1] 白苔 (흰 백, 이끼 태). ① 한의 몸의 열기나 그 밖의 원인으로 흰[白] 이끼[苔]와 같이 혓바닥에 끼는 황백색(黃白色)의 물질. ② 눈병의 한 가지. 눈알에 덮이는 희끄무레한 막.

백태[2] 百態 (여러 백, 모양 태). 여러[百] 가지 자태(姿態). 온갖 자태. ㊥백양(百樣).

백토 白土 (흰 백, 흙 토). 유공충(有孔蟲)이나 미생물의 시체가 쌓여서 된 석회질의 흰[白] 흙[土]. ㊥백악(白堊).

▸백토-질 白土質 (바탕 질). 백토(白土)의 성질(性質). ㊥백악질(白堊質).

백판 白板 (흰 백, 널빤지 판). ① 속뜻 하얀[白] 널빤지[板]. ② 아무것도 없는 형편이나 모르는 상태. ¶아무것도 모르는 백판이나 하는 말을 지껄이고 있다. ③ 전혀 생소하게. 생판. ¶백판 모르는 일을 안다고 할 수는 없다.

백팔 百八 (일백 백, 여덟 팔). ① 속뜻 백(百) 여덟[八] 개. 1년의 12개월, 24절기(節氣), 72후(候-닷새를 이르는 말)를 합한 것. ② 백팔 번뇌(百八煩惱).

▸백팔-종 百八鐘 (쇠북 종). 불교 절에서 108[百八]번씩 치는 종(鐘). 인간의 백팔 번뇌를 없앤다고 한다.

▸백팔 번뇌 百八煩惱 (답답할 번, 괴로울 뇌). 불교 108[百八] 가지의 번뇌(煩惱). 육관(六官:눈·코·귀·입·몸·뜻)에 각각 고(苦)·락(樂)·불고불락(不苦不樂)이 있어 18가지가 되고, 또 여기에 각각 탐(貪)·무탐(無貪)이 있어 36가지가 되는데, 이것을 각각 과거, 현재, 미래에 적용시키면 108가지가 된다.

▸백팔 염:주 百八念珠 (생각 념, 구슬 주). 불교 작은 구슬 108[百八]개를 꿰어 만든 염주(念珠). 이것을 돌리며 염불을 하면 백팔 번뇌를 물리쳐 무상(無想)의 경지에 이른다 한다.

백폐 百弊 (여러 백, 나쁠 폐). 온갖[百] 폐단(弊端). 많은 폐단. ¶당백전의 백폐가 드러났다.

▸백폐-구존 百弊俱存 (함께 구, 있을 존). 온갖[百] 폐단(弊端)이 모두[俱] 있음[存].

백학 白鶴 (흰 백, 두루미 학). ① 속뜻 흰[白] 빛깔의 학(鶴). ② 동물 몸이 희며 이마·목·다리와 날개 끝은 검은색인 새. 겨울 철새로 한국, 일본, 중국 등지에서 겨울을 보내고 시베리아에서 번식한다. ⓑ두루미.

백합 白蛤 (흰 백, 대합조개 합). ① 속뜻 흰[白] 대합(大蛤) 조개. ② 동물 백합과의 조개. 껍데기는 거의 둥글며 연회색에 길이 8㎝ 가량이며, 민물이 흘러드는 얕은 바다의 모래나 진흙 속에 산다.

백합 百合 (여러 백, 합할 합). ① 속뜻 여러[百] 꽃잎이 합쳐[合] 있음. ② 식물 5~6월에 줄기 끝에 2, 3개의 꽃이 옆으로 피는 관상용 식물. ¶백합은 순결을 상징한다.

▸백합-화 百合花 (꽃 화). 백합(百合)의 꽃[花]. 나리꽃.

백해 百害 (여러 백, 해칠 해). 온갖[百] 해로움[害].

▸백해-무익 百害無益 (없을 무, 더할 익). 해롭기만 하고[百害] 조금도 이로울[益] 것이 없음[無].

백해 百骸 (여러 백, 뼈 해). 온몸을 이루는 모든[百] 뼈[骸].

▸백해-구통 百骸俱痛 (함께 구, 아플 통). 온몸[百骸]이 안 아픈 데가 없이 다[俱] 아픔[痛].

백행 百行 (여러 백, 행할 행). 온갖[百] 행동(行動). ¶충효는 백행의 근본이다.

백-혈구 白血球 (흰 백, 피 혈, 공 구). 의학 붉은 빛을 나타내는 헤모글로빈을 갖고 있지 않아 희게[白] 보이는 혈구(血球). ¶백혈구는 감염과 질병을 막아 준다.

백혈-병 白血病 (흰 백, 피 혈, 병 병). 의학 혈액 속의 백혈구(白血球)가 정상보다 많아지는 병(病).

백형 伯兄 (맏 백, 맏 형). 맏[伯] 형(兄).

백호[1] 白狐 (흰 백, 여우 호). ① 속뜻 흰[白] 여우[狐]. ② 동물 여름에는 갈색, 겨울에는 흰색인 여우. 귀나 다리는 짧고, 혹한에 잘 견딘다. 아시아 북부, 그린란드 등지에 분포한다. ⓑ북극여우.

백호[2] 白毫 (흰 백, 터럭 호). 불교 부처의 32상(相)의 하나. 눈썹 사이에 난 흰[白] 터럭[毫]으로, 광명을 무량세계(無量世界)에 비춘다. 불상에는 진주, 비취, 금 따위를 박아 표시한다.

백호[3] 白虎 (흰 백, 호랑이 호). ① 속뜻 털 색깔이 흰[白] 호랑이[虎]. ② 민속 사신(四神)의 하나. 서쪽 방위를 지키는 신령을 상징하는 짐승인데 범으로 형상화했다. ③ 민속 중심이 되는 산에서 오른쪽으로 갈려 나간 산줄기.

▸백호-기 白虎旗 (깃발 기). ① 속뜻 흰 바탕에 백호(白虎)와 구름을 그린 깃발[旗]. ② 역사 조선 때, 대오방기(大五方旗)의 하나로 진영의 오른편 문에 세워서 우군(右軍)을 지휘함. ③ 대한제국 때 사용하던 의장기(儀仗旗)의 하나.

백호-주의 白濠主義 (흰 백, 호주 호, 주될 주, 뜻 의). 백인(白人)만을 오스트레일리아[濠] 국민으로 인정하던 태도[主義]. 여러 유색인종의 이민과 입국을 배척했으며, 1965년에 이르러 원칙적으로 폐지하였다.

백화[1] 白禍 (흰 백, 재화 화). 백인(白人)으로 인한 화(禍). 백색 인종이 권력이나 세력을 휘둘러 유색 인종에게 화를 입히는 일.

백화[2] 白話 (말할 백, 말할 화). 중국인이 일상에서 말할[白] 때 쓰는 말[話].

▸백화-문 白話文 (글월 문). 백화(白話)로 된 중국의 글[文].

▸백화 문학 白話文學 (글월 문, 배울 학). 문학 백화체(白話體)로 된 문학 작품(文學作品). 고문(古文)의 배격과 민중을 위한 문학을 꾀하여 1915년 호적(胡適) 등이 주창하였다.

▸백화 소:설 白話小說 (작을 소, 말씀 설). 문학 백화체(白話體)로 쓰인 소설(小說).

백화[3] 百花 (여러 백, 꽃 화). 온갖[百] 꽃[花]. 여러 가지 꽃. ¶장미꽃은 백화의 왕이다.

▸백화-왕 百花王 (임금 왕). ① 속뜻 여러 꽃[百花] 중의 제일 가는[王] 꽃. ② '모란'을 이르는 말.

▸백화-주 百花酒 (술 주). 온갖[百] 꽃[花]을 넣어 빚은 술[酒].

▸백화-춘 百花春 (봄 춘). ① 속뜻 여러[百] 꽃[花]을 넣어 마시면 봄[春]을 느끼게 하는 술. ② 찹쌀로만 빚은 매우 향기로운 술.

▸백화-제방 百花齊放 (가지런할 제, 놓을

방). ① [속뜻] 많은[百] 꽃[花]이 한꺼번에 [齊] 핌[放]. ② '갖가지 학문이나 사상이 한꺼번에 크게 발흥되는 것'을 비유하여 이르는 말. ③ 백가쟁명(百家爭鳴).

백화⁴ 百貨 (여러 백, 재물 화). 여러[百] 가지 상품이나 재물[貨].

▸ 백화-점 百貨店 (가게 점). 일상생활에 필요한 온갖[百] 상품[貨]을 각 부문별로 나누어 파는 대규모의 상점(商店). ¶백화점에서 가방을 샀다.

백화 현:상 白化現象 (흰 백, 될 화, 나타날 현, 모양 상). [지리].연안 암반 지역에 흰색의 석회 조류가 달라붙어 암반 지역이 흰색[白]으로 변하는[化] 현상(現象). [비]갯녹음

백회-혈 百會穴 (여러 백, 모일 회, 구멍 혈). ① [속뜻] 여러[百] 가지가 다 모이는[會] 구멍[穴]. ② [생물] 정수리의 숨구멍 자리. [비]숨구멍, 정문(頂門).

백흑 白黑 (흰 백, 검을 흑). ① [속뜻] 백(白)과 흑(黑). ② 시비(是非), 선악(善惡) 따위의 '대응되는 두 가지 것'을 비유하여 이르는 말. [비]흑백(黑白).

▸ 백흑지변 白黑之辨 (어조사 지, 가릴 변). 시와 비, 선과 악, 참과 거짓 따위[白黑]를 구별하고 가려내는[辨] 일.

번각 翻刻 (뒤집을 번, 새길 각). ① [속뜻] 뒤집어[翻] 다시 새김[刻]. ② [출판] 한 번 새긴 책판을 본보기로 삼아 그 내용을 다시 새김. ¶이 경판은 번각한 것이다. [비]복각(覆刻).

▸ 번각-본 翻刻本 (책 본). [출판] 번각(翻刻)한 판으로 인쇄한 책[本]. [비]복각본(覆刻本).

번간 煩簡 (번거로울 번, 간단할 간). 번거로움[煩]과 간략(簡略)함. 번잡(煩雜)함과 간소(簡素)함.

번갈 煩渴 (답답할 번, 목마를 갈). [한의] 가슴이 답답하고[煩] 열이 나며 목이 마르는[渴] 증상.

▸ 번갈-증 煩渴症 (증세 증). [의학] 가슴이 답답하고[煩] 지나치게 목말라하며[渴] 물을 많이 마시는 증상. 당뇨병 환자에게서 볼 수 있다. [비]다음증(多飮症).

번경 反耕 (뒤집을 번, 밭갈 경). 논을 여러 번 갈아[耕] 뒤집음[反].

번고 煩苦 (답답할 번, 괴로울 고). 마음이 답답하고[煩] 괴로워[苦] 함.

번뇌 煩惱 (답답할 번, 괴로울 뇌). ① [속뜻] 가슴이 답답함[煩]과 마음이 괴로움[惱]. ② [불교] '마음이나 몸을 괴롭히는 모든 생각'을 이르는 말. ¶번뇌와 망상을 버려야 마음이 맑아진다.

▸ 번뇌-탁 煩惱濁 (흐릴 탁). [불교] 탐욕 등이 몸과 마음을 괴롭히고[煩惱] 여러 가지 죄를 짓게 하는 일[濁].

번다 煩多 (번거로울 번, 많을 다). 번거로울[煩] 정도로 매우 많다[多]. ¶번다한 잡무. [비]다번(多煩).

번답 反畓 (뒤집을 번, 논 답). 밭을 논[畓]으로 갈아엎음[反]. [참]번전(反田).

번로 煩勞 (번거로울 번, 일할 로). 일이 번거로워[煩] 괴롭고 고됨[勞]. ¶번로를 덜어주기 위해서 노력했다.

번롱 翻弄 (뒤집을 번, 놀릴 롱). 이리저리[翻] 마음대로 놀림[弄]. ¶우리는 그동안 주변 강대국에게 번롱을 당해왔다.

번루 煩累 (번거로울 번, 엮을 루). 번거로운[煩] 일이 엮어짐[累]. 그로인한 근심과 걱정. ¶그는 정말 공부를 하자면 여자 교제 같은 번루에서 떠나야겠다고 마음먹었다.

번민 煩悶 (답답할 번, 고민할 민). 답답하고[煩] 고민스럽다[悶]. 또는 그 정도로 괴로움. ¶그는 죄의식으로 번민했다.

번복 翻覆 (뒤집을 번, 뒤집힐 복). ① [속뜻] 뒤집고[翻] 또 뒤집힘[覆]. 뒤집음. ② 이리저리 뒤쳐 고침. ¶판정을 번복하다.

번본 翻本 (뒤집을 번, 책 본). [출판] 한 번 새긴 책판을 본보기로 삼아 그 내용을 다시[翻] 새겨[刻] 만든 책[本]. [비]복각본(覆刻本).

번-분수 繁分數 (많을 번, 나눌 분, 셀 수). [수학] 분자나 분모 중 하나 혹은 양쪽에 분수가 뒤섞여[繁] 있는 분수(分數). [비]복분수(複分數). [반]단분수(單分數).

번상 番上 (차례 번, 오를 상). ① [역사] 지방의 군사를 뽑아서 차례[番]로 서울의 군영으로 올려[上] 보내던 일. ② 번을 돌 차례가 되어 번소에 들어감.

번설 煩說 (번거로울 번, 말씀 설). ① [속뜻] 너저분한[煩] 잔말[說]. ¶쓸데없이 번설만

늘어놓다. ②떠들어 소문을 내는 것.

번성 繁盛 (=蕃盛, 많을 번, 담을 성). ① 속뜻 많이[繁] 담겨 있음[盛]. ②한창 성하게 일어나 퍼짐. ¶자손의 번성 / 사업이 번성하다. ③나무나 풀이 무성함.

번쇄 煩瑣 (=煩碎, 번거로울 번, 자질구레할 쇄). 번거롭고[煩] 자질구레하다[瑣]. 어수선하고 복잡하다. ¶이 절차는 쓸데없이 번쇄하기만 하다.

▶ 번쇄-철학 煩瑣哲學 (밝을 철, 배울 학). 철학 내용이 형식적이고 복잡한[煩瑣] 것이 특징인 신학 중심의 철학(哲學). 8세기부터 17세기까지 중세 유럽에서 일어났다. ㊥스콜라(schola) 철학.

번수 番數 (차례 번, 셀 수). 차례[番]의 수효(數爻). ¶집의 번수를 매기다.

번식 繁殖 (=蕃殖, 많을 번, 불릴 식). ① 속뜻 많이[繁] 불어남[殖]. 널리 퍼짐. ¶세균이 번식하다. ② 동물 동물이 새끼를 침.

▶ 번식-기 繁殖期 (때 기). 동물 동물이 새끼를 치는[繁殖] 시기(時期).

▶ 번식-력 繁殖力 (힘 력). 동물 번식(繁殖)하는 힘[力]. ¶번식력이 강한 잡초.

▶ 번식-률 繁殖率 (비율 률). 동물 어떤 동물의 새끼가 자라서 성숙기에 이르는[繁殖] 비율(比率). 기후 조건, 먹이 따위가 영향을 미친다. ¶지구 온난화로 벌의 번식률이 크게 낮아졌다.

▶ 번식-지 繁殖地 (땅 지). 동물들이 새끼를 치며 번식(繁殖)하는 장소[地]. ¶그 숲은 왜가리 번식지이다.

▶ 번식성-염 繁殖性炎 (성질 성, 염증 염). 의학 세포나 섬유가 번식(繁殖) 또는 증식(增殖)함에 따라 함께 커가는 성질(性質)의 염증(炎症). ㊥증식성염(增殖性炎).

번안 翻案 (뒤집을 번, 생각 안). ① 속뜻 당초 생각[案]이나 안건(案件)을 뒤집음[翻]. ② 남의 작품을 그 구상이나 줄거리는 바꾸지 않고 다른 표현 양식을 써서 새로운 작품으로 고쳐 짓는 일.

▶ 번안 소:설 翻案小說 (작을 소, 말씀 설). 원작의 줄거리는 그대로 두고 인정, 풍속, 지명, 인명 같은 것을 자기 나라에 알맞게 바꾸어[翻案] 번역한 소설(小說).

번역 翻譯 (옮길 번, 옮길 역). 어떤 언어로 된 글의 내용을 다른 나라말로 옮김[翻=譯].

▶ 번역-가 翻譯家 (사람 가). 번역(翻譯)을 전문으로 하는 사람[家].

▶ 번역-물 翻譯物 (만물 물). 번역(翻譯)한 문서나 작품[物].

▶ 번역-시 翻譯詩 (시 시). 원래의 시를 다른 나라말로 번역(翻譯)한 시(詩).

번연 蕃衍 (많을 번, 넓을 연). 한창 성하게[蕃] 일어나 퍼짐[衍]. ¶사업이 크게 번연하다. ㊥번성(繁盛).

번영 繁榮 (번성할 번, 영화 영). 일이 번성(繁盛)하고 영화(榮華)롭게 됨. ¶국가의 번영.

번의 翻意 (뒤집을 번, 뜻 의). 먹었던 마음이나 뜻[意]을 뒤집어[翻] 바꿈. ¶번의를 종용하다.

번잡 煩雜 (번거로울 번, 섞일 잡). 번거롭고[煩] 어수선하게 뒤섞임[雜]. ¶도심의 번잡을 피하여 외곽으로 나가다 / 거리가 번잡하다.

번전 反田 (뒤집을 번, 밭 전). 논을 밭[田]으로 뒤집음[反]. ¶인삼을 재배하기 위해 번전했다. ㊟번답(反畓).

번족 繁族 (=蕃族, 번성할 번, 겨레 족). 자손이 번창(繁昌)한 집안[族]. ¶외가 쪽은 번족하지만 친가 쪽은 고족하다. ㉤고족(孤族).

번지 番地 (차례 번, 땅 지). 토지(土地)를 나누어서 매겨 놓은 번호(番號). ¶상암동 32 번지.

▶ 번지-수 番地數 (셀 수). 번지(番地)를 나타내는 수(數). [관용]번지수가 틀리다.

번창 繁昌 (많을 번, 창성할 창). 한창 잘 되어 많이[繁] 창성(昌盛)함. ¶사업이 번창하시길 빕니다. ㊥번성(繁盛).

번철 燔鐵 (구울 번, 쇠 철). 고기 따위를 볶을[燔] 때에 쓰는, 솥뚜껑처럼 생긴 무쇠[鐵] 그릇. ¶번철에 기름을 두르다 / 번철에 전을 부친다.

번호 番號 (차례 번, 차례 호). 숫자로 나타낸 차례[番=號]. ¶번호순으로 자리를 배열하다.

▶ 번호-기 番號器 (도구 기). 번호(番號)를 찍는 기계(器械).

▶ 번호-부 番號簿 (장부 부). 번호(番號)를

적어놓은 책[簿].

▸번호-순 番號順 (차례 순). 번호(番號)의 차례[順]대로.

▸번호-패 番號牌 (나무쪽 패). 나무, 플라스틱, 금속 따위로 만든 번호(番號)를 적은 조각[牌].

▸번호-표 番號票 (쪽지 표). 번호(番號)를 적은 표(票). ¶번호표를 뽑고 기다리십시오.

번화 繁華 (번성할 번, 빛날 화). 번성(繁盛)하고 화려(華麗)하다. ¶번화한 거리.

▸번화-가 繁華街 (거리 가). 도시의 번화(繁華)한 거리[街].

벌과-금 罰科金 (벌할 벌, 형벌 과, 돈 금). ① 속뜻 벌(罰)로 내게 하는[科] 돈[金]. ② 법률 벌금.

벌교 筏橋 (뗏목 벌, 다리 교). 뗏목[筏]을 이어 만든 다리[橋].

벌금 罰金 (벌할 벌, 돈 금). ① 속뜻 규약을 위반했을 때에 벌(罰)로 내게 하는 돈[金]. ¶모임에 늦어 벌금을 냈다. ② 법률 재산형의 하나로 범죄의 처벌로서 부과하는 돈. ⓑ상금(賞金).

벌목 伐木 (벨 벌, 나무 목). 나무[木]를 벰[伐]. ¶벌목을 금지하다 / 불법으로 벌목하다. ⓑ간목(刊木).

벌배 罰杯 (벌할 벌, 잔 배). 술자리에서 주령(酒令)을 어긴 사람에게 벌(罰)로 주는 술잔[杯].

벌열 閥閱 (가문 벌, 공로 열). 나라에 공훈[閥]과 공로[閱]를 세워 벼슬을 많이 지낸 집안. ¶벌열 출신. ⓑ벌족(閥族).

벌전 罰錢 (벌할 벌, 돈 전). 약속이나 규칙을 어겨 벌(罰)로 내는 돈[錢].

벌점 罰點 (벌할 벌, 점 점). 잘못에 대한 벌(罰)로 따지는 점수(點數). ¶그는 과속으로 벌점 30점을 받았다.

벌족 閥族 (가문 벌, 겨레 족). 나라에 공로[閥]가 많은 집안[族]. ⓑ벌열(閥閱).

벌주 罰酒 (벌할 벌, 술 주). 벌(罰)로 주는 술[酒]. ¶모임에 늦어서 벌주를 세 잔이나 마셨다.

벌채 伐採 (벨 벌, 캘 채). 나무를 베고[伐] 덩굴을 뽑음[採]. ¶산림을 벌채하다. ⓑ채벌(採伐).

벌책 罰責 (벌할 벌, 꾸짖을 책). 죄에 대하여 벌(罰)을 주어 꾸짖음[責]. ¶준비물을 안가져 온 아이들을 벌책하다.

벌초 伐草 (벨 벌, 풀 초). 봄과 가을에 무덤의 잡풀[草]을 베어서[伐] 깨끗이 함. ¶명절 전에 벌초를 하다.

벌칙 罰則 (벌할 벌, 법 칙). 법규를 어겼을 때의 처벌(處罰)을 정해 놓은 규칙(規則). ¶벌칙에 따라 처벌하다.

범:계 犯戒 (범할 범, 경계할 계). 계율(戒律)을 어김[犯].

범:계 犯界 (범할 범, 지경 계). 남의 영역[界]을 넘음[犯].

범:골 凡骨 (무릇 범, 뼈 골). ① 속뜻 특별한 재주나 능력이 없는 평범(平凡)한 골상(骨相)의 생김새. ②생김새가 평범하게 보이는 사람. ③도를 닦지 못하고 범인(凡人)으로 있는 사람. ④ 역사 신라에서, 성골이나 진골이 아닌 평민을 이르던 말.

범:과 犯過 (범할 범, 지나칠 과). 잘못[過]을 저지름[犯].

범-국민 汎國民 (넓을 범, 나라 국, 백성 민). 모든[汎] 국민(國民)에 걸쳐있는. ¶사회단체는 범국민 운동을 전개하였다.

범:금 犯禁 (범할 범, 금할 금). 법적으로 금지(禁止)되어 있는 일을 어기고[犯] 함.

범:독 泛讀 (뜰 범, 읽을 독). ① 속뜻 정신을 기울이지 않고 글을 데면데면하게[泛] 읽음[讀]. ¶범독하지 말고 정독해라. ②이것저것 여러 가지를 널리 읽음.

범:람 汎濫 (=氾濫, 넘칠 범, 퍼질 람). ① 속뜻 강물이 넘쳐[汎] 널리 퍼짐[濫]. ¶강이 범람하여 마을이 물에 잠겼다. ②바람직하지 못한 것들이 많이 나돎. ¶무분별한 정보의 범람.

▸범:람-원 汎濫原 (들판 원). 지리 홍수 때 강물이 평상시의 물길에서 넘쳐 범람(汎濫)하는 범위의 평야[原].

범:령-론 汎靈論 (넓을 범, 혼령 령, 논할 론). 철학 우주의 본체[汎]는 의지와 관념, 즉 정신[靈]이라는 이론(理論). 독일 철학자 하르트만이 주장하였다.

범:례[1] 凡例 (무릇 범, 본보기 례). 미리 알아두어야 할 모든[凡] 사항을 본보기[例]로 적은 글. ⓑ일러두기.

범:례[2] 範例 (본보기 범, 본보기 례). 모범(模範)을 삼으려고 든 예(例).

범:론[1] 汎論 (넓을 범, 논할 론). ① [속뜻] 전반에 걸쳐 널리[汎] 언급한 개괄적인 언론(言論). ② 범론(泛論)

범:론[2] 泛論 (뜰 범, 논할 론). 데면데면하게[泛] 하는 말[論]. [비] 범론(汎論).

범:리-론 汎理論 (넓을 범, 이치 리, 논할 론). 만물의 본체[汎]는 이성(理性)이라는 이론(理論).

범:물 凡物 (무릇 범, 만물 물). 하늘과 땅 사이에 있는 모든[凡] 것[物]. [비] 만물(萬物).

범:미-주의 汎美主義 (넓을 범, 아름다울 미, 주될 주, 뜻 의). 모든[汎] 것은 있는 그대로의 형태에 미적(美的) 성질을 지니고 있다고 보는 주장[主義].

범:민 凡民 (무릇 범, 백성 민). 관리가 아닌 보통[凡] 사람[民]. 서민(庶民).

범:백 凡百 (무릇 범, 일백 백). ① [속뜻] 모두[凡] 백(百)에 달함. ② 갖가지의 모든 것. 여러 가지 사물. ③ 상규(常規)에 벗어나지 않는 언행.

▶ 범:백-사 凡百事 (일 사). 온갖[凡百] 일[事]. 갖가지의 일.

범:법 犯法 (어길 범, 법 법). 법(法)을 어김[犯]. 법에 어긋나는 일을 함. ¶범법행위를 단속하다.

▶ 범:법-자 犯法者 (사람 자). 법(法)을 어긴[犯] 사람[者].

범:부 凡夫 (무릇 범, 사나이 부). ① [속뜻] 평범(平凡)한 사람[夫]. ② [불교] 번뇌에 얽매여 생사(生死)를 초월하지 못하는 사람을 이르는 말. [비] 범인(凡人).

범:사 凡事 (무릇 범, 일 사). ① [속뜻] 모든[凡] 일[事]. ¶범사에 감사하라. ② 평범한 일. ¶일상 범사가 똑같이 되풀이 되었다.

범:상[1] 凡常 (무릇 범, 보통 상). 무릇[凡] 일반적임[常]. 흔히 있을 수 있는 예사로움. ¶그는 범상한 인물이 아닌 것 같다.

범:상[2] 犯上 (범할 범, 위 상). ① [속뜻] 아랫사람이 윗[上]사람을 범함[犯]. ② 신하가 임금에게 하여서는 안 될 짓을 함. ¶범상 부도죄(不道罪),

범:색-건판 汎色乾板 (넓을 범, 빛 색, 마를 건, 널빤지 판). [화학] 가시광선의 모든[汎] 빛[色]을 감광하는 사진 건판(乾板). [비] 팬크로매틱(panchromatic).

범:-생명관 汎生命觀 (넓을 범, 살 생, 목숨 명, 볼 관). [철학] 모든[汎] 것에는 생명(生命)과 의지가 있다고 보는 관념(觀念).

범:서[1] 凡書 (무릇 범, 책 서). 평범(平凡)한 책[書].

범:서[2] 梵書 (범어 범, 글 서). ① [속뜻] 산스크리트어(梵語)로 쓴 글[書]. ② [불교] 불교의 교리를 밝혀 놓은 책. [비] 범문(梵文), 불경(佛經).

범:선 帆船 (돛 범, 배 선). 돛[帆]을 단 배[船]. ¶범선을 기선(汽船)으로 바꾸다. [비] 돛단배.

범:성-설 汎性說 (넓을 범, 성별 성, 말씀 설). [심리] 모든[汎] 일에 성적(性的)인 것을 강조하는 학설(學說). 프로이트의 이론.

범:속 凡俗 (무릇 범, 속될 속). 평범(平凡)하고 속(俗)됨. ¶용모와 풍취가 범속이 아닌 듯 하다.

▶ 범:속-성 凡俗性 (성질 성). 평범(平凡)하고 세속적(世俗的)인 특성(特性).

범:신-교 汎神教 (넓을 범, 귀신 신, 종교 교). [종교] 모든[汎] 것이 곧 신(神)이며, 신은 곧 일체인 만유라고 믿는 종교(宗教). [비] 만유신교(萬有神教).

범:실 凡失 (무릇 범, 그르칠 실). [운동] 야구 따위에서, 대수롭지 않은 상황에서 저지르는 사소한[凡] 실수(失手).

범:심-론 汎心論 (넓을 범, 마음 심, 논할 론). [철학] 모든[汎] 것에는 모두 마음[心]이 있다고 하는 학설(學說). [비] 만유심론(萬有心論).

범:애 汎愛 (넓을 범, 사랑 애). 뭇사람을 차별 없이 두루[汎] 사랑함[愛]. [비] 박애(博愛).

▶ 범:애-주의 汎愛主義 (주될 주, 뜻 의). [교육] 뭇사람을 두루[汎] 사랑하자는[愛] 인류애에 기초한 교육 개선 운동[主義]. 루소의 자유주의 교육관을 바탕으로 18세기 독일에서 일어난 계몽주의적인 교육 운동.

범:야 汎野 (넓을 범, 들 야). 넓은[汎] 의미의 야당권(野黨圈)의 사람. 또는 그 세력. [반] 범여(汎與).

범:어 梵語 (범어 범, 말씀 어). 언어 고대 인도[梵]에서 인도 사람들이 사용하는 언어(言語). ㊥산스크리트(Sanskrit) 어.

범:어-법 範語法 (본보기 범, 말씀 어, 법 법). 언어 단어에 해당하는 본보기[範] 실물을 보이고 나서 낱말의 발음[語]을 가르친 다음에 낱말의 사용법을 알려 주는 언어 교수법(教授法).

범:여 汎與 (넓을 범, 도울 여). 넓은[汎] 의미의 여당권(與黨圈)에 속하는 모든 사람. 또는 그 세력. ㊥범야(汎野).

범:용 凡庸 (무릇 범, 보통 용). 평범(平凡)하고 용렬(庸劣)하여 변변하지 못함. 또는 그런 사람. ¶보아하니 범용이 아닌 듯하다.

범:용 기관 汎用機關 (넓을 범, 쓸 용, 틀 기, 빗장 관). 공업 여러[汎] 가지 목적에 따라 사용(使用)할 수 있도록 제작된 출력 범위 30마력 이하의 내연 기관(機關).

범:월 犯越 (범할 범, 넘을 월). 법을 어기고[犯] 남의 나라 국경을 넘어서[越] 들어감.

**범:위 範圍 (틀 범, 둘레 위). ① 속뜻 틀[範]의 둘레[圍]. ②테두리가 정해진 구역. ¶시험 범위. ③어떤 것이 미치는 한계. ¶세력 범위. ㊥테두리.

범:의 犯意 (범할 범, 뜻 의). 법률 범죄 행위라는 것을 알면서도 그 일을 하려고[犯] 하는 생각[意]. 죄를 저지르려는 뜻.

범:의-론 汎意論 (넓을 범, 뜻 의, 논할 론). 철학 모든 만물[汎]의 본질을 의지(意志)라고 하는 유심론(唯心論)의 한 이론(理論).

범:의-어 汎意語 (넓을 범, 뜻 의, 말씀 어). 논리 한 가지의 말이 연상(聯想)과 유추(類推)에 의하여 두 가지 이상의 넓은[汎] 의미(意味)로 해석될 수 있는 말[語].

범:인[1] 凡人 (무릇 범, 사람 인). 평범(平凡)한 사람[人]. 보통 사람. ㊥범골(凡骨), 범배(凡輩), 범부(凡夫).

***범:인[2]** 犯人 (범할 범, 사람 인). 법률 죄를 저지른[犯] 사람[人]. ¶범인을 체포하다. ㊥범죄인(犯罪人), 범죄자(犯罪者).

▸범:인 은닉죄 犯人隱匿罪 (숨길 은, 숨을 닉, 허물 죄). 법률 범인(犯人)을 숨겨[隱=匿] 준 죄(罪). ㊟은닉죄.

범:재 凡材 (무릇 범, 재목 재). 평범(平凡)한 인재(人材).

범:절 凡節 (무릇 범, 알맞을 절). 법도에 맞는 모든[凡] 절차(節次)나 질서.

범:접 犯接 (범할 범, 닿을 접). 조심성 없이 함부로 가까이 가서[犯] 접촉(接觸)함.

범:종 梵鐘 (범어 범, 쇠북 종). 절에서[梵] 사람을 모이게 하거나 시작을 알리기 위해 치는 큰 종(鐘).

범:죄 犯罪 (범할 범, 허물 죄). ① 속뜻 죄(罪)를 지음[犯]. 또는 지은 죄. ¶범죄를 저지르다. ②법률에 따라 형벌을 받아야 할 위법 행위.

▸범:죄-인 犯罪人 (사람 인). 법률 죄(罪)를 저지른[犯] 사람[人]. ㊟범인. ㊥범죄자(犯罪者).

▸범:죄-자 犯罪者 (사람 자). 법률 죄(罪)를 저지른[犯] 사람[者]. ㊥범인(犯人).

▸범:죄-지 犯罪地 (곳 지). 법률 범죄(犯罪)의 구성 요건에 해당하는 행위나 그 결과의 전부 또는 일부가 이루어진 곳[地].

▸범:죄-학 犯罪學 (배울 학). 법률 범죄(犯罪)의 원인, 성질 따위를 인류학적 또는 사회학적으로 연구하는 학문(學問).

▸범:죄 과학 犯罪科學 (조목 과, 배울 학). 법률 범죄(犯罪)의 원인, 성질 따위를 과학적(科學的)으로 연구하는 학문.

▸범:죄 능력 犯罪能力 (능할 능, 힘 력). 법률 죄(罪)를 저지를[犯] 수 있는 사실상의 능력(能力).

▸범:죄 단체 犯罪團體 (모일 단, 몸 체). 법률 형법상의 범죄(犯罪)를 실행할 목적으로 조직된 단체(團體).

▸범:죄 소:설 犯罪小說 (작을 소, 말씀 설). 문학 범죄(犯罪) 이야기를 소재로 하여 쓴 소설(小說). ㊥추리 소설(推理小說).

▸범:죄 행위 犯罪行爲 (행할 행, 할 위). 법률 범죄(犯罪)가 되는 행위(行爲). ㊟범행.

▸범:죄 심리학 犯罪心理學 (마음 심, 이치 리, 배울 학). 심리 죄(罪)를 지은[犯] 사람들의 심리적 현상을 연구하는 심리학(心理學).

범:주[1] 帆走 (돛 범, 달릴 주). ① 속뜻 돛[帆]에 바람을 받아 물 위를 항해함[走]. ②동력을 쓰지 않고 대기의 변화를 이용하여 비행함.

범:주[2] 泛舟 (뜰 범, 배 주). 배[舟]를 물에 띄움[泛].

범:주[3] 範疇 (틀 범, 경계 주). ① 속뜻 일정한 범위(範圍)나 경계[疇]. ② 동일한 성질을 가진 부류나 범위. ¶둘의 행동은 같은 범주에 속한다. ③ 철학 사물의 개념을 분류할 때 가장 기본적이고 보편적인 최고의 유개념(類槪念). ㊥카테고리.

범:칙 犯則 (어길 범, 법 칙). 규칙(規則)을 어김[犯]. ¶범칙 행위.

▸범:칙-금 犯則金 (돈 금). 법률 도로 교통법의 규칙을 어긴[犯則] 사람에게 과하는 벌금(罰金). ¶과속으로 범칙금을 물었다

범:칭 汎稱 (=泛稱, 넓을 범, 일컬을 칭). 넓은 범위로[汎] 부르는[稱] 이름. 또는 두루 쓰이는 이름.

범:타 凡打 (무릇 범, 칠 타). 운동 야구에서, 안타가 되지 못한 평범(平凡)한 타격(打擊).

범:퇴 凡退 (무릇 범, 물러날 퇴). 운동 야구에서, 타자가 범타(凡打)를 치고 내려가는[退] 일.

범:패 梵唄 (범어 범, 염불소리 패). 불교 ① 속뜻 범어(梵語) 불경을 읽을 때, 곡조에 맞게 읊는 소리[唄]. ② 석가여래의 공덕을 찬미하는 노래.

범:학 梵學 (범어 범, 배울 학). 불교 ① 범어(梵語)에 관한 학문(學問). ② 불교에 관한 학문(學問).

범:행[1] 犯行 (범할 범, 행할 행). 범죄(犯罪) 행위를 함[行]. 또는 그 행위. ¶범행 계획 / 범행 현장 / 범행에 사용된 흉기.

범:행[2] 梵行 (범어 범, 행할 행). 불교 ① 불도자[梵]의 수행(修行). ② 음욕(淫慾)을 끊은 맑고 깨끗한 행실.

법가 法家 (법 법, 사람 가). ① 역사 덕(德)보다 법(法)이 나라를 다스리는 근본이라고 주장한 학파[家]. 중국 전국 시대에 관자(管子), 한비자(韓非子) 등이 주장하였다. ② 법률에 정통한 사람. ③ 예법(禮法)을 소중히 여기는 집안.

법강 法綱 (법 법, 벼리 강). 법률(法律)과 규율[綱]. ㊥법기(法紀).

법계[1] 法系 (법 법, 이어 맬 계). 법제(法制) 또는 법문화(法文化)의 계통(系統).

법계[2] 法階 (법 법, 섬돌 계). ① 불교 불법(佛法)을 닦는 사람의 수행 계급(階級). ② 역사 고려·조선 때, 나라에서 승과에 급제한 중에게 내려 준 계급.

법계[3] 法界 (법 법, 지경 계). 불교 ① 불법(佛法)의 범위[界]. ② 불교도의 사회.

▸법계-불 法界佛 (부처 불). 불교 법계(法界)에 널리 통하는 부처[佛]. '여래'를 달리 일컫는 말.

법고 法鼓 (법 법, 북 고). 불교 불법(佛法)을 설하기 전에 치는 북[鼓].

법고-창신 法古創新 (본받을 법, 옛 고, 처음 창, 새 신). 옛[古] 것을 본받아[法] 새[新] 것을 창조(創造)해 냄.

법-공양 法供養 (법 법, 드릴 공, 기를 양). 불교 ① 불법(佛法)에 따라 대중공양(大衆供養)을 하는 일. ② 불경을 읽어 들려주는 일.

법과 法科 (법 법, 분과 과). ① 속뜻 법률(法律)을 연구하는 학과(學科).

법관 法官 (법 법, 벼슬 관). 법률 사법권(司法權)을 행사하여 민(民)·형사(刑事上)의 재판을 맡아보는 공무원[官]. ㊥사법관(司法官).

법구폐생 法久弊生 (법 법, 오랠 구, 나쁠 폐, 날 생). 좋은 법(法)이라도 세월이 오래되면[久] 폐단(弊端)이 생김[生].

법국 法國 (법 법, 나라 국). '프랑스'(France)의 한자 음역어.

법권 法權 (법 법, 권리 권). 법률 ① 법률(法律)의 권한(權限). ② 국제법에서, 한 나라가 외국인에 대하여 가지는 민사·형사의 재판권.

법규 法規 (법 법, 법 규). 법률 ① 국민의 권리와 의무를 규정하여 활동을 제한하는 법률(法律)이나 규정(規程). ¶교통법규를 준수하다. ② '법률(法律)의 규정(規定)·규칙(規則)·규범(規範)'을 통틀어 이르는 말.

▸법규-집 法規集 (모을 집). 법규(法規)를 모아 놓은 책[集].

▸법규 명:령 法規命令 (명할 명, 시킬 령). 법률 법규(法規)의 성질을 가진 명령(命令). 행정권(行政權)에 의하여 정립된다.

▸법규 재량 法規裁量 (분별할 재, 헤아릴 량). 법률 행정청이 행정 처분을 내릴 때에 관계 법규(法規)에 적합한가를 판단하는

재량(裁量). 행정 소송의 대상이 된다.

법-규범 法規範 (법 법, 법 규, 틀 범). 법률 법(法)을 구성하는 개개의 규범(規範). '법률 규범'의 준말.

법금 法禁 (법 법, 금할 금). 법(法)으로써 금지(禁止)함. 또는 그러한 법령(法令).

법기 法紀 (법 법, 벼리 기). 법률(法律)과 기강(紀綱)을 아울러 이름. ⓑ법강(法綱).

법난 法難 (법 법, 어려울 난). 불교 불법(佛法)을 전하는 교단이나 포교하는 사람이 받는 박해[難].

법담 法談 (법 법, 말씀 담). 불교 ① 불법(佛法)을 이야기하는[談] 일. 또는 그 이야기. ② 좌담식으로 불교의 교리를 서로 묻고 대답하는 일.

법당 法堂 (법 법, 집 당). 불교 불상을 모시고 설법(說法)도 하는 절의 정당(正堂). ⓑ법전(法殿).

법도[1] 法度 (법률 법, 제도 도). ① 속뜻 법률(法律)과 제도(制度). ② 생활상의 예법이나 제도. ¶집안의 법도를 따르다.

법도[2] 法道 (법 법, 길 도). ① 속뜻 법률(法律) 등을 지켜야 할 도리(道理). ② 불교 부처의 가르침. ⓑ불도(佛道).

법등 法燈 (법 법, 등불 등). 불교 불법(佛法)을 어둠을 밝히는 등불[燈]에 비유한 말.

법랍 法臘 (법 법, 햇수 랍). 불교 불법(佛法)에 입문하여 승려가 된 뒤부터 치는 나이[臘]. 한여름 동안을 안거(安居)하면 한 살로 친다.

법랑 琺瑯 (법랑 법, 고을 이름 랑). 금속기(金屬器), 도자기 따위의 표면을 윤이 나게 하는 잿물[琺=瑯]. ⓑ에나멜(enamel).

▸ **법랑-유** 琺瑯釉 (잿물 유). 법랑(琺瑯)으로 된 잿물[釉].

▸ **법랑-질** 琺瑯質 (바탕 질). 의학 이의 표면을 덮어 상아질을 보호하는 매우 단단한[琺瑯] 물질(物質). ⓑ사기질(沙器質).

법려 法侶 (법 법, 짝 려). 불교 불법(佛法)을 같이 배우는 벗[侶].

법력 法力 (법 법, 힘 력). 불교 ① 법률(法律)의 힘[力]. 또는 효력(效力). ② 불법(佛法)의 위력(威力).

법령 法令 (법 법, 명령 령). 법률 법률(法律)과 명령(命令). ¶관계 법령을 개정하다. ㊟령.

▸ **법령-집** 法令集 (모을 집). 법령(法令)을 모아[集] 편찬한 간행물(刊行物).

▸ **법령 심사권** 法令審査權 (살필 심, 살필 사, 권리 권). 법률 명령·규칙·처분이 헌법과 법률[法令]에 위배되는지의 여부를 살펴보는[審査] 권리(權利).

법례[1] 法例 (법 법, 법식 례). 법률 법률(法律)을 적용하거나 시행하는 데 따라야 할 기준[例]이 되는 규칙.

법례[2] 法禮 (법 법, 예도 례). 예(禮)로 지켜야 할 규범[法]. ⓑ예법(禮法).

법륜 法輪 (법 법, 바퀴 륜). 불교 거침없이 나가는 수레바퀴[輪]와 같은 부처의 정법(正法). '부처의 교화와 설법'을 뜻한다.

법률 法律 (법 법, 법칙 률). ① 속뜻 법(法)과 규율(規律). ② 법률 국민이 지켜야 할 모든 법(法)을 통틀어 일컫는 말. ¶법률을 제정하다 / 법률을 지키다.

▸ **법률-가** 法律家 (사람 가). 법률(法律)을 전문으로 연구하고 이를 이용한 일을 하는 사람[家]. ¶이 사건에 대해 유명 법률가에게 조언을 구했다.

▸ **법률-서** 法律書 (책 서). ① 속뜻 법률(法律)에 관한 책[書]. ② 법령을 모아서 엮은 법규집.

▸ **법률-심** 法律審 (살필 심). 법률 소송 사건에 관한 사실심을 거친 재판에 대하여 그 법률(法律) 위반의 유무만을 심사(審査)하여 재판하는 상급심(上級審). ⓟ사실심(事實審).

▸ **법률-안** 法律案 (문서 안). 법률 법률(法律)의 초안(草案). ¶법률안이 의결되다. ㊟법안.

▸ **법률-학** 法律學 (배울 학). 법률 법률(法律)의 이론 및 그 적용을 연구하는 학문(學問). ㊟법학.

▸ **법률-혼** 法律婚 (혼인할 혼). 법률 혼인 신고 따위와 같은 일정한 법률(法律)상의 절차를 거쳐서 성립된 혼인(婚姻) 관계. ⓟ사실혼(事實婚).

▸ **법률 고문** 法律顧問 (돌아볼 고, 물을 문). 법률 법률(法律)에 대해서 어느 개인이나 단체, 관청 등의 자문(諮問)을 받고[顧] 의견을 말해 주는 직무. 또는 그 사람.

▸ **법률 규범** 法律規範 (법 규, 틀 범). 법률 법

[法律]을 이루는 규범(規範). ㊂법규범.

▸법률 문:제 法律問題 (물을 문, 주제 제). ① 속뜻 법률(法律)상 특히 연구할 필요가 있는 문제(問題). ② 법률 소송에서 사실 문제에 대하여 그 사실에 대한 법률의 적용 및 해석 문제.

▸법률 사:실 法律事實 (일 사, 실제 실). 법률 법률(法律) 요건을 구성하는 하나하나의 사실(事實).

▸법률 사:항 法律事項 (일 사, 항목 항). 법률 헌법에서 법률(法律)로써 정하도록 규정한 사항(事項).

▸법률 요건 法律要件 (구할 요, 조건 건). 법률 법률(法律) 효과를 발생시키는데 필요(必要)한 구성 조건(條件).

▸법률 철학 法律哲學 (밝을 철, 배울 학). 철학 법률(法律)의 본질, 이념, 가치 따위를 밝혀서 법학의 방법을 확립하려는 특수 철학(哲學)의 하나. ㊂법철학. ㊉법리학(法理學).

▸법률 행위 法律行爲 (행할 행, 할 위). 법률 일정한 법률(法律) 효과를 발생하게 하려고 의도적으로 하는 행위(行爲).

▸법률 효:과 法律效果 (보람 효, 열매 과). 법률 일정한 법률(法律) 요건에 근거를 두고 나타나는[效] 결과(結果).

▸법률 발안권 法律發案權 (드러낼 발, 안건 안, 권리 권). 법률 법률(法律) 안건(案件)을 의회에 제출하는[發] 권리(權利).

▸법률 사:무소 法律事務所 (일 사, 일 무, 곳 소). 변호사가 법률적(法律的)인 여러 가지 일[事=務]을 처리하는 곳[所].

▸법률 심사권 法律審査權 (살필 심, 살필 사, 권리 권). ① 속뜻 법률(法律)을 살피고[審] 조사(調査)할 권리(權利). ② 법률 법원이 재판함에 있어서 적용해야 할 법률이 헌법에 적합한가를 심사하는 헌법 재판소의 권한.

▸법률혼-주의 法律婚主義 (혼인할 혼, 주될 주, 뜻 의). 법률 일정한 법률(法律)상의 절차에 따라야만 혼인(婚姻)의 성립을 인정하는 주장[主義].

▸법률안 거:부권 法律案拒否權 (문서 안, 막을 거, 아닐 부, 권리 권). 법률 대통령이 의회에서 가결한 법률안(法律案)에 대한 동의를 거부(拒否)할 수 있는 권한(權限).

법리 法理 (법 법, 이치 리). ① 속뜻 법률(法律)의 원리(原理). ② 법에 내재하는 사리(事理). ③ 법적인 논리. ④ 불교 불법의 진리. 또는 교법(敎法)의 도리.

▸법리-학 法理學 (배울 학). 철학 '법리 철학'(法理哲學)의 준말. ㊉법철학(法哲學).

▸법리 철학 法理哲學 (밝을 철, 배울 학). 철학 법(法)의 원리(原理)·이념·가치 따위를 밝혀서 법학의 방법을 확립하려는 특수 철학(哲學). ㊂법철학.

법망 法網 (법 법, 그물 망). '범죄자에 대한 법률(法律)의 제재'를 그물[網]에 비유하여 이르는 말.

법명 法名 (법 법, 이름 명). 불교 ① 불법(佛法)을 배우려는 사람에게 지어준 이름[名]. ② 불가(佛家)에서 죽은 사람에게 붙여 주는 이름. ㊉계명(戒名).

법모 法帽 (법 법, 모자 모). 법관이 법정에서 법복(法服)을 입을 때에 쓰는 모자(帽子).

법무 法務 (법 법, 일 무). ① 속뜻 법률(法律)에 관한 일[務]. ② 불교 절의 법회(法會)에 관한 일. 또는 그것을 맡아보는 직책.

▸법무-부 法務部 (나눌 부). 법률 검찰·출입국 관리·인권 옹호 따위 법무(法務) 행정에 관한 사무를 맡아보는 중앙 행정 기관[部].

▸법무 행정 法務行政 (행할 행, 정사 정). 법률 법률(法律) 관계 및 시설의 구성이나 지휘, 감독에 관한 사무(事務)를 맡아서 처리하는 일[行政]. ㊂법정.

법문[1] 法門 (법 법, 문 문). 불교 중생을 열반에 들게 하는 법(法)으로 통하는 문(門). 부처의 교법을 이르는 말.

법문[2] 法文 (법 법, 글월 문). ① 속뜻 법률(法律)을 적은 글[文]. ② 불교 불경(佛經)의 글.

▸법문-화 法文化 (될 화). 법률 법문(法文)이 되게[化] 함. 법문으로 만듦.

법보 法寶 (법 법, 보배 보). 불교 깊고 오묘한 불교의 진리를 적은 불경[法]을 보배[寶]에 비유하여 이르는 말. 삼보(三寶)의 하나.

법복 法服 (법 법, 옷 복). ① 속뜻 법정에서 법관(法官)들이 입는 옷[服]. ② 불교 승려가 입는 가사나 장삼 따위의 옷. ③ 제왕의 예복. ㊉법의(法衣).

법사 法師 (법 법, 스승 사). 불교 ① 불법(佛法)에 정통하여 다른 이들의 스승[師]이 될 만한 승려. ¶삼장법사. ② 법주(法主).

법-사학 法史學 (법 법, 역사 사, 배울 학). 법률 인간의 법(法) 생활의 역사(歷史)를 연구하는 학문(學問).

법-사회학 法社會學 (법 법, 단체 사, 모일 회, 배울 학). 사회 법(法)을 사회 현상(社會現象)의 하나로서 보고 법의 형성·발전·소멸의 법칙성을 연구하는 학문(學問).

법상-종 法相宗 (법 법, 모양 상, 마루 종). 불교 유식론을 근거로 하여 우주 만물[法]의 현상[相]을 세밀하게 분류하고 분석하는 입장을 취하여 세워진 종파(宗派).

법서 法書 (법 법, 책 서). ① 속뜻 붓글씨 쓰는 방법(方法)을 담은 책[書]. ② 체법(體法)이 될 만큼 잘 쓴 글씨로 쓴 서첩. ③ 법률 서적. ⓑ 법첩(法帖).

법석 法席 (법 법, 자리 석). ① 속뜻 불법(佛法)을 설하는 자리[席]. ② 여러 사람이 어수선하게 떠드는 모양. ¶별 것도 아닌 일로 법석을 떨다. ⓑ 법연(法筵), 수선, 야단법석(野壇法席).

법선 法線 (법 법, 줄 선). ① 속뜻 법(法)같이 기준이 되는 선(線). ② 물리 투사 광선이 경계면과 만나는 점으로부터 그 면에 수직으로 그은 직선. ③ 수학 곡선 위의 한 점을 지나는 접선에 수직인 선. 즉 평면 위에서 곡선 위의 점 P가 있을 때, 그 점에서의 접선에 직교하는 직선을 '그 점에서의 곡선의 법선'이라 한다.

법설 法說 (법 법, 말할 설). 종교 천도교에서, 법적(法的) 성격을 가지는 말[說].

법성 法性 (법 법, 성품 성). 불교 만유의 본체[法]의 본성(本性). 우주에 존재하는 모든 사물의 본성.

▸ **법성-종** 法性宗 (마루 종). 불교 우주 만물은 같은 법성(法性)을 가졌기 때문에 중생은 모두 성불할 성품을 지녔음을 주장하는 불교의 한 종파(宗派). ⓑ 해동종(海東宗).

▸ **법성-토** 法性土 (흙 토). 불교 삼불토(三佛土)의 하나. 법신불(法身佛)이 사는 법성(法性)의 땅[土].

법수 法手 (법 법, 솜씨 수). ① 속뜻 방법(方法)과 수단(手段)을 아울러 이르는 말. ¶말 타는 법수가 대단하다. ② 운동 바둑에서, '정수'(正手)를 이르는 말.

법술 法術 (법 법, 꾀 술). ① 속뜻 방법(方法)과 기술(技術). ② 방사(方士)의 술법(術法).

▸ **법술-사** 法術士 (선비 사). 술법(術法)으로 재주를 부리는 도사(道士).

법시 法施 (법 법, 베풀 시). 불교 '삼시'(三施)의 하나. 남에게 교법(敎法)을 말하여 깨닫도록 베푸는[施] 일. ⓒ 삼시(三施).

법식 法式 (법 법, 법 식). ① 속뜻 법도(法度)와 양식(樣式)을 아울러 이르는 말. ② 일정한 방법이나 형식. ③ 불교 불전(佛前)의 법요 의식(法要儀式). ⓑ 방식(方式).

법신 法身 (법 법, 몸 신). 불교 ① 불법(佛法)을 설하는 부처의 몸[身]. 또는 그 부처가 설한 정법(正法). ② 승려(僧侶). ⓑ 법계신(法界身).

법안 法案 (법 법, 안건 안). 법률 법률(法律)의 안건(案件)이나 초안. '법률안'(法律案)의 준말. ¶환경보호 법안이 의회를 통과했다.

법어 法語 (법 법, 말씀 어). 불교 ① 부처가 설법(說法)한 말씀[語]. ② 불도를 설교하는 말이나 글. ③ 법언(法言).

법언 法言 (법 법, 말씀 언). 불교 법도(法道)가 될 만한 정당한 말[言]. ⓑ 법어(法語).

법열 法悅 (법 법, 기쁠 열). ① 불교 불법(佛法)을 듣고 진리를 깨달아 마음에서 일어나는 기쁨[悅]. ② 깊은 이치를 깨달았을 때의 사무치는 기쁨.

법왕 法王 (법 법, 임금 왕). ① 불교 법문(法門)의 왕(王). '부처'를 달리 이르는 말. ② 불교 저승에서 법(法)으로 죄인을 다스리는 왕(王). '염라대왕'을 달리 이르는 말. ③ 가톨릭 '교황'을 달리 이르는 말.

▸ **법왕-청** 法王廳 (관청 청). 가톨릭 교황[法王]을 중심으로 하여 전 세계의 가톨릭 교회와 교도를 다스리는 교회 행정의 중앙 기관[廳]. ⓑ 교황청(敎皇廳).

법요 法要 (법 법, 요할 요). 불교 ① 불법(佛法)의 중요(重要)한 부분. 곧 진리의 본질. ② 불사를 할 때 행하는 의식. ⓑ 법회(法會).

법우 法友 (법 법, 벗 우). ① 불교 불법(佛法)으로 맺어진 벗[友]. ② 법사(法師)가 자기를 낮추어 부를 때 쓰는 말.

법원[1] 法源 (법 법, 근원 원). 법(法)을 생기게 하는 근거[根源]. 또는 존재 형식. 성문법과 불문법이 있다.

법원² 法院 (법 법, 관청 원). 법률 사법권(司法權)을 가진 국가기관[院]. ¶법원에 출두하다. ⓑ재판소(裁判所).

▸법원 행정 法院行政 (행할 행, 정사 정). 법률 법원(法院)의 운영에 딸린 모든 행정(行政). 사법 행정(司法行政). ⓒ법정.

법의¹ 法意 (법 법, 뜻 의). ① 법률 법률(法律)의 근본 취지[意]. ② 불교 불법의 근본 뜻.

법의² 法義 (법 법, 뜻 의). ① 법률 법률(法律)의 의의(意義). ② 불교 불법(佛法)의 본래 의의.

법-의식 法意識 (법 법, 뜻 의, 알 식). 법률 법(法)에 대하여 인간이 가지고 있는 규범의식(規範意識). 또는 사회의식(社會意識).

법-의학 法醫學 (법 법, 치료할 의, 배울 학). 의학 의학(醫學)을 기초로 하여 법률적(法律的)으로 중요한 사실 관계를 연구하고 해석하며 감정하는 응용 의학.

법익 法益 (법 법, 더할 익). 법률 법률(法律)에 의해 보호되는 생활상의 이익(利益).

▸법익-설 法益說 (말씀 설). 법률 법(法)은 사람들의 구체적인 법 생활상의 이익(利益)을 보호해야 한다는 학설(學說).

법인¹ 法印 (법 법, 도장 인). 불교 변하지 않은 진리를 나타내는 불법(佛法)을 구별하는 표지[印].

법인² 法人 (법 법, 사람 인). 법률 법률(法律)상 인격이 주어진 권리와 의무의 주체[人]. ⓑ무형인(無形人). ⓟ자연인(自然人).

▸법인-세 法人稅 (세금 세). 법률 국세의 하나로 법인체(法人體)에 매기는 소득세(所得稅).

법-인격 法人格 (법 법, 사람 인, 품격 격). 법률 법률(法律)상의 인격(人格).

법적 法的 (법 법, 것 적). 법률(法律)에 따라 판단하거나 처리하는 것[的]. ¶만 19세가 되면 법적으로 성인이 된다.

법전 法典 (법 법, 책 전). 법률 어떤 종류의 법규(法規)를 체계적으로 정리하여 엮은 책[典]. ¶함무라비 법전.

법정¹ 法政 (법 법, 정사 정). ① 속뜻 법률(法律)과 정치(政治). ② 법률 '법원 행정'(法院行政)의 준말. ③ 법률 '법무 행정'(法務行政)의 준말.

법정² 法廷 (=法庭, 법 법, 관청 정). 법률 법관(法官)이 재판을 행하는 관청[廷]. ¶법정에서 진술하다. ⓑ재판정(裁判廷).

▸법정 경:찰 法廷警察 (지킬 경, 살필 찰). ① 속뜻 법정(法廷)의 질서를 지키기 위한 경찰(警察). ② 법률 법정에서의 질서 유지를 위해 필요한 조치를 취할 수 있는 재판권의 한 작용.

▸법정 변:론 法廷辯論 (말 잘할 변, 논할 론). 법률 법정(法廷)의 재판에서 변호인이 피고인을 위해 하는 진술[辯論].

▸법정 투쟁 法廷鬪爭 (싸울 투, 다툴 쟁). ① 속뜻 법정(法廷)에서 싸움[鬪爭]. ② 법률 재판을 통하여 자기주장이나 행위의 정당성을 대중에게 호소하는 투쟁.

▸법정 모:욕죄 法廷侮辱罪 (업신여길 모, 욕될 욕, 허물 죄). ① 속뜻 법정(法廷)을 모욕(侮辱)한 죄(罪). ② 법률 법원의 규칙과 명령에 대해서 무시나 불복종을 하거나 폭언, 폭행, 소란 따위로 법정의 질서를 어지럽혀 법원의 직무 집행을 방해함으로써 성립하는 범죄.

법정³ 法定 (법 법, 정할 정). 법(法)으로 규정(規定)함. ¶12월 25일은 법정 공휴일이다.

▸법정-범 法定犯 (범할 범). 법률 법(法)으로 규정(規定)되어 있는 범죄(犯罪). ⓑ행정범(行政犯). ⓟ자연범(自然犯), 형사범(刑事犯).

▸법정-수 法定數 (셀 수). 법률 어떤 법률 행위(法律行爲)를 성립시키는 데 필요한 일정(一定)한 숫자[數].

▸법정-형 法定刑 (형벌 형). 법률 각각의 범죄에 대하여 형법(刑法) 등에 규정(規定)되는 형벌(刑罰).

▸법정 가격 法定價格 (값 가, 이를 격). 법률 법(法)으로 정(定)한 가격(價格).

▸법정 과:실 法定果實 (열매 과, 열매 실). 법률 법(法)에서 정(定)한 어떤 물건을 사용하게 하고 그 대가로 받는 금품을 과실(果實)에 비유한 말. ⓟ천연 과실(天然果實).

▸법정 금리 法定金利 (돈 금, 이로울 리). 법률 법(法)으로 정(定)한 빌려준 돈[金]의 이자(利子).

▸법정 기간 法定期間 (때 기, 사이 간). 법률 어떤 법적 절차 등에 관하여 법(法)으로 정(定)해 놓은 기간(期間). ⓟ재정 기간(裁定期間).

▸법정 대ː리 法定代理 (대신할 대, 다스릴 리). [법률] 본인의 위임에 의하지 않고 법률(法律)이 규정(規定)하는 대리(代理). [반]임의 대리(任意代理).

▸법정 대ː위 法定代位 (대신할 대, 자리 위). [법률] 법(法)으로 정(定)한 정당한 이익을 가진 사람이 남의 빚을 갚아줌으로써 당연히 채권자의 지위(地位)를 대신[代] 갖는 것.

▸법정 의ː무 法定義務 (옳을 의, 일 무). [법률] 법률(法律)의 규정(規定)에 따라 마땅히 지는 의무(義務).

▸법정 이ː율 法定利率 (이로울 리, 비율 률). [법률] 법(法)으로 정(定)한 이율(利率).

▸법정 이ː자 法定利子 (이로울 리, 접미사 자). [법률] 법률(法律)에 따라 정해진[定] 이자(利子). [반]약정 이자(約定利子).

▸법정 통화 法定通貨 (통할 통, 돈 화). [경제] 법률(法律)이 규정(規定)한, 강제 통용력(通用力)이 인정된 화폐(貨幣). [준]법화. [비]법정 화폐(法定貨幣).

▸법정 혈족 法定血族 (피 혈, 겨레 족). [법률] 사실상의 혈연관계는 아니나 법률(法律)상 인정(認定)된 혈족(血族) 관계. 양부모와 양자 관계, 전처 출생자와 계모와의 관계 따위. [비]준혈족(準血族). [반]자연 혈족(自然血族).

▸법정 화ː폐 法定貨幣 (돈 화, 돈 폐). [경제] 법률(法律)이 규정(規定)한, 강제 통용력이 인정된 화폐(貨幣). [준]법폐. [비]법정통화(法定通貨).

▸법정 상속분 法定相續分 (서로 상, 이을 속, 나눌 분). [법률] 법률(法律)에 정(定)해진 상속분(相續分).

▸법정 대ː리인 法定代理人 (대신할 대, 다스릴 리, 사람 인). [법률] 본인의 위임과는 관계없이 법률(法律)에 따라[定] 대리권(代理權)을 가지는 사람[人].

▸법정 적립금 法定積立金 (쌓을 적, 설 립, 돈 금). [경제] 회사가 법률(法律)의 규정(規定)에 따라 손실을 보충하기 위해 적립(積立)해 두는 돈[金]. [비]법정 준비금(法定準備金).

▸법정 전염병 法定傳染病 (전할 전, 물들일 염, 병 병). [의학] 환자의 격리 수용을 법률(法律)로 규정(規定)한 전염병(傳染病).

▸법정 준ː비금 法定準備金 (고를 준, 갖출 비, 돈 금). [경제] 회사가 법률(法律)의 규정(規定)에 따라 손실을 보충하기 위해 준비(準備)해 두는 돈[金]. [비]법정 적립금(法定積立金). [반]임의 준비금(任意準備金).

▸법정 후ː견인 法定後見人 (뒤 후, 볼 견, 사람 인). [법률] 법률(法律)에 따라 정(定)해진 후견인(後見人).

법제 法制 (법 법, 정할 제). ① [속뜻] 법률(法律)과 제도(制度). ② 법률로 정해진 여러 가지 제도.

▸법제-사 法制史 (역사 사). [법률] 법률(法律)과 제도(制度)의 역사(歷史). 또는 그것을 연구하는 학문.

법-제자 法弟子 (법 법, 아우 제, 아이 자). [불교] 불법(佛法)을 공부하는 사람[弟子].

법조[1] 法條 (법 법, 조목 조). [법률] 법률(法律)이나 법령의 조문(條文). '법조문'(法條文)의 준말.

법조[2] 法曹 (법 법, 관아 조). 법률(法律)에 관한 실무에 종사하는 사람[曹].

▸법조-계 法曹界 (지경 계). 법률(法律)에 관한 실무에 종사하는 사람들[曹]의 사회[界]. [준]법계.

법-조문 法條文 (법 법, 조목 조, 글월 문). [법률] 법률(法律)에서 조목(條目)으로 나누어서 적어 놓은 글[文]. ¶법조문을 축항하여 검토하다.

법주 法主 (법문 법, 주인 주). [불교] ① 법문(法門)의 으뜸[主]이라 하여 '부처'를 일컫는 말. ② 불법에 통달한 사람. ③ 법회를 주재(主宰)하는 사람. ④ 어떤 불교 종파의 우두머리. [비]법사(法師).

법주 法酒 (법 법, 술 주). 법식(法式)대로 빚은 술[酒].

법-주권 法主權 (법 법, 주인 주, 권리 권). [법률] 의회에서 제정하는 법(法) 자체에 주권(主權)이 존재한다고 보는 개념.

법주-사 法住寺 (법 법, 살 주, 절 사). [불교] 충청북도 보은군 속리산면 사내리 속리산에 있는 절. 신라 진흥왕 14년(553)에 의신(義信) 화상이 창건하였다. 의신 화상이 불법(佛法)의 경전을 서역에서 싣고 돌아와 머무른[住] 절[寺]이라고 붙여진 이름이다.

법-질서 法秩序 (법 법, 차례 질, 차례 서).

법률 ① 법(法)에 의하여 유지되는 질서(秩序). ② 모든 법이 하나의 통일적 체계 속에서 이루는 질서.

법-철학 法哲學 (법 법, 밝을 철, 배울 학). 철학 법(法)의 본질·이념·가치 따위를 밝혀서 법학의 방법을 확립하려는 특수 철학(哲學). ㊐법리학(法理學), 법리 철학(法理哲學).

법치 法治 (법 법, 다스릴 치). 법률(法律)에 따라 다스림[治]. 또는 그 정치.

▸법치-국 法治國 (나라 국). 정치 '법치국가'(法治國家)의 준말.

▸법치 국가 法治國家 (나라 국, 집 가). 정치 국민의 의사에 따라 제정된 법률(法律)을 기초로 하여 국가 권력을 행사하는[治] 나라[國家]. ¶대한민국은 법치국가다. ㊟법치국.

▸법치-주의 法治主義 (주될 주, 뜻 의). 법률 법률(法律)에 따라 나라를 다스릴[治] 것을 주장하는 근대 입헌 국가의 정치 사상[主義].

*__법칙__ 法則 (법 법, 법 칙). ① 속뜻 방법(方法)과 규칙(規則). ② 반드시 지켜야만 하는 규범. ③ 철학 일정한 조건 아래서 반드시 성립되는 사물 상호간의 필연적·본질적인 관계. ¶자연의 법칙. ④ 수학 수학의 연산 방식.

법통 法統 (법 법, 계통 통). ① 불교 불법(佛法)의 전통(傳統). 법문의 계통(系統). ② 참된 계통이나 전통.

법폐 法幣 (법 법, 돈 폐). 경제 법률(法律)이 규정한, 강제 통용력이 인정된 화폐(貨幣). ㊐법정통화(法定通貨).

법학 法學 (법 법, 배울 학). 법률 법률(法律)에 관한 학문(學問). '법률학'(法律學)의 준말.

▸법학-도 法學徒 (무리 도). 법학(法學)을 배우고 연구하는 학생[徒].

▸법학-자 法學者 (사람 자). 법학(法學)을 연구하는 학자(學者).

법호 法號 (법 법, 이름 호). 불교 불법(佛法)을 배우려는 사람에게 붙여준 별호(別號). ¶'만해'(萬海)는 시인 '한용운'의 법호이다.

법화 法貨 (법 법, 돈 화). 경제 법률(法律)이 규정한, 강제 통용력이 인정된 화폐(貨幣). '법정 통화'(法定通貨)의 준말.

법화-종 法華宗 (법 법, 꽃 화, 마루 종). 불교 '법화경'(法華經)을 근본 교의로 한 종파(宗派). 천태종(天台宗)의 딴이름.

법회 法會 (법 법, 모일 회). 불교 ① 불법(佛法)을 강설하는 모임[會]. ② 죽은 이를 위해 재(齋)를 올리는 일. 또는 그 모임.

벽감 壁龕 (담 벽, 굴 감). 건설 벽(壁)에 오목하게 파 놓은 부분[龕]. 조각품이나 꽃병 따위를 세워 둔다. ㊐니치(niche).

벽개 劈開 (쪼갤 벽, 열 개). ① 속뜻 금이 가서[劈] 갈라짐[開]. ② 광업 암석이 일정한 방향으로 결을 따라 쪼개짐. ㊥열개(裂開).

▸벽개-면 劈開面 (쪽 면). 광물, 암석 등의 쪼개져서[劈] 갈라진[開] 단면(斷面).

벽거 僻居 (후미질 벽, 살 거). 외진 곳[僻]에서 삶[居].

벽견 僻見 (후미질 벽, 볼 견). 한쪽으로 치우친[僻] 의견(意見).

벽경 壁經 (담 벽, 책 경). 책명 『서경』(書經)의 고본(古本). 중국 노나라 때 공자의 옛집 벽(壁) 속에서 발견된 경서(經書)라는 데서 이름 하였다. ㊐벽중서(壁中書).

벽계 碧溪 (푸를 벽, 시내 계). 푸른빛[碧]이 도는 맑고 깨끗한 시내[溪]. '벽계수'(碧溪水)의 준말.

▸벽계-수 碧溪水 (물 수). 푸른빛[碧]이 도는 맑고 깨끗한 시냇[溪] 물[水]. 물이 매우 맑은 개울. ¶청산리 벽계수.

▸벽계-산간 碧溪山間 (메 산, 사이 간). 푸른[碧] 시내[溪]가 흐르는 산골짜기[山間].

벽공 碧空 (푸를 벽, 하늘 공). 푸른[碧] 하늘[空]. ㊐벽천(碧天).

벽-난:로 壁煖爐 (담 벽, 따뜻할 난, 화로 로). 방 안의 벽면(壁面)에다 아궁이를 내고 벽 속으로 굴뚝을 통하게 한 난로(煖爐). ¶벽난로에서는 장작불이 타고 있었다.

벽담 碧潭 (푸를 벽, 못 담). 푸른빛[碧]이 감도는 깊은 못[潭].

벽도-화 碧桃花 (푸를 벽, 복숭아 도, 꽃 화). 벽도(碧桃) 나무의 꽃[花]. ㊟벽도.

벽두 劈頭 (쪼갤 벽, 머리 두). ① 속뜻 쪼개어[劈] 나눈 것의 머리[頭] 부분. ② 글이나 말의 첫머리. ③ 일이나 기간의 첫머리. ¶신년 벽두부터 그런 말을 하다니.

벽력 霹靂 (벼락 벽, 벼락 력). 벼락[霹=靂].

벽로 碧鷺 (푸를 벽, 해오라기 로). ① 속뜻 푸른[碧] 빛이 감도는 해오라기[鷺]. ② 동물 등은 검은색, 배는 흰색, 날개는 회색인 왜가리. 몸의 길이는 56~61㎝이고 똥똥하며 다리가 짧다.

벽류 碧流 (푸를 벽, 흐를 류). 물빛이 푸르게[碧] 보일 정도로 맑게 흐름[流].

벽립 壁立 (담 벽, 설 립). 벽(壁)처럼 깎아지른 듯이 서있음[立].

벽면 壁面 (담 벽, 낯 면). 담[壁]의 거죽[面]. ¶화장실 벽면에 타일을 붙이다.

벽보 壁報 (담 벽, 알릴 보). 종이에 써서 담[壁]이나 게시판 등에 붙여 여러 사람에게 알리는[報] 글. ¶선거 벽보를 붙이다.

▸벽보-판 壁報板 (널빤지 판). 벽(壁)이나 담에 알리는[報] 글을 붙이도록 마련해 놓은 너른 판(板).

벽사 辟邪 (피할 벽, 간사할 사). 요사스러운 귀신[邪]을 물리침[邪].

▸벽사-문 辟邪文 (글월 문). 요사스러운 잡귀[邪]를 물리치기[辟] 위해 쓴 글[文].

벽산 碧山 (푸를 벽, 메 산). 풀과 나무가 무성한 푸른[碧] 산(山). ㊥청산(靑山).

벽색 碧色 (푸를 벽, 빛 색). 짙푸른[碧] 빛깔[色].

벽서 壁書 (담 벽, 쓸 서). 널리 알릴 일을 벽(壁)에 써[書] 붙임. 또는 그 글.

벽수 碧水 (푸를 벽, 물 수). 매우 맑고 깊어 푸른빛[碧]이 도는 물[水]. ㊥녹수(綠水).

벽-시계 壁時計 (담 벽, 때 시, 셀 계). 벽(壁)에 걸어 놓는 시계(時計). ¶벽시계를 벽에 걸다.

벽-신문 壁新聞 (담 벽, 새 신, 들을 문). 뉴스 등 시사적인 내용을 벽(壁)에 붙여 놓은 신문(新聞).

벽안 碧眼 (푸를 벽, 눈 안). ① 속뜻 눈동자가 푸른[碧] 눈[眼]. ② 서양 사람. ¶벽안의 선교사. ㊥녹안(綠眼).

▸벽안-자염 碧眼紫髥 (자줏빛 자, 구레나룻 염). ① 속뜻 파란[碧] 눈[眼]과 자줏빛[紫] 수염[髥]. ② '서양 사람'을 이르는 말.

벽오-동 碧梧桐 (푸를 벽, 오동나무 오, 오동나무 동). ① 속뜻 푸른[碧] 오동(梧桐). ② 식물 벽오동과의 낙엽 활엽 교목. 겉껍질이 녹색을 띠고 있으며, 재목은 가구나 악기 등을 만드는 재료로 쓰인다. ㊥청동(靑桐).

벽옥 碧玉 (푸를 벽, 옥돌 옥). ① 속뜻 푸른빛[碧]이 나는 고운 옥(玉). ② 광업 석영(石英)의 변종. 불순물이 많아 불투명하다. 빛은 녹색, 홍색 등으로 도장 재료나 가락지 같은 장식에 쓰인다.

벽자[1] 僻字 (후미질 벽, 글자 자). 흔히 쓰이지 않는[僻] 글자[字]. ¶벽자가 많은 고문서.

벽자[2] 僻者 (후미질 벽, 사람 자). 성질이 바르지 못한[僻] 사람[者]. 마음이 비뚤어진 사람.

벽장 壁欌 (담 벽, 장롱 장). 건설 담[壁]을 뚫어 작은 문을 내고 그 안에 물건을 넣어 두게 만든 장(欌). ¶철 지난 옷을 벽장에 넣어 두었다.

▸벽장-문 壁欌門 (문 문). 벽장(壁欌)에 달아 놓은 문(門).

벽-조목 霹棗木 (벼락 벽, 대추나무 조, 나무 목). 벼락[霹] 맞은 대추나무[棗木]. 민속에서 이 나뭇가지를 지니고 다니면 요사한 기운을 물리친다고 한다.

벽중-서 壁中書 (담 벽, 가운데 중, 책 서). 공자의 옛집 벽(壁) 속[中]에서 발견된 책[書]. 『서경』(書經)의 고본(古本). ㊥벽경(壁經).

벽지[1] 僻地 (후미질 벽, 땅 지). 도시에서 멀리 떨어진 으슥하고 한적한[僻] 곳[地]. ¶산간 벽지에 살다. ㊥벽처(僻處), 벽촌(僻村).

벽지[2] 壁紙 (담 벽, 종이 지). 건물의 벽(壁)에 바르는 종이[紙]. ¶꽃무늬 벽지를 바르다. ㊥도배지(塗褙紙).

벽천 碧天 (푸를 벽, 하늘 천). 푸른[碧] 하늘[天]. ㊥벽공(碧空).

벽청 碧靑 (푸를 벽, 푸를 청). 구리에 녹이 나서 생긴 푸른색[碧=靑].

벽체 壁體 (담 벽, 몸 체). 건물의 벽(壁)이 되는 부분[體]. 건물에서 측면이 넓고 두께가 얇은 부분.

벽촌 僻村 (후미질 벽, 마을 촌). 외진[僻] 곳에 있는 마을[村]. ㊥벽지(僻地), 벽처(僻處).

벽토 壁土 (담 벽, 흙 토). 벽(壁)에 바른 흙

[土].

벽토-척지 闢土拓地 (열 벽, 흙 토, 넓힐 척, 땅 지). 버려두었던 땅[土]을 일구어서[闢] 쓸모 있는 땅[地]으로 넓힘[拓]. [준]벽토지.

벽파[1] 碧波 (푸를 벽, 물결 파). 푸른[碧] 물결[波]. 푸른 파도.

벽파[2] 劈破 (쪼갤 벽, 깨뜨릴 파). ① [속뜻]조각조각 쪼개어[劈] 깨뜨림[破]. ② 발기발기 찢어발김.

▶ 벽파-문벌 劈破門閥 (집안 문, 무리 벌). 문벌(門閥)을 가리지 않고[劈破] 인재를 뽑아 씀.

벽항 僻巷 (후미질 벽, 골목 항). 외진[僻] 곳에 있는 동네 골목[巷].

▶ 벽항-궁촌 僻巷窮村 (궁할 궁, 마을 촌). 외진[僻] 동네[巷]와 가난한[窮] 마을[村].

벽해 碧海 (푸를 벽, 바다 해). 짙푸른[碧] 바다[海].

▶ 벽해-상전 碧海桑田 (뽕나무 상, 밭 전). 푸른[碧] 바다[海]가 뽕나무[桑] 밭[田]으로 변함. 세상이 몰라볼 정도로 바뀜. [비]상전벽해(桑田碧海).

벽혈 碧血 (푸를 벽, 피 혈). ① [속뜻]푸른빛[碧]을 띤 진한 피. ② '지극한 정성'을 이르는 말. 자결한 충신의 피가 변하여 벽옥(碧玉)이 되었다는 옛이야기에서 유래.

***벽화** 壁畫 (담 벽, 그림 화). ① [속뜻]건물이나 고분 등의 벽(壁)에 장식으로 그린 그림[畫]. 넓게는 기둥이나 천장에 그린 것도 포함한다. ¶고분에는 수렵이나 무용을 그린 벽화가 있다. ② 벽에 걸어 놓은 그림.

변강 邊疆 (가 변, 지경 강). 나라와 나라의 경계가 되는 변두리[邊=疆] 지역.

변:개 變改 (바뀔 변, 고칠 개). 다르게 바꾸어[變] 새롭게 고침[改]. ¶이 작품은 여러 차례 변개가 되어 원본과는 줄거리가 다르다.

변:격 變格 (바뀔 변, 격식 격). 본디의 것에서 크게 달라진[變] 격식(格式). 보통과는 다른 격식이나 규칙. [비]변칙(變則). [반]정격(正格).

▶ 변:격 가사 變格歌辭 (노래 가, 말씀 사). [문학]정격 가사와 달리 마지막 행의 격식(格式)을 변화(變化)시킨 가사(歌辭). 음수율의 제한을 받지 않는다.

▶ 변:격 동:사 變格動詞 (움직일 동, 말씀 사). [언어]원래 규칙[格式]을 벗어나 달라진[變] 동사(動詞).

▶ 변:격 용:언 變格用言 (쓸 용, 말씀 언). [언어]원래 규칙[格式]을 벗어나 달라진[變] 용언(用言).

▶ 변:격 형용사 變格形容詞 (모양 형, 얼굴 용, 말씀 사). [언어]원래 규칙[格式]을 벗어나 달라진[變] 형용사(形容詞).

변경[1] 邊境 (가 변, 지경 경). 나라의 경계가 되는 변두리[邊]의 땅[境]. ¶변경을 지키다 / 변경의 방어가 허술하다. [비]변방(邊方).

변:경[2] 變更 (바뀔 변, 고칠 경). 바꾸어[變] 고침[更]. ¶주소를 변경하다. [비]변개(變改), 변역(變易).

변:고 變故 (바뀔 변, 옛 고). ① [속뜻]예전[故]과 크게 달라짐[變]. ② 갑작스러운 재앙이나 사고. ¶변고가 생기다 / 변고를 당하다.

변:곡점 變曲點 (변할 변, 굽을 곡, 점 점). 『수학』굴곡의 방향이 바뀌는[變] 자리를 나타내는 곡선(曲線) 위의 점(點). ¶경기 변동이 변곡점을 지난 것 같다. [비]만곡점(彎曲點).

변:광-성 變光星 (바뀔 변, 빛 광, 별 성). [천문]빛[光]의 세기나 밝기가 시간에 따라서 변(變)하는 항성(恒星).

변:괴 變怪 (바뀔 변, 이상할 괴). ① [속뜻]재변(災變)이나 이상야릇한[怪] 일. ¶변괴가 난 듯 매우 놀랐다. ② 도리를 벗어난 악한 짓. ¶온갖 변괴를 다 부렸다.

변:국 變局 (바뀔 변, 판 국). 보통 때와 다른[變] 국면(局面). 예사롭지 않은 사태.

변기 便器 (똥오줌 변, 그릇 기). 똥오줌[便]을 받아 내는 기구(器具). ¶변기가 막히다.

▶ 변기-통 便器桶 (통 통). 변기(便器)로 쓰는 통(桶).

변:덕 變德 (바뀔 변, 베풀 덕). ① [속뜻]남에게 베풀던[德] 마음이 변(變)함. ② 이랬다 저랬다 자주 바뀜. 또는 그러한 성질. ¶그 애는 툭하면 변덕을 부린다 / 날씨가 변덕스럽다. [관용]변덕이 죽 끓듯 하다.

변:동 變動 (바뀔 변, 움직일 동). 상태가 바

뀌어[變] 움직임[動]. ¶물가가 크게 변동했다.

▸변:동-비 變動費 (쓸 비). 경제 일하는 양이나 생산량에 따라 바뀌는[變動] 비용(費用). 직접 재료비·노무비 따위. ⓑ가변 비용(可變費用). ⓟ고정비(固定費).

▸변:동-성 變動性 (성질 성). 바뀌어[變動] 달라지는 성질(性質).

▸변:동 소:득 變動所得 (것 소, 얻을 득). 경제 해마다 일정하지 않고 바뀌는[變動] 소득(所得).

▸변:동 환:율 變動換率 (바꿀 환, 비율 률). 경제 환율을 고정시키지 않고 외환 증시의 수급 사정에 따라 자유로이 변하게[變動] 하는 환율(換率). ⓟ고정 환율(固定換率).

▸변:동 환:율제 變動換率制 (바꿀 환, 비율 률, 정할 제). 경제 환율(換率)을 고정시키지 않고 외환 시장의 수급 사정에 따라 자유로이 변하게[變動] 하는 제도(制度). ⓟ고정 환율제(固定換率制).

변:란 變亂 (바뀔 변, 어지러울 란). 어떤 변고(變故)가 생겨 세상이 어지러움[亂]. ¶변란을 진압하다. ⓑ사변(事變).

변:량 變量 (바뀔 변, 분량 량). 주어진 조건에 따라 달리 바뀌는[變] 수량(數量).

변려-문 騈儷文 (나란할 변, 짝 려, 글월 문). ① 속뜻 나란히[騈] 짝[儷]을 이룬 글[文]. ② 문학 문장을 4자 또는 6자의 대구(對句)를 써서 읽는 사람에게 미감(美感)을 주는 화려한 문체. 중국의 육조와 당나라 때 성행하였다. ⓑ변체문(騈體文), 사륙체(四六體).

변:론 辯論 (말 잘할 변, 논할 론). ① 속뜻 변호(辯護)하는 말을 함[論]. ② 사리를 밝혀 옳고 그름을 따짐. ③ 법률 소송 당사자나 변호인이 법정에서 주장하거나 진술함. 또는 그런 진술. ¶피고를 위해 변론하다.

▸변:론-가 辯論家 (사람 가). 변론(辯論)을 잘하는 사람[家].

▸변:론 능력 辯論能力 (능할 능, 힘 력). 법률 법정에서 주장하거나 진술할[辯論] 수 있는 능력(能力). 형사 소송의 상고심에서는 변호인만이 변론 능력을 가진다.

▸변:론-주의 辯論主義 (주될 주, 뜻 의). 법률 소송사건을 당사자들의 변론(辯論)에 따라 재판하고 소송 자료의 수집 역시 당사자들에게 맡기자는 주장[主義].

변:류-기 變流器 (바뀔 변, 흐를 류, 그릇 기). 전기 도선에 흐르는 전류를 재기 위하여, 직류(直流)를 교류(交流)로, 교류를 직류로 바꾸는[變] 장치[器].

변리[1] 邊利 (가 변, 이로울 리). ① 속뜻 원금에 덧[邊]붙여 주는 이자(利子). ② 남에게 돈을 빌려 쓴 대가로 치르는 일정한 비율의 돈. ¶원금에 대해 매달 얼마씩 변리를 물었다.

변:리[2] 辨理 (가릴 변, 다스릴 리). 일을 판별하여[辨] 처리(處理)하는 일.

▸변:리-사 辨理士 (선비 사). 법률 특허, 의장, 실용신안(實用新案), 상표 등의 신청이나 출원 따위를 변별(辨別)하여 대신 처리(處理)해주는 사람[士].

▸변:리 공사 辨理公使 (관공서 공, 부릴 사). 법률 예전에, 대사를 보좌하여 일을 판별[辨], 처리(處理)하기 위해 파견되는 공식(公式) 외교사절(外交使節). 전권 공사의 아래, 대리 공사의 위였다.

변:명[1] 辨明 (가릴 변, 밝을 명). ① 속뜻 옳고 그름을 가리어[辨] 사리를 밝힘[明]. ¶변명의 상소를 하다. ② 자신의 잘못이나 실수에 대하여 구실을 대며 그 까닭을 말함. ¶변명을 늘어놓다.

변:명[2] 變名 (바뀔 변, 이름 명). 바꾼[變] 이름[名]. 이름을 달리 바꿈. ¶그는 경찰을 피하여 변명하고 다녔다.

변:모 變貌 (바뀔 변, 모양 모). 모양[貌]이 바뀜[變]. 또는 그 모습. ¶시골 마을이 중소 도시로 변모했다. ⓑ변용(變容).

변문 騈文 (나란히 할 변, 글월 문). ① 속뜻 나란히[騈] 짝을 이룬 글[文]. ② 문학 '변려문'(騈儷文)의 준말. ⓑ변체문(騈體文), 사륙체(四六體).

변:발 辮髮 (=編髮, 땋을 변, 머리털 발). ① 속뜻 머리카락[髮]을 땋아[辮] 늘임. 또는 그 머리. ② 지난날, 만주족(滿洲族) 남자들이 따르던 풍습으로 머리의 둘레는 밀어 깎고 가운데 머리카락만을 땋아서 뒤로 길게 늘인 것. ⓑ편발(編髮).

변방 邊方 (가 변, 모 방). ① 속뜻 중심지에서 멀리 떨어진 가장자리[邊] 지역이나 지방(地方). ② 변경(邊境). ¶북쪽 변방 오랑캐 / 변방 이민족.

변:법 變法 (바뀔 변, 법 법). ① 속뜻 법률(法律)을 변경(變更)함. 또는 그 법률. ② 변칙적인 방법.

▸ **변:법-자강** 變法自彊 (스스로 자, 굳셀 강). ① 속뜻 낡은 법(法)을 고쳐[變] 스스로[自] 나라를 굳세게[彊] 하게 함. ② 역사 중국 청나라 말기에 혁신을 부르짖던 지식인들이 내세운 개혁 운동의 표어.

변:별 辨別 (가릴 변, 나눌 별). ① 속뜻 사물의 서로 다른 점을 가려[辨] 나눔[別]. ¶두 색의 차이를 변별할 수 있습니까? ② 옳고 그름이나 착하고 악함 따위를 분별함. ¶진위를 변별하다. ⓑ 분별(分別), 식별(識別).

▸ **변:별-력** 辨別力 (힘 력). 사물의 시비나 선악 등을 변별(辨別)할 수 있는 힘[力].

▸ **변:별-역** 辨別閾 (문지방 역). 심리 같은 종류의 두 자극의 차이[別]를 분별하게[辨] 되는 경계[閾]. 100g 되는 물건에 무게를 점점 더하여 103g으로 하였을 때에 비로소 처음 무게보다도 더 무거워졌다는 느낌이 생기면 그 차인 3g이 식별역이다. ⓑ 식별역(識別閾).

▸ **변:별 학습** 辨別學習 (배울 학, 익힐 습). 심리 변별 반응(辨別反應)을 형성하는 학습(學習). 정(正)·부(負) 두 자극을 계속해서 제시하되, 정 자극에 대한 반응만이 변별되도록 하는 학습 형식.

변보[1] 邊報 (가 변, 알릴 보). 변방(邊方)에서 들어오는 보고(報告)나 경보(警報).

변:보[2] 變報 (바뀔 변, 알릴 보). 변고(變故)를 알리는 보고(報告).

변:복 變服 (바뀔 변, 옷 복). 남이 잘 알아보지 못하도록 다른 옷[服]으로 바꿔서[變] 입음. 또는 그 옷. ¶적군은 변복을 하고 아군 틈에 섞였다. ⓑ 개복(改服).

변비 便秘 (똥오줌 변, 숨길 비). 의학 대변(大便)이 꼭꼭 숨어서[秘] 잘 나오지 않음. ¶할머니는 변비 때문에 고생이 많으셨다.

▸ **변비-증** 便秘症 (증세 증). 의학 대변(大便)이 꼭꼭 숨겨져[秘] 쉽게 나오지 않는 증세(症勢). ㊟ 변비.

변:사[1] 辯士 (말 잘할 변, 선비 사). ① 속뜻 입담이 좋아서 말을 잘하는[辯] 사람[士]. ② 연사(演士). ③ 무성 영화를 상영할 때 영화에 맞춰 그 줄거리를 설명하던 사람.

변:사[2] 變事 (바뀔 변, 일 사). 보통 일이 아닌 변스러운[變] 일[事].

변:사[3] 變詐 (바뀔 변, 속일 사). ① 속뜻 이리저리 변덕(變德)을 부려 속임[詐]. ② 변덕스럽게 이랬다저랬다 함. ¶변사를 부리다. ③ 병세가 갑자기 달라짐.

변:사[4] 辨似 (가릴 변, 닮을 사). 비슷한[似] 것들을 구별함[辨]. 특히 자전에서 비슷하여 혼동하기 쉬운 글자를 모아 같고 다름을 밝히는 것을 이른다.

변:사[5] 變死 (바뀔 변, 죽을 사). ① 속뜻 뜻밖의 변고(變故)로 죽음[死]. ¶교통사고로 변사를 당하다. ② 자해(自害)하여 죽음. ⓑ 횡사(橫死), 자살(自殺).

▸ **변:사-자** 變死者 (사람 자). 자살이나 타살 또는 재앙의 변고(變故)로 죽은[死] 사람[者]. ¶신원을 알 수 없는 변사자를 발견하다.

변:상[1] 辨償 (가릴 변, 갚을 상). ① 속뜻 책임 소재를 잘 가리어[辨] 보상해야 할 것은 보상(補償)해줌. ② 남에게 입힌 손해를 돈이나 물건 따위로 물어줌. ¶화병을 깼으니 변상하시오. ⓑ 배상(賠償), 보상(補償).

변:상[2] 變狀 (바뀔 변, 형상 상). 보통과는 다른[變] 상태(狀態)나 상황(狀況).

변:상[3] 變相 (바뀔 변, 모양 상). ① 속뜻 모습[相]을 바꿈[變]. 또는 바뀐 그 모습. ② 불교 경전의 내용이나 부처의 생애 따위를 형상화한 그림.

변:상[4] 變喪 (바뀔 변, 죽을 상). ① 속뜻 변고(變故)로 말미암아 사람이 죽은[喪] 것. ② 자손이 그 조상보다 먼저 죽는 일.

변새 邊塞 (가 변, 변방 새). 나라의 경계[邊]가 되는 지역에 세운 요새(要塞). 또는 그 지역. ⓑ 변경(邊境), 변방(邊方).

변:색 變色 (바뀔 변, 빛 색). ① 속뜻 빛깔[色]을 바꿈[變]. 또는 빛깔이 변하여 달라짐. ¶그의 치아는 흡연으로 인해 변색이 되었다. ② 화가 나서 얼굴빛이 달라짐. ¶그의 얼굴은 굳어지다 못해 파랗게 변색까지 되었다. ③ 동물 동물이 주위의 빛깔에 따라 몸 빛깔을 바꿈. ⓑ 감색(減色), 체색 변화(體色變化).

▸ **변:색-병** 變色病 (병 병). 식물 엽록체의 감소나 다른 색소의 증가 등으로 꽃이나 잎

의 빛깔[色]이 달라지는[變] 병(病).

변:석[1] **辨析** (가릴 변, 가를 석). 일의 옳고 그름을 따지어[辨] 가림[析]. 사리를 가리어 밝힘.

변:석[2] **辨釋** (가릴 변, 풀 석). 일의 옳고 그름을 분명하게 나누어[辨] 해석(解釋)함.

변:설[1] **辯舌** (말 잘할 변, 말 설). 입담 좋게 잘하는[辯] 말[舌]. 재치 있는 말솜씨. ⓑ 변구(辯口).

변:설[2] **辨說** (가릴 변, 말씀 설). 일의 옳고 그름을 분명하게 가려[辨] 설명(說明)함.

변:설[3] **變說** (바뀔 변, 말씀 설). 이제까지 자기가 주장해 오던 설(說)을 바꿈[變].

변:성[1] **變姓** (바뀔 변, 성씨 성). 성(姓)을 갊[變]. 또는 그렇게 간 성. ¶그는 임가로 변성을 했다.

변:성[2] **變成** (바뀔 변, 이룰 성). 바뀌어[變] 다르게 됨[成].

▶변:성-기 變成器 (도구 기). 전기 전자 유도 작용으로 한쪽 회로에서 받은 교류 전력을 바꾸어[變成] 다른 쪽의 회로에 공급하는 전기 부품[器]. 변압기(變壓器)도 그중 하나이다.

▶변:성-암 變成巖 (바위 암). 지리 변성 작용으로 그 성질이나 조직이 바뀐[變成] 암석(巖石)을 통틀어 이르는 말.

▶변:성 광:상 變成鑛床 (쇳돌 광, 평상 상). 광업 이미 이루어진 광상이 온도, 압력 따위의 영향이나 화학적 작용을 받아 원래의 구조나 성분이 새롭게 바뀐[變成] 광물더미[鑛床].

▶변:성 작용 變成作用 (지을 작, 쓸 용). 지리 지각 내부에서 온도, 압력 따위의 영향이나 화학적 작용을 받아 암석 조직과 광물 조성이 바뀌는[變成] 일[作用].

변:성[3] **變性** (바뀔 변, 성질 성). ① 속뜻 성질(性質)이 달라짐[變]. 또는 그 달라진 성질. ② 화학 천연 단백질이 물리적·화학적 자극을 받아 본디의 성질을 잃는 일. ③ 화학 공업용 원료를 식용으로 유용(流用)하지 못하도록 다른 물질을 첨가하는 일. ④ 의학 세포 또는 조직의 기능이 어떤 장애로 형태적인 변화를 일으키는 일.

▶변:성-제 變性劑 (약제 제). 화학 특정 용도에 맞게 어떤 물질의 성질이나 상태를 바꾸기[變性] 위해 첨가하는 약제(藥劑).

▶변:성 매독 變性梅毒 (매화나무 매, 독할 독). 의학 병균에 감염된 후 잠복기를 거쳐 수년이나 수십 년 뒤에 신경 계통에 변성(變性)을 일으키는 매독(梅毒). 성병(性病)의 한 가지.

변:성[4] **變聲** (바뀔 변, 소리 성). 목소리[聲]를 바꿈[變]. 목소리가 달라짐. ¶사춘기가 되면 변성하여 목소리가 굵어진다.

▶변:성-기 變聲期 (때 기). 의학 사춘기에 일어나는 생리 현상으로 목소리[聲]가 달라지는[變] 시기(時期).

변:-성명 **變姓名** (바뀔 변, 성씨 성, 이름 명). 성(姓)과 이름[名]을 다른 것으로 바꿈[變]. 또는 그 바뀐 성과 이름.

변소 **便所** (똥오줌 변, 곳 소). 대소변(大小便)을 볼 수 있게 만들어 놓은 곳[所]. ⓑ뒷간, 측간(廁間), 화장실(化粧室).

변:속 **變速** (바뀔 변, 빠를 속). 속도(速度)를 바꿈[變].

▶변:속 장치 變速裝置 (꾸밀 장, 둘 치). 기계 회전축의 속도(速度)를 연속적으로 또는 단계적으로 바꾸는[變] 장치(裝置).

변:수 **變數** (바뀔 변, 셀 수). ① 수학 수식 따위에서 일정한 범위 안에서 여러 가지 수치로 바뀔[變] 수 있는 수(數). ② 어떤 상황의 가변적 요인(要因). ¶무더운 날씨가 경기의 변수로 작용하였다. ⓑ상수(常數), 항수(恒數).

변:시-증 **變視症** (바뀔 변, 볼 시, 증세 증). 의학 물체가 어그러져[變] 보이는[視] 병증(病症).

변:-시체 **變屍體** (바뀔 변, 주검 시, 몸 체). 생각지 못한 변고(變故)로 죽은 시체(屍體).

변:신 **變身** (바뀔 변, 몸 신). 몸이나 모습[身]을 다르게 바꿈[變]. 또는 그 바뀐 모습. ¶마녀는 박쥐로 변신했다.

▶변:신-술 變身術 (꾀 술). 모습[身]을 바꾸는[變] 기술(技術).

변:심 **變心** (바뀔 변, 마음 심). 마음[心]을 바꿈[變]. ¶그녀는 변심하여 다른 남자와 결혼했다.

변:압 **變壓** (바뀔 변, 누를 압). 압력(壓力)을 바꿈[變].

▸변:압-기 變壓器 (그릇 기). 전기 전자 유도 작용(電磁誘導作用)을 이용하여 교류의 전압(電壓)이나 전류의 값 따위를 바꾸는 [變] 장치[器]. ⓑ트랜스[transformer].

변:양 變樣 (바뀔 변, 모양 양). 모양(模樣)을 바꿈[變]. 또는 바뀐 모양.

변역 邊域 (가 변, 지경 역). 국경[邊境] 지방의 지역(地域). ⓑ변토(邊土).

변연-대비 邊緣對比 (가 변, 가선 연, 대할 대, 견줄 비). 심리 나란히 놓인 두 가지 빛깔의 경계를 응시할 때, 그 경계[邊=緣]를 따라서 뚜렷이 나타나는 색채 대비(色彩對比).

변:온 동:물 變溫動物 (바뀔 변, 따뜻할 온, 움직일 동, 만물 물). 동물 바깥 온도에 따라 몸의 온도(溫度)가 달라지는[變] 동물(動物). 어류, 양서류, 파충류 따위. ⓑ냉혈 동물(冷血動物). ⓑ정온 동물(定溫動物).

변:용 變容 (바뀔 변, 얼굴 용). 사물의 형태나 모습[容]을 바꿈[變]. 또는 그 바뀐 형태나 모습. ⓑ변모(變貌).

변:위 變位 (바뀔 변, 자리 위). 물리 물체가 그 위치(位置)를 바꿈[變]. 또는 그 크기나 방향을 나타내는 양(量).

▸변:위 기호 變位記號 (기록할 기, 표지 호). ① 속뜻 위치(位置)를 바꾸는[變] 기호(記號). ② 음악 올림표, 내림표, 제자리표처럼 악보에서 원래 음을 잠깐 변화시키기 위해 적는 기호. ⓑ임시표(臨時標).

▸변:위 전:류 變位電流 (전기 전, 흐를 류). 전기 전기적 작용을 일으킬 수 있는 에너지인 전위(電位)가 변(變)할 때, 절연체(絶緣體) 안에 흐르는[流] 전기(電氣). ⓑ전속 전류(電束電流).

변:음 變音 (바뀔 변, 소리 음). ① 속뜻 원음(原音)이 변(變)하여 된 음(音). ② 음악 플랫(♭) 기호가 붙어 반음 내려간 음.

변:이 變移 (바뀔 변, 옮길 이). 세월이 흐름에 따라 변(變)하여 바뀜[移]. ⓑ변천(變遷).

변:이 變異 (바뀔 변, 다를 이). ① 속뜻 변(變)하여 달라짐[異]. ② 매우 괴이한 재앙이나 변고 ③ 생물 개체가 어떤 사정으로 전혀 다른 성질이나 형상을 나타내는 일. ⓑ이변(異變).

▸변:이 계:수 變異係數 (맬 계, 셀 수). ① 속뜻 변이(變異)된 계수(係數). ② 수학 표준편차를 평균값으로 나누어서 백분율로 나타낸 수.

변:작 變作 (바뀔 변, 지을 작). 다른 물건으로 바꾸어[變] 만듦[作]. ¶음흉한 수단으로 변작을 하였다. ⓑ변조(變造).

변:장 變裝 (바뀔 변, 꾸밀 장). ① 속뜻 다르게 바뀐[變] 꾸밈새[裝]. ② 본디 모습을 감추려고 얼굴, 옷차림, 머리 모양 등을 고쳐서 다르게 꾸밈. 또는 그 다르게 꾸민 모습. ¶범인은 집배원으로 변장하고 건물에 들어왔다.

▸변:장-술 變裝術 (꾀 술). 변장(變裝)하는 기술(技術).

변:재[1] 辯才 (말 잘할 변, 재주 재). 말을 잘하는[辯] 능력과 재주[才]. 말솜씨. ⓑ구재(口才).

변:재[2] 變災 (바뀔 변, 재앙 재). 뜻하지 않은 변고(變故)와 재앙(災殃).

변:전 變轉 (바뀔 변, 옮길 전). 사물이 어떤 상태에서 다른 상태로 수시로 바뀜[變=轉].

변:전-소 變電所 (바뀔 변, 전기 전, 곳 소). 전기 발전소에서 보내오는 높은 교류의 전압(電壓)을 낮추거나 바꾸어[變] 보내는 시설을 해 놓은 곳[所].

변:절 變節 (바뀔 변, 지조 절). ① 속뜻 지조[節]를 지키지 않고 바꿈[變]. ② 내세워 오던 주의나 주장을 바꿈. ¶그는 역경에도 변절하지 않고 지조를 지켰다. ③ 계절이 바뀜. ⓑ환절(換節).

▸변:절-기 變節期 (때 기). 계절(季節)이 바뀌는[變] 기간(期間). ⓑ환절기(換節期).

변:제 辨濟 (가릴 변, 그칠 제). 남에게 진 빚을 분별하여[辨] 갚음[決濟]. ¶채무를 변제하다. ⓑ변상(辨償).

변:조[1] 遍照 (원음 [편조], 두루 변, 비칠 조). 불교 부처의 광명이 온 세상과 사람의 마음을 두루[遍] 비추는[照] 일.

변:조[2] 變潮 (바뀔 변, 바닷물 조). 바뀌어[變] 가는 사상의 흐름[潮].

변:조[3] 變造 (바뀔 변, 만들 조). ① 속뜻 이미 만들어진 물체를 손질하여 고쳐[變] 만듦[造]. ② 문서의 형태나 내용을 다르게 고

침. ¶변조수표. [비]변작(變作), 위조(僞造).

▸변:조 화:폐 變造貨幣 (돈 화, 돈 폐). [경제]진짜 화폐를 부정하게 바꾸어[變] 만든[造] 화폐(貨幣). 천 원권을 만 원권으로 고치는 등 액수를 다르게 만든 것.

변:조[4] 變調 (바뀔 변, 가락 조). ① [음악]곡을 연주하는 도중에 어떤 조성(調性)을 다른 조성으로 바꾸는[變] 것. ② [물리]진동수를 변화시켜 전파를 바꾸는 것. ③잘되어가던 상태가 달라짐. [비]조바꿈.

▸변:조-관 變調管 (대롱 관). [전기]변조 작용(變調作用)을 하는 진공관(眞空管).

▸변:조-기 變調器 (도구 기). [전기]변조 작용(變調作用)을 하는 장치[器].

▸변:조 요법 變調療法 (병 고칠 료, 법 법). [의학]인체에 어떤 자극을 주어 신체에 변화를 일으킴으로써[變調] 병을 고치는[療] 방법(方法).

변:종 變種 (바뀔 변, 갈래 종). ① [생물]같은 종(種)이면서도 보통 것과 다른[變] 종(種). ¶변종 바이러스에 감염되다. ②'성질이나 언행 등이 남과 별나게 다른 사람'을 속되게 이르는 말.

변:주 變奏 (바뀔 변, 연주할 주). [음악]리듬이나 선율·화성 따위를 여러 가지로 바꾸어[變] 하는 연주(演奏). 또는 그 기법.

▸변:주-곡 變奏曲 (노래 곡). [음악]어떤 주제를 바탕으로, 그 리듬이나 선율·화음 따위에 다양한 변화(變化)를 주어서 연주(演奏)하게 만든 악곡(樂曲).

변:증[1] 變症 (바뀔 변, 증세 증). 자꾸 달라지는[變] 병의 증세(症勢).

변:증[2] 辨證 (가릴 변, 증명할 증). 다른 점을 구별하여[辨] 증명(證明)함.

▸변:증-법 辨證法 (법 법). [철학]①고대 그리스에서 상대방의 의견에서 모순점을 찾아 밝혀서[辨] 자기의 입장을 증명(證明)하는 문답법(問答法). ②헤겔이 주장한 사물, 사유의 변화·발전의 3단계 사고법.

변지 邊地 (가 변, 땅 지). ① [속뜻]변두리[邊]의 땅[地]. ¶변지로 귀양을 보냈다. ②변경(邊境). ¶이때 함경도 북쪽 변지에서 살았다. ③ [불교]극락정토의 변두리 땅.

변:질 變質 (바뀔 변, 바탕 질). ① [속뜻]물질이나 사물의 성질(性質)이 바뀜[變]. ¶더운 날씨에 음식이 금방 변질되었다. ②보통과 다른 병적인 성질.

변:채 變彩 (바뀔 변, 빛깔 채). [광업]광물(鑛物)에 광선을 비추고 광물의 방향을 바꾸면 방향에 따라 색채(色彩)가 바뀌는[變] 현상.

변:천 變遷 (바뀔 변, 바뀔 천). 세월이 흐르는 동안에 바뀜[變=遷]. ¶대외 관계는 시대에 따라 변천한다. [비]변이(變移).

변:체 變體 (바뀔 변, 모양 체). 서체(書體) 따위가 본디의 것과 달라진[變] 모양[體]. 이체(異體).

변체-문 騈體文 (나란히할 변, 모양 체, 글월 문). ① [속뜻]나란히[騈] 짝을 이룬 형식[體]의 글[文]. ② [문학]문장을 4자 또는 6자의 대구(對句)를 써서 읽는 사람에게 미감(美感)을 주는 화려한 문체. 중국의 육조와 당나라 때 성행하였다. [비]변려문(騈儷文), 사륙체(四六體).

변:칙 變則 (바뀔 변, 법 칙). 보통의 규칙이나 원칙(原則)을 바꾼[變] 형태나 형식. ¶세금부과를 피하려고 변칙으로 회사를 운영하다. [비]변격(變格). [반]정칙(正則).

▸변:칙 동:사 變則動詞 (움직일 동, 말씀 사). [언어]원래의 규칙(規則)에서 벗어나[變] 불규칙 활용을 하는 동사(動詞). [비]불규칙 동사(不規則動詞).

▸변:칙 용:언 變則用言 (쓸 용, 말씀 언). [언어]원래의 규칙(規則)에서 벗어나[變] 불규칙 활용을 하는 용언(用言). [비]불규칙 용언(不規則用言).

▸변:칙 활용 變則活用 (살 활, 쓸 용). [언어]용언(用言)이 원래의 규칙(規則)에서 벗어나[變] 활용(活用)하는 일. '돕다'가 '도와'로 '오다'가 '오너라'로 되는 것 따위.

▸변:칙 형용사 變則形容詞 (모양 형, 얼굴 용, 말씀 사). [언어]원래의 규칙(規則)에서 벗어나[變] 불규칙 활용을 하는 형용사(形容詞). [비]불규칙 형용사(不規則形容詞).

변:침 變針 (바뀔 변, 바늘 침). 나침반[針]이 가리키는 방향을 바꿈[變]. ¶보통의 경우 어선들은 거의 변침 없이 한 침로로만 다닌다.

변:칭 變稱 (바뀔 변, 일컬을 칭). 명칭(名稱)을 바꿈[變]. 또는 바뀐 그 명칭.

변:탈 變脫 (바뀔 변, 벗을 탈). 바뀌어[變] 원래의 모습을 벗음[脫].

변:태 變態 (바뀔 변, 모양 태). ① 속뜻 바뀐[變] 모습[態]. 모습을 바꿈. ② 동물 동물이 알에서 부화하여 성체(成體)가 되기까지 여러 가지 형태로 변하는 일. ③ 식물 식물의 줄기, 잎, 뿌리 등이 보통과는 아주 다른 형태로 변하는 일. ④ 심리 '변태 성욕'(變態性慾)의 준말. 비탈바꿈.

▸변:태-경 變態莖 (줄기 경). 식물 특수 작용을 하기 위해 형태(形態)가 변화(變化)된 식물의 줄기[莖]. 덩굴손 따위.

▸변:태-근 變態根 (뿌리 근). 식물 특수 작용을 하기 위해 형태(形態)가 변화(變化)된 식물의 뿌리[根]. 저장뿌리, 공기뿌리 따위.

▸변:태 성:욕 變態性慾 (성별 성, 욕심 욕). 심리 정상과 다른[變態] 성욕(性慾). 또는 그것을 채우는 방법이나 그 대상이 비정상적인 것. 준변태. 비이상 성욕(異常性慾), 성적 도착(性的倒錯).

▸변:태 심리 變態心理 (마음 심, 이치 리). 정상이 아닌[變態] 심리(心理) 상태. 정신의 장애나 이상으로 생긴다. 비이상 심리(異常心理).

변통[1] 便痛 (똥오줌 변, 아플 통). 흔히 변비증 따위로 말미암아 똥[便]을 눌 때에 일어나는 아픈[痛] 증세.

변:통[2] 變通 (바뀔 변, 통할 통). ① 속뜻 바꾸어[變] 통(通)하게 함. ② 형편과 경우에 따라서 일을 융통성 있게 잘 처리함. ③ 돈이나 물건 따위를 융통함.

▸변:통-성 變通性 (성질 성). 상황이나 경우를 보고 이리저리 바꾸어가며[變] 처리하는[通] 성질(性質). 비융통성(融通性).

▸변:통-수 變通數 (셀 수). 일을 융통성[變通] 있게 잘 처리하는 재주나 술수(術數).

변폭 邊幅 (가 변, 너비 폭). ① 속뜻 올이 풀리지 않게 짠 피륙의 가장자리[邊] 부분[幅]. ② 겉을 휘갑쳐서 꿰매는 일. 비식서(飾緖).

변:한 弁韓 (고깔 변, 나라이름 한). 역사 삼한(三韓)의 하나. 한반도의 남쪽에 위치한 십여 개의 군장(君長)국가로 이루어진 나라로 뒤에 신라에 병합되었다. 변(弁)자가 들어간 것은 당시 고유어의 음역(音譯)으로 추정된다. 비가라한(駕羅韓), 변진(弁辰).

변:혁 變革 (바뀔 변, 바꿀 혁). ① 속뜻 다른 것으로 바뀌거나[變] 바꿈[革]. ② 사회나 제도 등이 근본적으로 바뀜. 또는 바꿈. ¶ 사회제도를 변혁하다. 비개변(改變).

변혈 便血 (똥오줌 변, 피 혈). 대변(大便)에서 섞여 나오는 피[血].

▸변혈-증 便血症 (증세 증). 의학 대변(大便)에 피[血]가 섞여 나오는 증세(症勢).

변:형 變形 (바뀔 변, 모양 형). ① 속뜻 모양[形]을 달라지게[變] 함. 또는 그 달라진 모양. ¶ 선인장의 가시는 잎이 변형된 것이다. ② 물리 탄성체(彈性體)가 형체나 용적을 바꾸는 일.

▸변:형-균 變形菌 (세균 균). 식물 진핵균류 중 세포벽 없이 변형체(變形體)를 만드는 균(菌)의 총칭. 마른 나무나 마른 잎에 번식하여 아메바 모양의 운동을 한다. 비점균류(粘菌類).

▸변:형-능 變形能 (능할 능). 공업 재료가 변형(變形)될 수 있는[能] 한도.

▸변:형-엽 變形葉 (잎 엽). 식물 특수 작용을 하기 위해 형태(形態)가 변화(變化)된 식물의 잎[葉]. 선인장의 가시 따위.

▸변:형 생성 문법 變形生成文法 (날 생, 이룰 성, 글월 문, 법 법). 언어 인간 본유의 언어습득기제를 통해 드러나는 보편문법(文法)을 변형(變形)하여 새로운 문장을 무한히 만들어낼[生成] 수 있다는 이론. 촘스키가 사람의 잠재적인 언어 능력을 밝히고자 주장하였다.

변:호 辯護 (말 잘할 변, 돌볼 호). ① 속뜻 그 사람에게 유리하도록 말을 잘하여[辯] 돌보아[護]줌. ② 법률 법정에서 변호인이 검사의 공격으로부터 피고인의 처지를 해명하고 옹호함. ¶ 사건을 변호하다.

▸변:호-권 辯護權 (권리 권). 법률 형사 소송법상 피고인이나 피의자의 이익을 보호(保護)하기 위해 이들에게 유리하도록 주장할 수 있는[辯] 권리(權利).

▸변:호-사 辯護士 (선비 사). 법률 전문적으로, 소송 당사자가 의뢰하건 법원이 선임(選任)하여 피고나 원고를 변론하고[辯護] 기타 일반 법률 사무를 행하는 사람[士].

▸변:호-인 辯護人 (사람 인). 법률 형사 피고인의 변호(辯護)를 맡은 사람[人].

⁑변:화 變化 (바뀔 변, 될 화). 사물의 모양, 성질 등이 바뀌어[變] 다른 모양이 됨[化]. ¶계절의 변화 / 환경에 따라 식물도 변화한다.

▸변:화-구 變化球 (공 구). 운동 야구의 투구나 배구의 서브 등에서 공의 속도나 방향이 급격하게 바뀌는[變化] 공[球]. ¶직구와 변화구의 절묘한 배합.

▸변:화-법 變化法 (법 법). 논리 도치법, 인용법, 경구법, 대구법처럼 단조로움을 없이 하여 문장을 생기 있게 바꾸기[變化] 위한 문장 표현법(表現法). ⓑ환원법(還元法).

▸변:화-신 變化身 (몸 신). 불교 부처 삼신(三神)의 하나로 중생들을 극락으로 인도하기 위해 여러 가지로 바뀐[變化] 불신(佛身). ⓑ화신(化身).

▸변:화-표 變化標 (나타낼 표). 음악 악곡의 도중에 본디의 음을 임시로 변화(變化)시키기 위하여 쓰는 기호[標]. ⓑ임시표(臨時標), 변화 기호(變化記號).

▸변:화 기호 變化記號 (기록할 기, 표지 호). 음악 악곡의 도중에 본디의 음을 임시로 변화(變化)시키기 위하여 쓰는 기호(記號). ⓑ임시표(臨時標).

▸변:화-난측 變化難測 (어려울 난, 헤아릴 측). 변화(變化)가 많거나 심하여 예측(豫測)하기 어려움[難].

▸변:화-무궁 變化無窮 (없을 무, 다할 궁). 변화(變化)가 끝[窮]이 없음[無].

▸변:화-무상 變化無常 (없을 무, 늘 상). 변화(變化)가 많거나 심하여 늘[常] 그대로인 것이 없음[無].

▸변:화-무쌍 變化無雙 (없을 무, 둘 쌍). 변화(變化)가 많거나 심한 정도가 둘[雙]도 없을[無] 정도임. ¶봄철의 날씨는 변화무쌍하다.

▸변:화불측 變化不測 (아닐 불, 헤아릴 측). 변화(變化)가 많거나 심하여 헤아릴[測] 수 없음[不].

변:환¹ 變幻 (바뀔 변, 헛보일 환). ① 속뜻 갑자기 크게 변(變)하여 허깨비[幻]를 본 것 같음. ②갑자기 나타났다 없어졌다 함. 또는 그렇게 종잡을 수 없이 빠른 변화.

변:환² 變換 (바뀔 변, 바꿀 환). ① 속뜻 어떤 사물이 전혀 다른 사물로 바뀌거나[變] 바꿈[換]. ¶빛을 전기로 변환하다. ② 수학 하나의 좌표계(座標系)로 표시된 공간이 점의 위치 따위를 다른 좌표계로 나타내는 일. ③ 물리 어떤 핵종(核種)이 다른 원소의 핵종으로 바뀌는 일.

별가 別家 (다를 별, 집 가). ① 속뜻 딴[別] 집[家]. ②작은 집. 소실의 집. ⓑ별택(別宅).

별개 別個 (다를 별, 낱 개). 어떤 것에 함께 포함시킬 수 없는 딴[別] 것[個]. ¶아는 것과 가르치는 것은 별개이다.

별거 別居 (나눌 별, 살 거). 부부 또는 한 가족이 따로[別] 떨어져 삶[居]. ¶나는 아내와 별거 중이다. ⓑ동거(同居).

별건 別件 (다를 별, 물건 건). ① 속뜻 별개(別個)의 물건(物件). ②'별사건'(別事件)의 준말.

▸별건 체포 別件逮捕 (뒤따를 체, 잡을 포). 법률 어떤 사건의 용의자로 체포해야 할 경우에 그 사건에 대한 유력한 증거를 확보하지 못했을 때, 우선 다른[別] 사건(事件)의 혐의로 체포(逮捕)하는 일.

별-건곤 別乾坤 (다를 별, 하늘 건, 땅 곤). ① 속뜻 다른[別] 세계의 하늘[乾]과 땅[坤]. ②사람이 사는 세계라고는 생각할 수 없는 별천지(別天地). ⓑ별세계(別世界).

별격 別格 (다를 별, 격식 격). 보통의 격식과는 다른[別] 격식(格式). 유별난 격식.

별견 瞥見 (언뜻 볼 별, 볼 견). 얼른 슬쩍[瞥] 봄[見]. ¶비록 별견이나마 그녀의 얼굴을 보고 나니 마음이 놓였다.

별고 別故 (다를 별, 사고 고). 특별(特別)한 사고(事故). 별다른 탈. ¶별고 없으십니까? ⓑ별탈, 별사고(別事故).

별곡 別曲 (다를 별, 노래 곡). 문학 중국식 한시(漢詩)와는 다른 독특한[別] 가락[曲]. 조선시대의 가사(歌辭)를 이르는 말.

별공 別貢 (다를 별, 바칠 공). 역사 고려 때, 필요에 따라 별도(別途)로 부과하던 공물[貢].

별관 別館 (다를 별, 집 관). 본관 외에 따로[別] 지은 건물[館]. ¶호텔 별관. ⓑ본관(本館).

별궁 別宮 (다를 별, 대궐 궁). ① 속뜻 특별히 따로[別] 지은 궁전(宮殿). ¶왕이 세자에게 왕위를 물려주고 별궁으로 물러났다. ②왕이나 왕세자의 혼례 때 왕비나 세자빈을 맞아들이던 궁전.

별-궁리 別窮理 (다를 별, 다할 궁, 이치 리). 갖가지 다른[別] 궁리(窮理). 별의별 묘안. ¶별궁리가 나질 않는다.

별기 別記 (다를 별, 기록할 기). 본문에 덧붙여 따로[別] 적음[記]. 또는 그 기록.

별기-군 別技軍 (따로 별, 재주 기, 군사 군). [역사] ① 조선 후기에 마군(馬軍), 보군(步軍) 가운데서 특별(特別)히 기량(技倆)이 뛰어난 군사를 모아 편성한 군대(軍隊). ② 조선 고종 18년(1881)에 조직한 근대식 군대.

별납 別納 (다를 별, 바칠 납). ① [속뜻] 당연히 바치는 것 외에 따로[別] 또 바침[納]. ② 한꺼번에 바치지 않고 따로 떼어서 바침. ¶요금 별납.

별단 別段 (다를 별, 구분 단). 구분한[段] 것과 다름. 별반(別般). ¶이 신제품은 예전 것과 별단 다를 게 없다.

▸ 별단 예:금 別段預金 (맡길 예, 돈 금). [경제] 금융 기관이 장부 처리상 따로 설치한[別段] 잡종 예금(預金)의 하나.

별당 別堂 (다를 별, 집 당). ① [속뜻] 몸채의 곁이나 뒤에 따로[別] 떨어져 있는 집[堂]. ¶별당 아씨. ② [불교] 절에서 주지나 경(經) 스승 같은 이가 거처하는 방.

별도 別途 (다를 별, 길 도). ① [속뜻] 다른[別] 길[途]이나 방법. ② 원래의 것에 덧붙여서 추가한 것. ¶주민들은 별도의 사용료 없이 수영장을 이용할 수 있다.

별-도리 別道理 (다를 별, 방법 도, 이치 리). 별다른[別] 방법[道理]. 달리 쓸 수 있는 방도. ¶지금으로서는 별도리가 없다.

별동-대 別動隊 (다를 별, 움직일 동, 무리 대). 특별한 임무를 지니고 본대(本隊)와는 따로[別] 독립해서 행동(行動)하는 부대(部隊). 특공대(特攻隊).

별리 別離 (나눌 별, 떨어질 리). 서로 나뉘어[別] 떨어짐[離]. [비] 이별(離別).

별명 別名 (다를 별, 이름 명). 그 사람의 성격, 용모, 태도 따위의 특징을 따서 남이 지어 부르는 본이름 외의 딴[別] 이름[名]. ¶별명을 붙이다. [비] 별칭(別稱). [반] 본명(本名).

별명 別命 (다를 별, 명할 명). 별도(別途)의 명령(命令). ¶별명이 있을 때까지 여기서 기다려라.

별무-반 別武班 (다를 별, 굳셀 무, 나눌 반). [역사] 고려 때, 윤관이 여진 정벌을 위하여 특별(特別)히 무예(武藝)가 뛰어난 군사를 모은 조직[班]. 신기군·신보군·항마군의 세 부대로 편성하였다.

별무-신통 別無神通 (다를 별, 없을 무, 귀신 신, 통할 통). 별로[別] 신통(神通)할 것이 없음[無]. ¶좋다는 약은 다 써 보았으나 별무신통하였다.

별-문제 別問題 (다를 별, 물을 문, 주제 제). ① [속뜻] 범위가 다른[別] 문제(問題). ¶아는 것과 가르치는 것은 별문제이다. ② 별난 문제. 별의별 문제.

별물 別物 (다를 별, 만물 물). ① [속뜻] 특별(特別)한 물건(物件). ② '별사람'을 속되게 이르는 말.

별미 別味 (다를 별, 맛 미). 특별(特別)히 좋은 맛[味]. 또는 그런 음식. ¶메밀묵은 겨울철 별미이다.

별반 別般 (다를 별, 일반 반). 일반(一般) 것과는 달리[別]. 그다지. ¶진상은 소문과 별반 다르지 않다. [비] 별양(別樣).

별배 別杯 (나눌 별, 잔 배). 헤어질[別] 때 나누는 술잔[杯]. ¶별배를 들다.

별별 別別 (다를 별, 다를 별). 별(別)의 별(別). 온갖. 가지가지. ¶세상에는 별별 사람들이 다 있다. [비] 별의별.

별법 別法 (다를 별, 법 법). ① [속뜻] 다른[別] 방법(方法). ¶공부하는 데 무슨 별법이 있나. ② 보통과는 다른 이상한 법.

별보 別報 (다를 별, 알릴 보). 특별(特別)한 보고(報告). 특별한 소식. ¶전장에서 별보가 날아들었다.

별본 別本 (다를 별, 책 본). ① [속뜻] 별도(別途)로 된 책이나 문서[本]. ② 보통의 것과 다른 모양이나 본새.

별봉 別封 (다를 별, 봉할 봉). ① [속뜻] 따로[別] 싸서 봉(封)함. 또는 그런 편지. ② [역사] 지방 벼슬아치가 그 지방 산물을 정례로 중앙 관아에 바칠 때에 거기에 다시 웃짐을 덧붙여 보내던 일.

별사[1] 別使 (다를 별, 부릴 사). ① [속뜻] 특별(特別)한 사명을 띤 사신(使臣). ② 따로 보내는 사신.

별사[2] **別辭** (나눌 별, 말씀 사). ① [속뜻] 이별(離別)의 말[辭]. ② 그 이외의 말.

별-사건 **別事件** (다를 별, 일 사, 물건 건). ① [속뜻] 특별(特別)한 사건(事件). ② 관련이 없는 딴 사건. [준] 별건.

별-산대 **別山臺** (다를 별, 메 산, 무대 대). [민속] 본래의 산대(山臺)놀이를 본받아 다른[別] 곳에서 생긴 놀이. 조선 인조 때 산대놀음이 폐지된 이후, 서울 녹번과 애오개 등지에서 행해졌다.

별산-제 **別産制** (다를 별, 재물 산, 정할 제). [법률] 부부 각자가 따로[別] 재산(財産)을 소유하는 제도(制度).

별석 **別席** (다를 별, 자리 석). ① [속뜻] 특별(特別)히 잘 마련하여 베푼 자리[席]. ② 따로 베푼 자리. ¶귀빈을 위한 별석이 마련되어 있다.

별세 **別世** (나눌 별, 세상 세). ① [속뜻] 세상(世上)과 이별(離別)함. ② '죽음'을 높여 이르는 말. ¶은사께서 노환으로 별세하셨다. [비] 기세(棄世).

별-세:계 **別世界** (다를 별, 세상 세, 지경 계). ① [속뜻] 인간이 살고 있는 지구 이외의 다른[別] 세계(世界). ② 자기가 있는 곳과는 아주 다른 환경이나 사회. ③ 경치가 특별히 좋은 곳. [비] 별천지(別天地), 별건곤(別乾坤), 별유천지(別有天地).

별송 **別送** (다를 별, 보낼 송). 따로[別] 보냄[送].

별-수단 **別手段** (다를 별, 솜씨 수, 구분 단). ① [속뜻] 별다른[別] 방법[手段]. 뾰족한 꾀. ② 별의별 수단.

별시 **別試** (다를 별, 시험할 시). [역사] 조선 때, 천간(天干)으로 '병'(丙) 자가 든 해, 또는 나라에 경사가 있을 때에 열던 별도(別途)의 과거 시험(試驗).

별식[1] **別式** (다를 별, 법 식). 별다른[別] 방식(方式). 별의별 방식.

별식[2] **別食** (다를 별, 밥 식). 일상 먹는 음식이 아닌 색다른[別] 음식(飮食). ¶별식으로 부침을 먹었다.

별신-제 **別神祭** (다를 별, 귀신 신, 제사 제). 별신(別神)에게 지내는 제사(祭祀). [비] 별신굿.

별실 **別室** (다를 별, 방 실). ① [속뜻] 딴[別] 방[室]. 특별히 따로 마련된 방. ¶손님을 별실로 모셨다. ② 첩. 또는 첩의 집을 이르는 말.

별안-간 **瞥眼間** (언뜻 볼 별, 눈 안, 사이 간). ① [속뜻] 눈[眼] 깜박하는[瞥] 사이[間]. ② '갑자기'를 이름. ¶별안간 눈이 오기 시작했다.

별유-천지 **別有天地** (다를 별, 있을 유, 하늘 천, 땅 지). 특별(特別)히 좋은 경치나 좋은 분위기가 있는[有] 곳[天地]. ¶단칸방이지만 나에게는 별유천지이다. [비] 별세계(別世界), (별유풍경(別有風景).

별유-풍경 **別有風景** (다를 별, 있을 유, 바람 풍, 볕 경). 특별(特別)히 좋은 풍경(風景)이 있음[有].

별의 **別意** (다를 별, 뜻 의). ① [속뜻] 딴[別] 생각[意]. ② 작별을 아쉬워하는 마음. [비] 타의(他意).

별장 **別莊** (다를 별, 꾸밀 장). 경치 좋은 곳에 따로[別] 꾸며놓고[莊] 때때로 묵는 집. ¶높은 절벽 위에 별장을 지어 놓았다.

별재 **別才** (다를 별, 재주 재). 별다른[別] 재주[才]. 또는 그런 재주를 가진 사람.

별-재간 **別才幹** (다를 별, 재주 재, 재능 간). ① [속뜻] 남다른[別] 재주와 솜씨[才幹]. ② 남다른 특별한 수단이나 방도.

별저 **別邸** (다를 별, 집 저). 다른[別] 집[邸]. 본저(本邸) 외에 따로 마련한 저택(邸宅).

별전[1] **別電** (다를 별, 전기 전). ① [속뜻] 따로[別] 친 전보(電報). ② 다른 경로로 들어온 전보.

별전[2] **別傳** (다를 별, 전할 전). ① [속뜻] 특별(特別)히 전수(傳授)함. 또는 그 전수한 것. ② [문학] 어떤 인물의 일화나 특이한 이야기를 서술한 소설. 전기 소설(傳奇小說)의 일종으로 당대(唐代)에 성행하였다. ③ [불교] 교외별전(教外別傳).

별전[3] **別殿** (다를 별, 대궐 전). 본궁(本宮)의에 따로[別] 지은 궁궐[殿]. ¶별전에서 연회가 벌어졌다.

별정 **別定** (다를 별, 정할 정). 따로[別] 정(定)한 것.

▸**별정-직** **別定職** (일 직). [법률] 국가 공무원법이나 지방 공무원법의 적용을 받지 않는

선거나 승인 따위의 절차를 거쳐 특별(特別)히 임용된[定] 공무원[職].

▸ **별정 우체국** 別定郵遞局 (우송할 우, 전할 체, 관청 국). 법률 우체국이 없는 지역에서 체신부 장관의 허가를 받아 개인의 부담으로 시설을 갖추고 체신 업무를 경영하는 특별(特別)히 정(定)해진 우체국(郵遞局).

별제 別製 (다를 별, 만들 제). 특별(特別)히 만듦[製]. 또는 그 물건. ㉥특제(特製).

별종 別種 (다를 별, 씨 종). ① 속뜻 딴[別] 종류(種類). ② 별스러운 사람을 속되게 이르는 말 ¶그는 참 별종이다.

별주 別酒 (나눌 별, 술 주). ① 속뜻 이별(離別)을 아쉬워하며 나누는 술[酒]. ② 특별한 방법으로 빚은 술.

별주부-전 鼈主簿傳 (자라 별, 주될 주, 장부 부, 전할 전). 문학 토끼의 간을 구하기 위해 토끼를 용궁으로 잡아오는 자라[鼈] 대감[主簿]의 이야기[傳].

별증 別症 (다를 별, 증세 증). 어떤 병에 딸려 일어나는 다른[別] 증세(症勢). ¶별증이 나다.

별지 別紙 (다를 별, 종이 지). 서류나 편지 등에 따로[別] 적어 덧붙이는 쪽지[紙]. ¶자세한 것은 별지를 참조하십시오.

별-지장 別支障 (다를 별, 버틸 지, 막을 장). 별다른[別] 지장(支障)이나 방해. ¶다쳤지만 걷는 데는 별지장이 없다.

별집 別集 (다를 별, 모을 집). 별도(別途)로 엮은 시문집(詩文集). ㉥총집(總集).

별차 別差 (다를 별, 어긋날 차). ① 속뜻 별다른[別] 차이(差異). ② 역사 조선 때, 동래와 초량의 시장(市場)에 보내던 일본말 통역.

별찬 別饌 (다를 별, 반찬 찬). 보통 때와는 다르게[別] 특별히 만든 반찬(飯饌). ¶생일을 축하하기 위해 별찬을 마련했다.

별책 別冊 (다를 별, 책 책). 따로[別] 엮은 책(冊). ¶별책 부록. ㉥딸림 책.

별책 別策 (다를 별, 꾀 책). 별다른[別] 계책(計策).

별-천지 別天地 (다를 별, 하늘 천, 땅 지). 속된 세상과는 아주 다른[別] 세상[天地]. 딴 세상. ¶아름다운 꽃이 만개하여 별천지가 따로 없다. ㉥별세계(別世界).

별첨 別添 (다를 별, 더할 첨). 서류 따위를 따로[別] 덧붙임[添].

별체 別體 (다를 별, 모양 체). ① 속뜻 서체(書體)를 다르게[別] 함. ② 한자의 정자(正字) 이외의 서체. 속자(俗字), 고자(古字), 약자(略字) 따위를 통틀어 이르는 말.

별초 別抄 (다를 별, 뽑을 초). 역사 고려 시대에, 정규 군대 이외에 특별(特別)히 군사를 뽑아[抄] 조직한 군대. 명종 4년(1174)에 설치한 야별초가 그 시초이며, 뒤에 삼별초로 발전하였다.

별칙 別勅 (다를 별, 조서 칙). 특별(特別)한 칙명(勅命). 규정이나 전례를 깨고 일을 행하는 경우에 내린다.

별칭 別稱 (다를 별, 일컬을 칭). 달리[別] 부르는[稱] 이름. ¶그에게는 도시의 무법자라는 별칭이 있다. ㉥별명(別名).

별파 別派 (다를 별, 갈래 파). 별개(別個)의 유파(流派). ¶화엄종의 별파.

별편 別便 (다를 별, 편할 편). ① 속뜻 별도(別途)로 보내는 편지(便紙). ② 다른 인편이나 차편. ¶쌀은 별편으로 보내겠다.

별표 別表 (다를 별, 겉 표). 따로[別] 붙인 표(表).

별항 別項 (다를 별, 항목 항). 다른[別] 항목(項目)이나 조항. ¶별항과 같은 조건 / 별항 참조.

별행 別行 (다를 별, 줄 행). 글을 써 내려가다가 따로[別] 잡아 쓰는 줄[行]. ¶별행을 잡다.

별호 別號 (다를 별, 이름 호). 본명이나 자 이외에 다른[別] 이름[號]. ㉦호. ㉥별명(別名).

병:가[1] 病暇 (병 병, 겨를 가). 병(病)으로 얻은 휴가(休暇). ¶3일동안 병가를 내다.

병가[2] 兵家 (군사 병, 사람 가). ① 속뜻 병법(兵法)에 밝은 사람[家]. ② 전쟁터에 나가 있는 군인. ③ 역사 중국 전국 시대의 제자백가의 하나로 병술을 논하던 학파.

▸ **병가-상사** 兵家常事 (보통 상, 일 사). ① 속뜻 이기고 지는 일은 전쟁을 하는 사람들[兵家]에게는 흔히[常] 있는 일[事]. ② '한번의 실패에 절망하지 말라'는 뜻으로 쓰는 말. ¶한 번 실패는 병가상사라고 했다.

병:-간호 病看護 (병 병, 볼 간, 돌볼 호). 병(病) 든 사람을 잘 돌봐줌[看護].

병갑 兵甲 (군사 병, 갑옷 갑). ① 속뜻 병기(兵器)와 갑옷투구[甲]를 아울러 이르는 말. ② 무장한 병사. ¶병갑을 조직하다.

병:객 病客 (병 병, 손 객). ① 속뜻 몸에 늘 병(病)을 지니고 있는 사람[客]. '포병객'(抱病客)의 준말. ② 병을 앓고 있는 사람. ¶연약한 병객 신세. ⓑ병자(病者).

병거 兵車 (군사 병, 수레 거). 전쟁[兵] 할 때에 쓰는 수레[車]. ¶적들은 북쪽에서 병거를 몰며 대군을 거느리고 쳐들어왔다.

▸병거-행 兵車行 (다닐 행). ① 속뜻 전쟁[兵車]을 피해 이리저리 다님[行]. ② 문학 두보가 전쟁으로 인해 고통 받는 백성들의 참상과 현실을 읊은 시.

병:결 病缺 (병 병, 빠질 결). 병(病)으로 결석(缺席)함.

병:고¹ 病苦 (병 병, 괴로울 고). ① 속뜻 병(病)으로 인한 고통(苦痛). ¶병고를 이겨 내다. ② 불교 병 때문에 겪는 괴로움. 사고(四苦)의 하나. ⓑ질고(疾苦). ⓒ사고(四苦).

병:고² 病故 (병 병, 사고 고). 병(病)에 걸리는 사고(事故). ¶단 한 사람의 병고도 없었다.

병:골 病骨 (병 병, 뼈 골). 병(病)치레가 잦은 허약한 몸[骨]. 또는 그런 사람. ¶그는 워낙 병골이라 걱정이다.

병과¹ 兵戈 (군사 병, 창 과). ① 속뜻 군사[兵]들이 쓰는 창[戈]. ② 무기 또는 전쟁.

병과² 兵科 (군사 병, 분과 과). 군사 보병, 포병, 공병 따위로 군인[兵]이나 부대를 그 임무에 따라 나눈 것[科]. 또는 그 임무.

병:구 病軀 (병 병, 몸 구). 병(病)든 몸[軀].

병:-구원 病救援 (병 병, 건질 구, 당길 원). 병(病)든 사람을 돌보아 구원(救援)하는 일. '병구완'의 원말.

병권¹ 兵權 (군사 병, 권리 권). 군사[兵]를 통솔하는 권리(權利). '병마지권'(兵馬之權)의 준말. ¶한 나라의 병권을 손에 쥐다.

병:권² 秉權 (잡을 병, 권리 권). 권력(權力)을 잡음[秉].

병:균 病菌 (병 병, 세균 균). 의학 병(病)을 일으키는 세균(細菌). '병원균'(病原菌)의 준말. ¶병균에 감염되다. ② 깊이 배어서 고치기 어려운 나쁜 습관의 근본 원인. ⓒ균. ⓑ병원균(病原菌).

병:근 病根 (병 병, 뿌리 근). ① 의학 병(病)이 생겨난 뿌리[根]가 되는 근본적인 원인. ② 깊이 밴 나쁜 습관의 근본을 비유하여 이르는 말. ¶남녀 차별의 병근을 송두리째 없애야 한다.

병:기¹ 併記 (=竝記, 어우를 병, 기록할 기). 아울러[併] 함께 적음[記]. ¶단어 아래 발음을 병기하다.

병:기² 竝起 (나란히 병, 일어날 기). 나란히[竝] 일어남[起]. 한꺼번에 일어남. ¶민란과 왜란이 병기하다.

병:기³ 病期 (병 병, 때 기). 의학 병(病)의 경과를 그 특징에 따라 나눈 시기(時期).

병기⁴ 兵器 (군사 병, 그릇 기). 군사[兵]들에게 필요한 여러 가지 무기(武器). ¶병기를 정비하다. ⓑ병구(兵具), 병장기(兵仗器).

▸병기-고 兵器庫 (곳집 고). 군사 병기(兵器)를 넣어 두는 창고(倉庫). ⓑ군기고(軍器庫).

▸병기-창 兵器廠 (헛간 창). 군사 병기(兵器)를 만들거나 수리하는 공장[廠]. ⓑ조병창(造兵廠).

병:독 病毒 (병 병, 독할 독). 의학 병(病)의 원인이 되는 독기(毒氣). ¶병독에 감염되다.

병:동 病棟 (병 병, 마룻대 동). 병실(病室)이 있는 건물의 마룻대[棟]. 또는 그 건물. ¶내과 병동.

병란 兵亂 (군사 병, 어지러울 란). 나라 안에서 싸움질[兵]하는 난리(亂離). ¶병란이 그칠 날이 없다 / 병란을 겪다.

병력¹ 兵力 (군사 병, 힘 력). 군사 병사·병기 등 총체로서의 군대[兵]의 힘[力]. ¶전선(戰線)에 병력을 배치하다. ⓑ군력(軍力).

병:력² 病歷 (병 병, 지낼 력). ① 속뜻 이제까지 걸렸던 병(病)의 경력(經歷). ② 어떤 병에 걸린 뒤부터의 경과. ¶환자의 병력을 기록하다.

병:렬 竝列 (나란히 병, 벌일 렬). ① 속뜻 여럿이 나란히[竝] 벌여[列] 섬. 여럿을 나란히 벌려 세움. ② 전기 두 개 이상의 도선이나 전지 따위를 같은 극끼리 연결하는 일. ¶전기회로에 병렬로 접속하다. ⓑ직렬(直列).

▸병:렬-식 竝列式 (법 식). 문학 문장 소재

를 항목별, 단위별로 병렬(竝列)하여 서술하여 나가는 구성 방식(方式). 나열식(羅列式).

▸병:렬-합성어 竝列合成語 (합할 합, 이룰 성, 말씀 어). 언어 두 개 이상의 실질 형태소가 각각 뜻을 지니고 있으면서 나란히[竝] 놓여[列] 하나의 단어로 된[合成] 말[語]. '마소', '안팎', '높푸르다', '여닫다' 따위.

병:리 病理 (병 병, 이치 리). 병(病)의 원인, 발생, 경과 및 그 변화 등에 관한 이론(理論).

▸병:리-학 病理學 (배울 학). 의학 병(病)의 성립 원리(原理)와 본질을 연구하는 학문(學問)

▸병:리 해:부 病理解剖 (가를 해, 쪼갤 부). 의학 발병에서 죽음에 이르기까지의 병리(病理)의 양상을 밝히기 위해 병으로 죽은 사체를 가르는[解剖] 일.

▸병:리 생리학 病理生理學 (살 생, 이치 리, 배울 학). 의학 병(病)의 성립 원리(原理)와 본질을 생리학적(生理學的) 측면에서 연구하는 학문(學問).

▸병:리 해:부학 病理解剖學 (가를 해, 쪼갤 부, 배울 학). 의학 시체를 해부(解剖)하여 병(病)의 성립 원리(原理)와 본질, 이로 인한 신체 변화 및 사인(死因) 등을 밝히는 학문(學問).

병:립 竝立 (나란히 병, 설 립). 나란히[竝] 섬[立]. 동시에 존재함. ¶여러 이론이 병립하고 있다.

▸병:립-법 竝立法 (법 법). 언어 의미적으로 서로 대등한 두 문장을 연결 어미로 병렬(竝列) 연결하여 접속문을 만드는 방법(方法). ⓑ대등법(對等法).

▸병:립 개:념 竝立概念 (대강 개, 생각 념). 논리 하나의 유개념에 딸린, 같은 무게로 나란히 늘여놓은[竝立] 개별적인 개념(概念). ⓑ동위 개념(同位概念).

병:마¹ 病魔 (병 병, 마귀 마). 병(病)을 악마(惡魔)에 비유하여 이르는 말. ¶그는 병마에 시달려 수척해졌다.

병마² 兵馬 (군사 병, 말 마). ① 속뜻 병사(兵士)와 군마(軍馬). ② '군대, 군비, 무기 등 군(軍)이나 전쟁에 관한 모든 일'을 통틀어 이르는 말.

▸병마-사 兵馬使 (부릴 사). 역사 고려 때, 동계(東界)와 서계(西界)에 두어 지방의 군권[兵馬]을 담당하게 했던 무관 벼슬[使].

▸병마-절도사 兵馬節度使 (알맞을 절, 법도 도, 부릴 사). 역사 조선 때, 각 지방에서 군대와 전쟁 물자[兵馬]를 관리하던 종이품의 무관[節度使]. ㊟병사.

병:막 病幕 (병 병, 휘장 막). 병(病)든 사람을 수용하던 임시 막사(幕舍). 전염병 환자를 격리시켜 수용하는 임시 건물. ¶전염병이 든 사람들을 병막에 끌고 갔다.

병:명 病名 (병 병, 이름 명). 병(病)의 이름[名]. ¶병명을 모르면 치료하기 어렵다.

병:몰 病沒 (병 병, 없어질 몰). 병(病)으로 죽음[沒]. ¶그의 병몰로 가세가 급격히 기울었다. ⓑ병사(病死).

병무 兵務 (군사 병, 일 무). 병사(兵事)에 관한 사무(事務).

▸병무-청 兵務廳 (관청 청). 법률 국방부 소속으로 징집, 소집 따위의 병무(兵務) 행정에 관한 사무를 맡아보는 중앙 행정 관청(官廳).

병:-문안 病問安 (병 병, 물을 문, 편안할 안). 병(病)으로 앓고 있는 이를 찾아가서 병세를 물어보고 위로함[問安]. ⓑ문병(問病).

병:반¹ 病斑 (병 병, 얼룩 반). 병(病)으로 말미암아 생기는 피부의 반점(斑點).

병반² 餠盤 (떡 병, 쟁반 반). ① 속뜻 떡[餠]이나 쟁반(錚盤)같이 둥근 바윗덩이. ② 지리 아랫면은 평평하고 윗면은 볼록한 모양의 관입암체(貫入岩體).

병법 兵法 (군사 병, 법 법). 군사[兵]를 지휘하여 전쟁하는 방법(方法). ¶『손자병법』(孫子兵法) / 병법에 능하다. ⓑ군법(軍法).

▸병법-가 兵法家 (사람 가). 군사[兵] 작전[法]에 통달한 사람[家]. ¶손무는 춘추 전국 시대의 병법가이다.

▸병법-서 兵法書 (책 서). 병법(兵法)에 관한 책[書]. ¶『손자』(孫子)는 오(吳) 나라의 손무가 편찬한 병법서이다.

병:벽 病癖 (병 병, 버릇 벽). 병적(病的)으로 굳어진 버릇[癖].

병부¹ 兵符 (군사 병, 부신 부). 역사 조선 시대에, 군대[兵]를 동원하는 표지로 쓰던 동글납작한 나무패[符]. 한 면에 '發兵'이란 글자를 쓰고 또 다른 한 면에 '觀察使', '節度使' 따위의 글자를 기록하였다.

병부[2] 兵簿 (군사 병, 장부 부). 병사(兵士)의 이름을 적은 장부(帳簿).

병:부[3] 病父 (병 병, 아버지 부). 병든[病] 아버지[父].

병:부[4] 病夫 (병 병, 지아비 부). ① [속뜻] 병든[病] 남편[夫]. ② 병든 남자.

병:부[5] 病婦 (병 병, 아내 부). ① [속뜻] 병든[病] 아내[婦]. ② 병든 여자.

병불염사 兵不厭詐 (군사 병, 아닐 불, 싫어할 염, 속일 사). 전쟁[兵]에서는 적을 속이는[詐] 간사한 꾀도 꺼리지[厭] 아니함[不].

병:불이신 病不離身 (병 병, 아닐 불, 떠날 리, 몸 신). 병(病)이 몸[身]에서 떠나지[離] 않음[不].

병비 兵備 (군사 병, 갖출 비). 군대나 병기 따위의 군사[兵]에 관한 준비(準備). ¶병비가 튼튼하다 / 병비를 갖추다.

병사[1] 兵士 (군사 병, 선비 사). ① [속뜻] 군대[兵]에 근무하는 사람[士]. ¶호위 병사. ② [군사] 사병(士兵). [비]군사(軍士), 군인(軍人).

병사[2] 兵事 (군사 병, 일 사). [군사] 군대(軍隊), 전쟁(戰爭), 병역(兵役) 등에 관한 일[事]. ¶병사 업무를 처리하다. [비]군사(軍事).

병사[3] 兵舍 (군사 병, 집 사). 군대[兵]가 집단적으로 거처하는 집[舍]. ¶임시로 거처할 병사를 지었다.

병:사[4] 病死 (병 병, 죽을 사). 병(病)으로 죽음[死]. [비]병몰(病沒), 병폐(病斃), 병졸(病卒).

병:살 倂殺 (어우를 병, 죽일 살). [운동] 야구에서, 한꺼번에 두 사람의 주자를 아울러[倂] 아웃[殺]시키는 일. [비]병살타(倂殺打), 더블 플레이(double play).

▸병:살-타 倂殺打 (칠 타). [운동] 야구에서, 주자와 타자가 함께[倂] 아웃[殺]되는 타구(打球).

병:상[1] 病牀 (병 병, 평상 상). 병(病)든 사람이 눕는 침상(寢牀). ¶병상을 지키다 / 병상에서 일어나다. [비]병석(病席).

병:상[2] 病狀 (병 병, 형상 상). [의학] 병(病)의 상태(狀態). [비]병태(病態).

병:색 病色 (병 병, 빛 색). 병든[病] 사람의 얼굴 빛[色]. ¶그의 얼굴에는 병색이 완연했다.

병서[1] 兵書 (군사 병, 책 서). 병법(兵法)에 관한 책[書].

병:서[2] 竝書 (나란히 병, 쓸 서). [언어] 우리말에서 같은 자음(子音)이나 다른 자음 둘이나 셋을 가로 나란히[竝] 쓰는[書] 일. ㄲ, ㅃ, ㅂ, ㅅㄱ 따위.

병:석 病席 (병 병, 자리 석). 병자(病者)가 앓아 누워 있는 자리[席]. [비]병욕(病褥).

병선 兵船 (군사 병, 배 선). ① [속뜻] 전쟁[兵]에 필요한 장비를 갖춘 배[船]. ② [역사] 조선 때, 수영(水營)에 속한 작은 싸움배. '소맹선'(小猛船)의 옛 이름. [비]군선(軍船), 전선(戰船), 전함(戰艦).

병:설 竝設 (=倂設, 나란히 병, 세울 설). 같은 곳에 둘 이상의 것을 함께 나란히[竝] 설치(設置)함. ¶대한초등학교 병설 유치원.

병세[1] 兵勢 (군사 병, 세력 세). 군대[兵]의 세력(勢力). 군인의 수효. [비]군세(軍勢).

병:세[2] 病勢 (병 병, 형세 세). 병(病)이 들어 앓는 정도나 형세(形勢). ¶수술 후 병세가 호전되었다.

병:소 病巢 (병 병, 새집 소). [의학] 병균(病菌)이 무리를 지어 사는 곳[巢].

병:술 丙戌 (천간 병, 개 술). [민속] 천간의 '丙'과 지지의 '戌'이 만난 간지(干支). 육십갑자의 스물셋째. ¶그는 병술년에 과거에 급제하였다.

병:신[1] 丙申 (천간 병, 원숭이 신). [민속] 천간의 '丙'과 지지의 '申'이 만난 간지(干支). 육십갑자의 서른셋째. ¶병신년과 정유년 사이에 왜적이 자주 출몰하였다.

병:신[2] 病身 (병 병, 몸 신). ① [속뜻] 병(病)을 앓고 있는 몸[身]. 또는 그런 사람. ② 몸의 어느 부분이 온전하지 못한 사람. ③ 남을 얕잡아 욕하는 일. [비]불구자.

병:실 病室 (병 병, 방 실). 병원(病院)에서 환자가 있는 방[室]. ¶병실 내에서는 금연이다.

병:약 病弱 (병 병, 약할 약). ① [속뜻] 병(病)에 시달려 몸이 허약(虛弱)하다. ② 병에 걸리기 쉬울 만큼 몸이 허약하다. [비]병쇠(病衰). [반]강건(強健).

병역 兵役 (군사 병, 부릴 역). [법률] 국민의 의무로써 일정한 기간 군대[兵]에 복무[役]하는 일. ¶병역 미필 / 허리를 다쳐 병역 의무에서 면제되다.

▶병역-법 兵役法 (법 법). [법률] 국민의 병역 의무(兵役義務)에 관한 사항을 규정한 법률(法律).

▶병역 기피 兵役忌避 (꺼릴 기, 피할 피). [법률] 병역(兵役)을 꺼려서[忌] 피함[避].

▶병역 면:제 兵役免除 (면할 면, 덜 제). [법률] 불구자나 폐질자 등에 대하여 병역(兵役)을 면제(免除)함.

▶병역 의:무 兵役義務 (옳을 의, 일 무). [법률] 국토방위를 위해 일정 기간 군[兵]에 복무해야[役] 하는 의무(義務).

▶병역 제:도 兵役制度 (정할 제, 법도 도). [법률] 국방을 위한 병력을 채우는데[兵役] 관한 제도(制度).

병영 兵營 (군사 병, 집 영). ① [속뜻] 병사(兵士)가 집단으로 거주하는 집[營]. ¶병영 생활 / 임시로 병영을 마련하다. ② [역사] 병마절도사(兵馬節度使)가 있던 영문(營門). [비] 병사(兵舍), 영사(營舍).

병:오 丙午 (천간 병, 말 오). [민속] 천간의 '丙'과 지지의 '午'가 만난 간지(干支). 육십갑자의 마흔셋째. ¶병오년에 김대건 신부가 체포되었다.

병:와 病臥 (병 병, 누울 와). 병(病)으로 자리에 누움[臥]. ¶병와 중에 있는 어머니를 돌보다.

병:용 倂用 (어우를 병, 쓸 용). 아울러 같이[倂] 씀[用]. ¶한글을 한자와 병용하다.

병원 兵員 (군사 병, 인원 원). [군사] 군대[兵]의 인원(人員). 병력(兵力). ¶병원을 있는 대로 훈련장으로 집결시켰다.

***병:원**[1] 病院 (병 병, 집 원). 병자(病者)나 부상자를 진찰하고 치료하는 곳[院]. ¶종합 병원 / 병원에서 다리를 치료하다.

▶병:원-비 病院費 (쓸 비). 병원(病院)에서 치료를 받거나 입원하는 데 드는 비용(費用). ¶병원비를 감당할 돈이 없다.

▶병:원-선 病院船 (배 선). [군사] 병원(病院)시설을 갖추고 상병자(傷病者)나 조난자(遭難者)를 수용하여 진찰과 치료를 하거나 수송하는 배[船].

병:원[2] 病原 (병 병, 본디 원). [의학] 병(病)의 원인(原因)이나 근원. ¶병원을 찾다. [비] 병근(病根), 병인(病因).

▶병:원-균 病原菌 (세균 균). [의학] 병(病)의 원인(原因)이 되는 세균(細菌). [준] 병균.

▶병:원-체 病原體 (몸 체). [의학] 세균, 바이러스처럼 생물체에 기생하여 어떤 병(病)의 원인(原因)이 되는 생물[體].

▶병:원-충 病原蟲 (벌레 충). [의학] 병(病)의 원인(原因)이 되는 단세포 동물[蟲].

▶병:원 미생물 病原微生物 (작을 미, 살 생, 만물 물). [의학] 병(病)의 원인(原因)이 되는 매우 작은[微] 생물(生物).

병인[1] 兵刃 (군사 병, 칼날 인). 칼이나 창 따위 같이 날[刃]이 있는 병기(兵器).

병:인[2] 病人 (병 병, 사람 인). 병(病)이 든 사람[人]. ¶병인의 시중을 들다. [비] 병자(病者).

병:인[3] 丙寅 (천간 병, 범 인). [민속] 천간의 '丙'과 지지의 '寅'이 만난 간지(干支). ¶병인년에 태어난 사람은 범띠이다.

▶병:인-박해 丙寅迫害 (다그칠 박, 해칠 해). [역사] 1866년 병인(丙寅)년에 가톨릭교도를 박해(迫害)한 사건.

▶병:인-양요 丙寅洋擾 (서양 양, 난리 요). [역사] 고종 3년(1866)인 병인(丙寅)년에 대원군의 천주교 탄압으로 서양(西洋)의 프랑스 함대가 강화도를 침범하여 난리[擾]를 일으킨 사건.

병:인[4] 病因 (병 병, 까닭 원). 병(病)의 원인(原因). ¶병인을 찾다.

▶병:인-론 病因論 (논의할 론). [의학] 병(病)의 원인(原因)을 연구하는 기초 의학의 한 부문[論].

▶병:인 요법 病因療法 (병 고칠 료, 법 법). [의학] 병(病)의 원인(原因)을 찾아서 병을 치료(治療)하는 방법(方法).

병:입-골수 病入骨髓 (병 병, 들 입, 뼈 골, 골수 수). ① [속뜻] 병(病)이 골수(骨髓)에 스며듦[入]. ② 병이 깊고 중함.

병:자[1] 病者 (병 병, 사람 자). 병(病)을 앓는 사람[者]. ¶병자를 돌보아주다. [비] 병인(病人), 환자(患者).

병:자[2] 丙子 (천간 병, 쥐 자). [민속] 천간의 '丙'과 지지의 '子'가 만난 간지(干支). ¶병

자년에 태어난 사람은 쥐띠이다.

▸병:자-국치 丙子國恥 (나라 국, 부끄러울 치). ① 속뜻 병자(丙子)년에 나라[國]가 당한 수치(羞恥). ② 역사 병자호란(丙子胡亂).

▸병:자-사화 丙子士禍 (선비 사, 재화 화). ① 속뜻 병자(丙子)년에 선비[士]들이 겪은 화(禍). ② 역사 조선 세조 2년(1456)인 병자년에 사육신(死六臣)이 단종의 복위를 꾀하다가 실패하여 숙청된 사건. ㊟사육신(死六臣).

▸병:자-호란 丙子胡亂 (오랑캐 호, 어지러울 란). 역사 조선 인조 14년(1636)인 병자(丙子)년에 청나라 오랑캐[胡]가 침입해 일어난 난리(亂離).

병:작 竝作 (나란히 병, 지을 작). ① 속뜻 함께 아울러[竝] 지음[作]. ② 농업 지주가 소작인에게 수확량의 절반을 소작료로 거두는 것. ¶병작으로 남는 것이 없다. ㊥배메기.

▸병:작-농 竝作農 (농사 농). 농업 배메기[竝作]로 짓는 농사(農事).

▸병:작-반수제 竝作半收制 (반 반, 거둘 수, 정할 제). 역사 지주와 소작농이 함께[竝] 농작(農作)하듯 절반(折半)씩 수확량(收穫量)을 나누어 갖던 제도(制度).

병장 兵長 (군사 병, 어른 장). 군사 사병(士兵) 계급에서 가장 높은[長] 계급. 하사의 아래, 상등병의 위 계급. ¶그는 병장으로 제대하였다.

병장-도설 兵將圖說 (군사 병, 장수 장, 그림 도, 말할 설). 책명 조선 때, 군사[兵將]의 훈련 내용에 대해 그림[圖]으로 나타내어 설명(說明)을 덧붙여 놓은 책. 유자광 등이 편찬하였다.

병적[1] 兵籍 (군사 병, 문서 적). ① 속뜻 군인[兵]으로 기록되어 있는 문서[籍]. ② 병적부(兵籍簿). ㊥군적(軍籍).

병:적[2] 病的 (병 병, 것 적). 정상적인 상태에서 벗어난 병(病) 같은 것[的]. ¶병적 증세를 보이다.

병정 兵丁 (군사 병, 장정 정). 병역(兵役)에 복무하는 장정(壯丁). ¶병정들과 함께 천막 속으로 들어갔다.

병조 兵曹 (군사 병, 관아 조). 역사 고려·조선 때, 군사[兵]에 관한 일을 맡아보던 관아[曹]. 그 외에 중앙의 공문을 지방에 전하는 일도 했다. ㊟육조(六曹).

▸병조 판서 兵曹判書 (판가름할 판, 글 서). 역사 조선 때, 병조(兵曹)의 정이품 으뜸 벼슬[判書]. ㊥대사마(大司馬).

병:존 竝存 (나란히 병, 있을 존). 두 가지 이상이 함께[竝] 존재(存在)함. ¶보수와 진보의 병존.

병졸 兵卒 (군사 병, 군사 졸). 군대[兵]에 근무하는 사람[卒]. ¶장군은 병졸을 거느리고 성을 공격했다. ㊥군사(軍士), 군졸(軍卒).

병:종[1] 丙種 (천간 병, 갈래 종). 사물의 종류를 갑(甲), 을(乙), 병(丙) 등으로 나누었을 때의 셋째 종류(種類).

병종[2] 兵種 (군사 병, 갈래 종). 군사 육, 해, 공군처럼 그 임무에 따라서 나눈 군대[兵]의 종류(種類). ㊥병과(兵科).

병:중 病中 (병 병, 가운데 중). 병(病)을 앓고 있는 동안[中]. ¶그는 병중에도 계속해서 그림을 그렸다.

병:증 病症 (병 병, 증세 증). 의학 병(病)의 증세(症勢). 또는 앓는 증세. ¶병증이 심해졌다.

병:진[1] 丙辰 (천간 병, 용 진). 민속 천간의 '丙'과 지지의 '辰'이 만난 간지(干支). 육십갑자의 쉰셋째. ¶1436년 세계 최초의 납활자인 병진자가 주조되었다.

병진[2] 兵塵 (군사 병, 티끌 진). ① 속뜻 싸움터[兵]에서 일어나는 티끌[塵]. ② 전쟁으로 인하여 어수선하고 어지러운 분위기를 이르는 말. ㊥풍진(風塵).

병:진[3] 竝進 (나란히 병, 나아갈 진). 함께 나란히[竝] 나아감[進]. ¶수륙 병진 작전

▸병:진 운:동 竝進運動 (돌 운, 움직일 동). ① 속뜻 나란히 나아가게[竝進] 하는 운동(運動). ② 물리 강체(剛體) 또는 질점계(質點系)의 각 점이 평행으로만 이동하는 운동.

병:질 病質 (병 병, 바탕 질). ① 속뜻 병(病)의 성질(性質). ② 병에 걸리기 쉬운 체질. ㊥병성(病性).

병참 兵站 (군사 병, 역마을 참). ① 속뜻 군사[兵] 기지[站]. ② 군사 군사 작전에 필요한 인원과 물자를 관리, 보급, 지원하는 일. 또

는 그런 병과(兵科).

▸병참-선 兵站線 (줄 선). 군사 병참(兵站) 기지에서 작전 지역을 잇는 길[線]. 작전에 필요한 인원과 물자를 지원, 수송한다.

▸병참 기지 兵站基地 (터 기, 땅 지). 군사 병참(兵站) 업무의 근거가 되는 곳[基地].

병:창 竝唱 (나란히 병, 부를 창). ① 속뜻 두 사람이 소리를 맞추어 나란히[竝] 함께 노래함[唱]. ② 음악 가야금 따위를 연주하면서 노래하는 일. ¶그는 가야금 병창을 특히 좋아한다.

병:체 病體 (병 병, 몸 체). 병든[病] 몸[體]. ㉥병구(病軀).

병:체-결합 倂體結合 (어우를 병, 몸 체, 맺을 결, 합할 합). 생물 둘 이상의 개체(個體)가 함께[倂] 결합(結合)되어 있는 상태. 허리가 한데 붙은 쌍둥이의 경우 따위.

병:촉 秉燭 (잡을 병, 촛불 촉). 촛불[燭]을 켜서 손에 잡아[秉] 듦.

병:출 迸出 (솟을 병, 날 출). 힘차게 솟아[迸] 나옴[出]. ㉥용출(湧出).

▸병:출-암 迸出巖 (바위 암). 지리 마그마가 지각의 갈라진 곳이나 약한 곳을 뚫고 솟아[迸] 올라와[出] 굳어서 된 화성암(火成巖). ㉥분출암(噴出岩), 화산암(火山岩).

병:충 病蟲 (병 병, 벌레 충). 농작물을 병들게[病] 하는 벌레[蟲].

▸병:충-해 病蟲害 (해칠 해). 식물이나 농작물 따위가 병균(病菌)이나 해충(害蟲)으로 말미암아 입는 손해(損害). ¶친환경 농법으로 병충해를 예방하다.

병:치 倂置 (어우를 병, 둘 치). 둘 이상의 것을 같은 자리에 아울러[倂] 설치(設置)함. ¶여러 색과 무늬를 병치한 벽화.

병:칭 竝稱 (나란히 병, 일컬을 칭). 훌륭하거나 뛰어난 점에 있어서 나란히[竝] 일컬음[稱].

병:탄 倂呑 (어우를 병, 삼킬 탄). ① 속뜻 아울러[倂] 삼킴[呑]. ② '남의 재물, 영토, 주권 등을 강제로 한데 모아 제 것으로 삼음'을 이름.

▸병:탄 합병 倂呑合倂 (합할 합, 어우를 병). 경제 한 회사가 다른 회사를 흡수하는[倂呑] 방식의 합병(合倂). ㉥흡수 합병(吸收合倂).

병:폐[1] 病弊 (병 병, 나쁠 폐). 병(病)과 폐단(弊端)을 아울러 이르는 말. ¶사회의 병폐를 없애다.

병:폐[2] 病廢 (병 병, 그만둘 폐). 병(病)으로 인하여 몸을 제대로 쓰지 못하게 됨[廢]. ㉥병패(病敗).

병풍 屛風 (병풍 병, 바람 풍). 주로 집안에서 장식을 겸하여 무엇을 가리거나 바람[風]을 막기[屛] 위하여 둘러치는 물건. ¶병풍을 두르다.

▸병풍-석 屛風石 (돌 석). ① 속뜻 능의 위쪽 부분 둘레에 둘러[屛風] 세운 네모꼴의 넓적한 돌[石]. ② 바위가 병풍처럼 둘러쳐져 있는 절벽.

병:합 倂合 (어우를 병, 합할 합). 둘 이상의 단체, 나라 따위를 하나로 어울러[倂] 합(合)함. ¶두 나라가 병합했다. ㉥합병(合倂).

▸병:합-설 倂合說 (말할 설). 지리 열대 지방에서 물방울이 이동하다가 서로 부딪치며 큰 물방울이 작은 물방울과 병합(倂合)하여 비가 된다는 이론[說].

병:해 病害 (병 병, 해칠 해). 농작물이나 가축이 병(病)으로 말미암아 입는 피해(被害). ¶이것은 병해를 방지하는 살균제이다.

병-해충 病害蟲 (병 병, 해칠 해, 벌레 충). 주로 농작물 따위에 해를 입히는 병(病)과 해충(害蟲). ¶병해충의 피해로부터 산림을 보호하다.

병:행 竝行 (나란히 병, 갈 행). ① 속뜻 함께 나란히[竝] 감[行]. ② 둘 이상의 일을 아울러서 한꺼번에 함. ¶일과 공부를 병행하다.

▸병:행-맥 竝行脈 (줄기 맥). 식물 식물의 잎자루로부터 잎 몸의 끝까지 줄줄이 서로 나란히 있는[竝行] 잎맥(脈). 죽엽이나 볏잎에서 볼 수 있다. ㉥나란히맥, 평행맥(平行脈).

▸병:행 본위제 竝行本位制 (뿌리 본, 자리 위, 정할 제). 경제 두 가지 이상의 금속을 함께[竝行] 기초[本位] 화폐로 삼는 제도(制度). ㉥복본위제(複本位制), 양본위제(兩本位制).

병화[1] 兵火 (군사 병, 불 화). 전쟁[兵]으로 말미암아 입는 화재(火災). ㉥전화(戰火).

병화[2] 兵禍 (군사 병, 재화 화). 전쟁[兵]으로 말미암아 입는 재화(災禍). ㉥전화(戰禍).

병:환 病患 (병 병, 병 환). '병'[病=患]의 높임말.

병:후 病後 (병 병, 뒤 후). 병(病)을 앓고 난 뒤[後].

▸병:후 면:역 病後免疫 (면할 면, 돌림병 역). 의학 한 번 병(病)을 앓고 난 뒤[後]에는 다시는 그 병에 걸리지 않게 되는 후천적 면역(免疫).

보:가 補家 (도울 보, 집 가). 운동 바둑에서, 원래 차지한 큰 집에 더 보탬[補]이 되는 작은 집[家]을 이르는 말.

보:각 補角 (채울 보, 모서리 각). 수학 하나의 각에 또 다른 각을 더하면[補] 180°가 되는 각(角). 두 각의 합이 180°를 이루는 두 개의 각 중 하나의 각.

보:각-본 補刻本 (기울 보, 새길 각, 책 본). 목판 따위를 보수(補修)하여 펴낸[刻] 책[本]. ㉥보수본(補修本), 보판본(補板本).

보:간-법 補間法 (채울 보, 사이 간, 법 법). ① 속뜻 사이[間]를 보충(補充)하는 방법(方法). ② 수학 둘 이상의 변수 값에 대한 함숫값을 알고서 그것들 사이의 임의의 변수 값에 대한 함숫값이나 그 근삿값을 구하는 방법.

보:감 寶鑑 (보배 보, 거울 감). ① 속뜻 보배로운[寶] 거울[鑑]. ② 본보기나 모범. ③ 온갖 일을 처리하는데 본보기가 될 만한 것들을 한데 모아 엮은 책.

보:강[1] 補強 (기울 보, 강할 강). 모자라는 곳이나 약한 부분을 보태고[補] 채워서 강(強)하게 함. ¶체력을 보강하다.

보:강[2] 補講 (채울 보, 강의할 강). 교사 또는 학교의 사정으로 말미암은 결강이나 휴강을 보충(補充)하기 위한 강의(講義).

*__보:건__ 保健 (지킬 보, 튼튼할 건). 건강(健康)을 잘 지켜[保]나감.

▸보:건-림 保健林 (수풀 림). 먼지나 매연 등을 막아 공중위생과 보건(保健)을 위해 도시나 공장 부근에다 가꾸는 수풀[林].

▸보:건-소 保健所 (곳 소). 질병의 예방, 진료, 공중 보건(保健)을 향상시키기 위한 공공 의료 기관[所]. ¶보건소에서 진찰을 받았다.

▸보:건-실 保健室 (방 실). 학생의 건강과 위생 따위[保健]에 관한 일을 맡아보는 곳[室]. ¶보건실에서 임시로 치료를 받았다.

▸보:건-식량 保健食糧 (먹을 식, 양식 량). 사람의 건강(健康)을 유지하는[保] 데 필요한 식량(食糧).

▸보:건 체조 保健體操 (몸 체, 부릴 조). 운동 건강(健康)을 지키기[保] 위해 하는 체조(體操).

보:검 寶劍 (보배 보, 칼 검). ① 속뜻 보배[寶]로운 칼[劍]. ¶아버지가 물려주신 보검을 잘 간직하다. ② 예전에, 나라의 행사나 의식에서 의장에 쓰던 칼.

보:격 補格 (도울 보, 자격 격). ① 속뜻 보어(補語)가 되는 자격(資格). ② 언어 문장 안에서, 체언이 보어임을 표시하는 격.

▸보:격 조:사 補格助詞 (도울 조, 말씀 사). ① 속뜻 보어(補語)의 자격(資格)을 갖게 하는 조사(助詞). ② 언어 문장 안에서, 체언이 보어임을 표시하는 격 조사. '이/가'가 있다.

보:결 補缺 (채울 보, 모자랄 결). ① 속뜻 빈자리[缺]를 채움[補]. ② 결점을 보충함. ㉥보궐(補闕).

▸보:결-생 補缺生 (사람 생). 정원에 빈자리가 생기어 보결(補缺)로 입학한 학생(學生).

▸보:결 선:거 補缺選擧 (고를 선, 들 거). 정치 의원이 임기를 다 채우지 못하고 자리를 비웠을 때, 빈자리[缺]를 채우기[補] 위해 하는 선거(選擧). ㉥보궐 선거(補闕選擧).

▸보:결 시험 補缺試驗 (따질 시, 효과 험). 교육 학교에서 보결생(補缺生)을 뽑기 위해 베푸는 시험(試驗).

▸보:결 의원 補缺議員 (의논할 의, 인원 원). 정치 보결선거(補缺選擧)에서 당선된 의원(議員).

보:고[1] 寶庫 (보배 보, 곳집 고). ① 속뜻 보물(寶物)을 보관하고 있는 창고(倉庫). ② 귀중한 것이 많이 나거나 간직되어 있는 곳을 비유하여 이르는 말. ¶문화유산의 보고.

보:고[2] 報告 (알릴 보, 알릴 고). 주어진 임무에 대하여 그 결과나 내용을 말이나 글로 알림[報=告]. ¶사건을 상관에게 보고하다.

▸보:고-문 報告文 (글월 문). 어떤 일에 대하여 연구했거나 조사한 내용을 남에게 알리기[報告] 위하여 쓴 글[文].

▸보:고-서 報告書 (글 서). 보고(報告)하는 내용을 적은 글[書]. 또는 그 문서.

▸보:고 문학 報告文學 (글월 문, 배울 학). [문학]사건과 사실을 보고(報告)하듯 충실하게 묘사하고 기록하는 문학(文學) 형식. [비]르포[reportage], 기록 문학(記錄文學).

*보:관 保管 (지킬 보, 관리할 관). 물건을 맡아서 지키고[保] 관리(管理)함. ¶보관이 간편하다 / 귀중품을 금고에 보관하다.

▸보:관-료 保管料 (삯 료). 창고업자 등이 물품을 맡아서 지키고[保] 관리(管理)해주는 대가로 받는 돈[料].

▸보:관-소 保管所 (곳 소). 다른 사람의 물품을 맡아서 지키고[保] 관리(管理)해주는 곳[所]. ¶화물 보관소에서 짐을 찾다.

▸보:관-증 保管證 (증거 증). 어떤 물건을 맡아서 보관(保管)하고 있음을 증명(證明)하는 문서.

▸보:관-함 保管函 (상자 함). 물품을 맡아서 보관(保管)하기 위해 넣어 두는 함(函). ¶귀중품 보관함.

▸보:관 창고 保管倉庫 (곳집 창, 곳집 고). 물품을 맡아서 보관(保管)하는 창고(倉庫).

보:관-계 步管系 (걸음 보, 대롱 관, 이어 맬 계). ① [속뜻]움직이기[步] 위한 대롱[管] 모양의 계통(系統). ② [동물]극피동물 특유의 운동 기관. 대롱 모양으로 첫불 모양으로 뚫린 구멍에서 시작하여 대롱 모양의 발에서 끝나는데 그 속에 바닷물이 차 있다. [비]수관계(水管系), 관족계(管足系).

보:교 步轎 (걸음 보, 가마 교). 사람이 메고 걸어가는[步] 가마[轎]의 하나. 네 기둥을 세우고 사방으로 장막을 둘렀다.

보:국¹ 報國 (갚을 보, 나라 국). 나라[國]의 은혜에 보답(報答)함. ¶진충보국(盡忠報國) / 갈충보국(竭忠報國).

보:국² 輔國 (도울 보, 나라 국). ① [속뜻]나라[國]의 일을 도움[輔]. ② [역사]조선시대에 둔 정일품의 문무관 벼슬. 보국숭록대부(輔國崇祿大夫).

▸보:국-안민 輔國安民 (편안할 안, 백성 민). 나라[國]의 일을 돕고[輔] 백성[民]을 편안(便安)하게 함.

보:국³ 保國 (지킬 보, 나라 국). 나라[國]를 보호(保護)함.

▸보:국 포장 保國褒章 (기릴 포, 글 장). [법률]나라[國]의 안전 보장[保] 및 사회의 안녕과 질서 유지에 이바지한 공적이 큰 사람을 기리는[褒] 의미로 주는 휘장(徽章).

▸보:국 훈장 保國勳章 (공 훈, 글 장). [법률]나라[國]의 안전 보장[保] 및 사회의 안녕과 질서 유지에 크게 공[勳]을 세운 사람에게 주는 휘장(徽章).

보:궐 補闕 (채울 보, 빠질 궐). 빠진[闕] 곳을 채움[補].

▸보:궐 선:거 補闕選擧 (고를 선, 들 거). [정치]선거에 의해 선출된 의원 등이 그 임기 중에 사직, 실격, 사고 등으로 말미암아 자리가 빌 경우에 그 빈[闕] 자리를 메우는[補] 선거(選擧). [비]보결 선거(補缺選擧).

보:균 保菌 (지킬 보, 세균 균). 병균(病菌)을 몸에 지니고[保] 있음.

▸보:균-자 保菌者 (사람 자). [의학]전염병의 병원균(病原菌)를 몸에 지니고[保] 있으면서 아무런 증상이 나타나지 않는 상태의 사람[者]. ¶보균자를 격리하여 치료하다.

▸보:균 식물 保菌植物 (심을 식, 만물 물). [식물]병원균(病原菌)을 체내에 지니고[保] 있으면서 겉으로 증상을 나타내지 않는 식물(植物). [비]보독 식물(保毒植物).

⁑보:급¹ 普及 (넓을 보, 미칠 급). 많은 사람에게 골고루 널리[普] 미치게[及] 함. ¶선진문물을 보급하다.

▸보:급-률 普及率 (비율 률). 어떤 것이 보급(普及)된 비율(比率). ¶주택 보급률.

▸보:급-판 普及版 (책 판). [출판]널리 보급(普及)할 목적으로 인쇄한 출판물(出版物). 원판보다 종이나 제본의 질을 낮추고 값을 싸게 하여 만든다.

보:급² 補給 (채울 보, 줄 급). 물자 등을 계속 보태어[補] 줌[給]. ¶식량 보급 / 물자를 보급하다.

▸보:급-량 補給量 (분량 량). 보급품(補給品)의 수량(數量).

▸보:급-로 補給路 (길 로). [군사]보급품(補給品)을 나르는데 이용되는 길[路]. [비]보급선(補給線).

▸보:급-망 補給網 (그물 망). 보급(補給)을 위해 그물[網]처럼 짜여진 조직.

▸보:급-선 補給船 (배 선). 보급품(補給品)

을 실어 나르는 배[船].

▸보:급-선 補給線 (줄 선). 군사 군사 작전 지역에 군수 물자 따위의 보급품(補給品)을 나르기 위한 모든 길[線]. ㊥보급로(補給路).

▸보:급-소 補給所 (곳 소). 보급품(補給品)을 맡아 다루는 곳[所].

▸보:급-자 補給者 (사람 자). 물자 등을 대주는[補給] 사람[者]이나 기관.

▸보:급-품 補給品 (물건 품). 보급(補給)되는 물품(物品). ¶각종 보급품을 트럭에 실었다.

▸보:급 기지 補給基地 (터 기, 땅 지). 군사 전투 지역이나 함선(艦船)에 군수품을 대어주는[補給] 근거지[基地].

보:기[1] **補氣** (채울 보, 기운 기). 한의 약이나 음식 따위를 먹어서 기운(氣運)을 더하여[補] 돋움. ㊥보원(補元).

보:기[2] **寶器** (보배 보, 그릇 기). 보배로운[寶] 그릇[器]. 귀중한 그릇.

*__보:답 報答__ (갚을 보, 답할 답). 은혜나 호의에 답(答)하여 갚음[報]. ¶좋은 일을 하면 반드시 보답을 받는다.

보:덕 報德 (갚을 보, 베풀 덕). 다른 사람에게 받은 은덕(恩德)을 갚음[報].

보:도[1] **步道** (걸음 보, 길 도). 사람이 걸을[步] 때 사용되는 길[道]. ¶차도로 다니지 말고 보도로 다녀라. ㊥인도(人道). ㊦차도(車道).

보:도[2] **保導** (지킬 보, 이끌 도). 보호(保護)하고 지도(指導)해 줌.

보:도[3] **輔導** (도울 보, 이끌 도). 도와서[輔] 바르게 이끎[導]. ㊥보익(輔翼).

보:도[4] **寶刀** (보배 보, 칼 도). 보배로운[寶] 칼[刀]. ㊥보검(寶劍).

보:도[5] **報道** (알릴 보, 말할 도). ① 속뜻 널리 알리거나[報] 말해[道]줌. ②신문이나 방송으로 소식을 널리 알림. 또는 그 소식. ¶사건을 보도하다.

▸보:도-원 報道員 (사람 원). 언론 먼 곳의 일을 현지에서 취재하여 보도(報道)하는 사람[員].

▸보:도-진 報道陣 (진칠 진). 언론 어떤 일을 취재하여 보도(報道)하기 위해 구성된 인적 조직[陣].

▸보:도 관:제 報道管制 (관리할 관, 누를 제). 언론 정부 등에서 비상시 필요에 따라 취재나 보도(報道) 활동을 관리(管理)·통제(統制)하는 일.

▸보:도 기관 報道機關 (틀 기, 빗장 관). 언론 어떤 일을 보도(報道)하기 위해 조직된 기관(機關). 신문사, 방송국, 통신사 따위.

▸보:도 사진 報道寫眞 (베낄 사, 참 진). 보도(報道)를 목적으로 찍은 사진(寫眞).

보:독 報毒 (갚을 보, 독할 독). 독(毒)을 품고 원한을 앙갚음함[報]. ¶보독보다는 용서가 상대편에게 진정한 뉘우침의 기회를 준다.

보:독 식물 保毒植物 (지킬 보, 독할 독, 심을 식, 만물 물). 식물 병원 바이러스[毒]를 체내에 지니고[保] 있으면서 겉으로 증상을 나타내지 않는 식물(植物). ㊥보균 식물(保菌植物).

보:력 寶曆 (보배 보, 책력 력). ① 속뜻 나라의 보배[寶] 같은 사람의 나이[曆]. ②'임금의 나이'를 높여 이르던 말. ㊥보령(寶齡), 보산(寶算).

보:령 寶齡 (보배 보, 나이 령). ① 속뜻 보배[寶] 같은 사람의 연령(年齡). ②'임금의 나이'를 높여 이르던 말. ㊥보력(寶曆).

보:로-금 報勞金 (갚을 보, 일할 로, 돈 금). ① 속뜻 일한[勞] 것에 대한 보답(報答)으로 주는 돈[金]. ② 법률 국가 보안법 위반자나 반국가 단체를 체포하거나 수사 기관에 통보하였을 때, 압수물이 있는 경우 상금과 함께 지급하는 돈.

보:록[1] **譜錄** (적어놓을 보, 기록할 록). 악보(樂譜)를 모아 기록(記錄)해둔 책.

보:록[2] **寶錄** (보배 보, 기록할 록). 보배로운[寶] 기록(記錄).

보:루 堡壘 (작은성 보, 진 루). ① 속뜻 적의 공격을 막기 위해 성[堡]의 주위를 튼튼하게 쌓아 올린 진지[壘]. ②어떤 일을 하기 위한 튼튼한 발판을 비유하여 이르는 말. ㊥보채(堡砦).

보:류 保留 (지킬 보, 머무를 류). 어떤 일을 결정하지 않고 그대로[保] 둠[留]. 결정을 미루어 놓은 상태. ¶여행을 보류하다. ㊥유보(留保).

보리 菩提 (보리 보, 보리 리). 불교 ①산스크리트어 'Bodhi'의 한자 음역어. 세속적인 번뇌를 끊고 얻는 깨달음의 경지. ②깨달음을 얻고 극락왕생하는 일. ③불도(佛道).

▸보리-사 菩提寺 (절 사). 불교 한 집안이 대대로 불도에 귀의하여[菩提] 장례나 추선공양(追善供養)등을 지내는 절[寺].

▸보리-수 菩提樹 (나무 수). 불교 '보리수(菩提樹)나무'의 준말. '깨달음'이라는 뜻의 산스크리트어 'bodhi'의 한자음역어. 석가모니가 그 아래에서 변함없이 진리를 깨달아 불도(佛道)를 이루었다고 하는 나무로, 불교에서 신성시함. ② 식물 피나무 과의 낙엽 교목. 중국 원산으로 높이는 3~10m. 초여름에 담황색의 꽃이 피며 잘고 단단하게 열리는 열매는 염주(念珠)를 만드는데 쓰인다. ㉥사유수(思惟樹).

▸보리-심 菩提心 (마음 심). 불교 ①불도(佛道)에 들어가 참다운 도[菩提]를 구하는 마음[心]. ②불심(佛心). ㉥자비심(慈悲心).

▸보리-도량 菩提道場 (길 도, 도량 량). 불교 ①불도[菩提]를 이루려고 수행하는 도량(道場). ②석존이 생전에 수도하던 성지.

보:린 保鄰 (도울 보, 이웃 린). 이웃[鄰]끼리 서로 돕는[保] 일.

보:모 保姆 (도울 보, 유모 모). ① 속뜻 일정한 자격을 가지고 유치원, 보육원, 양호 시설 등에서 아이들을 돌보는[保] 여자[姆]. ¶보모를 구하다. ② 역사 왕조 때, 왕세자를 기르던 여자.

보:무 步武 (걸음 보, 굳셀 무). 걸음걸이[步]가 씩씩함[武]. 씩씩한 걸음걸이.

보:문-각 寶文閣 (보배 보, 글월 문, 관청 각). 역사 고려 때, 유교 경서를 보배로운[寶] 글[文]이라 하여 경연(經筵)과 장서(藏書)를 맡아보던 관아[閣].

***보:물** 寶物 (보배 보, 만물 물). 보배로운[寶] 물건(物件). 썩 드물고 귀한 물건. ¶동대문은 대한민국 보물 제1호이다. ㉥보배, 보화(寶貨).

보:법 步法 (걸음 보, 법 법). 걷는[步] 방법(方法). 걸음걸이.

보:법 譜法 (적어놓을 보, 법 법). 악보(樂譜)의 법식(法式).

보:병 步兵 (걸음 보, 군사 병). ① 속뜻 걸어 다니면서[步] 싸우는 병사(兵士). ② 군사 육군 병과의 하나. 소총이나 기관총 등을 가지고 육상에서 싸우는 군인. ㉥보졸(步卒).

▸보:병-대 步兵隊 (무리 대). 보병(步兵)으로 편성된 군대(軍隊). ¶영국 보병대에게 프랑스 기사군이 패배했다.

보:복 報復 (갚을 보, 되돌릴 복). ① 속뜻 앙갚음[報]을 하여 되돌려[復] 줌. ②남이 저에게 해를 준 대로 저도 그에게 해를 줌. ¶보복을 당하다 / 테러리스트를 보복하다. ㉥앙갚음, 복수.

보:본 報本 (갚을 보, 뿌리 본). 태어나거나 자라게 된 근본(根本)을 잊지 않고 그 은혜에 보답(報答)함.

▸보:본-반시 報本反始 (되돌릴 반, 처음 시). ① 속뜻 근본(根本)에 보답(報答)하고 처음[始]으로 돌아감[反]. ②조상의 은혜에 보답함.

보:부-상 褓負商 (보자기 보, 질 부, 장사 상). 역사 봇짐[褓] 장수와 등짐[負] 장수[商]를 아울러 이르는 말.

보:살[1] 補殺 (도울 보, 죽일 살). 운동 야구에서, 야수가 타자 또는 주자를 아웃시키는[殺] 것을 도움[補].

보살[2] 菩薩 (보살 보, 보살 살). 불교 ①'보리살타'(菩提薩陀)의 준말. '지혜를 가진 자'라는 뜻의 산스크리트어 'Bodhisatva'의 한자 음역어. 부처에 버금가는 성인. ②'보살승'(菩薩僧)의 준말. ③'나이 많은 여신도'를 대접하여 이르는 말. ④'점쟁이'를 달리 이르는 말.

▸보살-계 菩薩戒 (경계할 계). 불교 대승(大乘)의 보살(菩薩)들이 받아 지니는 계율(戒律).

▸보살-도 菩薩道 (방법 도). 불교 ①불과(佛果)를 구하는 보살(菩薩)이 닦는 길[道]. ②'대승 불교'(大乘佛教)를 이르는 말.

▸보살-상 菩薩像 (모양 상). 불교 대승 불교에서, 상징적으로 보살(菩薩)을 상(像)으로 만든 것.

보:상[1] 報償 (갚을 보, 갚을 상). ① 속뜻 남에게 진 빚을 갚음[報=償]. ¶빌린 돈의 보상이 어렵게 됐다. ②어떤 것에 대한 대가로

갚음. ¶노고에 대해 보상을 받다. ③ 심리 정신적·신체적 결점이나 약점을 의식하였을 때 이것을 메우기 위한 고의적인 행동.

▸보:상-금 報償金 (돈 금). 보상(報償)으로 내놓는 돈[金]. ¶보상금을 지급하다.

보:상² 補償 (채울 보, 갚을 상). ① 속뜻 남에게 끼친 손해를 금전으로 보충(補充)하여 갚음[償]. ¶피해 보상 / 보상을 청구하다. ② 법률 국가 또는 공공 단체가 국민이 입은 재산상의 손해를 갚아 주는 일. ③ 심리 욕구 불만에 빠졌을 경우에 다른 행동을 통해 불만을 덮는 일. ㊥배상(賠償).

▸보:상-금 補償金 (돈 금). 법률 보상(補償)하는 돈[金]. ¶보상금을 받다.

▸보:상-점 補償點 (점 점). ① 속뜻 서로 보상(補償)을 해 주어 균형이 이루어지는 점(點). ② 식물 녹색 식물이 흡수하는 이산화 탄소의 양과 내보내는 산소의 양이 같을 때의 빛 세기. 녹색 식물의 생장에는 이것 이상의 강한 빛이 필요하다.

▸보:상-책 補償策 (꾀 책). 보상(補償)하는 방법[策].

보:색 補色 (도울 보, 빛 색). ① 속뜻 서로 도움[補]이 되는 색(色). ② 미술 섞었을 때 무채색이 되는 두 색. 또는 그 두 색의 관계를 이르는 말. 빨강과 청록의 관계 따위. ③ 심리 어떤 빛깔의 소극적 잔상(殘像)으로 나타나는 빛깔. ㊥반대색.

보:석¹ 步石 (걸음 보, 돌 석). ① 속뜻 걸어다니는[步] 길에 깔아놓은 돌[石]. ② 집채의 앞뒤에 오르내릴 수 있게 놓은 돌층계. ㊥디딤돌, 섬돌.

보:석² 保釋 (지킬 보, 풀 석). ① 속뜻 보증(保證)을 받고 풀어줌[釋]. ② 법률 일정한 보증금의 납부를 조건으로 구속의 집행을 정지하고 구금을 해제하여 구속된 피고인을 석방하는 제도. ¶그는 보석으로 풀려났다.

▸보:석-금 保釋金 (돈 금). 법률 보석(保釋)을 허가하는 경우에 내게 하는 보증금(保證金). '보석 보증금'(保釋保證金)의 준말.

▸보:석-원 保釋願 (바랄 원). 법률 보석(保釋)을 허가해 줄 것을 바라는[願] 내용의 신청. 또는 그 서류.

보:석³ 寶石 (보배 보, 돌 석). 보배[寶]로 쓰이는 광석(鑛石). ¶보석으로 온 몸을 치장하다. ㊥보옥(寶玉).

▸보:석-상 寶石商 (장사 상). 보석(寶石)을 사고파는 상인(商人).

보:선 保線 (지킬 보, 줄 선). 교통 열차의 운전에 지장이 없도록 철도 선로(線路)를 관리·보호하여 안전을 유지하고 수선하는 일[保].

보:세¹ 普世 (넓을 보, 세상 세). 넓은[普] 세상(世上). 온 세상.

보:세² 保稅 (지킬 보, 세금 세). 법률 관세(關稅)의 부과를 유보(留保)하는 일. 관세 부과를 미룸.

▸보:세-품 保稅品 (물건 품). 법률 수입 절차가 끝나지 않아 관세(關稅)의 부과가 미루어진[保] 상태에 있는 물품(物品).

▸보:세 가공 保稅加工 (더할 가, 장인 공). 경제 외국으로부터 수입한 원료를 관세(關稅)의 부과가 미루어진[保] 상태에서 가공(加工)하는 일.

▸보:세 공장 保稅工場 (장인 공, 마당 장). 경제 외국으로부터 수입한 물품을 관세(關稅)의 부과가 미루어진[保] 상태에서 제조, 가공할 수 있도록 허가된 공장(工場).

▸보:세 구역 保稅區域 (나눌 구, 지경 역). 경제 수입 화물을 관세(關稅)의 부과가 미루어진[保] 채로 놓아 둘 수 있는 지역[區域].

▸보:세 수입 保稅輸入 (나를 수, 들 입). 경제 관세(關稅)의 부과가 미루어진[保] 상태에서 행하는 수입(輸入). 수출용 상품의 원자재 수입 따위.

▸보:세 제:도 保稅制度 (정할 제, 법도 도). 경제 관세(關稅)의 부과를 미루는[保] 제도(制度). 제조하거나 가공하여 다시 수출할 목적으로 수입하는 원료와 반제품 따위에 시행한다.

▸보:세 창고 保稅倉庫 (곳집 창, 곳집 고). 경제 수입 화물을 관세(關稅)의 부과가 미루어진[保] 채로 놓아 둘 수 있는 창고(倉庫).

▸보:세 화:물 保稅貨物 (재물 화, 만물 물). 경제 수입 절차가 끝나지 않아 관세(關稅)의 부과가 미루어진[保] 상태에 있는 외국 화물(貨物).

▸보:세 가공 무:역 保稅加工貿易 (더할 가,

장인 공, 바꿀 무, 바꿀 역). 경제 관세(關稅)를 물지 않고[保] 수입한 원료를 가공(加工)하여 완제품으로 수출하는 무역(貿易).

보:속-음 保續音 (지킬 보, 이을 속, 소리 음). 음악 저음이나 임의의 성부에서 같은 음(音)을 길게 보전(保全)하여 지속(持續)하는 것. ⓑ지속음(持續音).

보:수¹ 步數 (걸음 보, 셀 수). 걸음[步]의 수(數). 거리를 대강 잴 때 사용한다. ¶보수를 세다 / 보수를 헤아리다.

보:수² 報酬 (갚을 보, 갚을 수). ① 속뜻 고마움에 보답(報答)하여 갚음[酬]. ② 일한 대가로 주는 돈이나 물품. 또는 그 금품. ¶직급이 올라가면 보수도 올라간다.

보:수³ 保守 (지킬 보, 지킬 수). ① 속뜻 전통을 보전(保全)하여 잘 지킴[守]. ② 전통을 옹호하고 유지하면서 새로운 변화를 추구함. ¶보수와 진보 세력이 하나로 뭉쳐서 급진주의자들을 몰아냈다. ⓑ진보(進步). ⓑ 급진(急步).

▸보:수-당 保守黨 (무리 당). 정치 보수주의(保守主義)를 정치상의 기본 방침으로 내세운 당파(黨派).

▸보:수-성 保守性 (성질 성). 보수적(保守的)인 경향이나 성질(性質).

▸보:수-적 保守的 (것 적). 보수(保守)의 경향이 있는 것[的]. ⓑ진보적(進步的), ⓑ 혁신적(革新的), 급진적(急進的).

▸보:수-파 保守派 (갈래 파). 보수주의(保守主義)를 지지하는 무리[派].

▸보:수-주의 保守主義 (주될 주, 뜻 의). 현재의 상태나 질서를 지켜나가고[保守] 점진적 개혁을 주장하는 사상이나 태도[主義]. ⓑ진보주의(進步主義), 혁신주의(革新主義).

보:수⁴ 補修 (기울 보, 고칠 수). 상하거나 부서진 부분을 기우고[補] 수리(修理)함. ¶도로를 보수하다.

▸보:수-비 補修費 (쓸 비). 보수(補修)하는 데 드는 돈[費]. ¶집을 수리하는 데 보수비가 많이 들었다.

보:수-계 步數計 (걸음 보, 셀 수, 셀 계). 걸을 때의 걸음[步]의 수(數)를 자동적으로 세는[計] 기계. ⓑ보측계(步測計), 측보기(測步器).

보:수-병 堡守兵 (작은성 보, 지킬 수, 군사 병). 보루(堡壘)를 지키는[守] 병사(兵士).

보:습 補習 (채울 보, 익힐 습). 교육 부족한 공부를 보충(補充)하여 학습(學習)함. ¶겨울 방학에 수학을 보습할 예정이다.

보:시¹ 布施 (베풀 보, 베풀 시). 불교 ① 타인에게 대가 없이 베풂[布=施]. ② 부처에게 공양하고 중이나 가난한 사람에게 물품을 주는 행위.

보:시² 普施 (넓을 보, 베풀 시). 불교 은혜 따위를 널리[普] 베풂[施].

보신¹ 補腎 (도울 보, 콩팥 신). 보약(補藥)을 먹어 콩팥[腎]을 튼튼하게 하여 정력을 높임.

보:신² 保身 (지킬 보, 몸 신). ① 속뜻 몸[身]을 안전하게 지킴[保]. ② 자신의 지위, 명성, 재물 등을 잃지 않으려고 약게 행동하는 일. ⓑ보신명(保身命).

▸보:신-술 保身術 (꾀 술). 위험으로부터 자기 몸[身]을 보호(保護)하기 위하여 익히는 기술(技術). 태권도나 유도 따위. ⓑ호신술(護身術).

▸보:신지책 保身之策 (어조사 지, 꾀 책). 자신(自身)을 지켜나가는[保] 방법[策]. ⓒ 보신책.

보:신³ 報身 (갚을 보, 몸 신). 불교 부처의 삼신(三身)의 하나. 수행을 쌓은 과보(果報)에 의하여 공덕(功德)이 갖추어진 몸[身].

▸보:신-불 報身佛 (부처 불). 불교 삼신불(三身佛)의 하나. 선행 공덕을 쌓은 보답(報答)으로 온몸[身]에 만덕(萬德)이 가득한 부처[佛].

보:신⁴ 補身 (채울 보, 몸 신). 보약이나 영양식품을 먹어서 몸[身]의 원기를 보충(補充)함. ¶꿀은 몸을 보신하는 데 좋다.

▸보:신-탕 補身湯 (끓을 탕). 몸[身]의 원기를 보충(補充)하는 탕국[湯]. '개장국'을 달리 이르는 말.

보:신-각 普信閣 (넓을 보, 믿을 신, 집 각). ① 속뜻 믿음[信]의 소리를 널리[普] 전하는 종각(鐘閣). ② 고적 서울 종로에 있는 종각. 조선 태조 4년(1395)에 건립되었다.

보:안¹ 保安 (지킬 보, 편안할 안). ① 속뜻 안전(安全)을 지킴[保]. ¶보안을 위해 출입을 통제하다. ② 사회의 안녕과 질서를 지키

는 일. ¶시내를 보안하기 위해 경찰들이 순찰하다.

▸보:안-관 保安官 (벼슬 관). 미국에서, 각 행정 구역 최소 단위 지역의 안전(安全)을 지키는[保] 민선(民選) 관리(官吏).

▸보:안-등 保安燈 (등불 등). 안전(安全)을 지키기[保] 위해 골목길 등에 설치해 놓은 전등(電燈).

▸보:안-림 保安林 (수풀 림). 농업 풍치(風致)를 재해로부터 안전(安全)하게 보존(保存)하기 위하여 국가에서 특별히 보호하는 숲[林]. ⓑ보존림(保存林).

▸보:안-법 保安法 (법 법). ① 속뜻 나라의 안전(安全)을 지키기[保] 위한 법(法). ② 법률 국가의 안전을 위태롭게 하는 반국가 활동을 규제하도록 제정한 법률. 국가의 안전과 국민의 생존 및 자유를 확보하기 위해 행한다. '국가 보안법'(國家保安法)의 준말.

▸보:안-회 保安會 (모일 회). 역사 대한 제국 때(1904) 국가와 백성을 안전(安全)하게 보호(保護)하자는 취지에서 결성한 단체[會]. 원세성(元世性)이 주도가 되었다.

▸보:안 경:찰 保安警察 (지킬 경, 살필 찰). 법률 사회와 국가의 안녕(安寧)을 유지하기[保] 위한 경찰(警察). ⓑ치안 경찰(治安警察).

▸보:안 처:분 保安處分 (처리할 처, 나눌 분). 법률 국민의 안전(安全)을 보호(保護)하기 위해 또 다른 범행을 할 위험이 있는 범죄자를 형벌 대신 교육이나 보호 따위를 하는 처분(處分).

보:안² 保眼 (지킬 보, 눈 안). 눈[眼]을 보호(保護)함. ¶보안을 위해 안경을 낀다.

▸보:안-경 保眼鏡 (거울 경). 눈[眼]을 보호(保護)하려고 쓰는 안경(眼鏡).

보:약 補藥 (도울 보, 약 약). 몸의 기력을 돕는[補] 약(藥). ¶밥이 보약이다. ⓑ보강제(補強劑).

보:양¹ 保養 (지킬 보, 기를 양). ① 속뜻 잘 보호(保護)하여 기름[養]. ② 몸을 편안하게 하여 건강을 잘 돌봄. ⓑ휴양(休養).

▸보:양-지 保養地 (땅 지). 보양(保養)하기에 알맞은 곳[地]. ¶이 도시는 겨울철 보양지로 유명하다.

보:양² 補陽 (채울 보, 볕 양). 한의 몸의 양기(陽氣)를 보충(補充)하는 일. ⓑ보음(補陰).

▸보:양-식 補陽食 (밥 식). 양기(陽氣)를 보충(補充)하는 데 효험이 있는 음식(飮食).

보:어 補語 (도울 보, 말씀 어). ① 속뜻 다른 성분을 도와주는[補] 말[語]. ② 언어 주어와 서술어만으로는 뜻이 완전하지 못한 문장에서 그 불완전한 곳을 보충하여 뜻을 완전하게 하는 수식어. 국어에서는 '되다', '아니다' 앞에 조사 '이', '가'를 취하여 나타나는 문장 성분을 말한다. '철수가 지도자가 되었다'의 '지도자가' 따위.

보:옥 寶玉 (보배 보, 옥돌 옥). 보배로운[寶] 옥(玉). ⓑ보석(寶石).

보:온 保溫 (지킬 보, 따뜻할 온). 주위의 온도에 관계없이 일정한 온도(溫度)를 유지하여 지킴[保]. ¶보온 효과가 뛰어나다.

▸보:온-병 保溫瓶 (병 병). 보온(保溫) 기능이 있는 병(瓶). ⓑ이중병(二重瓶).

▸보:온-재 保溫材 (재료 재). 건설 일정한 온도(溫度)를 유지하는[保] 데 쓰는 재료(材料). 열의 전도가 낮은 재료.

보:완 補完 (채울 보, 완전할 완). 모자라는 것을 보태서[補] 완전(完全)하게 함. ¶이 문제점을 보완해야 한다.

보:우 保佑 (지킬 보, 도울 우). 보호(保護)하고 도움[佑]. ¶하느님이 보우하사 우리나라 만세.

보원이덕 報怨以德 (갚을 보, 원망할 원, 써 이, 베풀 덕). ① 속뜻 원수[怨]를 은덕[德]으로[以] 갚음[報]. ② 원한을 덕으로 갚음. ¶보원이덕하는 마음으로 임하다.

보:위¹ 保衛 (지킬 보, 지킬 위). 보호(保護)하고 방위(防衛)함. ¶국가 보위에 관한 특별법.

보:위² 寶位 (보배 보, 자리 위). ① 속뜻 보배[寶]로운 자리[位]. ② 임금의 자리. ¶세자가 보위에 오르다. ⓑ왕위(王位).

보:유¹ 補遺 (채울 보, 잃어버릴 유). 빠진[遺] 것을 보태어 채움[補]. ¶빠진 곳을 보유하여 개정판을 냈다.

보:유² 保有 (지킬 보, 있을 유). 간직하고[保] 있음[有]. ¶핵무기를 보유하다.

▸보:유-미 保有米 (쌀 미). 가지고[保] 있는[有] 쌀[米]. ¶정부 보유미.

▸보:유-자 保有者 (사람 자). 어떤 것을 가지고[保] 있거나[有] 간직하고 있는 사람

[者]. ¶세계기록 보유자.

보:육 保育 (도울 보, 기를 육). 어린 아이들을 돌보아[保] 기름[育]. ¶아동 보육을 지원하다 / 보육 시설.

▸보:육-기 保育器 (그릇 기). 의학 미숙아나 출생 때 이상이 있는 아기를 넣어서 키우는[保育] 기기(機器). 온도, 습도, 산소 공급량 따위가 자동으로 조절된다. ⓑ인큐베이터(incubator).

▸보:육-원 保育院 (집 원). 부모나 보호자가 없는 아이들을 받아 기르는[保育] 집[院].

보:은 報恩 (갚을 보, 은혜 은). 은혜(恩惠)를 갚음[報]. ⓟ배은(背恩).

▸보:은 설화 報恩說話 (말씀 설, 이야기 화). 은혜(恩惠)에 보답(報答)하는 내용을 담은 설화(說話)의 한 유형.

보:음 補陰 (채울 보, 응달 음). 한의 몸의 음기(陰氣)를 더하는[補] 일. ⓑ양음(養陰).

보:응 報應 (갚을 보, 받을 응). 착한 일과 악한 일이 그 원인과 결과에 따라 대갚음[報]을 받음[應]. ¶사람은 그 모든 행실에 보응이 따른다.

보:인 保人 (도울 보, 사람 인). 역사 조선 때, 군에 직접 복무하지 않고 공물을 내어 군사 경영을 돕던[保] 병역 의무자[人].

보:인-자 保因者 (지킬 보, 인할 인, 사람 자). 의학 유전병이 겉으로 드러나지 않고 있지만 그 인자(因子)를 가지고[保] 있는 사람[者].

보:-인자 保因子 (지킬 보, 인할 인, 씨 자). 의학 유전병에 대한 유전 인자(因子)를 보유(保有)하고 있는 개체.

보:임 補任 (채울 보, 맡길 임). 어떤 직(職)에 보충(補充)하여 임명(任命)함.

보:자-력 保磁力 (지킬 보, 자석 자, 힘 력). ① 속뜻 자력(磁力)을 지니고[保] 있음. ② 물리 강자성체나 영구 자석(永久磁石)에 있어서 자기. 또는 다른 자석의 힘으로 자석을 약하게 하는 방향의 힘을 받아도 그에 저항하여 쇠를 끌어당기는 힘을 오랫동안 지니고 있는 힘.

보:장[1] 保障 (지킬 보, 막을 장). ① 속뜻 지켜주고[保] 막아줌[障]. ② 잘못될 만한 것을 맡아 책임짐. ¶안전 보장.

보:장[2] 寶藏 (보배 보, 감출 장). ① 속뜻 매우 소중하게[寶] 여겨 잘 간직[藏]하여 둠. ② 불교 부처의 미묘한 교법을 보배 창고에 비유하여 이르는 말.

*__보:전__[1] 保全 (지킬 보, 온전할 전). 온전하게[全] 잘 지킴[保]. ¶대한 사람 대한으로 길이 보전하세!

▸보:전 소송 保全訴訟 (하소연할 소, 송사할 송). 법률 강제 집행의 보전(保全)을 목적으로 하는 특별 민사 소송(訴訟) 절차. 가압류, 가처분 따위를 통틀어 이르는 말.

▸보:전 처:분 保全處分 (처리할 처, 나눌 분). 법률 채권자의 권리를 보전(保全)하기 위해 법원이 명하는 잠정적 처분(處分). 소송의 확정 또는 집행 전에 채무자가 재산을 은닉하거나 처분해 버리면 채권자의 권리를 얻을 수 없기 때문이다. 가압류나 가처분 따위.

보:전[2] 寶典 (보배 보, 책 전). ① 속뜻 보배[寶]같이 귀중한 법전(法典). ② 귀한 책.

보:전[3] 補塡 (채울 보, 메울 전). 부족한 부분을 보충(補充)하여 채움[塡]. ¶적자를 보전하다.

▸보:전 이:자 補塡利子 (이로울 리, 접미사 자). 경제 채무자가 채권자의 돈이나 곡물 따위를 이용한 대가로 내는[補塡] 돈이나 물건[利子].

보:정 補正 (채울 보, 바를 정). ① 속뜻 부족한 부분을 보태어[補] 바르게[正] 함. ② 물리 실험, 관측 또는 근삿값 계산 따위에서 결과에 포함된 외부적 원인에 의한 오차를 없애고 참값에 가까운 값을 구하는 것. ③ 법률 소장(訴狀)의 형식적 요인 따위에 결함이 있을 경우에 이를 정정하고 보충하는 일. ④ 수공 옷 가공에서 시침바느질한 옷을 입혀 보고 모자란 것을 보태고 잘못을 바로잡음.

보:제 補劑 (도울 보, 약제 제). ① 약학 주(主)가 되는 약의 작용을 돕거나[補] 부작용을 없애는 약제(藥劑). ② 한의 몸을 보하는 약제. ¶상감을 위해 보제를 조제하였다.

보:조[1] 步調 (걸음 보, 고를 조). ① 속뜻 걸음걸이[步]의 속도나 모양 따위의 상태[調]. ¶보조를 빨리 하다. ② 여럿이 함께 일을 할 때의 진행 속도나 조화. ¶보조를 맞추어

일하다.

보:조² 補助 (채울 보, 도울 조). ① 속뜻 보태어[補] 도움[助]. ¶학비를 보조하다. ② 주(主)가 되는 것에 상대하여 거들거나 도움. 혹은 그런 사람. ¶보조 동력.

▸**보:조-금** 補助金 (돈 금). 법률 정부나 공공 단체가 특정 산업의 육성이나 특정 시책의 장려를 위해 기업이나 개인에게 교부하는[補助] 돈[金]. ⓑ교부금(交付金).

▸**보:조-비** 補助費 (쓸 비). 국가나 공공 단체가 어떤 목적을 위해 무상으로 보태어 주는[補助] 돈[費]. ¶생활 보조비.

▸**보:조-역** 補助役 (부릴 역). 도와주는[補助] 역할(役割). 또는 그러한 구실을 하는 사람.

▸**보:조-원** 補助員 (사람 원). 도와주는[補助] 사람[員].

▸**보:조-익** 補助翼 (날개 익). 항공 으뜸날개를 돕는[補助] 역할의 날개[翼]. 으뜸날개 뒤쪽에 붙어서 항공기가 옆으로 흔들리지 않게 하며 방향을 바꿀 때 쓴다. ⓑ보조날개.

▸**보:조-인** 補助人 (사람 인). ① 속뜻 도와주는[補助] 사람[人]. ② 법률 형사 소송법에서 피고인 또는 피의자의 소송을 돕는 사람. ⓑ보조원(補助員).

▸**보:조-함** 補助艦 (싸움배 함). 군사 주력함을 도와주는[補助] 역할을 하는 배[艦]를 통틀어 이르는 말.

▸**보:조-항** 補助港 (항구 항). 주된 항구에 인접하여 그 항구의 부족한 점을 메워 돕는[補助] 역할을 하는 항구(港口).

▸**보:조 관념** 補助觀念 (볼 관, 생각 념). 문학 원관념의 뜻이나 분위기가 잘 드러나도록 비교나 비유를 통해 도와주는[補助] 관념(觀念).

▸**보:조 기관** 補助機關 (틀 기, 빗장 관). 법률 행정 관청에 딸려 그 직무를 보좌하는[補助] 기관(機關). 각 부의 차관이나 국장 등이 이에 속한다.

▸**보:조 단위** 補助單位 (홑 단, 자리 위). 물리 기본 단위만으로 재기에 너무 크거나 너무 작을 때 기본 단위를 세분하거나 몇 배로 늘려 보조(補助)로 사용하기 위한 단위(單位)로서 기본 단위가 미터·그램 따위인데 비하여 보조 단위는 km·mg 따위임.

▸**보:조 동:사** 補助動詞 (움직일 동, 말씀 사). 언어 본동사 뒤에서 그 풀이를 보조(補助)하는 동사(動詞). '감상을 적어 두다'의 '두다', '그는 학교에 가 보았다'의 '보다' 따위.

▸**보:조 어:간** 補助語幹 (말씀 어, 줄기 간). 언어 본어간의 뜻을 돕는[補助] 어간(語幹). 용언(用言)의 어간과 어미(語尾) 사이에서 놓인다. '보시다', '가겠다', '먹이다', '잡히다' 따위의 '-시-', '-겠-', '-이-', '-히-' 따위. ⓑ선어말어미(先語末語尾).

▸**보:조 용:언** 補助用言 (쓸 용, 말씀 언). 언어 본용언(本用言) 뒤에 놓여 그것의 뜻을 보조(補助)하는 역할을 하는 용언(用言). 보조 동사, 보조 형용사가 있다. '가지고 싶다'의 '싶다', '가게 되다'의 '되다' 따위.

▸**보:조 장부** 補助帳簿 (휘장 장, 문서 부). 경제 주요 장부의 내역을 설명하고 특정 거래에 대하여 상세히 기록하는[補助] 장부(帳簿). 금전 출납장, 매상장부 따위.

▸**보:조 정:리** 補助定理 (정할 정, 이치 리). 수학 어떤 정리(定理)를 증명하기 위해 설정되는 예비적이고 보조적(補助的)인 정리(定理). 이것을 증명한 다음에 본제(本題)의 정리를 증명한다.

▸**보:조 참가** 補助參加 (참여할 참, 더할 가). 법률 민사 소송에서 제삼자가 당사자의 한 쪽을 도울[補助] 목적으로 소송에 참가(參加)하는 일.

▸**보:조 화:폐** 補助貨幣 (돈 화, 돈 폐). 경제 본위 화폐를 보조(補助)하여 적은 액수를 거래할 때에 이용하는 돈[貨幣]. 금화를 본위로 하는 나라에서 은, 백동, 구리 따위로 보조 화폐를 만들어 쓴다. ㊟보조화.

▸**보:조 형용사** 補助形容詞 (모양 형, 얼굴 용, 말씀 사). 언어 본용언(本用言)과 연결되어 그것의 뜻을 보조(補助)하는 역할을 하는 형용사(形容詞). '먹고 싶다'의 '싶다', '예쁘지 아니하다'의 '아니하다' 따위.

▸**보조 기억 장치** 補助記憶裝置 (기록할 기, 생각할 억, 꾸밀 장, 둘 치). 컴퓨터에서 주기억 장치를 보완하여[補助] 쓰는 외부 기억 장치(記憶裝置). 플로피 디스크 장치, 하드디스크 장치, 자기 테이프 장치, 시디롬 따위.

보:-조사 補助詞 (도울 보, 도울 조, 말씀

사). 언어 체언, 부사, 활용 어미 따위에 붙어서 어떤 특별한 의미를 더해 주는[補] 조사(助詞). '은', '는', '도', '만', '까지', '마저', '조차', '부터' 따위. ㊥특수 조사(特殊助詞).

보:족 補足 (채울 보, 넉넉할 족). 모자라는 것을 보충(補充)하여 풍족(豐足)하게 함.

*__보:존__ 保存 (지킬 보, 있을 존). 잘 보호(保護)하고 간수하여 남김[存]. ¶이 식품은 장기간 보존할 수 있다.

▸보:존-비 保存費 (쓸 비). 어떤 물건을 잘 보호(保護)하고 간수하는[存] 데 드는 비용(費用).

▸보:존 과학 保存科學 (조목 과, 배울 학). 고적 물질의 구조와 재질을 밝혀 그 변화나 변질 또는 노화나 붕괴 따위를 막아 원래 상태를 보존(保存)하기 위한 방안을 연구하는 학문[科學]. 주로 문화재의 원상을 회복하고 그 상태를 유지하기 위한 목적에 이용한다.

▸보:존 등기 保存登記 (오를 등, 기록할 기). 법률 소유권을 보존(保存)하기 위한 등기(登記). 미등기된 부동산 물권 따위를 처음으로 등기부에 올리는 단계.

▸보:존 수역 保存水域 (물 수, 지경 역). 수산 연안국이 수산 자원의 보호(保護)하고 멸종되지 않도록[存] 하기 위해 공해(公海) 상에 설정하는 수역(水域).

▸보:존 식품 保存食品 (먹을 식, 물건 품). 공업 상하지 않게 오래 보존(保存)할 수 있도록 알맞게 가공한 식품(食品).

▸보:존 혈액 保存血液 (피 혈, 진 액). 의학 긴급 수혈에 대비하기 위해 혈액은행에서 항시 준비해 두고 있는[保存] 혈액(血液). ㊟보존혈.

보:졸 步卒 (걸음 보, 군사 졸). ① 속뜻 걸어 다니며[步] 싸우는 병졸(兵卒). ② 군사 소총이나 기관총 등을 가지고 육상에서 싸우는 육군이나 그 부대. ㊥보병(步兵).

보:좌[1] 寶座 (보배 보, 자리 좌). ① 속뜻 보배[寶]로운 자리[座]. ② 임금의 자리. ¶보좌에 오르다. ㊥옥좌(玉座).

보:좌[2] 補佐 (=輔佐, 도울 보, 도울 좌). 상관을 도와[補=佐] 일을 처리함. ¶대통령을 보좌하다. ㊥보필(輔弼), 익보(翼輔).

▸보:좌-관 補佐官 (벼슬 관). ① 속뜻 상관을 돕는[補佐] 일을 맡은 직책[官]. 또는 그런 관리. ② 군사 지휘관, 참모 또는 상급자의 모든 업무를 도와주는 임무를 맡은 장교.

▸보:좌-인 補佐人 (사람 인). 상관을 도와[補佐] 일을 처리하는 사람[人].

보:주[1] 補註 (채울 보, 주석 주). 주석(註釋)의 부족한 점을 보충(補充)함. 또는 그렇게 보충(補充)한 주해(註解).

보:주[2] 寶珠 (보배 보, 구슬 주). ① 속뜻 보배로운[寶] 구슬[珠]. ② 여의주(如意珠). ③ 건설 탑이나 석등 따위의 맨 꼭대기에 얹은 구슬 모양의 장식. ④ 불교 위가 뾰족하고 좌우 양쪽과 위에 불꽃 모양의 장식을 단 구슬.

보:중 保重 (지킬 보, 무거울 중). 건강을 소중(所重)하게 잘 지킴[保].

보:증 保證 (지킬 보, 증명할 증). 어떤 사물이나 사람에 대하여 책임지고[保] 틀림이 없음을 증명(證明)함. ¶그 사람은 내가 보증한다 / 보증을 서다.

▸보:증-금 保證金 (돈 금). ① 속뜻 보증(保證)하는 의미로 내는 돈[金]. ② 법률 일정한 채무의 담보로 미리 채권자에게 주는 돈. ②입찰 또는 계약을 맺을 때에 계약 이행의 담보로써 납입하는 돈.

▸보:증-서 保證書 (글 서). 법률 사람이나 사물에 대해 책임지고[保] 증명(證明)하는 내용을 담은 서류(書類).

▸보:증-인 保證人 (사람 인). 법률 신분이나 경력이 틀림없다고 책임지고[保] 증명(證明)하는 사람[人]. ㊥증인(證人).

▸보:증 계:약 保證契約 (맺을 계, 묶을 약). 법률 채무자가 빚을 갚지 못하면 대신 자기가 갚겠다고 책임지고 보증(保證)하는 내용으로 채권자와 맺는[契約] 것.

▸보:증 보:험 保證保險 (지킬 보, 험할 험). 경제 ① 관청이나 회사에 사용인의 부정행위로 생기는 손해를 보호해주기로 책임지고 보증(保證)하는 보험(保險). ② 청부 공사나 물품 납입에서 낙찰자가 계약을 체결하지 아니하거나 계약 후에 그것을 이행하지 아니할 때에 주문자가 입는 손해를 보전하는 보험.

▸보:증 사채 保證社債 (회사 사, 빚 채). 경제 발행 회사가 아닌 다른 기관이 사채의 원금상환과 이자의 지급을 책임지고 보증

(保證)하는 사채(社債).

▸보:증 수표 保證手票 (손 수, 쪽지 표). 경제 ① 지급이 확실하게 된다는 것을 책임지고[保] 증명(證明)하는 의미의 수표(手票). 자기앞 수표. ② 은행에 제시하여 지급 보증을 받은 수표.

▸보:증 준:비 保證準備 (고를 준, 갖출 비). 경제 은행권 발행의 보증(保證)으로서 국채나 상업 어음 또는 다른 유가 증권을 준비(準備)하는 일. 또는 그렇게 준비된 증권.

▸보:증 채:권 保證債權 (빚 채, 권리 권). 경제 보증 채무(保證債務)에 대한 채권(債權).

▸보:증 채:무 保證債務 (빚 채, 일 무). 채무자가 채무를 이행하지 못할 경우에 보증인이 책임지고[保證] 되갚는[債] 의무(義務). ⓑ보증 책임(保證責任).

▸보:증 책임 保證責任 (꾸짖을 책, 맡길 임). 채무자가 채무를 이행하지 못할 경우에 보증인이 책임지고[保證] 되갚는[債] 의무[任]. ⓑ보증 채무(保證債務).

보:지 保持 (지킬 보, 지킬 지). 온전하게 잘 지켜나감[保=持].

보:직 補職 (채울 보, 일 직). 어떤 직무(職務)를 맡김[補]. 또는 그 직책.

보:-집합 補集合 (채울 보, 모일 집, 합할 합). 수학 전체 집합에 속한 특정한 부분집합에 속하지 않는 나머지 요소로 보충(補充)되는 집합(集合). '여집합'(餘集合)의 옛 용어.

보:철 補綴 (채울 보, 꿰맬 철). ① 속뜻 부족한 것을 보충(補充)하여 묶음[綴]. ② 해어진 곳을 깁고 꿰맴. ③ 글귀를 여기저기서 따 모아서 시나 글을 지음. ④ 의학 이가 상한 곳을 고치어 바로잡고 깁거나 여러 가지 재료로 이를 만들어 박는 일.

보:첩 譜牒 (적어놓을 보, 문서 첩). 한 가문의 족보(族譜)를 기록한 문서[牒]. ⓑ족보(族譜).

보:청-기 補聽器 (도울 보, 들을 청, 그릇 기). 의학 청력이 약하여 잘 들리지 않는 것을 잘 들리도록[聽] 도와주는[補] 기구(器具). 소형 마이크 따위를 이용하여 소리를 모으거나 증폭하여 잘 들리게 한다. ¶할머니는 보청기를 사용하신다. ⓑ청화기(聽話器).

보:체[1] 補體 (도울 보, 몸 체). 의학 동물의 혈청 가운데 있으면서 항체(抗體)의 작용을 보완(補完)하는 물질[體]을 총체적으로 이르는 말.

보:체[2] 寶體 (보배 보, 몸 체). ① 속뜻 귀중한[寶] 몸[體]. ② 편지 글에서 상대편을 높여 이르는 말.

보:초 步哨 (걸음 보, 망볼 초). ① 속뜻 걸어 다니며[步] 망을 봄[哨]. ② 군사 부대의 경계선이나 각종 출입문에서 경계와 감시의 임무를 맡은 병사. ¶보초를 서다. ⓑ보초병(步哨兵).

▸보:초-망 步哨網 (그물 망). 군사 효과적인 경계와 감시를 위해 펼쳐 놓은 보초(步哨)의 조직과 체계[網].

▸보:초-병 步哨兵 (군사 병). 군사 보초(步哨)를 맡은 병사(兵士). ⓑ파수병(把守兵).

보:충 補充 (채울 보, 채울 충). ① 속뜻 부족한 것을 보태어[補] 채움[充]. ¶영양을 보충하다. ② 법률 백지 어음의 모자란 부분을 채워서 완전한 형태를 갖추는 일. ⓑ충보(充補).

▸보:충-권 補充權 (권리 권). 법률 ① 백지 어음에 갖추어야 할 사항을 보충(補充)하여 완전한 어음을 작성해서 서명자의 의무를 발생하게 하는 권리(權利). ② 임의 채권에서 채권자 또는 채무자가 본래의 급분을 다른 급부로 바꿀 수 있는 권리. ⓑ대용권(代用權).

▸보:충-대 補充隊 (무리 대). 군사 ① 군 편제에서 모자라는 병사를 보충(補充)하기 위해 설치한 부대(部隊). ② 배속 근무 명령을 받기 전의 장병을 수용하는 부대.

▸보:충-병 補充兵 (군사 병). 군사 ① 군 편제에서 모자라는 인원을 보충(補充)하기 위해 배정된 병사(兵士). ② 예전에 보충 병역에 소속되었던 군인.

▸보:충-역 補充役 (부릴 역). 군사 전쟁에서 현역병이 부족할 때, 이를 보충(補充)하기 위해 모아 교육하는 병역(兵役).

▸보:충-적 補充的 (것 적). 보충(補充)이 될 만한 것[的].

▸보:충 수업 補充授業 (줄 수, 일 업). 교육 일반 교과 과목의 학습 기초가 부족한 학생에게 보충(補充)하여 실시하는 수업(授業).

보:측 步測 (걸음 보, 잴 측). 걸음걸이[步]로 거리를 잼[測]. 걸음짐작.

▸보:측-계 步測計 (셀 계). 걸음[步] 수를 재어[測] 거리를 계산(計算)함. 또는 그런 기계. [비]계보기(計步器).

보:칙 補則 (채울 보, 법 칙). 법령의 기본 규정을 보충(補充)하고자 만든 규칙(規則).

보:탑 寶塔 (보배 보, 탑 탑). ① [속뜻] 보배[寶]로 장식한 탑(塔). ②미술적 가치가 있는 탑. ③절의 탑을 높여 이르는 말. ④ [불교] 묘법연화경에서 다보여래를 안치한 탑을 이르는 말.

보:태 補胎 (도울 보, 아이 밸 태). 임신한 여자의 태반(胎盤)에 원기를 더하여[補] 줌.

보:토 補土 (채울 보, 흙 토). 패어서 우묵하게 된 곳에 흙[土]을 채워[補] 메움.

보:통 普通 (넓을 보, 통할 통). ① [속뜻] 널리[普] 통(通)함. ②특별하지 않고 흔히 볼 수 있어 평범함. 또는 뛰어나지도 열등하지도 않은 중간 정도. ¶내 키는 보통이다. [비]통상(通常).

▸보:통-례 普通禮 (예도 례). 허리를 굽혀 보통(普通)의 예도(禮度)로 하는 인사.

▸보:통-석 普通席 (자리 석). 특별히 마련한 자리가 아닌, 보통(普通) 사람들이 앉도록 마련한 자리[席]. [비]일반석(一般席).

▸보:통-세 普通稅 (세금 세). [법률] 지방 자치 단체가 일반[普通] 경비로 쓰려고 매기는 조세(租稅).

▸보:통 교:육 普通教育 (가르칠 교, 기를 육). [교육] 국민 또는 사회인으로서 갖추어야 할 기초적인[普通] 지식과 교양을 기르는 교육(教育).

▸보:통 명사 普通名詞 (이름 명, 말씀 사). [언어] 사물을 부를 때 두루[普] 쓰이는[通] 명사(名詞). '강', '버스', '책상' 따위. [비]두루이름씨.

▸보:통 선:거 普通選擧 (고를 선, 들 거). [정치] 두루[普] 참가하는[通] 선거(選擧) 제도. 재산·신분·성별·교육 정도 따위의 제한을 두지 않고, 성년에 도달하면 누구에게나 선거권이 주어진다. [반]제한 선거(制限選擧).

▸보:통 열차 普通列車 (줄 렬, 수레 차). [교통] 속도가 특별히 빠르지 않은 보통(普通)의 열차(列車). [반]특급 열차(特急列車).

▸보:통 예:금 普通預金 (맡길 예, 돈 금). [경제] 제한이 없이 널리[普通] 쓸 수 있는 예금(預金). 예입과 인출을 수시로 자유로이 할 수 있다. [비]소구 당좌 예금.

▸보:통 우편 普通郵便 (우송할 우, 편할 편). [통신] 일반적으로[普通] 취급하는 우편(郵便). [반]특수우편(特殊郵便).

▸보:통 작물 普通作物 (지을 작, 만물 물). [농업] 사람이나 동물의 식용이 되는 일반적인[普通] 농작물(農作物).

▸보:통 존칭 普通尊稱 (높을 존, 일컬을 칭). [언어] 인칭 대명사에서 예사로[普通] 높여[尊] 이르는[稱] 말. '당신', '그대', '노형', '이분', '저분' 따위.

보:편 普遍 (넓을 보, 두루 편). ① [속뜻] 널리[普] 두루 미침[遍]. ②모든 것에 공통되거나 들어맞음. 또는 그런 것. ③ [논리] 개별적인 사물과는 달리 '책상', '사람', '아름다움'과 같은 일반적인 명사에 의하여 지칭되는 대상. ④ [철학] 우주나 존재의 전체에 관계됨. 또는 그런 것. [비]일반(一般). [반]특수(特殊).

▸보:편-론 普遍論 (논의할 론). [철학] 특수보다 보편적(普遍的)인 것을, 개체보다 전체를 중요하게 여기는 이론(理論).

▸보:편-성 普遍性 (성질 성). 모든 것에 두루[普] 미치거나[遍] 통하는 성질(性質). [비]일반성(一般性).

▸보:편-적 普遍的 (것 적). 두루[普] 널리 미치는[遍] 것[的]. ¶인터넷의 보급은 보편적인 추세이다. [비]일반적(一般的).

▸보:편-화 普遍化 (될 화). ① [속뜻] 널리[普] 일반인에게 퍼지게[遍] 됨[化]. ¶컴퓨터는 점차 보편화되었다. ② [논리] 특수한 것에서 보편적인 개념, 법칙을 만들어 내는 일. [비]일반화(一般化).

▸보:편-주의 普遍主義 (주될 주, 뜻 의). [철학] 모든 개별적 사물의 밑바탕은 보편적 일반성이 지배하고 있으므로 개별적 현상보다는 보편(普遍)이 참된 실재라고 보는 사상이나 태도[主義].

▸보:편타당-성 普遍妥當性 (온당할 타, 마땅 당, 성질 성). [철학] ①개인적이며 주관적인 사고나 지각과 관계없이 모든[普遍] 사고나 인식에 맞는[妥當] 성질(性質). ②한

명제가 모든 사물에 일반적·필연적으로 통하는 성질.

보:폭 步幅 (걸음 보, 너비 폭). 걸음[步]의 너비[幅]. 걸음을 걸을 때 앞발 뒤축에서 뒷발 뒤축까지의 거리. ¶그는 보폭이 크다.

보:표 譜表 (적어놓을 보, 겉 표). 음악 악보(樂譜)에 음표나 쉼표를 적는 선을 그린 것[表]. ⓑ오선(五線).

보:필[1] 補筆 (채울 보, 붓 필). 문장이나 서화 따위에서 덜 된 곳에 붓[筆]을 더하여[補] 써넣거나 또는 그려 넣거나 함. ¶스승님께서 그림에 보필하였다.

보:필[2] 輔弼 (도울 보, 도울 필). 윗사람의 일을 도움[輔=弼]. 또는 그런 사람. ¶대통령을 보필하다.

보:학 譜學 (적어놓을 보, 배울 학). 족보(族譜)에 관한 지식이나 학문(學問).

보:한-집 補閑集 (채울 보, 한가할 한, 모을 집). 문학 고려 때, 최자가 이인로의 『파한집』(破閑集)을 보충(補充)한 수필체의 시화들을 모아 엮은[集] 책.

보:합[1] 步合 (걸음 보, 합할 합). ① 속뜻 합산(合算)을 함[步]. ② 수학 어떤 수량의 다른 수량에 대한 비율의 값. 예를 들어 5원의 100원에 대한 보합은 0.05이다. 보합에서는 0.1을 1할, 0.01을 1푼, 0.001을 1리, 0.0001을 1모라 이른다.

▸보:합-산 步合算 (셀 산). 수학 기준량·원금과 비율·기간 등을 통하여 비교하는 양이나 이자, 합계액, 잔액 따위를 산출하는[步合] 방법이나 셈[算]. ⓑ백분산(百分算).

보:합[2] 保合 (지킬 보, 합할 합). ① 속뜻 현 상태를 보전(保全)하는 데 뜻을 합(合)침. ② 경제 시세가 거의 변동 없이 계속되는 일.

▸보:합-세 保合勢 (형세 세). 거의 변동 없이 그대로 유지되는[保合] 시세(市勢). '보합장세'(保合場勢)의 준말.

보:행 步行 (걸음 보, 다닐 행). 걸어[步] 다님[行]. ¶인간은 직립 보행한다.

▸보:행-객 步行客 (손 객). 걸어 다니는[步行] 사람[客]. ¶낯선 보행객이 사립문 안으로 들어섰다.

▸보:행-기 步行器 (그릇 기). 유아에게 걸음[步行]을 익히게 하는 데 쓰는 바퀴 달린 기구(器具).

▸보:행-인 步行人 (사람 인). 걸어 다니는[步行] 사람[人]. ⓑ보행자(步行者).

▸보:행-자 步行者 (사람 자). 걸어 다니는[步行] 사람[者]. ¶보행자 전용 도로. ⓑ보행인.

▸보:행 기관 步行器官 (그릇 기, 벼슬 관). 동물 동물이 걸어서[步] 이동하는[行] 데 사용하는 운동 기관(器官).

보:험 保險 (지킬 보, 험할 험). ① 속뜻 각종 위험(危險)으로 인한 손해를 지켜[保] 줌. ② 경제 사고나 질병 따위로 생긴 손해를 보상하기 위해, 금융기관이나 회사와 개인 간에 맺는 계약이나 제도. ¶국민의료보험 / 보험에 들다.

▸보:험-금 保險金 (돈 금). 경제 보험 사고가 생겼을 때, 보험 회사가 보험(保險)에 든 사람에게 지불하는 돈[金]. ¶사망할 경우 1억 원의 보험금을 받는다.

▸보:험-료 保險料 (삯 료). 경제 보험(保險)에 가입한 사람이 보험자에게 내는 일정한 돈[料].

▸보:험-업 保險業 (일 업). 경제 보험(保險) 경영을 목적으로 하는 사업(事業).

▸보:험-자 保險者 (사람 자). 경제 보험 계약에 따라 피보험자에게 보험금을 지급할 의무를 지고 보험료(保險料)를 받을 권리를 가지는 사람[者].

▸보:험 가격 保險價格 (값 가, 이를 격). 경제 보험(保險)에 들 목적물을 돈으로 평가한 가격(價格). ⓑ보험 가액(保險價額).

▸보:험 계:약 保險契約 (맺을 계, 묶을 약). 경제 보험자인 보험 회사와 피보험자인 가입자 사이에 맺는 보험료(保險料)나 보험금(保險金) 등에 관한 계약(契約).

▸보:험 약관 保險約款 (묶을 약, 항목 관). 경제 보험자가 미리 정해 놓은 보험(保險) 계약에 관한 여러 가지 조항[約款].

보:현십원-가 普賢十願歌 (넓을 보, 어질 현, 열 십, 바랄 원, 노래 가). 문학 고려 때 균여가 보현(普賢) 보살의 열[十] 가지 서원(誓願)을 찬미하며 지은 향가(鄕歌).

보:혈[1] 寶血 (보배 보, 피 혈). ① 속뜻 귀한[寶] 피[血]. 기독교 인류의 죄를 구속(救贖)하기 위해 예수가 십자가에 못 박혀 흘린 피.

보:혈[2] 補血 (채울 보, 피 혈). ① 속뜻 피[血]

를 보충(補充)해 줌. ② 한의 약을 먹어서 몸의 조혈 작용(造血作用)을 도움.

▸보:혈-제 補血劑 (약제 제). 약학 조혈[補血] 작용을 돕는 약[劑]. 빈혈(貧血)을 예방하고 치료한다.

⁑보:호 保護 (지킬 보, 돌볼 호). 위험 따위로부터 지켜주고[保] 돌보아줌[護]. ¶환경을 보호하다.

▸보:호-국 保護國 (나라 국). 정치 다른 나라로부터 안전을 보호(保護)받는 나라[國]. 보호 조약에 따라 외교나 군사 등에 제한을 받는다. '피보호국'의 준말. ¶을사조약으로 조선은 일본의 보호국이 되었다.

▸보:호-림 保護林 (수풀 림). 나라에서 지정하여 보호(保護)하는 숲[林]. 재해 예방, 풍치 보존이나 학술 연구 및 동식물 보호 등이 목적이다.

▸보:호-색 保護色 (빛 색). 동물 다른 동물의 공격과 같은 위험한 상황에서 자신의 몸을 보호(保護)하기 위해 주변과 비슷하게 바뀌는 몸의 색깔[色]. ¶카멜레온은 여러 가지 보호색이 있다. ⓑ은닉색(隱匿色), 은폐색(隱蔽色).

▸보:호-수 保護樹 (나무 수). 나라에서 지정하여 보호(保護)하는 나무[樹]. 풍치의 보존, 학술 연구, 번식 등이 목적이다.

▸보:호-자 保護者 (사람 자). ① 속뜻 환자나 노약자 등 약한 처지에 있는 사람을 보호(保護)하는 사람[者]. ② 법률 미성년자에 대하여 친권을 행사할 수 있는 사람. ¶어린이는 보호자를 동반하십시오.

▸보:호-조 保護鳥 (새 조). 법률 나라에서 지정하여 보호(保護)하는 새[鳥]. 천연 기념물, 학수 연구 등이 목적이며, 크낙새, 딱따구리 따위가 그러하다.

▸보:호 관세 保護關稅 (빗장 관, 세금 세). 법률 국내 산업을 보호(保護)하기 위해 자국 상품과 경쟁하는 수입품에 대하여 부과하는 관세(關稅). ㊟보호세.

▸보:호 관찰 保護觀察 (볼 관, 살필 찰). 법률 보호 처분(保護處分)을 받은 소년이나 가출소한 범죄자 등에게 일정한 준수 사항을 지키게 하여 보호(保護)하고 그 행동을 관찰(觀察)하면서 지도하는 일.

▸보:호 무:역 保護貿易 (바꿀 무, 바꿀 역). 경제 정부가 자국의 산업을 보호(保護)하기 위해 제한을 두는 무역(貿易). ¶미국은 보호 무역 조치를 철회하라고 압박했다. ㊟관리(管理) 무역, 자유(自由) 무역.

▸보:호세-율 保護稅率 (세금 세, 비율 률). 법률 보호 관세(保護關稅)에 적용되는 세율(稅率).

▸보:호 수역 保護水域 (물 수, 지경 역). 수산 수산 자원의 보호(保護)를 위해 지정한 구역[水域]. 어업을 제한한다.

▸보:호 정치 保護政治 (정사 정, 다스릴 치). 정치 다른 나라의 보호(保護)를 받으며 행하는 정치(政治).

▸보:호 조약 保護條約 (조목 조, 묶을 약). 법률 국제법상 보호(保護) 관계를 맺는 조약(條約). 한 나라가 다른 나라를 자기의 보호 아래 두고 그 나라의 외교 또는 내정 등을 간섭한다.

▸보:호 조치 保護措置 (놓을 조, 둘 치). 법률 경찰관이 보호(保護)를 위해 행동이 수상한 사람, 길 잃은 아이, 정신병자, 술취한 사람 등을 경찰 기관이나 병원에 인도하는 조치(措置).

▸보:호-주의 保護主義 (주될 주, 뜻 의). 경제 자국의 산업을 보호(保護)하기 위해 국가가 수입에 여러 가지 제한을 두는 사상이나 태도[主義]. '보호 무역주의'(保護貿易主義)의 준말.

▸보:호 처:분 保護處分 (처리할 처, 나눌 분). 법률 상습범이나 심신 장애자, 마약이나 알코올 중독자들이 다시 죄를 짓지 않도록 적당한 단체나 보호자에게 위탁하여 새생활을 할 수 있도록 보호(保護)하고 교화하는 처분(處分).

보:화 寶貨 (보배 보, 재물 화). 보물[寶]과 화폐[貨幣]. ¶왕궁 안의 보화를 노략질하였다. ⓑ보물(寶物), 보배.

보:훈 報勳 (갚을 보, 공훈 훈). 나라를 위해서 세운 공훈(功勳)에 보답(報答)함. ¶국가로 부터 보훈 혜택을 받다.

복각[1] 伏角 (엎드릴 복, 모서리 각). ① 속뜻 엎드린[伏] 상태에서 이루어진 각(角). ② 물리 지구 위의 임의의 지점에 놓은 자침의 방향이 수평면과 이루는 각. ¶적도에서 복각은 0도이다. ⓑ경각(傾角).

복각[2] 復刻 (=覆刻, 되돌릴 복, 새길 각). 한

번 새긴 책판을 본보기로 삼아 그 내용을 다시[復] 새기는[刻] 일. 또는 그 판. ⓑ번각(翻刻).

▸복각-본 復刻本 (책 본). 출판 복각판(復刻板)으로 펴낸 책[本]. ⓑ번각본(翻刻本), 번본(翻本).

복간 復刊 (되돌릴 복, 책 펴낼 간). 출판 간행을 중지하였거나 폐지하였던 간행물을 다시[復] 간행(刊行)함. ¶이 잡지는 해방 후 복간되었다.

복강 腹腔 (배 복, 빈 속 강). 의학 척추동물의 배[腹] 부분의 빈[腔] 공간. 위, 장, 간장, 췌장, 신장, 방광, 자궁 등이 들어있다.

▸복강 동:맥 腹腔動脈 (움직일 동, 줄기 맥). 의학 위, 장, 간장, 췌장, 신장, 방광, 자궁 등 복강(腹腔)을 순환하는 동맥(動脈).

복개 覆蓋 (덮을 복, 덮을 개). ① 속뜻 뚜껑을 덮음[覆=蓋]. 덮개. ② 건설 하천에 덮개 구조물을 씌워 겉으로 보이지 않도록 함. 또는 그 덮개 구조물. ¶하천을 복개하다.

복거 卜居 (점칠 복, 살 거). 좋은 땅을 점쳐[卜] 찾아서 그 곳에 삶[居]. 살 곳을 점쳐 찾음. ⓑ복지(卜地).

복걸 伏乞 (엎드릴 복, 빌 걸). 엎드리어[伏] 빎[乞]. 간절하게 빎. ¶애걸복걸(哀乞伏乞).

복고 復古 (되돌릴 복, 옛 고). 과거의[古] 모양, 정치, 사상, 제도, 풍습 따위로 되돌아감[復]. ¶왕정(王政)을 복고하다.

▸복고-적 復古的 (것 적). 과거의 사상이나 전통으로 되돌아가려는[復古] 것[的]. ¶복고적인 분위기가 문학계를 주도하였다.

▸복고-조 復古調 (가락 조). 새로운 풍조에 대하여 과거[古]로 되돌아가려는[復] 경향이나 풍조(風調).

▸복고-주의 復古主義 (주될 주, 뜻 의). 과거[古]의 체제나 풍습으로 되돌아가려는[復] 태도[主義]. ¶복고주의 패션.

복-관세 複關稅 (겹칠 복, 빗장 관, 세금 세). 법률 같은 품목에 대하여 여러 기준을 겹쳐서[複] 정하는 관세(關稅). 종가세(從價稅)와 종량세(從量稅)를 함께 적용하는 것이 그렇다. ⓑ혼합 관세(混合關稅).

복-관절 複關節 (겹칠 복, 빗장 관, 마디 절). 의학 둘[複] 이상의 뼈로 구성된 관절(關節). 팔꿈치 관절 따위. ⓟ단관절(單關節).

복교 復校 (되돌릴 복, 학교 교). 휴학이나 정학 중이던 학생이 그 학교(學校)로 되돌아감[復]. ⓑ복학(復學).

복구 復舊 (되돌릴 복, 옛 구). 파괴된 것을 예전[舊]의 본래 상태대로 되돌림[復]. ¶피해 지역을 복구하다.

▸복구-공사 復舊工事 (장인 공, 일 사). 파괴된 것을 예전[舊]의 본래 상태대로 되돌리는[復] 공사(工事). ¶장마가 와서 복구공사가 차질을 빚었다.

복-굴절 複屈折 (겹칠 복, 굽힐 굴, 꺾을 절). 물리 입사한 빛의 파장이 같더라도 굴절률이 달라 빛이 여럿[複]으로 굴절(屈折)되는 현상. ⓑ중굴절(重屈折). ⓒ단굴절(單屈折).

복권¹ 復權 (되돌릴 복, 권리 권). 법률 유죄나 파산 사고로 잃어버렸던 권리(權利)나 자격 등을 되찾음[復].

복권² 福券 (복 복, 문서 권). ① 속뜻 복(福)을 가져다주는 증서[券]. ② 번호나 그림 따위의 특정 표시를 기입한 표(票). 추첨 따위를 통하여 일치하는 표에 대해서 상금이나 상품을 준다. ¶복권이 당첨되다.

복궤 複軌 (겹칠 복, 바퀴자국 궤). 교통 ① '복선 궤도'(複線軌道)의 준말. ② 복궤 철도(複軌鐵道). ⓟ단궤(單軌).

▸복궤 철도 複軌鐵道 (쇠 철, 길 도). 교통 복선 궤도(複線軌道) 위를 운행하는 철도(鐵道). ⓒ복궤. ⓟ단궤 철도(單軌鐵道).

복귀 復歸 (되돌릴 복, 돌아갈 귀). 본디의 자리나 상태로 되돌리거나[復] 돌아감[歸]. ¶부대로 복귀하다.

복극 復極 (되돌릴 복, 끝 극). 물리 전지나 전기 분해에서 원래의 전류와 반대방향으로 전력이 흐르는 분극(分極)을 제거해 원래의 전동력으로 되돌리는[復] 일. ⓑ소극(消極).

▸복극-제 復極劑 (약제 제). 전지의 분극(分極)으로 전동력이 약해지는 것을 되돌리기[復] 위해 쓰는 약제(藥劑). ⓑ소극제(消極劑).

복근¹ 腹筋 (배 복, 힘줄 근). 의학 배[腹]에 붙어 있는 근육(筋肉). 몸을 전후좌우로 굽히고 돌리는 것 외에 호흡 운동의 일부 작용을 맡고 있으며, 배뇨·배변·분만 때 배의 압력을 높이는 역할을 한다. ¶복근 운동. ⓑ복벽근(腹壁筋).

▸복근-력 腹筋力 (힘 력). 배[腹]에 있는 근육(筋肉)의 힘[力]. ¶복근력 운동.

복근[2] **複筋** (겹칠 복, 힘줄 근). 건설 철근 콘크리트 구조물에서 두[複] 개 이상으로 된 철근(鐵筋). ⓑ복철근(複鐵筋).

복기 復棋 (되돌릴 복, 바둑 기). 운동 바둑에서, 한 번 두고 난 바둑의 판국을 비평하기 위해 두었던 대로 다시[復] 처음부터 바둑[棋]을 놓아 봄.

복당 復黨 (되돌릴 복, 무리 당). 당에서 탈당하였거나 제명당했던 사람이 다시[復] 원래 있던 당(黨)에 들어감.

복대 腹帶 (배 복, 띠 대). 태아의 위치를 고정시키기 위해 임부의 배[腹]에 감는 띠[帶].

복-대리 複代理 (겹칠 복, 대신할 대, 다스릴 리). 법률 대리인이 자기가 대리할 권리의 전부나 일부를 다시[複] 다른 사람에게 대신(代身) 처리(處理)하게 함. 또는 그런 일을 대리하는 사람.

▸복대리-인 複代理人 (사람 인). 법률 복대리(複代理)를 위임받은 사람[人].

복덕 福德 (복 복, 베풀 덕). ① 불교 선행의 과보(果報)로 받는 복(福)과 공덕(功德). ② 타고난 복과 후덕한 마음. ¶복덕을 갖추다.

▸복덕-방 福德房 (방 방). ① 속뜻 복(福)을 짓고 덕(德)을 쌓는 방(房). ② 가옥이나 토지 같은 부동산을 매매하는 일이나 임대차를 중계하여 주는 곳. ¶복덕방에서 집을 알아보다. ⓑ부동산 중개소(不動産仲介所).

*__복도 複道__ (겹칠 복, 길 도). ① 속뜻 건물과 건물 사이에[複] 지붕을 씌워 만든 통로[道]. ② 건물 안에서 각 방을 이어주는 통로. ¶복도를 따라 교실로 들어가다. ⓑ각도(閣道), 낭요(廊腰), 낭하(廊下), 보랑(步廊).

복도-지 複圖紙 (겹칠 복, 그림 도, 종이 지). 설계도, 지도(地圖) 따위의 위에 겹쳐놓고[複] 모사하는 데 쓰는 얇은 종이[紙].

복락 福樂 (복 복, 즐길 락). 행복(幸福)과 즐거움[樂]. ¶복락을 누리다.

복록[1] **復祿** (되돌릴 복, 녹봉 록). 원래의 봉록(俸祿)을 다시[復] 받게 되는 일.

복록[2] **福祿** (복 복, 녹봉 록). ① 속뜻 타고난 복(福)과 벼슬아치의 봉록(俸祿). ② '행복하고 넉넉한 삶'을 이르는 말. ¶복록을 빌다.

복룡 伏龍 (숨길 복, 용 룡). ① 속뜻 숨어 있는[伏] 용(龍). ② '은거하여 세상에 나오지 않은 재사(才士)나 준걸'을 이르는 말. ¶재갈량이라는 복룡을 찾아갔다. ⓑ와룡(臥龍).

복리[1] **福利** (복 복, 이로울 리). 행복(幸福)과 이익(利益)을 아울러 이르는 말. ¶국민의 복리를 증진하다.

▸복리 국가 福利國家 (나라 국, 집 가). 정치 국민의 행복(幸福)과 이익(利益)을 위해 여러 정책을 펴는 국가(國家). ⓑ복지 국가(福祉國家). ⓒ야경 국가(夜警國家), 직능 국가(職能國家).

▸복리 시:설 福利施設 (베풀 시, 세울 설). 사회 국민의 행복(幸福)과 이익(利益)을 위한 시설(施設). ⓑ복지 시설(福祉施設).

복리[2] **複利** (겹칠 복, 이로울 리). ① 속뜻 이자(利子)를 원금에 겹쳐서[複] 계산함. ② 경제 복리법으로 계산된 이자. ⓑ단리(單利).

▸복리-표 複利表 (겉 표). 경제 복리(複利) 계산을 한눈에 알 수 있도록 나타낸 표(表).

복마-전 伏魔殿 (숨길 복, 마귀 마, 대궐 전). ① 속뜻 마귀(魔鬼)가 숨어[伏] 있는 집[殿]. ② '비밀리에 나쁜 일을 꾸미는 무리들이 모이는 곳'을 비유하여 이르는 말.

복막 腹膜 (배 복, 꺼풀 막). 의학 복강(腹腔)을 따라 내장 기관을 싸고 있는 얇은 막(膜).

▸복막-염 腹膜炎 (염증 염). 의학 복막(腹膜)에 생기는 염증(炎症).

▸복막 임:신 腹膜姙娠 (아이 밸 임, 아이 밸 신). 의학 수정란이 복막(腹膜)에 착상하여 자라는 자궁 외 임신(姙娠).

복망 伏望 (엎드릴 복, 바랄 망). 엎드려[伏] 웃어른의 처분 따위를 삼가 바람[望]. ¶선처해 주시기를 복망하나이다.

복면 覆面 (덮을 복, 낯 면). ① 속뜻 얼굴[面]을 덮어[覆] 가림. ② 얼굴을 알아보지 못하도록 헝겊 따위로 가림. 또는 그 때 쓰는 보자기 같은 물건. ¶강도는 복면을 하고 침입했다.

복-모음 複母音 (겹칠 복, 어머니 모, 소리

음). [언어] 두 개가 겹쳐[複] 소리 나는 모음(母音). 소리를 내는 도중에 입술 모양이나 혀의 위치가 처음과 나중이 달라지는 모음. 'ㅑ', 'ㅕ', 'ㅛ', 'ㅠ', 'ㅒ', 'ㅖ', 'ㅘ', 'ㅙ', 'ㅝ', 'ㅞ', 'ㅢ' 따위. [비]이중 모음(二重母音).

복무 服務 (일 복, 힘쓸 무). 맡은 바 일[服]에 힘씀[務]. 직무를 맡아 일함. ¶아버지는 경찰관으로 복무하고 있다.

▸**복무-규정** 服務規程 (법 규, 분량 정). 직무(職務)를 맡아 일하는[服] 사람이 지켜야 할 규정(規程).

▸**복무-연한** 服務年限 (해 년, 한할 한). 직무(職務)를 맡아 일하기로[服] 정한[限] 햇수[年].

복문 複文 (겹칠 복, 글월 문). [언어] 주어와 서술어의 관계가 겹쳐서[複] 이루어지는 문장(文章). [반]단문(單文).

복발 復發 (되돌릴 복, 일어날 발). 가라앉았던 근심이나 설움 따위가 다시[復] 일어남[發].

복배[1] 伏拜 (엎드릴 복, 절 배). 엎드려[伏] 절함[拜]. ¶망국의 왕이라지만 그대에게 복배할 수는 없다.

복배[2] 腹背 (배 복, 등 배). ① [속뜻] 배[腹]와 등[背]. 온몸. ② 배 쪽과 등 쪽. 앞과 뒤. 앞뒤.

▸**복배-수적** 腹背受敵 (받을 수, 원수 적). 앞뒤[腹背]로 적(敵)의 공격을 받음[受].

▸**복배지수** 腹背之水 (어조사 지, 물 수). ① [속뜻] 온몸[腹背]에 엎지른 물[水]. ② 다시 수습하기 곤란한 상황.

복백 伏白 (엎드릴 복, 말할 백). '엎드려서[伏] 사뢴다[白]'의 뜻으로, 편지에 쓰는 말.

복벽 腹壁 (배 복, 담 벽). [의학] 복강(腹腔) 앞쪽의 벽(壁). 피부, 근육, 복막 따위로 이루어져 있다.

▸**복벽 반:사** 腹壁反射 (되돌릴 반, 쏠 사). [의학] 복부(腹部)의 피부 벽(壁)이 자극을 받으면 복근이 수축되는 반사(反射) 작용. [비]배벽반사.

복병 伏兵 (숨길 복, 군사 병). ① [군사] 적을 기습하기 위하여 적이 지날 만한 길목에 숨겨 놓은[伏] 군사[兵]. ¶이곳에 적의 복병이 있다. ② 어디엔가 숨어 있다 나타난 뜻밖의 경쟁 상대. ¶결승전에서 뜻밖의 복병을 만나다.

복-복선 複複線 (겹칠 복, 겹칠 복, 줄 선). 두[複] 쌍의 복선(複線). 선로가 나란히 놓여 있는 철도.

복본위-제 複本位制 (겹칠 복, 뿌리 본, 자리 위, 정할 제). [경제] 두[複] 가지 이상의 금속을 본위(本位) 화폐로 정하는 제도(制度). [비]양본위제(兩複本位). [반]단본위제(單本位制).

복부 腹部 (배 복, 나눌 부). [의학] 배[腹] 부분(部分). 배꼽을 중심으로 상복부와 하복부로 나뉜다. ¶그는 복부 비만이다.

복부점 음부 複附點音符 (겹칠 복, 붙을 부, 점 점, 소리 음, 맞을 부). [음악] 점음표(點音標)에 또 하나의[複] 점(點)이 붙은[附] 음표[音符]. [비]겹점 음표.

복-분수 複分數 (겹칠 복, 나눌 분, 셀 수). [수학] 분수의 분모나 분자가 겹쳐[複] 있는 분수(分數). [비]겹분수, 번분수(繁分數).

복-분해 複分解 (겹칠 복, 나눌 분, 가를 해). ① [속뜻] 분해(分解) 작용이 겹쳐서[複] 일어나는 일. ② [화학] 두 가지 화합물이 분해되어 서로의 구성 원자나 원자단을 교환하여 새로운 두 가지 화합물을 만드는 반응. 질산은과 염화나트륨이 반응하여 염화은과 질산나트륨이 생기는 반응 따위.

복불복 福不福 (복 복, 아닐 불, 복 복). ① [속뜻] 복(福)이 좋음과 좋지 않음[不福]. ② 사람의 운수. ¶인생은 복불복이야! 다 운수소관이라니까.

복비 複比 (겹칠 복, 견줄 비). ① [속뜻] 비(比)를 겹치게[複] 함. ② [수학] 두 개 이상의 비에 있어서 전항끼리의 곱을 전항으로 하고 후항끼리의 곱을 후항으로 한 비(比). a:b=c:d의 복비는 ac:bd이다. [비]상승비(相乘比). [반]단비(單比).

복-비례 複比例 (겹칠 복, 견줄 비, 본보기 례). [수학] 비례식 등호의 한 쪽 또는 양쪽이 복비(複比)인 비례(比例). 예를 들어 ac:bd=e:f가 성립하는 경우. [비]합률비례(合率比例). [반]단비례(單比例).

복빙 復氷 (되돌릴 복, 얼음 빙). [물리] 얼음에 압력을 가하면 압축면의 녹는점이 내려가 쉽게 녹으나 압력을 없애면 얼음[氷]으로 다시 돌아가는[復] 현상. 두 개의 얼음을 세게 밀면 두 개가 서로 붙는 것 따위.

복사[1] 伏射 (엎드릴 복, 쏠 사). 엎드려[伏] 쏘는[射] 사격 자세.

복사[2] 服事 (따를 복, 섬길 사). ① 속뜻 복종(服從)하고 섬김[事]. ② 가톨릭 미사 때에 사제를 도와서 시중드는 사람.

복사[3] 複寫 (겹칠 복, 베낄 사). ① 속뜻 그대로 본떠서 겹[複]으로 베낌[寫]. ¶문서를 복사하다. ②종이를 두 장 이상 포개어 같은 문서를 한꺼번에 여러 벌 만드는 일.

▸복사-기 複寫器 (=複寫機, 그릇 기). 문서나 자료 등을 복사(複寫)하는데 쓰이는 기계(器械).

▸복사-지 複寫紙 (종이 지). 종이 위에 겹쳐[複] 놓고 베낄[寫] 때 사용하는 종이[紙]. 한쪽 또는 양쪽 면에 먹칠을 해서 만든다. ㉥묵지(墨紙).

▸복사-판 複寫版 (널빤지 판). ① 속뜻 복사(複寫)하는 데 쓰는 인쇄판(印刷版). ②복사해 낸 서책. ③어떤 대상과 모습이 매우 비슷한 사물이나 인물을 비유하여 이르는 말.

복사[4] 輻射 (바퀴살 복, 쏠 사). 물리 물체로부터 열이나 전자기파가 바퀴살[輻]처럼 사방으로 쏘아[射] 방출됨. ¶태양은 복사에너지를 방출한다. ㉥방사(放射).

▸복사-계 輻射計 (셀 계). 물리 복사선(輻射線)의 강도(強度)를 재는[計] 기계.

▸복사-무 輻射霧 (안개 무). 지리 지표면의 복사(輻射) 냉각에 의하여 지표에 접한 공기가 냉각되어 생기는 안개[霧].

▸복사-선 輻射線 (줄 선). 물리 물체로부터 열이나 전자기파가 사방으로[輻] 방출되는[射] 선(線). ㉥방사선(放射線).

▸복사-열 輻射熱 (더울 열). 물리 복사선(輻射線)이 물체에 흡수되어 생기는 열(熱). ㉥방사열(放射熱).

▸복사-체 輻射體 (몸 체). 물리 빛, 열, 전파 등의 전자기파(電磁氣波)를 방출하는[輻射] 물체(物體).

▸복사 난:방 輻射煖房 (따뜻할 난, 방 방). 건설 벽·천장·바닥 따위에 관(管)을 설치하고 더운물이나 증기 따위를 보내어, 그 표면에서 나오는 복사열(輻射熱)로 집 안을 따뜻하게[煖房] 하는 방법.

▸복사 전:류 輻射電流 (전기 전, 흐를 류). 물리 물체에서 전자기파를 방출하게[輻射] 하는 전류(電流). 송신 안테나에서 흐르는 전류(電流).

복상[1] 服喪 (옷 복, 죽을 상). 상중에 상복[喪]을 입음[服]. ¶대왕대비의 복상을 일 년으로 하였다.

복상[2] 福相 (복 복, 모양 상 상). 복(福)스럽게 생긴 관상(觀相). ㉯빈상(貧相).

복상[3] 複相 (겹칠 복, 모양 상). ① 속뜻 나누어지기 이전에 겹쳐[複] 있는 모양[相]. ② 생물 감수 분열이 일어나기 전 핵의 상태. 정상적인 염색체 수를 가지며 보통 '2n'으로 표시한다. ㉯단상(單相).

복색[1] 服色 (옷 복, 빛 색). ① 속뜻 의복(衣服)의 빛깔[色]. ② 역사 신분이나 직업에 따라서 다르게 맞추어서 차려 입던 옷의 꾸밈새와 빛깔. ¶복색 제도를 개정하다. ③상여를 꾸미고 둘러치는 오색 비단의 휘장. 상두복색.

복색[2] 複色 (겹칠 복, 빛 색). 둘 이상의 색이 합쳐서[複] 이루어진 색(色). ㉥간색(間色).

▸복색-광 複色光 (빛 광). 둘 이상의 단색광(單色光)이 합쳐서[複] 이룬 빛[光]. 프리즘을 통하여 분산하게 하면 다시 단색광으로 바뀐다. ㉥복광(複光). ㉯단색광.

복서 伏暑 (엎드릴 복, 더울 서). ① 속뜻 복(伏)날의 더위[暑]. ②더위를 먹음. ㉥음서(飮暑).

▸복서-증 伏暑症 (증세 증). 의학 더위를 먹으면[伏暑] 나타나는 고열, 복통, 토사, 하혈 따위의 증상(症狀).

복선[1] 伏線 (숨길 복, 줄 선). ① 속뜻 숨겨 놓은[伏] 줄[線]. ②만일의 경우에 대비하여 남모르게 미리 꾸며 놓은 일. ¶복선을 가지고 있다. ③ 문학 소설이나 희곡 따위에서 앞으로 일어날 사건에 대하여 미리 독자에게 넌지시 암시하는 서술. ¶복선을 깔다.

복선[2] 複線 (겹칠 복, 줄 선). ① 속뜻 겹[複]으로 된 줄[線]. 겹줄. ②오고 가는 차가 따로 다닐 수 있도록 선로를 두 가닥 이상으로 깔아 놓은 궤도. ¶경부선 철도는 복선이다. ㉯단선(單線).

▸복선 궤:도 複線軌道 (바퀴자국 궤, 길 도).

교통 상하행의 열차가 따로 다닐 수 있도록 여럿[複]의 선로(線路)를 깔아 놓은 궤도(軌道). ㊟복궤. ㊥복선 철도(複線鐵道). ㊤단선 궤도(單線軌道).

▸복선 철도 複線鐵道 (쇠 철, 길 도). 교통 상하행의 열차가 따로 다닐 수 있도록 여럿[複]의 선로(線路)를 깔아 놓은 철도(鐵道). ㊟복철. ㊥복선 궤도(複線軌道).

복성[1] **複姓** (겹칠 복, 성씨 성). 남궁(南宮), 황보(皇甫), 사공(司空)처럼 두 자가 겹쳐[複] 있는 성(姓).

복성[2] **複星** (겹칠 복, 별 성). 천문 두[複] 개 이상의 별[星]이 같은 방향에 놓이거나 가까이 인접하여 있어서 하나처럼 보이는 별. ㊥중성(重星), 다중성(多重星).

복성-암 複成巖 (겹칠 복, 이룰 성, 바위 암). 지리 두[複] 가지 이상의 광물로 이루어진[成] 암석(巖石).

복성-종 複成種 (겹칠 복, 이룰 성, 갈래 종). 농업 교배를 여러[複] 번 하여 만든[成] 품종(品種). 잡종 강세를 이용하여 만든 품종이다. ㊥섞음품종, 합성 품종(合成品種).

복성 화:산 複成火山 (겹칠 복, 이룰 성, 불 화, 메 산). 지리 화산 쇄설물과 용암류 따위가 화구(火口)에서 분출하여 번갈아[複] 쌓여서 층(層)을 이룬[成] 원뿔 모양의 화산(火山). ㊥층상(層狀) 화산, 성층(成層) 화산.

복세 複稅 (겹칠 복, 세금 세). 경제 두[複] 가지 이상의 조세(租稅)로 이루어져 있는 조세 제도.

복-세:포 複細胞 (겹칠 복, 작을 세, 태보 포). 생물 한 생물체 안에 여러 개가 겹쳐[複] 있는 세포(細胞). ㊥다세포(多細胞), 겹세포.

▸복세:포 동:물 複細胞動物 (움직일 동, 만물 물). 동물 두 개 이상의 세포[複細胞]로 개체를 이룬 동물(動物). 배엽 동물(胚葉動物).

▸복세:포 생물 複細胞生物 (살 생, 만물 물). 생물 하나의 개체가 분화된 많은 세포[複細胞]로 이루어진 생물(生物). 겹세포 생물.

▸복세:포 식물 複細胞植物 (심을 식, 만물 물). 식물 한 개의 개체가 두 개 이상의 세포[複細胞]로 이루어진 식물(植物). 세균류를 제외한 대부분의 식물이 해당한다. 겹세포 식물.

복-소수 複素數 (겹칠 복, 본디 소, 셀 수). ① 속뜻 겹쳐진[複] 형태의 소수(素數). ② 수학 실수와 허수의 합의 꼴로써 나타내는 수. a, b를 실수, i를 허수 단위라고 할 때, a+bi로 나타내는 것으로 a를 실수부, bi를 허수부라고 한다. ㊥복허수(複虛數).

복소-함수 複素函數 (겹칠 복, 본디 소, 넣을 함, 셀 수). 수학 독립 변수와 종속 변수가 모두 복소수(複素數) 값을 가지는 함수(函數). '복소수 함수'(複素數函數)의 준말.

복속 服屬 (따를 복, 엮을 속). 복종(服從)하여 따름[屬]. ¶말갈족은 고구려에 복속하고 말았다. ㊥속복(屬服).

복수[1] **腹水** (배 복, 물 수). 의학 배[腹] 속에 장액성(漿液性) 액체[水]가 괴는 병증. 또는 그 액체. 배가 팽만하여지고 호흡 곤란 증상이 나타난다. ¶복수가 차다.

복수[2] **覆水** (뒤집힐 복, 물 수). 엎질러 뒤집혀진[覆] 물[水].

복수[3] **復水** (되돌릴 복, 물 수). 화학 수증기를 응축시켜 다시 물[水]로 돌려놓는[復] 일. 또는 그 물.

▸복수 작용 復水作用 (지을 작, 쓸 용). 화학 증기(蒸氣)를 다시 물[水]로 돌려놓는[復] 작용(作用).

복수[4] **復讐** (되돌릴 복, 원수 수). 원수(怨讐)를 보복(報復)함. 원수를 되갚음. ¶그 놈들에게 복수하고 말겠다! ㊥앙갚음, 보복(報復).

▸**복수-심** 復讐心 (마음 심). 복수(復讐) 하려는 마음[心]. ¶복수심에 불타다.

▸복수-전 復讐戰 (싸울 전). ① 속뜻 적에게 복수(復讐)하기 위한 싸움[戰]. ② 경기나 오락 따위에서 앞서 진 것을 만회하기 위해 겨루는 일. ¶이번 복수전에서 꼭 이겨야 한다. ㊥설욕전(雪辱戰).

복수[5] **複數** (겹칠 복, 셀 수). ① 속뜻 둘[複] 이상의 숫자[數]. ¶복수 전공. ② 수학 두 자리 이상의 수. 겹자리. ③ 언어 '~들'의 형식으로 둘 이상의 사람이나 사물의 동작이나 상태를 나타내는 말. ¶복수 명사. ㊤단수(單數).

▸복수 관세 複數關稅 (빗장 관, 세금 세). 경제 동일 품목에 대하여 설정한 여러[複] 수치[數]의 관세(關稅). 상대국에 따라 관세율를 달리 적용한다.

▸복수 여권 複數旅券 (나그네 려, 문서 권). 법률 여러[複] 차례[數] 출입국할 수 있는 여권(旅券).

▸복수 투표 複數投票 (던질 투, 쪽지 표). 정치 한 선거인이 여러[複] 번[數] 투표(投票)하는 것.

▸복수 환:율 複數換率 (바꿀 환, 비율 률). 경제 외국 통화에 대하여 설정한 여러[複] 수치[數]의 환율(換率). 국제 수지 균형과 환시세 안정을 목적으로 시행한다. ㉥단일(單一) 환율.

복수상 화서 複穗狀花序 (겹칠 복, 이삭 수, 형상 상, 꽃 화, 차례 서). ① 속뜻 이삭[穗] 모양[狀]으로 겹쳐서[複] 피는 꽃차례[花序]. ② 식물 무한 꽃차례의 하나. 수상(穗狀) 꽃차례에서 꽃대가 두서너 갈래로 피는 꽃차례로 보리 따위에서 볼 수 있다.

복술 卜術 (점칠 복, 꾀 술). 점[卜]을 치는 방법[術].

복습 復習 (되돌릴 복, 익힐 습). 배운 것을 되풀이하여[復] 익힘[習]. ¶틀린 문제를 복습하다. ㉥예습(豫習).

복승-식 複勝式 (겹칠 복, 이길 승, 법 식). 운동 경마, 경륜 따위에서 두 명의 승리자(勝利者)를 동시에[複] 맞히는 방식(方式). 일 등과 이 등의 순서는 상관없다. ㊣복승. 복식. ㊟단승식(單勝式), 쌍승식(雙勝式), 연승식(連勝式).

복시 複視 (겹칠 복, 볼 시). 하나의 물체가 둘로 보이거나 겹쳐[複] 보이거나[視] 하는 일. 또는 그런 눈.

복식¹ 服飾 (옷 복, 꾸밀 식). ① 속뜻 옷[服]의 꾸밈새[飾]. ② 옷과 장신구를 아울러 이르는 말. ¶중세시대 복식은 매우 간소하다.

▸복식-품 服飾品 (물건 품). 몸에 착용하거나 옷에 달거나 손에 들거나 하여 복장(服裝)에 장식적(裝飾的) 효과를 더하는 물품(物品). 브로치, 핸드백, 장갑, 스카프, 넥타이, 핀, 목걸이 따위.

복식² 複式 (겹칠 복, 법 식). ① 속뜻 두 겹 또는 그 이상으로[複] 된 복잡한 방식(方式). ② 운동 탁구·테니스 따위에서, 서로 두 사람씩 짝을 지어서 하는 시합. ¶배드민턴 복식 경기. ㉥단식.

▸복식 경:기 複式競技 (겨룰 경, 재주 기). 운동 탁구·테니스 따위에서 한 팀에 둘씩[複] 나와서 겨루는 방식(方式)의 경기(競技). ㊣복식. ㊐복식 시합(試合).

▸복식 부기 複式簿記 (장부 부, 기록할 기). 경제 모든 거래를 두 가지[複] 방식(方式)으로 기록하는 장부(帳簿) 기록법(記錄法). 대변(貸邊)과 차변(借邊)으로 나누어 기입한 다음에 각 계좌마다 집계한다. ㉥단식(單式) 부기.

▸복식 화:산 複式火山 (불 화, 메 산). 지리 분화구(噴火口) 안에 분화구가 생겨 겹쳐진[複] 형식(形式)의 화산(火山). ㊐복성(複成) 화산.

복식 호흡 腹式呼吸 (배 복, 법 식, 내쉴 호, 마실 흡). 의학 배[腹]로 숨쉬는 방식(方式)의 호흡(呼吸). 횡격막의 신축에 의하여 진행된다. ㊣복호흡.

복실-자방 複室子房 (겹칠 복, 방 실, 씨 자, 방 방). 식물 두[複] 개 이상의 칸[室]으로 이루어진 씨방[子房]. 난초, 참나리 따위의 씨방. ㊣복자방. ㊐겹씨방. ㉥단실(單室) 자방.

복심¹ 腹心 (배 복, 마음 심). ① 속뜻 배[腹]와 가슴[心]. ② 마음속 깊은 곳. 또는 그곳에 품고 있는 심정. ¶복심을 털어놓다. ③ 마음 놓고 믿을 수 있는 부하. ¶그는 평생 주인의 복심이었다. ㊐심복(心腹).

복심² 覆審 (뒤집힐 복, 살필 심). 법률 ① 한 번 심사한 것을 뒤집어[覆] 다시 심사(審査)하거나 조사함. ② 항소 법원이 제일심과는 관계없이 새로이 심리하여 판결함.

복-십자 複十字 (겹칠 복, 열 십, 글자 자). 십자(十字)가 두 개 겹쳐진[複] 모양. 결핵 예방 운동의 국제적 상징물인 '卄'의 이름이다.

복안 腹案 (배 복, 생각 안). 배(腹) 즉, 마음속에 간직하고 아직 겉으로 드러내지 않은 생각[案]. ¶내게 복안이 있으니, 걱정 말게. ㊐의안(意案).

복약 服藥 (먹을 복, 약 약). 약(藥)을 복용(服用)함. 약을 먹음. ¶복약 방법.

복역 服役 (따를 복, 부릴 역). ① 속뜻 공역(公役), 병역(兵役) 따위에 따름[服]. ② 징역을 삶. ¶그는 5년 형을 선고받고 복역 중에 탈옥했다.

▸복역-수 服役囚 (가둘 수). 징역(懲役)을 살고[服] 있는 죄수(罪囚).

▸복역-혼 服役婚 (혼인할 혼). 노역(勞役)을 대신 해주고[服] 대가로 그 색시와 하는 결혼(結婚).

복연 復緣 (되돌릴 복, 인연 연). ① 속뜻 인연(因緣)을 회복(回復)함. ② 한때 관계를 끊었던 부부나 양자가 다시 이전의 관계로 돌아감.

복열 伏熱 (엎드릴 복, 더울 열). 삼복(三伏) 더위[熱]. ㊐복염(伏炎), 경염(庚炎).

복염[1] 伏炎 (엎드릴 복, 불꽃 염). 삼복(三伏)의 더위[炎]. ㊐복열(伏熱).

복염[2] 複鹽 (겹칠 복, 소금 염). 화학 두[複] 가지 이상의 나트륨[鹽]이 일정한 비율로 결합된 화합물.

복엽 複葉 (겹칠 복, 잎 엽). ① 식물 한 잎자루에 여러 개의 낱잎이 겹쳐[複] 생겨난 잎[葉]. ② 항공 복엽 비행기.

▸복엽 비행기 複葉飛行機 (날 비, 다닐 행, 틀 기). 항공 동체의 아래위로 두[複] 개의 앞날개[葉]가 있는 비행기(飛行機). ㊟복엽기. ㊞단엽 비행기(單葉飛行機).

복용 服用 (먹을 복, 쓸 용). 약을 내복(內服)하여 사용(使用)함. 약을 먹음. ¶하루에 세 번 복용하세요. ㊐복약(服藥).

복운 福運 (복 복, 운수 운). ① 속뜻 행복(幸福)과 운수(運數). ② 좋은 운수.

복원[1] 伏願 (엎드릴 복, 바랄 원). 엎드려[伏] 웃어른의 처분 따위를 바람[願]. ㊐복망(伏望).

복원[2] 復員 (되돌릴 복, 사람 원). ① 속뜻 원래의 자리로[員] 되돌려[復] 놓음. ② 군사 전시 체제에 있던 군대를 평상 체제로 돌려 군인의 소집을 해제하는 일.

*__복원__[3] 復元 (=復原, 되돌릴 복, 으뜸 원). 본래[元]대로 회복(回復)함. ¶숭례문 복원 사업. ㊐복구(復舊).

▸복원-력 復元力 (힘 력). ① 물리 물체가 변형되었을 때, 그 물체를 본디의[元] 상태로 되돌리려고[復] 하는 힘[力]. ② 해양 평형을 유지하던 선박 따위가 외부의 힘을 받아서 기울어졌을 때, 중력과 부력 따위의 외부 힘이 우세하게 작용하여 물체를 본디의 상태로 되돌리는 힘.

▸복원-성 復元性 (성질 성). 물리 기울어진 배나 비행기가 복원력(復元力)에 의하여 평형을 유지하려고 하는 성질(性質).

복위 復位 (되돌릴 복, 자리 위). 폐위되었던 제왕을 그 자리에[位] 되돌려[復] 놓음. ¶복위를 꾀하다.

복음[1] 複音 (겹칠 복, 소리 음). 언어 ① 두 개 이상의 서로 다른 높이의 음(音)을 동시에 겹쳐[複] 내는 일. 또는 그 음. ② 소리의 처음과 끝이 다르게 나는 소리. ㊐복합음(複合音), 거듭 소리, 겹소리, 중음(重音).

복음[2] 福音 (복 복, 소리 음). ① 속뜻 복(福) 받을 기쁜 소식[音]. ② 기독교 예수의 가르침. 또는 예수에 의한 인간 구원의 길. ③ 기독교 복음서(福音書).

▸복음-서 福音書 (책 서). 기독교 신약 성경에서 예수의 생애와 교훈[福音]을 기록한 책[書]. 마태복음, 마가복음, 누가복음, 요한복음을 이른다.

▸복음-회 福音會 (모일 회). 기독교 복음(福音)을 연구하거나 전도하기 위한 모임[會].

▸복음 사:덕 福音四德 (넉 사, 베풀 덕). 기독교 복음(福音)을 통하여 예수가 가르친 네[四] 가지 덕행(德行). 겸손, 청빈, 정결, 순명(順命)을 이른다.

▸복음 성:가 福音聖歌 (거룩할 성, 노래 가). 기독교 예수의 가르침[福音과 구원을] 주제로 한 종교적[聖] 노래[歌].

▸복음-주의 福音主義 (주될 주, 뜻 의). 기독교 복음(福音)을 받들어 실천하는 것을 중심으로 하는 사상이나 태도[主義].

복인-복과 福因福果 (복 복, 인할 인, 복 복, 열매 과). 불교 복덕(福德)으로 말미암아[因] 복덕(福德)의 결과(結果)를 얻음.

복일 卜日 (점칠 복, 날 일). 점을 쳐서[卜] 좋은 날[日]을 가림.

복임-권 複任權 (겹칠 복, 맡길 임, 권리 권). 법률 대리인이 복(複)대리인을 선임(選任)할 수 있는 권리(權利). 법정 대리인에게는 언제나 이 권리가 있다.

복자[1] 伏字 (=覆字, 엎드릴 복, 글자 자). 출판

①뒤집어[伏] 꽂아 검게 박은 글자[字]. 조판(組版)에 필요한 활자가 없을 경우에 처리한다. ②인쇄물에서 내용을 밝히지 않으려고 일부러 비운 자리에 '○', '×'따위의 표를 찍음. 또는 그 표.

복자² 福者 (복 복, 사람 자). ① 속뜻 복(福)이 많은 사람[者]. ② 가톨릭 죽은 사람의 덕행과 신앙을 증거하여 공경의 대상이 될 만하다고 교황청에서 공식적으로 지정하여 발표한 사람을 높여 이르는 말.

복-자방 複子房 (겹칠 복, 씨 자, 방 방). 식물 두[複] 개 이상의 칸으로 이루어진 씨방[子房]. '복실자방'(複室子房)의 준말.

복-자엽 複子葉 (겹칠 복, 아이 자, 잎 엽). 식물 한 개의 씨눈에서 겹쳐[複] 나오는 두 개의 떡잎[子葉]. ⑪쌍떡잎. ⑪단자엽(單子葉).

복-자예 複雌蘂 (겹칠 복, 암컷 자, 꽃술 예). 식물 두 개 이상으로 겹쳐진[複] 암[雌] 꽃술[蘂]. ⑪겹암술. ⑫단자예(單雌蘂).

복-자음 複子音 (겹칠 복, 아이 자, 소리 음). 언어 둘 이상의 단자음(單子音)이 겹쳐[複] 있는 자음(子音). ⑪이중(二重) 자음.

복작-식 複作式 (겹칠 복, 지을 작, 법 식). 농업 같은 시기에 한 토지에 여러 곡식이나 채소를 동시에[複] 경작(耕作)하는 방식(方式).

⁑**복잡** 複雜 (겹칠 복, 섞일 잡). 무엇이 겹치고[複] 뒤섞여[雜] 어수선하다. ¶교통이 복잡하다 / 머릿속이 복잡하다.

▸복잡다기 複雜多岐 (많을 다, 갈림길 기). 겹치고[複] 뒤섞여[雜] 여러[多] 실마리[岐]가 서로 뒤엉켜 있음. ⑪복잡다단(複雜多端).

▸복잡다단 複雜多端 (많을 다, 처음 단). 겹치고[複] 뒤섞여[雜] 여러[多] 실마리[端]가 서로 뒤엉켜 있음. ⑪복잡다기(複雜多岐).

▸복잡 미묘 複雜微妙 (작을 미, 묘할 묘). 사물의 상태나 사정 등이 말로 나타낼 수 없을 만큼 복잡(複雜)하고 야릇함[微妙].

복장¹ 服裝 (옷 복, 꾸밀 장). ① 속뜻 옷[服]을 차려 입은[裝] 모양. ¶복장을 단정히 하다. ②옷. ¶가벼운 복장을 하다.

복장² 福將 (복 복, 장수 장). ① 속뜻 복(福) 많은 장수(將帥). ②능력과 무관하게 싸움에는 늘 이기는 장수.

복장³ 複葬 (겹칠 복, 장사지낼 장). ① 속뜻 다시[複] 장사지냄[葬]. ② 민속 시체를 가매장하고 일정 기간이 지난 다음 발굴해 내어 그 뼈를 깨끗이 씻고 장례 의식을 행한 후 다시[複] 매장(埋葬)하는 장례 방식.

복재 伏在 (숨길 복, 있을 재). ① 속뜻 몰래 숨어[伏] 있음[在]. ②어떤 사실이 숨겨져 있음.

복적 復籍 (되돌릴 복, 문서 적). 법률 혼인이나 입양 등으로 호적을 떠났던 사람이 본디 호적(戶籍)으로 되돌아가는[復] 일.

복전 福田 (복 복, 밭 전). ① 속뜻 복(福)을 거두는 밭[田]. ② 불교 '삼보를 공양하고, 부모의 은혜에 보답하며, 가난한 사람에게 베풀면 복이 생김'을 이르는 말.

복점¹ 卜占 (점칠 복, 점 점). 점(占)을 쳐서[卜] 길흉을 미리 가리는 일. ⑪점복(占卜).

복점² 複占 (겹칠 복, 차지할 점). 경제 두 공급자가 경쟁적으로 동일 상품을 공급하여 동시에[複] 시장을 차지함[占]. ¶철강은 이 두 기업이 복점하고 있다.

복제¹ 服制 (옷 복, 정할 제). ① 속뜻 옷차림[服]에 대한 규정이나 제도(制度). ②상례에서 정한 오복의 제도. ¶복제를 간소화하다.

복제² 複製 (겹칠 복, 만들 제). ① 속뜻 본디의 것과 똑같이 겹쳐[複] 만듦[製]. 또는 그렇게 만든 것. ② 법률 원래의 저작물을 재생하여 표현하는 모든 행위. ¶불법으로 영화를 복제하다.

▸복제-판 複製版 (책 판). 복제(複製)한 출판물(出版物).

복조 福祚 (복 복, 복 조). 삶에서 누리는 좋고 만족할 만한 행복[福=祚].

복-조리 福笊籬 (복 복, 조리 조, 울타리 리). 민속 복(福)을 거두어 담는 조리(笊籬). 정월 초하룻날 새벽에 팔러 다닌다.

복족-류 腹足類 (배 복, 발 족, 무리 류). 동물 배[腹] 쪽에 육질의 발[足]이 있는 동물 종류(種類). 소라, 고동, 달팽이, 우렁이 따위의 연체동물이 그렇다.

복종 服從 (따를 복, 따를 종). ① 속뜻 남의 말 따위에 따름[服=從]. ②남의 명령, 요구, 의지 등에 그대로 따름. ¶명령에 즉각 복종하다. [반]거역(拒逆), 반항(反抗).

복좌 複座 (겹칠 복, 자리 좌). 두 사람이 앉을 수 있도록 연이어[複] 놓인 좌석(座席). [반]단좌(單座).

복죄 伏罪 (엎드릴 복, 허물 죄). 죄(罪)를 순순히 인정함[伏]. ¶복죄를 해도 들어 주지 않았다.

복중 伏中 (엎드릴 복, 가운데 중). 초복(初伏)에서 말복(末伏)까지의 동안[中]. ¶복중에 삼계탕을 먹었다.

복중 服中 (옷 복, 가운데 중). 일 년 동안 입는 상복(喪服)을 입고 있는 동안[中]. ¶그는 부모님 복중에 있다.

복지[1] 服地 (옷 복, 바탕 지). 옷[服]을 만드는 바탕[地]. [비]옷감.

복지[2] 福地 (복 복, 땅 지). ① [속뜻]행복(幸福)을 누리며 잘 살 수 있는 땅[地]. ②신선들이 사는 곳. ③ [민속]집터의 운이 좋아 운수가 트일 땅. ④ [가톨릭]인류의 시조가 타락하기 전에 살았다는 곳. [비]지당(地堂).

복지[3] 伏地 (엎드릴 복, 땅 지). 땅[地]에 엎드림[伏].

▸복지부동 伏地不動 (아닐 부, 움직일 동). ① [속뜻]땅[地]에 엎드려[伏] 움직이지[動] 아니함[不]. ②주어진 일이나 업무를 처리하는 데 몸을 사림을 비유적으로 이르는 말. ¶공무원의 복지부동을 꾸짖다.

복지[4] 福祉 (복 복, 복 지). 행복한[福=祉] 삶. 행복하게 살 수 있는 사회 환경. ¶국민의 복지를 증진하다 / 복지 시설.

▸복지 국가 福祉國家 (나라 국, 집 가). [정치]국민의 행복[福=祉]과 이익을 위해 여러 정책을 펴는 국가(國家).

▸복지 사:업 福祉事業 (일 사, 일 업). [사회]국민의 행복[福=祉]과 이익을 위해 실시하는 모든 사업(事=業). [비]복리 사업(福利事業).

▸복지 사회 福祉社會 (단체 사, 모일 회). [사회]국민의 행복[福=祉]과 이익이 증진·확보되어 있는 사회(社會).

▸복지 시:설 福祉施設 (베풀 시, 세울 설). [사회]국민의 행복[福=祉]과 이익을 위한 시설(施設). 양로원(養老院), 모자원(母子院), 보육원(保育院), 아동 상담소(兒童相談所), 점자 도서관(點字圖書館) 따위.

▸복지 연금 福祉年金 (해 년, 돈 금). [사회]국민의 행복[福=祉]과 이익을 위해 지급되는 연금(年金). 늙거나 질병, 사망 따위를 당했을 경우에 본인이나 가족들의 생활 보장을 위함이다. '국민 복지 연금'(國民福祉年金)의 준말.

복직 復職 (되돌릴 복, 일 직). 원래의 일자리[職]로 다시 되돌아옴[復]. ¶나는 지난달에 복직했다.

복-진자 複振子 (겹칠 복, 떨칠 진, 접미사 자). ① [속뜻]두 개 이상이 겹쳐져[複] 흔들리는[振] 것[子]. ② [물리]어떤 물체를 그 내부에 고정된 한 지점을 지나는 축에 매달아 중력의 작용으로 그 주위를 진동하게 만든 장치. 중력의 가속도나 지진 따위를 측정하는 데 쓴다. [비]물리 진자(物理振子).

복창 復唱 (되돌릴 복, 부를 창). 남의 말을 그대로 받아서 되[復] 부름[唱]. ¶우리는 선생님이 하시는 말씀을 일제히 복창했다.

복창-증 腹脹症 (배 복, 배부를 창, 증세 증). [의학]배[腹]가 부어오르는[脹] 증상(症狀). 체내에 수분의 대사가 원활하지 못해서이다. [비]수창(水脹).

복채 卜債 (점칠 복, 빚 채). 점[卜]을 쳐 준 값으로 점쟁이에게 주는 돈[債]. ¶복채를 내다.

복철 覆轍 (뒤집힐 복, 바퀴자국 철). ① [속뜻]뒤집힌[覆] 수레바퀴 자국[轍]. ②'앞서 가던 사람이 실패한 자취'를 이르는 말. [비]전철(前轍).

복첨 福籤 (복 복, 제비 첨). 금품이 걸린[福] 제비[籤]뽑기. ¶어제 꿈이 좋은 걸 보니 이번 복첨에는 나도 당첨이 될 것 같아.

복축 伏祝 (엎드릴 복, 빌 축). 엎드려[伏] 삼가 축원(祝願)함.

복칭 複稱 (겹칠 복, 일컬을 칭). ① [논리]둘 이상의[複] 사물을 나타내는 명칭(名稱). ②복잡한 명칭.

복토 覆土 (덮을 복, 흙 토). 씨를 뿌린 다음에 흙을[土] 덮음[覆]. 또는 그 흙.

복통 腹痛 (배 복, 아플 통). 복부(腹部)에 일어나는 통증(痛症). ¶갑자기 복통을 일으키다.

복학 復學 (되돌릴 복, 배울 학). 휴학이나 정학 중이던 학생이 그 학교(學校)로 되돌아 감[復]. ¶다음 학기에 복학할 예정이다. [비]복교(復校).

***복합 複合** (겹칠 복, 합할 합). 두[複] 가지 이상의 것이 합(合)하여 하나가 됨. ¶주상 복합 건물 / 슬픔과 분노가 복합된 연기를 하다.

▸복합-관 複合管 (대롱 관). [물리] 하나의 진공관 안에 둘[複] 이상의 진공관을 함께 [合] 넣은 관(管).

▸복합-란 複合卵 (알 란). [동물] 복합적(複合的) 구조를 이루고 있는 알[卵]. 알세포 안에 노른자 세포를 갖고 있는 것이 아니라 반대로 노른자 세포가 알세포 둘레를 둘러싸고 있는 형태.

▸복합-세 複合稅 (세금 세). [법률] 하나의 화물에 대하여 이중으로[複合] 부과하는 세금(稅金).

▸복합-수 複合數 (셀 수). [수학] 1과 자신의 수 이외에도 나머지 없이 나눌 수 있는 또 다른 수로 구성된[複合] 정수(整數). 둘 이상의 소수를 곱한 수. [비]비소수(非素數), 합성수(合成數).

▸복합-어 複合語 (말씀 어). [언어] 두[複] 개 이상의 형태소가 결합(結合)된 말[語]. '덧신', '문밖', '집안', '늦더위' 따위. [반]단일어(單一語), 단순어(單純語).

▸복합-음 複合音 (소리 음). ① [물리] 두[複] 가지 이상의 성분이 복합(複合)되어 생기는 음파(音波). ② [음악] 복음(複音).

▸복합-체 複合體 (몸 체). 두[複] 가지 이상의 것이 결합(結合)하여 하나로 된 것[體].

▸복합 개:념 複合概念 (대강 개, 생각 념). [논리] '사람', '꽃', '식물', '생물' 등과 같이 많은 복합적(複合的)인 내포를 가지고 있는 개념(概念).

▸복합 국가 複合國家 (나라 국, 집 가). [정치] 둘[複] 이상의 국가가 결합(結合)하여 이루어진 국가(國家). 아메리카 합중국, 영연방 따위. [준]복합국.

▸복합 동:사 複合動詞 (움직일 동, 말씀 사). [언어] 둘[複] 이상의 말이 결합(結合)하여 된 동사(動詞). 여닫다, 드나들다 따위.

▸복합 명사 複合名詞 (이름 명, 말씀 사). [언어] 둘[複] 이상의 말이 결합(結合)하여 된 명사(名詞). 고무신, 가루약 따위.

▸복합 박자 複合拍子 (칠 박, 접미사 자). [음악] 같은 종류의 홑박자가 여러[複] 개 합(合)쳐진 박자(拍子). 6박자, 9박자, 12박자는 각각 3박자가 2개, 3개, 4개 합쳐진 것이다. [비]겹박자.

▸복합 반:응 複合反應 (되돌릴 반, 응할 응). [심리] 자극과 반응 사이에 여러 고등 정신 작용이 복합적(複合的)으로 작용하는 반응(反應).

▸복합 부:사 複合副詞 (도울 부, 말씀 사). [언어] 둘[複] 이상의 말이 결합(結合)하여 된 부사(副詞). '밤낮', '한바탕', '곧잘' 따위. [비]합성 부사(合成副詞).

▸복합 사회 複合社會 (단체 사, 모일 회). [사회] 여러[複] 개의 단순 사회가 모여 이루어진[合] 사회(社會). 동일한 정치 단위 안에 인접하여 존재하면서도 서로 융합하지 않는 복수의 집단. [반]단순 사회(單純社會).

▸복합 섬유 複合纖維 (가늘 섬, 밧줄 유). [공업] 서로 다른 두[複] 가지 이상의 섬유로 혼방한[合] 섬유(纖維).

▸복합 영농 複合營農 (지을 영, 농사 농). [농업] 둘[複] 이상의 농업을 결합(結合)한 형태의 농업(農業) 경영(經營) 방식. 벼농사나 보리농사에 특용 작물 재배나 축산을 결합한 것처럼

▸복합 조:사 複合助詞 (도울 조, 말씀 사). [언어] 둘[複] 이상의 말이 결합(結合)하여 된 조사(助詞). '보다는', '에서부터' 따위.

▸복합 화:산 複合火山 (불 화, 메 산). [지리] 단순한 구조의 화산체가 여러[複] 번 분화하여 하나의 형태로 된[合] 화산(火山). [준]복화산.

▸복합 대:명사 複合代名詞 (대신할 대, 이름 명, 말씀 사). [언어] 둘[複] 이상의 말이 결합(結合)하여 된 대명사(代名詞). 이이, 저이 따위.

▸복합 삼각주 複合三角洲 (석 삼, 모서리 각, 섬 주). [지리] 둘[複] 이상의 삼각주가 합쳐진[合] 형태의 삼각주(三角洲). 하천들의 하구가 같고 그 하구의 경계가 불분명할 때 생긴다.

▸복합 형용사 複合形容詞 (모양 형, 얼굴 용, 말씀 사). [언어] 둘[複] 이상의 말이 결합(結合)하여 된 형용사(形容詞). '손쉽다', '눈설

다', '깎아지르다', '붉디붉다' 따위. 합성 형용사(合成形容詞).

복항 復航 (되돌릴 복, 건널 항). 배나 비행기가 떠났던 항구나 비행장으로 돌아오는[復] 항해(航海). [비]귀항(歸航).

복혼 複婚 (겹칠 복, 혼인할 혼). [사회] 배우자가 동시에 두[複] 명 이상인 혼인(婚姻) 형태.

복화 複花 (겹칠 복, 꽃 화). [식물] 꽃이나 꽃차례의 수가 변태적으로 늘어서[複] 된 기형의 꽃[花].

▸복화-과 複花果 (열매 과). [식물] 여러[複] 개의 꽃[花]이 꽃차례를 이룬 채 성숙하여 한 개의 열매[果]처럼 생긴 것. [준]복과. [비]다화과(多花果). 복합과(複合果).

복화-술 腹話術 (배 복, 말할 화, 꾀 술). 입술을 거의 움직이지 않고 속으로[腹] 말하는[話] 기술(奇術).

복화-실험 複化實驗 (겹칠 복, 될 화, 실제 실, 겪을 험). [심리] 동시에 들어오는 둘 이상의 감각 자극을 동시에[複] 인식하는지를[化] 알아보기 위한 실험(實驗).

복-화합물 複化合物 (겹칠 복, 될 화, 합할 합, 만물 물). 두[複] 개 이상의 화합물끼리 결합하여 생긴 화합물(化合物).

본가 本家 (뿌리 본, 집 가). 본래(本來) 살던 집[家]. [비]본집.

본간 本幹 (뿌리 본, 줄기 간). 근본(根本)이 되는 줄기[幹]. [비]원줄기.

본거 本據 (뿌리 본, 의지할 거). 뿌리[本]가 되고 의지[據]됨. 또는 그런 바탕. ¶종파의 본거. [비]근거(根據).

▸본거-지 本據地 (땅 지). 생활이나 활동의 중심[本據]이 되는 곳[地]. ¶미국 남부는 공화당의 본거지이다. [비]근거지(根據地).

본건 本件 (본보기 본, 사건 건). 이[本] 사건(事件). 이 안건(案件). 이 일.

본격 本格 (뿌리 본, 격식 격). 근본(根本)에 맞는 올바른 격식(格式). ¶우리나라 전통적인 인사법의 본격에 걸맞도록 해야 한다.

▸본격-적 本格的 (것 적). ① [속뜻] 본래(本來)의 격식(格式)에 따르고 있는 것[的]. ② 제 궤도에 올라 제격에 맞게 적극적인. 또는 그런 것. ¶본격적으로 일을 시작하다. ③ 격조가 높은 것.

▸본격-화 本格化 (될 화). 본격적(本格的)으로 함[化]. 또는 본격적이 되게 함.

▸본격 소:설 本格小說 (작을 소, 말씀 설). ① [속뜻] 본격적(本格的)인 소설(小說). ② [문학] '순수한 문예 소설'을 사사로운 소재나 특별한 동기에서 쓴 소설(小說)에 대하여 일컫는 말.

본견 本絹 (뿌리 본, 비단 견). 다른 실을 섞지 않고 본래(本來)의 명주실로만 짠 비단[絹]. ¶부드럽고 고운 본견을 샀다. [비]순견(純絹).

본-고향 本故鄕 (뿌리 본, 옛 고, 시골 향). 본디[本]의 고향(故鄕).

본과 本科 (뿌리 본, 과목 과). ① [속뜻] 기본(基本)이 되는 과목(科目). ② [교육] 부속 과정이 있는 학교 교과 과정에서 기본이 되는 과정. [반]선과(選科).

본관[1] 本官 (본보기 본, 벼슬 관). ① [속뜻] 본인(本人)이 맡은 관직(官職). ② 고을의 수령을 이르던 말. [비]본직(本職).

본관[2] 本貫 (뿌리 본, 꿸 관). ① [속뜻] 본래(本來)의 관향(貫鄕). ② 시조(始祖)가 난 곳. ¶나는 본관이 밀양이다. [준]본. [비]관적(貫籍), 본향(本鄕), 선향(先鄕), 성향(姓鄕), 향관(鄕貫).

본관[3] 本管 (뿌리 본, 대롱 관). 수도관·가스관·하수관 등이 여러 곳으로 갈려 나갈 때 그 지관(支管)에 대하여, 본(本)줄기가 되는 굵은 관(管).

본관[4] 本館 (뿌리 본, 집 관). 별관(別館)이나 분관(分館)에 대하여 중심[本]이 되는 건물[館]. ¶호텔의 본관은 저 건물입니다. [반]별관(別館).

본교 本校 (뿌리 본, 학교 교). ① [속뜻] 본래(本來)부터 있는 학교(學校). ② 근간이 되는 학교를 분교에 상대하여 이르는 말. ③ 말하는 이가 공식적인 자리에서 자기 학교를 이르는 말. ¶본교의 역사는 600년이 넘었습니다. [반]분교(分校).

본국[1] 本局 (뿌리 본, 관청 국). 분국(分局)이나 지국(支局)에 상대하여 중심[本]이 되는 부서[局]를 이르는 말.

본국[2] 本國 (뿌리 본, 나라 국). ① [속뜻] 본인(本人)의 국적이 있는 나라[國]. ¶밀입국자를 본국으로 강제 송환했다. ② 식민지나 피보호국에 상대하여 지배국이나 보호국을 이르는 말. ③국적을 옮긴 경우 그 이전의 본디 국적이 있던 나라. ④말하는 이가 공식적인 자리에서 자기 나라를 이르는 말. ㊥고국(故國), 모국(母國), 본방(本邦).

▸본국-법 本國法 (법 법). 법률 본인(本人)의 국적이 있는 나라[國]의 법률(法律).

▸본국-어 本國語 (말씀 어). 외국에 있는 사람이 자기[本] 나라[國]의 말[語]을 일컫는 말. ㊥모국어(母國語).

본권 本權 (뿌리 본, 권리 권). 법률 정당하게 지배할 수 있는 실질적이고 기본적(基本的)인 권리(權利). 소유권, 지상권, 임차권, 전세권 따위가 있다

본-궤도 本軌道 (뿌리 본, 바퀴자국 궤, 길 도). 일이 본격적(本格的)인 궤도(軌道)에 올라 선 단계.

본금 本金 (밑 본, 돈 금). ① 속뜻 이자가 아닌 꾸어 주거나 맡긴 본래(本來)의 돈[金]. ②장사나 사업을 할 때 바탕이 되는 돈. ③순수한 금. ㊥본전(本錢), 원전(元錢), 순금(純金).

본급 本給 (뿌리 본, 줄 급). 수당 따위를 합하지 않은 기본(基本) 급료(給料). '기본급'의 준말. ㊥본봉(本俸).

본기 本紀 (뿌리 본, 벼리 기). ① 속뜻 한 나라 역사의 근본(根本)과 뼈대[紀]. ② 역사 기전체의 역사 서술 중 왕의 사적을 기록한 부분.

본-남편 本男便 (뿌리 본, 사내 남, 쪽 편). 이혼하거나 개가하기 전의 본디[本] 남편(男便). ¶본남편은 병으로 죽었다. ㊥본부(本夫).

본년 本年 (뿌리 본, 해 년). 이번[本] 해[年]. 올해.

본능 本能 (뿌리 본, 능할 능). 어떤 생물 조직체가 본래(本來)부터 가지고 있는 능력(能力). ¶본능에 따라 행동하다.

▸본능-적 本能的 (것 적). 선천적인 감정이나 본능(本能)에 충실한 것[的]. ¶식욕은 본능적인 욕구이다.

▸본능-주의 本能主義 (주될 주, 뜻 의). 철학 본능(本能)을 충족시키는 것을 인생의 최대 목적으로 삼는 사상이나 태도[主義].

본당 本堂 (뿌리 본, 집 당). ① 불교 절에서 본존(本尊)을 모신 집[堂]. ② 가톨릭 신자의 영혼에 대한 지도와 전교를 맡은 주임 신부가 상주하는 성당.

본대 本隊 (뿌리 본, 무리 대). 군사 ①주축이 되는 본부(本部)의 군대(軍隊). ②말하는 이가 공식적인 자리에서 자기가 소속된 조직을 이르는 말.

본도[1] 本島 (뿌리 본, 섬 도). 군도나 열도와 같이 무리를 이룬 섬 가운데 주된[本] 섬[島].

본도[2] 本道 (뿌리 본, 길 도). ① 속뜻 지름길이 아닌 본디[本]의 길[道]. ②올바른 길. ③으뜸이 되는 큰 길. ④지금 이야기하고 있는 이 길. ⑤자기가 살고 있거나 지금 이야기하고 있는 이 도(道).

본-동사 本動詞 (뿌리 본, 움직일 동, 말씀 사). 언어 보조 용언이 도움을 주는 주된[本] 동사(動詞).

본-등기 本登記 (뿌리 본, 오를 등, 기록할 기). 법률 본디[本]의 효력을 완전히 나게 하는 정식 등기(登記).

본란 本欄 (뿌리 본, 칸 란). 잡지 따위에서 중심[本]이 되는 칸[欄]. ¶본란에는 잡지의 성격에 맞는 기사를 싣는다.

*__본래__ 本來 (뿌리 본, 올 래). 본디[本]부터 있어 옴[來]. 사물이나 사실이 전하여 내려온 그 처음. ¶이곳은 본래 절이 있던 곳이다. ㊥본디, 원래.

본령[1] 本令 (뿌리 본, 명령 령). 이야기되고 있는 기본(基本) 법령 또는 명령(命令). ¶본령이 명시한 것을 지켜야 한다.

본령[2] 本領 (뿌리 본, 요점 령). ① 속뜻 근본(根本)이 되는 강령(綱領). ②본디부터 대대로 내려오는 영지(領地).

본론 本論 (뿌리 본, 논할 론). ① 속뜻 본격적(本格的)인 토론(討論). ②말이나 글에서 중심 내용을 담은 부분. ¶이제 본론으로 들어가자!

본루 本壘 (뿌리 본, 진 루). ① 속뜻 근본(根本)이 되는 보루(堡壘). ② 운동 야구에서, 포수가 있는 자리. ㊥홈베이스(home base).

▸본루-타 本壘打 (칠 타). 운동 야구에서, 타자가 본루(本壘)까지 살아서 돌아올 수 있도록 친 안타(安打). [q]홈런(home run).

본류 本流 (뿌리 본, 갈래 류). ① 속뜻 강이나 내의 원[本] 줄기[流]. ¶이곳은 한강의 본류로 합류하는 지점이다. ② 주된 계통.

본리 本利 (밑 본, 이로울 리). 원금[本錢]과 이자(利子). ¶대출받은 돈은 3년 안에 본리를 모두 갚아야 한다. ⓑ원리(元利).

본말 本末 (밑 본, 끝 말). ① 속뜻 사물이나 일의 처음[本]과 끝[末]. ② 사물이나 일의 중요한 부분과 중요하지 않은 부분.

▸본말-전:도 本末顚倒 (넘어질 전, 넘어질 도). ① 속뜻 뿌리[本]와 가지[末]가 뒤집어짐[顚倒]. ② 중요한 것과 중요하지 않은 것이 구별되지 않거나 일의 순서가 잘못 바뀐 상태.

본망 本望 (뿌리 본, 바랄 망). 본디[本]부터 가지고 있던 바람[望].

본맥 本脈 (뿌리 본, 줄기 맥). 혈맥, 산맥, 광맥 따위의 원[本] 줄기[脈].

본명 本名 (뿌리 본, 이름 명). 가명이나 별명이 아닌 본디[本] 이름[名]. ¶서류에는 본명을 쓰십시오. ② 가톨릭 세례명(洗禮名). ⓑ실명(實名). ⓟ별명(別名), 가명(假名).

본무 本務 (뿌리 본, 일 무). ① 속뜻 근본(根本)이 되는 직무(職務). ¶본무를 소홀히 하다. ② 맡아서 할 사무.

본-무대 本舞臺 (뿌리 본, 춤출 무, 돈대 대). ① 속뜻 옆에다가 덧대거나 따로 장치한 임시 무대가 아닌 원래[本] 무대(舞臺). ② 어떤 일이 벌어지고 있는 중심이 되는 곳.

본문 本文 (뿌리 본, 글월 문). ① 속뜻 문서에서 주가 되는 바탕[本] 글[文]. ② 원래 문장을 주석, 강의 따위와 상대하여 이르는 말. ¶본문을 요약하면 다음과 같다. ③ 번역 또는 가감을 하지 않은 본디 그대로의 원문(原文).

본보 本報 (뿌리 본, 알릴 보). 신문 보도(報道)에서 그 자체[本]를 이르는 말.

본봉 本俸 (뿌리 본, 봉급 봉). 수당 따위를 합하지 않은 기본(基本) 급료[俸]. ⓑ기본급(基本給), 본급(本給).

본부 本部 (뿌리 본, 거느릴 부). 어떤 조직의 중심[本]이 되어 거느리는[部] 기관. 또는 그것이 있는 곳. ¶본부에서 회의가 열렸다.

▸본부-장 本部長 (어른 장). 어떤 조직의 중심이 되는 본부(本部)의 우두머리[長]. ¶지역 본부장.

본분 本分 (뿌리 본, 나눌 분). ① 속뜻 사람이 저마다 가지는 본디[本]의 신분(身分). ② 의무적으로 마땅히 지켜야 할 직분. ¶행복은 자기 본분을 다하는 데 있다.

본사[1] 本寺 (뿌리 본, 절 사). 불교 ① 처음에 출가하여 승려가 된 본래(本來)의 절[寺]. ② 말하는 이가 공식적인 자리에서 자기가 있는 절을 이르는 말. ③ 본산(本山).

본사[2] 本社 (뿌리 본, 회사 사). ① 속뜻 지사(支社)에 상대하여 본부(本部)가 있는 회사(會社)를 이르는 말. ¶그는 지사에서 본사로 전근해 왔다. ② 말하는 이가 공식적인 자리에서 자기가 다니는 회사를 이르는 말. ⓟ지사(支社).

본사[3] 本師 (뿌리 본, 스승 사). 불교 ① 근본(根本)이 되는 스승[師]. '석가모니'를 이르는 말. ② 자기가 믿는 종파의 조사(祖師).

본산 本山 (뿌리 본, 메 산). ① 불교 본종(本宗)이 되는 산사(山寺). ¶교종 본산. ② 어떤 일의 근원이 되거나, 중추적인 역할을 하는 곳. ¶자동차 산업의 본산.

본색 本色 (뿌리 본, 빛 색). ① 속뜻 본디[本]의 빛깔[色]이나 생김새. ② 본디의 특색이나 정체. ¶본색을 드러내다.

본생-부모 本生父母 (뿌리 본, 날 생, 아버지 부, 어머니 모). 양자(養子)로 간 사람을 원래[本] 낳은[生] 부모(父母). ⓑ본생친(本生親), 생부모(生父母). ⓟ수양부모(收養父母), 양부모(養父母).

본서[1] 本書 (뿌리 본, 글 서). ① 속뜻 기본(基本)이 되는 문서(文書). ② 정식의 문서.

본서[2] 本署 (뿌리 본, 관청 서). 지서, 분서, 파출소에 상대하여 주가 되는 본부(本部) 관서(官署)를 이르는 말.

본선[1] 本線 (뿌리 본, 줄 선). ① 속뜻 도로, 철도 따위에서 원줄기[本]가 되는 선(線). ② 직행 열차가 지나는 선로. ¶이 마을 앞으로 경부선 본선이 지나간다. ⓟ지선(支線).

본선[2] 本選 (뿌리 본, 고를 선). ① 속뜻 본격적(本格的)으로 승부를 가림[選]. ② 운동 예선이 아닌 우승자를 결정하는 최종 선발. ¶월드컵 본선에 오르다. ⓟ예선(豫選).

본선[3] 本船 (뿌리 본, 배 선). 딸려 있는 작은 배를 거느리는 큰 본부(本部) 배[船].

▸본선 인도 本船引渡 (끌 인, 건넬 도). 경제 물건을 판 사람이 수출항에서 지정된 배[本船]에 물건을 가져와 건네는[引渡] 과정을 마칠 때까지의 모든 비용과 책임을 진다는 내용의 국제적 매매 계약. ⓑ에프오비(FOB, free on board)

본성[1] 本姓 (뿌리 본, 성씨 성). 고치기 이전에 본디[本] 가졌던 성(姓). ¶입양되기 전의 본성은 김이었다.

본성[2] 本性 (뿌리 본, 성질 성). 사람의 타고난 본래(本來)의 성질(性質). ¶인간은 선한 본성을 가지고 있다. ⓑ천성(天性).

본소 本訴 (뿌리 본, 하소연할 소). 법률 원고의 본디[本] 소송(訴訟).

본시 本是 (뿌리 본, 이 시). ① 속뜻 본래(本來)의 그것[是]. 사물의 처음 바탕. ②본디부터.

본-시험 本試驗 (뿌리 본, 따질 시, 효과 험). ① 속뜻 본격적(本格的)인 시험(試驗). ②예비 시험, 임시 시험, 모의시험이 아닌 실제의 시험.

본식 本式 (뿌리 본, 법 식). ① 속뜻 본디[本]의 방식(方式). ¶본식대로 해야 합니다. ②기본 방식.

본심 本心 (뿌리 본, 마음 심). ① 속뜻 본래(本來)의 마음[心]. ¶마침내 그는 자신의 본심을 털어놓았다. ②꾸밈이나 거짓이 없는 참마음.

본안 本案 (뿌리 본, 안건 안). ① 속뜻 본래(本來)의 안건(案件). ② 법률 민사 소송법에서 중심이 되는 사항.

▸본안 판결 本案判決 (판가름할 판, 결정할 결). 법률 민사 소송에서 원고가 낸 청구[本案]가 마땅한지 아닌지를 가리는 판결(判決). ⓑ실질판결(實質判決).

본업 本業 (뿌리 본, 일 업). 겸하고 있는 직업에 대하여 주가 되는[本] 직업(職業). ¶그는 가수로 유명하지만 본업은 판매원이다. ⓑ본직(本職). ⓑ부업(副業).

본연 本然 (뿌리 본, 그러할 연). ① 속뜻 인공을 가하지 않은 본디[本] 그대로의 자연(自然). ②본디 생긴 그대로의 타고난 상태. ¶인간 본연의 모습 / 인간이 지닌 본연의 품성은 선한 것이다.

▸본연지성 本然之性 (어조사 지, 성질 성). 사람이 본디[本]부터 지니고 있는 모습[然]의 순수한 심성(心性).

본영 本營 (뿌리 본, 집 영). 군사 예전에, 총지휘관이 있던 본부(本部) 군영(軍營).

본-예산 本豫算 (뿌리 본, 미리 예, 셀 산). 경제 한 회계 연도의 연간 예산으로서 본래(本來)부터 편성된 예산(豫算).

본-용언 本用言 (뿌리 본, 쓸 용, 말씀 언). 언어 기본(基本) 역할을 하는 용언(用言). 문장의 주체를 주되게 서술하면서 보조 용언의 도움을 받는다. '먹어 버리다', '자고 싶다'에서 '먹다', '자다' 따위.

본원[1] 本源 (뿌리 본, 근원 원). ① 속뜻 뿌리[本]나 원천(源泉)이 되는 것. ②사물의 근원.

본원[2] 本願 (뿌리 본, 바랄 원). ① 속뜻 본디[本]부터 가진 큰 소원(所願). ¶나의 본원은 조국의 평화 통일이다. ② 불교 부처가 되기 이전, 즉 보살로서 수행할 때에 세운 서원(誓願).

본위 本位 (뿌리 본, 자리 위). ① 속뜻 본디[本]의 자리[位]. ②판단이나 행동에서 중심이 되는 기준. ¶자기 본위의 사람.

▸본위 기호 本位記號 (기록할 기, 표지 호). 음악 오선보에서 임시표로 높이거나 낮춘 음을 본래(本來)의 자리[位]로 돌아가게 하는 기호(記號). ⓑ제자리표.

▸본위 상속 本位相續 (서로 상, 이을 속). 법률 상속인과 피상속인 사이에 다른 사람을 두지 않고 본디[本]의 순위(順位)로써 하는 상속(相續).

▸본위 제:도 本位制度 (정할 제, 법도 도). 경제 본위(本位) 화폐를 근거로 화폐 가치를 정하고 유지하는 제도(制度). 금 본위 제도, 은 본위 제도, 금은 복본위 제도 따위. ⓒ본위제.

▸본위 화:폐 本位貨幣 (돈 화, 돈 폐). 경제 가격이나 가치를 판단하는 데 기준[本位]이 되어 한 나라의 화폐제도의 기초가 되는 화폐(貨幣). ⓒ본위화.

본유 本有 (뿌리 본, 있을 유). ① 속뜻 본디[本]부터 있음[有]. ② 불교 본래 지니고 있는 불성(佛性). ③ 불교 사유(四有)의 하나. 현재 생존하는 몸과 마음을 이른다.

▸본유 관념 本有觀念 (볼 관, 생각 념). 철학

감각이나 경험에 의해서가 아니고 나면서부터 가지고 있는[本有] 선천적 관념(觀念).

본의[1] 本意 (뿌리 본, 뜻 의). ① 속뜻 본래(本來)부터 가지고 있던 참된 마음[意]. ¶제 본의를 이해해주십시오. ② 처음부터 품어 온 생각. ¶본의 아니게 폐를 끼쳤습니다. ⓑ 본심(本心).

본의[2] 本義 (뿌리 본, 뜻 의). 본래(本來)의 목적이나 뜻[義]. ¶훈민정음을 반포한 본의는 백성에게 도움을 주기 위함이다. ⓑ 본지(本旨).

본인 本人 (본보기 본, 사람 인). 이[本] 사람[人]. ¶본인이 결정하는 게 중요하다 / 본인 소개. ⓑ 당사자(當事者), 자신(自身).

본자 本字 (뿌리 본, 글자 자). 약자(略字), 속자(俗字), 고자(古字) 따위가 유래된 본래(本來)의 해서체 한자(漢字).

본적 本籍 (뿌리 본, 문서 적). ① 속뜻 본래(本來)의 호적(戶籍). ② 법률 조상의 호적(戶籍)이 있는 곳. ¶그의 본적은 서울이다.
▸ 본적-지 本籍地 (곳 지). 본적(本籍)이 있는 곳[地]. ㊟ 본적. ⓑ 관적(貫籍), 원적지(原籍地).

본전[1] 本殿 (뿌리 본, 대궐 전). 신령을 모시는 주요[本] 전당(殿堂). ¶그들은 본전에 들어가 소원을 빌었다.

본전[2] 本傳 (뿌리 본, 전할 전). ① 속뜻 기본(基本)이 되는 전기(傳記). ② 그 사람의 전기(傳記). ¶본전에서는 그 사람의 일대기를 상세하게 기록해 두고 있다.

본전[3] 本錢 (뿌리 본, 돈 전). ① 속뜻 이자를 붙이지 않은 본래(本來)의 돈[錢]. ¶이자는커녕 본전도 못 찾았다. ② 장사나 사업을 할 때 밑천으로 가지고 있던 돈. ⓑ 원금(元金). 속담 밑져야 본전이다.

본점 本店 (뿌리 본, 가게 점). ① 속뜻 영업의 본거지(本據地)가 되는 가게[店]. ② 말하는 이가 공식적인 자리에서 자기가 관계하고 있는 점포를 이르는 말. ¶본점에서는 내일까지 사은 행사를 실시합니다. ⓑ 지점(支店).

본정 本情 (뿌리 본, 마음 정). 본래(本來)의 마음[情]. ⓑ 본심(本心).

본제[1] 本第 (뿌리 본, 집 제). 고향에 있는 본래(本來)의 집[第]. ⓑ 본가(本家).

본제[2] 本題 (뿌리 본, 제목 제). ① 속뜻 본디[本]의 제목(題目). ¶이 영화의 본제는 따로 있다. ② 근간이 되는 제목이나 과제(課題). ⓑ 원제(原題).

본존 本尊 (뿌리 본, 높을 존). ① 속뜻 본당(本堂)에서 가장 높음[尊]. ② 불교 법당에 모신 부처 가운데 가장 으뜸인 부처. ⓑ 석가모니불.

본종[1] 本宗 (뿌리 본, 마루 종). 성과 본(本)이 같은 일가붙이[宗]. ¶그 집안도 우리 집안과 같은 본종을 이룬다.

본종[2] 本種 (뿌리 본, 씨 종 /). ① 속뜻 본디[本] 부터 그 땅에서 생긴 종자(種子). ② 기본이 되는 본디의 종(種)을 그 변종(變種)에 상대하여 이르는 말.

본죄 本罪 (뿌리 본, 허물 죄). ① 법률 본래(本來) 법에 규정된 죄명(罪名). ② 가톨릭 인간 자신이 지은 죄를 원죄에 상대하여 이르는 말.

본주 本主 (뿌리 본, 주인 주). 어떤 것을 본디[本]부터 자기의 것으로 가지고 있는 사람[主]. ¶본주는 어디 가고 객들만 남아 있는가?

본증 本證 (뿌리 본, 증거 증). 법률 입증 책임을 지는 당사자가 주장 사실을 증명하기 위해 제출하는 기본(基本) 증거(證據). ⓑ 반증(反證).

본지[1] 本旨 (뿌리 본, 뜻 지). 본래(本來)의 목적이나 뜻[旨]. ⓑ 본의(本義).

본지[2] 本地 (뿌리 본, 땅 지). 자기가 살고 있는 이[本] 땅[地]. 이 곳. ⓑ 당지(當地).

본지[3] 本紙 (뿌리 본, 종이 지). ① 속뜻 신문, 문서 따위에서 밑바탕[本]이 되는 부분의 지면(紙面). ② 말하는 이가 공식적인 자리에서 자기와 관련된 신문사의 신문을 이르는 말.

본지[4] 本誌 (뿌리 본, 기록할 지). 자기[本]가 관계하고 있는 잡지(雜誌).

본직 本職 (뿌리 본, 일 직). ① 속뜻 본인(本人)의 직책(職責)을 가리켜 일컫는 말. ② 주되는 직업. ¶좌수사가 본직이며 삼도 수군통제사를 겸임하고 있다. ⓑ 본관(本官), 본업(本業).

본진 本陣 (뿌리 본, 진칠 진). 군사 예전에,

총지휘관이 있던 본부(本部) 진영(陣營). ㊥ 본영(本營).

본질 本質 (뿌리 본, 바탕 질). 가장 근본적(根本的)인 성질(性質). ¶이 그림은 인간의 본질을 잘 드러내고 있다 / 본질적 속성.

▸본질-적 本質的 (것 적). 본질(本質)에 관계되는 것[的].

본찰 本刹 (뿌리 본, 절 찰). ① 속뜻 본산(本山) 사찰(寺刹). ②말하는 이가 공식적인 자리에서 자기가 있는 절을 이르는 말. ③처음에 출가하여 승려가 된 절. ㊥본사(本寺).

본처 本妻 (뿌리 본, 아내 처). 첩이 아닌, 본래(本來) 아내[妻]. ㊥본실(本室), 적실(嫡室), 정처(正妻), 정실(正室).

본청 本廳 (뿌리 본, 관청 청). 본부(本部)가 있는 관청(官廳). ㊤지청(支廳).

본체 本體 (뿌리 본, 몸 체). ① 속뜻 기계 따위의 기본(基本)이 되는 몸체[體]. 또는 중심 부분. ¶컴퓨터의 본체. ② 불교 모든 것의 있는 그대로의 참모습. ③ 철학 이성으로 파악되는 사유의 대상. ㊥실상(實相), 이체(理體).

▸본체-계 本體界 (지경 계). 철학 현상 세계의 근본이 되는[本體] 세계(世界). 본체의 세계. ㊤현상계(現象界).

▸본체-론 本體論 (논할 론). 철학 존재[本體] 또는 존재의 근본적·보편적인 모든 규정을 연구하는 학문 분야[論]. ㊥존재론(存在論).

본초 本草 (뿌리 본, 풀 초). ① 속뜻 뿌리[本]와 풀[草]. ② 한의 약재나 약학을 한방에서 이르는 말.

▸본초-가 本草家 (사람 가). 한의 본초학(本草學)을 전문으로 연구한 사람[家].

▸본초-학 本草學 (배울 학). 한의 약재[本草]나 약학에 대하여 연구하는 학문(學問).

본초 자오선 本初子午線 (뿌리 본, 처음 초, 쥐 자, 말 오, 줄 선). 지리 지구의 경도를 결정하는 데 본래(本來) 처음[初]이 되는 자오선(子午線). 영국의 그리니치 천문대를 지나는 자오선을 기준으로 삼는다.

본촌 本村 (뿌리 본, 마을 촌). 주[本]가 되는 마을[村]을 갈라져 나간 마을에 상대하여 이르는 말. ¶아직까지 부모님들은 본촌에 머물러 계신다.

본태 本態 (뿌리 본, 모양 태). 본디[本]의 모습[態]. ¶그는 본태가 좋아 옷맵시가 난다.

본토 本土 (뿌리 본, 흙 토). ① 속뜻 섬이나 속국이 아닌 주[本]가 되는 국토(國土). ② 바로 그 지방. ¶미국 본토 출신. ③자기가 사는 땅. ④문화 따위의 근원지가 되는 땅. ¶불교의 본토. ㊥본향(本鄕).

▸본토-종 本土種 (갈래 종). 본토(本土)에서 나는 씨앗[種]. ㊦토종.

본포 本鋪 (뿌리 본, 가게 포). ① 속뜻 어떤 특정한 상품의 제조 판매를 주관하는[本] 점포(店鋪). ②자기가 있는 가게를 본점(本店). ¶본포에서는 금일 반액 세일로 여러분을 모십니다.

본향 本鄕 (뿌리 본, 시골 향). ① 속뜻 본인(本人)이 사는 땅[鄕]. ¶그와 나는 본향이 같다. ②시조(始祖)의 고향. ㊥본토(本土), 관향(貫鄕).

본형[1] 本刑 (뿌리 본, 형벌 형). 법률 판결로써 선고된 기본(基本) 형(刑)을 부가형에 상대하여 이르는 말.

본형[2] 本形 (뿌리 본, 모양 형). 본디[本]의 모양[形]. ¶본형을 보존하다. ㊥원형(原形).

본-형용사 本形容詞 (뿌리 본, 모양 형, 얼굴 용, 말씀 사). ① 속뜻 주[本]가 되는 형용사(形容詞). ② 언어 보조 용언이 도와주는 형용사. 성상 형용사와 지시 형용사의 구별이 있다. '크지 아니하다', '아름다워 보이다'에서의 '크지(크다)', '아름다워(아름답다)' 따위.

본회 本會 (뿌리 본, 모일 회). ① 속뜻 말하는 이가 공식적인 자리에서 본인(本人)이 속해 있는 회(會)를 이르는 말. ②어떤 조직의 본부(本部)를 분회나 지회에 상대하여 이르는 말. ③본회의(本會議).

본-회:의 本會議 (뿌리 본, 모일 회, 의논할 의). 전원이 참석하는 정식[本] 회의(會議)를 분과 회의에 상대하여 이르는 말. ¶본회의에는 회원 과반수가 참석해야 개회한다.

***봉건 封建** (봉할 봉, 세울 건). ① 역사 천자가 나라의 토지를 나누어 주고 제후를 봉(封)하여 나라를 세우게[建] 하는 일. ②세력이 있는 사람이 중앙정부의 통제에서 벗어나 토지와 백성을 사유하는 일. ③ 역사 봉

건 제도(封建制度).

▸**봉건-적** 封建的 (것 적). 봉건(封建) 제도 특유의 성격을 가지고 있는 것[的].

▸**봉건-제** 封建制 (정할 제). 역사 '봉건제도'(封建制度)의 준말.

▸**봉건 국가** 封建國家 (나라 국, 집 가). 정치 봉건(封建) 제도를 바탕으로 성립된 국가(國家).

▸**봉건-사상** 封建思想 (생각 사, 생각 상). 사회 봉건(封建) 제도에 젖어 폐쇄적·가족적·인습적인 태도를 고집하는 사상(思想). ¶그는 아직도 봉건사상에 젖어 있다.

▸**봉건 사회** 封建社會 (단체 사, 모일 회). 사회 중세 시대에 봉건적(封建的) 생산 양식을 바탕으로 한 사회(社會).

▸**봉건 시대** 封建時代 (때 시, 연대 대). 역사 봉건(封建) 제도가 국가나 사회생활의 기준이었던 시대(時代).

▸**봉건 제:도** 封建制度 (정할 제, 법도 도). ① 속뜻 천자가 나라의 토지를 나누어 주고 제후를 봉(封)하여 나라를 세우는[建] 방식의 정치 제도(制度). ② 역사 중세 유럽에서, 영주가 가신(家臣)에게 봉토를 주고, 그 대신에 군역의 의무를 부과하는 주종 관계를 기본으로 한 통치 제도. ¶봉건 제도가 무너지면서 왕권이 강화되었다. ㊀봉건제.

▸**봉건-주의** 封建主義 (주될 주, 뜻 의). 정치 봉건(封建) 사회의 지배 사상[主義]. ¶봉건주의를 타파하다.

봉:-고도 棒高跳 (몽둥이 봉, 높을 고, 뛸 도). 운동 장대[棒]를 이용해 높이[高] 뛰는[跳] 경기. ㊥장대높이뛰기.

봉고-파직 封庫罷職 (봉할 봉, 곳집 고, 그만둘 파, 일 직). 역사 어사나 감사가 못된 짓을 많이 한 고을 관리의 직위(職位)를 파면(罷免)하고 관가의 창고(倉庫)를 잠그던[封] 일. ¶감사는 결국 봉고파직되었다. ㊀봉고. ㊥봉고파출(封庫罷黜).

봉고-파출 封庫罷黜 (봉할 봉, 곳집 고, 그만둘 파, 내쫓을 출). 역사 한 고을 관리를 직위에서 파면(罷免)하여 내쫓고[黜] 관가의 창고(倉庫)를 잠그던[封] 일. ㊥봉고파직(封庫罷職).

봉:공 奉公 (받들 봉, 관공서 공). 나라나 사회를 위한 공무(公務)를 받들어[奉] 힘써 일함. ¶멸사봉공(滅私奉公).

봉:급 俸給 (녹 봉, 줄 급). ① 속뜻 일의 대가로 녹봉(祿俸)을 줌[給]. ② 일정한 직장에서 일의 대가로 받는 정기적인 보수. ¶이번 달 봉급이 밀렸다.

봉기 蜂起 (벌 봉, 일어날 기). 벌[蜂]떼처럼 많은 사람이 한꺼번에 들고 일어남[起]. ¶농민들이 봉기했다.

봉:납 捧納 (받들 봉, 바칠 납). 물건을 받들어[捧] 바침[納]. ㊥봉상(捧上), 봉입(捧入).

봉:독 奉讀 (받들 봉, 읽을 독). 삼가 받들어[奉] 읽음[讀]. ¶성경을 봉독하다.

봉두 峯頭 (봉우리 봉, 머리 두). 산봉우리[峯]의 맨 꼭대기[頭]. ¶가장 높은 봉두에 올랐다.

봉랍 封蠟 (봉할 봉, 밀 랍). ① 속뜻 편지 따위를 밀[蠟]로 봉(封)함. ② 편지, 포장물, 병 따위를 봉하여 붙이는 데에 쓰는 수지질(樹脂質)의 혼합물.

봉래-산 蓬萊山 (쑥 봉, 명아주 래, 메 산). ① 문학 중국 전설에서 나타나는 가상적 영산(靈山)인 삼신산(三神山) 가운데 하나. 동쪽 바다의 가운데에 있으며, 신선이 살고 봉래(蓬萊) 같은 불로초와 불사약이 있다고 한다. ② 여름의 금강산을 달리 이르는 말.

봉:로 奉老 (받들 봉, 늙을 로). 늙은[老] 어버이를 받들어[奉] 모심.

봉:록 俸祿 (녹 봉, 녹 록). 역사 옛날, 나라에서 벼슬아치들에게 주던 곡식(穀食), 돈 따위[俸=祿]를 일컫는 말. ㊥녹봉(祿俸).

봉:명 奉命 (받들 봉, 명할 명). 명령(命令)을 받듦[奉].

▸**봉:명 사:신** 奉命使臣 (부릴 사, 신하 신). 역사 임금의 명령(命令)에 받들고[奉] 외국으로 가는 사신(使臣). ¶봉명사신으로 청국에 다녀왔다. ㊥별성(別星).

봉:모 鳳毛 (봉황새 봉, 털 모). ① 속뜻 봉황(鳳凰)의 깃털[毛]. ② '진귀하고 희소한 물건'을 이르는 말. ③ 자식의 재주가 아버지나 할아버지에 뒤지지 아니함을 이르는 말. ④ 뛰어난 풍채 또는 글재주를 칭찬하여 이르는 말. ⑤ 남의 자식을 높여 이르는 말.

봉밀 蜂蜜 (벌 봉, 꿀 밀). 꿀벌[蜂]이 꽃에서 빨아들여 벌집에 모아두는 꿀[蜜]. ㊥벌꿀.

봉발 蓬髮 (쑥 봉, 머리털 발). 쑥[蓬]처럼 텁수룩하게 흐트러진 머리털[髮]. ¶머리는 봉발이 되어 있었다.

봉방 蜂房 (벌 봉, 방 방). ① 속뜻 송송 뚫어진 벌[蜂]집의 많은 방(房). ② 벌집. ③ 한의 말벌의 집을 한방에서 이르는 말. ㉥노봉방(露蜂房).

봉변 逢變 (만날 봉, 바뀔 변). 뜻밖의 변고(變故)나 망신스러운 일을 만남[逢]. 또는 그러한 일. ¶싸움을 말리다가 되레 봉변을 당했다.

봉:별[1] 奉別 (받들 봉, 나눌 별). ① 속뜻 이별(離別)을 받듦[奉]. ② '윗사람과의 이별'을 이름.

봉별[2] 逢別 (만날 봉, 나눌 별). 만남[逢]과 이별(離別)을 통틀어 이름.

봉분 封墳 (봉할 봉, 무덤 분). 흙을 둥글게 쌓아[封] 무덤[墳]을 만듦. 또는 그 흙더미. ¶봉분에 난 잡초를 뽑았다. ㉥성분(成墳).

▸봉분-제 封墳祭 (제사 제). 장사 때, 봉분(封墳)한 뒤에 그 자리에서 지내는 제사(祭祀). ㉥평토제(平土祭).

봉:사[1] 奉事 (받들 봉, 섬길 사). ① 속뜻 웃어른을 받들어[奉] 섬김[事]. ② 역사 조선 때, 봉상시(奉常寺)의 종팔품 벼슬.

봉:사[2] 奉祀 (받들 봉, 제사 사). 조상의 제사(祭祀)를 받들어[奉] 지냄. '봉제사'의 준말. ㉥주사(主祀).

봉:사[3] 奉仕 (받들 봉, 섬길 사). ① 속뜻 받들어[奉] 섬김[仕]. ② 나라나 사회 또는 남을 위하여 자신의 이해를 돌보지 않고 몸과 마음을 다하여 섬김. ¶고아원에서 자원 봉사를 하다.

▸봉:사-단 奉仕團 (모일 단). 봉사(奉仕)를 하기 위해 조직된 단체(團體). ¶봉사단에 가입하다.

▸봉:사-료 奉仕料 (삯 료). 고객이 시중을 받은[奉仕] 대가로 시중해 준 이에게 주는 돈[料].

▸봉:사-자 奉仕者 (사람 자). 봉사(奉仕)하는 사람[者]. ¶해마다 자원 봉사자의 수가 늘어난다.

▸봉:사-가격 奉仕價格 (값 가, 이를 격). 장사꾼이 봉사(奉仕)하는 마음으로 물건을 특별히 싸게 파는 값[價格].

봉살 封殺 (봉할 봉, 죽일 살). 운동 야구에서, 다음 베이스에 가야 할 주자가 미처 베이스에 닿기 전에 수비측에서 공을 던져 베이스를 봉쇄(封鎖)하여 아웃[殺]시키는 일.

봉서 封書 (봉할 봉, 글 서). ① 속뜻 겉봉을 봉(封)한 편지글[書]. ② 역사 임금이 종친이나 근신(近臣)에게 사적으로 내리던 서신.

봉선 封禪 (북돋울 봉, 제사지낼 선). 역사 옛날 중국에서 천자(天子)가 흙으로 단(壇)을 만들어[封] 하늘과 산천에 제사 지내던[禪] 일.

봉:선-화 鳳仙花 (봉황새 봉, 신선 선, 꽃 화). ① 속뜻 봉황(鳳凰)이나 신선(神仙) 같은 꽃[花]. ② 식물 여름철에 붉은색, 흰색, 분홍색 따위의 꽃이 피는 풀. 꽃잎을 찧어 손톱에 붉게 물을 들이기도 한다. ¶울 밑에 선 봉선화야 네 모습이 처량하다. ㉥봉숭아.

봉소 蜂巢 (벌 봉, 새집 소). 벌[蜂]이 알을 낳고 먹이와 꿀을 저장하며 생활하는 곳[巢]. ㉥벌집.

▸봉소-위 蜂巢胃 (밥통 위). 동물 새김질을 하는 동물에 있는 벌집[蜂巢] 모양의 두 번째 위(胃). ㉥벌집위.

봉:송[1] 奉送 (받들 봉, 보낼 송). 영령, 유골, 성물(聖物) 따위를 정중히 받들어[奉] 운송(運送)함. ¶성화를 봉송하다.

봉송[2] 封送 (봉할 봉, 보낼 송). 물건을 싸서[封] 선물로 보냄[送].

봉쇄 封鎖 (봉할 봉, 잠글 쇄). ① 속뜻 봉(封)하여 굳게 잠금[鎖]. ¶출입구 봉쇄 / 경찰은 모든 도로를 봉쇄했다. ② 법률 전시나 평시에 해군력으로써 상대국의 연안과 항구의 교통을 차단하는 일.

▸봉쇄 정책 封鎖政策 (정치 정, 꾀 책). 정치 상대국의 일정한 지역이나 교류 상대 지역을 봉쇄(封鎖)함으로써 정치적 목적을 이루려는 정책(政策).

▸봉쇄 화:폐 封鎖貨幣 (돈 화, 돈 폐). 경제 금융 공황이나 국제 수지가 위기에 처하였을 때 다른 나라에 대한 채무를 외화로 지급하지 못하게 하도록 봉쇄(封鎖)하는 화폐(貨幣) 정책.

봉수[1] 封手 (봉할 봉, 손 수). 운동 바둑에서, 봉해[封] 놓은 수(手). 대국(對局)이 하루

만에 끝나지 아니할 경우에 그 날의 마지막 수는 직접 두지 않고 종이에 써서 봉해 놓는다.

봉수² **烽燧** (봉화 봉, 부싯돌 수). [역사] 변란 따위를 알리기 위해 봉화(烽火) 둑에서 올리는 횃불[燧]. ¶왜적이 쳐들어오자 봉수가 올랐다.

▸봉수-군 烽燧軍 (군사 군). [역사] 봉화[烽燧] 올리는 일을 맡아보던 군사(軍士). [준] 봉군.

▸봉수-대 烽燧臺 (돈대 대). [역사] 봉화[烽燧]를 피워 올리던 높은 곳[臺]. [비]봉화대(烽火臺).

▸봉수-소 烽燧所 (곳 소). 봉화[烽燧]를 올리는 곳[所]. ¶봉수소가 있던 산.

▸봉수-제 烽燧制 (정할 제). [역사] 봉화(烽火) 둑에서 올리는 횃불[燧]로 변란 따위를 알리던 통신 제도(制度). 밤에는 횃불을 쓰며, 낮에는 연기를 올린다.

봉술 **棒術** (몽둥이 봉, 꾀 술). 몽둥이[棒]를 활용하는 무술(武術).

봉:승 **奉承** (받들 봉, 받들 승). 웃어른의 뜻을 받듦[奉=承].

봉실 **蓬室** (쑥 봉, 집 실). ① [속뜻] 쑥[蓬]으로 지붕을 인 집[室]. ② '가난한 집'을 이르는 말. ③ 자기 집을 낮추어 이르는 말.

봉:안 **奉安** (받들 봉, 편안할 안). 받들어[奉] 편안(便安)히 모심. '안치'(安置)의 높임말.

봉:양 **奉養** (받들 봉, 기를 양). 부모나 조부모를 받들어[奉] 정성스럽게 모심[養]. ¶그는 어려운 형편에도 부모님을 정성껏 봉양했다.

봉:영 **奉迎** (받들 봉, 맞이할 영). 귀인(貴人)이나 웃어른을 받들어[奉] 맞이함[迎]. [반] 봉송(奉送).

봉오동 전:투 **鳳梧洞戰鬪** (봉황새 봉, 오동나무 오, 마을 동, 싸울 전, 싸울 투). [역사] 1920년 6월에 만주 봉오동(鳳梧洞)에서 홍범도가 이끄는 대한 독립군이 일본군 제19사단을 크게 무찌른 싸움[戰鬪].

봉왕 **蜂王** (벌 봉, 임금 왕). ① [속뜻] 여왕(女王) 벌[蜂]. ② [동물] 알을 낳는 능력이 있는 암벌. 몸이 크며 벌 사회의 우두머리다.

봉요 **蜂腰** (벌 봉, 허리 요). ① [속뜻] 벌[蜂]의 허리[腰]처럼 가늘고 잘록하게 생긴 허리. ② [문학] 한시(漢詩)에서 평성과 측성을 배치하는 방법. 칠언에서는 바깥짝의 다섯째 자가, 오언에서는 셋째 자가 평성이 된다.

봉욕 **逢辱** (만날 봉, 욕될 욕). 욕(辱)된 일을 당함[逢]. ¶그런 봉욕을 당할 줄 몰랐다.

봉:인¹ **奉引** (받들 봉, 끌 인). 받들어[奉] 인도(引導)함.

봉인² **封印** (봉할 봉, 도장 인). 봉(封)한 자리에 도장[印]을 찍음. 또는 그 도장. ¶우체국에서는 우편물에 봉인을 하고 발송한다. [비] 인봉(印封).

봉입 **封入** (봉할 봉, 들 입). 물건을 속에 넣고[入] 봉(封)함. ¶서류 봉투를 봉입하였다.

봉:-자석 **棒磁石** (몽둥이 봉, 자기 자, 돌 석). 막대기[棒] 모양으로 생긴 자석(磁石). [비]막대자석.

봉작 **封爵** (봉할 봉, 벼슬 작). ① [속뜻] 제후로 봉(封)하고 관작(官爵)을 줌. ② [역사] 의빈(儀賓), 내명부, 외명부 따위를 봉하던 일. ¶왕자나 옹주를 생산하면 봉작을 받았다.

봉접¹ **蜂蝶** (벌 봉, 나비 접). 벌[蜂]과 나비[蝶]. ¶모란에 봉접이 날아들었다.

봉:접² **鳳蝶** (봉황새 봉, 나비 접). ① [속뜻] 봉황(鳳凰)처럼 큰 나비[蝶]. ② [동물] 누런색의 바탕에 검은 점이 있는 날개를 가진 나비. [비]호랑나비.

봉:정¹ **奉呈** (받들 봉, 드릴 정). 삼가 받들어[奉] 드림[呈].

봉정² **峰頂** (봉우리 봉, 꼭대기 정). 산봉우리의[峰] 맨 꼭대기[頂].

봉제 **縫製** (꿰맬 봉, 만들 제). 재봉틀 따위로 박거나 꿰매어[縫] 만듦[製]. ¶봉제 인형.

▸봉제-공 縫製工 (장인 공). 재봉틀이나 손으로 바느질하여[縫] 물건을 만드는[製] 일을 전문으로 하는 직공(職工).

▸봉제-품 縫製品 (물건 품). 재봉틀이나 손으로 바느질하여[縫] 만든[製] 물건[品]. 옷, 장난감, 인형 등.

▸봉제 공장 縫製工場 (장인 공, 마당 장). 봉제품(縫製品)을 전문으로 만드는 공장(工場).

봉:-제사 **奉祭祀** (받들 봉, 제사 제, 제사 사). 조상의 제사(祭祀)를 받들어[奉] 모심. [비]봉제(奉祭), 주사(主祀), 봉사(奉祀).

봉지 封紙 (봉할 봉, 종이 지). 입구를 여밀[封] 수 있도록 종이[紙]나 비닐 따위로 만든 주머니. ¶쓰레기 봉지 / 봉지를 뜯다 / 봉지에 담다.

봉:직 奉職 (받들 봉, 일 직). 나라나 사회를 위해[奉] 공직(公職)에서 일함. ㊥봉공(奉公).

봉착 逢着 (만날 봉, 붙을 착). 만나[逢] 맞닥뜨림[着]. 부닥침. 당면함. ¶난관에 봉착하다.

봉:창[1] 奉唱 (받들 봉, 부를 창). 엄숙하고 공손한[奉] 마음으로 노래를 부름[唱]. ¶애국가를 봉창하다.

봉창[2] 封窓 (봉할 봉, 창문 창). ① 속뜻 여닫지 못하도록 봉(封)한 창문(窓門). 창문을 봉함. ¶찬바람이 들어오지 못하도록 봉창을 해 두었다. ② 건설 채광과 통풍을 위해 벽을 뚫어서 작은 구멍을 내고 창틀이 없이 안쪽으로 종이를 발라서 봉한 창.

봉:천-답 奉天畓 (받들 봉, 하늘 천, 논 답). ① 속뜻 하늘[天]의 뜻을 받들[奉] 수밖에 없는 논[畓]. ② 부근에 개울이 없어 빗물에 의하여서만 농사를 지을 수 있는 논. ㊟봉답. ㊥천수답(天水畓), 천둥지기.

봉:추 鳳雛 (봉황새 봉, 병아리 추). ① 속뜻 봉황(鳳凰)의 병아리[雛]. ② '지략이 뛰어난 젊은이'를 비유하여 이르는 말. ③ '아직 세상에 드러나지 않은 영웅'을 비유하여 이르는 말.

봉:축[1] 奉祝 (받들 봉, 빌 축). 삼가 받들어[奉] 축하(祝賀)함. ¶부처님 오신 날 봉축 대법회.

봉축[2] 封築 (북돋울 봉, 쌓을 축). 무덤을 만들기 위해 흙을 북돋아[封] 쌓아 올림[築].

봉:친 奉親 (받들 봉, 어버이 친). 어버이[親]를 받들어 모심[奉]. ¶그는 봉친을 위해 벼슬자리에서 내려왔다.

봉토 封土 (북돋울 봉, 흙 토). ① 속뜻 흙[土]을 쌓아 올림[封]. 또는 그 흙. ¶봉토가 아직 붉은 상태였다. ② 제후를 봉하여 땅을 내줌. 또는 그 땅. ¶그는 왕에게 충성을 맹세하고 작위와 봉토를 받았다.

봉투 封套 (봉할 봉, 덮개 투). ① 속뜻 덮개[套]를 봉(封)함. ② 편지나 서류 따위를 넣을 수 있도록 만든 것. ¶편지 봉투 / 봉투를 뜯다. ㊥서통(書筒).

봉표 封標 (북돋울 봉, 나타낼 표). ① 속뜻 능(陵) 터를 미리 정하여 흙을 모아 봉분(封墳)을 하고 세우는 표(標). ② 나라에서 벌채를 금하는 산의 경계에 세우는 표.

봉피 封皮 (봉할 봉, 겉 피). 물건을 싼[封] 겉[皮] 종이. ¶봉피에 그의 이름이 있었다.

봉함 封緘 (봉투 봉, 봉할 함). 편지나 문서 따위를 봉투(封套)에 넣고 봉하는[緘] 일.

봉합[1] 封合 (봉할 봉, 합할 합). 봉(封)하여 하나로 붙임[合]. ¶서류를 봉투에 넣고 봉합하다.

봉합[2] 縫合 (꿰맬 봉, 합할 합). 의학 외상(外傷)으로 갈라진 자리나 수술한 자리를 꿰매어[縫] 붙임[合]. ¶상처를 봉합하다.

봉:행 奉行 (받들 봉, 행할 행). 웃어른이 시키는 일을 받들어[奉] 거행(擧行)함. ¶제사를 봉행하다.

봉:헌 奉獻 (받들 봉, 바칠 헌). 신불(神佛)이나 존귀한 분에게 물건을 정성스럽게 받들어[奉] 바침[獻].

▶봉:헌 기도 奉獻祈禱 (빌 기, 빌 도). 가톨릭 미사 중에 제단에 정성스럽게[奉] 바친[獻] 제물 위에 축복이 내리도록 사제가 하는 기도(祈禱).

봉혈 封穴 (북돋울 봉, 구멍 혈). 불룩하게 쌓인[封] 개미집의 구멍[穴].

봉호 蓬蒿 (쑥 봉, 쑥 호). ① 속뜻 쑥[蓬=蒿]. ② 식물 국화과에 속하는 식물. 높이는 60~120㎝으로 어린 잎은 식용하고 줄기와 잎자루는 약용한다.

봉화[1] 逢禍 (만날 봉, 재화 화). 불행한 변고를[禍] 당함[逢].

봉화[2] 烽火 (봉화 봉, 불 화). 역사 나라에 병란이나 사변이 있을 때 신호로 올리던[烽] 불[火]. ㊥봉수(烽燧).

▶봉화-대 烽火臺 (돈대 대). 역사 봉화(烽火)를 피워 올리던 둑[臺]. ¶산꼭대기에 봉화대를 설치하다. ㊥봉수대(烽燧臺).

봉:환[1] 奉還 (받들 봉, 돌아올 환). ① 속뜻 받들어[奉] 모시고 돌아옴[還]. ¶해외 선열들의 유해를 봉환하다. ② 웃어른에게 받들어 도로 돌려 드림. ¶벼루를 봉환해드렸다.

봉환[2] 封還 (봉할 봉, 돌아올 환). 사표 따위를 수리하지 않고 봉(封)한 채 그대로 돌려보냄[還].

봉:황 鳳凰 (봉황새 봉, 봉황새 황). 예부터 동양의 전설에 전해지는 상서로움을 상징하는 상상의 새. 수컷은 '봉'(鳳), 암컷은 '황'(凰)이다. ¶왕비의 옷에 봉황을 수놓았다.

▸봉:황-루 鳳凰樓 (다락 루). ① 속뜻 봉황(鳳凰)이 깃든 누각(樓閣). ② 임금이 계신 곳을 아름답게 이르던 말.

▸봉:황-문 鳳凰紋 (무늬 문). 봉황(鳳凰)을 본뜬 무늬[紋]. ¶흉배에 봉황문을 수놓다.

▸봉:황-음 鳳凰吟 (읊을 음). 음악 조선 때, 윤회가 조선 왕가를 봉황(鳳凰)에 비유하여 찬미하고 태평을 기원하며 읊은[吟] 악장.

부:가 附加 (붙을 부, 더할 가). 이미 있는 것에 붙여[附] 더함[加]. 덧붙임. ¶부가 서비스.

▸부:가-형 附加刑 (형벌 형). 법률 주형(主刑)에 덧붙여[附加] 내리는 형벌(刑罰). 반 주형(主刑).

▸부:가 원가 附加原價 (본디 원, 값 가). 경제 기초 원가에 더해지는[附加] 원가(原價)로, 비용으로 계산되지 않는 원가. 기업가 임금, 자기 자본 이자 따위.

▸부:가 가치 附加價値 (값 가, 값 치). 경제 생산 과정에서 새로 덧붙인[附加] 가치(價値).

▸부:가 보:험료 附加保險料 (지킬 보, 험할 험, 삯 료). 경제 실질 보험료에다가 덧붙여진[附加] 보험료(保險料). 보험 회사 경영의 여러 경비에 쓰는 부분을 말한다.

부:각[1] 俯角 (구부릴 부, 모서리 각). ① 속뜻 구부려[俯] 내려 본 각도(角度). ② 수학 수평면 보다 아래에 있는 어떤 지점을 바라볼 때 수평면과 시선이 이루는 각. 반 고각(高角).

부각[2] 浮刻 (뜰 부, 새길 각). ① 미술 조각에서 평평한 면에 글자나 그림 따위를 도드라지게[浮] 새기는[刻] 일. ¶종에 관음보살을 부각하였다. ② 어떤 사물을 특징지어 두드러지게 함. ¶글의 배경은 주제를 더욱 부각했다. ③ 주목받는 사람, 사물, 문제 따위로 나타나게 되다. ¶환경오염 문제가 또다시 부각되고 있다.

부:각[3] 腐刻 (썩을 부, 새길 각). 약물을 써서 유리나 금속 따위를 부식(腐蝕)시켜 그림이나 글씨를 새기는[刻] 일. 비 식각(蝕刻).

부:감 俯瞰 (구부릴 부, 볼 감). 높은 곳에서 구부려[俯] 내려다봄[瞰].

▸부:감-도 俯瞰圖 (그림 도). 높은 곳에서 구부려[俯] 내려다 본[瞰] 상태의 그림이나 지도(地圖). 비 조감도(鳥瞰圖).

부:강 富強 (넉넉할 부, 강할 강). 부유(富裕)하고 강(強)함. ¶국가의 부강 / 부강한 나라를 만들다.

부:검 剖檢 (쪼갤 부, 검사할 검). 해부(解剖)하여 검사(檢査)함. ¶피살자를 부검해 사인을 밝히다.

부:결 否決 (아닐 부, 결정할 결). 회의에서 안건을 승인하지 않기로[否] 결정(決定)함. ¶그 법안은 30대 22로 부결되었다. 반 가결(可決).

부계 父系 (아버지 부, 이어 맬 계). 아버지[父] 쪽의 혈통에 딸린 계통(系統). ¶부계 사회 / 호적제도가 바뀌어 기존의 부계 전통이 완화되었다. 반 모계(母系).

▸부계-친 父系親 (친할 친). 사회 아버지[父] 쪽의 혈연[系]을 중심으로 하는 친계(親系). 반 모계친(母系親).

▸부계 가족 父系家族 (집 가, 겨레 족). 사회 아버지[父] 쪽의 혈연[系]을 잇는 가족(家族). 반 모계 가족(母系家族).

▸부계 제:도 父系制度 (정할 제, 법도 도). 사회 아버지[父] 쪽의 혈연[系]을 중심으로 한 사회 제도(制度). 반 모계 제도(母系制度).

▸부계 혈족 父系血族 (피 혈, 겨레 족). 사회 아버지[父] 쪽의 혈연[系]이 중심이 되어 내려오는 혈족(血族). 비 부계친(父系親). 반 모계 혈족(母系血族).

부:고 訃告 (부고 부, 알릴 고). 통지[訃]를 보내 사람의 죽음을 알림[告]. 또는 그 통지. ¶그는 스승님의 부고를 받고 눈물을 쏟았다. 비 부보(訃報), 부음(訃音).

부-고환 副睾丸 (곁들일 부, 불알 고, 알 환). 의학 포유류 수컷의 고환(睾丸)에 붙어 있는[副] 기관. 정액을 정관을 통하여 정낭으로 보낸다.

부곡 部曲 (나눌 부, 굽을 곡). ① 속뜻 부락(部落)의 한 구석[曲]. ② 역사 통일 신라·고려 시대의 천민 집단부락. 양민들과는 한곳에서 살지 못하도록 하고, 목축·농경·수공업 따위에 종사하게 하였다.

▸부곡-민 部曲民 (백성 민). 통일 신라, 고려 시대에 천민들이 모여 살던 마을인 부곡(部曲)에 살던 사람[民].

부:과 賦課 (거둘 부, 매길 과). 세금 따위를 거두거나[賦] 매김[課]. 또는 그런 일. ¶재산세 부과 / 벌금을 부과하다.

▸부:과-금 賦課金 (돈 금). 거두거나[賦] 매기는[課] 돈[金]. ¶고가 수입품에 대한 부과금을 물리다. [준]부금.

부:관 副官 (도울 부, 벼슬 관). ① [속뜻]보좌하는[副] 임무를 띤 관리(官吏). ② [군사]부대장이나 지휘관 아래에서 작전 명령 이외의 모든 명령의 처리와 각종 행정 업무를 맡아보는 참모 장교.

부:관-참시 剖棺斬屍 (쪼갤 부, 널 관, 벨 참, 시체 시). ① [속뜻]무덤을 파고 관(棺)을 꺼내어 쪼개고[剖] 시체(屍體)의 목을 베어[斬] 거리에 내걺. ② [역사]죽은 뒤에 큰 죄가 드러난 사람을 극형에 처하던 일.

부:광 富鑛 (넉넉할 부, 쇳돌 광). [광업]품질이 좋아서 이익이 많이 남는[富] 광석(鑛石).

▸부:광-대 富鑛帶 (띠 대). [광업]풍부(豐富)한 광맥(鑛脈)을 지닌 광산 지대(地帶).

▸부:광-체 富鑛體 (몸 체). [광업]광상(鑛床) 가운데에 쓸모 있는[富] 광물(鑛物)이 많이 몰려 있는 부분[體].

부교 父教 (아버지 부, 가르칠 교). ① [속뜻]아버지의[父] 가르침[教]. ②아버지의 명령. ¶부교를 따라 의사가 되었다. [비]부명(父命).

부교 浮橋 (뜰 부, 다리 교). 교각 없이 뗏목을 잇대어 물 위에 뜨도록[浮] 만든 다리[橋]. ¶홍수로 부교가 쓸려 내려갔다. [비]배다리.

부:교감 신경 副交感神經 (도울 부, 서로 교, 느낄 감, 정신 신, 날실 경). ① [속뜻]교감 신경(交感神經)을 도와주는[副] 신경(神經). ② [의학]교감 신경과 더불어 자율 신경계를 이루는 신경. 교감 신경이 촉진되면 억제하는 일을 하고 신체가 흥분되면 심장의 구실을 억제하며 소화기의 작용을 촉진한다. [참]교감 신경.

부:-교수 副教授 (도울 부, 가르칠 교, 줄 수). 교수(教授)를 돕는[副] 대학 교원의 직위.

부:-교재 副教材 (도울 부, 가르칠 교, 재료 재). 교과서 학습에 도움이[副] 되는 교재(教材). ¶몇 권의 소설책을 부교재로 썼다.

부국[1] 部局 (나눌 부, 관청 국). 관청의 부(部)와 국(局). 관공서 등에서 사무를 분담하여 다루는 곳을 통틀어 이른다.

부:국[2] 富國 (넉넉할 부, 나라 국). 부유(富裕)한 나라[國]. 나라를 부유하게 만듦. ¶이라크는 중동의 석유 부국이다.

▸부:국-강병 富國強兵 (강할 강, 군사 병). 나라의 경제력을 넉넉하게[富國] 하고 군사력[兵]을 튼튼하게[強] 하는 일. [준]부강.

부군 夫君 (지아비 부, 남편 군). [속뜻]남의 남편[夫=君]을 높여 부르는 말. ¶부군께서도 안녕하신지요.

부권[1] 父權 (아버지 부, 권리 권). ① [속뜻]아버지[父]로서의 권리(權利). ②남자인 가장이 가족을 통제하기 위하여 가지는 가장권. ③ [법률]아버지가 가지는 친권(親權).

부권[2] 夫權 (지아비 부, 권리 권). [법률]아내에 대하여 남편[夫]이 가지는 신분 및 재산상의 권리(權利).

부권[3] 婦權 (여자 부, 권리 권). [사회]남편에 대하여 아내[婦]가 가지는 신분 및 재산상의 권리(權利).

부:귀 富貴 (넉넉할 부, 귀할 귀). 재산이 많고[富] 사회적 지위가 높음[貴]. ¶그는 부귀와 명예를 모두 얻었다. [반]빈천(貧賤).

▸부:귀-화 富貴花 (꽃 화). ① [속뜻]부귀(富貴)를 상징하는 꽃[花]. ②'모란꽃'을 달리 이르는 말.

▸부:귀-공명 富貴功名 (공로 공, 이름 명). 재산이 많고[富] 지위가 높으며[貴] 공(功)을 세워 이름[名]을 날림.

▸부:귀-영화 富貴榮華 (꽃필 영, 빛날 화). 재산이 많고[富] 지위가 높으며[貴] 영화(榮華)로움. ¶그는 일생동안 부귀영화를 누렸다.

▸부:귀-재천 富貴在天 (있을 재, 하늘 천). ① [속뜻]부귀(富貴)를 누리는 일은 하늘[天]의 뜻에 달려 있음[在]. ②사람의 힘으로는 부귀를 어찌할 수 없음.

⁑부:근 附近 (붙을 부, 가까울 근). 붙어[附] 있어 가까움[近]. ¶친구와 학교 부근에 있는 공원에서 만났다. [비]근처(近處).

부:금 賦金 (거둘 부, 돈 금). ① [속뜻] 일정한 기간마다 내거나 받는[賦] 돈[金]. ② 부과금(賦課金).

부기[1] 浮氣 (뜰 부, 기운 기). [한의] 아파서 몸이 부은[浮] 기색(氣色). ¶얼굴에 아직 부기가 있다.

부:기[2] 附記 (붙을 부, 기록할 기). 원문에 덧붙이어[附] 적음[記]. 또는 그런 기록. ¶저자의 경력을 부기하였다.

부:기[3] 簿記 (장부 부, 기록할 기). [경제] 재산(財産)의 출납(出納), 변동(變動)의 기입을 똑똑히 하여 장부(帳簿)에 기록(記錄)함.

▸**부:기-장** 簿記帳 (장부 장). [경제] 부기(簿記)에 쓰는 장부(帳簿).

▸**부:기-학** 簿記學 (배울 학). [경제] 부기(簿記)의 원리와 방법을 연구하는 학문(學問).

부-기능 副機能 (곁따를 부, 틀 기, 능할 능). 주요 기능에 곁따라[副] 일어나는 기능(機能).

부:납 賦納 (거둘 부, 바칠 납). 부과금(賦課金)을 냄[納].

부낭 浮囊 (뜰 부, 주머니 낭). ① [속뜻] 물에서 몸이 잘 뜨도록[浮] 만든 주머니[囊] 모양의 기구. ② [불교] 바다를 건너는 사람이 빠지지 아니하도록 물 위에 띄우는 큰 주머니. 불법의 계율을 이르는 말. ③ [동물] 어류의 몸 속에 있는 얇은 가죽의 공기주머니. 뜨고 가라앉는 것을 조절한다. ④ [식물] 갈조류에서 지엽(枝葉)의 일부에 달려 있는 기포. [비] 부레.

부내 部內 (나눌 부, 안 내). 기관이나 조직에서 부 단위로 구분되는 업무 부서(部署)의 안[內]. ¶부내의 책임자.

부녀[1] 父女 (아버지 부, 딸 녀). 아버지와[父] 딸[女]. ¶경기에 부녀가 함께 출전했다.

부녀[2] 婦女 (아내 부, 여자 녀). 결혼한 여자[婦]와 성숙한 여자[女]. ¶범인은 부녀만을 대상으로 범행을 저질렀다. [비]부녀자(婦女子).

▸**부녀-자** 婦女子 (접미사 자). 결혼한 여자[婦]와 성숙한 여자(女子). [준]부녀.

▸**부녀-회** 婦女會 (모일 회). 부녀자(婦女子)들로 구성된 모임[會]. ¶아파트 부녀회.

부:농 富農 (넉넉할 부, 농사 농). 많은 농지를 가지고 있어 생활이 넉넉한[富] 농가(農家). 또는 그런 농민(農民). ¶일반 농민들은 부농의 밭을 소작했다. [반]빈농(貧農).

부:니 腐泥 (=浮泥, 썩을 부, 진흙 니). [지리] 바다나 호수 밑바닥에 쌓인 죽은 수생 동식물이 썩어서[腐] 변한 진흙[泥].

▸**부:니-암** 腐泥巖 (바위 암). [지리] 부니(腐泥)가 굳어서 된 바위[巖].

부단 不斷 (아닐 부, 끊을 단). ① [속뜻] 꾸준히 잇대어 끊임[斷]이 없다[不]. ¶그는 부단한 노력 끝에 상을 받았다. ② 결단력이 없다. ¶그는 부단한 성격 때문에 늘 갈팡질팡한다.

부:담 負擔 (질 부, 멜 담). ① [속뜻] 등에 짊어지고[負] 어깨에 둘러멤[擔]. ② 어떠한 의무나 책임을 짐. ¶그녀의 도움으로 부담을 덜었다.

▸**부:담-감** 負擔感 (느낄 감). 어떠한 의무나 책임을 져야[負擔] 한다는 느낌[感]. ¶시험에 대한 부담감이 너무 크다.

▸**부:담-금** 負擔金 (돈 금). ① [속뜻] 부담(負擔)하는 돈[金]. ② [법률] 특정 공익사업에 필요한 경비를 특별한 이해관계를 가진 사람에게 부담하기 위해 매기는 공법상의 금전 급부. 도로 부담금 따위.

▸**부:담-액** 負擔額 (액수 액). 부담(負擔)해야 할 돈의 액수(額數).

부당 不當 (아닐 부, 마땅 당). 도리에 벗어나서 정당(正當)하지 않음[不]. 사리에 맞지 아니함. ¶부당요금 / 부당한 차별을 받다.

▸**부당-성** 不當性 (성질 성). 이치에 맞지 않는[不當] 성질(性質). ¶부당성을 지적하였다. [반]정당성.

▸**부당 이:득** 不當利得 (이로울 리, 얻을 득). [법률] 정당하지 않은[不當] 방법으로 얻는[得] 이익(利益). ¶매점 매석으로 부당 이득을 취하다.

부:대[1] 負袋 (질 부, 자루 대). 종이나 천, 가죽 따위로 무엇을 담아 짊어질[負] 수 있게 만든 자루[袋]. ¶소금 세 부대를 샀다. [비] 포대(包袋).

부대[2] 部隊 (나눌 부, 무리 대). ① [군사] 일정한 규모로 나누어[部] 편성한 군대(軍隊) 조직. ¶그는 최전방 부대에서 복무했다. ②어떠한 공통의 목적을 위하여 한데 모여 행동을 취하는 무리. ¶응원 부대.

부:대[3] 附帶 (붙을 부, 띠 대). 주된 일에 붙어[附] 따라다님[帶].

▸부:대-범 附帶犯 (범할 범). 법률 기소(起訴)된 범죄에 덧붙은[附帶] 범죄(犯罪).

▸부:대 면:적 附帶面積 (쪽 면, 쌓을 적). 건설 어떤 건물에 딸려있는[附帶] 공간의 면적(面積). ¶이 아파트는 전용 면적 외에 부대 면적이 크다.

부-대체물 不代替物 (아닐 부, 대신할 대, 바꿀 체, 만물 물). 법률 같은 종류의 다른 물건과 바꿀[代替] 수 없는[不] 물건(物件).

부덕[1] 不德 (아닐 부, 베풀 덕). ① 속뜻 베풀지[德] 못함[不]. ②공덕이 부족함. ¶전부 제가 부덕한 탓입니다.

부덕[2] 婦德 (여자 부, 베풀 덕). 여성[婦]으로 지녀야 할 어질고 너그러운 덕행(德行). ¶그녀는 부덕이 있는 사람이다.

부도[1] 父道 (아버지 부, 길 도). ①아버지[父]로서 지켜야 할 도리(道理). ②아버지가 행한 도.

부도[2] 婦道 (여자 부, 길 도). 여성[婦]으로 지켜야 할 도리(道理). ¶부도를 거스르다.

부:도[3] 附圖 (붙을 부, 그림 도). 책에 딸려 붙어[附] 있는 그림이나 지도(地圖) 따위. ¶지리부도 / 역사 부도.

부도[4] 浮屠 (=浮圖, 뜰 부, 잡을 도). ① 속뜻 '석가모니'의 다른 이름. ②고승(高僧)의 사리를 안치한 탑. ③승려. ⓑ부처.

부도[5] 不渡 (아닐 부, 건널 도). ① 속뜻 재정상의 위기 따위를 건너지[渡] 못함[不]. ② 경제 어음이나 수표를 가진 사람이 기한이 되어도 어음이나 수표에 적힌 돈을 지불 받지 못하는 일. ¶그 회사는 부도 직전까지 갔다.

▸부도-액 不渡額 (액수 액). 부도(不渡)가 난 수표나 어음의 금액(金額).

▸부도 수표 不渡手票 (손 수, 쪽지 표). 경제 수표에 적힌 금액을 은행에서 건네받지[渡] 못한[不] 수표(手票). 액면 금액이 발행인의 예금 또는 차월 계약고를 초과하여 있는 것 따위의 이유로 지불 은행에서 지불을 거절했기 때문이다.

부-도덕 不道德 (아닐 부, 길 도, 베풀 덕). 도덕(道德)에 어긋남[不]. 도덕적이 아님. ¶부도덕한 행위.

부도-옹 不倒翁 (아닐 부, 넘어질 도, 늙은이 옹). ① 속뜻 넘어지지[倒] 않는[不] 늙은이[翁]. ②'오뚝이'를 이르는 말.

부-도:체 不導體 (아닐 부, 이끌 도, 몸 체). 전기 열이나 전기를 잘 전달하지[導] 않는[不] 물체(物體). ¶유리는 전기의 부도체이다. ⓑ절연체(絶緣體). ⓑ도체(導體).

부동[1] 不同 (아닐 부, 같을 동). 서로 같지[同] 않음[不]. 다름.

부동[2] 符同 (맞을 부, 한가지 동). 그른 일에 어울려[符] 한통속[同]이 됨. ¶난민까지 부동이 되어 그 세력이 날로 불어 갔다.

부동[3] 不凍 (아닐 부, 얼 동). 얼지[凍] 아니함[不].

▸부동-액 不凍液 (진 액). 화학 겨울철에 자동차 엔진의 냉각수를 얼지[凍] 않게[不] 하기 위해 쓰는 액체(液體).

▸부동-항 不凍港 (항구 항). 지리 겨울에도 해면이 얼지[凍] 않는[不] 항구(港口). ⓑ동항(凍港).

부동[4] 不動 (아닐 부, 움직일 동). 물건이나 몸이 움직이지[動] 아니함[不]. ¶부동 자세.

▸부동-산 不動產 (재물 산). 법률 토지나 건물, 수목처럼 움직이지[動] 않는[不] 성질을 갖고 있는 재산(財產). ¶그는 많은 부동산을 소유하고 있다. ⓑ동산(動產).

▸부동-심 不動心 (마음 심). 어떤 외계의 충동을 받아도 움직이지[動] 않는[不] 마음[心].

▸부동 관절 不動關節 (빗장 관, 마디 절). 의학 두 뼈가 단순히 이어져 있는 관절로써 움직임이[動] 적은[不] 뼈의 연결부[關節]. ⓑ가동 관절(可動關節).

▸부동산-질 不動產質 (재물 산, 볼모 질). 경제 채무자가 돈을 갚지 않을 것에 대비하여 부동산(不動產)을 담보[質]로 함. ⓑ동산질(動產質).

부동[5] 浮動 (뜰 부, 움직일 동). ① 속뜻 물이나 공기 중에 떠서[浮] 움직임[動]. 떠다님. ②고정되어 있지 않고 움직임. ¶부동 인구. ③진득하지 못하고 들뜸.

▸**부동-성** 浮動性 (성질 성). 기본적인 것이 정하여지지 않아서 이리저리 움직이는[浮動] 성질(性質).

▸**부동-표** 浮動票 (쪽지 표). ① 속뜻 떠돌이[浮動] 표(票). ② 지지하는 후보나 정당이 확실하지 않고 그때그때의 정세나 분위기에 따라 변화할 가능성이 많은 표. ¶우리 당의 부동표를 파악하다.

▸**부동 자금** 浮動資金 (밑천 자, 돈 금). 경제 투기적 이익을 얻기 위해 시장에 떠다니는[浮動] 대기성 자금(資金).

▸**부동 소:수점** 浮動小數點 (작을 소, 셀 수, 점 점). 수학 소수점(小數點)을 앞뒤로 움직일 수 있게[浮動] 표현한 표기법. '12345.67'을 '1.234567×10^4'과 같이 나타내는 것을 이른다.

부두 埠頭 (선창 부, 접미사 두). 항구에서 배를 대어 여객이 타고 내리거나 짐을 싣고 부리는[埠] 곳[頭]. ¶배가 부두에 정박해 있다. ⓑ선창(船艙).

▸**부두-세** 埠頭稅 (세금 세). 선주(船主)가 부두(埠頭) 사용료로 국가에 내는 세(稅).

부득불 不得不 (아닐 부, 얻을 득, 아닐 불). 하지 않을[不] 수 없어[不得]. 마음이 내키지 아니하나 마지못하여. ¶부득불 안 갈수 없게 되었다. ⓑ불가불(不可不).

부득의 不得意 (아닐 부, 얻을 득, 뜻 의). 바라거나 뜻[意]하던 바를 이루지[得] 못함[不].

부득이 不得已 (아닐 부, 얻을 득, 버려둘 이). ① 속뜻 하는 수 없어[不得] 버려둠[已]. ② 하는 수 없이. 마지못하여. ¶개인 사정으로 부득이 회사를 그만두었다 / 부득이한 사정.

부득지 不得志 (아닐 부, 얻을 득, 뜻 지). 품은 뜻[志]을 이루지[得] 못함[不].

부등 不等 (아닐 부, 같을 등). ① 속뜻 서로 같지[等] 않음[不]. 다름. ¶각국의 환율이 부등하다. ② 층이 져서 고르지 않음.

▸**부등-식** 不等式 (법 식). 수학 두 수 또는 두 식을 부등호(不等號)로 연결한 식(式). ⓑ등식(等式).

▸**부등-엽** 不等葉 (잎 엽). 식물 같은 그루에 달린 잎이라도 위치에 따라 모양이 다른[不等] 잎[葉]. 단풍나무의 잎, 편백나무의 잎 따위가 있다.

▸**부등-표** 不等標 (나타낼 표). 수학 두 수나 두 식이 서로 같지[等] 않음[不]을 나타내는 표지(標識). ⓑ부등호.

▸**부등-호** 不等號 (표지 호). 수학 두 수나 두 식이 서로 같지[等] 않음[不]을 나타내는 기호(記號). 작거나 크거나 하는 기호는 두 수 사이에 '〈, 〉', '≦', '≧' 등으로 나타낸다. 터진 쪽이 큰 수이다. ⓑ등호(等號).

▸**부등속 운:동** 不等速運動 (빠를 속, 돌 운, 움직일 동). 물리 속도(速度)가 일정하지[等] 않은[不] 운동(運動). ⓑ등속 운동(等速運動).

▸**부등변 삼각형** 不等邊三角形 (가 변, 석 삼, 모서리 각, 모양 형). 수학 각 변(邊)의 길이가 모두 같지[等] 않은[不] 삼각형(三角形).

부락 部落 (나눌 부, 마을 락). 이곳저곳에 나뉘어[部] 있는 시골 마을[落]. ¶자연적으로 형성된 부락. ⓑ촌락(村落).

부:란[1] 腐爛 (썩을 부, 무르익을 란). ① 속뜻 썩어[腐] 문드러짐[爛]. ② 생활이 문란함을 비유하여 이르는 말. ¶부란한 생활.

부란[2] 孵卵 (알 깔 부, 알 란). 알[卵]을 깜[孵]. 알을 부화(孵化)함. ¶병아리가 이제 막 부란했다.

▸**부란-기** 孵卵器 (그릇 기). 달걀이나 물고기의 알[卵]을 인공적으로 까는[孵] 기구(器具). ⓑ부화기(孵化器).

부랑 浮浪 (뜰 부, 물결 랑). 일정한 거처나 직업이 없이 물결[浪]처럼 이리저리 떠돌아다님[浮]. ¶그는 10년 간 부랑 생활을 했다 / 전쟁으로 부랑하는 사람들이 늘어났다.

▸**부랑-배** 浮浪輩 (무리 배). 부랑자(浮浪者)의 무리[輩]. ¶산길에서 부랑배들을 만났다.

▸**부랑-아** 浮浪兒 (아이 아). 일정한 거처가 없이 떠돌아다니는[浮浪] 아이[兒]. ¶그녀는 부랑아를 돌보았다.

▸**부랑-자** 浮浪者 (사람 자). 일정한 거처나 직업이 없이 떠돌아다니는[浮浪] 사람[者].

*__부력__[1] 浮力 (뜰 부, 힘 력). 물리 유체(流體) 속에 있는 물체를 떠오르게[浮] 하는 힘[力]. ¶아르키메데스는 부력의 원리를 발

견했다.

부:력[2] 富力 (넉넉할 부, 힘 력). ① 속뜻 많은 재산[富]으로 인하여 생기는 힘[力]. ¶상인들은 부력을 바탕으로 권력까지 얻으려 했다. ②재산을 지닌 정도. ¶윤씨 부자(父子)의 부력은 대단했다.

부령 部令 (나눌 부, 명령 령). 법률 행정 각 부(部)의 장관이 지시하는 명령(命令).

부로 父老 (아버지 부, 늙을 로). 한 동네에서 아버지[父]뻘 되는 어른[老]을 높여 일컫는 말. ¶마을 부로를 모아 의견을 물었다.

부:록 附錄 (붙을 부, 기록할 록). ① 속뜻 본문 끝에 덧붙이는[附] 기록(記錄). ②신문, 잡지 따위의 본지에 덧붙인 지면이나 따로 내는 책자. ¶이 책을 사면 부록으로 가계부를 준다.

부류[1] 部類 (나눌 부, 무리 류). 어떤 공통적인 성격 등에 따라 나눈[部] 갈래나 무리[類]. ¶그들은 두 부류로 나뉜다.

부류[2] 浮流 (뜰 부, 흐를 류). 물위에 떠서[浮] 흐름[流].

▸부류 기뢰 浮流機雷 (틀 기, 천둥 뢰). 군사 물 위 또는 물속에 떠다니다가[浮流] 어떤 물체에 닿으면 폭발하는 기뢰(機雷).

부:리 附利 (붙을 부, 이로울 리). 이자(利子)가 붙음[附].

부:마[1] 副馬 (곁들일 부, 말 마). 주로 부리는 말 대신에 쓰기 위하여 예비로 곁에[副] 끌고 다니는 말[馬].

부:마[2] 駙馬 (곁마 부, 말 마). 임금의 사위. 중국 한(漢)나라 때 부마에 관한 일을 담당하는 부마도위(駙馬都尉)란 관직이 있었는데, 통상 황제의 사위가 그 직책을 맡았기 때문에 후에 이름 하였다.

▸부:마-도위 駙馬都尉 (모두 도, 벼슬 위). 임금의 사위[駙馬]에게 주는 칭호[都尉]. ㊟부마. ㊟국서(國婿).

부말 浮沫 (뜰 부, 거품 말). 물이 다른 물이나 물체에 부딪쳐서 물위에 떠오르는[浮] 거품[沫]. ㊥물거품.

부명[1] 父名 (아버지 부, 이름 명). 아버지[父]의 이름[名].

부명[2] 父命 (아버지 부, 명할 명). 아버지[父]의 명령(命令). ¶그는 부명을 어기고 천주교도가 되었다. ㊥부교(父教).

⁑**부모** 父母 (아버지 부, 어머니 모). 아버지[父]와 어머니[母]. ¶수술을 하기 전에 부모의 동의가 필요하다. ㊥어버이, 양친(兩親).

▸부모-상 父母喪 (죽을 상). 아버지[父]나 어머니[母]를 여의어 치르는 상(喪). ㊥친상(親喪).

▸부모 구몰 父母俱沒 (함께 구, 없어질 몰). 부모(父母)가 모두[俱] 돌아가심[沒].

▸부모 구존 父母俱存 (함께 구, 있을 존). 부모(父母)가 함께[俱] 살아 계심[存].

부목 浮木 (뜰 부, 나무 목). 물위에 떠다니는[浮] 나무[木]. ¶강물에 휩쓸린 그는 부목을 붙잡고 겨우 목숨을 건졌다.

부:목[1] 副木 (곁들일 부, 나무 목). ① 속뜻 덧댄[副] 나무[木]. ② 의학 팔다리에 골절, 염좌, 염증 따위가 있을 때에 아픈 팔다리를 고정하기 위하여 일시적으로 대는 나무. ㊥덧대.

부:목[2] 腐木 (썩을 부, 나무 목). 썩은[腐] 나무[木].

부:문[1] 赴門 (나아갈 부, 문 문). 역사 과거를 보기 위해 시험장의 문(門) 안으로 들어감[赴].

부:문[2] 訃聞 (부고 부, 들을 문). 사람이 죽었다는 소식[訃]을 들음[聞]. ㊥부음(訃音).

부문[3] 部門 (나눌 부, 문 문). 나누어[部] 놓은 일부분이나 범위[門]. ¶나는 수학 부문에서 상을 받았다.

부민[1] 浮民 (뜰 부, 백성 민). 이리저리 떠돌아다니는[浮] 백성[民]. ¶전쟁이 계속되자 부민이 늘어났다.

부:민[2] 富民 (넉넉할 부, 백성 민). 생활이 넉넉한[富] 백성[民]. ㊥빈민(貧民).

부박 浮薄 (뜰 부, 엷을 박). 마음이 들뜨고[浮] 경박(輕薄)하다. ¶그는 언행이 부박한 사람이다.

부:-반장 副班長 (도울 부, 나눌 반, 어른 장). 반장(班長)을 돕는[副] 지위와 책임이 있는 학생.

부:-배합 富配合 (넉넉할 부, 나눌 배, 합할 합). 건설 콘크리트를 만들 때에 시멘트를 표준량보다 많이[富] 넣는 배합(配合). ㊥빈배합(貧配合).

부:벽 付壁 (줄 부, 담 벽). 벽(壁)에 붙이는

[付] 그림이나 글씨.

▸부ː벽-서 付壁書 (글 서). 벽(壁)에 붙이는[付] 글씨[書]. ¶"문 위에 붙인 부벽서, 충성 충(忠)자를 붙였더니…."

부별 部別 (나눌 부, 나눌 별). 많은 것을 몇 부문이나 종류로 나눔[部=別].

부ː병 富兵 (넉넉할 부, 군사 병). 굳세고 강한[富] 군사[兵]. ㊗강병(強兵).

부보 部譜 (나눌 부, 적어놓을 보). 음악 합주할 때, 각 음부(音部)의 악보(樂譜).

부ː복 俯伏 (구부릴 부, 엎드릴 복). 고개를 숙이고[俯] 엎드림[伏]. ¶왕에게 부복하며 충성을 맹세했다.

부ː본 副本 (버금 부, 책 본). 원본을 복사하거나 베낀 부차적(副次的)인 서류[本]. ㊗부서(副書). ㊙정본(正本).

부부 夫婦 (지아비 부, 아내 부). 남편[夫]과 그의 부인[婦]. ㊗내외(內外), 부처(夫妻). 속담 부부싸움은 칼로 물 베기.

▸부부-성 夫婦星 (별 성). ① 속뜻 부부(夫婦) 같은 별[星]. ② '견우성과 직녀성'을 달리 이르는 말.

▸부부-애 夫婦愛 (사랑 애). 부부(夫婦) 사이의 사랑[愛].

▸부부-유별 夫婦有別 (있을 유, 나눌 별). 남편[夫]과 아내[婦] 간의 도리는 서로 구별(區別)함에 있음[有]. 오륜(五倫)의 하나.

부-부인 府夫人 (관청 부, 지아비 부, 사람 인). 역사 조선 시대에 왕비의 친정어머니나 대군[府]의 아내[夫人]에게 주던 작호(爵號). ¶대비는 좋은 집안의 여식을 부부인으로 골랐다.

⁑부분 部分 (나눌 부, 나눌 분). 전체를 몇으로 나누어[部] 구별한[分] 것의 하나. ¶썩은 부분을 잘라내다. ㊙전체(全體).

▸부분-식 部分蝕 (갉아먹을 식). ① 속뜻 일부분(一部分)만 좀먹음[蝕]. ② 천문 일식과 월식에서 해나 달의 일부분만 가려지는 현상. ㊟분식. ㊙개기식(皆既蝕).

▸부분-적 部分的 (것 적). 전체가 아닌 한 부분(部分)에만 한정되는 것[的]. ¶부분적 손해. ㊙국부적, 전체적.

▸부분-품 部分品 (물건 품). 기계 따위의 어떤 일부분(一部分)에 쓰이는 물품(物品). ㊟부품.

▸부분 사회 部分社會 (단체 사, 모일 회). 사회 전체 사회를 구성하는 일정 부분(部分)이 되는 조직 집단[社會].

▸부분 색맹 部分色盲 (빛 색, 눈멀 맹). 의학 일부분(一部分)의 색(色)만을 가리지 못하는[盲] 증상이 있는 사람.

▸부분 월식 部分月蝕 (달 월, 갉아먹을 식). 천문 달의 일부분(一部分)이 지구의 그림자에 의해 가려지는 월식(月蝕) 현상. ㊙개기(皆既) 월식.

▸부분 일식 部分日蝕 (해 일, 갉아먹을 식). 천문 해의 일부분(一部分)이 달의 그림자에 의해 가려지는 일식(日蝕) 현상. ㊙개기(皆既) 일식.

▸부분 집합 部分集合 (모일 집, 합할 합). ① 속뜻 어떤 집합의 한 부분(部分)이 되는 집합(集合). ② 수학 두 집합 A와 B가 있고 집합 B의 원소가 모두 집합 A의 원소가 될 때, 집합 B를 집합 A에 상대하여 이르는 말. 'A⊃B', 'B⊂A'로 나타낸다.

부ː불 賦拂 (물려줄 부, 지불할 불). 여러 차례 나누어[賦] 지불(支拂)함.

▸부ː불 신ː용 賦拂信用 (믿을 신, 쓸 용). 경제 상품을 미리 받고 돈은 일정한 기간 안에 여러 차례 나누어[賦] 내는[拂] 교환 방식[信用].

부빙 浮氷 (뜰 부, 얼음 빙). 물위에 떠[浮] 있는 얼음[氷].

부사[1] 父師 (아버지 부, 스승 사). ① 속뜻 아버지[父]와 스승[師]. ② 아버지 겸 스승.

부ː사[2] 副使 (도울 부, 부릴 사). 수석 사신을 보좌하는[副] 사신(使臣).

부ː사[3] 副詞 (도울 부, 말씀 사). 언어 동사 또는 형용사를 돕는[副] 역할을 하는 낱말[詞]. 성상(性狀)·지시(指示)·부정(否定)·의성(擬聲)·의태(擬態) 부사로 나뉜다. ¶'매우 빠르다'의 '매우'는 부사다.

▸부ː사-격 副詞格 (자격 격). ① 속뜻 부사어(副詞語)가 되는 자격(資格). ② 언어 문장 안에서 체언이 부사어임을 표시하는 격. 처소, 도구, 자격, 원인, 때 따위를 나타낸다.

▸부ː사-구 副詞句 (글귀 구). 언어 문장에서 부사(副詞) 역할을 하는 구(句). '철수는 아주 열심히 산다.'에서 '아주 열심히' 따위.

▸부ː사-어 副詞語 (말씀 어). 언어 문장에

서 부사(副詞) 역할을 하는 문장 성분[語]. 부사와 부사의 구실을 하는 단어·어절·관용어, 그리고 체언에 부사격 조사가 붙은 말, 어미 '-게'로 활용한 형용사, 부사성 의존 명사구 따위.

▸**부:사-절** 副詞節 (마디 절). 언어 문장에서 부사어(副詞語) 역할을 하는 절(節). '꽃잎이 소리도 없이 떨어진다.'에서 '소리도 없이' 따위.

▸**부:사-형** 副詞形 (모양 형). 언어 부사(副詞) 역할을 하는 활용형(活用形). 동사, 형용사 따위의 어간에 활용 어미 '-아 / 어', '-게', '-지', '-고' 따위가 붙은 형태.

▸**부:사격 조:사** 副詞格助詞 (자격 격, 도울 조, 말씀 사). ① 속뜻 부사어(副詞語)의 자격(資格)을 갖게 하는 조사(助詞). ② 언어 문장 안에서, 체언이 부사어임을 보이는 조사. '에', '에서', '(으)로', '와/과', '보다' 따위가 있다.

부-사:관 副士官 (도울 부, 선비 사, 벼슬 관). ① 속뜻 돕는[副] 일을 하는 사관(士官). ② 군사 하사, 중사, 상사, 원사 계급을 통틀어 이르는 말.

부:-사장 副社長 (도울 부, 회사 사, 어른 장). 회사에서 사장(社長)을 돕는[副] 일을 하는 두 번째 지위의 사람. ¶부사장을 지내다.

부:-산물 副產物 (곁들일 부, 낳을 산, 만물 물). 주산물의 생산 과정에서 곁따라[副] 생기는[產] 물건(物件). ¶부산물로 사료를 만들다. 반 주산물(主產物).

부상[1] 父喪 (아버지 부, 죽을 상). 부친(父親)의 죽음으로 입은 상(喪). ¶부상을 당하다 / 부상에 대나무 지팡이를 짚는 것은, 아버지의 정신을 받들어 추모하는 것이다.

부:상[2] 負商 (질 부, 장사 상). 물건을 등에 지고[負] 다니며 파는 장사꾼[商]. 비 등짐장수.

부:상[3] 副賞 (곁들일 부, 상줄 상). 정식의 상(賞) 외에 따로 곁들여[副] 주는 상(賞). ¶부상으로 사전을 받았다.

부:상[4] 富商 (넉넉할 부, 장사 상). 자본이 넉넉한[富] 상인(商人). ¶그는 개경에서도 부상으로 이름나있었다.

***부:상**[5] 負傷 (질 부, 다칠 상). 몸에 상처(傷處)를 입음[負]. ¶교통사고로 머리에 부상을 입었다. 비 상이(傷痍).

▸**부:상-병** 負傷兵 (군사 병). 다쳐서 상처(傷處)를 입은[負] 군인[兵]. ¶부상병을 병원으로 후송하다.

▸**부:상-자** 負傷者 (사람 자). 다쳐서 상처(傷處)를 입은[負] 사람[者]. ¶다행히 부상자는 없었다.

부상[6] 浮上 (뜰 부, 위 상). ① 속뜻 물 위[上]로 떠[浮]오름. ¶고래는 숨을 쉬기 위해 해면으로 부상한다. ② 어떤 현상이 관심의 대상이 되거나 어떤 사람이 훨씬 좋은 위치로 올라섬. ¶그녀의 소설이 베스트셀러로 부상하였다.

▸**부상 능력** 浮上能力 (능할 능, 힘 력). 물속에서 물 위로 떠[浮] 오를[上] 수 있는 능력(能力).

부생[1] 浮生 (뜰 부, 살 생). 이리저리 떠다니는[浮] 삶[生]. 덧없는 인생.

부:생[2] 復生 (다시 부, 날 생). ① 속뜻 없어졌던 것이 다시[復] 생겨남[生]. ② 부활(復活).

부생모육 父生母育 (아버지 부, 날 생, 어머니 모, 기를 육). 부모(父母)가 낳고[生] 기름[育].

부:생 식물 腐生植物 (썩을 부, 살 생, 심을 식, 만물 물). ① 속뜻 썩은[腐] 것을 먹고 살아가는[生] 식물(植物). ② 식물 생물의 사체나 배설물 따위에서 양분을 얻어 사는 식물. 세균류, 균류 따위가 대부분이다.

부:서[1] 附書 (붙을 부, 쓸 서). ① 속뜻 붙여[附] 씀[書]. ② 언어 훈민정음에서, 중성(中聲)인 모음은 초성(初聲)의 아래나 오른쪽에 붙여 쓰는 일.

부서[2] 部署 (나눌 부, 관청 서). 기관, 기업, 조직 따위에서 일이나 사업의 체계에 따라 나뉘어[部] 있는 사무의 각 부문[署]. ¶다른 부서로 옮기다.

부:서[3] 副署 (곁들일 부, 쓸 서). ① 속뜻 곁따라[副] 차례로 서명(署名)함. ② 법률 법령이나 조약 따위를 새로 제정할 때, 그 문서에 대통령이 서명한 뒤에 각 국무 의원이 서명하는 일.

부:서[4] 賦序 (글 부, 차례 서). 문학 부(賦)에 붙이는 머리말[序].

부석[1] 斧石 (도끼 부, 돌 석). [광업] 날카로운 도끼[斧] 같은 판상(板狀) 결정을 이루고 있는 광물[石].

부석[2] 浮石 (뜰 부, 돌 석). ① [속뜻] 물에 떠는[浮] 돌[石]. ② 공사(工事)에서 쓰고 남은 석재. ③ 바위에서 석재를 떠내는 일. ④ [지리] 빈틈이 썩 많아서 물에 뜰 정도로 가벼운 화산의 용암.

▸부석-사 浮石寺 (절 사). [불교] 경상북도 영주시 부석면(浮石面)에 있는 절[寺]. 우리나라에서 가장 오래된 목조 건축인 무량수전이 있고 아미타여래 좌상 따위의 문화재가 남아 있다.

부선 艀船 (작은 배 부, 배 선). 동력 설비가 없어서 짐을 실은 채 다른 배[船]에 끌려 다니는 작은 배[艀].

부-선망 父先亡 (아버지 부, 먼저 선, 죽을 망). 어머니보다 아버지[父]가 먼저[先] 죽음[亡]. [반] 모선망(母先亡).

부:설[1] 附設 (붙을 부, 세울 설). 부속(附屬)시켜 설치(設置)함. ¶사범대학 부설 초등학교.

부:설[2] 敷設 (펼 부, 세울 설). 다리, 철도, 지뢰 따위를 펼치듯이[敷] 설치(設置)함. ¶철도를 부설하다.

▸부:설-권 敷設權 (권리 권). 철도 따위를 건설할[敷設] 수 있는 권리(權利).

▸부:설-함 敷設艦 (싸움배 함). [군사] 기계 수뢰를 싣고 다니면서 필요한 곳에 부설(敷設)하는 일을 맡은 군함(軍艦).

▸부:설 수뢰 敷設水雷 (물 수, 천둥 뢰). [군사] 적의 함선을 폭파할 목적으로 바다에 부설(敷設)해 놓은 수뢰(水雷). [비] 기계 수뢰(機械水雷).

부성 父性 (아버지 부, 성품 성). 자식에 대해 아버지[父]로서 지니는 성질(性質). [반] 모성(母性).

▸부성-애 父性愛 (사랑 애). 자식에 대한 아버지로서의[父性] 사랑[愛]. [반] 모성애(母性愛).

부세[1] 浮世 (뜰 부, 세상 세). 뜬[浮] 구름 같은 덧없는 세상(世上).

부:세[2] 賦稅 (거둘 부, 세금 세). 세금(稅金)을 매겨서 물림[賦].

부소산-성 扶蘇山城 (도울 부, 되살아날 소, 메 산, 성곽 성). [고적] 충청남도 부여군 부소산(扶蘇山)에 있는 백제 때의 성터[城]. [비] 사비성.

부속[1] 部屬 (나눌 부, 엮을 속). 어떤 부류(部類)나 부문(部門)에 딸림[屬].

부:속[2] 附屬 (붙을 부, 엮을 속). ① [속뜻] 주된 것에 붙여[附] 엮어 놓음[屬]. ¶부속 건물. ② '부속품'의 준말.

▸부:속-기 附屬器 (틀 기). ① [생물] 어떤 기관(器官)에 딸려[附屬] 있는 기관(器官). ② [의학] 자궁에 딸려 있는 난관과 난소.

▸부:속-물 附屬物 (만물 물). 딸리어[附屬] 있는 물건(物件).

▸부:속-실 附屬室 (방 실). ① [속뜻] 주가 되는 방에 딸려[附屬] 있는 방[室]. ② 편제상 비서가 없는 기관에서 비서격의 사무를 보는 방.

▸부:속-품 附屬品 (물건 품). 어떤 기계나 기구의 본체에 딸린[附屬] 물건[品]. ¶자동차 부속품. [준] 부속.

▸부:속-해 附屬海 (바다 해). [지리] 육지에 딸려있는[附屬] 바다[海]. 큰 바다로부터 격리되어 육지 또는 반도(半島)나 섬으로 둘러싸인 작은 바다.

▸부:속 병:원 附屬病院 (병 병, 집 원). [의학] 의과 대학에 딸린[附屬] 병원(病院). 의학 연구와 학생들의 실습을 목적으로 한다.

▸부:속 성분 附屬成分 (이룰 성, 나눌 분). [언어] 주성분에 딸려[附屬] 있는 문장 성분(成分). 주성분의 뜻을 더하여 주는 부사어, 관형어 따위.

▸부:속-학교 附屬學校 (배울 학, 가르칠 교). [교육] 전문학교에 딸려[附屬] 세운 학교(學校). 교육 연구 및 교원 양성 기관의 실습을 목적으로 하여 사범 대학이나 교육 대학, 의과 대학 따위에 설치한다. ¶사범대학 부속 초등학교.

부:수[1] 負數 (질 부, 셀 수). [수학] 0보다 작은 수. 영문명인 'a negative[負] number[數]'를 의역한 말. '음수'(陰數)의 옛 용어.

부수[2] 部首 (나눌 부, 머리 수). ① [속뜻] 서로 공통적인 요소가 있는 부류(部類)의 첫 머리[首]에 상당하는 한자. ② 한자자전에서 글자를 찾는 길잡이 역할을 하는 공통되는 글자의 한 부분. 예를 들어 '言'은 '語', '話',

'請' 따위 글자의 부수이다.

부수[3] **部數** (나눌 부, 셀 수). 책, 신문 따위의 출판물을 세는 단위인 부(部)의 수효(數爻). ¶판매 부수 / 신문의 발행 부수 / 책의 간행 부수.

부:수[4] **附隨** (붙을 부, 따를 수). 주되는 것에 붙어[附] 따라감[隨]. 또는 따라서 일어남. ¶부수 업무.

▸부:수-적 附隨的 (것 적). 주된 것이나 기본적인 것에 덧붙어[附] 따르는[隨] 것[的]. ¶부수적 성과.

▸부:수-비용 附隨費用 (쓸 비, 쓸 용). 주된 비용에 덧붙어[附] 따라오는[隨] 비용(費用).

▸부:수 음악 附隨音樂 (소리 음, 풍류 악). 음악 연극 등에 붙여지는[附隨] 음악(音樂). ⓑ부대 음악(附帶音樂).

부:-수입 副收入 (버금 부, 거둘 수, 들 입). 기본 수입 외에 부업(副業) 따위로 얻어지는 수입(收入). ¶직장을 다니며 가게를 운영해 부수입을 얻고 있다.

부식[1] **扶植** (도울 부, 심을 식). ① 속뜻 초목의 뿌리를 붙들어[扶] 심음[植]. ② 도와서 서게 함. ③ 힘이나 영향을 미치어 사상이나 세력 따위를 뿌리박게 함.

부:식[2] **副食** (곁들일 부, 밥 식). 곁들여[副] 먹는 음식(飮食). ¶부식 재료를 사다. ⓑ주식(主食).

▸부:식-물 副食物 (만물 물). 밥에 딸린 반찬처럼, 주식에 곁들여[副] 먹는 음식물(飮食物).

▸부:식-비 副食費 (쓸 비). 부식(副食)을 마련하는데 드는 비용(費用). ⓑ주식비(主食費).

▸부:식-품 副食品 (물건 품). 주식에 곁들여[副] 먹는 음식[品]. ⓑ부식물(副食物).

부:식[3] **腐植** (썩을 부, 심을 식). ① 농업 흙 속에서 식물(植物)이 썩으면서[腐] 여러 가지 분해 단계에 있는 유기물의 혼합물을 만드는 일. ② 화학 흙 속에서 식물이 썩으면서 만드는 유기물의 혼합물.

▸부:식-질 腐植質 (바탕 질). 화학 식물(植物)의 부패(腐敗)로 생기는 갈색 또는 암흑색의 물질(物質). ¶이 흙에는 부식질이 많이 포함되어 있다.

▸부:식-층 腐植層 (층 층). 지리 부식질(腐植質)이 많이 섞인 토층(土層).

▸부:식-토 腐植土 (흙 토). 농업 부식질(腐植質)이 많이 섞인 흙[土]. '부식질토'(腐植質土)의 준말. ⓒ부토. ⓑ노토(壚土).

부:식[4] **腐蝕** (썩을 부, 갉아먹을 식). ① 속뜻 썩어서[腐] 좀먹음[蝕]. 또는 그런 모양의 것. ② 화학 금속이 외부의 화학 작용에 의하여 금속이 아닌 상태로 소모되어 가는 일. 또는 그런 현상. ¶그 기계는 오래되어서 부식된 곳이 많다. ③ 의학 알칼리류, 산류(酸類), 금속 염류(鹽類) 따위의 부식독(腐蝕毒)에 의하여 신체에 손상이 일어남. 또는 그 손상. ④ 지리 암석이 물과 공기의 작용으로 화학적 변화를 일으켜 녹는 일. 또는 그런 현상.

▸부:식-제 腐蝕劑 (약제 제). 피부나 점막의 불필요한 조직을 썩게[腐蝕] 하여 제거하는 약제(藥劑).

부:식-성 腐食性 (썩을 부, 먹을 식, 성질 성). 동물 썩은[腐] 고기를 먹고사는[食] 동물의 습성(習性). ¶하이에나는 부식성의 동물이다. ⓒ식성(食性).

부:신[1] **符信** (증거 부, 소식 신). ① 속뜻 증거로[符] 삼던 쪽지[信]. ② 역사 나뭇조각이나 두꺼운 종이에 내용을 적고 증인(證印)을 찍은 뒤에, 둘로 쪼개어 나누어 가진 뒤 나중에 서로 맞추어서 증거로 삼던 물건.

부:신[2] **副腎** (곁들일 부, 콩팥 신). ① 속뜻 콩팥[腎]에 붙어있는[副] 기관. ② 의학 좌우의 콩팥 위에 있는 내분비샘. 피질(皮質)과 수질(髓質)로 나뉘어 있다.

▸부:신-종 副腎腫 (종기 종). 의학 부신(副腎) 피질 세포에 생기는 악성 종양(腫瘍).

부:-신경 副神經 (도울 부, 정신 신, 날실 경). ① 속뜻 신경(神經) 기능을 도움[副]. ② 생물 운동을 맡은 열한 번째의 뇌신경. 내측지(內側枝)와 외측지(外側枝)로 갈라져 있다.

▸부:신경 마비 副神經痲痺 (저릴 마, 저릴 비). 의학 목에 생기는 종양이나 염증 따위로 인하여 부신경(副神經)이 지배하는 근육이 마비(痲痺)되어 목과 어깨를 잘 움직이지 못하게 되는 증상.

부실 不實 (아닐 부, 열매 실). ① 속뜻 열매

[實]를 맺지 못함[不]. ②내용이 실속이 없고 충분하지 못함. ¶부실 공사 / 반찬이 부실하다.

▸부실-기업 不實企業 (꾀할 기, 일 업). 경영이 튼튼하지 못하고[不實] 재정 상태가 불안정한 기업(企業).

부:심[1] **副審** (도울 부, 살필 심). 운동 운동 경기에서 주심(主審)을 돕는[副] 심판(審判). '부심판'의 준말. ¶부심이 오프사이드를 선언했다.

부:심[2] **腐心** (썩을 부, 마음 심). ① 속뜻 근심, 걱정으로 마음[心]이 썩음[腐]. ②어떤 문제를 해결하기 위한 방안을 생각해 내느라고 몹시 애씀. ¶재난 대책 마련에 부심하다.

부:압 **負壓** (질 부, 누를 압). 물리 대기의 압력보다 낮은[負] 압력[壓].

부:앙 **俯仰** (구부릴 부, 우러를 앙). 아래를 굽어보고[俯] 위를 우러러봄[仰]. ¶세상을 부앙하여 천지에 참괴함이 없다. ㊐면앙(俛仰).

▸부:앙-기중기 俯仰起重機 (일어날 기, 무거울 중, 틀 기). 철골 구조로 된 높은 기둥에 팔처럼 생긴 부분을 내렸다[俯] 올렸다[仰] 하면서 물건을 싣고 내리는 기중기(起重機). 데릭 기중기(derrick起重機).

부액 **扶腋** (도울 부, 겨드랑이 액). 겨드랑이[腋]를 붙잡아 걷는 것을 도움[扶]. 곁부축. ¶부액을 받아야 겨우 집을 나설 수 있었다.

부:약 **負約** (질 부, 묶을 약). 약속(約束)을 빗짐[負]. 약속을 어김. ㊐위약(違約).

부양[1] **扶養** (도울 부, 기를 양). 생활 능력이 없는 사람을 도와[扶] 살게[養] 함. ¶부양 자녀.

▸부양-비 扶養費 (쓸 비). 부양(扶養)하는 데 드는 비용(費用). ¶노인 부양비가 크게 늘었다. ㊐부양료(扶養料).

▸부양 가족 扶養家族 (집 가, 겨레 족). 처자나 노부모 등 자기가 돌보고[扶養] 있는 가족(家族). ¶그는 부양가족이 많다.

▸부양 의:무 扶養義務 (옳을 의, 일 무). 법률 일정한 범위의 친족 간에 서로의 생활을 돌봐야할[扶養] 의무(義務).

부양[2] **浮揚** (뜰 부, 오를 양). 가라앉은 것이 떠[浮] 오름[揚]. 또는 떠오르게 함.

▸부양-책 浮揚策 (꾀 책). 가라앉은 것을 떠오르게 하는[浮揚] 방법이나 대책(對策). ¶경기 부양책.

부어 **浮魚** (뜰 부, 물고기 어). 동물 수면 가까이에 떠올라[浮] 다니는 물고기[魚]. 다랑어, 고등어, 정어리 따위. ¶부어는 근해어(近海魚)의 한 종류이다. ㊟근어(根魚), 저어(底魚).

부:언[1] **附言** (붙을 부, 말씀 언). 덧붙여서[附] 말함[言]. 또는 그 말. ¶논제에 대해 제가 몇 마디 부언하겠습니다.

부언[2] **浮言** (뜰 부, 말씀 언). 근거 없이 떠돌아다니는[浮] 말[言]. ㊐유언비어(流言蜚語), 부설(浮說).

부업[1] **父業** (아버지 부, 일 업). ① 속뜻 아버지[父]의 직업(職業). 또는 사업(社業). ②대대로 이어 내려오는 직업.

부업[2] **婦業** (여자 부, 일 업). ① 속뜻 여자[婦]의 직업(職業). ②여자가 하는 일.

부:업[3] **副業** (버금 부, 일 업). 본업 다음[副]으로 따로 가지는 직업(職業). ¶농가에서는 부업으로 버섯을 재배한다. ㊐여업(餘業). ㊞본업(本業).

부:여[1] **附與** (붙을 부, 줄 여). 사물이나 일에 가치·의의 따위를 붙여[附] 줌[與]. ¶특권 부여 / 임무를 부여하다.

부:여[2] **賦與** (거둘 부, 줄 여). 부과(賦課)해 줌[與]. 나누어 줌. ¶선천적으로 부여된 재능.

부여[3] **夫餘** (지아비 부, 남을 여). 역사 기원전 1세기 무렵에 부여(夫餘)족이 북만주 일대에 세운 나라. 후에 고구려에 편입되었다.

▸부여-국 夫餘國 (나라 국). 역사 부여족(夫餘族)이 세운 나라[國].

부:역[1] **附逆** (붙을 부, 거스를 역). 국가에 반역(反逆)하는 일에 가담함[附]. ¶부역한 혐의를 받다.

▸부:역-자 附逆者 (사람 자). 국가에 반역(反逆)하는 일에 가담한[附] 사람[者]. ¶부역자를 색출하다.

▸부:역 행위 附逆行爲 (행할 행, 할 위). 국가에 반역(反逆)하는 일에 가담하는[附] 행위(行爲).

부:역[2] **赴役** (나아갈 부, 부릴 역). ① 속뜻 의무적으로 지워진 노역(勞役)을 치르러 나감[赴]. ②스스로 나서서 일을 도와줌.

부:역³ 賦役 (거둘 부, 부릴 역). 국가나 공공 단체가 국민에게 의무적으로 지우는[賦] 노역(勞役). ¶부역에 동원되다.

▸부:역-황책 賦役黃冊 (누를 황, 책 책). 역사 중국 명나라 때, 조세와 부역(賦役)을 위해 정리한 노란[黃] 표지의 대장을 겸한 호적부 기능의 책(冊).

부:연¹ 敷衍 (펼 부, 넓을 연). 조목조목 펼쳐서[敷] 자세히 설명하여 늘어놓음[衍]. 또는 그런 설명.

부:연² 附椽 (붙을 부, 서까래 연). 건설 처마 서까래의 끝에 덧얹는[附] 네모지고 짧은 서까래[椽]. 처마 끝을 위로 들어 올려 모양이 나게 한다. ㊥며느리서까래, 사연(師椽).

▸부:연-간판 附椽間板 (사이 간, 널빤지 판). 부연(附椽) 사이[間]를 막아서 끼는 널빤지[板].

▸부:연 개:판 附椽蓋板 (덮을 개, 널빤지 판). 부연(附椽) 위를 덮는[蓋] 널조각[板].

부엽 浮葉 (뜰 부, 잎 엽). 식물 물위에 떠[浮] 있는 수중 식물의 잎[葉]. ¶수련은 부엽을 가졌다.

▸부엽 식물 浮葉植物 (심을 식, 만물 물). 식물 뿌리는 물속으로 내리고 잎[葉]은 물위로 뜨는[浮] 식물(植物). ¶수련은 부엽 식물이다. ㊥부수 식물(浮水植物).

부:엽-토 腐葉土 (썩을 부, 잎 엽, 흙 토). 농업 낙엽(落葉) 따위가 썩어서[腐] 된 흙[土]. 원예 비료로 쓰인다.

부:영양-호 富營養湖 (넉넉할 부, 지을 영, 기를 양, 호수 호). 지리 생물에게 필요한 영양(營養) 물질이 넉넉한[富] 호수(湖水). 일반적으로 수심이 얕고 호수 바닥에 부니(腐泥) 따위가 퇴적되어 있으며 플랑크톤 따위가 많다.

부:영양-화 富營養化 (넉넉할 부, 지을 영, 기를 양, 될 화). ① 지리 수질이 빈영양(貧營養)에서 부영양(富營養)으로 변함[化]. 호수나 하천수의 식물 영양 염류 농도가 높아짐에 따라 변하게 된다. ② 생물 인이나 질소 따위를 함유하는 더러운 물이 호수나 내만(內灣) 따위에 흘러들어, 이것을 양분 삼아 플랑크톤이 비정상적으로 번식하여 수질이 오염되는 일.

부외 채:무 簿外債務 (장부 부, 밖 외, 빚 채, 일 무). 법률 고의나 부주의로 회계 장부(帳簿)에 기재하지 않은[外] 채무(債務). ㊥부외부채(簿外負債).

부용¹ 芙蓉 (연꽃 부, 연꽃 용). 식물 ① 연꽃[芙=蓉]. ② 아욱과의 낙엽 관목. 높이는 1~3미터이며, 8~10월에 연한 홍색 꽃이 핀다. ㊥목부용(木芙蓉).

▸부용-자 芙蓉姿 (맵시 자). 부용(芙蓉)같이 아름다운 여자의 몸가짐[姿].

▸부용-향 芙蓉香 (향기 향). ① 속뜻 연꽃[芙蓉] 향기(香氣). ② 역사 전통 혼례식에서 잡귀를 쫓기 위해 피웠던 초 모양으로 된 향.

▸부용-화 芙蓉花 (꽃 화). 식물 목부용(木芙蓉)의 꽃[花].

부:용² 附庸 (붙을 부, 보통 용). ① 속뜻 큰 나라인 상(商) 나라에 붙어있는[附] 작은 나라 용(庸). ② 작은 나라가 큰 나라에 의탁해서 지내는 일. ③ 독립하지 못하고 남에게 의지하여 살아가는 일.

▸부:용-국 附庸國 (나라 국). 강대국에 종속되어 [附庸] 그 지배를 받는 작은 나라[國].

부운 浮雲 (뜰 부, 구름 운). ① 속뜻 뜬[浮] 구름[雲]. ② '덧없는 인생이나 세상'을 비유하여 이르는 말.

부원¹ 部員 (나눌 부, 인원 원). 부(部)에 딸려 있는 인원(人員). ¶신입 부원 / 부원 체육대회.

부:원² 富源 (넉넉할 부, 근원 원). 부(富)를 생산할 수 있는 근원(根源).

부월 斧鉞 (도끼 부, 도끼 월). ① 속뜻 작은 도끼[斧]와 큰 도끼[鉞]. ② 역사 임금이 공로가 큰 신하에게 준 선물 중, 생살권(生殺權)을 상징하던 작은 도끼와 큰 도끼. ③ 역사 출정하는 대장에게 통솔권의 상징으로 임금이 손수 주던 작은 도끼와 큰 도끼. ④ 역사 형구로 쓰던 도끼.

⁑**부위** 部位 (나눌 부, 자리 위). 어느 부분(部分)이 전체에 대하여 차지하는 위치(位置). ¶닭고기는 어느 부위가 제일 맛있나요?

부위부강 夫爲婦綱 (지아비 부, 될 위, 아내 부, 벼리 강). 삼강(三綱)의 하나. 남편[夫]

은 아내[婦]의 벼리[綱]가 됨[爲].

부위자강 父爲子綱 (부모 부, 될 위, 자식 자, 벼리 강). 부모[父]는 자식[子]의 벼리[綱]가 됨[爲]. 부모가 자식을 잘 돌보아 주어야 한다. 삼강(三綱)의 하나.

부:유¹ 富有 (넉넉할 부, 있을 유). 재물을 많이 가지고[富] 있다[有]. ¶부유천하(富有天下).

부:유² 腐儒 (썩을 부, 선비 유). 생각이 낡고 완고하여 쓸모없는[腐] 선비[儒]. ¶부유들의 말은 현실성이 없다.

부유³ 浮游 (=浮遊, 뜰 부, 헤엄칠 유). ① 속뜻 공중이나 물 위에 떠[浮] 다님[游]. ② 여기저기 다니며 놂. ③ 갈 곳을 정하지 않고 떠돌아다님.

▸부유 기관 浮游器官 (그릇 기, 벼슬 관). 동물 수중 동물의 몸에서 떠다니는[浮游] 구실을 맡은 운동 기관(器官).

▸부유 기뢰 浮游機雷 (틀 기, 천둥 뢰). 군사 물 위 또는 물속에 떠다니다가[浮游] 어떤 물체에 닿으면 폭발하는 기뢰(機雷). ⓑ계류 기뢰(繫留機雷).

▸부유 생물 浮游生物 (살 생, 만물 물). 생물 물속이나 물 위를 떠다니는[浮游] 생물(生物)을 통틀어 이르는 말. ⓑ플랑크톤(plankton).

▸부유 선:광 浮游選鑛 (고를 선, 쇳돌 광). 광업 약간의 기름을 넣은 물에 가루 상태의 광석을 넣으면 거품에 떠다니던[浮游] 알갱이들이 들러붙는 성질을 이용해 광물(鑛物)을 골라내는[選] 방법. 황화 광물과 맥암, 구리·금·금강석과 맥석, 황화구리와 황철광의 분리 따위에 쓰인다.

부:유⁴ 富裕 (넉넉할 부, 넉넉할 유). 재물이 많아 생활이 넉넉하다[富=裕]. ¶그는 부유한 사람과 결혼을 했다. ⓑ곤궁(困窮)하다.

▸부:유-층 富裕層 (층 층). 재산이 넉넉한[富裕] 사람들의 계층(階層).

부유⁵ 蜉蝣 (하루살이 부, 하루살이 유). 동물 하루살이[蜉=蝣].

▸부유-인생 蜉蝣人生 (사람 인, 살 생). 하루살이[蜉蝣] 같은 인생(人生)이란 뜻으로, '인생의 덧없음'을 비유하여 이르는 말.

부육¹ 扶育 (도울 부, 기를 육). 도와서[扶] 기름[育].

부육² 傅育 (시중들 부, 기를 육). 소중히 돌보아[傅] 기름[育].

부:육³ 腐肉 (썩을 부, 고기 육). 짐승의 썩은[腐] 고기[肉].

부:음 訃音 (부고 부, 소리 음). 사람의 죽음을 알리는[訃] 기별[音]. ¶그는 할아버지의 부음을 듣고 바로 고향으로 내려갔다. ⓑ부고(訃告). 부문(訃聞), 통부(通訃), 흉보(凶報).

부:응 副應 (곁들일 부, 응할 응). 어떤 요구나 기대 따위에 곁들여[副] 응(應)함. ¶기대에 부응하다.

부의¹ 浮議 (뜰 부, 의논할 의). 쓸데없는[浮] 의논(議論).

부:의² 附議 (붙을 부, 의논할 의). 의논해야 할 일을 회의(會議)에 붙임[附]. ¶교통에 관한 안건을 부의했다.

부:의³ 賻儀 (도울 부, 예의 의). 상가에 부조를 보내는[賻] 예의(禮儀). 또는 그런 돈이나 물품.

▸부:의-금 賻儀金 (돈 금). 부의(賻儀)로 보내는 돈[金]. ¶부의금을 내다. ⓑ축의금.

부:-의장 副議長 (도울 부, 의논할 의, 어른 장). 의장(議長)을 돕는[副] 일을 하다가, 의장의 유고 시에는 그 직무를 대리하는 사람.

부:이무교 富而無驕 (넉넉할 부, 말이을 이, 없을 무, 교만할 교). 부유(富裕)하면서도 교만(驕慢)하지 않음[無].

부:이-어 附耳語 (붙을 부, 귀 이, 말씀 어). 귀[耳]에다 바싹대고[附] 하는 말[語]. ⓑ귀엣말.

부:익부 富益富 (넉넉할 부, 더할 익, 넉넉할 부). 부자(富者)일수록 더욱[益] 큰 부자(富者)가 됨. ⓑ빈익빈(貧益貧).

부인¹ 夫人 (지아비 부, 사람 인). ① 속뜻 지아비[夫]의 짝이 되는 사람[人]. ② '남의 아내'를 높여 부르는 말. ¶부인은 안녕하십니까? / 부인과 함께 오십시오.

부:인² 副因 (버금 부, 까닭 인). 주된 원인이 아닌 버금[副]가는 원인(原因). ¶엔진 고장은 사고의 부인일 뿐이다. ⓑ주인(主因).

부:인³ 否認 (아닐 부, 알 인). 인정(認定)하지 않음[否]. ¶사실을 부인하다. ⓑ시인(是

認).

▸부ː인-권 否認權 (권리 권). ① 속뜻 부인(否認)할 수 있는 권리(權利). ② 법률 파산 선고 전에 파산 재단에 속하는 재산에 관하여 행사한 파산자의 행위가 파산 채권자에게 손해를 주게 되는 경우에 그 행위의 효력을 잃게 하는 파산법상의 권리.

부인[4] **婦人** (아내 부, 사람 인). ① 속뜻 결혼하여 남의 부인(婦人)이 된 사람[人]. ② 결혼한 여자. ¶동네 부인들이 모여 집안 이야기를 나누고 있다 / 부인병(婦人病) 전문 병원.

▸부인-과 婦人科 (분과 과). 의학 부인병(婦人病)을 다루는 임상 의학의 한 분과(分科).

▸부인-병 婦人病 (병 병). 의학 여성[婦人]에게만 특별히 잘 걸리는 병(病). 생식기의 이상 및 질환, 여성 호르몬 이상으로 발생되는 병.

▸부인-복 婦人服 (옷 복). 여성[婦人]들이 주로 입는 옷[服].

▸부인-석 婦人席 (자리 석). 모임 따위에서 여성[婦人]이 앉도록 특별히 마련된 자리[席].

▸부인-용 婦人用 (쓸 용). 여성이[婦人] 쓰게[用] 되어 있는 것. ¶부인용 목도리.

부ː임 赴任 (나아갈 부, 맡길 임). 임명(任命)을 받아 임지로 나아감[赴]. ¶새로 부임해 온 교감.

부자[1] **夫子** (지아비 부, 접미사 자). ① 속뜻 지아비[夫]. '남편'을 높여 이르는 말. ② '스승'을 높여 이르는 말. ③ '공자'를 높여 이르는 말. ¶9월 28일은 공부자 탄신일이다.

부ː자[2] **富者** (넉넉할 부, 사람 자). 살림이 넉넉한[富] 사람[者]. 재산이 많은 사람. 반 빈자(貧者). 속담 부자는 망해도 삼 년 먹을 것이 있다.

부자[3] **父子** (아버지 부, 아들 자). 아버지[父]와 아들[子]. ¶부자가 꼭 닮았다.

▸부자-유친 父子有親 (있을 유, 친할 친). 아버지[父]와 아들[子] 간에는 친(親)한 사랑이 있음[有]. 오륜(五倫)의 하나. 참 오륜.

부-자연 不自然 (아닐 부, 스스로 자, 그러할 연). 자연(自然)스럽지 못함[不]. ¶그는 행동이 부자연스러웠다.

부-자유 不自由 (아닐 부, 스스로 자, 말미암을 유). 자유(自由)롭지 못함[不]. ¶부자유한 생활.

부자-자효 父慈子孝 (아버지 부, 사랑할 자, 아이 자, 효도 효). 아버지[父]는 자녀에게 자애(慈愛)롭고 자녀(子女)는 아버지에게 효성(孝誠)스러워야 함.

부ː-작용 副作用 (곁들일 부, 지을 작, 쓸 용). ① 약학 약이 지닌 그 본래의 작용 이외에 곁따라[副] 일어나는 작용(作用). ¶부작용이 없다. ② 어떤 일에 부수적으로 일어나는 바람직하지 못한 일. ¶개발에 따른 부작용을 최소화하다.

부-작위 不作爲 (아닐 부, 일으킬 작, 할 위). 마땅히 해야 할 행위를 일부러[作] 하지[爲] 않는[不] 일. 반 작위(作爲).

▸부작위-범 不作爲犯 (범할 범). 법률 마땅히 해야 할 행위를 일부러[作] 하지[爲] 않음으로써[不] 성립되는 범죄(犯罪). 반 작위범(作爲犯).

▸부작위 채ː무 不作爲債務 (빚 채, 일 무). 법률 어떤 일정한 행위를 일부러[作] 하지[爲] 않겠다는[不] 것을 내용으로 하는 채무(債務). 상업상의 경쟁을 하지 않겠다거나 조망을 방해하는 곳에 집을 짓지 않겠다는 것을 내용으로 하는 채무 따위이다.

부-잔교 浮棧橋 (뜰 부, 잔교 잔, 다리 교). 건설 바다 위에 띄워[浮] 놓은 잔교(棧橋). 밀물과 썰물로 수면의 높이가 바뀜에 따라 함께 오르내리게 되어 있다.

부잡 浮雜 (뜰 부, 어수선할 잡). 사람의 성품이 가볍고[浮] 행실이 추잡(醜雜)스럽다. ¶부잡하게 놀고 있다.

부장[1] **部長** (나눌 부, 어른 장). 부(部)의 책임자[長]. ¶그는 부장으로 승진하였다.

부장[2] **部將** (나눌 부, 장수 장). ① 속뜻 한 부대(部隊)를 이끄는 장수(將帥). ② 역사 조선 때, 오위(五衛)의 종육품 벼슬. ③ 역사 조선 때, 포도청의 군관(軍官).

부ː장[3] **副長** (도울 부, 어른 장). ① 속뜻 장(長)을 보좌하는[副] 사람. 또는 그 지위. ② 군사 함장을 보좌하며, 함장이 없을 때는 그 직위를 대신하는 사람. 또는 그런 직위.

부장[4] **部長** (나눌 부, 어른 장). 기관이나 조직에서 한 부(部)를 맡아 다스리는[長] 직위. ¶총무부의 김 부장.

부ː장[5] 副將 (버금 부, 장수 장). ① 종교 구세군의 대장(大將) 다음[副] 계급. ② 역사 대한 제국 때에 둔 장관 계급의 하나. 참장의 위, 대장의 아래이다. ③ 역사 조선시대 포도청의 군관.

부ː장[6] 副章 (곁들일 부, 글 장). 정식 훈장에 곁들여 주는[副] 기념장(記念章).

부ː장[7] 副葬 (곁들일 부, 장사지낼 장). 역사 임금이나 귀족이 죽었을 때 그 사람이 생전에 쓰던 여러 가지 패물이나 그릇 따위를 무덤에 같이 곁따라[副] 묻던[葬] 일.

▸부ː장-품 副葬品 (물건 품). 장사 지낼 때, 시체와 함께[副] 묻는[葬] 물건[品]을 통틀어 이르는 말. ¶신라시대 귀족의 부장품이 발견되었다.

부재 不在 (아닐 부, 있을 재). 그곳에 있지[在] 아니함[不]. ¶아버지의 부재로 집안은 늘 썰렁했다.

▸부재-자 不在者 (사람 자). ① 속뜻 그 자리에 없는[不在] 사람[者]. ② 법률 주소지를 떠나 있어서 쉽게 돌아올 가망이 없는 사람. ¶부재자 신고.

▸부재-중 不在中 (가운데 중). 집 또는 직장에 있지[在] 않는[不] 동안[中]. ¶부재중 연락처.

▸부재 주주 不在株主 (주식 주, 주인 주). 경제 회사의 경영과 지배에는 관여하지 않고[不在] 이윤만 분배받는 주주(株主).

▸부재 증명 不在證明 (증거 증, 밝힐 명). 법률 범죄가 일어난 때에 피고인 또는 피의자가 범죄 현장에 있지[在] 않았다는[不] 사실을 증거(證據)를 대서 밝히는[明] 것.

▸부재-지주 不在地主 (땅 지, 주인 주). 농지가 있는 곳에 살지 않는[不在] 땅[地] 주인(主人). ¶이 지역 80%의 토지가 부재지주의 소유다.

▸부재자 투표 不在者投票 (사람 자, 던질 투, 쪽지 표). 법률 어떤 이유로 주소지를 떠나 있는[不在] 사람[者]이 그 주소지의 투표소에 가지 않고 우편으로 하는 투표(投票).

부재-모상 父在母喪 (아버지 부, 있을 재, 어머니 모, 죽을 상). 아버지[父]는 살아 있고[在] 어머니가[母] 먼저 죽는[喪] 일.

부ː적[1] 附籍 (붙을 부, 문서 적). 법률 ① 남의 호적에 얹혀[附] 있는 호적(戶籍). ② 호적부에 없는 호적을 새로 호적부에 실음.

부ː적[2] 符籍 (부신 부, 문서 적). 민속 잡귀를 쫓고 재앙을 물리치는 부신(符信)으로 쓰이던 쪽지나 문서[籍]. 붉은 색으로 글씨를 쓰거나 그림을 그려 몸에 지니거나 집에 붙인다.

부적[3] 不適 (아닐 부, 알맞을 적). 알맞지[適] 아니함[不]. ¶그는 이 일을 하기에 부적하다.

부-적당 不適當 (아닐 부, 알맞을 적, 마땅 당). 적당(適當)하지 않다[不]. ¶그 영화는 아이들이 보기에 부적당하다. ㊟부적. ㊥적당하다.

부-적응 不適應 (아닐 부, 알맞을 적, 맞을 응). 적응(適應)하지 못함[不]. ¶환경에 대한 부적응.

부-적임 不適任 (아닐 부, 알맞을 적, 맡길 임). 그 임무(任務)에 알맞지[適] 아니함[不].

부-적절 不適切 (아닐 부, 알맞을 적, 몹시 절). 적절(適切)하지 아니하다[不]. ¶부적절한 행동. ㊥적절하다.

부-적합 不適合 (아닐 부, 알맞을 적, 맞을 합). 일이나 조건 따위에 꼭 알맞게[適] 잘 맞지[合] 아니함[不]. ¶이곳은 쌀 재배에 부적합하다.

부전[1] 不全 (아닐 부, 온전할 전). 몸의 기능이나 발육 등이 온전(穩全)하지 않음[不]. 불완전함. ¶기능 부전 상태.

부전[2] 不戰 (아닐 부, 싸울 전). 싸우지[戰] 않음[不].

▸부전-승 不戰勝 (이길 승). 운동 추첨이나 상대편의 기권으로 인해 경기를 치르지 않고[不戰] 이기는[勝] 일. ¶부전승으로 결승에 오르다.

▸부전 조약 不戰條約 (조목 조, 묶을 약). 전쟁(戰爭)하지 않겠다는[不] 내용을 담은 조약(條約). ¶켈로그·브리앙 부전 조약.

부ː전[3] 附箋 (붙을 부, 쪽지 전). 어떤 서류에 간단한 의견을 적어서 덧붙이는[附] 쪽지[箋]. ㊥보전(補箋).

▸부ː전-지 附箋紙 (종이 지). 부전(附箋)으로 쓴 종이[紙].

부전 가요 不傳歌謠 (아닐 부, 전할 전, 노래 가, 노래 요). 창작되었다는 기록만 있을 뿐 실제 문헌상으로 전하지[傳] 않는[不] 시가나 가요(歌謠) 작품.

부전-자승 父傳子承 (아버지 부, 전할 전, 아이 자, 받들 승). 아버지[父]가 아들에게 전(傳)하고 자식(子息)은 그것을 받듦[承]. [비]부전자전(父傳子傳).

부전-자전 父傳子傳 (아버지 부, 전할 전, 아이 자, 전할 전). 아버지[父]가 전(傳)해 받은 것을 다시 자식(子息)에게 전(傳)해 줌. [비]부전자승(父傳子承).

부절[1] 不絶 (아닐 부, 끊을 절). 끊이지[絶] 않음[不]. ¶소식이 부절하다.

부절[2] 符節 (부신 부, 마디 절). 대나무 마디[節]로 만든 부신(符信).

부-절제 不節制 (아닐 부, 알맞을 절, 누를 제). ① [속뜻]알맞게 조절(調節)하거나 억제(抑制)하지 않음[不]. ②절도 있는 생활을 하지 않음.

부:점 附點 (붙을 부, 점 점). [음악]음표나 쉼표에 덧붙이는[附] 점(點). 원래 길이의 반만큼의 길이를 더한다.

부정[1] 不貞 (아닐 부, 곧을 정). 남편으로서 또는 아내로서 정조(貞操)를 지키지 않음[不]. ¶행실이 부정한 여자.

부정[2] 不淨 (아닐 부, 깨끗할 정). ① [속뜻]깨끗하지[淨] 못함[不]. 더러움. ②사람이 죽는 따위의 불길한 일. ¶부정이 들다. ③ [민속]무당굿에서 신들을 청하기 전에 부정한 것을 깨끗이 하는 것. [비]부정풀이.

부정[3] 父情 (아버지 부, 사랑 정). 자식에 대한 아버지[父]의 사랑[情]. ¶모정만큼 부정도 깊다.

부정[4] 不正 (아닐 부, 바를 정). 올바르지[正] 아니하거나[不] 옳지 못함. ¶입시 부정 / 부정을 방지하다. [반]공정(公正).

▸**부정-법** 不正法 (법 법). [법률]법의 이념이나 정신에 어긋나는[不正] 법(法).

▸**부정-품** 不正品 (물건 품). 올바르지[正] 않은[不] 방법으로 만들었거나 부정한 수단으로 얻은 물건[品].

▸**부정 경:업** 不正競業 (겨룰 경, 일 업). [경제]올바르지[正] 않은[不] 방법으로 동업자의 이익을 해치는 영업(營業)상의 경쟁(競爭) 행위.

▸**부정 경:쟁** 不正競爭 (겨룰 경, 다툴 쟁). 올바르지[正] 않은[不] 방법으로 경쟁(競爭)함.

▸**부정 부:패** 不正腐敗 (썩을 부, 무너질 패). 일 처리가 정당(正當)하지 않고[不] 뇌물을 받는 등 썩을 대로 썩음[腐敗]. ¶부정부패의 뿌리를 잘라내다.

▸**부정 선:거** 不正選擧 (고를 선, 들 거). 올바르지[正] 않은[不] 방법에 의한 선거(選擧).

▸**부정 축재** 不正蓄財 (모을 축, 재물 재). 올바르지[正] 않은[不] 방법으로 재물(財物)을 모음[蓄].

▸**부정 투표** 不正投票 (던질 투, 쪽지 표). [정치]올바르지[正] 않은[不] 방법으로 하는 투표(投票).

▸**부정-행위** 不正行爲 (행할 행, 할 위). 옳지[正] 못한[不] 짓[行爲].

▸**부정 회귀** 不正回歸 (돌 회, 돌아갈 귀). [언어]잘못된 어형을 바로잡는다는 생각에서 오히려 바른 어형까지 잘못[不正] 고치는[回歸] 일. ① [속뜻]올바르지[正] 않게[不] 돌아감[回歸]. ②잘못된 어형(語形)을 바로잡는다는 생각에서 오히려 바른 어형까지 잘못 고치는 일.

부정[5] 不定 (아닐 부, 정할 정). 정(定)해놓지 않음[不]. 특정의 것이 아님. 일정하지 않음.

▸**부정-근** 不定根 (뿌리 근). [식물]정해진[定] 곳이 아닌[不] 곳에서 생겨나는 뿌리[根]. 줄기 위나 잎 따위에서 생긴다. [비]막뿌리.

▸**부정-사** 不定詞 (말씀 사). ① [속뜻]품사가 고정(固定)되지 않은[不] 낱말[詞] 형식. 영어 'infinitive'를 의역한 것으로 추정된다. ② [언어]영어 등에서, 인칭·수·시제에 대하여 일정한 제약을 받지 않는 동사형(動詞形). 동사 원형 앞에 'to'가 붙기도 하고 동사 원형 홀로 쓰이기도 한다.

▸**부정-아** 不定芽 (싹 아). [식물]정해진[定] 곳이 아닌[不] 곳에서 생겨나는 싹[芽]. [반]정아(定芽).

▸**부정-법** 不定法 (법 법). ① [속뜻]하나의 품사로 한정(限定)시킬 수 없는[不] 법칙(法則). ② [언어]동사가 취하는 명사적 형태의 하나로 동사가 나타내는 관념을 단적으로 표시하는 일. 영어의 'to have', 독일어의

'lieben', 프랑스 어의 'aimer' 따위이다. [참] 부정사(不定詞).

▸부정-지 不定枝 (가지 지). [식물] 정해진[定] 곳이 아닌[不] 곳에서 생겨나는 가지[枝]. 자리, 형태, 크기 따위가 정상이 아닌 가지.

▸부정-풍 不定風 (바람 풍). 풍향이나 풍속 등이 일정(一定)하지 않은[不] 바람[風].

▸부정-형 不定形 (모양 형). 일정(一定)하지 않은[不] 모양[形]이나 양식.

▸부정 관사 不定冠詞 (갓 관, 말씀 사). [언어] 주로 인도·유럽어에서, 명사가 불특정(不特定)의 사물을 가리키는 경우 그 앞에 덧붙여지는 관사(冠詞). '하나의' 또는 '어느', '어떤' 따위의 뜻을 나타내는 것으로 영어의 'a', 독일어의 'ein', 프랑스어의 'un' 따위.

▸부정기-간 不定期刊 (때 기, 책 펴낼 간). [출판] 시기(時期)를 일정(一定)하게 맞추지 않고[不] 내는 출판물[刊]. 또는 그러한 일.

▸부정기-선 不定期船 (때 기, 배 선). 시기(時期)를 일정(一定)하게 맞추지 않고[不] 운항하는 배[船]. [반]정기선(定期船).

▸부정기-형 不定期刑 (기약할 기, 형벌 형). [법률] 형의 기간(期間)을 확정(確定)하지 않는[不] 자유형(自由刑). 형을 집행하는 과정에서 복역 성적을 보아 석방을 결정하며 상대적 부정기형과 절대적 부정기형이 있다.

▸부정 수소 不定愁訴 (근심 수, 하소연할 소). [의학] 특정(特定)한 곳이 없이도[不] 아픔[愁]을 호소(呼訴)함.

▸부정-적분 不定積分 (쌓을 적, 나눌 분). [수학] 구간이 정해지지[定] 않은[不] 연속함수의 적분(積分). [반]정적분(定積分).

▸부정형 시 不定形詩 (모양 형, 시 시). [문학] 일정(一定)한 형식(形式)에 들어맞지 않는[不] 시(詩). ¶산문시(散文詩)는 부정형시이다. [반]정형시(定型詩).

▸부정 대:명사 不定代名詞 (대신할 대, 이름 명, 말씀 사). [언어] 정해지지[定] 않은[不] 사람, 물건, 방향, 장소 따위를 가리키는 대명사(代名詞). '아무', '아무개' 따위.

▸부정 방정식 不定方程式 (모 방, 거리 정, 법 식). [수학] 정해진[定] 하나의 근(根)이 있는 것이 아닌[不], 근이 무수히 많은 방정식(方程式). 특히 정수를 계수로 하는 대수 방정식에서 유리수나 정수의 답을 구하는 방정식을 이른다.

▸부정칭 대:명사 不定稱代名詞 (일컬을 칭, 대신할 대, 이름 명, 말씀 사). [언어] 무엇을 일컫는지[稱]가 정해지지[定] 않은[不] 대명사(代名詞). '아무', '아무개' 따위. [비]부정대명사(不定代名詞).

부:정⁶ 否定 (아닐 부, 정할 정). 그렇다고 인정(認定)하지 아니함[否]. ¶그는 잘못을 부정하지 않았다. [반]긍정(肯定).

▸부:정-문 否定文 (글월 문). [언어] 그러하다고 인정(認定)하지 않는[否] 뜻을 나타내는 문장(文章). [반]긍정문(肯定文).

▸부:정-어 否定語 (말씀 어). [언어] 부정(否定)하는 뜻을 나타내는 말[語]. '아니', '못', '아니다', '못하다', '말다' 따위.

▸부:정-적 否定的 (것 적). 그렇지 않다고 부정(否定)하는 내용을 갖는 것[的]. ¶부정적인 태도. [반]긍정적(肯定的).

▸부:정 명:제 否定命題 (명할 명, 제목 제). [논리] 부정 판단(否定判斷)을 나타낸 명제(命題).

▸부:정 부:사 否定副詞 (도울 부, 말씀 사). [언어] 용언의 앞에 놓여 그 내용을 부정(否定)하는 부사(副詞). '아니', '안', '못' 따위.

▸부:정 판단 否定判斷 (판가름할 판, 끊을 단). [논리] 'a는 b가 아니다'처럼 주개념과 이를 규정하는 개념이 일치하지 않는다는[否定] 판단(判斷).

▸부:정적 개:념 否定的概念 (것 적, 대강 개, 생각 념). [논리] 어떤 성질의 개념을 부정적(否定的)으로 나타내는 개념(概念). '행복'에 대한 '불행', '성공'에 대한 '실패' 따위.

부-정기 不定期 (아닐 부, 정할 정, 때 기). 때[期]가 일정(一定)하지 않음[不]. ¶부정기적 모임.

부-정당 不正當 (아닐 부, 바를 정, 마땅 당). 정당(正當)하지 않다[不]. 도리에 맞지 않다.

부정-맥 不整脈 (아닐 부, 가지런할 정, 맥 맥). ① [속뜻] 심장 박동이 고르지[整] 못한[不] 맥박(脈搏). ② [의학] 불규칙적으로 뛰는 맥박. 심장의 이상으로 일어나는 것과 호흡의 영향으로 생리적으로 일어나는 것이 있다. [반]정맥(整脈).

부정지속 釜鼎之屬 (가마 부, 솥 정, 어조사

지, 속할 속). 가마[釜] 솥[鼎]처럼 부엌에 서 쓰는 그릇 종류[屬].

부-정직 不正直 (아닐 부, 바를 정, 곧을 직). 정직(正直)하지 않다[不]. ¶거짓말하는 것은 부정직한 행동이다.

부-정:확 不正確 (아닐 부, 바를 정, 굳을 확). 바르지[正] 아니하거나 확실(確實)하지 아니함[不]. ¶그는 발음이 부정확하다. [반]정확(正確).

부-정합 不整合 (아닐 불, 가지런할 정, 합할 합). ① [속뜻] 가지런하게[整] 꼭 맞지[合] 않음[不]. ② [논리] 논리의 내용이 정돈되어 있지 않고 모순되어 있음. ③ [지리] 새로운 지층이 낡은 지층 위에 겹치는 현상.

부제¹ 不齊 (아닐 부, 가지런할 제). 가지런하지[齊] 않다[不].

부제² 部制 (나눌 부, 정할 제). ① [속뜻] 전체를 몇 부분(部分)으로 구분하여 운영하는 제도(制度). ¶승용차 10부제 운동. ② 조직체에 부(部)를 두어 업무를 분담하는 제도.

부:제³ 副題 (곁들일 부, 제목 제). 책이나 논문 등의 제목 밑에 덧붙이는[副] 작은 제목(題目). 제목을 보충한다. ¶부제를 달다. '부제목', '부표제'(副標題)의 준말. [반]주제(主題).

부:-제목 副題目 (곁들일 부, 이마 제, 눈 목). 책이나 논문 등의 제목 밑에 덧붙이는[副] 작은 제목(題目). [준]부제.

부:-제학 副提學 (도울 부, 거느릴 제, 배울 학). [역사] 조선 때, 홍문관(弘文館)에서 제학(提學)을 보좌하는[副] 임무를 띤 정삼품 당상관. ¶그는 부제학을 지냈다. [준]부학.

부조¹ 不調 (아닐 부, 고를 조). 날씨나 건강 따위의 상태가 고르지[調] 못함[不]. ¶발육 부조 현상.

부조² 浮彫 (뜰 부, 새길 조). [미술] 모양을 도드라지게[浮] 새김[彫]. 또는 그러한 조각. ¶장롱의 겉면에 매화무늬를 부조하다. [비]돋을새김.

부조³ 浮藻 (뜰 부, 바닷말 조). 물 위에 떠[浮] 있는 마름[藻]. ¶부조를 건져내다.

부조⁴ 父祖 (아버지 부, 할아버지 조). 아버지[父]와 할아버지[祖]. 또는 조상(祖上).

▸부조-전래 父祖傳來 (전할 전, 올 래). 선조[父祖]로부터 대대로 전(傳)하여 내려오는[來] 일.

부조⁵ 扶助 (도울 부, 도울 조). ① [속뜻] 잔칫집이나 상가(喪家) 따위에 돈이나 물건을 보내 도와줌[扶=助]. 또는 그 돈이나 물건. ¶친구 결혼식에 부조를 했다. ② 남을 거들어서 도와주는 일. ¶상호 부조.

▸부조-금 扶助金 (돈 금). 부조(扶助)로 내는 돈[金]. ¶친구의 결혼식에 부조금을 내다.

부-조리 不條理 (아닐 부, 가지 조, 다스릴 리). ① [속뜻] 조리(條理)나 이치(理致)에 어긋나거나 맞지 아니함[不]. 또는 그런 일. ¶사회의 부조리는 바로잡아야 한다. ② 부정행위를 완곡하게 이르는 말. ③ [철학] 인생의 의미를 발견할 가망이 없음을 이르는 말. 인간과 세계, 인생의 의의와 현대 생활과의 불합리한 관계를 나타내는 실존주의적 용어이다.

부-조화 不調和 (아닐 부, 고를 조, 어울릴 화). 서로 잘 어울리지[調和] 아니함[不]. ¶옷과 신발이 부조화를 이루다.

부:족¹ 附族 (붙을 부, 겨레 족). ① [속뜻] 한 친족에 붙어[附] 지내는 일가[族]. ② 혈연관계가 없거나 분명하지 아니하면서도 일가처럼 지내는 사람들.

⁑**부족² 不足** (아닐 부, 넉넉할 족). 어떤 한도에 넉넉하지[足] 않음[不]. 모자람. ¶운동 부족. [반]과잉(過剩), 풍족(豐足).

▸부족-분 不足分 (나눌 분). 모자라는[不足] 몫[分]. ¶쌀 부족분을 수입하다.

▸부족-수 不足數 (셀 수). [수학] 어떤 수의 양의 약수(約數) 총합이 그 수의 배수(倍數)보다 작은[不足] 수(數). ¶8과 10 등은 부족수이다. [반]과잉수(過剩數).

▸부족-액 不足額 (액수 액). 어떤 액수에서 모자라는[不足] 금액(金額). ¶부족액을 메우다.

▸부족-증 不足症 (증세 증). ① [속뜻] 원기가 부족(不足)한 증세(症勢). ② [의학] 폐결핵(肺結核).

*__부족³ 部族__ (나눌 부, 겨레 족). ① [속뜻] 같은 부류(部類)의 겨레[族]. ② [사회] 같은 조상이라는 관념에 의하여 결합되어 공통된 언어와 종교 등을 갖는 지역적인 공동체. ¶이것은 아키라 부족의 전통 춤이다.

▸부족 국가 部族國家 (나라 국, 집 가). 역사 부족(部族)에 의하여 형성된 국가(國家). 원시 사회로부터 고대 통일 국가가 성립하기까지의 과도적인 국가 형태이다. ¶대가야(大伽倻)는 육가야의 맹주로 부족 국가의 하나였다.

▸부족 사회 部族社會 (단체 사, 모일 회). 역사 씨족이 뭉쳐 부족(部族)을 이루고 살던 원시 사회(社會).

부:존 賦存 (물려줄 부, 있을 존). ① 속뜻 하늘이 주어서[賦] 있게[存] 됨. ② 천연적으로 존재하는 것.

▸부:존-자원 賦存資源 (재물 자, 근원 원). 경제적 목적에 이용될 수 있는 모든 천연[賦存] 자원(資源).

부종 浮腫 (뜰 부, 종기 종). 한의 몸이 붓는[浮=腫] 증상. ⓑ부증(浮症).

부:종 계:약 附從契約 (붙을 부, 따를 종, 맺을 계, 묶을 약). ① 속뜻 한쪽에게 붙어[附] 그 의견대로 따르는[從] 계약(契約). ② 법률 계약 당사자의 한쪽이 계약 내용을 미리 결정하여 다른 한쪽은 계약 내용을 결정할 자유가 없는 계약. 전기·가스·수도의 공급 계약 따위. ⓑ부합 계약(附合契約). ⓑ 상호 계약(相互契約).

부-주:의 不注意 (아닐 부, 쏟을 주, 뜻 의). 주의(注意)하지 아니함[不]. 주의가 모자람. ¶운전자의 부주의가 사고의 원인이었다. ⓑ주의(注義).

부중-생어 釜中生魚 (가마 부, 가운데 중, 날 생, 물고기 어). ① 속뜻 오래 밥을 짓지 못하여 솥[釜] 안[中]에 물고기[魚]가 생겨남[生]. ② '매우 가난함'을 비유하여 이르는 말.

부:즉다사 富則多事 (넉넉할 부, 곧 즉, 많을 다, 일 사). 부유(富裕) 하면 곧[則] 그에 부수되는 일[事]도 많음[多].

부증 浮症 (뜰 부, 증세 증). 한의 몸이 붓는[浮] 증상(症狀). ⓑ부종(浮腫).

부지¹ 扶持 (=扶支, 도울 부, 버틸 지).

부지¹ 扶持 =扶支, 도울 부, 지킬 지 [endure; maintain; hold out]
① 속뜻 도와주고[扶] 지켜줌[持]. ②고생을 참고 어려움을 버티어 나감. ¶흉년이 들어 풀뿌리로 목숨을 부지하다.

부지² 敷地 (펼 부, 땅 지). 집이나 건물 따위를 짓기 위하여 펼치듯이[敷] 골라 놓은 땅[地]. ¶공장 부지를 마련하다.

부지³ 不知 (아닐 부, 알 지). 알지[知] 못함[不]. ¶그 문제의 중요성에 대한 부지의 결과로 새로운 걱정거리가 생겼다.

▸부지-거처 不知去處 (갈 거, 곳 처). 간[去] 곳[處]을 알지[知] 못함[不].

▸부지기수 不知其數 (그 기, 셀 수). ① 속뜻 그[其] 수(數)를 알지[知] 못함[不]. ② 매우 많음. ¶이런 사고는 부지기수다.

▸부지불각 不知不覺 (아닐 불, 깨달을 각). 알지도[知] 못하고[不] 미처 깨닫지도[覺] 못함[不]. 알지 못하는 사이.

▸부지불식 不知不識 (아닐 불, 판별할 식). 알지[知] 못하고[不] 판별하지도[識] 못함[不]. ¶부지불식의 경우 그렇게 했다면 이해가 된다.

▸부지하세월 不知何歲月 (무엇 하, 해 세, 달 월). 어느[何] 때[歲月]에 이루어질지 그 기한을 알지[知] 못함[不].

부:직 副職 (버금 부, 일 직). 본직(本職) 외에 겸하고[副] 있는 직책(職責).

부-직포 不織布 (아닐 부, 짤 직, 베 포). 수공 베틀에 짜지[織] 않고[不] 만든 천[布]. 화학적 또는 기계적인 처리에 의하여 접착하여 만든다.

부진¹ 不振 (아닐 부, 떨칠 진). 세력이나 성적 또는 활동 따위를 떨치지[振] 못함[不]. ¶나는 국어 성적이 부진하다 / 성적 부진아(不振兒).

부진² 不進 (아닐 부, 나아갈 진). 앞으로 나아가지[進] 못함[不].

부진³ 不盡 (아닐 부, 다할 진). 다함[盡]이 없음[不]. 언제까지고 계속하여 끊임이 없음.

▸부진-수 不盡數 (셀 수). ① 속뜻 다함[盡]이 없는[不] 수(數). ② 수학 나누면 계속해서 나누어지는 수.

부:차-적 副次的 (버금 부, 차례 차, 것 적). 본디의 것이나 주요한 것에 대하여 종속된 관계이거나 그 다음[副] 차례(次例)의 것[的]. ¶부차적 역할.

부:착 附着 (=付着, 붙을 부, 붙을 착). ① 속뜻 들러붙어서[附=着] 떨어지지 아니함.

또는 그렇게 붙이거나 닮. ¶사진부착 / 벽에 포스터를 부착하다. ② 물리 분자 사이의 힘에 의하여 종류가 다른 두 물질이 서로 들러붙는 성질.

▸부:착-근 附着根 (뿌리 근). 식물 기생 식물에서, 다른 물체에 붙는[附着] 역할을 하는 뿌리[根].

▸부:착-력 附着力 (힘 력). 물리 서로 다른 두 물질 분자가 서로 붙는[附着] 힘[力]. 풀이 다른 물건에 달라붙는 힘 따위가 있다.

▸부:착-물 附着物 (만물 물). 붙어[附着] 있는 물건(物件). ¶벽에 있는 부착물을 모두 제거하시오.

▸부:착-어 附着語 (말씀 어). 언어 어근에 문법적인 기능을 하는 요소가 부착(附着)되어 문법적 역할을 하는 언어(言語). ⓑ교착어(膠着語), 점착어(粘着語), 첨가어(添加語). ⓒ고립어(孤立語), 굴절어(屈折語).

부창-부수 夫唱婦隨 (지아비 부, 부를 창, 아내 부, 따를 수). ① 속뜻 남편[夫]이 부르면[唱] 아내[婦]가 따라함[隨]. ② 부부가 화목 함. ⓩ창수.

부:채 負債 (질 부, 빚 채). 남에게 빚[債]을 짐[負]. 또는 그 빚. ¶부채를 지다 / 부채를 탕감해 주다.

▸부:채 계:정 負債計定 (셀 계, 정할 정). 경제 부기에서, 부채(負債)의 증감을 기록·계산하는 계정(計定).

부처[1] 夫妻 (지아비 부, 아내 처). 남편[夫]과 아내[妻]. ¶오늘 파티에 김 국장 부처가 모두 참석했다. ⓑ내외, 부부.

부처[2] 部處 (나눌 부, 곳 처). 정부기관의 '부'(部)와 '처'(處)를 아울러 이르는 말. ¶관계 부처 / 해당 부처로 일을 넘기다.

부청멸양 扶清滅洋 (도울 부, 청나라 청, 없앨 멸, 서양 양). 역사 청(清)나라를 도와[扶] 서양(西洋)을 물리치자는[滅] 입장. 예전에 서양 세력의 침입을 막으려는 뜻에서 주장한 것.

부:촉 咐囑 (분부할 부, 부탁할 촉). ① 속뜻 분부(吩咐)하여 일을 맡김[囑]. ② 일을 남에게 부탁함. ¶그는 석가모니의 부촉을 받들어 중생을 제도하였다.

부:-촉매 負觸媒 (질 부, 닿을 촉, 맺어줄 매). 화학 화학 반응의 속도를 줄이는[負] 촉매(觸媒). ⓑ역촉매(逆觸媒). ⓡ정촉매(正觸媒).

부:촌 富村 (넉넉할 부, 마을 촌). 살림이 넉넉한[富] 마을[村]. 부자가 많은 마을. ¶우리 마을은 근방에서 부촌에 속한다. ⓡ빈촌(貧村).

부:-총:리 副總理 (도울 부, 거느릴 총, 다스릴 리). 법률 국무총리(國務總理)를 보좌하는[副] 관직. 또는 그 사람. 국무총리가 특별히 위임하는 사무를 처리하고 총리가 유고(有故)하면 그 직무를 대행한다.

부:-총장 副總長 (도울 부, 묶을 총, 어른 장). 교육 대학교 등에서 총장(總長) 아래 서열에서 총장을 돕는[副] 직책. 또는 그 사람. 총장을 도우며 총장의 유고(有故) 때에 그 직무를 대행한다.

부:칙 附則 (붙을 부, 법 칙). 법률이나 규칙을 보충하기 위해 끝에 덧붙이는[附] 규정이나 규칙(規則). ⓡ본칙(本則).

부친 父親 (아버지 부, 어버이 친). ① 속뜻 부계(父系) 친족(親族). ② '아버지'를 정중히 일컫는 말. ¶그의 부친이 돌아가셨다고 한다. ⓡ모친(母親).

▸부친-상 父親喪 (죽을 상). 아버지[父親]가 죽은[喪] 장례. ⓩ부상. ⓡ모친상(母親喪).

부침 浮沈 (뜰 부, 잠길 침). ① 속뜻 물 위에 떠올랐다[浮] 물속에 잠겼다[沈] 함. ② '세력 따위가 성하고 쇠함'을 비유하여 이르는 말. ③ 편지가 받아 볼 사람에게 이르지 못하고 도중에서 없어짐.

부:탁 付託 (청할 부, 맡길 탁). 어떤 일을 청하여[付] 맡김[託]. ¶부탁을 들어주다.

부:토[1] 腐土 (썩을 부, 흙 토). ① 속뜻 썩은[腐] 흙[土]. ② 농업 부식토(腐植土).

부토[2] 敷土 (펼 부, 흙 토). 흙[土]이나 모래를 펴서[敷] 깖. 또는 그 흙이나 모래.

부:-통령 副統領 (도울 부, 거느릴 통, 다스릴 령). 법률 대통령(大統領) 아래에서 보좌하는[副] 직위. 또는 그 사람. 대통령을 보좌하고 대통령의 유고(有故) 시(時)에는 그 직무를 대행한다.

부판 浮板 (뜰 부, 널빤지 판). 운동 헤엄칠 때 몸이 잘 뜨게 하는[浮] 널판[板]. ¶부판을 잡고 헤엄을 쳤다.

부:패 腐敗 (썩을 부, 무너질 패). ① 속뜻 썩어[腐] 문드러짐[敗]. ② 정치, 사상, 의식 따위가 타락함. ¶부패한 정치가. ③ 화학 유기물이 미생물의 작용으로 분해되는 과정. ¶여름철에는 음식물이 부패하기 쉽다.

▶부:패-균 腐敗菌 (세균 균). 식물 유기물을 부패(腐敗)시키는 세균(細菌). '부패 세균'의 준말.

▶부:패-병 腐敗病 (병 병). 식물 부드럽고 물기 많은 식물의 줄기나 뿌리가 썩어[腐敗] 죽게 되는 병(病). 감자나 고구마에 많이 생긴다.

▶부:패-상 腐敗相 (모양 상). 정치, 사상, 의식 따위가 부패(腐敗)한 상태나 모양[相]. ¶정치권의 부패상을 파헤친 영화.

▶부:패-열 腐敗熱 (더울 열). 유기물이 썩을[腐敗] 때에 나는 열(熱).

부:편 否便 (아닐 부, 쪽 편). 회의에서 의안을 표결할 때, 반대하는[否] 편(便). ¶가편 30표, 부편 40표로 본 안건은 부결되었다. ⑫가편(可便).

부평-초 浮萍草 (뜰 부, 개구리밥 평, 풀 초). ① 속뜻 물 위에 떠[浮] 있는 개구리밥[萍] 같은 풀[草]. ② '정처 없이 떠돌아다니는 신세'를 이르는 말. ③ 식물 개구리밥과의 여러해살이 수초. 몸은 둥글고 세 개의 엽상체로 이루어져 있다. ⑪개구리밥.

부:표¹ 否票 (아닐 부, 쪽지 표). 회의에서 의안을 표결할 때, 반대하는[否] 표(票). ⑫가표(可票).

부:표² 附表 (붙을 부, 겉 표). 문서 따위에 덧붙인[附] 도표(圖表). ¶자세한 판매량은 부표에 있다.

부:표³ 附票 (=付票, 붙을 부, 쪽지 표). 기억할 만한 것을 표하기 위해 적어서 붙이는[附] 작은 쪽지[票]. ¶예약된 사과 상자에 부표하였다. ⑪찌지.

부표⁴ 浮標 (뜰 부, 나타낼 표). ① 속뜻 물위에 띄워[浮] 표적(標的)으로 삼는 물건. ② 물고기가 미끼를 물어 낚시에 걸리면 알 수 있도록 낚싯줄에 매어서 물 위에 뜨게 만든 물건. ⑪낚시찌.

부표⁵ 浮漂 (뜰 부, 떠다닐 표). 물에 떠서[浮] 떠돌아다님[漂].

▶부표 식물 浮漂植物 (심을 식, 만물 물). 식물 잎은 물 위에 뜨고[浮漂] 뿌리는 물속에서 영양을 얻는 식물(植物). ¶개구리밥은 부표 식물의 하나이다. ⑪부수식물(浮水植物).

*__부품 部品__ (나눌 부, 물품 품). 기계 따위의 어떤 일부분(一部分)에 쓰이는 물품(物品). ¶자동차 부품 / 부품을 갈다.

부:하¹ 負荷 (질 부, 멜 하). ① 속뜻 짐을 짊어지거나[負] 어깨에 멤[荷]. 또는 그 짐. ② 일을 맡김. ③ 임금의 맡은 직책. ④ 물리 원동기에서 나오는 에너지를 소비하는 것. 예를 들면 발전기에서 나온 전기로 전등을 켤 때의 전등을 이른다. ⑤ 물리 전자 회로에서 출력을 내기 위한 장치.

부하² 部下 (거느릴 부, 아래 하). 자기 수하(手下)에 거느리고[部] 있는 직원. ⑫상관(上官), 상사(上司).

부:합¹ 符合 (맞을 부, 맞을 합). ① 속뜻 부신(符信)이 꼭 들어맞음[合]. ¶너의 의견이 나의 의견과 부합한다. ② 대(對)가 되는 물건을 서로 맞출 수 있게 만든 표.

부:합² 附合 (붙을 부, 맞을 합). ① 속뜻 서로 붙이기[附] 위해 맞댐[合]. 맞대어 붙임. ② 법률 소유자가 서로 다른 두 개 이상의 물건이 결합하여 물리적 또는 사회 경제적으로 보아 뗄 수 없는 상태가 되는 일.

부:항 附缸 (붙을 부, 항아리 항). ① 속뜻 몸의 붙이는[附] 항아리[缸] 모양의 기구. ② 부항단지에 불을 넣어 공기를 희박하게 만든 다음 부스럼 자리에 붙여 부스럼의 고름이나 독혈을 빨아내는 일.

부허 浮虛 (뜰 부, 헛될 허). 근거가 없이 떠돌아다니고[浮] 허황(虛荒)되어 미덥지 못함.

▶부허지설 浮虛之說 (어조사 지, 말씀 설). 떠돌아다니는[浮] 허황(虛荒)한 말[說].

부형 父兄 (아버지 부, 맏 형). ① 속뜻 아버지[父]와 형[兄]. ② 학교에서 학생의 보호자를 두루 일컫는 말.

▶부형-자제 父兄子弟 (아들 자, 아우 제). 아버지[父]나 형[兄]의 가르침을 받고 자라난 젊은이[子弟].

부:호¹ 富豪 (넉넉할 부, 호걸 호). 재산이 많고[富] 세력이 있는 호걸(豪傑). 큰 부자. ¶귀족이나 부호가 부럽지 않을만큼 행복하다. ⑪부자(富者).

부:호² 符號 (맞을 부, 표지 호). ① 속뜻 일정한 뜻을 나타내는 데 알맞은[符] 표시[號]. ¶문장 부호 / 부호를 쓰다. ② 수학 몇 개의 수 또는 식(式)의 사이에 셈을 놓을 때 쓰는 표. 곧 '+, -, ×, ÷, ⊂, ⊃'따위. ③ 수학 수의 성질을 보일 때에, 양수·음수를 나타내는 기호. '+'와 '-'를 이른다.

부호³ 扶護 (도울 부, 돌볼 호). 도와서[扶] 보호(保護)함. ¶가난한 이들을 부호하다.

부화¹ 浮華 (뜰 부, 빛날 화). 겉보기만[浮] 화려(華麗)하고 실속이 없음. ¶왕정은 부화를 일삼다가 결국 무너졌다.

부:화² 富華 (넉넉할 부, 빛날 화). 부유(富裕)하고 호화(豪華)롭다. ¶부화한 장식품으로 실내를 꾸미다.

부:화³ 附和 (붙을 부, 합칠 화). ① 속뜻 남에게 달라붙어[附] 그의 의견에 무조건 응함[和]. ②자기 주견이 없이 남의 의견에 따름.

▸부:화-뇌동 附和雷同 (천둥 뢰, 한가지 동). ① 속뜻 남의 의견에 부화(附和)하고 천둥[雷]같이 큰 소리로 동조(同調)함. ② 줏대 없이 남의 의견에 따라 움직임.

부화⁴ 孵化 (알 깔 부, 될 화). 알을 까게[孵] 됨[化]. 알을 깜. ¶병아리가 부화했다.

▸부화-기 孵化器 (그릇 기). 인위적으로 동물의 알을 까는[孵化] 기계(器械). ㊞부란기(孵卵器).

▸부화-율 孵化率 (비율 률). 농업 수정란 중에서 실지로 알을 깐[孵化] 비율(比率).

▸부화-장 孵化場 (마당 장). 인공적으로 알을 까는[孵化] 곳[場].

부:활 復活 (다시 부, 살 활). ① 속뜻 죽었다가 다시[復] 살아남[活]. ¶예수의 부활. ② 없어졌던 것이 다시 생김. ¶교복 착용 제도의 부활.

▸부:활-절 復活節 (철 절). 기독교 예수의 부활(復活)을 기념하는 축제일[節]. 춘분이 지난 뒤의 첫 만월 다음의 일요일이다. ¶부활 주일.

부황 浮黃 (뜰 부, 누를 황). 오래 굶어서 살가죽이 누렇게[黃] 부어오르는[浮] 병. ¶오랜 전쟁으로 백성들은 부황이 들었다.

▸부황-증 浮黃症 (증세 증). 부황(浮黃)의 증세(症勢).

부:회 附會 (붙을 부, 모일 회). 가당치도 않은 말을 억지로 끌어다 대어[附] 조리에 닿도록[會] 함. '견강부회'(牽強附會)의 준말.

부-회장 副會長 (도울 부, 모일 회, 어른 장). 회장(會長) 아래에서 보좌하는[副] 직위. 또는 그 직위에 있는 사람. 회장 유고 시에 그 직무를 대리한다.

부:흥 復興 (다시 부, 일어날 흥). 쇠하였던 것이 다시[復] 일어남[興]. 또는 쇠하였던 것을 다시 일어나게 함. ¶경제 부흥 / 문예 부흥.

▸부:흥-상 復興相 (모양 상). 부흥(復興)하는 모습[相]. ¶서울의 부흥상을 표현한 작품.

북-간도 北間島 (북녘 북, 사이 간, 섬 도). 지리 두만강과 마주한 간도(間島) 지방의 북부(北部). 전형적인 대륙성 기후로, 경지는 적고 임업이 활발하며 광물 자원이 많다.

북광 北光 (북녘 북, 빛 광). 지리 북극(北極) 지방에서 초고층 대기 중에 나타나는 발광(發光) 현상. ㊞오로라(aurora).

북괴 北傀 (북녘 북, 허수아비 괴). 북한(北韓)을 소련의 허수아비[傀]라고 비난하여 이르던 말. ¶북괴는 간첩을 남파(南派)했다.

북구 北歐 (북녘 북, 유럽 구). 유럽[歐羅巴]의 북부(北部) 지역. '북구라파'의 준말. ㊥남구(南歐).

북-구라파 北歐羅巴 (북녘 북, 유럽 구, 새그물 라, 땅이름 파). 유럽[歐羅巴]의 북부(北部) 지역. 덴마크, 스웨덴, 노르웨이, 핀란드, 아이슬란드 따위의 여러 나라가 있다. ㊟북구(北歐).

북국 北國 (북녘 북, 나라 국). 북(北)쪽에 있는 나라[國]. ¶북국의 특색이 드러나는 가옥구조.

북군 北軍 (북녘 북, 군사 군). ①북쪽[北]에 위치한 군대(軍隊). ② 역사 미국의 남북 전쟁 때 북부의 군대. ㊥남군(南軍).

북극 北極 (북녘 북, 끝 극). ① 속뜻 북(北)쪽 끝[極]. 북쪽 끝의 지방. ¶북극곰은 주로 북극에 서식한다. ② 지리 지구의 자전축을 연장할 때, 천구와 마주치는 북쪽 점. ③ 지리 지축(地軸)의 북쪽 끝. ㊞북극점. ㊥남극(南極).

▸북극-계 北極界 (지경 계). 생물 북극(北極)을 중심으로 지역[界]. 스칸디나비아 북부, 시베리아 북부, 알래스카·캐나다 북부 및 그린란드를 포함한다. ⓑ남극계(南極界).

▸북극-광 北極光 (빛 광). 지리 북극(北極)에서 볼 수 있는 발광(發光) 현상. 빛은 약할 때에는 희게 보이지만, 강할 때에는 빨강과 초록의 아름다운 색을 보인다. ⓑ남극광(南極光).

▸북극-권 北極圈 (범위 권). 지리 북극(北極)을 중심으로 한 지역[圈]. 북위 66도 33분의 지점을 이은 선. 이 선상에서는 하짓날에는 하루 종일 해가 지지 않고, 동짓날에는 하루 종일 해가 뜨지 않는다. ⓑ남극권(南極圈).

▸북극-성 北極星 (별 성). 천문 천구의 북극(北極)에 가장 가까운 별[星]. 위치가 거의 변하지 않기 때문에 북쪽 방향을 아는 데 이용된다. ⓑ북신(北辰).

▸북극-해 北極海 (바다 해). 지리 북극권(北極圈)에 있는 바다[海]. 아시아, 유럽, 북아메리카의 세 대륙에 둘러싸여 있다. ⓑ북빙양(北氷洋).

북단 北端 (북녘 북, 끝 단). 북(北)쪽의 끝[端]. ¶성수 대교 북단 / 남아메리카의 북단.

북-대문 北大門 (북녘 북, 클 대, 문 문). 북쪽[北]으로 난 대문(大門).

북대서양 조약 기구 北大西洋條約機構 (북녘 북, 큰 대, 서녘 서, 큰바다 양, 조목 조, 묶을 약, 틀 기, 얽을 구). 정치 북대서양(北大西洋) 조약(條約)에 의하여 성립된 서유럽 지역의 안전 보장 기구(機構). 1949년 미국, 영국, 프랑스, 캐나다 등을 회원국으로 하여 발족하였으며 뒤에 터키, 그리스 등이 참가하였다. '나토'(North Atlantic Treaty Organization)라고도 한다.

북도 北道 (북녘 북, 길 도). ① 속뜻 남과 북 둘로 되어 있는 도에서 북(北)쪽의 도(道). ②경기도 북쪽에 있는 도. 곧 황해도, 평안도, 함경도를 이른다. ③함경도의 다른 이름. ④ 종교 대종교(大倧敎)에서, 백두산의 북쪽 지방을 이르는 말. ⓑ북관(北關).

북동 北東 (북녘 북, 동녘 동). ① 속뜻 북(北)쪽과 동(東)쪽을 아울러 이르는 말. ②북쪽을 기준으로 북쪽과 동쪽 사이의 방위(方位). ¶북동 무역풍이 불다. ⓑ북동쪽.

북두-성 北斗星 (북녘 북, 말 두, 별 성). '북두칠성'(北斗七星)의 준말.

북두-칠성 北斗七星 (북녘 북, 말 두, 일곱 칠, 별 성). 천문 북(北)쪽 하늘의 별자리에서 가장 뚜렷하게 보이는 국자[斗] 모양으로 된 일곱[七] 개의 별[星]. ¶선장은 북두칠성을 보고 항해를 계속했다. ⓑ북두성(北斗星).

북로-남왜 北虜南倭 (북녘 북, 포로 로, 남녘 남, 일본 왜). 북(北)쪽의 오랑캐[虜]와 남(南)쪽의 왜적(倭賊).

북류 北流 (북녘 북, 흐를 류). 강물이나 냇물이 북(北)쪽으로 흐름[流].

북망 北邙 (북녘 북, 언덕 망). ① 속뜻 중국 낙양의 북(北)쪽에 있는 언덕[邙]. ②낙양의 북망에 무덤이 많은 것에서 유래되어 '무덤이 많은 곳이나 사람이 죽어서 묻히는 곳'을 이르는 말. ⓑ북망산(北邙山).

▸북망-산 北邙山 (메 산). 지리 중국 북망(北邙)에 무덤이 산(山)처럼 많은 것에서 유래되어 '무덤이 많은 곳이나 사람이 죽어서 묻히는 곳'을 이르는 말.

북면 北面 (북녘 북, 낯 면). ① 속뜻 북(北)쪽으로 향함[面]. ②각 군(郡)의 북쪽에 있는 면(面). ③신하로서 임금을 섬김. 지난날 신하들이 북쪽을 향하여 임금과 대면한 데서 유래한다. ④스승 앞에서의 제자의 좌위(座位). 또는 제자가 됨.

북문 北門 (북녘 북, 문 문). 북(北)쪽으로 낸 문(門). ¶북문으로 가면 인왕산이 나온다. ⓑ남문(南門).

북미 北美 (북녘 북, 미국 미). 지리 아메리카[美] 대륙 중 북쪽[北] 부분. ¶북미 대륙에는 미국과 캐나다가 있다.

북-반구 北半球 (북녘 북, 반 반, 공 구). 지리 지구(地球)를 적도를 기준으로 반(半)으로 나눴을 때 북(北)쪽 부분. ¶우리나라는 북반구에 위치하고 있다. ⓑ남반구(南半球).

⁂**북방 北方** (북녘 북, 모 방). 북(北) 쪽[方]. ¶북방 지역은 아직도 겨울이다. ⓑ북녘. ⓑ남방(南方).

북벌 北伐 (북녘 북, 칠 벌). 북방(北方) 지역을 정벌(征伐)함. ¶효종은 북벌 계획을 세웠다. ㊥남벌(南伐).

▸북벌-론 北伐論 (논할 론). 역사 조선 중기, 북(北)쪽의 청나라를 치자는[伐] 정치적 입장[論].

북부 北部 (북녘 북, 나눌 부). ① 속뜻 어떤 지역의 북(北)쪽 부분(部分). ¶강원도 북부 지역은 북한에 속해 있다. ② 역사 조선 때, 한성 5부중의 북쪽 지역. 또는 그 지역의 관청을 이르던 말. ㊥남부(南部).

북빙-양 北氷洋 (북녘 북, 얼음 빙, 큰바다 양). 지리 북극(北極) 지역에 얼음[氷]으로 덮여있는 큰 바다[洋]. 아시아, 유럽, 북아메리카 대륙에 둘러싸여 있다. ㊐북극해(北極海).

북상 北上 (북녘 북, 위 상). 북(北)쪽으로 올라감[上]. ¶장마전선이 북상 중이다 / 태풍이 북상하다. ㊥남하(南下).

북새-풍 北塞風 (북녘 북, 변방 새, 바람 풍). 북(北)쪽 변방[塞]에서 불어오는 찬바람[風].

북서 北西 (북녘 북, 서녘 서). ① 속뜻 북(北)쪽과 서(西)쪽을 아울러 이르는 말. ② 북쪽을 기준으로 북쪽과 서쪽 사이의 방위(方位).

▸북서-풍 北西風 (바람 풍). 지리 북서(北西)쪽에서 불어오는 바람[風]. ¶겨울철엔 북서풍이 분다. ㊐서북풍.

북송 北送 (북녘 북, 보낼 송). 사람이나 물건 따위를 북(北)쪽으로 보냄[送]. ¶비전향 장기수들을 북송하다.

북신 北辰 (북녘 북, 별 신). 천문 북극(北極) 가까이에서 빛나는 가장 밝은 별[辰]. 별자리가 거의 변하지 않아서 방위(方位) 및 위도(緯度)의 길잡이가 된다. ㊐북극성(北極星).

북-십자성 北十字星 (북녘 북, 열 십, 글자 자, 별 성). 천문 북(北)쪽 하늘에서 십자(十字)꼴을 이루는 백조자리의 다섯 별[星]. ㊟남십자성(南十字星).

북안 北岸 (북녘 북, 언덕 안). 북(北)쪽 해안이나 강안(江岸). ¶한강 북안.

북양 北洋 (북녘 북, 큰바다 양). ① 속뜻 북(北)쪽의 큰바다[洋]. ② 역사 중국 청나라 말기에, 강소성 이북의 직예(直隸), 산동(山東), 요녕(遼寧) 세 성의 연해를 통틀어 이르는 말. ㊐북명(北溟).

▸북양 어업 北洋漁業 (고기잡을 어, 일 업). 수산 북태평양, 베링해, 오호츠크해 등 북양(北洋)을 어장(漁場)으로 삼는 어업(漁業).

북어 北魚 (북녘 북, 물고기 어). ① 속뜻 북(北)쪽 바다에서 나는 물고기[魚]. ② 말린 명태. ㊐건명태(乾明太).

북위[1] 北魏 (북녘 북, 나라 이름 위). 역사 북(北)쪽에 '위'(魏)라고 국명을 정하고 세운 나라. 중국 남북조(南北朝) 시대에 남송(南宋)에 대응하여 탁발규가 세운 북조(北朝) 최초의 나라.

북위[2] 北緯 (북녘 북, 가로 위). 지리 적도 이북(以北)의 위도(緯度). ¶휴전선은 북위 38도를 기준으로 설정되었다. ㊥남위(南緯).

▸북위-선 北緯線 (줄 선). 지리 적도 이북(以北)의 위도(緯度)를 표시하는 선(線). ㊥남위선(南緯線).

북인 北人 (북녘 북, 사람 인). 역사 조선 시대에, 이발, 이산해를 중심으로 하여 남인(南人)과 대립한 당파. 도성의 북(北)쪽에 살던 이발(李潑)을 따르던 사람[人]들이라고 그렇게 불렀다. ㊟사색당파(四色黨派).

북적 北狄 (북녘 북, 오랑캐 적). ① 속뜻 북(北)쪽의 오랑캐[狄]. ② 역사 고대 중국 사람들이 북쪽 지역에 사는 민족을 멸시하여 이르던 말. 흉노, 선비, 유연, 돌궐, 거란, 위구르, 몽골 등의 유목 민족을 가리킨다. ㊟남만(南蠻), 동이(東夷), 서융(西戎).

북점 北點 (북녘 북, 점 점). 지평선과 자오선이 만나는 점 가운데서 천구의 북극(北極)에 가까운 점(點). ㊥남점(南點).

북정 北征 (북녘 북, 칠 정). 북방(北方) 지역을 정벌(征伐)함. ㊐북벌(北伐). ㊥남정(南征).

▸북정-가 北征歌 (노래 가). 문학 조선 때 이용(李溶)이 관북(關北) 지역을 다니며[征] 아름다운 경치와 유적들을 보고 그 감상을 적은 기행 가사(歌辭).

북종 北宗 (북녘 북, 마루 종). ① 불교 중국에서, 주로 북방(北方) 지역에서 활동한 신수(神秀)를 종조(宗祖)로 하는 선종의 한 파. ② '북종화'(北宗畵)의 준말.

▸북종-화 北宗畵 (그림 화). ① 속뜻 북방(北

方) 지역적 특색을 기본으로 하는[宗] 그림[畵]. ② [미술] 중국 회화에 있어서 이대 유파(流派)의 하나. 풍취(風趣)를 중히 여기는 남종화에 대하여 물체의 표현과 색채의 선명(鮮明)을 중심으로 한 것이 특색이다.

북지 北地 (북녘 북, 땅 지). 북(北)쪽의 지방이나 지역(地域).

북진 北進 (북녘 북, 나아갈 진). 북(北)쪽으로 나아감[進]. ¶아군(我軍)은 북진하며 적군을 섬멸했다. [반]남진(南進).

북창 北窓 (북녘 북, 창문 창). 북(北)쪽으로 난 창(窓). ¶북창으로 차가운 바람이 불어왔다. [반]남창(南窓).

▸북창-삼우 北窓三友 (석 삼, 벗 우). ① [속뜻] 옛날 선비의 서재 북(北)쪽 창(窓)문 쪽에 두고 세[三] 벗[友] 같이 소중하게 여기던 물건 따위. ② 거문고, 술, 시(詩)를 달리 이르는 말. ¶북창삼우와 더불어 나날을 보냈다.

북천 北天 (북녘 북, 하늘 천). ① [속뜻] 북(北)쪽 하늘[天]. ② [천문] 황도대(黃道帶)의 북쪽 하늘. [반]남천(南天).

북천-가 北遷歌 (북녘 북, 옮길 천, 노래 가). [문학] 조선 때 김진형이 관북(關北) 지방으로 귀양 갔을[遷] 때의 생활을 읊은 장편 기행 가사(歌辭).

북촌 北村 (북녘 북, 마을 촌). ① [속뜻] 북(北)쪽에 있는 마을[村]. ② 조선 시대에, 서울 안에서 북쪽으로 치우쳐 있는 마을들을 통틀어 이르던 말. [반]남촌(南村).

북측 北側 (북녘 북, 곁 측). ① [속뜻] 북(北)쪽 측면(側面). ② 북한 지역을 남한 지역에 상대하여 이르는 말. ¶북측 대표단 / 북측 인사. [반]남측(南側).

북침 北侵 (북녘 북, 쳐들어갈 침). 남쪽에 있는 나라가 북(北)쪽에 있는 나라를 쳐들어옴[侵]. ¶이순신은 왜구의 북침에 대비하였다. [반]남침(南侵).

북-태평양 北太平洋 (북녘 북, 클 태, 평평할 평, 큰바다 양). [지리] 태평양(太平洋)의 북반부(北半部). 적도 이북의 부분. ¶북태평양 고기압 / 북태평양 조약.

북편 北便 (북녘 북, 쪽 편). 북(北)쪽 편(便). ¶북편 하늘.

북표 北標 (북녘 북, 나타낼 표). 지도에서 북(北)쪽을 가리키는 표시(標示).

북풍 北風 (북녘 북, 바람 풍). 북(北)쪽에서 불어오는 바람[風]. ¶북풍이 몰아치다. [비]삭풍(朔風). [반]남풍(南風).

북학 北學 (북녘 북, 배울 학). [역사] ① 중국 남북조 때, 북조(北朝)에서 행해진 학풍(學風). ② 조선시대에 실학자들이 청나라의 앞선 문화를 받아들일 것을 주장한 학풍.

▸북학-론 北學論 (논할 론). ① [속뜻] 청나라의 문화[北學]를 배워 받아들이자는 주장[論]. ② [역사] 조선 영조·정조 때에, 북학파 실학자들이 청나라의 앞선 문물제도 및 생활양식을 받아들이자고 한 주장. 박지원, 홍대용, 박제가, 이덕무 등이 주장하였다.

▸북학-파 北學派 (갈래 파). ① [속뜻] 청나라의 문화[北學]를 배워 받아들이자고 주장한 사람들[派]. ② [역사] 조선 영조·정조 때에, 청나라의 앞선 문물제도 및 생활 양식을 받아들일 것을 주장한 학파. 특히 상공업의 진흥과 기술의 혁신에 관심을 쏟았다.

북한[1] 北限 (북녘 북, 끝 한). ① [속뜻] 북(北)쪽 한계(限界). ② 생물이 살 수 있는 북쪽 위도의 한계. 생물에 따라 다르며 기상, 환경 따위에 따라 좌우된다.

북한[2] 北韓 (북녘 북, 나라이름 한). 남북으로 분단된 대한민국의 휴전선 북(北)쪽 지역의 우리나라[韓]를 가리키는 말.

▸북한-군 北韓軍 (군사 군). 북한(北韓)의 군인 또는 군대(軍隊). ¶북한군 병사.

북-한:강 北漢江 (북녘 북, 한양 한, 강 강). [지리] 한강(漢江)을 이루는 지류 중 북(北)쪽 지역을 거쳐 흘러들어오는 강. 강원도 회양군 사동면에서 시작하여 춘천, 양구, 가평 등을 거쳐 흐른다. [참]남한강(南漢江).

북-한대 北寒帶 (북녘 북, 찰 한, 띠 대). [지리] 지구의 북반구(北半球)에 있는 한대(寒帶). [반]남한대(南寒帶).

북-한산 北漢山 (북녘 북, 한양 한, 메 산). ① [속뜻] 한강(漢江) 북(北)쪽에 있는 산(山). ② [지리] 서울특별시의 북부와 경기도 고양시 사이에 있는 산. 백운대, 인수봉, 국망봉의 세 봉우리가 있어 삼각산(三角山)이라고도 한다.

▸북한산-성 北漢山城 (성곽 성). [고적] 북한산(北漢山)에 있는 산성(山城). 삼국 시대

에 세워진 것으로 조선 숙종 37년(1711)에 석성으로 고쳐지었다. 사적 제162호이다.

▸북한산 신라 진흥왕 순수비 北漢山新羅眞興王巡狩碑 (새 신, 새그물 라, 참 진, 일어날). 흥, 임금 왕, 돌 순, 사냥 수, 비석 비). 고적 신라(新羅) 진흥왕(眞興王)의 북한산(北漢山) 순행[巡狩]을 기념하여 세운 비석(碑石). 1816년에 김정희가 비문의 일부를 판독한 후 널리 알려졌으며, 현재 국립중앙 박물관에 옮겨져 있다. 국보 제3호이다.

북해 北海 (북녘 북, 바다 해). ① 속뜻 북(北)쪽의 바다[海]. ② 지리 유럽 대륙과 영국과의 사이에 있는 바다. ㊊북양(北洋).

북행 北行 (북녘 북, 갈 행). ① 속뜻 북(北)쪽으로 감[行]. ¶북행 열차. ②북한으로 감. ¶김 씨는 북행에 앞서 기자 회견을 하였다.

북향 北向 (북녘 북, 향할 향). 북(北)쪽을 향(向)함. 또는 그 방향. ¶대문을 북향으로 내다. ㊕남향(南向).

북-회귀선 北回歸線 (북녘 북, 돌 회, 돌아갈 귀, 줄 선). 지리 태양이 적도에서 북(北)쪽으로 기울다가 다시 적도로 향하여 회귀(回歸)하는 지점의 위선(緯線). 북위 23도 27분이다. ㊊하지선(夏至線). ㊕남회귀선(南回歸線).

분가 分家 (나눌 분, 집 가). 가족의 한 구성원이 주로 결혼 따위로 집[家]을 따로 장만하여 나감[分]. ¶그는 분가한 후에도 부모님을 자주 찾아뵈었다.

분간 分揀 (나눌 분, 가릴 간). ① 속뜻 사물이나 사람의 옳고 그름, 좋고 나쁨 따위와 그 정체를 구별하거나[分] 가려서[揀] 앎. ¶자세히 보면 좋은 사람인지 나쁜 사람인지 분간할 수 있다. ②어떤 대상이나 사물을 다른 것과 구별하여 냄. ¶진짜 보석과 가짜 보석의 분간은 전문가만이 할 수 있다.

분감 分甘 (나눌 분, 달 감). ① 속뜻 단맛[甘]을 나누어[分] 맛봄. ②널리 사랑을 베풀거나 즐거움을 함께함.

분갑 粉匣 (가루 분, 상자 갑). 분(粉)을 담아 두는 조그만 갑(匣). ¶새로 산 분갑을 받아 들고 무척 기뻐하였다.

분개[1] 分槪 (나눌 분, 대강 개). 대강[槪]을 나누어[分] 헤아림.

분:개[2] 憤慨 (분할 분, 슬퍼할 개). 몹시 분(憤)하여 슬퍼함[慨]. 또는 분하게 여김. ¶너무나 분개한 나머지 고함을 질렀다.

분개[3] 分介 (나눌 분, 끼일 개). ① 속뜻 나누어[分] 끼워[介] 넣음. ② 경제 부기(簿記)에서, 거래 내용을 차변(借邊)과 대변(貸邊)으로 나누어 적는 일.

▸분개-장 分介帳 (장부 장). 경제 거래 내용을 원장(元帳)에 기입할 때, 그 준비로서 먼저 대변과 차변으로 나누어[分] 기입하는[介] 회계 장부(帳簿).

분:격[1] 憤激 (분할 분, 격할 격). 분개(憤慨)하여 마음이 격렬(激烈)해 짐. 크게 화를 냄. ¶분격에 차다 / 분격이 가시지 않다 / 분격이 터지다.

분:격[2] 奮激 (떨칠 분, 격할 격). 급격하게 마음을 떨쳐[奮] 일으킴[激]. ¶분격하여 재도전하다.

분:격[3] 奮擊 (떨칠 분, 칠 격). 분발(奮發)하여 공격(攻擊)함. ¶관군은 농민의 도움으로 기운을 얻어 적들을 분격하였다.

분견 分遣 (나눌 분, 보낼 견). 구성원의 일부를 떼 내어서[分] 보냄[遣].

▸분견-대 分遣隊 (무리 대). 군사 본래의 소속 부대로부터 파견된[分遣] 부대(部隊). ¶경비 분견대.

분계 分界 (나눌 분, 지경 계). 서로 나누어진[分] 지역의 경계(境界). ¶이 강은 두 지역의 분계가 되고 있다. ㊊분경(分境).

▸분계-선 分界線 (줄 선). ① 속뜻 서로 나누어진 두 지역의 경계[分界]가 되는 선(線). ¶분계선을 긋다. ② 군사 전쟁 중인 쌍방의 협정에 따라 설정한 군사 활동의 한계선. '군사 분계선'의 준말.

분골-쇄신 粉骨碎身 (가루 분, 뼈 골, 부술 쇄, 몸 신). ① 속뜻 뼈[骨]를 가루[粉]로 만들고 몸[身]을 부숨[碎]. ②정성으로 노력함. 뼈가 가루가 되고 몸이 부서지도록 노력함. ¶조국을 위해 분골쇄신하였다. ③참혹하게 죽음. 또는 그렇게 죽임.

분과[1] 分科 (나눌 분, 과목 과). 각 전문 과목(科目)이나 업무에 따라 나눔[分]. 또는 그렇게 나누어진 과목이나 업무. ¶윤리는 철학의 분과이다.

분과[2] 分課 (나눌 분, 매길 과). 업무를 분담하기 위해 몇 개의 과(課)로 나눔[分]. 또는 그렇게 나누어진 과. ¶분과 위원회 / 이번 학술회의는 다섯 분과로 나눠 진행한다.

분관 分館 (나눌 분, 집 관). 본관에서 나누어[分] 따로 세운 기관이나 건물[館]. ¶도서관의 분관을 새로 짓다.

분광 分光 (나눌 분, 빛 광). [물리] 빛[光]이 파장의 차이에 따라서 여러 가지 색의 띠로 나누어지는[分] 일.

▸**분광-계** 分光計 (셀 계). ① [속뜻] 분광(分光)을 재는 계기(計器). ② [물리] 분광기의 하나. 파장 눈금 또는 각도 눈금이 있는 분광기로, 스펙트럼선을 시준기에 맞추어서 직접 파장을 읽을 수 있다.

▸**분광-학** 分光學 (배울 학). [물리] 물질에 의한 빛[光]의 흡수나 복사를 분광계, 분광광도계 등을 써서 스펙트럼으로 나누어[分] 측정, 해석하는 학문(學問).

▸**분광 관측** 分光觀測 (볼 관, 헤아릴 측). 별빛[光]을 프리즘으로 분산(分散)시켜 얻은 스펙트럼을 분석하여 별의 온도나 운동 따위를 알아내는 관측법(觀測法).

분교 分校 (나눌 분, 학교 교). [교육] 본교와 떨어진 다른 지역에 따로[分] 세운 학교(學校). [반]본교(本校).

분구[1] 分球 (나눌 분, 공 구). ① [속뜻] 공[球] 모양의 뿌리를 나누어[分] 심음. ② [식물] 구근 화초나 마늘 따위와 같은 비늘줄기를 나누는 번식법.

분구[2] 分區 (나눌 분, 나눌 구). ① [속뜻] 지역을 몇 개의 일정한 구역(區域)으로 나눔[分]. 또는 그 구역. ② 하나의 구(區)를 몇 개의 구로 나눔. 또는 그 구역.

분국 分局 (나눌 분, 관청 국). 본국에서 갈라 따로[分] 설치한 국(局). ¶그 회사는 서울에 분국을 설치했다.

분권 分權 (나눌 분, 권리 권). 권리나 권력(權力)을 분산(分散)시킴. ¶지방 분권. [반] 집권(集權).

▸**분권-화** 分權化 (될 화). ① [속뜻] 통치 권력(權力)을 분산(分散)되게 함[化]. ② [경제] 중앙 집권제 원칙을 거부하고 지방이나 기업체가 제각기 자기 이익에 맞게 경제를 운영하여 나감.

분규 紛糾 (어지러울 분, 얽힐 규). 이해나 주장이 어지럽게[紛] 뒤얽힘[糾]. 또는 이로 인한 시끄러움. ¶분규 해결 / 분규가 발생하다.

분극 分極 (나눌 분, 끝 극). [물리] ① 전기 마당 속에 놓인 유전체의 양 끝[極]에 양전기와 음전기가 나뉘어[分] 나타나는 현상. ② 전기 분해나 전지를 사용할 경우에 전극과 전해질 사이에 전류가 흐른 결과, 원래의 전류와 반대 방향의 기전력이 생기는 현상. ③ 원자·분자를 전기 마당 속에 놓을 때, 음전하와 양전하의 평균적 위치가 변화·분리되어 쌍극자 모멘트를 갖는 현상.

▸**분극-화** 分極化 (될 화). 서로 대립되는 두 입장으로 가르거나[分極] 갈라지게 함[化]. ¶종교의 분극화 현상.

분근 分根 (나눌 분, 뿌리 근). ① [식물] 식물의 뿌리[根]를 여러 개로 나누는[分] 일. ② 여러 개로 나눈 식물의 뿌리.

분급[1] 分級 (나눌 분, 등급 급). ① [속뜻] 등급(等級)을 나눔[分]. ② [지리] 퇴적물을 구성하는 입자 크기의 고른 정도. ¶분급이 좋다.

분급[2] 分給 (나눌 분, 줄 급). ① [속뜻] 몫에 따라 나누어[分] 줌[給]. ② 여러 차례 나누어 지급함. [비]분여(分與).

분기[1] 分期 (나눌 분, 때 기). 한 해를 석 달씩, 넷으로 나눈[分] 기간(期間). ¶집세를 분기별로 내다.

분기[2] 紛起 (어지러울 분, 일어날 기). 골치 아픈 일이 여기저기서 어지럽게[紛] 생김[起].

분:기[3] 奮起 (떨칠 분, 일어날 기). 기운이 떨쳐[奮] 힘차게 일어남[起]. ¶농민들은 부당한 처사에 분기하여 관아로 몰려갔다.

분기[4] 分岐 (나눌 분, 갈림길 기). 나뉘어서[分] 여럿으로 갈라짐[岐]. 또는 그 갈래. ¶큰 길에서 분기되다.

▸**분기-선** 分岐線 (줄 선). 여러 갈래로 나뉜[分岐] 선로(線路)나 길. ¶생사의 분기선.

▸**분기-점** 分岐點 (점 점). 여러 갈래로 나뉘는[分岐] 지점(地點). 또는 시점(時點). ¶분기점에 이정표가 있다.

분:기[5] 噴氣 (뿜을 분, 공기 기). 증기(蒸氣)나 가스 따위를 뿜어[噴] 냄. 또는 뿜어내는 증기나 가스.

▸**분:기-공** 噴氣孔 (구멍 공). [지리] 화산 활

동의 여세로 땅속에서 화산 가스[氣]를 뿜어내는[噴] 구멍[孔]. 또는 그렇게 갈라진 틈.

분ː기[6] **憤氣** (=忿氣, 분할 분, 기운 기). 분(憤)한 마음이나 기운(氣運). ¶치밀어 오르는 분기를 억누를 수 없었다.

▸**분ː기-등등** 憤氣騰騰 (오를 등, 오를 등). 분(憤)한 마음[氣]이 세차게 치밀어 오름[騰騰].

▸**분ː기-충천** 憤氣衝天 (찌를 충, 하늘 천). 분(憤)한 마음[氣]이 하늘[天]을 찌를[衝] 듯이 솟구쳐 오름.

▸**분ː기-탱천** 憤氣撑天 (버틸 탱, 하늘 천). 분(憤)한 마음[氣]이 하늘[天]까지 북받쳐 오름[撑]. [비]분기충천(憤氣衝天).

분납 **分納** (나눌 분, 바칠 납). 전액을 몇 차례로 나누어서[分] 냄[納]. ¶사용료를 분납하다.

분ː노 **忿怒** (=憤怒, 성낼 분, 성낼 노). 분하여 몹시 성을 냄[忿=怒]. ¶분노가 폭발하다. [반]희열(喜悅).

분뇨 **糞尿** (똥 분, 오줌 뇨). 똥[糞]과 오줌[尿]. ¶분뇨를 비료로 만들다. [비]시뇨(屎尿).

⁑**분단**[1] **分團** (나눌 분, 모일 단). ① [속뜻]한 단체의 구성단위로 작게 나뉜[分] 집단(集團). ② [교육]학습 능률을 올리기 위하여 한 학급을 몇으로 나눈 그 하나.

▸**분단-장** 分團長 (어른 장). 분단(分團)의 우두머리[長]. ¶분단장의 명령.

분단[2] **分段** (나눌 분, 구분 단). ① [속뜻]여러 단계(段階)로 나눔[分]. 또는 나눈 그 단계. ②문장을 내용에 따라 몇 단락으로 나눔. 또는 나눈 그 단락. ¶두 번째 분단의 요지를 말해보시오.

▸**분단-생사** 分段生死 (날 생, 죽을 사). [불교]업인(業因)에 따라 일반 사람들의 태어나고[生] 죽는[死] 것이 나뉘는[分段] 것.

▸**분단-윤회** 分段輪廻 (바퀴 륜, 돌 회). [불교]분단생사(分段生死)의 세계에서 바퀴[輪]가 돌[廻] 듯이 끊임없이 나고 죽는 일.

분단[3] **分斷** (나눌 분, 끊을 단). 두 동강으로 나누어[分] 끊음[斷]. ¶분단된 우리나라.

▸**분단-국가** 分斷國家 (나라 국, 집 가). 본래는 하나의 국가였으나 전쟁 또는 외국의 지배 따위로 인하여 둘 이상으로 갈라진[分斷] 나라[國家]. ¶독일은 분단국가였다. [준]분단국.

분-단장 **粉丹粧** (가루 분, 붉을 단, 화장할 장). 얼굴에 분(粉)을 바르며 곱게 꾸미는[丹粧] 일. ¶분단장을 곱게 하고 잔치에 갔다.

분담[1] **分擔** (나눌 분, 멜 담). 나누어서[分] 맡음[擔]. ¶가사 분담 / 비용을 셋이 분담하다. [반]전담(全擔).

분답[2] **紛沓** (어지러울 분, 끓을 답). 사람들이 많이 몰려 어지럽게[紛] 북적북적하고 들끓음[沓]. 또는 그런 상태. ¶애들이 몰려와 분답을 피다.

분당[1] **分黨** (나눌 분, 무리 당). ① [속뜻]당파(黨派)를 가름[分]. ②당파가 갈라짐. 또는 그 갈라진 당파. ¶그는 분당 사태에 책임을 지고 당대표를 사임했다.

분당[2] **粉糖** (가루 분, 사탕 당). 가루[粉]로 된 설탕[雪糖].

분대[1] **粉黛** (가루 분, 눈썹먹 대). ① [속뜻]분(粉)을 바른 얼굴과 눈썹먹[黛]으로 그린 눈썹. ②화장한 아름다운 여자.

분대[2] **分隊** (나눌 분, 무리 대). [군사]①본대에서 갈라져[分] 나온 편대(編隊). ②소대 아래의 단위로 가장 작은 부대.

▸**분대-장** 分隊長 (어른 장). [군사]분대(分隊)를 지휘 통솔하는 우두머리[長]. 주로 부사관이 맡는다.

분도 **分度** (나눌 분, 정도 도). 일정하게 나뉜[分] 정도(程度). [비]분한(分限).

▸**분도-기** 分度器 (도구 기). 원형(圓形) 또는 반원형(半圓形)의 위에 일정하게 각도(角度)를 나눈[分] 기구(器具). 제도를 하거나 각도(角度)를 잴 때 쓴다. [비]각도기(角度器).

분-독[1] **粉毒** (가루 분, 독할 독). 분(粉)을 바른 얼굴의 피부에 생기는 납독[毒].

분ː독[2] **憤毒** (분할 분, 독할 독). 분한[憤] 마음에 일어나는 독기(毒氣). ¶그녀는 분독을 이기지 못하여 울부짖었다.

분동 **分銅** (나눌 분, 구리 동). ① [속뜻]양쪽에 똑같이 나누어[分] 놓은 구리[銅] 덩어리.

②천평칭(天平秤)이나 대저울 따위로 무게를 달 때, 무게의 표준이 되는 추.

분등[1] **分等** (나눌 분, 무리 등). 등급(等級)이나 등수를 나누어[分] 매김. ¶공적을 분등하여 상을 주다.

분등[2] **奔騰** (달릴 분, 오를 등). 물가가 갑자기 뛰어[奔] 오름[騰]. ¶가뭄으로 쌀값이 분등했다. ⓑ분락(奔落).

분:등[3] **噴騰** (뿜을 분, 오를 등). 기운차게 뿜어[噴] 오름[騰].

▸분:등-천 噴騰泉 (샘 천). ① 속뜻 물이 뿜어[噴] 오르는[騰] 샘[泉]. ② 지리 100℃ 이상의 열탕이 수증기나 그 밖의 가스와 함께 하늘 높이 뿜어 오르는 온천. ⓑ비등천(沸騰泉).

분란[1] **芬蘭** (향기 분, 난초 란). '핀란드'(Finland)의 한자 음역어.

분란[2] **紛亂** (어수선할 분, 어지러울 란). 어수선하고[紛] 떠들썩함[亂]. ¶의견 차이로 반에 분란이 생겼다.

분량 分量 (나눌 분, 분량 량). ① 속뜻 나눈[分] 단위의 양(量). ②수효, 무게 따위의 많고 적음이나 부피의 크고 작은 정도. ¶찻숟가락 세 개 분량의 설탕을 넣으시오.

분력[1] **分力** (나눌 분, 힘 력). ① 속뜻 각각의 나뉜[分] 힘[力]. ② 물리 둘 이상의 힘이 합해 이루어진 큰 힘에 대하여 큰 힘을 이루는 각각의 힘.

분:력[2] **奮力** (떨칠 분, 힘 력). 힘[力]을 떨치어[奮] 일으킴. 기운을 냄.

분로 分路 (나눌 분, 길 로). ① 속뜻 여러 갈래로 갈린[分] 길[路]. ②길을 갈라 각각 따로 감. ③ 물리 전기 회로 가운데 본디의 회로와는 별도로 도선을 연결함으로써, 전류를 분류하여 질러가도록 한 회로. ⓑ갈림길.

분류[1] **分流** (나눌 분, 흐를 류). ① 속뜻 본류에서 갈라져[分] 흐름[流]. 또는 그 물줄기. ②중심 세력에서 갈라져 나와 한 파를 이룸. 또는 그 파벌이나 유파. ⓑ분파(分派).

분류[2] **分溜** (나눌 분, 물방울질 류). ① 속뜻 성분이 나뉘어[分] 방울져 떨어짐[溜]. ② 화학 액체의 혼합물을 각 물질의 끓는점의 차이를 이용해서 증류하여 분리하는 방법. '분별 증류'(分別蒸溜)의 준말.

분류[3] **奔流** (달릴 분, 흐를 류). ① 속뜻 내달리듯이[奔] 세차게 빨리 흐름[流]. ¶계곡의 거센 분류에 휩쓸렸다. ②어떤 현실이 매우 힘차게 변화·발전하는 상태를 비유하여 이르는 말. ¶민주화의 분류를 막을 수 없다.

분류[4] **分類** (나눌 분, 무리 류). ① 속뜻 나누어[分] 놓은 무리[類]. ②사물을 공통되는 성질에 따라 종류별로 가름. ¶책을 장르별로 분류하다. ③전체를 몇 가지로 구분하여 체계를 세움.

▸분류-학 分類學 (배울 학). 생물 자연적 유연관계를 바탕으로 동식물의 종류(種類)를 나누는[分] 학문(學問).

▸분류두공부시-언:해 分類杜工部詩諺解 (팥배나무 두, 장인 공, 나눌 부, 시 시, 언문 언, 풀 해). 문학 조선 성종 때, 유윤겸(柳允謙) 등이 공부(工部)직을 지낸 두보(杜甫)의 시(詩)를 분류(分類)하여 우리말[諺]로 풀이한[解] 책.

분리[1] **分利** (나눌 분, 이로울 리). 이익(利益)을 나눔[分].

분리[2] **分離** (나눌 분, 떨어질 리). ① 속뜻 따로 나뉘어[分] 떨어짐[離]. 또는 따로 떼어 냄. ¶음식물 쓰레기는 분리해서 버려야 한다. ② 화학 혼합물에서 어떤 성분을 함유하는 부분과 그렇지 않은 부분으로 나누는 일. 결정, 승화 증류의 방법을 쓴다. ⓑ단리(單離).

▸분리-기 分離器 (도구 기). 기계 혼합물 가운데서 모양이나 성질이 다른 물질을 분리(分離)하는 장치[器].

▸분리-대 分離帶 (띠 대). 교통 차도를 진행 방향에 따라 분리(分離)하기 위하여 그 경계선에 설치해 놓은 띠[帶] 모양의 장치.

▸분리-음 分離音 (소리 음). 음악 바이올린, 비올라 따위의 현악기에서 활을 현에서 떼지 않고 음(音)을 끊어서[分離] 연주하는 기법.

▸분리-파 分離派 (갈래 파). ① 속뜻 하나의 단체나 당파에서 나누어 떨어져 나간[分離] 파(派). ② 예술 19세기 말에 기존의 예술 양식에서 분리해 나온 유파. 건축, 공예, 회화 등 다방면에 걸쳐 일어난 예술혁신 운동으로 오스트리아와 독일 등지에서 유행하였다.

▸분리-수거 分離收去 (거둘 수, 없앨 거). 쓰레기 따위를 종류별로 나누어서[分離] 늘

어놓은 것을 거두어[收] 감[去].

분립 分立 (나눌 분, 설 립). 따로 갈라져서[分] 섬[立]. 또는 갈라서 세움. ¶우리나라의 정치제도는 입법, 사법, 행정의 삼권분립을 원칙으로 한다.

분마 奔馬 (달릴 분, 말 마). ① 속뜻 빨리 달리는[奔] 말[馬]. ¶분마의 고삐를 바짝 감아쥐다. ② 세찬 형세를 비유하여 이르는 말. ¶그의 분마 같은 독주에 이를 갈며 분노하기도 했다.

분:만[1] 憤懣 (분할 분, 번민할 만). 분(憤)하고 화남[懣]. ⓑ분울(憤鬱).

분만[2] 分娩 (나눌 분, 낳을 만). 산모가 뱃속의 아기를 몸 밖으로 분리(分離)하여 낳는[娩] 일. ¶분만의 고통이 얼마나 큰지를 남자는 모른다. ⓑ출산(出産), 해산(解産).

▸분만-기 分娩期 (때 기). 아이를 낳을[分娩] 시기(時期). ¶분만기가 다가오자 아내는 불안해했다.

▸분만 휴가 分娩休暇 (쉴 휴, 겨를 가). 근로 여성이 아이를 낳기[分娩] 위하여 얻는 휴가(休暇). ⓑ출산 휴가.

분:말[1] 噴沫 (뿜을 분, 거품 말). 거품[沫]을 내뿜음[噴].

분말[2] 粉末 (빻을 분, 가루 말). 빻아서[粉] 만든 가루[末]. ¶알약을 빻아 분말로 만들다.

▸분말-기 粉末機 (틀 기). 고체로 된 물체를 빻아 가루[粉末]로 만드는 기계(機械).

분망 奔忙 (달릴 분, 바쁠 망). 바쁘게[忙] 돌아다님[奔]. 몹시 바쁨. ¶분망 중에 여기까지 와주셔서 고맙습니다.

분매 分賣 (나눌 분, 팔 매). 한 부분씩 나누어서[分] 팖[賣]. ¶공유지를 민간에게 분매하다.

분맥 分脈 (나눌 분, 줄기 맥). 주맥(主脈)에서 갈라진[分] 산맥, 광맥, 혈맥[脈] 따위를 통틀어 이르는 말.

***분명** 分明 (나눌 분, 밝을 명). ① 속뜻 구분(區分)이 명확(明確)함. ② 틀림없이 확실하게. ¶그 소식은 분명 너에겐 충격적일 거야 / 그가 도둑인 것이 분명하다 / 내 귀로 분명히 들었다.

분모 分母 (나눌 분, 어머니 모). ① 속뜻 무엇을 나누는[分] 모체(母體)가 되는 것. ② 수학 분수 또는 분수식에서 가로줄의 아래에 적는 수 또는 식. ⓑ분자(分子).

분묘 墳墓 (무덤 분, 무덤 묘). 무덤[墳=墓].

▸분묘 기지권 墳墓基地權 (터 기, 땅 지, 권리 권). 법률 남의 토지 위에 묘[墳墓]를 쓴 사람에게 그 터[基地]에 대하여 관습법상 인정되는 지상권과 비슷한 물권(物權).

***분:무** 噴霧 (뿜을 분, 안개 무). 물이나 약품 따위를 안개[霧]처럼 내뿜음[噴].

▸분:무-기 噴霧器 (그릇 기). 물이나 약품 따위를 안개처럼 내뿜는[噴霧] 기구[器]. ¶옷을 다리기 전에 분무기로 물을 뿌렸다.

분:문[1] 噴門 (뿜을 분, 문 문). ① 속뜻 뿜어내는[噴] 문(門). ② 의학 위와 식도가 연결되는 부분.

분문[2] 糞門 (똥 분, 문 문). 똥[糞]이 나오는 문(門). 항문(肛門).

분반[1] 分半 (나눌 분, 반 반). 반(半)으로 나눔[分].

분반[2] 分班 (나눌 분, 나눌 반). 둘 또는 그 이상의 반(班)으로 나눔[分]. 또는 그 나뉜 반. ¶수준에 따라 3개 반으로 분반했다.

분:발 奮發 (떨칠 분, 일으킬 발). 마음과 힘을 떨쳐[奮] 일으킴[發]. ¶우리 팀은 끊임없는 분발로 우승을 차지했다 / 꿈을 이루기 위해서는 더욱 분발해야 한다. ⓑ발분(發奮).

분방[1] 分房 (나눌 분, 방 방). ① 속뜻 부부가 방(房)을 따로따로[分] 씀. ② 역사 어떤 일을 몇 개 관아에서 나누어 맡게 함.

분방[2] 奔放 (달릴 분, 내칠 방). ① 속뜻 달리는[奔] 대로 내버려 둠[放]. ② 체면이나 관습 같은 것에 얽매이지 않고 마음대로임. ¶동생은 분방한 성격을 지녔다.

▸분방-자재 奔放自在 (스스로 자, 있을 재). 생각이나 행동하는 것이 거리낌 없고[奔放] 마음대로임[自在].

분배 分配 (나눌 분, 나눌 배). ① 속뜻 각자 몫을 따로따로 나눔[分=配]. ¶이익을 공정하게 분배하다. ② 경제 생산자가 생산에 참여하여 공헌한 비율에 따라 고르게 소득이 돌아가게 하는 과정을 이르는 말. ¶이익을 공정하게 분배하다. ⓑ배분(配分).

▸분배-액 分配額 (액수 액). 분배(分配)된 돈의 액수(額數). ¶참가자가 많아 분배액도

적다.

분변 分辨 (나눌 분, 가릴 변). 구분(區分)하여 변별(辨別)함. 사물의 차이를 밝힘. [비]변별(辨別).

분별 分別 (나눌 분, 나눌 별). ① [속뜻] 일이나 사물을 나누어[分] 구별(區別)함. ¶이 다이아몬드는 진짜인지 가짜인지 분별하기가 어렵다. ② 무슨 일을 사리에 맞게 판단함. 또는 그 판단력. ¶그는 분별 있게 행동하는 사람이다. ③ [화학] 혼합물을 단계적으로 분리하는 일.

분복 分服 (나눌 분, 먹을 복). 약 따위를 몇 번에 나누어[分] 복용(服用)함. ¶하루에 세 번 분복하시오.

분복 分福 (나눌 분, 복 복). 나누어[分] 받은 복(福). ¶사람은 자기 분복대로 살게 마련이다.

분본 粉本 (빻을 분, 뿌리 본). ① [속뜻] 기본적(基本的)인 것만 단장함[粉]. ② [미술] 그리는 대상에 대한 초벌 그림. [비]밑그림, 소묘(素描).

분봉¹ 分封 (나눌 분, 봉할 봉). [역사] 봉건 시대에 군주가 땅을 나누어서[分] 제후를 봉(封)함.

분봉² 分蜂 (나눌 분, 벌 봉). 벌통 속에 있는 꿀벌[蜂] 일부를 다른 통으로 갈라냄[分].

분부 分付 (=吩咐, 나눌 분, 줄 부). ① [속뜻] 여러 사람에게 나누어 시키거나 나누어[分] 줌[付]. ② 윗사람의 '당부'나 '명령'을 높여 이르는 말. ¶분부를 잘 받들겠습니다.

분분¹ 芬芬 (향기 분, 향기 분). 매우 향기롭다[芬+芬]. ¶유채꽃 향기가 분분하다.

분:분² 忿憤 (성낼 분, 분할 분). 성내고[忿] 분함[憤]. 분하고 원통하게 여김. [비]분비(憤悱).

분분³ 紛紛 (어지러울 분, 어지러울 분). ① [속뜻] 이리저리 뒤섞이어 어지러움[紛+紛]. ② 의견이 각각이어서 갈피를 잡을 수 없다. ¶의견이 분분하다.

▸분분-설 紛紛雪 (눈 설). 펄펄 날리는[紛紛] 눈[雪].

분비 分泌 (나눌 분, 스며나올 비). ① [속뜻] 나뉘어[分] 졸졸 흐름[泌]. ② [의학] 샘 세포의 작용에 의하여 땀, 침, 젖 따위의 특수한 액즙을 만들어 배출함. 또는 그런 기능. 땀, 침, 젖 따위의 외분비와 뇌하수체, 갑상선 따위의 내분비로 나눈다.

▸분비-물 分泌物 (만물 물). [의학] 침, 위액, 땀, 젖 따위와 같이 분비(分泌)되어 나온 물질(物質).

▸분비-선 分泌腺 (샘 선). [의학] 몸속에서 물질을 분비(分泌)·배설하는 기능을 하는 세포들이 유기적으로 얽혀져[腺] 있는 것). [비]분비샘.

▸분비-액 分泌液 (진 액). [생물] 분비선(分泌腺)에서 분비되는 액체(液體). 침, 위액, 젖, 땀, 정액 따위.

▸분비 세:포 分泌細胞 (작을 세, 태보 포). [의학] 분비선(分泌腺)을 구성하는 세포(細胞).

▸분비 신경 分泌神經 (정신 신, 날실 경). [의학] 분비 세포를 자극하여 분비(分泌)를 촉진하는 신경(神經).

분사¹ 分詞 (나눌 분, 말씀 사). ① [속뜻] 다른 품사로 나뉘어지는[分] 낱말[詞]. 영어 '참여하다'는 어원을 지닌 'participle'을 의역한 것으로 추정된다. ② [언어] 형용사의 기능을 가지는 동사의 부정형(不定形). 시제(時制)와 태(態)를 나타내며, 인도·유럽 어족의 여러 언어에 있다.

분사² 焚死 (불사를 분, 죽을 사). 불타[焚] 죽음[死]. [비]소사(燒死).

분:사³ 憤死 (분할 분, 죽을 사). 화[憤]를 이기지 못하여 죽음[死]. ¶을사조약이 체결되자 여러 선비들이 분사하였다.

분:사⁴ 噴射 (뿜을 분, 쏠 사). 기체 따위를 세차게 내뿜어[噴] 쏘아댐[射].

▸분:사 추진식 비행기 噴射推進式飛行機 (밀 추, 나아갈 진, 법 식, 날 비, 다닐 행, 틀 기). [항공] 연소 가스를 세게 내뿜어서[噴射] 그 반작용으로 추진력(推進力)을 얻는 방식(方式)의 비행기(飛行機). 연료를 태우는 산소가 필요하기 때문에 로켓과 달리 대기 바깥을 비행할 수는 없다. [비]제트기(jet機).

분산¹ 奔散 (달릴 분, 흩을 산). 달아나[奔] 흩어짐[散]. ¶의병들이 밀려들어오자 왜구들이 분산하였다.

분산² 分散 (나눌 분, 흩을 산). ① [속뜻] 갈라져[分] 흩어짐[散]. 또는 흩어지게 함. ¶인구

분산. ② 물리 광파(光波)나 음파(音波)가 굴절률의 차이 등에 의하여 갈라져 나아가는 현상. ③ 수학 통곗값과 평균값의 차이인 편차를 제곱하여 얻은 값들의 산술 평균. 분산이 작으면 자료는 평균값 주위에 집중되고, 분산이 크면 평균값에서 멀리 흩어져있다. ⑪집중(集中).

▸분산 처ː리 分散處理 (처방할 처, 다스릴 리). ① 속뜻 분산(分散)하여 처리(處理)함. ② 컴퓨터 컴퓨터의 중앙 처리 장치로부터 독립하거나 단말기에서 정보 데이터를 처리하는 방식.

분살 焚殺 (불사를 분, 죽일 살). 불에 태워[焚] 죽임[殺].

분상 奔喪 (달릴 분, 죽을 상). 먼 곳에서 부모의 죽음[喪]을 듣고 급히 집으로 돌아감[奔].

분서 焚書 (불사를 분, 책 서). 학문이나 언론 탄압의 수단으로 책[書]을 불태우는[焚] 일. ¶일제는 계몽도서를 분서했다.

▸분서-갱유 焚書坑儒 (구덩이 갱, 선비 유). 역사 책[書]을 불사르고[焚] 학자[儒]들을 산 채로 구덩이[坑]에 묻음. 중국의 진(秦)나라 시황제(始皇帝)가 정치에 대한 비난을 금하려고 취한 조치였다.

분석[1] 糞石 (똥 분, 돌 석). ① 지리 생물의 배설물[糞]이 화석(化石)으로 된 것. ② 의학 장(腸) 안에 형성된 결석(結石).

분석[2] 分析 (나눌 분, 가를 석). ① 속뜻 복합된 사물을 그 요소나 성질에 따라서 나누고[分] 쪼개는[析] 일. ¶자료 분석 / 실패의 원인을 분석하다. ② 화학 화학적 또는 물리적 방법으로 물질의 원소를 분해하는 일. ③ 철학 복잡한 현상이나 대상 또는 개념을 그것을 구성하는 단순한 요소로 분해하는 일.

▸분석-적 分析的 (것 적). 어떤 현상에 대하여 판단을 내리거나 할 때, 여러 관점에서 몇 가지 요소로 분석(分析)하여 생각하려는 것[的]. ¶분석적 태도.

▸분석-표 分析表 (나타낼 표). 분석(分析)의 결과를 나타낸 표(表). ¶수질 분석표.

▸분석 비ː평 分析批評 (따질 비, 평할 평). 문학 작품의 성분이나 요소 따위를 세부적으로 분석(分析)하여 하는 비평(批評).

▸분석 화ː학 分析化學 (될 화, 배울 학). 화학 화합물의 분석(分析)의 방법을 연구하는 화학(化學)의 한 분야.

분선 分線 (나눌 분, 줄 선). 본선(本線)이나 지선(支線)에서 나뉘어[分] 갈라진 작은 선(線).

분설 分設 (나눌 분, 세울 설). 어떤 시설이나 사무소 따위를 나누어서[分] 따로 설치(設置)함.

분성 分性 (나눌 분, 성질 성). 물리 물질이 더 작게 나누어질 수 있는[分] 성질(性質). '가분성'(可分性)의 준말.

분속 分速 (나눌 분, 빠를 속). 일 분(分)간을 단위로 하여 재는 속도(速度). ¶시속 120킬로미터는 분속 2킬로미터이다.

분손 分損 (나눌 분, 덜 손). ① 속뜻 일부분(一部分) 손해(損害)를 봄. ② 경제 해상 보험에서 선박이나 선적물의 일부가 손실되었을 경우의 손해.

분쇄 粉碎 (가루 분, 부술 쇄). ① 속뜻 가루[粉]가 되도록 부스러뜨림[碎]. ¶암석 조각을 분쇄하다. ②상대편을 철저하게 쳐부숨. ¶적의 공격을 분쇄하다.

▸분쇄-기 粉碎機 (틀 기). 공업 광석, 암석 따위를 알맞은 크기로 부수는[粉碎] 기계(機械).

분수[1] 分水 (나눌 분, 물 수). 한 근원의 물[水]이 두 갈래 이상으로 갈라져[分] 흐름. 또는 갈라져 흐르는 물.

▸분수-계 分水界 (지경 계). 지리 한 근원의 물[水]이 둘 이상으로 갈라져[分] 흐르는 경계(境界).

▸분수-령 分水嶺 (고개 령). ① 지리 물줄기[水]가 갈라지는[分] 산등성이[嶺]. ② '일이 어떻게 될 것인가가 결정되는 고비'를 비유하여 이르는 말. ¶미국에서 지낸 3년이 그의 인생에 중요한 분수령이 되었다.

▸분수-선 分水線 (줄 선). 지리 한 근원의 물[水]이 둘 이상으로 갈라져[分] 흐르는 경계선(境界線). ⑪분수계(分水界).

▸분수 산맥 分水山脈 (메 산, 줄기 맥). 지리 물줄기[水]가 갈라지는[分]산마루나 산맥(山脈). ⑪분수령(分水嶺).

분수[2] 分數 (나눌 분, 셀 수). ① 수학 어떤 수(數)를 다른 수로 나누는[分] 것을 분자와 분모로 나타낸 것. ②자기 신분(身分)에 맞는 한도. ¶자기 분수를 지키면서 살다. ③ 사물을 분별하는 슬기. ⓑ정수(整數).

▸분수-식 分數式 (법 식). 수학 분수(分數)를 포함한 유리식(有理式).

▸분수 방정식 分數方程式 (모 방, 거리 정, 법 식). 수학 두 분수식(分數式)을 등호로 이은 방정식(方程式).

분:수[3] **噴水** (뿜을 분, 물 수). 물[水]을 뿜어 내게[噴] 되어 있는 설비. 또는 뿜어내는 그 물. ¶분수에서 시원하게 물이 뿜어져 나온다.

▸분수-공 噴水孔 (구멍 공). 물[水]을 뿜어 내는[噴] 구멍[孔].

▸분:수-기 噴水器 (그릇 기). 압력을 가해 물[水]을 뿜어[噴] 올리는 기구(器具).

▸분:수-대 噴水臺 (돈대 대). 공원 등에 물을[水] 뿜어[噴] 올리기 위하여 마련해 놓은 시설[臺].

▸분:수-지 噴水池 (못 지). 분수대(噴水臺)에 딸린 연못[池].

▸분:수-탑 噴水塔 (탑 탑). 분수기(噴水器)가 설치된 탑(塔) 모양의 장치.

분숙 分宿 (나눌 분, 잠잘 숙). 일행이 여러 곳에 나뉘어서[分] 묵음[宿]. ¶우리 반 전체가 한곳에 묵을 수 없어 두 집에서 분숙했다.

분승 分乘 (나눌 분, 탈 승). 일행이 둘 이상의 탈 것에 나누어[分] 탐[乘]. ¶우리 가족은 세 대의 차에 분승하였다.

분식[1] **分食** (나눌 분, 먹을 식). ① 속뜻 나누어[分] 먹음[食]. 형제가 먹을 것을 분식하다. ②나누어 가짐.

분식[2] **分蝕** (나눌 분, 갉아먹을 식). ① 속뜻 일부분(一部分)만 좀먹음[蝕]. ② 천문 일식과 월식에서 해나 달의 일부분만 가려지는 현상. '부분식'(部分蝕)의 준말. ⓑ개기식(皆旣蝕).

분식[3] **扮飾** (꾸밀 분, 꾸밀 식). 맵시 있게 꾸며[扮] 장식(裝飾)함. 몸치장함. ⓗ분식(粉飾).

분식[4] **粉食** (가루 분, 밥 식). 빵, 국수 등 곡식의 가루[粉]로 만든 음식(飮食). 또는 그런 음식을 먹음. ¶요즘 아이들은 밥보다 분식을 좋아한다.

▸분식-점 粉食店 (가게 점). 분식(粉食)을 파는 음식점(飮食店). ¶분식점에서 점심을 먹었다. ⓗ분식집.

분식[5] **粉飾** (가루 분, 꾸밀 식). ① 속뜻 겉에 분(粉)칠하여 보기 좋게 꾸밈[飾]. ②실제보다 좋게 보이려고 사실을 숨기고 거짓으로 꾸밈.

▸분식 결산 粉飾決算 (결정할 결, 셀 산). 경제 기업이 자신의 이익을 실제보다 더 높은 것처럼 꾸며[粉飾] 결산(決算)하는 일.

▸분식 예:금 粉飾預金 (맡길 예, 돈 금). 경제 은행이 자신의 실적을 실제보다 더 많은 것처럼 꾸며 놓은[粉飾] 예금(預金).

분신[1] **分身** (나눌 분, 몸 신). ① 속뜻 몸체[身]에서 갈라져[分] 나간 부분. ¶그는 나의 분신이다. ② 종교 부처가 중생을 구하기 위해 여러 가지 모습으로 세상에 나타나는 일. 또는 그 모습.

분신[2] **焚身** (불사를 분, 몸 신). 스스로 몸을[身] 불사름[焚]. ⓗ소신(燒身).

▸분신-공:양 焚身供養 (드릴 공, 기를 양). 종교 자기 몸[身]을 태움으로써[焚] 부처에게 공양(供養)하는 일. ⓗ소신공양(燒身供養).

분신-쇄골 粉身碎骨 (가루 분, 몸 신, 부술 쇄, 뼈 골). ① 속뜻 몸[身]이 가루[粉]가 되고 뼈[骨]가 부서짐[碎]. ②'있는 힘을 다해 노력함' 또는 '남을 위해 수고를 아끼지 않음'을 이르는 말. ¶국회가 정상화될 때까지 분신쇄골하겠다. ⓗ분골쇄신(粉骨碎身).

분실[1] **分室** (나눌 분, 방 실). ① 속뜻 작게 나뉜[分] 방[室]. ②한 기관의 본부에서 갈라져 나가 따로 설치한 작은 기관.

분실[2] **紛失** (어수선할 분, 잃을 실). 어수선하여[紛] 자기도 모르는 사이에 잃어버림[失]. ¶분실한 물건을 보관하다. ⓑ습득(拾得).

▸분실-물 紛失物 (만물 물). 잃어버린[紛失] 물건(物件). ¶분실물을 습득하다. ⓑ습득물(拾得物).

분:심 忿心 (성낼 분, 마음 심). 분(忿)한 마음[心]. 성난 마음. ¶백성들의 분심을 달래다.

분압 分壓 (나눌 분, 누를 압). 물리 혼합 기체를 구성하는 각 성분(成分)의 기체가 단독으로 전체 용적(容積)을 차지했다고 가정했을 경우의 압력(壓力).

분액-불 分額拂 (나눌 분, 액수 액, 지불할 불). 경제 전체 금액(金額)을 몇 번으로 나누어서[分] 지불(支拂)하는 일. ⓑ할부(割賦).

분야 分野 (나눌 분, 들 야). ① 속뜻 여러 갈래로 나누어진[分] 범위나 부분[野]. ¶경제 분야 / 전공 분야. ② 역사 중국 전국 시대에, 천문가가 천하를 하늘의 이십팔수에 별러서 나눈 것.

분양 分讓 (나눌 분, 넘겨줄 양). 많은 것이나 큰 덩이를 갈라서[分] 여럿에게 넘겨줌[讓]. ¶그 아파트는 지금 분양 중이다.

▶분양-지 分讓地 (땅 지). 전체의 땅을 몇으로 갈라서[分] 파는[讓] 땅[地]. ¶분양지를 매각하다.

분업 分業 (나눌 분, 일 업). ① 속뜻 손을 나누어서[分] 일함[業]. ¶아버지는 어머니와 가사를 분업하신다. ②한 제품의 공정을 몇 가지 단계 또는 부분별로 나누어 여러 사람이 분담하여 생산하는 일. ¶분업으로 생산성이 높아졌다.

▶분업-화 分業化 (될 화). 분업(分業)의 방식으로 됨[化]. 또는 되게 함. ¶분업화한 후 생산성이 높아졌다.

분:연[1] 憤然 (=忿然, 분할 분, 그러할 연). 벌컥 성을 내며 분해하는[憤] 모양[然]이 있다. ¶그는 분연한 표정으로 나를 노려보았다.

분:연[2] 奮然 (떨칠 분, 그러할 연). 크게 힘을 내어 떨쳐[奮] 일어서는 그러한[然] 모양. ¶농민들이 분연히 뭉쳐 의병이 되었다.

분열[1] 分列 (나눌 분, 벌일 렬). 사람이나 차 따위가 몇 줄로 나뉘어[分] 늘어섬[列]. ¶시민들이 도로에 분열하여 장병들에게 박수를 보냈다.

▶분열-식 分列式 (법 식). 군사 부대나 차량이 일정한 대형(隊形)을 갖추어[分列] 사열단을 향해 경례를 하는 의식(儀式).

***분열**[2] 分裂 (나눌 분, 찢어질 렬). ① 속뜻 하나가 여럿으로 나누어지거나[分] 찢어짐[裂]. ¶정치적 분열. ② 생물 생물의 세포나 핵이 갈라져서 증식되는 일. ¶세포 분열.

▶분열-법 分裂法 (법 법). 생물 규조류(硅藻類)와 같이 한 몸이 분열(分裂)하여 번식하는 무성 생식법(無性生殖法).

▶분열-증 分裂症 (증세 증). 의학 정신이 분열(分裂)되는 증세(症勢). 사고나 감정 등 정신과 관련된 부분에 통일성이 없어진다. '정신 분열증'(精神分裂症)의 준말.

▶분열성-핵 分裂性核 (성질 성, 씨 핵). 물리 중성자(中性子)의 영향을 받아 분열(分裂) 작용을 일으키는 핵(核).

분운[1] 分韻 (나눌 분, 운 운). 문학 여러 사람이 모여 한시(漢詩)를 지을 때 서로 운자(韻字)를 나누고[分] 그 운자에 맞추어 시를 짓는 일.

분운[2] 紛紜 (어지러울 분, 어지러울 운). ① 속뜻 일이 복잡하게 얽혀서 어지러움[紛=紜]. ②이러니저러니 하여 세상이 떠들썩함. 또는 그런 일.

분원[1] 分院 (나눌 분, 집 원). 본원에서 따로 나누어[分] 설치한 하부 기관[院]. ¶이 병원은 올해 초 서울 근교에 분원을 냈다.

분:원[2] 忿怨 (=憤怨, 성낼 분, 원망할 원). 몹시 분(忿)하게 여기며 원망(怨望)함. 또는 그 원망. ¶성난 민중들의 분원이 온통 왕에게 쏟아졌다.

분위기 雰圍氣 (안개 분, 둘레 위, 기운 기). 안개[雰]처럼 어떤 환경이나 어떤 자리를 감도는[圍] 있는 기분(氣分). ¶그 거리는 분위기가 좋다 / 집안 분위기가 무겁다.

분유[1] 分有 (나눌 분, 있을 유). 나누어[分] 가짐[有]. ¶그는 유산을 동생들과 분유했다.

분유[2] 粉乳 (가루 분, 젖 유). 가루[粉]로 만든 우유(牛乳). ¶따뜻한 물에 분유를 타다.

분:유[3] 噴油 (뿜을 분, 기름 유). 광업 지하의 유전에서 석유(石油)가 천연 가스의 압력에 의하여 땅 위로 높이 뿜어[噴] 나오는 일.

▶분:유-정 噴油井 (우물 정). 광업 석유(石油)를 분출(噴出)하는 유정(油井). ⓑ자분정(自噴井).

분음 分陰 (나눌 분, 시간 음). 촌음(寸陰)을 나눈[分] 시간. 아주 짧은 시간.

분익 分益 (나눌 분, 더할 익). 이익(利益)을 나눔[分]. ¶분익 소작제도.

분임 分任 (나눌 분, 맡길 임). 일을 나누어[分] 맡음[任]. 임무를 나눔. ¶반장과 부반장은 학급 일을 분임했다.

분자 分子 (나눌 분, 아이 자). ① 속뜻 분모[分母]가 업고 있는 아이[子] 같은 숫자. ② 수학 분수의 가로줄 위에 있는 수. ③ 물리 물질의 화학적 성질을 잃지 않고 존재하는 최소 입자를 이르는 말. ④ 어떤 집단을 이루는 각각의 구성원. ⓑ분모(分母).

▸**분자-량** 分子量 (분량 량). ① 속뜻 분자(分子)의 질량(質量). ② 화학 탄소 동위 12C의 질량을 12라고 하고 나타낸 분자들의 질량의 상대적 크기.

▸**분자-력** 分子力 (힘 력). 물리 분자(分子) 사이에 작용하는 힘[力]. 거리가 가까울수록 강하게 끌어당기거나 밀어낸다.

▸**분자-병** 分子病 (병 병). 의학 생체 단백질 분자(分子)의 구조 이상으로 생기는 선천적 유전병(遺傳病).

▸**분자-설** 分子說 (말씀 설). 화학 기체 상태의 모든 물질은 분자(分子)로 이루어져 있다는 가설(假說). 아보가드로(Avogadro)가 주장하였다.

▸**분자-식** 分子式 (법 식). 화학 분자(分子)의 구조를 나타내는 화학식(化學式). 구성하고 있는 원소의 종류와 개수를 나타낸다. ¶물의 분자식은 'H_2O'이다.

▸**분자 구조** 分子構造 (얽을 구, 만들 조). 물리 분자(分子)의 짜임새[構造]. 원자들의 화합 결합 상태 등으로 나타낸다.

▸**분자 운:동** 分子運動 (돌 운, 움직일 동). 물리 물질을 구성하고 있는 분자(分子) 또는 원자(原子)의 끊임없는 운동(運動).

▸**분자 물리학** 分子物理學 (만물 물, 이치 리, 배울 학). 물리 분자(分子)의 물리학적(物理學的) 특성을 연구하는 학문(學問).

▸**분자 생물학** 分子生物學 (살 생, 만물 물, 배울 학). 생물 생명 현상[生物]을 분자 수준으로 연구하는 학문(學問).

▸**분자 화:합물** 分子化合物 (될 화, 합할 합, 만물 물). 화학 몇 종류의 분자(分子)가 직접 결합하여 생긴 화합물(化合物).

분잡 紛雜 (어지러울 분, 어수선할 잡). 많은 사람이 북적거려 어지럽고[紛] 어수선함[雜]. ¶거리가 제법 분잡하다.

분장[1] 分掌 (나눌 분, 맡을 장). 일이나 사무를 한 부분씩 나누어[分] 맡음[掌]. ¶과장의 공석으로 그의 업무를 분장했다.

▸**분장 사:무** 分掌事務 (일 사, 일 무). 나누어[分] 맡은[掌] 일[事務].

분장[2] 扮裝 (꾸밀 분, 꾸밀 장). ① 속뜻 몸차림이나 옷차림을 매만져 꾸밈[扮=裝]. ¶분장을 하니 누군지 못 알아보겠다. ② 연영 배우가 작품 속의 인물의 모습으로 옷차림이나 얼굴을 꾸밈. 또는 그 모습. ¶영애는 피에로로 분장하였다.

▸**분장-사** 扮裝師 (스승 사). 배우들의 분장(扮裝)을 전문으로 맡아보는 사람[師]. 또는 그런 직업.

분장-체 分章體 (나눌 분, 글 장, 모양 체). 전체 문장(文章)을 여럿으로 나누어[分] 글을 쓴 형태[體]. ⓑ분절체(分節體).

분재[1] 分財 (나눌 분, 재물 재). 가족이나 일가붙이에게 재산(財産)을 나누어[分] 줌.

분재[2] 盆栽 (화분 분, 심을 재). 화분(花盆)에 심어서[栽] 가꿈. ¶할아버지의 취미는 분재 가꾸기다.

분쟁[1] 分爭 (나눌 분, 다툴 쟁). 갈라져[分] 다툼[爭]. ¶그 민족은 300년 동안 분쟁하고 있다.

분:쟁[2] 忿爭 (성낼 분, 다툴 쟁). 화가 나서[忿] 다툼[爭].

***분쟁**[3] 紛爭 (어지러울 분, 다툴 쟁). 어지럽게[紛] 얽힌 문제로 서로 다툼[爭]. 또는 그런 일. ¶어업분쟁 / 영유권 분쟁.

분:전 奮戰 (떨칠 분, 싸울 전). 힘을 다하여[奮] 싸움[戰]. 힘껏 싸움. ¶우리 선수들의 분전으로 경기는 승리로 끝났다.

분절 分節 (나눌 분, 마디 절). ① 속뜻 여러 마디[節]나 토막으로 나눔[分]. 토막. ② 언어 조음(調音). ③ 심리 사고 및 행동에서 전체와의 관련을 가지면서도 별도로 고찰할 수 있는 구성 부분.

▸**분절-음** 分節音 (소리 음). 언어 음절(音節)을 자음과 모음으로 분리(分離)할 수 있는 음(音). ¶'책'은 'ㅊ', 'ㅐ', 'ㄱ'이라는 세 개의 분절음이 있다.

▸**분절-체** 分節體 (모양 체). 전체 글을 여러 부분[節]으로 나누어[分] 쓴 형태[體]. ⓑ분장체(分章體).

▸**분절 운:동** 分節運動 (돌 운, 움직일 동). 동물 일정한 간격[分節]을 두고 수축·이완하는 소화 운동(運動). 포유류(哺乳類)의 창자에서 볼 수 있다.

분점[1] **分店** (나눌 분, 가게 점). 본점(本店)에서 따로 나누어진[分] 가게[店]. ⑪지점(支店).

분점[2] **分點** (나눌 분, 점 점). ① 속뜻 선이나 길 따위가 갈라지는[分] 곳[點]. ② 천문 천구상에서 황도(黃道)와 적도가 만나는 점.

▸분점-월 分點月 (달 월). 천문 황도와 적도가 갈라지는[分] 춘분점(春分點)을 지나고서부터 다시 춘분점을 지나기까지에 걸리는 평균시간을 한 달[月]로 계산한 것. 27일 5시 5분 35.8초. ⑪회귀월(回歸月).

분종 盆種 (화분 분, 심을 종). 화초를 화분(花盆)에 심음[種]. 또는 심은 그 화초.

분주 奔走 (달릴 분, 달릴 주). 이리저리 뛰어다녀야[奔=走] 할 만큼 몹시 바쁨. ¶분주를 떨다 / 눈코 뜰 사이 없이 분주하다.

*__분지 盆地__ (동이 분, 땅 지). 지리 동이[盆]처럼 산 따위로 둥글게 둘러싸인 평평한 땅[地]. ¶분지 지형은 대개 기온이 높다.

분진[1] **粉塵** (가루 분, 티끌 진). ① 속뜻 가루[粉]와 먼지[塵]. ② 공기에 섞여 날리거나 물체 위에 쌓이는 매우 작고 가벼운 물질. ¶분진으로 인한 대기 오염이 심각하다. ③ '아주 작은 것'을 비유하여 이르는 말.

분:진[2] **奮進** (떨칠 분, 나아갈 진). 힘을 내서[奮] 앞으로 나아감[進]. 힘을 다하여 나아감. ¶아버지의 말씀을 새겨 분진했다.

분책 分冊 (나눌 분, 책 책). 출판 한 권의 책(冊)을 여러 권으로 갈라서[分] 제본함. 또는 그 책.

분철[1] **分綴** (나눌 분, 꿰맬 철). ① 속뜻 문서나 신문 따위를 여러 권으로 나누어서[分] 꿰맴[綴]. ② 언어 여러 형태소가 연결될 때 그 각각을 음절이나 성분 단위로 밝혀 적음. 또는 그 표기법.

분철[2] **分鐵** (나눌 분, 쇠 철). 광업 분광업자가 계약에 따라 생산물[鐵]의 일부를 광주(鑛主)에게 나눠줌[分]. 또는 그 광석이나 돈. 오분철(五分鐵)이라 하면 광석의 5분의 1을 광주에게 주는 일을 이른다.

▸분철 금점 分鐵金店 (황금 금, 가게 점). 광업 분광업자가 광부에게 생산물[鐵]의 일부를 나누어주는[分] 방식으로 운영하는 금광[金店].

분첩 粉貼 (가루 분, 붙을 첩). ① 속뜻 분(粉)을 묻혀 바르는[貼] 데 쓰는 화장 도구. ¶그녀는 분첩으로 볼을 두드렸다. ② 두꺼운 종이를 병풍 모양으로 접고, 기름에 갠 분을 발라 결은 물건. 붓글씨 연습을 하는 데 사용한다.

분청-사기 粉青沙器 (가루 분, 푸를 청, 모래 사, 그릇 기). 수공 청자(青瓷)에 백토(白土)를 가루[粉] 내어 바른 다음 다시 구워 낸 조선 시대의 자기[沙器]. 고려청자의 뒤를 이은 자기이다. '분장 청회 사기'(粉粧青灰沙器)의 준말.

분체 粉體 (가루 분, 몸 체). 물리 가루[粉]처럼 작은 고체 입자가 많이 모여 있는 상태의 물체(物體).

분초 分秒 (나눌 분, 초 초). ① 속뜻 분(分)과 초(秒). ② 아주 짧은 시간.

분촌 分寸 (나눌 분, 마디 촌). ① 속뜻 분(分)과 촌(寸). ② 매우 사소한 것. 아주 근소한 것.

⁂**분:출 噴出** (뿜을 분, 날 출). ① 속뜻 좁은 곳에서 액체나 기체가 세차게 뿜어[噴] 나옴[出]. ¶용암이 분출하다. ② 요구나 욕구 따위가 한꺼번에 터져 나옴. 또는 그렇게 되게 함. ¶그는 자신의 분노를 친구에게 분출했다.

▸분:출-구 噴出口 (구멍 구). ① 속뜻 솟구쳐서 뿜어져[噴] 나오는[出] 구멍[口]. ② 지리 화산의 마그마가 분출하는 구멍.

▸분:출-물 噴出物 (만물 물). 솟구쳐서 뿜어져[噴] 나오는[出] 물질(物質).

▸분:출-암 噴出巖 (바위 암). 지리 화산에서 뿜어[噴] 나온[出] 마그마가 땅 위에서 굳어진 돌[巖]. ⑪화산암(火山岩).

분취 分取 (나눌 분, 가질 취). 나누어[分] 가짐[取].

분침 分針 (나눌 분, 바늘 침). 시계의 분(分)을 가리키는 바늘[針].

분칭 分秤 (나눌 분, 저울 칭). 한 푼[分] 쭝에서 스무 냥쭝까지 다는 조그만 저울[秤]. 약이나 금은 따위를 달 때 쓴다. ¶금반지를 분칭 위에 올려놓고 무게를 달았다.

분탄 粉炭 (가루 분, 숯 탄). 광업 잘게 부스러져 가루[粉]가 된 숯이나 석탄(石炭). ⑪가루탄.

분탕 焚蕩 (불사를 분, 거침없을 탕). ① 속뜻 불사르고[焚] 물로 쓸어버리듯[蕩] 재산을 죄다 없애 버림. ②몹시 시끄럽거나 야단스럽게 구는 일. ¶돌쇠는 순이를 내놓으라며 한동안 분탕을 쳤다.

분토[1] **粉土** (가루 분, 흙 토). 쌀을 찧을 때 섞는 희고 보드라운 가루[粉] 흙[土].

분토[2] **墳土** (무덤 분, 흙 토). 무덤[墳]의 흙[土]. ¶분토가 쓸려 내려가지 않게 떼를 입혔다.

분토[3] **糞土** (똥 분, 흙 토). ① [속뜻] 똥[糞]을 섞은 흙[土]. ②썩은 흙.

▸분토지언 糞土之言 (어조사 지, 말씀 언). 분토(糞土)같이 쓸모가 없는 말[言].

분:통 憤痛 (분할 분, 아플 통). 몹시 분(憤)하여 마음이 쓰리고 아픔[痛]. ¶나는 그의 말에 분통이 터졌다.

분:투 奮鬪 (떨칠 분, 싸울 투). 있는 힘을 다하여[奮] 싸우거나[鬪] 노력함. ¶분투 정신 / 성공하기 위하여 끝까지 분투하다.

▸분:투 노력 奮鬪努力 (힘쓸 노, 힘 력). 있는 힘을 다하여[奮鬪] 노력(努力)함. ¶분투노력하여 금메달을 땄다.

▸분:투-쟁선 奮鬪爭先 (다툴 쟁, 먼저 선). 있는 힘을 다하여[奮鬪] 앞서기[先]를 다툼[爭].

분파 分派 (나눌 분, 갈래 파). ① [속뜻] 여러 갈래[派]로 나뉨[分]. 또는 갈라져 나온 것. ②중심 세력에서 갈라져 나와 한 파를 이룸. 또는 그 파벌이나 유파. [비]분류(分流).

▸분파-주의 分派主義 (주될 주, 뜻 의). 한 조직체 안에서 나뉜[分] 파(派)들이 자신이 속한 파의 주장만을 세워 남의 주장을 물리치는 사상이나 태도[主義].

분:패 憤敗 (분할 분, 패할 패). 이길 수 있는 것을 분(憤)하게 패배(敗北)함. ¶아쉽게 1점 차로 분패하였다.

분포 分布 (나눌 분, 펼 포). ① [속뜻] 여기저기 흩어져[分] 널리 퍼져[布] 있음. ¶인구 분포. ② [생물] 동식물이 그 종류에 따라 서로 다른 구역에 나서 자라는 일. ¶잣나무는 동북아시아 등지에 분포한다.

▸분포-도 分布圖 (그림 도). 분포(分布)된 상태를 나타내는 지도(地圖)나 도표(圖表). ¶해양 생물 분포도

▸분포-율 分布率 (비율 률). 분포(分布)하여 있는 비율(比率). ¶인구 분포율.

분필[1] **分筆** (나눌 분, 단위 필). 등기부에 한 필지(筆地)로 되어 있는 토지를 여러 필로 나눔[分]. [반]합필(合筆).

분필[2] **粉筆** (가루 분, 붓 필). 탄산석회나 석고의 가루로[粉] 만든 필기구(筆記具). 주로 칠판에 쓸 때 사용한다. [비]백묵(白墨).

분:한 分限 (나눌 분, 한할 한). ① [속뜻] 실용 가치가 있는 일정한 분량(分量)의 한도(限度). ②신분의 높낮이와 위아래의 한계. ③법률의 규정에 따라 주어지는 특별한 지위의 한계.

분:한 憤恨 (=忿恨, 분할 분, 원한 한). 매우 분(忿)하고 원통함[恨]. ¶그동안 맺힌 분한이 폭발했다.

분할[1] **分轄** (나눌 분, 관할할 할). 둘 또는 그 이상으로 나누어서[分] 관할(管轄)함. ¶영국과 프랑스는 아프리카를 분할했다.

분할[2] **分割** (나눌 분, 쪼갤 할). 나누거나[分] 쪼갬[割]. ¶토지 분할 / 등록금 분할 납부.

▸분할-급 分割給 (줄 급). [경제] 몇 차례로 나누어서[分割] 지급(支給)함.

▸분할-기 分割器 (그릇 기). [전기] 큰 전압을 작은 전압으로 나누는[分割] 전자 회로 도구[器]. 저항식, 용량식, 유도식이 있다.

▸분할 상속 分割相續 (서로 상, 이을 속). [법률] 한 재산을 여러 상속인이 나누어[分割] 상속(相續)하는 일.

▸분할 상환 分割償還 (갚을 상, 돌려줄 환). [경제] 몇 번으로 나누어[分割] 갚음[償還]. ¶10년 분할 상환.

▸분할 지도 分割地圖 (땅 지, 그림 도). [지리] 지역을 몇 군데로 갈라서[分割] 세밀히 그린 지도(地圖).

분합[1] **分合** (나눌 분, 합할 합). ① [속뜻] 나누는[分] 일과 합(合)하는 일. ②어떤 것을 나누어 다른 것에 합하는 일.

분합[2] **粉盒** (가루 분, 그릇 합). 분(粉)을 담는 데 쓰는 동글납작한 뚜껑 있는 그릇[盒].

***분해 分解** (나눌 분, 가를 해). ① [속뜻] 나누고[分] 가름[解]. 여러 부분이 결합되어 이루어진 것을 낱낱으로 나눔. ¶컴퓨터를 분해하다. ② [물리] 하나의 벡터(vector)를 둘 이상의 벡터로 나누는 일. ③ [화학] 한 종류의 화합물이 두 가지 이상의 간단한 물질로 변

화함. 또는 그런 반응.

▸분해-기 分解器 (그릇 기). 기계(機械)나 기구(器具)를 분해(分解)하려고 나사를 뽑고 박고하는 연장[器]. ㊥드라이버(driver).

▸분해-능 分解能 (능할 능). 물리 ① 분광기가 서로 가까이 있는 두 개의 스펙트럼선을 분해(分解)할 수 있는 최소 식별 능력(能力). ② 해상력(解像力).

▸분해-열 分解熱 (더울 열). 화학 화합물이 그 성분 원소로 분해(分解)될 때에 내거나 빨아들이는 열(熱).

▸분해 전:압 分解電壓 (전기 전, 누를 압). 전기 전해질 용액을 계속적으로 전기 분해(分解)시킬 수 있는 최소의 전압(電壓).

분향 焚香 (불사를 분, 향기 향). 향(香)을 사름[焚]. ¶법당에 들어가 불전에 분향하였다.

▸분향-재배 焚香再拜 (다시 재, 절 배). 향(香)을 피우고[焚] 두[再] 번 절함[拜].

분:홍 粉紅 (가루 분, 붉을 홍). 가루[粉] 같은 흰빛이 섞인 붉은[紅] 빛깔. '분홍색'(粉紅色)의 준말. ¶분홍색 립스틱.

▸분:홍-색 粉紅色 (빛 색). 가루[粉] 같은 흰빛이 섞인 붉은[紅] 빛깔[色]. ¶분홍색 립스틱. ㊥분홍빛.

분화[1] 分化 (나눌 분, 될 화). ① 속뜻 나뉘어[分] 다른 것이 됨[化]. ¶과학은 여러 부문으로 분화되어 있다. ② 생물 생물의 구조와 기능 따위가 특수화되는 작용이나 과정. ¶세포의 분화.

분화[2] 盆花 (동이 분, 꽃 화). 화분(花盆)에 심어 놓은 꽃[花].

분화[3] 焚火 (불사를 분, 불 화). 불[火]을 사름[焚]. 또는 타는 불.

분:화[4] 噴火 (뿜을 분, 불 화). ① 속뜻 불[火]을 내뿜음[噴]. ② 지리 화산의 화구에서 화산재, 수증기, 용암 따위를 내뿜는 일. ¶화산이 맹렬히 분화했다.

▸분:화-구 噴火口 (구멍 구). 지리 화산(火山)의 분출물(噴出物)을 내뿜는 구멍[口].

분황-사 芬皇寺 (향기 분, 임금 황, 절 사). 불교 신라 선덕 여왕 3년(634)에 창건되어 원효(元曉)가 불도(佛道)를 닦은 유명한 절이다. 경상북도 경주시 구황동에 있다.

분회 分會 (나눌 분, 모일 회). 한 회에서 갈리어[分] 나가 거기에 딸려 있는 회(會). ¶각 지방에 분회를 두다.

분획 分劃 (나눌 분, 나눌 획). 토지 따위를 여러 구획으로 나눔[分=劃].

불가[1] 不可 (아닐 불, 가히 가). 무엇을 할 수[可] 없음[不]. 가능하지 않음. ¶19세 미만 입장 불가.

▸불가-결 不可缺 (모자랄 결). 없어서는[缺] 아니 됨[不可]. 꼭 있어야 함. ¶그 조건은 필수 불가결이다.

▸불가-근 不可近 (가까울 근). 가까이할[近] 것이 아님[不可]. 가까이하기가 어려움. ¶불가근, 불가원(不可遠).

▸불가-무 不可無 (없을 무). 없어서는[無] 아니 됨[不可]. ¶그는 팀에서 불가무한 존재이다. ㊥불가결(不可缺).

▸불가-분 不可分 (나눌 분). 나누려고 해도 나눌[分] 수 없음[不可]. ¶돈과 권력은 서로 불가분의 관계에 있다.

▸불가-불 不可不 (아닐 불). 하지 아니할 수[不可] 없어[不]. 또는 마음이 내키지 아니하나 마지못하여. ¶내가 시작한 일이니 불가불 끝을 내야 했다. ㊥부득불(不得不).

▸불가-설 不可說 (말씀 설). 불교 참된 이치는 체득할 수 있을 뿐 말로는 설명(說明)할 수 없음[不可].

▸불가-시 不可視 (볼 시). 볼[視] 수 없음[不可].

▸불가-신 不可信 (믿을 신). 믿을[信] 수 없음[不可].

▸불가-지 不可知 (알 지). 알[知] 수 없음[不可]. ¶불가지의 물체가 하늘에서 떨어졌다.

▸불가-침 不可侵 (쳐들어갈 침). 침범(侵犯)할 수 없음[不可]. ¶신성불가침(神聖不可侵).

▸불가-피 不可避 (피할 피). 피(避)할 수가 없다[不可]. ¶불가피한 사정이 생겨서 참석할 수 없다.

▸불가-해 不可解 (풀 해). 이해(理解)할 수 없음[不可]. ¶불가해한 사건.

▸불가분-물 不可分物 (나눌 분, 만물 물). 법률 나눌 수[可分] 없는[不] 물건(物件). 나누게 되면 원래의 성질이나 가치가 훼손

된다. ¶건물은 불가분물의 하나이다.

▸불가-분리 不可分離 (나눌 분, 떨어질 리). 떼려야 뗄 수[分離] 없음[不可]. ¶개인과 사회는 불가분리의 관계이다.

▸불가-사의 不可思議 (생각 사, 의논할 의). 사람의 생각으로는 미루어 헤아릴[思議] 수 없이[不可] 이상하고 야릇함. ¶고대 세계의 7대 불가사의.

▸불가승수 不可勝數 (이길 승, 셀 수). 수효가 많아서 이루[勝] 다 셀[數] 수가 없음[不可].

▸불가입-성 不可入性 (들 입, 성질 성). 물리 두 물체가 동시에 같은 곳을 차지할[入] 수 없는[不可] 성질(性質). ㊥거성(拒性).

▸불가지-론 不可知論 (알 지, 논할 론). ① 철학 초경험적인 것의 존재나 본질은 인식할[知] 수 없다고[不可] 주장하는 인식론(認識論). ② 종교 인간은 신을 인식할 수 없다고 주장하는 종교적 인식론.

▸불가침-권 不可侵權 (쳐들어갈 침, 권리 권). 법률 외국 원수나 외교 사절에 대해 침범(侵犯)할 수 없는[不可] 권리(權利). 외교단의 신체·생명·명예와 외교 문서·관사에 대해 적용된다.

▸불가-항력 不可抗力 (막을 항, 힘 력). 사람의 힘으로는 저항(抵抗)할 수 없는[不可] 힘[力]. ¶불가항력의 천재지변.

▸불가-형언 不可形言 (모양 형, 말씀 언). 말[言]로는 이루 다 나타낼[形] 수가 없음[不可]. ¶불가형언의 참상.

▸불가분 급부 不可分給付 (나눌 분, 줄 급, 줄 부). 법률 분할할 수[可分] 없는[不] 급부(給付). 나누게 되면 원래의 성질이나 가치가 훼손된다. ㊥가분 급부(可分給付).

▸불가침 조약 不可侵條約 (쳐들어갈 침, 조목 조, 묶을 약). 정치 나라와 나라 사이에 서로 침략(侵略)하지 않을[不可] 것을 약속하는 조약(條約).

불가² 佛家 (부처 불, 사람 가). 불교 ① 불교(佛教)를 믿는 사람[家]. 또는 그 사회. ② 절. 승려가 불상을 모시고 불도(佛道)를 닦으며 교법을 펴는 집. ㊥불문(佛門), 불법계(佛法界), 석가(釋家),석문(釋門), 석씨(釋氏).

▸불가-서 佛家書 (책 서). 불교[佛家]에 관한 서적(書籍).

▸불가-어 佛家語 (말씀 어). 불교[佛家]에서 쓰는 말[語].

불-가능 不可能 (아닐 불, 가히 가, 능할 능). 할 수[可能] 없음[不]. 될 수 없음. ¶내 사전에 불가능이란 없다 / 그 일을 오늘 안에 끝내는 것은 불가능하다. ㊥가능(可能).

불-가당 不可當 (아닐 불, 가히 가, 당할 당). 가히[可] 당해[當] 낼 수 없음[不]. ¶경기에서 불가당한 상대를 만났다.

불-가역 不可逆 (아닐 불, 가히 가, 거스를 역). 물리 변화를 일으킨 물질이 본디의 상태로 돌아갈[逆] 수[可] 없는[不] 일. ㊥비가역(非可逆).

▸불가역 반:응 不可逆反應 (되돌릴 반, 응할 응). 화학 역반응(逆反應)이 거의 불가능(不可能)한 화학 반응(反應). ㊥비가역 반응(非可逆反應). ㊥가역 반응.

▸불가역 변:화 不可逆變化 (바뀔 변, 될 화). 물리 변화가 일어난 물질이 본디의 상태로 돌아갈[逆] 수[可] 없는[不] 변화(變化). ㊥비가역 변화(非可逆變化). ㊥가역 변화(可逆變化).

불각 不覺 (아닐 불, 깨달을 각). ① 속뜻 깨닫지[覺] 못함[不]. ② 불교 중생이 존재의 실상을 깨닫지 못하는 단계. 또는 그런 중생의 밝지 못한 마음을 이른다. 사각(四覺)의 하나.

불-간섭 不干涉 (아닐 불, 막을 간, 관여할 섭). 간섭(干涉)하지 아니함[不]. ¶내정 불간섭의 원칙.

불감¹ 不敢 (아닐 불, 감히 감). ① 속뜻 감히[敢] 할 수 없다[不]. ② 남의 대접을 받아들이기가 어렵고 황송하다.

▸불감-당 不敢當 (당할 당). 감히[敢] 맞서[當] 대적할 수 없다[不].

▸불감-청 不敢請 (부탁할 청). 마음에는 간절하지만 감히[敢] 부탁하지[請] 못함[不].

▸불감생심 不敢生心 (날 생, 마음 심). 감히[敢] 할 마음[心]을 내지[生] 못함[不].

▸불감생의 不敢生意 (날 생, 뜻 의). 감히[敢] 할 마음[意]을 내지[生] 못함[不]. ㊥불감생심(不敢生心).

불감² 不感 (아닐 불, 느낄 감). 느끼지[感]

못함[不].

▸불감-증 不感症 (증세 증). ① 속뜻 성교할 때, 감정(感情)이 일어나지 않는[不] 증세(症勢). ② 감각이 둔한 성질. ¶안전 불감증. ㉥냉감증(冷感症).

불-감당 不堪當 (아닐 불, 견딜 감, 당할 당). ① 속뜻 견디어[堪] 당해낼[當] 수 없음[不]. 맡아 해낼 수가 없음. ㉾불감.

불-개입 不介入 (아닐 불, 끼일 개, 들 입). 어떤 일에 개입(介入)하지 않음[不].

불건성-유 不乾性油 (아닐 불, 마를 건, 성질 성, 기름 유). ① 속뜻 잘 마르지[乾] 않는[不] 성질(性質)의 기름[油]. ② 화학 불포화 지방산의 함유량이 적어, 공기 중에 놓아 두어도 산화되거나 굳어지지 않은 기름. ¶올리브유는 불건성유에 속한다. ㉾불건유. ㉥건성유(乾性油).

불-건전 不健全 (아닐 불, 굳셀 건, 온전할 전). 건전(健全)하지 아니하다[不]. ¶불건전한 생각.

불-견실 不堅實 (아닐 불, 굳을 견, 참될 실). 굳세고[堅] 알차지[實] 못함[不].

불결 不潔 (아닐 불, 깨끗할 결). 깨끗하지[潔] 않음[不]. ¶주방이 불결하다. ㉥청결(淸潔).

▸불결 공:포 不潔恐怖 (두려울 공, 두려워할 포). 의학 아무리 씻어도 깨끗하지[潔] 않은[不] 것 같아 불안을 느끼는[恐怖] 증세.

불경[1] 佛經 (부처 불, 책 경). 불교 불교(佛敎)의 가르침을 적은 경전(經典). ㉾경.

불경[2] 不敬 (아닐 불, 공경할 경). 마땅히 경의를 표해야 할 사람에게 경의(敬意)나 예를 표하지 않고[不] 무례하게 굶. ¶불경을 저지르다 / 불경스러운 말투.

▸불경-죄 不敬罪 (허물 죄). 역사 마땅히 높여야 할 사람에게 경의(敬意)를 표하지 않은[不] 죄(罪).

불-경기 不景氣 (아닐 불, 볕 경, 기운 기). ① 속뜻 경기(景氣)가 좋지 않음[不]. ② 경제 물건의 거래가 활발하지 않고 성업이나 생산 활동에 활기가 없는 상태. ㉥불황(不況). ㉥호경기(好景氣).

불계[1] 佛戒 (부처 불, 경계할 계). 불교 부처[佛]가 정한 계율(戒律). 오계(五戒), 십계(十戒), 구족계(具足戒) 따위.

불계[2] 佛界 (부처 불, 지경 계). 불교 ① 여러 부처[佛]가 사는 세계(世界). ② 불교의 모든 도리를 깨달아 부처가 된 경지. 십계(十界)의 하나. ㉥정토(淨土).

불계[3] 不計 (아닐 불, 셀 계). ① 속뜻 계산(計算)하지 않음[不]. 따지지 않음. ② 운동 바둑에서, 승패가 뚜렷하여 집의 수효를 세지 않음.

▸불계-승 不計勝 (이길 승). 운동 바둑에서, 계산(計算)해 보지 않고도[不] 이김[勝]. 집 수의 차가 많은 것이 뚜렷하기 때문이다. ㉥불계패(不計敗).

▸불계-패 不計敗 (패할 패). 운동 바둑에서, 계산(計算)해 보지 않고도[不] 짐[敗]. 집 수의 차가 많은 것이 뚜렷하기 때문이다. ㉥불계승(不計勝).

불고 不顧 (아닐 불, 돌아볼 고). 돌보지[顧] 않음[不]. 돌아보지 않음.

▸불고-가사 不顧家事 (집 가, 일 사). 집안 일[家事]을 돌보지[顧] 않음[不].

▸불고-염치 不顧廉恥 (청렴할 렴, 부끄러울 치). 염치(廉恥)를 생각하지[顧] 않음[不].

▸불고-이해 不顧利害 (이로울 리, 해칠 해). 이익(利益)과 손해(損害)를 생각하지[顧] 아니함[不].

▸불고-전후 不顧前後 (앞 전, 뒤 후). 일의 앞[前] 뒤[後]를 돌아보지[顧] 아니함[不].

▸불고-체면 不顧體面 (몸 체, 낯 면). 체면(體面)을 생각하지[顧] 아니함[不].

불고-불리 不告不理 (아닐 불, 알릴 고, 아닐 불, 다스릴 리). 법률 원고의 고소(告訴)가 없는[不] 것은 심리(審理)하지 않는다[不]는 원칙.

불고지-죄 不告知罪 (아닐 불, 알릴 고, 알 지, 허물 죄). 법률 범법 사실을 알고[知] 있으면서도 수사 기관에 알리지[告] 않은[不] 죄(罪).

불공[1] 不恭 (아닐 불, 공손할 공). 공손(恭遜)하지 않다[不]. ¶어른에 대한 태도가 불공하다.

불공[2] 不恐 (아닐 불, 두려울 공). 두려워하지[恐] 않음[不].

불공[3] 佛供 (부처 불, 드릴 공). 불교 부처[佛] 앞에 공양(供養)하는 일.

불공대천지-수 不共戴天之讐 (아닐 불, 함께 공, 떠받들 대, 하늘 천, 어조사 지, 원수 수). ① [속뜻] 함께[共] 하늘[天]을 이고[戴] 같이 살 수 없는[不] 원수(怨讐). ② 죽이지 않고는 도저히 그냥 둘 수 없을 만큼 원한이 깊이 사무친 원수.

불-공정 不公正 (아닐 불, 공평할 공, 바를 정). 공정(公正)하지 아니함[不]. ¶불공정 거래 / 그 시합의 판정은 불공정하다. [반]공정(公正).

불-공평 不公平 (아닐 불, 공정할 공, 고를 평). 공평(公平)하지 아니함[不]. ¶사회의 불공평이 더욱 심화되었다 / 불공평한 세상. [반]공평.

불과 不過 (아닐 불, 지나칠 과). 그 정도에 지나지[過] 못함[不]. 겨우. 기껏해야. ¶생존자는 불과 몇 명뿐이었다 / 이것은 시작에 불과하다. [비]기껏해야, 겨우.

**불교 佛敎 (부처 불, 종교 교). ① [속뜻] 부처[佛]를 믿는 종교(宗敎). ② [종교] 기원전 6세기경 인도의 석가모니가 창시한 후 동양 여러 나라에 전파된 종교. 이 세상의 고통과 번뇌를 벗어나 그로부터 해탈하여 부처가 되는 것을 궁극적인 이상으로 삼는다. 교리에 따라 대승인 북방 불교와 소승인 남방 불교로 나누는데 동양의 문화에 절대적인 영향을 끼쳤다.

▸불교-도 佛敎徒 (무리 도). 불교(佛敎)를 믿는 사람들[徒].

▸불교-문화 佛敎文化 (글월 문, 될 화). [불교] 불교(佛敎)를 바탕으로 하여 발달한 문화(文化).

불구[1] 不久 (아닐 불, 오랠 구). 앞으로 오래지[久] 않음[不]. ¶이런 산적들은 불구에 잡힐 것이다.

***불구**[2] 不拘 (아닐 불, 잡을 구). 구애(拘礙) 받지 아니하다[不]. ¶그는 비가 오는데도 불구하고 산에 올랐다.

불구[3] 佛具 (부처 불, 갖출 구). [불교] 부처[佛] 앞에 쓰는 온갖 기물[具].

불구[4] 不具 (아닐 불, 갖출 구). ① [속뜻] 몸의 어떤 부분이 온전치[具] 못함[不]. ¶전쟁 중에 그의 다리는 불구가 되었다. ② '불비'(不備)의 낮춤말. 편지의 끝에 붙여 내용이나 격식을 제대로 갖추지 못하였음을 나타내는 말.

▸불구-아 不具兒 (아이 아). 몸의 어느 부분이 온전하지 못한[不具] 어린이[兒]. ¶불구아를 돌보다.

▸불구-자 不具者 (사람 자). 몸의 어느 부분이 온전하지 못한[不具] 사람[者]. ¶교통사고로 불구자가 되었다.

▸불구 동:사 不具動詞 (움직일 동, 말씀 사). ① [속뜻] 활용형을 다 갖추지[具] 못한[不] 동사(動詞). ② [언어] 어미의 활용이 완전하지 못한 동사. '가로되'·'가론'의 꼴로만 활용하는 '가로다', '달라'·'다오'의 꼴로만 활용하는 '달다', '데리고'·'데려'의 꼴로만 활용하는 '데리다' 따위가 있다. [비]불완전 동사(不完全動詞).

불구대천 不俱戴天 (아닐 불, 함께 구, 떠받들 대, 하늘 천). ① [속뜻] 하늘[天]을 함께[俱] 이지[戴] 못함[不]. ② '이 세상에서 같이 살 수 없을 만큼 큰 원한을 가짐'을 비유하여 이르는 말. [비]불구대천지수(不俱戴天之讐), 불공대천지수(不共戴天之讐).

불-구속 不拘束 (아닐 불, 잡을 구, 묶을 속). 구속(拘束)하지 아니함[不]. ¶용의자를 불구속 입건하다.

불국 佛國 (부처 불, 나라 국). [불교] 부처[佛]가 사는 나라[國]. 곧 극락정토(極樂淨土)를 이른다.

▸불국-사 佛國寺 (절 사). ① [속뜻] 불국토(佛國土)를 상징하는 절[寺]. ② [불교] 경상북도 경주시 진현동의 토함산 기슭에 있는 절. 신라 법흥왕 15년(528)에 창건하였고, 신라 불교 예술의 귀중한 유적이다. 1995년 유네스코 세계 문화유산으로 지정되었다.

불굴 不屈 (아닐 불, 굽힐 굴). 어려움에 부닥쳐도 굽히지[屈] 않고[不] 끝까지 해냄. ¶불굴의 의지.

불귀 不歸 (아닐 불, 돌아갈 귀). ① [속뜻] 한번 가서는 다시 돌아오지[歸] 않음[不]. ② '죽음'을 이르는 말. ¶불귀의 객(客)이 되었다.

불-규칙 不規則 (아닐 불, 법 규, 법 칙). ① [속뜻] 규칙(規則)을 벗어남[不]. 또는 규칙이 없음. ¶불규칙 변화 / 불규칙한 생활을 하다. ② 고르지 않음.

▸불규칙-적 不規則的 (것 적). 규칙적(規則的)이 아닌[不] 것. ¶불규칙적인 식사습관.

▸불규칙 동:사 不規則動詞 (움직일 동, 말씀 사). 언어 불규칙 활용(不規則活用)을 하는 동사(動詞).

▸불규칙 용:언 不規則用言 (쓸 용, 말씀 언). 언어 불규칙 활용(不規則活用)을 하는 용언(用言).

▸불규칙 형용사 不規則形容詞 (모양 형, 얼굴 용, 말씀 사). 언어 불규칙(不規則) 활용을 하는 형용사(形容詞). 형용사가 용언으로 활용될 때 어간 또는 어미의 모습이 달라지는 일. '돕다'가 '도와'로 '오다'가 '오너라'로 되는 것 따위.

불-균형 不均衡 (아닐 불, 고를 균, 저울대 형). 균형(均衡)이 잡혀 있지 않음[不]. ¶도시와 농촌의 불균형. ⓑ균형(均衡).

불-근신 不謹愼 (아닐 불, 삼갈 근, 삼갈 신). 몸을 삼가서 조심하지[謹愼] 않음[不].

불금 不禁 (아닐 불, 금할 금). ① 속뜻 금지(禁止)하거나 말리지 아니함[不]. ②어찌할 수 없음.

불급[1] 不及 (아닐 불, 미칠 급). ① 속뜻 약속한 시간에 미치지[及] 못함[不]. ② 일정한 수준이나 정도에 이르지 못함.

불급[2] 不急 (아닐 불, 급할 급). ① 속뜻 일이 급(急)하지 아니함[不]. ② 속도 따위가 빠르지 아니함.

불기[1] 不羈 (아닐 불, 얽매일 기). ① 속뜻 도덕이나 사회 관습 따위에 얽매이지[羈] 아니함[不]. ②재능이나 학식이 남달리 뛰어나 일반 상식으로 다루지 못함.

불기[2] 佛紀 (부처 불, 연대 기). 불가(佛家)에서 쓰는 기원(紀元).

불-기소 不起訴 (아닐 불, 일어날 기, 하소연할 소). 법률 사건이 죄가 되지 않거나 범죄의 증명이 없을 때 또는 공소의 요건을 갖추지 못하였을 때 검사가 공소(公訴)를 제기(提起)하지 않는[不] 일. ¶불기소 처분.

불길 不吉 (아닐 불, 길할 길). 재수나 운수 따위가 길(吉)하지 못하다[不]. 좋지 아니하다. ¶불길한 꿈을 꾸다.

▸불길지사 不吉之事 (어조사 지, 일 사). 불길(不吉)한 일[事].

▸불길지조 不吉之兆 (어조사 지, 조짐 조). 불길(不吉)한 일이 있을 징조(徵兆).

불납 不納 (아닐 불, 바칠 납). 세금이나 공납금 따위를 내지[納] 않음[不].

▸불납 결손액 不納缺損額 (빠질 결, 덜 손, 액수 액). 경제 세금이나 공납금 따위를 내지[納] 않아[不] 부족하게[缺損] 된 조세의 액수(額數).

불능 不能 (아닐 불, 능할 능). 할 수[能] 없음[不]. 능하지 못함. ¶통제 불능.

불단 佛壇 (부처 불, 단 단). 불교 부처[佛]를 모셔 놓은 단(壇).

불당 佛堂 (부처 불, 집 당). 불교 부처[佛]를 모신 집[堂].

불덕 佛德 (부처 불, 베풀 덕). 불교 부처[佛]의 공덕(公德). ¶불덕을 빌어 자식을 보다.

불도[1] 佛徒 (부처 불, 무리 도). 불교(佛敎)를 믿는 사람들[徒]. '불교도'(佛敎徒)의 준말.

불도[2] 佛道 (부처 불, 방법 도). 불교 ① 부처[佛]의 가르침[道]. ② 수행을 쌓아 부처가 되는 길.

불란 不亂 (아닐 불, 어지러울 란). 어지럽지[亂] 아니하다[不].

불란서 佛蘭西 (부처 불, 난초 란, 서녘 서). '프랑스'(France)의 한자 음역어.

불량 不良 (아닐 불, 좋을 량). ① 속뜻 질이나 상태 따위가 좋지[良] 않음[不]. ¶불량 식품 / 이 음식점은 위생 상태가 불량하다. ②품행이 좋지 않음. ¶불량 학생 / 자세가 불량하다.

▸불량-배 不良輩 (무리 배). 상습적으로 나쁜[不良] 짓을 저지르는 사람, 또는 그런 무리[輩]. ¶불량배와 어울리지 마라. ⓑ깡패.

▸불량-아 不良兒 (아이 아). 품행이 좋지[良] 못한[不] 아이[兒]. ¶불량아를 계도하다.

▸불량-자 不良者 (사람 자). 행실이 좋지[良] 못한[不] 사람[者]. ¶불량자로 낙인찍히다.

▸불량-품 不良品 (물건 품). 품질이 좋지[良] 않은[不] 물건[品]. ¶불량품을 반품하다.

▸불량 도:체 不良導體 (이끌 도, 몸 체). 전기 전기나 열을 잘[良] 전달하지[導] 못하는[不] 물체(物體). ¶유리는 열에 대한 불량 도체이다.

▸불량-분자 不良分子 (나눌 분, 접미사 자).

① 속뜻 품행이 불량(不良)한 사람[分子]. ②어떤 조직체 안에서 성행이 좋지 않은 소수의 사람. ¶불량분자를 색출하다.

불력 佛力 (부처 불, 힘 력). 불교 부처[佛]의 공력(功力). ¶불력으로 오랑캐를 물리치기 위하여 기도를 드렸다.

불령 佛領 (프랑스 불, 다스릴 령). 프랑스[佛蘭西]의 영토(領土). ¶코르시카 섬은 불령이다.

불령-선인 不逞鮮人 (아닐 불, 굳셀 령, 고울 선, 사람 인). ① 속뜻 굳세지[逞] 못한[不] 조선(朝鮮) 사람[人]. ② 일본 제국주의자들이 한국 사람을 낮잡아 이르던 말.

불로[1] 不老 (아닐 불, 늙을 로). 늙지[老] 아니하다[不].

▸불로-약 不老藥 (약 약). 먹으면 언제까지나 늙지[老] 않고[不] 오래 살게 해준다는 약(藥). ¶이 약초는 불로약이라고 소문이 났다.

▸불로-초 不老草 (풀 초). 먹으면 늙지[老] 않는다는[不] 약초(藥草). ¶진시황은 불로초를 구해오라 명했다.

▸불로불사 不老不死 (아닐 불, 죽을 사). 늙지도[老] 않고[不] 죽지도[死] 아니함[不]. ¶불로불사의 영약을 얻다.

▸불로장생 不老長生 (길 장, 살 생). 늙지[老] 않고[不] 오래오래[長] 삶[生]. ¶불로장생의 비밀을 탐구하다. ⑪불로장수(不老長壽).

불로[2] 不勞 (아닐 불, 일할 로). 일하지[勞] 아니함[不].

▸불로 소:득 不勞所得 (것 소, 얻을 득). 경제 직접 일하지[勞] 않고[不] 얻는 소득(所得). ¶불로소득에 세금을 부과하다.

▸불로 소:득세 不勞所得稅 (것 소, 얻을 득, 세금 세). 법률 직접 일하지[勞] 않고[不] 얻는 소득(所得)에 대하여 부과하는 세금(稅金). ¶상속세는 불로 소득세의 하나이다.

불륜 不倫 (아닐 불, 인륜 륜). 남녀 관계가 인륜(人倫)에 맞지 아니함[不]. ¶불륜은 행복으로 끝나지 않는다.

*__불리 不利__ (아닐 불, 이로울 리). 이롭지[利] 아니함[不]. ¶불리한 입장. ⑫유리(有利).

불립 문자 不立文字 (아닐 불, 설 립, 글자 문, 글자 자). 불교 불도의 깨달음은 마음에서 마음으로 전하는 것이므로 말이나 글[文字]로 입론(立論)하지 못한다[不]는 말.

불만 不滿 (아닐 불, 찰 만). 마음에 차지[滿] 않음[不]. 또는 그런 마음의 표시. ¶주민들의 불만이 쌓여가다 / 불만스러운 표정으로 대답하다. ⑪불만족(不滿足). ⑫만족(滿足).

불-만족 不滿足 (아닐 불, 가득할 만, 넉넉할 족). 만족(滿足)스럽지 아니함[不]. 또는 그런 상태. ¶그의 설명이 불만족스러웠다.

불망 不忘 (아닐 불, 잊을 망). 잊지[忘] 않음[不]. ¶스승님의 은혜를 불망하겠습니다.

▸불망-기 不忘記 (기록할 기). 잊지[忘] 않기[不] 위해 적어[記] 놓는 글.

▸불망지은 不忘之恩 (어조사 지, 은혜 은). 잊지[忘] 못할[不] 은혜(恩惠). ¶마을 사람들에게 불망지은을 입었다.

불망어-계 不妄語戒 (아닐 불, 헛될 망, 말씀 어, 경계할 계). 불교 불도를 행하는 사람은 헛된[妄] 말[語]을 하지 말아야[不] 한다는 계율(戒律). '항상 참된 말을 하여야 하거늘 어찌 거짓말이나 헛된 말을 해서야 되겠는가'라는 깊은 뜻을 최소한의 도리로 표현한 말이라고 한다. ⑳오계(五戒).

불매[1] 不賣 (아닐 불, 팔 매). 팔지[賣] 아니함[不]. ¶독일군은 유태인들에게 식료품을 불매하였다.

불매[2] 不買 (아닐 불, 살 매). 사지[買] 아니함[不]. ¶불매 운동.

▸불매 동맹 不買同盟 (한가지 동, 맹세할 맹). 사회 특정한 제품을 사지[買] 않을[不] 것을 공동(共同)으로 맹세(盟誓)하여 그 생산자에게 압박을 가하는 조직적 운동. ⑪비매동맹(非買同盟).

불매-증 不寐症 (아닐 불, 잠잘 매, 증세 증). 의학 밤에 잠[寐]이 잘 오지 않는[不] 병증(病症). 정신 흥분, 신경 쇠약, 심신 과로 따위로 인한다. ⑪불면증(不眠症).

불면 不眠 (아닐 불, 잠잘 면). 잠을 자지[眠] 않음[不]. 또는 잠을 자지 못함. ¶불면 때문에 눈이 충혈되다.

▸불면-증 不眠症 (증세 증). 의학 잠을 잘 수 없는[不眠] 상태가 오래도록 지속되는 증세(症勢). ¶불면증에 걸리다.

불멸 不滅 (아닐 불, 없어질 멸). 영원히 없어지지[滅] 않음[不]. ¶불멸의 업적을 남기다.

불명¹ 不明 (아닐 불, 밝을 명). ① [속뜻] 밝지[明] 않음[不]. ② 사리에 어두움.

불명² 佛名 (부처 불, 이름 명). [불교] ① 불법(佛法)에 귀의한 남녀 신자에게 붙이는 이름[名]. ② 불명경(佛名經)을 읽고 죄를 참회하며 악을 없애 줄 것을 비는 법회(法會).

불-명예 不名譽 (아닐 불, 이름 명, 기릴 예). 명예(名譽)스럽지 못함[不]. ¶불명예스럽게도 우리 팀은 예선에서 탈락했다. [반] 명예(名譽).

불-명확 不明確 (아닐 불, 밝을 명, 굳을 확). 명확(明確)하지 아니함[不]. ¶사고 원인이 불명확하다.

불모 不毛 (아닐 불, 털 모). ① [속뜻] 자라지 않는[不] 털[毛]. ② 땅이 메말라 농작물이 자라지 않음을 비유하여 이르는 말. 또는 그런 땅.

▸불모-지 不毛地 (땅 지). 식물이 자라지[毛] 않는[不] 거칠고 메마른 땅[地]. ¶불모지를 일구다.

불모이동 不謀而同 (아닐 불, 꾀할 모, 말이을 이, 같을 동). 미리 짜거나 모의(謀議)하지 않았는[不] 데도[而] 의견이 같음[同].

불목 不睦 (아닐 불, 화목할 목). 집안끼리 또는 형제끼리 서로 화목(和睦)하지 않음[不]. 사이가 좋지 아니함.

불문¹ 佛門 (부처 불, 동문 문). [불교] 불교(佛教)에 입문(入門)함. 불교를 믿는 사람. 또는 그들의 사회. [비] 불가(佛家).

불문² 不文 (아닐 불, 글월 문). 글자[文]로 써서 나타내지 아니함[不].

▸불문-법 不文法 (법 법). [법률] 문서(文書)의 형식을 갖추지 않은[不] 법(法). 관습법이나 판례법 따위. [반] 성문법(成文法).

▸불문-율 不文律 (법칙 률). [법률] 문서(文書)의 형식을 갖추지 않은[不] 법률(法律). ¶자식이 아버지를 섬기는 것은 우리나라의 불문율이다. [반] 성문율(成文律).

▸불문 헌:법 不文憲法 (법 헌, 법 법). [법률] 문서(文書)의 형식을 갖추지 않은[不] 헌법(憲法). ¶영국 헌법은 불문 헌법이다.

불문³ 不問 (아닐 불, 물을 문). ① [속뜻] 묻지[問] 아니함[不]. ¶이 문제는 불문에 부치겠다. ② 가리지 아니함. ¶노소 불문 / 남녀노소를 불문하고 모두 이 노래를 좋아한다.

▸불문가지 不問可知 (가히 가, 알 지). 묻지[問] 않아도[不] 알[知] 수 있음[可]. ¶조선을 집어삼킨 일제가 청국으로 향할 것은 불문가지였다.

▸불문곡절 不問曲折 (굽을 곡, 꺾을 절). 어떻게 된 영문인지[曲折]를 묻지[問] 아니함[不]. ¶어머니는 불문곡절하시고 조용히 상을 차리셨다.

▸불문곡직 不問曲直 (굽을 곡, 곧을 직). 그름[曲] 옳음[直]을 묻지[問] 아니함[不]. [비] 곡직불문(曲直不問).

불문 佛文 (프랑스 불, 글월 문). '프랑스어'[佛語]로 된 글[文].

불-문학 佛文學 (프랑스 불, 글월 문, 배울 학). [문학] 프랑스어[佛語]로 프랑스 사람의 사상과 감정을 나타낸 모든 문학(文學) 작품.

불미 不美 (아닐 불, 아름다울 미). 아름답지[美] 못하고[不] 추잡함. 떳떳하지 못함. ¶그에 대한 불미스러운 소문이 나돌고 있다.

불민 不敏 (아닐 불, 재빠를 민). ① [속뜻] 재빠르지[機敏] 못함[不]. ② 어리석고 둔함.

불발¹ 不拔 (아닐 불, 뺄 발). ① [속뜻] 아주 든든하여 뽑히지[拔] 아니함[不]. ② 의지가 굳어 흔들리지 아니함. ¶불발의 정신.

불발² 不發 (아닐 불, 쏠 발). ① [속뜻] 탄알이나 폭탄이 발사(發射)되지 않거나 터지지 아니함[不]. ② 계획했던 일을 못하게 됨. ¶그 계획은 불발로 끝나고 말았다.

▸불발-탄 不發彈 (탄알 탄). 불발(不發)한 탄(彈)알이나 폭탄(爆彈).

불범 不犯 (아닐 불, 범할 범). ① [속뜻] 범(犯)하지 아니함[不]. ② 남자와 여자가 서로 사통(私通)하지 아니함.

불법 不法 (아닐 불, 법 법). 법(法)에 어긋남[不]. ¶불법선거 / 불법시위. [비] 위법(違法). [반] 적법(適法), 합법(合法).

▸불법-화 不法化 (될 화). 합법(合法)이 아닌[不] 것으로 됨[化]. 또는 그리되게 함.

▸불법 감금 不法監禁 (볼 감, 금할 금). [법률] 불법(不法)으로 남을 감금(監禁)하여 그 자유를 속박함.

▸불법 행위 不法行爲 (행할 행, 할 위). [법률]

불법(不法)으로 남의 권리를 침해함으로써 손해를 입히는 행위(行爲).

불법 佛法 (부처 불, 법 법). 불교 부처의[佛] 설법(說法). 부처의 가르침. ¶불법을 설파하다.

불법승 佛法僧 (부처 불, 법 법, 스님 승). 불교 삼보(三寶)인 부처[佛], 교법(教法), 승려(僧侶)를 아울러 이르는 말.

불변[1] 不辨 (아닐 불, 가릴 변). 분간하지[辨] 못함[不]. ¶날이 어두워 방향을 불변하다.

불변[2] 不變 (아닐 불, 바뀔 변). 바뀌지[變] 아니함[不]. 변하지 아니함. ¶불변의 진리 / 태양이 서쪽으로 진다는 것은 영원히 불변하는 사실이다. ⓑ가변(可變).

▸불변-색 不變色 (빛 색). 오래도록 변(變)하지 않는[不] 빛깔[色]. ¶불변색 잉크.

▸불변-성 不變性 (성질 성). 변(變)하지 않는[不] 성질(性質). ¶불변성을 지닌 도덕 가치.

▸불변 기간 不變期間 (때 기, 사이 간). 법률 소송 행위에 있어서 변경(變更)하지 못하도록[不] 법률로 정해 놓은 기간(期間).

▸불변 비:용 不變費用 (쓸 비, 쓸 용). 경제 생산량의 증감에 관계없이 일정하게[不變] 드는 비용(費用). 고정비(固定費).

▸불변 자본 不變資本 (재물 자, 밑 본). 경제 본래의 가치가 변(變)하지 않고[不] 그대로 생산물에 옮겨지는 자본(資本). 원료, 기계 등 생산 수단의 구입에 드는 자본이다.

불변경-주의 不變更主義 (아닐 불, 바뀔 변, 고칠 경, 주될 주, 뜻 의). 법률 일단 공소가 제기된 뒤에는 임의로 변경(變更)하지 못하고[不] 법원의 재판에 의해서만 사건을 종결시키는 원칙[主義].

불보 佛寶 (부처 불, 보배 보). 불교 스스로 진리를 깨닫고 또 남을 깨닫게 하는 부처[佛]를 세상의 귀중한 보배[寶]에 비유하여 이르는 말. 삼보(三寶)의 하나.

불복 不服 (아닐 불, 따를 복). 명령을 따르지[服] 아니함[不]. 또는 죄를 순순히 인정하지 않음. ¶상관의 명령에 불복하다.

▸불복-상고 不服上告 (위 상, 알릴 고). 법률 소송 당사자가 항고심의 판결이나 결정을 따를 수 없어[不服] 하는 상고(上告).

▸불복 신청 不服申請 (알릴 신, 부탁할 청). 법률 ① 부당한 행정 처분을 따를 수 없어[不服] 처분의 취소나 변경을 관계 행정 기관에 청구하는[申請] 일. ② 법원의 판결에 불복하여 동일 또는 상급 법원에 그 취소나 변경의 재판을 요구하는 일.

불-복종 不服從 (아닐 불, 따를 복, 따를 종). 복종(服從)하지 아니함[不]. ¶불복종 운동 / 명령 불복종으로 징계를 받았다.

불-분명 不分明 (아닐 불, 나눌 분, 밝을 명). 분명(分明)하지 아니하다[不]. ¶그녀가 집을 떠난 이유는 불분명했다. ⓑ불명확하다. ⓑ분명하다.

불분승부 不分勝負 (아닐 불, 나눌 분, 이길 승, 질 부). 승부(勝負)를 가리지[分] 못함[不]. ¶두 팀의 경기는 끝까지 불분승부였다.

불분주야 不分晝夜 (아닐 불, 나눌 분, 낮 주, 밤 야). 밤낮[晝夜]을 가리지[分] 않고[不] 힘씀. ¶고아들을 위해 불분주야 힘썼다.

불비 不備 (아닐 불, 갖출 비). ① 속뜻 제대로 갖추지[備] 못함[不]. ② '글이 제대로 정리되어 있지 않다'는 뜻으로 편지글 끝에 덧붙이는 말.

불사[1] 不辭 (아닐 불, 물러날 사). 사양(辭讓)하지 아니함[不]. ¶전쟁 불사 / 경우에 따라서는 죽음도 불사할 것이다.

불사[2] 佛寺 (부처 불, 절 사). 불상을 모시고 불도(佛道)를 닦으며 교법을 펴는 절[寺].

불사[3] 佛事 (부처 불, 일 사). 불교 불가(佛家)에서 하는 일[事]. ② 부처가 중생을 교화하는 일. ⓑ법사(法事), 법업(法業).

불사[4] 不死 (아닐 불, 죽을 사). ① 속뜻 죽지[死] 아니함[不]. ② 민속 '염불(念佛)을 공부하다가 죽은 속인의 혼령'을 무당 사회에서 이르는 말.

▸불사-신 不死身 (몸 신). ① 속뜻 죽지 않는[不死] 몸[身]. ② '어떠한 곤란을 당하여도 기력을 잃거나 낙담하지 않는 사람'을 비유하여 이르는 말. ③ 아무리 때려도 다치지도 않고 피도 나지 않는 특이하게 강한 몸'을 비유하여 이르는 말.

▸불사-약 不死藥 (약 약). 먹으면 죽지[死] 않는다는[不] 선약(仙藥).

▸불사-조 不死鳥 (새 조). ① 속뜻 영원히 죽

지[死] 않는다는[不] 전설의 새[鳥]. ② 문학 이집트 신화에 나오는 새. 500~600년마다 한 번 스스로 향나무를 쌓아 불을 피워 타 죽고 그 재 속에서 다시 살아난다고 한다. ③'어떠한 어려움이나 고난에 빠져도 굴하지 않고 이겨내는 사람'을 비유하여 이르는 말.

▸불사-초 不死草 (풀 초). ① 속뜻 영원히 죽지[死] 않게[不] 해주는 약초(藥草). ② 식물 나리 과에 딸린 여러해살이풀. 오뉴월에 자줏빛 꽃이 피는데 뿌리는 약재(藥材)에 쓴다. ⓑ맥문동(麥門冬).

▸불사불멸 不死不滅 (아닐 불, 없어질 멸). 가톨릭 신(神)의 특성의 한 가지로 죽지도[死] 않고[不] 없어지지도[滅] 않는[不] 일을 이름.

▸불사영생 不死永生 (길 영, 살 생). 죽지[死] 않고[不] 영원(永遠)히 삶[生]. ¶사람들은 불사영생을 꿈꾸곤 한다.

불사음-계 不邪淫戒 (아닐 불, 그를 사, 음란할 음, 경계할 계). 불교 불도를 행하는 사람은 그릇되고[邪] 음란(淫亂)한 일을 하지 말아야[不] 한다는 계율(戒律). '항상 몸을 깨끗하게 해야 하거늘 어찌 음란한 행동으로 몸을 더럽게 해서야 되겠는가'라는 깊은 뜻을 최소한의 도리로 표현한 말이라고 한다. ㊟오계(五戒).

불사이군 不事二君 (아닐 불, 섬길 사, 두 이, 임금 군). 신하가 절개를 지켜 두[二] 임금[君]을 섬기지[事] 아니함[不].

불살생-계 不殺生戒 (아닐 불, 죽일 살, 살 생, 경계할 계). 불교 불도를 행하는 사람은 살아[生] 있는 것을 죽이지[殺] 말아야[不] 한다는 계율(戒律). '자비의 마음으로 모든 생명을 보호해야 하거늘 어찌 신성한 생명을 죽여서야 되겠는가?'라는 깊은 뜻을 최소한의 도리로 표현한 말이라고 한다. ㊟오계(五戒).

불상¹ 不詳 (아닐 불, 자세할 상). 상세(詳細)하지 않다[不]. ¶주소가 불상한 우편물을 반환하다.

⁑**불상²** 佛像 (부처 불, 모양 상). 불교 부처님[佛] 모양[像]을 표현한 조각이나 그림.

불상³ 不祥 (아닐 불, 상서로울 상). 상서(祥瑞)롭지 못하다[不].

▸불상-사 不祥事 (일 사). 상서(祥瑞)롭지 못한[不] 일[事]. ¶불상사가 일어나다.

불생불멸 不生不滅 (아닐 불, 날 생, 아닐 불, 없어질 멸). ① 불교 생겨나지도[生] 않고[不] 없어지지도[滅] 않고[不] 항상 그대로 변함이 없음. 모든 존재의 실상을 이른다. ②불생불사(不生不死).

불생불사 不生不死 (아닐 불, 살 생, 아닐 불, 죽을 사). ① 속뜻 살지도[生] 않고[不] 죽지도[死] 않음[不]. ②겨우 목숨만 붙어 있음. ⓑ불생불멸(不生不滅).

불선 不善 (아닐 불, 착할 선). ① 속뜻 착하지[善] 아니함[不]. ②좋지 못함. ③잘하지 못함.

불설 佛說 (부처 불, 말씀 설). 불교 부처님[佛]의 말씀[說]. ¶불설을 지키다.

불-섭생 不攝生 (아닐 불, 잡을 섭, 살 생). ① 속뜻 생명(生命)을 잘 돌보지[攝] 않음[不]. ②건강에 대한 조심을 하지 않음. ③양생(養生)을 잘하지 않음.

불성¹ 佛性 (부처 불, 성품 성). 불교 ①부처[佛]의 본성(本性). ②모든 사람이 본디 지니고 있는 부처가 될 수 있는 성질.

불성² 佛聖 (부처 불, 거룩할 성). 불교 '부처'[佛]를 성(聖)스럽게 일컫는 말.

불성³ 不誠 (아닐 불, 정성 성). 성실(誠實)하지 못함[不]. '불성실'의 준말.

불-성립 不成立 (아닐 불, 이룰 성, 설 립). 성립(成立)되지 아니함[不].

불-성문 不成文 (아닐 불, 이룰 성, 글자 문). 글자[文]로 써서 나타내지[成] 아니함[不]. 글로 기록해 두지 아니함.

불-성설 不成說 (아닐 불, 이룰 성, 말씀 설). ① 속뜻 말[說]이 되지[成] 않음[不]. ②말이 조금도 사리에 맞지 아니함. '어불성설'(語不成說)의 준말.

불-성실 不誠實 (아닐 불, 정성 성, 참될 실). 성실(誠實)하지 못함[不]. ¶게으름과 불성실을 반성하다 / 불성실한 행동. ㊜불성. ㉸성실(誠實).

불-세출 不世出 (아닐 불, 세상 세, 날 출). 좀처럼 세상(世上)에 태어나지[出] 않을[不] 만큼 뛰어남. ¶불세출의 영웅. ⓑ불출세(不出世).

불소 弗素 (아닐 불, 바탕 소). 화학 할로겐 원소의 한 가지. 상온에서는 특유한 냄새를 가진 황록색의 기체이며 화합력이 강하다. 플루오르(fluor)를 음역한 '弗'에 '원소'를 가리키는 '素'를 덧붙여 만들었다. ¶불소가 들어간 치약.

불-소급 不遡及 (아닐 불, 거스를 소, 미칠 급). 지나간 일에 거슬러 올라가[遡] 미치지[及] 아니함[不]. ¶불소급의 원칙.

불-소화 不消化 (아닐 불, 사라질 소, 될 화). 소화(消化)되지 아니함[不].

불손 不遜 (아닐 불, 겸손할 손). 공손(恭遜)하지 아니함[不]. ¶불손한 태도. ⓑ공손(恭遜).

불수-강 不銹鋼 (아닐 불, 녹슬 수, 강철 강). ① 속뜻 녹슬지[銹] 않는[不] 강철(鋼鐵). ② 공업 크롬과 탄소 외에 용도에 따라 니켈, 텅스텐 따위의 원소를 함유한 내식성 강철. 녹이 잘 슬지 않고 약품에도 부식하지 않는다.

불수의-근 不隨意筋 (아닐 불, 따를 수, 뜻 의, 힘줄 근). 동물 의지(意志)에 따라[隨] 펴고 오므릴 수 없는[不] 근육(筋肉). ¶심장 근육은 불수의근의 일종이다. ⓑ수의근(隨意筋).

불숙련-노동 不熟練勞動 (아닐 불, 익을 숙, 익힐 련, 일할 로, 움직일 동). 특별히 숙련(熟練)되지 않고도[不] 습득할 수 있는 노동(勞動).

불순¹ 不順 (아닐 불, 따를 순). ① 속뜻 고분고분하지[順] 아니함[不]. ¶언행이 불순하다. ② 순조롭지 못함. ¶일기가 불순하여 비행기가 결항되었다.

불순² 不純 (아닐 불, 순수할 순). 순수(純粹)하지 못함[不]. ¶불순한 의도 / 자네는 나의 목적이 불순하다는 건가?

▸불순-물 不純物 (만물 물). 순수(純粹)하지 못한[不] 물질(物質). ¶불순물을 걸러내다.

불-순종 不順從 (아닐 불, 따를 순, 따를 종). 순종(順從)하지 아니함[不]. ¶신에게 불순종하다.

불시 不時 (아닐 불, 때 시). 뜻하지 않은[不] 때[時]. ¶친구가 불시에 찾아오다.

▸불시-착 不時着 (붙을 착). 항공 비행기가 비행 도중 고장이나 기상 악화로 인해 목적지에 이르기 전에 예정하지 않은[不] 시간(時間)에 착륙(着陸)함. ¶안개가 짙어 비행기가 불시착했다.

불식¹ 不息 (아닐 불, 쉴 식). 쉬지[息] 아니함[不].

불식² 拂拭 (털어낼 불, 닦을 식). ① 속뜻 털어내고[拂] 닦아내어[拭] 말끔하게 함. ② 의심이나 부조리한 점 따위를 말끔히 없앰. ¶오해에 대한 불식 / 의혹을 불식하다.

불식태산 不識泰山 (아니 불, 알 식, 클 태, 메 산). ① 속뜻 태산(泰山)을 제대로 알아보지[識] 못함[不]. ② 인재를 알아보지 못함을 비유하여 이르는 말. ¶불식태산이라더니 그런 훌륭한 인물을 몰라보다니!

불신¹ 佛身 (부처 불, 몸 신). 불교 부처[佛]의 몸[身].

불신² 不信 (아닐 불, 믿을 신). 믿지[信] 아니함[不]. ¶두 나라 사이의 불신이 점점 심해지고 있다.

▸불신-감 不信感 (느낄 감). 믿지[信] 못하는[不] 마음[感]. ¶불신감이 팽배한 사회.

불-신실 不信實 (아닐 불, 믿을 신, 참될 실). 믿음직하고[信] 착실(着實)하지 아니함[不]. ¶그는 불신실한 사람이다.

불-신용 不信用 (아닐 불, 믿을 신, 쓸 용). 신용(信用)하지 아니하거나 못함[不].

불-신임 不信任 (아닐 불, 믿을 신, 맡길 임). 신임(信任)하지 아니함[不]. ¶내각 불신임.

▸불신임-안 不信任案 (안건 안). 정치 의원내각제에서, 내각이나 국무 위원을 불신임(不信任)하여 사퇴시킬 것을 결의한 안건(案件).

불심¹ 佛心 (부처 불, 마음 심). 불교 ① 부처[佛]의 자비심(慈悲心). ② 중생이 본디부터 지니고 있는 부처로서의 본성. ⓑ불성(佛性).

불심² 不審 (아닐 불, 살필 심). 자세히 알지[審] 못하거나[不] 의심스러움.

▸불심 검:문 不審檢問 (검사할 검, 물을 문). 법률 경찰관이, 수상한 거동을 하거나 죄를 의심받을 만한[不審] 사람을 검문(檢問)하는 일. ¶길을 가다가 불심 검문을 받았다.

불씨-잡변 佛氏雜辨 (부처 불, 성씨 씨, 섞일 잡, 가릴 변). 역사 조선 초 정도전(鄭道傳)

이 유학(儒學)의 입장에서 불교의 진리[佛氏]에 대해 여러[雜] 각도에서 변파(辨破)한 책.

불안[1] **佛眼** (부처 불, 눈 안). 불교 ①모든 법의 참모습을 보는 부처[佛]의 눈[眼]. ②자비로운 눈.

불안[2] **佛顔** (부처 불, 얼굴 안). 불교 ①부처[佛]의 얼굴[顔]. ②부처와 같은 자비로운 얼굴.

불안[3] **不安** (아닐 불, 편안할 안). 편안(便安)하지 않음[不]. ¶나는 내일 있을 면접 때문에 불안하다. 반평온(平穩), 평안(平安), 안녕(安寧).

▸불안-감 不安感 (느낄 감). 불안(不安)한 느낌[感]. ¶졸업 후 그는 불안감에 시달렸다.

▸불안-기 不安期 (때 기). 질서가 바로잡히지 아니하여 불안(不安)한 시기(時期). ¶사회적 불안기를 겪다.

▸불안-심 不安心 (마음 심). 불안(不安)한 마음[心]. ¶아이를 서울로 유학 보내고 불안심이 들었다.

불-안정 不安定 (아닐 불, 편안할 안, 정할 정). 안정(安定)되지 않음[不]. ¶불안정한 생활을 하다. 반안정.

불야-성 不夜城 (아닐 불, 밤 야, 성곽 성). ① 속뜻 밤[夜]이 되지 않는[不] 성(城). ② 등불이 많이 켜져 있어 밤에도 낮처럼 밝은 곳. ¶이곳은 밤마다 불야성을 이룬다.

불어 佛語 (부처 불, 말씀 어). ① 불교 부처[佛]의 말[語]. 불교 경전. ② 언어 프랑스어. 라틴어에서 분화한 언어의 한 갈래로 프랑스, 벨기에 남부, 스위스 서부 등지에서 쓴다. '프랑스'를 '佛蘭西'라 음역한 데서 유래되었다.

불-여의 不如意 (아닐 불, 같을 여, 뜻 의). 일이 뜻[意]과 같지[如] 않음[不]. ¶만사 불여의.

불역[1] **不易** (아닐 불, 바꿀 역). 바뀌지[易] 않음[不]. ¶물이 아래로 흐르는 것은 불역의 진리이다.

불역[2] **佛譯** (프랑스 불, 옮길 역). 프랑스어[佛語]로 번역(翻譯)함. 또는 그 번역문. ¶불역 『춘향전』.

불연[1] **不然** (아닐 불, 그러할 연). 그렇지[然] 아니하다[不].

불연[2] **不燃** (아닐 불, 태울 연). 타지[燃] 아니함[不]. 반가연(可燃).

불연[3] **佛緣** (부처 불, 인연 연). 불교 부처[佛]와의 인연(因緣). 불교와의 인연. ¶스승님 덕분에 불연을 맺었다.

불-연속 不連續 (아닐 불, 이을 련, 이을 속). 잇달아[連] 죽 이어지지[續] 않음[不].

▸불연속-면 不連續面 (쪽 면). 지리 대기 중에서 풍향·풍속·온도 등의 기상 요소가 다른[不連續] 두 기단(氣團)의 경계면(境界面).

▸불연속-선 不連續線 (줄 선). 지리 불연속면(不連續面)이 지표와 만나는 선(線). 이 선의 양쪽에서는 기온·습도·풍향·풍속 등이 불연속적으로 변한다.

불온 不穩 (아닐 불, 평온할 온). ① 속뜻 온당(穩當)하지 않고[不] 험악함. ¶불온한 태도 / 불온한 사상을 지니다. ② 치안(治安)을 해칠 우려가 있음. ¶불온 단체.

불-온당 不穩當 (아닐 불, 평온할 온, 마땅 당). 온당(穩當)하지 아니함[不]. ¶불온당한 처사.

불-완전 不完全 (아닐 불, 갖출 완, 온전할 전). 필요한 조건이 빠지거나 틀려서 완전(完全)하지 못함[不]. ¶불완전 연소 / 인간은 누구나 불완전한 존재다. 반완전(完全).

▸불완전-수 不完全數 (셀 수). ① 속뜻 완전(完全)하지 않은[不] 수(數). ② 수학 어떤 수의 양의 약수 총합이 그 수의 배수보다 작은 수인 부족수(不足數)와 어떤 수의 약수의 합이 그 수의 두 배 보다 큰 수인 과잉수(過剩數)를 아울러 이르는 말.

▸불완전-엽 不完全葉 (잎 엽). 식물 잎몸, 잎자루, 턱잎 중 어느 것 하나를 갖추지 못한[不完全] 잎[葉]. 국화, 오이, 냉이 따위. 반완전엽(完全葉).

▸불완전-화 不完全花 (꽃 화). 식물 꽃받침, 꽃부리, 수술, 암술 중 어느 하나라도 완전(完全)히 갖추지 못한[不] 꽃[花]. 오이, 벼 따위. 반완전화(完全花).

▸불완전 동:사 不完全動詞 (움직일 동, 말씀 사). 언어 ①어미의 활용이 완전(完全)하지 못한[不] 동사(動詞). '가로되'·'가론'의 꼴로만 활용하는 '가로다', '달라'·'다오'의 꼴

로만 활용하는 '달다', '데리고'·'데려'의 꼴로만 활용하는 '데리다' 따위. ② 보충하는 말이 있어야 서술이 완전해지는 동사.

▸ **불완전 동화** 不完全同化 (같을 동, 될 화). 언어 서로 다른 음운이 만나 완전히 동화(同化)되지 않은[不完全] 소리로 바뀌는 음운 현상.

▸ **불완전 명사** 不完全名詞 (이름 명, 말씀 사). 언어 완전(完全)히 자립하지 못한[不] 명사(名詞). 의미가 형식적이어서 다른 말의 도움을 받아야 한다. ¶"그는 웃기만 할 뿐이었다."에서 '뿐'은 불완전명사이다. ㊥ 의존 명사(依存名詞). ㊥ 자립 명사(自立名辭).

▸ **불완전 변:태** 不完全變態 (바뀔 변, 모양 태). 동물 알이 성충이 되기까지 완전(完全)한 단계를 거치지 않는[不] 변태(變態) 형식. 번데기의 과정을 거치지 않고 유충이 곧바로 성충이 된다. ㊥ 완전 변태.

▸ **불완전 연소** 不完全燃燒 (태울 연, 불사를 소). 물리 산소의 공급이 불완전(不完全)한 상태의 연소(燃燒).

▸ **불완전 이:행** 不完全履行 (밟을 리, 갈 행). 법률 채무자가 채무를 완전(完全)히 이행(履行)하지 않음[不]. 민법상 이행 지체와 이행 불능 이외에 채무 불이행의 제3유형에 속한다.

▸ **불완전 종지** 不完全終止 (끝마칠 종, 그칠 지). 음악 곡이 완전(完全)히 끝났다는 느낌을 주지 않고[不] 끝내는[終止] 형태. 못갖춘마침.

▸ **불완전 취:업** 不完全就業 (나아갈 취, 일 업). ① 속뜻 완전(完全)하지 않은[不] 취업(就業). ② 사회 임금이나 노동 조건 따위가 몹시 나빠 전직(轉職)이나 추가 취업을 희망하는 취업 상태.

▸ **불완전 자동사** 不完全自動詞 (스스로 자, 움직일 동, 말씀 사). 언어 ① 어미 활용이 완전(完全)하지 못한[不] 자동사(自動詞). '가로다' 따위가 있다. ② 보충하는 말이 있어야 서술이 완전해지는 자동사.

▸ **불완전 주권국** 不完全主權國 (주인 주, 권리 권, 나라 국). 정치 국제법상 완전(完全)한 주권(主權)을 인정받지 못하는[不] 나라[國]. ㊥ 일부 주권국(一部主權國).

▸ **불완전 중립국** 不完全中立國 (가운데 중, 설 립, 나라 국). 정치 중립국(中立國)으로서의 의무를 완전(完全)히 이행하지 못하는[不] 나라[國].

▸ **불완전 타동사** 不完全他動詞 (다를 타, 움직일 동, 말씀 사). 언어 ① 어미 활용이 완전(完全)하지 못한[不] 타동사(他動詞). '달다', '데리다' 따위. ② 보충하는 말이 있어야 서술이 완전해지는 타동사.

▸ **불완전 형용사** 不完全形容詞 (모양 형, 얼굴 용, 말씀 사). 언어 보충하는 말이 없으면 서술이 완전(完全)하지 못한[不] 형용사(形容詞). '같다', '비슷하다', '아니다' 따위.

불완-품 不完品 (아닐 불, 완전할 완, 물건 품). 완전(完全)하지 않은[不] 물품(物品). 흠이 있는 물품. '불완전품'의 준말.

불요 不要 (아닐 불, 구할 요). 필요(必要)하지 아니함[不]. '불필요'의 준말.

▸ **불요-불급** 不要不急 (아닐 불, 급할 급). 꼭 필요(必要)하거나 급(急)하지 아니함[不]. ¶불요불급의 의안(議案).

▸ **불요식 행위** 不要式行爲 (법 식, 행할 행, 할 위). 법률 일정한 방식(方式)을 필요(必要)로 하지 않는[不] 법률 행위(行爲).

불-요인 不要因 (아닐 불, 요할 요, 까닭 인). 원인(原因)을 필요(必要)로 하지 않는[不] 일. 또는 원인이 없어도 그 효력에는 영향이 없는 일.

▸ **불요인 증권** 不要因證券 (증거 증, 문서 권). 법률 증권의 권리가 증권의 발행 행위 이외의 다른 어떤 법률관계나 원인(原因) 관계의 효력에 의하여 영향을 받지 않는[不要] 유가 증권(證券). 어음이나 수표를 발행하게 된 원인 관계는 어음이나 수표의 발행 행위에 영향을 주지 않는다.

불용[1] 不容 (아닐 불, 담을 용). ① 속뜻 받아들이지[容] 아니함[不]. ② 용서하거나 용납하지 아니함. ¶폭력 시위는 불용한다.

불용[2] 不用 (아닐 불, 쓸 용). ① 속뜻 쓰지[用] 아니함[不]. ¶일회용품 불용 운동. ② 소용이 없음. ¶이 약은 당뇨병에 불용하다.

▸ **불용-건** 不用件 (물건 건). 쓰지[用] 아니하거나[不] 못쓰게 되어 내놓은 물건(物件). ¶불용건을 이웃에게 나누어주었다.

불용-성 不溶性 (아닐 불, 녹을 용, 성질 성). 액체에 녹지[溶] 않는[不] 성질(性質). ¶불용성 색소.

불우[1] **不遇** (아닐 불, 만날 우). ① [속뜻] 때를 만나지[遇] 못함[不]. ② 포부나 재능은 있어도 좋은 때를 만나지 못하여 불운함. ¶자신의 불우를 탄식하다. ③ 살림이나 처지가 딱하고 어려움. ¶불우 노인 / 불우 이웃 돕기.

불우[2] **不虞** (아닐 불, 헤아릴 우). 미처 헤아리지[虞] 못함[不]. 사전에 생각하지 못함. 또는 그런 일. ¶불우의 재난을 당하여 어쩔 줄 몰랐다.

불우헌-집 **不憂軒集** (아닐 불, 근심할 우, 집 헌, 모을 집). [문학] 조선 성종 때의 학자인 불우헌(不憂軒) 정극인(丁克仁)의 가사(歌辭)를 모은 문집(文集).

불운 **不運** (아닐 불, 운수 운). 운수(運數)가 좋지 아니함[不]. 또는 그러한 운수. [비] 불행(不幸), 비운(非運). [반] 행운(幸運).

불원[1] **不願** (아닐 불, 바랄 원). 바라지[願] 아니함[不]. ¶그는 정승 자리도 불원하였다.

불원[2] **不遠** (아닐 불, 멀 원). ① [속뜻] 거리나 시간이 멀지[遠] 아니함[不]. ② 불원간(不遠間).

▸불원-간 不遠間 (사이 간). 앞으로 오래지[遠] 아니한[不] 동안[間]. 멀지 아니하여. ¶그들은 불원간 만날 것이다.

▸불원-천리 不遠千里 (일천 천, 거리 리). ① [속뜻] 천 리(千里) 길도 멀다고[遠] 여기지 않음[不]. ② '먼 길을 열심히 달려가는 것'을 이르는 말. ¶불원천리하고 와주셔서 감사합니다.

불유여력 **不遺餘力** (아닐 불, 남길 유, 남을 여, 힘 력). 여력(餘力)을 하나도 남기지[遺] 않음[不]. 있는 힘을 다 쏟음. ¶스승님은 학생 교육에 불유여력하셨다.

불-유쾌 **不愉快** (아닐 불, 즐거울 유, 기쁠 쾌). 유쾌(愉快)하지 아니함[不]. [준] 불쾌.

불융통-물 **不融通物** (아닐 불, 녹을 융, 통할 통, 만물 물). [법률] 권리의 대상은 될 수 있으나 거래할[融通] 수 없는[不] 물건(物件). 공용물(公用物)이나 금제품(禁制品) 따위.

불은 **佛恩** (부처 불, 은혜 은). [불교] 부처[佛]의 은혜(恩惠).

불음 **不飮** (아닐 불, 마실 음). 마시지[飮] 아니함[不].

▸불음주-계 不飮酒戒 (술 주, 경계할 계). [불교] 불도를 행하는 사람은 술[酒]을 마시지[飮] 말아야[不] 한다는 계율(戒律). '항상 맑은 정신을 지켜야 하거늘 어찌 술을 마셔서 정신을 흐리게 해서야 되겠는가'라는 깊은 뜻을 최소한의 도리로 표현한 말이라고 한다. [참] 오계(五戒).

불응 **不應** (아닐 불, 응할 응). 응(應)하지 아니함[不]. 듣지 아니함. ¶초대에 불응하다. [반] 순응(順應).

불의[1] **不意** (아닐 불, 뜻 의). 뜻[意] 하지 않았던[不] 판. 뜻밖의. ¶불의의 사고. [비] 뜻밖.

▸불의지변 不意之變 (어조사 지, 바뀔 변). 뜻[意] 하지 않았던[不] 변고(變故). 뜻밖의 봉변. ¶아이는 불의지변을 당해 다리를 잃었다.

불의[2] **不義** (아닐 불, 옳을 의). 옳지[義] 않은[不] 일. ¶나는 불의를 보면 참지 못한다. [반] 정의(正義).

▸불의지인 不義之人 (어조사 지, 사람 인). 도리[義]에 어긋나는[不] 일을 하는 사람[人].

▸불의지재 不義之財 (어조사 지, 재물 재). 도리[義]에 어긋나는[不] 방법으로 모은 재산(財産).

불-이익 **不利益** (아닐 불, 이로울 리, 더할 익). 이익(利益)이 되지 아니함[不]. ¶아직도 많은 여성이 단지 여자라는 이유만으로 승진에 있어 불이익을 당하고 있다. [반] 이익.

불-이행 **不履行** (아닐 불, 밟을 리, 갈 행). 이행(履行)하지 아니함[不]. ¶채무 불이행.

불인[1] **不人** (아닐 불, 사람 인). 사람[人]답지 못함[不]. 또는 그런 사람.

불인[2] **不仁** (아닐 불, 어질 인). ① [속뜻] 어질지[仁] 아니함[不]. ② [한의] 몸의 한 부분이 마비되어 움직이기 어려움.

불인[3] **不忍** (아닐 불, 참을 인). 차마 참기[忍] 어려움[不].

▸불인-견 不忍見 (볼 견). 차마 눈뜨고 보기[見] 어려운[不忍] 광경. '목불인견'(目不忍見)의 준말.

▸불인-문 不忍聞 (들을 문). 차마 들을[聞]

수가 없음[不忍].

▸불인-언 不忍言 (말씀 언). 차마 말할[言] 수가 없음[不忍].

▸불인지심 不忍之心 (어조사 지, 마음 심). 차마 할 수 없는[不忍] 마음[心].

▸불인지정 不忍之政 (어조사 지, 정치 정). 참기 어려운[不忍] 가혹한 정치(政治).

불-인가 不認可 (아닐 불, 알 인, 가히 가). 인정(認定)하여 허가(許可)하지 아니함[不].

불-인정 不人情 (아닐 불, 남 인, 마음 정). 사람[人]의 떳떳한 정(情)에 어그러짐[不]. '불근인정'(不近人情)의 준말.

불일 不一 (아닐 불, 한 일). ① [속뜻] 한결같이[一] 고르지 아니함[不]. ② '불일치'(不一致)의 준말. ③ 일일이 다 갖추어 말하지 못하였다는 뜻으로, 편지 끝에 쓰는 말.

불일-간 不日間 (아닐 불, 날 일, 사이 간). 며칠[日] 걸리지 않는[不] 동안[間]. [비]불일내(不日內).

불일-내 不日內 (아닐 불, 날 일, 안 내). ① [속뜻] 며칠[日] 걸리지 않는[不] 기간 안으로[內]. ② 며칠 안으로.

불-일치 不一致 (아닐 불, 한 일, 이를 치). 의견이나 생각 따위가 하나[一]의 결론에 이르지[致]하지 못함[不]. [준]불일.

불임 不姙 (아닐 불, 임신할 임). [의학] 임신(姙娠)되지 아니함[不]. ¶그녀는 오랫동안 불임으로 고통 받았다.

▸불임-법 不姙法 (법 법). [의학] 불임(不姙)이 되게 하는 방법(方法). 인공적으로 생식 능력을 없애는 방법.

▸불임-증 不姙症 (증세 증). [의학] 임신(姙娠)을 못하는[不] 병증(病症). ¶그녀는 불임증으로 치료를 받았다. [비]생식 불능(生殖不能).

불입 拂入 (지불할 불, 들 입). 세금, 공과금 따위를 지불(支拂)하여 입납(入納)함. ¶그는 매일 10만원의 사납금을 불입한다.

▸불입-금 拂入金 (돈 금). 관공서나 공공 단체 등에 내는[拂入] 돈[金]. [비]납부금(納付金), 납입금(納入金).

▸불입-액 拂入額 (액수 액). 관공서나 공공 단체 등에 내야할[拂入] 금액(金額). [비]납부금(納付金), 납입액(納入額).

▸불입 자본 拂入資本 (재물 자, 밑 본). [경제] 사업 경영에 쓰도록 실제로 낸[拂入] 자본(資本). [비]납입 자본(納入資本).

불자[1] 佛子 (부처 불, 아이 자). ① [속뜻] 부처[佛]의 자식[子], 곧 모든 중생(衆生). ② 석가모니의 제자. ③ 계를 받아 출가한 사람.

불자[2] 佛者 (부처 불, 사람 자). [불교] 불교(佛教)에 귀의한 사람[者]. [비]불제자(佛弟子).

불장 佛葬 (부처 불, 장사지낼 장). [불교] 불교 의식(佛教儀式)으로 지내는 장사(葬事). ¶할머니의 장례는 불장으로 치렀다.

불전[1] 佛前 (부처 불, 앞 전). [불교] ① 부처[佛]의 앞[前]. ② 석가모니가 세상에 나기 이전.

불전[2] 佛殿 (부처 불, 대궐 전). [불교] 부처[佛]를 모셔 놓은 큰 집[殿]. [비]불당(佛堂).

불-제자 佛弟子 (부처 불, 아우 제, 아이 자). [불교] 불교(佛教)에 귀의한 사람[弟子].

불조 佛祖 (부처 불, 조상 조). [불교] ① 불교(佛教)의 개조(開祖). 곧, 석가모니를 이르는 말. ② 부처와 조사(祖師).

불착 不着 (아닐 불, 붙을 착). ① [속뜻] 도착(到着)하지 아니함[不]. ¶기차의 불착을 알리는 역장. ② 착용하지 아니함. ¶이번 사고는 보호대를 불착한 게 원인이다.

불-찬성 不贊成 (아닐 불, 도울 찬, 이룰 성). 찬성(贊成)하지 아니함[不].

불찰[1] 不察 (아닐 불, 살필 찰). 잘 살피지[察] 않은[不] 잘못. ¶그런 사람을 믿은 것은 내 불찰이었다.

불찰[2] 佛刹 (부처 불, 절 찰). [불교] 부처[佛]를 모신 절[刹]. [비]절.

불참 不參 (아닐 불, 참여할 참). 참석(參席)하지 아니함[不]. ¶모임에 불참하다. [반]참석(參席), 참가(參加).

▸불참-자 不參者 (사람 자). 모임 따위에 참석(參席)하지 않은[不] 사람[者]. ¶불참자는 사유서를 내십시오.

불-처사 佛處士 (부처 불, 살 처, 선비 사). ① [속뜻] 부처[佛]같이 사는[處] 사람[士]. ② [불교] 됨됨이가 부처같이 부드럽고 순한 사람을 비유하여 이르는 말.

불천-위 不遷位 (아닐 불, 옮길 천, 자리 위). ① [속뜻] 나라에 큰 공훈이 있는 분의 신위(神位)를 옮기지[遷] 않고[不] 영원히 한 곳에

모심. ②나라에 큰 공훈이 있어 영원히 사당에 모시는 것을 나라에서 허락한 신위(神位). [비] 불천지위(不遷之位). ¶불천위 제사/불천위를 가진 집안이라고 자랑하다.

불-철저 不徹底 (아닐 불, 뚫을 철, 밑 저). ① [속뜻] 밑바닥[底]까지 완전히 뚫지[徹] 못함[不]. ②철저하지 못하여 빈틈이나 모자람이 있음. ¶안전의식이 불철저하면 사고가 나기 십상이다.

불철-주야 不撤晝夜 (아닐 불, 거둘 철, 낮 주, 밤 야). ① [속뜻] 밤[夜]과 낮[晝]을 가리지[撤] 아니함[不]. ②어떤 일에 몰두하여 조금도 쉴 사이 없이 밤낮을 가리지 아니함. ¶불철주야 연구에 몰두하다. [비]주이계야(晝而繼夜), 밤낮없이.

불청 不聽 (아닐 불, 들을 청). ① [속뜻] 듣지[聽] 아니함[不]. ②청한 것을 들어주지 아니함.

불청-객 不請客 (아닐 불, 부탁할 청, 손 객). 초대하지[請] 않았는데[不] 스스로 오거나 우연히 온 손님[客]. ¶황사는 봄의 불청객이다.

불청-불탁 不淸不濁 (아닐 불, 맑을 청, 아닐 불, 흐릴 탁). [언어] 훈민정음의 초성 체계 가운데 청음(淸音)도 탁음(濁音)도 아닌[不] 소리. 현대 음성학의 유성 자음에 해당하는 'ㆁ', 'ㄴ', 'ㅁ', 'ㅇ', 'ㄹ', 'ㅿ' 따위에 공통되는 음성적 특질을 이르는 말.

불체포 특권 不逮捕特權 (아닐 불, 뒤따를 체, 잡을 포, 특별할 특, 권리 권). [법률] 국회의원은 현행범이 아니면 회기 중에 국회의 동의 없이 체포(逮捕) 또는 구금되지 않는[不] 특권(特權)을 이름. [비]면책 특권(免責特權).

불초 不肖 (아닐 불, 닮을 초). ① [속뜻] 아버지를 닮지[肖] 못함[不]. ②아버지만한 능력이 없고 어리석음. 또는 그런 사람. ③어버이에 대하여 자기를 낮추어 이르는 말. ¶불초 소생 인사드립니다.

▶불초-고 不肖孤 (홀로 고). ① [속뜻] 아버지를 닮지[肖] 못한[不肖] 고아(孤兒). ②부모가 죽은 뒤 졸곡(卒哭)까지 상제(喪制)가 자기 스스로를 일컫는 말.

▶불초-손 不肖孫 (손자 손). ① [속뜻] 조부모를 닮지[肖] 못한[不] 손자(孫子). ②손자(孫子)가 조부모에 대하여 자기를 낮추어 이르는 말.

▶불초-자 不肖子 (아들 자). ① [속뜻] 부모를 닮지[肖] 못한[不] 아들[子]. ②자식이 부모에 대하여 자기를 낮추어 이르는 말.

불출¹ 不出 (아닐 불, 날 출). ① [속뜻] 출세(出世)하지 못한[不]. ②못나고 어리석음. 또는 그런 사람. ③밖으로 나가지 않음. ¶문을 걸어 닫고 석 달이나 불출하였다.

불출² 拂出 (지불할 불, 날 출). 돈이나 물품을 내어[拂] 줌[出]. ¶총기 불출 / 성적표 불출.

불-출마 不出馬 (아닐 불, 날 출, 말 마). 출마(出馬)하지 아니함[不]. ¶그는 이번 총선에 불출마하였다.

불충 不忠 (아닐 불, 충성 충). 충성(忠誠)을 다하지 못함[不]. ¶신이 불충을 저질렀나이다.

▶불충불효 不忠不孝 (아닐 불, 효도 효). 충성(忠誠)스럽지 못하고[不] 효성(孝誠)스럽지 못함[不].

불-충분 不充分 (아닐 불, 채울 충, 나눌 분). 충분(充分)하지 아니함[不]. ¶증거 불충분 / 자료가 불충분하다. [반]충분.

불-충실 不充實 (아닐 불, 채울 충, 채울 실). ① [속뜻] 속이 알차고[充實] 단단하지 아니함[不]. ②정성스럽고 참되지 아니함.

불-충실 不忠實 (아닐 불, 충성 충, 참될 실). 충성(忠誠)과 성실(誠實)을 다하지 못함[不].

불취 不取 (아닐 불, 가질 취). 가지지[取] 아니함[不].

불측 不測 (아닐 불, 헤아릴 측). ① [속뜻] 미루어 헤아릴[測] 수 없음[不]. ¶불측의 사고. ②생각이나 행동 따위가 괘씸하고 엉큼함.

불치 不治 (아닐 불, 다스릴 치). ① [속뜻] 병을 고칠[治] 수 없음[不]. ②나라의 정치가 잘 돌아가지 않음. [반]완치(完治).

▶불치-병 不治病 (병 병). 고칠[治] 수 없는[不] 병(病). 낫지 않는 병. ¶암은 이제 불치병이 아니다.

불치하문 不恥下問 (아닐 불, 부끄러울 치, 아래 하, 물을 문). 학식, 지위, 나이 따위가 자기보다 아래[下]인 사람에게 묻는[問] 일을 부끄러워하지[恥] 아니함[不]. ¶불치

하문은 학자가 지녀야할 태도이다.

불-친절 不親切 (아닐 불, 친할 친, 몹시 절). 친절(親切)하지 아니함[不]. ¶그 음식점은 손님에게 불친절하다. [반]친절.

불친화-성 不親和性 (아닐 불, 친할 친, 어울릴 화, 성질 성). [화학] 종류가 다른 물질과는 서로 화합하지[親和] 않는[不] 성질(性質).

불침 不侵 (아닐 불, 쳐들어갈 침). 침략(侵略)하지 아니함[不]. 또는 침범하지 아니함. ¶불침 조약.

불침-번 不寢番 (아닐 불, 잠잘 침, 차례 번). 밤에 잠을 자지[寢] 않고[不] 당번(當番)을 서는 일. 또는 그 사람. ¶오늘은 내가 불침번을 서는 날이다.

불쾌 不快 (아닐 불, 기쁠 쾌). 어떤 일로 기분이 상하여 마음이 기쁘지[快] 않음[不]. ¶그의 태도는 나를 아주 불쾌하게 했다.

▸불쾌-감 不快感 (느낄 감). 불쾌(不快)한 느낌이나 감정(感情).

▸불쾌-지수 不快指數 (가리킬 지, 셀 수). 기온과 습도 따위의 기상 요소를 자료로 몸이 느끼는 쾌적(快適)하거나 불쾌(不快)한 정도를 나타내는 지수(指數). ¶무더위로 불쾌지수가 높아졌다.

불타 佛陀 (부처 불, 비탈질 타). [불교] '바른 진리를 깨달은 사람'이라는 뜻의 산스크리트어 'Buddha'의 한자 음역어. [비]부처.

불-탄일 佛誕日 (부처 불, 태어날 탄, 날 일). 석가모니[佛]가 태어난[誕] 날[日]. 음력 4월 8일.

불탑 佛塔 (부처 불, 탑 탑). [불교] 불교(佛教) 사찰에 세운 탑(塔).

불토 佛土 (부처 불, 흙 토). [불교] 부처[佛]가 사는 땅[土]. '극락정토'(極樂淨土)를 이르는 말.

불통 不通 (아닐 불, 통할 통). 길, 다리, 철도, 전화, 전신 따위가 서로 통(通)하지 아니함[不]. ¶시 전체의 전화가 어떻게 다 불통이죠?

불-통일 不統一 (아닐 불, 묶을 통, 한 일). 통일(統一)되지 아니함[不].

불퇴 不退 (아닐 불, 물러날 퇴). ① [속뜻] 물러나지[退] 아니함[不]. ② 물러서 되돌리지 아니함. ③ 불퇴전(不退轉).

불-퇴전 不退轉 (아닐 불, 물러날 퇴, 옮길 전). ① [속뜻] 어떤 지위에서 퇴보(退步)하여 전락(轉落)하지 아니함[不]. ② [불교] 굳게 믿어 마음을 굽히지 않음. [준]불퇴.

불투도-계 不偸盜戒 (아닐 불, 훔칠 투, 도둑 도, 경계할 계). [불교] 불도를 행하는 사람은 남의 것을 훔치거나[偸] 빼앗지[盜] 말아야[不] 한다는 계율(戒律). '남에게 무한정 베풀어야 하거늘 어찌 남의 것을 빼앗아야 되겠는가'라는 깊은 뜻을 최소한의 도리로 표현한 말이라고 한다. [참]오계(五戒).

불-투명 不透明 (아닐 불, 비칠 투, 밝을 명). ① [속뜻] 투명(透明)하지 않음[不]. ¶불투명 유리 / 이 액체는 불투명하다. ② 말이나 태도가 분명하지 않음. ¶불투명한 태도. ③ 앞으로의 전망이 확실하지 않음. ¶경기 참전이 불투명해졌다. [반]투명(透明).

▸불투명-색 不透明色 (빛 색). 맑지[透明] 않은[不] 빛깔[色]. ¶불투명색 유리.

▸불투명-체 不透明體 (몸 체). ① [속뜻] 투명(透明)하지 않은[不] 물체(物體). ② [물리] 나무, 쇠붙이 따위와 같이 빛을 통과시키지 않는 물체.

불투수-층 不透水層 (아닐 불, 뚫을 투, 물 수, 층 층). 지하수(地下水)가 전혀 스며들지[透] 못하거나[不] 스며들기 어려운 지층(地層).

불-특정 不特定 (아닐 불, 특별할 특, 정할 정). 어떤 것이라고 특별(特別)히 정(定)하지 아니함[不]. ¶불특정 다수를 대상으로 설문조사를 하다.

▸불특정-물 不特定物 (만물 물). [법률] 구체적으로[特] 지정하지[定] 않고[不] 종류, 품종, 수량만으로 지시하는 물건(物件).

불패[1] 不敗 (아닐 불, 패할 패). 지지[敗] 아니함[不]. ¶불패의 군대 / 백전(百戰) 불패.

불패[2] 不牌 (아닐 불, 나무쪽 패). 골패 또는 마작의 패(牌)를 지을 때 맞지 아니함[不]. 또는 그 패.

***불편**[1] 不便 (아닐 불, 편할 편). ① [속뜻] 어떤 것을 사용하거나 이용하는 것이 편(便)하지 아니함[不]. 거북스러움. ¶불편을 줄이다 / 이곳은 교통이 불편하다. ② 몸이나 마음이 편하지 않고 괴로움. ¶몸의 불편을 무릅쓰고 학교에 갔다 / 다리가 불편하다. [반]편

리(便利).

불편² 不偏 (아닐 불, 치우칠 편). 어느 한쪽으로 치우치지[偏] 아니함[不].

▸불편부당 不偏不黨 (아닐 부, 무리 당). ① 속뜻 어느 한쪽으로 치우치거나[偏] 어느 한편과 무리[黨] 짓지 아니함[不]. ② 매우 공평함. ¶그는 불편부당한 태도로 아이들을 대한다.

불평 不平 (아닐 불, 고를 평). ① 속뜻 공평(公平)하지 않음[不]. ② 마음에 들지 않아 못마땅하게 여김. 또는 그것을 말이나 행동으로 나타냄. ¶나는 아무런 불평도 없다. ③ 병으로 몸이 불편함.

▸불평-가 不平家 (사람 가). 불평(不平)이 많은 사람[家]. 어느 일이든 마음에 들지 않아 늘 투덜거리는 사람.

▸불평-객 不平客 (손 객). 불평(不平)이 많은 사람[客]. ㉥불평가(不平家).

▸불평-분자 不平分子 (나눌 분, 접미사 자). 어떤 조직체에서 그 시책이나 운영 등에 대하여 불평(不平)하는 사람[分子]. ¶당내의 불평분자들을 숙청하다.

불-평등 不平等 (아닐 불, 고를 평, 가지런할 등). 한쪽으로 치우쳐 있거나 차별이 있어 고르지[平等] 아니함[不]. ¶불평등한 대우를 받다. ㉤평등.

불-포화 不飽和 (아닐 불, 배부를 포, 고를 화). ① 속뜻 완전히 가득 찬[飽和] 상태에 이르지 아니함[不]. 또는 그런 상태. ② 화학 포화에 미달한 상태.

▸불포화 증기 不飽和蒸氣 (찔 증, 공기 기). 물리 압력이 최대한도에[飽和] 이르지 못한[不] 증기(蒸氣).

▸불포화 지방산 不飽和脂肪酸 (기름 지, 기름 방, 신맛 산). ① 속뜻 포화(飽和) 상태에 이르지 않은[不] 지방산(脂肪酸). ② 화학 이중 결합이 하나 이상 있는 지방산. 참기름이나 식물성 지방에 들어 있으며 상온에서는 액체이다.

불필다언 不必多言 (아닐 불, 반드시 필, 많을 다, 말씀 언). 여러[多] 말[言] 할 필요(必要)가 없음[不]. ¶이 정책의 중요성은 불필다언이다.

불-필요 不必要 (아닐 불, 반드시 필, 구할 요). 필요(必要)하지 아니함[不]. ¶불필요한 말. ㉤필요.

불필재언 不必再言 (아닐 불, 반드시 필, 두 재, 말씀 언). 다시[再] 말[言] 할 필요(必要)가 없음[不]. ¶그가 세계 최고인 것은 불필재언이다.

불하 拂下 (지불할 불, 아래 하). ① 속뜻 아래[下] 사람에게 줌[拂]. ② 국가 또는 공공 단체의 재산을 개인에게 팔아넘기는 일. ¶국유지를 불하하다. ㉥매각(賣却).

불학¹ 佛學 (부처 불, 배울 학). 불교 불교(佛敎)에 관한 학문(學問). ㉥범학(梵學).

불학² 不學 (아닐 불, 배울 학). ① 속뜻 배우지[學] 못함[不]. ¶먹고 살기 바빠 불학한 것이 평생의 한이다. ② 학문적 발전이나 성과가 없음.

▸불학무식 不學無識 (없을 무, 알 식). 배우지[學] 못해[不] 아는 것[識]이 없음[無]. ¶불학무식하오니 많이 가르쳐주십시오.

불한 佛韓 (프랑스 불, 한국 한). ① 속뜻 프랑스[佛]와 한국[韓]. ② 프랑스어와 한국어.

불한-당 不汗黨 (아닐 불, 땀 한, 무리 당). ① 속뜻 스스로 땀[汗] 흘려 노력하지 않고[不] 떼를 지어 돌아다니며 재물을 마구 빼앗는 사람들의 무리[黨]. ② 남 괴롭히는 것을 일삼는 파렴치한 사람들의 무리.

불함-문화 不咸文化 (=弗咸文化, 아닐 불, 모두 함, 글월 문, 될 화). 백두산[不咸山]을 중심으로 하여 우리 고대 민족이 이룩한 고대 문화(文化).

불함-산 不咸山 (아닐 불, 모두 함, 메 산). '백두산'(白頭山)의 딴 이름.

불합 不合 (아닐 불, 맞을 합). ① 속뜻 뜻이 맞지[合] 아니하다[不]. ② 사이가 좋지 않다. 마음에 들지 않다. ¶그는 자식들을 불합하게 여겨 왕래를 끊었다.

불-합격 不合格 (아닐 불, 맞을 합, 자격 격). 시험이나 검사 따위에 합격(合格)하지 못함[不]. ¶불합격한 제품은 폐기한다. ㉥낙방(落榜). ㉤합격(合格).

▸불합격-자 不合格者 (사람 자). 시험 따위에서 합격(合格)하지 못한[不] 사람[者].

▸불합격-품 不合格品 (물건 품). 심사나 검사에서 불합격(不合格)한 물품(物品).

불-합당 不合當 (아닐 불, 맞을 합, 마땅 당). 딱 들어맞거나 알맞지[合當] 아니함[不].

¶불합당한 처사.

불-합리 不合理 (아닐 불, 맞을 합, 이치 리). 이치(理致)에 맞지[合] 아니함[不]. ¶제도가 불합리하다.

▸불합리-성 不合理性 (성질 성). 불합리(不合理)한 성질(性質). 또는 그러한 요소. ¶신분 제도의 불합리성.

불-합의 不合意 (아닐 불, 맞을 합, 뜻 의). 의사(意思)가 일치하지[合] 아니함[不].

불행 不幸 (아닐 불, 다행 행). ① 속뜻 행복(幸福)하지 아니함[不]. ¶불행한 결혼 생활. ② 운수가 나쁨. ¶불행은 항상 겹쳐 온다. ⓑ불운(不運). ⓑ행복(幸福), 행운(幸運).

불허 不許 (아닐 불, 허락 허). 허락(許諾)하지 아니함[不]. ¶입국 불허 / 그의 재주는 타의 추종을 불허한다.

▸불허-복제 不許複製 (겹칠 복, 만들 제). 저자나 판권(板權) 소유자의 허가(許可) 없이[不] 출판물, 그림, 음반 따위를 복제(複製)할 수 없음.

불-허가 不許可 (아닐 불, 허락 허, 가히 가). 허가(許可)하지 아니함[不]. ¶면허를 불허가하다.

불현성 감:염 不顯性感染 (아닐 불, 나타날 현, 성질 성, 느낄 감, 물들일 염). ① 속뜻 증상이 겉으로 나타나지[顯] 않는[不] 성질(性質)의 감염(感染). ② 의학 병균이 몸 안에 들어가 잠복기가 지난 후에도 겉으로는 증상이 나타나지 않는 상태. ⓑ잠복(潛伏) 감염.

불현성 유행 不顯性流行 (아닐 불, 나타날 현, 성질 성, 흐를 류, 행할 행). 의학 병균이 몸 안에 들어가서 증식되기 시작하였으나, 겉으로는 그 증상이 나타나지[顯] 않는[不] 상태로[性] 널리 퍼져 돌아다니는[流行] 일. ¶일본 뇌염은 불현성 유행이 일반적이다.

불협화-음 不協和音 (아닐 불, 합칠 협, 어울릴 화, 소리 음). ① 음악 둘 이상의 음이 같이 울릴 때, 서로 어울리지[協和] 않고[不] 탁하게 들리는 음(音). ② '잘 조화되지 않는 상태나 관계'를 비유하여 이르는 말. ¶회사 직원들끼리 불협화음을 내다. ⓑ안어울림음.

불협화 음정 不協和音程 (아닐 불, 합칠 협, 어울릴 화, 소리 음, 거리 정). 음악 서로 어울리지[協和] 않는[不] 두 음(音) 사이의 거리[程]. ⓑ안어울림 음정.

불호[1] 不好 (아닐 불, 좋을 호). ① 속뜻 좋아하지[好] 않음[不]. ② 상황이나 형세 따위가 좋지 아니함. ¶아군의 형세가 불호하다.

불호[2] 佛號 (부처 불, 이름 호). 부처[佛]의 이름[號]. ② 불교에 귀의한 사람의 호. ③ 승려의 호. ⓑ불명(佛名).

불혹 不惑 (아닐 불, 홀릴 혹). ① 속뜻 무엇에 마음이 홀리지[惑] 아니함[不]. ② '불혹지년'의 준말.

▸불혹지년 不惑之年 (어조사 지, 나이 년). ① 속뜻 무엇에도 세상일에 미혹(迷惑)되지 않는[不] 나이[年]. ② '마흔 살의 나이'를 달리 이르는 말. 『논어·위정편(爲政篇)』에서, 공자가 마흔 살부터 세상일에 미혹되지 않았다고 한 데서 나온 말이다.

불화[1] 不和 (아닐 불, 어울릴 화). 서로 어울리지[和] 못함[不]. 사이가 좋지 못함. ¶부부간의 불화 / 가정불화. ⓑ화합(和合), 화목(和睦).

불화[2] 弗貨 (달러 불, 돈 화). '달러'[弗]를 단위로 하는 화폐(貨幣). 곧 미국의 화폐를 이른다.

불화[3] 佛畫 (부처 불, 그림 화). 불교 부처[佛]의 모습을 그린 그림[畫]. 또는 불교에 관한 것을 제재(題材)로 한 그림. ¶그는 불화 수백 점을 남겼다.

불화[4] 弗化 (아닐 불, 될 화). 화학 어떤 물질이 불소(弗素)와 화합(化合)하는 일.

▸불화-물 弗化物 (만물 물). 화학 불소(弗素)와 화합(化合)한 물질(物質). ⓑ플루오린화물(fluorine化物).

▸불화-수소 弗化水素 (물 수, 바탕 소). 화학 불소(弗素)와 수소(水素)의 화합물(化合物).

불-확실 不確實 (아닐 불, 굳을 확, 실제 실). 확실(確實)하지 아니함[不]. ¶불확실한 미래. ⓑ확실.

▸불확실-성 不確實性 (성질 성). 확실(確實)하지 않은[不] 성질(性質). 또는 그런 상태. ¶불확실성의 시대.

불-확정 不確定 (아닐 불, 굳을 확, 정할 정). 일이나 계획이 확정(確定)되지 않음[不]. ¶

불확정 요소.

▸불확정 기한 不確定期限 (때 기, 끝 한). 법률 시기가 확정(確定)되지 않은[不] 기한(期限).

▸불확정 채ː무 不確定債務 (빚 채, 일 무). 법률 채무의 이행이 확정(確定)되지 않은[不] 채무(債務).

불환 지폐 不換紙幣 (아닐 불, 바꿀 환, 종이 지, 돈 폐). 경제 정화(正貨)와 바꿀[換] 수 없는[不] 지폐(紙幣). ⓑ불환권(不換券).

불활성 기체 不活性氣體 (아닐 불, 살 활, 성질 성, 공기 기, 몸 체). 화학 다른 원소와 화학 반응을 일으키지[活性] 않거나[不] 어려운 기체(氣體) 원소. 헬륨, 네온, 아르곤, 크립톤, 크세논 따위. ¶유리관에 불활성 기체를 넣어 방전관을 만들다. ⓑ비활성 기체(非活性氣體).

불황 不況 (아닐 불, 상황 황). 경제 경기 상황(狀況)이 좋지 못함[不]. 경제 활동 전체가 침체되는 상태. ¶불황으로 서민들의 생활이 어려워졌다. ⓑ불경기(不景氣). ⓟ호황(好況).

불효 不孝 (아닐 불, 효도 효). ① 속뜻 효도(孝道)를 하지 아니함[不]. ② 효성스럽지 못함. ¶부모에게 불효하다. ⓟ효도(孝道).

▸불효-자 不孝子 (아들 자). ① 속뜻 불효(不孝)한 자식(子息). ② 편지글에서 부모에게 자식이 자기를 낮추어 이르는 말. ⓟ효자(孝子).

불후 不朽 (아닐 불, 썩을 후). 썩지[朽] 아니함[不]. 영원히 없어지지 아니함. ¶불후의 명작. ⓑ불멸(不滅).

▸불후지공 不朽之功 (어조사 지, 공로 공). 썩지[不朽] 않고[不] 오래도록 남아 빛날 큰 공로(功勞). ¶그는 역사에 남을 불후지공을 세웠다.

불휘 不諱 (아닐 불, 꺼릴 휘). ① 속뜻 꺼릴[諱] 수 없음[不]. '죽음'을 비유하여 이르는 말. ② 말이나 행동을 숨기거나 꺼리지 않음.

불휴 不休 (아닐 불, 쉴 휴). 쉬지[休] 아니함[不].

붕괴 崩壞 (무너질 붕, 무너질 괴). ① 속뜻 허물어져 무너짐[崩=壞]. ¶붕괴 위험. ② 물리 방사선 원소가 방사선을 내며 다른 원소로 바뀌는 현상.

붕당 朋黨 (벗 붕, 무리 당). 역사 뜻이 같은 사람[朋]끼리 모인 단체[黨]. ¶붕당을 만들어 서로를 견제하였다.

▸붕당 정치 朋黨政治 (정사 정, 다스릴 치). 역사 조선 때, 사림들이 붕당(朋黨)을 이루어 상호 비판하고 견제하면서 행하던 정치(政治).

붕대 繃帶 (묶을 붕, 띠 대). 상처나 헌 곳 따위에 감는[繃] 소독한 얇은 헝겊 띠[帶]. ¶다친 팔에 붕대를 감았다.

붕락 崩落 (무너질 붕, 떨어질 락). ① 속뜻 무너져서[崩] 떨어짐[落]. ② 물건 값이 갑자기 많이 떨어짐. ¶주식 시장의 붕락 / 시세가 붕락하다.

붕배 朋輩 (벗 붕, 무리 배). 벗[朋]이 될만한 또래[輩]. 지위나 나이가 서로 비슷한 벗. ¶붕배 사이의 교제.

붕사 硼沙 (붕산 붕, 모래 사). 화학 붕산(硼酸)나트륨의 모래[沙] 같은 흰 결정(結晶).

▸붕사구 반ː응 硼沙球反應 (공 구, 되돌릴 반, 응할 응). ① 속뜻 붕사(硼沙) 구슬[球]에 나타나는 반응(反應). ② 화학 금속 원소의 성분 분석법. 백금선 끝에 붕사 가루를 묻혀서 가열하여 녹이면 유리 모양의 구슬이 생기는데 이 구슬에 다른 금속 산화물을 묻혀 다시 가열하면 금속 종류에 따라 고유의 불꽃 빛깔이 나타난다.

붕산 硼酸 (붕산 붕, 산소 산). 화학 붕소(硼素)를 함유하는 무기산(無機酸). 진주광택이 나는 비늘 모양의 결정이나 가루.

▸붕산-면 硼酸綿 (솜 면). 약학 붕산수(硼酸水)에 적신 약솜[綿]. ¶붕산면은 소독 작용이 있다.

▸붕산-수 硼酸水 (물 수). 약학 붕산(硼酸)을 녹인 물[水]. 50g의 붕산으로 전체량 1,000mL가 되도록 물을 넣어 만든다.

▸붕산 연ː고 硼酸軟膏 (무를 연, 고약 고). 약학 백색 연고에 정제(精製) 라놀린과 붕산(硼酸)을 함께 반죽하여 만든 연고(軟膏). ¶화상을 입은 피부에 붕산 연고를 바르다.

붕성지통 崩城之痛 (무너질 붕, 재 성, 갈 지, 아플 통). ① 속뜻 성(城)이 무너질[崩] 만큼의[之] 큰 슬픔[痛]. ② 남편이 죽은 슬픔을 이르는 말. ¶붕성지통이 얼마나 크십니까. [참]고분지통(鼓盆之痛), 붕천지통(崩天之痛).

붕소 硼素 (붕산 붕, 바탕 소). [화학] 붕산(硼酸)의 주성분이 되는 원소(元素). 흑갈색의 고체로 다이아몬드 다음으로 단단하다.

붕어 崩御 (무너질 붕, 임금 어). 임금[御]의 죽음을 산이 무너짐[崩]에 비유한 말.

붕우 朋友 (벗 붕, 벗 우). 벗[朋=友]. 친구.

▶붕우-유신 朋友有信 (있을 유, 믿을 신). 벗[朋友] 사이에는 믿음[信]이 있어야[有] 함. 오륜(五倫)의 하나.

붕익 鵬翼 (새 붕, 날개 익). ① [속뜻] 붕새[鵬]의 날개[翼]. ② 앞으로 계획하고 있는 큰 사업을 비유하여 이르는 말. ③ '비행기'를 비유하여 이르는 말.

붕적-토 崩積土 (무너질 붕, 쌓을 적, 흙 토). [지리] 암석이 무너져[崩] 내려서 쌓인[積] 흙[土].

붕정 鵬程 (새 붕, 거리 정). ① [속뜻] 붕새[鵬]가 날아가는 거리[程]. ② 아득히 먼 길을 비유하여 이르는 말.

▶붕정-만리 鵬程萬里 (일만 만, 거리 리). ① [속뜻] 붕새[鵬]가 날아가는 거리[程]만큼 머나먼[萬] 길[里]. ② 훤히 펼쳐진 긴 앞길.

비가 悲歌 (슬플 비, 노래 가). ① [속뜻] 슬프고[悲] 애잔한 노래[歌]. ② 슬픈 감정을 표현한 시가(詩歌). [비]애가(哀歌).

비-가역 非可逆 (아닐 비, 가히 가, 거스를 역). [물리] 변화가 일어난 물질이 본디의 상태로 돌아갈[逆] 수[可] 없는[非] 일. [비]불가역(不可逆). [반]가역(可逆).

▶비:-가역 반:응 非可逆反應 (되돌릴 반, 응할 응). [화학] 역반응(逆反應)이 거의 일어날 수[可] 없는[非] 화학 반응(反應). [비]불가역 반응(不可逆反應). [반]가역 반응.

▶비:-가역 변:화 非可逆變化 (바뀔 변, 될 화). [물리] 변화가 일어난 물질이 본디의 상태로 돌아갈[逆] 수[可] 없는[非] 변화(變化). [비]불가역 변화(不可逆變化). [반]가역 변화(可逆變化).

비각 碑閣 (비석 비, 집 각). 비(碑)를 세우고 그 위를 덮어 지은 집[閣]. ¶예전에는 그곳에 꽤 큰 비각이 있었다.

비갈 碑碣 (비석 비, 비석 갈). 큰 비석[碑]과 작은 비석[碣]. 비석의 윗머리에 지붕 모양이 있는 것을 '비'라 하고, 지붕 부분이 없이 만든 작은 비석을 '갈'이라고 한다.

비:감 悲感 (슬플 비, 느낄 감). 슬픈[悲] 느낌[感]. ¶비감에 빠지다.

비:강 鼻腔 (코 비, 빈 속 강). [의학] 콧구멍에서 목젖에 이르는 코[鼻] 안의 빈 곳[腔]. [비]코안.

비-개석 碑蓋石 (비석 비, 덮을 개, 돌 석). 비신(碑身)위를 덮어[蓋] 얹는 지붕 모양의 돌[石].

비:-거주자 非居住者 (아닐 비, 살 거, 살 주, 사람 자). [법률] ① 국내에서 거주(居住)하지 않는[非] 사람[者]. ② 거주자가 아닌 사람으로서 국내 원천 소득(源泉所得)이 있는 개인.

비:겁 卑怯 (낮을 비, 무서울 겁). ① [속뜻] 비열(卑劣)하고 겁(怯)이 많다. ② 정정당당(正正堂堂)하지 못하고 야비하다. ¶비겁한 행동. [비]비열(卑劣)하다. [반]용감(勇敢)하다.

비격-진천뢰 飛擊震天雷 (날 비, 칠 격, 떨 진, 하늘 천, 천둥 뢰). ① [속뜻] 하늘[天]을 진동(震動)하는 우레[雷]같이 큰 소리를 내며 날아가[飛] 목표물을 맞추는[擊] 폭탄포. ② [역사] 조선 선조 때에 이장손이 발명한 폭탄. 화약, 철편(鐵片), 뇌관을 속에 넣고 겉은 쇠로 박처럼 둥글게 싼 것으로 먼 거리에 쏘아 터지게 하였다.

비:견[1] 比肩 (견줄 비, 어깨 견). ① [속뜻] 어깨[肩]를 나란히 견줌[比]. ② '낫고 못함이 없이 서로 비슷함'을 비유하여 이르는 말.

비:견[2] 鄙見 (천할 비, 볼 견). ① [속뜻] 보잘것없는[鄙] 의견(意見). ② '자기의 의견'을 겸손하게 이르는 말. ¶비견을 들어주셔서 감사합니다.

비:결 祕訣 (숨길 비, 방법 결). 무슨 일을 하는 데 있어 남이 알지 못하는[祕] 가장 효과적인 방법[訣]. ¶장수(長壽)의 비결이 뭡니까? [비]비법(祕法).

비:-결정론 非決定論 (아닐 비, 결단할 결, 정할 정, 논할 론). [철학] 인간의 의지는 합법칙성과 인과성에 의해 결정(決定)되는 것이 아니라[非] 스스로가 자율적으로 결정할 수 있다고 주장하는 학설[論].

비:-결정질 非結晶質 (아닐 비, 맺을 결, 밝을 정, 바탕 질). 화학 원자, 이온, 분자 따위가 일정한 모양이나 구조[結晶]를 가지지 않는[非] 고체 물질(物質).

비:경 祕境 (숨길 비, 지경 경). ① 속뜻 신비(神祕)스러운 곳[境]. ② 사람들의 발길이 닿지 않은 알려지지 않은 지역.

비:계 祕計 (숨길 비, 꾀 계). ① 속뜻 남몰래[祕] 꾸며 낸 꾀[計]. ② 혼자만 아는 신묘한 계책.

비:고 備考 (갖출 비, 생각할 고). ① 속뜻 훗날 더 생각해 보기[考] 위해 미리 갖추어[備] 둠. ② 어떤 내용에 참고가 될 만한 사항을 덧붙여 적음. 또는 덧붙인 그 사항. ¶ 비고를 참조하다.

▶비:고-란 備考欄 (칸 란). 비고(備考) 사항을 적기 위해 마련한 칸[欄].

비:곡¹ 祕曲 (숨길 비, 노래 곡). ① 속뜻 세상에 알려지지 않고 비밀(祕密)히 전수되어 온 악곡(樂曲). ② 어떤 특수한 집안이나 사람에 한해서 비밀히 전해져 오는 곡조.

비:곡² 悲曲 (슬플 비, 노래 곡). 슬프고[悲] 애잔한 곡조(曲調). ¶ 애도의 비곡을 울렸다.

비:골 鼻骨 (코 비, 뼈 골). 의학 코[鼻]를 받치고 있는 뼈[骨]. 코뼈.

비:공 鼻孔 (코 비, 구멍 공). 코[鼻]에 뚫린 구멍[孔].

비:-공개 非公開 (아닐 비, 드러낼 공, 열 개). 공개(公開)하지 않음[非]. ¶ 재판은 비공개로 진행된다. 반 공개(公開).

비:-공식 非公式 (아닐 비, 여럿 공, 법 식). 공식적(公式的)이지 않고[非] 사사로움. ¶ 비공식 접견.

비:-과세 非課稅 (아닐 비, 매길 과, 세금 세). 세금(稅金)을 매기지[課] 않음[非]. ¶ 비과세 소득 / 비과세 물품.

비:관 悲觀 (슬플 비, 볼 관). ① 속뜻 인생이나 어떤 현상을 슬퍼하거나[悲] 절망스럽게 봄[觀]. ② 앞으로의 일이 잘 안될 것이라고 봄. ¶ 앞날을 비관하다. 반 낙관(樂觀).

▶비:관-론 悲觀論 (논할 론). 인생이나 어떤 현상을 슬퍼하거나[悲] 절망스럽게 보는[觀] 견해[論]. 반 낙관론(樂觀論).

▶비:관-적 悲觀的 (것 적). 인생이나 어떤 현상을 슬퍼하거나[悲] 절망스럽게 보는[觀] 것[的]. 반 낙관적(樂觀的).

▶비:관론-자 悲觀論者 (논할 론, 사람 자). 모든 일을 슬퍼하거나[悲] 절망스럽게 보는[觀] 견해[論]를 가진 사람[者]. 반 낙관론자(樂觀論者).

비:관세 장벽 非關稅障壁 (아닐 비, 빗장 관, 세금 세, 막을 장, 담 벽). 경제 관세(關稅)가 아닌[非] 다른 방법의 규제[障壁]. 유럽이 국경 조정세나 수입 과징금을 부여해 외국 상품을 차별하는 것이 그 예이다. 비 엔티비(Non-Tariff Barrier).

⁑**비:교 比較** (견줄 비, 견줄 교). 둘 이상의 사물을 서로 대비(對比)하여 견주어[較] 봄. ¶ 이쪽이 비교도 안 될 만큼 좋다.

▶비:교-적 比較的 (것 적). ① 속뜻 이것과 저것을 견주어[比較] 판단하는 것[的]. ¶ 외국 문화의 비교적 고찰. ② 보통 정도보다는 꽤. ¶ 비교적 잘 되었다.

▶비:교-표 比較表 (나타낼 표). 어떤 일의 내용이나 결과를 비교(比較)하여 나타낸 표(表). ¶ 상품 가격 비교표.

▶비:교 문법 比較文法 (글월 문, 법 법). 언어 친족 관계에 있는 언어 상호 간의 문법적(文法的) 사실을 비교(比較) 연구하여 공통 조어(祖語)를 밝히는 것을 목적으로 하는 학문.

▶비:교 문학 比較文學 (글월 문, 배울 학). 문학 여러 나라의 문학(文學)을 비교(比較)하여 그들 사이의 연관성을 밝히거나 각 국의 문학적 특성을 연구하는 학문.

▶비:교격 조:사 比較格助詞 (자격 격, 도울 조, 말씀 사). 언어 여러 체언을 비교(比較)할 때 쓰이는 격(格) 조사(助詞). '처럼', '만큼', '같이', '보다' 따위가 있다. 비 견줌자리토씨.

▶비:교 언어학 比較言語學 (말씀 언, 말씀 어, 배울 학). 언어 언어 사이의 비교(比較)를 통하여 언어(言語)의 역사적 변화를 밝히는 학문(學問).

비:교전 상태 非交戰狀態 (아닐 비, 서로 교, 싸울 전, 형상 상, 모양 태). 군사 직접 교전(交戰)하지는 않지만[非], 교전 당사국의 어느 한쪽을 도움으로써 다른 당사국과 대치하고 있는 상태(狀態).

비:-교전자 非交戰者 (아닐 비, 서로 교, 싸

울 전, 사람 자). 군사 싸움터에 있지만 싸움에 참여하지[交戰] 않는[非] 민간인[者]. 종군 기자 등.

비구[1] **飛球** (날 비, 공 구). 운동 야구에서, 타자가 친 공[球]이 하늘 높이 날아[飛] 오른 상태. ㊐뜬공.

비:구[2] **比丘** (견줄 비, 언덕 구). 불교 팔리어 '비쿠'(bhikkhu)의 한자 음역어. 출가(出家)하여 계(戒)를 받은 남자 승려를 이른다. ㉥비구니(比丘尼).

▸비:구-니 比丘尼 (여승 니). 불교 팔리어 '비쿠니'(bhikkuni)의 한자 음역어. 출가(出家)하여 구족계(具足戒)를 받은 여자 승려를 이른다. ㉥비구(比丘).

▸비:구-승 比丘僧 (스님 승). 출가하여[比丘] 구족계를 받고, 독신으로 불도를 닦는 승려(僧侶).

비:-구상 非具象 (아닐 비, 갖출 구, 모양 상). 예술 대상이 갖춘[具] 형체[象]를 도외시하고[非] 직관이나 상상으로 자유로이 표현하려고 하는 예술의 한 경향. ㊐추상(抽象). ㉥구상(具象).

비:-국민 非國民 (아닐 비, 나라 국, 백성 민). 일제 강점기에, 황국의 국민(國民)으로서의 의무를 지키지 않는[非] 사람이라는 뜻으로 쓰던 말.

비:-군사화 非軍事化 (아닐 비, 군사 군, 일 사, 될 화). ① 속뜻 군사화(軍事化)하지 아니함[非]. ② 군사 군사 기지나 요새를 설치하지 않고 군사 연습이나 모든 형태의 병기 실험과 같은 군사적 성질의 조치를 금하는 일. ¶남극 대륙을 비군사화하다.

비:굴 卑屈 (낮을 비, 굽힐 굴). 비겁(卑怯)하게 자신의 뜻을 굽힘[屈]. 용기가 없고 비겁함. ¶겸손이 지나치면 비굴이 된다 / 비굴한 행동.

비:궁 秘宮 (숨길 비, 대궐 궁). 비밀(秘密)의 궁전(宮殿). 또는 신비에 싸여 있는 궁전.

비:-균질권 非均質圈 (아닐 비, 고를 균, 바탕 질, 범위 권). 지리 대기의 성분[質]이 고루[均] 섞이지 않은[非] 대기권(大氣圈). 지상으로부터 80~100km 상공에서 시작되며 특정한 기체가 각기 다르게 분포한다.

비:극 悲劇 (슬플 비, 연극 극). ① 연영 인생의 불행이나 슬픔을 제재로 하여 슬픈[悲] 결말로 끝맺는 극(劇). ¶『햄릿』은 셰익스피어의 비극이다. ② 매우 비참한 사건. ㉥희극(喜劇).

▸비:극-적 悲劇的 (것 적). 비극(悲劇)과 같이 슬프고 비참한 것[的]. ¶비극적인 사건이 벌어졌다. ㉥희극적(喜劇的).

비:-극영화 非劇映畫 (아닐 비, 심할 극, 비칠 영, 그림 화). 연영 극영화(劇映畫)가 아닌[非] 영화. 기록 영화나 학술 영화가 그러하다.

비:근 卑近 (낮을 비, 가까울 근). 우리 주위에 흔하고[卑] 가깝다[近]. ¶비근한 예를 들어 보자.

비금 飛禽 (날 비, 날짐승 금). 날아다니는[飛] 짐승[禽]. ㊐날짐승.

비:-금속 非金屬 (아닐 비, 쇠 금, 속할 속). 금속(金屬)의 성질을 가지지 않는[非] 물질을 통틀어 이르는 말. ㉥금속(金屬).

▸비:금속-광택 非金屬光澤 (빛 광, 윤날 택). 금속(金屬)의 광택(光澤)이 아닌[非] 광택을 통틀어 이르는 말. 진주, 유리, 견사 따위의 광택을 이른다.

▸비:금속 원소 非金屬元素 (으뜸 원, 바탕 소). 화학 금속 원소(金屬元素)가 아닌[非] 원소를 통틀어 이르는 말. ¶산소, 수소, 질소 등은 비금속 원소이다.

비:-금속 卑金屬 (낮을 비, 쇠 금, 속할 속). ① 속뜻 금속의 성질이 약한[卑] 금속(金屬). ② 화학 공기 중에서 산화(酸化)하기 쉬운 금속을 통틀어 이르는 말. 알칼리 금속이 이에 속한다.

비:기 秘記 (숨길 비, 기록할 기). ① 속뜻 비밀(秘密)의 기록(記錄). ② 민속 길흉이나 화복 따위를 예언한 기록. ¶『정감록』은 조선에서 전해져 온 비기이다.

비:난 非難 (아닐 비, 꾸짖을 난). ① 속뜻 잘한 것이 아니라고[非] 꾸짖음[難]. ② 남의 잘못이나 결점을 책잡아서 나쁘게 말함. ¶거짓말을 일삼는 그의 행동은 비난받아 마땅하다. ㊐힐난(詰難). ㉥칭찬(稱讚).

비:-내구재 非耐久財 (아닐 비, 견딜 내, 오랠 구, 재물 재). 경제 오래[久] 쓸 수[耐] 없는[非] 재물(財物). ¶비누는 비내구재에 속한다. ㉥내구재(耐久財).

비:노동력 인구 非勞動力人口 (아닐 비,

일할 로, 움직일 동, 힘 력, 사람 인, 입 구). [사회] 노동력을 발휘할 수 있는 사람 중에 학업, 질병 등의 이유로 실제로 노동 시장[勞動力]에 참여하지 않는[非] 인구(人口).

비:-논리적 非論理的 (아닐 비, 논할 론, 이치 리, 것 적). 논리적(論理的)이지 않은[非] 것. ¶비논리적인 이유를 들다.

비:-농가 非農家 (아닐 비, 농사 농, 집 가). 농촌에 살기는 하나, 농사(農事)를 짓지 않는[非] 집[家].

비:뇨 泌尿 (스며나올 비, 오줌 뇨). 오줌[尿]을 만들어 흘러 내보냄[泌].

▸비:뇨-기 泌尿器 (그릇 기). [의학] 오줌[尿]의 생성과 배설[泌]을 맡은 기관(器官).

▸비:뇨기-과 泌尿器科 (그릇 기, 분과 과). [의학] 비뇨기(泌尿器)에 관한 질병을 연구·치료하는 의학의 한 분과(分科).

▸비:뇨기 결핵 泌尿器結核 (그릇 기, 맺을 결, 씨 핵). [의학] 비뇨기(泌尿器)에 생긴 결핵(結核)성 염증.

비단[1] 非但 (아닐 비, 다만 단). ① [속뜻] 단지[但] 그 무엇만은 아님[非]. ② '아니다' 따위 부정하는 말 앞에 쓰여 '다만'의 뜻을 나타내는 말. ¶비단 나만의 문제가 아니다. [비]다만, 단지(但只), 오직.

*__비:단__[2] 緋緞 (비단 비, 비단 단). 명주실로 두껍고 광택이 나게 짠 피륙을[緋=緞] 통틀어 이르는 말. ¶비단 한복. [비]명주(明紬).

비:-단백석 非蛋白石 (아닐 비, 새알 단, 흰 백, 돌 석). [광업] 흰색이 아니라[非] 붉은 빛의 반사광을 내는 단백석(蛋白石). 장식품으로 쓴다.

비:-단백질 非蛋白質 (아닐 비, 새알 단, 흰 백, 바탕 질). 단백질(蛋白質)이 아닌[非] 물질(物質).

비대[1] 碑臺 (비석 비, 돈대 대). 비석(碑石)의 받침돌[臺].

비:대[2] 肥大 (살찔 비, 큰 대). 살이 쪄서[肥] 몸집이 크고[大] 뚱뚱함. ¶몸집이 비대하다.

▸비:대-증 肥大症 (증세 증). [의학] 신체 조직이나 장기의 일부가 지나치게 커지는[肥大] 증세(症勢).

비:도[1] 非道 (아닐 비, 길 도). 도리(道理)가 아님[非]. 도리에 어긋남.

비:도[2] 匪徒 (도둑 비, 무리 도). 떼를 지어 다니면서 재물을 빼앗는 도둑[匪] 무리[徒]. ¶관군이 온다는 것을 알고는 비도들이 도망을 치기 시작했다.

비:-도덕적 非道德的 (아닐 비, 길 도, 베풀 덕, 것 적). 도덕(道德) 규범에 맞지 않은[非]. 또는 그러한 것[的]. ¶비도덕적인 행위를 저지르다. [반]도덕적.

비:-동맹국 非同盟國 (아닐 비, 한가지 동, 맹세할 맹, 나라 국). ① [속뜻] 동맹(同盟)을 맺지 않은[非] 나라[國]. ② [정치] 제2차 세계대전 이후 동서로 양극화된 냉전체제 속에서 어느 한 진영에도 종속되지 않고 자주 독립의 중립적 노선을 표방한 나라.

비:등[1] 比等 (견줄 비, 같을 등). 견주어[比] 보아 서로 같거나[等] 비슷하다. ¶나는 형과 체격이 비등하다.

비등[2] 飛騰 (날 비, 오를 등). 높이 날아[飛] 오름[騰].

비:등[3] 沸騰 (끓을 비, 오를 등). ① [속뜻] 액체가 끓어[沸] 오름[騰]. ② 물 끓듯 세차게 일어남.

▸비:등-점 沸騰點 (점 점). [화학] 액체가 끓어[沸]오르는[騰] 점(點). [준]비점. [비]끓는점.

▸비:등-천 沸騰泉 (샘 천). ① [속뜻] 물이 끓어[沸] 오르는[騰] 샘[泉]. ② [지리] 100℃ 이상의 열탕이 수증기나 그 밖의 가스와 함께 하늘 높이 뿜어 오르는 온천. [비]분등천(噴騰泉).

비련 悲戀 (슬플 비, 그리워할 련). 비극(悲劇)으로 끝나는 사랑[戀]. ¶비련의 여인.

비:례[1] 非禮 (아닐 비, 예도 례). 예의(禮儀)에 어긋남[非]. 또는 그런 일. ¶겸손이 지나쳐도 비례이다.

비:례[2] 備禮 (갖출 비, 예도 례). 예의(禮儀)를 갖춤[備]. ¶순이는 비례하고 손님을 맞았다.

비:례[3] 比例 (견줄 비, 본보기 례). ① [속뜻] 본보기[例]와 비교(比較)해 봄. ② 한쪽의 양이나 수가 변동할 때 다른 쪽의 양이나 수도 같은 비율로 증가 또는 감소하는 관계. 정비례와 반비례가 있다. ¶행복은 성공과 꼭 비례하는 것은 아니다. ③ [미술] 표현된 물상의

각 부분 상호 간 또는 전체와 부분 간이 양적으로 일정한 관계에 있음. 또는 그런 관계. ④ [수학] 두 수 또는 두 양에 있어서 한쪽이 2배, 3배, …로 되면 다른 한쪽도 2배, 3배, …로 되거나 또는 한쪽이 2배, 3배, …로 되면 다른 한쪽은 1/2배, 1/3배, …로 되는 일. 또는 그런 관계. 전자를 정비례 후자를 반비례라 한다.

▸비ː례-량 比例量 (분량 량). [수학] ① 비례(比例) 관계를 이루는 몇 개의 정량(定量). ② 서로 비례 관계를 이루면서 변화하는 두 양.

▸비ː례-세 比例稅 (세금 세). [법률] 같은 비율로[比例] 부과하는 세금(稅金). 소득세 따위. [반] 누진세(累進稅).

▸비ː례-식 比例式 (법 식). [수학] 두 개의 비가 같음[比例]을 나타내는 식(式).

▸비ː례-항 比例項 (항목 항). [수학] 비례(比例)를 이루고 있는 각 항(項).

▸비ː례 계ː수 比例係數 (맬 계, 셀 수). [수학] 변화하는 두 양이 비례(比例)할 때의 그 비의 값[係數]. 또는 반비례할 때의 그 곱의 값. [비] 비례 정수(比例定數), 비례 상수(比例常數).

▸비ː례 배ː분 比例配分 (나눌 배, 나눌 분). [수학] 주어진 수나 양을 주어진 비례(比例)에 따라 나누는[配分] 계산법.

▸비ː례 상수 比例常數 (늘 상, 셀 수). [수학] 변화하는 두 양이 비례(比例)할 때의 일정한[常] 비의 값[數]. 또는 반비례할 때의 그 곱의 값.

▸비ː례 선ː거 比例選擧 (고를 선, 들 거). [정치] 비례대표제(比例代表制)에 의한 선거(選擧).

▸비ː례 정ː수 比例定數 (정할 정, 셀 수). [수학] 변화하는 두 양이 비례(比例)할 때의 일정(一定)한 비의 값[數]. [비] 비례 상수(比例常數).

▸비ː례 중수 比例中數 (가운데 중, 셀 수). [수학] 두 내항(內項)이 같은 비례식(比例式)에서의 가운데[中] 수(數). [비] 비례 중항(比例中項).

▸비ː례 중항 比例中項 (가운데 중, 항목 항). [수학] 두 내항(內項)이 같은 비례식(比例式)에서의 가운데[中] 항(項). a:b=b:c와 같은 비례식에서 b를 이른다.

▸비ː례 대ː표제 比例代表制 (바꿀 대, 나타낼 표, 정할 제). [정치] 정당의 총득표수의 비례(比例)에 따라서 대표자(代表者) 수를 결정하는 선거 제도(制度).

비ː록 祕錄 (숨길 비, 기록할 록). ① [속뜻] 비밀(祕密)스러운 기록(記錄). ② 일반에게 공개되지 않는 사실의 기록.

⁑**비ː료 肥料** (기름질 비, 거리 료). ① [속뜻] 기름지게[肥] 하는 재료(材料). ② [농업] 식물의 생장을 촉진하는 재료(材料)가 되는 물질. ¶질소, 인산, 칼리를 비료의 3요소라 한다. [비] 거름.

▸비ː료 식물 肥料植物 (심을 식, 만물 물). [농업] 거름[肥料]으로 이용하기 위해 재배하는 식물(植物).

▸비ː료 작물 肥料作物 (지을 작, 만물 물). [농업] 거름[肥料]으로 쓰려고 가꾸는[作] 식물(植物). 녹비 작물(綠肥作物).

비ː루 鄙陋 (천할 비, 좁을 루). 행동거지가 천하고[鄙] 마음이 좁다[陋]. 행동이나 성질 따위가 품위가 없고 천하다. ¶비루한 태도.

비ː류[1] 比類 (견줄 비, 무리 류). ① [속뜻] 비교(比較)할 만한 부류(部類). ¶우리 제품은 세계에 비류가 없습니다. ② 비슷한 종류.

비ː류[2] 非類 (아닐 비, 비슷할 류). ① [속뜻] 같은 종류(種類)가 아님[非]. ② 사람 같지 않게 행동이 바르지 못한 사람을 비유하여 이르는 말.

비ː리[1] 非理 (아닐 비, 이치 리). 도리(道理)에 어긋나는[非] 일. ¶비리를 저지르다. [비] 부조리(不條理), 부정(不正).

비ː리[2] 鄙俚 (천할 비, 속될 리). 언어나 풍속 따위가 천하고[鄙] 속되다[俚].

비ː린 比鄰 (견줄 비, 이웃 린). 처마를 잇대어 견주고[比] 있는 이웃[鄰].

비ː만 肥滿 (살찔 비, 넘칠 만). 살이 쪄서[肥] 몸이 뚱뚱함[滿]. ¶과식으로 비만해지다 / 비만 예방.

▸비ː만-증 肥滿症 (증세 증). [의학] 몸에 지방질이 많아져서 지나치게 뚱뚱해지며[肥滿] 운동 장애나 기능 장애를 일으키는 증세(症勢).

비말 飛沫 (날 비, 거품 말). 잘게 튀어 퍼지는[飛] 물방울이나 거품[沫].

▸비말 감:염 飛沫感染 (느낄 감, 물들일 염). [의학] 환자가 기침할 때 침과 더불어 병균이 튀어 퍼짐[飛沫]에 따라 감염(感染)되는 일.

비:망 備忘 (갖출 비, 잊을 망). 잊어버릴[忘] 것에 대비(對備)하는 일.

▸비:망-기 備忘記 (기록할 기). ① [속뜻] 어떤 사실들을 잊어버리지[忘] 않으려고 준비(準備)한 글[記]. ② [역사] 임금이 명령을 적어 승지에게 전하던 문서.

▸비:망-록 備忘錄 (기록할 록). 잊을[忘] 것에 대비(對備)하여 기록(記錄)해 두는 책자.

비:매-품 非賣品 (아닐 비, 팔 매, 물건 품). 일반에게는 팔지[賣] 않는[非] 물품(物品).

비:명¹ 悲鳴 (슬플 비, 울 명). ① [속뜻] 슬픈[悲] 울음소리[鳴]. ② 몹시 놀라거나 괴롭고 다급할 때에 지르는 외마디 소리. ¶골목에서 비명이 들렸다.

비명² 碑銘 (비석 비, 새길 명). 비면(碑面)에 새긴[銘] 글.

비:명³ 非命 (아닐 비, 운명 명). ① [속뜻] 자기의 운수[命]를 다하지 못하고 죽음[非]. ② 병사(病死)나 자연사(自然死)가 아닌 재해나 사고 따위로 갑자기 목숨을 잃는 일.

▸비:명-횡사 非命橫死 (갑자기 횡, 죽을 사). 뜻밖의 사고를 당하여 제명대로 살지 못하고[非命] 갑자기[橫] 죽음[死].

비:목¹ 費目 (쓸 비, 눈 목). 어떤 일이나 살림을 하면서 쓴[費] 돈의 용도를 목적에 따라 나눈 항목(項目).

비목² 碑木 (비석 비, 나무 목). 나무[木]를 깎아서 세운 비(碑).

비:목-어 比目魚 (가지런할 비, 눈 목, 물고기 어). ① [속뜻] 눈[目]이 한쪽에 나란히[比] 있는 물고기[魚]. ② [동물] 가자미과에 딸린 바닷물고기. 보통으로 몸이 위아래로 넓적하여 긴 타원형에 가깝고 가자미보다 크며 두 눈이 다 왼쪽에 있다. 몸의 왼편은 어두운 갈색, 오른편은 흰빛으로 근해(近海)의 모래밭에 산다. 넙치.

비:몽사몽 非夢似夢 (아닐 비, 꿈 몽, 닮을 사, 꿈 몽). 꿈이[夢] 아닌[非] 것 같기도 하고 꿈[夢] 같기도[似] 한 어렴풋한 상태. ¶며칠 동안 잠을 못자 그는 비몽사몽이었다.

비:-무:장 非武裝 (아닐 비, 굳셀 무, 꾸밀 장). 무장(武裝)을 하지 아니함[非]. 또는 그러한 상태. ¶비무장 상태로 회담장에 들어갔다.

▸비:무장-화 非武裝化 (될 화). 비무장(非武裝) 상태가 되게[化] 함.

▸비:-무:장 지대 非武裝地帶 (땅 지, 띠 대). [군사] 조약에 따라서 무장(武裝)이 금지되어[非] 있는 지역[地帶].

비문 碑文 (비석 비, 글월 문). 비석(碑石)에 새긴 글[文]. ¶조선시대 비문을 판독하다.

비:-민주적 非民主的 (아닐 비, 백성 민, 주인 주, 것 적). 민주적(民主的)이지 않은[非]. 또는 그러한 것. ¶비민주적인 방법으로 일을 처리하다.

비:밀 祕密 (숨길 비, 몰래 밀). ① [속뜻] 숨기어[祕] 몰래[密] 간직해야 할 일. ¶비밀에 붙이다. ② 밝혀지지 않은 사실이나 내용. ¶우주의 비밀.

▸비:밀-리 祕密裡 (속 리). 어떤 일이 남에게 알려지지 않은[祕密] 가운데[裡] 행하여지고 있는 상태. ¶비밀리에 만나다.

▸비:밀-회 祕密會 (모일 회). ① [속뜻] 비밀(祕密)로 하는 모임[會]. ② 공개되지 않은 국회의 회의.

▸비:밀 결사 祕密結社 (맺을 결, 모일 사). 법률로 정해진 신고를 하지 않고 그 조직, 구성원, 소재지 따위를 비밀(祕密)로 하고 있는 결사 조직(結社組織).

▸비:밀 선:거 祕密選擧 (고를 선, 들 거). [정치] 비밀(祕密) 투표로 하는 선거(選擧).

비:방¹ 祕方 (숨길 비, 방법 방). 남에게는 숨기는[祕] 자기만의 방법(方法). ¶그 의사는 비방을 공개하지 않았다. ② 비밀히 전해 오는 약방문(藥房文). [비] 비법(祕法), 묘방(妙方).

비:방² 誹謗 (헐뜯을 비, 헐뜯을 방). 남을 헐뜯음[誹=謗]. 나쁘게 말함. ¶온갖 비방과 욕설을 서슴지 않다.

비-방수호 非放水湖 (아닐 비, 놓을 방, 물 수, 호수 호). [지리] 물[水]이 흘러들기만 하고 흘러 나가지[放] 않는[非] 호수[湖]. ¶사해(死海)는 비방수호이다.

비백-서 飛白書 (날 비, 흰 백, 쓸 서). 열 가지 서체의 하나. 후한 때, 채옹(蔡邕)이 만든 서체로 팔분(八分)과 비슷하지만 획을 나는 듯이[飛] 그어 흰[白] 부분이 많은 서체(書體).

비:번 非番 (아닐 비, 차례 번). 당번(當番)을 설 차례가 아님[非]. ¶이번 주말은 비번이다.

비:범 非凡 (아닐 비, 무릇 범). 평범(平凡)하지 않음[非]. 특히 뛰어남. ¶그는 음악에 비범한 재능을 갖고 있다. [반]평범(平凡)

▶비:범-인 非凡人 (사람 인). 비범(非凡)한 사람[人].

비:법1 非法 (아닐 비, 법 법). 합법적(合法的)이지 아니함[非]. 불법(不法).

비:법2 祕法 (숨길 비, 법 법). 비밀(祕密)스러운 방법(方法). ¶비법을 전수하다. [비]비방(祕方).

비:변-사 備邊司 (갖출 비, 가 변, 벼슬 사). [역사] 조선 때, 남쪽 해안과 북쪽 국경[邊]지대에 적들의 침입을 대비(對備)하기 위해 설치한 관청[司].

비보1 飛報 (날 비, 알릴 보). 날듯이[飛] 매우 빨리 알림[報]. 또는 그러한 통지.

비:보2 祕報 (숨길 비, 알릴 보). 비밀(祕密)히 하는 보고(報告).

비:보3 祕寶 (숨길 비, 보배 보). 비밀(祕密)히 간직하는 보물(寶物).

비:보4 悲報 (슬플 비, 알릴 보). 슬픈[悲] 소식[報]. ¶그는 할머니가 오늘 아침에 돌아가셨다는 비보를 들었다. [반]낭보(朗報), 희보(喜報).

비복 婢僕 (여자종 비, 종 복). 계집종[婢]과 사내종[僕]을 아울러 이르는 말. ¶비복들이 다 모여들었다.

비:본 祕本 (숨길 비, 책 본). 소중히 간직하여 남에게 보이지 않는[祕] 책[本].

비:봉 祕封 (숨길 비, 봉할 봉). 남이 보지 못하도록[祕] 단단히 봉(封)함. 또는 그렇게 봉한 것.

비:분 悲憤 (슬플 비, 분할 분). 슬프고[悲] 분(憤)함.

▶비:분-강:개 悲憤慷慨 (원통할 강, 슬퍼할 개). 슬프고[悲] 분(憤)하여 원통해하고[慷] 개탄(慨歎)함.

비빈 妃嬪 (왕비 비, 아내 빈). [역사] 왕의 아내[妃]와 세자의 아내[嬪]를 아울러 이르는 말.

비:사1 祕史 (숨길 비, 역사 사). 세상에 드러나지 않은[祕] 역사(歷史). 숨겨진 역사상의 사실. ¶고려 말의 비사.

비:사2 祕事 (숨길 비, 일 사). 비밀(祕密)리에 숨겨진 일[事]. ¶그 비사에 대해서는 들은 바가 없다.

비사-주석 飛沙走石 (날 비, 모래 사, 달릴 주, 돌 석). ① [속뜻] 모래가[沙] 날리고[飛] 돌멩이[石]가 나뒹굶[走]. ② '바람이 세차게 부는 것'을 이르는 말. 양사주석(揚沙走石).

비:산 砒酸 (비상 비, 산소 산). [화학] 비소(砒素)나 무수아비산을 진한 질산(窒酸) 등과 함께 가열하여 얻은 비소 화합물의 한 가지. 무색의 결정으로 독성이 강하다.

▶비:산 석회 砒酸石灰 (돌 석, 재 회). [농업] 비소 살충제로 쓰는 농약. 석회유와 비산(砒酸)을 반응시켜 만든 백색 가루[石灰]. 산성 소화액을 갖는 딱정벌레류에 특효가 있다.

비:-삼망 備三望 (갖출 비, 석 삼, 바랄 망). [역사] 조선 때 한 사람의 벼슬아치를 뽑을 때, 세[三] 사람의 후보자[望]를 갖추어[備] 최종 심사에 올리던 일.

비상1 飛上 (날 비, 위 상). 날아[飛] 오름[上].

비상2 飛翔 (날 비, 높이 날 상). 하늘을 날아[飛] 높이 오름[翔].

비:상3 砒霜 (비상 비, 서리 상). [약학] 비석(砒石)을 태워 승화(昇華)시켜서 만든 서리[霜] 같은 결정체의 독약.

비:상4 悲傷 (슬플 비, 상할 상). 슬픈[悲] 일로 마음이 상함[傷]. 마음이 아픔.

비:상5 非常 (아닐 비, 보통 상). ① [속뜻] 일반적인[常] 것이 아님[非]. ② 뜻밖의 긴급한 사태. ¶비상 대책. ③ 평범하지 않고 뛰어남. ¶비상한 재주를 선보이다.

▶비:상-구 非常口 (어귀 구). 보통 때는 닫아 두고 돌발사고 같은 비상시(非常時)에만 사용하는 출입구(出入口). ¶화재 발생 시 비상구를 통해 대피하십시오.

▶비:상-금 非常金 (돈 금). 비상용(非常用)

으로 쓰기 위하여 마련해둔 돈[金]. ¶책 사이에 비상금을 감춰두었다.

▸비:상-망 非常網 (그물 망). 비상(非常) 사태에 대비하기 위해 어떤 지역에 그물[網] 처럼 이리저리 쳐놓은 경계 태세.

▸비:상-비 非常費 (쓸 비). 뜻하지 않은 일이 일어났을 때[非常] 쓰려고 미리 마련해 두는 경비(經費).

▸비:상-선 非常線 (줄 선). 중대한 범죄나 화재 같은 비상사건(非常事件)이 발생하였을 때, 범인 체포나 경계를 위해 일정한 구역을 둘러싼 선(線).

▸비:상-시 非常時 (때 시). 뜻밖의 긴급한 사태[非常]가 일어난 때[時]. ¶그는 비상시에 대비해 매달 십만 원씩 저축하고 있다. ㊥유사시(有事時). ㊦평상시(平常時).

▸비:상-식 非常食 (밥 식). 비상시(非常時)에 대비한 식량(食糧).

▸비:상-용 非常用 (쓸 용). 비상시(非常時)에 씀[用]. 또는 그때 쓰는 용품(用品).

▸비:상-계:엄 非常戒嚴 (경계할 계, 엄할 엄). 법률 전쟁 등으로 나라가 극도로 혼란스러울[非常] 때, 대통령이 선포하는 계엄(戒嚴). 계엄사령관이 계엄 지역 안의 모든 행정 사무와 사법 사무를 맡아서 관리한다.

▸비:상 대:권 非常大權 (큰 대, 권리 권). 법률 비상사태(非常事態)가 발생했을 때, 국가를 보위하기 위해 국정전반에 걸쳐 비상 조처를 할 수 있는 대통령(大統領)의 권한(權限).

▸비:상 대:기 非常待機 (기다릴 대, 때 기). 비상사태(非常事態)에 대처하기 위해 준비를 갖추고 때[機]를 기다리는[待] 일.

▸비:상-사:태 非常事態 (일 사, 모양 태). 대규모 재해나 소요처럼 비일상적인[非常] 사태(事態). ¶비상사태에 대비하다.

▸비:상-시국 非常時局 (때 시, 판 국). 군사 전쟁이나 사변 등으로 국가가 중대한 위기에 처한[非常] 시국(時局).

▸비:상-조치 非常措置 (놓을 조, 둘 치). 법률 국가가 그 안전을 위협받는 비상(非常)사태에 처했을 때, 대통령이 국정 전반에 걸쳐서 취하는 특별한 조치(措置).

비:-상식적 非常識的 (아닐 비, 보통 상, 알 식, 것 적). 상식(常識)으로는 생각할 수 없는[非] 것[的].

비:-상임 非常任 (아닐 비, 늘 상, 맡길 임). 일정한 직무를 늘[常] 계속해서 맡는[任] 것이 아님[非].

▸비:상임 이:사국 非常任理事國 (다스릴 리, 일 사, 나라 국). 정치 유엔안전보장이사회의 이사국(理事國) 중 항상(恒常) 이사국의 임무(任務)를 수행할 자격이 없는[非] 나라. 임기는 2년이고 거부권이 없으며, 세 나라씩 매년 선거로 선출한다.

비:색 翡色 (비취 비, 빛 색). 비취(翡翠)같이 푸른색[色]. ¶엄마는 비색의 한복을 입었다.

비:색-증 鼻塞症 (코 비, 막힐 색, 증세 증). 한의 코[鼻]가 막혀[塞] 숨쉬기에 힘들고 냄새를 못 맡게 되는 증세(症勢).

비:-생산적 非生産的 (아닐 비, 날 생, 낳을 산, 것 적). 생산적(生産的)이지 않음[非].

비:서 祕書 (숨길 비, 책 서). ① 속뜻 남에게 숨기고[祕] 혼자만이 간직하고 있는 귀중한 책[書]. ② 요직에 있는 사람에 직속하여 그의 기밀 사무 따위를 맡아보는 직위. 또는 사람. ¶국무총리 비서.

▸비:서-관 祕書官 (벼슬 관). 법률 고위 공무원에 딸리어 기밀 사무[祕書]를 맡아보는 공무원[官].

▸비:서-실 祕書室 (방 실). 비서(祕書)가 사무를 보는 방[室]. 또는 그 기관.

비:석[1] 沸石 (끓을 비, 돌 석). ① 속뜻 끓는[沸] 물같이 광택이 나는 암석(岩石). ② 화학 나트륨, 알루미늄을 함유한 함수(含水) 규산염 광물. 무색 또는 흰색을 띠고 유리 광택이 나며 보통 현무암이나 응회암 따위의 빈 구멍이나 갈라진 틈새에서 난다. 차바사이트, 나트롤 나이트 따위가 있다.

***비석**[2] 碑石 (돌기둥 비, 돌 석). 돌[石]로 만든 비(碑). ¶할아버지 무덤 앞에 비석을 세웠다.

비:성 鼻聲 (코 비, 소리 성). 비강(鼻腔)을 울려서 나는 소리[聲]. 비음(鼻音).

비:세 非勢 (아닐 비, 형세 세). 유리한 형세(形勢)가 아님[非]. 불리한 형세. ¶비세에 몰리다.

비:소[1] 卑小 (낮을 비, 작을 소). 하찮고[卑] 작음[小].

비:소[2] 砒素 (비상 비, 바탕 소). 화학 비산(砒

酸) 원소(元素). 질소족 원소의 하나. 금속 광택이 있는 무른 결정성(結晶性)의 유독한 고체. 반도체의 성분, 납·구리의 합금 성분 등으로 쓴다.

▸비:소-제 砒素劑 (약제 제). 약학 비소(砒素)가 들어있는 약제(藥劑).

▸비:소-진 砒素疹 (홍역 진). 의학 비소(砒素)가 섞인 약을 먹거나 바른 뒤에 그 중독으로 생긴 발진(發疹).

▸비:소 중독 砒素中毒 (맞을 중, 독할 독). 의학 비소(砒素) 화합물을 먹거나 비화수소 가스를 들이마셨을 때에 일어나는 중독(中毒).

비:-소수 非素數 (아닐 비, 본디 소, 셀 수). 수학 1과 자신의 수 이외에도[非] 약수를 가진 정수[素數]. 둘 이상의 소수를 곱한 수. 합성수(合成數). 복합수(複合數).

비:속[1] 卑俗 (낮을 비, 속될 속). 격이 낮고[卑] 속됨[俗]. 또는 그러한 풍속. ¶비속한 말.

비:속[2] 卑屬 (낮을 비, 무리 속). 법률 혈연관계에서 자기보다 낮은[卑] 항렬의 친속(親屬). 반존속(尊屬).

비:송 사:건 非訟事件 (아닐 비, 고소할 송, 일 사, 것 건). 법률 사권 관계에 관하여 민사 법원이 처리하는 사건 가운데, 민사 소송사건(訴訟事件)이 아닌[非] 모든 민사 및 상사에 관한 사건.

비:수[1] 匕首 (살촉 비, 머리 수). ① 속뜻 화살촉[匕]처럼 날카로운 칼의 머리[首]부분. ②날이 날카로운 짧은 칼. ¶원수의 가슴에 비수를 꽂다.

비:수[2] 悲愁 (슬플 비, 근심 수). 슬픔[悲]과 시름[愁].

비:수-기 非需期 (아닐 비, 쓰일 수, 때 기). 경제 상품이나 서비스의 수요(需要)가 많지 않는[非] 시기(時期). ¶비수기에는 항공권(航空券)을 싸게 판다. 반성수기(盛需期).

비:술 祕術 (숨길 비, 꾀 술). 남에게 알려지지 않은 비밀(祕密)스러운 술법(術法).

비:시 非時 (아닐 비, 때 시). ① 속뜻 제때[時]가 아닌[非] 때. 제철이 아닌 때. ② 불교 불교 계율에서 음식물을 먹어서는 안 되는 때. 정오 이후를 이른다.

비신 碑身 (비석 비, 몸 신). 비석(碑石)의 몸체[身]에 해당하는 부분. ¶비신에 그간의 공적을 새겨 넣었다.

비:-신사적 非紳士的 (아닐 비, 큰 띠 신, 선비 사, 것 적). 신사(紳士)답지 않은[非] 것[的].

비:-실용적 非實用的 (아닐 비, 실제 실, 쓸 용, 것 적). 실용적(實用的)이 아님[非].

비:애 悲哀 (슬플 비, 슬플 애). 슬퍼하고[悲] 서러워함[哀]. 또는 그런 마음. ¶비애를 맛보다 / 비애에 잠기다.

비:약[1] 祕藥 (숨길 비, 약 약). ① 속뜻 남이 모르는 비방(祕方)으로 지은 약(藥). ② 효력이 매우 좋은 약.

비약[2] 飛躍 (날 비, 뛰어오를 약). ① 속뜻 날듯이[飛] 높이 뛰어오름[躍]. ②급격히 발전하거나 향상됨. ¶올림픽 개최를 통해 서울은 세계적인 도시로 비약했다. ③이론이나 말과 생각 따위가 밟아야 할 단계나 순서를 거치지 않고 앞으로 나아감. ¶그의 논리는 비약이 심하다.

▸비약-법 飛躍法 (법 법). 문학 수사법상 변화법의 한 가지. 차례를 따라 평탄하게 서술해 나가던 문장의 흐름을 시·공간적인 거리를 급격히 뛰어넘은[飛躍] 새로운 국면으로 전개하는 표현 방법(方法).

▸비약-적 飛躍的 (것 적). 급격하게 향상·발전하는[飛躍] 것[的].

비:-양심적 非良心的 (아닐 비, 어질 량, 마음 심, 것 적). 양심적(良心的)이지 않음[非].

비:어[1] 卑語 (낮을 비, 말씀 어). 수준이 낮은[卑] 말[語]. 상스러운 말.

비어[2] 飛語 (=蜚語, 날 비, 말씀 어). 근거 없이 떠도는[飛] 말[語].

비언[1] 飛言 (날 비, 말씀 언). 비어(蜚語).

비:언[2] 鄙言 (천할 비, 말씀 언). 천한[鄙] 말[言]. 비어(卑語).

비:열 比熱 (견줄 비, 더울 열). 물리 물질 1그램의 온도를 1℃올리는 데 드는 열량과 물 1그램의 온도를 1℃올리는 데 드는 열량(熱量)과의 비율(比率).

비:열 卑劣 (낮을 비, 못할 렬). 성품이나 행동의 수준이 낮고[卑] 용렬(庸劣)함. ¶뒤에서 남을 욕하는 것은 비열한 행동이다.

비:염 鼻炎 (코 비, 염증 염). 의학 코[鼻]의

점막에 생기는 염증(炎症).

비:옥 肥沃 (기름질 비, 기름질 옥). 땅이 걸고 기름짐[肥=沃]. ¶비옥한 토양.

비:용[1] 比容 (견줄 비, 담을 용). ① 속뜻 비교적(比較的)으로 차지하는 용적(容積). ② 물리 단위 질량의 물체가 차지하는 부피. 밀도의 역수와 같다.

비:용[2] 費用 (쓸 비, 쓸 용). 무엇을 사거나 어떤 일을 하는 데 쓰는[費=用] 돈. ¶결혼 비용. ⓑ경비(經費).

▸비:용-설 費用說 (말씀 설). 경제 재화의 가치는 그것을 생산하는 데에 쓰인 노동이나 비용(費用)에 따라서 결정된다는 학설(學說).

비:-우호적 非友好的 (아닐 비, 벗 우, 좋을 호, 것 적). 말, 행동, 태도 따위가 사이좋게[友好] 지내려는 것이 아닌[非] 것[的].

비:운[1] 否運 (막힐 비, 운수 운). ① 속뜻 막혀서[否] 어려운 처지에 이른 운수(運數). ② 불행한 운명.

비:운[2] 悲運 (슬플 비, 운수 운). 슬픈[悲] 운명(運命). 불행한 운명. ¶비운의 왕자. ⓑ행운(幸運).

비:원[1] 祕苑 (숨길 비, 나라동산 원). ① 속뜻 일반 사람의 출입을 금하는 숨겨[祕] 놓은 궁원(宮苑). ② 고적 서울 창덕궁 북쪽 울안에 있는 최대의 궁원. 임금의 소풍과 산책에 사용한 후원이다.

비:원[2] 悲願 (슬플 비, 바랄 원). ① 속뜻 꼭 이루고자 하는 비장(悲壯)한 염원이나 소원(所願). ¶실향민들의 비원. ② 불교 부처와 보살의 자비심에서 우러난 중생 구제의 소원.

비:위[1] 非違 (아닐 비, 어길 위). 법에 어긋나는[非=違] 일.

비:위[2] 脾胃 (지라 비, 밥통 위). ① 속뜻 지라[脾]와 위(胃). ② 음식 맛이나 어떤 사물에 대하여 좋고 언짢음을 느끼는 기분. ¶형은 비위가 좋아 고약한 냄새가 나는 음식도 잘 먹는다. ③ 아니꼽거나 언짢은 일을 잘 견디어 내는 힘. ¶비위가 상하다 / 그렇게 놀림을 당하고도 비위 좋게 앉아 있다니.

비:유 比喩 =譬喩 (견줄 비, 고할 유). 어떤 사물의 모양이나 상태 등을 보다 효과적으로 표현하기 위하여 그것과 비슷한 다른 사물에 빗대어[比] 표현함[喩]. ¶양은 착한 사람에 대한 비유로 쓰인다.

▸비:유-법 比喩法 (법 법). 문학 수사법의 한 가지. 표현하려는 대상을 다른 대상에 빗대어 나타내는 표현[譬喩] 방법(方法)을 통틀어 이르는 말.

▸비:유-적 比喩的 (것 적). 어떤 현상이나 사물을 빗대어[比喩] 나타내는 것[的]. ¶비유적인 표현.

비:육[1] 肥育 (살찔 비, 기를 육). 가축을 육용으로 쓰기 위해 짧은 시일에 살이 찌게[肥] 기르는[育] 일.

비:육[2] 肥肉 (살찔 비, 고기 육). 짐승의 살[肥] 고기[肉].

▸비:육-우 肥肉牛 (소 우). 고기를 많이 얻기 위해 특별히 살찌게[肥肉] 기른 소[牛].

비:육지탄 髀肉之嘆 (넓적다리 비, 살 육, 어조사 지, 한숨지을 탄). ① 속뜻 넓적다리의[髀] 살만[肉] 찌게 됨을 한탄(恨嘆)함. ② '능력을 발휘하여 보람 있는 일을 하지 못하고 헛되이 세월만 보내는 것을 한탄함'을 이르는 말. 중국 촉한(蜀漢)의 유비가 말을 타고 천하를 호령하는 몸이 되지 못하고 헛되이 세월만 보냄을 탄식한 데서 유래.

비:율 比率 (견줄 비, 값 률). 어떤 수나 양을 다른 수나 양에 비교(比較)한 값[率]. ¶3대 2의 비율 / 구성비율.

비:율빈 比律賓 (견줄 비, 법칙 률, 손님 빈). '필리핀'(Philippines)의 한자 음역어.

비음[1] 碑陰 (비석 비, 응달 음). ① 속뜻 비신(碑身)의 응달[陰] 면. 비의 뒷면. ⓑ비표(碑表). ② 비석 뒷면에 새긴 글.

비:음[2] 鼻音 (코 비, 소리 음). 언어 입 안의 통로를 막고 코[鼻]로 공기를 내보내면서 내는 소리[音].

▸비:음-화 鼻音化 (될 화). 언어 비음이 아닌 자음이 비음 앞에서 비음(鼻音)으로 되는[化] 자음 동화의 하나.

비:의[1] 非義 (아닐 비, 옳을 의). 의리(義理)에 어긋남[非]. 또는 도리에 벗어남.

비:의[2] 悲意 (슬플 비, 뜻 의). 슬픈[悲] 뜻[意]. 슬퍼하는 뜻.

비:-이성적 非理性的 (아닐 비, 이치 리, 성품 성, 것 적). 이성적(理性的)이 아님[非].

비:익 比翼 (가지런할 비, 날개 익). '비익조'

(比翼鳥)의 준말.

▶비:익-조 比翼鳥 (새 조). ① 속뜻 암컷과 수컷이 각각 눈과 날개가 하나씩이라서 늘 날개[翼]를 나란히[比] 하고 난다는 상상의 새[鳥]. ② '금슬이 좋은 부부'를 비유하여 이르는 말.

▶비:익-연리 比翼連理 (이을 련, 결 리). ① 속뜻 비익조(比翼鳥)와 연리지(連理枝). ② 암수가 각각 눈 하나에 날개가 하나씩이라서 짝을 짓지 않으면 날지 못한다는 비익조(比翼鳥)와 한 나무의 가지가 다른 나무의 가지와 맞붙어서 서로 결이 통한 연리지(連理枝)라는 뜻으로, '부부의 사이가 좋고 화목함'을 비유하여 이르는 말.

비:인 非人 (아닐 비, 사람 인). ① 속뜻 사람[人]답지 못한[非] 사람. ②속세를 버린 승려가 스스로를 이르는 말.

비:-인간 非人間 (아닐 비, 사람 인, 사이 간). 성품이나 행실이 인간(人間)답지 못한[非] 사람.

▶비:-인간적 非人間的 (것 적). 인간(人間)답지 못한[非] 것[的].

비:-인도적 非人道的 (아닐 비, 사람 인, 길 도, 것 적). 인도(人道)에 어긋나는[非] 것[的]. ¶비인도적 행위.

비-인정 非人情 (아닐 비, 남 인, 마음 정). 인정(人情)이 없는[非] 것. 몰인정(沒人情).

비일비:재 非一非再 (아닐 비, 한 일, 아닐 비, 다시 재). 같은 현상이나 일이 한[一] 두[再] 번이 아니고[非] 많음. ¶우산을 잃어버린 일이 비일비재하다.

비:-자금 祕資金 (숨길 비, 밑천 자, 돈 금). ① 속뜻 비밀(祕密)스럽게 감추어둔 재물[資]이나 돈[金]. ② 경제 기업의 공식적인 재무 감사에서도 드러나지 않고 세금 추적도 불가능하도록 몰래 감추어 특별 관리하는 부정한 자금을 통틀어 이르는 말. ¶비자금을 조성하다.

비:자발적 실업 非自發的失業 (아닐 비, 스스로 자, 필 발, 것 적, 잃을 실, 일 업). 사회 자발적(自發的)이지 않은[非] 실업(失業).

비:장[1] 祕藏 (숨길 비, 감출 장). 숨겨서[祕] 소중히 간직함[藏]. ¶비장의 솜씨를 발휘하다.

비:장[2] 脾臟 (지라 비, 내장 장). 의학 오장(五臟)의 하나인 지라[脾].

비:장[3] 悲壯 (슬플 비, 씩씩할 장). 슬프지만[悲] 씩씩하다[壯]. 슬픔 속에서도 의기를 잃지 않고 꿋꿋하다. ¶비장한 각오.

▶비:장-미 悲壯美 (아름다울 미). 비장(悲壯)한 데서 느껴지는 아름다움[美].

비재 菲才 (엷을 비, 재주 재). ① 속뜻 변변하지 못한[菲] 재주[才]. ②남 앞에서 '자기의 재능'을 겸손하게 이르는 말.

비:재산적 손:해 非財産的損害 (아닐 비, 재물 재, 재물 산, 것 적, 덜 손, 해칠 해). 법률 재산(財産) 이외의[非] 손해(損害). 생명, 신체, 명예, 자유 등이 침해됨으로써 생기는 손해.

비:-저항 比抵抗 (견줄 비, 맞설 저, 막을 항). 물리 단면적이 같은 등질의 전기 도체가 갖는 전기 저항(抵抗)의 비율(比率).

비적[1] 飛跡 (날 비, 발자취 적). 물리 윌슨의 안개 상자나 거품 상자 등을 방사선 따위의 대전입자가 통과할[飛] 때 생기는 자국[跡].

비:적[2] 匪賊 (도둑 비, 도둑 적). 떼를 지어 돌아다니면서 살인 약탈 등을 일삼는 도둑[匪=賊].

비:전 祕傳 (숨길 비, 전할 전). ① 속뜻 비밀(祕密)리 전(傳)하여 내려옴. ②비밀로 하여 특정한 사람에게만 전해지는 것.

비:-전문가 非專門家 (아닐 비, 오로지 전, 문 문, 사람 가). 전문가(專門家)가 아닌[非] 사람.

비:-전문적 非專門的 (아닐 비, 오로지 전, 문 문, 것 적). 전문적(專門的)이지 않음[非].

비:-전해질 非電解質 (아닐 비, 전기 전, 풀 해, 바탕 질). 화학 물에 녹아도[解] 그 용액이 전기(電氣) 도성을 갖지 않는[非] 물질(物質). 반 전해질(電解質).

비:점 沸點 (끓을 비, 점 점). 화학 액체가 끓기[沸] 시작할 때의 온도[點]. 끓는점.

비:정[1] 非情 (아닐 비, 마음 정). ① 속뜻 따뜻한 마음[情]을 가지지 않음[非]. ②인정 없이 몹시 쌀쌀함. ¶자식을 버린 비정한 아버지.

비:정[2] 秕政 (쭉정이 비, 정치 정). 실속이 없

는[秕] 정치(政治). 악정(惡政). ¶그 지방 백성들은 비정에 시달리다 못해 봉기하였다.

비:-정규 非正規 (아닐 비, 바를 정, 법 규). 정식(正式)으로 된 규정(規定)되지 않음[非].

▸비:-정규군 非正規軍 (군사 군). 정규군(正規軍)이 아닌[非] 군대. ⓑ정규군(正規軍).

비:-정:상 非正常 (아닐 비, 바를 정, 보통 상). 정상(正常)이 아닌[非] 것. ¶그는 폐의 기능이 비정상이다. ⓑ정상(正常).

비:-정질 非晶質 (아닐 비, 밝을 정, 바탕 질). 화학 결정질(結晶質)이 아닌[非] 물질.

비조[1] 飛鳥 (날 비, 새 조). 날아다니는[飛] 새[鳥].

비:조[2] 悲調 (슬플 비, 가락 조). 슬픈[悲] 마음이 감도는 곡조(曲調). 비곡(悲曲). ¶온통 간장을 긁어내는 듯한 비조인지라 눈물이 절로 나왔다.

비:조[3] 鼻祖 (코 비, 시조 조). ① 속뜻 최초[鼻]의 조상(祖上). 어머니 뱃속의 태아는 코가 가장 먼저 형성된다고 믿었던 풍습에서 鼻자가 '최초'의 뜻으로도 쓰이게 됐다. ② 어떤 일을 가장 먼저 시작한 사람.

비좌 碑座 (비석 비, 자리 좌). 비대(碑臺)에서 비신(碑身)이 놓이는 자리[座].

비:준 批准 (따질 비, 승인할 준). ① 속뜻 잘 따져[批] 보고 검토해본 후에 승인[准]함. ② 법률 체결된 조약에 대해 당사국에서 최종적으로 확인하여 동의하는 절차. ¶개혁안이 국회 비준을 통과했다.

▸비:준 교환 批准交換 (서로 교, 바꿀 환). 법률 비준(批准)을 마친 조약문(條約文)을 당사국끼리 서로 바꿈[交換].

*__비:중 比重__ (견줄 비, 무거울 중). ① 속뜻 다른 것과 견주었을[比] 때 무겁거나[重] 중요한 정도. ¶입학시험에서는 수학의 비중이 매우 크다. ② 물리 어떤 물질의 질량과 그것과 같은 체적의 표준물질의 질량과의 비. ¶구리는 철보다 비중이 크다.

▸비:중-계 比重計 (셀 계). 물질의 비중(比重)을 재는[計] 기구를 통틀어 이르는 말.

▸비:중-표 比重表 (나타낼 표). 액체 및 고체의 비중(比重)의 값을 나타낸 표(表).

▸비:중 선:광 比重選鑛 (고를 선, 쇳돌 광). 광업 광물의 비중(比重)의 차이를 이용하여 유용한 광물(鑛物)을 가려내는[選] 일.

▸비:중 천칭 比重天秤 (하늘 천, 저울 칭). 물리 비중계의 한 가지. 공기나 액체 속에서의 부력의 차이를 이용하여 고체나 액체의 비중(比重)을 재는 저울[天秤].

비지[1] 碑誌 (비석 비, 기록할 지). 비석(碑石)에 기록한[誌] 글. 비문(碑文).

비:지[2] 鄙地 (천할 비, 땅 지). ① 속뜻 보잘것없는 비루(鄙陋)한 곳[地]. ② 자기가 사는 곳을 낮추어 이르는 말. ¶이렇게 누추한 비지를 찾아 주셔서 몸 둘 바를 모르겠습니다.

비:참 悲慘 (슬플 비, 참혹할 참). 매우 슬프고[悲] 참혹(慘酷)함. ¶비참한 생활.

비:창 悲愴 (슬플 비, 슬퍼할 창). 마음이 몹시 슬픔[悲=愴].

비:책 祕策 (숨길 비, 꾀 책). 아무도 모르게 숨긴[祕] 계책(計策). ¶일이 실패할 경우를 대비해 비책을 마련해두었다.

비:천[1] 卑賤 (낮을 비, 천할 천). 신분이 낮고[卑] 천(賤)하다. ¶비천한 일을 하다. ⓑ고귀(高貴)하다, 존귀(尊貴)하다.

비천[2] 飛天 (날 비, 하늘 천). 불교 불화(佛畵) 따위에서 나타나는 하늘[天]을 나는[飛] 신선 또는 선녀.

비:철 금속 非鐵金屬 (아닐 비, 쇠 철, 쇠 금, 속할 속). 광업 철(鐵) 이외의[非] 금속(金屬)을 통틀어 이르는 말.

비:첩[1] 婢妾 (여자종 비, 첩 첩). 여자 종[婢]으로서 첩(妾)이 된 사람. ¶그녀를 비첩으로 삼고 싶어 했다.

비첩[2] 碑帖 (비석 비, 표제 첩). 비문(碑文)을 종이에 박아 책[帖]으로 만든 것. ⓑ탁본(拓本).

비:추 悲秋 (슬플 비, 가을 추). ① 속뜻 쓸쓸한[悲] 가을[秋]. ② 가을이 주는 애틋한 느낌.

비:축 備蓄 (갖출 비, 모을 축). 만일의 경우에 대비하여 미리 갖추어[備] 모아둠[蓄]. ¶석유를 비축하다.

▸비:축-미 備蓄米 (쌀 미). 비축(備蓄)하여 놓은 쌀[米].

비:취 翡翠 (물총새 비, 물총새 취). 광업 물총새[翡翠]의 깃털처럼 짙은 푸른색을 띠는

옥. 반투명하며 장신구를 만들 때 쓰는 보석이다. ¶비취 반지.

▸비:취-금 翡翠衾 (이불 금). ① 속뜻 비취(翡翠) 빛깔의 비단 이불[衾]. ② 신혼부부가 덮는 화려한 이불.

▸비:취-색 翡翠色 (빛 색). 짙은 녹색이 나는 비취(翡翠)의 빛깔[色].

▸비:취-옥 翡翠玉 (옥돌 옥). 광업 반투명체로 된 짙은 푸른색[翡翠]의 윤이 나는 옥(玉).

▸비:취-유 翡翠釉 (잿물 유). 맑은 가을 하늘과 같은 짙은 청색[翡翠]의 잿물[釉].

비:치 備置 (갖출 비, 둘 치). 갖추어[備] 둠[置]. ¶비치 도서 / 방에 가구를 비치하다 / 이 교실에는 컴퓨터가 비치되어 있다.

비:칭 卑稱 (낮을 비, 일컬을 칭). 사람이나 사물을 낮추어[卑] 일컫는[稱] 말. ⓑ경칭(敬稱), 존칭(尊稱).

비:-타협적 非妥協的 (아닐 비, 온당할 타, 합칠 협, 것 적). 타협적(妥協的)이 아님[非]. ¶비타협적 태도.

비탄[1] 飛彈 (날 비, 탄알 탄). 날아오는[飛] 탄환(彈丸).

비:탄[2] 悲嘆 (슬플 비, 한숨지을 탄). 슬퍼하고[悲] 탄식(嘆息)함. ¶그는 어머니를 여의고 비탄에 잠겨 있다.

비:토 肥土 (기름질 비, 흙 토). 기름진[肥] 흙[土]. 기름진 땅.

비:통[1] 悲痛 (슬플 비, 아플 통). 몹시 슬프고[悲] 가슴이 아픔[痛]. ¶비통에 빠지다 / 비통한 부르짖음.

비:통[2] 鼻痛 (코 비, 아플 통). 한의 감기로 인해 코[鼻]가 아픈[痛] 증세.

비파[1] 枇杷 (비파나무 비, 비파나무 파). 비파나무[枇=杷]의 열매.

비파[2] 琵琶 (비파 비, 비파 파). 음악 동양 전통의 현악기[琵=琶]. 몸체는 길이 60~90cm의 둥글고 긴 타원형이며, 자루는 곧고 짧다. ¶비파를 뜯다 / 비파를 타다.

비:판 批判 (따질 비, 판가름할 판). ① 속뜻 잘 따져[批]보고 나서 판단(判斷)함. ② 좋고 나쁨, 옳고 그름을 따져 말함. ¶정부의 새 외교정책은 비판을 불러 일으켰다.

▸비:판-력 批判力 (힘 력). 비판(批判)하는 능력(能力). 옳고 그름을 따져 밝혀내는 힘. ¶독서를 통해 비판력을 기르다.

▸비:판-적 批判的 (것 적). 비판(批判)하는 태도나 처지를 취하는 것[的]. ¶그는 매사에 너무 비판적이다.

▸비:판-주의 批判主義 (주될 주, 뜻 의). 철학 비판적(批判的)인 정신으로 사물을 보는 사상이나 태도[主義].

▸비:판 철학 批判哲學 (밝을 철, 배울 학). 철학 선험적 관념론에 바탕을 두고 비판주의(批判主義) 입장에 서는 철학(哲學).

비:평 批評 (따질 비, 평할 평). ① 속뜻 잘 따져[批] 보고 평(評)함. ② 사물의 좋고 나쁨, 옳고 그름 따위를 따져 평가함. ¶날카로운 비평 / 그는 그 영화가 지루하다고 비평했다.

▸비:평-가 批評家 (사람 가). 비평(批評)을 전문으로 하는 사람[家]. ⓑ평론가(評論家).

▸비:평-사 批評史 (역사 사). 예술 문예 비평(批評)의 변천과 발달의 역사(歷史).

▸비:평-안 批評眼 (눈 안). 사물을 비평(批評)하는 눈[眼]. ¶그는 미술에 대한 뛰어난 비평안을 가졌다.

비:-포장 非包裝 (아닐 비, 쌀 포, 꾸밀 장). 길바닥이 포장(包裝)이 되어 있지 않은[非] 상태. ¶비포장 도로. ⓑ포장.

비:-폭력 非暴力 (아닐 비, 사나울 폭, 힘 력). 폭력(暴力)을 쓰지 않거나[非] 반대함. ¶간디는 비폭력 저항운동을 펼쳤다.

비:표[1] 祕標 (숨길 비, 나타낼 표). 자기들만 알 수 있도록 남들 모르게[祕] 표시한 표지(標識). ¶비표로 아군을 확인하다.

비표[2] 碑表 (비석 비, 겉 표). 비문(碑文)을 새긴 비석의 겉면[表]. ¶비표가 마모되어 무덤이 누구의 것인지 알 수 없다. ⓑ비음(碑陰).

비:-표준어 非標準語 (아닐 비, 우듬지 표, 고를 준, 말씀 어). 표준어(標準語)가 아닌[非] 말.

비:품 備品 (갖출 비, 물건 품). 관공서나 회사 등에서 업무용으로 갖추어[備] 두는 용품(用品). ¶비품을 구입하다. ⓑ소모품(消耗品).

비:-합리 非合理 (아닐 비, 맞을 합, 이치 리). 이론(理論)이나 이치(理致)에 맞지

[合] 않음[非]. [비]불합리(不合理).

▸비:합리-성 非合理性 (성질 성). 이론(理論)이나 이치(理致)에 맞지[合] 않는[非] 성질(性質). ¶종교의 비합리성을 비판하다. [비]불합리성(不合理性). [반]합리성(合理性).

▸비:-합리적 非合理的 (것 적). 이론(理論)이나 이치(理致)에 맞지[合] 않는[非] 것[的]. ¶비합리적으로 일을 처리하다. [반]합리적(合理的).

비:-합법 **非合法** (아닐 비, 맞을 합, 법 법). 법률(法律)의 규정에 맞지[合] 않는[非] 일. ¶비합법적 사회 운동. [반]합법(合法).

▸비:-합법적 非合法的 (것 적). 법률(法律)의 규정에 맞지[合] 않는[非] 것[的]. ¶비합법적으로 돈을 벌다. [반]합법적(合法的).

▸비:합법 운:동 非合法運動 (돌 운, 움직일 동). [사회] 법률(法律)의 규정에 맞지[合] 않는[非] 사회 운동(運動).

비:합헌-성 **非合憲性** (아닐 비, 맞을 합, 법 헌, 성질 성). [법률] 법률 등이 헌법(憲法)의 조항이나 정신에 맞지[合] 않는[非] 성질(性質). [비]위헌성(違憲性). [반]합헌성(合憲性).

비:항 **卑行** (낮을 비, 항렬 항). 집안에서 자기보다 낮은[卑] 항렬(行列). [반]존항(尊行).

비:행[1] **非行** (아닐 비, 행할 행). 도리나 도덕 또는 법규에 어긋나는[非] 행위(行爲). ¶비행 청소년 / 비행을 저지르다.

▸비:행 소:년 非行少年 (적을 소, 나이 년). [법률] 이웃이나 사회의 질서를 어그러뜨리는[非] 행동(行動)을 하였거나 그럴 가능성이 있는 소년(少年). [비]반사회성 소년(反社會性少年).

비행[2] **飛行** (날 비, 다닐 행). 항공기 따위가 하늘을 날아[飛] 다님[行]. ¶그는 장시간 비행으로 매우 피곤해 보였다.

▸비행-가 飛行家 (사람 가). 비행(飛行)을 전문으로 하는 사람[家]. 또는 비행 기록 등에서 뛰어난 사람.

▸비행-기 飛行機 (틀 기). 항공기의 한 가지로 프로펠러를 돌리거나 가스를 내뿜어서 하늘을 날아[飛] 다니는[行] 기계(機械). ¶하늘에 높이 뜬 비행기. [관용]비행기를 태우다.

▸비행-대 飛行隊 (무리 대). [군사] 비행기(飛行機)로써 편성된 부대(部隊). 정찰, 전투, 폭격, 수송 따위의 임무를 수행한다.

▸비행-복 飛行服 (옷 복). 조종사 등 항공기의 승무원이 비행(飛行) 중에 입는 옷[服].

▸비행-사 飛行士 (선비 사). 비행기(飛行機)를 조종하는 사람[士].

▸비행-선 飛行船 (배 선). ① [속뜻] 날아다니는[飛行] 배[船]같이 큰 물체. ② 큰 기구 속에 공기보다 가벼운 헬륨이나 수소 따위를 넣고 그 뜨는 힘을 이용하여 공중을 날아다니도록 만든 항공기.

▸비행-술 飛行術 (꾀 술). 비행기(飛行機)를 조종하는 기술(技術). [비]항공술(航空術).

▸비행-운 飛行雲 (구름 운). [지리] 비행기(飛行機)가 지나간 자리에 나타나는 흰 구름[雲].

▸비행-장 飛行場 (마당 장). 비행기(飛行機)가 뜨고 내리는 데 필요한 설비를 갖춘 넓은 장소(場所). ¶비행장 인근은 소음이 많다.

▸비행-정 飛行艇 (거룻배 정). [항공] 몸체가 보트[艇] 모양으로 되어 있어 물 위에서 뜨고 내리는 비행기(飛行機).

▸비행 기관 飛行器官 (그릇 기, 벼슬 관). [동물] 새나 곤충 따위가 하늘을 날아[飛] 다니는[行] 데 쓰이는 날개 등의 운동 기관(器官).

▸비행 기지 飛行基地 (터 기, 땅 지). [군사] 비행대(飛行隊) 또는 비행 활동의 근거지[基地].

비:-현실적 **非現實的** (아닐 비, 나타날 현, 실제 실, 것 적). 현실적(現實的)이지 않음[非]. ¶비현실적인 이야기.

비호[1] **飛虎** (날 비, 호랑이 호). 나는[飛] 듯이 빠르게 달리는 호랑이[虎]. ¶질주하는 비호의 눈은 사냥감에 고정되어 있다.

비:호[2] **庇護** (덮을 비, 지킬 호). 덮어주고[庇] 돌보아줌[護]. ¶그 경찰관은 범죄자를 비호했다.

▸비:호-권 庇護權 (권리 권). [법률] 정치적 망명이나 피난을 요청해 오는 외국인을 보호하는[庇護] 국제법상의 권리(權利).

▸비:호-죄 庇護罪 (허물 죄). [법률] 범인을 숨겨주거나 증거를 없애는[庇護] 범죄(犯罪).

비화[1] **飛火** (날 비, 불 화). ① [속뜻] 불똥[火]

이 튀어[飛] 불이 다른 데에 옮겨 붙음. ② 관계가 없는 사람에게까지 미침. ¶그 사건은 엉뚱한 방향으로 비화했다.

비화² 飛花 (날 비, 꽃 화). 바람에 흩날리는[飛] 꽃잎[花].

비:화³ 祕話 (숨길 비, 이야기 화). 세상에 알려지지 않은 숨은[祕] 이야기[話].

비:화⁴ 悲話 (슬플 비, 이야기 화). 슬픈[悲] 이야기[話].

비소화-수소 砒素化水素 (비상 비, 바탕 소, 될 화, 물 수, 바탕 소). 화학 비소(砒素)와 수소(水素)의 화합물. 악취와 독성이 있는 무색 기체로 독가스로 쓴다. 화학식은 AsH_3. ㊟비화수소.

비:-화합물 非化合物 (아닐 비, 될 화, 합할 합, 만물 물). 화학 화합물(化合物)이 아닌[非] 물질. 단 한 가지만으로 이루어진 물질.

비:-활성 기체 非活性氣體 (아닐 비, 살 활, 성질 성, 공기 기, 몸 체). 화학 다른 원소와 거의 반응을 일으키지[活性] 않는[非] 기체(氣體) 원소.

비:황 備荒 (갖출 비, 거칠 황). 흉년[荒]이나 재해에 대하여 미리 대비(對備)하는 일.

▶비:황 작물 備荒作物 (심을 식, 만물 물). 흉년[荒]에 대비(對備)해 식량으로 먹을 수 있는 농작물(農作物). ¶비황 작물로 감자를 심었다. ㊐구황 작물(救荒作物).

▶비:황-저곡 備荒貯穀 (쌓을 저, 곡식 곡). 흉년[荒]에 대비(對備)해 곡식(穀食)을 저장(貯藏)해 두는 일.

비:효-율 肥效率 (거름 비, 효력 효, 비율 률). 농업 비료(肥料)의 효과(效果)가 잘 나타나도록 섞는 비율(比率).

비:후성 비:염 肥厚性鼻炎 (살찔 비, 두터울 후, 성질 성, 코 비, 염증 염). 의학 비점막이 부어[肥厚性] 코[鼻]에 생기는 염증(炎症). 잘 때 크게 코를 골거나 콧물을 입 안으로 들이마셔 내뱉는 버릇이 생기게 된다.

빈가 貧家 (가난할 빈, 집 가). 가난한[貧] 집[家]. ¶그는 빈가에서 태어났지만 자수성가하였다. ㊐빈호(貧戶).

빈객 賓客 (손님 빈, 손 객). 귀한 손님[賓=客]. ¶그는 빈객으로 대접을 받았다. ㊐중객(重客).

빈격 賓格 (손님 빈, 자격 격). ① 속뜻 빈어(賓語), 즉 목적어가 되는 자격(資格). ② 언어 목적격(目的格).

빈고 貧苦 (가난할 빈, 괴로울 고). 가난하고[貧] 고생(苦生)스러움.

빈곤 貧困 (가난할 빈, 괴로울 곤). ① 속뜻 가난[貧]으로 괴로워[困] 함. ¶빈곤에 허덕이다. ② 내용 따위가 모자람. ¶상상력의 빈곤. ㊐가난, 부족(不足). ㊥부유(富裕), 풍족(豐足).

▶빈곤 망:상 貧困妄想 (헛될 망, 생각 상). ① 속뜻 자기 자신을 지나치게 가난하다고[貧困] 여기는 헛된[妄] 생각[想]. ② 심리 미소(微小) 망상의 한 가지. 늘 자기를 과소평가하며 빈곤을 한탄하면서도 오히려 빈곤에 대한 강한 욕구를 가지고 있다.

빈공-과 賓貢科 (손님 빈, 바칠 공, 과목 과). 역사 중국 당나라 때, 공물을 바치던[貢] 외국인[賓]에게 보이던 과거(科擧). ¶최치원은 빈공과에 급제하였다.

빈광 貧鑛 (모자랄 빈, 쇳돌 광). 광업 쓸모 있는 성분이 적게 들어 있는[貧] 광석(鑛石).

빈국 貧國 (가난할 빈, 나라 국). 가난한[貧] 나라[國]. ㊥부국(富國).

빈궁¹ 貧窮 (가난할 빈, 궁할 궁). 생활이 몹시 가난하여[貧] 곤궁(困窮)함. ¶빈궁한 생활에 시달리다.

빈궁² 嬪宮 (아내 빈, 대궐 궁). 역사 ① 빈(嬪)이나 세자빈이 거처하던 곳[宮]. ② 왕세자의 아내. ③ 왕의 후궁 가운데 지위가 가장 높은 사람.

빈녀-음 貧女吟 (가난할 빈, 여자 녀, 읊을 음). 문학 가난으로[貧] 고생하는 여인(女人)의 모습을 읊은[吟] 시. 조선 중기 허난설헌이 지은 것으로 사회적 불평등을 우회적으로 비판하였다.

빈농 貧農 (가난할 빈, 농사 농). 가난한[貧] 농민(農民). 또는 농가(農家). ¶빈농을 구제하는 법안이 가결되었다. ㊥부농(富農).

빈뇨-증 頻尿症 (자주 빈, 오줌 뇨, 증세 증). 오줌이[尿] 지나치게 자주[頻] 마려운 병증(病症).

빈도¹ 貧道 (가난할 빈, 길 도). ① 속뜻 가난한[貧] 구도자(求道者). ② 승려가 자기를 겸손하게 일컫는 말.

빈도[2] **頻度** (자주 빈, 정도 도). 어떤 일이 자주[頻] 되풀이되는 정도(程度). ¶이 단어는 사용 빈도가 낮다.

빈려 賓旅 (손님 빈, 나그네 려). ① 속뜻 손님[賓=旅]. ②외국에서 온 나그네.

빈례 賓禮 (손님 빈, 예도 례). ① 속뜻 손님[賓]에게 지켜야할 예식(禮式). ② 역사 오례(五禮)의 하나. 외국 사신을 접대하는 의식에 관한 모든 예절을 이른다. ③예의를 갖추어 손님을 대접함. ㊟길례(吉禮), 흉례(凶禮), 군례(軍禮), 가례(嘉禮).

빈민 貧民 (가난할 빈, 백성 민). 가난한[貧] 사람들[民]. ¶빈민 지역에 공부방을 설치하다. ㊥부민(富民).

▸빈민-가 貧民街 (거리 가). 빈민(貧民)들이 사는 동네[街]. ㊐슬럼가(slum街).

▸빈민-굴 貧民窟 (굴 굴). 몹시 가난한[貧] 사람들이[民] 모여 사는 굴(窟) 같은 지역. ¶빈민굴에 장티푸스가 창궐했다. ㊐빈민가(貧民街), 빈민촌(貧民村).

빈발 頻發 (자주 빈, 일으킬 발). 사건 따위가 자주[頻] 일어남[發]. ¶이 지역은 교통사고가 빈발하는 곳이다.

빈번[1] **頻繁** (자주 빈, 많을 번). 매우 잦고[頻] 많아지다[繁]. ¶이 지역은 교통사고가 빈번하게 일어나고 있다 / 해마다 이맘때면 산불이 빈번히 발생한다. ㊐잦다.

빈번[2] **頻煩** (자주 빈, 번거로울 번). 일이 번거로울[煩] 정도로 매우 잦음[頻].

빈부 貧富 (가난할 빈, 넉넉할 부). 가난함[貧]과 넉넉함[富]. ¶빈부의 격차를 줄이다.

▸빈부-귀천 貧富貴賤 (귀할 귀, 천할 천). 가난함과 부유함[貧富], 귀(貴)함과 천(賤)함. ¶빈부귀천을 따지지 않고 인재를 등용하다.

빈빈 彬彬 (빛날 빈, 빛날 빈). ① 속뜻 외관과 내용이 고루 갖추어져 있어 훌륭하고 빛남[彬+彬]. ②문물이 모두 성함.

빈사[1] **賓辭** (손님 빈, 말씀 사). ① 속뜻 손님[賓] 같이 딸려 있는 말[辭]. ② 논리 명제에서, 주사(主辭)에 결합되어 그것을 규정하는 개념. '개는 동물이다'의 '동물', '하늘은 높다'의 '높다'가 이에 해당된다.

빈사[2] **瀕死** (임박할 빈, 죽을 사). 죽음[死]에 임박함[瀕]. 반죽음. ¶빈사 상태에 빠지다.

빈삭 頻數 (자주 빈, 자주 삭). ① 속뜻 매우 잦다[頻=數]. ②어떤 그룹에 대해 일정한 검사를 할 때 각각의 득점 또는 측정치에 응하는 출현 수. ㊐빈번(頻繁).

빈상 貧相 (가난할 빈, 모양 상). ① 속뜻 궁상맞고 초라하게[貧] 생긴 관상(觀相). ②궁상맞은 모습. ㊐궁상(窮相) ㊥복상(福相).

빈소 殯所 (염할 빈, 곳 소). 발인(發靷) 때까지 관(棺)을 놓아두는[殯] 곳[所]. ¶아버지는 할아버지의 빈소를 지켰다.

빈약 貧弱 (가난할 빈, 약할 약). ① 속뜻 가난하고[貧] 약(弱)함. ¶빈약한 국가. ②보잘것없음. ¶그 책은 내용이 빈약하다.

빈어 貧語 (가난할 빈, 말씀 어)
① 속뜻 아는 낱말[語]의 수가 적정 수준에 모자람[貧]함. ②어휘력이 부족함. ¶빈혈(貧血)은 전신을 무기력하게 하고, 빈어(貧語)는 전과목 공부를 힘들게 한다.

▸빈어-증 貧語症 (증세 증)
어휘력이 부족하여[貧語] 공부에 어려움을 느끼는 증세(症勢). ¶빈어증은 공부의 암(癌)이다./빈어증에는 속뜻사전으로 속뜻 학습을 하는 것이 즉효이다.

빈영양-호 貧營養湖 (모자랄 빈, 지을 영, 기를 양, 호수 호). 지리 생물이 필요로 하는 영양분(營養分)을 충분히 가지고 있지 않은[貧] 호수(湖水). ㊥부영양호(富營養湖).

빈익빈 貧益貧 (가난할 빈, 더할 익, 가난할 빈). 가난한[貧] 사람일수록 더욱[益] 가난해짐[貧]. ㊥부익부(富益富).

빈자 貧者 (가난할 빈, 사람 자). 가난한[貧] 사람[者]. ㊥부자(富者).

▸빈자-일등 貧者一燈 (한 일, 등불 등). ① 속뜻 가난한[貧] 사람[者]이 부처에게 바치는 한[一] 개의 등(燈). ②'참마음의 소중함'을 비유하여 이르는 말. 왕이 부처에게 바친 백 개의 등은 밤사이에 다 꺼졌으나 가난한 노파 난타가 정성으로 바친 등 하나는 꺼지지 않았다는 데서 유래.

빈처 貧妻 (가난할 빈, 아내 처). 가난[貧]에 시달리며 고생하는 아내[妻]. ¶그는 빈처를 위해 노래를 지었다.

빈척 擯斥 (물리칠 빈, 물리칠 척). 싫어하여 물리침[擯=斥]. ㊐배척(排斥).

빈천 貧賤 (가난할 빈, 천할 천). 가난하고 [貧] 천(賤)함. ¶빈천한 집안에서 태어나다. ㊫부귀(富貴).

▸빈천지교 貧賤之交 (어조사 지, 사귈 교). 가난하고[貧] 천(賤)한 신분일 때의 사귐[交]. 또는 그러한 때에 사귄 친구.

빈촌 貧村 (가난할 빈, 마을 촌). 가난한[貧] 사람들이 사는 마을[村]. ¶광산이 개발되면서 빈촌에 불과하던 마을이 하루아침에 부촌이 되었다. ㊫부촌(富村).

빈축 嚬蹙 (찡그릴 빈, 찌푸릴 축). ① 속뜻 얼굴을 찡그리고[嚬] 눈살을 찌푸림[蹙]. ② 남을 비난하거나 미워함. ¶빈축을 사다.

빈출 頻出 (자주 빈, 날 출). 자주[頻] 출현(出現)함. 자주 나타남. ¶여름철만 되면 멧돼지들이 빈출한다.

빈한 貧寒 (가난할 빈, 찰 한). 살림이 몹시 가난하여[貧] 집안이 쓸쓸하다[寒]. ¶가세가 빈한하다.

빈혈 貧血 (모자랄 빈, 피 혈). 의학 혈액(血液) 속에 적혈구나 헤모글로빈이 모자라는[貧] 상태. ¶그녀는 빈혈로 자주 쓰러졌다. ㊫다혈(多血).

▸빈혈-기 貧血氣 (기운 기). 빈혈(貧血) 증세가 있는 기색(氣色).

▸빈혈-성 貧血性 (성질 성). 빈혈(貧血)로 말미암아 생기는 병의 성질(性質).

▸빈혈-증 貧血症 (증세 증). 의학 빈혈(貧血) 상태이거나 빈혈을 일으키기 쉬운 증세(症勢).

빙결 氷結 (얼음 빙, 맺을 결). 얼음[氷]이 얼어붙음[結].

빙고 氷庫 (얼음 빙, 곳집 고). 얼음[氷]을 넣어두는 창고(倉庫).

빙공영사 憑公營私 (기댈 빙, 여럿 공, 꾀할 영, 사사로울 사). 공적(公的)인 일을 빙자(憑藉)하여 개인적인[私] 이익을 꾀함[營]. ¶공무원이 되어서 빙공영사할 수는 없지 않소.

빙과 氷菓 (얼음 빙, 과자 과). 운동 얼음[氷]으로 만든 과자[菓]. ㊥아이스크림(ice creams).

빙괴 氷塊 (얼음 빙, 덩어리 괴). 얼음[氷]의 덩어리[塊].

빙구 氷球 (얼음 빙, 공 구). 운동 얼음판[氷] 위에서 공[球]을 가지고 하는 경기. ㊥아이스하키(ice hockey).

빙기[1] 氷技 (얼음 빙, 재주 기). 얼음판[氷] 위에서 경주를 하거나 여러 가지 기술(技術)을 보이는 경기. ㊥스케이팅(skating).

빙기[2] 氷期 (얼음 빙, 때 기). 지리 빙하 시대 가운데서 특히 기후가 한랭하여 온대 지방까지도 빙하(氷河)로 덮였던 시기(時期). '빙하기'의 준말.

빙낭 氷囊 (얼음 빙, 주머니 낭). 의학 얼음[氷] 주머니[囊]. ¶열이 난 아이의 이마에 빙낭을 올렸다.

빙례 聘禮 (장가들 빙, 예도 례). ① 속뜻 혼인[聘]의 예절(禮節). ¶빙례를 갖추다. ② 물건을 선사하는 예의. ㊥혼례(婚禮).

빙모 聘母 (장가들 빙, 어머니 모). ① 속뜻 장가들어[聘] 생긴 어머니[母]. ② 다른 사람의 장모를 이르는 말. ¶빙모님은 안녕하신가? ㊥장모(丈母).

빙벽 氷壁 (얼음 빙, 담 벽). 눈이나 얼음[氷]으로 덮인 암벽(岩壁). ¶빙벽을 등반하다.

빙부 聘父 (장가들 빙, 아버지 부). ① 속뜻 장가들어[聘] 생긴 아버지[父]. ② 다른 사람의 장인(丈人)을 이르는 말. ㊥빙장(聘丈).

빙산 氷山 (얼음 빙, 메 산). 지리 남극이나 북극의 바다에 떠 있는 거대한 얼음[氷] 산[山]. 관용 빙산의 일각.

빙상[1] 氷床 (얼음 빙, 평상 상). ① 속뜻 빙하(氷河)가 평상(平床)처럼 널리 펼쳐진 곳. ② 지리 대륙 빙하.

빙상[2] 氷上 (얼음 빙, 위 상). 얼음[氷] 위[上].

▸빙상-인 氷上人 (사람 인). 문학 중매를 선다는 전설상의 사람. 중국 진(晉)나라의 영고책(令孤策)이라는 사람이 얼음 위에서 얼음 밑에 있는 사람과 이야기를 주고받은 꿈을 꾸었는데, 점쟁이의 해몽대로 이듬해 봄에 남녀의 결혼중매를 섰다는 데에서 유래한다.

▸빙상 경:기 氷上競技 (겨룰 경, 재주 기). 운동 스케이팅, 아이스하키 등 얼음판[氷] 위에서[上] 하는 여러 가지 경기(競技).

빙석 氷釋 (얼음 빙, 풀 석). 얼음[氷]이 녹듯이 의심이나 의혹 따위가 풀림[釋]. ㊥빙해(氷解).

빙설 氷雪 (얼음 빙, 눈 설). ① 속뜻 얼음[氷]과 눈[雪]을 아울러 이르는 말. ¶빙설로 덮이다. ② 본디부터 타고난 마음씨가 결백함을 비유하여 이르는 말. ③ 지리 풍성암의 하나. 얼음덩이로 이루어졌으며 바위처럼 보인다.

빙수 氷水 (얼음 빙, 물 수). ① 속뜻 얼음[氷]을 넣어 차게 한 물[水]. ② 얼음을 눈처럼 간 다음 그 속에 삶은 팥, 설탕 따위를 넣어 만든 음식.

빙식 氷蝕 (얼음 빙, 갉아먹을 식). 지리 빙하(氷河)로 말미암은 침식(浸蝕).

▸빙식-곡 氷蝕谷 (골짜기 곡). 지리 곡빙하(谷氷河)의 침식(浸蝕)으로 단면이 U자 모양으로 된 계곡(溪谷). ⑪유자곡(U字谷).

▸빙식 단구 氷蝕段丘 (층계 단, 언덕 구). 지리 여러 차례에 걸친 빙식 작용(氷蝕作用)으로 이루어진 단구(段丘).

▸빙식 윤회 氷蝕輪廻 (바퀴 륜, 돌 회). 지리 빙하(氷河)에 의한 침식(浸蝕) 작용이 바퀴[輪]가 돌[廻] 듯 끝없이 일어남. 유년기, 장년기, 만장년기, 노년기의 차례로 지형이 변한다.

빙실 氷室 (얼음 빙, 방 실). 얼음[氷]을 저장하여 두는 곳[室]. ⑪빙고(氷庫).

빙어 氷魚 (얼음 빙, 물고기 어). ① 속뜻 얼음[氷]같이 차가운 물을 특히 좋아하는 물고기[魚]. ② 동물 바다빙어과의 바닷물고기. 몸의 길이는 15㎝ 정도이고 가늘며 옆은 편평하다.

빙원 氷原 (얼음 빙, 들판 원). 지리 두꺼운 얼음[氷]으로 덮여 있는 극지방의 벌판[原]. ⑪빙야(氷野).

빙자 憑藉 (의지할 빙, 기댈 자). ① 속뜻 남의 힘을 빌려[藉] 그것에 의지함[憑]. ② 말막음으로 내세워 핑계를 댐. ¶그는 취업 알선을 빙자하여 이웃에게 사기를 쳤다.

빙장 聘丈 (장가들 빙, 어른 장). ① 속뜻 장가들어서[聘] 새로 모시게 된 어른[丈]. ② 다른 사람의 장인(丈人)을 이르는 말. ¶빙장 어른은 안녕하신가?

빙점 氷點 (얼음 빙, 점 점). 물리 물이 얼기[氷] 시작하거나 얼음이 녹기 시작하는 온도[點]. 섭씨 0도씨. 어는점.

빙정 氷晶 (얼음 빙, 밝을 정). 물리 대기 중의 수증기가 섭씨 0도씨 이하로 냉각되었을 때 생기는 작은 얼음[氷]의 결정(結晶).

▸빙정-석 氷晶石 (돌 석). ① 속뜻 얼음의 결정[氷晶]처럼 생긴 돌[石]. ② 광업 불소, 나트륨, 알루미늄의 화합물로 이루어진 할로겐광물.

빙주-석 氷洲石 (얼음 빙, 섬 주, 돌 석). ① 속뜻 얼음[氷] 섬[洲], 즉 아이슬란드에서 많이 나는 돌[石]. ② 광업 방해석의 하나. 아이슬란드에서 많이 나며 무색투명하고 이중으로 굴절하는 힘이 매우 커서 니콜 프리즘을 만드는 데 쓴다.

빙질 氷質 (얼음 빙, 바탕 질). 얼음[氷]의 질(質). 주로 빙상 경기를 위한 얼음판의 단단한 정도나 편평하고 미끄러운 정도를 이른다. ¶빙질이 좋다.

빙초-산 氷醋酸 (=氷酢酸, 얼음 빙, 초 초, 산소 산). 화학 물이 전혀 섞이지 않은 순수한 초산이나 물이 5%이하이며 16도씨 이하의 온도에서 얼음[氷] 모양으로 결정(結晶)하는 순수한 초산(醋酸).

빙침 氷枕 (얼음 빙, 베개 침). 의학 얼음[氷]을 넣어 놓은 베개[枕].

빙탄 氷炭 (얼음 빙, 숯 탄). ① 속뜻 얼음[氷]과 숯[炭]. ② 서로 정반대가 되어 용납하지 못함. ¶어제의 친구가 빙탄 관계가 되었다니!

빙-퇴석 氷堆石 (얼음 빙, 언덕 퇴, 돌 석). 지리 빙하(氷河)에 의하여 운반되어서 언덕[堆]같이 쌓인 암석(岩石).

빙판 氷板 (얼음 빙, 널빤지 판). 얼음[氷] 판[板]. 또는 얼어붙은 땅바닥. ¶빙판에서 미끄러지다. ⑪얼음판.

빙하 氷河 (얼음 빙, 물 하). 지리 높은 산이나 고위도 지방의 만년설이 무게의 압력으로 얼음덩이[氷]가 되어 천천히 비탈면을 흘러 내려와 강[河]을 이룬 것.

▸빙하-곡 氷河谷 (골짜기 곡). 지리 빙하(氷河)로 말미암아 생긴 골짜기[谷].

▸빙하-기 氷河期 (때 기). 지리 빙하 시대 가운데서 특히 기후가 한랭하여 온대 지방까지도 빙하(氷河)로 덮였던 시기(時期). ㊟빙기(氷期).

▸빙하-탁 氷河卓 (높을 탁). 지리 탁자(卓子) 모양의 넓은 빙원[氷河]. 빙하의 표면

이 햇볕에 녹을 때에 퇴석의 아랫부분이 열을 받지 못하여 녹지 않고 남아서 된 것이다. [준]빙탁.

▸ **빙하-토** 氷河土 (흙 토). [지리] 빙하(氷河) 작용으로 운반되어 쌓인 흙[土].

▸ **빙하-호** 氷河湖 (호수 호). [지리] 빙하(氷河)에 의해 생긴 호수(湖水). 빙하의 침식이나 퇴적 작용으로 생긴 큰 웅덩이에 물이 괴어서 생겨난다.

▸ **빙하 계류** 氷河溪流 (시내 계, 흐를 류). [지리] 빙하(氷河)에 의해 생긴, 산골짜기의 시냇물[溪流].

▸ **빙하 성층** 氷河成層 (이룰 성, 층 층). [지리] 빙하(氷河)와 함께 흘러내린 암석이나 모래가 쌓여서 된[成] 지층(地層). [준]빙성층.

빙해 氷海 (얼음 빙, 바다 해). 얼어붙은[氷] 바다[海].

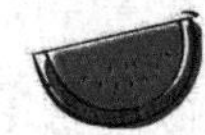

사:가[1] 四家 (넉 사, 사람 가). 역사 조선 정조 때의 실학자 박지원(朴趾源)을 스승으로 모신 이덕무(李德懋), 유득공(柳得恭), 박제가(朴齊家), 이서구(李書九)이상 네[四] 사람[家]을 일컬음.

사:가[2] 史家 (역사 사, 사람 가). 역사(歷史)를 전문으로 연구하는 사람[家]. '역사가'(歷史家)의 준말.

사가[3] 私家 (사사로울 사, 집 가). 개인[私]의 살림집[家]. ¶사삿집의 아낙네.

사가[4] 査家 (살필 사, 집 가). 서로 사돈(査頓)이 되는 집[家]. ¶사가에 떡을 해서 보냈다. ⓑ사돈집.

사가[5] 師家 (스승 사, 집 가). 스승[師]의 집[家]. ¶그는 사가에서 숙식하며 공부했다.

사:가-독서 賜暇讀書 (줄 사, 겨를 가, 읽을 독, 글 서). 역사 조선 세종 때 유능한 젊은 문신들을 뽑아 휴가(休暇)를 주어[賜] 독서당에서 공부하게[讀書] 하던 일.

사각[1] 寫角 (베낄 사, 모서리 각). 대상에 대한 사진기(寫眞機)의 촬영 각도(角度). ⓑ카메라 앵글(camera angle).

사:각[2] 四角 (넉 사, 모서리 각). ① 속뜻 네[四] 모퉁이[角]. ② 네 개의 모진 귀가 있는 모양. ⓑ네모.

▸사:각-모 四角帽 (모자 모). '사각모자'(四角帽子)의 준말.

▸사:각-주 四角柱 (기둥 주). 수학 측면과 밑면이 사각형(四角形)인 기둥체[柱]. ⓑ사각기둥. ▸사:각-추 四角錐 (송곳 추). 수학 밑면은 사각형(四角形)이고 끝은 송곳[錐]처럼 뾰족한 도형. ⓑ사각뿔.

▸사:각-형 四角形 (모양 형). ① 속뜻 네[五] 개의 모서리[角]가 있는 모양[形]. ② 수학 네 개의 선분으로 둘러싸인 평면 도형. ⓑ네모꼴.

▸사:각-모자 四角帽子 (모자 모, 접미사 자). 윗면이 사각형(四角形)인 모자(帽子). 지금은 주로 대학에서 졸업생들이 갖추어 쓴다.

사:각[3] 死角 (죽을 사, 모서리 각). ① 속뜻 어느 쪽에서도 보이지 않는[死] 범위나 각도(角度). ② 군사 총포의 사계(射界) 안에서 탄환이 미치지 못하는 범위. ¶바위 뒤 사각에 숨다. ③ 영향력이 미치지 못하는 범위. ¶경찰 단속의 사각지대.

▸사:각-지대 死角地帶 (땅 지, 띠 대). ① 속뜻 어느 위치에 섬으로써 사물이 눈에 보이지 않게[死] 되는 각도(角度)의 범위[地帶]. 또는 어느 위치에서 거울이 사물을 비출 수 없는 각도. ¶운전을 할 때는 사각지대에 늘 신경을 써야 한다. ② '관심이나 영향이 미치지 못하는 구역'을 비유하여 이르는 말. ¶문명의 사각지대. ③ 군사 무기의 사정거리 또는 레이더 및 관측자의 관측 범위 안에 있으면서도 지형 따위의 장애로 인하여 영향력이 미치지 못하는 구역. ¶사면이 완전히 포위되자 사각지대로 치고 있던 그 곳도 기관총의 사정거리 안에 들게 되었다.

④ 운동 축구 따위에서, 선수의 위치상 슈팅을 하기 어려운 각도. ⑤ 통신 무선 송신기로 송·수신을 할 수 있는 거리 안에 있으면서도 신호를 받을 수 없는 구역.

사각[4] **斜角** (비낄 사, 모서리 각). ① 속뜻 비스듬히 기울어진[斜] 각(角). ② 수학 예각이나 둔각과 같이 직각이나 평각이 아닌 각. ㊥빗각.

▶사각-근 斜角筋 (힘줄 근). ① 속뜻 사각(斜角)으로 생긴 근육(筋肉). ② 의학 목 속 깊이 있는 근육. 머리를 지탱하며 갈비뼈를 들어 올려 숨을 들이쉬는 일을 돕는 구실을 한다. ㊥목갈비근.

▶사각-주 斜角柱 (기둥 주). ① 속뜻 빗각[斜角]으로 이루어진 기둥[柱]. ② 수학 옆면이 밑면에 수직이 아닌 각 기둥. ㊥빗각기둥.

사각-본 **私刻本** (사사로울 사, 새길 각, 책 본). 출판 ①민간에서 사사로이[私] 펴낸[刻] 책[本]. ②개인이 비용을 들여 펴낸 책. ㊤관본(官本).

사:간 **死諫** (죽을 사, 간언할 간). 죽음[死]을 무릅쓰고 간언(諫言)함. ¶그는 임금의 잘못을 사간했다.

사간-원 **司諫院** (맡을 사, 간언할 간, 관청 원). 역사 조선 시대에 삼사(三司) 가운데 하나로 임금에게 간(諫)하는 일을 맡아보던[司] 관아[院]. ¶사간원의 간관들이 상소를 올렸다.

사:간-통 **四間通** (넉 사, 사이 간, 통할 통). 건설 방 하나 크기만큼의 칸수를 네[四] 칸[間]으로 나누어 서로 통(通)하도록 만든 건축 양식.

사갈 **蛇蝎** (뱀 사, 전갈 갈). ① 속뜻 뱀[蛇]과 전갈(全蝎)을 아울러 이르는 말. ¶마치 사갈을 밟은 것처럼 질겁을 했다. ②남을 해치거나 심한 혐오감을 주는 사람을 비유하여 이르는 말.

사감[1] **私感** (사사로울 사, 느낄 감). 사사로운[私] 감정(感情). ¶공무에 사감을 개입해서는 안 된다.

사감[2] **私憾** (사사로울 사, 섭섭할 감). 사사로운[私] 일로 품은 유감(遺憾). ¶이번 일로 사감은 없으니 걱정 마시오.

사감[3] **舍監** (집 사, 볼 감). 기숙사(寄宿舍)에서 기숙생들의 생활을 감독(監督)하는 사람. ¶B사감과 러브레터. ② 역사 궁방(宮房)의 논밭을 관리하던 사람.

사:거 **死去** (죽을 사, 갈 거). 죽어서[死] 세상을 떠남[去]. **사-거리** **射距離** (쏠 사, 떨어질 거, 떨어질 리). 군사 총을 쏘아[射] 맞힐 수 있는 거리(距離). 총구에서 탄착점까지의 거리.

*__사:건__ **事件** (일 사, 것 건). ① 속뜻 일[事] 같은 것[件]. ②문제가 되거나 관심을 끌만한 일. ¶사건이 발생하였다.

사격 **射擊** (쏠 사, 칠 격). 총이나 대포, 활 등을 쏘아[射] 맞힘[擊]. ¶적진을 집중 사격하다.

▶사격-권 射擊圈 (범위 권). 군사 총포를 쏘아[射] 목표물을 맞힐[擊] 수 있을 만한 범위[圈]. ¶적의 사격권을 벗어나다.

▶사격-수 射擊手 (사람 수). 총을 쏘는[射擊] 사람[手]. ㊟사수.

▶사격-술 射擊術 (꾀 술). 사격(射擊)하는 기술(技術). ¶사격술이 뛰어나다.

▶사격-장 射擊場 (마당 장). 사격(射擊) 연습을 할 수 있도록 표적 따위 시설을 하여 놓은 곳[場].

▶사격 경:기 射擊競技 (겨룰 경, 재주 기). 운동 정해진 총으로 일정한 거리에 있는 표적을 쏘아[射擊] 득점을 겨루는 경기(競技).

사견[1] **私見** (사사로울 사, 볼 견). 개인의 사사로운[私] 의견(意見). ¶이것은 제 좁은 사견일 뿐입니다.

사견[2] **邪見** (간사할 사, 볼 견). ①요사(妖邪)스런 생각이나 바르지 못한 의견(意見). ② 불교 십악의 하나. 인과(因果)의 도리를 무시하는 그릇된 견해. ㊟칠견(七見).

사:경[1] **四更** (넷째 사, 시각 경). 하룻밤을 오경(五更)으로 나눈 것 중 넷째[四] 시각[更]. 새벽 1시부터 3시까지.

사:경[2] **四京** (넉 사, 서울 경). ① 속뜻 네[四]개의 서울[京]. ② 역사 고려 때, 나라의 중심지 역할을 하던 남경(南京:서울), 동경(東京:경주), 중경(中京:개성), 서경(西京:평양)의 총칭.

사:경[3] **四經** (넉 사, 책 경). ① 속뜻 네[四]가지 경서(經書). ② 책명 『시경』(詩經), 『서

경』(書經), 『역경』(易經), 『춘추』(春秋)의 네 가지 경서. ③ [책명] 『좌씨춘추』(左氏春秋), 『곡량춘추』(穀梁春秋), 『고문상서』(古文尚書), 『모시』(毛詩)의 네 가지 책.

사:경[4] **死境** (죽을 사, 상태 경). 죽음[死]에 이른 상태[境]. 죽게 된 지경. ¶사경을 헤매다.

사경[5] **寫經** (베낄 사, 책 경). [불교] 후세에 전하거나 공양하기 위해 경문(經文)을 베껴[寫] 쓰는 일. 또는 그 베낀 경문. ¶그는 사경에 평생을 바쳤다.

▸사경-화 寫經畵 (그림 화). [불교] 불경(佛經)의 내용이나 교의를 알기 쉽게 그린[寫] 그림[畵].

사경-법 沙耕法 (모래 사, 밭갈 경, 법 법). [농업] 깨끗이 씻은 모래[沙]에 식물이 자라는 데 필요한 성분을 녹인 용액만을 주어서 식물을 재배하는[耕] 방법(方法).

사-경제 私經濟 (사사로울 사, 다스릴 경, 건질 제). [경제] 개인이나 사법인(私法人)의 자유경쟁에 따르는 경제(經濟). ¶이 나라의 사경제는 프랑스인이 장악하고 있다. [반]공경제(公經濟).

사:계[1] **四季** (넉 사, 철 계). ① [속뜻] 봄·여름·가을·겨울의 네[四] 계절[季]. ¶우리나라는 사계가 뚜렷하다. ②사(四)계절의 각 마지막[仲] 달인 음력 3, 6, 9, 12월을 통틀어 이르는 말. 계춘(季春), 계하(季夏), 계추(季秋), 계동(季冬)을 이른다. '사계삭'(四季朔)의 준말. [비]사시(四時), 사철, 춘하추동(春夏秋冬).

사:계[2] **四界** (넉 사, 지경 계). ① [속뜻] 네[四] 가지 세계(世界). 천계(天界), 지계(地界), 수계(水界), 양계(陽界)를 이른다. ② [종교] 세상의 만물을 이루는 땅, 물, 불, 바람의 네 가지 원소를 이르는 말.

사계[3] **射界** (쏠 사, 지경 계). 사격(射擊)을 할 수 있는 한계(限界) 범위. 탄알이 미치는 범위를 이른다. ¶이 총기는 사계를 획기적으로 넓혔다. **사계**[4] **斯界** (이것 사, 지경 계). 지금 말하고 있는 이[斯] 방면의 사회[界]. 이 분야.

사:-계절 四季節 (넉 사, 철 계, 마디 절). 봄·여름·가을·겨울의 네[四] 가지 계절(季節). ¶사계절이 뚜렷한 나라. [비]사시(四時), 사철, 춘하추동(春夏秋冬).

사:고[1] **四苦** (넉 사, 괴로울 고). [불교] 인생의 네[四] 가지 괴로움[苦]. 생(生), 노(老), 병(病), 사(死)를 이른다.

사:고[2] **史庫** (역사 사, 곳집 고). [역사] 예전에 국가의 중요 역사(歷史) 서적을 보관하던 서고(書庫). ¶강화 마니산, 무주 적상산, 봉화 태백산, 강릉 오대산에 사고를 설치했다.

사:고[3] **死苦** (죽을 사, 괴로울 고). ① [속뜻] 죽음[死]으로 인한 고통(苦痛). ② [불교] 중생으로서 벗어날 수 없는 죽음의 고통. 사고(四苦)의 하나. [참]사고(四苦).

사고[4] **私稿** (사사로울 사, 원고 고). 개인적으로[私] 쓴 원고(原稿). ¶사고를 모아 책으로 출간하다. [비]사초(私草).

사고[5] **社告** (회사 사, 알릴 고). 회사(會社)에서 내는 광고(廣告). ¶회사 정문에 사원 모집을 알리는 사고가 붙어 있다.

⁑**사:고**[6] **事故** (일 사, 연고 고). ① [속뜻] 어떤 일[事]이 일어난 까닭이나 연고(緣故). ¶그가 결석한 사고를 알아보아라. ②뜻밖에 일어난 불행한 일. ¶자동차 사고. ③사람에게 해를 입혔거나 말썽을 일으킨 나쁜 짓. ¶사고를 저지르다.

사:고[7] **四庫** (넉 사, 곳집 고). ① [속뜻] 네[四] 개의 창고[庫]. ② [역사] 중국 당나라 현종 때 장안과 낙양(洛陽)의 두 곳에 서적을 경(經), 사(史), 자(子), 집(集)의 네 종류로 나누어 보관하던 서고. 또는 그 서적.

▸사:고-전서 四庫全書 (모두 전, 책 서). [역사] 청나라 때, 네[四] 종류로 나누어 서고(書庫)에 보관한 모든[全] 책[書]. 건륭(乾隆) 황제가 직접 뽑은 궁중과 민간의 장서 총 1만 223부 17만 2626권을 경(經), 사(史), 자(子), 집(集)의 네 부문으로 나누고 각 일곱 부를 만들어 보관했다.

사:고[8] **四顧** (넉 사, 돌아볼 고). ① [속뜻] 사방(四方)을 둘러봄[顧]. ②사방(四方).

▸사:고-무친 四顧無親 (없을 무, 친할 친). ① [속뜻] 사방(四方)을 둘러보아도[顧] 친척(親戚)이라곤 아무도 없음[無]. ② 의지할 만한 데가 전혀 없음. ¶사고무친의 외로운 신세.

사고[9] **思考** (생각 사, 살필 고). ① [속뜻] 곰곰이 생각하여[思] 잘 살펴[考]봄. ¶사고 능력

/ 사고의 영역을 넓히다. ② 심리 심상이나 지식을 사용하는 마음의 작용. ㉥생각.

▸사고-력 思考力 (힘 력). 사고(思考)하는 능력(能力). ¶독서는 사고력을 향상시킨다.

▸사고-방식 思考方式 (방법 방, 꼴 식). 어떤 문제를 궁리하고 헤아리는[思=考] 방법(方法)과 형식(形式). ¶합리적인 사고방식 / 사람마다 사고방식이 다르다.

사:고-무 四鼓舞 (넉 사, 북 고, 춤출 무). 예술 네[四] 개의 북[鼓]을 사방에 걸어 놓고 돌아가며 빠르게 치면서 추는 춤[舞].

사:골 四骨 (넉 사, 뼈 골). 소의 네[四] 다리뼈[骨]. 주로 몸을 보신하는 데 쓴다. ¶기운도 없는데 사골을 고아 몸보신을 해야겠다.

사공[1] 司空 (맡을 사, 빌 공). ① 속뜻 공간(空間)에 관한 일을 맡아 처리함[司]. ② 역사 고려 때의 삼공(三公)의 하나. ③ 조선 때, '공조(工曹) 판서'를 달리 이르던 말.

사공[2] 沙工 (=砂工, 모래 사, 장인 공). ① 속뜻 모래밭[沙]에서 일하는 장인[工]. ② 노를 저어 배를 부리는 사람. '뱃사공'의 준말. 속담 사공이 많으면 배가 산으로 간다.

사:과[1] 四科 (넉 사, 분과 과). 유학의 네[四] 가지 학과(學科). 덕행(德行), 언어(言語), 정사(政事), 문학(文學)을 이른다.

***사과**[2] 沙果 (=砂果, 모래 사, 열매 과). ① 속뜻 모래[沙]밭에서 잘 자라는 과실(果實). ② 식물 사과(沙果) 나무. 혹은 그 열매. 봄에 흰 꽃이 피고, 둥글고 단 과일이 열린다.

▸사과-산 沙果酸 (산소 산). 화학 덜 익은 사과(沙果)나 살구 등에 들어 있는 유기산(有機酸). 이염기산이 주성분이며 신맛이 난다. ㉥말산(malic酸).

▸사과-주 沙果酒 (술 주). 사과(沙果)즙을 발효시켜서 만든 술[酒].

▸사과-즙 沙果汁 (즙 즙). 사과(沙果)에서 짜 낸 즙(汁).

사:과[3] 謝過 (용서빌 사, 지나칠 과). 자신의 과오(過誤)에 대하여 용서를 빎[謝]. ¶진심으로 사과드립니다.

▸사:과-문 謝過文 (글월 문). 사과(謝過)하는 뜻을 적은 글[文]. ¶사과문을 게시하다.

사:관[1] 史官 (역사 사, 벼슬 관). 역사 왕조 때 역사(歷史)를 기록하던 관원(官員). ¶사관들은 사실만을 기록해야 한다.

사:관[2] 史館 (역사 사, 집 관). 역사 ① 역사(歷史)를 편수하던 관청[館]. ② 고려 시대에 시정(時政)의 기록을 맡아보던 관아. 한때 원나라의 간섭으로 예문관과 합쳤다가 공민왕 초에 다시 독립하였으며 다시 춘추관으로 이름을 바꾸었다. ③ 조선 시대에 '춘추관'(春秋館)의 예전 이름.

사관[3] 蛇管 (뱀 사, 대롱 관). ① 속뜻 뱀[蛇]처럼 자유롭게 휘어지는 형태의 대롱[管]. 고무, 비닐, 헝겊 따위로 만든다. ② 열을 흡수하거나 내보내기 위해 나선형으로 면적을 크게 만든 관. ㉥호스(hose).

사관[4] 絲管 (실 사, 대롱 관). ① 속뜻 줄[絲]을 타거나 대롱[管]을 불어 소리 내는 악기. ② 음악 현악기와 관악기를 아울러 이르는 말. ㉥관현(管絃).

사:관[5] 士官 (선비 사, 벼슬 관). ① 속뜻 병사(兵士)를 거느리는 무관(武官). ② 군사 장교(將校)를 통틀어 이르는 말. ¶당직 사관은 누구인가?

▸사:관 학교 士官學校 (배울 학, 가르칠 교). 군사 육·해·공군의 사관(士官)을 양성하는 학교(學校). ¶육군 사관학교.

▸사:관 후보생 士官候補生 (기다릴 후, 채울 보, 사람 생). 군사 사관(士官)이 되기 위해 소정의 학업 등을 닦고 있는 사람[候補生].

사:교[1] 四教 (넉 사, 가르칠 교). ① 속뜻 유교에서, 시(詩)·서(書)·예(禮)·악(樂)의 네[四] 가지 가르침[教]을 이르는 말. ② 유교에서, 문(文)·행(行)·충(忠)·신(信)의 네 가지 가르침을 이르는 말. ③ 유교에서, 부덕(婦德)·부용(婦容)·부언(婦言)·부공(婦功) 등 부녀자들에 대한 네 가지 가르침을 이르는 말. ④ 불교 석가모니가 일생 동안 행한 모든 교설을 내용이나 교화의 형식에 따라서 네 가지로 분류한 것. ⑤ 불교 조선 중엽 이후에 우리나라 승려들이 강당의 중급 과정에서 불교 경론을 연구하던 네 과목. 곧 능엄경, 기신론, 금강경, 원각경을 이른다.

사교[2] 私交 (사사로울 사, 사귈 교). 사사로운[私] 사귐[交]. ¶그는 나와 평소에 사교가 깊은 사이이다.

사교[3] 社交 (모일 사, 사귈 교). 여러 사람이 모임[社]을 만들어 사귐[交]. ¶사교 모임에 나가다 / 사교 범위가 넓다.

▸**사교-가** 社交家 (사람 가). 사교(社交)에 뛰어난 사람[家].

▸**사교-계** 社交界 (지경 계). 여러 사람이 모여 교제를 하는[社交] 사회[界]. 주로 상류 계층의 사람들로 이루어진다. ¶사교계를 주름잡다.

▸**사교-성** 社交性 (성품 성). ① 속뜻 여러 사람이 모여[社] 교제(交際)하고자 인간의 특성(特性). ② 남과 잘 사귀는 성질 또는 남과 사귀기를 좋아하는 성질. ¶그는 사교성이 좋다.

▸**사교-술** 社交術 (꾀 술). 사교(社交)하는 솜씨[術]. ¶그는 능란한 사교술로 모임을 주도했다.

▸**사교-적** 社交的 (것 적). 사교(社交)를 잘하는 편에 속하는 것[的]. ¶새로 이사 온 옆집 사람은 사교적이다.

사교[4] 邪教 (간사할 사, 종교 교). 그릇된 교리로 사회에 해를 끼치는 요사(妖邪)한 종교(宗教). ¶사교에 빠지다.

▸**사교-도** 邪教徒 (무리 도). 사교(邪教)를 믿는 사람[徒]. ¶그녀는 사교도로 몰려 처형을 받았다.

사-교육 私教育 (사사로울 사, 가르칠 교, 기를 육). 교육 개인[私]의 재산으로 운영되는 교육(教育) 기관. ¶사교육 기관에서 선행학습을 하다.

사:구[1] 四球 (넉 사, 공 구). 운동 야구에서, 투수가 스트라이크가 아닌 볼[球]을 네[四] 번 던지는 일. ¶4번 타자를 사구로 걸러 내보내다. ㊐포볼(four ball). **사:구**[2] 死句 (죽을 사, 글귀 구). 문학 시구(詩句) 가운데서 은은히 풍기는 정취가 없어 마치 죽어있는[死] 듯한 구절(句節). ㊥활구(活句).

사:구[3] 死球 (죽을 사, 공 구). 운동 야구에서, 투수가 던진 공이 타자의 몸에 닿는 일. 데드[死] 볼[球]을 의역한 말. ¶데드 볼로 출루하다.

사구[4] 沙丘 (=砂丘, 모래 사, 언덕 구). 지리 모래[沙] 언덕[丘]. ¶그랜드캐니언은 사구가 굳어서 이루어진 계곡이다.

사:구-체[1] 四丘體 (실 사, 언덕 구, 몸 체). ① 속뜻 네[四] 개의 언덕[丘]이 있는 듯한 부분[體]. ② 의학 중뇌의 등 쪽에 상하좌우 두 쌍으로 둥글게 올라온 부분. 상구(上丘)와 하구(下丘)로 나누며 상구는 시각, 하구는 청각과 관계가 깊다.

사구-체[2] 絲球體 (실 사, 공 구, 몸 체). 생물 콩팥 피질부(皮質部)의 모세 혈관이 실[絲]로 만든 공[球] 모양을 이룬 작은 조직체[體].

사:군[1] 四郡 (넉 사, 군 군). 역사 조선 세종 때에 북방의 여진족을 막기 위하여 압록강 상류에 설치한 네[四] 개의 군(郡). 여연(閭延), 자성(慈城), 무창(茂昌), 우예(虞芮)를 이른다. ¶사군과 육진(六鎭)을 개척하다.

사군[2] 師君 (스승 사, 임금 군). 스승[師]을 임금[君]같이 높여 일컫는 말.

사:군[3] 事君 (섬길 사, 임금 군). 임금[君]을 섬김[事].

▸**사:군이충** 事君以忠 (써 이, 충성 충). 역사 임금을[君] 충성(忠誠)으로써[以] 섬김[事]. 세속 오계의 하나. ㊟세속 오계(世俗五戒).

사:-군자[1] 士君子 (선비 사, 임금 군, 접미사 자). ① 속뜻 선비[士]와 군자(君子). ② 덕행이 높고 학문이 뛰어난 사람.

사:-군자[2] 四君子 (넉 사, 임금 군, 접미사 자). 미술 동양화에서, 매화(梅花)·난초(蘭草)·국화(菊花)·대나무[竹] 이상 네[四] 가지를 고결한 군자(君子)의 상징으로 삼아 그린 그림. ¶사군자는 각각 사계절을 상징한다.

사:궁 四窮 (넉 사, 궁할 궁). 네[四] 종류의 힘든[窮] 처지. 늙은 홀아비와 늙은 홀어미, 부모 없는 어린이, 자식 없는 늙은이를 통틀어 이르는 말. ㊟환과고독(鰥寡孤獨).

사권 私權 (사사로울 사, 권리 권). 법률 사법(私法)에서 인정되는 개인[私]의 재산과 신분에 관한 권리(權利). ㊥공권(公權).

사:귀-신속 事貴神速 (일 사, 귀할 귀, 귀신 신, 빠를 속). ① 속뜻 일[事]을 하는 데는 귀신[神]같이 빠름[速]을 귀(貴)하게 여김. ② 일을 할 때는 빠르게 하는 것이 가장 좋음.

사규 社規 (회사 사, 법 규). 회사(會社)의 규칙(規則). ¶급여는 사규에 따른다.

사:극 史劇 (역사 사, 연극 극). 연영 역사(歷史)에 있었던 사실을 바탕으로 하여 만든

연극(演劇)이나 희곡(戱曲). '역사극'의 준말.

사:근취:원 捨近取遠 (버릴 사, 가까울 근, 가질 취, 멀 원). 가까운[近] 것을 버리고[捨] 먼[遠] 것을 취(取)함.

사금 沙金 (=砂金, 모래 사, 황금 금). 광업 강바닥이나 해안의 모래[沙]에 섞여 있는 금(金). ¶사금을 채취하다.

▸사금-광 沙金鑛 (쇳돌 광). 사금(沙金)을 캐는 금광(金鑛).

▸사금-석 沙金石 (돌 석). ① 속뜻 사금(沙金)이 섞여 있는 돌[石]. ② 광업 석영(石英)의 한 가지. 적철광이나 운모의 세편(細片)을 많이 함유한 광물.

▸사금석-유 沙金石釉 (돌 석, 잿물 유). ① 속뜻 천연의 사금석(沙金石)에서 추출한 잿물[釉]. ② 수공 붉은 흙 속에 잔 쇳가루가 들어 있어 도자기의 표면을 오톨도톨하게 만드는 잿물. ⓑ다금유(茶金釉).

사:기[1] 史記 (역사 사, 기록할 기). ① 속뜻 역사적(歷史的) 사실을 적은[記] 책. ② 책명 중국 한나라 때 사마천(司馬遷)이 상고의 황제로부터 전한의 무제까지의 역대 왕조의 사적을 기록한 역사책.

사:기[2] 死期 (죽을 사, 때 기). 목숨을 버려야[死] 할 때[期]. ¶사기에 접어들다.

사기[3] 邪氣 (간사할 사, 기운 기). ① 속뜻 요사(妖邪)스럽고 나쁜 기운(氣運). ¶이 부적은 사기를 쫓아 준다. ② 한의 사람의 몸에 병을 일으키는 여러 가지 외적 요인을 통틀어 이르는 말.**사기[4]** 社基 (회사 사, 터 기). 회사(會社)의 기초(基礎). ¶사기를 바로 세우다.

사기[5] 社旗 (회사 사, 깃발 기). 회사(會社)를 상징하는 깃발[旗].

사기[6] 射技 (쏠 사, 재주 기). 활을 쏘는[射] 솜씨[技]. ¶사기가 뛰어난 자를 뽑았다.

사:기[7] 士氣 (선비 사, 기운 기). ① 속뜻 싸우려 하는 병사(兵士)들의 씩씩한 기개(氣槪). ② 사람들이 일을 이룩하려는 기개. ¶사기를 높이다.

▸사:기-충천 士氣衝天 (찌를 충, 하늘 천). 사기(士氣)가 하늘[天]을 찌를[衝] 듯함. ¶병사들은 사기충천하여 진군했다.

사기[8] 沙器 (=砂器, 모래 사, 그릇 기). 모래[沙] 같은 백토로 구워 만든 그릇[器]. ¶사기에 요리를 담았다.

▸사기-장 沙器匠 (장인 장). 사기(沙器)를 만드는 일을 전문으로 하는 사람[匠].

▸사기-점 沙器店 (가게 점). 사기(沙器)를 구워 만드는 곳[店].

▸사기-질 沙器質 (바탕 질). 의학 이의 표면을 싸고 있는 사기(沙器) 같은 유백색의 물질(物質). ⓑ법랑질(琺瑯質).

사기[9] 詐欺 (속일 사, 속일 기). ① 속뜻 못된 목적으로 남을 속임[詐=欺]. ② 남을 속여 착오에 빠지도록 하는 범죄 행위. ¶그녀는 사기를 당해 집을 잃었다.

▸사기-죄 詐欺罪 (허물 죄). 법률 남을 속여[詐欺] 자기 또는 남이 불법하게 이익을 얻음으로써 성립되는 죄(罪). ¶사기죄로 구속되다.

▸사기-횡령 詐欺橫領 (멋대로 횡, 차지할 령). 남을 속여[詐欺] 남의 재물을 불법으로 차지함[橫領].

사-기업 私企業 (사사로울 사, 꾀할 기, 일 업). 개인[私]이 출자한 자본으로 운영하는 기업(企業). ⓑ공기업(公企業).

사:기지은 四奇之恩 (넉 사, 기이할 기, 어조사 지, 은혜 은). ① 속뜻 네[四] 가지 놀라운[奇] 은혜(恩惠)를 이름. ② 가톨릭 부활한 뒤의 무손상(無損傷), 광명(光明), 신속(迅速), 투철(透徹)의 네 가지 특성.

사낭 沙囊 (=砂囊, 모래 사, 주머니 낭). 모래[沙]주머니[囊]. 새의 위(胃)의 일부로 삼킨 모래나 잔돌을 넣어 먹은 것을 으깨 부수는 역할을 한다.

사내 社內 (회사 사, 안 내). 회사(會社) 안[內]. ¶사내 직원끼리 모임을 가졌다.

▸사내-보 社內報 (알릴 보). 사내(社內)에서 사원들과 그 가족을 대상으로 펴내는 신문이나 잡지[報].

사내-악 思內樂 (생각 사, 안 내, 음악 악). 음악 중국의 시가와 구별되는 향찰[思內]로 기록된 악곡(樂曲). ⓑ사뇌악(詞腦樂).

사념[1] 邪念 (그를 사, 생각 념). 그릇된[邪] 생각[念]. ¶사념을 끊고 수행에 정진하다.

사념[2] 思念 (생각 사, 생각 념). ① 속뜻 마음속으로 생각함[思=念]. ② 근심하고 염려하는 여러 가지 생각.

사:농공상 士農工商 (선비 사, 농사 농, 장인

공, 장사 상). [역사] 왕조 때, 선비[士]·농부[農]·장인[工]·상인[商]의 네 가지 신분을 아울러 이르던 말.

사뇌-가 詞腦歌 (말씀 사, 골 뇌, 노래 가). [문학] 중국의 시가와 구별되는 향찰[詞腦]로 기록된 향가(鄕歌). [참]사내악(思內樂).

사니 沙泥 (모래 사, 진흙 니). 모래[沙]가 섞인 진흙[泥]. 또는 모래와 진흙. ¶이 새는 사니를 물어다가 둥지를 단단히 한다.

▸사니-질 沙泥質 (바탕 질). 모래[沙]와 진흙[泥]이 뒤섞여 있는 토질(土質).

사:단¹ 四端 (넉 사, 처음 단). ① [속뜻] 네[四] 가지 실마리[端]. ② [철학] 사람의 본성(本性)에서 우러나는 네 가지 마음씨. 측은지심(惻隱之心), 수오지심(羞惡之心), 사양지심(辭讓之心), 시비지심(是非之心)을 이른다.

사:단² 事端 (일 사, 처음 단). ① [속뜻] 일[事]의 실마리[端]. 사건의 실마리. ② 사고나 탈. '사달'의 잘못. ¶어쩐지 꺼림칙하더니만, 결국 사달이 났다.

사단³ 社團 (모일 사, 모일 단). ① [속뜻] 일정한 목적을 위해 조직된[社] 단체(團體). ② [법률] 법률에 의하여 법률적인 권리와 의무의 주체로 인정을 받은 법인. '사단 법인'(法人)의 준말. **사단⁴ 社壇** (토지 신 사, 단 단). [역사] 임금이 백성을 위해 토지의 신[社]과 곡식의 신에게 제사하던 제단(祭壇). 우리나라에서는 신라 선덕왕 4(873)년에 처음으로 사직단을 세웠으며 그 뒤 고구려는 고국양왕, 고려는 성종, 조선은 태조 때 각각 사직단을 세워 제사지냈다. [비]직단(稷壇).

사단⁵ 師團 (병력 사, 모일 단). ① [속뜻] 일정 인원[團]의 병력[師]. 옛날에는 약 2,500명의 병력을 '師'라고 하였다. ② [군사] 군대 편성 단위의 하나. 군단(軍團)의 아래, 연대(聯隊)나 여단(旅團)의 위.

▸사단-장 師團長 (어른 장). 사단(師團)을 지휘·통솔하는 지휘관[長].

사단-주속 紗緞紬屬 (비단 사, 비단 단, 명주 주, 속할 속). 얇은 사(紗)와 두꺼운 단(緞) 따위의 명주(明紬)로 만든 비단 종류[屬]. [비]사라능단(紗羅綾緞).

사-단층 斜斷層 (비낄 사, 끊을 단, 층 층). [지리] 지층의 주향(走向)이나 암맥, 광맥의 주향이 옆으로 비껴[斜] 나가는 단층(斷層). '사주 단층'(斜走斷層)의 준말.

사:달 四達 (넉 사, 통할 달). 길이 이리저리 사방(四方)으로 통함[達].

사담 私談 (사사로울 사, 말씀 담). 사사로운[私] 이야기나 말[談]. ¶둘은 회의가 시작되기 전에 사담을 나누었다. [반]공담(公談).

사답 私畓 (사사로울 사, 논 답). 개인[私] 소유의 논[畓]. ¶토호에게 사답을 빼앗겼다. [반]공답(公畓).

사당¹ 私黨 (사사로울 사, 무리 당). 사사로운[私] 목적으로 모인 무리[黨]. ¶사당을 이루어 권력을 탐하다.

사당² 邪黨 (간사할 사, 무리 당). 간사(奸邪)한 무리[黨]. ¶충신은 없고 사당 뿐이구나.

사당³ 祠堂 (사당 사, 집 당). 신주[祠]를 모시기 위하여 집[堂]처럼 자그마하게 만든 것. ¶조상의 위패를 사당에 모시다.

사대¹ 師大 (스승 사, 큰 대). [교육] 중·고등학교의 교원[師] 양성을 목적으로 하는 고등교육 기관[大學]. '사범 대학'(師範大學)의 준말.

사:대² 事大 (섬길 사, 큰 대). ① [속뜻] 작은 나라가 큰[大] 나라를 섬김[事]. ② 약자가 강자를 뒤따라 섬김.

▸사:대-당 事大黨 (무리 당). 주체성이 없이 세력이 강한[大] 나라나 사람을 받들어 섬기는[事] 무리[黨].

▸사:대-사상 事大思想 (생각 사, 생각 상). 주체성이 없이 세력이 강한[大] 나라나 사람을 받들어 섬기자는[事] 사상(思想).

▸사:대-주의 事大主義 (주될 주, 뜻 의). 주체성이 없이 세력이 강한[大] 나라나 사람을 받들어 섬기자는[事] 태도[主義].

▸사:대교린-주의 事大交鄰主義 (사귈 교, 이웃 린, 주될 주, 뜻 의). ① [속뜻] 큰[大] 나라를 섬기고[事] 이웃[鄰] 나라와는 잘 사귀자는[交] 주의(主義). ② [역사] 조선 때, 외교 정책에서 택하였던 기본 태도. '사대'는 명나라에 대한 외교책이며 '교린'은 일본 및 여진에 대한 외교책이었다.

사:대 기서 四大奇書 (넉 사, 큰 대, 기이할 기, 책 서). ① [속뜻] 내용이 기이(奇異)한 네[四] 가지 큰[大] 책[書]. ② [문학] 중국 명

나라 때의 네 편의 걸작 장편 소설인 『수호지』(水滸志), 『삼국지연의』(三國志演義), 『서유기』(西遊記), 『금병매』(金瓶梅)를 이르는 말.

사:-대문 四大門 (넉 사, 큰 대, 문 문). 역사 조선 때, 서울 도성의 동서남북에 세운 네[四] 개의 큰[大] 성문(城門). 동쪽의 흥인지문(興仁之門), 서쪽의 돈의문(敦義門), 남쪽의 숭례문(崇禮門), 북쪽의 숙정문(肅靖門)을 이른다. 참 사소문(四小門).

사:-대부 士大夫 (선비 사, 큰 대, 사나이 부). ① 속뜻 선비[士]와 대부(大夫)를 아울러 이르는 말. 문무양반(文武兩班)을 일반 평민층에 상대하여 이르는 말. ② 역사 벼슬이나 문벌이 높은 집안의 사람. ¶그는 사대부 가문의 자손이다.

사:도[1] 士道 (선비 사, 길 도). 선비[士]로서 마땅히 지켜야 할 도리(道理).

사도[2] 私道 (사사로울 사, 길 도). ① 속뜻 사사로이[私] 내어 쓰는 길[道]. ② 사사로운 이익을 꾀하는 방법. ③ 법률 도로법에 의한 도로나 도로법의 준용(準用)을 받는 도로가 아닌 것.

사도[3] 邪道 (그를 사, 길 도). 올바르지 않은 [邪] 길[道]. ¶사도에 빠지다. 반 정도(正道).

사도[4] 師道 (스승 사, 길 도). 스승[師]으로서 마땅히 지켜야 할 도리(道理).

사도[5] 斯道 (이것 사, 길 도). ① 속뜻 이[斯] 도리(道理). 또는 그 도리. ② 유가(儒家)에서 유학의 도리를 이르는 말. ③ 어떤 전문적인 방면의 도(道)나 기예(技藝). ¶사도의 대가.

사:도[6] 使徒 (부릴 사, 무리 도). ① 기독교 예수가 복음을 널리 전하는 것을 시키기[使] 위하여 특별히 뽑은 열두 제자[徒]. ② 신성한 일을 위하여 헌신적으로 일하는 사람을 비유하여 이르는 말. ¶정의의 사도가 나가신다.

▶**사:도 신경** 使徒信經 (믿을 신, 책 경). 기독교 초대 교회 이후 주일 미사나 예배 때 신자들[使徒]이 신앙(信仰)을 고백하는 내용을 담은 글[經].

사:동[1] 使童 (부릴 사, 아이 동). 관청이나 회사 같은 곳에서 잔심부름을 시키기[使] 위해 고용한 아이[童]. 비 사아(使兒).

사:동[2] 使動 (부릴 사, 움직일 동). 언어 주체가 제3의 대상에게 동작이나 행동을 하도록 [使] 하는 동사(動詞)의 성질. 비 사역(使役). 반 주동(主動).

▶**사:동-문** 使動文 (글월 문). 언어 문장의 주체가 남에게 어떤 동작을 시키는[使] 형식으로 이루어진 문장(文章). ¶'엄마가 아이에게 밥을 먹인다'는 사동문이다.

▶**사:-동사** 使動詞 (말씀 사). 문장의 주체가 남에게 어떤 동작을 시키는[使] 것을 나타내는 동사(動詞). ¶'먹다'의 사동사는 '먹이다'이다. 반 주동사(主動詞).

사랑 舍廊 (집 사, 결채 랑). ① 속뜻 집[舍]의 결채[廊]. ② 바깥주인이 거처하며 손님을 대접하는 곳.

▶**사랑-문** 舍廊門 (문 문). 대문 안에서 사랑방(舍廊房)이나 사랑채로 드나드는 문(門).

▶**사랑-방** 舍廊房 (방 방). 사랑(舍廊)으로 쓰는 방(房). ¶사랑방 손님과 어머니.

▶**사랑-양반** 舍廊兩班 (두 량, 나눌 반). ① 속뜻 사랑(舍廊)에 살고 있는 양반(兩班). ② 남의 남편을 그의 아내 앞에서 높여 일컫는 말. ③ 지난날 하인에 대하여 그 집 남자 주인을 일컫던 말.

사:략 史略 (역사 사, 줄일 략). 역사(歷史)의 사실을 간략(簡略)하게 엮은 책. ¶『동국사략』(東國史略).

사량 思量 (생각 사, 헤아릴 량). 생각하여 [思] 헤아림[量].

사려 思慮 (생각 사, 생각할 려). 여러 가지로 신중하게 생각함[思=慮]. 또는 그 생각. ¶그는 사려가 깊은 사람이다.

사:력[1] 死力 (죽을 사, 힘 력). 죽을[死] 힘[力]. 온갖 힘. ¶나는 사력을 다해 친구를 도와주었다.

사력[2] 社歷 (회사 사, 지낼 력). ① 속뜻 회사(會社)의 역사(歷史). ¶우리는 사력 100년의 자부심이 있다. ② 입사 후의 경력이나 햇수.

사력[3] 沙礫 (모래 사, 조약돌 력). 모래[沙]와 조약돌[礫]. 모래와 자갈.

▶**사력-지** 沙礫地 (땅 지). 모래[沙]와 자갈[礫]이 많이 깔려있는 땅[地]. ¶사력지를 일구다. 비 자갈밭.

▸사력 단구 沙礫段丘 (층계 단, 언덕 구). 지리 평평하고 두꺼운 모래[沙]와 자갈[礫]층으로 된 단구(段丘).

사련[1] **邪戀** (그를 사, 그리워할 련). 떳떳하지 못한[邪] 남녀 간의 사랑[戀].

사련[2] **思戀** (생각 사, 그리워할 련). 이성을 생각하고[思] 애틋하게 그리워함[戀].

사:령[1] **四靈** (넉 사, 신령 령). 전설의 네[四] 가지 신령(神靈)스러운 동물. 기린, 봉황, 거북, 용을 이른다.

사:령[2] **使令** (부릴 사, 시킬 령). ① 속뜻 부리거나[使] 시킴[令]. ② 역사 조선 시대에, 각 관아에서 심부름하던 사람.

사령[3] **司令** (맡을 사, 명령 령). ① 속뜻 최고 지휘관의 명령[令]에 관한 일을 맡음[司]. ② 군사 군대나 함선을 거느리는 직책 또는 그 사람. ③ 연대급 이상의 곳에서 일직(日直) 등 당번의 책임을 맡은 장교.

▸사령-관 司令官 (벼슬 관). 군사 사령부(司令部)의 우두머리 직책[官]. 또는 그 직책을 맡은 사람.

▸사령-부 司令部 (나눌 부). 군사 사단급 이상의 부대에서 소속 부대를 지휘·통솔하는[司令] 일을 맡아보는 본부(本部).

▸사령-선 司令船 (배 선). 군사 사령관(司令官)이 함대를 지휘·통솔할 때 타는 배[船].

사:령[4] **死靈** (죽을 사, 혼령 령). 죽은[死] 사람의 영혼(靈魂). 반 생령(生靈).

▸사:령 숭배 死靈崇拜 (높을 숭, 공경할 배). ① 속뜻 죽은[死] 사람의 영혼(靈魂)을 섬김[崇拜]. ② 종교 미개 신앙 형태의 한 가지. 사람이 죽어 영혼이 되어 산 사람의 화복에 영향을 준다고 믿는다.

사령[5] **辭令** (물러날 사, 명령 령). ① 속뜻 인사(人事)를 처리하는[辭] 명령(命令). ② 임명, 해임 따위의 인사에 관한 명령(命令). ③ 문장을 꾸미는 말. ④ '사령장'(辭令狀)의 준말. 비 사장(詞章).

▸사령-장 辭令狀 (문서 장). 관직이나 공직의 임면에 대한 명령을 적어[辭令] 당사자에게 주는 문서[狀].

사:례[1] **事例** (일 사, 본보기 례). 어떤 일[事]의 본보기[例]가 됨. 또는 그 본보기. ¶구체적인 사례를 들어 설명하다.

사례[2] **射禮** (쏠 사, 예도 례). 활을 쏘는[射] 예법(禮法).

사:례[3] **四禮** (넉 사, 예도 례). 관례, 혼례, 상례, 제례의 네[四] 가지 예도(禮度).

▸사:례-편람 四禮便覽 (편할 편, 볼 람). ① 속뜻 네[四] 가지 예도(禮度)에 대하여 간단히[便] 볼 수 있게[覽] 만든 책. ② 책명 조선 숙종 때, 이재(李縡)가 관혼상제(冠婚喪祭)를 모아 엮은 책.

사:례[4] **謝禮** (고마워할 사, 예도 례). 언행이나 금품으로 고마운[謝] 뜻을 나타내는 인사[禮]. ¶사례의 뜻으로 그에게 식사를 대접했다.

▸사:례-금 謝禮金 (돈 금). 사례(謝禮)의 뜻으로 주는 돈[金]. ¶아이를 찾아주신 분께는 사례금을 드립니다.

사:로[1] **死路** (죽을 사, 길 로). ① 속뜻 죽음[死]의 길[路]. ② 막다른 길.

사로[2] **邪路** (그를 사, 길 로). 그릇된[邪] 길[路]. 비 사도(邪道).

사:록 史錄 (역사 사, 기록할 록). 역사(歷史)에 관한 기록(記錄). ¶사록을 살펴 보다.

사:론[1] **史論** (역사 사, 논할 론). 역사(歷史)에 관한 논설(論說)이나 주장.

사론[2] **私論** (사사로울 사, 논할 론). 사사로운[私] 주장이나 이론(理論). ¶공식적인 자리에서는 사론을 펴지 마라. 반 공론(公論).

사:료[1] **史料** (역사 사, 거리 료). 역사(歷史)의 연구와 편찬에 필요한 거리[料]. 주로 문헌이나 유물 따위의 자료(資料)를 말한다. ¶사료를 수집하다.

사료[2] **思料** (생각 사, 헤아릴 료). 생각하고[思] 헤아림[料]. ¶여러 각도로 사료하여 보았지만 해결 방법이 없다.

사료[3] **飼料** (먹일 사, 거리 료). 가축 따위에게 먹이는[飼] 식용 재료(材料). ¶돼지에게 사료를 주다.

▸사료 식물 飼料植物 (심을 식, 만물 물). 농업 가축의 사료(飼料)로 쓰기 위해 재배하는 식물(植物).

▸사료 작물 飼料作物 (지을 작, 만물 물). 농업 가축의 사료(飼料)로 쓰기 위해 재배하는 작물(作物).

사루 沙漏 (모래 사, 샐 루). 모래[沙]가 아래로 새도록[漏] 하여 시간을 재는 기구. 호리병 모양이다. 비 모래시계.

사:륙 四六 (넉 사, 여섯 륙). ① [속뜻] 4자[四]로 된 구와 6자[六]로 된 구문체. ② [문학] 사륙체. ③ 위쪽에 비스듬하게 네 구멍이 있고 아래쪽에 세 구멍씩 나란히 두 줄이 있어 모두 열 구멍이 되는 골패의 짝. ④ [출판] 사륙판.

▸ 사:륙-체 四六體 (모양 체). [문학] 문장을 4[四]자 또는 6[六]자의 대구(對句)를 써서 읽는 사람에게 미감(美感)을 주는 화려한 문체(文體). 중국의 육조와 당나라 때 성행하였다. [준] 사륙. [비] 변려문(騈儷文), 변체문(騈體文).

▸ 사:륙-판 四六判 (가를 판). [출판] ① 네[四] 치와 여섯[六] 치 크기로 자른[判] 인쇄용지. 가로 13㎝, 세로 19㎝이다. ② 사륙 전지로 인쇄한 인쇄물.

사:리[1] 事理 (일 사, 이치 리). 일[事]의 이치(理致). ¶사리에 맞지 않다.

사리[2] 私利 (사사로울 사, 이로울 리). 사사로운[私] 이익(利益). ¶그는 사리에 눈이 멀어 친구를 배신했다. [반] 공리(公利).

▸ 사리-사욕 私利私慾 (사사로울 사, 욕심 욕). 개인[私]의 이익(利益)과 욕심(慾心).

사리[3] 舍利 (집 사, 이로울 리). ① [속뜻] 범어 'sarira'의 한자 음역어. ② [불교] 석가모니나 성자의 유골. 후세에는 화장한 뒤에 나오는 구슬 모양의 것만 이른다. ③ [불교] 부처의 법신의 자취인 경전. [비] 사리골(舍利骨).

▸ 사리-탑 舍利塔 (탑 탑). [불교] 부처의 사리(舍利)를 모셔둔 탑(塔).

사:린 四鄰 (넉 사, 이웃 린). ① [속뜻] 사방(四方)의 이웃[鄰]. ② 사방에 이웃한 나라들.

사:림[1] 士林 (선비 사, 수풀 림). ① [속뜻] 선비[士]들로 숲[林]을 이룸. ② '유학을 신봉하는 사람들'을 이름. ¶사림들이 상소를 올렸다.

사:림[2] 史林 (역사 사, 수풀 림). ① [속뜻] 역사(歷史)의 숲[林]. ② 역사에 관한 책.

사림[3] 詞林 (말씀 사, 수풀 림). ① [속뜻] 시문[詞]의 숲[林]. ② 시문을 모아 엮은 책. ③ 시인이나 문인들의 사회. ¶사림들이 모여 연회를 즐겼다.

사림[4] 辭林 (말씀 사, 수풀 림). ① [속뜻] 낱말[辭]의 숲[林]. ② 낱말을 모아서 일정한 순서로 배열하고 그 뜻을 풀이해 놓은 책. [비] 사전(辭典).

사:립[1] 四立 (넉 사, 설 립). '입'(立)자로 시작되는 네[四] 절기. 입춘(立春), 입하(立夏), 입추(立秋), 입동(立冬)을 이른다.

사립[2] 私立 (사사로울 사, 설 립). 개인이나 민간단체가[私] 설립(設立)하여 유지하는 일. ¶사립학교. [반] 공립(公立), 국립(國立).

사립[3] 絲笠 (실 사, 삿갓 립). 명주실[絲]로 싸개를 하여 만든 갓[笠].

***사막 沙漠** (=砂漠, 모래 사, 아득할 막). ① [속뜻] 온통 모래[沙]로 아득하게[漠] 뒤덮인 땅. ② [지리] 강우량이 적고 식물이 거의 자라지 않으며 자갈과 모래로 뒤덮인 매우 넓은 불모의 땅. ¶사막은 밤에 기온이 급격히 떨어진다.

▸ 사막-뢰 沙漠雷 (천둥 뢰). 사막(沙漠) 지대에서 강풍에 모래 먼지가 날릴 때 일어나는 천둥소리[雷].

▸ 사막-화 沙漠化 (될 화). 사막 주변의 건조지대가 사막(沙漠)으로 변함[化]. 또는 그 현상. ¶초원의 사막화가 심각하다.

▸ 사막 기후 沙漠氣候 (기후 기, 기후 후). ① [속뜻] 사막(沙漠)의 특징이 나타나는 기후(氣候). ② [지리] 강수량이 적어 식물이 거의 생육할 수 없는 기후. 연평균 강수량은 250mm 이하이며 강수량보다 증발량이 더 많다.

▸ 사막 지대 沙漠地帶 (땅 지, 띠 대). [지리] 사막(沙漠)으로 되어 있는 지대(地帶).

▸ 사막 식물 沙漠植物 (심을 식, 만물 물). [식물] 사막(沙漠)에서 자라는 식물(植物). ¶선인장은 대표적인 사막 식물이다.

사:망 死亡 (죽을 사, 죽을 망). 사람의 죽음[死=亡]. ¶비행기 추락 사고로 탑승자 전원이 사망했다. [반] 출생(出生).

▸ 사:망-률 死亡率 (비율 률). ① [속뜻] 어떤 이유로 사망(死亡)한 사람의 수와 그에 관련된 전체 인원수와의 비율(比率). ¶위암으로 인한 사망률이 크게 낮아졌다. ② 어느 인구 집단을 대상으로 한 일 년간의 사망자 수가 그 해의 전체인구에서 차지하는 비율.

▸ 사:망-자 死亡者 (사람 자). 죽은[死亡] 사람[者].

▸ 사:망 보:험 死亡保險 (지킬 보, 험할 험). [경제] 피보험자가 사망(死亡)한 때에 한하여

보험금을 지급하는 생명보험(生命保險)의 한 가지.

▸사:망 신고 死亡申告 (알릴 신, 알릴 고). [법률]사람이 죽었을 때 진단서 등과 함께 죽은[死亡] 사실을 관청에 알리는[申告] 일.

사:맹 四孟 (넉 사, 맏이 맹). 사(四)계절의 각 첫[孟] 달인 음력의 1, 4, 7, 10월을 통틀어 이르는 말. 맹춘(孟春), 맹하(孟夏), 맹추(孟秋), 맹동(孟冬)을 이른다.

사면[1] 斜面 (비낄 사, 면 면). 비스듬한[斜] 면(面). 비탈진 면. ¶사면을 따라 흙이 미끄러져 내려왔다.

사면[2] 辭免 (물러날 사, 면할 면). 일자리를 그만 두어[辭] 일을 면(免)하여 물러남. ¶그는 지검장을 사면했다.

사:면[3] 四面 (넉 사, 쪽 면). 전후좌우(前後左右)의 네[四] 방면(方面). 모든 방면. ¶제주도는 사면이 바다로 둘러싸여 있다.

▸사:면-체 四面體 (몸 체). [수학]네[四] 개의 면(面)으로 둘러싸인 입체(立體).

▸사:면-초가 四面楚歌 (나라이름 초, 노래 가). ① [속뜻]사방[四面]에서 초(楚)나라의 노래[歌]가 들려옴. ② 모두 적으로 둘러싸인 형국이나 누구의 도움도 받을 수 없는 '고립된 상태'를 이르는 말.

▸사:면-팔방 四面八方 (여덟 팔, 모 방). ① [속뜻]네[四] 면(面)과 여덟[八] 구석[方]. ② 모든 방면.

사:면[4] 赦免 (용서할 사, 면할 면). [법률]죄를 용서하여[赦] 형벌을 면제(免除)함. ¶광복절을 맞아 150명이 사면됐다.

▸사:면-장 赦免狀 (문서 장). 죄를 사면(赦免)한다는 뜻을 적은 문서[狀].

사:멸 死滅 (죽을 사, 없어질 멸). 죽어[死] 없어짐[滅]. ¶태양 없인 지구의 모든 생명체가 사멸한다.

사:명[1] 死命 (죽을 사, 목숨 명). ① [속뜻]다 죽게[死] 된 목숨[命]. ② 죽음과 삶.

사명[2] 社名 (회사 사, 이름 명). 회사(會社)의 이름[名]. ¶사명을 바꾸다.

사명[3] 社命 (회사 사, 명할 명). 회사(會社)의 명령(命令). ¶사명을 어기고 장부를 공개했다.

사명[4] 師命 (스승 사, 명할 명). 스승[師]의 명령(命令). ¶사명을 받들어 학업에 정진했다.

사:명[5] 使命 (부릴 사, 명할 명). ① [속뜻]사신(使臣)으로서 받은 명령(命令). ② 맡겨진 임무. ¶맡은 바 사명을 다하다.

▸사:명-감 使命感 (느낄 감). 맡겨진 임무[使命]를 수행하려는 기개나 책임감(責任感). ¶사명감이 투철한 경찰.

사:-명산 四名山 (넉 사, 이름 명, 메 산). 우리나라에서 경치가 좋기로 이름난 금강산, 구월산, 묘향산, 지리산의 네[四] 개의 이름[名] 난 산(山)을 아울러 이르는 말.

사:-명일 四名日 (넉 사, 이름 명, 날 일). 설, 단오, 추석, 동지의 네[四] 가지 명일(名日)을 아울러 이르는 말. [비]사명절(四名節).

사모[1] 私募 (사사로울 사, 모을 모). [경제]① 새로 주식이나 사채 등을 발행할 때 공개적으로 모집하지 않고 발행 회사와 특정한 관계가 있는 곳에서 개인적으로[私] 모집(募集)하는 일. ② 금융기관이나 거액 투자자가 주를 대량으로 처분할 때 주의 급격한 시세 변동을 막기 위해 거래소 직원이 거래소 밖에서 이를 사들이거나 매개하는 일.

사모[2] 思慕 (생각 사, 그리워할 모). ① [속뜻]애틋하게 생각하며[思] 그리워함[慕]. ¶사모의 마음 / 나는 그를 애타게 사모한다. ② 우러러 받들며 진정한 마음으로 따름. ¶스승을 사모하다.

사모[3] 師母 (스승 사, 어머니 모). ① [속뜻]스승[師]의 부인을 어머니[母]처럼 높여 이르는 말. ② 윗사람의 부인을 높여 이르는 말.

사:모[4] 紗帽 (비단 사, 모자 모). [역사]관원이 관복을 입을 때 쓰던 검은 비단[紗]으로 만든 모자(帽子).

▸사:모 관대 紗帽冠帶 (갓 관, 띠 대). ① [속뜻]사모(紗帽)와 관대(冠帶). ② 사모와 관대로 갖춘 정식 예장. ¶전통혼례에서 신랑은 사모관대를 한다.

사모-곡 思母曲 (생각 사, 어머니 모, 노래 곡). [문학]작자와 연대 미상의 고려가요. 어머니를[母] 그리는[思] 마음을 담은 노래[曲]. [비]엇노리.

사무[1] 私務 (사사로울 사, 일 무). 사사로운[私] 일[務]. ¶업무 시간에 사무를 처리해서는 안 된다. [반]공무(公務).

사무[2] 社務 (회사 사, 일 무). 회사(會社)의

업무(業務). ¶아버지는 늘 사무로 바쁘시다.

사:무[3] **事務** (일 사, 일 무). 주로 책상에서 처리해야 하는 일[事=務]. ¶사무를 보다.

▸사:무-가 事務家 (사람 가). 사무(事務)를 전문으로 맡아보는 사람[家].

▸사:무-관 事務官 (벼슬 관). ① 속뜻 사무(事務)를 보는 관리(官吏). ② 법률 행정직 5급 공무원. 주사의 위, 서기관의 아래이다.

▸사:무-국 事務局 (관청 국). 조직 운영상의 여러 사무(事務)를 맡아보는 부서[局]. ¶사무국 국장.

▸사:무-복 事務服 (옷 복). 사무(事務)를 볼 때 입기 위해 특별히 만든 옷[服].

▸사:무-소 事務所 (곳 소). 사무(事務)를 보는 곳[所]. ¶그는 내일부터 대전 사무소로 출근한다.

▸사:무-실 事務室 (방 실). 사무(事務)를 보는 방[室].

▸사:무-용 事務用 (쓸 용). 사무(事務)에 쓰이는[用] 것. ¶사무용 컴퓨터.

▸사:무-원 事務員 (인원 원). 일반 사무(事務)를 맡아보는 직원(職員). '사무직원'(事務職員)의 준말.

▸사:무-장 事務長 (어른 장). 사무(事務) 직원을 지휘하고 그 사무를 관리하는 우두머리[長].

▸사:무-적 事務的 (것 적). ① 속뜻 사무(事務)에 관한 것[的]. ¶사무적 절차. ② 무엇을 하는 데 진심이나 성의가 없이 기계적이고 형식적인 것. ¶사무적인 말투.

▸사:무-직 事務職 (일 직). 사무(事務)를 맡아보는 직책(職責). ¶사무직 직원을 채용하다.

▸사:무-기기 事務機器 (틀 기, 그릇 기). 사무(事務)를 능률적으로 하기 위해 사용하는 기기(機器). 사무용 컴퓨터, 복사기, 계산기 따위.

사무사 **思無邪** (생각 사, 없을 무, 그릇 사). 생각[思]함에 있어 그릇된[邪] 것이 없음[無]. 『논어』(論語)에서 유래되었다.

사:무여한 **死無餘恨** (죽을 사, 없을 무, 남을 여, 원한 한). 죽어도[死] 남은[餘] 한(恨)이 없음[無]. ¶이제라도 너를 보니 사무여한이구나.

사문[1] **沙門** (모래 사, 문 문). 불교 ① '출가자'를 뜻하는 산스크리트어 'sramana'의 한자 음역어. ② 부지런히 모든 좋은 일을 닦고 나쁜 일을 일으키지 않는다는 뜻으로 불문에 들어가서 도를 닦는 사람을 이르는 말.

사문[2] **査問** (살필 사, 물을 문). 조사(調査)하여 캐물음[問]. ¶강력한 사문을 통해 자백을 받아 내다.

사:문[3] **死文** (죽을 사, 글월 문). 실제로 효력이 없는[死] 법령이나 문장(文章).

▸사:문-화 死文化 (될 화). 실제로 효력이 없는[死] 법령이나 문장(文章)이 됨[化].

사문[4] **斯文** (이것 사, 글월 문). ① 속뜻 유교이[斯] 문화(文化). ② 유교 문화 또는 유교 사상. ③ 유학자를 높여 이르는 말.

▸사문-난적 斯文亂賊 (어지러울 란, 도둑 적). 유교 사상[斯文]을 어그러뜨리는[亂] 사람[賊].

사-문서 **私文書** (사사로울 사, 글월 문, 글 서). 개인[私]이 권리나 의무 또는 사실 증명에 관하여 작성한 문서(文書). ¶사문서 위조죄. ⓑ공문서(公文書).

사문-석 **蛇紋石** (뱀 사, 무늬 문, 돌 석). ① 속뜻 뱀[蛇] 같은 무늬[紋]가 있는 돌[石]. ② 광업 사문암(蛇紋岩) 가운데서 마그네슘과 규산을 주성분으로 하는 광물.

사문-암 **蛇紋巖** (뱀 사, 무늬 문, 바위 암). 광업 사문석(蛇紋石)을 주성분으로 하는 암석(巖石).

사:문-학 **四門學** (넉 사, 문 문, 배울 학). ① 역사 중국 당나라 때, 국자학의 네[四] 개의 문(門) 옆에 일반 백성을 위해 설립한 교육 기관[學]. ② 역사 고려 때, 국자감에 둔 교육 기관.

사:물[1] **四勿** (넉 사, 말 물). 공자가 제자에게 말한 네[四]가지 하지 말아야[勿] 할 것. 곧 예가 아니면 보지 말며, 듣지 말며, 말하지 말며, 움직이지 말라는 것을 이른다.

사:물[2] **賜物** (줄 사, 만물 물). ① 속뜻 임금이 내려 주는[賜] 물건(物件). ② 윗사람이 내려 주는 물건.

사:물[3] **四物** (넉 사, 만물 물). ① 민속 풍물에 흔히 쓰이는 네[四] 가지 민속 타악기[物]. 꽹과리, 징, 북, 장구를 이른다. ② 음악 네 사람이 각기 사물을 가지고 어우러져 치는 놀이. '사물놀이'의 준말. ③ 불교 법고, 운판,

목어, 대종을 아울러 이르는 말.

▸사:물-탕 四物湯 (끓을 탕). 한의 숙지황, 백작약, 천궁, 당귀의 네[四] 가지 약물(藥物)을 넣어 지은 탕제(湯劑).

사:물[4] **死物** (죽을 사, 만물 물). ① 속뜻 죽은[死] 생물(生物). ② 쓸모가 없어진 물건. 반 활물(活物).

▸사:물 기생 死物寄生 (맡길 기, 살 생). 생물 죽은[死] 생물(生物)에 붙어서[寄] 양분을 섭취하며 사는[生] 일.

사물[5] **私物** (사사로울 사, 만물 물). 개인[私]이 가지고 있는 물건(物件). 반 관물(官物).

▸사물-함 私物函 (상자 함). 개인적인 물품[私物]을 넣어 두는 함(函). ¶체육복을 사물함에 넣어두다.

사:물[6] **事物** (일 사, 만물 물). 일[事]이나 물건(物件). ¶같은 사물이라도 보는 관점에 따라 다를 수 있다.

▸사:물 대:명사 事物代名詞 (대신할 대, 이름 명, 말씀 사). 언어 어떤 사물(事物), 처소를 이르는 대명사(代名詞). '그', '이것', '어디', '무엇' 따위. ¶'이 그림'에서 '이'는 사물대명사이다. 비 지시 대명사(指示代名詞).

사미인-곡 思美人曲 (생각 사, 아름다울 미, 사람 인, 노래 곡). 문학 조선 선조 때, 정철이 귀양 가서 지은 가사(歌辭). 임금을 미인(美人)에 비유하여 그리며[思] 지은 노래[曲].

사:민 四民 (넉 사, 백성 민). ① 속뜻 사농공상(士農工商)의 네[四] 계급의 백성[民]. ② 온 백성.

▸사:민-평등 四民平等 (고를 평, 가지런할 등). 사농공상(士農工商)의 모든 백성[四民]을 평등(平等)하게 다루는 일.

사:민 정책 徙民政策 (옮길 사, 백성 민, 정치 정, 꾀 책). 역사 조선 초기, 함길도·평안도 지방의 개척을 위해 백성[民]을 이주시킨[徙] 정책(政策).

사바 娑婆 (가사 사, 할미 파). 불교 ① 산스크리트어 'sabhā'의 한자 음역어. 괴로움이 많은 인간 세계. 석가모니불이 교화하는 세계를 이른다. ② 구속된 생활을 하고 있는 곳에서 그 바깥의 자유로운 세계를 가리키는 말.

▸사바 세:계 娑婆世界 (세상 세, 지경 계). 불교 괴로움이 많은[娑婆] 인간 세계(世界). 준 사바.

사-박자 四拍子 (넉 사, 칠 박, 접미사 자). 음악 한 마디가 네[四] 박자(拍子)로 된 것. 4분 음표 4박자 따위.

사발 沙鉢 (모래 사, 밥그릇 발). 사기(沙器)로 만든 밥그릇이나 국그릇[鉢]. ¶사발에 넘치도록 물을 따랐다.

▸사발-시계 沙鉢時計 (때 시, 셀 계). 사발(沙鉢) 모양의 둥근 탁상시계(卓上時計).

▸사발-통문 沙鉢通文 (통할 통, 글월 문). 주동자(主動者)가 누구인지 모르도록 발기인(發起人)의 이름을 대접[沙鉢]처럼 둥글게 빙 둘러 적은 통문(通文).

*__사:방__[1] **四方** (넉 사, 모 방). ① 속뜻 동, 서, 남, 북의 네[四] 방향(方向). ¶사방이 산으로 둘러싸여 있다. ② 둘레의 여러 곳. ¶나는 사방으로 그를 찾아다녔다.

▸사:방-모자 四方帽子 (쓰개 모, 접미사 자). 네[四] 개의 모서리[方]가 있는 모자(帽子). 비 사각모자(四角帽子).

▸사:방-팔방 四方八方 (여덟 팔, 모 방). ① 속뜻 사방(四方)과 팔방(八方). ② 모든 방면. ¶산불이 사방팔방으로 번져 나갔다.

사방[2] **沙防** (=砂防, 모래 사, 막을 방). ① 속뜻 모래[沙]의 유실을 막음[防]. ② 건설 흙, 모래, 자갈 따위가 떠내려가는 것을 막음. 또는 그러한 일이나 시설. ¶사방공사를 하다.

▸사방-림 沙防林 (수풀 림). 흙, 모래[沙], 자갈 따위가 떠내려가는 것을 막기[防] 위해 산이나 바닷가에 조성한 숲[林].

▸사방 공사 沙防工事 (장인 공, 일 사). 건설 흙, 모래[沙], 자갈 따위가 떠내려가는 것을 막기[防] 위한 시설을 하는 공사(工事).

사방 정계 斜方晶系 (비낄 사, 모 방, 밝을 정, 이어 맬 계). ① 속뜻 단면이 사방형(斜方形)인 결정계(結晶系). ② 광업 광물 결정계에서, 길이가 서로 다른 세 개의 축이 직교하는 결정 형태. 전후축이 좌우축보다 짧다. ¶황옥은 사방 정계의 광물이다. 참 정계(晶系).

사방-형 斜方形 (비낄 사, 모 방, 모양 형). ① 속뜻 각 모서리[方]가 사각(斜角)을 이루고 있는 사변형(斜邊形). ② 수학 서로 마주하는 두 쌍의 변이 각기 평행인 사각형. ㊥ 평행사변형(平行四邊形).

사:배 四配 (넉 사, 나눌 배). ① 속뜻 공자묘에 함께 배향(配享)된 네[四] 명의 현인. 안자(顔子), 증자(曾子), 자사(子思), 맹자(孟子)이다.

사:배-체 四倍體 (넉 사, 곱 배, 몸 체). 생물 보통의 4배(四倍)의 염색체 수를 가진 생물체(生物體).

사백[1] 舍伯 (집 사, 맏 백). 남에게 자기 집[舍]의 맏[伯] 형을 겸손하게 일컫는 말.

사백[2] 詞伯 (말씀 사, 맏 백). ① 속뜻 시문[詞]에 능한 사람을 높여[伯] 이르는 말. ② 학식이 높은 사람.

사:범[1] 事犯 (일 사, 범할 범). 법률 법적인 처벌을 받을 만한 사고(事故)를 낸 범죄(犯罪). ¶경제 사범 / 시국 사범.

사범[2] 師範 (스승 사, 본보기 범). ① 속뜻 스승[師]의 본보기[範]를 보임. ② 학술, 기예, 무술 따위를 가르치는 사람. ¶태권도 사범.

▶사범 교:육 師範教育 (가르칠 교, 기를 육). 교사[師範] 양성을 목적으로 하는 교육(教育).

▶사범 대:학 師範大學 (큰 대, 배울 학). 교육 사범(師範)을 양성하기 위해 세운 단과 대학(大學).

▶사범-학교 師範學校 (배울 학, 가르칠 교). 역사 초등학교 교사[師範]를 양성하던 교육기관[學校].

사:법[1] 四法 (넉 사, 법 법). ① 문학 한시(漢詩)에서 기승전결(起承轉結)의 네[四] 가지로 이루어진 구성 방식[法]. ② 불교 삼보 중에서 법보를 넷으로 나눈 것. 교법(教法), 이법(理法), 행법(行法), 과법(果法)이다.

사:법[2] 史法 (역사 사, 법 법). 역사(歷史)는 사실 그대로 기록해야 한다는 원칙[法].

사:법[3] 死法 (죽을 사, 법 법). ① 속뜻 죽은[死] 법(法). ② 법률 실제로 쓰이지 않는 법률. 즉 효력을 잃은 법률.

사법[4] 邪法 (그를 사, 법 법). ① 속뜻 올바르지 않은[邪] 방법(方法)이나 길. ② 마력(魔力)으로 불가사의한 일을 행하는 술법. ㊥ 마법(魔法).

사법[5] 師法 (스승 사, 법 법). ① 속뜻 스승[師]으로서 지켜야 할 도[法]리. ② 스승으로 삼아 그를 본떠서 배움.

사법[6] 射法 (쏠 사, 법 법). 활, 총포 따위를 쏘는[射] 방법(方法). ¶사법을 익히다.

사법[7] 私法 (사사로울 사, 법 법). 법률 개인[私]의 의무나 권리에 대하여 규정한 법(法). ¶민법(民法)은 사법에 속한다.

사법[8] 司法 (맡을 사, 법 법). ① 속뜻 법(法)에 관한 일을 맡아 처리함[司]. ② 법률 국가가 법률(法律)을 실제의 사실에 적용하는 행위.

▶사법-관 司法官 (벼슬 관). 법률 사법권(司法權)을 집행하는 관리(官吏).

▶사법-권 司法權 (권리 권). 법률 사법(司法)을 행할 수 있는 국가적 권력(權力). 또는 그 작용.

▶사법-법 司法法 (법 법). 법률 사법 제도 및 사법권(司法權)의 행사에 관한 법률(法律).

▶사법-부 司法府 (관청 부). 법률 삼권 분립에 따라 사법권(司法權)을 행사하는 부서(府署). '법원'을 이른다.

▶사법 경:찰 司法警察 (지킬 경, 살필 찰). 법률 국가의 사법(司法) 작용과 관련한 일을 하는 경찰(警察). 범죄의 수사, 범인의 체포 따위와 같은 일을 한다. ㊥ 형사 경찰(刑事警察).

▶사법 관청 司法官廳 (벼슬 관, 관아 청). 법률 사법(司法) 사무를 취급하는 관청(官廳). '법원'을 이른다.

▶사법 기관 司法機關 (틀 기, 빗장 관). 법률 사법권(司法權)을 행사하는 국가 기관(機關)을 통틀어 이르는 말.

▶사법 시험 司法試驗 (따질 시, 효과 험). 법률 법관, 검찰관, 변호사 등 사법(司法) 분야에서 일하려는 사람의 학식이나 능력을 검정하기 위해 국가에서 실시하는 시험(試驗).

▶사법 재판 司法裁判 (분별할 재, 판가름할 판). 법률 사법권(司法權)에 의하여 이루어지는 재판(裁判).

▶사법 처:분 司法處分 (처리할 처, 나눌 분). 법률 사법권(司法權)에 의하여 이루어지는 처분(處分). '법원의 재판'을 이른다.

▶사법 행정 司法行政 (행할 행, 정사 정). 법률 사법권(司法權)의 운영에 필요한 행정 작용(行政作用).

사-법인 私法人 (사사로울 사, 법 법, 사람 인). [법률] 사법(私法)에 의하여 설립되고 규율되는 법인(法人).

사:변1 事變 (일 사, 바뀔 변). ① [속뜻] 큰 사건(事件)이나 변란(變亂). ② 선전포고 없이 이루어진 국가 간의 무력 충돌. 전쟁. ¶만주(滿洲) 사변.

사변2 斜邊 (비낄 사, 가 변). ① [속뜻] 기울어져 비스듬한[斜] 변(邊). ② [수학] '빗변'의 예전 용어.

사:변3 四邊 (넉 사, 가 변). ① [속뜻] 사방(四方)의 변두리[邊]. ② 주위 또는 근처. ③ [수학] 네 개의 변.

▶ 사:변-형 四邊形 (모양 형). [수학] 네[四] 개의 변(邊)으로 이루어진 도형(圖形). [비] 사각형(四角形).

사변4 思辨 (생각 사, 가릴 변). ① [속뜻] 깊이 생각하여[思] 시비를 가림[辨]. ② [철학] 관념론에서 경험이나 실증에 의하지 않고 순수한 사유만으로 인식에 도달하려는 일.

▶ 사변-적 思辨的 (것 적). 경험에 의하지 않고 순수한 사유에[思辨] 의한 것[的].

▶ 사변 철학 思辨哲學 (밝을 철, 배울 학). [철학] 경험 철학에 대하여, 사변(思辨)을 유일한 지식의 근거로 하는 철학(哲學). [반] 경험 철학(經驗哲學).

사:별 死別 (죽을 사, 나눌 별). 한쪽은 죽고[死] 한쪽은 살아남아 이별(離別)함. ¶남편과 사별하다.

사:병1 士兵 (선비 사, 군사 병). [군사] 사졸(士卒) 계급의 병사(兵士). [반] 장교(將校).

사:병2 死病 (죽을 사, 병 병). 살아날 가망이 없는 죽을[死] 병(病). [비] 죽을병.

사병3 私兵 (사사로울 사, 군사 병). ① [속뜻] 개인[私]이 사사로이 길러 부리는 병사(兵士). ② 권력층에 빌붙어 있는 사람을 비유하여 이르는 말. [반] 관병(官兵).

사병4 詐病 (속일 사, 병 병). 병(病)을 거짓으로[詐] 꾸밈. 꾀병.

사:보1 四寶 (넉 사, 보배 보). ① [속뜻] 네[四] 가지의 보배[寶]. ② 붓, 먹, 종이, 벼루를 소중하게 이르는 말.

사보2 私報 (사사로울 사, 알릴 보). ① [속뜻] 개인적인[私] 통보(通報). ② 공적인 전보에 대하여 사사로운 전보를 이르는 말.

사보3 私寶 (사사로울 사, 보배 보). 개인[私]이 가지고 있는 보물(寶物).

사보4 社報 (회사 사, 알릴 보). 회사(會社)에서 펴내는 정기 간행물[報]. ¶이번 달부터 사보를 발행한다. [비] 사지(社誌).

사-보험 私保險 (사사로울 사, 지킬 보, 험할 험). [법률] 개인[私]이 영위하는 보험(保險).

사복1 私服 (사사로울 사, 옷 복). ① [속뜻] 사사로운[私] 자리에서 마음대로 입는 옷[服]. ② 범죄 수사나 잠복, 미행 따위를 할 때 신분을 숨기기 위해 사복을 입고 근무하는 경찰관. '사복형사'(私服刑事)의 준말. [반] 제복(制服).

사복2 私腹 (사사로울 사, 배 복). ① [속뜻] 사사로운[私] 마음[腹]. ② 개인의 이익 또는 욕심. ¶백성들을 침탈하여 자기의 사복을 채우다.

사본 寫本 (베낄 사, 책 본). ① [속뜻] 원본(原本)을 그대로 베낌[寫]. 또는 베낀 책이나 서류. ¶먹지에 대고 베껴서 사본을 만들어 두었다. ② 원본을 사진으로 찍거나 복사하여 만든 책이나 서류. ¶주민 등록증 사본 / 계약서 사본을 제시하다. [반] 원본(原本), 정본(正本).

사:부1 史部 (역사 사, 나눌 부). 중국 고전을 경·사·자·집(經·史·子·集)의 사부(四部)로 분류한 것 중에서 '사(史)'에 딸린 부류(部類). 역사(歷史), 지리 따위를 다룬 책이 이에 속한다. [비] 을부(乙部). [참] 경사자집.

사부2 師父 (스승 사, 아버지 부). 스승[師]을 아버지[父]처럼 높여 이르는 말. ¶사부로부터 태권도를 전수받다.

사부3 師傅 (스승 사, 스승 부). ① [속뜻] 스승[師=傅] ② [역사] 조선 때, 세자시강원의 으뜸 벼슬인 사와 부.

사:부4 四部 (넉 사, 나눌 부). ① [속뜻] 넷[四]으로 나눈[部] 것. ② [불교] 사중(四衆).

▶ 사:부 합주 四部合奏 (합할 합, 연주할 주). [음악] 제1바이올린, 제2바이올린, 비올라, 첼로 등 4부(四部)로 이루어지는 기악 합주(合奏).

▶ 사:부 합창 四部合唱 (합할 합, 부를 창). [음악] 네[四] 개의 성부(聲部)로 이루어지는 합창(合唱).

사:분1 四分 (넉 사, 나눌 분). ① [속뜻] 네[四]

가지로 나눔[分]. ② 불교 사중(四衆).

▸사ː분-음표 四分音標 (소리 음, 나타낼 표). 음악 온음표를 넷[四]으로 나눈[分] 길이에 해당하는 음표(音標). 기호는 '♩'.

사분[2] **私憤** (사사로울 사, 분할 분). 개인적인[私] 분노(憤怒). ⊕공분(公憤).

사ː분[3] **四分** (넉 사, 나눌 분). 네[四] 가지로 나눔[分].

▸사ː분-기 四分期 (때 기). 한 회계 연도를 넷[四]으로 나눈[分] 것 중 한 기간(期間).

▸사ː분-면 四分面 (면 면). 수학 평면 위를 직각으로 교차하는 두 직선으로 나눈 네[四] 부분(部分) 중의 한 평면(平面).

▸사ː분-원 四分圓 (둥글 원). 수학 한 개의 원(圓)을 서로 수직인 두 지름으로 나눈 네[四] 부분(部分)의 하나하나.

▸사ː분-음 四分音 (소리 음). 음악 온음정을 넷[四]으로 나눈[分] 것 중 한 음정(音程).

▸사ː분-오열 四分五裂 (다섯 오, 찢어질 렬). ① 속뜻 넷[四]으로 나눠지고[分] 다섯[五]으로 찢어짐[裂]. ② 여러 갈래로 갈기갈기 찢어짐. 여러 갈래로 분열되어 질서가 없어짐.

▸사ː분-음표 四分音標 (소리 음, 나타낼 표). 음악 온음표를 넷[四]으로 나눈[分] 길이에 해당하는 음표(音標). 사분음부(四分音符).

▸사ː분 포자 四分胞子 (태보 포, 씨 자). ① 속뜻 네[四] 개로 나누어진[分] 포자(胞子). ② 식물 조류(藻類)에서 볼 수 있는 부동 포자(不動胞子). 단세포인 포자낭(胞子囊) 속에서 한 개의 모세포가 감수 분열을 해서 부동 포자 네 개를 만든다.

▸사ː분음 음악 四分音音樂 (소리 음, 소리 음, 풍류 악). 음악 사분음(四分音)을 사용한 음악(音樂). 19세기 말부터 20세기에 걸쳐 제작된 사분음 피아노곡이나 현악곡, 합창곡 따위가 있다.

사비[1] **私備** (사사로울 사, 갖출 비). 공용품(公用品)을 개인[私]의 돈으로 마련하여 갖춤[備].

사비[2] **社費** (회사 사, 쓸 비). 회사(會社)의 비용(費用).

사비[3] **私費** (사사로울 사, 쓸 비). 개인이 사사로이[私] 부담하는 비용(費用). ¶사비로 여행을 가다. ⊕자비(自費). ⊕공비(公費).

▸사비-생 私費生 (사람 생). 개인이[私] 비용(費用)을 부담하며 공부하는 학생(學生). ⊕관비생(官費生).

사ː비팔산 四飛八散 (넉 사, 날 비, 여덟 팔, 흩을 산). ① 속뜻 네[四] 방향으로 날리고[飛] 여덟[八] 방향으로 흩어짐[散]. ② 이리저리 흩어짐을 이름.

사빈 沙濱 (모래 사, 물가 빈). 모래[沙]가 깔려있는 바닷가[濱].

사ː사[1] **四史** (넉 사, 역사 사). ① 속뜻 네[四] 권의 역사(歷史)책. ② 책명 삼국 시대까지의 중국의 역사를 기록한 네 권의 역사책. 『사기』(史記), 『한서』(漢書), 『후한서』(後漢書), 『삼국지』(三國志)를 이른다. ② 가톨릭 신약성경에서 예수의 생애와 교훈을 기록한 네 가지 복음서. 마태, 마가, 누가, 요한복음서. '사성사'(四聖史)의 준말.

사사[2] **私事** (사사로울 사, 일 사). 사사로운[私] 일[事]. ⊕공사(公事).

사사[3] **邪思** (그를 사, 생각 사). 바르지 못한[邪] 생각[思]. ⊜사념(邪念).

사사[4] **社史** (회사 사, 역사 사). 회사(會社)의 역사(歷史).

사사[5] **師事** (스승 사, 섬길 사). 스승[師]으로 섬기며[事] 가르침을 받음. ¶그는 세계적인 첼리스트를 사사했다.

사ː사[6] **賜死** (줄 사, 죽을 사). 역사 죽일 죄인을 대우하여 사약(死藥)을 내려[賜] 스스로 목숨을 끊게 하던 일. ¶희빈은 결국 사사를 받았다.

사ː사[7] **謝辭** (고마워할 사, 말씀 사). ① 속뜻 고마움[謝]을 나타내는 말[辭]. ② 사죄(謝罪)하는 말.

사사[8] **辭謝** (거절할 사, 물러날 사). ① 속뜻 사양(辭讓)하여 물러남[謝]. ② 어떤 지위에서 물러남. ⊜사퇴(辭退).

사ː사[9] **事事** (일 사, 일 사). 모든 일[事+事]. 일마다.

▸사ː사건건 事事件件 (물건 건, 물건 건). ① 속뜻 일마다[事件]. 매사(每事). ② 모든 일. ¶그는 사사건건 불만이다.

▸사ː사불성 事事不成 (아닐 불, 이룰 성). 일마다[事事] 이루어지지[成] 않음[不].

▸사ː사여의 事事如意 (같을 여, 뜻 의). 일마다[事事] 뜻하는[意] 대로[如] 됨.

사ː-사분기 四四分期 (넉 사, 넉 사, 나눌 분, 때 기). 1년을 넷[四]으로 나눈[分] 기간(期間) 중 넷째[四] 기간. 10, 11, 12월을 이른다. ⓑ사사반기(四四半期).

사ː사여생 事死如生 (섬길 사, 죽을 사, 같을 여, 살 생). 죽은[死] 사람 섬기기[事]를 산[生] 사람에게 하는 것 같이[如] 함.

사ː사-오입 四捨五入 (넉 사, 버릴 사, 다섯 오, 들 입). 수학 셈할 때, 끝수가 4(四) 이하일 때는 버리고[捨] 5(五) 이상일 때는 10으로 올려서[入] 계산하는 셈법. 12.4는 12로 12.5는 13으로 하는 따위.

사ː사-조 四四調 (넉 사, 넉 사, 가락 조). 문학 시나 산문에서 넉 자씩[四四] 되풀이 배열하는 율조(律調).

사ː산¹ 四散 (넉 사, 흩을 산). 사방(四方)으로 뿔뿔이 흩어짐[散].

사ː산² 死産 (죽을 사, 낳을 산). 의학 임신 4개월 이상이 되어 죽은[死] 태아를 낳음[産]. ¶병(病)으로 아이를 사산했다.

▸사ː산-아 死産兒 (아이 아). 의학 죽은[死] 채로 태어난[産] 태아(胎兒).

사살 射殺 (쏠 사, 죽일 살). 활이나 총으로 쏘아[射] 죽임[殺]. ¶적은 탈주병을 사살했다.

사삼 沙蔘 (모래 사, 인삼 삼). ① 속뜻 모래[沙] 속에서 자라는 인삼(人蔘). ② 더덕을 이르는 말. ③ 한의 말린 더덕의 뿌리를 약재로 이르는 말.

사-삼각형 斜三角形 (비낄 사, 석 삼, 모서리 각, 모양 형). 수학 세 각이 빗각[斜]인 삼각형(三角形). ⓑ빗각 삼각형.

사ː상¹ 四相 (넉 사, 모양 상). 불교 ① 사람이 겪는 네[四] 가지 모양새[相]. 곧 생(生), 노(老), 병(病), 사(死)를 이른다. ② 사물이 변천하는 것을 설명한 네 가지 상. 곧 생상(生相), 주상(住相), 이상(異相), 멸상(滅相)을 이른다. ③ 중생이 실재(實在)라고 믿는 네 가지 상. 곧 아상(我相), 인상(人相), 중생상(衆生相), 수자상(壽者相)을 이른다.

사ː상² 四象 (넉 사, 모양 상). ① 속뜻 천체에서 일(日), 월(月), 성(星), 신(辰)의 네[四] 가지 요소[象]를 이르는 말. ② 역에서 소양(小陽), 태양(太陽), 소음(小陰), 태음(太陰)을 이르는 말. ¶사상 의학. ③ 땅속의 물, 불, 흙, 돌을 이르는 말.

▸사ː상 의학 四象醫學 (치료할 의, 배울 학). 의학 조선 말기 이제마(李濟馬)가 주창한 한의학의 한 학설. 사람의 체질을 태양, 태음, 소양, 소음으로 나누어 같은 병이라도 네[四] 가지 체질 형상(形象)에 따라 다른 약을 써야 한다는 의학(醫學) 이론이다.

사ː상³ 史上 (역사 사, 위 상). '역사상'(歷史上)의 준말. ¶사상 최고의 점수를 받다 / 대회 사상 첫 우승을 차지하다.

사ː상⁴ 死相 (죽을 사, 모양 상). ① 속뜻 거의 다 죽게[死] 된 상(相). 또는 죽을 조짐이 나타난 상. ¶그는 얼마나 놀랐는지 사상이 되었다. ② 죽은 사람의 얼굴.

사상⁵ 私商 (사사로울 사, 장사 상). 개인[私]이 하는 장사[商]. 또는 그 상인.

사상⁶ 私傷 (사사로울 사, 다칠 상). 공무가 아닌 개인적인[私] 일을 하다가 다침[傷]. ⓑ공상(公傷).

사ː상⁷ 事象 (일 사, 모양 상). 관찰할 수 있는 사물(事物)이나 현상(現象).

사ː상⁸ 捨象 (버릴 사, 모양 상). 심리 현상의 특성·공통성 이외의 요소[象]를 버림[捨]. 추상 작용에 필연적으로 수반되는 부정적 측면.

사상⁹ 絲狀 (실 사, 형상 상). 실[絲]처럼 길고 가는 모양[狀].

▸사상-체 絲狀體 (몸 체). 식물 이끼 포자(胞子)의 싹이 터서 생기는 녹색으로 된 실[絲] 모양[狀]의 배우체(配偶體).

▸사상-충 絲狀蟲 (벌레 충). 동물 사람의 혈관 속에 기생하는 실[絲] 모양[狀]으로 생긴 곤충(昆蟲).

▸사상균-증 絲狀菌症 (세균 균, 증세 증). 의학 실[絲] 모양[狀]의 균사로 이루어진 균류(菌類) 때문에 일어나는 병증(病症).

사상¹⁰ 寫像 (그릴 사, 닮을 상). ① 속뜻 닮게[像] 그림[寫]. ② 물리 물체에서 나온 빛이 거울에 반사 또는 굴절된 다음에 모여서 생기는 상(像). ③ 물리 광학계에서 물체와 상과의 대응을 이르는 말. ④ 수학 어떤 집합의 임의의 원소가 다른 집합의 하나의 원소에 대응할 때, 그 두 집합 간의 대응 관계.

사ː상[1] **死傷** (죽을 사, 다칠 상). 죽거나[死] 다침[傷]. ¶사고 지역에서 사상을 조사했다.

▸사ː상-병 死傷兵 (군사 병). 군사 전투에서 죽거나[死] 다친[傷] 병사(兵士).

▸사ː상-자 死傷者 (사람 자). 죽거나[死] 다친[傷] 사람[者]. ¶지진으로 인한 사상자는 200명이 넘는다.

사상[12] **沙上** (모래 사, 위 상). 모래[沙] 위[上].

▸사상-누각 沙上樓閣 (다락 루, 집 각). ① 속뜻 모래[沙] 위[上]에 세운 높은 건물[樓閣]. ②'겉모양은 번듯하나 기초가 약하여 오래가지 못하는 것', '실현 불가능한 일'을 비유하여 이르는 말.

⁂**사ː상**[13] **思想** (생각 사, 생각 상). ① 속뜻 어떤 사물에 대하여 갖고 있는 생각[思=想]. ¶동양사상 / 그는 사상이 불순하다. ② 철학 사고 작용의 결과로 얻어진 체계적 의식 내용. ⓑ견해(見解).

▸사ː상-가 思想家 (사람 가). 인생이나 사회 문제 등에 대하여 깊은 사상(思想)을 가진 사람[家]. ¶괴테는 독일의 유명한 사상가이다.

▸사상-계 思想界 (지경 계). 사상 활동(思想活動)이 이루어지고 있는 세계(世界). ¶그는 미국의 사상계에 큰 영향을 미친 철학자이다.

▸사상-범 思想犯 (범할 범). 사회 국가의 질서나 평화를 어지럽히는 사상(思想)을 품거나 퍼뜨림으로써 성립되는 범죄(犯罪). 또는 그 죄를 저지른 사람.

▸사상-전 思想戰 (싸울 전). 사상(思想)을 이용한 전쟁(戰爭). 선전 따위로 적국 국민의 사상을 어지럽혀 싸울 생각을 잃게 하는 일.

사ː색[1] **死色** (죽을 사, 빛 색). 곧 죽을[死] 듯한 얼굴빛[色]. ¶그는 그 소식을 듣고 얼굴이 사색이 되었다.

사색[2] **思索** (생각 사, 찾을 색). 생각하여[思] 파고들어 찾아봄[索]. ¶사색에 잠기다.

사ː색[3] **四色** (넉 사, 빛 색). ① 속뜻 네[四] 가지 빛깔[色]. ② 역사 사색당파(四色黨派).

▸사ː색-판 四色版 (널빤지 판). 출판 황, 청, 적, 흑의 네[四] 가지 빛깔[色]로 되어 있는 색채 인쇄판(印刷版).

▸사ː색-당파 四色黨派 (무리 당, 갈래 파). 역사 조선 때, 정치적 대립을 일삼던 네[四色]가지 당파(黨派). 동인과 서인, 남인과 북인을 이른다.

사색[4] **辭色** (말씀 사, 빛 색). 말[辭]과 얼굴빛[色].

▸사색불변 辭色不變 (아닐 불, 바뀔 변). 어려운 일을 당하여도 말이나[辭] 얼굴빛[色]이 변(變)하지 않음[不].

사ː생[1] **四生** (넉 사, 날 생). 불교 태어나는[生] 방식에 따른 생물의 네[四] 가지 종류. 곧 태생(胎生), 난생(卵生), 습생(濕生), 화생(化生)의 네 가지 생성 형태를 이르는 말.

사ː생[2] **死生** (죽을 사, 살 생). 죽음[死]과 삶[生]. ¶그대들과 사생을 같이하겠소!

▸사ː생-결단 死生決斷 (결정할 결, 끊을 단). 죽고[死] 사는[生] 것을 돌보지 않고 끝장을 내려고 대듦[決斷].

▸사ː생-동고 死生同苦 (한가지 동, 괴로울 고). 죽고[死] 삶[生]을 포함한 그리고 모든 고통(苦痛)을 같이함[同]. 사지동고(死地同苦).

▸사ː생-유명 死生有命 (있을 유, 운명 명). ① 속뜻 사람의 생사(生死)는 다 운명(運命)에 달려 있음[有]. ②인력으로는 어찌 할 수 없음.

▸사ː생-존망 死生存亡 (있을 존, 망할 망). 죽어서[死] 없어짐과[亡] 살아서[生] 존재(存在)함. ⓑ생사존망(生死存亡).

▸사ː생-출몰 死生出沒 (날 출, 없어질 몰). 죽어서[死] 없어짐과[沒] 살아서[生] 나타남[出]. ⓑ사생존망(死生存亡).

사생[3] **私生** (사사로울 사, 날 생). 법률상 부부가 아닌 사사로운[私] 남녀 사이에서 아이가 태어나는[生] 일.

▸사생-아 私生兒 (아이 아). 법률상 부부가 아닌 사사로운[私] 남녀 사이에서 태어난[生] 아이[兒].

사생[4] **寫生** (그릴 사, 날 생). ① 속뜻 있는 그대로[生] 그림[寫]. ②자연의 경치나 사물 따위를 보고 그대로 그림. ¶사생 대회.

▸사생-문 寫生文 (글월 문). 문학 대상(對象)을 있는[生] 그대로 묘사(描寫)하는 글

[文].

▸사생-화 寫生畵 (그림 화). 미술 대상(對象)을 있는[生] 그대로 그린[寫] 그림[畵].

사생 식물 沙生植物 (모래 사, 살 생, 심을 식, 만물 물). ① 속뜻 사막(沙漠)에서 잘 자라는[生] 식물(植物). ② 식물 해안이나 사구에서 생육하는 식물. 일반적으로 건조, 빈영양(貧營養) 따위에 견디는 능력을 가졌고 땅속줄기가 잘 발달되어 있다. ⓑ사지 식물(砂地植物).

사-생애 私生涯 (사사로울 사, 살 생, 끝 애). 공인이 아니라 개인[私]으로서의 일생[生涯]. ⓑ공생애(公生涯).

사:생-취의 捨生取義 (버릴 사, 살 생, 가질 취, 옳을 의). 목숨[生]을 버릴지언정[捨] 옳은[義] 일을 함[取].

사-생활 私生活 (사사로울 사, 살 생, 살 활). 개인의 사사로운[私] 생활(生活). ¶사생활을 보호하다.

사서¹ 司書 (맡을 사, 책 서). ① 속뜻 도서관에서 도서(圖書)의 정리·보존 및 열람을 맡아보는[司] 직위. ¶그는 시립도서관의 사서이다. ② 역사 조선 때, 시강원(侍講院)에서 경사(經史)와 도의(道義)를 가르치던 정육품 벼슬.

사:서² 史書 (역사 사, 책 서). 역사(歷史)를 기록한 책[書].

사서³ 祠鼠 (사당 사, 쥐 서). ① 속뜻 사람이 함부로 손댈 수 없는 사당(祠堂)에 숨어사는 쥐[鼠]. ② '권력층의 그늘에 숨어 사특한 짓을 일삼는 사람'을 비유하여 이르는 말.

사서⁴ 寫書 (베낄 사, 글 서). 책이나 문서(文書)를 베낌[寫]. 또는 베낀 책이나 문서.

사서⁵ 辭書 (말씀 사, 책 서). 어떤 범위 안에서 쓰이는 말[辭]을 모아서 일정한 순서로 배열하여 싣고, 그 각각의 독음, 의미, 어원, 용법 따위를 해설한 책[書]. ⓑ사전(辭典).

사:서⁶ 四書 (넉 사, 책 서). 유교(儒敎)의 경전인 논어, 맹자, 중용, 대학의 네[四] 가지 책[書]을 통틀어 이르는 말.

▸사:서-삼경 四書三經 (석 삼, 책 경). 유교의 경전인 사서(四書)와 삼경(三經). 곧 『논어』, 『맹자』, 『중용』, 『대학』의 네 가지 경전(經典)과 『시경』, 『서경』, 『주역』의 세 가지 경서(經書)를 이른다.

▸사:서-오:경 四書五經 (다섯 오, 책 경). 유교의 경전인 사서(四書)와 오경(五經). 곧 『논어』, 『맹자』, 『중용』, 『대학』의 네 가지 경전과 『시경』, 『서경』, 『주역』, 『예기』, 『춘추』의 세 가지 경서를 이른다.

사서⁷ 私書 (사사로울 사, 글 서). ① 속뜻 사사로운[私] 일을 적은 편지글[書]. ② 비밀스럽게 쓴 편지. ¶그녀의 사서를 몰래 읽어보았다.

▸사서-함 私書函 (상자 함). 통신 우체국에서 가입자에게 개인적으로[私] 설치해주는 우편[書]함(函). '우편 사서함'(郵便私書函)의 준말.

사서 증서 私署證書 (사사로울 사, 쓸 서, 증명할 증, 글 서). 법률 사인(私人)이 작성하여 서명(署名)한 증서(證書). ⓑ공정 증서.

사석¹ 沙錫 (모래 사, 주석 석). 광업 암석에서 떨어져 나와 강바닥이나 바다 밑바닥에 모래[沙]나 자갈과 함께 퇴적하여 있는 주석(朱錫).

사:석² 捨石 (버릴 사, 돌 석). 운동 바둑에서, 작전상 버릴[捨] 셈 치고 놓는 돌[石].

사석³ 沙石 (모래 사, 돌 석). 모래[沙]와 돌[石].

▸사석지지 沙石之地 (어조사 지, 땅 지). 모래[沙]와 돌[石]이 많은 메마른 땅[地].

사:선¹ 四善 (넉 사, 착할 선). 옛날 중국에서, 관리의 성적을 매길 때에 표준으로 삼던 네[四] 가지 미덕[善]. 곧 덕의(德義), 청신(淸愼), 공평(公平), 각근(恪謹)을 이른다.

사:선² 死線 (죽을 사, 줄 선). ① 속뜻 죽음[死]의 경계선[線]. ② 죽을 고비. ¶자유를 찾아 사선을 넘다. ③ 범죄자나 전쟁 포로들을 가두어 놓은 곳에 설정하여 이를 벗어나면 도주하는 것으로 보고 총살하도록 규정한 한계선.

사선³ 私船 (사사로울 사, 배 선). ① 속뜻 개인[私] 소유의 선박(船舶). ② 법률 국제법상 사인의 용도에 쓰이는 선박. ⓑ공선(公船).

사선⁴ 私線 (사사로울 사, 줄 선). 개인[私]이 가설한 철도선(鐵道線), 통신선(通信線) 따위. ⓑ관선(官線).

사선⁵ 私選 (사사로울 사, 고를 선). 개인[私]의 뜻대로 선택(選擇)하거나 선임(選任)하는 일. ¶변호사를 사선하다.

사선⁶ 射線 (쏠 사, 줄 선). ① 속뜻 쏜[射] 탄알이나 화살이 지나가는 선(線). 또는 지나갈 가상의 선. ②화살표와 같이 방향을 나타내는 직선.

사선⁷ 斜線 (비낄 사, 줄 선). ① 속뜻 비스듬하게[斜] 그은 줄[線]. ② 수학 하나의 직선이나 평면에 수직이 아닌 선. ㊥빗금.

사선⁸ 蛇線 (뱀 사, 줄 선). 뱀[蛇]이 기어가는 것처럼 구불구불한 줄[線]. ¶사선 같은 물줄기.

사설¹ 私設 (사사로울 사, 세울 설). 개인이나 민간에서 사적(私的)으로 설립(設立)함. 또는 그 기관이나 시설. ¶사설학원. ㊥공설(公設), 관설(官設).

사설² 邪說 (그를 사, 말씀 설). 그릇된[邪] 설(說). 또는 올바르지 않은 논설. ¶사설로 백성들을 현혹하다.

사설³ 社說 (회사 사, 말씀 설). 신문이나 잡지 따위에서 그 회사(會社)의 주장을 싣는 논설(論說).

사설⁴ 辭說 (말씀 사, 말씀 설). ① 속뜻 늘어놓는 말[辭=說]. ② 음악 판소리 따위에서 연기자가 사이사이에 엮어 넣는 이야기. ③잔소리나 푸념을 길게 늘어놓음. 또는 그 잔소리나 푸념.

▶**사설-시조** 辭說時調 (때 시, 가락 조). 문학 이야기[辭說]처럼 초장, 중장, 종장이 무제한으로 긴 시조(時調). 특히 중장이 길며 대화체 형식이나 이야기 형식이 있다.

사섬-고 司贍庫 (맡을 사, 넉넉할 섬, 곳집 고). 역사 사섬시(司贍寺).

사섬-시 司贍寺 (맡을 사, 넉넉할 섬, 관청 시). 역사 조선시대 종이 지폐인 저화(楮貨)의 발행과 노비가 공납하는 면포 등 재정[贍]에 관한 일을 맡았던[司] 관청[寺]. 사섬고(司贍庫).

사:성¹ 四聖 (넉 사, 거룩할 성). ① 속뜻 공자, 석가, 예수, 소크라테스의 네[四] 성인(聖人). '사대 성인'(四大聖人)의 준말. ② 불교 불(佛), 보살(菩薩), 연각(緣覺), 성문(聲聞)의 네 단계(段階).

사성² 莎城 (잔디 사, 성곽 성). 민속 무덤 뒤에 반달 모양으로 두둑하게 만들고 잔디[莎]를 심은 토성(土城).

사:성³ 賜姓 (줄 사, 성씨 성). 역사 임금이 공신에게 내려 준[賜] 성(姓). 또는 그러한 일. ¶태종은 공신에게 사성하였다.

사:성⁴ 四星 (넉 사, 별 성). ① 속뜻 네[四] 개의 별[星]. ② 민속 혼인이 정해진 뒤 신랑 집에서 신부 집으로 신랑의 사주(四柱)를 적어서 보내는 종이. ㊥사주(四柱).

▶**사:성-보** 四星褓 (보자기 보). 사성(四星)을 싸 보내는 붉은 비단으로 만든 보(褓).

▶**사:성-장군** 四星將軍 (장수 장, 군사 군). ① 속뜻 네[四] 개의 별[星]을 단 장군(將軍). ②어떤 일을 잘하거나 즐겨 하는 사람을 놀림조로 이르는 말.

사:성⁵ 四聲 (넉 사, 소리 성). ① 속뜻 네[四] 가지 성조(聲調). ② 언어 중세 국어의 평성(平聲), 상성(上聲), 거성(去聲), 입성(入聲)을 이르는 말. ③ 언어 한자음의 성조를 네 종류로 나눈 것. 또는 거기서 비롯하는 중국어의 성조를 이르는 말.

▶**사:성-점** 四聲點 (점 점). 언어 사성(四聲)을 표시하던 점(點). 중세 국어 표기에서 글자의 왼편에 찍었다. ㊥방점(傍點).

사세¹ 社勢 (회사 사, 기세 세). 회사(會社)의 사업이 뻗어 나가는 기세(氣勢). 또는 회사의 세력. ¶사세가 확장되다.

사:세² 事勢 (일 사, 형세 세). 일[事]이 되어 가는 형세(形勢).

사세³ 辭世 (물러날 사, 세상 세). ① 속뜻 이 세상(世上)을 떠남[辭]. ②'죽음'을 이르는 말.

사소¹ 私訴 (사사로울 사, 하소연할 소). ① 속뜻 사적(私的)인 일에 관한 소송(訴訟). ② 법률 예전에 범죄에 의하여 자유, 명예, 재산 따위를 침해당한 사람이 형사 소송에 곁들여 손해의 배상을 요구하기 위해 청구하던 민사 소송.

사소² 些少 (적을 사, 적을 소). 보잘것없이 적다[些=少]. 하찮다. ¶사소한 일로 화를 내다.

사:-소문 四小門 (넉 사, 작을 소, 문 문). 역사 조선 때, 서울 도성의 동서남북에 세운 네[四] 개의 작은[小] 성문(城門). 동북쪽의 혜화문(惠化門), 서남쪽의 소의문(昭義門), 동남쪽의 광희문(光熙門), 서북쪽의 창의문(彰義門)을 이른다. ㊟사대문(四大門).

사-소설 私小說 (사사로울 사, 작을 소, 말씀 설). 문학 작가 자신을 일인칭 주인공으로 하여 자신의 사적(私的)인 체험이나 심경을 고백하는 형태의 소설(小說). ㊥자서체 소설(自敍體小說).

사:소취대 捨小取大 (버릴 사, 작을 소, 가질 취, 큰 대). 작은[小] 것을 버리고[捨] 큰[大] 것을 취(取)함.

사속 嗣續 (이을 사, 이을 속). 집안이나 아버지의 대(代)를 이음[嗣=續].

사손 嗣孫 (이을 사, 손자 손). 대를 이을[嗣] 손자(孫子). ¶십년 만에 사손을 얻었다.

사:수[1] 死守 (죽을 사, 지킬 수). 목숨을 걸고 죽을[死] 각오로 지킴[守]. ¶독도 사수를 결의했다 / 우리 군은 어려운 상황 속에서도 기지를 사수했다.

사수[2] 査受 (살필 사, 받을 수). 돈이나 물품, 서류 따위를 잘 조사(調査)하여 받음[受].

사수[3] 射手 (쏠 사, 사람 수). 총포나 활 따위를 잘 쏘는[射] 사람[手]. '사격수'(射擊手)의 준말.

사수[4] 師受 (스승 사, 받을 수). 스승[師]에게서 학문이나 기예의 가르침을 받음[受].

사수[5] 寫手 (베낄 사, 사람 수). ① 속뜻 글씨를 베껴 쓰는[寫] 사람[手]. ② 역사 조선 시대에, 과장(科場)에서 시권(試券)의 글씨를 대신 써 주던 사람.

사:수[6] 死水 (죽을 사, 물 수). 흐르지 않고 괴어있는 죽은[死] 물[水]. ㊦활수(活水).

▶사:수 현:상 死水現象 (나타날 현, 모양 상). 해양 흐르지 않는[死] 해수(海水)가 배의 항해를 방해하는 현상(現狀). 밀도가 낮은 해수가 보통의 해수 위를 얇게 덮을 때, 밀도가 다른 두 층의 경계면에 물결이 생겨서 배의 항해를 방해한다. 빙하가 녹기 시작하는 북극 수역, 우계(雨季)의 연안 해역, 하구(河口)에 가까운 해역 등지에서 볼 수 있다.

사숙[1] 私淑 (사사로울 사, 사모할 숙). 사적(私的)으로 사모하며[淑] 그 사람을 본받아서 도나 학문을 닦음.

사숙[2] 私塾 (사사로울 사, 글방 숙). 예전에 사사로이[私] 한문을 가르치던 글방[塾].

사숙[3] 舍叔 (집 사, 아저씨 숙). 남에게 자기[舍]의 삼촌[叔]을 이르는 말. ¶사숙께서는 경찰서장으로 계십니다.

사:순 四旬 (넉 사, 열흘 순). 사(四) 십[旬]. 나이 사십. 마흔 살.

▶사:순-재 四旬齋 (재계할 재). 기독교 부활절 전(前) 사십일[四旬] 동안을 기념하여 고기를 금하고 예수의 고난을 되새기는 재계(齋戒).

▶사:순-절 四旬節 (철 절). 기독교 부활절 전(前) 사십일[四旬] 동안을 기념하여 정한 절기(節氣). 이 기간 동안 교인들은 광야에서 금식하고 시험받은 그리스도의 수난을 되살리기 위해 단식과 속죄를 행한다.

사:술[1] 四術 (넉 사, 꾀 술). 시(詩), 서(書), 예(禮), 악(樂)의 네[四] 가지 재주[術].

사술[2] 邪術 (간사할 사, 꾀 술). 바르지 못한 수단을 잘 둘러대는 요사(妖邪)스러운 술법(術法). ¶사술을 부리다.

사술[3] 射術 (쏠 사, 꾀 술). 대포, 총, 활 따위를 쏘는[射] 기술(技術). 특히 활 쏘는 기술을 이른다. ¶사술을 익히다.

사술[4] 詐術 (속일 사, 꾀 술). 남을 속이는[詐] 수단[術].

사습 私習 (사사로울 사, 익힐 습). 스승 없이 혼자[私] 스스로 배워 익힘[習].

사:승[1] 四乘 (넉 사, 곱할 승). 수학 같은 수를 네 번 곱함. 또는 그렇게 하여 얻은 수. ㊥네제곱.

사:승[2] 史乘 (역사 사, 탈 승). 역사(歷史) 사실을 기록하여 올린[乘] 책. ㊥사기(史記).

사승[3] 師承 (스승 사, 받을 승). 스승[師]에게 가르침을 이어받음[承]. ¶유기 만드는 법을 사승하다.

사:시[1] 四詩 (넉 사, 시 시). ① 속뜻 『시경』(詩經)의 네[四] 가지 시체(詩體). 국풍(國風), 대아(大雅), 소아(小雅), 송(頌)을 이른다. ② 『시경』의 네 가지 고전. 노시(魯詩), 제시(齊詩), 한시(韓詩), 모시(毛詩)를 이른다.

사:시[2] 史詩 (역사 사, 시 시). 역사적(歷史的) 사실을 소재로 해서 쓴 시(詩). 서사시의 하나.

사:시[3] 死時 (죽을 사, 때 시). ① 속뜻 목숨이 다하여 죽을[死] 때[時]. ② 죽어 마땅하거나 죽어야 할 때.

사시[4] 社是 (회사 사, 옳을 시). 회사(會社)

경영상의 기본 방침[是]. ¶이 사시(社是)는 창립자의 뜻을 살려 정한 것이다.

사:시[5] 四時 (넉 사, 때 시). ① 속뜻 네[四] 계절[時]. 사철. 일 년. ② 한 달 중의 네 때. 회(晦), 삭(朔), 현(弦), 망(望)을 이른다. ③ 하루 중의 네 때. 단(旦), 주(晝), 모(暮), 야(夜)를 이른다. ㊐사계(四季), 사계절(四季節), 사철, 춘하추동(春夏秋冬).

▶ 사:시-장청 四時長青 (길 장, 푸를 청). 대나 소나무같이 나뭇잎이 일 년[四時] 내내 늘[長] 푸름[青].

▶ 사:시-장춘 四時長春 (길 장, 봄 춘). ① 속뜻 일 년[四時]이 늘[長] 봄[春] 같음. ② '늘 잘 지냄'을 비유하여 이르는 말. ㊂사시춘.

▶ 사:시-춘풍 四時春風 (봄 춘, 바람 풍). ① 속뜻 일 년[四時] 내내 봄[春]바람[風]처럼 늘 부드럽게 대함. ② '무사태평한 사람'을 비유하여 이르는 말.

▶ 사:시-풍류 四時風流 (바람 풍, 흐를 류). ① 속뜻 일 년[四時] 내내 늘 풍류(風流)를 즐김. ② 철에 따른 멋스러움.

사시[6] 斜視 (비낄 사, 볼 시). ① 속뜻 옆으로 비스듬히[斜] 곁눈질로 봄[視]. ② 의학 양쪽 눈의 방향이 달라서 무엇을 바라볼 때 양쪽 눈의 시선이 평행하게 되지 않는 상태. ㊐사팔뜨기.

▶ 사시-안 斜視眼 (눈 안). 옆으로 비스듬히[斜] 보는[視] 눈[眼]. ㊂사시.

사식[1] 私食 (사사로울 사, 밥 식). 교도소나 유치장에 갇힌 사람에게 사사로이[私] 마련하여 들여보내는 음식(飮食).

사식[2] 寫植 (베낄 사, 심을 식). 출판 '사진 식자'(寫眞植字)를 줄여 이르는 말.

사:신[1] 史臣 (역사 사, 신하 신). 사초(史草)를 쓰던 신하(臣下). 곧 예문관의 검열을 이른다.

사:신[2] 四神 (넉 사, 귀신 신). 네[四] 방향을 맡은 신(神). 동쪽은 청룡(青龍), 서쪽은 백호(白虎), 남쪽은 주작(朱雀), 북쪽은 현무(玄武)로 상징된다. ¶사신이 그려진 벽화를 발굴했다.

▶ 사:신-도 四神圖 (그림 도). 네[四] 방향을 맡은 신(神)을 그린 그림[圖].

사신[3] 私信 (사사로울 사, 소식 신). 개인의 사사로운[私] 편지[信]. ¶그녀에게 온 사신을 공개했다. ㊐사서(私書).

사:신[4] 使臣 (부릴 사, 신하 신). 임금이나 국가의 명령을 받고 외국에 사절(使節)로 가는 신하(臣下).

사:신[5] 捨身 (버릴 사, 몸 신). ① 속뜻 몸[身]을 버림[捨]. ② 불교 불사(佛事) 또는 불도의 수행을 위해 자기의 몸과 목숨을 버림.

▶ 사:신-공양 捨身供養 (드릴 공, 기를 양). 불교 불사(佛事)를 이루기 위해서나 깨달음을 얻기 위해 손, 발 따위의 신체(身體)의 일부 또는 목숨을 바쳐[捨] 부처나 보살에게 드림[供養].

사:실[1] 史實 (역사 사, 실제 실). 역사(歷史)에 실제(實際)로 있던 일. ¶이 영화는 사실을 각색한 것이다.

사실[2] 私室 (사사로울 사, 방 실). 개인[私]의 방[室]. ¶사실로 그를 인도했다.

사실[3] 査實 (살필 사, 실제 실). 사실(事實)을 조사(調査)하여 알아봄. ¶그는 사건의 경위를 사실하였다.

⁑**사:실[4] 事實** (일 사, 실제 실). ① 속뜻 실제(實際)로 있었던 일[事]. 현재에 있는 일. ¶그것은 사실과 다르다. ② 실제(實際)에 있어서. ¶사실 나는 그를 사랑한다. ③ 법률 일정한 법률 효과를 발생, 변경, 소멸시키는 원인이 되는 사물의 관계. 또는 민사·형사 소송에서, 법률 적용의 전제가 되는 사건 내용의 실체. ④ 철학 시간과 공간 안에서 볼 수 있는 실제로 일어난 사건이나 현상.

▶ 사:실-상 事實上 (위 상). 사실(事實)에 있어서[上]. ¶이번 계획은 사실상 실패로 돌아갔다.

▶ 사:실-심 事實審 (살필 심). 법률 소송 사건에서 법률문제뿐만 아니라 사실(事實) 문제까지도 심리(審理)하거나 판단하는 법원의 심판 순서. 제1심, 제2심 따위가 이에 해당한다.

▶ 사:실-적 事實的 (것 적). 실제의 상태[事實] 그대로인 것[的]. ¶이 민속화는 매우 사실적이다.

▶ 사:실-혼 事實婚 (혼인할 혼). 법률 사실(事實)상 결혼(結婚)한 상태. 그러나 혼인 신고를 하지 아니하였기 때문에 법률상의 부부로 인정할 수 없다.

▸사ː실-무근 事實無根 (없을 무, 뿌리 근). 사실(事實)이라는 근거(根據)가 없음[無]. 또는 터무니없음. ¶이 소문은 사실무근이다.

▸사ː실 행위 事實行爲 (행할 행, 할 위). ① 속뜻 사실적(事實的)인 행위(行爲). ② 법률 법률효과의 발생에 일정한 의사 표시가 필요하지 않은 행위. 주소 설정, 가공, 유실물 습득 따위가 있다.

사실[5] **寫實** (베낄 사, 실제 실). 사물을 있는 그대로[實] 그려[寫] 냄.

▸사실-파 寫實派 (갈래 파). 예술 사실주의(寫實主義) 예술을 지향하는 파(派). ¶그는 사실파의 대표적인 작가이다.

▸사실 소ː설 寫實小說 (작을 소, 말씀 설). 문학 현실(現實)을 있는 그대로 그려[寫] 낸 소설(小說).

▸사실-주의 寫實主義 (주될 주, 뜻 의). 객관적 사물을 있는 그대로[實] 그려내려고[寫] 하는 문학·미술상의 주의(主義). 비 리얼리즘(realism).

사ː심[1] **死心** (죽을 사, 마음 심). 죽기[死]를 각오한 마음[心].

사심[2] **邪心** (그를 사, 마음 심). 도리에 어긋난[邪] 마음[心]. 비 사의(邪意).

사심[3] **私心** (사사로울 사, 마음 심). ① 속뜻 사사로이[私] 제 욕심만을 채우려는 마음[心]. ¶공무원은 사심을 버려야 한다. ② 자기의 생각.

사ː십 **四十** (넉 사, 열 십). 십(十)의 네[四] 배가 되는 수. ¶여덟의 다섯 배는 사십이다. 비 마흔.

사ː십구-일 **四十九日** (넉 사, 열 십, 아홉 구, 해 일). ① 속뜻 49[四十九] 일(日). ② 불교 사람이 죽고 나서 다음 생(生)을 얻을 때까지의 날수. 죽은 영혼이 중음(中陰)으로 있는 기간을 이른다. 그동안 매 번 7일째마다 다음 생의 과보(果報)가 결정되는데 늦더라도 일곱 번째의 7일이 되는 날에는 반드시 어느 곳에 태어난다 하여 사십구일재(四十九日齋)를 지낸다.

▸사ː십구일-재 四十九日齋 (재계할 재). 불교 사람이 죽은 지 사십구일(四十九日) 되는 날에 지내는 재(齋).

사ː십구-재 **四十九齋** (넉 사, 열 십, 아홉 구, 재계할 재). 『불교』죽은 지 49[四十九]일 되는 날에 지내는 재(齋). ¶후생의 안락을 위하여 명복을 빌며 사십구재를 지냈다. 비 칠재(七齋), 칠칠지재(七七之齋).

사ː십팔-원 **四十八願** (넉 사, 열 십, 여덟 팔, 바랄 원). 불교 48[四十八] 가지의 서원(誓願). 아미타불이 법장보살 시절에 중생을 구제하기 위해 기원(祈願)한 것.

사ː씨-남정기 **謝氏南征記** (고마워할 사, 성씨 씨, 남녘 남, 칠 정, 기록할 기). 문학 조선 숙종 때 김만중이 지은 우리말 소설. 유연수가 첩 교씨의 모함에 속아 착하고 현명한 본처 사씨(謝氏)를 내쳤으나, 결국 교씨는 그녀의 음모가 발각되어 처형당하고 유연수는 다시 사씨를 맞이하여 행복하게 살았다는 내용의 가정 소설이다. 숙종이 계비 인현 왕후(仁顯王后)를 폐위시키고 희빈 장씨를 왕비로 맞아들이는 데 반대하다가 마침내 남해도(南海島)로 유배 가서[征] 그곳에서도 흐려진 임금의 마음을 참회시키고자 이 작품을 썼다[記] 한다. 후에 종손인 김춘택이 한문으로 번역하였다.

사ː악[1] **四惡** (넉 사, 나쁠 악). 『논어』에서 국가를 다스리는 데 있어서 네[四] 가지 나쁜[惡] 일을 이르는 말. 곧 가르치지 않고 죽이는 일, 훈계하지 않고 되어 가는 형편을 바라보는 일, 명령을 내리기를 게을리 하다가 후에 서두르는 일, 사람에게 인색하게 구는 일이다.

사악[2] **邪惡** (간사할 사, 악할 악). 마음이 간사(奸邪)하고 악(惡)함. ¶사악이 드러나다 / 사악한 마음. 비 간사(奸邪).

사안[1] **私案** (사사로울 사, 생각 안). 개인적인[私] 생각[案]. 개인적인 계획.

사ː안[2] **事案** (일 사, 안건 안). 법률적으로 문제가 된 일[事]의 안건(案件). ¶시급한 사안을 처리하다.

사암 **沙巖** (=砂巖, 모래 사, 바위 암). 지리 모래[沙]가 물속에 가라앉아 굳어서 된 바위[巖]. '사암석'(沙巖石)의 준말.

사ː액 **賜額** (줄 사, 이마 액). 역사 임금이 사당(祠堂), 서원(書院), 누문(樓門) 따위에 이름을 지어서 새긴 편액(扁額)을 내리던[賜] 일.

▸사ː액 서원 賜額書院 (쓸 서, 집 원).

역사 임금이 이름을 지어서 새긴 편액(扁額)을 내린[賜] 서원(書院). 흔히 서적, 토지, 노비 등도 동시에 하사하였으며 조선 명종 때 주세붕이 세운 백운동 서원에 '소수서원'(紹修書院)이라 사액한 것이 시초이다.

사:약[1] 死藥 (죽을 사, 약 약). 먹으면 죽는[死] 약(藥). ¶그는 밥에 사약을 탔다.

사:약[2] 賜藥 (줄 사, 약 약). 임금이 신하나 왕족에게 내리는[賜] 독약(毒藥). ¶장희빈은 결국 사약을 받고 죽었다.

사양[1] 斜陽 (비낄 사, 볕 양). ① 속뜻 서쪽으로 기울어져[斜] 가는 햇빛[陽]. ¶사양이 서산을 넘어갔다. ② 새로운 것에 밀려 점점 몰락해 감. ¶이 산업은 사양의 길로 접어들었다.

▸ 사양-족 斜陽族 (겨레 족). 세상의 변천으로 몰락한[斜陽] 명문 가족(家族).

▸ 사양 산:업 斜陽産業 (낳을 산, 일 업). 경제 새로운 산업의 출현으로 쇠퇴해 가는[斜陽] 산업(産業).

사양[2] 辭讓 (물러날 사, 넘겨줄 양). ① 속뜻 제안을 거절하거나[辭] 권리를 남에게 넘겨줌[讓]. ② 겸손하여 받아들이지 않고 남에게 양보함. ¶사양하지 말고 많이 드세요.

▸ 사양지심 辭讓之心 (어조사 지, 마음 심). 겸손하여 남에게 사양(辭讓)할 줄 아는 마음[心]. 예(禮)에서 우러나오는 사단(四端)의 하나.

사양-토 沙壤土 (모래 사, 흙덩이 양, 흙 토). 지리 모래[沙]와 진흙[壤]이 뒤섞여 있는 흙[土]. ⓑ모래 진흙.

사:어[1] 死語 (죽을 사, 말씀 어). ① 속뜻 죽은[死] 말[語]. ② 언어 전에는 쓰였으나 현재는 쓰이지 않게 된 언어. ¶고대 라틴어는 사어가 되었다. ⓑ활어(活語).

사어[2] 私語 (사사로울 사, 말씀 어). ① 속뜻 사사로이[私] 부탁하는 말[語]. ② 드러나지 아니하게 가만히 속삭임. 또는 그런 말.

사:언-시 四言詩 (넉 사, 말씀 언, 시 시). 한 구(句)가 네[四] 마디[言]로 된 한시(漢詩).

**사:업 事業 (일 사, 일 업). ① 속뜻 일[事=業]. ② 어떤 일을 일정한 목적과 계획을 가지고 짜임새 있게 지속적으로 경영함. 또는 그 일. ¶사업이 망하다 / 교육 사업.

▸ 사:업-가 事業家 (사람 가). 사업(事業)을 전문으로 맡아보는 사람[家].

▸ 사:업-장 事業場 (마당 장). 사업(事業)을 하는 장소(場所). ¶사업장을 둘러보다.

▸ 사:업-주 事業主 (주인 주). 사업(事業)의 임자[主]. ¶사업주들이 동맹을 맺어 임금을 동결하였다.

▸ 사:업-채 事業債 (빚 채). 경제 금융 기관 이외의 일반 사업체(事業體)가 장기 자금을 조달하기 위해 발행하는 사채(社債).

▸ 사:업-체 事業體 (몸 체). 사업(事業)하는 기관[體]. ¶사업체를 경영하다.

사:역 使役 (부릴 사, 부릴 역). ① 속뜻 사람을 부림[使=役]. 또는 시킴을 받아 어떤 작업을 함. ② 사환(使喚). ③ 군사 본래의 임무 이외에 임시로 하는 잡무.

▸ 사:역 동:사 使役動詞 (움직일 동, 말씀 사). 언어 문장의 주체가 남에게 그 행동이나 동작을 하도록 시키는[使役] 동사(動詞).

사역-원 司譯院 (맡을 사, 옮길 역, 관청 원). 역사 고려·조선 시대에, 외국어의 번역(飜譯) 및 통역(通譯)에 관한 일을 맡아보던[司] 관아[院]. 고려 말에 통문관을 고친 것으로 고종 31년(1894)에 폐하였다.

사:연[1] 事緣 (일 사, 인연 연). 일[事]이 그렇게 된 인연(因緣)이나 까닭. ¶사연이 복잡하다.

사연[2] 辭緣 (말씀 사, 인연 연). ① 속뜻 말[辭]하고자 하는 까닭[緣]. ② 편지나 말의 내용. ¶사연을 띄우다 / 사연을 적다.

사열 査閱 (살필 사, 훑어볼 열). ① 속뜻 조사(調査)하고 검열(檢閱)함. ② 군사 부대의 훈련 정도, 사기 따위를 열병과 분열을 통하여 살피는 일. ¶군대를 사열하다. ③ 군사 부대의 훈련 정도나 장비 유지 상태를 검열하는 일. ¶내무(內務) 사열.

▸ 사열-대 査閱臺 (돈대 대). 군사 사열(査閱)하는 사람을 위해 높이 만든 돈대[臺]. ¶장병들이 사열대 앞을 행진했다.

▸ 사열-식 査閱式 (의식 식). 군사 사열(査閱)하는 의식(儀式).

사:염화-규소 四鹽化硅素 (넉 사, 염기 염, 될 화, 규소 규, 바탕 소). 화학 네[四] 개의 염소(鹽素) 원자가 결합하여 된[化] 규소(硅素) 화합물. 자극적인 냄새가 나는 무색의 발연성 액체로 염소의 기류 속에서 규소와 탄화규소, 탄소와 이산화규소의 혼합물을 가열하여 얻는다. 암모니아와 섞어서 연막을 만드는 데 쓴다.

사:염화-탄소 四鹽化炭素 (넉 사, 염기 염, 될 화, 숯 탄, 바탕 소). 화학 네[四] 개의 염소(鹽素) 원자가 결합하여 된[化] 탄소(炭素) 화합물. 에테르와 같은 특유의 냄새가 나는 무색투명한 액체로 이황화탄소에 염소를 반응시켜 만든다. 용제, 소화제, 살충제, 십이지장충의 구충제 따위로 쓴다.

사영1 私營 (사사로울 사, 꾀할 영). 개인[私]이 경영(經營)함. ¶사영 기업. ⓑ공영(公營). 국영(國營).

사영2 射影 (쏠 사, 그림자 영). ① 속뜻 빛이 비쳐[射] 생기는 그림자[影]. ② 수학 도형이나 입체를 다른 평면에 옮기는 일. 혹은 그것에 의하여 평면에 생기는 도형.

▶사영 기하학 射影幾何學 (몇 기, 무엇 하, 배울 학). 수학 기하학 도형의 크기에 관계없이 서로의 위치에 관한 성질을 논하며 사영(射影)과 절단 따위의 변환에 의하여 변하지 않는 도형의 성질을 연구하는 기하학(幾何學).

사:예1 四藝 (넉 사, 재주 예). 거문고, 글씨, 그림, 바둑의 네[四] 가지 재주[藝].

사예2 射藝 (쏠 사, 재주 예). 활을 쏘는[射] 재주[藝]. ¶그는 사예가 뛰어나다.

사:오 四五 (넉 사, 다섯 오). 그 수량이 넷[四]이나 다섯[五]임을 나타내는 말. ¶사오 개월 / 사오 명씩.

사옥 社屋 (회사 사, 집 옥). 회사(會社)의 건물[屋]. ¶사옥을 이전하다.

사:왕1 死王 (죽을 사, 임금 왕). ① 속뜻 죽음[死]의 왕(王). ② 불교 염라대왕을 달리 일컫는 말.

사왕2 嗣王 (이을 사, 임금 왕). 왕위를 이은[嗣] 임금[王].

사외 社外 (회사 사, 밖 외). ① 속뜻 회사(會社)의 건물 밖[外]. ②그 회사의 구성원 이외의 사람. ¶사외 이사(理事).

사욕1 沙浴 (모래 사, 목욕할 욕). ① 속뜻 모래[沙]로 목욕(沐浴)함. ②닭, 오리 따위의 날짐승이 몸에 꾀는 이나 벼룩을 떨치려고 모래를 파헤치며 끼얹는 짓. ③해수욕장 같은 데서 모래찜질을 함.

사욕2 私慾 (사사로울 사, 욕심 욕). 사사로운[私] 자기의 이익만을 생각하는 욕심(慾心). ¶그는 사욕을 채우려다 구속됐다.

사욕3 邪慾 (그를 사, 욕심 욕). 그릇된[邪] 욕망(慾望). 특히 음란한 욕정을 이른다.

▶사욕 편정 邪慾偏情 (치우칠 편, 마음 정). ① 속뜻 그릇된[邪] 욕망(慾望)과 치우친[偏] 정욕(情慾). ② 가톨릭 바른 도리에 어긋나는 온갖 정욕. 음욕, 방종 따위.

사용1 私用 (사사로울 사, 쓸 용). ① 속뜻 공공의 물건을 사사로이[私] 씀[用]. 또는 그 물건. ②개인의 사사로운 소용이나 용건. ⓑ공용(公用).

사용2 社用 (회사 사, 쓸 용). 회사(會社)의 용무(用務).

⁑사:용3 使用 (부릴 사, 쓸 용). 사람이나 물건 등을 부리거나[使] 씀[用]. ¶이곳은 가스 사용을 금하고 있다.

▶사:용-권 使用權 (권리 권). 법률 다른 사람 소유의 물건이나 권리를 사용(使用)할 수 있는 권리(權利).

▶사:용-료 使用料 (삯 료). 무엇을 사용(使用)한 뒤에 치르는 요금(料金). ¶선박 사용료.

▶사:용-법 使用法 (법 법). 쓰는[使用] 방법(方法). ¶원고지 사용법을 익히다.

▶사:용-세 使用稅 (세금 세). 법률 무엇을 사용(使用)하는 데 매기는 세금(稅金). 소비세의 하나로 유흥세, 입장세, 통행세 따위가 있다.

▶사:용-인 使用人 (사람 인). ① 속뜻 사용(使用)하는 사람[人]. ②남의 부림을 받는 사람. ⓑ사용자(使用者).

▶사:용-자 使用者 (사람 자). ① 속뜻 사람이나 물건을 쓰는[使用] 사람[者]. ② 법률 노동을 제공하는 사람에게 그에 대한 보수를 지급하는 사람. 곧 근로자를 고용하는 개인이나 법인을 이른다. ③컴퓨터를 사용하는 사람.

▶사:용 가치 使用價値 (값 가, 값 치). 쓰이

는[使用] 사람이나 물건의 가치(價値).

사:우[1] **四友** (넉 사, 벗 우). ① 속뜻 서재(書齋)의 네[四] 가지 벗[友]. ②종이, 붓, 먹, 벼루를 이르는 말. ③눈 속에 피는 네 가지의 꽃. 동백꽃, 납매, 수선화, 옥매를 이른다. ㊥문방사우(文房四友).

사:우[2] **死友** (죽을 사, 벗 우). ① 속뜻 죽은[死] 벗[友]. ②죽는 한이 있어도 서로 저버리지 아니할 정도로 절친한 벗.

사우[3] **社友** (회사 사, 벗 우). ① 속뜻 같은 회사(會社)나 같은 결사 단체에서 함께 일하는 동료[友]. ②사원은 아니지만 그 회사와 관계가 있는 사람. ③동지(同志).

사우[4] **師友** (스승 사, 벗 우). ① 속뜻 스승으로[師] 삼을 만한 벗[友]. ②스승과 벗을 아울러 이르는 말. ㊥사보(師輔).

사운 社運 (회사 사, 운수 운). 회사(會社)의 운명(運命)이나 운수(運數). ¶지난 사업의 실패로 사운이 기울었다.

사원[1] **私怨** (사사로울 사, 원망할 원). 사사로운[私] 원한(怨恨). ¶사원을 품다.

사원[2] **社員** (회사 사, 인원 원). 회사(會社)에 근무하는 직원(職員). ¶신입사원을 채용하다. ㊥회사원(會社員).

사원[3] **沙原** (모래 사, 들판 원). 모래[沙]가 덮여 있는 벌판[原].

사원[4] **寺院** (절 사, 집 원). 절[寺] 따위의 종교 교당[院]. ¶회교 사원을 방문하다. ㊥사찰(寺刹).

▸**사원-전** 寺院田 (밭 전). 역사 고려 때, 사원(寺院)에 속한 논밭이나 토지[田].

▸**사원 연기 설화** 寺院緣起說話 (인연 연, 일어날 기, 말씀 설, 이야기 화). 절[寺院]을 짓게 된 유래[緣起]에 대한 설화(說話).

사:원-법 四元法 (넉 사, 으뜸 원, 법 법). ① 속뜻 네[四] 가지 차원(次元)으로 분석하는 방법(方法). ② 수학 고등 수학의 한 분과. 벡터(vector)에 관한 이론과 응용을 연구하는 학문.

사-원추 斜圓錐 (비낄 사, 둥글 원, 송곳 추). 수학 꼭짓점에서 바닥 중심까지의 축이 사선(斜線)으로 된 원뿔[圓錐]. '빗원뿔'의 옛 용어.

사:월 四月 (넷째 사, 달 월). 한 해의 네[四] 번째 달[月].

사:위 四圍 (넉 사, 둘레 위). ① 속뜻 사방(四方)의 둘레[圍]. ¶사위가 어두워졌다. ②네 사람이 껴안을 정도의 굵기.

사:유[1] **四維** (넉 사, 밧줄 유). ① 속뜻 나라를 다스리는 데 지켜야 할 네[四] 가지 밧줄[維] 같은 큰 원칙. 곧 예(禮)·의(義)·염(廉)·치(恥)를 이른다. ②네 방위. 서북·서남·동북·동남의 네 방위를 이른다.

사:유[2] **事由** (일 사, 까닭 유). 일[事]이 그렇게 된 까닭[由]. ¶결석한 사유를 설명하다. ㊥이유(理由), 연유(緣由).

사유[3] **私有** (사사로울 사, 있을 유). 개인[私]이 소유(所有)함. 또는 그런 소유물. ㊥공유(公有), 국유(國有).

▸**사유-림** 私有林 (수풀 림). 개인[私] 또는 사법인(私法人)이 소유(所有)하는 산림(山林). ¶사유림을 공원으로 개발하다.

▸**사유-물** 私有物 (만물 물). 개인[私]이 소유(所有)하는 물건(物件). ㊥공유물(公有物).

▸**사유-지** 私有地 (땅 지). 개인[私] 또는 사법인이 소유(所有)하는 토지(土地). ¶사유지를 매입해 공원을 만들다. ㊥공유지(公有地), 국유지(國有地).

▸**사유 재산** 私有財産 (재물 재, 재물 산). 법률 개인[私] 또는 사법인이 소유(所有)하는 재산(財産). ¶공산(共産) 경제에서는 사유 재산을 인정하지 않는다.

▸**사유 재산제** 私有財産制 (재물 재, 재물 산, 정할 제). 법률 모든 재산(財産)을 개인[私]이 소유(所有)할 수 있도록 법률로써 보호하며 소유자의 자유로운 관리·운영에 맡기는 사회 제도(制度).

사유[4] **思惟** (생각 사, 생각할 유). ① 속뜻 두루 생각함[思=惟]. ② 철학 개념, 구성, 판단, 추리 따위를 행하는 인간의 이성 작용.

▸**사유-수** 思惟樹 (나무 수). ① 속뜻 생각하는[思惟] 나무[樹]. ② 불교 석가모니가 그 아래에서 진리를 깨달아 불도를 이루었다고 하는 나무. '보리수(菩提樹)'를 달리 이르는 말.

사유-장 師儒長 (스승 사, 선비 유, 어른 장). 사람에게 도를 가르치는[師] 유생[儒]의 우두머리[長]. 고려·조선 때, '대사성(大司成)'을 달리 이르는 말.

*사육 飼育 (먹일 사, 기를 육). 짐승 따위를 먹여[飼] 기름[育]. ¶오리를 사육하다.

▸사육-장 飼育場 (마당 장). 가축이나 짐승을 먹여[飼] 기르는[育] 곳[場]. ¶동물 사육장 / 사슴 사육장.

▸사육 동:물 飼育動物 (움직일 동, 만물 물). 집에서 먹이고[飼] 기르는[育] 동물(動物). [반]야생 동물(野生動物).

사:-육신 死六臣 (죽을 사, 여섯 륙, 신하 신). ① [속뜻] 죽은[死] 여섯[六] 명의 신하(臣下). ② [역사] 조선 세조 2년(1456)에 단종의 복위를 꾀하다가 처형된 여섯 명의 충신(忠臣). 이개(李塏), 하위지(河緯地), 유성원(柳誠源), 성삼문(成三問), 유응부(俞應孚), 박팽년(朴彭年)을 이른다.

사:육-제 謝肉祭 (거절할 사, 고기 육, 제사 제). ① [속뜻] '고기[肉]는 사절(謝絶)하는 사순절(四旬節) 직전에 거행하는 축제(祝祭)'. '카니발'(carnival)의 한자어. ② [가톨릭] 사순절에 앞서서 3일 또는 한 주일 동안 술과 고기를 먹고 가장행렬 따위를 하며 즐기는 명절.

사:은¹ 四恩 (넉 사, 은혜 은). [불교] 사람이 세상에 나서 받는 네[四] 가지의 은혜(恩惠). 삼보(三寶)·국왕·부모·중생의 은혜 또는 부모·스승·국왕·시주의 은혜이다.

사은² 師恩 (스승 사, 은혜 은). 스승[師]의 은혜(恩惠). ¶사은에 보답하다.

사:은³ 謝恩 (고마워할 사, 은혜 은). 받은 은혜(恩惠)에 대하여 고마워함[謝]. ¶고객 사은 행사.

▸사:은-회 謝恩會 (모일 회). 졸업생이나 동창생들이 스승의 은혜(恩惠)에 감사(感謝)하는 뜻으로 베푸는 모임[會]. ¶졸업생들이 사은회를 열었다.

사음¹ 邪淫 (그를 사, 음란할 음). 아내나 남편이 아닌 자와 하는 그릇되고[邪] 음탕(淫蕩)한 짓.

사음² 寫音 (베낄 사, 소리 음). 소리[音] 나는 그대로 적음[寫]. 또는 그 소리.

▸사음 문자 寫音文字 (글자 문, 글자 자). [언어] 말소리[音]를 그대로 적은[寫] 문자(文字). 한글, 로마자, 아라비아 문자 따위. [비]표음(表音) 문자, 기음(記音) 문자.

사의¹ 寫意 (그릴 사, 뜻 의). ① [속뜻] 그림 따위를 그리고[寫] 싶은 마음[意]. ② 의미를 옮겨 쓰는 일. ③ 그림에서 사물의 형태보다는 그 내용이나 정신에 치중하여 그리는 일.

사:의² 謝意 (고마워할 사, 뜻 의). ① [속뜻] 고마워하는[謝]의 뜻[意]. ¶여러분의 노고에 심심한 사의를 표합니다. ② 사과(謝過)의 뜻. ¶문제를 일으킨 회사 대표는 주주들에게 사의를 표했다.

사의³ 辭意 (물러날 사, 뜻 의). ① [속뜻] 사임(辭任) 또는 사퇴(辭退)의 뜻[意]. ¶국무원장이 사의를 표했다. ② 말의 뜻.

사:이비 似而非 (닮을 사, 말이을 이, 아닐 비). 겉으로는 비슷[似]하지만[而] 속은 완전히 다름[非]. 또는 그런 것. '사시이비'(似是而非)의 준말. ¶사이비 종교. [반]정통(正統).

사익 私益 (사사로울 사, 더할 익). 개인[私]의 이익(利益). ¶그는 사익을 돌보지 않고 사회를 위해 헌신했다. [반]공익(公益).

▸사익 신:탁 私益信託 (믿을 신, 맡길 탁). [경제] 개인[私]의 이익(利益)을 목적으로 하는 신탁(信託). [반]공익 신탁(公益信託).

사:인¹ 死人 (죽을 사, 사람 인). 죽은[死] 사람[人].

사:인² 死因 (죽을 사, 까닭 인). 죽게[死] 된 원인(原因). ¶경찰이 피의자의 사인을 조사하다.

사인³ 私人 (사사로울 사, 사람 인). 개인[私] 자격으로서의 사람[人]. [반]공인(公人).

사인⁴ 私印 (사사로울 사, 도장 인). 개인[私]이 쓰는 인장(印章). [반]관인(官印).

사인⁵ 社印 (회사 사, 도장 인). 회사(會社)의 공식 인장(印章). ¶사인이 없는 문서는 무효이다.

사:인여천 事人如天 (섬길 사, 사람 인, 같을 여, 하늘 천). [종교] 천도교에서, 사람[人]을 섬기는데[事] 있어 한울님[天]을 공경하는 것 같이[如] 해야 한다는 윤리 행위.

사임 辭任 (물러날 사, 맡길 임). 맡아보던 일을[任] 그만두고 물러남[辭]. ¶회장직을 사임하다. [비]사직(辭職).

사:자¹ 死者 (죽을 사, 사람 자). 죽은[死] 사람[者].

사:자² 使者 (부릴 사, 사람 자). ① [속뜻] 명령이나 부탁을 받고 심부름하는[使] 사람

[者]. ② 법률 타인의 완성된 의사 표시를 전하는 사람. 또는 타인이 결정한 의사를 상대편에게 알려 그 의사 표시를 완성하는 사람. ③ 역사 부여·고구려 때에, 지방의 조세나 공물을 거두는 일을 맡아보던 벼슬. ㉥행인(行人).

사자³ 師資 (스승 사, 바탕 자). ① 속뜻 학문이나 덕행을 닦는 데 도움[資]을 주는 사람이나 스승[師]. ②스승과 제자의 관계.

사자⁴ 嗣子 (이을 사, 아들 자). 대(代)를 이을 [嗣] 아들[子]. ¶전쟁으로 사자를 잃었다.

사자⁵ 獅子 (사자 사, 접미사 자). 동물 털은 엷은 갈색이고 수컷은 뒷머리와 앞가슴에 긴 갈기가 있는 포유동물. 백수(百獸)의 왕으로 불린다.

▶사자-무 獅子舞 (춤출 무). 민속 사자(獅子) 탈을 쓰고 추는 춤[舞].

▶사자-후 獅子吼 (울 후). ① 속뜻 사자(獅子)의 울부짖음[吼]. ②크게 부르짖어 열변을 토하는 연설을 이르는 말. ③ 불교 사자 소리에 모든 짐승이 두려워하여 굴복하는 것처럼 부처님의 설법이 매우 위엄 있음을 비유하여 이르는 말.

사:장¹ 四葬 (넉 사, 장사지낼 장). ① 불교 네[四] 가지 장례(葬禮) 방식. 수장(水葬), 화장(火葬), 토장(土葬), 임장(林葬)을 이른다. ② 역사 고대 중국의 네 가지 장례 방식. 수장(水葬), 화장(火葬), 토장(土葬), 조장(鳥葬)을 이른다.

사:장² 死藏 (죽을 사, 감출 장). ① 속뜻 죽은[死]듯이 감추어[藏] 둠. ②사물 따위를 필요한 곳에 활용하지 않고 썩혀 둠.

사장³ 査丈 (살필 사, 어른 장). 사돈(査頓)집의 웃어른[丈]을 높여 이르는 말.

사장⁴ 私藏 (사사로울 사, 감출 장). 개인이 사사로이[私] 간직함[藏]. 또는 그런 물건. ¶국보급 도자기를 사장하고 있다.

사장⁵ 社長 (회사 사, 어른 장). ① 속뜻 회사(會社)의 우두머리[長]. 회사의 최고 책임자. ¶그가 사장으로 선임되었다. ② 역사 조선 시대에 사창(社倉)의 곡식을 나누어주고 거두어들이는 일을 맡아보던 사람. ③ 역사 조선 시대에 지방 행정 구역의 하나인 사(社)의 우두머리.

사장⁶ 社葬 (회사 사, 장사지낼 장). 회사(會社)가 주재하여 지내는 장례(葬禮). ¶사장을 치르다.

사장⁷ 沙場 (모래 사, 마당 장). 모래[沙] 마당[場]. 모래 밭.

사장⁸ 師丈 (스승 사, 어른 장). 스승[師]을 어른[丈]으로 높여 부르는 말.

사장⁹ 師匠 (스승 사, 장인 장). 남의 스승[師]이 될 만한 학문이나 기예에 뛰어난 사람[匠]. ¶사장에게 칠기 공예를 배우다.

사장¹⁰ 師長 (스승 사, 어른 장). 스승[師]과 나이 많은 어른[長].

사:장¹ 謝狀 (고마워할 사, 문서 장). ① 속뜻 감사(感謝)하는 편지[狀]. ②사과(謝過)하는 편지.

사-장석 斜長石 (비낄 사, 길 장, 돌 석). ① 속뜻 비스듬하게[斜] 쪼개지는 길쭉한[長] 돌[石]. ② 광업 나트륨, 칼슘, 알루미늄을 주성분으로 하는 규산염 광물. 삼사 정계에 속하며 조장석과 회장석 따위의 여러 가지 장석이 섞여 있다. 주로 화성암에서 발견되며 회색 또는 흰색을 띤다.

사-장암 斜長巖 (비낄 사, 길 장, 바위 암). 광업 주로 사장석(斜長石)으로 이루어진 심성암(深成巖).

사장-파 詞章派 (말씀 사, 글 장, 갈래 파). 역사 조선 시대에 시부[詞]와 문장(文章)을 중요시하던 학파(學派). 조선 전기에 조광조(趙光祖)를 영수로 하여 도학을 중요시하는 사림파에 맞서 한문학의 중요성을 내세운 일파로, 대표적인 인물로 홍경주(洪景舟)·남곤(南袞)·심정(沈貞) 등이 있다.

사재¹ 私財 (사사로울 사, 재물 재). 개인의 [私] 재산(財産). ¶그는 사재를 들여 복지재단을 만들었다.

사재² 社財 (회사 사, 재물 재). 회사(會社)의 재산(財産). ¶사재를 유용하다.

사저¹ 私邸 (사사로울 사, 집 저). 개인[私]의 저택(邸宅). ¶장관은 사임한 뒤 사저에 머물렀다.

사저² 沙渚 (모래 사, 물가 저). 물가[渚]의 모래[沙]밭.

사저³ 沙底 (모래 사, 밑 저). 공업 도자기에 잿물이 잘 묻지 않고 흙[沙]이 그대로 남아서 좀 껄껄한 바닥[底] 부분.

사:적¹ 史跡 (역사 사, 발자취 적). ① 속뜻 역

사적(歷史的)으로 중요한 사건이나 시설의 자취[跡]. ¶우리는 공주로 사적 답사를 다녀왔다. ②국가가 법적으로 지정한 문화재. ¶행주산성은 사적 제56호로 지정되어 보호받고 있다.

▸사:적-비 史跡碑 (비석 비). 그곳에서 일어난 역사적 사건[史跡]를 새겨 넣은 비석(碑石). ¶효행사적비.

사적[2] 私的 (사사로울 사, 것 적). 개인[私]에 관계되는 것[的]. ¶사적인 일. [반]공적(公的).

사:적[3] 事績 (일 사, 실적 적). 일[事]의 실적(實績)이나 공적(功績). ¶제자들은 스승의 사적을 정리하여 책으로 냈다.

사:적[4] 事跡 (일 사, 발자취 적). 사업(事業)의 남은 자취[跡].

사적[5] 射的 (쏠 사, 과녁 적). ①[속뜻]활이나 총을 쏘는[射] 과녁[的]. ②목표물을 향하여 활이나 총을 쏨.

사:적[6] 史的 (역사 사, 것 적). 역사(歷史)에 관계되는 것[的]. ¶사적 자료.

▸사:적 현:재 史的現在 (지금 현, 있을 재). 과거의 일이나 역사적(歷史的) 사건을 생생하게 묘사하기 위해 현재형(現在形)으로 서술하는 일. '역사적 현재'(歷史的現在)의 준말.

사적-비 寺跡碑 (절 사, 발자취 적, 비석 비). 절[寺]의 역사 자취[跡]를 적은 비석(碑石).

사전[1] 寺田 (절 사, 밭 전). 절[寺]에 딸린 논밭[田]. ¶주지승은 사전을 가난한 이웃에게 나누어주었다.

사전[2] 私田 (사사로울 사, 밭 전). ①[속뜻]개인[私] 소유의 논밭[田]. ②[역사]조선 시대에, 나라에서 개인에게 조(租)를 받을 권리를 준 논밭. 과전(科田), 공해전(公廨田), 구분전(口分田), 사전(寺田) 따위가 있다. [반]공전(公田).

사전[3] 私錢 (사사로울 사, 돈 전). 개인[私]이 위조한 가짜 돈[錢]. ¶사전을 만들어 유통시켰다.

사:전[4] 事典 (일 사, 책 전). 여러 가지 사항(事項)을 모아 일정한 순서로 배열하고 그 각각에 해설을 붙인 책[典]. ¶민속 사전 / 의학사전을 발간하다.

사:전[5] 事前 (일 사, 앞 전). 일[事]이 일어나거나 일을 시작하기 전(前). ¶암은 치료보다 사전 예방이 훨씬 더 중요하다. [반]사후(事後).

사전[6] 詞典 (말씀 사, 책 전). 낱말[詞]을 풀이한 책[典].

사:전[7] 賜田 (줄 사, 밭 전). [역사]고려·조선 때, 임금이 내려 준[賜] 논밭[田]. 특히 외교와 국방 따위의 분야에서 큰 공을 세운 왕족이나 벼슬아치에게 주었다.

사전[8] 辭典 (말씀 사, 책 전). 어떤 범위 안에서 쓰이는 말[辭]을 모아서 일정한 순서로 배열하여 싣고, 그 각각의 독음, 의미, 어원, 용법 따위를 해설한 책[典]. ¶영어사전 / 국어사전을 편찬하다.

사:절[1] 四節 (넉 사, 철 절). [불교]선종에서 해마다 기념하는 네 날. 하안거(夏安居)를 시작하는 날과 해제하는 날, 동짓날, 설날이다.

사:절[2] 死絶 (죽을 사, 끊을 절). ①[속뜻]숨이 끊어져[絶] 죽음[死]. ②자손이 모두 죽어 대(代)가 끊어짐.

사:절[3] 死節 (죽을 사, 지조 절). 목숨을 바쳐[死] 절개(節概)를 지킴.

사:절[4] 謝絶 (거절할 사, 끊을 절). ①[속뜻]거절하여[謝] 딱 자름[絶]. ②요구나 제의를 받아들이지 않고 딱 잘라 거절함. ¶면회 사절 / 외상은 사절합니다.

사절[5] 辭絶 (물러날 사, 끊을 절). 사양(辭讓)하여 거절(拒絶)함. ¶고민 끝에 사업 제안을 사절하였다.

사:절[6] 使節 (부릴 사, 마디 절). ①[역사]옛날 사신(使臣)이 신표로 지참하던 대나무 마디[節]. ②[법률]나라를 대표하여 일정한 사명(使命)을 띠고 외국에 파견되는 사람. ¶그는 주한 외교 사절로 워싱턴에 갔다.

▸사:절-단 使節團 (모일 단). 사절(使節)로 외국에 가는 단체(團體). ¶그리스에 사절단을 파견하다.

사:-절기 四節氣 (넉 사, 철 절, 기운 기). 네[四] 개의 큰 절기(節氣). 24절기 가운데 춘분(春分), 하지(夏至), 추분(秋分), 동지(冬至)를 통틀어 이르는 말.

사절-면 斜截面 (비낄 사, 끊을 절, 쪽 면). 비스듬히[斜] 베어낸[截] 면(面).

사:절-지 四折紙 (넉 사, 꺾을 절, 종이 지).

전지(全紙)를 넷[四]으로 접어[折] 자른 크기의 종이[紙].

사정¹ 司正 (맡을 사, 바를 정). ① [속뜻] 바로잡는[正] 일을 맡음[司]. ② 공직에 있는 사람의 규율과 질서를 바로잡는 일.

사정² 邪正 (그를 사, 바를 정). 그릇됨[邪]과 올바름[正]을 아울러 이르는 말. ¶사정을 가리다.

사정³ 沙汀 (모래 사, 물가 정). 바닷가[汀]의 모래톱[沙].

사정⁴ 私情 (사사로울 사, 마음 정). 사사로운[私] 마음[情]. ¶사정에 쏠려 공평성을 잃다.

사정⁵ 查正 (살필 사, 바를 정). 조사(調查)하여 그릇된 것을 바로잡음[正].

사정⁶ 查定 (살필 사, 정할 정). 심사(審查)하여 결정(決定)함. ¶사정 기준 / 세금을 사정하다.

사정⁷ 射亭 (쏠 사, 정자 정). 활[射]터에 세운 정자(亭子).

사정⁸ 寫情 (그릴 사, 실상 정). 보거나 느낀 실정(實情)을 그대로 그려냄[寫]. ¶그는 전쟁의 비참한 모습을 사정하였다.

사정⁹ 射程 (궁술 사, 거리 정). ① [속뜻] 사격(射擊)해서 탄환이 나가는 최대 거리[程]. ② [군사] 탄알, 포탄, 미사일 따위가 발사되어 도달할 수 있는 곳까지의 거리.

▶ 사정-거리 射程距離 (떨어질 거, 떨어질 리). ① [속뜻] 사격(射擊)해서 탄환이 나가는 [程] 최대 거리(距離). ② [군사] 탄알, 포탄, 미사일 따위가 발사되어 도달할 수 있는 곳까지의 거리. ¶사정거리가 1,500km인 미사일을 개발하다. [준]사정, 사거리. [비]탄정(彈程).

***사ː정¹⁰** 事情 (일 사, 실상 정). ① [속뜻] 일[事]의 형편이나 실상[情]. ¶그는 사정이 있어 할머니 밑에서 자랐다. ② 어떤 일의 형편이나 까닭을 남에게 말하고 무엇을 간청함. ¶아무리 사정해도 소용없다.

▶ 사ː정-사정 事情事情 (일 사, 실상 정). 남에게 자신의 딱한 사정(事情)을 간곡히 하소연하거나 비는 모양.

사정¹¹ 射精 (쏠 사, 정액 정). [의학] 남성의 생식기에서 정액(精液)을 내쏘는[射] 일. 성기에 가해지는 자극에 의하여 사정 중추가 흥분하면 일어난다.

▶ 사정-관 射精管 (대롱 관). [의학] 남자 생식기의 수정관의 한 부분으로 정액(精液)을 내쏘는[射] 가느다란 관(管).

사정-전 思政殿 (생각 사, 정치 정, 대궐 전). ① [속뜻] 국정(國政)을 생각하며[思] 거처하는 궁전(宮殿). ② [고적] 임금이 평상시에 거처하던 궁전. 경복궁 안에 있다.

사제¹ 司祭 (맡을 사, 제사 제). [가톨릭] ① 의식과 전례[祭]를 맡은[司] 성직자. 주교 아래의 직위이다. ② 주교와 신부를 통틀어 이르는 말.

사ː제² 四諦 (넉 사, 진실 제). [불교] 영원히 변하지 않는 네[四] 가지 성스러운 진리[諦]. 고제(苦諦), 집제(集諦), 멸제(滅諦), 도제(道諦)를 이른다.

사제³ 私第 (사사로울 사, 집 제). 개인[私] 소유의 집[第]. ¶그는 퇴임한 뒤 사제에 머물며 집필에 몰두하고 있다. [비]사저(私邸).

사제⁴ 舍弟 (집 사, 아우 제). ① [속뜻] 남에게 자기[舍]의 아우[弟]를 겸손하게 이르는 말. ② 주로 편지 글에서, 아우가 형에게 자기를 가리키는 말. [비]가제(家弟).

사제⁵ 查弟 (살필 사, 아우 제). 주로 편지 글에서 글 쓰는 이가 친사돈(親查頓)에게 자기를 아랫사람[弟]처럼 낮추어 말할 때 쓰는 말.

사제⁶ 私製 (사사로울 사, 만들 제). 개인[私]이 만듦[製]. ¶사제 권총 / 사제 엽서. [반]관제(官製).

▶ 사제-품 私製品 (물건 품). 사사로이[私] 만든[製] 물품(物品). ¶사제품은 반입할 수 없다.

▶ 사제-엽서 私製葉書 (잎 엽, 쓸 서). 개인[私]이 만들어[製] 쓰는 우편엽서(郵便葉書). [반]관제엽서(官製葉書).

사제⁷ 師弟 (스승 사, 제자 제). ① [속뜻] 스승[師]과 제자(弟子)를 아울러 이르는 말. ¶사제 관계가 친밀하다. ② 한 스승의 제자로 다른 사람보다 늦게 제자가 된 사람.

▶ 사제-간 師弟間 (사이 간). 스승[師]과 제자(弟子) 사이[間]. ¶그들은 사제 간의 인연으로 연구에 참가했다.

▶ 사제-삼세 師弟三世 (석 삼, 세상 세). ① [속뜻] 스승[師]과 제자(弟子)의 인연은 전세

(前世)·현세(現世)·내세(來世)의 세[三] 세상(世上)에 걸쳐 계속됨. ② 스승과 제자의 관계는 매우 깊고 밀접함을 이르는 말.

사제-곡 莎堤曲 (향부자 사, 둑 제, 노래 곡). 문학 조선 광해군 때 박인로가 지은 가사[曲]. 경기도 용진(龍津)의 사제(莎堤)에 은거하고 있는 이덕형을 찾아가 그곳의 아름다운 경치와 한가로이 살아가는 이덕형의 모습을 읊은 것으로 『노계집』에 실려 있다.

사조[1] 思潮 (생각 사, 바닷물 조). 한 시대의 일반적인 사상(思想)의 흐름[潮].

사조[2] 詞藻 (말씀 사, 꾸밀 조). 문학 ① 시문[詞]의 꾸밈[藻]. ② 시문(詩文)의 재주. ③ 시가(詩歌)의 문장.

사조[3] 飼鳥 (먹일 사, 새 조). 집에서 기르는[飼] 새[鳥].

사조[4] 寫照 (베낄 사, 비칠 조). 실제 모습을 그대로 비추듯이[照] 그림[寫]. 또는 그 그림이나 초상화.

사:족[1] 士族 (선비 사, 겨레 족). ① 속뜻 선비[士]의 집안[族]. 또는 그 자손. ② 문벌이 높은 집안. 또는 그 자손.

사:족[2] 四足 (넉 사, 발 족). ① 속뜻 짐승의 네[四] 발[足]. 또는 네 발 가진 짐승. ② '사지'(四肢)를 속되게 이르는 말. ¶사족이 멀쩡한데 놀고만 있을 수는 없다.

사족[3] 蛇足 (뱀 사, 발 족). ① 속뜻 뱀[蛇]의 발[足]. 실제로는 없다. ② 쓸데없는 군일을 하다가 도리어 실패(失敗)함을 이르는 말. '화사첨족'(畵蛇添足)의 준말. ¶사족을 달다.

사:졸 士卒 (선비 사, 군사 졸). 병사(兵士)와 병졸(兵卒). ¶장군을 잃은 사졸들은 뿔뿔이 흩어졌다. ⓑ 군병(軍兵), 군졸(軍卒).

사종[1] 師宗 (스승 사, 마루 종). 스승[師]으로 받들어 모시는[宗] 사람.

사종[2] 辭宗 (말씀 사, 마루 종). 시문(詩文)이나 가사(歌辭)의 대가[宗].

사:종-성 四種姓 (넉 사, 갈래 종, 성씨 성). ① 속뜻 네[四] 종류(種類)의 계급[姓]. ② 사회 인도의 세습적 계급 제도. 승려 계급인 브라만, 귀족과 무사 계급인 크샤트리아, 평민인 바이샤, 노예인 수드라로 되어 있다. ⓑ 카스트 제도(caste 制度).

사좌 私座 (사사로울 사, 자리 좌). 사적(私的)인 모임의 자리[座]. ¶그와 사좌에서 몇 번 만난 적이 있다. ⓑ 사석(私席).

사:죄[1] 死罪 (죽을 사, 허물 죄). ① 속뜻 죽어[死] 마땅한 큰 죄(罪). ② 가톨릭 살인, 자살, 낙태 따위로 영혼의 생명을 빼앗은 죄.

사:죄[2] 赦罪 (용서할 사, 허물 죄). ① 속뜻 죄(罪)를 용서하여[赦] 죄인을 석방함. ② 가톨릭 고해나 다른 성사(聖事)에 의하여 죄를 사함.

사:죄[3] 謝罪 (용서빌 사, 허물 죄). 지은 죄(罪)나 잘못에 대하여 용서를 빎[謝]. ¶정중히 사죄하다.

사:주[1] 四周 (넉 사, 둘레 주). 사방(四方)의 둘레[周].

사주[2] 沙洲 (모래 사, 섬 주). ① 속뜻 모래[沙] 섬[洲]. ② 지리 바닷가에 생기는 모래톱. 파도나 조류의 작용으로 강이나 해안의 수면 위에 모래 등이 쌓여 둑 모양을 이룬다.

사주[3] 社主 (회사 사, 주인 주). 회사(會社)의 주인(主人). ¶김 씨는 그 회사의 실질적인 사주로 알려져 있다.

사:주[4] 使嗾 (부릴 사, 부추길 주). 남을 부추겨[嗾] 좋지 않은 일을 시킴[使]. ¶그는 적의 사주를 받아 내부의 기밀을 누출했다.

사:주[5] 四柱 (넉 사, 기둥 주). ① 속뜻 네[四]개의 기둥[柱]. ② 민속 사람이 태어난 연월일시의 네 간지(干支). 또는 이에 근거하여 사람의 길흉화복을 알아보는 점. ¶사주를 보다 / 사주가 좋다. ③ 민속 사주단자.

▶ **사:주-단자 四柱單子** (홑 단, 접미사 자). 혼인이 정해진 뒤 신랑 집에서 신부 집으로 신랑의 사주(四柱)를 적어서 보내는 종이[單子].

▶ **사:주-팔자 四柱八字** (여덟 팔, 글자 자). 민속 ① 사주(四柱)의 간지(干支)가 되는 여덟[八] 글자[字]. 예를 들어 '갑자년(甲子年), 무진월(戊辰月), 임신일(壬申日), 갑인시(甲寅時)'에 태어난 경우 '갑자, 무진, 임신, 갑인'의 여덟 글자. ② 타고난 운수.

사주 단:층 斜走斷層 (비낄 사, 달릴 주, 끊을 단, 층 층). 지층 또는 광맥의 주향에 대하여 빗겨[斜] 교차되어 주향(走向)을 이룬 단층(斷層).

사-주체 斜柱體 (비낄 사, 기둥 주, 몸 체). ① 속뜻 비스듬히 기운[斜] 기둥[柱] 모양의 물체(物體). ② 수학 옆면이 밑면에 수직이 아닌 각기둥.

사죽 絲竹 (실 사, 대나무 죽). ① 속뜻 실[絲]처럼 가는 현을 가진 악기와 대나무[竹]처럼 관을 가진 악기. ② 음악 현악기와 관악기를 아울러 이르는 말. ③ '음악'을 달리 부르는 말.

사:중[1] 四仲 (넉 사, 가운데 중). 사(四)계절의 각 가운데[仲] 달인 음력 2, 5, 8, 11월을 통틀어 이르는 말. 중춘(仲春), 중하(仲夏), 중추(仲秋), 중동(仲冬)을 이른다.

사:중[2] 四衆 (넉 사, 무리 중). 불교 부처를 따르던 네[四] 종류 무리[衆]. 비구, 비구니, 우바새, 우바이이다.

사중[3] 沙中 (=砂中, 모래 사, 가운데 중). 모래[沙]의 속[中]. 또는 모래벌판의 가운데.

사:중[4] 四重 (넉 사, 겹칠 중). ① 속뜻 네[四] 겹[重]. ¶사중으로 에워싸다. ② 불교 사중금.

▸사:중-금 四重禁 (금할 금). 불교 네[四] 가지 무거운[重] 금계(禁戒). 살생(殺生), 투도(偸盜), 사음(邪淫), 망언(妄言)을 이른다.

▸사:중-주 四重奏 (연주할 주). 음악 네[四] 개의 악기를 함께[重] 연주(演奏)하는 것. ¶피아노 사중주.

▸사:중-창 四重唱 (부를 창). 네[四] 사람이 각각 다른 높이의 목소리로 함께[重] 하는 노래[唱]. 남성 사중창, 여성 사중창 및 혼성(混聲) 사중창이 있다.

사:즉동혈 死則同穴 (죽을 사, 곧 즉, 같을 동, 구멍 혈). ① 속뜻 부부가 죽은[死] 뒤에 곧[則] 같은[同] 무덤[穴]에 묻힘. ② '부부의 사이가 매우 좋음'을 나타내는 말.

사증 査證 (살필 사, 증명할 증). ① 속뜻 조사(調査)하여 증명(證明)함. ② 법률 외국인에 대한 출입국 허가의 증명. ¶사증을 발급받다. 비 비자(visa).

사:지[1] 四肢 (넉 사, 사지 지). 네[四] 팔다리[肢]. 두 팔과 두 다리. ¶나는 아버지의 소식을 듣고 사지를 떨었다.

사:지[2] 四智 (넉 사, 슬기 지). 불교 불과(佛果)에 이르러 모든 부처가 갖추는 네[四] 가지 지혜(智慧). 대원경지(大圓鏡智), 평등성지(平等性智), 묘관찰지(妙觀察智), 성소작지(成所作智)이다.

사:지[3] 死地 (죽을 사, 땅 지). ① 속뜻 죽을[死] 곳[地]. 또는 죽어서 묻힐 장소. ② 죽을 지경의 매우 위험하고 위태한 곳. ¶우리는 간신히 사지에서 벗어났다.

사지[4] 寺址 (절 사, 터 지). 예전에 절[寺]이 있었던 터[址]. ¶분황사 사지에는 주춧돌만 남아 있을 뿐이었다.

사지[5] 私地 (사사로울 사, 땅 지). 개인[私] 소유의 땅[地]. ¶사지를 매입해 공원을 만들다. 비 민유지(民有地).

사지[6] 沙紙 (모래 사, 종이 지). 유리가루 따위의 보드라운 모래[沙]를 발라 붙인 베나 종이[紙]. 쇠붙이의 녹을 닦거나 물체의 거죽을 반들반들하게 문지르는 데에 쓴다. 비 사포(砂布).

사:지[7] 事知 (일 사, 알 지). 어떤 일[事]에 매우 익숙함[知].

사지[8] 沙地 (모래 사, 땅 지). 모래[沙]가 많은 땅[地]. 모래 밭.

▸사지 식물 沙地植物 (심을 식, 만물 물). 식물 해안, 강가, 사막 따위의 모래밭[沙地]에서 자라는 식물(植物).

사:지오등 死之五等 (죽을 사, 어조사 지, 다섯 오, 무리 등). 신분에 따라 죽음[死]을 이르는 다섯[五] 가지 등급(等級). 천자(天子)는 붕(崩), 제후(諸侯)는 훙(薨), 대부(大夫)는 졸(卒), 선비는 불록(不祿), 서인(庶人)은 사(死)라 하였다.

사직[1] 司直 (맡을 사, 곧을 직). 옳고 그름의 곡직(曲直)을 가리는 일을 맡은[司] 법관 또는 재판관. ¶사직 당국에 고발하다.

사직[2] 社稷 (토지신 사, 곡식신 직). ① 속뜻 토지신[社]과 곡식신[稷]. ② 나라 또는 조정을 이르는 말. 고대 황제나 제후는 사직에 대한 제사를 매우 중요하게 여겼으므로 '국가'나 '조정'을 상징적으로 이르기도 한다. ¶종묘와 사직이 위태롭다.

▸사직-단 社稷壇 (단 단). 역사 임금이 백성을 위해 토지 신[社]과 곡식 신[稷]에게 제사 지내던 제단(祭壇). 우리나라에서는 신라 선덕왕 4년(783)에 처음으로 세웠고 그 뒤 고구려는 고국양왕, 고려는 성종, 조선은

태조 때 각각 세워 제사를 지냈다.

사직[3] **辭職** (물러날 사, 일 직). 맡은 직무(職務)를 내놓고 물러남[辭]. ¶그는 신병을 이유로 사직했다 / 사직서(辭職書)를 제출하다.

▸**사직-원** 辭職願 (바랄 원). 사직(辭職)하기를 바람[願]. ¶부장님께 사직원을 제출했다.

사진[1] **沙塵** (모래 사, 티끌 진). 모래[沙] 먼지[塵]가 바람에 날아올라서 자욱한 연기처럼 보이는 것.

⁂**사진**[2] **寫眞** (베낄 사, 참 진). ① 속뜻 진짜[眞]처럼 그대로를 베낌[寫]. ② 물체의 형상을 감광막 위에 나타나도록 찍어 오랫동안 보존할 수 있게 만든 영상. ¶사진을 찍다 / 가족 사진.

▸**사진-관** 寫眞館 (집 관). 일정한 시설을 갖추고 사진(寫眞) 찍는 일을 하는 집[館].

▸**사진-기** 寫眞機 (틀 기). 렌즈를 사용하여 필름 또는 건판에 사람이나 물체를 있는 그대로 찍는[寫眞] 기계(機械). ⓑ카메라(camera).

▸**사진-사** 寫眞師 (스승 사). 사진(寫眞)을 찍는 일을 업으로 하는 사람[師].

▸**사진-술** 寫眞術 (꾀 술). 사진(寫眞)을 찍는 방법이나 기술(技術).

▸**사진-첩** 寫眞帖 (표제 첩). 사진(寫眞)을 붙여 두기 위한 두꺼운 종이로 만든 책[帖]. ¶오래된 사진첩에서 어머니의 사진을 찾았다. ⓑ앨범(album).

▸**사진-판** 寫眞版 (널빤지 판). 출판 사진(寫眞) 제판법에 의하여 만든 인쇄판(印刷版)을 통틀어 이르는 말.

▸**사진 동판** 寫眞銅版 (구리 동, 널빤지 판). 출판 농담(濃淡)이 있는 원래 그림을 그대로[眞] 복제하는[寫] 인쇄용 동철판(銅凸版)의 하나.

▸**사진 등:급** 寫眞等級 (같을 등, 등급 급). 천문 사진(寫眞)에 나타나는 농도에 따라 별의 밝기를 정한 등급(等級).

▸**사진 식자** 寫眞植字 (심을 식, 글자 자). 출판 활자를 사용하여 조판(組版)하지 않고 사진(寫眞) 식자기로 인화지나 필름에 직접 글자[字]를 찍는[植] 일.

▸**사진 요판** 寫眞凹版 (오목할 요, 널빤지 판). 출판 사진(寫眞)처럼 농담(濃淡)이 표현하는 오목[凹] 판(版) 인쇄.

▸**사진 유제** 寫眞乳劑 (젖 유, 약제 제). 화학 사진(寫眞)의 감광 재료를 만드는 데 쓰는 액체[乳]로 된 약품[劑].

▸**사진 제:판** 寫眞製版 (만들 제, 널빤지 판). 출판 사진술(寫眞術)을 응용하여 인쇄판(印刷版)을 만드는[製] 방법.

▸**사진 철판** 寫眞凸版 (볼록할 철, 널빤지 판). 출판 사진(寫眞) 제판을 응용한 철판(凸版)을 이르는 말.

▸**사진 측량** 寫眞測量 (잴 측, 분량 량). 지리 사진(寫眞)을 이용한 지형 측량(測量) 방법의 하나.

▸**사진 판정** 寫眞判定 (판가름할 판, 정할 정). 운동 스포츠 경기, 경마 따위에서 고속도 촬영 사진(寫眞)을 이용하여 승부(勝負)를 판정(判定)하는 일.

▸**사진 평판** 寫眞平版 (평평할 평, 널빤지 판). 출판 사진(寫眞) 제판을 응용한 평판(平版)을 통틀어 이르는 말.

사질 **舍姪** (집 사, 조카 질). ① 속뜻 남에게 자기[舍]의 조카[姪]를 이르는 말. ② 조카가 삼촌에게 자기를 이르는 말.

사질-토 **沙質土** (모래 사, 바탕 질, 흙 토). 모래[沙] 성분[質]이 많은 흙[土].

사:차 방정식 **四次方程式** (넉 사, 차례 차, 모 방, 거리 정, 법 식). 수학 미지수(未知數)의 최고 차수(次數)가 4차(四次)인 항(項)을 가지는 방정식(方程式).

사:-차손 **死差損** (죽을 사, 어긋날 차, 덜 손). 경제 실제 사망률(死亡率)과 예정 사망률의 차(差)로 인해 생기는 손해(損害). 생명보험사는 보험금을 많이 지급해야 하므로 손해가 발생한다. ⓑ사차익(死差益).

사:-차원 **四次元** (넉 사, 차례 차, 으뜸 원). 수학 시공간을 네[四] 개의 차원(次元)으로 나타낸 것. 공간의 3차원에 시간의 1차원을 포함시킨 개념이다.

▸**사:차원 공간** 四次元空間 (빌 공, 사이 간). 물리 특히 상대성 이론에서 3차원 공간(空間)에 제 4차원(四次元)으로서의 시간을 합친 네 개의 차원을 통일적으로 생각한 연속체.

▸**사:차원 세:계** 四次元世界 (세상 세, 지경 계). 물리 삼차원의 세계에 제 4차원(四次

元)으로서의 시간을 보태어 공간과 시간을 합쳐서 생각한 세계(世界).

사:-차익 死差益 (죽을 사, 어긋날 차, 더할 익). 경제 실제 사망률(死亡率)과 예정 사망률의 차(差)로 인해 생기는 이익(利益). 반 사차손(死差損).

사:찰[1] 四察 (넉 사, 살필 찰). 눈·귀·입·마음의 네[四] 가지로 살펴[察] 앎.

사찰[2] 寺刹 (절 사, 절 찰). 절[寺=刹]. ¶깊은 산속에 있는 사찰에서 하루를 묵었다.

사찰[3] 私札 (사사로울 사, 쪽지 찰). 개인의 사사로운[私] 편지[札]. ¶아버님께 사찰이 왔다. 비 사신(私信).

사찰[4] 伺察 (엿볼 사, 살필 찰). 남의 행동을 몰래 엿보아[伺] 살핌[察].

사찰[5] 査察 (살필 사, 살필 찰). ① 속뜻 조사(調査)하여 살핌[察]. 또는 그런 사람. ②주로 국민의 사상을 조사하고 처리하던 경찰의 한 직분. ③핵 물질의 제공국 또는 국제기구의 사찰원이 핵 물질 수량의 확인, 주요 원자력 시설의 검사 따위를 이행하는 일. ¶국제원자력기구는 한국에 핵 사찰을 요구했다.

사창[1] 社倉 (모일 사, 창고 창). 역사 조선 때, 각 고을의 환곡(還穀)을 모아[社] 저장하여 두던 창고(倉庫).

사창[2] 紗窓 (깁 사, 창문 창). 얇은 비단이나 깁[紗]으로 바른 창(窓). ¶갑사 천을 발라 사창을 달았다.

사창[3] 私娼 (사사로울 사, 몸파는 여자 창). 관청의 허가 없이 사사로이[私] 몸을 파는 창녀(娼女). 반 공창(公娼).

▶사창-가 私娼街 (거리 가). 사창(私娼)들이 많이 모여서 몰래 몸을 파는 거리[街].

▶사창-굴 私娼窟 (굴 굴). 사사로이[私] 몸을 파는 창녀(娼女)들이 모인 소굴(巢窟).

사채[1] 社債 (회사 사, 빚 채). 법률 주식회사(株式會社)가 일반 사람들에게 채권이라는 유가 증권을 발행하여 사업에 필요한 자금을 조달하는 채무(債務).

사채[2] 私債 (사사로울 사, 빚 채). 개인[私]끼리 지는 빚[債]. ¶사채를 쓰다 / 사채에 시달리다.

▶사채 시:장 私債市場 (저자 시, 마당 장). 경제 공식 금융 기관의 것이 아닌 개인[私] 대출[債]이 거래되는 시장(市場).

사천[1] 沙川 (=砂川, 모래 사, 내 천). 바닥이 모래[沙]로 이루어진 하천(河川).

사:천[2] 四天 (넉 사, 하늘 천). ① 속뜻 네[四] 가지 하늘[天]. ②계절에 따라 변하는 하늘의 모습. 봄의 창천(蒼天), 여름의 호천(昊天), 가을의 민천(旻天), 겨울의 상천(上天)을 통틀어 이른다. ③ 불교 사천왕.

▶사:천-왕 四天王 (임금 왕). 불교 사왕천(四王天)의 주신(主神)으로 사방을 보호하며 국가를 수호하는 네[四] 하늘[天]의 신[王]. 동쪽의 지국천왕(持國天王), 남쪽의 증장천왕(增長天王), 서쪽의 광목천왕(廣目天王), 북쪽의 다문천왕(多聞天王)이다. 비 사왕천(四王天).

사천-대 司天臺 (맡을 사, 하늘 천, 돈대 대). 역사 고려 때, 천문(天文)에 관한 일을 맡아보던[司] 관아[臺].

사철 沙鐵 (=砂鐵, 모래 사, 쇠 철). 광업 모래[沙]의 형태로 강이나 바다 밑에 퇴적된 철광석(鐵鑛石).

사:체[1] 四體 (넉 사, 몸 체). ①팔다리[肢]와 몸뚱이[體]. ②사지(四肢).

사:체[2] 史體 (역사 사, 모양 체). 역사(歷史)를 서술하는 체계(體系). 편년체(編年體)와 기전체(紀傳體)가 있다.

사:체[3] 死體 (죽을 사, 몸 체). 사람 또는 동물 따위의 죽은[死] 몸뚱이[體]. ¶범인은 사체를 방치하고 도주했다.

사체[4] 斜體 (비낄 사, 모양 체). ① 속뜻 비스듬하게 기울어진[斜] 형태[體]의 글씨체. ② 출판 약간 오른쪽으로 기울어진 모양의 서양 글자체. 주의해야 할 어구, 외국어, 학명 따위를 나타내는데 쓴다. 비 이탤릭체(Italic體).

사:초[1] 史草 (역사 사, 거칠 초). 역사 조선 시대에 사관(史官)이 기록하여 둔 초고(草稿). 실록(實錄)의 원고가 되었다. ¶임금은 사초를 볼 수 없다.

사초[2] 莎草 (잔디 사, 풀 초). ①무덤에 잔디[莎] 풀[草]을 입혀 잘 다듬는 일. ¶허물어진 무덤을 사초하였다. ② 해변의 모래땅이나 개울가에 주로 자라는 덩이줄기를 가진 식물. ③잔디. 볏과의 여러해살이풀로 무덤, 언덕, 정원, 제방 따위에 심어서 흙이 무너지지 않도록 한다. ㊥사토(莎土).

사초[3] **飼草** (먹일 사, 풀 초). 가축의 사료(飼料)로 쓰는 풀[草]. ¶사초를 베어오다.

⁑**사:촌** **四寸** (넉 사, 관계 촌). ① 속뜻 친척 가운데 네[四]번째 관계[寸]. ② 나와 촌수가 4촌 관계인 아버지의 친형제의 자식. 속담 사촌이 땅을 사면 배가 아프다.

사:-추덕 **四樞德** (넉 사, 지도리 추, 베풀 덕). 가톨릭 네[四]가지 중추적(中樞的)인 덕목(德目). 곧 지덕(智德), 의덕(義德), 용덕(勇德), 절덕(節德)을 이른다.

사축 **飼畜** (먹일 사, 기를 축). 짐승을 먹여[飼] 기름[畜].

사춘-기 **思春期** (생각 사, 봄 춘, 때 기). ① 속뜻 춘정(春情)을 생각하는[思] 시기(時期). ② 몸의 생식 기능이 거의 완성되며 이성(異性)에 관심을 가지게 되는 젊은 시절. ¶사춘기는 질풍노도의 시기라고도 한다.

사출[1] **査出** (살필 사, 날 출). 조사(調査)하여 드러냄[出]. ¶범행의 공모자를 사출하다.

사출[2] **射出** (쏠 사, 날 출). ① 속뜻 화살이나 탄알, 가스 따위를 쏘아서[射] 내보냄[出]. ② 한 점으로부터 부챗살 모양으로 뻗어냄. ③ 군사 함선(艦船) 위에서 비행기 따위를 캐터펄트로 발진시킴.

▸사출-기 射出機 (틀 기). 군사 군함의 갑판 등에서 비행기를 쏘아[射] 내보내는[出] 장치[機]. 압축 공기나 화약의 힘을 이용한다.

▸사출-맥 射出脈 (줄기 맥). 식물 잎자루의 맨 끝에서 부챗살 모양으로 뻗어 나간[射出] 잎맥(脈). 병행맥 가운데 하나로 종려나무의 잎 따위에서 볼 수 있다.

▸사출-수 射出髓 (골수 수). 식물 나무줄기의 중심에서 사방으로 뻗어 나간[射出] 가는 줄[髓]. 물과 양분의 통로가 되고 통기·저장 기관의 구실을 한다. ㊥방사 조직(放射組織).

▸사출 좌:석 射出座席 (자리 좌, 자리 석). 항공 전투기나 고속 항공기에서 사고가 났을 때에 승무원을 기외(機外)로 비상 탈출시키기[射出] 위한 장치가 달린 좌석(座席).

사:-출도 **四出道** (넉 사, 나갈 출, 길 도). 역사 고대 부여(夫餘)의 네[四] 명의 벼슬아치를 내보내[出] 다스리던 행정 구역[道].

사취[1] **沙嘴** (모래 사, 부리 취). ① 속뜻 바다 쪽으로 부리[嘴]처럼 뾰족하게 만들어진 모래톱[沙]. ② 지리 모래가 해안을 따라 운반되다가 바다 쪽으로 계속 밀려 나가 쌓여 형성되는 해안 퇴적 지형. 한쪽 끝이 모래의 공급원인 육지에 붙어 있는 것이 특색이다.

사취[2] **詐取** (속일 사, 가질 취). 남의 것을 거짓으로 속여서[詐] 빼앗음[取]. ¶남의 재산을 사취하다.

사-층리 **斜層理** (비낄 사, 층 층, 결 리). 지리 지층의 층리(層理)가 주된 층리면과 비스듬하게[斜] 만나는 상태.

사치 **奢侈** (뽐낼 사, 분에 넘칠 치). 돈이나 물건을 쓰며 뽐내거나[奢] 분수에 넘친[侈] 행동을 함. ¶그는 월급이 적기 때문에 사치를 부릴 만한 여유가 없다 / 사치스러운 생활을 하다. ㊥검소(儉素).

▸사치-비 奢侈費 (쓸 비). 경제 생활필수품 이외의 소비재에 드는[奢侈] 비용(費用).

▸사치-세 奢侈稅 (세금 세). 법률 사치품(奢侈品)이나 사치 행위(奢侈行爲)에 대하여 부과하는 소비세(消費稅).

▸사치-품 奢侈品 (물건 품). 사치(奢侈)스러운 물건[品]. ¶사치품의 수입이 늘어났다.

사:칙[1] **四則** (넉 사, 법 칙). ① 속뜻 네[四]가지 규칙(規則). ② 수학 덧셈, 뺄셈, 곱셈, 나눗셈의 네 가지 계산법.

사칙[2] **舍則** (집 사, 법 칙). 기숙사나 공동 숙사(宿舍) 따위의 규칙(規則). ¶사칙을 어기면 퇴실시킨다.

사칙[3] **社則** (회사 사, 법 칙). 회사(會社)의 규칙(規則). ¶사칙에 따라 3개월의 휴가를 준다.

사:친 **事親** (섬길 사, 어버이 친). 어버이[親]를 섬김[事].

▸사:친이효 事親以孝 (써 이, 효도 효). 역사 어버이를[親]를 효도(孝道)로써[以] 섬김[事]. 세속 오계의 하나. ㊟세속 오계(世俗五戒).

▸사:친지도 事親之道 (어조사 지, 길 도). 어버이[親]를 섬기는[事] 도리(道理).

사친-가 **思親歌** (생각 사, 어버이 친, 노래

가). 문학 시집간 여인이 친정 부모[親]를 그리워하며[思] 읊은[歌] 조선 시대의 규방 가사. 모두 331구로 되어 있다.

사친-회 師親會 (스승 사, 어버이 친, 모일 회). 학부모[親]와 교사(教師)로 이루어진 모임[會]. 또는 그런 회의(會議).

사:칠-론 四七論 (넉 사, 일곱 칠, 논할 론). 철학 주자학에서 사단(四端)과 칠정(七情)에 관하여 벌인 논쟁(論爭). 사단과 칠정을 대립되는 것으로 본 이황의 이기 이원론(理氣二元論)과 사단을 칠정에 포함되는 것으로 본 기대승의 이기 일원론(理氣一元論) 사이에서 시작한 논쟁이다.

사칭 詐稱 (속일 사, 일컬을 칭). 이름, 직업, 나이, 주소 따위를 거짓으로 속여[詐] 말함[稱]. ¶그는 공무원을 사칭하고 다녔다.

사탁 思度 (생각 사, 헤아릴 탁). 생각하고[思] 헤아림[度]. ¶우주의 신비를 사탁하다.

사탄 沙灘 (모래 사, 여울 탄). 바닥이 모래[沙]인 개울[灘]. 모래사장이 있는 개울.

사탑[1] 寺塔 (절 사, 탑 탑). 절[寺]에 있는 탑(塔). ¶사탑을 돌며 기도를 드렸다.

사탑[2] 斜塔 (비낄 사, 탑 탑). 한쪽으로 비스듬히 기울어져[斜] 서 있는 탑(塔). ¶피사의 사탑.

사탕 沙糖 (=砂糖, 본음 [사당] 모래 사, 엿 당). ① 속뜻 모래[沙] 크기의 엿[糖]. ② 사탕수수나 사탕무를 원료로 하는 대표적인 감미료. ③ 설탕을 끓여 여러 가지 모양으로 만든 과자. ⑪ 설탕(雪糖).

▸ **사탕-단풍** 沙糖丹楓 (붉을 단, 단풍나무 풍). 식물 잎은 단풍(丹楓)처럼 활짝 편 손 모양이고 뒷면은 허옇고, 봄에 줄기에서 조금 사탕(沙糖)처럼 단 맛의 액체를 받아 음료나 약으로 쓰는 큰키나무.

사:태[1] 死胎 (죽을 사, 태아 태). 뱃속에서 죽은[死] 태아(胎兒). ¶수술로 사태를 꺼냈다.

사태[2] 沙汰 (모래 사, 미끄러질 태). ① 높은 곳에 있던 모래[沙] 따위가 미끄러져[汰] 내려옴. ¶장마로 사태가 났다. ② 사람이나 물건이 주체할 수 없이 한꺼번에 많이 쏟아져 나오는 일. ¶관광객들이 사태를 이루고 있었다.

사:태[3] 事態 (일 사, 모양 태). 일[事]의 되어 가는 상태(狀態). ¶사태가 심각하다.

사:태[4] 沙胎 (모래 사, 아이 밸 태). 수공 도자기의 면이 모래알[沙]이 박힌[胎] 것처럼 거칠거칠하게 된 것.

사택[1] 私宅 (사사로울 사, 집 택). 개인[私] 소유의 집[宅]. ⑪ 관사(官舍).

사택[2] 舍宅 (집 사, 집 택). 관사(官舍)나 사택(社宅). ¶당분간 회사 사택에서 머물기로 했다.

사택[3] 社宅 (회사 사, 집 택). 사원용(社員用) 주택(住宅). ¶사원이 늘어 사택을 한 동 더 지었다.

사토 沙土 (모래 사, 흙 토). 모래[沙]가 주성분인 흙[土].

▸ **사토-질** 沙土質 (바탕 질). 모래[沙]가 주성분으로 된 토질(土質).

사통[1] 私通 (사사로울 사, 통할 통). ① 속뜻 사사로이[私] 연락함[通]. 또는 그 편지. ② 부부가 아닌 남녀가 몰래 서로 정을 통함.

사:통[2] 四通 (넉 사, 통할 통). 길 같은 것이 사방(四方)으로 통(通)함.

▸ **사:통-오달** 四通五達 (다섯 오, 이를 달). ① 속뜻 사방(四方)으로 통(通)하고 다섯[五] 곳에 이름[達]. ② 길이 여러 군데로 막힘없이 통함.

▸ **사:통-팔달** 四通八達 (여덟 팔, 이를 달). ① 속뜻 사방(四方)으로 통(通)하고 여덟[八] 군데에 도달(到達)함. ② 도로나 교통망, 통신망 따위가 이리저리 사방으로 통함.

사퇴 辭退 (물러날 사, 물러갈 퇴). ① 속뜻 어떤 일을 그만두고 물러감[辭=退]. ¶공직을 사퇴하다. ② 윗사람에게 작별을 말하고 물러남.

사:투[1] 死鬪 (죽을 사, 싸울 투). 죽을[死] 힘을 다하여 싸움[鬪]. ¶적군과 사투를 벌이다.

사투[2] 私鬪 (사사로울 사, 싸울 투). 사사로운[私] 이해관계나 감정 문제로 서로 싸움[鬪]. 또는 그런 싸움. ¶두 이웃 간의 사투가 비극적인 결과를 낳았다.

사-투영 斜投影 (비낄 사, 던질 투, 그림자 영). 광선이 평면에 비스듬히[射] 투사(投射)한 그림자[影].

사특[1] **私慝** (사사로울 사, 악할 특). 남에게 알려지지 않은[私] 나쁜[慝] 일. 또는 숨기고 있는 비행(非行)이나 악행(惡行). ¶그동안의 사특이 만천하에 드러났다.

사특[2] **邪慝** (간사할 사, 악할 특). 간사(奸邪)하고 악하다[慝]. ¶사특한 무리가 득세했다.

사:판 **事判** (일 사, 판가름할 판). ① 속뜻 일[事]을 처리함[判]. ② 불교 절의 재산을 관리하고 사무를 맡아 처리함.

사:판-화 **四瓣花** (넉 사, 꽃잎 판, 꽃 화). ① 속뜻 네[四] 개의 꽃잎[瓣]을 가진 꽃[花]. ② 식물 꽃잎이 네 개로 된 꽃. 주로 십자화과 식물의 꽃으로 무의 꽃 따위가 그렇다.

사포 **沙布** (=砂布, 모래 사, 베 포). 유리가루 따위의 보드라운 모래[沙]를 발라 붙인 베[布]나 종이. 쇠붙이의 녹을 닦거나 물체의 거죽을 반들반들하게 문지르는 데에 쓴다. ¶자른 부분을 사포나 줄로 문질러 매끄럽게 다듬는다.

사:표[1] **死票** (죽을 사, 쪽지 표). ① 속뜻 죽은[死] 표(票). ② 법률 선거 때에 낙선한 후보자에게 투표하여 당선자에게는 의미가 없는 표.

사표[2] **師表** (스승 사, 본보기 표). ① 속뜻 스승[師]의 본보기[表]. ② 학식과 덕행이 높아 남의 모범이 될 인물. ¶사표로 삼다.

사표[3] **辭表** (물러날 사, 밝힐 표). 직책에서 물러나겠다[辭]는 뜻을 밝힘[表]. 또는 그런 글. ¶사표를 내다. ⓑ사직서(辭職書).

사풍[1] **邪風** (그를 사, 풍속 풍). ① 그릇되고 못된[邪] 풍습(風習). ② 경솔하여 점잖지 못한 태도. ¶사풍을 부리다.

사풍[2] **沙風** (=砂風, 모래 사, 바람 풍). 모래[沙]와 함께 휘몰아치는 바람[風]. ¶사막에서 거대한 사풍을 만나 한 치 앞도 분간할 수 없었다.

사피 **蛇皮** (뱀 사, 가죽 피). 뱀[蛇] 껍질[皮]. ¶사피를 벗기다.

사:필 **史筆** (역사 사, 글씨 필). 역사(歷史)를 기록하는 필법(筆法).

사:필귀정 **事必歸正** (일 사, 반드시 필, 돌아갈 귀, 바를 정). 모든 일[事]의 잘잘못은 반드시[必] 바른[正] 길로 돌아감[歸].

사하-촌 **寺下村** (절 사, 아래 하, 마을 촌). 문학 김정한이 지은 단편 소설. 절[寺] 아래[下]에 있는 마을[村]에 사는 가난한 소작인들의 비참한 삶의 모습을 담은 작품.

사:학[1] **四學** (넉 사, 배울 학). 역사 조선 때, 나라에서 인재를 기르기 위해 서울의 네[四] 곳에 세운 교육 기관[學].

사:학[2] **死學** (죽을 사, 배울 학). ① 속뜻 죽은[死] 학문(學問). ② 실제로 활용할 수 없는 쓸모없는 학문.

사학[3] **私學** (사사로울 사, 배울 학). 교육 개인[私]이 설립한 교육 기관[學]. ¶구한말에는 민족 사학이 많이 설립되었다. ⓑ사립학교(私立學校). ⓑ관학(官學).

사학[4] **邪學** (간사할 사, 배울 학). ① 속뜻 요사스런[邪] 학문(學問)이나 학설. ② 역사 조선 때, 주자학에 반대되거나 위배되는 학문을 가리키던 말.

사학[5] **斯學** (이것 사, 배울 학). 이[斯] 학문(學問).

사:학[6] **史學** (역사 사, 배울 학). 역사(歷史)를 다루는 학문(學問).

▶ 사:학-가 史學家 (사람 가). 역사학(歷史學)을 연구하는 사람[家].

사:합-사 **四合絲** (넉 사, 합할 합, 실 사). 네[四] 가닥으로 꼬아 합(合)쳐 만든 실[絲].

사:항[1] **四項** (넉 사, 항목 항). ① 속뜻 네[四] 가지 항목(項目). ② 수학 비례식, 방정식 등의 넷째 항.

*__사:항__[2] **事項** (일 사, 항목 항). 일[事]의 조항(條項). ¶주의 사항을 전달하다.

사:해[1] **死海** (죽을 사, 바다 해). ① 속뜻 어떤 생물들이라도 죽을[死]만큼 염분이 많은 바다[海]. ② 지리 아라비아 반도의 서북쪽에 있는 호수. 요르단 강이 흘러 들어오지만 나가는 데가 없고 증발이 심한 까닭에 염분 농도가 바닷물의 약 다섯 배에 달하여 생물이 살 수 없다.

사:해[2] **死骸** (죽을 사, 해골 해). 죽은[死] 뒤의 육신[骸]. ¶사해를 관에 넣어 땅에 묻었다.

사:해[3] **四海** (넉 사, 바다 해). ① 사방(四方)의 바다[海]. ② 온 천하. ¶황은(皇恩)이 사해에 널리 떨치고 있습니다.

▸사:해-형제 四海兄弟 (맏 형, 아우 제). ① 속뜻 온 세상[四海] 사람이 모두 형제(兄弟)와 같음. ② 친밀함을 이르는 말.

사행[1] 邪行 (그를 사, 행할 행). 간악하고 옳지 못한[邪] 행동(行動). ¶사행을 일삼다.

사행[2] 私行 (사사로울 사, 행할 행). ① 개인[私] 생활에 있어서의 행위(行爲). ② 남몰래 가만히 함. 또는 그런 행위. ③ 관리가 개인적인 일로 여행함. ¶그는 제주도로 사행을 떠났다.

사:행[3] 四行 (넉 사, 행할 행). 사람이 마땅히 지켜야 할 네[四] 가지 도덕적 행위(行爲). 충(忠), 효(孝), 우애(友愛), 신의(信義)를 이른다.

▸사:행정 기관 四行程機關 (거리 정, 틀 기, 빗장 관). 기계 두 번의 피스톤 운동으로 흡입, 압축, 폭발, 배기의 네[四] 가지 진행(進行) 과정(科程)을 끝내는 내연 기관(機關). 자동차나 비행기 따위의 가솔린 엔진에 주로 쓴다.

사행[4] 射倖 (쏠 사, 요행 행). 요행(僥倖)을 노림[射].

▸사행-심 射倖心 (마음 심). 요행을 노리는[射倖] 마음[心]. ¶복권은 사행심을 조장한다.

▸사행 계:약 射倖契約 (맺을 계, 묶을 약). ① 속뜻 요행을 노리고[射倖] 하는 계약(契約). ② 법률 우연한 이득을 얻기 위해 하는 계약. 보험 계약, 경마, 복권 따위.

▸사행 행위 射倖行爲 (행할 행, 할 위). 우연의 결과에[射倖] 따라 특정인에게 재산상의 이익을 제공하고 다른 참가자에게 손실을 끼치는 모든 행위(行爲).

사행[5] 蛇行 (뱀 사, 갈 행). 뱀[蛇]처럼 구불구불 기어감[行].

▸사행-천 蛇行川 (내 천). 지리 뱀이 기어가는[蛇行] 모양처럼 구불구불 흘러가는 하천(河川). ⑪곡류천(曲流川).

사:행-시 四行詩 (넉 사, 줄 행, 시 시). 문학 한 작품 또는 작품의 한 연(聯)이 넉[四] 줄[行]로 된 시(詩).

사향[1] 思鄕 (생각 사, 시골 향). 고향(故鄕)을 그리워함[思]. ¶사향의 눈물이 옷깃을 적셨다. ⑪망향(望鄕).

사:향[2] 麝香 (사향노루 사, 향기 향). 한의 사향노루[麝]의 사향샘을 건조하여 얻는 향료(香料).

사헌-부 司憲府 (맡을 사, 법 헌, 관청 부). 역사 고려·조선 시대에, 관리의 비행을 조사하여 그 책임을 규탄하는 등 관리와 관청의 규율[憲]에 관한 일을 맡아보던[司] 관아[府].

사:혈[1] 四穴 (넉 사, 구멍 혈). ① 속뜻 네[四] 개의 구멍[穴]. ② 음악 앞면에 구멍 셋, 뒷면에 구멍 하나가 뚫린 퉁소.

사:혈[2] 死血 (죽을 사, 피 혈). ① 속뜻 죽은[死] 피[血]. ② 한의 상처 따위로 한곳에 뭉쳐서 흐르지 못하고 괴어 있는 피.

사혈[3] 瀉血 (쏟을 사, 피 혈). 의학 병을 치료할 목적으로 환자의 혈액(血液)을 몸 밖으로 뽑아냄[瀉]. 또는 그런 일. 혈압이 몹시 높을 때, 심장의 기능이 불완전할 때, 혈액의 양이 너무 많을 때 또는 해독하기 위해 행한다.

사:형[1] 似形 (닮을 사, 모양 형). ① 속뜻 비슷한[似] 모양[形]. ② 광업 비교적 미세한 광물이 모여 그 광물의 결정형과는 관계없이 산출될 때의 광물의 결정 형태.

사형[2] 舍兄 (집 사, 맏 형). ① 속뜻 자기 집[舍] 형(兄)을 남에게 겸손히 일컫는 말. ② 형이 아우를 상대하여 자기를 이를 때 쓰는 말.

사형[3] 査兄 (살필 사, 맏 형). 바깥사돈(査頓) 사이에 상대편을 높이어[兄] 일컫는 말. ¶사형께서 염려해주신 덕분에 건강히 지내고 있습니다.

사형[4] 師兄 (스승 사, 맏 형). 같은 스승[師]의 제자 가운데 자기보다 나이가 많아 형(兄)뻘에 해당하는 사람.

사형[5] 詞兄 (말씀 사, 맏 형). 친구로 사귀는 문인[詞]이나 학자가 서로 형(兄)이라 높여 부르는 말.

사:형[6] 死刑 (죽을 사, 형벌 형). ① 역사 죄인을 죽이는[死] 형벌(刑罰). ② 법률 수형자의 목숨을 끊음. 또는 그 형벌. ¶사형을 선고하다. ㉟오형(五刑).

▸사:형-수 死刑囚 (가둘 수). 법률 사형(死刑) 선고를 받은 죄수(罪囚).

▸사:형-장 死刑場 (마당 장). 법률 사형(死刑)을 집행하는 장소(場所).

사호[1] **社號** (회사 사, 이름 호). 회사(會社)의 칭호(稱號). ¶사호를 변경하다.

사:호[2] **賜號** (줄 사, 이름 호). 임금이 하사(下賜)한 호(號). ¶그의 사호는 정광대사(淨光大師)이다.

사:화[1] **士禍** (선비 사, 재화 화). 역사 조선시대, 선비[士]들이 정치적 반대파에게 몰려 참혹한 화(禍)를 입던 일. 4대 사화는 무오사화(戊午士禍), 갑자사화(甲子士禍), 기묘사화(己卯士禍), 을사사화(乙巳士禍)를 이른다.

사:화[2] **史話** (역사 사, 이야기 화). 역사(歷史)에 관한 이야기[話].

사:화[3] **史禍** (역사 사, 재화 화). ① 역사(歷史)를 쓴 관계로 말미암아 입는 화(禍). ② 사필(史筆)에 관련된 옥사.

사화[4] **私和** (사사로울 사, 어울릴 화). ① 법으로 처리할 송사를 개인[私]끼리 서로 좋게 풀어[和] 버림. ② 원수였던 사이가 원한을 풀고 서로 화평함.

사:-화산 死火山 (죽을 사, 불 화, 메 산). 지리 활동이 완전히 끝난, 죽은[死] 화산(火山). ⓑ활화산(活火山).

사:환[1] **四患** (넉 사, 근심 환). ① 네[四] 가지 걱정[患]. ② 정치하는 사람이 빠지기 쉬운 허위, 사사로움, 방심, 사치를 경계하여 이르는 말. ③ 불교 사고(四苦).

사:환[2] **使喚** (부릴 사, 부를 환). 관청이나 회사, 가게 따위에서 잔심부름을 시키기[使] 위하여 고용한[喚] 사람.

사:활 死活 (죽을 사, 살 활). 죽음[死]과 삶[活]. ¶이번 사업에 회사의 사활이 걸려 있다.

사-활강 斜滑降 (비낄 사, 미끄러울 활, 내릴 강). 운동 스키에서, 비탈을 비스듬히[斜] 가로질러 직선으로 내려오는 활강법(滑降法).

사:회[1] **死灰** (죽을 사, 재 회). ① 불기운이 사그라진 다 식은[死] 재[灰]. ② 세력이나 생기가 없는 사람을 비유하여 이르는 말.

사회[2] **司會** (맡을 사, 모일 회). 회의(會議)나 예식 따위를 맡아[司] 진행함. ¶회의의 사회를 맡다.

▸ **사회-자** 司會者 (사람 자). 모임이나 예식에서 진행을 맡아보는[司會] 사람[者].

⁑사회[3] **社會** (단체 사, 모일 회). ① 같은 무리가 집단[社]을 이루어 모임[會]. ¶상류 사회. ② 사회 공동생활을 영위하는 모든 형태의 인간 집단. 가족, 마을, 조합, 교회, 계급, 국가, 정당, 회사 따위가 그 주요 형태이다. ③ 역사 촌민(村民)이 입춘이나 입추가 지난 뒤에 다섯째 무일(戊日)인 사일(社日)에 모이던 모임.

▸ **사회-관** 社會觀 (볼 관). 사회(社會)에 대한 관점(觀點)이나 사회를 살아가는 방법에 대한 주장.

▸ **사회-과** 社會科 (과목 과). 교육 초등학교나 중등학교에서, 정치, 경제, 문화 따위의 사회(社會) 현상과 사회생활을 가르치는 교과(教科).

▸ **사회-권** 社會權 (권리 권). 법률 국민이 인간다운 생활을 위해 필요한 사회적(社會的) 보장책을 국가에 요구할 수 있는 권리(權利).

▸ **사회-극** 社會劇 (연극 극). 연영 사회(社會) 문제를 다룬 극(劇).

▸ **사회-면** 社會面 (쪽 면). 언론 신문에서 사회(社會)와 관계된 기사를 싣는 지면(紙面).

▸ **사회-법** 社會法 (법 법). 법률 개인의 이해관계에 중점을 두는 법을 수정 또는 보충하여 사회적(社會的) 조화의 달성을 목적으로 하는 법(法)을 통틀어 이르는 말. 노동법, 경제법, 사회 보장 제도 따위.

▸ **사회-부** 社會部 (나눌 부). 신문사 따위에서 사회(社會) 문제를 다루는 부서(部署).

▸ **사회-상** 社會相 (모양 상). 사회(社會)의 모습[相]. ¶이 소설은 60년대 사회상을 담고 있다.

▸ **사회-성** 社會性 (성품 성). 심리 사회에 적응하여 사회(社會) 생활을 하려고 하는 인간의 근본 성질(性質). 인격, 혹은 성격 분류에 나타나는 특성(特性)의 하나로 사회에 적응하는 개인의 소질이나 능력, 대인 관계의 원만성 따위이다. ¶그는 사회성이 좋다.

▸ **사회-심** 社會心 (마음 심). 심리 사회(社會)를 각 개인의 마음이 모여서 이루어진 하나의 유기체로 볼 때의 그 마음[心].

▸ **사회-아** 社會我 (나 아). 심리 사회적(社會的) 존재로서의 자아(自我). 다른 사람과의 상호 관계를 의식함으로써 사회(社會)에 대

하여 다른 사람들과 공통적인 태도를 보이는 자아에 대한 관념이다.

▸**사회-악** 社會惡 (**나쁠 악**). 사회적(社會的) 모순으로 생기는 해악(害惡). 도박, 매춘, 빈곤, 범죄 따위.

▸**사회-인** 社會人 (**사람 인**). ① 사회 사회(社會)의 일원으로서 활동하는 개인[人]. ¶사회인으로서 책임과 의무를 다하다. ② 학교나 군대 따위의 단체에서 제한된 생활을 하는 사람들이 그 범위 밖의 사회에서 활동하는 사람들을 이르는 말. ¶형은 대학교를 졸업하고 사회인이 되었다.

▸**사회-장** 社會葬 (**장사지낼 장**). 사회적으로 공로가 큰 사람이 죽었을 때에 모든 사회단체(社會團體)가 연합하여 치르는 장례(葬禮). 또는 그러한 일.

▸**사회-적** 社會的 (**것 적**). 사회(社會)에 관계되는 것[的]. ¶사회적 지위.

▸**사회-학** 社會學 (**배울 학**). 사회 사회(社會)의 근본 원리를 탐구하고 여러 가지 사회 현상의 통일적인 관계를 밝히는 학문(學問). 프랑스의 실증주의 철학자 콩트가 처음 이 용어를 창안하고 체계화하였다.

▸**사회-형** 社會型 (**모형 형**). 사회 사회 조직의 특성에 따라 구별되는 사회(社會)의 유형(類型). 스펜서의 군사형(軍士型) 사회와 산업형(産業型) 사회, 퇴니에스의 공동(共同) 사회와 이익(利益) 사회, 뒤르켕의 환절적(環節的) 사회와 유기적(有機的) 사회 따위.

▸**사회-화** 社會化 (**될 화**). ① 인간이 사회(社會)의 한 성원으로 생활하도록 변화(變化)함. 또는 그런 일. ② 인간의 상호 작용 과정. ③ 사적(私的)인 존재나 소유를 공적(公的)인 존재나 소유로 바꾸어 감. 또는 그런 일.

▸**사회 경제** 社會經濟 (**다스릴 경, 건질 제**). 경제 ① 사회(社會)를 중심으로 하여 성립되는 공동 경제(經濟). 생산 경제와 소비 경제가 분리되어 있으면서 각 경제 단위 사이의 사회성 및 상호 의존성이 현저한 경제 상태를 이른다. ② 동일한 화폐·금융 제도, 경제 정책, 사회 제도를 채택하고 있는 한 나라를 단위로 하여 종합적으로 파악한 경제 활동. ⑪국민 경제(國民經濟).

▸**사회 계층** 社會階層 (**섬돌 계, 층 층**). 사회 한 사회(社會) 안에서 재산, 교육, 직업, 주택, 명성 따위의 기준에 의하여 구별되는 인간 집단[階層]. 특유한 생활 태도나 의식·관습 따위를 공유하며, 상류층·중류층·하류층 따위로 나뉜다.

▸**사회 과정** 社會過程 (**지날 과, 거리 정**). 사회 사회력(社會力)을 바탕으로 인류가 결합되어 가는 과정(過程). 집단생활에서의 모든 생성·변화·발전 따위의 과정을 이르며, 문화적 과정·경제적 과정 따위가 있다.

▸**사회 국가** 社會國家 (**나라 국, 사람 가**). 정치 사회(社會) 정의의 실현을 목적으로 하는 국가(國家). 또는 국민 각자의 인간다운 생존을 보장할 것을 임무로 하는 국가.

▸**사회 규범** 社會規範 (**법 규, 틀 범**). 사회 사회(社會)의 질서를 유지하고 사회생활을 바람직하게 이끄는 여러 가지 규범(規範). 법률, 도덕, 종교, 관습 따위가 있다.

▸**사회 도태** 社會淘汰 (**일 도, 일 태**). 사회 사회 환경에 적응하지 못하여 사회적(社會的)으로 도태(淘汰)되는 현상. 사회 현상을 진화론의 입장으로 설명할 때 사용하는 개념이다.

▸**사회 문:제** 社會問題 (**물을 문, 주제 제**). 사회 실업·교통·주택·청소년 문제처럼, 사회(社會) 제도의 결함이나 모순으로 발생하는 모든 문제(問題). ¶청소년 비행이 사회 문제로 크게 대두되었다.

▸**사회 병리** 社會病理 (**병 병, 이치 리**). 사회 사회적(社會的) 질환[病理]. 개인, 집단, 문화 등에서의 기능 장애나 이상 현상. 범죄, 실업, 빈곤 따위.

▸**사회 보:장** 社會保障 (**지킬 보, 막을 장**). 사회 국민이 사회인(社會人)으로 살아가는 데 겪게 되는 생활상의 문제를 국가가 제도적으로 보장(保障)하는 일. ¶사회 보장이 크게 개선되었다.

▸**사회 복지** 社會福祉 (**복 복, 복 지**). 사회 국민의 생활을[社會] 안정시키고, 행복한 삶[福祉]을 지켜주기 위한 정책이나 시설.

▸**사회-본능** 社會本能 (**뿌리 본, 능할 능**). 인간이나 동물이 무리를 이루어[社會] 생활하려고 하는 선천적인 경향[本能].

▸**사회-봉사** 社會奉仕 (**받들 봉, 섬길 사**). 사회(社會)의 이익이나 복지를 위해 노동력

이나 금품 따위를 제공하는 행위[奉仕].

▸사회-사:업 社會事業 (일 사, 일 업). 사회 빈곤구제, 실업보호, 아동보호, 의료보호 등 사회적(社會的) 생활을 개선하고 보호하기 위하여 행하는 활동이나 사업(事業). ¶그는 사회사업에 온 일생을 바쳤다.

▸사회-생활 社會生活 (살 생, 살 활). ① 사회 사람들이 모여 사회(社會)를 꾸리고 질서를 유지하며 살아가는 공동 생활(生活). ② 생물 많은 수의 생물이 모여서 일을 맡아 공동으로 영위하는 생활.

▸사회 윤리 社會倫理 (인륜 륜, 이치 리). 철학 ① 도덕 원칙을 개인 생활이 아니라 사회 제도(社會制度)에 적용하였을 때의 윤리(倫理). ② 인간의 사회생활(社會生活)을 규제하는 도덕적 규범을 통틀어 이르는 말.

▸사회-의식 社會意識 (뜻 의, 알 식). 사회 사회(社會)의 구성원이 공통으로 가지고 있는 사고, 감정, 의사[意識]의 총체.

▸사회-주의 社會主義 (주될 주, 뜻 의). 사회 사유 재산 제도를 폐지하고 생산 수단을 사회적(社會的)으로 공유(共有)하려는 사상[主義]. 또는 그런 사회. ¶북한은 사회주의를 고수하고 있다.

▸사회 체제 社會體制 (몸 체, 정할 제). ① 사회 특정한 근본 원리에 의하여 사회(社會)의 질서가 통일적으로 유지되고 있는 상태나 체제(體制). ② 특정한 국가의 지배적인 정치 질서.

▸사회 통념 社會通念 (통할 통, 생각 념). 사회 사회(社會) 일반에 널리 퍼져 있는[通] 상식이나 견해[念].

▸사회 형태 社會形態 (모양 형, 모양 태). 사회 사회 구조(社會構造)의 특징적 형태(形態). 원시 공산체(原始共産體), 봉건제(封建制) 사회, 자본주의(資本主義) 사회, 사회주의(社會主義) 사회, 공동(共同) 사회, 이익(利益) 사회, 문화(文化) 사회 따위가 있다.

▸사회 계:약설 社會契約說 (맺을 계, 묶을 약, 말씀 설). 사회 사회(社會)나 국가는 평등한 개인 간의 계약(契約)에 따라 성립한다는 학설(學說).

▸사회 유명론 社會唯名論 (오직 유, 이름 명, 논할 론). 사회 사회에는 개인이 실재할 뿐 사회(社會)는 오직[唯] 명목(名目)에 지나지 않으며, 개인은 사회보다 우위에 있다고 주장하는 이론(理論).

▸사회 간:접 자본 社會間接資本 (사이 간, 이을 접, 재물 자, 밑 본). 경제 사회(社會) 산업 발전의 간접적(間接的)인 기초가 되는 도로, 항만, 철도, 통신, 전력, 수도 등 공공 시설에 쓰이는 자본(資本). 에스오시(SOC).

사회-암 蛇灰巖 (뱀 사, 재 회, 바위 암). 암녹색의 사문암(蛇紋岩)과 회색(灰色)의 방해석(方解石)으로 된 바위[巖].

사:후[1] 死後 (죽을 사, 뒤 후). 죽은[死] 뒤[後]. ¶이 시집은 작가의 사후에 출판되었다. 반 생전(生前).

사후[2] 伺候 (찾을 사, 물을 후). 웃어른을 찾아뵙고[伺] 안부를 물음[候]. ¶왕세자가 왕에게 사후하였다. 비 대후(待候).

사:후[3] 事後 (일 사, 뒤 후). 일[事]이 끝난 뒤[後]. 또는 일을 끝낸 뒤. ¶사후 관리를 철저히 하다. 반 사전(事前).

▸사:후-심 事後審 (살필 심). ① 속뜻 사후(事後)에 살핌[審]. ② 법률 원심(原審)에 나타난 자료에 따라 원심 판결이 옳은지 그른지를 심사하는 심급(審級). 민사 및 형사 소송의 상고심, 형사 소송의 항소심 등이 해당된다.

▸사:후 승낙 事後承諾 (받들 승, 허락할 낙). 승낙 없이 행한 일에 대하여 일[事]이 끝난 후(後)에 승낙(承諾)하는 일.

사훈[1] 社訓 (회사 사, 가르칠 훈). 사원(社員)으로서 지켜야 할 회사의 방침[訓]. ¶신입 사원들에게 사훈을 설명해 주었다.

사훈[2] 師訓 (스승 사, 가르칠 훈). 스승[師]의 교훈(敎訓). ¶사훈을 잊지 않고 학업에 정진하겠습니다.

사휘 辭彙 (말씀 사, 무리 휘). ① 속뜻 낱말[辭]의 전체[彙]. 언어 어떤 종류의 말을 간단한 설명을 붙여 순서대로 모아 적어 놓은 글. 비 어휘(語彙).

삭감 削減 (깎을 삭, 덜 감). 깎아서[削] 줄임[減]. ¶임금을 삭감하다.

삭고 朔鼓 (초하루 삭, 북 고). ① 속뜻 틀 위에 달[朔] 모양을 새긴 북[鼓]. ② 음악 우리나라 북의 하나. 좌고와 비슷하며 노래나 관현악 합주의 시작을 알릴 때에 쓴다.

삭과 蒴果 (말오줌때 삭, 열매 과). ① 속뜻 말

오줌때[蒴] 모양의 열매[果]. ② 식물 익으면 과일 껍질이 말라 쪼개지면서 씨를 퍼뜨리는, 여러 개의 씨방으로 된 열매. 나팔꽃, 쇠비름, 양귀비꽃 따위가 있다.

삭뇨-증 數尿症 (자주 삭, 오줌 뇨, 증세 증). 한의 자주[數] 오줌[尿]이 마려운 병증(病症)을 이르는 말.

삭-다례 朔茶禮 (초하루 삭, 차 다, 예도 례). 매달 음력 초하룻날[朔]에 사당에서 지내는 다례(茶禮). [속담]삭다례 떡 맛보듯.

삭도 索道 (동아줄 삭, 길 도). ① 속뜻 동아줄[索]로 만들어놓은 길[道]. ② 건설 공중에 설치한 강철선에 운반차를 매달아 사람이나 물건 따위를 나르는 장치. ③삼 따위로 세 가닥을 지어 굵다랗게 꼰 줄. ⑪밧줄.

삭마 削磨 (깎을 삭, 갈 마). ①깎고[削] 문지름[磨]. 또는 깎이고 갈림. ② 지리 풍화나 침식 작용에 의하여 산이 깎이는 일. 또는 그런 현상.

삭막 索漠 (쓸쓸할 삭, 사막 막). 쓸쓸한[索然] 사막[漠]처럼 외롭고 고요한. ¶삭막한 겨울 들판.

삭망 朔望 (초하루 삭, 보름 망). 음력 초하룻날[朔]과 보름날[望].

▸삭망-월 朔望月 (달 월). 천문 달이 초승[朔]달이 된 때부터 다음 초승달이 될 때까지의 시간이나 보름[望]달이 된 때부터 다음 보름달이 될 때까지의 시간을 한 달[月]로 치는 것.

▸삭망-전 朔望奠 (제사지낼 전). 상중(喪中)에 있는 집에서 매달 초하룻날[朔]과 보름날[望] 아침에 지내는 제사[奠].

삭모 削毛 (깎을 삭, 털 모). 털[毛]을 깎음[削].

삭박 削剝 (깎을 삭, 벗길 박). ① 속뜻 깎아서[削] 벗김[剝]. 또는 닳아서 벗어짐. ② 지리 풍화 작용이나 침식 작용에 의하여 지표(地表)가 깎여 낮아지는 일.

삭발 削髮 (깎을 삭, 머리털 발). ① 속뜻 머리털[髮]을 깎음[削]. 또는 그 머리. ¶삭발한 모습이 더 잘 어울린다. ②'출가(出家)하여 승려가 됨'을 이르는 말.

▸삭발-위승 削髮爲僧 (할 위, 스님 승). 머리털[髮]을 깎고[削] 중[僧]이 됨[爲].

삭변-증 數便症 (자주 삭, 똥오줌 변, 증세 증). 한의 자주[數] 대변(大便)을 보는 증상(症狀). 소화기 계통의 질환으로 생긴다.

삭삭 數數 (자주 삭, 자주 삭). 자주[數] 자주[數].

삭월-세 朔月貰 (초하루 삭, 달 월, 세놓을 세). 첫날[朔]부터 다달이[月] 내는 방세[貰]. 표준어 표기법으로는 '사글세'가 맞다.

▸삭월세-방 朔月貰房 (방 방). 매달[朔月] 방세[貰]를 내야하는 방(房)이나 집. 표준어 표기법으로는 '사글셋방'이 맞다.

삭전 朔奠 (초하루 삭, 제사지낼 전). 상가에서 매달 음력 초하룻날[朔] 아침에 지내는 제사[奠].

삭제 削除 (깎을 삭, 덜 제). ① 속뜻 깎아서[削] 없앰[除]. ②지워 버림. ¶내용의 일부를 삭제하다. ⑫첨가(添加), 추가(追加).

삭탈 削奪 (깎을 삭, 빼앗을 탈). ① 속뜻 빼앗음[削=奪]. ② 역사 '삭탈관직'(削奪官職)의 준말.

▸삭탈-관작 削奪官爵 (벼슬 관, 벼슬 작). 역사 죄를 지은 자의 벼슬과 품계[官爵]를 빼앗는[削奪] 일. ⑪삭탈관직(削奪官職).

▸삭탈-관직 削奪官職 (벼슬 관, 일 직). 역사 죄를 지은 자의 벼슬과 품계[官職]를 빼앗는[削奪] 일. ⑪삭탈관작(削奪官爵).

삭풍 朔風 (북녘 삭, 바람 풍). 겨울철에 북쪽[朔]에서 불어오는 찬바람[風]. ¶장군은 한겨울 삭풍을 맞으며 성곽을 지키고 있다. ⑪북풍(北風).

산가[1] 山家 (메 산, 집 가). 산(山) 속에 있는 집[家]. ¶산가에서 하룻밤을 묵었다.

산:가[2] 産家 (낳을 산, 집 가). 아이를 해산(解産)한 집[家]. ¶산가에 금줄을 치다.

산가[3] 酸價 (산소 산, 값 가). ① 속뜻 산(酸)의 수치[價]. ② 화학 유지(油脂) 1g 중에 함유되어 있는 유리된 지방산을 중화하는 데 필요한 수산화칼륨의 수치.

***산간 山間** (메 산, 사이 간). 산(山)과 산 사이[間]. ¶봄이 되었다지만 산간 지역에는 아직도 눈이 내린다.

▸산간-벽지 山間僻地 (후미질 벽, 땅 지). 산간(山間)의 외진[僻] 곳[地]. ¶이제는 산간벽지까지 전기가 들어간다.

▸산간-벽촌 山間僻村 (후미질 벽, 마을 촌).

산간(山間)의 외진[僻] 마을[村].

▸산간 분지 山間盆地 (동이 분, 땅 지). ① 속뜻 산[山]과 산 사이[間]에 둘러싸인 평평한 땅[盆地]. ② 지리 지반이 아래쪽으로 휘어 들어가 곡강에 의하여 이루어진 낮고 평평한 지역.

산간-수 山澗水 (메 산, 산골물 간, 물 수). 산(山)과 산 사이의 골짜기를 흐르는[澗] 물[水].

산-감독 山監督 (메 산, 볼 감, 살필 독). 광업 광산(鑛山)의 인부나 상황을 감독(監督)하는 사람. ㊫산감.

산:개¹ 刪改 (깎을 산, 고칠 개). 잘못된 글귀를 지우고[刪] 고침[改].

산:개² 散開 (흩을 산, 열 개). ① 속뜻 여럿으로 흩어져[散] 벌림[開]. ② 군사 밀집된 군대나 병력을 적당한 간격으로 넓게 벌리거나 해산하는 일.

▸산:개 대형 散開隊形 (무리 대, 모양 형). 군사 전투를 하기 위해 부대원을 넓게 흩어져[散] 벌려서[開] 만든 대형(隊形). 사격에 유리하며 적의 화력으로부터 아군의 피해를 줄일 수 있다.

▸산:개 성단 散開星團 (별 성, 모일 단). 천문 천구(天球) 위에 수십에서 수백 개의 항성(恒星)이 한 지역에 흩어져[散開] 있는 별[星]의 집단(集團).

산거 山居 (메 산, 살 거). 산(山) 중에서 삶[居].

산:견 散見 (흩을 산, 볼 견). 여기저기서[散] 보임[見].

산경 山景 (메 산, 볕 경). 산(山)의 경치(景致).

산계 山系 (메 산, 이어 맬 계). 산지(山地)나 산맥의 이어진[系] 줄기. 또는 그러한 산.

산:고¹ 產苦 (낳을 산, 괴로울 고). 아이를 낳는[產] 고통(苦痛). ¶산고를 겪다.

산:고² 產故 (낳을 산, 일 고). 아이를 낳는[產] 일[故].

산고수장 山高水長 (메 산, 높을 고, 물 수, 길 장). ① 속뜻 산(山)은 높이[高] 솟고 강[水]은 길게[長] 흐름. ② '인자(仁者)나 군자의 덕행이 높고 한없이 오래 전하여 내려오는 것'을 비유하여 이르는 말.

산고수청 山高水清 (메 산, 높을 고, 물 수, 맑을 청). ① 속뜻 산(山)은 높고[高] 물[水]은 맑음[清]. ② 경치가 좋음을 이르는 말.

산곡 山谷 (메 산, 골짜기 곡). 산(山) 골짜기[谷]. 산과 산 사이의 움푹 들어간 곳.

산:과 產科 (낳을 산, 분과 과). 의학 임신, 분만[產] 등에 관한 전문 의술의 한 분야[科].

산:광 散光 (흩을 산, 빛 광). ① 속뜻 흩어진[散] 빛[光]. ② 물리 물체의 매끄럽지 않은 면이나 떠돌아다니는 미립자 따위에 부딪혀 사방으로 흩어진 빛. 또는 흐린 하늘의 빛이나 불투명한 유리를 통과한 빛과 같이 빛의 방향이 일정하지 않고 그늘이 생기지 않는 빛.

▸산:광 성운 散光星雲 (별 성, 구름 운). 천문 일정한 모양을 갖추지 않고 흩어져[散] 빛나는[光] 태양계 안의 성운(星雲).

산괴 山塊 (메 산, 덩어리 괴). 지리 산줄기에서 따로 떨어져 있는 산(山)의 덩어리[塊].

산국 山菊 (메 산, 국화 국). 식물 '산국화'(山菊花)'의 준말.

산-국화 山菊花 (메 산, 국화 국, 꽃 화). ① 속뜻 주로 산(山)에서 자라는 국화(菊花). ② 식물 국화과의 여러해살이풀. 산과 들에 나며, 가을에 노란 꽃이 피는 식물. 꽃은 약용 또는 식용하고 어린 싹은 식용한다.

산굴 山窟 (메 산, 굴 굴). 산(山)속에 있는 동굴(洞窟). ¶적이 쳐들어오자 마을 사람들은 산굴로 피신했다.

산:기¹ 產氣 (낳을 산, 기운 기). 아이를 낳을[產]듯한 기미(氣味). ¶산기가 보여서 산파를 데려왔다.

산:기² 產期 (낳을 산, 때 기). 아이를 낳을[產] 시기(時期). ¶산기가 다가오다.

산기³ 酸基 (산소 산, 터 기). 화학 산(酸)의 분자 중금속 원소와 바꿀 수 있는 수소 원자를 제외한 나머지의 기(基). 황산기(SO4)·질산기(NO3) 따위. ㊥산근(酸根).

산대 山臺 (메 산, 무대 대). ① 속뜻 길가나 빈 터에 산(山)같이 높이 쌓은 임시 무대(舞臺). ② 민속 산대극.

▸산대-극 山臺劇 (연극 극). 민속 탈을 쓰고 큰길가나 빈 터에 장막을 둘러 만든 무대[山臺]에서 하는 탈놀음[劇].

산:도¹ 產道 (낳을 산, 길 도). 의학 아이를

낳을[産] 때 태아가 지나는 통로[道]. ¶산도가 막히다. ㊐출산길.

산도² **酸度** (산소 산, 정도 도). ① 속뜻 산(酸)이 들어있는 정도(程度). ② 화학 염기 한 분자에서 이온화할 때, 즉 중화반응에 필요한 산의 량. 이 수에 따라 일산염기, 이산염기, 삼산염기 따위로 나뉜다. ③ 산성의 세기를 나타내는 정도. '산성도'(酸性度)의 준말.

▸산도 검:정 酸度檢定 (검사할 검, 정할 정). 토양의 산성도(酸性度)를 검사하는[檢定] 일.

산:동 散瞳 (흩을 산, 눈동자 동). ① 속뜻 동공(瞳孔)이 산대(散大)되는 상태. ② 의학 교감 신경의 지배를 받는 동공 확대근의 작용에 의하여 동공이 지름 4mm 이상으로 커지는 일. 정상적인 눈에서는 암전(暗轉)이나 놀람, 아픔 따위의 자극으로 일어나고 병적으로는 녹내장 따위에서 일어난다.

산:란¹ **産卵** (낳을 산, 알 란). 알[卵]을 낳음[産]. ¶연어는 산란하기 위하여 태어난 곳으로 돌아온다.

▸산:란-관 産卵管 (대롱 관). 동물 곤충류 따위의 배 끝에 발달한 알[卵]을 낳는[産] 대롱[管] 모양의 기관. 벌, 모기, 메뚜기 따위에 있다.

▸산:란 회유 産卵回遊 (돌아갈 회, 떠돌 유). 동물 어류 따위가 알[卵]을 낳기[産] 위해 규칙적으로 이동하는 일[回遊].

산:란² **散亂** (흩을 산, 어지러울 란). ① 속뜻 흩어져[散] 어지러움[亂]. ¶장난감을 늘어놓아 방안이 산란하다. ② 어수선하고 뒤숭숭하다. ¶마음이 산란하다. ③ 물리 파동이나 입자선이 물체에 부딪쳐 여러 방향으로 불규칙하게 흩어지는 일. ㊐어지럽다.

▸산:란-파 散亂波 (물결 파). 물리 대기권에서 산란(散亂)하는 전파(電波).

▸산:란성 사고 散亂性思考 (성질 성, 생각 사, 살필 고). 심리 무질서하고 단편적으로 이루어지는[散亂性] 사고(思考) 장애.

산령¹ **山嶺** (메 산, 고개 령). ① 속뜻 산(山) 봉우리[嶺]. ② 산에서 뾰족하게 높이 솟은 부분.

산령² **山靈** (메 산, 신령 령). 산(山)을 지키고 다스리는 신령(神靈). '산신령'(山神靈)의 준말.

산로¹ **山路** (메 산, 길 로). 산(山)에 난 길[路]. ㊐산길.

산:로² **産勞** (낳을 산, 일할 로). 아이를 낳는[産] 어려움[勞]. ㊐산고(産苦).

산:록¹ **散錄** (흩을 산, 기록할 록). 일정한 형식이나 체계 없이 느끼거나 생각나는 대로[散] 기록(記錄)하는 일. ㊐만필(漫筆).

산록² **山麓** (메 산, 산기슭 록). ① 속뜻 산(山) 기슭[麓]. ② 산의 비탈이 끝나는 아랫부분.

▸산록-대 山麓帶 (띠 대). ① 속뜻 산(山)기슭[麓] 지대(地帶). ② 지리 식물의 수직 분포상의 한 지대. 교목대(喬木帶)의 아래이며 일반 평야와 같은 식물이 자란다.

▸산록 빙하 山麓氷河 (얼음 빙, 물 하). 지리 산허리에서 산(山)기슭[麓]에 걸쳐 퍼져 있는 빙하(氷河).

▸산록 완사-면 山麓緩斜面 (느슨할 완, 비낄 사, 쪽 면). 산(山)기슭[麓]에 완만(緩慢)하게 경사[斜]를 이룬 면(面).

산류¹ **山流** (메 산, 흐를 류). ① 경사가 급한 골짜기[山]를 타고 흐르는[流] 내. ② 하천의 상류와 중류를 이르는 말.

산류² **酸類** (산소 산, 무리 류). 화학 산(酸)의 성질을 지닌 화합물 종류(種類). 황산, 질산, 염산 따위. ㊥염기류(鹽基類).

산릉¹ **山稜** (메 산, 모 릉). 산(山)의 봉우리에서 봉우리로 이어지는 산등성이[稜].

산릉² **山陵** (메 산, 언덕 릉). ① 속뜻 산(山)과 언덕[陵]을 통틀어 이르는 말. ② 역사 국장(國葬)을 하기 전에 아직 이름을 정하지 않은 새 능.

▸산릉-도감 山陵都監 (모두 도, 살필 감). 임금이나 왕비의 능[山陵]을 새로 만들 때 임시로 두던 관아[都監].

산리¹ **山里** (메 산, 마을 리). 산(山)속에 있는 마을[里].

산리² **山理** (메 산, 이치 리). 민속 풍수지리에서, 묏자리의 뒷산에서 내려온 산(山)줄기, 방향, 위치에 따라 재앙과 복이 달라진다는 이치(理致).

산리³ **山梨** (메 산, 배나무 리). ① 속뜻 산(山) 돌배나무[梨]. ② 식물 돌배나무.

산림 山林 (메 산, 수풀 림). ① 속뜻 산(山)과 숲[林]. 또는 산에 있는 숲. ¶무분별한 벌목으로 산림이 훼손되다. ② 학식과 덕이 높으나 벼슬을 하지 않고 숨어 지내는 선비. ③ 불교 절에서 일정한 기간을 정해 놓고 많은 사람이 함께 모여서 불법을 공부하는 모임.

▸**산림-대** 山林帶 (띠 대). 지리 주로 기후, 토양 등의 차이에 따라 나타나는 산림(山林)의 대상(帶狀) 분포대.

▸**산림-청** 山林廳 (관청 청). 법률 산림(山林)의 보호 육성, 산림 자원의 증식 따위에 관한 사무를 맡아보는 중앙 행정 기관[廳].

▸**산림-녹화** 山林綠化 (초록빛 록, 될 화). 산[山林]에 나무를 심고 보호하며 사방 공사 따위를 하여 초목을 무성하게 하는 일[綠化]. 또는 그런 운동.

▸**산림-문하** 山林門下 (문 문, 아래 하). 학덕은 높으나 벼슬을 하지 않고 산[山林] 속에 숨어사는 선비의 제자[門下].

▸**산림 자원** 山林資源 (재물 자, 근원 원). 농업 산림(山林)에서 얻는 목재, 약초 따위의 경제적 가치가 있는 자원(資源). ¶산림 자원을 개발하다.

▸**산림 지대** 山林地帶 (땅 지, 띠 대). 공통의 산림(山林) 분포 특성에 따라 지구를 구분한 지대(地帶). ㊕삼림대.

▸**산림-처사** 山林處士 (살 처, 선비 사). 산골[山林]에 파묻혀 글이나 읽고 지내는[處] 사람[士].

▸**산림천택** 山林川澤 (내 천, 못 택). 산(山)과 숲[林]과 내[川]와 못[澤]을 아울러 이르는 말.

▸**산림-학파** 山林學派 (배울 학, 갈래 파). 역사 조선 시대에 연산군 이후의 사화와 당쟁으로 정계를 떠나 강호[山林]에 묻혀 글 읽기를 즐기던 학자들[學派]. 서경덕, 이황, 조식, 이이 등이 있었다.

산막 山幕 (메 산, 휘장 막). 사냥꾼이나 숯쟁이 및 약초를 캐는 사람이 임시로 쓰려고 산(山) 속에 간단히 지은 집[幕].

산:만[1] 刪蔓 (깎을 산, 덩굴 만). ① 속뜻 덩굴[蔓] 같은 군더더기를 깎아냄[刪]. ② 편지에서 겉치레 인사는 생략하고 바로 할 말만을 적겠다는 뜻으로 첫머리에 쓰는 말.

산:만[2] 散漫 (흩을 산, 멋대로 만). 정신이 어수선하게 흐트러지고[散] 멋대로[漫] 되어있다. ¶내 동생은 주의가 산만하다.

▸**산:만 신경계** 散漫神經系 (정신 신, 날실 경, 이어 맬 계). 생물 신경 세포가 산만(散漫)하게 퍼져 그물 모양으로 이어져 있는 원시적인 신경계(神經系). 히드라, 말미잘 따위의 자포동물에서 볼 수 있다. ㊥집중신경계(集中神經系).

산:망 散亡 (흩을 산, 망할 망). 흩어져[散] 없어짐[亡]. ¶적군이 산망했다. ㊥산멸(散滅).

산:매 散賣 (흩을 산, 팔 매). ① 속뜻 흩어서[散] 낱개로 팖[賣]. ② 물건을 생산자나 도매상에서 사들여 소비자에게 직접 파는 일. ㊥도매(都賣).

▸**산:매-상** 散賣商 (장사 상). 물건을 낱개로[散] 파는[賣] 상인(商人).

▸**산:매-업** 散賣業 (일 업). 물건을 낱개로[散] 파는[賣] 일[業].

산맥 山脈 (메 산, 줄기 맥). 지리 산(山)봉우리가 이어진 줄기[脈]. ¶태백산맥 / 알프스 산맥.

산명 山鳴 (메 산, 울 명). ① 속뜻 산(山)이 울리는[鳴] 소리. ② 메아리.

산명수려 山明水麗 (메 산, 밝을 명, 물 수, 고울 려). 산수(山水)의 경치가 맑고[明] 아름다움[麗].

산명수자 山明水紫 (메 산, 밝을 명, 물 수, 자줏빛 자). 산수(山水)의 경치가 맑고[明] 울긋불긋[紫] 아름다움.

산명수청 山明水淸 (메 산, 밝을 명, 물 수, 맑을 청). 산수(山水)의 경치가 매우 맑음[明=淸].

산:모[1] 產毛 (낳을 산, 털 모). 태어날[產] 때부터 갖고 있던 머리털[毛]. ㊥배냇머리.

산:모[2] 產母 (낳을 산, 어머니 모). 막 해산(解產)한 아이 어머니[母].

산:모-섬유 散毛纖維 (흩을 산, 털 모, 가늘 섬, 밧줄 유). 실이나 피륙 또는 종이나 나무 따위의 겉에 보풀보풀하게 흩어진[散] 잔털[毛]이 일어난 섬유(纖維). ㊥괴깔.

산문[1] 山門 (메 산, 문 문). ① 산(山)의 어귀[門]. ② 절. 또는 절의 누문(樓門).

산:문[2] 產門 (낳을 산, 문 문). 의학 아이 낳는[產] 여자의 음부[門].

산:문[3] 散文 (흩을 산, 글월 문). 문학 규범에 얽매이지 않고 자유로이 내치는 대로[散] 쓴 글[文]. 소설, 수필 따위이다. ㊥운문(韻

文).

▸산:문-시 散文詩 (시 시). 문학 산문(散文) 형식으로 된 시(詩). 시행을 나누지 않고 리듬의 단위를 문장 또는 문단에 둔다. 서정적으로 묘사하는 특징이 있다.

▸산:문-적 散文的 (것 적). 산문(散文)과 같은 것[的]. ㉥시적(詩的).

▸산:문-체 散文體 (모양 체). 문학 율격과 같은 외형적 규범에 얽매이지 않고 자유롭게[散文] 기술하는 문체(文體).

▸산:문-정신 散文精神 (쓿을 정, 혼 신). 문학 외형적 규범이나 낭만적 감상, 시적 감각을 배제하고 현실을 객관적으로 탐구하여 자유로운 문장[散文]으로 표현하려는 문학상의 태도[精神].

산:물 產物 (낳을 산, 만물 물). ① 속뜻 일정한 곳에서 생산(生產)되어 나오는 물건(物件). ¶이 고장의 대표적 산물은 곶감이다. ②어떤 것에 의하여 생겨나는 사물이나 현상을 비유하여 이르는 말. ¶노력의 산물.

산미[1] 山味 (메 산, 맛 미). 산(山)에서 나는 나물이나 과실 따위의 맛[味].

산미[2] 酸味 (신맛 산, 맛 미). 신[酸] 맛[味]. ¶산미와 감미가 동시에 느껴지는 술.

산:발[1] 散髮 (흩을 산, 머리털 발). 머리털[髮]를 풀어 헤침[散]. 또는 그 머리.

산:발[2] 散發 (흩을 산, 쏠 발). ① 속뜻 총을 이곳저곳 마구 흩어서[散] 쏨[發]. ②여기저기서 때때로 일어남.

▸산:발-성 散發性 (성질 성). 의학 전염병 따위가 여기저기[散] 때때로 발생(發生)되는 성질(性質).

▸산:발-적 散發的 (것 적). 일이 한꺼번에 일어나지 않고 여기저기서[散] 간격을 두고 발생(發生)하는 것[的]. ¶산발적 시위 / 산발적인 비.

산방 山房 (메 산, 방 방). ①산촌(山村)에 있는 집의 방(房). ②산장(山莊). ③서재(書齋). ¶황학산방(黃鶴山房). ④ 역사 조선 말기에 재인(才人)들이 조직한 조합.

산:방-화서 傘房花序 (우산 산, 방 방, 꽃 화, 차례 서). 식물 무한 화서(無限花序)의 한 가지로 우산처럼[傘房] 피는 꽃차례[花序]. 중심축에 꽃대가 있고 무리지어 있는 꽃들이 같은 길이의 꽃자루에 달려 있다. 유채 등이 이에 속한다.

산배 山背 (메 산, 등 배). 산등성이의[山] 뒤쪽[背].

산벌 山伐 (메 산, 벨 벌). 산(山)에 있는 나무를 벰[伐]. ¶이곳은 산벌이 금지되어 있다.

산:법 算法 (셀 산, 법 법). 수학 계산(計算)하는 방법(方法).

산:병 散兵 (흩을 산, 군사 병). ① 속뜻 뿔뿔이 흩어진[散] 병사(兵士). ② 군사 병력을 넓게 벌려서 배치하거나 해산하는 일. 또는 그런 일을 하는 병사.

▸산:병-선 散兵線 (줄 선). 군사 병사(兵士)들을 밀집시키지 않고 적당한 간격으로 벌려놓은[散] 전투선(戰鬪線).

▸산:병-전 散兵戰 (싸울 전). 군사 부대[兵]가 산개(散開)한 상태로 하는 전투(戰鬪).

▸산:병-호 散兵壕 (도랑 호). 군사 산병(散兵)이 전투에 이용하기 위해 파 놓은 도랑[壕]. 주로 경화기 사격을 위한 설비가 되어 있으며 사수(射手)의 엄호 및 교통에도 이용한다.

산:보 散步 (한가로울 산, 걸음 보). 한가로이[散] 거니는 걸음걸이[步]. ¶점심을 먹은 후 산보를 나갔다. ㉥산책(散策).

산복 山腹 (메 산, 배 복). ① 속뜻 산(山)의 배[腹] 부분이 되는 곳. ②산기슭의 비탈진 곳. 산허리.

산봉 山峯 (메 산, 봉우리 봉). ① 속뜻 산(山)의 봉우리[峯]. ②산에서 뾰족하게 높이 솟은 부분.

산:부 產婦 (낳을 산, 여자 부). 아이를 낳은[產] 여자[婦]. ㉥산모(產母).

산:부인-과 產婦人科 (낳을 산, 여자 부, 사람 인, 분과 과). 의학 산과(產科)와 부인과(婦人科). 임신, 해산(解產), 부인병(婦人病) 따위를 다루는 분과(分科).

산:분 酸分 (산소 산, 나눌 분). 어느 물질에 산(酸)이 분포(分布)되어 있는 정도.

산사 山寺 (메 산, 절 사). 산(山)속에 있는 절[寺]. ¶산사에서 종소리가 울려온다.

산-사태 山沙汰 (메 산, 모래 사, 미끄러질 태). 산(山) 중턱의 흙이나 모래[沙] 따위가 미끄러져[汰] 내려오는 현상. ¶산림이 파괴되면 산사태가 일어나기 쉽다.

산:삭¹ 刪削 (깎을 산, 깎을 삭). ① 속뜻 깎아 냄[刪=削]. ② 불필요한 글자나 글귀 따위를 지워 버림. ¶본문에 산삭을 가하다. ⓑ산제(刪除).

산:삭² 產朔 (낳을 산, 초하루 삭). 임신한 부인이 아이를 낳을[產] 달[朔].

산삼 山蔘 (메 산, 인삼 삼). 식물 깊은 산(山) 속에 저절로 나서 자란 삼(蔘). ¶심마니가 산삼을 캤다. ⓑ가삼(家蔘).

산상 山上 (메 산, 위 상). ① 산(山) 위[上]. ¶산상 수훈(垂訓). ② 뫼를 쓰는 일을 하는 곳.

산색 山色 (메 산, 빛 색). ① 산(山)의 빛깔[色]. ② 산의 경치.

산서¹ 山墅 (메 산, 농막 서). 산(山)속에 지은 농막[墅]. ⓑ산장(山莊).

산:서² 算書 (셀 산, 책 서). 수판 놓는 법[算法]을 적은 책[書]. ¶산서를 구해 산법을 익히다.

산석 山石 (메 산, 돌 석). ① 산(山)에 있는 돌[石]. ② 능에서 산신제(山神祭)를 지낼 때 쓰는 돌.

산성¹ 山城 (메 산, 성곽 성). 산(山)에 쌓은 성(城).

▶ **산성-일기** 山城日記 (날 일, 기록할 기). 문학 병자호란 때 어느 궁녀가 인조를 모시고 남한산성(南漢山城)으로 피난하면서 일기(日記) 형식으로 쓴 수필.

▶ **산성 취:락** 山城聚落 (모을 취, 마을 락). 지리 산성(山城) 주위에 모여[聚] 발달한 마을[落].

⁑**산성²** 酸性 (산소 산, 성질 성). ① 속뜻 산소(酸素)의 성질(性質). ② 화학 수용액에서 이온화할 때, 수산 이온의 농도보다 수소 이온의 농도가 더 큰 물질. 수소 이온 농도 지수가 7미만으로 물에 녹으면 신맛을 내고 청색 리트머스 시험지를 붉게 만든다. ¶위액은 강한 산성을 띤다. ⓑ염기성(鹽基性).

▶ **산성-도** 酸性度 (정도 도). 화학 용액의 산성(酸性)의 강도를 나타내는 정도(程度).

▶ **산성-암** 酸性巖 (바위 암). ① 속뜻 산성(酸性)을 띤 바위[巖]. ② 광업 이산화규소가 많이 포함되어 있는 화성암. ⓑ염기성암(鹽基性岩).

▶ **산성-염** 酸性鹽 (염기 염). ① 속뜻 산성(酸性)을 띠는 염기(鹽基). ② 화학 다염기산(多鹽基酸)의 수소의 일부만이 금속 원소로 치환한 염.

▶ **산성-천** 酸性泉 (샘 천). 지리 온천수가 산성(酸性)을 나타내는 온천(溫泉). 화산 지역에 많으며 화산 분기 때 이산화황 따위의 산화에 의하여 산성이 되는 경우가 많다.

▶ **산성-화** 酸性化 (될 화). 산성(酸性)으로 변함[化]. ¶토양이 점점 산성화되어 가고 있다.

▶ **산성 반:응** 酸性反應 (되돌릴 반, 응할 응). 화학 산성(酸性)을 나타내는 화학 반응(反應). 푸른색 리트머스 시험지를 붉게 변화시키는 반응 따위.

▶ **산성 백토** 酸性白土 (흰 백, 흙 토). 광업 산성 반응(酸性反應)을 나타내는 흰색[白]의 진흙[土]. 탈색력이 강해 탈색제로도 쓰인다. ⓑ표백토(漂白土).

▶ **산성 식물** 酸性植物 (심을 식, 만물 물). 식물 산성(酸性)의 토양에서 자라는 식물(植物). ¶갈대는 대표적인 산성 식물이다.

▶ **산성 식품** 酸性食品 (먹을 식, 물건 품). 화학 식품이 체내에서 소화 흡수된 뒤 산성(酸性) 물질을 만들어 체액(體液)의 산성도(酸性度)를 높이는 식품(食品). ¶탄수화물과 지방이 많이 함유된 식품은 산성식품에 속한다.

▶ **산성 토양** 酸性土壤 (흙 토, 흙덩이 양). 농업 산성(酸性) 물질이 많이 들어 있는 흙[土壤]. 강우량이 많은 곳에 많으며 농사에는 부적절하다.

▶ **산성 산화물** 酸性酸化物 (초 산, 될 화, 만물 물). 화학 물이 없는 산성(酸性) 화합물로 물과 화합하면 산소산이 되고 염기와 반응하면 염이 되는 산화물(酸化物).

산세 山勢 (메 산, 형세 세). 산(山)의 형세(形勢). ¶산세가 험하다.

산소¹ 山所 (메 산, 곳 소). ① 속뜻 산(山)에 무덤이 있는 곳[所]. ② '무덤'의 높임말. ¶산소를 찾아가 성묘를 하다.

⁑**산소²** 酸素 (신맛 산, 바탕 소). 화학 공기의 주성분이면서 맛과 빛깔과 냄새가 없는 원소(元素). 1783년 라부아지에가 실험한 물의 분석에서 대부분 산(酸)의 성질을 가지는 기체 생성물이 나온다는 것을 발견하여 그리스어의 '신맛[酸]이 있다'는 뜻의 oxys

와 '생성된다'는 뜻의 gennao를 합쳐 oxygen이라고 이름 붙였다. 기호는 'O'. ¶고지대에는 산소가 희박하다.

▸**산소-산** 酸素酸 (초 산). [화학] 산소(酸素)를 포함하고 있는 무기산(無機酸). 비금속 산화물이 물과 작용하여 산이 되는 것.

▸**산소-통** 酸素桶 (통 통). 산소(酸素)를 압축하여 저장해 놓은 통(桶).

▸**산소 요법** 酸素療法 (병 고칠 료, 법 법). [의학] 환자가 산소가 결핍된 환자에게 산소(酸素)를 흡입시키는 치료법(治療法). [비]산소 흡입(酸素吸入).

▸**산소 용접** 酸素鎔接 (쇠녹일 용, 이을 접). 산소(酸素)와 아세틸렌의 혼합 가스를 연소시켜 그 불꽃으로 하는 용접(鎔接).

▸**산소 호흡** 酸素呼吸 (내쉴 호, 마실 흡). [생물] 생물이 외부에서 산소(酸素)를 들이쉬고[吸] 하여 체내에서 유기물을 산화함으로써 필요한 에너지를 얻고 이때에 발생하는 이산화탄소를 몸 밖으로 내쉬는[呼] 일.

▸**산소 흡입** 酸素吸入 (마실 흡, 들 입). [의학] 산소(酸素)를 들이마시게[吸入] 하는 치료법. 산소 요법(酸素療法).

▸**산소 화:합물** 酸素化合物 (될 화, 합할 합, 만물 물). [화학] 산소(酸素)와 다른 원소(元素)와의 화합물(化合物). [준]산화물.

산송 문:제 山訟問題 (메 산, 송사할 송, 물을 문, 주제 제). [역사] 조선 때, 산소(山所)에 관한 송사(訟事)로 인해 생겨난 사회 문제(問題).

산:수[1] 刪修 (깎을 산, 고칠 수). 불필요한 자구(字句)나 문장을 지우고[刪] 고침[修正].

산수[2] 傘壽 (우산 산, 목숨 수). '傘'자를 줄여 '八'과 '十'을 합친 것 같은 모양으로 쓰는 데서 나이 '여든 살'[壽]을 이름.

산:수[3] 算數 (셀 산, 셀 수). ① [속뜻] 수(數)를 계산(計算)함. ② [수학] 수의 성질, 셈의 기초, 초보적인 기하 따위를 가르치는 학과.

산수[4] 山水 (메 산, 물 수). ① [속뜻] 산(山)과 물[水]. ②자연의 경치. ¶산수가 아름답다. ③산에서 흘러내리는 물. ④ [미술] '산수화'의 준말.

▸**산수-도** 山水圖 (그림 도). 동양화에서 산(山)과 물[水]이 어우러진 자연의 아름다움을 그린 그림[圖].

▸**산수-이** 山水異 (다를 이). 자연[山水]에 일어나는 이상(異常)한 현상. 해일, 태풍, 지진 따위.

▸**산수-화** 山水畵 (그림 화). [미술] 동양화에서 자연[山水]의 풍경을 제재로 하여 그린 그림[畵]. [비]산수도(山水圖).

▸**산수 병풍** 山水屛風 (병풍 병, 바람 풍). 산수(山水)를 그린 병풍(屛風).

산-수소 酸水素 (산소 산, 물 수, 바탕 소). [화학] 산소(酸素)와 수소(水素)를 혼합한 기체. 용접에 쓴다.

▸**산수소-염** 酸水素焰 (불꽃 염). [화학] 산소(酸素)와 수소(水素)를 혼합한 기체가 탈 때 생기는 불꽃[焰]. 2,500~3,000℃의 고온으로 용접에 쓴다.

▸**산수소 취:관** 酸水素吹管 (불 취, 대롱 관). [화학] 산수소(酸水素) 불꽃을 내기 위해, 한쪽은 산소가, 한쪽은 수소가 나오도록[吹] 만든 금속관(金屬管).

산수유 山茱萸 (메 산, 수유 수, 수유 유). [한의] 산수유(山茱萸) 나무의 열매. 강장(強壯)의 효과가 있어 유정(遺精), 야뇨증, 대하 따위에 쓴다.

산:술[1] 刪述 (깎을 산, 지을 술). 불필요한 부분을 지우고[刪] 기술(記述)함.

산:술[2] 算術 (셀 산, 꾀 술). ① [속뜻] 셈[算]을 하는 기술(技術). ② [수학] 일상생활에 실지로 응용할 수 있는 수와 양의 간단한 성질 및 셈을 다루는 수학적 계산 방법.

▸**산:술-급수** 算術級數 (등급 급, 셀 수). [수학] 각 항이 그 앞의 항에 일정한 수를 더하는 산술적(算術的) 방법으로 이루어진 급수(級數). [비]등차급수(等差級數).

▸**산:술 평균** 算術平均 (평평할 평, 고를 균). [수학] 여러 수의 합을 그 개수로 나눈[算術] 평균(平均) 값. [반]기하 평균(幾何平均).

산승 山僧 (메 산, 스님 승). ① [불교] 산(山)속의 절에 사는 승려(僧侶). ②승려가 자기를 낮추어 이를 때 쓰는 말.

산:식[1] 散植 (흩을 산, 심을 식). [농업] 못줄을 대지 않고 이리저리 흩어서[散] 대충 심는[植] 모. [비]허튼모.

산:식[2] 算式 (셀 산, 법 식). ① [속뜻] 계산(計算)하는 방법이나 공식(公式). ② [수학] 숫자, 문자, 기호를 써서 이들 사이의 수학적 관계

를 나타낸 것. ㊅식.

산-식물 酸植物 (산소 산, 심을 식, 만물 물). ① 속뜻 산성(酸性)이 많은 식물(植物). ② 식물 세포액 가운데 유기산(有機酸)이 많이 들어 있는 식물(植物). ¶선인장은 대표적인 산식물이다.

산신 山神 (메 산, 귀신 신). 민속 산(山)을 지키는 신(神). ¶산신에게 제사를 지내다.

▸산신-각 山神閣 (집 각). 민속 산신(山神)을 모신 집[閣].

▸산신-당 山神堂 (집 당). 민속 산신(山神)을 모신 사당(祠堂).

▸산신-목 山神木 (나무 목). 민속 산신(山神)으로 삼고 받드는 나무[木].

▸산신-제 山神祭 (제사 제). 민속 산신(山神)에게 지내는 제사(祭祀).

산-신령 山神靈 (메 산, 귀신 신, 혼령 령). 민속 산(山)을 맡아 수호한다는 신령(神靈). ¶산신령이 금도끼를 들고 나타났다. ㊅산신.

산:실[1] 産室 (낳을 산, 방 실). ① 속뜻 아이를 낳는[産] 방[室]. ② 어떤 일을 꾸미거나 이루어 내는 곳. 또는 그 바탕. ¶그리스는 서양 문명의 산실이다. ㊓산방(産房), 분만실(分娩室), 산지(産地).

산:실[2] 散失 (흩을 산, 잃을 실). 책이나 문헌, 서류 따위가 흩어져[散] 잃어버리거나[失] 없어짐. ¶문화재가 산실되었다.

산:심 散心 (흩을 산, 마음 심). ① 속뜻 흩어져[散] 어수선한 마음[心]. ② 마음을 다잡지 아니하고 풀어 놓아 버림. ¶적군이 산심한 틈을 타 적진을 파고들었다. ㊓방심(放心).

산:아 産兒 (낳을 산, 아이 아). 아이[兒]를 낳음[産].

▸산:아 제:한 産兒制限 (누를 제, 끝 한). 사회 인공적인 수단으로 아이[兒] 낳는[産] 것을 제한(制限)하는 일. ¶산아 제한으로 인구가 크게 줄었다.

▸산:아 조절 産兒調節 (고를 조, 마디 절). 사회 인공적으로 출산[産兒]을 조절(調節)하는 일.

산악 山岳 (메 산, 큰산 악). 육지 가운데 다른 곳보다 두드러지게 솟아 있는 높고 험한 부분[山=岳]. ¶우리나라 국토의 대부분은 산악 지대다.

▸산악-국 山岳國 (나라 국). 국토의 대부분이 산지[山岳]인 나라[國]. ¶스위스는 대표적인 산악국이다.

▸산악-림 山岳林 (수풀 림). 산악(山岳) 지대의 수풀[林]. ㊥평지림(平地林).

▸산악-병 山岳病 (병 병). 의학 높은 산[山岳]에 올랐을 때, 낮은 기압과 산소 부족으로 일어나는 병(病). ㊓고산병(高山病).

▸산악-인 山岳人 (사람 인). 산[山岳]에 오르는 것을 남달리 잘하거나 즐기는 사람[人].

▸산악-전 山岳戰 (싸울 전). 군사 산악(山岳) 지대에서 벌어지는 전투(戰鬪). ¶그들은 산악전에 능하다.

▸산악-회 山岳會 (모일 회). 산[山岳]을 사랑하거나 등산을 즐기는 사람들의 모임[會].

▸산악-기상 山岳氣像 (기운 기, 모양 상). 산악(山岳)처럼 씩씩하고 장엄한 기상(氣像).

▸산악 기후 山岳氣候 (기후 기, 기후 후). 지리 산악(山岳) 특유의 기후(氣候). 기온, 기압 따위가 낮고 일사량은 많으며 기후의 국지적 차가 심하다. ¶티베트 고원 지대는 산악 기후에 속한다. ㊓고산 기후(高山氣候).

▸산악 빙하 山岳氷河 (얼음 빙, 물 하). 지리 높은 산[山岳]의 산마루나 산꼭대기 가까운 계곡에 발달한 빙하(氷河). ¶알프스에는 산악 빙하가 많다.

▸산악-숭배 山岳崇拜 (높을 숭, 공경할 배). 산악(山岳)을 신성한 존재나 영적인 존재로 믿고 숭배(崇拜)하는 일. ¶산악신앙(山岳信仰).

산야 山野 (메 산, 들 야). ① 속뜻 산(山)과 들[野]. ¶눈 덮인 산야. ② 시골.

산약 山藥 (메 산, 약 약). ① 속뜻 산(山)에서 나는 약(藥). ② 한의 마의 뿌리를 한방에서 이르는 말. 강장제로서 유정(遺精), 대하, 소갈, 설사 따위를 치료하는 데에 쓴다.

산양[1] 山陽 (메 산, 볕 양). 산(山)의 남쪽 양달[陽]. ㊥산음(山陰).

산양[2] 山羊 (메 산, 양 양). ① 속뜻 산(山)에 사는 양(羊)과 같은 동물. ② 동물 어깨의 높이는 60~90㎝이며, 몸빛은 흰색, 갈색 따위의 동물. 성질이 활달하며 가축으로 기른다.

[비]염소.

▸산양-유 山羊乳 (젖 유). 염소[山羊]의 젖[乳].

▸산양-피 山羊皮 (가죽 피). 염소[山羊]의 가죽[皮].

산:업 産業 (낳을 산, 일 업). ① [속뜻] 무엇을 생산(生産)하는 일[業]. 또는 그러한 업종(業種). ② [경제] 농업, 금융업, 운수업 등 인간의 생활을 풍요롭게 하기 위하여 물건이나 서비스를 만드는 기업이나 조직. ¶산업 발전 / 새로운 산업에 종사하다.

▸산:업-계 産業界 (지경 계). 산업(産業)에 종사하는 사람들의 세계(世界).

▸산:업-용 産業用 (쓸 용). 생산(生産)하는 일[業]에 쓰임[用]. ¶산업용 기기 생산을 확대하다.

▸산:업-체 産業體 (몸 체). 생산(生産)하는 일[業]을 하는 업체(業體).

▸산:업-화 産業化 (될 화). 산업(産業)의 형태가 됨[化]. ¶산업화가 급속히 진행되다.

▸산:업-공해 産業公害 (여럿 공, 해칠 해). 산업(産業) 활동으로 인해 배출되는 매연이나 폐수, 소음 따위로 말미암은 공해(公害).

▸산:업 교:육 産業教育 (가르칠 교, 기를 육). [교육] 산업(産業) 활동에 필요한 지식·기능·태도 등을 가르치기 위한 예비·기술·보습 등의 교육(教育)을 통틀어 이르는 말.

▸산:업 도시 産業都市 (도읍 도, 저자 시). [지리] 산업(産業)이 발달한 도시(都市). 또는 주민의 대부분이 산업에 종사하고 있는 도시.

▸산업 사회 産業社會 (단체 사, 모일 회). [사회] 사회 구조나 성격이 산업(産業)을 중심으로 규정되어 있는 사회(社會).

▸산:업 입지 産業立地 (설 립, 땅 지). [지리] 산업(産業) 활동을 할 기구나 단체가 들어설[立] 땅[地]. 또는 그 곳의 경제적·지리적 조건.

▸산:업 재해 産業災害 (재앙 재, 해칠 해). [사회] 노동 과정에서 작업 환경 또는 작업 행동[産業] 따위의 업무상의 사유로 발생하는 사고 때문에 근로자에게 생긴 신체상의 재해(災害).

▸산:업 포장 産業褒章 (기릴 포, 글 장). [법률] 산업(産業)의 개발이나 발전에 이바지한 공적이 큰 사람을 기리는[褒] 의미로 주는 휘장(徽章).

▸산:업 항:공 産業航空 (건널 항, 하늘 공). [항공] 각종 산업(産業)에 이용하는 항공(航空). 항공 측량이나 기상 관측, 농약 살포, 어군 탐지 따위.

▸산업 혁명 産業革命 (바꿀 혁, 운명 명). ① [속뜻] 산업(産業) 부분에 혁명(革命)과 같은 큰 변화가 일어남. 또는 그러한 사건. ② [역사] 18세기 후반 영국에서 시작되어 각지로 퍼져 나간 기계의 발명과 기술의 변혁 그리고 그것으로 인해 일어난 변화. 이것으로 자본주의 경제가 발달하게 되었다.

▸산:업 재해 보:상 보:험 産業災害補償保險 (재앙 재, 해칠 해, 채울 보, 갚을 상, 지킬 보, 험할 험). [경제] 근로자가 산업(産業) 활동을 하다 질병이나 부상 및 사망 등 재해(災害)를 입었을 때, 이를 보상(補償)하기 위한 보험(保險)제도.

산역 **山役** (메 산, 부릴 역). 시체를 묻고 뫼[山]를 만들거나 이장하는 일[役]. ¶산역을 맡다 / 산역을 시작하다.

산-염화물 酸鹽化物 (산소 산, 염기 염, 될 화, 만물 물). [화학] 산(酸)의 수산기(水酸基)를 염소(鹽素)로 바꾸어[化] 놓은 화합물(化合物).

산옹 山翁 (메 산, 늙은이 옹). 산골[山]에 사는 늙은이[翁]. ¶산옹의 노랫소리가 메아리가 되어 돌아왔다.

산와 山蝸 (메 산, 달팽이 와). ① [속뜻] 산(山) 모양의 달팽이[蝸]. ② 달팽잇과의 하나. 우렁이와 비슷한데 네 개의 가로무늬가 있고 등에는 나선형의 껍데기가 있으며, 두 더듬이와 눈이 있다. [비]달팽이.

산:욕 産褥 (낳을 산, 요 욕). ① [속뜻] 아이를 낳을[産] 때 산모에게 깔아주는 요[褥]. ¶산욕에 눕다 / 산욕을 깔아 주다. ② [의학] 해산으로 인한 신체의 변화가 임신 전의 상태로 회복되기까지의 기간. 대개 산후 6~8주간을 이른다. '산욕기'(産褥期)의 준말.

산용 山容 (메 산, 얼굴 용). 산(山)의 위용(偉容). ¶웅위(雄偉)한 산용. [비]산형(山形).

산운 山雲 (메 산, 구름 운). 산(山)에 끼어 있는 구름[雲].

산ː원 產院 (낳을 산, 집 원). 산모(産母)의 해산을 돕고 산모와 아기를 돌보아주는 곳[院].

산ː월 産月 (낳을 산, 달 월). 아이를 낳을[産] 달[月]. 해산달. ¶다음 달이 산월이다.

산유[1] 酸乳 (신맛 산, 젖 유). 젖산[酸] 발효유로 만든 음료[乳].

산ː유[2] 産油 (낳을 산, 기름 유). 원유(原油)를 생산(生産)하는 일. ¶산유 시설을 갖추다.

▸산ː유-국 産油國 (나라 국). 원유(原油)를 생산(生産)하는 나라[國]. ¶산유국들이 담합하여 원유 생산량을 줄였다.

산유-화 山有花 (메 산, 있을 유, 꽃 화). ① 속뜻 산(山)에 피어 있는[有] 꽃[花]. ② 문학 김소월이 지은 시. 산에 피고 지는 꽃을 소재로 하여 삶과 자연 모두에 스며 있는 근원적 고독을 노래한 작품이다.

산ː육 産育 (낳을 산, 기를 육). 아이를 낳아서[産] 기름[育].

산음[1] 山陰 (메 산, 응달 음). 산(山)의 북쪽 응달[陰]. ㊀산양(山陽).

산음[2] 山蔭 (메 산, 덕택 음). 민속 좋은 자리에 묘[山]를 씀으로써 그 자손이 받는다는 음덕(蔭德).

산읍 山邑 (메 산, 고을 읍). 산(山)골에 있는 고을[邑]. ¶조그만 산읍에서 태어났다.

산인[1] 山人 (메 산, 사람 인). ① 속뜻 깊은 산(山)속에서 세상을 멀리하고 사는 사람[人]. ②산속에 사는 승려이나 도사.

산ː인[2] 散人 (한가로울 산, 사람 인). 벼슬을 버리고 한가로이[散] 자연을 즐기며 사는 사람[人]. 흔히 아호(雅號) 밑에 붙여서 겸손의 뜻을 나타낸다.

산ː일 散佚 (=散逸, 흩을 산, 숨을 일). 한데 모은 책이나 서류 따위가 더러 흩어져서[散] 빠져 없어짐[佚]. ¶산일한 족보를 모아 정리했다.

산ː입 算入 (셀 산, 들 입). 예산이나 경비 따위를 계산(計算)해 넣음[入]. ¶교통비는 회사 경비에 산입하지 않는다.

산자-수명 山紫水明 (메 산, 자줏빛 자, 물 수, 밝을 명). ① 속뜻 산(山)은 자줏빛[紫]으로 선명하고 물은[水] 맑음[明]. ②경치가 아름다움.

산ː잡 散雜 (흩을 산, 어수선할 잡). 흩어져있어[散] 어수선함[雜].

산장[1] 山長 (메 산, 어른 장). 산중[山]에 묻혀 사는 학덕이 높은[長] 선비.

산장[2] 山莊 (메 산, 별장 장). 산(山)에 있는 별장(別莊). ¶산장에서 하룻밤을 묵었다. ㊐산방(山房).

산재[1] 山齋 (메 산, 방 재). 산(山)에 지은 서재(書齋)나 운치 있게 지은 집.

산ː재[2] 散在 (흩을 산, 있을 재). 이곳저곳에 흩어져[散] 있음[在]. ¶그곳에는 아름다운 여행지가 산재해 있다.

산ː재[3] 散財 (흩을 산, 재물 재). 재산(財産)을 이리저리 흩어서[散] 다 써 버림. ¶사업을 한답시고 산재하고 말았다.

산ː재[4] 散齋 (흩을 산, 재계할 재). 역사 제사를 지내기 전에 머리를 풀어[散] 목욕하고 재계(齋戒)하던 일.

산ː재[5] 産災 (낳을 산, 재앙 재). 사회 '산업재해'(産業災害)의 준말.

▸산ː재 보ː험 産災保險 (지킬 보, 험할 험). 사회 '산업 재해 보상 보험'(産業災害補償保險)의 준말.

산적[1] 山賊 (메 산, 도둑 적). 산(山)속에 숨어 살면서 남의 재물을 빼앗는 도둑[賊]. ¶산적이 나그네를 덮쳤다.

산적[2] 山積 (메 산, 쌓을 적). 일이나 물건 따위가 산더미[山]처럼 많이 쌓여[積] 있음. ¶공책이 책상 위에 산적해 있다.

산ː적[3] 散炙 (흩을 산, 구울 적). 여러 가지 재료를 길쭉길쭉하게 흩어서[散] 양념을 하여 꼬챙이에 꿰어서 구운 적(炙). ¶산적을 구워 제사상에 올리다.

산-적정 酸滴定 (산소 산, 물방울 적, 정할 정). 화학 중화할 때, 색소의 빛깔을 이용해서 산(酸)의 양을 알칼리의 표준액에 의해 적정(滴定)함.

산전[1] 山田 (메 산, 밭 전). 산(山)에 있는 밭[田]. ¶그는 산전을 일구고 살았다.

산ː전[2] 産前 (낳을 산, 앞 전). 아기를 낳기[産] 바로 전(前). ¶산전에 몸을 보양하다. ㊀산후(産後).

산전-수전 山戰水戰 (메 산, 싸울 전, 물 수, 싸울 전). ① 속뜻 산(山)에서의 싸움[戰],

물[水]에서의 싸움[戰]. ②'세상일의 온갖 고난을 겪은 경험'을 비유하여 이르는 말. ¶산전수전을 다 겪다.

산정¹ 山亭 (메 산, 정자 정). 산(山)속에 지은 정자(亭子). ¶산정을 짓고 풍류를 즐기다.

산정² 山頂 (메 산, 꼭대기 정). 산(山)의 맨 꼭대기[頂]. ¶산정에 오르면 인천 앞바다가 보인다. [비]산꼭대기.

산정³ 山情 (메 산, 실상 정). ①산(山)의 정경(情景). ¶아름다운 산정을 화폭에 담다. ②산에서 느끼는 정취. ¶산정을 시로 읊다.

산정⁴ 山精 (메 산, 도깨비 정). 산(山)의 정령(精靈).

산:정⁵ 刪定 (깎을 산, 정할 정). 불필요한 자구(字句)나 문장을 지운[刪] 뒤 새로 정(定) 함. [비]산수(刪修).

산:정⁶ 算定 (셀 산, 정할 정). 계산(計算)하여 정(定)함. ¶판매 가격을 산정하다.

***산:조** 散調 | 흩을 산, 가락 조 ❶[속뜻]흐트러진[散] 듯이 들리는 가락[調]. ❷[음악]민속음악의 하나로 정악(正樂)의 일정한 흐름과는 다르게 느린 속도의 진양조로 시작, 차츰 급하게 중모리·자진모리·휘모리로 끝나는 가락.

산주 山主 (메 산, 주인 주). ①산(山)의 임자[主]. ¶산주의 허락을 받아야 벌채할 수 있다. ②광대들이 조직한 조합의 우두머리.

산중 山中 (메 산, 가운데 중). 산(山) 속[中]. ¶깊은 산중에서 길을 잃었다.

▸산중-신곡 山中新曲 (새 신, 가락 곡). [문학]고요하고 즐거운 산중(山中) 생활에 대한 새로운[新] 감회를 나타낸 시조[曲] 작품. 조선 인조 때, 윤선도가 지은 것으로 『만흥』(漫興)·『오우가』(五友歌) 등 모두 18수로 되어있다.

산증 酸症 (산소 산, 증세 증). ①[속뜻]산(酸)에 중독된 증세(症勢). ②[의학]혈액의 산과 염기의 평형이 깨어져 산성이 된 상태. 허파의 가스 교환 기능 저하, 당뇨병, 콩팥 기능 부족, 설사, 쇼크 따위의 경우에 일어난다.

산:지¹ 產地 (낳을 산, 땅 지). ①물건이 생산(生產)되는 곳[地]. '산출지'(產出地)의 준말. ¶대구는 사과의 산지로 유명하다. ②사람이 태어난 땅. [비]원산지(原產地).

⁑**산지²** 山地 (메 산, 땅 지). ①[속뜻]산(山)으로 된 지형(地形). ②산이 많고 들이 적은 지대.

▸산지-대 山地帶 (띠 대). [지리]낙엽 활엽수가 우거져 있는 산악(山岳) 지대(地帶).

산채¹ 山菜 (메 산, 나물 채). 산(山)에서 나는 나물[菜]. ¶산채 비빔밥. [비]산나물.

산채² 山寨 (=山砦, 메 산, 울타리 채). ①산(山)에 돌이나 목책 따위로 울타리[寨]를 둘러 진지를 만든 곳. ¶천막이나 산채에서 휴식을 취하다. ②산적들의 소굴.

산:책 散策 (한가로울 산, 지팡이 책). ①[속뜻]한가로이[散] 지팡이[策]를 짚고 거닒음. ②휴식을 취하거나 건강을 위해서 천천히 걷는 일. ¶할머니는 공원으로 산책을 나가셨다. [비]산보(散步).

▸산:책-로 散策路 (길 로). 산책(散策)할 수 있게 만든 길[路]. ¶낙엽이 쌓인 산책로를 거닐다.

산척 山脊 (메 산, 등성마루 척). 산(山) 등성[脊].

산천 山川 (메 산, 내 천). ①[속뜻]산(山)과 내[川]. ②자연 또는 자연의 경치. ¶고향 산천.

▸산천-어 山川魚 (물고기 어). ①[속뜻]산천(山川)에 사는 물고기[魚]. ②[동물]몸은 송어와 비슷하여 등 쪽은 짙은 청색, 옆구리에 타원형의 얼룩무늬가 있는 민물고기.

▸산천-초목 山川草木 (풀 초, 나무 목). ①[속뜻]산(山)과 내[川]와 풀[草]과 나무[木]. ②'자연'을 이르는 말.

산초 山椒 (메 산, 산초나무 초). 산초나무의 열매. 기름을 만드는 원료로 쓰고 식용 또는 약용한다.

산촌¹ 山村 (메 산, 마을 촌). 산(山)속에 자리한 마을[村].

산:촌² 散村 (흩을 산, 마을 촌). [지리]집들이 한 곳에 모여 있지 않고 드문드문 흩어져 있는[散] 마을[村]. ¶강원도 북부는 산촌의 형태를 띠고 있다. [반]집촌(集村).

산:출¹ 產出 (낳을 산, 날 출). 물건이 생산(生產)되어 나오거나[出] 물건을 생산해 냄. ¶석탄 산출 지역.

▸산:출-물 產出物 (만물 물). 생산(生產)되어 나오는[出] 물건(物件). ¶이 항구는 내륙의 산출물을 집산하는 역할을 한다. [준]산

물.

▸산:출-지 産出地 (땅 지). 물건을 생산(生産)해 내는[出] 곳[地]. ¶이 지역은 주석(朱錫)의 산출지로 유명하다.

산:출[2] **算出** (셀 산, 날 출). 계산(計算)해 냄[出]. ¶성적 산출 / 예산을 산출하다.

▸산:출 가격 算出價格 (값 가, 이를 격). 계산(計算)해 낸[出] 값[價格].

산취 山醉 (메 산, 취할 취). ① 속뜻 높은 산(山)에 올랐을 때, 취(醉)한 듯 어지럽고 몸이 무거운 현상. ② 의학 고산병(高山病).

산:탄[1] **散彈** (흩을 산, 탄알 탄). 군사 ① 총포의 사격에서 탄착점(彈着點)이 널리 흩어진[散] 것. ② 산탄(霰彈).

산:탄[2] **霰彈** (싸라기눈 산, 탄알 탄). 군사 폭발과 동시에 싸라기 눈[霰] 같은 작은 탄알이 퍼져 나가게 된 탄환(彈丸).

산태 山汰 (메 산, 미끄러질 태). 산(山) 중턱의 흙이나 모래 따위가 미끄러져[汰] 내려오는 현상. '산사태'(山沙汰)의 준말.

산통[1] **疝痛** (산증 산, 아플 통). 의학 아랫배 내장의 질환[疝]으로 간격을 두고 되풀이하여 일어나는 복통(腹痛). ㊥급경련통(急痙攣痛).

산:통[2] **産痛** (낳을 산, 아플 통). ① 속뜻 아이를 낳을[産] 때 느끼는 고통(苦痛). ② 의학 해산할 때 주기적으로 되풀이되는 복통(腹痛). 또는 그러한 일. ㊥진통(陣痛).

산:통[3] **算筒** (셀 산, 대롱 통). 산(算)가지를 넣은 조그마한 통(筒). ¶산통을 들고 점을 치다. 관용 산통을 깨다.

▸산:통-점 算筒占 (점칠 점). 민속 산통(算筒) 속에 꽂거나 완전히 집어넣은 산가지를 구멍으로 집어내어 그 산 가지가 나타내는 수효에 따라 치는 점(占).

산:파 産婆 (낳을 산, 할미 파). 아이를 낳을[産] 때, 아이를 받고 산모를 도와주는 일을 하는 여자[婆].

▸산:파-법 産婆法 (법 법). ① 속뜻 아이 낳는[産] 것을 도와주는[婆] 방법(方法). ② 교육 대화를 통하여 상대편의 막연하고 불확실한 지식을 스스로의 힘으로 참되고 바른 개념으로 이끌어 내도록 유도하는 교수 방법의 한 가지. ㊥대화법(對話法).

▸산:파-술 産婆術 (꾀 술). 의학 해산[産婆]이나 임부, 태아 등을 다루는 기술(技術).

▸산:파-역 産婆役 (부릴 역). 산파(産婆)같이 어떤 일을 곁에서 잘 도와 이루어지게 하는 역할(役割). 또는 그러한 역할을 하는 사람. ¶그는 우리 모임의 산파역을 했다.

산판[1] **山坂** (메 산, 비탈 판). ① 속뜻 산(山) 비탈[坂]. ② 산의 일대. ¶도끼 소리가 산판에 울려 퍼졌다. ③ 나무를 찍어 내는 일판. ¶참나무를 쳐내는 산판에서 품을 팔았다.

산:판[2] **算板** (셀 산, 널빤지 판). 계산(計算)할 때 쓰이는 판(板) 모양의 도구. ㊥수판(數板), 주판(珠板).

산포[1] **山砲** (메 산, 대포 포). ① 산(山)에서 사냥하는 포수(砲手). ② 군사 차량이 통행할 수 없는 산악 따위의 전투에서 쓸 수 있도록 분해하여 운반할 수 있게 만든 가벼운 대포.

산:포[2] **散布** (흩을 산, 펼 포). 여기저기 흩어지고[散] 펼쳐져[布] 있음.

▸산:포-도 散布度 (정도 도). ① 속뜻 흩어지고[散] 펼쳐져[布] 있는 정도(程度). ② 수학 도수(度數) 분포의 모양을 조사할 때에 변량(變量)의 흩어져 있는 정도를 가리키는 값. ㊥분산도(分散度).

산-포도 山葡萄 (메 산, 포도 포, 포도 도). ① 속뜻 산(山)에서 나는 포도(葡萄). ② 식물 포도과의 왕머루, 까마귀머루, 새머루 따위를 통틀어 이르는 말. ③ 식물 포도과의 낙엽 활엽 덩굴나무. 줄기에 덩굴손이 있어 담이나 나무에 달라붙어 올라간다. ㊥담쟁이덩굴.

산:표 散票 (흩을 산, 쪽지 표). 투표에서 여러 사람에게 흩어져[散] 찍은 표(票). ¶산표가 많이 나와 정당별 지지율이 비슷하다. ㊥몰표.

산풍 山風 (메 산, 바람 풍). 산(山)에서 불어오는 바람[風]. ¶밤이 되자 산풍이 불어왔다. ㊥산바람.

산하[1] **山下** (메 산, 아래 하). 산(山)의 아래[下].

산하[2] **山河** (메 산, 물 하). ① 속뜻 산(山)과 강[河]. ② 자연 또는 자연의 경치. ¶그리운 고향의 산하. ㊥산천(山川).

산하[3] **傘下** (우산 산, 아래 하). ① 속뜻 우산

[傘] 아래[下]. ②어떤 조직체나 세력의 관할 아래. ¶교육부 산하 각급 학교 교원.

산:학[1] **產學** (낳을 산, 배울 학). 산업계(產業界)와 학계(學界)를 아우르는 말. ¶산학 연계.

▸산:학 협동 產學協同 (합칠 협, 한가지 동). 사회 산업계[產]와 학계[學]가 교육과 연구 활동에서의 협동(協同)을 통하여 기술 교육과 생산성의 향상을 도모하는 일.

산:학[2] **算學** (셀 산, 배울 학). 수학 셈[算]에 관한 학문(學問). ⓑ주학(籌學).

▸산:학-계몽 算學啓蒙 (일깨울 계, 어릴 몽). 책명 초학자들이 산학(算學)을 깨치는[啓蒙] 데 도움을 주는 책. 1299년에 중국 원나라 주세걸이 지었다.

산해 山海 (메 산, 바다 해). 산(山)과 바다[海].

▸산해-진미 山海珍味 (보배 진, 맛 미). 산(山)과 바다[海]에서 나는 온갖 산물로 차린 맛있는[珍] 음식[味]. ⓑ산진해미(山珍海味), 산진해착(山珍海錯), 수륙진미(水陸珍味).

산행 山行 (메 산, 갈 행). 산(山)에 감[行]. 산길을 감. ¶주말에 동료들과 산행을 가다.

산:현 散見 (흩을 산, 뵈올 현). 여기저기에 드문드문[散] 나타남[見]. ⓑ산견(散見).

산:혈 產血 (낳을 산, 피 혈). 해산(解產)할 때 나오는 피[血].

산협 山峽 (메 산, 골짜기 협). ①산(山)속의 골짜기[峽]. ¶산협으로 접어들다. ②도회에서 멀리 떨어져 사람이 많이 살지 않는 곳. ⓑ두메.

산형 山形 (메 산, 모양 형). 산(山)의 생김새[形]. ¶산형과 지세.

산:형 화서 傘形花序 (우산 산, 모양 형, 꽃 화, 차례 서). 식물 무한 꽃차례의 한 가지로 꽃대의 끝에 여러 꽃자루가 한데 모여 우산 모양[傘形]으로 된 꽃차례[花序].

산호 珊瑚 (산호 산, 산호 호). 동물 나뭇가지 모양의 군체(群體)를 이루고 살며, 윗면 중앙에 입이 있고 그 주위에 깃털 모양의 촉수가 있는 강장동물. 죽으면 살이나 기관은 썩고 뼈만 남는다.

▸산호-도 珊瑚島 (섬 도). 지리 산호초(珊瑚礁)가 바다 위에 드러나 이루어진 섬[島].

▸산호-초 珊瑚礁 (잠긴 바위 초). 지리 산호(珊瑚) 군체(群體)의 분비물이나 뼈 따위가 쌓여서 이루어진 석회질의 암초(暗礁). 열대나 아열대의 얕은 바다에 형성된다. ⓑ석화초(石花礁).

▸산호혼-식 珊瑚婚式 (혼인할 혼, 의식 식). 결혼35주년을 맞아 부부가 산호(珊瑚)로 된 선물을 주고받는 결혼기념식(結婚記念式). ⓑ비취혼식(翡翠婚式).

산화[1] **山火** (메 산, 불 화). 산(山)에서 난 불[火].

산화[2] **山花** (메 산, 꽃 화). 산(山)에 피는 꽃[花]. ¶산화가 만개했다. ⓑ산꽃.

산:화[3] **散花** (=散華, 흩을 산, 꽃 화). ① 속뜻 꽃[花]이 져서 흩어짐[散]. 또는 그 꽃. ②어떤 대상이나 목적을 위하여 목숨을 바침. ¶논개는 강물로 몸을 날려 산화했다. ③불교 꽃을 뿌리며 부처를 공양하다. ④식물 꽃은 피는데 열매를 맺지 못한 꽃.

산화[4] **酸化** (산소 산, 될 화). 화학 어떤 물질이 산소(酸素)와 화합(化合)함. ¶철은 쉽게 산화된다. ⓑ환원(還元).

▸산화-대 酸化帶 (띠 대). 지리 주로 산화(酸化) 작용으로 말미암아 변질이 진행된 광상(鑛床)이 띠[帶] 모양을 형성한 것.

▸산화-동 酸化銅 (구리 동). 화학 산화(酸化)된 구리[銅]. 구리의 산화물.

▸산화-물 酸化物 (만물 물). 화학 어떤 원소와 산소(酸素)와의 화합물(化合物)을 통틀어 이르는 말. '산소 화합물'(酸素化合物)의 준말.

▸산화-염 酸化焰 (불꽃 염). 화학 산소(酸素)와 화합(化合)해 가장 활발히 연소하는 불꽃[焰]. 가장 바깥 부분으로 산소의 공급이 원활하여 연소가 가장 완전하며 온도가 가장 높다. ⓑ외염(外焰), 겉불꽃.

▸산화-은 酸化銀 (은 은). 화학 산소(酸素)와 은(銀)의 화합물(化合物).

▸산화-제 酸化劑 (약제 제). 화학 산화(酸化) 작용을 일으키는 약물[劑]. ⓑ환원제(還元劑).

▸산화-철 酸化鐵 (쇠 철). 화학 산소(酸素)와 화합(化合)된 철(鐵).

▸산화-수소 酸化水素 (물 수, 바탕 소). 화학 산소(酸素)와 화합(化合)된 수소(水素). '물'의 화학적 이름.

▸산화-수은 酸化水銀 (물 수, 은 은). 화학 산소(酸素)와 화합(化合)된 수은(水銀).

▸산화-아연 酸化亞鉛 (버금 아, 납 연). 화학 산소(酸素)와 화합(化合)된 아연(亞鉛).

▸산:화 염:료 酸化染料 (물들일 염, 거리 료). 화학 염색할 물질 위에서 산화(酸化)되어 염색되는 물감[染料].

▸산화-질소 酸化窒素 (질소 질, 바탕 소). 화학 산소(酸素)와 화합(化合)된 질소(窒素).

▸산화-탄소 酸化炭素 (숯 탄, 바탕 소). 화학 산소(酸素)와 화합(化合)된 탄소(炭素).

산:회 散會 (흩을 산, 모일 회). 회의(會議)를 마치고 사람들이 흩어짐[散]. ¶그 회의는 결론을 내지 못한 채 산회하였다.

산:후 産後 (낳을 산, 뒤 후). 아이를 낳은[産] 뒤[後]. ¶산후 조리. ㉺산전(産前).

살균 殺菌 (죽일 살, 세균 균). 약품이나 열 따위로 세균(細菌)을 죽임[殺]. ¶살균우유 / 칫솔을 살균하다. ㉥멸균(滅菌).

▸살균-력 殺菌力 (힘 력). 세균(細菌)을 죽이는[殺] 힘[力]. ¶살균력이 강한 세제.

▸살균-제 殺菌劑 (약제 제). 약학 살균(殺菌)하는데 쓰이는 약제(藥劑).

살기 殺氣 (죽일 살, 기운 기). 남을 죽일[殺] 듯한 기세(氣勢)나 분위기. ¶눈에 살기가 가득하다.

▸살기등등 殺氣騰騰 (오를 등, 오를 등). 표정 따위에 살기(殺氣)가 가득 오르다[騰+騰]. ¶살기등등한 표정.

▸살기-충천 殺氣衝天 (찌를 충, 하늘 천). 살기(殺氣)가 하늘[天]을 찌를 듯함[衝]. ¶그는 살기충천한 얼굴로 다가왔다.

살멸 殺滅 (죽일 살, 없앨 멸). 죽여[殺] 없앰[滅]. ¶세균을 살멸하다.

살벌 殺伐 (죽일 살, 벨 벌). ① 속뜻 죽여[殺] 목을 벰[伐]. ②분위기나 풍경 또는 인간관계 따위가 거칠고 무시무시함. ¶살벌한 기운이 감돌다.

살사 장치 撒沙裝置 (뿌릴 살, 모래 사, 꾸밀 장, 둘 치). 교통 레일 위에 모래[沙]를 뿌리는[撒] 장치(裝置). 기관차의 바퀴가 헛돌거나 미끄러지는 것을 방지하기 위해서이다.

살상 殺傷 (죽일 살, 다칠 상). 죽이거나[殺] 부상(負傷)을 입힘. ¶적군을 모조리 살상했다.

살생 殺生 (죽일 살, 살 생). 생명(生命)을 죽임[殺]. 산 것을 죽임. ¶불교에서는 살생을 금지한다.

▸살생-계 殺生戒 (경계할 계). 불교 생명(生命)을 죽이지[殺] 말라는 계율(戒律). 오계(五戒)의 하나.

▸살생-죄 殺生罪 (허물 죄). 불교 무자비한 살생(殺生)을 범한 죄(罪). 또는 그 죄로 인해 받는 벌.

▸살생-유택 殺生有擇 (있을 유, 고를 택). 역사 살아있는[生] 것을 죽일[殺] 때는 골라서[擇] 해야 함[有]. 세속 오계의 하나. ㉾세속 오계(世俗五戒).

살수[1] 殺手 (죽일 살, 손 수). ① 속뜻 죽이는[殺] 손[手]. ②칼과 창을 가진 군사. ③지난날 죄인의 목을 치던 사람.

살수[2] 撒水 (뿌릴 살, 물 수). 물[水]을 뿌림[撒].

▸살수-기 撒水器 (그릇 기). 물[水]을 뿌리는[撒] 기구(器具).

살수 대:첩 薩水大捷 (보살 살, 물 수, 큰 대, 이길 첩). 역사 고구려 영양왕 23년(612)에 고구려 을지문덕 장군이 살수(薩水, 청천강의 옛 이름)를 건너온 중국 수나라의 별동대 30만 명을 몰살시켜 크게[大] 이긴[捷] 전투.

살신성인 殺身成仁 (죽일 살, 몸 신, 이룰 성, 어질 인). ① 속뜻 스스로 몸[身]을 죽여[殺] 어진 일[仁]을 이룸[成]. ②다른 사람 또는 대의를 위해 목숨을 버림. 또는 큰일을 위해 자기희생을 감수함. ¶살신성인하는 모범을 보이다.

살육 殺戮 (죽일 살, 죽일 륙). 사람을 마구 죽임[殺=戮]. ¶무고한 백성을 살육하는 만행을 저질렀다.

살의 殺意 (죽일 살, 뜻 의). 사람을 죽이려는[殺] 생각이나 의도(意圖). ¶그는 처음부터 살의를 가지고 그에게 접근했다.

살인 殺人 (죽일 살, 사람 인). 사람[人]을 죽임[殺]. 남을 죽임. ¶살인을 저지르다.

▸살인-광 殺人狂 (미칠 광). 살인(殺人)하는데 재미를 붙인 미치광이[狂].

▸살인-극 殺人劇 (연극 극). 사람[人]을 죽이는[殺], 마치 연극(演劇) 같은 소동.

▸살인-마 殺人魔 (마귀 마). 살인(殺人)에 미친 마귀(魔鬼).

▸살인-범 殺人犯 (범할 범). 법률 살인죄(殺人罪)를 범(犯)한 사람. 또는 그 죄. ¶살인범을 공개 수배했다. ⓑ살해범(殺害犯).

▸살인-자 殺人者 (사람 자). 살인(殺人)을 한 사람[者].

▸살인-적 殺人的 (것 적). 사람[人]을 죽일[殺] 정도로 몹시 심한 것[的]. ¶살인적인 더위.

▸살인-죄 殺人罪 (허물 죄). 법률 고의로 사람[人]을 죽인[殺] 죄(罪). ¶그에게는 살인죄가 적용되었다.

▸살인 미:수 殺人未遂 (아닐 미, 이룰 수). 법률 사람[人]을 죽이려다가[殺] 이루지[遂] 못함[未]. ¶그는 살인 미수로 30년형을 선고받았다.

살정-제 殺精劑 (죽일 살, 정액 정, 약제 제). 약학 정자(精子)를 죽이는[殺] 약[劑]. ⓑ피임약(避妊藥).

살초-제 殺草劑 (죽일 살, 풀 초, 약제 제). 농업 잡초(雜草)를 없애는[殺] 약[劑]. ⓑ제초제(除草劑).

살충 殺蟲 (죽일 살, 벌레 충). 벌레[蟲]를 죽임[殺]. ¶이 약은 살충 효과가 높다.

▸살충-등 殺蟲燈 (등불 등). 해충(害蟲)을 죽이기[殺] 위한 등(燈). ⓑ유아등(誘蛾燈).

▸살충-제 殺蟲劑 (약제 제). 약학 벌레[蟲]를 죽이거나[殺] 없애는 약[劑]. ⓑ구충제(驅蟲劑).

살파 撒播 (뿌릴 살, 뿌릴 파). 씨를 골고루 뿌림[撒=播]. ¶볍씨를 살파하느라 분주하다.

살포 撒布 (뿌릴 살, 펼 포). 뿌려서[撒] 골고루 폄[布]. ¶논에 농약을 살포하다.

▸살포-제 撒布劑 (약제 제). ① 속뜻 뿌려서[撒布] 사용하는 약제(藥劑). ② 약학 피부의 습진을 막거나 상처를 치료하기 위하여 뿌리는 외용약. ⓑ살포약(撒布藥).

살해 殺害 (죽일 살, 해칠 해). 사람을 해쳐[害] 죽임[殺]. ¶살해 현장.

▸살해-범 殺害犯 (범할 범). 법률 사람을 죽인[殺害] 범인(犯人). ¶살해범을 잡았다.

살활 殺活 (죽일 살, 살 활). 죽임[殺]과 살림[活]. ¶포로의 살활은 외교부의 결정에 달렸다.

살획 殺獲 (죽일 살, 잡을 획). 죽임[殺]과 사로잡음[獲]. ¶적군을 살획하다.

삼가 三加 (석 삼, 더할 가). 관례 때에 세[三] 번 관을 갈아 씌우던[加] 의식. ¶삼가의 의식을 진행하다.

삼각[1] 三刻 (석 삼, 시각 각). 세[三] 번째의 시각(時刻). 세 시각.

삼각[2] 三角 (석 삼, 모서리 각). ① 속뜻 세[三] 모퉁이[角]. ② 수학 '삼각형'(三角形)의 준말.

▸삼각-가 三角架 (시렁 가). 화학 도가니를 걸쳐 놓는 데 쓰는 정삼각형(三角形) 모양의 틀[架].

▸삼각-강 三角江 (강 강). 지리 조류(潮流) 따위로 삼각주(三角洲)가 형성되지 못하고 하구가 침식되어 삼각형(三角形)으로 만들어진 강(江).

▸삼각-건 三角巾 (수건 건). 의학 부상자의 응급치료 따위에 쓰이는 삼각형(三角形)의 헝겊[巾].

▸삼각-근 三角筋 (힘줄 근). 의학 어깨뼈에서 위팔뼈의 가에 위치한, 삼각형(三角形)의 근육(筋肉). ⓑ어깨세모근.

▸삼각-법 三角法 (법 법). ① 수학 삼각형(三角形)의 변과 각의 관계를 기초로 하는 수학의 한 분과[法]. 도형의 양적 관계, 측량 따위에 이용한다. ② 제3각에서의 물체의 투영도(投影圖)를 만드는 제도방식. 삼각술(三角術).

▸삼각-비 三角比 (견줄 비). 수학 직각 삼각형(三角形)의 변의 비(比).

▸삼각-산 三角山 (메 산). 지리 백운대(白雲臺), 만경대(萬景臺), 인수봉(仁壽峯)이 세[三] 꼭지각[角]을 이루고 있는 산(山). 서울 북한산(北漢山)의 딴 이름.

▸삼각-수 三角鬚 (수염 수). 두 뺨과 턱에 삼각형(三角形)을 이루고 있는 수염(鬚髥).

▸삼각-익 三角翼 (날개 익). 항공 초음속 항공기의 세모꼴[三角]의 날개[翼]. ⓑ델타

날개.

▸삼각-점 三角點(점 점). 건설 삼각 측량 때, 기준으로 선정된 세[三] 꼭지[角] 점(點). 또는 그 점에 설치한 표지.

▸삼각-주 三角洲(섬 주). 지리 강이 바다로 들어가는 어귀에 강물이 운반하여 온 모래나 흙이 쌓여, 삼각형(三角形)으로 이루어진 섬[洲] 같은 지형.

▸삼각-주 三角柱(기둥 주). 수학 밑면이 삼각형(三角形)인 기둥[柱]. ⓑ삼각기둥.

▸삼각-지 三角紙(종이 지). 곤충을 채집할 때 쓰는 삼각형(三角形)의 종이[紙] 봉투.

▸삼각-철 三角鐵(쇠 철). 음악 타악기의 한 가지. 정삼각형(三角形)으로 구부린 강철(鋼鐵) 막대. 한쪽 끝을 줄로 매달고 같은 재질의 막대로 두드려서 소리를 낸다. ⓑ트라이앵글.

▸삼각-추 三角錐(송곳 추). 수학 밑면은 삼각형(三角形)이고 끝은 송곳[錐]처럼 뾰족한 모양의 도형. ⓑ삼각뿔.

▸삼각-파 三角波(물결 파). ① 속뜻 세모꼴[三角]로 생기는 파도(波濤). ② 진행 방향이 다른 둘 이상의 물결이 겹쳐서 된 불규칙한 높은 파도. 파장에 비하여 파고가 높아서 삼각형을 이룬다.

▸삼각-패 三角貝(조개 패). ① 속뜻 삼각형(三角形)의 조개[貝]. ② 동물 중생대(中生代)의 표준 화석으로 쥐라기와 백악기의 지층에서 많이 찾아볼 수 있는 조개.

▸삼각-표 三角表(겉 표). 수학 삼각 함수(三角函數)의 값을 정리한 표(表).

▸삼각-형 三角形(모양 형). ①세[三] 개의 모서리[角]가 있는 모양[形]. ② 수학 세 개의 선분으로 둘러싸인 평면 도형.

▸삼각-관계 三角關係(빗장 관, 맬 계). 셋[三角] 사이의 관계(關係). 특히 세 남녀 사이의 연애 관계.

▸삼각-급수 三角級數(등급 급, 셀 수). 수학 삼각 함수(三角函數)를 항(項)으로 하는 급수(級數).

▸삼각 동맹 三角同盟(한가지 동, 맹세할 맹). 사회 세 나라나 세 사람[三角] 사이에 맺어진 동맹(同盟).

▸삼각 무:역 三角貿易(바꿀 무, 바꿀 역). 경제 두 나라 사이의 무역상의 불균형을 없애기 위해서 제 삼국[三角]을 개입시켜 서로 균형을 유지해 나가는 무역(貿易).

▸삼각익-기 三角翼機(날개 익, 틀 기). 항공 삼각형(三角形)의 날개[翼]를 가진 비행기(飛行機). ⓑ델타기(delta機).

▸삼각 측량 三角測量(잴 측, 분량 량). 건설 삼각법(三角法)을 응용한 측량법(測量法). 실지 측량이 가능한 거리나 각도에서 실지 측량이 불가능한 거리나 표고(標高) 따위를 구하는 기초적인 방법.

▸삼각 함:수 三角函數(넣을 함, 셀 수). 수학 직각 삼각형에서 직각이 아닌 밑각의 크기가 일정할 때 그 각도와 삼각비(三角比)와의 관계를 여섯 가지의 함수(函數)로 나타낸 것.

▸삼각 방정식 三角方程式(모 방, 거리 정, 법 식). 수학 미지수나 미지수의 식의 삼각함수(三角函數)를 포함하는 방정식(方程式).

삼각[3] 三脚(석 삼, 다리 각). ① 속뜻 세[三] 발[脚] 달린 받침대. ② '삼각가'(三脚架)의 준말. ③ 비경이. ⓑ삼발이.

▸삼각-가 三脚架(시렁 가). 망원경이나 사진기, 나침반 같은 것을 얹어 놓는 세[三] 발[脚] 달린 받침대[架].

삼강 三綱(석 삼, 벼리 강). 유교 도덕의 기본이 되는 세[三] 가지 기본 강령(綱領). 곧 임금과 신하간의 군위신강(君爲臣綱), 아버지와 자식간의 부위자강(父爲子綱), 남편과 아내간의 부위부강(夫爲婦綱) 사이에 지켜야 할 떳떳한 도리를 이른다.

▸삼강-오:륜 三綱五倫(다섯 오, 도리 륜). 유교의 도덕에서 기본이 되는 세[三] 가지 강령(綱領)과 지켜야 할 다섯[五] 가지 도리[倫].

▸삼강-오상 三綱五常(다섯 오, 늘 상). 유교의 도덕에서 기본이 되는 세[三] 가지 강령(綱領)과 지켜야 할 다섯[五] 가지 늘[常] 지켜야할 도리.

▸삼강-행실도 三綱行實圖(행할 행, 실제 실, 그림 도). 책명 조선 세종 때, 설순 등이 왕명으로 삼강(三綱)의 모범이 될 충신·효자·열녀를 사적(史跡)에서 뽑아 그 덕행[行實]을 찬양하여 편찬한 그림책[圖].

삼-강령 三綱領(석 삼, 벼리 강, 요점 령). 『대학』(大學)의 근본정신인 세[三] 가지 기본적이고 중요한 요점[綱領]. 곧 명명덕

(明明德), 친민(親民), 지어지선(止於至善)을 이른다.

삼경[1] 三更 (셋째 삼, 시각 경). ① 하룻밤을 오경(五更)으로 나눈 것 중 셋째[三] 시각[更]. 밤 11시부터 이튿날 새벽 1시까지. ② 한밤중.

삼경[2] 三京 (석 삼, 서울 경). ① 속뜻 세[三] 개의 서울[京]. ② 역사 고구려 때 서울로 삼은 평양성, 국내성, 한성을 이르는 말. ③ 역사 고려 때 중경(개성), 서경(평양), 동경(경주). 또는 서경, 동경, 남경(서울)을 이르던 말.

삼경[3] 三經 (석 삼, 책 경). 시경(詩經)·서경(書經)·주역(周易)의 세[三] 경서(經書).

삼경[4] 三敬 (석 삼, 공경할 경). 천도교에서, 세[三] 가지의 공경(恭敬)해야 할 것. 즉 경천(敬天), 경인(敬人), 경물(敬物)을 이른다.

삼계[1] 三戒 (석 삼, 경계할 계). ① 일생 동안 경계(警戒)해야 할 세[三] 가지 일. 청년기에는 여색(女色), 중년기에는 투쟁(鬪爭), 노년기에는 이욕(利慾)이다. ② 불교 출가계(出家戒), 재가계(在家戒), 도속공수계(道俗共守戒)를 아울러 이르는 말.

삼계[2] 三計 (석 삼, 셀 계). ① 속뜻 세[三] 가지 계획(計劃). ② 곡식을 가꾸는 1년의 계획, 나무를 가꾸는 10년의 계획, 인재를 기르는 종신(終身)의 계획을 이르는 말.

삼계[3] 三界 (석 삼, 지경 계). ① 속뜻 세[三] 개의 세계(世界). ② 불교 생사유전(生死流轉)이 그침 없는 중생계를 욕계(欲界), 색계(色界), 무색계(無色界)의 셋으로 분류한 것. ③ 불교 천계(天界)·지계(地界)·인계(人界), 곧 하늘·사람·땅의 세 세계를 이르는 말.

▸**삼계-팔고** 三界八苦 (여덟 팔, 괴로울 고). 중생이 생사 왕래한다는 삼계(三界)에서 가장 힘이 드는 여덟[八] 가지의 고통(苦痛).

삼계-탕 蔘鷄湯 (인삼 삼, 닭 계, 끓을 탕). 어린 햇닭[鷄]의 내장을 빼고 인삼(人蔘)을 넣어 끓인 탕국[湯]. ¶여름에 삼계탕을 먹어 몸보신한다.

삼고[1] 三考 (석 삼, 생각할 고). 세[三] 번 생각함[考]. 또는 여러 번 생각함. ¶이 일은 재고 삼고가 필요한 문제이다.

삼고[2] 三苦 (석 삼, 괴로울 고). 불교 세[三] 가지 고통(苦痛). 즉 고고(苦苦), 괴고(壞苦), 행고(行苦)를 이른다.

삼고[3] 三高 (석 삼, 높을 고). 한자 및 한자어 학습으로 세[三] 가지가 높아지는[高] 현상. 즉 고품격(高品格), 고학력(高學力), 고득점(高得點)를 이른다.

▸**삼고-효과** 三高效果 (보람 효, 열매 과). 품격, 학력, 득점 이상 세[三] 가지가 높아[高] 질 수 있는 효과(效果). 한자 및 한자어 학습을 통하여 삼고 효과를 누릴 수 있다.

삼고[4] 三顧 (석 삼, 돌아볼 고). ① 속뜻 세[三] 번 찾아봄[顧]. ② '삼고초려'(三顧草廬)의 준말. ③ '임금이나 윗사람이 특별히 신임하거나 우대하는 일'을 이르는 말.

▸**삼고-초려** 三顧草廬 (풀 초, 오두막집 려). ① 속뜻 중국 삼국 시대에 촉한(蜀漢)의 유비(劉備)가 제갈량(諸葛亮)을 초빙하기 위해 그의 초가집[草廬]으로 세[三] 번이나 찾아감[顧]. ② 인재를 맞아들이기 위해 끈질기게 노력함.

삼골 三骨 (석 삼, 뼈 골). ① 속뜻 세[三] 가지 골품(骨品). ② 역사 신라 때, 왕족 및 귀족의 혈통이던 성골(聖骨)·진골(眞骨)·제이골(第二骨)의 세 가지.

삼공 三公 (석 삼, 귀인 공). ① 속뜻 세[三] 종류의 정승[公]. ② 역사 고려 때, 태위(太尉)·사도(司徒)·사공(司空). ③ 역사 조선 때, 영의정·좌의정·우의정.

삼과[1] 三過 (석 삼, 지나칠 과). 불교 몸과 입과 뜻이 저지르는 세[三] 가지 허물[過].

삼과[2] 三寡 (석 삼, 적을 과). 양생법(養生法)의 한 가지. 기호와 욕심, 말, 생각의 세[三] 가지를 적게[寡] 하여 정신을 기르는 일.

삼관 三館 (석 삼, 집 관). 조선 때, 문서를 다루는 일을 맡아보던 세[三] 관아[館]. 홍문관(弘文館)·예문관(藝文館)·교서관(校書館)을 이른다.

삼관-왕 三冠王 (석 삼, 갓 관, 임금 왕). ①세[三] 종목에 걸쳐 우승하여 관(冠)을 쓴 선수를 왕(王)에 비유한 말. ②세 종류의 칭호나 영예를 동시에 지닌 사람.

삼교[1] 三校 (석 삼, 고칠 교). 출판 세 번째[三]로 보는 교정(校正).

삼교[2] 三教 (석 삼, 종교 교). 유교(儒教)·불교(佛教)·도교(道教), 또는 유교·불교·선교(仙教)의 세[三] 종교(宗教).

삼구[1] 三仇 (석 삼, 원수 구). ① 속뜻 세[三] 가지를 원수[仇]. ② 가톨릭 착한 일을 못하게 방해하는 육신(肉身), 세속(世俗), 마귀(魔鬼)를 이르는 말.

삼구[2] 三懼 (석 삼, 두려워할 구). 임금이 조심해야[懼] 할 세[三] 가지 일. 곧 아랫사람의 말을 참고하지 않는 일, 연로(年老)하여 교만해 지는 일, 듣기만 하고 행하지는 않는 일을 이른다.

⁑**삼국** 三國 (석 삼, 나라 국). ① 속뜻 세[三] 개의 나라[國]. ¶한, 중, 일 삼국. 역사 ② 고구려(高句麗), 백제(百濟), 신라(新羅)의 세 나라. ③ 중국 후한(後漢) 말에 일어난 위(魏), 촉(蜀), 오(吳)의 세 나라.

▸삼국-지 三國志 (기록할 지). 책명 중국 진나라 때에 진수가 중국의 위·촉·오 삼국(三國)의 역사를 적은[志] 책.

▸삼국-사기 三國史記 (역사 사, 기록할 기). 책명 고구려(高句麗), 백제(百濟), 신라(新羅) 세 나라[三國]의 역사(歷史)를 기록(記錄)한 책. 고려 인종 때 김부식(金富軾) 등이 왕명으로 편찬하였다.

▸삼국 시대 三國時代 (때 시, 연대 대). 역사 ① 고구려(高句麗), 백제(百濟), 신라(新羅)의 삼국(三國)이 정립하고 있던 시대(時代). ② 중국에서 위(魏), 촉(蜀), 오(吳)가 정립하고 있던 시대.

▸삼국-유사 三國遺事 (남길 유, 일 사). 책명 고려 충렬왕 때, 일연(一然)이 고구려(高句麗)·백제(百濟)·신라(新羅) 세 나라[三國]의 사적 및 신화·전설·시가(詩歌) 등 전해져[遺] 내려오는 이야기[事]를 담은 책.

▸삼국지-연의 三國志演義 (기록할 지, 펼칠 연, 뜻 의). 문학 중국 원나라의 작가 나관중이 지은 장편 역사 소설. 위(魏), 촉(蜀), 오(吳) 세[三] 나라[國]의 역사[志]를 소재로 줄거리 뜻[義]을 알기 쉽게 풀이하여[演] 소설로 엮은 책.

삼군 三軍 (석 삼, 군사 군). ① 속뜻 세[三] 종류의 군대(軍隊). ② 군사 육(陸), 해(海), 공군(空軍)을 통틀어 이르는 말. ③ 군사 예전에 군 전체를 이르던 말. ④ 역사 고려 시대의 군 체제. 좌군, 우군, 중군으로 구성.

▸삼군-도총제부 三軍都摠制府 (모두 도, 거느릴 총, 누를 제, 관청 부). ① 속뜻 삼군(三軍) 모두[都]를 통솔하던[摠制] 기관[府]. ② 역사 고려 말, 고려 말기·조선 전기에, 중외(中外)의 군사를 통할하던 관아. 고려 공양왕 때(1391) 설치한 뒤 조선에 들어와 의흥삼군부(義興三軍府)로 개편되었다.

삼-군문 三軍門 (석 삼, 군사 군, 문 문). 역사 조선 때, 훈련도감(訓鍊都監)·금위영(禁衛營)·어영청(御營廳)의 세[三] 군영(軍營)의 문(門).

삼권 三權 (석 삼, 권리 권). ① 속뜻 세[三] 종류의 권리(權利). ② 법률 입법권(立法權), 사법권(司法權), 행정권(行政權)을 아울러 이르는 말.

▸삼권 분립 三權分立 (나눌 분, 설 립). ① 속뜻 세[三] 가지 권리[權]를 나누어[分] 세움[立]. ② 법률 국가 권력의 집중으로 인한 폐단을 막기 위하여 국가 권력을 입법, 사법, 행정으로 나누어 분담하는 통치 조직의 기본 원리.

삼-귀의 三歸依 (석 삼, 돌아갈 귀, 의지할 의). 불교 불(佛), 법(法), 승(僧)의 삼보(三寶)에 귀의(歸依)하는 일. 불문(佛門)에 처음 들어와서 행하는 의식이다. ㊜삼귀.

삼극 三極 (석 삼, 끝 극). ① 물리 전기의 양극, 음극, 그리드의 세[三] 극(極). ② 민속 관상에서 이마와 코와 턱을 이르는 말. 이마를 천(天), 코를 인(人), 턱을 지(地)로 본다. ㊥삼재(三才).

▸삼극 진공관 三極眞空管 (참 진, 빌 공, 대롱 관). ① 속뜻 극(極)이 세[三] 개인 진공관(眞空管). ② 물리 진공관의 양극과 음극 사이에 그리드라고 하는 극을 하나 더 넣은 진공관. 정류(整流)와 전류, 전압의 증폭 및 검파(檢波)에 사용하고 교류의 정조기(整調器)와 전기 진동의 발진기 같은 데에도 사용한다.

삼금 三芩 (석 삼, 피리 금). 음악 대금(大芩), 중금(中芩), 소금(小芩)의 세[三] 가지 피리[芩].

삼남[1] 三男 (석 삼, 사내 남). ① 셋째[三] 아들[男]. ¶최 영감네 삼남이 오늘 결혼한다.

②세 아들.

삼남[2] 三南 (석 삼, 남녘 남). 지리 한반도의 남(南)쪽에 있는 충청도, 전라도, 경상도 세[三] 지방을 통틀어 이르는 말. ¶삼남은 곡창지대이다. ㉥삼남삼도(三南三道).

▸삼남-삼도 三南三道 (석 삼, 길 도). 삼남(三南) 지방의 세[三] 도(道). 곧 경상도, 전라도, 충청도를 이른다.

삼녀 三女 (석 삼, 딸 녀). ①셋째[三] 딸[女]. ②세 딸. ¶김씨는 삼녀를 모두 출가시켰다.

삼년 三年 (석 삼, 해 년). ①세[三] 번의 해[年]. ②'삼학년'(三學年)을 이르는 말. ¶그에게는 고교 삼년의 딸이 하나 있다.

삼년-상 三年喪 (석 삼, 해 년, 죽을 상). 부모의 상을 당하여 약 삼년(三年) 동안 상(喪)을 치름.

삼농 蔘農 (인삼 삼, 농사 농). 인삼(人蔘)을 재배하는 농사(農事).

삼다-도 三多島 (석 삼, 많을 다, 섬 도). ① 속뜻 세[三] 가지가 많은[多] 섬[島]. ②바람, 돌, 여자가 많은 섬이라는 의미로 '제주도'를 달리 이르는 말.

삼단[1] 三端 (석 삼, 끝 단). 군자가 조심해야 할 세[三] 가지의 끝[端]. 문사(文士)의 붓끝, 무사(武士)의 칼끝, 변사(辯士)의 혀끝을 이른다.

삼단[2] 三段 (석 삼, 구분 단). ①단계나 순서를 세[三] 개로 구분한[段] 것. ¶삼단 옆차기. ②세 단락의 구분. ¶이 글을 삼단으로 나누어라.

▸삼단 교:수 三段教授 (가르칠 교, 줄 수). 교육 ①가르치는 과정을 직관(直觀), 총괄(總括), 응용(應用)의 세[三] 단계(段階)로 나누어 가르치는[教授] 방법(方法). ②예비(豫備), 교수(教授), 정리(整理)의 세 단계로 하는 단원 전개 방법.

▸삼단 논법 三段論法 (논할 론, 법 법). 논리 세[三] 단계(段階)로 추리하는 논법(論法). 대전제와 소전제를 제시하고 공통의 중개념을 이용하여 결론을 이끌어낸다. 예를 들면 '가축은 동물이다. 돼지는 가축이다. 그러므로 돼지는 동물이다.' 따위이다.

▸삼단 전:법 三段戰法 (싸울 전, 법 법). 운동 배구에서, '패스·토스·스파이크' 이상 세[三] 단계(段階)로 공격하는[戰] 방법(方法).

삼-단전 三丹田 (석 삼, 붉을 단, 밭 전). 도가(道家)에서 말하는 세 [三] 곳의 단전(丹田). 상(上) 단전은 뇌를, 중(中) 단전은 심장을, 하(下) 단전은 배꼽 아래를 이른다.

삼-달덕 三達德 (석 삼, 통달할 달, 베풀 덕). 어떠한 경우에도 통하는[達] 세[三] 가지의 덕(德). 지(智), 인(仁), 용(勇)을 이른다. ㉾삼달.

삼-당시인 三唐詩人 (석 삼, 당나라 당, 시 시, 사람 인). 문학 조선 중기, 당시(唐詩)에 뛰어난 세[三] 명의 시인(詩人). 백광훈, 최경창, 이달을 이른다.

삼대 三代 (석 삼, 세대 대). 아버지와 아들, 손자의 세[三] 대(代). ¶삼대가 함께 살다.

▸삼대-목 三代目 (눈 목). 책명 신라 시대의 향가 작품을 수집하여, 상, 중, 하의 세[三] 시대(時代)로 나누고, 내용에 따라 조목(條目)을 나누어 엮은 향가집.

삼-대양 三大洋 (석 삼, 큰 대, 큰바다 양). ① 속뜻 세[三] 개의 큰[大] 바다[洋]. ②태평양(太平洋), 대서양(大西洋), 인도양(印度洋)을 통틀어 이르는 말.

삼덕 三德 (석 삼, 베풀 덕). ① 속뜻 세[三] 가지 덕(德). ②유교의 정직(正直)·강극(剛克)·유극(柔克), 혹은 지(智)·인(仁)·용(勇), 또는 지덕(至德)·민덕(敏德)·효덕(孝德)을 아울러 이르는 말. ③ 기독교 믿음, 소망, 사랑을 아울러 이르는 말. ③ 불교 불과(佛果)에 이르는 세 가지 공덕. 지덕(智德), 단덕(斷德), 은덕(恩德)을 이른다. ④ 불교 열반을 얻은 이에게 갖추어진 세 가지 덕. 법신덕, 반야덕, 해탈덕을 이른다.

▸삼덕-송 三德頌 (기릴 송). 가톨릭 믿음, 소망, 사랑의 세[三] 가지 덕(德)을 기리며[頌] 읊는 기도문.

삼도 三道 (석 삼, 길 도). ① 속뜻 세[三] 가지 방도(方道). ②부모를 섬기는 세 가지 도리. 봉양하는 일, 상사(喪事)에 근신하는 일, 제사를 받드는 일을 이른다. ㉥삼행(三行). ② 군사 군사를 쓰는 세 가지 병법. 정병(正兵), 기병(奇兵), 복병(伏兵)을 이른다. ③ 불교 성문이나 보살이 수행하는 세 단계 과정. 견도(見道), 수도(修道), 무학도(無學道)를 이른다.

▸삼도 통:어사 三道統禦使 (거느릴 통, 대비할 어, 부릴 사). 역사 조선 후기, 경기·충청·황해의 삼도(三道)의 병력을 총괄·지휘했던[統禦] 직책[使].

▸삼도 수군통:제사 三道水軍統制使 (물 수, 군사 군, 거느릴 통, 누를 제, 부릴 사). 역사 임진왜란 때에, 경상·전라·충청 삼도(三道)의 수군(水軍)을 모두 총괄·지휘했던[統制] 직책[使].

▸삼도 육군통:어사 三道陸軍統禦使 (뭍 륙, 군사 군, 거느릴 통, 대비할 어, 부릴 사). 역사 조선 고종 말기에, 경상·전라·충청 삼도(三道)의 육군(陸軍)을 모두 총괄·지휘했던[統禦] 직책[使]. 삼남(三南)의 민란을 효과적으로 수습하게 하기 위한 임시 무관직이었다.

삼독 三毒 (석 삼, 독할 독). 불교 사람의 착한 마음을 해치는 세[三] 가지 나쁜 것[毒]. 탐냄, 성냄, 어리석음이다.

삼동[1] 三冬 (석 삼, 겨울 동). ①겨울[冬]에 해당되는 세[三] 달. ②3년의 겨울.

삼동[2] 三同 (석 삼, 한가지 동). ①세[三] 가지의 물건을 합함[同]. 또는 그렇게 합한 것. ②머리, 몸, 팔다리의 세 부분을 합한 것.

삼두-음 三豆飮 (석 삼, 콩 두, 마실 음). 녹두, 팥, 검정콩, 세[三] 종류의 콩[豆]을 넣고 끓인 음료(飮料). 천연두를 치르는 아이에게 약으로 쓰는데 여름에 차대신 먹기도 한다.

삼두 정치 三頭政治 (석 삼, 머리 두, 정사 정, 다스릴 치). 역사 고대 로마에서, 세[三] 명의 지도자[頭]가 동맹하여 행한 전제 정치(政治). 공화정에서 제정(帝政)으로 넘어가는 과도기적인 정치 형태이다.

삼등 三等 (석 삼, 무리 등). 세[三] 번째 등급(等級). ¶삼등 선실.

삼라 森羅 (수풀 삼, 늘어설 라). 숲[森]처럼 빽빽하게 늘어서[羅] 있음.

▸삼라-만:상 森羅萬象 (일만 만, 모양 상). 우주 속에 빽빽하게[森] 존재하는[羅] 온갖 사물과 모든[萬] 현상(現象).

삼락 三樂 (석 삼, 즐길 락). ① 속뜻 세[三] 가지 즐거움[樂]. ②군자의 세 가지 즐거움. 부모가 살아 계시고 형제가 무고한 것, 하늘과 사람에게 부끄러워할 것이 없는 것, 천하의 영재를 얻어서 가르치는 것을 이른다. '군자삼락'(君子三樂)의 준말. ③인생의 세 가지 즐거움. 사람으로 태어난 것, 사내로 태어난 것, 장수하는 것을 이른다. '인생삼락'(人生三樂)의 준말.

삼력 三力 (석 삼, 힘 력). 한자 및 한자어 속뜻 학습을 통하여 얻어지는 세[三] 가지 능력(能力). 즉 이해력(理解力), 사고력(思考力), 창의력(創意力)을 이른다.

▸삼력-효과 三力效果 (보람 효, 열매 과). 한자 및 한자어 학습자에게 세[三] 가지 능력(能力)이 주어지는 효과(效果).

삼례 三禮 (석 삼, 예도 례). ①세[三] 번 절하여 예(禮)를 표함. ②『예기』(禮記), 『주례』(周禮), 『의례』(儀禮)를 통틀어 이르는 말.

삼론 三論 (석 삼, 논할 론). 불교 삼론종(三論宗)의 세[三] 가지 경론(經論). 『중관론』(中觀論), 『십이문론』(十二門論), 『백론』(百論)을 이른다.

▸삼론-종 三論宗 (마루 종). 불교 삼론(三論)을 기본 경전으로 하는 대승 불교의 한 종파(宗派).

삼루[1] 滲漏 (스밀 삼, 샐 루). 액체가 스며[滲] 새나옴[漏].

삼루[2] 三壘 (석 삼, 진 루). 운동 야구에서, 주자가 세[三] 번째 밟는 베이스[壘]. ¶주자가 삼루에서 아웃되었다.

▸삼루-수 三壘手 (사람 수). 운동 야구에서, 삼루(三壘)를 지키는 선수(選手).

▸삼루-타 三壘打 (칠 타). 운동 야구에서, 타자가 한 번에 삼루(三壘)까지 갈 수 있도록 친 안타(安打).

삼류 三流 (셋째 삼, 갈래 류). 세 부류 중에서 가장 낮은 셋째[三] 등급이나 유파(流派). ¶삼류 영화.

삼륙-판 三六判 (석 삼, 여섯 륙, 가를 판). 출판 ①가로 3치[三], 세로 6치[六]로 자른[判] 인쇄용지. 가로 약 90㎜, 세로 약 180㎜이다. ②삼륙판으로 인쇄한 인쇄물.

삼륜-차 三輪車 (석 삼, 바퀴 륜, 수레 차). 세[三] 개의 바퀴[輪]가 달린 차(車).

삼릉-석 三稜石 (석 삼, 모서리 릉, 돌 석). 지리 바람에 날려 오는 모래에 깎여 세[三]

개의 모서리[稜]가 생긴 돌[石]. 사막이나 바람이 강한 해안에서 많이 형성된다.

삼립 森立 (빽빽할 삼, 설 립). 나무숲처럼 빽빽하게[森] 들어섬[立]. ¶도시 개발로 대형 빌딩이 삼립하게 되었다.

⁑**삼림** 森林 (빽빽할 삼, 수풀 림). 나무가 빽빽한[森] 숲[林]. 나무가 많이 우거진 곳. ¶삼림을 보호하자.

▸삼림-대 森林帶 (띠 대). 지리 삼림(森林)을 기후 조건의 변화에 따라 띠[帶] 모양으로 구분한 것. 온도 변화에 따른 삼림대에는 위도에 따른 수평적 삼림대와 해발 고도에 따른 수직적 삼림대가 있다.

▸삼림-욕 森林浴 (목욕할 욕). ① 속뜻 숲[森林] 기운으로 목욕(沐浴)하는 것. ② 병 치료나 건강을 위하여 숲에서 산책하거나 온몸을 드러내고 숲 기운을 쐬는 일.

▸삼림 경계 森林境界 (지경 경, 지경 계). 지리 기온과 강우량(降雨量)에 따라 생기는 삼림(森林) 분포의 경계(境界).

▸삼림 한:계선 森林限界線 (끝 한, 지경 계, 줄 선). 지리 삼림(森林)이 자랄 수 있는 한계(限界)가 되는 선(線). 산의 높이가 높아 갈수록 기후가 차서 삼림대가 없어지고 고산대(高山帶)가 나타난다.

삼망[1] 三忘 (석 삼, 잊을 망). 병사가 전장에서 잊어야[忘] 할 세[三] 가지 일. 명령을 받고서는 가정을 잊고, 전투를 할 때는 부모를 잊고, 공격의 북소리를 듣고는 자기 자신을 잊어야 한다는 것이다.

삼망[2] 三望 (석 삼, 바랄 망). ① 벼슬아치를 발탁할 때 공정한 인사 행정을 위해 세[三] 사람의 후보자[望]를 임금에게 추천하던 일. ② 시호를 정할 때 세 가지를 들어 그 가운데 하나를 택하던 일.

삼매 三昧 (석 삼, 새벽 매). ① 불교 산스크리트어 '사마디'(Samadhi)의 한자 음역어. 잡념을 떠나서 오직 하나의 대상에만 정신을 집중하는 경지. 이 경지에서 바른 지혜를 얻고 대상을 올바르게 파악하게 된다. ② 다른 말 아래 쓰여 그 일에 열중하여 여념이 없음을 이르는 말.

▸삼매-경 三昧境 (상태 경). 불교 삼매(三昧)의 경지(境地)에 이른 상태. ¶독서 삼매경에 빠지다.

▸삼매-당 三昧堂 (집 당). 불교 승려가 삼매(三昧)를 위해 수행하는 집[堂]. 법화 삼매당, 상행 삼매당, 염불 삼매당 따위가 있다.

▸삼매-승 三昧僧 (스님 승). 불교 삼매당에서 법화 삼매(三昧)나 염불 삼매를 닦는 승려(僧侶).

삼면 三面 (석 삼, 쪽 면). 세[三] 가지 방면(方面)이나 쪽. ¶삼면이 바다로 둘러싸여 있다.

▸삼면-각 三面角 (모서리 각). 세[三] 개의 평면(平面)이 한 점에서 만날 때 생기는 입체적인 각(角).

▸삼면-경 三面鏡 (거울 경). 거울 세 개가 옆으로 나란히 붙어 있어 세[三] 면(面)을 볼 수 있는 거울[鏡].

삼모-작 三毛作 (석 삼, 털 모, 지을 작). 농업 같은 논밭에서 한 해에 세[三] 번 모[毛]를 내어 경작(耕作)을 함.

삼무 三務 (석 삼, 일 무). 봄, 여름, 가을 세[三] 철의 농사일[務].

삼무-도 三無島 (석 삼, 없을 무, 섬 도). ① 속뜻 세[三] 가지가 없는[無] 섬[島]. ② 도둑과 거지와 대문이 없는 섬이라는 의미로 '제주도'를 달리 이르는 말.

삼문 三門 (석 삼, 문 문). ① 대궐이나 관청 앞에 세운 세[三] 개의 문(門). 정문, 동협문, 서협문을 이른다. ② 불교 해탈을 얻는 세 가지 방법. ③ 불교 교종, 선종, 율종을 통틀어 이르는 말.

삼민-주의 三民主義 (석 삼, 백성 민, 주될 주, 뜻 의). 정치 민족(民族)·민권(民權)·민생(民生) 주의의 삼민(三民)을 표방하는 주의(主義). 1905년에 중국의 쑨원(孫文)이 제창한 중국 근대 혁명의 기본이념이다. ⓗ손문주의.

삼-박자 三拍子 (석 삼, 칠 박, 접미사 자). 음악 한 마디가 세[三] 박자(拍子)로 된 것. 4분 음표 3박자 따위.

삼배[1] 三杯 (석 삼, 잔 배). 술 석[三] 잔[杯]. ¶삼배를 들어 하례하였다.

삼배[2] 三拜 (석 삼, 절 배). ① 속뜻 세[三] 번 거듭 절함[拜]. ② 불교 세 번 무릎 꿇고 배례(拜禮)함.

삼배[3] 三倍 (석 삼, 곱 배). 세[三] 곱절[倍].

▸삼배-체 三倍體 (몸 체). 생물 보통 염색체의 세[三] 배(倍)의 염색체를 가진 생물체

(生物體). 식물의 경우에는 씨를 맺지 않으므로 이를 이용하여 씨 없는 수박 따위를 재배한다.

삼법-사 三法司 (석 삼, 법 법, 벼슬 사). 역사 조선 시대에 법(法)에 관한 일을 하던 세[三] 관아[司]. 형조(刑曹), 한성부(漢城府), 사헌부(司憲府)를 이른다.

삼-별초 三別抄 (석 삼, 다를 별, 뽑을 초). ① 속뜻 특별(特別)히 뽑아[抄] 조직한 세[三] 군대. ② 역사 좌별초(左別抄), 우별초(右別抄), 신의군(神義軍)으로 구성된 특수 부대. 처음 고려 무신정권 때 치안 및 국방이라는 대내외적인 목적을 위하여 많이 설치되었던 다양한 별초(別抄) 조직을 발전시킨 것이다.

삼보 三寶 (석 삼, 보배 보). ① 속뜻 세[三] 가지 보배[寶]. ② 귀와 입과 눈을 이르는 말. ③ 자(慈)와 검(儉)과 겸(謙)을 이르는 말. ④ 토지와 국민과 정치를 이르는 말. ⑤ 불교 불보(佛寶), 법보(法寶), 승보(僧寶)를 이르는 말.

▸삼보-인 三寶印 (도장 인). 불교 선종에서 쓰는 것으로 삼보(三寶)인 '불법승보'(佛法僧寶)를 새긴 도장[印].

삼복[1] 三福 (석 삼, 복 복). 불교 세복(世福), 계복(戒福), 행복(行福)의 세[三] 가지 복(福).

삼복[2] 三伏 (석 삼, 엎드릴 복). ① 초복(初伏), 중복(中伏), 말복(末伏)의 세[三] 복(伏)날을 통틀어 이르는 말. ¶삼복에 삼계탕을 먹었다. ② 여름철의 몹시 더운 기간.

▸삼복-증염 三伏蒸炎 (찔 증, 불꽃 염). 삼복(三伏) 절기의 찌고[蒸] 불타는[炎]듯한 심한 더위.

삼부 三部 (석 삼, 나눌 부). 세[三] 부분(部分)이나 부류(部類). ¶신체를 삼부로 분류하다.

▸삼부-작 三部作 (지을 작). 소설, 음악, 희곡 따위에서 작품 전체가 내용상 세[三] 부분(部分)으로 나뉘어 있는 작품(作品).

▸삼부-회 三部會 (모일 회). 역사 성직자, 귀족, 평민의 세[三] 계층[部] 출신 의원으로 구성된 프랑스의 신분제 의회(議會).

▸삼부 합주 三部合奏 (합할 합, 연주할 주). 음악 현악기 또는 관악기를 세[三] 성부(聲部)로 나눈 뒤 함께[合] 연주하는[奏] 것.

▸삼부 합창 三部合唱 (합할 합, 부를 창). 음악 세[三] 성부(聲部)로 나눈 뒤 함께[合] 노래하는[唱] 것. 소프라노, 메조소프라노, 알토의 삼부 합창이 대표적이다.

▸삼부 형식 三部形式 (모양 형, 꼴 식). 음악 하나의 곡이 큰악절 세[三] 부분(部分)으로 짜여진 형식(形式).

삼-부여 三扶餘 (석 삼, 도울 부, 남을 여). 역사 고대 만주의 대부분을 차지하고 있던 세[三] 부여족(扶餘族). 북부여, 동부여, 남부여를 이른다.

삼부 요인 三府要人 (석 삼, 관청 부, 요할 요, 사람 인). 세[三] 관청[府]의 중요(重要)한 지위에 있는 사람[人]. 입법부인 국회, 사법부인 법원, 행정부인 정부를 말한다.

삼분 三分 (석 삼, 나눌 분). 셋[三]으로 나눔[分]. ¶땅을 삼분하여 형제가 나누어 가졌다.

▸삼분-법 三分法 (법 법). 논리 대상을 세[三] 가지로 나누어[分] 생각하는 방법(方法).

▸삼분-오열 三分五裂 (다섯 오, 찢어질 렬). ① 속뜻 세[三] 갈래로 나누어지고[分] 다섯[五] 갈래로 찢어짐[裂]. ② 여러 갈래로 갈리거나 흩어짐. ③ 심하게 분열됨.

▸삼분-정립 三分鼎立 (솥 정, 설 립). 천하가 셋[三]으로 나뉘어[分] 솥[鼎]의 세 다리처럼 섬[立]. ¶위·촉·오 삼국은 대륙을 삼분정립했다.

▸삼분-천하 三分天下 (하늘 천, 아래 하). 한 나라[天下]를 셋[三]이서 나누어[分] 가짐.

삼-불거 三不去 (석 삼, 아닐 불, 갈 거). 유교에서, 칠거지악(七去之惡)을 범한 아내일지라도 내쫓지[去] 못하는[不] 세[三] 가지 경우. 부모의 삼년상을 같이 치렀거나, 어려운 살림을 꾸려 부자가 되었거나, 아내가 의지할 데가 없는 경우이다.

삼-불외 三不畏 (석 삼, 아닐 불, 두려워할 외). 예전에 거상(居喪) 중인 사람이 세[三] 가지 두려워하지[畏] 말아야했던[不] 것. 비, 도둑, 호랑이를 이른다.

삼-불토 三佛土 (석 삼, 부처 불, 흙 토).

불교 삼신불(三身佛)이 사는 세[三] 불토(佛土). 법신불이 사는 법성토, 보신불이 사는 수용토(受用土), 응신불이 사는 변화토이다.

삼-불행 三不幸 (석 삼, 아닐 불, 다행 행). ① 속뜻 세[三] 가지 불행(不幸). ② 맹자가 말한 세 가지 불행. 재산 축적에만 전념하는 일, 자기 아내와 자식만을 사랑하는 일, 부모 효양(孝養)을 등한히 하는 일을 이른다. ② 정이가 말한 세 가지 불행. 젊어서 높은 벼슬에 오르는 일, 부형의 힘으로 현관(顯官)이 되는 일, 재능이 있어 문장에 능한 일을 이른다.

삼-불혹 三不惑 (석 삼, 아닐 불, 홀릴 혹). 불교 세[三] 가지 마음을 홀리지[惑] 말아야[不] 할 것. 음주(飮酒), 여색(女色), 재물(財物)을 이른다.

삼-불효 三不孝 (석 삼, 아닐 불, 효도 효). 세[三] 가지의 큰 불효(不孝). 부모를 불의(不義)에 빠지게 하는 일, 부모가 늙고 집이 가난하여도 벼슬하지 않는 일, 자식이 없어 조상의 제사를 끊어지게 하는 일을 이른다.

삼-불후 三不朽 (석 삼, 아닐 불, 썩을 후). 세[三] 가지 썩지[朽] 않는[不] 것. 덕(德), 공(功), 언어(言語)를 이른다.

삼사[1] 三史 (석 삼, 역사 사). 중국의 세[三] 가지 역사(歷史)책. 『사기』(史記)·『한서』(漢書)·『후한서』(後漢書)를 이르기도 하고, 『요사』(遼史)·『금사』(金史)·『원사』(元史)를 이르기도 한다.

삼사[2] 三司 (석 삼, 벼슬 사). ① 속뜻 세[三] 관아[司]. ② 역사 조선 시대에 법을 맡아 다스리던 세 관아. 형조, 한성부, 사헌부를 이른다. '삼법사'(三法司)의 준말. ③ 역사 조선 시대에 임금에게 직언하던 세 관아. 사헌부(司憲府), 사간원(司諫院), 홍문관(弘文館)을 이른다. ④ 역사 고려 시대에 전곡(錢穀)의 출납과 회계에 대한 일을 맡아보던 관아. ⑤ 역사 조선 시대에 전곡의 출납과 회계에 대한 일을 맡아보던 관아.

삼사[3] 三思 (석 삼, 생각 사). ① 속뜻 세[三] 번 생각함[思]. ② 여러 번 생각함. ③ 불교 생각하는 정신 작용을 셋으로 나눈 것. 어떤 일을 할 것인가 안 할 것인가를 곰곰이 생각하는 심려사(審慮思), 어떤 일을 꼭 할 것이라고 생각하며 결정하는 결정사(決定思), 몸이나 말로 동작을 일으키는 동발승사(動發勝思)이다.

삼사[4] 三徙 (석 삼, 옮길 사). 맹자의 어머니가 아들의 교육을 위해 세[三] 번이나 이사(移徙)한 일. ㊐ 삼천(三遷).

삼사[5] 三赦 (석 삼, 용서할 사). 지난 날, 죄를 용서받을[赦] 수 있는 세[三] 가지 조건에 해당하던 사람. 7세 이하의 어린이, 80세 이상의 노인, 정신병자를 이른다.

삼-사분기 三四分期 (석 삼, 넉 사, 나눌 분, 때 기). 1년을 넷[四]으로 나눈[分] 기간(期間) 중 셋째[三] 기간. 7, 8, 9월을 이른다. ㊐ 삼사반기(三四半期).

삼사 정계 三斜晶系 (석 삼, 비낄 사, 밝을 정, 이어 맬 계). ① 속뜻 세[三] 축이 서로 경사(傾斜)지게 만나는 결정계(結晶系). ② 광업 광물 결정계에서, 세 축의 길이가 모두 다르고, 축각이 모두 다른 결정 형태. 결정계 중 대칭성이 가장 낮다. ¶부석(浮石)은 삼사 정계의 광물이다. ㊟ 정계(晶系).

삼사-조 三四調 (석 삼, 넉 사, 가락 조). 문학 삼음구(三音句)와 사음구(四音句)가 차례로 되풀이되는 율조(律調).

삼-산화 三酸化 (석 삼, 산소 산, 될 화). 화학 하나의 원소나 원자단이 세[三] 개의 산소(酸素) 원자와 화합(化合)하는 일.

▶삼산화-황 三酸化黃 (누를 황). 화학 황(黃)의 삼산화물(三酸化物). 강한 산성 물질로, 발연제나 발연 황산을 만드는 데 쓴다. 화학식은 SO3.

▶삼산화-비소 三酸化砒素 (비상 비, 바탕 소). 화학 비소(砒素)의 삼산화물(三酸化物). 흰색 또는 무색투명한 비결정성 덩어리나 분말로 된 독성이 강하다. 화학식은 As2O3.

삼삼 三三 (석 삼, 석 삼). 운동 바둑판의 가로의 세[三] 번째 선과 세로의 세[三] 번째 선이 만나는 네 귀의 선.

▶삼삼-오오 三三五五 (다섯 오, 다섯 오). 서너 사람[三+三] 또는 대여섯 사람이[五+五] 떼를 지어 다니거나 무슨 일을 함. 또는 그런 모양. ¶사람들이 삼삼오오 모여 앉아 이야기를 한다.

삼상 교류 三相交流 (석 삼, 모양 상, 서로

교, 흐를 류). [물리] 세[三] 개의 위상(位相)이 다른 단상 교류를 조합한 교류(交流). 전압과 주파수가 같고 위상이 1/3 주기씩 어긋난 세 가지 전류나 전압을 한 조로 한다.

삼색 三色 (석 삼, 빛 색). ① 세[三] 가지 빛깔[色]. ¶삼색 나물. ② [미술] 삼원색(三原色).

▸삼색-판 三色版 (책 판). [출판] 빨강·파랑·노랑의 세[三] 가지 색(色)을 써서 천연색으로 인쇄한 출판물(出版物).

▸삼색-과실 三色果實 (열매 과, 열매 실). ① [속뜻] 세[三] 가지 빛깔[色]의 과실(果實). ② 제사 지낼 때에 상에 올려놓는 세 가지 과일. 밤·대추·잣 또는 밤·대추·감을 이른다.

▸삼색 분해 三色分解 (나눌 분, 가를 해). 인쇄용 사진판을 만들기 위해 그림이나 사진 따위의 원고를 빨강·파랑·노랑의 세[三] 가지 색(色)으로 분해(分解)해서 촬영하는 일.

▸삼색-휘장 三色揮帳 (휘두를 휘, 장막 장). 상여(喪輿)에 치는 빨강·파랑·노랑의 세[三] 가지 빛깔[色]로 된 휘장(揮帳).

삼생[1] 三牲 (석 삼, 희생 생). 예전에, 산 제물로 쓰던 세[三] 가지 짐승의 희생(犧牲). 소, 양, 돼지를 이른다.

삼생[2] 三生 (석 삼, 살 생). [불교] ① 세[三] 가지의 삶[生]. 전생(前生), 현생(現生), 내생(來生)을 통틀어 이르는 말. ② 화엄종(華嚴宗)에서 이르는 부처가 되는 세 단계. 견문생(見聞生), 해행생(解行生), 증입생(證入生) 이다.

▸삼생 연분 三生緣分 (인연 연, 나눌 분). [불교] 삼생(三生)을 두고 끊어지지 않을 깊은 인연[緣分]. 부부간의 인연을 이른다.

▸삼생 원:수 三生怨讐 (미워할 원, 원수 수). 삼생(三生)에 걸쳐 끊을 수 없는 깊은 원수(怨讐).

삼선 三選 (석 삼, 고를 선). 선거에서 세[三] 번 당선(當選)됨.

삼-선근 三善根 (석 삼, 착할 선, 뿌리 근). [불교] ① 좋은 과보(果報)를 받을 세[三] 가지 착한[善] 일의 뿌리[根]. 은혜를 베푸는 것[施], 불쌍히 여기는 것[慈], 사리를 분별하는 것[慧]. ② 세 가지의 선근(善根). 헤아릴 수 없는 선법(善法)을 일으키는 데에 바탕이 되는 탐욕, 분노, 어리석음이 없는 상태를 이른다.

삼성[1] 三省 (석 삼, 살필 성). 매일 세[三] 번 자신을 반성(反省)함.

삼성[2] 三省 (석 삼, 관청 성). [역사] 고려 시대에 최고의 의정 기능을 하던 세[三] 관청[省]. 중서성(中書省), 문하성(門下省), 상서성(尙書省)을 이른다.

삼성[3] 三聖 (석 삼, 거룩할 성). ① [속뜻] 세[三] 명의 성인(聖人). ② [역사] 우리나라 상고 시대의 세 성인. 환인(桓因), 환웅(桓雄), 환검(桓儉)을 이른다. ③ [역사] 세계의 세 성인. 석가·공자·예수 또는 노자·공자·석가를 이른다. ④ 중국 고대의 세 성인. 노자·공자·안회, 또는 복희·문왕·공자, 또는 요(堯)·순(舜)·우(禹), 또는 우·주공·공자를 이른다. ⑤ [역사] 고대 그리스의 세 성인. 소크라테스, 플라톤, 아리스토텔레스를 이른다.

▸삼성-교 三聖教 (종교 교). [종교] 환인, 환웅, 환검의 세[三] 성인(聖人)을 숭배하는 우리나라 고유의 종교(宗教). 1930년에 진용석(秦龍錫)이 창시하였으나 1934년에 교세 확장의 실패로 해산하였다.

삼성 장군 三星將軍 (석 삼, 별 성, 장수 장, 군사 군). 별[星] 셋[三]의 장군(將軍). [비] 중장(中將).

삼성-혈 三姓穴 (석 삼, 성씨 성, 구멍 혈). 세[三] 성씨(姓氏)가 나왔다는 구멍[穴]. 제주시 동문 밖에 있는 전설적인 세 구멍. 고(高), 부(夫), 양(良·梁) 삼신이 나와 탐라국을 세웠다 한다.

삼세 三世 (석 삼, 세대 세). ① 아버지와 아들, 손자의 삼[三] 대[世]. ¶삼세에 걸쳐 정승을 지냈다. ② [불교] 전세(前世), 현세(現世), 내세(來世)의 세 가지 세대(世代). [비] 삼대(三代).

삼속 三屬 (석 삼, 무리 속). ① [속뜻] 세[三] 가지 종류[屬]. ② 부계(父系), 모계(母系), 처계(妻系)의 세 집안을 통틀어 이르는 말.

삼-손우 三損友 (석 삼, 덜 손, 벗 우). 사귀면 손해(損害)가 되는 세[三] 종류의 벗[友]. 편벽한 벗, 착하기만 하고 줏대가 없는 벗, 말만 잘하고 성실하지 못한 벗을 이른다. [비] 손자삼우(損者三友). [반] 삼익우(三益友).

삼수[1] 三修 (석 삼, 닦을 수). ① [속뜻] 배웠던 것을 세[三] 번 다시 배움[修]. ②상급 학교의 입학시험에 두 번 실패하고 또다시 이듬해의 시험을 준비하는 일. ¶삼수로 겨우 대학에 들어갔다.

삼수[2] 三壽 (석 삼, 목숨 수). 나이에 따라 세[三] 가지로 구분한 장수(長壽). 100세의 상수(上壽), 80세의 중수(中壽), 60세의 하수(下壽)를 이른다.

삼수[3] 三水 (석 삼, 물 수). 지리 우리나라에서 가장 험한 산골이라는 함경남도(량강도) 삼수군 삼수면(三水面)을 줄인 말.

▸삼수-갑산 三水甲山 (천간 갑, 메 산). ①속뜻 함경남도의 삼수(三水)와 갑산(甲山). 조선 시대에 귀양지의 하나였다. ②교통이 매우 불편한 오지(奧地). '몹시 어려운 지경'을 이르는 말. ¶삼수갑산에 가는 한이 있어도.

삼순 三旬 (석 삼, 열흘 순). ①세[三] 번의 10일[旬]. 30일. ②상순(上旬), 중순(中旬), 하순(下旬)을 통틀어 이르는 말. ③서른 살.

▸삼순-구식 三旬九食 (아홉 구, 밥 식). ①속뜻 삼[三] 십[旬] 일 동안 아홉[九] 끼니의 밥[食] 밖에 먹지 못함. ②몹시 가난함을 비유적으로 이르는 말. ¶삼순구식을 할지라도 마음이 편하면 좋겠습니다.

삼승 三乘 (석 삼, 곱할 승). ①수학 같은 수를 세[三] 번 곱함[乘]. ②불교 성문(聲聞), 독각(獨覺), 보살(菩薩)의 3가지를 이르는 말. 윤회가 거듭되는 육도를 해탈하기 위한 단계.

▸삼승-근 三乘根 (뿌리 근). ①속뜻 어떤 수를 세[三] 번 곱하여[乘] 나온 값의 뿌리[根]가 되는 어떤 수. ②수학 어떤 수 a를 세 번 곱하여 x가 되었을 때, a를 x에 대하여 이르는 말. 2는 8의 삼승근이다.

▸삼승-비 三乘比 (견줄 비). 수학 비교되는 항의 세제곱[三乘] 되는 수치의 비(比). 길이의 비에 각각 세제곱을 하면 부피의 비가 되는 따위.

삼시[1] 三施 (석 삼, 베풀 시). 불교 어려운 이에게 베푸는 세[三] 가지의 보시(布施). 재시(財施), 법시(法施), 무외시(無畏施)이다.

삼시[2] 三時 (석 삼, 때 시). ①속뜻 세[三] 번의 때[時]. ②아침, 점심, 저녁의 세 끼니. 또는 그 끼니 때. ¶삼시 세 때를 챙겨 먹다. ③한 시부터 따져서 셋째 번의 시. 곧 세 시를 이른다. ④과거, 현재, 미래를 통틀어 이르는 말. ⑤농사에 중요한 세 시절. 밭 갈고 씨 뿌리는 봄, 김매는 여름, 곡식을 거두어들이는 가을을 이른다.

삼식 三食 (석 삼, 밥 식). 아침, 점심, 저녁의 세[三] 끼의 식사(食事).

삼신[1] 三辰 (석 삼, 별 신). ①속뜻 세[三] 종류의 별[辰]. ②해와 달과 별을 통틀어 이르는 말.

삼신[2] 三神 (석 삼, 귀신 신). 민속 아기를 점지하고 산모와 산아(産兒)를 돌보는 세[三] 신령(神靈). ¶삼신 할머니께 기도를 드렸다. 비산신(産神), 삼신령.

삼신[3] 三身 (석 삼, 몸 신). 불교 성질에 따라 나눈 부처의 세[三] 가지 몸[身]. 법신(法身), 보신(報身), 응신(應身).

▸삼신-불 三身佛 (부처 불). 불교 부처[佛]의 신체(身體)를 그 성품에 따라 세[三] 가지로 나눈 것. 법신불(法身佛), 보신불(報身佛), 응신불(應身佛)이다.

삼-신산 三神山 (석 삼, 귀신 신, 메 산). 중국 전설에 나오는, 신선(神仙)이 산다는 산(山) 세[三] 곳. 곧 봉래산(蓬萊山), 방장산(方丈山), 영주산(瀛州山). 우리나라에서는 금강산(金剛山), 지리산(智異山), 한라산(漢拏山)을 이른다.

삼심 三審 (석 삼, 살필 심). 송사(訟事)에서 세[三] 번째로 이루어지는 심리(審理). 참초심(初審), 재심(再審).

삼십 三十 (석 삼, 열 십). 십(十)의 세[三] 배가 되는 수. 30. 비서른.

▸삼십육-계 三十六計 (여섯 륙, 꾀 계). ①속뜻 서른여섯[三十六] 가지 꾀[計]. ②형편이 불리할 때, '달아나는 일'을 속되게 이르는 말. '三十六計, 走爲上策'에서 유래. 속담 삼십육계 줄행랑이 제일.

▸삼십이립 三十而立 (말이을 이, 설 립). ①속뜻 나이 삼십(三十)에 이르러 비로소[而] 어떠한 일에도 흔들리지 않는 신념이 섬[立]. ②서른 살을 이르는 말.

삼악 三樂 (석 삼, 음악 악). ①속뜻 세[三] 가지 음악(音樂). ②음악 국악에서, 아악(雅樂)·향악(鄕樂)·당악(唐樂)의 세 종류 음악을 통틀어 이르는 말.

삼-악도 三惡道 (석 삼, 나쁠 악, 길 도). ① 속뜻 세[三] 가지 나쁜[惡] 길[道]. ② 불교 악인(惡人)이 죽어서 가는 고통의 세계 세 곳. 지옥도(地獄道), 축생도(畜生道), 아귀도(餓鬼道)이다.

삼양 三養 (석 삼, 기를 양). ① 세[三] 가지 길러야[養] 할 점. 제 분수에 만족하여 복(福)을 기르고, 음식을 절제하여 기(氣)를 기르고, 낭비를 삼가서 재(財)를 기르는 일을 이른다. ② 신(神), 정(精), 기(氣)를 기르는 건강관리법.

삼언-시 三言詩 (석 삼, 말씀 언, 시 시). 문학 한 구(句)가 세[三] 음절[言]로 된 한시(漢詩).

삼엄[1] 三嚴 (석 삼, 엄할 엄). ① 속뜻 세[三] 명의 엄(嚴)한 사람. ② 임금, 아버지, 스승을 이르는 말.

삼엄[2] 森嚴 (빽빽할 삼, 엄할 엄). 분위기 따위가 매우[森] 엄숙(嚴肅)하다. ¶경비가 삼엄하다 / 삼엄한 표정.

삼업 三業 (석 삼, 업보 업). 불교 몸, 입, 마음으로 짓는 세[三] 가지 죄업(罪業). ¶부처는 신업(身業)으로 이마를 만지고, 구업(口業)으로 설법을 권하며 의업(意業)으로 지혜를 준다. 참 신업(身業), 구업(口業), 의업(意業).

삼-연음부 三連音符 (석 삼, 이을 련, 소리 음, 맞을 부). 음악 원래 셋으로 나눌 수 없는 4분 음표나 2분 음표 따위를 셋[三]으로 나눈 뒤 이어[連] 연주하라는 뜻의 음표[音符]. 비 셋잇단음표.

삼엽-충 三葉蟲 (석 삼, 잎 엽, 벌레 충). 동물 절지동물 삼엽충류 화석 동물을 통틀어 이르는 말. 가장 큰 것은 몸길이 45㎝가량으로 타원형이고 납작하며, 머리·가슴·꼬리의 세[三] 부분[葉]으로 구분되는 벌레[蟲]이다.

삼오칠언-시 三五七言詩 (석 삼, 다섯 오, 일곱 칠, 말씀 언, 시 시). 문학 삼언구(三言句) 두 구, 오언구(五言句) 두 구, 칠언구(七言句) 두 구로 이루어진 한시(漢詩).

삼오-판 三五判 (석 삼, 다섯 오, 가를 판). 출판 ① 세[三] 치와 다섯[五] 치 크기로 자른[判] 인쇄용지. 가로 약9㎝, 세로 약15㎝이다. ② 삼오판으로 인쇄한 인쇄물.

삼왕 三王 (석 삼, 임금 왕). 역사 중국 상고 시대의 세[三] 왕(王). 곧 하(夏)의 우왕(禹王), 은(殷)의 탕왕(湯王), 주(周)의 문왕(文王) 또는 무왕(武王)을 이른다.

삼외 三畏 (석 삼, 두려워할 외). 군자가 두려워하고[畏] 조심해야 할 세[三] 가지. 곧 천명(天命)과 대인(大人)의 말과 성인(聖人)의 말.

삼요 三樂 (석 삼, 좋아할 요). 사람을 유익하게도 혹은 손해나게도 하는 세[三] 가지의 즐김[樂]. 『논어』(論語)에서 유래된 것으로 익자삼요(益者三樂)와 손자삼요(損者三樂)를 아울러 이르는 말.

삼욕 三欲 (석 삼, 하고자할 욕). 불교 세[三] 가지 욕심[欲]. 식욕(食欲)과 수면욕(睡眠欲)과 음욕(淫欲)을 이른다.

삼용 蔘茸 (인삼 삼, 녹용 용). 한의 인삼(人蔘)과 녹용(鹿茸)을 아울러 이르는 말. ¶삼용을 넣어 탕약을 만들다.

삼우 三友 (석 삼, 벗 우). ① 속뜻 세[三] 친구[友]. ② 백거이(白居易)의 북창 삼우시(北窓三友詩)에서 나온 말로 시와 술과 거문고를 이른다. ③ 세한삼우(歲寒三友)인 송(松), 죽(竹), 매(梅). ④ 산수(山水), 송죽(松竹), 금주(琴酒)의 세 가지. ⑤ 삼익우(三益友)와 삼손우(三損友)를 아울러 이르는 말.

삼우-제 三虞祭 (석 삼, 헤아릴 우, 제사 제). 장사를 치르고 나서 세[三] 번째[虞] 지내는 제사(祭祀). 흔히 온가족이 함께 성묘를 한다. 준 삼우.

삼원 三遠 (석 삼, 멀 원). 미술 산수화(山水畵)의 세[三] 가지 원근법(遠近法). 곧 산기슭에서 산꼭대기를 쳐다보는 고원(高遠), 산 앞에서 산 뒤쪽을 살피는 심원(深遠), 가까운 산에서 먼 산을 바라보는 평원(平遠)이 있다.

삼-원색 三原色 (석 삼, 본디 원, 빛 색). 미술 모든 빛깔을 재현할 수 있는 세[三] 가지 기본[原]이 되는 빛깔[色]. 색채에서는 빨강·노랑·파랑이고, 빛에서는 빨강·녹색·파랑이다.

***삼월** 三月 (셋째 삼, 달 월). 한 해 가운데 셋째[三] 가 되는 달[月].

▶**삼월 혁명** 三月革命 (바꿀 혁, 운명 명). ① 속뜻 1848년 3월(三月)에 독일과 오스트리

아 각지에서 일어난 자유주의 혁명(革命). ② 1917년 3월에 일어난 러시아의 제2차 부르주아 혁명. 러시아력(曆)으로는 2월이었으므로 '2월 혁명'(二月革命)이라고도 한다.

삼위 三位 (석 삼, 자리 위). ① 속뜻 세[三] 가지 지위(地位). ② 기독교 성부(聖父)와 성자(聖子)와 성신(聖神)을 아울러 이르는 말.

▶삼위-일체 三位一體 (한 일, 몸 체). 기독교 성부(聖父)와 성자(聖子)와 성신(聖神)은 신이 세[三] 가지 모습[位]이 되어 나타난 것으로 원래는 한[一] 몸[體]이라는 생각.

삼은 三隱 (석 삼, 숨길 은). ① 속뜻 세[三] 명의 은자(隱者). ② 고려 말기의 성리학자인 포은(圃隱) 정몽주(鄭夢周), 목은(牧隱) 이색(李穡), 야은(冶隱) 길재(吉再) 세 사람을 아울러 이르는 말.

삼이 三易 (석 삼, 쉬울 이). 한문의 문장을 쉽게[易] 쓰는 세[三] 가지 조건. 곧 보기 쉽게 쓰고, 쉬운 글자를 쓰고, 읽기 쉽게 써야 한다는 것이다.

삼-익우 三益友 (석 삼, 더할 익, 벗 우). 사귀면 유익(有益)한 세[三] 종류의 벗[友]. 심성이 곧은 친구와 믿음직한 친구, 문견이 많은 친구를 이른다. 비 익자삼우(益者三友). 반 삼손우(三損友).

삼익-주의 三益主義 (석 삼, 더할 익, 주될 주, 뜻 의). 자본가, 경영자, 노동자의 셋[三]에게 경영 이익(利益)을 일정한 비율로 분배한다는 원칙[主義].

삼인성호 三人成虎 (석 삼, 사람 인, 이룰 성, 호랑이 호). ① 속뜻 세[三] 사람[人]이 짜면 거리에 호랑이[虎]가 나왔다는 거짓말도 꾸밀[成] 수 있음. ② 근거 없는 말이라도 여러 사람이 똑같이 말하면 곧이듣게 됨. ¶삼인성호라더니 여러 번 듣다보니 그 거짓말에 깜박 속아 넘어갔네!

삼-인칭 三人稱 (셋째 삼, 사람 인, 일컬을 칭). [언어]]대화에서 화자와 청자 이외에, 세[三] 번째로 가리키는 사람[人]을 일컫는[稱] 말. '그', '그녀' 등이다. '제삼 인칭'(第三人稱)의 준말.

삼일[1] 三一 (석 삼, 한 일). 3월[三] 1일[一]. ¶삼일 만세운동.

▶삼일-절 三一節 (철 절). 법률 우리나라의 3·1운동(三一運動)을 기념하기 위하여 제정한 국경일[節].

▶삼일 운:동 三一運動 (돌 운, 움직일 동). 역사 1919년, 곧 기미년 3월 1일에[三一] 한국이 일본의 강제적인 식민지 정책으로부터 자주 독립할 목적으로 일으킨 민족 독립운동(運動). 제1차 세계 대전 후 민족 자결주의에 입각하여 손병희 등 33인이 주동이 되어 '독립 선언서'를 낭독하고 민족의 자주독립을 선언하였다. 비 기미독립운동(己未獨立運動).

▶삼일-정신 三一精神 (씛을 정, 혼 신). 삼일(三一) 운동에서 나타난 우리 겨레의 독립정신과 평화 애호 정신(精神).

삼일[2] 三日 (석 삼, 날 일). 삼(三) 일(日). 사흘.

▶삼일-장 三日葬 (장사지낼 장). 죽은 지 사흘째[三日] 되는 날에 장사(葬事)를 치름.

▶삼일-주 三日酒 (술 주). 담근 지 사흘[三日] 만에 마시는 술[酒].

▶삼일-천하 三日天下 (하늘 천, 아래 하). ① 속뜻 사흘[三日] 동안 천하(天下)를 얻음. ② '아주 짧은 기간 정권을 잡았다가 무너지는 것'을 비유하여 이르는 말.

삼-일치 三一致 (석 삼, 한 일, 이를 치). ① 속뜻 세[三] 가지가 일치(一致)함. ② 연영 연극은 하나의 사건이 같은 장소를 배경으로 하루 안에 이루어져야 한다는 연극 이론. 아리스토텔레스의 ≪시학(詩學)≫에서 유래한 것으로, 17세기 서양의 고전극에서 중시하였다.

삼입 滲入 (스밀 삼, 들 입). 물 따위의 액체가 스며[滲] 들어감[入]. 반 삼출(滲出).

삼자 三者 (석 삼, 사람 자). ① 속뜻 세[三] 사람[者]. ¶삼자 간의 협상. ② 당사자가 아닌 사람. ¶이것은 우리 문제니 삼자는 나서지 마라. '제삼자'(第三者)의 준말.

▶삼자-대면 三者對面 (대할 대, 낯 면). 세[三] 사람[者]이 마주[對] 대하고[面] 사실을 확인하는 것. 비 삼조대질(三造對質).

▶삼자 범퇴 三者凡退 (무릇 범, 물러날 퇴). 운동 야구에서, 세[三] 명의 타자(打者)가 잇달아 평범(平凡)한 타격만 치고 물러나는[退] 일.

삼-자승 三自乘 (석 삼, 스스로 자, 곱할 승). 그 수 자신(自身)을 세[三] 번 곱하여[乘]

얻어진 값. 세제곱. ¶3의 삼자승은 27이다.

삼장[1] 三長 (석 삼, 길 장). 역사가(歷史家)에게 필요한 세[三] 가지의 장기(長技). 곧 재지(才智), 학문(學問), 식견(識見)을 이르는 말.

삼장[2] 三藏 (석 삼, 감출 장). ① 속뜻 세[三] 가지 장서(藏書). ② 불교 세 가지 불서(佛書)를 통틀어 이르는 말. 경장(經藏), 율장(律藏), 논장(論藏)이다. ③ 불교 삼장(三藏)에 통달한 고승을 높여 일컫는 말.

▶삼장-교 三藏教 (가르칠 교). 불교 경(經), 율(律), 논(論)의 삼장(三藏)에 나타난 석가여래의 가르침[教].

▶삼장 법사 三藏法師 (법 법, 스승 사). ① 불교 경(經), 율(律), 논(論)의 삼장(三藏)에 통달한 고승[法師]. ② 당(唐)나라의 고승인 현장(玄奘)을 흔히 일컫는 말.

삼재[1] 三才 (석 삼, 돋아날 재). ① 속뜻 세[三] 개의 근본[才]. ② 민속 관상(觀象)에서 얼굴의 세 부분. 곧 이마를 천(天), 코를 인(人), 턱을 지(地)로 본다. ⓑ삼극(三極), 삼원(三元), 삼의(三儀).

삼재[2] 三災 (석 삼, 재앙 재). 사람에게 닥치는 세[三] 가지 재해(災害). 전란(戰亂)·질병(疾病)·기근(饑饉)의 소삼재(小三災)와 화재(火災)·수재(水災)·풍재(風災)의 대삼재(大三災)가 있다. [속담] 드는 삼재보다 나는 삼재가 더 무섭다.

삼절 三絶 (석 삼, 끊을 절). ① 속뜻 공자가 주역을 즐겨 읽어 책을 묶은 가죽 끈이 세[三] 번이나 끊어짐[絶]. '위편삼절'(韋編三絶)의 준말. ② '책을 열심히 읽음'을 이름. ③ 세 가지 뛰어난 재주. 또는 세 가지 뛰어난 재주를 가진 사람. ④ 문학 세 수(首)의 절구(絶句).

삼정[1] 三正 (석 삼, 바를 정). ① 속뜻 천(天), 지(地), 인(人)의 세[三] 가지 올바른[正] 도리. ② 유교의 기본이 되는 세 가지 올바른 도리. ⓑ삼강(三綱).

삼정[2] 蔘精 (인삼 삼, 쓿을 정). 인삼(人蔘)을 정제(精製)하여 유효 성분만을 추출하여 만든 약제. 인삼의 엑기스.

삼정[3] 三政 (석 삼, 정사 정). 세[三] 가지의 중요 정사(政事). 전제(田制), 군정(軍政), 환곡(還穀)을 이른다.

▶삼정 문:란 三政紊亂 (어지러울 문, 어지러울 란). 역사 조선 후기, 삼정(三政)을 둘러싼 정치 부패[紊亂].

▶삼정 이정-청 三政釐整廳 (다스릴 리, 가지런할 정, 관청 청). 역사 조선 철종 때, 삼정(三政)의 문란으로 민란이 일어나자 이를 바로잡기[釐整] 위해 설치한 임시 관아[廳].

삼-정승 三政丞 (석 삼, 정사 정, 도울 승). ① 속뜻 세[三] 명의 정승(政丞). ② 역사 조선 때, 영의정(領議政)·좌의정(左議政)·우의정(右議政)을 아울러 이르는 말. ¶삼정승이 상감에게 주청했다.

삼제[1] 三際 (석 삼, 사이 제). ① 속뜻 세[三] 가지 때[際]. ② 불교 과거, 현재, 미래를 이르는 말. ⓑ삼세(三世).

삼제[2] 芟除 (벨 삼, 덜 제). ① 속뜻 풀을 베어[芟] 없앰[除]. ② 악인(惡人), 악폐(惡弊) 따위를 아주 없애 버림.

삼조 三曹 (석 삼, 관아 조). 역사 호조(戶曹)·형조(刑曹)·공조(工曹), 세[三] 관청[曹]을 아울러 이르던 말.

삼조-대면 三造對面 (석 삼, 만들 조, 대할 대, 낯 면). 원고, 피고, 증인 셋[三]이 하는[造] 대면(對面). ⓑ삼조대질(三造對質).

삼조-대질 三造對質 (석 삼, 만들 조, 대할 대, 바탕 질). 원고, 피고, 증인 셋[三]이 하는[造] 대질(對質). 서로의 말이 다르거나 진술을 확인할 때 옳고 그름이나 사실을 확인하는 것. ⓑ삼자대면(三者對面), 삼조대면(三造對面).

삼족 三族 (석 삼, 겨레 족). ① 속뜻 세[三] 종류의 민족(民族). ② 부계(父系), 모계(母系), 처계(妻系). ③ 아버지와 아들과 손자. ④ 부모와 형제와 처자.

삼족 토기 三足土器 (석 삼, 발 족, 흙 토, 그릇 기). 세[三] 개의 발[足]을 달아 만든 토기(土器).

삼존 三尊 (석 삼, 높을 존). ① 세[三] 분의 받들어 모셔야[尊] 할 사람. 곧 임금과 아버지와 스승. ② 불교 본존(本尊)과 그 좌우의 두 협시(脇侍)를 이르는 말. 미타 삼존(彌陀三尊), 약사 삼존(藥師三尊), 석가 삼존(釋迦三尊) 등이 있다.

삼종 三宗 (석 삼, 마루 종). 불교 세[三] 종파

(宗派). 화엄종(華嚴宗)·삼론종(三論宗)·법상종(法相宗), 또는 천태종(天台宗)·진언종(眞言宗)·법상종(法相宗)을 이른다.

삼종 기도 三鐘祈禱 (석 삼, 쇠북 종, 빌 기, 빌 도). 가톨릭 천사 가브리엘이 성모에게 수태한 것을 알려준 것을 기념하여, 아침·낮·저녁의 세[三] 차례 종(鐘)이 울릴 때마다 올리는 기도(祈禱)를 이르는 말.

삼종지도 三從之道 (석 삼, 따를 종, 어조사 지, 길 도). 여자가 따라야[從] 할 세[三] 가지 도리(道理). ≪예기≫의 의례(儀禮)에서 나온 말로, 어려서는 아버지를, 결혼해서는 남편을, 남편이 죽은 후에는 자식을 따르는 것을 이른다. ㊥삼종지의(三從之義), 삼종의탁(三從依托).

삼종지의 三從之義 (석 삼, 따를 종, 어조사 지, 옳을 의). 여자가 따라야[從] 할 세[三] 가지의 옳은[義] 일. ≪예기≫의 의례(儀禮)에서 나온 말로, 어려서는 아버지를, 시집가서는 남편을, 남편이 죽은 뒤에는 아들을 따르는 것을 이른다. ㊥삼종지의(三從之義), 삼종의탁(三從依托).

삼주-기 三周忌 (석 삼, 둘레 주, 꺼릴 기). 사람이 죽은 지 햇수로 3년째[三周]가 되는 제삿날[忌].

삼중 三重 (석 삼, 겹칠 중). 세[三] 가지가 겹치는[重] 일. 또는 세 번 거듭되는 일. ¶ 삼중으로 된 유리.

▶**삼중-고** 三重苦 (괴로울 고). 세[三] 가지 고통(苦痛)이 겹치는[重] 일.

▶**삼중-성** 三重星 (별 성). 천문 세[三] 개의 별이 우연히 같은 방향으로 놓여 겹쳐져서[重] 하나로 보이는 별[星].

▶**삼중-점** 三重點 (점 점). ① 물리 물질의 상태를 온도와 압력을 고려하여 그래프로 나타냈을 때, 기체, 액체, 고체의 삼상(三相)이 공존하는[重] 점[點]. 또는 그때의 온도와 압력. ② 수학 한 개의 곡선이 셋으로 나뉘어 갈라져서 통과하는 동일점.

▶**삼중-주** 三重奏 (연주할 주). 음악 세[三] 가지 악기로 함께[重] 연주(演奏)함. 피아노·바이올린·비올라·첼로에 의한 피아노 삼중주, 바이올린·비올라·첼로에 의한 현악 삼중주 등이 있다.

▶**삼중-창** 三重唱 (부를 창). 성부(聲部)가 다른 세[三] 사람의 가수가 함께[重] 부르는[唱] 것.

▶**삼중 결합** 三重結合 (맺을 결, 합할 합). 화학 두 원자가 세[三] 쌍의 전자를 공유하며[重] 만들어지는 결합(結合). CH≡CH 따위.

▶**삼중 수소** 三重水素 (물 수, 바탕 소). 화학 원자핵이 한 개의 양성자와 두 개의 중성자[三重]로 이루어져 있는 수소(水素). 핵융합 반응을 일으키기 쉬워 수소 폭탄의 부재료로 쓰거나 방사성 추적자로 쓴다. ㊟경수소(輕水素). 중수소(重水素).

▶**삼중 주명곡** 三重奏鳴曲 (연주할 주, 울 명, 노래 곡). 음악 삼중주(三重奏)에 의한 기악곡[奏鳴曲]. ㊥트리오 소나타(trio sonata). ㊟주명곡(奏鳴曲).

▶**삼중 협주곡** 三重協奏曲 (합칠 협, 연주할 주, 노래 곡). 음악 세[三] 개의 독주 악기가 함께[重] 연주하는 협주곡(協奏曲).

삼지 三知 (석 삼, 알 지). 도(道)를 깨닫게 되는 세[三] 앎[知]의 단계. 나면서 아는 생지(生知)와 배워서 아는 학지(學知), 그리고 애를 써서 아는 곤지(困知)를 이른다.

삼:진[1] 三眞 (석 삼, 참 진). 종교 대종교에서 말하는, 사람이 나면서 받는 세[三] 가지의 참된[眞] 것. 곧 성(性), 명(命), 정(精)을 이르는 말.

삼진[2] 三振 (석 삼, 떨칠 진). 운동 야구의 타자가 스트라이크[振]를 세[三] 번 당하여 아웃되는 일.

삼차[1] 三叉 (석 삼, 갈래 차). 세[三] 갈래[叉]. 또는 세 갈래로 갈림.

▶**삼차 신경** 三叉神經 (정신 신, 날실 경). ① 속뜻 세[三] 갈래[叉]로 이루어진 신경(神經). ② 의학 다섯 번째의 뇌신경. 눈, 위턱, 아래턱의 세 신경(神經)으로 나뉘며 지각성의 대부분과 운동성의 소부분으로 이루어져 얼굴에 분포되어 있다.

▶**삼차 신경통** 三叉神經痛 (정신 신, 날실 경, 아플 통). 의학 삼차 신경(三叉神經)의 분포 영역에 생기는 통증(痛症) 발작. ㊥안면통(顔面痛).

삼차[2] 三次 (석 삼, 차례 차). 수학 정식, 대수 방정식, 대수 곡선 따위의 차수(次數)가 3(三)인 것.

▶**삼차-색** 三次色 (빛 색). ① 속뜻 세[三] 번째[次] 색(色). ② 미술 두 빛깔을 섞은 이차

색에 다시 다른 빛깔 한 가지를 더 섞은 색.

▸**삼차 산ː업** 三次産業 (낳을 산, 일 업). ① 속뜻 세[三] 번째[次] 산업(産業). ② 경제 판매, 운수, 통신, 금융, 보험 따위의 각종 서비스 산업. 제일차·제이차 산업 이외의 모든 산업.

▸**삼차 방정식** 三次方程式 (모 방, 거리 정, 법 식). 수학 미지수의 가장 높은 차수(次數)가 삼차(三次)인 방정식(方程式).

삼-차원 三次元 (석 삼, 차례 차, 으뜸 원). 수학 공간을 세[三] 개의 차원(次元)으로 나타낸 것. 공간은 상하, 좌우, 전후의 세 방향으로 이루어져 있다.

▸**삼차원 세ː계** 三次元世界 (세상 세, 지경 계). ① 속뜻 차원(次元)이 셋[三]인 현실적 세계(世界). ② 수학 세 개의 실수의 짝으로 나타내는 요소전체의 집합.

▸**삼차원 영화** 三次元映畵 (비칠 영, 그림 화). 연영 화면이 입체감[三次元]을 갖도록 만든 영화(映畵). 촬영 각도를 달리하여 두 대의 촬영기로 찍은 두 개의 장면을 두 대의 영사기로 스크린에 영사하는 것으로, 특수 편광(偏光) 안경을 끼고 본다. ⊕3D영화.

삼창 三唱 (석 삼, 부를 창). 세[三] 번 되풀이해서 외침[唱]. ¶만세 삼창.

삼채 三彩 (석 삼, 빛깔 채). 수공 세[三] 가지 빛깔[彩]의 유약(釉藥)을 발라 구워 낸 도자기. 당삼채(唐三彩), 명삼채(明三彩) 따위.

삼척 三尺 (석 삼, 자 척). ① 속뜻 석[三] 자[尺]. ② '삼척검'(三尺劍)의 준말.

▸**삼척-검** 三尺劍 (칼 검). 길이가 석[三] 자[尺] 정도 되는 긴 칼[劍].

▸**삼척-동ː자** 三尺童子 (아이 동, 아이 자). ① 속뜻 키가 석[三] 자[尺] 밖에 되지 않는 아이[童子]. ② 철부지 어린아이를 이르는 말. ¶그것은 삼척동자라도 안다.

삼천 三遷 (석 삼, 옮길 천). ① 속뜻 세[三] 번 옮김[遷]. ② '삼천지교'(三遷之教)의 준말. ⊕삼사(三徙).

▸**삼천지교** 三遷之教 (어조사 지, 가르칠 교). ① 속뜻 맹자(孟子)의 어머니가 아들의 교육(教育)을 위해 세[三] 번이나 집을 옮긴[遷] 일. ② 어린아이의 교육에는 환경이 매우 중요하다는 뜻으로 쓰임. ㊤삼천. ⊕맹모삼천(孟母三遷).

삼천-갑자 三千甲子 (석 삼, 일천 천, 천간 갑, 쥐 자). ① 육십갑자(甲子)의 삼천(三千) 배. 곧 18만 년을 이른다. ② 민속 꼭두각시 놀음에 나오는 머리 검은 늙은이.

삼천-리 三千里 (석 삼, 일천 천, 거리 리). 우리나라의 북쪽 끝에서 남쪽 끝까지의 길이가 삼천리(三千里)라 하여 '한국의 국토'를 이르는 말. ¶삼천리금수강산.

삼-첨판 三尖瓣 (석 삼, 뾰족할 첨, 꽃잎 판). ① 속뜻 세[三] 개의 뾰족한[尖] 판(瓣). ② 의학 사람이나 포유류의 심장에서 우심방과 우심실 사이에 있는 판막. 심방에서 심실로 들어간 피가 역류하는 것을 막는다.

삼첩-지 三疊紙 (석 삼, 겹쳐질 첩, 종이 지). ① 속뜻 세[三] 번 겹쳐[疊] 만든 종이[紙]. ② 백지보다 두껍고 품질이 낮은 누르께한 종이.

삼청[1] 三青 (석 삼, 푸를 청). ① 속뜻 많이[三] 푸름[青]. 매우 푸름. ② 미술 그림을 그릴 때 쓰는 진채(眞彩)의 한 가지. 하늘빛처럼 푸른 색.

삼청[2] 三清 (석 삼, 맑을 청). ① 속뜻 세[三] 개의 청(淸). ② 도교에서, 신선이 산다는 옥청(玉淸)·상청(上淸)·태청(太淸)의 세 궁을 아울러 이르는 말.

삼청[3] 三請 (석 삼, 부탁할 청). 노래 따위를 한 사람에게 잇달아 세[三] 번을 부탁하는[請] 일.

삼체 三體 (석 삼, 몸 체). ① 속뜻 세[三] 개의 형체(形體)나 물체(物體). ② 물리 물질의 세 가지 상태. 곧 고체, 액체, 물체를 이른다. ③ 예술 글씨의 세 가지 체. 곧 해서(楷書), 행서(行書), 초서(草書)를 이른다. ④ 미술 중국 명(明)나라 때부터 쓰인 회화 기법의 세 가지 체. 곧 해체(楷體), 초체(草體), 행체(行體)를 이른다.

▸**삼체 웅예** 三體雄蘂 (수컷 웅, 꽃술 예). 식물 세[三] 부분[體]으로 되어 있는 수술[雄蘂].

삼촌 三寸 (석 삼, 관계 촌). ① 속뜻 친척 가운데 세[三]번째 관계[寸]. ② 아버지의 형제. ⊕숙부(叔父), 작은아버지.

삼추 三秋 (석 삼, 가을 추). ① 가을[秋]의 석[三] 달 동안. ② 세 해의 가을. 곧 삼 년의 세월. ③긴 세월. [비]구추(九秋).

삼춘 三春 (석 삼, 봄 춘). ①봄의[春] 석[三] 달 동안. ②세 해의 봄. [비]구춘(九春).

삼출 滲出 (스밀 삼, 날 출). 액체가 스며서[滲] 배어 나옴[出]. [반]삼입(滲入).

▸삼출-액 滲出液 (진 액). ①[속뜻]내부에서 표면으로 스며[滲] 나오는[出] 액체(液體). ②[의학]염증이나 혈관벽(血管壁)의 이상 때문에 혈관 밖으로 배어 나오는 혈액과 조직 성분의 혼합물.

▸삼출성-염 滲出性炎 (성질 성, 염증 염). [의학]삼출(滲出)을 주로 하는 급성(急性) 염증(炎症)을 통틀어 이르는 말.

▸삼출성 결핵 滲出性結核 (성질 성, 맺을 결, 씨 핵). [의학]삼출성(滲出性) 염증이 주된 증상인 결핵(結核). 발열, 객담이 심하며 화학 요법이 잘 듣지 않는다.

삼친 三親 (석 삼, 친할 친). 가장 가까운 세[三] 친족(親族) 관계. 곧 부자(父子), 부부(夫婦), 형제(兄弟)를 이른다.

삼칠 三七 (석 삼, 일곱 칠). ①7[七] 일을 세[三] 번 지낸 날. 21일째 되는 날. ②21살을 달리 이르는 말.

▸삼칠-일 三七日 (날 일). 아기가 난 날로부터 7[七] 일을 세[三] 번 지낸 날[日].

삼탄 滲炭 (스밀 삼, 숯 탄). [광업]탄소 또는 탄소가 발생하는 물질을 철과 밀접시켜서 가열하는 방식으로, 탄소(炭素)를 철 속에 삼입(滲入)시키는 방법.

▸삼탄-강 滲炭鋼 (강철 강). [공업]표면만을 삼탄(滲炭)하여 굳힌 강철(鋼鐵). 인성(靭性)이 매우 강하여 마모나 충격, 진동에 잘 견딘다.

삼태-성 三台星 (석 삼, 별 태, 별 성). ①[속뜻]세[三] 개의 별[台=星]. ②[천문]북두칠성의 국자 모양에서 물을 담는 쪽에 비스듬히 길게 늘어선 세 쌍의 별. 각 한 쌍씩의 상태성(上台星), 중태성(中台星), 하태성(下台星)으로 이루어져 있다.

삼토 三吐 (석 삼, 토할 토). ①[속뜻]주공(周公)이 식사 중에 찾아온 사람을 맞이하느라 세[三] 번이나 입에 든 음식을 뱉음[吐]. ②손을 극진하게 맞이함을 이르는 말.

삼투 滲透 (스밀 삼, 뚫을 투). ①[속뜻]스며[滲] 들어감[透]. ②물질이 막을 통과(通過)하여 확산하는 현상. ③[물리]용매는 통과시키나 용질은 통과시키지 않는 반투막(半透膜)을 고정시키고 양쪽에 농도가 다른 용액을 따로 넣으면 일정량의 용매가 용액 속으로 스며들어 양쪽의 농도가 같아지는 일.

▸삼투-압 滲透壓 (누를 압). [물리]삼투(滲透)현상이 일어날 때, 삼투하려는 용매가 반투막(半透膜)에 주는 압력(壓力).

▸삼투 작용 滲透作用 (지을 작, 쓸 용). ①[속뜻]삼투(滲透)하는 작용(作用). ②[물리]농도가 다른 두 용액을 반투막(半透膜)으로 막아 놓았을 때, 그 두 용액의 농도가 서로 같아질 때까지 낮은 농도의 용매가 높은 농도의 용액 속으로 이동하는 작용.

삼-파장 三波長 (석 삼, 물결 파, 길 장). 세[三] 가닥의 빛의 파장(波長). ¶삼파장 형광등.

삼팔-선 三八線 (석 삼, 여덟 팔, 줄 선). ①[속뜻]북위 38[三八]도를 경계로 한 선(線). ②2차 대전 직후 한반도가 남북으로 나뉘게 된 경계선을 이르는 말. ¶삼팔선을 중심으로 휴전선이 생겼다.

삼포 蔘圃 (인삼 삼, 밭 포). 인삼(人蔘)을 재배하는 밭[圃]. ¶치악산 삼포에 가서 인삼을 샀다. [비]삼밭.

삼포식 농업 三圃式農業 (석 삼, 밭 포, 법 식, 농사 농, 일 업). 농지[圃]를 셋[三]으로 나누어 그 가운데 하나를 해마다 번갈아 가며 휴경지로 하여 지력(地力)을 회복하는 농업(農業) 방식.

삼품 三品 (석 삼, 품격 품). ①옛날 선비의 세[三] 가지 품격(品格). 곧 도덕에 뜻을 둔 선비, 공명에 뜻을 둔 선비, 부귀에 뜻을 둔 선비를 이른다. ②[역사]벼슬 품계의 정삼품(正三品)과 종삼품(從三品). ③[미술]세 가지 수준의 미술 작품. 곧 신품(神品), 묘품(妙品), 능품(能品)을 이른다.

삼하 三夏 (석 삼, 여름 하). ①여름[夏] 석[三] 달 동안. ②세 해의 여름.

삼학 三學 (석 삼, 배울 학). ①[불교]도를 깨달으려는 이가 반드시 닦아야 할 세[三] 가지 학문(學問). 계학(戒學), 정학(定學), 혜학(慧學)이다. ②[역사]조선시대 음양과에서 과거를 보이던 세 과목. 천문, 지리, 명과(命課)의 세 학문. ③유학(儒學), 불학(佛學),

도학(道學)을 통틀어 이르는 말.

삼한 三韓 (석 삼, 나라이름 한). ① 속뜻 세[三] 개의 한(韓) 나라. ② 역사 상고 시대, 우리나라 남부에 존재했던 세 군장(君長) 국가. 곧 마한(馬韓), 진한(辰韓), 변한(弁韓)을 이른다.

삼한 사:온 三寒四溫 (석 삼, 찰 한, 넉 사, 따뜻할 온). 지리 사흘[三] 동안 춥다가[寒] 다시 나흘[四] 동안 비교적 포근한[溫] 날씨가 주기적으로 반복되는 기후 현상. 겨울철에 우리나라와 중국 동북부 등지에서 나타난다.

삼항-식 三項式 (석 삼, 항목 항, 법 식). 수학 세[三] 개의 항(項)으로 된 다항식(多項式).

삼해리-설 三海里說 (석 삼, 바다 해, 거리 리, 말씀 설). 법률 영해(領海)의 범위를 설물 때의 해안선에서 3해리(三海里)까지로 하는 국제법상의 한 학설(學說).

삼행 三行 (석 삼, 행할 행). ① 속뜻 부모를 섬기는 세[三] 가지 효행(孝行). 봉양하는 일, 상사(喪事)에 근신하는 일, 제사를 받드는 일을 이른다. ② 신랑이 세 번째로 처가에 가는 인사. ⑪삼도(三道).

삼행-시 三行詩 (석 삼, 줄 행, 시 시). 세[三] 줄[行]로 이루어진 시(詩). ¶삼행시를 짓다.

삼헌 三獻 (석 삼, 바칠 헌). 기제사, 상중(喪中) 제례, 시향(時享) 때에 술잔을 세[三] 번 올리는[獻] 일. 곧 초헌(初獻), 아헌(亞獻), 종헌(終獻)을 이른다.

삼현 三絃 (석 삼, 줄 현). 음악 거문고, 가야금, 비파의 세[三] 가지 현(絃)악기를 통틀어 이르는 말.

▶삼현-금 三絃琴 (거문고 금). 음악 줄[絃]이 셋[三]인 거문고[琴].

▶삼현 육각 三絃六角 (여섯 륙, 뿔 각). 음악 거문고, 가야금, 비파의 삼현(三絃)과 북, 장구, 해금, 피리와 한 쌍의 태평소의 육각(六角)으로 구성된 기악 편성.

삼혹 三惑 (석 삼, 홀릴 혹). 불교 도를 닦는 데 방해가 되는 세[三] 가지 번뇌[惑]. 견사혹(見思惑), 진사혹(塵沙惑), 무명혹(無明惑)이다.

삼혼 三魂 (석 삼, 넋 혼). 사람의 몸속에 있다고 하는 세[三] 가지 정혼(精魂). 태광(台光), 상령(爽靈), 유정(幽精)이다. 참칠백(七魄).

▶삼혼-칠백 三魂七魄 (일곱 칠, 넋 백). ① 속뜻 세[三] 개의 넋[魂]과 일곱[七] 개의 넋[魄]. ② 사람의 혼백을 통틀어 이르는 말.

삼-화음 三和音 (석 삼, 어울릴 화, 소리 음). ① 속뜻 세[三] 가지 음정으로 이루어진 화음(和音). ② 음악 어떤 음을 기초음으로 하여 그 위에 3도와 5도의 음정을 가진 음을 겹쳐서 만든 화음.

삼효 三孝 (석 삼, 효도 효). 유교(儒教)에서 이르는 세[三] 가지 효행(孝行). 어버이를 우러러 받들고, 어버이를 욕되게 하지 않으며, 어버이를 잘 봉양하는 일을 이른다.

삼-희성 三喜聲 (석 삼, 기쁠 희, 소리 성). 세[三] 가지의 듣기 좋은[喜] 소리[聲]. 곧 다듬이 소리, 글 읽는 소리, 갓난아이 우는 소리를 이른다. ⑭삼악성(三惡聲).

삽구 揷句 (꽂을 삽, 글귀 구). 글귀나 인용구[句] 등을 문장 속에 끼워[揷] 넣음. 또는 그 글귀.

삽뇨-증 澁尿症 (막힐 삽, 오줌 뇨, 증세 증). 의학 방광염이나 요도염으로 요도가 막혀[澁] 오줌[尿]이 자주 마려운 병[症]. ⑪오줌소태.

삽도 揷圖 (꽂을 삽, 그림 도). 출판 인쇄물 따위에 끼워[揷] 넣어 내용의 이해를 돕는 그림[圖]. ⑪삽화(揷畫).

삽시 霎時 (가랑비 삽, 때 시). 가랑비[霎]가 잠시 내리는 때[時]. 아주 짧은 시간. '삽시간'의 준말.

▶삽시-간 霎時間 (사이 간). 아주 짧은[霎時] 동안[間]. ¶불은 삽시간에 산으로 번졌다. ⑪일순간(一瞬間), 순식간(瞬息間).

삽입 揷入 (꽂을 삽, 들 입). 꽂아[揷] 넣음[入]. 끼워 넣음. ¶책에 그림을 삽입하다 / 삽입 음악.

▶삽입-구 揷入句 (글귀 구). ① 언어 어떤 문장 가운데에 그 문장의 성분 따위와 직접 관계가 없이 끼워 넣은[揷入] 구절(句節). ② 음악 악곡의 주제가 되풀이되는 사이에 끼워 넣는 자유로운 곡의 마디.

▶삽입-가요 揷入歌謠 (노래 가, 노래 요).

문학 소설이나 판소리 따위의 중간에 끼어[插入] 있는 시가[歌謠].

삽화¹ 插花 (꽂을 삽, 꽃 화). 꽃[花]을 꽂는[插] 것.

삽화² 插話 (꽂을 삽, 이야기 화). 문학 어떤 이야기나 사건의 줄거리에 끼인[插] 짤막한 토막 이야기[話]. ㊥에피소드(episode).

삽화³ 插畵 (꽂을 삽, 그림 화). 출판 신문·잡지·서적 따위에서, 문장의 내용을 보완하거나 이해를 돕도록 장면을 묘사하여 끼워[插] 넣은 그림[畵]. ¶이 책에는 삽화가 많이 들어 있다. ㊥삽도(插圖).

▸삽화-가 插畵家 (사람 가). 삽화(插畵) 그리는 일을 전문으로 하는 사람[家].

상가¹ 商家 (장사 상, 집 가). 장사[商]를 업으로 하는 집[家]. ¶상가에서 반찬거리를 샀다.

상가² 商街 (장사 상, 거리 가). 상점(商店)이 많이 늘어서 있는 거리[街]. ¶지하 상가 / 아파트 상가.

상가³ 喪家 (죽을 상, 집 가). ① 속뜻 초상(初喪)난 집[家]. ¶상가에 문상을 가다. ②상제(喪制)의 집.

▸상가지구 喪家之狗 (어조사 지, 개 구). ① 속뜻 초상집[喪家]의 개[狗]. ②주인이 없는 개. ③초라한 모습으로 얻어먹을 것만 찾아다니는 이를 빈정거리어 이르는 말.

상가 평균 相加平均 (서로 상, 더할 가, 평평할 평, 고를 균). 수학 여러 개의 수를 서로[相] 합하여[加] 그 개수로 나눈 평균(平均)값. ㊥산술 평균(算術平均). ㊦기하 평균(幾何平均).

상각 償却 (갚을 상, 물리칠 각). ① 속뜻 보상(報償)하여 갚아[却] 줌. ②'감가상각'(減價償却)의 준말.

상간 相姦 (서로 상, 간음할 간). 남녀가 서로[相] 도리를 어겨 사사로이 정을 통함[姦].

상:감¹ 上監 (위 상, 볼 감). ① 속뜻 위[上]에서 살펴봄[監]. ②'임금'의 높임말. ¶상감께서 명을 내리셨다.

상감² 象嵌 (본뜰 상, 새겨 넣을 감). ① 속뜻 본떠서[象] 새겨 넣음[嵌]. ② 수공 금속, 도자기, 목재 등의 표면에 무늬 모양을 파고 그 속에 금, 은, 보석, 뼈, 자개 따위를 박거나 끼워 넣는 공예기법. 또는 그 기법으로 만든 작품. 상감청자와 나전칠기에서 크게 발달하였다. ③ 출판 연판(鉛版)이나 동판(銅版) 따위에서 수정할 곳을 도려내고 옳은 활자를 끼워 판을 고치는 일. 상안(象眼).

▸상감 세:공 象嵌細工 (가늘 세, 장인 공). 상감(象嵌)을 이용해 하는 섬세(纖細)한 손 공예(工藝).

▸상감 청자 象嵌青瓷 (푸를 청, 사기그릇 자). 수공 장식 무늬를 상감(象嵌)으로 세공하여 만든 청자(青瓷).

상:-갑판 上甲板 (위 상, 갑옷 갑, 널빤지 판). 배의 맨 위층[上]의 갑판(甲板).

상강 霜降 (서리 상, 내릴 강). ① 속뜻 서리[霜]가 내림[降]. ② 민속 한로(寒露)와 입동(立冬) 사이로, 양력 10월 23일경이다. ¶상강이 되자 가을걷이로 분주하다.

상:객¹ 上客 (위 상, 손 객). 중요하고 지위가 높은[上] 손님[客]. ㊥상빈(上賓)

상객² 常客 (늘 상, 손 객). ①늘[常] 찾아오는 손님[客]. ②단골로 오는 손님. ㊥고객(顧客).

상거 相距 (서로 상, 떨어질 거). 서로[相] 떨어져[距] 있음. 또는 그 거리.

상-거:래 商去來 (장사 상, 갈 거, 올 래). 경제 상업(商業)에서의 거래(去來). ¶상거래 질서를 어지럽히다.

상:게 上揭 (위 상, 내걸 게). 위[上]에 게재(揭載)하거나 게시(揭示)함. 또는 그 사항. ㊦하게(下揭).

상격 相隔 (서로 상, 사이 뜰 격). 서로[相] 떨어져 있음[隔]. ¶모자(母子)가 상격한지 10년이 흘렀다.

상:견¹ 想見 (생각 상, 볼 견). ①지나간 일이나 앞으로 닥칠 일을 생각하여[想] 봄[見]. ②사랑하여 간절히 생각함.

상견² 相見 (서로 상, 볼 견). 서로[相] 만나 봄[見].

▸상견-례 相見禮 (예도 례). ①서로[相] 공식으로 만나보는[見] 예(禮). ②마주서서 하는 절. ③ 역사 고려·조선 때, 신임 사부(師傅)나 빈객(賓客)이 동궁(東宮)을 뵙던 예(禮).

상:경¹ 上京 (위 상, 서울 경). 시골에서 서울[京]로 올라옴[上]. ㊥상락(上洛), 출경(出

京).

상경[2] **相敬** (서로 상, 공경할 경). ①서로[相] 공경(恭敬)함. ②마주 이야기를 할 때 서로 경어를 씀.

상계[1] **商界** (장사 상, 지경 계). 상업(商業)에 종사하는 사람들의 사회[界]. '상업계'의 준말.

상계[2] **相計** (서로 상, 셀 계). ① [속뜻] 서로[相] 계산(計算)함. ② [법률] 채권자와 채무자가 서로 같은 종류의 채권과 채무를 가지는 경우에, 그 채권과 채무를 같은 액수로 소멸시키는 일.

▸**상계 계:약** 相計契約 (맺을 계, 묶을 약). [법률] 두 사람 이상이 서로 채무를 지고 있는 경우, 서로[相]의 채무를 같은 액수로 동시에 소멸시키는[相計] 계약(契約). [비]상쇄계약(相殺契約).

상:고[1] **尙古** (높일 상, 옛 고). 옛날[古]의 문물이나 사상, 제도 따위를 귀하게 여겨 숭상(崇尙)함.

▸**상:고-주의** 尙古主義 (주될 주, 뜻 의). ① [속뜻] 옛[古] 것을 숭상(崇尙)하는 주의(主義). ② [예술] 고전(古典)을 중히 여기고 고전적 작품의 양식을 본떠 표현하려는 예술상의 사조. [비]의고주의(擬古主義).

상고[2] **商高** (장사 상, 높을 고). [교육] '상업고등학교'(商業高等學校)의 준말. ¶그는 상고 출신 국회의원이다.

상고[3] **詳考** (자세할 상, 살필 고). 자세히[詳] 고찰(考察)함. 상세히 검토함. ¶고문을 상고하여 오류를 바로잡았다. [비]구계(句稽).

상:고[4] **上古** (위 상, 옛 고). ① [속뜻] 제일 오래된[上] 옛날[古]. 아주 오랜 옛날. ② [역사] 역사 시대를 구분할 때, 문헌을 통하여 알 수 있는 한에서 가장 오래된 옛날. 우리나라에서는 고조선 때부터 삼한 시대까지의 시기를 이른다. [참]중고(中古), 근고(近古).

▸**상:고-사** 上古史 (역사 사). [역사] 상고(上古) 시대에 관한 역사(歷史).

▸**상:고 시대** 上古時代 (때 시, 연대 대). [역사] 역사 시대로서 가장 오랜[上古] 시대(時代). [준]상고대, 상대.

상:고[5] **上告** (위 상, 알릴 고). ① [속뜻] 윗사람[上]에게 아룀[告]. ② [법률] 상소(上訴)의 한 가지. 고등법원, 지방법원 합의부 등의 제2심 판결에 대하여 법령 위반 등을 이유로 파기 또는 변경을 상급법원에 신청하는 일. [참]항고(抗告), 항소(抗訴).

▸**상:고-심** 上告審 (살필 심). [법률] 상고(上告)한 소송 사건에 대한 심판(審判).

▸**상:고-장** 上告狀 (문서 장). [법률] 상고(上告)의 의사를 표시한 서류[狀].

▸**상:고 기각** 上告棄却 (버릴 기, 물리칠 각). [법률] 상고심(上告審)에 필요한 사실을 법원이 조사한 결과, 이유가 없거나 절차가 틀렸거나 기간이 경과한 경우에 재판을 하지 않고 기각(棄却)하여 소송을 끝내는 일.

***상:공**[1] **上空** (위 상, 하늘 공). ① [속뜻] 어떤 지역의 위[上]에 있는 공중(空中). ¶서울 상공에 적기가 나타났다. ②높은 하늘. ¶전투기는 수천 피트 상공으로 날아올랐다.

상공[2] **常貢** (보통 상, 바칠 공). [역사] 일반적으로[常] 바치는 공물(貢物).

상공[3] **商工** (장사 상, 장인 공). 상업(商業)과 공업(工業). '상공업'(商工業)의 준말.

상-공업 **商工業** (장사 상, 장인 공, 일 업). 직업군 중 상업(商業)과 공업(工業)을 아울러 이르는 말. [준]상공.

상과 **桑果** (뽕나무 상, 열매 과). ① [속뜻] 뽕나무[桑]의 열매[果]. ② [식물] 복화과의 하나. 짧은 꽃대에 많은 꽃이 한 덩어리로 엉기어 피며 열매가 다닥다닥 붙어 한 덩어리로 여는 과실. ¶파인애플은 상과의 하나이다.

상:관[1] **上官** (위 상, 벼슬 관). 주로 공무원 사회에서 어떤 사람보다 높은 자리[上]에 있는 관리(官吏). ¶상관의 명령에 복종하다. [비]상사(上司), 상급자(上級者). [반]부하(部下), 하관(下官).

상관[2] **相關** (서로 상, 관계할 관). ① [속뜻] 서로[相] 관련(關聯)을 가짐. 또는 그 관련. ¶그 일이 당신과 무슨 상관이 있나요? ②남의 일에 간섭함. ¶그가 언제 떠나든 상관을 하지 않겠다 / 당신과는 상관없는 일이니까 신경 쓰지 마세요.

▸**상관-성** 相關性 (성질 성). 두 사물 사이에 서로 관련된[相關] 성질(性質). ¶환경오염과 지구온난화의 상관성을 연구하다.

▸**상관 개:념** 相關概念 (대강 개, 생각 념). [논리] 관련(關聯)된 상대(相對) 개념이 없이

는 생각할 수 없는 개념(概念). 실과 바늘, 선생과 학생 따위.

▸상관 계:수 相關係數 (맬 계, 셀 수). 수학 두 변량(變量) 사이의 상관관계(相關關係)의 정도를 나타낸 수치[係數].

▸상관-관계 相關關係 (빗장 관, 맬 계). ① 양쪽이 서로[相] 관련(關聯)되어 있는 관계(關係). ¶수질과 어종은 상관관계가 높다. ② 수학 한쪽의 수량이 변함에 따라 다른 쪽도 변하는 관계.

상-관습 商慣習 (장사 상, 버릇 관, 버릇 습). 상업(商業)상의 관습(慣習).

▸상관습-법 商慣習法 (법 법). 법률 상(商) 거래의 관습(慣習)이 굳어져 만들어진 법(法). 민법(民法)에 우선하는 효력을 지닌다.

상:구-보리 上求菩提 (위 상, 구할 구, 보리 보, 보리 리). 불교 보살이 위로[上]는 스스로를 위해 보리[菩提]의 지혜를 구(求)하고 닦는 일. ⓑ하화중생(下化衆生).

상:국[1] 上國 (위 상, 나라 국). ① 강의 상류(上流) 지역에 자리 잡고 있는 나라[國]. ② 작은 나라로부터 조공을 받는 큰 나라. ¶신라는 당나라를 상국으로 섬겼다.

상국[2] 相國 (도울 상, 나라 국). ① 속뜻 임금의 나랏일[國]을 도움[相]. ② 역사 조선 때, 영의정·좌의정·우의정을 일컫는 말.

상궁 尙宮 (받들 상, 대궐 궁). ① 속뜻 왕실[宮] 사람들을 받들어[尙] 모시는 일을 하던 여자 벼슬. ② 역사 조선 시대에, 내명부의 하나인 여관(女官)의 정오품 벼슬.

상궁지조 傷弓之鳥 (다칠 상, 활 궁, 어조사 지, 새 조). ① 속뜻 한 번 화살[弓]에 맞아 다친[傷] 적이 있는 새[鳥]는 구부러진 나무만 보아도 놀람. ② 한 번 혼이 난 일로 늘 의심과 두려운 마음을 품는 것을 이르는 말. ¶상궁지조란 성어를 보면 '자라보고 놀란 가슴 솥뚜껑보고 놀란다'는 속담이 생각난다.

상:권[1] 上卷 (위 상, 책 권). 두 권이나 세 권으로 된 책의 첫째[上] 권(卷). ¶그 소설은 상권이 제일 재미있다.

상권[2] 商圈 (장사 상, 범위 권). 경제 상업(商業)상의 세력이 미치는 범위[圈]. ¶그곳에 새로운 상권이 형성되었다.

상권[3] 商權 (장사 상, 권리 권). 법률 ① 상업(商業)상의 권리(權利). ② 어떤 지역을 중심으로 상업기능에 영향을 미치는 범위. ¶기차역을 중심으로 상권이 발달했다.

상궤 常軌 (보통 상, 바퀴자국 궤). ① 일반적으로[常] 따라야 할 바른길[軌]. ¶상궤를 따르면 탈이 없다. ② 일정한 격식이나 형식. ⓑ틀.

상규 常規 (늘 상, 법 규). ① 늘[常] 변하지 않는 규칙(規則). ⓑ상전(常典). ② 보통의 경우에 널리 적용되는 규칙이나 규정. ⓑ상칙(常則).

상극 相剋 (서로 상, 이길 극). ① 속뜻 서로[相] 이기려고[剋] 싸움. ② 둘 사이에 마음이 서로 맞지 아니하여 항상 충돌함. ¶그 둘은 상극이라서 만나기만 하면 싸운다. ③ 두 사물이 서로 맞서거나 해를 끼쳐 어울리지 아니함. 또는 그런 사물. ¶한약과 녹두는 상극이라고 한다. ④ 민속 음양오행설에서 서로[相] 조화를 이루지 못하고 더 나쁘게 만드는 것. 금(金)은 목(木)과, 목은 토(土)와, 토는 수(水)와, 수는 화(火)와, 화는 금과 그러한 관계이다.

상근 常勤 (늘 상, 일할 근). 매일 일정한[常] 시간을 근무(勤務)함. ¶상근하는 직원이 200명이 넘는다.

상금 賞金 (상줄 상, 돈 금). 상(賞)으로 주는 돈[金]. ¶소설이 당선되어 상금을 받았다. ⓑ벌금(罰金).

상급[1] 賞給 (상줄 상, 줄 급). 상(賞)으로 줌[給]. ¶사장은 업무실적이 좋은 부서에 보너스를 상급했다.

상:급[2] 上級 (위 상, 등급 급). 위[上]의 등급(等級)이나 계급(階級). ¶상급 법원. ⓑ하급(下級).

▸상:급-생 上級生 (사람 생). 학년[級]이 높은[上] 학생(學生). ¶상급생의 책을 물려받았다. ⓑ하급생(下級生).

▸상:급-심 上級審 (살필 심). 법률 상급(上級) 법원에서 하는 소송의 심리(審理). ⓑ하급심(下級審).

▸상:급 법원 上級法院 (법 법, 관청 원). 법률 상하 관계에 있는 법원 사이에서 상위(上位) 등급(等級)의 법원(法院). 상급심을 하는 법원. ⓑ하급법원(下級法院).

▸상ː급 학교 上級學校 (배울 학, 가르칠 교). 학제(學制)상, 어떤 학교보다 급(級)이 더 높은[上] 학교(學校). 초등학교에 대하여 중학교, 고등학교에 대하여 대학교 따위. ¶상급 학교로 진학하다.

상ː기[1] 上氣 (위 상, 기운 기). ① 속뜻 기운(氣運)이 위[上]로 올라옴. ② 흥분이나 부끄러움으로 얼굴이 붉어짐. ¶얼굴이 빨갛게 상기되었다.

상ː기[2] 上記 (위 상, 기록할 기). 어떤 글의 위[上]나 앞에 적음[記]. 또는 그 내용. ¶상기 내용이 사실임을 확인함.

상기[3] 喪期 (죽을 상, 때 기). 상(喪)을 치르는 기간(期間).

상기[4] 詳記 (자세할 상, 기록할 기). 상세(詳細)히 기록(記錄)함. 또는 그 기록. ¶각 지역의 풍물을 상기하다. ㊊상록(詳錄).

상ː기[5] 想起 (생각 상, 일어날 기). ① 지난 일을 생각해[想] 떠올림[起]. ¶6·25를 상기하다. ② 심리 한 번 경험하고 난 사물을 나중에 다시 재생하는 일. ③ 철학 플라톤의 용어로, 인간의 혼은 태어나기 전에 보아 온 이데아를 되돌아봄으로써, 인간의 혼이 참된 지식인 이데아를 얻는 과정. ㊊회상(回想).

상ː납 上納 (위 상, 바칠 납). ① 윗[上]사람에게 금품 따위의 뇌물을 바침[納]. ¶적지 않은 돈을 상납하고 한자리를 얻었다. ② 역사 예전에, 나라에 조세 등을 바치던 일.

▸상ː납-금 上納金 (돈 금). 지난날 나라[上]에 조세로 바치던[納] 돈[金].

▸상ː납-미 上納米 (쌀 미). ① 예전에, 나라[上]에 조세로 바치던[納] 쌀[米]. ② 역사 조선 시대에 대동법에 따라 거두어들인 쌀 가운데 경창(京倉)에 들이던 쌀.

상ː념 想念 (생각 상, 생각 념). 마음속에 떠오르는 생각[想=念]. ¶깊은 상념에 잠기다.

상노 床奴 (평상 상, 종 노). 밥상[床]을 나르거나 잔심부름을 하는 어린아이[奴]. ¶머슴들과 상노들이 마당에 늘어섰다.

상ː농-주의 尙農主義 (높일 상, 농사 농, 주될 주, 뜻 의). 농업(農業)을 숭상(崇尙)하는 주의(主義). ㊊중농주의(重農主義).

상ː단 上段 (위 상, 구분 단). ① 위[上] 쪽에 있는 부분[段]. ¶시렁의 상단에 배치하였다. ② 글의 위쪽 단락(段落). ¶그 글의 상단을 보면 알 수 있다. ㊥하단(下段).

상ː-단전 上丹田 (위 상, 붉을 단, 밭 전). 위[上]쪽에 위치한 단전(丹田). 즉, 삼단전(三丹田) 중 뇌(腦)를 이르는 말.

상ː달 上達 (위 상, 보낼 달). 아랫사람의 의견 따위가 윗[上]사람에게 전해짐[達]. 또는 알림. ㊥하달(下達).

상담[1] 商談 (장사 상, 말씀 담). 상(商)거래에 관하여 주고받는 말[談]. ¶강경 상인과 송도 상인 간에 상담이 오갔다.

상담[2] 常談 (보통 상, 말씀 담). ① 일상적(日常的)으로 하는 평범한 말[談]. ② 상스러운 말.

상담[3] 相談 (서로 상, 말씀 담). 서로[相] 상의하는 말[談]. ¶진학 상담 / 건강 상담. ㊊상의(相議).

▸상담-소 相談所 (곳 소). 어떤 일에 관하여 묻고 의논할 수 있도록[相談] 설치한 사회 시설이나 장소[所].

▸상담-실 相談室 (방 실). 학교 따위에서 상담(相談)을 위하여 따로 마련한 방[室]. ¶상담실에 찾아가다.

▸상담-역 相談役 (부릴 역). ① 속뜻 상담(相談)의 상대가 되어 주는 사람[役]. ② 회사 같은 곳에서 중요한 문제에 대한 조언이나 분쟁의 조정 등을 위해서 두는 직책. 또는 그 사람.

▸상담-자 相談者 (사람 자). ① 속뜻 상담(相談)을 해 주는 사람[者]. ¶형이 나의 상담자였다. ② 어떤 고민·문제·일 등에 관하여 상담을 하는 사람. ¶문의해 온 상담자들 중 대부분이 실업자였다.

상ː답[1] 上畓 (위 상, 논 답). 토질 따위가 좋아서 벼가 잘되는 상급(上級)의 논[畓]. '상등답'(上等畓)의 준말. ㊥하답(下畓).

상ː답[2] 上答 (위 상, 답할 답). 아랫사람이 윗[上]사람에게 대답(對答)을 함. ㊥하답(下答).

상당 相當 (서로 상, 당할 당). ① 속뜻 서로[相] 대적할[當]만 함. ② 일정한 액수나 수치 따위에 해당함. ¶상당 기간. ③ 수준이나 실력이 꽤 높다. ¶민수는 한자 실력이 상당하다 / 이 문제는 상당히 어렵다.

▸상당-량 相當量 (분량 량). 상당(相當)히 많은 양(量). ¶상당량의 식량을 공급하다.

▸상당-수 相當數 (셀 수). ① 속뜻 어떤 기준에 상당(相當)하는 수(數). ② 어지간히 많은 수. ¶요즘 상당수의 사람들이 안경을 쓴다. ㊥다수(多數), 대다수(大多數).

▸상당-액 相當額 (액수 액). ① 속뜻 어떤 기준에 상당(相當)하는 금액(金額). ② 어지간히 많은 금액.

상대[1] 商大 (장사 상, 큰 대). '상과 대학'(商科大學)의 준말.

*__상대__[2] 相對 (서로 상, 대할 대). ① 서로[相] 마주 대(對)함. 또는 그 대상. ¶저런 사람들하고는 상대도 하지 마라 / 손님을 상대하는 일은 쉽지 않다. ② 어떤 관계로 자기가 마주 대하는 사람. ¶결혼 상대 / 의논 상대. ③ 서로 겨룸. 또는 그런 대상. ¶이번 상대는 만만치 않다 / 누구든 나와라, 내가 상대하마. ④ 서로 대비함. ⑤ 철학 다른 것과 관계가 있어서 그것과 떨어져 존재할 수 없는 것. ㊥상견(相見), 대면(對面), 상대자(相對者), 맞수, 적수(敵手).

▸상대-국 相對國 (나라 국). 상대편(相對便)이 되는 나라[國]. ¶상대국과 휴전 협정을 하다.

▸상대-권 相對權 (권리 권). ① 속뜻 상대방(相對方)에 대한 권리(權利). ② 법률 특정인에 대하여서만 의무 이행을 주장할 수 있는 권리(權利). 주로 사권(私權)에서만 행하여진다. 채권 따위. ㊦절대권(絶對權).

▸상대-방 相對方 (모 방). ① 속뜻 맞은[相對] 편[方]. ② 상대편. ¶상대방의 입장에서 생각하다.

▸상대-설 相對說 (말씀 설). 철학 진리나 가치의 절대성을 부인하고 모든 것은 상대적(相對的)이라는 입장을 주장하는 학설(學說). ㊥상대주의(相對主義).

▸상대-성 相對性 (성질 성). 철학 모든 사물이 각각 독립적으로 존재하지 않고 다른 사물과 서로[相] 기대어 있는[對] 성질(性質).

▸상대-어 相對語 (말씀 어). 언어 밤과 낮, 소년과 소녀 따위와 같이 뜻이 서로[相] 대조(對照)를 이루는 말[語]. ㊥반의어(反意語).

▸상대-역 相對役 (부릴 역). 연영 어떤 역의 상대(相對)가 되는 역(役). 특히 주역(主役)의 상대가 되는 역.

▸상대-자 相對者 (사람 자). ① 시합이나 이해관계가 있는 일에서 서로[相] 맞서는[對] 사람[者]. ② 어떤 일에서 짝을 이루는 사람. ㊕상대.

▸상대-적 相對的 (것 적). 어떤 것과 서로[相] 대립(對立)하거나 비교되는 관계에 있는 것[的]. ¶상대적 가치 / 이 문제는 상대적으로 중요하지 않다. ㊦절대적(絶對的).

▸상대-편 相對便 (쪽 편). 서로 상대(相對)가 되는 쪽[便]. 또는 그 위치에 있는 사람. ㊥상대방(相對方).

▸상대 가격 相對價格 (값 가, 이를 격). 경제 어떤 상품을 기준으로 하여 나타낸 다른 상품의 상대적(相對的) 교환 가치[價格]. ㊦절대 가격(絶對價格).

▸상대 개:념 相對概念 (대강 개, 생각 념). 논리 서로[相] 대립(對立)하는 개념(概念). 서로의 뜻을 더 명백하게 해준다. ¶'하늘'과 '땅'은 상대 개념의 하나이다. ㊦절대 개념(絶對概念).

▸상대 속도 相對速度 (빠를 속, 정도 도). 물리 어떤 물체에서 본 다른 물체의 상대적(相對的)인 속도(速度).

▸상대 습도 相對濕度 (젖을 습, 정도 도). ① 속뜻 상대적(相對的)인 습도(濕度). ② 물리 일정 부피의 공기 속에 실제로 포함되어 있는 수증기 양과 포함할 수 있는 최대한의 수증기 양과의 비율. 보통 단순히 습도라고 하며 건습구 온도계로 잰다.

▸상대 연대 相對年代 (해 년, 시대 대). ① 속뜻 상대적(相對的)인 연대(年代). ② 지리 지질학적 시간을 측정하는 방법의 하나로 암석이나 화석에 나타난 지질학적 사실을 서로 비교하여 연대를 설정한다.

▸상대 연령 相對年齡 (해 년, 나이 령). 지리 지질학적 사실을 서로[相] 대조(對照)하여 설정한 지질 연대[年齡].

▸상대 운:동 相對運動 (돌 운, 움직일 동). 물리 한 물체의 다른 물체에 대한 상대적(相對的)인 움직임[運動]이나 위치 변화.

▸상대 음감 相對音感 (소리 음, 느낄 감). ① 속뜻 상대적(相對的)으로 음(音)을 느낌[感]. 음악 기준이 되는 음에 따라 상관되는

다른 음의 높이를 식별하는 청각 능력. [반] 절대 음감(絶對音感).

▸상대 의ː무 相對義務 (옳을 의, 일 무). [법률] 권리에 대하여 서로[相] 대립(對立)하는 위치에 있는 의무(義務). 채권에 대한 채무 따위. [반]절대 의무(絶對義務).

▸상대-주의 相對主義 (주될 주, 뜻 의). [철학] 진리나 가치의 절대성을 부인하고 모든 것은 상대적(相對的)이라는 입장을 주장하는 학설[主義]. [비]상대설(相對說). [반] 절대주의(絶對主義).

▸상대성 원리 相對性原理 (성질 성, 본디 원, 이치 리). [물리] 시간·공간이 각각 관측자에 대하여 상대적(相對的)으로만 의미를 가진다는 원리(原理). 관측자의 운동 상태에 관계없이 절대성을 가진다고 생각되어 온 지금까지의 시간·공간의 개념을 부정한 개념이다.

▸상대성 이ː론 相對性理論 (성질 성, 이치 리, 논할 론). [물리] 상대성 원리(相對性原理)를 전제로 한 이론(理論). 아인슈타인이 제창한 물리학상의 기본 이론으로, 특수 상대성 이론과 일반 상대성 이론으로 대별된다.

▸상대 존대법 相對尊待法 (높을 존, 대할 대, 법 법). [언어] 말할 때 상대방(相對方)을 높여[尊待] 이르는 표현 방법(方法). '해라체', '하게체', '하오체' 따위. [비]상대 높임법.

상대 霜臺 (서리 상, 돈대 대). [역사] 사헌부(司憲府)를 달리 이르는 말.

▸상대-별곡 霜臺別曲 (다를 별, 노래 곡). [문학] 조선 초기에 권근(權近)이 상대(霜臺), 곧 사헌부(司憲府) 내의 생활을 묘사하고 조선의 창업을 칭송하기 위해 지은 경기체가[別曲] 형식의 노래.

상ː-대등 上大等 (위 상, 큰 대, 무리 등). [역사] 신라 때의 가장 높은[上] 벼슬아치[大等]. 또는 그 사람. [비]상신(上臣).

상ː-대정맥 上大靜脈 (위 상, 큰 대, 고요할 정, 줄기 맥). [의학] 머리, 얼굴, 팔 등 몸의 위[上]쪽 피를 모으는 큰[大] 정맥(靜脈).

상도 常道 (보통 상, 길 도). ① [속뜻] 사람이 일반적으로[常] 지켜야 할 도리(道理). ② 늘 정해져 있어 변하지 않는 도리.

상-도덕 商道德 (장사 상, 길 도, 베풀 덕). 상업(商業)을 하는데 있어 지켜야 할 도덕(道德). ¶매점매석은 상도덕을 문란하게 하는 행위이다. [준]상도. [비]상도의(商道義).

상-도의 商道義 (장사 상, 길 도, 옳을 의). 상업(商業)을 하는데 있어 지켜야 할 옳은 일[義]. [비]상도덕(商道德).

상ː동¹ 上同 (위 상, 같을 동). 위[上]와 같음[同]. ¶이하의 내용은 상동이다. [비]동상(同上).

상동² 相同 (서로 상, 같을 동). ①서로[相] 같음[同]. ② [생물] 생물체의 기관이 형태나 기능은 서로 다르나 발생 기원이 같은 일. 새의 날개와 짐승의 앞다리 따위.

▸상동 기관 相同器官 (그릇 기, 벼슬 관). [생물] 다른 생물 간의 상동(相同) 관계에 있는 기관(器官). 사람의 손과 짐승의 앞다리와 새의 날개. 또는 선인장의 가시와 호박의 덩굴손 따위.

▸상동 염ː색체 相同染色體 (물들일 염, 빛 색, 몸 체). [생물] 체세포에서 모양과 크기가 서로[相] 같은[同] 한 쌍의 염색체(染色體).

상ː동-인 上洞人 (위 상, 구멍 동, 사람 인). [고적] 중국 주구점의 상동(上洞)에서 발견된 화석 인골(人骨).

상동-증 常同症 (늘 상, 같을 동, 증세 증). [심리] 항상(恒常) 똑같은[同] 동작이나 말 따위를 반복하는 병적 증상(症狀).

상ː등¹ 上騰 (위 상, 오를 등). 물가 따위가 위로[上] 오름[騰]. [반]하락(下落).

상등² 相等 (서로 상, 같을 등). 정도가 서로[相] 같거나[等] 비슷하다. ¶북한산의 입장료는 어느 곳이나 상등하다.

상등³ 常燈 (늘 상, 등불 등). ①신불(神佛) 앞에 언제나[常] 켜 놓는 등불[燈]. ②거리를 밝히기 위해 밤새도록 켜 놓는 등.

상ː등⁴ 上等 (위 상, 무리 등). 위[上] 급에 속하는 무리[等]. 높은 등급. [참]중등(中等). 하등(下等).

▸상ː등-품 上等品 (물건 품). 상등(上等)의 물품(物品). 품질이 좋은 물품.

▸상ː등-병 上等兵 (군사 병). [군사] 사병 계급의 하나. 병장의 아래, 일등병의 위[上等]인 병사(兵士). [준]상병.

상락 常樂 (늘 상, 즐길 락). ① [속뜻] 항상(恒常) 즐거움[樂]. ② [불교] 영원한 즐거움, 곧 깨달음의 경지.

상:략 上略 (위 상, 줄일 략). 글이나 말의 위[上] 부분을 줄임[略].

상량[1] 商量 (헤아릴 상, 헤아릴 량). 잘 헤아림[商=量]. 잘 생각해 봄.

상:량[2] 上樑 (위 상, 들보 량). ①집을 지을 때, 기둥 위[上]에 들보[樑]를 얹는 일. ② 건설 용마루 밑에 서까래가 걸게 된 도리. ㊐마룻대.

▸상:량-문 上樑文 (글월 문). 상량(上樑)을 축복하는 글[文]. 상량식의 축문. 흔히 붓으로 마룻대에 쓴다.

▸상:량-식 上樑式 (법 식). 상량(上樑)할 때에 여는 의식(儀式).

상련[1] 相連 (서로 상, 이을 련). 서로[相] 잇닿음[連]. 또는 잇대어 붙음.

상련[2] 相憐 (서로 상, 가엾을 련). 서로[相] 가엾게 여겨[憐] 동정함. ¶동병상련.

상례[1] 常例 (보통 상, 본보기 례). 주위에서 흔히[常] 볼 수 있는 본보기[例]. 또는 그런 사례. ¶추석이나 설에는 한복을 입는 것이 상례이다. ㊐통례(通例), 항례(恒例).

상례[2] 常禮 (보통 상, 예도 례). 일반적으로[常] 지켜야하는 예법(禮法). 일상의 예식.

상례[3] 喪禮 (죽을 상, 예도 례). 상중(喪中)에 행하는 모든 예식(禮式). ㊐흉례(凶禮).

상록[1] 詳錄 (자세할 상, 기록할 록). 자세하게[詳] 기록(記錄)함. 또는 그런 기록.

상록[2] 常綠 (늘 상, 초록빛 록). 겨울에도 잎이 떨어지지 않고 사철 늘[常] 초록빛[綠]을 띤 상태.

▸상록-송 常綠松 (소나무 송). 식물 늘[常] 잎이 푸른[綠] 소나무[松].

▸상록-수 常綠樹 (나무 수). 식물 사철 늘[常] 잎이 푸른[綠] 나무[樹]. ¶소나무와 대나무는 상록수이다. ㊐늘푸른나무. ㊥낙엽수(落葉樹).

▸상록 관:목 常綠灌木 (물 댈 관, 나무 목). 식물 사철 늘[常] 잎이 푸른[綠] 관목(灌木).

▸상록 교목 常綠喬木 (높을 교, 나무 목). 식물 사철 늘[常] 잎이 푸른[綠] 교목(喬木).

▸상록 침엽수 常綠針葉樹 (바늘 침, 잎 엽, 나무 수). 식물 사철 늘[常] 잎이 푸른[綠] 침엽수(針葉樹).

▸상록 활엽수 常綠闊葉樹 (트일 활, 잎 엽, 나무 수). 식물 사철 늘[常] 잎이 푸른[綠] 활엽수(闊葉樹).

상론[1] 常論 (늘 상, 논할 론). ① 속뜻 평소에 늘[常] 가지고 있는 생각이나 의견[論]. ② 별 차이가 없는 보통의 논의. .

상론[2] 詳論 (자세할 상, 논할 론). 상세(詳細)히 논(論)함. 또는 그 논설.

⁑**상:류 上流** (위 상, 흐를 류). ①강물 따위가 흘러내리는[流] 위[上]쪽 지역. ¶한강 상류가 오염되었다. ②사회적 지위나 생활 수준, 교양 등이 높은 계층. ¶상류 사회. ㊥하류(下流).

▸상:류-층 上流層 (층 층). 지위나 생활 정도가 높은[上流] 계층(階層). ¶상류층 인사들과 친분을 쌓다.

▸상:류 가정 上流家庭 (집 가, 뜰 정). 상류(上流) 계층에 속하거나 상류 생활을 하는 집안[家庭].

▸상:류 계층 上流階層 (섬돌 계, 층 층). 지위나 생활 정도가 높은[上流] 사회 계층(階層). ㊟상류층.

▸상:류 사:회 上流社會 (단체 사, 모일 회). 지위나 생활 정도가 높은[上流] 사람들의 사회(社會). ㊥하류 사회(下流社會).

상:륙 上陸 (위 상, 뭍 륙). 배에서 뭍으로[陸] 오름[上]. ¶맥아더 장군은 인천에 상륙했다.

▸상:륙-세 上陸稅 (세금 세). 화물을 육지(陸地)에 내려놓는데[上] 부과하는 세금(稅金).

▸상:륙 작전 上陸作戰 (일으킬 작, 싸울 전). 군사 해상으로부터 적지에 상륙(上陸)하는 공격 작전(作戰). ¶인천 상륙작전.

상률 常律 (보통 상, 법칙 률). 일반적인[常] 규율(規律). ㊐상규(常規).

상리[1] 商理 (장사 상, 이치 리). 장사하는[商] 도리(道理)나 이치(理致). ¶아버지를 따라다닌 덕에 어려서부터 상리를 깨쳤다.

상리[2] 常理 (보통 상, 이치 리). ① 속뜻 일반적으로[常] 지켜야할 도리(道理). ②당연한 이치.

상리 공:생 相利共生 (서로 상, 이로울 리, 함께 공, 살 생). 생물 다른 종류의 생물끼리 서로[相] 이익(利益)을 얻으며 함께[共]

사는[生] 것. ¶개미와 진딧물은 상리 공생의 관계에 있다.

상린 相鄰 (서로 상, 이웃 린). 서로[相] 이웃함[鄰].

▸상린-자 相鄰者 (사람 자). 서로[相] 이웃하고[鄰] 있는 사람들[者].

▸상린-관계 相鄰關係 (빗장 관, 맬 계). 법률 서로[相] 이웃한[鄰] 부동산의 이용 관계를 조절하기 위해 소유자나 이용자들이 서로 양보, 협력하도록 규정된 법적 관계(關係).

상:마 上馬 (위 상, 말 마). ①상급(上級) 말[馬]. 좋은 말. ②말에 올라탐. ㉥하마(下馬).

상면 相面 (서로 상, 낯 면). ①서로[相] 만나서 얼굴[面]을 마주 봄. ¶몇 십 년 만에 이산가족의 상면이 이루어졌다. ②서로 처음으로 만나 인사하고 알게 됨.

상:명[1] 上命 (위 상, 명할 명). ①상사(上司)의 명령(命令). 상부(上部)의 명령. ¶상명이 하달(下達)되다. ②임금의 명령. ㉥어명(御命).

상명[2] 常命 (보통 상, 목숨 명). 사람의 보통[常] 수명(壽命). 사람이 제 명대로 사는 수명.

상명[3] 詳明 (자세할 상, 밝을 명). 상세(詳細)하고 분명(分明)함.

상명[4] 喪明 (죽을 상, 밝을 명). ① 속뜻 밝은[明] 빛을 잃음[喪]. ②시력을 잃음. ㉥실명(失明). ③자식의 상사(喪事)를 당하는 일.

▸상명지통 喪明之痛 (어조사 지, 아플 통). 아들을 잃은[喪明] 슬픔[痛].

상모 象毛 (본뜰 상, 털 모). ① 속뜻 털[毛]을 본떠[象] 만든 장식. ② 민속 벙거지의 꼭지에 참대와 구슬로 장식하고 그 끝에 털이나 긴 백지 오리를 붙인 것. ¶상모를 돌리며 꽹과리를 치다.

상몽 祥夢 (상서로울 상, 꿈 몽). 상서(祥瑞)로운 꿈[夢]. ¶돼지꿈은 상몽의 대표적인 예다.

상:무[1] 尙武 (높일 상, 굳셀 무). 무(武)를 귀히 여겨 숭상(崇尙)함. ㉥상문(尙文).

상무[2] 常務 (늘 상, 일 무). ①일상적(日常的)인 업무(業務). ②공공 단체에서 일상의 일을 처리하려고 뽑은 위원. '상무위원'(常務委員)의 준말. ③재단이나 회사 따위의 이사 가운데 보통의 업무를 집행하는 사람. '상무이사'(常務理事)의 준말.

상무[3] 商務 (장사 상, 일 무). 상업(商業)상의 용무(用務).

상:문[1] 上文 (위 상, 글월 문). ①기준이 되는 곳 위[上]의 글[文]. ②한 편의 글에서 처음 부분의 글.

상:문[2] 上聞 (드릴 상, 들을 문). 어떤 사실이나 이야기를 임금에게 들려[聞] 드림[上]. ㉥상청(上聽).

상:문[3] 尙文 (높일 상, 글월 문). 문예(文藝)를 귀히 여겨 숭상(崇尙)함. ㉥상무(尙武).

상미[1] 賞味 (즐길 상, 맛 미). ① 속뜻 맛[味]을 즐김[賞]. ②맛을 봄.

상미[2] 賞美 (상줄 상, 아름다울 미). 좋은[美] 점을 높이 평가함[賞].

상민 常民 (보통 상, 백성 민). 예전에, 양반이 아닌 보통[常] 백성[民]을 이르던 말. ㉥평민(平民). ㉥양반(兩班).

상:박 上膊 (위 상, 팔 박). 의학 위[上] 팔[膊].

▸상:박-골 上膊骨 (뼈 골). 의학 어깨와 팔꿈치 사이의 위팔[上膊]을 이루는 긴 뼈. ㉥위팔뼈, 상완골(上腕骨). ㉦하박골(下膊骨).

▸상:박 동:맥 上膊動脈 (움직일 동, 줄기 맥). 의학 겨드랑 동맥이 위팔[上膊]로 계속된 동맥(動脈).

상반[1] 相反 (서로 상, 반대로 반). 서로[相] 반대(反對)되거나 어긋남. ¶이 내용은 사실과 상반된다.

상반[2] 相半 (서로 상, 반 반). 서로[相] 반반(半半)임. ¶이득과 손실이 상반이다.

상:반[3] 上半 (위 상, 반 반). 하나를 위아래 절반으로 나눈 것의 위[上]쪽 절반(折半). ㉥하반(下半).

상:-반기 上半期 (위 상, 반 반, 때 기). 한 해나 어떤 일정 기간을 둘로 나눈 그 앞[上]의 절반(折半) 시기(時期). ¶상반기 생산량. ㉥하반기(下半期).

상:-반부 上半部 (위 상, 반 반, 나눌 부). 둘로 나눈 위[上]쪽 절반(折半) 부분(部分). ㉥하반부(下半部).

상:-반신 上半身 (위 상, 반 반, 몸 신). 사람 몸을 절반으로 나눈 것 중 위[上]의 절반(折半) 부분의 몸[身]. ¶상반신을 일으키다. [비]상체(上體). [반]하반신(下半身).

상:반-각 上反角 (위 상, 반대로 반, 모서리 각). [항공]비행기의 날개를 앞에서 바라볼 때에 수평선을 기준으로 그보다 위[上]쪽으로 날개가 치올라가[反] 보이는 각도(角度). 비행기가 날 때에 좌우의 안정이 저절로 조절되어 수평을 이루게 한다.

상:방 上方 (위 상, 모 방). ①[속뜻]위[上] 쪽의 방향(方向). ②[불교]주지(住持). [반]하방(下方).

상배 喪配 (죽을 상, 짝 배). 배우자[配]가 죽음[喪]. '상처'(喪妻)의 높임말.

상:번 上番 (위 상, 차례 번). ①[속뜻]당번(當番) 가운데 윗[上]자리에 있는 사람. ②[불교]재(齋)를 올릴 때에, 범패의 홑소리를 부르는 승려. ③[역사]군인이 차례가 되어 번을 들러 군영으로 들어가던 일. ④[역사]외방의 군인이 서울로 번을 들러 올라가던 일.

상벌 賞罰 (상줄 상, 벌할 벌). 상(賞)을 주는 것과 벌(罰)을 주는 것. ¶공정하게 상벌을 주다 / 상벌위원회.

상법¹ 相法 (모양 상, 법 법). 관상(觀相)보는 방법(方法). 또는 그러한 기술. [비]상술(相術).

상법² 常法 (늘 상, 법 법). ①항상(恒常) 변하지 않는 법(法). ②보통의 방법.

상:변 上邊 (위 상, 가 변). [수학]사다리꼴에서 위[上]쪽의 변(邊). [비]윗변.

상:병¹ 上兵 (위 상, 군사 병). [군사]군대 계급 중 일병 위[上], 병장 아래인 병사(兵士)의 계급. '상등병'(上等兵)의 준말.

상병² 傷兵 (다칠 상, 군사 병). 부상(負傷)당한 병사(兵士). ¶상병을 의무실로 데려갔다.

상보¹ 床褓 (평상 상, 보자기 보). 밥상[床]을 덮는 데에 쓰는 보자기[褓]. ¶상보로 상을 덮었다.

상보² 詳報 (자세할 상, 알릴 보). 자세히[詳] 보고(報告)함. 또는 그 보고. 자세히 알림. 또는 그 소식. [반]약보(略報).

상보³ 相補 (서로 상, 채울 보). 서로[相] 보충(補充)함. ¶상보 관계.

▸상보-성 相補性 (성질 성). ①[속뜻]서로[相] 보충(補充)하는 성질(性質). ②[물리]두 개의 물질이 상보 관계에 있는 성질. 곧 위치를 확정하면 운동량이 확정되지 않고 운동량을 확정하면 위치가 확정되지 않는 두 가지 성격의 관계를 이른다.

상복¹ 常服 (늘 상, 옷 복). 평상시(平常時)에 입는 옷[服]. [비]상착(常着), 평복(平服).

상복² 喪服 (죽을 상, 옷 복). 상중(喪中)에 있는 사람이 입는 예복(禮服).

상봉 相逢 (서로 상, 만날 봉). 서로[相] 만남[逢]. ¶이산가족이 드디어 상봉했다.

상:봉-하솔 上奉下率 (위 상, 받들 봉, 아래 하, 거느릴 솔). 위[上]로는 부모님을 잘 받들어[奉] 모시고 아래[下]로는 아내와 자식을 잘 건사함[率]. [준]봉솔.

상:부¹ 上府 (위 상, 관청 부). 자기보다 벼슬이나 지위가 위인[上] 관직[府]. [비]상사(上司).

상부² 相符 (서로 상, 맞을 부). 서로[相] 부합(符合)함. 서로 들어맞음. ¶이름과 실상이 상부하다.

상부³ 喪夫 (죽을 상, 지아비 부). 남편[夫]을 여읨[喪]. [반]상처(喪妻).

상부⁴ 孀婦 (과부 상, 아내 부). 남편이 죽어서 혼자 사는[孀] 젊은 여자[婦].

상:부⁵ 上部 (위 상, 나눌 부). ①[속뜻]위쪽[上] 부분(部分). ②보다 높은 직위나 기관. ¶상부의 명령에 따르다. [반]하부(下部).

▸상:부 구조 上部構造 (얽을 구, 만들 조). ①[속뜻]윗부분[上部]의 구조(構造). ②[철학]사회 형성의 기초인 경제 구조에 대하여, 정치·법률·도덕·예술 등의 관념 및 이에 대응하는 제도와 기구의 총체를 이르는 말.

상부⁶ 相扶 (서로 상, 도울 부). 서로[相] 도움[扶].

▸상부-상조 相扶相助 (서로 상, 도울 조). 서로서로[相] 도움[扶=助]. ¶어려울 때일수록 상부상조해야 한다.

상분지도 嘗糞之徒 (맛볼 상, 똥 분, 어조사 지, 무리 도). ①[속뜻]똥[糞]까지도 먹어 볼[嘗] 놈[徒]. ②남에게 아첨하여 어떤 부끄러운 짓도 마다하지 않는 사람을 이르는 말.

상비 常備 (늘 상, 갖출 비). 늘[常] 갖추어

[備] 둠. ¶가정에 구급약을 상비하다.

▸상비-군 常備軍 (군사 군). 군사 국가가 평시[常]의 편제로 갖추고[備] 있는 군대(軍隊).

▸상비-금 常備金 (돈 금). 유사시에 대비하여 늘[常] 마련하여[備] 두는 돈[金].

▸상비-병 常備兵 (군사 병). 군사 상비군(常備軍)으로 복무하는 병사(兵士).

▸상비-약 常備藥 (약 약). 언제든지 쓸 수 있도록 늘[常] 갖추어[備] 두는 약(藥).

상비-충 象鼻蟲 (코끼리 상, 코 비, 벌레 충). ① 속뜻 코끼리[象] 코[鼻]를 닮은 벌레[蟲] ② 동물 바구미과에 딸린 벌레를 통틀어 이르는 말.

상:빈 上賓 (위 상, 손님 빈). ①상좌(上座)에 모실 만큼 중요하고 지위가 높은 손님[賓]. ⓑ상객(上客). ¶상빈 대접을 하다. ②붕어(崩御).

상:사[1] 上士 (위 상, 선비 사). ① 군사 국군의 부사관(副士官) 중 가장 위[上]의 계급. 중사(中士)의 위, 준위(准尉)의 아래. ② 불교 '보살'을 달리 이르는 말.

상:사[2] 上司 (위 상, 벼슬 사). ①자기보다 지위[司]가 위[上]인 사람. ¶직장 상사의 의견을 존중하다. ②위 등급의 관청.

상사[3] 祥事 (제사 상, 일 사). 사람이 죽은 지 두 돌 만에 지내는 제사[祥事]. ⓑ대상(大祥).

상사[4] 商社 (장사 상, 회사 사). 상품(商品)의 유통에 관한 사업을 하는 회사[社]. '상사 회사'(商事會社)의 준말.

상사[5] 喪事 (죽을 상, 일 사). 집안의 사람이 죽은[喪] 불행한 일[事]. ⓑ상고(喪故), 상변(喪變).

상사[6] 賞賜 (상줄 상, 줄 사). 임금이 상(賞)으로 내려 줌[賜].

상사[7] 相似 (모양 상, 닮을 사). ① 속뜻 모양[相]이 서로 비슷함[似]. ② 생물 동식물에서 종류가 다른 생물의 기관이 발생 계통으로는 그 기원이 다르지만 모양과 기능은 일치하는 현상. 새의 날개와 곤충의 날개 따위.

▸상사-도 相似圖 (그림 도). ① 속뜻 서로[相] 닮은[似] 그림[圖]. ②일정한 비율로 축소하거나 확대한 그림.

▸상사-형 相似形 (모양 형). 서로[相] 닮은[似] 모양[形].

▸상사 기관 相似器官 (그릇 기, 벼슬 관). 생물 서로 종류가 다른 생물이 형상이나 기능, 작용이 서로[相] 비슷한[似] 기관(器官).

▸상사 다각형 相似多角形 (많을 다, 모서리 각, 모양 형). ① 속뜻 서로[相] 닮은[似] 두 다각형(多角形). ② 수학 두 도형의 대응되는 각끼리 모두 같거나 변끼리의 비가 모두 일정한 다각형.

상사[8] 相思 (서로 상, 생각 사). ① 속뜻 서로[相] 생각함[思]. ②남녀가 서로 그리워함.

▸상사-곡 相思曲 (노래 곡). 남녀 사이의 서로[相] 그리워하는[思] 정을 읊은 노래[曲].

▸상사-몽 相思夢 (꿈 몽). 남녀 사이에 서로[相] 그리워하며[思] 꾸는 꿈[夢].

▸상사-병 相思病 (병 병). 남자나 여자가 마음에 둔 사람을 몹시 그리워하는[相思] 데서 생기는 마음의 병(病). ⓑ연병(戀病), 연애병(戀愛病).

▸상사-화 相思花 (꽃 화). ① 속뜻 꽃과 잎이 서로[相] 그리워하는[思] 꽃[花]. ② 식물 수선화과의 다년초. 여름에 연한 붉은빛의 꽃이 핀다. 잎이 먼저 진 뒤, 꽃이 핀다.

▸상사-별곡 相思別曲 (다를 별, 노래 곡). 문학 ①조선 때의 십이 가사의 하나로 서로[相] 그리워하는[思] 내용을 담은 가사[別曲]. 작자와 연대가 미상이다. ②권근(權近)이 지은 경기체가로 조선 왕조 창업의 위대함을 노래한 내용으로 '악장가사'에 실려 전함. 모두 5장이다.

▸상사불견 相思不見 (아닐 불, 볼 견). 서로[相] 그리워하면서도[思] 만나지[見] 못함[不].

▸상사불망 相思不忘 (아닐 불, 잊을 망). 서로[相] 그리워하여[思] 잊지[忘] 못함[不].

상사[9] 商事 (장사 상, 일 사). ① 속뜻 상업(商業)에 관한 모든 일[事]. ② 법률 민사에 상대되는 개념으로, 상법의 적용 대상이 되는 생활 사실.

▸상사 매매 商事賣買 (팔 매, 살 매). 법률 당사자의 쌍방 또는 한쪽에 대하여 상행위가[商事] 되는 매매(賣買).

▸상사 시효 商事時效 (때 시, 효력 효). 법률 상사 채권(商事債券)의 소멸 시효(時效). 상행위로 인한 채권은 원칙적으로 그 소멸 시효 기간이 5년이다.

▸상사 비:송사건 商事非訟事件 (아닐 비, 고소할 송, 일 사, 것 건). 법률 상사(商事)에 관한 비송사건(非訟事件). 회사 및 경매에 관한 사건, 사채에 관한 사건, 회사 청산에 관한 사건 따위.

상사[10] **常事** (보통 상, 일 사). 보통[常] 있는 일[事]. 보통일. '예상사'(例常事)의 준말.

▸상사-범 常事犯 (범할 범). 국사범(國事犯)이 아닌 보통[常事]의 범죄(犯罪). 또는 그 범인.

상:상[1] **上相** (위 상, 도울 상). ① 속뜻 으뜸[上]자리에 앉은 재상(宰相). ② 역사 영의정(領議政). 참 좌상(左相), 우상(右相).

상:상[2] **上上** (위 상, 위 상). 상(上) 등급 위[上]의 등급. 최상급.

▸상:상-봉 上上峯 (봉우리 봉). 여러 봉우리 가운데 가장 높은[上上] 봉우리[峯]. ¶백두산 상상봉에 오르다.

▸상:상-품 上上品 (물건 품). 좋은 물건들 가운데에서도 가장 좋은[上上] 물건[品].

***상:상**[3] **想像** (생각 상, 모양 상). ① 실제로 보지 못한 것의 모양[像]을 생각해[想] 봄. 또는 그런 모양. ¶10년 후 그는 어떤 모습일지 상상이 안 된다. ② 심리 외부 자극에 의하지 않고 기억된 생각이나 새로운 심상을 떠올리는 일.

▸상:상-력 想像力 (힘 력). ① 실제로 경험하지 않은 현상이나 사물[像]에 대하여 마음속으로 그려 보는[想] 능력(能力). ¶상상력이 풍부하다. ② 철학 상상을 하는 심적 능력. 칸트 철학에서는 감성과 오성(悟性)을 매개로 하여 인식을 성립시키는 능력을 이른다. 비 구상력(具象力).

▸상:상-외 想像外 (밖 외). 상상(想像)해본 밖[外]. 상상이 안 되는. ¶상상외의 결과가 나왔다. 비 예상외(豫想外).

▸상:상-적 想像的 (것 적). 사실이나 현실에 의하지 않고 상상(想像)에 의한 것[的].

▸상:상-화 想像畵 (그림 화). 미술 실물을 보지 않고 추측과 생각으로[想像] 그린 그림[畵].

상생 相生 (서로 상, 날 생). 민속 음양오행설에서 서로[相] 조화를 이루고 더 좋은 것을 만듦[生]. 금(金)은 수(水)와, 수는 목(木)과, 목은 화(火)와, 화는 토(土)와 토는 금과 조화를 이룰 수 있다는 말. 반 상극(相剋).

▸상생-상극 相生相剋 (서로 상, 이길 극). 민속 오행(五行)이 운행(運行)함에 있어서 서로[相] 조화를 이루는 일[生]과 서로[相] 충돌하는[剋] 일.

▸상생지리 相生之理 (어조사 지, 이치 리). 오행(五行)이 상생(相生)하는 이치(理致).

상:서[1] **上書** (위 상, 글 서). ① 웃어른에게 글[書]을 올림[上]. 또는 그 글. ¶'부모님 전 상서'. ② 신하가 임금에게 글을 올리던 일. 또는 그 글. ¶조세의 부당함을 알리는 상서가 빗발치다.

상서[2] **庠序** (학교 상, 차례 서). '학교'를 달리 이르는 말. 향교(鄕校)를 주(周)나라에서는 '상'(庠), 은(殷)나라에서는 '서'(序)라고 부른 데서 유래.

상서[3] **祥瑞** (복될 상, 상서 서). 복되고[祥] 길한[瑞] 일. ¶상서로운 조짐. 비 경서(慶瑞), 길상(吉祥), 길조(吉兆).

상:서[4] **尙書** (높일 상, 책 서). ① 속뜻 높이 숭상(崇尙)할만한 책[書]. ② 책명 삼경(三經)의 하나로 중국의 요순(堯舜) 시대부터 주대(周代)에 이르기까지의 정사(政事)에 관한 문헌을 수집한 책. 비 서경(書經).

▸상:서-성 尙書省 (관청 성). ① 속뜻 임금의 명령[書]을 받들어[尙] 집행하던 기관[省]. ② 역사 고려 때, 백관을 총령하던 중앙관청.

상:석[1] **上席** (위 상, 자리 석). 윗[上] 자리[席]. ¶교장 선생님을 상석으로 모셨다. 반 말석(末席).

상석[2] **床石** (평상 상, 돌 석). 민속 무덤 앞에 제물(祭物)을 차려 올려놓기 위하여 돌[石]로 만든 상(床). ¶할아버지의 상석에 햇과일을 놓았다.

상:선[1] **上仙** (위 상, 신선 선). ① 하늘에 올라[上] 신선(神仙)이 됨. ② 귀한 사람의 죽음을 높여 이르는 말.

상선[2] **商船** (장사 상, 배 선). 삯을 받고 사람이나 짐을 나르는 등 상업적(商業的)으로 이용되는 배[船]. 여객선, 화물선, 화객선 등이 있다. 비 고박(賈舶), 상박(商舶).

▸상선-기 商船旗 (깃발 기). 상선(商船)의 국적과 선적(船籍)을 나타내는 깃발[旗].

▸상선 포:획 商船捕獲 (잡을 포, 얻을 획). 군사 전쟁 중에 교전국 군함이 적국 또는 중립국의 상선(商船)을 사로잡는[捕獲] 일. ㉥상선 나포(商船拿捕).

상:선-약수 上善若水 (윗 상, 착할 선, 같은 약, 물 수). ① 속뜻 최고[上]의 선[善]은 물[水]과 같음[若]. ② 물을 이 세상에서 으뜸가는 선의 표본으로 여기는 노자의 사상. ¶상선약수라는 말이 있듯이 물처럼 낮은 곳으로 향하여야 한다.

상설[1] 詳說 (자세할 상, 말씀 설). 자세하게[詳] 조목조목 설명(說明)함. 또는 그런 설명. ㉤약설(略說).

상설[2] 霜雪 (서리 상, 눈 설). 눈[雪]과 서리[霜].

상설[3] 常設 (늘 상, 베풀 설). 언제든 이용할 수 있도록 항상(恒常) 설비와 시설을 갖추어[設] 둠. ¶상설 할인매장.

▸상설-관 常設館 (집 관). 언제든지[常] 이용할 수 있도록 설비를 갖추어 놓은[設] 건물[館]. 영화관, 체육관 따위.

상:성 上聲 (위 상, 소리 성). ① 속뜻 점차 위[上]로 높아지는 소리[聲]. ② 언어 중세 국어 사성(四聲)의 하나. ③ 한자의 성조에서 비롯된 중국어 사성(四聲)의 하나. 처음이 낮고 차차 높아지다가 가장 높게 되었을 때 그치는 소리이다.

상세[1] 商稅 (장사 상, 세금 세). 역사 장사하는[商] 사람에게서 받던 세금[稅].

상세[2] 詳細 (자세할 상, 가늘 세). 자세하고[詳] 세밀(細密)하다. ¶상세한 설명. ㉥자세(仔細)하다, 치밀(緻密)하다. ㉤간단(簡單)하다.

상:소[1] 上疏 (위 상, 트일 소). 임금에게 글을 올려[上] 의견을 소통(疏通)하던 일. 또는 그 글. 주로 간관(諫官)이나 삼관(三館)의 관원이 임금에게 정사(政事)를 간하기 위하여 올렸다. ㉥봉장(封章), 주소(奏疏), 진소(陳疏), 투소(投疏).

▸상:소-문 上疏文 (글월 문). 역사 상소(上疏)하는 내용을 적은 글[文]. ¶성균관 유생들이 상소문을 올렸다.

상:소[2] 上訴 (위 상, 하소연할 소). ① 속뜻 위[上]에 하소연함[訴]. ② 법률 하급 법원의 판결에 따르지 않고 상급 법원에 재심을 요구하는 일. 종국 판결에 대하여 항소·상고가 인정되고, 결정 및 명령에 대하여 항고·재항고·특별 항고가 인정된다.

▸상:소-권 上訴權 (권리 권). 법률 소송법에서 상소(上訴)할 수 있는 권리(權利). 항소권(抗訴權), 상고권(上告權), 항고권(抗告權) 따위.

▸상:소-심 上訴審 (살필 심). ① 속뜻 상소(上訴)한 것을 살핌[審]. ② 법률 상소가 있는 경우에 상소 법원이 재판에 필요한 사실 따위를 조사하는 일. 상소 방법의 종류에 따라 항소심(抗訴審), 상고심(上告審), 항고심(抗告審) 따위로 나눈다.

상속 相續 (서로 상, 이을 속). ① 속뜻 서로[相] 이어주거나 이어받음[續]. ② 법률 일정한 친족 관계가 있는 사람 사이에서 한 사람의 사망으로 다른 사람이 재산에 관한 권리와 의무의 일체를 이어받는 일. ¶유산 상속.

▸상속-권 相續權 (권리 권). 법률 상속인(相續人)이 가지는 법률에 따른 권리(權利). 상속 개시 전의 기대권과 상속 개시 후에 상속인이 받는 포괄적 권리가 있다.

▸상속-법 相續法 (법 법). 법률 상속(相續)에 관한 법률관계(法律關係)를 통틀어 이르는 말. 민법 제5편에 규정되어 있다.

▸상속-분 相續分 (나눌 분). ① 속뜻 상속(相續)된 것을 나눔[分]. ② 법률 유산 상속인(遺産相續人)이 여러 사람일 때, 각 상속인이 받을 수 있는 유산의 비율.

▸상속-세 相續稅 (세금 세). ① 속뜻 상속(相續)된 재산에 부과하는 세금(稅金). ② 법률 국세의 하나. 상속, 유증 및 사인 증여에 의하여 취득한 재산에 대하여 부가한다.

▸상속-인 相續人 (사람 인). 법률 상속 개시 후에 재산이나 기타의 것을 물려받는[相續] 사람[人]. ㉥상속자(相續者). ㉤피상속인(被相續人).

▸상속-자 相續者 (사람 자). 법률 상속(相續) 받는 사람[者]. ㉥상속인(相續人).

▸상속 결격 相續缺格 (모자랄 결, 자격 격). 법률 상속(相續) 받을 자격(資格)을 상실하는[缺] 일.

상쇄 相殺 (서로 상, 줄어들 쇄). ① 속뜻 셈을 서로[相] 감함[殺]. ②상반되는 것이 서로 영향을 주어 효과가 없어지는 일. ¶그의 선행은 그동안의 죄과를 상쇄하는 셈이었다. ③ 법률 상계(相計).

▸상쇄 계:약 相殺契約 (맺을 계, 묶을 약). 법률 두 사람 이상이 서로 채무를 지고 있는 경우, 서로[相]의 채무를 같은 액수로 동시에 소멸시키는[殺] 계약(契約). ㊐상계 계약(相計契約).

상:수[1] **上手** (위 상, 솜씨 수). 남보다 뛰어난 [上] 수나 솜씨[手]. 또는 그런 수나 솜씨를 가진 사람. ¶바둑에서는 상수가 백을 잡고 두도록 되어 있다. ㊥하수(下手).

상:수[2] **上壽** (위 상, 목숨 수). ①장수(長壽)하는 나이 중 가장 윗[上]단계의 나이[壽]. 100세가 넘는 나이를 이른다. ㊟중수(中壽), 하수(下壽). ②헌수(獻壽).

상:수[3] **上水** (위 상, 물 수). 음료수로 쓰기 위한 상급(上級)의 맑은 물[水]. ¶상수 시설을 갖추다. ㊥하수(下水).

▸상:수-도 上水道 (길 도). ① 속뜻 물[水]을 위[上]로 끌어올려 쓸 수 있도록 설치한 수도관(水道管). ②위생 처리 과정을 거친 깨끗한 물을 보내주는 관. 먹는 물이나 공업, 방화(防火) 따위에 쓰는 물을 관을 통하여 보내 주는 설비. ㊥하수도(下水道).

▸상:수-원 上水源 (근원 원). 상급(上級)의 맑은 물[水]이 흘러나오는 근원(根源). 강·호수 따위. ¶상수원 보호 지역.

상수[4] **常數** (늘 상, 셀 수). ① 수학 늘[常] 일정한 값을 가진 수(數). ②자연으로 정해진 운명. ③정해진 수량. ④ 물리 물질의 물리적·화학적 성질을 표시하는 수치. 일정한 상태에 있는 물질의 성질에 관하여 일정량을 보이는 수를 이른다. ㊐항수(恒數), 정수(定數). ㊥변수(變數).

▸상수 비:례 常數比例 (견줄 비, 본보기 례). ① 속뜻 늘[常] 일정한 수치(數値)의 비례(比例). ② 화학 화합물이 이루어질 때, 각 물질 사이에 정해져 있는 일정불변의 성분비. 수소와 산소가 2대 1로 화합하는 물이나 탄소와 산소가 1대 2로 화합하는 이산화탄소 따위를 이른다. ㊐정수 비례(定數比例).

상:수리 제:도 上守吏制度 (위 상, 지킬 수, 벼슬아치 리, 정할 제, 법도 도). 역사 통일신라 때, 지방의 관리(官吏)를 감시하기[守] 위해 수도로 올려[上] 보내던 제도(制度). 중앙집권을 강화하기 위한 정책이다.

상:순[1] **上旬** (위 상, 열흘 순). 상, 중, 하로 삼등분한 것 가운데 첫[上] 열흘[旬]. 초하루에서 열흘 사이의 기간. ㊐초순(初旬). ㊥중순(中旬), 하순(下旬).

상:순[2] **上脣** (위 상, 입술 순). 위쪽[上]의 입술[脣]. ㊥하순(下脣).

상:술[1] **上述** (위 상, 지을 술). 윗부분이나 앞부분에서[上] 말하거나 적음[述]. ㊐서상(敍上), 기술(旣述), 전술(前述).

상술[2] **商術** (장사 상, 꾀 술). 장사하는[商] 솜씨[術]. ¶얄팍한 상술 / 그녀는 상술이 뛰어나다.

상술[3] **詳述** (자세할 상, 말할 술). 상세(詳細)하게 설명하여 말함[述]. ㊥개술(槪述).

상습 常習 (늘 상, 버릇 습). 몇 차례든 항상(恒常) 되풀이하는 습관(習慣).

▸상습-범 常習犯 (범할 범). 법률 어떤 범죄를 상습적(常習的)으로 저지름으로써 성립하는 범죄(犯罪). 또는 그런 죄를 지은 사람. 상해, 강도, 공갈, 도박, 방화, 사기, 절도, 폭행, 협박 따위. 관행범(慣行犯).

▸상습-자 常習者 (사람 자). 좋지 않은 일을 항상(恒常) 습관적(習慣的)으로 하는 사람[者].

▸상습-적 常習的 (것 적). 좋지 않은 일을 항상(恒常) 습관적(習慣的)으로 하는 사것[的]. ¶상습적인 행위.

▸상습-화 常習化 (될 화). 늘[常] 하는 버릇[習]처럼 반복하게 됨[化].

상:승[1] **上昇** (위 상, 오를 승). 낮은 데에서 위로[上] 올라감[昇]. ¶기온 상승 / 물가 상승. ㊥하강(下降).

▸상:승-경 上昇莖 (줄기 경). 식물 다른 물체에 의지하여 위로[上] 뻗어 올라가는 [昇] 덩굴의 줄기[莖].

▸상:승-도 上昇度 (정도 도). 위로[上] 올라가는[昇] 정도(程度).

▸상:승-력 上昇力 (힘 력). 위로[上] 올라가는[昇] 힘[力].

▸상:승-선 上昇線 (줄 선). 위를[上] 향해 올라가는[昇] 선(線). ㊥하강선(下降線).

▸상:승-세 上昇勢 (형세 세). 위로[上] 올라가는[昇] 형세(形勢). ¶유가(油價)가 상

승세를 보였다. ⓑ하락세(下落勢).

▶상ː승 기류 上昇氣流 (공기 기, 흐를 류). 지리 대기 중에서 위로[上] 올라가는[昇] 공기(空氣)의 흐름[流]. ⓑ하강 기류(下降氣流). ⓒ상승 수류(上昇水流).

▶상ː승 한ː도 上昇限度 (끝 한, 정도 도). 비행기가 위로[上] 올라갈[昇] 수 있는 제한(制限)된 고도(高度). 양력(揚力)과 중력이 평형을 이루는 높이이다. ¶요격기는 상승 한도가 우수하다.

상승² **相乘** (서로 상, 곱할 승). 수학 두 개 이상의 수를 서로[相] 곱하는[乘] 일. 또는 그 곱.

▶상승-비 相乘比 (견줄 비). ① 속뜻 서로[相] 곱한[乘] 비율(比率). ② 수학 두 개 이상의 비(比)에 있어서 전항의 곱을 전항으로 하고 후항의 곱을 후항으로 한 비. a∶b=c∶d의 상승비는 ac∶bd. ⓑ복비(複比).

▶상승-적 相乘積 (쌓을 적). 수학 두 개 이상의 수를 각각 서로[相] 곱하여[乘] 쌓인[積] 수치.

▶상승 작용 相乘作用 (지을 작, 쓸 용). 여러 요인이 함께[相] 겹쳐[乘] 작용(作用)하여 하나씩 작용할 때보다 더 크게 효과를 나타내는 현상. 해열제를 두 가지 이상 혼용하는 경우 따위.

▶상승 평균 相乘平均 (평평할 평, 고를 균). 수학 상승적(相乘積) 승근(乘根)의 평균(平均). ⓑ기하 평균(幾何平均).

▶상ː승-효과 相乘效果 (보람 효, 열매 과). ① 여러 요인이 함께[相] 겹쳐졌을[乘] 때 얻어지는 효과(效果). ¶금리 인하와 물가 안정의 상승효과를 기대하다. ② 약학 두 종류 이상의 약물을 병용하였을 때, 하나씩 썼을 때 보다 더 강해지는 효과.

상승³ **常勝** (늘 상, 이길 승). 늘[常] 이김[勝].

▶상승-군 常勝軍 (군사 군). ① 속뜻 싸울 때마다 늘[常] 이기는[勝] 군대(軍隊). ② 역사 중국 청나라 말기에 태평군을 토벌하기 위해 조직한 용병 부대. 미국인 워드가 외인(外人)과 중국인으로 조직하였는데 태평군의 공격으로부터 상해(上海)를 방어하여 이 이름을 얻게 되었다.

▶상승-장군 常勝將軍 (장수 장, 군사 군). 싸울 때마다 늘[常] 이기는[勝] 장군(將軍).

상시 **常時** (보통 상, 때 시). ① 임시가 아닌 관례대로의 보통[常] 때[時]. ¶할머니는 손자의 사진을 상시 지니고 다닌다. ② 보통 때. '평상시'(平常時)의 준말. ¶상시 연습을 철저히 해라. ⓑ항시(恒時).

상시지계 **嘗試之計** (맛볼 상, 시험할 시, 어조사 지, 꾀 계). 남의 뜻을 한번[嘗] 시험하여[試] 보는 꾀[計].

상ː식¹ **上食** (위 상, 밥 식). 상가(喪家)에서 아침저녁으로 궤연 앞에 올리는[上] 음식(飮食).

상식² **相識** (서로 상, 알 식). 서로[相] 얼굴이나 알[識] 정도의 친분이 있음.

상식³ **常食** (늘 상, 먹을 식). 늘[常] 먹음[食]. 또는 그런 음식. ¶그 노인은 잡곡을 상식하여 건강을 되찾았다. ⓑ상수(常羞).

상식⁴ **常識** (보통 상, 알 식). 사람들이 일반적으로[常] 알고 있어야 할 지식(知識). 일반적 견문, 이해력, 판단력, 사리 분별 따위. ¶상식에 어긋나다 / 상식이 부족하다. ⓑ보통지식(普通知識).

▶상식-가 常識家 (사람 가). ① 속뜻 상식(常識)이 풍부한 사람[家]. ② 세상의 보편적인 사고방식이나 규범을 따르는 사람.

▶상식-론 常識論 (논할 론). 일반인들의 일반적인[常] 생각[識]을 바탕으로 하는 논리(論理).

▶상식-적 常識的 (것 적). 상식(常識)이 되는 것[的].

▶상식-화 常識化 (될 화). 널리 알려져 상식(常識)이 됨[化].

▶상식-학파 常識學派 (배울 학, 갈래 파). 철학 진리의 근거를 상식(常識)에 두는 학파(學派). 18세기에서 19세기에 걸쳐 나타난 계몽 철학의 한 갈래이다.

상신¹ **霜信** (서리 상, 소식 신). ① 속뜻 서리[霜]와 함께 오는 편지[信]. ② '기러기'를 달리 이르는 말.

상ː신² **上申** (위 상, 알릴 신). 말이나 글로 일에 대한 의견이나 사정 따위를 상부(上部)에 보고함[申]. ⓑ계고(啓告).

▶상ː신-서 上申書 (글 서). 상부(上部)에 보고할[申] 내용을 적은 문서(文書).

상실 **喪失** (잃을 상, 잃을 실). ① 속뜻 잃어버림[喪=失]. ② 어떤 것이 아주 없어지거나 사라짐. ¶기억 상실 / 의욕 상실. ⓑ상망(喪亡).

▸상실-감 喪失感 (느낄 감). 무엇인가가 없어진[喪失] 후의 느낌[感]이나 감정 상태. ¶상실감에 빠지다 / 상실감을 맛보다.

상심[1] **喪心** (잃을 상, 마음 심). ① 속뜻 무엇을 하고자 하는 마음[心]을 상실(喪失)함. ② 근심 걱정으로 맥이 빠지고 평상심(平常心)을 잃음. ⓑ실심(失心).

상심[2] **傷心** (상할 상, 마음 심). 슬픔이나 걱정 따위로 마음[心]이 상함[傷]. 마음을 아프게 함. ¶그는 아내를 잃고 상심에 빠졌다.

상심[3] **詳審** (자세할 상, 살필 심). 꼼꼼하게 자세히[詳] 살핌[審]. ¶보고서를 상심했다.

상아 象牙 (코끼리 상, 어금니 아). 코끼리[象]의 어금니[牙]. 위턱에 나서 입 밖으로 뿔처럼 길게 뻗어 있다. 맑고 연한 노란색이며 단단해서 갈면 갈수록 윤이 난다. 악기, 도장 따위의 공예품을 만드는 데 쓴다.

▸상아-질 象牙質 (바탕 질). ① 속뜻 코끼리의 어금니[象牙] 같은 물질(物質). ② 동물 척추동물의 치아를 이루는 코끼리 어금니처럼 노란빛을 띤 흰색의 단단한 물질. 내부에 치수강이 있으며 치관(齒冠)은 에나멜질, 이촉은 시멘트질로 덮여 있고 뼈와 비슷한 성질이나 뼈보다 단단하다. ⓑ치질(齒質).

▸상아-탑 象牙塔 (탑 탑). ① 속뜻 상아(象牙)로 만든 탑(塔). ② 속세를 떠나 오로지 학문이나 예술에만 잠기는 경지. ③ '대학'(大學)을 비유하여 이르는 말. ¶학문의 상아탑.

상:악 上顎 (위 상, 턱 악). 의학 위쪽[上]의 턱[顎]. ⓑ하악(下顎).

▸상:악-골 上顎骨 (뼈 골). 위턱[上顎]을 이루는 뼈[骨]. ⓑ하악골(下顎骨).

상압 常壓 (보통 상, 누를 압). ① 속뜻 평상시(平常時)의 압력(壓力). ② 특별히 압력을 줄이거나 높이지 않을 때의 압력. 보통 대기압과 같은 1기압 정도의 압력을 이른다.

▸상압 증류 常壓蒸溜 (찔 증, 물방울질 류). 보통[常]의 압력(壓力) 상태에서 이루어지는 증류(蒸溜) 방법. ⓒ고압(高壓) 증류, 진공(眞空) 증류.

상애 相愛 (서로 상, 사랑 애). 서로[相] 사랑함[愛].

▸상애-상조 相愛相助 (서로 상, 도울 조). 서로[相] 사랑하며[愛] 서로[相] 도움[助].

상야-등 常夜燈 (늘 상, 밤 야, 등불 등). 밤[夜]새도록 늘[常] 켜 놓는 등(燈).

상약[1] **相約** (서로 상, 묶을 약). 서로[相] 약속(約束)함. 또는 그 약속. ¶상약을 맺다.

상약[2] **常藥** (늘 상, 약 약). 가정이나 개인이 경험을 바탕으로 늘[常] 만들어 쓰는 약(藥). ¶상약으로 응급 치료를 하였다.

상양 相讓 (서로 상, 사양할 양). 서로[相] 사양(辭讓)함.

상:언-별감 上言別監 (위 상, 말씀 언, 나눌 별, 볼 감). 역사 임금이 나들이할 때에 백성이 올리는[上] 글[言]을 받아들이던 임시 벼슬[別監].

***상업 商業** (장사 상, 일 업). 장사[商]를 통하여 이익을 얻는 일[業].

▸상업-계 商業界 (지경 계). 상업(商業)하는 사람들의 사회[界]. ⓙ상계.

▸상업-국 商業國 (나라 국). 상업(商業)으로 발달한 나라[國]. ¶네덜란드는 세계적 상업국이다.

▸상업-지 商業紙 (종이 지). 상업(商業)을 목적으로 발행하는 신문[紙]. ⓑ상업신문(商業新聞).

▸상업-학 商業學 (배울 학). 경제 상업(商業)에 대한 학문(學問). 상업 경영학(經營學)과 상업 경제학(經濟學)을 통틀어 이르는 말. ⓙ상학.

▸상업 공:황 商業恐慌 (두려울 공, 절박할 황). 경제 투기 등의 이유로, 상업(商業) 기업이 파산하는 등의 경제 혼란[恐慌].

▸상업 기관 商業機關 (틀 기, 빗장 관). 경제 상거래에 편의를 주어 상업(商業)을 돕는 기관(機關). 은행, 철도, 해운 따위.

▸상업-도덕 商業道德 (길 도, 베풀 덕). 상업(商業) 활동을 할 때 지켜야 할 도덕(道德). 부당 경쟁, 계약 불이행, 허위 과대광고, 폭리, 부당 매점 매석 따위의 행위를 응징하는 것이다. 상도덕(商道德).

▸상업 도시 商業都市 (도읍 도, 저자 시). 상업(商業)으로 번영하고 발전하는 도시(都市). ¶취리히는 스위스 북부의 상업 도시이

다.

▸상업 등기 商業登記 (오를 등, 기록할 기). [법률] 상법에서 상인(商人)의 영업(營業)에 관한 일정 사항을 법원의 등기부에 등기(登記)하는 일.

▸상업 미ː술 商業美術 (아름다울 미, 꾀 술). [미술] 상업적(商業的) 필요에 의한 응용 미술(美術). ¶광고 도안, 포장은 상업 미술에 속한다. [비]광고 미술(廣告美術).

▸상업 방ː송 商業放送 (놓을 방, 보낼 송). [언론] 영리를 목적으로[商業] 수입원을 광고료에 의존하는 방송(放送). [참]공공방송(公共放送), 공영방송(公營放送), 국영방송(國營放送).

▸상업 부ː기 商業簿記 (장부 부, 기록할 기). [경제] 상업(商業)을 통하여 생긴 손익 계산을 할 때 쓰는 부기(簿記). [비]상용 부기(商用簿記). [참]공업 부기(工業簿記), 농업 부기(農業簿記), 은행 부기(銀行簿記).

▸상업-신문 商業新聞 (새 신, 들을 문). [언론] 상업(商業)을 목적으로 발행하는 신문(新聞). [비]상업지(商業紙). [반]기관지(機關紙).

▸상업 신ː용 商業信用 (믿을 신, 쓸 용). [경제] 상업 거래(商業去來)를 하는 사람이 외상 매매나 화폐 대차 따위의 담보로 쓰기 위해 상호 간에 주고받는 신용(信用). [참]은행 신용(銀行信用).

▸상업-영어 商業英語 (영국 영, 말씀 어). 상업 활동(商業活動)에 쓰는 영어(英語).

상여1 **喪輿** (죽을 상, 수레 여). 사람의 시체[喪]를 실어서 묘지까지 나르는 수레[輿] 따위의 도구. ¶상여를 메고 가다.

상여2 **賞與** (상줄 상, 줄 여). ① [속뜻] 상(賞)으로 돈이나 물건 따위를 줌[與]. ② 관청이나 회사에서 직원에게 정기 급여와 별도로 업적이나 공헌도에 따라 돈을 줌. 또는 그 돈.

▸상여-금 賞與金 (돈 금). 상여(賞與)로 주는 돈[金]. ¶연말 상여금 / 상여금을 지급하다. [비]보너스(bonus).

상ː연 上演 (위 상, 펼칠 연). 연극이나 공연(公演)을 무대에 올림[上]. ¶내일부터 '리어왕'을 상연한다.

▸상ː연-권 上演權 (권리 권). [법률] 각본을 상연(上演)할 수 있는 권리(權利).

▸상ː연-료 上演料 (삯 료). [연영] 각본을 상연(上演)하는 대가로 작가에게 주는 돈[料].

상ː영 上映 (위 상, 비칠 영). ① [속뜻] 스크린 위[上]로 필름의 빛을 비춤[映]. ② 극장 따위에 영화를 영사(映寫)하여 공개함. ¶지금 어떤 영화를 상영하나요?

▸상ː영-권 上映權 (권리 권). [법률] 영화를 상영(上映)할 수 있는 권리(權利).

▸상ː영-중 上映中 (가운데 중). 영화를 보여주는[上映] 동안[中]. ¶상영중에는 조용히 하세요.

상ː-영산 上靈山 (위 상, 신령 령, 메 산). [음악] 현악 영산회상(靈山會上)의 첫째[上] 곡조. 둘째·셋째 곡조보다 가락이 매우 느리며, 4장으로 되어 있다.

상ː오 上午 (위 상, 낮 오). ① [속뜻] 하루를 둘로 나누었을 때 앞[上]에 해당되는 낮[午]. ② 밤 0시부터 낮 12시까지의 동안. ¶사건이 발생한 것은 상오 10시경이었다. [반]하오(下午).

상온 常溫 (늘 상, 따뜻할 온). ① 늘[常] 일정한 온도(溫度). ② 일 년 동안의 기온을 평균한 온도. ③ 가열하거나 냉각하지 않은 자연 그대로의 기온. 보통 15℃를 가리킨다. ¶이 음식은 상온에서 보관해야 한다.

▸상온-층 常溫層 (층 층). [지리] 계절과 밤낮에 관계없이 온도(溫度)가 늘[常] 일정한 땅속의 층(層). 깊이는 적도 지방에서는 3미터, 한대 지방에서는 100미터 이상이다. [비]상온대(常溫帶), 항온대(恒溫帶), 항온층(恒溫層).

▸상온 동ː물 常溫動物 (움직일 동, 만물 물). [동물] 늘[常] 일정한 체온(體溫)을 유지하는 동물(動物). [비]온혈 동물(溫血動物).

상완1 **賞玩** (즐길 상, 놀 완). 좋아하여 감상(感賞)하며 즐김[玩].

상ː완2 **上腕** (위 상, 팔 완). [의학] 위[上]쪽의 팔[腕]. 팔의 위쪽.

▸상ː완 삼두근 上腕三頭筋 (석 삼, 접미사 두, 힘줄 근). [의학] 위팔[上腕]의 뒤쪽에 있는 세[三] 갈래[頭]로 갈라진 근육(筋肉). 어깨뼈와 팔꿈치 끝에 붙어서 팔꿈치를 펴는 작용을 한다. [비]위팔 세 갈래근.

▸상ː완 이ː두근 上腕二頭筋 (두 이, 접미사 두, 힘줄 근). [의학] 위팔[上腕]의 앞쪽에 있

는 두[二] 갈래[頭]로 갈라진 근육(筋肉). 팔꿈치를 굽히는 작용을 한다. [비]위팔 두 갈래근.

상:왕 上王 (위 상, 임금 왕). [역사]자리를 물려주고 들어앉은 위[上] 대의 임금[王]. ¶태종은 왕위를 세종에게 물리고 상왕이 되셨다.

상욕-상투 相辱相鬪 (서로 상, 욕될 욕, 서로 상, 싸울 투). 서로[相] 욕(辱)을 하며 서로[相] 싸움[鬪].

상용[1] 常用 (늘 상, 쓸 용). 일상적(日常的)으로 씀[用]. ¶상용 어휘.

▸상용-시 常用時 (때 시). ① [속뜻]상용(常用)하는 시법(時法). ② [천문]평균 태양시에서 자정을 하루의 기점으로 하는 시법. [비]천문시(天文時).

▸상용-어 常用語 (말씀 어). 일상생활에서 늘[常] 쓰는[用] 말[語]. [비]생활어(生活語). [참]학술어(學術語).

▸상용-대수 常用對數 (대답할 대, 셀 수). [수학]10을 밑으로 상용(常用)하는 로그[對數].

▸상용 한:자 常用漢字 (한나라 한, 글자 자). 늘[常] 자주 쓰는[用] 한자(漢字).

상용[2] 商用 (장사 상, 쓸 용). ① [속뜻]상업(商業)상의 용무(用務). ② 장사하는 데에 씀.

▸상용-어 商用語 (말씀 어). 상업(商業)에 쓰는[用] 전문적인 말[語].

상운 祥雲 (상서로울 상, 구름 운). 복되고 좋은 일이 있을 조짐이 보이는 상서(祥瑞)로운 구름[雲]. ¶상운이 하늘에 어리다.

상:원 上院 (위 상, 관청 원). [정치]상하로 구분한 양원(兩院)제도에서 상급(上級) 의원(議院). 영국의 상원처럼 특권 계급의 대표자로 구성되는 것과 미국의 상원처럼 각 주의 대표로 구성되는 것 따위. [비]상의원(上議院).

상원사동종 上院寺銅鐘 (위 상, 집 원, 절 사, 구리 동, 쇠북 종). [고적]강원도 평창군 상원사(上院寺)에 있는, 통일 신라 시대의 구리[銅]로 만든 종[鐘]. 성덕왕 24년(725)에 제작된 것으로, 현존하는 우리나라 범종 가운데 최고(最古)의 것이며 그 소리가 웅장하고도 아름답다. 국보 제36호이다.

상월 霜月 (서리 상, 달 월). ① 서리[霜]와 달[月]을 아울러 이르는 말. ② 서리가 내리는 밤의 차가워 보이는 달. ¶상월을 보며 애처로운 마음을 달랬다. ③ 음력 11월을 달리 이르는 말. [비]동짓달.

상위[1] 相違 (서로 상, 어길 위). 서로[相] 틀리거나 어긋남[違]. [비]상좌(相左).

상위[2] 常委 (늘 상, 맡길 위). [법률]① '상임 위원'(常任委員)의 준말. ② '상임 위원회'(常任委員會)의 준말.

상:위[3] 上位 (위 상, 자리 위). 높은[上] 지위(地位)나 위치(位置), 등급. [반]하위(下位).

▸상:위-권 上位圈 (범위 권). 높은[上] 위치나 지위(地位)에 속하는 범위[圈]. ¶성적이 상위권에 속한다. [반]하위권(下位圈).

▸상:위-자 上位者 (사람 자). 높은[上] 지위(地位)에 있는 사람[者].

▸상:위 개:념 上位概念 (대강 개, 생각 념). ① [속뜻]위[上]에 위치(位置)한 개념(概念). ② [논리]다른 개념보다 큰 외연을 가지는 개념. 외연이 크기 때문에 외연이 작은 다른 개념을 그 개념에 포함하고 있다. '책'은 '사전'의 상위 개념이고 '사전'은 '국어사전'의 상위 개념인 따위. 고급 개념(高級概念). [반]하위 개념(下位概念).

상:음 上音 (위 상, 소리 음). [물리]① 기본음보다 진동수가 많고 높은[上] 음(音). 그 세기에 따라 음색이 결정된다. ② 원음 보다 많은 진동수를 가진 음. [비]배음(倍音).

상응 相應 (서로 상, 맞을 응). ① [속뜻]서로[相] 어울림[應]. ¶그는 자신과 상응하는 역할을 맡았다. ② 서로 기맥이 통함.

상:의[1] 上衣 (위 상, 옷 의). 위[上]에 입는 옷[衣]. ¶상의를 입다. [반]하의(下衣).

▸상:의-하상 上衣下裳 (아래 하, 치마 상). 위[上]에 입는 저고리[衣]와 아래[下]에 입는 치마[裳]. 저고리와 치마.

상의[2] 相依 (서로 상, 의지할 의). 서로[相] 의지(依支)함. ¶그 부부는 상의하며 고난을 이겨냈다.

상:의[3] 相議 = 商議 (서로 상, 의논할 의). 어떤 일을 서로[相] 의논(議論)함. ¶나는 부모님과 오랜 상의 끝에 진로를 결정했다. [비]상담(相談).

상:의[4] 上意 (위 상, 뜻 의). ① 웃어른이나 지배자[上]의 마음[意]. ② 임금의 마음. [비]

상정(上情). [참]하의(下意).

▸상:의-하달 上意下達 (아래 하, 보낼 달). 윗사람[上]의 뜻[意]이나 명령을 아랫사람에게[下] 전함[達]. [반]하의상달(下意上達).

상의5 詳議 (자세할 상, 의논할 의). 상세(詳細)하게 의논(議論)함. 또는 그 의논.

상:의-어 上義語 (위 상, 뜻 의, 말씀 어). [언어]상위(上位)의 뜻[義]을 갖고 있는 단어(單語).

상이1 傷痍 (다칠 상, 상처 이). 다쳐서[傷] 상처[痍]를 입음. 부상을 당함. ¶상이 군인.

상이2 相異 (서로 상, 다를 이). 서로[相] 다르다[異]. ¶두 업체의 입장이 상이하다.

▸상이-점 相異點 (점 점). 서로[相] 다른[異] 점(點). ¶양측 조건의 상이점을 찾아 합의했다.

***상인1 商人** (장사 상, 사람 인). 장사[商]를 업으로 하는 사람[人]. ¶베니스의 상인. [비]장수.

상인2 喪人 (죽을 상, 사람 인). 상(喪)을 당한 사람[人]. [비]상제(喪制).

상인3 常人 (보통 상, 사람 인). ① [속뜻]보통[常] 사람[人]. ②조선 중기 이후에 '평민'을 이르던 말.

▸상인 계급 常人階級 (섬돌 계, 등급 급). ① [사회]사회적으로 재산이 많거나 신분이 높은 계층이 아닌 보통[常] 사람[人]들의 계층[階級]. ② [역사]양반이나 벼슬아치가 아닌 보통 백성층.

상임 常任 (늘 상, 맡길 임). 일정한 일을 늘[常] 계속하여 맡음[任]. ¶그는 우리의 회계를 상임하고 있다.

▸상임 위원 常任委員 (맡길 위, 인원 원). [법률]①일정한 임무를 항상(恒常) 담당하는[任] 위원(委員). ②국회에서 상임 위원회를 구성하는 위원.

▸상임 위원회 常任委員會 (맡길 위, 사람 원, 모일 회). [법률]국회에서 각 전문분야로 나누어 조직한 상설[常任] 위원회(委員會). 그 부문에 속한 안건을 입안하거나 심사한다.

▸상임 이사국 常任理事國 (다스릴 리, 일 사, 나라 국). [정치]국제적인 모임에서 이사(理事)의 역할을 늘[常] 맡고 있는[任] 나라[國].

***상자 箱子** (상자 상, 접미사 자). 물건을 넣어 두기 위하여 나무, 대나무, 두꺼운 종이 같은 것으로 만든 네모난 그릇[箱]. ¶물건을 상자에 담아 운반하다.

상-자성 常磁性 (늘 상, 자석 자, 성질 성). [물리]물체를 자기장(磁氣場)안에 놓으면 자장(磁場)과 같은 방향으로 언제나[常] 자력(磁力)을 띠는 성질(性質). [참]강자성(強磁性). 반자성(反磁性).

▸상자성-체 常磁性體 (몸 체). 언제나[常] 자성(磁性)을 띠는 물체(物體). [참]강자성체(強磁性體). 반자성체(反磁性體).

상잔 相殘 (서로 상, 해칠 잔). 서로[相] 다투고 해침[殘]. ¶민족 상잔의 비극을 막아야 한다.

상:장1 上狀 (위 상, 편지 장). 공경하는 뜻이나 조상(弔喪)하는 뜻을 나타내어 올리는[上] 편지[狀].

상장2 喪杖 (죽을 상, 지팡이 장). 상제가 상례나 제사 때[喪] 짚는 지팡이[杖]. 부친상에는 대막대기, 모친상에는 오동나무 막대기를 쓴다.

상장3 喪章 (죽을 상, 글 장). 거상(居喪) 중임을 나타내기 위해 옷깃이나 소매 따위에 다는 표[章]. 보통 검은 헝겊이나 삼베 조각으로 만들어 붙인다.

상장4 喪葬 (죽을 상, 장사지낼 장). 상(喪)을 당하여 장례(葬禮)를 치름.

상장5 賞狀 (상줄 상, 문서 장). 상(賞)을 수여할 때 주는 증서[狀]. ¶모범생에게 상장을 수여하다.

상:장6 上場 (위 상, 마당 장). ① [속뜻]시장(市場)에 올림[上]. ② [경제]주식(株式)이나 어떤 물건을 시장의 매매 대상으로 하기 위해 거래소에 등록하는 일.

▸상:장-주 上場株 (주식 주). [경제]유가 증권의 상장 규정에 의하여 소정의 절차를 밟고 증권 시장에 상장(上場)되어 매매되고 있는 주식(株式).

▸상:장 회:사 上場會社 (모일 회, 단체 사). [경제]발행 주식을 증권 거래소[場]에 내놓은[上] 회사(會社).

상:재1 上梓 (위 상, 가래나무 재). 출판하기 위해 인쇄를 돌림. 옛날에 책을 엮을 때 가

래나무[梓] 판목 위[上]에 글자를 새긴 것에서 비롯된 말. ⓑ상목(上木). ⓒ간행(刊行).

상재[2] **霜災** (서리 상, 재앙 재). 서리[霜]가 내려서 곡식이 해를 입는 일[災]. ¶밭작물이 상재를 입었다.

상쟁 相爭 (서로 상, 다툴 쟁). 서로[相] 다툼[爭]. ¶동족이 상쟁하다. ⓑ상투(相鬪).

상저-가 相杵歌 (서로 상, 절구공이 저, 노래 가). 문학 두 사람 이상이 함께[相] 절구[杵]로 방아를 찧으며 부른 고려 시대 가요(歌謠).

상-적광토 常寂光土 (늘 상, 고요할 적, 빛 광, 흙 토). ① 속뜻 항상(恒常) 변하지 않는 고요하고[寂] 빛나는[光] 땅[土]. ② 불교 부처가 머무는 진리의 세계 또는 깨달음의 세계를 이르는 말.

상:전[1] **上典** (위 상, 벼슬 전). ① 속뜻 상급(上級)의 벼슬[典]. ② 예전에 종에 상대하여 그 주인을 이르던 말. ⓑ종.

상전[2] **相傳** (서로 상, 전할 전). ① 속뜻 서로[相] 전(傳)함. ② 대대로 이어져 전함. ¶상전하는 가업을 형님이 잇기로 하였다.

상전[3] **桑田** (뽕나무 상, 밭 전). 뽕나무[桑] 밭[田].

▸상전-벽해 桑田碧海 (푸를 벽, 바다 해). ① 속뜻 뽕나무[桑] 밭[田]이 변하여 푸른[碧] 바다[海]가 됨. ② '세상일이 크게 변함'을 비유하여 이르는 말. ⓒ상벽. 상해. ⓑ벽해상전(碧海桑田), 상해지변(桑海之變), 상전창해(桑田滄海), 창해상전(滄海桑田), 창상(滄桑).

상:전-옥답 上田沃畓 (위 상, 밭 전, 기름질 옥, 논 답). 수확이 많은 좋은[上] 밭[田]과 기름진[沃] 논[畓]. ¶상전옥답을 물려받다.

상-전이 相轉移 (모양 상, 구를 전, 옮길 이). 물리 물질이 온도, 압력, 외부 자기 마당 따위의 일정한 외적 조건에 따라 모양[相]이 바뀌는[轉=移] 현상. 융해(融解), 고화(固化), 기화(氣化), 응결(凝結) 따위. ⓑ상변화(相變化), 상변환(相變換).

상점 商店 (장사 상, 가게 점). 일정한 시설을 갖추고 물건을 파는[商] 가게[店]. ¶거리에는 상점들이 늘어서 있다. ⓑ가게, 상전(商廛), 상포(商鋪), 전사(廛肆).

상접 相接 (서로 상, 닿을 접). 서로[相] 한데 닿음[接]. ¶먹을 것이 없어 피골이 상접했다.

상:정[1] **上程** (위 상, 거리 정). ① 속뜻 바로 위[上] 단계의 과정[過程]. ② 토의할 안건을 회의에 올림. ¶법안을 본회의에 상정하다.

상정[2] **常情** (보통 상, 마음 정). 사람에게 공통적으로 있는 보통[常]의 인정(人情). ¶가여운 사람을 돕는 것은 사람의 상정이다.

상:정[3] **想定** (생각 상, 정할 정). 어떤 정황을 가정적으로 생각하여[想] 단정(斷定)함. ¶최악의 경우를 상정하여 대비책을 내놓았다.

상정 고:금 예문 詳定古今禮文 (자세할 상, 정할 정, 옛 고, 이제 금, 예도 례, 글월 문). 책명 고려 때, 최윤의가 고금(古今)의 예법(禮法)에 관한 글[文]을 모아 상세(詳細)하게 정(定)하여 엮은 책.

상:제[1] **上帝** (위 상, 임금 제). ① 속뜻 하늘 위[上]에 있는 임금[帝]. ② 종교 하느님. ③ 가톨릭 중국에 가톨릭교가 처음 도래하였을 때 가톨릭교의 하느님을 이르던 말.

상제[2] **喪制** (죽을 상, 정할 제). ① 상례(喪禮)에 관한 제도(制度). ② 부모나 조부모가 세상을 떠나서 거상(居喪) 중에 있는 사람. ¶상제들이 통곡을 하였다.

상제[3] **相制** (서로 상, 누를 제). 서로[相] 작용하거나 견제(牽制)함.

▸상제-설 相制說 (말씀 설). 철학 몸과 정신 사이에는 서로를[相] 제약(制約)하는 인과 관계가 있다는 것을 인정하는 학설(學說). '정신 물리적 상제설'(精神物理的相制說)의 준말. ⓒ병행론(竝行論).

상:조[1] **尙早** (아직 상, 이를 조). 어떤 일을 하기에 시기가 아직[尙]은 이름[早]. '시기상조(時機尙早)'의 준말.

상조[2] **相助** (서로 상, 도울 조). 서로[相] 도움[助]. ¶부부는 늘 상조해야 한다. ⓒ상부상조(相扶相助).

상조[3] **相照** (서로 상, 비칠 조). 서로[相] 대조(對照)함. ¶양측의 주장을 상조해본 결과 진짜 범인을 찾았다.

상조[4] **商調** (헤아릴 상, 가락 조). 음악 동양음계의 궁(宮), 상(商), 각(角), 치(徵), 우(羽) 중 '상'(商) 음을 으뜸음으로 하는 음조(音調).

상:존[1] 尙存 (아직 상, 있을 존). 아직[尙] 그대로 있음[存]. ¶이 땅에 상존하는 일제의 잔재를 청산해야 한다.

상존[2] 常存 (늘 상, 있을 존). 언제나[常] 존재(存在)함. ¶이곳은 전쟁의 위험이 상존하는 곳이다.

상종 相從 (서로 상, 따를 종). 서로[相] 따르며[從] 의좋게 지냄. ¶상종하지 못할 인간 같으니라고!

상:-종가 上終價 (위 상, 끝마칠 종, 값 가). 경제 증권 시장에서, 하루의 거래가 마감할 때의 개별 주식 가격(價格)이 하루에 오를 수 있는 최고[上] 한도[終]까지 올라간 경우를 이르는 말. ⓑ하종가(下終價).

상:좌[1] 上佐 (위 상, 도울 좌). ①속뜻 윗[上] 사람을 돕는[佐] 사람. ②불교 스승의 대를 이을[佐] 여러 중 가운데에서 가장 높은[上] 사람. ⓑ상족(上足). ③불교 속인(俗人)으로서 절에 들어가 불도를 닦는 사람. 행자(行者). ④산대놀음이나 오광대 탈놀음에서, 중 노릇을 하는 사람이 쓰는 탈.

상:좌[2] 上座 (위 상, 자리 좌). ①윗[上] 사람이 앉는 자리[座]. ¶선생님에게 상좌를 권했다. ②불교 대중을 거느리고 사무를 맡아보는 절의 주지(住持)나 법랍(法臘)이 많고 덕이 높은 강사(講師), 선사(禪師), 원로(元老) 들이 앉는 자리. ⓑ고좌(高座).

상주[1] 常駐 (늘 상, 머무를 주). 군대 따위가 언제나[常] 머물러 있음[駐]. ¶이 마을에는 군대가 상주해 있다.

상주[2] 喪主 (죽을 상, 주인 주). 상제(喪制)에서 주(主)가 되는 사람. 대개 장자(長子)가 된다. ⓑ맏상제.

상주[3] 詳註 (자세할 상, 주석 주). 상세(詳細)한 주석(註釋). ¶이해를 돕기 위해 상주를 달았다.

상주[4] 常住 (늘 상, 살 주). ①거처를 옮기지 않고 늘[常] 살고[住] 있음. ¶이 마을에 상주하는 사람은 500명 정도이다. ②불교 생멸의 변화가 없이 늘 그대로 있음.

▶상주-인구 常住人口 (사람 인, 입 구). 한 지역의 상주(常住)하는 인구(人口). ¶농촌의 상주인구가 감소하고 있다.

상중 喪中 (죽을 상, 가운데 중). 상(喪)을 치르는 동안[中]. ¶그녀는 상중이라 머리에 흰 리본을 꽂고 있다. ⓑ기(忌).

상:중하 上中下 (위 상, 가운데 중, 아래 하). 위[上]와 가운데[中]와 아래[下]. 또는 그런 세 등급.

상:지 上肢 (위 상, 사지 지). 사지(四肢) 중 윗[上] 부분. ⓑ팔.

▶상:지-근 上肢筋 (힘줄 근). 의학 팔[上肢]을 이루는 근육(筋肉). ⓑ팔근육. ⓑ하지근(下肢筋).

▶상:지-대 上肢帶 (띠 대). 의학 몸통과 팔[上肢]을 연결하는 뼈대(帶). 빗장뼈, 어깨뼈 따위로 이루어진다. ⓑ견대(肩帶). ⓑ하지대(下肢帶).

상:지중 上之中 (위 상, 어조사 지, 가운데 중). 문학 시문(詩文)을 평가하는 등급 가운데 첫째[上] 등(等)의 중간[中] 급(級).

상:지하 上之下 (위 상, 어조사 지, 아래 하). 문학 시문(詩文)을 평가하는 등급 가운데 첫째[上] 등(等)의 마지막[下] 급(級).

상:질 上秩 (위 상, 차례 질). 첫째[上] 등급[秩]에 속하는 품질.

***상징** 象徵 (모양 상, 밝힐 징). ①속뜻 추상적인 사물이나 개념을 구체적인 사물 모양[象]으로 밝혀[徵] 나타냄. 또는 그렇게 나타낸 표지(標識). ¶비둘기는 평화의 상징이다. ②문학 추상적인 사물이나 관념 또는 사상을 구체적인 사물로 나타내는 일. 또는 그 사물. 예를 들면 '비둘기'라는 구체적인 사물로 '평화'라는 추상적인 관념을 나타내는 것 따위.

▶상징-극 象徵劇 (연극 극). 연영 강한 주관성과 상징(象徵)이 표현의 주조를 이루는 연극(演劇).

▶상징-시 象徵詩 (시 시). 문학 직접적으로 주제를 드러내지 않고 상징(象徵)으로 표현하는 시(詩). 19세기 말 프랑스에서 유행하였다.

▶상징-어 象徵語 (말씀 어). 언어 의성어나 의태어와 같이 자연, 사람, 동물들의 소리나 동작, 상태 등을 상징(象徵)하여 만든 말[語].

▶상징-적 象徵的 (것 적). 상징(象徵)하여

나타낸 것[的].

▸상징-파 象徵派 (갈래 파). [예술]상징주의(象徵主義)를 주장하는 예술상의 한 파(派).

▸상징-화 象徵化 (될 화). 상징(象徵)으로 되거나[化] 상징이 되게 함.

▸상징-주의 象徵主義 (주될 주, 뜻 의). [문학]상징적(象徵的)인 방법에 의하여 어떤 정조나 감정 따위를 암시적으로 표현하려는 태도나 경향[主義]. 19세기 말 프랑스를 중심으로 사실주의나 자연주의에 대한 반동으로 일어났다. 표상주의(表象主義).

상:차 上車 (위 상, 수레 차). 짐 따위를 차(車)에 싣는[上] 일. [반]하차(下車).

상찬 賞讚 (상줄 상, 기릴 찬). 기리어[賞] 칭찬(稱讚)함. ¶상찬을 받다.

상:책 上策 (위 상, 꾀 책). 가장 좋은[上] 대책(對策)이나 방법. ¶이럴 때는 도망치는 것이 상책이다. [비]상계(上計). 상수(上數). [반]하책(下策).

상:처1 喪妻 (죽을 상, 아내 처). 아내[妻]의 죽음[喪]을 당함. [비]상우(喪偶). [반]상부(喪夫).

상처2 傷處 (다칠 상, 곳 처). ① [속뜻]다친[傷] 곳[處]. ¶상처에 약을 바르다. ②피해를 입은 흔적. ¶전쟁의 상처가 아물지 않았다.

상:천 上天 (위 상, 하늘 천). ①하늘[天]에 오름[上]. 승천(昇天). ②지평선이나 수평선 위로 보이는 무한대의 넓은 공간. 하늘. ③사천(四天)의 하나. 겨울 하늘을 이른다. ④ [종교]하느님.

상청 常靑 (늘 상, 푸를 청). 늘[常] 푸르다[靑]. ¶사철 상청한 소나무.

상:체 上體 (위 상, 몸 체). 몸[體]의 윗부분[上]. ¶상체를 일으키다. [반]하체(下體).

상:추 上秋 (위 상, 가을 추). ① [속뜻]초[上] 가을[秋]. ②가을이 시작되는 첫 달. 음력 7월을 이른다. [참]상춘(上春).

상:춘1 上春 (위 상, 봄 춘). ① [속뜻]초[上] 봄[春]. ②봄이 시작되는 첫 달. 음력 1월을 이른다. [참]상추(上秋).

상춘2 常春 (늘 상, 봄 춘). 항상(恒常) 봄이[春] 계속됨.

상춘3 賞春 (즐길 상, 봄 춘). 봄[春] 경치를 구경하며 즐김[賞].

▸상춘-객 賞春客 (손 객). 봄[春]의 경치를 즐기러[賞] 나온 사람[客]. [비]향춘객(享春客).

▸상춘-곡 賞春曲 (노래 곡). ① [속뜻]봄[春] 경치를 감상(感賞)하며 지은 노래[曲]. ② [문학]조선 성종 때에 문인 정극인이 지은 가사(歌辭). 자연에 파묻힌 생활 속에서 봄날의 경치를 찬탄한 내용이다.

상충1 相沖 (서로 상, 솟구칠 충). ① [속뜻]어울리지 않고 서로[相] 부딪침[沖]. ② [민속]방위, 일진(日辰), 시 따위 가 서로 어울리지 않고 맞질림. [비]상극(相剋).

상충2 相衝 (서로 상, 부딪칠 충). 서로[相] 어긋나게 부딪힘[衝]. 일치되지 아니함. ¶이해관계의 상충으로 싸움이 벌어졌다.

상:층 上層 (위 상, 층 층). 위[上] 층(層). [반]하층(下層).

▸상:층-류 上層流 (흐를 류). 위층[上層]의 조류(潮流)나 기류(氣流). [반]하층류(下層流).

▸상:층-운 上層雲 (구름 운). [지리]대기권 윗부분에[上層] 형성된 구름[雲]. 주로 얼음의 결정으로 이루어진다. 권운(卷雲), 권적운(卷積雲), 권층운(卷層雲) 따위. [반]하층운(下層雲).

▸상:층 계급 上層階級 (섬돌 계, 등급 급). [사회]사회적 신분과 생활수준이 상류[上層]에 속하는 계급(階級). [반]하층 계급(下層階級).

▸상:층 구조 上層構造 (얽을 구, 만들 조). ① [속뜻]윗부분[上層]의 구조(構造). ② [철학]유물 사관에서, 정치·법률·도덕·예술 따위의 관념 및 이에 대응하는 제도와 기관들을 이르는 말. 사회 형성의 토대가 되는 경제적 구조에 의하여 규정된다. 상부 구조(上部構造).

▸상:층 기단 上層氣團 (공기 기, 모일 단). [지리]고기압권 내의 윗부분[上層]에 생기는 기단(氣團). 하강 기류 때문에 생기며 온난하고 건조하다.

▸상:층 기류 上層氣流 (공기 기, 흐를 류). [지리]대기권의 윗부분[上層]에서 흐르는 기류(氣流).

▸상:층 사회 上層社會 (단체 사, 모일 회). [사회]사회적 신분과 생활수준이 상류[上

層]에 속하는 사람들로 구성된 사회(社會). ⓑ하층 사회(下層社會).

상치¹ 相馳 (서로 상, 달릴 치). 일이나 뜻이 서로[相] 어긋남[馳]. ¶노사의 입장이 상치하여 협상이 결렬되었다.

상치² 常置 (늘 상, 둘 치). 늘[常] 설치(設置)하여 두거나 비치(備置)하여 둠. ¶구명대(救命帶)를 상치하다. ⓑ상비(常備).

상ː치³ 尙齒 (높일 상, 이 치). 나이[齒]가 많은 사람을 숭상(崇尙)함. 노인을 공경함. ⓑ경로(敬老).

▸상ː치-세전 尙齒歲典 (해 세, 의식 전). ① 속뜻 나이[齒]가 많은 사람을 숭상(崇尙)하는 뜻에서 해마다[歲] 거행한 의식[典]. ② 역사 조선 시대에, 연초에 조정의 관리와 그 부인들 가운데 고령자에게 물품을 하사하거나 품계를 올려 주던 일.

상ː-치은 上齒齦 (위 상, 이 치, 잇몸 은). 위쪽[上]의 잇몸[齒齦]. ⓑ하치은(下齒齦).

상칙 常則 (늘 상, 법 칙). 일반적으로[常] 널리 적용되는 규칙(規則)이나 규정. 또는 사물의 표준. ⓑ상규(常規).

상친 相親 (서로 상, 친할 친). 서로[相] 친밀(親密)히 지냄.

▸상친-간 相親間 (사이 간). 서로[相] 친밀(親密)히 지내는 사이[間].

상ː침 上針 (위 상, 바늘 침). ① 질이 좋은 상급(上級)의 바늘[針]. ② 박아서 지은 겹옷이나 보료, 방석 따위의 가장자리를 실밥이 겉으로 드러나도록 꿰매는 일.

상칭 相稱 (서로 상, 맞을 칭). 서로[相] 대칭(對稱)이 됨. 서로 균형을 이룸.

***상ː쾌 爽快** (시원할 상, 기쁠 쾌). 느낌이 산뜻하고[爽] 마음이 기쁨[快]. ¶양치를 하면 입안이 매우 상쾌하다.

상ː탁하부정 上濁下不淨 (위 상, 흐릴 탁, 아래 하, 아닐 부, 깨끗할 정). ① 속뜻 윗[上]물이 흐리면[濁] 아랫[下] 물도 깨끗하지[靜] 못함[不]. ② 윗사람이 부패하면 아랫사람도 부패하게 됨.

⁑상태 狀態 (형상 상, 모양 태). ① 속뜻 실제의 형상(形狀)이나 모양[態]. ② 사물·현상이 놓여 있는 모양이나 형편. ¶기상 상태 / 혼수 상태. ③ 물리 자연현상의 관측에 의하여 가능한 한 완전히 기술된 계(系)의 존재 상황. 열역학적 상태, 에너지 상태 따위.

▸상태-도 狀態圖 (그림 도). ① 속뜻 상태(狀態)를 나타낸 그림[圖]. ② 화학 분자의 각 전자 상태의 상대적 에너지를 Y축에, 각 상태를 X축에 선으로 나란히 나타낸 그림.

▸상태-량 狀態量 (분량 량). 화학 물질의 물리적 공간 상태(狀態)를 나타내는 양(量). 열역학적인 평형 상태를 결정하는 에너지, 부피, 압력, 온도, 엔트로피 따위를 이른다. ⓑ상태 함수(狀態函數).

▸상태 감ː정 狀態感情 (느낄 감, 마음 정). 심리 심신의 상태(狀態)에 따라 일어나는 기분이나 정서[感情]. 권태, 불안, 희망, 초조 따위이다.

상ː토 上土 (위 상, 흙 토). 농업 농사짓기에 좋은 상급(上級) 토지(土地).

▸상ː토-권 上土權 (권리 권). 법률 남의 토지를 개간한[上土] 사람이 그 토지를 경작할 수 있는 권리(權利).

상ː토하사 上吐下瀉 (위 상, 토할 토, 아래 하, 쏟을 사). 위로는[上] 토(吐)하고 아래로는[下] 설사(泄瀉)함. ㊀토사.

상통 相通 (서로 상, 통할 통). ① 속뜻 서로[相] 마음과 뜻이 통(通)함. ¶나는 언니와 상통하는 부분이 매우 많다. ② 서로 어떠한 일에 공통되는 부분이 있음. ¶감정을 표현한다는 점에서 음악과 무용은 상통한다.

상ː퇴 上腿 (위 상, 넓적다리 퇴). 위쪽[上]의 다리[腿]. 무릎 관절 위쪽 부분.

상투¹ 相鬪 (서로 상, 싸울 투). 서로[相] 때리고 다툼[鬪].

상투² 常套 (늘 상, 버릇 투). 늘[常] 써서 버릇[套]이 되다시피 한 것.

▸상투-어 常套語 (말씀 어). 늘[常] 써서 버릇[套]이 되다시피 한 말[語]. ㊀투어.

▸상투-적 常套的 (것 적). 항상[常] 하는 버릇[套]처럼 된 것[的]. ¶상투적인 변명.

▸상투 수단 常套手段 (솜씨 수, 구분 단). 늘[常] 써서 버릇[套]이 되다시피 수단(手段)이나 솜씨. 예사로 쓰는 방법.

상ː-팔자 上八字 (위 상, 여덟 팔, 글자 자). 썩 좋은[上] 팔자(八字). ¶무자식이 상팔자라.

상패 賞牌 (상줄 상, 나무쪽 패). 상(賞)으로 주는 패(牌). ¶그는 미술 대회에서 입상하여 상패와 부상을 받았다.

상:편[1] **上便** (위 상, 쪽 편). 위[上] 쪽[便]. ⓑ하편(下便).

상:편[2] **上篇** (위 상, 책 편). 상·중·하 또는 상·하로 된 책의 첫째[上] 책[篇]. ⓒ중편(中篇). 하편(下篇).

상평 **常平** (늘 상, 고를 평). 역사 변방 지방에 창고를 지어 놓고 실시하던 미곡 정책. 미곡이 흔하면 비싼 값으로 사들이고 미곡이 귀하면 싼값에 팔아서 그 시세가 늘[常] 일정하도록[平] 조절하였다.

▶**상평-창** 常平倉 (창고 창). 역사 고려·조선 때, 물가가 내릴 때 생활필수품을 사들였다가 값이 오를 때 내어 물가를 늘[常] 고르게[平] 유지시키던 기능의 기관[倉].

▶**상평-청** 常平廳 (관청 청). 역사 ①조선 시대에 상평통보(常平通寶)를 주조하던 관아[廳]. 인조 11년(1633)에 설치하였다. ②조선 시대에, 물가 조절 및 구황에 관한 일을 맡아보던 관아. 인조 26년(1648)에 진휼청을 고친 것이다.

▶**상평-통보** 常平通寶 (통할 통, 보배 보). 역사 조선 시대에 쓰던 엽전의 이름. 인조 11년(1633)부터 조선 후기까지 주조하여 사용하였다. 시세나 물가가 늘[常] 일정하도록[平] 하는 데 쓰이는 통화[通寶]라는 뜻으로 추정된다.

상포 **喪布** (죽을 상, 베 포). 초상(初喪) 때 쓰는 포목(布木). ¶상포로 시체를 싸다.

상표 **商標** (장사 상, 나타낼 표). 경제 사업자가 자기 상품(商品)에 붙인 표시(標示). 경쟁 업체의 것과 구별하기 위하여 사용하는 기호, 문자, 도형 따위로 일정하게 표시한다.

▶**상표-권** 商標權 (권리 권). 법률 특허청에 등록한 상표(商標)를 지정 상품에 독점적으로 사용할 수 있는 권리(權利). '상표 전용권'(商標專用權)의 준말.

▶**상표-법** 商標法 (법 법). 법률 상표(商標)와 상표권(商標權)에 관하여 규정한 법률(法律). 기업 경영에 있어서의 신용 확보와 부정 경쟁 방지를 목적으로 한다.

상:품[1] **上品** (위 상, 물건 품). 질이 좋은 상급(上級)의 물품(物品).

상품[2] **賞品** (상줄 상, 물건 품). 상(賞)으로 주는 물품(物品). ¶상품으로 컴퓨터를 받았다.

⁑**상품**[3] **商品** (장사 상, 물건 품). ①사고파는[商] 물품(物品). ¶시장에는 온갖 상품이 다 있다. ② 경제 장사로 파는 물건. 또는 매매를 목적으로 한 재화(財貨). ¶새로운 상품을 출시하다. ③ 법률 상거래를 목적으로 하는 물건. 동산(動産) 따위.

▶**상품-권** 商品券 (문서 권). 경제 액면 가격에 상당하는 상품(商品)과 교환할 수 있는 표[券]. 백화점이나 기타 상점이 발행하는 무기명(無記名) 유가 증권(有價證券)의 하나이다. ¶문화 상품권.

▶**상품-명** 商品名 (이름 명). 사고파는 물품[商品]의 이름[名]. ¶겉에 상품명이 적혀 있다.

▶**상품-성** 商品性 (성질 성). 상품(商品)으로서의 가치가 있는 성질(性質). ¶상품성이 높다.

▶**상품-학** 商品學 (배울 학). 경제 상품(商品)의 품질, 분류 방법, 규격 따위에 관한 문제를 연구하는 학문(學問).

▶**상품-화** 商品化 (될 화). 어떤 물건이 상품(商品)이 되거나[化] 상품으로 되게 만듦.

▶**상품 경제** 商品經濟 (다스릴 경, 건질 제). 경제 재화나 서비스를 상품(商品)으로서 생산하고 교환하는 경제(經濟). 자본주의 경제의 특징 가운데 하나이다.

▶**상품 관:리** 商品管理 (맡을 관, 다스릴 리). 경제 상품(商品)의 구입, 재고, 판매 따위의 실태를 분석·관리(管理)하는 일.

▶**상품 담보** 商品擔保 (멜 담, 지킬 보). 법률 금융 기관에서 돈을 대출할 때 상품(商品)을 담보(擔保)로 하는 일.

▶**상품 목록** 商品目錄 (눈 목, 기록할 록). 경제 자기 회사 상품(商品)의 명칭, 특성, 종류, 단가(單價) 따위를 나열해[目] 적은[錄] 책자.

▶**상품 유통** 商品流通 (흐를 류, 통할 통). 경제 화폐를 매개로 하여 상품(商品)이 생산자에게서 구매자에게로 판매자에게서 소비자에게로 흘러드는 일[流通]. ⓒ자본 유통.

▶**상품 작물** 商品作物 (지을 작, 만물 물). 농업 시장에 내다 팔기 위한 상품(商品)으

로 재배하는 농작물(農作物). ¶조선 후기에 상품작물을 재배하는 것이 크게 증가했다.

▸상품 화:폐 商品貨幣 (돈 화, 돈 폐). 경제 화폐(貨幣)의 기능을 하였던 상품(商品). ¶쌀은 대표적인 상품 화폐였다. ⓑ물품 화폐(物品貨幣), 실물 화폐(實物貨幣). ⓑ명목 화폐(名目貨幣).

▸상품 회전율 商品回轉率 (돌 회, 구를 전, 비율 률). 경제 일정한 기간에 상품(商品)이 몇 번 회전(回轉)하였는가를 나타내는 지수[率]. 매상 원가를 평균적 재고량으로 나누어 구하는데 높을수록 바람직하다.

상풍 霜楓 (서리 상, 단풍나무 풍). ①서리[霜] 맞은 단풍(丹楓)잎. ¶상풍이 북풍에 흩날려 떨어졌다. ②시든 단풍.

상피[1] 相避 (서로 상, 피할 피). ① 속뜻 서로[相] 피(避)해야 하는 일. ②친족이나 아주 가까운 관계에 있는 사람들이 같은 곳에서 벼슬하는 일 따위를 피함. ③가까운 친척 사이의 남녀가 성적(性的) 관계를 맺는 일. ¶상피 나다 / 상피 붙다.

상:피[2] 上皮 (위 상, 껍질 피). ① 속뜻 맨 겉[上]에 붙은 껍질[皮]. ② 생물 다세포 생물의 몸이나 위창자관 내벽의 바깥쪽을 둘러싸고 있는 얇은 겉껍질.

▸상:피 세:포 上皮細胞 (작을 세, 태보 포). 의학 상피(上皮) 조직을 구성하는 세포(細胞).

▸상:피 소:체 上皮小體 (작을 소, 몸 체). ① 속뜻 상피(上皮)에 있는 작은[小] 조직체[體]. ② 의학 갑상선의 뒤에 있는 네 개의 내분비 기관. 혈액 속의 칼슘이나 인의 농도를 조절하는 역할을 한다. ⓑ부갑상선(副甲狀腺).

▸상:피 조직 上皮組織 (짤 조, 짤 직). 의학 몸의 겉면 기관의 내면과 체강의 겉면[上皮]을 싸고 있는 막 모양의 조직(組織). 여러 겹의 상피 세포와 약간의 세포간질(細胞間質)로 이루어져 있다. 내부의 보호, 분비, 배설, 흡수와 감각 작용을 맡는다. ⓑ표피 조직(表皮組織).

상피[3] 象皮 (코끼리 상, 가죽 피). 코끼리[象]의 가죽[皮].

▸상피-병 象皮病 (병 병). ① 속뜻 코끼리[象]의 피부(皮膚)처럼 되는 병(病). ② 의학 열대, 아열대 지방에 많은 풍토병의 하나. 사상충(絲狀蟲)이나 그밖에 세균의 감염으로 결합 조직이 증식하여 환부가 부풀어 오르고 딱딱해진다.

상하[1] 常夏 (늘 상, 여름 하). 일 년 내내[常] 여름[夏]과 같은 기후.

상:하[2] 上下 (위 상, 아래 하). 위[上]와 아래[下]. ¶시험관을 상하로 10분간 흔들어주십시오.

▸상:하-동 上下動 (움직일 동). 지리 지진이 일어날 때, 땅이 위[上]아래[下]로 움직이는[動] 일. 보통의 지진은 수평 진동이지만 진앙 부근에서는 상하 진동이 많다.

▸상:하-장 上下葬 (장사지낼 장). 부부의 묘를 위[上]아래[下]로 잇대어 자리 잡게 하는 장사(葬事).

▸상:하지분 上下之分 (어조사 지, 나눌 분). 위[上]아래[下]의 구분(區分).

▸상:하-화목 上下和睦 (어울릴 화, 친할 목). 윗[上]사람과 아랫[下]사람이 서로 화목(和睦)하게 지냄.

▸상:하-화순 上下和順 (어울릴 화, 순할 순). 윗[上]사람과 아랫[下]사람이 서로 마음이 맞고[和] 온화함[順].

상:-하수도 上下水道 (위 상, 아래 하, 물 수, 길 도). 상수도(上水道)와 하수도(下水道). ¶장마가 오기 전에 상하수도를 정비했다.

상학[1] 相學 (모양 상, 배울 학). 사람의 얼굴[相]이나 몸의 특징을 보고 그 사람의 운명을 연구하는 학문(學問). 관상학(觀相學), 골상학(骨相學), 수상학(手相學) 따위.

상:학[2] 上學 (위 상, 배울 학). 학교에서 그 날의 공부[學]를 시작함[上]. ⓑ하학(下學).

▸상:학-종 上學鐘 (쇠북 종). 학교에서 그 날의 공부[學]를 시작함[上]을 알리는 종(鐘). ⓑ하학종(下學鐘).

상학[3] 商學 (장사 상, 배울 학). 상업(商業)을 연구하는 학문(學問). '상업학'의 준말.

▸상학-자 商學者 (사람 자). 상학(商學)을 연구하는 사람[者].

상:한 上限 (위 상, 끝 한). ①위와 아래로 일정한 범위를 이루고 있을 때, 위쪽[上]의 한계(限界). ¶농지 소유 상한. ② 수학 어떠한 집합에 속하는 어느 요소보다도 작지 않

은 수 가운데서 가장 작은 수. ③ [수학] 정적분의 위의 한계. 예를 들면, f(x)라는 함수를 a에서 b까지 적분할 때, b를 그 적분의 상한이라고 한다. [반]하한(下限).

▸상ː한-가 上限價 (값 가). [경제] 개별 주식이 하루에 오를[上] 수 있는 최고 한도(限度)의 가격(價格). ¶대부분의 주식이 상한가를 쳤다. [반]하한가(下限價).

▸상ː한-선 上限線 (줄 선). 더 이상 올라갈[上] 수 없는 한계선(限界線). ¶농지 소유의 상한선을 폐지하다. [반]하한선(下限線).

상합 相合 (서로 상, 맞을 합). ① [속뜻] 서로[相] 잘 맞음[合]. ② 서로 만나 결합함.

상해[1] 詳解 (자세할 상, 풀 해). 상세(詳細)하게 풀이함[解]. 상세한 풀이.

상해[2] 霜害 (서리 상, 해칠 해). 서리[霜]로 인한 피해(被害). [비]상재(霜災).

상해[3] 傷害 (다칠 상, 해칠 해). 몸을 다치거나[傷] 해(害)를 입힘. ¶그는 자동차 사고로 전치 4주의 상해를 입었다.

▸상해-죄 傷害罪 (허물 죄). [법률] 폭행 또는 그 밖의 행위로 일부러 남의 몸에 상처를 입힘으로써[傷害] 성립하는 범죄(犯罪).

▸상해 보ː험 傷害保險 (지킬 보, 험할 험). [경제] ① 외부적인 원인으로 발생한 우발적인 사고에 의하여 피보험자가 입게 된 신체의 상해(傷害)에 대하여 보험금을 지급하는 보험(保險). 사망을 보험 사고로 하지 않는 점에서 생명 보험과 구별된다. ② 근로자가 업무상 입게 된 신체의 상해(傷害)에 대하여 보험금을 지급하는 사회 보험(保險).

▸상해 치ː사 傷害致死 (이를 치, 죽을 사). [법률] 고의로 남의 몸에 상처를 입혀[傷害] 죽음에[死] 이르게[致] 함.

▸상해 치ː사죄 傷害致死罪 (이를 치, 죽을 사, 허물 죄). [법률] 상해 치사(傷害致死)에 의해 성립하는 죄(罪).

상ː해 임시 정부 上海臨時政府 (위 상, 바다 해, 임할 림, 때 시, 정사 정, 관청 부). [역사] 1919년 4월에 중국 상해(上海)에서 이승만, 김구 등을 중심으로 대한민국의 광복을 위해 임시(臨時)로 조직한 정부(政府). 광복 때까지 항일 민족 운동의 중심 기관이었다.

상ː행[1] 上行 (위 상, 갈 행). ① [속뜻] 위[上]쪽으로 올라감[行]. ② 지방에서 서울로 올라감. 또는 그런 교통수단.

▸상ː행 열차 上行列車 (벌일 렬, 수레 차). 지방에서 서울[上]로 가는[行] 열차(列車). [준]상행. [반]하행 열차(下行列車).

▸상ː행-하효 上行下效 (아래 하, 효력 효). 윗[上]사람이 하는[行] 일을 아랫[下]사람이 본받음[效].

상행[2] 常行 (늘 상, 행할 행). ① [속뜻] 늘[常] 하는[行] 일. ② 늘 취하는 행동(行動).

상행[3] 喪行 (죽을 상, 줄 행). 상여(喪輿)의 뒤를 따르는 행렬(行列).

상-행위 商行爲 (장사 상, 행할 행, 할 위). [경제] 매매, 교환, 운수, 임대 따위의 영리를 목적으로 하는[商] 행위(行爲). 상법에서 기본적 상행위와 보조적 상행위로 나누고 있다.

상ː향[1] 上向 (위 상, 향할 향). ① [속뜻] 위[上]쪽을 향(向)함. 또는 그 쪽. ¶상향 곡선. ② 수치나 한도, 기준 따위를 더 높게 잡음. ¶목표를 상향 조정하다. ③ 상태 따위가 좋아져 감. ④ 물가(物價)나 시세가 오르는 기세를 보임. [반]하향(下向).

상ː향[2] 尚饗 (받들 상, 흠향할 향). ① [속뜻] '바라옵건대[尙] 흠향(歆饗)하시옵소서'라는 뜻의 말. ② 제례 축문의 맨 끝에 쓰는 말.

상ː현 上弦 (위 상, 시위 현). [천문] 매달 음력 7~8일경인 상순(上旬)에 나타나는 활시위[弦] 모양의 초승달. 둥근 쪽이 오른쪽 아래로 향한다. [비]초현(初弦). [반]하현(下弦).

상ː혈 上血 (위 상, 피 혈). ① 피[血]가 위[上]로 솟구침. ¶지나친 흥분으로 상혈이 되어 두 볼이 새빨개졌다. ② [의학] 토혈(吐血).

상형 象形 (본뜰 상, 모양 형). ① [속뜻] 어떤 물건의 모양[形]을 본뜸[象]. ② [언어] 한자 육서(六書)의 하나. 해당 낱말(형태소)이 가리키는 물체의 모양을 본떠서 글자를 만드는 방법이다. 해를 본떠서 '日' 자를 만드는 따위. 명사에 해당되는 것이 많다. ③ [언어] 상형 문자.

▸상형 문자 象形文字 (글자 문, 글자 자). [언어] ① 해당 낱말이 가리키는 물체의 모양을 본떠[象形] 만든 그림 문자(文字). 한자, 수메르 문자, 이집트 문자 따위를 통틀어 이른다. ② 한자의 육서(六書) 가운데 하나

로 물건의 형상을 본떠서 만든 글자. 해를 본뜬 '日', 달을 본뜬 '月', 산을 본뜬 '山' 따위.

상호[1] **相互** (서로 상, 서로 호). 서로[相] 함께[互]. 상대가 되는 이쪽과 저쪽 모두. ¶상호 관심사.

▸**상호 간** 相互間 (사이 간). 서로[相互]의 사이[間]. ¶상호 간의 협조가 이루어지다.

▸**상호-감응** 相互感應 (느낄 감, 응할 응). ① [속뜻]서로[相互]가 반응함[感應]. ② [물리]두 개의 전류 회로 사이에서 일어나는 전자기 유도. 곧, 하나의 코일 속의 전류가 변화할 때, 그 근처에 있는 다른 코일에 동기전력(動起電力)이 유도되어 일어나는 현상이다. 유도 코일, 변압기 따위에 응용된다. [비]상호 유도(相互誘導).

▸**상호 계:약** 相互契約 (맺을 계, 묶을 약). [경제]계약 당사자가 서로[相互] 평등하고 자유로운 상태에서 맺는 계약(契約). [반]부종 계약(附從契約).

▸**상호 동화** 相互同化 (같을 동, 될 화). [언어]가까이 있는 두 음이 서로[相互] 영향을 주어 같아지는[同化] 현상. ¶'국립'이 '궁닙'으로 발음되는 것은 상호 동화의 예이다. [참]순행 동화(順行同化). 역행 동화(逆行同化).

▸**상호 보:험** 相互保險 (지킬 보, 험할 험). [경제]같은 위험을 만날 우려가 있는 사람들끼리 단체를 구성하여 서로[相互] 구조하는 보험(保險). 상호 회사의 형태로 영위되며 영리를 목적으로 하지 않는다. 영리 보험(營利保險).

▸**상호 부:금** 相互賦金 (거둘 부, 돈 금). ① [속뜻]서로[相互] 계약하고 부과(賦課)하는 돈[金]. ② [경제]서민 금융의 하나로 일정한 기간을 정하여 그 중도나 만료 시에 금융 기관에서 가입자에게 일정한 금액을 급부할 것을 약정하고 가입자는 그 기간 안에 일정 기간마다 일정액의 부금(賦金)을 금융 기관에 내는 형태의 저축.

▸**상호 부조** 相互扶助 (도울 부, 도울 조). [사회]공동생활에서 개인들끼리 서로[相互] 돕는[扶助] 일. 사회 진화의 근본적 동력이 된다.

▸**상호 비:교** 相互比較 (견줄 비, 견줄 교). 둘 또는 그 이상의 성적이나 실적을 서로[相互] 비교(比較)하는 평가 방법.

▸**상호-유도** 相互誘導 (꾈 유, 이끌 도). [물리]상호 감응(相互感應).

▸**상호 조약** 相互條約 (조목 조, 묶을 약). [정치]제삼국보다 유리한 조건을 주고받기로 하고 맺는 두 국가 사이의[相互] 조약(條約). [비]호혜 조약(互惠條約).

▸**상호 조합** 相互組合 (짤 조, 합할 합). [사회]가입자 서로의[相互] 이익을 꾀하는 것을 목적으로 하는 조합(組合).

▸**상호-주의** 相互主義 (주될 주, 뜻 의). [경제]수출입품의 제한·관세·기업 활동과 금융의 자유화 따위에 대한 결정은 상대국이 자국을 어떻게 취급하느냐에 따라 서로[相互] 달라진다고 하는 원리[主義].

▸**상호 회:사** 相互會社 (모일 회, 단체 사). [경제]사원 간의 상호(相互) 보험을 목적으로 설립한 특수한 비영리 법인[會社].

▸**상호 교:수법** 相互教授法 (가르칠 교, 줄 수, 법 법). [교육]학생들이 서로[相互]를 가르치는[教授] 방법(方法). 우수한 학생을 뽑아 다른 학생을 가르치게 하는 방식으로 영국의 교육가 랭커스터가 창시하였다.

▸**상호 부조론** 相互扶助論 (도울 부, 도울 조, 논할 론). [사회]사회 진화의 근본적인 동력이 개인들 사이의[相互] 자발적인 협동[扶助] 관계에 있다고 주장하는 이론(理論).

▸**상호 방위 조약** 相互防衛條約 (막을 방, 지킬 위, 조목 조, 묶을 약). [군사]둘 또는 그 이상의 나라 사이에서 외국의 침략을 받았을 때, 서로[相互] 군사적으로 방위(防衛)해줄 것을 약속하는 조약(條約). ¶한미 상호 방위 조약.

▸**상호 원:조 조약** 相互援助條約 (도울 원, 도울 조, 조목 조, 묶을 약). [정치]둘 또는 그 이상의 나라에 사이에서, 외국의 침략을 받았을 때 서로[相互] 도울[援助] 것을 약조하는 조약(條約).

▸**상호 원:조 투표** 相互援助投票 (도울 원, 도울 조, 던질 투, 쪽지 표). ① [속뜻]서로[相互] 돕는[援助] 투표(投票). ② [정치]자기가 발의한 의안에 찬성 투표하여 줄 것을 조건으로 상대편이 제출한 의안에 찬성 투표하는 일.

상호[2] **商號** (장사 상, 이름 호). [법률]상인(商人)이 영업 목적으로 자기를 표시하는 이름

[號].

▸상호-권 商號權 (권리 권). 법률 상인이 자기의 상호(商號)를 사용하는 권리(權利).

상혼 商魂 (장사 상, 넋 혼). 더 많은 이익을 얻으려 하는 상인(商人)의 정신[魂]. ¶개성 상인은 상혼이 투철한 것으로 유명하다.

상화-점 霜花店 (서리 상, 꽃 화, 가게 점). ① 속뜻 상화(霜花)를 파는 가게[店]. '상화'란 '만두'라는 뜻의 만주어를 한자어로 음역한 말. ② 문학 만두 가게, 절, 우물, 술 파는 집 등에서 벌어지는 한 여인의 문란한 정사 장면을 그린 고려 가요. ⑭쌍화점(雙花店).

상환[1] 相換 (서로 상, 바꿀 환). 경제 서로[相] 바꿈[換]. ⑭인환(引換).

▸상환-증 相換證 (증거 증). 경제 물품과 서로[相] 맞바꾸기로[換] 하는 증서(證書).

상환[2] 償還 (갚을 상, 돌려줄 환). ① 속뜻 갚거나[償] 돌려줌[還]. ② 법률 실질적으로 남이 부담해야 할 출연(出捐)을 자기가 했을 경우에 그 사람에게 자기의 부담을 보상하게 하는 일.

▸상환-권 償還權 (권리 권). ① 속뜻 상환(償還)하는 권리(權利). ② 경제 어음이나 수표의 상환 의무자가 상환 권리자의 청구를 기다리지 않고 자진해서 어음이나 수표를 다시 거두어들일 수 있는 권리. 상환이 늦거나 거듭될 때 상환 금액이 증대되는 불이익을 피하기 위한 것이다.

▸상환 공채 償還公債 (여럿 공, 빚 채). 경제 일정한 기한 안에 원금을 상환(償還)하는 공채(公債). 수시 상환 공채와 정기 상환 공채로 나눈다.

▸상환 기금 償還基金 (터 기, 돈 금). 경제 공채나 사채를 상환(償還)하기 위해 국고에 넣어 두거나 기업 내부에 남겨 놓는 기금(基金).

▸상환 주식 償還株式 (주식 주, 법 식). 경제 회사가 액면 금액이나 그 이상으로 장차 상환(償還)하고 소각한다는 조건부로 발행한 주식(株式). ⑳매입 소각(買入消却).

▸상환 적립금 償還積立金 (쌓을 적, 설 립, 돈 금). 경제 상환 주식(償還株式)을 소각하기 위해 적립(積立)하는 준비금(準備金).

상:황[1] 上皇 (위 상, 임금 황). 역사 자리를 물려주고 들어앉은 위[上] 대의 황제(皇帝). '태상황'(太上皇)의 준말.

상황[2] 狀況 (형상 상, 형편 황). 어떤 일의 그때의 모습[狀]이나 형편[況]. ¶상황을 판단하다 / 상황이 나빠지다.

▸상황-도 狀況圖 (그림 도). 어떤 일의 상황(狀況)을 나타내는 도표(圖表).

▸상황-실 狀況室 (방 실). 행정상 또는 작전상의 계획, 통계, 상황판 따위를 갖추어 전반적 상황(狀況)을 한눈에 파악할 수 있도록 마련한 방[室].

▸상황-판 狀況板 (널빤지 판). 일이 되어 가는 형편이나 상황(狀況)을 나타내는 설명판(說明板). ¶교통 상황판.

▸상황 판단 狀況判斷 (판가름할 판, 끊을 단). 어떤 상황(狀況)에 대처하기 위해 내리는 판단(判斷).

상황[3] 商況 (장사 상, 상황 황). 상업(商業)의 상황(狀況). 상품의 거래 상황.

상:회[1] 上廻 (위 상, 돌 회). 어떤 기준보다 웃[上] 돎[廻]. ¶금년 수출량은 목표량을 크게 상회한다. ⑭하회(下廻).

상회[2] 商會 (장사 상, 모일 회). ① 속뜻 몇 사람이 함께 장사를 하는 상업(商業)상의 모임[會]. ② 경제 기업이나 상점, 상사에 덧붙여 쓰는 말. ¶전기 상회.

상회[3] 相會 (서로 상, 모일 회). 서로[相] 만남[會].

▸상회-례 相會禮 (예도 례). 서로[相] 처음 만날[會] 때 하는 인사[禮].

상:후-하박 上厚下薄 (위 상, 두터울 후, 아래 하, 엷을 박). 윗[上]사람에게는 후덕(厚德)하고 아랫[下]사람에게는 야박(野薄)함. ⑭하후상박(下厚上薄).

상훈 賞勳 (상줄 상, 공 훈). ①상(賞)과 훈장(勳章)을 아울러 이르는 말. ¶상훈을 수여하다. ②훈공을 칭찬하고 상을 줌.

상휼 相恤 (서로 상, 도울 휼). 재난 따위를 당하여 서로[相] 돕고[恤] 보살핌.

상흔 傷痕 (다칠 상, 흉터 흔). 다친[傷] 자리에 남은 흔적(痕跡). ¶전쟁의 상흔이 남아 있다. ⑭상반(傷瘢).

새옹지마 塞翁之馬 (변방 새, 늙은이 옹, 어조사 지, 말 마). ① 속뜻 변방[塞]에 사는 늙은이[翁]의 말[馬]. ②인생의 길흉화복은 변화가 많아서 예측하기가 어렵다는 말.

색전 賽錢 (굿할 새, 돈 전). ① [속뜻] 굿할[賽] 때 내는 돈[錢]. ② 신령이나 부처 앞에 돈을 바침. 또는 그 돈. ¶신자들이 새전을 바쳤다.

색각 色覺 (빛 색, 깨달을 각). [생물] 빛깔[色]을 느껴 식별하는 감각(感覺). 사람은 약 160개의 색을 구별할 수 있다. '색채 감각'(色彩感覺)의 준말.

색감 色感 (빛 색, 느낄 감). ① 색(色)에 대한 감각(感覺). ¶그 디자이너는 옷에 대한 색감이 뛰어나다. ② 색에서 받는 느낌. ¶이 그림은 색감이 좋다.

색계 色界 (빛 색, 지경 계). ① [속뜻] 여색(女色)의 세계(世界). ② [불교] 삼계(三界)의 하나. 욕계에서 벗어난 깨끗한 물질의 세계(世界)를 이른다. 선정(禪定)을 닦는 사람이 가는 곳으로 욕계와 무색계의 중간 세계이다.

색골 色骨 (빛 색, 뼈 골). ① [속뜻] 여색(女色)을 지나치게 좋아할 것같이 보이는 생김새나 골격(骨格). ② 여색을 지나치게 좋아하는 사람을 속되게 이르는 말.

색광 色狂 (빛 색, 미칠 광). ① [속뜻] 여색(女色)에 미친[狂] 사람. ② 또는 색정을 만족시키기 위해서 상식에서 벗어나는 행동을 하는 사람. [비] 색마(色魔), 호색광(好色狂).

색난 色難 (빛 색, 어려울 난). ① 자식이 늘 부드러운 얼굴빛[色]으로 부모를 섬기기는 어려움[難]을 이르는 말. ② 자식이 부모의 얼굴빛을 보고 그 뜻에 맞게 봉양하기는 어려움을 이르는 말.

색덕 色德 (빛 색, 베풀 덕). 여자의 고운 얼굴[色]과 아름다운 덕행(德行).

색도 色度 (빛 색, 정도 도). [물리] 명도의 차이를 무시한 광선 빛깔[色]의 종류를 지정한 수치[度].

▸색도-계 色度計 (셀 계). [물리] 색도(色度)를 재는[計] 기계.

색등 色燈 (빛 색, 등불 등). 빨강, 파랑, 노랑 따위의 빛깔[色]로 비치는 등(燈). ¶색등을 요란하게 켠 유흥가.

색량-계 色量計 (빛 색, 분량 량, 셀 계). [물리] 색(色)의 농도를 비교·측정하여 그 색소량(色素量)을 재는[計] 기계.

색마 色魔 (빛 색, 마귀 마). ① [속뜻] 여색(女色)에 미친 마귀(魔鬼) 같은 사람. ② 색정을 만족시키기 위해서 상식에서 벗어나는 행동을 하는 사람. [비] 색광(色狂).

색맹 色盲 (빛 색, 눈멀 맹). [의학] 빛깔[色]을 가려내지 못함[盲]. 또는 그러한 증상이 있는 사람. ¶색맹은 운전을 하기 어렵다. [참] 색약(色弱).

색복 色服 (빛 색, 옷 복). ① [속뜻] 빛깔[色]이 있는 옷[服]. ② 물감을 들인 천으로 만든 옷. [비] 무색옷.

색사 色事 (빛 색, 일 사). 남녀가 육체적[色]으로 관계를 맺는 일[事].

색상¹ 色傷 (빛 색, 상할 상). [의학] 색사(色事)를 과도하게 하여 몸이 상함[傷]. 또는 그 병.

색상² 色相 (빛 색, 모양 상). ① [속뜻] 빛깔[色]의 모양[相]. ② [미술] 그림 등에 나타난 빛깔의 강하고 약함, 진하고 연함 또는 그 배합 등의 정도나 차이. ¶나는 밝은 색상의 옷을 좋아한다. ③ [불교] 육안으로 볼 수 있는 모든 물질의 형상. ④ [불교] 불신(佛身)의 모습. 색조(色調).

▸색상-지 色相紙 (종이 지). 하나의 색깔[色相]이 있는 큰 종이[紙]. ¶색상지를 벽에 붙였다.

▸색상-표 色相表 (겉 표). 여러 빛깔[色相]을 모아 놓은 표(表). ¶색상표를 참고해 천을 고르다.

▸색상-환 色相環 (고리 환). [미술] 색상(色相)을 스펙트럼 순서로 둥그렇게 배열한 고리[環] 모양의 도표.

색색 色色 (빛 색, 빛 색). 여러 가지 색깔[色+色]. ¶색색의 꽃이 피었다.

색소 色素 (빛 색, 바탕 소). 물체의 색깔[色]이 나타나도록 해 주는 바탕[素]이나 성분. ¶식용 색소.

▸색소-뇨 色素尿 (오줌 뇨). [의학] 몸 안의 혈색소(血色素)나 쓸개즙 색소 따위가 섞여 나오는 오줌[尿].

▸색소-체 色素體 (몸 체). [식물] 식물 세포에 들어 있는 색소(色素)를 함유하는 기관[體].

▸색소 세:포 色素細胞 (작을 세, 태보 포). [의학] 색소(色素)의 알갱이를 많이 가지고 있는 세포(細胞).

▸색소 결핍증 色素缺乏症 (빠질 결, 모자랄 핍, 증세 증). [의학] 선천적으로 피부에 색소(色素)가 적은[缺乏] 증상(症狀). 밤눈이 어두운 야맹증도 눈에 색소가 부족한 경우이다.

색-수차 色收差 (빛 색, 거둘 수, 어긋날 차). ① [속뜻] 색(色)이 모여[收] 상을 만들 때, 굴절률의 차이에 의해 차이(差異)가 생기는 현상. ② [물리] 렌즈에 의하여 물체의 상(像)이 만들어질 때, 빛의 색에 따라 굴절률이 다르기 때문에 색에 따라 상이 생기는 위치와 배율(倍率)이 바뀌는 현상.

색-순응 色順應 (빛 색, 따를 순, 응할 응). ① [속뜻] 눈이 색깔[色]에 따라서[順] 반응(反應)함. ② [물리] 광원(光源)에 따라 물체의 빛깔이 달라 보일 때, 그 차이를 적게 하는 눈의 자동 조절 기능.

색시 色視 (빛 색, 볼 시). [의학] 실제로는 빛깔이 없는 물건이 빛깔[色]이 있는 것처럼 보이는[視] 증상. [비]색시증(色視症).

색신 色身 (빛 색, 몸 신). [불교] ①물질적 존재로서 형체[色]가 있는 몸[身]. 육안으로 보이는 몸을 이른다. ②석가모니나 보살의 육신.

색심 色心 (빛 색, 마음 심). ① [속뜻] 색욕(色慾)이 일어나는 마음[心]. ② [불교] 색법(色法)과 심법(心法)을 아울러 이르는 말. 곧 물질과 마음을 이른다.

색-안:경 色眼鏡 (빛 색, 눈 안, 거울 경). ① [속뜻] 색깔[色]이 있는 렌즈를 끼운 안경(眼鏡). ②'주관이나 선입견에 얽매여 좋지 않게 보는 태도'를 비유하여 이르는 말. ¶색안경을 끼고 보다. [비]선글라스, 편견(偏見).

색약 色弱 (빛 색, 약할 약). 빛깔[色]을 판별하는 힘이 약(弱)한 시각의 증상. 적색약(赤色弱), 녹색약(綠色弱)이 있다. [참]색맹(色盲).

색-연필 色鉛筆 (빛 색, 납 연, 붓 필). 연필의 심을 납(蠟), 찰흙, 백악(白堊) 따위의 광물질 물감을 섞어서 여러 가지 색깔[色]이 나게 만든 연필(鉛筆). ¶색연필로 그림을 그렸다.

색-온도 色溫度 (빛 색, 따뜻할 온, 정도 도). ① [속뜻] 온도(溫度)에 따라 여러 가지로 나타나는 색(色). ② [물리] 발광체의 온도를 나타내는 방법의 하나. 또는 그런 수치. 직접 잴 수 없는 고온도의 물체나 별 따위의 온도를 그 빛깔에서 추정하여 측정할 때 쓴다.

색-유리 色琉璃 (빛 색, 유리 류, 유리 리). 투명한 유리에 염료를 넣어 색깔[色]을 입힌 유리(琉璃). '착색유리'(着色琉璃)의 준말. ¶색유리로 창을 장식했다.

색욕 色慾 (빛 색, 욕심 욕). 색(色)에 대한 욕망(慾望). ¶색욕에 사로잡히면 안 된다. [비]색정(色情), 성욕(性慾), 욕정(欲情).

색원 塞源 (막힐 색, 근원 원). 근원(根源)을 아예 막아 버림[塞]. ¶발본(拔本) 색원. [비]원색(源塞).

색-유리 色琉璃 (빛 색, 유리 류, 유리 리). 색깔[色]이 들어 있는 유리(琉璃). ¶색유리로 스테인드글라스를 만들다. [비]착색유리(着色琉璃).

색의 色衣 (빛 색, 옷 의). 색깔[色]이 있는 천으로 만든 옷[衣]. [비]무색옷.

색인 索引 (찾을 색, 끌 인). ① [속뜻] 어떤 것을 뒤져 찾아내거나[索] 필요한 정보를 이끌어냄[引]. ②책 속의 내용 중에서 중요한 단어나 항목, 인명 따위를 쉽게 찾아볼 수 있도록 일정한 순서에 따라 별도로 배열하여 놓은 목록. [비]찾아보기.

색전 塞栓 (막힐 색, 마개 전). ① [속뜻] 구멍을 막는[塞] 마개[栓]. ② [의학] 혈관을 막아 혈액의 순환을 막는 물질. [비]전색(栓塞).

▸색전-증 塞栓症 (증세 증). [의학] 혈관을 떠다니는 물질이 혈관을 막아[塞栓] 일어나는 증상(症狀). [비]전색증(栓塞症).

색정 色情 (빛 색, 마음 정). 성적[色] 욕구를 일으키는 마음[情]. [비]정색(情色), 색욕(色慾), 성욕(性慾), 욕정(欲情).

▸색정-광 色情狂 (미칠 광). 성적[色] 욕구[情]에 미친[狂] 사람. [준]색광.

▸색정 도착증 色情倒錯症 (거꾸로 도, 섞일 착, 증세 증). [심리] 성욕[色情]을 채우는 방법이나 그 대상이 그릇된[倒錯] 증세(症勢). [비]이상 성욕(異常性慾), 변태 성욕(變態性慾), 성적 도착(性的倒錯).

색조 色調 (빛 색, 고를 조). ① [속뜻] 빛깔[色]의 조화(調和). ② [미술] 색깔이 강하거나 약한 정도나 상태. 또는 짙거나 옅은 정도나 상태. ¶선명한 색조. ③색채(色彩). ㊥색상(色相).

색즉시공 色卽是空 (빛 색, 곧 즉, 이 시, 빌 공). ① 속뜻 이 세상에 존재하는 모든 형체[色]가 있는 것은 곧[卽] 공(空)임[是]. ② 불교 형상은 일시적 모습일 뿐 고유의 존재성은 없음을 이르는 말. ㊟공즉시색(空卽是色).

색지 色紙 (빛 색, 종이 지). 여러 가지 색깔[色]로 물들인 종이[紙]. ¶색지를 오려 붙였다. ㊥색종이.

⁂**색채 色彩** (빛 색, 빛깔 채). ① 속뜻 여러 빛깔[色=彩]. ②물체가 빛을 받을 때 빛의 파장에 따라 그 거죽에 나타나는 특유한 빛. ¶이 그림은 색채가 조화를 이루고 있다. ③말, 글 따위의 표현에 나타나는 일정한 경향이나 성질. ¶불교적인 색채 / 보수적 색채. ㊥빛깔, 색조(色調).

▸색채-감 色彩感 (느낄 감). 미술 색채(色彩)가 조화되거나 그렇지 않은 것에 대한 느낌[感].

▸색채-설 色彩說 (말씀 설). 심리 색채 감각(色彩感覺)이 어떻게 생기는가를 설명하는 학설(學說). 삼색설(三色說), 대비 과정설(對比科程說) 따위가 있다.

▸색채 감:각 色彩感覺 (느낄 감, 깨달을 각). 생물 색채(色彩)를 느껴 식별하는 감각(感覺). 사람은 약 160개의 색을 구별할 수 있다. ㊨색각.

▸색채-상징 色彩象徵 (모양 상, 밝힐 징). 색깔[色彩]을 이용해 추상적인 것을 구체적인 모양[象]으로 나타내는[徵] 것. 빨강은 정열이나 사랑을 파랑은 젊음이나 성실을 초록은 희망을 상징하는 따위이다.

▸색채 영화 色彩映畵 (비칠 영, 그림 화). 연영 모든 피사체(被寫體)를 천연색에 가까운 색채(色彩)로 화면에 재현하는 영화(映畵).

▸색채 조절 色彩調節 (고를 조, 마디 절). 심리 색채가 인간의 심리나 생리에 미치는 영향을 적극적으로 이용하여 주위의 색채(色彩)를 조절(調節)하는 일. 기계의 손잡이에는 눈에 잘 띄는 노란색이나 빨간색을 칠하는 것 따위이다. ㊥색채 관리(色彩管理).

▸색채 청각 色彩聽覺 (들을 청, 깨달을 각). 심리 어떤 소리를 들을[聽] 때에 본래의 청각 외에 특정한 색채 감각(色彩感覺)이 일어나는 현상. 음악에서 높은 소리는 밝은 빛으로 낮은 소리는 어두운 빛으로 느껴지는 것 따위이다. ㊨색청.

▸색채 토기 色彩土器 (흙 토, 그릇 기). 수공 색깔[彩色]이나 무늬, 그림을 그려 넣은 사기 그릇[土器].

▸색채 팔면체 色彩八面體 (여덟 팔, 쪽 면, 몸 체). 심리 색채(色彩)의 변화를 나타낸 팔면체(八面體)의 모형. 일종의 색입체이다.

색청 色聽 (빛 색, 들을 청). 심리 '색채 청각'(色彩聽覺)의 준말. ㊟공감각(共感覺).

색체 色滯 (빛 색, 막힐 체). 얼굴에 화색(和色)이 없음[滯]. 또는 그 얼굴.

색출 索出 (찾을 색, 날 출). 샅샅이 뒤져서 찾아[索] 냄[出]. ¶범인을 색출하다.

색칠 色漆 (빛 색, 칠할 칠). 빛깔[色]이 나게 칠(漆)을 함. 또는 그 칠. ¶방문을 노랗게 색칠하다. ㊥도색(塗色).

색탐 色貪 (빛 색, 탐낼 탐). 여색(女色)을 몹시 탐(貪)함. ¶그는 노경에 들어서도 미녀에 대한 색탐이 여전했다.

색태 色態 (빛 색, 모양 태). ①여자의 고운 얼굴빛[色]과 아름다운 자태(姿態). ¶색태가 뛰어난 기생. ②색깔의 맵시.

색판¹ 色板 (빛 색, 널빤지 판). ①색깔[色]을 칠한 판자[板]. ② 출판 색 인쇄에 사용하는 판목.

색판² 色版 (빛 색, 책 판). 출판 채색(彩色)을 하여 인쇄한 출판물(出版物).

색한 色漢 (빛 색, 사나이 한). ① 속뜻 여색(女色)을 몹시 좋아하는 사내[漢]. ㊥호색한(好色漢). ②치한(癡漢).

색향 色香 (빛 색, 향기 향). ①꽃 따위의 색(色)과 향기(香氣). ¶은은한 색향의 난. ②용모의 아름다움.

색황 色荒 (빛 색, 거칠 황). 여색(女色)에 빠져 타락함[荒]. 또는 그런 사람.

생가 生家 (날 생, 집 가). 어떤 사람이 태어난[生] 집[家]. ¶여기가 이순신 장군의 생가이다.

생각 生角 (살 생, 뿔 각). ① 속뜻 처음 돋아난[生] 짐승의 뿔[角]. ②저절로 빠지기 전에 잘라 낸 사슴의 뿔.

생강 生薑 (날 생, 생강 강). [식물] 생강과(生薑科)의 여러해살이풀. 뿌리줄기는 향신료, 건위제로 쓴다.

▸생강-주 生薑酒 (술 주). 생강(生薑)을 우려서 만든 술[酒]. [준]강주.

▸생강-즙 生薑汁 (즙 즙). 생강(生薑)을 찧거나 갈아서 짜낸 즙(汁). [준]강즙.

▸생강-차 生薑茶 (차 차). 생강(生薑)을 달여서 만든 차(茶). 가래를 삭게 하여 주며 두통을 방지하는 약으로도 쓴다.

▸생강-초 生薑醋 (초 초). 생강즙(生薑汁)을 넣고 끓여서 만든 식초(食醋).

생견 生絹 (날 생, 비단 견). 삶지 않은 생사(生絲)로 바탕을 조금 거칠게 짠 비단[絹]. ¶생견으로 저고리를 지었다.

생경 生硬 (날 생, 단단할 경). ① 익숙하지 않아 서툴고[生] 어색하다[硬]. ¶시골에서 자란 그에게 도시는 생경했다. ② 세상의 사정에 어둡고 완고하다. ¶생경한 봉건사상을 고집하다. ③ 시문(詩文)이 어색하고 세련되지 못하다. ¶생경한 문장.

생계[1] 生界 (살 생, 지경 계). ① [속뜻] 생물(生物)의 세계(世界). ② 생물의 사회. 생물계.

생계[2] 生計 (살 생, 꾀 계). 살림을 살아 나갈[生] 방도[計]. 또는 현재 살림을 살아가고 있는 형편. ¶생계가 막막하다. [비]생애(生涯).

▸생계-비 生計費 (쓸 비). ① [속뜻] 생계(生計)에 드는 비용(費用). ¶독거노인의 생계비를 지원하다. ② [경제] 일반 대중이 생활하는 데 필요한 최소한도의 비용. [비]생활비(生活費). [참]가계비(家計費).

▸생계-무책 生計無策 (없을 무, 꾀 책). 살아나갈[生計] 대책(對策)이 없음[無].

▸생계비 지수 生計費指數 (쓸 비, 가리킬 지, 셀 수). [경제] 근로자 가족의 생계비(生計費)를 기준으로 물가 수준을 측정하는 지수(指數). 식료비(食料費)·주거비(住居費)·광열비(光熱費)·피복비(被服費)·잡비(雜費)의 다섯 가지 지수로 계산한다. [비]가격 지수(價格指數).

생고 生苦 (날 생, 괴로울 고). [불교] 태어나는[生] 고통(苦痛). 모태(母胎)에 있을 때부터 출생할 때까지 받는 괴로움을 이른다. 사고(四苦)의 하나. [참]사고(四苦).

생-고생 生苦生 (날 생, 괴로울 고, 살 생). 하지 않아도 좋을 공연한[生] 고생(苦生). ¶이민을 갔다가 생고생만하고 귀국했다.

생-고집 生固執 (날 생, 굳을 고, 잡을 집). 공연한[生] 고집(固執). ¶아이가 장난감을 사 달라고 생고집을 부린다.

생곡 生穀 (날 생, 곡식 곡). ① [속뜻] 익히지 않은 생(生) 곡식(穀食). 날곡식. ② 곡식을 산출함.

생과 生果 (날 생, 열매 과). 익지 않은 생(生) 과일[果].

생-과실 生果實 (날 생, 열매 과, 열매 실). ① 익지 않은 생(生) 과실(果實). ② 익히거나 가공하지 않은 과실. [준]생과. [비]생실과(生實果).

생-과부 生寡婦 (살 생, 적을 과, 아내 부). ① [속뜻] 남편이 살아있는[生] 과부(寡婦). ② 남편이 있으면서도 멀리 떨어져 있거나 소박을 맞아서 어쩔 수 없이 과부(寡婦) 같은 형편에 처한 사람. ③ 약혼자나 갓 결혼한 남편이 죽어서 혼자 사는 여자. 청상과부(靑孀寡婦).

생-과자 生菓子 (날 생, 열매 과, 접미사 자). 물기가 조금 있도록[生] 무르게 만든 과자(菓子).

생-귀신 生鬼神 (살 생, 귀신 귀, 귀신 신). ① [속뜻] 살아[生] 있는 귀신(鬼神). ② 제명을 다하지 못하고 억울하게 죽은 사람의 혼.

생금[1] 生金 (날 생, 황금 금). [광업] 정련(精鍊)하지 않은, 캐낸 그대로[生]의 금(金).

생금[2] 生擒 (살 생, 사로잡을 금). 산[生] 채로 사로잡음[擒]. 생포(生捕). ¶천하장사 여포가 생금의 치욕을 당하였다.

생기[1] 生起 (날 생, 일어날 기). 어떤 일이나 사건이 발생(發生)하여 일어남[起].

생기[2] 生氣 (날 생, 기운 기). ① 싱싱하고[生] 힘찬 기운(氣運). ¶생기 있는 표정. ② 좋은 날의 운수. [비]활기(活氣), 생채(生彩).

▸생기-론 生氣論 (논할 론). [철학] 생명 현상은 초경험적인 생명력의 운동에[生氣] 의하여 창조·유지·진화된다는 이론(理論). 17세기 이후부터 일부 생리학자나 철학자들이 제창하였다. [비]생기설(生氣說), 활력론(活力論), 활력설(活力說).

▸생기-법 生氣法 (법 법). [민속] 그 날의 운

수[生氣]를 보는 방법(方法)의 하나. 일진(日辰)과 나이를 팔괘(八卦)에 배정하 여 상·중·하 세 효(爻)의 변화로써 운수를 본다.

▸생기-발랄 生氣潑剌 (뿌릴 발, 어지러울 랄). 생기(生氣)가 있고 발랄(潑剌)하다. ¶생기발랄한 모습.

생남 生男 (날 생, 사내 남). 아들[男]을 낳음[生]. ⓑ득남(得男). ⓡ생녀(生女).

▸생남-례 生男禮 (예도 례). 아들[男]을 낳은[生] 것을 자축하는 의미에서 사람들에게 고마움을 표하는 예도(禮度). ⓑ득남례(得男禮).

▸생남-주 生男酒 (술 주). 아들[男]을 낳은[生] 것을 자축하는 의미에서 한턱내는 술[酒].

▸생남-기도 生男祈禱 (빌 기, 빌 도). 아들[男]을 낳게[生] 해 달라고 삼신(三神)이나 부처에게 드리는 기도(祈禱).

생녀 生女 (날 생, 딸 녀). 딸[女]을 낳음[生]. ⓑ득녀(得女). ⓡ생남(生男).

생년 生年 (날 생, 해 년). 태어난[生] 해[年].

▸생년월일 生年月日 (달 월, 날 일). 태어난[生] 해[年]와 달[月]과 날[日]. ¶주민등록번호는 생년월일을 포함한다. ⓑ생월생시(生月生時). ⓡ졸년월일(卒年月日).

생도 生徒 (사람 생, 무리 도). 교육 ① 군(軍)의 교육기관, 특히 사관학교의 학생(學生)들[徒]. ② 중등학교 이하의 학생을 이르던 말. ③ 역사 조선 시대 임관 전에 소속 관아의 학문과 기술을 익히던 사람.

생동 生動 (살 생, 움직일 동). 생기(生氣) 있게 살아 움직임[動]. ¶봄은 만물이 생동하는 계절이다.

▸생동-감 生動感 (느낄 감). ① 속뜻 살아[生] 움직이는[動] 듯한 느낌[感]. ② 그림이나 글씨 따위가 살아 움직이는 듯이 힘이 있음. ¶생동감 넘치는 그림. ⓑ약동감(躍動感).

생득 生得 (날 생, 얻을 득). 태어날[生] 때부터 가지고[得] 있음.

▸생득-설 生得說 (말씀 설). 철학 인간의 지식이나 관념 및 표상은 본래 태어날[生] 때부터 갖고[得] 있다는 학설(學說).

▸생득 관념 生得觀念 (볼 관, 생각 념). 철학 감각이나 경험에 의해서가 아니고 나면서부터[生] 가지고 있는[得] 선천적 관념(觀念). ⓑ본유 관념(本有觀念).

생래 生來 (날 생, 올 래). ① 세상에 태어난[生] 이래(以來). ¶생래 처음으로 제주도에 가보았다. ② 성정(性情)을 타고남. ¶생래의 바보.

생략 省略 (덜 생, 줄일 략). 전체에서 일부를 덜거나[省] 줄임[略]. ¶시간 관계상 설명은 생략하겠습니다. ⓑ약생(略省), 생감(省減).

▸생략-법 省略法 (법 법). 문학 독자에게 여운이나 암시를 주기 위해 문장의 구절을 간결하게 줄이거나 빼 버리는[省略] 수사법(修辭法).

▸생략 삼단 논법 省略三段論法 (석 삼, 구분 단, 논할 론, 법 법). 논리 대전제나 소전제, 혹은 결론 가운데 어느 하나를 생략(省略)하는 삼단(三段) 논법(論法). '모든 동물은 죽는다' '그러므로 동물인 사람은 죽는다'라고만 하여 '사람은 동물이다'라는 소전제를 생략하는 일 따위이다. ⓑ생략 추리법(省略推理法), 약식 삼단 논법(略式三段論法).

생량 生凉 (날 생, 서늘할 량). 가을이 되어 서늘한[凉] 기운이 생김[生]. 또는 그런 기운.

생력 농업 省力農業 (덜 생, 힘 력, 농사 농, 일 업). 농업 기계화, 공동화, 집단화, 화학화 따위의 방법으로 노동력(勞動力)을 절약하는[省] 농업(農業). ¶생력 농업으로 인건비를 줄였다.

생력-화 省力化 (덜 생, 힘 력, 될 화). 경제 산업의 기계화·무인화를 촉진시켜 노동력(勞動力)을 줄이도록[省] 하는[化] 일.

생령 生靈 (살 생, 혼령 령). ① 속뜻 살아[生] 있는 넋[靈]. ② '생명'을 이르는 말. ⓡ사령(死靈).

생로 生路 (살 생, 길 로). ① 살아가는[生] 방법이나 길[路]. ¶전쟁으로 생로를 잃었다. ② 처음 가는 길. 또는 익숙하지 않은 길. ⓡ숙로(熟路).

생로병사 生老病死 (날 생, 늙을 로, 병 병, 죽을 사). 사람이 나고[生] 늙고[老] 병

(病)들고 죽는[死] 네 가지 고통.

*생리 生理 (날 생, 이치 리). ① [속뜻]생물체(生物體)의 생물학적 기능과 작용. 또는 그 원리(原理). ② 생활하는 습성이나 본능. ③ [의학]성숙한 여성의 자궁에서 주기적으로 출혈하는 생리 현상. 보통 12~17세에 시작하여 50세 전후까지 계속된다. ④ [생물]생리학. [비]월경(月經).

▶생리-대 生理帶 (띠 대). 월경[生理]을 할 때 분비되는 피를 흡수하여 밖으로 새지 아니하게 만든 띠[帶] 모양의 것.

▶생리-일 生理日 (날 일). 월경[生理]이 있는 날[日].

▶생리-적 生理的 (것 적). ① 신체의 생리(生理)와 관계되는 것[的]. ¶생리적 조건 반사. ② 합리적인 판단에 근거하는 것이 아니라 생긴 대로의 본능적인. 또는 그런 것. ¶생리적 욕구에 따라 행동하다.

▶생리-통 生理痛 (아플 통). [의학]월경[生理] 때 하복부, 자궁 따위에 생기는 통증(痛症). [비]월경통(月經痛).

▶생리-학 生理學 (배울 학). [생물]생물의 생리(生理) 작용 전반에 관하여 연구하는 학문(學問). 주로 기능적인 면에서 생명 현상의 영위를 자연 과학적으로 규명한다. '생리학적 심리학'(生理學的心理學)의 준말. [준]생리.

▶생리-위생 生理衛生 (지킬 위, 살 생). ① 생리학(生理學)과 위생학(衛生學)을 아울러 이르는 말. ② 신체의 조직이나 기능에 관련되는 것과 신체의 건강을 보호하고 증진하는데 관련되는 것.

▶생리 작용 生理作用 (지을 작, 쓸 용). [생물]혈액 순환, 호흡, 소화, 배설, 생식 따위와 같이 생물이 생활하는[生理] 모든 작용(作用).

▶생리 휴가 生理休暇 (쉴 휴, 겨를 가). [사회]근로 기준법에 의거하여 생리(生理) 때의 여성 근로자에게 주는 휴가(休暇). [참]출산 휴가.

생마 生馬 (날 생, 말 마). 길들이지 않은[生] 거친 말[馬]. [속담]생마 갈기 외로 길지 바로 길지.

생매 生埋 (살 생, 묻을 매). 목숨이 붙어 있는 생물을 산[生] 채로 땅속에 묻음[埋]. '생매장'(生埋葬)의 준말.

생-매장 生埋葬 (살 생, 묻을 매, 장사지낼 장). ① [속뜻]사람을 산[生] 채로 땅속에 묻어[埋] 장사지냄[葬]. ② '아무런 잘못이 없는 사람에게 억지로 허물을 씌워 일정한 사회 집단에서 몰아내는 것'을 비유하여 이르는 말. [준]생매.

생-맥주 生麥酒 (날 생, 보리 맥, 술 주). 열처리를 하지 않은 양조한 그대로의[生] 맥주(麥酒). [참]저장맥주(貯藏麥酒).

생면 生面 (날 생, 낯 면). ① [속뜻]낯익지 않은(生) 얼굴(面). ② 생색을 냄. ③ 산 모습. [반]숙면(熟面).

▶생면-강산 生面江山 (강 강, 메 산). ① [속뜻]태어나서[生] 처음으로 접하는[面] 강산(江山). ② '처음으로 보고 듣는 것'을 비유하여 이르는 말.

▶생면부지 生面不知 (아닐 부, 알 지). 태어나서[生] 처음으로 본[面] 탓에 전혀 알지 못하는[不知] 사람. 또는 그런 관계. ¶그는 생면부지인 나를 잘 대해주었다. [비]일면부지(一面不知).

생-면목 生面目 (날 생, 낯 면, 눈 목). 처음으로[生] 대하는 얼굴[面目]. ¶그와는 생면목이다. [준]생면.

생멸 生滅 (날 생, 없어질 멸). 우주 만물이 생기고[生] 없어짐[滅].

**생명 生命 (살 생, 목숨 명). ① [속뜻]살아가는[生] 데 꼭 필요한 목숨[命]. ¶생명의 은인 / 생명이 위태롭다. ② 동물과 식물의 생물로서 살아 있게 하는 힘. ③ 여자의 자궁 속에 자리 잡아 앞으로 사람으로 태어날 존재. ④ 사물이 유지되는 일정한 기간. ⑤ 사물이 존재할 수 있는 가장 중요한 요건을 비유하여 이르는 말. ¶가수는 목소리가 생명이다.

▶생명-권 生命權 (권리 권). [법률]인간의 생명(生命)이 불법으로 침해당하지 아니할 권리(權利).

▶생명-력 生命力 (힘 력). ① [속뜻]생물체가 생명(生命)을 유지하여 나가는 힘[力]. ¶그 꽃은 생명력이 강하다. ② 사물이나 현상의 본질적 기능을 유지하여 나가는 힘.

▶생명-선 生命線 (줄 선). ① [속뜻]생명(生命)을 유지하는 여부를 가름하는 경계선(境界線). ② 생명을 유지하는 데 필요한 중요

한 존재나 방도. ¶국제 원조만이 그들의 생명선이다. ③ 경제 최저 생활선(最低生活線). ④ 민속 수상(手相)에서 수명을 나타낸다고 하는 손금. ¶그는 생명선이 길다.

▸**생명-소** 生命素 (바탕 소). 생명(生命)을 유지하는 데 필요한 요소(要素). ¶인체는 기맥과 혈맥이라는 생명소가 있다.

▸**생명-수** 生命水 (물 수). ① 속뜻 생명(生命)을 유지하는 데 필요한 물[水]. ② 기독교 영원한 여적 생명에 필요한 물. '하나님의 복음'을 비유하여 이르는 말.

▸**생명-수** 生命樹 (나무 수). ① 속뜻 생명(生命)의 원천이 되는 ,나무[樹]. ② 종교 세계의 중심, 인류의 발상지가 된다는 나무. 이 사상은 예로부터 메소포타미아·인도·북유럽·아시아 등지의 민간 신앙에 널리 분포되어 있는 수목 숭배의 한 형식으로, 에덴동산의 선악을 아는 '지혜의 나무' 같은 것이 이에 속한다. ㊥세계수(世界樹).

▸**생명-점** 生命點 (점 점). ① 속뜻 생명(生命)을 좌우하는 지점(地點). ② 의학 목덜미의 바로 위, 목뒤 아래의 약간 오목한 지점. 호흡 중추, 심장 중추가 존재하는 숨뇌의 한 점.

▸**생명-체** 生命體 (몸 체). 생명(生命)이 있는 물체(物體).

▸**생명-파** 生命派 (갈래 파). 문학 1936년에 『시인 부락』과 『생리』(生理)를 통하여 생명(生命) 현상에 관해 관심을 같이 하던 시인의 무리[派]. 서정주, 오장환, 김동리, 유치환을 이른다.

▸**생명-표** 生命表 (겉 표). ① 속뜻 인간의 생명(生命)과 관련된 각종 도표(圖表). ② 사회 한 나라의 국민을 대상으로 사망 상황을 관찰하여 연령별, 인구별, 남녀별, 직업별 따위로 분류하여 생존율, 사망률, 평균 여명 따위를 나타낸 통계표.

▸**생명-형** 生命刑 (형벌 형). 법률 범죄인의 생명(生命)을 끊는 형벌(刑罰). ㊥사형(死刑).

▸**생명 감:정** 生命感情 (느낄 감, 마음 정). 심리 생명(生命) 유지와 관련이 있는 감정(感情). ¶허기, 갈증, 쾌, 불쾌, 성적 흥분 따위는 생명 감정의 하나이다.

▸**생명 공학** 生命工學 (장인 공, 배울 학). 공업 생명(生命) 현상을 인공적으로[工] 구현·활용하는 것을 연구하는 학문(學問). ¶유전자 조합은 생명 공학의 대표적인 연구 분야이다. ㊥바이오테크놀로지(biotechnology).

▸**생명 과학** 生命科學 (조목 과, 배울 학). 철학 생명(生命)에 관계되는 현상을 종합적으로 연구하는 과학(科學).

▸**생명 보:험** 生命保險 (지킬 보, 험할 험). ① 속뜻 생명(生命)에 관한 보험(保險). ② 경제 피보험자가 사망하거나 일정한 연령에 이르러야 일정한 금액의 지급을 약정한 보험.

▸**생명 연금** 生命年金 (해 년, 돈 금). 경제 지급 기일에 당사자가 생존하여[生命] 있어야 급부를 받을 수 있는 연금(年金).

▸**생명 철학** 生命哲學 (밝을 철, 배울 학). 철학 삶[生命]의 직접적인 파악을 지향하는 철학(哲學).

생모 生母 (날 생, 어머니 모). 자기를 낳은[生] 어머니[母]. ㊥친어머니, 친모(親母). ㊦양모(養母).

생목 生木 (살 생, 나무 목). ① 살아 있는[生] 나무[木]. ¶생목을 베어와 땔감으로 쓰다. 생나무. ② 베어 낸 지 얼마 안 되어서 물기가 아직 마르지 아니한 나무. ¶생목으로 가구를 만들면 뒤틀리기 쉽다. ③ 천을 짠 후에 잿물에 삶아서 뽀얗게 처리하지 아니한, 원래 그대로의 무명.

생몰 生沒 (날 생, 없어질 몰). 태어나고[生] 죽음[沒]. ¶생몰 연대를 기록하다. ㊥생졸(生卒).

생-몰년 生沒年 (날 생, 없어질 몰, 해 년). 태어난[生] 해와[年] 죽은[沒] 해를 아울러 이르는 말. ¶이 작가의 생몰년은 정확히 알 수 없다. ㊥생졸년(生卒年).

생-문자 生文字 (날 생, 글자 문, 글자 자). 이전에 들어 보지 못한 낯선[生] 문자(文字)나 용어.

***생물** 生物 (살 생, 만물 물). 생명(生命)을 가지고 스스로 생활 현상을 유지하여 나가는 물체(物體). 영양·운동·생장·증식을 하며, 동물·식물·미생물로 나뉜다. ¶숲속의 생물을 관찰하다. ② 생물 생물학. ㊥유생물(有生物). ㊟무생물(無生物).

▸생물-상 生物相 (모양 상). [생물] 생물(生物)의 양상(樣相)을 지역이나 환경, 생활양식에 따라 나눈 모든 종류. 주로 동물상(動物相)과 식물상(植物相)을 합쳐서 이른다.

▸생물-암 生物巖 (바위 암). [지리] 생물(生物)의 유해 또는 분비물로 이루어진 퇴적암(堆積巖). [비]유기암(有機岩).

▸생물-체 生物體 (몸 체). 생명을 가지고 스스로 생활 현상을 유지하여 나가는 생물(生物)로서의 조직체(組織體). [비]유기체(有機體). [반]무생물체(無生物體).

▸생물-학 生物學 (배울 학). [생물] 생물(生物)의 구조와 기능을 과학적으로 연구하는 학문(學問).

▸생물 검:정 生物檢定 (검사할 검, 정할 정). [생물] 생물(生物)의 반응(反應)을 통하여 물질을 검정(檢定)하는 일. 약물을 생체에 투입하여 효력을 알아내는 따위이다.

▸생물 계:절 生物季節 (철 계, 마디 절). [생물] 동식물[生物]이 철[季節]을 따라 주기적으로 나타내는 변화. 식물의 발아·성장·개화·결실·낙엽·고사 따위를 식물 계절, 동물의 겨울잠·발정·분만 따위를 동물 계절이라 하여 동식물의 상태로 계절이 다가옴을 알게 된다. [비]생물력(生物曆).

▸생물 공학 生物工學 (장인 공, 배울 학). [생물] 생물(生物)이 가진 기능을 인공적으로[工] 구현·활용하는 것을 연구하는 학문(學問). [비]생체 공학(生體工學).

▸생물 발광 生物發光 (쏠 발, 빛 광). [생물] 생물체(生物體)가 빛[光]을 내는[發] 현상. 균류·세균류·반딧불이·지렁이·해파리 따위에서 볼 수 있으며, 광선은 열이 없고 노랑·초록·파랑 따위의 색을 띤다.

▸생물 시대 生物時代 (때 시, 연대 대). ① [속뜻] 생물(生物)의 특징으로 구분한 시대(時代). ② [지리] 지질학에서의 시대 구분의 하나. 무생물 시대의 다음으로 시생대, 원생대, 고생대, 중생대, 신생대 따위를 통틀어 이르는 말이다.

▸생물 요법 生物療法 (병 고칠 료, 법 법). [의학] 생물학적(生物學的) 약제(藥劑)를 이용하여 치료(治療)하는 방법(方法).

▸생물 전:기 生物電氣 (전기 전, 기운 기). [생물] 생물체(生物體)의 활동에 따라서 일어나는 전기(電氣). 생물체가 흥분하지 않았을 때 일어나는 정지 전류와 흥분했을 때 일어나는 활동 전류가 있는데, 대개 그 전압이 밀리볼트(mV) 정도로 미약하다. [비]생물 발전(生物發電).

▸생물학-전 生物學戰 (배울 학, 싸울 전). [군사] 생물학(生物學) 무기를 주로 쓰는 전쟁(戰爭). [비]세균전(細菌戰).

▸생물 화:학 生物化學 (될 화, 배울 학). [화학] 생물체(生物體)의 구성 물질이나 생명 현상을 화학적(化學的)으로 연구하는 학문. [준]생화학.

▸생물 기상학 生物氣象學 (공기 기, 모양 상, 배울 학). [지리] 생물(生物)에 미치는 일기와 기후의 기상학적(氣象學的) 영향을 연구하는 학문. [비]위생 기상학(衛生氣象學).

▸생물 물리학 生物物理學 (만물 물, 이치 리, 배울 학). [생물] 생물체(生物體)의 생명 현상이나 기관의 성질을 물리학적(物理學的)으로 연구하는 학문.

▸생물 지리학 生物地理學 (땅 지, 이치 리, 배울 학). [생물] 생물(生物)의 분포를 지리학적(地理學的)으로 연구하는 학문. 대상에 따라 동물 지리학과 식물 지리학으로 나누며 대상의 파악 방법에 따라 생물 구계(區界) 지리학, 생물 계통 지리학, 고생물 지리학 따위로 나눈다. '생물 지리 분포학'(生物地理分布學)의 준말.

▸생물학 무:기 生物學武器 (배울 학, 굳셀 무, 그릇 기). [군사] 생물학(生物學) 작용제를 이용해 만든 무기(武器). 각종 병원균을 발사·분산·전파하여, 사람과 동식물을 살상·고사시킨다. [준]생물 무기. [비]생물 병기(生物兵器), 세균 무기(細菌武器), 세균 병기(細菌兵器).

▸생물학 병기 生物學兵器 (배울 학, 군사 병, 그릇 기). [군사] [군사] 생물학(生物學) 작용제를 이용해 만든 무기[兵器]. [비]생물학 무기(生物學武器).

생민 生民 (살 생, 백성 민). 살아[生] 있는 백성[民]. [비]생령(生靈).

생밀 生蜜 (날 생, 꿀 밀). 벌의 꿀통에서 떠낸 후 정제하지 않은[生] 꿀[蜜]. [비]생청(生淸).

생-방:송 生放送 (날 생, 놓을 방, 보낼 송). [언론] 미리 녹음하거나 녹화한 것을 재생하지 않고[生] 프로그램의 제작과 방송이 동시에 이루어지는 방송(放送). ¶생방송으로 경기를 중계하다. ㊟생방.

생별 生別 (살 생, 나눌 별). 부부나 가족끼리 살아서[生] 이별(離別)함. '생이별'(生離別)의 준말. ㊥사별(死別).

생병 生病 (날 생, 병 병). ①자기 스스로 공연히[生] 앓는 병(病). ¶별일도 아닌데 그의 성미 때문에 생병이 났다. ②무리한 일을 하여서 생긴 병. ③거짓으로 병을 앓는 체하는 짓. 꾀병. ¶아이는 학교에 가기 싫어서 생병을 앓았다. ④뜻밖의 사고로 생긴 병. ¶아들은 생병을 얻어서 어린 나이에 죽었다.

생부 生父 (날 생, 아버지 부). 자신을 낳아[生] 준 아버지[父]. ㊥친아버지, 친부(親父).

생-부모 生父母 (날 생, 아버지 부, 어머니 모). 자신을 낳아[生] 준 부모(父母). '본생부모'(本生父母)의 준말.

생불 生佛 (살 생, 부처 불). ① 속뜻 살아[生] 있는 부처[佛]. ② 불교 덕행이 높은 스님. ㊥활불(活佛). ③ 불교 중생과 부처를 아울러 이르는 말. ④'여러 끼를 굶은 사람'을 비유하여 이르는 말.

생비 省費 (덜 생, 쓸 비). 비용(費用)을 아껴서 줄임[省].

생사[1] 生絲 (날 생, 실 사). 삶아서 익히지 않은[生] 명주실[絲]. ¶생사로 짠 갑사. ㊥연사(練絲).

생사[2] 生死 (날 생, 죽을 사). ① 속뜻 나고[生] 죽음[死]. ¶생사의 갈림길. ② 불교 모든 생물이 과거의 업(業)의 결과로 개체를 이루었다가 다시 해체되는 일.

▶생사-경 生死境 (상태 경). 사느냐[生] 죽느냐[死]의 위급한 지경(地境). ¶급병으로 생사경을 헤매다. ㊟사경.

▶생사고락 生死苦樂 (날 생, 죽을 사, 괴로울 고, 즐길 락). ① 속뜻 나고[生] 죽음[死]과 괴로움[苦]과 즐거움[樂]. ②삶과 죽음, 괴로움과 즐거움을 통틀어 이르는 말. ¶그들은 생사고락을 같이한 사이였다.

▶생사-존망 生死存亡 (있을 존, 망할 망). 살아서[生] 존재(存在)함과 죽어서[死] 없어짐[亡]. ¶아들의 생사존망을 모르고 혼자 돌아갈 수는 없소. ㊥사생존망(死生存亡), 사생존몰(死生存沒), 사생출몰(死生出沒), 생사존몰(生死存沒).

생사-탕 生蛇湯 (살 생, 뱀 사, 끓을 탕). 한의 살아있는[生] 뱀[蛇]을 달여서 만드는 탕약(湯藥).

**생산 生産 (날 생, 낳을 산). ① 속뜻 아이나 새끼를 낳음[生=産]. ②인간이 생활하는 데 필요한 각종 물건을 만들어 냄. ¶그 제품의 생산이 중단되었다. ㊥소비(消費).

▶생산-가 生産價 (값 가). ① 속뜻 물건을 생산(生産)하는 데 든 비용으로 책정한 가격(價格). ② 경제 생산비에 평균 이윤을 더한 금액. ¶삼촌의 도움으로 쌀을 생산가에 구매하였다.

▶생산-고 生産高 (높을 고). 경제 일정 기간 동안 생산(生産)된 물품의 수량[高]. ¶수요가 늘어 생산고를 올렸다.

▶생산-량 生産量 (분량 량). 경제 일정 기간 동안 생산(生産)된 물품의 수량(數量). ¶생산량이 급증하여 가격이 떨어졌다. ㊥소비량(消費量).

▶생산-물 生産物 (만물 물). 경제 생산(生産)되는 물품(物品). ㊥생산품(生産品). ㊥소비물(消費物).

▶생산-비 生産費 (쓸 비). 경제 물질적 재화를 생산(生産)하는 데 드는 비용(費用). 원료비·노력비·고정 자산비·간접 경비 따위의 통틀어 계산한다. ¶생산비가 늘어나 가격도 함께 올랐다. ㊥생산 원가(生産原價).

▶생산-성 生産性 (성질 성). ① 속뜻 생산(生産) 능력을 가지는 정도나 성질(性質). ② 경제 일정한 생산 요소를 투입해 만들어 낸 생산물 산출량의 비율. ¶기계를 이용해 생산성을 높이다. ③ 언어 어떤 접사가 새로운 어휘를 파생시킬 수 있는 정도.

▶생산-액 生産額 (액수 액). 경제 일정 기간 동안 생산(生産)된 물품. 또는 그것을 값으로 계산한 액수(額數). ㊥생산고(生産高).

▶생산-업 生産業 (일 업). 경제 ①재화를 생산(生産)하는 사업(事業). '생산 사업'의 준말. ②생산 사업에 종사하는 직업.

▶생산-자 生産者 (사람 자). ① 경제 재화의 생산(生産)에 종사하는 사람[者]. ② 생물 녹색 식물처럼 단순한 무기 물질에서 유기 화합물을 생성할 수 있는 생물체. 독립 영양을 영위하고 생태계 안에서 다른 생물의 영

양원이 된다. [반]소비자(消費者).

▸생산-재 生産財 (재물 재). [경제]생산(生産)의 과정에 쓰는 재화(財貨). [비]고차재(高次財), 투자재(投資財). [참]소비재(消費財).

▸생산-적 生産的 (것 적). 생산(生産)과 관계있거나 생산성이 많은 것[的]. [반]비생산적(非生産的).

▸생산-지 生産地 (땅 지). 어떤 물품을 만들어 내는[生産] 곳[地]. 또는 그 물품이 저절로 생겨나는 곳.

▸생산-품 生産品 (물건 품). [경제]생산(生産)한 물품(物品). [준]산품. [참]소비품(消費品).

▸생산 가격 生産價格 (값 가, 이를 격). ① [속뜻]물건을 생산(生産)하는 데 든 비용으로 책정한 가격(價格). ② [경제]생산가.

▸생산 공채 生産公債 (여럿 공, 빚 채). [경제]생산(生産)에 필요한 사업 경비를 마련하기 위해 발행하는 공채(公債). 철도나 항만의 창설, 확장을 위한 건설 공채 따위가 있다.

▸생산 과:잉 生産過剩 (지나칠 과, 남을 잉). [경제]어떤 상품의 생산량(生産量)이 수요량을 초과하여 넘치는[過剩] 일.

▸생산 과:정 生産過程 (지날 과, 거리 정). [경제]어떤 생산물(生産物)을 만들어 내는 과정(過程). [비]생산 공정(生産工程).

▸생산 관:리 生産管理 (맡을 관, 다스릴 리). [경제]어떤 기업이 생산(生産)에 관하여 예측, 계획, 통제[管理]를 하는 일. 생산 활동의 능률화와 생산의 효율성을 높이기 위함이다. [비]업무 관리(業務管理).

▸생산 교:육 生産教育 (가르칠 교, 기를 육). [교육]생산(生産) 활동의 교육적 가치를 중시하는 교육(教育).

▸생산 기간 生産期間 (때 기, 사이 간). ① [속뜻]어떤 물품이 생산(生産)되는 기간(期間). ② [경제]생산 요소가 생산 과정에 투입되어 그것이 생산물로 되기까지의 기간.

▸생산 기관 生産機關 (틀 기, 빗장 관). [경제]생산에 사용되는 기구[機關]나 원료 따위를 통틀어 이르는 말.

▸생산 도시 生産都市 (도읍 도, 저자 시). [사회]어떤 물품의 생산(生産)이 주요 기능인 도시(都市). 대부분의 사람들이 그 물품의 생산 활동에 종사한다. 공업 도시, 광산 도시, 수산 도시 따위가 있다. ¶영월은 시멘트의 생산 도시이다. [반]소비 도시(消費都市).

▸생산비-설 生産費說 (쓸 비, 말씀 설). [경제]가격은 생산비(生産費)에 의하여서 결정된다는 학설(學說). 상품의 현실 가격은 수요와 공급의 비례에 따라 결정되지만, 완전경쟁시장에서는 대부분 이윤을 포함한 생산비로 낙착되는 경향이 있다는 주장이다.

▸생산 수단 生産手段 (솜씨 수, 구분 단). [경제]생산(生産) 과정에 필요한 수단(手段). 토지, 삼림, 지하자원, 원료, 생산 용구, 생산용 건물, 교통 및 통신 수단 따위가 있다.

▸생산 양식 生産樣式 (모양 양, 꼴 식). [경제]어떤 물품을 생산(生産)하는 방식[樣式]. 식품, 의복, 주거, 연료처럼 인간의 생존에 필요한 생활 수단을 얻는 방식을 말한다. [비]생산 방식(生産方式).

▸생산 연령 生産年齡 (해 년, 나이 령). [법률]생산(生産) 활동, 특히 노동에 종사할 수 있는 연령(年齡). 보통 만 15세 이상 65세 미만을 말한다.

▸생산 요소 生産要素 (구할 요, 바탕 소). [경제]생산(生産)을 하는 데 꼭 필요한 요소(要素). ¶노동, 토지, 자본은 3대 생산 요소이다.

▸생산 자본 生産資本 (재물 자, 밑 본). [경제]생산(生産) 과정에서 기능하는 자본(資本). 노동력 및 생산 수단의 형태로 존재한다. [참]유통 자본(流通資本), 소비 자본(消費資本).

▸생산 조합 生産組合 (짤 조, 합할 합). [사회]①생산(生産) 활동의 효율을 위해 조직한 협동조합(協同組合). 수공업자나 농민이 생산 수단의 구입, 생산물의 가공 및 판매 따위를 공동으로 하기 위해 조직한다. ②조합원인 노동자가 노동력과 자본을 제공하여 공동 계산 아래 생산과 판매를 전담하는 협동조합.

▸생산 지수 生産指數 (가리킬 지, 셀 수). [경제]개별 물품들의 종합적·평균적인 생산량(生産量) 변동을 기준시의 것과 비교한 지수(指數). 생산력의 지표가 된다. '산업 생산 지수'(産業生産指數)의 준말.

▸생산성 향상 生產性向上 (성질 성, 향할 향, 위 상). 산업을 합리화하여 생산(生産)의 효율성(效率性)을 높이는[向上] 일.

▸생산자 가격 生產者價格 (사람 자, 값 가, 이를 격). 경제 ①생산자(生産者)가 생산물을 판매하는 가격(價格). 생산비에 기업 이윤이 합쳐진 가격이다. ②정부가 농민에게 지급하는 매상 양곡의 가격. 참소비자 가격(消費者價格).

▸생산자 곡가 生產者穀價 (곡식 곡, 값 가). 양곡 관리법(糧穀管理法)에 따라 정부가 생산자(生産者)인 농민으로부터 양곡(糧穀)을 사들이는 가격(價格).

생살 生殺 (살 생, 죽일 살). 살리고[生] 죽임[殺]. 활살(活殺).

▸생살-권 生殺權 (권리 권). 살리고[生] 죽일[殺] 권리(權利).

▸생살-여탈 生殺與奪 (줄 여, 빼앗을 탈). ①속뜻 살리고[生] 죽이는[殺] 일과 주고[與] 빼앗는[奪] 일. ②'어떤 사람이나 사물을 마음대로 쥐고 흔듦'을 비유하여 이르는 말.

▸생살여탈-권 生殺與奪權 (줄 여, 빼앗을 탈, 권리 권). 살리고[生] 죽일[殺] 수 있는 권리(權利)와 주고[與] 빼앗을[奪] 수 있는 권리(權利).

생삼 生蔘 (날 생, 인삼 삼). 말리지 않은[生] 인삼(人蔘). 비수삼(水蔘).

생색 生色 (날 생, 빛 색). ①속뜻 얼굴빛[色]을 드러냄[生]. ②다른 사람 앞에 당당히 나서거나 자랑할 수 있는 체면. ¶별것도 아닌 일에 생색을 내다. 비생광(生光).

생석 生石 (날 생, 돌 석). ①속뜻 자연 그대로[生]의 돌[石]. ②광업 맷돌을 만드는 데 쓰는 푸르스름한 회색을 띤 광석. 바닥이 닳았을 때 축축한 땅에 놓아두면 저절로 우툴두툴하게 된다. 차돌처럼 부싯돌로도 쓴다.

생-석회 生石灰 (날 생, 돌 석, 재 회). ①속뜻 물과 반응하여 석회수(石灰水)를 만드는[生] 물질. ②화학 칼슘의 산화물. 탄산칼슘이나 질산칼슘의 열분해에 의해 생기는 흰색 고체나 가루의 염기성 산화물이다.

***생선** 生鮮 (살 생, 싱싱할 선). ①속뜻 살아있는[生] 듯 싱싱한[鮮] 물고기. ②말리거나 절이지 않고 물에서 잡아낸 그대로의 물고기. ¶생선을 구워먹었다. 비생어(生魚), 선어(鮮魚), 어선(魚鮮).

▸생선-회 生鮮膾 (회 회). 싱싱한 생선(生鮮)살을 얇게 저며서[膾] 간장이나 초고추장에 찍어 먹는 음식. ¶바닷가 사람들은 생선회를 즐겨 먹는다. 비어회(魚膾).

생성 生成 (날 생, 이룰 성). ①속뜻 사물이 생겨[生] 만들어짐[成]. ②이전에 없었던 어떤 사물이나 성질의 새로운 출현. ¶우주의 생성과 소멸. 반소멸(消滅).

▸생성 문법 生成文法 (글월 문, 법 법). 언어 인간 본유의 언어습득기제를 통해 드러나는 보편문법(文法)을 변형(變形)하여 새로운 문장을 무한히 만들어낼[生成] 수 있다는 이론. 촘스키가 사람의 잠재적인 언어 능력을 밝히고자 주장하였다. '변형 생성 문법'(變形生成文法)의 준말.

생세지락 生世之樂 (날 생, 세상 세, 어조사 지, 즐길 락). 세상(世上)에 태어나서[生] 살아가는 재미[樂].

생소 生疏 (날 생, 드물 소). ①속뜻 얼굴 따위가 낯설고[生] 관계 따위가 드문드문함[疏]. ②친숙하지 못하고 낯설다. ¶생소한 일이라 실수를 많이 했다.

생수 生水 (날 생, 물 수). ①속뜻 끓이거나 소독하지 않은 그대로[生]의 물[水]. ②기독교 생명수(生命水).

생숙 生熟 (날 생, 익을 숙). ①날[生] 것과 익은[熟] 것을 아울러 이르는 말. ②서투른 것과 익숙한 것을 아울러 이르는 말.

생시 生時 (날 생, 때 시). ①태어난[生] 시간(時間). ②자지 않고 깨어 있을 때. ¶이게 꿈이냐, 생시냐! ③살아 있는 동안. ¶부모님이 돌아가신 뒤에 후회 말고 생시에 잘 해 드려야 한다.

생식[1] 生食 (날 생, 먹을 식). 익히지 않고 날[生]로 먹음[食]. 또는 그런 음식. 반화식(火食).

생식[2] 生殖 (날 생, 불릴 식). ①새끼를 낳아서[生] 수가 불어남[殖]. ②생물 생물이 자기와 닮은 개체를 만들어 종족을 유지함. 또는 그런 현상.

▸생식-기[1] 生殖期 (때 기). 생물 생식(生殖)이 행하여지는 시기(時期). 생물의 종류에 따라 계절을 달리한다.

▸생식-기[2] 生殖器 (그릇 기). 생물 생물의 유성 생식(生殖)을 하는 기관(器官). 동물에서는 정소(精巢), 고환(睾丸), 음경(陰莖), 난소(卵巢), 자궁(子宮), 질(膣) 따위, 식물에서는 암술·수술 따위. '생식 기관'의 준말. ㊥성기(性器).

▸생식-선 生殖腺 (샘 선). 의학 생식(生殖)에 필요한 물질을 분비하는 기관[腺]. 정소(精巢)와 난소(卵巢)를 통틀어 이른다.

▸생식-소 生殖素 (바탕 소). 생물 생식(生殖) 세포 안에 있는 형질 유전의 능력을 가진 물질[素].

▸생식-소 生殖巢 (새집 소). 생물 생식(生殖) 세포를 형성하는 기관[巢]. 난소(卵巢)와 정소(精巢) 따위이다. ㊥성소(性巢).

▸생식-욕 生殖慾 (욕심 욕). 생물 생물이 본능적으로 생식(生殖)을 하고자 하는 욕구(慾求). ㊟성욕(性慾).

▸생식 기관 生殖器官 (그릇 기, 벼슬 관). 생물 생물의 생식(生殖)에 관여하는 기관(器官). 동물에는 1차적인 기관으로 전립선, 수정관, 음경, 질 등이 있다. 식물에는 유성 생식에서 암술, 수술 따위가 있으며 무성생식에는 포자낭이 있다. ㊣생식기.

▸생식 기능 生殖機能 (틀 기, 능할 능). 생물 생물이 새로운 개체를 만들어낼[生殖] 수 있는 기능(機能).

▸생식 불능 生殖不能 (아닐 불, 능할 능). 의학 성교는 가능하나 임신은[生殖] 되지 않는[不能] 상태. ㊥불임증(不姙症).

▸생식 세:포 生殖細胞 (작을 세, 태보 포). 생물 생식(生殖)에 관계하는 세포(細胞). 발생 초기부터 체세포와 구별된다. ¶수컷의 정세포와 암컷의 난세포는 생식 세포이다. ㊥배질세포(胚質細胞), 성세포(性細胞). ㊦체세포(體細胞).

▸생식-수관 生殖輸管 (나를 수, 대롱 관). 생물 생식(生殖) 세포나 배(胚)를 간직하였다가 외부로 내보내는[輸] 관(管). ¶수정관과 수란관은 생식수관의 하나이다.

▸생식기 숭배 生殖器崇拜 (그릇 기, 높을 숭, 공경할 배). 종교 남녀 생식기(生殖器)의 모양을 나타낸 상징물에 풍요와 다산 따위의 의미를 부여하고 그것을 숭배(崇拜)하는 민간 신앙의 하나. 종교사적으로 볼 때, 고대의 원시 종교적 현상으로 간주된다. ㊥성기(性器) 숭배, 음양(陰陽) 숭배.

생신 生辰 (날 생, 날 신). 태어난[生] 날[辰]. 손윗사람의 생일(生日)을 높여 이르는 말이다. ¶오늘은 할아버지 생신이다.

생애 生涯 (살 생, 끝 애). ① 속뜻 삶[生]이 끝날[涯] 때까지의 기간. 살아있는 한평생의 기간. ¶그를 만난 것은 내 생애 최고의 행운이다. ② 생계(生計). ㊥일생(一生), 평생(平生).

▸생애 교:육 生涯教育 (가르칠 교, 기를 육). 인간의 교육(教育)은 가정, 학교, 사회에서 전 생애(生涯)에 걸쳐 이루어져야 한다는 교육관. ㊥평생 교육(平生教育).

생-야단 生惹端 (날 생, 흩트릴 야, 바를 단). ① 속뜻 공연히[生] 야단(惹端)스럽게 굴거나 꾸짖음. ② 일이 매우 곤란하게 됨.

생약 生藥 (날 생, 약 약). ① 속뜻 약으로 쓸 부분을 채취하여 그대로[生] 쓰거나 말리거나 썰거나 정제하여 쓰는 약재(藥材). ② 식물성 재료로 만든 약.

생양 生養 (날 생, 기를 양). 낳아[生] 기르는[養] 일. ㊥생육(生育).

▸생양가-봉사 生養家奉祀 (집 가, 받들 봉, 제사 사). 양자로 간 사람이 낳아준[生] 집과 길러준[養] 집, 두 집[家]의 제사(祭祀)를 모두 맡아 받듦[奉].

생어 生魚 (살 생, 물고기 어). ① 살아[生] 있는 물고기[魚]. ㊥활어(活魚). ② 생선(生鮮).

생업 生業 (살 생, 일 업). 살아가기[生] 위하여 하는 일[業]. ¶어업을 생업으로 삼다. ㊥소업(所業). 직업(職業).

생-외가 生外家 (날 생, 밖 외, 집 가). 양자로 간 사람의 생가(生家) 쪽의 외가(外家). ㊟양외가(養外家).

생-우유 生牛乳 (날 생, 소 우, 젖 유). 소에서 짜낸 가공하지 않은 생생한[生] 우유(牛乳). ㊣생유.

생원 生員 (사람 생, 인원 원). ① 속뜻 학생(學生) 신분의 인원(人員). ② 역사 조선 시대에 과거 시험의 생원과(生員科)에 합격한 사람. ③ 예전에 나이 많은 선비를 대접하여 이르던 말. ¶허생원이 이웃에 살고 있다. ㊥상사(上舍).

▸생원-과 生員科 (과목 과). 역사 조선 시대

에, 생원(生員)과 진사(進士)를 뽑던 과거 시험의 소과(小科) 가운데 사서오경을 시험 보이던 과목(科目).

생월 生月 (날 생, 달 월). 태어난[生] 달[月].

생유 生乳 (날 생, 젖 유). 가공하지 않은[生] 우유(牛乳), 양젖, 사람의 젖 따위를 통틀어 이르는 말. '생우유'(生牛乳)의 준말.

생육¹ 生肉 (날 생, 고기 육). 날[生] 고기[肉]. 말리거나 익히거나 가공하지 않은 고기. [비]생고기.

생육² 生育 (날 생, 기를 육). ① [속뜻]낳아서[生] 기름[育]. ②생물이 나서 자람. ¶작물의 생육 기간. [비]장육(長育), 생장(生長).

생-육신 生六臣 (살 생, 여섯 륙, 신하 신). ① [속뜻]살아[生] 있는 여섯[六] 명의 신하(臣下). ② [역사]조선 시대에 세조가 단종으로부터 왕위를 빼앗자 벼슬을 버리고 절개를 지킨 여섯 신하. 이맹전(李孟專), 조려(趙旅), 원호(元昊), 김시습(金時習), 성담수(成聃壽), 남효온(南孝溫)을 이른다. [반]사육신(死六臣).

생-이:별 生離別 (살 생, 떨어질 리, 나눌 별). ① [속뜻]하지 않아도 좋을 공연한[生] 이별(離別). ②살아 있는 혈육이나 부부간에 어찌 수 없는 사정으로 헤어짐. ¶그 부부는 전쟁으로 인해 생이별을 했다. [비]생결(生訣). 생별(生別).

생이지지 生而知之 (날 생, 말이을 이, 알 지, 그것 지). 도(道)를 배우지 않아도 태어나면서부터[生] 스스로 그것을[之] 깨달아 앎[知]. 삼지(三知)의 하나. [준]생지. [참]곤이지지(困而知之), 학이지지(學而知之).

생인¹ 生人 (날 생, 사람 인). ①처음 대면하는 생소(生疎)한 사람[人]. ②살아 있는 사람. [비]생자(生者).

생인² 生因 (날 생, 까닭 인). 사물이나 현상이 생기게[生] 된 원인(原因). ¶생인을 자세히 밝히다.

***생일** 生日 (날 생, 날 일). 세상에 태어난[生] 날[日]. 또는 태어난 날을 기리는 해마다의 그날. [비]생신(生辰).

▶생일-상 生日床 (평상 상). 생일(生日)잔치를 하기 위하여 음식을 차려 놓은 상(床). ¶생일상을 차리다.

생자¹ 生子 (날 생, 아이 자). ① [속뜻]아이[子]를 낳음[生]. ②아들을 낳음. [비]득남(得男).

생자² 生者 (살 생, 사람 자). ① [속뜻]살아[生] 있는 사람[者]. [비]생인(生人). ②생명이 있는 모든 것. '생존자'(生存者)의 준말. [반]사자(死者).

▶생자-필멸 生者必滅 (반드시 필, 없어질 멸). [불교]생명이 있는 것은[生者] 반드시[必] 죽어 없어짐[滅]. 존재의 무상(無常)을 이르는 말이다. [참]성자필쇠(盛者必衰).

생장¹ 生葬 (살 생, 장사지낼 장). 생물을 산[生] 채로 땅에 묻음[葬]. ¶진시황은 여러 선비들을 생장했다. [비]생매(生埋).

생장² 生長 (날 생, 자랄 장). 나서[生] 자람[長]. ¶생장 과정 / 생장 기간. [비]생육(生育).

▶생장-점 生長點 (점 점). [식물]식물의 뿌리 끝과 줄기 끝에 있는 세포 분열을 하며 생장(生長)을 촉진하는 부분[點]. [비]성장점(成長點).

▶생장 곡선 生長曲線 (굽을 곡, 줄 선). [생물]시간의 흐름에 따라 생물이 생장(生長)하는 것을 나타내는 곡선(曲線). [비]성장 곡선(成長曲線).

▶생장 운:동 生長運動 (돌 운, 움직일 동). [식물]식물이 생장(生長)하는데 식물체의 각 부분에서 나타나는 운동(運動). 배지성(背地性), 향일성(向日性), 향지성(向地性), 향습성(向濕性) 따위. 성장 운동(成長運動).

생재 生財 (날 생, 재물 재). ①재물(財物)을 늘림[生]. ¶땅을 팔아 생재하다. ②돈을 버는 데에 필요한 물건.

생전 生前 (날 생, 앞 전). ① [속뜻]태어난[生] 이후부터 죽기 이전(以前). ②살아 있는 동안. ¶할아버지는 생전에 통일이 되는 것을 꼭 보고 싶다고 하셨다. ③전혀. 결코 아무리. ¶이렇게 큰 물고기는 생전 처음 본다. [비]사전(死前), 신전(身前). [반]사후(死後).

▶생전 처:분 生前處分 (처리할 처, 나눌 분). [법률]당사자가 살아 있는 동안[生前]에 효력이 발생하는 법률 행위[處分]. 매매, 임대차 따위. 생전 행위(生前行爲). [반]사인 처분(死因處分).

생-정문 生旌門 (날 생, 기 정, 문 문).

역사 효자나 열녀를 드러내서 기리고 그런 위인이 계속 태어나기[生]를 비는 뜻에서 그 동네 가운데나 그 집으로 들어가는 어귀에 세우던 붉은 문[旌門].

생존 生存 (살 생, 있을 존). 살아서[生] 존재(存在)함. 또는 살아남음. ¶실종자들의 생존 가능성이 희박하다 / 나는 가족이 생존해 있기만을 바란다.

▸생존-권 生存權 (권리 권). 법률 각 개인이 완전한 사람으로서 생존(生存)하는 데에 필요한 모든 것을 국가에 요구할 수 있는 인간의 기본 권리(權利).

▸생존-자 生存者 (사람 자). 살아남은[生存] 사람[者]. 또는 살아 있는 사람. ¶생존자가 있는지 확인해 보다.

▸생존 경:쟁 生存競爭 (겨룰 경, 다툴 쟁). ① 속뜻 살아남기[生存] 위한 경쟁(競爭). ② 생물 생물이 먹이 섭취 또는 서식 장소 등에서 보다 좋은 조건을 얻기 위해서 하는 다툼.

▸생존 보:험 生存保險 (지킬 보, 험할 험). 경제 피보험자가 일정한 나이가 되었을 때에 살아있으면[生存] 약정한 보험금을 지불하는 생명 보험(生命保險). 참 사망 보험(死亡保險).

생졸 生卒 (날 생, 마칠 졸). 태어남[生]과 죽음[卒]. ¶그 화가는 생졸이 분명치 않다. 비 생몰(生沒).

생-졸년 生卒年 (날 생, 마칠 졸, 해 년). 태어나고[生] 죽은[卒] 해[年]. 비 생몰년(生沒年).

생중 生中 (날 생, 가운데 중). 잠이나 술에 취하지 아니하고 깨어있는[生] 동안[中].

생-중계 生中繼 (날 생, 가운데 중, 이을 계). 일이 벌어지고 있는[生] 현장에서 그것을 전달하기 위해 가운데서[中] 이어주는[繼] 방식의 방송. ¶축구 경기를 생중계로 방영하다.

생즙 生汁 (날 생, 즙 즙). 익히지 않은[生] 채소나 과일 따위를 짓찧어서 짜낸 즙(汁). ¶미나리 생즙을 마시다.

생지[1] 生知 (날 생, 알 지). 도(道)를 배우지 않아도 태어나면서부터[生] 그것을 앎[知]. '생이지지'(生而知之)의 준말.

생지[2] 生地 (날 생, 땅 지). ① 태어난[生] 땅[地]. '출생지'(出生地)의 준말. ② 생소한 땅. ¶30년 만에 돌아온 고향은 생지와 같았다. ③ 살아 돌아올 수 있는 곳을 '사지'(死地)에 상대하여 이르는 말.

▸생지-주의 生地主義 (주될 주, 뜻 의). 법률 어떤 나라의 영토 안에서 태어난 사람은 그 출생지(出生地)의 국적을 얻게 된다는 입장[主義]. '출생지주의'(出生地主義)의 준말.

생-지옥 生地獄 (날 생, 땅 지, 감옥 옥). 살아[生] 있으면서도 마치 지옥(地獄)에 떨어진 것 같은 심한 고통. ¶그곳에서 사는 것은 생지옥이었다.

생질 甥姪 (조카 생, 조카 질). 조카[甥=姪]. 누이의 아들.

▸생질-녀 甥姪女 (딸 녀). 조카[甥姪]인 딸[女] 아이. 누이의 딸.

▸생질-부 甥姪婦 (며느리 부). 조카[甥姪]의 부인(婦人).

▸생질-서 甥姪壻 (사위 서). 조카[甥姪]인 사위[壻]. 조카의 남편.

생채[1] 生彩 (날 생, 빛깔 채). 생생(生生)한 빛[彩]이나 기운. ¶봄이 되자 들판에 생채가 돌았다. 비 생기(生氣).

생채[2] 生菜 (날 생, 나물 채). ① 속뜻 익히지 않고 날로[生] 무친 나물[菜]. ② 마르지 않은 산나물. 반 숙채(熟菜).

생청 生清 (날 생, 맑을 청). 가공하지 않은 그대로[生]의 맑은[清] 꿀.

생체 生體 (살 생, 몸 체). 생물(生物)의 몸[體]. 또는 살아 있는 몸. ¶생체 실험.

▸생체-막 生體膜 (꺼풀 막). 생물 생물체(生物體)의 세포나 세포내 기관을 둘러싸고 있는 막(膜).

▸생체 결정 生體結晶 (맺을 결, 밝을 정). 생물 생물체(生物體) 안에서 이루어지는 결정(結晶) 작용. 진주조개가 진주를 만드는 것이나 사람의 신장에 결석이 생기는 것 따위.

▸생체 공학 生體工學 (장인 공, 배울 학). 생물 생체(生體)가 가진 기능을 인공적인 방법으로 구현, 활용하는 것을 연구하는 학문[工學]. 생물 공학(生物工學).

▸생체 반:응 生體反應 (되돌릴 반, 응할 응). 생물 ① 세포의 생체(生體) 내에서 일어나는

반응(反應). 대개 효소에 의하여 일어나며 발색 반응과 침전 형식 반응으로 나뉜다. ②생활 반응.

▶생체 산화 生體酸化 (산소 산, 될 화). 생물 생물이 필요한 에너지를 얻기 위해 체내에서[生體] 음식물을 산화(酸化)할 때의 반응.

▶생체 색소 生體色素 (빛 색, 바탕 소). 생물 생물(生物)의 체내(體內)에 존재하는 유색물질[色素]. ⓑ천연 색소(天然色素). ⓑ합성 색소(合成色素).

▶생체 실험 生體實驗 (실제 실, 겪을 험). 사람의 살아 있는 몸[生體]을 사용하여 실험(實驗)하는 일.

▶생체 염:색 生體染色 (물들일 염, 빛 색). 생물 생물의 발생이나 구조 등을 알아보기 위해 생체(生體)의 세포나 조직을 물들이는 일[染色].

▶생체 전:기 生體電氣 (전기 전, 기운 기). 생물 생물[生體]의 생명 활동에 따라서 생기는 전기(電氣). ⓑ생물 전기(生物電氣).

생-초상 生初喪 (살 생, 처음 초, 죽을 상). 사고 따위로 제명대로 살지[生] 못하고 죽은 사람의 초상(初喪). ¶이 집은 불의의 사고 때문에 생초상이 났다.

생치 곤:란 生齒困難 (날 생, 이 치, 괴로울 곤, 어려울 난). 의학 이[齒]가 돋아날[生] 때에 그 부분의 잇몸에 염증을 일으키는 일[困難]. 사랑니가 날 때에 주로 생긴다.

생칠 生漆 (날 생, 옻 칠). ① 속뜻 불에 달이지 않은 그대로[生]의 옻칠[漆]. ②정제하지 않은 옻나무의 진.

생태[1] 生太 (살 생, 클 태). 살아있는[生] 명태(明太). ⓒ동태(凍太), 북어(北魚), 선태(鮮太).

*__생태__[2] 生態 (살 생, 모양 태). 생물이 살아가는[生] 모양이나 상태(狀態). ¶식물의 생태를 연구하다.

▶생태-계 生態系 (이어 맬 계). 생물 어떤 지역의 생물 공동체와 이것을 유지하고 있는 무기적 환경이 이루는 생태(生態) 체계(體系). ¶생태계를 보존하다.

▶생태-학 生態學 (배울 학). 생물 생물의 생활 상태(生活狀態), 생물과 환경과의 관계 따위를 연구하는 학문(學問).

▶생태-형 生態型 (모형 형). 생물 같은 종(種)의 생물이 다른 환경에 적응함으로써 유전적으로 생활 상태(生活狀態)가 고정된 형(型).

▶생태 변:화 生態變化 (바뀔 변, 될 화). 생물 생물이 환경에 순응하여 그 생활 상태(生活狀態)를 바꾸는 일[變化].

▶생태적 지위 生態的地位 (어조사 적, 땅 지, 자리 위). 생물 개개의 종(種)이 생태계(生態界)에서 차지하는 위치[地位]나 구실.

생폐 生弊 (날 생, 나쁠 폐). 폐단(弊端)이 생김[生].

생포 生捕 (살 생, 잡을 포). 산채로[生] 잡음[捕]. ¶적을 생포하다. ⓑ생획(生獲).

생피 生皮 (날 생, 가죽 피). 생(生) 가죽[皮]. 가공하지 않은 가죽.

생필-품 生必品 (살 생, 반드시 필, 물건 품). 일상생활(生活)에서 꼭 필요(必要)한 물품(物品). '생활필수품'(生活必需品)의 준말. ¶유가 급등으로 생필품 가격이 크게 올랐다.

생-하수 生下水 (날 생, 아래 하, 물 수). 하수 처리를 하지 않은 그대로의[生] 하수(下水).

생-합성 生合成 (날 생, 합할 합, 이룰 성). 생물체(生物體)에서 물질을 합성(合成)하는 일. ⓑ화학 합성(化學合成).

생화 生花 (살 생, 꽃 화). 진짜 살아 있는[生] 꽃[花]. ⓑ조화(造花).

생-화학 生化學 (살 생, 될 화, 배울 학). 화학 생물체(生物體)의 물질 조성, 생물체 내에서의 물질의 화학 반응 등을 화학적(化學的) 방법으로 연구하는 학문.

생환 生還 (살 생, 돌아올 환). ① 속뜻 살아서[生] 돌아옴[還]. ② 운동 야구에서, 주자가 본루에 돌아와 득점함.

‡**생활** 生活 (살 생, 살 활). ① 속뜻 살며[生] 활동(活動)함. ¶그와 나는 생활 방식이 다르다 / 그들은 농촌에서 생활한다. ②생계나 살림을 꾸려 나감. ¶생활이 매우 어렵다 / 그 월급으로는 다섯 식구가 생활하기 힘들다. ③조직체에서 그 구성원으로 활동함. ¶학교 생활 / 그는 의사로 생활하면서 보람을 느낄 때가 많다. ④어떤 행위를 하며 살아감. 또는 그런 상태. ¶취미 생활 / 그녀는 고아원에서 봉사자로 생활한다.

▸생활-고 生活苦 (괴로울 고). 경제적인 곤란으로 겪는 생활(生活)상의 고통(苦痛). ¶극심한 생활고에 시달리다. ㊗생활난(生活難).

▸생활-권[1] 生活圈 (범위 권). 행정 구역과는 관계없이 통학이나 통근, 쇼핑, 오락 따위의 일상생활(生活)에 필요한 활동 범위[圈]. ¶교통의 발달로 생활권이 넓어졌다.

▸생활-권[2] 生活權 (권리 권). 법률 생활(生活)을 유지하기 위한 권리(權利). 사회적·문화적·경제적으로 일정한 수준의 생활(生活)을 할 권리(權利)이다.

▸생활-급 生活給 (줄 급). 경제 노동자의 최저 생활(生活)의 보장을 전제로 하여 주는[給] 기본임금. ㊗생활 임금(生活賃金).

▸생활-난 生活難 (어려울 난). 경제적인 곤란으로 겪는 생활(生活)상의 어려움[難]. ㊗생활고(生活苦).

▸생활-력 生活力 (힘 력). ①사회생활(生活)을 유지하는데 필요한 능력(能力). 특히 경제적인 능력을 이른다. ¶어머니는 생활력이 강하다. ②생명체가 살아서 자라는 힘.

▸생활-문 生活文 (글월 문). 일상적인 생활(生活)에서 일어나는 일을 적은 글[文].

▸생활-비 生活費 (쓸 비). 경제 ①생활(生活)하면서 드는 비용(費用). ②생계비(生計費).

▸생활-사 生活史 (역사 사). 생물 생물이나 생체가 태어나서 죽기 전까지 생활(生活)이 계속되는 일련의 변화 역사(歷史).

▸생활-상 生活相 (모양 상). 생활(生活)해 나가는 모습[相]. ¶고려 후기의 생활상.

▸생활-인 生活人 (사람 인). 세상에서 활동을 하며 살아가는[生活] 사람[人]. ¶생활인의 지혜를 담은 책.

▸생활-파 生活派 (갈래 파). 예술 현실의 인간 생활(生活)을 중시하고 일상생활의 체험을 중심으로 창작 활동을 하는 유파(流派). 자연주의 작가들이 있다.

▸생활-형 生活型 (모양 형). ① 속뜻 생활(生活)하면서 형성된 모양[型]. ② 생물 생물 중 어떤 종의 성체가 지닌 전형적인 모습.

▸생활-화 生活化 (될 화). 생활(生活) 습관이 되거나[化] 실생활(實生活)에 옮겨짐. ¶독서를 생활화하다.

▸생활-공간 生活空間 (빌 공, 사이 간). ① 속뜻 일상생활(生活)을 해 나가는 곳[空間]. ② 생물 생물이 살아가는데 필요한 공간.

▸생활 교:육 生活教育 (가르칠 교, 기를 육). 교육 학습자가 실생활(實生活)의 경험(經驗)을 통하여 지식과 기능을 습득하도록 하는 교육(教育). 페스탈로치의 생활 학교론에서 시작되어 듀이의 생활 교육론으로 발전하였다.

▸생활 기후 生活氣候 (기후 기, 기후 후). 인간의 생활(生活)과 기후(氣候)의 관계를 연구하는 기후학의 한 분야.

▸생활 반:응 生活反應 (되돌릴 반, 응할 응). 생물 살아 있을[生活] 때에만 나타나는 몸의 반응(反應). ㊗생체 반응(生體反應).

▸생활-수준 生活水準 (물 수, 평평할 준). 경제 소득이나 소비 따위의 많고 적음에 의하여 측정하는 일반적인 생활(生活)의 내용이나 정도 수준(水準). ¶생활수준을 높이다.

▸생활 연령 生活年齡 (해 년, 나이 령). 심리 출생을 기점으로 하여 실제 살아온[生活] 나이[年齡]. 햇수로 따지는 연령과 만으로 따지는 연령이 있다. ㊗역연령(曆年齡).

▸생활 임:금 生活賃金 (품삯 임, 돈 금). 경제 노동자의 최저 생활(生活)의 보장을 전제로 하여 주는[給] 기본임금. ㊗생활급(生活給).

▸생활 자료 生活資料 (밑천 자, 거리 료). 살아가는[生活] 데 필요한 물자[資料].

▸생활 정보 生活情報 (실상 정, 알릴 보). 쇼핑이나 행사 등, 일상생활(生活)에 직접 관련을 갖는 정보(情報).

▸생활 지도 生活指導 (가리킬 지, 이끌 도). 교육 학생들의 일상생활(生活)에 있어서 좋은 습관이나 태도를 기르도록 지도(指導)함.

▸생활 평면 生活平面 (평평할 평, 쪽 면). 사회 각 가정의 실제로 생활(生活)하면서 영위하고 있는 소비 수준[平面]. ㊗생활수준(生活水準).

▸생활-학교 生活學校 (배울 학, 가르칠 교). 교육 생활(生活)에 필요한 지식, 기술, 태도 등 생활 경험을 통하여 생활 속에서 학습시키는 학교(學校). 19세기 말에서 20세기 초

에 걸쳐 독일, 미국을 비롯하여 세계 각지에 서 세워졌다.

▸생활 학습 生活學習 (배울 학, 익힐 습). 교육 일상생활(生活)을 통하여 이루어지는 학습(學習).

▸생활 현:상 生活現象 (나타날 현, 모양 상). 생물 생물체가 생활(生活)하면서 나타나는 특유한 여러 현상(現象). 영양, 번식, 생장, 운동, 지각(知覺) 따위.

▸생활 환경 生活環境 (고리 환, 지경 경). 생활(生活)하고 있는 주위의 자연적·사회적 환경(環境). ¶생활 환경이 급격히 변화했다.

▸생활 공:동체 生活共同體 (함께 공, 같을 동, 몸 체). 사회 긴밀한 관계를 가지고 함께 생활(生活)하는 공동체(共同體). 구성원의 공동 생활양식을 기반으로 한 사회적 통일체로 가족, 촌락, 민족 따위가 있다.

▸생활 기록부 生活記錄簿 (적을 기, 베낄 록, 장부 부). 교육 학생의 학교생활(學校生活)을 기록(記錄)한 장부(帳簿). ㊞학적부(學籍簿).

▸생활 준:비설 生活準備說 (고를 준, 갖출 비, 말씀 설). 교육 교육의 목적은 장래의 사회생활(社會生活)에 대한 준비(準備)를 시키는 데 있다는 학설(學說). 교육 과정에서 일상생활에 응용할 수 있는 실제적 지식과 과학적 지식을 중요시한다.

▸생활 통지표 生活通知表 (다닐 통, 알 지, 겉 표). 교육 학생의 학교생활(學校生活)을 관찰한 뒤 가정에 알리기[通知] 위해 보내는 표(表).

▸생활-필수품 生活必需品 (반드시 필, 쓰일 수, 물건 품). 일상생활(生活)에 반드시[必] 있어야 할[需] 물품(物品). ㊟생필품.

생황 笙簧 (=笙篁, 피리 생, 피리 황). 음악 아악(雅樂)에 쓰는 관악기의 하나[笙=簧]. 주전자 모양의 공명통에는 취구(吹口)가 있으며 그 위로 17개의 가느다란 대나무 관이 둘러 박혀 있다.

생획 省劃 (덜 생, 그을 획). 글자의 획(劃)을 줄여서[省] 씀.

생후 生後 (날 생, 뒤 후). 태어난[生] 후(後). ¶생후 5개월 된 아기.

생흔 生痕 (살 생, 흔적 흔). ① 속뜻 살던[生] 흔적(痕迹). ② 생물 과거에 살았던 생물의 생활 현상과 생명 현상의 흔적.

서가[1] 書架 (책 서, 시렁 가). 문서나 책[書] 따위를 얹어 두거나 꽂아 두도록 만든 선반[架]. ¶서가에 책이 많다. ㊞서각(書閣).

서가[2] 書家 (쓸 서, 사람 가). 글씨를 잘 쓰는[書] 사람[家]. ¶그는 조선 최고의 서가이다. ㊞서공(書工), 서사(書師).

서:가[3] 庶家 (여러 서, 집 가). 서자(庶子) 자손의 집안[家]. ㊥적가(嫡家).

서각[1] 書閣 (책 서, 집 각). 책[書]을 모아두고 책을 읽거나 글을 쓰는 방[閣]. ㊞서재(書齋).

서:각[2] 犀角 (무소 서, 뿔 각). 한의 코뿔소[犀]의 뿔[角]. 성질이 차서 해열제, 지혈제, 정신 안정제로 쓴다.

서간 書簡 (글 서, 대쪽 간). ① 속뜻 글[書]이 쓰여 있는 대쪽[簡]. ② 편지(便紙).

▸서간-문 書簡文 (글월 문). 문학 편지[書簡]에 쓰이는 문체(文體). 또는 그런 문체로 쓴 글. ㊞서한문(書翰文).

▸서간-전 書簡箋 (찌지 전). 편지[書簡]를 쓰는 종이[箋]. 책처럼 되어 있는데 쓴 다음에 한 장씩 뜯어내게 되어 있다. ㊞서한전(書翰箋).

▸서간-집 書簡集 (모을 집). 문학 편지글[書簡]을 모아[集] 엮은 책. ¶『주자서절요』(朱子書節要)는 주자의 편지를 뽑아 엮은 서간집이다.

▸서간-체 書簡體 (모양 체). 문학 편지글[書簡]의 형식으로 된 문체(文體). ¶괴테의 『젊은 베르테르의 슬픔』은 서간체 소설이다. ㊞서독체(書牘體), 서한체(書翰體).

▸서간문-집 書簡文集 (글월 문, 모을 집). 여러 가지 편지[書簡]를 모아 엮은 책[文集].

▸서간 문학 書簡文學 (글월 문, 배울 학). 문학 편지글[書簡]의 형식으로 이루어진 문학(文學). ㊞서한 문학(書翰文學).

서:거 逝去 (죽을 서, 갈 거). 죽어[逝] 이 세상을 떠나감[去]. '사거'(死去)의 높임말. ¶대통령이 서거했다.

서경[1] 西經 (서녘 서, 날실 경). 지리 지구의 서반구(西半球)의 경도(經度). 본초 자오선을 0도로 하여 서쪽으로 180도까지의 사이를 이른다. ¶영국은 서경 9도에 위치해 있다. ㊥동경(東經).

서경[2] **書經** (책 서, 책 경). 책명 『상서』(尙書)를 경서(經書)로 높여 이르는 말. 중국의 요순(堯舜) 시절부터 주대(周代)에 이르기까지의 정사(政事)에 관한 문헌을 수집하여 공자가 편찬하였다고 한다. ㊟서. ㊥상서.

서경 西京 (서녘 서, 서울 경). ① 속뜻 서쪽[西]에 있는 서울[京]. ② 역사 고려 시대에 사경(四京) 가운데 지금의 평양에 해당하는 행정 구역. ㊟사경(四京), 남경(南京), 동경(東京), 중경(中京).

▶서경-별곡 西京別曲 (다를 별, 노래 곡). 문학 서경(西京)에서 임과 이별하는 여인의 애틋한 심정을 노래한 고려 시대의 속요[別曲]. 작가, 연대 미상.

▶서경-길지설 西京吉地說 (길할 길, 땅 지, 말씀 설). 역사 고려 때, 풍수도참설에 의거해 서경(西京, 현재의 평양)이 매우 좋은[吉] 땅[地]이라고 제기한 이론[說].

서:경[3] **敍景** (쓸 서, 볕 경). 문학 자연의 경치(景致)를 글로 씀[敍].

▶서:경-문 敍景文 (글월 문). 문학 자연의 경치(景致)를 서술한[敍] 글[文]. ㊟서사문(敍事文). 서정문(抒情文).

▶서:경-시 敍景詩 (시 시). 문학 자연의 경치(景致)를 읊은[敍] 시(詩). ㊟서사시(敍事詩). 서정시(抒情詩).

서계 書契 (쓸 서, 맺을 계). ① 속뜻 나무 따위에 새겨[契] 쓴[書] 글자. ② 증거로 쓰이는 문서(文書). ③ 역사 조선 시대에 일본 정부와 주고받던 문서.

서고 書庫 (책 서, 곳집 고). 책[書]을 보관하는 일종의 창고(倉庫). ㊥문고(文庫).

서:곡 序曲 (차례 서, 노래 곡). 음악 오페라, 오라토리오, 모음곡 따위의 첫머리에 연주되어 도입부[序] 구실을 하는 악곡(樂曲). ¶서곡을 연주하다 / 그것은 전쟁의 시작을 알리는 서곡에 불과했다.

서관 書館 (책 서, 집 관). 책[書]을 갖추어 놓고 팔거나 사는 가게[館]. 서점(書店).

서:광[1] **瑞光** (상서 서, 빛 광). ① 속뜻 상서(祥瑞)로운 빛[光]. 상광(祥光). 서색(瑞色). ② 좋은 일이 일어날 조짐.

서:광[2] **曙光** (새벽 서, 빛 광). ① 속뜻 새벽[曙]에 동이 틀 무렵의 빛[光]. ② 기대하는 일에 대하여 나타난 희망의 징조를 비유하여 이르는 말. ¶평화의 서광이 비치기 시작했다. ③ 문학 1919년에 창간된 종합 월간지 이름. 오천석·오상순·이병도·장덕수 등이 집필한 것으로, 당시 일어났던 신문예운동에 기여하였다. ㊥신광(晨光). ㊟효색(曉色).

서구 西歐 (서녘 서, 유럽 구). 지리 유럽[歐羅巴] 대륙의 서(西)쪽에 자리한 지역. '서구라파'(西歐羅巴)의 준말. ¶서구 문명. ㊥서유럽.

서궁-록 西宮錄 (서쪽 서, 대궐 궁, 기록할 록). 문학 조선 광해군 때, 어느 궁녀가 한글로 쓴 수필. 광해군이 인목 대비를 서궁(西宮)에 가두었을 때의 상황을 적은[錄] 것이다.

서궤 書櫃 (책 서, 함 궤). ① 속뜻 책[書]을 넣어 두는 궤짝[櫃]. 서상(書箱). 책궤(冊櫃). ② '여러 분야에 대하여 아는 것이 많은 사람'을 비유하여 이르는 말. 서록(書錄). ㊟박학(博學).

서:극 暑極 (더울 서, 다할 극). 세계에서 가장[極] 더운[暑] 지점.

서기[1] **西紀** (서녘 서, 연대 기). 예수가 탄생한 해를 원년(元年)으로 삼는 서양(西洋)의 기원(紀元). '서력기원'(西曆紀元)의 준말. ¶올해는 서기 2010년이다. ㊦단기(檀紀).

서기[2] **書記** (쓸 서, 기록할 기). ① 속뜻 단체나 회의에서 문서(文書)나 기록(記錄) 따위를 맡아보는 사람. ② 법률 일반직 8급 공무원의 직급.

서:기[3] **瑞氣** (상서 서, 기운 기). 상서(祥瑞)로운 기운(氣運). 가기(嘉氣).

서:기[4] **暑氣** (더울 서, 기운 기). ① 속뜻 더운[暑] 기운(氣運). ② 더위 때문에 걸린 병.

서:기[5] **序記** (차례 서, 기록할 기). 서문(序文)에 갈음하여 적음[記]. 머리말.

▶서:기-발 序記跋 (발문 발). 서문(序文)과 본문[記]과 발문(跋文)을 아울러 이르는 말.

서남 西南 (서녘 서, 남녘 남). ① 속뜻 서(西)쪽과 남(南)쪽을 아울러 이르는 말. ② 서쪽을 기준으로 서쪽과 남쪽 사이의 방위(方位).

▶서남-간 西南間 (사이 간). 서(西)쪽과 남(南)쪽의 사이[間]에 되는 방위.

▸서남-방 西南方 (모 방). 서(西)쪽과 남(南)쪽의 중간 방향(方向).

▸서-남서 西南西 (서녘 서). 서(西)쪽과 남서(南西)쪽의 중간이 되는 방위.

▸서남-풍 西南風 (바람 풍). 서남(西南)쪽에서 불어오는 바람[風].

▸서남-향 西南向 (향할 향). 동북쪽에서 서남(西南)쪽을 바라보는 방향(方向).

서:녀 庶女 (첩 서, 딸 녀). 첩[庶]의 몸에서 태어난 딸[女]. ⓑ적녀(嫡女).

서단 西端 (서녘 서, 끝 단). 서(西)쪽 끝[端].

⁂**서당** 書堂 (글 서, 집 당). 옛날 글[書]을 가르치던 곳[堂]. ⓑ글방, 사숙(私塾). 속담 서당 개 삼 년에 풍월을 읊는다.

서-대문 西大門 (서녘 서, 큰 대, 문 문). 고적 서울 도성의 서(西)쪽에 있는 큰 문[大門]. ¶한양의 서대문은 돈의문(敦義門)이다. ⓒ사대문(四大門).

서도[1] 西道 (서녘 서, 길 도). 서(西)쪽에 있는 황해도와 평안도, 두 도(道)를 아울러 이르는 말. 서관(西關). 서로(西路). 서토(西土).

서도[2] 書道 (쓸 서, 방법 도). 글씨 쓰는[書] 방법[道]을 익히는 일. 문자를 심미적 관점에서 문자 예술을 이르는 말. ⓑ서예(書藝).

서도[3] 書圖 (쓸 서, 그림 도). 글씨[書]와 그림[圖].

서독 西獨 (서녘 서, 독일 독). 지리 독일(獨逸)의 서부(西部) 지역에 있었던 연방공화국. 1990년에 동독과 통합하여 독일연방공화국을 이루었다.

서동 書童 (글 서, 아이 동). 서당에서 글[書]을 배우는 아이[童]. 학동(學童).

서동-요 薯童謠 (참마 서, 아이 동, 노래 요). 문학 신라 진평왕 때 서동(薯童)이 지었다는 우리나라 최초의 4구체 향가[謠]. 서동이 진평왕의 딸인 선화 공주(善化公主)를 사모하던 끝에 아내로 맞이하기 위해 이 노래를 지어 아이들로 하여금 부르게 하였다고 한다.

서:두[1] 序頭 (차례 서, 머리 두). 어떤 차례[序]의 첫머리[頭]. ¶그는 조심스럽게 서두를 꺼냈다.

서두[2] 書頭 (글 서, 머리 두). ① 속뜻 글[書]의 첫머리[頭]. ②책면의 위의 빈자리.

서등 書燈 (글 서, 등불 등). 글[書]을 읽기 위해 켜 놓은 등불[燈].

서라벌 徐羅伐 (느릴 서, 새그물 라, 칠 벌). ① 역사 '신라'(新羅)를 이전에 이르던 말. 당시 고유어의 음역(音譯)으로 추정된다. ② 지리 '경주'(慶州)를 이전에 이르던 말.

서력 西曆 (서녘 서, 책력 력). 그리스도가 탄생한 해를 기원원년(紀元元年)으로 하는, 서양(西洋)의 책력(冊曆).

▸서력-기원 西曆紀元 (연대 기, 으뜸 원). 서력(西曆)에서 연대를 계산하는 데 기준[紀元]으로 삼는 해를 일컬음. 주로 예수가 태어난 해를 원년으로 한다. ⓒ서기.

서례 書例 (쓸 서, 법식 례). 문서(文書)의 일정한 격식[例]. 증서(證書), 원서(願書), 신고서(申告書) 같은 서류를 작성하는 일정한 법칙. 서식(書式).

서로 西路 (서녘 서, 길 로). ① 속뜻 서(西)쪽으로 가는 길[路]. ②서도(西道).

서:론[1] 序論 (차례 서, 논할 론). 서두(序頭) 부분의 논설(論說). ¶서론에서 글을 쓴 이유를 밝혔다. ⓑ서설(序說).

서론[2] 書論 (글 서, 논할 론). ① 속뜻 서적(書籍)에 쓰인 논의(論議). ②서법(書法)에 대한 논의.

서:론[3] 緖論 (실마리 서, 논할 론). 본론 중 실마리[緖]가 되는 논설(論說). 서론(序論).

서류 書類 (글 서, 무리 류). ① 속뜻 글자로 기록한 문서(文書) 종류(種類). ②기록이나 사무에 관한 문건이나 문서의 총칭. ¶비밀 서류 / 서류를 작성하다.

▸서류-철 書類綴 (꿰맬 철). 여러 가지 서류(書類)를 매어[綴] 놓은 것. ⓑ파일(file).

▸서류-함 書類函 (상자 함). 서류(書類)를 넣어 두는 상자[函].

서:리 署理 (관청 서, 다스릴 리). 결원이 된 어떤 직원의 직무를 대신 맡아[署] 처리(處理)함. 또는 그 사람.

서림 書林 (책 서, 수풀 림). ① 속뜻 책[書]이 숲[林]을 이룸. ②'서점'(書店)을 달리 일컫는 말. 서점(書店).

서:막 序幕 (차례 서, 막 막). ① 연영 연극의 서두(序頭)에 해당되는 첫 막(幕). ②무슨 일의 시작.

서면[1] 西面 (서녘 서, 낯 면). ① 속뜻 서(西)쪽으로 향함[面]. ②서쪽의 면.

서면2 書面 (쓸 서, 쪽 면). ① [속뜻] 글씨[書]를 적어 놓은 지면(紙面). ② 일정한 내용을 적은 문서. ¶서면으로 작성하다. [반]구두(口頭).

▸ 서면 결의 書面決議 (결정할 결, 의논할 의). [법률] 유한 회사 또는 회원이 한정되어 있는 단체에서 회합을 사지 않고 각 구성원의 서면(書面)에 의한 의사 표시로써 하는 결의(決議).

▸ 서면 계:약 書面契約 (맺을 계, 묶을 약). [법률] 서면(書面)으로 하는 계약(契約). 서면 작성을 계약 성립의 요건으로 하는 계약. [반]구두 계약(口頭契約).

▸ 서면 심리 書面審理 (살필 심, 다스릴 리). [법률] 법원이 구두 변론에 의하지 않고 주로 당사자나 소송 관계인이 제출한 서면(書面)으로 심리(審理)하는 일. [반]구두 심리(口頭審理).

▸ 서면 위임 書面委任 (맡길 위, 맡길 임). [법률] 서면(書面)의 작성을 성립 요건으로 하는 위임(委任).

▸ 서면-주의 書面主義 (주될 주, 뜻 의). [법률] '서면 심리주의'(書面審理主義)의 준말.

▸ 서면 심리주의 書面審理主義 (살필 심, 다스릴 리, 주될 주, 뜻 의). [법률] 소송 심리(審理)의 방식에 있어서 당사자의 변론과 법원의 증거 조사 등을 서면(書面)으로써 해야 한다는 주의(主義). [준]서면주의. [반]구술주의(口述主義).

서명1 書名 (책 서, 이름 명). 책[書]의 이름[名]. 책의 제목.

서:명2 署名 (쓸 서, 이름 명). 문서에 자기 이름[名]을 씀[署]. 또는 그 이름. ¶이곳에 서명해 주십시오.

▸ 서:명 날인 署名捺印 (누를 날, 도장 인). [법률] 문서에 서명(署名)을 하고 도장[印]을 찍음[捺]. 기명날인(記名捺印).

▸ 서:명 대:리 署名代理 (대신할 대, 다스릴 리). [법률] 대리인이 그 대리권에 의하여 직접 본인의 서명(署名)을 대신하는[代理] 일.

▸ 서:명 운:동 署名運動 (돌 운, 움직일 동). [사회] 어떤 주장이나 의견에 대한 찬성의 뜻으로 서명(署名)을 받는 운동(運動).

서:모 庶母 (첩 서, 어머니 모). 어머니[母]뻘 되는 아버지의 첩[庶].

서목 書目 (책 서, 눈 목). ① [속뜻] 책[書]의 목록(目錄). ② 보고서의 개요를 따로 뽑아 보고서에 덧붙인 것.

서:무 庶務 (여러 서, 일 무). 일반적이고 잡다한 여러[庶] 사무(事務). 또는 그런 일을 맡아 하는 사람.

▸ 서:무-과 庶務課 (매길 과). 여러[庶] 가지 일반적인 사무(事務)를 맡아보는 부서[課].

▸ 서:무-실 庶務室 (방 실). 주로 학교 따위에서 여러[庶] 가지 일반 사무(事務)를 맡아서 처리하는 곳[室]. ¶급식비는 서무실에 내십시오.

서문1 西門 (서녘 서, 문 문). 서(西)쪽의 문(門). 서쪽으로 낸 문. ¶도둑은 서문으로 도망쳤다.

서:문2 序文 (차례 서, 글월 문). 글의 서두(序頭) 부분에 쓴 글[文]. ¶서문에 책의 대략적인 내용이 나와 있다. [준]서. [반]발문(跋文).

서:물 庶物 (여러 서, 만물 물). 여러[庶] 가지 사물(事物).

⁂**서:민** 庶民 (여러 서, 백성 민). ① [속뜻] 여러[庶] 일반 국민(國民). ② 귀족이나 상류층이 아닌 보통 사람. ¶서민들의 생활이 점점 어려워지고 있다.

▸ 서:민-적 庶民的 (것 적). 서민(庶民)다운 태도나 경향이 있는 것[的]. ¶서민적인 삶.

▸ 서:민-층 庶民層 (층 층). 서민(庶民)에 속하는 일반 계층(階層).

▸ 서:민 계급 庶民階級 (섬돌 계, 등급 급). [사회] 권력 기관에 있지 않은 서민(庶民)층의 계급(階級).

서반 西班 (서녘 서, 나눌 반). ① [속뜻] 서쪽[西]에 선 반열(班列). ② [역사] '무반(武班)'을 달리 이르는 말. 궁중의 조회 때에 문관은 동쪽에 무관은 서쪽에 서 있었던 것에서 유래. 무반(武班). 무열(武列). 호반(虎班). [반]동반(東班).

서-반구 西半球 (서녘 서, 반 반, 공 구). [지리] 경도 0°에서 경도 180°선까지 이르는 지구(地球) 서(西)쪽의 반(半)쪽 부분. [반]동반구(東半球).

서반아 西班牙 (서녘 서, 나눌 반, 어금니 아).

'스페인'(Spain)의 한자 음역어.

서:발 序跋 (차례 서, 끝 발). 서문(序文)과 발문(跋文).

서방¹ 書房 (쓸 서, 방 방). ① [속뜻]글 쓰는[書] 방(房). ② '남편'(男便)을 달리 이르는 말. ③지난날, 벼슬이 없는 남자의 성 아래에 붙여 일컫던 말. ④손아래 친척 여자의 남편 성 아래에 붙여 일컫는 말. ④손아래 친척 여자의 남편 성 아래에 붙여 일컫는 말. ¶박 서방은 언제 오니?

서방² 西方 (서녘 서, 모 방). ① [속뜻]서(西)쪽 방향(方向). ②서쪽 지방. 서부 지역. ③'서방세계'(世界)의 준말. ¶서방 7개국 정상들이 모여 세계 평화에 대해 논의했다. ④ [불교]'서방 극락'(西方極樂)의 준말. [반]동방(東方).

▸서방 세:계 西方世界 (세상 세, 지경 계). ① [속뜻]서유럽[西方]의 여러 나라[世界]. ②서쪽 지방. 서부 지역. [비]서방 국가(西方國家).

▸서방-측 西方側 (곁 측). 서방(西方) 국가가 있는 쪽[側].

▸서방 국가 西方國家 (나라 국, 집 가). [정치]소련 및 그에 동조하는 동유럽 여러 나라에 대하여 서유럽[西方] 여러 나라[國家]를 이르는 말. [준]서방. [참]서방 세계(西方世界).

▸서방 극락 西方極樂 (다할 극, 즐길 락). [불교]서쪽[西方] 십만억토(十萬億土)의 저 쪽에 있다고 하는 극락세계(極樂世界). 서방 세계(西方世界). 서방 정토(西方淨土). [준]서방.

▸서방 세:계 西方世界 (세상 세, 지경 계). ①서유럽[西方]의 여러 나라[世界]. ② [불교]서쪽에 있다고 하는 극락세계. [비]서방 국가(西方國家), 서방 극락.

▸서방 정토 西方淨土 (깨끗할 정, 흙 토). [불교]서쪽[西方] 십만억토(十萬億土)의 저 쪽에 있다고 하는 아주 깨끗한[淨] 세상[土]. 서방 극락(西方極樂). 극락정토(極樂淨土).

서:배 鼠輩 (쥐 서, 무리 배). 쥐[鼠]같이 보잘것없는 무리[輩].

서법¹ 書法 (쓸 서, 법 법). 글씨 쓰는[書] 방법(方法).

서:법² 敍法 (쓸 서, 법 법). [언어]글 쓰는 사람의 심적 태도가 드러나도록 글을 쓰는[敍述] 방법(方法). 의문법(疑問法), 청유법(請誘法) 따위.

서벽 書癖 (글 서, 버릇 벽). 글[書] 읽기를 좋아하는 버릇[癖].

서변 西邊 (서녘 서, 가 변). 서(西)쪽의 변(邊)두리. 서쪽 부근. 또는 ¶적군이 서변을 침범하였다.

서부 西部 (서녘 서, 나눌 부). ① [속뜻]어떤 지역의 서(西)쪽 부분(部分). ¶한반도의 서부에는 평야가 많다. ② [역사]조선 때, 한성을 5부로 나누었던 중의 서쪽 지역 또는 그 지역을 관할하던 관아를 이르던 말. [반]동부(東部).

▸서부-극 西部劇 (연극 극). [연영]'서부 활극'(西部活劇)의 준말.

▸서부 영화 西部映畵 (비칠 영, 그림 화). 개척기의 미국 서부(西部)를 배경으로 한 영화(映畵).

▸서부 음악 西部音樂 (소리 음, 풍류 악). [음악]미국 서부(西部)의 카우보이들이 즐기던 경쾌한 음악(音樂).

▸서부 활극 西部活劇 (살 활, 연극 극). [연영]개척기의 미국 서부(西部)를 배경으로 한 활극(活劇). [준]서부극.

서북 西北 (서녘 서, 북녘 북). ① [속뜻]서(西)쪽과 북(北)쪽을 아울러 이르는 말. ②'서북간'의 준말. ③ [지리]황해도, 평안도, 함경도 지방을 통틀어 이르는 말.

▸서북-간 西北間 (사이 간). 서쪽을 기준으로 서쪽과 북쪽 사이의 방위(方位). [준]서북.

▸서북-서 西北西 (서녘 서). 서북(西北)쪽과 서(西)쪽의 중간이 되는 방위.

▸서북-풍 西北風 (바람 풍). 서북(西北)쪽에서 불어오는 바람[風]. 북서풍(北西風). 여풍(麗風).

▸서북-향 西北向 (향할 향). 서북(西北)쪽을 향(向)한 방위. 또는 서북쪽을 향하고 있는 일.

서:사¹ 序詞 (차례 서, 말씀 사). 글의 서두(序頭)에 쓰는 말[詞]. 머리말. 서문(序文).

서사² 書士 (쓸 서, 선비 사). 대서(代書)나 필사(筆寫)를 업으로 하는 사람[士]. ¶사법서사.

서사[3] **書史** (책 서, 역사 사). 경서(經書)와 사기(史記).

서사[4] **書師** (쓸 서, 스승 사). 붓글씨[書]에 능한 사람[師]. 서가(書家).

서사[5] **書寫** (쓸 서, 베낄 사). 글씨[書]를 베껴 씀[寫].

서ː사[6] **誓詞** (맹세할 서, 말씀 사). 맹세[誓]하는 말[詞]. 서언(誓言).

서ː사[7] **敍事** (쓸 서, 일 사). 사실(事實)이나 사건(事件)이 발생한 차례대로 서술함[敍].

▸서ː사-문 敍事文 (글월 문). 문학 사실(事實)을 있는 그대로 객관적으로 서술(敍述)한 글[文]. ㊟서경문(敍景文), 서정문(抒情文).

▸서ː사-시 敍事詩 (시 시). 문학 국가나 민족의 역사적 사건에 얽힌 신화나 전설 또는 영웅의 사적 등을 서사적(敍事的)으로 읊은 시(長詩). ¶호머의 『일리아드』는 유명한 서사시이다. ㊟극시(劇詩), 서정시(抒情詩).

▸서ː사-체 敍事體 (모양 체). 문학 사실(事實)을 있는 그대로 객관적으로 서술(敍述)하는 문체(文體).

서산 西山 (서녘 서, 메 산). 서(西)쪽에 있는 산(山). ¶해가 너울너울 서산으로 넘어갔다.

서상-학 書相學 (글 서, 모양 상, 배울 학). 글자[書]의 모양[相]으로 그 사람의 성격이나 심리 따위를 연구하는 학문(學問).

서ː색[1] **鼠色** (쥐 서, 빛 색). 쥐[鼠]의 털 빛깔[色].

서ː색[2] **曙色** (새벽 서, 빛 색). ①새벽[曙]에 하늘의 빛[色]. ¶동천에 서색이 들다. ②서광(曙光)을 받은 새벽녘의 경치.

서생 書生 (글 서, 사람 생). ① 속뜻 벼슬을 하지 못하여 아직도 글[書]을 읽고 있는 사람[生]. ②유학(儒學)을 공부하는 사람. ③글만 읽어 세상일에 어두운 선비. ¶서생이 어찌 정세를 알겠소.

▸서생 문학 書生文學 (글월 문, 배울 학). 문학 문학[書]을 공부하는 사람[生]의 아직 습작 과정에 있는 문학(文學). 또는 그 수준의 작품.

서ː-생원 鼠生員 (쥐 서, 사람 생, 인원 원). '쥐'[鼠]를 사람에 비유하여 생원(生員)이라 높여 이르는 말.

서ː설[1] **序說** (차례 서, 말씀 설). 글의 서두(序頭)에 놓인 말[說]. ¶국어학 시설. ㊥서론(序論).

서ː설[2] **瑞雪** (상서 서, 눈 설). 상서(祥瑞)로운 눈[雪]. ¶서설이 내렸다.

서ː세 逝世 (갈 서, 세상 세). ① 속뜻 세상(世上)을 떠남[逝]. ②'죽음'의 높임말.

서ː속 黍粟 (기장 서, 조 속). 기장[黍]과 조[粟]를 아울러 이르는 말. ¶서속, 메밀 등 잡곡을 심었다.

서ː손 庶孫 (첩 서, 손자 손). ① 속뜻 서자(庶子)의 아들[孫]. ②아들의 서자. ㊐적손(嫡孫)

서ː수 序數 (차례 서, 셀 수). 수학 첫째·둘째 따위와 같이 차례[序]를 나타내는 수(數).

서ː-수사 序數詞 (차례 서, 셀 수, 말씀 사). 언어 차례[序]를 나타낼 때 쓰는 수사(數詞). 첫째, 둘째, 셋째나 제일, 제이, 제삼 따위. ㊐기수사(基數詞), 양수사(量數詞).

서숙 書塾 (글 서, 글방 숙). 글[書]을 읽는 글방[塾]. 학문을 연마하는 곳. ¶명동 서숙(明東書塾).

서ː술 敍述 (쓸 서, 지을 술). 어떤 사실을 차례대로 쓰거나[敍] 적음[述]. ¶기행문은 여행하면서 보고 듣고 느낀 것을 서술한 글이다.

▸서ː술-격 敍述格 (자격 격). ① 속뜻 서술어(敍述語)가 되는 자격(資格). ② 언어 문장 속에서, 체언이나 체언 구실을 하는 말 뒤에 붙어 서술어 자격을 가지게 하는 격. ㊐주격(主格).

▸서ː술-부 敍述部 (나눌 부). 언어 문장에서 주어에 대해 서술(敍述)하는 부분(部分). 술어(述語)와 그 수식어로 구성된다. '부지런한 학생은 열심히 공부 한다'에서 '열심히 공부 한다' 따위. ㊌술부. ㊐주어부(主語部).

▸서ː술-어 敍述語 (말씀 어). 언어 문장에서 주어의 동작, 상태, 성질 따위를 서술(敍述)하는 말[語]. '배가 달다'에서 '달다', '밥을 먹다'에서 '먹다' 따위. ㊌술어. ㊐주어(主語).

▸서ː술-절 敍述節 (마디 절). 언어 문장에서 주어의 상태, 동작, 성질 등을 서술(敍

述)하는 마디[節]. '오늘밤은 달이 밝다.'에서 '달이 밝다', '토끼는 앞발이 짧다.'에서 '앞발이 짧다' 따위. ㉥술어절(述語節).

▸서:술-형 敍述形 (모양 형). 언어 어미변화에서, 예사로운 서술(敍述)로 끝맺는 문장 형태(形態). ㉥평서형(平敍形).

▸서:술격 조:사 敍述格助詞 (자격 격, 도울 조, 말씀 사). ① 속뜻 서술어(敍述語)의 자격(資格)을 갖게 하는 조사(助詞). ② 언어 문장 안에서, 체언이나 체언 구실을 하는 말 뒤에 붙어 서술어 자격을 가지게 하는 격 조사. '이다'를 기본형으로 하는 모든 활용형이 이에 딸린다. 받침 없는 말 아래에서는 '이'가 빠진다.

서:시 序詩 (차례 서, 시 시). 문학 ①책의 서문(序文) 대신으로 싣는 시(詩). ②긴 시의 머리말 구실을 하는 시.

서식[1] 書式 (글 서, 법 식). 서류(書類)의 양식(樣式). 서류를 작성하는 방식. ¶서식에 따라 기입하시오. ㉥서례(書例).

서:식[2] 棲息 (깃들 서, 쉴 식). 동물이 어떤 곳에 깃들여[棲] 쉼[息]. ¶이 숲에는 많은 동물들이 서식하고 있다. ㉥서숙(棲宿).

▸서:식-지 棲息地 (땅 지). 동물이 깃들여 사는[棲息] 곳[地]. ¶백로의 서식지.

서신 書信 (글 서, 소식 신). 글[書]을 써서 전한 소식[信]. ¶어머니께 서신을 보내다.

서실 書室 (책 서, 방 실). 책[書]을 모아두고 책을 읽거나 공부하는 방[室]. ㉥서재(書齋).

서안[1] 書案 (책 서, 책상 안). ①예전에, 책[書]을 얹던 책상[案]. ②문서의 초안.

서안[2] 西岸 (서녘 서, 언덕 안). 강, 바다, 호수의 서(西)쪽 기슭[岸]. ㉯동안(東岸).

▸서안 강화 西岸強化 (강할 강, 될 화). 지리 서안(西岸)의 해류가 동안의 해류보다 깊고 빠르게[強] 되는[化] 현상.

▸서안 기후 西岸氣候 (기후 기, 기후 후). 지리 대륙의 서(西)쪽 연안(沿岸)에 나타나는 기후(氣候). 해양성 기후로 연교차가 적고 온화하며, 연 강수량이 많다.

서:약 誓約 (맹세할 서, 묶을 약). 맹세[誓]하고 약속(約束)함. ¶혼인 서약.

▸서:약-문 誓約文 (글월 문). 서약(誓約)하는 글[文]. 또는 그 문건. ¶서약문을 낭독하다. ㉣서문. ㉥서약서(誓約書).

▸서:약-서 誓約書 (글 서). 서약(誓約)하는 글[書]. 또는 그 문서. ㉣서서. ㉥서문(誓文), 서문장(誓文狀), 서장(誓狀), 서약문(誓約文).

***서양** 西洋 (서녘 서, 큰바다 양). ① 속뜻 서(西)쪽 큰바다[洋]. ②동양에 대하여 유럽과 아메리카의 여러 나라를 이르는 말. ¶서양 역사. ㉥구미(歐美), 서구(西歐). ㉯동양(東洋).

▸서양-란 西洋蘭 (난초 란). 서양(西洋)에서 우리나라에 들어온 난(蘭).

▸서양-사 西洋史 (역사 사). 역사 서양(西洋) 여러 나라의 역사(歷史). ㉯동양사(東洋史).

▸서양-식 西洋式 (법 식). 서양(西洋)에서 하는 양식(樣式)이나 격식(格式). ¶서양식 식품. ㉣양식.

▸서양-인 西洋人 (사람 인). 서양(西洋) 여러 나라에서 태어나거나 살고 있는 사람[人]. ㉣양인.

▸서양-풍 西洋風 (풍속 풍). 서양식(西洋式)의 풍속(風俗). 서양의 양식을 본뜬 모양. ㉣양풍.

▸서양-화 西洋化 (될 화). 서양(西洋)의 문화나 양식을 닮아 감[化]. ¶의료 방식이 서양화되었다.

▸서양-화 西洋畵 (그림 화). 미술 서양(西洋)에서 발달한 그림 기법으로 그린 그림[畵]. 수채화(水彩畵), 유화(油畵), 목탄화(木炭畵), 판화(版畵畵) 따위가 있다. ㉣양화. ㉯동양화(東洋畵).

▸서양 요리 西洋料理 (헤아릴 료, 다스릴 리). 서양(西洋)에서 발달한 요리(料理). '서양식 요리'(西洋式料理)의 준말. ¶서양 요리 전문점. ㉣양요리.

서언[1] 西諺 (서녘 서, 상말 언). 서양(西洋)에서 사용하는 속담[諺].

서:언[2] 序言 (=緖言, 차례 서, 말씀 언). 글의 서두(序頭)에 쓰는 글[言]. ¶책의 서언에서 연구목적을 밝혔다. ㉥머리말.

서:언[3] 誓言 (맹세할 서, 말씀 언). 맹세하는[誓] 말[言]. ㉥서사(誓詞).

서:얼 庶孼 (첩 서, 서자 얼). 서자(庶子)와 그 자손[孼]. ¶서얼을 등용하다.

▸서:얼-차대 庶孼差待 (다를 차, 대접할

대). [역사] 조선 때, 서얼(庶孼)을 차별(差別) 대우(待遇)하던 일.

서역 西域 (서녘 서, 지경 역). [역사] 중국의 서(西)쪽 지역(地域)에 있던 여러 나라를 통틀어 이르는 말. ¶현장(玄奘)은 불경을 찾아 서역으로 떠났다.

서연 書筵 (책 서, 대자리 연). [역사] 고려·조선 때, 임금이나 왕세자 앞에서 경서(經書)를 강론하던 자리[筵].

서:열 序列 (차례 서, 줄 렬). 연령, 지위, 성적 따위의 일정한 순서(順序)에 따라 줄 세워[列] 정리하는 일. ¶서열을 매기다 / 서열이 높다.

서예 書藝 (쓸 서, 재주 예). 붓글씨를 잘 쓰는[書] 재주[藝]. 또는 그 예술. ¶김정희는 서예의 대가이다.

▶서예-가 書藝家 (사람 가). 서예(書藝)를 전문으로 하는 사람[家].

▶서예-부 書藝部 (나눌 부). 학교나 단체에서, 붓으로 글을 쓰는[書藝] 것을 배우는 반[部].

서옥 書屋 (글 서, 집 옥). 한문 따위의 글[書]을 가르치던 곳[屋]. [비]글방, 사숙(私塾), 서당(書堂), 서재(書齋), 학당(學堂), 학방(學房).

서:우[1] 瑞雨 (상서 서, 비 우). 곡물의 생장을 돕는 상서(祥瑞)로운 비[雨]. 자우(慈雨).

서:우[2] 暑雨 (더울 서, 비 우). 무더운 여름[暑]에 내리는 비[雨]. ¶서우가 내리고 시원해졌다.

서:운[1] 瑞雲 (상서 서, 구름 운). 상서(祥瑞)로운 구름[雲]. 복되고 길한 조짐이 보이는 구름. [비]상운(祥雲).

서:운[2] 瑞運 (상서 서, 운수 운). 상서(祥瑞)로운 운수(運數). [비]상운(祥運).

서원[1] 書院 (글 서, 집 원). ① [속뜻] 글[書]을 익히는 집[院]. ② [역사] 조선 시대, 선비들이 모여 명현(明賢)을 제사하고 학문을 강론하며 인재를 키우던 사설기관. ¶도산서원.

서:원[2] 誓願 (맹세할 서, 바랄 원). ①마음으로 맹세하고[誓] 소원(所願)을 세움. ② [불교] 부처나 보살이 중생을 제도하려는 소원이 이루어지도록 기원하는 일.

▶서:원-력 誓願力 (힘 력). [불교] 부처나 보살이 서원(誓願)하는 염력(念力).

서유-견문 西遊見聞 (서녘 서, 떠돌 유, 볼 견, 들을 문). [책명] 조선 고종 32년(1895)에 유길준(兪吉濬)이 서양(西洋)에 있는 미국을 유람(遊覽)하며 보고[見] 들은[聞] 바를 쓴 책.

서유-기 西遊記 (서녘 서, 떠돌 유, 기록할 기). [문학] 당(唐)나라의 현장법사가 서역(西域)인 인도를 유람(遊覽)하고 온 이야기를 바탕으로 지은[記] 소설. 중국의 4대 기서(奇書)의 하나로, 손오공, 저팔계, 사오정이 삼장 법사를 보호하며 어려움을 무릅쓰고 천축에 이르러 무사히 불경(佛經)을 가지고 돌아온다는 내용이다.

서융 西戎 (서녘 서, 오랑캐 융). ① [속뜻] 서쪽[西]의 오랑캐[戎]. ② [역사] 고대 중국 사람들이 그들의 서쪽 지역에 사는 민족을 멸시하여 이르던 말. [참]남만(南蠻), 북적(北狄), 동이(東夷).

서이 西夷 (서녘 서, 오랑캐 이). ① [속뜻] 서쪽[西]의 오랑캐[夷]. ② [역사] 서융(西戎).

서인[1] 西人 (서녘 서, 사람 인). ① [역사] 조선 시대에, 심의겸(沈義謙)을 중심으로 동인(東人)과 대립한 당파. 도성의 서(西)쪽에 살던 심의겸을 지지하는 사람[人]들에서 유래. 이후 시기에 따라 청서·훈서, 소서·노서, 노론·소론, 시파·벽파로 갈라졌다. ② '서양인'(西洋人)의 준말. [참]사색당파(四色黨派).

서:인[2] 庶人 (여러 서, 사람 인). 벼슬이 없는 여러[庶] 일반 백성[人]. [비]서민(庶民).

서:임 敍任 (베풀 서, 맡길 임). 벼슬자리[任]를 내림[敍]. ¶그를 수군절도사에 서임했다.

서:자 庶子 (첩 서, 아이 자). 첩[庶]에게서 태어난 아이[子]. ¶홍길동은 서자로 태어났다. ②맏아들 외의 모든 아들. [비]별자(別子). [반]적자(嫡子).

서:작 敍爵 (베풀 서, 벼슬 작). 작위(爵位)를 내림[敍]. ¶여왕은 그를 공작으로 서작했다.

서장[1] 西藏 (서녘 서, 감출 장). 중국 서(西)쪽에 위치한 장족(藏族, Tibet)의 나라.

서장[2] 書狀 (글 서, 문서 장). ① [속뜻] 글[書]을 적은 문서[狀]. ②편지. ¶그는 어머니께 서장을 보냈다.

서:장³ 署長 (관청 서, 어른 장). 경찰서, 세무서, 소방서 따위 '서'(署)자가 붙은 기관의 최고 직위[長]에 있는 사람. ¶서장이 직접 나와 사건을 설명하였다.

서:장⁴ 誓狀 (맹세할 서, 문서 장). 맹세하는[誓] 글[狀]. ⓑ서약서(誓約書).

서재¹ 西齋 (서녘 서, 방 재). 역사 성균관이나 향교의 명륜당 서(西)쪽에 있던 집[齋]. 유생들이 거처하고 공부하던 곳이었다.

서재² 書齋 (글 서, 방 재). ①책을 갖추어 두고 책을 읽거나 글[書]을 쓰는 방[齋]. ¶하루 종일 서재에서 책을 읽었다. ②글을 가르치는 곳. ⓑ문방(文房), 서각(書閣), 서실(書室).

▸ **서재-인** 書齋人 (사람 인). 사회 현실과는 동떨어져 서재(書齋)에만 박혀 있는 학자나 문필가[人]를 이르는 말.

▸ **서재 문학** 書齋文學 (글월 문, 배울 학). 문학 서재(書齋)에서만 다루었을 법한 현실성이 없는 이론적이고 관념적인 문학(文學).

▸ **서재 평론** 書齋評論 (평할 평, 논할 론). ① 속뜻 서재(書齋)에서만 다루었을 법한 평론(評論). ② 문학 문학에 대한 창조적 비평 없이 단순한 지식의 자랑에 불과한 평론.

서적 書籍 (글 서, 문서 적). ① 속뜻 글[書]을 써 놓은 책이나 문서[籍]. ②서사(書史). ⓑ 책(冊), 도서(圖書).

▸ **서적-원** 書籍院 (관청 원). 역사 고려 때, 서적(書籍)을 번역·주석하여 출판하는 일을 맡아보던 관아[院].

▸ **서적-포** 書籍鋪 (가게 포). 역사 고려 때, 국자감에 속하여 서적(書籍)을 보관하고 인쇄하는 일을 맡아보던 곳[鋪].

서전¹ 書典 (책 서, 책 전). 책[書=典].

서전² 書傳 (쓸 서, 전할 전). 책명 송(宋)나라 주희(朱熹)의 제자 채침(蔡沈)이 '서경(書經)'에 주해를 단 책[傳].

서:전³ 瑞典 (상서 서, 법 전). '스웨덴'(Sweden)의 한자 음역어. 중국 광동어(Cantonese) 발음을 한자로 옮긴 것이다.

서:전⁴ 緖戰 (실마리 서, 싸울 전). ① 속뜻 전쟁 초기의 첫 번째[緖] 싸움[戰]. ②운동 경기의 첫 번째 경기. ¶서전을 승리로 장식하다.

서점¹ 西點 (서녘 서, 점 점). ① 속뜻 주어진 곳에서 정확히 서(西)쪽에 있는 지점(地點). ② 천문 지평선과 자오선이 만나는 남점(南點)에서 서쪽으로 90°되는 점.

서점² 書店 (책 서, 가게 점). 책[書]을 파는 가게[店]. ⓑ책방(冊房), 책사(冊肆), 책점(冊店), 서관(書館), 서림(書林), 서사(書肆), 서포(書鋪).

서점³ 西漸 (서녘 서, 점점 점). 어떤 세력이나 영향 따위가 점점[漸] 서(西)쪽으로 옮김. ⓑ동점(東漸).

▸ **서점 운:동** 西漸運動 (돌 운, 움직일 동). 역사 미국 서부(西部)의 미개척 지역으로 사람들이 점점[漸] 이주해가던 운동(運動). 서부지역 개척과 거주지 확대를 목적으로 벌였고 이때 많은 서부 도시들이 발달하였다.

서정¹ 西征 (서녘 서, 칠 정). 서(西)쪽을 정벌(征伐)함.

서:정² 抒情 (=敍情, 펼 서, 마음 정). 말이나 글 따위로 자기의 마음[情]을 펼쳐[抒] 나타냄.

▸ **서:정-문** 抒情文 (글월 문). 문학 자기의 감정(感情)을 표현한[抒] 글[文]. ⓒ서사문(敍事文), 서경문(敍景文).

▸ **서:정-시** 抒情詩 (시 시). 문학 시인의 사상이나 감정(感情)을 읊은[抒] 시(詩). ⓒ 극시(劇詩). 서사시(敍事詩).

▸ **서:정-적** 抒情的 (것 적). 감정(感情)을 듬뿍 담아 읊은[抒] 것[的]. ¶이 노래 가사는 참 서정적이다.

▸ **서:정 소:곡** 抒情小曲 (작을 소, 노래 곡). 음악 감정(感情)을 듬뿍 담아 표현한[抒情], 낭만적이며 환상적인 소품곡(小品曲).

서:정³ 庶政 (여러 서, 정사 정). 여러[庶] 방면의 정치(政治) 사무. ¶서정을 개혁하다.

▸ **서:정-쇄신** 庶政刷新 (쓸어낼 쇄, 새 신). 나라의 여러[庶] 정치(政治) 폐단을 싹 쓸어내고[刷] 새로이[新] 함.

서:족 庶族 (첩 서, 겨레 족). 서자(庶子) 자손의 혈족(血族).

서:주 序奏 (차례 서, 연주할 주). 음악 뒤에 나올 중요한 부분에 앞서 첫머리[序]에 연주(演奏)하는 곡.

서중¹ 書中 (글 서, 가운데 중). 책, 문서, 편지 따위에 쓰인 글[書] 가운데[中].

서:중² 暑中 (더울 서, 가운데 중). 한여름의 더운[暑] 동안[中].

서증¹ 書贈 (쓸 서, 보낼 증). 글씨[書]를 써서 증정(贈呈)함.

서증² 書證 (쓸 서, 증거 증). [법률] 법원에서 문서(文書)를 재판상의 증거(證據)로 삼는 일. [반]인증(人證).

서지 書誌 (글 서, 기록할 지). ① [속뜻] 글[書]로써 기록된[誌] 것. ② 책이나 문헌에 대한 내용 목록. ¶책의 서지 사항을 확인하다. ③ 어떤 인물이나 제목 따위에 관한 문헌 목록.

▶서지-학 書誌學 (배울 학). 책[書誌]의 분류와 해제(解題), 감정(鑑定) 따위의 연구를 하는 학문(學問). [비]문헌학(文獻學).

서진¹ 西進 (서녘 서, 나아갈 진). 서(西)쪽으로 나아감[進].

서진² 書鎭 (글 서, 누를 진). 책장이나 종이[書]가 바람에 날리지 않도록 누르는[鎭] 물건. [비]문진(文鎭).

서질 書帙 (책 서, 책갑 질). ① 한 권 또는 여러 권의 책[書]을 한목에 싸서 넣어 두는 싸개[帙]. [비]서투(書套). ② 책. [비]도서(圖書).

서:차 序次 (차례 서, 차례 차). 순서[序=次] 있게 구분하여 벌여 나가는 관계. [비]차례(次例).

▶서:차-법 序次法 (법 법). [문학] 일정한 차례대로[序次] 써 나가는 문장 표현법(表現法). 가까운 데서 먼 데로, 쉬운 것에서 어려운 것으로 서술하는 등이다.

서찰 書札 (편지 서, 쪽지 찰). 편지[書=札].

서창¹ 西窓 (서녘 서, 창문 창). 서(西)쪽으로 난 창(窓). [반]동창(東窓).

서창² 書窓 (책 서, 창문 창). 서재(書齋)의 창(窓).

서:창³ 敍唱 (쓸 서, 부를 창). [음악] 오페라 등에서 대사를 말하듯이[敍] 노래하는[唱] 형식. 흔히 주인공의 처지나 사건을 서술할 때 쓰인다. [비]레시터티브(recitative).

서책 書冊 (글 서, 책 책). 일정한 내용을 글[書]이나 그림으로 표현하여 적거나 인쇄하여 묶어놓은[冊] 것. ¶오래된 서책들이 책장에 빽빽이 꽂혀 있다. [준]책. [비]간책(簡冊), 서권(書卷), 판적(版籍).

서:천¹ 暑天 (더울 서, 하늘 천). ① 무더운[暑] 여름의 하늘[天]. ② 더운 날씨.

서:천² 曙天 (새벽 서, 하늘 천). 새벽[曙] 하늘[天].

서천³ 西天 (서녘 서, 하늘 천). ① [속뜻] 서(西)쪽 하늘[天]. ¶해가 서천에 걸려 있다. ② [역사] 서천 서역국.

▶서천 서역국 西天西域國 (서녘 서, 지경 역, 나라 국). ① [속뜻] 서쪽[西] 하늘[天] 아래 서쪽[西] 지역(地域)에 있는 나라[國]. ② [역사] 예전에, '인도'(印度)를 이르던 말. [준]서천.

서첩 書帖 (쓸 서, 표제 첩). 잘 쓴 글씨[書]를 모아 하나로 묶은 책[帖]. [비]묵첩(墨帖).

서체¹ 書體 (쓸 서, 모양 체). 글씨[書] 모양[體]. ¶고딕 서체. [비]글씨체.

서:체² 暑滯 (더울 서, 막힐 체). [한의] 여름철에 더위[暑]로 인하여 생기는 체증(滯症).

서축 書軸 (쓸 서, 굴대 축). 글씨를 쓴[書] 두루마리[軸].

서:출 庶出 (첩 서, 날 출). 첩[庶]의 몸에서 난[出] 아이. [비]서생(庶生), 첩출(妾出), 측출(側出). [반]적출(嫡出).

서:치¹ 序齒 (차례 서, 이 치). 나이[齒]를 차례[序]로 함. 나이순으로 함. ¶서치에 따라 자리를 배정하다. [비]연령순(年齡順).

서치² 書痴 (글 서, 바보 치). 글[書] 읽기에만 빠져 세상일을 돌아보지 않는 바보[痴].

서:퇴 暑退 (더울 서, 물러날 퇴). 더위[暑]가 물러감[退].

서편 西便 (서녘 서, 쪽 편). 서(西) 쪽[便]. [반]동편(東便).

▶서편-제 西便制 (정할 제). [음악] 섬진강 서쪽[西便], 곧 보성·광주·나주 등지에서 성행하는 판소리로, 조선 후기의 명창 박유전(朴裕全)의 법제(法制)를 따라 부르는 창법이라는 뜻에서 붙여진 이름이다. 음색이 곱고 애절한 것이 특징이다.

서평 書評 (책 서, 평할 평). 책[書]의 내용에 관한 품평(品評). ¶신간 서평이 신문에 실렸다.

서포-만필 西浦漫筆 (서녘 서, 개 포, 멋대로 만, 글씨 필). [책명] 조선 숙종 때의 문인 서포(西浦) 김만중(金萬重)이 지은 수필집[漫

筆]. 제자백가(諸子百家)를 논하고 신라 이후의 시를 비평하였다. 2권 2책.

서폭 書幅 (쓸 서, 너비 폭). 글씨를 써서[書] 꾸민 족자[幅].

서표 書標 (책 서, 나타낼 표). 읽던 곳을 찾기 쉽도록 책[書]장 사이에 끼워 두는 종이 따위로 만든 조각[標].

서:품[1] 序品 (차례 서, 물건 품). 불교 ①법화경 28품의 제1품. 첫 번째[序] 품(品). ②경전의 내용을 추려 나타낸 개론 부분.

서:품[2] 敍品 (베풀 서, 물건 품). 가톨릭 정해진 수도 과정을 거치거나 자격·요건을 갖춘 사람을 안수(按手)에 의해 주교·사제·부제 등의 품직(品職)에 임명하는[敍] 일. ¶교황청은 그를 추기경으로 서품했다.

▸서:품-식 敍品式 (의식 식). 가톨릭 서품(敍品)을 하는 예식(禮式)을 이르는 말. 이 예식을 치름으로써 성직자가 된다.

서풍[1] 西風 (서녘 서, 바람 풍). 서(西)쪽에서 불어오는 바람[風]. ㊥하늬바람, 갈바람. ㊇동풍(東風).

서풍[2] 書風 (쓸 서, 모습 풍). 서예의 글씨를 쓰는[書] 풍격(風格). ¶호쾌한 서풍.

서학[1] 西學 (서녘 서, 배울 학). ①서양(西洋)의 학문(學問). ②역사 조선 시대, 천주교를 이르던 말. ③역사 조선 때, 서울 서부에 둔 사학(四學)의 하나.

서학[2] 書學 (쓸 서, 배울 학). 역사 고려 때, 국자감의 경사 육학 가운데 팔체(八體)의 서법(書法)을 가르치던 학과(學科).

서한 書翰 (글 서, 글 한). 소식을 전하기 위한 글[書=翰]. ㊥편지(便紙).

▸서한-문 書翰文 (글월 문). 문학 편지글[書翰]에 쓰이는 문체(文體). 또는 그런 문체로 쓴 글. ㊥서간문(書簡文).

▸서한-전 書翰箋 (찌지 전). 편지글[書翰]을 쓰는 종이[箋]. 책처럼 되어 있는데 쓴 다음에 한 장씩 뜯어내게 되어 있다. ㊥서간전(書簡箋).

▸서한-지 書翰紙 (종이 지). 편지글[書翰]을 쓰는 종이[紙]. ㊥서한전(書翰箋).

▸서한-체 書翰體 (모양 체). 문학 편지글[書翰]의 형식으로 된 문체(文體). ㊥서간체(書簡體).

▸서한 문학 書翰文學 (글월 문, 배울 학). 문학 편지글[書翰]의 형식으로 된 문학(文學) 작품. 서한시(書翰詩), 서한체 소설(書翰體小說) 따위가 있다. ㊥서간 문학(書簡文學).

서함 書函 (글 서, 상자 함). ①책[書]을 넣는 상자[函]. ②편지를 넣어 두는 함. ¶어머니의 편지를 서함에 잘 넣어두었다. ③편지.

서해 西海 (서녘 서, 바다 해). ①속뜻 서(西)쪽 바다[海]. ②지리 '황해'(黃海)를 달리 이르는 말.

▸서해-안 西海岸 (언덕 안). ①속뜻 서쪽 바다[西海]의 해안(海岸). ②지리 황해와 맞닿은 해안.

서행[1] 西行 (서녘 서, 갈 행). ①속뜻 서(西)쪽으로 감[行]. ②불교 서방 정토(西方淨土) 극락에 왕생하는 일.

서:행[2] 徐行 (느릴 서, 갈 행). 자동차나 기차 따위가 천천히 느리게[徐] 감[行]. ¶학교 앞에서는 서행하십시오.

서향[1] 西向 (서녘 서, 향할 향). 서(西)쪽을 향(向)함. 또는 서쪽 방향.

서:향[2] 瑞香 (상서 서, 향기 향). ①속뜻 상서(祥瑞)로운 향기[香]. ②식물 팥꽃나무과의 상록 관목. 잎은 양 끝이 좁고 둥근 모양이며 어긋맞게 난다. 3~4월에 흰빛 또는 붉은 자줏빛 꽃이 피는데 향기가 짙다.

서:화[1] 瑞花 (상서 서, 꽃 화). ①속뜻 풍년을 들게 하는 상서(祥瑞)로운 꽃[花]. ②'눈'(雪)을 이르는 말.

서화[2] 書畫 (쓸 서, 그림 화). 글씨[書]와 그림[畫]. ¶그녀는 어릴 적부터 서화에 뛰어났다.

▸서화-가 書畫家 (사람 가). 글씨[書]를 잘 쓰고 그림[畫]을 잘 그리는 사람. 또는 이를 전문으로 하는 사람.

▸서화-상 書畫商 (장사 상). 글씨[書]와 그림[畫]을 전문으로 사고파는 장사[商].

▸서화-전 書畫展 (펼 전). 글씨[書]와 그림[畫]의 전람회(展覽會).

▸서화-첩 書畫帖 (표제 첩). 글씨[書]와 그림[畫]을 모아 꾸민 책[帖].

서:회 敍懷 (=舒懷, 쓸 서, 품을 회). 품은[懷] 생각을 늘어놓듯 말함[敍].

서:훈 敍勳 (베풀 서, 공 훈). 나라를 위해 세운 공로에 따라 훈장(勳章)을 내림[敍].

석가[1] 釋家 (석가 석, 사람 가). 석가모니[釋]를 믿는 사람[家]. (비)불가(佛家).

석가[2] 釋迦 (풀 석, 부처이름 가). 불교 ①산스크리트어 'Sakya'의 한자 음역어(音譯語). 아리아족 크샤트리아, 곧 왕족에 딸린 민족의 하나. ②'석가모니'의 준말.

▸석가-탑 釋迦塔 (탑 탑). 불교 석가모니(釋迦牟尼)의 치아, 머리털, 사리 따위를 모신 탑(塔). 경주의 불국사, 보은의 법주사, 양산의 통도사, 평창의 월정사, 칠곡의 송림사 등에 있다.

▸석가-모니 釋迦牟尼 (보리 모, 여승 니). 불교 산스크리트어 'Sakyamuni'의 한자 음역어(音譯語). 범불교의 개조(開祖)로 세계 4대 성인 가운데 한 사람. (준)석가.

▸석가 삼존 釋迦三尊 (석 삼, 높을 존). 불교 석가(釋迦)를 중심으로 문수(文殊), 보현(普賢)의 두 보살을 합한 세 개[三尊]의 상(像).

▸석가-세존 釋迦世尊 (세상 세, 높을 존). 불교 '석가모니'(釋迦牟尼), 즉 세상(世上)에서 가장 존귀(尊貴)한 존재로 높이어 일컫는 말. (준)석존, 세존.

석각[1] 石角 (돌 석, 모서리 각). 돌[石]의 뾰족한 모서리[角].

석각[2] 石刻 (돌 석, 새길 각). 돌[石]에 글이나 그림을 새김[刻]. 또는 그렇게 새긴 것.

▸석각-화 石刻畫 (그림 화). 돌에 새긴[石刻] 그림[畫]. 비석 따위에 새긴 그림.

석간[1] 夕刊 (저녁 석, 책 펴낼 간). 매일 저녁[夕]때에 발행되는[刊] 신문. '석간신문'(新聞)의 준말. ¶그 사건은 석간신문에 대서특필(大書特筆)됐다. (반)조간(朝刊).

▸석간-지 夕刊紙 (종이 지). 석간(夕刊) 신문[紙]. (반)조간지(朝刊紙).

▸석간-신문 夕刊新聞 (새 신, 들을 문). 매일 저녁[夕]에 발행하는[刊] 신문(新聞). 석간지(夕刊紙). (준)석간. (반)조간신문(朝刊新聞).

석간[2] 石間 (돌 석, 사이 간). 돌[石]과 돌 사이[間]. 바위 틈.

▸석간-송 石間松 (소나무 송). 바위[石] 틈[間]에 자란 소나무[松].

▸석간-수 石間水 (물 수). 바위[石] 틈[間]에서 흘러나오는 샘물[水]. (비)돌샘, 석천(石泉).

▸석간-주 石間硃 (주사 주). ①속뜻 바위[石] 틈[間]에서 나오는 붉은 흙[硃]. ②광업 산화철이 많이 섞여 빛깔이 붉어 도자기의 채색 염료로 쓰임. (비)적토(赤土), 주토(朱土), 토주(土朱).

석간[3] 石澗 (돌 석, 산골물 간). 돌[石]이 많은 산골짜기를 흐르는 시내[澗].

▸석간-수 石澗水 (물 수). 돌[石]이 많은 산골짜기를 흐르는 시냇[澗] 물[水].

석검 石劍 (돌 석, 칼 검). 석기 시대의 돌[石]로 만든 칼[劍]. (비)돌칼.

석경[1] 夕景 (저녁 석, 볕 경). ①저녁[夕] 햇빛의 그늘[景]. ②저녁 때의 경치.

석경[2] 石逕 (=石徑, 돌 석, 좁은길 경). 돌[石]이 많은 좁은 길[逕]. 또는 돌이 많은 산길.

석경[3] 石磬 (돌 석, 경쇠 경). 음악 돌[石]로 만든 경쇠[磬]. 아악기의 한 가지로 소리가 맑다. (비)돌경.

석경[4] 石鏡 (돌 석, 거울 경). ①반들반들한 돌[石]로 만든 거울[鏡]. ②얼굴을 비춰보는 작은 거울. (비)면경(面鏡).

석계 石階 (돌 석, 섬돌 계). 집채를 오르내릴 수 있도록 놓은 돌[石] 계단(階段). (비)섬돌, 석단(石段), 석제(石梯).

석고 石膏 (돌 석, 기름 고). ①속뜻 돌[石]을 넣어 만든 기름[膏] 같은 물질. ②광업 황산 칼슘과 물을 성분으로 한 단사정계(單斜晶系)의 광물로 비료나 시멘트의 원료가 되며 고온으로 가열하면 소석고(燒石膏)가 됨.

▸석고-상 石膏像 (모양 상). 미술 석고(石膏)로 만든 상(像).

▸석고-형 石膏型 (모형 형). 미술 미술이나 공예품 따위를 만들 때 쓰는 석고(石膏)로 만든 틀[型].

▸석고 붕대 石膏繃帶 (묶을 붕, 띠 대). 의학 석고(石膏)를 재료로 만든 붕대(繃帶). ¶다친 다리에 석고 붕대를 하였다.

석고-대죄 席藁待罪 (자리 석, 짚 고, 기다릴 대, 허물 죄). ①속뜻 짚[藁]으로 만든 자리[席]를 깔고 앉아 지은 죄(罪)에 대한 벌을 주기를 기다림[待]. ②자신의 죄에 대하여 스스로 뉘우치고 처벌을 기다림.

석공 石工 (돌 석, 장인 공). ①속뜻 돌[石]을 다루어 예술품이나 공업품을 만드는 기술

자[工]. ¶석공은 불상을 만들었다. ②'석공업'(石工業)의 준말. ㊥석수(石手).

▸석공-업 石工業 (일 업). 돌[石]이나 콘크리트 따위를 다루어 무엇을 만드는[工] 직업(職業). ㊤석공.

석곽 石槨 (돌 석, 덧널 곽). 관을 넣을 자리를 돌[石]로 축조한 곽[槨].

▸석곽-묘 石槨墓 (무덤 묘). 땅을 깊이 파고 돌[石]로 곽[槨]을 축조한 무덤[墓]. ¶부여에서 석곽묘가 발견되었다.

석관 石棺 (돌 석, 널 관). 돌[石]로 만든 관[棺].

석광 錫鑛 (주석 석, 쇳돌 광). 광업 주석[錫]을 파내는 광산(鑛山).

석괴 石塊 (돌 석, 덩어리 괴). 돌[石] 덩어리[塊]. ㊥돌덩이.

석교[1] 石交 (돌 석, 사귈 교). 돌[石]처럼 단단하고 굳은 사귐[交].

석교[2] 石橋 (돌 석, 다리 교). 돌[石]로 만든 다리[橋].

석교[3] 釋敎 (석가 석, 가르칠 교). ① 속뜻 석가모니[釋]의 가르침[敎]. ②불교(佛敎).

석구 石臼 (돌 석, 절구 구). 돌[石]로 만든 절구[臼].

석굴 石窟 (돌 석, 굴 굴). 토굴(土窟)에 대하여 바위[石]에 뚫린 굴[窟]. ㊥암굴(巖窟).

▸석굴-암 石窟庵 (암자 암). 불교 경주 불국사 뒤, 토함산 중턱에 있는 석굴(石窟) 속의 암자(庵子).

석권 席卷 (=席捲, 자리 석, 말 권). ① 속뜻 자리[席]를 말아[卷] 걷어냄. ②한 번에 닥치는 대로 영토를 휩쓺. 무서운 기세로 세력을 펼치거나 휩쓺. ¶신제품으로 국내 시장을 석권하다.

▸석권지세 席卷之勢 (어조사 지, 기세 세). 무서운 힘으로 세력을 펼치거나 휩쓸[席卷] 기세(氣勢).

석기[1] 石基 (돌 석, 터 기). ① 속뜻 돌[石]의 토대[基]. ② 광업 화성암에서 반정(斑晶) 이외의 부분. 마그마가 분출할 때 냉각해서 생긴 유리질(琉璃質)이나 미세한 결정으로 이루어진다.

석기[2] 石器 (돌 석, 그릇 기). 여러 가지 돌[石]로 만든 기구(器具). 특히 석기 시대의 유물을 이른다.

▸석기 시대 石器時代 (때 시, 연대 대). 역사 고고학상의 시대 구분의 하나. 인류가 석기(石器)를 쓰는 시대(時代). 구석기(舊石器) 시대와 신석기(新石器) 시대로 나눈다.

석녀 石女 (돌 석, 여자 녀). ① 속뜻 돌[石] 같은 여자[女]. ②'성욕이나 성적 흥분을 느끼지 못하는 여자'를 비유하여 이르는 말. ③아이를 낳지 못하는 여자를 일컬음.

석년 昔年 (옛 석, 해 년). ① 속뜻 지난[昔] 해[年]. ②여러 해 전. ¶석년에는 잘 살았다.

석단 石段 (돌 석, 층계 단). 돌[石]로 만든 층계[段]. ¶석단을 딛고 올라가다. ㊥섬돌.

석단 石壇 (돌 석, 단 단). 돌[石]로 만든 단(壇). ¶석단 위에 동상을 올렸다.

석대 石臺 (돌 석, 돈대 대). 돌[石]로 쌓아 만든 밑받침[臺].

석덕 碩德 (클 석, 베풀 덕). ① 속뜻 높은[碩] 덕(德). ②덕이 높은 이. 특히, 덕이 높은 승려를 이른다.

석도 石刀 (돌 석, 칼 도). 돌[石]로 만든 칼[刀]. ㊥돌칼.

석두 石頭 (돌 석, 머리 두). ① 속뜻 돌[石]같은 머리[頭]. ②몹시 어리석은 사람의 머리를 낮춰 이르는 말.

석등 石燈 (돌 석, 등불 등). 돌[石]로 만든 등(燈). ¶석등에 불을 켜다.

석로[1] 碩老 (클 석, 늙을 로). 학문과 덕행이 높은[碩] 노인(老人). ¶석로를 모시고 고견을 들었다.

석로[2] 釋老 (석가 석, 늙을 로). 석가(釋迦)와 노자(老子)를 아울러 이르는 말.

석류 石榴 (돌 석, 석류나무 류). ① 식물 석류(石榴)나무의 열매. 붉은 빛을 띠고 신맛이 난다. ② 한의 석류 껍질을 약재로 이르는 말. 설사, 복통, 대하증 따위를 다스린다. ③떡의 웃기의 한 가지. 찹쌀가루를 반죽하여 붉은빛을 들여 석류 모양으로 빚은 다음 기름에 지진다.

▸석류-화 石榴花 (꽃 화). 석류(石榴) 나무의 꽃[花].

석리 石理 (돌 석, 결 리). 광업 암석(岩石), 석재 따위의 표면의 감촉이나 육안으로 판단되는 결[理]. 암석을 분류하는 단서가 된다.

석마 石磨 (돌 석, 갈 마). 돌[石]로 만든, 곡식 따위를 가는[磨] 기구. ⓑ맷돌.

석면 石綿 (돌 석, 솜 면). ① 속뜻 돌[石]에서 채취한 솜[綿] 같은 물질. ② 광업 광물(鑛物)의 하나로 사문석(蛇紋石)이나 각섬석(角閃石) 등이 분해되어 섬유질로 변한 것.

▸석면-사 石綿絲 (실 사). 수공 석면(石綿)의 섬유를 가공하여 만든 실[絲].

▸석면-판 石綿板 (널빤지 판). 석면(石綿)을 주원료로 하여 만든 판자(板子). 전기 절연체, 연마재 등으로 쓰인다.

▸석면 도기 石綿陶器 (질그릇 도, 그릇 기). 수공 원료 속에 석면(石綿)을 넣어서 만들어 잘 깨지지 않는 도기(陶器).

석명 釋明 (풀 석, 밝을 명). 사실을 풀어[釋] 내용을 밝힘[明].

▸석명-권 釋明權 (권리 권). 법률 법원이 사건의 내용을 명백히 하기 위해 법률상·사실상의 사항에 관하여 당사자에게 진술·설명할[釋明] 기회를 주고 입증을 촉구하는 권한(權限).

▸석명 의:무 釋明義務 (옳을 의, 일 무). 법률 석명권(釋明權)을 법원의 의무(義務)로 인정하여 붙인 이름.

석무 夕霧 (저녁 석, 안개 무). 저녁[夕]에 끼는 안개[霧].

석묵 石墨 (돌 석, 먹 묵). ① 속뜻 돌[石]같이 단단한 먹[墨]으로 쓰는 물질. ② 광업 순수한 탄소로만 이루어진 광물의 한 가지. 금속 광택이 있고 검은빛이다. 연필심, 전극, 감마제 따위로 쓰인다. ⓑ흑연(黑鉛).

석문[1] 石文 (돌 석, 글월 문). 비석(碑石)이나 벽돌, 기와 따위에 새긴 글[文].

석문[2] 石門 (돌 석, 문 문). 돌[石]로 만든 문(門).

석문[3] 石紋 (돌 석, 무늬 문). 돌[石]에 새긴 무늬[紋].

석문[4] 釋文 (풀 석, 글월 문). 불교 불교 경론을 풀이한[釋] 글이나 글귀[文].

석문[5] 釋門 (석가 석, 문 문). ① 속뜻 석가(釋迦)를 믿는 사람들이 드나드는 문(門). ② 불교 불가(佛家). ⓑ불문(佛門).

석물 石物 (돌 석, 만물 물). 무덤 앞에 돌[石]로 만들어 놓은 물건(物件). 석인(石人), 석수(石獸), 석주(石柱), 석등(石燈), 상석(床石) 따위.

석반[1] 夕飯 (저녁 석, 밥 반). 저녁[夕] 밥[飯].

석반[2] 石盤 (돌 석, 소반 반). ① 속뜻 돌[石]로 만든 넓적한 판[盤]. ② 석반석(石盤石)을 얇게 깎아 석필(石筆)로 글씨를 쓰거나 그림을 그릴 수 있게 만든 것. ⓑ석판(石板).

▸석반-석 石盤石 (돌 석). 석반(石盤)을 만드는 데 쓰이는 돌[石]. 점판암(粘板岩) 따위.

석방 釋放 (풀 석, 놓을 방). ① 속뜻 잡혀 있는 사람을 용서하여 풀어[釋] 놓음[放]. ② 법률 법에 의하여 구금을 해제함. ¶우리는 인질들의 석방을 위해 그들과 협상했다.

석-방향 石方響 (돌 석, 모 방, 울릴 향). 음악 돌[石]로 만든 방향(方響). 민속 악기의 한 가지로 상하(上下) 두 단으로 된 가지에 긴네모꼴의 철판을 각각 여덟 개씩 드리우고 두 개의 채로 쳐서 소리를 내는 아악기. ⓒ철방향(鐵方響).

석벽 石壁 (돌 석, 담 벽). ① 돌[石]로 쌓아 올린 벽(壁). ② 암석으로 이루어진 절벽.

석별 惜別 (애틋할 석, 나눌 별). 헤어지는[別] 것을 섭섭하고 애틋하게[惜] 여김. ¶석별의 눈물을 흘리다.

▸석별-연 惜別宴 (잔치 연). 석별(惜別)의 정을 나누기 위해 베푸는 연회(宴會).

석보-상절 釋譜詳節 (석가 석, 적어놓을 보, 자세할 상, 마디 절). 책명 석가모니(釋迦牟尼)의 일대기[譜]를 마디마디[節] 자세히[詳] 풀이한 책. 조선 세종 29년(1447)에 수양 대군(首陽大君)이 왕명을 받아 소헌왕후(昭憲王后) 심씨(沈氏)의 명복을 빌기 위해 훈민정음으로 썼다. 보물 제523호이다.

석봉-천자문 石峯千字文 (돌 석, 봉우리 봉, 일천 천, 글자 자, 글월 문). 책명 조선 선조 때, 석봉(石峯) 한호(韓濩)의 글씨로 판각하여 엮은 천자문(千字文).

석부[1] 石斧 (돌 석, 도끼 부). 돌[石]로 만든 도끼[斧].

석부[2] 石趺 (돌 석, 발등 부). ① 속뜻 돌[石]로 된 발등[趺]. ② 비석이나 조각물 따위에서 돌로 만든 받침대.

석부[3] 石部 (돌 석, 나눌 부). 음악 국악기의 전통적 분류 방법의 하나. 악기를 만드는 여덟 가지 재료 중에서 돌[石]을 만든 악기 부류(部類)를 이르는 말. ¶석경(石磬)은 석부에 속한다.

석불 石佛 (돌 석, 부처 불). 불교 돌[石]로 만든 불상(佛像). ¶석불에 절을 하며 소원을 빌었다. ㊐돌부처.

석비 石碑 (돌 석, 비석 비). 돌[石]로 만든 비석(碑石).

석-빙고 石氷庫 (돌 석, 얼음 빙, 곳집 고). 고적 신라 때에 돌[石]로 축조한 얼음[氷]을 저장하던 창고(倉庫). 현존 유물로 경주에 있다. 보물 제66호이다.

석사 碩士 (클 석, 선비 사). ① 속뜻 학식이 높은[碩] 선비[士]. ② 교육 학위의 한 가지. 대학원에서 소정의 과정을 마치고 학위 논문이 통과된 사람에게 수여하는 학위. 또는 그 학위를 받은 사람.

석산 石山 (돌 석, 메 산). 돌[石]로 이루어진 산(山). ㊐돌산.

석상[1] 石像 (돌 석, 모양 상). 돌[石]을 조각하여 만든 모양[像]. ¶사자석상 / 그는 석상처럼 꼼짝하지 않고 앉아 있었다.

석상[2] 席上 (자리 석, 위 상). 어떤 모임의 자리[席]에서[上]. 여러 사람이 모인 자리. ¶공개 석상에서 발표하다.

▶석상-휘호 席上揮毫 (휘두를 휘, 터럭 호). 앉은자리[席上]에서 붓[毫]을 휘둘러[揮] 쓴 글씨나 그림.

석석 錫石 (주석 석, 돌 석). 광업 산화주석을 주성분으로 하는 주석(朱錫)의 주요 광석(鑛石). 붉은 갈색, 갈색, 회색을 띤다. 투명한 것은 보석으로 쓰인다.

석송 石松 (돌 석, 소나무 송). ① 속뜻 돌[石]산에서 나는 소나무[松]. ② 식물 석송과로 산에 절로 나는데 줄기는 땅 위를 기면서 뻗음. 잎은 가늘고 길며 줄기에 빽빽이 난다.

석수[1] 石手 (돌 석, 사람 수). 돌[石]을 전문으로 세공하는 사람[手]. ㊐석공(石工), 석장(石匠).

석수[2] 石獸 (돌 석, 짐승 수). 무덤 앞에 세운 돌[石]로 만든 짐승[獸] 모양.

석순 石筍 (돌 석, 죽순 순). 광업 종유굴 안의 천장에 있는 종유석에서 떨어진 탄산칼슘의 용액이 물과 이산화탄소의 증발로 굳어 죽순(竹筍)처럼 바닥에서 조금씩 솟아나는 돌[石].

석실 石室 (돌 석, 방 실). 고적 돌[石]로 만들어 주검을 안치한 방[室]. ¶고분의 석실.

▶석실-묘 石室墓 (무덤 묘). 고적 내부에 돌방[石室]이 있는 무덤[墓].

▶석실-분 石室墳 (무덤 분). 고적 상고 시대 무덤 양식의 한 가지로 석실(石室)이 있는 분묘(墳墓).

석양 夕陽 (저녁 석, 볕 양). ① 저녁[夕]의 해[陽]. ¶서쪽 하늘이 석양으로 붉게 물들었다. ② 저녁나절. ③ '노년'(老年)을 비유하여 이르는 말. ㊐낙양(落陽), 낙조(落照), 석일(夕日), 만양(晩陽).

석연 釋然 (풀 석, 그러할 연). 미심쩍거나 꺼림칙한 일들이 완전히 풀려[釋] 마음이 개운한 그런[然] 상태이다. ¶그의 말을 믿지만 아직도 석연하지 않은 부분이 있다.

석염 石鹽 (돌 석, 소금 염). 광업 물이 없는 땅[石] 속에서 나는 소금[鹽]. ㊐암염(巖鹽).

석영 石英 (돌 석, 뛰어날 영). ① 속뜻 뛰어나게[英] 좋은 돌[石]. ② 광업 이산화규소로 된 육방정계(六方晶系)의 광물. 종이나 기둥 모양을 하고 있으며 유리와 같은 광택이 난다. 도자기나 유리의 원료로 쓰이며 순수한 것은 수정이라고 한다. ㊐차돌.

▶석영-사 石英沙 (모래 사). 광업 석영(石英)이 부서져서 생긴 모래[沙]. 유리의 원료 따위로 쓰인다. ㊐규사(硅砂).

▶석영 유리 石英琉璃 (유리 류, 유리 리). 공업 순수하게 석영(石英)으로만 만들어진 유리(琉璃). 순수한 석영의 분말을 용해시켜 만들며 내열성(耐熱性)이 뛰어나다.

⁑**석유** 石油 (돌 석, 기름 유). ① 속뜻 암석층(巖石層)을 뚫고 그 아래에서 파낸 기름[油]. 'petroleum'을 의역(意譯)한 것으로 추정된다. 'petro'는 '石'으로 'leum'은 '油'으로 옮겨졌다. ② 광업 땅속에서 천연으로 나는 탄화수소를 주성분으로 하는 가연성 기름.

▶석유-등 石油燈 (등불 등). 석유(石油)로 빛을 발하는 등(燈). ㊐석유램프(lamp).

▶석유 기관 石油機關 (틀 기, 빗장 관).

[기계]석유(石油)를 연료로 하는 내연 기관(內燃機關).

▸석유-난로 石油煖爐 (따뜻할 난, 화로 로). 석유(石油)를 연료로 하는 난로(煖爐).

▸석유 모:층 石油母層 (어머니 모, 층 층). ① [속뜻]석유(石油)가 나오는 모태(母胎)가 된 지층(地層). ②석유의 근원 물질을 포함하고 그로부터 석유가 생성되었다고 생각되는 지층을 일컬음. [비]석유 근원암(石油根源岩).

▸석유 산:업 石油産業 (낳을 산, 일 업). [공업]석유(石油)의 탐사, 채굴, 수송, 정제, 판매 등을 하는 산업(産業).

▸석유 유제 石油乳劑 (젖 유, 약제 제). [공업]비눗물을 석유(石油)에 타서 젖[乳]빛으로 만든 약제(藥劑). 구충제, 소독제로 쓴다.

▸석유 정제 石油精製 (쓿을 정, 만들 제). [공업]석유(石油)를 물리적·화학적으로 처리하여[精] 휘발유, 중유, 경유 등의 여러 가지 석유 제품을 제조(製造)하는 일. [비]정유(精油).

▸석유 제:품 石油製品 (만들 제, 물건 품). [공업]석유(石油)를 원료로 하여 처리하고 가공하여 만든[製] 물품(物品). 연료 가스·휘발유·등유·경유·중유 등의 연료를 비롯하여, 윤활유·파라핀·아스팔트 따위.

▸석유 탐사 石油探査 (찾을 탐, 살필 사). [지리]석유(石油)가 매장되어 있는 곳을 찾고[探] 조사(調査)하는 일.

▸석유 파동 石油波動 (물결 파, 움직일 동). [경제]석유(石油) 공급 부족이나 석유 값 폭등 같은 파동(波動)으로 세계 경제가 큰 혼란과 어려움을 겪은 일. [비]유류(油類) 파동.

▸석유-풍로 石油風爐 (바람 풍, 화로 로). 석유(石油)를 연료로 하는, 바람[風]이 들어가도록 공기구멍을 낸 난로(煖爐).

▸석유 합성 石油合成 (합할 합, 이룰 성). [화학]산화탄소와 수소를 합(合)해 만든[成] 인조 석유(石油). 또는 그러한 일.

▸석유 화:학 공업 石油化學工業 (될 화, 배울 학, 장인 공, 일 업). [공업]석유(石油)나 천연가스를 원료로 하여 연료, 윤활유 이외의 용도로 쓰는 여러 가지 화학(化學) 제품 따위를 만드는 공업(工業).

석음 惜陰 (아낄 석, 시간 음). 광음(光陰), 즉 시간을 아낌[惜].

석의 釋義 (풀 석, 뜻 의). ①글의 뜻[義]을 해석(解釋)함. ②한문으로 된 서적에 주석을 달고 자신의 의견을 덧붙임.

석인1 昔人 (옛 석, 사람 인). 옛날[昔] 사람[人]. [비]고인(古人).

석인2 碩人 (클 석, 사람 인). 덕이 크고[碩] 높은 사람[人].

석인3 石人 (돌 석, 사람 인). 무덤 앞에 세운 돌[石]로 만든 사람[人] 형상. 문관석(文官石)이나 무관석(武官石) 따위. [비]인석(人石).

▸석인-석수 石人石獸 (돌 석, 짐승 수). 무덤 앞에 돌[石]로 다듬어 세운 사람[人]이나 짐승[獸]의 형상.

석인4 石印 (돌 석, 도장 인). ①돌[石]에 새긴 도장[印]. [비]석탑(石搨). ② [출판]'석판 인쇄'(石版印刷)의 준말.

▸석인-본 石印本 (책 본). 석판(石版) 인쇄(印刷)로 찍은 책[本].

석일 昔日 (옛 석, 날 일). 지난[昔] 날[日]. 옛날.

석장 石匠 (돌 석, 장인 장). 돌[石]을 다루어 무엇을 만드는 장인(匠人). [비]석수(石手).

석재1 石材 (돌 석, 재료 재). 토목·건축 및 비석·조각 따위에 쓰이는 돌[石] 재료(材料).

석재2 碩才 (클 석, 재주 재). ① [속뜻]크고[碩] 높은 재능(才能). ②해박한 지식. 또는 그러한 재능이나 지식을 지닌 사람.

석전1 石田 (돌 석, 밭 전). ①돌[石] 많은 밭[田]이나 땅. ¶석전을 일구어 채마밭을 만들었다. ②쓸모없는 것을 비유하여 이르는 말.

석전2 石戰 (돌 석, 싸울 전). [민속]돌[石] 팔매질을 하여 승부를 겨루는[戰] 놀이. 고구려 때에, 대보름날 하류층에서 하던 놀이로, 고려·조선 왕조를 통하여 계속되었다.

석전3 釋奠 (풀 석, 제사지낼 전). ① [속뜻]제수(祭需)를 늘어놓고[釋] 제사를 지냄[奠]. ②'석전제'(釋奠祭)의 준말.

▸석전-제 釋奠祭 (제사 제). ① [속뜻]석전(釋奠)의 제사(祭祀). ②문묘(文廟)에서 공자를 제사지내는 의식. 음력 2월과 8월의 첫째 정일(丁日)에 거행한다. [준]석전.

석정[1] 石井 (돌 석, 우물 정). 벽을 돌[石]로 쌓아 올인 우물[井]. ⓑ돌우물.

석정[2] 石鼎 (돌 석, 솥 정). 돌[石]로 만든 세 발 달린 솥[鼎]. ⓑ돌솥.

석정[3] 石精 (돌 석, 찧을 정). ① 속뜻 석유(石油)를 정제(精製)하여 얻은 물질. ② 화학 150~220℃에서 증류하여 얻는 중질의 가솔린. ⓑ나프타(naphtha).

석제 石梯 (돌 석, 사다리 제). 돌[石]로 만든 계단[梯]. ⓑ석계(石階).

석조[1] 夕照 (저녁 석, 빛 조). 저녁[夕] 무렵의 햇살[照]. ¶하늘에 붉은 석조가 깔리다. ⓑ석양(夕陽), 석휘(夕暉), 여휘(餘暉).

석조[2] 夕潮 (저녁 석, 바닷물 조). 저녁[夕] 무렵에 밀려왔다가 밀려가는 바닷물[潮]. ⓑ석수(汐水), 해석(海汐).

석조[3] 石彫 (돌 석, 새길 조). 돌[石]에 조각(彫刻)함. 또는 그러한 조각품. ¶석조 흉상.

석조[4] 石造 (돌 석, 만들 조). 돌[石]로 무엇을 만드는[造] 일. 또는 그 물건. ¶석조 건물.

▸석조-전 石造殿 (대궐 전). 돌[石]로 지은[造] 전각(殿閣). ㊟석전.

석존 釋尊 (석가 석, 높을 존). 불교 '석가모니'(釋迦牟尼)를 세상에서 가장 존귀(尊貴)한 존재로 높이어 일컫는 말. '석가세존'(釋迦世尊)의 준말.

석좌 교:수 碩座敎授 (클 석, 자리 좌, 가르칠 교, 줄 수). ① 속뜻 높은[碩] 자리[座]에 있는 교수(敎授). ② 교육 어떤 기업이나 개인이 기부한 기금으로 연구 활동을 하도록 대학에서 지정한 교수.

석주 石柱 (돌 석, 기둥 주). 돌[石]로 만든 기둥[柱]. ⓑ돌기둥.

석죽 石竹 (돌 석, 대나무 죽). ① 속뜻 돌[石] 틈에서도 싹을 틔우는 대나무[竹]. ② 식물 패랭이꽃. 높이 30㎝정도에 줄기는 빽빽하고 비스듬하게 자라며 6~8월에 분홍색의 꽃이 가지 끝에 하나씩 달린다.

석지 石芝 (돌 석, 버섯 지). 동물 돌[石]산호과의 하나. 몸의 길이는 20㎝ 정도이고 타원형이며 몸 표면에 있는 많은 격벽이 방사선 상으로 배열되어 버섯[芝]의 갓 속 모양을 띤다.

석질 石質 (돌 석, 바탕 질). 돌[石]의 본바탕[質]. 돌의 품질.

▸석질-운석 石質隕石 (떨어질 운, 돌 석). ① 속뜻 일반 암석(岩石)과 같이 보이는 성질(性質)의 운석(隕石). ② 광업 규산염 광물이 주성분인 운석.

석차 席次 (자리 석, 차례 차). ① 속뜻 자리[席]의 차례(次例). ② 성적의 차례. ¶석차를 매기다 / 석차가 지난번보다 떨어졌다. ⓑ등수(等數).

석천 石泉 (돌 석, 샘 천). 돌[石] 틈에서 솟는 샘[泉]. ⓑ석간수(石間水).

석철-운석 石鐵隕石 (돌 석, 쇠 철, 떨어질 운, 돌 석). 광업 석질운석(石質隕石)과 철운석(鐵隕石)으로 이루어진 운석(隕石).

석청 石淸 (돌 석, 맑을 청). 석벌[石]이 만든 꿀[淸]. 석벌은 바위틈에 집을 짓고 산다. ¶석청을 따는 사람에게 길을 물었다.

석총 石塚 (돌 석, 무덤 총). 고적 돌[石]을 높이 쌓아 올려 만든 무덤[塚]. ⓑ돌무덤.

석축 石築 (돌 석, 쌓을 축). 건설 ① 돌[石]로 쌓음[築]. ② 돌로 쌓아 만든 옹벽의 한 가지.

석출 析出 (가를 석, 드러낼 출). ① 속뜻 분석(分析)하여 드러냄[出]. ② 화학 화합물을 분석하여 어떤 물질을 분리해 내는 일. ③ 화학 액체 속에서 고체가 생기는 현상. 높은 온도의 용액을 냉각하여 용질 성분이 결정이 되어 나오는 경우, 전기 분해로 금속이 전극에 부착되는 경우 따위를 이른다.

*__석탄__ 石炭 (돌 석, 숯 탄). ① 속뜻 숯[炭]처럼 불에 타는 돌[石]. ② 광업 가연성 퇴적암의 총칭. 연료나 화학 공업의 원료 등으로 쓰인다. ¶석탄은 세계 여러 지역에 흩어져 있어 주요 공업연료로 쓰인다. ㊟탄.

▸석탄-갱 石炭坑 (구덩이 갱). 석탄(石炭)이 나오는 구덩이[坑]. ㊟탄갱.

▸석탄-계 石炭系 (이어 맬 계). 지리 석탄기(石炭紀)에 생긴 지층[系]. 해성층(海成層)과 육성층(陸成層)이 있다.

▸석탄-광 石炭鑛 (쇳돌 광). 광업 석탄(石炭)을 캐는 광산(鑛山). ¶석탄광을 개발하다. ㊟탄광.

▸석탄-기 石炭紀 (연대 기). 지리 지층 속에 많은 석탄(石炭)이 들어 있는 시기[紀]. 고생대의 다섯 번째의 지질 시대. ㊟고생대

(古生代).

▸석탄-산 石炭酸 (산소 산). 화학 석탄(石炭)을 건류할 때 생기는 콜타르에 들어있는 산성(酸性) 물질. 특이한 냄새가 나는 무색의 고체로, 방부제, 소독 살균제, 염료, 폭약 따위를 만드는 데 쓴다. ⓑ페놀(phenol).

▸석탄-층 石炭層 (층 층). 광업 석탄(石炭)이 묻혀있는 지층(地層). ⓑ탄상(炭床). ⓒ탄층.

▸석탄 건류 石炭乾溜 (마를 건, 물방울질 류). 화학 석탄(石炭)을 가열해[乾] 휘발성 물질[溜]과 비휘발성 물질로 분해하는 일.

▸석탄산-수 石炭酸水 (산소 산, 물 수). 화학 0.1~0.2%의 순수 석탄산(石炭酸)이 녹아 있는 무색투명한 액체[水]. 희석하여 방부제, 소독제로 쓴다.

▸석탄 액화 石炭液化 (진 액, 될 화). 화학 석탄(石炭)과 수소를 이용해 석유와 비슷한 액체(液體)를 만드는[化] 방법. 석탄에 수소를 첨가해 고온·고압에서 열분해하여 얻는다.

*석탑 石塔 (돌 석, 탑 탑). 돌[石]로 쌓은 탑(塔). ¶월정사 9층 석탑. ⓑ돌탑.

석태 石苔 (돌 석, 김 태). 식물 바닷물 속의 돌[石]에 붙어 자란 김[苔]. ⓑ돌김.

석판[1] 石板 (돌 석, 널빤지 판). ① 속뜻 돌[石]로 만든 넓적한 판대기[板]. ②석반석(石盤石)을 얇게 깎아 석필(石筆)로 글씨를 쓰거나 그림을 그릴 수 있게 만든 것. ⓑ석반(石盤).

석판[2] 石版 (돌 석, 널빤지 판). 출판 ①인쇄나 판화에 쓰는 돌[石]로 만든 원판(原版). ②석판 인쇄.

▸석판-석 石版石 (돌 석). 지리 석판(石版)의 재료가 되는 돌[石]. 점토가 굳어서 된 검은 퇴적암으로 탄산칼슘이 주성분이다.

▸석판-화 石版畵 (그림 화). 미술 석판(石版)에 그림을 그려서 찍어낸 그림[畵].

▸석판 인쇄 石版印刷 (찍을 인, 박을 쇄). 출판 석판석(石版石)에 인쇄(印刷)하는 방법. 평판 인쇄의 한 가지로 비누와 지방을 섞은 재료로 그림이나 글자를 그려서 제판하여 물과 기름의 반발성을 응용하여 인쇄한다. ⓒ석판, 석인.

석패 惜敗 (아낄 석, 패할 패). 경기나 경쟁에서 약간의 점수 차이로 아깝게[惜] 짐[敗]. ¶순간의 실책으로 상대 팀에게 석패하고 말았다.

석편 石片 (돌 석, 조각 편). 돌[石]의 깨어진 조각[片].

석필 石筆 (돌 석, 붓 필). ① 속뜻 돌[石]로 만든 붓[筆]. ②점토를 단단하게 붓처럼 만들어 글씨를 쓰거나 그림을 그리는 데 쓰는 기구.

▸석필-석 石筆石 (돌 석). 광업 석필(石筆)을 만드는 재료로 쓰는 납석(蠟石). 매끈하며 흰색·녹색 따위를 띤다.

석하 夕霞 (저녁 석, 노을 하). ① 속뜻 저녁[夕] 노을[霞]. ¶석하가 온 하늘을 붉게 물들였다. ②해질 무렵의 안개.

석학 碩學 (클 석, 배울 학). 연구 업적이 많은[碩] 학자(學者). ¶세계의 석학이 모여 포럼을 열었다.

석핵 석기 石核石器 (돌 석, 씨 핵, 돌 석, 그릇 기). 고적 돌덩이[石]의 중심 부분[核]으로 만든 석기(石器). 타제(打製) 석기의 한 가지로 나무를 벌채하고 땅을 파는 데 사용하였다.

석혈 石穴 (돌 석, 구멍 혈). 광업 광물[石]이 바위 속에 들어 있는 광산[穴]. ⓑ석광(石鑛).

석호[1] 石虎 (돌 석, 호랑이 호). 왕릉이나 큰 무덤 주위에 돌[石]로 만들어 세운 호랑이[虎]. ⓑ호석(虎石).

석호[2] 潟湖 (개펄 석, 호수 호). ① 속뜻 개펄[潟]이 있는 호수(湖水). ② 지리 모래톱이 발달해 만의 입구를 막아 바다와 분리되어 생긴 호수. ¶영랑호는 대표적인 석호이다.

석혼-식 錫婚式 (주석 석, 혼인할 혼, 의식 식). 서양 풍속에서 진주와 보석[錫] 따위를 선물로 주고받으며 결혼(結婚) 10주년이 되는 날을 기념하는 의식(儀式).

석화[1] 石火 (돌 석, 불 화). ①돌[石]이나 금속 따위가 세게 부딪쳤을 때 일어나는 불[火]. ②몹시 빠른 순간적인 동작 따위를 비유하여 이르는 말. ¶전광석화 같은 반격.

석화[2] 石化 (돌 석, 될 화). ① 속뜻 돌[石]처럼 됨[化]. ② 지리 생물의 유해(遺骸)가 땅속에 묻혀 있는 동안에 광물화하여 화석이 되는 일.

석화[3] 石貨 (돌 석, 돈 화). ① 속뜻 돌[石]로

만든 돈[貨]. ② 고적 동글납작한 돌 가운데 구멍을 뚫어 만든 돈. 청동기 시대의 팽이 토기 유적에서 많이 볼 수 있다.

석화[4] **席畵** (자리 석, 그림 화). 주문을 받아 그 자리[席]에서 그림[畵]을 그리는 일. 또는 그 그림.

석화[5] **石花** (돌 석, 꽃 화). ① 속뜻 돌[石]에 붙어 자라는 꽃[花]. ② 동물 굴과의 연체동물을 통틀어 이르는 말. ¶굴을 까다. ③ 식물 지의류(地衣類) 식물을 통틀어 이르는 말. ⓑ지의(地衣).

▸석화-반 石花飯 (밥 반). 석화(石花)를 넣고 지은 밥[飯]. ⓑ굴밥.

▸석화-죽 石花粥 (죽 죽). 석화(石花)를 넣고 쑨 죽(粥). ⓑ굴죽.

▸석화-채 石花菜 (나물 채). ① 속뜻 돌[石]에 붙어 자라는 꽃[花] 같은 식물[菜]. ② 식물 바닷속 모래나 돌에 붙어 사는 해조의 하나. 나뭇가지 모양이며 몸체는 검붉은 색이다. ⓑ우뭇가사리.

***석회 石灰** (돌 석, 재 회). 화학 석회석(石灰石)의 주요 성분. 칼슘의 알칼리성 무기화합물인 산화칼슘으로, 생석회(生石灰)와 소석회(消石灰)를 통틀어 이른다.

▸석회-각 石灰殼 (껍질 각). 지리 탄산석회(炭酸石灰)가 지표로 나와서 굳어진 지각(地殼). 사막지역에서 주로 볼 수 있다.

▸석회-동 石灰洞 (구멍 동). 지리 지하수가 석회암(石灰岩) 지대를 용해하여 생긴 동굴[洞]. 천정과 바닥에 종유석(鐘乳石)·석순(石筍)·석회주(石灰柱) 같은 것을 볼 수 있다. ⓑ석유동(石乳洞), 종유동(鐘乳洞), 종유굴(鐘乳窟).

▸석회-분 石灰分 (나눌 분). 석회(石灰)의 성분(成分).

▸석회-석 石灰石 (돌 석). 지리 지층[石] 사이에 끼여 회색(灰色)으로 켜를 이루고 있는 퇴적암[石]. 탄산칼슘을 주성분으로 하며, 동물의 껍질이나 뼈 등이 바다 밑에 쌓여서 생긴다. 시멘트, 비료 따위의 원료로 쓰인다. ⓑ석회암(石灰巖).

▸석회-수 石灰水 (물 수). 화학 석회석(石灰石)을 물에 녹여 얻는 용액[水]. 무색투명한 염기성 액체로 소독, 살균제로 쓰인다.

▸석회-암 石灰巖 (바위 암). 지리 지층[石] 사이에 끼여 회색(灰色)으로 켜를 이루고 있는 퇴적암(堆積巖). ⓑ석회석(石灰石).

▸석회-유 石灰乳 (젖 유). 화학 소석회(消石灰)를 물과 섞어 만든 젖[乳]처럼 희고 걸쭉한 액체. 소독수 따위로 쓴다. ⓑ유상 석회(乳狀石灰).

▸석회-유 石灰釉 (잿물 유). 탄산석회(炭酸石灰)를 매용제(媒熔劑)로 하여 만든 도자기의 유약[釉].

▸석회-정 石灰穽 (함정 정). 석회암(石灰岩) 지대에 생기는 함정[穽]처럼 우묵하게 꺼진 곳.

▸석회-질 石灰質 (바탕 질). 석회(石灰) 성분을 많이 포함하고 있는 물질(物質).

▸석회-층 石灰層 (층 층). 지리 탄산석회(炭酸石灰)가 침전되어 생기는 회백색의 지층(地層).

▸석회-토 石灰土 (흙 토). 지리 탄산석회(炭酸石灰)가 많이 섞인 흙[土].

▸석회 동:굴 石灰洞窟 (구멍 동, 굴 굴). 지리 지하수가 석회암(石灰岩) 지대를 용해하여 생긴 동굴(洞窟).

▸석회-질소 石灰窒素 (질소 질, 바탕 소). 화학 고온의 탄화석회(炭化石灰)에 질소(窒素)를 작용시켜 얻는 거무스름한 가루. 질소 비료로 쓰인다.

▸석회 유황 합제 石灰硫黃合劑 (유황 류, 누를 황, 합할 합, 약제 제). 농업 생석회(生石灰)와 유황(硫黃)을 배합(配合)하여 만든 약제(藥劑). 과수 병해 방제용 살균제로 쓴다.

선가[1] **船價** (배 선, 값 가). 배[船]를 이용하고 내는 삯[價]. ¶선가는 선불로 주셔야 합니다. ⓑ선비(船費).

선가[2] **禪家** (참선 선, 사람 가). 불교 ① 참선(參禪)을 통해 불도를 터득하려는 불교의 한 종파[家]. 6세기 초에 달마 대사가 중국에 전하였다. ② 선종의 사원(寺院). ③ 선종의 중. ⓑ선종(禪宗), 선객(禪客).

▸선가 오:종 禪家五宗 (다섯 오, 마루 종). 불교 선가(禪家)의 다섯[五] 종파(宗派). 임제종(臨濟宗), 운문종(雲門宗), 조동종(曹洞宗), 위앙종(潙仰宗), 법안종(法眼宗)이 있다.

선각 先覺 (먼저 선, 깨달을 각). ① 남보다 앞서서[先] 깨달음[覺]. ② '선각자'(先覺者)의 준말. ⓑ후각(後覺).

▸선각-자 先覺者 (사람 자). 남보다 앞서서[先] 사물의 도리를 깨달은[覺] 사람[者]. ¶그는 시대를 앞서 간 선각자였다. ㊊선지자(先知者).

선강 銑鋼 (무쇠 선, 강철 강). 선철(銑鐵)과 강철(鋼鐵)을 일컬음.

선개-교 旋開橋 (돌 선, 열 개, 다리 교). 건설 교각을 중심으로 다리를 수평으로 회전시켜[旋] 열리도록[開] 만든 다리[橋]. ㊊회선교(回旋橋).

선객 船客 (배 선, 손 객). 배[船]를 탄 손님[客]. 배의 승객. ¶승무원은 선객들을 하선시켰다.

선거[1] 船渠 (배 선, 도랑 거). 건설 선박(船泊)을 만들거나 수리하기 위해 도랑[渠] 모양으로 만든 설비. ㊊독(dock), 뱃도랑.

선:거[2] 選擧 (고를 선, 들 거). 대표자나 임원을 투표 등의 방법으로 가려[選] 냄[擧]. ¶대통령 선거.

▸선:거-구 選擧區 (나눌 구). 법률 국회의원을 선출하는[選擧] 단위로서 나누어진 구역(區域).

▸선:거-권 選擧權 (권리 권). 법률 대통령, 국회의원, 지방 의회 의원 등의 선거(選擧)에 참여하여 투표할 수 있는 국민의 권리(權利). ¶선거권은 헌법으로 보장하는 국민의 권리이다. ㊟피선거권(被選擧權).

▸선:거-법 選擧法 (법 법). 법률 선거(選擧)에 관한 법률(法律). ¶대통령 선거법.

▸선:거-인 選擧人 (사람 인). 법률 선거(選擧)를 할 권리(權利)를 가진 사람[人]. ¶선거인의 과반수가 그를 뽑았다. ㊊유권자(有權者).

▸선:거-일 選擧日 (날 일). 법률 선거(選擧)를 하는 날[日]. ¶내일은 제16대 대통령 선거일이다.

▸선:거-전 選擧戰 (싸울 전). 정치 선거(選擧)에 입후보한 사람끼리 당선을 목표로 벌이는 경쟁[戰]. ¶선거전에 돌입하다.

▸선:거 공보 選擧公報 (여럿 공, 알릴 보). 정치 선거에 앞서, 선거(選擧) 후보자의 경력이나 정견 따위를 유권자에게 공적(公的)으로 알리기[報] 위해 게재한 문서.

▸선:거 공약 選擧公約 (여럿 공, 묶을 약). 정치 선거(選擧) 후보자들이 유권자에게 제시하는 공적(公的)인 약속(約束). ¶그는 선거 공약을 충실히 이행하겠다고 약속했다.

▸선:거 공영 選擧公營 (여럿 공, 꾀할 영). 정치 선거(選擧)를 공적(公的) 기관이 관리하게[營] 하는 일. 선거 운동의 자유방임이 가져오는 폐단을 막기 위해 개별적 선거 운동을 폐지하고 독립된 선거 관리 기관이 선거를 관리한다.

▸선:거 사:범 選擧事犯 (일 사, 범할 범). 법률 각종 선거(選擧)와 관련된 위법 사건(事件)을 저지름[犯]. 또는 그 범법자.

▸선:거 소송 選擧訴訟 (하소연할 소, 송사할 송). 법률 선거 및 당선의 효력을 시비하여 선거(選擧)의 일부나 전부에 대해 제기하는 소송(訴訟).

▸선:거 운:동 選擧運動 (돌 운, 움직일 동). 정치 선거(選擧)에서 특정 후보자를 당선시킬 목적으로 선거인을 대상으로 하여 벌이는 모든 활동[運動].

▸선:거 자격 選擧資格 (바탕 자, 품격 격). 법률 선거(選擧)에 참여할 수 있는 법률상의 자격(資格). ¶19세 이상이면 선거 자격을 갖는다.

▸선:거 재판 選擧裁判 (분별할 재, 판가름할 판). 법률 대법원을 제일심 법원으로 하여 선거(選擧) 소송을 다루는 재판(裁判).

▸선:거 관리 위원회 選擧管理委員會 (맡을 관, 다스릴 리, 맡길 위, 사람 원, 모일 회). 법률 선거(選擧)와 국민 투표의 공정한 관리(管理) 및 정당에 관한 사무를 처리하기 위하여 두는 위원회(委員會). ㊂선관위.

선견[1] 先見 (먼저 선, 볼 견). 장래의 일을 먼저[先] 봄[見]. 일이 일어나기 전에 미리 아는 일.

▸선견-자 先見者 (사람 자). ①앞으로 닥쳐올 일을 미리[先] 아는[見] 사람[者]. ②남보다 먼저 깨달아 아는 사람. ㊊선지자(先知者).

▸선견지명 先見之明 (어조사 지, 밝을 명). 닥쳐올 일을 미리[先] 아는[見] 슬기로움[明]. ¶그는 노후를 준비하는 선견지명이 있었다.

선견[2] 先遣 (먼저 선, 보낼 견). 앞서[先] 내보냄[遣]. 미리 보냄.

▸선견-대 先遣隊 (무리 대). 군사 주력 부대에 앞서서 미리[先] 보내는[遣] 부대(部隊).

선결 先決 (먼저 선, 터놓을 결). 다른 일보다 먼저[先] 해결(解決)함. ¶이 문제를 선결해야 한다.

▶선결-문제 先決問題 (물을 문, 주제 제). 선결(先決)해야 할 문제(問題).

선경 仙境 (신선 선, 지경 경). ①신선(神仙)이 산다는 곳[境]. ⓑ선계(仙界), 선향(仙鄕). ②경치가 신비스럽고 그윽한 곳을 비유하여 이르는 말. ¶이곳이야말로 선경이 따로 없었다.

선계 仙界 (신선 선, 지경 계). 신선(神仙)이 사는 세계(世界). ¶그녀는 선계에서 내려온 사람 같았다. 선경(仙境). ⓑ속계(俗界).

선고¹ 先姑 (먼저 선, 시어머니 고). 먼저[先] 세상을 떠난 시어머니[姑].

선고² 先考 (먼저 선, 아버지 고). 먼저[先] 세상을 떠난 자기의 아버지[考]를 남에게 일컫는 말. ⓑ선군(先君), 선친(先親), 선부군(先父君), 황고(皇考). ⓒ선비(先妣).

▶선고-장 先考丈 (어른 장). 남의 죽은[先] 아버지[考]를 높이어[丈] 일컫는 말. ⓒ선장.

선고³ 宣告 (알릴 선, 알릴 고). ①중대한 사실을 알려줌[宣=告]. ¶암 선고를 받다. ②법률 공판정에서 재판관이 재판의 판결을 당사자에게 알림. ¶그는 무죄를 선고받았다.

▶선고-형 宣告刑 (형벌 형). 법률 하나하나의 구체적인 사건에 대하여 법원이 법률을 적용해서 형량을 정해 선고(宣告)하는 형벌(刑罰).

▶선고 유예 宣告猶豫 (망설일 유, 머뭇거릴 예). 법률 죄가 가벼운 범죄인에 대하여 형의 선고(宣告)를 일정 기간 유예(猶豫)하는 일.

선:곡 選曲 (고를 선, 노래 곡). 많은 노래[曲] 중에서 고름[選]. ¶그 가수는 방청객이 선곡한 노래를 불렀다.

선골 仙骨 (신선 선, 뼈 골). ①속뜻 신선(神仙)의 골격(骨格). ②비범한 골상(骨相)을 비유하여 이르는 말.

선공 先攻 (먼저 선, 칠 공). 운동 먼저[先] 공격(攻擊)함. ¶게임이 시작되자 우리 팀은 선공을 펼쳤다.

선공후사 先公後私 (먼저 선, 여럿 공, 뒤 후, 사사로울 사). 공적(公的)인 일을 먼저[先] 하고 사사로운[私] 일은 뒤[後]로 미룸.

선:과¹ 善果 (착할 선, 열매 과). ①속뜻 좋은[善] 열매[果]. ②착한 일에 대하여 돌아오는 훌륭한 보답. ⓑ악과(惡果).

선:과² 選科 (고를 선, 과목 과). 교육 ①학과(學科)나 학과목을 선택(選擇)함. 또는 그 학과나 학과목. ②대학이나 전문대학에서, 규정된 학과목 가운데 일부를 선택하여 학습하도록 특별히 설치한 과.

선:과³ 選果 (고를 선, 열매 과). 과일[果]을 구별하여 가리는[選] 일.

▶선:과-기 選果機 (틀 기). 과일[果]을 구별하여 가리는[選] 기계(機械). 보통 크기에 따라 나눈다.

선:관-위 選管委 (고를 선, 맡을 관, 맡길 위). 법률 '선거 관리 위원회'(選擧管理委員會)의 준말.

선:광 選鑛 (고를 선, 쇳돌 광). 광업 유용한 광석(鑛石)을 구별하여 가림[選]. 또는 크기에 따라 나누는 일.

▶선:광-기 選鑛機 (틀 기). 광업 광석(鑛石)을 구별하여 가리는[選] 기계(機械).

선광-성 旋光性 (돌 선, 빛 광, 성질 성). 물리 직선 편광(直線偏光)이 어떤 물질 속을 통과할 때, 그 물질의 편광면을 회전시키는[旋] 성질(性質).

선교¹ 船橋 (배 선, 다리 교). ①배[船]를 연결해 만든 다리[橋]. 작은 배를 한 줄로 여러 척 띄워 놓고 그 위에 널판을 건너질러 깐다. ¶화성 행차에 앞서 한강에 선교를 만들었다. ⓑ배다리. ②배의 상갑판 앞쪽에 있어 선장이 운항에 대한 지휘를 하는 곳.

선교² 禪教 (참선 선, 가르칠 교). 불교 ①선종(禪宗)과 교종(教宗). ②선학(禪學)과 교법(教法).

선교³ 宣教 (알릴 선, 종교 교). 종교 종교(宗教)를 전하여 널리 알림[宣]. ¶그는 선교 활동에 몸을 바쳤다. ⓑ포교(布教).

▶선교-사 宣教師 (스승 사). 기독교 종교의 가르침[教]을 펴는[宣] 사람[師]. 특히 기독교의 선교를 위하여 이교국(異教國)에 파견된 사람.

선구¹ 船具 (배 선, 갖출 구). 배[船]에서 쓰는 기구(器具). 노, 닻, 키, 돛 따위를 이른다.

선구[2] **先驅** (먼저 선, 달릴 구). ① 속뜻 앞장서 서[先] 말을 달림[驅]. ② '선구자'의 준말.

▶선구-자 先驅者 (사람 자). ① 속뜻 앞장서 서[先] 말을 몰고[驅] 가는 사람[者]. ② 어떤 일이나 사상에서 다른 사람보다 앞선 사람. ¶그는 의학 연구 분야의 선구자이다.

선:구[3] **選球** (고를 선, 공 구). 운동 야구에서, 타자가 투수의 던진 공[球]이 볼인지 스트라이크인지를 분간하여 가림[選].

▶선:구-안 選球眼 (눈 안). 운동 야구에서, 투수가 던진 공[球]을 분별하는[選] 타자의 시각적[眼] 능력.

선:국 選局 (고를 선, 관청 국). 라디오나 텔레비전 등의 수신기를 조절하여 여러 방송국 중에서 어떤 방송국(放送局)을 고름[選].

선군 先君 (먼저 선, 임금 군). ① 선대(先代)의 임금[君]. ¶선군의 유지를 받들다. ㊥선왕(先王). ② 돌아가신 아버지. ㊥선친(先親).

선:근 善根 (착할 선, 뿌리 근). 불교 ① 온갖 선(善)을 낳는 근본(根本). ② 좋은 과보(果報)를 낳게 하는 근본.

선금 先金 (먼저 선, 돈 금). 값을 미리[先] 치르는 돈[金]. ¶선금을 걸고 물건을 샀다.

선급[1] **船級** (배 선, 등급 급). 해양 선박(船舶)의 등급(等級). 규모, 구조, 설비 등에 따라 매긴다.

선급[2] **先給** (먼저 선, 줄 급). 값이나 삯을 미리[先] 치러줌[給]. ¶임금을 선급하다. ㊥선하(先下). ㊦후급(後給).

▶선급-금 先給金 (돈 금). 미리[先] 치르는[給] 돈[金]. ㊦선수금(先受金).

▶선급 비:용 先給費用 (쓸 비, 쓸 용). 경제 일정한 계약에 따라 계속적으로 용역을 제공하고 그 대가를 지급받을 때, 아직 제공되지 않은 용역에 대하여 미리[先] 지급한[給] 비용(費用). 선급 보험료, 선급 임차료 따위.

선기후:인 先己後人 (먼저 선, 자기 기, 뒤 후, 사람 인). 먼저[先] 자기(自己)의 일을 처리하고 그 뒤[後]에 남[人]의 일을 돌봄.

선:남 善男 (착할 선, 사내 남). ① 속뜻 성품이 착한[善] 남자(男子). ② 불교 불법에 귀의한 남자.

▶선:남-선:녀 善男善女 (착할 선, 여자 녀). ① 성품이 착한[善] 사람들[男女]. ¶파티장은 선남선녀로 가득했다. ② 불교 불교에 귀의한 사람들.

선납 先納 (먼저 선, 바칠 납). 약속한 기한이 되기 전에 돈을 미리[先] 바침[納].

선내 船內 (배 선, 안 내). 배[船]의 안[內]. ¶갑자기 폭우가 내리자 모두 선내로 들어갔다.

선녀[1] **仙女** (신선 선, 여자 녀). 선경(仙境)에 산다는 여신(女神). ¶그녀는 선녀처럼 아름다웠다. ㊥선아(仙娥), 선자(仙子).

선:녀[2] **善女** (착할 선, 여자 녀). ① 속뜻 성품이 착한[善] 여자(女子). ② 불교 불법에 귀의한 여자.

선:다-형 選多型 (고를 선, 많을 다, 모형 형). 교육 한 문제에 대하여 세 개 이상 여러[多] 항목 가운데에서 정답 또는 가장 적당한 항을 고르게[選] 하는 필답시험의 문제 형식(型式).

선단[1] **船團** (배 선, 모일 단). 여러 척의 배[船]로 이루어진 집단(集團). ¶목포 앞바다에서 조업하던 선단이 풍랑에 휩쓸렸다.

선단[2] **扇斷** (부채 선, 끊을 단). 지리 부채[扇]꼴 모양 지형의 끝[斷] 부분.

선달 先達 (먼저 선, 통달할 달). ① 속뜻 먼저[先] 통달함[達]. ② 역사 무과에 급제하고도 벼슬을 받지 못한 사람. ¶봉이(鳳伊) 김선달은 대동강 물을 팔아먹었다는 인물이다.

선대[1] **先代** (먼저 선, 세대 대). 선조(先祖)의 대(代). 또는 그 시대. ㊥선세(先世). ㊦당대(當代), 후대(後代).

선대[2] **先貸** (먼저 선, 빌릴 대). 나중에 치르기로 한 돈의 일부나 전부를 치르기로 한 기일 이전[先]에 꾸어[貸] 줌.

선대[3] **船隊** (배 선, 무리 대). 여러 척의 배[船]로 구성된 부대(部隊). ㊥선단(船團).

선-대칭 線對稱 (줄 선, 대할 대, 맞을 칭). 수학 한 직선(直線)을 사이에 두고 똑같은 두 도형이 같은 거리에서 서로[對] 맞서[稱] 있는 경우. ㊟점대칭(點對稱), 면대칭(面對稱).

선도[1] **先渡** (먼저 선, 건넬 도). 경제 선물 거래(先物去來)에서 계약 이후 일정 기간이 지난 다음 화물을 인도(引渡)하는 일.

선도2 先導 (먼저 선, 이끌 도). 앞장서서[先] 이끎[導]. ¶그녀는 유행을 선도한다.

▸**선도-자** 先導者 (사람 자). 앞장서서[先] 이끄는[導] 사람[者]. ¶그는 혁명의 선도자였다. [비]선구자(先驅者).

▸**선도-적** 先導的 (것 적). 앞장서서[先] 이끄는[導] 것[的]. ¶선도적 기술.

▸**선도-창** 先導唱 (부를 창). [음악] 여러 사람이 패를 갈라 함께 노래를 부를 때 선도(先導)하여 부름[唱]. 또는 먼저 부르는 구실을 맡은 사람.

▸**선도 장치** 先導裝置 (꾸밀 장, 둘 치). ① [속뜻] 앞[先]에서 이끌어주는[導] 장치(裝置). ② [항공] 시계(視界)가 불량하여 정확한 시각 비행을 할 수 없을 경우에 레이더 장치.

선:도3 善途 (착할 선, 길 도). [불교] ① 선근(善根)을 닦는 길[途]. ② 불상을 만들어 불도에 귀의하는 일.

선도4 鮮度 (싱싱할 선, 정도 도). 생선, 고기, 채소 따위의 신선(新鮮)한 정도(程度). ¶선도를 보고 육류를 구입하다.

선:도5 善導 (좋을 선, 이끌 도). 올바른[善] 길로 인도(引導)함. ¶비행 청소년을 올바르게 선도하다.

선도-기 線度器 (줄 선, 정도 도, 그릇 기). 줄[線]의 긴 정도(程度)를 재는 기구(器具)를 통틀어 이르는 말. ¶줄자도 선도기의 하나이다.

선-도지 先賭地 (먼저 선, 걸 도, 땅 지). [농업] 가을에 받을 것을 당겨서 봄에 미리[先] 받는 도지(賭地).

선-도표 線圖表 (줄 선, 그림 도, 겉 표). 통계 숫자를 곡선(曲線)이나 꺾은선으로 나타낸 도표(圖表).

선동1 仙洞 (신선 선, 구멍 동). 신선(神仙)이 사는 골짜기[洞].

선동2 仙童 (신선 선, 아이 동). 선경(仙境)에 산다는 아이[童] 신선.

선동3 煽動 (부추길 선, 움직일 동). 어떤 행동 대열에 참여하도록 문서나 언동으로 대중의 감정을 부추기어[煽] 움직이게[動] 함. ¶국민을 선동하다.

▸**선동-적** 煽動的 (것 적). 남을 부추기어[煽] 움직이게[動] 하는 것[的].

선두1 船頭 (배 선, 머리 두). 배[船]의 앞쪽 머리[頭]부분. ¶장군은 선두에 서서 공격을 지시했다. [비]뱃머리, 선수(船首), 이물. [반]선미(船尾).

선두2 先頭 (먼저 선, 머리 두). 첫[先] 머리[頭]. 맨 앞쪽. ¶선두에 서다 / 그는 선두에 30미터 뒤져 있다.

▸**선두 주자** 先頭走者 (달릴 주, 사람 자). 선두(先頭)를 달리는[走] 사람[者].

선등 船燈 (배 선, 등불 등). ① [속뜻] 배[船]에 다는 등불[燈]. ② [해양] 배가 야간 항해나 정박 중일 때, 표시를 위해 켜는 등불.

선:량1 善良 (착할 선, 어질 량). 착하고[善] 어짊[良]. ¶선량한 시민.

선:량2 選良 (고를 선, 어질 량). ① [속뜻] 인재[良]를 선출(選出)함. ② [법률] '국회의원'(國會議員)을 달리 이르는 말.

선령1 先靈 (먼저 선, 혼령 령). 조상이나 선열(先烈)의 넋[靈].

선령2 船齡 (배 선, 나이 령). 배[船]가 진수한 때로부터 지난 햇수[齡]. [참]함령(艦齡).

선례 先例 (먼저 선, 본보기 례). 먼저[先] 있었던 사례(事例). ¶선례를 따르다. [준]예. [비]전례(前例). [비]전례(前例).

선례후학 先禮後學 (먼저 선, 예도 례, 뒤 후, 배울 학). ① [속뜻] 먼저[先] 예의(禮義)를 익히고 나서 그 뒤[後]에 공부함[學]. ② 예의가 으뜸임을 이르는 말.

선로1 船路 (배 선, 길 로). 배[船]가 다니는 길[路]. ¶배가 갑자기 선로를 바꾸었다. [비]뱃길.

선로2 線路 (줄 선, 길 로). ① [교통] 기차나 전차의 바퀴가 굴러가는 줄[線]로 이어진 길[路]. ② [전기] 송전선이나 전화선의 유선 전기 회로. [비]궤도(軌道).

선:록 選錄 (고를 선, 기록할 록). 가려서[選] 적음[錄].

선류 蘚類 (이끼 선, 무리 류). ① [속뜻] 이끼[蘚]에 속하는 부류(部類). ② [식물] 선태류(蘚苔類) 중에서 잎과 줄기가 뚜렷한 종류를 통틀어 이르는 말. 헛뿌리는 다세포(多細胞)로 되고 잎에는 주맥이 있는 것이 특징이다.

선:린 善鄰 (좋을 선, 이웃 린). 이웃[鄰]과

사이좋게[善] 지냄. 또는 그러한 이웃. ¶선린 우호 관계.

▸선:린 정책 善鄰政策 (정치 정, 꾀 책). 정치 이웃[鄰] 나라와 친선(親善)을 도모하는 정책(政策). ¶루즈벨트는 선린 정책을 강력하게 주장했다.

선:망 羨望 (부러워할 선, 바라볼 망). 부럽게[羨] 바라봄[望]. ¶선망의 눈초리 / 선망의 대상 / 요즘 어린이들은 연예인을 선망하는 경향이 많다.

선매1 先賣 (먼저 선, 팔 매). 먼저 값을 받고 물건을 미리[先] 팖[賣]. ¶추수한 곡식을 선매로 다 팔았다. ⓑ예매(豫賣).

선매2 先買 (먼저 선, 살 매). 남보다 먼저[先] 삼[買]. ⓑ예매(豫買).

▸선매-권 先買權 (권리 권). 법률 물건이나 권리 따위를 남보다 우선적(優先的)으로 살[買] 수 있는 권리(權利).

선명1 船名 (배 선, 이름 명). 배[船]의 이름[名]. ¶선명을 밝히지 않은 배가 항구로 들어왔다. ⓑ선호(船號).

선명2 鮮明 (뚜렷할 선, 밝을 명). ① 속뜻 뚜렷하고[鮮] 밝음[明]. ¶얼굴에 흉터가 선명하게 남아 있다. ②산뜻하고 뚜렷하여 다른 것과 혼동되지 않음. ¶사건의 진상이 선명히 밝혀졌다.

선명3 宣明 (알릴 선, 밝을 명). 어떤 사실을 분명히 알려[宣] 뜻을 밝힘[明].

▸선명-회 宣明會 (모일 회). ① 속뜻 선명(宣明)을 위한 모임[會]. ②미국의 기독교 선교사들이 한국 전쟁의 고아들을 보살피려고 세운 기관.

선모1 腺毛 (샘 선, 털 모). 생물 식물과 곤충 따위의 몸 겉쪽[腺]에 있는 털[毛]. ¶송충이의 털은 선모의 하나이다. ⓑ샘털.

선:모2 羨慕 (부러워할 선, 그리워할 모). 부러워하며[羨] 그리워함[慕].

선모-충 旋毛蟲 (돌 선, 털 모, 벌레 충). ① 속뜻 몸속을 돌아다니는[旋] 털[毛] 모양의 벌레[蟲]. ② 동물 유생 동물의 하나. 몸길이 1~4㎜로 실 모양이며, 돼지, 개, 쥐 따위의 소장에 기생한다. ¶돼지고기를 익히지 않고 먹으면 선모충에 감염되기 쉽다.

선묘1 先墓 (먼저 선, 무덤 묘). 조상[先]의 무덤[墓]. 또는 그 무덤이 있는 곳. ⓑ선산(先山).

선묘2 線描 (줄 선, 그릴 묘). 선(線)으로 그림[描]. 또는 그렇게 그린 그림.

선무1 先務 (먼저 선, 일 무). 먼저[先] 해야 할 일[務]. ¶선무부터 처리하자.

선무2 宣撫 (알릴 선, 어루만질 무). 정치 국민이나 점령지 주민에게 정부 또는 본국의 시책을 알림으로써[宣] 국민을 위무(慰撫)하는 일.

▸선무-사 宣撫使 (부릴 사). 역사 조선 때, 왕명을 받들어 재해지 등의 민심을 안정시키던[宣撫] 임시 벼슬[使].

▸선무 공작 宣撫工作 (장인 공, 지을 작). 주민에게 행하는 선전(宣傳)·위무(慰撫) 따위의 활동. 전시나 사변으로 군대가 출병하였을 경우 지역의 주민을 군에 협력하도록 하기 위하여 행하는 활동을 이른다.

선문1 旋紋 (돌 선, 무늬 문). 소용돌이[旋] 모양의 무늬[紋]. ¶토기의 겉면에 선문이 있다.

선문2 線紋 (줄 선, 무늬 문). 줄[線] 무늬[紋]. ¶파란 선문이 쳐진 티셔츠를 입어 시원해 보인다.

선문3 禪門 (참선 선, 문 문). 불교 ①참선(參禪)을 통해 불도를 터득하려는 불교의 한 종파[門]. ②불문(佛門)에 들어간 남자. ⓑ선종(禪宗).

⁑**선:물**1 膳物 (드릴 선, 만물 물). 남에게 물건(物件)을 선사(膳賜)함. 또는 선사한 그 물품. ¶생일 선물 / 그는 나에게 시계를 선물했다.

선물2 先物 (먼저 선, 만물 물). ① 속뜻 먼저[先] 매물(賣物) 계약을 하는 것. ② 경제 장래의 일정한 시기에 현품을 넘겨준다는 조건으로 매매 계약을 하는 거래 종목.

▸선물-환 先物換 (바꿀 환). 경제 장래의 일정 기일 또는 일정 기간 내에 일정액의 금액을 일정한 환율(換率)로 결제할 것을 미리 약속한[先物] 외국환(外國換). ⓑ예약환(豫約換).

▸선물 거:래 先物去來 (갈 거, 올 래). 경제 선물(先物)을 조건으로 하는 거래(去來). ⓑ선물 매매(先物賣買).

▸선물 매매 先物賣買 (팔 매, 살 매). 경제 선물(先物)을 조건으로 팔고[賣] 사는

[買] 것. ⓑ선물 거래(先物去來).

▸선물환 시세 先物換時勢 (바꿀 환, 때 시, 형세 세). 경제 선물환(先物換)의 거래에 적용되는 시세(時勢).

선미¹ 船尾 (배 선, 꼬리 미). 배[船]의 뒤쪽[尾] 부분. ¶뒤따라오던 적군이 선미를 공격했다. ⓑ선두(船頭).

선:미² 善美 (착할 선, 아름다울 미). ①착하고[善] 아름다움[美]. ②선(善)과 미(美)를 아울러 이르는 말.

선미³ 線美 (줄 선, 아름다울 미). 선(線)의 모양에서 느껴지는 아름다움[美].

선미⁴ 鮮美 (뚜렷할 선, 아름다울 미). 뚜렷하고[鮮] 아름다움[美].

선:민 選民 (고를 선, 백성 민). ① 속뜻 선택(選擇)받은 백성[民]. ② 기독교 선민사상.

▸선:민-사상 選民思想 (생각 사, 생각 상). 기독교 이스라엘 사람들이 하나님에게 선택(選擇)된 백성[民]이라고 여기는 종교적 태도[思想]. ⓑ선민의식(選民意識).

선박 船舶 (배 선, 큰 배 박). 배[船=舶]. 주로 규모가 큰 축에 드는 배를 이르는 말. ¶대형 선박을 건조하다.

▸선박 등기 船舶登記 (오를 등, 기록할 기). 법률 선박(船舶)의 소유권, 선박 관리인 등에 관하여 등기부에 올려[登] 적는[記] 일.

▸선박 보:험 船舶保險 (지킬 보, 험할 험). 경제 선박(船舶)의 항해에서 생기는 손해를 보상받을 것을 목적으로 하는 해상 보험(保險)의 한 가지.

▸선박 서류 船舶書類 (글 서, 무리 류). 법률 선장이 선박(船舶) 안에 언제나 갖추어 두어야 하는 서류(書類). 선박 국적 증서, 선원 명부, 항해 일지 따위.

▸선박 관리인 船舶管理人 (맡을 관, 다스릴 리, 사람 인). 법률 선박 공유자 중 대표로 선박(船舶)을 관리(管理)하는 사람[人].

선반 旋盤 (돌 선, 소반 반). 기계 금속 소재를 회전시켜[旋] 갈거나 파내거나 도려내는 판[盤] 모양의 금속 공작 기계.

선:발¹ 選拔 (고를 선, 뽑을 발). 많은 가운데서 가려[選] 뽑음[拔]. ¶미스코리아 선발 대회.

선발² 先發 (먼저 선, 떠날 발). ① 속뜻 남보다 먼저[先] 나서거나 떠남[發]. ② 운동 1회전부터 출전하는 일을 이름. ¶선발 선수. ⓑ후발(後發).

▸선발-대 先發隊 (무리 대). 다른 대원이나 부대보다 앞서서[先] 출발(出發)한 대원(隊員)이나 부대(部隊).

▸선발-제인 先發制人 (누를 제, 사람 인). ① 속뜻 남보다 먼저[先] 시작하면[發] 다른 사람을[人] 앞지를[制] 수 있음. ②남의 꾀를 먼저 알아차리고 일이 생기기 전에 미리 막음.

선:방¹ 善防 (잘할 선, 막을 방). 공격을 잘[善] 막음[防]. ¶골키퍼의 선방으로 실점을 막았다.

선방² 禪房 (참선 선, 방 방). 참선(參禪)하는 방(房). ⓑ선실(禪室).

선배 先輩 (먼저 선, 무리 배). ① 속뜻 학문, 덕행, 경험, 나이 따위가 자기보다 앞서고[先] 높은 사람[輩]. ②학교나 직장을 먼저 거친 사람. ¶타지에서 고향 선배를 만나니 정말 반가웠다. ⓑ후배(後輩).

선번 先番 (먼저 선, 차례 번). 남보다 먼저[先] 해야 할 차례[番]가 됨. 또는 그 차례나 차례가 된 사람.

선법¹ 旋法 (돌 선, 법 법). 음악 일정한 음계에 따라 만들어진 선율(旋律)의 성격을 규제하는 법칙(法則). 선율법의 기초가 된다.

선법² 禪法 (참선 선, 법 법). 불교 참선(參禪)하는 방법(方法).

선:별 選別 (고를 선, 나눌 별). 가려서[選] 나누어[別] 놓음. ¶선별 기준 / 과일을 크기에 따라 선별하다.

▸선:별 금융 選別金融 (돈 금, 녹을 융). 경제 금융 기관에서 자금 압박을 받을 경우에 대상을 선별(選別)하여서 돈[金]을 융통(融通)하는 일.

선복 船腹 (배 선, 배 복). ①배[船]의 중간[腹]. ②선박의 화물을 싣는 곳.

선봉 先鋒 (먼저 선, 앞장 봉). 맨[先] 앞장[鋒]. ¶선봉에 서다.

▸선봉-장 先鋒將 (장수 장). 선봉(先鋒)에 선 장군[將]. ¶이순신 장군은 왜군의 선봉장을 물리쳤다.

▸선봉-대장 先鋒大將 (큰 대, 장수 장). 제일[先] 앞[鋒]에 진을 친 부대를 거느리는 대장(大將).

선부¹ 先夫 (먼저 선, 지아비 부). 죽은[先] 남편[夫]. ⓑ망부(亡夫).

선부² 先父 (먼저 선, 아버지 부). 남에게 돌아가신[先] 아버지[父]를 이르는 말. ⓑ선친(先親).

선부³ 船夫 (배 선, 사나이 부). 배[船]를 움직이는 사람[夫]. ¶선부들이 힘차게 노를 저었다. ⓑ뱃사공.

선부후빈 先富後貧 (먼저 선, 넉넉할 부, 뒤 후, 가난할 빈). 처음에는[先] 부유(富裕)하다가 나중에는[後] 가난해짐[貧]. ⓑ선빈후부(先貧後富).

선분¹ 線分 (줄 선, 나눌 분). 수학 직선(直線) 위의 두 점 사이에 한정된 부분(部分). ⓑ유한 직선(有限直線).

선:분² 選分 (고를 선, 나눌 분). 가려[選] 나눔[分]. ¶과일을 크기에 따라 선분하다. ⓑ선별(選別).

선불¹ 仙佛 (신선 선, 부처 불). ①신선(神仙)과 부처[佛]를 아울러 이르는 말. ②선도(仙道)와 불도(佛道).

선불² 先拂 (먼저 선, 지불할 불). 먼저[先] 돈을 지불(支拂)함. ¶수강료를 선불했다. ⓑ선급(先給). ⓑ후불(後拂).

선비 先妣 (먼저 선, 어머니 비). 먼저[先] 세상을 떠난 자기 어머니[妣]를 남에게 이르는 말. ⓑ선자(先慈), 전비(前妣). ⓑ선고(先考).

선빈후부 先貧後富 (먼저 선, 가난할 빈, 뒤 후, 넉넉할 부). 처음에는[先] 가난했으나[貧] 나중에는[後] 부유(富裕)하게 됨. ⓑ선부후빈(先富後貧).

선사¹ 先祀 (먼저 선, 제사 사). 선조(先祖)에 대한 제사(祭祀). ¶종친들이 선사를 위해 모두 모였다.

선사² 先師 (먼저 선, 스승 사). 세상을 떠난[先] 스승[師].

선:사³ 善射 (잘할 선, 쏠 사). 활, 총 따위를 잘[善] 쏨[射].

선사⁴ 禪寺 (참선 선, 절 사). 불교 선종(禪宗)의 절[寺]. ⓑ선원(禪院), 선찰(禪刹).

선사⁵ 禪師 (참선 선, 스승 사). 불교 ①선(禪)에 통달한 법사(法師). ②'중'의 높임말.

선사⁶ 先史 (먼저 선, 역사 사). 역사(歷史) 시대 이전[先]의 역사(歷史). 문헌이나 기록이 없어 유적이나 유물로만 파악되는 역사를 말한다.

▸**선사-학 先史學** (배울 학). 고적 선사 시대(先史時代)의 일을 연구하는 학문(學問). ⓑ사전학(史前學).

▸**선사 시대 先史時代** (때 시, 연대 대). 역사 고고학(考古學)에서 이르는 역사 시대 이전의[先史] 시대(時代) 구분의 한 가지. 문헌적 사료가 없는 석기 시대, 청동기 시대를 이른다. ¶이 지역에서 선사 시대의 유물이 다량 발굴되었다.

선:사⁷ 膳賜 (드릴 선, 줄 사). 존경, 친근, 애정의 뜻을 나타내기 위하여 남에게 선물(膳物)을 줌[賜]. ¶선생님으로부터 선사받은 물건.

▸**선:사-품 膳賜品** (물건 품). 선사(膳賜)하는 물품(物品).

선산 先山 (먼저 선, 메 산). 선조(先祖)의 무덤이 있는 산(山). 속담 굽은 나무가 선산을 지킨다.

선상¹ 線上 (줄 선, 위 상). 선(線)의 위[上]. ¶방학도 수업의 연장 선상에 있다.

선상² 線狀 (줄 선, 형상 상). 선(線)처럼 가늘고 긴 모양[狀]. ⓑ선형(線形).

선상³ 扇狀 (부채 선, 형상 상). 부채[扇]를 펼친 것과 같은 모양[狀]. ⓑ부채꼴.

▸**선상-지 扇狀地** (땅 지). 지리 부채꼴[扇] 모양[狀]의 지형(地形). 시내가 산지에서 평지로 흐를 때, 물의 흐름이 갑자기 느려져서 골짜기 어귀에 자갈이나 모래가 퇴적하여 이루어진다.

▸**선상 화서 扇狀花序** (꽃 화, 차례 서). 식물 꽃줄기의 좌우로 꽃대가 부채꼴[扇狀]로 갈라지는 꽃차례[花序]. 프리지어 따위.

선상⁴ 船上 (배 선, 위 상). ① 속뜻 배[船]의 갑판 위[上]. ¶섬이 가까워지자 사람들이 모두 선상으로 올라왔다. ②항해 중의 '배를 타고 있음'을 이르는 말. ¶선상 생활.

▸**선상-탄 船上歎** (=船上嘆, 한숨지을 탄). 문학 조선 선조 때 박인로(朴仁老)가 임진왜란 때 통주사(統舟師)로 부산에 내려가 있을 때 지은 가사. 배[船] 위[上]에서 전쟁의 비애를 탄식(歎息)하고 평화를 바라는

마음을 담고 있다.

선-상피 腺上皮 (샘 선, 위 상, 껍질 피). 의학 분비 작용을 하는 상피(上皮) 조직. 편도선과 림프선을 제외한 모든 선(腺).

선색 鮮色 (뚜렷할 선, 빛 색). 선명(鮮明)한 빛깔[色]. 고운 빛깔. ¶선색의 옷감으로 치마를 만들었다.

***선생** 先生 (먼저 선, 날 생). ① 속뜻 먼저[先] 태어남[生]. ②학생을 가르치는 사람. ¶선생님이 부르신다. ③성명이나 직명 따위의 아래에 쓰여 그를 높여 일컫는 말. ¶김구 선생 / 의사 선생. ④어떤 일에 경험이 많거나 아는 것이 많은 사람. ¶컴퓨터는 내가 선생이다. ⑤ 역사 조선 때, 성균관의 교무 직원. ⑥자기보다 나이가 적은 남자 어른을 높여 이르는 말. ⑪교사(教師).

선:서[1] 善書 (좋을 선, 책 서). ①좋은[善] 책[書]. ¶아버지가 선서를 추천해주셨다. ⑪양서(良書). ②글씨를 잘 씀. 또는 잘 쓴 글씨.

선서[2] 宣誓 (알릴 선, 맹세할 서). 여러 사람 앞에서 공개적으로 알려[宣] 맹세하는[誓] 일. ¶올림픽 선서.

▸선서-문 宣誓文 (글월 문). 선서(宣誓)의 내용을 적은 글[文]. ¶취임 선서문 낭독.

▸선서-식 宣誓式 (의식 식). 선서(宣誓)를 하는 의식(儀式).

선성 先聖 (먼저 선, 거룩할 성). 옛[先] 성인(聖人).

선세 先貰 (먼저 선, 세놓을 세). 법률 주로 부동산의 임차료에서 빌려 쓰는 사람이 빌려주는 사람에게 먼저[先] 주는 보증금[貰].

선속 船速 (배 선, 빠를 속). 선박(船舶)의 항해 속도(速度). ¶항구를 떠난 배는 서서히 선속을 높였다.

선-속도 線速度 (줄 선, 빠를 속, 정도 도). ① 속뜻 운동체가 선상(線上) 경로를 움직일 때의 속도(速度). ② 물리 변위를 시간으로 나눈 값.

선수[1] 先手 (먼저 선, 손 수). ① 속뜻 남이 하기 전에 먼저[先] 착수(着手)함. 또는 그런 행동. ② 운동 장기나 바둑에서, 먼저 두거나 상대편이 수를 쓰기 전에 먼저 수를 쓰는 일. ⑫후수(後手). 관용 선수를 치다.

선수[2] 船首 (배 선, 머리 수). 배[船]의 앞머리[首]. ¶배가 선수를 돌려 항구로 돌아왔다. ⑪선두(船頭), 이물.

선:수[3] 善手 (좋을 선, 사람 수). 솜씨가 뛰어나게 좋은[善] 사람[手].

***선:수**[4] 選手 (고를 선, 사람 수). 어떠한 기술이나 운동 따위에 뛰어나 여럿 중에서 대표로 뽑힌[選] 사람[手]. ¶야구 선수.

▸선:수-권 選手權 (권리 권). 운동 어떤 부문의 경기에서 가장 우수한 개인이나 단체의 선수(選手)에게 주는 자격[權]. ¶선수권 쟁탈전.

▸선:수-단 選手團 (모일 단). 운동 어떤 경기의 선수(選手)들로 조직된 단체(團體). ¶올림픽에 참가하는 선수단이 출국했다.

▸선:수-촌 選手村 (마을 촌). 운동 올림픽 경기 등에서 선수(選手)나 임원을 위해 특별히 마련된 집단 숙박 시설[村]. ¶올림픽 선수촌.

선수-금 先受金 (먼저 선, 받을 수, 돈 금). 경제 용역이나 상품의 값을 몇 차례에 걸쳐 나누어 받기로 하였을 때, 미리[先] 받는[受] 돈[金]. ⑫선급금(先給金).

선술 仙術 (신선 선, 꾀 술). 신선(神仙)이 쓰는 술법(術法). ¶마치 선술을 쓴 것처럼 병이 단번에 나았다.

선승[1] 先勝 (먼저 선, 이길 승). 여러 번 하는 경기에서 먼저[先] 이김[勝]. ¶3전 2선승제.

선승[2] 禪僧 (참선 선, 스님 승). 불교 ①참선(參禪)하고 있는 승려[僧]. ②선종의 승려.

선-시력 線視力 (줄 선, 볼 시, 힘 력). 의학 매우 가는 선(線)의 유무를 눈으로 보아[視] 분간할 수 있는 능력(能力). ⓐ점시력(點視力).

선:시선:종 善始善終 (좋을 선, 처음 시, 좋을 선, 끝마칠 종). ① 속뜻 처음[始]이 좋으면[善] 끝[終]도 좋음[善]. ②시작을 잘 하면 마무리도 잘 할 수 있음. 처음부터 끝까지 한결같이 잘함.

선식 仙食 (신선 선, 밥 식). 신선(神仙)이 먹는 음식(飮食). ¶그가 해준 음식은 선식같이 맛있다.

선실[1] 船室 (배 선, 방 실). 승객이 쓰도록 된 배[船] 안의 방[室]. ¶선실을 예약하다.

선실[2] 禪室 (참선 선, 방 실). 불교 ①참선(參

禪)하는 방[室]. [비]선방(禪房). ②'승려'의 높임말.

선:심 善心 (착할 선, 마음 심). ① [속뜻] 착한[善] 마음[心]. ②남을 도와주는 마음. ¶선심을 쓰다. [반]악심(惡心).

선-심판 線審判 (줄 선, 살필 심, 판가름할 판). [운동] 테니스·야구·축구·배구 따위의 경기에서, 선(線)에 관한 규칙을 맡아보는 보조 심판(審判). ¶선심판이 파울을 선언했다. [준]선심.

선:악 善惡 (착할 선, 악할 악). 착함[善]과 악(惡)함. ¶동기의 선악을 불문하고 살해는 범죄이다.

▸선:악-과 善惡果 (열매 과). ① [기독교]『구약성서·창세기』에 나오는, 선(善)과 악(惡)을 분별할 수 있게 해주는 과일[果]. 아담과 이브는 여호와의 계명을 어기고 이를 따먹어 에덴동산에서 쫓겨났다. ② [불교] 선과(善果)와 악과(惡果)를 이르는 말.

▸선:악-관 善惡觀 (볼 관). 선(善)과 악(惡)에 대한 관점(觀點).

▸선:악불이 善惡不二 (아닐 불, 두 이). ① [속뜻] 선(善)과 악(惡)은 둘[二]이 아님[不]. ② [불교] 선악은 모두 인연에 의하여 생긴 것으로 각각 따로 있는 것이 아니라 평등 무차별한 하나의 이치로 돌아간다는 말.

▸선:악-개오사 善惡皆吾師 (모두 개, 나 오, 스승 사). ① [속뜻] 착한[善] 일도 악(惡)한 일도 모두[皆] 나[吾]의 스승[師]이 될 수 있음. ②세상에서 일어나는 착한 일이나 악한 일이 모두 자기 몸가짐의 거울이 된다는 말.

선약¹ 仙藥 (신선 선, 약 약). ①신선(神仙)이 만든다고 하는 장생불사의 약(藥). ¶선약이라도 되는 듯 그는 매일같이 술을 마셨다. ②효험이 썩 뛰어난 약.

선약² 先約 (먼저 선, 묶을 약). 먼저[先] 약속(約束)함. 또는 그 약속. ¶죄송하지만 선약이 있다.

선양¹ 宣揚 (알릴 선, 오를 양). 여러 사람에게 널리 알려[宣] 명성을 드높임[揚]. ¶국위를 선양하고 돌아왔다.

선양² 煽揚 (부추길 선, 오를 양). 부추기어[煽] 높이 일으킴[揚]. ¶그는 민족 문화의 선양에 이바지하였다.

선양³ 禪讓 (제사지낼 선, 넘겨줄 양). 임금이 자리[禪]를 넘겨줌[讓]. [비]양위(讓位), 선위(禪位).

선어말 어:미 先語末語尾 (먼저 선, 말씀 어, 끝 말, 말씀 어, 꼬리 미). [언어] 어말 어미(語末語尾) 중 맨 앞[先]에 위치하는 것. 실질 형태소인 어간과 형식 형태소인 어말 어미 사이에서 높임, 공손, 시제 따위를 나타내는 형식 형태소. '입으시었다'에서 '-시-'·'-었-' 따위. [참]어말 어미(語末語尾).

선언¹ 宣言 (알릴 선, 말씀 언). ① [속뜻] 여러 사람에게 분명하게 알리고자[宣] 하는 말[言]. ②국가나 단체가 방침, 주장 따위를 정식으로 공표함. ¶독립 선언.

▸선언-문 宣言文 (글월 문). 선언(宣言)하는 내용을 담은 글[文]. ¶독립선언문을 낭독하다. [비]선언서.

▸선언-서 宣言書 (글 서). 선언문(宣言文).

선언² 選言 (고를 선, 말씀 언). ① [속뜻] 말[言]을 선택(選擇)함. ② [논리] 여러 개의 명제를 접속사 '또한'이나 이와 동의(同義)의 접속사로 연결한 합성 명제.

▸선:언-율 選言律 (법칙 률). [논리] 서로 모순되는 두 가지 명제[言] 중 하나를 선택(選擇)할 때만 진리를 찾을 수 있다는 사유 법칙[律].

▸선:언-적 選言的 (것 적). 몇 개의 배타적 개념[言] 중에서 선택(選擇)될 것임을 나타낸 것[的]. [참]가언적(假言的). 정언적(定言的).

선업¹ 先業 (먼저 선, 업보 업). ① [불교] 전생[先]에서 지은 업인(業因). ②선대(先代)의 기업(基業).

선:업² 善業 (착할 선, 업보 업). [불교] 좋은[善] 과보(果報)를 받을 일[業]. [비]정업(淨業). [반]악업(惡業).

선:연¹ 善緣 (좋을 선, 인연 연). 좋은[善] 인연(因緣).

선연² 嬋姸 (고울 선, 고울 연). 몸맵시가 날씬하고 아름답다[嬋=姸]. ¶선연한 무용수들이 나와 춤을 추었다.

선연³ 嬋娟 (고울 선, 예쁠 연). 얼굴이 곱고[嬋] 예쁘다[娟]. ¶선연한 처자를 골라 며느리를 삼았다.

선연⁴ 鮮姸 (뚜렷할 선, 고울 연). 산뜻하고

[鮮] 아름답다[姸]. ¶선연한 꽃들이 만발하였다.

선열[1] 先烈 (먼저 선, 굳셀 렬). ① 속뜻 의(義)를 위해 싸우다 먼저[先] 간 열사(烈士). ¶순국 선열을 추모하다. ② 선조(先祖)의 공적.

선열[2] 禪悅 (참선 선, 기쁠 열). 불교 선정(禪定)에 들어섰을 때 느끼는 기쁨[悅].

▶선열-법희 禪悅法喜 (법 법, 기쁠 희). 불교 참선(參禪)하는 즐거움[悅]과 설법(說法)을 듣는 기쁨[喜].

선염 渲染 (흐릴 선, 물들일 염). 미술 동양화에서, 화면에 물을 칠하여 마르기 전에 다시 흐리게[渲] 칠하는[染] 것.

▶선염-법 渲染法 (법 법). 미술 선염(渲染)의 채색 기법(技法).

선영 先塋 (먼저 선, 무덤 영). 선조(先祖)의 무덤[塋]. ¶선영을 찾아 제사를 지내다. ⓑ 선묘(先墓), 선산(先山).

선왕 先王 (먼저 선, 임금 왕). ① 선대(先代)의 임금[王]. ¶선왕의 뜻을 받들다. ② 옛날의 성군(聖君). ⓑ 망군(亡君), 선군(先君).

▶선왕-유제 先王遺制 (남길 유, 정할 제). 선왕(先王)이 남긴[遺] 제도(制度).

선:외 選外 (고를 선, 밖 외). 뽑히지[選] 못함[外]. ¶선외로 밀린 작품에서 꽤 좋은 작품을 발견했다.

▶선:외-가작 選外佳作 (좋을 가, 지을 작). 입선(入選)은 안 되었으나[外] 꽤 잘된[佳] 작품(作品).

선:용[1] 善用 (좋을 선, 쓸 용). 올바르게[善] 씀[用]. 알맞게 잘 씀. ¶여가의 선용. ⓑ 악용(惡用).

선:용[2] 選用 (고를 선, 쓸 용). 여럿 가운데서 골라[選] 씀[用].

선우후락 先憂後樂 (먼저 선, 근심할 우, 뒤 후, 즐길 락). ① 속뜻 나라에 근심되는[憂] 일은 남보다 앞장서고[先] 즐거운[樂] 일은 남보다 나중[後]에 함. ② '나라를 위한 충신의 깊은 마음'을 이르는 말.

선운산-가 禪雲山歌 (참선 선, 구름 운, 메 산, 노래 가). 문학 백제 때, 한 여인이 싸움터에 나가 돌아오지 않는 남편을 기다리며 선운산(禪雲山)에 올라가 지어 부른 우리나라의 고대 가요(歌謠).

선원[1] 船員 (배 선, 사람 원). 선박(船舶)의 승무원(乘務員). ¶폭풍으로 선원 일곱 명이 실종되었다. ⓑ 선인(船人).

선원[2] 禪院 (참선 선, 집 원). 불교 ① 선종(禪宗)의 사원(寺院). ⓑ 선사(禪寺). ② 선정(禪定)을 닦는 도량.

선원-주의 先願主義 (먼저 선, 바랄 원, 주될 주, 뜻 의). 법률 둘 이상의 출원(出願)이 있을 때, 먼저[先] 출원(出願)된 것을 우선적으로 다루는 주의(主義). 특허권, 광업권 따위.

선위 禪位 (제사지낼 선, 자리 위). ① 속뜻 선왕의 제사를 지내는[禪] 자리[位]. ② 임금이 왕위를 넘겨줌. ⓑ 양위(讓位), 선양(禪讓).

선유[1] 先儒 (먼저 선, 선비 유). 선대(先代)의 유학자(儒學者). ¶사당에 선유의 위패를 모시다.

선유[2] 船遊 (배 선, 놀 유). 배[船]를 타고 놂[遊]. ⓑ 뱃놀이.

선율 旋律 (돌 선, 가락 률). 음악 높낮이와 리듬을 지니고 흐르는[旋] 가락[律]. ¶감미로운 피아노 선율이 흐른다. ⓑ 가락.

선음 先蔭 (먼저 선, 덕택 음). 조상[先]의 숨은 음덕(蔭德).

선:음 善飮 (잘할 선, 마실 음). 술을 좋아하거나 잘[善] 마심[飮].

***선:의** 善意 (착할 선, 뜻 의). ① 착한[善] 마음[意]. 좋은 의도. ¶선의의 거짓말. ② 남을 위하는 마음. 남을 좋게 보려는 마음. ¶선의를 베풀다. ③ 법률 어떤 사실을 모르고 하는 일. ⓑ 호의(好意). ⓑ 악의(惡意).

▶선:의 점유 善意占有 (차지할 점, 있을 유). 법률 점유할 권리가 없는 사람이 권리가 있는 것으로 잘못 알고[善意] 하는 점유(占有)를 이르는 말.

선-이자 先利子 (먼저 선, 이로울 리, 접미사 자). 경제 빚을 쓸 때에 본전에서 먼저[先] 떼어 내는 이자(利子).

선익-지 蟬翼紙 (매미 선, 날개 익, 종이 지). 두께가 매미[蟬]의 날개[翼]같이 매우 얇은 종이[紙]의 한 가지.

선인[1] 先人 (먼저 선, 사람 인). ① 옛날[先] 사람[人]. 전대(前代)의 사람. ¶이 책에는 선인의 지혜가 녹아있다. ② 남에게 돌아가

신 자기 아버지를 이르는 말. ㊐선조(先祖), 선친(先親). ㊉후인(後人).

선:인² 善人 (착할 선, 사람 인). 착한[善] 사람[人]. ㊉악인(惡人).

선인³ 仙人 (신선 선, 사람 인). 선도(仙道)를 닦아 신통력을 얻은 사람[人]. ㊐신선(神仙).

▸선인-장 仙人掌 (손바닥 장). ① 속뜻 선인(仙人)의 손바닥[掌] 모양의 식물. ② 식물 수분의 증발을 막기 위해 잎이 가시 모양으로 변한 풀. 열대, 아열대에 퍼져 있는 다육식물(多肉植物)인데 관상용으로도 많이 재배한다. ㊐백년초(百年草), 패왕수(覇王樹), 사보텐(sapoten).

선:인⁴ 善因 (착할 선, 까닭 인). 불교 선과(善果)를 가져오는 원인(原因)이 되는 행동. ㊉악인(惡因).

▸선:인-선:과 善因善果 (착할 선, 열매 과). 불교 착한[善] 일을 하면 그로 말미암아[因] 반드시 좋은[善] 과보(果報)를 얻게 됨. ㊐복인복과(福因福果). ㊉악인악과(惡因惡果).

선임¹ 船賃 (배 선, 품삯 임). 배[船]에 타거나 짐을 싣는 데 내는 돈[賃].

선:임² 選任 (고를 선, 맡길 임). 많은 사람 가운데서 선출(選出)하여 임명(任命)함. ¶총장을 선임하다.

선:임³ 先任 (먼저 선, 맡길 임). 먼저[先] 어떤 직책이나 임무를 맡음[任]. 또는 그 사람. ㊉후임(後任).

▸선임-권 先任權 (권리 권). 사회 먼저[先] 취직한[任] 사람이 우대를 받을 권리(權利).

▸선임-제 先任制 (정할 제). 사회 신참자보다 선임(先任)자를 우대하는 제도(制度).

선입 先入 (먼저 선, 들 입). 먼저[先] 머릿속에 자리 잡고[入] 있는 일. 대개, 단독으로는 쓰이지 않고 뒤에 딴말이 붙어 쓰인다.

▸선입-감 先入感 (느낄 감). 어떤 일에 대해 머릿속에 먼저[先] 자리 잡은[入] 느낌[感]. ㊐선입견, 선입관.

▸선입-견 先入見 (볼 견). 어떤 일에 대해 머릿속에 먼저[先] 자리 잡은[入] 견해(見解). ㊐선입관.

▸선입-관 先入觀 (볼 관). 어떤 일에 대해 머릿속에 먼저[先] 자리 잡은[入] 관념(觀念). ¶선입관 때문에 일을 망치는 경우가 많다. ㊐선입견.

선자¹ 先慈 (먼저 선, 사랑할 자). 남에게 죽은[先] 자기의 어머니[慈]를 일컫는 말. ㊟선친(先親).

선:자² 選者 (고를 선, 사람 자). 많은 작품 가운데서 좋은 것을 골라 뽑는[選] 일을 맡은 사람[者].

선자⁴ 扇子 (부채 선, 접미사 자). ① 속뜻 부채[扇]. ② 부챗살 모양으로 된 추녀.

▸선자-지 扇子紙 (종이 지). 부채[扇子] 따위에 바르는 데 쓰이는 단단하고 질긴 흰 종이[紙].

선장 船長 (배 선, 어른 장). 배[船]에 탄 승무원의 우두머리[長]. 항해를 지휘하고 선원을 감독한다. ¶선장은 수천 명의 생명을 맡고 있다.

선:재 選材 (고를 선, 재료 재). 선별(選別)한 재료(材料).

선적¹ 船積 (배 선, 쌓을 적). 배[船]에 짐을 실음[積]. ¶수출품을 선적하다.

▸선적-항 船積港 (항구 항). 화물을 선적(船積)하는 항구(港口). ㊐적출항(積出港), 적하항(積荷港), 적화항(積貨港).

선적² 船籍 (배 선, 문서 적). 법률 선박 원부(船舶原簿)에 등록되어 있는 선박(船舶)의 소속지를 나타내는 문서[籍].

▸선적-항 船籍港 (항구 항). 선적(船籍)이 등록되어 있는 항구(港口). 또는 항해하지 않을 때에 배가 머무를 곳으로 예정한 항구.

선전¹ 旋轉 (돌 선, 구를 전). 빙빙 돌아서[旋] 굴러감[轉].

선전² 善戰 (잘할 선, 싸울 전). 잘[善] 싸움[戰]. 실력 이상으로 잘 싸움. ¶우리는 이번 올림픽에서 우리 선수들의 선전을 기대하고 있다.

선전³ 宣傳 (알릴 선, 전할 전). 주의나 주장, 사물의 존재, 효능 따위를 여러 사람에게 널리 알리고[宣] 전달(傳達)함. ¶신제품을 선전하다.

▸선전-문 宣傳文 (글월 문). 선전(宣傳)하는 취지, 내용 따위를 적은 글[文].

▸선전-전 宣傳戰 (싸울 전). 선전(宣傳)에 의한 경쟁[戰].

▸선전-탑 宣傳塔 (탑 탑). 선전(宣傳)이나 계몽을 목적으로 일정 기간 동안 세우는 탑(塔) 모양의 높은 건조물.

▸선전 영화 宣傳映畫 (비칠 영, 그림 화). 선전(宣傳)을 목적으로 촬영한 영화(映畫).

선전⁴ 宣戰 (알릴 선, 싸울 전). [정치] 다른 나라에 대하여 전쟁(戰爭)을 시작할 것을 선언(宣言)함.

▸선전 포:고 宣戰布告 (펼 포, 알릴 고). [정치] 상대국에 대하여 전쟁(戰爭) 개시 의사를 선언(宣言)하고 상대국에게 이를 널리[布] 알림[告]. ¶선전 포고 없이 다른 나라에 침공할 수 없다.

선:점¹ 選點 (고를 선, 점 점). [건설] 측량을 하기 전에 현지에 미리 기점(基點)이 될 만한 곳을 고름[選].

선점² 先占 (먼저 선, 차지할 점). ① [속뜻] 남보다 앞서[先] 차지함[占]. ¶신제품을 개발해 시장을 선점했다. ② [법률] '선점 취득'(先占取得)의 준말.

▸선점 취:득 先占取得 (가질 취, 얻을 득). [법률] ① 민법상, 소유자가 없는 물건을 남보다 먼저[先] 점유(占有)하여 취(取)하여 얻는[得] 일. ② 국제법상, 어느 나라 영토에도 들어 있지 않은 땅을 딴 나라보다 먼저 점유하는 일. [준] 선점.

선:정¹ 選定 (고를 선, 정할 정). 많은 것 중에서 가려서[選] 정(定)함. ¶최우수 선수 선정 / 주제 선정.

선정² 禪定 (참선 선, 정할 정). [불교] 결가부좌하여 속정(俗情)을 끊고 마음을 가라앉혀 삼매경에 이르는 일. '禪'은 범어 '선나'의 준말이고, '定'은 그 뜻을 한자로 옮긴 것이다.

선:정³ 善政 (좋을 선, 정치 정). 바르고 좋은[善] 정치(政治). ¶선정을 펼치다. [반] 폭정(暴政), 악정(惡政).

▸선:정-비 善政碑 (비석 비). 예전에 선정(善政)을 베푼 관리의 덕을 기념하기 위해 세운 비석(碑石).

선정⁴ 煽情 (부채질할 선, 마음 정). 어떤 감정(感情)이나 욕정(欲情)을 북돋아 일으킴[煽].

▸선정-적 煽情的 (것 적). 어떤 감정(感情)이나 욕정(欲情)을 북돋아 일으키는[煽] 것[的].

선제¹ 先帝 (먼저 선, 임금 제). 선대(先代)의 황제(先皇帝). '선황제'의 준말.

선제² 先制 (먼저 선, 누를 제). 먼저[先] 손을 써서 상대를 누름[制].

▸선제-공:격 先制攻擊 (칠 공, 칠 격). 상대편을 먼저[先] 제압(制壓)하기 위하여 먼저 손을 써서 공격(攻擊)하는 일.

선:제-후 選帝侯 (고를 선, 임금 제, 제후 후). [역사] 중세 신성 로마 제국의 제후 가운데 황제(皇帝)를 뽑는[選] 일을 했던 일곱 사람의 제후(諸侯).

선조¹ 先祖 (먼저 선, 조상 조). 한 집안의 옛[先] 시조(始祖). ¶그 풍습은 우리 선조로부터 전해 내려온 것이다. [비] 선대(先代), 조상(祖上).

선조² 線條 (줄 선, 가지 조). ① 요소들이 가지[條]처럼 연결되어 있는 줄[線]. ② [물리] 백열전구나 진공관 속에 전류를 통하게 하고 열전자를 방출하는 가는 선. [비] 필라멘트(filament).

선:종¹ 善終 (좋을 선, 끝마칠 종). ① [속뜻] 아름다운[善] 죽음[終]. ② [가톨릭] 임종할 때 성사(聖事)를 받아 대죄(大罪)가 없는 상태에서 죽는 일을 이르는 말.

선종² 腺腫 (샘 선, 종기 종). [의학] 선상피(腺上皮) 세포가 증식하여 생기는 양성 종양(腫瘍). 주로 위장이나 자궁의 점막에 많이 생긴다.

선종³ 禪宗 (참선 선, 마루 종). [불교] 참선(參禪)을 통해 불도를 터득하려는 불교의 한 종파(宗派). 6세기 초에 달마 대사가 중국에 전하였다. [준] 선. [비] 선가(禪家), 선도(禪道), 선문(禪門). [반] 교종(教宗).

선주 船主 (배 선, 주인 주). 배[船]의 임자[主]. ¶그는 수십 척의 어선을 가진 선주였다.

선-주민 先住民 (먼저 선, 살 주, 백성 민). 먼저[先] 그 고장에 거주(居住)하였던 민족(民族). ¶이주민들이 무력으로 선주민을 정복했다.

선주-민족 先住民族 (먼저 선, 살 주, 백성 민, 무리 족). 먼저[先] 그 고장에 거주(居住)하였던 민족(民族).

선:죽-교 善竹橋 (착할 선, 대나무 죽, 다리

교). ① [속뜻]참대[善竹]가 자라난 다리[橋]. ② [고적]경기도 개성에 있는 돌다리. 고려 말기의 충신 정몽주가 이방원이 보낸 조영규 등에게 철퇴를 맞고 죽은 곳으로 유명하다. 원래는 '선지교'(善地橋)였는데, 정몽주가 흘린 핏자국이 없어지지 않고 참대가 자라났다고 해서 '선죽교'라 고쳐 부르게 되었다고 한다.

선지[1] **先志** (먼저 선, 뜻 지). 선조(先祖)가 남긴 뜻[志]. ¶선지를 받들다.

선지[2] **宣紙** (펼칠 선, 종이 지). 서화를 그릴 때 펼쳐서[宣] 쓰는 종이[紙].

선:-지식 善知識 (착할 선, 알 지, 알 식). ① [불교]바른[善] 도리[知識]를 가르치는 사람. [비]선친우(善親友). ② [불교]지혜와 덕망이 있고 사람들을 교화할 만한 능력이 있는 불교 승려.

선지-자 先知者 (먼저 선, 알 지, 사람 자). ① [속뜻]세상일을 남보다 먼저[先] 깨달아 아는[知] 사람[者]. [비]선각자(先覺者). ② 지난날 '예언자(預言者)'를 이르던 말. [준]선지.

선지-후행설 先知後行說 (먼저 선, 알 지, 뒤 후, 행할 행, 말씀 설). [철학]주자학(朱子學)에서 먼저[先] 사리를 알고[知] 난 뒤에[後] 그 아는 바를 그대로 실행(實行)해야 한다고 주장하는 설(說). [반]지행합일설(知行合一說).

선진[1] **先陣** (먼저 선, 진칠 진). 싸움터에서 본진(本陣) 앞에[先] 친 진(陣).

선진[2] **先進** (먼저 선, 나아갈 진). ① [속뜻]어떤 분야에서 나이, 지위, 기량 등이 앞서[先] 나가 있는[進] 일. 또는 그런 사람. ② 발전의 단계나 진보의 정도 등이 다른 것보다 앞서거나 앞서 있는 일. ¶선진 기술. [반]후진(後進).

▸선진-국 先進國 (나라 국). 다른 나라의 경제 개발이나 문화 향상에 이바지할 수 있을 만큼 경제·문화 등이 앞선[先進] 나라[國]. ¶선진국 대열에 들어서다. [반]후진국(後進國).

▸선진 사:회 先進社會 (단체 사, 모일 회). [사회]경제·문화 등의 수준이 앞선[先進] 사회(社會).

선:집 選集 (고를 선, 모을 집). [문학]한 사람 또는 여러 사람의 작품 가운데, 어떤 기준을 두고 골라 뽑은[選] 작품을 한데 모은[集] 책. ¶문학 선집.

선착 先着 (먼저 선, 붙을 착). ① [속뜻]남보다 먼저[先] 도착(到着)함. ¶선착 50분에게 선물을 드린다. ② '선착수'(先着手)의 준말. ③ 남보다 앞서 공을 세움. '선착편'(先着鞭)의 준말.

▸선착-객 先着客 (손 객). 먼저[先] 도착(到着)한 손님[客].

▸선착-순 先着順 (차례 순). 먼저 와 닿는[先着] 순서(順序). ¶선착순 입장 / 선착순으로 줄을 서다.

선-착수 先着手 (먼저 선, 붙을 착, 손 수). 어떤 일에 남보다 먼저[先] 착수(着手)하는 일. 먼저 손을 쓰는 일. [준]선착. [비]선착편(先着鞭).

선착-장 船着場 (배 선, 붙을 착, 마당 장). 배[船]를 대는[着] 곳[場]. ¶배가 선착장에 도착했다. [비]나루.

선창[1] **先唱** (먼저 선, 부를 창). 노래나 구호 따위를 맨 먼저[先] 부르거나[唱] 외침. ¶내가 선창하자 모두 따라 부르기 시작했다.

선창[2] **船倉** (배 선, 창고 창). 배[船]에서 짐을 싣는 칸[倉]. ¶선창이 쌀가마니로 가득 찼다.

선창[3] **船窓** (배 선, 창문 창). 배[船]의 창문(窓門).

선창[4] **船艙** (배 선, 선창 창). ① [속뜻]물가에 다리처럼 만들어 배[船]를 댈 수 있게 마련한 곳[艙]. [비]잔교(棧橋). ② 배를 한줄로 엮어 띄운 뒤 그 위에 널판을 가로질러 깐 다리. [비]배다리. [준]창.

선채 先綵 (먼저 선, 비단 채). [민속]전통 혼례에서, 혼례를 치르기에 앞서[先] 신랑 집에서 신부 집으로 보내는 채단(綵緞).

선:책 善策 (좋을 선, 꾀 책). 좋은[善] 대책(對策)이나 계책. [비]선계(善計), 선모(善謀).

선:처 善處 (잘할 선, 처리할 처). 어떤 문제를 잘[善] 처리(處理)함. 적절히 조처함. ¶선처를 부탁드립니다.

선천 先天 (먼저 선, 하늘 천). 어떤 성질이나 체질을 태어나기에 앞서[先] 하늘[天]로부터 부여받음. [반]후천(後天).

▸선천-병 先天病 (병 병). [의학]태어날 때부

터[先天] 가지고 있는 병(病). ¶태아에게 선천병이 있는지 검사해보다.

▸선천-설 先天說 (말씀 설). 철학 모든 사람은 태어날 때부터[先天] 성질과 능력 따위를 지니고 있다고 보는 학설(學說). ㊐선천론(先天論), 천부설(天賦說).

▸선천-성 先天性 (성질 성). 태어날 때부터[先天] 가지고 있는 성질(性質). 타고난 성질.

▸선천-적 先天的 (것 적). 태어날 때부터[先天] 갖추고 있는 것[的]. ¶그는 미술에 선천적인 재능이 있다. ㊥후천적(後天的).

▸선천성 기형 先天性畸形 (성질 성, 기이할 기, 모양 형). 의학 태어날 때부터[先天性]의 신체적인 기형(奇形).

선철 先哲 (먼저 선, 밝을 철). 옛날[先]의 어질고 사리에 밝았던[哲] 사람. 옛 현인. ㊐선현(先賢), 전철(前哲).

선체 船體 (배 선, 몸 체). ① 속뜻 배[船]의 몸체[體]. ¶암초에 부딪혀 선체가 두 동강이 났다. ②실은 짐이나 부속품 따위를 제외한 선박 그 자체.

선초 扇貂 (부채 선, 담비 초). 부채[扇] 고리에 매어 늘어뜨린 담비[貂] 꼬리 장식. ㊐선추(扇錘).

선축 先蹴 (먼저 선, 찰 축). 운동 축구 경기 등에서, 경기를 시작할 때 공을 먼저[先] 차는[蹴] 일.

선:출 選出 (고를 선, 날 출). 여럿 가운데서 고르거나 뽑아[選] 냄[出]. ¶학급 대표를 선출하다.

선충 船蟲 (배 선, 벌레 충). 동물 배[船] 모양의 벌레[蟲]. 갑각류 곤충의 하나로 습기가 많은 해변에서 떼를 지어 산다. ㊐갯강구.

선충-류 線蟲類 (줄 선, 벌레 충, 무리 류). ① 속뜻 실[線]처럼 가늘고 긴 몸을 가진 벌레[蟲] 종류(種類). ② 동물 선형동물의 한 강(綱)으로 순환계와 호흡계가 없고 알도 숙주(宿主)없이 부화함. 사람이나 가축, 식물 등에 기생한다. 회충, 요충, 십이지장충 따위.

선취 船醉 (배 선, 취할 취). 배[船]를 타면 취(醉)한 듯이 머리가 어지럽고 배속이 울렁거리는 증상. ㊐뱃멀미.

선취 先取 (먼저 선, 가질 취). 남보다 먼저[先] 차지함[取]. ¶우리 팀이 한 점을 선취했다.

▸선취-점 先取點 (점 점). 운동 경기 등에서 상대편보다 먼저[先] 딴[取] 득점(得點).

▸선취 특권 先取特權 (특별할 특, 권리 권). 법률 채무자의 재산이나 권리를 다른 채권자보다 우선적(優先的)으로 취득(取得)할 수 있는 특별(特別)한 권리(權利).

선-취득 先取得 (먼저 선, 가질 취, 얻을 득). 남보다 먼저[先] 차지하여[取] 얻음[得].

선:치 善治 (잘할 선, 다스릴 치). 백성을 잘[善] 다스림[治].

선친 先親 (먼저 선, 어버이 친). 돌아가신[先] 자기 아버지[親]를 남에게 일컫는 말. ¶오늘이 선친의 기일이다. ㊐선고(先考), 선부(先父). ㊥선자(先慈).

선:탄 選炭 (고를 선, 숯 탄). 광업 캐낸 석탄 가운데서 나쁜 석탄(石炭)을 가려내어[選] 정탄(精炭)으로 만드는 일.

선탈 蟬脫 (매미 선, 벗을 탈). ① 속뜻 매미[蟬]가 허물을 벗음[脫]. ② '낡은 형식을 벗음'을 비유하여 이르는 말.

선태 蘚苔 (이끼 선, 이끼 태). ① 속뜻 이끼[蘚=苔]. ② 식물 관다발 조직이 발달되지 않은 식물을 통틀어 이르는 말. 배우체가 포자체보다 우세하며 선류, 태류 따위가 이에 속한다.

▸선태-식물 蘚苔植物 (심을 식, 만물 물). 식물 이끼[蘚苔]류의 식물(植物). 양치식물과 나란히 있는 식물계의 한 문(門).

⁑**선:택** 選擇 (고를 선, 고를 택). 마음에 드는 것을 가려서[選] 고름[擇]. ¶직업을 선택하다 / 선택의 자유.

▸선:택-권 選擇權 (권리 권). ①선택(選擇)할 수 있는 권리(權利). ¶제품의 선택권은 소비자에게 있다. ② 법률 선택 채권에서 여러 개의 변제물이나 변제 조건 가운데 그 하나를 채무자가 선택 결정할 수 있는 권리.

▸선:택-도 選擇度 (정도 도). 물리 여러 신호 중에서 어떤 특별한 신호를 선택(選擇)해 수신할 수 있는 수신 능력의 정도(程度).

▸선:택-형 選擇刑 (형벌 형). 법률 법정형(法定刑)에 둘 이상의 것을 규정하고 선고할 때 그중의 어느 것을 선택(選擇)하도록 한 형벌(刑罰).

▸선:택-형 選擇型 (모형 형). 교육 하나의 물음에 대한 답안을 둘 이상 제시하고 그 가운데서 정답을 고르게[選擇] 하는 형식(型式). 학력이나 사상(事象)을 객관적으로 측정하기 위해 사용된다. 진위형, 선다형, 배합형 따위가 있다.

선:투 善投 (잘할 선, 던질 투). 공 따위를 잘[善] 던짐[投]. ¶선발 투수가 선투하여 경기를 이겼다.

선-팽창 線膨脹 (줄 선, 부풀 팽, 배부를 창). 물리 열을 가하면 그 길이가 한 줄[線]로 쭉 늘어나는[膨脹] 현상. ㊀체팽창(體膨脹).

▸선팽창 계:수 線膨脹係數 (맬 계, 셀 수). 물리 물체의 온도를 1℃ 올렸을 때의 그 길이[線]의 늘어나는[膨脹] 비율 수치[係數].

선편 船便 (배 선, 편할 편). 배[船]가 사람이나 물건을 싣고 오고 가는 편(便). ¶그들은 섬으로 가는 선편을 기다렸다. ㊥배편.

선:평 選評 (고를 선, 평할 평). 많은 작품 가운데서 좋은 것을 골라[選] 비평(批評)함. 또는 그 비평.

선포 宣布 (알릴 선, 펼 포). 세상에 널리 알려서[宣] 뜻을 펼침[布]. ¶전쟁을 선포하다.

선폭 船幅 (배 선, 너비 폭). 가장 넓은 데서 잰 배[船]의 너비[幅]. ¶이 배는 선폭이 매우 크다.

선표 船票 (배 선, 쪽지 표). 배[船]를 타기 위해 내는 표(票). ㊥배표.

선풍¹ 颷風 (회오리바람 선, 바람 풍). 지리 온대나 아한대에 발생하는 이동성 저기압에 따라 일어나는 회오리[颷] 바람[風].

선풍² 旋風 (돌 선, 바람 풍). ① 속뜻 나선(螺旋) 모양으로 부는 돌개바람[風]. ② '돌발적으로 발생하여 사회에 큰 영향을 끼칠 만한 사건이나 그로 말미암아 일어난 어지러운 상태'를 비유하여 이르는 말. ㊥회오리바람.

▸선풍-적 旋風的 (것 적). 돌발적으로 발생하여 사회에 큰 영향을 끼친[旋風] 것[的]. ¶이 휴대전화는 출시되자마자 선풍적인 인기를 누리고 있다.

선풍-기 扇風機 (부채 선, 바람 풍, 틀 기). 기계 작은 전동기의 축에 몇 개의 날개[扇]를 달아 그 회전으로 바람[風]을 일으키게 하는 기계(機械).

선하 船荷 (배 선, 짐 하). 배[船]에 실은 짐[荷]. ¶갑판에 선하를 부리다. ㊥뱃짐.

▸선하-주 船荷主 (주인 주). 뱃짐[船荷]의 소유자[主].

▸선하 증권 船荷證券 (증거 증, 문서 권). 경제 선적 화물[船荷]의 인도 청구권이 표시된 유가 증권(證券). 운송인이 화물을 받아 실었음을 증명하고 운송 뒤에 증권 소유자에게 넘겨주기로 약속하고 발행한 증권. ㊥선화 증권(船貨證券).

선학¹ 先學 (먼저 선, 배울 학). ① 속뜻 먼저[先] 배움[學]. ② 학문에서의 선배. ¶선학의 가르침을 받다. ㊦후학(後學).

선학² 禪學 (참선 선, 배울 학). 불교 선종(禪宗)의 교의(敎義)를 연구하는 학문(學問).

선행¹ 先行 (먼저 선, 갈 행). ① 남보다 먼저[先] 감[行]. 앞서 감. ¶선행 부대. ② 딴 일보다 먼저 함. 또는 앞서 이루어짐. ¶선행 학습 / 공부를 잘하려면 우선 책읽기가 선행되어야 한다. ㊦후행(後行).

▸선행 조건 先行條件 (가지 조, 구분할 건). ① 속뜻 선행(先行)해야 할 조건(條件). ② 법률 권리 이전이 생기기 전에 일어난 조건을 이르는 말.

선:행² 善行 (착할 선, 행할 행). 착한[善] 행동(行動). 선량한 행실. ¶그는 남모르게 선행을 많이 한다. ㊦악행(惡行).

▸선:행-상 善行賞 (상줄 상). 착한 행동[善行]을 한 사람에게 주는 상(賞). ¶선행상을 받았다.

선향 先鄕 (먼저 선, 시골 향). ① 속뜻 선조(先祖)가 살던 고을[鄕]. ② 시조(始祖)가 난 곳. 관향(貫鄕). ¶그는 선향으로 돌아가 노후를 보내고 싶다.

선험 先驗 (먼저 선, 겪을 험). 철학 경험(經驗)에 앞서[先] 선천적으로 가능한 인식 능력.

▸선험-론 先驗論 (논할 론). 철학 철학 선험적(先驗的) 인식 비판의 방법으로 이성 판단의 문제를 연구하는 학파[論]. ㊥선험 철학(先驗哲學).

▸선험 철학 先驗哲學 (밝을 철, 배울 학). 철학 선험적(先驗的) 인식 비판의 방법으로

이성 판단의 문제를 연구하는 철학(哲學). [비]비판 철학(批判哲學), 선험론(先驗論).

▸선험적 관념론 先驗的觀念論 (것 적, 볼 관, 생각 념, 논할 론). [철학]인식은 경험(經驗)에 앞서[先] 선천적인 직관(直觀) 및 사고[念]에 따라 이루어진다는 이론(理論). 칸트가 주장하였다.

선현 先賢 (먼저 선, 어질 현). 옛날[先]의 어질고[賢] 사리에 밝았던 사람. 옛 현인. ¶역사를 통해 선현들의 가르침을 배우다. [비]선철(先哲), 전철(前哲).

선혈 鮮血 (싱싱할 선, 피 혈). 갓 흘러나온 싱싱한[鮮] 피[血]. ¶코에서 선혈이 흘러내렸다.

선형[1] 扇形 (부채 선, 모양 형). ① [속뜻]부채[扇] 같은 모양[形]. ② [수학]원의 두 개의 반지름과 그 호(弧)로 둘러싸인 부분. [비]부채꼴.

선형[2] 船型 (=船形, 배 선, 모형 형). 배[船]의 겉모양을 나타낸 모형(模型). 배 모양.

선형[3] 線形 (줄 선, 모양 형). 선(線)처럼 가늘고 긴 모양[形]. [비]선상(線狀).

▸선형-동물 線形動物 (움직일 동, 만물 물). ① [속뜻]몸이 길고 가는 선(線) 모양[形]이며 마디가 없는 동물(動物). ② [동물]혈관과 호흡기가 없고 암수딴몸으로 주로 다른 동물에 기생하는 동물. ¶회충은 선형동물의 하나이다.

선혜-청 宣惠廳 (펼칠 선, 은혜 혜, 관청 청). ① [속뜻]은혜(恩惠)를 베푸는[宣] 관청(官廳). ② [역사]조선 때, 흉년이 들어 백성들의 살림이 어려워지면 대동미(大同米), 포(布), 전(錢)을 널리 베풀어 구휼하던 관아.

선호[1] 船號 (배 선, 이름 호). 배[船]의 이름[號].

선:호[2] 選好 (고를 선, 좋을 호). 여러 가지 중에서 특별히 가려서[選] 좋아함[好]. ¶남아 선호 사상 / 무공해식품을 선호하는 사람이 늘고 있다.

선홍-색 鮮紅色 (뚜렷할 선, 붉을 홍, 빛 색). 밝고 산뜻한[鮮] 붉은[紅] 빛[色]. ¶선홍색 노을이 드리웠다.

선화[1] 仙化 (신선 선, 될 화). ① [속뜻]신선(神仙)이 되었음[化]. ② 늙어서 병 없이 곱게 죽음을 이르는 말.

선:화[2] 善化 (착할 선, 될 화). 좋은 방향으로 이끌어 착하게[善] 만듦[化].

선화[3] 船貨 (배 선, 재물 화). 배[船]에 실은 화물(貨物). 뱃짐.

▸선화-주 船貨主 (주인 주). 배[船]에 실은 짐[貨]의 주인(主人).

▸선화 증권 船貨證券 (증거 증, 문서 권). [경제]선적(船積) 화물(貨物)의 인도 청구권이 표시된 유가 증권(證券). 운송인이 화물을 받아 실었음을 증명하고 운송 뒤에 증권 소유자에게 넘겨주기로 약속하고 발행한 증권. [비]선하 증권(船荷證券).

선화[4] 線畫 (줄 선, 그림 화). 색을 칠하지 않고 선(線)으로만 그린 그림[畫].

▸선화 철판 線畫凸版 (볼록할 철, 널빤지 판). [출판]문자, 선화(線畫) 등의 원고로 사진 제판한 철판(凸版). 사진판과 더불어 신문, 잡지, 서적 등에 널리 이용된다. [비]아연 철판(亞鉛凸版).

선화-지 仙花紙 (신선 선, 꽃 화, 종이 지). ① [속뜻]신선(神仙) 같은 꽃[花] 무늬가 있는 종이[紙]. ② 닥나무 껍질로 만든 질기며 빛이 누르스름한 종이.

선황 先皇 (먼저 선, 임금 황). 선대(先代)의 황제(皇帝). '선황제'의 준말. ¶선황이 승하하셨다.

선회 旋回 (돌 선, 돌 회). ① 원을 그리며 빙빙 돎[旋=回]. ¶잠자리가 선회하다. ② [항공]항공기가 곡선을 그리듯 진로를 바꿈. ¶비행기가 김포공항의 상공을 선회했다.

▸선회-계 旋回計 (셀 계). [항공]비행기가 선회(旋回)하는 속도를 나타내는 항공 계기(計器).

선후 先後 (먼저 선, 뒤 후). 먼저[先]와 나중[後]. 앞과 뒤. ¶사건의 선후가 뒤바뀌었다.

선-후:배 先後輩 (먼저 선, 뒤 후, 무리 배). 선배(先輩)와 후배(後輩)를 아울러 이름. ¶우리는 선후배 사이다.

설경 雪景 (눈 설, 볕 경). 눈[雪]이 내리는 경치(景致). 눈이 쌓인 경치. [비]설색(雪色).

설계[1] 雪溪 (눈 설, 시내 계). 눈[雪]이 여름철에도 녹지 않고 그대로 남아 있는 높은 산골짜기[溪].

⁑**설계**[2] 設計 (세울 설, 셀 계). ① 앞으로 이루어야 할 일에 대해 구체적인 계획(計劃)을

세움[設]. ¶노후를 설계하다. ②설계나 공작 등에서 공사비, 재료, 구조 따위의 계획을 세워 도면 같은 데에 구체적으로 명시하는 일. ¶설계가 잘된 건물.

▸설계-도 設計圖 (그림 도). 설계(設計)한 것을 그린 도면(圖面). ¶건물의 설계도를 그리다.

▸설계-사 設計士 (선비 사). 설계(設計)를 전문으로 하는 기사(技士).

▸설계-자 設計者 (사람 자). 설계(設計)한 사람[者]. 설계하는 사람.

설골 舌骨 (혀 설, 뼈 골). 의학 혀[舌]뿌리에 붙어 있는 'V' 자 모양의 뼈[骨].

설광 雪光 (눈 설, 빛 광). 눈[雪]의 빛깔[光]. 또는 눈처럼 흰 빛. ¶설광을 빌려 책을 읽다.

설교 說教 (말씀 설, 종교 교). ①속뜻 종교상의 교리(教理)를 널리 설명(說明)함. 또는 그 설명. ¶목사가 설교하다. ②남에게 무엇을 설득시키려고 여러 말로 타일러 가르침. 또는 그 가르침. ¶선생님께 설교를 들었다.

설권-증권 設權證券 (베풀 설, 권리 권, 증거 증, 문서 권). 경제 증권을 작성해야만 그 증권 상의 권리(權利)가 발생하는[設] 유가증권(證券). 어음, 수표 따위.

설근 舌根 (혀 설, 뿌리 근). ①속뜻 혀[舌]의 뿌리[根]. 목에 가까이 있는 혀의 부분. ②불교 육근(六根)의 하나. 미각 기관인 '혀'를 이르는 말.

설단 舌端 (혀 설, 끝 단). 언어 혀[舌]의 끝[端] 부분. ⑪설첨(舌尖), 설두(舌頭).

▸설단-음 舌端音 (소리 음). 언어 혀끝[舌端]과 윗잇몸 사이에서 나는 소리[音]. ¶자음 중에서 'ㄷ, ㄸ, ㅌ, ㅅ, ㅆ, ㄴ, ㄹ'은 설단음이다.

설단-증 舌短症 (혀 설, 짧을 단, 증세 증). 의학 혀[舌]가 짧게[短] 오그라들어 말을 잘 못하게 되는 증세(症勢). ⑪음강증(陰強症).

설두 舌頭 (혀 설, 머리 두). 언어 혀[舌]의 맨 앞[頭] 부분. ⑪설첨(舌尖), 설단(舌端).

설득 說得 (말씀 설, 얻을 득). 잘 설명(說明)하거나 타이르거나 해서 납득(納得)시킴. ¶그는 가족의 설득에 넘어가 금연하기로 결심했다 / 나는 그를 설득해서 집으로 돌아가게 했다. ⑪설복(說服).

▸설득-력 說得力 (힘 력). 남을 설득(說得)하는 힘[力]. ¶이 글은 설득력이 부족하다.

▸설득 요법 說得療法 (병 고칠 료, 법 법). 의학 신경증 환자에 대하여 환자를 설득(說得)해서 치료를 꾀하는 정신 요법(療法).

설령 設令 (세울 설, 시킬 령). ①속뜻 가령(假令)이라는 말을 설정(設定)함. ②그렇다 하더라도. ¶설령 그가 오지 않더라도 나는 상관없다. ⑪설사(設使), 설혹(設或).

설로 雪路 (눈 설, 길 로). 눈[雪] 덮인 길[路]. ¶설로를 혼자 걷다. ⑪설정(雪程).

설립 設立 (세울 설, 설 립). 학교, 회사 따위의 단체나 기관을 새로 설치(設置)하여 세움[立]. ¶대학교 설립 / 우리는 중국에 공장을 설립할 계획이다.

▸설립 강:제 設立強制 (억지 강, 누를 제). 법률 일정한 자격을 갖춘 사람에 대하여 법령을 통해 단체의 설립(設立)을 강제(強制)로 명령하는 일. 의사회, 변호사 등 공공 목적을 가진 단체가 이에 해당한다.

▸설립 행위 設立行爲 (행할 행, 할 위). 법률 사단 법인이나 재단 법인, 회사 따위를 설립(設立)하기 위한 행위(行爲). 정관(定款)의 작성, 재산의 출연(出捐) 따위.

설맹 雪盲 (눈 설, 눈멀 맹). ①속뜻 눈[雪] 때문에 눈이 멀게[盲] 됨. ②의학 눈에 반사된 햇빛의 자외선이 눈을 자극하여 일어나는 염증. 각막과 결막에 염증이 나타나며 눈을 뜨기 어렵다.

***설명** 說明 (말씀 설, 밝을 명). 해설(解說)하여 분명(分明)하게 함. ¶더 이상의 자세한 설명은 필요 없다.

▸설명-문 說明文 (글월 문). 문학 사물이나 이치를 이해할 수 있도록 객관적이고 논리적으로 설명(說明)한 글[文]. ¶설명문에서는 명료성이 중요하다.

▸설명-서 說明書 (글 서). 사물의 내용, 이유, 사용법 등을 설명(說明)한 글[書]. 또는 그 문서. ¶제품 설명서.

▸설명-판 說明版 (널빤지 판). 어떤 사실에 대한 설명(說明)을 적어 놓은 판(版). ¶그 앞에 설명판이 있다.

▸설명 문법 說明文法 (글월 문, 법 법). 언어 문법 현상의 발생이나 변화 따위를 설명(說明)하는 문법(文法). ⑫기술 문법(記

述文法).

설문 設問 (베풀 설, 물을 문). 문제(問題)를 설정(設定)함. 질문을 만들어 냄. 또는 그 문제나 질문. ¶설문 조사 / 학교 폭력에 대해 설문하다.

▸설문-지 設問紙 (종이 지). 통계 자료 따위를 얻기 위하여 어떤 주제에 대해 문제를 내어 묻는[設問] 종이[紙]. ¶설문지를 돌리다.

설미 雪眉 (눈 설, 눈썹 미). ① 속뜻 눈[雪]처럼 흰 눈썹[眉]. ② 눈썹이 하얗게 센 노인.

설법 說法 (말씀 설, 법 법). 불교 불법(佛法)의 오묘한 이치를 강설(講說)함.

설복 說服 (=說伏, 말씀 설, 따를 복). 말[說]을 잘하여 굴복(屈服)시킴. 설득(說得).

설봉[1] 舌鋒 (혀 설, 칼끝 봉). ① 속뜻 혀[舌]가 칼끝[鋒]같이 매서움. ② 날카롭고 매서운 말재주. ¶그가 설봉을 휘두르면 아무도 당할 자가 없다.

설봉[2] 雪峯 (눈 설, 봉우리 봉). 눈[雪]이 덮인 산봉우리[峯].

설분 雪憤 (씻을 설, 분할 분). 분(憤)한 마음을 풀어 씻음[雪]. 분풀이. ¶설분을 하고 나니 마음이 후련했다.

설비 設備 (베풀 설, 갖출 비). 건물이나 장치, 기물 따위를 베풀어[設] 갖추는[備] 일. 또는 그런 물건. ¶최신식 설비 / 방범 장치를 설비하다.

▸설비 자금 設備資金 (밑천 자, 돈 금). 경제 기업에서, 공장·기계·점포 같은 고정적인 설비(設備)에 충당되는 자금(資金).

▸설비 자본 設備資本 (재물 자, 밑 본). 경제 건물, 기계 등 설비(設備)로서 보유되는 고정 자본(資本).

▸설비 투자 設備投資 (던질 투, 재물 자). 경제 건물, 기계, 설비(設備)와 같은 고정 자산 자본에 대한 기업의 투자(投資).

설사[1] 設使 (세울 설, 부릴 사). 설령(設令) 그렇게 한다[使]면. ¶설사 자기 것이 아니더라도 낭비해서는 안 된다. ⓑ설령(設令), 설혹(設或).

설사[2] 泄瀉 (샐 설, 쏟을 사). 배탈 따위로 묽은 똥을 물이 새듯이[泄] 쏟아냄[瀉]. 또는 그런 똥. ¶날것을 먹으면 설사하기 쉽다. ⓑ사리(瀉痢), 설리(泄痢), 설하(泄下).

▸설사-병 泄瀉病 (병 병). 설사(泄瀉)를 하는 병(病). ¶설사병에 걸리다.

설산 雪山 (눈 설, 메 산). ① 속뜻 눈[雪]이 쌓인 산(山). ② '히말라야의 산지'를 달리 이르는 말.

▸설산-대사 雪山大士 (큰 대, 선비 사). 불교 히말라야[雪山]에서 깨달음을 얻은 큰[大] 성인[士]. 즉 '석가(釋迦)'를 높여 일컫는 말.

▸설산-성도 雪山成道 (이룰 성, 길 도). 불교 석가(釋迦)가 히말라야[雪山]에서 수도하여 불도(佛道)를 깨달은[成] 일.

설상[1] 楔狀 (쐐기 설, 형상 상). 쐐기[楔]와 같은 모양[狀].

설상[2] 舌狀 (혀 설, 형상 상). 혀[舌] 모양[狀]. 혀처럼 생긴 모양.

▸설상-화 舌狀花 (꽃 화). 식물 혀[舌] 모양[狀]으로 생긴 꽃[花].

▸설상 화관 舌狀花冠 (꽃 화, 갓 관). 식물 한 꽃에 있는 꽃잎이 서로 붙어 아랫부분은 대롱 모양이고 윗부분은 혀[舌] 모양[狀]인 꽃부리[花冠]. 민들레꽃 따위.

설상[3] 雪上 (눈 설, 위 상). 눈[雪] 위[上].

▸설상-가상 雪上加霜 (더할 가, 서리 상). ① 속뜻 눈[雪] 위[上]에 서리[霜]가 더해짐[加]. ② 난처한 일이나 불행한 일이 잇달아 일어남. ¶버스를 잘못타고 설상가상으로 지갑까지 잃어버렸다.

설색 雪色 (눈 설, 빛 색). ① 속뜻 눈[雪]의 빛깔[色]. 흰색. ② 설경(雪景).

설선 雪線 (눈 설, 줄 선). 지리 높은 산이나 극지(極地)에서 일 년 내내 눈[雪]이 녹지 않는 곳과 녹는 곳과의 경계선(境界線). '항설선'(恒雪線)의 준말.

설수 雪水 (눈 설, 물 수). 눈[雪]이 녹은 물[水].

설-신경 舌神經 (혀 설, 정신 신, 날실 경). 의학 혀[舌]의 앞부분의 점막에 분포되어 있는 미각(味覺)과 지각(知覺)을 맡은 신경(神經).

설악-산 雪嶽山 (눈 설, 큰 산 악, 메 산). ① 속뜻 초여름까지 눈[雪]으로 덮여있는 험한[嶽] 산(山). ② 지리 강원도 양양군과 인제군 사이에 있는 산. 태백산맥 가운데 솟은 명산으로 국립공원의 하나이다. 1996

년에 유네스코 세계 문화유산으로 지정되었다. 높이는 1,708미터이다.

설암 舌癌 (혀 설, 암 암). 의학 혀[舌]에 생기는 암(癌).

설야[1] 雪夜 (눈 설, 밤 야). 눈[雪]이 내리는 밤[夜].

설야[2] 雪野 (눈 설, 들 야). 눈[雪]이 덮인 들판[野]. ¶설야 위를 노루 한마리가 뛰어간다.

설염 舌炎 (혀 설, 염증 염). 의학 각종 구강 질환, 위염, 비타민 결핍, 온몸의 감염 따위로 일어나는 혀[舌]의 염증(炎症).

설왕설래 說往說來 (말씀 설, 갈 왕, 말씀 설, 올 래). ① 속뜻 말[說]이 가고[往] 말[說]이 오고[來] 함. 말을 주고 받음. ② 무슨 일의 시비를 따지느라고 옥신각신함. ¶그 문제를 두고 참석자들이 설왕설래했지만 결국 결론을 내지 못했다. ㊥언거언래(言去言來), 언왕설래(言往說來).

설욕 雪辱 (씻을 설, 욕될 욕). 부끄러움[辱]을 씻음[雪]. ¶2차전에서 그는 이전의 패배를 설욕했다. ㊥설치(雪恥).

▸설욕-전 雪辱戰 (싸울 전). ① 속뜻 부끄러움[辱]을 씻기[雪] 위한 싸움[戰]. ② 경기나 오락 따위에서, 앞서 진 것을 만회하기 위하여 겨루는 일. ㊥복수전(復讐戰).

설원[1] 雪原 (눈 설, 들판 원). ① 속뜻 눈[雪]에 뒤덮여 있는 벌판[原]. ② 지리 고산 지대나 극지대에서 볼 수 있는 눈이 녹지 않고 늘 쌓여 있는 곳.

설원[2] 雪冤 (씻을 설, 억울할 원). ① 속뜻 원통(冤痛)함을 씻어냄[雪]. ② 원통한 사정을 풀어 없앰.

설유 說諭 (말씀 설, 타이를 유). 말[說]로 타이름[諭]. ¶전봉준의 설유를 듣고 동학군은 뿔뿔이 흩어졌다.

설-유두 舌乳頭 (혀 설, 젖 유, 머리 두). 의학 혀[舌]에 돋아난 젖꼭지[乳頭] 같은 돌기.

설음 舌音 (혀 설, 소리 음). 언어 혀[舌] 끝이 윗잇몸에 닿아 소리 나는 자음(子音). ¶자음 중 ㄴ, ㄷ, ㄸ, ㅌ은 설음이다. ㊥설성(舌聲).

설의-법 設疑法 (세울 설, 의심할 의, 법 법). 문학 누구나 다 아는 사실을 의문(疑問)의 형식을 설정(設定)하여 상대편이 결론짓도록 하는수사법(修辭法). ¶"이 나라의 주인은 누구입니까?"는 설의법으로 표현되었다.

설전[1] 舌戰 (말 설, 싸울 전). 말[舌]로 하는 다툼[戰]. ¶설전을 벌이다. ㊥필전(筆戰).

설전[2] 雪戰 (눈 설, 싸울 전). 눈[雪] 속에서의 싸움[戰]. ¶프랑스 군은 러시아 군과 설전을 벌였다.

설전-음 舌顫音 (혀 설, 떨릴 전, 소리 음). 언어 혀[舌]를 굴려[顫] 낸 소리[音]. '사람', '구름'에서의 'ㄹ' 소리 따위. ㊥전설음(顫舌音).

***설정** 設定 (세울 설, 정할 정). ① 속뜻 새로 마련하여[設] 정(定)함. ¶목표 설정. ② 어떤 물건에 대한 제한적 지배권을 새로 발생시키는 행위. ¶담보 설정 / 근저당 설정.

설중 雪中 (눈 설, 가운데 중). 눈[雪]이 내리는 안에[中]. 눈 속.

▸설중-사우 雪中四友 (넉 사, 벗 우). ① 속뜻 눈[雪] 속[中]에서도 즐길 수 있는 네[四] 가지 벗[友]. ② 겨울에도 관상용으로 즐길 수 있는 네 가지 꽃. 옥매(玉梅), 다매(茶梅), 납매(臘梅), 수선(水仙)을 이른다.

▸설중-송백 雪中松柏 (소나무 송, 잣나무 백). ① 속뜻 눈[雪] 속[中]에서도 푸름을 잃지 않는 소나무[松]와 잣나무[柏]. ② '변하지 않는 굳은 절조'를 비유하여 이르는 말.

설첨 舌尖 (혀 설, 뾰족할 첨). 혀[舌]끝의 뾰족한[尖] 부분. ㊥설단(舌端).

▸설첨-음 舌尖音 (소리 음). 언어 혀[舌]끝의 뾰족한[端] 부분을 윗니의 뒷쪽에 대어서 나는 소리[音]. ¶자음 중에서 'ㄷ, ㄸ, ㅌ, ㅅ, ㅆ, ㄴ, ㄹ'은 설첨음이다.

설측-음 舌側音 (혀 설, 곁 측, 소리 음). 언어 혀끝을 윗잇몸에 댄 채 혀[舌]의 옆쪽[側] 트인 곳으로 내는 소리[音]. '달'·'술'의 'ㄹ' 따위.

설치[1] 雪恥 (씻을 설, 부끄러울 치). 부끄러운[恥] 일을 씻어[雪] 명예를 되찾음. ㊥설욕(雪辱).

***설치[2]** 設置 (세울 설, 둘 치). ① 기계나 설비 따위를 마련하거나 세워[設] 둠[置]. ¶에어컨 설치. ② 어떤 기관을 마련함. ¶위원회

설치.

설치-류 齧齒類 (물 설, 이 치, 무리 류). 동물 이빨[齒]로 물건을 갉는[齧] 포유류(哺乳類). ¶다람쥐, 쥐, 비버는 모두 설치류이다.

설타-음 舌打音 (혀 설, 칠 타, 소리 음). ① 속뜻 혀[舌]로 입천장을 치면서[打] 내는 소리[音]. ② 언어 입천장과 혓바닥 혹은 두 입술 사이를 닫았다가 갑자기 입을 열면서 내는 파열음(破裂音). 들숨으로 내는 소리이며, 혀를 찰 때에 나는 '쯧쯧' 같은 소리가 여기에 해당한다.

설탕 雪糖 (본음 [설당] 눈 설, 사탕 탕). ① 속뜻 눈[雪]같이 하얀 사탕(沙糖). ② 맛이 달고 물에 잘 녹는 결정체. ¶커피에 설탕을 넣다.

설태 舌苔 (혀 설, 이끼 태). 의학 혀[舌]의 표면에 생기는 이끼[苔] 모양의 물질. 특히 위장병이나 몸에 열이 많이 날 때 생기기 쉽다.

설토 說吐 (말씀 설, 말할 토). 사실을 모두 털어놓고[吐] 말함[說]. ⓑ실토(實吐), 토설(吐說).

설파 說破 (말씀 설, 깨뜨릴 파). ① 사물의 본질을 잘게 부수듯[破] 명백하게 말함[說]. ¶중생들에게 진리를 설파하다. ② 상대편이 이론을 깨뜨려 뒤엎음. ⓑ논파(論破).

설편 雪片 (눈 설, 조각 편). 굵게 엉기어 꽃송이처럼 내리는 눈[雪] 조각[片]. 눈송이.

설풍 雪風 (눈 설, 바람 풍). ① 눈[雪]과 바람[風]을 아울러 이르는 말. ② 눈이 오면서 몰아치는 바람. ¶설풍을 맞으며 걸었다.

설피 雪皮 (눈 설, 겉 피). 눈[雪]에 빠지지 않도록 신바닥 겉[皮] 부분에 대는 넓적한 덧신. ¶설피 한 켤레.

설한[1] 雪恨 (씻을 설, 원한 한). 원한(怨恨)을 씻음[雪]. 한풀이를 함.

설한[2] 雪寒 (눈 설, 찰 한). 눈[雪]이 오거나 온 뒤의 추위[寒]. ¶엄동설한.

▸설한-풍 雪寒風 (바람 풍). 눈[雪]이 오거나 온 뒤에 휘몰아치는 차고[寒] 매서운 바람[風]. ¶설한풍을 뚫고 말을 달리다.

설해 雪害 (눈 설, 해칠 해). 눈[雪]이 많이 내려 입는 재해(災害). ¶설재로 집이며 도로가 모두 망가졌다. ⓑ설재(雪災), 설화(雪禍).

설형 楔形 (쐐기 설, 모양 형). 쐐기[楔]와 같은 모양[形]. 한쪽 끝이 넓고 다른 쪽 끝으로 갈수록 차차 좁아지고 있는 모양. ⓑ설상(楔狀).

▸설형 문자 楔形文字 (글자 문, 글자 자). ① 속뜻 쐐기[楔] 모양[形]의 글자[文字]. ② 언어 기원전 3500~1000년에 걸쳐 고대 오리엔트에서 널리 쓰였던 글자. 점토 위에 갈대나 금속으로 새겨 썼기 때문에 문자의 선이 쐐기 모양으로 보인다.

설혹 設或 (세울 설, 혹시 혹). 설령(設令) 또는 혹시(或是). ¶설혹 알고 있더라도 아는 체하지 마라. ⓑ설령(設令), 설사(設使).

설화[1] 舌禍 (혀 설, 재화 화). ① 속뜻 혀[舌]로 인한 재앙[禍]. ② 말 따위가 법에 저촉되거나 사람들의 비난을 받거나 함으로써 입게 되는 화. ③ 남의 험담이나 중상(中傷) 따위로 입게 되는 불행한 일.

설화[2] 屑話 (가루 설, 이야기 화). 자질구레한[屑] 이야기[話].

설화[3] 雪花 (=雪華, 눈 설, 꽃 화). ① 속뜻 눈[雪]송이를 꽃[花]에 비유하여 이르는 말. ② 나뭇가지에 쌓인 눈발.

▸설화-지 雪花紙 (종이 지). 눈[雪]꽃[花]처럼 하얗고 부드러운 종이[紙]. 강원도 평강 부근에서 주로 생산된다.

▸설화 석고 雪花石膏 (돌 석, 기름 고). ① 속뜻 눈[雪]꽃[花]처럼 하얗고 부드러운 석고(石膏). ② 광업 희고 치밀하며 입자가 미세한 석고. 보드랍고 찰기가 있다.

설화[4] 說話 (말씀 설, 이야기 화). ① 사실처럼 꾸며 말한[說] 이야기[話]. ② 문학 각 민족 사이에 전승되어 오는 신화, 전설, 민담 따위를 통틀어 이르는 말. ¶구전설화.

▸설화 문학 說話文學 (글월 문, 배울 학). 문학 설화(說話)나 전설을 소재로 한 문학(文學).

▸설화 소:설 說話小說 (작을 소, 말씀 설). 문학 ① 설화(說話)를 소재로 한 소설(小說). ② 설화처럼 쓴 소설.

섬광 閃光 (번쩍할 섬, 빛 광). 순간적으로 번쩍이는[閃] 빛[光]. ¶조명탄이 섬광을 내며 하늘로 솟아올랐다.

▸섬광-등 閃光燈 (등불 등). 깜빡이는[閃]

불빛[光]을 내는 등(燈). 섬광을 짧게 계속 적으로 내비치어 선박이나 항공기에게 육지의 존재, 위험한 장소 따위를 알린다.

▸섬광 신:호 閃光信號 (소식 신, 표지 호). 깜빡이는[閃] 불빛[光]을 내는 신호(信號). 선박끼리 또는 선박과 육지 사이에 많이 이용된다.

▸섬광 전:구 閃光電球 (전기 전, 공 구). ① 속뜻 깜빡이는[閃] 불빛[光]을 내는 전구(電球). ② 연영 사진 촬영에 쓰는 특수 전구. 전류를 통하면 순간적으로 강한 섬광을 내어, 빛이 부족한 상태에서 조명으로 쓴다.

섬도 纖度 (가늘 섬, 정도 도). 수공 섬유나 실의 가는[纖] 정도(程度).

섬록-암 閃綠巖 (번쩍할 섬, 초록빛 록, 바위 암). ① 속뜻 반짝이는[閃] 검은 녹색(綠色)의 암석(巖石). ② 지리 사장석(斜長石), 각섬석(角閃石)를 주성분으로 하는 심성암(深成岩). 녹색 및 녹색을 띠는 회색이며, 조직이 단단하고 치밀하여 건축용 석재로 쓰인다.

섬망 譫妄 (헛소리 섬, 헛될 망). ① 속뜻 헛소리[譫]나 망상(妄想)을 함. ② 의학 착각과 망상을 일으키며 헛소리나 잠꼬대를 하며, 심적 불안을 일으키다가 결국 마비를 일으키는 의식 장애. 알코올이나 약물 중독, 노인성 치매 따위에서 볼 수 있다. ¶섬망 증세를 보이다.

섬멸 殲滅 (죽일 섬, 없앨 멸). 남김없이 다 죽여[殲] 없앰[滅]. ¶적군을 섬멸하다.

▸섬멸-전 殲滅戰 (싸울 전). 적을 모조리 무찌르는[殲滅] 전투(戰鬪).

섬모 纖毛 (가늘 섬, 털 모). ① 속뜻 몹시 가는[纖] 털[毛]. ② 생물 생물체의 세포 표면에 있는 가는 털 모양의 돌기. 박테리아, 하등동물, 하등 조류(下等藻類) 등에서 볼 수 있다.

▸섬모 운:동 纖毛運動 (돌 운, 움직일 동). 생물 섬모(纖毛)에 의한 운동(運動). 노 젓는 모양으로 끊임없이 움직여 몸을 이동시키거나 먹이를 끌어당기는 구실을 한다.

▸섬모충-류 纖毛蟲類 (벌레 충, 무리 류). 동물 섬모(纖毛)가 있는 벌레[蟲] 종류(種類). 섬모로 이동하거나 먹이를 끌어당기며 물속이나 흙 속에 산다. 짚신벌레, 종벌레 따위.

섬섬 纖纖 (가늘 섬, 가늘 섬). 가냘프다[纖+纖]. ¶하얗고 섬섬한 손이 너무나 귀여웠다.

▸섬섬-옥수 纖纖玉手 (옥돌 옥, 손 수). 가냘프고[纖纖] 옥(玉)같이 고운 여자의 손[手].

섬세 纖細 (가늘 섬, 가늘 세). ① 속뜻 매우 자잘하고[纖] 가늘음[細]. ② 자질구레한 일에까지 아주 찬찬하고 세밀하다. ¶어머니는 모든 일을 섬세하게 처리한다.

섬수 纖手 (가늘 섬, 손 수). 가냘픈[纖] 손[手].

섬약 纖弱 (가늘 섬, 약할 약). 가냘프고[纖] 약(弱)하다. ¶섬약한 여자의 몸.

섬어 譫語 (헛소리 섬, 말씀 어). ① 앓는 사람이 정신을 잃고 중얼거리는[譫] 말[語]. 비 헛소리. ② 잠을 자면서 자기도 모르게 중얼거리는 헛소리. 비 잠꼬대.

⁑**섬유** 纖維 (가늘 섬, 밧줄 유). 생물 가는[纖] 밧줄[維]이나 실모양의 물질. 동식물의 세포나 원형질(原形質)이 분화하여 실모양이 된 것. ¶목화로 천연 섬유를 만들다.

▸섬유-소 纖維素 (바탕 소). 생물 식물성 섬유(纖維)의 주된 성분[素]을 이루는 흰 탄수화물. 비 셀룰로오스(cellulose).

▸섬유-종 纖維腫 (종기 종). 의학 결합 조직 세포와 그 섬유(纖維)로 된 양성의 종양(腫瘍). 피부나 비강(鼻腔) 등에 생긴다.

▸섬유-질 纖維質 (바탕 질). 섬유(纖維)로 써 이루어진 물질(物質). ¶양배추는 섬유질이 매우 풍부하다.

▸섬유-판 纖維板 (널빤지 판). 건설 목재 따위의 식물 섬유(纖維)를 압축해서 만든 판(板). 흡음성(吸音性), 단열성(斷熱性)이 있기 때문에 건축물의 내장재(內裝)로 쓰인다.

▸섬유 공업 纖維工業 (장인 공, 일 업). 공업 천연 섬유(纖維)나 화학 섬유를 가공(加工)하여 직물을 만드는 공업(工業).

▸섬유 식물 纖維植物 (심을 식, 만물 물). 섬유(纖維)를 얻으려고 재배하는[作] 식물(植物). 비 섬유 작물(纖維作物).

▸섬유 작물 纖維作物 (지을 작, 만물 물). 식물 종이, 실, 천 따위의 원료인 섬유(纖維)를 얻으려고 재배하는[作] 식물(植物). 목

화, 삼, 닥나무, 모시풀 따위. ⓑ섬유 식물(纖維植物).

▸ 섬유 제:품 纖維製品 (만들 제, 물건 품). 수공 섬유(纖維)를 원료로 하여 만든 물건[製品].

▸ 섬유 조직 纖維組織 (짤 조, 짤 직). 식물 섬유(纖維) 세포로 된 생체 조직(組織).

섬전 閃電 (번쩍할 섬, 번개 전). 순간적으로 번쩍이는[閃] 번갯불[電]이나 전기의 불꽃. ¶콘센트에서 섬전이 일다.

섬조 纖條 (가늘 섬, 가지 조). ①금속 따위의 가는[纖] 줄[條]. ② 물리 백열구나 진공관 안의 필라멘트. ⓑ선조(線條).

섬진-강 蟾津江 (두꺼비 섬, 나루 진, 강 강). 지리 전라북도 진안군에서 시작하여 전라남도를 거쳐 경상남도 하동을 지나 남해로 흘러 들어가는 강. 길이는 212km. 두꺼비[蟾]가 떼를 지어 왜구의 침략을 막아낸 나루[津]터가 있는 강(江)이라 하여 붙여진 이름이라는 설이 있다.

섬학-전 贍學田 (넉넉할 섬, 배울 학, 밭 전). 역사 고려·조선 때, 학교(學校)의 재정[贍] 운영을 위해 지급한 토지[田].

섬화 閃火 (번쩍할 섬, 불 화). 번쩍이는[閃] 불빛[火].

▸ 섬화 방:전 閃火放電 (놓을 방, 전기 전). 물리 높은 전압을 가한 두 전극 사이의 기체가 절연성(絶緣性)을 잃고 불꽃[閃火]을 내면서 순간적으로 큰 전류(電流)가 흐르는[放] 현상.

섭금-류 涉禽類 (건널 섭, 날짐승 금, 무리 류). ① 속뜻 물을 건너다니며[涉] 사는 날짐승[禽] 종류(種類). ② 동물 다리, 목, 부리가 모두 길어서 물속에 있는 물고기나 벌레 따위를 잡아먹는 조류. ¶두루미, 백로, 해오라기 따위는 모두 섭금류이다.

섭동 攝動 (잡을 섭, 움직일 동). ① 속뜻 행동(行動)을 다잡음[攝]. ② 물리 일반적으로 역학계에서 주요한 힘의 작용에 의한 운동이 부차적인 힘의 영향으로 인하여 교란되어 일어나는 운동. ③ 천문 어떤 천체의 평형 상태가 다른 천체의 인력에 의해서 교란되는 현상.

섭력 涉歷 (건널 섭, 지낼 력). ① 속뜻 물을 건너고[涉] 산을 넘음[歷]. ②갖가지 일을 두루 겪음. ¶그는 많은 일들을 섭력한 경험을 지니고 있다.

섭렵 涉獵 (건널 섭, 쫓아다닐 렵). ① 속뜻 물을 건너[涉] 이곳저곳 쫓아다님[獵]. ②책을 이것저것 널리 읽음. ¶문헌을 널리 섭렵하다. ⓑ박섭(博涉).

섭리 攝理 (잡을 섭, 다스릴 리). ① 속뜻 아프거나 병에 걸린 몸을 잘 다잡아[攝] 조리(調理)함. ②자연계를 지배하고 있는 원리와 법칙. ¶신의 섭리에 맡기다.

섭생 攝生 (잡을 섭, 살 생). ① 속뜻 자신의 삶[生]을 다잡음[攝]. ②병에 걸리지 아니하도록 건강을 잘 관리하여 오래 살기를 꾀함. ⓑ양생(養生).

섭씨 攝氏 (당길 섭, 성씨 씨). 물리 '섭씨온도계'의 준말. 1742년 섭씨온도계를 만든 스웨덴의 천문학자 '셀시우스'(Celsius, A)를 '섭이사'(攝爾思)로 음역하고, 줄여서 '섭씨'(攝氏)라고 한 데에서 유래되었다. ¶물은 섭씨 100도에서 끓는다. ⓑ화씨(華氏).

▸ 섭씨-온도계 攝氏溫度計 (따뜻할 온, 정도 도, 셀 계). 물리 셀시우스[攝氏]가 고안한 온도계(溫度計). 물의 어는점을 0℃, 끓는점을 100℃로 한다. ⓒ화씨온도계(華氏溫度計).

섭외 涉外 (관여할 섭, 밖 외). 외부(外部)와 연락이나 교섭(交涉)을 하는 일. ¶섭외와 홍보 업무를 맡다.

섭입 涉入 (건널 섭, 들 입). 지리 지구의 표층을 이루는 판이 서로 충돌하여 한쪽이 다른 쪽의 밑으로 미끄러져 건너[涉] 들어가는[入] 현상.

섭정 攝政 (도울 섭, 다스릴 정). 임금이 직접 통치할 수 없을 때 임금을 도와[攝] 대신하여 나라를 다스리는[政] 것. 또는 그 사람. ¶고종을 대신하여 흥선대원군이 섭정하였다.

***섭취** 攝取 (당길 섭, 가질 취). ①양분을 빨아들여[攝] 취(取)함. ¶음식을 골고루 섭취하다. ②좋은 요소를 받아들임. ¶지식을 섭취하다.

▸ 섭취-량 攝取量 (분량 량). 흡수되는[攝取] 영양분의 양(量). ¶영양 섭취량을 측정하다.

성가[1] **成家** (이룰 성, 집 가). ①결혼하여 가정(家庭)을 이룸[成]. ¶너도 이제 서른이니 성가를 해야지. ②학문이나 기술이 뛰어나서 한 체계를 이룸. ③재산을 모아 집안을 일으켜 세우다. ¶자수성가(自手成家).

성ː가[2] **聖架** (거룩할 성, 시렁 가). 가톨릭 성(聖)스러운 십자가(十字架)를 줄인 말.

성가[3] **聲價** (소리 성, 값 가). ① 속뜻 명성(名聲)으로 얻는 대가(代價). ②사람이나 물건 따위에 대하여 세상에 드러난 좋은 평판이나 소문. ¶성가를 드높이다 / 성가가 높다.

성ː가[4] **聖家** (거룩할 성, 집 가). 가톨릭 성모 마리아, 요셉, 예수로 이루어진 거룩한[聖] 가정(家庭). '성가정'의 준말.

▸성ː가-회 聖家會 (모일 회). 가톨릭 성가(聖家)를 본받으려는 취지로 만든, 신자의 모임[會].

성ː가[5] **聖歌** (거룩할 성, 노래 가). ①거룩한[聖] 내용의 노래[歌]. ② 기독교 기독교에서 부르는 가곡을 통틀어 이르는 말. ⓑ성악(聖樂).

▸성ː가-대 聖歌隊 (무리 대). 기독교 예배나 미사 때 성가(聖歌)를 부르기 위하여 조직한 합창대(合唱隊). ⓑ찬양대(讚揚隊).

성각 城閣 (성곽 성, 집 각). 성곽(城郭)의 곳곳에 세운 다락집[閣] 모양의 망주. ⓑ성루(城樓).

성간 물질 星間物質 (별 성, 사이 간, 만물 물, 바탕 질). 천문 별과 별[星] 사이[間]의 공간에 떠 있는 극히 희박한 물질(物質). 성간 가스, 우주 먼지 따위.

성ː감 性感 (성별 성, 느낄 감). 성기(性器)나 성감대(性感帶)를 자극할 때 느끼는 생리적 쾌감(快感).

▸성ː감-대 性感帶 (띠 대). 외부의 자극에 의하여 성적(性的) 쾌감(快感)을 느끼는 신체의 부위[帶].

성ː개 盛開 (성할 성, 열 개). 꽃이나 열매 따위가 한창[盛] 피거나 열림[開].

⁑**성ː격 性格** (성질 성, 품격 격). ①개인의 성질(性質)과 인격(人格). ¶그는 성격이 까다롭다. ②사물이나 상태 그 자체의 성질. ¶독자적인 성격 / 무속은 종합 예술적 성격을 갖고 있다. ③ 심리 환경에 대하여 각 개인이 나타내는, 남과 다른 자기만의 심리적 체계와 행동 양식.

▸성ː격-극 性格劇 (연극 극). 연영 주인공의 성격(性格)이나 내면적인 특성에 따라 사건 전개가 필연적으로 이루어지는 연극(演劇). 또는 희곡.

▸성ː격 묘ː사 性格描寫 (그릴 묘, 베낄 사). 문학 문예 작품에서 등장인물의 성격(性格)을 그려 내는[描寫] 일.

▸성ː격 배우 性格俳優 (광대 배, 광대 우). 연영 등장인물의 독특한 성격(性格)을 능숙하게 표현하는 재능을 지닌 배우(俳優).

▸성ː격 유ː형 性格類型 (비슷할 류, 모형 형). 심리 성격(性格)을 유사함이나 친근함의 정도를 기준으로 유형(類型)화한 것.

▸성ː격 이ː상 性格異常 (다를 이, 보통 상). 의학 감정이나 의지 따위의 성격(性格)이 정상(正常)과 다른[異] 정신적 불안정 상태.

성ː결 聖潔 (거룩할 성, 깨끗할 결). 거룩하고[聖] 깨끗함[潔].

▸성ː결-교 聖潔教 (종교 교). 기독교 중생, 성결(聖潔), 신유, 재림의 사중 복음과 오순절 성령 세례를 강조하는 기독교의 교파(教派).

▸성ː결 교ː회 聖潔教會 (종교 교, 모일 회). 기독교 성결교(聖潔教) 교파의 교회(教會).

성ː경 聖經 (거룩할 성, 책 경). 각 종교에서 거룩한[聖] 내용을 담은 경전(經典). 기독교의 성서, 불교의 대장경, 유교의 사서삼경, 회교의 코란 따위. ⓑ성서(聖書), 성전(聖典).

▸성ː경-책 聖經冊 (책 책). 기독교 기독교의 경전인 성서[聖經]를 엮은 책(冊). ¶성경책이 책상 위에 놓여있다.

성ː계-제도 姓階制度 (성씨 성, 섬돌 계, 정할 제, 법도 도). 태어나면서부터 신분[姓]에 따라 계급(階級)이 정해지는 제도(制度). ¶인도의 카스트 제도는 대표적인 성계 제도이다.

성ː골 聖骨 (거룩할 성, 뼈 골). 역사 신라 때의 골품(骨品)에서 부모가 모두 왕족인 성(聖)스러운 혈통[骨]. 또는 그런 사람. ⓒ진골(眞骨).

성공 成功 (이룰 성, 공로 공). ① 속뜻 일[功]을 이룸[成]. ¶실패는 성공의 어머니이다. ②부(富)나 사회적 지위를 얻음. ¶그는 성공해서 고향에 당당히 돌아왔다. ㊐출세(出世). ㊉실패(失敗).

▸성공-담 成功談 (이야기 담). 어떤 일에 성공(成功)하기까지 겪은 일의 이야기[談]. ¶그의 성공담을 들었다.

▸성공-률 成功率 (비율 률). 어떤 일에 성공(成功)하는 비율(比率). ¶40대는 금연 성공률이 높다.

▸성공-적 成功的 (것 적). 성공(成功)했다고 할 만할 것[的]. ¶이번 공연은 성공적이었다.

성:-공회 聖公會 (거룩할 성, 공평할 공, 모일 회). 기독교 영국의 국교회. 성공회라는 명칭은 '하나요, 거룩하고[聖], 공정(公正)하고, 사도적인 교회(教會)'라는 신앙고백에서 유래.

성과 成果 (이룰 성, 열매 과). 이루어 내거나 이루어진[成] 결과(結果). ¶기대 이상의 성과를 거두었다.

▸성과-급 成果給 (줄 급). 일의 결과[成果]에 따라 지급하는 급여(給與).

▸성과 계:산 成果計算 (셀 계, 셀 산). 경제 ①경영 활동의 전체 또는 특정 부분에서의 성과(成果)를 수치로 표현하기 위한 계산(計算). ②손익 계산(損益計算).

성곽 城郭 (=城廓, 내성 성, 외성 곽). ① 속뜻 두 겹의 성벽 가운데 안쪽 부분의 담을 '城'이라 하고 바깥 부분의 담을 '郭'이라 함. ②내성(內城)과 외성(外城)을 아울러 이르는 말. ¶성곽 도시 / 성곽을 쌓다.

성:관 盛觀 (성대할 성, 볼 관). 성대(盛大)한 볼[觀]거리. 성대한 구경거리나 훌륭한 경치. ¶매화가 구름같이 자못 성관이었다.

성:-관계 性關係 (성별 성, 빗장 관, 맬 계). 성적(性的)인 관계(關係). ¶성관계를 맺다.

성:교¹ 性交 (성별 성, 사귈 교). 남녀가 성적(性的)인 관계를 맺음[交]. 육체적으로 관계함. ㊐성행위(性行爲).

성:교² 聖教 (거룩할 성, 가르칠 교). ① 속뜻 거룩한[聖] 가르침[教]. ②공맹(孔孟)의 가르침. ③자신들의 종교를 이르는 말.

성:-교:육 性教育 (성별 성, 가르칠 교, 기를 육). 교육 청소년을 대상으로 하여 성(性)에 관한 과학적인 지식을 올바르게 지도하기 위한 교육(教育).

성구¹ 成句 (이룰 성, 글귀 구). ① 속뜻 기성(既成)의 글귀[句]. ②옛사람이 지어 널리 쓰이는 시문의 글귀. ③ 언어 하나의 뭉뚱그려진 뜻을 나타내는 글귀. 또는 예로부터 내려오는 관용구.

성:구² 聖句 (거룩할 성, 글귀 구). 기독교 성경(聖經)에 있는 글귀[句].

성군¹ 星群 (별 성, 무리 군). ① 속뜻 별[星]의 무리[群]. ② 천문 같은 방향에서 늘 보이는 항성의 무리. ③ 천문 같은 방향으로 공통적인 운동을 하는 항성의 무리.

성:군² 聖君 (거룩할 성, 임금 군). 어질고 거룩한[聖] 임금[君]. ¶세종대왕은 학문과 과학에 조예가 깊은 성군이었다. ㊐성왕(聖王), 성제(聖帝), 성주(聖主).

성균 成均 (이룰 성, 고를 균). ① 속뜻 학문을 이루고[成] 인품을 고르게[均] 함. ② 역사 고대 중국에서 '대학'(大學)을 일컫던 말.

▸성균-감 成均監 (살필 감). 역사 고려 시대에 최고 학부[成均]의 교육을 맡아보던 국립 기관[監]. 충렬왕 24년(1298)에 국학(國學)을 고친 것으로 34년(1308)에 성균관으로 고쳤다.

▸성균-관 成均館 (집 관). 역사 조선 시대에 최고 학부[成均]의 교육을 맡아보던 국립 기관[館]. ㊐경학원(經學院), 태학(太學).

성금 誠金 (정성 성, 돈 금). 정성(精誠)을 모아내는 돈[金]. ¶불우 이웃 돕기 성금.

성:급 性急 (성품 성, 급할 급). 성질(性質)이 매우 급(急)하다. ¶내가 너무 성급했다. ㊉느긋하다.

성:기¹ 性器 (성별 성, 그릇 기). 남성(男性)이나 여성(女性)의 외부 생식기(生殖器). 남자의 '음경'과 '고환', 여자의 '음문'을 두루 이르는 말. ㊐생식기(生殖器).

성기² 星期 (별 성, 기약할 기). ① 속뜻 별[星]을 보고 기약(期約)하여 만남. ②견우성(牽牛星)과 직녀성(織女星)이 기약하여 만난다는 전설의 '칠월칠석'(음력 7월 7일)을 이르는 말. ③'혼인날'을 달리 이르는 말.

성:기³ 盛氣 (성할 성, 기운 기). 왕성(旺盛)한 기운(氣運)이 번쩍 오름. 또는 그 왕성한 기운.

성:기⁴ 盛期 (성할 성, 때 기). 활동이 왕성(旺盛)한 시기(時期).

성내 城內 (성곽 성, 안 내). 성(城)의 안쪽[內]. 성안. ⓑ성외(城外).

성:녀 聖女 (거룩할 성, 여자 녀). 가톨릭 성인품(聖人品)에 오른 여성(女性)을 이르는 말.

성년[1] 成年 (이룰 성, 나이 년). ① 속뜻 사람으로서 지능이나 신체가 완전히 성숙(成熟)한 나이[年]. ② 법률 법적인 권리를 행사할 수 있는 나이. 대개는 만 20세를 이른다. ⓑ미성년(未成年).

▶성년-식 成年式 (의식 식). 성년(成年)이 되는 것을 기념하는 의식(儀式). ¶성년식을 치르다.

성:년[2] 盛年 (왕성할 성, 나이 년). 혈기가 왕성(旺盛)한 한창 때의 나이[年]. 또는 그런 나이의 사람. ¶성년의 세자가 든든해 보였다.

성:능 性能 (성질 성, 능할 능). 기계 따위가 지닌 성질(性質)과 일을 해내는 능력(能力). ¶이 제품은 값은 싸지만 성능이 떨어진다.

▶성:능 곡선 性能曲線 (굽을 곡, 줄 선). 물리 기계의 출력, 효율, 에너지의 소비 등 성능(性能)을 나타내는 곡선(曲線).

성단[1] 星團 (별 성, 모일 단). 천문 천구(天球) 위에 군데군데 몰려 있는 항성(恒星)의 집단(集團).

성:단[2] 聖壇 (거룩할 성, 단 단). ①신성(神聖)한 단(壇). 교회 같은 곳의 강단이나 제단을 이른다. ②신을 모신 제단.

성:당 聖堂 (거룩할 성, 집 당). ① 속뜻 거룩한[聖] 집[堂]. ② 가톨릭 가톨릭의 교회당. ③ 고적 공자(孔子)의 묘당(廟堂).

성:대[1] 盛大 (가득할 성, 큰 대). 가득할[盛] 정도로 크게[大]. ¶결혼식은 성대하게 치러졌다.

성대[2] 聲帶 (소리 성, 띠 대). 의학 후두(喉頭)의 중앙에 있는 소리[聲]를 내는 울림대[帶]. ¶성대 결절 / 성대모사(模寫). ⓑ목청.

▶성대-모사 聲帶模寫 (본뜰 모, 그릴 사). 다른 사람의 목소리나 짐승의 소리[聲帶]를 그대로 흉내냄[模寫].

성대 토양 成帶土壤 (이룰 성, 띠 대, 흙 토, 흙덩이 양). 지리 기후대와 자연 식생대가 일치된 띠[帶] 모양을 이루고[成] 있는 토양(土壤).

성:덕 聖德 (거룩할 성, 베풀 덕). ①성인(聖人)의 덕(德). ②임금의 덕. ⓑ건덕(乾德).

▶성덕 대왕 신종 聖德大王神鐘 (큰 대, 임금 왕, 귀신 신, 쇠북 종). 고적 신라 성덕대왕(聖德大王)을 기리기 위해 만든 신령(神靈)스러운 종[鐘]. 어느 승려의 권고로 한 여인의 무남독녀를 가마솥의 쇳물에 넣고 나서 제작에 성공하였다는 전설이 있다. '에밀레종'이라고도 하며 국보 제29호이다.

성도[1] 成道 (이룰 성, 길 도). ①도(道)를 닦아 이룸[成]. 또는 학문의 참뜻을 깊이 체득함. ② 불교 깨달아 부처가 되는 일. 특히 석가모니가 음력 12월 8일에 보리수 아래서 큰 도(道)를 이룬 일을 이른다.

성도[2] 星圖 (별 성, 그림 도). 천문 항성(恒星)이나 별자리를 평면 위에 나타낸 그림[圖].

성:도[3] 聖徒 (거룩할 성, 무리 도). ① 속뜻 성(聖)스러운 종교를 믿는 신도(信徒). ② 기독교 기독교 신자를 높여 이르는 말.

성동격서 聲東擊西 (소리 성, 동녘 동, 칠 격, 서녘 서). ① 속뜻 성의 동(東)쪽에서 소리를[聲] 내고 서(西)쪽에서 성을 공격(攻擊)함. ②이쪽을 공격하는 체하여 적을 유인해 놓고 비어 있는 그 반대쪽을 치는 전술을 비유적으로 이르는 말. ¶성동격서 작전으로 적군을 속였다.

성:도 검:사 性度檢査 (성별 성, 정도 도, 봉함 검, 살필 사). 심리 심리학적으로 개인의 성적(性的) 성향의 정도(程度)를 측정하는 검사(檢査). 어느 정도 남성적 또는 여성적 성질을 가지는가를 양적으로 측정한다.

성라 星羅 (별 성, 늘어설 라). 별[星]처럼 많이 늘어서[羅] 있다. ¶성라기도(星羅奇島).

성량 聲量 (소리 성, 분량 량). 목소리[聲]의 크기[量]. ¶성량이 풍부하다. ⓑ음량(音量).

성:려 聖慮 (거룩할 성, 생각할 려). ① 속뜻 성(聖)스러운 근심[慮]. ②임금의 염려를 높여 이르는 말. ¶상감께서 노심초사 성려를 아끼지 않으시니.

성력 誠力 (정성 성, 힘 력). ①정성(精誠)과 힘[力]을 아울러 이르는 말. ¶성력을 다하여 주었다. ②성실한 노력. ¶아무쪼록 각기 최대의 성력을 보여 주시기를 바랍니다.

성:령 聖靈 (거룩할 성, 신령 령). ① 속뜻 성

(聖)스러운 신령(神靈). ② 기독교 성삼위 중의 하나인 하나님의 영을 이르는 말. ¶성령의 힘을 받았다.

성례 成禮 (이룰 성, 예도 례). 혼인의 예식(禮式)을 올림[成]. ¶성례를 시켜 주었다.

성루 城樓 (성곽 성, 다락 루). 성곽(城郭)의 곳곳에 세워 망을 보는 다락집[樓]. ¶파수병이 성루를 지키고 있다. ㊥성각(城閣).

성률 聲律 (소리 성, 가락 률). ① 음악 음악[聲]의 가락[律]. ㊥음률(音律), 율려(律呂). ② 언어 한자나 사성(四聲)의 규율.

성:리 性理 (성품 성, 이치 리). ①사람의 본성(本性)과 자연의 이치(理致). ¶성리를 연구하다. ② 철학 인성(人性)의 원리.

▸ 성:리-학 性理學 (배울 학). 철학 송(宋)나라 때의 유학(儒學)의 한 계통으로 성명(性命)과 이기(理氣)의 관계를 논한 유교 철학(儒教哲學).

***성립** 成立 (이룰 성, 설 립). 일이나 관계 따위를 제대로 이루어[成] 바로 세움[立]. ¶봉건 사회의 성립 / 계약이 성립하다.

성:-만찬 聖晩餐 (거룩할 성, 저녁 만, 밥 찬). ① 속뜻 성(聖)스러운 저녁[晩] 식사[餐]. ② 기독교 예수가 12제자와 나눈 성찬식의 식사. ㊟성찬식(聖餐式).

성망 聲望 (소리 성, 바랄 망). ①명성(名聲)과 덕망(德望)을 아울러 이르는 말. ¶그는 성망이 높아 멀리서도 제자들이 찾아온다. ②좋은 평판.

성:명[1] 盛名 (성대할 성, 이름 명). 성대(盛大)하게 떨친 이름[名]. ¶선생의 성명이 자자합니다.

성:명[2] 聖名 (거룩할 성, 이름 명). 가톨릭 ① 하느님, 천사, 성인의 거룩한[聖] 이름[名]. ②그리스도나 성모 마리아의 거룩한 이름. ③세례명.

성:명[3] 姓名 (성씨 성, 이름 명). 성(姓)과 이름[名]. ㊥성함(姓銜), 씨명(氏名).

▸ 성:명부지 姓名不知 (아닐 부, 알 지). ① 속뜻 성명(姓名)을 알지[知] 못함[不]. ② 전혀 아는 사이가 아님. '성부지명부지'(姓不知名不知)의 준말.

성명[4] 聲明 (소리 성, 밝을 명). ① 속뜻 소리[聲]내어 분명(分明)하게 밝힘. ② 일정한 사항에 관한 견해나 태도를 여러 사람에게 공개적으로 밝히는 일. ¶두 나라 정상은 양국의 긴밀한 협력을 성명하였다.

▸ 성명-서 聲明書 (글 서). 성명(聲明)하는 뜻을 적은 글[書]. 또는 그 문서. ¶공동 성명서 / 성명서를 발표하다.

성명-학 星命學 (별 성, 운명 명, 배울 학). 민속 별[星]을 보고 사람의 길흉과 운명(運命)을 판단하는 학문(學問).

성:모 聖母 (거룩할 성, 어머니 모). ① 속뜻 거룩한[聖] 어머니[母]. ②지난날, 국모(國母)를 성스럽게 일컫던 말. ③ 가톨릭 예수의 어머니 '마리아'를 일컫는 말.

성묘 省墓 (살필 성, 무덤 묘). 산소[墓]를 살핌[省]. ¶성묘를 가다 / 할아버지 산소에 성묘하다. ㊥간산(看山), 배묘(拜墓), 성추(省楸), 전묘(展墓), 전성(展省), 참묘(參墓).

성문[1] 城門 (성곽 성, 문 문). 성곽(城郭)의 문(門). ¶성문이 열렸다.

성문[2] 聲紋 (소리 성, 무늬 문). 주파수 분석 장치를 이용하여 음성(音聲)을 줄무늬[紋] 모양의 그림으로 나타낸 것. 사람마다 고유의 형상이 있기 때문에 범죄 수사에 쓴다. ¶성문을 분석하다.

성문[3] 聲聞 (소리 성, 들을 문). ① 속뜻 명성(名聲)이 자자하게 소문(所聞)남. ②사람들 입에 오르내려 전하여 들리는 말. ㊥소문(所聞). ③ 불교 부처의 음성을 들은 사람이라는 의미로 '불제자'를 이르는 말. '성문승'(聲聞乘)의 준말.

성문[4] 成文 (이룰 성, 글월 문). 문서(文書)로 작성(作成)하여 나타냄. 또는 그 문서나 조문.

▸ 성문-법 成文法 (법 법). 법률 문서(文書)로 만들어[成] 공포된 법률(法律). ¶프랑스는 성문법 중심으로 법이 발달해 왔다. ㊥성문율(成文律). ㊤불문법(不文法).

▸ 성문-율 成文律 (법칙 률). 법률 문서(文書)로 만들어[成] 공포된 법률(法律). ㊥성문법(成文法). ㊤불문율(不文律).

▸ 성문-화 成文化 (될 화). 문서(文書)로 만들어[成] 놓음[化]. ¶불문법을 성문화하다.

▸ 성문 계:약 成文契約 (맺을 계, 묶을 약). 법률 문서(文書)로 만들어[成] 이루어지는 계약(契約).

▸성문 헌ː법 成文憲法 (법 헌, 법 법). 법률 문서(文書)로 만들어[成] 공포된 헌법(憲法). ¶프랑스 헌법은 성문 헌법이다. 반 불문 헌법(不文憲法).

성문[5] **聲門** (소리 성, 문 문). ① 속뜻 소리[聲]가 나오는 문(門). ② 의학 양쪽 성대 사이에 있는 좁은 틈. 소리를 낼 때 사이가 좁아진다.

▸성문-음 聲門音 (소리 음). 언어 목구멍[聲門]과 혀뿌리가 마찰하여 나는 소리[音]. 'ㅇ, ㅎ'이 이에 속한다. 비 목구멍소리.

성ː미[1] **性味** (성품 성, 맛 미). 성질(性質), 마음씨, 비위, 버릇 따위를 맛[味]에 빗대어 이르는 말. ¶그는 성미가 까다롭다.

성미[2] **誠米** (정성 성, 쌀 미). ① 속뜻 정성(精誠)으로 바치는 쌀[米]. ② 종교 종교 단체의 신도들이 신에게 기도하거나 은총에 보답하기 위해 정성껏 모아 바치는 쌀.

성ː배 聖杯 (거룩할 성, 잔 배). ① 속뜻 신성(神聖)한 술잔[杯]. ② 기독교 예수가 최후의 만찬에 쓴 술잔.

성ː-범죄 性犯罪 (성별 성, 범할 범, 허물 죄). 법률 개인의 성적(性的) 자유를 해치거나 성 도덕에 반하는 행위 따위를 함으로써 성립되는 범죄(犯罪). 강간, 추행, 간음 따위.

성ː벽[1] **性癖** (성품 성, 버릇 벽). ① 속뜻 성품(性品)과 버릇[癖]. ② 오랫동안 몸에 밴 버릇.

성벽[2] **城壁** (성곽 성, 담 벽). 성곽(城郭)의 벽(壁). ¶적은 성벽을 허물고 진입했다.

성변 星變 (별 성, 바뀔 변). 별[星]의 위치나 빛에 생긴 변화(變化). ¶별이 떨어져서 성변이 생기다.

성ː별 性別 (성별 성, 나눌 별). 남녀, 또는 암수 등 성(性)의 구별(區別). ¶성별을 기입해 주십시오.

성ː병 性病 (성별 성, 병 병). 의학 성교(性交) 등으로 말미암아 전염되는 병(病). ¶임질, 매독 등은 대표적인 성병이다. 비 사교병(社交病), 화류병(花柳病).

성보 城堡 (성곽 성, 작은성 보). 산성(山城) 밖에 임시로 구축한 소규모의 요새[堡]. 비 성루(城壘).

성복 成服 (이룰 성, 옷 복). 초상이 나서 처음으로 상복(喪服)을 만들어[成] 입음. ¶입관도 끝내고 성복도 마쳤다.

성ː부[1] **聖父** (거룩할 성, 아버지 부). ① 속뜻 거룩한[聖] 아버지[父]. ② 기독교 기독교인이 성삼위 중의 하나인 하나님을 이르는 말. ¶성부, 성자, 성령의 이름으로 아멘.

성부[2] **聲部** (소리 성, 나눌 부). 음악 음악에서 독립된 선율[聲]의 각 부분(部分). 소프라노, 알토, 테너, 베이스 따위.

***성분 成分** (이룰 성, 나눌 분). ① 속뜻 전체를 구성(構成)하고 있는 부분(部分). ② 화학 화합물이나 혼합물 따위를 이루는 물질. ¶수입 농산물에서 다량의 농약 성분이 검출되었다. ③ 언어 문장을 구성하는 요소. 주성분, 부속 성분, 독립 성분이 있다. ¶문장의 주체가 되는 성분을 주어라 한다.

▸성분-비 成分比 (견줄 비). 화학 한 물질을 구성하고 있는 여러 성분(成分)의 화학적 정량의 비율(比率).

▸성분 부ː사 成分副詞 (도울 부, 말씀 사). 언어 문장에서 상태나 정도를 나타내면서 '어떻게'의 형식으로 한 성분(成分)을 꾸미는 부사(副詞). 성상 부사, 지시 부사, 부정 부사가 이에 딸린다.

성불 成佛 (이룰 성, 부처 불). 불교 모든 번뇌에서 해탈하여 부처[佛]가 됨[成].

성ː사[1] **盛事** (성대할 성, 일 사). 성대(盛大)한 일[事].

성ː사[2] **聖事** (거룩할 성, 일 사). ① 속뜻 거룩한[聖] 일[事]. ② 가톨릭 형상 있는 표적으로 형상 없는 성총(聖寵)을 나타내는 행사. 곧 견진·고백·성세·병자·성체·신품·혼배의 일곱 가지이다.

성사[3] **成事** (이룰 성, 일 사). 일[事]을 이룸[成]. 또는 일이 이루어짐. ¶일의 성사 여부는 하늘에 달렸다.

▸성사-재천 成事在天 (있을 재, 하늘 천). ① 속뜻 일[事]의 성공(成功) 여부는 하늘[天]에 달려 있음[在]. ② '노력 못지않게 운수가 중요함'을 이름.

성산 成算 (이룰 성, 셀 산). 일이 이루어질[成] 공산(公算)이나 가능성. ¶이번 일이 성공할 성산이 있겠습니까?

성산-가야 星山伽倻 (별 성, 메 산, 절 가, 나라이름 야). 역사 오늘날 경상북도 성주(星

州) 부근의 성산(星山)에 자리했던 고대 군장 국가(君長國家). 육가야(六伽倻)의 하나로 6세기 초 신라에 병합되었다.

성산-별곡 星山別曲 (별 성, 메 산, 다를 별, 노래 곡). 문학 조선 선조 때, 정철(鄭澈)이 성산(星山)의 서하당(棲霞堂)·식영정(息影亭)을 중심으로 한 사시(四時)의 풍경과 이 집의 주인이며 문인인 김성원(金成遠)의 풍류를 읊은 가사[別曲].

성상[1] 星狀 (별 성, 형상 상). 별[星]처럼 생긴 모양[狀]. 흔히 방사상(放射狀) 돌기가 있는 형상을 이른다.

성상[2] 星霜 (별 성, 서리 상). ① 속뜻 별[星]은 일 년에 하늘을 한 바퀴 돌고 서리[霜]는 해마다 내림. ② '일 년 동안의 세월'을 비유하여 이르는 말.

성:상[3] 聖上 (거룩할 성, 위 상). ① 속뜻 거룩한[聖] 주상(主上). ② 살아 있는 자기 나라의 임금을 높여 이르는 말. ¶나라에 주인은 오직 성상 한 분뿐이다.

성:상[4] 聖像 (거룩할 성, 모양 상). ① 속뜻 성인(聖人)이나 임금의 화상(畵像). ② 기독교 그리스도나 성모의 상(像).

성:상[5] 性狀 (성질 성, 형상 상). ① 사물의 성질(性質)과 상태(狀態)를 아울러 이르는 말. ② 사람의 성질과 행실을 아울러 이르는 말.

▸ 성:상 부:사 性狀副詞 (도울 부, 말씀 사). 언어 사람이나 사물의 성질(性質)이나 상태(狀態)를 한정하여 꾸미는 부사(副詞). '어떻게'의 형식으로 다른 말을 한정하는 데, '잘', '더욱', '차라리', '높이' 따위.

▸ 성:상 관형사 性狀冠形詞 (갓 관, 모양 형, 말씀 사). 언어 사람이나 사물의 성질(性質)이나 상태(狀態)를 나타내는 관형사(冠形詞). '새', '온갖', '외딴', '예술적' 따위.

▸ 성:상 형용사 性狀形容詞 (모양 형, 얼굴 용, 말씀 사). 언어 사람이나 사물의 성질(性質)이나 상태(狀態)를 나타내는 형용사(形容詞). '쓰다', '길다' 따위.

성:상-학 性相學 (성품 성, 모양 상, 배울 학). 사람의 성격(性格)이나 운명을 인상(人相), 골상(骨相), 수상(手相) 따위를 보고 판단하는 학문(學問).

성색 聲色 (소리 성, 빛 색). ① 말소리[聲]와 얼굴빛[色]을 아울러 이르는 말. ¶성색을 가다듬다. ② 음악과 여색(女色)을 아울러 이르는 말. ¶임금이 성색에 빠져 헤어날 줄 모른다.

성:-생활 性生活 (성별 성, 살 생, 살 활). 인간 생활 중에서 성(性)에 관계되는 생활(生活).

성:서 聖書 (거룩할 성, 책 서). ① 속뜻 거룩한[聖] 분의 행적 따위에 대하여 쓴 책[書]. ② 기독교 기독교의 경전. 신약과 구약으로 되어 있다. ③ 성인의 행적을 기록한 책. ④ 종교 각 종교에서 교리를 기록한 경전. ⓑ 성경(聖經).

성:선-설 性善說 (성품 성, 착할 선, 말씀 설). 철학 인간의 본성(本性)은 선(善)하다는 학설(學說). 사람의 나쁜 행위는 물욕에서 생겨난 후천적인 것이라고 주장한다. ¶맹자(孟子)는 성선설을 주장했다. ⓑ 성악설(性惡說).

성:설 性說 (성품 성, 말씀 설). 철학 중국 철학에서 인간 본성(本性)의 선악에 관한 설(說). 성선설(性善說), 성악설(性惡說), 선악혼효설(善惡混淆說) 따위.

성성 星星 (별 성, 별 성). 까만 밤하늘에 하얀 별[星+星]이 반짝이듯, 머리털 따위가 희끗희끗하게 세다. ¶백발이 성성한 할머니.

성세[1] 成勢 (이룰 성, 세력 세). 세력(勢力)을 이루어[成] 떨침. 또는 그 세력.

성:세[2] 盛世 (성할 성, 세대 세). 국운이 한창 융성(隆盛)한 세대(世代).

성:세[3] 聖世 (거룩할 성, 세상 세). 어진 성군(聖君)이 다스리는 세상(世上). ⓑ 성대(聖代).

성:소 聖所 (거룩할 성, 곳 소). ① 속뜻 성(聖)스러운 장소(場所). ② 기독교 구약 시대에 제사장이 하나님에게 제물을 바치고 의식을 베풀던 곳.

성:쇠 盛衰 (성할 성, 쇠할 쇠). 성(盛)하고 쇠퇴(衰退)함. ¶노사의 화합 여부에 따라 기업의 성쇠가 좌우된다.

성수[1] 成數 (이룰 성, 셀 수). 일정한 수효(數爻)를 이룸[成].

성수[2] 星宿 (별 성, 별자리 수). ① 속뜻 별[星]이 위치한 자리[宿]. ② 천문 고대 중국에서 천구상의 별을 이십팔수로 나눈 것. 성좌에 해당한다. ③ 천문 모든 성좌의 별.

성수[3] 星數 (별 성, 운수 수). 별[星]을 보고 점친 운수(運數). ¶좋은 성수를 타고났다.

성:수[4] 聖水 (거룩할 성, 물 수). 가톨릭 종교적인 용도를 위해 사제가 교회의 이름으로 축성(祝聖)한 물[水].

성:수-기 盛需期 (가득할 성, 쓰일 수, 때 기). 경제 어떤 물건이 한창[盛] 쓰이는 [需] 시기(時期). ¶성수기에는 항공 요금이 비싸다. ⓑ비수기.

성숙 成熟 (이룰 성, 익을 숙). ①곡식이나 과일 등이 다 커서[成] 무르익음[熟]. ¶따뜻한 기후로 과일의 성숙이 빨라졌다 / 성숙한 감. ②몸이나 마음이 완전히 자람. ¶정신의 성숙 / 그녀는 나이에 비해 성숙해 보인다. ③경험이나 훈련을 쌓아 익숙해짐. ④어떠한 일을 하는 데 적당한 시기에 이름.

▸성숙-기 成熟期 (때 기). ①성숙(成熟)한 시기(時期). ¶르네상스의 성숙기. ②성숙해 가는 기간. ¶품종 개발로 벼의 성숙기가 줄어들었다.

▸성숙-란 成熟卵 (알 란). 생물 난소 안에서 성숙(成熟)한 난세포(卵細胞).

▸성숙-아 成熟兒 (아이 아). 의학 완전히 다 자란[成熟] 태아(胎兒). 임신 10개월을 채우고 태어난 아이로, 신체 각부와 내장 기능이 스스로 생활을 할 수 있을 정도로 자라있다. ⓑ조산아(早産兒), 미숙아(未熟兒), 과숙아(過熟兒).

성시[1] 成市 (이룰 성, 저자 시). 시장(市場)을 이룬[成] 것처럼 사람이 많이 모여 흥청거림.

성:시[2] 盛時 (성할 성, 때 시). ① 속뜻 나이가 젊고 혈기가 왕성(旺盛)한 때[時]. ②운세나 세력이 한창인 때.

성:신[1] 聖神 (거룩할 성, 귀신 신). ① 속뜻 성(聖)스러운 신(神). ② 기독교 성삼위 중의 하나인 하나님의 영을 이르는 말. ⓗ성령(聖靈).

성신[2] 星辰 (별 성, 별 신). ① 속뜻 별[星=辰]. ②빛을 관측할 수 있는 천체 가운데 성운처럼 퍼지는 모양을 가진 천체를 제외한 모든 천체. ¶일월(日月)성신.

▸성신 숭배 星辰崇拜 (높을 숭, 공경할 배). 종교 별[星辰]을 신성한 것으로 믿고 우러르며 받들어[崇] 절함[拜]. 또는 그러한 신앙. 원시 미개 민족이나 중국, 바빌로니아, 아라비아, 인도 등의 고대 사회에서 찾아볼 수 있다.

***성실** 誠實 (정성 성, 참될 실). 태도나 언행 등이 정성(精誠)스럽고 참됨[實]. 착하고 거짓이 없음. ¶그는 모든 일에 성실하다. ⓑ불성실(不誠實).

성:심[1] 聖心 (거룩할 성, 마음 심). ① 속뜻 거룩한[聖] 마음[心]. ② 가톨릭 인간을 향한 예수의 사랑을 이르는 말. ③ 가톨릭 성모의 거룩한 마음 곧 하느님과 인간을 향한 성모의 사랑을 이르는 말.

성심[2] 誠心 (진심 성, 마음 심). 진실된[誠] 마음[心]. 거짓 없는 참된 마음. ¶그는 어려운 이웃을 성심껏 도왔다. ⓗ단념(丹念), 성관(誠款).

성:씨 姓氏 (성씨 성, 성씨 씨). 성(姓)과 씨(氏). 성을 높여 이르는 말.

성:악[1] 聖樂 (거룩할 성, 음악 악). ① 속뜻 성(聖)스러운 음악(音樂). ②종교적이고 엄숙하고 장엄한 곡조와 가사로 된 음악.

성악[2] 聲樂 (소리 성, 음악 악). 음악 사람의 음성(音聲)으로 이루어진 음악(音樂). ¶그녀는 대학에서 성악을 전공했다. ⓑ기악(器樂).

▸성악-가 聲樂家 (사람 가). 음악 성악(聲樂)을 전문적으로 하는 사람[家]. ¶세계적인 성악가가 공연을 하다.

▸성악-곡 聲樂曲 (노래 곡). 음악 성악(聲樂)을 위하여 만든 곡(曲).

성:악-설 性惡說 (성품 성, 악할 악, 말씀 설). 철학 인간의 본성(本性)은 악(惡)하다는 학설(學說). 사람의 좋은 행위는 교육이나 학문, 수양 등 후천적인 교육에 의해서 하게 되는 것이라고 한다. ¶순자(荀子)는 성악설을 주장했다. ⓑ성선설(性善說).

성안 成案 (이룰 성, 문서 안). 안건(案件)을 만듦[成]. 또는 그 안건. ¶이 법안의 성안 과정에는 아무런 하자가 없다.

성:애 性愛 (성별 성, 사랑 애). 남녀 간의 성적(性的)인 애정(愛情). 본능적인 애욕.

성야[1] 星夜 (별 성, 밤 야). 별[星]빛이 총총

한 밤[夜].

성:야² 聖夜 (거룩할 성, 밤 야). ① [속뜻]거룩한[聖] 밤[夜]. ②성탄절 전날 밤을 이르는 말. ¶성야 미사를 올리다.

성어¹ 成魚 (이룰 성, 물고기 어). 다 자란[成] 물고기[魚]. ¶성어만 잡아야지 치어까지 잡으면 안 된다. [반]치어(稚魚).

성어² 成語 (이룰 성, 말씀 어). ① [속뜻]이미 짜여진[成] 어휘(語彙). ②이전부터 세상에서 흔히 인용되어 온 말. ¶성어를 아이들에게 가르치다.

성:어-기 盛漁期 (성할 성, 고기잡을 어, 때 기). [수산]계절적으로 어떤 물고기가 풍성(豊盛)하여 많이 잡히는[漁] 시기(時期). ¶성어기라 일손이 부족하다. [반]어한기(漁閑期).

성업¹ 成業 (이룰 성, 일 업). 학업(學業)이나 사업(事業) 등을 이룸[成].

성:업² 盛業 (성할 성, 일 업). 사업이나 장사[業]가 번창함[盛]. 또는 그러한 사업이나 장사. ¶성업 중인 가게를 팔았다.

성:업³ 聖業 (거룩할 성, 일 업). ①거룩한[聖] 사업(事業). ¶조국 통일의 성업을 이룩하다. ②왕의 업적. ¶선왕의 성업을 기록하다.

성:역¹ 聖域 (거룩할 성, 지경 역). ①거룩한[聖] 지역(地域). 특히 종교적으로 신성하여 범해서는 안 되는 곳을 말한다. ¶성역이 침략자에게 짓밟혔다. ②문제 삼지 않기로 한 또는 문제 삼아서는 안 되는 사항. ¶성역 없는 수사. ③성인(聖人)의 경지.

성역² 聲域 (소리 성, 지경 역). [음악]사람이 낼 수 있는 소리[聲]의 범위[域]. 가장 높은 음에서 가장 낮은 음까지의 범위.

성:연 盛宴 (=盛筵, 성대할 성, 잔치 연). 성대(盛大)한 연회(宴會). ¶칠순을 맞아 성연을 베풀었다.

성:염 盛炎 (성할 성, 불꽃 염). 한창 심한[盛] 더위[炎]. [비]한더위.

성:-염색체 性染色體 (성별 성, 물들일 염, 빛 색, 몸 체). [생물]성(性)을 결정하는데 관여하는 염색체(染色體). 성 결정의 유형에 따라 엑스(X), 와이(Y), 제트(Z), 더블유(W) 염색체로 구별한다.

성:왕 聖王 (거룩할 성, 임금 왕). 어질고 거룩한[聖] 임금[王]. [비]성군(聖君).

성외 城外 (성곽 성, 밖 외). 성(城)의 바깥쪽[外]. ¶성외에 진을 쳤다. [반]성내(城內).

성:욕 性慾 (성별 성, 욕심 욕). 성행위(性行爲)를 바라는 욕망(慾望).

▸성:욕 묘:사 性慾描寫 (그릴 묘, 베낄 사). [문학]소설이나 드라마에서 남녀 간의 성욕(性慾)을 묘사(描寫)하는 일.

▸성:욕 이:상 性慾異常 (다를 이, 보통 상). [의학]심리적 원인이나 신체적 질환 등의 이유로, 성욕(性慾)이 정상(正常)과는 다른[異] 상태.

성우 聲優 (소리 성, 광대 우). [연영]목소리[聲]만으로 출연하는 배우(俳優).

성:운¹ 盛運 (성할 성, 운수 운). 잘되어 가는[盛] 운수(運數). ¶나라의 성운은 백성들에 달렸다. [비]왕운(旺運).

성운² 星雲 (별 성, 구름 운). [천문]구름[雲]처럼 보이는 별[星]들. 가스나 우주 먼지로 이루어져 있으며, 은하계 내에서 뿐 아니라 외부 은하에서도 발견된다. [비]성무(星霧).

▸성운-군 星雲群 (무리 군). [천문]은하계 밖에 있는, 성운(星雲)이 이루는 무리[群].

▸성운-단 星雲團 (모일 단). [천문]은하계 밖에 있는, 성운군(星雲群)이 이루는 무리[集團].

▸성운-선 星雲線 (줄 선). [천문]행성상 성운(行星狀星雲) 따위의 스펙트럼에 밝게 나타나는 특수한 선(線).

▸성운-설 星雲說 (말씀 설). [천문]성운(星雲)에서부터 태양계 행성이 발생했다는 가설(假設). 칸트와 라플라스가 주장하였다.

▸성운 가:설 星雲假說 (거짓 가, 말씀 설). [천문]성운(星雲)에서부터 태양계 행성이 발생했다는 가설(假設). [준]성운설.

성:웅 聖雄 (거룩할 성, 뛰어날 웅). 거룩하리[聖] 만큼 뛰어난 영웅(英雄). ¶민족의 성웅, 이순신.

성원¹ 成員 (이룰 성, 인원 원). ①어떤 단체나 조직을 구성(構成)하고 있는 인원(人員). ¶성원의 지지를 받다. ②어떤 회의 등을 성립시키는 데 필요한 인원. ¶성원이 미달되다. [비]구성원(構成員).

▸성원-국 成員國 (나라 국). 어떤 조직의 구성원(構成員)으로 되어 있는 국가(國家). ¶

유엔의 성원국은 모두 193개국이다.

성원[2] **聲援** (소리 성, 도울 원). ①소리쳐[聲] 응원(應援)함. ¶관중석에서 성원하는 소리가 크게 들렸다. ②하는 일이 잘되도록 격려하거나 도와줌. ¶여러분의 많은 관심과 성원을 바랍니다.

성월 **星月** (별 성, 달 월). 별[星]과 달[月]을 아울러 이르는 말.

성위 **星位** (별 성, 자리 위). 천문 항성(恒星)이 위치하는 자리[位].

성:유 **聖油** (거룩할 성, 기름 유). 가톨릭 전례나 의식 때 쓰는, 축성(祝聖)한 기름[油].

성육 **成育** (이룰 성, 기를 육). 잘 자라도록[成] 기름[育]. 태어나서 자람.

성:은[1] **盛恩** (성할 성, 은혜 은). 큰[盛] 은혜(恩惠). ¶선생님의 성은에 감사드립니다.

성:은[2] **聖恩** (거룩할 성, 은혜 은). 거룩한[聖] 임금의 은혜(恩惠). ¶성은이 망극하옵니다.

성음 **聲音** (소리 성, 소리 음). 목소리[聲=音]. ㊥음성(音聲).

▸성음-학 聲音學 (배울 학). 언어 성음(聲音)의 현상에 대해 물리학적, 생리학적으로 연구하는 언어학(言語學). ㊥음성학(音聲學).

▸성음 문자 聲音文字 (글자 문, 글자 자). 언어 말소리[聲音]를 그대로 기록해 나타낸 문자(文字). 한글, 로마자, 아라비아 문자 따위. ㊥표음(表音) 문자, 기음(記音) 문자.

성음-법 **成音法** (이룰 성, 소리 음, 법 법). 훈민정음에 기록된 낱글자를 합하여 음절(音節)을 만드는[成] 방법(方法).

성의 **誠意** (진심 성, 뜻 의). 진심[誠]에서 우러나오는 뜻[意]. 참된 마음. ¶성의가 없다 / 음식을 성의껏 준비하다.

성인[1] **成因** (이룰 성, 까닭 인). 어떤 사물이 이루어진[成] 원인(原因). ¶지각 변동의 성인을 밝히다.

성:인[2] **聖人** (거룩할 성, 사람 인). ①거룩하여[聖] 본받을만한 사람[人]. 유교에서는 요(堯)·순(舜)·우(禹)·탕(湯) 및 문왕(文王)·무왕(武王)·공자(孔子) 등을 가리킨다. ②가톨릭 신앙과 성덕(聖德)이 특히 뛰어난 사람에게 교회에서 시성식(諡聖式)을 통하여 내리는 칭호.

***성인**[3] **成人** (이룰 성, 사람 인). 이미 다 자란[成] 사람[人]. ¶성인이면 입장이 가능하다. ㊥대인(大人), 어른.

▸성인-기 成人期 (때 기). 다 자라 성인(成人)이 된 시기(時期).

▸성인-병 成人病 (병 병). 의학 중년기 이후에 성인(成人)들에게 많이 나타나는 병(病)을 통틀어 이르는 말. 동맥 경화, 당뇨병, 암, 심장병, 고혈압 따위.

▸성인 교:육 成人教育 (가르칠 교, 기를 육). 교육 성인(成人)을 대상으로 하는 교육(教育). 사회 교육의 일부로, 일반교양이나 기술 따위를 가르친다.

성:자[1] **姓字** (성씨 성, 글자 자). 성(姓)을 나타내는 글자[字]. ¶자기의 성자도 못쓰는 사람.

성:자[2] **聖子** (거룩할 성, 아들 자). 기독교 지덕이 뛰어난 하나님[聖]의 아들[子]. ¶성부와 성자와 성령의 이름으로, 아멘.

성:자[3] **聖者** (거룩할 성, 사람 자). ① 속뜻 지혜나 덕(德)이 뛰어나고 거룩하여[聖] 본받을만한 사람[者]. ② 불교 온갖 번뇌를 끊고 정리(正理)를 깨달은 사람을 일컫는 말. ③ 기독교 순교자나 거룩한 신자를 높여 일컫는 말.

성:자필쇠 **盛者必衰** (성할 성, 것 자, 반드시 필, 쇠할 쇠). 불교 한번 성(盛)한 것[者]은 반드시[必] 쇠(衰)하게 마련이라는 말.

성:작 **聖爵** (거룩할 성, 잔 작). 가톨릭 축성(祝聖)한 포도주를 담는 잔[爵].

성:장[1] **盛粧** (성할 성, 단장할 장). 남의 눈을 끌 만큼 화려하게[盛] 화장(化粧)함. 또는 그러한 화장. 짙게 한 화장.

성:장[2] **盛裝** (성할 성, 꾸밀 장). 옷을 화려하게[盛] 차려[裝]입음. 또는 그러한 차림. ㊥성복(盛服), 성식(盛飾).

⁑**성장**[3] **成長** (이룰 성, 어른 장). ① 속뜻 자라서 어른[長]이 됨[成]. ②동식물이 자라서 점점 커짐. ¶그 회사는 빠르게 성장하고 있다. ¶물고기의 성장 과정. ③사물의 규모나 세력 따위가 점점 커짐. ¶경제 성장 / 그 회사는 빠르게 성장하고 있다. ④ 생물 생물체의 크기·무게·부피가 증가하는 일. ㊥발육(發育).

▸성장-기 成長期 (때 기). 성장(成長)하는 시기(時期). ¶성장기에는 충분한 영양 섭취와 수면이 필요하다. ㊥발육기(發育期).

▸성장-률 成長率 (비율 률). 경제 주로 경제적인 성장(成長) 정도를 나타내는 비율(比率). ¶경제 성장률.

▸성장-선 成長線 (줄 선). 동물 성장(成長)하면서 나타나는 줄[線]. 조가비나 물고기의 비늘 표면에 그 가장자리로 평행하게 여러 개 있다.

▸성장-소 成長素 (바탕 소). ① 식물 식물의 성장(成長)을 촉진하는 식물 호르몬 요소(要素). ㊥생장소(生長素). ② 의학 포유류의 성장을 촉진하는 단백질 호르몬. ㊥성장호르몬.

▸성장-점 成長點 (점 점). 식물 식물의 줄기나 뿌리 끝에 있어 세포 분열을 하고 성장(成長)을 촉진하는 부분[點]. ㊥생장점(生長點).

▸성장-주 成長株 (주식 주). 경제 수익(收益)의 신장률이[成長] 높은 기업의 주식(株式).

▸성장-통 成長痛 (아플 통). 의학 몸이 너무 빨리 자람[成長]에 따라 느끼는 아픔[痛]. ¶성장통은 성장 속도가 빠른 어린이에게 흔히 나타난다.

▸성장 곡선 成長曲線 (굽을 곡, 줄 선). 생물 생물의 성장(成長)의 시간적인 경과를 나타내는 곡선(曲線). ㊥생장 곡선(生長曲線).

▸성장 운:동 成長運動 (돌 운, 움직일 동). 식물 식물이 성장할 때, 식물체의 각 부분에서 성장(成長) 속도의 차이 때문에 나타나는 운동(運動). ㊥생장 운동(生長運動).

성:적[1] 聖跡 (=聖蹟, 거룩할 성, 발자취 적). 성(聖)스러운 사적이나 고적(古跡). ¶이곳은 불교의 이름난 성적이다.

성적[2] 成績 (이룰 성, 실적 적). ① 속뜻 어떤 일을 이룬[成] 결과나 실적(實績). ② 교육 학교 등에서 학생들의 학업이나 시험의 결과. ¶성적이 좋다 / 성적이 오르다.

▸성적-순 成績順 (차례 순). 성적(成績)에 따른 순서(順序). ¶성적순으로 반을 편성하다.

▸성적-표 成績表 (겉 표). 성적(成績)을 기록한 표(表). 특히 학업 성적의 일람표.

성:적[3] 性的 (성별 성, 것 적). 남녀의 성(性)이나 성욕(性慾)에 관계되는 것[的]. ¶성적 매력.

▸성:적 도:착 性的倒錯 (거꾸로 도, 섞일 착). 심리 성욕을 채우는 방법[性的]이나 그 대상이 그릇된[倒錯] 것. ㊥이상 성욕(異常性慾).

성전[1] 成典 (이룰 성, 책 전). ① 속뜻 성문화(成文化)된 법전(法典). ② 정해진 법식이나 의식.

성:전[2] 性典 (성별 성, 책 전). 성(性)에 관한 지침이나 비결 따위를 적은 책[典].

성:전[3] 盛典 (성대할 성, 의식 전). 성대(盛大)한 의식이나 의전(儀典). ¶성전을 거행하다.

성:전[4] 聖典 (거룩할 성, 책 전). ① 성인(聖人)이 쓴 책[典]. 또는 성인의 언행을 적은 책. ② 종교 종교 교의(教義)를 담은 책. 불교의 경전, 기독교의 성서, 이슬람교의 코란 따위.

성:전[5] 聖殿 (거룩할 성, 대궐 전). ① 속뜻 신성(神聖)한 전당(殿堂). ② 가톨릭 가톨릭의 성당. ③ 기독교 개신교의 예배당.

성:전[6] 聖戰 (거룩할 성, 싸울 전). ① 속뜻 거룩한[聖] 사명을 띤 전쟁(戰爭). ② 종교적 이데올로기를 위한 전쟁. 또는 전쟁을 합리화하기 위한 말.

성:-전환 性轉換 (성별 성, 옮길 전, 바꿀 환). 암수의 성이 반대의 성(性)으로 바뀌는[轉換] 현상.

성정[1] 成丁 (이룰 성, 장정 정). 장정(壯丁)이 됨[成].

성:정[2] 性情 (성품 성, 마음 정). ① 속뜻 사람의 성질(性質)과 심정(心情). ② 타고난 본성. 정성(情性).

성조 聲調 (소리 성, 가락 조). ① 언어 평(平), 상(上), 거(去), 입(入)의 사성(四聲)의 가락[調]. ② 목소리의 높낮이 변화가 의미 차이를 수반하는 현상.

성조-기 星條旗 (별 성, 가지 조, 깃발 기). 미국의 국기로, 영문명 'Stars and Stripes'를 의역한 말. 현재의 주를 상징하는 50개의 별[星]과 독립 당시의 주를 상징하는 열세 줄의 붉은빛과 흰빛으로 된 가로줄[條]이 그려져 있는 깃발[旗]이라는 뜻에서 유래한 말이다.

성종 成宗 (이룰 성, 마루 종). 대종가(大宗家)에서 파가 갈린 뒤 4대를 거쳐서 새로 생긴[成] 종가(宗家).

성좌 星座 (별 성, 자리 좌). 천문 별[星]이 위치하는 자리[座]. 천구상의 여러 별을 신화나 전설에 나오는 신, 영웅, 동물, 기물 따위의 형상으로 가상하여 구분한 것으로, 현재 여든 여덟 개의 성좌가 있다. ㊥별자리.

▸성좌-도 星座圖 (그림 도). 천문 성좌(星座)를 그려 넣은 천체도(天體圖).

성주 城主 (성곽 성, 주인 주). ①성(城)의 우두머리[主]. ¶성주의 초대를 받아 성으로 갔다. ②조상의 무덤이 있는 지방의 수령. ③ 역사 삼국·통일 신라 시대에, 성(城)을 지키던 으뜸 장수.

성:-주기 性週期 (성별 성, 돌 주, 때 기). 동물 ①암컷이 발정[性]을 하는 주기(週期). ②사람의 월경 주기.

성주-탕 醒酒湯 (깰 성, 술 주, 끓을 탕). ① 속뜻 술[酒]을 깨게[醒] 하는 탕국[湯]. ② '해장국'을 달리 이르는 말.

성중 城中 (성곽 성, 가운데 중). 성벽(城壁)으로 둘러싸인 그 가운데[中] 안쪽. 성안. ¶성중 백성들이 다 모였다.

성지¹ 城址 (성곽 성, 터 지). 성(城)이 있었던 자리[址]. ¶후백제의 성지를 발굴하다. ㊥성터.

성:지² 聖旨 (거룩할 성, 뜻 지). 임금의 성(聖)스러운 뜻[旨]. ㊥성의(聖意), 성충(聖衷), 어지(御旨).

성:지³ 聖地 (거룩할 성, 땅 지). 종교 신성(神聖)스럽게 여기는 땅[地]. ¶예루살렘은 기독교의 성지이다.

▸성:지 순례 聖地巡禮 (돌 순, 예도 례). 성지(聖地)를 차례로 돌며[巡] 예배(禮拜)함.

성:직 聖職 (거룩할 성, 일 직). ① 속뜻 거룩한[聖] 직무(職務). ② 기독교 교직에 따라 하나님께 봉사하는 직무. 또는 그러한 직분.

▸성:직-자 聖職者 (사람 자). 종교적으로 성(聖)스러운 직분(職分)을 맡은 사람[者]. 목사, 신부, 승려 따위가 있다.

⁑성:질 性質 (성품 성, 바탕 질). ① 속뜻 타고난 성품(性品)과 기질(氣質). ¶성질이 보통이 아니다. ②사물이나 현상이 본디부터 가지고 있는 다른 것과 구별되는 특징. ¶물의 성질 / 이 두 사건은 성질이 다르다.

성:징 性徵 (성별 성, 밝힐 징). 생물 성별(性別)에 따라 나타나는 형태적, 구조적 특징(特徵). 남녀, 암수 따위. ¶2차 성징.

성:찬¹ 盛饌 (성할 성, 반찬 찬). 푸짐하게[盛] 잘 차린 음식[饌].

성:찬² 聖餐 (거룩할 성, 밥 찬). ① 기독교 예수와 제자들에 의해 성(聖)스럽게 치러진 최후의 만찬(晩餐). 성찬식 때 쓰는 빵과 포도주를 이르는 말. ② 불교 부처 앞에 올리는 음식.

▸성:찬-식 聖餐式 (의식 식). 기독교 성(聖)스러운 식사[餐] 의식(儀式). 예수의 최후를 기념하여 그의 살과 피를 상징하는 빵과 포도주를 나누어 먹는다.

성찰 省察 (살필 성, 살필 찰). ①자신이 한 일을 돌이켜 보고 깊이 살핌[省=察]. ¶자신을 성찰하다. ② 가톨릭 고백 성사를 받기 전에 먼저 성령의 도움을 구하고 자기 양심을 살피어 지은 죄를 생각해 내는 일을 이르는 말.

성:창 盛昌 (성할 성, 창성할 창). 왕성(旺盛)하고 창성(昌盛)하다.

성채¹ 星彩 (별 성, 빛깔 채). ① 속뜻 별[星]의 빛[彩]. ②어떤 광물에 일정한 방향에서 빛을 비추었을 때 생기는 별 모양의 빛의 상(像).

성채² 城砦 (성곽 성, 울타리 채). 성(城)의 울타리[砦]. 역할을 하는 요새. ㊥성새(城塞).

성:철 聖哲 (거룩할 성, 밝을 철). 성인(聖人)과 철인(哲人). '성'은 지덕이 뛰어나고 통하지 않는 것이 없는 사람을, '철'은 슬기로워서 사리에 밝은 사람을 이른다.

성체¹ 成體 (이룰 성, 몸 체). 동물 다 성장(成長)하여 생식 능력을 갖춘 몸[體]이 된 동물. 또는 그런 몸.

성:체² 聖體 (거룩할 성, 몸 체). ① 속뜻 성스러운[聖]의 몸[體]. ②임금의 몸. ㊥성궁(聖躬). ③ 가톨릭 포도주로 상징된 예수의 몸과 피를 이르는 말.

성:총 聖寵 (거룩할 성, 사랑할 총). ① 속뜻 임금[聖]의 은총(恩寵). ② 가톨릭 사람을 영원한 생명으로 이끄는 하느님의 은총

을 이르는 말.

성:추 盛秋 (성할 성, 가을 추). 가을[秋]이 한창[盛]인 때.

성:-추행 性醜行 (성별 성, 추할 추, 행할 행). 성적(性的) 만족을 얻기 위하여 상대방에게 가하는 추한[醜] 행위(行爲). ¶성추행 범죄를 엄중히 처벌하다.

성충 成蟲 (이룰 성, 벌레 충). 동물 애벌레가 다 자라서[成] 생식 능력을 지니게 된 곤충(昆蟲). ⓑ유충(幼蟲).

성취[1] 成娶 (이룰 성, 장가들 취). 가정을 이루어[成] 장가듦[娶]. 아내를 맞아 가정을 이룸. ⓑ성가(成家).

성취[2] 醒醉 (깰 성, 취할 취). 술에 취(醉)하는 일과 술이 깨는[醒] 일.

성취[3] 成就 (이룰 성, 이룰 취). 목적한 바를 이룸[成=就]. ¶소원 성취 / 목표한 바를 성취하다.

▸성취-감 成就感 (느낄 감). 하고자 했던 일을 이루었을[成=就] 때 느끼는 흐뭇한 감정(感情).

▸성취-동:기 成就動機 (움직일 동, 실마리 기). 목적한 바를 이루어[成=就] 보겠다는 행동(行動)을 일으키는 실마리[機].

▸성취 만족 成就滿足 (가득할 만, 넉넉할 족). 어떤 일을 목적한 바대로 이루어[成就] 낸 데서 오는 흐뭇함[滿足].

▸성취 지수 成就指數 (가리킬 지, 셀 수). 교육 학습자가 이룬[成就] 학습 정도를 나타내는 지수(指數). 교육 지수의 지능 지수에 대한 백분율로 나타낸다. 에이큐(AQ).

성층 成層 (이룰 성, 층 층). 층(層)을 이룸[成]. 또는 그 층. ¶성층 광상(鑛床).

▸성층-권 成層圈 (범위 권). ① 속뜻 공기의 성분이 층(層)을 이루는[成] 대기권(大氣圈). ② 지리 지표에서 약 12~55km까지의 대기권. 대류권(對流圈)과 중간권(中間圈) 사이에 있으며 약 20~30km지점에서 오존층이 있다. 처음에는 대기가 층을 이루고 있다고 생각했으나 오존과 수증기를 뺀 나머지 기체는 잘 섞여있는 상태로 밝혀졌다. ③ 지리 해면에서 약 500미터 이하에 있는 물의 층. 염분과 수온이 안정되어 있다.

▸성층-면 成層面 (쪽 면). 지리 성질이 다른 물질이 지층(地層)을 이룬[成] 뒤 위아래로 겹쳐졌을 때 접하는 면(面). ⓑ층리면(層理面).

▸성층-암 成層巖 (바위 암). 지리 암석의 파편이나 생물의 유해(遺骸) 따위가 퇴적하여 층(層)을 이룬[成] 암석(巖石). ⓑ퇴적암(堆積巖).

▸성층 화:산 成層火山 (불 화, 메 산). 지리 화산회(火山灰)·화산력(火山礫)·용암 따위가 자주 분출하여, 그 분출물이 층(層)을 이루는[成] 가운데 퇴적해서 된 화산(火山). ⓑ층상(層狀) 화산, 복성(複成) 화산.

성:칙 聖勅 (거룩할 성, 조서 칙). ① 속뜻 성(聖)스러운 조서[勅]. ② 임금의 '칙명'을 높여 이르는 말. ¶성칙을 위반하면 안 된다.

성:탄 聖誕 (거룩할 성, 태어날 탄). ① 속뜻 거룩한[聖] 분의 탄생(誕生). 또는 임금의 탄생. ② 기독교 '성탄절'(聖誕節)의 준말.

▸성:탄-절 聖誕節 (철 절). 기독교 성(聖)스러운 예수가 태어난[誕] 날을 명절(名節)로 이르는 말. ⓑ크리스마스.

성토 聲討 (소리 성, 따질 토). 여러 사람이 모여서 큰 소리[聲]로 꾸짖어[討] 비난함. ¶유생들은 조정의 정책을 성토하는 상소를 올렸다.

성패 成敗 (이룰 성, 패할 패). 성공(成功)과 실패(失敗). ¶성패는 노력에 달려 있다.

성:-폭력 性暴力 (성별 성, 사나울 폭, 힘 력). 성적(性的)인 행위로 남에게 가하는 폭력(暴力). ¶성폭력을 당하다.

성:-폭행 性暴行 (성별 성, 사나울 폭, 행할 행). 성적(性的)으로 행위로 남에게 가하는 폭행(暴行). ⓑ강간(強姦).

성표 星表 (별 성, 겉 표). 천문 항성(恒星)이나 성단(星團), 성운(星雲) 등의 위치, 거리, 광도, 운동, 스펙트럼형 따위의 특성을 나타낸 표(表). '항성표'의 준말.

성:품[1] 性品 (성질 성, 품격 품). 성질(性質)의 됨됨이[品]. 사람의 됨됨이. ¶성품이 온화하다. ⓑ됨됨이, 품성(品性).

성:품[2] 性稟 (성품 성, 받을 품). 타고난[稟] 본성(本性). ⓑ성정(性情), 천품(天稟).

성하[1] 星河 (별 성, 물 하). 천문 수많은 행성(行星)이 길게 무리지어 강[河]처럼 보이는 것. ⓑ은하(銀河).

성ː하[2] **盛夏** (성할 성, 여름 하). 더위가 한창인[盛] 여름[夏]. ¶할머니는 성하에도 솜이불을 덮는다. ⓑ한여름.

▸성ː하-염열 盛夏炎熱 (불꽃 염, 더울 열). 한여름[盛夏]의 불[炎]볕 같은 더위[熱].

성ː하-목욕 聖河沐浴 (거룩할 성, 물 하, 머리감을 목, 몸씻을 욕). 종교 성(聖)스러운 강물[河]에서 목욕(沐浴)함. 힌두교의 의식으로 이로써 죄와 더러움을 씻는다.

성학[1] **星學** (별 성, 배울 학). 별[星]의 운행과 천체에 관한 학문(學問).

▸성학-가 星學家 (사람 가). ①천문[星]을 연구하여[學] 길흉을 점치는 사람[家]. ⓑ점성가(占星家). ②천문학자를 이전에 이르던 말.

성ː학[2] **聖學** (거룩할 성, 배울 학). ① 속뜻 성인(聖人)이 가르친 학문(學問). ②유학(儒學)을 이르는 말.

▸성ː학-십도 聖學十圖 (열 십, 그림 도). 책명 조선 때, 이황이 성학(聖學)의 개요를 열[十] 개의 그림[圖]으로 설명한 책.

▸성ː학-집요 聖學輯要 (모을 집, 요할 요). 책명 조선 때, 이이가 성현(聖賢)들의 학문(學問)에 관한 요점(要點)을 모아 엮은[輯] 책.

성ː함 姓銜 (성씨 성, 이름 함). ① 속뜻 성명(姓名)과 직함(職銜). ②남의 이름을 높여 이르는 말. ¶성함을 적어 주십시오. ⓑ존함(尊銜), 함자(銜字).

성ː행[1] **性行** (성품 성, 행할 행). 성품(性品)과 행실(行實)을 아울러 이르는 말. ¶그의 착한 성행을 동네 사람들은 다 알고 있다.

성ː행[2] **盛行** (가득할 성, 행할 행). 가득할[盛] 정도로 널리 행(行)해짐. ¶인터넷 쇼핑의 성행.

성ː-행위 性行爲 (성별 성, 행할 행, 할 위). 성욕(性慾)을 만족시키기 위한 행위(行爲). 흔히 '성교'(性交)를 이른다.

성ː향 性向 (성질 성, 향할 향). 성질(性質)이 쏠리는 방향(方向). ¶그녀는 점쟁이의 말이라면 덮어놓고 믿는 성향이 있다.

성ː현 聖賢 (거룩할 성, 어질 현). 성인(聖人)과 현인(賢人)을 일컬음.

성ː혈 聖血 (거룩할 성, 피 혈). ① 속뜻 성(聖)스러운 피[血]. ② 가톨릭 예수가 십자가에서 흘린 피. 또는 성찬식에서 그 피를 상징하여 쓰는 포도주를 이르는 말.

성형[1] **成形** (이룰 성, 모양 형). ① 속뜻 일정한 모양[形]을 이룸[成]. ② 의학 외과적(外科的) 수단으로 신체의 어떤 부분을 고치거나 만듦. ¶성형 수술. ③ 공업 그릇의 형체를 만듦.

▸성형-품 成形品 (물건 품). 원료에 물리적 조작을 가하여 일정한 모양[形]으로 만들어낸[成] 물품(物品). 특히 플라스틱제품을 이른다.

▸성형-형 成形型 (모형 형). 수공 도자기의 외형(外形)을 만드는[成] 데 쓰는 틀[型]. 석고, 질그릇, 금속 따위로 만든다.

▸성형 수술 成形手術 (손 수, 꾀 술). 의학 주로 인체의 부분 손상이나 잘못 생긴 곳을 교정하기 위해 신체의 모양[形]을 만드는[成] 외과적 수술(手術).

▸성형-외과 成形外科 (밖 외, 분과 과). 의학 상처 교정, 기능 장애 회복, 외모 개선을 위해 성형 수술(成形手術)을 하는 외과학(外科學)의 한 분야.

성형[2] **星形** (별 성, 모양 형). 별[星]의 모양[形]. 별 같은 모양. 별꼴.

▸성형 도법 星形圖法 (그림 도, 법 법). 지리 지도 투영법(投影法)의 한 가지. 별[星] 모양[形]의 윤곽 안에 남극이나 북극을 중심으로 하여 세계 전도(世界全圖)를 나타내는 방법(方法).

성ː호 聖號 (거룩할 성, 표지 호). ① 속뜻 거룩한[聖] 표나 부호(符號). ② 가톨릭 신자가 손으로 가슴에 긋는 십자가를 이르는 말. ¶성호를 긋다.

성호-사설 星湖僿說 (별 성, 호수 호, 잘게 부술 사, 말씀 설). 책명 조선 숙종 때의 학자 성호(星湖) 이익(李瀷)이 지은 여러 가지 사물과 상황을 상세하게[僿] 다룬 논설(論說). 천지(天地)·만물(萬物)·인사(人事)·경사(經史)·시문(詩文)등으로 나누어, 실학적 관점에서 자세히 다루고 있다. 30권 30책.

성호 학파 星湖學派 (별 성, 호수 호, 배울 학, 갈래 파). 역사 조선 후기, 성호(星湖) 이익(李瀷)을 중심으로 활동한 학파(學派).

성혼 成婚 (이룰 성, 혼인할 혼). 혼인(婚姻)을 성사(成事)시킴. 이루어짐.

성홍 猩紅 (성성이 성, 붉을 홍). 오랑우탄[猩]의 털빛과 같이 검붉은[紅] 빛깔.

▸성홍-열 猩紅熱 (더울 열). [의학] 살갗에 오랑우탄[猩]처럼 검붉은[紅] 두드러기가 생기고 고열(高熱)이 나는 병. 급성전염병의 하나로 어린이에게 주로 발병한다.

성화[1] 成火 (이룰 성, 불 화). ① [속뜻] 마음대로 되지 않아 불[火]이 나는[成] 듯 몹시 애가 탐. 또는 그러한 상태. ¶여행을 못 가서 성화가 나다. ② 몹시 성가시게 구는 일. ¶장난감을 사 달라고 성화를 부리다.

성화[2] 星火 (별 성, 불 화). ① [속뜻] 별[星]이 떨어질 때의 불[火]빛. ② 운성이 떨어지듯 몹시 급한 일을 비유하여 이르는 말. ③ 매우 작은 불꽃.

성:화[3] 盛火 (가득할 성, 불 화). 왕성(旺盛)하게 활활 타오르는 불[火].

성:화[4] 聖化 (거룩할 성, 될 화). ① [속뜻] 거룩하게[聖] 됨[化]. ② 임금의 덕화(德化). ③ [가톨릭] 인간이 하느님의 성성(聖性)에 이르거나 참여하는 일을 이르는 말.

성:화[5] 聖花 (거룩할 성, 꽃 화). 부처 앞에 바치는 성(聖)스러운 꽃[花].

성:화[6] 聖畵 (거룩할 성, 그림 화). ① [속뜻] 성인(聖人)을 그린 그림[畵]. ② [미술] 기독교의 내용을 그린 종교화.

성화[7] 聲華 (소리 성, 빛날 화). 세상에 널리 알려진 명성(名聲)과 정화(精華). ¶선생님의 성화는 오래 전부터 들어서 잘 알고 있습니다.

성:화[8] 聖火 (거룩할 성, 불 화). ① [속뜻] 신성(神聖)한 불[火]. ② [운동] 올림픽 대회 때, 그리스의 올림피아에서 태양열로 채화(採火)한 불을 릴레이방식으로 운반하여 대회가 끝날 때까지 주경기장의 성화대에 켜 놓는 횃불. ¶성화를 봉송하다.

▸성:화-대 聖火臺 (돈대 대). [운동] 올림픽 대회가 진행되는 동안 성화(聖火)를 켜 둘 수 있도록 주경기장에 설치한 대(臺).

성:황 盛況 (가득할 성, 상황 황). 어떤 장소에 가득한[盛] 상황(狀況). 또는 그런 모임이나 행사. ¶성황을 이루다.

▸성:황-리 盛況裡 (속 리). 성황(盛況)을 이룬 가운데[裡]. ¶대회가 성황리에 개막했다.

성황-당 城隍堂 (성곽 성, 해자 황, 집 당). 마을[城隍]을 지키는 혼령(魂靈)을 모신 집[堂]. ¶성황당에서 치성을 드리다. [비] 서낭당.

성회[1] 成會 (이룰 성, 모일 회). 조건이 만족되어 회의(會議)가 성립(成立)됨. [반] 유회(流會).

성:회[2] 盛會 (성할 성, 모일 회). 규모가 성대(盛大)한 모임[會]. ¶성회를 앞두고 마을 사람들은 모두 흥이 났다.

성:훈 聖訓 (거룩할 성, 가르칠 훈). 성인(聖人)이나 임금의 교훈(教訓). ¶칠세에 남녀부동석이라는 성훈이 있다.

세:가[1] 世家 (세대 세, 집 가). ① 여러 대[世]에 걸쳐 나라의 중요한 지위나 특권을 누리는 집안[家]. [비] 세족(世族). ② [역사] 중국의 『사기』에서, 제후·왕·명족에 대한 기록.

세:가[2] 貰家 (세놓을 세, 집 가). 세(貰)를 내고 빌려 사는 집[家]. [비] 셋집.

세:가[3] 勢家 (권세 세, 집 가). 권세(權勢) 있는 집안[家]. [비] 세문(勢門).

▸세:가-자제 勢家子弟 (아들 자, 아우 제). 권세(權勢) 있는 집안[家]의 자제(子弟). 세도가(勢道家)의 자제.

세:간 世間 (인간 세, 사이 간). ① [속뜻] 사람[世]들 사이[間]. ② 세상 일반. [비] 세상(世上). ③ [불교] 중생이 서로 의탁하며 살아가는 이 세상을 이르는 말.

세:객 說客 (달랠 세, 손 객). 능란한 말솜씨로 유세(遊說)하며 떠돌아다니는 사람[客]. ¶그 댁에는 세객이 끊이지 않았다.

세:거 世居 (세대 세, 살 거). 한 고장에 대대로[世] 삶[居]. ¶세거 가문.

세:견-선 歲遣船 (해 세, 보낼 견, 배 선). ① [속뜻] 해[歲]마다 보내는[遣] 배[船]. ② [역사] 조선 세종 때, 대마도(對馬島) 도주(島主)의 청원을 들어주어 삼포(三浦)를 개항하고 내왕을 허락한 무역선.

세:계[1] 世系 (세대 세, 이어 맬 계). 한 조상으로부터 대대로[世] 내려오는 계통(系統).

세:계[2] 歲計 (해 세, 셀 계). [경제] ① 한 회계 연도(年度) 내의 세입(歲入)과 세출(歲出)의 총 계산(計算). ② 일 년 동안의 수입과 지출의 총 계산.

⁑**세:계[3] 世界** (세상 세, 지경 계). ① [속뜻] 세

상(世上)의 모든 지역[界]. ②지구상의 모든 나라. 또는 인류 사회 전체. ¶세계에서 가장 큰 나라. ③집단적 범위를 지닌 특정 사회나 영역. ¶여성 세계. ③대상이나 현상의 모든 범위. ¶정신의 세계와 물질의 세계 / 작품 세계 / 미지의 세계.

▸세:계-관 世界觀 (볼 관). 철학 자연 및 인간 세계(世界)에 대한 관점이나 가치관(價值觀). ¶동양과 서양은 세계관이 상당히 다르다.

▸세:계-력 世界曆 (책력 력). 천문 세계(世界) 공통으로 사용하고자 고안되었던 역법(曆法). 날짜와 요일을 고정되게 만든 것으로, 일 년을 사계절로 나누어 각 계절을 30일·30일·31일의 3개월로 하고, 따로 연말의 하루나 이틀을 주외일(週外日) 곧 무요일(無曜日)로 한다.

▸세:계-사 世界史 (역사 사). 세계(世界) 전체를 통일적으로 연관시킨 인류의 역사(歷史). ¶한국사와 세계사.

▸세:계-상 世界像 (모양 상). 어떤 일정한 관점으로 보는 세계(世界)의 모습[像]. ¶신화는 그 민족이 가지는 세계상을 잘 나타내 준다.

▸세:계-수 世界樹 (나무 수). 종교 세계(世界)의 중심, 또는 인류의 발상지(發祥地)인 나무[樹]. ㊥생명수(生命樹).

▸세:계-시 世界時 (때 시). 세계(世界) 공통의 시각(時刻). 현재는 각국 표준시의 기준이 되는 그리니치 평균 태양시를 이른다.

▸세:계-어 世界語 (말씀 어). 세계적(世界的)으로 널리 쓰이는 말[語]. 각 민족(民族)이 쓰는 각 국어에 대하여 만국 공통의 사용을 목적으로 인공으로 만들어낸 말. 에스페란토 따위. ㊥국제어(國際語).

▸세:계-인 世界人 (사람 인). 세계적(世界的)으로 활약하는 유명한 사람[人].

▸세:계-적 世界的 (것 적). ① 속뜻 세계(世界) 전체를 대상 범위로 하는 것[的]. ②세계에서 가장 뛰어난 수준에 이른 것. ¶세계적인 도시.

▸세:계-화 世界化 (될 화). 세계(世界) 여러 나라로 확대 발전됨[化]. ¶한글의 세계화.

▸세:계 공민 世界公民 (여럿 공, 백성 민). 철학 세계(世界) 국가의 여러[公] 민족(民族).

▸세:계 공:황 世界恐慌 (두려울 공, 절박할 황). 경제 1929년 미국의 금융 시장에서 일어난 금융 공황으로 비롯되어 세계(世界)의 자본주의 국가에 파급된 공황(恐慌).

▸세:계 국가 世界國家 (나라 국, 집 가). 정치 전 세계(世界)를 하나의 단위로 하는 국가(國家). 인류 전체를 국민으로 하는 이상적인 국가이다. ¶알렉산더는 세계 국가를 목표로 정복 전쟁을 벌였다. ㊥세계 연방(世界聯邦).

▸세:계 기록 世界記錄 (적을 기, 베낄 록). 운동 운동 경기 따위에서 그때까지의 기록을 깬 세계(世界) 최고 기록(記錄).

▸세:계-기시 世界起始 (일어날 기, 처음 시). ① 속뜻 세계(世界) 기원(起源)의 시작(始作). ② 불교 우주 개벽론. 개벽 초에 아무것도 없던 것이 흔들림이 일어나서 바람, 금석(金石), 불, 물, 바다, 산이 차례로 생겨 인연이 끊어지지 않고 연달아 모든 것이 생겨났다고 한다.

▸세:계 기업 世界企業 (꾀할 기, 일 업). 경제 세계적(世界的) 규모의 기업(企業). ㊥다국적 기업(多國籍企業).

▸세:계 대:전 世界大戰 (큰 대, 싸울 전). ① 속뜻 세계적(世界的)인 규모로 벌어지는 큰[大] 전쟁(戰爭). ② 역사 20세기 전반기에 있었던 제1차 세계 대전(1914~1918)과 제2차 세계 대전(1939~1945)을 이름.

▸세:계-만방 世界萬邦 (일만 만, 나라 방). 세계(世界)의 모든[萬] 나라[邦]. ¶나라의 독립을 세계만방에 공표하다.

▸세:계-무대 世界舞臺 (춤출 무, 돈대 대). 세계적(世界的)인 범위의 활동 분야를 무대(舞臺)에 비유하여 이르는 말.

▸세:계 무:역 世界貿易 (바꿀 무, 바꿀 역). 경제 나라 간에[世界] 상품(商品)을 사고파는[貿易] 일. ㊥국제 무역(國際貿易).

▸세:계 문학 世界文學 (글월 문, 배울 학). 문학 ①보편적 인간성을 추구하여 세계(世界) 여러 나라 사람에게 널리 이해될 수 있는 문학(文學). ②우리나라 문학에 대하여 세계 각국의 문학을 흔히 이름.

▸세:계 시:장 世界市場 (저자 시, 마당 장). 경제 ①세계(世界) 무역에 의하여 이루어지는 추상적인 시장(市場). ②국제 시장(國際

市場).

▸세:계 연방 世界聯邦 (잇달 련, 나라 방). 정치 전 세계(世界)를 하나로 결합하여[聯邦] 세운 국가. ⓑ세계 국가(世界國家).

▸세:계-열강 世界列強 (여러 렬, 강할 강). 세계(世界)의 여러[列] 강대국(強大國). ¶세계열강과 어깨를 나란히 하다.

▸세:계 정부 世界政府 (정사 정, 관청 부). 세계 국가(世界國家)의 정부(政府).

▸세:계-정신 世界精神 (쓿을 정, 혼 신). 철학 ①세계(世界)를 통제하고 지배하는 정신(精神). 신(神)과 거의 같은 뜻으로 쓰인다. ②세계사 속에서 자기를 실현하는 정신. 헤겔의 역사 철학의 기본적인 개념.

▸세:계 정책 世界政策 (정치 정, 꾀 책). 정치 국력이 미치는 세력 범위를 세계적(世界的)으로 확대하려는 제국주의적 팽창 정책(政策).

▸세:계 종교 世界宗教 (마루 종, 가르칠 교). 종교 인종, 국적, 성별 따위를 초월하여 세계적(世界的)으로 널리 신봉되는 종교(宗教). 기독교, 불교, 이슬람교 따위.

▸세:계-주의 世界主義 (주될 주, 뜻 의). 국가나 민족을 초월하여 온 인류[世界]를 한 동포로 보고 인류 사회의 통일을 꾀하려는 주의(主義). 만민 주의(萬民主義).

▸세:계 지도 世界地圖 (땅 지, 그림 도). 지리 세계(世界)를 모두 나타낸 지도(地圖). ⓑ만국지도(萬國地圖).

▸세:계 무:역 기구 世界貿易機構 (바꿀 무, 바꿀 역, 틀 기, 얽을 구). 경제 세계(世界) 여러 나라가 무역(貿易)에 관한 일을 처리하기 위하여 결성한 기구(機構). 세계 무역 분쟁 조정·관세 인하 요구·반(反)덤핑 규제 따위의 법적인 권한과 구속력을 행사할 수 있다. 본부는 제네바에 있다. ⓑ더블유티오(WTO).

▸세:계 보:건 기구 世界保健機構 (지킬 보, 튼튼할 건, 틀 기, 얽을 구). 의학 세계(世界) 여러 나라가 보건(保健) 상태의 향상을 위하여 설립한 국제 연합의 전문 기구(機構). 1948년에 설립된 것으로, 중앙 검역소 업무·유행병 및 전염병에 대한 대책·회원국의 공중 보건 행정 강화의 세 가지 업무를 맡고 있다. 본부는 제네바에 있다. ⓑ더블유에이치오(WHO).

세:곡 稅穀 (세금 세, 곡식 곡). 나라에 세금(稅金)으로 바치는 곡식(穀食). ¶여러 고을에서 실어 온 세곡들을 일일이 검사하였다.

세:공[1] 細孔 (작을 세, 구멍 공). 작은[細] 구멍[孔].

세:공[2] 歲貢 (해 세, 바칠 공). 역사 해[歲]마다 나라에 바치는 공물(貢物).

세:공[3] 細工 (가늘 세, 장인 공). 섬세(纖細)한 잔손질이 많이 가는 수공(手工). ¶금속 세공.

▸세:공-물 細工物 (만물 물). 잔손을[細] 많이 들여 만든[工] 물건(物件). ⓑ세공품(細工品).

▸세:공-품 細工品 (물건 품). 잔손을[細] 많이 들여 만든[工] 물품(物品). ⓑ세공물(細工物).

세:관[1] 細管 (가늘 세, 대롱 관). 가는[細] 관(管).

세:관[2] 稅關 (세금 세, 빗장 관). 법률 공항, 국경[關] 등에서 드나드는 화물이나 선박을 검사하고 세금(稅金)을 물리는 등의 일을 하는 관청.

▸세:관-도 稅關渡 (건넬 도). 경제 화물을 세관(稅關)에서 인도(引渡)하는 것을 조건으로 하는 매매 계약. ⓑ세관 구내도(稅關構內渡).

▸세:관-원 稅關員 (인원 원). 세관(稅關)에서 여객의 소지품이나 수출입 화물에 대한 관세의 부과와 징수에 대한 사무를 맡아보는 공무원(公務員).

▸세:관 공항 稅關空港 (하늘 공, 항구 항). 법률 항공기에 의한 수입 화물에 관세를 부과하기[稅關] 위해 법률로 지정한 공항(空港).

▸세:관-가치장 稅關假置場 (임시 가, 둘 치, 마당 장). 법률 세관(稅關)에서 검사한 물건을 임시로[假] 보관하는[置] 곳[場].

세:광 洗鑛 (씻을 세, 쇳돌 광). 광업 흙과 잡물을 떼기 위해 광석(鑛石)을 물로 씻어[洗] 내는 일.

세:교[1] 世交 (세대 세, 사귈 교). 선대 때부터 대대로[世] 이어져 온 교분(交分). ¶고향의 여러 집안과 세교가 두텁다.

세:교[2] 世教 (세상 세, 가르칠 교). ① 속뜻 세상(世上)의 가르침[教]. ② 세상을 살아가

면서 얻는 교훈.

세:권 稅權 (세금 세, 권리 권). [법률] ① [속뜻] 세금(稅金)을 거둘 수 있는 권리(權利). 과세(課稅)할 수 있는 권리(權利). ② 국제 무역에서 관세의 징수를 대등하게 유지하는 권리.

세:균 細菌 (작을 세, 버섯 균). [생물] 눈으로 볼 수 없을 만큼 매우 작은[細] 버섯[菌]같은 단세포 생물을 두루 이르는 말. 땅속, 물속, 공기 속, 생물체 속 등에 널리 분포하며 다른 것에 기생하여 발효나 부패를 일으키고 또 병원(病原)이 되는 것도 있다. ¶세균에 감염되다. [준]균. [비]박테리아.

▶세:균-전 細菌戰 (싸울 전). [군사] 급성 전염병 병원체[細菌]를 퍼뜨려 적지(敵地)에 전염병을 유행(流行)시키는 전쟁(戰爭). [비]생물학전(生物學戰).

▶세:균-학 細菌學 (배울 학). [생물] 세균(細菌)의 형태나 성질 따위를 연구하는 생물학(生物學). 의학, 농학, 유전학 따위에 널리 응용된다.

▶세:균 무:기 細菌武器 (굳셀 무, 도구 기). [군사] 세균(細菌) 따위의 생물학 작용제를 이용해 만든 무기(武器). 각종 병원균을 발사·분산·전파하여, 사람과 동식물을 살상·고사시킨다. [비]생물학 무기(生物學武器).

▶세:균 병기 細菌兵器 (군사 병, 도구 기). [군사] 세균(細菌) 따위의 생물학 작용제를 이용해 만든 병기(兵器). [비]세균 무기(細菌武器).

세:균-역적 勢均力敵 (세력 세, 고를 균, 힘 력, 원수 적). 세력(勢力)이 서로 균등(均等)하고 힘[力]이 엇비슷하여 대적(對敵)할 만함.

세:극 細隙 (가늘 세, 틈 극). ① [속뜻] 가느다란[細] 틈[隙]. ② [물리] 빛, 분자, 전자, 원자의 흐름을 제한해서 통과시키는 장치.

세:근 細根 (가늘 세, 뿌리 근). 식물의 굵은 뿌리에서 돋아나는 잘고 가는[細] 뿌리[根]. [비]잔뿌리.

세:금 稅金 (구실 세, 돈 금). [법률] 국가나 지방 공공단체가 구실[稅]로 징수하는 돈[金].

⁑**세:기 世紀** (세대 세, 연대 기). ① [속뜻] 역사를 구분하는 일정한 세대(世代)나 연대[紀]. ② 백 년을 단위로 하는 기간. ¶1세기 동안 큰 변화를 겪다 / 세기의 영웅.

▶세:기-말 世紀末 (끝 말). ① [속뜻] 한 세기(世紀)의 끝[末]. ② 사회의 몰락으로 사상이나 도덕, 질서 따위가 혼란에 빠지고 퇴폐적, 향락적인 분위기로 되는 시기. ¶세기말의 경향을 표현한 소설.

▶세:기-병 世紀病 (병 병). 그 세기(世紀) 특유의 병적(病的)인 경향. ¶낭만주의는 19세기 유럽의 세기병이었다.

▶세:기-적 世紀的 (것 적). ① [속뜻] 그 세기(世紀)를 대표할 만한 것[的]. ¶세기적인 과학자. ② 여러 세기에 걸칠 만큼 오랫동안 내려오는. ¶드디어 세기적 민족갈등을 해소하다.

세:납 稅納 (세금 세, 바칠 납). 세금(稅金)을 냄[納]. ¶그동안 밀린 주민세를 세납하다. [비]납세(納稅).

세:념 世念 (세상 세, 생각 념). ① [속뜻] 세상(世上)살이를 위한 여러 가지 생각[念]. ② 명리(名利)를 구하는 마음.

세:농 細農 (작을 세, 농사 농). ① [속뜻] 소규모[細]로 짓는 농사(農事). ② '세농가'(細農家)의 준말. [비]빈농(貧農).

▶세:농-가 細農家 (사람 가). ① [속뜻] 소규모[細] 농사(農事)를 짓는 농가(農家). ② 몹시 가난한 농가. [준]세농.

세:뇌 洗腦 (씻을 세, 골 뇌). 머릿속의 골[腦]에 들어있던 생각이나 사상 따위를 깨끗이 씻어내고[洗] 새로운 것을 주입시킴. ¶세뇌교육 / 광고는 불필요한 물건까지 사도록 사람들을 세뇌한다.

세:뇨-관 細尿管 (가늘 세, 오줌 뇨, 대롱 관). [의학] 혈액 중의 노폐물을 오줌[尿]으로 걸러 내는 신장 속의 가는[細] 관(管).

세:단 歲旦 (해 세, 아침 단). 새로운 해[歲]의 정월 초하루 아침[旦]. [비]원단(元旦).

세:대¹ 世代 (인간 세, 시대 대). ① [속뜻] 한 사람[世]이 살아가는 일정 시대(時代). ② 같은 시대에 살면서 공통의 의식을 가지는 비슷한 연령층의 사람 전체. ¶젊은 세대. ③ 한 생물이 생겨나서 생존을 끝마칠 때까지의 기간.

▶세:대-차 世代差 (어긋날 차). 서로 다른 세대(世代)들의 생각 차이(差異). ¶아버지

와 나는 세대차가 난다.

▸세ː대 교번 世代交番 (서로 교, 차례 번). 생물 생식법이 서로 다른 세대(世代)가 주기적 또는 불규칙적으로 교대(交代)하는 차례[番]. 무성 생식과 유성 생식의 교대가 대표적이다. ㉥세대 윤회(世代輪廻)

▸세ː대-교체 世代交替 (서로 교, 바꿀 체). 세대(世代)가 교체(交替)되어 어떤 일의 주역이 됨.

세ː대[2] **世帶** (세대 세, 띠 대). ① 속뜻 대대로[世] 띠[帶]같이 이어져 오는 가구. ② 법률 현실적으로 주거 및 생계를 같이하는 사람의 집단. ¶농사를 짓는 세대가 해마다 줄고 있다. ③현실적으로 주거 및 생계를 같이하는 사람의 집단을 세는 단위. ¶만 평이나 되는 농토를 세 세대가 짓는다는 것은 무리이다.

▸세ː대-주 世帶主 (주인 주). 한 세대(世帶)를 대표하는 사람[主]. ㉥가구주(家口主).

세ː도[1] **世道** (세상 세, 길 도). ① 속뜻 세상(世上)을 올바르게 다스리는 도리(道理). ② 세상을 살아가는 데 지켜야할 도의. ¶세도를 지키며 살다.

세ː도[2] **勢道** (권세 세, 길 도). ① 속뜻 권세(權勢)를 누리는 길[道]에 들어섬. ②정치상의 권세. 또는 그 권세를 마구 휘두르는 일.

▸세ː도-가 勢道家 (사람 가). 세도(勢道) 부리는 사람[家]. 세도 있는 집안.

▸세ː도-재상 勢道宰相 (맡을 재, 도울 상). 정치상의 권세[勢道]를 쥐고 나라의 대권을 마음대로 움직이는 재상(宰相).

▸세ː도 정치 勢道政治 (정사 정, 다스릴 치). 역사 조선 정조 이후, 세도가(勢道家)에 의하여 좌우되던 정치(政治)를 이르는 말.

⁂**세ː력 勢力** (권세 세, 힘 력). ① 속뜻 권세(權勢)의 힘[力]. ¶세력을 떨치다 / 세력을 얻다. ②어떤 속성이나 힘을 가진 집단. ③ 물리 일을 하는 데에 드는 힘.

▸세ː력-가 勢力家 (사람 가). 어떤 지역이나 어떤 사회 따위에서 세력(勢力)을 가진 사람[家].

▸세ː력-권 勢力圈 (범위 권). 세력(勢力)이 미치는 범위[圈].

세ː련 洗練 (=洗鍊, 씻을 세, 익힐 련). ① 속뜻 깨끗이 씻어[洗] 말끔하고 열심히 익혀[練] 능숙함. ②서투르거나 어색한 데가 없이 능숙하고 미끈하게 갈고 닦음. ③모습 따위가 말쑥하고 품위가 있다. ¶세련된 옷차림.

▸세ː련-미 洗練味 (맛 미). 세련(洗練)된 맛[味]. ¶이 옷은 세련미가 느껴진다.

세ː례 洗禮 (씻을 세, 예도 례). ① 기독교 신자가 될 때 베푸는 의식으로 머리 위를 물로 적시거나[洗] 몸을 잠그는 예식(禮式). ¶세례를 받다. ②'한꺼번에 몰아치는 비난이나 공격'을 비유하여 이르는 말. ¶그는 학생들의 질문 세례를 받았다.

▸세례-명 洗禮名 (이름 명). 가톨릭 세례(洗禮) 때 받는 이름[名]. 사도(使徒)나 성자(聖者)의 이름에서 따온다.

세ː로[1] **世路** (세상 세, 길 로). 세상(世上)을 살아가는 길[路]. ㉥행로(行路).

세ː로[2] **細路** (가늘 세, 길 로). 작고 좁은[細] 길[路]. ㉥세경(細徑).

세ː론[1] **世論** (세상 세, 논할 론). 사회[世] 대중의 공통된 의견[論]. ㉥여론(輿論), 공론(公論).

세ː론[2] **細論** (가늘 세, 논할 론). 자세(仔細)하게 의논(議論)함. 또는 그 의논.

세ː류 洗流 (씻을 세, 흐를 류). 비행기가 날 때 날개를 씻어내듯[洗] 날개 뒤쪽에 일어나는 기류(氣流). 약간 아래로 향한다.

세ː류[1] **細柳** (가늘 세, 버들 류). ①가지가 가는[細] 버들[柳]. ¶봄바람에 세류 가지가 흔들린다. ㉥세버들. ②가늘고 연연한 사물이나 사람을 비유적으로 이르는 말. ¶세류같이 가는 허리.

세ː류[2] **細流** (가늘 세, 흐를 류). 가늘게[細] 흐르는[流] 시냇물. ¶세류가 합류하여 도도한 대하가 된다.

세ː리[1] **稅吏** (세금 세, 벼슬아치 리). 세금(稅金)을 징수하는 관리(官吏).

세ː리[2] **勢利** (세력 세, 이로울 리). ① 속뜻 세력(勢力)과 권리(權利). ②권세와 이욕.

세ː립 細粒 (작을 세, 알 립). 자잘한[細] 알갱이[粒].

세ː말 歲末 (해 세, 끝 말). 한 해[歲]의 마지막[末] 무렵. 세밑.

세ː맥 細脈 (가늘 세, 줄기 맥). 식물 지맥(支

脈)과 지맥 사이를 잇는 가는[細] 잎맥[脈].

세ː면 洗面 (씻을 세, 낯 면). 얼굴[面]을 씻음[洗]. ¶세면 도구. ㊥세수(洗手), 세안(洗顔).

▸세ː면-기 洗面器 (그릇 기). 세면(洗面)을 하는 그릇[器]. ㊥세숫대야.

▸세ː면-대 洗面臺 (돈대 대). 세면(洗面) 시설을 해 놓은 대(臺).

▸세ː면-장 洗面場 (마당 장). 세면(洗面) 시설을 해 놓은 곳[場].

▸세ː면-도구 洗面道具 (방법 도, 갖출 구). 얼굴을 씻는[洗面] 데 쓰이는 도구(道具). ㊟세면구.

세ː모[1] 細毛 (가늘 세, 털 모). ① 속뜻 가는[細] 털[毛]. ② 식물 홍조류의 수초. 높이는 5~15㎝이고 어두운 자주색을 띤다. 공예품의 원료로 쓴다. ㊥참가사리.

세ː모[2] 歲暮 (해 세, 저물 모). 한 해[歲]가 저물[暮] 무렵. ¶세모를 맞아 거리는 사람으로 붐비고 있다. ㊥세밑.

세ː목[1] 稅目 (세금 세, 눈 목). 조세(租稅)의 종목(種目). ¶각종 세목의 조세를 징수하다.

세ː목[2] 細目 (작을 세, 눈 목). 자질구레하게[細] 나눈 조목(條目). 자세한 조목. '세절목'(細節目)의 준말.

▸세ː목-장 細目帳 (장부 장). 세목(細目)을 기록하는 장부(帳簿).

세ː무[1] 世務 (세상 세, 일 무). 세상(世上)을 살아가며 해야 할 온갖 일[務].

세ː무[2] 細務 (작을 세, 일 무). 자질구레한[細] 일[務]. 대수롭지 않은 일. 하찮은 일. ¶번잡한 세무로 매우 바쁘다.

세ː무[3] 稅務 (세금 세, 일 무). 세금(稅金)을 매기고 거두어들이는 일[務]. ¶세무 조사를 하다.

▸세ː무-사 稅務士 (선비 사). 법률 세무 서류의 작성이나 세무 상담, 세무 대리 등 세무(稅務)에 관한 사무를 전문적으로 하는 사람[士]. 또는 그러한 직업.

▸세ː무-서 稅務署 (관청 서). 법률 세무(稅務)에 관한 일을 하는 행정 관청[署]. ¶세무서에 근무하다.

▸세ː무 사찰 稅務查察 (살필 사, 살필 찰). 법률 조세 규정을 어긴 데에 대해 조직의 세무(稅務)를 강제로 조사[查察] 하는 것.

▸세ː무 조사 稅務調查 (헤아릴 조, 살필 사). 법률 세법에 따라 세무(稅務) 당국이 행하는 조사(調查).

세ː문 細紋 (작을 세, 무늬 문). 자잘한[細] 무늬[紋]. 세밀한 무늬.

세ː-문안 歲問安 (해 세, 물을 문, 편안할 안). 새해[歲]에 문안(問安)을 드림. 또는 그 문안.

세ː미 細微 (가늘 세, 작을 미). ①매우 가늘고[細] 작다[微]. ㊥세소(細小). ②신분이 매우 낮음. ③미천(微賤).

세ː민 細民 (작을 세, 백성 민). 가난한[細] 백성[民]. ¶이 학교는 세민의 자제도 입학할 수 있다. ㊥빈민(貧民).

세ː밀 細密 (가늘 세, 빽빽할 밀). 가늘고[細] 빽빽함[密]. 빈틈없이 자세한. ¶세밀한 검사.

▸세ː밀-화 細密畵 (그림 화). 미술 세밀(細密)한 묘사로 대상을 치밀하게 나타낸 그림[畵].

세ː-방 貰房 (세놓을 세, 방 방). '셋방'의 원말.

세ː발 洗髮 (씻을 세, 머리털 발). 머리[髮]를 감음[洗].

세ː배 歲拜 (해 세, 절 배). 섣달 그믐이나 정초에 새해[歲]를 맞아 하는 인사[拜]. ¶세배를 드리다. ㊥세알(歲謁).

▸세ː배-상 歲拜床 (평상 상). 세배(歲拜)하러 온 사람을 대접하는 음식상(飮食床).

세ː법 稅法 (세금 세, 법 법). 법률 세금(稅金)의 부과와 징수에 관한 법률(法律). ㊥조세법(租稅法).

세ː별 細別 (가늘 세, 나눌 별). 사물을 종류별로 세밀(細密)하게 구별(區別)함.

세ː보[1] 世譜 (세대 세, 적어놓을 보). 조상 때부터 대대로[世] 내려오는 혈연관계를 모아 적은 책[譜].

세ː보[2] 細報 (가늘 세, 알릴 보). 자세(仔細)히 보고(報告)함. 또는 그 보고.

세ː부 細部 (가늘 세, 나눌 부). 자세(仔細)한 부분(部分). ¶세부 사항은 서류를 참고하십시오.

세ː분[1] 洗粉 (씻을 세, 가루 분). 물건을 닦는

[洗] 데 쓰이는 가루[粉].

세:분[2] 細分 (가늘 세, 나눌 분). ① 속뜻 잘고 가늘게[細] 나눔[分]. ②사물을 여러 갈래로 자세히 나누거나 잘게 가름. ¶업무를 세분하다.

세:비 歲費 (해 세, 쓸 비). ① 속뜻 국가 기관의 한 해[歲] 동안의 비용(費用). ㊥세용(歲用). ② 법률 국회의원이 받는 보수 및 수당.

세:사[1] 世嗣 (세대 세, 이을 사). ① 속뜻 대[世]를 잇는[嗣] 사람. ②자신의 세대에서 여러 세대가 지난 뒤의 자녀를 통틀어 이르는 말. ㊥후손(後孫).

세:사[2] 細事 (작을 세, 일 사). 자질구레한[細] 일[事].

세:사[3] 細沙 (작을 세, 모래 사). 가는[細] 모래[沙]. 보드라운 모래.

세:사[4] 細査 (가늘 세, 살필 사). 빈틈없이 세밀(細密)하게 조사(調査)함. 또는 그 조사.

세:사[5] 世事 (세상 세, 일 사). 세상(世上) 에서 일어나는 일[事]. '세상사'(世上事)의 준말.

▸세:사-난측 世事難測 (어려울 난, 헤아릴 측). 세상일[世事]이 매우 심하게 변하여 앞을 예측(豫測)하기 어려움[難].

⁑**세:상** 世上 (인간 세, 위 상). ① 속뜻 사람들[世]이 살고 있는 지구 위[上]. ②인간이 활동하거나 생활하고 있는 사회. ¶그는 세상이 어떻게 돌아가는지 모른다. ③천상(天上)에 대한 지상(地上). ¶세상에 내려가 인간들을 돕겠소. ④제 마음대로 판을 치며 자유롭게 활동할 수 있는 무대. ¶여기는 완전히 내 세상이다. ⑤절이나 수도원이나 교도소 등에서 바깥 사회를 가리키는 말. ¶세상에 나가다. ⑥'도무지', '조금도'의 뜻을 나타내는 말. ¶이렇게 타일러도 세상 말을 들어야지.

▸세:상-사 世上事 (일 사). 세상(世上)에서 일어나는 일[事]. ㊜세사.

▸세:상-만:사 世上萬事 (일만 만, 일 사). 세상(世上)에서 일어나는 온갖[萬] 일[事]. ¶세상만사가 다 귀찮다.

▸세:상 인심 世上人心 (사람 인, 마음 심). 세상(世上) 사람[人]들의 마음씨[心].

▸세:상-천지 世上天地 (하늘 천, 땅 지). 사람이 살아가는 곳[世上]의 하늘[天]과 땅[地].

세:서[1] 歲序 (해 세, 차례 서). 한 해[歲]의 계절, 세시(歲時), 절기 따위가 바뀌는 순서(順序).

세:서[2] 細書 (작을 세, 쓸 서). 글씨를 잘게[細] 씀[書]. 또는 잘게 쓴 글씨. 잔글씨.

▸세:서 성문 細書成文 (이룰 성, 글월 문). 잔글씨[細書]로 글[文]을 씀[成]. 또는 글씨를 잘게 쓴 문서나 기록.

세:석 細石 (작을 세, 돌 석). 자잘한[細] 돌[石].

▸세:석-기 細石器 (그릇 기). 고적 작은[細] 돌[石]로 다듬은 마제 석기(石器). 작은 돌칼, 창의 촉, 작살, 낫 따위. 중석기 시대에서 신석기 시대 초에 걸쳐 사용되었다.

세:선 細線 (가늘 세, 줄 선). 가는[細] 줄[線]. 가는 금. ¶도자기에 세선의 무늬가 가득 그려져 있다.

세:설[1] 細雪 (작을 세, 눈 설). 조금씩 잘게[細] 내리는 눈[雪]. ¶세설이 바람에 흩날리며 떨어진다. ㊥가랑눈.

세:설[2] 細說 (가늘 세, 말씀 설). ① 속뜻 자세(仔細)한 설명(說明). ②잔말. 잔소리. ③소인(小人)들의 너절한 말.

세:세[1] 細細 (가늘 세, 가늘 세). ① 속뜻 매우 자세하다[細+細]. ¶세세하게 알려 주다 / 세세히 살펴보다. ②굵기가 매우 가늘다. ¶세세한 나뭇가지. ③일의 내용이 매우 잘아 보잘것없다. ¶세세한 내막까지야 알 수 없지.

세:세[2] 世世 (세대 세, 세대 세). 한 세대(世代)와 다른 한 세대(世代). 거듭된 세대를 일컬음. ㊥대대(代代).

▸세:세-상전 世世相傳 (서로 상, 전할 전). 대대[世世]에 걸쳐 서로[相] 이어 전(傳)해짐.

▸세:세생생 世世生生 (날 생, 날 생). 불교 몇 번이든지 다시 대대[世世]로 태어나고[生] 또 태어나는[生] 일. 또는 그 때.

▸세:세손손 世世孫孫 (손자 손, 손자 손). 대를 이어[世世] 내려오는 자손(子孫). ㊥대대손손(代代孫孫).

세:세[3] 歲歲 (해 세, 해 세). 해마다[歲+歲]. ㊥매년(每年).

▸세:세-연년 歲歲年年 (해 년, 해 년). 해마

다[歲=年].

세ː속 世俗 (세상 세, 풍속 속). ① [속뜻] 세상(世上)에 흔히 있는 풍속(風俗). ② 보통 사람들이 늘 살아가는 세상. ③ [불교] 불가에서 일반 사회를 이르는 말. ¶세속을 떠나다 / 세속을 등지다. [비]세상(世上), 속세(俗世).

▸세ː속-적 世俗的 (것 적). ① [속뜻] 세상(世上)에 일반적인 풍속(風俗)을 따르는 것[的]. ¶세속적 관심.

▸세ː속 오ː계 世俗五戒 (다섯 오, 경계할 계). ① [속뜻] 세상[世俗]을 살면서 꼭 지켜야 할 다섯[五] 가지 계율(戒律). ② [역사] 신라의 원광법사(圓光法師)가 지은 화랑(花郎)의 계명. 사군이충(事君以忠), 사친이효(事親以孝), 교우이신(交友以信), 임전무퇴(臨戰無退), 살생유택(殺生有擇)을 이른다. [준]오계.

세ː수¹ 稅收 (세금 세, 거둘 수). 조세(租稅) 징수에 의한 수입(收入). '세수입'의 준말.

세ː수² 洗手 (씻을 세, 손 수). 손[手]을 비롯한 얼굴 따위를 씻음[洗]. ¶따뜻한 물로 세수하다. [비]세면(洗面), 세안(洗顔).

▸세ː수-간 洗手間 (사이 간). 세수(洗手)하도록 따로 마련된 곳[間]. [비]세면장(洗面場).

세ː습¹ 世習 (세상 세, 버릇 습). 세상(世上)의 풍습(風習). ¶세습을 따르다.

세ː습² 世襲 (세대 세, 물려받을 습). 신분, 작위, 업무, 재산 따위를 대[世]를 이어 물려받음[襲]. 또는 그런 일 ¶권력 세습 / 부의 세습.

▸세ː습-적 世襲的 (것 적). 신분, 작위, 업무, 재산 따위를 대[世]를 이어 물려받는[襲] 것[的]. ¶세습적 정권.

▸세ː습 재산 世襲財産 (재물 재, 재물 산). [법률] 대[世]를 이어 물려받는[襲] 재산(財産). 집안의 계승자가 물려받기는 하나, 자유 처분 또는 채권자의 강제 집행이 불가능하다.

▸세ː습 군주국 世襲君主國 (임금 군, 주인 주, 나라 국). [정치] 군주(君主)의 지위가 혈통에 따라 세습(世襲)되는 국가(國家).

세ː승 細繩 (가늘 세, 노끈 승). ① [속뜻] 가는[細] 노끈[繩]. ② 가는 새끼줄. ③ 모시의 발.

세ː시 歲時 (해 세, 때 시). ① [속뜻] 해[歲]를 넘기는 때[時]. 설. ② 일 년 중의 그때그때. ¶세시 풍속.

▸세ː시-기 歲時記 (기록할 기). [책명] 일 년[歲時] 중의 행사를 철에 따라 적어[記] 놓은 책.

세ː심¹ 洗心 (씻을 세, 마음 심). 마음[心]을 깨끗하게[洗] 함.

세ː심² 細心 (가늘 세, 마음 심). 작은 일에도 마음[心]을 꼼꼼하게[細] 기울이다. ¶아이에게는 엄마의 세심한 관심이 필요하다.

세ː안¹ 洗眼 (씻을 세, 눈 안). 눈[眼]을 씻음[洗]. ¶식염수로 세안하다.

세ː안² 洗顔 (씻을 세, 얼굴 안). 얼굴[顔]을 씻음[洗]. ¶세안 도구.

세ː액 稅額 (세금 세, 액수 액). 세금(稅金)의 금액(金額). ¶세액을 산출하다.

세ː언 世諺 (세상 세, 상말 언). 세상(世上)에 떠도는 속된 말[諺]. [비]속담(俗談).

세ː업 世業 (세대 세, 일 업). 대대로[世] 이어서 내려오는 직업(職業). ¶세업을 잇다

세ː여파죽 勢如破竹 (기세 세, 같을 여, 깨뜨릴 파, 대나무 죽). ① [속뜻] 기세(氣勢)가 뻗어 나감이 마치 대나무[竹]가 쪼개지는[破] 것과 같음[如]. ② 기세가 맹렬하여 대항할 적이 없음을 이르는 말.

세ː-영산 細靈山 (가늘 세, 신령 령, 메 산). [음악] 영산회상(靈山會上)의 마지막인 셋째 곡조. 세 곡조 중 가장 빠르고 잔잔하며[細] 네 장(章)으로 되어 있다. [비]잔영산.

세ː요 細腰 (가늘 세, 허리 요). ① [속뜻] 가는[細] 허리[腰]. ② 허리가 가늘어 날씬한 여인. 미인을 형용하는 말.

세ː우 細雨 (가늘 세, 비 우). 가늘게[細] 내리는 비[雨]. [비]가랑비.

세ː운 世運 (세상 세, 운수 운). 세상(世上)에 살아가는 운수(運數). ¶세운이 기울다.

세ː원 稅源 (세금 세, 근원 원). 조세(租稅)의 근원(根源). 징세 대상이 되는 재산. ¶세원이 늘어나 세수입이 늘어날 것이다.

***세ː월 歲月** (해 세, 달 월). ① 해[歲]와 달[月]이 도는 주기로 한없이 흘러가는 시간. ¶그를 마지막으로 만난 후 5년 가까운 세월이 흘렀다. ② 살아가는 세상. ¶그를 마지막

으로 만난 후 5년 가까운 세월이 흘렀다. ②살아가는 세상. ¶호시절은 다 지내고 세월이 없어. ③지내는 형편이나 사정. 또는 그런 재미. ¶인터넷으로 편지를 주고받다니, 참 세월 좋아졌어. ㉥광음(光陰), 연광(年光), 연화(年華).

세:위 勢威 (기세 세, 위엄 위). 기세(氣勢)와 위엄(威嚴)을 아울러 이르는 말. ¶나라의 세위를 국제적으로 과시하다.

세:율 稅率 (세금 세, 비율 률). 법률 과세 표준에 의하여 세금(稅金)을 계산하여 매기는 법정률(法定率). 정하는 방법에 따라 비례 세율과 누진 세율로 나눌 수 있다.

세:의[1] 世誼 (세대 세, 정 의). 대대로[世] 사귀어 온 정분[誼]. ¶그 집안과는 세의가 있는지라 함부로 할 수 없소.

세:의[2] 歲儀 (해 세, 예의 의). 연말[歲]에 예의(禮儀)로 선사하는 물건. ¶친구들에게 줄 세의를 준비했다. ㉥세찬(歲饌).

세:인 世人 (세상 세, 사람 인). 세상(世上) 사람[人]. ¶이 사건은 세인의 관심을 끌었다.

세:입[1] 稅入 (세금 세, 들 입). 경제 조세(租稅)에 의한 수입(收入).

세:입[2] 歲入 (해 세, 들 입). 경제 한 회계 연도[歲]에 있어서의 총수입(總收入). ㉤세출(歲出).

▸세:입 보:전 공채 歲入補塡公債 (채울 보, 메울 전, 여럿 공, 빚 채). 경제 회계 연도[歲] 내의 세입(稅入)이 적은 경우, 적자를 메우기[補=塡] 위해 발행하는 공채(公債). 수입은 일반 경비로 쓰인다.

세:자[1] 洗者 (씻을 세, 사람 자). 가톨릭 영세자에게 성세(聖洗)를 주는 사람[者].

세:자[2] 細字 (작을 세, 글자 자). 작은[細] 글씨[字]. 잔글씨.

세:자[3] 世子 (세대 세, 아들 자). 역사 왕가의 대[世]를 이을 아들[子]. '왕세자'(王世子)의 준말. ㉥동궁(東宮).

▸세:자-궁 世子宮 (대궐 궁). 역사 ①세자(世子)가 거처하던 궁전(宮殿). ㉥동궁(東宮), 춘궁(春宮). ②왕세자의 높임말.

▸세:자-부 世子傅 (스승 부). 세자(世子)의 스승[傅].

▸세:자-빈 世子嬪 (아내 빈). 세자(世子)의 아내[嬪].

▸세:자-사 世子師 (스승 사). 세자(世子)의 스승[師].

세:장 洗腸 (씻을 세, 창자 장). 의학 병을 치료하기 위해 장(腸) 안의 유독 물질을 제거하고 깨끗이 하는[洗] 일.

세:저 細苧 (가늘 세, 모시 저). 올이 가늘고[細] 고운 모시[苧]. ¶모시 두루마기를 하나 해 입으려고, 세저 세 필을 사왔다. ㉥세모시.

세:전[1] 歲前 (해 세, 앞 전). 설을 쇠기[過歲] 전(前). ㉤세후(歲後).

세:전[2] 世傳 (세대 세, 전할 전). 여러 대[世]를 거쳐 전(傳)해 내려옴. ¶세전의 비방을 가르쳐 주다.

▸세:전지물 世傳之物 (어조사 지, 만물 물). 대대로[世] 전(傳)하여 내려오는 물건(物件).

▸세:전지보 世傳之寶 (어조사 지, 보배 보). 대대로[世] 전(傳)하여 내려오는 보물(寶物).

세:정[1] 世情 (세상 세, 실상 정). ①속뜻 세상(世上)의 사정(事情)이나 형편. ¶세정에 밝다. ②세상 사람들의 인심. ¶세정이 각박하다.

세:정[2] 洗淨 (씻을 세, 깨끗할 정). 물이나 소독액 등으로 씻어[洗] 깨끗하게[淨] 함. ¶소금물을 머금고 입안을 세정하다. ㉥세척(洗滌).

세:정[3] 稅政 (세금 세, 정사 정). 세무(稅務)에 관한 행정(行政). ¶세정을 개혁하다.

세:제[1] 洗劑 (씻을 세, 약제 제). 몸이나 기구, 의류 따위에 묻은 물질을 씻어[洗] 내는 데 쓰이는 약제(藥劑). 비누 따위. ¶세제를 많이 쓰면 환경이 오염된다. ㉥세척제(洗滌劑), 세탁제(洗濯劑).

세:제[2] 稅制 (세금 세, 정할 제). 법률 세금(稅金)을 매기고 거두어들이는 것에 관한 제도(制度). ¶세제 개혁을 단행하였다.

세:족 洗足 (씻을 세, 발 족). 발[足]을 씻음[洗]. ㉥탁족(濯足).

세:존 世尊 (세상 세, 높을 존). ①속뜻 세상(世上)에서 가장 존귀(尊貴)한 존재. ②불교 '석가세존'(釋迦世尊)의 준말.

세:주[1] 細註 (가늘 세, 주석 주). ①자세(仔

細)한 주석(註釋). ②잔글씨로 단 주석.

세:주² 歲酒 (해 세, 술 주). 설[歲]에 쓰는 술[酒]. ¶세주를 나누어 마시다.

세:차¹ 歲次 (해 세, 차례 차). 간지(干支)를 따라서 정한 해[歲]의 차례(次例).

세:차² 洗車 (씻을 세, 수레 차). 자동차(自動車)를 씻는[洗] 일. ¶내가 세차한 날은 꼭 비가 온다.

▶세:차-장 洗車場 (마당 장). 세차 시설을 갖추고 세차(洗車)를 사업으로 하는 곳[場].

세:차³ 歲差 (해 세, 다를 차). ① 속뜻 해[歲]가 약간의 시차(時差)가 남. ② 천문 천체의 작용에 의하여 지구 자전축의 방향이 해마다 조금씩 변하는 현상. 이 때문에 천구(天球)의 적도와 황도가 변하고 그에 따라 춘분점이 해마다 조금씩 달라진다.

▶세:차 운:동 歲差運動 (돌 운, 움직일 동). ① 속뜻 해[歲]마다 약간의 시차(時差)가 생기는 지구의 자전 운동(運動). ② 지리 지구의 자전축이 궤도에 대하여 23도 30초의 기울기를 가지고 자전하는 운동. ③ 물리 넘어지려는 팽이의 축이 만드는 원추형의 운동.

세:찬 歲饌 (해 세, 반찬 찬). ① 속뜻 설[歲]에 음식[饌]을 차려서 보냄. 또는 설에 차려서 대접하는 음식. ②연말에 선사하는 물건. ㊐세의(歲儀).

세:척 洗滌 (씻을 세, 씻을 척). 깨끗이 씻음[洗=滌]. ¶콘택트렌즈를 세척하다. ㊐세정(洗淨).

▶세:척-기 洗滌器 (그릇 기). ① 속뜻 액체를 분무하여 그릇 따위의 기구를 씻는[洗滌] 기계(器械). ② 의학 상처나 코, 위, 질(膣) 따위를 세척하는 데 쓰이는 의료 기구의 한 가지.

▶세:척-력 洗滌力 (힘 력). 물체의 겉을 깨끗이 씻는[洗滌] 힘[力]. ¶이 세제는 세척력이 높다.

▶세:척-제 洗滌劑 (약제 제). 약학 상처, 눈, 질(膣) 따위의 국소나 세균이 침입하기 쉬운 곳을 소독하거나 씻어[洗滌] 내는 약제(藥劑). ㊟세제.

세:초 歲初 (해 세, 처음 초). 한 해[歲]의 초(初). 설. ¶세초에 상서로운 눈이 내렸다. ㊐정초(正初).

세:출 歲出 (해 세, 날 출). 경제 한 회계 연도[歲]에 있어서의 총지출(總支出). ㊥세입(歲入).

세:-출입 歲出入 (해 세, 날 출, 들 입). 경제 세출(歲出)과 세입(歲入)을 아울러 이르는 말.

세:칙¹ 細則 (가늘 세, 법 칙). 자세(仔細)한 규칙(規則). ¶각 항에 세칙을 마련하다.

세:칙² 稅則 (세금 세, 법 칙). 조세(租稅)의 부과와 징수에 관한 규칙(規則).

세:칭 世稱 (세상 세, 일컬을 칭). 세상(世上) 사람들에게 흔히 일컬어짐[稱]. ¶세칭 일류 기업을 다닌다.

세:탁 洗濯 (씻을 세, 씻을 탁). 옷이나 직물을 빨음[洗=濯]. ¶이 옷은 세탁해도 줄어들지 않습니다.

▶세:탁-기 洗濯機 (틀 기). 빨래하는[洗濯] 기계(機械).

▶세:탁-물 洗濯物 (만물 물). 빨래할[洗濯] 물건(物件). ㊐빨랫감.

▶세:탁-소 洗濯所 (곳 소). 시설을 갖추고 세탁(洗濯)하는 일을 업으로 하는 곳[所].

▶세:탁-장 洗濯場 (마당 장). 빨래를 할[洗濯] 수 있게 시설을 갖춘 곳[場].

▶세:탁-제 洗濯劑 (약제 제). 빨래할[洗濯] 때 쓰이는 비누와 약품[劑] 따위를 통틀어 이르는 말. ㊟세제.

세:태 世態 (세상 세, 모양 태). 세상(世上)의 형편이나 상태(狀態). ¶이 소설은 세태를 잘 반영하고 있다. ㊐세상(世相).

▶세:태 소:설 世態小說 (작을 소, 말씀 설). 문학 그 사회의 인정, 유행, 풍속 따위인 세태(世態)를 묘사한 소설(小說).

▶세:태-인정 世態人情 (남 인, 마음 정). 세상(世上)의 형편[態]과 사람[人]들의 따뜻한 마음씨[情].

세:파¹ 世波 (세상 세, 물결 파). 세상(世上)을 살아가는 어려움을 거센 파도[波]에 비유하여 이르는 말. ¶모진 세파에 시달리다.

세:파² 世派 (세대 세, 갈래 파). 한 세대(世代)에서 갈려 나온 파(派). ¶족보를 보고 세파를 확인했다.

세:파³ 細波 (가늘 세, 물결 파). 자잘하게[細] 이는 물결[波]. ¶세파가 햇살에 반짝이며 부서졌다. ㊐잔물결.

세:편 細片 (가늘 세, 조각 편). 가늘고[細] 작은 조각[片].

세:평¹ 世評 (세상 세, 평할 평). 세상(世上) 사람들의 비평(批評). ¶그는 청렴하기로 세평이 나 있다. ⓑ세설(世說).

세:평² 細評 (가늘 세, 평할 평). 자세(仔細)하게 비평(批評)함. 또는 그러한 비평. ¶전문가의 세평을 듣다.

***세:포** 細胞 (작을 세, 태보 포). 생물 생물체를 이루는 기본 단위. 그 모양이 작은[細] 태보[胞] 같다고 하여 붙여진 명칭으로 추정된다. ¶인체는 수십억 개의 세포로 이루어져 있다.

▶ 세:포-막 細胞膜 (꺼풀 막). 생물 세포질(細胞質)을 둘러싸고 있는 막(膜).

▶ 세:포-설 細胞說 (말씀 설). 생물 모든 생물은 세포(細胞)로 이루어져 있으며 그 세포는 생물의 생명 활동의 기본 단위라고 하는 학설(學說).

▶ 세:포-액 細胞液 (진 액). 생물 식물 세포(細胞)의 공포(空胞)를 채우고 있는 액체(液體). 무기 염류, 당(糖), 유기산, 색소, 타닌, 알칼로이드 등이 녹아 있다.

▶ 세:포-질 細胞質 (바탕 질). 생물 세포(細胞)의 원형질 가운데서 핵질(核質)을 제외한 모든 부분[質]을 통틀어 이르는 말.

▶ 세:포-학 細胞學 (배울 학). 생물 생물체의 구성단위인 세포(細胞)를 연구 대상으로 하는 학문(學問).

▶ 세:포-핵 細胞核 (씨 핵). 생물 세포(細胞)의 중심에 있는 구슬 모양의 씨[核]. ⓒ핵.

▶ 세:포 단체 細胞團體 (모일 단, 몸 체). 사회 단체의 조직 요소로서의 세포(細胞)와 같은 최소 단체(團體).

▶ 세:포 분열 細胞分裂 (나눌 분, 찢어질 렬). 생물 하나의 세포(細胞)가 둘 또는 그 이상으로 나뉘어[分] 갈라지면서[裂] 번식하는 일.

▶ 세:포 식물 細胞植物 (심을 식, 만물 물). 생물 생식 세포가 형성될 때 포자낭 및 배우자낭이 모두 주변 세포 없이 단세포(單細胞)로 되어 있는 식물(植物). ¶이끼는 대표적인 세포 식물이다. ⓑ엽상 식물(葉狀植物). ⓑ유관식물(有管植物).

▶ 세:포 융합 細胞融合 (녹을 융, 합할 합). 생물 서로 다른 두 개의 세포(細胞)를 융합(融合)시켜 두 가지 성질을 아울러 가진 세포를 만드는 생명 공학 기술.

▶ 세:포 조직 細胞組織 (짤 조, 짤 직). ① 의학 세포(細胞)의 연결로 된 생물체의 조직(組織). ② 사회 단체의 기반으로서의 말단 조직.

세:필¹ 洗筆 (씻을 세, 붓 필). 글씨를 쓰고 난 뒤 붓[筆]을 씻음[洗].

세:필² 細筆 (작을 세, 글씨 필). ① 속뜻 잔[細] 글씨[筆]. 또는 잔글씨 쓰기. ② 잔글씨를 쓰는 붓.

세:하 細蝦 (가늘 세, 새우 하). 동물 가늘고[細] 작은 새우[蝦]. 쌀새우.

세:한 歲寒 (설 세, 찰 한). ① 속뜻 설[歲] 쯤의 심한 추위[寒]. ② 매우 심한 한겨울의 추위를 이르는 말.

▶ 세:한-삼우 歲寒三友 (석 삼, 벗 우). ① 속뜻 추운 겨울철[歲寒]에도 잘 견디는 세[三] 벗[友]. ② 소나무, 대나무, 매화나무를 이르는 말. 동양화의 소재로 많이 쓰인다.

▶ 세:한-지송백 歲寒知松栢 (알 지, 소나무 송, 잣나무 백). ① 속뜻 겨울[歲寒]이 되어야 소나무[松]와 잣나무[栢]의 푸른 기상을 알 수 있음[知]. ② '지사(志士)의 훌륭한 뜻과 기상은 나라가 어려울 때에야 알게 된다'는 말.

세형-동검 細形銅劍 (가늘 세, 모양 형, 구리 동, 칼 검). 고적 칼날이 가는[細] 형태(形態)의, 구리[銅]로 만든 칼[劍]. 우리나라에서 출토되는 동검의 하나.

세:후 歲後 (해 세, 뒤 후). 설을 쇤 [過歲] 뒤[後]. ¶세후에 집안 어른들께 인사를 드렸다.

셋:-방 貰房 (세놓을 세, 방 방). 남에게 세(貰)를 놓은 방(房).

소:가 小家 (작을 소, 집 가). ① 속뜻 규모가 작은[小] 집[家]. ② 가난한 집. ③ 첩이나 첩의 집을 높여 이르는 말. ¶혹 서울에 소가라도 둔 것 아닙니까?

소:-가야 小伽倻 (작을 소, 절 가, 나라이름 야). 역사 경상남도 고성(固城) 부근에 자리했던 작은[小] 군장(君長) 국가인 여섯 가야(伽倻)의 하나. 6세기 초에 신라에 병합

되었다.

소:-가족 小家族 (작을 소, 집 가, 겨레 족). 구성원이 적은[小] 가족(家族). [반]대가족(大家族).

소각¹ 消却 (=銷却, 사라질 소, 물리칠 각). ① 지워 없애[消] 버림[却]. ¶구전을 소각하고 신전(新錢)을 주조하다. ② [법률] 빚을 갚아 버림.

소각² 燒却 (불사를 소, 물리칠 각). 불살라[燒] 태워 버림[却]. ¶쓰레기를 소각하다. [비]소기(燒棄).

▸소각-로 燒却爐 (화로 로). 쓰레기나 폐기물 따위를 태워[燒] 버리는[却] 화로(火爐) 같은 시설물.

▸소각-장 燒却場 (마당 장). 쓰레기나 폐기물 따위를 불에 태워[燒] 버리는[却] 장소(場所). ¶쓰레기 소각장을 건설하다.

소갈 消渴 (사라질 소, 목마를 갈). ① [속뜻] 갈증(渴症)을 해소(解消)하기 위해 물을 많이 마시는 증세(症勢). ② [한의] 갈증으로 물을 많이 마시고 음식을 많이 먹으나 몸은 여위고 오줌의 양이 많아지는 병. '소갈증'의 준말.

소:감 所感 (것 소, 느낄 감). 느낀[感] 것[所]. ¶수상 소감을 말하다.

소:강 小康 (작을 소, 편안할 강). ① [속뜻] 조금[小]은 안정됨[康]. 대동(大同)보다는 약간 못한 세상을 '소강'이라고 한다. ② 소란이나 혼란 따위가 조금 잠잠해짐. ¶중동 정세는 소강상태에 있다.

소개¹ 疏開 (트일 소, 열 개). ① [속뜻] 막혔던 것을 트고[疏] 엶[開]. ② 땅을 파서 물이 흐르도록 함. ③ 적의 공습이나 화재 따위에 의한 손해를 적게 하기 위해 집중되어 있는 사람이나 시설 따위를 분산시킴.

***소개²** 紹介 (이을 소, 끼일 개). ① [속뜻] 중간에 끼어[介] 서로의 관계를 이어줌[紹]. ¶우리는 친구 소개로 만났다. ② 알려지지 않은 것을 알게 해 줌. ¶책의 줄거리를 간단히 소개해 주세요.

▸소개-비 紹介費 (쓸 비). 소개(紹介) 받은 대가로 소개업자에게 치르는 돈[費].

▸소개-서 紹介書 (글 서). 남에게 알려 주는[紹介] 글[書]. 또는 그 문서. ¶소개서를 잘 써 주다.

▸소개-소 紹介所 (곳 소). 직업을 소개(紹介)해주는 곳[所]. ¶직업 소개소.

▸소개-업 紹介業 (일 업). 부동산의 매매나 임대 또는 직업을 소개(紹介)하는 사업(事業).

▸소개-장 紹介狀 (문서 장). 사람이나 사물을 소개(紹介)하는 내용의 글[狀].

소:-개념 小槪念 (작을 소, 대강 개, 생각 념). ① [속뜻] 작은[小] 개념(槪念). ② [논리] 삼단 논법에서 결론의 주사가 되는 개념. '물고기는 동물이다. 붕어는 물고기다. 그러므로 붕어는 동물이다.'에서 '붕어'과 같은 개념을 이른다. [참]대개념(大槪念), 중개념(中槪念).

소객 騷客 (떠들 소, 손 객). 중국 초나라의 굴원이 지은 『이소부』(離騷賦)에서 유래한 말로 시인(詩人)과 문사(文士)를 길손[客]에 비유하여 일컬은 말.

소거 消去 (사라질 소, 없앨 거). ① [속뜻] 사라지게[消] 하거나 없앰[去]. ② [수학] 방정식에서 공통의 문자나 미지수를 줄여 없애는 일.

▸소거-법 消去法 (법 법). [수학] 여럿의 미지수를 가진 연립 방정식에서 특정한 미지수를 없애가면서[消去] 값을 구하는 방법(方法). 가감법, 대입법, 등치법 따위가 있다.

소건 訴件 (하소연할 소, 사건 건). [법률] 소송(訴訟) 사건(事件).

소격 疏隔 (=疎隔, 멀어질 소, 사이 뜰 격). 서로 사귀던 사이가 멀어지고[疏] 관계가 막힘[隔].

▸소격-감 疏隔感 (느낄 감). 사귀는 사이가 멀어져[疏] 어쩐지 서먹서먹한[隔] 느낌[感].

소:견¹ 所見 (것 소, 볼 견). 어떤 사물을 보고 살피어 가지는 의견(意見)이나 생각한 것[所]. ¶예를 들어 자신의 소견을 말하다.

▸소:견-표 所見表 (겉 표). [교육] 학생의 학업 성적·신체 발달·품행 등에 대한 소견(所見)을 적은 표(表).

소견² 消遣 (사라질 소, 보낼 견). ① [속뜻] 하는 일 없이 세월(歲月)을 보냄[消=遣]. [비]소일(消日). ② 어떤 일에 마음을 붙여 심심하지 않게 시간(時間)을 보냄.

▸소견-세월 消遣歲月 (해 세, 달 월). 시름

을 달래며 세월(歲月)을 보내는[消遣] 일.

소결 燒結 (불사를 소, 맺을 결). ① [속뜻] 열을 가하여[燒] 엉기게[結] 함. ② [화학] 가루나 또는 가루를 어떤 형상으로 압축한 것을 녹는점 이하의 온도로 가열하였을 때, 가루가 녹으면서 서로 밀착하여 엉김. 또는 그런 현상. 각종 요업 제품이나 세라믹의 제조에 응용된다.

▶소결 합금 燒結合金 (합할 합, 쇠 금). [공업] 금속의 가루를 압축·성형하고 녹는점 이하로 가열하여[燒] 굳힌[結] 합금(合金).

소:계 小計 (작을 소, 셀 계). 한 부분[小]만의 합계(合計). ¶소계를 내다. [반]총계(總計).

소:고¹ 小考 (작을 소, 생각할 고). ① [속뜻] 작은[小] 생각[考]. ② 체계를 세우지 아니한 단편적 고찰. ③ '자기의 생각'을 겸손하게 이르는 말.

소:고² 小鼓 (작을 소, 북 고). [음악] ① 작은[小] 북[鼓]. ② 타악기의 하나. 양면을 가죽으로 씌우고 나무 채로 쳐서 소리를 낸다. 대개 자루 손잡이가 달려 있으며 풍물놀이에 쓰인다. [참]대고(大鼓).

소:곡 小曲 (작을 소, 노래 곡). [음악] 작은[小] 규모의 악곡(樂曲). '소품곡'(小品曲)의 준말.

소:관¹ 所管 (것 소, 관리할 관). 맡아 관리(管理)하는 어떤 것[所]. 또는 그 사무. ¶그 문제는 우리 소관 밖의 일이다.

소:관² 所關 (것 소, 관계할 관). 관계(關係)되는 어떤 것[所]. ¶딱히 별다른 소관이 있어서 온 것은 아니다.

▶소:관-사 所關事 (일 사). 관계하는[所關] 일[事]. 또는 관계되는 일.

소구¹ 訴求 (하소연할 소, 구할 구). [법률] 소송(訴訟)에 의하여 권리를 행사하거나 청구(請求)함. 또는 그런 일. 특히 청구권의 행사를 일컬음.

소구² 遡求 (거스를 소, 구할 구). [법률] 어음이나 수표의 지급이 거절되었을 때, 그 소지인이 배서인이나 발행인에게 거슬러[遡] 변상을 청구(請求)하는 일.

소:-구치 小臼齒 (작을 소, 절구 구, 이 치). ① [속뜻] 작은[小] 절구[臼]모양의 어금니[齒]. ② [의학] 앞어금니. 송곳니 뒤에 있는 두 개씩의 작은 어금니. 위아래 좌우로 모두 여덟 개 이다. [반]대구치(大臼齒).

소:국¹ 小國 (작을 소, 나라 국). 국력이 약하거나 국토가 작은[小] 나라[國]. ¶청나라는 주변의 여러 소국을 지배했다. [비]소방(小邦). [반]대국(大國).

소:국² 小局 (작을 소, 판 국). ① [속뜻] 작은[小] 판국[局]. ② 좁은 의견.

▶소:국-적 小局的 (것 적). 작은[小] 국면(局面)의 것[的]. [반]대국적(大局的).

소굴 巢窟 (새집 소, 굴 굴). ① [속뜻] 새가 사는 집[巢]과 짐승이 들끓는 굴[窟]. ② '나쁜 짓을 하는 도둑이나 악한 따위의 무리가 활동의 본거지로 삼고 있는 곳'을 일컬음. ¶이 지대는 부랑자의 소굴이다.

소권 訴權 (하소연할 소, 권리 권). [법률] 주로 민사 소송에서 법원에 소송(訴訟)을 제기하여 심판을 구할 수 있는 권리(權利).

소:-규모 小規模 (작을 소, 법 규, 본보기 모). 일의 범위 또는 단체나 조직 따위가 작은[小] 규모(規模). ¶소규모 행사를 열다. [반]대규모(大規模).

소:극¹ 笑劇 (웃을 소, 연극 극). [연영] 오로지 관객을 웃기는[笑] 것을 목적으로 하는 희극(喜劇).

소극² 消極 (모자랄 소, 끝 극). ① [속뜻] 끝[極]을 보려는 의지가 모자람[消]. ② 스스로 앞으로 나아가거나 상황을 개선하려는 기백이 부족하고 비활동적임. ③ [물리] 전지나 전기 분해에서 분극을 방해하는 물질을 제거하는 일. [비]감극(減極), 복극(復極). [반]적극(積極).

▶소극-성 消極性 (성질 성). 소극적(消極的)인 성질(性質). [반]적극성(積極性).

▶소극-적 消極的 (것 적). 자진해서 작용하지 않는[消極] 것[的]. 적극적이 아닌 것. ¶그녀는 소극적이라서 친구를 잘 사귀지 못한다. [반]적극적(積極的).

▶소극-제 消極劑 (약제 제). [물리] 전지(電池)의 분극(分極)을 막기[消] 위해 쓰이는 약제(藥劑). 전지의 사용에 따라 전지 내부의 양극에 발생하는 수소를 산화시키기 위한 것이다. 복극제(復極劑).

▸ **소극-책** 消極策 (꾀 책). 소극적(消極的)인 대책(對策). ⓑ적극책(積極策).

▸ **소극 명사** 消極名辭 (이름 명, 말씀 사). 논리 부정적인 개념[消極]을 나타내는 명사(名辭). 무용(無用), 부도덕(不道德) 따위.

▸ **소극 명:제** 消極命題 (명할 명, 제목 제). 논리 주개념(主槪念)의 양적 규정이 생략된[消極] 명제(命題). '사람은 정직(正直)하다' '초목은 식물(植物)이다' 들과 같이 주개념(主槪念)을 수식하는 말이 없이 주개념 자체만을 나타낸 명제(命題)이다. ⓑ부정명제(否定命題).

▸ **소극 방공** 消極防空 (막을 방, 하늘 공). 군사 소극적(消極的)인 방법으로 적의 공습(空襲)을 막는[防] 것. 엄폐, 소개(疏開) 등의 방법을 쓴다.

▸ **소극 의:무** 消極義務 (옳을 의, 일 무). 법률 어떤 일정한 일을 하지 않는[消極] 의무(義務). 남의 재산을 침범하지 않는 의무 따위이다. ⓑ적극 의무(積極義務).

▸ **소극 재산** 消極財産 (재물 재, 재물 산). ① 속뜻 소극적(消極的)인 재산(財産). ② 경제 자산의 한 부분이 되어 있는 부채. ③ 법률 민법에서 재산의 구성 성분의 하나로서의 채무. 상속 재산, 부재자의 재산 따위.

▸ **소극-주의** 消極主義 (주될 주, 뜻 의). ① 속뜻 일을 소극적(消極的)으로 하는 태도[主義]. ② 철학 행위를 하지 아니함으로써 악을 피하려는 경향이나 태도. 금욕주의가 여기에 해당한다. ③ 철학 회의론이나 불가지론을 주장하는 태도. 또는 현상계의 실재를 부정하는 태도. ⓑ적극주의(積極主義).

소급 遡及 (거스를 소, 미칠 급). 과거에까지 거슬러[遡] 올라가서 영향이나 효력을 미침[及]. ¶이 규칙은 5월로 소급하여 적용한다.

▸ **소급-력** 遡及力 (힘 력). 법률 법률의 효력이 그 법률의 시행 이전의 일에까지 거슬러 올라가서[遡] 미치는[及] 힘[力].

▸ **소급-효** 遡及效 (효력 효). 법률 과거에까지 거슬러 올라가서[遡] 미치는[及] 법률의 효력(效力).

소:기[1] 小器 (작을 소, 그릇 기). ①작은[小] 그릇[器]. ②기량(器量)이나 도량(度量)이 작음. 또는 그런 사람.

소:기[2] 少技 (적을 소, 재주 기). 많지 않은[少] 재주[技].

소:기[3] 少妓 (젊을 소, 기생 기). 나이가 어린[少] 기생(妓生).

소기[4] 沼氣 (늪 소, 공기 기). ① 속뜻 늪[沼]이나 시궁창 등의 유기물이 썩어서 발생하는 기체(氣體). ② 화학 메탄계 탄화수소 가운데 구조가 가장 간단한 물질. 무색무취의 가연성 기체로 물에 녹지 않으며 공기 속에서 불을 붙이면 파란 불꽃을 내면서 탄다. ⓑ메탄(methane).

소:기[5] 所期 (것 소, 기약할 기). 기대(期待)하는 어떤 것[所]. 마음속으로 그렇게 되기를 바라고 기다리는 일. ¶소기의 성과를 거두다.

소:기[6] 笑氣 (웃을 소, 공기 기). ① 속뜻 마시면 얼굴 근육에 경련이 일어나 웃는[笑] 것처럼 보이는 기체(氣體). ② 화학 질산암모늄을 열분해하여 얻는 무색의 기체. 향기와 단맛이 있으며 방부제나 마취제 따위로 쓴다. ⓑ일산화이질소(一酸化二窒素).

소기[7] 燒棄 (불사를 소, 버릴 기). 태워[燒] 버림[棄]. ¶기밀 문서는 모두 소기하라. ⓑ소각(燒却).

소:-기업 小企業 (작을 소, 꾀할 기, 일 업). 규모가 작은[小] 기업(企業). ¶소기업을 위한 저금리 대출.

소:-기후 小氣候 (작을 소, 기후 기, 기후 후). 지리 좁은[小] 범위 내에서 나타나는 기후(氣候). 사방 약 10㎢ 이내의 지역에 나타난다.

소:납 笑納 (웃을 소, 들일 납). 선물 따위를 할 때, '하찮은 물건이지만 웃으며[笑] 받아들여[納] 주십시오.'의 뜻으로 쓰이는 말. ⓑ소류(笑留).

소:녀[1] 小女 (작을 소, 여자 녀). ① 속뜻 작은[小] 여자(女子) 아이. ②여자가 웃어른에게 자기를 낮추어 일컫는 말. ¶소녀, 문안 드리옵니다.

⁑**소:녀**[2] 少女 (적을 소, 여자 녀). 나이가 적은[少] 여자[女]. 아주 어리지도 않고 성숙하지도 않은 여자. ⓑ소년(少年).

▸ **소:녀-취미** 少女趣味 (뜻 취, 맛 미). 소녀기(少女期)에 공통적으로 볼 수 있는 취미(趣味). 감상적·몽상적인 정서나 경향을 이른다.

*소ː년 少年 (적을 소, 나이 년). ① 속뜻 적은[少] 나이[年]. ② 나이가 어린, 청소년기에 있는 남자. ③ 법률 소년법 등에서의 20세 미만인 자. ⑭소녀(少女).

▸소ː년-기 少年期 (때 기). 아동기를 벗어난 미성년[少年]의 시기(時期). ¶그는 소년기를 유복하게 보냈다.

▸소ː년-단 少年團 (모일 단). ① 속뜻 소년(少年)으로 조직된 단체(團體). ② 사회 청소년의 인격 양성 및 사회봉사를 목표로 하는 국제적 훈련 단체. ⑪보이스카우트.

▸소ː년-배 少年輩 (무리 배). 젊은이[少年]의 무리[輩].

▸소ː년-법 少年法 (법 법). 법률 소년(少年)의 건전한 육성을 꾀하기 위해 비행 소년의 보호나 소년의 형사 사건에 대하여 특별한 조치 등을 규정한 법률(法律).

▸소ː년-원 少年院 (집 원). 법률 법원의 보호 처분에 의하여 송치된 소년(少年)을 수용하여 교정 교육을 실시하는 법무부 장관 소속하의 기관[院].

▸소ː년 범ː죄 少年犯罪 (범할 범, 허물 죄). 법률 20세 미만의 소년(少年)이 저지른 범죄(犯罪). 소년법에 따라 다루어진다.

소ː념 所念 (것 소, 생각 념). 마음먹은[念] 어떤 것[所]. ¶소념이 이루어지도록 노력했다.

소ː농 小農 (작을 소, 농사 농). 소규모(小規模)의 농사(農事). 고용인을 두지 않고 가족끼리 짓는다. ㊟대농(大農). 중농(中農).

소ː-농가 小農家 (작을 소, 농사 농, 집 가). 가족끼리 소규모(小規模)로 농사를 짓는 농가(農家).

소ː뇌 小腦 (작을 소, 골 뇌). ① 속뜻 대뇌에 비해 작은[小] 뇌(腦). ② 의학 대뇌의 아래, 연수(延髓)의 위에 있으며 달걀 모양의 뇌의 일부. 신체 각부의 운동을 조절하는 구실을 한다.

소ː담[1] 小膽 (작을 소, 쓸개 담). ① 속뜻 용기[膽]가 작다[小]. ② 겁이 많고 배짱이 없다.

소담[2] 消痰 (사라질 소, 가래 담). 한의 가래[痰]를 삭임[消].

소ː담[3] 笑談 (웃을 소, 이야기 담). 우스운[笑] 이야기[談]. ¶친구들과 소담으로 나누었다.

소ː대 小隊 (작을 소, 무리 대). ① 속뜻 규모가 작은[小] 무리[隊]. ② 군사 군대 편성 단위의 한 가지. 중대(中隊)의 하위 부대로 보통 4개 부대로 구성된다.

▸소ː대-장 小隊長 (어른 장). 군사 소대(小隊)를 지휘·통솔하는 우두머리[長].

소ː도[1] 小島 (작을 소, 섬 도). 작은[小] 섬[島]. ¶우리 소도에도 전기가 들어왔다.

소ː도[2] 小道 (작을 소, 길 도). ① 속뜻 좁고 작은[小] 길[道]. ② 유가(儒家)의 학자가 제자백가(諸子百家)의 여러 학설을 '작은 길'이라는 뜻으로 이르는 말.

소도[3] 蘇塗 (되살아날 소, 진흙 도). 역사 삼한 때, 하늘에 제사 지내던 성지(聖地). 해마다 오월 수릿날과 시월상달에 질병과 재앙이 없기를 빌었다. '솟대' 또는 '솟터'의 음역으로 추정된다.

소ː-도구 小道具 (작을 소, 방법 도, 갖출 구). 연영 연극 무대 장치 따위에서 비교적 작은[小] 장치물[道具]을 통틀어 이르는 말.

소ː-도시 小都市 (작을 소, 도읍 도, 저자 시). 작은[小] 규모의 도시(都市). ¶그는 지방 소도시 출신이다. ⑭대도시(大都市).

소독 消毒 (사라질 소, 독할 독). 약학 해로운 균[毒]을 약품, 열, 빛 따위로 죽이는[消] 일. ¶이불을 마당에 널어 소독하다.

▸소독-기 消毒器 (그릇 기). 소독(消毒)하는데 쓰이는 기구(器具).

▸소독-면 消毒綿 (솜 면). 의학 불순물을 제거하고 소독(消毒)한 솜[綿]. ¶탈지면으로 상처를 닦다. ⑪탈지면(脫脂綿).

▸소독-수 消毒水 (물 수). 소독약(消毒藥)을 푼 물[水]. ¶소독수로 손을 닦다.

▸소독-약 消毒藥 (약 약). 약학 소독(消毒)에 쓰이는 약(藥). 알코올, 석탄산, 포르말린, 크레졸 따위. ⑪소독제(消毒劑).

▸소독-의 消毒衣 (옷 의). 소독(消毒)한 겉옷[衣]. 병독(病毒)에 감염될 우려가 많은 환경에서 입는다. 위생복(衛生服).

▸소독-제 消毒劑 (약제 제). 약학 소독(消毒)에 쓰이는 약제(藥劑). ⑪소독약(消毒藥).

소ː동[1] 小童 (작을 소, 아이 동). ① 속뜻 열

살 안팎의 작은[小] 어린아이[童]. ②남의 집에서 심부름을 하는 어린아이.

소동² 騷動 (떠들 소, 움직일 동). 여럿이 떠들고[騷] 난리를 피움[動]. 여럿이 떠들어 댐. ¶건물에 불이나 한바탕 소동이 벌어졌다.

소:두¹ 小斗 (작을 소, 말 두). 한 말의 반이 되는 작은[小] 말[斗]. 곧 닷 되들이 말이다. ⓑ대두(大斗).

소:두² 小豆 (작을 소, 콩 두). ① 속뜻 작은[小] 콩[豆]. ② 식물 팥. 콩과의 풀로 여름에 노란 꽃이 피고 가늘고 둥근 통 모양의 긴 꼬투리에 4~15개의 씨가 들어 있다. 씨는 유용한 잡곡이다.

소:두³ 小痘 (작을 소, 천연두 두). ① 속뜻 작은[小] 마마[痘]. ② 한의 '수두'(水痘)를 한방에서 이르는 말.

소:득 所得 (것 소, 얻을 득). ① 속뜻 어떤 일의 결과로 얻는[得] 것[所]. ② 경제 경제 활동을 하고 그 대가로 받는 돈 따위. 봉급, 노임(勞賃), 지대(地代), 이자(利子), 이윤(利潤) 따위가 이에 해당한다. ¶그는 매달 소득의 5%를 기부한다. ㊜득. ⓗ이익(利益).

▸소:득-세 所得稅 (세금 세). 경제 개인의 소득(所得)에 대하여 직접 부과하는 국세(國稅).

▸소:득-액 所得額 (액수 액). 경제 소득(所得)한 돈의 액수(額數).

▸소:득 공:제 所得控除 (당길 공, 덜 제). 경제 소득세를 산출할 때, 납세자와 그 가족의 생활비를 고려하여 과세 대상이 된 소득(所得)에서 일정 금액을 공제(控除)하는 일. 배우자·부양가족·장애자 공제 따위가 있다.

▸소:득 효:과 所得效果 (보람 효, 열매 과). 경제 가계(家計)의 소득(所得) 변화로 인해 구매력에 나타나는 효과(效果). 가계 소득이 늘어나서 구매력이 증가되는 것 따위이다.

소등 消燈 (사라질 소, 등불 등). 등(燈)불을 끔[消]. ¶빨리 소등하고 취침해라. ⓑ점등(點燈).

소란 騷亂 (떠들 소, 어지러울 란). 시끄럽게 떠들어[騷] 어수선함[亂]. ¶시장에서 큰 소란이 있었다 / 그들은 소란스런 행동 때문에 도서관에서 쫓겨났다. ⓗ쟁란(諍亂).

소:람 笑覽 (웃을 소, 볼 람). 편지에서, '웃으면서[笑] 보시옵소서[覽]'의 뜻으로 자기 것을 보아 달라고 겸손하게 이르는 말.

소략 疏略 (드물 소, 줄일 략). 일이 엉성하고[疏] 간략(簡略)함.

소:량¹ 小量 (작을 소, 분량 량). 좁은[小] 도량(度量).

소:량² 少量 (적을 소, 분량 량). 적은[少] 분량(分量). ⓑ다량(多量).

소:량³ 素量 (바탕 소, 분량 량). 물리 구체적인 어떤 종류의 양(量)의 최소[素] 단위.

소련 蘇聯 (되살아날 소, 잇달 련). 지리 소비에트[蘇] 사회주의 공화국 연방(聯邦). '소비에트'를 '蘇'로 줄여 표기한 것이다.

소:령 少領 (적을 소, 거느릴 령). ① 속뜻 적은[少] 병사를 거느림[領]. ② 군사 국군의 영관(領官) 계급 중 맨 아래계급. 대위의 위, 중령의 아래.

소:로 小路 (작을 소, 길 로). 작고[小] 매우 좁다란 길[路]. ⓑ대로(大路).

소:론¹ 小論 (작을 소, 논할 론). 규모가 작고[小] 간단한 논설(論說)이나 논문(論文).

소:론² 少論 (젊을 소, 논할 론). ① 속뜻 젊은[少] 사람들의 주장이나 의견[論]. ② 역사 조선 숙종 때 서인(西人)이 두 파로 분열되면서 조지겸(趙持謙)·윤증(尹拯) 등 젊은 사람들을 중심으로 형성된 붕당. ⓑ노론(老論).

소:론³ 所論 (것 소, 논할 론). 논(論)하고자 하는 어떤 것[所]. 내세우는 바.

소루 疏漏 (드물 소, 샐 루). ① 속뜻 야무지지 못하고 성기어[疏] 샘[漏]. ②생각이나 하는 일 따위가 거칠고 틈이 많음.

소:류¹ 笑留 (웃을 소, 머무를 류). 선물 따위를 할 때, '하찮은 물건이지만 웃으며[笑] 받아 간직해[留] 주십시오.'의 뜻으로 쓰이는 말. ⓗ소납(笑納).

소류² 遡流 (거스를 소, 흐를 류). 물이 거슬러[遡] 흐름[流]. 또는 그 거슬러 흐르는 물.

소:리 小利 (작을 소, 이로울 리). 작은[小] 이익(利益). ¶소리에 연연하지 말라.

소림 疏林 (드물 소, 수풀 림). 나무가 듬성듬성[疏] 들어서 있는 숲[林]. ⓑ밀림(密林).

소:립 小粒 (작을 소, 알 립). 작은[小] 알갱이[粒].

소:-립자 素粒子 (바탕 소, 알 립, 씨 자). 물리 물질을 구성하는 최소 단위[素] 입자(粒子)를 통틀어 이르는 말. 광자(光子), 전자(電子), 양자(陽子), 중성자(中性子), 중간자(中間子) 따위.

▸소:립자-론 素粒子論 (논할 론). 물리 소립자(素粒子)의 성질이나 상호 작용 등에 관한 이론(理論).

소:만[1] 小滿 (작을 소, 찰 만). ① 속뜻 자그마하던[小] 것들이 점차 성장하여 가득 참[滿]. ② 민속 입하(立夏)와 망종(芒種) 사이로, 양력 5월 21일경이다. ¶소만이 되자 모내기를 시작했다.

소만[2] 掃萬 (쓸 소, 일만 만). 만사(萬事)를 제쳐 놓음[掃].

▸소만-왕림 掃萬枉臨 (굽을 왕, 임할 림). 모든[萬] 일을 제쳐 놓고[掃] 옴[枉臨]. ¶바쁘신 데도 소만왕림해 주셔서 감사합니다.

소:-만두 素饅頭 (본디 소, 만두 만, 접미사 두). 고기 없이 채소[素]로만 소를 만들어 넣은 만두(饅頭).

소:망[1] 所望 (것 소, 바랄 망). 바라는[望] 어떤 것[所]. ¶새해 소망. ㊥바람, 소원(所願), 희망(希望).

소망[2] 素望 (본디 소, 바랄 망). 본디[素]부터 늘 바라던[望] 일. ¶드디어 소망이 이루어졌다. ㊥염망(念望).

소:매 小賣 (작을 소, 팔 매). 상품을 작은[小] 단위로 나누어 파는[賣] 일. ㊥산매(散賣). ㊥도매(都賣).

▸소:매-상 小賣商 (장사 상). 소매(小賣)하는 장사[商]. 또는 그 장수. ㊥도매상(都賣商).

▸소:매-업 小賣業 (일 업). 소매(小賣)하는 영업(營業). ㊥도매업(都賣業).

▸소:매-가격 小賣價格 (값 가, 이를 격). 상품을 소비자에게 낱개[小]로 팔[賣] 때의 가격(價格). ㊥산매 가격(散賣價格). ㊥도매가격(都賣價格).

▸소:매 시:장 小賣市場 (저자 시, 마당 장). 경제 소매상(小賣商)들이 모여서 이룬 시장(市場). ㊥도매 시장(都賣市場).

소:맥 小麥 (작을 소, 보리 맥). ① 속뜻 작은[小] 보리[麥]. ② 식물 밀. 벼와 비슷한 곡물로 현재 세계의 농작물 가운데 가장 넓은 재배 면적을 차지하고 있는 주요 농산물이다. 간장, 된장, 빵, 과자 따위의 원료로 쓴다.

▸소:맥-면 小麥麵 (밀가루 면). 밀[小麥]로 만든 국수[麵].

▸소:맥-분 小麥粉 (가루 분). 밀[小麥]을 빻은 가루[粉]. ¶밀가루 반죽을 만들다.

소:면[1] 素面 (본디 소, 낯 면). 화장을 하지 않은 본디[素] 얼굴[面]. 화장기가 없는 얼굴.

소:면[2] 素麵 (본디 소, 국수 면). 고기붙이를 넣지 않은 본디[素] 국수[麵].

소:멸[1] 掃滅 (쓸 소, 없앨 멸). 싹 쓸어[掃] 없앰[滅]. ¶도적의 잔당을 완전히 소멸하였다.

소멸[2] 燒滅 (불사를 소, 없앨 멸). 태워[燒] 없앰[滅]. 타서 없어짐. ¶임진왜란으로 수많은 사찰들이 소멸되었다.

소멸[3] 消滅 (사라질 소, 없어질 멸). 사라져[消] 없어짐[滅]. ¶우주는 생성과 소멸을 반복한다. ㊥생성(生成).

▸소멸 시효 消滅時效 (때 시, 효력 효). 법률 권리자가 자신의 권리를 행사할 수 있음에도 불구하고 일정 기간 동안 권리를 행사하지 않는 경우에 그 권리를 행사할 수 있는 시효(時效)가 소멸(消滅)되는 제도.

소명[1] 召命 (부를 소, 명할 명). ① 속뜻 임금이 신하를 부르는[召] 명령(命令). ② 기독교 수도자, 사제(司祭) 따위의 특수한 신분으로 신에 봉사하도록 하는 신의 부름을 이르는 말.

소명[2] 昭明 (밝을 소, 밝을 명). 사물에 밝음[昭=明]. 밝고 영리함.

소명[3] 疏明 (트일 소, 밝을 명). ① 속뜻 트여[疏] 밝게[明] 됨. ② 법률 재판에서 법관이 당사자의 주장이 사실이라고 확신하도록 함. 또는 그만한 증거를 제시함.

소모[1] 梳毛 (빗 소, 털 모). 수공 양모(羊毛)의 짧은 섬유는 없애고 긴 섬유만 골라 가지런하게 하는[梳] 일. 또는 그렇게 한 섬유.

소모[2] 消耗 (사라질 소, 줄 모). 써서 사라지거나[消] 줄어듦[耗]. 또는 써서 없앰. ¶농구는 체력 소모가 많은 운동이다.

▸**소모-량** 消耗量 (분량 량). 써서 없애는[消耗] 양(量). ¶화석 연료의 소모량이 점점 늘고 있다.

▸**소모-비** 消耗費 (쓸 비). 경제 써서 없애는[消耗] 비용(費用).

▸**소모-율** 消耗率 (비율 률). 일정한 기간에 어떤 물자가 소모(消耗)되는 비율(比率)을 나타내는 계수.

▸**소모-전** 消耗戰 (싸울 전). 군사 인원, 무기, 물자 따위를 끊임없이 소모(消耗)하여 쉽게 결판이 나지 않는 전쟁(戰爭). ¶양측은 소모전에 지쳐서 휴전을 수락했다.

▸**소모-품** 消耗品 (물건 품). 쓰는 데 따라 닳아 없어지거나[消耗] 못쓰게 되는 물품(物品). 종이, 연필 따위. ¶사무용 소모품. ⓑ비품(備品).

소:목 小木 (작을 소, 나무 목). ① 속뜻 작은[小] 나무[木]. ②나무로 가구나 문방구 따위를 짜는 일을 직업으로 하는 사람. 소목장이. ¶소목들이 장롱을 만들고 있다.

소:묘 素描 (바탕 소, 그릴 묘). 미술 형태와 명암을 위주로 하여 그 바탕[素]만을 그린[描] 그림. ⓑ데생.

소:문[1] 小門 (작을 소, 문 문). ① 속뜻 작은[小] 문(門). ②여자의 음부를 완곡하게 이르는 말.

소:문[2] 所聞 (것 소, 들을 문). 귀로 들은[聞] 어떤 것[所]. ¶그가 살아 돌아왔다는 소문이 돌고 있다. ⓑ풍문(風聞).

소:-문자 小文字 (작을 소, 글자 문, 글자 자). 작은[小] 꼴의 문자(文字). ¶소문자로 적어도 됩니다. ⓑ대문자(大文字).

소:미 小米 (작을 소, 쌀 미). ① 속뜻 작은[小] 쌀[米]. ② 식물 볏과의 한해살이풀인 조의 열매. 찧어서 밥이나 떡, 과자, 엿, 술을 만든다. ⓑ좁쌀.

소밀 疏密 (=疎密, 드물 소, 빽빽할 밀). 성김[疏]과 빽빽함[密]. ¶소밀이 고르다.

▸**소밀-파** 疏密波 (물결 파). ① 속뜻 소밀(疏密)한 물결[波]. ② 물리 매질(媒質)의 진동의 방향이 파동의 방향과 일치하는 파동. ⓑ종파(縱波). ⓑ횡파(橫波).

소박[1] 疏薄 (=疎薄, 멀어질 소, 엷을 박). 아내를 멀리하거나[疏] 박대(薄待)하여 내쫓음.

소:박[2] 素朴 (본디 소, 순박할 박). 꾸밈없이 본디[素] 그대로의 순박(淳朴)함. ¶나는 그의 소박함에 마음이 좋다. ⓑ수수하다.

▸**소:박-미** 素朴美 (아름다울 미). 소박(素朴)한 아름다움[美]. ¶조선의 백자에는 소박미가 깃들어 있다.

소:반[1] 小盤 (작을 소, 쟁반 반). 음식을 놓고 앉아서 먹는 짧은 발이 달린 작은[小] 쟁반[盤]같은 상.

소:반[2] 素飯 (본디 소, 밥 반). 고기반찬이 없는[素] 밥[飯].

소방 消防 (사라질 소, 막을 방). 불이 났을 때 불을 끄고[消] 불이 나지 않도록 미리 막는[防] 일. ¶학교에서 소방 훈련을 하다.

▸**소방-관** 消防官 (벼슬 관). 소방서에서 소방(消防)에 관한 일을 하는 공무원[官]을 통틀어 이르는 말. ⓑ소방 공무원(消防公務員).

▸**소방-대** 消防隊 (무리 대). 소방원(消防員)으로 조직된 단체[隊].

▸**소방-서** 消防署 (관청 서). 소방(消防)에 관한 업무를 맡아보는 기관[署]. ¶불이 나면 바로 소방서로 전화해서 알려야 한다.

▸**소방-선** 消防船 (배 선). 선박이나 항만 시설 등에 난 불을 끄는[消防] 배[船].

▸**소방-수** 消防手 (사람 수). 소방(消防) 활동에 종사하는 사람[手]. ¶한 소방수가 아이를 구하러 불길 속으로 뛰어들었다.

▸**소방-원** 消防員 (사람 원). 소방대의 구성원으로서 소방(消防) 활동에 종사하는 사람[員]. ⓑ소방수(消防手).

▸**소방-차** 消防車 (수레 차). 소방(消防) 장비를 갖추고 있는 차(車). ¶소방차 사이렌 소리. ⓑ불자동차.

▸**소방대-원** 消防隊員 (무리 대, 사람 원). 소방대(消防隊)에 소속된 사람[員].

소:백-산맥 小白山脈 (작을 소, 흰 백, 메 산, 줄기 맥). ① 속뜻 소백산(小白山)이 속해 있는 산맥(山脈). ② 지리 태백산맥에서 갈려 뻗어 내려 영남 지방과 호남 지방의 경계를 이루는 산맥. 소백산·속리산 따위가 있다.

소:-법정 小法廷 (작을 소, 법 법, 관청 정). 법률 대법원 판사 3명 이상, 전체의 3분의 2 미만으로 구성되는 대법정보다 작은[小] 규모의 합의체 재판 기관[法廷]. ⓑ대법정(大法廷).

소ː변 小便 (작을 소, 똥오줌 변). ① 속뜻 작은[小] 변(便). ② '오줌'을 일컫는 말. ¶소변이 마렵다. ㉥대변(大便).

▸ **소ː변-기** 小便器 (그릇 기). 오줌[小便]을 눌 수 있도록 만든 여러 기구(器具).

소ː병 笑病 (웃을 소, 병 병). 의학 실없이 자꾸 웃는[笑] 정신병(精神病)의 한 가지.

소ː복 素服 (본디 소, 옷 복). 염색을 하지 않은 본디[素]의 흰색 옷[服]. 흔히 상복으로 입는다. ¶소복을 입은 여인이 울고 있었다. ㉥소의(素衣). ㉸화복(華服).

▸ **소ː복-단장** 素服丹粧 (붉을 단, 화장할 장). 아래위를 흰옷[素服]으로 차려 입고 맵시 있게 몸을 꾸밈[丹粧].

▸ **소ː복-담장** 素服淡粧 (맑을 담, 단장할 장). 흰옷[素服]을 입고 엷은[淡] 화장(化粧)을 함.

소ː분[1] 小分 (작을 소, 나눌 분). 작게[小] 나눔[分]. 또는 그런 부분.

소분[2] 掃墳 (쓸 소, 무덤 분). 경사가 있을 때, 조상의 산소에 가서 무덤[墳] 주위를 청소(淸掃)하고 제사를 지내는 일.

소분[3] 燒焚 (불사를 소, 불사를 분). 불태움[燒=焚].

소ː비[1] 所費 (것 소, 쓸 비). 어떤 일에 든[所] 비용(費用).

⁑**소비**[2] 消費 (사라질 소, 쓸 비). ① 돈이나 물건, 시간, 노력 따위를 써서[費] 사라지게[消] 함. ¶그 차는 연료를 많이 소비한다. ② 경제 욕망을 충족하기 위해 재화를 소모하는 일. 본래적 소비와 생산적 소비가 있다. ㉥비소(費消). ㉸생산(生産).

▸ **소비-량** 消費量 (분량 량). 일정 기간에 소비(消費)한 분량(分量). ¶한여름에는 에너지 소비량이 급증한다. ㉸생산량(生産量).

▸ **소비-세** 消費稅 (세금 세). 경제 개인의 소비(消費)에 대하여 부과하는 세금(稅金). ¶특별 소비세.

▸ **소비-액** 消費額 (액수 액). 일정 기간에 써[費] 없앤[消] 금액(金額). ㉸생산액(生産額).

▸ **소비-자** 消費者 (사람 자). ① 속뜻 생산된 물건 따위를 소비(消費)하는 사람[者]이나 동물. ¶소비자들의 취향이 매우 까다롭다. ② 생물 생태계에서, 독립적으로 영양분을 얻지 못해 다른 생물을 통하여 영양분을 얻는 생물체. ¶초식동물은 1차 소비자다. ㉸생산자(生産者).

▸ **소비-재** 消費財 (재물 재). 경제 사람들이 일상생활에서 직접 소비(消費)하는 재화(財貨). ¶원가 상승으로 소비재의 가격도 상승하고 있다. ㉸생산재(生産財).

▸ **소비-지** 消費地 (땅 지). 어떤 상품이 소비(消費)되는 곳[地]. ㉸생산지(生産地).

▸ **소비-품** 消費品 (물건 품). 소비(消費)하는 물품(物品). ㉸생산품(生産品).

▸ **소비 경기** 消費景氣 (볕 경, 기운 기). 경제 소비자의 소비(消費) 활동이 왕성해짐으로써 생기는 호경기(好景氣). ¶소비 경기가 되살아나다.

▸ **소비 경제** 消費經濟 (다스릴 경, 건질 제). 경제 재화(財貨)의 직접 소비(消費)를 목적으로 하는 경제(經濟).

▸ **소비 금융** 消費金融 (돈 금, 녹을 융). 경제 소비자의 소비(消費)를 위한 금융(金融). 대부(貸付)나 할부(割賦) 판매 따위이다. ㉸생산 금융(生産金融).

▸ **소비 대ː차** 消費貸借 (빌릴 대, 빌릴 차). 경제 빌리는 사람이 빌린[貸借] 물건을 다 쓰고[消費] 빌린 것과 동종·동질의 물건을 반환하는 의무를 부담하기로 하는 계약.

▸ **소비 도시** 消費都市 (도읍 도, 저자 시). 사회 생산보다 소비(消費)를 주로 하는 도시(都市). 교육(教育), 행정(行政), 관광(觀光), 군사(軍事) 따위를 주로 한다. ¶청주는 교육 기능이 집중된 소비 도시이다. ㉸생산 도시(生産都市).

▸ **소비 사ː업** 消費事業 (일 사, 일 업). 경제 소비(消費)를 목적으로 하는 사업(事業). 문화(文化) 사업, 교육(教育) 사업 따위.

▸ **소비 성ː향** 消費性向 (성질 성, 향할 향). 경제 소득에 대한 소비(消費) 지출의 성질(性質)과 경향(傾向). ㉸저축 성향(貯蓄性向).

▸ **소비 수준** 消費水準 (물 수, 평평할 준). 경제 소비(消費)하는 일정 정도[水準]나 표준. 생활수준을 비교 측정하는 지표의 한 가지로 지역 간 또는 생활 계층 간의 가계 소비액을 당시의 물가 지수로 나누어 지수화한 것이다. ㉾생활 수준(生活水準).

▸소비 자본 消費資本 (재물 자, 밑 본). 경제 소비(消費) 과정에서 기능하는 자본(資本). 재화의 형태로 소비자의 손에서 소비된다. 참생산 자본(生産資本), 유통 자본(流通資本).

▸소비-조합 消費組合 (짤 조, 합할 합). 사회 소비자(消費者)가 조직하는 협동조합(協同組合). 소비자들이 그들의 조직력을 통하여 생산자나 도매상으로부터 직접 생필품을 구입하여 공급하는 조직 또는 기관.

▸소비 함:수 消費函數 (넣을 함, 셀 수). 경제 소비(消費)와 소득(所得)의 관계를 나타내는 함수(函數). 일반적으로 소득 수준을 설명 변수로 쓰지만 기타 자산이나 상대적인 소득을 쓰는 경우도 있다.

▸소비 혁명 消費革命 (바꿀 혁, 운명 명). 사회 소비(消費) 욕구, 내용, 소비 의식 등이 급변하는[革命] 현상. 소득 수준과 산업 기술이 높아짐에 따라 일어난다.

▸소비자 가격 消費者價格 (사람 자, 값 가, 이를 격). 경제 상품이 최종 소비자(消費者)에게 공급될 때의 가격(價格). 반생산자 가격(生産者價格).

▸소비자 단체 消費者團體 (사람 자, 모일 단, 몸 체). 사회 소비자(消費者)가 자신들의 권리와 이익을 지킬 목적으로 스스로 구성한 단체(團體).

▸소비자 보:호 운:동 消費者保護運動 (사람 자, 지킬 보, 돌볼 호, 돌 운, 움직일 동). 사회 소비자(消費者)의 권익을 보호(保護)하려는 사회 운동(運動). 상품 정보의 전달, 불량 식품·과대광고의 추방, 유통 부조리의 개선 따위의 활동을 한다.

소:사[1] 小史 (작을 소, 역사 사). 간략히[小] 기록한 역사(歷史).

소:사[2] 小使 (작을 소, 부릴 사). 옛날 관청에서 잔[小] 심부름을 하던 사람[使]. 비사정(使丁).

소:사[3] 小事 (작을 소, 일 사). 조그마하거나[小] 하찮은 일[事]. ¶소사라고 대충 처리하면 안 된다. 비사사(些事). 반대사(大事).

소:사[4] 小辭 (작을 소, 말씀 사). ① 속뜻 작은[小] 개념을 표현한 말[辭]. ② 논리 삼단 논법에서 결론의 주사가 되는 개념. '물고기는 동물이다. 붕어는 물고기다. 그러므로 붕어는 동물이다.'에서 '붕어'과 같은 개념을 이른다. 비소개념(小概念). 참대개념(大概念), 중개념(中概念).

소사[5] 掃射 (쓸 소, 쏠 사). 기관총 따위로 쓸 듯이[掃] 상하좌우로 휘두르며 쏘는[射] 일.

소사[6] 蔬食 (나물 소, 밥 사). 채소(菜蔬) 반찬뿐인 음식(飮食).

소사[7] 燒死 (불사를 소, 죽을 사). 불에 타[燒] 죽음[死]. 비분사(焚死).

소삭 疏數 (드물 소, 자주 삭). 드묾[疏]과 잦음[數].

소:산[1] 所產 (것 소, 낳을 산). ① 속뜻 생산(生産)된 어떤 것[所]. 이루어진 바. ② 어떤 지역에서 생산되는 물건. '소산물'(所產物)의 준말.

소산[2] 消散 (사라질 소, 흩을 산). 흩어져[散] 사라짐[消].

소산[3] 疏散 (=蕭散, 멀어질 소, 흩을 산). ① 속뜻 서로 뜻이 맞지 않아 헤어짐[疏=散]. ② 밀집된 사람, 시설, 건조물 따위를 흩어지게 함.

소산[4] 燒散 (불사를 소, 흩을 산). 불살라[燒] 흩어[散] 버림.

소살 燒殺 (불사를 소, 죽일 살). 불에 태워[燒] 죽임[殺].

소:상[1] 小祥 (작을 소, 제사 상). ① 속뜻 작은[小] 제사[祥]. ② 죽은 지 1년 만에 지내는 제사를 일컬음. 비일주기(一週忌), 소기(小朞), 연상(練祥). 참대상(大祥), 기년제(朞年祭).

소:상[2] 小像 (작을 소, 모양 상). 작은[小] 상(像).

소상[3] 昭詳 (밝을 소, 자세할 상). 밝고[昭] 자세[詳]하다. ¶소상한 내용 / 전후 사정에 대해 소상히 알고 있다.

소:상[4] 塑像 (흙 빚을 소, 모양 상). 찰흙으로 빚어[塑] 사람 모양을 본뜬 형상[像].

소:생[1] 小生 (작을 소, 사람 생). ① 속뜻 작은[小] 사람[生]. ② 말하는 이가 '자기'를 낮추어 이르는 말. ¶소생은 이만 물러가겠습니다.

소:생[2] 所生 (것 소, 날 생). ① 속뜻 자기가 낳은[生] 것[所]. ② '자녀'를 달리 이르는 말. ¶그는 소생이 없어 양자를 들였다. 비혈

육(血肉).

소생[3] **疏生** (드물 소, 날 생). 풀 따위가 띄엄띄엄 성기게[疏] 남[生].

소생[4] **蘇生** (=甦生, 되살아날 소, 살 생). 되살아나서[蘇] 살아감[生]. ¶봄은 만물이 소생하는 계절이다. [비]부생(復生), 회생(回生).

소ː서 小暑 (작을 소, 더울 서). ① [속뜻] 정도가 작은[小] 더위[暑]. ② [민속] 하지(夏至)와 대서(大暑) 사이로, 양력 7월 7일경이다.

소-석고 燒石膏 (불사를 소, 돌 석, 기름 고). [화학] 120~130℃로 가열하여[燒] 결정수를 없앤 흰색 석고(石膏). 물을 섞으면 다시 굳어지며 모형, 석묵, 고착제, 조각 따위에 쓰인다. [준]석고.

소-석회 消石灰 (사라질 소, 돌 석, 재 회). [화학] 산화칼슘[石灰]에 물을 부었을 때, 열을 내며 붕괴되어[消] 생기는 백색의 가루. '수산화칼슘'을 흔히 이르는 말. 분회(粉灰).

소ː-선거구 小選擧區 (작을 소, 고를 선, 들 거, 나눌 구). [정치] 대선거구에 대해 뽑는 규모가 작은[小] 선거구(選擧區). 한 선거구에서 한 사람의 의원만을 뽑는다. [반]대선거구(大選擧區).

소ː설[1] **小雪** (작을 소, 눈 설). ① [속뜻] 작게[小] 내린 눈[雪]. ② [민속] 입동(立冬)과 대설(大雪) 사이로, 양력 11월 22일경이다. ¶소설이 지나고 첫눈이 내렸다.

소ː설[2] **所說** (것 소, 말씀 설). ① [속뜻] 설명(說明)하는 것[所]. ② 주장하는 바.

소설[3] **昭雪** (밝은 소, 씻을 설). ① [속뜻] 밝고[昭] 깨끗하게 쓸어냄[雪]. ② 억울한 일이나 원통한 사정 따위를 밝혀 누명이나 죄명을 눈 쓸 듯이 쓸어냄.

소설[4] **掃雪** (쓸 소, 눈 설). 쌓인 눈[雪]을 쓸어냄[掃]. [비]제설(除雪).

소ː설[5] **小說** (작을 소, 말씀 설). ① [속뜻] 자질구레하게[小] 떠도는 이야기[說]. ② [문학] 사실 또는 상상에 바탕을 두고 허구적으로 이야기를 꾸민 산문체의 문학 양식. ¶소설을 쓰다. ③ 소설책. ¶소설을 읽다.

▸**소ː설-가 小說家** (사람 가). 소설(小說)을 전문으로 쓰는 사람[家]. ¶허균은 조선시대 학자이자 뛰어난 소설가이다.

▸**소ː설-계 小說界** (지경 계). 소설가(小說家)들의 사회[界].

▸**소ː설-책 小說冊** (책 책). 소설(小說)로 엮은 책(冊). 소설이 실린 책. [준]소설.

▸**소ː설-화 小說化** (될 화). 어떤 사실을 소설(小說)로 꾸밈[化]. ¶실제 사건을 소설화하다.

소ː성[1] **小成** (작을 소, 이룰 성). ① 조그맣게[小] 이룸[成]. ¶대성은 아니더라도 소성이나마 이루었으면 좋겠다. ② [역사] 과거의 소과(小科) 가운데에서 초시(初試)나 종시(終試)에 합격하던 일.

소ː성[2] **素性** (본디 소, 성품 성). 타고난 본디[素]의 성품(性品).

소ː성[3] **笑聲** (웃을 소, 소리 성). 웃을[笑] 때 나는 소리[聲].

소성[4] **蘇醒** (되살아날 소, 깰 성). ① [속뜻] 잃었던 의식을 회복하여[蘇] 다시 깨어남[醒]. ② 큰 병을 치르고 난 뒤 몸이 다시 회복됨.

소ː성[5] **塑性** (흙 빚을 소, 성질 성). ① [속뜻] 흙으로 빚은 것[塑]과 같은 성질(性質). ② [물리] 고체가 힘을 받아 형태가 바뀌었을 때, 그 힘이 없어져도 처음 모양으로 되돌아가지 않는 성질. [비]가소성(可塑性).

▸**소ː성 가공 塑性加工** (더할 가, 장인 공). [공업] 물체의 소성(塑性)을 이용하여 모양을 변형 또는 성형하는 가공법(加工法)의 한 가지. 금속이나 고분자 재료의 가공에 흔히 쓰인다.

▸**소ː성 변ː형 塑性變形** (바뀔 변, 모양 형). [물리] 외부의 힘이 작용하여 변형된[塑性] 고체가 그 힘을 없애도 본디 상태로 되돌아가지 않는 변형(變形).

소성[6] **燒成** (불사를 소, 이룰 성). 도자기 따위를 구워[燒] 만듦[成].

▸**소성 인비 燒成燐肥** (인 린, 거름 비). [화학] 인광석(燐鑛石)을 구워[燒] 만든[成] 인산(燐酸) 비료(肥料). 물에 잘 녹는 분말이다.

소세 梳洗 (빗 소, 씻을 세). 머리를 빗고[梳] 낯을 씻음[洗]. ¶소세를 마치고 나니 조반상이 나왔다.

소ː소[1] **小小** (작을 소, 작을 소). ① [속뜻] 자질구레하다[小+小]. ② 변변하지 않다. ¶소소한 문제.

소ː소[2] **小少** (작을 소, 적을 소). ① [속뜻] 키가

작고[小] 나이가 어림[少]. ②얼마 되지 않음.

소소[3] **昭昭** (밝을 소, 밝을 소). 일의 내막이나 이치가 분명함[昭+昭]. ㊊소연(昭然).

소소[4] **蕭蕭** (쓸쓸할 소, 쓸쓸할 소). 바람이나 빗소리가 쓸쓸하다[蕭+蕭]. ¶소소한 바람이 분다.

소소[5] **騷騷** (떠들 소, 떠들 소). 부산하고 시끄러움[騷+騷].

소:속 **所屬** (것 소, 엮을 속). 어떤 기관이나 조직에 엮여 있는[屬] 어떤 것[所]. 또는 그 딸린 사람이나 물건. ¶나는 야구부 소속이다.

▸소:속-감 所屬感 (느낄 감). 자신이 어떤 집단에 소속(所屬)되어 있다는 느낌[感]. ¶소속감이 생기다.

소손 **燒損** (불사를 소, 상할 손). 불에 타서[燒] 부서짐[損]. ¶사찰이 소손되었다.

소송[1] **燒送** (불사를 소, 보낼 송). 영가(靈駕)나 위패(位牌) 따위를 불살라[燒] 버림[送].

소송[2] **訴訟** (하소연할 소, 송사할 송). 법률 법원에 송사(訟事)를 청구하는[訴] 일. 또는 그 절차. ¶소송을 제기하다.

▸소송-물 訴訟物 (만물 물). 법률 소송(訴訟)의 대상이 되는 것[物].

▸소송-법 訴訟法 (법 법). 법률 소송(訴訟) 절차를 규정한 법규(法規)를 통틀어 이르는 말.

▸소송 계:속 訴訟繫屬 (=訴訟係屬, 맬 계, 엮을 속). 법률 소송(訴訟) 사건이 판결 절차에서 심판되고 있는 상태 매여[繫] 딸려 있는[屬] 상태. ㊌계속.

▸소송 고:지 訴訟告知 (알릴 고, 알 지). 법률 민사 소송에서 소송의 당사자가 법률상 이해관계가 있어 그 소송에 참가할 수 있는 제삼자에게, 소송에 참가할 기회를 주기 위해 소송(訴訟)이 계속 중임을 알리는[告知] 일.

▸소송 능력 訴訟能力 (능할 능, 힘 력). 법률 소송 당사자로서 유효하게 소송(訴訟) 행위를 할 수 있는 능력(能力). 또는 형사 소송법상의 의사(意思)능력.

▸소송 비:용 訴訟費用 (쓸 비, 쓸 용). 법률 소송(訴訟) 행위에서 발생하는 모든 비용(費用).

▸소송 사:건 訴訟事件 (일 사, 것 건). 법률 소송(訴訟)을 일으킨 일[事件]. ㊌사건. 소건.

▸소송 요건 訴訟要件 (구할 요, 조건 건). 법률 법원이 소송(訴訟)에 대한 판결을 하기 위해 갖추어야 할 요건(要件).

▸소송 절차 訴訟節次 (알맞을 절, 차례 차). 법률 소송(訴訟)의 제기에서 종국 판결에 이르기까지의 모든 절차(節次).

▸소송 판결 訴訟判決 (판가름할 판, 결정할 결). 법률 법원이 소송 요건의 미비를 이유로, 소송(訴訟)을 기각하는 판결(判決). ㊥본안 판결(本案判決).

▸소송 행위 訴訟行爲 (행할 행, 할 위). 법률 소송(訴訟) 절차를 형성하는 법원, 당사자 및 기타 관계인의 행위(行爲).

소쇄[1] **掃灑** (쓸 소, 뿌릴 쇄). 비로 쓸고[掃] 물을 뿌림[灑]. ¶마당을 소쇄하다.

소쇄[2] **瀟灑** (맑을 소, 깨끗할 쇄). 맑고[瀟] 깨끗함[灑].

소수[1] **消愁** (사라질 소, 근심 수). 시름[愁]을 풀어 사라지게 함[消].

소수[2] **素數** (본디 소, 셀 수). ① 속뜻 본디[素]의 숫자[數]. ② 수학 1보다 크며 1과 그 수 자체 이외의 정수(整數)로는 똑 떨어지게 나눌 수 없는 정수. 2, 3, 5, 7, 11… 따위가 있다.

소수[3] **疏水** (트일 소, 물 수). ① 건설 관개, 급수 따위를 위해 새로 땅을 파서 물길을 트고[疏] 물[水]을 보냄. ② 화학 물과의 친화력이 적은 성질. ㊊송수(送水), 소수성.

소:수[4] **小數** (작을 소, 셀 수). ① 속뜻 작은[小] 수(數). ② 수학 0보다 크고 1보다 작은 실수. 0 다음에 점을 찍어 나타낸다. ③ 수학 대소수(帶小數).

▸소:수-점 小數點 (점 점). 수학 소수를 지닌 수를 나타낼 때, 소수(小數) 부분과 정수(整數) 부분을 구별하기 위하여 찍는 점(點).

소:수[5] **少數** (적을 소, 셀 수). 적은[少] 수효(數爻). ¶소수의 의견을 묵살하다. ㊥다수(多數).

▸소:수-당 少數黨 (무리 당). 정치 국회에서 의석이 적은[少數] 정당(政黨). ㊥다수

당(多數黨).

▸소:수-파 少數派 (갈래 파). 딸린 수(數)가 적은[少] 부류[派].

▸소:수 내:각 少數內閣 (안 내, 관청 각). 정치 전시나 비상사태 등이 발생하였을 때, 소수(小數)의 주요 각료를 선정하여 최고 정책을 심의하고 결정하게 하는 내각(內閣).

▸소:수 민족 少數民族 (백성 민, 무리 족). 사회 한 나라를 이룬 여러 민족 가운데, 인구가 적고[少數] 인종·언어·풍습 등이 다른 민족(民族). ¶이 지역에는 여러 소수민족이 함께 산다.

소수-성 疏水性 (멀어질 소, 물 수, 성질 성). ① 속뜻 물[水]을 멀리[疏]하는 화학적 성질(性質). ② 화학 물과의 친화력이 적은 성질. 물을 흡수하지도 않고 물에 잘 녹지도 않으며 침전하는 성질. ⓑ친수성(親水性).

소슬 蕭瑟 (쓸쓸할 소, 쓸쓸할 슬). 으스스하고 쓸쓸하다[蕭=瑟]. ¶소슬 바람.

소:승[1] 小僧 (작을 소, 스님 승). 승려(僧侶)가 자기를 낮추어[小] 이를 때 쓰는 말.

소:승[2] 小乘 (작을 소, 수레 승). ① 속뜻 작은[小] 수레[乘]. ② 불교 후기 불교의 2대 유파의 하나. 자기의 인격을 완성함으로써 해탈을 얻고자 하는 교법. 개혁파가 스스로를 '대승'(大乘)이라 일컫고 다른 전통적 불교를 '소승'이라고 한 데서 비롯된 것이다. ⓑ대승(大乘).

▸소:승-경 小乘經 (책 경). 불교 소승 불교(小乘佛敎)의 경전(經典).

▸소:승-종 小乘宗 (마루 종). 불교 소승(小乘) 불교 종파(宗派). 우리나라에 대승 불교가 들어오기 전부터 전래되었다.

▸소:승 불교 小乘佛敎 (부처 불, 종교 교). 불교 소승(小乘)의 교법을 주지로 하는 불교(佛敎) 종파를 통틀어 이르는 말. ⓑ대승불교(大乘佛敎).

소:시 少時 (젊을 소, 때 시). 어렸을[少] 때[時]. 젊었을 적.

▸소:시지과 少時之過 (어조사 지, 지나칠 과). 젊었을[少] 때[時] 저지른 잘못[過].

소:-시민 小市民 (작을 소, 도시 시, 백성 민). ① 속뜻 프랑스어 'petit[小]-bourgeois[市民]'를 한자어로 의역(意譯)한 말. ② 사회 사회적 지위, 재산 따위가 자본가와 노동자의 중간 계층에 속하는 사람.

소:식[1] 所食 (것 소, 먹을 식). ① 속뜻 먹은[食] 것[所]. ② 몫몫으로 나눈 밥에서 한 몫이 되는 분량의 밥. ⓑ요식(料食).

소:식[2] 素食 (본디 소, 밥 식). 고기나 생선반찬이 없는[素] 밥[食]. ⓑ소반(素飯).

소식[3] 蘇息 (=甦息, 되살아날 소, 숨쉴 식). 거의 끊어질듯 하던 숨[息]이 되살아남[蘇].

소:식[4] 小食 (작을 소, 먹을 식). 음식을 적게[小] 먹음[食]. ¶장수하려면 소식하십시오. ⓑ대식(大食).

▸소:식-주의 小食主義 (주될 주, 뜻 의). 음식을 적게[小] 먹는[食] 것이 건강의 유지·증진에 유익하다는 주장[主義].

⁑**소식**[5] 消息 (사라질 소, 불어날 식). ① 속뜻 사라짐[消]과 불어남[息]. ② '변화', '증감', '동정', '사정', '안부', '편지' 같은 의미로 쓰임. ¶요즘은 그 친구 소식이 뜸하다.

▸소식-란 消息欄 (칸 란). 신문이나 잡지 같은 데서 어떤 개인이나 단체의 동정(動靜) 따위의 소식(消息)을 싣는 칸[欄]. ⓑ인사란(人事欄).

▸소식-통 消息通 (통할 통). ① 속뜻 새 소식(消息)이 전해지는 일정한 경로[通]. ② 어떤 일의 내막이나 소식에 밝은 사람. ¶믿을 만한 소식통에 의하면….

▸소식-불통 消息不通 (아닐 불, 통할 통). ① 속뜻 소식(消息)이 전혀 통(通)하지 못하는[不] 일. 소식이 전혀 없는 일. ② 어떤 일에 대하여 전혀 알지 못하는 일.

소:신[1] 小臣 (작을 소, 신하 신). 임금께 신하(臣下)가 자기를 낮추어[小] 일컫는 말.

소:신[2] 所信 (것 소, 믿을 신). 자기가 믿고[信] 생각하는 어떤 것[所]. ¶소신을 굽히지 않다 / 질문에 소신껏 대답하다.

소:실[1] 小室 (작을 소, 방 실). ① 속뜻 작은[小] 방[室]. ② 첩(妾). ¶소실을 두다. ⓑ정실(正室).

소실[2] 所失 (것 소, 잃을 실). ① 속뜻 잃은[失] 것[所]. ② 노름을 하다가 잃은 돈의 액수. ③ 흉이나 허물.

소실[3] 燒失 (불사를 소, 잃을 실). 불에 타서[燒] 없어짐[失]. 또는 타서 잃음. ¶실화

(失火)로 인해 대웅전이 소실되었다.

소실[4] **消失** (사라질 소, 잃을 실). 사라져[消] 없어짐[失]. 또는 사라져 잃어버림. ¶전쟁으로 문화재가 소실되었다.

▸소실-점 消失點 (점 점). 물리 눈으로 보았을 때, 평행한 두 선이 멀리 가서 한 점에서 만나 소실(消失)되는 점(點). ㈜소점.

소심[1] **素心** (본디 소, 마음 심). 평소(平素) 마음에 품고 있는 생각[心]. ㉥소지(素志).

소:심[2] **小心** (작을 소, 마음 심). ① 속뜻 도량이나 마음[心]이 좁다[小]. ② 대담하지 못하고 겁이 많다. 조심성이 많다. ¶소심하면 아무 일도 못한다.

▸소:심 공:포증 小心恐怖症 (두려울 공, 두려워할 포, 증세 증). 심리 대수롭지 않은 일에도 소심(小心)하여 공연히 두려워하는[恐怖] 증세(症勢).

소:아[1] **小我** (작을 소, 나 아). ① 철학 우주의 유일하고도 절대적인 실체에 대하여 인간으로서의 작은[小] 자아(自我)를 이르는 말. ㉤대아(大我). ② 불교 자신의 감정이나 욕망 따위에 사로잡힌 나를 이르는 말.

소:아[2] **小兒** (작을 소, 아이 아). 어린[小] 아이[兒]. ¶소아 병동 / 소아 시설. ㉥어린아이.

▸소:아-과 小兒科 (분과 과). 의학 어린아이[小兒]의 병을 전문으로 보는 의학의 한 분과(分科).

▸소:아-병 小兒病 (병 병). 의학 어린아이[小兒]들이 많이 걸리는 특유한 병(病). 홍역, 백일해, 디프테리아, 성홍열 따위.

▸소:아-마비 小兒痲痹 (저릴 마, 저릴 비). 의학 어린아이[小兒]에게 많이 일어나는 수족의 마비(痲痹)성 질환. 뇌성(腦性)과 척수성(脊髓性)이 있다.

소:안[1] **笑顔** (웃을 소, 얼굴 안). 웃는[笑] 얼굴[顔]. ¶손님을 소안으로 맞이하다. ㉥소용(笑容).

소:안[2] **素顔** (본디 소, 얼굴 안). ① 속뜻 화장을 하지 않은 맨[素] 얼굴[顔]. ② 흰 얼굴. ③ 수염이 없는 얼굴.

소안[3] **韶顔** (아름다울 소, 얼굴 안). 젊은이처럼 아름다운[韶] 늙은이의 얼굴[顔].

소:액 **少額** (적을 소, 액수 액). 적은[小] 금액(金額). 적은 액수. ¶소액 투자 / 휴대전화로 소액 결제를 하다. ㉤거액(巨額).

▸소:액-환 小額換 (바꿀 환). ① 속뜻 소액(少額)으로 바꿈[換]. ② 우편환의 한 가지. 어느 우체국에서나 현금과 상환(相換)할 수 있는 소액환 증서.

소:야-곡 **小夜曲** (작을 소, 밤 야, 노래 곡). ① 속뜻 이른[小] 밤[夜], 즉 저녁 무렵의 음악[曲]. ② 음악 연인을 위해 가벼운 기타로 연주(演奏)하며 사랑을 구하는 노래. ㈜야곡.

소:약 **小弱** (작을 소, 약할 약). 작고[小] 힘이 약(弱)하다.

소:양[1] **小恙** (작을 소, 병 양). 대단하지 않은 하찮은[小] 병[恙].

소양[2] **素養** (본디 소, 기를 양). 평소(平素) 닦아 쌓은 교양(教養). ¶소양이 있다 / 국제적 소양을 갖춘 인물을 발탁하다.

소양[3] **掃攘** (쓸 소, 없앨 양). 모두 쓸어[掃] 없앰[攘]. ¶적의 무리를 소양하고 돌아오겠습니다.

소양[4] **搔癢** (긁을 소, 가려울 양). 가려운[癢] 데를 긁는[搔] 일. ¶격화소양(隔靴搔癢).

▸소양-감 搔癢感 (느낄 감). 가려운[搔癢] 느낌[感].

▸소양-증 搔癢症 (증세 증). 한의 피부가 가려운[搔癢] 병증(病症)을 이르는 말.

소:어 **笑語** (웃을 소, 말씀 어). ① 속뜻 우스운[笑] 이야기[語]. ㉥소화(笑話). ② 웃으며 하는 말.

소:언 **笑言** (웃을 소, 말씀 언). 웃으면서[笑] 말함[言]. 또는 우스운 이야기.

소:여 **所與** (것 소, 줄 여). ① 주어진[與] 어떤 것[所]. 주어진 바. ¶소여의 문제. ② 논리 추리나 연구 등의 출발점으로서 주어지거나 가정(假定)되는 사실이나 원리. ¶소여의 명제. ㉥여건(與件).

소:연[1] **小宴** (작을 소, 잔치 연). 간단한[小] 연회(宴會). 조그맣게 차린 잔치. ¶소연을 마련했사오니 참석해주세요.

소연[2] **昭然** (밝을 소, 그러할 연). ① 속뜻 밝게[昭] 그러한[然]. ② 밝고 뚜렷하다. 분명하다. ¶그 사실을 이미 소연하게 알고 있다.

소연[3] **蕭然** (쓸쓸할 소, 그러할 연). ① 속뜻 쓸쓸하게[蕭] 그러한[然]. ② 호젓하고 쓸쓸하다. ¶소연한 황야를 홀로 누비다.

소연[4] **騷然** (떠들 소, 그러할 연). ① [속뜻] 떠들썩하게[騷] 그러한[然]. ② 수선하다. 떠들썩하다. ¶소연해진 장내 분위기를 조용하게 하였다.

소염-제 **消炎劑** (사라질 소, 염증 염, 약제 제). [약학] 염증(炎症)을 없애는[消] 약제(藥劑).

소염 화:약 **消焰火藥** (사라질 소, 불꽃 염, 불 화, 약 약). 총이나 포를 쏠 때, 불꽃[焰]이나 연기가 나지 않도록[消] 만든 화약(火藥).

소:엽 **小葉** (작을 소, 잎 엽). ① [속뜻] 낱낱의[小] 잎[葉]. ② [식물] 복엽(複葉)을 이루고 있는 낱낱의 잎. 잔잎. ③ [동물] 몇 개의 작은 조각들로 이루어진 기관의 작은 조각.

소:옥 **小屋** (작을 소, 집 옥). 조그마한[小] 집[屋]. ¶동구 밖에는 다 쓰러져가는 소옥 한 채가 있다.

소외 **疏外** (멀어질 소, 밖 외). ① [속뜻] 사이가 점점 멀어지고[疏] 밖[外]으로 따돌림. ② 따돌려 멀리함. ¶반 친구들에게 소외당하다 / 소외된 이웃.

▶소외-감 疏外感 (느낄 감). 소외(疏外)되는 느낌[感]. 주위에서 따돌림을 받는 것 같은 느낌. ¶소외감을 느끼다.

소:요[1] **所要** (것 소, 구할 요). 필요(必要)로 하는 것[所]. 요구되는 바. ¶서울에서 대전까지는 버스로 2시간 정도 소요된다.

▶소:요-량 所要量 (분량 량). 필요(必要)로 하는[所] 분량(分量). 필요한 양. ¶우리나라는 원자력으로 전기 소요량의 40%를 만든다.

▶소:요-액 所要額 (액수 액). 필요(必要)로 하는[所] 돈의 액수(額數). ¶전시회의 소요액은 회사에서 지원한다.

▶소:요 시간 所要時間 (때 시, 사이 간). 무엇을 하는 데 필요(必要)로 하는[所] 시간(時間). ¶완주할 때 소요 시간은 대략 6시간입니다.

소요[2] **逍遙** (거닐 소, 거닐 요). 마음 내키는 대로 슬슬 거닒[逍=遙].

▶소요-음영 逍遙吟詠 (읊을 음, 읊을 영). 천천히 거닐며[逍遙] 시가를 읊조림[吟詠]. ¶정계를 퇴임하고 시골에서 소요음영하며 지냈다.

소요[3] **騷擾** (떠들 소, 어지러울 요). ① [속뜻] 떠들썩하고[騷] 어지러움[擾]. 또는 소란스러운 일. ② 많은 사람이 들고 일어나서 소란을 피우며 사회 질서를 어지럽히는 일. ¶태국 방콕에서 소요 사태가 벌어졌다.

▶소요-죄 騷擾罪 (허물 죄). [법률] 여러 사람이 폭행이나 협박 등으로 질서를 어지럽게[騷擾] 함으로써 성립되는 죄(罪).

소:욕 **小慾** (작을 소, 욕심 욕). 욕심(慾心)이 작음[小]. 또는 작은 욕심.

소:용[1] **小勇** (작을 소, 날쌜 용). ① [속뜻] 하찮은 일로 솟는 소소한[小] 용기(勇氣). ② 한 사람을 대적할 만한 정도의 용맹.

소:용[2] **所用** (것 소, 쓸 용). 무엇에 쓰임. 또는 무엇에 쓰이는[用] 것[所]. 쓸데. ¶이제 와서 후회한들 무슨 소용이 있겠니? / 그에게 말해 봐야 소용없다.

소:용[3] **笑容** (웃을 소, 얼굴 용). 웃는[笑] 얼굴[容]. [비]소안(笑顔).

소:우[1] **小雨** (작을 소, 비 우). 조금[小] 내리는 비[雨]. 조금 내리다가 그친 비. [반]호우(豪雨).

소우[2] **疏雨** (=疎雨, 드물 소, 비 우). 성기게[疏] 오는 비[雨]. ¶가뭄에는 소우라도 감사할 따름이다.

소:-우지 **小雨地** (적을 소, 비 우, 땅 지). 비[雨]가 조금[小] 밖에 내리지 않는 곳[地].

소:웅-좌 **小熊座** (작을 소, 곰 웅, 자리 좌). ① [속뜻] 작은[小] 곰[熊] 자리[座]. ② [천문] 천구의 북극을 포함하는 별자리. 알파성은 북극성이다.

소:원[1] **小圓** (작을 소, 둥글 원). ① [속뜻] 작은[小] 원(圓). ② [수학] 구면(球面) 위에 있는 작은 원. 구(球)를 중심을 지나지 않는 평면으로 자른 면. [반]대원(大圓).

소원[2] **素願** (본디 소, 바랄 원). 평소(平素)에 늘 바라는[願] 마음. [비]소망(素望).

소원[3] **訴願** (하소연할 소, 바랄 원). ① [속뜻] 하소연하여[訴] 바로잡아 주기를 바람[願]. ② [법률] 위법이나 부당한 행정 처분으로 자신의 권리나 이익이 침해되었다고 생각한 사람이 그 취소나 변경을 행정 기관에 청구하는 일. ¶헌법 소원.

소원[4] **疏遠** (=疎遠, 멀어질 소, 멀 원). ①

속뜻 사이가 벌어져[疏] 멀어짐[遠]. ②지내는 사이가 두텁지 아니하고 서먹서먹함. ¶한동안 친구와 소원했었다.

소원[5] 遡源 (거스를 소, 근원 원). ①속뜻 물의 근원(根源)을 찾아 거슬러 올라감[遡]. ②사물의 근원을 거슬러 밝힘.

소:원[6] 所願 (것 소, 바랄 원). 이루어지기를 바라는[願] 어떤 것[所]. ¶소원을 빌다. ⊕바람, 소망(所望).

▸소:원 성취 所願成就 (이룰 성, 이룰 취). 바라던[願] 것[所]을 이룸[成就].

소:월[1] 小月 (작을 소, 달 월). 양력으로 한 달의 날수가 적은[小] 달[月]. ¶2월, 6월 등은 소월이다. ⊕작은달. ⊕대월(大月).

소:월[2] 素月 (본디 소, 달 월). 매우 흰[素] 달[月]. ⊕백월(白月).

소:위[1] 少尉 (적을 소, 벼슬 위). 군사 군인 계급의 하나. 장교 계급 중의 가장 아래[少] 계급[尉].

소:위[2] 所爲 (것 소, 할 위). 한[爲] 어떤 것[所]. 하는 일이나 벌여온 짓. ¶그의 소위가 괘씸하다. ⊕소행(所行).

소:위[3] 所謂 (것 소, 이를 위). 말한[謂] 것[所]. 이른바. ¶그녀는 소위 귀부인이다.

소:유 所有 (것 소, 있을 유). 가지고 있는[有] 어떤 것[所]. 자기 것으로 가짐. 또는 가지고 있음. ¶개인 소유 / 그는 많은 집을 소유하고 있다.

▸소:유-권 所有權 (권리 권). 법률 어떠한 물건을 소유(所有)하고 법이 정한 범위 내에서 임의로 이용하거나 처분할 수 있는 권리(權利). ¶그 땅의 소유권이 아들에게 넘어갔다.

▸소:유-물 所有物 (만물 물). 법률 자기 것으로서 가지고 있는[所有] 물건(物件). 소유권이 있는 물건.

▸소:유-욕 所有慾 (욕심 욕). 소유(所有)하고 싶어 하는 욕망(慾望). ¶그는 소유욕이 강하다.

▸소:유-자 所有者 (사람 자). ①어떤 것을 자기의 것으로 가지고[所有] 있는 자[者]. ¶뛰어난 미모의 소유자. ②소유권을 가진 자. ¶부동산 소유자. ⊕소유주(所有主).

▸소:유-주 所有主 (주인 주). 소유권(所有權)을 가진 사람[主]. ⊕소유자(所有者).

▸소:유-지 所有地 (땅 지). 가지고[所有] 있는 땅[地]. ¶이곳은 사찰의 소유지이다.

소음 消音 (사라질 소, 소리 음). ①속뜻 소리[音]를 지워 없앰[消]. ②소리가 밖으로 들리지 않도록 함.

▸소음-기 消音器 (그릇 기). 기계 ①내연 기관에서 나오는 배기가스의 폭음(爆音)을 없애는[消] 장치[器]. ②총포 따위의 발사음을 감소시키는 장치.

⁂소음 騷音 (떠들 소, 소리 음). 시끄럽게 떠드는[騷] 소리[音]. ¶기계에서 엄청난 소음이 난다.

▸소음-계 騷音計 (셀 계). 물리 소음(騷音)의 크기를 측정하는[計] 기계.

소:-음순 小陰脣 (작을 소, 응달 음, 입술 순). ①속뜻 여성 음부(陰部)에서 입술[脣] 같이 생긴 부분 가운데 안쪽에 있는 작은[小] 것. ②의학 여성의 외부 생식기의 일부를 이루는 음순 가운데, 안쪽에 있고 질 전정(前庭)을 좌우에서 싸는 주름진 점막성 시울.

소:읍 小邑 (작을 소, 고을 읍). 주민과 산물이 적고 땅이 작은[小] 고을[邑]. ¶우리 동네는 소읍에 지나지 않는다.

소:의[1] 少義 (적을 소, 옳을 의). 의리(義理)가 적음[少]. 또는 그 의리.

소:의[2] 素衣 (본디 소, 옷 의). 색이나 무늬를 넣지 않고 본래[素]의 옷감으로 만든 옷[衣]. ¶말숙이는 소의를 입고 다소곳이 앉아 있었다. ⊕소복(素服).

소의[3] 素意 (본디 소, 뜻 의). 평소(平素) 마음에 품고 있는 뜻[意]. ⊕소지(素志).

소의[4] 疏意 (=疎意, 멀어질 소, 뜻 의). 멀리하고[疏] 꺼리는 마음[意]. 소외하는 뜻.

소의-문 昭義門 (밝을 소, 옳을 의, 문 문). ①속뜻 의(義)를 밝힌다는[昭] 뜻을 담은 성문(城門). ②고적 '서소문'(西小門)의 본 이름. 조선시대에 한양의 서남쪽에 건립한 성문으로 1914년에 일제가 헐어 버렸다. ⊕소덕문 (昭德門). ⊕사소문(四小門).

소:이[1] 小異 (작을 소, 다를 이). 약간[小] 다르다[異]. ¶이 닭은 토종닭과 생김이 소이하다.

소:이[2] 所以 (것 소, 부터 이). ①속뜻 까닭[以]이 되는 어떤 것[所]. ②일이 생기게

된 원인이나 조건. ¶일본이 항복한 것이 그가 살아 돌아오게 된 소이이다.

▸소:이-연 所以然 (그러할 연). 그렇게 된[然] 까닭[所以]. ¶그가 나와 멀어진 소이연이 있다.

소이[3] **燒夷** (불사를 소, 없앨 이). 태워[燒] 없애 버림[夷]. ⓗ소각(燒却).

▸소이-탄 燒夷彈 (탄알 탄). 군사 소이제(燒夷劑)와 적은 양의 작약(炸藥)을 넣은 폭탄(爆彈). 건조물 따위를 불태우는 데 쓰인다.

소인[1] **素因** (본디 소, 까닭 인). ① 속뜻 근본적인[素] 원인(原因). ② 그 병에 걸리기 쉬운 신체적인 소질.

소인[2] **消印** (사라질 소, 도장 인). ① 속뜻 지우는[消] 표시로 인장(印章)을 찍음. 또는 그 인장. ② 우체국에서 접수된 우편물의 우표 따위에 도장을 찍음. 또는 그 도장. 접수 날짜, 국명(局名) 따위가 새겨져 있다. ¶편지에는 서울 소인이 찍혀 있었다.

소인[3] **訴因** (하소연할 소, 까닭 인). ① 속뜻 소송(訴訟)의 주요 원인(原因). ② 법률 형사 소송에서 하나의 공소장으로 여러 개의 범죄를 기소할 때 각각의 범죄 사실을 기재하는 각 항목. 영미법의 개념이므로 우리나라에서는 문제 되지 않는다.

소인[4] **燒印** (불사를 소, 도장 인). 불에 달구어[燒] 물건에 찍는 쇠붙이로 만든 도장[印]. ¶송아지의 엉덩이에 소인을 찍다. ⓗ낙인(烙印).

소:인[5] **小人** (작을 소, 사람 인). ① 속뜻 키나 몸집이 작은[小] 사람[人]. ② 나이가 어린 사람. ¶입장 요금은 대인 5000원, 소인 2000원이다. ③ 도량이 좁고 간사한 사람. ④ 신분이 낮은 사람이 자기보다 신분이 높은 사람에게 자신을 낮추어 하는 말. ⓑ대인(大人).

▸소:인-배 小人輩 (무리 배). 도량이 좁고[小] 간사한 사람[人]의 무리[輩]. ¶소인배의 말에 귀 기울이지 마십시오.

▸소:인지용 小人之勇 (어조사 지, 날쌜 용). 혈기에서 오는 소인(小人)의 용기(勇氣).

소인[6] **素人** (수수할 소, 사람 인). ① 속뜻 소박한[素] 사람[人]. ② 어떤 일을 전문으로 하거나 직업적으로 하지 않는 일반적인 사람.

▸소인-극 素人劇 (연극 극). 연영 전문적인 연극인이 아닌[素] 사람[人]들이 하는 연극(演劇).

소인[7] **騷人** (떠들 소, 사람 인). ① 속뜻 이소(離騷)에서 유래한 사람[人]. ② 중국 초(楚)나라의 굴원이 지은 『이소부』(離騷賦)에서 유래한 말로 시인(詩人)과 문사(文士)를 일컬음. ⓗ소객(騷客).

▸소인-묵객 騷人墨客 (먹 묵, 손 객). 시인[騷人]과 서예가[墨客]를 통틀어 이르는 말. ¶연회에 전국의 소인묵객이 다 모였다.

소-인수 **素因數** (본디 소, 인할 인, 셀 수). ① 속뜻 바탕[素]이 되는 인수(因數). ② 수학 어떤 정수를 소수만의 곱으로 나타낼 때의 각 인수. ¶6의 소인수는 2와 3이다.

소일 **消日** (사라질 소, 날 일). ① 속뜻 별로 하는 일 없이 나날[日]을 보냄[消]. ② 어떤 일에 마음을 붙여 세월을 보냄. ¶그는 은퇴 후에 독서로 소일했다 / TV를 보는 것이 그의 유일한 소일거리였다. ⓗ소견(消遣).

소:임 **所任** (것 소, 맡길 임). 맡은[任] 바[所] 직책. ¶소임을 충실히 행하다.

소:자[1] **小子** (작을 소, 아이 자). 자식(子息)이 부모에게 말할 때 자기를 낮추어[小] 일컫는 말. ¶소자, 이만 물러가겠습니다.

소:자[2] **小疵** (작을 소, 흠 자). ① 속뜻 조그마한[小] 흠집[疵]. ② 조그마한 결점이나 과실.

소:자[3] **少者** (젊을 소, 사람 자). 젊은[少] 사람[者].

소자[4] **素子** (바탕 소, 접미사 자). ① 속뜻 기본적 요소(要素)가 되는 것[子]. ② 물리 전기 기기(電氣機器)나 회로 따위를 구성하는 단위 부품. ¶바이오 소자.

소자[5] **消磁** (사라질 소, 자석 자). 물리 자성(磁性)을 띤 물체의 자화(磁化)를 없애는[消] 일. ⓗ탈자(脫磁).

소:자[6] **小字** (작을 소, 글자 자). ① 작은[小] 글자[字]. ¶이 책은 소자로 되어 있다. ② 어릴 때 부르던 이름.

▸소:자-문서 小字文書 (글월 문, 글 서). 언어 고려 고종 때 귀순한 여진(女眞) 사람 주한(周漢)이 전한 여진의 글자[文書]. 오랑캐의 글자라 하여 낮추어 '소자'(小字)라 한다.

소:-자본 **小資本** (작을 소, 재물 자, 밑 본).

규모가 작은[小] 자본(資本). ¶소자본으로 창업을 했다.

소ː작¹ 小酌 (작을 소, 술따를 작). ① 속뜻 작은[小] 술잔[酌]. ② 술을 조금 마시는 일. ¶친구와 소작하고 헤어졌다. ③ 간단하게 차린 술자리.

소ː작² 所作 (것 소, 지을 작). ① 속뜻 지은[作] 어떤 것[所]. 한 짓. ② 어떤 사람이 짓거나 만들거나 한 작품.

소ː작³ 小作 (작을 소, 지을 작). 농업 농토를 소유하지 못한 농민이 남의 농토를 빌려서 조금씩[小] 농사를 짓는[作] 일. ¶그동안 소작해 오던 밭마저 떼이고 말았다. ㊥자작(自作).

▸소ː작-권 小作權 (권리 권). 농업 소작료(小作料)를 내고 남의 전답을 빌려 농사를 짓는 권리(權利).

▸소ː작-농 小作農 (농사 농). 농업 소작(小作)으로 농사(農事)를 짓는 일. 또는 그러한 농가나 농민. ㊥자작농(自作農).

▸소ː작-료 小作料 (삯 료). 소작(小作)한 대가로 소작인이 지주에게 내는 논밭의 사용료(使用料). ¶소작료로 쌀 닷 섬을 받았다.

▸소ː작-인 小作人 (사람 인). 소작(小作)을 하는 사람[人]. 작자(作者). ㊟작인.

▸소ː작-지 小作地 (땅 지). 소작인(小作人)이 지주에게서 빌려 농사를 짓는 땅[地]. ¶소작지를 빼앗겼다. ㊥자작지(自作地).

▸소ː작 문ː제 小作問題 (물을 문, 주제 제). 사회 ① 소작(小作) 제도로 말미암아 일어나는 모든 사회적·정치적·경제적 문제(問題). ② 지주와 소작인 사이에 일어나는 여러 가지 문제.

▸소ː작 쟁의 小作爭議 (다툴 쟁, 의논할 의). 사회 소작(小作) 문제로 빚어진 지주와 소작인 사이의 다툼[爭議]. ¶고율의 소작료는 소작 쟁의의 중요한 원인이었다.

▸소ː작 제ː도 小作制度 (정할 제, 법도 도). 사회 소작(小作)에 관한 법률상 또는 관습상의 제도(制度).

소ː장¹ 小腸 (작을 소, 창자 장). 의학 작은[小] 창자[腸]. 위(胃)와 대장(大腸)사이에 있으며 먹은 것을 소화하고 영양을 흡수하는 길이 6~7m의 기관.

소ː장² 少長 (젊을 소, 어른 장). 젊은이[少]와 늙은이[長]. ¶동네의 소장들이 모여 문제를 의논했다.

소ː장³ 少將 (젊을 소, 장수 장). ① 속뜻 젊은[少] 장수[將]. ② 군사 군인 계급의 하나. 준장의 위, 중장의 아래.

소ː장⁴ 所長 (곳 소, 어른 장). 연구소, 사무소 등과 같이 '소'(所)자가 붙은 기관이나 직장의 사무를 총괄하는 책임자[長]. ¶연구소 소장.

소ː장⁵ 所掌 (것 소, 맡을 장). 맡은[掌] 일 따위의 것[所]. ¶소장 임무를 완수하다.

소장⁶ 消長 (사라질 소, 자랄 장). 사라짐[消]과 자라남[長]. 쇠해짐과 성해짐. ¶음양의 소장의 이치를 연구하다. . ㊐성쇠(盛衰).

소장⁷ 訴狀 (하소연할 소, 문서 장). 법률 ① 속뜻 소송(訴訟)을 제기하기 위해 법원에 내는 문서[狀]. ② 청원할 일이 있을 때에 관청에 내는 서면. ㊐소첩(訴牒).

소ː장⁸ 少壯 (젊을 소, 씩씩할 장). 젊고[少] 씩씩함[壯]. ¶소장 신진 혁신파.

▸소ː장-파 少壯派 (갈래 파). 젊고[少] 기운찬[壯] 기개를 지닌 사람들로 이루어진 무리[派]. ¶소장파 의원들이 모였다.

소ː장⁹所藏 (것 소, 감출 장). ① 속뜻 소유(所有)하여 잘 간직함[藏]. ¶그 그림은 박물관에 소장되어 있다. ② 자기의 것으로 지니어 간직하다. ¶개인 소장 문헌.

▸소ː장-품 所藏品 (물건 품). 자기의 것으로 소유(所有)하여 간직하고[藏] 있는 물품(物品). ¶개인 소장품들을 모아 전시회를 열었다.

소ː재¹ 小才 (작을 소, 재주 재). 조그마한[小] 재주[才]. 변변찮은 재주. ㊥대재(大才).

소ː재² 所載 (것 소, 실을 재). 작품이나 기사 따위가 신문, 잡지 등에 실려[載] 있는 것[所]. ¶〈현대문학〉 소재의 단편소설을 모아 따로 책으로 출간했다.

⁑**소재³ 素材** (바탕 소, 재료 재). ① 속뜻 가장 기본적인 밑바탕[素]이 되는 재료(材料). ¶이 상품은 어떤 소재로 만든 것입니까? ② 문학 문학 작품의 기본 재료가 되는 모든 대상. ¶글을 쓰기 위한 소재.

*__소ː재⁴ 所在__ (곳 소, 있을 재). 있는[在] 장소(場所). ¶그의 소재를 파악하고 있다.

▸소:재-지 所在地 (땅 지). 어떤 건물이나 기관 등이 있는[所在] 곳[地]. ¶수원은 경기도 도청 소재지이다.

소:저[1] **小姐** (작을 소, 여자아이 저). ① 속뜻 작은[小] 여자아이[姐] ②'아가씨'를 한문 투로 이르는 말. ¶소저의 붉은 얼굴이 참으로 아름답소.

소:저[2] **小著** (작을 소, 지을 저). ① 속뜻 부피가 작고[小] 간략한 저서(著書). ②자기의 저서를 겸손하게 이르는 말. ¶고고학에 관한 소저 몇 편을 썼습니다.

소적 蕭寂 (쓸쓸할 소, 고요할 적). 매우 쓸쓸하고[蕭] 고요하다[寂]. ¶소적한 가을날. ㊥소조(蕭條).

소:전[1] **小傳** (작을 소, 전할 전). 간단하게[小] 적은 전기(傳記). ¶이 책에는 애국지사들의 소전이 실려 있다. ㊥약전(略傳).

소:전[2] **小篆** (작을 소, 전자 전). ① 속뜻 대전(大篆)보다 간략한[小] 전서(篆書)임. ② 예술 한자의 팔체서(八體書)의 한 가지로 중국 진시황 때 이사(李斯)가 간략하게 만든 것.

소:전[3] **所傳** (것 소, 전할 전). 말이나 글 따위로 전(傳)하여 내려오는 것[所]. ¶이 책은 그리스의 소전을 모아 정리한 것이다.

소:-전제 小前提 (작을 소, 앞 전, 들 제). 논리 삼단 논법의 전제 가운데 소개념(小概念)을 포함하는 전제(前提)를 이름. ㊤대전제(大前提).

소:절[1] **小節** (작을 소, 마디 절). ① 속뜻 문장의 짧은[小] 한 구절(句節). ② 음악 악보에서 세로줄과 세로줄로 구분된 마디. ¶그는 노래 몇 소절을 불렀다.

소절[2] **紹絶** (이을 소, 끊을 절). 혈통 따위의 끊어진[絶] 것을 이어서[紹] 일으킴.

소점 消點 (사라질 소, 점 점). ① 속뜻 사라지는[消] 점(點). ② 미술 눈으로 보았을 때, 평행한 두 선이 멀리 가서 하나로 만나는 점. '소실점'(消失點)의 준말.

소:정[1] **小艇** (작을 소, 거룻배 정). 작은[小] 거룻배[艇]. ¶강 위에는 낡은 소정 몇 척이 떠다니고 있었다.

소:정[2] **所定** (것 소, 정할 정). 정(定)한 어떤 것[所]. 정해진 바. ¶소정의 절차를 거쳐야 한다 / 소정의 원고료를 지급하다.

소:-정맥 小靜脈 (작을 소, 고요할 정, 줄기 맥). 의학 대정맥(大靜脈)으로 모여 붙은 작은[小] 정맥(靜脈). ㊤소동맥(小動脈).

소:-정월 小正月 (작을 소, 바를 정, 달 월). ① 속뜻 축소(縮小)한 정월(正月). ②음력 정월14일부터 16일까지를 이르는 말.

소:제[1] **小題** (작을 소, 제목 제). ① 속뜻 작은[小] 제목(題目). ②책의 편명(篇名)을 그 책의 이름에 상대하여 이르는 말. ¶그 저서는 소제가 더 유명하다.

소:제[2] **掃除** (쓸 소, 덜 제). 먼지나 더러운 것 따위를 쓸고[掃] 떨어서[除] 깨끗이 함. ㊥청소(淸掃).

소:제[3] **少弟** (젊을 소, 아우 제). ① 속뜻 어린[少] 동생[弟]뻘 되는 사람. ②연장자(年長者)에게 '자기'를 낮추어 일컫는 말.

소:-제목 小題目 (작을 소, 이마 제, 눈 목). 큰제목 아래 붙이는 작은[小] 제목(題目). ¶소제목을 보고 내용을 알 수 있었다.

소:-제상 素祭床 (본디 소, 제사 제, 평상 상). ① 속뜻 흰[素] 제상(祭床). ②장사(葬事)를 치르기 전에 제물(祭物)을 차려 놓는 상(床).

소:조[1] **小鳥** (작을 소, 새 조). 참새, 제비, 종달새 따위의 작은[小] 새[鳥]를 통틀어 이르는 말. ¶인기척이 나자 들판의 소조가 모두 날아올랐다. ㊥소금(小禽).

소:조[2] **小潮** (작을 소, 바닷물 조). 간만의 차가 가장 적을[小] 때의 조수(潮水). ㊥작은사리, 조금. ㊤대조(大潮).

소:조[3] **塑造** (빚을 소, 만들 조). 미술 찰흙, 석고 따위를 빚거나[塑] 덧붙여서 만드는[造] 조형 미술.

소족 疏族 (=疎族, 멀어질 소, 겨레 족). 혈통이 먼[疏] 일가[族]. ㊥원족(遠族).

소졸 疏拙 (=疎拙, 드물 소, 서툴 졸). 꼼꼼하지 못하고 엉성하고[疏] 서투르다[拙].

소:종[1] **小宗** (작을 소, 마루 종). 대종가(大宗家)에서 갈라져 나간 작은[小] 종가(宗家).

소:종[2] **小鐘** (작을 소, 쇠북 종). ① 음악 편종(編鐘) 가운데 작은[小] 종(鐘). ② 불교 절에서 쓰는 작은 종.

소:주[1] **小註** (작을 소, 주석 주). 본주(本註) 아래 더 자세히 풀이한 작은[小] 주석(註

釋).

소주[2] **疏註** (=疏注, 트일 소, 주석 주). 전(傳)을 더 자세히 풀이한 주(註) 그리고 그것보다 더 자세히 풀이한 '소'(疏)를 아울러 이르는 말.

소주[3] **燒酒** (=燒酎, 불사를 소, 술 주). 곡류를 발효시켜 가열한[燒] 뒤 증류하여 만든 술[酒].

▸소주-잔 燒酒盞 (잔 잔). 소주(燒酒)를 따라 마시는 데 쓰는 작은 술잔[盞].

소:-주명곡 小奏鳴曲 (작을 소, 연주할 주, 울 명, 노래 곡). 음악 악장의 규모가 작고[小] 짧은 기악곡[奏鳴曲]. ⓑ소나티네(Sonatine).

소:-주주 小株主 (작을 소, 주식 주, 주인 주). 주식을 적게[小] 가진 주주(株主).

****소:중** 所重 (것 소, 무거울 중). 매우 귀중(貴重)한 어떤 것[所]이 있음. ¶그의 말은 내게도 소중한 것이었다.

소:-중화 小中華 (작을 소, 가운데 중, 빛날 화). 역사 조선 후기, 중국에 견주어 한국을 작은[小] 중국[中華]에 비유하는 당시 정치가들의 태도.

소:증 素症 (본디 소, 증세 증). 나물 음식인 소식(素食)만 하여 고기가 먹고 싶은 증세(症勢). [속담]소증 나면 병아리만 봐도 낫다.

소:지[1] **小志** (작을 소, 뜻 지). 작은[小] 뜻[志]. 조그마한 포부.

소:지[2] **小指** (작을 소, 손가락 지). ① 속뜻 가장 작은[小] 손가락[指]. ② 새끼손가락 또는 새끼발가락.

소지[3] **沼池** (늪 소, 못 지). 늪[沼]과 못[池]. ⓑ소택(沼澤).

소지[4] **素地** (본디 소, 바탕 지). 본래[素]의 바탕[地]. 가능성. ¶이 글은 오해의 소지가 있다.

소지[5] **素志** (본디 소, 뜻 지). 평소(平素) 마음에 품고 있던 뜻[志]. ⓑ소심(素心), 소의(素意).

소:지[6] **掃地** (쓸 소, 땅 지). ① 속뜻 땅[地]을 쓺[掃]. ② 절에서 마당 쓰는 일을 맡은 사람.

소:지[7] **燒紙** (불사를 소, 종이 지). 신령 앞에 비는 뜻에서 얇은 종이[紙]를 오려서 불을 붙여 공중으로 날리며 태우는[燒] 일. 또는 그 종이. ¶소지를 사르고 손을 모아 기도를 드렸다.

소:지[8] **所持** (것 소, 가질 지). 무엇을 가지고[持] 있는 어떤 것[所]. ¶마약을 불법으로 소지하다 / 그는 현금 오십만 원을 소지하고 있다.

▸소:지-인 所持人 (사람 인). 가지고 있는[所持] 사람[人]. ⓑ소지자(所持者).

▸소:지-자 所持者 (사람 자). 가지고 있는[所持] 사람[者]. ¶면허 소지자. ⓑ소지인(所持人).

▸소:지-품 所持品 (물건 품). 가지고 있는[所持] 물품(物品). ¶소지품을 모두 꺼내 주십시오.

▸소:지인 출급 所持人出給 (사람 인, 날 출, 줄 급). 경제 수표나 어음을 가지고[所持] 온 사람[人]에게 그에 해당하는 돈을 빼내[出] 지급(支給)하는 일.

소:지-자 所知者 (것 소, 알 지, 사람 자). 어떤 내용에 대해 알고 있는[所知] 사람[者].

소:-지주 小地主 (작을 소, 땅 지, 주인 주). 비교적 크기가 작은[小] 땅[地]을 가진 주인(主人). ¶소지주는 대지주에게 땅을 빼앗기고 말았다. ⓑ대지주(大地主).

소:직 小職 (작을 소, 일 직). ① 속뜻 보잘것없는 작은[小] 관직(官職). ② '자기의 직위나 관직'을 낮추어 이르는 말.

소진[1] **消盡** (사라질 소, 다될 진). 모조리 소모(消耗)되어 없어짐[盡]. 다 써서 없어짐. ¶모든 힘을 소진하다. ⓑ소삭(消索).

소진[2] **訴陳** (하소연할 소, 늘어놓을 진). 소송(訴訟)의 뜻을 진술(陳述)함. 원고와 피고가 소송의 뜻을 진술함.

소진[3] **燒盡** (불사를 소, 다될 진). 모조리 타서[燒] 없어짐[盡]. ¶전쟁에도 최 대감의 집은 소진을 모면했다. ⓑ소신(燒燼).

소진-장의 蘇秦張儀 (성씨 소, 성씨 진, 당길 장, 거동 의). ① 속뜻 소진(蘇秦)과 장의(張儀). ② '말재주가 매우 좋은 사람'을 비유하여 이르는 말. 소진과 장의가 중국 전국 시대의 뛰어난 변설가(辨說家)였던 데서 유래하였다.

***소질** 素質 (본디 소, 바탕 질). 본디[素]부

터 가지고 있는 성질(性質). 또는 타고난 능력이나 기질. ¶그는 음악에 소질이 있다.

소집 召集 (부를 소, 모을 집). ① 속뜻 단체나 조직체의 구성원을 불러[召] 모음[集]. ② 회의를 열기 위해 의원(議員)이나 회원을 불러 모음. ¶비상회의를 소집하다. ③ 군사 국가가 병역 의무자에 대하여 일정한 복무(服務) 의무를 부과하는 일. ⓑ해산(解散).

▸**소집-령** 召集令 (명령 령). 소집(召集)하는 명령(命令). ¶예비군 소집령.

▸**소집 영장** 召集令狀 (명령 령, 문서 장). 군사 국가가 현역 복무자 이외의 병역 의무자를 소집(召集)하는 명령(命令)을 적은 글[狀].

소:차 小差 (작을 소, 어긋날 차). 작은[小] 차이(差異).

소:찬[1] 素餐 (본디 소, 밥 찬). ① 속뜻 시동(尸童)이 앉는 자리에서 하는 일 없이 헛되이[素] 밥만 먹음[餐]. ② '시위소찬'(尸位素餐)의 준말.

소:찬[2] 素饌 (본디 소, 반찬 찬). 고기나 생선이 없이[素] 채소로만 된 반찬(飯饌). 또는 그러한 찬으로 차려진 밥상. ¶소찬이지만 많이 드세요.

소채 蔬菜 (나물 소, 나물 채). 푸성귀[蔬]나 나물[菜]. ¶오곡과 소채를 생산하다. ⓑ야채(野菜), 채소(菜蔬).

▸**소채-류** 蔬菜類 (무리 류). 부식물로 쓰는 온갖 푸성귀[蔬=菜] 종류(種類)를 통틀어 이르는 말. 식용하는 부분에 따라 근채류, 엽채류, 과채류로 나눈다.

소:책 小策 (작을 소, 꾀 책). 작은[小] 계책(計策).

소:-책자 小册子 (작을 소, 책 책, 접미사 자). 자그마하게[小] 만든 책(冊). ¶소책자를 간행하다.

소철 蘇鐵 (되살아날 소, 쇠 철). 식물 줄기는 굵고 원기둥 모양이며, 잎이 붙어 있던 자국이 비늘모양으로 남는다. 잎은 뾰족하다. 철분(鐵分)이 많이 섞인 토질을 좋아하며, 죽다가도 잘 되살아난다[蘇]고 해서 붙여진 이름이라는 설이 있다.

소:청[1] 所請 (것 소, 부탁할 청). 부탁하는[請] 어떤 것[所]. ¶부디 소녀의 소청을 들어주십시오.

소청[2] 訴請 (하소연할 소, 부탁할 청). ① 속뜻 하소연하여[訴] 부탁함[請]. ② 법률 징계 처분을 받은 공무원이 그 처분의 취소 또는 변경을 청구하는 일.

소:초[1] 小草 (작을 소, 거칠 초). ① 속뜻 작게[小] 쓴 초서(草書). ⓑ대초(大草). ② 알파벳 소문자의 필기체.

소:초[2] 小哨 (작을 소, 망볼 초). 군사 적은[小] 인원으로 중요 도로나 지점의 경계[哨] 임무를 맡은 부대.

소:총[1] 小塚 (작을 소, 무덤 총). 작은[小] 무덤[塚].

소:총[2] 小銃 (작을 소, 총 총). 군사 혼자 가지고 다니면서 사용할 수 있는 소형(小形) 화기[銃]. ¶소총으로 무장한 군인이 민가로 잠입했다.

▸**소:총-수** 小銃手 (사람 수). 군사 소총(小銃)을 주된 무기로 삼는 병사[手]. ¶소총수는 총구를 전방으로 겨누었다.

▸**소:총-탄** 小銃彈 (탄알 탄). 군사 소총(小銃)에 쓰는 탄알[彈]. ¶소총탄이 다리를 관통했다.

소추 訴追 (하소연할 소, 쫓을 추). 법률 ① 검사가 형사 사건에 대하여 공소(公訴)를 제기하는[追] 일. ② 탄핵(彈劾)을 발의하여 파면을 요구하는 일.

소:축척 지도 小縮尺地圖 (작을 소, 줄일 축, 자 척, 땅 지, 그림 도). 지리 축척(縮尺)의 크기를 작게[小] 하여 넓은 지역을 간략하게 나타낸 지도(地圖). 세계 전도(世界全圖) 따위. ⓑ대축척 지도(大縮尺地圖).

소:춘 小春 (작을 소, 봄 춘). ① 속뜻 작은[小] 봄[春]. ② 봄날처럼 따뜻하다고 하여 초겨울인 음력 시월을 달리 이르는 말. ¶다음 달이 소춘이다.

소:출 所出 (것 소, 날 출). 논밭에서 산출(産出)되는 것[所]. 또는 그 곡식의 양. ¶올해 소출은 예년만 못하다.

소취 消臭 (사라질 소, 냄새 취). 나쁜 냄새[臭]를 사라지게[消] 함. ¶창문을 열어 소취했다.

소:-취타 小吹打 (작을 소, 불 취, 칠 타). 역사 새벽과 밤에 진문(陣門)을 여닫을 때 울리던 크기가 작고[小] 조작법이 간단한 취타(吹打).

소:치 所致 (것 소, 이를 치). 무슨 까닭으로 일어난[致] 것[所]. ¶모두가 제 부덕의 소치입니다.

소침 消沈 (=銷沈, 사라질 소, 침울할 침). 풀이 죽고[消] 기운이 꺾임[沈]. ¶경기에서 패한 선수들은 소침해 있었다.

소:칭 所稱 (것 소, 일컬을 칭). ① 속뜻 일컫는[稱] 것[所]. ② 세상에서 말하는 바. ⓑ 이른바.

소탈 疏脫 (트일 소, 벗을 탈). ① 속뜻 예절이나 형식에 얽매이지 않고[疏] 그 굴레에서 벗어나다[脫]. ② 수수하고 털털하다. ¶그는 성격이 소탈하여 친구들이 좋아한다.

소:탐대실 小貪大失 (작을 소, 탐낼 탐, 큰 대, 잃을 실). 작은[小] 것을 탐(貪)내다가 큰[大] 것을 잃음[失].

소:탕¹ 素湯 (본디 소, 끓을 탕). 고기나 생선을 넣지 않고[素] 채소만으로 끓인 탕국[湯]. ¶소탕을 제사상에 올렸다.

소탕² 疏宕 (트일 소, 방탕할 탕). 성격이 소탈(疏脫)하고 호탕(豪宕)함. ¶그는 소탕한 성격으로 친구들이 많다.

소탕³ 掃蕩 (쓸 소, 거침없을 탕). 모조리 쓸고[掃] 씻어 버림[蕩]. 완전히 없앰. ¶소탕 작전 / 적군을 소탕하다.

▸**소탕-전** 掃蕩戰 (싸울 전). 군사 패잔병을 샅샅이 뒤져 소탕(掃蕩)하는 전투(戰鬪).

소택 沼澤 (늪 소, 못 택). 늪[沼]과 못[澤]. ⓑ소지(沼池), 지소(池沼).

▸**소택-지** 沼澤地 (땅 지). 늪[沼]과 못[澤]이 많은 습한 땅[地].

▸**소택 식물** 沼澤植物 (심을 식, 만물 물). 식물 물가의 습지[沼澤]나 얕은 물속에 사는 식물(植物). 미나리, 끈끈이주걱 따위. ⓑ 습지 식물(濕地植物).

소토 燒土 (불사를 소, 흙 토). ① 속뜻 흙[土]을 태움[燒]. ② 농업 논밭의 겉흙을 긁어모아, 그 위에 잡목이나 짚을 놓고 태워 흙을 소독하는 일.

소통 疏通 (트일 소, 통할 통). ①막혔던 것이 트여[疏] 잘 통(通)함. ¶차량 소통이 원활하다. ②의견이나 의사가 상대편에게 잘 통함. ¶의사소통이 잘 이루어지다.

소파 搔爬 (긁을 소, 긁을 파). ① 속뜻 긁어서[搔=爬] 떼어냄. ② 의학 체표면(體表面) 또는 체강(體腔) 표면의 연조직을 긁어내는 일. 진단 또는 치료의 목적으로 이용하며 일반적으로 인공 임신 중절 수술이나 유산할 때 자궁의 내용물을 제거하는 것을 이른다.

▸**소파 수술** 搔爬手術 (손 수, 꾀 술). 의학 자궁의 내막을 긁어내는[搔爬] 수술(手術). 자궁 내막의 병을 치료하거나 유산을 하였을 때 자궁 속의 내용물을 긁어내기 위해서 하며 인공 유산을 시키기 위해서도 한다.

소:편¹ 小片 (작을 소, 조각 편). 작은[小] 조각[片].

소:편² 小篇 (작을 소, 책 편). 문학 짧게[小] 지은 글[篇]. ⓑ단편(短篇). ⓑ장편(長篇).

소:포 小包 (작을 소, 쌀 포). ① 속뜻 조그마하게[小] 포장(包裝)한 물건. ② 통신 어떤 물건을 포장하여 보내는 우편. ¶나는 친구의 생일 선물을 소포로 보냈다.

▸**소:포 우편** 小包郵便 (우송할 우, 편할 편). 통신 물건을 소포(小包)로 해서 보내는 우편(郵便). 또는 그 우편물. ㊤소포.

소:폭 小幅 (작을 소, 너비 폭). ① 속뜻 좁은[小] 폭(幅)이나 범위. ¶월급이 소폭으로 올랐다. ②적은 정도로. ¶환율이 소폭 상승하였다.

소:품 小品 (작을 소, 물건 품). ① 속뜻 조그만[小] 물품(物品). ② 그림, 조각, 음악 따위의 규모가 작은 간결한 작품. ③연극의 무대 등에 쓰이는 자잘한 물건. ¶그는 소품 담당이다. ③실물과 같은 모양으로 정교하게 만들어진 작은 모형(模型). ⓑ미니어처, 소도구(小道具).

▸**소:품-곡** 小品曲 (노래 곡). 음악 작은 규모[小品]의 악곡(樂曲). ㊤소곡.

***소풍** 逍風 (=消風, 거닐 소, 바람 풍). ① 속뜻 갑갑한 마음을 풀기 위하여 바람[風]을 쐬며 거니는[逍] 일. ② 교육 학교에서, 자연 관찰이나 역사 유적 따위의 견학을 겸하여 야외로 갔다 오는 일. ¶내일 학교에서 소풍을 간다. ⓑ원족(遠足).

소:피 所避 (것 소, 피할 피). ① 속뜻 마려움을 피(避)해야 하는 것[所]. ②'오줌'을 완곡하게 이르는 말. ¶소피가 마려워 죽겠다.

소하¹ 消夏 (=銷夏, 사라질 소, 여름 하). ①

속뜻 여름[夏]을 없앰[消]. ② 더위를 가시게 함. ㊐ 소서(消暑).

소하² 溯河 (거스를 소, 물 하). 바닷물고기가 산란을 위해 강[河]을 거슬러[溯] 올라감. ㊐ 소강(溯江).

▸소하-어 溯河魚 (물고기 어). ① 속뜻 강[河]을 거슬러[溯] 올라가는 물고기[魚]. ② 동물 생애의 대부분을 바다에서 생활하고 번식기가 되면 알을 낳기 위하여 본디 태어났던 하천으로 돌아오는 물고기. ¶연어와 송어는 소하어의 하나이다. ㊊ 강하어(降河魚).

소:학 小學 (작을 소, 배울 학). ① 속뜻 나이가 적을[小] 때 익혀야 할 공부[學]. ② 책명 중국 송나라 때 유자징(劉子澄)이 주자(朱子)의 지도를 받아서 편찬한 초학자용(初學者用) 교양서. ③ 교육 '초등학교'의 예전 용어.

▸소:학-언해 小學諺解 (상말 언, 풀 해). 책명 『소학』(小學)을 우리말[諺]로 풀이한[解] 책.

소:-학교 小學校 (작을 소, 배울 학, 가르칠 교). 교육 어린[小]아이들이 다니는 학교(學校). '초등학교'(初等學校)의 예전 용어.

소:한 小寒 (작을 소, 찰 한). ① 속뜻 작은[小] 추위[寒]. ② 민속 동지(冬至)와 대한(大寒) 사이로, 양력 1월 6일경이다. 실제로는 대한보다 더 춥다. ¶소한이 대한보다 더 춥다.

소해 掃海 (쓸 소, 바다 해). ① 속뜻 바다[海]에 있는 위험물 따위를 쓸어냄[掃]. ② 군사 항로의 안전을 위해 바다에 부설된 기뢰(機雷)나 그 밖의 위험물과 장애물을 치우는 일.

▸소해-정 掃海艇 (거룻배 정). 군사 소해(掃海) 임무를 맡은 작은 군함[艇].

소:핵 小核 (작을 소, 씨 핵). 생물 짚신벌레와 같은 원생동물이 가진 두 개의 핵 가운데 작은[小] 쪽의 핵(核).

소:행¹ 所行 (것 소, 행할 행). 행한[行] 어떤 것[所]. 행한 일. ¶이것은 고양이의 소행이 틀림없다. ㊐ 소업(所業), 소위(所爲).

소행² 素行 (본디 소, 행할 행). 평소(平素)의 행실(行實). ¶그 아이는 소행이 착실하다.

소:-행성 小行星 (작을 소, 다닐 행, 별 성). 천문 화성과 목성 사이의 궤도에서 태양의 둘레를 공전하는 작은[小] 행성(行星). 무수히 많은 수가 존재하며 대부분 반지름이 50km 이하이다.

소향¹ 燒香 (불사를 소, 향기 향). 향(香)을 사름[燒]. ㊐ 제사상을 차려 놓고 소향하다. ㊐ 분향(焚香).

소:향² 所向 (곳 소, 향할 향). 향(向)하여 가는 곳[所]. 어디를 감.

▸소:향-무적 所向無敵 (없을 무, 원수 적). 가는[向] 곳[所]마다 대적(對敵)할 상대가 없음[無].

소:형¹ 小形 (작을 소, 모양 형). 사물의 작은[小] 형체(形體). ㊊ 대형(大形).

소:형² 小型 (작을 소, 모형 형). 같은 종류의 물건 중에서 작은[小] 모형(模型). ¶소형 자동차. ㊊ 대형(大型).

소:호¹ 小毫 (작을 소, 터럭 호). ① 속뜻 가는[小] 털[毫]. ② 아주 적은 분량이나 정도를 비유하여 이르는 말. ¶그는 소호도 굴하지 않았다. ㊐ 조금.

소호² 沼湖 (늪 소, 호수 호). 늪[沼]과 호수(湖水). ㊐ 호소(湖沼).

소:-혹성 小惑星 (작을 소, 꼬일 혹, 별 성). 천문 크기가 작은[小] 혹성(惑星). ㊐ 소행성(小行星).

소홀 疏忽 (드물 소, 허술할 홀). 드문드문[疏] 빈틈이 많고 허술함[忽]. ¶범인이 감시가 소홀한 틈을 타 달아났다 / 건강 관리를 소홀히 해서는 안 된다.

소:화¹ 小話 (작을 소, 이야기 화). 짤막한[小] 이야기[話]. 단편적인 이야기.

소:화² 笑話 (웃을 소, 이야기 화). 우스운[笑] 이야기[話]. ¶소화를 아이에게 들려주었다. ㊐ 소어(笑語).

소화³ 燒火 (불사를 소, 불 화). 불[火]에 태움[燒].

소화⁴ 燒化 (불사를 소, 될 화). 태워서[燒] 성질을 변화(變化)시킴.

소화⁵ 消火 (사라질 소, 불 화). 불[火]을 끔[消].

▸소화-기 消火器 (그릇 기). 불[火]을 끄는 데[消] 쓰는 기구(器具). ¶교실마다 소화기를 설치하다.

▸소화-전 消火栓 (마개 전). 화재 때 불[火]

을 끄기[消] 위해 급수관에 설치한 수도꼭지[栓]. ⑪방화전(防火栓).

소화[6] 消化 (사라질 소, 될 화). ①먹은 음식을 삭게[消] 함[化]. ¶채소는 소화가 잘된다. ② 의학 섭취한 음식물을 분해하여 영양분을 흡수하기 쉬운 형태로 변화시키는 일. 또는 그런 작용. ③배운 지식이나 기술 따위를 잘 익혀 자기 것으로 만듦을 비유하여 이르는 말. ¶물리학의 기본 원리를 잘 소화하다. ④주어진 일을 해결하거나 처리하다. ¶벙어리 역할을 완벽히 소화했다. ⑤어떤 대상을 일정한 장소에 수용함을 비유하여 이르는 말. ¶오만 명 이상을 소화할 수 있는 종합 경기장.

▸**소화-관** 消化管 (대롱 관). 의학 먹은 음식물의 소화(消化)·흡수를 맡은 관(管) 모양의 기관. 입, 목, 식도, 위, 작은창자, 큰창자 따위. ⑪장관(腸管).

▸**소화-기** 消化器 (그릇 기). 의학 섭취한 음식물을 소화(消化)·흡수하는 기관(器官)을 통틀어 이르는 말. '소화 기관'의 준말.

▸**소화-력** 消化力 (힘 력). 음식물을 먹어서 소화(消化)·흡수하는 능력(能力).

▸**소화-액** 消化液 (진 액). 의학 소화샘에서 소화관(消化管) 안으로 분비되는 액체(液體). 침, 위액(胃液), 쓸개즙(膽汁), 창자액(腸液) 따위로 여러 가지 소화 효소가 함유되어 있다.

▸**소화-제** 消化劑 (약제 제). 의학 소화(消化)를 촉진시키기 위해 쓰이는 약제(藥劑).

▸**소화 기관** 消化器官 (그릇 기, 벼슬 관). 의학 음식물을 소화(消化)·흡수하는 기관(器官). 사람의 경우 입안·식도·위·창자·항문 및 침샘·간·이자 등이 있다.

▸**소화 불량** 消化不良 (아닐 불, 좋을 량). 의학 먹은 음식물의 소화(消化)·흡수가 잘 되지 않는[不良] 소화기의 병. ¶만성 소화 불량.

▸**소화 효:소** 消化酵素 (발효 효, 바탕 소). 생물 소화관 속에서 음식물의 소화(消化)를 촉진시키는 아밀라아제, 펩신, 리파아제 따위의 효소(酵素). 소화샘에서 분비된다.

소:-화기 小火器 (작을 소, 불 화, 그릇 기). 군사 크기가 작은[小] 화력(火力) 총기(銃器). 소총, 권총, 자동 소총, 경기관총 따위.

소:-화물 小貨物 (작을 소, 재물 화, 만물). 여객 열차로 운송되는 작은[小] 크기의 화물(貨物). ¶소화물 우송료. ⑪수하물(手荷物).

소환[1] 召還 (부를 소, 돌아올 환). 법률 ①외국에 파견된 사절단을 불러[召] 돌아오게[還] 함. 대사가 본국으로 소환되었다. ②헌법에서, 국가나 지방 자치 단체의 공직에 있는 사람을 임기가 끝나기 전에 국민의 투표로 파면하는 일. ¶국민 소환제.

소환[2] 召喚 (부를 소, 부를 환). 법률 법원이 피고인, 증인 등에 대하여 어디로 오라고 명령하는[召=喚] 일. ¶검찰에 피의자 소환을 요구하다.

▸**소환-장** 召喚狀 (문서 장). 법률 법원 등이 특정한 개인을 소환(召喚)하는 문서[狀].

소:회[1] 小會 (작을 소, 모일 회). 적은[小] 인원의 집회(集會). 조그만 모임. ⑫대회(大會).

소:회[2] 所懷 (것 소, 품을 회). 마음에 품은[懷] 어떤 것[所]. ¶그는 식사 자리에서 소회를 털어놓았다.

소회[3] 素懷 (본디 소, 품을 회). 평소(平素)에 품고[懷] 있던 생각.

소흔 燒痕 (불사를 소, 흉터 흔). 불에 탄[燒] 흔적(痕迹). 불탄 자리.

소:흥 小興 (작을 소, 흥겨울 흥). 약간의[小] 흥취(興趣). ¶거문고를 타서 소흥을 돋구다.

속가[1] 俗家 (속될 속, 집 가). 불교 ①속세(俗世)의 집[家]. 승려가 되기 전의 생가(生家). ②불교를 믿지 않는 사람의 집안을 불가(佛家)에서 이르는 말.

속가[2] 俗歌 (속될 속, 노래 가). ① 속뜻 세속적(世俗的)인 노래[歌]. ⑫악가(樂歌). ②속요(俗謠).

속간[1] 俗間 (속될 속, 사이 간). ①속인(俗人)의 세상[間]. ②일반 백성들 사이. ⑪민간(民間).

속간[2] 續刊 (이을 속, 책 펴낼 간). 간행을 중단하였던 신문이나 잡지 따위를 다시 계속(繼續)하여 간행(刊行)함. ¶한동안 폐간되었던 그 잡지는 지난봄에 속간되었다.

속강 續講 (이을 속, 강의할 강). 방학이나 휴일 같은 때에도 계속(繼續)해서 강의(講義)함.

속개 續開 (이을 속, 열 개). 일단 멈추었던 회의 따위를 계속(繼續)하여 엶[開]. ¶회의는 내일 속개한다.

속객 俗客 (속될 속, 손 객). ① [속뜻] 불가(佛家)에 찾아온 속가(俗家)의 손님[客]. ② '풍류(風流)를 모르는 사람'을 비유하여 이르는 말.

속격 屬格 (엮을 속, 자격 격). ① [속뜻] 어떤 것에 엮여[屬]있는 말의 자격(資格). ② [언어] 관형격(冠形格).

속견 俗見 (속될 속, 볼 견). 세속적(世俗的)인 견해(見解).

속결 速決 (빠를 속, 결정할 결). 빨리[速] 끝을 맺음[決]. 얼른 결단함. ¶속전속결(速戰速決).

속계 俗界 (속될 속, 지경 계). ① [속뜻] 세속적(世俗的)인 세계(世界). ② '현실 세계'를 이름. [반]선계(仙界).

속곡 俗曲 (속될 속, 노래 곡). ① [속뜻] 세속적(世俗的)인 노래[曲]. ② 세상에 유행하는 노래의 곡조.

속골 俗骨 (속될 속, 뼈 골). 범속(凡俗)한 생김새[骨]. 평범하게 생긴 사람.

속공 速攻 (빠를 속, 칠 공). [운동] 구기 경기에서 상대방에게 대비할 시간을 주지 않고 재빨리[速] 공격(攻擊)함. ¶그는 공을 가로채 속공으로 연결했다. [반]지공(遲攻).

▸속공-법 速攻法 (법 법). [운동] 재빠른[速] 공격(攻擊)으로 상대편을 공략하는 전법(戰法).

속구 速球 (빠를 속, 공 구). [운동] 투수가 던지는 빠른[速] 공[球]. [반]완구(緩球).

속국 屬國 (속할 속, 나라 국). 주권이 다른 나라에 속(屬)해 있는 나라[國]. ¶우산국은 한때 신라의 속국이었다. [비]종속국(從屬國), 식민지(植民地).

속기[1] 俗忌 (속될 속, 꺼릴 기). 민간[世俗]에서 꺼리는[忌] 일. ¶살인으로 죽은 송장은 속기로 염하기를 꺼려한다.

속기[2] 俗氣 (속될 속, 기운 기). 세속적(世俗的)인 기질(氣質)이나 취향. ¶그는 속기를 벗어나서 소탈하게 살았다. [비]속취(俗臭).

속기[3] 速記 (빠를 속, 적을 기). 남의 말을 기호를 이용하여 빠르게[速] 받아 적는[記] 일. 또는 그 기술. ¶회의 내용을 속기했다.

▸속기-록 速記錄 (기록할 록). 남의 말을 빠르게[速] 받아 적은[記] 기록(記錄).

▸속기-사 速記士 (선비 사). 남의 말을 빠르게[速] 받아 적는[記] 일을 전문으로 하는 사람[士].

▸속기-술 速記術 (꾀 술). 남의 말을 빠르게[速] 받아 적는[記] 기술(技術).

속단 速斷 (빠를 속, 끊을 단). 성급하게 빨리[速] 판단(判斷)함. 또는 그러한 판단. ¶속단은 금물이다.

속달 速達 (빠를 속, 보낼 달). ① [속뜻] 빨리[速] 전달(傳達)함. ② [통신] '속달우편'(郵便)의 준말. ¶이 소포를 속달로 보내고 싶습니다.

▸속달 우편 速達郵便 (우송할 우, 편할 편). [통신] 요금을 더 받고 보통 우편물보다 빨리[速] 배달(配達)하는 우편(郵便) 제도. 또는 그 우편물. [준]속달.

*속담 俗談 (속될 속, 이야기 담). ① [속뜻] 속(俗)된 이야기[談]. ② 민중의 지혜가 응축되어 널리 구전되는 격언. ¶세 살 적 버릇이 여든까지 간다는 속담은 결코 헛말이 아니다. [비]속설(俗說).

▸속담-집 俗談集 (모을 집). 여러 속담(俗談)을 모아[集] 적어 놓은 책.

속답 速答 (빠를 속, 답할 답). 속(速)히 대답(對答)하거나 회답(回答)함. 또는 그 답. ¶사안이 급박하오니 속답을 바랍니다.

속-대:전 續大典 (이을 속, 큰 대, 책 전). [책명] 조선 때, 김재로가 『경국대전』(經國大典)의 뒤를 이어[續] 교령과 조례를 모아 엮은 책.

속도[1] 屬島 (엮을 속, 섬 도). ① [속뜻] 그 나라에 딸린[屬] 섬[島]. ② 큰 섬에 딸린 작은 섬.

속도[2] 速度 (빠를 속, 정도 도). ① [속뜻] 빠른[速] 정도(程度). ② 물체가 나아가거나 일이 진행되는 빠르기. ¶속도가 빠르다.

▸속도-계 速度計 (셀 계). 운동체의 속도(速度)를 측정하는 계기(計器).

▸속도 기호 速度記號 (기록할 기, 표지 호). [음악] 악곡의 빠르기[速度]를 나타내는 기호(記號).

속독 速讀 (빠를 속, 읽을 독). 빨리[速] 읽음[讀]. ¶공부할 때는 속독보다는 정독이 좋다.

속등 續騰 (이을 속, 오를 등). 물가 따위가 계속(繼續) 오름[騰]. ¶주가가 3주 연속 속등하고 있다. ⓑ연등(連騰). ⓑ속락(續落). 연락(連落).

속락 續落 (이을 속, 떨어질 락). 물가 따위가 계속(繼續)하여 떨어짐[落]. ¶세계 경기 불황이 계속되면서 대형주도 속락했다. ⓑ속등(續騰).

속량 贖良 (속죄할 속, 어질 량). ① 역사 몸값을 받고 노비의 신분을 풀어 주어서[贖] 양민(良民)이 되게 하던 일. ¶노비의 속량을 허락하다. ② 기독교 지은 죄를 물건이나 다른 공로 따위로 비겨 없앰. ⓑ속죄(贖罪).

속력 速力 (빠를 속, 힘 력). 자동차, 기차, 항공기 따위의 속도(速度)를 이루는 힘[力]. ¶기차는 굉장한 속력으로 달렸다.

속령 屬領 (엮을 속, 다스릴 령). 어떤 나라에 딸린[屬] 영토(領土). ¶마케도니아는 로마 제국의 속령이 되었다.

속론 俗論 (속될 속, 논할 론). ① 속뜻 세속(世俗)의 의론(議論). ② 하찮은 의견. ③ 통속적인 이론.

속리 俗吏 (속될 속, 벼슬아치 리). 견식이 없고 속(俗)된 관리(官吏).

속립 粟粒 (조 속, 알 립). ① 속뜻 조[粟]의 낟알[粒]. ② 매우 작은 물건을 비유하여 이르는 말.

▶속립 결핵 粟粒結核 (맺을 결, 씨 핵). 의학 결핵균이 혈액 속으로 들어가 온몸에 퍼져 좁쌀[粟粒] 크기의 수많은 결핵균(結核菌)이 뭉쳐 망울이 생기는 병. ⓑ좁쌀 결핵.

속맥 速脈 (빠를 속, 맥 맥). ① 속뜻 빠른[速] 맥박(脈搏). 의학 빨리 상승하였다가 곧 내려오는 맥박. 대동맥판 폐쇄 부전증이나 각기(脚氣), 발열 따위에서 나타난다.

속명[1] 俗名 (속될 속, 이름 명). ① 속뜻 본명(本名)이나 학명(學名) 이외에 세상[俗]에서 흔히 일컬어지는 이름[名]. ¶지명 중에는 속명으로 읽히는 것들이 많이 있다. ② 불교 승려가 되기 전에 이름. ¶만적 스님의 속명은 김철남이다. ③ 세속적인 명성.

속명[2] 屬名 (무리 속, 이름 명). 생물 생물 분류상의 '속(屬)'을 나타내는 이름[名]. ¶차나무의 속명은 'Camellia'이다.

속무 俗務 (속될 속, 일 무). 세속적(世俗的)인 잡무(雜務).

속문 俗文 (속될 속, 글월 문). ① 속뜻 통속적(通俗的)인 글[文]. ② 하찮은 글.

속물[1] 俗物 (속될 속, 만물 물). 돈, 권력 등 자신의 이익만을 따르는 천한[俗] 사람[物]. ¶그는 돈밖에 모르는 속물이다.

속물[2] 贖物 (속죄할 속, 만물 물). 속죄(贖罪)하기 위해 내는 재물(財物). ¶남을 다치게 한 자는 속물 50냥을 내야 한다.

속-미인곡 續美人曲 (이을 속, 아름다울 미, 사람 인, 노래 곡). 문학 조선 선조 때 정철(鄭澈)이 『사미인곡(思美人曲)』의 후속(後續)으로 지은 가사. 고향 창평(昌平)에 내려가 살면서 임금을 그리는 정을, 낭군을 이별한 두 선녀(仙女)가 애틋한 정을 서로 주고받는 형식을 빌려 하소연한 내용이다.

속박 束縛 (묶을 속, 묶을 박). ① 속뜻 묶음[束=縛]. ② 사람의 행동의 자유를 빼앗음. ¶속박을 당하다. ③ 물리 물체의 운동이 다른 물체나 전자기 마당에 제한을 받아 어떤 공간에 갇히는 현상. ⓑ구속(拘束).

▶속박 전:자 束縛電子 (전기 전, 접미사 자). 물리 자유 전자에 대하여 원자나 분자 안에 있으면서 자유롭게 이동할 수 없는[束縛] 전자(電子).

속발[1] 束髮 (묶을 속, 머리털 발). ① 속뜻 머리털[髮]을 가지런히 하여 흐트러지지 아니하게 잡아 묶음[束]. 또는 그렇게 한 머리. ② 머리털을 위로 치올려 상투를 틂.

속발[2] 續發 (이을 속, 일으킬 발). 사건이나 사고 따위가 계속(繼續)하여 일어남[發]. ¶이 지역에서는 요즈음 부녀자 살해 사건의 속발로 주민들이 불안에 떨고 있다.

속방 屬邦 (엮을 속, 나라 방). 정치 다른 나라에 종속(從屬)되어 있는 나라[邦]. ¶미얀마는 일제의 속방이 되었다. ⓑ종속국(從屬國).

속보[1] 速步 (빠를 속, 걸음 보). 빠른[速] 걸음걸이[步]. ¶속보로 걸으면 체중 감량에 도움이 된다.

속보[2] 續報 (이을 속, 알릴 보). 앞에 있었던 보도에 계속(繼續)해서 보도(報道)함. 또는 그 보도. ¶기자들은 선수들의 연이은 메달 획득 소식을 속보하고 있다.

속보[3] **速報** (빠를 속, 알릴 보). 빨리[速] 알림[報]. 또는 그 신속한 보도. ¶재해 속보.

▸속보-판 速報板 (널빤지 판). 신문사 등에서, 중요한 뉴스를 속보(速報)하는 게시판(揭示板).

속사[1] **俗事** (속될 속, 일 사). 일상[世俗]의 자질구레한 일[事]. [비]속용(俗用).

속사[2] **速寫** (빠를 속, 베낄 사). ① [속뜻] 글씨를 빨리[速] 베껴[寫] 씀. ② 사진을 빨리 찍음.

속사[3] **速射** (빠를 속, 쏠 사). 빠른[速] 속도로 연달아 쏨[射]. ¶장병들은 적진을 향해 속사했다.

▸속사-포 速射砲 (대포 포). [군사] 짧은 시간에 많은 탄알을 빠르게[速] 쏠[射] 수 있는 포(砲).

속-사미인곡 **續思美人曲** (이을 속, 생각 사, 아름다울 미, 사람 인, 노래 곡). [문학] 조선 때, 이진유(李眞儒)가 지은 가사. 지은이가 추자도(楸子島)에 귀향 가 있으면서, 정철의 사미인곡(思美人曲)을 바탕으로 삼아 이어서[續] 쓴 작품이다.

속산 **速算** (빠를 속, 셀 산). 빨리[速] 셈함[算]. 또는 그 셈. ¶주산은 속산하는 데 도움이 된다.

속서 **俗書** (속될 속, 책 서). ① [속뜻] 내용이 저속(低俗)한 책[書]. ② 종교인들이 일반 서적을 종교의 경전과 구별하여 이르는 말.

속설 **俗說** (속될 속, 말씀 설). ① [속뜻] 속(俗)된 학설(學說). ② 민간에 전하여 내려오는 설(說). ¶소의 간이 시력 회복에 좋다는 속설이 있다.

속성[1] **俗姓** (속될 속, 성씨 성). [불교] 승려가 출가하기 전에 세속(世俗)에서 쓰던 성(姓). ¶제 속성은 '한'가 입니다.

속성[2] **俗性** (속될 속, 성품 성). 저속(低俗)한 품성(品性). ¶그녀는 궁에 들어오고서도 속성을 버리지 못했다.

속성[3] **屬性** (붙일 속, 성질 성). 사물의 본질을 이루거나 붙어있는[屬] 특징이나 성질(性質). ¶물질의 속성.

속성[4] **速成** (빠를 속, 이룰 성). 빨리[速] 이루어짐[成]. 또는 빨리 이룸. ¶속성 재배. [반]만성(晩成).

▸속성-과 速成科 (분과 과). 필요한 학습이나 기능을 짧은 동안에 빨리[速] 배워서 익히는[成] 과정(科程).

▸속성-속패 速成速敗 (빠를 속, 무너질 패). 급하게[速] 이루어진[成] 것은 역시 금방[速] 망함[敗]. ¶속성속패이니 너무 서둘지 마라. [비]속성질망(速成疾亡).

속세 **俗世** (속될 속, 세상 세). ① [속뜻] 속(俗)된 세상(世上). ② [불교] 불가에서 일반 사회를 이르는 말. ¶속세를 떠나다 / 속세와의 인연을 끊다. [비]세속(世俗).

속속[1] **速速** (빠를 속, 빠를 속). 매우 빨리[速+速]. 속속히. ¶일을 마치는 대로 속속 돌아와라.

속속[2] **續續** (이을 속, 이을 속). 자꾸 계속(繼續)됨. ¶응모 엽서가 속속 도착하다.

속수 **束手** (묶을 속, 손 수). '속수무책'의 준말.

▸속수-무책 束手無策 (없을 무, 꾀 책). 손[手]이 묶인[束] 듯이 방법[策]이 없어[無] 꼼짝 못함. ¶나로서도 어떻게 처리해야 할지 속수무책이었다. [준]속수.

속습 **俗習** (속될 속, 버릇 습). ① [속뜻] 속세(俗世)의 풍습(風習). ② 저속한 풍습. ¶속습을 교화하기 위해 이 책을 만들었다.

속심 **俗心** (속될 속, 마음 심). 세속(世俗)의 욕망에 끌리는 마음[心]. ¶제가 속심을 버리지 못하고 이런 짓을 저질렀습니다.

속악[1] **俗惡** (속될 속, 악할 악). 저속(低俗)하고 악(惡)하다. ¶그가 생김새는 그래도 속악하지는 않다.

속악[2] **俗樂** (속될 속, 음악 악). ① [속뜻] 저속(低俗)한 음악(音樂). ② [음악] 예전에, 우리 고유의 전통 궁중 음악을 중국계의 아악이나 당악에 상대하여 이르던 말. [반]아악(雅樂).

속안 **俗眼** (속될 속, 눈 안). ① [속뜻] 속인(俗人)의 안목(眼目). ② 얕은 식견.

속어 **俗語** (속될 속, 말씀 어). ① [속뜻] 민간에서 통속적으로 쓰이는 속(俗)된 말[語]. ② 세간의 상스러운 말. ¶상스러운 속어를 쓰지 말자. ③ 속담(俗談). [비]속언(俗言). [반]아어(雅語).

속언[1] **俗言** (속될 속, 말씀 언). ① 세간[俗]의 상스러운 말[言]. ② 예로부터 전하여 내려오는 말. ⓑ속담(俗談), 속어(俗語).

속언² 俗諺 (속될 속, 상말 언). ① 속뜻 세간[俗]의 상스러운 말[諺]. ② 민중의 지혜가 응축되어 널리 구전되는 민간 격언. ⓑ속담(俗談).

속연¹ 俗緣 (속될 속, 인연 연). 속세(俗世)와의 인연(因緣). ¶그는 속연을 끊고 출가를 했다.

속연² 續演 (이을 속, 펼칠 연). 연극을 잇달아[續] 상연(上演)함.

속영 續映 (이을 속, 비칠 영). 영화를 잇달아[續] 상영(上映)함.

속오-군 束伍軍 (묶을 속, 대오 오, 군사 군). 역사 조선 시대에 부역을 지지 않은 양인과 천민 다섯 사람[伍]을 한 조로 묶어[束] 편성한 군대(軍隊).

속-오례의 續五禮儀 (이을 속, 다섯 오, 예도 례, 거동 의). 책명 조선 영조 20년(1744)에 예조에서 펴낸 『오례의』(五禮儀)의 속편(續篇).

속요 俗謠 (속될 속, 노래 요). ① 속뜻 민간에서 널리 불리는 속(俗)된 노래[謠]. ② 문학 고려 시대에, 궁중 연향에 쓰기 위해 민요를 윤색하여 만든 시가. ⓑ고려 가요(高麗歌謠). ③ 음악 정악(正樂) 이외의 노래. ⓑ잡가(雜歌), 속가(俗歌), 속요(俗謠), 잡타령.

속유 俗儒 (속될 속, 선비 유). 식견이나 지행(志行)이 변변하지 못한 저속(低俗)한 선비[儒].

속음 俗音 (풍속 속, 소리 음). 한자의 원음(原音)이 변하여 널리 통용되는[俗] 음(音). '쇄'(刷)을 '쇄'로, '협'(洽)을 '흡'으로 읽는 따위.

속음¹ 續音 (이을 속, 소리 음). ① 언어 계속(繼續)해서 낼 수 있는 소리[音]. ¶비음이나 마찰음은 속음에 속한다. ② 음악 화음과는 관계없이 저음이나 임의의 성부에서 길게 울리거나 반복되는 음. ⓑ단음(斷音).

속음² 屬音 (붙일 속, 소리 음). 음악 으뜸음의 5도에 속(屬)하는 음(音). 으뜸음 다음으로 중요함.

속인¹ 俗人 (속될 속, 사람 인). ① 속뜻 세속(世俗)의 사람[人]. ② 속되어 학문이나 풍류를 모르는 사람. ③ 불교 불교에 귀의하지 않은 사람을 이르는 말. ⓑ유루(有漏).

속인² 屬人 (엮을 속, 사람 인). 그 사람[人]에게 딸려있음[屬].

▸ 속인-주의 屬人主義 (주될 주, 뜻 의). 법률 출생 시, 부모[人]의 국적에 따라서[屬] 국적을 결정하는 원칙[主義]. ⓑ혈통주의(血統主義). ⓑ속지주의(屬地主義).

속자 俗字 (풍속 속, 글자 자). 원래 글자보다 획수가 간단하게 한 것을 통속적(通俗的)으로 널리 쓰는 한자(漢字). '竝'에 대한 '並', '晝'에 대한 '昼', '巖'에 대한 '岩' 따위가 있다. ⓑ정자(正字).

속장 屬長 (무리 속, 어른 장). 기독교 기독교 감리회에서 구역별 모임인 속회(屬會)를 맡아 인도하는 교직[長]. 또는 그 교직을 맡은 사람.

속-장경 續藏經 (이을 속, 감출 장, 책 경). 불교 고려시대의 대장경(大藏經)을 편찬할 때 빠진 것을 의천이 이어[續] 모아 엮은 책.

속전¹ 俗傳 (속될 속, 전할 전). 민간[俗]에 전(傳)함. ¶속전에 의하면, 이 연못에는 선녀가 자주 내려온다고 한다.

속전² 贖錢 (속죄할 속, 돈 전). 죄를 면하기 위해 바치는[贖] 돈[錢]. ¶속전을 받고 죄인을 놓아 주었다. ⓑ속금(贖金).

속전³ 速戰 (빠를 속, 싸울 전). 오래 끌지 않고 신속(迅速)하게 싸우는[戰] 일. 또는 그 싸움. ¶겨울이 다가오니 속전으로 끝내야 합니다.

▸ 속전-속결 速戰速決 (빠를 속, 결정할 결). 싸움을 오래 끌지 않고[速戰] 빨리[速] 끝장을 냄[決].

속정 俗情 (속될 속, 마음 정). ① 속뜻 속세(俗世)간의 인정(人情). ② 명리(名利) 따위 속사(俗事)에 관한 생각.

속죄 贖罪 (속바칠 속, 허물 죄). ① 속뜻 금품을 주거나 공로를 세워 죄(罪)를 대신함[贖]. ¶그는 속죄하는 마음으로 여생을 보냈다. ② 기독교 '예수의 희생'을 이르는 말. ⓑ속량(贖良).

속중 俗衆 (속될 속, 무리 중). ① 속뜻 저속(低俗)한 사람들의 무리[衆]. ② 일반 사람을 승려에 상대하여 이르는 말.

속지 屬地 (엮을 속, 땅 지). 어느 나라에 딸린[屬] 땅[地]. ¶로마인들은 그들의 발달된 문명을 속지로 전파했다. ⓑ속토(屬土), 속령(屬領).

▸속지-주의 屬地主義 (주될 주, 뜻 의). 법률 출생 시, 태어난 장소[地]에 따라서 [屬] 국적을 결정하는 원칙[主義]. ⓑ속인주의(屬人主義).

속진 俗塵 (속될 속, 티끌 진). ① 속뜻 속세(俗世)의 티끌[塵]. ② 세상의 번거로운 일. ⓑ황진(黃塵).

속집 續集 (이을 속, 모을 집). 본디 있던 서책에 이어[續] 수집한 문집(文集)이나 시집(詩集).

속출 續出 (이을 속, 날 출). 잇달아[續] 나옴[出]. ¶걱정거리가 속출하다.

속취[1] 俗臭 (속될 속, 냄새 취). ① 속뜻 저속(低俗)한 냄새[臭]. ② 명리(名利)에 사로잡힌 세속의 속된 기풍(氣風). ⓑ속기(俗氣).

속취[2] 俗趣 (속될 속, 뜻 취). 저속(低俗)한 취미(趣味).

속칭 俗稱 (속될 속, 일컬을 칭). 세속(世俗)에서 흔히 일컫는[稱] 말. 또는 그러한 호칭이나 명칭. ¶'김병연'은 속칭 '김삿갓'으로 알려져 있다.

속태 俗態 (속될 속, 모양 태). 고상하지 못하고 저속(低俗)한 모습[態]. ¶속태를 벗다.

속판 續版 (이을 속, 책 판). 이미 펴낸 출판물에 잇달아[續] 나온 출판물(出版物). ⓑ초판(初版).

속편[1] 續編 (이을 속, 엮을 편). 책이나 영화 등에서 본편에 이어[續] 엮은[編] 것. ¶속편은 전편보다 내용이 풍부하다.

속편[2] 續篇 (이을 속, 책 편). 책이나 영화 등에서 이미 만들어진 것에서 뒷이야기로 이어[續] 만든 책[篇]. ¶속편이 흥행에 성공하는 예는 드물다.

속필 速筆 (빠를 속, 글씨 필). 빨리[速] 쓰는 글씨[筆]. 혹은 글씨를 빨리 쓰는 사람.

속학 俗學 (속될 속, 배울 학). 세속(世俗)의 천박한 학문(學問). ¶예전에는 실학을 속학이라고 경시했었다.

속한 俗漢 (속될 속, 사나이 한). 성품이 저속(低俗)한 사내[漢].

속항 續航 (이을 속, 건널 항). 항해(航海)를 계속(繼續)함. ¶폭풍우를 무릅쓰고 속항을 하였다.

속행[1] 速行 (빠를 속, 행할 행). 빨리[速] 행함[行]. ¶상황이 급박하게 돌아가고 있으니 계획을 속행해야겠다.

속행[2] 續行 (이을 속, 행할 행). 계속(繼續)하여 행(行)함. ¶비가 멎은 후 경기를 속행했다.

속현 續絃 (이을 속, 줄 현). ① 속뜻 끊어진 금슬(琴瑟)의 줄[絃]을 다시 이음[續]. ② '아내를 여읜 뒤 다시 새 아내를 맞는 일'을 비유하여 이르는 말. ⓑ단현(斷絃).

속화 俗化 (속될 속, 될 화). 속(俗)되게 변함[化]. 또는 그렇게 되게 함.

속회 續會 (이을 속, 모일 회). 회의(會議)를 다시 계속함[續].

속효 速效 (빠를 속, 효력 효). 빨리[速] 나타나는 효과(效果). ⓑ지효(遲效).

▸속효성 비:료 速效性肥料 (성질 성, 기름질 비, 거리 료). 농업 거름을 주고 나서 빠르게[速] 효과(效果)가 나타나는 성질(性質)의 비료(肥料).

손:괴 損壞 (상할 손, 무너질 괴). 상하고[損] 부서지게[壞] 함. ¶손괴죄 / 그는 기물 손괴 혐의로 입건되었다.

손:금 損金 (덜 손, 돈 금). 손해(損害) 본 돈[金].

손녀 孫女 (손자 손, 딸 녀). 딸이나 아들, 즉 자손(子孫)의 딸[女]. ¶할머니가 손녀를 품에 안고 자장가를 불러 주었다. ⓑ손자(孫子).

손:득 損得 (덜 손, 얻을 득). 손실(損失)과 이득(利得). ¶이번일은 성사가 되어도 손득이 반반이다.

손:료 損料 (덜 손, 삯 료). 물건을 빌려 주고 닳거나 상한[損] 값[料]으로 받는 돈.

손:-모 損耗 (덜 손, 줄 모). 써서 닳아 없어짐[損=耗].

손부 孫婦 (손자 손, 며느리 부). 손자(孫子)의 아내[婦]. 손자며느리. ¶참한 손부를 얻었다.

손:비 損費 (덜 손, 쓸 비). 어떤 비용 가운데 손해(損害)에 해당하는 비용(費用). '손해비'의 준말.

손:상 損傷 (덜 손, 상할 상). 온전한 것이 덜거나[損] 상함[傷]. ¶손상되지 않도록

잘 다루다.

손:색 遜色 (못할 손, 빛 색). ① [속뜻] 다른 것과 비교하여 빛깔[色]이 조금 못하거나[遜] 떨어짐. ② 다른 것과 견주어 보아 못한 점. ¶이 영화는 당대 최고의 작품이라고 해도 손색이 없다 / 그 청년은 어디에 내놓아도 손색없는 신랑감이다.

손:실 損失 (상할 손, 잃을 실). 상하거나[損] 잃어버림[失]. 또는 그 손해. ¶재산 손실 / 전쟁으로 인명과 물자를 손실했다 / 전통 문화가 손실되는 것이 안타깝다. [반] 이득(利得).

▶손:실-금 損失金 (돈 금). 손실(損失)을 본 금액(金額).

손:양 遜讓 (겸손할 손, 사양할 양). 겸손(謙遜)하게 사양(辭讓)함.

손오공 孫悟空 (손자 손, 깨달을 오, 빌 공). [문학] 중국 명대의 장편 소설『서유기』(西遊記)의 주인공인 원숭이. 신통력을 얻어 천상계로 가서 횡포를 부리다가 석가여래의 법력으로 진압된다. 이후 삼장 법사에게 구출되어 그를 따라서 수많은 어려움을 이겨내고 인도에서 경전을 가져온다.

손:위 遜位 (겸손할 손, 자리 위). 임금의 자리[位]를 사양하여[遜] 내놓음. [비] 양위(讓位).

손:익 損益 (덜 손, 더할 익). ① [속뜻] 덜어짐[損]과 더해짐[益]. ② 손실(損失)과 이익(利益). ¶손익을 따지다. ② [경제] 손익 계정.

▶손:익 계:산 損益計算 (셀 계, 셀 산). [경제] 일정 기간 중에 발생한 비용[損]과 이익(利益)을 대응시켜 순이익을 확정하는 일련의 계산(計算) 절차. [비] 성과 계산(成果計算).

▶손:익 계:정 損益計定 (셀 계, 정할 정). 순손익금을 산정하기 위하여 결산기에 한 모든 비용과 수익[損益] 항목의 계정(計定).

▶손:익 계:산서 損益計算書 (셀 계, 셀 산, 글 서). [경제] 한 회계 기간에 기업의 모든 비용과 수익을 비교하여서 손익(損益)의 정도를 밝히는 계산서(計算書).

▶손:익 분기점 損益分岐點 (나눌 분, 갈림길 기, 점 점). [경제] 손익 계산에서 수입과 비용이 일치하고 손실(損失)과 이익(利益)의 갈림길[分岐]이 되는 점(點).

손자 孫子 (손자 손, 아이 자). ① [속뜻] 손(孫)을 이을 아이[子]. 자식의 자식. ② 중국 춘추전국 시대의 전략가 '손무'(孫武)의 존칭. ③ [책명] 손무가 저술한 병서(兵書). 전략 전술의 법칙을 상세하게 설명해 놓았다. 1권 3편. [반] 손녀(孫女).

손:자삼요 損者三樂 (덜 손, 것 자, 석 삼, 좋아할 요). 사람들에게 손해(損害)가 되는[者] 세[三] 가지의 좋아함[樂]. 교만하게 놀기를 즐기는 일, 편안하게 놀기를 즐기는 일, 주색을 즐기는 일을 이른다. [반] 익자삼요(益者三樂).

손:자삼우 損者三友 (덜 손, 사람 자, 석 삼, 벗 우). 사귀면 손해(損害)가 되는[者] 세[三] 종류의 벗[友]. 편벽한 벗, 착하기만 하고 줏대가 없는 벗, 말만 잘하고 성실하지 못한 벗을 이른다. [비] 삼손우(三損友). [반] 익자삼우(益者三友).

손:재 損財 (덜 손, 재물 재). 재물(財物)을 잃어버림[損]. 또는 그 잃어버린 재물.

손:피 遜避 (겸손할 손, 피할 피). 겸손(謙遜)하게 사양하여 피(避)함.

손:해 損害 (덜 손, 해칠 해). 금전, 물질 면에서 본디보다 밑지거나[損] 해(害)를 봄. ¶손해를 보다. [비] 손실(損失). [반] 이익(利益).

▶손:해 보:험 損害保險 (지킬 보, 험할 험). [경제] 불의의 사고로 생기는 손해(損害)에 대하여 보상하는 보험(保險). 화재 보험(火災保險)이나 해상 보험(海上保險) 따위.

솔가 率家 (거느릴 솔, 집 가). 온 집안[家] 식구를 거느리고[率] 가거나 옴. ¶그 해에 솔가를 해서 서울로 올라왔다.

솔거 노비 率居奴婢 (거느릴 솔, 살 거, 종 노, 여자종 비). [역사] 주인집에 딸려[率] 살면서[居] 가내 노동이나 경작을 하던 노비(奴婢).

솔권 率眷 (거느릴 솔, 식구 권). 집안 식구[眷]를 거느리고[率] 가거나 옴. [비] 솔가(率家).

솔선 率先 (거느릴 솔, 먼저 선). ① [속뜻] 남보다 먼저[先] 나서서 다른 사람들을 거느림[率]. ② 앞장서서 모범을 보임. ¶그녀는 솔선하여 봉사 활동에 참여했다.

▶솔선-수범 率先垂範 (드리울 수, 본보기 범). 앞장서서[率先] 모범(模範)을 보임

[垂]. ¶자식을 올바르게 가르치기 위해서는 부모가 먼저 솔선수범해야 한다.

솔성 率性 (거느릴 솔, 성품 성). ① 속뜻 천성(天性)을 따름[率]. ② 타고난 성질. ⓑ성품(性品), 성격(性格).

솔직 率直 (소탈할 솔, 곧을 직). 거짓이나 숨김이 없이 소탈하고[率] 올곧음[直]. ¶나는 너의 솔직한 생각을 듣고 싶다. ⓑ꾸밈없다.

송ː가 頌歌 (기릴 송, 노래 가). 공덕을 기리는[頌] 노래[歌]. ¶크리스마스 송가.

송강-가사 松江歌辭 (소나무 송, 강 강, 노래 가, 말씀 사). 문학 송강(松江) 정철(鄭澈)이 지은 시조와 가사(歌辭) 등을 모아 엮은 책. 전 2권.

송ː경 誦經 (욀 송, 책 경). ① 점치는 소경이 경문(經文)을 외움[誦]. ② 불교 불경을 외움.

송ː고 送稿 (보낼 송, 원고 고). 원고(原稿)를 보냄[送]. ¶탈고를 마치고 출판사로 송고하였다.

송과-선 松果腺 (소나무 송, 열매 과, 샘 선). 의학 좌우 대뇌 반구 사이 셋째 뇌실의 뒷부분에 있는 솔방울[松果] 모양의 분비샘[腺]. 멜라토닌을 만들어 낸다.

송ː구[1] 送球 (보낼 송, 공 구). 운동 구기(球技) 종목에서 공[球]을 상대방 편에 보냄[送]. ¶송구 실책으로 한 점을 내주었다.

송ː구[2] 悚懼 (두려워할 송, 두려워할 구). 미안하고 두렵다[悚=懼]. ¶송구한 마음 / 과분하게 칭찬하니 송구스럽습니다.

송ː구-영신 送舊迎新 (보낼 송, 옛 구, 맞이할 영, 새 신). 묵은해[舊]를 보내고[送] 새해[新]를 맞이함[迎]. ⓒ송영.

송ː금 送金 (보낼 송, 돈 금). 돈[金]을 부침[送]. 또는 그 돈. ¶송금 수수료 / 월급의 반 이상을 동생에게 송금했다.

▸송ː금-환 送金換 (바꿀 환). 경제 은행을 매개로 하여 멀리 떨어진 사람에게 송금(送金)하여 돈으로 바꾸는[換] 방법.

▸송ː금 수표 送金手票 (손 수, 쪽지 표). 경제 송금(送金)에 쓰이는 수표(手票). 은행이 자기 지점 등에 대하여 발행한다.

송기 松肌 (소나무 송, 살가죽 기). 소나무[松] 어린 가지의 속껍질[肌].

송ː년 送年 (보낼 송, 해 년). 한 해[年]를 보냄[送]. ¶송년 모임. ⓑ영년(迎年).

▸송ː년-사 送年辭 (말씀 사). 묵은해[年]를 보내면서[送] 하는 인사말[辭]. ⓑ신년사(新年辭).

▸송ː년-호 送年號 (차례 호). 묵은해[年]를 보내면서[送] 발행하는 정기 간행물의 그해의 마지막 호(號).

송ː달 送達 (보낼 송, 보낼 달). ① 편지나 물품 따위를 보냄[送=達]. ¶명절에는 우편물 송달이 늦어진다. ② 법률 소송상(訴訟上)의 서류를 일정한 격식과 절차에 따라 당사자 및 소송 관계인에게 보내어 줌.

▸송ː달-리 送達吏 (벼슬아치 리). 법원 서기의 위임을 받아 소송 관련 서류를 송달(送達)하는 사람[吏].

송ː덕 頌德 (기릴 송, 베풀 덕). 공덕(功德)을 기림[頌].

▸송ː덕-문 頌德文 (글월 문). 공덕(功德)을 기리는[頌] 글[文].

▸송ː덕-비 頌德碑 (비석 비). 공덕(功德)을 기리기[頌] 위하여 세운 비석(碑石). ¶마을 사람들은 의병들을 위해 송덕비를 세웠다.

송ː도-가 頌禱歌 (기릴 송, 빌 도, 노래 가). 어떤 인물을 칭송(稱頌)하고 복을 비는[禱] 내용의 노래[歌].

송도-삼절 松都三絶 (소나무 송, 도읍 도, 석 삼, 뛰어날 절). 개성[松都]의 뛰어난[絶] 세[三] 가지. 서화담(徐花潭), 황진이(黃眞伊), 박연 폭포(朴淵瀑布)를 이른다.

송로 松露 (소나무 송, 이슬 로). ① 속뜻 솔[松]잎에 맺힌 이슬[露]. ② 식물 알버섯과의 버섯. 4~5월에 모래땅의 소나무 숲, 특히 바닷가에서 자란다.

송ː독 誦讀 (욀 송, 읽을 독). ① 속뜻 외어[誦] 읽음[讀]. ¶축문을 송독하다. ② 소리 내어 읽음. ⓑ송서(誦書).

송ː료 送料 (보낼 송, 삯 료). 물건을 부치는[送] 데 드는 요금(料金).

송림 松林 (소나무 송, 수풀 림). 소나무[松]가 우거진 숲[林]. ¶해변을 따라 송림이 울창하게 우거져 있다. ⓑ솔숲.

송목 松木 (소나무 송, 나무 목). 식물 소나무[松]과의 상록 침엽 교목(喬木). ⓑ소나무.

송백 松柏 (소나무 송, 잣나무 백). ① 소나무

[松]와 잣나무[柏]. ②겉질을 벗기어 솔잎에 꿴 잣.
▸송백-조 松柏操 (잡을 조). 소나무[松]나 잣나무[柏]처럼 변하지 않는 지조(志操)나 절개.

송:별 送別 (보낼 송, 나눌 별). 멀리 떠나는[別] 이를 보냄[送]. ¶송별의 정을 나누다.
▸송:별-사 送別辭 (말씀 사). 떠나는[別] 이를 보내며[送] 하는 인사말[辭]. 또는 그러한 글. [준]송사.
▸송:별-연 送別宴 (잔치 연). 떠나는[別] 이를 보내며[送] 베푸는 잔치[宴]. [준]별연.
▸송:별-회 送別會 (모일 회). 송별(送別)의 서운함을 달래기 위한 뜻으로 여는 모임[會].

송:부 送付 (보낼 송, 줄 부). 우편이나 물건을 보내어[送] 줌[付]. ¶계약서를 송부하다.

송:사¹ 送辭 (보낼 송, 말씀 사). 떠나는 사람을 이별하여 보내면서[送] 하는 인사말[辭]. ¶교장 선생님이 송사를 하셨다. [비]송별사(送別辭). [반]답사(答辭).

송:사² 訟事 (고소할 송, 일 사). [법률]고소하여[訟] 소송(訴訟)을 벌이는 일[事]. 재판에 의하여 법률관계를 확정하여 줄 것을 법원에 요구한다. [비]소송(訴訟).

송:사³ 頌辭 (기릴 송, 말씀 사). 공덕을 기리는[頌] 말[辭].

송상¹ 松商 (소나무 송, 장사 상). [역사]조선 때, 송도(松都)의 상인(商人)을 이르던 말.

송:상² 送像 (보낼 송, 모양 상). ①[속뜻]영상[像]을 보냄[送]. ②[물리]텔레비전이나 전송 사진 따위에서 화면을 전파로 보냄.
▸송:상-기 送像機 (틀 기). [물리]영상(影像)을 전파로 보내는[送] 기계(機械). [반]수상기(受像機).

송수¹ 松樹 (소나무 송, 나무 수). ①[속뜻]소[松] 나무[樹]. ②[식물]소나뭇과의 모든 식물을 통틀어 이르는 말.

송:수² 送受 (보낼 송, 받을 수). 보냄[送]과 받음[受].

송:수³ 送水 (보낼 송, 물 수). 물[水]을 보냄[送].
▸송:수-관 送水管 (대롱 관). 상수도의 물[水]을 보내는[送] 관(管).

송순-주 松筍酒 (소나무 송, 죽순 순, 술 주). 소나무[松]의 새 순(筍)을 넣어 빚은 술[酒]. 또는 소주에 송순을 담가 우린 술.

송:시 頌詩 (기릴 송, 시 시). 공덕을 기리는[頌] 시(詩).

송:신¹ 送神 (보낼 송, 귀신 신). 제사가 끝난 뒤에 신(神)을 보냄[送]. [반]영신(迎神).

송:신² 送信 (보낼 송, 소식 신). 전보, 전화, 편지 따위로 소식[信]을 보냄[送]. ¶무선으로 전파를 송신하다. [반]수신(受信).
▸송:신-관 送信管 (대롱 관). [통신]통신(通信)을 보내기[送] 위해 사용하는 전자관(電子管). [반]수신관(受信管).
▸송:신-기 送信機 (틀 기). [통신]유무선의 통신기의 통신(通信)을 보내는[送] 장치[機]. [반]수신기(受信機).

송실 松實 (소나무 송, 열매 실). 소나무[松]의 열매[實]. [비]솔방울.

송액¹ 松液 (소나무 송, 진 액). 소나무[松]를 자른 자리에서 흘러나오는 진[液].

송:액² 送厄 (보낼 송, 재앙 액). 액운(厄運)을 보냄[送].

송어 松魚 (소나무 송, 물고기 어). ①[속뜻]소나무[松] 겉질 무늬 모양이 있는 물고기[魚]. ②[동물]연어과의 물고기. 등은 짙은 남색, 배는 은백색이다. 산란기에 강을 거슬러 올라간다.

송연¹ 悚然 (두려워할 송, 그러할 연). 두려워서[悚] 몸이 오싹하는 그런[然] 느낌이 있다. ¶모골이 송연해 졌다.

송연² 松烟 (=松煙, 소나무 송, 연기 연). 소나무[松]를 태울 때 연기[烟]와 함께 나온 검은 가루. 먹의 원료로 쓰인다.
▸송연-묵 松烟墨 (먹 묵). 송연(松烟)으로 만든 먹[墨].

송엽 松葉 (소나무 송, 잎 엽). 소나무[松]의 잎[葉].
▸송엽-주 松葉酒 (술 주). 소나무[松] 잎[葉]을 넣어 빚은 술[酒].

송:영 送迎 (보낼 송, 맞이할 영). ①[속뜻]가는 이를 전송(餞送)하고 오는 이를 맞이함[迎]. ¶파병되는 군인을 송영하기 위해 사람들이 역에 모였다. [비]영송(迎送). ②'송구영신'(送舊迎新)의 준말.
▸송:영-대 送迎臺 (돈대 대). 공항 등에서

송영(送迎)할 때, 서로 바라다볼 수 있게 만든 대(臺).

송유 松油 (소나무 송, 기름 유). 솔가지[松]를 잘라 불에 구워 받은 기름[油].

송:유-관 送油管 (보낼 송, 기름 유, 대롱 관). 석유(石油)나 원유(原油) 등을 딴 곳으로 보내는[送] 관(管). ⓑ유송관(油送管).

송이 松栮 (소나무 송, 버섯 이). ① 속뜻 소나무[松]에서 자라는 버섯[栮]. ② 식물 송이과의 버섯. 갓 모양은 지름 8~20㎝, 자루는 10㎝ 가량의 자루로 되어 있다. 추석 무렵 솔밭에 나는데 향기가 좋고 맛이 있어 식용 버섯의 대표로 꼽힌다.

송:인 送人 (보낼 송, 사람 인). ① 속뜻 사람[人]을 보냄[送]. ② 문학 고려 때에, 정지상이 대동강 변에서의 이별의 슬픔을 읊은 칠언 절구.

송:자[1] 宋瓷 (=宋磁, 송나라 송, 사기그릇 자). 수공 중국 송(宋)나라 때에 만들어진 도자기(陶瓷器). ¶고려청자는 송자의 영향을 받았다.

송자[2] 松子 (소나무 송, 씨 자). ① 속뜻 소나무[松]의 씨[子]가 들어 있는 솔방울. ② 잣나무의 열매.

송:장 送狀 (보낼 송, 문서 장). ① 속뜻 보내는[送] 짐의 내용을 적은 문서[狀]. ② 경제 매매 상품을 멀리 떨어진 곳으로 발송할 때 짐을 받을 사람에게 보내는 상품의 명세서.

송:적 送籍 (보낼 송, 문서 적). 결혼이나 양자를 들일 때 호적(戶籍)을 옮김[送].

송:전 送電 (보낼 송, 전기 전). 전력(電力)을 보냄[送].

▸송:전-선 送電線 (줄 선). 전기 전력(電力)을 발전소로부터 변전소나 배전소까지 보내는[送] 데 쓰는 선(線).

송:정 送呈 (보낼 송, 드릴 정). 윗사람께 편지나 물건 따위를 보내어[送] 드림[呈].

송:조-체 宋朝體 (송나라 송, 조정 조, 모양 체). 예술 송나라[宋朝] 때 유행했던 글씨체(體). 해서체의 하나로 가늘고 끝이 날카롭다. ⓒ송조. 송체. ⓒ명조체(明朝體). 청조체(淸朝體).

송죽 松竹 (소나무 송, 대나무 죽). 소나무[松]와 대나무[竹].

▸송죽매 松竹梅 (매화나무 매). 추위에 견디는 소나무[松]·대나무[竹]·매화(梅花)나무를 아울러 이르는 말. ⓑ세한삼우(歲寒三友).

▸송죽지절 松竹之節 (어조사 지, 지조 절). 소나무[松]와 대나무[竹]같이 굳고 곧은 절개(節槪).

송:증 送證 (보낼 송, 증거 증). 물품을 보내는 사람이 받을 사람에게 보내는[送] 물품의 명세서[證]. ⓑ송장(送狀).

송지 松脂 (소나무 송, 기름 지). 소나무[松]에서 나는 담황색 수지(樹脂). ⓑ송방(松肪), 송진(松津).

▸송지-유 松脂油 (기름 유). 송진[松脂]을 수증기로 증류하여 얻는 정유(精油).

송진 松津 (소나무 송, 끈끈할 진). 소나무[松]에서 나오는 진액(津液). ⓑ송지(松脂).

송:채 送綵 (보낼 송, 비단 채). 혼인 때 신랑의 집에서 신부의 집으로 청색과 홍색의 채단(綵緞)을 보냄[送]. 또는 그런 일.

송:청 送廳 (보낼 송, 관청 청). 법률 수사 기관에서 피의자를 사건 서류와 함께 검찰청(檢察廳)으로 넘겨 보내는[送] 일.

송:축 頌祝 (기릴 송, 빌 축). 경사스러운 일을 기리어[頌] 축하(祝賀)함. ¶악장(樂章)은 조선왕조의 개국을 송축하기 위해 만들어진 시가이다. ⓑ송도(頌禱).

▸송:축-가 頌祝歌 (노래 가). 어떤 인물을 송축(頌祝)하는 내용의 노래[歌].

송:춘[1] 送春 (보낼 송, 봄 춘). 봄[春]을 보냄[送]. ⓑ전춘(餞春).

송:춘[2] 頌春 (기릴 송, 봄 춘). 봄[春]을 칭송(稱頌)함. ¶새해를 맞이하여 송춘의 시를 지었다.

송충 松蟲 (소나무 송, 벌레 충). 동물 솔[松] 나방의 애벌레[蟲]. 몸은 누에 모양이며 몸빛은 흑갈색이다. 온몸에 긴 털이 나 있으며 솔잎을 갉아먹는 해충이다.

송:치 送致 (보낼 송, 보낼 치). 법률 수사 기관에서 검찰청. 또는 어떤 검찰청에서 다른 검찰청으로 피의자와 관련 서류를 넘겨 보냄[送=致]. 또는 그 일.

송:판 宋版 (송나라 송, 책 판). 송(宋)나라 때, 송조체(宋朝體)로 간행된 책[版]. ¶송대에는 인쇄술의 발달로 송판이 유행하였

다. [비]송본(宋本).

송판 **松板** (소나무 송, 널빤지 판). 소나무[松]를 켜서 만든 널빤지[板]. ¶대패로 송판을 밀었다.

송:품 **送品** (보낼 송, 물건 품). 물품(物品)을 보냄[送]. 또는 그 물품.

송:풍 **送風** (보낼 송, 바람 풍). 기계 따위로 바람[風]을 일으켜 보냄[送]. ¶송풍 장치.

▸송:풍-구 送風口 (구멍 구). 강하고 뜨거운 바람[風]을 보내는[送] 구멍[口].

▸송:풍-기 送風機 (틀 기). [기계] 바람[風]을 일으켜 보내는[送] 기계(機械). 갱(坑)이나 실내의 환기, 용광로와 같은 화로의 통풍을 위해 쓰며 압력식, 회전식, 원심식 따위가 있다.

송:하-인 **送荷人** (보낼 송, 짐 하, 사람 인). 물품[荷]의 운송(運送)을 맡은 사람[人]. [반]수하인(受荷人).

송:학 **宋學** (송나라 송, 배울 학). 중국 송(宋)나라 때의 유학(儒學). 정주(程朱)의 '성리학'(性理學)을 이르는 말.

송화[1] **松花** (소나무 송, 꽃 화). 소나무[松]의 꽃[花]. 또는 그 꽃가루.

▸송화-색 松花色 (빛 색). 송화(松花)같이 옅은 누른빛[色]. ¶송화색 치마.

▸송화-주 松花酒 (술 주). 송화(松花)를 줄거리째 넣어 빚은 술[酒].

▸송화-다식 松花茶食 (차 다, 밥 식). 송화(松花) 가루를 꿀로 반죽하여 다식판에 박아 낸 다식(茶食).

▸송화-밀수 松花蜜水 (꿀 밀, 물 수). 송화(松花) 가루와 꿀[蜜]을 넣어 만든 음료수(飮料水).

송:화[2] **送話** (보낼 송, 말할 화). 전화로 상대편에게 말[話]을 보냄[送]. ¶상대편이 송화한 내용을 녹음했다. [반]수화(受話).

▸송:화-기 送話器 (그릇 기). 전화기 등을 통해 상대편에게 한 말[話]을 보내는[送] 기기(器機)로 바꾸는 장치. [반]수화기(受話器).

송:환 **送還** (보낼 송, 돌아올 환). 돌려[還] 보냄[送]. ¶탈북자를 강제로 송환하다.

쇄:광 **碎鑛** (부술 쇄, 쇳돌 광). [광업] 광석(鑛石)을 부수어[碎] 광물의 성분을 빼냄. 또는 부순 광석.

쇄:국 **鎖國** (잠글 쇄, 나라 국). ① [속뜻] 나라[國] 문을 잠금[鎖]. ② 외국과의 교통이나 무역을 막음. [반]개국(開國).

▸쇄:국 정책 鎖國政策 (정치 정, 꾀 책). ① [속뜻] 나라[國] 문을 잠그는[鎖] 정책(政策). ② [정치] 자국의 이익이나 국가 안보를 위하여 다른 나라와의 통상과 교역을 금지하는 정책. ¶흥선대원군은 쇄국정책을 썼다. [반]개방 정책(開放政策).

▸쇄:국-주의 鎖國主義 (주될 주, 뜻 의). ① [속뜻] 나라[國]의 문을 닫아야[鎖] 한다는 주의(主義). ② [정치] 다른 나라와의 통상과 교역에 반대하는 사상. [반]개국주의(開國主義).

쇄:도 **殺到** (빠를 쇄, 이를 도). 세차고 빠르게[殺] 몰려듦[到]. ¶상품을 문의하는 전화가 쇄도하다.

쇄:목 **碎木** (부술 쇄, 나무 목). 나무[木]를 갈거나 부스러뜨림[碎].

쇄:빙 **碎氷** (부술 쇄, 얼음 빙). 얼음[氷]을 깨뜨려 부숨[碎]. 또는 부서진 얼음.

쇄:상 **鎖狀** (쇠사슬 쇄, 형상 상). 쇠고리[鎖]를 길게 이어 놓은 것과 같은 모양[狀]. ¶쇄상 화합물. [비]사슬.

쇄:석 **碎石** (부술 쇄, 돌 석). 돌[石]을 잘게 깨뜨려 부숨[碎]. 또는 그 돌.

▸쇄:석-기 碎石機 (틀 기). 바위나 돌[石]을 필요로 하는 크기로 부수는[碎] 기계(機械).

쇄:신[1] **刷新** (쓸어낼 쇄, 새 신). 묵은 것이나 폐단을 쓸어내어[刷] 새롭게[新] 함. ¶회사의 기강을 쇄신하다.

쇄:신[2] **碎身** (부술 쇄, 몸 신). ① [속뜻] 몸[身]을 부숨[碎]. ② 몸이 부서지도록 무엇에 힘씀. '분골쇄신'(粉骨碎身)의 준말.

쇄:편 **碎片** (부술 쇄, 조각 편). 부서진[碎] 조각[片].

쇄:항 **鎖港** (잠글 쇄, 항구 항). ① [속뜻] 항구(港口)에 배가 드나들지 못하도록 막음[鎖]. ② 다른 나라 배의 출입을 금하여 통상을 못하도록 막음.

쇠락 **衰落** (쇠할 쇠, 떨어질 락). 쇠(衰)하여 말라 떨어짐[落]. ¶쇠락의 길을 걷다 / 병이 들어 몸이 쇠락해졌다.

쇠령 **衰齡** (쇠할 쇠, 나이 령). 늙어서 기력이 점점 쇠(衰)하여 가는 나이[齡]. ⓑ쇠년(衰年).

쇠로 衰老 (쇠할 쇠, 늙을 로). 늙어[老] 쇠약(衰弱)해짐. ⓑ노쇠(老衰).

쇠망 衰亡 (쇠할 쇠, 망할 망). 쇠퇴(衰退)하여 망(亡)함. ¶그는 쇠망한 명문거족의 자제였다.

쇠멸 衰滅 (쇠할 쇠, 없어질 멸). 쇠퇴(衰退)하여 없어짐[滅].

쇠모 衰耗 (쇠할 쇠, 줄 모). 힘이 쇠(衰)하여 줄어듦[耗]. ¶이젠 나도 쇠모하여 너를 도와줄 수 없구나.

쇠안[1] 衰眼 (쇠할 쇠, 눈 안). 쇠약(衰弱)해진 시력[眼]. ¶쇠안 때문에 돋보기를 썼다.

쇠안[2] 衰顔 (쇠할 쇠, 얼굴 안). 쇠약(衰弱)한 얼굴[顔].

쇠약 衰弱 (쇠할 쇠, 약할 약). 몸이 쇠퇴(衰退)하여 약(弱)함. ¶신경 쇠약 / 노인들은 나이가 들면서 기력이 쇠약해진다.

쇠운 衰運 (쇠할 쇠, 운수 운). 쇠퇴(衰退)하는 운수(運數). ¶그 기업은 쇠운을 벗어나려고 노력했지만 허사였다.

쇠잔 衰殘 (쇠할 쇠, 남을 잔). 쇠(衰)하여 기세가 조금만 남음[殘]. ¶도읍이 옮겨지자 번성했던 구도(舊都)는 쇠잔해졌다.

쇠진 衰盡 (쇠할 쇠, 다될 진). 약해져[衰] 기운이나 세력이 다함[盡]. ¶온몸의 기력이 쇠진하다.

쇠태 衰態 (쇠할 쇠, 모양 태). 쇠약(衰弱)한 모습[態]이나 상태.

***쇠퇴** 衰退 (=衰頹, 쇠할 쇠, 물러날 퇴). 기세가 쇠(衰)하여 무너짐[退]. ¶국력의 쇠퇴 / 나이가 들면 기억력이 점점 쇠퇴한다. ⓑ왕성(旺盛), 흥성(興盛), 번창(繁昌), 번성(繁盛).

쇠패 衰敗 (쇠할 쇠, 무너질 패). ① 쇠(衰)하여 패망(敗亡)함. ¶단결하지 않으면 국권은 쇠패하기 마련이다. ② 늙어 기력이 없어짐.

쇠폐[1] 衰弊 (쇠할 쇠, 낡을 폐). 쇠(衰)하고 피폐(疲弊)하여짐.

쇠폐[2] 衰廢 (쇠할 쇠, 그만둘 폐). 쇠(衰)하여 없어짐[廢]. ¶결국 구도(舊都)는 쇠폐하고 말았다.

수가 酬價 (갚을 수, 값 가). 보수(報酬)로 주는 대가[價]. ¶의료 보험 수가.

수각 手刻 (손 수, 새길 각). 기계를 쓰지 않고 손[手]으로 조각(彫刻)하는 일. 또는 그 조각품.

수간[1] 手簡 (손 수, 대쪽 간). ① 속뜻 손수[手] 글이나 편지[簡]를 씀. ② 글이나 편지에서 손아랫사람에 대하여 쓰는 말. ¶스승님께서 수간을 주셨다. ⓑ수서(手書).

수간[2] 獸姦 (짐승 수, 간음할 간). 짐승[獸]을 상대로 하는 변태적인 성행위[姦].

수감[1] 收監 (거둘 수, 볼 감). 죄인 등을 감방(監房)에 가둠[收]. ¶그는 교도소에 수감 중이다.

▸ 수감-자 收監者 (사람 자). 수감(收監)된 사람[者].

수감[2] 隨感 (따를 수, 느낄 감). 마음에 느껴지는[感] 그대로[隨]의 것.

▸ 수감-록 隨感錄 (기록할 록). 느껴지는[感] 대로[隨] 적은 기록(記錄). 또는 그 글을 모아 엮은 책.

수갑[1] 手匣 (손 수, 상자 갑). 피의자나 피고인 또는 수형자(受刑者)의 손목[手]에 채우는 형구[匣]. ¶경찰은 범인에게 수갑을 채웠다.

수갑[2] 水閘 (물 수, 수문 갑). 건설 물[水]의 흐름을 막거나 유량을 조절하기 위해 설치한 문[閘]. ⓑ수문(水門).

수강 受講 (받을 수, 익힐 강). 강의(講義)를 듣거나 강습(講習)을 받음[受]. ¶수강 신청 / 한국사 과목을 수강하다.

▸ 수강-생 受講生 (사람 생). 수강(受講)하는 학생(學生).

수개 修改 (고칠 수, 고칠 개). 수리(修理)를 하여 원래대로 고침[改]. ¶사찰을 수개하다.

수갱 垂坑 (드리울 수, 구덩이 갱). 광업 광산에서 수직(垂直)으로 판 갱도(坑道). ¶수갱의 벽이 갈라졌다.

수거 收去 (거둘 수, 없앨 거). 거두어[收] 가 없애버림[去]. ¶분리수거 / 집배원이 우편물을 수거해 갔다.

▸ 수거-함 收去函 (상자 함). 무엇을 거두어[收] 가기[去] 위해 담아 두는 상자나 함(函). ¶헌옷 수거함.

수:건 手巾 (손 수, 헝겊 건). 얼굴이나 손

[手] 따위를 닦는 헝겊[巾]. ¶이 수건으로 머리를 말리세요.

수검 受檢 (받을 수, 검사할 검). 검사(檢査)나 검열(檢閱)을 받음[受]. ¶수검이 끝난 축산물에 도장을 찍다.

수격 작용 水擊作用 (물 수, 부딪칠 격, 지을 작, 쓸 용). ① [속뜻] 물[水]이 부딪혀[擊] 생기는 작용(作用). ② [물리] 물의 흐름을 갑자기 막으면 생기는 수압으로 인해 생긴 파랑(波浪)이 급격(急激)히 관내를 왕복(往復)하는 현상(現象).

수결 手決 (손 수, 결정할 결). ① [속뜻] 손수[手] 써서 내린 결정(決定). ② [역사] 자기 성명이나 직함 아래에 도장 대신 자필로 글자를 직접 쓰던 일. ¶장군의 수결을 받기 위하여 문서를 올렸다. [비]수례(手例), 수압(手押). [참]서명(署名).

수경1 水鏡 (물 수, 거울 경). ① 물[水] 속을 보기 위해 쓰는 안경(眼鏡). ¶수영을 할 때에는 수경을 껴야 한다. ② 남의 스승이 될 만한 맑고 깨끗한 인격이나 인물을 '물과 거울'에 비유하여 이르는 말.

수경2 水耕 (물 수, 밭갈 경). [농업] 식물이 자라는 데 필요한 양분을 물에 녹인 배양액[水]만으로 식물을 재배하는[耕] 방법. '수경 재배'(栽培)의 준말. [비]물재배.

▸ **수경-법** 水耕法 (법 법). 수경(水耕) 재배에 의한 방법(方法).

수경-성 水硬性 (물 수, 단단할 경, 성질 성). 물[水]을 섞으면 굳어지는[硬] 성질(性質). ¶석회나 시멘트는 수경성 물질이다.

수경-증 手硬症 (손 수, 단단할 경, 증세 증). [한의] 뇌척수막염 따위로 손[手]이 뻣뻣하여지는[硬] 증세(症勢).

수계1 水界 (물 수, 지경 계). ① [지리] 지구 표면 위의 물[水]이 차지하는 부분[界]. ② 물과 육지의 경계. [비]수권(水圈).

수계2 守誡 (지킬 수, 경계할 계). [기독교] 계명(誡命)을 지킴[守].

수계3 受戒 (받을 수, 경계할 계). [불교] 승려가 계율(戒律)을 받음[受]. ¶수계 법회 / 법명을 내린 뒤에 수계를 주었다.

수계4 水系 (물 수, 이어 맬 계). [지리] 지표(地表)의 물[水]이 점차로 모여서 같은 물줄기를 이루는 계통(系統).

▸ **수계 전염** 水系傳染 (전할 전, 물들일 염). [의학] 어떤 전염병이 물[水系]에 의하여 옮겨지는[傳染] 일. 콜레라, 장티푸스, 이질 따위. '수인 감염'(水因感染)의 전용어.

수: 계수 數係數 (셀 수, 맬 계, 셀 수). [수학] 숫자와 문자의 곱으로 된 단항식(單項式)에서 숫자[數]로 된 계수(係數)를 문자 계수에 대하여 이르는 말.

수고 壽考 (목숨 수, 오래 살 고). 목숨[壽]이 오래 감[考]. 사람이 오래 삶.

수곡-선 垂曲線 (드리울 수, 굽을 곡, 줄 선). [수학] 실 따위의 양쪽 끝을 고정시키고 중간 부분을 자연스럽게 늘어뜨렸을 때[垂], 실이 이루는 곡선(曲線). [비]현수선(懸垂線).

수골 收骨 (거둘 수, 뼈 골). ① 묻기 위해 흩어진 뼈[骨]를 수습(收拾)함. ② 화장한 뒤에 남은 뼈를 거둠.

수공1 水孔 (물 수, 구멍 공). ① [속뜻] 물[水]이 드나드는 구멍[孔]. ② [식물] 식물체 내의 수분을 배출하는 작은 구멍. 식물의 잎맥 끝에 있다. ③ [동물] 극피동물의 체벽에 위치한 작은 구멍. 체강 내에 바닷물을 넣는다.

수공2 水攻 (물 수, 칠 공). ① [속뜻] 물[水]을 이용한 공격(攻擊). ② 물길을 끊어 급수를 차단하거나 큰물이 들게 하여 침수시켜 공격함.

수공3 殊功 (뛰어날 수, 공로 공). 뛰어난[殊] 공훈(功勳). ¶수공을 세운 장군들을 치하하다. [비]수효(殊效), 수훈(殊勳).

수공4 手工 (손 수, 장인 공). ① [속뜻] 손[手]으로 하는 공예(工藝). ② 손으로 하는 일의 품. 또는 그 품삯. ¶한복을 만들려면 수공이 많이 든다.

▸ **수공-업** 手工業 (일 업). 간단한 도구와 손[手]으로 물건을 만드는[工] 작은 규모의 일[業]. ¶가내 수공업.

▸ **수공-품** 手工品 (물건 품). 손[手]으로 만든[工] 공예품(工藝品).

▸ **수공업-자** 手工業者 (일 업, 사람 자). 수공업(手工業)을 전문적으로 일하는 사람[者].

수-공예 手工藝 (손 수, 장인 공, 재주 예). 손[手]이나 간단한 도구로 물건을 만드는 공예(工藝). ¶통영은 나전칠기 수공예가 발달했다.

수과 水瓜 (물 수, 오이 과). ① 속뜻 물[水]이 많이 들어 있는 박[瓜]과의 식물. ② 식물 수박. 박과의 한해살이풀. 줄기는 4~6m로 땅 위를 기며, 여름에 누런 꽃이 핀다. 열매는 크고 둥글며 식용한다.

수관[1] 樹冠 (나무 수, 갓 관). 식물 나무[樹] 줄기에서 많은 가지와 잎이 달려 마치 갓[冠] 모양을 이루는 윗부분(部分). ¶이 해송(海松)은 수관이 지름 30m에 달한다.

수관[2] 水管 (물 수, 대롱 관). ① 속뜻 물[水]을 흐르게 하는 관(管). ② 동물 연체동물에서 호흡수, 먹이, 배설물 따위가 드나드는 관. ⓑ물관.

▸**수관-계** 水管系 (이어 맬 계). ① 속뜻 수관(水管)이 중심이 되는 조직[系]. ② 동물 극피동물 특유의 기관. 관내에는 해수(海水)에 가까운 체강액을 채워 호흡·배출·운동을 한다.

수: 관형사 數冠形詞 (셀 수, 갓 관, 모양 형, 말씀 사). 언어 사물의 수(數)나 양을 나타내어 체언을 꾸미는 관형사(冠形詞). '한 개'의 '한', '두 사람'의 '두' 따위.

수괴 首魁 (머리 수, 으뜸 괴). 못된 짓을 하는 무리의 우두[魁] 머리[首]. ¶반란의 수괴를 잡아들였다. ⓑ괴수(魁首).

수교[1] 手交 (손 수, 서로 교). 손수[手] 내어 줌[交]. 직접 건네줌.

수교[2] 修交 (닦을 수, 사귈 교). 나라와 나라 사이에 교제(交際)의 길을 닦아[修] 맺음. ¶수교를 맺다 / 중국과 수교하다.

▸**수교 포장** 修交褒章 (기릴 포, 글 장). 법률 국교(國交)를 맺는[修] 데 공적이 큰 사람을 기리는[褒] 의미로 주는 휘장(徽章).

▸**수교 훈장** 修交勳章 (공 훈, 글 장). 법률 국교(國交)를 맺는[修] 데 크게 공[勳]을 세운 사람에게 주는 휘장(徽章).

수구[1] 水口 (물 수, 어귀 구). ① 물[水]이 흘러 나가는 어귀[口]. ¶이 성은 수구 옆에 북문을 만들었다. ② 민속 풍수지리에서 득(得)이 흘러간 곳을 이름.

수구[2] 水球 (물 수, 공 구). 운동 각각 일곱 사람으로 이루어진 두 편이 물[水] 속에서 공[球]을 상대편 골에 넣어 득점의 많고 적음으로 승부를 겨루는 경기.

수구[3] 壽具 (목숨 수, 갖출 구). 수명(壽命)이 다하여 죽은 뒤 염할 때에 갖추어야[具] 할 것. 옷, 이불, 베개, 버선 따위를 이른다. ¶살아 있을 때 수구를 갖추어 둔 사람은 흔히 오래 산다고 한다.

수구[4] 守舊 (지킬 수, 옛 구). 묵은[舊] 관습이나 제도를 그대로 지키고[守] 따름. ¶수구와 진보의 대립.

▸**수구-당** 守舊黨 (무리 당). ① 속뜻 옛[舊] 제도를 지키기[守]를 주장하는 당파(黨派). ② 역사 조선 후기에 최익현을 중심으로 하여 대외 통상을 반대하고 통상 수교의 거부를 주장하던 무리. ⓑ개화당(開化黨).

수구-초심 首丘初心 (머리 수, 언덕 구, 처음 초, 마음 심). ① 속뜻 여우는 죽을 때 제가 살던 언덕[丘]을 향해 머리[首]를 두고 초심(初心)으로 돌아감. ② '고향을 그리워하는 마음'을 비유하여 이르는 말.

수국 水菊 (물 수, 국화 국). ① 속뜻 물[水]을 좋아하는 국화(菊花). ② 식물 가을에 연한 자줏빛과 연분홍의 많은 꽃이 피는 관상용 식물. 높이는 1m 정도이며, 우리나라와 중국, 일본 등지에서 재배하는데 개량종이 많다. ⓑ자양화(紫陽花).

***수군** 水軍 (물 수, 군사 군). 역사 배를 타고 바다[水]에서 싸우던 군대(軍隊). 지금의 해군(海軍)에 해당한다. ¶이순신 장군은 수군을 이끌고 왜구를 물리쳤다. ⓑ수사(水師), 주군(舟軍), 주사(舟師).

▸**수군-절도사** 水軍節度使 (알맞을 절, 법도 도, 부릴 사). 역사 수군(水軍)을 통솔하던 으뜸 벼슬[節度使]. 각 도에 두었던 수영(水營)의 정삼품 외직 무관. ⓒ수사. 절도사.

수궁 水宮 (물 수, 대궐 궁). 물[水] 속에 있다는 상상의 궁궐(宮闕). ¶자라는 토끼를 수궁으로 데려왔다. ⓑ용궁(龍宮).

▸**수궁-가** 水宮歌 (노래 가). 음악 『토끼전』을 판소리로 엮은 것으로 수궁(水宮)의 별주부가 토끼를 잡아가는 내용을 담은 판소리[歌].

수권[1] 水圈 (물 수, 범위 권). 지리 지구 표면 위의 물[水]이 차지하는 부분[圈]. ⓑ수계(水界).

수권[2] 受權 (받을 수, 권리 권). 선거에 의하여 정권(政權)을 물려받는[受] 일. ¶수권 정당으로서의 자격을 갖추었다.

수권[3] **授權** (줄 수, 권리 권). 법률 일정한 자격, 권한, 권리(權利) 따위를 특정인에게 부여하는[授] 일.

▸수권 행위 授權行爲 (행할 행, 할 위). 법률 본인과 대리인과의 합의에 의하여 대리인에게 본인을 대신할 권리(權利)를 주는[授] 법률 행위(行爲)의 한 가지.

수-극화 **水克火** (=水剋火, 물 수, 이길 극, 불 화). 민속 음양오행설에서, 물[水]은 불[火]을 이긴다[克]는 뜻으로 이르는 말. 참 오행상극(五行相剋).

수근[1] **水根** (물 수, 뿌리 근). 농업 논에 댈 물[水]이 나오는[根] 곳. ¶가뭄이 심해 수근마저 말랐다.

수근[2] **樹根** (나무 수, 뿌리 근). 나무[樹]의 뿌리[根]. ¶수근이 지면 위로 드러났다.

수금[1] **囚禁** (가둘 수, 금할 금). 죄인을 잡아 감옥에 가두어[囚] 움직이지 못하도록[禁] 함. ¶그는 우선 헛간에 수금되었다. 비 구수(拘囚).

수금[2] **竪琴** (설 수, 거문고 금). ① 속뜻 세워서[竪] 사용하는 거문고[琴]. ② 음악 세모꼴의 틀에 47개의 현을 세로로 평행하게 걸고, 두 손으로 줄을 튕겨 연주하는 현악기. 비 하프(harp).

수금[3] **收金** (거둘 수, 돈 금). 돈[金]을 거둠[收]. ¶외상값을 수금하다. 비 집금(集金).

▸수금-원 收金員 (인원 원). 물건값, 사용료, 회비 따위의 돈[金]을 거두어들이는[收] 사람[員]. ¶전에는 수금원이 방문하여 신문 구독료를 받아 갔었다. 비 집금원(集金員).

수급[1] **首級** (머리 수, 등급 급). ① 속뜻 으뜸가는[首] 급(級). ¶수급 공로자. ② 전쟁에서 베어 얻은 적군의 머리. ¶그 장군은 적과 싸워 수급 30급을 베었다.

수급[2] **收給** (거둘 수, 줄 급). 수입(收入)과 지급(支給). ¶수급의 균형이 맞다.

수급[3] **需給** (쓰일 수, 줄 급). 수요(需要)와 공급(供給). ¶우리 회사는 인력 수급에 차질을 빚고 있다.

수급[4] **受給** (받을 수, 줄 급). 급여(給與), 연금, 배급 따위를 받음[受]. ¶ 국민연금을 수급하다/기초생활 보조금을 수급하다.

수긍 **首肯** (머리 수, 즐길 긍). ① 속뜻 머리[首]를 끄덕이며 즐김[肯]. ② 남의 주장이나 언행이 옳다고 인정함. ¶그의 설명을 들으니 수긍이 갔다.

수기[1] **手技** (손 수, 재주 기). ① 편물이나 마시지 따위와 같이 손[手]으로 무엇을 잘 만들어 내거나 다루는 기술(技術). 비 손재주, 수재(手才). ② 운동 태권도에서, 손으로 공격하고 막는 기술.

수기[2] **手記** (손 수, 기록할 기). ① 속뜻 글을 자신이 손수[手] 적음[記]. ② 자기의 생활이나 체험을 직접 쓴 기록. ¶여행 수기를 썼다. ③ 법률 수표(手標).

수기[3] **手旗** (손 수, 깃발 기). ① 속뜻 손[手]에 쥐는 작은 기[旗]. ② 군대, 철도, 선박에서 신호로 쓰는 작은 기. ¶수기로 신호를 보내다. ③ 역사 행진할 때에 장수가 손에 들어 그 직책을 표시하던 군기(軍旗).

수기[4] **修己** (닦을 수, 자기 기). 스스로[己]의 몸과 마음을 닦음[修]. 자기 수양을 함.

수난[1] **水難** (물 수, 어려울 난). 폭우나 홍수 따위의 물[水] 때문에 입는 재난(災難). ¶이 지역 사람들은 홍수로 수난을 겪었다.

수난[2] **受難** (받을 수, 어려울 난). ① 재난 따위의 어려움[難]을 당함[受]. ¶그들은 말도 못할 수난을 겪었다. ② 기독교 예수가 십자가에 못 박히는 고난을 받은 것을 이르는 말.

▸수난-극 受難劇 (연극 극). 기독교 예수의 수난(受難)을 다룬 연극(演劇). 중세 유럽에서 성행하였다.

수납[1] **收納** (거둘 수, 들일 납). 관공서 같은 곳에서 금품을 거두어[收] 들임[納]. ¶세금을 수납하다.

▸수납 기관 收納機關 (틀 기, 빗장 관). 법률 조세나 그 밖의 수익금을 수납(收納)하는 행정 기관(機關). ¶등록금을 지정 수납 기관에 납부해주십시오.

수납[2] **受納** (받을 수, 들일 납). 받아서[受] 넣어 둠[納]. ¶옷을 수납할 공간이 부족하다. 비 납수(納受).

▸수납-장 受納欌 (장롱 장). 물건을 넣어 두는[受納] 장(欌). ¶잡동사니를 수납장에 넣어 정리했다.

⁑**수녀** **修女** (닦을 수, 여자 녀). 가톨릭 수도

(修道)하는 여자(女子). 청빈·정결·복종을 서약하고 독신으로 수도원 등에서 지낸다. ¶그 수녀는 고아들에게 어머니와 같은 존재였다.

▸**수녀-원** 修女院 (집 원). 가톨릭 수녀(修女)들이 일정한 규율 아래 공동생활을 하면서 수행하는 곳[院]. ㊥수사원(修士院).

수ː년 數年 (셀 수, 해 년). 몇[數] 해[年]. 여러 해. ¶할아버지는 수년 동안 병을 앓고 있다.

▸**수ː년-래** 數年來 (올 래). 몇[數] 해[年] 이래(以來)로 지금까지. ¶올해는 수년래에 큰 홍수가 났다.

수뇌[1] 髓腦 (골수 수, 골 뇌). ① 속뜻 골수(骨髓)와 뇌(腦)를 아울러 이르는 말. ② 의학 신경 세포가 모여 신경계의 중심을 이루고 있는 부분. 척추와 함께 중추 신경계를 이루어 온몸의 신경을 지배한다. ③ 의학 척추동물의 원뇌포(原腦胞)의 맨 뒤쪽 부분. 후에 숨골이 된다.

수뇌[2] 首腦 (머리 수, 골 뇌). 어떤 조직이나 집단 등에서 가장 으뜸[首]의 자리에 있는 인물을 신체에서 가장 중요한 뇌(腦)에 비유하여 이르는 말. ¶수뇌 회담을 갖다.

▸**수뇌-부** 首腦部 (나눌 부). ① 속뜻 가장 중요한[首腦] 부분(部分). ② 어떠한 조직이나 집단 등에서 중요한 자리에 있는 사람들.

수뇨-관 輸尿管 (나를 수, 오줌 뇨, 대롱 관). 의학 콩팥에서 방광으로 오줌[尿]을 보내는[輸] 가늘고 긴 관(管). ㊟요관.

수능 修能 (닦을 수, 능할 능). 수학(修學) 능력(能力)을 가늠해보는 시험을 이르는 '수학능력시험'의 준말.

수ː다 數多 (셀 수, 많을 다). 수(數)가 많음[多]. ¶수다한 사람이 전쟁으로 목숨을 잃었다.

***수단[1] 手段** (솜씨 수, 구분 단). ① 속뜻 솜씨[手]의 등급에 따른 구분[段]. ② 일을 처리하여 나가는 솜씨. ¶수단이 좋다. ③ 어떤 목적을 이루기 위한 방법. 또는 그 도구. ¶수단과 방법을 가리지 않다.

수ː단[2] 繡緞 (수 수, 비단 단). 수(繡)놓은 것 같이 짠 비단[緞]. ¶수단 원피스.

수달 水獺 (물 수, 수달 달). ① 속뜻 물[水]을 좋아하는 짐승[獺]. ② 동물 족제빗과의 포유동물. 몸은 전체적으로 갈색을 띠고 있으며, 가죽은 옷을, 털은 붓을 만드는 데에 쓴다. ㊍수구(水狗).

▸**수달-피** 水獺皮 (가죽 피). 수달(水獺)의 털가죽[皮]. ¶수달피로 만든 목도리를 두르다.

수담 手談 (손 수, 말씀 담). ① 속뜻 손[手]으로 말함[談]. ② 서로 상대하여 말이 없이도 의사가 통한다는 뜻으로 바둑 또는 바둑 두는 일을 이르는 말. ¶친구와 수담을 나누었다.

수담-관 輸膽管 (나를 수, 쓸개 담, 대롱 관). 의학 간과 쓸개에서 쓸개즙[膽汁]을 받아 샘창자에 보내는[輸] 관(管)을 통틀어 이르는 말. 길이는 6~7㎝이며 간관, 담낭관, 총담관 따위로 이루어져 있다. ㊍담관(膽管), 담도(膽道).

수답 水畓 (물 수, 논 답). ① 바닥이 깊고 물길[水]이 좋아 기름진 논[畓]. ㊍고래실. ② 물을 쉽게 댈 수 있는 논. ¶올해는 수답도 마를 정도로 가뭄이 심했다. ㊍무논. ㊥건답(乾畓).

수당[1] 手當 (손 수, 맡을 당). ① 속뜻 '급여, 사례금'을 뜻하는 일본어 '데아테'(てあて. 手當)에서 온 말. ② 봉급 외에 따로 주는 보수. '품삯'으로 순화하여 쓴다. ¶가족 수당.

수당[2] 壽堂 (목숨 수, 집 당). 살아[壽] 있을 때에 미리 만들어 놓은 무덤[堂]. ㊍수역(壽域), 수장(壽藏), 수총(壽塚), 수혈(壽穴).

수대 手帶 (손 수, 띠 대). 가톨릭 미사 때, 사제가 왼손[手] 팔목에 거는 짧은 헝겊 띠[帶].

수덕 修德 (닦을 수, 베풀 덕). 덕(德)을 닦음[修]. ¶그는 수덕을 위해 작은 정자를 지었다.

수도[1] 手刀 (손 수, 칼 도). 손[手]에서 칼[刀]처럼 날카로운 부위. 새끼손가락 끝 부분에서 손목에 이르는 부분. 태권도에서 적의 급소를 치는 데 쓴다.

수도[2] 水都 (물 수, 도읍 도). 강이나 호수(湖水) 따위를 끼고 있는 경치가 좋은 도시(都市). ¶베니스는 대표적인 수도이다.

수도[3] 水稻 (물 수, 벼 도). 논에 물[水]을 대어 심는 벼[稻].

수도[4] 受渡 (받을 수, 건넬 도). 돈이나 물품을 받고[受] 넘김[渡].

수도[5] 隧道 (굴 수, 길 도). 평지나 산, 바다, 강 따위를 뚫고 굴[隧]을 파서 닦아 만든 길[道]. ⓑ터널(tunnel).

수도[6] 水道 (물 수, 길 도). ① 속뜻 물[水]이 흐르는 길[道]. ② 먹는 물이나 공업, 방화(防火) 따위에 쓰는 물을 관을 통하여 보내 주는 설비. ¶수도를 놓다. ③ 빗물이나 집, 공장, 병원 따위에서 쓰고 버리는 더러운 물이 흘러가도록 만든 설비. ¶수도가 막혀서 욕실에 구정물이 가득 찼다. ⓑ상수도(上水道), 하수도(下水道).

▸**수도-관** 水道管 (대롱 관). 상수도(上水道)의 물이 통하는 관(管). ¶녹슨 수도관을 교체하다.

▸**수도-교** 水道橋 (다리 교). 하천이나 도로의 위를 가로지르는 상하수도(上下水道)를 받치기 위해 만든 다리[橋]. ⓑ애퀴덕트(aqueduct).

▸**수도-료** 水道料 (삯 료). 수도(水道)물을 쓴 값으로 내는 돈[料]. ⓑ급수료(給水料).

▸**수도-세** 水道稅 (세금 세). 수도(水道)를 사용한 요금을 세금(稅金)에 비유하여 이르는 말.

▸**수도-전** 水道栓 (마개 전). 상수도(上水道)의 물을 따라 쓰게 만든 장치[栓]. ⓑ수통(水筩).

수도[7] 囚徒 (가둘 수, 무리 도). 감옥에 갇혀[囚] 있는 죄수[徒]. ¶무고하게 잡혀있는 수도들을 풀어주었다.

▸**수도-기** 囚徒記 (기록할 기). 감옥에 가둔 죄수의[囚徒] 성명과 죄명을 기록(記錄)한 장부.

***수도**[8] 首都 (머리 수, 도읍 도). 한 나라에서 으뜸[首] 가는 도시(都市). 일반적으로 정부(政府)가 있는 도시를 말한다. ¶대한민국의 수도는 서울이다.

▸**수도-권** 首都圈 (범위 권). 수도(首都)를 중심으로 이루어진 권역(圈域). ¶수도권에 인구가 밀집해 있다.

수도[9] 修道 (닦을 수, 길 도). 도(道)를 닦음[修]. ¶수도 생활 / 이곳에서 많은 승려들이 수도했다.

▸**수도-승** 修道僧 (스님 승). 불교 도를 닦는[修道] 승려(僧侶).

▸**수도-사** 修道士 (선비 사). 가톨릭 수도회에 들어가 수도(修道) 생활을 하는 남자[士].

▸**수도-원** 修道院 (집 원). 가톨릭 수사(修士)나 수녀(修女)가 수도(修道)하는 곳[院]. 수사원(修士院)과 수녀원(修女院)으로 나눈다.

▸**수도-자** 修道者 (사람 자). ① 수도(修道)하는 사람[者]. ¶그는 수도자가 되어 고행의 길을 걸었다. ② 가톨릭 수사 또는 수녀를 이르는 말.

수동[1] 手動 (손 수, 움직일 동). 다른 동력을 이용하지 않고 손[手]의 힘만으로 움직임[動]. 또는 그렇게 움직이는 것. ¶수동 카메라. ⓑ자동(自動).

▸**수동-식** 手動式 (법 식). 손[手]으로 움직여서[動] 작동하도록 한 방식(方式). ⓑ자동식(自動式).

수동[2] 受動 (받을 수, 움직일 동). ① 다른 것의 움직임[動]이나 영향을 받음[受]. ② 언어 남 또는 다른 것의 힘을 받아 움직이는 일. ⓑ능동(能動).

▸**수동-사** 受動詞 (말씀 사). 언어 남의 동작(動作)을 받아서[受] 행하여지는 동작을 나타내는 동사(動詞). '보다'에 대한 '보이다' 따위.

▸**수동-성** 受動性 (성질 성). 수동적(受動的)인 성질(性質). ⓑ능동성(能動性).

▸**수동-적** 受動的 (것 적). 다른 것으로부터 작용[動]을 받아[受] 움직이는 것[的]. ¶수동적인 자세. ⓑ능동적(能動的).

▸**수동-태** 受動態 (모양 태). 언어 문장의 주체가 다른 것으로부터 작용[動]을 받을[受] 때, 서술어가 취하는 형식[態]. ⓑ피동태(被動態). ⓑ능동태(能動態).

▸**수동 면:역** 受動免疫 (면할 면, 돌림병 역). ① 속뜻 수동적(受動的)으로 갖는 면역(免疫). ② 의학 다른 생체 안에서 생성된 면역체를 자기 체내에 받아들임으로써 얻어진 면역 상태. 태아가 태반을 통하여 모체로부터 면역체를 받는 것 따위. ⓑ피동 면역(被動免疫).

수두[1] 水痘 (물 수, 천연두 두). 의학 살갗에 돋은 붉은 발진[痘]이 얼마 안 가서 물집[水]으로 변하는 전염성 피부병. ¶그녀는 어려서 수두를 심하게 앓았다.

수두[2] 水頭 (물 수, 머리 두). 물리 높은[頭]

곳에 있는 물[水]이 가지는 기계적 에너지, 압력, 속도 따위를 물의 높이로 나타낸 값.

수득[1] 修得 (닦을 수, 얻을 득). 기술이나 이론을 닦아[修] 체득(體得)함. ¶그는 유명한 장인 아래서 목공예를 수득했다.

수득[2] 收得 (거둘 수, 얻을 득). 거두어들여[收] 얻음[得]. ¶임대료를 수득하다.

▸ **수득-세** 收得稅 (세금 세). 법률 개인이나 법인이 일정한 기간에 수득(收得)한 재산에 대하여 매기는 조세(租稅)를 통틀어 이르는 말. 소득세, 수익세 따위이다.

수라 修羅 (닦을 수, 새그물 라). 페르시아어 'Ahura'의 한자 음역어인 '아수라'(阿修羅)의 준말. 인도 신화에서 선신(善神)에 대한 적으로 얼굴이 셋이고 팔이 여섯인 귀신(鬼神)을 말한다.

▸ **수라-장** 修羅場 (마당 장). ①아수라(阿修羅)처럼 싸움 따위로 혼란에 빠진 곳[場]을 이름. '아수라장'(阿修羅場)의 준말. ¶잔칫집은 순식간에 수라장이 되었다. ② 불교 아수라왕이 제석천과 싸운 곳.

수락 受諾 (본음 [수낙], 받을 수, 승낙할 낙). 요구를 받아들여[受] 승낙(承諾)함. ¶그는 고개를 끄덕이며 수락했다.

수락석출 水落石出 (물 수, 떨어질 락, 돌 석, 날 출). ① 속뜻 물[水]이 빠지니[落] 바닥의 돌[石]이 드러남[出]. ②숨겨져 있던 진상이 훤히 밝혀짐. ¶사건의 진상이 밝혀졌으니, 수락석출이란 옛말이 증명이 된 셈이다.

수란 水卵 (물 수, 알 란). 달걀[卵]을 깨뜨려 수란짜에 담고 끓는 물[水]에 넣어 흰자만 익힌 음식.

수란-관 輸卵管 (나를 수, 알 란, 대롱 관). 의학 ①난자(卵子)를 자궁으로 보내는[輸] 관(管). 자궁 아래 좌우 양쪽에 있는 나팔 모양의 관이다. ②가운뎃귀의 고실(鼓室)과 인두(咽頭)를 연결하는 나팔 모양의 관(管).

수랭-식 水冷式 (물 수, 찰 랭, 법 식). 기계나 설비에 발생한 열을 물[水]로 식히는[冷] 방식(方式). ¶수랭식 기관총. 참 공랭식(空冷式).

▸ **수랭식 기관** 水冷式機關 (틀 기, 빗장 관). 기계 물[水]을 순환시켜 기통을 냉각(冷却)시키는 방식(方式)의 내연 기관(機關).

수량[1] 水量 (물 수, 분량 량). 물[水]의 분량(分量). ¶큰 비가 내려 저수지의 수량이 많이 늘었다.

▸ **수량-계** 水量計 (셀 계). 사용한 물[水]의 양(量)을 재는[計] 기계.

수:량[2] 數量 (셀 수, 분량 량). 수효(數爻)와 분량(分量). ¶설을 맞아 농산품의 수량이 부족하다.

▸ **수:량 경기** 數量景氣 (볕 경, 기운 기). 경제 기업의 생산이나 거래량[數量]이 증가하여 전반적인 경기(景氣)가 좋아지는 것.

▸ **수:량 지수** 數量指數 (가리킬 지, 셀 수). 경제 수량(數量)의 변화를 표시하는 지수(指數). 생산 수량 지수, 무역 수량 지수 따위가 있다.

수려 秀麗 (빼어날 수, 고울 려). 경치나 용모가 빼어나게[秀] 아름답다[麗]. ¶수려한 외모.

*__수력__ 水力 (물 수, 힘 력). ① 속뜻 흐르거나 떨어지는 물[水]의 힘[力]. ② 물리 물이 가지고 있는 운동 에너지나 위치 에너지를 어떤 일에 이용하였을 때의 동력.

▸ **수력 기계** 水力機械 (베틀 기, 형틀 계). 기계 물[水]로부터 역학적 에너지[力]를 얻거나, 또는 물에 역학적 에너지를 주는 기계(機械). 수차나 펌프 따위.

▸ **수력 발전** 水力發電 (일으킬 발, 전기 전). 전기 물[水]의 힘[力]을 이용하여 전기(電氣)를 일으키는[發] 방식.

▸ **수력 자원** 水力資源 (재물 자, 근원 원). 수력 발전(水力發電)을 하는 데 필요한 자원(資源). 강물 따위.

▸ **수력 전:기** 水力電氣 (전기 전, 기운 기). 전기 수력 발전(水力發電)으로 일으킨 전기(電氣).

수련[1] 首聯 (머리 수, 잇달 련). ① 속뜻 머리[首]에 해당하는 연(聯). ② 문학 한자에서 율시(律詩)의 수(首)·함(頷)·경(頸)·미(尾) 중 첫 번째 연. 제1, 2구에 해당한다.

수련[2] 睡蓮 (잠잘 수, 연꽃 련). ① 속뜻 해질 녘이 되면 잠을 자듯[睡] 오므라드는 연꽃[蓮]. ② 식물 연못이나 늪에 떠서 살며, 잎은 말굽 모양이며, 가을에 하얀 꽃이 피는 풀. 낮에는 활짝 피었다가 해가 기울면 오므라드는 습성이 있다.

수련[3] **修鍊** (닦을 수, 익힐 련). 정신이나 학문, 기술 따위를 닦고[修] 익히다[鍊]. ¶심신을 수련하다.

▸수련-의 修鍊醫 (치료할 의). 의학 전문의의 자격을 얻기 위해 병원에서 일정 기간의 임상 수련(臨床修鍊)을 하고 있는 의사(醫師). 인턴과 레지던트를 이른다.

▸수련-자 修鍊者 (사람 자). 가톨릭 수도회에 들어가 수련(修鍊)하는 사람[者].

수렴[1] **收斂** (거둘 수, 거둘 렴). ① 속뜻 돈이나 물건 따위를 거둠[收=斂]. ②의견이나 사상 따위가 여럿으로 나뉘어 있는 것을 하나로 모아 정리함. ¶의견을 수렴하여 결정하겠습니다. ③방탕한 사람이 몸과 마음을 단속함. ④오그라들게 함. ⑤조세 따위를 거두어들임. ⑥ 물리 광선, 유체, 전류 따위가 한 점에 모이는 일. 수속(收束). ⑦ 생물 계통이 다른 군(群)이 같은 환경에 적응한 결과, 닮은 형질을 나타내며 진화하는 일. ⑧ 수학 수열에서, 어떤 일정한 수의 임의의 근방에 유한 개를 제외한 나머지 모든 항이 모여 있는 현상. ⑨ 수학 함수 f(x)가 있을 때, 어떤 일정한 수의 임의의 근방에 a의 근방에 있는 모든 x의 함숫값이 모여 있는 현상. ⓑ수속(收束).

▸수렴-전 收斂錢 (돈 전). 거두어들여[收斂] 모은 돈[錢]. ¶이웃 사람들은 수해를 입은 사람들에게 수렴전을 전달했다.

▸수렴-제 收斂劑 (약제 제). 약학 점막이나 피부에 입은 상처를 오므려[收斂] 장기나 피부를 보호하는 약제(藥劑).

수렴[2] **垂簾** (드리울 수, 발 렴). ① 속뜻 발[簾]을 드리움[垂]. 또는 그 발. ② 역사 '수렴청정'(垂簾聽政)의 준말.

▸수렴-막 垂簾膜 (꺼풀 막). 의학 트라코마의 독소가 각막(角膜)을 침범하여 발[簾]을 드리운[垂] 듯 눈이 흐려지는 눈병.

▸수렴-청정 垂簾聽政 (들을 청, 정사 정). ① 속뜻 발[簾]을 내리고[垂] 정사(政事)를 들어봄[聽]. ②'나이 어린 임금이 등극했을 때 왕대비나 대왕대비가 왕을 도와서 정사를 돌봄'을 이르는 말.

***수렵** **狩獵** (사냥 수, 사냥 렵). 사냥[狩=獵]. ¶원주민들은 수렵과 채집 생활을 한다.

▸수렵-기 狩獵期 (때 기). 사냥[狩獵]을 하기에 적당한 때[期].

▸수렵-도 狩獵圖 (그림 도). 사냥하는[狩獵] 모습을 그린 그림[圖]. ¶고분에는 수렵도가 온전히 보존되어 있었다.

▸수렵-법 狩獵法 (법 법). 법률 사냥하는[狩獵] 장소와 시기 및 그 밖의 일을 규정한 법률(法律).

▸수렵-조 狩獵鳥 (새 조). 사냥[狩獵]하여 잡을 수 있도록 허가된 새[鳥].

▸수렵 면:허 狩獵免許 (면할 면, 허락 허). 법률 사냥[狩獵]을 할 수 있는 면허(免許).

▸수렵 시대 狩獵時代 (때 시, 연대 대). 사회 인류가 야생의 짐승을 사냥하여[狩獵] 삶을 유지하던 시대(時代).

수령[1] **守令** (지킬 수, 시킬 령). ① 속뜻 고을을 지키고[守] 부하를 시킴[令]. ② 역사 고려·조선 시대에, 각 고을을 맡아 다스리던 관리. 절도사, 관찰사, 목사, 부사, 군수, 현감, 현령 따위.

수령[2] **首領** (머리 수, 거느릴 령). 한 당파나 무리를 거느리는[領] 우두머리[首]. ¶송시열 선생은 노론의 수령이었다. ⓑ두령(頭領).

수령[3] **樹齡** (나무 수, 나이 령). 나무[樹]의 나이[齡]. ¶수령 200년이 넘는 느티나무가 마을 어귀를 지키고 서있다.

수령[4] **受領** (받을 수, 차지할 령). ① 속뜻 받아[受] 차지함[領]. ②돈이나 물품을 받음. ¶연금을 수령하다.

▸수령-인 受領人 (사람 인). 수령(受領)하는 사람[人]. 받는 사람.

▸수령-증 受領證 (증거 증). 돈이나 물품을 받았다는[受領] 의미로 주는 증서(證書).

▸수령 능력 受領能力 (능할 능, 힘 력). 법률 남의 말이나 행동이 뜻하는 바를 받아들일[受領] 수 있는 능력(能力).

수로 **水路** (물 수, 길 로). ① 속뜻 물[水]이 흐르는 길[路]. ②선박이 다닐 수 있는 물 위의 일정한 길. ¶네덜란드는 수로가 발달돼 있다. ⓑ육로(陸路).③ 운동 수영 경기에서 각 선수가 헤엄쳐 나가도록 정해 놓은 길. ⓑ육로(陸路).

▸수로-국 水路局 (관청 국). ① 속뜻 물길[水路]을 관할하는 부서[局]. ② 법률 해양

수산부에 속했던 중앙 행정 기관. 수로 측량, 해양 관측, 수로도지의 간행과 수로에 관한 국제간의 정보 교환 등의 사무를 맡아 보았다.

▸수로-선 水路線 (줄 선). 지리 지도 등에서 수로(水路)를 표시한 선(線).

▸수로-도지 水路圖誌 (그림 도, 기록할 지). 해양 수로(水路)를 나타낸 지도(地圖) 따위를 실은 책[誌]. 안전하고 능률적인 항행(航行)을 위해 발행한 책으로 해도(海圖)와 수로서지(水路書誌)로 나눈다.

수록[1] **手錄** (손 수, 기록할 록). 글이나 글씨를 손수[手] 기록(記錄)함. ¶수록으로 글을 남겼다. ⓑ수기(手記).

수록[2] **收錄** (거둘 수, 기록할 록). ① 속뜻 모아서[收] 기록(記錄)함. 또는 그렇게 한 기록. ② 책이나 잡지에 실음. ¶이 사전에는 5만 개의 단어가 수록되어 있다.

수록[3] **蒐錄** (모을 수, 기록할 록). 어떤 자료를 수집(蒐集)하여 기록(記錄)함. ¶고인돌 문화를 수록하다.

수뢰 受賂 (받을 수, 뇌물 뢰). 뇌물(賂物)을 받음[受]. ¶검찰은 수뢰 혐의로 전직 장관을 기소했다. ⓑ수회(收賄). ⓟ증뢰(贈賂).

수뢰 水雷 (물 수, 천둥 뢰). ① 속뜻 물[水] 속에서 천둥[雷]같이 큰 소리를 내며 터짐. ② 군사 어뢰(魚雷), 기뢰(機雷) 따위와 같이 물속에서 폭발하여 적의 배를 파괴하는 무기. ¶이곳 수역에는 수뢰가 많이 설치되어 있다.

▸수뢰-정 水雷艇 (거룻배 정). 수뢰(水雷)를 주공격 무기로 하는 해군 함정(艦艇).

▸수뢰 구축함 水雷驅逐艦 (몰 구, 쫓을 축, 싸움배 함). 수뢰(水雷)를 이용하여 적을 공격하는[驅逐] 작고 날쌘 군함(軍艦).

수료 修了 (닦을 수, 마칠 료). 일정한 학업이나 과정을 다 공부하여[修] 마침[了]. ¶석사 과정을 수료하다.

▸수료-생 修了生 (사람 생). 일정한 학업이나 과정을 수료(修了)한 학생(學生).

▸수료-증 修了證 (증거 증). 일정한 학업이나 과정을 수료(修了)한 사람에게 주는 증서(證書).

수루[1] **水樓** (물 수, 다락 루). 물[水]가에 지은 누각(樓閣). ¶수루에 올라 대금을 불다.

수루[2] **戍樓** (지킬 수, 다락 루). ① 속뜻 변방을 지키기[戍] 위해 만든 누각(樓閣). ② 적군의 동정을 살피기 위해 성 위에 만든 누각.

수류[1] **水流** (물 수, 흐를 류). 물[水]의 흐름[流].

수류[2] **獸類** (짐승 수, 무리 류). ① 속뜻 짐승[獸]에 속하는 무리[類]. ② 생물 포유류 동물을 통틀어 이르는 말.

수류-탄 手榴彈 (손 수, 석류나무 류, 탄알 탄). 군사 손[手]으로 던지면 석류[榴]처럼 알알이 터지는 작은 폭탄(爆彈). 사람을 죽이거나 다치게 하는 세열 수류탄을 비롯하여 소이(燒夷) 수류탄, 독가스 수류탄 따위가 있다. ¶적진을 향해 수류탄을 던지다.

수륙 水陸 (물 수, 뭍 륙). ① 속뜻 물[水]과 땅[陸]. ② 수로와 육로.

▸수륙-전 水陸戰 (싸울 전). 군사 바다[水]와 육지(陸地)에서 벌어지는 전투(戰鬪).

▸수륙-만리 水陸萬里 (일만 만, 거리 리). 바다[水]와 육지에[陸] 걸쳐 만 리(萬里)나 떨어진 먼 거리.

▸수륙 병:진 水陸竝進 (나란히 병, 나아갈 진). 군사 바다[水]와 육지(陸地)에서 동시에[竝] 진격(進擊)함.

▸수륙 양:용 水陸兩用 (두 량, 쓸 용). 군사 물[水]이나 땅[陸], 양(兩)쪽에서 두루 쓸[用] 수 있는 것. ¶수륙 양용 차.

수릉-관 守陵官 (지킬 수, 무덤 릉, 벼슬 관). 왕릉(王陵)을 지키던[守] 벼슬아치[官].

수리[1] **受理** (받을 수, 다스릴 리). 제출한 서류를 받아서[受] 처리(處理)함. ¶사표가 수리되다.

수리[2] **水利** (물 수, 이로울 리). ① 음료수나 관개용 등으로 물[水]을 이용(利用)하는 일. ¶수리 시설. ② 수상 운송의 편리.

▸수리-권 水利權 (권리 권). 법률 하천이나 호수 등의 물[水]을 관개, 발전, 수도 등의 목적으로 독점하여 이용(利用)할 수 있는 권리(權利).

▸수리 조합 水利組合 (짤 조, 합할 합). 사회 물[水]을 이용(利用)하는 사업을 목적으로 조직한 법인체[組合]. 저수지나 제방에 관한 사업을 한다.

▸수리 안전답 水利安全畓 (편안할 안, 온전할 전, 논 답). 물[水]을 이용(利用)하기에

용이하여 가뭄에도 안전(安全)하게 농사를 지을 수 있는 논[畓].

수리[3] **水理** (물 수, 다스릴 리). ① [속뜻] 물[水]을 다스림[理]. ② 물의 흐름. 지하수의 흐름.

▸**수리-학** 水理學 (배울 학). ① [속뜻] 물[水]의 이치(理致)를 연구하는 학문(學問). ② [물리] 물의 순환을 중심 개념으로 하여 물의 존재 상태, 순환, 분포, 물리적·화학적 성질 따위를 연구하는 학문. [비] 수문학(水文學).

수리[4] **修理** (고칠 수, 다듬을 리). 고장이 나거나 허름한 데를 손보아[修] 고침[理]. ¶자전거를 수리하다.

▸**수리-공** 修理工 (장인 공). 헐거나 고장 난 것을 고치는[修理] 일을 맡아 하는 사람[工]. ¶자동차 수리공.

▸**수리-비** 修理費 (쓸 비). 수리(修理)하는 데 드는 비용(費用). ¶기계 수리비가 많이 들다.

수ː리[5] **數理** (셀 수, 이치 리). 수학(數學)의 이론(理論)이나 이치(理致).

▸**수ː리 철학** 數理哲學 (밝을 철, 배울 학). [철학] 수학(數學)의 이론(理論)을 철학적(哲學的) 관점에서 연구하는 학문.

▸**수ː리학-파** 數理學派 (배울 학, 갈래 파). 수학(數學)의 원리(原理)를 다른 학문의 연구에 응용하려는 학파(學派).

▸**수ː리 경제학** 數理經濟學 (다스릴 경, 건질 제, 배울 학). [경제] 미적분, 선형 대수학, 위상 기하학 따위의 수학(數學) 이론(理論)을 이용해 경제(經濟) 이론을 연구하는 학문(學問).

▸**수ː리 물리학** 數理物理學 (만물 물, 다스릴 리, 배울 학). [물리] 수학(數學) 이론(理論)을 이용해 물리(物理) 이론을 연구하는 학문(學問).

▸**수ː리 지리학** 數理地理學 (땅 지, 다스릴 리, 배울 학). [지리] 수학(數學) 이론(理論)을 이용해 지구의 크기, 위치, 형상, 내부의 상태, 구성 등 지리(地理) 이론을 연구하는 학문(學問).

수림 **樹林** (나무 수, 수풀 림). 나무[樹]가 우거진 숲[林]. ¶수림이 무성하다.

수립[1] **竪立** (꼿꼿할 수, 설 립). 꼿꼿하게[竪] 세움[立]. ¶능 주위에 십이지신상을 조각하여 수립하였다.

수립[2] **樹立** (나무 수, 설 립). ① [속뜻] 나무[樹]를 세움[立]. ② 국가나 정부, 제도, 계획 등 추상적인 것을 세움. ¶대책 수립 / 세계신기록 수립.

수마[1] **水魔** (물 수, 마귀 마). 수해(水害)를 마귀(魔鬼)에 비유하여 이르는 말. ¶수마가 할퀴고 간 지역.

수마[2] **睡魔** (잠잘 수, 마귀 마). 견딜 수 없이 오는 졸음[睡]을 마귀(魔鬼)에 비유하여 이르는 말.

수-마력 **水馬力** (물 수, 말 마, 힘 력). 일정한 양의 물[水]을 일정한 높이까지 끌어올리는 데 필요한 힘. 마력(馬力)을 단위로 한다.

수마-석 **水磨石** (물 수, 갈 마, 돌 석). 물결[水]에 씻겨 닳아서[磨] 반들반들한 돌[石].

수막 **髓膜** (골수 수, 꺼풀 막). [의학] 중추 신경인 뇌와 척수(脊髓)를 싸고 있는 결합 조직의 막(膜). 뇌와 척수를 뼈로부터 보호하고 두개와 척수관에 각각 안정시키는 구실을 한다.

수ː만 **數萬** (셀 수, 일만 만). 몇[數] 만(萬). ¶수만의 관중이 경기장을 가득 메웠다.

수말 **水沫** (물 수, 거품 말). ① [속뜻] 물[水]이 흐르면서 만들어낸 거품[沫]. ② 물결이 바위 따위에 부딪쳐 안개 모양으로 흩어지는 잔 물방울. [비] 수포(水泡), 물거품, 물보라.

수망 **首望** (머리 수, 바랄 망). [역사] 조선 시대에 관원에 천거된 세 명의 지망자(志望者) 중 첫 번째[首]에 오름. 또는 그런 사람.

수매[1] **收買** (거둘 수, 살 매). 물건을 사[買]들임[收]. ¶농산물 수매 가격을 인상하다.

수매[2] **水媒** (물 수, 맺어줄 매). [식물] 나사마름, 자라마름 따위와 같은 수중 종자식물이 물[水]을 매개(媒介)로 수정하는 일.

▸**수매-화** 水媒花 (꽃 화). [식물] 물[水]을 매개(媒介)로 수정하는 꽃[花].

수맥 **水脈** (물 수, 줄기 맥). ① 물[水]의 줄기[脈]. 특히 지하수의 줄기를 말한다. ¶수맥을 탐사하다. ② 강이나 바다에서 배가 다니는 길.

수면[1] **水綿** (물 수, 솜 면). ① [속뜻] 물[水]에서 가는 실[綿] 모양으로 번식하는 식물. ② [식물] 별해캄과에 속하는 담수 조류. 머리카락 모양의 사상체로 분열법과 접합에 의

하여 번식한다. 생리학·분포학의 실험 재료로 쓰고 식용하거나 약용한다. 전 세계에 150여 종이 분포한다. 호수나 늪 따위의 민물에서 볼 수 있다.

수면[2] 獸面 (짐승 수, 낯 면). ①짐승[獸]의 얼굴[面]. 또는 그렇게 험상궂게 생긴 얼굴. ②짐승의 얼굴 모양을 본떠서 만든 탈이나 조각. ⓑ수두(獸頭).

수면[3] 水面 (물 수, 쪽 면). 물[水]의 표면(表面). ¶달이 수면에 비쳤다.

▸**수면-계** 水面計 (셀 계). 기계 보일러 따위의 용기 내부의 수면(水面) 높이를 재는[計] 장치.

***수면**[4] 睡眠 (잠잘 수, 잠 면). 잠[眠]을 잠[睡]. 또는 잠. ¶충분한 수면을 취하다.

▸**수면-병** 睡眠病 (병 병). ① 속뜻 어떤 병이 원인이 되어 자꾸만 잠[睡眠]이 오는 병(病). ② 의학 서아프리카의 콩고 강, 남아메리카의 아마존 강 유역 등에 발생하는 전염성 풍토병. 두통·부종(浮腫)을 일으키며 수면 상태에 빠지고, 마침내 혼수상태가 되어 사망하게 된다.

▸**수면-제** 睡眠劑 (약제 제). 약학 불면증(不眠症)을 진정시켜 잠이 들게 하는[睡眠] 약[劑].

▸**수면 상태** 睡眠狀態 (형상 상, 모양 태). ① 속뜻 잠자고[睡眠] 있는 상태(狀態). ②활동이 거의 정지되어 사업이 부진한 상태.

▸**수면 운:동** 睡眠運動 (돌 운, 움직일 동). 식물 식물의 잎이나 꽃이 밤이 되면 잠을 자는[睡眠] 것처럼 오므라들거나 아래로 처지는 운동(運動). 빛의 세기가 변화함에 따라 자극을 받아 세포의 활동이 변하기 때문이다. 민들레, 괭이밥, 강낭콩, 땅콩 따위가 대표적이다.

수명[1] 壽命 (목숨 수, 목숨 명). ①생물이 목숨[壽=命]을 유지하고 있는 기간. 살아 있는 기간. ¶인간의 평균 수명이 길어지고 있다. ②사물 따위가 사용에 견디는 기간. ¶자동차의 수명이 다 된 것 같다. ③ 물리 소립자나 원자핵, 분자나 이온, 자유 라디칼 따위가 어느 특정한 상태에 머물고 있는 시간. 일반적으로 평균 수명을 이른다.

수명[2] 隨命 (따를 수, 운명 명). 타고난 운명(運命)에 따름[隨].

수명[3] 受命 (받을 수, 명할 명). ① 속뜻 하늘로부터 명령(命令)을 받음[受]. ②천명을 받아 왕위(王位)에 오름. '수명어천'(受命於天)의 준말.

▸**수명 법관** 受命法官 (법 법, 벼슬 관). ① 속뜻 명령(命令)을 받은[受] 법관(法官). ② 법률 합의부를 대표하여 소송 행위를 하는 법관.

수모[1] 手母 (솜씨 수, 어머니 모). 전통 혼례에서 신부의 단장 및 그 밖의 일을 곁에서 도와주는[手] 여자[母]. ¶이때 수모가 신부를 부축하여 중문으로 나왔다.

수모[2] 受侮 (받을 수, 업신여길 모). 업신여김[侮]을 받음[受]. 모욕을 당함. ¶갖은 수모를 당하다.

수모[3] 首謀 (머리 수, 꾀할 모). ① 속뜻 우두머리[首]가 되어 어떤 일을 꾀함[謀]. ②수모자.

수모-시 壽母詩 (목숨 수, 어머니 모, 시 시). 어머니[母]의 생신 때 장수(長壽)를 빌며 지어 올리는 시(詩). ¶칠순연에서 어머니께 수모시를 지어드렸다.

수모-자 首謀者 (머리 수, 꾀할 모, 사람 자). 앞장서서[首] 모략(謀略)을 꾸민 사람[者].

수-모형 數模型 (셀 수, 본보기 모, 거푸집 형). 셈[數]을 쉽게 할 수 있도록 만든 하나가 일·십·백 따위의 값을 가지는 모형(模型).

수:목[1] 數目 (셀 수, 눈 목). 수(數)의 하나하나[目].

수목[2] 樹木 (나무 수, 나무 목). 살아 있는 나무[樹=木]. ¶공원에는 수목이 울창하다.

▸**수목-원** 樹木園 (동산 원). 관찰이나 연구의 목적으로 여러 가지 나무[樹木]를 수집하여 재배하는 동산[園] 따위의 시설.

수몰 水沒 (물 수, 빠질 몰). 물[水]에 빠져[沒] 잠김. ¶댐의 건설로 이 지역은 곧 수몰된다.

▸**수몰-지** 水沒地 (땅 지). 물[水]에 잠긴[沒] 땅[地].

수무족도 手舞足蹈 (손 수, 춤출 무, 발 족, 춤출 도). ① 속뜻 손[手]과 발[足]이 춤출[舞蹈] 정도로 너무 좋음. ②어찌할 바를 몰라 날뜀.

수묵 水墨 (물 수, 먹 묵). 물[水]을 탄 먹물[墨]. 색이 엷게 표현된다.

▸수묵-화 水墨畫 (그림 화). 미술 물[水]을 탄 먹물[墨]의 농담(濃淡)을 이용해 그린 그림[畫]. ㊥묵화.

▸수묵 산수 水墨山水 (메 산, 물 수). 수묵(水墨)으로 그린 풍경[山水].

수문[1] 水門 (물 수, 문 문). 건설 물[水]이 흐르는 양을 조절하기 위하여 설치한 문(門). ¶댐의 수문을 열어 물을 아래로 흘려보냈다.

수문[2] 水紋 (물 수, 무늬 문). ① 속뜻 수면(水面)에 일어나는 무늬[紋]. ② 물결처럼 어른어른한 잘고 고운 무늬.

수문[3] 手紋 (손 수, 무늬 문). 손바닥[手]에 있는 줄무늬[紋]. ¶점쟁이가 나의 수문을 자세히 들여다보았다. ㊐손금.

수문[4] 壽門 (목숨 수, 문 문). 대대로 장수(長壽)하는 집안[門].

수문[5] 守門 (지킬 수, 문 문). 문(門)을 지킴[守]. ¶수문하던 군졸들이 기습해온 오랑캐들을 막아섰다.

▸수문-장 守門將 (장수 장). ① 역사 각 궁궐이나 성의 문(門)을 지키던[守] 장수(將帥). ② 민속 대문을 지키는 신장(神將). 귀신 장수를 그려 붙이거나 만들어 세운다.

수미[1] 粹美 (순수할 수, 아름다울 미). 순수(純粹)하고 아름답다[美]. ¶수미한 소녀의 얼굴.

수미[2] 秀眉 (빼어날 수, 눈썹 미). 빼어나게[秀] 아름다운 눈썹[眉].

수미[3] 愁眉 (근심 수, 눈썹 미). ① 속뜻 근심[愁]으로 찌푸린 눈썹[眉]. ② 근심에 잠긴 안색. ¶아들을 보자 그녀는 수미를 펴고 환하게 웃었다.

수미[4] 壽眉 (목숨 수, 눈썹 미). 눈썹 가운데 가장 길게 뻗어 장수(長壽)를 상징하는 노인의 눈썹[眉].

수미[5] 鬚眉 (수염 수, 눈썹 미). 수염(鬚髯)과 눈썹[眉]. ¶그는 어느새 수미가 하얗게 센 노인이 되었다.

수미[6] 首尾 (머리 수, 꼬리 미). ① 속뜻 사물의 머리[首]와 꼬리[尾]. ② 일의 시작과 끝.

▸수미-상관 首尾相關 (서로 상, 관계할 관). 문학 시가에서 첫[首] 연을 끝[尾] 연에 다시 반복하여 서로[相] 관련(關聯)을 짓는 문학적 구성법.

▸수미-상응 首尾相應 (서로 상, 맞을 응). 처음[首]과 끝[尾]이 서로[相] 잘 대응(對應)되어 어울림. 서로 응하며 도움.

▸수미-상접 首尾相接 (서로 상, 이을 접). 처음[首]과 끝[尾]이 서로[相] 잘 이어짐[接].

▸수미 쌍관법 首尾雙關法 (둘 쌍, 관계할 관, 법 법). 문학 시가(詩歌)에서 첫[首] 연과 끝[尾] 연의 두[雙] 연이 서로 밀접한 관계(關係)를 가지며 반복되는 구성법(構成法).

수미-법 收米法 (거둘 수, 쌀 미, 법 법). 역사 공물을 쌀[米]로 거두어들이는[收] 제도[法]. '대동법'(大同法)을 달리 이르는 말. '대공수미법'(代貢收米法)의 준말.

수민 愁悶 (근심 수, 번민할 민). 수심(愁心)에 싸여 괴로워하다[悶].

수밀 水密 (물 수, 빽빽할 밀). 물리 기계 또는 장치의 어느 부분에 채워진 물[水]이 밖으로 새지 않고 밀봉(密封)되어 있는 상태. 또는 그 작용. ¶수밀 공법을 이용한 이음새 강화 공사.

▸수밀 격벽 水密隔壁 (사이 뜰 격, 담 벽). 배의 외부가 파괴되어 침수할 경우, 그 부분에 찬 물이 새어 들어오지 않도록[水密] 배의 내부를 여러 방향으로 갈라 막은[隔] 벽(壁).

수밀-도 水蜜桃 (물 수, 꿀 밀, 복숭아 도). 껍질이 얇고 살과 물[水]이 많으며 맛이 꿀[蜜]같이 단 복숭아[桃].

수반[1] 水畔 (물 수, 물가 반). 강이나 호수 따위의 물[水]의 가장자리[畔].

수반[2] 水飯 (물 수, 밥 반). 물[水]에 만 밥[飯]. ㊥건반(乾飯).

수반[3] 水盤 (물 수, 소반 반). 물[水]을 담을 수 있는 바닥이 편평한 소반[盤] 같은 그릇. 사기나 쇠붙이로 만들며 주로 꽃을 꽂거나 괴석(怪石) 따위를 넣어 둔다.

수반[4] 首班 (머리 수, 나눌 반). ① 반열(班列) 가운데 으뜸가는[首] 자리. ¶수반이 되다. ② 행정부의 가장 높은 자리에 있는 사람. ¶대통령은 행정부의 수반이다.

수반[5] 隨伴 (따를 수, 짝 반). ① 속뜻 어떤 것에 뒤따르거나[隨] 짝[伴]이 됨. ② 어떤 과 더불어 생김. ¶자유에는 반드시 책임이 수반된다.

수-반구 水半球 (물 수, 반 반, 공 구). [지리] 지구 표면을 수륙 분포에 따라 둘로 나눌 경우, 육지보다 바다[水]를 많이 포함하는 지구(地球)의 반(半)쪽. 뉴질랜드 남동쪽 남위 48도, 서경 179도 30분이 극이 된다. [반]육반구(陸半球).

수발[1] 秀拔 (빼어날 수, 빼어날 발). 여럿 중에서 특히 빼어나다[秀=拔]. ¶수발한 재능을 가진 소녀.

수발[2] 鬚髮 (수염 수, 머리털 발). 수염[鬚]과 머리털[髮]을 아울러 이르는 말. ¶어느덧 그는 수발이 허옇게 셌다.

수방 水防 (물 수, 막을 방). 수해(水害)를 막음[防]. 또는 그런 일. ¶수방 공사 / 장마철을 앞두고 수방 대책을 마련했다.

수배[1] 手配 (손 수, 나눌 배). ① [속뜻] 여러 사람의 손[手]을 빌려 해야 할 일을 나누어[配] 맡김. ② 범인을 잡으려고 수사망을 폄. ¶용의자를 공개 수배하다.

수배[2] 數倍 (셀 수, 곱 배). 몇[數] 배(倍)나 몇 곱절. 또는 여러 곱절. ¶수배로 늘어나다 / 수배로 높이다 / 수배 장성하다.

수:백 數百 (셀 수, 일백 백). 몇[數] 백(百). ¶수백 대의 자동차.

수:-백만 數百萬 (셀 수, 일백 백, 일만 만). 몇[數] 백만(百萬). ¶수백만 명의 인파가 몰렸다.

수범[1] 首犯 (머리 수, 범할 범). 범인(犯人) 가운데의 우두머리[首]. ¶수범을 검거하다.

수범[2] 垂範 (드리울 수, 본보기 범). 모범(模範)을 보임[垂]. ¶학생들에게 수범을 보이다.

수법[1] 手法 (손 수, 법 법). ① [속뜻] 수단(手段)과 방법(方法)을 아울러 이르는 말. ¶인터넷 사기 수법이 갈수록 다양해지고 있다. ② 예술품을 만드는 솜씨. ¶도자기를 만드는 수법은 다양하다.

수법[2] 受法 (받을 수, 법 법). [불교] 스승으로부터 불법(佛法)을 전승 받는[受] 일.

수:법[3] 數法 (셀 수, 법 법). 셈하는[數] 방법(方法). ¶할아버지께서 수법을 가르쳐주셨다.

수:법[4] 繡法 (수 수, 법 법). 수(繡)놓는 방법(方法). ¶어머니께 수법을 배웠다.

수변 水邊 (물 수, 가 변). 바다, 강, 못 따위와 같은 물[水]의 가장자리[邊]. [비]물가.

수병[1] 水兵 (물 수, 군사 병). ① [속뜻] 바다 따위의 물[水] 위에서 싸우는 병사(兵士). ② [군사] 해군(海軍)의 병사. ¶파병되는 수병을 향해 손을 흔들었다.

수병[2] 守兵 (지킬 수, 군사 병). 수비(守備)하는 병사(兵士). ¶본대에 몇몇 수병만 남기고 모두 출동했다.

수:병[3] 繡屛 (수 수, 병풍 병). 수(繡)를 놓아 만든 병풍(屛風). ¶신방에 수병을 펼쳐 두었다.

수복[1] 收復 (거둘 수, 되돌릴 복). 잃었던 땅을 도로 거두어[收] 회복(回復)함. ¶국군은 9월 28일 서울을 수복했다.

수복[2] 修復 (고칠 수, 되돌릴 복). ① 고쳐서[修] 본모습을 회복(回復)함. ¶단청 수복 작업. ② 편지의 답장을 함. ¶그는 딸의 편지에 수복했다.

수복[3] 壽福 (목숨 수, 복 복). 장수(長壽)하고 복(福)을 누림. ¶부모님의 수복을 기원하다.

▸수복-강녕 壽福康寧 (편안할 강, 편안할 녕). 장수(長壽)하고 복(福)을 누리며 건강(健康)하고 평안함[寧].

수부[1] 水夫 (물 수, 사나이 부). ① [속뜻] 물[水] 위에를 떠다니는 배에서 잡일을 하는 사람[夫]. ② 배를 부리거나 배에서 일을 하는 사람. [비]선인(船人), 뱃사람, 수수(水手), 주인(舟人).

수부[2] 首部 (머리 수, 나눌 부). ① [속뜻] 처음[首]의 부분(部分). ② 맨 첫째 쪽.

수부[3] 首富 (머리 수, 부자 부). 첫[首] 손꼽히는 부자(富者). ¶그는 인도의 수부이다.

수부[4] 壽富 (목숨 수, 넉넉할 부). 장수(長壽)하고 부유(富裕)하다. ¶이 석상은 수부를 상징한다.

▸수부다남자 壽富多男子 (많을 다, 사내 남, 아이 자). 장수(長壽)하고 부유(富裕)하면서도 자식[男子]도 많음[多].

*__수분__[1] 水分 (물 수, 나눌 분). 물[水]의 성분(成分). ¶이 과일은 수분이 많다. [비]물기.

수분[2] 守分 (지킬 수, 나눌 분). 본분(本分)이

나 분수(分數)를 지킴[守]. ¶유교에서는 수분을 미덕으로 여긴다.

수분[3] 水盆 (물 수, 동이 분). 물[水]을 담을 수 있는 넓적한 그릇[盆]. 꽃을 꽂거나 괴석(怪石) 따위를 담아 장식품으로 사용한다.

수분[4] 水粉 (물 수, 가루 분). ① 속뜻 액체[水]로 된 분(粉). ② 물에 불린 쌀을 물과 함께 매에 갈아 채에 밭쳐 가라앉힌 앙금. '수미분'(水米粉)의 준말. (비)물분, 무리.

수분[5] 受粉 (받을 수, 가루 분). 식물 종자식물에서 수술의 화분(花粉)을 암술이 받는[受] 일. 바람, 곤충, 새 또는 사람의 손에 의해 이루어진다.

수불 受拂 (받을 수, 지불할 불). 받음[受]과 치름[拂]. 수령과 지불.

수불석권 手不釋卷 (손 수, 아니 불, 풀 석, 책 권). ① 속뜻 손[手]에서 책[卷]을 놓지[釋] 않음[不]. ② 책이나 사전을 늘 가지고 다니며 봄. 독서를 좋아함. ¶늘 속뜻사전을 곁에 두고 찾아보는 그를 보면 '수불석권'이란 말이 떠오른다.

*__수비__ 守備 (지킬 수, 갖출 비). 재해나 침입에 대비(對備)하여 지킴[守]. ¶우리 팀은 수비가 약하다. (반)공격(攻擊).

▸**수비-대** 守備隊 (무리 대). 군사 수비(守備)와 경계를 위하여 배치된 군대(軍隊). ¶국경지대에 수비대를 파견하다.

▸**수비-수** 守備手 (사람 수). 운동 야구나 축구 따위의 구기에서 수비(守備)를 맡은 선수(選手). (반)공격수(攻擊手).

▸**수비-진** 守備陣 (진칠 진). 수비(守備)를 하는 편의 진영(陣營). 또는 그에 속해있는 사람들. (반)공격진(攻擊陣).

수사[1] 水使 (물 수, 부릴 사). 역사 '수군절도사'(水軍節度使)의 준말.

수사[2] 修士 (닦을 수, 선비 사). 가톨릭 수도회에 들어가 수도(修道) 생활을 하는 남자[士]. 독신으로 청빈, 정결, 순명을 서약하여 지킨다. (참)수녀(修女).

수사[3] 修史 (닦을 수, 역사 사). 역사(歷史)를 엮고 가다듬음[修]. ¶사마천은 수사하는 일에 온 평생을 바쳤다.

수사[4] 壽詞 (목숨 수, 말씀 사). 장수(長壽)를 축하하는 글[詞]. ¶삼촌은 할머니의 칠순연에서 수사를 낭독했다.

수:사[5] 數詞 (셀 수, 말씀 사). 언어 사물의 수량이나 순서를 세어[數] 나타내는 품사(品詞). 양수사(量數詞)와 서수사(序數詞)가 있다.

수사[6] 手寫 (손 수, 베낄 사). ① 손[手]으로 직접 베낌[寫]. ¶그는 천주실의를 수사했다. ② 편지나 글을 손수 씀.

▸**수사-본** 手寫本 (책 본). 손[手]으로 베껴[寫] 쓴 책[本]. ¶이 책은 원본은 소실되고 수사본만 전해진다. (비)사책(寫冊).

수사[7] 修辭 (고칠 수, 말씀 사). 글이나 말[辭]을 다듬고 꾸며서[修] 보다 아름답고 정연하게 하는 일. 또는 그런 기술.

▸**수사-법** 修辭法 (법 법). 효과적·미적 표현을 위해 글이나 말[辭]을 다듬고 꾸미는[修] 방법(方法). ¶강조법(强調法)·변화법(變化法)·비유법(比喩法) 등은 수사법에 속한다.

▸**수사-학** 修辭學 (배울 학). 문학 글이나 말[辭]을 다듬고 꾸미는[修] 방법을 연구하는 학문(學問). 사상이나 감정 따위를 효과적·미적으로 표현할 수 있도록 하는데 목적을 둔다.

수사[8] 搜査 (찾을 수, 살필 사). ① 속뜻 찾아서[搜] 조사(調査)함. ② 법률 국가기관에서 범인을 찾기 위해 조사하는 일. ¶경찰은 살인 사건을 수사하고 있다.

▸**수사-관** 搜査官 (벼슬 관). 범죄 수사(搜査)를 하는 관리(官吏). ¶수사관이 용의자를 심문하고 있다.

▸**수사-망** 搜査網 (그물 망). 수사(搜査)하기 위해 그물[網]을 쳐 놓은 것처럼 사람을 촘촘히 배치하여 놓음. 또는 그러한 조직. ¶수사망을 좁히다.

▸**수사 기관** 搜査機關 (틀 기, 빗장 관). 법률 범죄를 수사(搜査)할 권한을 가진 국가 기관(機關). 검찰, 사법 경찰 따위가 있다.

수:삭 數朔 (여러 수, 초하루 삭). 여러[數] 달[朔]. 몇 달. ¶수삭이 지나도록 소식이 없다.

수산[1] 蓚酸 (괭이밥 수, 산소 산). ① 속뜻 괭이밥[蓚] 따위에서 추출한 유기산(有機酸). ② 화학 카복시기 두 개가 결합한 다이카복

실산. 식물계에 칼슘염·칼륨염으로 널리 분포한다. 물에 잘 녹아 염료의 원료나 표백제 따위에 쓴다. ㊥옥살산(oxalic酸).

*수산² 水產 (물 수, 낳을 산). 바다나 강 따위의 물[水]에서 남[產]. 또는 그런 산물(產物). ¶수산 식품의 판매량이 크게 늘었다.

▸수산-물 水產物 (만물 물). 바다나 강 따위의 물[水]에서 나는[產] 산물(產物). ¶수산물 가격이 급등하였다.

▸수산-업 水產業 (일 업). 수산물(水產物)의 어획, 양식, 제조, 가공 따위에 관한 산업(產業). ¶수산업이 쇠퇴하고 있다.

▸수산-학 水產學 (배울 학). 수산(水產)에 관한 기술, 생물, 화학 따위를 연구하는 학문(學問).

▸수산-비료 水產肥料 (기름질 비, 거리 료). 화학 수산물(水產物)을 원료로 하여 만든 비료(肥料).

▸수산 유지 水產油脂 (기름 유, 기름 지). 물[水]속에 사는 동식물에서 채취한[產] 기름[油脂]. ¶고래기름은 수산 유지의 하나이다.

▸수산 자원 水產資源 (재물 자, 근원 원). 수산 바다나 강 따위의 물[水]에서 생산(生產)되는 자원(資源). 어류, 패류(貝類), 조류(藻類) 따위가 이에 속한다.

수산-기 水酸基 (물 수, 산소 산, 터 기). 화학 한 개의 수소(水素) 원자와 한 개의 산소(酸素) 원자로 이루어진 결합체[基]. ㊥하이드록시기(hydroxy基).

수산-제 守山堤 (지킬 수, 산 산, 둑 제). 고적 경상남도 밀양시 수산(守山)에 있는 제방(堤防). 삼한 시대의 대표적인 수리(水理) 시설이다.

수산화-물 水酸化物 (물 수, 산소 산, 될 화, 만물 물). 화학 수소(水素)와 산소(酸素)의 원자단과 화학적(化學的)으로 결합한 물질(物質)을 통틀어 이르는 말.

수산화-철 水酸化鐵 (물 수, 산소 산, 될 화, 쇠 철). 화학 수소(水素)와 산소(酸素)의 원자단과 결합한[化] 철(鐵). 수산화 제일철, 수산화 제이철 따위가 있다.

수삼 水蔘 (물 수, 인삼 삼). 말리지 않아 물기[水]가 있는 인삼(人蔘). ㊥생삼(生蔘). ㊦건삼(乾蔘).

수상¹ 殊常 (다를 수, 보통 상). 언행이나 차림새 따위가 보통[常] 사람과는 다른[殊]. 이상한. ¶수상한 사람 / 행동이 수상쩍다.

수상² 手相 (손 수, 모양 상). ① 속뜻 손[手]에 나타난 무늬나 모양[相]. ② 민속 손금이나 손의 모양 따위를 보고 그 사람의 운수와 길흉을 판단하는 점. ¶할아버지는 내 수상을 보고 일찍 결혼하겠다고 하셨다.

수상³ 首相 (머리 수, 도울 상). ① 속뜻 으뜸가는[首] 재상(宰相). ② 정치 내각의 우두머리. 의원 내각제에서는 다수당의 우두머리가 수상이 되는 것이 일반적이다. ¶영국 수상이 한국을 방문했다. ㊥영의정(領議政).

수상⁴ 受傷 (받을 수, 다칠 상). 상처(傷處)를 입음[受]. ¶수상한 병사를 응급 처치하다.

수상⁵ 授賞 (줄 수, 상줄 상). 상(賞)을 줌[授]. ¶협회 회장이 특등상을 수상했다. ㊦수상(受賞).

수상⁶ 受賞 (받을 수, 상줄 상). 상(賞)을 받음[受]. ¶그는 노벨 물리학상을 수상했다.

▸수상-자 受賞者 (사람 자). 상(賞)을 받는[受] 사람[者]. ¶동요제 대상 수상자.

수상⁷ 受像 (받을 수, 모양 상). 물리 텔레비전이나 사진 전송 따위에서 사물의 영상(映像)을 신호로 받은[受] 후 재생하는 일.

▸수상-기 受像機 (틀 기). 전기 방송된 영상(映像) 전파를 받아서[受] 화상으로 변화시키는 장치[機].

▸수상-관 受像管 (대롱 관). 물리 텔레비전 수상기(受像機)에 설치된 관(管).

▸수상-판 受像板 (널빤지 판). 전기 텔레비전 수상기(受像機)의 영상을 나타내는 형광막으로 된 판(板).

수상⁸ 水上 (물 수, 위 상). ①물[水] 위[上]. ¶수상 교통 / 수상 경기. ②물의 상류.

▸수상-목 水上木 (나무 목). 강의 상류[水上]에서 떼로 띄워 내려온 재목(材木).

▸수상-선 水上船 (배 선). 물, 특히 강물[水] 위[上]를 다니는 배[船].

▸수상 경:기 水上競技 (겨룰 경, 재주 기). 운동 물[水] 위에서[上] 하는 운동 경기(競技)를 통틀어 이르는 말. 경영(競泳), 다이빙, 수구(水球) 따위. ㅍ

▸수상 경:찰 水上警察 (지킬 경, 살필 찰).

하천이나 운하에서[水上] 경비, 선박의 교통정리, 조난 구조 따위에 관한 임무를 맡은 경찰(警察).

수상⁹ 樹上 (나무 수, 위 상). 나무[樹]의 위[上].

▸수상 식물 樹上植物 (심을 식, 만물 물). [식물] 다른 나무[樹] 위[上]를 덮으며 자라는 식물(植物).

수상¹⁰ 樹狀 (나무 수, 형상 상). 나무[樹]처럼 가지가 나 있는 모양[狀].

▸수상 돌기 樹狀突起 (갑자기 돌, 일어날 기). [의학] 신경 세포에서 세포질이 나뭇가지[樹] 모양[狀]으로 뻗은 돌기(突起). 외부로부터 흥분을 받아들이는 작용을 한다. [비]가지 돌기.

수상¹¹ 隨想 (따를 수, 생각 상). 어떤 일이나 사물을 접할 때 따라오는[隨] 느낌이나 생각[想].

▸수상-록 隨想錄 (기록할 록). ① 수시(隨時)로 떠오르는 생각이나 느낌[想]을 기록(記錄)한 것. ② [책명] 프랑스의 몽테뉴가 지은 책. 고금 서적을 인용하여 윤리와 역사적 판단을 소개하며 자신의 비판과 고찰을 더한 감상문의 형식을 취하고 있다.

▸수상-문 隨想文 (글월 문). [문학] 수시(隨時)로 떠오르는 생각이나 느낌[想]을 적은 글[文].

수상¹² 穗狀 (이삭 수, 형상 상). 곡식의 이삭[穗] 같은 모양[狀].

▸수상-화 穗狀花 (꽃 화). [식물] 곡식의 이삭[穗] 같은 모양[狀]으로 피는 꽃[花]. 한 개의 긴 꽃대 둘레에 여러 개의 꽃이 핀다.

▸수상 화서 穗狀花序 (꽃 화, 차례 서). [식물] 이삭 모양[穗狀]으로 피는 꽃차례[花序].

수색¹ 水色 (물 수, 빛 색). ① [속뜻] 물[水]의 빛깔[色]. ② 물의 빛깔과 같은 연한 파란 빛. ¶가을이 깊어 수색이 더욱 짙어졌다.

수색² 秀色 (빼어날 수, 빛 색). 빼어나게[秀] 아름다운 산천의 경치[色]. ¶수색을 화폭에 담았다.

수색³ 殊色 (뛰어날 수, 빛 색). 여자의 뛰어나게[殊] 고운 얼굴[色]. ¶수색의 여인이 다가왔다.

수색⁴ 羞色 (부끄러워할 수, 빛 색). 부끄러워하는[羞] 기색(氣色). ¶내가 쳐다보자 그녀는 수색이 완연했다.

수색⁵ 愁色 (근심 수, 빛 색). 근심스러운[愁] 안색(顔色). ¶어머니는 얼굴에 수색이 가득한 채로 눈물을 흘리셨다.

수색⁶ 搜索 (찾을 수, 찾을 색). ① [속뜻] 구석구석 뒤지어 찾음[搜=索]. ② [법률] 증거로 삼을 만한 물건이나 체포할 사람을 찾기 위해 집이나 물건 따위를 조사하는 일. ¶수색 영장 / 경찰은 실종자 수색 작업에 나섰다. ③ [법률] 국제법에서 전쟁을 하고 있는 나라의 군함을 포획할 때에 그 사유를 확인하기 위해 임검(臨檢)만으로는 불충분한 경우에 선박 안에서 직접 행하는 검사.

▸수색-경 搜索鏡 (거울 경). [천문] 큰 망원경에 딸리어 천체의 위치를 찾는[搜索] 데 쓰는 작은 망원경(望遠鏡).

▸수색-대 搜索隊 (무리 대). [군사] 적의 위치, 병력, 화력 따위를 수색(搜索)하기 위해 파견하는 부대(部隊).

▸수색-망 搜索網 (그물 망). 수색(搜索)하기 위해 늘어놓은 그물[網] 같은 조직 체계. ¶범인이 수색망에 걸려들었다.

▸수색-원 搜索願 (바랄 원). [법률] 잃어버린 물건이나 사람을 찾아[搜索] 달라고 관계 기관에 내는 청원(請願).

수생 水生 (물 수, 살 생). 물[水]에서 생활(生活)함.

▸수생 동:물 水生動物 (움직일 동, 만물 물). [동물] 물[水]속에 사는[生] 동물(動物)을 통틀어 이르는 말.

▸수생 식물 水生植物 (심을 식, 만물 물). [식물] 물[水]속에 사는[生] 식물(植物)을 통틀어 이르는 말.

수-생목 水生木 (물 수, 날 생, 나무 목). [민속] 음양오행설에서, 물[水]에서 나무[木]를 낳는다[生]는 뜻으로 이르는 말. [참] 오행상생(五行相生).

수서¹ 手書 (손 수, 글 서). ① [속뜻] 손수[手] 쓴 편지[書]. ② 글이나 편지에서 손아랫사람에 대하여 쓰는 말. [비]수간(手簡).

수서² 手署 (손 수, 쓸 서). 손수[手] 서명(署名)함. 또는 그 서명. ¶할아버지가 유언장에 수서하셨다.

수서³ 水棲 (물 수, 살 서). 물[水]속에서 삶

[棲]. ¶수서 동물. ㊥육서(陸棲).

▸수서 동:물 水棲動物 (움직일 동, 만물 물). 생물 물속에서[水] 사는[棲] 동물(動物). ㊥수생 동물(水生動物).

수석[1] **首席** (머리 수, 자리 석). ① 속뜻 맨 윗[首] 자리[席]. ②등급이나 직위 따위에서 맨 윗자리. ¶수석 보좌관. ㊥수좌(首座). ㊥말석(末席).

수석[2] **水石** (물 수, 돌 석). ① 속뜻 물[水]과 돌[石]. 또는 물속에 있는 돌. ②주로 실내에서 보고 즐기는 관상용의 자연석. ¶수석을 수집하다.

수석[3] **壽石** (목숨 수, 돌 석). ① 속뜻 장수(長壽)를 상징하는 돌[石]. ②주로 실내에서 보고 즐기는 관상용의 자연석. ㊥수석(水石).

수석[4] **樹石** (나무 수, 돌 석). 나무[樹]와 돌[石]. ¶그는 주로 수석을 소재로 그림을 그렸다.

수석[5] **燧石** (부싯돌 수, 돌 석). 불을 일으킬[燧] 때 쓰는 차돌[石]. ¶수석을 쳐서 불을 붙이다. ㊥부싯돌.

수선[1] **垂線** (드리울 수, 줄 선). 수학 한 직선 또는 평면과 직각을 이루며 만난[垂] 직선(直線). ㊥수직선.

수선[2] **受禪** (받을 수, 제사지낼 선). 물려준 임금의 자리[禪]를 받음[受].

수선[3] **水仙** (물 수, 신선 선). ① 속뜻 물[水] 속에 산다는 신선(神仙). ② 식물 '수선화'의 준말.

▸수선-화 水仙花 (꽃 화). ① 속뜻 물[水] 속에 사는 신선(神仙)같은 꽃[花]. 'narcissus'라는 이름은 그리스 신화에서 물에 비친 자기 모습을 연모하여 빠져 죽은 나르시스가 꽃으로 피어났다는데서 유래. ② 식물 1~2월에 달걀 모양의 비늘줄기에서 나오는 꽃줄기 끝에서 5~6개의 노란색 또는 흰색 꽃이 피는 풀.

수선[4] **修繕** (고칠 수, 기울 선). 낡거나 허름한 것을 기워서[繕] 고침[修]. ¶구두를 수선하다.

▸수선-공 修繕工 (장인 공). 수선(修繕)하는 일을 맡은 직공(職工).

수선-장 **修船場** (고칠 수, 배 선, 마당 장). 배[船]를 고치는[修] 곳[場].

수성[1] **水姓** (물 수, 성씨 성). 민속 오행(五行) 중 수(水)에 딸린 성(姓)을 이르는 말.

수성[2] **水星** (물 수, 별 성). ① 속뜻 로마신화에서 저녁에 빛나는 별을 'mercury'라는 신에 비유한 데서 유래. mercury를 화학에서는 '수은'(水銀), 천문학에서는 '수성'(水星)이라고 한다. ② 천문 태양계의 행성 가운데 가장 작고 태양에 가장 가까이 있는 별. ㊥진성(辰星).

수성[3] **首星** (머리 수, 별 성). 천문 어떤 별자리 중에서 가장[首] 밝은 항성(恒星). 작은곰자리의 북극성, 거문고자리의 직녀성 따위. ㊥알파성(alpha星).

수성[4] **壽星** (목숨 수, 별 성). ① 속뜻 인간의 수명(壽命)을 관장하는 별[星]. ② 천문 천구(天球)의 남극 부근에 있는 별. ㊥남극노인성(南極老人星). ③음력 8월을 달리 이르는 말.

수성[5] **愁聲** (근심 수, 소리 성). ① 속뜻 근심하여[愁] 탄식하는 소리[聲]. ②구슬픈 소리. ¶아리랑의 수성이 산을 타고 흐른다.

수성[6] **獸性** (짐승 수, 성품 성). ① 속뜻 짐승[獸] 같은 성질(性質). ②육욕이나 야만성, 잔인성 따위의 인간이 가지고 있는 동물적인 성질.

수성[7] **水性** (물 수, 성질 성). ① 속뜻 물[水]의 성질(性質). ②물에 녹는 성질. ¶수성 잉크. ㊥수용성.

▸수성 도료 水性塗料 (칠할 도, 거리 료). 물에 녹는 성질[水性]을 가진 칠감[塗料].

수성[8] **守城** (지킬 수, 성곽 성). 성(城)을 지킴[守]. ¶병사들은 모두 전장으로 나가고 성에는 아녀자들이 남아 수성하고 있다.

수성[9] **守成** (지킬 수, 이룰 성). 조상들이 이루어[成] 놓은 일을 이어서 지킴[守].

▸수성지주 守成之主 (어조사 지, 주인 주). 창업의 뒤를 이어 그 기초를 굳게 지키는[守成] 군주(君主). ¶태종(太宗)은 수성지주라고 불렸다.

수성 광:상 **水成鑛床** (물 수, 이룰 성, 쇳돌 광, 평상 상). 광업 지표수(地表水)에 용해된 광물 성분이 침전해서 생긴[成] 광상(鑛床).

수성-암 **水成巖** (물 수, 이룰 성, 바위 암). 지리 암석의 조각이나 생물의 유해, 화학적 침전물 등이 물[水]속에 퇴적하여 된[成] 암석(巖石). ㊥퇴적암(堆積巖).

수세[1] **守歲** (지킬 수, 해 세). ① 속뜻 지나는 해[歲]를 지킴[守]. ② 민속 음력 선달 그믐날 밤에 등촉을 밝히고 밤을 새우는 일. ¶수세를 하지 않고 그냥 자다니!

수세[2] **水稅** (물 수, 세금 세). 봇물[洑水]을 이용하고 내는 요금[稅]. '보수세'(洑水稅)의 준말. ¶봄가을로 수세를 내고 봇물을 쓰고 있다.

수세[3] **收稅** (거둘 수, 세금 세). 법률 세금(稅金)을 거둠[收]. 조세(租稅)를 징수함. ㊥세렴(稅斂).

수세[4] **水勢** (물 수, 힘 세). 흐르는 물[水]의 힘[勢]. 또는 그 형세. ¶이 마을은 풍광도 좋고 수세도 순조롭다.

수세[5] **守勢** (지킬 수, 형세 세). ① 속뜻 공격을 못하고 지키기만[守]하는 형세(形勢). ② 힘이 부쳐서 밀리는 형세. ¶우리 팀은 다음 회까지도 수세에 몰렸다. ㊥공세(攻勢).

수세[6] **隨勢** (따를 수, 형세 세). 그때의 형세(形勢)에 따름[隨]. ¶수세에 따르며 조용히 살다.

수세[7] **受洗** (받을 수, 씻을 세). 기독교 세례(洗禮) 받음[受]. ¶수세하고 세례명을 받았다.

수세[8] **水洗** (물 수, 씻을 세). ① 속뜻 물[水]로 씻음[洗]. ② 가톨릭 성수(聖水)로 씻는 방법의 하나.

▸수세-식 水洗式 (법 식). 변소에 급수 장치를 하여 오물이 물[水]에 씻겨[洗] 내려가게 처리하는 방식(方式). ¶수세식 화장실.

수-세공 手細工 (손 수, 가늘 세, 장인 공). 손[手]으로 하는 섬세(纖細)한 손 공예(工藝). ¶

수소 水素 (물 수, 바탕 소). ① 속뜻 태우면 물[水]이 생기는 원소(元素). ② 화학 빛깔과 냄새와 맛이 없고 불에 타기 쉬운 원소. 프랑스의 라부아지에는 수소를 태우면 물이 생기는 사실을 발견하여 그리스어로 '물'을 뜻하는 'hydro와 '생성하다'는 뜻의 'gennao'를 합쳐 'hydrogen'이라 명명하였다. 모든 물질 가운데 가장 가볍다. ¶수소는 공기보다 가볍다.

▸수소-탄 水素彈 (탄알 탄). 군사 '수소 폭탄'(水素爆彈)의 준말.

▸수소 지수 水素指數 (가리킬 지, 셀 수). 화학 수소(水素) 이온의 농도를 나타내는 수치[指數]. 기호는 pH.

▸수소 폭탄 水素爆彈 (터질 폭, 탄알 탄). 군사 중수소(重水素)의 핵융합(核融合)을 이용하여 만든 폭탄(爆彈). ㊥수폭.

수-소문 搜所聞 (찾을 수, 것 소, 들을 문). 세상에 떠도는 소문(所聞)을 근거로 무엇을 찾음[搜]. ¶그는 수소문 끝에 고향 친구를 찾았다.

수속[1] **手續** (손 수, 이을 속). 어떤 일에 착수(着手)하여 일을 해나가는 데 필요한 일련[續]의 과정이나 단계. ¶출국 수속. ㊥절차(節次).

수속[2] **收束** (거둘 수, 묶을 속). ① 모아서[收] 한데 묶음[束]. ② 거두어들여 다잡음.

수송 輸送 (나를 수, 보낼 송). 차, 선박, 비행기 따위로 짐이나 사람을 날라[輸] 보냄[送]. ¶물건이 수송 중에 파손됐다. ㊥운송(運送).

▸수송-관 輸送管 (대롱 관). 기체나 액체 따위를 보내는[輸送] 관(管). ¶도시가스 수송관.

▸수송-기 輸送機 (틀 기). 항공 항공 수송(輸送)에 사용하는 비행기(飛行機)를 통틀어 이르는 말.

▸수송-량 輸送量 (분량 량). 교통 기관이 수송(輸送)하는 여객과 화물의 양(量). ¶수송량이 급증하다.

▸수송-력 輸送力 (힘 력). 교통 기관이 여객이나 화물을 수송(輸送)할 수 있는 능력(能力). ¶수송력이 턱없이 부족하다.

▸수송-선 輸送船 (배 선). 해양 사람이나 화물을 수송(輸送)하기 위해 만든 배[船]. ¶원유를 가득 실은 수송선이 침몰되었다.

▸수송-업 輸送業 (일 업). 여객이나 화물의 수송(輸送)에 관련된 사업(事業).

수쇄 手刷 (손 수, 박을 쇄). 출판 인쇄기를 손[手]으로 움직여 인쇄(印刷)함. 또는 그 인쇄물.

수수[1] **收受** (거둘 수, 받을 수). ① 속뜻 거두어서[收] 받음[受]. ② 법률 무상(無償)으로 금품을 받음. ¶금품 수수로 구속되다.

수수[2] **授受** (줄 수, 받을 수). 물품을 주고[授] 받음[受]. ㊥여수(與受).

수수[3] 袖手 (소매 수, 손 수). ① 속뜻 소매[袖]에 손[手]을 넣고 있음. ② 팔짱을 낌. ③ 어떤 일에 직접 나서지 않고 버려둠.

▸ **수수-방관** 袖手傍觀 (곁 방, 볼 관). ① 속뜻 소매[袖]에 손[手]을 넣고 옆[傍]에서 봄[觀]. ② '간섭하지 않고 그대로 버려둠'을 이르는 말. ¶원님은 백성들의 요구에 수수방관할 뿐이었다.

수수-료 手數料 (손 수, 셀 수, 삯 료). 경제 어떤 일에 대해 손[手] 봐 준 것을 셈해[數] 받는 요금(料金). ¶환전(換錢) 수수료를 내다.

수술 手術 (손 수, 꾀 술). ① 속뜻 손[手]을 써서 하는 의술(醫術). ② 의학 몸의 일부를 째거나 도려내거나 하여 병을 낫게 하는 외관적인 치료 방법. ¶위암을 제거하는 수술을 받다.

▸ **수술-대** 手術臺 (돈대 대). 수술(手術)을 하기 쉽도록 특별히 만든 대(臺).

▸ **수술-비** 手術費 (쓸 비). 수술(手術)을 하는데 드는 비용(費用).

▸ **수술-실** 手術室 (방 실). 수술(手術)을 하기 위해 수술 기구 등을 갖추어 놓은 방[室].

▸ **수술-의** 手術醫 (치료할 의). 수술(手術)을 맡은 의사(醫師). ¶수술의가 수술 결과를 설명해주었다.

수습[1] 收拾 (거둘 수, 주울 습). ① 흩어진 것을 거두고[收] 주워 담음[拾]. ¶사고 현장에서 희생자들의 시신을 수습했다. ② 어수선한 사태나 마음을 가라앉히어 바로잡음. ¶민심을 수습하다 / 혼란이 원만히 수습됐다.

▸ **수습-책** 收拾策 (꾀 책). 사건을 수습(收拾)하는 방책(方策). ¶외환시장 혼란의 수습책을 강구하다.

수습[2] 修習 (닦을 수, 익힐 습). 정식으로 실무를 맡기 전에 배워[修] 익힘[習]. 또는 그러한 일. ¶신입 사원들은 6개월의 수습 기간을 거친다.

▸ **수습-공** 修習工 (장인 공). 수습(修習) 과정에 있는 직공(職工). ¶공장에 수습공으로 취직하다.

▸ **수습-생** 修習生 (사람 생). 수습(修習) 과정에 있는 사람[生].

▸ **수습-기자** 修習記者 (기록할 기, 사람 자). 수습(修習) 과정에 있는 기자(記者). ¶수습 기자의 기사가 크게 보도되었다.

▸ **수습-사원** 修習社員 (회사 사, 인원 원). 수습(修習) 과정에 있는 사원(社員). ¶수습사원을 정식으로 채용했다.

수승 殊勝 (뛰어날 수, 뛰어날 승). ① 속뜻 매우 뛰어남[殊=勝]. ② 불교 세상에 드물 만큼 아주 뛰어남.

수시[1] 收屍 (거둘 수, 시체 시). 시신(屍身)을 거두어[收] 머리와 팔다리를 바로잡음.

수시[2] 隨時 (따를 수, 때 시). ① 속뜻 때[時]에 따라서[隨]. 때때로. ② 그때그때. ¶수시 모집.

▸ **수시-변통** 隨時變通 (바뀔 변, 통할 통). 때[時]에 따라[隨] 이리저리 바꾸어[變] 통(通)하게 함. ¶지금 같은 혼란한 때에는 원칙을 고수하기 보다는 수시변통하는 것이 더 낫다.

▸ **수시-응변** 隨時應變 (응할 응, 바뀔 변). 때[時]에 따라[隨] 이리저리 대응(對應)하여 바꿈[變].

수:식[1] 數式 (셀 수, 법 식). 수학 숫자[數]를 계산 기호로 연결한 식(式). 등식, 부등식 따위가 있다.

수식[2] 樹植 (나무 수, 심을 식). ① 속뜻 나무[樹]를 심음[植]. ② 일의 기초를 세워놓음.

수식[3] 水蝕 (물 수, 갉아먹을 식). 지리 빗물, 강물, 파도 따위의 물[水]이 지표를 침식(浸蝕)하는 현상. ⓑ물 침식.

▸ **수식-곡** 水蝕谷 (골짜기 곡). 지리 수식(水蝕) 작용으로 말미암아 생긴 골짜기[谷].

▸ **수식-산** 水蝕山 (메 산). 지리 수식(水蝕) 작용으로 말미암아 생긴 산(山). 대부분의 산이 이에 속한다.

수식[4] 垂飾 (드리울 수, 꾸밀 식). 옷 따위에 매달아서 길게 드리우는[垂] 장식품(裝飾品). ¶고려시대 여인의 수식이 출토되었다. ⓑ드리개, 패식(佩飾).

수식[5] 首飾 (머리 수, 꾸밀 식). 여자의 머리[首]에 꽂는 장식품(裝飾品). ¶머리를 단정히 빗고 수식을 꽂아 마무리했다.

수식[6] 修飾 (고칠 수, 꾸밀 식). ① 속뜻 겉모양을 예쁘게 고치고[修] 꾸밈[飾]. ② 언어 체언이나 용언에 딸리어 그 뜻을 꾸미거나 한정하는 일. ¶주성분을 수식하여 뜻을 더해

주는 성분을 부속 성분이라 한다.

▸수식-사 修飾詞 (말씀 사). ① [속뜻] 꾸미는 [修飾] 말[詞]. ② [언어] 수식언(修飾言).

▸수식-어 修飾語 (말씀 어). ① [속뜻] 꾸미는 [修飾] 말[語]. 표현을 아름답고 강렬하게 또는 명확하게 하기 위한 말. ② [언어] 수식언(修飾言).

▸수식-언 修飾言 (말씀 언). ① [속뜻] 꾸미는 [修飾] 말[言]. ② [언어] 뒤에 오는 말을 수식하거나 한정하기 위해 첨가하는 문장 성분. 활용하지 않으며 관형사와 부사가 있다. ¶'내 동생은 빠르게 달린다'에서 '내'와 '빠르게'는 수식언이다.

수신[1] **水神** (물 수, 귀신 신). 물[水]을 다스리는 신(神). [비]용왕(龍王).

수신[2] **受信** (받을 수, 믿을 신). [경제] 금융 기관이 거래 관계에 있는 다른 금융 기관이나 고객으로부터 받는[受] 신용(信用). ¶은행별 수신 등급을 발표하다.

수신[3] **受信** (받을 수, 소식 신). 우편이나 전보 따위로 소식[信]을 받음[受]. 또는 전화, 텔레비전 방송 따위의 신호를 받음. ¶이 전화는 수신 전용이다. [반]발신(發信), 송신(送信).

▸수신-관 受信管 (대롱 관). [통신] 라디오나 텔레비전의 수신기(受信機)에 쓰이는 진공관(眞空管). [반]송신관(送信管).

▸수신-기 受信機 (틀 기). [통신] 외부로부터 신호(信號)를 받아[受] 필요한 정보를 얻는 장치[機]. ¶위성 방송 수신기. [반]발신기(發信機), 송신기(送信機).

▸수신-소 受信所 (곳 소). [통신] 무선 통신에서, 전파를 수신(受信)하여 처리하는 곳[所]. [반]송신소(送信所).

▸수신-인 受信人 (사람 인). 우편물이나 전보[信], 통신를 받는[受] 사람[人]. [비]수신자(受信者). [반]발신인(發信人).

▸수신-자 受信者 (사람 자). 우편물이나 전보[信]를 받는[受] 사람[者]. ¶수신자 이름이 없다. [비]수신인(受信人). [반]발신자(發信者).

▸수신-처 受信處 (곳 처). 수신(受信)을 하는 곳[處].

▸수신-함 受信函 (상자 함). 보내오는 우편물[信]을 받을[受] 수 있도록 설치한 통[函].

▸수신-주의 受信主義 (주될 주, 뜻 의). [법률] 의사 표시[信]를 상대편이 받았을[受] 때에 그 효력이 생긴다는 견해[主義]. [비]도달주의(到達主義).

수신[4] **修身** (닦을 수, 몸 신). 마음과 행실을 바르게 하도록 심신(心身)을 닦음[修].

▸수신-제가 修身齊家 (다스릴 제, 집 가). 심신(心身)을 수양(修養)하고 집안[家]을 가지런하게[齊] 잘 다스림. ¶수신제가를 통하여 인품을 함양하다.

수신-사 修信使 (닦을 수, 믿을 신, 부릴 사). ① [속뜻] 양국 간에 신뢰(信賴) 관계를 닦기[修] 위하여 파견한 사신(使臣). ② [역사] 조선 후기에 일본에 보내던 외교 사절. 고종 13년(1876)에 통신사(通信使)를 고친 것으로, 김기수·김홍집 등을 파견하였다.

수신-전 守信田 (지킬 수, 믿을 신, 밭 전). [역사] 고려 때, 과전(科田)을 받던 남편이 죽고 그의 아내가 남편에 대한 신의(信義)를 지켜[守] 수절할 때에 지급하던 전지(田地).

수실 壽室 (목숨 수, 방 실). 살아[壽] 있을 때에 미리 만들어 놓은 무덤[室]. [비]수당(壽堂), 수역(壽域), 수장(壽藏), 수총(壽塚), 수혈(壽穴).

수심[1] **水心** (물 수, 가운데 심). 수면(水面)의 중심(中心).

***수심**[2] **水深** (물 수, 깊을 심). 물[水]의 깊이[深]. ¶그 호수는 가장 깊은 곳의 수심이 50미터다.

수심[3] **垂心** (드리울 수, 가운데 심). [수학] 삼각형의 각 꼭짓점에서 대변에 내린[垂] 3개의 선이 서로 만나는 중심(中心).

수심[4] **獸心** (짐승 수, 마음 심). 짐승[獸]처럼 사납고 모진 마음[心].

수심[5] **愁心** (근심 수, 마음 심). 근심하는[愁] 마음[心]. ¶수심에 가득 찬 얼굴. [비]수의(愁意).

▸수심-가 愁心歌 (노래 가). ① [속뜻] 근심하는[愁] 마음[心]을 읊은 노래[歌]. ② [음악] 인생의 허무함을 한탄하는 구슬픈 가락의 민요.

수심-정기 守心正氣 (지킬 수, 마음 심, 바를 정, 기운 기). ① [속뜻] 마음[心]을 지켜[守] 올바른[正] 기(氣)를 얻음. ② 천도교에서,

항상 한울님의 마음을 잃지 않으며 도(道)의 기운을 길러 천인합일에 이르고자 하는 수련 방법.

수:십 數十 (셀 수, 열 십). 몇[數] 십(十). ¶수십 권의 책.

수:-십만 數十萬 (셀 수, 열 십, 일만 만). 몇[數] 십만(十萬).

수압 水壓 (물 수, 누를 압). 물리 물[水]의 압력(壓力). ¶이곳은 수압이 약해서 물이 잘 안 나온다.

▸수압-기 水壓機 (틀 기). 기계 물[水]의 압력(壓力)을 이용하여 움직이는 기계(機械)를 통틀어 이르는 말.

▸수압 기관 水壓機關 (틀 기, 빗장 관). 기계 물의[水] 압력(壓力)을 이용하여 동력을 일으키는 기계 장치[機關].

▸수압 시험 水壓試驗 (따질 시, 효과 험). 수압(水壓)을 이용하여 보일러나 탱크 따위에 물이 새는 것, 변형의 유무 따위를 검사하는 일[試驗].

수애 水涯 (물 수, 물가 애). 강이나 호수 따위의 물[水]의 가장자리[涯].

수액[1] 水厄 (물 수, 재앙 액). 가뭄, 홍수 등 물[水]로 말미암아 입는 재앙[厄].

수:액[2] 數厄 (운수 수, 재앙 액). 운수(運數)에 관한 재앙[厄]. ¶수액이 나쁘다.

수:액[3] 數額 (셀 수, 액수 액). 물건의 수[數]와 금액(金額).

수액[4] 樹液 (나무 수, 진 액). ① 속뜻 땅속에서 나무[樹]의 줄기를 통하여 잎으로 올라가는 진액[液]. ② 나무껍질 따위에서 나오는 액. ¶고로쇠나무의 수액은 위장병에 좋다고 알려져 있다.

▸수액료-작물 樹液料作物 (거리 료, 지을 작, 만물 물). 식물 식물체가 분비하는 수액(樹液)을 재료(材料)로 이용하기 위해 재배하는 작물(作物). ¶고무나무는 대표적인 수액료작물이다.

수양[1] 垂楊 (드리울 수, 버들 양). ① 속뜻 가지를 밑으로 축 늘어뜨리며[垂] 자라는 버드나무[楊]. ② 식물 수양버들. 대개 물가에 자라고, 피침 모양의 버들잎과 비슷한 잎이 나며, 가는 가지가 축 늘어진 나무.

수양[2] 修養 (닦을 수, 기를 양). 몸과 마음을 갈고 닦아[修] 품성이나 지식, 도덕 따위를 기름[養]. ¶정신 수양을 게을리 하지 않다.

수양[3] 收養 (거둘 수, 기를 양). 다른 사람의 자식을 거두어[收] 제 자식처럼 기름[養].

▸수양-녀 收養女 (딸 녀). 자기가 직접 낳지는 않았으나 거두어[收] 제 자식처럼 기르는[養] 딸[女]. ⓑ수양딸.

▸수양-모 收養母 (어머니 모). 자기를 낳지는 않았으나 거두어[收] 길러준[養] 어머니[母]. ⓑ수양어머니.

▸수양-부 收養父 (아버지 부). 자기를 낳지는 않았으나 거두어[收] 길러준[養] 아버지[父]. ⓑ수양아버지.

▸수양-부모 收養父母 (아버지 부, 어머니 모). 자기를 낳지는 않았으나 거두어[收] 길러준[養] 부모(父母). ⓑ본생부모(本生父母).

수양-산 首陽山 (머리 수, 볕 양, 메 산). ① 속뜻 볕[陽]이 가장[首] 잘 드는 산(山). ② 황해도 해주시 북서쪽에 있는 산. 높이는 899미터이다. ③ 문학 중국 산서성(山西省)의 서남쪽에 있는 산.

▸수양산-가 首陽山歌 (노래 가). 문학 중국 수양산(首陽山)에서 생을 마감한 백이, 숙제를 비롯한 중국 역대 영웅호걸들의 생애를 들어 인생의 허무함을 노래한 조선 시대에 십이 가사(十二歌詞)의 하나. 모두 58구로 되어 있으며 『교주가곡집』(校註歌曲集)에 실려 있다.

수양-액 水樣液 (물 수, 모양 양, 진 액). ① 속뜻 물[水] 모양(模樣)의 투명한 액체(液體). ② 생물 안구(眼球) 속에 있는 무색투명한 액체.

수어 시대 狩漁時代 (사냥 수, 고기잡을 어, 때 시, 연대 대). 사회 사냥[狩獵]이나 고기잡이[漁]와 같은 자연물의 채취에 의존하여 생활하던 시대(時代). ⓑ어렵 시대(漁獵時代). ⓒ목축(牧畜) 시대, 농경(農耕) 시대.

수어지교 水魚之交 (물 수, 물고기 어, 어조사 지, 사귈 교). ① 속뜻 물[水]과 물고기[魚]의 관계와 같은 사이[交]. ② 아주 친밀하여 떨어질 수 없는 사이. ③ 임금과 신하 또는 부부같이 친밀한 사이를 비유하여 이르는 말. ¶수어지교라 할 수 있는 그들 사이가 부럽다.

수어-청 守禦廳 (지킬 수, 방어할 어, 관청

청). 역사 조선 때, 도성을 지키고[守] 방어(防禦)하기 위해 남한산성에 설치했던 관청(官廳).

수:억 數億 (셀 수, 일억 억). 몇[數] 억(億). ¶수억 원의 돈을 사업에 투자했다.

수업[1] 受業 (받을 수, 일 업). 학업(學業)을 전수(傳受)받음. ¶인간문화재 선생님에게 놋그릇 만드는 법을 수업했다.

수업[2] 修業 (닦을 수, 일 업). 기술이나 학업(學業)을 닦음[修]. ¶작가 수업.

▸수업-증서 修業證書 (증명할 증, 글 서). 교육 학교에서 일정한 학업(學業) 과정을 수료(修了)한 학생에게 주는 증서(證書).

수업[3] 授業 (줄 수, 일 업). 교육 학업(學業)을 가르쳐 줌[授]. ¶수업 시간 / 수업 분위기가 좋다.

▸수업-료 授業料 (삯 료). 수업(授業)의 대가로 받는 돈[料].

수여 授與 (줄 수, 줄 여). 공식절차에 의해 증서, 상장, 훈장 따위를 줌[授=與]. ¶상장을 수여하다.

수역[1] 水域 (물 수, 지경 역). 강이나 바다 따위 수면(水面)의 일정한 구역(區域). ¶이 일대 수역을 환경 보존 구역으로 정했다.

수역[2] 獸疫 (짐승 수, 돌림병 역). 가축이나 짐승[獸]에게 유행하는 돌림병[疫]. ¶광견병은 대표적인 수역이다.

▸수역 혈청 獸疫血清 (피 혈, 맑을 청). 농업 가축[獸]의 전염병[疫]을 예방하는 혈청(血清).

수연[1] 水煙 (물 수, 연기 연). 작은 물[水] 방울이 퍼져서 생긴 연기(煙氣)처럼 자욱한 물안개.

수연[2] 壽宴 (=壽筵, 목숨 수, 잔치 연). 장수(長壽)를 축하하는 잔치[宴]. 흔히 환갑잔치를 이른다. '하수연'(賀壽宴)의 준말. ¶어머니의 수연을 열었다.

수연-증 手軟症 (손 수, 무를 연, 증세 증). 손[手]이 흐늘흐늘하고 힘이 없어지는 [軟] 병[症].

수:열 數列 (셀 수, 줄 렬). ① 속뜻 숫자[數]들의 배열(配列). ② 수학 일정한 규칙에 따라 한 줄로 배열된 수의 열. $a_1, a_2, a_3 \cdots a_n$의 꼴로 배열한 것으로, $\{a_n\}$으로 나타낸다. 등차수열(等差數列), 등비수열(等比數列) 따위가 있다.

수염 鬚髥 (콧수염 수, 구레나룻 염). ① 속뜻 입 주변이나 턱에 난 털[鬚]과 뺨에 난 털[髥]. ② 사람이나 동물의 입 언저리에 난 뻣뻣한 긴 털. ¶메기는 주둥이 옆에 수염이 있다. ③ 보리나 밀 따위의 낟알 끝에 가늘게 난 까끄라기. 또는 옥수수의 낟알 틈에 가늘고 길게 난 털.

수엽 樹葉 (나무 수, 잎 엽). 나무[樹]의 잎[葉]. ¶수엽이 노랗게 물들었다. ⓑ나뭇잎.

수영[1] 水營 (물 수, 집 영). 역사 조선 때, 수군절도사(水軍節度使)의 군영(軍營)을 이르던 말.

수영[2] 秀英 (빼어날 수, 뛰어날 영). 재능이나 지혜가 뛰어나고[秀] 영특(英特)함. 또는 그런 사람.

⁂**수영**[3] 水泳 (물 수, 헤엄칠 영). 운동 스포츠나 놀이로 물[水] 속을 헤엄치는 일[泳]. ⓑ헤엄.

▸수영-모 水泳帽 (모자 모). 수영(水泳)할 때 쓰는 모자(帽子).

▸수영-복 水泳服 (옷 복). 수영(水泳)할 때 입는 옷[服].

▸수영-장 水泳場 (마당 장). 수영(水泳)할 수 있는 시설을 갖춘 곳[場].

▸수영 경:기 水泳競技 (겨룰 경, 재주 기). 운동 수영(水泳) 기술을 겨루는 경기(競技).

수예 手藝 (손 수, 재주 예). 손[手]으로 하는 기예(技藝). ¶수예가 뛰어나다 / 수예 작품.

▸수예-품 手藝品 (물건 품). 손[手]으로 재주를 부려[藝] 만든 작품(作品). ¶수를 놓아 수예품을 만들었다.

수오지심 羞惡之心 (부끄러워할 수, 미워할 오, 어조사 지, 마음 심). 자기의 옳지 못함을 부끄러워하고[羞] 남의 옳지 못함을 미워하는[惡] 마음[心]. 의(義)에서 우러나오는 사단(四端)의 하나. ㊤수오.

수온 水溫 (물 수, 따뜻할 온). 물[水]의 온도(溫度). ¶수온이 높아서 남해안에 적조(赤潮)가 발생했다.

▸수온 약층 水溫躍層 (뛰어오를 약, 층 층). 지리 수온(水溫)이 급격하게 오르는[躍] 층(層).

수완 手腕 (손 수, 팔 완). ① 속뜻 손[手]과 팔[腕]을 잇는 부분. 손. ② 일을 꾸미거나 치러 나가는 재간. ¶그는 수완이 뛰어나다.

▸수완-가 手腕家 (사람 가). 수완(手腕)이 뛰어난 사람[家].

수요[1] 壽夭 (오래살 수, 일찍 죽을 요). 오래 삶[壽]과 일찍 죽음[夭]. 장수(長壽)와 요절(夭折). ⓑ수단(壽短).

수요[2] 需要 (쓰일 수, 구할 요). ① 속뜻 생활에 쓰이거나[需] 필요(必要)로 하는 것. ② 경제 재화나 용역을 일정한 가격을 주고 사려고 하는 욕구. ¶수요가 증가하다. ⓑ공급(供給).

▸수요-자 需要者 (사람 자). 경제 무엇을 쓰려고[需] 하거나 필요(必要)로 하는 사람[者]. ¶수요자에게 서비스를 제공하다.

▸수요 함:수 需要函數 (넣을 함, 셀 수). 경제 상품의 가격과 수요량(需要量)의 관계를 나타내는 함수(函數).

▸수요 탄:력성 需要彈力性 (탄알 탄, 힘 력, 성질 성). 경제 상품 가격이 변동에 따라 수요(需要)가 탄력적(彈力的)으로 변하는 성질(性質). 또는 이를 나타낸 지표.

수-요일 水曜日 (물 수, 빛날 요, 해 일). 칠요일 중 물[水]에 해당하는 요일(曜日). ¶수요일에는 체육 수업을 한다.

수욕[1] 水浴 (물 수, 목욕할 욕). 물[水]로 목욕(沐浴)함.

수욕[2] 羞辱 (부끄러울 수, 욕될 욕). 수치스러움[羞]과 욕(辱)됨. ¶잊을 수 없는 수욕을 당하다.

수욕[3] 獸慾 (짐승 수, 욕심 욕). 짐승[獸]과 같은 음란한 욕망(慾望).

▸수욕-주의 獸慾主義 (주될 주, 뜻 의). 사회 도덕이나 윤리를 무시하고 오로지 짐승[獸]과 같은 본능적인 욕망(慾望)을 얻으려고 하는 생활 태도[主義].

수용[1] 收容 (거둘 수, 담을 용). 사람이나 물품 따위를 거두어[收] 일정한 곳에 담음[容]. ¶이 강당은 천 명을 수용할 수 있다.

▸수용-소 收容所 (곳 소). 많은 사람을 한 곳에 수용(收容)한 곳[所]. ¶포로 수용소에서 탈출하다.

수용[2] 受容 (받을 수, 담을 용). 받아[受]들임[容]. ¶외국 문화를 무비판적으로 수용하면 안 된다.

▸수용-기 受容器 (그릇 기). ① 속뜻 자극을 받아들이는[受容] 기관(器官). ② 생물 해부학적으로 자극에 대하여 반응하는 구조. 말초 감각 기관이나 말초 신경의 끝 부분, 신경 상피 세포, 수용기 세포를 가진 감각 기관의 한 부분, 눈이나 귀와 같은 분화된 감각 기관 따위이다.

▸수용-론 受容論 (논할 론). 문학 작품을 감상한 독자가 이를 수용(受容)하는 것에 중심에 둔 비평 이론(理論).

수용[3] 受用 (받을 수, 쓸 용). 받아[受] 씀[用]. ¶정부는 농토를 공장 부지로 수용하여 공단을 조성하였다.

수용[4] 收用 (거둘 수, 쓸 용). 거두어들여[收] 이용(利用)함. ¶시 당국은 쓰레기 처리 시설 건립을 위해 그 토지를 수용했다.

수용[5] 需用 (쓰일 수, 쓸 용). 꼭 써야할[需] 곳에 씀[用]. 필요한 곳에 씀.

▸수용-자 需用者 (사람 자). 사물이나 사람을 구하여 쓰는[需用] 사람[者].

▸수용-품 需用品 (물건 품). 필요[需]에 따라 꼭 써야[用] 할 물품(物品).

수용-성 水溶性 (물 수, 녹을 용, 성질 성). 화학 어떤 물질이 물[水]에 잘 풀리는[溶] 성질(性質). ¶비타민 C는 수용성 비타민이다.

수용-액 水溶液 (물 수, 녹을 용, 진 액). 화학 물[水]에 잘 풀리는[溶] 액체(液體). 식염수 따위.

수우[1] 殊遇 (다를 수, 만날 우). 특별히 다른[殊] 대우(待遇). ¶수우를 바라지 않다.

수우[2] 水牛 (물 수, 소 우). ① 속뜻 물[水]가에 사는 소[牛]. ② 동물 머리에 활 모양으로 굽은 뿔이 있는 소. 머리는 길고 귀는 짧다. 강이나 호수의 주변에 무리를 지어 산다. 운반용, 경작용으로 사육한다. ⓑ물소.

▸수우-각 水牛角 (뿔 각). 물소[水牛]의 뿔[角].

수운[1] 水運 (물 수, 옮길 운). 강이나 바다의 물[水]을 이용하여 사람이나 물건을 배로 실어 나름[運]. ¶이 지역은 수운이 발달해 있다.

수운[2] 輸運 (나를 수, 옮길 운). 여객이나 화물 따위를 나르거나[輸] 옮기는[運] 일. ⓑ운수(運輸).

수원[1] 隨員 (따를 수, 인원 원). 높은 지위에 있는 사람을 따라다니며[隨] 그를 돕거나 신변을 보호하는 사람[員]. '수행원'(隨行員)의 준말. ¶아들을 수원으로 데리고 갔다.

수원² **水源** (물 수, 근원 원). 물[水]이 흘러나오기 시작한 근원(根源). ¶이 강의 수원은 안데스 산맥이다.

▸수원-지¹ 水源地 (땅 지). 강물[水]이나 냇물이 흘러나오는 근원이[源] 되는 곳[地].

▸수원-지² 水源池 (못 지). ① 속뜻 강물[水]이나 냇물이 흘러나오는 근원이[源] 되는 연못[池]. ② 상수도에 보낼 물을 모아 처리하는 곳.

수원-성 **水原城** (물 수, 들판 원, 성곽 성). 고적 조선 정조 때에, 현재의 경기도 수원시(水原市)에 쌓은 성(城). 정조 18년(1794)부터 20년(1796) 사이에 축성하였는데, 근대적 성곽 구조를 갖추고 거중기 따위의 기계 장치를 활용하는 따위의 우리나라 성곽 건축 기술사상 중요한 위치를 차지한다. 1997년에 유네스코 세계 문화유산으로 지정되었다. 사적 제3호이다. ⓑ화성(華城).

수:월¹ **數月** (셀 수, 달 월). 두서너[數] 달[月]. ¶이 공사는 수월 내에 끝날 예정이다.

수월² **殊越** (다를 수, 뛰어날 월). 남달리[殊] 월등(越等)함. 특별히 빼어남. ¶영재들의 수월한 재능.

▸수월-성 殊越性 (성질 성). 남달리[殊] 빼어난[越] 점을 잘 살리는 특성(特性). ¶수월성 교육을 실시하다.

수위¹ **守衛** (지킬 수, 지킬 위). ① 속뜻 성문 따위를 잘 지킴[守=衛]. ② 관청, 학교, 공장, 회사 따위의 경비를 맡아봄. 또는 그런 일을 맡은 사람. ¶정문의 수위가 문을 열어 주었다.

▸수위-실 守衛室 (방 실). 수위(守衛)가 경비하는 일을 맡아보는 방[室].

수위² **水位** (물 수, 자리 위). 바다나 강, 댐 따위의 수면(水面)의 높이[位]. ¶저수지의 수위가 낮아졌다.

▸수위-진폭 水位振幅 (떨칠 진, 너비 폭). 일정한 기간 내의 수위(水位)가 오르내린[振] 폭(幅). 최고 수위와 최저 수위의 차(差)로 말한다.

수위³ **首位** (머리 수, 자리 위). 등급, 지위 등에서 첫째[首]가는 자리[位].

▸수위 타:자 首位打者 (칠 타, 사람 자). 운동 야구에서 타율이 가장 높아 타자 중에 첫째[首位]가는 타자(打者).

수유¹ **受由** (받을 수, 말미암을 유). 말미[由]를 받음[受]. 또는 그 말미. ¶그는 주인에게 잠시 수유를 얻고 나를 만나러 나왔다.

수유² **須臾** (잠깐 수, 잠깐 유). 잠시[須=臾]. 잠시 동안. 잠깐.

수유³ **授乳** (줄 수, 젖 유). 젖먹이에게 젖[乳]을 먹여 줌[授]. ¶모유를 수유하다.

▸수유-기 授乳期 (때 기). 젖[乳]을 먹이며[授] 기르는 기간(期間). ¶수유기에는 매운 음식을 먹는 것은 좋지 않다.

수육 **獸肉** (짐승 수, 고기 육). 짐승[獸]의 고기[肉].

수율 **收率** (거둘 수, 비율 률). 화학 원자재에 어떤 화학적 과정을 가하여 원하는 물질을 얻을 때, 실제로 거둔[收] 분량과 이론상으로 기대했던 분량의 비율(比率).

수은 **水銀** (물 수, 은 은). 화학 상온에서 액체[水] 상태로 있는 은(銀). 전성(展性)·연성(延性)이 크고, 팽창률과 표면장력이 매우 큰 물질로 독성이 있으며 질산에 쉽게 녹는다. 원소기호는 'Hg'. ¶수은에 중독되다.

▸수은-등 水銀燈 (등불 등). 전기 수은(水銀) 증기를 가득 넣은 등(燈). 의료나 조명 이외에도 영화, 탐조등 따위의 광원으로 널리 쓰인다.

▸수은-제 水銀劑 (약제 제). 약학 수은(水銀)이 지닌 살균 작용을 이용한 약제(藥劑)를 통틀어 이르는 말.

▸수은-주 水銀柱 (기둥 주). 물리 수은 온도계에서 수은(水銀)을 담은 가느다란 기둥[柱]. 온도를 나타낸다. ¶수은주가 34도까지 올라갔다.

▸수은 중독 水銀中毒 (맞을 중, 독할 독). 의학 수은(水銀)이나 수은의 화합물이 몸에 닿거나 몸속에 들어갔을 때 일어나는 중독(中毒) 증상.

▸수은 요법 水銀療法 (병 고칠 료, 법 법). 의학 수은제(水銀劑)를 써서 매독(梅毒)을 치료(治療)하는 방법(方法).

수음 **手淫** (손 수, 음란할 음). 스스로의 손[手]으로 생식기를 자극하여 성적 쾌감을 얻는 음란(淫亂)한 행위. ⓑ자위(自慰).

수응 酬應 (갚을 수, 응할 응). 은혜 따위를 갚고자[酬] 하는 것에 응(應)함. ¶그 수응을 하자니 시간이 없다. ⓑ수락(受諾).

수의[1] 囚衣 (가둘 수, 옷 의). 죄수(罪囚)가 입는 옷[衣]. ¶그는 푸른 수의를 입고 참회하며 지내고 있다.

수의[2] 愁意 (근심 수, 뜻 의). 근심[愁]하는 마음[意]. ¶얼굴에 수의가 어리다. ⓑ수심(愁心).

수의[3] 壽衣 (목숨 수, 옷 의). 목숨[壽]이 다하여 죽은 이에게 입히는 옷[衣]. ¶장의사(葬儀社)는 시신을 씻기고 수의를 입혔다.

수의[4] 隨意 (따를 수, 뜻 의). 자기 뜻[意]에 따라[隨] 함. 마음대로 함. ¶누구나 수의로 거주지를 정할 수 있다.

▸수의-과 隨意科 (과목 과). '수의 과목'(隨意科目)의 준말.

▸수의-근 隨意筋 (힘줄 근). 동물 의지(意志)에 따라[隨] 펴고 오므릴 수 있는 근육(筋肉). 손발의 근육 따위. ⓑ불수의근(不隨意筋).

▸수의 계:약 隨意契約 (맺을 계, 묶을 약). 경제 경쟁이나 입찰(入札)에 따르지 않고 마음대로[隨意] 상대편을 골라서 맺는 계약(契約). ⓑ경쟁 계약(競爭契約).

▸수의 과목 隨意科目 (분과 과, 눈 목). 학생이 마음대로[隨意] 택할 수 있는 과목(科目).

수의[5] 獸醫 (짐승 수, 치료할 의). '수의사'(獸醫師)의 준말.

▸수의-대 獸醫大 (큰 대). 교육 수의학(獸醫學)을 전공하는 단과 대학(大學). '수의과 대학'(獸醫科大學)의 준말.

▸수의-사 獸醫師 (스승 사). 짐승, 특히 가축[獸]의 질병 치료[醫]를 전공으로 하는 의사(醫師). ¶수의사가 송아지에게 주사를 놓았다.

▸수의-학 獸醫學 (배울 학). 가축[獸]의 질병 치료[醫] 및 예방에 관한 학문(學問).

▸수의학-과 獸醫學科 (배울 학, 분과 과). 가축[獸]의 질병 치료[醫] 및 예방을 연구하는[學] 분과(分科).

수이 殊異 (뛰어날 수, 다를 이). 특수(特殊)하게 다름[異]. 매우 특이함.

▸수이-전 殊異傳 (전할 전). ① 속뜻 매우 이상한[殊異] 이야기[傳]. ② 문학 고려 문종 때, 박인량(朴仁亮)이 지었다는 우리나라 최초의 설화집. 책은 전하지 않고, 내용의 일부만 『삼국유사』·『대동운부군옥』(大東韻府群玉) 등에 실려 전한다.

수익[1] 收益 (거둘 수, 더할 익). 일이나 사업 등을 하여 이익(利益)을 거두어[收] 들임. 또는 그 이익. ¶막대한 수익을 올리다.

▸수익-금 收益金 (돈 금). 이익(利益)으로 얻은[收] 돈[金]. ¶수익금의 일부를 고아원에 기부했다.

▸수익-성 收益性 (성질 성). 경제 수익(收益)이 되는 성질(性質). ¶수익성이 높은 투자처를 찾았다.

▸수익-세 收益稅 (세금 세). 법률 수익이 생기는 물건의 외형 표준에 따라 개개의 수익(收益)에 부과하는 조세(租稅).

▸수익 가치 收益價値 (값 가, 값 치). 경제 화폐 수익(貨幣收益)에 의한 재산의 평가 가치(價値).

▸수익 자산 收益資産 (재물 자, 재물 산). 경제 수익(收益)을 낳는 자산(資産). 특히, 은행의 수익 원천이 되는 자산.

▸수익 체감 收益遞減 (번갈아 체, 덜 감). ① 속뜻 수익(收益)이 번갈아[遞] 점차 줄어듦[減]. ② 경제 일정한 생산물을 생산함에 있어, 생산 요소 중 토지·자본은 고정시켜 놓고 노동력만을 증가시킬 때, 그 한계 생산력이 상대적으로 점점 줄어드는 현상.

수익[2] 受益 (받을 수, 더할 익). 이익(利益)을 얻음[受]. 또는 이익을 얻는 일.

▸수익-권 受益權 (권리 권). ① 속뜻 이익(利益)을 받을[受] 권리(權利). ② 법률 국가에 대하여 특정한 이익을 받을 수 있도록 요구할 수 있는 국민의 권리.

▸수익-자 受益者 (사람 자). 이익(利益)을 얻는[受] 사람[者]. ¶수익자 부담 원칙.

수인[1] 手印 (손 수, 도장 인). ① 속뜻 손[手] 가락의 지문을 이용해 찍는 도장[印]. ② 자필의 서명. ③ 불교 주문을 욀 때에 두 손의 손가락으로 나타내는 여러 가지 모양.

수인[2] 囚人 (가둘 수, 사람 인). 옥에 갇힌[囚] 사람[人]. ⓑ죄수(罪囚).

수:인[3] 數人 (셀 수, 사람 인). 몇[數] 사람

[人]. ¶일꾼 수인을 데리고 작업장에 들어갔다.

수-인사 修人事 (닦을 수, 사람 인, 일 사). ① 속뜻 사람[人]으로서 할 수 있는 일[事]을 다 함[修]. ② 인사를 차림. ¶옆집 아낙과 수인사를 나누었다.

▸ **수인사 대천명** 修人事待天命 (기다릴 대, 하늘 천, 목숨 명). 사람[人]으로서 할 수 있는 일[事]을 다 하고[修] 천명(天命)을 기다림[待].

수인 감:염 水因感染 (물 수, 인할 인, 느낄 감, 물들일 염). 의학 어떤 전염병이 물[水]에 의하여[因] 옮겨지는[感染] 일. 콜레라, 장티푸스, 이질 따위. ⑪물감염, 수계 전염(水系傳染).

수인-성 水因性 (물 수, 인할 인, 성질 성). 의학 물[水]에 들어 있는 세균으로 인(因)하여 전염될 수 있는 성질(性質). ¶수인성 전염병.

수:일 數日 (셀 수, 날 일). 몇[數] 일(日). ¶수일 전에 그를 만났다.

수임 受任 (받을 수, 맡길 임). ① 속뜻 위임(委任)을 받음[受]. ② 법률 위임 계약에 따라 사무를 위탁받음. ¶변호사 수임 계약서.

****수입**[1] 收入 (거둘 수, 들 입). 돈이나 물건 따위를 벌어들이거나 거두어[收] 들이는[入] 일. 또는 그 돈이나 물건. ¶수입이 일정하지 않다. ⑪지출(支出).

▸ **수입 인지** 收入印紙 (도장 인, 종이 지). 국고 수입(收入)이 되는 조세나 수수료 등을 징수하기 위해 정부가 발행하는 증표[印紙].

***수입**[2] 輸入 (나를 수, 들 입). 외국에서 물품이나 사상, 문화를 날라[輸] 들임[入]. ¶불교의 수입 / 농산물을 수입하다. ⑪수출(輸出).

▸ **수입-상** 輸入商 (장사 상). 외국 물품을 수입(輸入)하는 상인(商人).

▸ **수입-세** 輸入稅 (세금 세). 법률 수입품(輸入品)에 대하여 부과하는 관세(關稅). '수입 관세'의 준말. ⑪수출세(輸出稅).

▸ **수입-품** 輸入品 (물건 품). 다른 나라로부터 수입(輸入)한 물품(物品). ¶수입품을 선호하던 시대는 지났다. ⑪국산품(國産品), 수출품(輸出品).

▸ **수입-환** 輸入換 (바꿀 환). 경제 수입품(輸入品)에 대한 대가를 지급하기 위해 수입상(輸入商)이 사들이는 환(換)어음. ⑪수출환(輸出換).

▸ **수입 면:장** 輸入免狀 (면할 면, 문서 장). 경제 세관에서 발급하는 수입(輸入)을 허가하는[免] 증명서[狀].

▸ **수입 성:향** 輸入性向 (성질 성, 향할 향). 경제 ① 수입(輸入)되는 물품이나 양의 성향(性向). ② 일정 기간의 국민 소득에 대한 수입 상품을 구매하는 데 쓰인 금액의 비율.

▸ **수입 초과** 輸入超過 (뛰어넘을 초, 지날 과). 경제 일정 기간에 수입 총액(輸入總額)이 수출 총액(輸出總額)을 초과(超過)하는 일.

수:자 數字 (셀 수, 글자 자). 몇[數] 글자[字].

수-자원 水資源 (물 수, 재물 자, 근원 원). 농업, 공업, 발전용 등의 자원(資源)으로서의 물[水]. ¶수자원이 풍부하다.

수작[1] 秀作 (빼어날 수, 지을 작). 뛰어난[秀] 작품(作品). 우수 작품. ¶미술 대전에서 당선된 수작을 전시하다.

수작[2] 酬酌 (잔돌릴 수, 술따를 작). ① 속뜻 술잔을 돌리며[酬] 술을 따름[酌]. ② 말을 서로 주고받음. 또는 주고받는 그 말. ¶수작을 걸다. ③ 엉큼한 속셈이나 속보이는 일. ¶수작을 꾸미다.

수장[1] 水葬 (물 수, 장사지낼 장). 시체를 물[水] 속에 넣어 장사(葬事)함. ¶인도에서는 일반적으로 수장을 한다.

수장[2] 戍將 (지킬 수, 장수 장). 역사 변방을 지키던[戍] 장수(將帥). ¶수장은 객수를 달래려 시를 읊었다.

수장[3] 收藏 (거둘 수, 감출 장). 물건 등을 거두어서[收] 신변에 두고 깊이 간직함[藏]. ¶박물관에 수장된 고미술품.

수장[4] 袖章 (소매 수, 글 장). 장성이나 고급 장교 또는 경찰관 등의 정복 소매[袖]에 금줄 따위로 관등(官等) 같은 것을 표시한 휘장(徽章).

수장[5] 首長 (머리 수, 어른 장). 앞장서서[首] 집단이나 단체를 지배·통솔하는 사람[長]. 우두머리. ¶대통령은 행정부의 수장이다.

▸ **수장-령** 首長令 (명령 령). 역사 영국 국왕

을 영국 교회의 최고 수장(首長)으로 하는 법령(法令).

수장-주 修粧柱 (고칠 수, 단장할 장, 기둥 주). 건설 집이나 기구 따위를 수리(修理)하고 단장(丹粧)하기 위해 임시로 세운 기둥[柱].

수장-판 修粧板 (고칠 수, 단장할 장, 널빤지 판). 건설 집이나 기구 따위를 수리(修理)하고 단장(丹粧)하기 위해 벽에 임시로 댄 넓은 판(板).

수재[1] 手才 (손 수, 재주 재). 손[手]으로 무엇을 잘 만들어 내거나 다루는 재주[才]. ¶수재가 뛰어난 공예가. ㊥손재주, 수기(手技).

수재[2] 收載 (거둘 수, 실을 재). 잡지나 단행본 따위에 작품을 모아서[收] 실음[載]. ¶〈사이언스〉 지에 관련 논문을 수재하다.

수재[3] 秀才 (빼어날 수, 재주 재). ①재주[才]가 뛰어난[秀] 사람. ¶그 학교는 많은 수재들을 배출했다. ②지난날, 아직 결혼하지 않은 남자를 높여 이르던 말. ㊥영재(英才), 천재(天才). ㊤둔재(鈍才).

수재[4] 殊才 (뛰어날 수, 재주 재). 남달리 뛰어난[殊] 재주[才]. ¶수재를 그렇게 썩히다니….

수재[5] 水災 (물 수, 재앙 재). 홍수나 범람 따위의 물[水]로 입는 재해(災害). ¶이번 홍수로 아랫마을은 큰 수재를 겪었다. ㊥물난리, 수해(水害).

▸수재-민 水災民 (백성 민). 홍수(洪水)나 장마 따위로 재해(災害)를 당한 사람[民]. ¶수재민을 도와주다.

수재-식 樹栽式 (나무 수, 심을 재, 법 식). 농업 한 밭에 여러 해에 걸쳐 자라는 나무[樹]를 심어[栽] 가꾸는 방식(方式). 과수, 뽕나무 따위의 재배 방식.

수적[1] 手迹 (손 수, 자취 적). 손수[手] 쓴 글씨나 그린 그림, 또는 만든 물건에 남은 자취[迹]. ¶수를 놓고 수적을 남겼다.

수적[2] 水賊 (물 수, 도둑 적). 바다나 큰 강[水]에서 남의 재물을 강제로 빼앗아 가는 도둑[賊].

수적[3] 水滴 (물 수, 물방울 적). ① 속뜻 물[水] 방울[滴]. 물이 방울져 떨어짐. ②벼룻물을 담는 그릇. ㊥연적(硯滴).

수:적[4] 數的 (셀 수, 것 적). 숫자[數] 상으로 보는 것[的]. ¶상대 팀이 수적으로 우세하다.

수전[1] 水田 (물 수, 밭 전). 물[水]을 대기 쉬운 밭[田]. ㊥무논.

수전[2] 水電 (물 수, 전기 전). 수력(水力)을 이용해 일으킨 전기(電氣). '수력 전기'(水力電氣)의 준말.

수전[3] 水戰 (물 수, 싸울 전). 물[水] 위에서 하는 싸움[戰]. ¶산전수전(山戰水戰).

수전-노 守錢奴 (지킬 수, 돈 전, 종 노). ① 속뜻 돈[錢]을 지키는[守] 노예(奴隸). ② '돈을 모을 줄만 알고 쓰는 데는 인색한 사람'을 비꼬아 이르는 말. ¶스크루지는 수전노이다. ㊥구두쇠.

수전 동맹 守戰同盟 (지킬 수, 싸울 전, 한가지 동, 맹세할 맹). 둘 이상의 나라가 협력하여 다른 나라의 침공[戰]을 막기 위해[守] 맺는 동맹(同盟). ¶신라는 고구려를 침공하기 위해 당나라와 수전 동맹을 맺었다.

수전-증 手顫症 (손 수, 떨릴 전, 증세 증). 한의 물건을 잡거나 할 때 손[手]이 떨리는[顫] 증세(症勢)를 이르는 말.

수절 守節 (지킬 수, 지조 절). 지조[節]나 정절(貞節)을 지킴[守]. ¶그녀는 청상과부로 평생 수절하며 살았다.

▸수절-사의 守節死義 (죽을 사, 옳을 의). 절개(節概)를 지키고[守] 의(義)를 위해 죽음[死]. ¶사육신은 수절사의한 여섯 명의 신하를 뜻한다.

▸수절-원사 守節寃死 (억울할 원, 죽을 사). 절개(節概)를 지키다가[守] 원통(寃痛)하게 죽음[死].

수정[1] 守貞 (지킬 수, 곧을 정). 동정(童貞)을 지킴[守].

수정[2] 修訂 (고칠 수, 바로잡을 정). 책의 글자나 내용 등을 고쳐[修] 바로잡음[訂]. ¶초고 수정.

수정[3] 修整 (고칠 수, 가지런할 정). ① 속뜻 잘못된 점 등을 고쳐[修] 다시 정리(整理)함. ② 예술 원판의 흠을 지우거나 화상(畫像)을 손질하는 일. ¶사진 원판을 ~하다

수정[4] 水亭 (물 수, 정자 정). 물[水] 위나 물가에 지은 정자(亭子).

수정[5] 水精 (물 수, 도깨비 정). ①물[水]의

정령(精靈). 물속에 산다는 요정(妖精). ② '달'을 달리 이르는 말.

수정[6] **水晶** (물 수, 밝을 정). ① 속뜻 물방울[水]처럼 반짝임[晶]. ② 광업 육각기둥 꼴의 석영의 한 가지. 무색투명하며 불순물이 섞인 것은 자색, 황색, 흑색 등의 빛깔을 띤다. ㊥크리스탈(crystal).

▸**수정-렴** 水晶簾 (발 렴). 수정(水晶)으로 만든 구슬을 꿰어 꾸민 발[簾].

▸**수정-체** 水晶體 (몸 체). 의학 안구의 동공 바로 뒤에 있는 볼록 렌즈 모양의 투명한 [水晶] 부분[體]. 광선을 굴절시켜 망막 위에 상을 맺게 한다.

▸**수정 시계** 水晶時計 (때 시, 셀 계). 전기 수정(水晶) 발진기의 안정된 주파수를 이용한 정밀 시계(時計).

▸**수정 유리** 水晶琉璃 (유리 류, 유리 리). 공업 수정(水晶)처럼 굴절률과 투명도가 높고 광휘가 풍부한 유리(琉璃). 특히 알칼리 금속 원소 외에 납을 주성분으로 함유하는 것을 이른다. 공예품, 고급 식기 따위에 쓴다.

수정[7] **授精** (줄 수, 정액 정). 정자(精子)를 주어[授] 난자에 결합시키는 일. ¶인공으로 수정하다. ㊥매정(媒精). ㉺수정(受精).

수정[8] **受精** (받을 수, 정액 정). ① 속뜻 정액(精液)의 정자를 받음[受]. ② 생물 암수의 생식 세포가 새로운 개체를 이루기 위해 하나로 합쳐지는 일. ¶벌은 식물의 수정을 돕는다.

▸**수정-낭** 受精囊 (주머니 낭). 동물 연체동물이나 절지동물 따위의 암컷의 생식 기관으로 수정을 하기 위해 정충(精蟲)을 받아[受] 저장해두는 주머니[囊] 모양의 기관.

▸**수정-란** 受精卵 (알 란). 생물 수정(受精)을 마친 난자(卵子). ㊤무정란(無精卵).

▸**수정-막** 受精膜 (꺼풀 막). 난세포가 수정(受精)한 직후 그 주위에 형성되는 막(膜).

수정[9] **修正** (고칠 수, 바를 정). 고쳐[修] 바로잡음[正]. ¶헌법 수정 / 계획을 수정하다.

▸**수정-안** 修正案 (안건 안). 원안(原案)의 잘못된 점을 바로잡아 고친[修正] 안(案). ¶수정안을 제출하다.

▸**수정-주의** 修正主義 (주될 주, 뜻 의). 정치 마르크스주의의 혁명적 요소를 수정(修正)하고 새로운 정세에 대응하려는 주의(主義). '수정파 사회주의'(修正派社會主義)의 준말.

수-정:과 **水正果** (물 수, 바를 정, 열매 과). 생강과 계피를 달인 물[水]에 설탕이나 꿀을 갖추어[正] 탄 다음, 곶감과 잣 같은 과일[果]을 띄운 음료.

수정-관 **輸精管** (나를 수, 정액 정, 대롱 관). 동물 정소(精巢)에서 배출된 정충(精蟲)을 정낭(精囊)으로 보내는[輸] 관(管). ㊥정관(精管).

수제 **手製** (손 수, 만들 제). 손[手]으로 만듦[製]. 또는 손으로 만든 그 제품.

수-제자 **首弟子** (머리 수, 아우 제, 아이 자). 여러 제자 중에서 학문이나 기술 따위의 배움이 가장 뛰어난[首] 제자(弟子). ¶그는 내 수제자다.

수-제천 **壽齊天** (목숨 수, 가지런할 제, 하늘 천). 음악 신라 때, 국가의 태평과 민족의 번영을 빌기 위해 만든 궁중음악. 임금과 나라의 수명(壽命)이 하늘[天]과 같아져서[齊] 영원하기를 비는 뜻에서 붙여진 이름으로 추정된다.

수조[1] **手爪** (손 수, 발톱 조). 손[手]의 손톱[爪]. ㊥손톱.

수조[2] **水鳥** (물 수, 새 조). 동물 생활조건이 물[水]과 밀접한 관계가 있는 새[鳥]. ㊥물새.

수조[3] **水槽** (물 수, 구유 조). 물[水]을 담아 두는 큰 통[槽]. ¶수조를 깨끗이 청소했다.

수조[4] **水藻** (물 수, 바닷말 조). 물[水]속에 나는 마름[藻]. ¶수조가 이상 번식했다.

수조[5] **守操** (지킬 수, 잡을 조). 지조(志操)를 지킴[守]. ¶그녀는 수조하며 평생을 홀로 살았다. ㊥수지(守志).

수조[6] **垂釣** (드리울 수, 낚시 조). 낚시[釣]를 물속에 드리움[垂]. ¶채마밭도 가꾸고 수조도 하며 여생을 보냈다.

수족[1] **手足** (손 수, 발 족). ① 속뜻 손[手]과 발[足]. ② '손발처럼 마음대로 부리는 사람'을 비유하여 이르는 말. ¶그녀는 나에게 수족과 같은 존재다.

수족[2] **水族** (물 수, 무리 족). 물[水] 속에 사는 동물 종류[族]를 통틀어 이르는 말.

▸**수족-관** 水族館 (집 관). 물속에 사는 여러

가지 동물[水族]을 길러 그 생태를 관람·연구할 수 있도록 만든 시설[館]. ¶수족관에 열대어가 아름답게 헤엄치고 있다.

수족-삼각형 垂足三角形 (드리울 수, 발 족, 석 삼, 모서리 각, 모양 형). 수학 삼각형의 각 꼭짓점이 닿는 대변에 내리그은[垂] 선의 밑점[足] 셋을 꼭짓점으로 하는 삼각형(三角形).

수졸¹ 守卒 (지킬 수, 군사 졸). 수비하는[守] 군졸(軍卒). ¶그는 산성의 수졸로 동원되었다.

수졸² 守拙 (지킬 수, 서툴 졸). ①서툴고[拙] 우직함을 고치지 않고 그대로 지킴[守]. ② 운동 바둑에서, '초단'(初段)을 달리 이르는 말.

수종¹ 水腫 (물 수, 종기 종). 몸에 림프액, 장액 따위의 물[水]이 괴어 몸이 붓는[腫] 병.

수:종² 數種 (셀 수, 갈래 종). 몇[數] 종류(種類). ¶이곳에는 물고기 수종이 서식하고 있다.

수종³ 隨從 (따를 수, 따를 종). 남을 따라다니며[隨=從] 곁에서 심부름 따위의 시중을 듦. 또는 그렇게 시중을 드는 사람. ¶수종을 들다 / 수종으로 부리다.

수종⁴ 樹種 (나무 수, 갈래 종). ①나무[樹]의 종류(種類). ¶재래 수종. ②곡식이나 나무 따위를 심어 가꿈. ⓑ수예(樹藝).

수종⁵ 首從 (머리 수, 따를 종). ①어떤 일에 앞장선[首] 사람과 그를 따르는[從] 사람. ② 법률 주범(主犯)과 종범(從犯).

▸**수종불분** 首從不分 (아닐 불, 나눌 분). 어떤 일에 앞장선[首] 사람과 따른[從] 사람을 가리지[分] 않고[不] 똑같이 처벌함.

수좌 首座 (머리 수, 자리 좌). ①등급이나 직위 따위의 첫째[首] 자리[座]. ⓑ수석(首席). ② 불교 선원(禪院)에서 참선하는 승려. ¶선방 수좌.

수죄¹ 首罪 (머리 수, 허물 죄). ①범죄 중에서 가장[首] 무거운 죄(罪). ②공동으로 죄를 범한 범인들 중 발의·주모한 자. ⓑ수범(首犯).

수:죄² 數罪 (셀 수, 허물 죄). ①몇[數] 가지의 범죄(犯罪). ¶그는 자랑하듯 수죄를 늘어놓았다. ②범죄를 하나하나 들추어냄. ¶원님은 돌쇠를 수죄한 뒤 옥에 가두었다.

수주¹ 手珠 (손 수, 구슬 주). 손[手]에 쥐고 돌려 손을 부드럽게 하는 데 쓰기 위해 나무로 만든 여러 개의 구슬[珠].

수주² 受注 (받을 수, 쏟을 주). 주문(注文)을 받음[受]. 특히, 생산업자가 제품의 주문을 받는 일. ¶조선(造船)은 수주를 받고 생산하는 방식이다. ⓑ발주(發注).

수주³ 壽酒 (목숨 수, 술 주). 장수(長壽)를 축하하는 술[酒]. ¶수주를 들다.

수주대토 守株待兔 (지킬 수, 그루터기 주, 기다릴 대, 토끼 토). ① 속뜻 그루터기[株]를 지키며[守] 토끼[兔]를 기다림[待]. ②'달리 변동할 줄은 모르고 어리석게 한 가지만을 내내 고집함'을 비유하여 이르는 말. 중국 송나라의 한 농부가 우연히 나무 그루터기에 토끼가 부딪쳐 죽은 것을 잡은 후, 또 그와 같이 토끼를 잡을까 하여 일도 하지 않고 그루터기만 지키고 있었다는 데서 유래한다.

***수준 水準** (물 수, 평평할 준). ① 속뜻 수면(水面)처럼 평평함[準]. ②사물의 가치, 등급, 품질 따위의 일정한 표준이나 정도. ¶수준이 낮다 / 수준 높은 작품. ③ 물리 '수준기'(水準器)의 준말. ⓑ수평(水平).

▸**수준-급** 水準級 (등급 급). 상당히 높은 수준(水準)에 있는 등급(等級). ¶그녀의 바이올린 솜씨는 수준급이다.

▸**수준-기** 水準器 (그릇 기). 물리 어떤 평면이 수평[水準]을 이루고 있는가를 재는 기구(器具). ⓑ수평기(水平器).

▸**수준-의** 水準儀 (천문기계 의). 건설 망원경에 수준기(水準器)를 부착한 측량용 기계[儀]. 지상에서 두 점 사이의 높이의 차이를 측정한다.

▸**수준-점** 水準點 (점 점). 지리 정확히 측정된 어떤 지점의 높이[水準]를 나타내는 표지[點].

수중¹ 手中 (손 수, 가운데 중). ① 속뜻 손[手] 안[中]. ②자신의 힘이 미칠 수 있는 범위. ¶수중에 돈 한 푼 없다.

수중² 睡中 (잠잘 수, 가운데 중). 잠들어 있는[睡] 동안[中].

수중³ 水中 (물 수, 가운데 중). 물[水] 가운데[中]. 물속. ¶이 카메라는 수중 촬영이

가능하다.

▸수중-경 水中莖 (줄기 경). 식물 수생 식물의 물속[水中]에 잠긴 줄기[莖].

▸수중-릉 水中陵 (무덤 릉). 물 속[水中]에 있는 왕의 무덤[陵]. 특히 신라의 문무왕의 무덤을 가리킨다.

▸수중 식물 水中植物 (심을 식, 만물 물). 식물 물속[水中]에서 생육하는 식물(植物)을 통틀어 이르는 말. ㊥정수 식물(挺水植物), 침수 식물(浸水植物).

수즉다욕 壽則多辱 (목숨 수, 곧 즉, 많을 다, 욕될 욕). 오래 살면[壽] 곧[則] 그만큼 욕(辱)되는 일이 많음[多].

수증 受贈 (받을 수, 보낼 증). 보내준[贈] 선물 따위를 받음[受].

수-증기 水蒸氣 (물 수, 찔 증, 공기 기). 물[水]이 증발(蒸發)하여 생긴 기체(氣體). 또는 기체 상태로 되어 있는 물. ¶수증기가 피어오르다. ㊟증기. ㊥김.

수지1 手指 (손 수, 손가락 지). 손[手]의 손가락[指].

수지2 守志 (지킬 수, 뜻 지). 지조(志操)를 지킴[守]. ㊥수조(守操).

수지3 受持 (받을 수, 지킬 지). ① 속뜻 받아서[受] 지킴[持]. ② 불교 경전(經典)을 받아 항상 잊지 않고 머리에 새기어 가짐을 이르는 말.

수지4 須知 (모름지기 수, 알 지). 마땅히[須] 알아야[知] 하는 일.

수지5 樹脂 (나무 수, 기름 지). 소나무나 전나무[樹]에서 나오는 점도가 높은 액체[脂]. ㊥나무진.

수지6 獸脂 (짐승 수, 기름 지). 짐승[獸]에서 짜낸 기름[脂].

수지7 收支 (거둘 수, 가를 지). ① 속뜻 수입(收入)과 지출(支出). ¶수지 균형을 유지하다. ②거래 관계에서 얻는 이익. ¶이 장사는 수지가 맞지 않는다.

▸수지 결산 收支決算 (결정할 결, 셀 산). 경제 일정 기간의 수입(收入)과 지출(支出)의 결산(決算).

▸수지 타:산 收支打算 (칠 타, 셀 산). 수입(收入)과 지출(支出)을 셈 해봄[打算].

수지8 樹枝 (나무 수, 가지 지). 나무[樹]의 가지[枝].

▸수지-상 樹枝狀 (형상 상). 나뭇가지[樹枝]처럼 뻗어 있는 모양[狀].

수직1 手織 (손 수, 짤 직). 손[手]으로 피륙을 짬[織]. 또는 그렇게 짠 천.

수직2 首職 (머리 수, 일 직). 머리[首]같이 중요한 직책(職責). ¶그는 당내의 수직을 맡았다. ㊥요직(要職).

*__수직__3 垂直 (드리울 수, 곧을 직). ① 속뜻 똑바로[直] 내려온[垂] 모양. ¶헬리콥터가 수직으로 상승했다. ② 수학 선과 선, 선과 면, 면과 면이 서로 만나 직각을 이룬 상태. ¶장대를 수직으로 세우다.

▸수직-면 垂直面 (쪽 면). 수학 어떠한 평면이나 직선과 수직(垂直)을 이루는 면(面).

▸수직-선 垂直線 (줄 선). 수학 일정한 직선이나 평면과 직각을 이루는[垂直] 직선(直線). ㊟수선.

▸수직 거:리 垂直距離 (떨어질 거, 떨어질 리). 한 점에서 정한 직선에 수직(垂直)으로 이르는 거리(距離).

▸수직 단:면 垂直斷面 (끊을 단, 쪽 면). 수학 원기둥이나 각기둥 따위의 기둥체를 그 측면에 수직(垂直)이 되게 평면으로 자른[斷] 면(面). ㊥직단면(直斷面).

▸수직 분포 垂直分布 (나눌 분, 펼 포). ① 속뜻 수직(垂直)으로 나뉘어[分] 펴짐[布]. ② 생물 땅의 높이나 물의 깊이와 관계되어 나타나는 생물의 분포. 이에 따라 기온, 수온, 빛, 압력 따위의 환경 요소가 다르기 때문에 동식물의 분포대가 달라지고 같은 높이나 깊이라도 위도나 해류 따위에 의하여 생물의 분포가 달라진다.

▸수직 전:위 垂直轉位 (옮길 전, 자리 위). 지리 암층(岩層)의 일부가 중력에 의하여 수직 (垂直)으로 운동을 일으켜 그 위치(位置)가 바뀌는[轉] 일.

수:-직선 數直線 (셀 수, 곧을 직, 줄 선). 수학 직선(直線) 위의 점을 찍고 수(數)를 표시해놓은 것.

수진1 手陳 (손 수, 묵을 진). 사람의 손[手]에서 자라 여러 해 집에서 묵은[陳] 매. ㊥수지니.

수진2 受診 (받을 수, 살펴볼 진). 진찰(診察)을 받음[受].

수진-본 袖珍本 (소매 수, 보배 진, 책 본).

소매[袖] 속에 넣고 다닐 수 있을 만큼 작고 귀한[珍] 책[本]. ㊞수진.

수질[1] 髓質 (골수 수, 바탕 질). 의학 장기에서 겉과 속의 구조가 구별될 때 속[髓]을 이루는 구성물[質]이나 구조. ㊥속질. ㊦피질(皮質).

수질[2] 水疾 (물 수, 병 질). 물[水]로 인해 발생되는 병[疾].

***수질**[3] 水質 (물 수, 바탕 질). 어떤 물[水]의 성분이나 성질(性質). ¶정기적으로 수질을 검사하다.

▸수질 검:사 水質檢查 (검사할 검, 살필 사). 수질(水質)을 검사(檢查)함. 어떤 물이 먹을 물로서 적당한지를 화학적으로 검사한다.

▸수질 오:염 水質汚染 (더러울 오, 물들일 염). 수질(水質)이 오물이나 폐수 때문에 인체에 해를 끼치거나 생태계를 파괴할 정도로 더러워지는[汚染] 일.

수집[1] 收集 (거둘 수, 모을 집). 여러 가지 것을 거두어[收] 모음[集]. ¶재활용품을 수집하다.

수집[2] 粹集 (순수할 수, 모을 집). 사물의 가장 중요한[粹] 부분만 골라 모음[集]. ¶민속학 자료를 수집하여 논문으로 정리하였다.

***수집**[3] 蒐集 (모을 수, 모을 집). 어떤 물건이나 자료들을 찾아서 모음[蒐=集]. ¶언니는 우표 수집이 취미이다 / 연구 자료를 수집하다.

▸수집-벽 蒐集癖 (버릇 벽). 어떤 자료나 물건 따위를 찾아 모으기[蒐集]를 유난히 좋아하는 취미[癖].

수차[1] 水車 (물 수, 수레 차). ① 속뜻 물[水]의 힘으로 수레[車]바퀴 모양의 물레를 돌려 곡식을 찧는 방아. ② 물을 자아올리는 기계. ㊥물레방아.

수차[2] 收差 (거둘 수, 어긋날 차). 물리 한 점에서 나온 빛이 한 점에 모이는[收] 것이 어긋나[差] 상이 흐려지거나 굽는 현상. ¶구면 수차 / 색 수차.

수:차[3] 數次 (셀 수, 차례 차). 몇[數] 차례(次例). 여러 차례. ¶나는 그에게 수차 경고했다.

수찬 修撰 (고칠 수, 지을 찬). ① 속뜻 재료를 뽑고 다듬어[修] 글을 지음[撰]. ② 사서(史書) 등을 편찬함. ③ 역사 사서(史書)를 편찬하던 홍문관(弘文館)의 정육품 벼슬.

수찰 手札 (손 수, 쪽지 찰). ① 속뜻 손수[手] 쓴 편지[札]. ② 글이나 편지에서 손아랫사람에 대하여 쓰는 말. ¶왕은 수찰을 보내 좌의정을 불렀다. ㊥수간(手簡), 수서(手書).

수창[1] 首唱 (머리 수, 부를 창). ① 속뜻 앞장서서[首] 주창(主唱)함. ¶위정척사론을 수창하였다. ② 좌중에서 맨 먼저 시를 지어 읊음.

수창[2] 酬唱 (갚을 수, 부를 창). 시가(詩歌)를 서로 주고받으며[酬] 읊음[唱].

수창[3] 壽昌 (목숨 수, 창성할 창). 오래 살고[壽] 자손이 번성함[昌].

수채 水彩 (물 수, 빛깔 채,). 미술 물감을 물[水]에 풀어서 그림을 그리는[彩] 법. ¶수채 물감.

▸수채-화 水彩畫 (그림 화). 미술 서양화의 한 가지. 수성(水性) 물감을 사용해 그린[彩] 그림[畫]. ¶풍경이 마치 한 폭의 수채화 같다.

수:처 數處 (셀 수, 곳 처). 몇[數] 곳[處]. ¶마을 인근 수처에서 멧돼지들이 발견되었다.

수척 瘦瘠 (파리할 수, 파리할 척). 몸이 마르고 안색이 파리[瘦=瘠] 하다. ¶얼굴이 수척해졌다. ㊥야위다.

수:천 數千 (셀 수, 일천 천). 몇[數] 천(千). ¶수천 명.

▸수:-천만 數千萬 (일만 만). 몇[數] 천만(千萬).

수철 水鐵 (물 수, 쇠 철). ① 속뜻 물[水]에 의해 쉽게 녹는 철(鐵). ② 광업 철에 약간의 탄소가 들어 있는 합금. 빛이 검고 바탕이 연하다. 잘 녹는 성질 때문에 솥이나 철관, 화로 따위를 만드는 재료로 쓰인다. ㊥생철(生鐵). 선철(銑鐵).

수첩 手帖 (손 수, 표제 첩). 간단한 기록을 하기 위하여 손[手]에 지니고 다니는 작은 공책[帖]. ¶수첩에 전화번호를 적다.

수청 守廳 (지킬 수, 관청 청). ① 속뜻 관청(官廳)을 지킴[守]. 또는 그런 사람. 청지기. ② 높은 벼슬아치 밑에서 심부름을 하던 일. ③ 아녀자나 기생이 높은 벼슬아치에게 몸을 바쳐 시중을 들던 일. ¶수청을 강요하다.

수초[1] **手抄** (손 수, 베낄 초). ① 속뜻 손수[手] 베낌[抄]. ② 보거나 느낀 바를 그때그때 간략하게 추려 적음. ¶수초를 보며 기행문을 새로 적었다.

수초[2] **水草** (물 수, 풀 초). 식물 물[水]에서 서식하는 풀[草]. ㉥물풀.

수촉 手燭 (손 수, 촛불 촉). 손[手]에 들고 다니기에 좋게 짧은 자루를 붙인 촛대[燭]. ¶수촉에 초를 꽂다.

수축[1] **修築** (고칠 수, 쌓을 축). 집이나 방축 따위 건축물을 고쳐[修] 지음[築].

수축[2] **收縮** (거둘 수, 줄일 축). 안쪽으로 거두어[收] 줄어듦[縮]. 또는 오므라듦. ¶심장은 끊임없이 수축하고 이완한다. ㉫팽창(膨脹).

▸**수축-포** 收縮胞 (태보 포). 동물 원생동물의 몸 안에 있어 수축(收縮)과 확장을 주기적으로 되풀이하는 세포(細胞). 이 세포의 작용으로 몸의 배설물을 밖으로 배출하며 체내 삼투압을 일정하게 조절한다. 아메바나 짚신벌레 따위에서 볼 수 있다.

수출 輸出 (나를 수, 날 출). ① 속뜻 실어서[輸] 내보냄[出]. ② 국내의 상품이나 기술 따위를 외국으로 팔아 내보냄. ¶휴대전화 수출이 크게 늘었다 / 이 기업은 자동차를 수출하고 있다. ㉫수입(輸入).

▸**수출-량** 輸出量 (분량 량). 수출(輸出)하는 양(量). ¶반도체 수출량이 크게 늘었다. ㉫수입량(輸入量).

▸**수출-불** 輸出弗 (달러 불). 물품을 다른 나라에 수출(輸出)하여 획득한 달러[弗].

▸**수출-상** 輸出商 (장사 상). 국내 상품을 수출(輸出)하는 상인(商人). ㉫수입상(輸入商).

▸**수출-세** 輸出稅 (세금 세). '수출 관세'(輸出關稅)의 준말. ㉫수입세(輸入稅).

▸**수출-액** 輸出額 (액수 액). 수출(輸出)로 벌어들인 돈의 액수(額數). ¶지난해에는 수입액이 수출액보다 많았다. ㉫수입액(輸入額).

▸**수출-품** 輸出品 (물건 품). 외국에 팔아 내보내는[輸出] 물품(物品). ¶사탕수수는 브라질의 주요 수출품이다. ㉫수입품(輸入品).

▸**수출 관세** 輸出關稅 (빗장 관, 세금 세). 외국에 수출(輸出)하는 즉 세관(稅關)을 통과하는 물품에 부과하는 세금(稅金).

▸**수출 면:장** 輸出免狀 (면할 면, 문서 장). 수출(輸出)을 허가하는[免] 증명서[狀]. 세관에서 발급한다.

▸**수출 산:업** 輸出産業 (낳을 산, 일 업). 수출(輸出)을 주로 하는 산업(産業). ㉫내수산업(內需産業).

▸**수출 송:장** 輸出送狀 (보낼 송, 문서 장). 수출품(輸出品)에 덧붙여 보내는[送] 품목, 수량, 가격 따위를 기록한 서류[狀].

▸**수출 금:제품** 輸出禁制品 (금할 금, 누를 제, 물건 품). 법률 수출(輸出)이 금지(禁止)되거나 제한(制限)된 물품(物品). ㉫수입금제품(輸入禁制品).

수-출입 輸出入 (나를 수, 날 출, 들 입). 수출(輸出)과 수입(輸入)을 아울러 이르는 말. ¶수출입 절차를 간소화하다.

수취[1] **收取** (거둘 수, 가질 취). 거두어들여서[收] 가짐[取]. ¶추수가 끝나자 땅 주인이 곡물 수취를 시작하였다.

수취[2] **受取** (받을 수, 가질 취). 받아서[受] 가짐[取]. ¶물품을 수취하고 영수증을 썼다.

▸**수취-인** 受取人 (사람 인). 서류나 물건을 받는[受取] 사람[人]. ¶소포가 수취인 불명으로 되돌아왔다.

수:치[1] **數値** (셀 수, 값 치). ① 계산하여[數] 얻은 값[値]. ¶제시된 수치는 표본 조사를 통해 산출한 것이다. ② 수식의 숫자 대신에 넣는 수.

수치[2] **羞恥** (드릴 수, 부끄러울 치). ① 속뜻 부끄러움[恥]을 줌[羞]. ② 부끄러움. ¶수치를 느끼다 / 수치를 당하다.

▸**수치-심** 羞恥心 (마음 심). 부끄러움[羞恥]을 느끼는 마음[心]. ¶수치심으로 그녀의 얼굴은 새빨개졌다 / 그는 우리와 이야기하는 것을 수치스럽게 생각했다.

수칙 守則 (지킬 수, 법 칙). 행동이나 절차에 관하여 지켜야[守] 할 사항을 정한 규칙(規則). ¶근무수칙 / 안전 수칙.

수침[1] **水枕** (물 수, 베개 침). 의학 속에 물[水]을 넣은 베개[枕]. 물베개. ¶환자용 수침 / 찬물을 넣어 수침을 만들다.

수침[2] **水浸** (물 수, 잠길 침). ① 속뜻 물[水]

에 담금[浸]. ②물에 잠김. ¶이 마을의 논밭은 이번 홍수에 모두 수침을 당했다. ㊥침수(浸水). ㅍ

수:침[3] 繡枕 (수 수, 베개 침). 수(繡)를 놓은 베개[枕]. ¶혼수용 수침을 만들었다.

수탁 受託 (받을 수, 부탁할 탁). ①다른 사람의 의뢰나 부탁(付託)을 받음[受]. 또는 그런 일. ¶이 연구소는 외부 기관의 수탁을 받아 연구 개발 사업을 수행한다. ②남의 물건 따위를 맡음. ¶화물의 수탁.

수탄[1] 愁歎 (=愁嘆, 근심 수, 한숨지을 탄). 시름[愁]이 있어 근심하고 탄식(歎息)함. ¶임금은 백성들의 수탄을 걱정하였다.

수탄[2] 獸炭 (짐승 수, 숯 탄). 화학 짐승[獸]의 피, 고기, 뼈, 털 따위를 말려 얻는 검은색 활성탄(活性炭). 흡착제로서 약재, 탈색 따위에 쓴다.

수탈 收奪 (거둘 수, 빼앗을 탈). 강제로 거두어[收] 들이거나 빼앗음[奪]. 강제로 빼앗음. ¶경제적 수탈 / 백성을 수탈하다 / 토지를 수탈당하다. ㊥착취(搾取).

수탐 搜探 (찾을 수, 찾을 탐). 무엇을 알아내거나 찾기[搜=探] 위해 조사하거나 엿봄. ¶형사들의 수탐이 계속되었다.

수태[1] 受胎 (받을 수, 아이 밸 태). 씨를 받아[受] 아이를 뱀[胎]. 또는 새끼를 뱀. ¶며느리의 수태 소식을 듣고 반가워하셨다.

수태[2] 羞態 (바칠 수, 모양 태). 수치(羞恥)스러운 태도(態度). 부끄러워하는 모양. ¶소녀의 빨개진 얼굴에는 수태가 드러났다.

수택[3] 水澤 (물 수, 못 택). 물[水]이 못[澤]같이 질퍽하게 많이 고여 있는 넓은 땅. ¶물옥잠은 수택에서 잘 자란다.

수택[4] 手澤 (손 수, 윤날 택). ①손[手]이 자주 닿았던 물건에 손때가 묻어서 생기는 윤기[澤]. ¶책마다 그의 수택이 고스란히 남아있다. ②물건에 남아 있는 옛사람의 흔적. ¶명승지에는 아직도 옛사람들의 수택이 남아 있다.

수토 水土 (물 수, 흙 토). ①속뜻 물[水]과 흙[土]. 또는 물과 풍토. ②도자기의 원료가 되는 흙의 하나.

수통[1] 水桶 (물 수, 통 통). 물[水]을 담거나 담겨 있는 통(桶). ㊥물통.

수통[2] 水筒 (물 수, 대롱 통). 물[水]을 빨아먹을[筒] 수 있도록 생긴 물병. ㊥빨병.

수통[3] 垂統 (드리울 수, 계통 통). ①속뜻 좋은 전통(傳統)을 자손에게 남김[垂]. ②훌륭한 사업을 여러 대에 걸쳐 전함.

수통[4] 修筒 (고칠 수, 대롱 통). 논둑에 물구멍을 뚫기 위해[修] 묻어 놓은 대롱[筒]. 이것을 통해 논에 물을 대거나 논에서 물을 빼 낸다.

수파 水波 (물 수, 물결 파). 수면(水面)에 이는 물결[波].

수파-충 水爬蟲 (물 수, 기어 다닐 파, 벌레 충). ①속뜻 물[水] 위를 기어 다니는[爬] 벌레[蟲]. ②생물 게아재비과의 곤충을 통틀어 이르는 말. 사마귀와 비슷하여 앞다리는 날카로운 낫 모양이고 그 밑쪽에 가시 모양의 돌기가 있어 다리로 기어 다니기를 잘한다.

수:판 數板 (셀 수, 널빤지 판). 셈[數]을 하는데 쓰이는 판(板) 모양의 기구. ㊥주판(籌板).

수평[1] 水萍 (물 수, 개구리밥 평). 물[水] 위에 떠 있는 개구리밥[萍].

***수평** 水平 (물 수, 평평할 평). ①속뜻 잔잔한 수면(水面)처럼 편평(扁平)한 모양. ¶물은 수평으로 되게 마련이다. ②지구의 중력 방향과 직각을 이루는 방향. ¶팔을 다리와 수평이 되게 뻗으세요. ③물리 '수평기'(水平器)의 준말. ④운동 '수평봉'(水平棒)의 준말.

▸수평-각 水平角 (모서리 각). 각의 두 변이 모두 수평면(水平面) 위에 있는 각(角).

▸수평-기 水平器 (그릇 기). 물리 면이 수평(水平)을 이루었는가를 재는 기구(器具). ㊥수준기(水準器).

▸수평-동 水平動 (움직일 동). 지리 지진에서 수평(水平) 방향으로 움직이는 진동(震動). ㊥상하동(上下動).

▸수평-면 水平面 (쪽 면). ①수학 수평(水平)을 이룬 면(面). ②중력의 방향과 직각을 이루는 평평한 면.

▸수평-봉 水平棒 (몽둥이 봉). 운동 기둥 위에 두 개의 봉(棒)을 어깨 넓이만큼 벌려서 수평(水平)으로 부착해둔 것. 기계 체조에 쓴다. ㊥평행봉(平行棒).

▸수평-선 水平線 (줄 선). ①속뜻 물과 하늘

이 맞닿아 수평(水平)을 이루는 선(線). ¶수평선 위로 해가 떠오르기 시작했다 ②중력의 방향과 직각을 이루는 선. ③[수학] 수평면 위에 있는 직선.

▸수평 거:리 水平距離 (떨어질 거, 떨어질 리). [수학] 수평면(水平面) 사이에 있는 두 점 사이의 거리(距離).

▸수평 곡선 水平曲線 (굽을 곡, 줄 선). [지리] 지도에서 해발 고도가 같아 수평(水平)을 이루는 지점을 연결한 곡선(曲線). [비]등고선(等高線).

▸수평 분력 水平分力 (나눌 분, 힘 력). [물리] 지구 자기장의 수평(水平) 방향의 분력(分力). [비]수평 자력(磁力).

▸수평 분포 水平分布 (나눌 분, 펼 포). [생물] 육지나 바다에서 지구의 위도와 수평(水平) 방향으로 나타나는 생물의 분포(分布). [반]수직(垂直) 분포.

▸수평 사고 水平思考 (생각 사, 살필 고). 일정한 고정 관념에서 벗어나 여러 각도에서 폭 넓게[水平] 생각함[思考].

▸수평 암층 水平巖層 (바위 암, 층 층). ①[속뜻] 수평(水平)을 이룬 암석(巖石)의 지층(地層). ②[지리] 대지(臺地)를 이룬 암석의 지층.

▸수평 자력 水平磁力 (자석 자, 힘 력). [물리] 지구 자기장의 수평(水平) 방향으로 나타나는 자기력(磁氣力). [비]수평 분력(分力).

수포[1] **水泡** (물 수, 거품 포). ①[속뜻] 물[水]에 떠 있는 거품[泡]. ②'공들인 일이 헛되이 됨'을 비유하여 이르는 말. ¶우리의 노력이 수포로 돌아갔다. [비]물거품, 헛수고.

▸수포-석 水泡石 (돌 석). ①[속뜻] 물[水] 위에 뜰[泡] 정도로 가벼운 돌[石]. ②[지리] 화산의 용암이 갑자기 식어서 생긴, 다공질(多孔質)의 가벼운 돌. [비]부석(浮石).

수포[2] **水疱** (물 수, 물집 포). [의학] 살갗이 부풀어 그 속에 물[水]이 고이게 된 물집[疱]. ¶발가락 사이에 수포가 생겼다.

▸수포-진 水疱疹 (홍역 진). [의학] 살갗에 물집[水疱]이 잡히는 발진(發疹).

수폭 水爆 (물 수, 터질 폭). [군사] '수소 폭탄'(水素爆彈)의 준말.

수표[1] **手票** (손 수, 쪽지 표). ①[속뜻] 손[手] 바닥만한 크기의 종이쪽지[票]. ②[경제] 은행에 당좌 예금을 가진 사람이 소지인에게 일정한 금액을 줄 것을 은행 등에 위탁하는 유가증권.

수표[2] **手標** (손 수, 나타낼 표). ①[속뜻] 손[手]으로 해둔 표시(標示). ②[법률] 돈이나 물건 따위를 대차하거나 기탁할 때에 주고받는 증서.

수:표[3] **數表** (셀 수, 겉 표). [수학] 함수표나 대수표처럼 일정한 수치(數値)를 찾아 쓰기 좋도록 모은 표(表).

수표[4] **水標** (물 수, 나타낼 표). 강이나 저수지 따위의 수위(水位)를 재기 위하여 설치하는 눈금이 있는 표시(標示). '양수표'(量水標)의 준말.

▸수표-교 水標橋 (다리 교). ①[속뜻] 수위(水位)를 재는 표시(標示)가 되어 있는 다리[橋]. ②[역사] 조선 세종 때에, 서울의 청계천에 놓은 다리. 기둥에 물의 깊이를 잴 수 있는 표시가 되어 있어 홍수를 대비할 수 있었다.

수피[1] **樹皮** (나무 수, 껍질 피). 나무[樹]의 껍질[皮]. ¶먹을 것이 없어 수피도 벗겨 죽을 끓였다.

수피[2] **獸皮** (짐승 수, 가죽 피). 짐승[獸]의 가죽[皮].

수필 隨筆 (따를 수, 붓 필). ①[속뜻] 붓[筆]이 가는 대로 따라[隨] 씀. ②[문학] 일정한 형식이 없이 체험이나 감상, 의견 따위를 생각나는 대로 자유롭게 적은 글.

▸수필-가 隨筆家 (사람 가). 수필(隨筆) 쓰는 일을 전문으로 하는 사람[家].

▸수필-집 隨筆集 (모을 집). 수필(隨筆)을 모은[集] 책.

수하[1] **水下** (물 수, 아래 하). ①[속뜻] 물[水]의 아래[下]. ②저수지의 아랫부분, 혹은 강의 하류.

수하[2] **手下** (손 수, 아래 하). ①[속뜻] 손[手] 아래[下]. ②나이나 항렬, 지위 따위가 자기보다 아래에 있는 사람. ¶그는 수하인 나에게도 존대를 하였다. ③직책상 자기보다 더 낮은 자리에 있는 사람. ¶수하를 거느리다. [비]부하(部下).

수하[3] **首夏** (머리 수, 여름 하). 맨 먼저[首] 오는 여름[夏]. 첫 여름. [비]맹하(孟夏), 여월(餘月).

수하⁴ 誰何 (누구 수, 무엇 하). ① [속뜻] 누구[誰]와 무엇[何]. ② 누구. ¶수하를 막론하고 이곳에 들어올 수 없다. ③ [군사] 상대편의 정체를 식별하기 어려울 때 경계하는 자세로 상대편의 정체나 아군끼리 약속한 암호를 확인함. 또는 그런 일.

수-하물 手荷物 (손 수, 짐 하, 만물 물). 손[手]으로 나를 수 있는 짐[荷物]. ¶수하물의 크기에 따라 요금이 다르다.

수하-인 受荷人 (받을 수, 짐 하, 사람 인). 운송된 짐[荷]을 받을[受] 사람[人]. [반]송하인(送荷人).

수학¹ 受學 (받을 수, 배울 학). 수업[學]을 받음[受]. 글을 배움.

수학² 修學 (닦을 수, 배울 학). 학업(學業)을 닦음[修]. 배움.

▸수학 능력 修學能力 (능할 능, 힘 력). 고등 교육 기관에서 교육 과정에 따라 공부할[修學] 수 있는 능력(能力). ¶대학 수학 능력 시험.

▸수학-여행 修學旅行 (나그네 려, 다닐 행). [교육] 실제 경험을 통해 배우기[修學] 위해 여행(旅行)가는 형식의 학습 활동.

수ː학³ 數學 (셀 수, 배울 학). [수학] 수량(數量) 및 도형의 성질이나 관계를 연구하는 학문(學問). 산수, 대수학, 기하학, 미분학, 적분학 따위 학문을 통틀어 이른다.

▸수ː학-과 數學科 (분과 과). 대학에서 수학(數學)을 전공하는 학과(學科). ¶누나는 수학과에 합격하였다.

▸수ː학-자 數學者 (사람 자). 수학(數學)을 전문적으로 연구하는 사람[者]. ¶수학자가 되는 것이 꿈이다.

수한충박상 水旱蟲雹霜 (물 수, 가뭄 한, 벌레 충, 우박 박, 서리 상). 홍수(洪水), 가뭄[旱], 병충해(病蟲害), 우박[雹], 서리[霜]의 농사의 다섯 가지 재해를 이르는 말.

수합 收合 (거둘 수, 합할 합). 거두어[收] 합(合)함. ¶군사를 수합하다.

수해¹ 水害 (물 수, 해칠 해). 홍수(洪水)로 말미암은 재해(災害). ¶이 지역은 매년 여름 수해를 입는다. [비]수재(水災).

수해² 受害 (받을 수, 해칠 해). 해(害)를 입음[受].

수해³ 樹海 (나무 수, 바다 해). ① [속뜻] 나무[樹]의 바다[海]. ② 울창한 삼림의 광대함을 이르는 말. ¶백두산 일대에는 침엽수림이 끝없는 수해를 이루고 있다.

수행¹ 獸行 (짐승 수, 행할 행). ① [속뜻] 짐승[獸] 같은 행실(行實). ② 수욕(獸慾)을 채우려는 행위.

수행² 修行 (닦을 수, 행할 행). ① [속뜻] 행실(行實)을 바르게 닦음[修]. ¶수행을 닦다. ② [불교] 불도를 닦음. ¶그 스님은 수행의 길을 떠났다.

수행³ 遂行 (이룰 수, 행할 행). 생각하거나 계획한 대로 일을 이루기[遂] 위해 일을 함[行]. ¶그는 자신의 업무를 성실히 수행했다.

수행⁴ 隨行 (따를 수, 갈 행). 높은 지위에 있는 사람을 따라[隨] 감[行]. ¶비서는 늘 회장님을 수행하였다.

▸수행-원 隨行員 (사람 원). 높은 지위에 있는 사람을 따라[隨]다니며[行] 그를 돕거나 신변을 보호하는 사람[員].

수향 水鄕 (물 수, 시골 향). ① [속뜻] 물[水]가에 있는 마을[鄕]. ② 못이나 하천이 아름다운 지역.

수험 受驗 (받을 수, 시험할 험). 시험(試驗)을 받음[受]. 시험을 치름. ¶수험 자격이 있는지 알아보다.

▸수험-료 受驗料 (삯 료). 시험(試驗)을 치르기[受] 위해 내는 요금(料金).

▸수험-생 受驗生 (사람 생). 입학시험(試驗) 따위를 치르는[受] 학생(學生). ¶대입 수험생.

▸수험-표 受驗票 (쪽지 표). 시험(試驗)을 치르는[受] 사람임을 증명하는 표(票).

수혈¹ 竪穴 (세로 수, 구멍 혈). 세로[竪]로 판 구덩이[穴]. 아래로 곧게 파 내려간 구멍.

수혈² 壽穴 (목숨 수, 구멍 혈). 살아[壽] 있을 때 미리 만들어 놓는 자기가 묻힐 무덤[穴]. [비]수실(壽室).

수혈³ 嗽血 (기침할 수, 피 혈). 기침[嗽] 할 때 가래에 피[血]가 섞여 나오는 병.

수혈⁴ 輸血 (나를 수, 피 혈). [의학] 피가 모자란 환자의 혈관에 건강한 사람의 피[血]를 넣음[輸]. ¶나는 수혈을 받아 살아났다.

▸수혈성 황달 輸血性黃疸 (성질 성, 누를 황,

황달 달). ① 속뜻 수혈(輸血)과 관련된 성질(性質)의 황달(黃疸). ② 의학 B형 간염 바이러스를 가진 혈액을 수혈한 결과로 감염되는 간염.

수협 水協 (물 수, 합칠 협). 사회 수산업(水産業)에 종사하는 사람들이 협력(協力)하기 위한 조직체. '수산업협동조합'(水産業協同組合)의 준말.

수형 受刑 (받을 수, 형벌 형). 형벌(刑罰)을 받음[受]. ¶감옥소에서 수형 생활을 하다.

수형-도 樹型圖 (나무 수, 모형 형, 그림 도). 언어 여러 요소 간의 관계를 나뭇가지[樹] 모양[型]의 그림[圖].

수혜 受惠 (받을 수, 은혜 혜). 혜택(惠澤)을 받음[受]. ¶수혜 대상을 선정하다.

수호[1] 守護 (지킬 수, 돌볼 호). 지켜주고[守] 돌보아줌[護]. ¶자유와 정의를 수호하다 / 수호천사.

▸수호-부 守護符 (부신 부). 몸을 지켜[守] 보호(保護)하기 위해 지니는 부적(符籍).

▸수호-신 守護神 (귀신 신). 개인, 가정, 지역, 국가 등을 지켜[守] 보호(保護)하는 신(神). ¶서낭당에 마을의 수호신을 모셨다.

▸수호-천사 守護天使 (하늘 천, 부릴 사). 가톨릭 사람을 악이나 어려움에서 지켜[守] 보호(保護)하는 천사(天使).

수호[2] 修好 (닦을 수, 좋을 호). 나라와 나라가 좋은[好] 관계를 닦아[修] 유지함. ¶왜국과 수호 관계를 맺다.

▸수호 조약 修好條約 (조목 조, 묶을 약). ① 속뜻 수호(修好) 관계에 있는 나라나 단체끼리 맺은 조약(條約). ② 법률 아직 국제법상의 여러 가지 원칙을 이행할 수 없는 나라와 통교를 할 때, 먼저 일정한 규약을 밝히어 중수할 것을 약속하는 조약.

수홍-색 水紅色 (물 수, 붉을 홍, 빛 색). 물[水]빛을 띤 듯, 옅은 붉은[紅] 빛깔[色]. ¶수홍색 치마.

수홍-화 水紅花 (물 수, 붉을 홍, 꽃 화). ① 속뜻 물[水]빛을 띤 듯, 옅은 붉은[紅] 빛깔[色]의 꽃[花]. ② 식물 들쭉나무. 진달래과의 낙엽 소관목으로 높은 산에서 자란다.

수화[1] 燧火 (부싯돌 수, 불 화). ① 속뜻 부싯돌[燧]로 일으킨 불[火]. ② 해에 켠 불. 횃불.

수:화[2] 繡畫 (수 수, 그림 화). 수(繡)를 놓아서 만든 그림[畫]. ¶딸을 위해 혼수 이불에 수화를 놓았다.

수화[3] 水火 (물 수, 불 화). 물[水]과 불[火].

▸수화-불통 水火不通 (아닐 불, 통할 통). ① 속뜻 물[水]과 불[火]은 서로 통(通)하지 않음[不]. ② 서로 사귀거나 친해 질 수 없음.

▸수화-상극 水火相剋 (서로 상, 이길 극). ① 속뜻 물[水]과 불[火]은 서로[相] 이기려[剋] 함. ② '서로 어울릴 수 없는 속성 때문에 원수같이 대함'을 비유하여 이르는 말.

수화[4] 水化 (물 수, 될 화). ① 지리 물[水]의 작용으로 암석과 광물이 변함[化]. ② 화학 어떤 물질이 물과 화합하거나 결합하여 수화물이 되는 현상. ⓑ수화(水和).

▸수화-물 水化物 (만물 물). 화학 분자형태의 물[水]과 화합(化合)하여 생긴 화합물(化合物). ⓑ함수 화합물(含水化合物).

▸수화-석회 水化石灰 (돌 석, 재 회). 화학 산화칼슘[石灰]에 물[水]을 더해 만든[化] 흰색의 염기성 가루. ⓑ수산화칼슘.

수화[5] 水和 (물 수, 어울릴 화). 화학 ① 수용액 속에서 용질 분자나 이온이 용매인 물[水] 분자와 결합하여[和] 하나의 분자군을 이루게 됨. 또는 그런 현상. ② 수화(水化).

▸수화 작용 水和作用 (지을 작, 쓸 용). 화학 수용액 속에서 용질 분자나 이온이 용매인 물[水] 분자와 결합하여[和] 새로운 분자군을 이루는 작용(作用). ㊂수화.

수화[6] 手話 (손 수, 말할 화). 몸짓이나 손짓[手]으로 말[話]을 대신하는 의사 전달 방법. ¶수화로 의사표현을 하다. ⓑ손짓말, 수어(手語).

▸수화-법 手話法 (법 법). 교육 체계화된 몸짓이나 손짓[手]으로 말하는[話] 방법(方法). ⓑ지화법(指話法).

수화[7] 受話 (받을 수, 말할 화). 전화(電話)를 받음[受]. ⓟ송화(送話).

▸수화-기 受話器 (그릇 기). 전화기에서 귀에 대고 상대방의 말[話]을 듣는[受] 부분[器]. ¶수화기에서 엄마의 목소리가 들렸다. ⓟ송화기(送話器).

수확 收穫 (거둘 수, 거둘 확). ① 속뜻 농작물을 거두어들임[收=穫]. ¶벼를 수확하다 / 가을은 수확의 계절이다. ② 어떤 일에서 언은 좋은 성과. ¶그를 만난 것이 이번 여행에서 얻은 가장 큰 수확이다.

▸수확-고 收穫高 (높을 고). 수확(收穫)한 정도[高]. ⓗ수확량(收穫量).

▸수확-기 收穫期 (때 기). 수확(收穫)하는 시기(時期). ¶벼의 수확기라서 일손이 달린다.

▸수확-량 收穫量 (분량 량). 수확(收穫)한 분량(分量). ¶쌀의 수확량이 크게 늘었다. ⓗ수확고(收穫高).

▸수확 체감 收穫遞減 (번갈아 체, 덜 감). 경제 생산 요소가 일정 수준을 넘어 투입되면 수확량(收穫量)이 번갈아[遞] 점차 줄어드는[減] 현상.

수환[1] 水患 (물 수, 근심 환). 홍수(洪水)로 말미암은 재해나 걱정거리[患]. ⓗ수해(水害).

수환[2] 獸患 (짐승 수, 근심 환). 맹수(猛獸)로 말미암은 재해[患]. ¶멧돼지의 개체수가 상승해 수환이 늘었다.

수황-증 手荒症 (손 수, 거칠 황, 증세 증). ① 속뜻 손[手]이 거친[荒] 증세(症勢). ② 병적으로 남의 물건을 훔치는 버릇.

수회[1] 收賄 (거둘 수, 뇌물 회). 뇌물[賄]을 받음[收]. ¶그는 공직을 대가로 수 천만 원을 수회했다. ⓗ수뢰(受賂).

수회[2] 愁懷 (근심 수, 품을 회). 마음속에 깊이 담고[懷] 있는 근심[愁]. ¶차가운 달이 수회를 돋는다.

수:회[3] 數回 (셀 수, 돌 회). 두서너[數] 번[回]. 또는 여러 번. ¶수회에 걸친 회담.

수:효 數爻 (셀 수, 획 효). 낱낱[爻]의 수(數). 사물의 수. ¶연필의 수효가 적다.

수훈[1] 垂訓 (드리울 수, 가르칠 훈). ① 속뜻 교훈(教訓)을 적은 글을 드리워[垂] 보임. ② 후세에 교훈을 가르침. 또는 그러한 교훈. ¶산상 수훈(the Sermon on the Mount).

수훈[2] 受勳 (받을 수, 공 훈). 훈장(勳章)을 받음[受]. ¶그는 그간의 공로를 인정받아 수훈했다.

수훈[3] 首勳 (머리 수, 공 훈). 으뜸[首] 가는 큰 공훈(功勳). ¶그는 여러 공신 중의 수훈 공신이다.

수훈[4] 殊勳 (뛰어날 수, 공 훈). 뛰어난[殊] 공훈(功勳). ¶수훈을 세워 훈장을 받았다. ⓗ수공(殊功).

수훈[5] 樹勳 (세울 수, 공 훈). 공훈(功勳)을 세움[樹]. ¶수훈한 것을 자랑하지 않다. ⓗ수공(樹功).

수희 隨喜 (따를 수, 기쁠 희). ① 속뜻 기쁘게[喜] 따름[隨]. ② 불교 불보살이나 다른 사람의 좋은 일을 자신의 일처럼 매우 기뻐함.

숙감 宿憾 (묵을 숙, 섭섭할 감). 마음속에 오래 묵은[宿] 서운함[憾]. ¶숙감을 풀다.

숙객 熟客 (익을 숙, 손 객). 낯익은[熟] 손님[客]. ⓗ단골손님.

숙경 肅敬 (엄숙할 숙, 공경할 경). 엄숙(嚴肅)한 마음으로 존경(尊敬)함. ¶숙경하는 스승님께.

숙계 肅啓 (엄숙할 숙, 아뢸 계). '엄숙(嚴肅)하게 아뢴다[啓]'는 뜻으로, 편지 첫머리에 쓰는 말.

숙고 熟考 (익을 숙, 생각할 고). 곰곰이[熟] 생각함[考]. ¶결정하기 전에 숙고하십시오. ⓗ숙려(熟慮).

숙공 宿工 (묵을 숙, 장인 공). 오랫동안[宿] 익혀서 숙달된 일[工].

숙과 熟果 (익을 숙, 열매 과). 잘 익은[熟] 과일[果]. '숙실과'(熟實果)의 준말. ¶사과나무에서 숙과를 따서 할아버지께 드렸다.

숙군 肅軍 (엄숙할 숙, 군사 군). ① 속뜻 군(軍)의 기강을 엄격히[肅] 바로잡음. ② 군 내부의 부정과 불순분자들을 단속하여 바로잡음.

숙근 宿根 (묵을 숙, 뿌리 근). ① 속뜻 묵은[宿] 뿌리[根]. ② 겨울 동안 줄기는 말라죽고 뿌리만 살았다가 이듬해 봄에 다시 새싹을 돋게 하는 뿌리.

▸숙근-초 宿根草 (풀 초). ① 속뜻 묵은[宿] 뿌리[根]를 가진 풀[草]. ② 식물 겨울에는 땅 위의 부분이 죽어도 봄이 되면 다시 움이 돋아나는 풀. 민들레, 백합, 잔디 따위.

숙기[1] 夙起 (일찍 숙, 일어날 기). 아침에 일찍[夙] 일어남[起]. ⓗ조기(早起).

숙기[2] 淑氣 (맑을 숙, 기운 기). ① 자연의 맑은[淑] 기운(氣運). ¶산책을 하며 숙기를 쐬다. ② 봄날의 아늑하고 포근한 기운.

숙녀 淑女 (맑을 숙, 여자 녀). ① 속뜻 교양과 품격을 갖춘 정숙(貞淑)한 여자(女子). ¶신사 숙녀 여러분. ②성년이 된 여자를 아름답게 이르는 말. ¶서희가 이젠 숙녀가 됐다. [반]신사(紳士).

숙달 熟達 (익을 숙, 통달할 달). 무엇에 익숙하고[熟] 통달(通達)함. ¶숙달된 솜씨. [반]미숙(未熟).

숙당 肅黨 (엄숙할 숙, 무리 당). 정당 같은 데서 당내(黨內)의 기강을 엄격하게[肅] 바로 잡음.

숙덕1 宿德 (묵을 숙, 베풀 덕). 오래[宿] 쌓은 덕망(德望). ¶숙덕이 있는 그가 대표로 선출되었다.

숙덕2 淑德 (맑을 숙, 베풀 덕). ①정숙(貞淑)한 덕(德). ¶숙덕을 익히다. ②착하고 아름다운 덕행. ¶어려운 이웃을 돌보며 숙덕을 쌓다.

숙독 熟讀 (익을 숙, 읽을 독). 뜻을 곰곰이[熟] 생각하며 읽음[讀]. 충분히 음미하면서 읽음. ¶속독보다 숙독이 중요하다.

숙랭 熟冷 (익을 숙, 찰 랭). ①밥을 푸고 난 솥에 끓여[熟] 식힌[冷] 물. [비]숭늉. ②제사(祭祀) 지낼 때 올리는 냉수.

숙려 熟慮 (익을 숙, 생각할 려). 푹 익게[熟] 곰곰이 생각하거나[慮] 궁리함. 또는 그런 생각이나 궁리. ¶그 문제에 대해 숙려에 숙려를 거듭하였다.

숙련 熟鍊 (=熟練, 익을 숙, 익힐 련). ①[속뜻]익숙하도록[熟] 익힘[鍊]. ②어떤 일에 통달하여 잘 알고 다룸. ¶그는 매우 숙련된 목수다.

▸**숙련-공** 熟鍊工 (장인 공). 숙련(熟鍊)된 직공(職工). ¶요즘은 숙련공을 구하기 어렵다.

▸**숙련-노동** 熟鍊勞動 (일할 로, 움직일 동). 오랫동안 배워 익혀야 비로소 잘 다룰[熟鍊] 수 있는 노동(勞動). [비]복잡 노동(複雜勞動). [반]단순 노동(單純勞動).

숙로1 宿老 (묵을 숙, 늙을 로). 세상을 오래[宿] 살아 경험이 많고 사리에 밝은 노인(老人). ¶숙로를 모시고 의견을 여쭈었다.

숙로2 熟路 (익을 숙, 길 로). 익숙하여[熟] 잘 아는 길[路]. ¶조금 돌아가더라도 숙로로 가자.

숙망 宿望 (묵을 숙, 바랄 망). ①[속뜻]오랫동안[宿] 품어 온 소망(所望). ②오래 전부터의 명망.

숙맥1 宿麥 (묵을 숙, 보리 맥). [식물]'보리'[麥]를 달리 이르는 말. 보리는 가을에 심어 이듬해에 익기 때문에 '숙'(宿) 자를 붙여 이른다.

숙맥2 菽麥 (콩 숙, 보리 맥). ①[속뜻]콩[菽]과 보리[麥]. ②'숙맥불변'의 준말. ¶그는 세상 물정을 모르는 숙맥이다. [비]바보.

▸**숙맥불변** 菽麥不辨 (아닐 불, 가릴 변). ①[속뜻]콩[菽]인지 보리[麥]인지를 구별[辨]하지 못함[不]. ②'사리 분별을 못하는 어리석은 사람'을 이르는 말.

숙면1 熟面 (익을 숙, 낯 면). 여러 번 보아 잘 아는[熟] 얼굴[面]. 낯익은 사람. ¶숙면인데 이름이 기억나지 않는다. [비]관면(慣面). [반]생면(生面).

숙면2 熟眠 (익을 숙, 잠잘 면). 깊이 푹[熟] 잠[眠]. ¶숙면했더니 몸이 가뿐하다.

숙명 宿命 (묵을 숙, 운명 명). ①[속뜻]오래 묵어[宿] 돌이킬 수 없는 운명(運命). 타고난 운명. 피할 수 없는 운명. ¶우리는 다시 만날 수 없는 숙명이었다.

▸**숙명-관** 宿命觀 (볼 관). 세계 및 인생의 모든 일은 이미 정해진 운명[宿命]이 있어서 어찌 할 수 없다고 생각하는 관념(觀念).

▸**숙명-론** 宿命論 (논할 론). 모든 일은 미리 정해진 법칙[宿命]에 따라 일어나므로 인간의 의지로는 바꿀 수 없다는 이론(理論). [비]운명론(運命論).

▸**숙명-적** 宿命的 (것 적). 사람의 힘으로는 어쩌지 못하도록 이미 정해져 있는[宿命] 것[的]. 타고난 운명에 의한 것.

숙모 叔母 (아저씨 숙, 어머니 모). 삼촌[叔]의 아내를 어머니[母]처럼 높여 이르는 말. 작은 어머니. [반]백모(伯母).

숙박 宿泊 (잠잘 숙, 머무를 박). 남의 집 등에서 잠자고[宿] 머무름[泊]. ¶그는 친구 집에서 숙박했다.

▸**숙박-료** 宿泊料 (삯 료). 여관 같은 데서 숙박(宿泊)하는 값으로 치르는 요금(料金).

▸**숙박-부** 宿泊簿 (장부 부). 숙박인의 숙박(宿泊) 사항을 적은 장부(帳簿).

▸**숙박-업** 宿泊業 (일 업). 여관 같은 데서 손님을 숙박(宿泊)시키고 숙박료를 받는 일[業]. ¶호텔은 숙박업에 속한다.

숙변 宿便 (묵을 숙, 똥오줌 변). 장(腸) 속에 오래 머물러 있는[宿] 대변(大便).

숙병 宿病 (묵을 숙, 병 병). 오래 묵은[宿] 병(病). ¶숙병으로 고생하다. [비]고질(痼疾).

숙부 叔父 (아저씨 숙, 아버지 부). 삼촌[叔]을 아버지[父]처럼 높여 이르는 말. [비]작은아버지. [반]백부(伯父).

숙사[1] 宿舍 (잠잘 숙, 집 사). ① [속뜻] 여행 중에 묵는[宿] 집[舍]. ② 합숙소나 기숙사 등과 같이 집단적으로 들어 묵고 있는 집.

숙사[2] 塾舍 (글방 숙, 집 사). 글방[塾]의 학생을 위한 숙소[舍]. ¶밤늦게까지 숙소의 불이 꺼지지 않았다.

숙사[3] 塾師 (글방 숙, 스승 사). 글방[塾]의 스승[師]. ¶수업을 빠졌다가 숙사에게 혼쭐이 났다.

숙생 塾生 (글방 숙, 사람 생). 글방[塾]에 다니는 학생(學生).

숙성[1] 夙成 (일찍 숙, 이룰 성). 나이에 비하여 지각이나 발육이 일찍[夙] 이루어지다[成]. [속담]숙성이 된 곡식은 여물기도 일찍 된다.

숙성[2] 熟成 (익을 숙, 이룰 성). ① [속뜻] 충분히 익어서[熟] 이루어짐[成]. 충분히 익은 상태가 됨. ② 발효 따위를 충분히 시켜서 만드는 일. ¶포도주를 숙성시키다.

숙소 宿所 (잠잘 숙, 곳 소). 주로 객지에서 잠자는[宿] 곳[所]. ¶민박집을 숙소로 정했다.

숙수 熟手 (익을 숙, 사람 수). ① [속뜻] 어떤 일에 익숙한[熟] 사람[手]. ¶아무리 지혜가 뛰어나다고 한들 생수(生手)가 숙수를 당할 수는 없다. ② 잔치와 같은 큰일이 있을 때에 음식을 만드는 사람. 또는 음식을 만드는 일을 직업으로 하는 사람. ¶수십 명의 숙수가 잔치에 쓸 음식을 만드느라 정신이 없다.

숙습[1] 宿習 (묵을 숙, 버릇 습). ① [속뜻] 오랫동안[宿] 지켜 내려온 풍습(風習). ¶정월보름에 하는 쥐불놀이는 숙습의 하나이다. ② [불교] 전세(前世)로부터의 습관.

숙습[2] 熟習 (익을 숙, 버릇 습). ① [속뜻] 익숙하여[熟] 몸에 밴 습관(習慣). ¶숙습은 고치기 어렵다. ② 익숙하게 익힘.

▶ 숙습-난당 熟習難當 (어려울 난, 당할 당). 어떤 일을 오랫동안 익숙하게[熟] 익힌[習] 사람은 당(當)해 내기 어려움[難]을 이르는 말.

숙시 熟柿 (익을 숙, 감나무 시). 잘 익은[熟] 감[柿]. ¶까치밥으로 남겨 놓은 숙시.

▶ 숙시-주의 熟柿主義 (주될 주, 뜻 의). ① [속뜻] 잘 익은[熟] 감[柿]이 저절로 떨어지기만을 기다리는 태도[主義]. ② '노력은 하지 아니하고 일이 잘되어 이익이 돌아올 때만 기다리는 소극적 태도'를 비유하여 이르는 말.

숙식[1] 宿食 (잠잘 숙, 먹을 식). ① 자고[宿] 먹음[食]. ¶숙식 제공 / 아이는 기숙사에서 숙식한다. ② [한의] 하루가 지나도 소화가 되지 않고 위장에 남아 있는 음식물.

숙식[2] 熟識 (익을 숙, 알 식). ① [속뜻] 익히[熟] 잘 앎[識]. ② 친한 벗. ¶숙식을 만나 장기를 두다.

숙실 熟悉 (익을 숙, 모두 실). 어떤 사정이나 상대의 의사 따위를 익히[熟] 모두[悉] 앎. ¶그의 사정을 숙실하고도 모른체 할 수 없었다.

숙-실과 熟實果 (익을 숙, 열매 실, 열매 과). ① 익힌[熟] 과일[實果]. [준]숙과. ② 밤이나 대추를 곱게 다지거나 삶은 다음, 꿀에 조리거나 섞어 빚어서 잣가루를 묻힌 음식. 유밀과(油蜜菓).

숙씨 叔氏 (아저씨 숙, 높임말 씨). 백(伯), 중(仲), 숙(叔), 계(季)로 서열을 매긴 형제의 호칭 중 셋째[叔] 형제를 높여[氏] 부르는 말.

숙야 夙夜 (일찍 숙, 밤 야). ① [속뜻] 이른 아침[夙]과 깊은 밤[夜]. ② 이른 아침부터 밤늦게까지. ¶숙야로 게을리 하지 않아야 한다.

숙어 熟語 (익을 숙, 말씀 어). ① [속뜻] 익숙해져[熟] 습관처럼 쓰이는 말[語]. ② [언어] 두 가지 이상(以上)의 낱말이 합하여 하나의 뜻을 나타내는 말. '손이 크다'는 '씀씀이가 후하고 크다.'를 뜻하는 것 따위이다. [비]관용구(慣用句).

숙연[1] 宿緣 (묵을 숙, 인연 연). ① [속뜻] 오래 묵은[宿] 인연(因緣). ② [불교] 지난 세상에서 맺은 인연.

숙연[2] 肅然 (엄숙할 숙, 그러할 연). 분위기 따위가 고요하고 엄숙(嚴肅)한 그런[然]

모양이다. ¶숙연히 눈을 감고 기도하다.

숙영 宿營 (잠잘 숙, 집 영). 군사 군대가 훈련이나 전쟁을 수행하기 위해 병영(兵營) 밖에서 머물러[宿] 지내는 일.

숙영낭자-전 淑英娘子傳 (맑을 숙, 꽃부리 영, 아가씨 낭, 접미사 자, 전할 전). 문학 작자 미상의 고소설. 백선군(白仙君)과 숙영(淑英)이라는 선녀[娘子]와의 사랑 이야기[傳]이다.

숙우 宿雨 (묵을 숙, 비 우). ① 속뜻 오랫동안[宿] 계속해서 내리는 비[雨]. ② 지난밤부터 오는 비.

숙원[1] 宿怨 (묵을 숙, 원망할 원). 오래 묵은[宿] 원한(怨恨). ¶숙원이 있는 자를 잡아들였다.

숙원[2] 宿願 (묵을 숙, 바랄 원). 오래 묵을[宿] 정도로 예전부터 바라던 소원(所願). ¶남북통일은 우리 민족의 숙원이다.

숙육 熟肉 (익을 숙, 고기 육). 삶아 익힌[熟] 고기[肉].

숙의 熟議 (익을 숙, 의논할 의). 충분히[熟] 의논(議論)함. ¶의원들은 숙의를 거쳐 결론을 내렸다.

숙자 熟字 (익을 숙, 글자 자). ① 속뜻 익숙해져[熟] 습관처럼 쓰이는 글자[字]. ② 두 자 이상의 한자가 합쳐 한 뜻을 나타내는 글자. '임(林)', '명(明)', '삼(森)', '정(晶)' 따위.

숙적 宿敵 (묵을 숙, 원수 적). 오래 전부터 묵은[宿] 원수[敵]. 또는 적수(敵手). ¶오늘 드디어 숙적과 만났다.

숙정 肅正 (엄숙할 숙, 바를 정). 엄하게[肅] 다스려 바로잡음[正]. ¶당내 숙정을 단행하다.

숙정-문 肅靖門 (엄숙할 숙, 편안할 정, 문 문). ① 속뜻 나라를 조용하고[肅] 편안히[靖] 하는 뜻을 담은 성문(城門). ② 고적 조선 시대에 건립한 한양 도성의 북쪽 정문. 원래 이름은 숙청문(肅淸門)으로 순조 때 폐문되었다. 참 사대문(四大門).

⁑**숙제** 宿題 (잠잘 숙, 문제 제). ① 속뜻 해결하지 않고 잠재워[宿]둔 문제(問題). ¶환경오염 문제는 우리가 풀어야 할 커다란 숙제다. ② 학생에게 내어 주는 과제. ¶국어 선생님은 숙제를 많이 내 주신다.

▶숙제-물 宿題物 (만물 물). 학생들에게 집에서 해 오라고 내주는[宿題] 공부나 일거리[物]. ¶숙제물을 꼭 챙기다.

숙죄 宿罪 (묵을 숙, 허물 죄). ① 속뜻 오래된[宿] 죄(罪). ② 기독교 '원죄'(原罪)를 이르는 말. ③ 불교 지난 세상에서 지은 죄. ¶전생에 무슨 숙죄를 많이 지었기에….

숙주 宿主 (묵을 숙, 주인 주). 생물 기생(寄生) 생물이 기생하는[宿] 대상이 되는 주체(主體) 생물. ¶중간 숙주/ 간디스토마의 최종 숙주는 사람이다. 비 기주(寄主).

숙지[1] 宿志 (=夙志, 묵을 숙, 뜻 지). 오래 전부터[宿] 품은 뜻[志]. ¶숙지를 발휘하다. 비 숙심(宿心), 숙의2(宿意).

숙지[2] 熟知 (익을 숙, 알 지). 충분히[熟] 잘 앎[知]. 익히 앎. ¶주의 사항을 숙지하다. 비 연실(練悉), 투지(透知).

숙-지황 熟地黃 (익을 숙, 땅 지, 누를 황). 의학 생지황(生地黃)을 아홉 번 찌고[熟] 아홉 번 말려서 만든 약재.

숙직 宿直 (잠잘 숙, 당번 직). 다들 잠자는[宿] 밤에 당번[直]을 맡아 지킴. 또는 그 사람. ¶숙직 교사.

▶숙직-실 宿直室 (방 실). 숙직(宿直)하는 사람이 번갈아 가며 자는 방[室].

▶숙직-원 宿直員 (사람 원). 숙직(宿直)하는 사람[員].

숙질[1] 宿疾 (묵을 숙, 병 질). 오랜[宿] 질병(疾病). ¶할머니는 숙질로 병상에 계신다. 비 숙병(宿病).

숙질[2] 叔姪 (아저씨 숙, 조카 질). 아저씨[叔]와 조카[姪].

▶숙질-간 叔姪間 (사이 간). 아저씨[叔]와 조카[姪] 사이[間].

숙채 宿債 (묵을 숙, 빚 채). 오래 묵은[宿] 빚[債]. ¶그는 소작농들의 숙채를 탕감해 주었다.

숙청 肅淸 (엄숙할 숙, 맑을 청). ① 속뜻 엄하게[肅] 다스려 잘못된 것을 모두 없애 말끔하게[淸] 함. ② 독재국가 따위에서 반대파를 모두 제거하는 일. ¶당은 반대 세력을 숙청했다.

숙체 宿滯 (묵을 숙, 막힐 체). ① 속뜻 묵은[宿] 체증(滯症). ② 한의 음식물이 소화되지 아니하고 위장에 머물러 있는 병.

숙취[1] 夙就 (일찍 숙, 이룰 취). 남보다 일찍

[夙] 성공함[就]. ¶남보다 빠른 숙취가 오히려 그의 인생을 험난하게 만들었다.

숙취² 宿醉 (묵을 숙, 취할 취). 이튿날까지 오랫동안[宿] 계속되는 술기운[醉]. ¶다음날 점심때까지도 숙취가 가시지 않았다.

숙취³ 熟醉 (익을 숙, 취할 취). 술에 깊이[熟] 취(醉)함. ¶한두 잔 마시더니 기어이 숙취하고 말았다.

숙친 熟親 (익을 숙, 친할 친). 매우 익숙하고[熟] 친(親)함. ¶우리는 죽마고우로 숙친한 사이이다.

숙폐 宿弊 (묵을 숙, 나쁠 폐). 오래된[宿] 폐단(弊端). ¶숙폐를 뿌리뽑다.

숙항 叔行 (아저씨 숙, 항렬 항). 아저씨[叔] 뻘의 항렬(行列).

숙혐 宿嫌 (묵을 숙, 의심할 혐). 오래 묵은[宿] 혐의(嫌疑). ¶십여 년도 더 지난 숙혐.

숙호충비 宿虎衝鼻 (잠잘 숙, 호랑이 호, 찌를 충, 코 비). ① 속뜻 자고[宿] 있는 범[虎]의 코[鼻]를 찌름[衝]. ② '화(禍)를 스스로 불러들이는 일'을 비유하여 이르는 말.

숙환 宿患 (묵을 숙, 병 환). 오래된[宿] 병환(病患). ¶할머니는 숙환으로 오랫동안 누워 계신다. ⓑ숙병(宿病).

숙흥-야매 夙興夜寐 (일찍 숙, 일어날 흥, 밤 야, 잠잘 매). ① 속뜻 아침 일찍[夙] 일어나고[興] 밤[夜]늦게 잠[寐]. ② 밤낮으로 열심히 일함. ¶숙흥야매한 덕분에 성공할 수 있었다.

순간¹ 旬刊 (열흘 순, 책 펴낼 간). 열흘[旬] 마다 펴냄[刊]. 또는 그 간행물. ¶이 잡지는 주간(週刊)이 아니고 순간이다.

*__순간²__ 瞬間 (눈 깜짝일 순, 사이 간). ① 속뜻 눈을 깜짝할[瞬] 사이[間]. ② 아주 짧은 동안. ¶최후의 순간. ③ 어떤 일이 일어난 바로 그때. ¶문으로 걸음을 옮기는 순간 전화벨이 울렸다. ⓑ찰나(刹那).

▸순간-적 瞬間的 (것 적). 눈을 깜짝할[瞬] 동안[間]의 짧은 시간에 있는 것[的]. ¶순간적으로 발생한 사고.

▸순간 풍속 瞬間風速 (바람 풍, 빠를 속). 평균 풍속에 대하여 잠깐 동안[瞬間]의 바람[風]의 속도(速度).

순강 巡講 (돌 순, 강의할 강). 여러 곳으로 돌아다니며[巡] 강연(講演)함. 또는 그 강연.

순검 巡檢 (돌 순, 검사할 검). ① 속뜻 여러 곳을 돌며[巡] 낱낱이 검사(檢査)함. ② 역사 순청(巡廳)에서 맡은 구역 안을 돌며 통행을 감시하던 일. ③ 역사 경무청에 딸렸던 하급 관리. 지금의 순경에 해당한다.

순결 純潔 (순수할 순, 깨끗할 결). ① 속뜻 잡된 것이 없이 순수(純粹)하고 깨끗함[潔]. ¶흰색은 순결을 상징한다. ② 이성과의 성적인 관계가 없어 마음과 몸이 깨끗함. ¶순결을 잃다 / 순결한 신부.

▸순결 교:육 純潔教育 (가르칠 교, 기를 육). 교육 남녀간의 성적인 순결(純潔)에 대한 교육(教育). 성에 대한 올바른 지식과 건전한 이해를 목적으로 한다.

▸순결무구 純潔無垢 (없을 무, 때 구). 마음과 몸이 아주 깨끗하여[純潔] 조금도 더러운[垢] 티가 없음[無].

순경¹ 巡更 (돌 순, 시각 경). 깊은 밤 [三更]에 도둑이나 화재 따위를 경계하기 위해 돌아다님[巡]. ¶순경을 돌다.

순경² 巡警 (돌 순, 지킬 경). ① 속뜻 여러 곳을 돌아다니며[巡] 지켜줌[警]. ② 법률 경장의 아래로 가장 낮은 계급의 경찰공무원. ¶도둑은 순경을 보자 도망갔다.

순:경³ 順境 (따를 순, 처지 경). ① 속뜻 물이 흐르는 대로 따라가는[順] 경우(境遇). ② 모든 일이 순조로운 환경. ⓑ역경(逆境).

순경-음 脣輕音 (입술 순, 가벼울 경, 소리 음). 언어 아랫입술[脣]이 윗니를 닿아서 나오는 가벼운[輕] 소리[音]. 두 입술이 맞닿아 나는 순음에 비하여 가벼운 느낌이 든다고 붙여진 명칭이다. 『훈민정음』(訓民正音)의 'ㅱ', 'ㅸ', 'ㅹ', 'ㆄ' 따위이다.

순계 純系 (순수할 순, 이어 맬 계). 생물 순수(純粹)한 형질의 것끼리 생식을 계속하여 온 계통(系統). ¶순계 종자. ⓑ순종(純種).

▸순계 분리 純系分離 (나눌 분, 떨어질 리). 생물 여러 가지 계통이 뒤섞인 생물의 한 품종 가운데서 자가 수정이나 도태를 계속하여 순수(純粹)한 계통(系統)을 나누어[分] 골라 놓는[離] 일.

순교 殉教 (목숨 바칠 순, 종교 교). 종교 자기가 믿는 종교(宗教)를 위하여 목숨을 바침[殉]. ¶그는 선교 활동을 하다 순교했다.

순국 殉國 (목숨 바칠 순, 나라 국). 나라[國]를 위하여 목숨을 바침[殉]. ¶우리 할아버지는 항일운동을 하다가 순국하셨다.

▸순국-선열 殉國先烈 (먼저 선, 굳셀 렬). 나라[國]를 위해 목숨을 바쳐[殉] 먼저[先] 죽은 열사(烈士). ¶현충일은 순국선열의 충정을 기리는 날이다. ⓑ애국선열(愛國先烈).

순:귀 順歸 (따를 순, 돌아갈 귀). 따라[順] 돌아옴[歸]. 또는 돌아감. ¶순귀하는 길에 돌쇠네 집에 들렀다.

순금 純金 (순수할 순, 황금 금). 불순물이 섞이지 않은 순수(純粹)한 황금(黃金). ¶순금은 쉽게 구부러진다. ⓑ정금(正金).

순난 殉難 (목숨 바칠 순, 어려울 난). 국가나 사회에 닥친 어려움[難]을 위해 목숨을 바침[殉].

순도[1] 純度 (순수할 순, 정도 도). 물질의 순수(純粹)한 정도(程度). ¶불상은 순도 99.9%의 금으로 만들었다.

순도[2] 殉道 (목숨 바칠 순, 길 도). 도덕(道德)이나 도의(道義) 등을 위해 목숨을 바침[殉].

순동 純銅 (순수할 순, 구리 동). 불순물이 섞이지 않은 순수(純粹)한 구리[銅]. ¶청동기 시대 이전에 순동 도구를 만들어 쓰던 시대가 있었다.

순라 巡邏 (돌 순, 순찰할 라). ① 속뜻 일정한 지역을 돌아다니며[巡] 지킴[邏]. ② 역사 '순라군'(巡邏軍)의 준말. ¶순라를 돌다.

▸순라-군 巡邏軍 (군사 군). 역사 도둑이나 화재 따위를 경계하기 위해 밤에 사람의 통행을 금하고 순찰[邏]을 돌던[巡] 군졸(軍卒).

순량 純量 (순수할 순, 분량 량). 물건의 전체 무게에서 그릇이나 포장물 등의 무게를 뺀 순수(純粹)한 알맹이만의 무게나 양(量).

순력 巡歷 (돌 순, 지낼 력). ① 속뜻 각처로 돌아[巡] 다님[歷]. ② 역사 관찰사가 도내의 각 고을을 순회하던 일.

순례 巡禮 (돌 순, 예도 례). 종교 여러 성지나 영지 등을 차례로 돌아다니며[巡] 참배함[禮]. ¶예루살렘 성지를 순례하다.

순:로 順路 (따를 순, 길 로). ① 평탄한[順] 길[路]. ¶역경을 이겨내고 이제 순로만이 남았다. ② 사물의 당연하고 옳은 길.

순록 馴鹿 (길들 순, 사슴 록). ① 속뜻 길들인[馴] 사슴[鹿]. ② 동물 사슴과의 짐승. 키 1~1.4m로 사슴과 비슷하나 더 크고 억세다.

순:류 順流 (따를 순, 흐를 류). ① 물이 물길을 따라[順] 아래로 흐름[流]. ¶배가 순류를 타자 속도가 높아졌다. ② '세상 물정이 돌아가는 대로 따름'을 비유하여 이르는 말. ⓑ역류(逆流).

순리[1] 殉利 (목숨 바칠 순, 이로울 리). 이익(利益)을 위해 목숨을 바침[殉]. 이익을 좇다가 몸을 망침. ¶순리하다가 망하는 사람을 여럿 봤다.

순리[2] 純利 (순수할 순, 이로울 리). 경제 총이익 중에서 총비용(總費用)을 빼고 남은 순수(純粹)한 이익(利益). '순이익'(純利益)의 준말. ⓑ순익(純益).

순리[3] 純理 (순수할 순, 이치 리). 학문의 순수(純粹)한 이치(理致). ¶순리를 탐구하다.

순:리[4] 順理 (따를 순, 이치 리). 이치(理致)를 따름[順]. 또는 그렇게 따른 이치. ¶자연의 순리에 따르다.

▸순:리-적 順理的 (것 적). 억지나 무리가 없이 마땅한 도리(道理)나 이치(理致)에 따르는[順] 것[的]. ¶문제를 순리적으로 풀다.

순마-소 巡馬所 (돌 순, 말 마, 곳 소). ① 속뜻 말[馬]을 타고 돌아보는[巡] 곳[所]. ② 역사 고려 무신정권 때, 개성을 지키고 야간 경비를 담당하기 위해 두었던 기관.

순막 瞬膜 (눈 깜작일 순, 꺼풀 막). ① 속뜻 눈을 깜빡일[瞬] 때 눈을 덮는 꺼풀[膜]. ② 생물 눈꺼풀 안쪽에 있는 반투명의 막(膜). 필요 할 때는 아래위 양 눈꺼풀 사이를 신축시켜 눈을 보호한다.

순망 旬望 (열흘 순, 보름 망). 음력 초열흘[旬]과 보름[望].

▸순망-간 旬望間 (사이 간). 음력 초열흘날[旬]로부터 보름[望]까지의 동안[間].

순망치한 脣亡齒寒 (입술 순, 망할 망, 이 치, 찰 한). ① 속뜻 입술[脣]이 없어지면[亡] 이[齒]가 차갑게[寒] 됨. ② '이해관계가 서로 밀접하여 한쪽이 망하면 다른 한쪽도 보전하기 어려움'을 비유하여 이르는 말.

순면 純綿 (순수할 순, 솜 면). 순수(純粹)하게 무명실만으로 짠 직물[綿]. ¶순면 직물.

순모 純毛 (순수할 순, 털 모). 다른 것이 섞이지 않은 순수(純粹)한 모직물이나 털실[毛]. ¶순모로 털옷을 만들다.

순무 巡撫 (돌 순, 어루만질 무). 여러 곳을 돌아다니면서[巡] 백성을 위무(慰撫)함.

▸순무-사 巡撫使 (부릴 사). 역사 ① 고려 때, 여러 곳을 돌아다니면서[巡] 백성을 위무(慰撫)하던 관리[使]. 백성의 어려움과 수령의 잘잘못을 살핀다. ② 조선 때, 전시나 지방에 반란이 일어났을 때 군무를 맡아보던 임시 벼슬.

순미[1] 純味 (순수할 순, 맛 미). 다른 맛이 조금도 섞이지 않은 순수(純粹)한 맛[味]. ¶이렇게 조리하면 쑥의 순미를 느낄 수 있다.

순미[2] 純美 (순수할 순, 아름다울 미). 순수(純粹)하고 아름다움[美]. 또는 순수한 아름다움. ¶이 작품은 르네상스 시대의 순미한 걸작이다.

순미[3] 醇味 (진할 순, 맛 미). 지닌 그대로의 순수하고 진한[醇] 맛[味].

순박 淳朴 (=醇朴, 도타울 순, 소박할 박). ① 속뜻 인정이 도탑고[淳] 외모가 소박(素朴)하다. ② 인정이 두텁고 거짓이 없다. ¶순박한 처녀.

순발-력 瞬發力 (눈 깜짝일 순, 일으킬 발, 힘 력). 운동 외부의 자극에 따라 순간적(瞬間的)으로 몸을 움직일[發] 수 있는 능력(能力). ¶순발력이 뛰어나다.

순방[1] 巡房 (돌 순, 방 방). 방(房)마다 차례로 돌아봄[巡]. ¶사감이 순방하며 아이들을 지도했다.

순방[2] 巡訪 (돌 순, 찾을 방). 나라나 도시 따위를 돌아가며[巡] 방문(訪問)함. ¶대통령은 유럽 5개국을 순방하고 오늘 귀국했다.

순배 巡杯 (돌 순, 잔 배). 술자리에서 술잔[杯]을 차례로 돌림[巡]. 또는 그 술잔. ¶술잔이 두어 순배 오갔다.

순백 純白 (순수할 순, 흰 백). ① 아무것도 섞이지 않은 순수(純粹)한 하얀[白] 빛깔. ¶순백의 실크. ② 티 없이 맑고 깨끗함. ¶순백의 눈동자. ⓑ수백(粹白).

순-백색 純白色 (순수할 순, 흰 백, 빛 색). 아무것도 섞이지 않은 순수(純粹)한 하얀[白] 빛깔[色]. ¶순백색의 눈발이 날린다.

순:번 順番 (차례 순, 차례 번). 차례[順]로 번갈아[番] 돌아오는 임무. 또는 그 순서. ¶순번을 기다려서 공연장으로 들어갔다.

순보 旬報 (열흘 순, 알릴 보). ① 속뜻 열흘[旬] 마다의 알리는 보고(報告). ② 열흘에 한 번씩 발간하는 신문이나 잡지.

순:복 順服 (순할 순, 따를 복). 온순(溫順)히 잘 복종(服從)함.

순분 純分 (순수할 순, 나눌 분). 금화, 은화 따위에 함유된 순수(純粹)한 금이나 은의 분량(分量).

순사[1] 巡使 (돌 순, 부릴 사). 역사 고려·조선 시대에, 지방의 군무(軍務)를 순찰(巡察)하던 임시 벼슬[使]. '순찰사'(巡察使)의 준말.

순사[2] 巡査 (돌 순, 살필 사). ① 속뜻 각지를 돌며[巡] 조사(調査)함. ② 역사 일제 강점기에 경찰관의 가장 낮은 계급. ¶일본인 순사에게 잡혔다.

순사[3] 殉死 (목숨 바칠 순, 죽을 사). ① 나라를 위해 스스로 목숨을 바쳐[殉] 죽음[死]. ¶의병들은 장렬하게 순사했다. ② 왕이나 남편의 뒤를 따라 죽음. ¶예전에는 순사하는 풍습이 있었다.

순:산 順産 (따를 순, 낳을 산). 아무 탈 없이 순조(順調)롭게 아이를 낳음[産]. ¶순산을 기원합니다. ⓑ순만(順娩), 안산(安産). ⓑ 난산(難産).

순상 楯狀 (방패 순, 형상 상). 방패[楯] 모양[狀]. ⓑ순형(楯形).

▸순상-엽 楯狀葉 (잎 엽). 방패[楯] 모양[狀]처럼 잎의 중간에 잎자루가 붙은 모양의 잎[葉].

▸순상-지 楯狀地 (땅 지). 지리 방패[楯] 모양[狀]으로 비교적 평탄한 모습을 지닌 지대(地帶). 캐나다 순상지, 발트 순상지, 아프리카 순상지 따위가 대표적이다.

▸순상 화:산 楯狀火山 (불 화, 메 산). 방패[楯]를 엎어놓은 모양[狀]의, 완만한 경사를 이루는 화산(火山).

순색 純色 (순수할 순, 빛 색). ① 속뜻 순수(純粹)한 빛깔[色]. ② 미술 어떤 색상 중에서 채도가 가장 높은 색.

***순:서** 順序 (따를 순, 차례 서). 어떤 기준에

따른[順] 차례[序]. ¶키 순서대로 앉으세요.

▸순:서-쌍 順序雙 (둘 쌍). 수학 점의 자리표와 같이 두 집합의 원소에 순서(順序)를 주어서 만든 짝[雙].

순선 脣腺 (입술 순, 샘 선). 동물 입술[脣] 안쪽에서 점액을 분비하는 샘[腺]. ㊐입술샘, 순샘.

순설 脣舌 (입술 순, 혀 설). ① 속뜻 입술[脣]과 혀[舌]. ② 수다스러움을 비유적으로 이르는 말. [관용]순설을 허비하다.

순:성[1] 順成 (따를 순, 이룰 성). 어떤 일을 아무 탈 없이 순조(順調)롭게 이룸[成].

순성[2] 馴性 (길들 순, 성질 성). ① 길들여지는[馴] 짐승의 성질(性質). ¶순성이 좋은 소. ② 남이 이르는 대로 잘 따르는 성질.

순-소득 純所得 (순수할 순, 것 소, 얻을 득). 경제 총소득에서 비용을 뺀 나머지인 순수(純粹)한 소득(所得).

순-소수 純小數 (순수할 순, 작을 소, 셀 수). ① 속뜻 순수(純粹)한 소수(小數). ② 수학 소숫점 아래의 정수(整數) 부분이 0인 소수.

순속 淳俗 (순박할 순, 풍속 속). 순박(淳朴)한 풍속(風俗). ㊐순풍(淳風).

순수[1] 巡狩 (돌 순, 조련할 수). ① 속뜻 여러 곳을 돌아다니며[巡] 군대를 조련함[狩]. ② 역사 임금이 나라 안을 두루 돌아다니며 백성의 생활을 살피던 일. ㊐순행(巡行).

▸순수-비 巡狩碑 (비석 비). 임금이 순수(巡狩)한 것을 기념하여 그 곳에 세운 비석(碑石). ¶북한산 신라 진흥왕 순수비.

순수[2] 純粹 (생사 순, 생쌀 수). ① 속뜻 생사[純]나 생쌀[粹]처럼 불순물이 없음. ② 다른 것이 조금도 섞임이 없음. ¶순수 혈통 / 순수한 금. ③ 마음에 딴 생각이나 그릇된 욕심이 전혀 없음. ¶순수한 마음.

▸순수-시 純粹詩 (시 시). 문학 역사, 도덕, 철학 등 산문적인 요소를 배제하고 순수(純粹)하게 정서(情緖)를 자극하는 표현적 기능을 중시하는 시(詩).

▸순수 개:념 純粹概念 (대강 개, 생각 념). 철학 칸트 철학에서 경험에 의지하지 않고 인간의 순수(純粹)한 관념에서 나온 개념(概念).

▸순수 경험 純粹經驗 (지날 경, 겪을 험). 철학 지적(知的)·정의적(情意的) 요소가 조금도 가해지지 않은 순수(純粹)한 경험(經驗).

▸순수 문학 純粹文學 (글월 문, 배울 학). 문학 순수(純粹)한 예술적 가치를 추구하는 문학(文學). ㊗순문학.

▸순수 배:양 純粹培養 (북돋울 배, 기를 양). 생물 세균 따위를 한 종류만 순수(純粹)하게 분리하여 북돋아 기르는[培養] 일.

▸순수 법학 純粹法學 (법 법, 배울 학). 법률 법을 정치적·윤리적·사회적 관심에서 엄격히 분리하여 순수(純粹)하게 법 규범(法規範)의 실증적 탐구를 사명으로 하는 법학(法學).

▸순수 의:식 純粹意識 (뜻 의, 알 식). 철학 경험으로부터 독립하여 그것의 지배를 받지 않는 순수(純粹)한 의식(意識).

▸순수 이:성 純粹理性 (이치 리, 성품 성). 철학 칸트 철학의 기본 개념으로 경험으로부터 독립하여 어떤 것을 선천적으로[純粹] 인식하는 능력[理性]을 가리키는 말. ㊔실천 이성(實踐理性).

▸순수 경제학 純粹經濟學 (다스릴 경, 건질 제, 배울 학). 경제 외적 요인을 배제하고 순수(純粹)한 경제적 현상(經濟的現象)만을 추출하여 연구하는 이론 경제학(經濟學).

▸순수 민주제 純粹民主制 (백성 민, 주인 주, 정할 제). 정치 국가 의사의 결정과 집행이 순수하게 국민에 의해 진행되는 정치 제도. ㊐직접(直接) 민주제. ㊔대표(代表) 민주제.

순:순 順順 (따를 순). 거스르지 않고[順] 고분고분하게. ¶동생은 순순히 내 말을 따랐다.

순시[1] 巡視 (돌 순, 볼 시). 돌아다니며[巡] 살펴봄[視]. 또는 그러한 사람. ¶교장 선생님이 교실을 순시하고 계신다.

▸순시-선 巡視船 (배 선). 해상의 안전 같은 임무를 띠고 바다를 돌아다니며[巡] 감독하는[視] 배[船]. ¶북한은 일본 순시선을 공격했다.

순시[2] 瞬時 (눈 깜작일 순, 때 시). 눈 깜빡일[瞬] 만큼의 아주 짧은 시간(時間). ㊐순간(瞬間).

순식 瞬息 (눈 깜작일 순, 숨쉴 식). ① 속뜻 '순식간'(瞬息間)의 준말. ② 수학 수유(須臾)의

10분의 1이 되는 수. 즉 10^{-16}.

▸순식-간 瞬息間 (사이 간). ① 속뜻 눈 깜빡하거나[瞬] 숨을 한 번 쉴[息] 사이[間] 정도의 시간. ② 매우 짧은 시간. ¶그 전염병은 순식간에 마을에 퍼져 나갔다.

순실[1] **純實** (순수할 순, 참될 실). 순수(純粹)하고 진실(眞實)하다. ¶순실한 양심.

순실[2] **淳實** (순박할 순, 참될 실). 순박(淳朴)하고 진실(眞實)하다. ¶순실한 총각.

순애[1] **純愛** (순수할 순, 사랑 애). 순수(純粹)한 사랑[愛]. 순결한 사랑. ¶그녀는 그의 순애에 감동했다. ⓑ순정(純情).

순애[2] **殉愛** (목숨 바칠 순, 사랑 애). 사랑[愛]을 위해 목숨을 바침[殉]. ¶순애보 / 로미오와 줄리엣은 순애했다.

순양[1] **純陽** (순수할 순, 볕 양). ① 속뜻 순수(純粹)한 양기(陽氣). ② 여자와 성적 관계가 한 번도 없는 남자. ⓑ숫총각. ⓑ순음(純陰).

순양[2] **馴養** (길들 순, 기를 양). 짐승 따위를 길들여서[馴] 기름[養]. ⓑ순육(馴育).

순양[3] **巡洋** (돌 순, 큰바다 양). 해양(海洋)을 순찰(巡察)함.

▸순양-함 巡洋艦 (싸움배 함). 군사 ① 해양(海洋)을 순찰(巡察)하는 업무를 수행하는 군함(軍艦). ② 전함과 구축함의 중간 함종(艦種)으로 정찰, 경계, 공격 등의 여러 업무를 수행함.

순업 **巡業** (돌 순, 일 업). 극단이나 곡마단 따위가 여러 곳으로 돌아다니며[巡] 요금을 받고 공연을 함[業].

순:-역 **順逆** (따를 순, 거스를 역). ① 속뜻 순종(順從)과 거역(拒逆). ② 순리(純理)와 역리(逆理).

순연[1] **巡演** (돌 순, 펼칠 연). 여러 곳으로 돌아다니면서[巡廻] 하는 공연(公演). '순회공연'의 준말. ¶전국을 순연했다.

순:연[2] **順延** (차례 순, 끌 연). 순서(順序)대로 기일(期日)을 미룸[遲延]. ¶경기는 우천 시 순연한다.

순:열 **順列** (차례 순, 벌일 렬). ① 순서(順序)대로 늘어놓음[列]. ¶순열이 뒤바뀌다. ② 수학 주어진 여러 개의 사물 중에서 일정한 개수의 것을 취하여 일정한 순서(順序)로 배열(排列)하는 방법.

순오-지 **旬五志** (열흘 순, 다섯 오, 기록할 지). 문학 조선 효종 때 홍만종(洪萬宗)이 지은 책. 정철(鄭澈), 송순(宋純)의 시가와 중국의 서유기에 대하여 평하고 130여 개의 속담을 부록으로 실었다. 저자가 병석에 있는 15일[旬五] 동안 지은 글[志]이란 뜻으로 붙여진 이름이다. 『15지』(十五志).

순:위 **順位** (따를 순, 자리 위). 어떤 기준에 따라[順] 정해진 위치(位置)나 지위(地位). ¶순위를 매기다.

순유 **巡遊** (돌 순, 떠돌 유). 여러 곳으로 돌아다니며[巡] 유람(遊覽)함. ¶그 부부는 한 달간 유럽을 순유하고 돌아왔다.

순육 **馴育** (길들 순, 기를 육). 짐승 따위를 길들여서[馴] 기름[育]. ⓑ순양(馴養).

순은 **純銀** (순수할 순, 은 은). 광업 불순물이 섞이지 않은 순수(純粹)한 은(銀). ⓑ정은(正銀).

순음 **脣音** (입술 순, 소리 음). 언어 두 입술[脣] 사이에서 나는 소리[音]. ¶'ㅂ', 'ㅍ', 'ㅁ'은 순음에 해당한다. ⓑ순성(脣聲), 양순음(兩脣音), 입술소리.

순:응 **順應** (따를 순, 응할 응). ① 속뜻 환경에 따라서[順] 반응(反應)함. ② 생물 외계의 자극에 따라 생물체의 감각 작용이나 감도가 변화하는 일. ¶자연에 순응하다. ③ 환경이나 변화에 적응하여 익숙하여지거나 체계, 명령 따위에 적응하여 따름.

순의 **殉義** (목숨 바칠 순, 옳을 의). 옳을 것[義]을 위해 목숨을 바침[殉].

순-이:익 **純利益** (순수할 순, 이로울 리, 더할 익). 경제 총이익 중에서 총비용(總費用)을 빼고 남은 순수(純粹)한 이익(利益). ¶상반기 회사 순이익이 증가했다. ⓑ순익(純益).

순익 **純益** (순수할 순, 더할 익). 경제 총이익 중에서 총비용(總費用)을 빼고 남은 순수(純粹)한 이익(利益). '순이익'(純利益)의 준말. ¶회사 순익을 따져보다. ⓑ순익(純益).

▸순익-금 純益金 (순수할 순, 더할 익, 돈 금). 경제 순이익(純利益)으로 얻은 돈[金].

순일 **旬日** (열흘 순, 날 일). ① 속뜻 음력 초열흘[旬] 날[日]. ② 열흘 동안.

순일 **純一** (순수할 순, 한 일). 순수(純粹)하

게 한[一] 가지로만 되어 있음. ¶그녀는 사랑에 대하여 순일하다.

순장[1] 旬葬 (열흘 순, 장사지낼 장). 죽은 지 열흘[旬] 만에 지내는 장사(葬事). ¶조부님의 장사를 순장으로 치르다.

순장[2] 殉葬 (목숨바칠 순, 장사지낼 장). 역사 한 집단의 지배층 계급에 속하는 사람이 죽었을 때 그의 신하나 노비도 따라죽게[殉] 하여 함께 장사(葬事)지내던 일. 또는 그런 장례법. ¶고대 국가에서는 순장의 풍습이 있었다.

순전[1] 純全 (순수할 순, 완전할 전). 순수(純粹)하고 완전(完全)하다. ¶순전한 오해 / 그건 순전히 내 실수였다.

순:전[2] 順轉 (따를 순, 구를 전). 지리 풍향이 시계 바늘의 회전 방향을 따라[順] 돎[轉].

순절 殉節 (목숨 바칠 순, 지조 절). 절개(節槪)를 지키기 위해 목숨을 바침[殉]. ¶그의 순절의 정신에 경의를 표하였다.

순:접 順接 (따를 순, 이을 접). ① 속뜻 앞을 따라[順] 뒤가 이어짐[接]. ② 언어 앞뒤의 문장 또는 구(句)를 이유, 원인, 조건 따위의 관계가 되도록 순조롭게 잇는 것. 비차례잇기. 반역접(逆接).

순정[1] 純情 (순수할 순, 마음 정). 순수(純粹)하고 사심이 없는 마음[情]. ¶순정을 바치다.

순:정[2] 順正 (따를 순, 바를 정). ① 속뜻 올바름[正]을 따르다[順]. ② 도리에 어긋나지 않고 올바르다. ¶순정한 태도.

순정[3] 純正 (순수할 순, 바를 정). ① 순수(純粹)하고 올바름[正]. ¶순정한 표준어를 구사하다. ② 이론을 주로 하고 응용이나 실용적인 면은 생각지 않는 일.

▶순정-률 純正律 (가락 률). 음악 순정(純正)한 음을 바탕으로 이루어진 가락[律].

▶순정-조 純正調 (가락 조). 음악 순정률(純正律).

순제 旬製 (열흘 순, 만들 제). ① 속뜻 열흘[旬] 마다 글을 지음[製]. ② 역사 성균관에서 열흘마다 유생에게 보이던 시문의 시험. ③ 역사 승문원의 벼슬아치에게 열흘마다 보이던 외교 문서의 시험.

순:조[1] 順調 (따를 순, 고를 조). 어떤 일이 아무 탈 없이 조화(調和)롭게 이치를 따라[順] 되어가는 상태. ¶모든 일이 순조롭게 진행되어 간다.

순:조[2] 順潮 (따를 순, 바닷물 조). 배가 조수(潮水)의 흐름을 따라서[順] 나아가는 일. 반역조(逆潮).

순종[1] 純種 (순수할 순, 갈래 종). 생물 딴 계통과 섞이지 않은 순수(純粹)한 종(種). ¶이 개는 순종이다. 반잡종(雜種).

순:종[2] 順從 (따를 순, 따를 종). 순순(順順)히 따름[從]. ¶나는 부모님 말씀에 순종했다.

▶순:종-적 順從的 (것 적). 남의 말이나 명령에 순순히 따르는[順從] 것[的]. ¶순종적인 성품.

순주 醇酒 (진한 술 순, 술 주). 다른 것이 조금도 섞이지 않은 진한[醇] 술[酒]. 무회주.

순증 純增 (순수할 순, 더할 증). 순수(純粹)하게 불어난[增] 부분.

순-증가 純增加 (순수할 순, 더할 증, 더할 가). 순수(純粹)한 증가(增加). 준순증.

순:직[1] 順直 (순할 순, 곧을 직). 마음이 온순(溫順)하고 정직(正直)하다. ¶그는 천성이 순직하다.

순직[2] 殉職 (목숨 바칠 순, 일 직). 직무(職務)를 다하다가 목숨을 잃음[殉]. ¶경찰관이 임무 수행 중에 사고로 순직했다.

순진 純眞 (순수할 순, 참 진). 마음이 순수(純粹)하고 진실(眞實)됨. ¶순진을 잃지 않다 / 순진한 마음.

순차[1] 循次 (돌아다닐 순, 차례 차). 차례(次例)를 따름[循].

순:차[2] 順次 (차례 순, 차례 차). 순서(順序)와 차례(次例). 돌아오는 차례. ¶사람들이 순차대로 기차에 올랐다.

▶순:차-적 順次的 (것 적). 순서대로 차례차례[順次] 하는 것[的].

순찰 巡察 (돌 순, 살필 찰). 순회(巡廻)하며 살핌[察]. ¶경비원이 아파트를 순찰하고 있다.

▶순찰-병 巡察兵 (군사 병). 군사 순찰(巡察)의 임무를 맡은 병사(兵士).

▶순찰-사 巡察使 (부릴 사). 역사 고려·조선시대에, 지방의 군무(軍務)를 순찰(巡察)하던 임시 벼슬[使]. 준순사.

▶순찰-차 巡察車 (수레 차). 범죄나 사고의

방지를 위하여 경찰 등이 타고 여러 곳을 두루 돌아다닐[巡察] 때 사용하는 자동차(自動車).

▸순찰-함 巡察函 (상자 함). 구역 내의 곳곳에 달아 놓고 순찰(巡察)하는 사람이 순찰한 결과를 적어 넣도록 한 상자[函].

순:-천명 順天命 (따를 순, 하늘 천, 목숨 명). 하늘[天]이 준 목숨[命]을 따름[順]. 천도(天道)를 따라 거스르지 않음.

순철 純鐵 (순수할 순, 쇠 철). [광업] 불순물이 조금도 섞이지 않은 순수(純粹)한 철(鐵).

순치-음 脣齒音 (입술 순, 이 치, 소리 음). [언어] 아랫입술[脣]과 윗니[齒] 사이에서 나는 소리[音]. ¶영어의 'f'와 'v'는 순치음에 속한다.

순:탄 順坦 (따를 순, 평평할 탄). ①어떤 일이 순조(順調)롭고 평탄(平坦)하다. ¶그 일은 순탄하게 진행되고 있다. ②길이 험하지 않고 평탄함. ¶언덕길이 그리 순탄하지는 않았다. ③성질이 까다롭지 않음. ¶순탄한 성격 / 순탄하게 생겼다.

순통[1] 純通 (순수할 순, 통할 통). 글이나 책을 외고 그 내용을 온전히[純] 이해함[通]. ¶사서(四書)에 순통한 사람을 뽑다.

순:통[2] 順通 (따를 순, 통할 통). 일이 순조(順調)롭게 잘 통(通)함. ¶사업이 순통하기를 바란다.

순:풍 順風 (따를 순, 바람 풍). ① [속뜻] 움직여 가는 방향을 따라[順] 부는 바람[風]. ②배가 가는 쪽으로 부는 바람. 또는 바람이 부는 쪽으로 배가 감. ¶순풍이 일어 항해가 순조롭다. [반]역풍(逆風). [속담] 순풍에 돛 단 듯.

순:항[1] 順航 (따를 순, 배 항). ①순조롭게 항행함. 또는 그런 항행. ¶이제 순항만 남았다. ②바람이나 조류 따위를 뒤로 받으면서 항행함. 또는 그런 항행. ¶이곳에서 하루만 순항하면 일본에 닿는다. ③일 따위가 순조롭게 진행됨을 비유적으로 이르는 말. ¶협상은 일단 순항이 예상된다.

순항[2] 巡航 (돌 순, 배 항). 배[航]를 타고 여러 곳을 돌아다님[巡]. ¶군함이 정기적으로 서해의 여러 섬을 순항한다.

▸순항 속도 巡航速度 (빠를 속, 정도 도). 배나 항공기가 안전하고 경제적으로 장거리를 순항(巡航)할 때의 속도(速度).

순해-선 巡海船 (돌 순, 바다 해, 배 선). 바다[海]를 순찰(巡察)하는 경비선(警備船).

순행[1] 巡行 (돌 순, 다닐 행). 감독하거나 단속하기 위해 돌아[巡] 다님[行]. ¶4대문을 순행하다.

순:행[2] 順行 (차례 순, 행할 행). ① [속뜻] 차례[順]대로 행(行)함. ②차례대로 진행됨. ③ [천문] '순행 운동'(順行運動)의 준말. [반]역행(逆行).

▸순:행 동화 順行同化 (같을 동, 될 화). [언어] 앞의 소리에 의해 뒤의 소리가 이를 좇아[順行] 그 음과 비슷하거나 같게[同] 변화(變化) 하는 현상. ¶'일년'이 '일련'으로 발음되는 것은 순행 동화의 예이다. [반]역행 동화(逆行同化).

▸순:행 운:동 順行運動 (돌 운, 움직일 동). ① [속뜻] 차례에 따라[順] 같은 방향으로 움직이는[行] 운동(運動). ② [천문] 천체가 지구의 운동과 같은 방향으로 공전과 자전을 하는 일. [준]순행.

순혈 純血 (순수할 순, 피 혈). [생물] 혼혈이 아닌 순수(純粹)한 혈통(血統). 같은 종족의 혈통. [반]혼혈(混血).

순형 화관 脣形花冠 (입술 순, 모양 형, 꽃 화, 갓 관). [식물] 위아래 두 쪽으로 나뉘어 입술[脣] 모양[形]으로 된 꽃부리[花冠].

순-홍색 純紅色 (순수할 순, 붉을 홍, 빛 색). 순수(純粹)한 붉은[紅] 빛깔[色]. [준]순홍.

순화[1] 純化 (순수할 순, 될 화). 잡스러운 것을 순수(純粹)하게 바꿈[化]. ¶음악은 정서 순화에 도움이 된다.

순:화[2] 順和 (순할 순, 어울릴 화). 순탄(順坦)하고 화평(和平)하다.

순화[3] 馴化 (길들 순, 될 화). [생물] 생물이 새로운 환경에 길들여져[馴] 변화(變化)해 감. 고지대 지역으로 옮겨가면 체내의 적혈구 수가 증가하는 따위이다.

순화[4] 醇化 (진한 술 순, 될 화). ① [속뜻] 진한 술[醇]이 되도록 함[化]. ②정성 어린 가르침으로 감화시킴. ¶청소년 선도에는 처벌보다는 순화가 좋다. ③잡스러운 것을 걸러서 순수하게 함. ¶국어 순화.

*__순환__ 循環 (돌아다닐 순, 고리 환). ① [속뜻] 고리[環]같이 둥글게 돌아다님[循]. ②돌아

서 다시 먼저의 자리로 돌아옴. 또는 그것을 되풀이함. ¶순환 버스 / 계절은 순환한다. ②몸 안에서 피나 영양물(營養物)이 끊임없이 돌아다님. ¶혈액 순환 / 혈액은 온몸을 순환한다.

▸순환-계 循環系 (이어 맬 계). 의학 동물체의 몸속에서 영양분과 노폐물을 순환(循環)하는데 관여하는 기관의 계통(系統). 척추동물에서는 혈관계(血管系)와 림프계로 갈라진다.

▸순환-기¹ 循環期 (때 기). 순환(循環)하는데 걸리는 기간(期間).

▸순환-기² 循環器 (그릇 기). 의학 몸 전체에 피를 순환(循環)시켜 골고루 영양을 공급하면서 노폐물을 수용하는 계통의 조직[器]. ㊥순환 계통.

▸순환-론 循環論 (논할 론). 논리 '순환 논증'(循環論證)의 준말.

▸순환-류 循環流 (흐를 류). 지리 흘러오던 방향으로 다시 방향을 바꾸어 순환(循環)하는 바닷물의 흐름[流].

▸순환-선 循環線 (줄 선). 일정한 지역을 순환(循環)하여 운행(運行)하는 기차, 전철, 버스 따위의 노선(路線).

▸순환-수 循環水 (물 수). 수권(水圈), 기권(氣圈), 암석권(岩石圈) 사이를 순환(循環)하는 물[水].

▸순환 계:통 循環系統 (이어 맬 계, 큰 줄기 통). 의학 몸 전체에 피를 순환(循環)시켜 골고루 영양을 공급하면서 노폐물을 수용하는 계통(系統). ㊥순환기.

▸순환 과:정 循環過程 (지날 과, 거리 정). 물리 물질이 어떤 변화를 일으켰다가 다시 본디의 상태로 되돌아가기까지의[循環] 과정(過程).

▸순환-급수 循環級數 (등급 급, 셀 수). 수학 일정한 수효의 항이 계속해서 순환(循環)해 항의 개수가 끝이 없는 급수(級數).

▸순환 논증 循環論證 (논할 론, 증명할 증). 논리 논증되어야 할 결론을 논증의 근거로 해, 계속해서 명제와 근거가 순환(循環)되는 잘못된 논증(論證) 방법. ㊥순환 논법(循環論法)

▸순환 도:로 循環道路 (길 도, 길 로). 교통 일정한 지역을 순환(循環)할 수 있게 되어 있는 도로(道路).

▸순환 변:동 循環變動 (바뀔 변, 움직일 동). 경제 몇 년간의 사이를 두고 반복하여 순환(循環)하는 경제 현상의 변동(變動).

▸순환 소:수 循環小數 (작을 소, 셀 수). 수학 소수 부분에 몇 가지의 수가 같은 순서로 되풀이되는[循環] 소수(小數). ¶'0.2347474…'은 순환 소수이다.

▸순환 장애 循環障礙 (막을 장, 거리낄 애). 의학 혈액 순환(循環)이 잘 되지 않는[障礙] 상태.

순-황색 純黃色 (순수할 순, 누를 황, 빛 색). 순수(純粹)한 누른[黃] 빛깔[色]. ㊟순황.

순회 巡廻 (돌 순, 돌 회). 여러 곳을 차례로 돌아다님[巡=廻]. ¶전국을 순회하며 강연을 하다.

▸순회 대:사 巡廻大使 (큰 대, 부릴 사). 법률 일정한 나라에 주재하지 않고 여러 나라를 순회(巡廻)하는 대사(大使). 이동 대사(移動大使).

▸순회 재판 巡廻裁判 (분별할 재, 판가름할 판). 법률 지방 법원의 판사가 관할 경찰서를 순회(巡廻)하며 경범자를 심판하는 재판(裁判).

순후 醇厚 (=淳厚, 순수할 순, 두터울 후). 성품이 순박(醇朴)하고 인정이 두텁다[厚]. ¶우리 마을 사람들은 인심이 순후하다.

술가 術家 (꾀 술, 사람 가). 점술(占術)에 정통한 사람[家]. 술객. ¶그는 딸의 결혼 날짜를 잡기 위해서 술가의 집을 찾았다.

술객 術客 (꾀 술, 손 객). 점술(占術)에 정통한 사람[客]. ¶그는 연초에 술객을 찾아가 운수를 보았다. ㊥술가(術家).

술년 戌年 (개 술, 해 년). 민속 지지(地支)가 술(戌)로 된 해[年].

술법 術法 (꾀 술, 법 법). 민속 점술(占術)에 관한 이치 및 그 실현 방법(方法). ¶그는 비를 오게 하고 바람을 불게 하는 술법을 익혔다.

술부 述部 (지을 술, 나눌 부). 언어 문장에서 주어에 대해 서술(敍述)하는 부분(部分). '부지런한 학생은 열심히 공부 한다'에서 '열심히 공부 한다' 따위. ㊥서술부(敍述部). ㊟주부(主部).

술사 術士 (꾀 술, 선비 사). ①술책(術策)에 능한 사람[士]. ②음양(陰陽), 점술(占術)

에 정통한 사람. ㊥술가(術家).

술서 術書 (꾀 술, 책 서). 술법(術法)에 관한 책[書].

술수 術數 (꾀 술, 셀 수). ① 속뜻 술책(術策)을 잘 헤아림[數]. ②어떤 일을 꾸미는 꾀나 방법. ¶그녀는 목적을 달성하기 위하여 갖은 술수를 다 썼다. ㊥술책(術策).

술어[1] 述語 (지을 술, 말씀 어). 언어 주어의 동작이나 상태를 서술(敍述)하는 말[語]. ¶'나는 밥을 먹는다.'에서 '먹는다' 술어이다. ㊤주어(主語).

술어[2] 術語 (꾀 술, 말씀 어). 언어 학술(學術) 분야에 한정된 뜻으로 쓰이는 전문 용어(專門用語). '학술어'(學術語)의 준말.

술책 術策 (꾀 술, 꾀 책). 남을 속이기 위한 꾀[術]나 계책(計策). ¶술책을 부리다. ㊥술수(術數).

술회 述懷 (말할 술, 품을 회). 속에 품은[懷] 생각이나 감정, 추억 따위를 말함[述]. 또는 그 말. ¶현장에 있었던 사람들의 술회를 통해서 당시의 상황을 짐작할 수 있었다.

숫:자 數字 (셀 수, 글자 자). ① 속뜻 수(數)를 나타내는 글자[字]. ②수량적인 사항. ¶숫자에 밝다. ③사물이나 사람의 수. ¶아이들 숫자만큼의 어른들도 보였다.

숭경 崇敬 (높을 숭, 공경할 경). 높여[崇] 존경(尊敬)하고 사모함. ¶생명에 대한 숭경.

숭고[1] 崇古 (높을 숭, 옛 고). 옛[古] 것을 숭상(崇尚)함.

숭고[2] 崇高 (높을 숭, 높을 고). 정신이 고상하고 뜻이 높다[崇=高]. ¶숭고한 정신을 기리다.

숭례-문 崇禮門 (높을 숭, 예도 례, 문 문). ① 속뜻 예(禮)를 숭상(崇尚)한다는 뜻을 담은 성문(城門). ② 고적 '남대문'(南大門)의 본이름. 조선시대에 건립한 한양 도성의 남쪽 정문으로 대한민국의 국보 제1호이다. ㊟사대문(四大門).

숭모 崇慕 (높을 숭, 그리워할 모). 숭배(崇拜)하며 그리워함[慕]. 우러러 사모함. ¶그는 추사 김정희 선생이 가장 숭모하던 문인이었다.

숭문 崇文 (높을 숭, 글월 문). 문예(文藝)를 숭상(崇尚)함.

▶숭문-천무 崇文賤武 (천할 천, 굳셀 무). 역사 글[文]을 숭상(崇尚)하고 무력(武力)을 천시(賤視)하던 시대 경향.

숭미 崇美 (높을 숭, 아름다울 미). 숭고(崇高)하고 아름답다[美].

숭배 崇拜 (높을 숭, 공경할 배). ①어떤 사람을 거룩하게 높이어[崇] 마음으로부터 우러러 공경함[拜]. ¶조상 숭배. ②종교적 대상을 절대시하여 우러러 받듦. ¶태양을 숭배하다.

숭보 崇報 (높을 숭, 갚을 보). 은덕을 높이[崇] 받들어 갚음[報].

숭봉 崇奉 (높을 숭, 받들 봉). 높이[崇] 우러러 받듦[奉]. ¶신을 숭봉하다.

숭불 崇佛 (높을 숭, 부처 불). 불교(佛敎)를 숭상(崇尚)함. ¶신라와 고려는 대표적인 숭불 사회였다.

숭사 崇事 (높을 숭, 섬길 사). 숭배(崇拜)하여 섬김[事]. ¶대국(大國)을 숭사하다.

숭상 崇尚 (높을 숭, 받들 상). 높게[崇] 떠받들다[尚]. ¶예부터 우리 민족은 예의(禮義)를 숭상해 왔다.

숭신 崇神 (높을 숭, 귀신 신). 신(神)을 숭상(崇尚)함.

숭앙 崇仰 (높을 숭, 우러를 앙). 높이어[崇] 우러러 봄[仰]. ¶신사임당은 현모양처의 귀감으로 숭앙받았다.

숭유 崇儒 (높을 숭, 유학 유). 유교(儒敎)를 숭상(崇尚)함. ¶조선은 숭유 정책을 펼쳤다.

숭조 崇祖 (높을 숭, 조상 조). 조상(祖上)을 숭상(崇尚)함. ¶경신숭조(敬神崇祖).

슬하 膝下 (무릎 슬, 아래 하). ① 속뜻 무릎[膝]의 아래[下]. ②어버이나 조부모의 보살핌 아래. 주로 부모의 보호를 받는 테두리 안을 이른다. ¶슬하에 자녀는 몇이나 두었소?

습격 襲擊 (갑자기 습, 칠 격). 갑자기[襲] 들이쳐 공격(攻擊)함. ¶적의 습격을 받다. ㊥급습(急襲), 엄습(掩襲), 기습(奇襲).

습곡 褶曲 (주름 습, 굽을 곡). 지리 지층이 주름[褶] 모양으로 굽는[曲] 현상. 지각에 작용하는 횡압력으로 생긴다. ¶습곡 구조는 향사(向斜)와 배사(背斜)가 있다.

▶습곡 산맥 褶曲山脈 (메 산, 줄기 맥). 지리 알프스 산맥, 히말라야 산맥 따위와 같

이 습곡(褶曲)으로 이루어진 산맥(山脈).

습관 習慣 (버릇 습, 버릇 관). ①어떤 행위를 오랫동안 되풀이하는 과정에서 저절로 익혀진[習] 버릇[慣]이나 행동방식. ¶나는 아침마다 운동하는 습관을 붙였다. ② [심리] 학습된 행위가 되풀이되어 생기는 비교적 고정된 반응 양식. 염습(染習).

▸습관-법 習慣法 (법 법). [법률] 사회생활에서 습관(習慣)이나 관행이 굳어져서 법(法)의 효력을 갖게 된 것. [비]관습법(慣習法).

▸습관-성 習慣性 (성질 성). 습관(習慣)이 되는 성질(性質). 또는 습관화하기 쉬운 성질. ¶약물을 습관성으로 복용하다.

▸습관-음 習慣音 (소리 음). [언어] 어법에는 어긋나지만 습관적(習慣的)으로 쓰여 굳어진 말소리[音]. '하고'를 '하구'로 발음하는 따위이다.

▸습관-적 習慣的 (것 적). 습관(習慣)이 되어 있는 것[的]. ¶습관적으로 다리를 떨다.

▸습관-화 習慣化 (될 화). 버릇[習慣]이 됨[化]. 또는 버릇이 되게 함. ¶저축하는 생활을 습관화하다.

습구 濕球 (젖을 습, 공 구). [물리] 젖은[濕] 헝겊으로 동그란[球] 수은 단지 부분을 싸 놓은 온도계. 또는 그 단지 부분.

▸습구 온도계 濕球溫度計 (따뜻할 온, 정도 도, 셀 계). [물리] 젖은[濕] 헝겊으로 동그란[球] 수은 단지 부분을 싸 놓은 온도계(溫度計).

습기[1] 濕氣 (젖을 습, 공기 기). 축축한[濕] 공기(空氣). ¶장마철에는 방에 습기가 찬다.

습기[2] 襲器 (수의 습, 그릇 기). 염습(殮襲)할 때에 송장을 씻기는 그릇[器].

습도 濕度 (젖을 습, 정도 도). ① [속뜻] 공기 따위가 축축한[濕] 정도(程度). ② [물리] 공기 중에 습기가 포함되어 있는 정도를 나타내는 양.

▸습도-계 濕度計 (셀 계). [물리] 습도(濕度)를 재는 데 쓰이는 계기(計器). [비]검습기(檢濕器).

습득[1] 拾得 (주울 습, 얻을 득). 남이 잃어버린 물건을 주워서[拾] 얻음[得]. [반]분실(紛失).

▸습득-물 拾得物 (만물 물). 습득(拾得)한 물건(物件). ¶습득물 보관함.

습득[2] 習得 (익힐 습, 얻을 득). 배워서[習] 지식 따위를 얻음[得]. 배워 터득함. ¶나는 영국에 살면서 자연스럽게 영어를 습득했다.

▸습득 관념 習得觀念 (볼 관, 생각 념). [철학] 경험 따위를 통해 배워서[習] 얻음[得] 수 있는 관념(觀念). 감각과 반성에 의하여 후천적으로 얻어지는 관념. [반]본유 관념(本有觀念).

▸습득 형질 習得形質 (모양 형, 바탕 질). [생물] 유전된 것이 아니고 생활 요인과 환경에 따라서 습득(習得)된 형태(形態)의 특질(特質). [비]획득 형질(獲得形質).

습량 濕量 (젖을 습, 분량 량). ① [속뜻] 공기 가운데 포함된 습기(濕氣)의 양(量). ②수분이 포함된 화물의 무게.

습생 濕生 (젖을 습, 살 생). 축축한[濕] 곳에서 생활(生活)함. 또는 그 생물. 모기나 귀뚜라미 따위.

▸습생 식물 濕生植物 (심을 식, 만물 물). [식물] 흙이나 공기가 축축한[濕] 곳에 서식하는[生] 식물(植物). 미나리, 갈대, 줄 따위. [반]건생 식물(乾生植物).

습성[1] 習性 (버릇 습, 성질 성). ①습관(習慣)이 되어 버린 성질(性質). ¶그는 아직도 낭비하는 습성을 버리지 못했다. ② [동물] 동일한 동물종(動物種) 내에서 공통되는 생활양식이나 행동 양식. ¶그는 연어의 습성을 연구하고 있다.

습성[2] 濕性 (젖을 습, 성질 성). 축축한[濕] 성질(性質). [반]건성(乾性).

▸습성 늑막염 濕性肋膜炎 (갈비 륵, 꺼풀 막, 염증 염). [의학] 늑막강(肋膜腔) 안에 피의 성분이 맥관 밖으로 스며 나오는 액체가 괴어 습(濕)한 성질(性質)을 보이는 늑막염(肋膜炎).

습속 習俗 (버릇 습, 풍속 속). 어떤 사회나 지역의 예로부터 내려오는 습관(習慣)들이 생활화된 풍속(風俗).

▸습속 규범 習俗規範 (법 규, 틀 범). [법률] 사회적 규범(規範)으로 인정되는 습속(習俗). 또는 규범화된 습속.

습식 濕式 (젖을 습, 법 식). 용액이나 용제 따위의 액체[濕]를 써서 하는 방식(方式).

¶습식 사우나. ㉥건식(乾式).

▸습식 구조 濕式構造 (얽을 구, 만들 조). 물을 써서 하는[濕式] 공정이 많은 구조(構造). ㉥건식 구조(乾式構造).

▸습식 정련 濕式精鍊 (쓿을 정, 불릴 련). [공업] 금속을 액체에 녹아[濕式] 나오게 하여 광석을 정제(精製)하고 단련(鍛鍊)하는 일. ㉥습식법(濕式法).

습용 襲用 (물려받을 습, 쓸 용). 이어받아[襲] 그대로 사용(使用)함. ¶조선 초기에는 고려의 관제(官制)를 습용했다.

습유 拾遺 (주울 습, 잃어버릴 유). ① [속뜻] 남이 잃어버린[遺] 물건을 주워서[拾] 간직함. ② 빠진 글을 뒤에 깁고 더함. ③ [역사] 고려와 조선 때, 간쟁(諫爭)을 맡아보던 벼슬.

습윤 기후 濕潤氣候 (젖을 습, 젖을 윤, 기후 기, 기후 후). [지리] 증발량보다 강우량이 많아 공기나 지표가 늘 축축한[濕潤] 기후(氣候). ¶온대 습윤 기후에서는 차 재배가 쉽다. ㉥건조 기후(乾燥氣候).

습윤 단열 감률 濕潤斷熱減率 (젖을 습, 젖을 윤, 끊을 단, 더울 열, 덜 감, 비율 률). [물리] 수증기에 의하여 포화한[濕潤] 공기가 단열(斷熱) 변화하면서 상승할 때 공기의 습도가 내려가는[減] 비율(比率).

습자 習字 (익힐 습, 글자 자). 글자[字]를 써 가면서 익힘[習]. ¶습자를 하다 묻은 먹이 그대로 묻어 있다.

▸습자-지 習字紙 (종이 지). 습자(習字)에 사용되는 종이[紙].

습작 習作 (익힐 습, 지을 작). 시, 소설, 그림 따위의 작법이나 기법을 익히기[習] 위하여 연습 삼아 짓거나[作] 그려 봄. 또는 그런 작품. ¶습작 소설.

습-전지 濕電池 (젖을 습, 전기 전, 못 지). 액체[濕]의 전해질(電解質)을 사용하여 전기(電氣) 에너지를 발생하는 장치[池]. ㉥건전지(乾電池).

습종 濕腫 (젖을 습, 종기 종). [한의] 습기(濕氣)가 병의 원인으로 작용하여 온몸이 붓는[腫] 병. ㉥습창(濕瘡).

습증 濕症 (젖을 습, 증세 증). [한의] 습기(濕氣)가 원인이 되어 생기는 병증(病症).

습지¹ 濕紙 (젖을 습, 종이 지). 도배를 할 때에, 풀칠한 종이가 고르게 잘 붙도록 그 위를 문지르는 축축한[濕] 종이[紙].

습지² 濕地 (젖을 습, 땅 지). 습기(濕氣)가 많은 땅[地]. ¶그 습지대는 많은 야생동물의 서식지다.

▸습지 식물 濕地植物 (심을 식, 만물 물). [식물] 물가의 습지(濕地)나 얕은 물속에 사는 식물(植物). 미나리, 끈끈이주걱 따위. ㉥소택 식물(沼澤植物).

습진 濕疹 (젖을 습, 홍역 진). [의학] 피부 겉면에 축축한[濕] 발진(發疹)이 생기는 병. ㉥홍반(紅斑).

습취 拾取 (주울 습, 가질 취). 주워서[拾] 가짐[取]. ¶주운 지갑은 습취하지 않고 경찰서에 가져다 주었다.

습판 濕板 (젖을 습, 널빤지 판). ① [속뜻] 젖은[濕] 상태에서 사용하는 감광판(感光板). ② [물리] 사진 감광판의 하나. 유리판의 한쪽 면에 콜로디온(collodion)액과 요오드화물의 혼합액을 바른 다음, 질산은 용액에 담갔다가 건조하기 전에 카메라에 넣어 촬영하는 감광 재료로 문서의 복사나 도면의 촬영에 쓴다.

습포 濕布 (젖을 습, 베 포). 물 또는 약액에 적신[濕] 헝겊[布]을 환부에 대서 염증을 치료하는 일. 또는 그 헝겊.

승가 僧伽 (스님 승, 절 가). [불교] 부처의 가르침을 믿고 불도를 실천하는 사람들의 집단. 산스크리트어 'samgha'의 한자 음역어.

승강¹ 乘降 (탈 승, 내릴 강). 기차나 버스 따위를 타고[乘] 내림[降]. ¶열차에 승강하여 주십시오.

▸승강-구 乘降口 (어귀 구). 기차나 자동차를 타고[乘] 내리기[降] 위하여 드나드는 문[口]. ¶승강구 앞이 혼잡하오니 조심하시기 바랍니다.

▸승강-장 乘降場 (마당 장). 정거장이나 정류소에서 차를 타고[乘] 내리는[降] 곳[場]. ¶버스 승강장.

승강² 昇降 (오를 승, 내릴 강). ① [속뜻] 오르고[昇] 내림[降]. ② 서로 자기주장을 고집하여 옥신각신 하는 일. ¶서로 자기 것이라고 승강을 벌였다. ㉥등강(登降), 실랑이.

▸승강-구 昇降口 (어귀 구). 층계를 오르[昇]내리게[降] 되어 있는 출입구(出入口). ¶버스 승강구.

▸승강-기 昇降機 (틀 기). 기계 동력을 사용하여 사람이나 화물을 싣고 오르[昇]내리는[降] 기계(機械). ㉥엘리베이터(elevator).

▸승강-타 昇降舵 (키 타). 항공 비행기의 뒷날개에 달려 있는 것으로 비행기가 안전하게 뜨고 내릴[昇降] 수 있도록 조종하는 키[舵].

승개-교 昇開橋 (오를 승, 열 개, 다리 교). 건설 큰 배가 지나갈 때, 다리 전체를 위로 올려[昇] 뱃길을 열[開] 수 있도록 만든 다리[橋]. ㉥승강교(昇降橋).

승객 乘客 (탈 승, 손 객). 차나 배, 비행기 따위에 탄[乘] 손님[客]. ¶도착이 지연되고 있사오니 승객 여러분은 잠시만 기다려 주십시오.

승격 昇格 (오를 승, 지위 격). 지위[格]나 등급 따위가 오름[昇]. 또는 지위나 등급 따위를 올림. ¶그는 이번에 과장으로 승격됐다.

승경 勝景 (뛰어날 승, 볕 경). 뛰어난[勝] 경치(景致). 좋은 경치. ¶그는 승경을 화폭에 담았다.

▸승경-지 勝景地 (땅 지). 경치(景致)가 뛰어난[勝] 곳[地]. ¶단양에는 뛰어난 승경지가 많다. ㉥경승지(景勝地).

승계 承繼 (이을 승, 이을 계). ①뒤를 이음[承=繼]. ¶정권을 승계하다. ② 법률 남의 권리나 의무를 이어받음.

▸승계-인 承繼人 (사람 인). 법률 남의 권리나 의무를 이어받은[承繼] 사람[人].

▸승계 취:득 承繼取得 (가질 취, 얻을 득). 법률 남의 권리를 이어받아[承繼] 어떤 권리를 얻는[取得] 일. 상속이나 양도 따위.

승과 僧科 (스님 승, 과목 과). 역사 고려·조선 때, 승려[僧]에게 법계를 주기 위해 보이던 과거(科擧).

승관 僧官 (스님 승, 벼슬 관). 불교 의식이나 사원의 운영을 맡아보는 승려[僧]의 직무[官]. ㉥승직(僧職).

승교 乘轎 (탈 승, 가마 교). ① 속뜻 가마[轎]를 탐[乘]. ②가마. ¶승교를 타다.

승구 承句 (이을 승, 글귀 구). 문학 한시(漢詩)의 기승전결(起承轉結) 구조에서 '承'에 해당하는 구(句). 앞 구의 시상을 잇는다[承].

승군 僧軍 (스님 승, 군사 군). 승려(僧侶)들로 구성된 군대(軍隊). ㉥승병(僧兵).

승근 乘根 (곱할 승, 뿌리 근). 바탕[根]이 되는 수를 몇 번 곱하여[乘] 나온 값에 대하여, 그 바탕이 되는 수. ㉥거듭제곱근.

승급[1] 昇級 (=陞級, 오를 승, 등급 급). 급수나 등급(等級)이 오름[昇]. ¶태권도 승급 심사.

승급[2] 昇給 (오를 승, 줄 급). 봉급(俸給)이나 급료 따위가 오름[昇]. ¶육 개월마다 승급을 해주었다.

승기 勝機 (이길 승, 때 기). 이길 수 있는[勝] 기회(機會). ¶어렵사리 승기를 잡다.

승낙 承諾 (받들 승, 허락할 낙). ①청하는 바를 받아들여[承] 허락(許諾)함. ¶그는 결국 딸의 결혼을 승낙했다. ② 법률 청약의 상대편이 계약을 성립시키기 위해 청약자에 대하여 하는 의사 표시. ㉥허락(許諾).

▸승낙-서 承諾書 (글 서). 승낙(承諾)하는 뜻을 적은 문서(文書).

승단 昇段 (오를 승, 구분 단). 유도, 태권도, 바둑 따위의 단수(段數)가 오름[昇]. ¶승단 시합.

승도 僧徒 (스님 승, 무리 도). 불교 수행하는 승려(僧侶)의 무리[徒]. ¶그 절에는 수백 명 남녀 승도를 거느리고 있었다.

승려 僧侶 (스님 승, 짝 려). 불교 산스크리트어 'samgha'의 한자 음역어인 승가(僧伽)에서 파생된 말로 '불교의 출가 수행자'를 이른다. ¶그는 속세와의 인연을 끊고 승려가 됐다.

승률 勝率 (이길 승, 비율 률). 전체 경기에서 이긴[勝] 경기의 비율(比率). ¶저 타자는 승률이 높다.

승리 勝利 (이길 승, 이로울 리). 싸움에서 이겨[勝] 이득(利得)을 얻음. 겨루어 이김. ¶전쟁에서 승리하다. ㉤패배(敗北).

▸승리-감 勝利感 (느낄 감). 승리(勝利)한 데서 오는 우월한 느낌[感]이나 기쁨.

▸승리-자 勝利者 (사람 자). 경기나 싸움 등에서 승리(勝利)한 사람[者]. ㉤패배자(敗北者).

승마 乘馬 (탈 승, 말 마). ① 속뜻 말[馬]을 탐[乘]. ② 운동 사람이 말을 타고 여러 가지 동작을 함. 또는 그런 경기.

▸승마-대 乘馬隊 (무리 대). 말[馬]을 탄[乘] 사람으로 편성된 대(隊).

▸승마-복 乘馬服 (옷 복). 말[馬]을 탈[乘] 때 움직이기 편하도록 만든 옷[服].

▸승마-술 乘馬術 (꾀 술). 말[馬]을 타는[乘] 기술(技術). 또는 말을 타고 부리는 재주. ¶그는 뛰어난 승마술로 장군의 눈에 들었다.

승모-근 僧帽筋 (스님 승, 모자 모, 힘줄 근). ① 속뜻 승려(僧侶)의 모자(帽子) 같은 삼각형의 근육(筋肉). ② 의학 등의 한가운데 선(線)에서 시작하여 다른 근육과 함께 어깨의 양쪽 뼈를 움직이는 근육으로 어깨를 후방으로 끌어당기는 작용을 함.

승모-판 僧帽瓣 (스님 승, 모자 모, 꽃잎 판). ① 속뜻 승려(僧侶)의 모자(帽子) 같은 삼각형의 판막(瓣膜). ② 의학 심장의 좌심방과 좌심실 사이에 있는 판막. 피가 거꾸로 흐르는 것을 막는다. ⓑ이첨판(二尖瓣).

승무 僧舞 (스님 승, 춤출 무). 예술 승려(僧侶) 복장으로 추는 춤[舞]. 장삼(長衫)을 걸치고 고깔을 쓰고 두 개의 북채를 쥐고 장삼을 뿌려 가며 추는 춤.

승무-원 乘務員 (탈 승, 일 무, 사람 원). 기차, 선박, 비행기 등에서 승객(乘客) 관리에 관한 일[務]을 맡아보는 사람[員].

승방 僧房 (스님 승, 방 방). 불교 승려(僧侶)들이 거처하며 수도하는 절의 방(房).

승법 乘法 (곱할 승, 법 법). 곱하는[乘] 방법(方法). ⓑ제법(除法).

▸승법 기호 乘法記號 (기록할 기, 표지 호). 곱셈[乘法]을 표시하던 기호(記號). 즉 '×'를 이르는 말.

승벽 勝癖 (이길 승, 버릇 벽). 남과 겨루어 이기기[勝]를 좋아하는 성미나 버릇[癖]. '호승지벽'(好勝之癖)의 준말. ¶승벽을 부리다.

승병 僧兵 (스님 승, 군사 병). 승려(僧侶)들로 조직된 군대[兵]. ¶서산대사는 승병들을 이끌고 왜적을 물리쳤다. ⓑ승군(僧軍).

승보¹ 勝報 (이길 승, 알릴 보). 싸움이나 경기에 이겼다[勝]는 소식. 또는 그런 보도(報道). ¶그는 천리길을 달려 승보를 전했다. ⓑ패보(敗報).

승보² 僧寶 (스님 승, 보배 보). 불교 부처의 가르침을 받들어 실천하는 승려[僧]를 보배[寶]에 비유하여 이르는 말. 삼보(三寶)의 하나.

승복¹ 承服 (받들 승, 따를 복). ① 속뜻 남의 의견 따위를 받아들이고[承] 그에 따름[服]. ¶그 의견에 승복할 수 없다. ② 죄를 스스로 고백함.

승복² 僧服 (스님 승, 옷 복). 승려(僧侶)의 옷[服].

승봉 承奉 (받들 승, 받들 봉). 윗사람의 지시나 명령을 받듦[承=奉].

승부 勝負 (이길 승, 질 부). 이김[勝]과 짐[負]. ¶승부를 가리다.

▸승부-수 勝負手 (솜씨 수). 운동 바둑이나 장기 따위에서 승부(勝負)를 좌우하는 경우에 마지막 수(手). ¶승부수를 띄우다.

승산¹ 乘算 (곱할 승, 셀 산). 수학 두 개 이상의 수를 곱하는[乘] 셈[算]. ⓑ곱셈, 곱하기, 곱셈법.

승산² 勝算 (이길 승, 셀 산). 이길[勝] 공산(公算)이나 가능성. ¶그도 금메달을 딸 승산이 있다.

승상 丞相 (도울 승, 도울 상). 역사 중국의 역대 왕조에서 천자(天子)를 돕던[丞] 최고관직의 재상(宰相). 우리나라의 '정승'에 해당된다.

승선 乘船 (탈 승, 배 선). 배[船]를 탐[乘]. ¶승객 여러분은 10시까지 승선해 주십시오. ⓑ하선(下船).

▸승선-권 乘船券 (문서 권). 배[船]를 타기[乘] 위한 표[券].

▸승선-표 乘船票 (쪽지 표). 배[船]를 타기[乘] 위한 표(票). ⓑ승선권(乘船券).

승세¹ 乘勢 (탈 승, 형세 세). 유리한 형세(形勢)나 기회를 탐[乘].

승세² 勝勢 (이길 승, 기세 세). 이길[勝] 기세(氣勢). ¶승세를 뒤엎다. ⓑ패세(敗勢).

승소 勝訴 (이길 승, 하소연할 소). 소송(訴訟)에 이김[勝]. ¶승소 판결. ⓑ패소(敗訴).

승수 乘數 (곱할 승, 셀 수). 수학 곱하는[乘] 수(數). 10×5에서 '5'를 이르는 말이다. ⓑ피승수(被乘數).

승승-장구 乘勝長驅 (탈 승, 이길 승, 길 장, 몰 구). 싸움에 이긴[勝] 여세를 타고[乘]

계속[長] 말을 몰아침[驅]. ¶이 팀은 승승장구하며 결승까지 올라왔다.

승압 昇壓 (오를 승, 누를 압). [전기] 전압(電壓)을 높임[昇]. [반]강압(降壓).

승어-부 勝於父 (뛰어날 승, 어조사 어, 아버지 부). 아버지[父] 보다[於] 나음[勝].

승역-국 承役國 (받들 승, 부릴 역, 나라 국). [법률] 조약 따위에 의해 자국 영토에서 다른 국가를 위해 어떤 의무[役]를 지는[承] 나라[國]. [참]요역국(要役國).

승역-지 承役地 (받들 승, 부릴 역, 땅 지). [법률] 조약 따위에 따라 다른 국가의 이익을 위해 의무적으로[承役] 제공해야 하는 지역(地域). [참]요역지(要役地).

승용 乘用 (탈 승, 쓸 용). 사람이 타고[乘] 다니는 데 씀[用]. ¶사막에서는 낙타를 승용으로 쓴다.

▸승용-마 乘用馬 (말 마). 사람이 타고[乘] 다니는데 쓰는[用] 말[馬].

▸승용-차 乘用車 (수레 차). 사람이 타고[乘] 다니는데 쓰는[用] 자동차(自動車). ¶택시는 돈을 받고 태워다주는 영업용 승용차이다.

승운[1] 乘運 (탈 승, 운수 운). 좋은 운수(運數)를 탐[乘]. ¶그는 대법관에 발탁되는 승운을 탔다.

승운[2] 勝運 (이길 승, 운수 운). 이길[勝] 운수(運數). ¶그는 승운이 따르지 않아서 고전했다.

승은 承恩 (받들 승, 은혜 은). ① 임금의 특별한 은혜(恩惠)를 입음[承]. ② 여자가 임금의 사랑을 받아 동침함. ¶승은을 입고 옹주를 낳았다.

승인[1] 勝因 (이길 승, 까닭 인). 이긴[勝] 원인(原因). ¶오늘 경기의 승인은 팀원들의 단합이다.

승인[2] 承認 (받들 승, 알 인). ① 어떤 사실을 마땅하다고 받아들이고[承] 인정(認定)함. ¶협회의 승인을 얻다. ② [법률] 국제법에서 국가 및 이에 준하는 국제법 주체의 지위를 새로 인정하는 일방적 행위. 국가의 승인, 정부의 승인, 교전 단체(交戰團體)의 승인 따위. ¶신생국을 독립국으로 승인하다. ③ [법률] 사법(私法)에서 일정한 사실을 스스로 인정함을 알리는 일. ④ [법률] 형사 소송법에서 범죄자가 스스로 자기에게 불리한 사실을 인정하는 진술. ⑤ [법률] 공법(公法)에서 국가나 지방 자치 단체의 기관이 다른 기관이나 개인의 특정한 행위에 대하여 행하는 승낙이나 동의. [반]불승인(不承認).

▸승인-서 承認書 (글 서). 승인(承認)하는 뜻을 적은 문서(文書).

승자 勝者 (이길 승, 사람 자). 운동 경기나 싸움에서 이긴[勝] 사람[者]. 또는 이긴 편. ¶최후에 웃는 자가 진정한 승자다. [반]패자(敗者).

승적 僧籍 (스님 승, 문서 적). 승려(僧侶)의 신분을 등록하는 문서[籍]. ¶승적에 올리다.

승전 勝戰 (이길 승, 싸울 전). 싸움[戰]에 이김[勝]. [반]패전(敗戰).

▸승전-고 勝戰鼓 (북 고). 싸움에 이겼을[勝戰] 때 치는 북[鼓]. ¶승전고를 울리다.

▸승전-비 勝戰碑 (비석 비). 승전(勝戰)을 기념하여 세운 비(碑).

승점 勝點 (이길 승, 점 점). 경기나 내기 따위에서 이겨서[勝] 얻은 점수(點數). ¶이 팀은 승점 3점을 기록하고 있다.

승정-원 承政院 (받들 승, 정사 정, 관청 원). [역사] 조선 때, 정무(政務)에 관한 왕의 뜻을 받아[承] 출납하던 일을 맡아보던 관아[院].

승제 乘除 (곱할 승, 나눌 제). [수학] 곱하기[乘]와 나누기[除].

▸승제-법 乘除法 (법 법). [수학] 곱셈[乘]과 나눗셈[除] 법(法). [준]승제. [비]승귀제(乘歸除).

승중 承重 (받들 승, 무거울 중). ① [속뜻] 무거운[重] 직책을 받듦[承]. ② 적손인 손자가 할아버지로부터 직접 한집안을 거느릴 권리를 이어받는 일. ¶아버지가 돌아가셔서 17세부터 승중하게 되었다. [비]적손승조(嫡孫承祖).

승지[1] 承旨 (받들 승, 뜻 지). [역사] 고려, 조선 시대에 왕명[旨]을 받들어[承] 이의 출납을 맡아보던 벼슬.

승지[2] 勝地 (뛰어날 승, 땅 지). 경치가 뛰어난[勝] 곳[地]. '경승지'(景勝地)의 준말.

승진 昇進 (=陞進, 오를 승, 나아갈 진). 직위가 올라[昇] 진급(進級)함. ¶아버지는 부장으로 승진하셨다.

승차 乘車 (탈 승, 수레 차). 차(車)를 탐[乘]. ¶승차 거부 / 차례로 버스에 승차하다. ⓑ하차(下車).

승척 繩尺 (노끈 승, 자 척). ① 속뜻 먹줄[繩]과 자[尺]를 아울러 이르는 말. ②일정한 규율이나 규칙을 비유하여 이르는 말. ③노끈으로 만든 긴 자. 측량할 때 쓰며 한 자만큼씩 표를 한다.

승천 昇天 (=陞天, 오를 승, 하늘 천). ① 속뜻 하늘[天]에 오름[昇]. ¶용이 여의주를 물고 승천했다. ② 가톨릭 '죽음'을 이르는 말.

승통 承統 (이을 승, 계통 통). 종가(宗家)의 대[統]를 이음[承].

승패 勝敗 (이길 승, 패할 패). 이김[勝]과 짐[敗]. ¶승패를 떠나 최선을 다해라.

승풍-파랑 乘風破浪 (탈 승, 바람 풍, 깨뜨릴 파, 물결 랑). ① 속뜻 바람[風]을 타고[乘] 만 리의 거센 물결[浪]을 헤쳐[破] 감. ② 원대한 뜻이 있음.

승하 昇遐 (오를 승, 멀 하). ① 속뜻 먼[遐] 길에 오름[昇]. ②임금이나 존귀한 사람이 세상을 떠남을 높여 이르던 말. ¶임금의 승하를 애도하다.

승학 乘鶴 (탈 승, 두루미 학). ① 속뜻 학(鶴)을 타고[乘] 하늘에 오름. ②신선이 됨.

승학-시 陞學試 (오를 승, 배울 학, 시험할 시). ① 속뜻 학습(學習)의 정도를 올리기[陞] 위한 시험(試驗). ② 역사 조선 때, 성균관에서 유생들의 학업의 진전 정도를 알아보기 위해 치르던 시험.

승함 乘艦 (탈 승, 싸움배 함). 군함(軍艦)에 올라탐[乘]. ¶승함하는 병사들을 향해 손을 흔들었다.

승합 乘合 (탈 승, 합할 합). 자동차 따위에 여럿이 함께[合] 탐[乘]. ⓑ합승(合乘).

▸승합-차 乘合車 (수레 차). ① 속뜻 여럿이 함께[合] 타는[乘] 차(車). ②'승합자동차'(乘合自動車)의 준말. ¶나는 승용차 대신에 승합차를 타고 다닌다.

승호 乘號 (곱할 승, 표지 호). 수학 수를 곱하는데[乘] 쓰이는 부호(符號). '×'로 표시한다. ⓑ곱셈 부호. ⓒ가호(加號), 감호(減號), 제호(除號).

승화 昇華 (오를 승, 꽃 화). ① 속뜻 더 높이 오르거나[昇] 더 아름다운 꽃[華]을 피우는 일. ②어떤 일이나 현상이 더 높고 더 좋은 상태로 발전함. ¶그는 실연의 아픔을 아름다운 음악으로 승화시켰다. ③ 물리 고체에 열을 가하면 액체가 되는 일이 없이 곧바로 기체로 변하는 현상. ¶드라이아이스는 승화 현상을 보인다. ④ 심리 자아(自我)의 방어 기제의 하나. 정신 분석에서, 사회적으로 인정되지 않는 충동·욕구를 예술 활동, 종교 활동 따위의 사회적·정신적 가치가 있는 것으로 치환하여 충족하는 일이다.

▸승화-열 昇華熱 (더울 열). 물리 승화(昇華) 현상을 나타낼 때 흡수하거나 방출하는 열(熱).

시:가[1] 市價 (저자 시, 값 가). 시장(市場)에서 상품이 매매되는 가격(價格). ¶시가보다 싸게 팔다.

시가[2] 時價 (때 시, 값 가). 어느 시기(時期)의 물건 값[價]. ¶시가가 배로 올랐다. ⓑ시세(時勢).

시가[3] 媤家 (시집 시, 집 가). 시부모(媤父母)가 사는 집[家]. 또는 남편의 집안. ¶시가 어른들을 모시다.

시가[4] 詩歌 (시 시, 노래 가). ①시(詩)와 노래[歌]. ②가사를 포함한 시문학을 통틀어 이르는 말. ¶시가 문학의 대표적 작품.

시:가[5] 市街 (도시 시, 거리 가). 도시(都市)의 큰 거리[街]. 또는 번화한 거리.

▸시:가-전 市街戰 (싸울 전). 시가지(市街地)에서 벌이는 전투(戰鬪). ¶시가전이 벌어져 많은 시민이 다쳤다.

▸시:가-지 市街地 (땅 지). 도시(都市)의 큰 거리[街]를 이루는 지역(地域). ¶남산에서는 서울 시가지가 훤히 내려다보인다.

시각[1] 視角 (볼 시, 모서리 각). ①사물을 관찰하는[視] 각도(角度)나 기본자세. ¶시각의 차이 / 여성의 시각으로 접근하다. ② 물리 물체의 양쪽 끝으로부터 눈에 이르는 두 직선이 이루는 각. ⓑ관점(觀點).

시각[2] 時角 (때 시, 모서리 각). 천문 천구(天球)의 북극과 천체(天體)를 잇는 시권(時圈)이 자오선과 이루는 각도(角度). 자오선을 기준선으로 하여 서쪽으로 돌며 1시간을

15도의 비율로 계산한다.

▸시각-권 時角圈 (범위 권). 천문 시각(時角)을 정하는 범위[圈]의 선. 천구의 양극을 지나 적도와 수직으로 교차하는 큰 원. 특히 천정(天頂)을 지나는 것을 자오선이라 한다. ㈜시권.

시각[3] **時刻** (때 시, 새길 각). ① 속뜻 때[時]를 나타내기 위해 새긴[刻] 점. ② 시간의 어느 한 시점. ¶나는 현지 시각으로 오후 4시에 시카고에 도착했다. ③ 짧은 시간. ¶시각을 다투는 일.

▸시각-표 時刻表 (겉 표). 항공기, 열차, 버스 등의 출발·도착 시각(時刻)을 나타낸 표(表).

시:각[4] **視覺** (볼 시, 깨달을 각). 의학 무엇을 눈으로 보고[視] 일어나는 감각(感覺). ¶시각 장애인.

▸시:각-기 視覺器 (그릇 기). 생물 눈으로 보고[視] 일어나는 감각(感覺)을 수용하는 기관(器官). 빛의 자극을 받아들이는 기관으로, 척추동물의 경우 물체의 형체와 빛깔을 분별한다.

▸시:각 언어 視覺言語 (말씀 언, 말씀 어). 언어 시각(視覺)을 통하여 정보를 전달하는 언어(言語)의 역할을 하는 것. 빛깔이나 그림꼴 따위.

시:간[1] **屍諫** (시체 시, 간언할 간). 죽음[屍]을 무릅쓰고 임금에게 간언(諫言)함. ¶그는 시간하다가 결국 좌천되었다.

⁑**시간**[2] **時間** (때 시, 사이 간). ① 어떤 시각(時刻)에서 어떤 시각까지의 사이[間]. ¶책을 보면서 시간을 보내다. ② 시각(時刻). ¶약속 시간. ③ 어떤 일을 하기로 정해진 동안. ¶수업 시간. ④ 어떤 행동을 할 틈. ¶엄마는 시간 날 때마다 책을 읽는다. ⑤ 때의 흐름. ¶시간이 흐르면 해결될 것이다. ⑥ 물리 지구의 자전 주기를 재서 얻은 단위. ⑦ 불교 색(色)과 심(心)이 합한 경계. ⑧ 심리 하루의 24분의 1이 되는 동안을 세는 단위. ¶한 시간 동안 버스를 타다. ㊟공간(空間).

▸시간-급 時間給 (줄 급). 노동한 시간(時間)에 따라 지급(支給)되는 임금. ¶시간급 노동자.

▸시간-대 時間帶 (띠 대). 하루 가운데서 어느 시각으로부터 일정한 동안의 시각[時間]에 이르기까지 띠[帶]처럼 연속되어 있는 것. ¶출퇴근 시간대.

▸시간-외 時間外 (밖 외). 일정하게 정해진 시간(時間)의 범위 밖[外]. ¶시간외 근무.

▸시간-적 時間的 (것 적). 시간(時間)에 관련된 것[的]. 시간상의 것. ¶시간적 배경. ㉥공간적(空間的).

▸시간-표 時間表 (겉 표). ① 속뜻 시간(時間)을 나누어서 시간대별로 할 일 따위를 적어 넣은 표(表). ② 기차, 자동차, 배, 비행기 따위가 떠나고 닿는 시간을 적어 놓은 표. ¶열차 시간표.

▸시간 강:사 時間講師 (강의할 강, 스승 사). 정해진 시간(時間)에만 수업하는[講] 선생님[師]. 시간급을 받는다.

▸시간-문제 時間問題 (물을 문, 주제 제). 이미 결과가 뻔해 시간(時間)이 지나면 자연스럽게 해결될 문제(問題). [속담]사람 팔자 시간문제.

▸시간 부:사 時間副詞 (도울 부, 말씀 사). 언어 동작의 시간(時間)을 나타내는 부사(副詞).

▸시간 예:술 時間藝術 (재주 예, 꾀 술). 예술 음악, 무용 등과 같이 시간(時間)의 흐름에 따라 표현되는 예술(藝術). ㉥공간 예술(空間藝術).

시감[1] **時感** (때 시, 느낄 감). 시간(時間)에 따라 옮기는 전염성 감기(感氣). ㊐돌림감기.

시:감[2] **視感** (볼 시, 느낄 감). 빛의 자극을 받아 눈으로 보고[視] 느끼는[感] 것. ㊐시각(視覺).

시감[3] **詩感** (시 시, 느낄 감). 시(詩)를 읽거나 지을 때 일어나는 느낌[感]. ¶문득 시감이 떠올랐다.

시객 詩客 (시 시, 손 객). 시(詩)를 짓거나 읽는 것을 좋아하는 사람[客]. ¶이곳은 시객이 즐겨찾는 명승이다.

시:거-의 視距儀 (볼 시, 떨어질 거, 천문기계 의). 공업 거리(距離)나 높낮이를 재어 보여 주는[視] 비교적 간단한 측량 기계[儀].

시격 詩格 (시 시, 격식 격). 시(詩)의 격식(格式)이나 품위. ㊐시품(詩品).

시:경[1] **市警** (도시 시, 지킬 경). 법률 행정구역 중 시(市) 단위에 있는 경찰청(警察廳).

'시 지방 경찰청'(市地方警察廳)의 준말.

시경² 詩經 (시 시, 책 경). ① 속뜻 시(詩)를 모아 엮은 책[經]. ② 책명 중국 최고(最古)의 시집(詩集). 주나라 초부터 춘추 시대까지의 시 311편을 풍(風)·아(雅)·송(頌)의 세 부문으로 나누어 수록하였다. 오늘날 전하는 것은 305편이며 한나라 모형(毛亨)이 전하였다고 하여 '모시'(毛詩)라고도 한다.

시경³ 詩境 (시 시, 지경 경). ① 속뜻 시(詩)에 그려진 경지(境地). ② 문학 시정(詩情)이 흐르는 경지.

시:계¹ 視界 (볼 시, 지경 계). 일정한 자리에서 바라볼[視] 수 있는 범위[界]. ¶안개로 인해 시계가 흐려졌다. ⑪시야(視野).

시계² 時計 (때 시, 셀 계). 시각을 나타내거나 시간(時間)을 재는[計] 장치 또는 기계를 통틀어 이르는 말.

▸시계-좌 時計座 (자리 좌). ① 속뜻 시계(時計)모양의 별자리 [星座]. ② 천문 겨울철 남쪽 하늘에서 보이는 작은 별자리로 에리다누스강 자리와 그물자리 사이에 있다. 1월 초순에 자오선을 통과한다.

▸시계-추 時計錘 (저울 추). 괘종시계(掛鐘時計)에 달려 있는 추(錘). 이것이 좌우로 흔들림에 따라 일정한 속도로 태엽이 풀리게 된다.

▸시계-탑 時計塔 (탑 탑). 시계(時計)를 장치한 탑(塔).

▸시계 신:관 時計信管 (소식 신, 대롱 관). 시계(時計)를 장치하여 폭탄이 터질 시간을 조절할 수 있게 만든 기폭 장치[信管].

시-계열 時系列 (때 시, 이어 맬 계, 벌일 렬). 확률적 현상을 관측하여 얻은 값을 시간(時間)의 차례대로 이어[系] 늘어놓은[列] 것.

시-고모 媤姑母 (시집 시, 고모 고, 어머니 모). 시가(媤家)의 고모(姑母).

▸시-고모부 媤姑母夫 (지아비 부). 시고모(媤姑母)의 남편[夫]. 남편의 고모부.

시-고조모 媤高祖母 (시집 시, 높을 고, 할아버지 조, 어머니 모). 시가(媤家)의 고조모(高祖母).

시-고조부 媤高祖父 (시집 시, 높을 고, 할아버지 조, 아버지 부). 시가(媤家)의 고조부(高祖父).

시:공¹ 施工 (베풀 시, 일 공). 공사(工事)를 시행(施行)함. ¶부실 시공 / 이 건물은 우리가 시공했다.

시공² 時空 (때 시, 빌 공). 시간(時間)과 공간(空間). ¶이 작품은 시공을 뛰어넘는 예술성이 있다.

▸시공 세:계 時空世界 (세상 세, 지경 계). 보통 삼차원의 공간(空間)에 시간(時間)을 더한 사차원의 세계(世界).

▸시공간 예:술 時空間藝術 (사이 간, 재주 예, 꾀 술). 예술 연극, 영화, 무용 등과 같이 시간(時間)과 공간(空間)의 변화를 통하여 전개되는 예술(藝術).

시:-공간 視空間 (볼 시, 빌 공, 사이 간). 시각(視覺)에 의하여 지각되는 공간(空間) 세계.

시:구¹ 市區 (도시 시, 나눌 구). ① 도시(都市)의 구역(區域)이나 시가의 구획. ¶도시 계획의 일환으로 시구를 정리하다. ② 시와 구를 아울러 이르는 말.

시:구² 始球 (처음 시, 공 구). 운동 구기 경기의 대회가 시작되었음을 상징적으로 알리기 위해 처음으로[始] 공[球]을 던지거나 치는 일. 또는 그 공. ¶유명 가수가 경기장에 나와 시구했다.

▸시:구-식 始球式 (의식 식). 운동 야구(野球)를 시작(始作)함을 알리는 의식(儀式). 경기를 시작하기 전에 지명인사가 제1구를 포수에게 던진다.

시구³ 詩句 (시 시, 글귀 구). 문학 시(詩)의 구절(句節). ¶그녀는 감명 깊은 시구를 낭송했다.

시국 時局 (때 시, 판 국). 그때[時]의 국내 및 국제 정세나 정국(政局). ¶시국이 불안하다.

▸시국-관 時局觀 (볼 관). 현재의 시국(時局)의 흐름이나 경향을 보는 관점(觀點). ¶이 책은 그의 시국관을 기술한 것이다.

▸시국-담 時局談 (이야기 담). 현재의 시국(時局)에 관한 이야기[談]. ¶시국담을 나누다.

시:굴 試掘 (시험할 시, 팔 굴). 광업 광상의 채굴 가치를 알아보기 위해 시험적으로 [試] 파 보는[掘] 일. ¶석탄을 시굴하다.

▸시:굴-권 試掘權 (권리 권). 광업 광물을 시굴(試掘)할 수 있는 권리(權利).

시극 詩劇 (시 시, 연극 극). [문학] 운문(韻文)이나 시(詩)의 형식으로 쓰인 희곡[劇]. [비] 극시(劇詩).

시:금 試金 (시험할 시, 황금 금). 금(金)의 품질을 시험(試驗)함.

▶시:금-석 試金石 (돌 석). ① [광업] 금(金) 따위 귀금속의 품질을 시험(試驗)하는 데 쓰이는 암석(巖石). 주로 검은빛이 나는 현무암이나 규질(硅質)의 암석이 쓰인다. ② 역량이나 가치를 판정하는 규준이 되는 사물에 대한 비유적인 표현. ¶이번 일은 그의 능력을 평가할 시금석이 될 것이다.

시급 時急 (때 시, 급할 급). 시간적(時間的)으로 매우 급(急)하다. ¶시급한 문제 / 친환경 에너지를 개발하는 일은 매우 시급하다.

시:기[1] 試技 (시험할 시, 재주 기). ① [속뜻] 기술(技術)을 시도(試圖)함. ② [운동] 역도 경기에서 선수가 신청한 무게의 역기를 들어 올리는 일. 세 번 시도할 수 있다. ③ [운동] 육상 경기의 뛰기와 던지기 종목에서 뛰기나 던지기를 시도하는 일. 선수의 수와 종목에 따라 세 번에서 여덟 번까지 행한다. ④ [운동] 뜀틀 경기에서 뛰기를 두 번 시도하는 일.

시기[2] 時期 (때 시, 때 기). ① [속뜻] 때[時=期]. ② 어떤 일이나 현상이 진행되는 때. ¶지금은 매우 어려운 시기이다. [비] 기간(期間), 때.

▶시기-물 時期物 (만물 물). ① [속뜻] 일정한 시기(時期)에만 나는 산물(産物). ② 시기에 맞추어 내는 상품.

⁑**시기**[3] 時機 (때 시, 때 기). 어떤 일을 하는 데 가장 알맞은 때[時]나 기회(機會). ¶시기를 엿보다.

▶시기-상조 時機尙早 (아직 상, 이를 조). 어떤 일을 하기에 시기(時機)가 아직[尙]은 이름[早]. 때가 아직 덜 되었음. [준] 상조.

시기[4] 猜忌 (샘할 시, 미워할 기). 시샘하여[猜] 미워함[忌]. ¶사람들은 그의 성공을 시기했다. [비] 샘, 질투.

▶시기-심 猜忌心 (마음 심). 남을 시기(猜忌)하는 마음[心]. ¶그녀는 시기심이 많다.

시:내 市內 (도시 시, 안 내). 시(市)로 지정된 지역의 안쪽[內]. ¶우리는 집에서 시내까지 걸어갔다.

시:녀 侍女 (모실 시, 여자 녀). 지위가 높은 사람을 모시던[侍] 여자(女子). ¶시녀가 시중을 들다.

시뇨 屎尿 (똥 시, 오줌 뇨). 똥[屎]과 오줌[尿]. [비] 분뇨(糞尿).

시단 詩壇 (시 시, 단 단). 시인(詩人)들의 사회[壇]. ¶그는 신춘문예에 당선되면서 시단에 등장했다.

시:달 示達 (보일 시, 보낼 달). 상부에서 하부로 지시 사항(指示事項)을 전달(傳達)함. 또는 그 전달. ¶세부 지침을 각 경찰서로 시달했다.

시:담[1] 示談 (보일 시, 말씀 담). ① [속뜻] 싸움을 화해할 의도로 먼저 제시(提示)하는 말[談]. ② [법률] 민사상의 분쟁을 재판 이외에 당사자 간에 화해로 해결하는 일.

시담[2] 時談 (때 시, 말씀 담). 정세나 시세(時勢)에 대한 이야기[談].

시담[3] 詩談 (시 시, 말씀 담). 어떤 시(詩)에 관하여 주고받는 말[談]. ¶그 시담을 듣다 보니 시간 가는 줄 몰랐다. [비] 시화(詩話).

시-당숙 媤堂叔 (시집 시, 집 당, 아저씨 숙). 시가(媤家) 아버지의 사촌[堂] 관계에 있는 남편의 숙부(叔父).

⁑**시대** 時代 (때 시, 연대 대). ① 어떤 기준에 따라 시기(時期)를 구분한 연대(年代). ¶조선 시대. ② 지금 있는 그 시기. 또는 문제가 되고 있는 그 시기. ¶시대에 뒤떨어진 생각을 하다.

▶시대-극 時代劇 (연극 극). [연영] 지나간 어떤 시대(時代)의 인물이나 사건 등을 소재로 하여 꾸민 연극(演劇)이나 극영화(劇映畵). ¶이 영화는 19세기 영국을 무대로 한 시대극이다.

▶시대-병 時代病 (병 병). 시대(時代)의 풍조에 따라 생겨나는 건전하지 못한 폐습 따위를 병(病)에 비유하여 이르는 말.

▶시대-상 時代相 (모양 상). 그 시대(時代)의 모습[相]. 그 시대의 사회상. ¶이 소설은 시대상을 잘 반영하고 있다.

▶시대-순 時代順 (차례 순). 시대(時代)에 따라 정한 순서(順序). ¶사건을 시대순으로 배열하다.

▶시대-적 時代的 (것 적). 그 시대(時代)의

특징적인 것[的]. ¶시대적 배경.

▸시대-감각 時代感覺 (느낄 감, 깨달을 각). 그 시대(時代)의 동향이나 특징 따위를 포착하는 감각(感覺).

▸시대-사상 時代思想 (생각 사, 생각 상). 그 시대(時代)의 사회 일반에 널리 미친 사상(思想).

▸시대-사조 時代思潮 (생각 사, 바닷물 조). 그 시대(時代)의 주류나 특색을 이루는 사상적(思想的) 흐름[潮].

▸시대 소:설 時代小說 (작을 소, 말씀 설). [문학] 지나간 어떤 시대(時代)의 인물이나 사건, 사회상 등을 소재로 쓴 소설(小說).

▸시대-정신 時代精神 (쓿을 정, 혼 신). 어떤 시대(時代)를 지배하며, 그 시대를 특징짓고 있는 정신(精神)이나 사상.

▸시대-착오 時代錯誤 (어긋날 착, 그르칠 오). 변화된 새로운 시대(時代)의 풍조에 어긋나고[錯] 잘못된[誤] 방법으로 대처하는 일.

시댁 媤宅 (시가 시, 집 댁). 시부모(媤父母)가 사는 집[宅]의 높임말. ¶주말에 시댁에 다녀오다. [비]시가(媤家).

시:도[1] 示度 (보일 시, 정도 도). ① [속뜻] 눈금이 보여 주는[示] 도수(度數). ② [지리] 기압계가 나타내는 기압의 높이.

시:도[2] 市道 (도시 시, 길 도). ① [속뜻] 행정 구역으로 나눈 시(市)와 도(道). ② 관할 시장이 노선을 인정하고 시비(市費)로 건설·관리·유지하는 시내 도로(市內道路).

시:도[3] 視度 (볼 시, 정도 도). ① [속뜻] 보이는[視] 정도(程度). ② [물리] 액체 안에 떠 있는 물질이나 공기 속의 가스에 의해 생기는 대기의 투명도. 시계(視界) 거리에 따라 0에서 9까지로 구분한다.

시:도[4] 試圖 (시험할 시, 꾀할 도). 무엇을 시험(試驗) 삼아 꾀하여[圖] 봄. 또는 꾀한 바를 시험해 봄. ¶나는 네 번째 시도에서 성공했다.

시:도-식 始渡式 (처음 시, 건널 도, 의식 식). 다리를 놓고 처음[始] 건너는[渡] 의식(儀式). ¶광안대교 시도식에 수많은 시민이 참석했다.

시:동[1] 尸童 (시동 시, 아이 동). [역사] 제사를 지낼 때에 신위(神位)[尸] 대신 앉히던 아이[童].

시:동[2] 侍童 (모실 시, 아이 동). [역사] 지체 높은 사람을 모시던[侍] 아이[童]. ¶시동을 데리고 답청을 나섰다.

시:동[3] 始動 (비로소 시, 움직일 동). ① [속뜻] 비로소[始] 움직임[動]. 또는 그렇게 되게 함. ② 발전기나 전동기, 증기 기관, 내연 기관 따위의 발동이 걸리기 시작함. 또는 그렇게 되게 함. ¶차에 타고 시동을 걸다.

▸시:동-기 始動器 (그릇 기). 전동기를 시동(始動)시키기 위한 장치[器].

시-동생 媤同生 (시가 시, 같을 동, 날 생). 시가(媤家)의 남동생(男同生).

시량 柴糧 (땔나무 시, 양식 량). 땔나무[柴]와 먹을 양식(糧食)을 아울러 이르는 말. ¶시량을 걱정해야하는 신세.

시:력 視力 (볼 시, 힘 력). 눈이 물체의 존재나 모양 따위를 보는[視] 능력(能力). ¶나는 요즘 시력이 많이 떨어졌다.

시련[1] 詩聯 (시 시, 잇달 련). ① [속뜻] 시(詩)를 이루는 각 문장[聯]. ② 시구를 적어 기둥이나 벽 따위에 장식으로 써서 붙이는 글귀. ¶사찰 입구에 시련이 붙어 있다.

***시:련**[2] 試鍊 (시험할 시, 불릴 련). ① 의지나 참을성을 시험(試驗)하거나 단련(鍛鍊)시키는 것. ¶시련을 극복하다. ② 의지나 됨됨이 따위를 시험(試驗)하여 봄.

▸시:련-기 試鍊期 (때 기). 시련(試鍊)을 겪는 시기(時期).

시례지훈 詩禮之訓 (시 시, 예도 례, 어조사 지, 가르칠 훈). ① [속뜻] 공자가 아들 백어에게 시(詩)와 예(禮)를 배워야 하는 까닭을 가르쳐[訓] 줌. ② 아버지가 아들에게 주는 교훈.

시론[1] 時論 (때 시, 논할 론). ① [속뜻] 한 시대(時代)의 여론(輿論). ② 그때그때 일어나는 시사에 대한 평론이나 의론. ③ [역사] 조선 정조 때에 벽론(僻論)과 맞서던 시파(時派)의 당론.

시론[2] 詩論 (시 시, 논할 론). 시(詩)에 대한 평론(評論)이나 이론(理論).

시:론[3] 試論 (시험할 시, 논할 론). 시험(試驗) 삼아 해본 평론(評論).

시:료[1] 施療 (베풀 시, 병 고칠 료). 치료(治療)를 실시(實施)해 줌. 무료로 치료하여

줌.

시료[2] **詩料** (시 시, 거리 료). 시(詩)의 소재[料]. ¶그에게는 주변의 모든 것이 시료가 되었다. ㊥시재(詩材).

시:료[3] **試料** (시험할 시, 거리 료). 시험(試驗)이나 검사·분석 따위를 하기 위한 재료(材料). ¶토양 오염을 측정하기 위해 시료를 채취하다.

시류 時流 (때 시, 흐를 류). 그 시대(時代)의 유행(流行)이나 풍조. ¶시류에 영합하여 크게 명성을 얻다.

시:립[1] **市立** (도시 시, 설 립). 시(市)에서 설립(設立)하고 경영하는 일. 또는 그러한 시설. ¶시립 도서관.

시:립[2] **侍立** (모실 시, 설 립). 귀인이나 웃어른을 모시고[侍] 섬[立]. ¶하인들이 시립하여 대감의 귀가를 맞았다.

시:말 始末 (처음 시, 끝 말). ① 속뜻 일의 처음[始]과 끝[末]. ② 일의 전말.

▸ 시:말-서 始末書 (글 서). 잘못을 저지른 사람이 사건의 처음[始]부터 끝[末]까지의 모든 것에 대해 자세히 적은 문서(文書). ¶시말서를 내다. ㊥전말서(顚末書).

시맥[1] **翅脈** (날개 시, 줄기 맥). 동물 곤충의 날개[翅]에 무늬처럼 갈라져 있는 맥(脈). ㊥날개맥.

시맥[2] **詩脈** (시 시, 줄기 맥). 시(詩)의 주제의 흐름과 줄기[脈]. 시의 맥락.

시:명 市名 (도시 시, 이름 명). 시(市)의 이름[名]. ¶이곳의 시명(市名)은 인디언 부족의 이름에서 유래한다.

시모 媤母 (시집 시, 어머니 모). 시가(媤家)의 어머니[母]. ¶그녀는 병환 중인 시모를 십년 간 모셨다.

시목 柴木 (땔나무 시, 나무 목). 땔감[柴]으로 쓰이는 나무[木]. ¶겨울이 오기 전에 시목을 구해야겠다. ㊥땔나무.

시:묘 侍墓 (모실 시, 무덤 묘). 부모의 거상 중에 3년간 그 무덤[墓] 옆에서 움막을 짓고 모시며[侍] 삶. ¶시묘를 살다 / 시묘를 지내다.

시:무[1] **始務** (처음 시, 일 무). 관공서 등에서 새해 들어 다시 업무(業務)를 시작(始作)하는 일. ¶시무식(始務式). ㊤종무(終務).

시무[2] **時務** (때 시, 일 무). ① 속뜻 때[時]에 따라 필요한 일[務]. ② 당장에 시급한 일. ¶우선 시무부터 처리하자.

▸ 시무 이십팔조 時務二十八條 (두 이, 열 십, 여덟 팔, 조목 조). ① 속뜻 시급(時急)하게 해야 할[務] 28[二十八]가지 조항(條項). ② 역사 고려 성종 때 최승로(崔承老)가 올린 정치개혁안. 유교사상에 입각하여 국가 체제를 정비하는 내용을 담고 있으며, 28개 조항으로 되어 있다.

시문[1] **時文** (때 시, 글월 문). ① 속뜻 그 시대(時代)의 글[文]. ② 중국의 현대문.

시:문[2] **試問** (시험할 시, 물을 문). 시험(試驗) 삼아 물음[問]. 또는 시험 삼아 묻는 그 문제.

시문[3] **詩文** (시 시, 글월 문). 시가(詩歌)와 산문(散文). ¶그의 시문은 이웃 청나라에까지 명성을 떨쳤다.

▸ 시문-집 詩文集 (모을 집). 시가(詩歌)나 산문(散文) 등을 모아[集] 엮은 책.

▸ 시문서화 詩文書畵 (쓸 서, 그림 화). 시가(詩歌), 산문(散文), 글씨[書], 그림[畵].

시 문학 詩文學 (시 시, 글월 문, 배울 학). ① 속뜻 시(詩) 또는 시가 장르의 문학(文學)을 통틀어 이르는 말. ② 문학 1930년 3월에 창간된 시 동인지. 김영랑과 정지용 등을 중심으로 카프(KAPF)에 반대하여 순수 문학을 옹호하였다.

시:물 施物 (베풀 시, 만물 물). 보시(布施)하는 돈이나 물건(物件).

***시:민 市民** (도시 시, 백성 민). ① 그 시(市)에 사는 사람[民]. ¶시민들이 축제에 참여했다. ② 국가의 일원으로서 독립하여 생계를 영위하는 자유민. ¶시민은 투표권이 있다. ③ 역사 서울 백각전(百各廛)의 상인들. ㊥공민(公民).

▸ 시:민-권 市民權 (권리 권). 법률 ① 일반 국민이나 주민[市民]이 누리는 권리(權利). ¶미국 시민권을 획득하다. ② 시민으로서의 행동, 사상, 재산, 신앙의 자유가 보장되고 정치에 참여할 수 있는 권리.

▸ 시:민-법 市民法 (법 법). 법률 ① 로마 시대에 로마 시민(市民)에게 적용하던 법(法). ② 각 개인을 자유롭고 평등한 권리 능력자로 보는 근대 시민 사회를 규율하는 법.

▸시:민 계급 市民階級 (섬돌 계, 등급 급). [사회]서양 봉건 시대에 상공업(商工業)을 담당하던 시민(市民)으로 구성된 계급(階級). '성 안에 사는 사람들'이라는 뜻의 프랑스어 'bourgeoisie'의 한자 의역어. 프랑스 대혁명을 계기로 귀족과 성직자에게서 정치권력을 빼앗고, 산업 혁명 이후에는 자본가 계급을 형성하여 자본주의 시대를 주도했다.

▸시:민 문학 市民文學 (글월 문, 배울 학). [문학] 18~19세기 근대 시민 계급(市民階級)의 의식을 반영한 문학(文學).

▸시:민 사회 市民社會 (단체 사, 모일 회). [사회] 자유롭고 평등한 개인이[市民] 이룬 사회(社會).

▸시:민 혁명 市民革命 (바꿀 혁, 운명 명). [사회] 시민(市民) 계급이 주도하여 자본주의 경제 체제와 자유주의 정치 체제를 확립한 사회 혁명(社會革命).

시:박-사 市舶司 (장사 시, 큰 배 박, 벼슬 사). [역사] 중국 당나라 때부터 선박(船舶)으로 무역하는[市] 것과 관련된 모든 사무를 맡아보던 관아[司]. 송나라 이후 크게 발전하였다가 청나라 때 폐지하였다.

시:반 屍斑 (시체 시, 얼룩 반). [의학] 시체(屍體)의 피부에 생기는 반점(斑點). 혈관 속의 혈액이 시체의 아래쪽으로 내려가서 생기는 현상으로, 이를 통해 사망 시간을 추정할 수 있다.

시:발 始發 (처음 시, 떠날 발). 맨 처음[始] 출발(出發)하거나 발차(發車)함.

▸시:발-역 始發驛 (정거장 역). 기차나 전철이 첫 출발[始發] 하는 역(驛). [반]종착역(終着驛).

시:발 수뢰 視發水雷 (볼 시, 쏠 발, 물 수, 천둥 뢰). [군사] 목표물이 가까이 온 것을 눈으로 본[視] 뒤 전기 점화로 폭발(爆發)시키는 수뢰(水雷). 기뢰의 하나이다. [비]시발 기뢰(機雷).

시방 時方 (때 시, 바로 방). 이때[時]나 방금(方今). 말하는 이때. [비]지금.

시백 詩伯 (시 시, 맏 백). ① [속뜻] 시(詩)로써 최고의 경지에 오른 사람[伯]. ② '시인'을 높여 부르는 말.

시-백모 媤伯母 (시집 시, 맏 백, 어머니 모). 시가(媤家)의 큰 아버지[伯]의 부인(母). 시백부의 아내.

시-백부 媤伯父 (시집 시, 맏 백, 아버지 부). 시가(媤家)의 큰 아버지[伯父].

시:범 示範 (보일 시, 본보기 범). 본보기[範]를 보임[示]. ¶시범을 보이다.

시법[1] 詩法 (시 시, 법 법). 시(詩)를 짓는 방법(方法). '시작법'(詩作法)의 준말.

시:법[2] 諡法 (시호 시, 법 법). ① [속뜻] 시호(諡號)를 정하는 방법(方法). ② [역사] 제왕이나 재상이 죽은 뒤에, 그들의 공덕을 칭송하여 붙인 이름을 정하던 방법.

시벽 詩癖 (시 시, 버릇 벽). ① [속뜻] 시(詩)짓기를 좋아하는 버릇[癖]. ② 시에 나타나는 그 사람 특유의 버릇.

시변 時變 (때 시, 바뀔 변). ① [속뜻] 그때[時]의 세상이나 형세의 변화(變化). ② 사계(四季)의 변화.

시병 時病 (때 시, 병 병). ① [속뜻] 계절[時]에 따른 유행병(流行病). ② 그 시대의 병폐.

시보[1] 時報 (때 시, 알릴 보). ① [속뜻] 표준 시간(時間)을 알리는[報] 일. ¶라디오에서 12시를 알리는 시보가 울렸다. ② 그때그때의 보도. 또는 그런 글을 실은 잡지나 신문.

시:보[2] 試補 (시험할 시, 채울 보). 어떤 관직에 정식으로 임명되기 전에 시험(試驗)삼아 보직(補職)을 맡게 함. 또는 그런 직책.

시복 時服 (때 시, 옷 복). ① [속뜻] 철이나 때[時]에 맞는 옷[服]. ② [역사] 입시(入侍)를 할 때나 공무를 볼 때 관원들이 입던 옷.

시:봉 侍奉 (모실 시, 받들 봉). 부모를 모시고[侍] 봉양(奉養)함. [비]봉시(奉侍).

시부[1] 詩賦 (시 시, 글 부). [문학] 운문 형식에 서정적 내용이 주를 이루는 시(詩)와 산문 형식에 서사적 내용이 주를 이루는 부(賦)를 통틀어 이르는 말.

시부[2] 媤父 (시가 시, 아버지 부). 시가(媤家) 남편의 아버지[父]. [비]시아버지.

시-부모 媤父母 (시가 시, 아버지 부, 어머니 모). 시가(媤家) 남편의 아버지[父]와 어머니[母]. ¶그녀는 시부모님을 모시고 산다. [비]구고(舅姑).

시-부재래 時不再來 (때 시, 아닐 부, 다시 재, 올 래). 한 번 지나간 시간(時間)은 다시

[再] 오지[來] 아니함[不].

시불가실 時不可失 (때 시, 아닐 불, 가히 가, 잃을 실). ① 속뜻 적절한 때[時]를 잃어서는[失] 아니[不] 됨[可]. ② 때를 놓쳐서는 안 됨. ¶시불가실이라 했다. 이번 기회를 꼭 살려야 한다.

시:비[1] 市費 (도시 시, 쓸 비). 시(市)에서 부담하는 비용(費用). 또는 시의 경비. ¶초등학교 무료 급식의 경비를 시비에서 일부 보조하기로 하였다.

시:비[2] 侍婢 (모실 시, 여자종 비). 곁에서 시중[侍]을 드는 계집종[婢]. ㊥시종(侍從).

시:비[3] 施肥 (베풀 시, 거름 비). 논밭에 비료(肥料)를 줌[施]. ¶시비의 방법이 다양해지면서 농업기술도 더욱 발달했다. ㊥거름주기.

시비[4] 柴扉 (섶 시, 문짝 비). 나뭇가지[柴]를 짜서 달아 놓은 문[扉]. ¶시비를 열고 어머니가 들어오신다. ㊥사립문.

시비[5] 詩碑 (시 시, 비석 비). ① 시(詩)를 새긴 비(碑). ¶아버지의 무덤에 시비를 세우다. ② 이름 있는 시인의 문학적 업적을 기리어 세우는 비.

시:비[6] 是非 (옳을 시, 아닐 비). ① 속뜻 옳고[是] 그름[非]. ¶시비를 가리다. ② 옳고 그름을 따지는 말다툼. ¶시비를 걸다. ㊥시시비비(是是非非), 잘잘못.

▸시:비-조 是非調 (가락 조). 잘잘못[是非]을 따지는 듯한 말투[調]. ¶시비조로 말하다.

▸시:비-곡직 是非曲直 (굽을 곡, 곧을 직). 옳고[是] 그르고[非] 왜곡되고[曲] 바름[直]. 잘잘못.

▸시:비지단 是非之端 (어조사 지, 처음 단). 시비(是非)가 일어나는 꼬투리[端].

▸시:비지심 是非之心 (어조사 지, 마음 심). 시비(是非)를 가릴 줄 아는 마음[心]. 지(智)에서 우러나오는 사단(四端)의 하나.

시:사[1] 示唆 (보일 시, 부추길 사). ① 속뜻 미리 보여주어[示] 부추김[唆]. ② 미리 알려 줌. ¶정부는 이번 발표를 통해 불법도박 단속 강화를 강력히 시사했다. ㊥귀띔.

시사[2] 詩社 (시 시, 모일 사). 시인(詩人)들의 모임[社]. ¶시사를 조직하다.

시:사[3] 侍史 (모실 시, 기록 사). ① 속뜻 옆에 모시면서[侍] 문서를 기록하는[史] 사람. ② 편지 겉봉에 공경하는 의미로 받는 사람의 이름 아래 쓰는 말. ③ 역사 고려 시대에, 감찰사(監察司)에 벼슬. 감찰시사(監察侍史).

시:사[4] 侍師 (모실 시, 스승 사). 스승[師]을 모심[侍].

시:사[5] 侍射 (모실 시, 쏠 사). 임금을 모신[侍] 자리에서 신하들이 활을 쏘는[射] 것. ¶대사례(大射禮) 의식에서는 어사(御射)에 이어 시사가 이루어졌다.

시:사[6] 試射 (시험 시, 쏠 사). ① 속뜻 총이나 활 따위를 시험(試驗) 삼아 쏘아[射] 봄. ② 군사 사격에 필요한 여러 기구의 성능과 특성을 검토하고 결정하기 위해 총이나 포를 쏘아 봄. ③ 역사 활을 잘 쏘는 사람을 시험 보아 뽑던 일.

시:사[7] 視事 (볼 시, 일 사). 역사 임금이 신하들과 함께 나라 일[事]을 돌봄[視].

시사[8] 時事 (때 시, 일 사). 그때[時]의 정세나 세상에 일어난 일[事]. ¶시사에 밝다.

▸시사-담 時事談 (이야기 담). 시사(時事)에 관한 이야기[談].

▸시사-물 時事物 (만물 물). ① 속뜻 시사(時事)를 다룬 기사물(記事物). ② 시사 문제를 다룬 간행물이나 방송 프로그램. ¶이 프로그램은 대표적인 TV 시사물이다.

▸시사-성 時事性 (성질 성). 시사(時事)가 지니고 있는 시대적·사회적 성격(性格). ¶시사성 있는 문제를 다루다.

▸시사-만평 時事漫評 (멋대로 만, 평할 평). 시사(時事)에 관해 자유롭게[漫] 하는 비평(批評).

▸시사 문:제 時事問題 (물을 문, 주제 제). 시사(時事)에 관한 문제(問題). ¶시사 문제를 심도 있게 논의하다.

▸시사 보:도 時事報道 (알릴 보, 말할 도). 시사(時事)에 관한 뉴스나 신문 보도(報道).

▸시사-용어 時事用語 (쓸 용, 말씀 어). 시사(時事)에서 다루어지는 용어(用語).

▸시사 해:설 時事解說 (풀 해, 말씀 설). 국내외의 중요 시사(時事) 문제를 알기 쉽게 풀어[解] 설명(說明)하는 일. 또는 그 내용.

시:사[9] 試寫 (시험할 시, 베낄 사). 영화의 정

식 개봉 전에서 여러 관계자에게 시험적(試驗的)으로 먼저 영사(映寫)하여 보임.

▸시:사-회 試寫會 (모일 회). 영화를 시험적으로 보여주는[試寫] 모임[會]이나 행사. ¶시사회에 많은 사람이 참석했다.

시:산 試算 (시험할 시, 셀 산). ① 속뜻 계산(計算)이 맞는가를 시험(試驗)함. ②시험적으로 하는 계산.

▸시:산-표 試算表 (겉 표). 경제 복식 부기에서 장부에 기록한 내용이 정확한지 확인하기 위해 시산(試算)해 본 표(表).

시:살 弑殺 (죽일 시, 죽일 살). 임금이나 부모를 죽임[弑=殺]. ¶단종 시살을 모의하다. ㊥시륙(弑戮), 시역(弑逆), 시해(弑害).

시상[1] 時狀 (때 시, 형상 상). 그때[時]의 상황(狀況).

시상[2] 時相 (때 시, 도울 상). 당시(當時)의 정승[相]. ¶이는 황희가 시상으로 있을 때 일어난 일이다. ㊥시재(時宰).

시상[3] 時相 (때 시, 모양 상). 언어 동작의 시제(時制)와 양태[相]를 아울러 이르는 말.

시상[4] 詩想 (시 시, 생각 상). ①시(詩)를 짓기 위한 생각이나[想] 느낌. ¶시상이 떠오르다. ②시에 나타난 사상이나 감정. ③시적인 상념.

시:상[5] 視床 (볼 시, 평상 상). ① 속뜻 시신경(視神經)이 마루판[床]처럼 연결된 부위. ② 동물 감각, 충동, 흥분이 대뇌 피질로 전도될 때에 중계 역할을 하는 달걀 모양의 회백질 덩어리. 간뇌의 뒤쪽 대부분을 차지하고 있는데 본능과 감정의 중추 역할을 한다. '시신경상'(視神經床)의 준말.

▸시:상 하:부 視床下部 (아래 하, 나눌 부). ① 속뜻 시상(視床)의 밑[下] 부분(部分). ② 의학 자율 신경계의 고차 중추 및 체온, 수면, 생식, 물질 대사 따위의 중추 역할을 하는 부위. 주로 회백질로 이루어졌으며 뇌하수체와 밀접하게 관련되어 있다.

시:상[6] 施賞 (베풀 시, 상줄 상). 상장(賞狀)이나 상품(賞品) 또는 상금(賞金)을 줌[施]. ¶공(功)이 큰 사람을 골라 시상하다.

▸시:상-대 施賞臺 (돈대 대). 상(賞)을 주기[施] 위하여 설치한 받침대[臺]. ¶선수는 시상대에 올랐다.

▸시:상-식 施賞式 (의식 식). 시상(施賞)할 때에 베푸는 의식(儀式). ¶아카데미 시상식을 거행하다.

시:상 화:석 示相化石 (보일 시, 모양 상, 될 화, 돌 석). 지리 과거의 환경이나 모습[相]을 구체적으로 보여주는[示] 화석(化石). ¶산호는 시상화석으로서 중요한 것이 많다.

시:생 侍生 (모실 시, 사람 생). ① 속뜻 어른을 모시는[侍] 사람[生]. ②웃어른에게 대하여 자기를 낮추어 일컫는 말로 쓰임.

시:생-계 始生界 (처음 시, 날 생, 지경 계). 지리 생명이 처음[始] 태어난[生] 시기에 형성된 지층[界]. 주로 화강암이나 편마암으로 이루어졌으며 극히 드물게 화석이 포함되어 있다.

시:생-대 始生代 (처음 시, 날 생, 시대 대). ① 속뜻 생물이 처음[始] 나타난[生] 시대(時代). ② 지리 선캄브리아대를 둘로 나누었을 때의 첫째 시대. 약 46~26억 년 전까지의 기간에 해당된다. ㊟지질 시대(地質時代).

시서 詩書 (시 시, 글 서). ① 속뜻 시(詩)와 글씨[書]를 아울러 이르는 말. ②시경(詩經)과 서경(書經).

▸시서례 詩書禮 (예도 례). 시경(詩經), 서경(書經), 예기(禮記)를 아울러 이르는 말.

▸시서역 詩書易 (주역 역). 시경(詩經), 서경(書經), 주역(周易)을 아울러 이르는 말.

시:석 矢石 (화살 시, 돌 석). 예전에, 전쟁에 쓰던 화살[矢]과 돌[石]. ¶적의 시석을 막아 낼 도리가 없었다.

*__시:선[2]__ 視線 (볼 시, 줄 선). ①보이는[視] 물체와 눈을 잇는 선(線). ¶시선을 피하다. ② 의학 눈동자의 중심점과 외계의 주시점(注視點)을 잇는 직선. ③주의(注意)나 관심(關心). ¶주위의 시선이 그녀에게 쏠렸다. ㊥눈길.

시선[3] 詩仙 (시 시, 신선 선). ① 속뜻 시인(詩人)으로서의 신선(神仙). ②세상일을 잊고 시 짓기에만 몰두하는 사람. ③두보를 시성(詩聖)이라 이르는 데 상대하여 '이백'(李白)을 이르는 말.

시선[4] 詩選 (시 시, 고를 선). 시(詩)를 뽑아[選] 모은 책. ¶『도연명(陶淵明) 시선』.

⁑**시:설** 施設 (베풀 시, 세울 설). 편리를 베풀

어[施] 구조물 따위를 세움[設]. 또는 그 차린 설비. ¶의료 시설 / 전선을 시설하기 위해 전봇대를 세웠다.

▸시ː설-물 施設物 (만물 물). 기계, 장치, 도구류 따위와 같이 시설(施設)해 놓은 것[物]. ¶아동을 보호하기 위한 시설물을 건설하다.

▸시설-비 施設費 (쓸 비). 시설(施設)을 설비하는 데 쓴 비용(費用).

▸시ː설 자재 施設資材 (재물 자, 재료 재). 공업 생산 시설(施設)을 설비하는 데 쓰이는 물자(物資)와 재료(材料).

시성[1] **詩聖** (시 시, 거룩할 성). ① 속뜻 시인(詩人)으로서의 성인(聖人). ②이백을 시선(詩仙)이라 이르는 데 상대하여 '두보'(杜甫)를 이르는 말.

시성[2] **詩性** (시 시, 성질 성). 시(詩)가 본래 가지고 있는 성질(性質).

시ː성[3] **示性** (보일 시, 성질 성). 어떤 물질 따위의 성질(性質)을 밝혀 보임[示].

▸시ː성-식 示性式 (법 식). 화학 화합물의 성질(性質)을 밝혀 보이기[示] 위해 분자 내의 원자나 원자단의 특성을 쉽게 알 수 있도록 나타낸 화학식(化學式).

▸시ː성-분석 示性分析 (나눌 분, 가를 석). 화학 ① 화합물의 성질(性質)을 밝혀 보이기[示] 위한 분석(分析). ②각 원소의 함량을 알아내거나 각 원소의 결합 방식을 나타내기 위한 화학 분석.

시ː세[1] **市稅** (도시 시, 세금 세). 법률 시(市)에서 매기고 거두는 지방세(地方稅)의 하나. 주민세, 취득세, 부가세 따위가 포함되는 보통세와 도시 계획세, 공동 시설세 따위가 포함되는 목적세로 나뉜다.

시ː세[2] **市勢** (도시 시, 형세 세). ① 속뜻 도시(都市)의 인구, 재정, 시설 등의 종합적인 형세(形勢). ② 경제 시장에서의 수요와 공급의 원활한 정도.

시세[3] **時勢** (때 시, 형세 세). ①어떤 시기(時期)의 형세(形勢). 세상의 형편. ¶시세의 변화를 살피다. ②거래할 당시의 가격. ¶아파트 시세가 좋다. ㊥시가(時價).

▸시세 예ː측 時勢豫測 (미리 예, 헤아릴 측). 경제 시세(時勢)의 변동(變動)을 통계적으로 관찰하여 앞으로의 시세를 미리[豫] 헤아려[測] 보는 일.

시ː-세포 視細胞 (볼 시, 작을 세, 태보 포). 의학 빛을 받아들여 사물을 볼 수 있게 하는[視] 감각 세포(感覺細胞).

시속[1] **時俗** (때 시, 풍속 속). ① 속뜻 그 시대(時代)의 풍속(風俗). ¶그는 시속 물정에 밝다. ②그 당시의 속된 것. ¶그는 시속의 때가 덜 묻은 서른 안팎의 활달한 청년이다.

시속[2] **時速** (때 시, 빠를 속). 한 시간(時間)을 단위로 하여 잰 속도(速度). ¶말은 시속 60km로 달릴 수 있다.

시ː솔 侍率 (모실 시, 거느릴 솔). 웃어른을 모시고[侍] 아랫사람을 거느림[率].

시숙 媤叔 (시가 시, 아저씨 숙). 시가(媤家) 남편의 형제[叔]. ㊥아주버니.

시-숙모 媤叔母 (시가 시, 아저씨 숙, 어머니 모). 시가(媤家)의 숙모(叔母). 시숙부(媤叔父)의 아내.

시-숙부 媤叔父 (시가 시, 아저씨 숙, 아버지 부). 시가(媤家)의 숙부(叔父). 시삼촌.

시ː술 施術 (베풀 시, 꾀 술). ① 속뜻 의술(醫術) 등을 베풂[施]. ②수술을 함. ¶응급 소생술을 시술하다.

시습 時習 (때 시, 익힐 습). ① 속뜻 때때로[時] 익힘[習]. ②그때그때의 습관이나 풍습.

시ː승 試乘 (시험할 시, 탈 승). 자동차, 기차, 배 따위를 시험(試驗) 삼아 타[乘] 봄. ¶새로 나온 자동차를 시승해 보았다.

시시각각 時時刻刻 (때 시, 때 시, 새길 각, 새길 각). 그때그때의 시각(時刻). ¶시시각각으로 변하는 유행.

시ː시비비 是是非非 (옳을 시, 옳을 시, 아닐 비, 아닐 비). 옳은[是] 것은 옳다고[是] 하고 그른[非] 것은 그르다고[非] 하는 일. ㊥잘잘못, 시비(是非).

시ː식[1] **侍食** (모실 시, 먹을 식). 어른이 식사(食事)할 때 곁에 모시고[侍] 서 있는 일.

시ː식[2] **施食** (베풀 시, 밥 식). ① 속뜻 음식(飮食)을 베풂[施]. ② 불교 죽은 친족이나 부모를 위해 음식을 베풀고 법문을 외며 염불 등을 하는 일.

시식[3] **時食** (때 시, 밥 식). 그 계절[時]에 특별히 있는 음식(飮食). 또는 그 시절에 알맞은 음식. ¶시식에 남달리 관심이 많다.

시:식⁴ 試食 (시험할 시, 먹을 식). 맛이나 요리 솜씨를 시험(試驗)하기 위하여 먹어[食] 봄. ¶우리는 여러 종류의 케이크를 시식해 보았다.

시:식⁵ 試植 (시험할 시, 심을 식). 새 품종의 식물을 시험(試驗)하기 위해 심음[植].

시:신¹ 侍臣 (모실 시, 신하 신). 임금을 가까이에서 모시는[侍] 신하(臣下). ¶시신들이 왕을 모시러 왔다. [비]근신(近臣).

시:신² 屍身 (주검 시, 몸 신). 죽은 사람[屍]의 몸[身]. ¶시신을 거두어 장사 지내다. [비]송장.

시신³ 柴薪 (땔나무 시, 땔나무 신). 땔감[柴=薪]이 되는 나무. [비]땔나무.

시:-신경 視神經 (볼 시, 정신 신, 날실 경). [의학] 시각(視覺)을 맡아보는 신경(神經). 60~80만의 신경 섬유로 되어 있다.

시:-신세 始新世 (처음 시, 새 신, 세대 세). ① [속뜻] 처음[始] 새로[新] 시작되는 세대(世代). ② [지리] 지질 시대의 신생대 제3기를 다섯으로 나눈 가운데 두 번째에 해당하는 시대. 시기상으로 5500만~3370만년 전의 시기이며 기후는 온난·습윤하였고 산림이 우거져서 석탄층이 많이 퇴적하였다. [비]에오세(Eocene世).

시심 詩心 (시 시, 마음 심). 시(詩)를 짓고 싶은 마음[心]. ¶맑은 달을 보니 시심이 일었다.

시:심마 是甚麽 (이 시, 무엇 시, 어조사 마). ① [속뜻] '생각하는 이것이[是] 무엇이냐[甚麽]'라는 뜻. ② [불교] 인생의 모든 생활 현상에 관한 근본적인 의문. 선원(禪院)에서 깨달음을 얻기 위한 공안(公案)을 이르는 말.

시:안 試案 (시험할 시, 안건 안). 시험(試驗)으로 또는 임시로 만든 계획이나 안건(案件). ¶시안을 마련하다 / 시안을 검토하다.

시액 詩額 (시 시, 이마 액). 시(詩)가 쓰인 현판[額].

시:야 視野 (볼 시, 들 야). ① [속뜻] 시력(視力)이 미치는 범위[野]. ¶건물이 시야를 가리다. ② 식견이나 사려가 미치는 범위. ¶그는 세계를 여행하며 시야를 넓혔다.

시:야비야 是也非也 (옳을 시, 어조사 야, 아닐 비, 어조사 야). 옳은지[是也] 그른지[非也]를 따짐.

시:약¹ 示弱 (보일 시, 약할 약). 약점(弱點)을 보임[示].

시:약² 施藥 (베풀 시, 약 약). 무료로 약(藥)을 지어 줌[施]. 또는 그 약.

시:약³ 試藥 (시험할 시, 약 약). ① [속뜻] 시험(試驗) 삼아 써보는 데 필요한 약(藥). ② [화학] 화학 분석에서 물질의 검출이나 정량을 위한 반응에 쓰이는 화학 약품. ¶플라스크에 시약을 붓다.

시어 詩語 (시 시, 말씀 어). ① [속뜻] 시(詩)에 쓰이는 말[語]. ② [문학] 시인의 감정이나 사상을 나타낸 함축성 있는 말.

시:언 矢言 (맹세할 시, 말씀 언). 맹세하는[矢] 말[言]. ¶그는 친구와 다짐한 시언을 저버리고 배반하였다.

시:업 始業 (처음 시, 일 업). 영업(營業)이나 학업(學業) 등을 시작(始作)함. ¶시업식(始業式). [반]종업(終業).

시:여¹ 施與 (베풀 시, 줄 여). 남에게 물건을 거저 베풀어[施] 줌[與]. ¶불우 이웃에 대한 그의 시여 행위가 알려졌다.

시여² 詩餘 (시 시, 남을 여). ① [속뜻] 남는[餘] 시간에 취미로 하는 기술이나 재간으로 지은 시(詩). ② [문학] 중국의 가요문학인 사(詞)를 달리 부르던 이름. 시에 비하여 전문적이지 않고 속되고 상스러운 내용이 많다. 송나라 때 유행하였다.

시:역¹ 市域 (도시 시, 지경 역). 시(市)의 구역(區域). ¶시역 확장 / 시역의 70% 이상이 시가지로 발달하였다.

시:역² 弑逆 (죽일 시, 거스를 역). ① [속뜻] 반역(反逆)하여 죽임[弑]. ② 부모나 임금을 죽임. ¶임금을 시역하기로 모의하다. [비]시살(弑殺).

시:연 試演 (시험할 시, 펼칠 연). 연극, 무용, 음악 등을 시험적(試驗的)으로 상연(上演)하는 일. ¶시연을 통해 음향의 문제점을 찾아냈다. [비]리허설(rehearsal).

시:영 市營 (도시 시, 꾀할 영). 시(市)에서 경영(經營)함. ¶시영 주차장.

시:외 市外 (도시 시, 밖 외). 도시(都市) 밖[外]의 부근으로 시에 인접한 지역. ¶시외로 소풍을 가다. [반]시내(市內).

시-외가 媤外家 (시집 시, 밖 외, 집 가). 시가(媤家)의 외가(外家).

시:용[1] 施用 (베풀 시, 쓸 용). ① 속뜻 베풀어서[施] 사용(使用)함. ② 실제로 사용함. ¶조합에서 나눠준 비료를 시용했다.

시:용[2] 試用 (시험할 시, 쓸 용). 시험적(試驗的)으로 써[用] 봄. ¶새로 개발한 약을 시용하다.

시용-향악보 時用鄕樂譜 (때 시, 쓸 용, 시골 향, 음악 악, 적어놓을 보). 역사 삼국시대부터 조선시대 초기까지 그 시대(時代)에 사용(使用)하던 민간[鄕] 음악(音樂)의 악보(樂譜)및 가사를 기록한 악보집(樂譜集). 조선 성종 ~ 중종 연간(1469~1544)에 기록되었을 것으로 추정되며 모두 26편이 수록되어 있다.

시우[1] 時雨 (때 시, 비 우). 때[時]에 맞추어서 오는 비[雨]. ¶시우 덕분에 올해도 풍년이다.

시우[2] 詩友 (시 시, 벗 우). 함께 시(詩)를 짓는 벗[友]. ㊥시반(詩伴).

시운[1] 時運 (때 시, 운수 운). 시대(時代)나 때의 운수(運數). ¶시운을 잘 타서 사업이 순조롭게 풀렸다. ㊥기운(機運).

시운[2] 詩韻 (시 시, 운 운). ① 속뜻 시(詩)의 운율(韻律). ② 시의 운자. ¶시운을 맞춰 한 시를 짓다.

시:-운동 視運動 (볼 시, 돌 운, 움직일 동). 천문 지구(地球) 위에서 본[視] 별의 운동(運動). 태양(太陽)은 붙박이 별이지만 지구(地球) 위에서 보면 날마다 동에서 떠나 서쪽으로 가는 것 같이 보인다. ㊥겉보기 운동.

시:-운전 試運轉 (시험할 시, 돌 운, 구를 전). 새로 만들거나 수리한 기계 따위를 실제 사용에 앞서 시험적(試驗的)으로 해 보는 운전(運轉).

시:원 始原 (처음 시, 본디 원). 사물이나 현상 등이 시작되는 처음[始]이나 근원(根原). ¶우주의 시원.

시월 十月 (본음 [십월], 열 십, 달 월). 한 해의 열[十]째 되는 달[月]. ¶시월은 소풍을 가기에 제격이다.

시:위[1] 施威 (베풀 시, 위엄 위). 위엄(威嚴)을 베풀어[施] 떨침.

시:위[2] 尸位 (시동 시, 자리 위). 역사 제사를 지낼 때 시동(尸童)이 앉는 자리[位]. 옛날 중국에서 제사지낼 때 조상의 혈통을 이은 어린아이를 조상의 신위에 앉혀, 영혼이 어린아이의 입을 통해 마음껏 먹고 마시게 하려는 신앙에서 나온 풍습이다.

▶**시:위-소찬** 尸位素餐 (본디 소, 밥 찬). ① 속뜻 시동(尸童)이 앉는 자리[位]에서 하는 일 없이 헛되이[素] 밥만 먹음[餐]. ② 직책을 다하지 못하면서 자리만 차지하고 나라의 녹을 먹음을 비유하여 이르는 말. ㊟소찬.

시:위[3] 示威 (보일 시, 위엄 위). 위력(威力)을 드러내어 보임[示]. ¶대규모 시위가 벌어지다.

▶**시:위 운:동** 示威運動 (돌 운, 움직일 동). 사회 공공연하게 사회적·정치적 의사를 표시하고 그 실현을 위해 위력(威力)을 나타내는[示] 대중적 운동(運動).

시:위[4] 侍衛 (모실 시, 지킬 위). 임금을 모셔[侍] 호위(護衛)함. 또는 그 사람. ¶어가 행렬을 시위하다.

▶**시:위-대** 侍衛隊 (무리 대). 역사 대한 제국 때, 임금을 호위하던[侍衛] 군대(軍隊).

시:유 市有 (도시 시, 있을 유). 시(市)의 소유(所有).

시율 詩律 (시 시, 가락 률). 시(詩)의 율격(律格). ¶한시는 시율이 엄격하다.

시:은[1] 市銀 (도시 시, 은 은). 대도시(大都市)에 본점이 있고 전국에 지점을 둔 큰 은행(銀行). '시중 은행'(市中銀行)의 준말.

시:은[2] 市隱 (도시 시, 숨길 은). 세상을 피하여 시중(市中)에 숨어사는[隱] 사람.

시:은[3] 施恩 (베풀 시, 은혜 은). 불교 ① 은혜(恩惠)를 베풂[施]. ② 시주(施主)로부터 받은 은혜를 이르는 말.

시:음[1] 侍飮 (모실 시, 마실 음). 웃어른을 모시고[侍] 술을 마심[飮]. ¶종친 어른들과 시음하는 자리에서 실수를 했다.

시음[2] 詩吟 (시 시, 읊을 음). 시(詩)를 읊조림[吟]. ¶달빛 아래 홀로 앉아 시음하다.

시음[3] 詩淫 (시 시, 지나칠 음). 시(詩) 짓기에만 지나치게[淫] 골몰하고 생활에는 무관심한 일.

시:음[4] 試飮 (시험할 시, 마실 음). 술이나 음료 따위를 맛보기 위해 시험(試驗) 삼아 마심[飮]. ¶새로 나온 주스를 시음했다.

시:의[1] 示意 (보일 시, 뜻 의). 다른 사람에게 내보인[示] 뜻[意].

시:의[2] 施意 (베풀 시, 뜻 의). 약간의 금품을 주어서[施] 자기의 성의(誠意)를 표시함.

시의[3] 時宜 (때 시, 마땅 의). 시기(時期)에 알맞음[宜]. ¶시의를 참작하여 법령 시행일을 정하다.

시:의[4] 猜疑 (시기할 시, 의심할 의). 시기(猜忌)하고 의심(疑心)함. ¶공연히 시의를 받다.

시의[5] 詩意 (시 시, 뜻 의). 시(詩)가 포함하고 있는 뜻[意]. ¶시의를 잘 드러내는 표현법.

시:의[6] 市議 (도시 시, 의논할 의). [법률] 자치단체로서의 시(市)의 의결 기관(議決機關). '시의회'(市議會)의 준말.

시:-의원 市議員 (도시 시, 의논할 의, 인원 원). 시(市)의 중요한 일을 의결(議決)하는 사람[員].

시:-의회 市議會 (도시 시, 의논할 의, 모일 회). 시(市)의 중요한 일을 의결(議決)하는 모임[會]. ¶시의회에서 예산을 의결했다.

시:이불견 視而不見 (볼 시, 말이을 이, 아닐 불, 볼 견). ① [속뜻] 보고[視] 있지만[而] 보이지[見] 않음[不]. ② 마음이 딴 곳에 있으면 보고 있어도 그것이 눈에 들어오지 아니함. [비]시이불시(視而不視).

시:인[1] 是認 (옳을 시, 알 인). 옳다고[是] 인정(認定)함. ¶민지는 자기 잘못을 시인했다. [반]부인(否認).

시인[2] 時人 (때 시, 사람 인). 그 당시(當時)의 사람들[人].

시인[3] 詩人 (시 시, 사람 인). 전문적으로 시(詩)를 짓는 사람[人]. ¶여류 시인 / 원로 시인.

시:일[1] 侍日 (모실 시, 날 일). ① [속뜻] 신을 모시는[侍]는 날[日]. ② [종교] 천도교에서, '일요일'을 달리 이르는 말. 이날 교당에 모여 기도 의식을 행한다.

시일[2] 時日 (때 시, 날 일). ① [속뜻] 때[時]와 날[日]. ② 기일이나 기한. ¶시일을 늦추다. [비]날짜.

시:일야방성대곡 是日也放聲大哭 (이 시, 날 일, 어조사 야, 놓을 방, 소리 성, 큰 대, 울 곡). ① [속뜻] 이[是] 날[日]에 이르러 소리[聲] 내어[放] 크게[大] 욺[哭]. ② [역사] 1905년에 일본의 강요로 을사조약이 체결된 것을 슬퍼하여 장지연이 민족적 울분을 표현한 논설.

시:자 侍者 (모실 시, 사람 자). ① [속뜻] 귀인을 모시는[侍] 사람[者]. ② [불교] 설법사(說法師)를 모시는 사람.

시작[1] 詩作 (시 시, 지을 작). 시(詩)를 지음[作]. ¶시작 노트 / 고요한 산에 올라 시작하곤 했다.

시:작[2] 試作 (시험할 시, 지을 작). 시험(試驗) 삼아 만들어[作] 봄. 또는 그 작품. ¶이 비행기 모델은 초기 구상을 시작한 것이다.

⁑**시:작**[3] 始作 (처음 시, 일으킬 작). 처음[始] 일으킴[作]. 처음으로 함. ¶그는 어제부터 운동을 시작했다. [반]끝. [속담]시작이 반이다.

▸시:작-점 始作點 (점 점). 어떠한 것이 처음으로 일어나거나 시작(始作)되는 곳[點]. [비]기점(起點).

▸시:작-종 始作鐘 (쇠북 종). 시작(始作) 시각을 알리는 종(鐘). ¶수업 시작종이 울리다.

시:장[1] 市長 (도시 시, 어른 장). [법률] 시(市)의 행정(行政)을 맡고 있는 최고 관리[長].

⁑**시:장**[2] 市場 (저자 시, 마당 장). ① 여러 가지 상품을 사고파는 저자[市] 장소[場]. ¶농수산물 시장. ② [경제] 상품으로서의 재화와 서비스의 거래가 이루어지는 추상적인 영역. ¶세계 시장을 장악하다. [준]장.

▸시:장 가격 市場價格 (값 가, 이를 격). [경제] 시장(市場)에서 그때그때 실제적으로 형성되는 가격(價格).

▸시:장 가치 市場價值 (값 가, 값 치). [경제] 같은 종류의 상품에 대하여 시장(市場)이 성립될 때에 그 상품에 대한 사회적(社會的) 가치(價值).

시재[1] 詩材 (시 시, 재료 재). 시(詩)의 소재(素材). ¶고향을 시재로 삼다. [비]시료(詩料).

시재[2] 詩才 (시 시, 재주 재). 시(詩)를 짓는 재주[才]. ¶그는 시재가 뛰어나다.

시:재[3] 試才 (시험할 시, 재주 재). 재주[才]를 시험(試驗)하여 봄. [비]시예(試藝).

시재[4] 時在 (때 시, 있을 재). ① [속뜻] 지금 이

때[時] 가지고 있는[在] 돈이나 곡식. ¶시재가 이것뿐입니다. ②지금의 시간. ㊥현재(現在).

▸시재-장 時在帳 (장부 장). 현재 가지고 있는[時在] 돈의 액수나 곡식의 양 따위를 적은 장부(帳簿).

시적 **詩的** (시 시, 것 적). 사물이 시(詩)의 정취를 가진 것[的]. ¶그는 시적 정서가 풍부하다.

시:전 **市廛** (저자 시, 가게 전). 역사 조선 때, 시장(市場) 거리에 있던 큰 가게[廛]. ¶육의전(六矣廛)은 조선시대의 대표적인 시전이다.

***시절** **時節** (때 시, 철 절). ① 속뜻 무슨 일을 하기에 알맞은 때[時]나 철[節]. ②사람의 한 평생을 여럿으로 나눌 때의 어느 한 동안. ¶학창 시절. ③계절(季節).

▸시절-가 時節歌 (노래 가). ① 속뜻 시절(時節)을 읊은 노래[歌]. ② 문학 고려 말부터 발달하여 온 우리나라 고유의 정형시. ㊥시조(時調).

시점[1] **時點** (때 시, 점 점). 시간(時間)의 흐름 위의 어떤 한 점(點). ¶적절한 시점에 다시 얘기하자.

시:점[2] **視點** (볼 시, 점 점). ①시력(視力)의 중심이 가서 닿는 곳[點]. ¶안개가 짙어서 시점이 안 맞는다. ② 문학 소설에서 이야기를 서술하여 나가는 방식이나 관점. 작중 화자가 '나'인 일인칭과 '그'인 삼인칭이 있다. ③ 미술 화가의 시각과 같은 위치에서 화면을 대할 때에 화면과 시선이 직각으로 만나는 가상점.

시:정[1] **市政** (도시 시, 정사 정). 시(市)의 행정(行政). ¶시정을 이끌다.

시:정[2] **是正** (옳을 시, 바를 정). 잘못된 것을 옳고[是] 바르게[正] 함. ¶잘못된 점은 반드시 시정해야 한다.

시:정[3] **施政** (베풀 시, 정사 정). 정부가 정사(政事)를 행함[施]. 또는 그 정치. ¶공정한 시정을 펴다.

시정[4] **時政** (때 시, 정치 정). 그 시대(時代)의 정치(政治)나 행정에 관한 일.

시:정[5] **視程** (볼 시, 거리 정). ① 속뜻 눈으로 보고[視] 식별할 수 있는 거리[程]. ② 지리 대기의 혼탁도를 나타내는 척도의 한 가지. 거리에 따라 0~9계급으로 나눈다. ¶안개가 짙게 끼어 시정이 300m에 불과하다.

시정[6] **詩情** (시 시, 마음 정). 시적(詩的)인 정취(情趣). ¶노을을 보며 시정을 느꼈다.

시:정[7] **市井** (저자 시, 우물 정). ① 속뜻 시장[市]이 서는 우물터[井]. ②'인가가 모인 곳'을 이르는 말. 중국 상대(上代)에 우물이 있는 곳에 사람이 모여 살았다는 데서 유래.

▸시:정-배 市井輩 (무리 배). 시정(市井)에서 장사하는 무리[輩]. ㊥시정아치.

▸시:정 소:설 市井小說 (작을 소, 말씀 설). 문학 일반 도시[市井] 서민의 생활상을 주제로 쓴 소설(小說).

▸시:정-잡배 市井雜輩 (섞일 잡, 무리 배). 시정[市井]의 빈둥거리는 점잖지 못한 잡스러운[雜] 무리[輩].

시:제[1] **市制** (도시 시, 정할 제). ① 속뜻 행정 구역 단위로서 시(市)의 구성이나 조직, 권한, 감독 따위에 관한 원칙을 정한 법률이나 제도(制度). ②제도로서의 시(市).

시제[2] **時祭** (때 시, 제사 제). ① 속뜻 철[時]마다 가묘에 지내는 제사(祭祀). ¶시제를 모시다. ②음력 10월에 5대 이상의 조상 무덤에 지내는 제사. ㊥시향(時享).

시:제[3] **試製** (시험할 시, 만들 제). 시험(試驗) 삼아 만듦[製]. 또는 그 만든 것. ¶시제품(試製品).

시제[4] **詩題** (시 시, 제목 제). 문학 시(詩)의 제목(題目)이나 제재. ¶소녀는 시제에 맞춰 시를 썼다.

시제[5] **時制** (때 시, 정할 제). ① 속뜻 시간(時間)을 정함[制]. 또는 그것. ② 언어 어떤 사건이나 사실이 일어난 시간 선상의 위치를 표시하는 문법 범주. 현재·미래·과거 등.

▸시제 선어말 어:미 時制先語末語尾 (먼저 선, 말씀 어, 끝 말, 말씀 어, 꼬리 미). 언어 형식 형태소인 어말 어미(語末語尾)의 앞[先]에 붙어 시제(時制)를 나타내는 형식 형태소.

시:조[1] **始祖** (처음 시, 조상 조). ① 속뜻 한 겨레나 가계의 맨 처음[始]이 되는 조상(祖上). ¶단군은 우리 민족의 시조로 알려져 있다. ②어떤 학문이나 기술 따위를 처음으로 연 사람. ¶최치원은 우리 한문학의 시조이다. ③나중 것의 바탕이 된 맨 처음의 것.

¶거북선은 철갑선의 시조라고 할 수 있다. [비]비조(鼻祖).

시:조² 始釣 (처음 시, 낚시 조). 얼음이 풀린 뒤 처음[始] 하는 낚시질[釣].

시조³ 時潮 (때 시, 바닷물 조). 시대적(時代的)인 사상의 흐름[潮]. ¶시조가 급변하다.

시조⁴ 時調 (때 시, 가락 조). ① [속뜻] 시절(時節)을 읊은 노래[調]. '시절가조'(時節歌調)의 준말. ② [문학] 고려 말기부터 발달하여 온 우리나라 고유의 정형시. ¶시조를 짓다. ③ [음악] 조선 시대에 확립된 3장 형식의 정형시에 반주 없이 일정한 가락을 붙여 부르는 노래. 조선 영조 때 이세춘이 만든 것으로, 평시조·중허리시조·지름시조·사설지름시조 따위로 나뉜다.

시-조모 媤祖母 (시집 시, 할아버지 조, 어머니 모). 시가(媤家)의 할머니[祖母].

시-조부 媤祖父 (시집 시, 할아버지 조, 아버지 부). 시가(媤家)의 할아버지[祖父].

시조-유취 時調類聚 (때 시, 가락 조, 무리 류, 모을 취). [문학] 육당 최남선이 우리나라 역대 문헌에 실린 시조(時調)를 분류(分類)대로 모아[聚] 엮어낸 시조집. 1,405수의 시조를 내용에 따라 시절(時節), 목화(木花), 금수(禽獸) 따위의 21개 부문으로 나누어 실었다. 1928년에 발간되었다.

시:종¹ 侍從 (모실 시, 따를 종). ① [속뜻] 모시고[侍] 따름[從]. ② [역사] 임금을 모시던 벼슬아치. '시종신'(侍從臣)의 준말. ③ [가톨릭] 미사나 기타 예식의 집전자(執典者)를 거드는 직위. 또는 그 사람. '시종직'(侍從職)의 준말.

▶시:종-신 侍從臣 (신하 신). ① [속뜻] 왕을 모시고[侍] 따라다니는[從] 신하(臣下). ② [역사] 조선 시대에 홍문관의 옥당(玉堂), 사헌부나 사간원의 대간(臺諫), 예문관의 검열(檢閱), 승정원의 주서(注書)를 통틀어 이르던 말. [준]시종.

시:종² 始終 (처음 시, 끝마칠 종). 처음[始]과 끝[終]을 아울러 이르는 말. ¶그는 시종 아무 말이 없었다.

▶시:종-여일 始終如一 (같을 여, 한 일). 처음[始]부터 끝까지[終] 변함없이 한결[一] 같음[如].

▶시:종-일관 始終一貫 (한 일, 꿸 관). 처음[始]부터 끝까지[終] 일관(一貫)되게 함.

시:주 施主 (베풀 시, 주인 주). [불교] 중이나 절에 물건을 바치는[施] 사람[主]. 또는 그 일. ¶시주를 청하다.

시:주¹ 試走 (시험할 시, 달릴 주). ① [속뜻] 자동차 따위의 성능을 시험(試驗)해 보기 위해 타고 달려[走] 봄. ② [운동] 달리기 경주에서 경기 전에 몸의 상태를 알아보고 몸을 풀기 위해 뛰어 보는 일.

시주² 詩酒 (시 시, 술 주). 시(詩)와 술[酒]을 아울러 이르는 말.

시:준 視準 (볼 시, 고를 준). [물리] 목표물을 정확하게 볼[視] 수 있도록 망원경의 축을 조준(照準)하는 일.

▶시:준-기 視準器 (그릇 기). [물리] ① 시준축(視準軸)의 위치 측정 등에 사용되는 기구(器具). ② 좁은 구멍을 통해 들어간 빛을 대물렌즈를 이용하여 평행 광선으로 바꾸는 장치.

▶시:준-선 視準線 (줄 선). [물리] 시준(視準)을 할 때 망원경의 대물렌즈의 중심과 대안렌즈의 초점을 통하는 직선(直線).

▶시:준-의 視準儀 (천문기계 의). [천문] 망원경의 시준선(視準線)을 관측하고자 하는 물체에 맞추기 위해 사용하는 작은 망원경 같은 장치[儀]. 별의 방향을 알아내며 그 후에 큰 망원경으로 관측한다.

▶시:준-축 視準軸 (굴대 축). 시준(視準)을 할 때 망원경의 대물렌즈의 중심과 대안렌즈의 중앙을 연결하는 축(軸). [비]시준선(視準線).

▶시:준 오:차 視準誤差 (그릇할 오, 어긋날 차). [천문] 망원경의 시준선(視準線)과 십자선(十字線)이 일치하지 않을 때 생기는 오차(誤差).

시:중¹ 侍中 (모실 시, 가운데 중). ① [속뜻] 중앙(中央)에 있는 임금을 받드는[侍] 신하. ② [역사] 신라시대 때 국가의 기밀 사무를 맡아보던 집사부(執事部)의 으뜸 벼슬. ③ [역사] 고려 때, 국정을 총괄하던 대신. ¶문하시중(門下侍中).

시:중² 市中 (도시 시, 가운데 중). ① [속뜻] 도시(都市)의 가운데[中]. 도시 안. ② 사람들이 생활하는 공개된 공간을 비유하여 이르는 말. ¶인공지능 컴퓨터는 아직 시중에 나

와 있지 않다.

▸시:중 금리 市中金利 (돈 금, 이로울 리). 경제 ①시중 은행(市中銀行)이 세우는 표준적인 대출(貸出) 이자[金利]. ②일반 시장의 표준적인 금리. ¶시중 금리가 낮아졌다.

▸시:중 은행 市中銀行 (돈 은, 가게 행). ① 속뜻 도시(都市) 안[中]에 있는 은행(銀行). ② 경제 큰 도시에 본점이 있고 전국에 지점을 둔 은행을 이르는 말.

▸시:중 판매 市中販賣 (팔 판, 팔 매). 경제 시장이나 시중(市中)에서 일반에게 팖[販=賣].

시:-직경 視直徑 (볼 시, 곧을 직, 지름길 경). 지구에서 본[視] 천체의 외관상의 지름[直徑].

시:진 視診 (볼 시, 살펴볼 진). 눈으로 환자의 몸을 보고[視] 병을 진단(診斷)함. ¶의원은 시진부터 한 뒤 맥을 잡았다.

시집 詩集 (시 시, 모을 집). 여러 편의 시(詩)를 모아[集] 엮은 책. ¶윤동주의 시집을 읽다.

시차[1] 時差 (때 시, 다를 차). ①세계 각 지역별 시간(時間) 차이(差異). ¶한국과 일본은 시차가 나지 않는다. ②시간에 차이가 나게 하는 일. ¶1조와 2조는 2시간의 시차를 두고 출발했다. ③ 천문 진태양시와 평균 태양시와의 차. ⓑ균시차(均時差).

▸시차-제 時差制 (정할 제). 시간(時間)에 차이(差異)를 두는 제도(制度).

시:차[2] 視差 (볼 시, 어긋날 차). ①하나의 물체를 서로 다른 두 지점(地點)에서 보았을[視] 때 방향의 차이(差異). ② 천문 관측자가 어떤 천체를 동시에 두 지점에서 보았을 때 생기는 방향의 차. 연주 시차와 일주 시차가 있다.

▸시:차 운:동 視差運動 (돌 운, 움직일 동). 천문 태양계의 공간 운동[視差] 때문에 생기는 천체(天體)의 겉보기 운동(運動).

시:차 압력계 示差壓力計 (보일 시, 어긋날 차, 누를 압, 힘 력, 셀 계). 'U'자 관의 액면(液面)에 나타나는[示] 차(差)로써 압력(壓力)을 측정하는 계기(計器).

시:찰 視察 (볼 시, 살필 찰). 돌아다니며 실지 사정을 보고[視] 살핌[察]. ¶수해 지역을 시찰하다.

시:창[1] 始唱 (처음 시, 부를 창). ①노래 따위를 맨 처음[始] 부름[唱]. ¶영희가 시창한 뒤, 합창이 이어졌다. ②학설 따위를 맨 처음 주창함. ¶그는 지구의 자전을 시창한 인물이다.

시:창[2] 視唱 (볼 시, 부를 창). 악보를 보면서[視] 노래를 부름[唱].

시:채 市債 (도시 시, 빚 채). 경제 지방 자치 단체인 시(市)가 발행하는 채권(債券). 참 국채(國債).

시:책[1] 施策 (베풀 시, 꾀 책). 국가나 행정기관 등에서 어떤 계획[策]을 실시(實施)함. 또는 그 계획. ¶정부 시책을 홍보하다.

시책[2] 時策 (때 시, 꾀 책). 시국(時局)에 대응하는 정책(政策). ¶임시방편의 시책만으로는 문제를 해결할 수 없다.

*****시:청**[1] 市廳 (도시 시, 관청 청). 시(市)의 행정 사무를 맡아보는 관청(官廳). 또는 그 청사. ¶서울 시청.

시:청[2] 試聽 (시험할 시, 들을 청). 새로운 곡(曲)이나 녹음한 내용 따위를 시험(試驗) 삼아 들어봄[聽].

시:청[3] 視聽 (볼 시, 들을 청). 눈으로 보고[視] 귀로 들음[聽]. ¶텔레비전을 시청하다.

▸시:청-각 視聽覺 (깨달을 각). 눈으로 보는[視] 감각과 귀로 듣는[聽] 감각(感覺)을 아울러 이르는 말. ¶시청각 자료를 사용하여 가르치다.

▸시:청-료 視聽料 (삯 료). 텔레비전을 시청(視聽)하는 데 내는 요금(料金). ¶시청료를 인상하다.

▸시:청-률 視聽率 (비율 률). 어떤 프로그램을 시청(視聽)하는 사람의 전체 시청자에 대한 비율(比率). ¶이 드라마는 시청률이 높다.

▸시:청-자 視聽者 (사람 자). 텔레비전의 방송을 시청(視聽)하는 사람[者]. ¶그 드라마는 많은 시청자를 울렸다.

▸시:청각 교:육 視聽覺教育 (깨달을 각, 가르칠 교, 기를 육). 교육 학습의 능률을 올리기 위해 영화, 라디오, 실물, 표본 따위의 시청각(視聽覺) 매체를 활용하는 교육(教育).

시체[1] 詩體 (시 시, 모양 체). 문학 시(詩)의

체재(體裁). 시를 짓는 격식. ¶한시는 시체가 정형화되어 있다.

시:체² **屍體** (주검 시, 몸 체). 죽은 생물 또는 죽은 사람[屍]의 몸[體]. ¶시체를 영안실에 안치하다. [비]송장, 시신(屍身), 주검.

▶시:체-실 屍體室 (방 실). 병원에서 시체(屍體)를 넣어두는 방[室].

시체³ **時體** (때 시, 모양 체). 그 시대(時代) 특유(特有)의 모습[體]. ¶그는 시체 젊은이들과 다르다 / 시쳇말.

▶시체-병 時體病 (병 병). ① [속뜻] 그 시대에 흔한[時體] 병(病). ② 돌림병.

시초¹ **柴草** (땔나무 시, 풀 초). 땔나무[柴]로 쓰는 풀[草]. ¶산에서 낫으로 쳐다 말린 시초 더미가 높다랗게 쌓여 있다.

시초² **詩抄** (시 시, 베낄 초). 시(詩)를 추려내어 적은[抄] 책.

시:초³ **始初** (처음 시, 처음 초). 맨 처음[始=初]. ¶싸움의 시초는 사소한 오해였다.

▶시:초-선 始初線 (줄 선). ① [속뜻] 직선이 한 점의 주위(周圍)를 회전(回轉)할 때, 그 출발점[始初]의 위치(位置)를 정하는 일정한 직선(直線). ② [수학] 극좌표에서 기준선으로 하는 일정한 직선.

시:추 **試錐** (시험할 시, 송곳 추). [공업] 지하자원을 탐사하거나 지층의 구조나 상태를 시험(試驗)하기 위하여 땅속 깊이 구멍을 뚫는[錐] 일. ¶해저 가스전을 시추하다.

시축 **詩軸** (시 시, 굴대 축). ① [속뜻] 시(詩)를 적는 두루마리[軸]. ¶시축에 시를 지어 풍월을 읊조린다. ② 시화축(詩畵軸).

시:취¹ **屍臭** (시체 시, 냄새 취). 시체(屍體)에서 나는 냄새[臭]. ¶시취가 진동하는 관.

시취² **詩趣** (시 시, 풍취 취). ① 시적(詩的)인 정취(情趣). ¶아름다운 시취를 일으키다 / 시취를 자아내다. [비]시정(詩情). ② 시를 짓거나 감상하는 취미.

시:침¹ **侍寢** (모실 시, 잠잘 침). 모시고[侍] 잠[寢].

시침² **時針** (때 시, 바늘 침). 시계에서 시(時)를 가리키는 짧은 바늘[針]. ¶시침이 1을 가리켰다.

시탄 **柴炭** (땔나무 시, 숯 탄). 땔나무[柴]와 숯[炭], 또는 석탄 따위를 이르는 말. ¶겨울만 되면 시탄을 장만할 걱정이 태산이었다.

시:탕 **侍湯** (모실 시, 끓을 탕). 어버이의 병환에 탕약(湯藥)을 시중을 드는[侍] 일. ¶나는 정성껏 시탕을 하였으나 약효를 보지 못하였다.

시태 **時態** (때 시, 모양 태). 그 당시(當時)의 세상 형편[態]. ¶자네의 신선놀음은 이런 시태에 쉽지 않은 일이다.

시:판 **市販** (저자 시, 팔 판). [경제] 상품을 시중(市中)에서 판매(販賣)함. '시중판매'의 준말. ¶이 상품은 국내에서 시판하고 있다.

시편 **詩篇** (시 시, 책 편). ① [속뜻] 시(詩)를 모아놓은 책[篇]. ② [기독교] 150편의 종교시(宗教詩)를 모은 구약 성경의 한 편(篇).

시평¹ **時評** (때 시, 평할 평). ① [속뜻] 그 시대(時代)의 비평(批評)이나 평판(評判). ② 시사(時事)에 관한 평론. ¶사회 시평.

시평² **詩評** (시 시, 평할 평). 시(詩)에 대한 비평(批評). ¶이 책은 당대의 시와 시평을 실었다.

시폐 **時弊** (때 시, 나쁠 폐). 그 시대(時代)의 사회적 폐단(弊端). 그 당시의 나쁜 풍속. ¶시폐를 교정하다.

시:표 **視標** (볼 시, 나타낼 표). ① 시력(視力)을 측정하기 위해 만든 표(標). ② 측량할 때, 측량의 기준점 위에 세우는 표적(標的).

시품 **詩品** (시 시, 품격 품). 시(詩)의 품격(品格).

시풍 **詩風** (시 시, 모습 풍). 시(詩)에 나타나는 독특한 기풍(氣風). ¶그는 남다른 시풍으로 심금을 울리는 시를 썼다.

시:필 **試筆** (시험할 시, 붓 필). ① [속뜻] 시험(試驗) 삼아 붓[筆]대를 놀려 봄. ② 글씨를 쓰거나 그림을 그려 봄. [비]시호(試毫).

시:하¹ **侍下** (모실 시, 아래 하). 부모나 조부모를 모시고[侍] 있는 아랫[下]사람. 또는 그런 처지.

시하² **時下** (때 시, 아래 하). ① [속뜻] 이때[時]에[下]. ② 편지 글에서, '이때', '요즈음'의 뜻으로 쓰는 말. ¶시하 엄동설한에 가내 두루 평온하신지요?

시학 **詩學** (시 시, 배울 학). [문학] 시(詩)의 본질과 원리 또는 창작에 관한 기법 따위를 연구하는 학문(學問).

시한 **時限** (때 시, 끝 한). 어떤 일을 끝마치기로 한 시간(時間)의 한계(限界). ¶원서 제출 시한은 이번 주 토요일까지이다.

▸시한-부 時限附 (붙을 부). 일정한 시간(時間)의 한계(限界)를 붙임[附]. ¶시한부 환자를 돌보다.

▸시한-폭탄 時限爆彈 (터질 폭, 탄알 탄). 일정한 시간이 되면[時限] 저절로 폭발(爆發)하게 되어 있는 탄알[彈].

시합 試合 (따질 시, 싸울 합). ① 속뜻 우열을 따지기[試] 위하여 경합(競合)을 벌임. ② 운동이나 그 밖의 경기 따위에서 승부를 겨루는 일. ¶야구 시합. ㉥경기(競技).

시:항 試航 (시험할 시, 건널 항). 해양 항로(航路) 개척(開拓)이나 비행기, 선박 따위의 성능을 시험(試驗)하는 항행(航行).

시:해 弑害 (죽일 시, 해칠 해). 부모나 임금을 죽여[弑] 해침[害]. ¶대통령 시해 사건.

시:행 施行 (베풀 시, 행할 행). ① 속뜻 실시(實施)하여 행(行)함. 실제로 행함. ② 법률 법령의 효력을 실제로 발생시킴. ③ 불교 보시를 행함.

▸시:행-령 施行令 (명령 령). 법률 법률 시행(施行)에 따르는 세칙이나 규정을 내용으로 하는 명령(命令).

▸시:행 규칙 施行規則 (법 규, 법 칙). 법령 시행(施行)에 관한 사항을 정한 규칙(規則).

▸시:행 기일 施行期日 (기약할 기, 날 일). 법령을 처음 시행(施行)하기로 약속한[期] 날[日].

▸시:행 기한 施行期限 (때 기, 끝 한). 법령을 공포한 뒤 실제로 시행(施行)하기까지의 기한(期限).

▸시:행-착오 施行錯誤 (어긋날 착, 그르칠 오). ① 속뜻 실제로 행하여[施行] 얻어지는 잘못[錯=誤]. ② 지식이나 기술을 얻으려고 계획대로 실행하다가 실패하는 것. ¶에디슨은 시행착오 끝에 전구를 발명했다. ③ 교육 손다이크가 발견한 학습 원리의 하나. 학습자가 목표에 도달하는 확실한 방법을 모르는 채 본능, 습관 따위에 의하여 시행과 착오를 되풀이하다가 우연히 성공한 동작을 계속함으로써 점차 시간을 절약하여 목표에 도달할 수 있게 된다는 원리이다.

시향 時享 (때 시, 제사지낼 향). ① 속뜻 철[時]마다 가묘에 지내는 제사[享]. ② 음력 10월에 5대 이상의 조상 무덤에 지내는 제사. ㉥시제(時祭).

*__시험__ 試驗 (따질 시, 효과 험). ① 속뜻 사물의 성질이나 기능을 따져서[試] 그 효과[驗]를 알아보는 일. ¶성능을 시험하다. ② 재능이나 실력 따위를 일정한 절차에 따라 검사하고 평가하는 일. ¶시험에 합격하다. ③ 사람의 됨됨이를 알기 위해 떠보는 일. 또는 그런 상황. ¶시험에 빠지게 하다.

▸시험-관[1] 試驗官 (벼슬 관). 시험(試驗) 문제를 내거나 시험 감독을 하며 그 성적을 채점하는 관리(官吏). ¶시험관은 지원자의 반수를 불합격시켰다.

▸시험-관[2] 試驗管 (대롱 관). 화학 간단한 화학 반응이나 물질의 상태 변화를 관찰하기 위해[試驗] 이용되는 한 쪽이 막힌 길쭉한 원통형의 유리로 만든 관(管).

▸시험-기 試驗器 (그릇 기). 시험(試驗)하는 데 쓰는 기구(器具).

▸시험-대 試驗臺 (돈대 대). ① 물건을 올려놓고 시험(試驗)하는 대(臺). ¶개구리를 시험대에 올렸다. ② 가치나 기량 따위를 시험하는 자리를 비유하여 이르는 말. ¶이번 국정조사는 그의 능력에 대한 시험대가 될 것이다.

▸시험-장 試驗場 (마당 장). 시험(試驗)을 보기 위한 시설을 갖추어 놓은 곳[場]. ¶운전면허 시험장.

▸시험-지 試驗紙 (종이 지). ① 속뜻 시험(試驗) 문제가 적힌 종이[紙]나 시험 답안을 쓰는 종이. ¶시험지를 채점하다. ② 화학 화학 실험에 쓰이는 시약(試藥)을 바른 특수한 종이. ¶리트머스 시험지.

▸시험-침 試驗針 (바늘 침). 공업 한 금속에 다른 금속이 섞인 분량을 알아보기 위해[試驗] 쓰는 바늘[針].

시:현 示現 (보일 시, 나타날 현). ① 속뜻 나타내[現] 보임[示]. ② 신불(神佛)이 영험을 나타냄. ③ 부처나 보살이 중생을 교화하기 위해 여러 가지 모습으로 몸을 변화하여 나타냄.

시형 詩形 (시 시, 모양 형). 문학 시(詩)의 형식(形式).

▸시형-학 詩形學 (배울 학). 문학 시의 형태[詩形]에 관하여 연구하는 학문(學問). 곧 시율(詩律), 시구(詩句), 압운(押韻), 시절

(詩節) 따위를 밝힌다.

시:호[1] **試毫** (시험할 시, 터럭 호). ① 속뜻 시험(試驗) 삼아 붓[毫]대를 놀려 봄. ② 글씨를 쓰거나 그림을 그려 봄. ⓑ 시필(試筆).

시호[2] **詩號** (시 시, 이름 호). 시인(詩人)의 호(號)나 별호(別號)를 높여 이르는 말. ⓑ 아호(雅號).

시호[3] **詩豪** (시 시, 호걸 호). 시(詩)에 뛰어난 문호(文豪). ¶이규보는 고려시대 시호로 알려져 있다.

시:호[4] **諡號** (이름 시, 이름 호). 옛날 훌륭한 인물이 죽은 뒤에 그의 공덕을 칭송하여 부르는 이름[諡=號]. ¶이순신 장군의 시호는 충무(忠武)이다.

시혼 詩魂 (시 시, 넋 혼). 시(詩)를 짓는 마음[魂]. ¶시혼을 일깨우다. ⓑ 시정(詩情).

시:홍 視紅 (볼 시, 붉을 홍). 생물 망막의 시세포(視細胞) 속에 함유된 붉은[紅]색을 띤 감광 색소(感光色素). 개구리의 망막 간상체(Rod) 속에서 발견한 시각 색소이다.

시화[1] **詩化** (시 시, 될 화). 시적(詩的)인 것이 됨[化]. 또는 그렇게 되게 함. ¶감정의 시화.

시화[2] **詩畵** (시 시, 그림 화). ① 속뜻 시(詩)와 그림[畵]. ¶황진이는 시화에 뛰어났다. ② 시를 곁들인 그림.

▸시화-전 詩畵展 (펼 전). 시와 그림[詩畵]을 전시하는 전람회(展覽會). ¶강당에서 시화전이 열리다.

▸시화-축 詩畵軸 (굴대 축). 화면의 위쪽 여백에 그림[畵]에 알맞은 한시[詩]를 쓴 두루마리[軸].

시화[3] **詩話** (시 시, 이야기 화). 시(詩)나 시인(詩人)에 관한 이야기[話].

▸시화-총림 詩話叢林 (모일 총, 수풀 림). ① 속뜻 시화(詩話)를 나무가 무성히 들어찬[林] 것처럼 많이 모음[叢]. ② 책명 조선 시대에 홍만종이 고려 시대에서 조선 시대에 이르는 문인들의 시, 소설, 수필 따위를 모아 엮은 시화집.

시:화-법 視話法 (볼 시, 말할 화, 법 법). 교육 농아 교육에서 상대편이 말할 때[話] 입의 움직임을 보고[視] 발음을 지각하여 발음법을 터득하게 하는 방법(方法).

시화연풍 時和年豐 (때 시, 고를 화, 수확 년, 풍성할 풍). ① 속뜻 일 년 사시(四時)의 기후가 고르고[和] 수확[年]이 풍성(豐盛)함. ② 나라가 태평하고 풍년이 듦. ¶시화연풍을 기원하다.

시:황 市況 (저자 시, 상황 황). 물품 따위가 시장(市場)에서 거래되는 상황(狀況). ¶외환시장 안정으로 국내 시황이 좋아지고 있다.

시회 詩會 (시 시, 모일 회). 시(詩)를 짓기 위해 모이는 모임[會].

시효 時效 (때 시, 효과 효). ① 속뜻 효과(效果)가 지속되는 시간적(時間的) 범위. ② 법률 어떤 사실 상태가 일정 기간 계속되는 일. ¶내일이면 그 사건의 시효가 끝난다.

▸시효 기간 時效期間 (때 기, 사이 간). 법률 시효(時效)의 완성을 위해 필요한 기간(期間).

▸시효 정지 時效停止 (멈출 정, 멈출 지). 법률 시효(時效)의 완성을 그 상태에 멈추고[停止] 일정 기간 동안 미루는 일. 미성년자, 금치산자의 법정 대리인이 없는 경우나 천재지변 따위의 경우에 인정된다.

▸시효 중단 時效中斷 (가운데 중, 끊을 단). 법률 시효를 인정할 수 없는 사실이 발생하였을 때, 시효(時效)의 진행을 중단(中斷)하는 일.

시후 時候 (때 시, 기후 후). 봄, 여름, 가을, 겨울 사철[時]의 기후(氣候).

시흥 詩興 (시 시, 일어날 흥). 시(詩)를 짓고 싶은 마음이 일어남[興]. 시심(詩心)을 일어나게 하는 흥취(興趣).

식각 蝕刻 (갉아먹을 식, 새길 각). 미술 약물로 유리나 금속 따위의 표면을 부식(腐蝕)시켜 무늬나 글을 새김[刻]. 또는 그런 일. ⓑ 부각(腐刻).

▸식각 요판 蝕刻凹版 (오목할 요, 널빤지 판). 미술 방식제(防蝕劑)를 바른 판재(版材)에 그림을 그려 방식제를 씻어 버린 다음, 약물로 부식(腐蝕)시켜서 만든[刻] 요판(凹版)의 한 가지.

▸식각 판화 蝕刻版畵 (널빤지 판, 그림 화). 미술 약물로 유리나 금속판 따위의 표면을 부식(腐蝕)시켜서 조각한[刻] 판화(版畵).

식간 食間 (먹을 식, 사이 간). 식사(食事)와 식사의 사이[間]. ¶식간에 약을 복용하십시오.

식객 食客 (먹을 식, 손 객). ① [속뜻]하는 일 없이 남의 집에 얹혀서 밥만 얻어먹고[食] 지내는 사람[客]. ② [역사]세력 있는 대갓집에 얹혀 있으면서 문객 노릇을 하던 사람.

식견 識見 (알 식, 볼 견). ① [속뜻]어떤 일 따위를 알아[識] 봄[見]. ② 사물을 올바르게 판단할 수 있는 능력. ¶식견이 풍부한 사람.

식경 食頃 (먹을 식, 잠깐 경). 한 끼의 밥을 먹을[食] 만한 짧은[頃] 시간. ¶두 식경쯤 지나 순이가 돌아왔다.

식계 蝕溪 (갉아먹을 식, 시내 계). ① [속뜻]시내[溪]의 가장자리를 깎음[蝕]. ② 보통 때는 물이 없다가 큰비만 오면 사납게 물이 흐르는 기울기가 몹시 급한 계곡의 물길.

식곤-증 食困症 (먹을 식, 곤할 곤, 증세 증). [의학]음식을 먹은[食] 뒤에 몸이 나른해지는[困] 증세(症勢).

식구 食口 (먹을 식, 입 구). ① [속뜻]밥을 먹는[食] 입[口]. ② 한집에서 함께 사는 사람. ¶그는 딸린 식구가 많다. ③ 같은 조직에서 함께 일하는 사람을 비유하여 이르는 말. ¶한 회사 식구가 되었다. [비]가족(家族), 식솔(食率).

식권 食券 (밥 식, 문서 권). 식당 따위에서 음식물(飮食物)과 맞바꾸게 되어 있는 표[券].

식균 세:포 食菌細胞 (먹을 식, 세균 균, 작을 세, 태보 포). [생물]혈액이나 조직 안을 떠돌아다니면서 세균(細菌)을 잡아먹는[食] 세포(細胞). [준]식세포.

식균 작용 食菌作用 (먹을 식, 세균 균, 지을 작, 쓸 용). [의학]식세포(食細胞)가 세균(細菌) 등을 세포 안으로 잡아들여 소화시키는[食] 작용(作用).

식기 食器 (밥 식, 그릇 기). ① [속뜻]음식(飮食)을 담는 그릇[器]. ② 식사에 쓰이는 여러 가지 그릇이나 기구를 통틀어 이르는 말.

식년¹ 蝕年 (갉아먹을 식, 해 년). ① [속뜻]일식(日蝕)과 월식(月蝕)이 일어나는 주기(周期)로 계산한 해[年]. ② [천문]태양이 황도(黃道)와 백도(白道)의 교점(交點)을 통과하여 다시 그 교점에 돌아오기까지 걸리는 시간. 346.62일 가량이다.

식년² 式年 (의식 식, 해 년). ① [속뜻]중요 의식(儀式)을 거행하는 해[年]. ② [역사]자(子), 묘(卯), 오(午), 유(酉) 따위의 간지(干支)가 들어 있는 해. 3년마다 한 번씩 돌아오는데, 이해에 과거를 보이거나 호적을 조사하였다.

▸식년-시 式年試 (시험할 시). [역사]식년(式年)마다 보이던 시험(試驗).

식단 食單 (밥 식, 홑 단). 일정한 기간 먹을 음식(飮食)의 종류와 순서를 계획한 표[單]. ¶균형 잡힌 식단 / 식단을 짜다.

▸식단-표 食單表 (겉 표). ① 식당에서 제공할 수 있는 요리[飮食]의 종목 또는 그 가격[單]을 적은 표(表). [비]식단(食單). ② 가정에서 한 주일, 또는 한 달 동안의 매 식사마다의 요리 예정표.

식당 食堂 (먹을 식, 집 당). ① [속뜻]식사(食事)하기에 편리하도록 설비하여 놓은 방[堂]. ② 음식을 만들어 파는 가게. ¶식당에서 점심을 사 먹었다.

▸식당-차 食堂車 (수레 차). 열차 안에 식당(食堂)의 설비를 갖추고 있는 찻간[車].

식대¹ 食代 (밥 식, 대신할 대). ① 음식(飮食)을 청해 먹은 대금(代金). ¶식대를 내다. ② [역사]공역(公役)을 치르는 사람들이 순서대로 번갈아 가며 밥을 먹던 일.

식대² 飾帶 (꾸밀 식, 띠 대). 옷 위로 허리에 둘러 꾸미는[飾] 띠[帶].

식도¹ 食刀 (밥 식, 칼 도). 음식(飮食) 만드는 데 쓰는 칼[刀]. ¶식도가 무뎌졌다.

식도² 食道 (밥 식, 길 도). [의학]삼킨 음식물(飮食物)이 지나는 길[道].

▸식도-경 食道鏡 (거울 경). [의학]금속성의 긴 관으로 식도(食道) 안에 넣고 광원(光源)으로 비추어 관찰하고 검사하는 내시경(內視鏡)의 한 가지.

▸식도-암 食道癌 (암 암). [의학]식도(食道)의 점막에 생기는 암(癌). 보통 50~70세 남자에게 많다.

▸식도 협착 食道狹窄 (좁을 협, 좁을 착). [의학]식도(食道)의 일부가 좁아져서[狹窄] 음식물을 삼키기 어렵게 되는 증상.

식-도락 食道樂 (먹을 식, 길 도, 즐길 락). 여러 가지 음식을 먹어[食] 보는 일을 취미로 삼는[道樂] 일. ¶그는 식도락을 즐긴다.

식량¹ 食量 (밥 식, 분량 량). 음식(飮食)을

먹는 분량(分量).

⁑**식량**[2] **食糧** (먹을 식, 양식 량). 먹을[食] 양식(糧食). ¶식량이 부족하다.

▸식량-난 食糧難 (어려울 난). 흉작이나 인구 과잉 등으로 식량(食糧)이 부족하여 겪는 어려움[難]. ¶그 나라는 전쟁으로 식량난에 허덕이고 있다.

▸식량 연도 食糧年度 (해 년, 정도 도). [농업]어느 식량 농산물(食糧農産物)의 수확 시기를 기준으로 하여 정한 연도(年度). 우리나라에서는 쌀을 기준으로 하여 11월 1일부터 이듬해 10월 31일까지의 1년간을 미곡 연도(米穀年度)로 한다.

*__식료__ **食料** (밥 식, 거리 료). ①음식(飮食)의 재료(材料). ¶토마토는 좋은 식료가 된다. ②사람이 먹을 수 있는 재료를 통틀어 이르는 말. '식료품'의 준말. [비]음식물(飮食物).

▸식료-품 食料品 (물건 품). 음식(飮食)의 재료(材料)가 되는 물품(物品). ¶어머니는 시장에서 식료품을 사오셨다. [비]먹을거리.

식리 **殖利** (불릴 식, 이로울 리). 재물을 불리어[殖] 이익(利益)을 늘림. ¶아버지 못지않게 그도 식리의 눈이 밝다.

식림 **植林** (심을 식, 수풀 림). 나무를 심거나[植] 씨를 뿌려 숲[林]을 만듦. ¶식림 계획 / 식림 사업. [비]조림(造林).

식모 **食母** (밥 식, 어머니 모). ①남의 집에 고용되어 주로 부엌일과 음식(飮食)을 맡아 하는 여자[母]. ¶그녀는 5년 동안 식모를 살았다. [비]가정부(家政婦). ② [역사]관아에 속하여 부엌일을 맡아 하던 여자 종. [비]식비(食婢).

식목 **植木** (심을 식, 나무 목). 나무[木]를 심음[植]. 또는 그 나무. ¶그는 식목하기 위해 산으로 올라갔다.

▸식목-일 植木日 (날 일). 산림녹화 등을 위하여 해마다 나무[木]를 심도록[植] 정한 날[日]. ¶식목일은 매년 4월 5일이다.

식목-도감 **式目都監** (법 식, 눈 목, 모두 도, 살필 감). [역사]고려 때, 국가의 주요한 격식(格式)의 조목(條目) 제정에 관해 의논하기 위해 임시로 설치한 관청[都監].

식물[1] **食物** (먹을 식, 만물 물). 먹을 수 있는[食] 물건(物件).

▸식물 연쇄 食物連鎖 (이을 련, 쇠사슬 쇄). ① [속뜻]생물 간의 먹이[食物] 관계가 사슬[鎖]처럼 연결(連結)된 것. ② [생물]생태계에서 먹이를 중심으로 이어진 생물 간의 관계. [비]먹이사슬.

⁑**식물**[2] **植物** (심을 식, 만물 물). ① [속뜻]나무나 풀같이 땅에 심어져[植] 있는 물체(物體). ② [생물]생물의 두 갈래 중 하나. 일생 동안 계속 성장할 수 있고, 대체로 이동력이 없고, 체제가 비교적 간단하다. 일반적으로 엽록소를 가지고 있어 광합성으로 영양분을 보충하고 꽃과 홀씨주머니 따위의 생식 기관이 있다. [반]동물(動物).

▸식물-계 植物界 (지경 계). [식물]식물(植物)이 생존하는 세계(世界). 또는 그 범위. [반]동물계(動物界).

▸식물-대 植物帶 (띠 대). ① [속뜻]식물(植物)의 분포 지대(地帶). ② [식물]식물의 수직적(垂直的)인 분포(分布)를 식물의 종류에 따라 몇 부분으로 구분한 것. 고산대, 관목대, 산록대 따위.

▸식물-산 植物酸 (산소 산). [화학]식물체(植物體)에 들어 있는 산(酸). 수산(蓚酸)이나 구연산 따위.

▸식물-상 植物相 (모양 상). [식물]식물(植物)의 양상(樣相)을 지역이나 환경, 생활양식에 따라 나눈 모든 종류. [참]동물상(動物相).

▸식물-성 植物性 (성질 성). 식물체(植物體) 고유의 성질(性質). ¶식물성 기름.

▸식물-암 植物巖 (바위 암). [지리]식물체(植物體)의 퇴적이나 변성(變成)으로 이루어진 암석(巖石).

▸식물-원 植物園 (동산 원). 식물에 대한 연구 또는 일반인들에게 식물에 대한 지식을 보급하기 위해 많은 종류의 식물(植物)을 한데 모아서 가꾸는 곳[園].

▸식물-체 植物體 (몸 체). 식물, 또는 식물(植物)의 형체(形體). ¶이 동물은 식물체를 먹고 산다.

▸식물-학 植物學 (배울 학). [식물]생물학의 하나로 식물(植物)을 연구 대상으로 삼는 학문(學問).

▸식물구-계 植物區系 (나눌 구, 이어 맬 계). [식물]지구상의 각지에 분포하는 식물상(植物相)을 특징에 따라 지역별로 구분(區分)하여 묶은[系] 것. 전북구(全北區), 구열대

구, 신열대구, 오스트레일리아구, 케이프구, 남극구로 크게 나눈다.

▸식물 군락 植物群落 (무리 군, 마을 락). ① 속뜻 식물(植物)이 같은 자연 환경 조건에서 무리[群]를 이루어 사는 공동체[落]. ② 식물 식물에 의해서 형성된 생물 공동체.

▸식물-도감 植物圖鑑 (그림 도, 볼 감). 여러 종류의 식물(植物)을 채집하여 그림[圖]이나 사진으로 보여주고[鑑] 이에 대하여 설명을 붙인 책.

▸식물 상아 植物象牙 (코끼리 상, 어금니 아). 식물 열대 지방에서 나는 식물(植物)인 야자열매의 흰 배젖을 말린 것으로 희고 단단하여 상아(象牙)와 모양이 비슷함.

▸식물-인간 植物人間 (사람 인, 사이 간). ① 속뜻 의식이 없고 전신이 경직(硬直)된 채로 식물(植物)처럼 대사(代謝)기능만을 하는 인간(人間). ② 의학 호흡, 순환, 소화, 배설 등의 기능은 유지되나 사고(思考), 운동, 지각 등 대뇌 기능이 상실되어 의식 불명인 채 살아 있는 사람.

▸식물 채:집 植物採集 (캘 채, 모을 집). 식물 식물(植物)의 표본(標本)을 만들기 위해 필요로 하는 여러 가지 식물을 캐서[採] 모으는[集] 일.

식민 植民 (=殖民, 심을 식, 백성 민). 정치 강대국이 빼앗은 땅에 자국민(自國民)을 무력으로 이주시키는[植] 일. 또는 그렇게 옮겨가서 사는 사람.

▸식민-국 植民國 (나라 국). 정치 식민지(植民地)를 가진 나라[國].

▸식민-지 植民地 (땅 지). 정치 강대국이 점령하여 국민을 이주시킨[植民] 뒤, 정치적·경제적으로 지배하는 지역(地域).

▸식민 정책 植民政策 (정치 정, 꾀 책). 정치 식민지(植民地)를 통치(統治)하고 경영(經營)하기 위한 정치적(政治的) 계책(計策).

식반 食盤 (밥 식, 소반 반). 음식(飮食)을 차려 놓는 소반[盤]이나 상. ¶고등어자반을 구워 식반에 올리다.

식별 識別 (알 식, 나눌 별). 분별(分別)하여 알아냄[識]. 사물의 성질이나 종류 따위를 구별함. ¶적군과 아군의 식별이 어렵다.

▸식별-역 識別閾 (한정할 역). 심리 같은 종류의 두 자극의 차이[別]를 분별하게[辨] 되는 경계[閾]. 100g 되는 물건에 무게를 점점 더하여 103g으로 하였을 때에 비로소 처음 무게보다도 더 무거워졌다는 느낌이 생기면 그 차인 3g이 식별역이다. ㊥변별역(辨別閾).

식보 食補 (먹을 식, 채울 보). 좋은 음식을 먹어서[食] 원기를 보충(補充)함. ¶예전에는 풀뿌리로도 식보를 했다.

식복 食福 (먹을 식, 복 복). 음식을 먹을[食] 기회를 잘 만나게 타고난 복(福). 먹을 복. ¶그 녀석, 식복 하나는 타고 났네.

식부 植付 (심을 식, 줄 부). ① 나무나 풀을 심거나[植] 접을 붙임[付]. ¶묘목의 식부 면적이 넓어졌다. ② 농업 모내기.

식분 蝕分 (갉아먹을 식, 나눌 분). 일식(日蝕)이나 월식(月蝕) 때, 태양이나 달이 이지러진 부분(部分).

식-불언 食不言 (먹을 식, 아닐 불, 말씀 언). 음식을 먹을[食] 때는 쓸데없는 말[言]을 하지 말아야[不] 한다는 말.

식비 食費 (먹을 식, 쓸 비). 음식을 먹는데[食] 드는 비용(費用). ¶매월 식비로 50만 원을 쓴다.

식사[1] 式辭 (의식 식, 말씀 사). 식장(式場)에서 인사로 하는 말[辭]. 또는 인사로 하는 글. ¶총장님께서 간단한 식사를 하시겠습니다.

⁑**식사[2] 食事** (먹을 식, 일 사). 사람이 끼니로 음식을 먹는[食] 일[事]. 또는 그 음식. ¶저녁 식사.

▸식사-량 食事量 (분량 량). 음식을 먹는[食事] 양(量). ¶식사량을 조절해야 한다.

식산 殖產 (불릴 식, 재물 산). 재산(財產)을 불리어[殖] 늘림. ¶이 단체는 식산을 증진하여 부국강병을 이루는 것을 목적으로 했다.

식상 食傷 (먹을 식, 다칠 상). ① 음식을 잘못 먹어[食] 일어나는 병[傷]. ② 음식에 물리는 일. 또는 같은 사물이 되풀이되어 싫증이 나는 일. ¶해변에서 조개를 발견하는 일은 이제 식상하다.

식생 植生 (심을 식, 날 생). 식물 일정 지역에 많이 모여 나고[植] 자라는[生] 식물의 집단.

▸식생-도 植生圖 (그림 도). 식물 식물 군락

[植生]의 지리적 분포를 지도상에 그림[圖]으로 나타낸 것.

식-생활 食生活 (먹을 식, 살 생, 살 활). 먹고[食] 살아가는[生活] 일. ¶규칙적인 식생활 습관은 건강에 좋다.

식성 食性 (밥 식, 성질 성). ①음식(飮食)에 대하여 좋아하거나 싫어하는 성미(性味). ¶그 아이는 식성이 까다롭다. ② 동물 동물의 먹이에 대한 습성. 초식성(草食性), 육식성(肉食性), 잡식성(雜食性), 부식성(腐食性), 단식성(單食性), 다식성(多食性) 따위로 나눈다.

식-세포 食細胞 (먹을 식, 작을 세, 태보 포). 생물 혈액이나 조직 안을 떠돌아다니면서 세균(細菌)을 잡아먹는[食] 세포(細胞). '식균 세포'(食菌細胞)의 준말.

식솔 食率 (먹을 식, 거느릴 솔). 집안에 딸린[率] 식구(食口). ¶식솔이 많아 늘 먹을 것이 달린다.

식수[1] 植樹 (심을 식, 나무 수). 나무[樹]를 심음[植]. ¶식목일을 맞아 식수 행사를 개최했다. ㊐식목(植木).

식수[2] 食水 (먹을 식, 물 수). 먹는[食] 물[水]. ¶식수를 공급하다.

▸식수-난 食水難 (어려울 난). 식수(食水)의 부족으로 겪는 어려움[難].

▸식수-원 食水源 (근원 원). 먹는[食] 물[水]의 근원(根源). ¶식수원이 오염되다.

식순 式順 (의식 식, 차례 순). 의식(儀式)의 진행 순서(順序). ¶식순에 따라 교장선생님의 말씀이 있겠습니다.

식-습관 食習慣 (먹을 식, 버릇 습, 버릇 관). 음식을 먹는[食] 버릇[習慣]. ¶한국인은 대체로 짜게 먹는 식습관이 있다.

식언 食言 (먹을 식, 말씀 언). ① 속뜻 한번 입 밖으로 냈던 말[言]을 다시 입 속에 넣음[食]. ②앞서 한 말을 번복함. 또는 약속(約束)을 어김. ¶그는 식언하기를 밥 먹듯이 한다.

식역 識閾 (알 식, 한정할 역). 심리 감각이나 반응 따위의 의식(意識) 작용이 일어났다 사라졌다 하는 경계[閾]. 절대(絶對) 식역과 상대(相對) 식역이 있다.

식염 食鹽 (먹을 식, 소금 염). 먹을[食] 수 있는 소금[鹽].

▸식염-수 食鹽水 (물 수). ① 속뜻 식염(食鹽)을 탄 물[水]. 소금물. ② 약학 사람의 체액과 삼투압(滲透壓)을 같게 한 0.9%의 소금물. '생리적(生理的) 식염수'의 준말.

▸식염-천 食鹽泉 (샘 천). 지리 물속에 염분[食鹽]이 1000분의 1 이상 함유된 샘[泉]. ㊐염천(鹽泉).

▸식염수 주:사 食鹽水注射 (물댈 주, 쏠 사). 의학 해독이나 수분 보충 등을 위해 생리 식염수(生理食鹽水)를 정맥이나 피하에 주사(注射)하는 일.

식욕 食慾 (=食欲, 먹을 식, 욕심 욕). 음식을 먹고[食] 싶어 하는 욕구(慾求). ¶며칠 잠을 못 잤더니 식욕이 없다. ㊐밥맛.

▸식욕 부진 食慾不振 (아닐 부, 떨칠 진). 의학 음식을 먹고[食] 싶은 마음[慾]이 생기지 않음[不振]. 또는 그런 상태. ¶이 차는 식욕 부진을 완화시켜 준다.

▸식욕 이:상 食慾異常 (다를 이, 보통 상). 의학 음식을 먹고[食] 싶은 마음[慾]이 평소[常]와 다르게[異] 지나치게 늘어나거나 줄어드는 현상. 식욕 증진과 식욕 감퇴가 있다.

식용 食用 (먹을 식, 쓸 용). 먹을[食] 것으로 씀[用]. 또는 먹을 것으로 됨. ¶식용으로 소를 기르다 / 프랑스에서는 달팽이를 식용한다.

▸식용-균 食用菌 (버섯 균). 의학 식용(食用)으로 하는 버섯[菌].

▸식용-근 食用根 (뿌리 근). 의학 식용(食用)으로 하는 식물의 뿌리[根]. ¶무와 토란은 대표적인 식용근이다.

▸식용-물 食用物 (만물 물). 식용(食用)이 가능한 것[物]. ㊐식료품(食料品).

▸식용-유 食用油 (기름 유). 식용(食用)할 수 있는 기름[油]. ¶고구마를 식용유에 튀기다.

▸식용-품 食用品 (물건 품). 식용(食用)할 수 있는 물품(物品). ㊐식료품(食料品).

▸식용 색소 食用色素 (빛 색, 바탕 소). 공업 음식물에 빛깔을 들이는 데 쓰이는, 식용(食用)할 수 있는 색소(色素).

▸식용 식물 食用植物 (심을 식, 만물 물). 식물 사람이 먹을 수 있는[食用] 식물(植物)을 통틀어 이르는 말.

▸식용 작물 食用作物 (지을 작, 만물 물).

농업 식용(食用)을 목적으로 가꾸는 농작물(農作物).

식육 食肉 (먹을 식, 고기 육). ① 속뜻 고기[肉]를 먹음[食]. ② 식용(食用)으로 하는 고기.

▶ 식육-류 食肉類 (무리 류). ① 속뜻 고기[肉]를 주로 먹는[食] 동물의 무리[類]. ② 동물 포유강의 한 목을 이루는 동물군(動物群). 살아 있는 동물을 잡기 위해 감각 기관이 발달되어 있고 또 발톱과 송곳니가 날카로워 고기를 물고 찢기에 알맞다.

식음 食飮 (먹을 식, 마실 음). 먹고[食] 마심[飮]. 또는 그 일. ¶그는 식음을 전폐하고 자리에 누웠다.

식읍 食邑 (먹을 식, 고을 읍). 역사 고위 관직이 먹거리[食], 즉 조세(租稅)를 거둬들일 수 있도록 임금이 준 마을[邑]. 지배권은 인정하지 않으며 예전의 중국과 한국의 고대 국가에서 왕족·공신 등에게 지급했다.

식이 食餌 (먹을 식, 먹이 이). ① 속뜻 먹을[食] 수 있는 먹이[餌]. ② 조리한 음식물.

▶ 식이 요법 食餌療法 (병 고칠 료, 법 법). 의학 섭취하는[食] 음식물[餌]의 품질, 성분, 분량 등을 조절하여 병을 치료(治療)하거나 예방하는 방법(方法). ¶당뇨가 있어서 식이요법을 하고 있다.

▶ 식이 요법 食餌療法 (병 고칠 료, 법 법). 의학 섭취하는[食] 음식물[餌]의 품질, 성분, 분량 등을 조절하여 병을 치료(治療)하거나 예방하는 방법(方法). ㊐영양(營養) 요법.

식인 食人 (먹을 식, 사람 인). 사람[人] 고기를 먹는[食] 일. 또는 그러한 풍습. ¶마오리족은 식인 풍습이 있다.

▶ 식인-종 食人種 (갈래 종). 사람[人]을 잡아먹는[食] 풍습이 있는 인종(人種).

식자[1] 識者 (알 식, 사람 자). 학식(學識)과 견문(見聞)이 있는 사람[者].

식자[2] 植字 (심을 식, 글자 자). ① 속뜻 활자로 판을 만들 때 글자[字]를 끼워 박는[植] 일. ② 출판 활판 인쇄에서 문선(文選)한 활자를 원고대로 구두점이나 공목(空木)등을 넣어 판을 짜는 일.

▶ 식자-기 植字機 (틀 기). 출판 활자로 판을 만들 때 글자[字]를 끼워 박는[植] 기계(機械).

▶ 식자-공 植字工 (장인 공). 식자(植字)를 하는 직공(職工).

▶ 식자-판 植字版 (널빤지 판). 출판 활자(活字)로 짜서[植] 만든 인쇄용 판(版). 또는 그 판으로 하는 인쇄. ㊐활판(活版).

식자[3] 識字 (알 식, 글자 자). 글자[字]나 글을 앎[識].

▶ 식자-우환 識字憂患 (근심할 우, 근심 환). ① 속뜻 글자[字]를 안다[識]는 것이 오히려 걱정[憂患]을 낳게 한 근본 원인이 됨. ② 학식이 있는 것이 오히려 근심을 얻게 됨. ¶식자우환이란 성어를 보면 '아는 것이 병'이란 말이 생각난다.

식장 式場 (의식 식, 마당 장). 의식(儀式)을 거행하는 장소(場所). ¶식장은 하객들로 붐볐다.

식재 植栽 (심을 식, 심을 재). 초목을 심어[植=栽] 가꿈. ¶정원에 유실수를 식재하였다.

식적 食積 (밥 식, 쌓을 적). 한의 음식(飮食)이 잘 소화되지 않고 뭉치어[積] 생기는 병. 비위(脾胃)의 기능 장애로 인하여 가슴이 답답하고 트림을 하는 따위의 증상이 나타난다.

식전[1] 式典 (의식 식, 의식 전). ① 속뜻 의식(儀式)과 의전(儀典). ② 행사를 치르는 일정한 의식. 또는 정해진 방식에 따라 치르는 행사.

식전[2] 食前 (먹을 식, 앞 전). ① 속뜻 밥을 먹기[食] 전(前). ¶이 약은 식전에 드세요. ② 아침밥을 먹기 전. 아침 일찍. ¶식전에 목욕하다. ㊀식후(食後).

식-중독 食中毒 (먹을 식, 맞을 중, 독할 독). ① 속뜻 음식물(飮食物)에 의한 중독(中毒). ② 의학 썩은 음식이나 독이 있는 음식 등을 먹어서 설사, 구토, 복통 등의 증상이 일어나는 병. ¶여름철에는 식중독에 걸리기 쉽다.

식지[1] 食指 (밥 식, 손가락 지). 음식(飮食) 따위를 집는 데 쓰는 손가락[指]. ¶바른쪽 식지로 방아쇠를 당겼다. ㊐집게손가락.

식지[2] 食紙 (밥 식, 종이 지). 밥상과 음식(飮食)을 덮는 데 쓰는 기름종이[紙]. ¶내시가 은 소반에 식지를 덮어 들여왔다.

식체 食滯 (밥 식, 막힐 체). [한의] 음식(飮食)에 의해서 비위가 상하거나 막힌[滯] 병증. [비]식상(食傷).

*__식초 食醋__ (먹을 식, 식초 초). 식용(食用)할 수 있는 약간의 초산(醋酸)이 들어있는 조미료. ¶오이에 식초를 넣어 버무리면 새콤하다.

식충 食蟲 (먹을 식, 벌레 충). ① [속뜻] 벌레[蟲]를 잡아먹음[食]. ② 밥만 먹고 빈둥거리는 사람을 낮추어 이르는 말.

▶식충 식물 食蟲植物 (심을 식, 만물 물). [식물] 잎으로 벌레[蟲]를 잡아 먹고[食] 양분을 취하는 식물(植物). 끈끈이귀이개, 통발 따위.

식탁 食卓 (밥 식, 탁자 탁). 음식(飮食)을 먹을 때 사용하는 탁자(卓子). ¶모두가 식탁에 둘러앉아 저녁을 먹었다.

식탐 食貪 (밥 식, 탐낼 탐). 음식(飮食)을 탐(貪)냄. ¶식탐이 많다 / 식탐을 내다.

식판 食板 (밥 식, 널빤지 판). 음식(飮食)을 담는 판(板). ¶식판에 밥을 듬뿍 담았다.

식포 食胞 (먹을 식, 태보 포). ① [속뜻] 먹이를 먹는[食] 역할을 하는 세포(細胞). ② [생물] 먹이로 잡아들인 미소(微小) 생물을 둘러싸서 세포내 소화를 하기 위해 일시적으로 만들어지는 원생동물의 세포 기관.

⁑__식품 食品__ (밥 식, 물건 품). 음식(飮食)의 재료가 되는 물품(物品). '식료품'(食料品)의 준말.

▶식품-점 食品店 (가게 점). 여러 종류의 식품(食品)을 파는 가게[店]. ¶식품점을 개업하다.

▶식품 첨가물 食品添加物 (더할 첨, 더할 가, 만물 물). 식품(食品)을 제조·가공할 때 첨가(添加)하는 물질(物質). 맛을 향상시키거나 영양가를 높이기 위해 첨가한다.

식피-술 植皮術 (심을 식, 가죽 피, 꾀 술). [의학] 화상 따위로 결손된 피부(皮膚)에 건강한 피부를 이식(移植)하는 수술(手術).

식해[1] 食害 (먹을 식, 해칠 해). 해충이 식물을 갉아먹어[食] 해치는[害] 일.

식해[2] 食醢 (밥 식, 절일 해). 생선에 약간의 소금과 밥[食], 무, 고춧가루 등을 넣고 버무려 삭힌[醢] 식품.

식혜 食醯 (밥 식, 초 혜). 쌀밥[食]에 엿기름가루를 우린 물을 부어 삭힌[醯] 음료. 여기에 생강이나 설탕을 더 넣어 끓여 식혀 먹는다. [비]감주(甘酒), 단술.

식화[1] 食貨 (밥 식, 재물 화). ① [속뜻] 음식물(飮食物)과 재화(財貨)를 아울러 이르는 말. ② 경제(經濟).

식화[2] 殖貨 (불릴 식, 재물 화). 재화(財貨)를 불리어[殖] 늘림. [비]식재(殖財).

식후 食後 (먹을 식, 뒤 후). 밥을 먹은[食] 뒤[後]. ¶이 약은 하루 두 번, 식후 30분에 드세요. [반]식전(食前).

▶식후-경 食後景 (볕 경). ① [속뜻] 식후(食後)에 경치(景致)를 봄. ② 아무리 좋은 구경도 배가 불러야 구경할 맛이 있음을 이르는 말. [속담]금강산도 식후경.

▶식후-복 食後服 (먹을 복). 식후(食後)에 약을 복용(服用)함. [반]공심복(空心服).

신간[1] 新墾 (새 신, 밭갈 간). 토지를 새로[新] 일구는[墾] 일. ¶이주민들은 신간하는 일에 매진했다.

신간[2] 新刊 (새 신, 책 펴낼 간). 책을 새로[新] 간행(刊行)함. 또는 그 책. ¶신간 도서 목록 / 전문 의학서적을 신간하다.

▶신간 서평 新刊書評 (책 서, 평할 평). 새로[新] 간행(刊行)된 책[書]의 내용에 대한 비평(批評).

신간-회 新幹會 (새 신, 줄기 간, 모일 회). ① [속뜻] 민족의 새로운[新] 기둥[幹]이 되자는 취지의 모임[會]. ② [역사] 1927년에 민족주의와 사회주의 운동의 대립을 막고 항일 투쟁에서 민족 단일 전선을 펼 목적으로 조직한 민족 운동 단체.

신격 神格 (귀신 신, 자격 격). 신(神)으로서의 자격(資格). 신의 격식. ¶그리스 신화의 신들은 신격과 인격을 겸비하고 있다. [반]인격(人格).

신:경[1] 腎經 (콩팥 신, 날실 경). ① [속뜻] 신장(腎臟)의 경락(經絡). ② [의학] 몸 안의 불필요한 물질을 오줌으로 배설하는 구실을 하는 내장. [비]신장(腎臟).

*__신경[2] 神經__ (정신 신, 날실 경). ① [의학] 생물이 자신의 몸과 주위에서 일어나는 자극을 감지하고 적절한 반응이나 정신(精神)을 일으키도록 하는 실[經] 모양의 기관. ¶중추신경. ② 어떤 일에 대한 느낌이나 생각. ¶

신경이 날카롭다.

▸신경-계 神經系 (이어 맬 계). 의학 몸의 각 부분을 연결하여, 하나의 유기체로서 움직이도록 하는 신경(神經) 조직 계통(系統)의 기관(器官). 중추 신경계, 말초 신경계, 자율 신경계로 이루어져 있다.

▸신경-병 神經病 (병 병). 의학 신경(神經) 계통의 병(病).

▸신경-염 神經炎 (염증 염). 의학 신경(神經) 섬유나 그 조직에 생기는 염증(炎症).

▸신경-원 神經元 (으뜸 원). 신경(神經)을 구성하는 근본[元]이 되는 단위. 신경 세포와 그것이 갖는 모든 돌기인 뉴런을 가리킨다.

▸신경-전 神經戰 (싸울 전). ① 군사 직접 공격하지 않고 말투나 몸짓 등의 간접적인 방법으로 상대의 신경(神經)을 괴롭히는 전술(戰術). 또는 그런 싸움. ② 경쟁관계에 있는 상대에게 말이나 행동으로써 상대편의 신경을 자극하는 일. 또는 그런 싸움.

▸신경-절 神經節 (마디 절). 의학 신경(神經) 세포가 모여 마디[節] 모양을 이룬 것.

▸신경-증 神經症 (증세 증). 의학 ① 지나친 신경(神經) 집중으로 인해 생기는 증상(症狀). ② 심리적 원인에 의하여 정신 증상이나 신체 증상이 나타나는 질환.

▸신경-질 神經質 (바탕 질). 신경(神經)이 너무 예민하여 사소한 일에도 자극되어 곧잘 흥분(興奮)하는 성질(性質). 또는 그런 상태. ¶신경질을 부리다.

▸신경-통 神經痛 (아플 통). 의학 말초 신경(末梢神經)이 자극을 받아 일어나는 통증(痛症). ¶비만 오면 신경통이 도진다.

▸신경 계:통 神經系統 (이어 맬 계, 큰 줄기 통). 의학 신경(神經)을 구성하는 한 계통(系統)의 기관. 중추 신경계, 말초 신경계, 자율 신경계로 이루어져 있다. ㈜신경계.

▸신경-과민 神經過敏 (지나칠 과, 재빠를 민). 의학 미약한 자극에도 지나치게[過] 민감(敏感)한 반응을 보이는 신경계(神經系)의 불안정한 상태.

▸신경 마비 神經痲痺 (저릴 마, 저릴 비). 말초 신경(神經)이 손상(損傷)되어 그 지배 영역의 근육이나 지각(知覺)에 마비(痲痺)를 일으키는 일.

▸신경 섬유 神經纖維 (가늘 섬, 밧줄 유). 의학 신경원(神經元) 일부로 외올실[纖維]처럼 비교적 길게 툭 튀어나온 신경 세포의 돌기.

▸신경 세:포 神經細胞 (작을 세, 태보 포). 의학 뇌 또는 척수의 중추 신경(神經)과 말초 신경(神經)의 신경절(神經節) 가운데 있는 세포(細胞).

▸신경 쇠약 神經衰弱 (쇠할 쇠, 약할 약). 의학 과로(過勞)로 인하여 신경(神經)이 약해져[衰=弱] 생기는 여러 가지 질병.

▸신경 조직 神經組織 (짤 조, 짤 직). 의학 신경계(神經系)를 구성하는 주요한 조직(組織). 신경 세포와 이로부터 나온 축색 돌기와 수상 돌기로 이루어진 조직.

▸신경 중추 神經中樞 (가운데 중, 지도리 추). 의학 신경(神經) 기관의 중심(中心)이 되는 곳[樞]으로 신경 세포(神經細胞)가 모여 있는 부분.

신-경지 新境地 (새 신, 지경 경, 땅 지). 몸이나 마음이 새로운[新] 경지(境地)에 도달해 있는 상태. ¶신경지를 발견하다.

신-경향 新傾向 (새 신, 기울 경, 향할 향). 사상이나 풍속 등이 새로운[新] 방향(方向)으로 기울어짐[傾].

▸신경향-파 新傾向派 (갈래 파). 문학 1920년을 전후하여 우리나라 문단에 새로[新] 등장한 사회주의 경향(傾向)의 문학파(文學派).

신고[1] 辛苦 (매울 신, 쓸 고). 매운[辛] 것과 쓴[苦] 것. 괴롭고 고생스러움. ¶그는 갖은 신고를 겪은 끝에 성공했다.

신고[2] 申告 (알릴 신, 알릴 고). ① 법률 국민이 법령의 규정에 따라 행정 관청에 일정한 사실을 알림[申=告]. ¶혼인 신고 / 세관에 카메라를 신고하다. ② 군사 새로 발령받거나 승진된 사람이 소속 상관이나 지휘관에게 정식으로 자신의 성명과 계급 및 업무를 보고함.

▸신고 납세제 申告納稅制 (바칠 납, 세금 세, 정할 제). 법률 세금을 내는 사람의 자진 신고(申告)에 따라서 과세 표준을 확인하고 납세액(納稅額)을 정하는 제도(制度).

신-고전주의 新古典主義 (새 신, 옛 고, 책 전, 주될 주, 뜻 의). ① 문학 20세기 초에, 자연주의 및 신낭만주의에 대한 반동으로 새롭게[新] 나타난 고전주의(古典主義). 독일에서 일어난 문학 사조로 고전 문학의 전통과 양식으로의 복귀를 지향하였다. ② 1770년에서 1830년에 걸쳐 프랑스를 중심으로 유럽 전역에 나타난 예술 운동. 바로크와 로코코 미술에 대한 반동으로 그리스·로마 미술을 모범으로 삼아 엄격하고 균형 잡힌 구도와 명확한 윤곽을 중시하였다. ③ 예술 20세기 초에, 낭만주의에 의하여 상실되었던 고전적인 형식미를 되찾기 위해 일어난 음악 사조. 부조니, 스트라빈스키 등이 대표적인 인물이다.

신곡[1] **神曲** (귀신 신, 노래 곡). ① 속뜻 신(神)의 은총을 노래한 악곡(樂曲) 같은 서사시. ② 문학 이탈리아의 시인 단테가 지은 서사시. 단테 자신이 작중 인물로 등장하여, 신의 은총으로 지옥의 심연에서부터 연옥과 천국까지 두루 다니며 경험하는 영혼을 그렸다.

신곡[2] **新曲** (새 신, 노래 곡). 새로[新] 지은 노래[曲]. ¶저 가수는 오늘 신곡을 발표했다.

신곡[3] **新穀** (새 신, 곡식 곡). 햇[新] 곡식(穀食). ¶신곡을 차례상에 올렸다. ㊥구곡(舊穀).

신공[1] **身貢** (몸 신, 바칠 공). 역사 조선 때, 노비가 신역(身役) 대신에 부과하던 공물(貢物).

신공[2] **神功** (귀신 신, 공로 공). ① 속뜻 신령(神靈)의 공덕(功德). ② 영묘한 공적. ③ 가톨릭 기도와 선공(善功)을 통틀어 이르는 말.

신관[1] **新官** (새 신, 벼슬 관). 새로[新] 임명되어 부임한 관리(官吏). ¶신관 사또.

신관[2] **新館** (새 신, 집 관). 새로[新] 지은 건물[館]. ¶백화점 신관. ㊥구관(舊館).

신광 身光 (몸 신, 빛 광). 불교 부처나 보살의 몸[身]에서 내비치는 빛[光].

신괴 神怪 (신통할 신, 이상할 괴). 신비(神祕)하고 괴이(怪異)함. ¶신괴한 체험을 하다.

신:교[1] **信教** (믿을 신, 종교 교). 종교(宗教)를 믿음[信]. ¶신교의 자유를 허용하다.

신교[2] **新教** (새 신, 종교 교). 기독교 16세기 종교 개혁의 결과로 로마 가톨릭에서 떨어져 나와 새로[新] 성립된 종교 단체(宗教團體) 또는 그 분파를 통틀어 이르는 말. '개신교'(改新教)의 준말.

▶**신교-도 新教徒** (무리 도). 신교(新教)를 신봉하는 교도(教徒). ㊥구교도(舊教徒).

신-교육 新教育 (새 신, 가르칠 교, 기를 육). ① 속뜻 과거와는 다른 새로운[新] 방식의 교육(教育). ② 교육 20세기 전 세계적으로 전개된 교육개혁 운동. 종래의 형식적·획일적·주입식 교육을 비판하고 생활을 통한 교육, 개성의 존중, 자발적 학습 따위를 지향하였다. ③ 교육 8·15 광복 후 우리나라에서 전통적 교육을 지양하고 민주주의 이념 위에 교육을 세우려는 새로운 교육 운동.

신:구[1] **信口** (믿을 신, 입 구). ① 속뜻 입[口]을 과신(過信)함. ② 말을 삼가지 않고 입에서 나오는 대로 함부로 말함. ¶그는 신구하다가 화를 입었다.

신:구[2] **愼口** (삼갈 신, 입 구). 입[口]을 삼감[愼]. 말을 신중히 함. '신물출구'(愼勿出口)의 준말. ¶선비라면 늘 신구해야 한다. ㊥신언(愼言).

신구[3] **新舊** (새 신, 옛 구). 새[新] 것과 헌[舊] 것. 새 것과 낡은 것. ¶신구 선수들이 조화를 이루다.

▶**신구-세 新舊歲** (해 세). 새[新] 해[歲]와 지난[舊] 해.

▶**신구 세:계 新舊世界** (세상 세, 지경 계). ① 생물 동식물의 분포학 상으로 구분한 신세계(新世界)와 구세계(舊世界). ② 지리 콜럼버스의 아메리카 대륙 발견을 기준으로 그 이전에 알려져 있던 대륙은 구대륙이라 하고 그 이후에 새로 알려진 대륙을 신대륙이라 함.

신-구약 新舊約 (새 신, 옛 구, 묶을 약). 기독교 '신약성서'(新約聖書)와 '구약 성서'(舊約聖書)를 아울러 이르는 말. 예수 탄생 전에 쓰인 것이 구약 성서이고 예수 탄생 이후의 것이 신약 성서이다.

신-국면 新局面 (새 신, 판 국, 면 면). 새로[新] 벌어진 장면이나 형편[局面]. ¶사건은 신국면에 접어들었다.

신권[1] **新券** (새 신, 문서 권). 새로이[新] 발행한 지폐[券]. ㊥구권(舊券).

신권[2] **神權** (귀신 신, 권력 권). ① 신(神)으로부터 부여된 신성한 권력(權力). ¶은(殷) 나라는 고대의 신권 국가 중 하나였다. ② 가톨릭 성직자의 권리. ¶신권에 도전하다.

▸신권-설 神權說 (말씀 설). 정치 국왕(國王)의 권리(權利)는 신(神)에게서 받은 절대적인 것이므로 인민이나 의회에 의하여 제한되지 않는다는 설(說).

신규 新規 (새 신, 법 규). ① 속뜻 새로운[新] 규범(規範)이나 규정(規定). ② 새롭게 어떤 일을 함. ¶직원을 신규로 모집하다.

▸신규 등록 新規登錄 (오를 등, 기록할 록). 새로이 하는[新規] 등록(登錄).

▸신규 사:업 新規事業 (일 사, 일 업). 새로 경영하는[新規] 사업(事業).

신극 新劇 (새 신, 연극 극). 연영 기성 연극(既成演劇)에 대하여 서구 근대극의 영향을 받아 일어난 새로운[新] 연극(演劇)을 이르는 말.

신근 伸筋 (펼 신, 힘줄 근). 의학 관절을 펴는[伸] 작용을 하는 근육(筋肉). ⑪펌근.

신기[1] 神技 (귀신 신, 재주 기). 신(神)의 능력으로만 가능할 것 같은 매우 뛰어난 기술이나 재주[技]. ¶그녀의 피아노 연주 솜씨는 신기에 가까웠다.

신기[2] 神氣 (신통할 신, 기운 기). ① 속뜻 신비(神秘)롭고 이상한 기운(氣運). ② 만물을 만드는 기운. ③ 정신과 기운. ¶신기가 흐려지다.

신기[3] 神奇 (신통할 신, 기이할 기). 신묘(神妙)하고 기이(奇異)하다. ¶신기한 경험.

***신기[4] 新奇** (새 신, 기이할 기). 새롭고[新] 기이(奇異)하다. ¶신기한 물건.

신기[5] 神機 (신통할 신, 실마리 기). 신묘(神妙)한 계기(契機)나 기략(機略). ¶신기를 부려 적진을 빠져나왔다.

▸**신기-전 神機箭** (화살 전). ① 속뜻 신묘(神妙)한 기략(機略)으로 만든 화살[箭]. ② 고려 말기 최무선이 만든 '주화(走火)'를 조선 세종 30년(1448년)에 개량하여 제작한 로켓추진형 다연발 화살 무기. 대신기전(大神機箭)·산화신기전(散火神機箭)·중신기전(中神機箭)·소신기전(小神機箭) 등의 여러 종류가 있다.

▸신기-누설 神機漏泄 (샐 루, 샐 설). 신묘(神妙)한 계기(契機)나 기략(機略)을 누설(漏泄)함. 비밀을 새어나가게 함.

신기-군 神騎軍 (귀신 신, 말 탈 기, 군사 군). 역사 고려 때, 윤관이 귀신(鬼神)같이 빠른 기병(騎兵)으로 조직한 군대(軍隊).

신-기록 新記錄 (새 신, 적을 기, 베낄 록). 기존의 기록보다 뛰어난 새로운[新] 기록(記錄). ¶그녀는 단거리 배영에서 세계 신기록을 세웠다.

신:기루 蜃氣樓 (이무기 신, 숨 기, 다락 루). ① 속뜻 이무기[蜃] 입김[氣]으로 세워진 누각(樓閣). 중국인들은 뿔이 있는 큰 이무기 같은 동물을 상상하며, 이것이 한번 입김을 뿜으면 그것이 퍼지면서 누각이 서있는 모양을 보인다고 생각했다. ② 홀연히 나타나 짧은 시간 동안 유지되다가 사라지는 아름답고 환상적인 일이나 현상 따위를 비유하여 이르는 말. ¶신기루를 찾아 가보았지만 아무것도 없었다. ③ 대기 내에서 일어나는 빛의 이상굴절(異常屈折) 현상. ⑪공중누각(空中樓閣).

신-기술 新技術 (새 신, 재주 기, 꾀 술). 새로운[新] 기술(技術). ¶신기술을 개발하다.

신-기원 新紀元 (새 신, 연대 기, 으뜸 원). ① 속뜻 새로운[新] 출발이 되는 시대나 시기[紀元]. ② 획기적인 사실로 말미암아 전개되는 새로운 시대. ¶현대 미술의 신기원을 열다.

신:남 信男 (믿을 신, 사내 남). 불교 불교를 믿는[信] 세속의 남자(男子). ⑫신녀(信女).

신-낭만주의 新浪漫主義 (새 신, 물결 랑, 흩어질 만, 주될 주, 뜻 의). 예술 20세기 초에 독일을 중심으로 일어나 유럽에서 유행하던 새로운[新] 문예 사조[主義]로서 자연주의를 극복하고 상징주의 속의 낭만파(浪漫派)의 전통을 되살리려는 운동임. 주체적·자발적 심정의 복권을 주장하였다.

신:녀 信女 (믿을 신, 여자 녀). 불교 불교를 믿는[信] 세속의 여자(女子). ⑫신남(信男).

신년 新年 (새 신, 해 년). 새로운[新] 해[年]. ¶신년 계획을 세우다.

▸신년-사 新年辭 (말씀 사). 새로운[新] 해[年]를 맞이하면서 하는 인사말[辭]. ⑫송년사(送年辭).

신:념 信念 (믿을 신, 생각 념). 굳게 믿어[信] 변하지 않는 생각[念]. ¶그는 정직에 대한 강한 신념을 가지고 있다.

신농-씨 神農氏 (귀신 신, 농사 농, 높임말 씨). 문학 중국의 옛 전설에 나오는 제왕[神]으로서 백성에게 농사(農事)짓는 법을 가르쳤다 하여 붙여진 칭호[氏].

신단 神壇 (귀신 신, 단 단). 신령(神靈)에게 제사지내는 단(壇). ¶신단을 마련하다.

▸신단-수 神壇樹 (나무 수). ① 속뜻 신단(神壇) 옆에 심은 나무[樹]. ② 민속 단군 신화에서 환웅이 처음 하늘에서 그 밑으로 내려왔다는 신성한 나무.

신당[1] 神堂 (귀신 신, 집 당). 신령(神靈)을 모셔 놓는 집[堂]. ¶신당 안에 들어가 독경을 하였다.

신당[2] 新黨 (새 신, 무리 당). 새로[新] 조직한 당(黨). ¶총선을 앞두고 신당을 창단했다.

신-대륙 新大陸 (새 신, 큰 대, 뭍 륙). ① 속뜻 새로[新] 발견한 대륙(大陸). ② 지리 아메리카나 오스트레일리아를 가리키는 말. ㊐신세계(新世界). ㊥구대륙(舊大陸).

신도[1] 臣道 (신하 신, 길 도). 신하(臣下)로서 마땅히 지켜야 할 도리(道理). ¶이 책은 군도(君道)와 신도에 대한 견해를 실었다.

신:도[2] 信徒 (믿을 신, 무리 도). 어떤 종교를 믿는[信] 사람들[徒]. ¶불교 신도들이 많이 모였다.

신도[3] 新都 (새 신, 도읍 도). 새로[新] 정한 도읍(都邑). ¶조선은 한양을 신도로 정했다.

신도[4] 新道 (새 신, 길 도). 새로[新] 만든 길[道]. '신도로'의 준말. ¶신도를 건설하다.

신도[5] 神道 (귀신 신, 길 도). ① 속뜻 귀신(鬼神)들이 다니는 길[道]. ② 무덤 근처에서 그 무덤으로 가는 큰길. ③ 신의 도리. 또는 영묘한 도리. ④ 종교 일본 고유의 민족 종교. 민간 신앙에 유불교가 결합하여 성립되었다.

▸신도-비 神道碑 (비석 비). 역사 왕이나 고관의 무덤 앞 또는 무덤으로 가는 길목[神道]에 세워 죽은 이의 사적(事蹟)을 기리는 비석(碑石).

신도-가 新都歌 (새 신, 도읍 도, 노래 가). 조선 시대에 정도전이 새로운[新] 도읍(都邑)으로 정한 한양을 둘러보며 조선의 창업과 임금의 덕을 칭송한 노래[歌].

신-도시 新都市 (새 신, 도읍 도, 저자 시). 대도시의 근교에 새로[新] 개발한 도시(都市). ¶신도시 개발 / 신도시가 들어서다.

신:독 愼獨 (삼갈 신, 홀로 독). 홀로[獨] 있을 때에도 도리에 어그러짐이 없도록 몸가짐을 삼감[愼].

신동 神童 (신통할 신, 아이 동). 재주와 지혜가 남달리 뛰어난, 신통(神通)한 아이[童]. ¶얘는 축구 신동으로 불린다.

신라 新羅 (새 신, 새그물 라). 역사 우리나라 삼국 시대의 삼국 가운데 기원전 57년 박혁거세가 지금의 영남 지방을 중심으로 세운 나라. 무슨 뜻에서 '新羅'라고 하였는지에 대해서는 정설이 없다. ¶신라의 선덕 여왕은 한민족 최초의 여왕이다.

▸신라-관 新羅館 (집 관). 역사 신라 때, 중국으로 가는 사신이나 유학승, 상인들의 숙박과 휴식을 위하여 산동 반도(山東半島)의 등주(登州)에 설치한 신라(新羅) 사람들의 숙소[館].

▸신라-도 新羅道 (길 도). 역사 발해에서 신라(新羅)에 이르는 해상 교통로[道].

▸신라-방 新羅坊 (마을 방). 역사 통일 신라 시대에 당(唐)나라에 설치한, 신라인(新羅人)의 거주지[坊]. 중국을 왕래하는 상인과 유학승 등이 모여 자치적으로 동네를 이루었다.

▸신라-소 新羅所 (곳 소). 역사 통일 신라 때, 신라방(新羅坊)에 거주하고 있던 신라인들을 관리하던 행정 기관[所].

▸신라-원 新羅院 (집 원). 역사 통일 신라 때, 신라 사람이 중국 당나라 신라방(新羅坊)에 세운 사원(寺院).

신랄 辛辣 (매울 신, 매울 랄). ① 속뜻 맛이 몹시 쓰고 맵다[辛=辣]. ② 어떤 일의 분석이나 지적이 매우 모질고 날카롭다. ¶신랄한 비평.

신랑 新郎 (새 신, 사나이 랑). 갓[新] 결혼하였거나 결혼할 남자[郎]. ¶신랑, 입장! ㊥신부(新婦).

신래 新來 (새 신, 올 래). ① 속뜻 새로[新] 옴[來]. ¶신래의 적에 대하여 공동으로 대처하다. ② 역사 과거에 급제한 사람.

신:력[1] **信力** (믿을 신, 힘 력). 불교 오력(五力)의 하나. 불법(佛法)을 믿음으로써[信] 얻게 되는 능력(能力)이나 신념(信念).

신력[2] **神力** (귀신 신, 힘 력). ① 신(神)의 위력(威力). ② 신통한 힘.

신령 神靈 (귀신 신, 혼령 령). ① 민속 풍습(風習)으로 섬기는 모든 신(神)이나 혼령(魂靈). ② 신기(神氣)하고 영묘(靈妙)함.

신례 新例 (새 신, 본보기 례). 새로운[新] 예(例). ⓑ 고례(古例).

신로 辛勞 (고통 신, 일할 로). 괴로움[辛]과 수고로움[勞]. ¶신로를 겪은 얼굴. ⓑ 고로(苦勞).

신로심불로 身老心不老 (몸 신, 늙을 로, 마음 심, 아닐 불, 늙을 로). 몸[身]은 늙었으나[老] 마음[心]은 늙지[老] 아니함[不].

신록 新綠 (새 신, 초록빛 록). 초여름에 새로[新] 나온 잎들이 띤 연한 초록빛[綠]. 또는 그런 빛의 나무와 풀. ¶봄이 되면 산은 신록으로 덮인다.

신:뢰 信賴 (믿을 신, 맡길 뢰). 어떤 일 따위를 믿고[信] 맡김[賴]. ¶신뢰를 얻다 / 그는 신뢰할 수 있는 사람이다.

▸신:뢰-도 信賴度 (정도 도). ① 속뜻 믿고[信] 의지하는[賴] 정도(程度). ② 수학 통계에서 어떠한 값이 알맞은 모평균이라고 믿을 수 있는 정도. ¶본 조사는 신뢰도가 높다.

▸신:뢰-성 信賴性 (성질 성). 믿고 의지할 수 있는[信賴] 성질(性質). ¶이 기사는 신뢰성이 낮다.

신료 臣僚 (신하 신, 동료 료). ① 속뜻 신하(臣下)들의 동료(同僚). ② 모든 신하. ¶조정의 신료들이 모여 회의를 한다.

신:루 蜃樓 (이무기 신, 다락 루). 이무기[蜃]가 만든 누각(樓閣). '신기루'(蜃氣樓)의 준말.

신:망 信望 (믿을 신, 바랄 망). 어떤 사람이 믿고[信] 그에게 무엇을 바람[望]. 또는 믿음과 덕망. ¶그는 국민에게 신망을 받는 대통령이다.

▸신:-망-애 信望愛 (사랑 애). 기독교 믿음[信], 소망[望], 사랑[愛]을 이르는 말.

신-면목 新面目 (새 신, 낯 면, 눈 목). ① 속뜻 새로운[新] 얼굴[面目]. ② 아주 달라진 새로운 모양새. ¶신면목을 보이다.

신명[1] **申明** (알릴 신, 밝을 명). 생각하는 바를 분명(分明)히 말함[申].

신명[2] **身命** (몸 신, 목숨 명). 몸[身]과 목숨[命]을 아울러 이르는 말. ¶신명을 바치다 / 그들은 국가를 위해 신명을 다해 싸웠다.

신명[3] **神命** (귀신 신, 명할 명). ① 속뜻 신(神)의 명령(命令). ② 영성의 생명(生命).

신명[4] **神明** (신통할 신, 밝을 명). 신령(神靈)스럽고 이치에 밝다[明].

신명[5] **晨明** (새벽 신, 밝을 명). ① 속뜻 새벽[晨]이 밝아[明] 옴. ② 날이 샐 무렵. ⓑ 새벽녘.

신모 神謀 (신통할 신, 꾀할 모). 신통(神通)한 꾀[謀].

신묘[1] **辛卯** (천간 신, 토끼 묘). 민속 천간의 '辛'과 지지의 '卯'가 만난 간지(干支). 육십갑자의 스물여덟째. ¶정선은 〈신묘년 풍악도첩〉(辛卯年楓嶽圖帖)을 그렸다.

신묘[2] **神妙** (신통할 신, 묘할 묘). 신통(神通)하고 묘(妙)함. ¶그녀의 춤사위는 신묘한 경지에 이르렀다.

▸신묘불측 神妙不測 (아닐 불, 헤아릴 측). 신통(神通)하고 묘(妙)하여 감히 헤아릴[測] 수 없음[不].

신무 神武 (신통할 신, 굳셀 무). 뛰어난[神] 무예와 용맹[武]. ¶신라 때의 화랑들은 신무를 갖추고 있었다.

▸신무-문 神武門 (문 문). ① 속뜻 신통하고[神] 굳세게[武] 경복궁을 지키는 문(門). ② 고적 경복궁의 북문. 임금이 경무대에서 거행되는 과거장에 행차할 때에만 이 문을 열었다.

신-무기 新武器 (새 신, 굳셀 무, 그릇 기). 새로운[新] 무기(武器). ¶신무기를 개발하다.

신:묵 愼默 (삼갈 신, 잠잠할 묵). 삼가서[愼] 잠잠히[默] 있음.

신:문[1] **訊問** (물을 신, 물을 문). ① 속뜻 캐어 물음[訊=問]. ② 법률 법원이나 기타 국가 기관이 어떤 사건에 관하여 증인, 당사자, 피고인 등에게 말로 물어 조사하는 일. ¶유도 신문 / 검찰이 범인을 심문했다.

▸신:문조서 訊問調書 (헤아릴 조, 글 서). 신

문(訊問)을 받은 자에게서 조사(調査)한 내용을 적은 문서(文書).

신문[2] **新聞** (새 신, 들을 문). ① 속뜻 새로[新] 들은[聞] 소식. ②사회에서 발생한 사건에 대한 사실이나 해설을 널리 신속하게 전달하기 위한 정기 간행물. ¶학급 신문 / 신문을 배달하다. ③신문지.

▶ 신문-사 新聞社 (회사 사). 신문(新聞)을 발행하는 회사(會社).

▶ 신문-인 新聞人 (사람 인). 신문업(新聞業)에 종사하는 사람[人]. ¶신문의 사명과 책임을 강조하다.

▶ 신문-지 新聞紙 (종이 지). 신문(新聞) 기사를 실은 종이[紙]. ¶신문지를 재활용하다.

▶ 신문-철 新聞綴 (꿰맬 철). 여러 장의 신문(新聞)을 꿰맬[綴] 때에 쓰는 기구. 또는 그렇게 철한 신문.

▶ 신문-학 新聞學 (배울 학). 언론 신문(新聞)을 중심으로 한 매스커뮤니케이션을 연구 대상으로 하는 사회 과학(社會科學).

▶ 신문 기자 新聞記者 (기록할 기, 사람 자). 언론 신문(新聞)에 실을 소식을 수집하고 기사를 작성하는[記] 데 종사하는 사람[者].

▶ 신문 소:설 新聞小說 (작을 소, 말씀 설). 신문(新聞)에 연재하는 소설(小說). ¶신문 소설을 모아 책으로 출간하였다.

신문-고 申聞鼓 (알릴 신, 들을 문, 북 고). ① 속뜻 백성이 억울함을 알리고[申] 들려주기[聞] 위하여 치는 북[鼓]. ② 역사 조선 때, 대궐 문루에 달아 백성이 원통한 일을 하소연할 때 치게 했던 북. ¶그는 신문고를 두드렸다.

신-문물 新文物 (새 신, 글월 문, 만물 물). 외국에서 새로[新] 들어온 문물(文物). ¶문호를 개방하자 신문물이 물밀듯이 들어왔다.

신-문학 新文學 (새 신, 글월 문, 배울 학). 문학 우리나라에서 갑오개혁 이후에 일어난 새로운[新] 문학(文學). 개화사상(開化思想)에 따라 서구(西歐)의 문예 사조를 받아들여 새로운 형식과 내용을 갖게 되었다.

신-문화 新文化 (새 신, 글월 문, 될 화). 외국에서 새로[新] 들어온 문화(文化). ¶고종은 신문화를 받아들여 체제를 정비했다.

신:물 信物 (믿을 신, 만물 물). 신표(信標)로 서로 주고받는 물건(物件). ¶신물로 반지를 나누어가지며 약속했다.

신-물질 新物質 (새 신, 만물 물, 바탕 질). 새로운[新] 물질(物質). ¶신물질로 신약을 개발했다.

신미[1] **辛味** (매울 신, 맛 미). 매운[辛] 맛[味]. ¶이 고추장은 신미가 강하다.

신미[2] **新米** (새 신, 쌀 미). 그 해에 새로[新] 수확한 쌀[米]. ⓑ햅쌀.

신미[3] **新味** (새 신, 맛 미). 새로운[新] 맛[味].

신미[4] **辛未** (천간 신, 양 미). 민속 천간의 '辛'과 지지의 '未'가 만난 간지(干支). ¶신미년생은 양띠다.

▶ 신미-양요 辛未洋擾 (서양 양, 어지러울 요). ① 속뜻 신미(辛未)년에 서양(西洋)인들이 일으킨 난리[擾]. ② 역사 1871년에 미국 군함이 강화도에 침입한 사건. 1866년 조선인들이 제너럴셔먼 호를 공격해 불태우자, 이를 빌미로 강화도 해협에 침입해 개항을 요구하였다.

신민[1] **臣民** (신하 신, 백성 민). 군주국에서 신하(臣下) 관원과 백성[民]을 아울러 이르는 말. ¶신민들의 협조가 필요하다.

신민[2] **新民** (새 신, 백성 민). 백성을[民] 새롭게[新] 함. 『대학』(大學)에서 이르는 삼강령(三綱領)의 하나. 『대학』 고본에는 '친민'(親民)으로 되어 있다.

신민-회 新民會 (새 신, 백성 민, 모일 회). ① 속뜻 새로운[新] 사람[民]을 기르기 위한 모임[會]. ② 역사 1907년에 안창호가 양기탁, 이동녕 등과 함께 국권 회복을 목적으로 조직한 항일 비밀 결사 단체.

신-발명 新發明 (새 신, 밝힐 발, 밝을 명). 아직까지 없던 기술이나 물건을 새로[新] 발명(發明)함. ¶태양열로 가는 자동차를 신발명하다.

신:방[1] **訊訪** (물을 신, 찾을 방). 어떤 사람이나 물건을 물어서[訊] 찾아봄[訪].

신방[2] **新房** (새 신, 방 방). 신랑과 신부가 첫날밤을 치르도록 새로[新] 꾸민 방(房). ¶신방에 불이 꺼지자 밖에서 구경하던 사람들이 까르르 웃었다.

신벌 神罰 (귀신 신, 벌할 벌). 신(神)이 내리는 벌(罰). ¶도둑도 신벌만은 겁이 났다.

신법 新法 (새 신, 법 법). 새로[新] 만든 법(法). ¶신법을 공포하다. [반]구법(舊法).

신변 身邊 (몸 신, 가 변). 몸[身]의 주변(周邊). ¶신변에 위협을 느끼다.

▸신변-잡기 身邊雜記 (섞일 잡, 기록할 기). 자기 주위[身邊]에서 일어나는 여러 가지[雜] 일들을 적은[記] 수필체의 글.

신병1 身柄 (몸 신, 자루 병). ① [속뜻]몸통[身]을 자루[柄]에 비유한 말. ② [법률]보호나 구금의 대상이 되는 사람의 몸. ¶신병을 인도하다 / 범죄 용의자의 신병을 확보하였다.

신병2 身病 (몸 신, 병 병). 몸[身]에 생긴 병(病). ¶신병을 이유로 불참하다.

신병3 新兵 (새 신, 군사 병). 새로[新] 입대한 병사(兵士). ¶신병을 훈련하다.

신보1 新報 (새 신, 알릴 보). 새로운[新] 보도(報道). ¶각 신문마다 신보가 실렸다.

신보2 新譜 (새 신, 적어놓을 보). ① [속뜻]새로운[新] 곡의 악보(樂譜). ②새로 취입한 레코드. ¶그는 이번에 신보를 내고 활발히 가수 활동을 하고 있다.

신보-군 神步軍 (귀신 신, 걸음 보, 군사 군). [역사]고려 때, 윤관이 귀신(鬼神) 같은 능력이 있는 보병(步兵)으로 조직한 군대(軍隊).

신복1 臣僕 (신하 신, 종 복). ① [속뜻]신하(臣下)와 종[僕]. ②임금을 섬기어 벼슬하는 사람. ¶적국의 장수를 포로로 잡아가 신복으로 삼았다. [비]신하(臣下).

신복2 臣服 (신하 신, 따를 복). 신하(臣下)로서 복종(服從)함. ¶왕에게 신복을 맹세하다.

신:복3 信服 (믿을 신, 따를 복). 믿고[信] 복종(服從)함. ¶그는 스승님을 평생 신복했다.

신:봉 信奉 (믿을 신, 받들 봉). 옳다고 믿고[信] 받듦[奉]. ¶종교를 신봉하다.

신:부1 信否 (믿을 신, 아닐 부). 믿을 수 있는 일[信]과 믿지 못할[否] 일.

신부2 神父 (귀신 신, 아버지 부). ① [속뜻]영적인[神] 아버지[父]. ② [가톨릭]사제로 임명받은 성직자. 성사를 집행하고 미사를 드리며 강론을 한다.

신부3 新婦 (새 신, 여자 부). 곧 결혼하거나 갓[新] 결혼한 여자[婦]. ¶신부는 눈물을 흘렸다. [반]신랑(新郞).

신:-부전 腎不全 (콩팥 신, 아닐 부, 온전할 전). ① [속뜻]신장(腎臟)의 기능이 온전하지[全] 못함[不]. ② [의학]신장(腎臟)의 기능 장애로 혈액의 화학적 조성에 이상이 생기는 병. ¶어머니는 만성 신부전을 앓고 있다.

신분 身分 (몸 신, 분수 분). ①어떤 사회 안에서 개인[身]이 갖는 역할이나 분수(分數). ¶신분이 높다. ② [법률]사람의 법률상 지위나 자격. ¶경찰관 신분을 사칭하다. ③중세의 사회관계를 구성하는 서열.

▸신분-권 身分權 (권리 권). [법률]신분(身分)관계에 따라 발생하기도 하고 소멸되기도 하는 개인의 권리(權利). 친권, 부권(夫權), 호주권, 상속권 따위이다.

▸신분-범 身分犯 (범할 범). [법률]일정한 신분(身分)이 범죄(犯罪)의 구성 요건이 되는 범죄. ¶수뢰죄는 공무원에게만 해당하는 신분범이다.

▸신분-법 身分法 (법 법). [법률]신분 관계(身分關係)를 규율하는 법(法)을 통틀어 이르는 말. 최근에는 '가족법'이라는 용어를 주로 쓴다.

▸신분-제 身分制 (정할 제). '신분제도'(身分制度)의 준말. ¶동학(東學)이 퍼지면서 신분제가 동요했다.

▸신분-증 身分證 (증거 증). ① [속뜻]신분(身分)을 증명(證明)하는 문서. ②관청이나 회사 등에서 각기 그 직원이나 사원임을 증명하는 문서. '신분증명서'(身分證明書)의 준말.

▸신분 상속 身分相續 (서로 상, 이을 속). [법률]일정한 신분(身分)을 승계하는 것을 목적으로 하는 상속(相續)의 형태. 호주의 신분을 승계하는 호주 상속 따위가 있다.

▸신분 제:도 身分制度 (정할 제, 법도 도). [사회]봉건 시대에, 계급에 따라 개인의 신분(身分)을 나누고 활동 따위를 제한하던 제도(制度). ¶골품제란 혈통에 따라 나눈 신분 제도이다.

▸신분-증명서 身分證明書 (증거 증, 밝을 명, 글 서). 관청이나 회사 등에서 각기 그 직원이나 사원의 신분(身分)임을 증명(證明)하는 문서(文書).

신불 神佛 (귀신 신, 부처 불). 신령(神靈)과 부처[佛]를 아울러 이르는 말. ¶신불이 기적을 베푼다는 것을 믿는 사람이 많다.

신비 神秘 (신통할 신, 숨길 비). 매우 신기(神奇)하여 그 이치 등을 알기 어려움[秘]. ¶자연의 신비를 풀다 / 모나리자의 미소는 매우 신비하다 / 이 돌은 매우 신비스럽다.

▸**신비-감 神秘感** (느낄 감). 신비(神秘)스러운 느낌[感]. ¶생명에 대한 신비감이 느껴졌다 / 사랑은 정말 신비롭다.

▸**신비-경 神秘境** (상태 경). 사람의 힘이나 지혜가 미치지 못할 정도로 신비한(神秘) 경지(境地). ¶신비경에 빠지다.

신-비평 新批評 (새 신, 따질 비, 평할 평). ① 속뜻 새로운[新] 방법의 비평(批評). ② 문학 19세기 초 미국에서 유행하던 문예비평 방법. 작품 이외의 요소들을 배제하고 작품만을 분석할 것을 주장하였다. ㊥뉴크리티시즘(new criticism).

신빙 信憑 (믿을 신, 기댈 빙). ① 속뜻 믿고[信] 기댈[憑] 만한 것. ② 믿어서 근거나 증거로 삼음. ¶이 주장은 신빙할 만한 충분한 근거가 있다.

신사[1] 辛巳 (천간 신, 뱀 사). 민속 천간의 '辛'과 지지의 '巳'가 만난 간지(干支). 육십갑자의 열여덟째. ¶신사무옥(誣獄).

신사[2] 神祠 (귀신 신, 사당 사). 민속 신령(神靈)을 모신 사당(祠堂).

신:사[3] 愼思 (삼갈 신, 생각 사). 신중(愼重)히 생각함[思]. ¶신사해 본 뒤 결정하겠다.

신사[4] 神社 (귀신 신, 모일 사). 일본에서 왕실의 조상이나 국가 유공자를 대표하는 여러 신(神)들의 위패를 모아[社] 놓은 곳. 또는 그 사당.

▸**신사 참배 神社參拜** (뵐 참, 절 배). 역사 신사(神社)에 참배(參拜)하는 일. ¶일제는 한민족의 종교와 사상을 억압하기 위하여 신사 참배를 강요했다.

신:사[5] 紳士 (큰 띠 신, 선비 사). ① 속뜻 허리에 큰 띠[紳]를 두른 선비[士]. '紳'은 옛날 중국에서 예의를 갖춰 입을 때 사용한 넓은 띠를 가리킨다. ② 점잖고 교양이 있으며 예의 바른 남자. ¶중년 신사. ③ 보통의 남자를 대접하여 이르는 말. ¶신사 숙녀 여러분!

▸**신:사-도 紳士道** (길 도). 신사(紳士)로서 마땅히 지켜야할 도리(道理). ¶신사도를 발휘하다.

▸**신:사-복 紳士服** (옷 복). 성인 남자[紳士]의 양복(洋服).

▸**신:사-적 紳士的** (것 적). 신사(紳士)다운 것[的]. ¶신사적인 사람.

▸**신:사-풍 紳士風** (모습 풍). 신사(紳士) 같은 풍채(風采). 또는 신사 모양.

▸**신:사-협정 紳士協定** (합칠 협, 정할 정). ① 속뜻 서로 상대편을 믿고 신사적(紳士的)으로 협의(協議)하여 결정(決定)함. ② 법적 구속력을 갖지 않는 비공식적인 국제 협정.

▸**신:사 유람단 紳士遊覽團** (떠돌 유, 볼 람, 모일 단). ① 속뜻 신사복(紳士服) 차림으로 유람(遊覽)한 단체(團體). ② 역사 1881년에 새로운 문물제도의 시찰을 위하여 고종이 일본에 파견한 시찰단.

신산[1] 辛酸 (매울 신, 신맛 산). ① 속뜻 맛이 맵고[辛] 심[酸]. ② '세상살이의 고됨'을 비유하여 이르는 말. ¶신산한 삶.

신산[2] 神山 (귀신 신, 메 산). ① 속뜻 신령(神靈)을 모신 산(山). ② 신선이 산다는 산. ¶이 산은 전국 최고의 신산이다.

신상[1] 神像 (귀신 신, 모양 상). 신(神)의 형상(形像)을 그림, 조각 따위로 나타낸 것. ¶이 곳은 신상을 모시는 방이다.

신:상[2] 紳商 (큰 띠 신, 장사 상). 상류층에 속하는 점잖은 신사(紳士) 같은 상인(商人).

신상[3] 身上 (몸 신, 위 상). 신변(身邊)에 관한[上] 일이나 형편. ¶성 범죄자들의 신상을 공개해야 한다.

▸**신상 발언 身上發言** (나타낼 발, 말씀 언). 일신상(一身上)에 관하여 구두로 진술하는[發言] 일.

▸**신상-명세서 身上明細書** (밝을 명, 가늘 세, 글 서). 개인의 신상(身上)에 관한 사항을 분명(分明)하고 자세(仔細)히 적은 기록[書].

신:상-필벌 信賞必罰 (믿을 신, 상줄 상, 반드시 필, 벌할 벌). ① 속뜻 공이 있는 자에게는 확실하게[信] 상(賞)을 주고 죄가 있는 사람에게는 반드시[必] 벌(罰)을 줌. ② 상과 벌을 공정하고 엄중하게 하는 일을 이르는 말.

신색[1] **神色** (정신 신, 빛 색). ① 속뜻 정신(精神)과 안색(顏色). ② 상대편의 안색을 높여 이르는 말. ¶신색이 좋아지셨습니다.

신ː색[2] **愼色** (삼갈 신, 빛 색). 여색(女色)을 삼감[愼].

신생 新生 (새 신, 날 생). 새로[新] 생기거나 태어남[生].

▸신생-대 新生代 (시대 대). ① 속뜻 가장 새롭게[新] 생물이 나타난[生] 시대(時代). ② 지리 중생대 이후의 지질시대. 약 6500만 년 전부터 현재까지의 시대를 이르며 그 말기에 인류가 나타났다. 참지질 시대(地質時代).

▸신생-아 新生兒 (아이 아). 새로[新] 태어난[生] 아이[兒]. 비갓난아이.

신-생활 新生活 (새 신, 살 생, 살 활). ① 속뜻 새로운[新] 방식과 새로운 윤리 의식으로 영위하는 새로운 생활(生活). ② 문학 1922년대에 창간된 우리나라 최초의 순간지(旬刊誌). 신생활(新生活) 운동을 계몽(啓蒙)·선전(宣傳)하기 위한 잡지(雜誌)이다.

신ː서[1] **信書** (믿을 신, 글 서). 안부, 소식, 용무 따위를 상대편이 믿을[信] 수 있도록 적어 보내는 글[書]. ¶신서를 보내다. 비편지(便紙).

신서[2] **新書** (새 신, 책 서). 새로[新] 나온 책[書]. ¶신서를 소개하다.

신-석기 新石器 (새 신, 돌 석, 그릇 기). 고적 돌을 가는 새로운[新] 기술을 개발하여 정교하게 만든 석기(石器). 간석기라고도 한다.

▸신석기 시대 新石器時代 (때 시, 연대 대). 고적 신석기(新石器)를 널리 사용하던 시대(時代). 문화 발전 단계에서 구석기 시대의 다음, 금속기 사용 이전의 시대이다.

신선[1] **神仙** (귀신 신, 신선 선). ① 속뜻 귀신(鬼神)이나 선인(仙人) 같은 사람. ② 도(道)를 닦아서 현실의 인간 세계를 떠나 자연과 벗하며 산다는 상상의 사람. 속담 신선놀음에 도끼 자루 썩는 줄 모른다.

▸신선-도 神仙圖 (그림 도). 신선(神仙)의 세계를 그린 그림[圖].

▸신선-로 神仙爐 (화로 로). ① 속뜻 신선(神仙)의 기풍(氣風)이 있는 화로(火爐). ② 상위에 놓고 열구자를 끓이는 그릇. 또는 그것에 끓인 음식. 구리, 놋쇠 따위로 굽 높은 대접 비슷하게 만든 것인데 가운데 숯불을 담는 통이 있고 통 둘레에 여러 가지 음식을 담아서 끓인다.

신선[2] **新鮮** (새 신, 싱싱할 선). ① 새롭고[新] 싱싱하다[鮮]. ¶신선한 공기를 들이마시다. ② 채소나 생선 따위가 싱싱하다. ¶신선한 과일.

▸신선-도 新鮮度 (정도 도). 신선(新鮮)한 정도(程度). ¶냉장고에 보관해야 신선도가 오래 유지된다.

신설[1] **新設** (새 신, 세울 설). 설비, 설비 따위를 새로[新] 마련함[設]. ¶신설 학교 / 공예 강좌를 신설하다.

신설[2] **新說** (새 신, 말씀 설). 새로운[新] 학설(學說)이나 견해. ¶그는 양자(量子)에 관한 신설을 내놓았다.

신성[1] **晨省** (새벽 신, 살필 성). 이른 아침[晨]에 부모의 침소에 가서 밤새의 안부를 살핌[省]. ¶아버지는 하루도 신성을 거르는 날이 없었다.

신성[2] **晨星** (새벽 신, 별 성). ① 속뜻 새벽[晨] 하늘에 나타나는 별[星]. ② '금성'(金星)을 일상적으로 이르는 말. 비샛별.

신성[3] **新星** (새 신, 별 성). ① 천문 희미하던 별이 폭발 따위에 의하여 갑자기 밝아졌다가 다시 서서히 희미하여지는 별. 서양에서 망원경이 발명되기 전에 하늘에 새로운[新] 별[星]이 탄생한다고 여겨 붙여진 이름이다. ② 어떤 분야나 단체에 새로 나타나서 주목이나 인기를 받는 사람을 비유하여 이르는 말. ¶그는 화단(畫壇)의 신성으로 주목을 받고 있다.

신성[4] **神性** (귀신 신, 성품 성). 신(神)의 성격(性格). 또는 신과 같은 성격. ¶신성을 지니다.

신성[5] **神聖** (귀신 신, 거룩할 성). ① 속뜻 신(神)과 같이 거룩함[聖]. ② 매우 거룩하고 존귀함. ¶신성을 모독하다 / 결혼은 신성한 것이다.

▸신성-시 神聖視 (볼 시). 어떤 대상을 신성(神聖)한 것으로 여기거나 봄[視]. ¶힌두교에서는 갠지스 강을 신성시한다.

▸신성 모ː독 神聖冒瀆 (시기할 모, 더럽힐

독). 가톨릭 신성(神聖)한 하나님이 지니고 있는 특성을 말이나 행동으로 더럽혀 욕하는[冒瀆] 일. ㉥독성(瀆聖).

▸신성-불가침 神聖不可侵 (아닐 불, 가히 가, 쳐들어갈 침). ①신성(神聖)하여 침범(侵犯)이 불가(不可)함. ¶자유권은 신성불가침의 권리이다. ②17~18세기의 전제 정치 시대에 군주는 그 행위에 대하여 법률상의 책임이 문책되지 아니함을 이른 말.

신세[1] **身世** (몸 신, 세상 세). ① 속뜻 한 몸[身]이 세상(世上)에 처한 처지. 주로 불쌍하거나 외롭거나 가난한 경우를 이른다. ¶신세타령 / 자신의 신세를 한탄하다. ②다른 사람에게 도움을 받거나 폐를 끼치는 일. ¶미안하지만 며칠 신세를 지겠네.

신세[2] **新歲** (새 신, 해 세). 새[新] 해[歲].

신-세:계 新世界 (새 신, 세상 세, 지경 계). ① 속뜻 새로[新] 발견된 세계(世界). ②새로운 세상. 또는 새로운 활동 무대. ¶전기의 발명으로 신세계가 열렸다.

신-세기 新世紀 (새 신, 세대 세, 연대 기). 새로운[新] 시대[世紀]. ¶신세기가 시작되다.

신-세:대 新世代 (새 신, 인간 세, 시대 대). ① 속뜻 새로운[新] 세대(世代). 흔히 20세 이하의 젊은 세대를 이른다. ② 사회 기성의 관습에 반발하여 새로운 문화를 쉽게 받아들이고 개성이 뚜렷하며 자기중심적 사고 및 주장이 강한 세대. ¶그는 신세대의 문화를 이해할 수 없었다.

신-소:설 新小說 (새 신, 작을 소, 말씀 설). ① 속뜻 주제나 형식 등이 새로운[新] 소설(小說). ② 문학 갑오개혁 이후부터 현대 소설이 창작되기 전까지, 새로운 형식과 주제로 쓴 소설. 언문일치의 문체로, 봉건 질서 타파와 개화·계몽 및 자주독립 사상 고취 등을 주제로 한 것이 많다.

신-소재 新素材 (새 신, 바탕 소, 재료 재). 종래에는 없던 새로[新] 개발한 소재(素材)를 통틀어 이르는 말. ¶신소재 연구에 박차를 가하다.

신속[1] **臣屬** (신하 신, 엮을 속). 신하(臣下)로 매여[屬] 있음. 또는 그 신하. ¶주변국들은 조공을 바치며 명나라에 신속했다.

신:속[2] **迅速** (빠를 신, 빠를 속). 매우 빠름[迅=速]. ¶신속 배달 / 화재 발생 시 신속하게 대피하십시오.

▸신:속-성 迅速性 (성질 성). 매우 빠른[迅速] 성질(性質). ¶보도는 신속성이 생명이다.

신수[1] **身手** (몸 신, 손 수). ① 속뜻 몸[身]과 손[手]. ②'겉으로 나타난 건강한 빛'을 이르는 말. ¶신수가 훤하다.

신수[2] **身數** (몸 신, 운수 수). 사람 몸[身]의 운수(運數). ¶정초에 한해의 신수를 보았다.

▸신수-점 身數占 (점칠 점). 신수(身數)를 알아보는 점(占).

신수[3] **神授** (귀신 신, 줄 수). 신(神)이 내려 줌[授].

▸신수-설 神授說 (말씀 설). 정치 국왕(國王)의 권리는 신(神)에게서 받은[授] 절대적인 것이므로 인민이나 의회에 의하여 제한되지 않는다는 설(說). 영국과 프랑스의 국왕이 교황, 신성 로마 황제, 봉건 제후를 누르고 왕권을 확립하는 데에 뒷받침이 된 주장으로 영국의 필머, 프랑스의 보댕 등이 주창하였다.

신수[4] **薪水** (땔나무 신, 물 수). ① 속뜻 땔나무[薪]와 물[水]. 땔나무를 하고 물을 긷는 일. ②봉급(俸給). ③봉양(奉養).

▸신수지로 薪水之勞 (어조사 지, 일할 로). ① 속뜻 땔나무[薪]를 하고 물[水]을 긷는 일을 함[勞]. ②'일상의 일에 몸을 아끼지 않고 노력함'을 이르는 말.

신술 神術 (신통할 신, 꾀 술). 신묘(神妙)한 술법(術法). ¶신술을 부리다.

신승 辛勝 (고통 신, 이길 승). 경기 따위에서 어렵게[辛] 이김[勝]. ¶연장전 끝에 신승을 거두다. ㉥낙승(樂勝).

신시[1] **神市** (귀신 신, 도시 시). 역사 ①환웅이 태백산 신단수(神檀樹) 밑에 세웠다는 도시(都市). ②상고 시대에 신정(神政) 사회에서 신성하게 여긴 도시 부근의 장소.

신시[2] **新詩** (새 신, 시 시). ① 속뜻 내용이나 형식 등이 새로운[新] 경향을 띠는 시(詩). ② 문학 신체시(新體詩).

신-시가지 新市街地 (새 신, 도시 시, 거리 가, 땅 지). 새롭게[新] 만들어진 시가지(市街地). ¶신시가지를 조성하다.

신-시조 新時調 (새 신, 때 시, 가락 조). 갑오 개혁 이후 서구에서 들어온 시의 영향을 받아 새로운[新] 기법으로 지은 시조(時調).

신-시대 新時代 (새 신, 때 시, 연대 대). 새로운[新] 시대(時代). ¶신시대에 걸맞은 새로운 법률이 필요하다. [반]구시대(舊時代).

신식 新式 (새 신, 법 식). 새로운[新] 방식(方式)이나 양식(樣式). ¶신식 교육을 받다. [반]구식(舊式).

신신-당부 申申當付 (알릴 신, 알릴 신, 마땅 당, 청할 부). 거듭 말하며[申+申] 단단히[當] 부탁(付託)함. ¶할머니는 내 손을 잡고 신신당부를 하셨다.

신신-부탁 申申付託 (거듭할 신, 거듭할 신, 청할 부, 맡길 탁). 거듭 말하며[申+申] 간곡히 부탁(付託)함. ¶친구는 자기 집에 한 번 들르라며 신신부탁을 했다.

신:실 信實 (믿을 신, 참될 실). 믿음직스럽고[信] 착실(着實)함. ¶그는 신실하고 정직한 사람이다.

신:심 信心 (믿을 신, 마음 심). ①옳다고 믿는[信] 마음[心]. ¶서로에 대한 신심이 두텁다. ②종교를 믿는 마음. ¶신심이 깊다.

▸신:심-직행 信心直行 (곧을 직, 행할 행). 마음[心]에 옳다고 믿는[信] 바대로 망설임이 없이[直] 행동(行動)함.

신안¹ 神眼 (귀신 신, 눈 안). ① [속뜻] 귀신(鬼神)같이 밝은 눈[眼]. ②지술(地術)이나 상술(相術) 따위에 정통한 눈.

신안² 新案 (새 신, 생각 안). ① [속뜻] 새로운[新] 생각[案]. ②새로운 고안(考案)이나 제안(提案).

▸신안 특허 新案特許 (특별할 특, 허락 허). [법률] 물품의 형상, 구조 따위에 관한 실용적인 새로운[新] 고안(考案)에 대한 권리의 특허(特許). '실용신안 특허'(實用新案特許)의 준말.

신:앙 信仰 (믿을 신, 우러를 앙). 신이나 초자연적 절대자를 믿고[信] 우러러보며[仰] 따르는 마음. ¶신앙의 힘.

▸신:앙-심 信仰心 (마음 심). 종교를 믿고 그 가르침을 따르는[信仰] 마음[心]. ¶신앙심이 깊다.

신:애 信愛 (믿을 신, 사랑 애). ① [속뜻] 믿음[信]과 사랑[愛]. ②믿고 사랑함. ¶부부는 신애를 약속했다.

신:약¹ 信約 (믿을 신, 묶을 약). 믿음[信]으로써 약속(約束)함. ¶친구와 한 신약을 지키다.

신약² 神藥 (신통할 신, 약 약). 신통(神通)한 효험이 있는 약(藥). ¶신약을 구하러 다니다.

신약³ 新藥 (새 신, 약 약). ①새로[新] 발명한 약(藥). ¶관절염에 좋은 신약을 개발하였다. ②한약만 약으로 여기고 있던 예전에 새로운 약이라는 뜻으로, '양약'(洋藥)을 이르던 말.

신약⁴ 新約 (새 신, 묶을 약). ① [속뜻] 새로이[新] 한 약속(約束). ② [기독교] '신약성경'(聖經)의 준말. [반]구약(舊約).

▸신약 성:경 新約聖經 (거룩할 성, 책 경). [기독교] 예수 탄생 후에, 하나님이 예수를 통하여 신자들에게 새롭게[新] 약속(約束)한 것을 기록한, 그리스도교의 성경(聖經). 예수의 생애와 언행을 기록한 복음서 4권, 제자들의 선교 활동을 기록한 사도행전 1권, 사도들의 서신 21권, 계시록 1권 등 모두 27권으로 이루어져 있다. [비]신약 성서(聖書).

▸신약 성:서 新約聖書 (거룩할 성, 책 서). [기독교] 예수 탄생 후에, 하나님이 예수를 통하여 신자들에게 새롭게[新] 약속(約束)한 것을 기록한, 그리스도교의 성스러운[聖] 책[書]. [비]신약 성경.

신양 身恙 (몸 신, 병 양). 몸[身]에 생긴 병[恙]. ¶어머니께서는 신양 중에 있으시다. [비]신병(身病).

신어 新語 (새 신, 말씀 어). 새로[新] 생긴 말[語]이나 새로 들어와 쓰이게 된 외래어. ¶근래 들어 신어가 급증하고 있다. [비]새말, 신조어.

신:언 愼言 (삼갈 신, 말씀 언). 말[言]을 삼감[愼]. [비]신구(愼口).

신언서판 身言書判 (몸 신, 말씀 언, 쓸 서, 판가름할 판). ① [속뜻] 몸[身]가짐, 말씨[言], 글씨[書], 판단[判]의 네 가지. ② [역사] 중국 당나라 때 관리를 등용하는 시험에서 인물을 평가하는 기준. ③예전에 인물을 선택하는 데 표준으로 삼던 조건.

신업 身業 (몸 신, 업보 업). [불교] 몸[身]으로 행동을 잘못하여 짓는 죄업(罪業). ㊟삼업(三業).

신-여성 新女性 (새 신, 여자 녀, 성별 성). 개화기 때, 신식(新式) 교육을 받은 여자[女性]를 이르던 말.

신역[1] 身役 (몸 신, 부릴 역). ① 속뜻 몸[身]으로 치르는 노역(勞役). ② 역사 나라에서 성인 장정에게 부과하던 군역과 부역. ¶지나친 신역의 강요로 화전민이 되는 사람들이 많았다.

신역[2] 新譯 (새 신, 옮길 역). ① 속뜻 새로[新] 번역(翻譯)함. 또는 그 번역. ② 불교 당나라 현장 이후에 번역한 경전을 일컫는 말.

신열 身熱 (몸 신, 더울 열). 병 때문에 오르는 몸[身]의 열(熱).

신예 新銳 (새 신, 날카로울 예). ① 속뜻 칼 따위를 새로[新] 갈아 날카로움[銳]. 또는 그런 사람. ② 새롭고 기세나 힘이 뛰어남. 또는 그런 사람. ¶신예 선수들이 활약하다.

▸신예-기 新銳機 (틀 기). 새로 나온 성능이 좋은[新銳] 비행기(飛行機).

신외-무물 身外無物 (몸 신, 밖 외, 없을 무, 만물 물). ① 속뜻 몸[身] 밖[外]에는 아무 물건(物件)도 없음[無]. ② '몸이 다른 무엇보다도 소중함'을 이르는 말.

신:용 信用 (믿을 신, 쓸 용). ① 속뜻 무엇을 믿고[信] 씀[用]. ② 사람이나 사물이 틀림없다고 믿어 의심하지 아니함. 또는 그런 믿음성의 정도. ¶그녀는 신용을 잃다. ③ 경제 거래한 재화의 대가를 앞으로 치를 수 있음을 보이는 능력. 외상값, 빚, 급부 따위를 감당할 수 있는 지급 능력으로 소유 재산의 화폐적 기능을 이른다.

▸신:용-장 信用狀 (문서 장). ① 경제 은행이 거래하는 편의 의뢰에 의하여 발행하는 신용(信用) 보증 문서[狀]. 수입업자에 대하여 발행하는 상업 신용장과 해외여행자에 대하여 발행하는 여행 신용장이 있다. ② 법률 어떤 은행이 그 거래처인 특정 은행이나 일반 은행 앞으로 신용장에 정해진 사람에게 일정한 범위 내의 금전을 지급할 것을 위임하는 지급 위탁서.

▸신:용 거:래 信用去來 (갈 거, 올 래). 경제 ① 채권자 또는 대주(貸主)가 채무자 또는 차용자에게 미래에 갚겠다는 약속을 받고[信用] 돈, 상품, 서비스, 증권 등을 제공하는 거래(去來). ② 증권 회사가 고객으로부터 일정한 보증금을 받고 고객의 주식 매수 대금을 융자하거나 유가 증권을 대여하는 매매 거래.

▸신:용 경제 信用經濟 (다스릴 경, 건질 제). 경제 화폐 경제가 발달하여 신용(信用)이 경제생활(經濟生活)의 특징(特徵)을 이루는 경제 조직(經濟組織). 상거래에는 수표와 어음이 유통되며 큰 자본에는 주식과 사채 따위가 쓰인다.

▸신:용 공:황 信用恐慌 (두려울 공, 절박할 황). 경제 자본주의 사회에서 신용(信用)의 동요로 신용 체계가 붕괴되는 현상[恐慌].

▸신:용 기관 信用機關 (틀 기, 빗장 관). 경제 은행, 신용 조합, 전당포 따위와 같이 신용(信用)을 이용하여 돈을 융통하는 기관(機關).

▸신:용 대:부 信用貸付 (빌릴 대, 줄 부). 경제 채무자를 신용(信用)하여 물적 담보나 보증이 없이 기한을 정하고 돈을 꾸어 주는[貸付] 일.

▸신:용 보:험 信用保險 (지킬 보, 험할 험). 경제 채권자가 신용(信用)으로 물품을 판매하였다가 채무자의 채무 불이행으로 보게 되는 손해를 보상하는 보험(保險).

▸신:용 조사 信用調査 (헤아릴 조, 살필 사). 경제 새로 거래를 트거나 금전 대부를 할 때 상대편의 재산이나 신용(信用)을 조사(調査)하는 일.

▸신:용 증권 信用證券 (증거 증, 문서 권). 경제 약속 어음, 환어음, 공채증서, 채권 따위의 신용(信用)에 의하여 사용되는 증권(證券).

▸신:용 판매 信用販賣 (팔 판, 팔 매). 경제 상품을 파는 사람이 사는 사람을 신용(信用)하여 상품 값을 뒷날 받기로 하고 파는[販賣] 일.

▸신:용 화:폐 信用貨幣 (돈 화, 돈 폐). 경제 신용(信用) 경제의 발달에 따라 은행권, 어음, 수표 등과 같이 채권과 채무의 관계에서 화폐(貨幣)의 기능을 대신하는 증서.

신:우 腎盂 (콩팥 신, 사발 우). 의학 척추동물의 콩팥[腎] 안에 있는 사발[盂]같이 빈 곳. 오줌이 세뇨관을 통하여 이곳에 모였다

가 다시 수뇨관을 통하여 방광으로 빠져나간다. ㊥콩팥 깔때기.

▸신:우-염 腎盂炎 (염증 염). 의학 여러 가지의 병원체 특히 대장균에 의하여 생기는 신우(腎盂)의 염증(炎症). 오한이 나고 떨리면서 열이 높아지고 단백뇨가 나오며 신장부에 동통이 일어나는데 주로 여성에게 많은 병이다. ㊥깔때기염.

신운 神韻 (신통할 신, 그윽할 운). 고상하고 신비(神祕)스러운 운치(韻致). ¶화폭에 신운이 넘친다.

신원[1] 伸冤 (펼 신, 억울할 원). 가슴에 맺힌 원통(冤痛)함을 풀어[伸] 버림. ¶신원을 풀다.

신원[2] 身元 (몸 신, 으뜸 원). 한 개인의 신상(身上)을 알 수 있는 데 으뜸[元]이 되는 자료. 곧 학력이나 주소, 직업 따위를 이른다. ¶피해자의 신원을 조사하다.

▸신원 보증 身元保證 (지킬 보, 증명할 증). ① 속뜻 사람의 신원(身元)이 확실(確實)함을 보증(保證)하고 책임지는 일. ② 법률 고용 계약에서 사용자가 고용된 사람 때문에 입게 될지도 모르는 손해의 배상을 보증인이 담보하는 계약.

신-원소 新元素 (새 신, 으뜸 원, 바탕 소). 화학 1940년 이후에 새로이[新] 발견된 원자 번호 93 이상의 초우라늄 원소(元素)와 재래의 원소 주기표에 공백으로 되어 있던 43번 테크네튬(tn), 61번 프로메튬(Pm), 85번 아스타틴(At), 87번 프랑슘(Fr)을 통틀어 이르는 말.

신월 新月 (새 신, 달 월). ① 속뜻 음력으로 초하룻날에 새로[新] 보이는 달[月]. ② 천문 달과 해의 황경(黃經)이 같아지는 음력 초하룻날에 보이는 달. ㊥초승달.

신위[1] 神位 (귀신 신, 자리 위). 죽은 이의 영혼[神]이 의지할 자리[位]. 곧 신주나 지방(紙榜) 같은 것.

신위[2] 神威 (귀신 신, 위엄 위). 어느 누구도 감히 범할 수 없는 신(神)의 절대적인 권위(權威). ¶신위를 넘보다.

신유 辛酉 (천간 신, 닭 유). 민속 천간의 '辛'과 지지의 '酉'가 만난 간지(干支). ¶신유년 생은 닭띠다.

▸신유-박해 辛酉迫害 (다그칠 박, 해칠 해). ① 속뜻 신유(辛酉)년에 있었던 박해(迫害) 사건. ② 역사 조선 순조 원년(1801)에 이승훈을 비롯한 여러 가톨릭 신자들을 처형한 사건.

신음 呻吟 (끙끙거릴 신, 읊을 음). ① 속뜻 끙끙거리며[呻] 앓음[吟]. 또는 그러한 소리. ¶신음 소리. ② 고통이나 괴로움으로 고생하며 허덕임. ¶고통에 신음하는 사람들을 구할 것이다.

신:의[1] 信義 (믿을 신, 옳을 의). 믿음[信]과 의리(義理). ¶신의를 지키다.

신:의[2] 信疑 (믿을 신, 의심할 의). 믿음[信]과 의심(疑心)을 아울러 이르는 말.

신의[3] 神醫 (신통할 신, 치료할 의). 신통(神通)하게 병을 잘 고치는 의원(醫員). ¶박 의원은 신의라 불릴 만큼 뛰어났다.

신의[4] 神意 (귀신 신, 뜻 의). 신(神)의 뜻[意].

▸신의-설 神意說 (말씀 설). 철학 국가의 기초나 및 군주 권력의 근원은 신(神)의 뜻[意]에 달려 있다는 학설(學說).

신-의주 학생 사:건 新義州學生事件 (새 신, 옳을 의, 고을 주, 배울 학, 사람 생, 일). 사, 것 건). 역사 1945년 11월 23일 평안북도 신의주(新義州)에서 일어난 학생(學生)들의 반공 투쟁 사건(事件). 공산당이 용암포에서 열린 기독교 사회당 지방 대회를 습격하자 이에 분노한 학생들이 시위운동을 펼쳤다.

신이 神異 (신통할 신, 다를 이). 신기(神奇)하고 이상(異常)함.

신인[1] 神人 (귀신 신, 사람 인). ① 속뜻 신(神)과 사람[人]. ② 신과 같이 거룩한 사람. ③ 신통력을 가진 사람.

▸신인-공노 神人共怒 (함께 공, 성낼 노). ① 속뜻 신(神)과 사람[人]이 함께[共] 성냄[怒]. ② '누구나 분노할 만큼 증오스럽거나 도저히 용납할 수 없음'을 이르는 말. ㊥천인공노(天人共怒).

신인[2] 新人 (새 신, 사람 인). ① 어떤 분야에 새로[新] 등장한 사람[人]. ¶신인 배우. ② 새로 시집온 여자. 새댁. ③ 고적 현재의 사람과 같은 종(種)인 호모 사피엔스에 속하는 화석 인류. 그리말디인, 크로마뇽인 따위가 이에 속하는데 3만~4만 년 전 플라이스토세 후기에 나타나 눌러떼기에 의한 뗀석기를 만들었으며 골각기를 쓸 줄 알아서 활과 화살, 투창, 작살 따위로 사냥하였다.

신임[1] **新任** (새 신, 맡길 임). 새로[新] 임명(任命)됨. 또는 그 사람. ¶신임 교장.

신:임[2] **信任** (믿을 신, 맡길 임). 믿고[信] 일을 맡김[任]. ¶신임을 얻다 / 사장은 그를 전적으로 신임한다.

▸신:임-장 信任狀 (문서 장). ① [속뜻] 파견되는 외교 사절이 정당한 자격[信任]을 가졌음을 적은 문서[狀]. ② [정치] 파견국의 원수나 외무 담당 장관이 특정인을 외교 사절로 파견하는 취지와 그 사람의 신분을 상대국에 통고하는 문서. [반]해임장(解任狀).

▸신:임 투표 信任投票 (던질 투, 쪽지 표). [법률] ① 국회에서 정부에 대한 신임(信任) 여부를 결정하기 위해 행하는 투표(投票). ② 선거에 의하여 선임된 임원에 대하여 그 신임·불신임을 묻는 투표.

신입 **新入** (새 신, 들 입). 새로[新] 들어옴[入]. ¶신입 사원을 뽑다.

▸신입-생 新入生 (사람 생). 새로 입학한[新入] 학생(學生). ¶신입생 환영회.

신:자[1] **信者** (믿을 신, 사람 자). 어떤 종교를 믿는[信] 사람[者]. ¶기독교 신자. [비]교도(教徒), 교인(教人).

신자[2] **新字** (새 신, 글자 자). 새로[新] 만든 글자[字].

신작 **新作** (새 신, 지을 작). 새로[新] 만듦[作]. 또는 그 작품. ¶신작 발표.

▸신작-로 新作路 (길 로). ① [속뜻] 새로[新] 만든[作] 길[路]. ② 큰길.

신장[1] **神將** (귀신 신, 장수 장). ① [민속] 무력을 맡은 장수(將帥) 귀신(鬼神). 사방의 잡귀나 악신을 몰아낸다. ② [불교] 화엄신장. ③ 신병을 거느리는 장수. ④ 전략과 전술에 능한 장수.

신장[2] **身長** (몸 신, 길 장). 몸[身]의 길이[長]. ¶그녀는 신장이 160㎝ 가량 된다. [비]키.

신장[3] **伸張** (펼 신, 벌릴 장). 무엇을 펴서[伸] 넓히거나 벌림[張]. ¶학력 신장 / 한국의 국력은 크게 신장되었다.

▸신장-률 伸張率 (비율 률). 물체 또는 정도가 신장(伸張)하는 비율(比率).

신장[4] **新粧** (새 신, 단장할 장). 새로[新] 단장함[粧]. 또는 그 단장. ¶신장 개업.

신:장[5] **腎臟** (콩팥 신, 내장 장). [의학] 척추동물의 비뇨기와 관련된 콩팥[腎] 모양의 내장(內臟). 사람의 경우 강낭콩 모양으로 좌우에 한 쌍이 있으며 체내에 생긴 불필요한 물질을 몸 밖으로 배출하고 체액의 조성이나 양을 일정하게 유지하는 작용을 한다. ¶신장 이식 / 고혈압으로 신장이 나빠졌다.

▸신:장-병 腎臟病 (병 병). [의학] 신장(腎臟)에 생기는 병(病)을 통틀어 이르는 말. 신장염, 신장 결석, 신장 결핵, 신중혈, 신빈혈, 울혈신, 요독증, 신장 암종 따위가 있다.

▸신:장-염 腎臟炎 (염증 염). [의학] 신장(腎臟)에 생기는 염증(炎症). 급성, 만성, 위축신 따위의 세 가지가 있는데 급성 신장염과 만성 신장염은 부종, 단백뇨, 혈뇨, 고혈압 따위의 증상을 보이며 위축신은 요량(尿量)이 증가한다.

▸신:장 결석 腎臟結石 (맺을 결, 돌 석). [의학] 신장(腎臟)에 돌[石]같이 단단한 것이 맺어지는[結] 질환.

신저 **新著** (새 신, 지을 저). 새로[新] 지은 책[著].

신-적 **神的** (귀신 신, 것 적). 신(神)과 같은 것[的]. ¶신적인 존재.

신전[1] **神前** (귀신 신, 앞 전). 신령(神靈)의 앞[前]. ¶아들의 합격을 신전에 엎드려 빌다.

신전[2] **神殿** (귀신 신, 대궐 전). 신령(神靈)을 모신 전각(殿閣). ¶파르테논 신전은 아테네 여신을 모신 곳이다.

신절 **臣節** (신하 신, 지조 절). 신하(臣下)가 지켜야 할 절개(節槪). ¶신절을 지키다.

신접 **新接** (새 신, 이을 접). ① [속뜻] 새로[新] 이어짐[接]. ② 새로 살림을 차려 한 가정을 이룸. ¶시가 근처에 신접을 차리다. ③ 다른 곳에서 옮겨와서 새로 자리를 잡고 삶.

신정[1] **神政** (귀신 신, 정치 정). [정치] 신(神)의 대변자인 사제가 지배권을 가지고 종교적 원리에 의하여 통치하는 정치(政治) 형태. 고대 유대에서 볼 수 있다.

신정[2] **新情** (새 신, 사랑 정). 새로[新] 사귄 정(情). ¶신정도 좋지만 구정을 잊지 말랬다.

신정³ **新正** (새 신, 정월 정). 새[新]해 정삭(正朔)인 양력 1월 1일. [반]구정(舊正).

신정⁴ **新政** (새 신, 정치 정). 새로운[新] 정치나 정령(政令).

신정⁵ **新訂** (새 신, 바로잡을 정). 책 따위의 내용을 새로[新] 바로잡음[訂]. ¶법률책은 자주 신정해야 한다.

신제 新制 (새 신, 정할 제). 새로운[新] 제도(制度)나 체계. [반]구제(舊制).

신-제:품 新製品 (새 신, 만들 제, 물건 품). 새로[新] 만든[製] 물건[品]. ¶신제품 개발 / 신제품 발표회를 열다.

신:조¹ **信條** (믿을 신, 조목 조). ①굳게 믿는[信] 조목(條目). ¶나는 정직을 신조로 삼고 있다. ② [종교] 신앙의 조목 또는 교의(教義). ¶신조를 지키다

신조² **神助** (귀신 신, 도울 조). 신(神)이 도움[助]. ¶천우신조(天佑神助).

신조³ **神造** (귀신 신, 만들 조). 신(神)이 만든 것[造].

신조⁴ **新造** (새 신, 만들 조). 새로[新] 만듦[造]. ¶배를 신조하다.

신조⁵ **新調** (새 신, 고를 조). ① [속뜻] 새로[新] 조화(調和)롭게 만듦. ②새로운 곡조.

신:종¹ **信從** (믿을 신, 따를 종). 믿고[信] 따름[從].

신종² **新種** (새 신, 갈래 종). ①이제까지 없었던 새로운[新] 종류(種類). ¶신종 사기. ②새로 발견되었거나 새로 개량된 생물의 종(種). ¶신종 볍씨를 개발하다.

신:종³ **愼終** (삼갈 신, 끝마칠 종). ① [속뜻] 죽음[終]을 신중(愼重)하게 함. ②사람이 죽음에 있어 온갖 정성을 다하여 상례를 모시고 그 슬픔을 다함.

신주¹ **神主** (귀신 신, 위패 주). 죽은 이의 영혼[神]이 담겨 있는 위패[主]. [관용] 신주 모시듯.

신주² **新株** (새 신, 주식 주). [경제] 주식회사가 자본을 늘리기 위해 새로[新] 발행하는 주식(株式). ¶신주를 공모하다. [반]구주(舊株).

신주³ **新註** (=新注, 새 신, 주석 주). ① [속뜻] 새로운[新] 주석(註釋). ②새롭게 낱말이나 문장을 풀이함.

신주⁴ **新鑄** (새 신, 쇠 불릴 주). 활자나 돈 따위를 새로[新] 주조(鑄造)함. ¶진시황은 새로운 화폐를 신주했다.

신:중 愼重 (삼갈 신, 무거울 중). 행동을 삼가고[愼], 입을 무겁게[重] 닫고 조심스러워 함. ¶신중을 기하다 / 그는 모든 일에 신중하다 / 신중히 생각하다.

신-지식 新知識 (새 신, 알 지, 알 식). 새로운[新] 지식(知識). ¶신지식의 소유자.

신진¹ **新進** (새 신, 나아갈 진). ① [속뜻] 어떤 분야에 새로[新] 나아감[進]. 또는 그 사람. ¶신진 세력 / 신진 작가. ②새로 벼슬에 오름. ¶고려 말의 신진 사대부가 조선을 건국했다.

신진² **新陳** (새 신, 묵을 진). 새[新] 것과 묵은[陳] 것.

▸ 신진-대사 新陳代謝 (대신할 대, 물러날 사). ① [속뜻] 새[新] 것이 생겨나고 묵은[陳] 것이 그 대신(代身)에 물러남[謝]. ② [생물] 생명을 유지하기 위해 생물체가 필요한 것을 섭취하고 불필요한 것을 배설하는 일. [비]물질 대사(物質代謝).

신착 新着 (새 신, 붙을 착). 새로[新] 도착(到着)함. ¶신착한 양서를 진열하다.

신찬 新撰 (새 신, 지을 찬). 새로[新] 책을 펴내거나[撰] 편집함. 또는 그 책. ¶이 책은 『관찬지지』(官撰地誌)를 신찬한 『신찬팔도지리지』(新撰八道地理志)이다.

신참 新參 (새 신, 참여할 참). ①새로[新] 참여(參與)함. 또는 그 사람. ¶그는 이번 달에 우리 부서에 들어온 신참이다. ②새로 벼슬한 사람이 처음으로 관청에 들어감. [반]고참(古參).

신-천지 新天地 (새 신, 하늘 천, 땅 지). 새로운[新] 세상[天地]. ¶무공해 자원의 신천지를 개척하다.

신첩 臣妾 (신하 신, 첩 첩). ① [속뜻] 신하(臣下)와 첩(妾). ②여자가 임금을 상대하여 자기를 낮추어 이를 때 쓰는 말. ¶후비를 간택하시기를 신첩은 주야로 축수하옵니다. ③신하가 임금에 대하여 자기를 낮추어 부르는 말. ¶신첩은 이미 나이가 많아 정사를 하기에 적당하지 않습니다. [비]소신(小臣).

신청 申請 (알릴 신, 부탁할 청). ①원하는 바를 알리고[申], 그것을 해달라고 요청(要請)함. ¶그녀에게 데이트를 신청했다 ②

법률 민사 소송법에서 당사자가 법원에 대하여 일정한 소송 행위를 요구하는 행위. ③ 법률 공법(公法)에서 국가 기관이나 법원 또는 공공 단체 기관에 대하여 특정한 행위를 요구하기 위한 의사 표시.

▸ **신청-곡** 申請曲 (노래 곡). 음악 방송 프로그램의 진행자에게 듣고 싶어 신청(申請)한 노래[曲]. ¶그의 신청곡이 라디오에서 흘러나왔다.

▸ **신청-서** 申請書 (글 서). 한 기관에 어떤 사항을 요청하는 뜻을 나타내는[申請] 글[書]. 또는 그 문서. ¶신청서를 제출하다.

⁑**신체**[1] **身體** (몸 신, 몸 체). 사람의 몸[身=體]. ¶건강한 신체에 건강한 정신이 깃든다. ㊥육신(肉身), 육체(肉體).

▸ **신체-권** 身體權 (권리 권). 법률 인격권의 하나. 사람이 불법으로 신체(身體)에 해를 입지 않을 권리(權利).

▸ **신체-적** 身體的 (것 적). 사람의 몸[身體]과 관련되는 것[的]. ¶사춘기에는 신체적 변화가 심하다.

▸ **신체-형** 身體刑 (형벌 형). 법률 죄인의 신체(身體)에 고통을 주는 형벌(刑罰). 태형(笞刑) 따위.

▸ **신체-검:사** 身體檢查 (봉함 검, 살필 사). ① 속뜻 건강 상태를 알기 위하여 몸[身體]의 각 부분을 검사(檢査)하는 일. ② 주로 학교에서 학생들이 몸에 지니고 있는 소지품이나 복장을 검사하는 일.

▸ **신체발부** 身體髮膚 (머리털 발, 살갗 부). ① 속뜻 몸[身體]과 머리털[髮]과 살갗[膚]. ② '몸 전체'를 이르는 말. ¶'신체발부 수지부모'(受之父母)이거늘 어찌 몸을 함부로 하느냐.

신체[2] **新體** (새 신, 모양 체). 새로운[新] 체재(體裁).

▸ **신체-시** 新體詩 (시 시). 문학 ① 우리나라 신문학 운동 초창기에 나타난 새로운[新] 형식[體]의 시(詩). ② 한시에서, 중국의 수나라·당나라 이후에 나온 오언(五言)·칠언(七言)의 율시, 절구(絶句), 배율(排律)을 통틀어 이르는 말.

신-체제 **新體制** (새 신, 몸 체, 정할 제). 새롭게[新] 조직된 형식[體]과 제도(制度). ¶보도국을 신체제로 개편했다.

신-체조 **新體操** (새 신, 몸 체, 부릴 조). ① 속뜻 새로운[新] 형식의 체조(體操). ② 운동 신체운동을 음악에 맞추어 율동적으로 표현하는 체조. 리본, 공, 훌라후프, 곤봉, 로프, 링 따위의 소도구를 들고 연기한다. ㊥리듬체조.

신초 **神草** (신통할 신, 풀 초). ① 속뜻 신령(神靈)스런 풀[草]. ② '산삼'(山蔘)을 이르는 말.

신축[1] **辛丑** (천간 신, 소 축). 민속 천간의 '辛'과 지지의 '丑'이 만난 간지(干支). 육십갑자의 서른여덟째. ¶청나라는 신축년에 불평등조약을 맺었다.

신축[2] **新築** (새 신, 쌓을 축). 건물 따위를 새로[新] 건축(建築)함. ¶신축 건물 / 아파트를 신축하다.

신축[3] **伸縮** (늘일 신, 줄일 축). 늘거나[伸] 줄어듦[縮]. 늘이고 줄임. ¶고무는 신축하는 성질이 있다 / 지렁이는 신축 동작으로 몸을 움직인다.

▸ **신축-성** 伸縮性 (성질 성). ① 속뜻 늘어나고[伸] 줄어드는[縮] 성질(性質). ¶신축성이 좋은 옷감. ② 일의 형편에 따라 적절하게 대처할 수 있는 성질. ¶신축성 있게 대처하다.

▸ **신축-자재** 伸縮自在 (스스로 자, 있을 재). 늘었다 줄었다[伸縮] 마음대로[自在] 함.

신춘 **新春** (새 신, 봄 춘). 새[新] 봄[春]. ¶『신춘문예』 / 신춘의 새싹이 돋았다.

신출 **新出** (새 신, 날 출). 새로[新] 나옴[出]. 또는 그 사람이나 물건. ¶신출내기.

신출-귀몰 **神出鬼沒** (귀신 신, 날 출, 귀신 귀, 없어질 몰). 귀신(鬼神)처럼 자유자재로 나타났다[出] 사라졌다[沒] 함. ¶그는 신출귀몰의 재주를 가졌다 / 신출귀몰하는 강도.

신탁[1] **神託** (귀신 신, 부탁할 탁). 신(神)이 사람에 의탁(依託)하여 그의 뜻을 나타내거나 인간의 물음에 대답하는 일. ¶그는 새 나라의 왕이 되라는 신탁을 받았다.

신:탁[2] **信託** (믿을 신, 맡길 탁). ① 속뜻 믿고[信] 맡김[託]. ② 법률 일정한 목적에 따라 재산의 관리와 처분을 남에게 맡기는 일.

▸ **신:탁 사:업** 信託事業 (일 사, 일 업). 경제 신탁(信託) 받은 재산(財産)의 관리, 운용, 처분 따위를 맡아보는 사업(事業).

▸신:탁 은행 信託銀行 (돈 은, 가게 행). [경제] 신탁 업무(信託業務)와 일반 은행(一般銀行)의 업무(業務)를 겸하고 있는 은행(銀行).

▸신:탁 통:치 信託統治 (묶을 통, 다스릴 치). [정치] 국제 연합의 신탁(信託)을 받아 연합국이 일정한 지역에 대해 통치(統治)를 하는 일. ¶김구는 미국과 소련의 신탁 통치에 반대했다.

▸신:탁 회사 信託會社 (모일 회, 단체 사). [경제] 신탁 사업(信託事業)을 영업(營業)으로 하는 회사(會社).

신탄 薪炭 (땔나무 신, 숯 탄). 땔나무[薪]와 숯[炭]. ¶신탄을 장만할 걱정을 하다. [비] 땔감, 시탄(柴炭).

신통 神通 (귀신 신, 통할 통). ① [속뜻] 신기(神奇)할 정도로 통달(通達)함. ② 신기할 정도로 묘하다. ¶그의 목소리는 나와 신통하게 닮았다. ③ 대견하고 훌륭함. ¶어떻게 그런 신통한 생각을 다 했니? ④ 별다른 데가 있거나 마음에 들 만큼 마땅하고 좋다. ¶신통한 생각이 떠오르지 않다.

▸신통-력 神通力 (힘 력). 무슨 일이든지 해낼 수 있는 영묘하고 불가사의한[神通] 힘[力]이나 능력(能力). ¶예전에는 무당의 신통력으로 병이 낫는다고 믿었다.

신파 新派 (새 신, 갈래 파). ① 새로이[新] 갈라진 유파(流派). [반] 구파(舊派). ② [연영] '신파 연극'(新派演劇)의 준말.

▸신파-극 新派劇 (연극 극). '신파 연극'(新派演劇)의 준말.

▸신파 연:극 新派演劇 (펼칠 연, 연극 극). [연영] 창극과 신극의 과도기적인 역할을 한 새로운 형식[新派]의 연극(演劇). 1910년대에는 개화사상이 그 주된 주제였으나 1930년대에는 세상 풍속과 인정 비화 등 통속적인 내용을 다루었다.

신판 新版 (새 신, 널빤지 판). ① 기존의 책의 내용이나 체재를 새롭게[新] 하여 출판(出版)한 책. ¶내일부터 신판을 발매합니다. ② 과거에 있던 어떤 사실이나 인물, 작품 따위와 일치하는 새로운 사물이나 인물.

신편 新編 (새 신, 엮을 편). 새로운[新] 편집(編輯). 또는 새로 편집한 책.

신:표 信標 (믿을 신, 나타낼 표). 뒷날에 보고 증거로 삼기 위해 서로 주고받는 믿을 만한[信] 물건[標]. ¶반지를 신표로 삼다. [비] 신물(信物).

신품[1] 新品 (새 신, 물건 품). 새[新] 물품(物品). ¶이것은 신품이나 다름없다.

신품[2] 神品 (신통할 신, 물건 품). ① [속뜻] 신묘(神妙)한 작품(作品). ② [미술] 아주 뛰어난 물품이나 작품. ③ [가톨릭] 신품 성사(神品聖事).

▸신품 사현 神品四賢 (넉 사, 어질 현). [역사] 서화 분야에서 신묘(神妙)한 작품(作品)을 남긴 김생, 탄연, 최우, 유신 이상 네[四] 명의 현인(賢人).

▸신품 성사 神品聖事). [가톨릭] 그리스도의 대리자로서 곧 사제가 되는 부제에게 사제로서의 신권[神品]을 부여하는 성사(聖事)를 이른다. 칠성사(七聖事)의 하나.

신-품:종 新品種 (새 신, 물건 품, 갈래 종). 유전자를 잘 다루어서 만든 지금까지 없던 새로운[新] 생물의 품종(品種). ¶신품종을 개발하다.

신풍 新風 (새 신, 풍속 풍). ① 신선(新鮮)한 바람[風]. ¶한 줄기 신풍이 더위를 식혀 주었다. ② 새로운 풍조(風潮). 새로운 방식.

신필 神筆 (신통할 신, 글씨 필). 신묘(神妙)하게 아주 뛰어난 글씨[筆]. ¶왕희지의 필법은 신필이라 불린다.

***신하** 臣下 (섬길 신, 아래 하). 임금을 섬기며[臣] 그 아래[下]에서 일하는 사람. ¶충성스러운 신하.

신학[1] 新學 (새 신, 배울 학). 개화기에 서양에서 들어온 새로운[新] 학문(學問). '신학문'(新學問)의 준말.

신학[2] 神學 (귀신 신, 배울 학). [종교] 신(神)이 인간과 세계에 대하여 맺고 있는 관계와 신을 연구하는 학문(學問). 대개는 기독교 교리 및 신앙생활의 윤리를 연구하는 학문을 이른다.

▸신학-교 神學校 (학교 교). [교육] 신학(神學) 교육을 통하여 교직자를 양성하는 고등 교육 기관[學校].

▸신학 삼덕 神學三德 (석 삼, 베풀 덕). [가톨릭] 가톨릭교의 신학(神學)에서 중시하는 세[三] 가지의 덕목(德目). 곧 믿음[信], 소망[望], 사랑[愛]을 이른다.

신-학기 新學期 (새 신, 배울 학, 때 기). 새로[新] 시작되는 학기(學期). ¶신학기에는 바이올린 강의를 들을 계획이다.

신-학문 新學問 (새 신, 배울 학, 물을 문). 개화기에, 서양에서 들어온 새로운[新] 학문(學問)을 전통적인 학문에 상대하여 이르는 말. ¶외국인 선교사는 아이들에게 신학문을 가르쳐주었다.

신해 辛亥 (천간 신, 돼지 해). [민속] 천간의 '辛'과 지지의 '亥'가 만난 간지(干支). 육십갑자의 마흔여덟째. ¶신해년에 혁명이 일어나 청나라는 무너졌다.

신행 新行 (새 신, 갈 행). 혼인할 때에 신랑(新郎)이 신부집으로 가거나[行] 신부가 신랑집으로 감. [비]혼행(婚行).

신험 神驗 (신통할 신, 효과 험). 신통(神通)한 영험(靈驗)함. ¶신도들은 기도를 하면서 신험을 느꼈다.

신형 新型 (새 신, 모형 형). 새로운[新] 모형(模型). ¶신형 컴퓨터. [반]구형(舊型).

***신ː호** 信號 (소식 신, 표지 호). ① [속뜻] 통신(通信)을 위해 사용하는 표지[號]. ② 일정한 부호, 표지, 소리, 몸짓 따위로 특정한 내용 또는 정보를 전달하거나 지시를 함. 또는 그렇게 하는 데 쓰는 부호. ¶교통 신호 / 동생이 집에 가자고 신호했으나 나는 본체만체하였다. ③ 전화나 무전기 따위가 울리는 소리. ¶신호가 가다가 뚝 끊어졌다. ④ 일이나 사건 따위의 출발점. ¶그의 눈빛이 신호가 되어 우리는 일제히 돌격했다.

▸신ː호-기 信號旗 (깃발 기). 신호(信號)하는 데 쓰이는 깃발[旗]. ¶신호기를 높이 올리다.

▸신ː호-등 信號燈 (등불 등). [교통] 일정한 신호(信號)로 통행여부를 알리는 등(燈). ¶노란 신호등이 깜박거린다.

▸신ː호-수 信號手 (사람 수). 신호(信號)하는 일을 맡아보는 사람[手]. [비]신호원(信號員).

▸신ː호-음 信號音 (소리 음). 신호(信號)로 알리는 소리[音]. ¶대피 신호음이 들렸다.

▸신ː호-총 信號銃 (총 총). 신호(信號)로 쏘는 총(銃). ¶신호총을 쏘자 선수들이 일제히 달렸다.

▸신ː호-탄 信號彈 (탄알 탄). ① [군사] 신호(信號)하는 데 쓰기 위하여 만든 탄환(彈丸). 발사된 탄환에서 나오는 연기의 특징이나 빛깔로 여러 가지 신호를 표시할 수 있다. ¶고립된 선원들은 신호탄을 쏘아 올렸다. ② '어떤 일이 시작되려 함을 알리는 사건'을 비유하여 이르는 말. ¶그 사건은 종교혁명의 신호탄이 되었다.

신혼 新婚 (새 신, 혼인할 혼). 갓[新] 결혼(結婚)함. ¶신혼 생활은 어떠세요?

▸신혼-부부 新婚夫婦 (지아비 부, 아내 부). 갓 결혼한[新婚] 부부(夫婦). ¶그 신혼부부는 깨가 쏟아진다.

▸신혼-여행 新婚旅行 (나그네 려, 다닐 행). 신혼(新婚) 부부가 함께 가는 여행(旅行).

신화[1] 神化 (귀신 신, 될 화). ① [속뜻] 신(神)이 됨[化]. ② 신기(神奇)한 변화(變化). ③ 신(神)의 조화(造化).

신화[2] 神火 (귀신 신, 불 화). 사람의 힘으로는 알 수 없는 저절로 일어나는 귀신(鬼神) 같은 불[火]. [비]도깨비불.

신화[3] 神話 (귀신 신, 이야기 화). ① [속뜻] 신(神)에 관한 이야기[話]. ② [문학] 고대인의 사유나 표상이 반영된 신성(神聖)한 이야기. 우주의 기원, 신이나 영웅의 사적(事績), 민족의 태고 때의 역사나 설화 따위가 주된 내용이다. ¶그리스 신화. ③ 절대적이고 획기적인 업적을 비유하여 이르는 말. ¶이 프로그램은 기업의 성공 신화를 소개한다.

▸신화-학 神話學 (배울 학). [민속] 신화(神話)의 기원, 성립, 발전, 분포, 기능 및 그 의의 따위를 연구하는 학문(學問). 한 민족의 신화를 대상으로 하는 민족 신화학과 여러 민족의 신화를 비교 연구하는 비교 신화학이 있다.

▸신화-시대 神話時代 (때 시, 연대 대). 역사시대 이전의 신화(神話)에만 남아 있는 시대(時代).

신효 神效 (신통할 신, 효과 효). 신기(神奇)한 효과(效果)나 효험이 있음. 또는 그 효과나 효험. ¶그 약은 머리 아플 때 먹으면 신효가 있었다.

신흥 新興 (새 신, 일어날 흥). 새로[新] 일어남[興]. ¶신흥 국가 / 신흥 산업.

▸신흥 계급 新興階級 (섬돌 계, 등급 급). [사회] 사회 정세나 재계의 변동으로 새로

[新] 일어난[興] 계급(階級). ¶신흥 계급이 혁명을 일으켰다.

▸ **신흥 문학** 新興文學 (글월 문, 배울 학). 문학 제1차 세계 대전 후에 새로[新] 생겨난[興] 문학(文學)의 여러 유파를 통틀어 이르는 말.

▸ **신흥 종교** 新興宗教 (마루 종, 가르칠 교). 종교 이미 있는 종교에 대하여 새로[新] 일어난[興] 종교(宗教)를 이르는 말.

신희 新禧 (새 신, 복 희). 새해[新年]의 복[禧].

실가[1] 實家 (실제 실, 집 가). ①자기가 실제(實際)로 태어난 집[家]. ¶그는 실가를 떠나 옆 마을로 이사를 갔다. ② 법률 양자로 들어가거나 혼인을 한 경우에 원래 태어난 '생가'(生家)나 '친정'을 이르는 말. ㊥친가(親家).

실가[2] 實價 (실제 실, 값 가). 에누리 없는 실제(實際)의 값[價]. ¶실가로 재고품을 처리했다.

실가[3] 室家 (집 실, 집 가). 집[室=家]이나 가정. ¶결혼 후 실가를 이루다.

▸ **실가지락** 室家之樂 (어조사 지, 즐길 락). 가정[室家] 생활의 즐거움[樂].

실각 失脚 (그르칠 실, 다리 각). ① 속뜻 발[脚]을 헛디딤[失]. ②실패하여 지위나 설 자리를 잃음. ¶그들의 개혁은 모두 실패하여 실각했다.

▸ **실각-성** 失脚星 (별 성). 천문 전에는 있었다고 하나 지금은 찾아볼 수 없게 된[失脚] 별[星].

실감 實感 (실제 실, 느낄 감). 실제(實際)로 체험하는 느낌[感]. ¶친구의 죽음이 아직 실감이 안 난다.

실격 失格 (잃을 실, 자격 격). ①기준 미달이나 기준 초과, 규칙 위반 따위로 자격(資格)을 잃음[失]. ¶이 선을 넘으면 실격이다. ②격식(格式)에 맞지 아니함. ㊥자격상실(資格喪失).

실경 實景 (실제 실, 별 경). 실제(實際)의 경치(景致). 또는 광경. ¶이 그림은 실경보다 더 훌륭하다.

실과[1] 實果 (열매 실, 열매 과). 먹을 수 있는 초목의 열매[實=果]. ¶싱싱한 실과. ㊥과실(果實).

실과[2] 實科 (실제 실, 과목 과). ① 속뜻 실제(實際) 생활에 필요한 내용이 담겨있는 교과(教科). ② 교육 예전에 있던 초등학교 과목의 하나.

실권[1] 實權 (실제 실, 권리 권). 실제(實際)로 행사할 수 있는 권리(權利)나 권세(權勢). ¶그가 회사의 모든 실권을 쥐고 있다.

실권[2] 失權 (잃을 실, 권리 권). 권리(權利)나 권세(權勢)를 잃음[失]. ¶이 일로 노론이 실권하게 되었다.

▸ **실권 약관** 失權約款 (묶을 약, 항목 관). 법률 채무자가 채무를 이행하지 아니할 때, 계약은 효력을 잃고 채무자도 계약에서의 권리를 상실한다는[失權] 뜻을 정한 각각의 조항[約款].

실근 實根 (실제 실, 뿌리 근). 수학 대수 방정식의 근 가운데 실수(實數)인 근(根). ㊤허근(虛根).

실금 失禁 (잃을 실, 금할 금). 대소변을 견디지[禁] 못하고[失] 쌈. ¶요실금(尿失禁).

실기[1] 失期 (잃을 실, 때 기). 시기(時期)를 놓침[失]. ¶이번에 실기하면 다시 일 년을 기다려야 한다.

실기[2] 失機 (잃을 실, 때 기). 좋은 기회(機會)를 놓침[失]. ¶실수로 실기하고 말았다.

실기[3] 實技 (실제 실, 재주 기). 실제(實際)로 할 수 있는 기능(技能)이나 기술(技術). ¶실기 시험.

실기[4] 實記 (실제 실, 기록할 기). 사실(事實)을 있는 그대로 적은 기록(記錄). ¶이 소설은 실기를 각색한 것이다.

⁑**실내** 室內 (방 실, 안 내). ① 속뜻 방[室] 안[內]. 집안. ¶실내 공기가 너무 탁하다. ②남의 '아내'를 점잖게 이르는 말. ㊤노천(露天), 실외(室外).

▸ **실내-등** 室內燈 (등불 등). 실내(室內)에 켜는 등잔[燈].

▸ **실내-복** 室內服 (옷 복). 실내(室內)에서 입는 옷[服].

▸ **실내-악** 室內樂 (음악 악). ① 속뜻 실내(室內)에서 연주하는 음악(音樂). ② 음악 한 악기가 한 성부씩 맡아 연주하는 합주곡.

▸ **실내-화** 室內靴 (구두 화). 실내(室內)에서 신는 신발[靴]. ¶교실에서는 실내화를 신는다.

▸실내 음악 室內音樂 (소리 음, 풍류 악). 음악 실내(室內)에서 연주하기에 알맞은 음악(音樂).

▸실내 장식 室內裝飾 (꾸밀 장, 꾸밀 식). 건설 건축물의 내부[室內]를 그 쓰임에 따라 아름답게 장식(裝飾)하는 일. ¶소박한 실내 장식.

실념 失念 (잃을 실, 생각 념). ①생각[念]에서 없어져 사라지거나 잊음[失]. ¶그녀가 무엇을 입었었는지 실념했지만 분명 아름다웠다. ② 불교 정념(正念)을 잃음.

실념-론 實念論 (실제 실, 생각 념, 논할 론). 철학 자기 머릿속으로 생각하여[念] 그린 상상적인 것과 실물(實物)을 똑같은 것으로 여기는 학설[論].

실농 失農 (잃을 실, 농사 농). ①농사(農事) 지을 때를 놓침[失]. ②농사에 실패함. ¶병이 돌아 고추 농사를 실농하고 말았다.

실-농군 實農軍 (참될 실, 농사 농, 군사 군). ① 속뜻 무슨 일이든 착실(着實)하게 하는 농군(農軍). ②실제 농사를 지을 힘이 있는 사람.

실담[1] 失談 (그르칠 실, 말씀 담). 실수(失手)로 잘못한 말[談]. ¶그는 자신의 실담을 사과했다.

실담[2] 實談 (실제 실, 이야기 담). 실제(實際)로 있었던 이야기[談]나 말. ㊥참말.

실담 자모 悉曇字母 (다 실, 흐릴 담, 글자 자, 어머니 모). 언어 산스크리트어를 적던 인도 고대 문자의 자모(字母). 자음이 35자, 모음 12자이며 주로 범어 경전을 적는 데 쓰였다. '悉曇'은 산스크리트어 'siddhaṃ'의 한자 음역어이다.

실덕[1] 失德 (잃을 실, 베풀 덕). ①덕망(德望)을 잃음[失]. ¶그는 잦은 실담으로 실덕했다. ②점잖은 사람의 허물. ¶친구의 실덕을 흉보다.

실덕[2] 實德 (실제 실, 베풀 덕). 참되고 진실(眞實)한 은덕(恩德). ¶신부님의 실덕에 감탄하다.

실독-증 失讀症 (잃을 실, 읽을 독, 증세 증). 의학 발음 기관에 문제가 없고 글을 읽을 지식이 있는데도 읽는[讀] 능력이 상실(喪失)되는 병적 증상(症狀).

실동-률 實動率 (실제 실, 움직일 동, 비율 률). 연간 날짜 수에 대하여 기계나 설비를 실제(實際)로 가동(稼動)한 날짜 수의 비율(比率).

실득 實得 (실제 실, 얻을 득). 실제(實際)로 얻은[得] 것. ¶명분보다 실득을 따져서 행동하다.

실력[1] 實歷 (실제 실, 지낼 력). 실제(實際)로 겪어 온 이력(履歷). ¶이력서에 실력을 자세히 적다 / 그의 실력은 실로 파란만장하다.

실력[2] 實力 (실제 실, 힘 력). ① 속뜻 실제(實際)로 갖추고 있는 힘[力]이나 능력(能力). ¶그는 수학 실력이 뛰어나다. ②강제력이나 무력. ¶실력을 행사하다.

▸실력-범 實力犯 (범할 범). ① 속뜻 실제(實際)로 힘[力]을 쓰는 범인(犯人). ② 법률 흉기나 폭력을 쓰는 범행. 또는 그런 범인. ㊥강력범(强力犯).

▸실력-자 實力者 (사람 자). 실질(實質)적인 권력(權力)이나 역량을 가지고 있는 사람[者].

실례[1] 失禮 (잃을 실, 예도 례). 예의(禮義)를 잃음[失]. 예의에 벗어남. ¶실례합니다, 여기서 제일 가까운 은행이 어디죠? ㊥결례(缺禮).

실례[2] 實例 (실제 실, 본보기 례). 실제(實際)로 있었거나 있는 본보기[例]. ¶실례를 들어 설명하니 쉽다.

실로 失路 (잃을 실, 길 로). 길[路]을 잃음[失]. ¶초행길이라 실로하고 말았다.

실록 實錄 (실제 실, 기록할 록). ①사실(事實)을 있는 그대로 적은 기록(記錄). ¶사건의 실록을 찾아보다. ②한 임금이 재위한 동안의 정령(政令)과 그 밖의 모든 사실을 적은 기록. 임금이 승하한 뒤, 실록청을 두고 시정기(時政記)를 거두어 연대순으로 정리한 것이다. ¶조선왕조실록. ③ 문학 실록물(實錄物).

▸실록-물 實錄物 (만물 물). 문학 사실(事實)에 공상을 섞어서 그럴듯하게 꾸며 쓴[錄] 이야기나 소설[物].

▸실록-자 實錄字 (글자 자). 조선 현종 9년(1668)에 역대 실록(實錄)을 인쇄하기 위해 만든 구리 활자(活字).

실리[1] 失利 (잃을 실, 이로울 리). 이익(利益)

을 잃음[失]. 손해를 봄. ¶원화 약세로 인한 실리를 막다.

실리[2] 實利 (실제 실, 이로울 리). 실제(實際)로 얻은 이익(利益). ¶실학은 명분보다 실리를 중시하는 학문이다.

▸**실리-주의** 實利主義 (주될 주, 뜻 의). ① 개인의 실제(實際) 이익(利益)만을 추구하는 사상이나 태도[主義]. ⓑ공리주의(功利主義). ② 법률 형벌은 사회의 안녕, 행복의 보전을 목적으로 하는 사회 방위의 수단으로 사회의 필요와 실익에 기인한다는 태도.

실망 失望 (잃을 실, 바랄 망). 희망(希望)을 잃음[失]. 일이 뜻대로 되지 않아 낙심함. ¶기대가 크면 실망도 큰 법이다 / 너에게 실망했다 / 아버지는 실망스러운 표정을 지었다.

▸**실망-감** 失望感 (느낄 감). 희망(希望)이나 명망을 잃은[失] 느낌[感]. ¶실망감이 들었다.

▸**실망 낙담** 失望落膽 (떨어질 락, 쓸개 담). 희망(希望)을 잃고[失] 바라던 일이 뜻대로 되지 않아 마음[膽]이 몹시 상함[落].

실명[1] 失明 (잃을 실, 밝을 명). 밝게[明] 보는 능력을 잃음[失]. 시력을 잃음. ¶갈릴레이는 오랫동안 태양을 보면서 연구하다가 실명했다.

실명[2] 失命 (잃을 실, 목숨 명). 목숨[命]을 잃음[失]. ¶실명의 위기를 극복하다.

실명[3] 實名 (실제 실, 이름 명). 실제(實際)의 이름[名]. ¶모든 거래는 실명으로 이루어진다. ⓑ본명, 본이름. ⓑ가명(假名).

▸**실명-제** 實名制 (정할 제). 거래를 할 때 실제(實際) 자기 이름[名]을 쓰는 제도(制度). ¶인터넷 실명제.

실명[4] 失名 (잃을 실, 이름 명). 드러나지 않아 이름[名]을 모름[失]. ¶작자 실명의 책.

▸**실명-씨** 失名氏 (높임말 씨). 드러나지 않아 이름[名]을 모르는[失] 사람을 높여 이르는[氏] 말.

실모 實母 (실제 실, 어머니 모). 실제(實際)로 자기를 낳은 어머니[母]. ⓑ친모(親母).

실무 實務 (실제 실, 일 무). 실제(實際)로 하는 업무(業務). ¶실무에 밝다 / 그는 실무 경험이 많다.

▸**실무-가** 實務家 (사람 가). 실무(實務)를 전문으로 맡아보는 사람[家].

▸**실무-자** 實務者 (사람 자). ①어떤 사무(事務)를 실제(實際)로 맡아 하는 사람[者]. ¶실무자 회의. ②실무에 아주 익숙한 사람.

실무-율 悉無律 (모두 실, 없을 무, 법칙 률). 생물 생물체의 반응은 자극이 어떤 일정한 수치 이하일 때는 전혀[悉] 나타나지 않는[無] 법칙[律].

실물[1] 失物 (잃을 실, 만물 물). 물건(物件)을 잃어버림[失]. 또는 그 잃어버린 물건. ¶실물을 신고하다.

실물[2] 實物 (실제 실, 만물 물). 실제(實際)로 있는 물건(物件)이나 사람. ¶사진보다 실물이 낫다. ② 경제 주식이나 상품 따위의 현품(現品).

▸**실물-대** 實物大 (큰 대). 실물(實物)과 꼭 같은 크기[大]. ¶실물대 크기의 장난감.

▸**실물 광:고** 實物廣告 (넓을 광, 알릴 고). 언론 팔려고 하는 실제(實際)의 물건(物件)을 많은 사람 앞에 내놓고 널리[廣] 알림[告].

▸**실물 교:수** 實物敎授 (가르칠 교, 줄 수). 교육 학습자가 실제(實際)의 사물(事物)을 직접 관찰하거나 만져 보도록 하여 가르치는[敎授] 방법. ⓑ직관 교수(直觀敎授).

▸**실물 교환** 實物交換 (서로 교, 바꿀 환). 경제 화폐가 아닌 실물(實物)로 교환(交換)하는 일. ¶예전에는 실물 교환이 거래의 주요 방식이었다.

▸**실물 임:금** 實物賃金 (품삯 임, 돈 금). 경제 통화(通貨) 대신 실물(實物)로 지급하는 임금(賃金).

▸**실물 자본** 實物資本 (재물 자, 밑 본). 실제적인 재화[實物]의 존재로서의 기업 자본(資本). 기업의 생산력으로 간주되는 자본. 실체 자본(實體資本).

실범 實犯 (실제 실, 범할 범). 법률 실제(實際)로 죄를 저지른[犯] 사람. ¶실범에게 종신형을 판결했다.

실본 失本 (잃을 실, 밑 본). 본전(本錢)에서 밑지거나 손해[失]를 봄. ¶배추를 팔고도 실본하고 말았다. ⓑ낙본(落本).

실봉 實捧 (실제 실, 받들 봉). ①실제(實際)로 받는[捧] 금액. ¶실봉은 얼마 안 된다.

②빚을 꼭 갚을 사람.

실부[1] **實否** (참될 실, 아닐 부). ① [속뜻] 참됨[實]과 참되지 않음[否]. ② 살림의 넉넉함과 넉넉하지 아니함. ¶가산의 실부를 조사하다. [비]실불실(實不實).

실부[2] **實父** (실제 실, 아버지 부). 실제(實際)로 자기를 낳은 아버지[父]. [비]친부(親父).

실-부모 實父母 (실제 실, 아버지 부, 어머니 모). 실제[實]로 자기를 낳은 아버지[父]와 어머니[母]를 아울러 이르는 말.

실비 **實費** (실제 실, 쓸 비). 실제(實際)로 드는 비용(費用). ¶보험액은 실비로 지급한다.

실사[1] **實査** (실제 실, 살필 사). 실제(實際)로 검사(檢查)하거나 조사함. ¶실사 보고서.

실사[2] **實辭** (실제 실, 말씀 사). [언어] 명사나 용언의 어간처럼 실질적(實質的)인 뜻을 나타내는 말[辭]. [비]실질 형태소(實質形態素). [반]허사(虛辭).

실사[3] **實事** (실제 실, 일 사). 실제(實際)로 있는 일[事]. ¶이 연극은 실사를 바탕으로 재구성한 것이다.

▶실사구시 實事求是 (구할 구, 옳을 시). ① [속뜻] 실제(實際)의 일[事]로부터 옳은[是] 이치나 결론을 찾아냄[求]. ② 사실에 토대를 두어 진리를 탐구하는 일. ③ 확실한 고증을 바탕으로 하는 과학적·객관적 학문 태도. ¶실사구시 정신으로 학문을 탐구하다.

실사[4] **實寫** (실제 실, 베낄 사). 실물(實物)이나 실경, 실황 등을 그리거나 찍음[寫]. 또는 그리거나 찍은 그것.

▶실사 영화 實寫映畫 (비칠 영, 그림 화). [연영] 배우나 세트를 쓰지 않고 풍습, 풍경, 뉴스 따위의 실황(實況)을 찍은[寫] 영화(映畫). [비]기록 영화(記錄映畫).

실-사회 **實社會** (실제 실, 단체 사, 모일 회). 실제(實際)의 사회(社會). 현실 사회.

실상[1] **實狀** (실제 실, 형상 상). 실제(實際)의 상태(狀態). 실제의 상황. ¶그는 겉으로는 행복해 보이지만 실상은 그렇지 않다.

실상[2] **實相** (실제 실, 모양 상). ① 실제(實際)의 모양[相]. ¶이 드라마는 인생의 실상을 그대로 보여준다. ② [불교] 만물의 있는 그대로의 모습을 이르는 말. [반]가상(假相).

실상[3] **實像** (실제 실, 모양 상). ① [물리] 한 물체의 각 점으로부터 나온 빛이 렌즈나 거울 따위에서 굴절·반사한 다음 다시 모여서 이루는 실제(實際)의 상(像). 물체가 볼록 렌즈나 오목 렌즈의 초점 밖에 놓일 때에만 생긴다. ② 겉모양을 떨쳐 버린 진실(眞實)된 모습을 비유하여 이르는 말. [반]허상(虛像).

실색 **失色** (잃을 실, 빛 색). 놀라서 얼굴빛[色]이 변함[失]. ¶순이는 너무 놀라 실색하고 말았다.

실생 **實生** (열매 실, 날 생). 씨[實]에서 싹터 자람[生]. 또는 그러한 초목(草木).

▶실생-법 實生法 (법 법). [농업] 씨[實]를 심어[生] 식물이나 농작물 따위를 번식시키는 방법(方法).

실-생활 **實生活** (실제 실, 살 생, 살 활). 실제(實際)의 생활(生活). ¶이 수업은 실생활에 많은 도움이 된다.

실선 **實線** (채울 실, 줄 선). 점선(點線)에 대하여 끊어진 곳 없이 쭉 이어진[實] 선(線). ¶실선을 따라 자르시오. [참]점선(點線).

실성[1] **失性** (잃을 실, 성품 성). 정신에 이상이 생겨 본래의 모습이나 성질(性質)을 잃음[失]. 미침. ¶실성을 하다 / 그녀는 실성한 듯 히죽 웃었다.

실성[2] **實性** (참될 실, 성질 성). 사물이나 현상의 참된[實] 특성(特性). [비]본성(本性).

실세[1] **失勢** (잃을 실, 세력 세). 세력(勢力)을 잃음[失]. ¶총선에서 대패하여 실세한 정당. [반]득세(得勢).

실세[2] **實勢** (실제 실, 세력 세). ① 실제(實際)의 세력(勢力). 또는 그런 세력을 가진 사람. ¶그는 회사의 실세이다. ② 실제의 시세. ¶실세 금리.

실소 **失笑** (그르칠 실, 웃을 소). 저도 모르게 실수(失手)로 터져 나오는 웃음[笑]. ¶그의 말은 사람들의 실소를 자아냈다.

실속[1] **失速** (잃을 실, 빠를 속). [항공] 비행기가 속도(速度)를 잃고[失] 그 앞을 위로 든 채 떨어지는 비행 상태. 대부분 양력을 잃어 급속히 기수를 내리고 강하하므로 회복하기까지는 정상으로 조종할 수 없다. ¶공중 제비를 할 때 제트기는 돌연 실속하여 추락했다. [비]스톨(stall).

실속[2] **實速** (실제 실, 빠를 속). 실제(實際)의

속도(速度).

실수[1] 失手 (그르칠 실, 손 수). ① 속뜻 손[手]에서 놓침[失]. ② 부주의로 하던 일을 그르침. ¶누구나 실수는 하는 법이다. ③ 예의에서 벗어남. ㉥실례(失禮).

실수[2] 實收 (실제 실, 거둘 수). 실제(實際)로 거둬들인[收] 것. 실제의 수입이나 수확. ¶이것저것 떼고 나면 실수는 얼마 되지 않는다.

실수[3] 實需 (실제 실, 쓰일 수). 실제(實際) 수요(需要). 실제로 구매하고자 하는 욕망. '실수요'(實需要)의 준말. ㉥가수(假需).

실수[4] 實數 (실제 실, 셀 수). ① 속뜻 실제(實際)의 수효(數爻). ② 수학 유리수와 무리수를 통틀어 이르는 말. 사칙 연산이 가능하고, 양수·음수·0의 구분이 있으며, 크기의 차례가 있다. ㉥허수(虛數). ③ 컴퓨터에서 사용하는 수 가운데 소수점이 붙어 있는 형태의 수.

실-수요 實需要 (실제 실, 쓰일 수, 구할 요). 경제 실제(實際)로 구매하고자[需要] 하는 욕망. ㉥가수요(假需要).

▸ 실수요-자 實需要者 (사람 자). 실제(實際)로 소비를 하고자[需要] 하는 사람[者].

실-수익 實收益 (실제 실, 거둘 수, 더할 익). 실제(實際)로 거둬들인[收] 이익[益]. ¶제작비가 적게 들어 실수익이 크다.

실-수입 實收入 (실제 실, 거둘 수, 들 입). 실제(實際)로 거둬[收] 들인[入] 돈이나 물품. ¶실수입이 크다.

⁑**실습** 實習 (실제 실, 익힐 습). 배운 기술 따위를 실제(實際)로 해 보고 익힘[習]. ¶조리 실습 / 학교에서 배운 것을 실습하다.

▸ 실습-복 實習服 (옷 복). 실습(實習)할 때 입는 옷[服]. ¶실습복으로 갈아입다.

▸ 실습-생 實習生 (사람 생). 실습(實習)하는 학생(學生). ¶그는 제과점에 실습생으로 취업했다.

▸ 실습-자 實習者 (사람 자). 실습(實習)하는 사람[者].

▸ 실습-지 實習地 (땅 지). 실습(實習)을 위해 마련된 곳[地].

▸ 실습-수업 實習授業 (줄 수, 일 업). 가르치는 기능과 숙련을 얻기 위해 교육 실습생(實習生)이 받는 수업(授業). 또는 교육 실습생이 하는 수업.

실시[1] 失時 (잃을 실, 때 시). 때[時]를 놓침[失].

⁑**실시**[2] 實施 (실제 실, 베풀 시). 계획 따위를 실제(實際)로 시행(施行)함. ¶주5일 근무제를 실시하다. ㉥시행(施行).

실시 등:급 實視等級 (실제 실, 볼 시, 같을 등, 등급 급). 천문 관측자가 실제(實際) 맨눈으로 보는[視] 별의 상대적 밝기를 등급(等級)으로 나타낸 것. ㉥절대 등급(絶對等級).

실시 연성 實視連星 (실제 실, 볼 시, 이을 련, 별 성). 천문 궤도에서 일정한 주기로 운동하고 있는 것을 망원경 등으로 실제(實際)로 관측하여 볼[視] 수 있는 연성(連星). ㉥분광 연성(分光連星).

실신[1] 失身 (잃을 실, 몸 신). ① 속뜻 몸[身]을 잃어버림[失]. ② 절개를 지키지 못함. ㉥실절(失節).

실신[2] 失信 (잃을 실, 믿을 신). 신용(信用)을 잃음[失].

실신[3] 失神 (잃을 실, 정신 신). 병이나 충격 따위로 정신(精神)을 잃음[失]. ¶나는 놀라서 실신할 뻔했다. ㉥기절(氣節), 졸도(卒倒).

실심 實心 (참될 실, 마음 심). 참된[實] 마음[心]. ㉥진심(眞心).

실액 實額 (실제 실, 액수 액). 실제(實際)의 금액(金額).

실어 失語 (잃을 실, 말씀 어). ① 말하는[語] 기능을 잃어버리는[失] 것. ¶충격으로 실어 상태가 되다. ② 잘못 말함.

▸ 실어-증 失語症 (증세 증). 의학 대뇌의 손상에 의해 말하는[語] 것이 불완전해지는[失] 병[症].

실언 失言 (그르칠 실, 말씀 언). 실수(失手)로 잘못한 말[言]. ¶저의 실언을 사과드립니다. ㉥말실수.

실업[1] 失業 (잃을 실, 일 업). ① 생업(生業)을 잃음[失]. ② 사회 취업 의사와 능력을 가진 사람이 일할 기회를 얻지 못하거나 일자리를 잃음. ¶청년실업 문제가 심각하다. ㉥취업(就業).

▸ 실업-률 失業率 (비율 률). 경제 노동력을 가진 인구 가운데서 실업자(失業者)가 차

지하는 비율(比率). ¶실업률이 2%에 불과하다.

▸실업-자 失業者 (사람 자). 경제 실업(失業)한 사람[者]. ¶6월의 실업자 수는 전월보다 늘어났다.

▸실업 수당 失業手當 (손 수, 맡을 당). 사회 실업 보험(失業保險)의 규약에 따라 실업자에게 지급되는 보수[手當].

▸실업 인구 失業人口 (사람 인, 입 구). 경제 취업 의사와 능력이 있으면서도 생업(生業)을 갖지 못하고 있는[失] 노동 인구(勞動人口).

▸실업 보:험 失業保險 (지킬 보, 험할 험). 경제 피보험자인 근로자가 실업(失業) 했을 경우에 보험금(保險)을 지급하여 생활의 안정을 꾀하게 하는 사회 보험.

실업[2] **實業** (실제 실, 일 업). 생산, 제작, 판매 따위와 같은 실리(實利)적인 사업(事業).

▸실업-가 實業家 (사람 가). 상공업이나 금융업 등의 사업[實業]을 경영하는 사람[家].

▸실업-계 實業界 (지경 계). 사업[實業]을 경영하는 사람들의 사회[界]. ¶그는 실업계에서 입지전적인 인물이다.

▸실업 교:육 實業敎育 (가르칠 교, 기를 육). 교육 실업(實業)에 종사하려는 사람에게 필요한 지식을 가르치고 기능을 체득하게 하는 교육(敎育).

실역 實役 (실제 실, 부릴 역). 군사 현역으로 서[實] 치르는 병역(兵役). ¶대부분은 실역에 복무하는 대신 포목을 바쳤다.

실연[1] **失戀** (잃을 실, 그리워할 련). 연애(戀愛)에 실패(失敗)함. 사랑을 이루지 못함. ¶실연을 당하다 / 그는 실연한 뒤 군에 입대했다.

실연[2] **實演** (실제 실, 펼칠 연). ①어떤 일을 실제(實際)로 연출(演出)해 보임. ¶기계를 직접 실연해 보았다. ②배우나 가수 따위가 무대에서 직접 연기함.

실엽 實葉 (열매 실, 잎 엽). 홀씨[實]를 형성하는 잎[葉]. 좁은 뜻으로는 양치 식물류의 홀씨가 달리는 잎을 말하지만, 넓은 뜻으로는 속씨식물의 암술·수술도 포함하여 이른다. ㊥포자엽(胞子葉). ㊟영양엽(營養葉).

실온 室溫 (방 실, 따뜻할 온). 방[室] 안의 온도(溫度). ¶이 제품은 직사광선이 들지 않는 실온에서 보관하십시오.

실외 室外 (방 실, 밖 외). 방[室] 밖[外]. 바깥. ¶이 호텔에는 실외 수영장이 있다. ㊥실내(室內).

실용 實用 (실제 실, 쓸 용). 치레가 아니고 실제(實際)로 씀[用]. ¶실용 가치 / 전기 자동차를 실용하면 환경오염을 줄일 수 있다.

▸실용-문 實用文 (글월 문). 실생활(實生活)에서 필요에 따라 쓰는[用] 글[文]. 초청장, 광고문, 이력서 따위.

▸실용-성 實用性 (성질 성). 실제(實際)로 쓸[用] 만한 성질(性質). ¶이 컵은 예쁘지만 실용성이 떨어진다.

▸실용-적 實用的 (것 적). 실제로 쓸모가 있는[實用] 것[的]. ¶이 상품은 여러모로 실용적이다.

▸실용-품 實用品 (물건 품). 실용적(實用的)인 물품(物品).

▸실용-화 實用化 (될 화). 실제(實際)로 유용(有用)하게 쓰이게 됨[化]. 또는 쓰이도록 함. ¶태양열 자동차가 실용화 단계에 있다.

▸실용 단위 實用單位 (홑 단, 자리 위). 물리 실용적(實用的)인 편리에서 생겨 난 단위(單位). 기본 단위를 적당히 고친 것으로 마력(馬力)·킬로와트·볼트 따위가 있다.

▸실용-신안 實用新案 (새 신, 생각 안). 법률 실용상(實用上)의 편리를 위해 물품의 형상, 구조 따위에 새로운[新] 기술적 고안(考案)을 하는 것. 발명과 의장으로 구별된다.

▸실용-주의 實用主義 (주될 주, 뜻 의). 철학 19세기 후반 이후 미국을 중심으로 실제 결과가 진리를 판단하는 기준이라고[實用] 주장하는 철학 사상[主義].

▸실용 특허 實用特許 (특별할 특, 허락 허). 법률 실용적(實用的)인 고안에 대하여 독점적이며 배타적인 제작, 판매의 권리를 특별(特別)히 허가(許可)하는 일. '실용신안 특허'(實用新案特許)의 준말.

▸실용신안 특허 實用新案特許 (새 신, 생각 안, 특별할 특, 허락 허). 법률 실용적(實用的)이고 새로운[新] 고안(考案)에 대하여 독점적이며 배타적인 제작, 판매의 권리를

특별(特別)히 허가(許可)하는 일.

실의[1] 失意 (잃을 실, 뜻 의). 기대했던 바와 달라 의욕(意慾)을 잃어버리는[失] 일. ¶그는 실의에 빠져 아무 것도 하지 않고 있다.

실의[2] 實意 (실제 실, 뜻 의). 진실(眞實)한 마음[意].

실익 實益 (실제 실, 더할 익). 실제(實際)의 이익(利益). ¶실익을 추구하다 / 실리실익(實利實益).

실인 失認 (잃을 실, 알 인). 의학 인식(認識) 능력을 잃은[失] 병적 증상. 감각 기관에는 이상이 없지만 뇌가 손상을 입어 대상물을 인식하지 못하는 것이다.

실자[1] 實子 (실제 실, 아이 자). 실제(實際)로 자기가 낳은 자식(子息).

실자[2] 實字 (실제 실, 글자 자). 한자에서 형상이 있는 실제(實際) 사물을 나타내는 글자[字]. 산(山), 천(天), 초(草), 천(川), 목(木), 인(人) 따위.

실-작자 實作者 (실제 실, 지을 작, 사람 자). 실제(實際)로 할만한[作] 사람[者]. 믿을 만한 사람.

실재 實在 (실제 실, 있을 재). ① 속뜻 실제(實際)로 있음[在]. ¶용은 실재하지 않는 동물이다. ② 철학 인간의 인식이나 경험과는 상관없이 독립하여 존재하는 것을 이르는 말. ⓑ가상(假象).

▶ 실재-론 實在論 (논할 론). 철학 인식의 대상을 실제(實際)로 존재(存在)하는 것으로 보고, 이들을 객관적으로 파악하고자 하는 이론(理論). 인식론(認識論)의 한 분야.

▶ 실재-성 實在性 (성질 성). 실재(實在)의 특성(特性). 또는 현실적 사물로 존재하는 성질.

▶ 실재-적 實在的 (것 적). 실재(實在)하는 것[的]. 또는 실재하는 것의 특성을 가진 것.

실적[1] 失跡 (잃을 실, 발자취 적). 자취[跡]를 감춤[失]. 행방을 알 수 없게 됨.

실적[2] 實積 (실제 실, 쌓을 적). 실제(實際)로 차지하는 면적(面積)이나 용적(容積). ¶저 수지의 실적을 재다.

실적[3] 實績 (실제 실, 업적 적). 실제(實際)로 쌓아 올린 업적(業績). ¶영업실적이 좋다 / 실적을 쌓다.

실전[1] 失傳 (잃을 실, 전할 전). 대대로 전해[傳] 온 사실을 잃어[失] 버려 알 수 없게 됨. ¶원래의 묘는 실전되었다.

실전[2] 實戰 (실제 실, 싸울 전). 실제(實際)의 싸움[戰]. ¶그는 실전에 강하다.

▶ 실전-담 實戰談 (이야기 담). 실제(實際)로 겪은 전쟁(戰爭)에 대한 이야기[談].

실절 失節 (잃을 실, 지조 절). ① 정절(貞節)을 지키지 못함[失]. ⓑ실신(失身). ⓑ수절(守節). ② 절의(節義)를 굽힘.

실점 失點 (잃을 실, 점 점). 경기 따위에서 점수(點數)를 잃음[失]. 또는 그 점수. ¶실점을 만회하여 경기에 이겼다. ⓑ득점(得點).

실정[1] 失政 (그르칠 실, 정치 정). 정치(政治)의 방법을 그르침[失]. 또는 잘못된 정치. ¶실정한 임금이 백성을 빈곤에 빠뜨렸다.

실정[2] 實情 (실제 실, 실상 정). 실제(實際)로 벌어지고 있는 실상[情]. ¶이 제도는 우리나라 실정에 맞지 않는다. ⓑ실상(實狀), 실태(實態).

실정-법 實定法 (실제 실, 정할 정, 법 법). 법률 사회에서 현실적(現實的)으로 정립(定立)이 되어 시행되고 있는 법(法). ⓑ자연법(自然法).

실제[1] 實弟 (실제 실, 아우 제). 친[實] 아우[弟]. 같은 부모에게서 난 아우.

실제[2] 實際 (실제 실, 사이 제). ① 속뜻 사실(事實)적인 관계나 사이[際]. ② 실지의 상태나 형편. ¶그는 실제 나이보다 훨씬 어려 보인다.

▶ 실제 비:평 實際批評 (따질 비, 평할 평). 문학 비평가가 실제(實際) 작품을 주 대상으로 하는 비평(批評) 방법.

실조 失調 (잃을 실, 고를 조). ① 조화(調和)나 균형을 잃음[失]. ¶영양 실조. ② 가락이 맞지 아니함. ③ 의학 단독의 근육에는 이상이 없으나, 일부의 근육에 장애가 일어나 운동 협조가 잘되지 않는 일. ⓑ조화 운동 불능.

실족 失足 (그르칠 실, 발 족). ① 발[足]을 잘못 디딤[失]. ¶등산하다가 실족하여 크게 다쳤다. ② 행동을 잘못함.

실존 實存 (실제 실, 있을 존). ① 실제(實際)

로 존재(存在)함. 또는 그런 존재. ¶영화의 주인공은 실존했던 인물이 아니다. ② 철학 사물의 본질이 아닌, 그 사물이 존재하는 그 자체. ③ 철학 실존 철학에서 개별자로서 자기의 존재를 자각적으로 물으면서 존재하는 인간의 주체적인 상태.

▸실존-주의 實存主義 (주될 주, 뜻 의). 철학 ① 19세기의 합리주의적 관념론이나 실증주의에 반대하여 개인으로서의 인간의 주체적[實] 존재성을[存] 강조하는 철학[主義]. ② 실존 철학의 사조나 경향. 독일에서는 실존 철학(實存哲學)이라고 하며 야스퍼스가 쓰기 시작하였고 프랑스에서는 철학 외에도 문학과 종교를 포함하여 실존주의(實存主義)라고 이른다.

▸실존 철학 實存哲學 (밝을 철, 배울 학). 철학 19세기의 합리주의적 관념론이나 실증주의에 반대하여 개인으로서의 인간의 주체적[實] 존재성을[存] 강조하는 철학(哲學). ⓑ실존주의(實存主義).

실종 失踪 (잃을 실, 자취 종). ① 속뜻 자취[踪]가 아주 없어짐[失]. ②사람의 소재나 행방, 생사 여부를 알 수 없게 됨. ¶놀이공원에서 실종된 아이를 찾고 있습니다.

▸실종 선고 失踪宣告 (알릴 선, 알릴 고). ① 속뜻 실종(失踪)이 되었음을 널리 알림[宣告]. ② 법률 부재자의 생사를 알 수 없는 상태가 일정 기간 계속된 경우에 이해관계인 또는 검사의 청구에 의하여 사망한 것으로 간주하는 법원의 선고. 현행 민법에서 보통 실종은 5년, 특별 실종은 1년의 실종 기간을 요한다.

실주 實株 (실제 실, 주식 주). 경제 증권 시장에서 실제(實際)로 거래되는 주식(株式)의 현물(現物). ⓑ공주(空株).

실죽 實竹 (채울 실, 대나무 죽). 속이 비지 않고 차[實] 있는 대나무[竹].

실증 實證 (실제 실, 증명할 증). ① 실제(實際)로 증명(證明)함. 또는 그런 사실. ¶그는 한국의 50년대를 실증하는 학자이다. ② 확실한 증거. ③ 철학 검증(檢證).

▸실증-적 實證的 (것 적). 철학 경험, 관찰, 실험 등을 통해 실제(實際)로 증명(證明)하는 것[的]. ¶실증적 방법으로 연구하다.

▸실증-론 實證論 (논할 론). 철학 과학에 의해 실제(實際)로 증명(證明)되는 지식만이 참된 지식이라고 주장하는 학설[論]. 콩트가 주장하였다. ⓑ실증주의(實證主義).

▸실증-적 實證的 (것 적). 경험, 관찰, 실험 등에 의하여 실제(實際)로 증명(證明)이 되는[實證] 것[的].

▸실증-주의 實證主義 (주될 주, 뜻 의). 철학 ① 모든 초월적인 사변을 배격하고 과학에 의해 실제(實際)로 증명(證明)할 수 있는 지식만을 인정하려는 태도[主義]. ② 콩트의 실증 철학. 지식의 최고 형태를 실증과학이라 하였다. ③ 수학적·경험적·과학적 증명을 중요시하는 논리적 실증주의의 사고방식. 카르나프, 라이헨바흐 등이 대표자이다. ④ 법철학의 연구 대상을 실정법에 한정하려고 하는 법철학의 한 학파의 사고방식.

▸실증 철학 實證哲學 (밝을 철, 배울 학). 철학 과학에 의해 실제(實際)로 증명(證明)되는 지식만이 참된 지식이라고 주장하는 철학(哲學). 콩트가 주장하였다. ⓑ실증론(實證論).

실지[1] 失志 (잃을 실, 뜻 지). ① 속뜻 뜻[志]을 잃음[失]. ② 마음이 나갈 방향을 잃거나 낙담함. 실망(失望).

실지[2] 失地 (잃을 실, 땅 지). 잃어버린[失] 땅[地].

실지[3] 實地 (실제 실, 땅 지). ① 실제(實際)의 땅[地]이나 장소. ② 실제의 처지나 경우.

▸실지 검:증 實地檢證 (검사할 검, 증명할 증). 법률 법원이나 수사 기관이 실제(實際) 범죄 현장[地]에서 범죄 사실을 검사(檢査)하여 증명(證明)함. ⓑ현장 검증(現場檢證).

▸실지 답사 實地踏査 (밟을 답, 살필 사). 법률 실제(實際) 현장[地]에 직접 가서[踏] 조사(調査)함.

실직[1] 實直 (참될 실, 곧을 직). 성실(誠實)하고 정직(正直)함. ¶그는 실직한 사람이다.

실직[2] 實職 (실제 실, 일 직). ① 실제(實際)로 일정한 직을 맡아 근무하는 벼슬[職]. ⓑ실함(實銜). ② 역사 문무 양반만이 하는 벼슬. ⓑ정임(正任), 정직(正職), 현직(現職).

실직[3] 失職 (잃을 실, 일 직). 직업(職業)을 잃음[失]. ¶그는 회사가 부도나면서 실직했다. ⓑ실업(失業). ⓑ취직(就職).

▸실직-자 失職者 (사람 자). 직업(職業)을 잃은[失] 사람[者]. ¶실직자를 위해 교육을 실시하다. ㊐실업자(失業者).

실진 失眞 (잃을 실, 참 진). 정신에 이상이 생겨 본래의 참된[眞] 모습을 잃음[失]. ¶아이를 잃고 그녀는 실진했다. ㊐실성(失性).

실질 實質 (실제 실, 바탕 질). 실제(實際)의 본바탕[質]. ¶실질에 있어서는 별 차이가 없다.

▸실질-범 實質犯 (범할 범). 법률 외부적 행위와 함께 그에 따른 실질적(實質的)인 결과가 있어야 성립되는 범죄(犯罪). 살인죄, 상해죄 따위. ㊐결과범(結果犯). ㊫형식범(形式犯).

▸실질-법 實質法 (법 법). 법률 법률 관계를 실질적(實質的)으로 규정하는 법(法). 민법, 상법, 형법 따위.

▸실질-적 實質的 (것 적). 형식이나 외양보다 실질(實質)의 내용을 갖춘 것[的]. ¶양측은 실질적인 합의를 했다.

▸실질 명사 實質名詞 (이름 명, 말씀 사). 언어 실질적(實質的)인 의미를 지닌 명사(名詞). 다른 말의 도움을 받지 않고 쓰인다. ㊐자립 명사(自立名詞).

▸실질 임:금 實質賃金 (품삯 임, 돈 금). 경제 임금(賃金)의 실질적(實質的)인 가치(價値)를 나타내는 금액. 명목 임금을 물가지수로 나눈 값으로 나타낸다.

▸실질-주의 實質主義 (주될 주, 뜻 의). 철학 형식이나 절차 따위보다 내용의 질[實質]을 귀중하게 여기는 주의(主義). ㊫형식주의(形式主義).

▸실질 형태소 實質形態素 (모양 형, 모양 태, 바탕 소). 언어 실질적(實質的)인 뜻을 나타내는 형태소(形態素). 명사나 용언의 어간 따위. ㊐실사(實辭).

실착 失着 (그르칠 실, 붙을 착). 운동 바둑에서 수를 잘못[失] 둠[着]. 또는 잘못 둔 점. ¶한 수의 실착 때문에 패했다.

실책 失策 (그르칠 실, 꾀 책). 잘못된[失] 계책(計策)이나 잘못된 처리. ¶실책을 저지르다. ㊐실수(失手), 잘못.

*__실천__ 實踐 (실제 실, 밟을 천). ① 속뜻 실제(實際) 두 발로 밟아[踐]봄. ②계획, 생각 따위를 실제로 행함. ¶계획을 세웠으면 즉시 실천에 옮겨라. ㊐실행(實行). ㊫이론(理論).

▸실천-가 實踐家 (사람 가). 행동으로 직접 실천(實踐)하는 사람[家]. ¶그는 독립운동의 실천가이다. ㊫이론가(理論家).

▸실천-력 實踐力 (힘 력). 실천(實踐)하는 힘[力].

▸실천-적 實踐的 (것 적). 이론보다 실천이나 실천력(實踐力)을 위주로 하는 것[的]. ¶옛 전통의 실천적 계승.

▸실천-궁행 實踐躬行 (몸 궁, 행할 행). 실제(實際)로 이행하고[踐] 몸소[躬] 행함[行]. ¶스승님은 실천궁행을 강조하셨다.

▸실천 윤리 實踐倫理 (인륜 륜, 이치 리). 철학 도덕의 실천적(實踐的) 방면을 주로 연구하는 윤리학(倫理學).

▸실천 이:성 實踐理性 (이치 리, 성품 성). 철학 도덕적인 실천(實踐)의 의지를 규정하는 이성(理性). 칸트 철학의 기본 개념으로, 절대적으로 타당한 도덕의 보편적 법칙에 따르는 능력을 이른다.

▸실천 철학 實踐哲學 (밝을 철, 배울 학). 철학 실천(實踐)의 문제를 연구 대상으로 하는 철학(哲學).

실체 實體 (실제 실, 몸 체). ① 실제(實際)의 물체(物體). 또는 본래의 모습. ¶사건의 실체가 드러나다. ② 수학 실수로 이루어진 체. 사칙 연산에 관하여 닫혀 있으며, 덧셈과 곱셈에 관한 연산 법칙을 만족한다. ③ 철학 늘 변하지 않고 일정하게 지속하면서 사물의 근원을 이루는 것. ㊐실수체(實數體).

▸실체-경 實體鏡 (거울 경). 물리 사진 따위 평면 도형을 실물(實物)처럼 입체(立體)로 보이게 장치[鏡]를 장치한 광학 기계.

▸실체-론 實體論 (논할 론). ① 속뜻 현상과 작용의 뒤에 실체(實體)가 있다고 주장하는 학설[論]. ② 철학 존재 또는 존재의 근본적·보편적인 모든 규정을 연구하는 학문 분야[論]. ㊐존재론(存在論).

▸실체-법 實體法 (법 법). 법률 권리나 의무의 발생, 변경, 소멸, 성질, 내용, 범위 따위의 실체적(實體的) 법률관계를 규정하는 법률(法律). 헌법, 민법, 형법, 상법 따위가 있다. ㊐주법(主法).

▸실체-파 實體波 (물결 파). 지리 진원지에서 지구 내부로 전달되는[實體] 지진파(地

震波). 지구 표면으로 전파되는 표면파와는 구분된다. [반]표면파(表面波).

▸실체-화 實體化 (될 화). [철학] 단순한 속성이나 추상적 개념을 객체화하여 독립적 실체(實體)로 만드는[化] 일.

▸실체 자본 實體資本 (재물 자, 밑 본). [경제] 상품 화폐[實體]로 나타낸 기업 자본(企業資本). 기업의 생산력으로 간주되는 자본이다.

▸실체 진:자 實體振子 (떨칠 진, 접미사 자). [물리] 어떤 물체[實體]를 고정된 수평축에 매달아서 중력의 작용으로 그 주위를 진동(振動)하게 만든 물체[子]. [비]물리 진자(物理振子), 복진자(複振子).

▸실체 현:미경 實體顯微鏡 (드러낼 현, 작을 미, 거울 경). [물리] 두 개의 접안렌즈를 통하여 표본의 실물(實物)을 입체적(立體的)으로 관찰할 수 있게 된 현미경(顯微鏡).

실총 失寵 (잃을 실, 사랑할 총). 총애(寵愛)를 잃음[失]. ¶귀비는 실총되어 사가로 쫓겨났다.

실추 失墜 (잃을 실, 떨어질 추). 명예나 위신 따위를 떨어뜨리거나[墜] 잃음[失]. ¶권위 실추 / 그의 행동으로 회사의 이미지가 실추되었다.

실측 實測 (실제 실, 잴 측). 실제(實際) 분량을 잼[測]. ¶실측 조사.

▸실측-도 實測圖 (그림 도). 실측(實測)하여 그린 지도(地圖).

실탄 實彈 (실제 실, 탄알 탄). 쏘았을 때 실제(實際)로 효력을 나타내는 탄알[彈]. ¶범인에게 함부로 실탄을 발사하면 안 된다.

실태[1] 失態 (잃을 실, 모양 태). 본디의 면목을 잃은[失] 모양[態]. 본 면목을 잃음. ¶술을 너무 과하게 먹으면 실태를 하기 마련이다.

실태[2] 實態 (실제 실, 모양 태). 실제(實際)의 상태(狀態). 있는 그대로의 모양. ¶환경오염 실태를 조사하다. [비]실상(實狀), 실정(實情).

실토 實吐 (실제 실, 말할 토). 사실(事實)대로 내용을 모두 밝히어 말함[吐]. ¶결국 범인은 범행을 실토했다.

실투 失投 (그르칠 실, 던질 투). 야구나 농구 따위의 구기(球技)에서 공을 잘못[失] 던지는[投] 일. ¶투수의 실투로 경기에서 말았다.

실패 失敗 (그르칠 실, 패할 패). 일을 그르쳐서[失] 뜻대로 되지 못함[敗]. ¶실패는 성공의 어머니이다. [반]성공(成功).

실학 實學 (실제 실, 배울 학). ① [속뜻] 실생활(實生活)에 도움이 되는 학문(學問). ② [역사] 조선 중·후기에 실생활의 향상을 목적으로 융성했던 학문. 종전의 유학에서 벗어나 실사구시와 이용후생을 주장했다.

▸실학-자 實學者 (사람 자). [역사] 조선 중·후기에 실학(實學) 사상을 주장한 사람[者].

▸실학-파 實學派 (갈래 파). [역사] 조선 중·후기에 실학(實學)을 주장한 학파(學派). 이들은 실사구시(實事求是)의 연구와 이용후생(利用厚生)의 실천궁행(實踐躬行)을 주장하여 문예 부흥을 일으켰다.

▸실학-주의 實學主義 (주될 주, 뜻 의). [철학] 사실이나 실물을 중시하고 실생활(實生活)에 도움이 되는 학문(學問)을 특히 중요시하는 입장[主義]. 형식화된 문헌 본위의 언어주의 교육에 반대하여 자연 과학의 발달이나 철학의 경험론에서 영향을 받아 성립하였다.

▸실학파 문학 實學派文學 (갈래 파, 글월 문, 배울 학). [문학] 조선 때, 실학파(實學派)가 창작한 문학(文學)을 이르는 말. 신선한 구성과 자유로운 표현이 특징이다.

실함 失陷 (그르칠 실, 빠질 함). ① [속뜻] 실수(失手)로 구렁에 빠짐[陷]. ② 방어하던 진지나 도시가 잘못하여 함락됨. 또는 함락되게 함. ¶진지의 실함을 막기 위해 병력을 보충해야 한다.

실-함수 實函數 (실제 실, 넣을 함, 셀 수). [수학] 함수에서 독립 변수나 종속 변수가 모두 실수(實數)인 함수(函數).

실행[1] 失行 (그르칠 실, 행할 행). 도리에 어긋나게[失] 행동(行動)함. ¶갖은 실행으로 주위의 신임을 잃었다.

실행[2] 實行 (실제 실, 행할 행). 실제(實際)로 행(行)함. ¶계획을 실행에 옮기다. [비]실천(實踐).

▸실행 미:수 實行未遂 (아닐 미, 이룰 수). [법률] 범죄를 실행(實行)하였으나 그 결과가

발생되지[遂] 않은[未] 경우를 이르는 말.

▸실행 예:산 實行豫算 (미리 예, 셀 산). 법률 의회의 의결로 확정된 예산의 범위 안에서 정부가 실제로 그 연도에 실행(實行)할 목적으로 만든 예산(豫算).

▸실행 정:범 實行正犯 (바를 정, 범할 범). 법률 직접 범죄를 실행(實行)한 유형적 정범(正犯). ⓑ간접 정범(間接正犯).

▸실행 행위 實行行爲 (행할 행, 할 위). 법률 형법에서 범죄를 구체적으로 실행(實行)하기 위한 일체의 행위(行爲).

▸실행 미:수범 實行未遂犯 (아닐 미, 이룰 수, 범할 범). 법률 실행 미수(實行未遂)에 그친 범죄(犯罪). 또는 그 범인(犯人).

실행-증 失行症 (잃을 실, 행할 행, 증세 증). 의학 의지를 가지고 하는 행동(行動)을 하지 못하거나[失] 목표를 뚜렷이 설정하지 못하는 병증(病症). '관념성 실행증'의 준말.

실향 失鄕 (잃을 실, 시골 향). 고향(故鄕)을 잃음[失].

▸실향-민 失鄕民 (백성 민). 고향(故鄕)을 잃고[失] 타향에서 지내는 백성[民]. ¶실향민이 고향을 향해 세배를 했다.

*__실험 實驗__ (실제 실, 겪을 험). ① 속뜻 실제(實際)로 관찰하여 겪어[驗]봄. ②과학에서 이론이나 현상을 관찰하고 측정함. ¶화학 실험. ③새로운 방법이나 형식을 사용해 봄.

▸실험-기 實驗記 (기록할 기). 실험(實驗)한 것을 쓴 기록(記錄).

▸실험-식 實驗式 (법 식). 화학 실험(實驗)의 결과에 따라 화합물의 조성을 원자 기호로 간단하게 표시하는 화학식(化學式).

▸실험-실 實驗室 (방 실). 실험(實驗)을 할 목적으로 설치한 방[室]. ¶화학 실험실에 불이 났다.

▸실험-용 實驗用 (쓸 용). 실험(實驗)을 하는 데 쓰이는[用] 것. ¶실험용 생쥐를 기르다.

▸실험 과학 實驗科學 (조목 과, 배울 학). 철학 주로 실험(實驗)에 의하여 법칙을 찾고 또 응용 방법을 찾는 과학(科學).

▸실험 극장 實驗劇場 (연극 극, 마당 장). 연영 새로운 연극을 실험(實驗)해 보려는 뜻으로 만든 극장(劇場).

▸실험 소:설 實驗小說 (작을 소, 말씀 설). ①자연 과학의 실험(實驗)과 관찰의 방법을 문학에 적용하여 쓴 소설(小說). ② 문학 새로운 소설을 추구하려는 전위적 소설을 통틀어 이르는 말. 조이스, 프루스트, 콕토의 작품이 여기에 속한다.

▸실험-학교 實驗學校 (배울 학, 가르칠 교). 교육 새로운 교육의 이론이나 방법이 적합한 지를 연구하기 위해 실험적(實驗的)으로 적용해 보기 위해 세운 학교(學校).

실현 實現 (실제 실, 나타날 현). 실제(實際)로 나타남[現]. ¶자아 실현 / 그는 드디어 자신의 꿈을 실현했다.

▸실현-성 實現性 (성질 성). 실현(實現)될 가능성(可能性). ¶그 일은 실현성이 낮다.

▸실현-화 實現化 (될 화). 실제로 나타나게[實現] 됨[化].

실혈 失血 (잃을 실, 피 혈). ① 속뜻 피[血]를 흘림[失]. ②피가 자꾸 나서 그치지 아니함.

▸실혈-증 失血症 (증세 증). 의학 ①각혈, 육혈, 변혈 따위의 각종 출혈[失血] 증상(症狀). ②출혈로 인하여 몸에 피가 부족한 증상.

실형¹ 實兄 (실제 실, 맏 형). 친[實] 형(兄). 같은 부모에게서 난 형.

실형² 實刑 (실제 실, 형벌 형). 법률 실제(實際)로 받는 형벌(刑罰). ¶그는 징역 5년의 실형을 선고받았다.

실화¹ 失火 (그르칠 실, 불 화). 실수(失手)로 불[火]을 냄.

▸실화-죄 失火罪 (허물 죄). 법률 실수(失手)로 불[火]을 내서 공공에 위험을 끼친 죄(罪).

실화² 實話 (실제 실, 이야기 화). 실제(實際)로 있던 사실의 이야기[話]. ¶그 드라마는 실화를 바탕으로 한 것이다.

▸실화 문학 實話文學 (글월 문, 배울 학). 문학 실화(實話)를 바탕으로 예술적 가치보다 흥미를 앞세운 문학(文學).

실황 實況 (실제 실, 상황 황). 실제(實際)의 상황(狀況). ¶공연 실황을 방송하다.

▸실황 방:송 實況放送 (놓을 방, 보낼 송). 언론 실제(實際)의 상황(狀況) 현장에서 바로 방송(放送)함. ¶아시안게임을 실황 방송으로 보도했다.

실효[1] **失效** (잃을 실, 보람 효). 효력(效力)을 잃음[失]. ¶재산권이 실효되었다.

실효[2] **實效** (실제 실, 효과 효). 실제(實際)의 효과(效果). ¶법안이 드디어 실효를 거두었다.

▸실효-성 實效性 (성질 성). 실제로 효과[實效]를 나타내는 성질(性質). ¶이 방법은 실효성이 없다.

▸실효 가격 實效價格 (값 가, 이를 격). [경제] 실제(實際) 효력(效力)을 지닌 가격(價格). 공정 가격과 암시장 가격이 있을 경우에 두 가지를 합하여 평균한 가격으로 나타낸다.

심:각 深刻 (깊을 심, 새길 각). ① [속뜻] 마음에 깊이[深] 새김[刻]. ②매우 중대하고 절실하다. ¶심각한 문제 / 심각한 표정.

심간 心肝 (마음 심, 간 간). ①심장(心臟)과 간장(肝臟)을 아울러 이르는 말. ¶그는 술을 너무 많이 마셔서 심간에 다 병이 생겼다. ②깊은 마음속. ¶여러 가지 일로 심간이 편치 못하다.

심결 審決 (살필 심, 결정할 결). [법률] 소송사건을 심리(審理)하여 판결(判決)함.

심:경[1] **深境** (깊을 심, 상태 경). 사상이나 학문, 예술, 종교 따위의 깊은[深] 경지(境地).

심경[2] **心境** (마음 심, 상태 경). 마음[心]의 상태[境]. 또는 경지. ¶현재 심경이 어떠십니까?

▸심경 소:설 心境小說 (작을 소, 말씀 설). [문학] 작가가 자기의 심경(心境)을 솔직히 묘사한 소설(小說).

심계 心界 (마음 심, 지경 계). ① [속뜻] 마음[心]이 편하고 편하지 못한 형편[界]. ②마음의 세계.

심광체반 心廣體胖 (마음 심, 넓을 광, 몸 체, 살찔 반). 마음[心]이 넓으면[廣] 몸[體]이 편해 살이 찜[胖].

심구[1] **深究** (깊을 심, 생각할 구). 깊이[深] 연구(硏究)함. ¶그는 우리말을 심구하여 좋은 결과를 얻었다.

심구[2] **尋究** (찾을 심, 생각할 구). 찾아내기[尋] 위해 골똘히 생각함[究]. ¶진리를 심구하다.

심:규 深閨 (깊을 심, 안방 규). 여자가 거처하는, 깊은[深] 규방(閨房). ¶심규의 기품 높은 귀부인.

심:근[1] **深根** (깊을 심, 뿌리 근). 깊이[深] 뻗은 뿌리[根].

심근[2] **心筋** (마음 심, 힘줄 근). [의학] 심장(心臟)의 벽을 싸고 있는 근육(筋肉).

▸심근 경색증 心筋梗塞症 (막힐 경, 막힐 색, 증세 증). [의학] 관상 동맥(冠狀動脈)에 쌓인 혈전(血栓) 때문에 순환 장애가 생겨 심근(心筋)의 세포가 기능을 잃어버리고 경색(梗塞)되는 심장의 질환[症].

심금[1] **心琴** (마음 심, 거문고 금). ① [속뜻] 마음[心] 속에 있는 거문고[琴]. ②'감동하여 마음이 울림'을 비유하여 이르는 말. ¶독자의 심금을 울렸다.

심금[2] **心襟** (마음 심, 옷깃 금). 마음[心]속 깊이 품은 생각[襟]. ¶심금을 털어놓다. [비] 흉금(胸襟).

심급 제:도 審級制度 (살필 심, 등급 급, 정할 제, 법도 도). [법률] 하나의 소송 사건에 대하여 서로 다른 계급(階級)의 법원에서 반복하여 심판(審判)하는 상소 제도(制度).

심기[1] **心氣** (마음 심, 기운 기). 마음[心]으로 느끼는 기분(氣分). ¶소식을 들은 아버지는 심기가 불편한지 아무 말이 없으셨다.

▸심기-증 心氣症 (증세 증). [의학] 사실은 그렇지 않은데도 자신이 병에 걸린 것처럼 생각하는[心氣] 정신병적 증상(症狀). [비] 건강 염려증(健康念慮症).

심기[2] **心機** (마음 심, 실마리 기). 어떤 마음[心]이 움직이게 된 실마리[機].

▸심기-일전 心機一轉 (한 일, 옮길 전). 어떤 동기가 있어 이제까지 가졌던 마음가짐[心機]을 버리고 완전히 달라짐[一轉]. ¶심기일전하여 공부에 전념하다.

심:난 甚難 (심할 심, 어려울 난). 매우[甚] 어렵다[難]. ¶모두들 심난한 시절을 잘 극복해냈다.

심낭 心囊 (마음 심, 주머니 낭). 심장(心臟)을 담은 주머니[囊] 같은 결합 조직성의 막. [비] 심장막(心臟膜).

심뇌 心惱 (마음 심, 괴로울 뇌). 마음[心] 속으로 깊이 괴로워함[惱]. 또는 그렇게 겪는 괴로움. ¶심뇌의 흔적이 역력했다.

심:대 甚大 (심할 심, 큰 대). 몹시[甚] 크다[大]. ¶왕의 죽음은 백성들에게 심대한 영

향을 끼쳤다.

심덕 心德 (마음 심, 베풀 덕). 마음[心]에 나타나는 어질고 너그러운 덕성(德性). ¶심덕이 고운 처자를 아내로 맞았다.

심도[1] 心到 (마음 심, 이를 도). 독서삼도(讀書三到)의 하나. 독서를 할 때는 마음[心]이 책을 읽는 데만 이르도록[到] 집중해야 함.

심:도[2] 深度 (깊을 심, 정도 도). 깊은[深] 정도(程度). ¶심도 있는 논의.

심독 心讀 (마음 심, 읽을 독). 마음[心] 속으로 읽음[讀].

심동 心動 (마음 심, 움직일 동). 마음[心]이 움직임[動]. ¶그의 제안에 심동했다.

심란 心亂 (마음 심, 어지러울 란). 마음[心]이 뒤숭숭하다[亂]. ¶마음이 심란하여 책을 읽을 수가 없다.

심려[1] 心慮 (마음 심, 걱정할 려). 마음[心] 속으로 걱정함[慮]. 또는 마음속의 근심. ¶심려를 끼쳐 죄송합니다.

심:려[2] 深慮 (깊을 심, 생각할 려). 깊이[深] 생각함[慮]. 또는 그 생각. ¶다시 한 번 심려해 보겠습니다.

심력 心力 (마음 심, 힘 력). ① 속뜻 마음[心]과 힘[力]을 아울러 이르는 말. ② 마음이 미치는 힘. ③ 심장이 움직이는 힘.

심령 心靈 (마음 심, 혼령 령). 마음[心]속의 영혼(靈魂). 정신의 근원이 되는 의식의 본바탕.

▸ 심령-론 心靈論 (논할 론). ① 심령(心靈)이 물질계에 작용하여 기이한 현상을 일으킨다는 설[論]. ② 심리 사람이 죽은 뒤에 육체는 없어져도 그 영혼은 살아 있으면서 이 세상에 갖가지 형태로 나타난다는 이론. ⓑ 강신론(降神論).

▸ 심령-술 心靈術 (꾀 술). 심령 현상(心靈現象)을 일으키는 독특한 수단[術]. ¶그는 심령술의 대가로 불린다.

▸ 심령-학 心靈學 (배울 학). 심령(心靈) 현상 등에 대해서 연구하는 학문(學問).

▸ 심령-주의 心靈主義 (주될 주, 뜻 의). ① 심령(心靈)이 지배하는 초현실적인 세계를 인정하고 물질계에 나타나는 불가사의한 현상의 주체로서의 심령을 믿는 주의(主義). ② 영혼이 영매(靈媒)를 통해 산 사람과 의사소통을 할 수 있다는 신앙.

▸ 심령 현:상 心靈現象 (나타날 현, 모양 상). 오늘날의 정신과학으로 설명할 수 없는 정신[心靈] 현상(現象).

심로 心勞 (마음 심, 일할 로). 마음[心]의 수고[勞]나 피로(疲勞). ¶선생님의 심로 덕분에 일이 잘 해결되었습니다.

심리[1] 審理 (살필 심, 다스릴 리). ① 속뜻 잘 살펴서[審] 적절히 처리(處理)함. ② 법률 소송 사건에 관하여 법관이 판결에 필요한 모든 일을 자세히 조사함.

심리[2] 心理 (마음 심, 이치 리). ① 속뜻 마음[心]이 움직이는 이치(理致). ② 심리 마음의 작용과 의식의 상태. ¶나는 그의 심리를 도저히 모르겠다.

▸ 심리-극 心理劇 (연극 극). ① 속뜻 주인공의 내면 심리(心理)를 묘사한 연극(演劇). ② 심리 비슷한 환자들을 모아 놓고 즉흥적으로 연기하도록 하는 연극.

▸ 심리-적 心理的 (것 적). 마음의 움직임이나 상태[心理]와 관련된 것[的]. ¶심리적 안정을 되찾다.

▸ 심리-전 心理戰 (싸울 전). 군사 명백한 군사적 적대 행위 없이 적군이나 상대국 국민에게 심리적(心理的)인 자극과 압력을 주어 자기 나라의 정치·외교·군사 면에 유리하도록 이끄는 전쟁(戰爭).

▸ 심리-학 心理學 (배울 학). 심리 생물체의 의식 현상[心理]과 행동을 연구하는 학문(學問).

▸ 심리 묘:사 心理描寫 (그릴 묘, 베낄 사). 문학 소설 따위에서 작중 인물의 심리(心理) 상태나 그 변화를 그려내는[描寫] 일.

▸ 심리 소:설 心理小說 (작을 소, 말씀 설). 문학 작중 인물의 심리(心理) 상태나 그 변화를 분석하고 묘사하는 소설(小說). ¶이상(李箱)의 『날개』는 대표적인 심리 소설이다.

▸ 심리 요법 心理療法 (병 고칠 료, 법 법). 의학 약물에 의하지 않고 심리적(心理的)인 기술로써 병을 치료(治療)하는 방법(方法).

▸ 심리 유보 心理留保 (머무를 류, 지킬 보). 법률 자신의 본뜻을 마음속[心理]에 두고[留保] 겉으로는 다르게 행하는 의사표시.

▸ 심리-주의 心理主義 (주될 주, 뜻 의). 철학 정신과학의 여러 문제를 인간의 심리

적·주관적 과정으로 환원하여 심리학적(心理學的)인 관점에서 생각하려는 경향[主義].

▸심리 환경 心理環境 (고리 환, 상태 경). 심리 행동을 규정하는 것은 심리적(心理的) 환경(環境)에 따른다는 이론. ⓑ행동 환경(行動環境).

심:림 深林 (깊을 심, 수풀 림). 초목이 무성한 깊은[深] 수풀[林].

심만의족 心滿意足 (마음 심, 가득할 만, 뜻 의, 넉넉할 족). 마음[心=意]에 흡족함[滿=足].

심:모-원려 深謀遠慮 (깊을 심, 꾀할 모, 멀 원, 생각할 려). 깊이[深] 꾀하고[謀] 멀리[遠] 내다보아 생각함[慮].

심목 心目 (마음 심, 눈 목). ① 속뜻 사물을 알아보는 마음[心]과 눈[目]. ② 건설 기둥의 중심선을 이르는 말.

심문¹ 心門 (마음 심, 문 문). 피가 심장(心臟)을 드나드는 문(門).

심문² 尋問 (찾을 심, 물을 문). 찾아가서[尋] 궁금한 점을 물어봄[問]. ¶선생님께서 반 학생들의 집을 심문하셨다. ⓑ심방(尋訪).

심문³ 審問 (살필 심, 물을 문). ①자세히 따져서[審] 물음[問]. ¶심문을 받다. ② 법률 법원이 당사자나 그 밖에 이해관계가 있는 사람에게 서면이나 구두로 개별적으로 진술할 기회를 주다. ¶심문 수사 / 범인을 심문하다.

심미 審美 (살필 심, 아름다울 미). 아름다움[美]을 살펴[審] 찾는 일. ⓑ탐미(耽美).

▸심미-안 審美眼 (눈 안). 아름다움[美]을 식별하여 가늠하는[審] 안목(眼目).

▸심미-학 審美學 (배울 학). 철학 자연이나 인생 및 예술 따위에 담긴 미의 본질과 구조를 해명하는[審美] 학문(學問).

▸심미 비:평 審美批評 (따질 비, 평할 평). 문학 비평의 기준(基準)을 쾌감이나 미감의 추출, 분석에[審美] 두는 주관적인 문예 비평(文藝批評).

심-박동 心搏動 (마음 심, 될 박, 움직일 동). 심장(心臟)이 주기적으로 뛰어[搏] 움직이는[動] 일.

심:발 지진 深發地震 (깊을 심, 일으킬 발, 땅 지, 떨 진). 지리 땅속 깊은[深] 곳에서 일어나는[發] 지진(地震). 진원이 땅속 약 100km 이상이다. ⓑ심층 지진(深層地震). ⓑ천발 지진(淺發地震).

심방¹ 心房 (마음 심, 방 방). 의학 심장(心臟)에 있는 네 개의 방(房) 가운데 위쪽에 있는 좌우의 두 개. 정맥에서 받은 피를 심실로 보낸다. ⓑ염통방. ⓒ심실(心室).

심방² 尋訪 (찾을 심, 찾을 방). 방문(訪問)하여 찾아봄[尋]. ⓑ심문(尋問).

심병 心病 (마음 심, 병 병). 마음[心]속의 근심을 병(病)으로 간주하여 이르는 말. ¶그녀가 그리워 심병이 생길 지경이었다.

심복 心腹 (마음 심, 배 복). ①가슴[心]과 배[腹]. ②마음 놓고 일을 맡길 수 있는 부하. '심복지인'(心腹之人)의 준말. ¶그는 20년 동안 사장의 심복 노릇을 했다. ⓑ복심(腹心).

▸심복-통 心腹痛 (아플 통). 근심으로 생긴 가슴[心]과 배[腹]의 통증(痛症).

▸심복지인 心腹之人 (어조사 지, 사람 인). 믿을 수 있는 심복(心腹) 같은 부하[人]. 마음 놓고 일을 맡길 수 있는 부하.

▸심복지환 心腹之患 (어조사 지, 병 환). ① 속뜻 가슴[心]과 배[腹]에 생긴 병[患]. ② 쉽게 다스리기 어려운 병을 비유하여 이르는 말. ¶할머니는 심복지환으로 오랫동안 병석에 계신다.

심:부 深部 (깊을 심, 나눌 부). 깊은[深] 부분(部分). ¶권력의 심부 / 심부 반사.

심-부전 心不全 (마음 심, 아닐 부, 온전할 전). 의학 심장(心臟)의 기능이 쇠약해져서 혈액의 공급이 완전(完全)하지 못한[不] 한 병. 호흡 곤란 따위의 증상이 나타난다. ⓑ심장 기능 상실(心臟機能喪失).

심사¹ 審査 (살필 심, 살필 사). 자세히 살피고[審] 조사(調査)하여 가려내거나 정함. ¶최종 심사 / 논문을 심사하다.

심사² 心事 (마음 심, 일 사). 마음[心] 속으로 생각하는 일[事]. ¶심사를 이루려고 치밀한 계획을 세웠다.

심사³ 心思 (마음 심, 생각 사). ① 속뜻 마음[心] 속의 생각[思]. ¶심사가 편치 않다. ②고약스럽거나 심술궂은 마음. ¶심사를 부리다.

심:사⁴ 深謝 (깊을 심, 고마워할 사). 깊이

[深] 사례(謝禮)하거나 사죄(謝罪)함. ¶그는 바닥에 엎드려 심사했다.

심ː사⁵ 深思 (깊을 심, 생각 사). 깊이[深] 생각함[思]. 또는 그 생각. ¶그 일에 대해 여러 번 심사했다.

▶심ː사-숙고 深思熟考 (익을 숙, 생각할 고). ① 속뜻 깊이[深] 생각하고[思] 푹 익을[熟] 정도로 충분히 생각함[考]. ② 신중을 기하여 곰곰이 생각함. ¶심사숙고한 끝에 그는 유학을 가기로 결정했다.

심산¹ 心算 (마음 심, 셀 산). 마음[心]속에서 치르는 셈[算]. ¶그가 무슨 심산으로 찾아왔는지 모르겠다. ㊐속셈.

심산² 心散 (마음 심, 흩을 산). 마음[心]이 어수선하다[散]. ¶심산한 마음을 달래려 대금을 불었다. ㊐심란(心亂).

심산³ 心酸 (마음 심, 신맛 산). 마음[心]이 고통스럽다[酸]. 또는 그런 마음.

심ː산⁴ 深山 (깊을 심, 메 산). 깊은[深] 산(山). ¶심산 속에 홀로 핀 야생화.

▶심ː산-유곡 深山幽谷 (그윽할 유, 골짜기 곡). 깊은 산속[深山]의 고요한[幽] 골짜기[谷].

심상¹ 心狀 (마음 심, 형상 상). 마음[心]의 상태(狀態). ¶심상이 복잡하다.

심상² 心喪 (마음 심, 죽을 상). ① 속뜻 마음[心]으로 상복(喪服)을 입음. ② 상복은 입지 아니하되 상제와 같은 마음으로 근신하는 일.

심상³ 心象 (=心像, 마음 심, 모양 상). 감각기관의 자극 없이 마음[心] 속에 떠오르는 모양[象]. ¶이 시는 시각적 심상이 매우 뛰어나다.

심상⁴ 心想 (마음 심, 생각 상). 마음[心]속의 생각이나 상념(想念).

심상⁵ 尋常 (찾을 심, 보통 상). ① 속뜻 보통[常] 찾아[尋] 볼 수 있는 정도. ② 대수롭지 않고 예사롭다. ¶심상치 않은 일이 벌어졌다. ㊥비상(非常).

심선 心線 (가운데 심, 줄 선). ① 속뜻 밧줄의 중심(中心)에 있는 가는 선(線). ① 공업 용접봉을 만드는 쇠줄.

심성 心性 (마음 심, 성품 성). ① 속뜻 타고난 마음[心]의 성품(性品). ¶그녀는 심성이 곱다. ② 불교 참되고 변하지 않는 마음의 본체(本體).

심ː성 광상 深成鑛床 (깊을 심, 이룰 성, 쇳돌 광, 평상 상). 지리 땅속 깊은[深] 곳에 형성(形成)된 광상(鑛床). 마그마에서 나온 가스나 열수(熱水)에 의하여 형성되며, 주석 광맥, 텅스텐 광맥 따위에서 볼 수 있다.

심ː성-암 深成巖 (깊을 심, 이룰 성, 바위 암). 지리 땅속 깊은[深] 곳에 형성(形成)된 바위[巖]. 마그마가 천천히 식어 굳어져서 생기는데 화강암(花崗岩), 섬록암(閃綠岩) 따위가 이에 속한다.

심-성정 心性情 (마음 심, 성품 성, 마음 정). 본디부터 타고난 마음[心]의 성품(性品)과 감정(感情).

심소 心素 (마음 심, 바탕 소). 법률 법률 사실의 구성 요소로서 필요한 심적(心的) 요소(要素). ㊥체소(體素).

심ː수¹ 深愁 (깊을 심, 근심 수). 깊은[深] 근심[愁]. ¶술을 마시며 심수를 달랬다.

심ː수² 深邃 (깊을 심, 깊을 수). ① 지형 따위가 깊숙하고 그윽함[深=邃]. ② 학문이나 예술 따위가 심오함.

심술 心術 (마음 심, 꾀 술). ① 속뜻 마음[心] 속으로 부리는 꾀[術]. ② 남을 골리기 좋아하거나 남이 잘못되는 것을 좋아하는 마음보. ¶동생에게 심술을 부리다. ㊐심통.

심ː신¹ 深信 (깊을 심, 믿을 신). 깊게[深] 믿음[信]. 또는 깊은 믿음.

심신² 審愼 (살필 심, 삼갈 신). 언행을 조심하고[審] 삼감[愼].

***심신³ 心身** (마음 심, 몸 신). 마음[心]과 몸[身]. ¶심신을 단련하다.

심신⁴ 心神 (마음 심, 정신 신). ① 속뜻 마음[心]과 정신(精神). ② 기분.

▶심신-불안 心神不安 (아닐 불, 편안할 안). 마음[心]과 정신(精神)이 편안(便安)하지 못함[不].

▶심신-산란 心神散亂 (흩을 산, 어지러울 란). 마음[心]과 정신(精神)이 어수선하고 뒤숭숭함[散亂].

▶심신 장애 心神障礙 (막을 장, 거리낄 애). 의학 사물을 판별하거나 의사를 결정할 능력[心神]에 결함이 있는[障礙] 상태.

심실 心室 (마음 심, 방 실). 의학 심장(心臟)의 아래쪽에서 동맥(動脈)과 직결되어 혈액

(血液)을 내보내는 방[室] 같은 부분. ㊥염통집. ㊟심방(心房).

심:심[1] 甚深 (심할 심, 깊을 심). 마음 씀씀이가 매우[甚] 깊다[深]. ¶심심한 감사의 말씀을 드립니다.

심:심[2] 深深 (깊을 심, 깊을 심). 깊고[深] 깊다[深]. ¶심심한 산골마을.

▸심:심-산천 深深山川 (메 산, 내 천). 깊고[深] 깊은[深] 산(山)과 내[川]. ¶심심산천으로 피난을 가다.

심심상인 心心相印 (마음 심, 마음 심, 서로 상, 새길 인). ① 속뜻 마음[心]과 마음[心]에 서로[相]를 새김[印]. ② 묵묵한 가운데 서로 마음이 통함. ㊥이심전심(以心傳心).

심안 心眼 (마음 심, 눈 안). ① 속뜻 마음[心]의 눈[眼]. ② 사물을 살펴 분별하는 능력.

심:야 深夜 (깊을 심, 밤 야). 깊은[深] 밤[夜]. ¶심야 영화.

심약 心弱 (마음 심, 약할 약). 마음[心]이 여리고 약하다[弱]. ¶그는 벌레 한 마리 죽이지 못하는 심약한 사람이다.

심:연 深淵 (깊을 심, 못 연). ① 깊은[深] 못[淵]. 담연(潭淵). ② 좀처럼 빠져나오기 힘든 구렁을 비유하여 이르는 말. ¶절망의 심연에 빠지다. ③ 뛰어넘을 수 없는 깊은 간격을 비유하여 이르는 말. ¶우리 둘 사이에는 알 수 없는 심연이 있었다.

심열 心熱 (마음 심, 뜨거울 열). ① 무엇을 간절히 바라는 마음[心]속의 열망(熱望). ② 한의 심화(心火)로 생기는 열.

심열-성복 心悅誠服 (마음 심, 기쁠 열, 정성 성, 따를 복). 마음[心] 속으로 기뻐하며[悅] 성심(誠心)을 다하여 순종함[服]. ㊟심복.

심:오 深奧 (깊을 심, 오묘할 오). 사상이나 이론 따위가 깊고[深] 오묘(奧妙)하다. ¶그의 작품은 너무 심오해서 이해하기 어렵다.

심와 心窩 (마음 심, 굴 와). 의학 심장(心臟)이 있는 가슴뼈 아래 한가운데 굴[窩]같이 오목하게 들어간 곳. 급소의 하나이다. ㊥명치.

심외 心外 (마음 심, 밖 외). 마음[心] 밖[外]. 생각지도 않음. ¶어머니에게 이렇게 여린 면이 있다는 것은 심외였다.

심우 心友 (마음 심, 벗 우). 마음[心]으로 깊이 사귄 벗[友].

심원[1] 心願 (마음 심, 바랄 원). 마음[心]속의 바람[願]. 또는 그렇게 바라는 일. ¶가족의 건강을 심원하며 기도를 드렸다.

심:원[2] 深怨 (깊을 심, 원망할 원). 억울하게 여기어 깊이[深] 탓하거나 원망(怨望)함.

심:원[3] 深遠 (깊을 심, 멀 원). ① 속뜻 깊고[深] 멀다[遠]. ② 헤아리기 어려울 만큼 깊다. ¶심원하고 오묘한 진리. ③ 미술 산수화의 투시법 중 하나. 산의 바로 앞에서 그 산의 뒤를 넘겨다보는 식으로 그리는 기법. ㊟삼원(三遠).

심음 心音 (마음 심, 소리 음). 심장(心臟)이 고동치는 소리[音].

심의[1] 心意 (마음 심, 뜻 의). 마음[心]과 뜻[意]을 아울러 이르는 말.

심:의[2] 深意 (깊을 심, 뜻 의). 깊은[深] 뜻[意]. ¶스승님의 심의를 어찌 다 헤아릴 수 있겠습니까? ㊥심지(深旨).

심의[3] 審議 (살필 심, 의논할 의). 안건 등을 상세히 살펴[審] 그 가부를 논의(論議)함. ¶그 노래는 심의에 걸렸다 / 새해 예산을 심의하다.

▸심의-회 審議會 (모일 회). 어떤 사항을 심의(審議)하기 위해 모인 모임[會].

심이 心耳 (마음 심, 귀 이). 동물 심장(心臟)에서 좌우 심방의 일부를 이루는 귓바퀴[耳] 모양의 돌출부.

심인[1] 心印 (마음 심, 도장 인). 불교 불심(佛心)의 인증[印]. 선원(禪院)에서 글이나 말로 나타낼 수 없는 내심의 깨달음을 이르는 말.

심인[2] 尋人 (찾을 심, 사람 인). 사람[人]을 찾음[尋]. 또는 찾는 사람. ¶심인 광고.

심인[3] 心因 (마음 심, 까닭 인). 정신적·심리적(心理的)인 원인(原因).

▸심인-성 心因性 (성질 성). 어떤 병이나 증세 따위가 정신적·심리적(心理的) 원인(原因)으로 생기는 성질(性質).

▸심인성 반:응 心因性反應 (성질 성, 되돌릴 반, 응할 응). 정신적·심리적(心理的) 원인(原因)으로 일어나는 반응(反應).

심:입 深入 (깊을 심, 들 입). 깊이[深] 들어감[入].

심:장[1] **深長** (깊을 심, 길 장). 깊고[深] 길[長].

심장[2] **心腸** (마음 심, 창자 장). 마음[心]의 속내를 깊은 곳에 있는 창자[腸]에 비유하여 이르는 말. ¶겉으로는 웃지만 그 심장이야 오죽하랴.

⁑**심장**[3] **心臟** (마음 심, 내장 장). ① 속뜻 인체에서 가장 중심(中心)이 되는 내장(內臟). ② 의학 주기적인 수축에 의하여 혈액을 몸 전체로 보내는 순환 계통의 중심적인 근육 기관. ¶아기의 심장 소리가 들린다. ③ 사물의 중심부를 비유하여 이르는 말. ④ '마음'을 비유하여 이르는 말.

▸심장-병 心臟病 (병 병). 의학 심장(心臟)에 발생한 병증(病症)을 통틀어 이르는 말.

▸심장-통 心臟痛 (아플 통). 의학 가슴뼈 아래쪽의 심장(心臟) 부위에 일어나는 통증(痛症). 관상 동맥의 기능 부전으로 일어나거나 신경성 이상 감각이 원인이 되어 일어난다.

▸심장 마비 心臟痲痺 (저릴 마, 저릴 비). 의학 심장(心臟)의 기능(機能)이 갑자기 멈추는 일[痲痺]. 여러 가지 원인으로 발생하며 생명을 잃는 경우가 많다.

▸심장 판막증 心臟瓣膜症 (꽃잎 판, 꺼풀 막, 증세 증). 의학 심장 판막(心臟瓣膜)의 기능에 이상이 생겨 일어나는 병[症]. 맥박이 빠르고 불규칙하게 되는데 호흡이 곤란하고 피로를 느끼며 붓는 증상이 나타난다.

심재 **心材** (가운데 심, 재목 재). 나무줄기의 중심부(中心部)에 있는 단단한 부분. 또는 그 재목(材木).

심적 **心的** (마음 심, 것 적). 마음[心]에 관한 것[的]. 마음의. ¶심적 부담 / 심적 고통.

▸심적 포:화 心的飽和 (배부를 포, 고를 화). ① 속뜻 마음[心的]이 배부른[飽和] 것과 같은 현상. ② 심리 되풀이되는 일에 싫증이 나서 더 계속할 생각이 없어지는 것.

▸심적 활동 心的活動 (살 활, 움직일 동). 정신적[心的] 움직임[活動] 및 작용을 통틀어 이르는 말.

심전-계 **心電計** (마음 심, 전기 전, 셀 계). 의학 심장(心臟)의 수축에 따른 전위(電位)차(差)를 나타나게 하여 재는 계기(計器).

심전-도 **心電圖** (마음 심, 전기 전, 그림 도). 의학 심장(心臟)의 수축에 따른 활동 전위차(電位差)를 파상(波狀) 곡선으로 기록한 도면(圖面). 보통 심전계를 사용하여 몇 개의 심전 곡선으로 나타내며 심장 질환의 진단에 매우 중요하다.

심:절 **深切** (깊을 심, 몹시 절). 깊고[深] 절실(切實)하다.

심정 **心情** (마음 심, 마음 정). 마음[心]에 일어나는 감정(感情). ¶솔직한 심정을 털어놓다.

심조-증 **心燥症** (마음 심, 마를 조, 증세 증). 어떤 것에 정신을 너무 집중하여 마음[心]이 초조(焦燥)해지는 증상(症狀).

심주 **心柱** (마음 심, 기둥 주). 마음[心]속의 줏대[柱].

심:중[1] **深重** (깊을 심, 무거울 중). ① 속뜻 생각이 깊고[深] 무게가 있다[重]. ¶심중하게 결정하다. ② 매우 중대하고 심각하다. ¶양국의 상황이 심중해져 휴전했다.

심중[2] **心中** (마음 심, 가운데 중). 마음[心]속[中]. ¶심중을 꿰뚫어 보다.

▸심중-소회 心中所懷 (것 소, 품을 회). 마음[心]속[中]에 품은[懷] 생각이나 느낌[所].

심증 **心證** (마음 심, 증거 증). ① 속뜻 마음[心] 속에만 있는 증거[證]. ② 법률 재판의 기초인 사실 관계의 여부에 대한 법관의 주관적 의식 상태나 확신의 정도. ¶그가 범인이라는 심증만 있을 뿐 물증(物證)이 없다.

심지[1] **心地** (마음 심, 바탕 지). 마음[心]의 본바탕[地]. ¶심지가 바르다 / 심지가 착하다.

심지[2] **心志** (마음 심, 뜻 지). 마음[心] 속에 갖고 있는 뜻[志]. ¶저 애는 어린데도 심지가 굳다.

심:지어 **甚至於** (심할 심, 지극할 지, 어조사 어). 더욱 심(甚)한 것이 극에 달해[至] 나중에는. ¶그는 심지어 아내도 못 알아본다.

심찰 **審察** (살필 심, 살필 찰). 자세히 살피어[審=察] 조사함.

심:책 **深責** (깊을 심, 꾸짖을 책). 몹시[深] 꾸짖음[責].

심:천 **深淺** (깊을 심, 얕을 천). 깊음[深]과 얕음[淺].

심:청 **深青** (깊을 심, 푸를 청). 깊고[深] 푸

른빛[靑].

심ː청-가 沈淸歌 (성씨 심, 맑을 청, 노래 가). 음악 심청(沈淸)의 효행에 관한 노래[歌]. 판소리 열두 마당 가운데 하나로 소설 『심청전』을 가극화한 것이다.

심ː청-전 沈淸傳 (성씨 심, 맑을 청, 전할 전). 문학 심청(沈淸)의 효행을 이야기[傳]로 만든 조선 후기의 소설. 주인공 심청이 아버지 심학규의 눈을 뜨게 하기 위하여 공양미 삼백 석에 자신을 팔아 인당수에 빠졌으나 상제의 도움으로 나라의 왕후가 되어 아버지를 만나고 아버지도 눈을 뜨게 되었다는 내용이다.

심축 心祝 (마음 심, 빌 축). 진심(眞心)으로 축하(祝賀)함. ¶성혼을 심축합니다.

심ː충 深衷 (깊을 심, 속마음 충). 깊고[深] 참된 속마음[衷]. ㊎연충(淵衷).

심취[1] 心醉 (마음 심, 취할 취). ① 속뜻 마음[心]이 마치 술에 취(醉)한 것 같음. ②어떤 일에 깊이 빠져 마음을 빼앗김. ¶불교 사상에 심취하다.

심ː취[2] 深醉 (깊을 심, 취할 취). 술 따위에 몹시[深] 취(醉)함. ¶심취하여 정신을 못 차리다.

심ː층 深層 (깊을 심, 층 층). 생각이나 사물 속의 깊은[深] 층(層). ¶심층 분석.

▸심ː층 심리 深層心理 (마음 심, 이치 리). 심리 인간 정신의 의식적 부분에 대하여 의식되지 않으나 마음의 깊은 곳[深層]에 새겨져 있어 어떤 계기가 있으면 의식될 수 있는 심리(心理).

▸심ː층 심리학 深層心理學 (마음 심, 이치 리, 배울 학). 심리 심층 심리(深層心理)를 연구하는 학문(學問).

심토 心土 (마음 심, 흙 토). 농업 지표의 속[心]에 있는 흙[土]. 농기구로 갈리지 않는 다. ㊇표토(表土).

심통[1] 心痛 (마음 심, 아플 통). 마음[心]이 아픔[痛]. ¶심통한 표정.

심ː통[2] 深痛 (깊을 심, 아플 통). 몹시[深] 아픔[痛]. 몹시 슬픔. ¶그녀는 아들을 잃고 심통했다.

심ː판 審判 (살필 심, 판가름할 판). ①문제가 되는 안건을 심의(審議)하여 판결(判決)을 내리는 일. ¶법의 심판을 받다 / 공정하게 심판하다. ② 운동 운동 경기에서 규칙의 적부 여부나 승부를 판정함. 또는 그런 일이나 사람. ¶축구 심판. ③ 법률 심리(審理)와 재판(裁判)을 아울러 이르는 말. ④ 법률 행정 기관이 전심(前審)으로서 쟁송을 심리·재결하는 절차. 해난 심판, 특허 심판 따위가 있다. ⑤ 기독교 하나님이 인간과 세상의 죄를 제재함. 또는 그런 일.

▸심ː판-관 審判官 (벼슬 관). ① 속뜻 심판(審判)을 하는 사람[官]. ② 법률 군사 법원을 구성하는 재판관의 한 직위. ③ 법률 예전에 가정 법원에서 가사 심판법이 정한 사항을 처리하던 법관. ④ 법률 행정 기관에 소속되어 특허 심판이나 해난 심판을 담당하는 사람. ⑤운동경기에서 심판을 보는 사람.

심폐 心肺 (마음 심, 허파 폐). 심장[心]과 폐(肺)를 아울러 이르는 말. ¶심폐 소생술.

심피 心皮 (가운데 심, 겉 피). ① 속뜻 가운데[心] 있는 잎[皮]. ② 식물 암술을 구성하는 잎. 속씨식물에서는 암술과 배주로 특수하게 분화되었으며, 양치식물에서는 대포자엽(大胞子葉)이 이에 해당한다.

심ː해 深海 (깊을 심, 바다 해). 깊은[深] 바다[海]. ¶바다거북은 심해에서 산다.

▸심ː해-어 深海魚 (물고기 어). 수심 200~1000m의 깊은[深] 바다[海]에 사는 물고기[魚].

▸심ː해 성층 深海成層 (이룰 성, 층 층). 지리 물의 깊이가 2000m를 넘는 깊은[深] 바다[海]의 바닥에 이루어진[成] 지층(地層).

▸심ː해저 평원 深海底平原 (밑 저, 평평할 평, 들판 원). 지리 수심 3, 4천 미터의 깊은[深] 해저(海底)에 펼쳐진 평원(平原).

심ː현 深玄 (깊을 심, 오묘할 현). 사물의 이치 따위가 매우 깊고[深] 오묘하다[玄].

심혈 心血 (마음 심, 피 혈). ① 속뜻 심장(心臟)의 피[血]. ②온갖 힘. 온갖 정신력. ¶심혈을 기울이다.

심ː-호흡 深呼吸 (깊을 심, 내쉴 호, 마실 흡). 깊이[深] 들이쉬고[吸] 내쉬는[呼] 숨. ¶그는 심호흡을 하고 무대로 올라갔다.

심혼 心魂 (마음 심, 넋 혼). 마음[心]속의 정신[魂]. ¶도자기에 심혼을 불어넣듯 무늬를 그려넣었다.

심:홍 深紅 (깊을 심, 붉을 홍). 아주 짙은 [深] 다홍색[紅]. 심홍색. ¶심홍 장미.

심:화[1] 深化 (깊을 심, 될 화). 사물의 정도를 깊게[深] 되도록[化] 함. 정도가 깊어지거나 심각해짐. ¶심화 학습.

심화[2] 心火 (마음 심, 불 화). ① 속뜻 마음[心]속에서 북받쳐 오는 화(火). ② 한의 마음속의 울화로 몸과 마음이 답답하고 몸에 열이 높아지는 병. ③ 한의 심장을 오행(五行)의 화(火)에 소속시켜 이르는 말. ④ 한의 심장의 본질을 화(火)로 보아 심장의 정상적 생리 기능을 이르는 말. ⑤ 한의 지압하는 부위. 가운뎃손가락 끝마디를 이른다.

▸심화-병 心火病 (병 병). 한의 마음[心]에 울화[火]가 치받쳐서 나는 병(病).

심:황 深黃 (깊을 심, 누를 황). 아주 짙은 [深] 누른[黃]색. 심황색. ¶심황 벌판.

심회 心懷 (마음 심, 품을 회). 마음[心]속에 품고[懷] 있는 생각. ¶심회를 털어놓다.

심:후 深厚 (깊을 심, 두터울 후). 마음씨가 깊고[深]도 두텁다[厚].

심흉 心胸 (마음 심, 마음 흉). 마음[心=胸] 속. 가슴에 깊이 간직한 마음. ¶심흉을 꿰뚫어 보다.

십간 十干 (열 십, 천간 간). 민속 육십갑자의 첫 글자로 쓰이는 열[十] 개의 천간(天干). 갑(甲), 을(乙), 병(丙), 정(丁), 무(戊), 기(己), 경(庚), 신(申), 임(壬), 계(癸) 등 10개이다. 참 십이지(十二支).

십계 十戒 (열 십, 경계할 계). 불교 입문한지 얼마 안 된 남녀 수행자인 사미(沙彌)와 사미니(沙彌尼)가 지켜야 할 열[十] 가지 계율(戒律).

십-계명 十誡命 (열 십, 경계할 계, 명할 명). 기독교 하나님이 시나이 산에서 모세를 통하여 이스라엘 백성에게 내렸다고 하는 경계해야[誡] 할 열[十] 가지 명령(命令).

십년 十年 (열 십, 해 년). 열 번[十] 째의 해[年]. 10년.

▸십년-감:수 十年減壽 (덜 감, 목숨 수). 수명(壽命)이 십 년(十年)이나 줄어들[減] 정도로 위험한 고비를 겪음. ¶그가 다치는 줄 알고 십년감수했다.

▸십년지계 十年之計 (어조사 지, 셀 계). 앞으로 10년[十年] 동안을 기한으로 잡아 세운 계획(計劃).

▸십년-지기 十年知己 (알 지, 자기 기). 십(十) 년(年) 동안 사귀어온 자기(自己)를 알아주는[知] 친한 벗. 오래 전부터 사귀어온 친한 친구.

십념 十念 (열 십, 욀 념). 불교 ①부처와 보살 열[十] 분의 이름을 생각하며 외우는[念] 일. ②불(佛)·법(法)·승(僧)·계(戒)·시(施)·천(天)·휴식(休息)·안반(安般)·신(身)·사(死)의 열 가지에 마음을 집중하여 생각함.

십대 十代 (열 십, 세대 대). ① 속뜻 열[十] 번째의 세대(世代). ¶십대째 서울에 살다. ②나이가 10세에서 19세까지의 시대. ¶십대의 소녀.

십만 十萬 (열 십, 일만 만). 만(萬)의 열[十] 배가 되는 수. 또는 그런 수의. ¶십만의 대군 / 십만 원 / 십만 권.

십분 十分 (열 십, 나눌 분). ① 속뜻 열[十]로 나눔[分]. ②아주 충분히. ¶너의 처지를 십분 이해한다.

십부-제 十部制 (열 십, 나눌 부, 정할 제). 자동차를 열[十] 모둠으로 나누어[部] 운행하도록 한 제도(制度). 자동차 등록 번호의 끝수와 날짜의 끝수가 같을 때 자동차를 운행하지 않도록 한 것이다. ¶에너지 절감을 위해 십부제를 시행했다.

십상 十常 (열 십, 늘 상). ① 속뜻 '열[十] 가운데 여덟[八]이나 아홉[九] 정도는 늘[常] 그러함'을 이르는 '십상팔구'(十常八九)의 준말. ②그러할 가능성이 아주 높은 것. ¶생선은 여름에 상하기 십상이다.

▸십상-팔구 十常八九 (여덟 팔, 아홉 구). ① 속뜻 열[十] 가운데 여덟[八]이나 아홉[九] 정도는 늘[常] 그러함.

십시일반 十匙一飯 (열 십, 숟가락 시, 한 일, 밥 반). ① 속뜻 열[十] 사람이 한 술[匙]씩 보태면 한[一] 사람이 먹을 분량의 밥[飯]은 됨. ②여러 사람이 조금씩 힘을 합하면 한 사람을 돕기 쉬움.

십오-야 十五夜 (열 십, 다섯 오, 밤 야). 음력 십오일(十五日) 밤[夜]. 보름날 밤. 달빛이 밝은 밤.

십이-월 十二月 (열 십, 두 이, 달 월). 한 해의 열두[十二] 번째 달[月].

십이-율 十二律 (열 십, 두 이, 가락 률).

음악 전통 국악의 열두[十二] 가지 음의 가락[律]. 육려(六呂)와 육률(六律)을 통틀어 이르는 말.

십이-지 十二支 (열 십, 두 이, 지지 지). 육십갑자의 아래 단위를 이루는 12[十二]개의 지지(地支). 자(子), 축(丑), 인(寅), 묘(卯), 진(辰), 사(巳), 오(午), 미(未), 신(申), 유(酉), 술(戌), 해(亥)이다. ⓒ십간(十干).

십이지-장 十二指腸 (열 십, 두 이, 손가락 지, 창자 장). 의학 소장(小腸)의 일부로서 위의 유문에서 공장에 이르는 말굽 모양의 부위. 길이는 25~30㎝로, 12[十二]개의 손가락[指] 마디를 늘어놓은 길이가 된다고 하여 붙여진 이름이다.

▸십이지장-충 十二指腸蟲 (벌레 충). 동물 주로 십이지장(十二指腸)에 붙어서 피를 빨아 먹고 사는 기생충(寄生蟲).

십인-십색 十人十色 (열 십, 사람 인, 열 십, 빛 색). 열[十] 사람[人]이 각각 열[十] 가지 특성[色]을 가짐. 생각과 생김새, 기호 따위가 사람마다 다름을 이르는 말.

십일-월 十一月 (열 십, 한 일, 달 월). 한 해의 열한[十一] 번째 달[月].

십자 十字 (열 십, 글자 자). 한자 '十' 이라는 글자[字]. 또는 그러한 모양을 가진 것.

▸십자-가 十字架 (시렁 가). ① 역사 서양에서 죄인을 못 박아 죽이던 십자(十字) 모양의 형틀[架]. ② 기독교 기독교도를 상징하는 '十'자 모양의 표. 예수가 모든 사람의 죄를 대신 씻어주기 위하여 십자가에 못 박혀 죽은 데서 유래하였으며, 희생·속죄의 표상으로 쓰인다.

▸십자-군 十字軍 (군사 군). ① 속뜻 십자(十字)의 기장(記章)을 단 군대(軍隊). ② 역사 중세 유럽에서 기독교도가 팔레스타인과 예루살렘을 이슬람교도로부터 다시 찾기 위하여 일으킨 원정. 또는 그 원정대. ③ 이상이나 신념을 위해 집단적으로 싸우는 사람들을 비유하여 이르는 말.

▸십자-로 十字路 (길 로). 두 차선이 교차되어 십자(十字)를 이루는 거리[路].

▸십자-수 十字繡 (수놓을 수). 실을 십자(十字) 꼴로 엇걸어 놓는 수(繡).

▸십자-형 十字形 (모양 형). 십자(十字)로 생긴 모양[形].

▸십자가-상 十字架像 (시렁 가, 모양 상). 예수가 십자가(十字架)에 매달린 모양을 조각해 만든 것[像]을 통틀어 이르는 말.

▸십자-고상 十字苦像 (괴로울 고, 모양 상). 가톨릭 십자가(十字架)에 못 박힌 예수가 고난(苦難)받은 형상[像]. 또는 그런 그림이나 조각.

▸십자 유전 十字遺傳 (남길 유, 전할 전). 십자(十字) 형태로 엇갈려 나타나는 유전(遺傳). 잡종 제1대 암컷에는 아비의 형질이 수컷에는 어미의 형질이 나타나는 유전 현상.

▸십자형 화관 十字形花冠 (모양 형, 꽃 화, 갓 관). ① 속뜻 십자(十字) 모양[形]으로 아름답게[花] 장식한 관(冠). ② 식물 네 개의 꽃잎이 십자 모양을 이룬 꽃부리. 무, 냉이, 배추 따위에서 볼 수 있다. ⓔ십자 화관.

십-자매 十姊妹 (열 십, 손윗누이 자, 누이 매). ① 속뜻 사이가 좋은 열[十] 명의 자매(姊妹). ② 동물 참새와 비슷하며, 가슴에 갈색 띠가 있고 눈동자는 붉은 새. 성질이 온순하여 많은 새를 한 새장에 길러도 사이좋게 지낸데서 이름이 유래하였다.

십장 什長 (열사람 십, 어른 장). ① 역사 병졸 열[什] 사람 중의 우두머리[長]. ② 일꾼들을 감독·지시하는 우두머리.

십장-가 十杖歌 (열 십, 지팡이 장, 노래 가). 경기 십이 잡가의 하나. 판소리 『춘향가 음악』에서 춘향이 매[杖]를 열[十] 대 맞는 장면을 딴 노래[歌].

십-장생 十長生 (열 십, 길 장, 살 생). 민속 오래도록[長] 살거나[生] 죽지 않는다는 열[十] 가지. 해, 산, 물, 돌, 구름, 소나무, 불로초, 거북, 학, 사슴이다.

십전-대보탕 十全大補湯 (열 십, 모두 전, 큰 대, 도울 보, 끓을 탕). 몸에 좋은 열[十] 가지의 재료가 모두[全] 들어가 몸을 크게[大] 보(補)하는 탕약(湯藥). 팔물탕(八物湯)에 황기, 육계를 더한다.

십종 경:기 十種競技 (열 십, 갈래 종, 겨룰 경, 재주 기). 운동 한 선수가 이틀 동안 열[十] 가지 종목(種目)을 겨루어 얻은 점수의 합계로 승부를 가리는 육상 경기(陸上競技).

십중-팔구 十中八九 (열 십, 가운데 중, 여덟 팔, 아홉 구). ① 속뜻 열[十] 가운데[中] 여덟[八]이나 아홉[九] 정도. ②거의 대부분이거나 거의 틀림없음. ¶십중팔구 그가 이길 것이다.

십진 十進 (열 십, 나아갈 진). 십(十)을 단위로 한 등급 올려[進] 계산함.

▸십진-법 十進法 (법 법). 수학 십(十)을 단위로 한 등급 올려[進] 수를 세는 방법(方法). 0, 1, 2, 3, 4, 5, 6, 7, 8, 9를 밑수로 하여 나타내는 하나, 열, 백, 천, 만 따위.

▸십진-수 十進數 (셀 수). 수학 십진법(十進法)으로 나타낸 수(數).

▸십진급-수 十進級數 (등급 급, 셀 수). 수학 십진법(十進法)으로 얻은 여러 가지 단위[級]에 붙는 이름[數]. 십, 백, 천, 만, 억. 또는 할, 푼, 리, 모 따위.

▸십진-분류법 十進分類法 (나눌 분, 무리 류, 법 법). ① 속뜻 열 [十]가지로 거듭[進] 분류(分類)하는 방법(方法). ②미국의 듀이가 창시한 도서 분류법. 도서를 열 개의 '류'(類)로 나누고, 각 '류'를 열 개의 '강'(綱)으로, '강'을 다시 열 개의 '목'(目)으로 분류한다. '류'는 (0)총기(叢記), (1)철학(哲學), (2)역사(歷史), (3)사회 과학(社會科學), (4)자연 과학(自然科學), (5)공업(工業), (6)산업(産業), (7)예술(藝術), (8)어학(語學), (9)문학(文學)이다.

십철 十哲 (열 십, 밝을 철). 공자(孔子)의 제자 가운데 뛰어난[哲] 열[十] 사람. 안회(顔回), 민자건(閔子騫), 염백우((冉伯牛), 염옹(冉雍), 재아(宰我), 자공(子貢), 염구(冉求), 자로(子路), 자유(子游), 자하(子夏)를 이른다.

십팔-금 十八金 (열 십, 여덟 팔, 황금 금). 광석에 들어있는 금(金) 성분(成分) 100퍼센트를 24로 할 때, 금 성분이 18[十八]인 금(金).

십팔사-략 十八史略 (열 십, 여덟 팔, 역사 사, 줄일 략). 역사 중국 원나라의 증선지(曾先之)가 '십팔사'(十八史)를 간략(簡略)하게 요약하여 쉽고 간단하게 편찬한 책. 중국 태고(太古)에서 송말(宋末)까지의 사실(史實)을 압축하여 기록하였다. 원간본(原刊本) 2권.

쌍각 雙脚 (둘 쌍, 다리 각). 두[雙] 개의 다리[脚]. ⑭양각(兩脚).

쌍각-류 雙殼類 (둘 쌍, 껍질 각, 무리 류). 조가비[殼]가 두[雙] 짝인 조개류(類)를 통틀어 이르는 말.

쌍-간균 雙桿菌 (둘 간, 난간 간, 세균 균). 생물 두[雙] 개씩 연결된 막대[桿] 모양으로 생긴 균(菌). 결핵균, 대장균, 디프테리아균, 백일해균, 페스트균 따위가 있다.

쌍검 雙劍 (둘 쌍, 칼 검). ① 속뜻 양 손에 한 자루씩 지니는 두[雙] 개의 칼[劍]. ② 역사 십팔기(十八技) 또는 이십사반 무예 중의 하나. 보졸(步卒)이 두 손에 짧은 요도(腰刀)를 쥐고 여러 자세를 취하며 행하는 검술이다.

쌍견 雙肩 (둘 쌍, 어깨 견). 양[雙]쪽 어깨[肩]. ¶세계 평화와 환경 보호라는 사명을 쌍견에 짊어지다.

쌍계 雙鷄 (둘 쌍, 닭 계). 알 하나에서 나온 두[雙] 마리의 병아리[鷄].

쌍계 가족 雙系家族 (둘 쌍, 이어 맬 계, 집 가, 겨레 족). 부계(父系)와 모계(母系) 양[雙] 쪽 모두를 동등하게 인정하면서 결합되는 가족(家族).

쌍-곡선 雙曲線 (둘 쌍, 굽을 곡, 줄 선). ① 속뜻 짝을 이룬 두[雙] 개의 굽은[曲] 선(線). ② 수학 한 평면 위에서 두 정점(定點)에서의 거리의 차가 일정한 점의 자취로 나타나는 곡선.

▸쌍곡선-면 雙曲線面 (쪽 면). 수학 쌍곡선(雙曲線)의 한 주축을 축으로 하여 회전시킬 때 얻을 수 있는 곡면(曲面).

쌍관-법 雙關法 (둘 쌍, 관계할 관, 법 법). 문학 한시에서, 위 아래 한 쌍(雙)의 구를 연결하여[關] 짝을 이루게 수사법(修辭法).

쌍교 雙轎 (둘 쌍, 가마 교). 말 두[雙] 마리가 각각 앞뒤 채를 메고 가는 가마[轎]. ¶쌍교를 타다. ⑭쌍가마.

쌍구 雙鉤 (둘 쌍, 갈고랑이 구). 글씨를 베낄 때에 가는 선으로 획의 양쪽[雙] 가장자리만을 떠내는[鉤] 일. '쌍구법'(雙鉤法)의 준말.

▸쌍구-법 雙鉤法 (법 법). ① 속뜻 붓을 쥘 때, 집게손가락과 가운뎃손가락 두[雙] 손가락으로 붓대를 걸쳐[鉤] 잡고 쓰는 법(法). ②쌍구. ③ 미술 동양화에서, 쌍선(雙線)으로 윤곽을 그리고 그 사이를 채색(彩

色)하는 법. ⓑ구륵법(鉤勒法). ⓩ단구.

▸쌍구-전묵 雙鉤塡墨 (메울 전, 먹 묵). 먼저 가는 선으로 글자의 윤곽을 그리고 나서[雙鉤] 그 사이를 먹[墨] 칠로 메움[塡]. 남의 글씨를 베껴 쓰는 방법.

쌍-구균 雙球菌 (둘 쌍, 공 구, 세균 균). 생물 둥근 공[球] 모양이 두 개씩 짝[雙]을 이루고 있는 형태의 세균(細菌). 폐렴균, 임질균 따위가 이에 속한다.

쌍-권총 雙拳銃 (둘 쌍, 주먹 권, 총 총). 양손에 각각 하나씩 쥔 두[雙] 개의 권총(拳銃). ¶보안관이 쌍권총을 꺼내들었다.

쌍극 雙極 (둘 쌍, 끝 극). 화학 양쪽[雙] 끝[極]에 각각 양전하와 음전하가 모여서 작용하는 분자나 물질.

쌍두 雙頭 (둘 쌍, 머리 두). ① 속뜻 두[雙] 개의 머리[頭]. ②두 마리. ¶제값도 못 받는 소를 쌍두나 사오면 어떻게 하나?

▸쌍두-마차 雙頭馬車 (말 마, 수레 차). ① 속뜻 두[雙] 필[頭]의 말[馬]이 끄는 수레[車]. ②어떤 한 분야에서 주축이 되는 두 사람이나 사물 따위를 비유하여 이르는 말. ¶두 감독은 영화계의 쌍두마차이다.

쌍룡 雙龍 (둘 쌍, 용 룡). 한 쌍(雙)의 용(龍). ¶치마폭에 쌍룡을 수놓다.

쌍륙 雙六 (둘 쌍, 여섯 륙). ① 속뜻 여섯[六] 개가 둘[雙]이라는 뜻. ② 민속 여러 사람이 편을 갈라 차례로 두 개의 주사위를 던져서 나오는 사위대로 말을 써서 먼저 궁에 들여보내는 놀이이다. 쌍륙(雙六)의 말은 주사위의 수목(數目)에 따라 나아가는 것으로 쌍륙(雙六) 즉 여섯·여섯의 두 수목이 나면 반드시 이긴다.

쌍륜 雙輪 (둘 쌍, 바퀴 륜). 앞뒤 혹은 양쪽 옆에 달린 두[雙] 개의 바퀴[輪]. 또는 그러한 차(車).

쌍립 雙立 (둘 쌍, 설 립). ① 속뜻 양쪽[雙]이 대립하여 마주 섬[立]. ② 운동 바둑에서 한 줄을 사이에 두고 두 개씩 마주 붙어 있는 같은 편 돌. 또는 그런 수. ¶쌍립을 두다.

쌍무 雙務 (둘 쌍, 일 무). 계약 당사자 양쪽[雙]이 서로 지는 의무(義務).

▸쌍무 계:약 雙務契約 (맺을 계, 묶을 약). 법률 매매, 임대차, 고용 따위의 계약과 같이 계약 당사자가 서로[雙] 의무(義務)를 부담하는 계약(契約).

▸쌍무 협정 雙務協定 (합칠 협, 정할 정). 법률 양측[雙]이 서로 대등한 의무(義務)를 지는 협정(協定).

쌍미 雙眉 (둘 쌍, 눈썹 미). 좌우로 나 있는 두[雙] 눈썹[眉]. ⓑ양미(兩眉).

쌍-반점 雙半點 (둘 쌍, 반 반, 점 점). 언어 가로쓰기에 쓰는 쉼표 ';'의 이름. 문장을 일단 끊었다가 이어서 설명을 더 계속할 경우에 위아래에 찍는 두[雙] 개의 반점(半點). 주로 예를 들어 설명하거나 설명을 추가하여 덧붙이는 경우에 쓴다.

쌍발 雙發 (둘 쌍, 쏠 발). ①두 개[雙]의 구멍으로 쏠[發] 수 있는 총. ¶쌍발 권총 / 쌍발 엽총. ②발동기가 두 대 달린 것. ¶쌍발 요격기 / 쌍발 전투기.

▸쌍발-기 雙發機 (틀 기). 항공 발동기(發動機)가 두[雙] 개 달린 비행기(飛行機).

쌍방 雙方 (둘 쌍, 모 방). 둘로 나뉜 것의 두[雙] 쪽[方]. 이쪽과 저쪽. 또는 이편과 저편을 아울러 이르는 말. ¶쌍방을 모두 만족시킬 수는 없다. ⓑ양방(兩方).

▸쌍방 대:리 雙方代理 (대신할 대, 다스릴 리). 법률 한 사람이 동시에 양쪽[雙方] 당사자의 대리인(代理人)이 되어 계약을 체결하는 일. 민법에서는 원칙적으로 허용되지 않는다.

쌍벌-죄 雙罰罪 (둘 쌍, 벌할 벌, 허물 죄). 법률 어떤 행위에 관련되어 있는 양쪽[雙] 당사자를 모두 처벌(處罰)하는 범죄(犯罪). 뇌물죄, 간통죄 따위가 해당된다.

쌍벌-주의 雙罰主義 (둘 쌍, 벌할 벌, 주될 주, 뜻 의). 법률 어떤 행위에 관련된 양쪽[雙] 당사자를 모두 처벌(處罰)해야 한다는 주의(主義).

쌍벽 雙璧 (둘 쌍, 둥근 옥 벽). ① 속뜻 두[雙] 개의 구슬[璧]. ②여럿 가운데 특별히 뛰어나 우열을 가리기 어려운 둘을 비유하여 이르는 말. ¶김홍도와 신윤복은 조선 후기 화단에 쌍벽을 이루는 화가이다.

쌍보 雙補 (둘 쌍, 도울 보). 한의 약을 먹어 음(陰)과 양(陽) 또는 기(氣)와 혈(血), 두[雙] 가지를 함께 보(補)함. 또는 그런 방법.

쌍봉 雙峰 (둘 쌍, 봉우리 봉). 나란히 솟은 두[雙] 개의 봉우리[峰].

▸쌍봉-낙타 雙峰駱駝 (낙타 락, 낙타 타). ① 속뜻 등에 두[雙] 개의 봉(峰)이 있는 낙타(駱駝). ② 동물 낙타과의 하나. 어깨 높이는 2미터 정도이며 잿빛을 띤 갈색이다. 네 다리는 굵고 짧으며 등에 지방질이 많은 혹이 두 개 있다. ㉥단봉(單峰)낙타.

쌍분 雙墳 (둘 쌍, 무덤 분). 같은 묏자리에 합장하지 않고 나란히 쓴 부부의 두[雙] 기의 무덤[墳].

쌍생 雙生 (둘 쌍, 날 생). 동시에 두[雙] 아이를 낳음[生].

▸쌍생-녀 雙生女 (딸 녀). 한 배에서 동시에 태어난[生] 두[雙] 명의 딸[女]. ㉥쌍동딸.

▸쌍생-아 雙生兒 (아이 아). 한 배에서 동시에 태어난[生] 둘[雙] 이상의 아이[兒]. ¶인공수정을 하면 쌍생아가 태어날 확률이 높다. ㉥쌍둥이.

▸쌍생-자 雙生子 (아들 자). 한 배에서 동시에 태어난[生] 두[雙] 명의 아들[子]. ㉥쌍동아들.

쌍서 雙棲 (둘 쌍, 살 서). 암수 또는 부부 둘[雙]이 함께 삶[棲]. ¶호랑이가 쌍서하는 서식지를 발견했다.

쌍-선모 雙旋毛 (둘 쌍, 돌 선, 털 모). 두[雙] 개의 가마[旋毛]. 머리털이 한곳을 중심으로 빙 돌아 나서 소용돌이 모양으로 된 부분이 두 개인 것. ㉥쌍가마.

쌍성 雙星 (둘 쌍, 별 성). ① 속뜻 서로 쌍(雙)을 이루고 있는 별[星]. ② 천문 서로의 인력으로 공동의 무게 중심 주위를 일정한 주기로 공전하는 두 항성. ㉥연성(連星).

쌍수[1] 雙袖 (둘 쌍, 소매 수). 오른쪽과 왼쪽의 두[雙] 소매[袖].

쌍수[2] 雙手 (둘 쌍, 손 수). 오른쪽과 왼쪽의 두[雙] 손[手]. ¶쌍수를 들어 환영하다.

▸쌍수-검 雙手劍 (칼 검). 양[雙]손[手]에 한 자루씩 지닌 칼[劍].

▸쌍수-도 雙手刀 (칼 도). 역사 ①두[雙] 손[手]으로 쥐고 검술을 익히는 데 사용하던 칼[刀]. 전체 길이는 129㎝이다. ②칼을 가지고 하는 십팔기의 하나. 관무재 초시(初試)에 사용하였으며 여러 가지 세(勢)가 있다.

쌍쌍 雙雙 (둘 쌍, 둘 쌍). 둘[雙+雙] 씩 짝을 지은 것. ¶쌍쌍으로 어울려 다니다.

쌍아 雙蛾 (둘 쌍, 눈썹 아). ① 속뜻 미인의 고운 양쪽[雙] 눈썹[蛾]. ② 한의 편도선이 붓고 종기가 나며 열이 나고 침을 흘리는 병. ㉥쌍유아(雙乳蛾).

쌍안 雙眼 (둘 쌍, 눈 안). 두[雙] 눈[眼]. ㉥양안(兩眼).

쌍-안경 雙眼鏡 (둘 쌍, 눈 안, 거울 경). 물리 두[雙] 개의 망원경을 나란히 붙여 두 눈[眼]으로 동시에 먼 거리의 물체를 볼 수 있게 만든 망원경(望遠鏡). 배율은 보통 7~8배로 입체감이나 거리감의 식별이 강하다.

쌍엽 雙葉 (둘 쌍, 잎 엽). 식물 한 배(胚)에서 나온 두 개[雙]의 떡잎[葉]. ㉥쌍떡잎.

쌍익 雙翼 (둘 쌍, 날개 익). 두[雙] 날개[翼]. ¶함대를 쌍익 모양으로 배치하다. ㉥양익(兩翼).

쌍일 雙日 (둘 쌍, 날 일). ① 속뜻 짝수[雙] 날[日]. ② 민속 천간(天干)이 을·정·기·신·계인 날. 음(陰)에 해당하는 날. ㉥유일(柔日).

쌍-자엽 雙子葉 (둘 쌍, 아이 자, 입 엽). 식물 한 배(胚)에서 나온 두[雙] 개의 떡잎[子葉]. ㉥쌍떡잎.

▸쌍자엽-식물 雙子葉植物 (심을 식, 만물 물). 식물 마주 붙어 난 두[雙] 개의 떡잎[子葉]이 있는 식물(植物). 떡잎이 한 개 있는 외떡잎식물에 대응되는 말로 줄기가 비대하며 잎맥은 그물 모양인 것이 많다. 국화, 도라지 따위가 있다. ㉥쌍떡잎식물.

쌍전 雙全 (둘 쌍, 온전할 전). 두 가지 일이나 두 쪽[雙]이 모두 온전하다[全]. ¶충성과 효도가 쌍전할 수 없다는 말이 있다.

쌍점 雙點 (둘 쌍, 점 점). 언어 문장 부호 ':'의 이름. 내포되는 종류를 들거나 작은 표제 뒤에 간단한 설명이 붙을 때 위아래에 찍는 두[雙] 개의 점(點). 저자명 다음에 저서명을 적거나 시(時)와 분(分), 장(章)과 절(節) 따위를 구별할 때 그리고 둘 이상을 대비할 때에 쓴다.

쌍정 雙晶 (둘 쌍, 밝을 정). 광업 두[雙] 가지의 결정체(結晶體)가 대칭으로 붙어 있는 것. 결정의 종류에 따라 접합·투입·병행·반사·반복 쌍정 따위가 있다.

쌍창 雙窓 (둘 쌍, 창문 창). 건설 문짝이 둘[雙] 달린 창문(窓門). ¶일어나자마자 쌍창을 열어 젖혔다. [비]쌍창문.

쌍태 雙胎 (둘 쌍, 아이 밸 태). 한 태(胎)에 두 아이나 두[雙] 새끼를 뱀[胎]. 또는 그 아이나 새끼. 일란성·이란성 쌍태가 있다.

▶쌍태 임:신 雙胎姙娠 (아이 밸 임, 아이 밸 신). [의학] 태아 둘[雙]을 밴[胎] 임신(姙娠)의 한 형태.

쌍학-흉배 雙鶴胸背 (둘 쌍, 두루미 학, 가슴 흉, 등 배). [역사] 한 쌍(雙)의 학(鶴)을 수놓아 관복의 가슴[胸]과 등[背]에 붙이던 사각형의 표장.

쌍현 雙絃 (둘 쌍, 줄 현). ①두[雙] 개로 보이는 활시위[絃]. 활을 당길 때에 가슴이나 손에 너무 힘을 주어 활이 흔들리기 때문이다. ② [음악] 줄이 둘로 된 우리나라 전통 현악기의 하나. 모양이 월금(月琴)과 비슷하다.

쌍호-흉배 雙虎胸背 (둘 쌍, 호랑이 호, 가슴 흉, 등 배). [역사] 한 쌍(雙)의 호랑이[虎]를 수놓아 관복의 가슴[胸]과 등[背]에 붙이던 사각형의 표장. 당상관 이상의 무관 공복에 붙였다.

쌍화-점 雙花店 (둘 쌍, 꽃 화, 가게 점). ① [속뜻] 호떡이나 만두[雙花]를 파는 가게[店]. ② [문학] 쌍화(雙花)는 상화(霜花)의 음역으로서 호떡 즉 만두의 뜻. 남녀의 사랑을 노래한 고려 시대의 속요. 『악장가사』에 실려 있으며 작가와 연대는 알 수 없다.

쌍화-탕 雙和湯 (둘 쌍, 어울릴 화, 끓을 탕). [한의] 음과 양이[雙] 조화(調和)를 이룬 탕약(湯藥). 백작약, 숙지황 따위를 넣어 달여 만들며 피로를 풀어주고 기혈(氣血)이 허한 것을 보충하는 효과가 있다.

쌍-희자 雙喜字 (둘 쌍, 기쁠 희, 글자 자). 기쁠 '희'(喜) 두[雙] 개가 모인 글자[字]. '囍'(기쁨 희)를 말하는데, 그림이나 자수 따위에서 쓴다.

씨명 氏名 (성씨 씨, 이름 명). 성씨(姓氏)와 이름[名]을 아울러 이르는 말. [비]성명(姓名).

씨족 氏族 (성씨 씨, 겨레 족). [사회] 원시 사회에서 똑같은 조상[氏]을 가진 여러 가족(家族)의 성원. 원시 사회에서 흔히 찾아볼 수 있는 부족 사회의 기초 단위이다.

▶씨족 사회 氏族社會 (단체 사, 모일 회). [사회] 씨족(氏族)을 중심으로 하여 성립된 원시 사회(原始社會).

▶씨족 제:도 氏族制度 (정할 제, 법도 도). [사회] 씨족(氏族)을 중심으로 하여 성립된 사회 제도(社會制度).

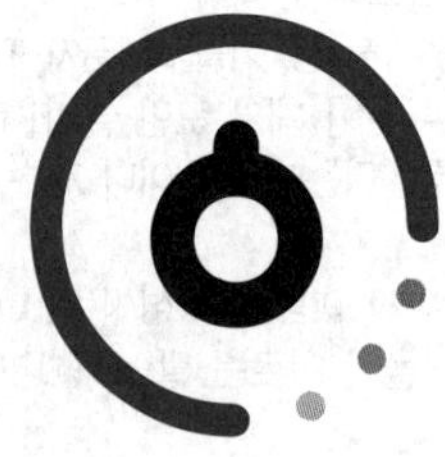

아:가 雅歌 (고울 아, 노래 가). 기독교 구약 성경의 한 편. 여덟 장으로 된 문답체의 노래로, 남녀 간의 아름답고 우아(優雅)한 연애를 찬양한 노래[歌]란 뜻에서 붙여진 이름이다.

아:강 亞綱 (버금 아, 묶을 강). ① 속뜻 강(綱)에 버금가는[亞] 종류. ② 생물 분류학상 강(綱)과 목(目) 사이에 들어가는 단계. 곤충강의 무시(無翅)아강 따위이다. 계(界) 〉 문(門) 〉 강(綱) 〉 목(目) 〉 과(科) 〉 속(屬) 〉 종(種) 순이다.

아:객 雅客 (너그러울 아, 손 객). ① 마음이 바르고[雅] 품위가 있는 사람[客]. ② 귀여운 손님.

아:계 亞界 (버금 아, 지경 계). ① 속뜻 계(界)에 버금가는[亞] 종류. ② 생물 분류학상 계(界)와 문(門) 사이에 들어가는 단계. 균류를 원핵균류와 진핵균류의 두 아계로 분류하는 따위이다. 계(界) 〉 문(門) 〉 강(綱) 〉 목(目) 〉 과(科) 〉 속(屬) 〉 종(種) 순이다.

아:과 亞科 (버금 아, 조목 과). ① 속뜻 과(科)에 버금가는[亞] 종류. ② 생물 분류학상 과(科)와 속(屬) 사이에 들어가는 단계. 하늘소과의 꽃하늘소아과 따위이다. 계(界) 〉 문(門) 〉 강(綱) 〉 목(目) 〉 과(科) 〉 속(屬) 〉 종(種) 순이다.

아관 俄館 (러시아 아, 집 관). 역사 조선 말기에 있었던 러시아[俄] 공사관(公使館). 서울 중구 정동에 그 자리가 남아 있다.

▶ **아관 파천 俄館播遷** (퍼뜨릴 파, 옮길 천). 역사 1896년 2월 11일부터 1897년 2월 20일까지 친러 세력에 의하여 고종과 세자가 러시아 공사관[俄館]으로 옮겨서[播遷] 거처한 사건. 일본 세력에 대한 친러 세력의 반발로 일어난 사건으로 이로 말미암아 친일 내각이 붕괴되었으며 각종 경제적 이권이 러시아로 넘어갔다.

아:-관목 亞灌木 (버금 아, 물댈 관, 나무 목). 식물 관목(灌木)과 비슷한[亞] 식물. 줄기와 가지는 목질(木質)이고 가지 끝 부분은 초질(草質)이다. 싸리 따위가 있다.

아관-석 鵝管石 (거위 아, 대롱 관, 돌 석). ① 광업 빛은 거위[鵝]처럼 희고 속이 텅 빈[管] 돌[石]고드름. 석회 동굴의 천장에 고드름처럼 달려 있다. ② 동물 해화석(海花石).

아교 阿膠 (언덕 아, 갖풀 교). 당나귀 가죽을 진하게 고아서 굳힌 끈끈한 것[膠]. 주로 풀로 쓰는데 지혈제나 그림을 그리는 재료로도 사용한다. 중국 산동 지방의 '아'(阿)씨 성(姓)을 가진 아가씨가 유행병을 치료하기 위하여 만든 것으로, 병이 나은 사람들이 그녀에 대한 고마움을 마음속에 새기고자 '아교'(阿膠)라 이름 지었다는 설이 있다.

▸아교-주 阿膠珠 (구슬 주). 약학 아교(阿膠)를 원료로 구슬[珠] 모양으로 만든 약. 강장제(強壯劑)나 지혈제(止血劑)로 쓰인다.

▸아교-질 阿膠質 (바탕 질). 아교(阿膠)처럼 끈적끈적한 성질(性質). 또는 그런 물질.

아:-교목 亞喬木 (버금 아, 높을 교, 나무 목). 식물 교목(喬木)과 비슷한[亞] 식물. 죽순대 따위가 있다.

아:국¹ 我國 (나 아, 나라 국). 우리[我] 나라[國]. ¶아국과 왜군이 전투를 벌이고 있다. ㉥아방(我邦).

아국² 俄國 (러시아 아, 나라 국). '러시아'(Russia)의 음역어인 '아라사'(俄羅斯)의 나라[國]. 러시아의 한자 이름.

아:군 我軍 (나 아, 군사 군). ① 속뜻 우리[我] 편 군대(軍隊). ¶아군은 적군에 점령되었던 섬을 탈환했다. ②운동 경기 따위에서 우리 편을 비유하여 이르는 말. ㉤적군(敵軍).

아:귀 餓鬼 (굶주릴 아, 귀신 귀). ① 속뜻 굶주림[餓]으로 괴로워하는 귀신(鬼神). ② 불교 팔부(八部)의 하나. 계율을 어기거나 탐욕을 부려 아귀도에 떨어진 귀신으로 몸이 앙상하게 마르고 배가 엄청나게 큰데 목구멍이 바늘구멍 같아서 음식을 먹을 수 없다. ③염치없이 먹을 것을 탐하는 사람을 비유하여 이르는 말. ④성질이 사납고 지독히 탐욕스러운 사람을 비유하여 이르는 말.

▸아:귀-병 餓鬼病 (병 병). 걸신들린 사람처럼 많이 먹으면서도 항상 배고파하는[餓鬼] 병적인 증세[病].

아녀 兒女 (아이 아, 여자 녀). 어린 아이[兒]와 여자(女子). '아녀자'의 준말.

▸아녀-자 兒女子 (접미사 자). ① 속뜻 어린이[兒]와 여자(女子)를 아울러 이르는 말. ②'여자'(女子)를 낮잡아 이르는 말. ¶빨래터에서 아녀자들이 빨래를 하고 있다.

아:담 雅淡 (고울 아, 맑을 담). 우아(優雅)하고 담박(淡泊)하다. ¶아담한 소녀 / 아담하게 꾸민 방.

아동 兒童 (아이 아, 아이 동). ① 속뜻 어린아이[兒=童]. ② 법률 아동 복지법에서 18세 미만의 사람을 이르는 말. ¶아동 보호. ㉥어린이.

▸아동-극 兒童劇 (연극 극). ① 속뜻 어린이[兒童]가 펼쳐 보이는 연극(演劇). ②어린이를 대상으로 상연하는 연극.

▸아동-기 兒童期 (때 기). 심리 유년기와 청년기의 중간[兒童]에 해당되는 6~13세의 시기(時期). 후기에는 추상적인 사고가 가능해지는 따위의 지적 발달이 현저하며 집단적인 행동을 함으로써 사회성도 증가된다.

▸아동-병 兒童病 (병 병). 의학 어린아이[兒童]에게 잘 걸리는 병(病). 소아마비, 백일해, 홍역 따위가 있다.

▸아동-복 兒童服 (옷 복). 어린이[兒童]가 입도록 만든 옷[服].

▸아동-시 兒童詩 (시 시). 어린이[兒童]가 지은 시(詩).

▸아동 문학 兒童文學 (글월 문, 배울 학). 문학 ①동요, 동시, 동화, 아동극 따위와 같이 어린이[兒童]를 대상으로 그들의 교육과 정서를 위해 창작한 문학(文學). ②어린이가 지은 문학 작품.

▸아동 복지 兒童福祉 (복 복, 복 지). 사회 모든 어린이[兒童]가 건전하게 태어나 행복하고 건강하게 자랄 수 있도록 그 생활과 환경을 갖추어 주는 일[福祉].

▸아동 복지법 兒童福祉法 (복 복, 복 지, 법 법). 법률 어린이[兒童]가 건전하게 태어나 행복하고 건강하게 자랄 수 있도록 그 복지(福祉)를 보장하기 위해 제정된 법률(法律).

▸아동 심리학 兒童心理學 (마음 심, 이치 리, 배울 학). 심리 어린이[兒童]를 대상으로 하여 심신의 발달 양상과 규정 요인[心理]을 연구하는 학문(學問). 발달 심리학의 한 분야이다.

아:등 我等 (나 아, 무리 등). 나[我]와 같은 무리[等]. 우리들. ㉥오등(吾等).

아라사 俄羅斯 (갑자기 아, 새그물 라, 이것 사). '러시아'(Russia)의 한자 음역어.

아라한 阿羅漢 (언덕 아, 새그물 라, 사나이 한). 불교 ①팔리어 'Arhat'의 한자 음역어. 소승 불교의 수행자 가운데서 가장 높은 경지에 오른 사람. 온갖 번뇌를 끊고 사제(四諦)의 이치를 바로 깨달아 세상 사람들의 존경을 받을 만한 공덕을 갖춘 성자를 이른다. ②생사를 이미 초월하여 배울 만한 법도가 없게 된 경지의 부처.

아ː량 雅量 (너그러울 아, 헤아릴 량). 너그럽고[雅] 속이 깊은 도량(度量)이나 마음씨. ¶가난한 사람에게 아량을 베풀다 / 아량이 없다. ㊥도량(度量).

아ː령 啞鈴 (벙어리 아, 방울 령). 운동 영어 'dumb[啞] bell[鈴]'의 뜻으로 만든 한자어. 양손에 하나씩 들고 팔운동을 하는 운동기구. ¶아령을 들어 올리다.

▸아ː령 체조 啞鈴體操 (몸 체, 부릴 조). 운동 아령(啞鈴)을 가지고 하는 체조(體操).

아ː류 亞流 (버금 아, 갈래 류). ① 속뜻 첫째에 버금[亞] 가는 유파(流派). ②둘째가는 사람이나 사물. ③문학 예술, 학문에서 독창성이 없이 모방하는 일이나 그렇게 한 것. 또는 그런 사람. ¶추사체의 아류 / 그는 피카소의 아류에 불과하다.

아ː만 我慢 (나 아, 건방질 만). 불교 ①스스로 자기[我]를 높여서 잘난 체하고 남을 업신여기는 거만(倨慢)한 마음. 사만(四慢)의 하나. ②법상종에서 쓰는 말로 아(我)와 아소(我所)가 있다고 믿어 집착하는 마음이 큰 상태.

아명[1] 兒名 (아이 아, 이름 명). 아이[兒] 때의 이름[名]. ¶이율곡의 아명은 현룡(見龍)이다.

아ː명[2] 雅名 (고울 아, 이름 명). 아담하고 운치가 있는[雅] 이름[名]. ¶〈태평춘지곡〉(太平春之曲)은 "낙양춘"(洛陽春)의 아명이다.

아ː목 亞目 (버금 아, 눈 목). ① 속뜻 목(目)에 버금가는[亞] 종류. ② 생물 분류학상 목(目)과 과(科) 사이에 들어가는 단계. 딱정벌레목의 풍뎅이아목 따위이다. 계(界) 〉 문(門) 〉 강(綱) 〉 목(目) 〉 과(科) 〉 속(屬) 〉 종(種) 순이다.

아ː문[1] 亞門 (버금 아, 문 문). ① 속뜻 강(綱)에 버금가는[亞] 종류. ② 생물 분류학상 문(門)과 강(綱) 사이에 들어가는 단계. 강장동물문의 유포아문 따위이다. 강(綱) 계(界) 〉 문(門) 〉 강(綱) 〉 목(目) 〉 과(科) 〉 속(屬) 〉 종(種) 순이다.

아문[2] 衙門 (관청 아, 문 문). 역사 ①관청[衙]의 출입문[門]. ②관원들이 정무를 보는 곳을 통틀어 이르는 말. ③상급의 관아.

아미 蛾眉 (나방 아, 눈썹 미). ① 속뜻 누에나방[蛾] 모양의 눈썹[眉]. ②가늘고 길게 굽어진 아름다운 눈썹. 주로 미인의 눈썹을 이른다. ¶그녀의 찌푸린 아미도 곱게 보였다.

아방-궁 阿房宮 (언덕 아, 방 방, 대궐 궁). ① 역사 중국 진(秦)나라 시황제가 기원전 212년에 지금의 서안시(西安市) 아방촌(阿房村)에 세운 궁전(宮殿). ②지나치게 크고 화려한 집을 비유하여 이르는 말. ¶그 집은 아방궁 못지않게 으리으리하다.

아ː방-강역고 我邦疆域考 (나 아, 나라 방, 지경 강, 지경 역, 살필 고). 책명 조선 때, 정약용이 우리나라[我邦] 옛날의 영토[疆域]를 고증(考證)하여 편찬한 역사 지리서.

아부 阿附 (언덕 아, 붙을 부). ① 속뜻 언덕[阿]에 바짝 달라붙음[附]. ②남의 비위를 맞추어 알랑거림. ¶그는 아부 근성이 있다. ㊥아첨(阿諂).

아비-규환 阿鼻叫喚 (언덕 아, 코 비, 부르짖을 규, 부를 환). ① 속뜻 산스크리트어 'Avici'의 한자 음역어 '아비'(阿鼻)와 'raurava'의 한자 의역어 '규환'(叫喚)을 합한 말. ② 불교 여러 사람이 비참(悲慘)한 지경(地境)에 처하여 그 고통(苦痛)에서 헤어나려고 비명을 지르며 몸부림침을 형용(形容)해 이르는 말. ¶사고 현장은 그야말로 아비규환이었다.

아ː-비산 亞砒酸 (버금 아, 비상 비, 산소 산). 화학 삼산화비소[砒酸]의 수용액에 들어 있는 약산[亞].

아비-지옥 阿鼻地獄 (언덕 아, 코 비, 땅 지, 감옥 옥). 불교 '간격이 없다'는 뜻의 산스크리트어 'Avici'의 한자 음역어 아비(阿鼻)라는 지옥(地獄). 8대 지옥 중 여덟째로 한 겁(劫) 동안 끊임없이 고통을 받는다는 지옥(地獄). ㊥무간지옥(無間地獄).

아ː사 餓死 (굶주릴 아, 죽을 사). 굶어[餓] 죽음[死]. ¶기근이 들어 아사하고 말았다.

▸아ː사-자 餓死者 (사람 자). 굶어[餓] 죽은[死] 사람[者].

▸아ː사지경 餓死之境 (어조사 지, 처지 경). 굶어[餓] 죽게[死] 된 처지[境].

아사달 阿斯達 (언덕 아, 이것 사, 이를 달). 역사 단군이 고조선을 개국할 때의 도읍. 평양 부근의 백악산 또는 황해도 구월산이라고 한다. '아침 해가 비치는 곳'이란 뜻의 토박이말을 소리가 비슷한 한자로 옮겨 쓴 말.

아:상 我相 (나 아, 집착 상). ① 속뜻 나[我]에 대한 강한 집착[相]. ②『불교』사상(四相)의 하나. 참 인상(人相), 중생상(衆生相), 수자상(壽者相). 오온(五蘊)이 화합하여 생긴 몸과 마음에 참다운 '나'가 있다고 집착하는 견해를 이른다. ③ 자기만을 사랑하고 남을 업신여기는 마음. ¶아상을 버려야 진정한 사랑을 할 수 있다.

아생 芽生 (싹 아, 날 생). 식물 싹[芽]이 남[生]. 비 발아(發芽).

▸아생 생식 芽生生殖 (날 생, 불릴 식). 생물 몸체의 일부에서 싹[芽]이 나서[生] 새로운 개체를 이루고[生] 자라는[殖] 것. 대나무의 땅속줄기에서 눈이 자라는 것 따위.

아성¹ 牙城 (어금니 아, 성곽 성). ① 속뜻 어금니[牙]처럼 가장 안쪽에 있는 성(城). ② 우두머리 장수가 거처하던 성. ¶적군의 아성을 공격하다. ③ 아주 중요한 근거지를 비유하여 이르는 말. ¶한 순간의 실수로 수십 년 쌓아 온 그의 아성이 무너졌다.

아성² 兒聲 (아이 아, 소리 성). ① 어린아이[兒]의 소리[聲]. ② 유치한 말을 비유하여 이르는 말.

아:성³ 亞聖 (버금 아, 거룩할 성). ① 속뜻 유학에서 공자 다음가는[亞] 성인(聖人). ② '맹자'(孟子)를 이르는 말.

아:-성층권 亞成層圈 (버금 아, 이룰 성, 층 층, 범위 권). ① 속뜻 성층권(成層圈)과 비슷한[亞] 대기권. ② 지리 대기(大氣)의 권계면(圈界面)보다 조금 아래로 지상으로부터 8~12km의 층. 기압은 400~250mb이며 기온은 -40~-60℃이다.

아세 阿世 (아첨할 아, 세상 세). 세상(世上)에, 권력자에게 아첨(阿諂)하고 따름. ¶곡학아세(曲學阿世).

아세아 亞細亞 (버금 아, 가늘 세, 버금 아). '아시아'(Asia)의 한자 음역어. ¶동남 아세아.

아:속¹ 亞屬 (버금 아, 무리 속). ① 속뜻 속(屬)에 버금가는[亞] 종류. ② 생물 분류학상 속(屬)과 종(種) 사이에 들어가는 단계. 긴팔원숭이속의 볏긴팔원숭이아속 따위이다. 계(界) 〉 문(門) 〉 강(綱) 〉 목(目) 〉 과(科) 〉 속(屬) 〉 종(種) 순이다.

아:속² 雅俗 (고울 아, 속될 속). 우아(優雅)한 것과 속(俗)된 것을 아울러 이르는 말. ¶그는 시의 내용에 있어 아속을 가리지 않았다.

아수라 阿修羅 (언덕 아, 닦을 수, 새그물 라). 불교 산스크리트어 'Asura'의 한자 음역어. 얼굴이 셋이고 팔이 여섯인 귀신으로, 악귀의 세계에서 싸우기를 좋아한다.

▸아수라-장 阿修羅場 (마당 장). ① 불교 아수라왕(阿修羅王)이 제석천(帝釋天)과 싸운 마당[場]. ② 싸움이나 그 밖의 다른 일로 큰 혼란에 빠진 곳. 또는 그런 상태. ¶교실은 순식간에 아수라장으로 변했다. 비 수라장.

아승기 阿僧祇 (언덕 아, 스님 승, 땅 귀신 기). 불교 산스크리트어 'Asamkhya'의 한자 음역어. 10의 64승. 수로 표현할 수 없는 가장 많은 수. 또는 그런 시간.

▸아승기-겁 阿僧祇劫 (시간 겁). 불교 끝없는[阿僧祇] 시간[劫]. 비 무량겁(無量劫).

아아 亞阿 (버금 아, 언덕 아). '아시아'[亞]와 '아프리카'[阿]를 아울러 이르는 말.

아:악 雅樂 (고울 아, 음악 악). ① 속뜻 우아(優雅)한 음악(音樂). ② 음악 우리나라에서 의식 따위에 정식으로 쓰던 음악. 고려 예종 때 중국 송나라에서 들여온 것을 조선 세종이 박연에게 명하여 새로 완성시켰다.

▸아:악-기 雅樂器 (그릇 기). 음악 아악(雅樂)에 쓰는 악기(樂器). 편종, 편경, 금, 슬, 훈, 지 따위가 이에 속한다.

▸아:악-보 雅樂譜 (적어놓을 보). 음악 아악(雅樂)의 곡을 적은 악보(樂譜). 또는 그런 책.

아:어 雅語 (고울 아, 말씀 어). 바르고 우아한[雅] 말[語]. 비 아언(雅言).

아:언 雅言 (고울 아, 말씀 언). 바르고 우아한[雅] 말[言]. 비 아어(雅語).

▸아:언-각비 雅言覺非 (깨달을 각, 아닐 비). ① 속뜻 언어[雅言]에서 잘못됨[非]을

깨달음[覺]. ② 책명 조선 후기의 실학자 정약용이 지은 어원(語源)연구서. 한국의 속어(俗語) 중에서 와전되거나 어원과 용처(用處)가 모호한 것을 고증한 책으로 당시 한자의 사용에 착오가 많아 이를 바로잡기 위해 저술하였다.

아역 兒役 (아이 아, 부릴 역). 연극이나 영화에서 어린이[兒]가 맡은 역(役). 또는 그 역을 맡은 배우. ¶아역 배우.

아연¹ 俄然 (갑자기 아, 그러할 연). 급작스러운[俄] 그런[然] 모양. ¶아연히 군중들이 함성을 질렀다.

아연² 亞鉛 (버금 아, 납 연). ① 속뜻 완전한 납에 버금가는[亞] 납[鉛]. ② 화학 질(質)이 무르고 광택이 나는 푸른빛을 띤 은백색의 금속 원소. 납 함량이 99.9%이다.

▸ 아연-광 亞鉛鑛 (쇳돌 광). 광업 아연(亞鉛)을 캐내는 광산(鑛山). 또는 그 아연 광석. ¶검덕(劍德) 광산은 대표적인 아연광이다.

▸ 아연-철 亞鉛鐵 (쇠 철). 공업 표면에 아연(亞鉛)을 도금한 얇은 철판(鐵板). ㊐함석.

▸ 아연-판 亞鉛版 (널빤지 판). 출판 아연(亞鉛) 볼록판 또는 아연을 판재(版材)로 한 평판(平版).

▸ 아연 도:금 亞鉛鍍金 (도금할 도, 쇠 금). 화학 다른 금속의 표면을 아연(亞鉛)으로 입히는[鍍金] 일. 또는 그런 방법. 철물의 산화를 방지하기 위함이다.

▸ 아연철-석 亞鉛鐵石 (쇠 철, 돌 석). 광업 알루미늄과 마그네슘의 산화물 중 자철석계(磁鐵石系)에 속하는 아연(亞鉛) 광물. 금속 비슷한 광택이 있으며 검은색을 띤다.

▸ 아연 철판 亞鉛凸版 (볼록할 철, 널빤지 판). 출판 아연판(亞鉛版)에 찍은 글자나 선, 그림 이외의 부분을 질산으로 부식시켜 만든 볼록판[凸版].

▸ 아연 평판 亞鉛平版 (평평할 평, 널빤지 판). 출판 아연(亞鉛)을 판재(版材)로 한 인쇄 평판(平版).

아연³ 啞然 (벙어리 아, 그러할 연). 너무 놀라거나 어이가 없어서 또는 기가 막혀서 입을 딱 벌리고 말을 못하는[啞] 그런[然] 모양. ¶그들은 뜻밖의 재난에 아연할 뿐이었다.

▸ 아연-실색 啞然失色 (잃을 실, 빛 색). 뜻밖의 일로 크게 놀라 말문이 막힐 정도이고[啞然] 원래의 얼굴빛[色]을 잃어[失] 하얗게 될 정도임. 매우 크게 놀람. ¶우리는 그의 사고 소식을 듣고 아연실색했다.

아:-열대 亞熱帶 (버금 아, 더울 열, 띠 대). ① 속뜻 열대(熱帶)에 버금가는[亞] 지대. ② 지리 열대(熱帶)와 온대(溫帶)의 중간 지대. 대체로 남북 위도 각각 20~30도 사이의 지대로 건조 지역이 많다. ¶사하라 사막은 아열대이다.

▸ 아:열대-림 亞熱帶林 (수풀 림). 지리 아열대(亞熱帶)에 발달하는 삼림(森林). 상록활엽수가 주를 이룬다. ㊐난대림(暖帶林).

▸ 아:열대 기후 亞熱帶氣候 (기후 기, 기후 후). 지리 아열대(亞熱帶)에 나타나는 기후(氣候). 1년 중 평균 기온이 20℃ 이상인 달이 4개월 이상이다. ㊟온대(溫帶) 기후.

아:유¹ 雅遊 (고울 아, 놀 유). 고상하고 풍치 있는[雅] 놀이[遊]. ¶한가로이 아유를 즐기다.

아유² 阿諛 (언덕 아, 아첨할 유). 남에게 물적 혹은 심적으로 의지하기[阿] 위해 아첨[諛] 함. ㊐아첨(阿諂).

▸ 아유-자 阿諛者 (사람 자). 남에게 잘 보이려고 아첨하는[阿諛] 사람[者].

▸ 아유-구용 阿諛苟容 (구차할 구, 얼굴 용). 남에게 아첨하여[阿諛] 구차스럽게[苟] 구는 모양[容].

아음 牙音 (어금니 아, 소리 음). 언어 어금닛[牙] 소리[音]. 훈민정음에서 'ㄱ', 'ㄲ', 'ㆁ', 'ㅋ'을 이르는 말. ㊐아성(牙聲).

아:-음속 亞音速 (버금 아, 소리 음, 빠를 속). 물리 일반적 음속(音速)인 시속 1200km에 버금가는[亞] 속도. 일반적 음속을 마하 1이라고 하는데, 이보다 작은 속도를 말한다.

아:-인산 亞燐酸 (버금 아, 인 인, 산소 산). ① 속뜻 인산(燐酸)에 버금가는[亞] 원소. ② 화학 습한 공기 속에서 황린(黃燐)이 산화(酸化)할 때 생기는 화합물. 흡습성이 있고 물과 알코올에 잘 녹으며 200℃에서 분해한다.

아:자 교창 亞字交窓 (버금 아, 글자 자, 꼴 교, 창문 창). 건설 ① '아'(亞) 자(字) 모양으로 살을 엇갈아[交] 짜서 창문 위에 단 창

(窓). ② 울거미에 45도 경사로 '아'(亞) 자 모양의 무늬를 만들어 살을 짠 창.

아:자-방 亞字房 (버금 아, 글자 자, 방 방). 건설 '아'(亞) 자(字) 모양으로 방고래를 만들고 구들을 놓은 방(房).

아쟁 牙箏 (어금니 아, 쟁 쟁). ① 속뜻 어금니[牙] 모양의 장식이 달린 현악기[箏]. ② 음악 7현으로 된 우리나라 현악기의 하나. 고려 시대부터 전해 오는 당 악기로 조선 성종 무렵에 향악에도 사용하였다. 활로 줄을 문질러 연주하는데 현악기 가운데 가장 좁은 음역을 가진 저음 악기이다. ¶아쟁으로 '아리랑'을 연주하다.

아전 衙前 (관청 아, 앞 전). ① 속뜻 관아(官衙)의 앞[前]. ② 역사 조선 시대에 중앙과 지방의 관아에서 일하는 관리. 이들의 사무실이 정청(正廳)의 앞에 따로 있던 데서 이름이 유래하였다. 중앙 관서의 아전을 경아전(京衙前), 지방 관서의 아전을 외아전(外衙前)이라고 하였다.

아:전인수 我田引水 (나 아, 밭 전, 끌 인, 물 수). ① 속뜻 자기[我] 밭[田]에 물[水] 끌어댐[引]. ② 자기에게만 이롭게 되도록 생각하거나 행동함.

아:정 雅正 (고울 아, 바를 정). ① 아담(雅淡)하고 바름[正]. ¶아담한 선비. ② '저의 글을 바로 잡아 주십시오'란 뜻으로 쓰는 말. ¶金○○ 先生 雅正.

아:졸 雅拙 (고울 아, 서툴 졸). 성품이 바르고 깔끔하나[雅] 속이 좁음[拙].

아:종 亞種 (버금 아, 갈래 종). ① 속뜻 종(種)에 버금가는[亞] 종류. ② 생물 분류학상 종의 아래이고 변종의 위이다. 계(界) 〉 문(門) 〉 강(綱) 〉 목(目) 〉 과(科) 〉 속(屬) 〉 종(種) 순이다.

아주[1] 阿洲 (언덕 아, 섬 주). '아프리카'(Africa)[阿] 주(洲).

아주[2] 亞洲 (버금 아, 섬 주). '아세아주'(亞細亞洲)의 준말. ¶아주 지역의 식민지화.

아:집 我執 (나 아, 잡을 집). ① 자기[我] 중심의 좁은 생각에 집착(執着)하여 다른 사람의 의견이나 입장을 고려하지 않고 자기만을 내세우는 것. ¶아집에 빠지면 남을 생각하지 못한다. ② 불교 자신의 심신 가운데 사물을 주재하는 상주불멸의 실체가 있다고 믿는 집착. 선척적인 것인 구생(俱生)과 후천적인 것인 분별로 나눈다.

아첨 阿諂 (언덕 아, 알랑거릴 첨). 언덕[阿]에 기대듯이 남에게 기대어 비위를 맞추고 알랑거림[諂]. ¶남에게 하면 아첨이고 자기에게 하면 충성이라 하는 경향이 있다. ⓑ아부(阿附).

아:취 雅趣 (고울 아, 풍취 취). 아담(雅淡)한 정취(情趣). 또는 그런 취미. ¶이 그림에서 아취가 느껴진다.

아치[1] 牙齒 (어금니 아, 이 치). 어금니[牙]와 앞니[齒]를 통틀어 이르는 말.

아:치[2] 雅致 (고울 아, 이를 치). 아담(雅淡)한 풍치(風致). ¶이 정원에서 아치가 느껴진다.

아편 阿片 (=鴉片, 언덕 아, 조각 편). 약학 영어 'opium'의 한자 음역어. 덜 익은 양귀비 열매에 상처를 내어 흘러나온 진(津)을 굳혀 말린 고무 모양의 흑갈색 물질. 진통제·마취제·지사제 따위로 쓰이는데, 습관성이 강한 중독을 일으키므로 약용 이외의 사용을 법으로 금하고 있다.

▸아편-굴 阿片窟 (굴 굴). 아편(阿片)을 먹거나 피우거나 또는 아편 주사(阿片注射)를 맞는 소굴(巢窟).

▸아편-연 阿片煙 (담배 연). ① 아편(阿片)을 넣어 만든 담배[煙]. ② 아편(阿片)을 피울 때 나는 연기(煙氣).

▸아편 전:쟁 阿片戰爭 (싸울 전, 다툴 쟁). 역사 1840년 청(靑)나라와 영국(英國) 사이에 아편(阿片) 문제로 일어난 전쟁(戰爭). 1842년에 청나라가 패하여 난징 조약을 맺으며 끝이 났다.

▸아편 중독 阿片中毒 (맞을 중, 독할 독). 의학 아편(阿片)을 자주 흡입함으로 인하여 심신의 장애를 일으키는 중독증(中毒症). 급성인 경우에는 죽음을 부를 수도 있으며 만성형은 아편을 상습적으로 흡입하여 일어나는 것으로 몸이 야위고 피부가 창백해지며 눈빛이 흐려지고 환각 등의 신경 증상이 나타난다.

아:-한대 亞寒帶 (버금 아, 찰 한, 띠 대). ① 속뜻 한대(寒帶)에 버금가는[亞] 지대. ② 지리 온대와 한대(寒帶)의 중간으로 위도 50~70도 사이에 있는 지역. 겨울은 길고

한랭하며 여름은 짧고 비교적 고온이다.

아형[1] 阿兄 (언덕 아, 맏 형). ① 속뜻 서로 의지하고[阿] 지내고 있는 친한 형(兄). ② 중국에서 '형'을 친근하게 부르는 말. 이 경우에는 阿가 접두사이다.

아:형[2] 雅兄 (고울 아, 맏 형). ① 속뜻 우아한[雅] 형[兄]. ② 남자 친구 사이에서 상대편을 높여 이르는 이인칭 대명사.

아:호 雅號 (고울 아, 이름 호). 문인, 학자, 화가 등이 본명 외에 갖는 우아(優雅)한 이름[號]. ¶그의 아호를 따 당호(堂號)를 지었다.

아혹 訝惑 (놀랄 아, 홀릴 혹). 놀랍고[訝] 의심스럽다[惑]. ¶이야기가 아혹한 듯이 다시금 되묻는다.

아:-황산 亞黃酸 (버금 아, 누를 황, 산소 산). ① 속뜻 황산(黃酸)에 버금가는[亞] 액체. ② 화학 이산화황(二酸化黃)을 물에 녹여서 만든 액체. 이산화황보다는 약한 산성(酸性)을 지니며, 산소나 과산화수소 등에 산화되어 황산(黃酸)이 된다.

악가 樂歌 (음악 악, 노래 가). 음악 악곡(樂曲) 또는 악장에 따라 부르는 노래[歌].

악각 顎脚 (턱 악, 다리 각). ① 속뜻 턱[顎] 주위에 있는 변형된 형태의 절지동물의 다리[脚]. ② 동물 갑각류에서 턱의 작용을 돕는 기관. 음식물 섭취를 돕기 위하여 발달했다.

악감 惡感 (악할 악, 느낄 감). 남에게 품는 악(惡)한 감정(感情). 악감정. ¶악감을 품다 / 악감을 가지다. 반 호감(好感).

악-감정 惡感情 (악할 악, 느낄 감, 마음 정). 남에게 품는 악한[惡] 감정(感情). ¶너에게 악감정은 없다.

악계 樂界 (음악 악, 지경 계). 음악가(音樂家)들의 사회[界].

악곡 樂曲 (음악 악, 노래 곡). 음악 ① 음악(音樂)의 곡조(曲調). 곧 성악곡, 기악곡, 관현악곡 따위를 통틀어 이르는 말이다. ② 곡조를 나타낸 부호.

악골 顎骨 (턱 악, 뼈 골). 의학 턱[顎]을 이루는 뼈[骨].

악공 樂工 (음악 악, 장인 공). ① 음악 음악(音樂)을 연주하는 사람[工]. ¶악공은 왕자를 대신해서 공주에게 노래를 불러주었다. ② 역사 조선 시대에 궁정의 음악 연주를 맡아 하던 사람. 전악서와 아악서, 관습도감에 속하여 활동하다가 장악원 설립 이후 우방(右房)에 속하여 향악(鄕樂)과 당악(唐樂)을 연주하였다.

악과 惡果 (나쁠 악, 열매 과). ① 속뜻 나쁜[惡] 열매[果]. ② 나쁜 일에 대하여 돌아오는 나쁜 결과(結果). 반 선과(善果).

악관 樂官 (음악 악, 벼슬 관). ① 속뜻 음악(音樂)을 담당하는 벼슬[官]. ② 역사 조선 때, 장악원(掌樂院)과 장례원(掌隷院)에서 주악(奏樂)을 맡아보던 벼슬아치. 악공이나 악생의 우두머리 구실도 했다. 비 악사(樂師).

악-관절 顎關節 (턱 악, 빗장 관, 마디 절). 의학 턱[顎] 관절(關節). 아래턱뼈를 머리뼈에 연결시킨다.

악구[1] 惡口 (나쁠 악, 입 구). ① 속뜻 나쁜[惡] 말을 입[口]에 담음. ② 남의 흠을 들추어 헐뜯거나 험상궂은 욕을 함. 또는 그 욕. 비 험구(險口). ③ 불교 십악의 하나. 남에게 욕을 하고 험담을 하여 성내게 하고 번뇌롭게 하는 일을 이름.

악구[2] 樂句 (음악 악, 글귀 구). 음악 악절(樂節)을 이루는 작은 부분[句]. 네 소절이 모여 한 악구를 이루고, 두 악구가 모여 한 악절이 된다.

악궁 樂弓 (음악 악, 활 궁). 음악 현악기(絃樂器)의 활[弓]. ¶악궁으로 현(絃)을 문질러 소리를 내다. 비 아르코(arco).

악귀 惡鬼 (악할 악, 귀신 귀). ① 속뜻 악독(惡毒)한 귀신(鬼神). ② 악독한 행동을 하는 사람을 속되게 이르는 말.

악극 樂劇 (음악 악, 연극 극). ① 속뜻 노래와 연극. ② 연영 음악(音樂)을 극(劇)에 합치시킨 오페라의 한 형식. 노래와 춤에 치우치는 기존의 오페라와 다르다.

▶ 악극-단 樂劇團 (모일 단). 연영 악극(樂劇)을 상연하기 위해 조직된 단체(團體).

악기[1] 惡氣 (나쁠 악, 기운 기). ① 고약한[惡] 기운(氣運)이나 냄새. ② 나쁜 마음. ¶그녀는 조금의 악기도 없이 나를 대해주었다. 비 악의(惡意).

악기[2] 樂器 (음악 악, 그릇 기). 음악 음악(音樂)을 연주하는 데 쓰는 기구(器具)를 통틀어 이르는 말. ¶아빠는 여러 가지 악기를 다루신다.

악-기류 惡氣流 (나쁠 악, 공기 기, 흐를 류). 지리 순조롭지 못한[惡] 대기(大氣)의 흐름[流]. ¶악기류로 인해 비행기가 흔들렸다.

악녀 惡女 (악할 악, 여자 녀). 성질이 모질고 마음이 악한[惡] 여자(女子).

악념 惡念 (악할 악, 생각 념). 나쁜[惡] 마음이나 생각[念]. ¶스멀스멀 악념이 돋다. ㊐악의(惡意).

악단 樂團 (음악 악, 모일 단). 음악 음악(音樂)을 연주하기 위해 모인 단체(團體). ¶막이 오르자 악단은 모차르트의 교향악을 연주했다.

악단 樂壇 (음악 악, 단 단). ① 속뜻 음악가(音樂家)들의 사회[壇]. ② 문화면에서의 음악 분야를 이르는 말.

악담 惡談 (나쁠 악, 말씀 담). 남을 비방하는 따위의 나쁜[惡] 말[談]. ¶악담을 퍼붓다.

악당 惡黨 (악할 악, 무리 당). ① 속뜻 악(惡)한 사람의 무리[黨]. ¶악당의 괴수. ② 나쁜 짓을 일삼는 사람. ¶악당을 처부수다. ㊐악한(惡漢).

악대 樂隊 (음악 악, 무리 대). 음악 기악(器樂)을 연주하는 합주대(合奏隊). 주로 취주악의 단체를 이른다.

악덕 惡德 (악할 악, 베풀 덕). 도덕(道德)에 어긋나는 악한[惡] 마음이나 나쁜 짓.

▸ 악덕-한 惡德漢 (사나이 한). 도덕(道德)에 어긋나는 악한[惡] 짓을 하는 사람[漢].

악도[1] 惡徒 (악할 악, 무리 도). 악독(惡毒)한 무리[徒]. ¶악도를 잡아들이다. ㊐악당(惡黨).

악도[2] 惡道 (나쁠 악, 길 도). ① 속뜻 나쁜[惡] 길[道]. ② 불교 악업(惡業)을 지어서 죽은 뒤에 가야 하는 괴로움의 세계. 지옥도, 아귀도, 축생도, 수라도의 네 가지가 있다.

악독 惡毒 (악할 악, 독할 독). 마음이 흉악(凶惡)하고 독살(毒煞)스러움. ¶장희빈은 악독한 짓을 서슴지 않았다.

악동 惡童 (나쁠 악, 아이 동). ① 속뜻 행실이 나쁜[惡] 아이[童]. ② 장난꾸러기. ¶어릴 때 그는 악동이었다.

악랄 惡辣 (악할 악, 매울 랄). 악독(惡毒)하고 신랄(辛辣)함. 악하고 잔인함. ¶악랄한 범죄를 저지르다.

악력 握力 (쥘 악, 힘 력). 손아귀로 무엇을 쥐는[握] 힘[力]. ¶어머니는 악력이 세다.

▸ 악력-계 握力計 (셀 계). 운동 손아귀 힘[握力]을 재는[計] 기구. 손잡이를 쥐면 그 세기가 바늘 눈금에 나타나도록 되어 있다.

▸ 악력 지수 握力指數 (가리킬 지, 셀 수). 물리 양손의 악력(握力)을 합한 수와 체중과의 비[指數].

악령 惡靈 (악할 악, 혼령 령). 원한을 품고 사람에게 재앙을 내리는 악독(惡毒)한 귀신[靈].

악례 惡例 (나쁠 악, 법식 례). 나쁜[惡] 전례(前例). ¶악례를 남기다.

악률 樂律 (음악 악, 가락 률). ① 속뜻 음악(音樂)의 가락[律]. ② 음악 고른음을 높낮이를 따라 배열(配列)한 체계(體系).

악리 樂理 (음악 악, 이치 리). 음악(音樂)의 이치(理致). ¶악리에 밝다.

악마 惡魔 (나쁠 악, 마귀 마). ① 속뜻 나쁜[惡] 짓을 하는 마귀[魔]. ② 불교 사람의 마음을 홀려 제정신을 차리지 못하게 하고 불도 수행을 방해하여 악한 길로 유혹하는 것. ③ 기독교 적대자라는 뜻으로, 하나님과 대립하여 존재하는 악(惡)을 인격화하여 이르는 말. ④ 불의나 암흑. 또는 사람을 악으로 유혹하고 멸망하게 하는 것을 비유하여 이르는 말. ㊐마귀(魔鬼). ㊥천사(天使).

▸ 악마-파 惡魔派 (갈래 파). 문학 악마주의(惡魔主義)를 신봉하는 문예상의 한 파(派).

▸ 악마-주의 惡魔主義 (주될 주, 뜻 의). 문학 추악·퇴폐·괴기·전율·공포 따위가 가득한 악마(惡魔) 같은 분위기 속에서 미(美)를 찾아내려는 경향[主義]. 19세기 유럽에서 유행했으며 보들레르와 와일드가 대표적인 인물이다.

악막 幄幕 (두를 악, 휘장 막). 진중(陣中)에 둘러친[幄] 장막(帳幕).

악매 惡罵 (나쁠 악, 욕할 매). 모진[惡] 꾸지람[罵]. ¶악매를 퍼붓다.

악명 惡名 (악할 악, 이름 명). 악(惡)하다는 소문이나 평판[名]. ¶그는 변덕스럽기로 악명이 높다.

악모 岳母 (큰산 악, 어머니 모). ①[속뜻] 큰 산[岳] 같은 어머니[母]. ②'아내의 어머니'를 이르는 말. ③편지 따위에서 '장모'(丈母)를 높여 이르는 말.

악몽 惡夢 (나쁠 악, 꿈 몽). 나쁜[惡] 꿈[夢]. 불길하고 무서운 꿈. ¶악몽을 꾸다. [반]길몽(吉夢).

악무 樂舞 (음악 악, 춤출 무). 음악(音樂)과 춤[舞]을 아울러 이르는 말. ¶그녀는 악무에 능하다.

악물 惡物 (악할 악, 만물 물). 성질이 흉악(凶惡)한 사람이나 동물(動物). [비]악종(惡種).

악법 惡法 (나쁠 악, 법 법). ①사회에 해를 끼치는 나쁜[惡] 법규나 제도[法]. ¶악법도 법이다. ②나쁜 방법. [비]악률(惡律). [반]양법(良法).

악벽 惡癖 (나쁠 악, 버릇 벽). ①[속뜻] 나쁜[惡] 버릇[癖]. ②[심리] 개인의 습관적인 반응이 보통 사람보다 심하거나 사회의 일반적인 규준을 벗어난 인격 장애의 한 현상.

악병 惡病 (나쁠 악, 병 병). 고치기 힘든[惡] 병(病). ¶어머니는 악병으로 고생하셨다. [비]악질(惡疾).

악보1 惡報 (나쁠 악, 알릴 보). ①나쁜[惡] 소식이나 보고(報告). ¶악보를 전하게 되어 유감입니다. ②[불교] 악과(惡果).

악보2 樂譜 (음악 악, 적어놓을 보). [음악] 음악(音樂)의 곡조를 일정한 기호를 써서 적어 놓은 것[譜]. 표음(表音) 보표식과 주법(奏法) 보표식이 있는데 주로 오선식(五線式) 보표가 사용된다.

악부1 岳父 (큰산 악, 아버지 부). ①[속뜻] 큰 산[岳] 같은 아버지[父]. ②'아내의 아버지'를 이르는 말. ③편지 따위에서 '장인'(丈人)을 높여 이르는 말.

악부2 握斧 (쥘 악, 도끼 부). [고적] 손에 쥘[握] 수 있도록 만든 작은 도끼[斧]. 날카로워서 물건을 자르거나 땅을 팔 수 있다. ¶연천에서 악부가 출토됐다. [비]주먹 도끼.

악부3 惡婦 (악할 악, 아내 부). 성질이 악독(惡毒)한 아내[婦]. 또는 그런 며느리.

악부4 樂府 (음악 악, 관청 부). ①[속뜻] 음악(音樂)을 맡아보던 관청[府] ②[문학] 한시(漢詩) 형식의 하나. 글귀에 장단이 있으며 인정 풍속을 읊은 것이 많다. ③[문학] 조선 전기에 발생한 시가(詩歌) 형태. 나라의 제전(祭典)이나 연례(宴禮) 때 궁중 음악에 맞추어 불렀다. [비]악장(樂章).

악사1 惡事 (나쁠 악, 일 사). 나쁜[惡] 일[事].

악사2 樂士 (음악 악, 선비 사). [음악] 악기로 음악(音樂)을 연주하는 사람[士].

악사3 樂師 (음악 악, 스승 사). ①[속뜻] 음악(音樂)을 가르치는 스승[師]. ②[역사] 조선 시대에 장악원(掌樂院)에 속한 정육품 벼슬. 또는 그 벼슬아치. 악공이나 악생의 우두머리 구실을 하였다.

악상1 惡相 (나쁠 악, 모양 상). ①[속뜻] 흉측한[惡] 얼굴 모양[相]. ②상서롭지 못한 상격(相格).

악상2 惡喪 (악할 악, 죽을 상). 자식이 부모보다 먼저 가는 악(惡)한 죽음[喪]. ¶악상이 나다.

악상3 惡想 (악할 악, 생각 상). 악독(惡毒)한 마음이나 생각[想]. [참]악념(惡念).

악상4 樂想 (음악 악, 생각 상). ①[속뜻] 음악(音樂)의 주제, 구성, 곡풍(曲風) 따위에 대한 생각이나 착상(着想). ¶악상이 떠오르다. ②음악 속에 표현되어 있는 사상.

악서1 惡書 (나쁠 악, 책 서). 읽어서 해를 끼치는 나쁜[惡] 책[書]. [반]선서(善書).

악서2 樂書 (음악 악, 책 서). 음악(音樂)에 관한 책[書].

악-선전 惡宣傳 (나쁠 악, 알릴 선, 전할 전). 남에게 해를 끼치기 위해 나쁜[惡] 소문을 퍼뜨리는[宣傳] 일.

악설 惡舌 (=惡說, 나쁠 악, 말 설). ①[속뜻] 나쁘게[惡] 말함[舌]. 또는 그런 말. ②남을 해치려고 못되게 말함. 또는 그런 말.

악성1 惡聲 (나쁠 악, 소리 성). ①[속뜻] 나쁜[惡] 소리[聲]. 듣기 싫은 소리. ②악평(惡評).

악성2 樂聖 (음악 악, 거룩할 성). 성인(聖人)이라고 이를 정도로 뛰어난 음악가(音樂家).

악성3 惡性 (나쁠 악, 성질 성). ①[속뜻] 나쁜[惡] 성질(性質). ②어떤 병이 고치기 어렵거나 생명을 위협할 정도로 심함. ¶악성 빈혈 / 악성 종양. ③[불교] 삼성의 하나. 악(惡)

에 속하는 성질. ⓑ양성(良性).

▸악성 종:양 惡性腫瘍 (종기 종, 종기 양). 의학 증식력이 강하고 주위 조직에 대하여 침윤성과 파괴성이 있으며 온몸에 전이하여 치명적인 해를 주는[惡性] 종양(腫瘍). 암종(癌腫)이나 육종(肉腫) 따위가 대표적이다.

악속 惡俗 (나쁠 악, 풍속 속). 나쁜[惡] 풍속(風俗).

악-송구 惡送球 (나쁠 악, 보낼 송, 공 구). 운동 야구에서, 자기편이 받기 어려울 정도로 잘못[惡] 공[球]을 던지는[送] 일. 또는 그 공.

악수[1] 幄手 (두를 악, 손 수). 시체에 수의를 입히고 이불로 싸는 소렴(小殮) 때에 시체의 손[手]을 싸는[幄] 헝겊.

악수[2] 惡手 (나쁠 악, 손 수). 운동 바둑이나 장기에서 잘못 두는 나쁜[惡] 수(手).

악수[3] 惡獸 (악할 악, 짐승 수). 흉악(凶惡)한 짐승[獸].

악수[4] 樂手 (음악 악, 사람 수). ① 음악 음악(音樂)을 연주하는 사람[手]. ② 민속 광대나 재주꾼을 뜻하는 '사니'를 높여 이르는 말. ⓑ악사(樂士).

*__악수__[5] 握手 (쥘 악, 손 수). 손[手]을 마주 잡아 쥠[握]. 주로 인사, 감사, 친애, 화해 따위의 뜻을 나타내기 위하여 오른손을 잡는다. ¶악수를 나누다 / 악수를 청하다.

▸악수-례 握手禮 (예도 례). 어떤 뜻을 나타내기 위해 손을 내어 마주 잡는[握手] 예의(禮義).

악-순환 惡循環 (나쁠 악, 돌아다닐 순, 고리 환). ① 속뜻 나쁜[惡] 현상이 끊임없이 되풀이됨[循環]. ② 경제 원인과 결과가 되풀이되어 상황이 악화되는 일. 예를 들면 인플레이션 말기에 물건 가격이 오르면 임금이 오르고 따라서 통화가 증발되어 다시 물건 가격이 오르는 현상 따위이다.

악습 惡習 (나쁠 악, 버릇 습). 나쁜[惡] 습관(習慣).

악식[1] 惡食 (나쁠 악, 밥 식). ① 속뜻 맛없고 거친[惡] 음식(飮食). 또는 그 음식을 먹음. ② 불교 금지하고 있는 육식(肉食)을 함.

악식[2] 樂式 (노래 악, 법 식). 음악 악곡(樂曲)의 형식(形式). 리드, 변주곡, 론도, 소나타, 푸가 따위가 있다.

악신 惡神 (악할 악, 귀신 신). 사람에게 재앙을 가져오는 악독(惡毒)한 신(神).

악심 惡心 (악할 악, 마음 심). 악독(惡毒)한 마음[心]. 악의(惡意).

악야 惡夜 (나쁠 악, 밤 야). ① 속뜻 폭풍우가 휘몰아치거나[惡] 공포에 떨며 새우는 밤[夜]. ② 악몽을 꾼 밤.

악어 鰐魚 (악어 악, 물고기 어). 동물 도마뱀과 비슷하지만, 굉장히 큰 파충류 동물. 난생으로 모양은 도마뱀과 비슷하지만 몸의 길이는 10미터에 이르는 것도 있을 정도로 크다.

악언 惡言 (나쁠 악, 말씀 언). ① 속뜻 나쁘게 욕하는[惡] 말[言]. 악설(惡舌). ② 불교 악구(惡口).

악업 惡業 (나쁠 악, 일 업). ① 속뜻 좋지 못한[惡] 짓[業]. ② 불교 삼성업(三性業)의 하나. 나쁜 과보(果報)를 가져올 악한 행위를 이른다.

악역[1] 惡役 (악할 악, 부릴 역). 놀이, 연극, 영화 따위에서 악인(惡人)으로 연기하는 배역(配役). ¶그는 매번 악역을 맡는다.

악역[2] 惡疫 (나쁠 악, 돌림병 역). 의학 ① 악성(惡性)의 유행성 전염병[疫]을 통틀어 이르는 말. ② 페스트균에 의한 감염을 이르는 말.

악역[3] 惡逆 (악할 악, 거스를 역). ① 속뜻 도리에 어긋나는[逆] 극악(極惡)한 행위. ② 중국 당나라 때에 중죄를 다스리던 팔역(八逆)의 하나. 부모 및 조부모를 죽이려 한 죄를 이른다.

▸악역-무도 惡逆無道 (없을 무, 길 도). 비길 데 없이 악독하고[惡逆] 도리(道理)에 맞지 않음[無].

악연[1] 愕然 (놀랄 악, 그러할 연). 몹시 놀라[愕] 정신이 아찔할 정도로 그러한[然]. ¶악연하여 말을 더듬었다.

악연[2] 惡緣 (나쁠 악, 인연 연). ① 속뜻 좋지 못한[惡] 인연(因緣). ② 불교 나쁜 일을 하도록 유혹하는 주위의 환경.

악-영향 惡影響 (나쁠 악, 그림자 영, 울릴 향). 다른 것에 미치는[影響] 나쁜[惡] 어떤 사물의 효과나 작용. ¶불량 식품은 아이들의 건강에 악영향을 미친다.

악용 惡用 (나쁠 악, 쓸 용). 알맞지 않게 쓰거나 나쁜[惡] 일에 씀[用]. ¶권력의 악용 / 남의 이름을 악용하다. ⓑ선용(善用).

악우 惡友 (나쁠 악, 벗 우). 나쁜[惡] 벗[友]. 또는 행실이 좋지 못한 벗.

악운 惡運 (나쁠 악, 운수 운). ① 속뜻 사나운[惡] 운수(運數). ② 나쁜 일을 해도 그에 대한 벌을 받지 않고 흥하는 운명.

악월 惡月 (나쁠 악, 달 월). 음양도에서 운이 나쁜[惡] 달[月]. 특히 음력 오월을 이른다.

악음 樂音 (음악 락, 소리 음). 음악(音樂) 소리[音]. 악기나 노래 따위의 소리.

악의[1] 惡衣 (나쁠 악, 옷 의). 너절하고 조잡한[惡] 옷[衣]. 또는 질이 좋지 않은 옷.

▸악의-악식 惡衣惡食 (나쁠 악, 밥 식). 너절하고 조잡한 옷을 입고[惡衣] 맛없는[惡] 음식을 먹음[食]. 또는 그 옷이나 음식.

악의[2] 惡意 (악할 악, 뜻 의). ① 속뜻 악독(惡毒)한 마음[意]. ② 좋지 않은 뜻. ¶그의 말에는 악의가 없었다. ③ 법률 법률관계의 발생·소멸·효력에 영향을 미칠 수 있는 어떤 사정을 알고 있는 것. ⓑ선의(善意), 호의(好意).

▸악의-적 惡意的 (것 적). 남을 해롭게 하려는 마음[惡意]을 가지고 하는 것[的]. ¶악의적인 글.

▸악의점유 惡意占有 (차지할 점, 있을 유). 법률 정당하게 차지할 권리가 없는 것을 알면서 또는 그 권리가 있는지 없는지 의심하면서[惡意] 하는 점유(占有).

악인[1] 惡人 (악할 악, 사람 인). 악독(惡毒)한 사람[人]. ⓑ선인(善人), 호인(好人).

▸악인-역 惡人役 (부릴 역). 놀이, 연극, 영화 따위에서 악인(惡人)으로 분장하는 배역(配役). ⓒ악역.

악인[2] 惡因 (나쁠 악, 까닭 인). 불교 나쁜[惡] 결과를 가져오는 원인(原因).

▸악인-악과 惡因惡果 (나쁠 악, 열매 과). 불교 나쁜[惡] 일을 하면 그로 말미암아[因] 반드시 나쁜[惡] 결과(結果)가 따름. ⓑ선인선과(善因善果).

악-인연 惡因緣 (나쁠 악, 인할 인, 연분 연). 좋지 못한[惡] 인연(因緣). 악연(惡緣).

악장[1] 樂匠 (음악 악, 장인 장). 음악(音樂)에 통달한 사람[匠].

악장[2] 樂長 (음악 악, 어른 장). 음악(音樂) 연주 단체의 우두머리[長].

악장[3] 樂章 (음악 악, 글 장). ① 속뜻 음악(音樂)의 한 단락[章]. ② 음악 소나타나 교향곡, 협주곡 따위에서 여러 개의 독립된 소곡(小曲)들이 모여서 큰 악곡이 되는 경우 그 하나하나의 소곡. ¶교향곡은 대개 4악장으로 되어 있다. ③ 문학 조선 전기에 발생한 시가(詩歌) 형태의 글. 나라의 제전(祭典)이나 연례(宴禮) 때 궁중 음악에 맞추어 불렀다. 「용비어천가」(龍飛御天歌), 「문덕곡」(文德曲) 따위가 여기에 속한다.

▸악장-가사 樂章歌詞 (노래 가, 말씀 사). 책명 고려시대부터 조선 초까지의 악장(樂章), 속요, 경기체가 등의 시가[歌詞]를 실은 책. 〈처용가〉, 〈한림별곡〉, 〈청산별곡〉, 〈만전춘〉 따위의 24편의 시가(詩歌)가 실려 있다.

악재[1] 惡材 (나쁠 악, 재료 재). 경제 증권 거래소에서 시세가 나빠지는[惡] 원인[材料]이 되는 일. ¶유가 급등은 악재로 작용하고 있다.

악재[2] 樂才 (음악 악, 재주 재). 음악(音樂)에 관한 재능(才能).

악-재료 惡材料 (나쁠 악, 재목 재, 거리 료). ① 나쁜[惡] 원료[材料]. ¶악재료로 만든 고추장. ② 경제 악재(惡材).

악전[1] 樂典 (음악 악, 법 전). 음악 박자, 속도, 음정 등 악보(樂譜)에 쓰는 모든 규범[典]. 또는 그 규범을 설명한 책.

악전[2] 惡錢 (나쁠 악, 돈 전). ① 부정(不正)하게 얻은[惡] 돈[錢]. ¶악전이라도 많으면 좋겠다. ② 질이 나쁜 가짜 돈.

악전[3] 惡戰 (나쁠 악, 싸울 전). 매우 나쁜[惡] 상황에서도 힘을 다하여 싸움[戰].

▸악전-고투 惡戰苦鬪 (괴로울 고, 싸울 투). 매우 어려운[惡] 상황에서 고생(苦生)스럽게 싸움[戰鬪]. ¶아군은 악전고투 끝에 간신히 적군을 물리쳤다.

악절 樂節 (음악 악, 마디 절). ① 속뜻 노래[樂] 마디[節]. ② 음악 두 개의 악구로 이루어져 악상을 표현하는 단위. 네 소절이 모여 한 악구를 이루므로, 여덟 소절이 모여 한 악절이 된다.

악정 惡政 (나쁠 악, 정치 정). 백성을 괴롭히고 나라를 잘못되게[惡] 하는 정치(政治). ¶황제의 악정에 시달리다.

악제 惡制 (나쁠 악, 정할 제). 나쁜[惡] 제도(制度). ¶악제를 철폐하다.

악조 樂調 (음악 악, 가락 조). 음악 음악(音樂)의 곡조(曲調).

악-조건 惡條件 (나쁠 악, 가지 조, 구분할 건). 나쁜[惡] 조건(條件). ¶여러 가지 악조건에도 불구하고 뛰어난 성과를 올렸다.

악종 惡種 (나쁠 악, 갈래 종). ①나쁜[惡] 종류(種類). ¶악종 결핵. ②성질이 흉악한 사람이나 동물. ¶천하의 악종 같으니.

악증 惡症 (나쁠 악, 증세 증). ①고치기 힘든[惡] 병[症]. ⑪악질(惡疾). ②악의가 있는 짜증.

악지 惡地 (나쁠 악, 땅 지). 형세가 나쁜[惡] 땅[地]. 사람이 살기에 적당하지 않은 땅. ¶악지를 개간하여 옥답을 만들었다.

악질[1] 惡疾 (나쁠 악, 병 질). 고치기 힘든[惡] 병[疾]. ¶악질에 걸려 사경을 헤매다. ⑪악증(惡症).

악질[2] 惡質 (악할 악, 바탕 질). ①못되고 악(惡)한 성질(性質). 또는 그 성질을 가진 사람. ¶악질 상인 / 악질적인 범죄. ②나쁜 바탕이나 품질.

악착 齷齪 (깨물 악, 깨물 착). ①속뜻 어금니를 꽉 깨묾[齷=齪]. ②일을 해 나가는 태도가 매우 모질고 끈덕짐. 또는 그런 사람. ¶악착을 부리다. ③매우 모질고 끈덕지게. ¶악착같이 공부해서 드디어 법관이 되었다. ④도량이 몹시 좁음. ④잔인하고 끔찍스러움.

악처 惡妻 (악할 악, 아내 처). 악독(惡毒)한 아내[妻]. ⑫양처(良妻).

악-천후 惡天候 (나쁠 악, 하늘 천, 기후 후). 몹시 나쁜[惡] 날씨[天候]. ¶악천후 속에서도 혼신의 힘을 다해 조난자를 구했다.

악충 惡蟲 (나쁠 악, 벌레 충). 해롭고 나쁜[惡] 벌레[蟲]. ⑪해충(害蟲).

악취[1] 惡臭 (나쁠 악, 냄새 취). 나쁜[惡] 냄새[臭]. ¶화장실에서 악취가 난다. ⑫향기(香氣).

악취[2] 惡趣 (나쁠 악, 뜻 취). ①속뜻 좋지 못한[惡] 취미(趣味). ②악업(惡業)을 지어서 죽은 뒤에 나는 고통(苦痛)의 세계(世界). 지옥(地獄), 아귀(餓鬼), 축생(畜生), 수라(修羅)의 네 가지가 있다. ⑪악도(惡道).

악-취미 惡趣味 (나쁠 악, 뜻 취, 맛 미). 좋지 못한[惡] 일에 끌리는 흥미[趣味]. ¶그는 남을 골탕먹이는 악취미를 가졌다.

악투 惡投 (나쁠 악, 던질 투). 운동 야구에서, 수비편이 서로 공을 잘못[惡] 던지는[投] 일. 투수가 포수 쪽으로 잘못 던지는 경우는 폭투(暴投)라고도 한다.

악판 顎板 (턱 악, 널빤지 판). 동물 턱[顎]판[板]. 곤충 머리의 가운데에 있는 방패 모양의 외골격판.

악평 惡評 (나쁠 악, 평할 평). 나쁘게[惡] 평(評)함. 또는 그런 평판이나 평가. ¶이번 연주회에서 그는 악평을 들었다.

악폐 惡弊 (나쁠 악, 나쁠 폐). 나쁜[惡] 폐단(弊端). ¶구습과 악폐를 없애다.

악풍 惡風 (나쁠 악, 풍속 풍). ①나쁜[惡] 풍속(風俗). ¶악풍을 개혁하다. ②모진 바람. ¶배는 악풍을 만나 파선하고 말았다.

악필 惡筆 (나쁠 악, 글씨 필). ①잘 쓰지 못한[惡] 글씨[筆]. ¶악필은 반드시 고쳐야 한다. ②품질이 나쁜 붓.

악학 樂學 (음악 악, 배울 학). ①음악(音樂)에 관한 학문(學問). ②역사 조선 시대에 악공들을 뽑아 훈련하던 관아.

▶**악학-궤범** 樂學軌範 (바퀴자국 궤, 틀 범). ①속뜻 악학(樂學)에 본보기[軌範]가 될 만한 책. ②책명 조선 성종 때, 성현(成俔) 등이 왕명에 따라 펴낸 음악 책. 음악의 원리와 악기에 관한 내용과, 궁중 의식에서 연주하던 음악이 그림으로 풀이되어 있다.

악한 惡漢 (나쁠 악, 사나이 한). 나쁜[惡] 짓을 하는 사나이[漢]. ¶갑자기 악한이 나타나 길을 막아섰다.

악행 惡行 (악할 악, 행할 행). 악독(惡毒)한 행위(行爲). ¶입에 담을 수 없는 악행을 저지르다.

악향 惡鄕 (나쁠 악, 시골 향). 풍기가 몹시 어지러운[惡] 고장[鄕].

악혈 惡血 (나쁠 악, 피 혈). ①속뜻 좋지 못한[惡] 피[血]. ②한의 어혈(瘀血)의 일종. 혈관 밖으로 나와 조직의 사이에 몰려 있는 죽은피를 이른다.

악형 惡刑 (악할 악, 형벌 형). 모질고 잔인한

[惡] 형벌(刑罰)에 처함. 또는 그런 형벌. ¶연쇄살인범에게 악형을 내리다.

악화[1] **惡化** (나쁠 악, 될 화). 어떤 상태, 성질, 관계 따위가 나쁘게[惡] 변하여 감[化]. ¶병세가 악화되다. ⓑ호전(好轉).

악화[2] **惡貨** (나쁠 악, 재물 화). 경제 지금(地金)의 가격이 법정 가격보다도 낮은[惡] 화폐(貨幣).

악희 惡戲 (나쁠 악, 희롱할 희). 못된[惡] 장난[戲]을 함. 또는 그 장난. ¶친구의 악희에 그는 분을 삭이지 못했다.

안:각 眼角 (눈 안, 모서리 각). ①위 눈꺼풀과 아래 눈꺼풀이 만나서 눈[眼] 양쪽에 이루는 각(角). ②사물을 보는 눈.

안감-생심 安敢生心 (어찌 안, 감히 감, 날 생, 마음 심). ① 속뜻 어찌[安] 감히[敢] 그런 마음[心]을 낼[生] 있으랴. ②감히 그런 마음을 품을 수 없음. ⓑ언감생심(焉敢生心).

안강[1] **安康** (편안할 안, 편안할 강). 평안(平安)하고 건강(健康)함. 무사함. 아무 탈이 없음. ¶가족의 안강을 빌다.

안강[2] **鮟鱇** (아귀 안, 아귀 강). 동물 아귀[鮟=鱇]. 몸의 길이는 60㎝ 정도이고 넓적하며 머리 폭이 넓고 입이 크다. 등의 앞쪽에 촉수 모양의 가시가 있어 작은 물고기를 꾀어 잡아먹는다.

▶안강-망 鮟鱇網 (그물 망). 수산 아귀[鮟鱇]를 잡는 긴 주머니 모양의 통그물[網]. 조류가 빠른 곳에 큰 닻으로 고정하여 놓고 조류에 밀리는 물고기를 받아서 잡는다.

안거 安居 (편안할 안, 살 거). ①아무런 탈 없이 평안(平安)히 지냄[居]. ② 불교 출가한 승려가 일정한 기간 동안 외출하지 않고 한곳에 머무르면서 수행하는 제도. ¶여름 안거.

▶안거-낙업 安居樂業 (즐길 락, 일 업). 편안(便安)하게 살면서[居] 즐거이[樂] 일[業]함.

▶안거-위사 安居危思 (위태할 위, 생각 사). 편안(便安)할 때에[居] 위기(危機)가 닥칠 것을 미리 생각하여[思] 대비해야 함.

안:건 案件 (생각 안, 것 건). ① 속뜻 더 생각[案]해 보아야 할 것[件]. ②토의하거나 조사해야 할 사실. ¶별다른 안건이 없어 회의는 일찍 끝났다. ㊀안.

안:검 眼瞼 (눈 안, 눈꺼풀 검). 의학 눈[眼]꺼풀[瞼]. 눈알을 덮는, 위아래로 움직이는 살갗.

▶안:검-염 眼瞼炎 (염증 염). 의학 눈꺼풀[眼瞼]에 생긴 염증(炎症). ⓑ다래끼.

안:경 眼鏡 (눈 안, 거울 경). 시력이 나쁜 눈[眼]을 잘 보이도록 눈에 쓰는 거울[鏡]. ¶안경을 쓰다. 속담 제 눈에 안경이다.

▶안:경-점 眼鏡店 (가게 점). 안경(眼鏡)을 팔거나 고쳐 주는 일을 하는 가게[店].

안:계 眼界 (눈 안, 지경 계). ① 속뜻 눈[眼]으로 바라볼 수 있는 범위[界]. ¶산 정상은 안계가 탁 트여있다. ②생각이 미치는 범위. ⓑ안경(眼境).

안:고수비 眼高手卑 (눈 안, 높을 고, 손 수, 낮을 비). ① 속뜻 보는 눈[眼]은 높지만[高] 솜씨[手]의 수준이 낮음[卑]. ②이상만 높고 실천이 따르지 못함을 비유하여 이르는 말.

안:공 眼孔 (눈 안, 구멍 공). ① 속뜻 눈[眼]알이 박혀있는 구멍[孔]. ⓑ눈구멍. ②식견(識見)의 범위를 비유하여 이르는 말.

안:과 眼科 (눈 안, 분과 과). 의학 ①눈[眼]에 관계된 질환을 연구하고 치료하는 의학의 한 분과(分科). 또는 병원의 그 부서. ¶안과 의사. ②눈알 및 그 부속 기관의 질병과 치료, 예방 따위를 연구하는 학문. '안과학'(眼科學)의 준말.

안:광 眼光 (눈 안, 빛 광). ① 속뜻 눈[眼] 빛[光]. ¶그는 이마가 훤하고 안광이 빛났다. ②사물을 보는 힘. ¶안광이 날카롭다.

안:구[1] **鞍具** (안장 안, 갖출 구). 말 안장(鞍裝)에 딸린 여러 가지 기구(器具). ¶안구를 정리하다.

안:구[2] **眼球** (눈 안, 공 구). 의학 눈[眼] 알[球]. ¶안구 건조증.

▶안:구-근 眼球筋 (힘줄 근). 의학 눈알[眼球]과 눈시울에 붙은 가로무늬근[筋]을 통틀어 이르는 말. 좌우에 각각 일곱 개씩 있으며 눈을 돌리는 기능을 한다.

▶안:구 은행 眼球銀行 (돈 은, 가게 행). 의학 각막 이식을 위해 눈알[眼球] 제공자의 등록, 안구 적출·보존 따위를 행하는 기관[銀行].

안남 安南 (편안할 안, 남녘 남). ① 속뜻 남(南)쪽 지방을 안정(安定)시키기 위함. ② '베트남'의 다른 이름. 중국 당나라 때, 지금의 하노이에 안남(安南) 도호부를 둔 데서 유래.

안:내 案內 (생각 안, 안 내). ① 어떤 내용(內容)을 자세히 알려 줌[案]. 또는 그런 일. ¶안내 말씀 드리겠습니다. ② 사정을 잘 모르는 어떤 사람을 가고자 하는 곳까지 데려다 주거나 그에게 여러 가지 사정을 알려 줌. ¶그는 외국 손님들을 공원으로 안내했다.

▸ 안:내-도 案內圖 (그림 도). 안내(案內)하는 내용을 그린 그림[圖]. ¶국립공원 안내도.

▸ 안:내-문 案內文 (글월 문). 안내(案內)하는 글[文]. ¶안내문을 나눠주다.

▸ 안:내-서 案內書 (글 서). 어떤 내용을 안내(案內)하는 책[書]이나 글.

▸ 안:내-소 案內所 (곳 소). 어떤 사물이나 장소에 부설되어 그 사물이나 장소를 소개하여 알려 주는[案內] 일을 맡아 하는 곳[所].

▸ 안:내-양 案內孃 (아가씨 양). 예전에, 버스 안에서 버스 요금을 받고 정류장 안내(案內)를 하는 여자[孃].

▸ 안:내-업 案內業 (일 업). 어떤 내용을 소개하여 알려 주는[案內] 일을 맡아 하는 직업(職業).

▸ 안:내-역 案內役 (부릴 역). 안내(案內)하는 역할(役割). 또는 그 역할을 맡은 사람.

▸ 안:내-원 案內員 (사람 원). 안내(案內)하는 임무를 맡아보는 사람[員]. ¶관광 안내원.

▸ 안:내-인 案內人 (사람 인). 안내(案內)하는 일을 맡아보는 사람[人].

▸ 안:내-자 案內者 (사람 자). 안내(案內)하는 일을 맡아보는 사람[者].

▸ 안:내-장 案內狀 (문서 장). 어떤 내용을 소개하여 알려 주는[案內] 문서[狀].

▸ 안:내-판 案內板 (널빤지 판). 어떤 내용을 소개하거나 사정 따위를 알리는[案內] 판(板). ¶공사 안내판.

***안녕** 安寧 (편안할 안, 편안할 녕). ① 속뜻 편안(便安)하고 강녕(康寧)함. 아무 탈 없이 편안함. ¶부모님은 모두 안녕하십니까? / 안녕히 주무셨어요? ② 만나거나 헤어질 때 건네는 반말의 인사. ¶안녕, 또 보자.

▸ 안녕 질서 安寧秩序 (차례 질, 차례 서). 국민이 안전하고[安寧] 사회의 모든 질서(秩序)가 바로잡힌 상태. ¶게릴라는 사회의 안녕질서를 교란했다.

안:대 眼帶 (눈 안, 띠 대). 눈병이 났을 때 아픈 눈[眼]을 가리는 띠[帶] 모양의 천 조각. ¶결막염에 걸려서 안대를 했다.

안:도[1] 眼到 (눈 안, 이를 도). 독서삼도(讀書三到)의 하나. 독서를 할 때는 눈[眼]이 책을 읽는 데만 이르도록[到] 집중해야 함.

안도[2] 安堵 (편안할 안, 거처할 도). ① 속뜻 편안(便安)히 잘 거처함[堵]. ② 어떤 일이 잘 진행되어 마음을 놓음. ¶안도의 한숨을 쉬다.

▸ 안도-감 安堵感 (느낄 감). 안심이 되는[安堵] 마음[感].

안동-포 安東布 (편안할 안, 동녘 동, 베 포). 경상북도 안동(安東) 지방에서 생산하는 베[布]. 올이 가늘고 고우며 빛깔이 붉고 누런색을 띤다.

안:두 案頭 (책상 안, 머리 두). 책상[案] 머리[頭]. 책상의 한쪽 자리.

안락 安樂 (편안할 안, 즐길 락). 몸과 마음이 편안(便安)하고 즐거움[樂]. ¶안락을 꾀하다 / 안락한 가정.

▸ 안락-국 安樂國 (나라 국). 불교 아미타불(阿彌陀佛)이 살고 있다는, 몸과 마음이 편안하고 즐거운[安樂] 나라[國]. 이 세상에서 서쪽으로 십만 억의 불토를 지나서 있으며 모든 것이 완전히 갖추어져 있으며, 불과를 얻은 사람이 죽어서 이곳에 다시 태어난다 한다.

▸ 안락-사 安樂死 (죽을 사). ① 속뜻 고통 없이 안락(安樂)하게 죽음[死]. ② 법률 극심한 고통을 받고 있는 불치의 환자에 대하여 본인 또는 가족의 요구에 따라 고통이 적은 방법으로 생명을 단축하는 행위. 위법성에 관한 법적 문제가 야기되는 경우가 있다.

▸ 안락-세계 安樂世界 (세상 세, 지경 계). 불교 지극히 안락(安樂)하고 아무 걱정이 없다고 하는 곳[世界]. 아미타불의 극락 정토가 있는 세계. ㊥극락(極樂).

▸ 안락-의자 安樂椅子 (기댈 의, 접미사 자).

팔걸이가 있고 앉는 자리를 푹신하게 하여 편안하게[安樂] 기대어 앉도록 만든 의자(椅子).

▸안락-정토 安樂淨土 (깨끗할 정, 흙 토). 불교 아미타불이 살고 있는 안락(安樂)하고 깨끗한[淨] 땅[土]. ㊍안락국(安樂國).

안:력 眼力 (눈 안, 힘 력). 물체의 존재나 모양을 인식하는 눈[眼]의 능력(能力). ㊍시력(視力).

안료 顔料 (얼굴 안, 거리 료). ①얼굴[顔]을 꾸미는 재료(材料). 연지, 분 따위. ②색채가 있고 물이나 그 밖의 용제에 녹지 않는 미세한 분말.

안:마[1] 按摩 (누를 안, 문지를 마). 손으로 몸을 누르거나[按] 문지름[摩]. ¶전신 안마 / 할아버지의 어깨를 안마해 드렸다.

▸안:마-기 按摩器 (그릇 기). 안마(按摩)로써 피로를 풀거나 병을 치료하도록 만든 기구(器具). ¶집에서 사용할 수 있는 안마기.

▸안:마-사 按摩士 (선비 사). 안마(按摩)할 수 있는 자격을 갖춘 사람[士].

▸안:마-술 按摩術 (꾀 술). 안마(按摩)하는 기술(技術). ¶그녀는 안마술이 뛰어나다.

안:마[2] 鞍馬 (안장 안, 말 마). ① 속뜻 안장(鞍裝)을 얹은 말[馬]. ② 운동 기계 체조에 쓰는 기구. 말의 등 모양으로 만들어 다리를 달고 가죽을 씌운 틀 위에 알루미늄이나 나무로 만든 두 개의 손잡이를 달았다. ③ 운동 안마 운동.

▸안:마 운:동 鞍馬運動 (돌 운, 움직일 동). 안마(鞍馬) 위에서 팔로 온몸을 지탱하며 두 다리를 회전하여 교차하는 연기를 하는 기계 체조[運動].

안:막 眼膜 (눈 안, 꺼풀 막). 의학 눈[眼]알의 앞쪽에 약간 볼록하게 나와 있는 투명한 막(膜). ㊍각막(角膜).

안면[1] 安眠 (편안할 안, 잠잘 면). 편안(便安)히 잠을 잠[眠]. ¶안면을 취하다.

▸안면-방해 安眠妨害 (거리낄 방, 해칠 해). 편안(便安)하게 잘[眠] 수 없도록 방해(妨害)함. ¶밤에 안면방해로 남에게 피해를 주면 안 된다.

안면[2] 顔面 (얼굴 안, 낯 면). ① 속뜻 얼굴[顔=面]. ¶그는 안면에 부상을 입었다. ②서로 얼굴을 알 만한 친분. ¶나는 그와 안면이 있다.

▸안면-각 顔面角 (모서리 각). 의학 얼굴[顔面]이 돌출된 정도를 알아보는 각도(角度). ㊍얼굴각

▸안면-근 顔面筋 (힘줄 근). 의학 얼굴[顔面]에 있는 근육(筋肉)을 통틀어 이르는 말.

▸안면-통 顔面痛 (아플 통). 의학 눈, 위턱, 아래턱[顔面]에 걸쳐 있는 삼차 신경(三叉神經)의 분포 영역에 생기는 통증(痛症).

▸안면-박대 顔面薄待 (엷을 박, 대접할 대). 잘 아는 사람[顔面]을 푸대접함[薄待].

▸안면부지 顔面不知 (아닐 부, 알 지). 얼굴[顔面]을 모름[不知]. 또는 얼굴도 모르는 사람.

▸안면 신경 顔面神經 (정신 신, 날실 경). 의학 주로 안면근(顔面筋)에 분포하는 신경(神經). 주로 얼굴의 표정 운동을 관장한다.

안:목 眼目 (볼 안, 눈 목). ① 속뜻 보는[眼] 눈[目]. ②사물을 보고 분별하는 견식. ¶그녀는 그림을 보는 안목이 있다. ③주된 목표. ㊍면안(面眼), 주안(主眼).

안:무[1] 按舞 (생각할 안, 춤출 무). 예술 음악에 맞는 춤[舞]을 생각해[按] 내어 창작하는 일. 또는 그것을 가르치는 일. ¶뮤지컬의 안무를 담당하다.

안:무[2] 按撫 (어루만질 안, 어루만질 무). 백성의 사정을 살피고 어루만져[按=撫] 위로함.

▸안:무-사 按撫使 (부릴 사). 역사 ①조선 시대에 전쟁이나 반란 직후 민심을 위로하기[按撫] 위해 파견하던 특사(特使). ②고려 시대에 중앙에서 백성의 질고와 수령의 잘잘못을 살피기 위해 파견하던 임시 벼슬.

안민 安民 (편안할 안, 백성 민). ① 속뜻 백성[民]을 편히[安] 살게 함. ②민심을 어루만져 진정하게 함.

▸안민-가 安民歌 (노래 가). 문학 신라 경덕왕 24년(765)에 충담사가 지은 향가(鄕歌). 나라를 잘 다스리고 백성을 평안하게 하는[安民] 바른길을 읊은 것으로 『삼국유사』에 실려 있다.

안:반 岸畔 (언덕 안, 물가 반). 바다 기슭[岸]이나 강기슭의 물가[畔]. ¶안반이 침식되었다.

안:배 按排 (누를 안, 늘어설 배). 알맞게 정

해놓고[按] 벌여 놓음[排]. 잘 배치하거나 처리함. ¶체력 안배.

안:벽 岸壁 (언덕 안, 낭떠러지 벽). ① 속뜻 깎아지른 듯이 험한 물가[岸=壁]. ¶홍수로 안벽의 집들이 쓸려내려갔다. ② 항만이나 운하의 가에 배를 대기 좋게 쌓은 벽.

안:병 眼病 (눈 안, 병 병). 눈[眼]에 생기는 병(病). ⑪안질(眼疾).

안보 安保 (편안할 안, 지킬 보). ① 속뜻 안전(安全)을 보장(保障)함. ② 정치 외부의 위협이나 침략으로부터 국가와 국민의 안전을 지키는 일. '안전보장'의 준말. ¶국가의 안보 문제.

▶안보-리 安保理 (다스릴 리). 정치 '안전 보장 이사회'(安全保障理事會)의 준말.

▶안보 이:사회 安保理事會 (다스릴 리, 일 사, 모일 회). 정치 '안전 보장 이사회'(安全保障理事會)의 준말.

안:복 眼福 (눈 안, 복 복). ① 속뜻 눈[眼]으로 누릴 수 있는 복(福). ② 매우 귀한 것이나 아름다운 것을 두 눈으로 직접 볼 수 있는 복. 훌륭한 미술품이나 골동품 따위를 직접 볼 수 있는 기회를 얻었을 때 흔히 쓴다.

안부[1] 安否 (편안할 안, 아닐 부). 어떤 사람이 편안(便安)하게 잘 지내는지 그렇지 아니한지[否]에 대한 소식. 또는 인사로 그것을 전하거나 묻는 일. ¶안부를 묻다 / 부모님께 안부 전해 주세요.

안:부[2] 眼部 (눈 안, 나눌 부). 눈[眼]이 있는 부위(部位). ¶안부에 동통(疼痛)이 있다.

안분[1] 安分 (편안할 안, 나눌 분). 편안(便安)한 마음으로 제 분수(分數)를 지킴.

▶안분-지족 安分知足 (알 지, 넉넉할 족). 편안(便安)한 마음으로 제 분수(分數)를 지키며 만족(滿足)할 줄을 앎[知].

안:분[2] 按分 (누를 안, 나눌 분). 정해진[按] 대로 나눔[分].

▶안:분 비:례 按分比例 (견줄 비, 본보기 례). 수학 주어진 수나 양을 주어진[按] 비율[比例]에 따라 나누는[分] 계산법. ⑪비례 배분(比例配分).

안불망위 安不忘危 (편안할 안, 아닐 불, 잊을 망, 위태할 위). ① 속뜻 편안(便安)한 가운데서도 위태(危殆)로움을 잊지[忘] 아니함[不]. ② 항상 마음을 놓지 않고 스스로를 경계함.

안:비-막개 眼鼻莫開 (눈 안, 코 비, 없을 막, 열 개). ① 속뜻 눈[眼] 코[鼻] 뜰[開] 사이가 없음[莫]. ② '일이 몹시 바쁨'을 이르는 말.

안빈 安貧 (편안할 안, 가난할 빈). 가난한[貧] 가운데서도 편안(便安)한 마음으로 지냄.

▶안빈-낙도 安貧樂道 (즐길 락, 길 도). 가난한[貧] 생활을 하면서도 편안(便安)한 마음으로 도(道)를 즐겨[樂] 지킴.

안사 安死 (편안할 안, 죽을 사). 병을 고칠 수 없는 환자에게 편안(便安)하게 죽게[死] 하는 일. '안락사'(安樂死)의 준말.

▶안사-술 安死術 (꾀 술). 안락사(安樂死)를 시키는 의술(醫術). ¶안락술은 불법이다.

안산 安産 (편안할 안, 낳을 산). 아무 탈 없이 편안(便安)하게 아이를 낳음[産]. ⑪순산(順産).

안산-암 安山巖 (편안할 안, 메 산, 바위 암). ① 속뜻 안산(安山)에서 나는 돌[巖]. ② 지리 사장석, 각섬석, 흑운모, 휘석 따위로 이루어진 화성암. 검은 회색을 띠며 단단하고 견디는 힘이 강하여 건축이나 토목에 쓴다.

안:상 案上 (책상 안, 위 상). 책상[案] 위[上]. ¶그는 안상에 화선지를 펼쳤다.

안색 顔色 (얼굴 안, 빛 색). 얼굴[顔]에 나타나는 빛깔[色]이나 표정. ¶안색이 창백하다 / 나는 그 말을 듣고 그의 안색을 살폈다.

안:서 雁書 (기러기 안, 글 서). ① 속뜻 기러기[雁]의 다리에 맨 편지글[書]. ② 먼 곳에서 소식을 전하는 편지를 비유하여 이르는 말. 한(漢) 나라의 사신 소무가 흉노에게 붙잡혀 있을 당시 기러기의 다리에 편지글을 매어 고국으로 보냈다는 고사에서 유래한 다.

안:수 按手 (누를 안, 손 수). 기독교 기도를 할 때 또는 성직 수여식이나 기타 교회의 예식에서 주례자가 신자의 머리 위에 손[手]을 얹는[按] 일.

▶안:수-례 按手禮 (예도 례). 기독교 ① 목사나 신부 등이 기도를 받는 사람의 머리에

손[手]을 얹어[按] 축복하는 의식[禮]. ② 목사가 성직 후보자의 머리에 손을 얹어 성별(聖別)하는 성직 임명의 의식.

▸안:수 기도 按手祈禱 (빌 기, 빌 도). 기독교 목사나 신부 등이 기도를 받는 사람의 머리 위에 손[手]을 얹고[按] 기도(祈禱)하는 일.

안:식[1] **眼識** (눈 안, 알 식). ① 사물의 질과 가치를 구별할 수 있는 안목(眼目)과 식견(識見). ¶그는 고대 그리스 미술품에 높은 안식을 갖고 있다. ② 불교 물체의 모양이나 빛깔 따위를 분별하는 작용.

안식[2] **安息** (편안할 안, 쉴 식). 편안(便安)히 쉼[息]. ¶여름휴가 때 그는 고향에서 안식을 취했다.

▸안식-교 安息教 (종교 교). 기독교 토요일을 안식일(安息日)로 삼아 예배를 보는 기독교(基督教)의 한 파.

▸안식-년 安息年 (해 년). 기독교 ① 레위기에 나오는 희년법(禧年法)에 근거하여 유대 사람이 7년마다 1년씩 쉬는[安息] 해[年]. 이 해에는 종에게 자유를 주고 빚을 탕감해 주었다. ② 서양 선교사들이 7년에 한 번씩 쉬는 해.

▸안식-일 安息日 (날 일). 기독교 일을 쉬고[安息] 예배 의식을 행하는 날[日]. 곧 일요일을 이른다. 예수가 일요일 아침에 부활했다는 데서 유래한다.

▸안식-처 安息處 (곳 처). 편안(便安)히 쉬는[息] 곳[處]. ¶한강은 겨울 철새들의 안식처이다.

안:신 **雁信** (기러기 안, 소식 신). ① 속뜻 기러기[雁]가 전해 주는 소식[信]. ② 편지. ¶변방에 계신 아버지에게 안신이 왔다.

안심 **安心** (편안할 안, 마음 심). ① 마음[心]을 편안(便安)하게 가짐. ¶나는 그의 전화를 받고 나서야 안심이 되었다. ② 불교 불교의 가르침을 깨닫거나 수행의 체험으로 움직임이 없는 경지에 마음을 머무르게 함. ⓑ안도(安堵).

▸안심-입명 安心立命 (설 립, 운명 명). ① 속뜻 마음[心]을 편안(便安)하게 하고 운명(運命)에 대한 믿음을 바로 세움[立]. ② 불교 선원(禪院)에서 자신의 불성(佛性)을 깨닫고 삶과 죽음을 초월함으로써 마음의 편안함을 얻는 것을 이르는 말.

안:압 **眼壓** (눈 안, 누를 압). 의학 눈[眼] 알 내부의 일정한 압력(壓力). 정상적인 안압은 15~25mmHg이며 그 이상 또는 그 이하이면 시력 장애를 일으킨다.

안:약 **眼藥** (눈 안, 약 약). 약학 눈[眼]병을 고치는 데 쓰는 약(藥).

안양 **安養** (편안할 안, 기를 양). ① 마음을 편안(便安)히 하고 몸을 다스림[養]. ② 불교 극락(極樂).

▸안양-정토 安養淨土 (깨끗할 정, 땅 토). 불교 매우 안락하고[安養] 깨끗한[淨] 땅[土]. 아미타불이 살고 있는 곳으로 일체의 괴로움과 더러움이 없는 세상. ⓑ극락(極樂).

안여반석 **安如磐石** (=安如盤石, 편안할 안, 같을 여, 너럭바위 반, 돌 석). 마음을 편안(便安)함이 반석(磐石) 같이[如] 끄떡없고 든든함. ⓑ안여태산(安如泰山).

안여태산 **安如泰山** (편안할 안, 같을 여, 클 태, 메 산). 마음을 편안(便安)함이 태산(泰山) 같이[如] 끄떡없고 든든함. ⓑ안여반석(安如磐石).

안:-연고 **眼軟膏** (눈 안, 무를 연, 고약 고). 약학 눈병을 고치기 위해 눈[眼]에 넣거나 바르는 연고(軟膏).

안:염 **眼炎** (눈 안, 염증 염). 의학 눈[眼]에 생기는 염증(炎症). ¶안염이 생기면 야외 활동을 삼가야 한다.

안온 **安穩** (편안할 안, 평온할 온). ① 편안(便安)하고 평온(平穩)함. ¶안온한 분위기 속에 모임이 열렸다. (② 날씨가 바람이 없고 따뜻함. ¶12월인데도 안온한 날씨가 이어지고 있다.

안위[1] **安危** (편안할 안, 위태할 위). 편안(便安)함과 위태(危殆)함. ¶국가의 안위를 걱정하다.

안위[2] **安慰** (편안할 안, 위로할 위). 몸을 편안(便安)하게 하고 마음을 위로(慰勞)함. ¶일신의 안위를 위해 남에게 폐를 끼칠 수는 없다.

안이 **安易** (편안할 안, 쉬울 이). ① 속뜻 편안(便安)하여 만사를 쉽게[易] 여기다. ② 충분히 생각함이 없이 적당히 처리하려는 태도가 있다. ¶안이한 태도로는 무엇도 할 수 없다.

안일 安逸 (편안할 안, 한가할 일). ① 속뜻 편안(便安)하고 한가로이[逸] 지냄. ② 편안하게만 지내려는 마음이나 태도. ¶무사 안일주의 / 안일한 생활에 빠지다.

안장[1] 安葬 (편안할 안, 장사지낼 장). 편안(便安)하게 장사 지냄[葬].

안:장[2] 鞍裝 (안장 안, 꾸밀 장). ① 속뜻 말, 나귀 따위의 등에 얹어서[鞍] 사람이 타기에 편리하도록 만든[裝] 도구. ② 자전거 따위에 사람이 앉게 된 자리. ¶안장이 딱딱해서 엉덩이가 아프다.

안:저 眼底 (눈 안, 밑 저). 의학 안구(眼球)의 바닥[底]에 해당하는 부분. 안구 속의 뒷부분이며 망막이 있다. ⓗ눈바닥.

안:전[1] 眼前 (눈 안, 앞 전). ① 눈[眼]의 앞[前] 쪽. ¶안전에 멧돼지 한 마리가 나를 노려보고 있었다. ② 아주 가까운 장래. ¶거사일이 안전으로 다가왔다. ⓗ눈앞.

안:전[2] 案前 (책상 안, 앞 전). 존귀한 사람이 앉아 있는 책상[案]의 앞[前]. ¶감히 어느 안전에서 함부로 혀를 놀리느냐.

***안전**[3] 安全 (편안할 안, 온전할 전). ① 속뜻 편안(便安)하고 온전(穩全)함. ② 위험이 생기거나 사고가 날 염려가 없음. 또는 그런 상태. ¶안전하게 운전하다. ⓑ위험(危險).

▸**안전-기** 安全器 (그릇 기). ① 속뜻 안전(安全)을 위한 기구(器具). ② 전기 전기 기계의 회로에 강한 전류가 흐를 때에 전기 기계의 파손 및 화재를 막기 위해 전기 회로 가운데에 끼우는 기구. 그 속에 퓨즈를 넣어서 전류가 강할 때에는 퓨즈가 녹아 자동적으로 회로를 차단함으로써 사고를 예방할 수 있도록 되어 있다.

▸**안전-답** 安全畓 (논 답). 농업 가뭄에도 안전(安全)하게 농사를 지을 수 있는 논[畓]. 흙이 물을 잘 지니며 수리(水利)나 관개(灌漑) 시설 따위가 잘 되어 있다. '수리 안전답'의 준말.

▸**안전-등** 安全燈 (등불 등). 광업 광산의 갱 안에서 광부가 안전(安全)을 위해 쓰는 등(燈). 불기가 가스에 점화되어 폭발하는 것을 막기 위해 열을 흡수·발산하는 철망이 씌워져 있다.

▸**안전-모** 安全帽 (모자 모). 작업 또는 운동할 때 안전(安全)을 위해 쓰는 모자(帽子).

▸**안전-봉** 安全棒 (몽둥이 봉). 물리 제어봉의 하나. 원자로 속에서 중성자가 늘어나 폭주(暴走)의 위험이 생길 위험을 막기 위해[安全] 원자로 중심부에 끼워 넣는 막대[棒]. 붕소를 넣은 카드뮴 막대처럼 중성자를 잘 흡수하는 것을 쓴다.

▸**안전-선** 安全線 (줄 선). 승객의 안전(安全)을 위하여 그어 놓은 선(線). ¶열차가 들어오고 있으니 안전선 안쪽으로 물러나 주십시오.

▸**안전-성** 安全性 (성질 성). 안전(安全)하거나 안전을 보장하는 성질(性質). ¶수입 농산물의 안전성을 검사하다.

▸**안전-율** 安全率 (비율 률). 물리 기계나 구조물 또는 그 재료의 극한의 강도(強度)와 안전(安全)상 허용되는 한도인 허용 응력(應力)과의 비[率]. ⓗ안전 계수(安全係數).

▸**안전-판** 安全瓣 (꽃잎 판). ① 속뜻 안전(安全)을 위해 설치한 잎[瓣] 모양의 장치. ② 다른 사물의 위험이나 파멸을 막아 내는 구실을 하는 것.

▸**안전 계:수** 安全係數 (맬 계, 셀 수). 건설 건축의 기본 뼈대를 이루는 중요한 요소가 되는 재료들에 가해지는 힘에 대하여 몇 배의 하중에 견딜 수 있으면 안전(安全)한지를 결정하고 계산하는 배율[係數].

▸**안전 관리** 安全管理 (맡을 관, 다스릴 리). 근로자의 안전사고(安全事故) 예방을 위해 생산 현장이나 공사장 등에서 관리(管理)하는 온갖 조치나 대책.

▸**안전 교:육** 安全教育 (가르칠 교, 기를 육). 재해나 사고로부터 몸을 지킬 수 있는[安全] 지식·기술 등을 터득하게 하기 위한 교육(教育).

▸**안전 보:장** 安全保障 (지킬 보, 막을 장). 정치 국제간의 위협이나 침략을 막아 국가와 국민의 안전(安全)을 지켜 보장(保障)하는 일. 군사 동맹, 경제 협력, 중립 따위의 방법이 있다.

▸**안전-사:고** 安全事故 (일 사, 연고 고). 공장이나 공사장 등에서 안전(安全) 교육을 하지 않거나, 부주의하여 뜻밖에 일어난 불행한 일[事故].

▸**안전 수칙** 安全守則 (지킬 수, 법 칙). 공장, 광산, 공사장 등에서 작업자의 신체의 안전

(安全)과 사고의 방지를 위해 정해진 지켜야할[守] 사항[則].

▸ 안전-시거 安全視距 (볼 시, 떨어질 거). [교통] ① 자동차에서 바라다 볼[視] 때 마음 놓고 안전(安全)하게 운전할 수 있는 앞길의 거리(距離). ② 굽은 길이나 고개 따위에서 맞은편에서 오는 차가 처음 발견되는 거리.

▸ 안전-유리 安全琉璃 (유리 류, 유리 리). 안전(安全)하게 만든 유리(琉璃). 잘 깨어지지 않고 깨어지더라도 파편이 튀지 않게 되어있다. 강화 유리, 방탄유리 따위.

▸ 안전-장치 安全裝置 (꾸밀 장, 둘 치). 안전(安全)을 위해 설치한 장치(裝置). 기계가 쉴 때에 작동되지 않도록 하는 것이나 총에서 방아쇠가 움직이지 않도록 하는 것 따위이다.

▸ 안전 전:류 安全電流 (전기 전, 흐를 류). [전기] 전선에 안전(安全)하게 흐를 수 있는 수치의 전류(電流). 이 수치보다 높은 전류가 통하게 되면 온도가 높아져서 도선이 타서 끊어지게 된다.

▸ 안전 주간 安全週間 (주일 주, 사이 간). 교통안전이나 작업장의 사고 방지[安全] 등에 대한 주의를 일깨우기 위해 특별히 정한 주간(週間).

▸ 안전-지대 安全地帶 (땅 지, 띠 대). ① [속뜻] 어떤 재해에 대하여 위험이 없는 안전(安全)한 지대(地帶). ② 교통이 복잡한 곳이나 정류소 따위에서 사람이 안전(安全)하게 피해 있도록 안전표지나 공작물로 표시한 도로 위의 부분.

▸ 안전-표지 安全標識 (나타낼 표, 기록할 지). 작업장, 차량, 선박 따위에서 안전(安全)에 필요한 주의, 규제, 지시, 방향 따위를 나타내는 표지(標識).

▸ 안전 개폐기 安全開閉器 (열 개, 닫을 폐, 그릇 기). [전기] 전기 기계의 회로에 일정량 이상의 전기가 흐를 때에 전기 기계의 파손 및 화재를 막기 위해[安全] 전기 회로를 이었다[開] 끊었다[閉] 하는 기구(器具).

▸ 안전 보:장 이:사회 安全保障理事會 (지킬 보, 막을 장, 다스릴 리, 일 사, 모일 회). [정치] 세계 평화와 안전(安全)을 지키고[保障] 분쟁을 처리하기[理事] 위하여 만든 연합체[會]. 미국, 영국, 러시아, 프랑스, 중국의 5개 상임이사국과 임기 2년의 10개 비상임이사국으로 구성한다.

안:점 眼點 (눈 안, 점 점). ① [생물] 원생동물이나 하등 무척추동물에 있는 빛을 느끼는 눈[眼] 역할을 하는 점(點) 모양의 기관. ② 모눈종이 따위의 눈금마다 나타내는 점.

안정[1] 安靜 (편안할 안, 고요할 정). ① 육체적 또는 정신적으로 편안(便安)하고 고요함[靜]. ¶ 마음의 안정을 되찾다. ② 병을 치료하기 위하여 몸과 마음을 편안하고 고요하게 하는 일. ¶ 일주일 정도는 안정을 취하셔야 합니다.

안:정[2] 眼精 (눈 안, 정신 정). ① [속뜻] 눈[眼]의 정수(精髓). ② 예전 궁중에서, '눈'을 달리 이르던 말. ¶ 밖에서 나는 큰 소리에, 왕은 흠칫하며 안정을 떴다.

⁑**안정**[3] 安定 (편안할 안, 정할 정). ① 편안(便安)하고 일정(一定)한 상태를 유지함. ¶ 안정된 직장 / 물가를 안정시키다. ② [물리] 중심이 물체의 바닥 한가운데에 있어서 어떤 외부의 힘에 의하여 약간의 변화를 받기는 하여도 원래의 상태로부터 별로 벗어나지 않고 일정한 범위 안에 있는 상태. 또는 원래의 상태로 되돌아가려는 성질을 가지는 일. ③ [화학] 단체(單體)나 화합물이 화학 변화를 쉽게 일으키지 아니하거나 반응 속도가 느린 상태. [반] 불안정(不安定).

▸ 안정-감 安定感 (느낄 감). 바뀌어 달라지지 않고 일정한 상태를 유지한[安定] 느낌[感]. ¶ 이 자동차는 커브길에서도 안정감을 준다.

▸ 안정-도 安定度 (정도 도). [물리] ① 물체가 안정되어 있을 때의 밑면, 중심 및 무게에 의한 안정(安定) 정도(程度). ② 화약 따위가 열이나 빛 따위의 물리적 또는 화학적 작용에 의하여 분해될 때에 여기에 저항하는 힘.

▸ 안정-세 安定勢 (세력 세). ① [속뜻] 바뀌어 달라지지 않고 일정한 상태를 유지한[安定] 세력(勢力). ¶ 수비의 안정세로 오늘 경기에서 이겼다. ② 바뀌어 달라지지 않고 일정한 상태를 유지하는 시세. ¶ 전셋값이 안정세를 보이고 있다.

▸ 안정-의 安定儀 (천문기계 의). 빠른 속도로 회전하는 바퀴를 달아 배의 흔들림을 막아 안정(安定)시키는 장치[儀].

▸안정-공황 安定恐慌 (두려울 공, 절박할 황). 경제 인플레이션을 수습하고 통화 가치를 안정(安定)할 때 일어나는 경제 혼란의 현상[恐慌]. 기업 자금이 마르고 구매력이 떨어지고 실업자가 생기며 중소기업이 쓰러지는 일 따위가 발생한다.

▸안정 성장 安定成長 (이룰 성, 어른 장). 경제 한 나라의 경제가 국제 수지, 국내 물가 수준 따위에 큰 변동 없이 안정(安定)된 상태에서 성장(成長)하여 국민 소득이 늘어나는 일.

▸안정 통화 安定通貨 (통할 통, 돈 화). 경제 가치가 변동하지 않고 일정하게 유지되는[安定] 유통 수단이나 지불 수단으로서 기능을 하는 화폐[通貨]. ㊥안정 화폐(貨幣).

▸안정 포말 安定泡沫 (거품 포, 거품 말). 화학 오랜 시간이 지나도 꺼지지 않는[安定] 거품[泡沫]. 비누, 색소, 단백질 따위의 수용액에서 흔히 볼 수 있다.

▸안정 임:금제 安定賃金制 (품삯 임, 돈 금, 정할 제). 경제 노사 간에 장기 임금 협정을 맺어 해마다 정기 승급액(昇級額)이나 상여금 계산 방식 따위를 정해 두는[安定] 급료[賃金] 제도(制度).

▸안정 동위 원소 安定同位元素 (같을 동, 자리 위, 으뜸 원, 바탕 소). 물리 스스로 방사성 붕괴를 하지 않는[安定], 원자(原子) 번호는 같으나[同位] 질량수가 다른 원소(元素).

안존 安存 (편안할 안, 있을 존). ①아무런 탈 없이 평안(平安)하게 지냄[存]. ¶민족의 안존을 걱정하다. ㊥안거(安居). ②성품이 얌전하고 조용함.

안좌 安坐 (편안할 안, 앉을 좌). ① 속뜻 편하게[安] 앉아[坐] 있음. ② 불교 부처를 법당에 안치함. ③ 불교 부처 앞에서 무릎을 꿇고 앉음.

안주¹ 安住 (편안할 안, 살 주). ①한곳에 자리를 잡고 편안(便安)히 삶[住]. ¶그는 고향에서 안주하였다. ②현재의 상황이나 처지에 만족함. ¶현실에 안주하지 않고 부단히 노력하다.

안주² 按酒 (누를 안, 술 주). ① 속뜻 술[酒]을 눌러[按] 주는 음식. ②술 마실 때 속을 편안히 하기 위해 곁들여 먹는 음식. ¶안주 일체 / 안주를 시키다.

안:주 眼珠 (눈 안, 구슬 주). 눈[眼] 망울[珠]. 눈알 앞쪽의 도톰한 곳.

안:중 眼中 (눈 안, 가운데 중). ① 속뜻 눈[眼]의 안[中]. ②관심이나 의식의 범위 내. ¶그는 자기 밖에는 안중에 없다.

▸안:중-인 眼中人 (사람 인). ①늘 마음속[眼中]에 두고 만나 보기를 원하는 사람[人]. ②전에 본 일이 있는 사람.

▸안:중-정 眼中釘 (못 정). 눈엣[眼中] 가시[釘].

▸안:중무인 眼中無人 (없을 무, 사람 인). ① 속뜻 눈[眼] 속[中]에 다른 사람[人]이 없음[無]. ②다른 사람을 업신여김. ㊥안하무인(眼下無人).

안:진 雁陣 (기러기 안, 진칠 진). ①줄지어[陣] 날아가는 기러기[雁]의 행렬. ¶안진이 북쪽을 향하고 있다. ②기러기 행렬같이 진을 치던 옛 진법(陣法)의 하나. ¶안진으로 적군을 압도했다.

안:질 眼疾 (눈 안, 병 질). 눈[眼]에 생기는 병[疾]. ㊥안병(眼病).

안착 安着 (편안할 안, 붙을 착). ①어떤 곳에 무사하게[安] 잘 도착(到着)함. ¶폭우 속에서도 다행히 배가 안착했다. ②마음의 흔들림 없이 어떤 곳에 착실하게 자리 잡음.

안:찰 按察 (살필 안, 살필 찰). 자세히 조사하여 살핌[按=察]. ¶민심을 안찰하기 위해 암행어사를 파견했다. ㊥안검(按檢).

▸안:찰-사 按察使 (부릴 사). 역사 ①중국 송·명 때, 지방 군현을 감독하고[按察] 다스리던 관리[使]. ②고려 때, 각 도의 행정을 맡아보던 으뜸 벼슬.

안:출 案出 (생각 안, 날 출). 생각해[案] 냄[出]. ¶묘책을 안출하다.

안치 安置 (편안할 안, 둘 치). ① 속뜻 안전(安全)하게 잘 둠[置]. ②상(像), 위패, 시신 따위를 잘 모셔 둠. ¶병원의 영안실에 시신을 안치하다. ③ 역사 조선 시대에 먼 곳에 보내 다른 곳으로 옮기지 못하게 주거를 제한하던 일. 또는 그런 형벌.

▸안치-소 安置所 (곳 소). ① 속뜻 안전(安全)하게 잘 두는[置] 곳[所]. ②상(像), 위패, 시신 따위를 잘 모셔 두는 곳.

안타 安打 (편안할 안, 칠 타). 운동 야구에서,

타자가 안전(安全)하게 베이스로 갈 수 있게 공을 치는[打] 일. ¶저 선수가 역전 안타를 쳤다.

안택 安宅 (편안할 안, 집 택). ① 속뜻 안전(安全)하고 걱정 없이 편히 살 만한 곳[宅]. ② 민속 집안에 탈이 없도록 무당이나 소경을 불러 가신(家神)들을 위로하는 일. 주로 10월 상달에 한다.

▸안택-경 安宅經 (책 경). 민속 집안[宅]에 탈이 없도록[安] 무당이나 소경을 불러 가신(家神)들을 위로할 때에 무당이나 점을 치는 소경이 읽는 경문(經文).

안:표 眼標 (눈 안, 나타낼 표). 나중에 보아도[眼] 알 수 있게 표(標)하는 일. 또는 그런 표.

안:피-지 雁皮紙 (기러기 안, 껍질 피, 종이 지). 산닥나무 종류인 안피(雁皮)의 껍질 섬유로 만든 종이[紙]. 매우 얇고 질기며 투명하여 임사용(臨寫用)으로 쓰인다.

안:하 眼下 (눈 안, 아래 하). ① 속뜻 눈[眼] 아래[下]. ② '내려다보이는 곳'을 이르는 말.

▸안:하무인 眼下無人 (없을 무, 사람 인). ① 속뜻 눈[眼] 아래[下]에 다른 사람[人]이 없음[無]. ② 다른 사람을 업신여김. ¶그는 돈 좀 벌더니 안하무인으로 행동한다.

안한 安閑 (편안할 안, 한가할 한). 평안(平安)하고 한가롭다[閑]. ¶노인은 안락의자에 안한히 앉아 쉬고 있었다.

안:항 雁行 (기러기 안, 항렬 항). ① 속뜻 기러기[雁]의 항렬[行]. ② '남의 형제'를 높여 이르는 말.

안향 安享 (편안할 안, 누릴 향). 하늘이 준 복을 평안(平安)하게 누림[享].

▸안향-부귀 安享富貴 (넉넉할 부, 귀할 귀). 많은 재산[富]과 높은 지위[貴]를 평안(平安)하게 누림[享].

안:화 眼花 (눈 안, 흐릴 화). 의학 눈[眼] 앞에 불똥 같은 것이 어른어른[花] 보이는 병.

안:환 眼患 (눈 안, 병 환). 남의 눈[眼] 병[患]을 높여 이르는 말.

알력 軋轢 (삐걱거릴 알, 삐걱거릴 력). ① 속뜻 수레바퀴가 삐걱거림[軋=轢]. ② 서로 의견이 맞지 아니하여 사이가 안 좋거나 충돌하는 것을 이르는 말. ¶그 문제로 인해서 회사 내에 많은 알력이 생겼다.

알선 斡旋 (관리할 알, 돌 선). ① 남의 일이 잘 되도록 관리하여[斡] 이리저리[旋] 힘을 쓰는 일. ¶나는 친구의 알선으로 일자리를 찾았다 / 삼촌이 직장을 알선해 주었다. ② 법률 예전에, 노동 쟁의를 조정하던 제도의 하나. 노동 위원회가 위촉한 알선 위원은 쌍방의 주장의 요점을 확인하여, 스스로 해결할 수 있도록 노력해야 하며 어떤 해결안을 제시하지 않는 것이 원칙이었다. ③ 법률 장물인 줄 알면서도 매매를 주선하고 수수료를 받는 행위.

알성 謁聖 (뵐 알, 거룩할 성). 역사 임금이 성균관 문묘의 공자[聖] 신위에 참배하던[謁] 일.

▸알성-과 謁聖科 (과목 과). 역사 조선 시대에, 임금이 문묘[聖]에 참배한[謁] 뒤 실시하던 비정규적인 과거 시험(科擧試驗). ㊞ 알성시(謁聖試).

▸알성-시 謁聖試 (시험할 시). 역사 조선 시대에, 임금이 문묘[聖]에 참배한[謁] 뒤 실시하던 비정규적인 과거 시험(科擧試驗). ㊞ 알성과(謁聖科).

▸알성 급제 謁聖及第 (이를 급, 집 제). 역사 조선 시대에, 임금이 문묘[聖]에 참배한[謁] 뒤 보이는 과거 시험에 합격하던[及第] 일.

▸알성 장:원 謁聖狀元 (문서 장, 으뜸 원). 역사 조선 시대에, 알성 문과(謁聖文科)에서 장원(壯元)으로 뽑혀 급제하던 일.

암:-갈색 暗褐色 (어두울 암, 털옷 갈, 빛 색). 어두운[暗] 갈색(褐色). 검은빛을 띤 갈색.

암:거 暗渠 (몰래 암, 도랑 거). 지하에 매설되거나 또는 지상에 흐르는 물이 보이지 않게[暗] 위를 덮은 배수로[渠]. ㊥ 개거(開渠), 명거(明渠).

암:-거래 暗去來 (몰래 암, 갈 거, 올 래). 법적으로 매매가 금지된 물품을 몰래[暗] 사고 팔고 함[去來]. ㊞ 뒷거래. ㊟ 암매매(暗賣買).

암경 巖頸 (바위 암, 목 경). 지리 사람의 목[頸]처럼 생긴 원통형의 용암(鎔巖) 기둥.

암:계 暗計 (몰래 암, 꾀 계). 무슨 일을 몰래[暗] 꾀하는[計] 일. 또는 그 꾀. ㊞ 암모(暗

謨).

암괴 巖塊 (바위 암, 덩어리 괴). 바위[巖] 덩어리[塊]. ¶산사태로 거대한 암괴가 굴러 떨어졌다.

암권 巖圈 (바위 암, 범위 권). 지리 지구에서 주로 암석(巖石)으로 된 지각 부분[圈]. 지각과 맨틀 상부에 있으며, 판(板)이라고도 한다. '암석권'의 준말.

암:기 暗記 (어두울 암, 외울 기). ① 속뜻 어두운[暗] 상태에서 무턱대고 외움[記]. ② 보지 않고 외움. ¶구구단을 암기하다.

▶암:기-력 暗記力 (힘 력). 암기(暗記)하는 힘[力].

암:-녹색 暗綠色 (어두울 암, 초록빛 록, 빛 색). 어두운[暗] 녹색(綠色). 검은빛을 띤 녹색.

암:담 暗澹 (어두울 암, 싱거울 담). ① 속뜻 어두컴컴하고[暗] 선명하지 않음[澹]. ② 앞날에 대한 전망이 어둡다. 희망이 없다. ¶암담한 미래 / 앞으로 어떻게 해야 할지 암담하다.

암:독 暗毒 (어두울 암, 독할 독). 성질이 음험하고[暗] 악독(惡毒)함.

암:둔 闇鈍 (어두울 암, 둔할 둔). 도리에 어둡고[闇] 사리를 분별하지 못함[鈍].

암:루 暗淚 (몰래 암, 눈물 루). 남몰래[暗] 흘리는 눈물[淚].

암:류 暗流 (몰래 암, 흐를 류). ① 표면에 나타나지 않는[暗] 물의 흐름[流]. 바닥의 흐름. ② 겉으로 드러나지 않는 불온한 움직임. ¶정계의 암류가 포착되었다.

암:매[1] 暗昧 (어두울 암, 어두울 매). ① 사리에 어둡고[暗=昧] 어리석음. ② 진위 따위가 분명하지 않음.

암:매[2] 暗買 (몰래 암, 살 매). 매매가 금지된 물건을 몰래[暗] 삼[買]. ⓑ 암매(暗賣).

암:매[3] 暗賣 (몰래 암, 팔 매). 매매가 금지된 물건을 몰래[暗] 팖[賣]. ⓑ 잠매(潛賣). ⓑ 암매(暗買).

암:-매매 暗賣買 (몰래 암, 팔 매, 살 매). 값이나 물건에 관한 규제를 어기고 몰래[暗] 사고팖[賣買]. ⓑ 암거래(暗去來).

암:-매장 暗埋葬 (몰래 암, 묻을 매, 장사지낼 장). 남몰래[暗] 시신을 파묻음[埋葬]. ¶범인은 야산에 시신을 암매장했다. ⓒ 암장.

암맥 巖脈 (바위 암, 줄기 맥). 지리 화성암의 마그마가 다른 암석(巖石) 사이에 뻗어 나가 굳은 줄기[脈].

암면[1] 巖綿 (바위 암, 솜 면). 공업 현무암, 안산암, 사문암 등의 염기성 화성암[巖]을 녹여 솜[綿] 모양의 섬유처럼 만든 것. 단열재, 음향 흡수재(音響吸收材) 등으로 쓰인다. ⓑ 암석 섬유(岩石纖維).

암:면[2] 暗面 (어두울 암, 쪽 면). ① 속뜻 어두운[暗] 면(面). ② 죄악(罪惡)으로 추잡(醜雜)하고 부정적(否定的)인 면. ¶산업 사회의 암면을 묘사한 소설.

▶암:면 묘:사 暗面描寫 (그릴 묘, 베낄 사). 문학 작품에서 인생이나 사회의 어두운[暗] 면이나 추악한 면(面)을 제재로 하여 글로 쓰거나 그림을 그려 표현함[描寫].

암:묵 暗默 (몰래 암, 잠잠할 묵). 가만히[暗] 그리고 묵묵(默默)히 있음. ¶암묵적 담합 / 암묵적인 지지.

▶암:묵-리 暗默裡 (속 리). 아무 말이 없는[暗默] 가운데[裡]. 자기의 의사를 겉으로 나타내지 않는 상태. ¶암묵리에 동의하다.

암반 巖盤 (바위 암, 소반 반). 다른 바위[巖] 속으로 돌입한 소반[盤]처럼 넓은 바위. ¶암반을 뚫고 지하수를 퍼 올렸다.

암:-반응 暗反應 (어두울 암, 되돌릴 반, 응할 응). 식물 광합성 과정 중에서 빛이 관여하지 않는[暗] 때 진행되는 화학 반응(反應). 이산화탄소가 환원되어 녹말이나 당을 생성한다. ⓑ 명반응(明反應).

암:-반응 癌反應 (암 암, 되돌릴 반, 응할 응). 의학 암(癌)이 있는 조직이 보이는 특별한 생화학적 반응(反應). 이를 이용하여 암을 조기 진단하는 데 활용된다. 혈청학적 반응, 피부 반응, 오줌을 사용하는 반응이 있다.

암:범 暗犯 (몰래 암, 범할 범). 죄나 잘못을 몰래[暗] 범(犯)함.

암벽 巖壁 (바위 암, 담 벽). 깎아지른 듯 높이 솟은 벽(壁) 모양의 바위[巖]. ¶그는 암벽 등반을 하다 추락하는 바람에 허리를 크게 다쳤다.

암:사 지도 暗射地圖 (어두울 암, 쏠 사, 땅 지, 그림 도). 지리 각종 정보를 기입하기 위

해 대륙·섬·나라 등의 윤곽만 그리고 내용은 쓰지 않은[暗射] 작업용 기본 지도(地圖). ㊥백지도(白地圖).

암산[1] **巖山** (바위 암, 메 산). 대부분 바위[巖]로 이루어진 산(山). ¶설악산은 암산이다.

암:산[2] **暗算** (어두울 암, 셀 산). 계산기, 수판 따위를 이용하지 않고 어렴풋이[暗] 계산(計算)함. ¶암산이 빠르다.

암:살 暗殺 (몰래 암, 죽일 살). 몰래[暗] 사람을 죽임[殺]. ¶암살 기도 / 대통령을 암살하다 / 그는 테러리스트들에게 암살되었다.

암상[1] **巖床** (바위 암, 평상 상). 지리 마그마가 지층면에 평행하게 들어가서 판자 모양[床]으로 넓게 퍼져서 굳어진 암석(巖石).

암:상[2] **暗箱** (어두울 암, 상자 상). 사진기에서 렌즈로만 빛이 들어오게 한 캄캄한[暗] 상자(箱子) 모양의 장치. ㊥어둠상자.

암상 식물 巖上植物 (바위 암, 위 상, 심을 식, 만물 물). 식물 바위[巖] 위[上]에 붙어 사는 식물(植物). ㊥암생 식물(岩生植物).

암:-상인 暗商人 (몰래 암, 장사 상, 사람 인). 법을 어기고 몰래[暗] 물건을 사고파는 장사꾼[商人]. ¶암상인을 단속하다.

암:색 暗色 (어두울 암, 빛 색). 어두운[暗] 색(色). ㊤명색(明色)

암생 식물 巖生植物 (바위 암, 살 생, 심을 식, 만물 물). 식물 같이 바위[巖]에 붙어서 사는[生] 식물(植物)을 통틀어 이르는 말. 지의류, 부처손 따위이다.

⁑암석 巖石 (바위 암, 돌 석). ① 속뜻 바위[巖]나 돌[石]. ② 지리 지각을 구성하고 있는 단단한 물질. 화성암, 퇴적암, 변성암으로 크게 나뉜다. ¶그 산은 암석으로 뒤덮여 있다.

▶암석-권 巖石圈 (범위 권). [지리]]지구에서 주로 암석(巖石)으로 된 지각 부분[圈]. 지각과 맨틀 상부에 있으며, 판(板)이라고도 한다. ㊟암권.

▶암석-층 巖石層 (층 층). 암석(巖石)으로 이루어진 지층(地層). ¶암석층 때문에 가스 시추가 난관에 봉착하다.

▶암석-학 巖石學 (배울 학). 지리 암석(巖石)의 상태, 분류, 조직, 성질, 성인 따위를 연구하는 학문(學問). 지질학의 한 분야.

▶**암석 단구 巖石段丘** (층계 단, 언덕 구). 지리 강이나 해안, 호수 주변에서 자갈층이 없이 벼랑 중간에 암석(巖石)이 드러나 있는 계단(階段) 모양의 언덕[丘] 지형.

▶**암석 사막 巖石沙漠** (모래 사, 아득할 막). 지리 지표에 암석(巖石), 자갈, 진흙 따위가 노출되어 있는 사막(沙漠).

▶**암석 섬유 巖石纖維** (가늘 섬, 밧줄 유). 공업 현무암, 안산암, 사문암 등의 염기성 화성암[巖]을 녹여 섬유(纖維)처럼 만든 것. 단열재, 음향 흡수재(音響吸收材) 등으로 쓰인다. ㊥암면(巖綿).

암:선 暗線 (어두울 암, 줄 선). 물리 ① 빛이 물질에 흡수됨에 따라 스펙트럼에 나타나는 암흑(暗黑) 선(線). ② 태양이나 전등 따위의 온도가 높은 물체로부터 나오는 복사선(輻射線) 가운데 눈에 보이지 않는 부분(部分). 흡수선(吸收線).

암설 巖屑 (바위 암, 가루 설). 지리 풍화 작용으로 파괴되어 생긴 바위[巖] 부스러기[屑].

▶암설-토 巖屑土 (흙 토). 지리 풍화 작용으로 파괴되어 생긴 바위부스러기[巖屑]가 주성분인 토양(土壤).

암:성 暗星 (어두울 암, 별 성). 천문 빛을 내지 않는[暗] 별[星]. '암흑성'(暗黑星)의 준말.

암:-세포 癌細胞 (암 암, 작을 세, 태보 포). 의학 암(癌)을 이루는 세포(細胞). 분열 능력이 크며 모양이나 크기가 정상 세포와 다르다.

암:소 暗笑 (몰래 암, 웃을 소). 마음속으로 몰래[暗] 비웃음[笑]. ¶그의 거드름에 나는 암소했다.

암:송 暗誦 (어두울 암, 욀 송). 글을 보지 않고[暗] 입으로 외움[誦]. ¶암송 시험 / 동시(童詩)를 암송하다.

암:수 暗數 (몰래 암, 셀 수). 남을 속이는[暗] 짓이나 그런 술수(術數). 속임수. ¶암수거리 / 카드게임에서 암수를 쓰다

암:-순응 暗順應 (어두울 암, 따를 순, 응할 응). 생물 어둠[暗]에 눈이 순응(順應)하는 현상. 밝은 곳에서 갑자기 어두운 곳에 들어갔을 때, 처음에는 아무것도 안 보이나 차차

어둠에 눈이 익어 주위의 물건들이 보이는 현상. [반]명순응(明順應).

암:시 暗示 (몰래 암, 보일 시). ① 뜻하는 바를 넌지시[暗] 알림[示]. 또는 그 내용. ¶이 그림은 생명에 대한 강한 의지가 암시되어 있다. ② [문학] 암시법. ¶이 소설에서 흰 옷은 죽음을 암시한다. ③ [심리] 감각, 관념, 의도 따위가 이성에 호소함이 없이 언어 자극을 통하여 다른 사람에게 전달되는 현상.
▶암:시-법 暗示法 (법 법). [문학] 뜻하는 바를 간접적으로 나타내는[暗示] 표현법(表現法).

암:-시세 暗時勢 (몰래 암, 때 시, 형세 세). 법을 어기고서 몰래[暗] 물건을 사고 팔 때의 시세(時勢). ¶암시세가 높게 형성되었다.

암:-시:장 暗市場 (몰래 암, 저자 시, 마당 장). [경제] 법을 어기면서 몰래[暗] 물건을 사고파는 행위가 이루어지는 장소[市場]. ¶암시장에서 달러를 환전했다.

암:시 장치 暗視裝置 (어두울 암, 볼 시, 꾸밀 장, 둘 치). ① [속뜻] 어두울 때[暗] 보는[視] 도구[裝置]. ② [전기] 어둠이나 안개 따위로 눈에 잘 보이지 않는 상(像)을 수상관(受像管)에 나타나도록 적외선을 이용하여 만든 텔레비전. 공업용, 의학용, 감시용 따위로 쓰인다.

암:실 暗室 (어두울 암, 방 실). ① [속뜻] 빛이 들어오지 않는 어두운[暗] 방[室]. 주로 물리, 화학, 생물학의 실험과 사진 현상 따위에 사용한다. ② 감옥 따위에서 중죄인을 가두는 감방.

암:암-리 暗暗裡 (몰래 암, 몰래 암, 속 리). 남이 모르는[暗暗] 사이[裡]. ¶그는 암암리에 돈을 요구했다.

암:야 暗夜 (어두울 암, 밤 야). ① [속뜻] 앞이 잘 보이지 아니하게 어두운[暗] 밤[夜]. ② 절망적인 처지나 환경을 비유하여 이르는 말.

암:약¹ 暗躍 (어두울 암, 뛰어오를 약). ① [속뜻] 어둠[暗] 속에서 날고뜀[躍]. ② '남들 모르게 맹렬히 활동함'을 이르는 말. '암중비약'(暗中飛躍)의 준말.

암:약² 闇弱 (=暗弱, 어렴풋할 암, 약할 약). 천성이 둔하고[闇] 마음이 약(弱)하다.

암:어 暗語 (몰래 암, 말씀 어). 특정인만이 알도록 꾸민 암호(暗號)로서의 말[語]. ¶암어로 전보를 발신하다.

암:연 暗然 (어두울 암, 그러할 연). 흐리고 어두운[暗] 그런[然] 모양.

암염 巖鹽 (바위 암, 소금 염). [광업] 바위[巖]처럼 단단한 자연산 소금[鹽]. ¶암염 광산 / 암염 동굴.

암:영¹ 暗營 (몰래 암, 집 영). 적군이 모르게 은밀히[暗] 친 진영(陣營). ¶적진의 바로 뒤에 암영했다.

암:영² 暗影 (어두울 암, 그림자 영). ① [속뜻] 어두운[暗] 그림자[影]. ② 어떤 일을 이루는 데 '지장이나 방해가 되는 나쁜 징조나 그 영향'을 비유하여 이르는 말. ¶회사의 장래에 암영이 깔렸다.
▶암:영-부 暗影部 (나눌 부). [천문] 태양 흑점 중앙에 있는 어두운[暗影] 부분(部分). [준]암부.

암:우 暗愚 (어두울 암, 어리석을 우). 사리를 분간하지 못할 정도로[暗] 어리석음[愚]. 또는 그런 사람.

암:운 暗雲 (어두울 암, 구름 운). ① 곧 비가 쏟아질 것같이 검은[暗] 구름[雲]. ¶하늘을 뒤덮은 암운. ② 좋지 못한 일이 일어날 듯 한 낌새를 비유하여 이르는 말. ¶정국에 암운이 드리웠다.

암:울 暗鬱 (어두울 암, 답답할 울). ① [속뜻] 어두컴컴하고[暗] 답답함[鬱]. ② 절망적이고 침울함. ¶암울의 세월 / 암울한 기분.

암:유 暗喩 (몰래 암, 말할 유). [문학] '내 마음은 호수요' 따위와 같이 사물의 상태나 움직임을 암시적(暗示的)으로 비유(比喩)하는 표현 방법. [비]은유법(隱喩法).

암자 庵子 (암자 암, 접미사 자). [불교] 큰 절에 딸린 작은 절[庵].

암:-자색 暗紫色 (어두울 암, 자주빛 자, 빛 색). 어두운[暗] 짙은 남색을 띤 붉은색[紫色].

암:장 暗葬 (몰래 암, 장사지낼 장). ① 남몰래[暗] 장사를 지냄[葬]. [비]은장(隱葬). ② 암매장.

암:-적갈색 暗赤褐色 (어두울 암, 붉을 적, 털옷 갈, 빛 색). 붉은빛[赤]을 많이 띤 어두

운[暗] 갈색(褐色).

암:-적색 暗赤色 (어두울 암, 붉을 적, 빛 색). 짙고 어두운[暗] 붉은[赤] 색(色).

암:전 暗轉 (어두울 암, 옮길 전). 연극에서 막을 내리지 않고 무대의 조명을 끄고서[暗] 장면을 바꾸는[轉] 일. ¶무대에 긴장이 흐르는 장면에서 암전이 되었다.

암:조 暗潮 (몰래 암, 바닷물 조). ① 속뜻 겉으로 드러나지 않는[暗] 조류(潮流). ② 겉으로 드러나지 않는 세력이나 풍조를 비유하여 이르는 말.

암:종 癌腫 (암 암, 종기 종). ① 속뜻 악성 암(癌)이나 종양(腫瘍). ② 의학 표피, 점막, 선(腺) 조직 따위의 상피 조직에서 생기는 악성 종양. 설암, 후두암, 식도암, 췌장암, 직장암, 폐암, 유방암, 자궁암, 피부암 따위가 있다.

암주 巖株 (바위 암, 그루터기 주). ① 속뜻 바위[巖]가 그루터기[株] 같은 형태를 띰. ② 지리 지표에 드러난 겉넓이가 100㎢ 이하인 심성암체. 주로 화강암이다.

암:중 暗中 (어두울 암, 가운데 중). ① 어두운[暗] 속[中]. ② 은밀한 가운데. ¶암중 활약을 벌이다.

▸암:중-모색 暗中摸索 (더듬을 모, 찾을 색). ① 속뜻 물건 따위를 어둠[暗] 속[中]에서 더듬어[摸] 찾음[索]. ② 어림으로 무엇을 알아내거나 찾아내려 함. ③ 은밀한 가운데 일의 실마리나 해결책을 찾아내려 함.

▸암:중-비약 暗中飛躍 (날 비, 뛰어오를 약). ① 속뜻 어둠[暗] 속[中]에서 날고[飛] 뜀[躍]. ② 남들 모르게 맹렬히 활동함. ¶왜란 때 승병들은 암중비약했다. ㊟암약.

암지 巖地 (바위 암, 땅 지). 바위로 이루어지거나 바위[巖]가 많은 땅[地]. ¶암지를 개간하여 농토를 일구다.

암천 巖泉 (바위 암, 샘 천). 바위[巖]틈에서 솟아나는 샘[泉]. ㊥바위샘, 암정(巖井).

암체¹ 巖體 (바위 암, 몸 체). 지각 안에서 한 덩어리로 이어져 있는 암석(巖石) 물체(物體). ¶관입암체(貫入巖體).

암:체² 暗體 (어두울 암, 몸 체). 물리 스스로 빛을 내지 못하는[暗] 물체(物體).

암:초¹ 暗草 (몰래 암, 거칠 초). 남몰래[暗] 시문의 초고(草稿)를 지음.

암:초² 暗礁 (몰래 암, 잠긴 바위 초). ① 눈에 보이지 않는[暗] 물속에 잠겨 있는 바위[礁]. ¶배가 암초에 걸리다. ② 보이지 않는 장애물. ¶뜻하지 않던 암초를 만나다.

암:투 暗鬪 (몰래 암, 싸울 투). 남 몰래[暗] 다툼[鬪]. ¶숨막히는 암투 / 두 정당은 격렬하게 암투하고 있다.

▸암:투-극 暗鬪劇 (연극 극). 격렬하게 벌어지는 암투(暗鬪)를 연극(演劇)에 비유하여 이르는 말. ¶남인과 서인은 권력을 장악하기 위한 암투극을 벌였다.

암:표¹ 暗票 (몰래 암, 쪽지 표). 몰래[暗] 사고파는 입장권 따위의 표(票). ¶표는 벌써 매진되고 암표만 나돌았다.

암:표² 暗標 (몰래 암, 나타낼 표). 자기만 알 수 있도록 넌지시[暗] 해놓은 표시(標示). ¶미리 해놓은 암표를 따라 무사히 도망쳐 나왔다.

암:합 暗合 (몰래 암, 맞을 합). 우연히[暗] 맞음[合]. ㊥우합(偶合).

암해¹ 巖海 (바위 암, 바다 해). 지리 바위[巖]나 돌이 바다[海]를 이루듯이 많이 널려 있는 곳.

암:해² 暗海 (어두울 암, 바다 해). 빛이 미치지 못하는 어두운[暗] 바다[海] 속. ¶아귀는 암해에서도 서식한다.

암:행 暗行 (몰래 암, 다닐 행). 자기 정체를 숨기고 남몰래[暗] 돌아다님[行]. ¶암행 조사 / 감사반이 공사(公司)를 암행하고 있다.

▸암:행-어:사 暗行御史 (임금 어, 기록 사). ① 속뜻 정체를 숨기고[暗] 다니는[行] 어사(御史). ② 역사 조선시대 때, 지방 정치와 백성의 사정을 몰래 살피기 위해 임금의 특별한 지시를 받은 임시 벼슬아치. 이들은 마패를 가지고 주로 허름한 차림으로 신분을 숨기고 다녔다.

암:호 暗號 (몰래 암, 표지 호). ① 다른 사람은 모르도록 몰래[暗] 꾸민 표지[號]. ¶그 쪽지는 암호로 쓰여 있었다. ② 군사 야간에 적군과 아군을 분간하기 위해 미리 정해 놓은 말. ③ 사용자로부터 시스템이나 데이터 파일을 이용할 수 있는 권리를 확인하기 위해 쓰는 비밀 부호. ㊟암구호(暗口號).

▸암ː호-문 暗號文 (글월 문). 암호(暗號)로 쓴 글[文].

암ː화 暗花 (몰래 암, 꽃 화). 수공 도자기에 잿물을 입히기 전에 미리 희미하게[暗] 새겨 넣은 꽃[花] 무늬.

암ː-회색 暗灰色 (어두울 암, 재 회, 빛 색). 어두운[暗] 회색(灰色). ¶암회색 스카프.

암ː흑 暗黑 (어두울 암, 검을 흑). ①어둡고[暗] 캄캄함[黑]. 캄캄한 어둠. ¶전기가 들어오지 않아 우리는 암흑 속에 있었다. ②'암담하고 비참한 상태'를 비유하여 이르는 말. ¶암흑의 시대. ⓑ광명(光明).

▸암ː흑-가 暗黑街 (거리 가). ①속뜻 어두운[暗黑] 거리[街]. ②'범죄나 폭력, 불법 행위가 자주 발생하는 지역'을 비유하여 이르는 말. ¶암흑가의 대부

▸암ː흑-기 暗黑期 (때 기). ①속뜻 어두운[暗黑] 시기(時期). ②'도덕이나 이성, 문명이 쇠퇴하고 세상이 어지러운 시기'를 비유하여 이르는 말. ¶문화의 암흑기.

▸암ː흑-면 暗黑面 (쪽 면). ①속뜻 어두운[暗黑] 쪽[面]. ②'사회나 인생의 어둡고 추한 면'을 비유하여 이르는 말.

▸암ː흑-상 暗黑相 (모양 상). ①속뜻 어두운[暗黑] 모습[相]. ②'사회나 인생의 어둡고 비참한 양상'을 비유하여 이르는 말. ¶이 소설은 일제시대의 암흑상을 묘사했다.

▸암ː흑-대륙 暗黑大陸 (큰 대, 뭍 륙). ①속뜻 어두운[暗黑] 대륙(大陸). ②'문명이 뒤쳐진 아프리카 대륙'을 이르는 말.

▸암ː흑-사회 暗黑社會 (단체 사, 모일 회). ①속뜻 어두운[暗黑] 사회(社會). ②'도덕이나 이성, 문화가 쇠퇴하여 발전이 침체된 사회'를 비유하여 이르는 말. ③온갖 범죄와 폭력이 들끓는 무질서한 사회. ¶개인의 자유만 강조한다면 곧 암흑사회로 변할 것이다.

▸암ː흑 성운 暗黑星雲 (별 성, 구름 운). 천문 어둡게[暗黑] 보이는 보이는 성운(星雲). 성간진과 성간 가스의 집합체로 스스로 빛을 내지 않는데 뒤에서 오는 별빛을 가로막아 어둡게 보인다. 우리 은하계 안에 있는 성운의 하나이다.

▸암ː흑-세계 暗黑世界 (세상 세, 지경 계). ①속뜻 어두운[暗黑] 세계(世界). ②'도덕이나 이성이 쇠퇴하고 범죄와 폭력이 지배하는 무질서한 세계'를 비유하여 이르는 말. ¶이 영화는 암흑세계의 비정함을 그렸다.

▸암ː흑-시대 暗黑時代 (때 시, 연대 대). ①속뜻 어두운[暗黑] 시대(時代). ②'도덕이나 이성, 문명이 쇠퇴하고 세상이 어지러운 때'를 비유하여 이르는 말. ⓑ암흑기(暗黑期). ③역사 서양사에서 봉건 제도와 교회의 속박으로 학문과 예술이 쇠퇴하였던 중세(中世)를 이르는 말.

압각 壓覺 (누를 압, 깨달을 각). 의학 신체 일부가 눌렸을[壓] 때 생기는 감각(感覺). 좁게는 피부 깊숙이 느껴지는 경우만을 이르며 피부 표면에서 느껴지는 촉각과 구별된다. 피부에 분포하는 압점이 감각의 수용기이다.

압권 壓卷 (누를 압, 책 권). ①역사 가장 뛰어난 책이나 작품. 고대 중국의 과거 시험에서 가장 뛰어난 답안지[卷]를 다른 답안지 위에 얹어 눌러[壓] 놓았다는 데서 유래한다. ¶이 작품이 단연 압권으로 평가되었다. ②가장 잘된 부분. ¶마지막 재회의 장면이 이 소설의 압권이다. ③여럿 가운데 가장 뛰어난 것. ¶그 날 행사의 압권은 선생님의 노래 자랑이었다.

압도[1] 壓度 (누를 압, 정도 도). ①속뜻 압력(壓力)의 정도(程度). ②단위 면적에 작용하는 압력의 크기.

압도[2] 壓倒 (누를 압, 넘어질 도). ①속뜻 눌러서[壓] 넘어뜨림[倒]. ②보다 뛰어난 힘이나 재주로 남을 눌러 꼼짝 못하게 함. ¶그의 기세에 압도를 당하다 / 그는 뛰어난 연기로 관객을 압도했다.

▸압도-적 壓倒的 (것 적). 남을 넘어뜨리고[倒] 눌러버릴[壓] 만한 것[的]. 비교가 되지 않을 만큼 월등하게 남을 능가한 것. ¶그 선수는 압도적인 점수 차로 우승을 했다.

압력 壓力 (누를 압, 힘 력). ①속뜻 누르는[壓] 힘[力]의 크기. ②물리 두 물체가 접촉면을 경계로 하여 서로 그 면에 수직으로 누르는 단위 면적에서의 힘의 단위. ¶압력이 높다. ③권력이나 세력에 의하여 타인을 자기 의지에 따르게 하는 힘. ¶나는 회사를 그만두라는 압력을 받았다.

▸압력-계 壓力計 (셀 계). 물리 액체 또는 기체의 압력(壓力)을 재는[計] 기기를 통틀어 이르는 말.

▸압력-선 壓力線 (줄 선). 물리 압력(壓力)의 방향과 양을 나타내는 선(線). 보통 토목 공사 따위에 쓴다.

▸압력 단체 壓力團體 (모일 단, 몸 체). 사회 특정한 이익이나 주장을 관철하기 위해 의회나 행정 기관 따위에 압력(壓力)을 가하는 단체(團體)나 조직. 노동조합, 여성 단체, 경제 단체 따위가 대표적인 유형이다.

▸압력 변ː성 壓力變成 (바뀔 변, 이룰 성). 지리 지각의 내부에서 받는 강한 압력(壓力)에 의하여 암석의 성질이 변(變)하여 다른 암석이 되는[成] 현상. 이로 인하여 결정 편암이 생성된다. ㊐압력 변질(壓力變質).

압류 押留 (붙잡을 압, 머무를 류). ① 속뜻 붙잡아[押] 머무르게[留] 함. ② 법률 채권자 등의 신청을 받은 국가 기관이 강제로 다른 사람의 재산 처분이나 권리 행사 등을 못하게 하는 것. ③ 법률 민사 소송법에서 집행 기관에 의하여 채무자의 특정 재산에 대한 처분이 제한되는 강제 집행. 이에 의하여 채무자는 압류 재산에 대한 처분권을 상실하며 처분권은 국가에 이전된다. ④ 법률 형사 소송법에서 물건의 점유를 취득하는 강제 처분인 압수의 하나. 점유 취득 과정 자체에 강제력이 가해진다.

▸압류 명ː령 押留命令 (명할 명, 시킬 령). 법률 제삼의 채무자가 채무자에게 지급하는 것을 금하고 채무자가 채권을 처분하여서는 안 된다고[押留] 명령(命令)하는 집행 법원의 결정.

압박 壓迫 (누를 압, 다그칠 박). ① 속뜻 힘을 못 쓰게 누르거나[壓] 다그침[迫]. ¶그는 금메달을 따야한다는 심리적 압박을 받고 있다. ②강한 힘으로 내리 누름. ¶상처 부위를 압박하면 출혈을 막을 수 있다. ②기운을 못 펴게 세력으로 내리누름. ¶군사적 압박을 가하다.

▸압박-감 壓迫感 (느낄 감). 내리 눌리는[壓迫] 느낌[感].

압사 壓死 (누를 압, 죽을 사). 무거운 것에 눌려[壓] 죽음[死].

압살 壓殺 (누를 압, 죽일 살). ① 속뜻 짓눌러[壓] 죽임[殺]. ②힘으로 짓눌러 상대편의 의지나 활동을 막아 버림. ¶민주주의의 압살.

압송 押送 (붙잡을 압, 보낼 송). 법률 피고인 또는 죄인을 붙잡아[押] 어느 한 곳에서 다른 곳으로 보내는[送] 일. ¶범인을 서울로 압송했다.

압쇄-기 壓碎機 (누를 압, 부술 쇄, 틀 기). 기계 눌러서[壓] 으깨어 부수는[碎] 기계(機械)를 통틀어 이르는 말.

압수 押收 (누를 압, 거둘 수). ① 속뜻 강제로 눌러[押] 빼앗음[收]. ¶감독관이 시험자의 휴대전화를 압수했다. ② 법률 법원이나 수사 기관 등이 증거물이나 몰수할 물건 등을 강제로 확보함. 또는 그 행위. ¶압수 수색.

압승 壓勝 (누를 압, 이길 승). 크게 눌러[壓] 이김[勝]. ¶우리 팀이 11 대 1로 압승했다.

압연 壓延 (누를 압, 늘일 연). ① 속뜻 눌러[壓] 늘임[延]. ② 공업 회전하는 압연기의 롤 사이에 가열한 쇠붙이를 넣어 막대기 모양이나 판 모양으로 만드는 일.

▸압연-기 壓延機 (틀 기). 공업 금속이나 강철 따위를 압연(壓延)하는 기계(機械).

압운 押韻 (누를 압, 운 운). 문학 시가에서 각 시행의 일정한 위치에 음조가 비슷한 글자[韻]를 규칙적으로 다는[押] 일. 또는 그 운. ㊐라임(rhyme).

압인 壓印 (누를 압, 도장 인). 눌러[壓] 찍는 도장[印]. 찍힌 부분이 도드라져 나오거나 들어가도록 만든 도장. ¶졸업장에는 대학의 압인이 찍혀 있었다.

압-전기 壓電氣 (누를 압, 전기 전, 기운 기). 물리 수정이나 전기석 따위의 광물을 압축(壓縮)하거나 길게 늘일 때 전기(電氣)가 일어나는 현상.

압점 壓點 (누를 압, 점 점). 의학 피부나 신체 일부가 눌렸을[壓] 때 느끼게 하는 점(點) 모양의 감각 부위.

압정[1] 押釘 (누를 압, 못 정). 대가리가 크고 촉이 짧아서 손가락으로 눌러[押] 박는 쇠못[釘].

압정[2] 壓政 (누를 압, 정치 정). 정치 권력이나 폭력으로 국민의 자유를 억압(抑壓)하는 정치(政治). '압제 정치'(壓制政治)의 준말. ¶농민들은 영주의 압정에 항거했다.

압제 壓制 (누를 압, 누를 제). 폭력으로 남을 꼼짝 못하게 억누름[壓=制]. ¶압제에서 벗어나다.

압존 壓尊 (누를 압, 높을 존). 어른에 대한 공대[尊]가 그보다 더 높은 어른 앞에서는 줄어듦[壓]. 이를테면 할아버지 앞에서 '아버님께서 안 계십니다'라고 하지 않고 '아비가 없습니다'라고 하는 따위.

압지 壓紙 (누를 압, 종이 지). 잉크나 먹물 따위로 쓴 것이 번지거나 묻어나지 아니하도록 위에서 눌러[壓] 물기를 빨아들이는 종이[紙].

압착 壓搾 (누를 압, 짤 착). ① 속뜻 눌러[壓] 짜냄[搾]. ¶기계로 압착하다. ② 압력을 가하여 물질의 밀도를 높임. ¶압착 단자.

▸압착-기 壓搾機 (틀 기). 기계 압착(壓搾)하여 즙액(汁液)을 내는 기계(機械). 수압식, 지레식, 나선식 따위가 있다.

압축 壓縮 (누를 압, 줄일 축). ① 물질 따위에 압력(壓力)을 가하여 부피를 줄임[縮]. ¶공기 압축 / 가스를 압축하다. ② 문장 따위를 줄여 짧게 함. ¶시의 특징은 압축과 생략이다 / 다섯 장의 본문을 한 장으로 압축하다. ③ 일정한 범위나 테두리를 줄임. ④ 심리 스핑크스처럼 둘 이상의 상(像)을 합쳐 내용을 축소함. 또는 그런 현상. 꿈이나 신화, 정신 분열병 환자의 그림에서 볼 수 있다. ⑤ 특수한 코딩 방법을 사용하여 불필요하거나 반복되는 부분을 없애 데이터의 양을 줄임.

▸압축-기 壓縮機 (틀 기). 기계 공기나 그 밖의 기체를 압축(壓縮)하는 기계(機械). 송풍기(送風機)나 통풍기(通風機)보다 압력비가 크다.

▸압축 공기 壓縮空氣 (하늘 공, 기운 기). 물리 높은 압력을 가하여 부피를 줄인[壓縮] 고압의 기체[空氣]. 광산의 갱도에 사용하거나, 팽창할 때의 힘을 이용해 문의 자동 개폐 장치 등에 쓰인다.

▸압축 산소 壓縮酸素 (산소 산, 바탕 소). 공업 높은 압력을 가하여 부피를 줄인[壓縮] 산소(酸素) 가스. 수소나 아세틸렌가스 따위와 섞어 태워서 쇠붙이를 땜질하거나 절단하는 데 쓴다.

압출 壓出 (누를 압, 날 출). ① 속뜻 틈이나 좁은 구멍으로 눌러서[壓] 밀어냄[出]. ② 수공 합성 섬유의 연속사(連續絲)를 만드는 공정. 액체 모양의 재료에 압력을 가하여 노즐을 통과하게 하여 실을 뽑는다.

압통-점 壓痛點 (누를 압, 아플 통, 점 점). 의학 피부를 눌렀을 때[壓]에 아픔[痛]을 특히 강하게 느끼는 부위[點].

압형 押型 (누를 압, 모형 형). ① 울퉁불퉁한 물건 위에 종이 따위의 얇고 여린 물건을 놓고서 다른 물건으로 문지르거나 압력을 가하여[押] 모양[型]을 떠냄. 또는 그렇게 떠낸 것. ¶가죽의 표면에 무늬를 압형하다.

압흔 壓痕 (누를 압, 흉터 흔). 의학 부어 있는 근육을 손가락으로 누르면[壓] 눌린 자리가 원상태로 돌아가지 않고 한동안 그대로 있는 흔적(痕迹).

앙:각 仰角 (우러를 앙, 모서리 각). ① 속뜻 올려본[仰] 각도(角度). ② 수학 고각(高角). ③ 군사 포구(砲口)가 위로 향하였을 때에 포신(砲身)과 수평면이 이루는 각.

앙:견 仰見 (우러를 앙, 볼 견). 존경하는 마음으로 우러러[仰] 봄[見]. ㊥앙시(仰視).

앙:관 仰觀 (우러를 앙, 볼 관). 존경하는 마음으로 우러러[仰] 봄[觀]. ㊥앙시(仰視).

앙:등 昻騰 (높을 앙, 오를 등). 물건 값이 높이[昻] 오름[騰]. ¶배추 값이 앙등했다. ㊥등귀(騰貴).

앙:망 仰望 (우러를 앙, 바랄 망). ① 자기의 요구나 희망이 실현되기를 우러러[仰] 바람[望]. 주로 편지 글에서 쓰임. ¶지도와 편달을 앙망하옵니다. ② 존경하는 마음으로 우러러 봄. ㊥앙시(仰視).

앙:모 仰慕 (우러를 앙, 그리워할 모). 우러러[仰] 그리워함[慕]. ¶그의 충의를 앙모하여 기념비를 세웠다.

앙:부-일구 仰釜日晷 (우러를 앙, 가마 부, 해 일, 그림자 구). 천문 앙부일영(仰釜日影).

앙:부-일영 仰釜日影 (우러를 앙, 가마 부, 해 일, 그림자 영). 천문 조선 세종 16년(1434)에 만든 해시계. 하늘을 우러러보고[仰] 있는 가마[釜] 모양이며, 그 안에 이십사절기의 선을 긋고 선 위에 비치는 해[日]의 그림자[影]를 보아 시각을 알게 되기 때문에 붙여진 이름이다.

앙:사-부모 仰事父母 (우러를 앙, 섬길 사, 아버지 부, 어머니 모). 어버이[父母]를 우러러[仰] 섬김[事].

앙:사-부육 仰事俯育 (우러를 앙, 섬길 사,

숙일 부, 기를 육). 위로는[仰] 어버이를 섬기고[事] 아래로는[俯] 처자를 보살핌[育].

앙숙 怏宿 (원망할 앙, 묵을 숙). 앙심(怏心)을 오래도록[宿] 품어 서로 미워하는 사이. ¶그들은 앙숙이다.

앙:시 仰視 (우러를 앙, 볼 시). 존경하는 마음으로 우러러[仰] 봄[見]. ㊔앙견(仰見), 앙관(仰觀).

앙심 怏心 (원망할 앙, 마음 심). 원한을 품고 앙갚음하려고[怏] 벼르는 마음[心]. ¶그는 사장에게 앙심을 품고 창고에 불을 질렀다.

앙앙 怏怏 (원망할 앙, 원망할 앙). 매우 마음에 차지 아니하거나 원망하다[怏+怏]. ¶신임을 못 받아서 앙앙한 맘을 먹게 되었다.

▸앙앙불락 怏怏不樂 (아닐 불, 즐길 락). ① 속뜻 원망하고[怏] 또 원망하여[怏] 즐거워하지[樂] 아니함[不]. ②매우 마음에 흡족하지 아니하거나 즐거워하지 아니함. ¶그들은 속으로는 항상 앙앙불락 외면하고 지냈다.

앙:양 昂揚 (높을 앙, 오를 양). 정신이나 사기 따위를 높이 쳐들어[昂] 드날림[揚].

앙:우 仰友 (우러를 앙, 벗 우). 재주나 학식이 뛰어나 우러름[仰]을 받는 벗[友].

앙:원 仰願 (우러를 앙, 바랄 원). 우러러[仰] 원함[願].

앙:천 仰天 (우러를 앙, 하늘 천). 하늘[天]을 우러러봄[仰].

▸앙:천-대소 仰天大笑 (큰 대, 웃을 소). 터져 나오는 웃음을 참을 수 없거나 어이가 없어서 하늘[天]을 쳐다보고[仰] 크게[大] 웃음[笑].

▸앙:천-부지 仰天俯地 (숙일 부, 땅 지). 하늘[天]을 우러러보고[仰] 땅[地]을 굽어봄[俯].

앙:청 仰請 (우러를 앙, 부탁할 청). 우러러[仰] 부탁함[請]. ¶참석해주시길 앙청 드립니다. ㊔앙탁(仰託).

앙:축 仰祝 (우러를 앙, 빌 축). 우러러[仰] 축하(祝賀)함. ¶대감의 회갑을 앙축드립니다.

앙:탁 仰託 (우러를 앙, 부탁할 탁). 우러러[仰] 부탁함[託]. ¶이 난제를 앙탁합니다.

앙:혼 仰婚 (우러를 앙, 혼인할 혼). 자기보다 신분이나 지위가 높은[仰] 사람과 혼인(婚姻)함. 또는 그런 혼인.

앙화 殃禍 (재앙 앙, 재화 화). ①재앙(災殃)이나 화근(禍根). ¶앙화가 미치다 / 앙화를 받다. ②지은 죄의 앙갚음으로 받는 재앙. ¶그는 그동안 지은 죄에 대해 앙화를 받았다.

애가 哀歌 (슬플 애, 노래 가). ① 속뜻 슬픈[哀] 심정을 읊은 노래[歌]. ②사람의 죽음을 슬퍼하는 노래. ③ 기독교 구약 성경 가운데 한 권인 〈예레미야 애가〉. 예레미야가 바빌로니아의 침략으로 황폐해진 예루살렘을 애통히 여기어 읊은 노래를 이른다.

애걸 哀乞 (슬플 애, 빌 걸). 소원을 들어 달라고 애처롭게[哀] 빎[乞]. ¶나는 그에게 가지 말라고 애걸했다.

▸애걸-복걸 哀乞伏乞 (엎드릴 복, 빌 걸). 소원이나 요구 따위를 들어 달라고 애처롭게 사정하며[哀乞] 엎드려[伏] 빎[乞]. ¶애걸복걸 매달리는 모습 / 그에게 제발 살려만 달라고 애걸복걸하였다.

애:견 愛犬 (사랑 애, 개 견). 개[犬]를 귀여워함[愛]. 또는 그 개.

애경[1] 哀慶 (슬플 애, 기쁠 경). 슬픈[哀] 일과 경사스러운[慶] 일을 아울러 이르는 말. ¶애경을 함께 한 친구.

애:경[2] 愛敬 (사랑 애, 공경할 경). 공경(恭敬)하고 사랑함[愛]. ㊔경애(敬愛).

애고[1] 哀苦 (슬플 애, 괴로울 고). 슬퍼하고[哀] 괴로워함[苦]. 또는 그런 마음. ㊔애구(哀疚).

애:고[2] 愛顧 (사랑 애, 돌아볼 고). 사랑하여[愛] 돌보아[顧] 줌.

애곡[1] 哀曲 (슬플 애, 노래 곡). 슬픈[哀] 곡조(曲調). ¶거문고로 애곡을 연주하다.

애곡[2] 哀哭 (슬플 애, 울 곡). 소리 내어 슬프게[哀] 욺[哭].

애:교[1] 愛校 (사랑 애, 학교 교). 자기가 다니는 학교(學校)를 사랑함[愛]. 또는 그 학교.

애:교[2] 愛嬌 (사랑 애, 아리따울 교). ① 속뜻 사랑스럽고[愛] 아름다움[嬌]. ②남에게 귀엽게 보이는 태도. ¶아이는 아빠에게 애교를 부렸다.

애:국 愛國 (사랑 애, 나라 국). 자기 나라

[國]를 사랑함[愛]. ¶애국 운동.

▸애:국-가 愛國歌 (노래 가). 음악 ①나라[國]를 사랑하는[愛] 뜻으로 온 국민이 부르는 노래[歌]. ②우리나라의 국가. ¶경기를 시작하기 전에 애국가를 불렀다.

▸애:국-심 愛國心 (마음 심). 자기 나라[國]를 사랑하는[愛] 마음[心]. ¶한국인은 애국심이 강하다.

▸애:국-자 愛國者 (사람 자). 자기 나라[國]를 사랑하는[愛] 사람[者]. ¶외국에 나가면 누구나 애국자가 된다고 한다.

▸애:국-적 愛國的 (것 적). 자기 나라[國]를 사랑하는[愛] 것[的]. ¶애국적인 행위.

▸애:국-선열 愛國先烈 (먼저 선, 굳셀 렬). 자기 나라[國]를 사랑하여[愛] 싸우다가 먼저[先] 죽은 열사(烈士).

▸애:국 애:족 愛國愛族 (사랑 애, 겨레 족). 자기의 나라[國]와 겨레[族]를 사랑함[愛].

▸애:국-지사 愛國志士 (뜻 지, 선비 사). 자기 나라[國]를 사랑하여[愛] 몸과 마음을 다 바쳐 이바지하려는 뜻[志]을 가진 사람[士].

애:기[1] **愛妓** (사랑 애, 기생 기). 특별히 사랑하는[愛] 기생(妓生). ¶다른 애기가 생겼냐고 물었다.

애:기[2] **愛機** (사랑 애, 틀 기). ①자기가 아껴서[愛] 조종하는 비행기(飛行機). ②귀중히 여기는 기계.

애도 哀悼 (슬플 애, 슬퍼할 도). 사람의 죽음을 슬퍼함[哀=悼]. ¶애도의 뜻을 표하다 / 전 국민이 그의 죽음을 애도했다.

애:독 愛讀 (사랑 애, 읽을 독). 즐겨[愛] 재미있게 읽음[讀]. ¶그의 신간 소설을 애독했다.

▸애:독-자 愛讀者 (사람 자). 책이나 잡지, 신문 따위의 글을 꾸준히 즐겨[愛] 읽는[讀] 사람[者].

▸애:독자-란 愛讀者欄 (사람 자, 칸 란). 애독자(愛讀者)를 위해 특별히 마련한 지면[欄].

애락 哀樂 (슬플 애, 즐길 락). 슬픔[哀]과 즐거움[樂]을 아울러 이르는 말. ¶인생의 애락을 담은 영화.

애련[1] **哀戀** (슬플 애, 그리워할 련). 슬픈[哀] 사랑[戀]. ¶애련의 정을 느끼다.

애:련[2] **愛戀** (사랑 애, 그리워할 련). 사랑하고[愛] 그리워함[戀]. ¶애련의 마음을 담아 편지를 쓰다.

애련[3] **哀憐** (슬플 애, 가엾을 련). 애처롭고[哀] 가엾게 여김[憐]. ¶야위고 애련해 보이는 얼굴.

▸애련-미 哀憐美 (아름다울 미). 애처롭고[哀] 가련한[憐] 모습에서 느껴지는 아름다움[美].

애로 隘路 (좁을 애, 길 로). ① 속뜻 좁고[隘] 험한 길[路]. ②어떤 일을 하는 데 장애가 되는 것. ¶애로 사항이 있으면 언제든지 말씀하세요.

애:린 愛鄰 (사랑 애, 이웃 린). 이웃[鄰]을 사랑함[愛]. ¶애린 정신을 발휘하여 수재민을 도왔다.

▸애:린-여기 愛鄰如己 (같을 여, 자기 기). 이웃[鄰]을 자기(自己) 몸처럼[如] 사랑함[愛].

애:림 愛林 (사랑 애, 수풀 림). ① 속뜻 숲[林]을 사랑함[愛]. ②산에 나무가 잘 자라도록 가꿈. ¶식목 행사를 통해 애림 사상을 가르치다.

애:마 愛馬 (사랑 애, 말 마). 자기가 사랑하는[愛] 말[馬]. ¶지기(知己)에게 애마를 선물로 주었다.

애:매 曖昧 (희미할 애, 어두울 매). ① 속뜻 희미하고[曖] 어두움[昧]. 희미하여 분명하지 아니함. ¶애매하게 대답하다. ② 논리 희미하여 확실하지 못하여, 한 개념이 다른 개념과 충분히 구별되지 못함을 이른다.

▸애:매-설 曖昧說 (말씀 설). 문학 언어는 원래 애매(曖昧)한 것이어서 작가의 깊은 사상이나 복잡한 감정을 표현할 수 없다는 학설(學說). 19세기 프랑스의 탐미파 작가들이 주장하였다.

▸애:매-모호 曖昧模糊 (본보기 모, 풀 호). 말이나 태도 따위가 희미하고[曖昧] 분명하지 아니함[模糊]. ¶애매모호한 태도.

애모[1] **哀慕** (슬플 애, 그리워할 모). 사람이 죽은 것을 슬퍼하며[哀] 그를 그리워[慕]함. ¶애모하는 마음을 담아 곡을 연주했다.

애:모[2] **愛慕** (사랑 애, 그리워할 모). 어떤 사람을 사랑하여[愛] 그를 그리워함[慕]. ¶

그녀를 애모하는 마음은 날이 갈수록 깊어졌다.

애:무 愛撫 (사랑 애, 어루만질 무). 주로 이성을 사랑하여[愛] 그를 어루만짐[撫]. ¶애무의 손길 / 그는 그녀의 얼굴을 애무했다.

애:물 愛物 (사랑 애, 만물 물). 사랑하여[愛] 소중히 여기는 물건(物件).

애:민 愛民 (사랑 애, 백성 민). 백성[民]을 사랑함[愛]. ¶애민 정신.

애별 哀別 (슬플 애, 나눌 별). 이별(離別)을 슬퍼함[哀]. ¶마지막으로 술잔을 들어 애별의 정을 나누다.

애:별리고 愛別離苦 (사랑 애, 나눌 별, 떨어질 리, 괴로울 고). [불교] 사랑하는[愛] 사람과 헤어지는[別離] 괴로움[苦]. 팔고(八苦)의 하나. [준]애별. [참]팔고(八苦).

애비[1] **崖碑** (벼랑 애, 비석 비). 자연적인 벼랑[崖]의 암벽 면을 갈아서 글 따위를 새긴 비(碑). [비]애마(崖磨).

애:비[2] **愛婢** (사랑 애, 여자종 비). 상전이 사랑하는[愛] 계집종[婢].

애사[1] **哀史** (슬플 애, 역사 사). 개인이나 국가의 불행하거나 슬픈[哀] 역사(歷史). ¶실향민의 애사.

애사[2] **哀詞** (슬플 애, 말씀 사). 사람의 죽음을 슬퍼하여[哀] 지은 글[詞]. ¶장례식에서 애사를 낭독했다. [비]애도사(哀悼辭).

애:사[3] **愛社** (사랑 애, 회사 사). 몸담고 있는 회사(會社)를 사랑함[愛].

애상[1] **哀喪** (슬플 애, 죽을 상). 상사(喪事)를 당하여 슬퍼함[哀]. ¶부모님을 잃고 애상하는 친구를 위로했다.

애상[2] **哀想** (슬플 애, 생각 상). 슬픈[哀] 생각[想]. ¶애상에 잠기다.

애상[3] **哀傷** (슬플 애, 상할 상). ①사람이 죽은 것이 슬퍼서[哀] 마음이 상함[傷]. ¶이미 죽은 사람을 너무 애상하지 마라. ②슬퍼하거나 가슴 아파함. ¶애상적 분위기.

애:상[4] **愛賞** (사랑 애, 상줄 상). 풍경이나 예술 작품을 즐기며[愛] 칭찬함[賞]. ¶금강산을 애상하다.

애:서 愛書 (사랑 애, 책 서). 책[書]을 아끼고 사랑함[愛].

애석[1] **艾石** (쑥 애, 돌 석). ① [속뜻] 쑥[艾] 색깔의 돌[石]. ② [광업] 꽤 단단하고 검푸른 잔 점이 많은데 건축 재료로 귀중함. 강화도(江華島)에서 많이 난다.

애석[2] **哀惜** (슬플 애, 애틋할 석). 슬프고[哀] 애틋함[惜]. 또는 안타까움. ¶애석한 마음 / 그가 떠나게 되어 정말 애석하다.

애:석[3] **愛惜** (사랑 애, 아낄 석). 사랑하고[愛] 아낌[惜]. 몹시 아낌. '애지석지'(愛之惜之)의 준말.

애소 哀訴 (슬플 애, 하소연할 소). 슬프게[哀] 하소연함[訴]. ¶거듭 눈물로 용서를 애소하다.

애:송 愛誦 (사랑 애, 욀 송). 시가(詩歌)나 문장 따위를 즐겨[愛] 외움[誦]. ¶이 시는 예로부터 널리 애송되고 있다.

애수 哀愁 (슬플 애, 근심 수). 슬픈[哀] 근심[愁]. ¶애수에 잠긴 얼굴.

애시 哀詩 (슬플 애, 시 시). 슬픈[哀] 정경을 읊은 시(詩). ¶나라 잃은 비탄을 노래한 애시.

애:식 愛息 (사랑 애, 불어날 식). 사랑하는[愛] 자식(子息). 주로 남의 자식에 대하여 이르는 말. ¶이 아이가 김 대감의 애식입니다.

애:심 愛心 (사랑 애, 마음 심). ① [속뜻] 사랑하는[愛] 마음[心]. ② [기독교] 신에 대한 사랑으로 동포를 대하는 기독교적 사랑.

애:아 愛兒 (사랑 애, 아이 아). 사랑하는[愛] 어린 자식[兒].

애안[1] **涯岸** (물가 애, 언덕 안). 바다, 강, 못 따위의 물가[涯]의 두둑[岸]. [비]물가.

애:안[2] **愛眼** (사랑 애, 눈 안). [불교] 부처의 자비로운[愛] 눈[眼].

애애 靄靄 (아지랑이 애, 아지랑이 애). ① [속뜻] 안개, 구름, 아지랑이[靄+靄] 따위가 짙게 끼어 자욱함. ②포근하고 평화로움. ¶분위기가 화기(和氣)애애 하였다.

애연[1] **哀然** (슬플 애, 그러할 연). 슬픈[哀] 기분을 자아내는 그런[然] 분위기. ¶눈물을 흘리며 애연한 모습으로 앉아있다.

애:연[2] **愛煙** (즐길 애, 담배 연). 담배[煙]를 즐겨[愛] 피움.

▶애:연-가 愛煙家 (사람 가). 담배[煙]를

즐겨[愛] 피우는 사람[家].

애:완 愛玩 (사랑 애, 장난할 완). 동물이나 물품 따위를 좋아하여 가까이 두고 즐겨[愛] 놂[玩].

▸애:완-구 愛玩具 (갖출 구). 좋아하여 즐겨[愛] 노는[玩] 장난감[具].

▸애:완-용 愛玩用 (쓸 용). 귀여워하거나[愛] 데리고 놀기[玩] 위한 쓰임새[用]의 것. ¶애완용 동물.

▸애:완-종 愛玩種 (갈래 종). 주로 동물에서 애완용(愛玩用)으로 키우는 종류(種類).

▸애:완-품 愛玩品 (물건 품). 즐겨[愛] 놀기[玩] 위한 물건[品].

▸애:완 동:물 愛玩動物 (움직일 동, 만물 물). 귀여워하거나[愛] 데리고 놀기[玩] 위해 기르는 동물(動物). 개, 고양이, 새 따위. ¶그는 뱀을 애완 동물로 키운다.

애:욕 愛慾 (사랑 애, 욕심 욕). ①애정(愛情)과 욕심(慾心)을 아울러 이르는 말. ¶애욕에 눈이 멀다. ②이성에 대한 성애(性愛)의 욕망. ¶충동적인 애욕에 휘말렸다.

애:용 愛用 (사랑 애, 쓸 용). 즐겨[愛] 사용(使用)함. ¶국산품을 애용합시다.

애원[1] 哀願 (슬플 애, 바랄 원). 소원이나 요구 따위를 들어 달라고 슬피[哀] 사정하여 간절히 바람[願]. ¶마지막으로 하는 애원이다 / 나는 그녀에게 가지 말라고 애원했다.

애원[2] 哀怨 (슬플 애, 원망할 원). 슬퍼하며[哀] 원망(怨望)함. ¶떠나가는 그녀를 애원의 눈빛으로 바라보았다.

▸애원-성 哀怨聲 (소리 성). 슬프게[哀] 원망(怨望)하는 소리[聲]. ¶백성들의 애원성이 하늘을 가득 메웠다.

애:육 愛育 (사랑 애, 기를 육). 사랑으로[愛] 잘 기름[育].

애음[1] 哀音 (슬플 애, 소리 음). 슬픈[哀] 소리[音].

애:음[2] 愛吟 (사랑 애, 읊을 음). 시가 따위를 즐겨[愛] 읊음[吟]. ¶당시(唐詩)를 애음하다.

애:음[3] 愛飮 (사랑 애, 마실 음). ①음료수 따위를 즐겨[愛] 마심[飮]. ¶평소에 녹차를 애음하다. ②술을 즐겨 마심. ㊥애주(愛酒).

애읍 哀泣 (슬플 애, 울 읍). 슬피[哀] 욺[泣]. ¶온 백성이 왕의 승하를 애읍했다.

애:인 愛人 (사랑 애, 남 인). ①**속뜻** 남[人]을 사랑함[愛]. ②사랑하는 사람. ㊥연인(戀人).

▸애:인여기 愛人如己 (같을 여, 자기 기). 남[人]을 자기(自己) 같이[如] 사랑[愛] 함.

▸애:인휼민 愛人恤民 (도울 휼, 백성 민). 남[人]을 사랑하고[愛] 백성[民]을 불쌍히 여김[恤].

애자[1] 哀子 (슬플 애, 아이 자). ①**속뜻** 슬픔[哀]에 잠긴 자식(子息). ②어머니의 상중(喪中)에 있는 사람이 자기를 이르던 말. ㊟고애자(孤哀子), 고자(孤子).

애자[2] 礙子 (거리낄 애, 접미사 자). **전기** 전기 공사 따위에서 전기가 흐르는 것을 막기[礙] 위해 다는 절연 물체[子]. 사기, 유리, 합성수지 따위로 만든다.

애:자[3] 愛子 (사랑 애, 아이 자). 자식(子息)을 사랑함[愛]. 또는 사랑하는 자식.

▸애:자지정 愛子之情 (어조사 지, 마음 정). 자식(子息)을 사랑하는[愛] 마음[情].

애:장 愛藏 (사랑 애, 감출 장). 소중히 여겨[愛] 간직함[藏]. ¶애장 도서를 기증하다 / 애장품(愛藏品).

애재 哀哉 (슬플 애, 어조사 재). ①**속뜻** 슬프[哀] 도다[哉]. ②슬퍼서 울고 싶은 상태를 이르는 글말 표현.

애절 哀切 (=哀絶, 슬플 애, 끊을 절). 애처롭고 슬퍼[哀] 간장이 끊어질[切] 듯하다. ¶애절한 울음소리.

애정[1] 哀情 (슬플 애, 마음 정). 구슬픈[哀] 심정(心情).

애:정[2] 愛情 (사랑 애, 마음 정). ①사랑하는[愛] 마음[情]. ¶애정 표현 / 애정이 넘치다. ②이성(異性)을 간절히 그리워하는 마음. ¶남녀 간의 애정. ㊥사랑. ㊦증오(憎惡).

애조 哀調 (슬플 애, 가락 조). 구슬픈[哀] 곡조(曲調). ¶한국의 아리랑에는 애조가 깃들어 있다.

애:족 愛族 (사랑 애, 겨레 족). 자기 겨레[族]를 사랑함[愛]. ¶의병(義兵)들은 애족 정신을 갖고 독립운동을 벌였다.

애:주 愛酒 (사랑 애, 술 주). 술[酒]을 매우

좋아하여 즐김[愛].

▸애:주-가 愛酒家 (사람 가). 술[酒]을 즐겨[愛] 마시는 사람[家].

애:중 **愛重** (사랑 애, 무거울 중). 사랑하고[愛] 소중(所重)하게 여김. '애지중지'(愛之重之)의 준말. ⓑ애석(愛惜).

애:증 **愛憎** (사랑 애, 미워할 증). 사랑[愛]과 미움[憎]을 아울러 이르는 말. ¶애증이 엇갈리다.

▸애:증후박 愛憎厚薄 (두터울 후, 엷을 박). 사랑[愛]과 미움[憎]과, 사람에 대한 정(情)의 깊고[厚] 얕음[薄].

애:지중지 **愛之重之** (사랑 애, 그것 지, 무거울 중, 그것 지). 어떤 것[之]을 매우 사랑하고[愛] 소중(所重)히 여기는 모양. ¶할머니는 손자를 애지중지 길렀다.

애:집 **愛執** (사랑 애, 잡을 집). 불교 좋아하여서[愛] 집착(執着)함. ¶괴로움의 원인은 끝없는 애집에 있다. ⓑ애염(愛染).

애:착 **愛着** (사랑 애, 붙을 착). ①몹시 사랑하거나[愛] 끌리어서 떨어지지 아니함[着]. 또는 그런 마음. ¶자식에 대해 애착을 갖다 / 그는 골동품에 유달리 애착한다. ② 불교 애집(愛執).

▸애:착-심 愛着心 (마음 심). 몹시 사랑하거나[愛] 끌리어서 떨어질 수 없는[着] 마음[心]. ¶동물에 대한 애착심이 유별나다.

애:창 **愛唱** (사랑 애, 부를 창). 노래나 시조 따위를 즐겨[愛] 부름[唱]. ¶그 곡은 아직까지 사람들 사이에 애창되고 있다.

▸애:창-곡 愛唱曲 (노래 곡). 즐겨 부르는[愛唱] 노래[曲]. ¶이 노래는 어머니의 애창곡이다.

애:처 **愛妻** (사랑 애, 아내 처). 아내[妻]를 사랑함[愛]. 또는 그 아내.

▸애:처-가 愛妻家 (사람 가). 아내[妻]를 사랑하는[愛] 사람[家].

애:첩 **愛妾** (사랑 애, 첩 첩). 사랑하는[愛] 첩(妾). ¶애첩을 거느리다 / 애첩을 두다.

애:청 **愛聽** (사랑 애, 들을 청). 즐겨[愛] 들음[聽]. ¶피아노 곡을 애청하다.

애추 **崖錐** (벼랑 애, 송곳 추). 지리 가파른 낭떠러지 밑이나 경사진 산허리에[崖] 뾰족하게[錐] 쌓인 흙모래나 돌 부스러기.

애:친 **愛親** (사랑 애, 어버이 친). 어버이[親]를 사랑함[愛]. ¶애친경장(敬長).

애:칭 **愛稱** (사랑 애, 일컬을 칭). 본래 이름 외에 친근하고 다정하게[愛] 부를[稱] 때 쓰는 이름. ¶그는 아이를 '똘이'라는 애칭으로 부른다.

애:타 **愛他** (사랑 애, 다를 타). 남[他]을 사랑함[愛].

▸애:타-심 愛他心 (마음 심). 남[他]을 사랑하는[愛] 마음[心].

▸애:타-주의 愛他主義 (주될 주, 뜻 의). 철학 자기를 희생하여 남[他]을 사랑하려는[愛] 태도나 생각[主義]. 타인의 행복과 복리의 증가를 행위의 목적으로 하는 생각. ⓑ이타주의(利他主義). ⓑ이기주의(利己主義).

애통 **哀痛** (슬플 애, 아플 통). 슬퍼서[哀] 가슴이 아플[痛] 정도임. ¶유가족들은 애통에 빠졌다 / 아이가 실종되었다니 정말 애통한 일입니다.

애:향 **愛鄉** (사랑 애, 시골 향). 고향(故鄉)을 사랑함[愛].

▸애:향-심 愛鄉心 (마음 심). 고향(故鄉)을 사랑하는[愛] 마음[心]. ¶그는 애향심이 유별나다.

애호[1] **哀號** (슬플 애, 부를 호). 슬프게[哀] 부르짖음[號]. ¶창자를 에는 듯한 애호의 소리.

애:호[2] **愛護** (사랑 애, 돌볼 호). 사랑[愛]으로 잘 돌봄[護]. ¶문화재를 애호하다.

애:호[3] **愛好** (사랑 애, 좋을 호). 무엇을 즐기고[愛] 좋아함[好]. ¶음악을 애호하다.

▸애:호-가 愛好家 (사람 가). 어떤 사물을 즐기고[愛] 좋아하는[好] 사람[家]. ¶영화 애호가.

애화 **哀話** (슬플 애, 이야기 화). 슬픈[哀] 이야기[話]. ¶이 누각에는 눈물 없이 들을 수 없는 애화가 전해진다. ⓑ비화(悲話).

애환 **哀歡** (슬플 애, 기쁠 환). 슬픔[哀]과 기쁨[歡]을 아울러 이르는 말. ¶애환이 담긴 노래.

애:휼 **愛恤** (사랑 애, 도울 휼). 사랑하고[愛] 불쌍히 여겨 도움[恤]. ¶그의 애휼에 감동하였다.

애:희 **愛戲** (사랑 애, 장난 희). 사랑[愛]의 장난[戲].

액각 額角 (이마 액, 뿔 각). 동물 일부 하등 동물의 이마[額] 부분에 뿔[角] 모양으로 나온 부분.

액과 液果 (진 액, 열매 과). 식물 액즙(液汁)이 많은 과일[果]. 배, 귤, 포도 따위가 그렇다. ⓑ장과(漿果).

액년 厄年 (재앙 액, 해 년). ①운수가 사나운[厄] 해[年]. ¶마을이 태평하고 궂은 액년을 막아 줄 것을 빌었다. ②속설에서, 사람의 일생에 재난을 만나게 될 것이라고 하는 나이. 남자는 25·42·50세, 여자는 19·33·37세라고 한다. ¶올해가 내 액년이라지만 난 그런 것에는 신경을 쓰지 않기로 했다.

액랭 기관 液冷機關 (진 액, 찰 랭, 틀 기, 빗장 관). 공업 액체(液體)를 써서 냉각(冷却)하는 내연 기관(機關). 주로 물을 사용하거나 항공기 등에는 에틸렌글리콜을 쓰기도 한다. ⓑ수랭식(水冷式).

액량 液量 (진 액, 분량 량). ① 속뜻 액체(液體)의 분량(分量). ②액체의 양을 되는 단위. 갤런(gallon), 리터(liter), 시시(cc) 따위가 있다.

액면 額面 (이마 액, 낯 면). ① 속뜻 이마[額]와 낯[面]. ②말이나 글로 표현된 사실이나 겉으로 드러난 모습을 비유하여 이르는 말. ¶그의 말은 액면 그대로 받아들이면 안 된다. ③ 경제 화폐, 유가 증권 따위의 앞면. ④ 경제 액면 가격.

▸액면-주 額面株 (주식 주). 경제 액면 가격(額面價格)이 표시되어 있는 주식(株式).

▸액면 가격 額面價格 (값 가, 이를 격). 경제 화폐나 유가 증권 따위의 표면[額面]에 적힌 가격(價格).

액모 腋毛 (겨드랑이 액, 털 모). 겨드랑이[腋]에 난 털[毛].

액비 液肥 (진 액, 거름 비). 농업 액체(液體)로 된 비료(肥料). ¶액비를 분사하다.

액사 縊死 (목맬 액, 죽을 사). 목을 매어[縊] 죽음[死]. ¶남대문 밖에서 액사를 당하였다.

액살 縊殺 (목맬 액, 죽일 살). 목을 매어[縊] 죽임[殺].

액상[1] 液相 (진 액, 모양 상). 화학 물질이 액체(液體)로 존재하는 모양[相]. ⓑ액태(液態).

액상[2] 液狀 (진 액, 형상 상). 물질이 액체(液體)로 되어 있는 상태(狀態). ¶액상 분유.

▸액상 결정 液狀結晶 (맺을 결, 밝을 정). 물리 액체(液體) 상태(狀態)와 고체[結晶]의 중간 상태에 있는 물질. ⓒ액정.

액생 腋生 (겨드랑이 액, 날 생). 식물 싹이나 꽃 따위가 잎이 붙어 있는 바로 옆[腋]에서 남[生].

액수 額數 (이마 액, 셀 수). ① 속뜻 이마[額] 같은 곳에 적어 놓은 숫자[數]. ②금액(金額)의 수. ¶적은 액수.

액운 厄運 (재앙 액, 운수 운). 재앙[厄]을 당할 운수(運數). ¶액운을 쫓기 위해 굿을 했다.

액자[1] 額字 (이마 액, 글자 자). 현판[額]에 쓴 큰 글자[字]. ¶스승님이 액자를 써주셨다.

액자[2] 額子 (이마 액, 접미사 자). ① 속뜻 이마[額] 같이 잘 보이는 곳에 걸어 놓는 것[子]. ②그림, 글씨, 사진 따위를 끼우는 틀. ¶거실 벽에 액자를 걸다.

▸액자 소:설 額子小說 (작을 소, 말씀 설). 문학 액자(額子)처럼 이야기 속에 또 다른 이야기가 있는 형태의 소설(小說).

액정 液晶 (진 액, 밝을 정). 물리 액체(液體)와 결정(結晶)의 중간 상태에 있는 물질. 전자기력, 압력, 온도 따위에 민감하게 반응하므로 시계, 탁상 계산기의 문자 표시나 텔레비전의 화면 따위에 응용한다. ¶휴대전화의 액정이 깨졌다.

액즙 液汁 (진 액, 즙 즙). 물기[液]가 들어 있는 물체에서 짜낸 액체[汁]. 즙. ¶액즙을 빨아 먹다 / 액즙을 뽑아내다.

액체 液體 (진 액, 몸 체). ① 속뜻 진액(津液)과 같은 상태의 물체(物體). ② 물리 일정한 부피는 가졌으나 일정한 형태를 가지지 못한 물질. ¶물은 액체이다.

▸액체-화 液體化 (될 화). 물리 기체나 고체가 액체(液體)로 되는[化] 현상. 또는 그렇게 만드는 일. ⓒ액화.

▸액체 공기 液體空氣 (하늘 공, 기운 기). 물리 일반 공기를 강하게 압축·냉각시켜 액체(液體)로 만든 공기(空氣).

▸액체 배:양 液體培養 (북돋울 배, 기를 양). 식물 극히 작은 동식물을 액체(液體) 상태

의 배양기 속에서 배양(培養)하는 일.

▸액체 산소 液體酸素 (신맛 산, 바탕 소). 물리 일반 산소를 강하게 압축·냉각시켜 액체(液體)로 만든 산소(酸素).

▸액체 압력 液體壓力 (누를 압, 힘 력). 물리 액체(液體) 속의 중력으로 생기는 압력(壓力).

▸액체 연료 液體燃料 (태울 연, 거리 료). 공업 상온, 상압에서 액체(液體) 상태로 된, 불태우는[燃] 데 쓰는 재료(材料).

▸액체 염소 液體鹽素 (염기 염, 바탕 소). 화학 강하게 압축하여 액체(液體)로 만든 염소(鹽素).

▸액체 탄:소 液體炭素 (숯 탄, 바탕 소). 화학 강하게 압축하여 액체(液體)로 만든 이산화탄소(二酸化炭素).

액취 腋臭 (겨드랑이 액, 냄새 취). 겨드랑이[腋]에서 나는 고약한 냄새[臭]. ¶액취가 심하다. ⓑ암내.

액포 液胞 (진 액, 태보 포). 식물 식물 세포 안에 있는 주머니 모양의 세포(細胞) 기관. 안에는 세포액(液)이 가득 차있다. ⓑ공포(空胞).

액화[1] 厄禍 (재앙 액, 재화 화). 사나운 운수[厄]로 입는 재화(災禍). ¶액화를 면하다 / 액화를 입다.

액화[2] 液化 (진 액, 될 화). 물리 기체가 냉각·압축되어 액체(液體)로 변하거나 고체가 녹아 액체로 되는[化] 현상. 또는 그렇게 만드는 일. ¶액화 천연 가스.

▸액화-열 液化熱 (더울 열). 물리 기체나 고체가 액체(液體)로 되면서[化] 생기는 열(熱).

앵무 鸚鵡 (앵무새 앵, 앵무새 무). 동물 부리가 굵고 두꺼우며 끝이 굽어 있는 새. 사람이나 다른 동물의 소리를 잘 흉내 낸다.

앵화 櫻花 (앵두나무 앵, 꽃 화). ① 속뜻 앵두나무[櫻]의 꽃[花]. ② 벚나무의 꽃.

야:간 夜間 (밤 야, 사이 간). ①밤[夜] 동안[間]. 해가 진 뒤부터 먼동이 트기 전까지의 동안. ¶야간 비행 / 야간 경기. ② 교육 '야간부'의 준말. ㊟주간(晝間).

▸야:간-부 夜間部 (나눌 부). 교육 밤[夜] 동안에[間] 공부를 하는 중·고등·대학교의 교육 기관[部].

▸야:간 공격 夜間攻擊 (칠 공, 칠 격). 밤[夜] 동안에[間] 적을 침[攻擊].

▸야:간-도주 夜間逃走 (달아날 도, 달릴 주). 밤[夜] 동안에[間] 도망침[逃=走]. ⓑ야반도주(夜半逃走).

▸야:간-열차 夜間列車 (벌일 렬, 수레 차). 밤[夜] 동안에[間] 운행하는 열차(列車).

▸야:간-작업 夜間作業 (지을 작, 일 업). 밤[夜] 동안에[間] 하는 일[作業]. ¶며칠 동안 계속된 야간작업으로 피곤하다.

▸야:간 촬영 夜間撮影 (찍을 촬, 모습 영). 밤[夜] 동안에[間] 사진이나 영화를 찍음[撮影].

▸야:간 학교 夜間學校 (배울 학, 가르칠 교). 교육 밤[夜] 동안에[間] 수업하는 학교(學校).

야:객 夜客 (밤 야, 손 객). ① 속뜻 밤[夜]에 오는 손님[客]. ② '밤도둑'을 비유하여 이르는 말.

야:견 野犬 (들 야, 개 견). 들[野] 개[犬]. 주인 없이 여기저기 돌아다니는 개. ¶야견에게 물렸다.

야:경[1] 夜景 (밤 야, 볕 경). 밤[夜]의 경치(景致). ¶홍콩의 야경은 화려하다.

야:경[2] 野景 (들 야, 볕 경). 들판[野]의 경치(景致). ¶봄의 야경이 아름답다.

야:경[3] 夜警 (밤 야, 지킬 경). ① 속뜻 밤[夜] 사이에 화재나 범죄 따위가 없도록 살피고 지킴[警]. ② 야경꾼. ¶야경꾼이 순찰을 돌고 있다.

▸야:경-국가 夜警國家 (나라 국, 집 가). 정치 국민의 치안만을[夜警] 담당하는 정치형태의 국가(國家). 적극적으로 국민의 복리를 높이려고 하지 않고 국방과 치안 유지만을 목적으로 한다.

야:곡 夜曲 (밤 야, 노래 곡). ① 속뜻 저녁[夜]에 연주하는 음악[曲]. ② 음악 밤에 연인의 집 창가에서 부르거나 연주하던 사랑의 노래. ⓑ세레나데(serenade).

야:공 夜空 (밤 야, 하늘 공). 밤[夜] 하늘[空]. ¶저 야공에 빛나는 별들 중에 가장 어린 별.

야:광 夜光 (밤 야, 빛 광). ① 속뜻 어둠[夜] 속에서 빛[光]을 냄. 또는 그런 물건. ¶야광 시계. ② '달'을 달리 이르는 말. ③ '야광

주'의 준말. ④ [천문] 달이 없고 맑게 갠 밤하늘에 보이는 희미한 빛.

▸야:광-운 夜光雲 (구름 운). ① [속뜻] 어둠[夜] 속에서도 빛[光]을 내는 구름[雲]. ② [지리] 고위도 지방에서 드물게 나타나는 푸른빛이 감도는 은빛 구름.

▸야:광-주 夜光珠 (구슬 주). 어두운[夜] 곳에서도 빛[光]을 내는 구슬[珠].

▸야:광-충 夜光蟲 (벌레 충). ① [속뜻] 어두운[夜] 곳에서 빛[光]을 내는 벌레[蟲]. ② [생물] 편모충류에 딸린 원생동물(原生動物). 몸은 공 모양인데 지름은 1mm쯤 되고 연한 붉은빛인데, 어두운 곳에서 자극을 받으면 빛을 낸다.

▸야:광 도료 夜光塗料 (칠할 도, 거리 료). ① [속뜻] 어두운[夜] 곳에서 빛[光]을 내는 칠감[塗料]. ② [화학] 형광(螢光) 물질이나 인광(燐光) 물질을 섞어 어두운 곳에서 빛을 내게 하는 재료. [비]발광(發光) 도료.

▸야:광-명월 夜光明月 (밝을 명, 달 월). 밤[夜]에 빛나는[光] 밝은[明] 달[月]. ¶야광명월을 화폭에 담았다.

▸야:광 시계 夜光時計 (때 시, 셀 계). 어두운[夜] 곳에서도 빛[光]을 내는 시계(時計). 바늘 및 문자반의 문자에 야광 도료를 칠한다.

야:구[1] 冶具 (불릴 야, 갖출 구). ① [속뜻] 금속을 제련하는[冶] 데 쓰는 여러 가지 도구(道具). ② 야금하는 데 쓰는 여러 가지 연장.

*__야:구__[2] 野球 (들 야, 공 구). ① [속뜻] 들판[野] 같은 운동장에서 공[球]을 다루는 경기. ② [운동] 아홉 명씩 이루어진 두 팀이 9회 동안 공격과 수비를 번갈아 하며 승패를 겨루는 구기 경기. ¶우리 오빠는 야구 선수이다.

▸야:구-부 野球部 (나눌 부). [운동] 야구(野球)를 좋아하는 사람들의 모임[部]. ¶야구부 부장.

▸야:구-장 野球場 (마당 장). [운동] 야구(野球)를 하도록 만든 운동장(運動場). ¶우리 동네에는 야구장이 있다.

▸야:구-화 野球靴 (구두 화). [운동] 야구(野球)를 할 때 신는 신발[靴].

야:국 夜國 (밤 야, 나라 국). 밤[夜]처럼 어둠이 오랫동안 계속되는 나라[國]. 남극이나 북극 가까이에 있어서 일 년의 절반 이상은 해가 뜨지 않아 어둡다.

야:권 野圈 (들 야, 범위 권). 야당(野黨)에 속하는 정치가의 무리[圈]. '야당권'의 준말. ¶이 법안은 야권의 비난을 받았다. [반]여권(與圈).

야:근 夜勤 (밤 야, 부지런할 근). 퇴근 시간이 지나 밤[夜] 늦게까지 하는 근무(勤務). ¶요즘 계속되는 야근으로 정말 피곤하다.

야:금[1] 夜禽 (밤 야, 날짐승 금). 낮에는 숨어 자고 밤[夜]에 활동하며 먹이를 찾는 새[禽]. 부엉이, 올빼미 따위.

야:금[2] 野禽 (들 야, 날짐승 금). 들[野]에 자생하는 날짐승[禽]. [비]들새. [반]가금(家禽).

야:금[3] 冶金 (불릴 야, 쇠 금). ① 쇠[金]를 불리어[冶] 물건을 만드는 대장일. ¶야금장이. ② [공업] 광석에서 쇠붙이를 공업적으로 골라내거나 합금(合金)을 만드는 일.

▸야:금-술 冶金術 (꾀 술). 광석에서 금속(金屬)을 골라내는[冶] 방법이나 기술(技術).

▸야:금-학 冶金學 (배울 학). [공업] 야금(冶金)에 관한 원리, 방법, 기술 따위를 연구하는 학문(學問).

야:기[1] 夜氣 (밤 야, 공기 기). 차고 눅눅한 밤[夜] 공기(空氣). ¶초겨울의 냉한 야기가 몸을 움츠리게 하였다.

야:기[2] 惹起 (이끌 야, 일어날 기). 일이나 사건 따위가 일어나도록[起] 이끎[惹]. ¶새로운 문제를 야기하다.

야:뇨-증 夜尿症 (밤 야, 오줌 뇨, 증세 증). [의학] 밤[夜]에 자다가 무의식중에 오줌[尿]을 자주 싸는 증상(症狀).

야:단 惹端 (흐트릴 야, 바를 단). ① [속뜻] 바른[端] 것을 흐트림[惹]. ② 떠들썩하고 부산하게 일을 벌임. ¶밖에 눈이 왔다고 야단이다/ 명절이라 잔치한다고 온 동네가 야단났다. ③ 소리를 높여 마구 꾸짖는 일. ¶야단을 맞다 / 나리는 거짓말을 하다가 어머니한테 야단맞았다. ④ 난처하거나 딱한 일. ¶일이 빨리 수습돼야지, 이것 참 야단났네!

야:단-법석 野壇法席 (들 야, 단 단, 법 법, 자리 석). [불교] 야외(野外)에 단(壇)을 설치하고 크게 설법(說法)을 베푸는 자리[席].

야:담 野談 (들 야, 이야기 담). 민간에서 사

사로이 기록한 야사(野史)를 바탕으로 꾸며 낸 흥미위주의 이야기[談]. ¶이 소설은 그 당시의 야담을 작품화한 것이다.

야:당 野黨 (들 야, 무리 당). ①집권하지 못하여 밖[野]에 있는 정당(政黨). ¶야당 의원. ②어떤 기관이나 단체에서 집행부의 의견에 반대하는 쪽 사람들을 비유하여 이르는 말. ¶야당적 기질. [반]여당(與黨).

▸야:당-계 野黨系 (이어 맬 계). 야당(野黨)의 계통(系統). ¶야당계 인사.

▸야:당-권 野黨圈 (범위 권). 야당(野黨)과 야당을 지지하는 사람이나 단체[圈]. ¶야당권 인사.

야:도 夜盜 (밤 야, 훔칠 도). 밤[夜]을 타서 남의 물건을 훔치는[盜] 짓. 또는 그런 짓을 하는 사람.

야:독 夜讀 (밤 야, 읽을 독). 밤[夜]에 글을 읽음[讀]. ¶주경야독(晝耕夜讀).

야:료 惹鬧 (흩트릴 야, 시끄러울 료). ①까닭없이 트집을 잡고[惹] 함부로 떠들어 댐[鬧]. ¶야료를 부리다 / 야료를 치다 / 야료를 벌였다. ②서로 시비의 실마리를 끌어 일으킴. '야기요단'(惹起鬧端)의 준말.

야:마 野馬 (들 야, 말 마). ① [속뜻]야생(野生)의 말[馬]. ②주로 봄날 햇빛이 강하게 쬘 때 공기가 공중에서 아른아른 움직이는 현상. [비]아지랑이.

야:만 野蠻 (들 야, 오랑캐 만). ① [속뜻]들판[野]의 오랑캐[蠻]. ②미개하여 문화 수준이 낮은 상태. 또는 그런 종족. ¶바이킹은 야만스럽게 이민족을 약탈했다. ③교양이 없고 무례함. 또는 그런 사람. ¶야만스럽게 행동하다.

▸야:만-인 野蠻人 (사람 인). 미개하여 문화 수준이 낮은[野蠻] 사람[人]. [비]미개인(未開人). [반]문명인(文明人), 문화인(文化人).

▸야:만-적 野蠻的 (것 적). 문명의 정도가 낮고 미개하여 무식하거나 사나운[野蠻] 것[的]. ¶식인(食人)은 야만적인 행위이다.

▸야:만-족 野蠻族 (겨레 족). 미개하여 문화 수준이 낮은[野蠻] 종족(種族).

▸야:만 정책 野蠻政策 (정치 정, 꾀 책). [정치]야만(野蠻)스럽게 국민이나 식민지를 다스리는 정치적(政治的)인 계책(計策).

야:망 野望 (들 야, 바라볼 망). ① [속뜻]멀리 들[野]을 바라봄[望]. ②크게 무엇을 이루어 보겠다는 희망. ¶그는 언젠가 자기 가게를 열겠다는 야망을 가지고 있다. [비]야심(野心).

야:맹-증 夜盲症 (밤 야, 눈멀 맹, 증세 증). ① [속뜻]밤[夜]에는 사물이 잘 보이지 않는[盲] 증상(症狀). ② [의학]망막에 있는 간상 세포의 능력이 감퇴하여 일어나는 병. ¶당근과 시금치는 야맹증을 예방하는 데 도움을 준다.

야:박 野薄 (거칠 야, 엷을 박). 거칠고[野] 정이 엷다[薄]. 인정이 없다. ¶인심이 야박하다.

야:반 夜半 (밤 야, 반 반). 밤[夜]의 한가운데[半]. 한밤중.

▸야:반-도주 夜半逃走 (달아날 도, 달릴 주). 남의 눈을 피하여 한밤중[夜半]에 도망함[逃走].

▸야:반-무례 夜半無禮 (없을 무, 예도 례). 한밤중[夜半]에는 예의(禮義)를 갖추지 못함[無]. [비]야심무례(夜深無禮).

야:번 夜番 (밤 야, 차례 번). ①밤[夜]에 드는 당번(當番). ¶야번 차례를 정하다. ②야번을 서는 사람. [비]야번꾼.

야:-별초 夜別抄 (밤 야, 다를 별, 뽑을 초). [역사]고려시대 밤[夜]에 노략질을 막기 위해 특별(特別)한 기량을 가진 군사를 뽑아[抄] 조직한 군대(軍隊). 무신 정권의 사병(私兵)으로서 최우가 설치하였다.

야:비 野卑 (=野鄙, 거칠 야, 낮을 비). 성질이나 언행이 거칠고[野] 수준이 낮다[卑]. ¶야비한 수법으로 상대를 공격했다.

야:사 夜事 (밤 야, 일 사). ① [속뜻]밤[夜]에 하는 일[事]. ②남녀가 밤에 성적 관계를 맺음.

야:사[1] 夜思 (밤 야, 생각 사). 밤[夜]이 깊고 고요한 때에 일어나는 온갖 생각[思]. ¶야사에 잠 못 이루다.

야:사[2] 野史 (들 야, 역사 사). 야인(野人)들이 개인적으로 기록한 역사(歷史). ¶야사와 정사를 비교하여 사실 관계를 밝히다.

야:산 野山 (들 야, 메 산). 들판[野]처럼 나지막한 산(山). ¶야산을 깎아 밭을 만들었다.

야:-삼경 夜三更 (밤 야, 석 삼, 시각 경). 하룻밤[夜]을 오경(五更)으로 나눈 것 중 셋째[三] 시각[更]. 밤 11시부터 이튿날 새벽 1시까지. ㊟삼경.

야:상 夜商 (밤 야, 장사 상). 밤[夜]에 거래하는 장사[商].

야:상-곡 夜想曲 (밤 야, 생각 상, 노래 곡). 음악 조용한 밤[夜]을 연상(聯想)시키는 서정적인 피아노곡[曲]. ㊥녹턴(nocturne), 몽환곡(夢幻曲).

야:생 野生 (들 야, 살 생). 산이나 들[野]에서 저절로 서식함[生]. 또는 그런 생물. ¶야생 식물 / 이 지역에 야생하는 동물을 조사했다.

▸야:생-마 野生馬 (말 마). ① 속뜻 야생(野生)으로 자란 말[馬]. ¶장군은 야생마를 길들여 타고 다녔다. ②'제멋대로 행동하거나 성질이 활달하고 거친 사람'을 비유하여 이르는 말. ¶야생마 같은 기질.

▸야:생-아 野生兒 (아이 아). 들[野]과 산에서 나서[生] 자란 아이[兒]. 인간 사회를 떠나 살아 보통 사람과는 다른 습성을 지녔다.

▸야:생-인 野生人 (사람 인). 들[野]과 산에서 나서[生] 자란 사람[人].

▸야:생-적 野生的 (것 적). 들[野]과 산에서 나서[生] 자란 그대로의 것[的].

▸야:생-종 野生種 (갈래 종). 생물 들[野]과 산에서 나서[生] 자라는 모든 생물의 종류(種類).

▸야:생-화 野生花 (꽃 화). 들[野]과 산에서 나서[生] 자라는 꽃[花]. ¶저 섬에는 이름도 모르는 야생화들이 많이 피어 있다.

▸야:생 동:물 野生動物 (움직일 동, 만물 물). 동물 들[野]과 산에서 나서[生] 자라는 동물(動物). ¶야생 동물을 보호하자.

▸야:생 식물 野生植物 (심을 식, 만물 물). 식물 들[野]과 산에서 나서[生] 자라는 식물(植物).

야:성 野性 (거칠 야, 성질 성). 자연 또는 본능 그대로의 거친[野] 성질(性質). ¶이 호랑이는 동물원에서 사육되고 있지만 야성은 아직 살아있다.

▸야:성-미 野性美 (아름다울 미). 야성(野性)을 가진 것에서 풍기는 아름다움[美]. 자연 또는 본능 그대로의 모습에서 풍기는 멋. ¶야성미가 넘치는 남자.

야:소 耶蘇 (어조사 야, 되살아날 소). 기독교 '예수'의 음역 한자어. ¶야소교는 부활의 종교이다.

야:속 野俗 (거칠 야, 속될 속). ① 속뜻 인심이 거칠고[野] 성품이 속(俗)됨. ②무정한 행동이나 그런 행동을 한 사람이 섭섭하게 여겨져 언짢음. ¶세상인심 참 야속도 하구나 / 야속한 말.

야:수[1] 野手 (들 야, 사람 수). 운동 야구에서, 필드[野]의 수비를 보는 선수(選手). 내야수와 외야수로 나뉜다.

야:수[2] 野獸 (들 야, 짐승 수). ①사람에게 길이 들지 않은 야생(野生)의 사나운 짐승[獸]. ¶미녀와 야수. ②몹시 거칠고 사나운 사람을 비유하여 이르는 말. ¶그는 화가 나면 야수로 돌변한다.

▸야:수-파 野獸派 (갈래 파). 미술 야수(野獸)처럼 강렬한 순수 색채로 표현한 회화의 한 유파(流派). 20세기 초 프랑스에서 일어났으며 마티스, 브라크 등이 대표적 작가이다.

▸야:수-주의 野獸主義 (주될 주, 뜻 의). 미술 인간에게는 야수(野獸) 같은 본능이 있다는 주장[主義].

야:숙 野宿 (들 야, 잠잘 숙). 집 밖[野]에서 자거나 밤을 지냄[宿]. ¶돈을 탕진하고 야숙하는 처지가 되다.

야:순 夜巡 (밤 야, 돌 순). ① 속뜻 밤[夜]에 경계를 위해 순찰(巡察)함. ② 역사 밤에 국왕이 일반 복장을 하고 궁 밖의 민심을 살피기 위해 순행(巡行)하던 일.

야:습 夜襲 (밤 야, 습격할 습). 밤[夜]에 적을 습격(襲擊)함. ¶적을 야습하다.

야:승 野乘 (들 야, 탈 승). ① 속뜻 야사(野史)를 담은[乘] 책. ② 책명 조선 중기 선조 때부터 영조 때에 이르기까지 역사학자들의 수필, 만록(漫錄), 야사 따위를 모아 엮은 책.

야:시 夜市 (밤 야, 저자 시). 밤[夜]에 벌이는 시장(市場). '야시장'의 준말. ¶야시의 분위기가 더욱 고조되었다.

야:-시:장 夜市場 (밤 야, 저자 시, 마당 장). 밤[夜]에 벌이는 시장(市場). ¶관광객들은 야시장을 구경했다.

야:식 夜食 (밤 야, 먹을 식). 밤[夜]에 음식을 먹음[食]. 또는 그 음식(飮食). ¶야식을 자주 먹으면 건강에 좋지 않다.

야:심¹ 夜深 (밤 야, 깊을 심). 밤[夜]이 깊음[深]. ¶야심에 누군가 대문을 두드렸다.

야:심² 野心 (들 야, 마음 심). ① [속뜻] 야망(野望)을 품은 마음[心]. 무엇을 이루려는 마음. ¶그는 야심에 찬 사업가다. ② 야비한 마음. ¶그는 나에게 야심을 가지고 접근했다.

▶야:심-가 野心家 (사람 가). 야심(野心)이 많은 사람[家].

▶야:심-작 野心作 (지을 작). 야심(野心)을 품고 만든 작품(作品). ¶이것은 일생을 건 야심작이다.

▶야:심만:만 野心滿滿 (가득할 만, 가득할 만). 야심(野心)이 가득 차[滿滿] 있음. ¶야심만만하게 신제품을 내놓다.

야:업¹ 夜業 (밤 야, 일 업). 밤중[夜]에 하는 일[業]. '야간작업'(夜間作業)의 준말. ¶야업을 마치고 새벽에 귀가하다.

야:업² 野業 (들 야, 일 업). 집 밖[野]에서 하는 일[業]. ¶겨울에는 야업을 하기가 어렵다. [비]바깥일.

야:연 夜宴 (밤 야, 잔치 연). 밤[夜]에 열리는 잔치[宴]. ¶도성의 문인을 모시고 야연을 베풀었다.

야:영 野營 (들 야, 집 영). ① [속뜻] 들판[野]에 임시로 마련한 집[營]. ② 야외에 천막을 쳐 놓고 하는 생활. ¶우리는 산 속에서 야영을 했다.

▶야:영-장 野營場 (마당 장). 천막 따위를 치고 야영(野營)을 할 수 있도록 만들어 놓은 장소(場所). ¶청소년 수련 야영장.

▶야:영-지 野營地 (땅 지). 야영(野營)을 할 수 있는 곳[地].

야:외 野外 (들 야, 밖 외). ① 들[野] 밖[外]. 들판. ¶야외로 소풍을 가다. ② 집 밖이나 노천(露天)을 이르는 말. ¶공원에서 야외 연주회가 열린다.

▶야:외-극 野外劇 (연극 극). [연영] 야외(野外)에서 하는 연극(演劇).

▶야:외-극장 野外劇場 (연극 극, 마당 장). 야외(野外)에 특별한 시설 없이 마련한 극장(劇場).

▶야:외 수업 野外授業 (줄 수, 일 업). 야외(野外)에서 하는 수업(授業). ¶소나무의 식생을 관찰하기 위해 야외 수업을 했다.

▶야:외 촬영 野外撮影 (찍을 촬, 모습 영). 야외(野外)에서 사진이나 영화를 찍음[撮影].

야:욕 野慾 (거칠 야, 욕심 욕). ① [속뜻] 야비(野卑)한 욕망(慾望). ② 자기 잇속만 채우려는 속된 욕심(慾心). ¶일본은 대륙 침략의 야욕을 품고 한국을 침략했다.

야:우¹ 夜雨 (밤 야, 비 우). 밤[夜]에 내리는 비[雨].

야:우² 野牛 (들 야, 소 우). 야생(野生)의 소[牛]를 통틀어 이르는 말. [비]들소.

야:유¹ 揶揄 (희롱할 야, 빈정거릴 유). 남을 희롱하고[揶] 빈정거림[揄]. 또는 그런 말이나 몸짓. ¶야유를 보내다 / 관중은 그 연사(演士)를 야유했다.

야:유² 冶遊 (요염할 야, 놀 유). 요염한[冶] 여자와 방탕하게 놂[遊]. ¶야유를 벌이다.

야:유³ 野遊 (들 야, 놀 유). 들[野]판을 다니며 놂[遊].

▶야:유-회 野遊會 (모일 회). 들놀이[野遊]를 하는 모임[會].

야:음¹ 夜陰 (밤 야, 응달 음). 밤[夜]이 되어 어두움[陰]. 또는 그때. ¶야음 속에서 누군가의 습격을 받았다.

야:음² 夜飮 (밤 야, 마실 음). 밤[夜]에 술을 마심[飮].

야:인 野人 (거칠 야, 사람 인). ① [속뜻] 야만(野蠻)스러운 사람[人]. 교양이 없고 예절을 모르는 사람. ② 아무 곳에도 소속하지 않은 채 지내는 사람. ③ 시골에 사는 사람. ④ [역사] 조선 시대에 압록강과 두만강 유역에 거주하던 여진족.

야:자 椰子 (야자나무 야, 접미사 자). [식물] 야자나무[椰+子].

▶야:자-수 椰子樹 (나무 수). [식물] 야자(椰子)가 열리는 나무[樹]. 대추야자, 기름야자, 부채야자, 대왕야자 따위를 통틀어 이르는 말.

▶야:자-유 椰子油 (기름 유). 야자(椰子)의 씨로 짠 기름[油]. 비누 또는 버터의 원료로 쓰인다.

야:장 夜葬 (밤 야, 장사지낼 장). 밤[夜]에

장사를 지냄[葬]. 또는 그 장사.

야:적 野積 (들 야, 쌓을 적). 곡식 단이나 그 밖의 물건을 임시로 바깥[野]에 쌓음[積].

▸야:적-장 野積場 (마당 장). 야적(野積)한 곳[場].

야:전[1] 夜戰 (밤 야, 싸울 전). 군사 밤[夜]에 하는 싸움[戰].

야:전[2] 野戰 (들 야, 싸울 전). 군사 ①산이나 들 따위의 야외(野外)에서 벌이는 전투(戰鬪). ②공성전(攻城戰), 시가전, 요새전 이외의 육상에서 벌이는 전투. ③싸움터에 있거나 그와 관련된 것을 이르는 말.

▸야:전-군 野戰軍 (군사 군). 군사 ①야전(野戰)을 하기위해 편성된 군대(軍隊). ②집단군 보다 작고 군단보다 큰 행정 및 전술 편성 부대.

▸야:전-포 野戰砲 (대포 포). 군사 야전(野戰)에서 주로 쓰는 대포(大砲). ㊟야포.

▸야:전 병:원 野戰病院 (병 병, 집 원). 군사 야전(野戰)으로 인해 생긴 부상을 치료하기 위해 임시로 설치한 병원(病院).

야:조[1] 夜鳥 (밤 야, 새 조). 낮에는 숨어 자고 밤[夜]에 활동하며 먹이를 찾는 새[鳥]. 부엉이, 올빼미 따위가 있다. ㊥야금(夜禽).

야:조[2] 野鳥 (들 야, 새 조). 야생(野生)의 새[鳥]. ¶비행장에서는 야조가 골칫거리다. ㊥들새.

야:중 夜中 (밤 야, 가운데 중). 밤[夜]의 한가운데[中]. 밤이 깊은 때. ¶야중에 어딜 다녀오느냐? ㊥밤중.

야:지 野地 (들 야, 땅 지). 너른 들판[野]이 있는 지대(地帶).

야:직 夜直 (밤 야, 당번 직). ① 역사 밤[夜]에 궁중에서 숙직(宿直)하던 일. ②숙직(宿直).

야:차[1] 夜叉 (밤 야, 깍지낄 차). ① 속뜻 밤[夜]에 깍지를 끼고[叉] 다니는 사나운 귀신. ② 민속 모질고 사나운 귀신의 하나. ㊥두억시니. ③ 불교 모습이 추악하며 사람을 해치는 사나운 귀신.

야:차[2] 野次 (들 야, 버금 차). 역사 임금이 야외(野外)로 행차할 때 임시로 머무르는 [次] 곳.

야:찬 夜餐 (밤 야, 밥 찬). 저녁밥을 먹고 난 한참 뒤 밤[夜]에 먹는 음식[餐].

야:채 野菜 (들 야, 나물 채). ① 속뜻 들[野]에서 자라나는 나물[菜]. ②'채소'(菜蔬)의 일본어식 표현. ㊥채소(菜蔬).

야:천 野川 (들 야, 내 천). 들[野] 가운데로 흐르는 내[川].

야:초 野草 (들 야, 풀 초). 들[野]에 저절로 나는 풀[草]. ¶들 한쪽에는 야초에 둘러싸인 코스모스가 하늘거리고 있었다.

야:취 野趣 (들 야, 풍취 취). 들[野]이나 자연의 아름다움에서 느끼는 흥취(興趣). ¶시골에 살아보지 않은 사람은 야취를 모른다.

야:태 野態 (거칠 야, 모양 태). 촌스러운[野] 모양[態].

야:포 野砲 (들 야, 대포 포). 군사 야전(野戰)에서 주로 쓰는 대포(大砲). ¶야포 수십 문을 쏘다.

▸야:포-대 野砲隊 (무리 대). 군사 야포병(野砲兵)으로 이루어진 부대(部隊).

야:학 夜學 (밤 야, 배울 학). ① 속뜻 밤[夜]에 공부함[學]. ② 교육 '야간학교'(夜間學校)의 준말. ¶그는 야학을 다니며 공부했다.

▸야:학-교 夜學校 (학교 교). 교육 밤[夜]에 수업하는[學] 학교(學校).

▸야:학-생 夜學生 (사람 생). 야간 학교(夜間學校)에서 배우는 학생(學生).

야:한 夜寒 (밤 야, 찰 한). ① 속뜻 밤[夜]의 쌀쌀한[寒] 기운. ②가을밤의 쌀쌀한 느낌. 또는 그런 추위.

야:합 野合 (들 야, 맞을 합). ① 속뜻 들판[野]에서 몸을 합(合)함. ②부부가 아닌 남녀가 서로 정을 통함. ③좋지 못한 목적으로 서로 어울림.

야:행 夜行 (밤 야, 행할 행). ① 속뜻 밤[夜]에 활동함[行]. ②밤에 길을 감. ¶의금야행(衣錦夜行).

▸야:행-성 夜行性 (성질 성). 동물 낮에는 쉬고 밤[夜]에 활동하는[行] 동물의 습성(習性). ¶야행성 동물. ㊥주행성(晝行性).

야:화[1] 夜話 (밤 야, 이야기 화). ① 문학 밤[夜]에 모여서 하는 가벼운 이야기[話]. 또는 그것을 기록한 책. ② 불교 선종(禪宗)에서 주지가 밤에 수행자에게 하는 좌선 수행

에 관한 훈화(訓話).

야:화[2] 野火 (들 야, 불 화). 들[野]에 놓은 불[火].

야:화[3] 野花 (들 야, 꽃 화). ① [속뜻] 들[野]에 핀 꽃[花]. ② 하층 사회나 화류계 미녀를 비유하여 이르는 말.

야:화[4] 野話 (들 야, 이야기 화). 항간[野]에 떠도는 이야기[話]. ¶할아버지는 재미있는 야화를 들려주곤 하셨다.

야:화 식물 野化植物 (들 야, 될 화, 심을 식, 만물 물). [식물] 본디 재배 식물이던 것이 야생종(野生種)으로 된[化] 식물(植物).

야:회 夜會 (밤 야, 모일 회). 밤[夜]에 모임[會]을 엶. 또는 그 모임. ¶올림픽 유치를 축하하기 위한 야회가 열렸다.

▸야:회-복 夜會服 (옷 복). 야회(夜會)에 참석할 때 입는 서양식의 예복(禮服).

약가 藥價 (약 약, 값 가). 약(藥)의 값[價].

⁑**약간** 若干 (같을 약, 얼마 간). ① [속뜻] 만약(萬若) 얼마[干]. ② 얼마 안 되게. 또는 얼마쯤. ② 얼마 되지 않음. ¶약간의 돈이지만 제 성의입니다. [비] 다소(多少), 조금.

약골 弱骨 (약할 약, 뼈 골). 약(弱)한 골격(骨格). 또는 그러한 사람. ¶그는 약골이다.

약과 藥菓 (=藥果, 약 약, 과자 과). ① [속뜻] 약(藥)처럼 정성을 들여 만든 과자(菓子). ② 밀가루를 기름과 꿀에 반죽하여 기름에 지진 유밀과의 한 가지. ③ 감당하기 어렵지 않은 일. ¶그 정도면 약과다.

▸약과-문 藥菓紋 (무늬 문). ① [속뜻] 비단에 있는 약과(藥菓) 모양 무늬[紋]. ② 검은담비의 네모진 무늬.

▸약과 장식 藥菓裝飾 (꾸밀 장, 꾸밀 식). [건설] 장의 문이나 귀퉁이에 박는 약과(藥菓) 무늬의 네모진 장식(裝飾).

약관[1] 約款 (묶을 약, 항목 관). [법률] 계약(契約)에서 정한 하나하나의 항목[款]. ¶보험 약관.

약관[2] 弱冠 (젊을 약, 갓 관). ① [속뜻] 젊은[弱] 남자의 관례(冠禮, '성인식'). ② 관례를 치르는 스무 살 전후의 나이. ¶아직 약관도 못된 소년. ③ 젊은 나이. ¶20대의 약관.

약국[1] 弱國 (약할 약, 나라 국). 힘이 약(弱)한 나라[國]. ¶서양 열강들은 아시아의 약국을 침략했다. [반] 강국(强國).

약국[2] 藥局 (약 약, 방 국). ① [속뜻] 약사가 약(藥)을 조제하거나 파는 방[局]이나 집. ② 처방에 의하여 약을 지어 주는 병원의 한 부서.

약기 略記 (줄일 략, 기록할 기). 줄거리만 따서 대충 간략(簡略)하게 적음[記]. 또는 그런 기록. ¶뮤지컬의 내용을 약기해두었다. [비] 생기(省記).

약년 弱年 (젊을 약, 나이 년). 젊은[弱] 나이[年]. ¶그는 약년에 이미 문단의 주목을 받았다.

약도 略圖 (줄일 략, 그림 도). 간략(簡略)하게 줄여 주요한 것만 대충 그린 도면이나 지도(地圖). ¶여기에서 학교까지의 약도를 그려주세요.

약동 躍動 (뛰어오를 약, 움직일 동). 뛰어오르듯[躍] 생기 있고 활발하게 움직임[動]. ¶봄은 만물이 약동하는 때이다.

▸약동-감 躍動感 (느낄 감). 뛰어오르듯[躍] 생기 있고 활발하게 움직이는[動] 느낌[感]. ¶이 그림은 약동감이 느껴진다.

약력[1] 略歷 (줄일 략, 지낼 력). 간략(簡略)하게 적은 이력(履歷). ¶그의 약력을 소개하다.

약력[2] 略曆 (줄일 략, 책력 력). 역법(曆法)의 중요한 내용만을 간략(簡略)하게 간추려 만든 달력[曆]. '약본력'(略本曆)의 준말.

약령 藥令 (약 약, 시킬 령). '약령시'(藥令市)의 준말.

▸약령-시 藥令市 (저자 시). 봄철이나 가을철[月令]에 정기적으로 열려 약재(藥材)를 사고팔던 시장(市場).

약로 藥路 (약 약, 길 로). 환자가 여러 가지 약(藥)을 써 보아서 병에 알맞은 약을 얻게 된 경로(經路).

약론 略論 (줄일 략, 논할 론). 간추려[略] 말함[論]. 또는 그런 글이나 책. ¶비평가들의 약론을 읽다.

약료 藥料 (약 약, 거리 료). 약(藥)으로 쓸 재료(材料).

▸약료 작물 藥料作物 (지을 작, 만물 물). 약재[藥料]로 쓰기 위해 재배하는[作] 식물(植物).

약리 藥理 (약 약, 이치 리). [약학] 생체에 들어

간 약품(藥品)이 일으키는 생리적(生理的) 인 변화. ¶약리 효과를 관찰하다.

▸약리-학 藥理學 (배울 학). [약학] 생체에 들어간 약품(藥品)이 일으키는 생리적(生理的)인 변화를 연구하는 학문(學問).

약명 藥名 (약 약, 이름 명). 약(藥)의 이름[名]. ¶약방문에 약명을 적다.

약-모음 弱母音 (약할 약, 어머니 모, 소리 음). [언어] 밖으로 나오는 기류가 약(弱)한 모음(母音). 어감(語感)이 어둡고 큰 'ㅓ', 'ㅜ', 'ㅕ', 'ㅠ', 'ㅔ', 'ㅝ', 'ㅟ', 'ㅖ' 따위가 있다. [비]음성 모음(陰性母音).

약문 約文 (=略文, 묶을 약, 글월 문). 간단하게 요약(要約)한 글[文].

약물¹ 約物 (묶을 약, 만물 물). [출판] 약속(約束)하여 만든 기호[物]. 활자 가운데서 문자, 숫자를 제외한 각종 기호, 구두점, 괄호 따위를 통틀어 이른다.

약물² 藥物 (약 약, 만물 물). [약학] 약(藥)으로 쓰이는 물질(物質). ¶약물 치료.

▸약물-성 藥物性 (성질 성). 약물(藥物)이 될 수 있는 성질(性質).

▸약물-학 藥物學 (배울 학). [약학] 약물(藥物)이 일으키는 변화를 연구하는 학문(學問). [비]약리학(藥理學).

▸약물 요법 藥物療法 (병 고칠 료, 법 법). [약학] 약물(藥物)로 병을 치료(治療)하는 방법(方法).

▸약물 중독 藥物中毒 (맞을 중, 독할 독). [의학] 약물(藥物)로 인해 중독(中毒)됨. 약 또는 독이 입을 통한 섭취나 호흡으로 인한 흡입, 피부를 통한 흡수, 주사 등의 형태로 인체에 들어와 건강에 해로운 영향을 미치는 상태.

약방 藥房 (약 약, 방 방). ① 약사가 약(藥)을 조제하거나 파는 곳[房]. 약국(藥局). ② 약재를 사고파는 곳. [비]약포(藥鋪). ③ [역사] 궁중의 의약(醫藥)을 맡아보던 관아. [비]내의원(內醫院). ④ [역사] 조선 시대에 둔 성균관의 동재 맨 위쪽의 방. [속담] 약방에 감초.

약방-문 藥方文 (약 약, 방법 방, 글월 문). [약학] 약(藥)을 짓기 위해 처방(處方)을 쓴 글[文]. 또는 그런 종이.

약병 藥瓶 (약 약, 병 병). 약(藥)을 담는 병(瓶).

약보¹ 略報 (줄일 략, 알릴 보). 간략(簡略)한 보고(報告).

약보² 略譜 (줄일 략, 적어놓을 보). [음악] 숫자나 기호 따위로 음높이와 리듬을 간략(簡略)하게 나타낸 악보(樂譜).

약복 略服 (줄일 략, 옷 복). 정식이 아닌 약식(略式)의 복장(服裝).

약-봉지 藥封紙 (약 약, 봉할 봉, 종이 지). 약(藥)을 담는 봉지(封紙).

약분 約分 (묶을 약, 나눌 분). [수학] 분수의 분모와 분자를 공약수(公約數)로 나누어[分] 간단하게 하는 일.

약비 略備 (줄일 략, 갖출 비). 대강 줄여[略] 갖춤[備].

약사¹ 略史 (줄일 략, 역사 사). 간략(簡略)하게 줄여 적은 역사(歷史). ¶페르시아 약사.

약사² 藥事 (약 약, 일 사). [법률] 의약(醫藥)에 관한 일[事]. 의료품, 의약 부외품, 화장품, 의료 용구 및 위생용품 따위의 제조, 보관, 수입, 판매 따위에 관련된 사항이다.

▸약사-법 藥事法 (법 법). [법률] 의약(醫藥)에 관한 일[事]에 대한 법(法). 국민의 보건을 향상시키기 위해 의약품, 화장품, 의료기기 따위에 관한 사항을 규정하고 있다.

약사³ 藥師 (약 약, 스승 사). 약(藥)을 짓거나 다루는 일을 하는 사람을 스승[師]으로 높여 부르는 말.

▸약사-여래 藥師如來 (같을 여, 올 래). [불교] 약(藥)을 다루어[師] 중생의 건강과 생명을 보살펴준다는 여래(如來). 큰 연꽃 위에 앉아서 왼손에 약병을 들고 있다.

약산 弱酸 (약할 약, 산소 산). [화학] 수용액 가운데 수소 이온이 약(弱)하게 들어있는 산(酸). 아세트산, 붕산 따위.

약석 藥石 (약 약, 돌 석). ① [속뜻] 약(藥)과 돌[石]. ② 여러 가지 약을 통틀어 이르는 말. 또는 그것으로 치료하는 일. ¶그는 약석의 보람도 없이 이내 세상을 뜨고 말았다.

약설¹ 略設 (줄일 략, 베풀 설). 간략(簡略)하게 차리거나 베풂[設].

약설² 略說 (約說)줄일 략, 말씀 설). 간략(簡略)하게 설명(說明)함. 또는 그런 설명. ¶발해사 약설.

약성 藥性 (약 약, 성질 성). 약재(藥材)의 성질(性質). ¶약성을 파악해서 약을 짓다.

약세 弱勢 (약할 약, 세력 세). ①약(弱)한 세력(勢力). 약한 기세. ¶힘의 약세. ② [경제]시세가 하락하는 경향에 있는 것. 또는 그런 장세(場勢). ¶증권시장은 강세에서 약세로 변했다. [반]강세(強勢).

약소[1] 略少 (줄일 략, 적을 소). ① [속뜻]간략(簡略)하고 적다[少]. ②적고 변변하지 못하다.

약소[2] 弱小 (약할 약, 작을 소). 약(弱)하고 작음[小]. ¶약소 민족의 설움을 겪다. [반]강대(強大).

▸약소-국 弱小國 (나라 국). 정치·경제·군사적으로 약소(弱小)한 나라[國]. '약소국가'(弱小國家)의 준말. [반]강대국(強大國).

▸약소-민족 弱小民族 (백성 민, 무리 족). 정치적·군사적·경제적으로 약소(弱小)한 민족(民族). 다른 나라의 지배를 받는 민족을 주로 이른다.

**약속 約束 (묶을 약, 다발 속). ① [속뜻]다발[束]을 묶음[約]. ②앞으로의 일에 대하여 미리 정하여 둠. ¶경희와 미리 약속을 해두었다. [비]언약(言約).

약수[1] 約數 (묶을 약, 셀 수). [수학]어떤 수나 식을 묶어[約] 나누어 똑떨어지게 하는 수(數). 6에 대한 1, 2, 3, 6 따위. ¶약수를 구하다.

*약수[2] 藥水 (약 약, 물 수). 약효(藥效)가 있는 샘물[水].

약술 略述 (줄일 략, 지을 술). 간략(簡略)하게 논술(論述)함. 또는 그런 논술. ¶다음을 글을 읽고 자신의 견해를 약술하시오.

약시[1] 弱視 (약할 약, 볼 시). 약(弱)한 시력(視力). 또는 그런 시력을 가진 사람.

약식[2] 藥食 (약 약, 밥 식). 약(藥)이 될 만큼 영양이 많은 밥[食]. [비]약밥.

약식[3] 略式 (줄일 략, 법 식). 절차를 생략(省略)한 의식(儀式)이나 양식(樣式). ¶약식으로 결혼식을 올리다. [반]정식(正式).

▸약식 명:령 略式命令 (명할 명, 시킬 령). [법률]절차를 생략(省略)한 방식(方式)으로 내리는 명령(命令). 공판 절차를 거치지 않고 서면 심리(書面審理)만으로 지방법원에서 벌금·과료 또는 몰수형을 과하는 명령.

▸약식 절차 略式節次 (알맞을 절, 차례 차). [법률]원래의 절차를 생략(省略)한 방식(方式)의 재판 절차(節次). 공판을 열지 않고 서면 심리만으로 형을 선고한다.

약-식염천 弱食鹽泉 (약할 약, 먹을 식, 소금 염, 샘 천). [지리]식염(食鹽)이 약(弱)하게 들어있는 온천(溫泉). 광천 1kg 중에 식염 5그램 이하가 들어 있을 때를 이른다.

약실 藥室 (약 약, 방 실). ①약(藥)을 만드는 곳[室]. '약제실'(藥劑室)의 준말. ② [군사]총포에서 탄약을 재어 넣는 부분.

약액 藥液 (약 약, 진 액). 약(藥)으로 쓰는 액체(液體).

약어 略語 (줄일 략, 말씀 어). 단어의 일부분을 줄인[略] 말[語]. ¶'선관위'는 '선거관리위원회'의 약어이다. [비]준말.

약언[1] 約言 (묶을 약, 말씀 언). ① [속뜻]약속(約束)으로 하는 말[言]. ② [언어]둘 이상의 음절이 이어질 때 한쪽 모음 또는 음절의 탈락에 의하여 음이 줄어드는 현상. [비]약음(約音).

약언[2] 略言 (줄일 략, 말씀 언). 간략(簡略)하게 말함[言]. 또는 그런 말.

약여 躍如 (뛰어오를 약, 같을 여). ① [속뜻]뛰어 노는[躍] 것 같은[如] 모양. ②눈앞에 생생하게 나타나는 모양.

약-염기 弱鹽基 (약할 약, 소금 염, 터 기). [화학]물에서 수산화 이온을 생성하는 능력이 약한[弱] 염기(鹽基). 수산화알루미늄, 암모니아, 아닐린 따위가 있다. [비]약알칼리. [반]강염기(強鹽基).

약용 藥用 (약 약, 쓸 용). 약(藥)으로 씀[用]. ¶약용 포도주 / 민들레뿌리는 약용한다.

▸약용 식물 藥用植物 (심을 식, 만물 물). [식물]약(藥)으로 쓰이는[用] 식물(植物).

약육-강식 弱肉強食 (약할 약, 고기 육, 강할 강, 먹을 식). ① [속뜻]약(弱)한 자의 살[肉]은 강(強)한 자의 먹이[食]가 됨. ②강한 자가 약한 자를 희생시켜서 번영하거나 약한 자가 강한 자에게 끝내는 멸망됨. ¶생태계는 약육강식의 세계이다.

약음 弱音 (약할 약, 소리 음). 약(弱)한 소리[音].

▸약음-기 弱音器 (그릇 기). [음악]악기에 붙여 음(音)을 약하게[弱] 하거나 부드럽게 하는 장치[器].

약자[1] 略字 (줄일 략, 글자 자). ①복잡한 글자의 점이나 획 따위의 일부를 생략(省略)한 글자[字]. ¶岩(암)은 巖(바위 암)의 약자이다. ⓑ반자(半字). ②여러 글자로 된 말의 일부를 생략하여 만든 글자. ¶'TV'는 'television'의 약자이다.

약자[2] 弱者 (약할 약, 사람 자). 약(弱)한 사람[者]이나 생물. 또는 그런 집단. ¶사회적 약자 / 약자를 보호해야 한다. ⓑ강자(強者).

▸약자-선수 弱者先手 (먼저 선, 손 수). 운동 바둑이나 장기 따위에서 실력이 낮은 사람[弱者]이 먼저[先] 수(手)를 두는 것.

약장[1] 約章 (묶을 약, 글 장). 약속(約束)한 법[章]. ⓑ약법(約法).

약장[2] 藥欌 (약 약, 장롱 장). 약재(藥材)를 갈라서 따로따로 넣어 두는 장(欌). 서랍이 달린 여러 개의 칸이 있다. ¶약초를 수집해 약장에 보관해 두었다.

약재 藥材 (약 약, 재료 재). 약(藥)을 짓는 데 쓰는 재료(材料). '약재료'의 준말. ¶녹용(鹿茸)은 말려 약재로 쓴다.

약-재료 藥材料 (약 약, 재목 재, 거리 료). 약(藥)을 짓는 데 쓰는 재료(材料). ¶모아 두었던 약재료를 넣어 약물을 끓였다.

약전[1] 弱電 (약할 약, 전기 전). 전기 ①통신 따위에 쓰는 약(弱)한 전류(電流). ②주로 통신 따위를 다루는 전기 공학 부문을 통틀어 이르는 말.

약전[2] 略傳 (줄일 략, 전할 전). ① 속뜻 간략(簡略)히 적은 전기(傳記). ②사람의 사적을 간략히 적어서 세상에 전하는 기록.

약전[3] 藥田 (약 약, 밭 전). 약초(藥草)를 심어 가꾸는 밭[田].

약전[4] 藥典 (약 약, 책 전). 법률 국가가 약품의 원료, 제법, 순도, 성질 따위를 기재하고 약제(藥劑)의 처방 기준을 정한 책[典].

약-전해질 弱電解質 (약할 약, 전기 전, 풀 해, 바탕 질). ① 속뜻 전기(電氣) 분해(分解)되는 정도가 약(弱)한 물질(物質). ② 화학 비교적 높은 농도의 수용액에서 이온화도가 0.01 정도나 그 이하인 전해질.

약점 弱點 (약할 약, 점 점). 모자라서[弱] 남에게 뒤떨어지거나 떳떳하지 못한 점(點). ¶남의 약점을 건드리지 마라. ⓑ결점(缺點), 단점(短點). ⓑ강점(強點), 장점(長點).

약정[1] 約正 (묶을 약, 바를 정). 역사 조선 때, 수령이 향약(鄕約)을 바르게[正] 잘 따르도록 옆에서 보조하던 사람.

약정[2] 約定 (묶을 약, 정할 정). ① 속뜻 어떤 일을 약속(約束)하여 정(定)함. ② 경제 증권 시장에서 거래원 사이에 증권의 매매가 성립되는 일.

▸약정-서 約定書 (글 서). 약정(約定)한 내용을 적은 문서(文書). ¶양측 대표는 회담 후 약정서를 교환하였다.

▸약정 이:자 約定利子 (이로울 리, 접미사 자). 경제 당사자끼리 약정(約定)한 이자(利子).

약제 藥劑 (약 약, 약지을 제). 여러 가지 약재를 섞어 약(藥)을 조제(調劑)함.

▸약제-실 藥劑室 (방 실). 병원이나 약국에서 약사가 약(藥)을 조제(調劑)하는 곳[室].

약조 約條 (묶을 약, 조목 조). 여러 가지 조항(條項)을 만들어 약속(約束)함. 또는 약속으로 정한 조항. ¶약조를 지키다 / 이달 말까지 일을 끝내기로 약조했다.

약졸 弱卒 (약할 약, 군사 졸). 약(弱)한 군졸(軍卒). ¶용장 밑에 약졸 없다.

약종 藥種 (약 약, 갈래 종). ① 속뜻 약재료(藥材料)의 종류(種類). ②약재료.

▸약종-상 藥種商 (장사 상). 약재료[藥種]를 파는 장사[商]. 또는 그런 장사를 하는 사람.

약주 藥酒 (약 약, 술 주). ① 속뜻 약(藥)으로 마시는 술[酒]. ②'맑은 술'을 달리 이르는 말. ③어른이 마시는 술. ¶아버지는 약주를 즐기신다.

약지 藥指 (약 약, 손가락 지). 가운뎃손가락과 새끼손가락 사이의 손가락. 약(藥)을 탈 때 주로 쓰이는 손가락[指]이라 하여 붙여진 이름이라는 설이 있다. ⓑ무명지(無名指), 약손가락.

약진[1] 弱震 (약할 약, 떨 진). ① 속뜻 약(弱)한 지진(地震). ② 지리 진도(震度) 3의 지진. 집이 흔들리고 창문이 울리며 그릇에 담긴 물의 면이 움직일 정도의 약한 지진이다. ¶약진에 벽에 걸린 액자가 떨어졌다. ⓒ미진

(微震), 경진(輕震), 중진(中震), 강진(強震), 열진(烈震), 격진(激震).

약진² **藥疹** (약 약, 홍역 진). 의학 약(藥)을 쓴 뒤에 몸에 두드러기[疹]가 돋는 일.

약진³ **躍進** (뛰어오를 약, 나아갈 진). ① 속뜻 힘차게 앞으로 뛰어[躍] 나아감[進]. ② 빠르게 발전하거나 진보함. ¶한국 경제의 약진이 눈부시다 / 그는 한 달 만에 5위에서 1위로 약진했다.

▸약진-상 躍進相 (모양 상). 힘차게 앞으로 뛰어[躍] 나아가는[進] 모습[相].

약질 **弱質** (약할 약, 바탕 질). 허약(虛弱)한 체질(體質). 또는 그런 체질을 가진 사람.

약차 **藥茶** (약 약, 차 차). 약재(藥材)를 달여서 차(茶)처럼 마시는 물.

약찬 **略饌** (줄일 략, 밥 찬). 간소하게[略] 차린 음식[饌].

약채 **藥債** (약 약, 빚 채). 약(藥) 값을 내지 못해 진 빚[債].

약체¹ **略體** (줄일 략, 모양 체). ① 정식 체재를 간략(簡略)하게 한 체제(體制). ② 획을 줄인 글씨체.

약체² **弱體** (약할 약, 몸 체). ① 속뜻 허약(虛弱)한 몸[體]. ② 실력이나 능력이 약한 조직체. ¶우리 팀은 그동안 약체로 평가받아 왔다.

▸약체-화 弱體化 (될 화). 사람이나 조직이 본래보다 약하게[弱體] 됨[化].

▸약체 보:험 弱體保險 (지킬 보, 험할 험). 경제 생명 보험 중, 건강 상태가 일반인보다 약(弱)한 사람[體]을 대상으로 하는 보험(保險).

약초 **藥草** (약 약, 풀 초). 약(藥)으로 쓰는 풀[草]. ¶약초를 캐다 / 약초 채집가.

▸약초-원 藥草園 (동산 원). 약초(藥草)를 키우는 밭[園].

약취 **略取** (빼앗을 략, 가질 취). ① 속뜻 빼앗아[略] 가짐[取]. ② 법률 폭행, 협박 따위 수단으로 남의 것이나 다른 사람을 자기의 것으로 만들려는 행위.

▸약취 강:도 略取強盜 (억지 강, 훔칠 도). 법률 사람을 약취(略取)하는 강도(強盜). 그 석방의 대가로 재물을 취득하는 행위를 이른다.

▸약취 유괴 略取誘拐 (꾈 유, 속일 괴). ① 속뜻 빼앗아[略] 가지고[取] 속여[拐] 꾐[誘]. ② 법률 사람을 자기 또는 제삼자의 실력적 지배 아래 둠으로써 개인의 자유를 침해하는 행위. 약취 유인(略取誘引).

약-치료 **藥治療** (약 약, 다스릴 치, 병 고칠 료). 약(藥)으로 병을 치료(治療)함.

약침 **藥鍼** (약 약, 침 침). 의약(醫藥)과 침술(鍼術)을 아울러 이르는 말.

약칭 **略稱** (줄일 략, 일컬을 칭). 정식 명칭을 간략(簡略)히 줄여 이름[稱]. 또는 그렇게 줄인 명칭.

약탈 **掠奪** (빼앗을 략, 빼앗을 탈). 폭력을 써서 남의 것을 빼앗음[掠=奪]. ¶테러범들은 지나는 마을마다 약탈을 일삼았다. ⑪수탈(收奪), 약취(掠取).

▸약탈-혼 掠奪婚 (혼인할 혼). 사회 원시 시대에 신부 될 사람을 다른 부족으로부터 빼앗아[掠奪] 오는 결혼(結婚) 형태.

▸약탈 경제 掠奪經濟 (다스릴 경, 건질 제). 짐승을 기르거나 작물을 가꾸거나 하지 않고 자연 자원을 그대로 채취·획득하는[掠奪] 원시경제(原始經濟).

▸약탈 농업 掠奪農業 (농사 농, 일 업). 농업 지력(地力)을 빼앗듯이[掠奪] 농사짓는[農業] 것. 땅에 거름을 주거나 하지 않고 지력에 의존하여 농작물을 경작하는 방법으로, 화전 등이 있다.

약-탕관 **藥湯罐** (약 약, 끓을 탕, 두레박 관). 약(藥)을 달이는[湯] 데 쓰는 질그릇[罐]. ¶약탕관의 약을 꺼내 짰다.

약-탕기 **藥湯器** (약 약, 끓을 탕, 그릇 기). ① 속뜻 탕약(湯藥)을 달이는[湯] 데 쓰이는 그릇[器]. ② 약물을 담는 탕기.

약통 **藥桶** (약 약, 통 통). 약(藥)을 담는 통(桶). ¶약통에서 알약 두 알을 꺼냈다.

약포¹ **藥包** (약 약, 쌀 포). ① 약(藥)을 담는 봉지[包]. ⑪약지(藥紙). ② 화포에 쓰는 발사용 화약. 적당량의 무연 화약을 나누어 싼 것.

약포² **藥圃** (약 약, 밭 포). 약초(藥草)를 재배하는 밭[圃]. ¶우리 집은 큰 약포를 가지고 있습니다. ⑪약밭.

약-포지 **藥包紙** (약 약, 쌀 포, 종이 지). 약(藥)을 싸는[包] 종이[紙].

약표 **略表** (줄일 략, 겉 표). 간략(簡略)하게

나타낸 표(表).

약품 藥品 (약 약, 물건 품). ① 속뜻 약(藥)으로 쓰는 물품(物品). ② 병이나 상처 따위를 고치거나 예방하기 위하여 먹거나 바르거나 주사하는 물질. ¶이 약품은 처방전이 있어야 살 수 있다. ③ 화학 변화를 일으키는 데 쓰는 물질. ¶약품 처리를 하다. ㊈약. ㊊약제(藥劑).

▸ 약품-명 藥品名 (이름 명). 약품(藥品)의 이름[名].

약필 略筆 (줄일 략, 글씨 필). ① 속뜻 중요한 점 이외는 생략(省略)하여 쓴 문장[筆]. ② 문자의 획을 생략하여 씀. 또는 그렇게 쓴 문자.

약학 藥學 (약 약, 배울 학). 약품(藥品)의 화학적 성질, 제법, 효능 따위의 기술과 이론을 연구하는 학문(學問).

약해[1] 略解 (줄일 략, 풀 해). ① 속뜻 골자만 추려서 간략(簡略)하게 풀이함[解]. 또는 그런 책. ② 말이나 글의 뜻을 대강 이해함.

약해[2] 藥害 (약 약, 해칠 해). 약(藥)을 잘못 써서 받는 해(害).

약형 藥衡 (약 약, 저울대 형). 약(藥)을 다는 조그마한 저울[衡]. ㊊약칭(藥稱), 약형(藥衡), 분칭(分稱).

약호 略號 (줄일 략, 표지 호). ① 간단하게[略] 만든 부호(符號). ¶약호를 써서 사용법을 설명하다. ② 간략하게 줄이어 부르는 칭호. ¶그는 'J'라는 약호로 불린다.

약혼 約婚 (묶을 약, 혼인할 혼). 혼인(婚姻)하기로 약속(約束)함. ¶약혼식 / 약혼 반지.

▸ 약혼-기 約婚期 (때 기). 약혼(約婚)한 때부터 결혼식(結婚式)을 할 때까지의 기간(期間).

▸ 약혼-식 約婚式 (의식 식). 약혼(約婚)할 때 올리는 의식(儀式).

▸ 약혼-자 約婚者 (사람 자). 약혼(約婚)한 당사자[者]가 서로를 일컫는 말.

▸ 약혼-반지 約婚半指 (반 반, 손가락 지). 약혼(約婚)을 기념(紀念)하기 위해 주는 반지(半指).

약화[1] 弱化 (약할 약, 될 화). 세력이나 힘이 약하게[弱] 됨[化]. 또는 그렇게 되게 함. ¶태풍의 세력이 크게 약화되었다 / 그 바이러스는 인체의 저항력을 약화시킨다. ㊇강화(強化).

약화[2] 略畵 (줄일 략, 그림 화). 미술 사물을 직접 취재하거나 기억을 더듬어서 간략(簡略)하게 그린 그림[畵].

약효 藥效 (약 약, 효과 효). 약(藥)의 효과(效果). ¶약효가 빠르다.

양:가[1] 養家 (기를 양, 집 가). 양자(養子)로 들어간 집[家].

양가[2] 良家 (어질 량, 집 가). ① 지체가 있는 좋은[良] 집안[家]. ② 양민(良民)의 집.

▸ 양가 여자 良家女子 (여자 녀, 접미사 자). 좋은[良] 집안[家]의 여자(女子).

▸ 양가 자제 良家子弟 (아들 자, 아우 제). 좋은[良] 집안[家]의 아들 또는 젊은이[子弟].

양:가[3] 兩家 (두 량, 집 가). 양(兩)쪽 집[家]. ¶양가 부모님을 모시고 저녁 식사를 하다.

▸ 양:가-독자 兩家獨子 (홀로 독, 아들 자). 생가와 양가의 두[兩] 집[家]을 아울러서 하나뿐인 외[獨]아들[子].

양각[1] 陽角 (볕 양, 모서리 각). 수학 각을 낀 두 반직선 중 한 반직선이 오른쪽으로[陽] 돌아 생기는 각(角). 즉 시계 방향과 반대 방향으로 돌아서 생긴 각. ㊇음각(陰角).

양각[2] 陽刻 (밝을 양, 새길 각). ① 속뜻 밝게(陽) 보이도록 도드라지게 새김[刻]. ② 미술 조각에서 평평한 면에 글자나 그림 따위를 도드라지게 새기는 일. 또는 그 조각. ㊊돋을새김. ㊇음각(陰刻).

양:각[3] 兩脚 (두 량, 다리 각). 양(兩)쪽 다리[脚]. 또는 두 다리. ¶양각의 피곤이 심하였다.

▸ 양:각-기 兩脚器 (그릇 기). 두[兩] 개의 다리[脚]로 원을 그리거나 길이를 옮길 때 쓰는 기구(器具). ㊊컴퍼스compass).

양각-등 羊角燈 (양 양, 뿔 각, 등불 등). 양(羊)의 뿔[角]을 고아서 만든 투명하고 얇은 껍질을 씌운 등(燈).

양각-풍 羊角風 (양 양, 뿔 각, 바람 풍). ① 속뜻 양(羊)의 뿔[角]처럼 빙빙 도는 바람[風]. ② 지리 갑자기 생기는 저기압으로 주위의 공기가 한꺼번에 몰려 돌아 올라가는 바람. ㊊회오리바람.

양감 量感 (분량 량, 느낄 감). 미술 회화에서 대상물의 부피[量]나 무게에 대한 감촉(感

觸). 또는 그 느낌이 나도록 그리는 일. ¶이 그림은 양감이 풍부하다. ㊥질감(質感).

양갱 羊羹 (양 양, 국 갱). 엿에 설탕, 팥 앙금, 우무 따위를 넣고 끓여서 굳힌 과자. 이를 즐겨 만든 일본에서는 '설탕, 밀가루, 마 따위를 넣고 양(羊)의 간 모양으로 만들어 찐 뒤 된장국[羹]에 넣어 먹는 음식'이라고 한 데서 이름이 유래.

양건 陽乾 (볕 양, 마를 건). 농업 양달[陽]에서 말림[乾].

양:견 養犬 (기를 양, 개 견). 개[犬]를 기름[養]. 또는 그 개.

양:계 養鷄 (기를 양, 닭 계). 닭[鷄]을 먹여 기름[養]. 또는 그 닭.

▸양:계-장 養鷄場 (마당 장). 여러 가지 필요한 설비를 갖추어 두고 닭[鷄]을 먹여 기르는[養] 곳[場]. ¶폭설로 양계장이 무너졌다.

양고 良賈 (좋을 량, 장사 고). 훌륭한[良] 상인[賈].

▸양고-심장 良賈深藏 (깊을 심, 감출 장). ① 속뜻 유능한 상인[良賈]은 물건을 깊이[深] 숨겨두고[藏] 가게에 내놓지 않음. ② '어진 이는 학식이나 재능을 숨기고 함부로 드러내지 않음'을 비유하여 이르는 말.

양곡[1] 良穀 (좋을 량, 곡식 곡). 좋은[良] 곡류(穀類).

양곡[2] 糧穀 (양식 량, 곡식 곡). 양식(糧食)으로 쓰는 곡식(穀食). ¶양곡 창고 / 양곡 원산지를 표기하다.

▸양곡 관:리 糧穀管理 (맡을 관, 다스릴 리). 법률 양곡(糧穀)의 생산·유통·소비를 국가가 관리(管理)하는 일.

▸양곡 증권 糧穀證券 (증거 증, 문서 권). 경제 정부가 양곡(糧穀) 가격을 안정시키고 양곡의 수요·공급을 원활히 하며 양곡을 사들이는 비용에 쓰기 위해 발행하는 증권(證券).

양:-곤마 兩困馬 (두 량, 괴로울 곤, 말 마). 운동 바둑에서 두[兩] 군데가 모두 살기 어렵게[困] 된 말[馬].

양공[1] 良工 (어질 량, 장인 공). ①재주와 기술이 뛰어난[良] 공인(工人). ㊥양장(良匠). ¶양공의 솜씨로 다듬어 낸 그 우람한 석상. ② 불교 가사(袈裟)를 짓는 침공(針工).

양공[2] 陽攻 (속임수 양, 칠 공). ① 속뜻 거짓[陽]으로 움직이는[動] 척 함. ② 군사 적을 속이기 위하여 계획한 방향과 반대의 방향에서 공격하는 일. ㊥양동(陽動).

양-과자 洋菓子 (서양 양, 열매 과, 접미사 자). 서양식(西洋式)으로 만든 과자(菓子). 케이크, 빵, 비스킷 따위.

양관 洋館 (서양 양, 집 관). ①서양(西洋) 각국의 공사관이나 영사관(領事館). ②양옥(洋屋). ¶초록색 이 층 양관이 있습니다.

양:괄-식 兩括式 (두 량, 묶을 괄, 법 식). 문학 글의 중심 내용을 앞과 끝의 양(兩)쪽에 묶어[括] 표현하는 문장 구성 방식(方式).

양광[1] 佯狂 (거짓 양, 미칠 광). 거짓으로[佯] 미친[狂] 체함. 또는 그런 행동. ¶경찰관들은 그의 양광에 넘어가고 말았다.

양광[2] 陽光 (볕 양, 빛 광). ① 속뜻 태양(太陽)의 빛[光]. 또는 햇빛. ② 물리 진공 방전 때 중앙 부근에 나타나는 고운 광망(光芒).

양:교 兩校 (두 량, 학교 교). 두[兩] 학교(學校). ¶양교 선수들이 입장하였다.

양:국 兩國 (두 량, 나라 국). 두[兩] 나라[國]. ¶양국의 외교 관계 / 양국의 지도자가 회담을 갖다.

양:군 兩軍 (두 량, 군사 군). ①양(兩)편의 군사(軍士). ¶양군이 서로 겨루다. ②운동 경기에서 서로 겨루는 양편. ¶운동회에서 청군과 백군의 양군이 시합을 한다.

양굴-성 陽屈性 (볕 양, 굽힐 굴, 성질 성). 식물 빛[陽]을 받는 쪽으로 굽어[屈] 자라는 성질(性質).

양궁 洋弓 (서양 양, 활 궁). 운동 서양식(西洋式)으로 만든 활[弓]. 또는 그 활로 겨루는 경기. ¶그는 세계 최고의 양궁 선수이다.

양귀비 楊貴妃 (버들 양, 귀할 귀, 왕비 비). ① 속뜻 양(楊)씨 귀비(貴妃)처럼 아름다운 꽃. ② 식물 5~6월에 다양한 색의 꽃이 피는 식물. 덜 익은 열매로 아편을 만든다.

양귤 洋橘 (서양 양, 귤나무 귤). 식물 서양(西洋)에서 재배되어 전래된 귤(橘)과의 식물.

양:극[1] 兩極 (두 량, 끝 극). ① 속뜻 양(兩)쪽 끝[極]. ② 지리 북극(北極)과 남극(南極). ¶

양극의 빙하가 서서히 녹고 있다. ③ '양극단'(兩極端)의 준말. ¶그들의 의견은 양극을 달리고 있다.

▸양:극-화 兩極化). 서로 점점 더 달라지고 멀어짐. ¶여론이 양극화되다.

▸양:극 체제 兩極體制 (몸 체, 정할 제). 정치 양극(兩極)으로 갈린 정치 체제(體制). 미국과 소련을 정점으로 하여 민주주의와 공산주의로 갈라져 있던 국제 형세를 이르는 말.

양극² 陽極 (볕 양, 끝 극). ① 속뜻 음양(陰陽) 가운데 양(陽)에 해당하는 쪽이나 끝[極]. ② 물리 두 개의 전극 사이에 전류가 흐를 때에 전위가 높은 쪽의 극. ¶양극은 이쪽에, 음극은 저쪽에 연결해라. ⓑ플러스(plus)극. ⓑ음극(陰極).

▸양극-선 陽極線 (줄 선). 물리 진공 방전(眞空放電) 때 양극(陽極)에서 음극으로 향해 흐르는 양전기를 띤 방사선(放射線).

양:-극단 兩極端 (두 량, 다할 극, 끝 단). ① 속뜻 두[兩] 끝 부분[極端]. ② 서로 심하게 거리가 있거나 상반되는 것.

양근 陽根 (볕 양, 뿌리 근). ① 속뜻 음양 가운데 양(陽)에 해당하는 생식기[根]. 남자의 생식기. ② 양이론이 되는 원자의 집단.

양금 洋琴 (서양 양, 거문고 금). 음악 서양(西洋)에서 만들어진 거문고[琴]같은 현악기. 채로 줄을 쳐서 소리를 낸다.

양기¹ 陽氣 (볕 양, 기운 기). ① 속뜻 햇볕[陽]의 따뜻한 기운(氣運). ② 만물이 살아 움직이는 활발한 기운. ¶이 음식은 양기를 북돋아준다. ③ 한의 몸 안에 있는 양의 기운. 또는 남자 몸 안의 정기(精氣). ⓑ음기(陰氣).

양기² 揚氣 (오를 양, 기운 기). ① 속뜻 의기(意氣)가 솟음[揚]. ② 으쓱거리며 뽐냄.

양:기³ 養氣 (기를 양, 기운 기). ① 속뜻 기력(氣力)을 기름[養]. ② 유가에서 맹자가 주장한 정신 수양법. 호연(浩然)의 기(氣)를 기르는 일을 이른다. ③ 도가에서 몸과 마음을 닦는 일.

양:난 兩難 (두 량, 어려울 난). ① 속뜻 두[兩] 방면 모두 다 어려움[難]에 처함. ② 이러지도 못하고 저러지도 못할 어려움에 처함.

양:남 兩南 (두 량, 남녘 남). 두[兩] 남도(南道). 호남(湖南)과 영남(嶺南)을 아울러 이르는 말.

양녀¹ 洋女 (서양 양, 여자 녀). 서양(西洋) 여자(女子).

양:녀² 養女 (기를 양, 딸 녀). ① 속뜻 남의 자식을 데려다 제 자식처럼 기른[養] 딸[女]. ② 법률 입양에 의하여 혼인 중 출생한 딸로서의 신분을 획득한 사람. ⓑ양딸, 수양딸. ⓑ양자(養子).

양:단¹ 兩斷 (두 량, 끊을 단). 하나를 둘[兩]로 나누거나 끊음[斷]. ¶일도양단(一刀兩斷).

양단² 洋緞 (서양 양, 비단 단). ① 속뜻 서양(西洋)에서 발명되어 전해온 비단(緋緞). ② 은실이나 색실로 수를 놓고 겹으로 두껍게 짠 고급 비단의 하나.

양:단³ 兩端 (두 량, 끝 단). ① 속뜻 두[兩] 끝[端]. ② 혼인 때 쓰는 붉은빛 채단과 푸른빛 채단의 두 끝.

▸양:단-간 兩端間 (사이 간). 이렇게 되든지 저렇게 되든지 두 가지[兩端] 가운데[間].

양:당¹ 兩堂 (두 량, 집 당). 남의 부모님[堂] 두[兩] 분을 높여 이르는 말.

양:당² 兩黨 (두 량, 무리 당). 두[兩] 정당(政黨). ¶이번 안건에 대해 양당은 심각한 의견 차이를 보이고 있다.

양도¹ 洋刀 (서양 양, 칼 도). 서양식(西洋式)으로 만든 주머니 칼[刀]. 또는 식탁용 칼. ¶양도를 꺼내 들었다.

양도² 洋陶 (서양 양, 질그릇 도). 서양풍(西洋風)의 질그릇[陶].

양도³ 陽道 (볕 양, 길 도). ① 남녀를 음양(陰陽)에 비유하여 남자[陽]로서의 도리(道理). ② 군신, 부자, 부부에서 임금, 아버지, 지아비의 도리. ③ 의학 남자의 생식력이나 생식기. ⓒ음도(陰道).

양도⁴ 糧道 (양식 량, 길 도). ① 속뜻 군량(軍糧)을 나르는 길[道]. ¶양도를 끊고 포위망을 좁혀 갔다. ② 일정한 기간 동안 먹고 살아 갈 양식.

양:도⁵ 讓渡 (넘겨줄 양, 건넬 도). ① 속뜻 남에게 넘겨[讓] 건네[渡]줌. 또는 그런 일. ② 법률 권리나 재산, 법률에서의 지위 따위

를 남에게 넘겨줌. 또는 그런 일. ¶이 회원권은 타인에게 양도할 수 있습니다. ⓑ양여(讓與). ⓑ양수(讓受).

▸양:도-인 讓渡人 (사람 인). 법률 권리, 재산, 법률에서의 지위 따위를 양도(讓渡)하는 사람[人].

▸양:도 담보 讓渡擔保 (멜 담, 지킬 보). 법률 담보물의 소유권을 양도(讓渡)하여 그것을 담보(擔保)로 하는 것. 일정 기간 내에 변제하면 담보물의 소유권을 반환받는다. 민법에 규정은 없으나 판례에서는 인정하고 있다.

▸양:도 소:득 讓渡所得 (것 소, 얻을 득). 법률 토지나 건물 따위의 자산을 양도(讓渡)함으로써 발생하는 소득(所得).

▸양:도 증서 讓渡證書 (증명할 증, 글 서). 법률 법률상의 권리 양도(讓渡)를 증명(證明)하는 문서(文書).

▸양:도 소:득세 讓渡所得稅 (것 소, 얻을 득, 세금 세). 법률 토지, 건물 따위를 유상으로 양도(讓渡)하여 얻은 소득(所得)에 대하여 부과하는 조세(租稅).

양:도 논법 兩刀論法 (두 량, 칼 도, 논할 론, 법 법). ① 속뜻 양(兩) 날을 가진 칼[刀]과 같은 논법(論法). 그리스어로 '이중(二重)의 가정(假定)'을 뜻하는 'dilemma'를 의역한 말. ② 논리 대전제가 두 개의 가언적 명제의 연언(連言)으로 되어 있고 소전제가 대전제의 두 전건(前件)을 선언적으로 긍정하든가 혹은 두 후건(後件)을 선언적으로 부정하는 형태로 되어 있는 삼단 논법.

양-도체 良導體 (좋을 량, 이끌 도, 몸 체). 물리 전기와 열이 잘[良] 통하는[導] 물체(物體).

양:돈 養豚 (기를 양, 돼지 돈). 돼지[豚]를 먹여 기름[養]. 또는 그 돼지. ¶전염병이 확산되어 양돈업계가 큰 타격을 입었다.

양동 陽動 (속임수 양, 움직일 동). ① 속뜻 거짓[陽]으로 움직이는[動] 척 함. ② 군사 적을 속이는 위장 공격 전술. ⓑ양공(陽攻).

양두[1] 羊頭 (양 양, 머리 두). 양(羊)의 머리[頭]. 한방에서 보허안심제(補虛安心劑)의 약재로 쓰인다.

▸양두-구육 羊頭狗肉 (개 구, 고기 육). ① 속뜻 양(羊)의 머리[頭]를 걸어 놓고 개[狗]고기[肉]를 팜. ② '겉보기만 그럴듯하게 보이고 속은 변변하지 아니함'을 이르는 말.

양:두[2] 兩頭 (두 량, 머리 두). ① 속뜻 두[兩] 개의 머리[頭]. ② 두 사람의 지배자. ⓑ쌍두(雙頭).

▸양:두-사 兩頭蛇 (뱀 사). 두[兩] 개의 머리[頭]를 가진 뱀[蛇]. 사람이 보면 죽는다는 전설이 있다.

▸양:두-마차 兩頭馬車 (말 마, 수레 차). 두[兩] 마리[頭]의 말[馬]이 끄는 수레[車]. ⓑ쌍두마차.

▸양:두-정치 兩頭政治 (정사 정, 다스릴 치). 정치 두[兩] 우두머리[頭]가 다스리는 정치(政治) 형태.

양:득 兩得 (두 량, 얻을 득). ① 속뜻 한 가지를 들어 두[兩] 가지를 얻음[得]. ② 한 가지 일을 하여 두 가지 이익을 얻음. '일거양득'(一擧兩得)의 준말.

양란[1] 洋亂 (서양 양, 어지러울 란). ① 속뜻 서양(西洋) 사람들이 쳐들어온 난리(亂離). ② 역사 조선 후기에 천주교 탄압이나 통상 문제 따위를 빌미로 서양 세력이 일으킨 난리. ⓑ양요(洋擾).

양란[2] 洋蘭 (서양 양, 난초 란). 식물 원산지가 서양(西洋)인 난(蘭). ¶양란은 꽃이 잘 핀다.

양력[1] 揚力 (오를 양, 힘 력). ① 속뜻 무엇을 끌어올리는[揚] 힘[力]. ② 물리 유체 속을 운동하는 물체에 운동 방향과 수직 방향으로 작용하는 힘. 비행기는 날개에서 생기는 양력에 의하여 공중을 날 수 있다.

양력[2] 陽曆 (볕 양, 책력 력). ① 속뜻 태양(太陽)을 기준으로 정한 책력[曆]. ② 천문 지구가 태양의 둘레를 한 바퀴 도는 데 걸리는 시간을 1년으로 정한 역법. '태양력'(太陽曆)의 준말. ¶아버지 생신은 양력으로 3월 21일이다. ⓑ음력(陰曆).

양:로 養老 (기를 양, 늙을 로). ① 속뜻 노인(老人)을 위로하여 안락하게 지내도록 잘 돌봄[養]. ¶스웨덴은 양로 시설이 잘 되어 있다. ② 역사 나라에서 노인들을 대우하며 대접하던 행사. 음식과 포백(布帛) 따위를 베풀고 벼슬도 내렸다.

▸양:로-원 養老院 (집 원). 사회 의지할 데

없는 노인(老人)을 수용하여 돌보는[養] 보호 시설[院]. ¶엄마는 양로원에서 봉사 활동을 한다.

▸양:로 보:험 養老保險 (지킬 보, 험할 험). 경제 자식 등이 나이든[老] 부모를 돌보기[養] 위해 드는 보험(保險). 피보험자가 일정한 나이에 이를 때까지 살면 보험금이 지급된다.

▸양:로 연금 養老年金 (해 년, 돈 금). 사회 나이든 노인(老人)을 부양(扶養)하는 데 쓰도록 지급하는 연금(年金).

양:론 兩論 (두 량, 논할 론). 두[兩] 가지의 서로 대립되는 논설(論說)이나 의론(議論).

양류-목 楊柳木 (버들 양, 버들 류, 나무 목). 식물 버드나무[楊柳] 과에 딸린 갈잎큰키나무[木]. 높이는 10m 이상이고 잎은 길고 둥글며 가에 톱니가 있고 끝이 뾰족하다.

양륙 揚陸 (오를 양, 뭍 륙). ①배에 실려 있는 짐을 뭍[陸]으로 올림[揚]. ②물속에 잠겨 있는 물건을 뭍으로 건져 올림.

양:립 兩立 (두 량, 설 립). ① 속뜻 두[兩] 가지가 동시에 따로 성립(成立)함. ②둘이 서로 굽힘없이 맞섬.

양마 良馬 (좋을 량, 말 마). 좋은[良] 말[馬].

양막 羊膜 (양 양, 꺼풀 막). 의학 포유류의 태아를 둘러싼 양수(羊水)가 들어 있는 얇은 막(膜).

양말 洋襪 (서양 양, 버선 말). 서양식(西洋式) 버선[襪]. ¶양말에 구멍이 났다.

양:면 兩面 (두 량, 쪽 면). ①사물의 두[兩] 면(面). 또는 겉과 안. ¶양면 복사. ②표면으로 드러난 점과 드러나지 않은 점. ¶개발과 파괴는 동전의 양면과도 같다. ③두 가지 방면. ¶수륙 양면 공격

양명[1] 揚名 (오를 양, 이름 명). 이름[名]을 드높임[揚].

양명[2] 陽明 (볕 양, 밝을 명). ① 속뜻 볕[陽]이 밝음[明]. ② 천문 하늘에 솟아 스스로 빛을 내며 낮과 밤, 사철을 있게 하는 태양계의 중심이 되는 별. ⓑ해, 태양(太陽).

▸양명-방 陽明方 (모 방). 햇빛[陽]이 잘 들어 밝은[明] 쪽[方]. 주로 남쪽을 이른다.

▸양명-학 陽明學 (배울 학). 철학 중국 명나라, 왕양명(王陽明)이 주창했던 유교 학설(學說). 마음 밖에 사리(事理)가 따로 없으며 사람마다 양지(良知)를 타고났으나 물욕이 있는 탓에 성인과 범인(凡人)이 구별되는 것이므로 물욕의 장애를 물리칠 때 비로소 지행합일(知行合一)이 된다고 하였다.

양:모[1] 養母 (기를 양, 어머니 모). 자기를 데려다 친자식처럼 길러준[養] 어머니[母].

양모[2] 羊毛 (양 양, 털 모). 양(羊)의 털[毛]. ¶이 옷은 양모 100%로 만들었다.

▸양모-지 羊毛脂 (기름 지). 화학 양털[羊毛]에 붙어 있는 지방질의 분비물을 비누나 용제로 분리하고 정제한 기름[脂].

양-모음 陽母音 (볕 양, 어머니 모, 소리 음). 언어 어감(語感)이 밝고[陽性] 산뜻한 모음(母音). 밖으로 나오는 기류가 강하며, 'ㅏ', 'ㅗ', 'ㅑ', 'ㅛ', 'ㅘ', 'ㅚ', 'ㅐ' 따위가 있다. '양성 모음'(陽聲母音)의 준말. ⓑ강모음(强母音).

양:모-작 兩毛作 (두 량, 털 모, 지을 작). 농업 한 경작지에서 1년에 두[兩] 번 모[毛]를 내어 재배하는[作] 일. 보통 여름에 벼, 가을에 보리나 밀을 경작한다. ⓑ이모작(二毛作).

양:모-제 養毛劑 (기를 양, 털 모, 약제 제). 털[毛]을 기르게[養] 하는 약제(藥劑). ⓑ모생약(毛生藥).

양:목 養目 (기를 양, 눈 목). 눈[目]을 보호함[養].

▸양:목-경 養目鏡 (거울 경). 눈[目]을 보호하기[養] 위해 쓰는 안경(眼鏡). ⓑ보안경(保眼鏡).

양무-운동 洋務運動 (서양 양, 힘쓸 무, 돌 운, 움직일 동). 역사 19세기 후반에 청나라에서 서양(西洋) 문물을 힘써[務] 수용하고자 일어난 근대화 운동(運動).

양문 陽文 (밝을 양, 글월 문). 도드라지게[陽] 새긴 문자(文字).

양물 洋物 (서양 양, 만물 물). 서양식(西洋式)으로 만든 물품(物品). ⓑ양품(洋品).

양미[1] 糧米 (양식 량, 쌀 미). 양식(糧食)으로 쓰는 쌀[米].

양:미[2] 兩眉 (두 량, 눈썹 미). 좌우로 나 있는 두[兩] 눈썹[眉]. ⓑ쌍미(雙眉).

▸양:미-간 兩眉間 (사이 간). 두[兩] 눈썹[眉]의 사이[間]. ¶양미간이 넓다.

양민 良民 (어질 량, 백성 민). ①선량(善良)한 백성[民]. ¶해적은 무고한 양민을 학살했다. ② 역사 조선 시대에, 양반과 천민의 중간 신분으로 천역(賤役)에 종사하지 아니하던 백성. ¶풀려난 노비들은 양민이 되었다.

***양:반** 兩班 (두 량, 나눌 반). ① 역사 두[兩] 개의 반열(班列). 고려·조선 시대에, 지배층을 이루던 신분. 원래 관료 체제를 이루는 동반(東班)과 서반(西班)을 일렀으나 점차 그 가족이나 후손까지 포괄하게 됐다. ②점잖고 예의 바른 사람. ¶그분은 그야말로 양반이다. ③자기 남편을 남에게 이르는 말. ¶우리집 양반은 매일 아침 운동을 한다. ④남자를 범상히 또는 홀하게 이르는 말. ¶이런 답답한 양반을 봤나.

▸양:반-전 兩班傳 (전할 전). 문학 조선시대 박지원이 지은 양반(兩班) 계급의 허위와 부패를 폭로하는 전기(傳記) 소설.

▸양:반 계급 兩班階級 (섬돌 계, 등급 급). 역사 고려·조선 시대에, 지배층을 이루던 양반(兩班)들의 계급(階級). 동반(東班), 서반(西班) 및 사대부(士大夫) 등의 상류 계급.

양방[1] 良方 (좋을 량, 방법 방). ①좋은[良] 방법(方法). ¶여럿이 머리를 맞댄 결과 양방을 찾았다. ⑭양법(良法). ②약효가 좋은 약방문.

양:방[2] 兩方 (두 량, 모 방). 두[兩] 방향(方向).

양:변 兩邊 (두 량, 가 변). ① 속뜻 양(兩)쪽의 가장자리[邊]. ¶도로 양변에 은행나무를 심었다. ② 수학 등호나 부등호의 양쪽을 아울러 이르는 말.

양병[1] 佯病 (거짓 양, 병 병). 거짓[佯]으로 속인 병(病). ⑭꾀병.

양:병[2] 養兵 (기를 양, 군사 병). 병사(兵士)를 양성(養成)함. ¶이율곡은 십만 양병설을 주장하였다.

양:병[3] 養病 (다스릴 양, 병 병). ①병(病)을 잘 다스려[養] 낫게 함. ¶양병하러 시골로 내려왔다. ②치료를 게을리 하거나 무리하여 병을 더하게 함.

양:보 讓步 (사양할 양, 걸음 보). ① 속뜻 앞서 걸어[步]가기를 사양(辭讓)함. ②길이나 자리, 물건 따위를 사양하여 남에게 미루어 줌. ¶자리를 양보하다. ③자기 주장을 굽혀 남의 의견을 따름. ¶그들은 서로 한 치도 양보하지 않았다. ④남을 위해 자신의 이익을 희생함. ¶그는 동생에게 사장 자리를 양보했다.

양복 洋服 (서양 양, 옷 복). ① 속뜻 서양식(西洋式) 옷[服]. ②남성의 서양식 정장. ¶결혼식에는 대개 양복을 입는다.

▸양복-점 洋服店 (가게 점). 양복(洋服)을 만들거나 파는 가게[店].

▸양복-지 洋服地 (바탕 지). 양복(洋服)을 지을 옷감[地].

양:본위-제 兩本位制 (두 량, 뿌리 본, 자리 위, 정할 제). 경제 두[兩] 가지 이상의 금속을 기초[本位] 화폐로 삼는 제도(制度). 금은(金銀) 복본위제가 가장 일반적인 형태이다. ⑭복본위제(複本位制). ⑮단본위제(單本位制).

양:봉 養蜂 (기를 양, 벌 봉). 꿀을 얻기 위하여 벌[蜂]을 기름[養]. 또는 그러한 벌. ¶지리산 중턱에는 양봉하는 곳이 많다 / 양봉 농가.

양-봉투 洋封套 (서양 양, 봉할 봉, 덮개 투). 서양식(西洋式)으로 만든 봉투(封套).

양부[1] 良否 (좋을 량, 아닐 부). 좋음[良]과 그렇지 아니함[否]. 좋음과 나쁨.

양:부[2] 養父 (기를 양, 아버지 부). 자기를 데려다가 친자식처럼 길러준[養] 아버지[父]. ¶아버지는 양부지만 나를 친자식처럼 대해주었다.

양:-부모 養父母 (기를 양, 아버지 부, 어머니 모). 자기를 데려다가 친자식처럼 길러준[養] 부모(父母). ¶아이는 양부모를 친부모로 알고 있다. ⑮친부모(親父母).

양-부인 洋婦人 (서양 양, 아내 부, 사람 인). ① 속뜻 서양(西洋) 사람의 부인(婦人)이 된 사람. ②'양갈보'를 비꼬아 이르는 말.

양:분[1] 兩分 (두 량, 나눌 분). 둘[兩]로 나눔[分]. ¶미국과 소련은 한반도를 양분하여 점령하기로 합의했다.

양:분[2] 養分 (기를 양, 나눌 분). 생물체가 살아가는 데 영양(營養)이 되는 성분(成分). ¶식물은 토양에서 양분을 얻는다. ⑭영양분(營養分), 자양분(滋養分).

▸양:분-표 養分表 (겉 표). 음식물에 들어 있는 양분(養分)의 종류와 함량을 나타낸 표(表).

양비-론 兩非論 (두 양, 아닐 비, 논할 론). 맞서서 내세우는 두[兩] 말이 모두 틀렸다[非]는 주장이나 이론(理論). ¶양비론으로 두 사람을 나무랐다. [반]양시론(兩是論).

양:사[1] 兩司 (두 량, 맡을 사). [역사]조선 때, 사헌부(司憲府)와 사간원(司諫院)의 두[兩] 관청을 이르던 말.

양사[2] 陽事 (볕 양, 일 사). ① [속뜻]양기(陽氣)가 이루는 일[事]. ② 남녀가 성교함. 또는 그런 일.

양:사[3] 養士 (기를 양, 선비 사). 선비[士]를 양성(養成)함.

양:사[4] 養嗣 (기를 양, 이을 사). ① [속뜻]후손[嗣]을 기름[養]. ② 양자를 들임. ¶육촌 댁의 둘째 아들을 양사했다.

양:-사자 養嗣子 (기를 양, 이을 사, 아들 자). 호주(戶主) 상속인[嗣]이 될 양자(養子). 후손이 될 양자를 들여 기름.

양산[1] 洋傘 (서양 양, 우산 산). 서양식(西洋式)으로 만든 우산(雨傘).

양산[2] 陽傘 (볕 양, 우산 산). 여자들이 볕[陽]을 가리기 위하여 쓰는 우산(雨傘) 모양의 물건. ¶양산을 쓰다.

양산[3] 量産 (분량 량, 낳을 산). 물건을 대량(大量)으로 생산(生産)함. ¶친환경 제품을 양산하다 / 고학력 실업자가 양산되고 있다.

양상 樣相 (모양 양, 모양 상). ① 모양(模樣)이나 생김새[相]. ¶새로운 양상을 띠다. ② [논리]판단의 확실성. 일정한 판단의 타당한 정도를 이른다.

양상-군자 梁上君子 (들보 량, 위 상, 임금 군, 접미사 자). ① [속뜻]들보[梁] 위[上]에 있는 군자(君子). ② '도둑'을 완곡하게 이르는 말.

양:생 養生 (기를 양, 살 생). ① [속뜻]생명(生命)을 잘 보양(保養)함. ② 병의 조리를 잘하여 회복을 꾀함. ③ [건설]콘크리트가 완전히 굳을 때까지 적당한 수분을 유지하고 충격을 받거나 얼지 아니하도록 보호하는 일.

▸양:생-법 養生法 (법 법). 양생(養生)을 하기 위한 방법(方法).

양서[1] 良書 (좋을 량, 책 서). 내용이 건전하고 좋은[良] 책[書]. ¶양서를 골라 학생에게 권했다.

양:서[2] 兩西 (두 량, 서녘 서). [지리]서(西)쪽에 위치한 두[兩] 도(道), 즉 '황해도와 평안도'를 아울러 이르는 말.

양서[3] 洋書 (서양 양, 책 서). ① [속뜻]서양(西洋)에서 출판된 책[書]. 또는 서양 글로 쓴 책. ② 서양 글씨.

양:서[4] 兩棲 (두 량, 살 서). 물속이나 땅 위의 양(兩)쪽에서 다 삶[棲]. ¶양서 동물.

▸양:서-류 兩棲類 (무리 류). 땅과 물 양(兩)쪽에서 다 살[棲] 수 있는 동물 종류(種類). ¶개구리는 양서류이다.

▸양:서-동물 兩棲動物 (움직일 동, 만물 물). 물과 뭍 두[兩] 곳에서 다 살[棲] 수 있는 동물(動物). 양서류에 딸린 동물.

양선 洋船 (서양 양, 배 선). 서양(西洋) 배[船]. 또는 서양식 배.

양설 兩舌 (두 량, 혀 설). ① [속뜻]두[兩] 개의 혀[舌]. ② [불교]십악의 하나. 서로에게 다른 말을 하여 이간질함을 이른다.

양성[1] 陽聲 (밝을 양, 소리 성). ① [속뜻]밝은[陽] 느낌의 소리[聲]. ② [언어]훈민정음에서, 'ㆍ, ㅏ, ㅗ'와 이들이 결합한 이중 모음 따위의 양성 모음들을 이르는 말. ③ [언어]중국 음운학에서 'm', 'n', 'ng'로 끝난 양성운(陽聲韻)을 이르는 말. ④ [언어]무성음(無聲音).

양:성[2] 釀成 (빚을 양, 이룰 성). ① [속뜻]술이나 간장 따위를 빚어[釀] 만듦[成]. ② 어떤 분위기나 감정 따위를 자아냄.

양성[3] 良性 (좋을 량, 성질 성). ① [속뜻]좋은[良] 성질(性質). ② [의학]어떤 병의 낫기 쉬운 상태나 성질. 특히 종양의 경우에 수술로 완치될 수 있는 상태를 이른다. [반]악성(惡性).

▸양성 종:양 良性腫瘍 (종기 종, 종기 양). [의학]악성종양(惡性腫瘍)에 대하여 좋은[良] 성질(性質)의 종양(腫瘍). 발육 속도가 완만하여 성장에 한계가 있고 침윤이나 전이를 일으키지 아니하는 것으로, 섬유종이나 지방종 따위가 전형적인 예이다.

양:성[4] 兩性 (두 량, 성질 성). ① [속뜻]사물의 서로 다른 두[兩] 가지 성질(性質). ② 남성

(男性)과 여성(女性)을 아울러 이르는 말. ③ 생물 암컷의 성질과 수컷의 성질을 아울러 이르는 말. ④ 화학 물질이 산 또는 염기 어느 쪽과도 반응하는 성질.

▸양ː성 생식 兩性生殖 (날 생, 불릴 식). ① 속뜻 양(兩) 쪽의 생식 기관[性]이 결합하여 새로운 개체를 낳고[生] 번성시키는[殖] 것. ② 생물 암수의 배우자의 수정에 의하여 새로운 개체를 낳는 생식 방법. 대개의 고등 생물의 생식 방법이다. ㊕단성(單性) 생식.

▸양ː성 잡종 兩性雜種 (섞일 잡, 갈래 종). 생물 두[兩] 개의 대립 유전자[性]를 가진 양친 사이에서 나온 잡종(雜種). ㊕다성(多性) 잡종.

▸양ː성 산ː화물 兩性酸化物 (산소 산, 될 화, 만물 물). 화학 산과 염기의 두[兩] 가지 성질(性質)을 가진 산화물(酸化物). 산과 만나면 염기로 염기와 만나면 산으로 나타낸다. 산화알루미늄, 삼산화이비소 따위가 있다. ㊐양쪽성 산화물.

▸양ː성 전ː해질 兩性電解質 (전기 전, 풀 해, 바탕 질). 화학 산과 염기의 두[兩] 가지 성질(性質)을 가진 전해질(電解質). 수산화아연, 아미노산 따위가 있다. ㊐양쪽성 전해질.

▸양ː성 화ː합물 兩性化合物 (될 화, 합할 합, 만물 물). 화학 산과 염기의 두[兩] 가지 성질(性質)을 가진 화합물(化合物). 수산화알루미늄, 아미노산 따위가 있다. ㊐양쪽성 화합물.

양성⁵ 陽性 (볕 양, 성질 성). ① 속뜻 음양 가운데 양(陽)에 속하는 성질(性質). ② 의학 '양성 반응'의 준말. ③ 적극적이고 활동적인 성질. ④ 화학 원자가 다른 원자와 화학 결합할 때, 전자를 끌어당기는 경향이 약한 성질. 또는 원자나 원자단이 양이온이 되는 경향이 강한 성질. 수소나 금속은 양성이다. ㊐양증(陽症). ㊥음성(陰性).

▸양성-자 陽性子 (씨 자). 물리 원자핵의 구성요소로 양(陽)의 성질(性質)을 띠는 소립자(素粒子).

▸양성-화 陽性化 (드러낼 양, 성질 성, 될 화). 어떤 사물 현상이 겉으로 드러나게[陽性] 됨[化]. 또는 그렇게 함.

▸양성 모ː음 陽性母音 (어머니 모, 소리 음). 언어 어감(語感)이 밝고[陽性] 산뜻한 모음(母音). 밖으로 나오는 기류가 강하며, 'ㅏ', 'ㅗ', 'ㅑ', 'ㅛ', 'ㅘ', 'ㅚ', 'ㅐ' 따위가 있다. ㊐강모음(强母音). ㊥음성 모음(陰性母音).

▸양성 반ː응 陽性反應 (되돌릴 반, 응할 응). 의학 어떤 병에 대한 화학적·생물학적 검사를 하였을 때, 겉으로 드러나는[陽性] 반응(反應)이 있음. ¶에이즈 검사에서 양성 반응이 나오다. ㊟양성.

양ː성⁶ 養成 (기를 양, 이룰 성). ① 사람을 가르치고 길러[養] 무엇이 되게[成] 함. ¶인재를 양성하다. ② 실력이나 역량 따위를 길러서 발전시킴. ¶사고력과 창의력을 양성하다. ③ 주로 어패류를 보살펴 길러 냄.

▸양ː성-소 養成所 (곳 소). 짧은 기간에 전문 지식을 교육하여 기술자를 길러내는[養成] 곳[所].

양ː세-법 兩稅法 (두 량, 세금 세, 법 법). 역사 중국 당나라 때, 재산 등급에 따라 세금(稅金)을 봄, 가을 두[兩] 번 걷던 제도[法].

양속¹ 良俗 (좋을 량, 풍속 속). 좋은[良] 풍속(風俗). ¶미풍양속(美風良俗). ㊐양풍(良風).

양속² 洋屬 (서양 양, 무리 속). ① 속뜻 서양(西洋) 족속(族屬). ② 서양에서 만든 피륙. ③ 서양 물건.

양ː-손녀 養孫女 (기를 양, 손자 손, 딸 녀). 데려다 기른[養] 손녀(孫女).

양ː-손자 養孫子 (기를 양, 손자 손, 아들 자). 데려다 기른[養] 손자(孫子). ㊟양손.

양ː송 養松 (기를 양, 소나무 송). 소나무[松]를 가꾸어 기름[養].

양-송이 洋松栮 (서양 양, 소나무 송, 버섯 이). ① 속뜻 서양(西洋)에서 들여와 재배되는 송이(松栮). ② 식물 갓은 동그란 모양에 살은 두껍고 희며, 식용하는 버섯.

양수¹ 羊水 (양 양, 물 수). 의학 양막(羊膜) 안의 물[水]. 태아를 보호하며 출산할 때는 흘러나와 분만을 쉽게 한다.

양수² 陽數 (볕 양, 셀 수). 수학 0보다 큰 양(陽)의 수(數). ㊥음수(陰數).

양수³ 陽樹 (볕 양, 나무 수). 식물 햇볕[陽]에서는 잘 자라지만 그늘에서는 잘 자라지 못하는 나무[樹]. 음수(陰樹)에 비하여 생장이 빠르고 입지(立地)에 대한 요구 조건이 적으며 수목으로는 수명이 짧은 편이다. 자작나무, 사시나무, 버드나무, 오동나무, 은행나무 따위가 있다. ⓑ양지(陽地)나무. ⓑ음수(陰樹).

양:수[4] 兩手 (두 량, 손 수). 두[兩] 손[手].

▸양:수-겸장 兩手兼將 (아우를 겸, 장수 장). ① 속뜻 장기에서 두[兩] 개의 말[手]이 한꺼번에[兼] 장(將)을 부름. ② 양쪽에서 동시에 하나를 노림을 비유하여 이르는 말.

양수[5] 揚水 (오를 양, 물 수). 물[水]을 위로 퍼 올림[揚]. 또는 그 물.

▸양수-기 揚水機 (틀 기). 물[水]을 퍼 올리는[揚] 기계(機械). ¶양수기로 물을 끌어올리다.

양:수[6] 讓受 (넘겨줄 양, 받을 수). ① 속뜻 사물을 다른 사람에게서 넘겨[讓] 받음[受]. ② 법률 타인의 권리, 재산 및 법률상의 지위 따위를 넘겨받는 일.

▸양:수-인 讓受人 (사람 인). ① 속뜻 남의 물건을 넘겨[讓]받는[受] 사람[人]. ② 법률 타인의 권리, 재산, 법률에서의 지위 따위를 넘겨받는 사람.

양수-계 量水計 (헤아릴 량, 물 수, 셀 계). 수도 따위의 사용한 물[水]의 분량을 재는[量] 계기(計器). ⓑ양수기(量水器).

양수-표 量水標 (헤아릴 량, 물 수, 나타낼 표). 건설 물[水]의 분량이나 수위를 재기[量] 위해 설치하는 눈금이 있는 표지(標識).

양-수사 量數詞 (헤아릴 량, 셀 수, 말씀 사). 언어 수량(數量)을 셀 때 쓰는 수사(數詞). 하나, 둘, 셋 등과 따위. ⓑ기수사(基數詞). ⓑ서수사(序數詞).

양순 良順 (어질 량, 순할 순). 어질고[良] 온순하다[順]. ¶윤아는 양순한 어린이다.

양:순-음 兩脣音 (두 량, 입술 순, 소리 음). 언어 두[兩] 입술[脣] 사이에서 나는 소리[音]. ¶'ㅂ', 'ㅍ', 'ㅁ'은 양순음에 해당한다. ⓒ순음. ⓑ순성(脣聲), 입술소리.

양습 良習 (좋을 량, 버릇 습). 좋은[良] 습관(習慣)이나 풍습. ¶양습을 계승하다.

양:시-쌍비 兩是雙非 (두 량, 옳을 시, 둘 쌍, 아닐 비). ① 속뜻 둘[兩] 다 옳고[是] 둘[雙] 다 그를[非] 수도 있다고 봄. ② '양편의 주장이 다 이유가 있어서 옳고 그름을 가리기 어려움'을 이르는 말.

양식[1] 良識 (좋을 량, 알 식). 뛰어난[良] 식견(識見)이나 건전한 판단(判斷).

양식[2] 洋式 (서양 양, 법 식). 서양(西洋)의 양식(樣式). 또는 격식(格式).

양식[3] 糧食 (먹을거리 양, 밥 식). 생존을 위하여 필요한 사람의 먹을거리[糧=食]. ¶양식이 다 떨어지다.

양식[4] 洋食 (서양 양, 밥 식). 서양식(西洋式) 음식(飮食). ¶오늘은 양식을 먹자.

▸양식-점 洋食店 (가게 점). 서양(西洋)에서 발달한 요리[食]를 전문으로 만들어 파는 음식점(飮食店).

***양식[5] 樣式** (모양 양, 꼴 식). ① 일정한 모양(模樣)이나 형식(形式). ¶양식에 따라 보고서를 작성하다. ② 오랜 시간이 지나면서 자연히 정해진 방식. ¶생활 양식. ③ 시대나 부류에 따라 각기 독특하게 지니는 문학, 예술 따위의 형식. ¶건축 양식.

▸양식-사 樣式史 (역사 사). 예술 양식(樣式)이 변하고 발달하여 온 역사(歷史). 또는 그런 역사를 연구하는 학문.

▸양식-화 樣式化 (될 화). 일정한 양식(樣式)으로 되게[化] 함.

양:식[6] 養殖 (기를 양, 불릴 식). 물고기 따위를 인공적으로 길러서[養] 그 수가 불어남[殖]. ¶굴을 양식하다.

▸양:식-업 養殖業 (일 업). 물고기나 해조, 버섯 따위를 인공적으로 길러내는[養殖] 업종(業種). ¶서해안은 양식업이 발달해있다.

▸양:식-장 養殖場 (마당 장). 물고기나 해조, 버섯 따위를 인공적으로 길러내는[養殖] 곳[場].

▸양:식 어업 養殖漁業 (고기잡을 어, 일 업). 수산 물고기나 조개류 따위를 인공적으로 길러내는[養殖] 어업(漁業).

▸양:식 진주 養殖眞珠 (참 진, 구슬 주). 진주조개 속에 핵을 집어넣는 방식으로 인공적으로 길러내는[養殖] 진주(眞珠). ⓑ인공 진주(人工眞珠).

양:실[1] 兩失 (두 량, 그르칠 실). ① 속뜻 두[兩] 가지 일에 다 실패(失敗)함. ② 두 편이

다 이롭지 못하게 됨.

양실[2] **洋室** (서양 양, 방 실). 서양식(西洋式)으로 꾸민 방[室].

양ː심[1] **兩心** (두 량, 마음 심). ① 속뜻 두[兩] 가지의 마음[心]. ② 겉 다르고 속 다른 마음.

양ː심[2] **養心** (기를 양, 마음 심). 마음[心]을 수양(修養)함.

양심[3] **良心** (어질 량, 마음 심). ① 속뜻 선량(善良)한 마음[心]. ② 사물의 가치를 변별하고 자기 행위에 대하여 옳고 그름과 선과 악의 판단을 내리는 도덕적 의식. ¶양심에 걸려서 거짓말은 못하겠다.

▸양심-적 良心的 (것 적). 양심(良心)에 따르는 것[的]. ¶양심적으로 행동하다.

양악 洋樂 (서양 양, 음악 악). 음악 서양(西洋)에서 발달한 음악(音樂).

양-악기 洋樂器 (서양 양, 음악 악, 그릇 기). 피아노, 바이올린, 드럼 등의 서양(西洋)에서 발달한 악기(樂器).

양안[1] **良案** (좋을 량, 생각 안). 좋은[良] 생각[案]. 좋은 방안. ¶양안을 내놓다.

양ː안[2] **兩岸** (두 량, 언덕 안). 강이나 하천 따위의 양(兩)쪽 기슭[岸]. ¶강의 양안으로는 느티나무가 늘어서 있다.

양ː안 시ː야 兩眼視野 (두 량, 눈 안, 볼 시, 들 야). 심리 양(兩)쪽 눈[眼]을 사용해 볼[視] 수 있는 범위[野].

양약[1] **良藥** (좋을 량, 약 약). 효험이 있는 좋은[良] 약(藥).

▸양약-고구 良藥苦口 (쓸 고, 입 구). ① 속뜻 몸에 좋은[良] 약(藥)은 입[口]에는 씀[苦]. ② 충성스런 말은 귀에 거슬리나 이로움이 있음. ¶양약고구란 말이 있듯이 그 말이 당장은 귀에 거슬리지만 앞으로 큰 도움이 될 것이네!

양약[2] **洋藥** (서양 양, 약 약). ① 서양(西洋) 의술로 만든 약(藥). 반 한약(韓藥). ② 서양에서 수입한 약.

▸양약-국 洋藥局 (방 국). 양약(洋藥)을 조제하거나 파는 곳[局].

양ː안 兩眼 (두 량, 눈 안). 양(兩)쪽의 두 눈[眼]. 비 쌍안(雙眼).

양양[1] **洋洋** (큰바다 양, 큰바다 양). ① 속뜻 바다가 끝없이 넓게 펼쳐져 있음[洋+洋]. ② 앞길이 환히 열려 희망에 차 있음. ¶전도양양(前途洋洋).

양양[2] **揚揚** (오를 양, 오를 양). 목적한 일을 이루거나 이름이 높여져[揚+揚] 자랑스러움. ¶의기양양(意氣揚揚).

▸양양-자득 揚揚自得 (스스로 자, 얻을 득). 스스로[自] 뜻을 이루어[得] 거들먹거림[揚揚].

양양-가 襄陽歌 (도울 양, 볕 양, 노래 가). 문학 ① 중국 당나라 때에, 이백이 양양(襄陽)에서 호탕하게 놀며 회포를 읊은 시가(詩歌). ② 조선 시대에 12가사의 하나. 중국 당나라 때 이백이 지은 한시(漢詩)에 토를 단 것으로 5박자 10악절이다.

양ː어 養魚 (기를 양, 물고기 어). 물고기[魚]를 길러[養] 번식하게 함. 또는 그 물고기.

▸양ː어-장 養魚場 (마당 장). 인공적으로 물고기[魚]를 기르는[養] 곳[場].

양언 揚言 (오를 양, 말씀 언). 공공연하게 목소리를 높여[揚] 말함[言].

양ː여 讓與 (넘겨줄 양, 줄 여). 자기의 소유를 남에게 건네[讓] 줌[與].

양연 良緣 (좋을 량, 인연 연). 좋은[良] 인연(因緣).

양ː열 재료 釀熱材料 (빚을 양, 더울 열, 재목 재, 거리 료). ① 속뜻 발효되어[釀] 열(熱)을 내는 재료(材料). ② 농업 온상(溫床) 따위에서 인공적으로 온도를 높이는 데 쓰는 재료(材料). 낙엽, 볏짚, 겨, 두엄 따위.

양염 陽炎 (볕 양, 불꽃 염). 봄날 햇빛[陽]이 강하게 내리쬐어 불타오르는[炎] 것처럼 보이는 현상.

양엽 陽葉 (볕 양, 잎 엽). 식물 햇빛[陽]을 충분히 받고 자란 잎[葉].

양옥 洋屋 (서양 양, 집 옥). 서양식(西洋式)으로 지은 집[屋]. 반 한옥(韓屋).

양와 洋瓦 (서양 양, 기와 와). 시멘트로 만든 서양식(西洋式) 기와[瓦].

양요 洋擾 (서양 양, 어지러울 요). 역사 조선 후기에 서양(西洋) 세력이 천주교 탄압이나 통상 문제 따위를 빌미로 일으킨 난리[擾]. ¶신미년에 양요가 일어났다. 비 양란(洋亂).

양-요리 洋料理 (서양 양, 헤아릴 료, 다스릴 리). 서양(西洋)에서 발달한 요리(料理)를 통틀어 이르는 말.

양:용 兩用 (두 량, 쓸 용). 두[兩] 방면에 쓰임[用]. ¶이 군함은 수륙 양용이다.

양우[1] 良友 (좋을 량, 벗 우). 좋은[良] 벗[友].

양:우[2] 養牛 (기를 양, 소 우). 소[牛]를 기름[養]. 또는 그 소.

양:웅 兩雄 (두 량, 뛰어날 웅). 두[兩] 명의 영웅(英雄).

▸양:웅-불구립 兩雄不俱立 (아닐 불, 함께 구, 설 립). ① 속뜻 두[兩] 영웅(英雄)은 함께[俱] 설[立] 수 없음[不]. ② '두 강대 세력(勢力)은 양립되지 않고 반드시 싸워 한 쪽이 패하게 된다'는 말.

양:원 兩院 (두 량, 관청 원). 법률 이원제 국회의 두[兩] 의원(議院). 미국의 상원, 하원이나 일본의 참의원, 중의원 따위이다.

▸양:원-제 兩院制 (정할 제). 법률 국회의 구성이 두[兩] 개의 의원(議院)으로 이루어진 제도(制度). '양원 제도'(兩院制度)의 준말.

양:위 讓位 (넘겨줄 양, 자리 위). 임금의 자리[位]를 물려줌[讓]. ⑪선양(禪讓), 선위(禪位).

양육[1] 羊肉 (양 양, 고기 육). 양(羊)의 고기[肉].

양:육[2] 養育 (기를 양, 기를 육). 아이를 보살펴서 기름[養=育]. ¶자녀 양육은 엄마만의 몫이 아니다.

▸양:육-비 養育費 (쓸 비). 양육(養育)하는 데 드는 비용(費用).

▸양:육-원 養育院 (집 원). 사회 혼자 살아갈 능력이 없는 어린아이, 노인, 독신녀 등을 수용하여 돌보는[養育] 보호 시설[院].

양은 洋銀 (서양 양, 은 은). ① 속뜻 서양(西洋)에서 발명된 은백색(銀白色)의 금속. ② 구리, 아연, 니켈 따위를 합금하여 만든 금속. 영문명인 'German silver'를 의역하였다. ¶양은 냄비.

양-은전 洋銀錢 (서양 양, 은 은, 돈 전). 서양(西洋)의 은(銀)으로 만든 돈[錢].

양음 陽陰 (볕 양, 응달 음). 수학 ① 양수(陽數)와 음수(陰數)를 아울러 이르는 말. ② 양호(陽號)와 음호(陰號)를 아울러 이르는 말.

양의[1] 良醫 (좋을 량, 치료할 의). 의술이 뛰어난[良] 의사(醫師). ¶전국 최고의 양의를 모셔와 아이의 병을 치료했다.

양의[2] 洋醫 (서양 양, 치료할 의). ① 속뜻 서양(西洋)의 의술(醫術). ⑫한의(韓醫). ② 서양의 의술을 베푸는 사람. ¶그는 미국에서 의술을 배운 양의이다. ③ 서양인 의사.

양이[1] 洋夷 (서양 양, 오랑캐 이). ① 속뜻 서양(西洋) 오랑캐[夷]. ② '서양 사람'을 낮추어 이르는 말.

양:이[2] 攘夷 (물리칠 양, 오랑캐 이). 타민족을 오랑캐[夷]로 얕보고 배척함[攘].

▸양:이-론 攘夷論 (논할 론). ① 속뜻 타민족을 배척하자는[攘夷] 주장[論]. ② 역사 서양과의 통상과 수교를 거부하자는 것으로 조선에서는 흥선 대원군의 집정 때에 대두됨.

양:익 兩翼 (두 량, 날개 익). ① 속뜻 좌우 양(兩)쪽 날개[翼]. ② 군사 중간에 있는 군대를 기준으로 하였을 때 좌우 양쪽에 있는 군대. 또는 전투 대형에서 좌우 양쪽 끝 부분을 이르는 말.

양:인[1] 兩人 (두 량, 사람 인). 두[兩] 사람[人].

양인[2] 洋人 (서양 양, 사람 인). 서양(西洋) 사람[人].

양인[3] 良人 (어질 량, 사람 인). ① 속뜻 선량(善良)한 사람[人]. ② 부부가 서로 상대를 이르는 말. ③ 역사 양민(良民). ④ 역사 중국 한(漢)나라 때에 여관(女官)을 이르던 말.

▸양인-개병 良人皆兵 (모두 개, 군사 병). 역사 조선 중기에 유형원이 양인(良人)들은 모두[皆] 병사(兵士)가 되어 각 지방의 병력을 담당하자는 주장.

양:일 兩日 (두 량, 날 일). 두[兩] 날[日]. ¶그 연극은 토요일과 일요일 양일간 공연한다.

▸양:일-간 兩日間 (사이 간). 이틀[兩日] 동안[間].

양입-계출 量入計出 (헤아릴 량, 들 입, 셀 계, 날 출). 경제 수입(收入)을 헤아려[量] 보고 지출(支出)을 계획(計劃)함. ⑪양입제출(量入制出). ⑫양출계입(量出計入).

양:자[1] 養子 (기를 양, 아들 자). ① 속뜻 친자식처럼 기르는[養] 아들[子]. ② 법률 입양에 의하여 자식의 자격을 얻은 사람. ⑪양

아들. ⓑ친자(親子), 친아들.

양:자² 兩者 (두 량, 사람 자). 일정한 관계에 있는 두[兩] 사람[者]이나 두 개의 사물.

▶양:자-택일 兩者擇一 (고를 택, 한 일). 둘[兩者] 중에서 하나[一]를 고름[擇].

양자³ 陽子 (볕 양, 씨 자). 물리 양전기(陽電氣)를 띠는 알갱이[子]. 전자(電子)와 함께 원자핵을 구성하며 질량(質量)은 전자(電子)의 1,836배이다.

▶양자 건판 陽子乾板 (마를 건, 널빤지 판). 양자(陽子)가 발생하여 물체의 형상을 기록하는 건판(乾板). 우주선(宇宙船)이나 고에너지 하전입자(荷電粒子)의 관측에 사용되는 특수한 원자핵 건판이다.

양자⁴ 量子 (분량 량, 씨 자). ① 속뜻 양(量)을 채우는 알갱이[子]. 또는 그것을 세는 단위. ② 물리 더 이상 나눌 수 없는 에너지의 최소량의 단위.

▶양자-론 量子論 (논할 론). 물리 미시적 존재의 구조나 기능을 해명하기 위해 양자(量子)의 관점에서 전개되는 물리학 이론(物理學理論)을 통틀어 이르는 말.

▶양자 역학 量子力學 (힘 력, 배울 학). 물리 양자론(量子論)을 기본으로 하는 현대 물리학[力學]의 기초 이론.

▶양자 화:학 量子化學 (될 화, 배울 학). 화학 양자론(量子論)을 기본으로 하는 화학(化學). 화학 결합의 이론, 분자 구조의 해명, 물질의 분광학적 성질의 해석, 화학 반응의 이론 따위를 연구하는 학문.

양:잠 養蠶 (기를 양, 누에 잠). 농업 누에[蠶]를 기름[養]. 또는 그 일. ¶이 지역에서는 뽕이 많기 때문에 양잠이 성하다.

▶양:잠-업 養蠶業 (일 업). 농업 누에[蠶]를 치는[養] 일[業].

양장¹ 羊腸 (양 양, 창자 장). ① 속뜻 양(羊)의 창자[腸]. ② 꼬불꼬불하고 험한 길을 비유하여 이르는 말. ¶버스는 양장 길을 능숙하게 내려왔다.

양장² 洋裝 (서양 양, 꾸밀 장). ① 옷차림이나 머리 모양을 서양식(西洋式)으로 꾸밈[裝]. 또는 그런 옷이나 몸단장. ② 책을 서양식으로 장정함. 또는 그 책. 철사나 실로 꿰매고 두꺼운 종이나 헝겊, 가죽 따위로 싸 붙임.

▶양장-점 洋裝店 (가게 점). 서양식(西洋式) 옷[裝]을 만들어 파는 가게[店].

▶양장-미인 洋裝美人 (아름다울 미, 사람 인). 서양식(西洋式)으로 꾸민[裝] 아름다운[美] 여인(女人).

양:장 시조 兩章時調 (두 량, 글 장, 때 시, 가락 조). 문학 중장(中章)이 없이 초장(初章)과 종장(終章)의 두[兩] 장(章)으로 이루어진 형식의 시조(時調).

양재¹ 良才 (좋을 량, 재주 재). 훌륭한[良] 재주[才]. 또는 그런 재주를 가진 사람.

양재² 良材 (좋을 량, 재목 재). ① 속뜻 좋은[良] 재목(材木)이나 재료(材料). ② 훌륭한 인재.

양재³ 洋裁 (서양 양, 마를 재). 양복(洋服)을 마름질하는[裁] 일. ¶양재 기술.

양적 量的 (분량 량, 것 적). 분량(分量)에 관한 것[的]. ¶수출은 양적으로 크게 팽창했다. ⓑ질적(質的).

양전¹ 量田 (헤아릴 량, 밭 전). 역사 고려·조선 때, 경작 상황을 알기 위해 토지[田]의 넓이를 측량(測量)하던 일.

양전² 陽轉 (볕 양, 옮길 전). 의학 음성(陰性)에서 양성(陽性)으로 바뀌는[轉] 현상. '양성 전이'(陽性轉移)의 준말.

양전³ 陽電 (볕 양, 전기 전). 물리 물체가 갖고 있는 정전기 중, 양(陽)에 해당하는 전기(電氣). '양전기'(陽電氣)의 준말.

양-전극 陽電極 (볕 양, 전기 전, 끝 극). 물리 두 개의 전극 사이에 전류가 흐를 때에 전위(電位)가 높은[陽] 쪽의 극(極). ㊜양극. ⓑ음전극(陰電極).

양-전기 陽電氣 (볕 양, 전기 전, 기운 기). 물리 물체가 갖고 있는 정전기 중, 양(陽)에 해당하는 전기(電氣). 비단 헝겊으로 유리 막대를 문질렀을 때 유리 막대 쪽에 생기는 전기. 또는 그와 같은 성질의 전기. 원자핵이 가지고 있는 전기이며 부호는 '+'로 표시한다. ㊜양전.

양-전자 陽電子 (볕 양, 전기 전, 씨 자). 물리 전자의 반대 입자로 전자와 같은 질량을 가지며 양전기(陽電氣)를 지니는 소립자(素粒子).

양-전하 陽電荷 (볕 양, 전기 전, 멜 하). 물리 물체가 음전기보다 양전기(陽電氣)를 갖고 있는[荷] 정전기(靜電氣)의 양. ⓑ음전하(陰電荷).

양:전-화 兩全花 (두 량, 모두 전, 꽃 화). [식물] 한 꽃 속에 수술과 암술 두[兩] 가지를 모두[全] 갖춘 꽃[花]. 벚꽃, 진달래꽃 따위. [비]양성화(兩性花).

양:절-연초 兩切煙草 (두 량, 벨 절, 담배 연, 풀 초). 양(兩)쪽 끝을 자르고[切] 물부리를 달지 않은 연초(煙草).

양:정¹ 養正 (기를 양, 바를 정). 옳고 바르게[正] 수양(修養)함.

양정² 糧政 (양식 량, 정치 정). [정치] 식량(食糧)의 수급, 유통, 가격, 무역에 관한 정책(政策). '식량 정책'(食糧政策)의 준말.

양제¹ 良劑 (좋을 량, 약제 제). 좋은[良] 약제(藥劑).

양제² 洋制 (서양 양, 정할 제). 서양식(西洋式) 제도(制度)나 격식.

양:조 釀造 (빚을 양, 만들 조). 술이나 간장, 식초 따위를 발효시켜[釀] 만드는[造] 일. ¶양조 간장 / 막걸리는 쌀로 양조한다.

▸양:조-장 釀造場 (마당 장). 술, 간장, 식초 따위를 발효시켜[釀] 만드는[造] 공장(工場).

▸양:조-주 釀造酒 (술 주). 곡류나 과실 따위를 발효시켜서[釀] 만든[造] 술[酒]. 포도주나 맥주, 청주 따위를 이른다.

양종¹ 良種 (좋을 량, 갈래 종). ① [속뜻] 좋은[良] 품종(品種). ② 질이 좋은 종자.

양종² 洋種 (서양 양, 갈래 종). ① [속뜻] 서양(西洋)에서 들어온 종류(種類)나 종자. ② 서양의 계통.

양주¹ 良酒 (좋을 량, 술 주). 좋은[良] 술[酒].

양:주² 兩主 (두 량, 주인 주). ① [속뜻] 두[兩] 명의 주인(主人). ② 바깥주인과 안주인. [비]부부(夫婦).

양주³ 洋酒 (서양 양, 술 주). ① [속뜻] 서양(西洋)에서 들여온 술[酒]. ② 서양식 양조법으로 만든 술. 위스키, 브랜디, 진 따위를 이른다.

양:주⁴ 釀酒 (빚을 양, 술 주). 술[酒]을 빚어서[釀] 담금.

양지¹ 洋紙 (서양 양, 종이 지). 서양(西洋)에서 들여온 종이[紙]. ¶분홍빛 양지로 선물을 포장했다.

양지² 量知 (헤아릴 량, 알 지). 추측하여[量] 앎[知].

양지³ 諒知 (살필 량, 알 지). 살피어[諒] 앎[知]. ¶오늘 경기는 우천으로 인하여 취소되었으니, 이 점 널리 양지하시기 바랍니다.

양지⁴ 良知 (좋을 량, 알 지). ① [속뜻] 뛰어난[良] 지식(知識). ② 사람이 나면서부터 가지고 있는 지능. ③ 양명학에서 마음의 본성(本性)을 이르는 말.

▸양지-양능 良知良能 (좋을 량, 능할 능). ① [속뜻] 뛰어난[良] 지능(知能). ② [철학] 교육이나 경험에 의하지 않고 선천적으로 사물을 판단하고 행할 수 있는 마음의 작용.

양지⁵ 陽地 (밝을 양, 땅 지). ① 볕이 잘 들어 밝은[陽] 지역(地域). ¶양지에 고추를 널어 말리다. ② 혜택을 받는 입장을 비유하여 이르는 말. ¶그는 양지에서만 살아 약자의 고통을 모른다. [반]음지(陰地). [속담] 양지가 음지 되고 음지가 양지 된다.

▸양지 식물 陽地植物 (심을 식, 만물 물). [식물] 햇빛이 드는 곳[陽地]에서 잘 자라는 식물(植物). 대부분의 일년초와 농작물 따위가 이에 속한다.

양:진 癢疹 (가려울 양, 홍역 진). [의학] 몹시 가렵고[癢] 작은 두드러기[疹]가 돋는 피부 질환.

양질 良質 (좋을 량, 바탕 질). 좋은[良] 바탕이나 품질(品質). ¶양질의 교육 / 양질의 서비스를 받다.

양질-호피 羊質虎皮 (양 양, 바탕 질, 호랑이 호, 가죽 피). ① [속뜻] 속[質]은 양(羊)이고 거죽[皮]은 범[虎]. ② '본바탕은 아름답지 아니하면서 겉모양만 꾸밈'을 비유하여 이르는 말.

양찰 諒察 (살필 량, 살필 찰). 다른 사람의 사정 따위를 잘 헤아려 살핌[諒=察]. ¶저희의 처지를 양찰해주셔서 감사합니다.

양책 良策 (좋을 량, 꾀 책). 좋은[良] 계책(計策). ¶양책을 꾀하다. [비]양계(良計), 양모(良謀).

양:차 兩次 (두 량, 차례 차). 두[兩] 차례(次例). ¶양차 세계 대전 / 양차에 걸친 회담.

양:처² 兩處 (두 량, 곳 처). 두[兩] 곳[處]. ¶양처에서 사건이 벌어지다.

양처³ 良妻 (어질 량, 아내 처). 어질고 착한

[良] 아내[妻].

▸양처현모-주의 良妻賢母主義 (어질 현, 어머니 모, 주될 주, 뜻 의). 교육 여자를 교육하는 목적을 좋은[良] 아내[妻], 어진[賢] 어머니[母]가 되는 것에 두는 태도[主義].

양천 良賤 (어질 량, 천할 천). 양민(良民)과 천민(賤民)을 통틀어 이르는 말.

양철 洋鐵 (서양 양, 쇠 철). ① 속뜻 서양(西洋)에서 발명된 철판(鐵板). ② 안팎에 주석을 입힌 얇은 철판. ¶양철 그릇.

▸양철-통 洋鐵桶 (통 통). 양철(洋鐵)로 만든 통(桶).

양청 洋青 (서양 양, 푸를 청). 서양(西洋)에서 들여온 푸른[靑] 물감의 하나. 당청(唐靑)보다 빛이 밝고 진하다. ¶지금은 양청같이 푸른 물이 흐른다.

양초 洋醋 (서양 양, 초 초). 서양(西洋)에서 발명되어 전해온 식초(食醋). 화학 약품을 이용해 만든다.

양촌-집 陽村集 (볕 양, 마을 촌, 모을 집). 문학 조선 전기에 양촌(陽村) 권근(權近)이 지은 시문집(詩文集). 시(詩) 10권, 문(文) 30권.

양추 涼秋 (서늘할 량, 가을 추). ① 속뜻 서늘한[凉] 가을[秋]. ② 음력 구월을 달리 이르는 말.

양:축 養畜 (기를 양, 가축 축). 가축(家畜)을 기름[養]. 또는 그런 일.

양춘 陽春 (볕 양, 봄 춘). ① 속뜻 볕[陽]이 따뜻한 봄[春]. ② 음력 정월을 달리 이르는 말.

▸양춘-가절 陽春佳節 (좋을 가, 철 절). 따뜻하고[陽] 좋은[佳] 봄[春] 철[節].

▸양춘-화기 陽春和氣 (따스할 화, 기운 기). 따뜻한[陽] 봄철[春]의 화창한[和] 기운(氣運).

양출-계입 量出計入 (헤아릴 량, 날 출, 셀 계, 들 입). 경제 지출(支出)을 헤아려[量] 보고 수입(收入)을 계획(計劃)함. ㊥양출제입(量出制入). ㊦양입계출(量入計出).

양취 佯醉 (거짓 양, 취할 취). 거짓[佯]으로 술에 취한[醉] 체함.

양:측 兩側 (두 량, 곁 측). ① 속뜻 양(兩)쪽의 측면(側面). ¶도로의 양측에는 플라타너스가 늘어서 있다. ② 두 편. ¶양측 대표 / 양측이 대립되다. ㊥양방(兩方), 양쪽.

양:치 養齒 (기를 양, 이 치). 이[齒]를 닦아 잘 간수함[養].

양치-류 羊齒類 (양 양, 이 치, 무리 류). ① 속뜻 잎의 가장자리가 양(羊)의 이빨[齒]처럼 생긴 식물의 종류(種類). ② 식물 관다발 식물 중에서 꽃이 피지 않고 홀씨로 번식하는 식물. 줄기는 대개 땅속줄기이고 잎은 복잡한 잎맥을 가지며 대부분 깃털 모양의 겹잎이다. 영문명 'pteridophyte'는 '숨어 자라는 식물'이라는 뜻이다. ¶고사리는 양치류이다.

양치-식물 羊齒植物 (양 양, 이 치, 심을 식, 만물 물). 식물 양치류(羊齒類)에 속하는 식물(植物).

양:친[1] 兩親 (두 량, 어버이 친). 두[兩] 분의 부모님[親]. 부친(父親)과 모친(母親)을 아울러 이르는 말. ¶그는 양친을 모시고 살고 있다. ㊥어버이.

양:친[2] 養親 (기를 양, 어버이 친). ① 속뜻 길러준[養] 부모[親]. ② 양자로 간 집의 부모. ③ 부모를 봉양함.

양칠 洋漆 (서양 양, 칠할 칠). 서양식(西洋式)으로 칠(漆)함. 페인트칠을 이른다.

양태 樣態 (모양 양, 모양 태). 사물이 존재하는 모양(模樣)이나 상태(狀態).

▸양태 부사 樣態副詞 (도울 부, 말씀 사). 언어 '과연', '설마', '제발' 등과 같이 말하는 이의 태도[樣態]를 나타내는 부사(副詞).

양패 佯敗 (거짓 양, 패할 패). 거짓[佯]으로 패(敗)한 체함.

양:편 兩便 (두 량, 쪽 편). ① 속뜻 상대가 되는 두[兩] 편(便). ¶길 양편에는 참나무 숲이 무성하다. ② 두 쪽 다 원만하고 편함. ㊥양쪽, 양측(兩側).

양품 洋品 (서양 양, 물건 품). 서양식(西洋式)으로 만든 물품(物品). 특히 의류나 장신구 따위의 잡화를 이른다.

▸양품-점 洋品店 (가게 점). 양품(洋品)을 전문적으로 파는 가게[店]. ¶양품점에서 브로치를 샀다.

양풍[1] 洋風 (서양 양, 풍속 풍). 서양(西洋)의 양식(樣式)을 본뜬 모양 또는 서양의 영향을 받은 풍조(風潮). '서양풍'의 준말.

양풍[2] 涼風 (서늘할 량, 바람 풍). ① 속뜻 서늘한[涼] 바람[風]. ②북풍 또는 남서풍.

양풍[3] **良風** (좋을 량, 풍속 풍). 좋은[良] 풍속(風俗).

▸양풍-미속 良風美俗 (아름다울 미, 풍속 속). 아름답고[美] 좋은[良] 풍습이나 기풍[風俗]. ㉥미풍양속(美風良俗).

양피 羊皮 (양 양, 가죽 피). 양(羊)의 가죽[皮].

▸양피-지 羊皮紙 (종이 지). 양(羊)의 생가죽[皮]을 얇게 펴서 약품 처리를 한 후에 표백하여 종이[紙]처럼 말린 재료. 서양의 고대에서 중세까지 많이 사용하였다.

양:피-화 兩被花 (두 량, 덮을 피, 꽃 화). 식물 ①꽃받침과 꽃잎의 두[兩] 겹이 속을 덮고[被] 있는 꽃[花]. ②꽃받침과 꽃잎을 갖춘 꽃. ㉥유피화(有被花).

양학 洋學 (서양 양, 배울 학). 서양(西洋)의 학문(學問).

양항 良港 (좋을 량, 항구 항). 배가 드나들거나 머물기에 좋은[良] 항구(港口). ¶이 도시는 양항을 끼고 있어서 외국과의 교역에 유리하다.

양해 諒解 (살필 량, 풀 해). 남의 사정을 잘 살피어[諒] 너그러이 이해(理解)해 줌. ¶손님에게 양해를 구하다 / 양해해 주시기 바랍니다.

양핵 陽核 (볕 양, 씨 핵). 물리 양전기(陽電氣)를 띤 핵(核). '원자핵'(原子核)을 이르는 말.

양행 洋行 (서양 양, 갈 행). ①서양(西洋)으로 감[行]. ¶내친 김에 양행을 해 버렸다. ②주로 외국과의 무역 거래를 전문으로 하는 서양식 상점.

양:허 讓許 (사양할 양, 허락 허). ① 속뜻 양보(讓步)하여 받아들임[許]. ②협상 따위에서 자기편의 안을 양보하여 상대방의 주장이나 요구를 받아들임.

양:현-고 養賢庫 (기를 양, 어질 현, 곳집 고). ① 속뜻 훌륭한[賢] 인재를 기르기[養] 위해 마련한 재정이나 관청[庫]. ② 역사 고려 시대에 둔 국학(國學)의 장학 재단. 예종 14년(1119)에 두었다. ③ 역사 조선 시대에, 호조(戶曹)에 속하여 성균관 유생에게 주는 식량에 대한 일을 맡아보던 관아.

양형 量刑 (헤아릴 량, 형벌 형). 법률 형벌(刑罰)의 정도를 헤아려[量] 정하는 일. ¶양형은 재판장이 결정한다.

양호[1] **良好** (좋을 량, 좋을 호). 대단히 좋음[良=好]. ¶이 학생은 성적이 양호하다.

양:호[2] **兩虎** (두 량, 호랑이 호). ① 속뜻 두[兩] 마리의 호랑이[虎]. ②역량이 서로 비슷한 두 용자(勇者)를 비유하여 이르는 말.

양:호[3] **兩湖** (두 량, 호수 호). ① 속뜻 호강(湖江, 지금의 錦江)를 둘러싼 양(兩)쪽 지방. ②호남(湖南)과 호서(湖西)를 통틀어 이르는 말.

양:호[4] **養護** (기를 양, 돌볼 호). ① 속뜻 길러 주고[養] 돌보아줌[護]. ②학교에서 학생의 건강이나 위생에 대하여 돌보아 줌. ¶양호 선생님.

▸양:호-실 養護室 (방 실). 학교나 회사 같은 곳에서 학생이나 사원의 건강이나 위생 따위의 양호(養護)에 관한 일을 맡아보는 곳[室]. ¶양호실에서 응급처치를 했다.

▸양:호 교:사 養護教師 (가르칠 교, 스승 사). 교육 학교에서 학생의 보건 관리와 보건 지도[養護]를 전문으로 담당하는 교사(教師).

양:호-유환 養虎遺患 (기를 양, 호랑이 호, 남길 유, 근심 환). ① 속뜻 범[虎]을 길러서[養] 근심거리[患]를 남김[遺]. ②화근이 될 것을 길러서 후환을 당하게 됨.

양화[1] **良貨** (좋을 량, 돈 화). 경제 품질이 좋은[良] 화폐(貨幣). 실제 가격과 법정 가격의 차이가 적은 화폐를 이른다.

양화[2] **洋貨** (서양 양, 돈 화). ①서양(西洋)의 화폐(貨幣). ②서양에서 수입한 물품. '양물화'(洋物貨)의 준말.

양화[3] **洋畵** (서양 양, 그림 화). ①서양(西洋)에서 들여온 영화(映畵). ② 미술 서양화(西洋畵).

양화[4] **洋靴** (서양 양, 구두 화). 주로 가죽을 재료로 하여 만든 서양식(西洋式) 신발[靴]. ㉥구두.

양:화[5] **釀禍** (빚을 양, 재화 화). 재앙이나 화근(禍根)을 빚어냄[釀].

양:화구복 禳禍求福 (물리칠 양, 재화 화, 구할 구, 복 복). 재앙[禍]을 물리치고[禳] 복(福)을 구(求)함.

양-화포 洋花布 (서양 양, 꽃 화, 베 포). 무명실로 꽃[花] 무늬를 놓아 짠 서양식(西洋式) 천[布].

양회 洋灰 (서양 양, 재 회). 건설 석회에 대해, 서양(西洋)에서 석회(石灰)를 주원료로 하여 만든 것. ⓑ시멘트(cement).

어:가¹ 御街 (임금 어, 거리 가). ① 속뜻 임금[御]이 다니는 길[街]. ② 대궐 안의 길.

어:가² 御駕 (임금 어, 수레 가). 역사 임금[御]이 타던 수레[駕]. ¶수많은 군졸들이 어가를 호위했다.

어가³ 漁歌 (고기잡을 어, 노래 가). 어부들이 고기를 잡으면서[漁] 부르는 노래[歌].

어간¹ 魚肝 (물고기 어, 간 간). 물고기[魚]의 간(肝).

어:간² 語幹 (말씀 어, 줄기 간). ① 속뜻 단어(單語)의 줄기[幹]에 해당하는 중심 부분. ② 언어 서술어에서 중심 관념을 나타내고 관계에 따라 바뀌지 않는 부분. '읽다', '좋고'의 '읽-', '좋-' 따위.

어:감 語感 (말씀 어, 느낄 감). 말소리나 말투[語]에서 묻어 나오는 느낌[感]. ¶이 표현은 어감이 좋지 않다. ⓑ뉘앙스.

어개 魚介 (물고기 어, 딱지 개). ① 속뜻 껍질[介]이 있는 조개와 물고기[魚]. ② 바다에 사는 생물을 동물을 통틀어 이르는 말. ⓑ개린(介鱗).

어:거 馭車 (부릴 어, 수레 거). ① 속뜻 수레[車]를 메운 소나 말을 부리어[馭] 모는 일. ② 거느리어 바른길로 나가게 함.

어:격 語格 (말씀 어, 격식 격). 말[語]을 할 때 갖추어야 하는 일정한 격식(格式).

어:계 語系 (말씀 어, 이어 맬 계). 언어 언어(言語)의 계통(系統).

어:구¹ 語句 (말씀 어, 글귀 구). 말[語]의 마디나 구절(句節). ¶그 어구의 뜻을 잘 풀이해 보다.

어구² 漁具 (고기잡을 어, 갖출 구). 고기잡이[漁]에 쓰는 여러 가지 도구(道具). ¶어구를 잘 손질해 놓다.

어:군¹ 語群 (말씀 어, 무리 군). ① 속뜻 일정한 특성을 지닌 언어(言語)의 무리[群]. ② 언어 같은 어파 가운데 서로 친족 관계를 이루는 여러 언어를 통틀어 이르는 말.

어군² 魚群 (물고기 어, 무리 군). 물고기[魚] 떼[群].

▶어군 탐지기 魚群探知機 (찾을 탐, 알 지, 틀 기). ① 속뜻 물고기[魚] 떼[群]를 찾아[探] 알려주는[知] 기계(機械). ② 수산 어선 바닥에서 초음파의 반사를 내어 물속의 어군(魚群)의 존재나 수량·종류 등을 분석하는 장치.

어:굴 語屈 (말씀 어, 굽힐 굴). 말[語]이 다하여[屈] 대답이 막힘.

어:근 語根 (말씀 어, 뿌리 근). 언어 단어(單語)의 근본(根本)이 되는 부분. 단어를 분석할 때, 실질적 의미를 나타내는 중심이 되는 부분. ¶'뛰다'의 어근은 '뛰'이다.

어:기¹ 語氣 (말씀 어, 기운 기). 말하는[語] 기세(氣勢).

어기² 漁期 (고기잡을 어, 때 기). 고기를 잡는[漁] 시기(時期). 또는 어떤 특정한 구역에서 어떤 종류의 고기가 많이 잡히는 시기.

어농 漁農 (고기잡을 어, 농사 농). 고기 잡는[漁] 일과 농사(農事)짓는 일을 아울러 이르는 말.

어:눌 語訥 (말씀 어, 말 더듬을 눌). 말[語]을 더듬다[訥]. ¶그는 말투가 어눌하여 잘 알아들을 수가 없다.

어동육서 魚東肉西 (물고기 어, 동녘 동, 고기 육, 서녘 서). 제사상을 차릴 때, 생선 반찬[魚]은 동(東)쪽에 놓고 고기반찬[肉]은 서(西)쪽에 놓는 일.

어:두 語頭 (말씀 어, 머리 두). ① 속뜻 말[語]의 첫머리[頭]. ② 언론 어절의 처음. 어절의 첫 음절 또는 첫 음절의 초성을 나타낸다.

▶어:두-음 語頭音 (소리 음). ① 속뜻 낱말[語]의 첫[頭] 소리[音]. ② 언어 음절의 첫소리. ⓒ두음.

▶어:두 자음군 語頭子音群 (아이 자, 소리 음, 무리 군). 언어 단어(單語)의 첫머리[頭]에 오는 자음(子音)의 무리[群]. 중세 국어의 'ㅺ', 'ㅼ'이나 영어의 'step'의 'st' 따위.

어두육미 魚頭肉尾 (물고기 어, 머리 두, 고기 육, 꼬리 미). 물고기[魚]는 머리[頭] 쪽이 맛이 있고 짐승 고기[肉]는 꼬리[尾] 쪽이 맛이 있다는 말.

어:둔¹ 語鈍 (말씀 어, 둔할 둔). 말[語]이 둔(鈍)하다. ¶어둔한 말투.

어:둔[2] **語遁** (말씀 어, 달아날 둔). ① 속뜻 말[語]이 다하다[遁]. 할 말이 없다. ② 대답하는 말이 군색하고 억지스럽다.

어란 魚卵 (물고기 어, 알 란). ① 속뜻 물고기[魚]의 알[卵]. ② 소금을 쳐서 절이거나 말린 물고기의 알.

어:람 御覽 (임금 어, 볼 람). '임금[御]이 봄[覽]'을 높여 이르던 말.

어렵 漁獵 (고기잡을 어, 사냥 렵). ① 속뜻 고기잡이[漁]와 사냥[獵]. ② 고기잡이.

▸ 어렵-선 漁獵船 (배 선). 고기잡이[漁獵]에 종사하는 배[船].

▸ 어렵 시대 漁獵時代 (때 시, 연대 대). 사회 고기잡이[漁]나 사냥[獵]과 같은 자연물의 채취에 의존하여 생활하던 시대(時代). 인류의 경제 발달 단계의 하나. ㊂목축(牧畜) 시대, 농경(農耕) 시대.

어로 漁撈 (고기잡을 어, 잡을 로). 고기나 수산물 따위를 잡아[漁] 거두어들이는[撈] 일. ¶이 지역은 어로행위가 금지되어 있다.

▸ 어로-권 漁撈權 (권리 권). 법률 고기나 수산물 따위를 잡아[漁]들일[撈] 수 있는 권리(權利). 국가의 특허가 필요하다. ㊐어업권(漁業權).

▸ 어로-선 漁撈船 (배 선). 고기잡이[漁撈]를 하는 배[船]. ㊟어선.

▸ 어로-수역 漁撈水域 (물 수, 지경 역). 고기를 잡아[漁]들일[撈] 수 있는 수면(水面)의 일정한 구역(區域).

▸ 어로 작업 漁撈作業 (지을 작, 일 업). 수산 해산물을 잡아[漁]들이는[撈] 작업(作業).

어로불변 魚魯不辨 (물고기 어, 노둔할 로, 아닐 불, 가릴 변). ① 속뜻 어(魚) 자와 노(魯) 자를 구별하지[辨] 못할[不] 정도임. ② '아주 무식함'을 비유하여 이르는 말.

어:록 語錄 (말씀 어, 기록할 록). ① 속뜻 위인들이 한 말[語]을 간추려 모은 기록(記錄). ② 유학자가 설명한 유교 경서나 스님이 설명한 불교 교리를 뒤에 제자들이 기록한 책. ③ 중국 송나라 때, 학자들이 후진의 교도(教導) 및 편지에 필요한 당시의 속어를 수집하여 구어체로 기록한 책.

어뢰 魚雷 (물고기 어, 천둥 뢰). ① 속뜻 물고기[魚]처럼 나아가 천둥[雷]같이 큰 소리를 내며 터지는 무기. ② 군사 함정이나 항공기에서 함선을 향해 발사, 투하하는 공격용 수중 무기. 자체 추진 장치에 의하여 나아가 목표에 부딪쳐 폭발한다. ¶적함을 향해 어뢰를 발사하다.

▸ 어뢰-정 魚雷艇 (거룻배 정). 군사 어뢰(魚雷)를 주공격 무기로 하는 해군 함정(艦艇).

▸ 어뢰 발사관 魚雷發射管 (쏠 발, 쏠 사, 대롱 관). 군사 어뢰(魚雷)를 발사(發射)하는 관(管) 모양의 장치.

▸ 어뢰 방어망 魚雷防禦網 (막을 방, 막을 어, 그물 망). 군사 적이 발사한 어뢰(魚雷)를 막기[防禦] 위해 바다 속에 설치하는 그물[網].

어룡 魚龍 (물고기 어, 용 룡). ① 속뜻 물고기[魚] 모양의 용(龍). ② 물속에 사는 동물을 통틀어 이르는 말. ③ 동물 중생대에 물에 살던 파충류의 하나. 몸은 방추형이며 지느러미 또는 지느러미와 유사한 날개를 가졌었다.

어류[1] **魚類** (물고기 어, 무리 류). ① 속뜻 물고기[魚] 종류(種類). ② 동물 등뼈동물에 딸린 한 무리. 물속에서 살기에 알맞은 모양새로 몸은 비늘로 덮이고 아가미로 숨을 쉬며 지느러미로 헤엄을 친다. ¶이 강에는 많은 어류가 산다.

어:류[2] **語類** (말씀 어, 무리 류). ① 속뜻 말[語]의 종류(種類). ② 말을 분류한 것.

어린 魚鱗 (물고기 어, 비늘 린). ① 속뜻 물고기[魚]의 비늘[鱗]. ② 군사 어린진(魚鱗陣). ③ 미술 서도(書道)에서 필법(筆法)의 하나.

▸ 어린-진 魚鱗陣 (진칠 진). 군사 고기비늘[魚鱗] 같은 모양으로 치는 진(陣).

▸ 어린도-책 魚鱗圖冊 (그림 도, 책 책). 책명 명나라 때, 토지의 모양을 그림[圖]으로 나타내어 면적, 세액, 소유자의 이름을 적은 책(冊). 지형의 구분이 물고기[魚]의 비늘[鱗]과 비슷한 데서 나온 이름이다.

어:말 어:미 語末語尾 (말씀 어, 끝 말, 말씀 어, 꼬리 미). 언어 활용 어미에 있어서 단어(單語)의 끝[末]에 오는 어미(語尾). 종결 어미·연결 어미·전성 어미 따위로 나뉜다.

어망 魚網 (=漁網, 물고기 어, 그물 망). 물고기[魚]를 잡는 데 쓰는 그물[網]. ¶강에 어망을 던져 놓고 다음날 아침에 건져올렸다.

어:맥 語脈 (말씀 어, 줄기 맥). ① 속뜻 말(語)과 말이 이어진 줄기[脈]. 말과 말의 유기적인 관련. ② 언어 말과 단어가 변하여 온 경로.

어:명[1] 御名 (임금 어, 이름 명). 국서에 쓰는 임금[御]의 이름[名]을 이르던 말.

어:명[2] 御命 (임금 어, 명할 명). 임금[御]의 명령(命令)을 이르던 말. ¶어명을 따르다.

어목[1] 魚目 (물고기 어, 눈 목). ① 속뜻 물고기[魚]의 눈[目]. ② 물고기의 눈과 중국 연산(燕山)에서 나는 돌은 구슬처럼 보이나 구슬이 아니라는 뜻으로 진짜와 비슷하나 본질은 완전히 다른 것을 이르는 말. ③ 손이나 발에 생기는 무사마귀 비슷한 굳은 살. 눌리면 속의 신경(神經)이 자극(刺戟)되어 아프다.

어목[2] 漁牧 (고기잡을 어, 칠 목). ① 속뜻 고기를 잡는[漁] 일과 가축을 기르는[牧] 일을 아울러 이르는 말. ② 어부와 목자를 아울러 이르는 말.

어:문 語文 (말씀 어, 글자 문). 말[語]과 글[文]을 아울러 이르는 말.

▶ 어:문-일치 語文一致 (한 일, 이를 치). 말[語]과 글[文]이 똑같음[一致]. ㈈ 언문일치(言文一致).

어:-문학 語文學 (말씀 어, 글자 문, 배울 학). 어학(語學)과 문학(文學)을 아울러 이르는 말.

어물 魚物 (물고기 어, 만물 물). 생선[魚]이나 생선을 가공하여 만든 물품(物品).

▶ 어물-전 魚物廛 (가게 전). 생선, 김, 미역 따위의 어물(魚物)을 전문적으로 파는 가게[廛]. 속담 어물전 망신은 꼴뚜기가 시킨다.

어미[1] 魚尾 (물고기 어, 꼬리 미). ① 속뜻 물고기[魚]의 꼬리[尾]. ② 민속 관상에서 눈꼬리의 주름을 이르는 말. ③ 출판 서지학에서 판심 어미 중앙에 책 이름 따위를 적고 그 아래 위를 물고기의 꼬리 모양으로 장식한 것을 이르는 말.

어:미[2] 語尾 (말씀 어, 꼬리 미). ① 속뜻 단어(單語)의 끝[尾]. ② 언어 용언 및 서술격 조사가 활용하여 변하는 부분. '먹다'에서 '-다'는 어미이다.

▶ 어:미-변화 語尾變化 (바뀔 변, 될 화). ① 속뜻 어미(語尾)가 바뀌어[變] 달라짐[化]. ② 언어 용언의 어간이나 서술격 조사에 변하는 말이 붙어 문장의 성격을 바꿈. ㈈ 활용(活用).

어민 漁民 (고기잡을 어, 백성 민). 고기 잡는[漁] 일을 하는 사람[民]. ¶이번 태풍으로 어민들은 큰 피해를 보았다. ㈈ 어부(漁夫).

어:법 語法 (말씀 어, 법 법). 언어 말[語]의 일정한 법칙(法則). ¶어법에 맞게 말해야 한다.

어변성룡 魚變成龍 (물고기 어, 바뀔 변, 이룰 성, 용 룡). ① 속뜻 물고기[魚]가 변(變)하여서 용(龍)이 됨[成]. ② 아주 곤궁하던 사람이 부귀를 누리게 되거나 보잘것없던 사람이 큰 인물이 됨.

어별 魚鼈 (물고기 어, 자라 별). ① 속뜻 물고기[魚]와 자라[鼈]를 아울러 이르는 말. ② 바다 동물을 통틀어 이르는 말.

어보[1] 魚譜 (물고기 어, 적어놓을 보). ① 속뜻 물고기[魚]의 계보(系譜). ② 책명 어개류(魚介類)와 해초(海草)의 이름을 적은 책. 『자산어보』(玆山魚譜)와 『우해이명보』(牛海異名譜)의 합본(合本)이다.

어:보[2] 御寶 (임금 어, 보배 보). ① 속뜻 임금[御]의 보배[寶]. ② 국권의 상징으로 국가적 문서에 사용하던 임금의 도장. ㈈ 국새(國璽).

어복 魚腹 (물고기 어, 배 복). ① 물고기[魚]의 배[腹]. ¶푸른 바다 속에 빠져 어복의 밥이 되었다. ② 바둑의 어복(於腹). ③ 종아리의 살이 불룩한 부분. ㈈ 장딴지.

어부 漁父 (=漁夫, 고기잡을 어, 아버지 부). 고기잡이[漁]를 직업으로 하는 사람[父]. ¶우리 아버지는 어부이다. ㈈ 어민(漁民).

▶ 어부-가 漁父歌 (노래 가). 문학 칠언 한시로 어부(漁父)의 생활을 읊은 고려시대의 가요(歌謠).

▶ 어부-사 漁父詞 (말씀 사). 문학 ① 늙은 어부(漁父)의 즐거움을 읊은 노래[詞]. 조선 명종 때에, 이현보가 지은 연시조로, 고려의 『어부가』를 개작하여 단가(短歌) 5수, 장가(長歌) 9수로 만든 것이다. ② 조선 시대 십이 가사의 하나. 이현보의 『어부사』를 다섯 가지의 가락으로 되풀이하여 부르는 것으

로 6박 1장단이다.

▸어부지리 漁父之利 (어조사 지, 이로울 리). ① 속뜻 고기잡이[漁父]가 이득[利]을 봄. ② 두 사람이 이해관계로 다투는 사이에 엉뚱한 딴 사람이 이득을 봄. 도요새가 무명조개의 속살을 먹으려고 부리를 조가비 안에 넣는 순간 무명조개가 껍데기를 꽉 다물고 부리를 안 놔주자, 서로 다투는 틈을 타서 지나가던 어부가 둘 다 잡아 이득을 챙겼다는 데서 유래한다. ¶그 두 사람이 싸우는 바람에 어부지리를 얻었다.

▸어부-사시사 漁父四時詞 (넉 사, 때 시, 말씀 사). 문학 강촌에서 자연과 더불어 사는 어부(漁父)의 사계절[四時]을 읊은 노래[詞]. 춘(春)·하(夏)·추(秋)·동(冬) 각 10수씩 모두 40수로 되어 있는 연시조로, 조선 효종 2년(1651)에 윤선도가 지었다. 『고산유고』(孤山遺稿)에 실려 있다.

어분 魚粉 (물고기 어, 가루 분). 물고기[魚]를 말려서 빻은 가루[粉]. 질소 비료나 사료로 이용한다.

어:불근리 語不近理 (말씀 어, 아닐 불, 가까울 근, 이치 리). 말[語]이 도무지 이치(理致)에 근접(近接)하지 않음[不].

어:불성설 語不成說 (말씀 어, 아닐 불, 이룰 성, 말씀 설). 말[語]이 되지[成] 못하는[不] 말[說]. 말이 조금도 사리(事理)에 맞지 않음.

어비 魚肥 (물고기 어, 거름 비). 물고기[魚]를 말려서 만든 비료(肥料). 질소와 인산이 많이 함유되어 있다.

어:사[1] 御史 (임금 어, 기록 사). 역사 ① 임금[御]의 명령으로 특별한 사명을 띠고 지방에 파견되던 임시 벼슬[史]. ② 암행어사(暗行御史).

어:사[2] 御使 (임금 어, 부릴 사). 역사 임금[御]의 심부름을 하는 관리[使].

어:사[3] 語辭 (말씀 어, 말씀 사). 말[語=辭]. ㊥언사(言辭).

어:사[4] 御賜 (임금 어, 줄 사). 임금[御]이 신하에게 돈이나 물건을 내리는[賜] 일을 이르던 말. ¶현종은 강감찬에게 비단 100필을 어사했다.

▸어:사-화 御賜花 (꽃 화). 역사 조선 시대에, 문무과에 급제한 사람에게 임금[御]이 하사(下賜)하던 종이꽃[花]. ¶이몽룡은 어사화를 꽂고 관청으로 들어섰다.

어사무사 於思無思 (어조사 어, 생각 사, 없을 무, 생각 사). ① 속뜻 생각[思]에[於] 날 듯 생각[思]이 없는[無] 듯하다. ② 생각이 날 듯 말 듯 하다. ¶그의 이름이 어사무사하다.

어:새 御璽 (임금 어, 도장 새). 임금[御]이 사용하던 도장[璽]. 옥새(玉璽)의 높임말.

어:색 語塞 (말씀 어, 막힐 색). ① 속뜻 말[語]이 막히다[塞]. ② 말이 궁하여 답변할 말이 없다. ¶어색한 변명. ③ 서먹서먹하고 쑥스럽다. ¶어색한 웃음.

어선 漁船 (고기잡을 어, 배 선). 고기잡이[漁]를 위한 배[船]. ¶어선은 만선이 되어 돌아왔다. ㊥고깃배, 어로선(漁撈船).

어:성 語聲 (말씀 어, 소리 성). 말[語]하는 소리[聲].

어:세 語勢 (말씀 어, 기세 세). 높낮이, 길고 짧음, 세고 여림 따위에서 느껴지는 말[語]의 기세(氣勢). ㊥어기(語氣).

어:소 御所 (임금 어, 곳 소). 임금[御]이 계시는 곳[所]을 이르던 말.

어속 魚屬 (물고기 어, 무리 속). ① 속뜻 물고기[魚]에 속(屬)하는 것을 통틀어 이르는 말. ② 등뼈동물에 딸린 한 무리. 물속에서 살기에 알맞은 모양새로 몸은 비늘로 덮이고 아가미로 숨을 쉬며 지느러미로 헤엄을 친다. ¶어속을 분류하다. ㊥어류(魚類).

어:순 語順 (말씀 어, 차례 순). ① 속뜻 단어(單語)가 놓이는 순서(順序). ② 말이나 글에서 주어, 술어, 목적어 따위가 놓인 차례. '나는 밥을 먹었다'는 '주어', '목적어', '술어'의 어순이다.

어-시:장 魚市場 (물고기 어, 저자 시, 마당 장). 생선 따위의 어물(魚物)을 파는 시장(市場). ¶그는 어시장에서 10년 째 건어물을 팔고 있다.

어안 魚眼 (물고기 어, 눈 안). 물고기[魚]의 눈[眼].

▸어안-석 魚眼石 (돌 석). ① 속뜻 물고기[魚]의 눈[眼]처럼 빛나는 광택이 있는 돌[石]. ② 광업 정방 정계(正方晶系)에 딸린 무색 또는 백색의 광물. 주상(柱狀) 또는 판상(板狀)의 결정을 이루며 유리 광택이 있

는데 특히 밑면은 강한 진주광택이 있다.

어언 於焉 (어조사 어, 어찌 언). 여기[焉]에 [於]. 어느덧. 어느새. ¶학교를 졸업한 지도 어언 십 년이 지났다.

▸어언-간 於焉間 (사이 간). 어느[於焉] 동안에[間]. 어느새. ㉟어언.

***어업 漁業** (고기잡을 어, 일 업). 수산물을 잡는[漁] 것을 전문적으로 하는 사업(事業).

▸어업-권 漁業權 (권리 권). 법률 국가의 특허를 받아 일정한 수면(水面)에서 특정한 어업(漁業)을 할 수 있는 권리(權利). ㊥어로권(漁撈權).

▸어업 면:허 漁業免許 (면할 면, 허락 허). 법률 특정한 수역(水域)에서 일정한 어업(漁業)을 독점적으로 할 수 있는 권리를 허가하는[免許] 행정 행위.

▸어업 자원 漁業資源 (재물 자, 근원 원). ① 속뜻 어업(漁業)을 할 수 있는 바탕이 되는 자원(資源). ② 수산 어업의 대상이 되는 수산 생물. 어패류, 해조류, 해수류 따위가 있다.

▸어업 전관 수역 漁業專管水域 (오로지 전, 맡을 관, 물 수, 지경 역). ① 속뜻 어업(漁業)을 전적(專的)으로 맡아[管] 할 수 있는 수면(水面)의 구역(區域). ② 수산 연안국(沿岸國)이 배타적·우선적인 어업권(漁業權)을 가지는 영해 바깥쪽의 일정한 수역. ㊟전관 수역.

어염 魚鹽 (물고기 어, 소금 염). ① 속뜻 서민 생활의 필수품인 생선[魚]과 소금[鹽]을 아울러 이르는 말. ②어업과 제염을 아울러 이르는 말.

▸어염-세 魚鹽稅 (세금 세). 생선[魚]과 소금[鹽]을 수익으로 얻는 어민들에게 부과하던 세금(稅金).

어:영-대:장 御營大將 (임금 어, 집 영, 큰 대, 장수 장). ① 속뜻 왕[御]이 직접 지휘하는 군대[營]의 대장(大將). ② 역사 조선 시대에 둔 어영청(御營廳)의 으뜸 벼슬.

어옹 漁翁 (고기잡을 어, 늙은이 옹). 고기를 잡는[漁] 노인[翁].

어:용 御用 (임금 어, 쓸 용). ① 속뜻 임금[御]이 씀[用]. 또는 그러한 물건. ②정부에서 쓰는 일. ③자신의 이익을 위해 권력자나 권력 기관에 영합하여 줏대 없이 행동하는 것을 이르는 말. ¶어용 단체(御用團體).

▸어:용-지 御用紙 (종이 지). ① 속뜻 임금[御]의 뜻을 적은[用] 종이[紙]. ② 언론 정부의 보호 아래 정책을 옹호하는 내용을 주로 싣는 신문. ㊥어용 신문(御用新聞).

▸어:용 기자 御用記者 (기록할 기, 사람 자). 어용 신문(御用新聞)의 기자(記者).

▸어:용 문학 御用文學 (글월 문, 배울 학). 문학 문학의 독창성과 순수성을 저버리고 당대의 권력에 아부하는[御用] 내용의 문학(文學).

▸어:용-상인 御用商人 (장사 상, 사람 인). 자신의 이익을 위하여 권력자나 권력 기관에 영합하여[御用] 권력자의 비호를 받으며 궁중이나 관청 따위에 물건을 대는 상인(商人).

▸어:용 신문 御用新聞 (새 신, 들을 문). 언론 정부가 주도하여[御用] 그 정책을 옹호하는 내용을 주로 싣는 신문(新聞). 권력자나 권력 기관에 영합하여 편파적으로 보도하는 신문.

▸어:용-학자 御用學者 (배울 학, 사람 자). 정부나 권력자에 아첨하여[御用] 그 정책을 옹호하기 위한 학설을 주장하는 학자(學者).

어우-야담 於于野談 (어조사 어, 어조사 우, 들 야, 이야기 담). 문학 조선 때, 어우당(於于堂) 유몽인(柳夢寅)이 당시의 여러 잡다한[野] 이야기[談]와 설화를 모아 기록한 책.

어:원 語源 (=語原, 말씀 어, 근원 원). 어떤 단어(單語)가 생겨난 근원(根源). ¶'설거지'의 어원을 조사하다.

어유 魚油 (물고기 어, 기름 유). ① 속뜻 물고기[魚]에서 짜낸 기름[油]. ② 약학 간유(肝油).

어육 魚肉 (물고기 어, 고기 육). ①생선[魚]과 짐승의 고기[肉]를 아울러 이르는 말. ¶어육으로 반찬을 만들었다. ②생선의 살. ¶신선도가 좋은 어육이 맛도 좋다. ③짓밟고 으깨어 놓은 상태를 비유하여 이르는 말. ¶왜적의 침입으로 온 나라가 어육이 되었다.

어:음 語音 (말씀 어, 소리 음). 말[語] 소리

[音].

어:의[1] **御衣** (임금 어, 옷 의). 임금[御]이 입던 옷[衣]. ¶왕관을 포함한 임금의 어의 한 벌. ㊥어복(御服).

어:의[2] **御醫** (임금 어, 치료할 의). 역사 궁궐 내에서, 임금[御]이나 왕족의 병을 치료하던 의원(醫員). ¶노국공주의 처소에 어의가 들어갔다. ㊥태의(太醫).

어:의[3] **語義** (말씀 어, 뜻 의). 단어나 말[語] 뜻[義].

어장 漁場 (고기잡을 어, 마당 장). ① 속뜻 고기잡이[漁]를 하는 곳[場]. ② 수산 풍부한 수산 자원이 있고 어업을 할 수 있는 수역(水域). 대륙붕 뱅크가 널리 분포하고 한류와 난류가 만나는 곳이다. ¶독도 주변은 해산물이 풍부한 어장이다.

어장-비 魚腸肥 (물고기 어, 창자 장, 거름 비). 농업 물고기[魚]의 창자[腸]를 원료로 하는 비료(肥料).

어적 魚炙 (물고기 어, 구울 적). 생선[魚] 살을 소금으로 간하여 구운 적(炙).

어:전[1] **御前** (임금 어, 앞 전). 임금[御]의 앞[前]. ¶어전을 물러 나오다 / 어전에 나가 임금께 절을 올리다.

어:전[2] **御殿** (임금 어, 대궐 전). 임금[御]이 있는 궁전(宮殿)을 이르던 말. ¶군사를 이끌고 어전까지 쫓아 들어오다니! ㊥용전(龍殿).

어:전[3] **語典** (말씀 어, 책 전). ① 속뜻 말[語]의 규칙을 설명한 책[典]. ② 언어 어떤 범위 안에서 쓰이는 낱말을 모아서 일정한 순서로 배열하여 싣고 그 각각의 발음, 의미, 어원, 용법 따위를 해설한 책.

어:절 語節 (말씀 어, 마디 절). 언어 낱말[語] 각각의 마디[節]. 문장 성분의 최소 단위로서 띄어쓰기의 단위가 된다. ¶'혜리가 소설책을 본다'에서 '혜리가', '소설책을', '본다'가 어절에 해당한다.

어:제 御製 (임금 어, 만들 제). 임금[御]이 몸소 짓거나 만듦[製]. 또는 그런 글이나 물건.

어:조 語調 (말씀 어, 가락 조). ① 속뜻 말[語]의 가락[調]. ② 말하는 투. ¶격렬한 어조. ㊥말투.

어:조-사 語助辭 (말씀 어, 도울 조, 말씀 사). ① 속뜻 다른 단어(單語)를 돕는[助] 말[辭]. ② 언어 실질적인 뜻이 없이 다른 글자를 보조(補助)하여 주는 한문의 토. '焉', '於', '矣' 따위가 있다.

어족[1] **魚族** (물고기 어, 무리 족). 동물 물고기[魚]의 종족(種族). ¶독도 부근의 바다는 어족이 풍부하다. ㊥어류(魚類).

어:족[2] **語族** (말씀 어, 무리 족). 언어 언어(言語)의 종족(種族). 언어를 계통에 따라 묶은 것으로 인도·유럽 어족, 알타이 어족, 한장 어족 따위. ¶한국어는 알타이 어족에 속한다.

어:졸 語拙 (말씀 어, 서툴 졸). 말[語]솜씨가 서투르다[拙]. ㊥언졸(言拙).

어종 魚種 (물고기 어, 갈래 종). 물고기[魚]의 종류(種類). ¶다양한 어종.

어:좌 御座 (임금 어, 자리 좌). ① 임금[御]이 자리[座]에 나와 앉음. 또는 그 자리. ¶왕은 어좌에 착석하였다. ② 임금의 자리. ¶어좌를 선양하다. ㊥왕위(王位).

어:주 御酒 (임금 어, 술 주). 임금[御]이 신하에게 내린 술[酒]. ¶그는 어주를 석 잔이나 받아 마셨다.

어:중 語中 (말씀 어, 가운데 중). ① 속뜻 말[語]하는 가운데[中]. ② 언어 한 낱말의 중간 부분. 어두(語頭), 어미(語尾)와 관련하여 쓰인다.

어-중간 於中間 (어조사 어, 가운데 중, 사이 간). 거의 중간(中間)쯤 되는[於] 곳. 또는 그런 상태. ¶누나는 어중간한 것을 싫어한다.

어:지 御旨 (임금 어, 뜻 지). 임금[御]의 뜻[旨]. 임금의 생각. ¶김 내관은 어지를 받들었다. ㊥성지(聖旨).

어:지-증 語遲症 (말씀 어, 더딜 지, 증세 증). 한의 말[語]을 배우는 것이 더딘[遲] 증세(症勢).

어:진 御眞 (임금 어, 참 진). 임금[御]의 화상(畫像)이나 사진(寫眞).

어차피 於此彼 (어조사 어, 이 차, 저 피). 이렇게[此] 하거나 저렇게[彼] 하거나 어쨌든. '어차어피'(於此於彼)의 준말. ¶어차피 내가 해야 할 일이다.

어촌 漁村 (고기잡을 어, 마을 촌). 고기잡이[漁] 하며 사는 사람들이 모여 사는 마을

[村]. ¶해안을 따라 어촌이 많이 있다. ⓑ갯마을.

어탁 魚拓 (물고기 어, 본뜰 탁). 물고기[魚]의 탁본(拓本)을 뜸. 또는 그 탁본. ¶비단에 어탁을 뜨다.

어탕 魚湯 (물고기 어, 끓을 탕). ① 속뜻 생선[魚]을 넣어 끓인 탕국[湯]. ②제사 때에 올리는 탕의 하나. 생선 건더기가 많고 국물은 적다.

어:투 語套 (말씀 어, 버릇 투). 말[語] 하는 버릇[套]. ¶그는 못 믿겠다는 어투로 말했다. ⓑ말투, 어조(語調).

어:파 語派 (말씀 어, 갈래 파). ① 속뜻 어족(語族)의 갈래[派]. ② 언어 같은 어족 중에서 서로 친족 관계를 갖는 여러 언어를 통틀어 이르는 말.

어패-류 魚貝類 (물고기 어, 조개 패, 무리 류). 식품으로 쓰이는 생선[魚]과 조개[貝] 종류(種類)를 통틀어 이르는 말. ¶어패류는 익혀 먹는 것이 안전합니다.

어:폐 語弊 (말씀 어, 나쁠 폐). ①적절하지 아니하게 사용하여 일어나는 말[語]의 폐단(弊端)이나 결점. ¶제 말에 어폐가 있었다면 용서하세요. ②남의 오해를 받기 쉬운 말.

어포 魚脯 (물고기 어, 포 포). 생선[魚]으로 만든 포(脯).

어피 魚皮 (물고기 어, 가죽 피). ① 속뜻 물고기[魚]의 가죽[皮]. ②상어피. ③상어 고기로 만든 식품.

어:필 御筆 (임금 어, 글씨 필). 임금[御]이 쓴 글씨[筆]. '어신필'(御宸筆)의 준말.

어:학 語學 (말씀 어, 배울 학). 언어 ①언어(言語)를 연구하는 학문(學問). ②외국어를 연구하거나 습득하기 위한 학문. 또는 그런 학과(學科). ¶그 아이는 어학에 재능이 있다. ③인간의 언어와 관련한 여러 현상을 과학적으로 연구하는 학문. 언어의 기능과 본질, 언어의 역사, 언어의 변이, 언어와 인간관계 따위를 연구한다. '언어학'(言語學)의 준말.

▶어:학-도 語學徒 (무리 도). ① 속뜻 언어학(言語學)을 연구·학습하는 사람[徒]. ②회화를 할 목적으로 외국어를 공부하는 사람. ⓑ어학생(語學生).

▶어:학-자 語學者 (사람 자). 언어(言語)에 관한 학문(學問)을 연구하는 사람[者].

어한-기 漁閑期 (고기잡을 어, 한가할 한, 때 기). ① 속뜻 고기 잡는[漁] 일이 한가(閑暇)한 시기(時期). ② 수산 물고기가 잘 잡히지 않는 시기. ¶어한기에는 그물을 잘 손질해 놓아야 한다. ⓑ성어기(盛漁期).

어항[1] 魚缸 (물고기 어, 항아리 항). ① 속뜻 물고기[魚]를 기르는 데 사용하는 유리 따위로 모양 있게 만든 항아리[缸]. ②물고기를 잡는 데에 쓰는 항아리 모양으로 만든 유리통.

어항[2] 漁港 (고기잡을 어, 항구 항). 어선(漁船)이 정박하고, 출어 준비와 어획물의 양륙을 하는 항구(港口). ¶그곳은 섬의 어항으로 개발되었다.

어:혈 瘀血 (병 어, 피 혈). ① 속뜻 병든[瘀] 피[血]. ② 한의 타박상 따위로 살 속에 피가 맺힘. 또는 그 피. ¶어혈을 풀다. ⓑ적혈(積血), 축혈(蓄血).

어형[1] 魚形 (물고기 어, 모양 형). ① 속뜻 물고기[魚]의 크기나 모양[形]. ¶광어와 가자미는 어형이 서로 비슷하다. ②물고기 모양. 또는 물고기처럼 생긴 물건. ¶잠수함은 대체로 그 모양이 어형과 비슷하다.

어:형[2] 語形 (말씀 어, 모양 형). ① 속뜻 단어(單語)의 모양[形]. ② 언어 낱말이 문법적 기능의 변이(變異)에 따라서 취하는 각각의 형태.

▶어:형-론 語形論 (논할 론). ① 속뜻 단어(單語)의 형태(形態)에 관한 학설[論]. ② 언어 형태소(形態素)에서 단어(單語)까지를 다루는 문법학(文法學) 분야.

어화 漁火 (고기잡을 어, 불 화). 고기잡이[漁]하는 배에 켜는 등불이나 횃불[火]. ¶멀리 주낙배의 어화 불빛이 아물아물 보였다.

어황 漁況 (고기잡을 어, 상황 황). 고기가 잡히는[漁] 상황(狀況). ¶꽃게잡이의 어황이 좋다.

어회 魚膾 (물고기 어, 회 회). 생선[魚]의 살을 얇게 저며 만든 회(膾).

어획 漁獲 (고기잡을 어, 얻을 획). 물고기를 잡아[漁] 거두어 올림[獲]. 또는 그 수산물. ¶어획으로 생계를 유지하다.

▸어획-량 漁獲量 (분량 량). 수산 어획(漁獲)한 수산물의 수량(數量). ¶가뭄으로 어획량이 크게 줄었다.

어:휘 語彙 (말씀 어, 모일 휘). 어떤 분야에서 쓰이는 단어(單語)를 모은[彙] 수효. 또는 그러한 단어의 전체. ¶경제학 관련 어휘를 많이 알고 있다.

▸어:휘-집 語彙集 (모을 집). 어휘(語彙)를 모아[集] 실은 책.

▸어:휘-력 語彙力 (힘 력). 얼마나 많은 어휘(語彙)를 표현하여 쓸 수 있는지를 나타내는 능력(能力). ¶어휘력이 높아야 모든 과목 공부를 잘 한다.

억강부약 抑強扶弱 (누를 억, 강할 강, 도울 부, 약할 약). 강(強)한 자를 억누르고[抑] 약(弱)한 자를 도와줌[扶].

억겁 億劫 (일억 억, 시간 겁). 불교 셀 수 없이[億] 긴 오랜 시간[劫]. 또는 그 세상. '억천만겁'(億千萬劫)의 준말.

억견 臆見 (생각 억, 볼 견). ①근거 없이 짐작한[臆] 자기의 소견(所見). ㊐억상(臆想). ② 철학 감각 기관을 통하여 얻은 감각적 지식을 토대로 사람이 대상에 대하여 상식적으로 품게 되는 견해. 플라톤이 두 번째 단계의 지식으로 분류한 것으로서, 객관적 검증을 거치지 않아 완전한 지식이 되지 못한다.

억결 臆決 (생각 억, 결정할 결). 근거 없는 짐작[臆]으로 일을 결정(決定)함.

억년 億年 (일억 억, 해 년). 일 억년. 곧 매우 긴[億] 세월[年]을 이르는 말.

억단 臆斷 (생각 억, 끊을 단). 짐작[臆]에 의하여 판단(判斷)함. 또는 그 판단. ㊐억판(臆判).

억대 億臺 (일억 억, 돈대 대). ① 속뜻 억(億)을 단위[臺]로 함. ②억으로 헤아릴 만함. ¶억대의 재산을 날렸다.

억류 抑留 (누를 억, 머무를 류). 가지 못하게 억눌러[抑] 머무르게[留] 함. ¶억류 상태에 있다.

▸억류-자 抑留者 (사람 자). 억류(抑留)되어 있는 사람[者].

억만 億萬 (일억 억, 일만 만). 억(億)의 만(萬)이나 될 만큼 많은 수.

▸억만-년 億萬年 (해 년). 억(億)의 만(萬)이나 될 만큼 긴 세월[年].

▸억만-장:자 億萬長者 (어른 장, 사람 자). 억(億)의 만(萬)이나 될 만큼 많은 재산을 가진 부자[長者].

억불 抑佛 (누를 억, 부처 불). 불교(佛教)를 억제(抑制)함. ¶조선 조정은 억불 정책을 펼쳤다.

▸억불 숭유 抑佛崇儒 (숭상할 숭, 유학 유). 역사 불교(佛教)를 억제(抑制)하고 유교(儒教)를 숭상(崇尚)함.

억설 臆說 (생각 억, 말씀 설). 근거도 없이 억지로 고집을 세워서[臆] 우겨대는 말[說]. ¶아니, 그런 억설이 어디 있습니까?

억압 抑壓 (누를 억, 누를 압). ①자기 뜻대로 행동하지 못하도록 억누름[抑=壓]. ¶자유를 억압하다. ② 생물 제2의 돌연변이가 최초의 돌연변이에 의한 형질(形質)의 변화를 억눌러 본디 형질을 발현시킴. 또는 그런 현상.

억양 抑揚 (누를 억, 오를 양). ① 속뜻 내려갔다[抑] 올라감[揚]. ② 언어 내려가고 올라가는 상대적인 음(音)의 높이. 또는 그런 변화. 음절 억양, 단어 억양, 문장 억양 따위. ③억누르고 혹은 찬양함.

▸억양-법 抑揚法 (법 법). 문학 우선 누르고[抑] 후에 올리거나[揚], 우선 올리고 후에 누르는 방식으로 효과를 노리는 표현 방법(方法). 예를 들면 '그는 모자라지만 착실한 사람이야' 따위.

억울 抑鬱 (누를 억, 답답할 울). ① 속뜻 억제(抑制)를 받아 답답함[鬱]. ②공평하지 못한 일을 당하여 원통(冤痛)하고 가슴이 답답함. ¶잘못도 없이 선생님에게 꾸중을 듣고 너무 억울하여 펑펑 울었다.

억장 億丈 (일억 억, 길이 장). ① 속뜻 10자[丈]의 억(億) 배 정도로 매우 높은 것. ②엄청난 일. ¶억장이 무너지다.

억제 抑制 (누를 억, 누를 제). 못하게 누름[抑=制]. 제지함. ¶불필요한 지출을 억제하다 / 감정을 억제하다.

▸억제 재:배 抑制栽培 (심을 재, 북돋울 배). 농업 인공적으로 작물의 생육, 성숙의 시기를 억제(抑制)하여 생산 및 출하(出荷)의 시기를 조절하는 재배 방법(栽培方法).

억조 億兆 (일억 억, 조 조). ① 속뜻 억(億)과 조(兆)를 아울러 이르는 말. ② 셀 수 없을 만큼 많은 수를 비유하여 이르는 말.

▸ 억조-창생 億兆蒼生 (푸를 창, 살 생). 수많은[億兆] 온[蒼] 백성[生]. 온 세상 사람. ¶조선 삼천리 강토와 억조창생이 전하에게 달렸습니다. ㊥만호중생(萬戶衆生).

억지 抑止 (누를 억, 그칠 지). 억눌러서[抑] 그치게[止] 함. 억눌러서 못하게 함. ㊥저억(沮抑).

억천만-겁 億千萬劫 (일억 억, 일천 천, 일만 만, 시간 겁). 불교 무한한[億=千=萬=劫] 시간. 영원한 세월. ㊥억겁.

억측 臆測 (생각 억, 헤아릴 측). 이유와 근거가 없이 짐작하여[臆] 헤아림[測]. 또는 그런 짐작. ¶그의 생각은 억측에 지나지 않다 / 근거도 없이 억측하지 마라. ㊥억탁(臆度).

억탁 臆度 (생각 억, 헤아릴 탁). 이유와 근거가 없이 짐작하여[臆] 헤아림[度]. ㊥억측(臆測).

억하-심정 抑何心情 (문득 억, 어찌 하, 마음 심, 마음 정). ① 속뜻 갑자기[抑] 어찌된[何] 심정(心情)인가! ② 무슨 생각으로 그러는지 그 마음을 알 수 없음을 이르는 말. ㊥억하심사(抑何心思), 억하심장(抑何心腸).

억혼 抑婚 (누를 억, 혼인할 혼). 당사자의 의사를 듣지 않고 억지(抑止)로 혼인(婚姻)하게 함. 또는 그런 혼인.

언감생심 焉敢生心 (어찌 언, 감히 감, 날 생, 마음 심). ① 속뜻 어찌[焉] 감(敢)히 그런 마음[心]을 낼[生] 수 있으랴. ② 감히 그런 마음을 품을 수 없음. ㊥안감생심(安敢生心).

언근지원 言近旨遠 (말씀 언, 가까울 근, 뜻 지, 멀 원). ① 속뜻 말[言]은 가까우나[近] 뜻[旨]은 멂[遠]. ② 말은 알아듣기 쉬우나 내용은 깊고 오묘함.

언급 言及 (말씀 언, 미칠 급). ① 속뜻 말[言]이 어디에까지 미침[及]. ② 어떤 문제에 대하여 말함. ¶언급을 회피하다 / 그는 앞으로 어떻게 활동할지 언급했다.

언도 言渡 (말씀 언, 건넬 도). ① 속뜻 말[言]을 건넴[渡]. ② 법률 재판장이 판결을 알림. 지금은 '선고'(宣告)라고 한다. ¶7년의 실형을 언도받았다.

언동 言動 (말씀 언, 움직일 동). 말[言]과 행동(行動). ¶언동을 삼가다.

언론 言論 (말씀 언, 논할 론). 말[言]이나 글로 자기 사상을 발표함[論]. 또는 그 말이나 글. 보도, 출판 따위의 방법이 있다. ¶언론의 자유를 보장하다.

▸ 언론-계 言論界 (지경 계). 언론(言論)에 종사하는 사람들의 사회[界].

▸ 언론-인 言論人 (사람 인). 신문, 잡지, 방송 등을 통하여 언론(言論) 활동을 하는 사람[人].

▸ 언론 기관 言論機關 (틀 기, 빗장 관). 언론 신문사, 잡지사, 방송국 등 언론(言論)을 담당하는 기관(機關).

▸ 언론 자유 言論自由 (스스로 자, 말미암을 유). 법률 개인이 그의 의견이나 사상을 말[言論]이나 글로써 발표할 수 있는 자유(自由).

▸ 언론 통:제 言論統制 (거느릴 통, 누를 제). 언론 국가가 공권력으로 언론(言論) 활동을 통제(統制)하는 일.

언명 言明 (말씀 언, 밝을 명). 말[言]로 분명(分明)히 함. ¶정부는 공식적인 언명을 내놓지 않았다.

언-문[1] 言文 (말씀 언, 글자 문). 말[言]과 글[文].

▸ 언문-일치 言文一致 (한 일, 이를 치). 말[言]과 글[文]이 일치(一致)함. ㊥어문일치(語文一致).

언:문[2] 諺文 (상말 언, 글월 문). ① 속뜻 상스러운[諺] 글[文]. ② 지난날, 한문에 대하여 '한글로 쓰인 글'을 낮추어 이르던 말.

▸ 언:문-지 諺文志 (기록할 지). 책명 조선 순조 24년(1824)에 유희가 지은 우리글[諺文] 연구서[志]. 훈민정음의 자모(字母)를 초성·중성·종성의 세 가지로 나누어 해설한 것으로, 종래의 한자음 위주의 연구 방법을 지양하고 우리말 위주로 훈민정음을 다룬 첫 연구서이다.

▸ 언:문-청 諺文廳 (관청 청). 역사 세종이 훈민정음[諺文] 창제를 위해 궁중에 설치하였던 기관[廳].

▸ 언:문-풍월 諺文風月 (바람 풍, 달 월). ① 속뜻 예전에 우리글[諺文]로 음풍농월(吟風弄月)한 시가(詩歌)를 이르던 말. ② 격식

을 갖추지 않은 것을 비유하여 이르는 말.

언변 言辯 (말씀 언, 말 잘할 변). 말[言]을 잘하는[辯] 재주. [비]말솜씨, 구담(口談), 구변(口辯).

언비천리 言飛千里 (말씀 언, 날 비, 일천 천, 거리 리). ① [속뜻]말[言]이 천리(千里)를 날아감[飛]. ② '말이 몹시 빠르고도 멀리 전하여 퍼짐'을 이르는 말.

언사 言辭 (말씀 언, 말씀 사). 말[言=辭]. 말씨. ¶모욕적인 언사를 서슴지 않다. [비]어사(語辭), 언담(言談).

▸언사 불공 言辭不恭 (아닐 불, 공손할 공). 말[言辭]이 공손(恭遜)하지 아니함[不].

언-색[1] 言色 (말씀 언, 빛 색). 말[言]과 얼굴빛[色]. ¶언색을 살피다.

언ː색[2] 堰塞 (둑 언, 막힐 색). 물의 흐름을 둑[堰]으로 막음[塞].

▸언ː색-호 堰塞湖 (호수 호). [지리]산사태로 인한 토사나 화산 폭발물이 쌓여 둑[堰]처럼 냇물을 가로막아[塞] 생긴 호수(湖水). [비]언지호(堰止湖), 폐색호(閉塞糊).

언ː서 諺書 (상말 언, 책 서). ① [속뜻]언문(諺文)으로 쓴 책[書]. ② '한글로 쓴 책'을 낮잡아 이르는 말. ③ 언간(諺簡).

▸언ː서-고담 諺書古談 (옛 고, 이야기 담). 한글[諺文]로 쓴 책[書]에 담긴 옛날[古] 이야기[談].

언설 言說 (말씀 언, 말씀 설). 말[言]로써 설명(說明)함. 또는 그 말.

언성 言聲 (말씀 언, 소리 성). 말[言] 소리[聲]. ¶둘은 서로 잘났다고 언성을 높였다.

언소 言笑 (말씀 언, 웃을 소). 웃고[笑] 즐기며 하는 이야기[言]. ¶언소를 나누다. [비]담소(談笑).

언습 言習 (말씀 언, 버릇 습). 여러 번 거듭하는 사이에 몸에 밴말[言] 버릇[習].

언약 言約 (말씀 언, 묶을 약). 말[言]로 약속(約束)함. 또는 그런 약속. ¶나는 그녀와 결혼을 언약했다. [비]약속(約束).

언어 言語 (말씀 언, 말씀 어). 생각, 느낌 따위를 나타내거나 전달하는 데에 쓰는 말[言=語]. ¶언어를 배우다.

▸언어-도단 言語道斷 (길 도, 끊을 단). ① [속뜻]말[言語] 할 길[道]이 끊어짐[斷]. ② '어이가 없어서 말하려 해도 말할 수 없음'을 이르는 말. [준]도단. [비]언어동단(言語同斷).

▸언어 사ː회 言語社會 (단체 사, 모일 회). [언어]같은 언어(言語)를 사용하면서 공동생활을 하는 사회 집단[社會]. [비]언어 공동체(言語共同體).

▸언어-생활 言語生活 (살 생, 살 활). 언어(言語) 행동 면에서 본 인간의 생활(生活).

▸언어 예ː술 言語藝術 (재주 예, 꾀 술). [문학]시, 소설, 희곡 등과 같이 언어(言語)로써 표현되는 예술(藝術).

▸언어-유희 言語遊戲 (놀 유, 놀 희). ① 언어(言語)를 소재로 하는 놀이[遊戲]. 말 잇기 놀이, 어려운 말 외우기, 새말 만들기 따위가 있다. ② 내용 없는 미사여구나 현학적인 말을 늘어놓는 일. ¶이 글은 언어유희에 지나지 않는다.

▸언어 장애 言語障礙 (막을 장, 거리낄 애). ① [속뜻]말[言語]을 하는데 걸림[障礙]이 있음. ② [의학]말을 정확하게 발음할 수 없거나 이해할 수 없게 되는 병증. 발음 불명료·말 더듬·언청이와 같은 형식면에서의 장애와, 실어증·언어 발달 지연과 같은 내용 면에서의 장애가 있다.

▸언어 정책 言語政策 (정치 정, 꾀 책). [언어]국가나 그 나라에서 사용되는 언어(言語)에 대하여 실시하는 정책(政策). 표준어의 규정, 맞춤법의 확립, 글자의 통일이나 개혁, 외국어 교육, 문맹 퇴치 따위가 있다.

▸언어 중추 言語中樞 (가운데 중, 지도리 추). [의학]대뇌 피질(大腦皮質)에서 언어(言語)의 사용과 이해를 맡은 중추(中樞).

▸언어학-자 言語學者 (배울 학, 사람 자). 언어학(言語學)를 연구하는 사람[者].

▸언어 공ː동체 言語共同體 (함께 공, 같을 동, 몸 체). [언어]같은 언어(言語)를 쓰면서 함께[共同] 살아가는 사회 집단[體]. 도시와 시골 따위의 지리적인 것과 신분과 직업 등에 바탕을 두는 것 등이 있다. [비]말 공동체(共同體), 언어 사회(言語社會).

▸언어 지리학 言語地理學 (땅 지, 이치 리, 배울 학). [언어]언어(言語)가 지리적(地理的) 조건에 의하여 분화한 현상을 밝히는 학문(學問). 언어학의 한 분야. 방언의 전파와 그 결과로 나타난 방언 구획을 주로 연구한다. [비]방언 지리학(方言地理學).

언:역 諺譯 (상말 언, 옮길 역). 우리말[諺文]로 번역(翻譯)함. 또는 그런 책.

언오 焉烏 (어찌 언, 어찌 오). 서로 모양이 비슷해서 틀리기 쉬운 한자. '焉'자와 '烏'자가 그 대표적인 예이기 때문에 생긴 말이다.

언외 言外 (말씀 언, 밖 외). 말[言]에 나타난 뜻의 밖[外].

▸언외지의 言外之意 (어조사 지, 뜻 의). 말[言]에 직접 나타나 있지 않은[外] 딴 뜻[意]. ㊟언중지의(言中之意).

언용 言容 (말씀 언, 얼굴 용). 말씨[言]와 얼굴[容] 모습. ¶언용이 단아한 아가씨. ㊥언모(言貌).

언:월 偃月 (쓸릴 언, 달 월). ① 속뜻 한쪽으로 누운[偃] 달[月]. 음력 보름 전후의 반달. ② 모자나 벙거지의 가운데 둥글고 우뚝한 부분. ③ 민속 이마에 나타난 부귀의 골상(骨相). ㊥운월(雲月).

▸언:월-도 偃月刀 (칼 도). ① 속뜻 초승달[偃月] 모양으로 생긴 칼[刀]. ② 역사 옛날 무기의 하나로 길이는 6자 7치(203㎝) 정도이며 칼날은 끝이 넓고 뒤로 젖혀져 있고 칼등은 두 갈래로 되어 아래 갈래에 구멍을 뚫어서 상모를 달았다. ③ 청룡 언월도(靑龍偃月刀).

언자[1] 言者 (말씀 언, 사람 자). 말[言] 하는 사람[者].

언:자[2] 諺字 (상말 언, 글자 자). ① 속뜻 상스러운[諺] 자모(字母). ② 한자에 대하여 한글을 낮춰 이르던 말.

언재 言才 (말씀 언, 재주 재). 말[言]을 잘하는 재주[才]. ¶언재가 뛰어나다. ㊥변재(辯才).

언쟁 言爭 (말씀 언, 다툴 쟁). 말[言]로 하는 다툼[爭]. ¶이웃과 언쟁을 벌이다.

언정이순 言正理順 (말씀 언, 바를 정, 이치 리, 따를 순). 말[言]이 바르게[正] 되야 이치(理致)에 잘 순행(順行)함.

언:제 堰堤 (둑 언, 둑 제). 건설 물을 가두어 두기 위해 하천(河川)이나 골짜기 따위에 쌓은 둑[堰=堤]. ㊥제언(堤堰).

▸언:제-호 堰堤湖 (호수 호). 지리 산사태로 인한 토사나 화산 폭발물이 쌓여 둑[堰堤]처럼 냇물을 가로막아 생긴 호수(湖水). ㊥언색호(堰塞湖), 폐색호(閉塞湖).

언중[1] 言重 (말씀 언, 무거울 중). 말[言]이 무겁고[重] 믿음직함. ㊤언경(言輕).

언중[2] 言衆 (말씀 언, 무리 중). 언어 같은 언어(言語)를 사용하면서 공동생활을 하는 언어 사회 안의 대중(大衆).

언중[3] 言中 (말씀 언, 가운데 중). 말[言] 가운데[中]. ㊥어중(語中).

▸언중-유언 言中有言 (있을 유, 말씀 언). ① 속뜻 말[言] 가운데[中] 또 말[言]이 있음[有]. ② 예사로운 말속에 어떤 풍자(諷刺)나 암시가 들어 있음. ¶언중유언의 말로 당대의 사회상을 비판하다.

▸언중-유골 言中有骨 (있을 유, 뼈 골). ① 속뜻 말 속[言中]에 뼈[骨]가 있음[有]. ② 예사로운 말 속에 깊은 속뜻이 들어 있음.

언즉시야 言則是也 (말씀 언, 곧 즉, 옳을 시, 어조사 야). 말[言]인 즉(則) 사리(事理)에 맞음[是]. 말이 어긋남이 없음.

언지무익 言之無益 (말씀 언, 그것 지, 없을 무, 더할 익). 그것[之]에 대해 말[言]해 봤자 이로움[益]이 없음[無].

언:지-호 堰止湖 (둑 언, 멈출 지, 호수 호). 지리 산사태로 인한 토사나 화산 폭발물이 쌓여 둑[堰]처럼 냇물을 가로막아[止] 생긴 호수(湖水). ㊥언색호(堰塞湖), 언제호(堰堤湖), 폐색호(閉塞湖).

언진 言盡 (말씀 언, 다될 진). 말[言]이 다하여[盡] 더 할 말이 없다.

언질 言質 (말씀 언, 볼모 질). ① 속뜻 들은 말[言]을 볼모[質]로 삼음. ② 나중에 증거가 될 말. ¶확실한 언질을 받았다.

언집 言執 (말씀 언, 잡을 집). 자기 말[言]을 고집(固執)함.

언책 言責 (말씀 언, 꾸짖을 책). ① 속뜻 말[言]로 꾸짖음[責]. ¶그는 과장의 언책에 긴장하지 않을 수 없었다. ② 자기가 한 말에 대한 책임. ¶언책을 통감하다 / 그는 사태가 그렇게 된 데 대하여 자기의 언책이 있다고 생각했다.

언-필칭 言必稱 (말씀 언, 반드시 필, 일컬을 칭). 말[言]을 할 때마다 반드시[必] 일컬음[稱]. 말문을 열기만 하면 으레.

언:해 諺解 (상말 언, 풀 해). 한문을 우리말[諺]로 풀어서[解] 씀. 또는 그런 책.

▸언:해-본 諺解本 (책 본). 출판 고전 한문

으로 된 내용을 우리말[諺文]로 풀어서 [解] 한글로 적은 책[本]. ¶훈민정음 언해본.

언행 言行 (말씀 언, 행할 행). 말[言]과 행동(行動). ¶그는 늘 언행이 일치한다.

▸언행-록 言行錄 (기록할 록). 어떤 사람의 말[言]과 행동(行動) 따위를 모아 기록(記錄)한 책.

▸언행 상반 言行相反 (서로 상, 반대로 반). 말[言]과 행동(行動)이 서로[相] 다름[反]. ㊟언행일치(言行一致).

▸언행-일치 言行一致 (한 일, 이를 치). 말[言]과 행동(行動)이 일치(一致)함. ㊟언행상반(言行相反).

엄:개 掩蓋 (가릴 엄, 덮을 개). 적으로부터 참호나 방공호 따위를 가리기[掩] 위해 위에 덮는[蓋] 물건. ¶엄개를 덮다 / 우리는 방공호 속에서 엄개를 열고 기어 나왔다.

엄격 嚴格 (엄할 엄, 바를 격). ① 속뜻 엄(嚴)하고 바르게[格]함. ②조그만 잘못도 용서하지 않을 정도로 매우 엄함. ¶엄격한 지휘 체계 / 우리 아버지는 매우 엄격하다. ㊥엄준(嚴峻).

엄교 嚴教 (엄할 엄, 가르칠 교). ①엄격(嚴格)한 가르침[教]. ¶선생님의 엄교가 없었다면 오늘의 내가 없었을 것이다. ②엄한 교지나 분부. ¶왕의 엄교가 내려졌다. ③남의 가르침을 높여 이르는 말.

엄금 嚴禁 (엄할 엄, 금할 금). 엄격(嚴格)하게 금지(禁止)함. 절대로 못하게 함. ¶출입 엄금 / 주유소에서의 흡연을 엄금한다.

엄단 嚴斷 (엄할 엄, 끊을 단). 엄중(嚴重)하게 처단(處斷)함. ㊥엄감(嚴勘), 엄처(嚴處).

엄달 嚴達 (엄할 엄, 보낼 달). 명령이나 통지 따위를 엄중(嚴重)히 전달(傳達)함. 또는 그 명령이나 통지. ¶엄달을 받다.

엄동 嚴冬 (혹독할 엄, 겨울 동). 혹독하게[嚴] 추운 겨울[冬]. ㊥융동(隆冬).

▸엄동-설한 嚴冬雪寒 (눈 설, 찰 한). 엄동(嚴冬)에 눈[雪]이 내린 뒤의 추위[寒]. ¶오늘까지 방세를 내지 않으면 엄동설한에 쫓겨날 판이다.

엄랭 嚴冷 (혹독할 엄, 찰 랭). ① 속뜻 몹시[嚴] 추움[冷]. ②쌀쌀하고 무표정함.

엄명 嚴命 (엄할 엄, 명할 명). 엄(嚴)하게 명령(命令)함. 또는 그 명령. ¶사또가 엄명을 내렸다. ㊥엄령(嚴令).

엄밀 嚴密 (엄할 엄, 빽빽할 밀). ① 속뜻 엄중(嚴重)하고 세밀(細密)하다. ¶엄밀한 조사를 받았다. ②매우 비밀스럽게 하다. ¶엄밀하게 일을 추진하다.

엄벌 嚴罰 (엄할 엄, 벌할 벌). 엄(嚴)하게 처벌(處罰)함. 또는 엄한 벌. ¶그는 엄벌을 받아 마땅하다 / 살인범을 엄벌하다.

엄법 嚴法 (엄할 엄, 법 법). 엄격(嚴格)한 법률(法律). 엄한 규정. ¶살인죄에는 엄법이 적용된다.

엄봉 嚴封 (엄할 엄, 봉할 봉). 단단히 엄(嚴)하게 봉(封)함. ¶엄봉이 된 것을 보니 중요한 서류인가 보다.

엄부 嚴父 (엄할 엄, 아버지 부). ①엄격(嚴格)한 아버지[父]. ②남에게 자기 아버지를 높여 이르는 말. ㊥가친(家親).

엄비 嚴祕 (엄할 엄, 숨길 비). 매우 엄격(嚴格)하게 지켜야 할 비밀(祕密). ¶우리 조직의 일을 엄비에 붙여 누구에게도 이 비밀이 새어 나가면 안 된다.

엄사 嚴師 (엄할 엄, 스승 사). 엄격(嚴格)한 스승[師].

엄상 嚴霜 (혹독할 엄, 서리 상). 늦가을에 심하게[嚴] 내리는 서리[霜]. ㊥된서리.

엄선 嚴選 (엄할 엄, 고를 선). 엄정(嚴正)하게 고름[選]. ¶엄선한 작품을 수록하다.

엄수[1] 嚴守 (엄할 엄, 지킬 수). 명령이나 약속 따위를 엄격(嚴格)하게 지킴[守]. 반드시 그대로 지킴. ¶약속 시간을 엄수하다.

엄수[2] 嚴修 (엄할 엄, 닦을 수). 의식(儀式) 등을 엄숙(嚴肅)하게 수행(修行)함. ¶순국선열들을 위한 추도식을 엄수하다.

엄숙 嚴肅 (엄할 엄, 정숙할 숙). ① 속뜻 장엄(莊嚴)하고 정숙(靜肅)하다. ¶엄숙한 분위기. ②말이나 태도 따위가 위엄이 있고 정중하다. ¶그는 엄숙한 표정으로 자리에 앉아 있다.

▸엄숙-주의 嚴肅主義 (주될 주, 뜻 의). 철학 도덕률을 엄숙(嚴肅)하게 지키는 태도[主義]. 의무를 위한 의무를 강조하며 욕망을 억누르고 쾌락이나 행복을 거부하는 태도로 스토아학파의 윤리설, 기독교의 경건주의, 칸트의 윤리설이 대표적이다. ㊥엄숙

설(嚴肅說). [반]방임주의(放任主義).

엄:습 掩襲 (가릴 엄, 습격할 습). ①뜻하지 않는 사이에 몰래[掩] 습격(襲擊)함. ¶새벽에 모두 잠든 틈을 타 적이 엄습했다. ②감정, 생각, 감각 따위가 갑작스럽게 들이닥치거나 덮침. ¶해가 지자 추위가 엄습해왔다.

엄연 儼然 (의젓할 엄, 그러할 연). ①겉모양이 의젓한[儼] 그러한[然] 모양. ¶엄연한 용모. ②현상이 뚜렷하여 누구도 감히 부인할 수 없다. ¶엄연한 사실.

엄정 嚴正 (엄할 엄, 바를 정). 태도가 엄격(嚴格)하고 공정(公正)함. ¶엄정한 심사를 거쳐 작품을 선별했다.

▸엄정 중립 嚴正中立 (가운데 중, 설 립). ①[속뜻]엄정(嚴正)하게 중립(中立)을 지킴. ②전쟁 중인 나라의 어느 쪽도 도와주지 않는 일. 흔히 조약이나 중립 선언 따위의 외교 문서에 쓰인다.

엄존 儼存 (의젓할 엄, 있을 존). 의젓하게[儼] 존재(存在)함. 확실하게 있음. ¶남아선호 사상이 아직도 엄존하고 있다.

엄중 嚴重 (엄할 엄, 무거울 중). 태도가 엄격(嚴格)하고, 분위기가 무거움[重]. ¶엄중처벌 / 그 국회의원은 엄중한 조사를 받았다.

엄징 嚴懲 (엄할 엄, 혼낼 징). 엄중(嚴重)하게 징벌(懲罰)함. ¶반란군을 엄징하다.

엄책 嚴責 (엄할 엄, 꾸짖을 책). 엄(嚴)하게 꾸짖음[責]. 또는 그 꾸중. ¶탐관오리들을 엄책하다. [비]엄견(嚴譴), 통책(痛責).

엄친 嚴親 (엄할 엄, 어버이 친). ①[속뜻]엄(嚴)한 어버이[親]. ②남에게 자기 아버지를 높여 이르는 말.

엄:폐 掩蔽 (가릴 엄, 덮을 폐). ①[속뜻]가리어[掩] 덮음[蔽]. ②[천문]천체의 빛이 행성이나 위성과 같은 다른 천체에 의하여 가려지는 일. 또는 그런 현상. 일식은 달에 의하여 태양이 가려지는 것이고 월식은 지구가 태양의 반대쪽 그림자 속에 들어가 달이 가려지는 것이다.

▸엄:폐-물 掩蔽物 (만물 물). [군사]적으로부터 몸을 숨길[掩蔽] 수 있는 물건(物件)을 통틀어 일컬음. ¶바위를 엄폐물 삼아 몸을 피했다.

▸엄:폐-호 掩蔽壕 (도랑 호). [군사]적으로부터 몸을 숨길[掩蔽] 수 있도록 땅을 파서 만든 구덩이[壕]. [준]엄호.

엄형 嚴刑 (엄할 엄, 형벌 형). 엄(嚴)하게 형벌(刑罰)함. 또는 그런 형벌. ¶엄형으로 심문할 것을 건의하였다.

엄:호 掩護 (가릴 엄, 지킬 호). ①[속뜻]덮어서[掩] 지켜줌[護]. ②남의 허물을 덮어서 감싸 줌. ¶너를 엄호해주는 것만이 능사가 아니다. [비]회호(回護). ③[군사]아군 주력 부대가 공격·철수 작전 따위를 쉽게 할 수 있도록 지원 부대가 사격으로써 적의 저항을 저지하는 일. ¶포대의 엄호를 받으며 진군했다.

▸엄:호 사격 掩護射擊 (쏠 사, 칠 격). [군사]주력 부대를 보호하기[掩護] 위해 지원 부대가 행하는 사격(射擊).

엄혹 嚴酷 (엄할 엄, 독할 혹). 매우 엄(嚴)하고 모질다[酷]. ¶우리에게 닥쳐온 시련은 참으로 엄혹하였다.

업계 業界 (일 업, 지경 계). 같은 업종(業種)에 종사하는 사람들의 사회[界]. ¶출판 업계 / 금융 업계.

업고 業苦 (업보 업, 괴로울 고). [불교]①악업(惡業)으로 말미암아 받는 괴로움[苦]. ②어떤 과보(果報)를 받게 될 원인인 업(業)과 그 업으로 말미암아 받는 괴로움.

업무 業務 (일 업, 일 무). 직장 따위에서 맡아서 하는 일[業=務]. ¶처리해야 할 업무가 산더미같이 많다.

▸업무-권 業務權 (권리 권). ①[속뜻]일[業務]을 할 수 있는 권리(權利). ②[법률]보통 때는 허가되지 않는 행위이지만, 업무이기 때문에 행할 수 있는 권리. 의사의 수술 행위, 권투 선수의 상해 행위 따위.

▸업무 관리 業務管理 (맡을 관, 다스릴 리). ①[속뜻]업무(業務)를 맡아[管] 다스림[理]. ②[경제]기업 경영에서 생산 활동에 예측, 계획, 통제 등의 체계적 시책의 총칭.

▸업무 방해죄 業務妨害罪 (거리낄 방, 해칠 해, 허물 죄). [법률]허위 사실을 퍼뜨리거나 그릇된 계획, 폭력 따위로 업무(業務)를 방해(妨害)함으로써 성립되는 죄(罪).

▸업무상 과:실 業務上過失 (위 상, 지나칠 과, 그르칠 실). ①[속뜻]업무(業務)를 하다가

[上] 저지른 잘못[過]이나 실수(失手). ② 법률 일정 업무에 종사하는 사람이 업무에 필요한 주의를 태만히 함으로써 발생하는 과실. 보통 과실에 비하여 형이 가중된다.

업보 業報 (일 업, 갚을 보). ① 속뜻 자기가 한 일[業] 때문에 받는[報] 것. 화(禍)나 복(福) 따위. ② 불교 선악(善惡)의 행업(行業)으로 말미암은 과보(果報). ㊥업과(業果).

업소 業所 (일 업, 곳 소). 사업(事業)을 벌이고 있는 장소(場所). ¶여러 업소들이 가격을 담합했다.

업자 業者 (일 업, 사람 자). 그 사업(事業)을 직접 경영하는 사람[者]. '당업자'(當業者)의 준말.

***업적** 業績 (일 업, 실적 적). 어떤 일[業]을 하여 쌓은 실적(實績)이나 공적. ¶정도전은 조선을 세우는데 큰 업적을 세웠다.

업종 業種 (일 업, 갈래 종). 일[業]의 종류(種類). 영업이나 사업의 종류. ¶업종을 변경하다.

업주 業主 (일 업, 주인 주). ① 속뜻 어떤 일[業]의 주체(主體). ② 영업에 관한 모든 책임과 권한을 가지는 사람.

업체 業體 (일 업, 몸 체). 사업(事業)이나 기업의 주체(主體). ¶이 업체는 매출이 감소했다.

업태 業態 (일 업, 모양 태). 일[業]의 형태(形態). 영업이나 사업의 있는 그대로의 상태.

***여가** 餘暇 (남을 여, 겨를 가). 시간이 남아[餘] 한가(閑暇)로운 시간. ¶책을 쓰느라 여가가 없다.

▸여가 지도 餘暇指導 (가리킬 지, 이끌 도). 교육 학생들의 교외(校外) 생활에서 여가(餘暇)를 활용하는 방법에 대하여 행하는 지도(指導).

여각[1] 旅閣 (나그네 려, 집 각). 나그네들[旅]이 머무는 객주집[閣].

여각[2] 餘角 (남을 여, 모서리 각). ① 속뜻 나머지[餘] 다른 각(角). ② 수학 두 각의 합이 직각일 때에 그 한 각에 대한 다른 각을 이르는 말.

여간 如干 (같을 여, 방패 간). ① 속뜻 작은 방패[干] 같음[如]. ② 주로 부정하는 말과 함께 쓰여 보통으로. 조금. 어지간하게. ¶이 문제는 여간 복잡한 것이 아니다 / 형은 여간해서는 화를 내지 않는다.

여감 女監 (여자 녀, 살필 감). 여자(女子) 죄수를 가두어 두는 감방(監房).

여객 旅客 (나그네 려, 손 객). 여행(旅行)을 하고 있는 사람[客]. ¶여객 명단.

▸여객-기 旅客機 (틀 기). 여객(旅客)을 실어 나르는 것을 목적으로 하는 비행기(飛行機). ¶캘리포니아에서 출발한 여객기가 인천공항에 착륙했다.

▸여객-선 旅客船 (배 선). 여객(旅客)을 태워 나르기 위한 배[船]. ¶여객선은 뱃고동 소리를 울리며 바다로 나아갔다.

▸여객 열차 旅客列車 (벌일 렬, 수레 차). 교통 여객(旅客)을 태우는 것을 목적으로 한 열차(列車). ㊟객차. 여객차.

여:건[1] 與件 (줄 여, 조건 건). ① 속뜻 주어진[與] 조건(條件). ¶그는 열악한 여건 속에서도 열심히 공부했다. ② 논리 추리 또는 연구의 출발점으로 주어지거나 가정된 논의의 여지가 없는 전제(前提).

여건[2] 餘件 (남을 여, 사건 건). 사용하고 남은[餘] 물건(物件).

여걸 女傑 (여자 녀, 뛰어날 걸). 성격이 활달하고 사회적 활동이 뛰어난[傑] 여성(女性). ¶왕후는 일본군도 두려워하지 않는 여걸이었다. ㊥여장부(女丈夫).

여:격 與格 (줄 여, 자격 격). ① 속뜻 주어지는[與] 그 대상이 되는 자격(資格). ② 언어 사람이나 동물 따위를 나타내는 체언이 무엇을 받는 자리에 있음을 보이는 격.

▸여:격 조:사 與格助詞 (도울 조, 말씀 사). ① 속뜻 주어지는[與] 그 대상이 되는 자격(資格)을 갖게 하는 조사(助詞). ② 언어 사람이나 동물 따위를 나타내는 체언 아래에 쓰여 그 체언으로 하여금 무엇을 받는 자리에 서게 하는 부사격 조사. '에게', '께', '한테' 따위.

여경[1] 女警 (여자 녀, 지킬 경). 여자(女子) 경찰관(警察官).

여경[2] 餘慶 (남을 여, 기쁠 경). ① 속뜻 남겨진[餘] 경사(慶事). ② 남에게 좋은 일을 많이 한 보답으로 뒷날 그 자손이 받는 축복. ㊥여음(餘蔭).

여계[1] 女系 (여자 녀, 이어 맬 계). 어머니[女] 쪽의 핏줄이나 계통(系統). ㊥남계(男系).

여계[2] 女戒 (여자 녀, 경계할 계). 여색(女色)을 경계(警戒)함. 또는 그러한 계율(戒律).

여고 女高 (여자 녀, 높을 고). 교육 여자(女子) 학생들만 입학할 수 있는 고등학교(高等學校). ¶나는 여고를 졸업했다.

▸여고-생 女高生 (사람 생). 여자(女子) 고등학교(高等學校)를 다니는 학생(學生).

여공 女工 (여자 녀, 장인 공). 여자(女子) 직공(職工). 공장(工場)에서 일하는 여자. ㊥남공(男工).

여:과 濾過 (거를 려, 지날 과). ①액체나 기체 속에 들어있는 불순물을 걸러[濾] 순수물만 빠져나오게[過] 함. ¶여과 장치 / 공장의 폐수를 여과하다. ②주로 부정적인 요소를 걸러 내는 과정을 비유하여 이르는 말. ¶외설적인 장면이 여과 없이 방송되다.

▸여:과-기 濾過器 (그릇 기). 물리 액체 물질을 여과(濾過)하는 기구(器具). 다소 작은 구멍을 가진 장치에 액체를 넣어서 액체 속의 고형물(固形物)을 분리하는 장치이다. 중력식, 진공식, 가압식, 원심식이 있다. ②전기 통신 또는 측정 기기로써 특정한 진동수의 신호를 통과시키는 장치.

▸여:과-지 濾過紙 (종이 지). 화학 액체 물질을 여과(濾過)하는데 쓰는 종이[紙]. ㊞거름종이.

▸여:과-지 濾過池 (못 지). 건설 상수도에 보낼 물을 여과(濾過)하기 위해 바닥에 가는 모래를 깔아 놓은 못[池].

▸여:과-통 濾過桶 (통 통). 흐린 물을 여과(濾過)하는데 쓰는 통(桶). 상수도 시설이 없고 수질(水質)이 나쁜 곳에서 흔히 쓴다.

여관[1] 女官 (여자 녀, 벼슬 관). 역사 궁궐 안에서 왕과 왕비를 가까이 모시는 여자[女] 벼슬아치[官]를 통틀어 이르던 말. ㊞나인.

여관[2] 旅館 (나그네 려, 집 관). ① 속뜻 나그네[旅]가 묵는 집[館]. ②일정한 돈을 받고 손님을 묵게 하는 집. ¶마지막 배를 놓치는 바람에 여관에서 묵었다.

여광 餘光 (남을 여, 빛 광). ①해나 달이 진 뒤에 은은하게 남은[餘] 빛[光]. ¶이미 해는 졌지만 여광이 있어 어둡지 않다. ②선친(先親)이 남겨 놓은 은덕. ㊞여덕(餘德).

여-교사 女教師 (여자 녀, 가르칠 교, 스승 사). 성별이 여성(女性)인 교사(教師).

여구 如舊 (같을 여, 옛 구). 모양이나 상태가 옛날[舊]과 같다[如]. ¶일면이 여구하게 반가워하였다.

여국 女國 (여자 녀, 나라 국). ① 속뜻 여자(女子)들만 산다는 전설의 나라[國]. '여인국'의 준말. ②여자들만 모여 살거나 여자들만 모여 있는 곳을 비유하여 이르는 말.

여군 女軍 (여자 녀, 군사 군). 성별이 여자(女子)로 조직된 군대(軍隊). ¶그녀는 여군을 이끌고 전장에 나섰다.

여권 旅券 (나그네 려, 문서 권). ① 속뜻 외국에 여행(旅行)하는 것을 승인하는 증서[券]. ②외국을 여행하는 사람의 신분이나 국적을 증명하고 상대국에 보호를 의뢰하는 공문서. ¶하와이에서 여권을 잃어버렸다.

여:권[1] 與圈 (도울 여, 범위 권). 여당(與黨)에 속하는 정치가의 무리[圈]. '여당권'의 준말. ㊥야권(野圈).

여권[2] 女權 (여자 녀, 권리 권). 여자(女子)로서 갖는 권리(權利). 사회적·법률적·정치적인 권리를 모두 포한다. ㊞부권(婦權).

▸여권 신장 女權伸張 (펼 신, 벌릴 장). 사회 여권(女權)을 늘리는[伸張] 일. ㊞여권 확장(女權擴張).

▸여권-주의 女權主義 (주될 주, 뜻 의). 사회 사회적·정치적·법률적으로 여자(女子)의 권리(權利)는 남자와 동등해야한다는 사상[主義].

여급 女給 (여자 녀, 줄 급). ①카페나 다방, 음식점 따위에서 손님의 시중을 들어주는[給] 여자(女子). ¶그녀는 며칠간의 여급 노릇으로 약간의 돈을 벌었다. ②여자 심부름꾼. ¶노인네께서 이 큰 가게에 여급 한 명도 없이 어떻게 장사를 하시겠습니까?

여기 餘技 (남을 여, 재주 기). 전문적으로 하는 것이 아니라 여가(餘暇)가 있을 때 취미로 하는 재주[技].

여-기자 女記者 (여자 녀, 기록할 기, 사람 자). 성별이 여자(女子)인 기자(記者).

여난 女難 (여자 녀, 어려울 난). 여자(女子) 관계 때문에 당하는 재난(災難).

여년 餘年 (남을 여, 해 년). 앞으로 남은[餘]

해[年]. ¶당신과 함께 여년을 보내고 싶소. ㊐여생(餘生).

여념 餘念 (남을 여, 생각 념). 주된 것에서 남는[餘] 생각[念]. ¶미영이는 공부에 여념이 없다.

여단 旅團 (군사 려, 모일 단). 군사 군대[旅] 편성 단위[團]의 하나. 보통 2개 연대로 이루어지며 사단보다 규모가 작다. 旅자가 본래는 500명의 군사를 가리키는 것이었다.

여담 餘談 (남을 여, 이야기 담). 주된 것에서 벗어난 다른[餘] 이야기[談]. 화제의 본줄기에서 벗어난 잡담.

여:당[1] 與黨 (도울 여, 무리 당). 정부의 정책을 지지하고 참여(參與)하는 정당(政黨). ㊞야당(野黨).

여당[2] 餘黨 (남을 여, 무리 당). 쳐 없애고 남은[餘] 무리[黨]. ¶여당이 모두 병기를 던지고 투항했다. ㊐잔당(殘黨).

여대 女大 (여자 녀, 큰 대). 교육 여자(女子) 학생들이 다닐 수 있는 대학(大學). ¶나는 여대에 다닌다.

▸여대-생 女大生 (사람 생). 여자 대학(女子大學)을 다니는 학생(學生).

여덕 餘德 (남을 여, 베풀 덕). 선친이 후세에 남겨[餘] 준 은덕(恩德). ¶그 산세의 여덕으로 주변의 공기가 무척 맑았다. ㊐여광(餘光).

여독[1] 旅毒 (나그네 려, 독할 독). 여행(旅行)으로 말미암아 생긴 피로나 병[毒]. ¶추위와 여독으로 지칠 대로 지쳤다.

여독[2] 餘毒 (남을 여, 독할 독). ①채 풀리지 않고 남아 있는[餘] 독기(毒氣). ¶산후 여독으로 고생하다. ②뒤에까지 남아 있는 해로운 요소.

여득천금 如得千金 (같을 여, 얻을 득, 일천 천, 돈 금). ① 속뜻 천금(千金)을 얻은[得] 것 같이[如] 여김. ②매우 만족스럽게 여김. ㊐여득만금(如得萬金).

여:등 汝等 (너 여, 무리 등). ① 속뜻 너희[汝] 들[等]. ②'너희'를 문어적으로 이르는 말.

여래 如來 (같을 여, 올 래). ① 속뜻 진리의 세계에서 중생 구제를 위해 이 세상에 온[來] 것 같음[如]. ② 불교 부처의 존칭. '석가모니여래'(釋迦牟尼如來)의 준말.

여력 餘力 (남을 여, 힘 력). 어떤 일에 주력하고 아직 남아[餘] 있는 힘[力]. ¶나는 그를 도와줄 여력이 없다.

여로 旅路 (나그네 려, 길 로). 나그네[旅]가 가는 길[路]. 여행하는 길. ¶기나긴 인생의 여로. ㊐객로(客路).

여록 餘錄 (남을 여, 기록할 록). 어떤 정식 기록에서 빠진[餘] 기록(記錄). ㊐여적(餘滴).

여론[1] 餘論 (남을 여, 논할 론). 본론(本論)이외의 다른[餘] 논설(論說). ¶여론은 추후에 다시 논의하자.

여:론[2] 輿論 (많을 여, 논할 론). 많은[輿] 사람의 공통된 의견[論]. ¶여론을 반영하다. ㊐세론(世論).

▸여:론-화 輿論化 (될 화). 여론(輿論)으로 만듦[化].

▸여:론 조사 輿論調査 (헤아릴 조, 살필 사). 사회 국가나 사회의 여러 가지 문제에 대한 사회 대중의 공통된 의견[輿論]을 조사(調査)하는 일.

여류[1] 餘流 (남을 여, 갈래 류). ①주되는 갈래 외[餘]의 갈래[流]. ¶여러 여류로 갈라지다. ②여러 갈래의 사회 사조 가운데 주된 사조 외의 하찮은 갈래. ㊞주류(主流).

여류[2] 女流 (여자 녀, 갈래 류). 어떤 분야에서 여성(女性)의 유파(流派). ¶노천명은 당대의 뛰어난 여류 시인이었다.

▸여류 문인 女流文人 (글월 문, 사람 인). 여성[女流] 문인(文人). 여류 문학가. ¶허난설헌은 조선시대를 대표하는 여류 문인이었다.

▸여류 문학 女流文學 (글월 문, 배울 학). 여성 문인[女流]이 쓴 문학(文學).

▸여류 작가 女流作家 (지을 작, 사람 가). 여자[女流]로서 예술 작품(作品)을 짓는 뛰어난 사람[家].

▸여류 화:가 女流畫家 (그림 화, 사람 가). 여자[女流]로서 그림[畫]을 그리는 뛰어난 사람[家]. ¶프리다 칼로는 당대의 유명한 여류 화가였다.

▸여류 문학가 女流文學家 (글월 문, 배울 학, 사람 가). 여자[女流]로서 문학(文學)에 종사하는 사람[家]. ㊐여류 문인(女流文人).

여리박빙 如履薄氷 (같을 여, 밟을 리, 엷을

박, 얼음 빙). ① 속뜻 얇은[薄] 얼음[氷]을 밟는[履] 것과 같음[如]. ② '아슬아슬하고 위험한 일'을 비유하여 이르는 말.

여망[1] **餘望** (남을 여, 바랄 망). ① 아직 남아[餘] 있는 희망(希望). ② 앞으로의 희망. ¶여망 없는 신세.

여:망[2] **輿望** (많을 여, 바랄 망). 많은[輿] 사람들의 기대나 희망(希望). ¶아폴로 호는 세계인의 여망을 안고 우주로 출발했다.

여맥 餘脈 (남을 여, 맥 맥). ① 속뜻 남아 있는[餘] 맥박(脈搏). ② 세력이 점점 줄어 겨우 허울만 유지하는 것. ¶여맥을 유지하다.

여명[1] **餘命** (남을 여, 목숨 명). 앞으로 남은[餘] 인생[命]. ㊥여생(餘生).

여명[2] **黎明** (검을 려, 밝을 명). ① 속뜻 희미한[黎] 빛[明]. 날이 밝아 오는 무렵. ② 어떤 새로운 사건이 시작될 때를 비유하여 이르는 말. ¶르네상스는 근대 문명의 여명이다. ③ 희망의 빛. ¶우리 민족의 여명. ㊥단명(旦明), 여단(黎旦).

▶여명-기 黎明期 (때 기). 새벽빛[黎明]처럼 새로운 시대나 새로운 문화 운동 따위가 시작되는 시기(時期). ¶신문학의 여명기.

여무 女巫 (여자 녀, 무당 무). 민속 여자[女] 무당[巫]. ¶홍색 저고리를 입은 여무가 덩실덩실 춤을 추며 따라왔다.

여:민동락 與民同樂 (더불 여, 백성 민, 한가지 동, 즐길 락). 왕이 백성[民]과 더불어[與] 즐거움[樂]을 같이[同]함. ㊥여민해락(與民偕樂).

여:민-락 與民樂 (더불 여, 백성 민, 즐길 락). ① 속뜻 백성[民]과 함께[與]하는 즐거움[樂]. ② 음악 조선 시대에 임금의 거동 때나 궁중의 잔치 때에 연주하던 아악곡(雅樂曲). 세종 때 용비어천가 1~4장과 125장을 바탕으로 작곡한 곡이다.

여반장 如反掌 (같을 여, 되돌릴 반, 손바닥 장). ① 속뜻 손바닥[掌]을 뒤집는[反] 것 같음[如]. ② '일이 매우 쉬움'을 이르는 말. ¶힘이 장사인 자네가 이걸 드는 것쯤이야 여반장이겠지.

여-배우 女俳優 (여자 녀, 광대 배, 광대 우). 성별이 여자(女子)인 배우(俳優). ㊥남배우(男俳優).

여백 餘白 (남을 여, 빌 백). 종이 따위에 글씨를 쓰거나 그림을 그리고 남은[餘] 빈[白] 자리. ¶그는 교과서의 여백에 필기를 했다.

여범 女範 (여자 녀, 틀 범). 여자(女子)로서 지켜야 할 규범(規範).

여법 如法 (같을 여, 법 법). ① 속뜻 법(法)의 이치와 같음[如]. ② 불교 여래의 교훈에 맞음.

▶여법-수행 如法修行 (닦을 수, 행할 행). 불교 부처의 가르침대로[如法] 수행(修行)하는 일.

여복[1] **女卜** (여자 녀, 점칠 복). 여자[女] 장님으로서 점[卜]을 치는 사람. 여자 판수. 속담 여복이 바늘귀를 꿴다.

여복[2] **女服** (여자 녀, 옷 복). ① 속뜻 여자[女]들이 입는 옷[服]. ② 남자가 여자의 옷을 입음.

여복[3] **女福** (여자 녀, 복 복). 여자(女子)가 잘 따르는 복(福). ¶김 노인은 여복이 많다. ㊥염복(艷福).

여:부 與否 (줄 여, 아닐 부). ① 속뜻 도와 줌[與]과 그렇지 아니함[否]. ② 그러함과 그러하지 아니함. ¶생사 여부를 묻다. ③ 틀리거나 의심할 여지. ¶그래요. 그야 여부가 있겠습니까?

여분[1] **餘分** (남을 여, 나눌 분). 필요한 양 외에 남는[餘] 분량(分量). ¶엄마는 급할 때를 대비해 여분의 돈을 모아두었다.

여분[2] **餘憤** (남을 여, 분할 분). 분한 일을 겪은 뒤 아직 남은[餘] 분기(憤氣). ¶그는 여분이 가시지 않았는지 한참을 씩씩거렸다.

여불비례 餘不備禮 (남을 여, 아닐 불, 갖출 비, 예도 례). ① 속뜻 갖추지[備] 못한[不] 예(禮)를 남기었음[餘]. ② 편지의 끝에 쓰는 말. ㊤여불비.

여비 旅費 (나그네 려, 쓸 비). 여행(旅行)에 드는 비용(費用). ¶이모가 여비에 보태라고 돈을 주셨다. ㊥노자(路資), 노전(路錢).

여-비서 女祕書 (여자 녀, 숨길 비, 책 서). 여자(女子) 비서(祕書).

여사[1] **女士** (여자 녀, 선비 사). 학덕이 있고 행실(行實)이 선비[士]처럼 어진 여자(女子). ¶박완서 여사.

여사[2] **女史** (여자 녀, 기록 사). ① 역사 고대 중국에서, 후궁을 섬기며 기록[史]과 문서를 맡아보던 여자[女] 관리. ② 결혼한 여자를 높여 이르는 말. ¶옆집의 이 여사가 오셨어요. ③사회적으로 명망 있는 여자를 높여 이르는 말. 주로 성명 아래 붙여 쓴다.

여사[3] 如斯 (같을 여, 이것 사). 상태, 모양, 성질 따위가 이[斯]와 같다[如]. ¶타인의 여사한 신앙에 대하여 비방하지 말라.

여사[4] 旅舍 (나그네 려, 집 사). 일정한 돈을 받고 손님[旅]을 묵게 하는 집[舍]. ㉥여관(旅館).

여사[5] 餘事 (남을 여, 일 사). 그다지 중요하지 않은 나머지[餘] 일[事].

여사[6] 麗史 (고울 려, 역사 사). 고려 시대(高麗時代)의 역사(歷史).

여사[7] 麗辭 (고울 려, 말씀 사). 아름답게[麗] 표현된 말[辭]. ㉥미사(美辭).

여-사장 女社長 (여자 녀, 단체 사, 어른 장). 여자(女子)인 사장(社長).

여삼추 如三秋 (같을 여, 석 삼, 세월 추). ① 속뜻 3[三] 년[秋]과 같음[如]. ②몹시 애타게 기다리는 마음을 이르는 말. ¶하루가 여삼추이다.

여상[1] 女相 (여자 녀, 모양 상). 남자가 여자(女子)처럼 생긴 얼굴 모습[相]. ㉤남상(男相).

여상[2] 女商 (여자 녀, 장사 상). 교육 '여자상업고등학교'(女子商業高等學校)를 줄여 이르는 말.

여상[3] 如常 (같을 여, 보통 상). 보통[常] 때와 같다[如]. ¶할아버지가 돌아가신 뒤에도 그는 여상히 일을 했다.

여상[4] 旅商 (나그네 려, 장사 상). 물건(物件)을 가지고 이곳저곳 돌아다니며[旅] 파는[商] 일. 또는 그런 일을 하는 사람.

여색[1] 女色 (여자 녀, 빛 색). ① 속뜻 여성(女性)의 아름다운 얼굴빛[色]. ②여자와의 육체적 관계. ㉥비색(妃色).

여색[2] 餘色 (남을 여, 빛 색). ① 속뜻 어떤 빛깔 이외의 다른[餘] 빛깔[色]. ② 미술 섞었을 때 무채색(無彩色)이 되는 두 색. 또는 그 두 색의 관계를 이르는 말. 빨강과 청록의 관계 따위. ㉥보색(補色).

여생 餘生 (남을 여, 살 생). 앞으로 남은[餘] 인생(人生). ¶나는 여생을 고향에서 보내고 싶다.

여-선생 女先生 (여자 녀, 먼저 선, 날 생). 성별이 여자(女子)인 선생(先生). ㉤남선생(男先生).

여성[1] 女星 (여자 녀, 별 성). ① 속뜻 처녀(處女)자리의 주성(主星)인 스피카(Spica). ② 천문 이십팔수(二十八宿)의 열째 별자리. ㉥여수(女宿).

여성[2] 女聲 (여자 녀, 소리 성). ① 속뜻 여자(女子)의 성별이 목소리[聲]. ② 음악 여자가 담당하는 소프라노, 알토 따위의 성부(聲部). ㉤남성(男聲).

여성[3] 女性 (여자 녀, 성별 성). 성(性)의 측면에서 여자(女子)를 이르는 말. ¶여성 전용 주차장. ㉤남성(男性).

▸ 여성-미 女性美 (아름다울 미). 여성(女性)이 지니는 아름다움[美]. ㉤남성미(男性美).

▸ 여성-복 女性服 (옷 복). 여성(女性)들이 입는 옷[服]. ¶여성복 매장. ㉤남성복(男性服).

▸ 여성-적 女性的 (것 적). 여성(女性)과 같은 것[的]. 여자처럼 부드럽거나 섬세하거나 여린 것. ㉤남성적(男性的).

▸ 여성 합창 女性合唱 (합할 합, 부를 창). 음악 여성(女性)끼리 부르는 합창(合唱). ㉤남성 합창(男聲合唱).

여세 餘勢 (남을 여, 힘 세). 어떤 일을 하고 남은[餘] 힘[勢]. ¶우리 팀은 승리의 여세를 몰아 결승전에 진출했다.

여:세추이 與世推移 (더불 여, 세상 세, 밀 추, 옮길 이). 세상(世上)이 변하는 것과 더불어[與] 같이 옮겨감[推移]. ㉥여세부침(與世浮沈).

여:송-연 呂宋煙 (음률 려, 송나라 송, 담배 연). 필리핀의 루손 섬에서 나는 엽궐련. 필리핀의 '루손'(Luzon)을 한자로 음역한 '여송'(呂宋)에서 피우던 담배[煙]라는 뜻에서 붙여진 이름이다. ㉥엽궐련[葉卷煙].

여수[1] 女囚 (여자 녀, 가둘 수). 성별이 여자(女子)인 죄수(罪囚). ㉦남수(男囚).

여수[2] 旅愁 (나그네 려, 근심 수). ① 속뜻 나그네[旅]의 시름[愁]. ②객지(客地)에서 느끼는 시름. ¶거문고를 타며 여수를 달랬다. ㉥객수(客愁).

여:수[3] 與受 (줄 여, 받을 수). 주고[與] 받음

[受].

여수[4] **餘數** (남을 여, 셀 수). 남은[餘] 수(數). 일정한 수효에서 한 부분을 빼고 남은 수효.

여:수[5] **濾水** (거를 려, 물 수). 더러운 물[水]을 걸러서[濾] 깨끗이 함. 또는 그런 물.

여수[6] **餘水** (남을 여, 물 수). 남는[餘] 물[水].

▸여수-로 餘水路 (길 로). 건설 수력 발전소나 저수지 따위에서 물이 일정량을 넘을 때 여분(餘分)의 물[水]을 빼내기 위해 만든 물길[路].

▸여수-구 餘水口 (구멍 구). 건설 저수지, 수도 따위에 필요 이상으로 남은[餘] 물[水]을 다른 곳으로 빼내려고 만든 물구멍[口].

여:수장우중문-시 與隋將于仲文詩 (줄 여, 수나라 수, 장수 장, 어조사 우, 가운데 중, 글월 문, 시 시). ① 속뜻 수(隋) 나라 장수(將帥) 우중문(于仲文)에게 보내는[與] 시(詩). ② 문학 고구려 영양왕 때의 장수 을지문덕(乙支文德)이 지은 한시. 살수(薩水)까지 추격해 온 적장 우중문을 조롱하여 지어 보냈다고 한다. 『삼국사기』(三國史記)에 실려 전한다.

여수투수 如水投水 (같을 여, 물 수, 던질 투, 물 수). ① 속뜻 물[水]에 물[水]을 던져[投] 넣는 것 같음[如]. ② 태도가 분명하지 못하거나 일 처리가 야무지지 못함.

여-순경 女巡警 (여자 녀, 돌 순, 지킬 경). 성별이 여자(女子)인 순경(巡警).

여습 餘習 (남을 여, 버릇 습). ① 버리지 못하고 아직 남아[餘] 있는 버릇이나 관습(慣習). ⓑ여기(餘氣). ② 불교 번뇌는 끊었으나 아직 남은 세속의 습관.

여승 女僧 (여자 녀, 스님 승). 불교 성별이 여자(女子)인 승려(僧侶). ⓑ비구니. ⓟ비구(比丘).

여-승무원 女乘務員 (여자 녀, 탈 승, 일 무, 사람 원). 기차나 배, 비행기 따위의 안에서 일하는 승객(乘客)을 위해 일[務]하는 여자(女子) 직원(職員).

여시 如是 (같을 여, 이 시). 상태, 모양, 성질 따위가 이[是]와 같다[如]. ⓑ여차(如此), 약시(若是).

여식 女息 (여자 녀, 불어날 식). 성별이 여자(女子)인 자식(子息). ¶저 아이가 바로 제 여식입니다.

여신[1] **女神** (여자 녀, 귀신 신). 성별이 여자(女子)인 신(神). ¶행운의 여신 / 아프로디테는 사랑의 여신이다.

여신[2] **餘燼** (남을 여, 불기운 신). ① 속뜻 타고 남은[餘] 불기운[燼]. ② 어떤 일이 끝난 뒤에 남은 영향. ¶삼일운동의 여신.

여:신[3] **與信** (줄 여, 믿을 신). ① 속뜻 믿고[信] 줌[與]. ② 경제 금융 기관에서 고객에게 돈을 빌려 주는 일. ¶여신 규제 / 여신 관리 규정.

▸여:신 계:약 與信契約 (맺을 계, 묶을 약). 경제 당사자의 한편이 상대편에게 돈이나 기타 신용(信用)을 주기로[與] 한 계약(契約).

▸여:신 업무 與信業務 (일 업, 일 무). 경제 융자, 어음 할인, 어음 인수, 신용장의 발행, 채무 보증 따위와 같이 금융 기관이 신용(信用)을 부여(附與)하는 업무(業務).

여실 如實 (같을 여, 실제 실). 사실(事實)과 똑같음[如]. 현실 그대로임. ¶화나지 않은 척했지만 그녀의 표정은 그렇지 않다는 것을 여실히 보여 주고 있었다.

여심[1] **女心** (여자 녀, 마음 심). 여자(女子)의 마음[心]. ¶그 배우의 눈빛은 수많은 여심을 흔들었다. ⓑ여정(女情).

여심[2] **旅心** (나그네 려, 마음 심). ① 속뜻 나그네[旅]의 마음[心]. ② 객지에서 품게 되는 울적한 느낌. ⓑ여정(旅情).

여아 女兒 (여자 녀, 아이 아). ① 속뜻 성별이 여자(女子)인 아이[兒]. ② 시집가지 않은 여자 아이. ⓟ남아(男兒).

여악 女樂 (여자 녀, 음악 악). 궁중의 잔치에서 기생[女]이 하던 노래[樂]와 춤. ⓟ남악(男樂).

여앙 餘殃 (남을 여, 재앙 앙). ① 속뜻 뒤에 더 남은[餘] 재앙(災殃). ② 나쁜 짓을 많이 한 값으로 받는 재앙. ⓟ여경(餘慶).

여액[1] **餘厄** (남을 여, 재앙 액). 이미 당한 재액 외에 더 남은[餘] 재액(災厄). ⓑ여얼(餘孽).

여액[2] **餘額** (남을 여, 액수 액). 치르고 남은[餘] 금액(金額). 쓰고 남은 돈. ¶여액은 저금통에 넣어두었다.

여:야 與野 (도울 여, 들 야). 여당(與黨)과 야당(野黨)을 아울러 이르는 말. ¶여야 합의 / 여야 갈등 / 여야 영수 회담.

여업 餘業 (남을 여, 일 업). ①조상이 남겨[餘] 놓은 업(業). ¶여업을 완수해야 한다. ②본업 외에 여가를 이용하여 갖는 직업. ¶그는 여업으로 택시를 몬다. ⓑ부업(副業).

여열 餘熱 (남을 여, 더울 열). ①심한 더위 뒤에 남아[餘] 있는 더위[熱]. ¶삼복이 지났지만 여열은 여전히 대단했다. ②병으로 고열이 난 뒤에 남아 있는 열. ¶아직 여열이 있으니 찬바람을 쐬지 말라. ③열기관 따위에서 작업에 쓰이지 않고 남은 열.

여염[1] 餘炎 (남을 여, 불꽃 염). ①타다 남은[餘] 불꽃[炎]. ②늦여름의 한풀 꺾인 더위.

여염[2] 麗艶 (고울 려, 고울 염). 곱고[麗] 예쁨[艶].

여염[3] 閭閻 (마을 려, 마을 염). 일반 백성들의 집이 많이 모여 있는 마을[閭=閻]. ⓑ여리(閭里), 여항(閭巷).

▸여염-가 閭閻家 (집 가). 일반 백성들의 집이 많이 모여 있는 마을[閭閻]의 집들[家]. ¶여염가의 아낙.

여옥기인 如玉其人 (같을 여, 옥돌 옥, 그 기, 사람 인). ① 속뜻 옥(玉) 같은[如] 그[其] 사람[人]. ②'얼굴의 생김이나 성품 따위가 옥 같이 맑고 얌전한 사람'을 이르는 말.

여와 女瓦 (여자 녀, 기와 와). 건설 암[女] 기와[瓦]. 지붕의 고랑이 되게 젖혀 놓는 바닥기와. ⓑ동와(童瓦).

여왕 女王 (여자 녀, 임금 왕). ① 속뜻 여자(女子) 임금[王]. ¶선덕여왕은 신라 최초의 여왕이다. ②어떤 영역에서 중심 되는 위치에 있는 여자나 사물 현상을 비유하여 이르는 말. ⓑ여주(女主).

▸여왕-봉 女王蜂 (벌 봉). 동물 여왕(女王) 벌[蜂]. 알을 낳는 능력이 있는 암벌. 몸이 크며 벌 사회의 우두머리이다.

여요 麗謠 (고울 려, 노래 요). 문학 고려(高麗) 때의 민간 노래[謠]. '동동'(動動), '쌍화점'(雙花店), '가시리', '정석가'(鄭石歌), '사모곡'(思母曲), '만전춘'(滿殿春), '서경별곡'(西京別曲), '이상곡'(履霜曲), '청산별곡'(靑山別曲) 등이 『악장가사』(樂章歌詞), 『악학궤범』(樂學軌範) 등에 전한다.

여용 麗容 (고울 려, 얼굴 용). 아름다운[麗] 얼굴[容].

여우 女優 (여자 녀, 광대 우). 성별이 여자(女子)인 배우(俳優). ¶여우 주연상. ⓑ남우(男優).

여운[1] 餘運 (남을 여, 운수 운). 아직 더 남은[餘] 운수(運數). 나머지 운수.

여운[2] 餘韻 (남을 여, 그윽할 운). ①아직 가시지 않고 남아 있는[餘] 그윽함[韻]. ¶영화의 여운이 마음속에 남았다. ②떠난 사람이 남겨 놓은 좋은 영향. ③여음(餘音).

▸여운-시 餘韻詩 (시 시). 문학 말의 여운(餘韻)을 남겨서 효과를 노리는 시(詩).

***여유 餘裕** (남을 여, 넉넉할 유). ①물질·공간·시간이 남고[餘] 넉넉함[裕]. ¶시간의 여유가 없다. ②느긋하고 차분하게 생각하거나 행동하는 마음의 상태. 또는 대범하고 너그럽게 일을 처리하는 마음의 상태. ¶여유 있는 태도.

▸여유-분 餘裕分 (나눌 분). 필요한 데에 다 쓰고도 넉넉하게 남는[餘裕] 부분(部分). ¶체육복은 여유분이 없다.

▸여유만만 餘裕滿滿 (가득할 만, 가득할 만). 여유(餘裕)가 가득 차[滿滿] 있음.

▸여유작작 餘裕綽綽 (너그러울 작, 너그러울 작). 여유(餘裕)롭고 느긋함[綽綽]. 태도가 침착하고 유연(悠然)함. ⓑ작작유여(綽綽裕餘).

여음[1] 女陰 (여자 녀, 응달 음). 여자(女子)의 음부(陰部). 여자의 성기.

여음[2] 餘音 (남을 여, 소리 음). ① 속뜻 소리가 그치거나 거의 사라진 뒤에도 아직 남아 있는[餘] 음향(音響). ⓑ여운(餘韻). ② 음악 우리 전통 음악의 한 형식.

여음[3] 餘蔭 (남을 여, 덕택 음). 자손에게 남겨진[餘] 음덕(蔭德). 조상의 공덕으로 자손이 받는 복. ⓑ여경(餘慶).

여의[1] 餘意 (남을 여, 뜻 의). 말속에 함축되어 남아[餘] 있는 뜻[意].

여의[2] 女醫 (여자 녀, 치료할 의). 여자(女子) 의사(醫師).

여의[3] 如意 (같을 여, 뜻 의). ① 속뜻 뜻[意]과 같이[如] 됨. ② 불교 법회나 설법 때, 법사가 손에 드는 물건. 대, 나무, 뿔, 쇠 따위로 '心'자를 나타내는 고사리 모양의 머리가 있고 한 자쯤의 자루가 달렸다.

▸여의-봉 如意棒 (몽둥이 봉). 자기 뜻[意] 대로[如] 늘어나게도 오므라들게도 하여 쓸 수 있다는 몽둥이[棒].

▸여의-주 如意珠 (구슬 주). 자기 뜻[意]대로[如] 무엇이든 만들어 낼 수 있다는 구슬[珠].

여-의사 女醫師 (여자 녀, 치료할 의, 스승 사). 성별이 여자(女子)인 의사(醫師).

여인[1] 麗人 (고울 려, 사람 인). 얼굴 모습이 아름다운[麗] 여자[人]. [비]미인(美人).

여인[2] 女人 (여자 녀, 사람 인). 성별이 여자(女子)인 사람[人].

▸여인-상 女人像 (모양 상). 여인(女人)의 모습[像]. 또는 그 그림이나 조각.

여인[3] 旅人 (나그네 려, 사람 인). 여행(旅行)하는 사람[人].

▸여인-숙 旅人宿 (잠잘 숙). 여행(旅行)하는 사람[人]이 잠잘[宿] 수 있도록 돈을 받고 방을 내어주는 집.

여:인동락 與人同樂 (더불 여, 사람 인, 한가지 동, 즐길 락). 다른 사람[人]과 더불어[與] 함께[同] 즐김[樂]. [비]여민동락(與民同樂).

⁑**여자**[1] 女子 (여자 녀, 접미사 자). 여성(女性)으로 태어난 사람[子]. ¶여자 가수. [반]남자(男子).

여:자[2] 勵磁 (힘쓸 려, 자석 자). [물리] 자기장 안의 물체가 자기(磁氣)를 띠도록 됨[勵]. 또는 그 결과로 생긴 단위 부피 속의 자기 모멘트. [비]자기화(磁氣化).

▸여:자-기 勵磁機 (틀 기). [물리] 자기(磁氣)를 띨[勵] 수 있도록 하는 기계(機械). 교류 발전기, 직류 발전기, 동기(同期) 발전기 따위의 계자(界磁) 코일에 여자 전류를 공급하는 직류 발전기이다.

▸여:자 전:류 勵磁電流 (전기 전, 흐를 류). [물리] 자기(磁氣)를 띨[勵] 수 있도록 보내는 전류(電流).

여장[1] 女裝 (여자 녀, 꾸밀 장). 여자가 아니면서 여자(女子)처럼 옷차림이나 겉모양을 꾸밈[裝]. ¶저 사람은 여장한 남자이다. [반]남장(男裝).

여장[2] 旅裝 (나그네 려, 꾸밀 장). 여행(旅行)할 때의 차림[裝]. [비]정의(征衣).

여-장군 女將軍 (여자 녀, 장수 장, 군사 군). ①성별이 여자(女子)인 장군(將軍). ¶여장군이 백마를 타고 성안으로 들어왔다. ②몸집이 크고 힘이 센 여자를 놀림조로 이르는 말. [준]여장.

여-장부 女丈夫 (여자 녀, 어른 장, 사나이 부). 여자(女子)이지만 남자[丈夫]처럼 굳세고 기개가 있는 사람. ¶그녀는 여장부라고 불릴 만큼 성격이 대범했다.

여재[1] 餘在 (남을 여, 있을 재). 쓰고 남아[餘] 있음[在]. 또는 그러한 돈이나 물건. [비]여존(餘存), 영여(零餘).

여재[2] 餘財 (남을 여, 재물 재). 남은[餘] 재물(財物)이나 재산. ¶할머니는 여재를 고아원에 기부했다.

여적 女賊 (여자 녀, 도둑 적). ① [속뜻] 여자[女] 도둑[賊]. ②남자의 마음을 어지럽히는 여색(女色).

여전 如前 (같을 여, 앞 전). 전(前)과 같다[如]. ¶할머니의 병세는 여전하시다 / 그녀는 여전히 아름답다. [비]그대로이다.

여전-론 閭田論 (마을 려, 밭 전, 논할 론). [역사] 조선 후기에 실학자 정약용이 주장한 토지 제도 이론. 한 마을[閭]을 단위로 하여 밭[田]을 공동으로 소유하고 경작하며 그 수확량을 노동량에 따라 분배하자는 이론(理論).

여정[1] 女情 (여자 녀, 마음 정). 여자(女子)의 마음[情]. 여자의 정욕. [반]남정(男情).

여정[2] 旅情 (나그네 려, 마음 정). 여행(旅行)할 때 느끼게 되는 외로움이나 시름 따위의 감정(感情). ¶시를 지으며 여정을 달래다. [비]여심(旅心).

여:정[3] 輿情 (많을 여, 마음 정). 어떤 일이나 행동에 대한 여러[輿] 사람들의 뜻[情].

여정[4] 旅程 (나그네 려, 거리 정). 여행(旅行)하는 거리[程]. ¶나는 매일 밤 숙소에 돌아와 그날의 여정을 기록했다. [비]객정(客程).

여정[5] 餘酲 (남을 여, 숙취 정). 아직 남은[餘] 술기운이나 숙취[酲].

여:정[6] 勵精 (힘쓸 려, 쓿을 정). 마음을 힘써[勵] 가다듬음[精].

▸여:정-도치 勵精圖治 (꾀할 도, 다스릴

치). 마음을 힘써[勵] 가다듬어[精] 바른 정치(政治)를 도모(圖謀)함.

여제[1] **女弟** (여자 녀, 제자 제). 성별이 여자(女子)인 제자(弟子).

여제[2] **女帝** (여자 녀, 임금 제). 성별이 여자(女子)인 황제(皇帝). ¶엘리자베타 여제. ㊥ 여황(女皇).

여조 麗朝 (고울 려, 조정 조). 역사 '고려 왕조'(高麗王朝)의 준말.

여존-남비 女尊男卑 (여자 녀, 높을 존, 사내 남, 낮을 비). 여성(女性)을 존중(尊重)하고 남성(男性)을 비천(卑賤)하게 여기는 일. ㊤ 남존여비(男尊女卑).

여좌침석 如坐針席 (같을 여, 앉을 좌, 바늘 침, 앉을 석). ① 속뜻 바늘[針] 방석(方席)에 앉은[坐] 것 같음[如]. ② 매우 거북하고 불편함. ¶제가 상좌에 앉으니 여좌침석입니다.

여죄 餘罪 (남을 여, 허물 죄). 그 죄 이외의 또 다른[餘] 죄(罪). ¶수십 건의 여죄가 드러나다.

여중 女中 (여자 녀, 가운데 중). ① 속뜻 여자(女子) 가운데[中]. ② 교육 '여자중학교'(女子中學校)의 준말. ¶동생은 여중에 다닌다.

▶ 여중-군자 女中君子 (임금 군, 접미사 자). ① 속뜻 여자(女子) 가운데[中] 군자(君子)와 같은 사람. ② 숙덕(淑德)이 높은 여자.

▶ 여중-호걸 女中豪傑 (호걸 호, 뛰어날 걸). ① 속뜻 여자(女子) 가운데[中] 호걸(豪傑) 같은 사람. ② 도량이 크고 의협심이 강하여 타고난 기품이 있는 여자.

여증 餘症 (남을 여, 증세 증). 병이 나은 뒤에 남아[餘] 있는 증상(症狀).

여지[1] **餘地** (남을 여, 땅 지). ① 쓰고 남은[餘] 땅[地]. ¶건물 한 채는 충분히 지을 여지가 있다. ② 어떤 일을 하거나 어떤 일이 일어날 가능성이나 희망. ¶선택의 여지가 없다.

여ː지[2] **輿地** (많을 여, 땅 지). 많은[輿] 지역(地域). 전체 지역. 모든 지역.

▶ 여ː지-도 輿地圖 (그림 도). 지리 전체[輿] 지역(地域)을 그린 그림[圖]. 일정한 비율로 줄여서 평면 위에 그리며 여러 가지 기호(記號)와 글자와 빛깔로 바다, 육지(陸地), 산, 내 등을 나타낸다. ¶김정호의 대동여지도(大東輿地圖)는 우리나라 전체 지역을 그린 지도다.

여-직원 女職員 (여자 녀, 일 직, 사람 원). 여자(女子) 직원(職員). 직장에 근무하는 여자.

여진[1] **女眞** (여자 녀, 참 진). 역사 10세기 이후 만주 동북쪽에 살며 수렵과 목축을 주로 하던 퉁구스계의 민족. 발해가 망한 후에 거란족의 요나라에 속하였다가 12세기 초 금나라를 세웠고, 17세기에 누르하치가 세운 후금은 청나라로 발전하여 중국을 통일하였다. 금(金)의 원래 국호인 '주리진'(朱里眞)을 잘못 읽어 '여진'(女眞)이라 하였다고 전해진다.

▶ 여진-족 女眞族 (겨레 족). 역사 10세기 이후 만주 동북쪽에 살던 퉁구스계[女眞]의 민족(民族).

여진[2] **旅塵** (나그네 려, 티끌 진). 여행(旅行)을 하면서 뒤집어쓴 먼지[塵].

여진[3] **餘震** (남을 여, 떨 진). ① 속뜻 큰 지진 뒤에 일어나는 남은[餘] 지진(地震). ② 지리 큰 지진이 일어난 다음에 얼마 동안 잇달아 일어나는 작은 지진. ¶여진은 20분 동안 계속됐다. ③ 어떤 사건이나 사실이 끝난 뒤에 미치는 영향을 비유하여 이르는 말.

여질 女姪 (여자 녀, 조카 질). 여자(女子)인 조카[姪].

여-집합 餘集合 (남을 여, 모일 집, 합할 합). ① 속뜻 남은[餘] 집합(集合). ② 수학 부분집합과 전체 집합의 관계에 있는 두 집합 A와 U에서 전체 집합 U의 원소로서 부분집합 A에 포함되지 않는 원소 전체로 이루어진 집합.

여차 如此 (같을 여, 이 차). 이와[此] 같음[如]. ¶여차한 이유로. ㊥여시(如是), 여사(如斯), 약차(若此).

여창 女唱 (여자 녀, 부를 창). ① 음악 여자(女子)가 부르는 노래[唱]. ② 음악 남자가 여자의 목청으로 노래 부르는 일. 또는 그 노래. ③ 여창남수(女唱男隨).

▶ 여창-남수 女唱男隨 (사내 남, 따를 수). ① 속뜻 여자(女子)가 먼저 부르고[唱] 남자(男子)는 뒤에서 따라[隨] 함. ② '여자가 서두르고 남자는 그것을 따르는 모양'을 이르는 말.

▸여창-유취 女唱類聚 (무리 류, 모을 취). 문학 조선 고종 때 박효관(朴孝寬), 안민영(安玟榮)이 여창(女唱) 178수를 종류(種類)별로 모아서[聚] 편찬한 시가집.

여천 餘喘 (남을 여, 숨 천). ① 속뜻 나머지[餘] 숨[喘]. ② 거의 죽을 지경에 이른 사람의 끊길 듯한 숨소리.

여체 女體 (여자 녀, 몸 체). 여자(女子)의 몸[體].

여축 餘蓄 (남을 여, 모을 축). 쓰고 남은[餘] 물건을 모아 둠[蓄]. 또는 그 물건. ¶조금의 여축도 없다.

여:출-액 濾出液 (거를 려, 날 출, 진 액). ① 속뜻 여과(濾過)되어 나온[出] 액체(液體). ② 의학 혈액 중의 혈청이 혈관벽에서 여과되어 조직 속 또는 체강(體腔) 속으로 들어간 것.

여타 餘他 (남을 여, 다를 타). 그밖에 남은[餘] 다른[他] 일. 또는 다른 것. ¶우리는 침대, 세탁기, 냉장고 그리고 여타 다른 것들을 새 아파트로 옮겼다. ⓑ기타(其他).

여:탈 與奪 (줄 여, 빼앗을 탈). 주는[與] 일과 빼앗는[奪] 일. ¶남의 생사를 여탈할 권리는 없다.

여탕 女湯 (여자 녀, 욕탕 탕). 여자(女子)만 사용하게 되어 있는 목욕탕(沐浴湯). ⓑ남탕(男湯).

여태 女態 (여자 녀, 모양 태). 여자(女子)다운 태도(態度).

여택 餘澤 (남을 여, 은덕 택). 끼치고 남은[餘] 덕택(德澤). ¶선생의 여택을 입다.

여파 餘波 (남을 여, 물결 파). ① 속뜻 큰 물결이 지나간 뒤에 일어나는 잔[餘] 물결[波]. ② 어떤 일이 끝난 뒤에 남아 미치는 영향. ¶해일의 여파로 동남아 관광객이 크게 줄었다.

여:파-기 濾波器 (거를 려, 물결 파, 그릇 기). ① 속뜻 주파수(周波數)를 거르는[濾] 기구(器具). ② 물리 여러 주파수가 섞여 있는 전파(電波)에서 특정한 주파수만을 분리하도록 만든 전기적 장치.

여폐 餘弊 (남을 여, 나쁠 폐). 폐를 끼치고도 남은[餘] 폐단(弊端).

여:포 濾胞 (거를 려, 태보 포). ① 속뜻 거름[濾] 주머니[胞]. ② 의학 동물의 내분비선 조직에서 다수의 세포가 모여 이루어진 닫힌 주머니 모양의 구조물. 난소, 갑상선, 뇌하수체 중엽에서 볼 수 있다. ③ 포유류의 난소 안에 있는 주머니 모양의 세포. 성주기에 따라 한 개씩 성숙하고 주머니는 찢어져 황체로 이행하여 배란된다. 사람에게는 약 30만 개의 원시 여포가 준비되어 있으나 그 가운데 약 500개의 알이 성숙하여 배출된다.

여풍 餘風 (남을 여, 바람 풍). ① 큰바람이 분 뒤에 아직 남아[餘] 부는 바람[風]. ② 아직 남아 있는 풍습(風習).

여필 女筆 (여자 녀, 글씨 필). 여자(女子)가 쓴 글씨[筆]. 혹은 여성스러운 필체.

여필종부 女必從夫 (여자 녀, 반드시 필, 따를 종, 지아비 부). 아내[女]는 반드시[必] 남편[夫]을 따라야 함[從].

여하 如何 (같을 여, 무엇 하). 무엇[何] 같은[如]가. 어떠한가. ¶성공은 당신의 노력 여하에 달려 있습니다.

▸여하-간 如何間 (사이 간). 어찌하든지[如何] 간(間)에. ¶여하간 일단 해보는 것이 좋을 것이다. ⓑ하여간(何如間).

여-학교 女學校 (여자 녀, 배울 학, 가르칠 교). 여자(女子)들이 다니는 학교(學校). ⓑ남학교(男學校).

여-학생 女學生 (여자 녀, 배울 학, 사람 생). 성별이 여자(女子)인 학생(學生). ⓑ남학생(男學生).

여한[1] 餘恨 (남을 여, 원한 한). 풀지 못하고 남은[餘] 원한(怨恨). ¶여한을 품다 / 여한이 없다.

여한[2] 餘寒 (남을 여, 찰 한). 겨울이 지난 뒤에도 아직 남아 있는[餘] 추위[寒]. ¶4월인데도 여한이 가시지 않아 날씨가 쌀쌀하다.

여-함수 餘函數 (남을 여, 넣을 함, 셀 수). ① 속뜻 나머지[餘] 함수(函數). ② 수학 두 각이 서로 엇각일 때 그 한 각의 삼각 함수에 상대하여 다른 한 각의 삼각 함수를 이르는 말.

여항[1] 餘項 (남을 여, 항목 항). 나머지[餘] 항목(項目).

여항[2] 閭巷 (마을 려, 거리 항). ① 속뜻 마을[閭]과 골목[巷]. ② 백성의 살림집이 많이 모여 있는 곳. ㊥여염(閭閻).

▸여항-간 閭巷間 (사이 간). 세상 사람들[閭巷] 사이[間]. 서민들 사이. ㊰항간.

▸여항-인 閭巷人 (사람 인). 여염[閭巷]의 사람들[人]. 세상 사람들. 서민들. ㊥위항인(委巷人).

▸여항 문학 閭巷文學 (글월 문, 배울 학). 문학 조선 중기 이후에, 여항(閭巷) 출신 문인들이 창작한 문학(文學).

여:행 勵行 (힘쓸 려, 행할 행). ① 힘써[勵] 행(行)함. ㊥역행(力行). ② 행하기를 장려함. ¶금주 여행.

여행 旅行 (나그네 려, 다닐 행). ① 속뜻 나그네[旅]로 길을 떠나 다님[行]. ② 일이나 여행을 목적으로 다른 고장이나 외국에 가는 일. ¶그녀는 휴가 때에 그리스를 여행했다.

▸여행-객 旅行客 (손 객). 여행(旅行) 중에 있는 사람을 손님[客]으로 이르는 말. ¶이 곳에는 여행객들을 위한 편의 시설이 있다.

▸여행-기 旅行記 (기록할 기). 문학 여행(旅行) 중에 보고 들은 일이나 느낌 따위를 적은[記] 글. ¶걸리버 여행기.

▸여행-사 旅行社 (회사 사). 여행(旅行)에 관한 일을 여행객 대신 처리해주는 회사(會社).

▸여행-자 旅行者 (사람 자). 여행(旅行)하는 사람[者].

▸여행-증 旅行證 (증거 증). 여행(旅行)을 허락하는 증명서(證明書). ¶국경지대를 지날 때 차장은 여행증을 검사했다.

▸여행-안내 旅行案內 (생각 안, 안 내). 여행하는 사람들에게 여행(旅行)에 관련된 것을 안내(案內)하는 일. 기차, 자동차, 여객선, 여객기 따위의 발착 시간 및 요금과 명승고적, 여관 따위를 자세히 안내하는 일.

▸여행자 수표 旅行者手票 (사람 자, 손 수, 쪽지 표). 경제 해외를 여행(旅行)하는 사람[者]이 외국에서 현금 대신 쓸 수 있는 수표(手票). 국내 은행에 미리 돈을 맡기고 외국에 가서 찾아 쓸 수 있다.

여향[1] 餘香 (남을 여, 향기 향). 남아[餘] 있는 향기(香氣).

여향[2] 餘響 (남을 여, 울릴 향). 남아[餘] 있는 음향(音響). ㊥여음(餘音).

여현 餘弦 (남을 여, 시위 현). ① 속뜻 나머지[餘] 시위[弦]. ② 수학 '코사인'의 옛 용어. 삼각 함수의 하나. 직각세모꼴의 한 예각(銳角)을 낀 밑변과 빗변과의 비를 그 각에 대하여 일컫는다.

여혼 女婚 (여자 녀, 혼인할 혼). 여식(女息)의 혼사(婚事). ㊥남혼(男婚).

여화 女禍 (여자 녀, 재화 화). ① 속뜻 여색(女色)으로 인한 재앙[禍]. ② 임금이 여색에 빠져 나랏일을 그르치던 일.

여황 女皇 (여자 녀, 임금 황). 여자(女子) 임금[皇]. ㊥여제(女帝).

여흔 餘痕 (남을 여, 흉터 흔). 남아[餘] 있는 자국[痕].

여흥 餘興 (남을 여, 흥겨울 흥). ① 속뜻 놀이 끝에 남아[餘] 있는 흥(興). ② 어떤 모임이 끝난 뒤에 흥을 돋우려고 연예나 오락을 함. 또는 그 연예나 오락.

역가 力價 (힘 력, 값 가). ① 속뜻 힘[力]의 값[價]. ② 수학 화학 적정(滴定)에 사용하는 표준 용액의 작용의 세기. 표준 용액 속의 적정 시약의 농도로 나타낸다.

역강 力強 (힘 력, 강할 강). 힘[力]이 셈[強]. 기력이 왕성함.

역경[1] 易經 (주역 역, 책 경). 책명 『주역』(周易)을 삼경(三經)의 하나로서 일컫는 말.

역경[2] 逆境 (거스를 역, 처지 경). ① 속뜻 물이 흐르는 반대로 거슬러[逆] 올라가야 하는 어려운 처지[境]. ② 일이 순조롭지 않아 매우 어렵게 된 처지나 환경. ¶우리는 역경 속에서도 희망을 저버리지 않았다. ㊥순경(順境).

역과 譯科 (옮길 역, 과목 과). 역사 조선 때, 잡과 가운데 역관(譯官)을 뽑기 위한 과거(科擧).

역관 譯官 (옮길 역, 맡을 관). ① 속뜻 통역(通譯)을 맡아보는 관리(管理). ② 역사 사역원의 벼슬아치를 통틀어 이르는 말.

역광 逆光 (거스를 역, 빛 광). ① 속뜻 거꾸로[逆] 들어오는 빛[光]. ② 물리 사진을 찍을 때 물체에서 반사되는 빛 외에 물체의 뒤에서 직접 카메라로 들어오는 태양 빛이나 기타의 광선. 물체의 상을 흐리게 하므로 가능한 한 이 빛을 피하여 촬영하는 것이 좋다. '역광선'(逆光線)의 준말.

역-교배 逆交配 (거스를 역, 서로 교, 짝 배). ① 속뜻 세대를 거슬러[逆] 어버이 중 한쪽과 짝지음[交配]. ② 생물 교배에 의하여 생긴 잡종 제1대와 부모 가운데 어느 쪽과의 교배. 잡종 제1대의 유전자형을 조사하는 것을 목적으로 한다.

역군 役軍 (부릴 역, 군사 군). ① 속뜻 부림[役]을 받는 사람[軍]. ② 일정한 부문에서 중요한 역할을 하는 일꾼. ¶사회의 역군으로 자라다.

역권[1] 力勸 (힘 력, 권할 권). 힘[力]을 써서 권(勸)함. ¶최 참판 댁과의 혼사를 역권해 보았지만 그는 들은 체도 하지 않았다.

역권[2] 役權 (부릴 역, 권리 권). ① 속뜻 부릴[役] 수 있는 권리(權利). ② 법률 일정한 목적을 위해 타인의 물건을 이용하는 물권. 특정인의 편익을 위해 타인의 물건을 이용하는 인역권과 특정의 토지의 편익을 위해 타인의 토지를 이용하는 지역권으로 크게 나뉜다.

역기[1] 力技 (힘 력, 재주 기). 운동 무거운 것을 들어 올려 그 힘[力]을 겨루는 경기(競技). ㊊역도(力道).

역기[2] 力器 (힘 력, 그릇 기). ① 속뜻 힘[力]을 쓰기 위한 도구[器]. ② 운동 역도나 근육 단련 훈련에 쓰는 강철로 된 기구. 철봉 양쪽에 원반형의 쇳덩이가 매달려 있다.

역-기전력 逆起電力 (거스를 역, 일어날 기, 전기 전, 힘 력). ① 속뜻 거슬러[逆] 일어나는[起] 전력(電力). ② 전기 회로에 작용하고 있는 기전력의 반대 방향으로 작용하는 기전력. 직류 전동기의 전동자에 전류를 흐르게 하여 운전할 경우에 전동자와 계자의 상대 운동에 의한 전자기 유도에 의하여 코일 속에 반대 방향으로 유기되는 기전력 따위.

역-내[1] 驛內 (정거장 역, 안 내). 역(驛)이 차지하고 있는 일정한 구역의 안[內]. ¶대구행 열차가 역내로 진입하고 있습니다.

역내[2] 域內 (지경 역, 안 내). 일정한 구역(區域)의 안[內].

▸역내 무:역 域內貿易 (바꿀 무, 바꿀 역). 경제 유럽 연합 같은 일정한 구역(區域) 안[內]에서 이루어지는 무역(貿易). 유럽 연합, 중미 공동 시장에서 이루어지는 무역 따위.

역년[1] 歷年 (지낼 력, 해 년). ① 지나온[歷] 여러 해[年]. 여러 해를 지나옴. ㊊열세(閱世). ② 역사 한 왕조가 왕업을 누린 햇수.

역년[2] 曆年 (책력 력, 해 년). 책력(冊曆)에서 정한 일 년(年). 태양력에서는 평년이 365일, 윤년(閏年)이 366일이다.

역-단층 逆斷層 (거스를 역, 끊을 단, 층 층). ① 속뜻 거꾸로[逆] 형성된 단층(斷層). ② 지리 단층면의 경사가 상대적으로 위로 밀려 올라가 암반 쪽으로 기운 단층. 상반(上盤)의 지괴가 하반(下盤)의 지괴(地塊) 위로 밀릴 때 생긴다.

역대 歷代 (지낼 력, 시대 대). 대대로 이어 내려온[歷] 여러 대(代). 또는 그동안. ¶그곳에는 역대 노벨문학상 수상자의 초상화가 걸려 있다.

역도[1] 力道 (힘 력, 방법 도). 운동 무거운 역기(力器)를 들어 올리는 방법[道]. 또는 그런 기예. 중량을 겨루어 승패를 가르며, 용상(聳上), 인상(引上)의 두 종목이 있다.

역도[2] 逆徒 (거스를 역, 무리 도). 반역(叛逆)의 무리[徒]. ¶그는 역도에게 협력하다가 참형을 당했다. ㊊역당(逆黨).

역동 力動 (힘 력, 움직일 동). 힘차게[力] 움직임[動].

역두 驛頭 (정거장 역, 머리 두). 역참(驛站) 앞[頭]. ¶역두에는 그의 형제들이며 몇몇 친구가 전송을 나와 있었다. ㊊역전(驛前).

역량 力量 (힘 력, 분량 량). ① 속뜻 무엇이 가진 힘[力]의 양(量). ② 어떤 일을 해낼 수 있는 힘. ¶그녀는 기자의 역량이 뛰어나다.

역력 歷歷 (겪을 력, 겪을 력). 직접 겪은[歷+歷] 듯이 확실하고 분명하다. ¶그녀는 뭔가 숨기고 있는 눈치가 역력하다.

역로[1] 逆路 (거스를 역, 길 로). ① 속뜻 되돌아오는[逆] 길[路]. 반대 방향의 길. ② 역경에서 헤매는 고난의 길. ¶인생의 역로 거스름.

역로[2] 驛路 (정거장 역, 길 로). 예전에 역마(驛馬)를 바꿔 타는 정거장[驛]과 통하는 길[路]. ¶역로가 어딘지를 물어보았다.

역류 逆流 (거스를 역, 흐를 류). ① 물이 거슬러[逆] 흐름[流]. ¶거센 역류를 헤집고 올라가다. ㊊역수(逆水). ② '세상의 흐름을 거스름'을 비유하여 이르는 말. ¶역사의 역류.

③ [불교] 생사의 흐름을 거슬러 깨달음을 향하여 나아감.

역륜 逆倫 (거스를 역, 인륜 륜). 인륜(人倫)을 거스름[逆].

역률 力率 (힘 력, 비율 률). ① [속뜻] 전력(電力)의 비율(比率). ② [전기] 교류 회로(交流回路)에서 전력과 전압·전류의 곱과의 비율.

역리[1] 疫痢 (돌림병 역, 설사 리). [의학] 급성으로 전염되는[疫] 설사병[痢]. 칼슘 결핍, 과식 따위로 말미암아 발열, 복통, 설사 따위를 일으킨다.

역리[2] 逆理 (거스를 역, 결 리). ① [속뜻] 거꾸로[逆] 된 나뭇결[理]. ② 부주의에서 생기는 오류. [비] 배리(背理).

역린 逆鱗 (거스를 역, 비늘 린). ① [속뜻] 용의 턱 아래에 거슬러[逆] 난 비늘[鱗]. ② 임금의 분노를 이르는 말. 용의 역린을 거스르면 용이 크게 노한다는 전설에서 비롯된 말이다.

역마[1] 役馬 (부릴 역, 말 마). 일할 때 부리는[役] 말[馬].

역마[2] 驛馬 (정거장 역, 말 마). [역사] 각 역참(驛站)에 갖추어 둔 말[馬]. 관용(官用)의 교통 및 통신 수단이었다.

역-마차 驛馬車 (정거장 역, 말 마, 수레 차). ① [속뜻] 역참(驛站)을 오가던 마차(馬車). ② 서양에서 철도가 통하기 전에 정기적으로 여객이나 짐, 우편물 따위를 수송하던 마차.

역명[1] 逆命 (거스를 역, 명할 명). ① [속뜻] 임금이나 윗사람의 명령(命令)을 거스름[逆]. ② 정도(正道)에서 벗어난 포악한 명령.

역명[2] 譯名 (옮길 역, 이름 명). 번역(飜譯)한 후의 이름[名].

역명[3] 驛名 (정거장 역, 이름 명). 역(驛)의 이름[名]. ¶그곳의 역명이 생각나질 않는다.

역모[1] 逆謀 (거스를 역, 꾀할 모). 반역(反逆)을 꾀함[謀]. 또는 그런 일. ¶신하들이 모여서 역모를 꾸몄다.

역무[2] 役務 (부릴 역, 일 무). 힘들게 해야 하는[勞役] 일[務]. 해야 하는 일.

▶ 역무-배상 役務賠償 (물어줄 배, 갚을 상). 상대편에 끼친 손해를 금전이나 물품으로 갚지 않고 역무(役務)로 배상(賠償)하는 일.

역-무역 逆貿易 (거스를 역, 바꿀 무, 바꿀 역). ① [속뜻] 거꾸로[逆] 다시 하는 무역(貿易). ② 수출한 것을 다시 수입하거나 수입한 것을 다시 수출하는 무역.

역-무원 驛務員 (정거장 역, 일 무, 사람 원). 역(驛)에서 관련된 업무(業務)를 하는 사람[員].

역문 譯文 (옮길 역, 글월 문). 번역(翻譯)한 글[文].

역-박사 曆博士 (책력 력, 넓을 박, 선비 사). [역사] 백제 때, 역학(曆學)에 뛰어난[博] 사람[士]에게 주던 명칭.

역-반응 逆反應 (거스를 역, 되돌릴 반, 응할 응). [화학] 일정한 반응에 대하여 동시에 그와 반대 방향으로 일어나는[逆] 반응(反應).

역발산-기개세 力拔山氣蓋世 (힘 력, 뺄 발, 메 산, 기운 기, 덮을 개, 세상 세). ① [속뜻] 힘[力]은 산(山)을 뽑을[拔] 만큼 매우 세고 기개(氣概)는 세상(世上)을 다 덮을[蓋] 만큼 웅대함. ② 아주 놀라운 기운. 항우가 해하(垓下)에서 한(漢)나라 군사에게 포위되었을 때 적군들이 사방에서 초나라 노래를 부르는 것을 듣고 읊었다는 시의 한 구절.

역법 曆法 (책력 력, 법 법). 책력(冊曆)을 제정하는 데 있어서의 기준이 되는 법칙(法則).

역병 疫病 (돌림병 역, 병 병). ① [속뜻] 집단적인 돌림병[疫]이 되는 악성 병증(病症). ¶마을에 역병이 돌아 아이들이 많이 죽었다. ② [농업] 역병균의 공기 전염으로 생기는 농작물의 유행병.

역부[1] 役夫 (부릴 역, 사나이 부). ① [속뜻] 부림[役]을 받는 사람[夫]. ② 삯을 받고 남의 일을 해 주는 사람. [비] 인부(人夫). ③ 남을 천히 여겨 부르는 말. [비] 놈.

역부[2] 驛夫 (정거장 역, 사나이 부). [역사] 역(驛)에 딸리어 심부름하던 사람[夫]. [비] 역졸(驛卒).

역-부족 力不足 (힘 력, 아닐 부, 넉넉할 족). 힘[力]이나 기량 따위가 충분하지[足] 않음[不]. ¶두 가지 일을 동시에 해내기는 역부족이다.

역분-전 役分田 (부릴 역, 나눌 분, 밭 전). [역사] 공신들에게 한 일[役]의 정도에 따라 토지[田]를 나누어[分] 준 제도. 고려 태조가 시행하였으며 뒤에 공훈전으로 발전하였다.

역비 逆比 (거스를 역, 견줄 비). [수학] 어떤 비례의 앞 항과 뒤 항을 바꾸어[逆] 놓은 비(比). 곧 3:2에 대한 2:3 따위. [반]정비(正比).

역사¹ 力士 (힘 력, 선비 사). 뛰어나게 힘[力]이 센 사람[士]. [비]장사(壯士).

역사² 轢死 (치일 력, 죽을 사). 차에 치여[轢] 죽음[死].

역사³ 驛舍 (정거장 역, 집 사). 역(驛)으로 쓰는 건물[舍]. ¶서울 역사를 개축하다.

역사⁴ 役事 (부릴 역, 일 사). ① [속뜻] 여러 사람을 부려[役] 하는 일[事]. ② [건설] 토목이나 건축 따위의 공사(工事). ¶대규모의 역사를 일으켰다.

역사⁵ 歷事 (=歷仕, 지낼 력, 섬길 사). 여러 대를 거쳐[歷] 임금을 섬김[事]. ¶그는 숙종과 경종을 역사했다.

⁑역사⁶ 歷史 (지낼 력, 기록 사). ① [속뜻] 인간 사회가 거쳐[歷] 온 모습에 대한 기록[史]. ¶한국은 반만년의 유구한 역사를 지녔다. ②어떤 사물이나 인물, 조직 따위가 오늘에 이르기까지의 자취. ¶수학의 역사.

▸역사-가 歷史家 (사람 가). 역사(歷史)를 전문으로 연구하는 사람[家].

▸역사-관 歷史觀 (볼 관). 역사(歷史)를 보는[觀] 견해. 역사에 대한 관점. ¶유물론적 역사관.

▸역사-극 歷史劇 (연극 극). [연영] 역사상(歷史上)의 인물이나 사건을 소재로 한 연극(演劇).

▸역사-상 歷史上 (위 상). 역사(歷史) 위[上]에 나타나 있는 바. ¶2차 세계대전은 역사상 매우 중요한 사건이었다.

▸역사-적 歷史的 (것 적). ① [속뜻] 역사(歷史)에 관한 것[的]. ¶여기에는 역사적 사실만 기록하였다. ②역사에 남을 만큼 값어치 있는 것. ¶예전에는 역사적 사건을 기록하기 위해 비석을 세웠다.

▸역사-책 歷史冊 (책 책). 역사(歷史)를 기록한 책(冊).

▸역사-학 歷史學 (배울 학). 역사(歷史)를 연구 대상으로 하는 학문(學問).

▸역사-화 歷史畫 (그림 화). 역사상(歷史上)의 정경 또는 인물 따위를 소재로 하여 그린 그림[畫].

▸역사 과학 歷史科學 (조목 과, 배울 학). ① [속뜻] 역사(歷史)를 과학적(科學的)으로 연구하는 일. ② [철학] 과거에 있었던 인간 생활을 대상으로 하는 과학(科學)을 통틀어 이르는 말. ③ [철학] 인간에 관한 사물과 현상을 반복이 불가능하고 일회적이며 개성적인 것으로 보고 연구·기술하는 과학을 통틀어 이르는 말. 빈델반트가 학문 방법상 자연 과학에 대립시켜 이른 말로 대상 범위는 사회학과 같다. 사실 과학(事實科學).

▸역사 법칙 歷史法則 (법 법, 법 칙). [역사] ① 역사(歷史)의 진보나 발전에 대한 법칙(法則). 역사에도 일정한 법칙이 있다는 견해를 바탕으로 한다. ②어떤 역사적 시대에만 타당한 법칙. 봉건 사회의 경제 법칙, 자본주의 사회의 경제 법칙 따위가 있다.

▸역사 법학 歷史法學 (법 법, 배울 학). [법률] 역사적(歷史的) 관점에서 법의 역사성을 강조하고 법제나 법률의 발달과 현상을 연구하는 법학(法學)의 한 분야.

▸역사 소:설 歷史小說 (작을 소, 말씀 설). [문학] 역사적(歷史的)인 사건이나 인물을 소재로 한 소설(小說). 김동인의 『운현궁의 봄』, 박종화의 『금삼의 피』 따위가 있다.

▸역사 시대 歷史時代 (때 시, 연대 대). [역사] 인간 사회가 거쳐[歷] 온 모습에 대한 기록[史]으로 연구할 수 있는 시대(時代). [반]선사 시대(先史時代).

▸역사 철학 歷史哲學 (밝을 철, 배울 학). [철학] 역사(歷史)를 철학적(哲學的) 방면에서 연구하는 학문.

▸역사학-파 歷史學派 (배울 학, 갈래 파). ① [경제] 경제는 역사적(歷史的)으로 발전한다고 주장한 학파(學派). 19세기에 영국 고전 학파의 이론에 대항하여 독일을 중심으로 발달한 경제학파로 로셔, 슈몰러가 대표적이다. ② [철학] 19세기 초기에 독일에서 낭만주의나 민족주의의 풍조에 대립하여 일어난 역사주의를 표방하는 학파. 사비니, 랑케 등이 그 대표자이다.

▸역사 지리학 歷史地理學 (땅 지, 이치 리, 배울 학). [지리] ① 역사(歷史) 시대의 지리(地理)를 연구하는 학문(學問). 인문 지리

학의 한 분야이다. ②인문 지리학적 현상을 역사적으로 연구하는 학문.

역-사고 逆思考 (거스를 역, 생각 사, 살필 고). 반대로[逆] 생각[思=考]함.

역산¹ 逆産 (거스를 역, 재물 산). 부역자나 역적(逆賊)의 재산(財産). ¶역산을 몰수하다.

역산² 逆算 (거스를 역, 셀 산). ①[속뜻]거꾸로 되돌려[逆] 계산(計算)함. ②[수학]순서를 거꾸로 하여서 뒤쪽에서 앞쪽으로 거슬러 계산하는 일. ③계산한 결과를 계산을 하기 전의 수 또는 식으로 되돌리는 계산. 뺄셈은 덧셈의 역산, 나눗셈은 곱셈의 역산이다. '역연산'(逆演算)의 준말.

역산³ 曆算 (책력 력, 셀 산). 책력(冊曆)과 산술(算術)에 관한 학문(學問). ⓑ산력(算曆).

역-상속 逆相續 (거스를 역, 서로 상, 이을 속). [법률]직계 비속이 상속하는 보통의 경우와 반대로[逆] 하는 상속(相續). 피상속인의 직계 존속을 상속인으로 하는 상속이다.

역서¹ 易書 (주역 역, 책 서). 주역(周易)에 관한 책[書]. 점에 관한 것을 기록한 책.

역서² 曆書 (책력 력, 책 서). ①[속뜻]책력(冊曆)에 관한 책[書]. ②일 년 동안의 월일, 해와 달의 운행, 월식과 일식, 절기, 특별한 기상 변동 따위를 날의 순서에 따라 적은 책.

역서³ 譯書 (옮길 역, 책 서). 번역한[譯] 책[書]. ¶선생님은 생전에 20여 권의 저서와 역서를 남기셨다.

역-선전 逆宣傳 (거스를 역, 알릴 선, 전할 전). ①[속뜻]상대의 선전을 거꾸로[逆] 이용하여 상대편이 불리하도록 선전(宣傳)하는 일. ②역효과(逆效果)를 가져오는 선전(宣傳).

역-선풍 逆旋風 (거스를 역, 돌 선, 바람 풍). ①[속뜻]반대[逆] 방향으로 부는 회오리바람[旋風]. ②고기압의 중심으로부터 사방을 향하여 선회하면서 흘러나오는 풍계(風系). 북반구에서는 시계 방향으로 남반구에서는 시계의 반대 방향으로 분다.

역설¹ 力說 (힘 력, 말씀 설). 자기 뜻을 힘주어[力] 말함[說]. 또는 그런 말. ¶절약의 필요성을 역설하다. ⓑ강조(強調).

역설² 逆說 (거스를 역, 말씀 설). ①[속뜻]어떤 주의나 주장을 반대하는[逆] 이론이나 말[說]. ②[논리]특정한 경우에 논리적 모순을 일으키는 논증.

▸**역설-법** 逆說法 (법 법). [문학]언어 표현 자체에 반대되는 진술을 하여 강조하는 표현 방법(方法). "아아, 님은 떠났습니다만, 나는 님을 보내지 아니하였습니다." 등이 그 예이다.

▸**역설-적** 逆說的 (것 적). 역설(逆說)을 이용하여 표현하는 것[的].

역성¹ 逆成 (거스를 역, 이룰 성). [언어]어떤 언어 요소를 그 어원적인 구조와는 다르게[逆] 분석함으로써 이루어진[成] 것. ⓑ이분석(異分析).

역성² 易姓 (바꿀 역, 성씨 성). ①[속뜻]임금의 성(姓)이 바뀜[易]. ②나라의 왕조가 바뀜 ⓑ혁세(革世).

▸**역성-혁명** 易姓革命 (바꿀 혁, 운명 명). ①[속뜻]왕조[姓]가 바뀌는[易] 혁명적(革命的)인 일. ②중국에 있었던 유교 정치사상의 기본 관념의 하나. 제왕이 부덕하여 민심을 잃으면 덕이 있는 다른 사람이 천명을 받아 왕조를 바꾸고 새로운 왕조를 세워도 좋다고 하는 사상이다.

역세 歷世 (지낼 력, 세대 세). 지나온[歷] 여러 세대(世代). ¶역세가 무궁하다.

역수¹ 易數 (주역 역, 운수 수). ①[속뜻]역술(易術)을 통하여 점친 운수(運數). ②[민속]음양으로써 길흉화복을 미리 알아내는 술법.

역수² 逆水 (거스를 역, 물 수). 흐르는 방향의 물[水]을 거슬러[逆] 올라감. ⓑ역류(逆流).

역수³ 逆數 (거스를 역, 운수 수). ①[속뜻]운수(運數)를 거스름[逆]. ②미래의 운수(運數)를 미리 눈치로 아는 일.

역수⁴ 曆數 (책력 력, 셀 수). ①[속뜻]해[曆]의 수(數). ②천체의 운행과 기후의 변화가 철을 따라서 돌아가는 차례. ③자연히 정해진 운명.

역-수송 逆輸送 (거스를 역, 나를 수, 보낼 송). ①[속뜻]거꾸로[逆] 보냄[輸送]. ②[교통]잘못되어 떠난 곳으로 되돌아가는 수송.

역-수입 逆輸入 (거스를 역, 나를 수, 들 입). 경제 일단 수출한 상품을 되[逆] 수입(輸入)함.

역-수출 逆輸出 (거스를 역, 나를 수, 날 출). 경제 일단 수입한 상품을 되[逆] 수출(輸出)함.

역순 逆順 (거스를 역, 차례 순). 거꾸로[逆] 된 순서(順序). ¶다음 숫자를 역순으로 배열하시오.

역술 譯述 (옮길 역, 지을 술). 번역(翻譯)하여 말하거나 기술(記述)함.

역습 逆襲 (거스를 역, 습격할 습). 수비하던 쪽에서 거꾸로[逆] 공격을 감행함[襲]. ¶적에게 역습을 당했다.

***역시**[1] **亦是** (또 역, 옳을 시). ① 속뜻 그것 또한[亦] 옳음[是]. ②또한. ¶나 역시 그렇게 생각해. ③아무리 생각해도. ¶이 일은 역시 네가 하는 것이 좋겠다. ④생각했던 대로. ¶역시 네가 그랬구나.

역시[2] **譯詩** (옮길 역, 시 시). 번역(翻譯)한 시(詩).

▶ 역시-집 譯詩集 (모을 집). 번역(翻譯)한 시(詩)를 모아[集] 엮은 책. ¶〈타고르(Tagore) 역시집〉.

역신[1] **逆臣** (거스를 역, 신하 신). 임금을 반역(叛逆)한 신하(臣下).

역신[2] **疫神** (돌림병 역, 귀신 신). 천연두[疫]를 맡았다는 신(神). ¶역신을 쫓다.

▶ 역신-마마 疫神媽媽 (어머니 마, 어머니 마). 역신(疫神)을 어머니[媽媽]에 비유한 말.

역심 逆心 (거스를 역, 마음 심). ① 속뜻 상대편의 말이나 행동에 반발하여 일어나는 비위에 거슬리는[逆] 마음[心]. ②반역을 꾀하는 마음. ¶감히 역심을 품다니!

역암 礫巖 (조약돌 력, 바위 암). ① 속뜻 조약돌[礫]같이 작은 암석(巖石). ② 지리 퇴적암의 하나. 크기가 2mm 이상인 자갈 사이에 모래나 진흙 따위가 채워져 굳은 것으로, 자갈이 전체의 30% 이상을 차지한다.

역어 譯語 (옮길 역, 말씀 어). 번역(翻譯)할 때 쓰인 말[語]. ¶그 편견이란 역어는 이 경우에 적절하지 못합니다. 참 원어(原語).

역연 歷然 (겪을 력, 그러할 연). ① 속뜻 직접 겪은[歷] 듯 분명히 그러하다[然]. ②분명히 알 수 있도록 또렷하다. ¶그는 피로한 기색이 역연했다.

역영 力泳 (힘 력, 헤엄칠 영). 힘껏[力] 헤엄을 침[泳]. 또는 그 헤엄.

역옹-패설 櫟翁稗說 (상수리나무 력, 늙은이 옹, 작을 패, 말씀 설). 문학 고려 말기 1342년에 역옹(櫟翁) 이제현이 자신이 지은 수필을 비롯해 역사책에 나오지 않은 이문(異聞), 기사(奇事), 인물평, 경론, 시문, 서화 품평 따위[稗說]를 수록한 책. 대부분이 시에 대한 논의로 일종의 시 비평서라 할 수 있다. 4권 1책.

역외 域外 (지경 역, 밖 외). 일정한 구역(區域)이나 범위의 밖[外]. ¶역외구매(域外購買).

역용[1] **逆用** (거스를 역, 쓸 용). ① 속뜻 거꾸로[逆] 이용(利用)함. ②어떤 목적을 위해 쓰던 사물이나 일을 그 반대의 목적에 이용함. '역이용'의 준말.

역용[2] **役用** (부릴 역, 쓸 용). 노역(勞役)에 사용(使用)함.

▶ 역용 동:물 役用動物 (움직일 동, 만물 물). 노역(勞役)에 사용(使用)하는 동물(動物).

역우 役牛 (부릴 역, 소 우). 일할 때 부리는[役] 소[牛]. 농사를 짓거나 수레에 짐을 실어 나르는 노역(勞役) 따위에 사용하는 소.

역원[1] **驛員** (정거장 역, 인원 원). 철도역(鐵道驛)에서 근무하는 직원(職員). '역무원'의 준말.

역원[2] **驛院** (정거장 역, 집 원). 역사 조선 시대에, 역로(驛路)에 세워 국가가 경영하던 여관 집[院]. 역제(驛制)와 같이 각 도에 통하는 길 옆에 세우는 것과 인가가 드문 곳에 행려(行旅)의 편의를 위해 세운 것 두 가지가 있었다.

▶ 역원 취:락 驛院聚落 (모을 취, 마을 락). 역원(驛院)을 중심으로 그 주위에 모여[聚] 형성된 마을[落].

역위 逆位 (거스를 역, 자리 위). ① 동물 동물체제의 좌우가 뒤바뀌어 심장의 위치(位置)나 창자의 회전이 거꾸로[逆] 되는 따위의 현상. ② 생물 염색체의 일부가 잘라져서 거꾸로 되어 다시 붙는 현상. 유전자의 180도

회전으로 ABCDEF 순서가 절단된 CDE 인자 자체가 연결되어 ABEDCF가 된다.

역의 逆意 (거스를 역, 뜻 의). 반역(叛逆)을 꾀하는 마음[意]. ¶역의를 품다. ⓑ역심(逆心).

역이 逆耳 (거스를 역, 귀 이). 남의 말이 귀[耳]에 거슬림[逆].

▶역이지언 逆耳之言 (어조사 지, 말씀 언). 귀[耳]에 거슬리는[逆] 말[言]. 곧 잘못을 지적하여 말하는 충고.

역-이용 逆利用 (거스를 역, 이로울 리, 쓸 용). 거꾸로[逆] 이용(利用)함. ¶상대의 공격을 역이용하여 전세를 뒤집었다. ⓒ역용.

역임 歷任 (겪을 력, 맡길 임). 거듭하며 여러 직위[任]를 차례로 지냄[歷]. ¶정부 요직을 역임하다.

역자1 易者 (주역 역, 사람 자). 점치는[易] 일을 전문으로 하는 사람[者].

역자2 譯者 (옮길 역, 사람 자). 번역(翻譯)한 사람[者].

역자이교지 易子而教之 (바꿀 역, 아이 자, 말이을 이, 가르칠 교, 그것 지). ① 속뜻 자식[子]을 서로 바꾸어[易] 그[之]를 가르침[教]. ②다른 사람의 자식은 내가 가르치고 내 자식은 다른 사람에게 부탁하여 가르친다는 말. 『맹자』(孟子) 『이루』(離婁)편에 나오는 말이다.

역작 力作 (힘 력, 지을 작). 노력(努力)하여 만든 작품(作品). ¶이 소설은 그 작가 최고의 역작이다. ⓑ노작(勞作).

역장 驛長 (정거장 역, 어른 장). 철도 정거장[驛]의 책임자[長].

역저 力著 (힘 력, 지을 저). 노력(努力)하여 지은[著] 책.

역적 逆賊 (거스를 역, 도둑 적). 임금에게 반역(叛逆)한 사람을 도둑[賊]에 비유하여 이르는 말. ¶정약용은 역적으로 몰려 귀양살이를 했다.

▶역적-모의 逆賊謀議 (꾀할 모, 의논할 의). 역적(逆賊)들이 모여서 반역을 계획하고[謀] 의논(議論)함.

역전1 歷傳 (지낼 력, 전할 전). 대대로[歷] 전(傳)하여 내려옴. ¶역전한 가보.

역전2 力戰 (힘 력, 싸울 전). 힘[力]을 다하여 싸움[戰]. ¶역전 분투하다. ⓑ역투(力鬪).

역전3 逆戰 (거스를 역, 싸울 전). 적으로부터 공격을 받다가 역습(逆襲)하여 싸움[戰].

역전4 歷戰 (겪을 력, 싸울 전). 이곳저곳에서 많은 전쟁(戰爭)을 겪음[歷]. ¶역전의 용사.

역전5 逆轉 (거스를 역, 구를 전). ① 속뜻 거꾸로[逆] 돎[轉]. ②형세가 뒤집혀짐. ¶바람이 불자 전세(戰勢)가 순식간에 역전됐다. ③일이 잘못되어 좋지 아니하게 벌어져 감. ④ 지리 하층의 기온이 상층의 기온보다 낮아지는 일. 또는 그런 상태.

▶역전-승 逆轉勝 (이길 승). 경기 따위에서 지고 있다가 형세가 뒤바뀌어[逆轉] 이김[勝]. ¶우리팀은 2대 1로 역전승을 거두었다. ⓑ역전패.

▶역전-층 逆轉層 (층 층). ① 속뜻 형세가 뒤집혀진[逆轉] 층(層). ② 지리 높이 올라갈수록 기온이 상승하여 있는 기층. 역전층 내에서는 대기가 안정되어 있어서 안개나 스모그가 확산되기 어렵기 때문에 대기 오염이 심해진다.

▶역전-패 逆轉敗 (패할 패). 경기 따위에서 이기고 있다가 형세가 뒤바뀌어[逆轉] 패배(敗北)함. ¶우리 팀은 마지막 순간에 역전패를 당했다. ⓑ역전승.

역전6 驛前 (정거장 역, 앞 전). 정거장[驛] 앞[前]. ¶역전에는 택시들이 줄서서 손님을 기다리고 있었다. ⓑ역두(驛頭).

역전7 驛傳 (정거장 역, 전할 전). ① 속뜻 역참(驛站)에서 공문을 전(傳)하던 일. ②'역전경주'(驛傳競走)의 준말. ③ 역사 공무를 띤 사람을 역에서 역으로 말을 갈아 보내던 일. ⓑ역체(驛遞).

▶역전-제 驛傳制 (정할 제). 역사 당나라 때, 광대한 영토를 다스리기 위해 역(驛)을 이용한 통신·교통[傳] 체제(體制).

▶역전 경:주 驛傳競走 (겨룰 경, 달릴 주). 운동 몇 사람이 한 팀을 이루어 몇 개의 구간으로 나눈 전체 거리를 각각 한 구간씩 맡아 이어[驛傳] 달리는[走] 육상 경기(競技).

역점1 力點 (힘 력, 점 점). ① 속뜻 지레의 힘[力]이 걸리는 점(點). ②심혈을 기울이거나 쏟는 점. ¶역점 사업 / 학교는 학력 향상에 역점을 두었다.

역점² 易占 (주역 역, 점칠 점). 민속 주역(周易)의 팔괘, 육십사괘로 일의 길흉을 판단하는 점(占).

역접 逆接 (거스를 역, 이을 접). ① 속뜻 앞과는 반대로[逆] 뒤가 이어짐[接]. ② 언어 앞뒤의 문장 또는 구(句)를 앞의 글에서 서술한 사실과 서로 반대되는 상황이 뒤의 글에서 나타나도록 하는 것. ⓑ거꿀잇기. ⓟ순접(順接).

역정¹ 逆情 (거스를 역, 마음 정). ① 속뜻 상대방의 마음[情]을 거스름[逆]. ② 몹시 언짢거나 못마땅하게 여김. ¶아버지는 버럭 역정을 내고는 방으로 들어가셨다. ⓑ성, 화(火), 역증(逆症).

역정² 歷程 (지낼 력, 거리 정). 거쳐[歷] 온 과정(過程). ¶고난의 역정(歷程).

역정³ 驛程 (정거장 역, 거리 정). ① 속뜻 역(驛)과 역 사이의 거리[程]. ② 거쳐 지나가는 길이나 과정. ⓑ노정(路程).

역-정리 逆定理 (거스를 역, 정할 정, 이치 리). 논리 정리(定理)의 역(逆)으로 그것이 참이라는 것이 증명된 것.

역제 曆制 (책력 력, 정할 제). 책력(冊曆)에 관한 제도(制度).

역조¹ 逆潮 (거스를 역, 바닷물 조). ① 배가 조수(潮水)를 거슬러서[逆] 나아가는 일. ¶역조로 배의 진행 속도가 더디다. ② 바람의 방향과 반대로 흐르는 조류. ⓟ순조(順潮).

역조² 逆調 (거스를 역, 고를 조). 어떤 일이 조화(調和)롭지 않게 이치를 거슬러[逆] 되어 가는 상태.

역주¹ 力走 (힘 력, 달릴 주). 힘[力]을 다하여 달림[走]. ¶그는 전속력으로 3분간 역주했다.

역주² 譯註 (옮길 역, 주석 주). ① 속뜻 번역(翻譯)과 주석(註釋)을 아울러 이르는 말. ② 번역자가 단 주석.

역지사지 易地思之 (바꿀 역, 처지 지, 생각 사, 그것 지). 처지(處地)를 바꾸어[易] 그것[之]을 생각함[思]. 상대편의 처지에서 생각해 봄.

역-직기 力織機 (힘 력, 짤 직, 틀 기). ① 속뜻 힘[力]으로 옷감을 짜는[織] 기계(機械). ② 수력, 전력 따위의 동력으로 움직이는 베틀. ¶역직기가 나오면서 면직물의 대량 생산이 가능해졌다.

역진 力盡 (힘 력, 다될 진). 힘[力]이 다함[盡]. ¶병사들은 계속된 전쟁으로 역진했다.

역진-세 逆進稅 (거스를 역, 나아갈 진, 세금 세). ① 속뜻 누진(累進)과 반대로[逆] 내는 세금(稅金). ② 법률 과세 물건의 수량이 커짐에 따라 세율이 낮아지는 세금. 생활 필수 물자에 대한 소비세 따위. ⓑ누감세(累減稅).

역질 疫疾 (돌림병 역, 병 질). ① 속뜻 전염되는[疫] 병[疾]. ② 한의 천연두(天然痘)를 한방에서 일컫는 말. 처음 걸리면 열이 몹시 오르고 온몸에 발진이 나는데 딱지가 저절로 떨어지기 전에 긁으면 곰보가 된다. ⓑ역환(疫患).

역차 逆次 (거스를 역, 차례 차). 거꾸로[逆] 된 차례[次]. 뒤바뀐 차례.

역참 驛站 (정거장 역, 역마을 참). ① 속뜻 역[驛]이 있는 마을[站]. ② 역사 조선 시대에, 관원이 공무로 다닐 때에 숙식을 제공하고 빈객을 접대하기 위해 각 주(州)와 현(縣)에 둔 객사(客舍).

역천 力薦 (힘 력, 천거할 천). 힘써[力] 천거(薦擧)함. ¶그는 유성룡을 재상으로 역천했다.

역-천명 逆天命 (거스를 역, 하늘 천, 목숨 명). 하늘[天]이 준 목숨[命]을 거스름[逆]. ⓟ순천명(順天命).

역천-자 逆天者 (거스를 역, 하늘 천, 사람 자). 하늘[天]의 명령을 거역(拒逆)하는 사람[者]. ⓟ순천자(順天者).

역청 瀝青 (찌꺼기 력, 푸를 청). ① 속뜻 푸른색[青] 찌꺼기[瀝]. ② 화학 석유를 정제할 때 잔류물로 얻어지는 고체나 반고체의 검은색 탄화수소 화합물. 가소성, 접착성, 탄성, 전기 절연성이 높아 도로포장, 방수, 방습의 재료로 쓰인다. ⓑ아스팔트(asphalt).

▶ 역청-암 瀝青巖 (바위 암). ① 속뜻 역청(瀝青)으로 된 바위[巖]. ② 지리 유리질의 화산암. 수지(樹脂) 광택을 띠나 풍화하면 검은색, 어두운 녹색, 붉은 녹색을 띤다.

▶ 역청-탄 瀝青炭 (숯 탄). ① 속뜻 역청(瀝青)으로 된 숯[炭]. ② 광업 검고 광택이 있

는 가장 일반적인 석탄. 갈탄과 무연탄의 중간 정도로 탄화된 것으로 탄소의 함량은 무연탄보다 적지만 유질(油質)이 풍부하다. 도시가스나 코크스 따위를 만드는 데 쓴다. ㊐연탄(軟炭).

역체 驛遞 (정거장 역, 전할 체). 역참(驛站)에서 공문을 주고받던[遞] 일.

역-촉매 逆觸媒 (거스를 역, 닿을 촉, 맺어줄 매). 화학 화학 반응의 속도를 거꾸로[逆] 줄이는 작용을 하는 촉매(觸媒).

역추산-학 曆推算學 (책력 력, 밀 추, 셀 산, 배울 학). ① 속뜻 책력(冊曆)을 미루어[推] 계산(計算)하는 학문(學問). ② 천문 태양계에 딸린 천체의 위치와 운동을 예측하거나 예보하는 학문. 이론 천문학의 한 분야로, 천체 역학을 응용하여 계산한다.

역축 役畜 (부릴 역, 가축 축). 일할 때 부리는[役] 가축(家畜).

역치 閾値 (한정할 역, 값 치). ① 속뜻 한정된[閾] 최소값[値]. ② 물리 일반적으로 반응이나 기타의 현상을 일으키게 하기 위해 계(系)에 가하는 물리량의 최소치. 보통 에너지로 나타낸다. ③ 생물 생물체가 자극에 대한 반응을 일으키는 데 필요한 최소한도의 자극의 세기를 나타내는 수치.

역-탐지 逆探知 (거스를 역, 찾을 탐, 알 지). ① 속뜻 되짚어[逆] 탐지(探知)함. ② 전화나 전파의 발신소, 수신소를 찾아내는 일.

역토 礫土 (조약돌 력, 흙 토). 지리 자갈[礫]이 많이 섞인 땅[土].

역투¹ 力投 (힘 력, 던질 투). 운동 투수가 공을 힘껏[力] 던지는[投] 일. ¶선발 투수의 역투로 우승을 했다.

역투² 力鬪 (힘 력, 싸울 투). 힘써서[力] 다툼[鬪]. ㊐역전(力戰).

역표 曆表 (책력 력, 겉 표). ① 속뜻 책력(冊曆)을 나타내는 표(表). ② 앞으로 일어날 천체 현상의 일시나 위치를 추산하여 예보한 표. 천문 관측에 쓰는 천체력, 원양 항해에 쓰는 항해력 따위가 있다.

▶ 역표-시 曆表時 (때 시). ① 속뜻 역표(曆表)에 나타난 시간(時間). ② 천문 지구의 공전에 근거하여 만든 완전하고 한결같은 시간의 체계. 지구의 자전에 근거하여 만든 평균 태양시나 평균 항성시보다 정확하다.

1956년 이래 천문학이나 전자 공학에서 널리 쓰인다.

역풍 逆風 (거스를 역, 바람 풍). ① 속뜻 거슬러[逆] 부는 바람[風]. ② 배가 가는 반대쪽으로 부는 바람. ¶역풍이 불어 항해가 순조롭지 않았다. ㊥순풍(順風).

역학¹ 力學 (힘 력, 배울 학). ① 속뜻 힘써[力] 배움[學]. ② 물리 물체 사이에 작용하는 힘과 운동에 관한 법칙을 연구하는 학문. 물리학의 한 분야로 정역학, 동역학, 운동학이 있다.

역학² 易學 (주역 역, 배울 학). 철학 주역(周易)을 통하여 음양 변화의 원리와 이치를 연구하는 학문(學問).

역학³ 疫虐 (돌림병 역, 모질 학). ① 속뜻 염병[疫]으로 인한 학질(虐疾). ② 한의 유행성을 띤 학질. 추운 느낌이 들면서 몸이 떨리다가 열이 나는데 하루에 한두 번씩 발작하며 열이 비교적 심하게 나고 땀이 많이 난다.

역학⁴ 曆學 (책력 력, 배울 학). 천체의 운동을 관측하여 책력(冊曆)을 연구하는 학문(學問).

역학⁵ 疫學 (돌림병 역, 배울 학). 의학 전염병[疫]의 원인이나 변동 상태를 연구하는 학문(學問). ¶역학 연구의 발전으로 전염병을 조기에 진압할 수 있게 되었다.

▶ 역학-조사 疫學調査 (고를 조, 조사할 사). ① 속뜻 전염병[疫]에 관한 학술적(學術的)인 조사(調査). ②『의학』전염병의 발생 원인과 그 특성을 밝혀는 조사. ¶역학조사는 합리적 방역 대책을 세우는 토대를 마련하는 것이 목적이다.

***역할 役割** (부릴 역, 나눌 할). ① 속뜻 나누어[割] 맡은 일[役]. ② 제가 해야 할 제 앞의 일. ¶역할 분담 / 자신의 역할에 충실하다. ③ 영화나 연극 따위에서 배우가 맡아서 하는 소임. ¶그는 드라마에서 할아버지 역할을 맡았다.

▶ 역할-극 役割劇 (연극 극). 연영 일상생활에서 있을 수 있는 역할(役割)의 흉내를 내는 짧은 연극(演劇).

역-함수 逆函數 (거스를 역, 넣을 함, 셀 수). 수학 독립 변수와 정의구역을 반대로[逆] 바꾸어 나타낸 함수(函數). ‘y=f(x)’의 역함수는 'x=f-1(y)'로 나타낸다.

역항 逆航 (거스를 역, 건널 항). 바람이나 조류의 방향에 거슬러[逆] 항해(航海)함. ¶이 배는 흐름이 급한 하천에서 역항하기에 적합하다.

역해 譯解 (옮길 역, 풀 해). 번역(翻譯)해서 알기 쉽게 풀이함[解]. 또는 그렇게 풀이한 것.

역행[1] 力行 (힘 력, 행할 행). 힘[力]을 다하여 행(行)함. ¶무실역행(務實力行).

역행[2] 逆行 (거스를 역, 갈 행). ①보통의 방향과 반대 방향으로 거슬러[逆] 나아감[行]. ②일정한 방향, 순서, 체계 따위를 바꾸어 행함. ¶러시아에서는 시대에 역행하는 사건이 벌어졌다. ③뒷걸음질을 침. ④ 경제 생산물의 수량 변화와 생산 요소의 수량 변화가 반비례하는 일. 곧 생산물 값이 오르면 그 수요량이 줄어드는 따위의 관계를 이른다. ⑤ 천문 역행 운동. ㉥순행(順行).

▶역행 동화 逆行同化 (같을 동, 될 화). 언어 뒤의 소리에 의해 앞의 소리가 도리어[逆行] 그 음과 비슷하거나 같게[同] 변화(變化)하는 현상. ¶'해돋이'가 '해도지'로 발음되는 것은 역행 동화의 예이다. ㉥순행 동화(順行同化).

▶역행 운:동 逆行運動 (돌 운, 움직일 동). 천문 ①태양에서 볼 때, 행성이 지구의 공전 방향과 역행(逆行)하여 공전(公轉)하는 운동(運動). 또는 위성이 주행성과 반대 방향으로 공전하는 운동. ②지구에서 볼 때, 지구의 자전 운동 방향과 반대로 천체가 천구(天球) 위의 동쪽에서 서쪽으로 움직이는 현상.

역혼 逆婚 (거스를 역, 혼인할 혼). 형제나 자매 중에서 나이가 적은 사람이 순서를 거슬러[逆] 먼저 결혼(結婚)하는 일. ¶아버님께서 역혼을 허락하지 않으셨다. ㉥도혼(倒婚).

역환[1] 疫患 (돌림병 역, 병 환). ① 속뜻 전염[疫]되는 병환(病患). ② 한의 '천연두'를 한방에서 이르는 말. 처음 걸리면 열이 몹시 오르고 오슬오슬 떨리며 홍역처럼 발진이 온몸에 나는데 딱지가 저절로 떨어지기 전에 긁으면 곰보가 된다. ㉥역병(疫病).

역환[2] 逆換 (거스를 역, 바꿀 환). ① 속뜻 거꾸로[逆] 되바꿈[換]. ② 경제 채권자가 채무자의 송금을 기다리지 않고 채무자를 지급인으로 환어음을 발행한 후 거래 은행에서 할인하여 대금을 받는 환. 수출입 대금의 결제에 많이 쓴다.

역-효과 逆效果 (거스를 역, 보람 효, 열매 과). 기대하였던 바와 반대로[逆] 나타나는 효과(效果). ¶무리한 운동은 역효과를 가져온다.

연:가 戀歌 (그리워할 련, 노래 가). ①사랑[戀]을 주제로 한 노래[歌]. ¶연가를 노래하다 ② 음악 자유로운 형식에 아름다운 선율을 주로 한 서정적이고 부드러운 악곡. ㉥염곡(艶曲).

연각 緣覺 (인연 연, 깨달을 각). ① 속뜻 인연(因緣)을 깨달음[覺]. ② 불교 부처의 가르침에 의하지 않고 스스로 깨달음을 얻은 사람. 보살의 아래, 성문(聲聞)의 위에 자리한다.

▶연각-계 緣覺界 (지경 계). 불교 십계(十界)의 하나. 연각(緣覺)의 세계(世界).

▶연각-승 緣覺乘 (수레 승). 불교 삼승(三乘)의 하나. 홀로 수행하여 깨달음[緣覺]을 얻은[乘] 교법을 이른다.

연간[1] 年刊 (해 년, 책 펴낼 간). 1년(年)에 한 번씩 간행(刊行)함. 또는 그런 간행물. ¶이 도서는 연간으로 발행된다.

연간[2] 年間 (해 년, 사이 간). ① 속뜻 한 해[年] 동안[間]. ¶연간 수입 / 연간 밀 소비량이 크게 늘었다. ②어느 왕이 왕위에 있는 동안. ¶태종 연간.

연:-갈색 軟褐色 (부드러울 연, 털옷 갈, 빛 색). 연(軟)한 갈색(褐色). ¶연갈색 털의 낙타.

연감 年鑑 (해 년, 볼 감). 한 해[年] 동안 일어난 일 따위를 알아보기[鑑] 쉽도록 엮은 책. ¶출판 연감 / 통계 연감.

연갑[1] 年甲 (나이 년, 천간 갑). 나이[年]가 같은 또래[同甲]의 사람. ¶그와 나는 연갑이다. ㉥연배(年輩).

연갑[2] 硯匣 (벼루 연, 상자 갑). 벼루[硯]를 넣어 두는 납작한 상자[匣]. 벼루 이외에도 서예에 필요한 먹, 붓, 연적 따위의 도구를 넣어둔다.

연강[1] 沿江 (따를 연, 강 강). 강(江)을 따라

[沿] 벌여 있는 땅. ⑪연하(沿河).

연:강² 軟鋼 (무를 연, 강철 강). ① 속뜻 무른 [軟] 강철(鋼鐵). ② 공업 탄소 함유량이 비교적 적은 강철. 무르고 탄성이 적다.

연-건평 延建坪 (늘일 연, 세울 건, 면적단위 평). 건설 2층 이상 건물의 각 층의 바닥 면적을 합계한[延] 건물(建物) 평수(坪數).

⁑**연결** 連結 (이을 련, 맺을 결). 서로 이어서 [連] 맺음[結]. ¶내 컴퓨터를 인터넷에 연결했다.

▸연결-기 連結器 (그릇 기). 열차의 차량과 차량을 연결(連結)하는 장치[器].

▸연결-부 連結符 (맞을 부). ① 속뜻 끊어진 단어를 연결(連結)하는 부호(符號). ② 언어 낱말의 이루어진 조각을 보일 때. 또는 영어(英語) 따위의 낱말을 두 줄에 걸쳐 적을 때 쓰는 '-'표. 보기로서 달-밤, 개-떡, 덮-개.

▸연결-형 連結形 (모양 형). 언어 어간에 붙어 다음 말에 연결(連結)하는 형태(形態)의 어미. ⑪연결 어미.

▸연결 어:미 連結語尾 (말씀 어, 꼬리 미). 언어 어간에 붙어 다음 말에 연결(連結)하는 구실을 하는 어미(語尾). '-게', '-고', '-(으)며', '-(으)면', '-(으)니', '-아 / 어', '-지' 따위가 있다. ⑪연결형(連結形).

▸연결 추리 連結推理 (밀 추, 이치 리). ① 속뜻 연결(連結)된 상황을 가지고 하는 추리(推理). ② 논리 둘 이상의 삼단(三段) 논법(論法)이 어울려 앞 논법의 결론이 뒤 논법의 전제(前提)가 되는 추리(推理) 형식(形式). ⓐ복합적 삼단 논법.

연경 連境 (이을 련, 지경 경). 경계(境界)가 서로 맞닿음[連]. 또는 그 경계. ⑪접경(接境).

연:계¹ 軟鷄 (무를 연, 닭 계). 살이 연(軟)한 어린 닭[鷄]. '영계'의 본딧말.

연:계² 連繫 (이을 련, 맬 계). ① 속뜻 이어서 [連] 맴[繫]. ② 관련하여 관계를 맺는 것. 또는 그러한 관계. ¶정치적 연계 / 이 작품은 시대적 상황과 밀접히 연계되어 있다. ③ 남의 죄에 관련되어 옥에 갇히는 것. ¶역모에 가담한 사돈 때문에 연계되었다.

▸연계-성 連繫性 (성질 성). 서로 밀접하게 관계를 맺고[連繫] 있는 성질(性質).

연고¹ 年高 (나이 년, 높을 고). 나이[年]가 높음[高]. 나이가 들어서 늙음. ¶연고하시니 말씀을 놓으십시오. ⑪연로(年老). ⑪연만(年晩).

연:고² 研考 (갈 연, 살필 고). 연구(研究)하고 고찰(考察)함.

연:고³ 軟膏 (무를 연, 고약 고). ① 속뜻 무른 [軟] 고약(膏藥). ② 의학 의약품에 바셀린 등의 약품을 넣어 무르게 만든 외용약(外用藥). 부드러워 피부에 바르기 쉽다. ¶상처에 연고를 바르다.

연고⁴ 緣故 (인연 연, 까닭 고). ① 속뜻 인연(因緣)이 된 까닭[故]. ② 일의 까닭. ¶미희는 무슨 연고로 결석했을까? ③ 혈통, 정분, 법률 따위로 맺어진 관계. ¶이 환자는 아무런 연고가 없다. ⑪사유(事由).

▸연고-권 緣故權 (권리 권). ① 속뜻 연고(緣故)로 인해 주어진 권리(權利). ② 법률 일반적으로 재산의 임대권 및 관리권을 가진 사람이 국가가 재산을 불하(拂下)할 때 우선적으로 불하받을 수 있는 권리. 또는 국유, 공유 재산을 대부받거나 차지한 사람이 우선적으로 그것을 매입하거나 빌릴 수 있는 권리.

▸연고-자 緣故者 (사람 자). 혈통, 정분, 법률 따위로 맺어진 관계나 인연[緣故]이 있는 사람[者].

▸연고-지 緣故地 (땅 지). 혈통, 정분, 법률 따위로 관계나 인연[緣故]이 맺어진 곳[地]. 출생지, 성장지, 거주지 따위로 나뉜다. ¶그는 연고지로 발령이 났다 / 경찰들이 용의자의 연고지에 잠복하고 있다.

연:골 軟骨 (무를 연, 뼈 골). ① 속뜻 굳기가 무른[軟] 뼈[骨]. 또는 그런 사람. ② 의학 뼈와 함께 몸을 지탱하는 무른 뼈. 탄력이 있으면서도 연하여 구부러지기 쉽다. ¶나이가 들면 연골이 닳아 관절염에 잘 걸린다. ③ 식물이 다 자라지 아니하여 연한 상태를 비유하여 이르는 말.

▸연:골-막 軟骨膜 (꺼풀 막). 의학 연골(軟骨)의 조직(組織)을 덮은 막(膜). 흰 층을 이룬 섬유성의 조직으로 혈관과 신경을 통하고 연골에 영양을 공급한다.

▸연:골-한 軟骨漢 (사나이 한). 몸[骨]이 약하거나[軟] 의지가 굳지 못한 사람[漢]을 이르는 말.

▸연:골-어류 軟骨魚類 (물고기 어, 무리 류). ① 속뜻 뼈[骨]가 연한[軟] 물고기[魚]의 종류(種類). ② 동물 부레가 없고 아가미는 몇 개의 아감구멍에 의해 바깥과 통한다. 대부분 난태생으로 상어, 홍어 따위가 있다. 연골어강(軟骨魚綱)의 물고기를 통틀어 이르는 말.

▸연:골 조직 軟骨組織 (짤 조, 짤 직). 의학 연골 세포(軟骨細胞)와 그 사이를 메운 연골(軟骨) 기질로 이루어진 조직(組織). 탄성(彈性)이 풍부한 결합 조직이며 척추동물 및 두족류(頭足類)에서 볼 수 있다.

연공[1] 年貢 (해 년, 바칠 공). 해[年]마다 바치는[貢] 물건. ¶무리한 연공을 요구하다.

연공[2] 年功 (해 년, 공로 공). ① 속뜻 여러 해[年] 동안의 근무[功]. ② 여러 해 동안 익힌 기술.

▸연공-가봉 年功加俸 (더할 가, 봉급 봉). 근무한 기간[年功]에 따라서 본봉 이외에 더[加] 지급되는 봉급(俸給).

▸연공-서열 年功序列 (차례 서, 줄 렬). 근무한 기간[年功]에 따라서 서열(序列)을 매김. 또는 그런 체계.

연관[1] 連貫 (이을 련, 꿸 관). 운동 활쏘기에서, 활이 잇달아[連] 과녁을 맞힘[貫].

연관[2] 煙管 (연기 연, 대롱 관). ① 연기(煙氣)를 내보내는 관(管). ¶연관을 막히다. ② 담배를 피우는 데 쓰는 기구. ⓑ담뱃대. ③ 기계 연소 가스가 통과하도록 보일러 내부에 설치한 관. 보일러의 화상(火床)에서 발생한 화기를 통과시키는 동안에 보일러 물에 열을 전한다.

연관[3] 鉛管 (납 연, 대롱 관). 납[鉛]이나 납합금으로 만든 관(管). 수돗물이나 가스를 통하게 하는 데 쓴다.

연관[4] 聯關 (잇달 련, 관계할 관). ①사물이나 현상이 이어진[聯] 관계(關係)를 맺는 일. ¶나는 이 일과 아무런 연관이 없다. ② 생물 둘 이상의 유전 인자가 같은 염색체 안에서 함께 유전하는 현상. 머리카락이 노랗게 되면 눈동자가 파랗게 되는 것 등. ⓑ관련(關聯), 관계(關係).

연광 鉛鑛 (납 연, 쇳돌 광). ① 속뜻 납[鉛]을 캐는 광산(鑛山). ② 납이 들어 있는 광석.

연-교육 軟敎育 (부드러울 연, 가르칠 교, 기를 육). ① 속뜻 부드럽게[軟] 하는 교육(敎育). ② 교육 힘들이지 않고 재미있게 하는 교육. 딱딱하고 억압적으로 하는 것이 아니라 아동의 학습 흥미를 환기하여 지도한다. ⓑ경교육(硬敎育).

연-교차 年較差 (해 년, 견줄 교, 어긋날 차). 지리 1년(年) 동안의 최고 기온과 최저 기온을 비교(比較)한 차이(差異). 또는 최고 습도와 최저 습도와의 차이. ¶연교차가 높은 지역은 사과 재배에 유리하다.

연:구[1] 軟球 (무를 연, 공 구). 운동 연식 야구, 연식 정구 따위에서 쓰는 무른[軟] 공[球].

연구[2] 聯句 (=連句, 잇달 련, 글귀 구). 문학 한 사람이 각각 한 구(句)씩을 지어 이를 합하여[聯] 만든 시. ⓑ연시(聯詩).

⁑**연:구**[3] 研究 (갈 연, 생각할 구). ① 속뜻 머리를 문지르며[研] 골똘히 생각함[究]. ② 어떤 일이나 사물에 대하여 깊이 있게 조사하고 생각하여 진리를 따져 보는 일. ¶위암 연구 / 우리말 한자어 연구에 평생을 바쳤다.

▸연:구-비 研究費 (쓸 비). 연구(研究)하는 데 드는 비용(費用).

▸연:구-생 研究生 (사람 생). 일정한 자격을 갖추고 연구 기관에서 전문적인 연구(研究)를 하는 학생(學生).

▸연:구-소 研究所 (곳 소). 연구(研究)를 전문으로 하는 기관[所].

▸연:구-실 研究室 (방 실). 어떤 연구(研究)를 전문으로 하기 위하여 학교나 기관에 설치한 기관이나 방[室]. ¶교수 연구실.

▸연:구-열 研究熱 (뜨거울 열). 어떤 연구(研究)를 위해 기울이는 열성(熱誠). ¶교육학자들의 연구열이 날로 높아지고 있다.

▸연:구-원 研究院 (집 원). 전문 분야별로 연구(研究)하기 위하여 설치한 기관이나 집[院].

▸연:구-자 研究者 (사람 자). 연구(研究)하는 사람[者].

▸연:구-회 研究會 (모일 회). 연구(研究)를 목적으로 모이는 모임[會]. ¶문학 연구회.

▸연:구 논문 研究論文 (논할 론, 글월 문). 연구(研究)한 결과를 발표하는 논문(論文).

연:-구개 軟口蓋 (무를 연, 입 구, 덮을 개). 의학 입[口]천장[蓋] 뒤쪽의 부드러운[軟]

부분. 점막(粘膜) 밑에 가로무늬근이 있어 코로 음식물이 들어가는 것을 막으며 뒤 끝 중앙에 목젖이 있다. [비]물렁입천장. [반]경구개(硬口蓋).

▸ 연:구개-음 軟口蓋音 (소리 음). [언어] 혀의 뒷부분과 연구개(軟口蓋) 사이에서 나는 소리[音]. 'ㅇ', 'ㄱ', 'ㅋ', 'ㄲ' 따위가 있다.

연:궁 軟弓 (무를 연, 활 궁). ① [속뜻] 부드러운[軟] 활[弓]. ② [운동] 활을 탄력성의 정도에 따라 강궁·중궁·연궁으로 나눈 것 가운데 하나로, 시위는 삼겹실로 드리는데 강궁은 240겹, 중궁은 210겹, 연궁은 180겹이다.

연:극 演劇 (펼칠 연, 연극 극). ① [속뜻] 극본(劇本)의 내용을 연기로 펼쳐[演] 보임. ② [연영] 배우가 무대 위에서 대본(臺本)에 따라 동작과 대사를 통하여 표현하는 예술. ¶내일 연극 보러 갈래? ③ 남을 속이기 위해 꾸며 낸 말이나 행동. ¶친구들의 연극에 감쪽같이 속았다. [참]연희(演戲).

▸ 연:극-계 演劇界 (지경 계). [연영] 연극(演劇)에 관계하는 사람들의 사회[界]. ¶연극계의 샛별.

▸ 연:극-반 演劇班 (나눌 반). 연극(演劇) 활동을 위하여 모인 모임[班].

▸ 연:극-인 演劇人 (사람 인). 연극(演劇)을 직업으로 하는 사람[人].

▸ 연:극-적 演劇的 (것 적). 연극(演劇)과 같은 것[的]. 또는 그런 것. ¶이 글에는 연극적 요소가 많다.

▸ 연:극-제 演劇祭 (제사 제). 연극(演劇)의 발전과 보급을 목적으로 벌이는 공연[祭] 등의 행사.

연근 蓮根 (연꽃 련, 뿌리 근). [식물] 연꽃[蓮]의 뿌리[根]. 구멍이 많고, 주성분은 녹말이며, 저냐·죽·정과(正果) 따위를 만드는 데 쓴다. 얕은 연못이나 깊은 논에서 재배한다.

연:금[1] 軟禁 (무를 연, 금할 금). 외부와의 접촉을 제한·감시하고 외출을 허락하지 아니하나 일정한 장소 내에서는 신체의 자유를 허락하는 정도가 비교적 가벼운[軟] 감금(監禁). ¶연금 해제.

연:금[2] 捐金 (내놓을 연, 돈 금). 사회적 공익이나 자선을 위해 내어놓는[捐] 돈[金]. '의연금'(義捐金)의 준말. ¶수재민을 위해 연금을 모집하다.

연금[3] 年金 (해 년, 돈 금). [법률] 국가나 사회에 특별한 공로가 있거나 일정 기간 국가기관에 복무한 사람에게 매년(每年) 지급하는 돈[金]. ¶국민 연금 / 올림픽에서 금메달을 따면 연금을 받는다.

▸ 연금-산 年金算 (셀 산). [수학] 연금(年金)이나 복리법(複利法) 따위에 관한 계산법(計算法).

▸ 연금 제:도 年金制度 (정할 제, 법도 도). [사회] 병이 들거나 나이가 들어 경제 능력이 없거나 죽거나 하였을 때 당사자 또는 유족의 생활 보장을 위하여 매년(每年) 일정 금액[金]을 지급하는 제도(制度).

연:금[4] 鍊金 (불릴 련, 쇠 금). 쇠붙이[金]를 불에 달구어 불림[鍊].

▸ 연:금-사 鍊金師 (스승 사). 연금술(鍊金術)에 능한 사람[師].

▸ 연:금-술 鍊金術 (꾀 술). ① [속뜻] 쇠붙이[金]를 불에 달구어 단련(鍛鍊)하는 기술(技術). ② 고대 이집트에서 시작되어 아라비아를 거쳐 중세 유럽에 전해진 원시적 화학 기술. 구리·납·주석 따위의 비금속(卑金屬)으로 금·는 따위의 귀금속을 제조하고, 나아가서는 늙지 않는 영약(靈藥)을 만들려고 한 화학 기술로, 고대 이집트의 야금술(冶金術)과 그리스 철학의 원소 사상이 결합되어 생겼다. 근대 화학이 성립하기 이전까지 천 년 이상 계속되었다.

연급[1] 年級 (해 년, 등급 급). [교육] 학생의 학력에 따라 학년(學年)별로 갈라놓은 등급(等級).

연급[2] 年給 (해 년, 줄 급). 한 해[年] 동안에 받는 봉급(俸給). ¶그는 연급이 꽤 높다. [비]연봉(年俸).

연기[1] 年紀 (나이 년, 연대 기). ① 대강의 나이[年=紀]. ¶적당한 연기가 되었으니 너도 결혼을 해야지. ② 자세하게 적은 연보(年譜).

연기[2] 年期 (해 년, 때 기). ① [속뜻] 일 년(年)을 단위로 하는 기간(期間). ② 연한(年限).

연기[3] 延期 (늘일 연, 때 기). 정해진 기한(期限)을 뒤로 늘림[延]. ¶무기한 연기 / 비가 와서 약속을 내일로 연기했다.

연기[4] 煙氣 (그을음 연, 공기 기). 무엇이 불에 탈 때에 생겨나는 그을음[煙]이나 기체(氣

體). ¶담배 연기 / 굴뚝에서 연기가 피어오른다.

연:기5 **演技** (펼칠 연, 재주 기). ① [연영] 관객 앞에서 연극, 노래, 춤, 곡예 따위의 재주[技]를 행동으로 펼쳐[演] 보임. 또는 그 재주. ¶그의 연기는 자연스럽다. ② 어떤 목적이 있어 일부러 남에게 보이기 위해 하는 말이나 행동.

▸ 연:기-자 演技者 (사람 자). 연기(演技)를 직업적으로 하는 사람[者]. ¶이 연기자는 30년 동안 활동했다. [비] 배우(俳優).

연기6 **連記** (이을 련, 기록할 기). 둘 이상의 것을 나란히 잇대어[連] 적음[記]. ¶기증자의 이름을 연기하다.

▸ 연기 투표 連記投票 (던질 투, 쪽지 표). [법률] 피선거인의 이름을 잇달아[連] 적는[記] 방식의 투표(投票). 한 선거구에서 여러 명의 의원을 뽑을 때 선거인이 한 개의 투표용지에 정원 수대로 피선거인의 이름을 적는다. '연기명 투표'(連記名投票)의 준말. [반] 단기 투표(單記投票).

연기7 **緣起** (인연 연, 일어날 기). ① [속뜻] 인연(因緣)에 따라 일어남[起]. ② [불교] 모든 현상이 생기(生起) 소멸하는 법칙. 이에 따르면 모든 현상은 원인인 인(因)과 조건인 연(緣)이 상호 관계하여 성립하며 인연이 없으면 결과도 없다. 기연(起緣). ③ [불교] 중생의 지혜로 이해할 수 있는 정도로 설법하는 일.

▸ 연기-론 緣起論 (논할 론). [불교] 연기(緣起)를 중심으로 하는 불교 이론(理論). 아함종의 십이 연기(十二緣起), 구사종의 업감연기(業感緣起), 유식종의 뇌야연기(賴耶緣起), 화엄종의 법계연기(法界緣起), 진언종의 육대연기(六大緣起) 따위가 있다. 연기설(緣起說).

연납1 **延納** (끌 연, 바칠 납). ① [속뜻] 연체(延滯)하여 납입(納入)함. ② [법률] 납세 의무자가 한꺼번에 납부하기에 곤란한 사정이 있을 때에 일정 기간 안의 연부(年賦)로서 인정하는 납세의 유예.

연:납2 **軟鑞** (무를 연, 땜납 납). ① [속뜻] 재질이 무른[軟] 납(鑞). ② 납과 주석을 주성분으로 한 융점(融點)이 낮은 납땜용 합금을 통틀어 이르는 말. [비] 땜납.

연내 **年內** (해 년, 안 내). 그해[年]의 안[內]. ¶법안을 연내에 처리하기로 합의했다.

연년1 **連年** (이을 련, 해 년). 여러 해[年]를 이어가는[連] 일.

연년2 **年年** (해 년, 해 년). 해마다[年+年]. ¶나일강은 연년이 강수량이 줄고 있다.

▸ 연년-생 年年生 (날 생). 해마다[年年] 태어남[生]. 또는 그런 형제. ¶그들 남매는 연년생이다.

▸ 연년세세 年年歲歲 (해 세, 해 세). ① [속뜻] 매년[年=歲]. ② 여러 해를 거듭하여 계속 이어짐. [비] 세세연년(歲歲年年).

연년-익수 **延年益壽** (늘일 연, 나이 년, 더할 익, 목숨 수). ① [속뜻] 나이[年]를 늘이고[延] 수명(壽命)을 더함[益]. ② 장수함. [준] 연년(延年).

연:-녹색 **軟綠色** (부드러울 연, 초록빛 록, 빛 색). 연(軟)한 녹색(綠色). ¶연녹색의 버들가지.

연:단1 **演壇** (펼칠 연, 단 단). 연설(演說)이나 강연(講演)을 하는 사람이 올라서는 단(壇). ¶연단에 오르자 다리가 후들거렸다.

연:단2 **鍊鍛** (불릴 련, 쇠 두드릴 단). ① 쇠붙이를 불에 불리어[鍊=鍛] 단단하게 함. ¶명검을 만들기 위해서는 수 천 번의 연단이 필요하다. ② 몸과 마음을 강하고 튼튼한 상태로 만드는 것. ¶심신을 연단하다. ③ 어떤 일을 여러 번 반복함으로써 익숙하게 되는 것. [비] 단련(鍛鍊).

연:달 **鍊達** (=練達, 불릴 련, 통달할 달). 단련(鍛鍊)하여 통달(通達)함. 막힘없이 환히 통함.

연당 **蓮塘** (연꽃 련, 못 당). 연꽃[蓮]을 심은 연못[塘].

⁑**연대**1 **年代** (해 년, 시대 대). 햇수[年]를 단위로 한 시간[代]. ¶화석의 연대를 측정하다.

▸ 연대-기 年代記 (기록할 기). 역사적으로 중요한 사건을 연대순(年代順)으로 적은 기록(記錄). ¶연대기 형식 소설.

▸ 연대-별 年代別 (나눌 별). 연대(年代)에 따라 나눈[別] 것. ¶연대별로 표를 만들다.

▸ 연대-순 年代順 (차례 순). 연대(年代)의 차례[順]. ¶책을 연대순으로 분류하다.

▸연대-표 年代表 (겉 표). 연대(年代)를 적은 표(表). [비]연표(年表).

▸연대-학 年代學 (배울 학). [역사]천문학, 역학, 기상학, 문헌학, 물리학 등을 이용하여 역사적 사실의 연대(年代)나 시간적 관계를 결정하는 학문(學問). [비]기년학(紀年學).

연대[2] **連帶** (이을 련, 띠 대). ① [속뜻]쭉 연결(連結)되어 띠[帶] 모양을 이룸. ②한 덩어리로 서로 연결되어 있음. ¶연대 의식. ③여럿이 함께 무슨 일을 하거나 함께 책임을 짐. ¶연대 서명.

▸연대 보증 連帶保證 (지킬 보, 증명할 증). ① [속뜻]연대적(連帶的)으로 보증(保證)함. ② [법률]보증인이 채무자와 연대하여 채무를 이행할 것을 약속하는 보증. 보통 보증인과는 달리 연대 보증인은 최고(催告)와 검색(檢索)에 대한 항변권이 없다.

▸연대 운:송 連帶運送 (나를 운, 보낼 송). [법률]두 개 이상의 운송 기관이 전 구간을 갈라 맡아 연대(連帶) 책임으로 운송(運送)을 끝마쳐 주는 일.

▸연대 채:무 連帶債務 (빚 채, 일 무). [법률]두 사람 이상이 연대(連帶)하여 채무(債務)를 짐.

▸연대 책임 連帶責任 (꾸짖을 책, 맡길 임). [법률]두 사람 이상이 연대(連帶)하여 지는 책임(責任).

연대[3] **聯隊** (잇달 련, 무리 대). ① [속뜻]연합(聯合) 부대(部隊). ② [군사]군대 편성 단위의 하나. 사단 또는 여단의 아래, 대대의 위이다.

▸연대-장 聯隊長 (어른 장). 연대(聯隊)를 지휘·통솔하는 우두머리[長]. 보통 대령(大領)으로 임명한다.

연도[1] **年度** (해 년, 정도 도). 사무 또는 회계의 결산 따위의 편의에 따라 구분한 1년(年)의 기간[度]. ¶회계 연도.

▸연도-별 年度別 (나눌 별). 연도(年度)에 따라 따로따로 나눈[別] 것. ¶연도별로 조사하다.

연도[2] **沿道** (따를 연, 길 도). 큰 길[道]을 따라[沿] 있는 곳. 도로의 연변. ¶연도를 메운 시민들이 선수들에게 박수를 보냈다. [비]연로(沿路).

연독[1] **連讀** (이을 련, 읽을 독). 연이어[連] 읽음[讀]. ¶창세기 1장을 세 사람이 연독했다.

연독[2] **鉛毒** (납 연, 독할 독). ①납[鉛]에 있는 독(毒). 납독. ¶얼굴에 연독이 올라서 온통 푸릇푸릇하다. ② [의학]납으로 인한 중독.

연돌 **煙突** (연기 연, 구멍 돌). 연기(煙氣)가 빠져나가게 만든 굴뚝[突].

연동[1] **連動** (=聯動, 이을 련, 움직일 동). [기계]기계나 장치 따위에서 한 부분을 움직이면 연결되어 있는 다른 부분도 잇달아[連] 움직이는[動] 것.

연동[2] **蠕動** (꿈틀거릴 연, 움직일 동). ① [속뜻]벌레 따위가 꿈틀거리며[蠕] 움직임[動]. ②불순한 세력이나 보잘것없는 무리들이 법석을 부림. ¶일본 왜군의 연동이 자주 있었다. [비]준동(蠢動).

▸연동 운:동 蠕動運動 (돌 운, 움직일 동). [의학]대롱 모양의 기관에서 내용물을 내보내기 위하여 대롱 벽의 민무늬근이 율동적이고 연속적으로 수축하여 일어나는 운동. 위창자관이나 요관과 같은 [비]꿈틀 운동.

연두[1] **年頭** (해 년, 머리 두). 새해[年]의 첫머리[頭]. ¶대통령은 연두 기자 회견을 가졌다. [비]연초(年初).

▸연두-법 年頭法 (법 법). [민속]새해[年]의 첫[頭] 달의 간지를 계산하는 방법(方法). 그해의 천간(天干)이 갑(甲)이나 기(己)면 정월이 병인월(丙寅月), 을(乙)이나 경(庚)이면 무인월(戊寅月), 병(丙)이나 신(辛)이면 경인월(庚寅月), 정(丁)이나 임(壬)이면 임인월(壬寅月), 무(戊)나 계(癸)면 갑인월(甲寅月)이 된다.

▸연두-사 年頭辭 (말씀 사). 새해[年]의 첫머리[頭]에 포부나 희망, 계획 따위를 담아 공식적으로 발표하는 인사말이나 글[辭].

▸연두-송 年頭頌 (기릴 송). 새해[年]의 첫머리[頭]에 희망과 기쁨을 예찬하는[頌] 글.

▸연두 교:서 年頭敎書 (가르칠 교, 글 서). 새해[年]의 첫머리[頭]에, 대통령이 국회에 시정 방침을 알리는[敎] 문서(文書).

연:두[2] **軟豆** (무를 연, 콩 두). ① [속뜻]무른[軟] 콩[豆]. ②노랑과 녹색의 중간색. [비]연둣빛, 연두색(軟豆色).

▸연:두-색 軟豆色 (빛 색). 연(軟)한 완두콩[豆] 빛깔[色]의 초록색. ¶연두색 신발.

(비)연둣빛.

연등[1] **連騰** (이을 련, 오를 등). 물가 따위가 연속적(連續的)으로 오름[騰].

연등[2] **燃燈** (태울 연, 등불 등). ① 속뜻 심지를 불태워[燃] 밝게 밝힌 등(燈)불. ② 불교 연등놀이를 할 때에 밝히는 등불. ③ 불교 '연등절', '연등회'의 준말.

▸ 연등-절 燃燈節 (철 절). 불교 연등회(燃燈會)를 명절(名節)로 삼음.

▸ 연등-회 燃燈會 (모일 회). 불교 석가모니의 탄생일에 등불[燈]을 켜고[燃] 복을 비는 의식[會].

연:락[1] **宴樂** (잔치 연, 즐길 락). 잔치[宴]를 베풀고 즐기는[樂] 일. 또는 그 잔치.

연락[2] **連落** (이을 련, 떨어질 락). 물가 따위가 연속적(連續的)으로 떨어짐[落]. (비)속락(續落). (반)연등(連騰).

연락[3] **連絡** (이을 련, 이을 락). ① 속뜻 여러 사람을 이어줌[連=絡]. ② 어떤 사실을 상대편에게 알림. ¶마침내 그와 연락이 닿았다. ③ 서로 관련을 가짐. ¶연락이 두절되다 / 연락이 뜸하다. ④ 서로 옮겨 주고 받으며 차례로 전달함. ¶이 배는 육지와 섬을 연락하는 유일한 교통수단이다.

▸ 연락-선 連絡船 (배 선). 비교적 가까운 거리의 해협이나 해안, 큰 호수 따위의 수로를 횡단하면서 양쪽 육상 교통을 이어주기[連絡] 위해 다니는 배[船].

▸ 연락-망 連絡網 (그물 망). 연락(連絡)을 하기 위하여 벌여 놓은 조직 체계[網]. 또는 무선이나 유선의 통신망. ¶비상 연락망.

▸ 연락-병 連絡兵 (군사 병). 군사 각 단위 부대 사이의 연락(連絡)을 맡은 병사(兵士).

▸ 연락-처 連絡處 (곳 처). 연락(連絡)을 주고받을 수 있는 곳[處]. ¶연락처를 알려주세요.

▸ 연락 장:교 連絡將校 (거느릴 장, 부대 교). 군사 ① 다른 부대나 외국 군대에 파견하여 소속 부대와의 연락(連絡) 업무를 수행하는 장교(將校). ② 군사 교섭에서 예비 교섭 또는 쌍방의 문서 교환을 위해 파견되는 장교.

▸ 연락 운:송 連絡運送 (나를 운, 보낼 송). ① 속뜻 서로 연락(連絡)하여 나름[運送]. ② 법률 전체 운송구간을 여럿으로 나누어 여러 운송인들이 연락하여 물건을 나르는 것. 국내 및 국제간의 두 가지가 있다. (비)연대 운송(連帶運送).

연래 **年來** (해 년, 올 래). 올해[年] 이래(以來)로. ¶연래에 보기 드문 맹추위가 계속되고 있다.

연력[1] **年力** (나이 년, 힘 력). 나이[年]와 힘[力]. ¶연력을 볼 때 그와 같은 젊은이를 대적할 수 없을 것이다.

연력[2] **年歷** (해 년, 지낼 력). ① 여러 해[年]를 지내오며[歷] 얻은 숙련의 정도. (비)연륜(年輪). ② 역사적으로 중요한 사건을 연대순으로 적은 기록. (비)연대기(年代記).

연령 **年齡** (해 년, 나이 령). 한 해[年]를 단위로 계산한 나이[齡]. ¶이 대회는 연령에 상관없이 참가할 수 있다.

▸ 연령-별 年齡別 (나눌 별). 나이[年齡] 대로 구별(區別)함. 나이에 따라 나눔. ¶참가자를 연령별로 나누었다.

▸ 연령-순 年齡順 (차례 순). 나이[年齡]에 따른 차례[順]. ¶연령순으로 좌석을 배치했다. (비)서치(序齒).

▸ 연령-층 年齡層 (층 층). 같은 나이[年齡] 또는 가까운 나이의 사람들의 집단[層]. ¶이 제품은 젊은 연령층에서 인기가 많다.

연례 **年例** (해 년, 법식 례). 해[年]마다 하게 되어 있는 관례(慣例). ¶연례 보고서.

▸ 연례-회 年例會 (모일 회). 해[年]마다 한 번씩 관례(慣例)로 여는 모임[會].

연로 **年老** (나이 년, 늙을 로). 나이[年]가 많음[老]. ¶연로의 몸 / 연로하신 부모님. (비)연만(年晩), 연심(年深).

연:록 **軟綠** (부드러울 연, 초록빛 록). 연(軟)한 초록색[綠]. '연녹색'(軟綠色)의 준말.

연료 **燃料** (태울 연, 거리 료). ① 속뜻 태우는[燃] 재료(材料). ② 화학 연소하여 열, 빛, 동력의 에너지를 얻을 수 있는 물질을 통틀어 이르는 말. 상태에 따라 석탄·코크스·연탄·장작·숯 따위의 고체 연료, 휘발유·경유·타르·알코올 따위의 액체 연료, 도시가스·석탄 가스·천연가스·수성 가스·아세틸렌·수소 따위의 기체 연료가 있다. ¶연료를 공급하다 / 연료 부족. (비)땔감.

▸ 연료-비 燃料費 (쓸 비). 연료(燃料)를 구입하는 데 드는 비용(費用). ¶석유 가격이 올라 난방 연료비도 크게 올랐다.

▸연료 액화 燃料液化 (진 액, 될 화). ① 속뜻 연료(燃料)를 액체(液體)로 만듦[化]. ② 화학 고체 연료를 액화 연료로 만드는 일.

▸연료 전:지 燃料電池 (전기 전, 못 지). 물리 연료(燃料)가 연소될 때 나오는 에너지를 전기(電氣)에너지로 바꾸는 전지(電池). 수소나 알코올 등이 탈 때에 생기는 에너지를 열로 바꾸지 않고 전기에너지로 바꾸는데 우주 로케트 등의 전원으로 쓰인다.

연루 連累 (이을 련, 엮일 루). ① 속뜻 이어져[連] 한데 엮임[累]. ② 남이 일으킨 사건이나 행위에 걸려들어 죄를 덮어쓰거나 피해를 보게 됨. ¶그는 뇌물사건에 연루됐다.

▸연루-자 連累者 (사람 자). 남이 저지른 범죄에 연관된[連累] 사람[者]. ¶이번 사건의 연루자를 모두 잡아들였다.

연류 連類 (이을 련, 무리 류). 하나로 이어진[連] 무리[類]. ㊊동아리.

연륙 連陸 (이을 련, 뭍 륙). 강이나 바다, 섬 따위가 육지(陸地)와 이어짐[連]. ¶이 섬은 연륙해 있어서 낚시꾼들이 즐겨 찾는다.

▸연륙-교 連陸橋 (다리 교). 섬과 육지(陸地)를 이은[連] 다리[橋]. ¶창원에는 '저도 연륙교'가 있다.

연륜 年輪 (나이 년, 바퀴 륜). ① 식물 나무의 줄기나 가지 등의 가로로 자른 면에 나타나는 그 나무의 나이[年]를 알 수 있는 바퀴[輪] 모양의 테. ② 여러 해 쌓은 경력. ¶저 배우에게는 연륜이 느껴진다.

연리 年利 (해 년, 이로울 리). 일 년[年]을 단위로 계산하는 이자(利子). 또는 그런 이율(利律). ㊊연변(年邊).

연리-지 連理枝 (이을 련, 결 리, 가지 지). ① 속뜻 두 나무의 가지가 맞닿아서 이어져[連] 결[理]이 서로 통한 가지[枝]. ② '화목한 부부나 남녀' 사이를 비유하여 이르는 말.

연립 聯立 (잇달 련, 설 립). 둘 이상의 것이 이어[聯] 성립(成立)함. ¶연립 정권.

▸연립 내:각 聯立內閣 (안 내, 관청 각). 정치 둘 이상의 정당에 의하여 구성된[聯立] 내각(內閣). ㊊연립 정부. ㊥단독 내각(單獨內閣).

▸연립 정부 聯立政府 (정사 정, 관청 부). 정치 둘 이상의 정당에 의하여 구성된[聯立] 정부(政府). ㊊연립 내각(聯立內閣).

▸연립 주:택 聯立住宅 (살 주, 집 택). 건설 한 건물 안에 여러 가구가 함께 들어있는[聯立] 공동 주택(住宅). 아파트보다 작으며 동당(棟當) 건축 연면적이 660㎡를 초과하는 3층 이하의 건물이다.

▸연립 방정식 聯立方程式 (모 방, 거리 정, 법 식). 수학 여러 개가 늘어선[聯立] 방정식(方程式). 두 개 이상의 방정식에 두 개 이상의 미지수가 있을 때에 미지수의 각 값이 각 방정식을 모두 만족하는 방정식의 묶음. '$x+y=12$, $5x-4y=-3$' 따위.

연마[1] 連馬 (이을 련, 말 마). 운동 바둑에서 각각 떨어져 있는 말[馬]의 사이를 이어[連] 줌.

연:마[2] 鍊磨 (=練磨, 硏磨, 불릴 련, 갈 마). ① 속뜻 쇠를 불리어[鍊] 갈아[磨] 반질반질하게 함. ② 학문이나 기술 따위를 힘써 배우고 닦음. ¶기술 연마 / 그는 정신을 연마하기 위해 몇 년간 산에서 지냈다.

▸연:마-반 硏磨盤 (소반 반). 회전 숫돌을 회전하여 공작물의 면을 불리고[硏] 갈아 내는[磨] 판[盤] 모양의 기계.

▸연:마-재 硏磨材 (재료 재). 돌이나 쇠붙이 따위를 불리고[硏] 갈아내는[磨] 작업을 하는 데에 쓰는 재료(材料).

연막 煙幕 (연기 연, 휘장 막). ① 속뜻 연기(煙氣)로 장막(帳幕)을 쳐서 감추거나 숨김. ② 군사 적의 관측이나 사격으로부터 아군의 군사 행동 따위를 감추기 위하여 약품을 써서 피워 놓는 짙은 연기. ¶연막 전술. ③ 어떤 사실을 숨기기 위해서 교묘하고 능청스러운 말이나 수단 따위를 쓰는 것을 비유하여 이르는 말. ¶그는 나를 안심시키려고 연막을 쳤다. 관용 연막을 치다.

▸연막-탄 煙幕彈 (탄알 탄). 군사 연기(煙氣)로 장막(帳幕)을 치듯 짙은 연기를 내뿜는 폭탄(爆彈).

연만 年晩 (=年漫, 해 년, 저녁 만). ① 속뜻 한 해[年]의 저녁[晩]에 해당하는 시기. ② 나이가 많이 듦. 나이가 많음.

연말 年末 (해 년, 끝 말). 한 해[年]의 마지막[末] 무렵. ¶연말 파티 / 연말에는 인사할 곳이 많다. ㊥연시(年始), 연초(年初).

▸연말-연시 年末年始 (해 년, 처음 시). 한

해[年]의 끝[末] 무렵과 새해[年]의 시작[始] 무렵. ¶연말연시에는 행사가 많다.

▸연말 정산 年末精算 (쓿을 정, 셀 산). 법률 급여 소득에서 원천 과세한 일 년 동안의 소득세에 대하여 연말(年末)에 넘거나 모자라는 액수를 정산(精算)하는 일.

연매 煙煤 (연기 연, 그을음 매). 연료를 태웠을 때 생기는 연기(煙氣)와 그을음[煤]. 🅑 매연(煤煙).

연맥[1] 緣脈 (인연 연, 줄기 맥). ① 속뜻 인연(因緣)이 이어진 줄기[脈]. ② 이어져 있는 맥락(脈絡).

연:맥[2] 軟脈 (무를 연, 맥 맥). 의학 혈압이 낮아서 긴장 정도가 약한[軟] 맥박(脈搏). 심장 쇠약, 저혈압 따위에서 나타난다.

연:맥[3] 燕麥 (제비 연, 보리 맥). ① 속뜻 제비[燕] 꼬리 모양의 보리[麥]. ② 식물 귀리. 높이는 60~90㎝이며 잎은 가늘고 길다. 열매는 식용하거나 가축의 먹이로 쓴다.

연맹 聯盟 (잇달 련, 맹세할 맹). ① 속뜻 서로 연합하기로[聯] 맹세함[盟]. ② 공동의 목적을 가진 단체나 국가가 서로 돕고 행동을 함께 할 것을 약속함. 또는 그런 조직체. ¶축구 연맹.

▸연맹 왕국 聯盟王國 (임금 왕, 나라 국). 역사 예전에 여러 성읍 국가들이 하나의 맹주국을 중심으로 연맹체(聯盟體)를 이룬 왕국(王國). ¶부여는 철기를 바탕으로 한 연맹 왕국이었다.

연면 連綿 (이을 련, 이어질 면). 혈통, 역사, 산맥 따위가 끊어지지 않고 계속 잇닿아[連] 이어져[綿] 있음. ¶연면한 전통을 계승하다.

▸연면-체 連綿體 (모양 체). 예술 초서(草書)의 각 글자가 계속 잇닿아[連] 이어져[綿] 쓰여 있는 서체(書體).

연-면적 延面積 (늘일 연, 쪽 면, 쌓을 적). 건설 건물 각 층의 바닥 면적을 합산한[延] 전체 면적(面積). ¶연면적 320㎡의 2층짜리 건물을 매입하다.

연멸 煙滅 (연기 연, 없어질 멸). 연기(煙氣)가 없어지듯[滅] 흔적도 없이 사라짐. ¶국보급 문화재들이 도굴꾼에 의해 연멸하고 말았다.

연명 連名 (=聯名, 이을 련, 이름 명). 두 사람 이상의 이름[名]을 한곳에 죽 잇달아[連] 씀. ¶논문을 연명으로 발표하다.

연명 延命 (늘일 연, 목숨 명). 목숨[命]을 겨우 연장(延長)해 감. 겨우 살아감. ¶우리는 연명을 하기 위하여 산나물을 캐어 먹었다.

▸연명-법 延命法 (법 법). 불교 밀교에서 수명(壽命)을 늘리고[延] 지혜를 얻기 위해 비는 수법(修法).

연:모 戀慕 (그리워할 련, 그리워할 모). 이성을 사랑하여[戀] 간절히 그리워함[慕].

연목 椽木 (서까래 연, 나무 목). 건설 서까래[椽] 나무[木]. 마룻대에서 도리 또는 보에 걸쳐 지른 나무.

연목구어 緣木求魚 (가선 연, 나무 목, 구할 구, 물고기 어). ① 속뜻 나무[木]에 올라가서[緣] 물고기[魚]를 구(求)함. ② '도저히 불가능한 일을 굳이 하려 함'을 비유하여 이르는 말.

연:무[1] 演武 (펼칠 연, 굳셀 무). 무예(武藝)를 실제로 하는[演] 것처럼 익힘. ¶그는 무과에 응시하기 위하여 꾸준히 연무했다.

연:무[2] 鍊武 (익힐 련, 굳셀 무). 무예(武藝)를 단련(鍛鍊)함.

연무[3] 煙霧 (=烟霧, 연기 연, 안개 무). ① 속뜻 연기(煙氣)와 안개[霧]를 아울러 이르는 말. ② 지리 고운 먼지와 그을음이 공중에 떠다니어 생기는 대기의 혼탁 현상. 주로 공장에서 배출된 매연과 자동차 따위의 배기가스에 의하여 일어난다.

▸연무 신:호 煙霧信號 (소식 신, 표지 호). 해양 안개[煙霧]로 인한 선박 사고를 막기 위해 하는 신호(信號). 기적, 나팔, 종 따위를 이용한다. ¶연무 신호로 해상 사고를 미연에 방지하다.

연:묵 硯墨 (벼루 연, 먹 묵). 벼루[硯]와 먹[墨].

연:문[1] 衍文 (넓을 연, 글월 문). 글 가운데에 쓸데없이 들어간[衍] 군더더기 글귀[文].

연:문[2] 戀文 (그리워할 련, 글월 문). 연애(戀愛)하는 남녀 사이에 주고 받는 편지글[文].

연:-문학 軟文學 (무를 연, 글월 문, 배울 학). ① 속뜻 쉽고 부드러운[軟] 문학(文學). ② 문학 넓은 의미로는 한시(漢詩)나 논설에 상대하여 소설, 희곡, 시가 따위의 문

학 작품을 이른다.

연미 燃眉 (태울 연, 눈썹 미). ① 속뜻 눈썹[眉]에 불이 붙음[燃]. ② 매우 급함을 이르는 말. ¶연미의 사안을 처리하다. ⓑ 초미(焦眉).

▸ 연미지액 燃眉之厄 (어조사 지, 재앙 액). 눈썹[眉]에 불이 붙은[燃] 것처럼 매우 급하게 닥친 액화(厄禍).

연:미-복 燕尾服 (제비 연, 꼬리 미, 옷 복). ① 속뜻 제비[燕] 꼬리[尾] 모양의 옷[服]. ② 남자용 서양 예복.

연민 憐憫 (=憐愍, 가엾을 련, 불쌍할 민). 가엾고[憐] 불쌍하게[憫] 여김. 또는 그런 마음. ¶그에게 연민을 느끼다.

연반-경 緣攀莖 (가선 연, 잡을 반, 줄기 경). 식물 덩굴손이 있어 다른 물건의 가장자리[緣]에 붙어서[攀] 뻗어 나가는 줄기[莖].

연발¹ 延發 (끌 연, 떠날 발). 정해진 시간보다 지연(遲延)하여 출발(出發)함.

연발² 連發 (이을 련, 쏠 발). ① 속뜻 총 따위를 잇달아[連] 쏨[發]. ¶자동 소총을 연발하다. ② 잇달아 일어남. ¶실수를 연발하다. ③ 지시문이나 보고문 따위를 잇달아 발표함. ④ 잇달아 발행함. ¶한 달 새 몇 권이 연발되었다. ⑤ 잇달아 떠남. ¶참가자들이 연발로 자리를 떴다.

▸ 연발-총 連發銃 (총 총). 군사 탄창 속에 여러 개의 탄환을 넣어 잇달아[連] 쏠[發] 수 있는 총(銃).

연방¹ 連方 (이을 련, 바로 방). 연이어[連] 금방(今方). 잇달아 자꾸. ¶연방 고개를 끄덕이다 / 연방 담배를 피우다.

연방² 聯邦 (잇달 련, 나라 방). ① 속뜻 연합(聯合)하여 이루어진 나라[邦]. ② 정치 여러 나라가 공통의 정치 이념으로 연합하여 구성된 국가. 개별 구성국은 자체의 국내법에 따르되 연방 국가는 국제법상의 외교권을 갖는 단일의 주권 국가이다. 미국, 독일, 스위스 등이 여기에 속한다. '연방국'(聯邦國)의 준말.

▸ 연방 의회 聯邦議會 (의논할 의, 모일 회). 정치 연방(聯邦) 국가의 의회(議會). 연방을 구성하고 있는 각국에서 선출된 의원으로 조직한다. 대개 양원으로 이루어져 있으며 의결은 연방 각국의 정부를 기속(羈束)할 뿐이고 각국 정부가 이것을 법률 또는 명령으로서 특별히 공포하지 않는 한 국민에 대한 효력을 가질 수가 없다.

연배 年輩 (나이 년, 무리 배). 나이[年]가 비슷한 또래의 사람들[輩]. ¶우리는 연배가 비슷하여 쉽게 친해졌다.

연번 連番 (이을 련, 차례 번). 차례대로 이어지는[連] 번호(番號). '일련 번호'(一連番號)의 준말. ¶수표의 연번을 확인하다.

연변¹ 沿邊 (따를 연, 가 변). 국경, 강, 철도, 도로 따위를 따라[沿] 있는 언저리 일대[邊]. ¶도로 연변에 가로수가 늘어서 있다.

연변² 緣邊 (가선 연, 가 변). ① 둘레나 테두리[緣=邊]. ② 혼인상의 친척 관계. ③ 연고자(緣故者).

▸ 연변 태좌 緣邊胎座 (아이 밸 태, 자리 좌). 식물 홑암술로 된 홑씨방의 한쪽 벽에[緣邊] 있는 태좌(胎座). 콩, 완두 따위에서 볼 수 있다. ⓑ 주변(周邊) 태좌.

연별 年別 (해 년, 나눌 별). 해[年]에 따라서 구별(區別)함. ¶연별 대조표.

연:병 練兵 (익힐 련, 군사 병). 군사 병사(兵士)를 훈련(訓練)시킴. ⓑ 조련(調鍊).

▸ 연:병-장 練兵場 (마당 장). 군사 병사를 훈련시키기[練兵] 위해 마련한 운동장(運動場).

연보¹ 年報 (해 년, 알릴 보). 한 해[年] 동안 일어난 일에 대한 보고(報告). 또는 그런 간행물. ¶국회의 심의 내용을 연보에 수록하다.

연보² 年譜 (해 년, 적어놓을 보). 한 사람이 해[年]마다 한 일을 간략하게 적어놓은[譜] 기록. 흔히 개인의 연대기를 이른다. ¶책에는 저자의 연보가 실려 있다.

연:보³ 捐補 (내놓을 연, 도울 보). ① 속뜻 자기의 재물을 내놓아[捐] 다른 사람을 도와줌[補]. ⓑ 연조(捐助). ② 기독교 헌금(獻金).

연봉¹ 年俸 (해 년, 봉급 봉). 일 년(年) 동안에 받는 봉급(俸給). ¶그는 연봉이 4천만 원이다.

연봉² 連峰 (이을 련, 봉우리 봉). 죽 이어져[連] 있는 산봉우리[峰].

연부 年賦 (해 년, 거둘 부). 물건 값이나 빚 따위의 일정한 금액을 해[年]마다 나누어 내는[賦] 일. 또는 그런 돈.

▸연부-금 年賦金 (돈 금). 전체 금액을 나눈 뒤, 해[年]마다 내는[賦] 돈[金].

연부-역강 年富力強 (나이 년, 부유할 부, 힘 력, 굳셀 강). 나이[年]가 젊고[富] 기력(氣力)이 왕성함[強].

연분 緣分 (인연 연, 나눌 분). ① 속뜻 서로 같은 인연(因緣)을 나누어[分] 가진 관계. ¶연분이 멀다. ② 하늘이 베푼 인연. ③ 부부가 되는 인연.

연분구등-법 年分九等法 (해 년, 나눌 분, 아홉 구, 무리 등, 법 법). 역사 조선 때, 그 해[年]의 수확을 농사의 풍흉에 따라 아홉[九] 등급(等級)으로 나누어[分] 부과하던 조세법(租稅法).

연:-분홍 軟粉紅 (부드러울 연, 가루 분, 붉을 홍). 엷은[軟] 분홍색(粉紅色). ¶연분홍 립스틱을 바르다. ⓑ연분홍빛.

연불¹ 年拂 (해 년, 지불할 불). 해[年]마다 나누어 지불(支拂)함. 연부(年賦).

▸연불 보:험 年拂保險 (지킬 보, 험할 험). 해[年]마다 한 번씩 보험료를 지불(支拂)하는 보험(保險).

연불² 延拂 (끌 연, 지불할 불). 지불(支拂)할 것을 일정 기간 지연(遲延)함.

▸연불 수출 延拂輸出 (나를 수, 날 출). 물건 값을 여러 해에 걸쳐[延] 지불(支拂) 받는 수출(輸出) 방식. ⓑ연급 수출(年給輸出).

연비¹ 連比 (이을 련, 견줄 비). 수학 세 개 이상의 이어진[連] 수나 양의 비(比).

연비² 聯臂 (잇달 련, 팔 비). ① 속뜻 서로 팔[臂]을 잇닿아[聯] 가까이 섬. ② 다른 사람을 통하여 간접으로 소개함. ¶그의 연비로 그녀와 알게 되었다. ③ 서로 이리저리 알게 됨.

연비어약 鳶飛魚躍 (솔개 연, 날 비, 물고기 어, 뛸 약). ① 속뜻 산의 솔개[鳶]는 날고[飛], 강의 물고기[魚]는 뛰어 오름[躍]. ② 온갖 동물이 저마다 생을 즐김. ¶연비어약의 산수 경치를 구경하다.

연사¹ 連辭 (이을 련, 말씀 사). ① 속뜻 이어주는[連] 말[辭]. ② 논리 명제(命題)의 주사(主辭)와 빈사(賓辭)를 연결하여 긍정과 부정의 뜻을 나타내는 말. ⓑ계사(繫辭).

연:사² 演士 (펼칠 연, 선비 사). 연설(演說)하는 사람[士]. ¶연사가 강단을 내려왔다. ⓑ변사(辯士).

연산¹ 年産 (해 년, 낳을 산). 일 년(年) 동안의 생산량(生産量).

연:산² 演算 (펼칠 연, 셀 산). 수학 ① 식이 나타낸 일정한 규칙에 따라 펼쳐서[演] 계산(計算)함. ¶사칙 연산. ⓑ운산(運算). ② 공집합이 아닌 집합에서 그 집합에 속하는 임의의 두 원소로부터 제3의 원소를 만듦.

▸연:산-자 演算子 (접미사 자). ① 속뜻 연산(演算)하여 변환함. ② 수학 벡터 공간, 함수 공간의 원소를 다른 원소에 대응시키는 변환. 수에 수를 대응시키는 보통의 함수 개념을 확장한 것이다. ⓑ작용소(作用素).

▸연:산 장치 演算裝置 (꾸밀 장, 둘 치). 중앙 처리 장치에서 연산(演算)을 담당하는 장치(裝置).

연산-품 連産品 (이을 련, 낳을 산, 물건 품). 경제 하나의 재료에서 이어[連] 나오는[産] 제품(製品). 같은 재료를 사용하고 같은 공정을 거쳐서 생산되는 여러 종류의 제품. 예를 들면, 원유를 정제할 때에 생기는 석유·휘발유·중유·경유 따위가 있다.

연상¹ 年上 (나이 년, 위 상). 자기보다 나이[年]가 많음[上]. 또는 그런 사람. ¶그는 나보다 5살 연상이다. ⓑ연하(年下).

연:상² 硯床 (벼루 연, 평상 상). 벼루[硯], 먹, 붓, 연적 따위를 담아 두는 작은 책상(冊床). ⓑ벼룻집.

연:상³ 硯箱 (벼루 연, 상자 상). 벼루[硯], 먹, 붓, 연적 따위를 넣는 상자(箱子).

연상⁴ 聯想 (잇달 련, 생각 상). ① 속뜻 관련(關聯)지어 생각함[想]. ② 심리 하나의 관념이 다른 관념을 불러일으키는 현상. '기차'하면 '여행'을 떠올리는 따위의 현상. ¶'겨울'하면 무엇이 연상되세요? ⓑ관념 연합(觀念聯合).

연생 緣生 (인연 연, 날 생). 불교 세상의 모든 사물은 인연(因緣)에 의하여 생겨남[生]. '인연생'(因緣生)의 준말.

연생-보험 聯生保險 (잇달 련, 살 생, 지킬 보, 험할 험). 경제 하나의 보험 계약에서 피보험자(被保險者)가 둘 이상 연관(聯關)된 생명(生命) 보험(保險).

연서¹ 連書 (이을 련, 쓸 서). 언어 훈민정음에서, 자모 'ㅂ', 'ㅍ', 'ㅁ' 밑에 'ㅇ'을 잇대어

[連] 써서[書] 'ᄝ', 'ᄫ', 'ᅗ', 'ᄬ' 등을 만드는 방식.

연서² 連署 (이을 련, 쓸 서). 한 문서에 여러 사람이 잇달아[連] 서명(署名)함.

연:서³ 戀書 (그리워할 련, 글 서). 연애(戀愛)하는 남녀 사이에 주고받는 편지글[書]. ⓑ연애 편지.

연:석¹ 宴席 (잔치 연, 자리 석). 잔치[宴]를 베푸는 자리[席].

연:석² 硯石 (벼루 연, 돌 석). 벼루[硯]를 만드는 데 쓰는 돌[石]. ⓑ벼룻돌.

연석³ 筵席 (연회 연, 자리 석). ① 속뜻 연회[筵]가 열리는 자리[席]. ② 역사 임금과 신하가 모이어 자문(諮問)·주달(奏達)하던 자리. ⓑ연중(筵中).

연석⁴ 緣石 (가선 연, 돌 석). 차도와 인도 또는 차도의 가[緣]에 있는 돌[石].

연석⁵ 連席 (이을 련, 자리 석). 여러 사람이나 단체가 일정한 곳에 동등한 자격으로 연(連)이어 늘어앉음[席].

▶연석-회의 連席會議 (모일 회, 의논할 의). ① 속뜻 둘 이상의 회의체가 함께[連] 참석(參席)하는 회의(會議). ② 법률 국회에서 둘 이상의 위원회가 공동으로 열어 의견을 교환하는 회의. 표결을 할 수 없다.

연선 沿線 (따를 연, 줄 선). ① 속뜻 선로(線路)를 따라서[沿] 있는 땅. ②연안(沿岸).

연:설 演說 (펼칠 연, 말씀 설). 여러 사람 앞에서 자기의 주장 또는 의견을 펼쳐서[演] 말함[說]. ¶대통령 연설 / 교장선생님이 개천절에 대하여 연설하신다. ⓑ강연(講演).

▶연:설-문 演說文 (글월 문). 연설(演說)할 내용을 적은 글[文].

▶연:설-조 演說調 (가락 조). 연설(演說)하는 투의 어조(語調).

연성¹ 延性 (늘일 연, 성질 성). ① 속뜻 늘어나는[延] 성질(性質). ② 물리 물질이 탄성 한계 이상의 힘을 받아도 부서지지 않고 가늘고 길게 늘어나는 성질. 금속은 일반적으로 이것이 큰데, 그 중에서도 백금이 가장 크고 금·은·알루미늄 따위가 그 다음이다.

연성² 連星 (이을 련, 별 성). ① 속뜻 서로 연이어져[連] 있는 별[星]. ② 천문 쌍성(雙星).

연성³ 連聲 (이을 련, 소리 성). ① 속뜻 이어지는[連] 소리[音]. ② 언어 앞 음절의 끝 자음이 모음으로 시작되는 뒤 음절의 초성으로 이어져 나는 소리. '봄이'가 '보미'로 '겨울이'가 '겨우리'로 소리나는 것 따위. ⓑ연음(連音).

연성⁴ 緣成 (인연 연, 이룰 성). 불교 세상의 모든 사물이 인연(因緣)에 의하여 이루어짐[成].

연:성⁵ 鍊成 (불릴 련, 이룰 성). ① 속뜻 쇠붙이 따위를 단련(鍛鍊)하여 물건을 만듦[成]. ②몸과 마음을 닦아서 일을 이룸.

연:성⁶ 軟性 (무를 연, 성질 성). ① 속뜻 부드럽고 무른[軟] 성질(性質). ¶고급 연성 세제. ②비교적 쉽게 바꿀 수 있는 성질.

▶연:성 헌:법 軟性憲法 (법 헌, 법 법). 법률 개정이 쉬운[軟] 성질(性質)의 헌법(憲法). 특별하게 엄격한 절차를 필요로 하지 않고 일반 법률과 같은 개정 절차로 개헌이 가능하다.

연:-성분 軟成分 (무를 연, 이룰 성, 나눌 분). 물리 방사선이나 우주선(宇宙線)에서 물질을 투과하는 힘이 약한[軟] 성분(成分). ⓑ경(硬)성분.

연세 年歲 (나이 년, 나이 세). 나이[年=歲]의 높임말. ¶우리 어머니는 연세가 많으시다. ⓑ춘추(春秋).

연소¹ 年少 (나이 년, 적을 소). 나이[年]가 적음[少]. 나이가 어림.

▶연소-배 年少輩 (무리 배). 나이가 어린[年少] 무리[輩].

▶연소-자 年少者 (사람 자). 나이가 어린[年少] 사람[者]. ¶연소자 관람 불가.

▶연소몰각 年少沒覺 (없어질 몰, 깨달을 각). 나이가 어리고[年少] 깨달은[覺] 것이 없음[沒].

연소² 延燒 (늘일 연, 불사를 소). 한 곳에서 일어난 불이 이웃으로 번져서[延] 탐[燒].

연소³ 燃燒 (태울 연, 불사를 소). ① 속뜻 불에 태우거나[燃] 불을 사름[燒]. ② 화학 주로 물질이 산소와 화합할 때 다량의 열을 내는 동시에 빛을 발하는 현상. 넓은 뜻으로는 열과 빛을 수반하지 않는 산화 반응과 원자로 안에서 진행하는 연쇄 핵분열 반응도 포함한다. ¶완전 연소 / 이 물질은 연소될 때 유독가스를 배출한다.

▸ 연소-관 燃燒管 (대롱 관). 화학 원소를 분석할 때에 시료(試料)의 연소(燃燒)에 쓰는 관(管). 단단한 유리나 석영, 자기 따위로 만든다.

▸ 연소-물 燃燒物 (만물 물). ① 속뜻 불에 타는[燃燒] 물질(物質). ② 화학 산소와 화합하여 열과 빛을 낼 수 있는 물질.

▸ 연소-실 燃燒室 (방 실). ① 속뜻 보일러 따위에서 연료(燃料)가 타는[燒] 방[室]. ② 기계 내연 기관에서 연료가 타는 곳. 실린더, 실린더 헤드 및 피스톤의 윗면으로 둘러싸였다.

▸ 연소-열 燃燒熱 (더울 열). 화학 어떤 물질이 산소와 화합하여 완전 연소(燃燒)할 때에 생기는 열량(熱量). 물질 1몰(mol)이 완전히 탈 때에 방출하는 반응열로 나타낸다.

▸ 연소-율 燃燒率 (비율 률). 화학 연료가 일정한 시간에 타는[燃燒] 비율(比率). 흔히 보일러 따위에서 불판 1㎡의 넓이에서 1시간 동안 타는 고체 연료의 연소량을 이른다.

연속 連續 (이을 련, 이을 속). ① 속뜻 잇달아[連] 죽 이어짐[續]. ¶그의 인생은 고통의 연속이었다. ② 수학 함수 f(x)에서 마음대로 정한 오차 E에 대하여 a에 적당히 가까이 있는 모든 점 x의 함숫값이 언제나 f(a)에서 이미 정한 오차 E보다 가까이 있는 성질. 반 불연속(不連續).

▸ 연속-극 連續劇 (연극 극). 연영 정기적으로 그 일부분씩을 잇달아[連] 계속(繼續) 상연하는 방송극(放送劇). ¶엄마는 일일 연속극을 즐겨 보신다.

▸ 연속-범 連續犯 (범할 범). ① 속뜻 잇달아[連] 계속(繼續) 죄를 지음[犯]. ② 법률 다수의 행위가 동일한 죄명에 해당하는 범죄. 또는 그런 범인.

▸ 연속-적 連續的 (것 적). 잇달아[連] 계속(繼續)되는 것[的]. 반 간헐적(間歇的).

▸ 연속-파 連續波 (물결 파). 잇달아[連] 계속(繼續)해서 진동하는 파동(波動). 연속 파동(連續波動).

▸ 연속-부절 連續不絶 (아닐 부, 끊을 절). 잇달아[連] 계속(繼續)되어 끊어지지[絶] 아니함[不].

*__연쇄 連鎖__ (이을 련, 쇠사슬 쇄). ① 속뜻 한 줄로 연결(連結)된 쇠사슬[鎖]. ② 사물이나 현상이 사슬처럼 서로 이어져 통일체를 이룸. ¶연쇄 반응을 일으키다. ③ 생물 연관(聯關).

▸ 연쇄-극 連鎖劇 (연극 극). 연영 연극과 영화를 고리[鎖]로 연결(連結)하듯 같은 무대에서 상연하는 연극(演劇).

▸ 연쇄-법 連鎖法 (법 법). ① 속뜻 고리[連]로 연결(連結)하듯 사용하는 방법(方法). ② 문학 앞 구절의 끝 어구를 다음 구절의 앞 구절에 이어받아 이미지나 심상을 강조하는 표현 방법. '파르란 구슬빛 바탕에 자줏빛 회장을 받친 회장저고리/회장저고리 하얀 동정이 환하니 밝도소이다' 등이 그 예이다. ② 수학 연쇄비(連鎖比)가 주어져 있을 때에 그 성질을 이용하여 푸는 계산법.

▸ 연쇄-상 連鎖狀 (형상 상). 고리[連]로 연결(連結)된 듯한 모양[狀].

▸ 연쇄-식 連鎖式 (법 식). ① 속뜻 고리[連]로 연결(連結)하듯 사용하는 방식(方式). ② 논리 여러 삼단 논법의 결론을 생략하고 전제만을 연결하여 최후의 판단을 내리는 형식으로 '갑은 을이다', '을은 병이다', '병은 정이다', '그러므로 갑은 정이다' 따위.

▸ 연쇄-점 連鎖店 (가게 점). ① 속뜻 고리[鎖]로 연결(連結)하듯 경영하는 가게[店]. ② 경제 관리와 보관 센터를 갖추고 둘 이상의 판매 단위를 연결하여 경영하는 가게. 비 체인점.

▸ 연쇄 반:응 連鎖反應 (되돌릴 반, 응할 응). ① 속뜻 고리[連]로 연결(連結)된 듯 일어나는 반응(反應). ② 물리 반응 생성물의 하나가 다시 반응물로 작용하여 생성, 소멸을 계속하는 반응. 우라늄 이백삼십오 하나가 분열되면서 나온 중성자가 다른 중성자를 분열시켜 계속 핵분열을 일으키는 반응 따위가 있다.

▸ 연쇄 구균 連鎖球菌 (공 구, 세균 균). ① 속뜻 고리[連]로 연결(連結)된 듯한 동그란[球] 세균(細菌). ② 의학 사슬 모양으로 증식·배열하는 그람 양성 구균의 한 무리. 병원성을 나타내는 것으로 단독(丹毒), 성홍열, 패혈증, 류머티즘열, 산욕열 따위를 일으키는 균들이 있다. '연쇄상 구균'(連鎖狀球菌)의 준말.

연수[1] 年收 (해 년, 거둘 수). 한 해[年] 동안의 수입(收入).

연수² 年首 (해 년, 머리 수). 새해[年]의 처음[首].

연수³ 年數 (해 년, 셀 수). 연(年)의 수(數). [비]햇수.

연수⁴ 延髓 (늘일 연, 골수 수). [의학] 척추동물에서 뇌교(腦橋)를 통하여 중뇌와 연결되어 있고 뒤쪽으로는 척수까지 이어져[延] 있는 골수[髓].

연:수⁵ 軟水 (부드러울 연, 물 수). [화학] 부드럽게[軟] 느껴지는 물[水]. 물속에 칼슘염과 마그네슘염이 거의 없기 때문이다. ¶경수를 연수로 만드는 기계. [비]단물. [반]경수(硬水).

연:수⁶ 硯水 (벼루 연, 물 수). ① [속뜻] 벼루[硯]에 담아 먹을 갈 때 쓰는 물[水]. ② 연적(硯滴).

연:수⁷ 研修 (갈 연, 닦을 수). 학문 따위를 갈고[研] 닦음[修]. ¶해외 연수를 가다 / 그는 스페인에서 건축학을 연수하고 돌아왔다.

▶연:수-생 研修生 (사람 생). 연수(研修)를 받는 사람[生].

▶연:수-원 研修院 (집 원). 여럿이 함께 연수(研修)를 하는 큰 집[院].

▶연:수-회 研修會 (모일 회). 무엇을 배울[研修] 목적으로 가지는 모임[會]. ¶교사 연수회.

연-수정 煙水晶 (그을음 연, 물 수, 밝을 정). ① [속뜻] 그을음[煙]이 낀 듯 한 어두운 색의 수정(水晶). ② [광업] 어두운 갈색, 누런색, 검은색 따위를 띤 수정. 투명한 것과 불투명한 것이 있다.

연-수표 延手票 (끌 연, 손 수, 쪽지 표). 발행일을 실제보다 뒤로 미뤄[延] 발행하는 수표(手票).

연:-수필 軟隨筆 (무를 연, 따를 수, 붓 필). ① [속뜻] 가볍게[軟] 붓[筆] 가는 대로[隨] 쓴 글. ② [문학] 생활 주변에서 일어나는 사소한 일을 소재로 가볍게 쓴 수필. 감성적·주관적·개인적·정서적 특성을 지니는 신변잡기이다. [비]경수필(輕隨筆).

연습¹ 沿襲 (따를 연, 물려받을 습). 전례[襲]를 따라서[沿] 함.

연:습² 演習 (펼칠 연, 익힐 습). 실지로 하는 것처럼 연출(演出)하면서 익힘[習]. 모의(模擬)로 익힘. ¶예행 연습 / 연습 경기.

▶연:습-림 演習林 (수풀 림). ① [속뜻] 모의로[演] 학습(學習)하기 위한 숲[林]. ② 임학(林學)을 연구하는 학생들의 실지 연구에 쓰는 삼림.

연:습³ 練習 (=鍊習, 익힐 련, 익힐 습). 학문이나 기예 따위를 익숙하도록 되풀이하여 익힘[練=習]. ¶연습 경기 / 선수들은 일주일에 6일을 연습한다.

▶연:습-곡 練習曲 (노래 곡). [음악] 기악 또는 성악에서 기교의 연습(練習)을 위해 만든 곡(曲). 쇼팽이나 리스트의 작품과 같이 독특한 형식을 써서 예술적으로 작곡한 연주회용인 것도 있다.

▶연:습-기 練習機 (틀 기). ① [속뜻] 연습(練習)을 위한 비행기(飛行機). ② [군사] 비행 기술 교육에 쓰기 위해 만든 비행기.

▶연:습-선 練習船 (배 선). [해양] 선박의 운항 기술과 해상 실무를 익히기[練習] 위한 실습용 배[船].

▶연:습-장 練習帳 (장부 장). 연습(練習)하는 데에 쓰는 공책이나 장부(帳簿).

연승¹ 連乘 (이을 련, 곱할 승). [수학] 여러 수나 식을 연이어[連] 곱함[乘].

연승² 連勝 (이을 련, 이길 승). ① [속뜻] 싸움이나 경기에서 계속하여[連] 이김[勝]. ¶그 팀은 5연승을 달리고 있다 / 타이거 우즈가 세 번의 경기에서 연승했다. ② [운동] 연승식. [참]연첩(連捷). [반]연패(連敗).

▶연승-식 連勝式 (법 식). [운동] 경마나 경륜 따위에서 1·2등 또는 1·2·3등처럼 연이어[連] 들어온 선수 중 한 명의 승리자(勝利者)를 맞히는 방식(方式). [참]단승식(單勝式), 쌍승식(雙勝式), 복승식(複勝式).

연시¹ 年始 (해 년, 처음 시). 한 해[年]의 처음[始].

연:시² 軟柹 (무를 연, 감 시). 물렁하게[軟] 잘 익은 감[柹]. ¶할머니께서는 연시를 좋아하신다.

연시³ 連詩 (=聯詩, 이을 련, 시 시). [문학] 하나의 주제 아래 여러 편의 작품이 이어지는[連] 시(詩)의 한 형식. [비]연작시(連作詩).

연-시조 連時調 (=聯時調, 이을 련, 때 시, 가락 조). [문학] 여러 편의 평시조가 하나의 제목 아래 이어진[連] 시조(時調). 맹사성의

『강호사시가』를 비롯하여 이황의 『도산십이곡』, 이이의 『고산구곡가』 따위.

연ː식[1] **軟食** (무를 연, 밥 식). 무른[軟] 음식물(飮食物). ⑪반고형식(半固形食).

연ː식[2] **軟式** (무를 연, 법 식). ① 속뜻 무른[軟] 재료나 도구를 사용하는 방식(方式). ¶연식으로 만든 야구공. ② 운동 야구나 정구 따위에서, 무른 공을 사용하여 경기하는 방식. ¶초기에는 연식 정구가 유행했다. ⑫경식(硬式).

▸연ː식 야ː구 軟式野球 (들 야, 공 구). 운동 무른[軟] 고무공으로 하는 방식(方式)의 야구(野球).

▸연ː식 정구 軟式庭球 (뜰 정, 공 구). 운동 무른[軟] 고무공으로 하는 방식(方式)의 정구(庭球).

연실 **鉛室** (납 연, 방 실). 화학 납[鉛]판으로 둘러싼 큰 상자[室]. 연실법에서 글로버산을 물에 녹여 황산을 만드는 데에 이용한다.

▸연실-법 鉛室法 (법 법). 화학 연실(鉛室) 속에서 황산을 만드는 방법(方法). 질소 산화물을 촉매로 하여 아황산가스와 공기 중의 산소가 결합하면 물에 녹여서 만든다.

▸연실 황산 鉛室黃酸 (누를 황, 산소 산). 화학 연실법(鉛室法)으로 만든 황산(黃酸). 농도는 60~70%이며 과인산석회나 황산암모늄을 만드는 데에 쓴다.

연ː심 **戀心** (그리워할 련, 마음 심). 사모하는[戀] 마음[心]. 사랑하는 마음.

*__연안__ **沿岸** (따를 연, 언덕 안). ① 속뜻 강이나 호수, 바다의 언덕[岸]을 따라[沿] 있는 땅. ② 육지와 면한 바다·강·호수 따위의 물가. ¶돌고래는 태평양 연안에 서식한다.

▸연안-국 沿岸國 (나라 국). 강·바다·호수와 맞닿아[沿岸] 있는 나라[國].

▸연안-류 沿岸流 (흐를 류). 지리 해안선과 평행하게 연안(沿岸)을 따라 흐르는[流] 바닷물.

▸연안-해 沿岸海 (바다 해). 연안(沿岸)에 있는 바다[海]. 간조선(干潮線)에서 3해리 이내의 해역으로, 만(灣)·내해(內海)와 함께 영해를 형성한다. '연안 영해'(沿岸領海)의 준말.

▸연안 무ː역 沿岸貿易 (바꿀 무, 바꿀 역). 경제 한 나라의 같은 연안(沿岸)에 있는 항구를 중심으로 행해지는 무역(貿易). 자기 나라 배에 한하여 이를 허락하는데 범위를 넓혀 같은 나라 항구 사이의 무역을 가리킬 때도 있다. ⑪연해 무역(沿海貿易), 연해 상업(沿海商業).

▸연안 쇄ː파 沿岸碎波 (부술 쇄, 물결 파). 지리 연안(沿岸)에 가까이 와서 부서지는[碎] 파도(波濤).

▸연안 어업 沿岸漁業 (고기잡을 어, 일 업). ① 수산 연안(沿岸) 바다에서 하는 어업(漁業). ¶목포는 연안 어업이 발달한 도시이다. ② 수산 국제법상 연안국 국민이 자기 나라의 주권이 미치는 해양 일대의 수역에서 하는 어업. ⑪근해 어업(近海漁業), 연해 어업(沿海漁業).

▸연안 항ː로 沿岸航路 (배 항, 길 로). 해양 연안(沿岸) 지역을 잇는 뱃길[航路]. 한 나라 안에 있는 여러 항구 사이를 잇는 항로. 무역선의 출입이 이루어진다.

▸연안 해ː저 지역 沿岸海底地域 (바다 해, 밑 저, 땅 지, 지경 역). 지리 연안(沿岸)의 깊이 200m쯤 되는 곳까지의 느리게 비탈진 바다[海] 밑[底]의 지역(地域). ⑪대륙붕(大陸棚).

연ː암-집 **燕巖集** (제비 연, 바위 암, 모을 집). 책명 조선 후기 연암(燕巖) 박지원(朴趾源)의 시문집(詩文集). 시문, 서간과 『열하일기』(熱河日記) 등이 수록되어 있다.

연ː애 **戀愛** (그리워할 련, 사랑 애). ① 속뜻 그리워하며[戀] 사랑함[愛]. ② 남녀가 서로 애틋하게 그리워함. ¶연애 편지 / 부모님은 연애한 지 6년 만에 결혼했다.

▸연ː애-결혼 戀愛結婚 (맺을 결, 혼인할 혼). 연애(戀愛)하여 한 결혼(結婚).

▸연ː애 소ː설 戀愛小說 (작을 소, 말씀 설). 문학 남녀 간의 연애(戀愛)를 주제로 하는 소설(小說). 염정 소설(艶情小說).

▸연ː애지상-주의 戀愛至上主義 (지극할 지, 위 상, 주될 주, 뜻 의). 연애(戀愛)가 가장[至] 위[上]에 있다고 하는 태도[主義]. 연애가 인생 최고의 목표이자 결혼의 유일한 핵심 조건이라고 주장하는 태도나 경향.

연액 **年額** (해 년, 액수 액). 한 해[年] 동안의 수입·지출·생산 따위의 총금액(總金額).

연ː약[1] **煉藥** (불릴 련, 약 약). 약(藥)을 고는[煉] 일. 또는 고아서 만든 약.

연ː약[2] **軟弱** (무를 연, 약할 약). 무르고[軟]

약(弱)하다. ¶연약한 여자의 마음 / 아기의 피부는 연약하다.

▸연:약-외교 軟弱外交 (밖 외, 사귈 교). ① [속뜻] 부드럽고[軟] 약(弱)하게 외국(外國)과 교류(交流)함. ② [정치] 독자적인 주장이나 방침이 없이 외국의 눈치를 보아 가며 벌이는 외교.

연양-가 延陽歌 (끌 연, 볕 양, 노래 가). [문학] 연양(延陽) 땅에 사는 충실한 머슴이 죽음을 두려워하지 않고 열심히 일하겠다는 내용을 담은 고려 시대의 가요(歌謠). 가사는 전하지 않고 『고려사』(高麗史) 『악지』(樂志)에 그 유래만 전한다. 작가, 연대 미상.

연어[1] 連語 (이을 련, 말씀 어). [언어] 두 개 이상의 단어가 연(連)이어 결합하여 더 복잡한 관념을 나타내는 말[語].

연어[2] 鰱魚 (연어 연, 물고기 어). [동물] 연어[鰱]과의 바닷물고기[魚]. 가을에 강 상류에 올라와 모랫바닥에 알을 낳고 죽는다. 동해 북부의 일부 하천으로 회귀하며 일본 북부 등지에 분포한다.

연:역 演繹 (펼칠 연, 풀어낼 역). ① [속뜻] 널리 부연(敷演)하여 풀이함[繹]. ② [논리] 일반적인 명제나 진리를 전제로 하여 보다 특수하고 개별적인 명제나 진리를 이끌어내는 추리. 경험을 필요로 하지 않는 순수한 사유에 의하여 이루어지며 그 전형은 삼단 논법이다. [반]귀납(歸納).

▸연:역-법 演繹法 (법 법). [논리] 연역(演繹)에 따른 추리(推理)의 방법(方法). 일반적 사실이나 원리를 전제로 하여 개별적인 특수한 사실이나 원리를 결론으로 이끌어 내는 추리 방법을 이른다. '모든 사람은 잘못을 저지르는 수가 있다. 모든 지도자도 사람이다. 그러므로 지도자도 잘못을 저지르는 수가 있다.'하는 따위.

▸연:역-적 演繹的 (것 적). 연역(演繹)으로 논리를 전개해 나가는 것[的]. [반]귀납적(歸納的).

▸연:역-학파 演繹學派 (배울 학, 갈래 파). [경제] 연역적(演繹的) 방법으로 경제적 원리를 연구하는 학파(學派).

연:연[1] 娟娟 (예쁠 연, 예쁠 연). 빛깔이 산뜻하고 고움[娟+娟].

연연[2] 連延 (늘일 련, 끌 연). ① [속뜻] 죽 이어져[連] 길게 뻗다[延]. ② 무슨 일이 끝없이 미루어지다.

연:연[3] 軟娟 (무를 연, 예쁠 연). 연약(軟弱)하고 예쁨[娟]. [비]섬약(纖弱).

연:연[4] 戀戀 (그리워할 련, 그리워할 련). ① [속뜻] 애타게 그리워하다[戀+戀]. ② 미련이 남아서 잊지 못하다. ¶더 이상 과거에 연연하지 마세요.

▸연:연불망 戀戀不忘 (아닐 불, 잊을 망). 그리워서[戀戀] 잊지[忘] 못함[不].

연염 煙焰 (연기 연, 불꽃 염). ① [속뜻] 연기(煙氣)와 불꽃[焰]을 아울러 이르는 말. ② 연기 속에서 타오르는 불길.

연엽 蓮葉 (연꽃 련, 잎 엽). 연(蓮)의 잎[葉].

▸연엽-관 蓮葉冠 (갓 관). 처음 상투를 틀고서 쓰는 연잎[蓮葉] 모양의 갓[冠].

연:예 演藝 (펼칠 연, 재주 예). ① [속뜻] 기예(技藝)를 펼쳐[演] 보임. ② 대중 앞에서 음악, 무용, 만담, 마술 따위를 공연함. 또는 그런 재주. ¶연예 활동.

▸연:예-계 演藝界 (지경 계). 연예인(演藝人)들의 사회[界].

▸연:예-란 演藝欄 (칸 란). 신문이나 잡지 따위에서 주로 연예(演藝)에 관한 기사를 싣는 칸[欄].

▸연:예-인 演藝人 (사람 인). 연예(演藝)에 종사하는 사람[人]. 배우, 가수, 무용가 등을 통틀어 이르는 말. ¶인기 연예인.

연:옥[1] 煉獄 (불릴 련, 감옥 옥). [가톨릭] 죽은 사람의 영혼이 천국에 들어가기 전에 남은 죄를 씻기 위해 불로써 단련[煉] 받는 지옥(地獄).

연:옥[2] 軟玉 (무를 연, 옥돌 옥). ① [속뜻] 무른[軟] 옥(玉). ② [광업] 경옥(硬玉)에 대하여 경도가 낮은 옥. 질이 강인하여 잘 깨지지 않고, 연마하면 순한 광택이 난다. ¶연옥으로 만든 장신구. [반]경옥(硬玉).

연:-옥색 軟玉色 (부드러울 연, 옥돌 옥, 빛 색). 연한 옥[軟玉]의 빛깔[色]. ¶연옥색 저고리를 입었다.

연운 年運 (해 년, 운수 운). 한 해[年]의 운수(運數). ¶연운이 길하다.

연원 淵源 (못 연, 근원 원). ① [속뜻] 연못[淵]이 시작된 근원(根源). ② 사물의 근원을 뜻

함.

연월[1] **連月** (이을 련, 달 월). 여러 달[月]을 계속함[連]. ⓑ달마다, 매월(每月).

연월[2] **煙月** (연기 연, 달 월). ① 속뜻 연기(煙氣)에 어린 은은한 달[月]빛. ② 세상이 매우 태평함을 비유하여 이르는 말.

연월일 **年月日** (해 년, 달 월, 날 일). 해[年]와 달[月]과 날[日]을 아울러 이르는 말. ¶상품에 제조 연월일을 표기해야 합니다.

▶**연월일시** **年月日時** (때 시). 해[年]와 달[月]과 날[日]과 시(時)를 아울러 이르는 말.

연:유[1] **煉乳** (불릴 련, 젖 유). ① 속뜻 고아[煉] 진하게 만든 우유(牛乳). 달일 때에 설탕을 넣은 것을 가당연유(加糖煉乳)라 하고 넣지 않은 것을 무당연유(無糖煉乳)라 한다. ② 우유를 진공 상태에서 1/2~1/3정도로 농축한 것.

연유[2] **緣由** (인연 연, 까닭 유). ① 속뜻 인연(因緣)과 이유(理由). 까닭. ¶무슨 연유로 그를 찾아 오셨습니까? ② 어떤 일이 거기에서 비롯됨. ¶그녀가 말수가 적은 것은 내성적인 성격에서 연유한다. ⓑ사유(事由).

연음[1] **軟音** (부드러울 연, 소리 음). ① 속뜻 부드럽게[軟] 느껴지는 소리[音]. ② 언어 구강 내부의 기압 및 발음 기관의 긴장도가 낮은 소리. 국어의 된소리 'ㄲ', 'ㄸ', 'ㅃ', 'ㅆ', 'ㅉ'에 대하여 'ㄱ', 'ㄷ', 'ㅂ', 'ㅅ', 'ㅈ' 따위. ⓑ예사소리.

연음[2] **延音** (늘일 연, 소리 음). ① 속뜻 음(音)을 늘려[延] 소리냄. ② 음악 한 음을 두 박자 이상으로 길게 낸 것. 또는 그렇게 늘어난 음.

▶**연음 기호** **延音記號** (기록할 기, 표지 호). 음악 음(音)을 늘려[延] 소리내라는 기호(記號). 악보에서 어떤 음표, 쉼표의 위나 아래에 𝄐 로 표시하며 대개 그 박자의 2배나 3배 이상으로 한다. ⓑ페르타마(fermata).

연음[3] **連音** (이을 련, 소리 음). ① 속뜻 이어지는[連] 소리[音]. 단음이 연결되어 이루어지는 음. ② 언어 혀끝을 윗니의 안쪽 잇몸에 대고 혀끝을 올려서 내는 음. ③ 언어 프랑스어에서 보통 때는 발음되지 않는 앞의 낱말 끝의 자음이 뒤의 낱말의 앞 모음과 연결되면서 소리 나는 현상. ④ 언어 연성(連聲).

▶**연음-부** **連音符** (맞을 부). ① 속뜻 음(音)을 이어[連] 소리 내라는 부호(符號). ② 음악 악보에서 같은 음표 몇 개를 연결하여 본래의 박자 수보다 길거나 짧게 연주하는 음표. ⓑ잇단음표.

▶**연음 법칙** **連音法則** (법 법, 법 칙). ① 속뜻 음(音)을 이을[連] 때의 법칙(法則). ② 언어 앞 음절의 받침에 모음으로 시작되는 형식 형태소가 이어지면 앞의 받침이 뒤 음절의 첫소리로 발음되는 음운 법칙. '하늘이'가 '하느리'로 소리 나는 것 따위.

연:의[1] **衍義** (넓을 연, 뜻 의). 뜻[義]을 넓힘[衍]. 또는 그렇게 설명한 것.

연:의[2] **演義** (펼칠 연, 뜻 의). ① 속뜻 뜻[義]을 부연(敷演)하여 알기 쉽게 설명함. ② 문학 중국에서 역사적인 사실을 부연하여 재미있고 알기 쉽게 쓴 책이나 창극.

▶**연:의 소:설** **演義小說** (작을 소, 말씀 설). 문학 역사적 사실을 바탕으로 하되 허구적인 내용을 덧붙여 쓴[演義] 중국의 통속 소설(小說). 『삼국지연의』(三國志演義) 따위가 여기에 속한다.

연-이:율 **年利率** (해 년, 이로울 리, 비율 률). 일 년(年)을 단위로 하여 정한 이율(利率). ⓒ연리.

연인[1] **連印** (이을 련, 도장 인). 한 통의 문서에 두 사람 이상이 연(連)달아 이름을 쓰고 도장[印]을 찍음. ⓑ연서(連署).

연:인[2] **戀人** (그리워할 련, 사람 인). ① 속뜻 그리워하는[戀] 사람[人]. ② 이성으로서 그리며 사랑하는 사람. ¶그와 나는 연인 사이다. ⓑ애인(愛人).

연-인원 **延人員** (늘일 연, 사람 인, 인원 원). ① 속뜻 관여한 사람[人員]을 모두 합친[延] 숫자. ② 경제 어떠한 일에 동원된 인원수와 일수(日數)를 계산하여 그 일이 하루에 완성되었다고 가정하고 일수를 인수(人數)로 환산한 총인원수. 예를 들면 다섯 사람이 열흘 걸려서 완성한 일의 연인원은 50명이다. '연인원수'(延人員數)의 준말. ⓑ연인수(延人數).

연일 **連日** (이을 련, 날 일). 여러 날[日]을 계속함[連]. ¶연일 비가 내리고 있다. ⓑ날마다, 매일(每日).

연-일수 延日數 (늘일 연, 해 일, 셀 수). ① 속뜻 각 사람의 일수를 하나로 합해 늘인[延] 날[日]의 수[數]. ② 경제 어떤 일에 걸린 날짜를 하루 한 사람이 한 것으로 친 날의 수효(數爻). 예를 들면, 다섯 사람이 열흘 걸려서 완성한 일의 연일수는 50일이다.

연일-연야 延日延夜 (늘일 연, 해 일, 끌 연, 밤 야). 어떤 일을 낮[日]이나 밤[夜]이나 계속함[延]. ¶연일연야로 공부를 하다.

연임 連任 (이을 련, 맡길 임). ① 속뜻 계속 이어서[連] 맡음[任]. ② 원래 정해진 임기를 다 마친 뒤에 다시 계속하여 그 직위에 머무름.

연:자 衍字 (넓을 연, 글자 자). ① 속뜻 넘친[衍] 글자[字]. ② 글이나 문장에서 굳이 들어갈 필요가 없는 자리에 '군더더기로 들어간 글자'를 이르는 말.

연작[1] 連作 (이을 련, 지을 작). 농업 전 해에 이어[連] 같은 땅에 같은 작물을 지음[作].

연작[2] 聯作 (=連作, 잇달 련, 지을 작). ① 속뜻 연(聯)이어 지음[作]. ② 문학 한 작가가 같은 주인공의 단편 소설을 몇 편 써서 그것을 연결하여 장편으로 만드는 일. 또는 그런 작품. ③ 문학 한 작품을 여러 작가가 나누어 맡아서 짓는 일. 또는 그런 작품.

▸ 연작 소:설 聯作小說 (작을 소, 말씀 설). 문학 여러 작가가 나누어 쓴 것을 하나로 만들거나 한 작가가 같은 주인공의 단편 소설을 여러 편 써서[聯作] 하나로 만든 소설(小說).

연:작[3] 燕雀 (제비 연, 참새 작). ① 속뜻 제비[燕]와 참새[雀]를 아울러 이르는 말. ② 도량이 좁은 사람을 비유하여 이르는 말.

▸ 연:작-류 燕雀類 (무리 류). ① 속뜻 연작(燕雀)의 종류(種類). ② 동물 몸이 작고 날기를 잘하며 보금자리를 잘 지음. 전 세계에 5500여 종이 분포하며, 까마귀과·꾀꼬리과·참새과·제비과 등 20여 과가 있다. 명금류(鳴禽類).

연장[1] 年長 (나이 년, 길 장). 서로 비교하여 보아 나이[年]가 많음[長]. 또는 그런 사람. ¶그는 나보다 6살 연장이다.

▸ 연장-자 年長者 (사람 자). 나이[年]가 많은[長] 사람[者]. ¶동양에서는 연장자를 존경하는 전통이 있다.

연장[2] 延長 (늘일 연, 길 장). ① 속뜻 시간이나 거리 따위를 본래보다 길게[長] 늘임[延]. ¶연장 근무 / 파견 기간을 3년으로 연장하다. ② 물건의 길이나 걸어간 거리 따위를 일괄하였을 때의 전체 길이. ¶연장 100km의 도로 공사. ③ 어떤 일의 계속. 또는 하나로 이어지는 것. ¶소풍도 수업의 연장이다. 반 단축(短縮).

▸ 연장-선 延長線 (줄 선). 사물이 다른 사물과 시간의 선(線)에서 뒤이어[延長] 있는 상태.

▸ 연장-전 延長戰 (싸울 전). 운동 정한 횟수나 정한 시간 안에 승부가 나지 않을 때, 횟수나 시간을 길게[長] 늘여서[延] 계속하는 경기[戰]. ¶연장전 끝에 이기다.

▸ 연장-기호 延長記號 (기록할 기, 표지 호). 음악 악보에서 음표나 쉼표의 위나 아래에 붙어서 본래 박자보다 길게[長] 늘여서[延] 연주하라는 기호(記號). 비 늘임표.

연-장군 連將軍 (이을 련, 장수 장, 군사 군). 운동 장기에서, 어느 한쪽에서 연달아[連] 부르는 장군(將軍). 또는 그런 말밭에 놓인 관계.

연장-체 聯章體 (잇달 련, 글 장, 모양 체). 문학 여러 장(章)으로 이어진[聯] 시가 형식[體].

연:재[1] 軟材 (무를 연, 재목 재). 재질이 비교적 무른[軟] 침엽수(針葉樹) 따위의 목재(木材).

연재[2] 連載 (이을 련, 실을 재). 신문이나 잡지 따위에 긴 글이나 만화 따위를 여러 차례로 나누어서 계속하여[連] 싣는 일[載]. ¶연재 만화 / 그녀는 신문에 소설을 연재하고 있다.

▸ 연재-물 連載物 (만물 물). 신문이나 잡지에 여러 차례로 나누어 계속해서[連] 싣는[載] 소설이나 만화 따위[物]를 통틀어 이르는 말.

▸ 연재-소설 連載小說 (작을 소, 말씀 설). 신문이나 잡지 따위에 계속해서[連] 싣는[連載] 소설(小說).

연:적[1] 硯滴 (벼루 연, 물방울 적). 벼루[硯]에 먹을 갈 때 쓰는, 물[滴]을 담는 그릇. 비 연수(硯水).

연:적² 戀敵 (그리워할 련, 원수 적). 연애(戀愛)의 경쟁자[敵]. 또는 연애를 방해하는 사람.

연전 年前 (해 년, 앞 전). 몇 해[年] 앞[前].

연전 連戰 (이을 련, 싸울 전). 연이어[連] 싸움[戰].

▸연전-연승 連戰連勝 (이을 련, 이길 승). 싸울[戰] 때마다 연이어[連] 이김[勝]. ⓑ연전연첩(連戰連捷).

▸연전-연패 連戰連敗 (이을 련, 패할 패). 싸울[戰] 때마다 연이어[連] 짐[敗]. ¶연전연패를 거듭하다.

연접 連接 (이을 련, 닿을 접). ① 속뜻 서로 이어[連] 맞닿음[接]. 또는 이어 맞닿게 함. ② 언어 발화(發話) 가운데 오는 경계 또는 휴지.

연정¹ 聯政 (잇달 련, 정치 정). 정치 둘 이상의 정당 대표들이 연립(聯立)하여 조직되는 정부(政府). '연립 정부'(聯立政府)의 준말.

연:정² 戀情 (그리워할 련, 마음 정). 이성을 그리워하는[戀] 마음[情].

연:제 演題 (펼칠 연, 제목 제). 연설(演說)이나 강연(講演) 따위의 제목(題目).

연-존장 年尊長 (나이 년, 높을 존, 어른 장). 나이[年]가 많아 높은[尊] 어른[長]. 서로 나이를 비교하였을 때, 스무 살 이상 많은 어른.

연좌¹ 連坐 (이을 련, 앉을 좌). 여러 사람이 자리에 줄지어[連] 앉음[坐]. ¶연좌 농성.

연좌² 緣坐 (인연 연, 앉을 좌). 부자, 형제 등 혈연(血緣)으로 맺어진 사람의 죄로 인하여 무고하게 죄인의 자리에 앉아[坐] 처벌을 당하는 일.

연주¹ 連奏 (=聯奏, 이을 련, 연주할 주). 음악 같은 종류의 악기를 두 사람 이상이 함께[連] 연주(演奏)하는 일. ¶그들은 한 대의 피아노로 연주하였다.

연:주² 演奏 (펼칠 연, 곡조 주). 어떤 곡조[奏]를 악기로 펼쳐[演] 보임. ¶바이올린 연주 / 그녀는 베토벤의 곡을 연주했다.

▸연:주-가 演奏家 (사람 가). 연주(演奏)를 전문으로 하는 사람[家]. ¶재즈 연주가.

▸연주-곡 演奏曲 (노래 곡). 연주(演奏)를 위하여 만든 곡(曲).

▸연:주-권 演奏權 (권리 권). 법률 악보를 독점적으로 연주(演奏)할 수 있는 권리(權利).

▸연:주-단 演奏團 (모일 단). 연주(演奏)를 목적으로 결성한 예술 단체(團體).

▸연:주-법 演奏法 (법 법). 음악 악기를 연주(演奏)하는 방법(方法).

▸연:주-자 演奏者 (사람 자). 악기를 연주(演奏)하는 사람[者].

▸연:주-회 演奏會 (모일 회). 음악을 연주(演奏)하여 청중에게 들려주는 모임[會]. ¶피아노 연주회 / 졸업 연주회.

연주³ 聯珠 (잇달 련, 구슬 주). ① 속뜻 구슬[珠]을 꿴[聯]. 또는 그 구슬. ② 문학 아름다운 시문(詩文)을 이르는 말. 연주시(聯珠詩).

▸연주-시 聯珠詩 (시 시). 문학 ① 구슬[珠]을 꿰듯[聯] 구성된 시(詩). 후구의 첫 글자에 전구의 끝 글자를 사용하여 엮어 나간다. ② 연주(聯珠).

▸연주-체 聯珠體 (모양 체). 문학 구슬[珠]을 꿰듯[聯] 풍자와 비유와 가탁을 주장으로 하여 대귀로 짓는[珠] 시문(詩文)의 한 격식[體].

연주 시:차 年週視差 (해 년, 돌 주, 볼 시, 어긋날 차). ① 속뜻 1년(年)을 주기(週期)로 하여 천체를 보았을[視] 때 생기는 방향의 차이(差異). ② 천문 어떤 천체를 지구에서 본 방향과 태양에서 동시에 본 방향의 차이. 각도로 값을 나타내며 이것으로 천체의 거리를 측정한다. ⓑ일심 시차(日心視差).

연주 운:동 年週運動 (해 년, 돌 주, 돌 운, 움직일 동). ① 속뜻 1년(年)을 주기(週期)로 도는[運] 움직임[動]. ② 천문 지구의 공전 운동 때문에 천체가 1년을 주기로 지구의 둘레를 한 바퀴 도는 것처럼 보이는 현상.

연죽 煙竹 (담배 연, 대나무 죽). ① 속뜻 담배[煙]를 피우는 데 쓰는 대나무[竹]. ② 담배통, 설대, 물부리와 세 부분으로 이루어진 담배를 재어 피우는 기구. ⓑ담뱃대.

연중 年中 (해 년, 가운데 중). 한 해[年] 동안[中]. ¶그곳은 연중 내내 번잡하다.

▸연중-무휴 年中無休 (없을 무, 쉴 휴). 일 년[年] 내내[中] 하루도 쉬는[休] 날이 없음[無].

▸연중-행사 年中行事 (행할 행, 일 사). 해마다[年中] 일정한 시기를 정하여 놓고 행

(行)하는 일[事].

연-중석 鉛重石 (납 연, 무거울 중, 돌 석). ① 속뜻 납[鉛] 성분이 많아 무거운[重] 돌[石]. ② 광업 납과 텅스텐을 함유한 광석. 정방 정계(正方晶系)에 속한 결정으로 둥글게 뭉쳐나는데, 붉은색·회색·갈색·누런색 따위를 띠며, 금강석 광택이 난다.

연:지[1] 硯池 (벼루 연, 못 지). 벼루[硯]의 앞쪽에 못[池]처럼 오목하게 파인 곳. 먹을 갈기 위해 물을 붓거나 간 먹물이 고이는 곳이다.

연지[2] 蓮池 (연꽃 련, 못 지). ① 속뜻 연(蓮)꽃을 심은 못[池]. 연못. ¶꽤 넓은 두 개의 연지가 있다.

연지[3] 臙脂 (연지 연, 기름 지). ① 속뜻 여자가 화장할 때 입술이나 뺨[臙]에 찍는 붉은 빛깔의 염료[脂]. ¶볼에 연지를 바르다. ② 자주와 빨강의 중간색. 또는 그 색의 물감. ③ 미술 기본 색의 하나. 먼셀 표색계에서는 10RP 4/14에 해당한다. ㉥구지(口脂), 홍지(紅脂).

▸연지-묵 臙脂墨 (먹 묵). 연지(臙脂)로 된 먹[墨]. 보통 그림을 그리는 데에 사용하며 색깔은 검붉은 밤색을 띤다.

▸연지-분 臙脂粉 (가루 분). ① 속뜻 볼연지(臙脂)와 분(粉)을 아울러 이르는 말. ② 화장품.

연직 鉛直 (납 연, 곧을 직). 수학 ① 중력의 방향. 실에 추[鉛]를 달아 늘어뜨릴 때 그 실이 수직(垂直)을 이루는 상태. ② 어떤 직선이 다른 직선이나 평면에 대하여 수직인 상태.

▸연직-면 鉛直面 (쪽 면). 수학 수직면(垂直面).

▸연직-선 鉛直線 (줄 선). ① 물리 중력의 방향[鉛直]을 나타내는 선(線). 추를 매단 실을 늘어뜨릴 때에 실이 가리키는 방향과 같다. 추선(錘線). ② 수학 수선(垂線).

▸연직 거:리 鉛直距離 (떨어질 거, 떨어질 리). 수학 공간 안에 있는 두 점의 거리를 그 두 점과 수평면과의 높이의 차이로 나타내는[鉛直] 거리(距離).

연:질 軟質 (무를 연, 바탕 질). 무른[軟] 성질(性質). 또는 그런 성질을 지닌 물질.

▸연:질-미 軟質米 (쌀 미). 굳기가 무른[軟質] 쌀[米]. 수분이 15%이상 함유되어 있어 변질하기 쉬운 현미. 햇빛과 기온 관계로 우리나라의 북부 지방에서 많이 생산된다.

▸연:질 유리 軟質琉璃 (유리 류, 유리 리). 화학 굳기가 무른[軟質] 유리(琉璃). 연화점이 낮아 비교적 쉽게 녹아서 가공하기 쉬운 유리. 일반적으로 소다 석회 유리를 가리키는 경우가 많으며, 유리창·유리병·전구 따위에 사용한다.

연차[1] 年差 (해 년, 어긋날 차). ① 속뜻 해[年]마다 다른 차이(差異). ② 천문 달의 운행이 일정하지 않은 현상. 지구의 궤도가 타원 모양이기 때문에 태양과 달의 거리는 1년을 주기로 변하며 그 결과 달에 미치는 태양의 인력이 1년을 주기로 변하기 때문에 일어난다. 연주차.

연차[2] 年次 (해 년, 차례 차). 해[年]를 기준으로 한 차례(次例).

▸연차 계:획 年次計劃 (셀 계, 나눌 획). 연차(年次) 별로 세운 계획(計劃).

▸연차 교:서 年次教書 (가르칠 교, 글 서). 정치 미국 대통령이 해마다[年次] 정기적으로 의회에 보내는 교서(教書). 연두 교서(年頭教書).

▸연차 대:회 年次大會 (큰 대, 모일 회). 해마다[年次] 정기적으로 여는 대회(大會).

▸연차 휴가 年次休暇 (쉴 휴, 겨를 가). 법률 해마다[年次] 종업원에게 주도록 정해진 유급 휴가(有給休暇). 근로 기준법에 의하면 1년 동안 개근한 근로자에게 8일간, 90% 이상 출근한 사람에게는 3일을 주게 되어 있다. 연차 유급 휴가(年次有給休暇).

연:-차관 軟借款 (무를 연, 빌릴 차, 항목 관). ① 속뜻 조건이 쉬운[軟] 차관(借款). ② 낮은 금리나 긴 상환 기간 따위의 유리한 조건을 지닌 차관.

연착[1] 延着 (끌 연, 붙을 착). 시간을 끌어[延] 시간보다 늦게 도착(倒着)함. ¶열차는 한 시간이나 연착했다.

연:착[2] 軟着 (부드러울 연, 붙을 착). 항공 비행 물체가 충격 없이 가볍게[軟] 착륙(着陸)함. 연착륙(軟着陸).

연:-착륙 軟着陸 (부드러울 연, 붙을 착, 뭍 륙). 항공 비행 물체가 충격 없이 가볍게[軟] 착륙(着陸)함. ㊟연착.

연:찬 研鑽 (갈 연, 뚫을 찬). ① 속뜻 갈고[硏] 뚫음[鑽]. ② 학문 따위를 깊이 연구함.

연:채 軟彩 (부드러울 연, 빛깔 채). 수공 중국 청나라 때에 도자기에 칠하던 연(軟)하고 고운 빛깔[彩]의 무늬.

연천 年淺 (나이 년, 얕을 천). ① 속뜻 나이[年]가 아직 적음[淺]. ② 시작한 지 몇 해가 아니 됨.

연철[1] 連綴 (이을 련, 꿰맬 철). 언어 한 음절의 종성을 다음 자의 초성으로 연달아[連] 이어[綴] 씀. 또는 그런 방법.

연철[2] 鉛鐵 (납 연, 쇠 철). 광업 납[鉛]과 철분(鐵分)이 섞여 있는 광석.

연:철[3] 鍊鐵 (불릴 련, 쇠 철). ① 속뜻 잘 단련(鍛鍊)한 쇠[鐵]. ② 공업 주철에 공기를 통하고 산화철에 섞어서 탄소분을 감량한 쇠. 탄소를 0.2% 이하로 함유하며 철선이나 못을 만드는 데에 쓴다.

연:철[4] 軟鐵 (무를 연, 쇠 철). ① 속뜻 굳기가 무른[軟] 쇠[鐵]. ② 광업 탄소 함유량 0.01% 이하의 무른 철. 무르고 전성(展性)과 연성(延性)이 크며 자기(磁氣)를 띠기도 쉬우나 잃기도 쉽다. 전자기 재료로 쓴다.

▶ 연:철-심 軟鐵心 (중심 심). 무른 쇠[軟鐵]로 만든 막대기 모양의 심(心). 이것에 절연한 구리줄을 감으면 전자석(電磁石)이 된다.

연체 延滯 (끌 연, 막힐 체). ① 속뜻 기한을 끌어[延] 의무 이행을 지체(遲滯)함. ② 법률 기한 안에 이행해야 할 채무나 납세 따위를 지체하는 일. ¶연체요금 / 그는 집세를 연체했다.

▶ 연체-금 延滯金 (돈 금). 법률 연체(延滯)했을 때 내는 돈[金]. 세금 따위를 기한 안에 납부하지 못하였을 때, 체납한 날짜에 따라 가산하여 치르는 돈. 참 연체료.

▶ 연체-료 延滯料 (삯 료). 법률 연체(延滯)했을 때 내는 돈[料]. 참 연체금.

▶ 연체 이:자 延滯利子 (이로울 리, 접미사 자). 경제 연체(延滯)했을 때 내는 이자(利子). 기한 안에 이행해야 할 채무나 납세 따위를 지체하였을 때 밀린 날짜에 따라 치르는 이자.

연:체-동물 軟體動物 (무를 연, 몸 체, 움직일 동, 만물 물). ① 속뜻 부드러운[軟] 몸[體]을 가진 동물(動物). ② 동물 후생동물의 한 문. 몸은 머리, 내장, 다리, 외투막의 네 부분으로 되어 있으며 뼈가 없다. 달팽이, 문어, 조개 따위가 이에 속한다.

연초[1] 年初 (해 년, 처음 초). 새해[年]의 첫머리[初]. 비 연시(年始), 정초(正初). 반 연말(年末).

연초[2] 煙草 (담배 연, 풀 초). 담배[煙]를 만드는 풀[草]. 담배.

연초[3] 鉛醋 (납 연, 초 초). ① 속뜻 납[鉛]과 초(醋). ② 화학 염기성 아세트산납의 용액.

연:-초록 軟草綠 (부드러울 연, 풀 초, 초록빛 록). 엷은[軟] 초록색(草綠色). ¶나무는 연초록 몽우리를 맺었다.

연축 攣縮 (이어질 련, 줄일 축). ① 속뜻 이어져[攣] 오그라듦[縮]. ② 생물 순간적인 자극으로 근육이 오그라들었다가 이완되어 다시 본래의 상태로 되돌아가는 과정. 잠자극기(潛刺戟期), 수축기, 이완기로 구분된다.

연축-기 連軸器 (이을 련, 굴대 축, 그릇 기). ① 속뜻 축에서 축(軸)으로 이어주는[連] 기계(器械). ② 기계 한 축에서 다른 축으로 동력을 끊었다 이었다 하는 장치. 교합식, 원판식, 원추식, 전자식, 마찰식 따위가 있다. 클러치.

연:출 演出 (펼칠 연, 날 출). ① 속뜻 대본의 내용을 행동으로 펼쳐[演] 드러냄[出]. ② 연영 연극·영화·방송극 따위에서, 대본(臺本)에 따라 배우의 연기나 무대 장치, 조명, 음향 효과 따위를 지도하고 전체를 종합하여 하나의 작품이 되게 하는 일. ¶그 연극은 연출이 훌륭했다. ③ 어떤 행사나 집회를 효과적으로 진행시키는 일.

▶ 연:출-가 演出家 (사람 가). 연극이나 방송극 따위에서, 연출(演出)을 전문으로 하는 사람[家].

연충[1] 淵衷 (못 연, 속마음 충). 연못[淵]처럼 깊은 속마음[衷]. 심충(深衷).

연충[2] 蠕蟲 (꿈틀거릴 연, 벌레 충). 동물 꿈틀거리며[蠕] 기어다니는 벌레[蟲]를 통틀어 이르는 말. 거머리, 지렁이, 회충 따위가 있다.

연층 갱도 沿層坑道 (따를 연, 층 층, 구덩이 갱, 길 도). 광업 탄광에서 탄층(炭層)을 따라[沿] 파낸 편평한 또는 경사진 갱도(坑道).

연치 年齒 (나이 년, 이 치). '나이'[年=齒]의 높임말. '齒'는 생장과 관련이 있어 '나이'의 뜻도 나타낸다.

연타[1] 連打 (이을 련, 칠 타). 계속하여[連] 때림[打].

연:타[2] 軟打 (부드러울 연, 칠 타). 운동 야구에서, 투수가 던진 공이 가까운 거리에 떨어지도록 가볍고 부드럽게[軟] 침[打]. 번트(bunt).

연:탄 煉炭 (불릴 련, 숯 탄). ① 속뜻 반죽한 다음 불려[煉] 만든 석탄(石炭). ② 광업 주원료인 무연탄과 목탄 등을 섞어 굳혀 만든 연료. 잘 타게 하기 위하여 상하로 통하는 여러 개의 구멍을 뚫는다. ¶강원도에는 연탄을 때는 집이 많다.

연탄 聯彈 (=連彈, 잇달 련, 튀길 탄). ① 속뜻 악기를 나란히 잇달아[聯] 퉝김[彈]. ② 음악 한 대의 피아노를 두 사람이 함께 치며 연주함. 또는 그런 연주법. 하나의 곡을 높은 음부와 낮은 음부 또는 가락부와 반주부로 나누어 연주한다.

연통 煙筒 (연기 연, 대롱 통). 연기(煙氣)가 지나가는 대롱[筒]. ¶그을음이 껴서 연통이 꽉 막혔다.

연통-관 連通管 (이을 련, 통할 통, 관 관). 물리 둘 이상의 관의 밑을 하나로 연결(連結)하여 통(通)하게 만든 관(管). 관 속에 들어간 액체는 관의 모양 및 액체의 양과 상관없이 그 자유 표면은 모두 같은 높이가 된다. 액체의 밀도 측정 따위에 이용한다.

연:투[1] 軟投 (부드러울 연, 던질 투). 운동 야구에서, 투수가 속도를 느리게하여 부드럽게[軟] 공을 던지는[投] 일.

연투[2] 連投 (이을 련, 던질 투). 운동 야구에서, 투수가 두 경기 이상에 연속(連續)으로 등판하여 공을 던지는[投] 일.

연파[1] 連破 (이을 련, 깨뜨릴 파). 싸움이나 경기 따위에서 상대편을 계속하여[連] 패배시킴[破].

연:파[2] 軟派 (무를 연, 갈래 파). ① 속뜻 세력이 약한[軟] 파(派). ② 주장이나 요구 따위를 강하게 내세우지 못하는 소극적인 파. ③ 문예상 에로티시즘을 주로 다루는 파. ④ 신문이나 잡지 따위에서 사회면이나 문화면을 담당하는 기자. ⑤ 장차 경기(景氣)가 좋지 아니할 것이라고 예상하여 주권 따위를 팔려고 하는 파. ⑥ 이성과의 교제를 좋아하거나 연애 소설 따위를 탐독하는 사람.

연판[1] 鉛版 (납 연, 널빤지 판). ① 속뜻 납[鉛]으로 만든 판(版). ② 출판 활자를 짠 원판에 대고 지형을 뜬 다음에 납, 주석, 알루미늄의 합금을 녹여 부어서 뜬 인쇄판. 활자가 닳는 것을 막고 인쇄 능률을 높일 수 있다.

연판[2] 蓮板 (연꽃 련, 널빤지 판). 연꽃[蓮] 무늬로 뜬 나무판[板]. 천 따위를 염색하는 데 쓰인다.

연판[3] 連判 (이을 련, 판가름할 판). ① 속뜻 한 문건에 여러 사람이 연이어[連] 도장을 찍어서 판결(判決)함. ② 한 문건에 여러 사람이 도장을 찍음.

▶ **연판-장 連判狀** (문서 장). 연판(連判)한 서장(書狀).

연패[1] 連敗 (이을 련, 패할 패). 싸움이나 경기에서 계속하여[連] 짐[敗]. ¶3연패 끝에 승리를 거두었다. ⓑ연승(連勝).

연패[2] 連霸 (이을 련, 으뜸 패). 운동 경기 따위에서 연달아[連] 우승하여 으뜸[霸]이 됨. ¶그 선수는 지난 대회에 이어 2연패를 기록했다.

연-평균 年平均 (해 년, 평평할 평, 고를 균). 1년(年)을 단위로 하여 내는 평균(平均). ¶연평균 강수량.

연-평수 延坪數 (늘일 연, 면적단위 평, 셀 수). 여러 층으로 된 건물의 각 층의 평수를 모두 합친[延] 평수(坪數).

연폭 連幅 (이을 련, 너비 폭). 피륙, 종이, 널빤지 따위의 조각을 너비로 마주 이어서 붙임. 또는 그렇게 이어진[連] 폭(幅).

***연표 年表** (해 년, 나타낼 표). 역사적 사실을 발생 연도(年度) 순으로 나타냄[表]. ¶한국사 연표. ⓑ연대표(年代表).

연풍[1] 年豐 (해 년, 넉넉할 풍). 수확[年]이 풍성(豐盛)함.

연풍[2] 連豐 (이을 련, 풍년 풍). 여러 해를 계속하여[連] 드는 풍년(豐年).

연:풍[3] 軟風 (부드러울 연, 바람 풍). ① 속뜻 부드러운[軟] 바람[風]. 솔솔 부는 바

람. ② 지리 풍력 계급 3의 바람. 초속 3.4~5.4미터로 불며, 나뭇잎과 잔가지가 일정한 운동을 하고 깃발이 가볍게 흔들리는 정도의 바람이다. ③ 지리 바닷가에서 낮과 밤의 온도 차이가 클 때 부는 바람. ㊥산들바람, 육풍(陸風), 해연풍(海軟風).

연피-선 鉛被線 (납 연, 덮을 피, 줄 선). 전기 납[鉛]을 입힌[被] 전깃줄[線].

연피 전:선 鉛被電線 (납 연, 덮을 피, 전기 전, 줄 선). 전기 도선(導線)을 고무나 절연된 피륙 따위로 싸고 다시 납을 씌운[鉛被] 전선(電線). ㊕연피선.

연필 鉛筆 (납 연, 붓 필). 흑연(黑鉛)으로 심을 넣어 만든 필기(筆記) 도구. ¶연필로 써야 지우기가 쉽다.

▸ 연필-심 鉛筆心 (가운데 심). 연필(鉛筆) 속에 들어 있는 가느다란 심(心). ¶연필심이 부러지다.

▸ 연필-화 鉛筆畫 (그림 화). 미술 연필(鉛筆)로 그린 그림[畫].

연하[1] 年下 (나이 년, 아래 하). 나이[年]가 아래임[下]. 또는 그런 사람. ¶그는 나보다 3살 연하이다. ㊥연상(年上).

연하[2] 年賀 (해 년, 축하할 하). 새해[年]를 맞이하게 된 것을 축하(祝賀)함. ¶편지로 연하 인사를 드렸다.

▸ 연하-장 年賀狀 (편지 장). 새해를 축하하기[年賀] 위하여 간단한 글이나 그림을 담아 보내는 편지[狀]. ¶선생님께 연하장을 보냈다.

▸ 연하-우편 年賀郵便 (우송할 우, 편할 편). 연하장(年賀狀) 따위의 새해를 축하하는 우편(郵便)을 이름.

연하[3] 煙霞 (연기 연, 노을 하). ① 속뜻 안개[煙]와 노을[霞]을 아울러 이름. ② 고요한 산수의 경치를 비유하여 이르는 말.

▸ 연하-고질 煙霞痼疾 (고질 고, 병 질). 자연의 아름다운 경치[煙霞]를 몹시 사랑하고 즐기는 버릇을 오랜 병[痼疾]에 비유한 말. 연하지벽(煙霞之癖). 천석고황(泉石膏肓).

▸ 연하지벽 煙霞之癖 (어조사 지, 버릇 벽). 자연의 아름다운 경치[煙霞]를 몹시 사랑하고 즐기는 버릇[癖]. 연하고질(煙霞痼疾).

연:학 研學 (갈 연, 배울 학). 학문(學問)을 연구(研究)함. 공학(功學).

연한 年限 (해 년, 한할 한). 한정(限定)된 햇[年]수. 연기(年期).

연합 聯合 (잇달 련, 합할 합). ① 속뜻 잇달아[聯] 합침[合]. ② 두 가지 이상의 사물이 서로 합동하여 하나의 조직체를 만듦. 또는 그렇게 만든 조직체. ¶백제는 신라와 연합하여 고구려에 대항했다.

▸ 연합-국 聯合國 (나라 국). ① 속뜻 공통의 목적을 위하여 연합(聯合)한 나라[國]. ② 역사 제일 차 세계 대전 때에 삼국 협상 쪽에 참전한 여러 나라를 통틀어 이르는 말. ③ 역사 제이 차 세계 대전 때에 추축국과 싸운 여러 나라를 통틀어 이르는 말. 미국, 영국, 프랑스, 중국, 소련 등을 이른다.

▸ 연합-군 聯合軍 (군사 군). 군사 연합국(聯合國)의 군대(軍隊).

▸ 연합 전:선 聯合戰線 (싸울 전, 줄 선). 여러 나라 또는 여러 부대가 연합(聯合)하여 펴는 전선(戰線).

▸ 연합 함:대 聯合艦隊 (싸움배 함, 무리 대). 군사 두 개 이상 또는 두 나라 이상의 함대로 편성된[聯合] 주력 함대(艦隊).

연해[1] 煙害 (연기 연, 해칠 해). ① 속뜻 연기(煙氣)의 독으로 인하여 생기는 공해(公害). ② 제련소나 공장의 굴뚝 따위에서 나오는 유독 가스, 유황을 품은 석탄 연기, 또는 화산에서 나오는 연기로 사람·가축·농작물 따위에 해를 끼침.

연해[2] 緣海 (가선 연, 바다 해). 지리 큰 바다의 가장자리[緣]에 있는 바다[海]. 섬이나 반도에 의하여 대양에서 격리되어 있는 바다. 동해와 황해, 오호츠크 해, 카리브 해, 베링 해 따위.

연해[3] 沿海 (따를 연, 바다 해). 바다[海]를 따라[沿] 있는 곳. 육지(陸地)에 가까이 있는 바다, 즉 대륙붕을 덮고 있는 바다를 이른다. ¶포항 연해에서는 고등어가 많이 잡힌다.

▸ 연해-변 沿海邊 (가 변). 바다를 따라[沿海] 있는 육지의 가[邊]. 연해(沿海).

▸ 연해-안 沿海岸 (언덕 안). 바다를 따라[沿海] 있는 언덕[岸]. ㊕해안.

▸ 연해 무:역 沿海貿易 (바꿀 무, 바꿀 역). 경제 연해(沿海)에서 이루어지는 무역(貿易). 한 나라의 영토 안에 있는 항구 사이를

왕래하면서 거래하는 무역. 연안 무역(沿岸貿易).

▸연해 어업 沿海漁業 (고기잡을 어, 일 업). 수산 연해(沿海)에서 이루어지는 어업(漁業). 해안선 부근서 하는 어업. 연안 어업(沿岸漁業).

연행[1] **連行** (이을 련, 갈 행). ① 속뜻 잇달아[連] 감[行]. ② 강제로 데리고 감. 특히 경찰관이 피의자를 체포하여 경찰서로 데리고 가는 일을 이른다. ¶경찰이 그를 연행해 갔다.

연:행[2] **燕行** (제비 연, 갈 행). 역사 사신이 중국의 연경(燕京)에 가던[行] 일. 또는 그 일행. '연경'은 현재의 북경(北京)이다.

▸연:행-가 燕行歌 (노래 가). 문학 조선 고종 때에 홍순학이 중국 청나라 연경(燕京)에 갔다가[行] 오는 동안의 기행과 견문을 적은 노래[歌].

연:혁 沿革 (따를 연, 바꿀 혁). ① 속뜻 지난 것을 따른 것[沿]과 바꾼 것[革]. ② 변천하여 온 내력. ¶학교의 연혁.

연형 동:물 蠕形動物 (꿈틀거릴 연, 모양 형, 움직일 동, 만물 물). ① 속뜻 꿈틀거리는[蠕] 모양[形]의 동물(動物). ② 동물 편형동물, 원형동물, 선형동물 따위를 통틀어 이르는 말. 가늘고 긴 몸은 뼈가 없어 유연하고 발이 없어 몸을 움직여 다닌다.

연형-시조 連形時調 (이을 련, 모양 형, 시 시, 가락 조). ① 속뜻 연이어져[連] 있는 형태(形態)의 시조(時調). ② 문학 몇 수의 시조가 합하여 한 주제 아래 엮어짐. 고산구곡가(高山九曲歌), 도산십이곡(陶山十二曲) 따위.

연호[1] **年號** (해 년, 이름 호). 임금이 즉위한 해[年]를 상징하는 이름[號]. ¶고구려 광개토왕의 연호는 '영락'(永樂)이었다.

연호[2] **連呼** (이을 련, 부를 호). 연이어[連] 부름[呼].

연호[3] **煙戶** (연기 연, 집 호). ① 속뜻 굴뚝에서 연기(煙氣)가 나는 집[戶]. ② 사람이 사는 집을 비유하여 이르는 말. ③ 일반 백성들의 집.

▸연호-법 煙戶法 (법 법). ① 속뜻 일반 백성의 집[煙戶]을 세는 방법(方法). ② 역사 조선 시대에 채택한 호적법의 하나. 태조 때에 제정한 것으로 민호를 식구의 수, 전결의 수, 호주의 신분에 따라 상호(上戶)·중호(中戶)·하호(下戶)·하하호(下下戶)의 등급으로 나누었다.

연혼 連婚 (이을 련, 혼인할 혼). ① 속뜻 혼인(婚姻) 관계를 맺음[連]. ② 혼인으로 인하여 인척 관계가 생김.

연:화[1] **軟化** (무를 연, 될 화). ① 속뜻 단단한 것이 부드럽고 무르게[軟] 됨[化]. 또는 그렇게 함. ¶연화 현상. ② 강경하게 주장하던 것을 버리고 타협하는 태도를 보임. ③ 경제 금융 시장이나 증권 거래소에서 금리나 시세가 하락하는 일.

연:화[2] **軟貨** (무를 연, 돈 화). ① 속뜻 지폐처럼 부드러운[軟] 성질의 돈[貨]. ② 경제 국제 수지의 결제에서 금이나 다른 나라 화폐와 바꿀 수 없는 화폐. 교환 불능 통화.

연화[3] **蓮花** (연꽃 련, 꽃 화). ① 속뜻 연(蓮)꽃[花]. ② 식물 수련과의 여러해살이 수초. 연못이나 논밭에서 자라며 뿌리줄기가 굵고, 잎은 뿌리줄기에서 나와 잎자루 끝에 달리고, 약용한다.

▸연화-국 蓮花國 (나라 국). ① 속뜻 연꽃[蓮花]이 피어 있는 나라[國]. ② 불교 '극락'을 달리 이르는 말.

▸연화-대 蓮花臺 (돈대 대). ① 불교 불상을 올려놓는 연꽃[蓮花] 모양으로 된 높고 평평한 곳[臺]. 연화좌(蓮華座). ② 예술 예전에 나라의 잔치 때에 추던 춤의 하나. 연화대무. 연화무.

▸연화-등 蓮花燈 (등불 등). 연꽃[蓮花] 모양으로 만든 등(燈).

▸연화-문 蓮花紋 (무늬 문). 연꽃[蓮花] 무늬[紋].

▸연화-좌 蓮花坐 (앉을 좌). 불교 연꽃[蓮花] 모양으로 만든 불상(佛像)의 자리[坐]. 연화는 진흙 속에서 피어났어도 물들지 않는 덕이 있으므로 불보살의 앉는 자리를 만든다.

▸연화-세계 蓮花世界 (세상 세, 지경 계). ① 속뜻 연꽃[蓮花]이 피는 세계(世界). ② 불교 아미타불의 극락 정토가 있는 세계. 지극히 안락하고 아무 걱정이 없다고 하는 곳. 극락세계(極樂世界).

연환 連環 (이을 련, 고리 환). 고리[環]를 연결(連結)함. 또는 그렇게 만든 사슬.

▸연환-계 連環計 (꾀 계). ① 속뜻 고리를 연결시키는[連環] 것과 같은 계책(計策). ② 간첩을 적에게 보내어 계교를 꾸미게 하고 그사이에 자신은 승리를 얻는 계교. 중국 삼국 시대에 오나라의 주유(周瑜)가 위나라 조조의 군사를 불로 공격할 때에 방통(龐統)을 보내어 조조의 군함들을 쇠고리로 연결시키게 하였다는 데서 유래.

연회[1] **年會** (해 년, 모일 회). ① 속뜻 일 년(年)에 한 번 여는 집회(集會). ② 기독교 감리교의 연례 집회. 목사와 평신도의 대표로 조직된다.

연:회[2] **宴會** (잔치 연, 모일 회). 잔치[宴]에 여러 사람이 모임[會]. 또는 여러 사람이 모인 잔치. ¶신년 연회를 열다.

▸연:회-석 宴會席 (자리 석). 잔치[宴會] 자리[席].

연횡 連橫 (=連衡, 이을 련, 가로 횡). ① 속뜻 가로[橫]로 연결(連結)함. ② 역사 중국 전국 시대에, 진(秦)나라의 장의(張儀)가 주장한 외교 정책. 한(韓)·위(魏)·조(趙)·초(楚)·연(燕)·제(齊)의 여섯 나라가 종(縱)으로 동맹을 맺어 진나라에 대항하자는 합종설에 맞서서, 진나라가 이들 여섯 나라와 횡(橫)으로 각각 동맹을 맺어 화친할 것을 주장했다. 연횡설(連衡說).

연후 然後 (그러할 연, 뒤 후). 그런[然] 뒤[後].

연휴[1] **年休** (해 년, 쉴 휴). 법률 해[年]마다 종업원에게 주도록 정해진 유급 휴가(休暇). 근로 기준법에 의하면 1년 동안 개근한 근로자에게 8일간, 90% 이상 출근한 사람에게는 3일을 주게 되어 있다. '연차 유급 휴가'(年次有給休暇)의 준말.

연휴[2] **連休** (이을 련, 쉴 휴). 휴일(休日)이 이틀 이상 계속되는[連] 일. 또는 그 휴일. ¶설 연휴 / 연휴에는 비행기 요금이 비싸다.

연흔 漣痕 (잔물결 련, 흉터 흔). ① 속뜻 바람에 의하여 모래나 눈 위에 만들어지는 물결[漣] 모양의 흔적(痕迹). ② 지리 호숫가나 해안의 지층 표면에 새겨져 있는 물결 모양의 울퉁불퉁한 흔적. 지층의 퇴적 당시에 형성된 것으로 현재의 해안이나 강바닥의 모래땅 표면에서도 볼 수 있다.

연:희 演戱 (펼칠 연, 연극 희). ① 속뜻 극[戱]을 연출(演出)함. 말과 동작으로 재주를 부림. ② 연영 배우가 각본에 의하여 분장하고 음악, 배경, 조명, 그 밖의 여러 가지 장치의 힘을 빌어서 어떤 사건과 인물을 구체적으로 연출하는 예술.

열가소성 수지 熱可塑性樹脂 (더울 열, 가히 가, 흙 빚을 소, 성질 성, 나무 수, 기름 지). 화학 가열(加熱)하면 어떤 모양을 만들[塑] 수 있는[可] 성질(性質)의 합성 수지(樹脂).

열각 劣角 (약할 렬, 모서리 각). 수학 한 점에서 나오는 두 반직선이 이루는 각 가운데 보다 작은[劣] 쪽의 각(角).

열간 熱間 (더울 열, 사이 간). ① 속뜻 달구어진[熱] 틈[間]. ② 공업 금속 따위를 재결정 온도보다 높은 온도로 달구어서 조작하는 조건.

▸열간 가공 熱間加工 (더할 가, 장인 공). ① 속뜻 가열한[熱] 상태에서[間] 가공(加工)함. ② 공업 쇠붙이를 재결정(再結晶) 온도보다 높은 온도로 처리함.

▸열간 압연 熱間壓延 (누를 압, 늘일 연). 공업 금속을 고온으로 가열한[熱] 상태에서[間] 눌러[壓] 늘이는[延] 가공 방법. 반 냉간 압연(冷間壓延).

열강 列強 (여러 렬, 강할 강). ① 속뜻 여러[列] 강국(強國). ② 국제적(國際的)으로 큰 역할을 맡은 강대한 몇몇 나라. ¶서구 열강의 침입으로 청의 국력은 약화되었다.

열개 裂開 (찢어질 렬, 열 개). ① 속뜻 찢어서[裂] 벌림[開]. 또는 찢겨서 벌어짐. ② 광업 광물이 일정한 결에 따라 갈라지지 않고 그 외의 방향에 따라 쪼개지는 일. 이는 결정의 성장 과정에서 생긴 결함에 의한 것이다.

열거 列擧 (벌일 렬, 들 거). 여러 가지 예나 사실을 낱낱이 죽 늘어[列] 놓음[擧]. ¶그의 장점은 이루 다 열거할 수 없다.

▸열거-법 列擧法 (법 법). 문학 내용적으로 연결되거나 비슷한 여러 개의 어구를 늘어[列]놓아[擧] 전체의 내용을 강조하는 표현 방법(方法). '뛰고 노래하고 춤추고 마구 웃어댔다.' 등이 그 예이다.

열경화-성 熱硬化性 (더울 열, 단단할 경, 될 화, 성질 성). 화학 어떤 종류의 중합체가 열(熱)을 가할수록 단단하게 굳어져서[硬化] 큰 힘을 가하여도 변형되지 않는 성질(性質). 플라스틱 따위에서 볼 수 있다.

▸열경화성 수지 熱硬化性樹脂 (나무 수, 기름 지). 화학 (熱)을 가하면 단단하게 굳어지는[硬化] 성질(性質)을 가진 수지(樹脂).

열곡 裂谷 (찢어질 렬, 골짜기 곡). 지리 ①해양 지각이 형성될 때, 양쪽으로 지각이 갈라져서[裂] 생성된 골짜기[谷]. ②육지에서 관찰되는 두 개의 평행한 단층애로 둘러싸인 좁고 긴 골짜기.

열-공학 熱工學 (더울 열, 장인 공, 배울 학). ① 속뜻 열(熱)을 연구하는 공학(工學). ② 물리 연료(燃料)와 증기(蒸氣)를 이용하는 것에 대한 이론과 기술을 연구하는 학문. 물리학의 한 분야로, 주로 열 이동, 연료와 연소, 열 기계 및 열 장치 따위에 대하여 연구한다.

열과 裂果 (찢어질 렬, 열매 과). 식물 익으면 씨를 담고 있는 껍질이 저절로 벌어지면서[裂] 씨가 땅에 뿌려지는 열매[果]. 완두, 나팔꽃, 무 따위의 열매. 건조 열과(乾燥裂果). 열개과(裂開果).

열-관리 熱管理 (더울 열, 맡을 관, 다스릴 리). ① 속뜻 열(熱)을 다스림[管理]. ② 공업 공장 따위에서 최소의 열(熱)로 최대의 효과를 얻기 위한 여러 가지 방법을 실행하는 일.

열광[1] 烈光 (세찰 렬, 빛 광). 매우 강렬(強烈)한 빛[光].

열광[2] 熱狂 (뜨거울 열, 미칠 광). 너무 기뻐거나 흥분하여[熱] 미친[狂] 듯이 날뜀. 또는 그런 상태. ¶십대 청소년들을 열광의 도가니로 몰아넣었다 / 청중들은 그의 연설에 열광했다.

▸열광-적 熱狂的 (것 적). 몹시 흥분하여[熱] 미친[狂] 듯이 행동하는 것[的].

열교 裂教 (찢어질 렬, 종교 교). ① 속뜻 가톨릭교회에서 분열(分裂)되어 나간 교회(教會). ② 가톨릭 '개신교'를 이르는 말.

열구 悅口 (기쁠 열, 입 구). ① 속뜻 입[口]을 즐겁게[悅] 함. ②음식이 입에 맞음.

▸열구지-물 悅口之物 (어조사 지, 만물 물). 입에 맞는[悅口] 음식[物].

열국 列國 (여러 렬, 나라 국). 여러[列] 나라[國]. 열방(列邦).

열-궁형 劣弓形 (약할 렬, 활 궁, 모양 형). 활[弓]의 모양[形]보다 작음[劣]. 반원보다 작은 활꼴.

열권 熱圈 (더울 열, 범위 권). 지리 고도가 높아짐에 따라 기온이 급상승하는[熱] 대기권(大氣圈). 지표면에서 대략 80km에서 1000km 사이의 영역이며, 대기 농도가 매우 희박하기 때문에 태양 활동에 따라 온도는 극심하게 변화한다.

열기 熱氣 (뜨거울 열, 기운 기). ① 속뜻 뜨거운[熱] 기운(氣運). ¶주방에 들어서자 후끈한 열기가 밀려왔다. ②몸에 열이 있는 기운. ¶기침과 열기를 동반한 감기. ③뜨겁게 가열된 기체. ¶주전자가 뿜어내는 열기에 손을 데다. ④흥분한 분위기. ¶올림픽의 열기.

▸열기-욕 熱氣浴 (목욕할 욕). ① 속뜻 뜨거운[熱] 기운(氣運)으로 목욕(沐浴)함. ② 의학 열기 요법.

▸열기 요법 熱氣療法 (병 고칠 료, 법 법). 의학 전도열[熱氣]을 이용한 온열 치료법(治療法). 류머티즘, 신경통, 비만증 따위의 환자에게 50~80℃로 가열한 공기를 쐬어서 체내의 물질대사를 활발하게 함으로써 병을 치료하는 방법이다. ⓑ열기욕.

열-기관 熱機關 (더울 열, 틀 기, 빗장 관). 기계 열(熱)에너지를 기계적(機械的) 에너지로 바꾸는 기계[機關]. 증기 기관·원자력 기관 따위의 외연 기관과 가솔린 기관·디젤 기관·로켓 기관 따위의 내연 기관으로 나눈다.

열-기구 熱器具 (더울 열, 그릇 기, 갖출 구). 난방이나 조리 등 열(熱)과 관련된 것에 이용하는 기구(器具). 난로, 풍로, 가스레인지 따위.

열-기구 熱氣球 (뜨거울 열, 공기 기, 공 구). 기구(氣球) 속의 공기를 버너로 가열(加熱)하여 팽창시켜, 바깥 공기와 비중의 차이로 떠오르게 만든 기구.

열녀 烈女 (굳셀 렬, 여자 녀). 절개가 굳은[烈] 여자(女子). ¶이 마을에서는 열녀를 기리는 비석을 세웠다. ⓑ열부(烈婦).

▸열녀-문 烈女門 (문 문). 열녀(烈女)의 행

적을 기리기 위하여 세운 정문(旌門).

▸열녀-비 烈女碑 (비석 비). 열녀(烈女)를 기리기 위해 그 행적을 새겨서 세운 비(碑).

▸열녀-전 烈女傳 (전할 전). 열녀(烈女)의 행적을 기록한 전기(傳記).

▸열녀춘향-수절가 烈女春香守節歌 (봄 춘, 향기 향, 지킬 수, 지조 절, 노래 가). ① 속뜻 열녀(烈女) 춘향(春香)이가 절개(節槪)를 지킨[守] 것을 노래[歌] 함. ② 문학 우리나라 대표적인 고소설. 주인공 이몽룡과 춘향의 연애 사건을 중심으로 하여 그 때의 사회적 특권 계급의 횡포 등을 묘사하고 춘향의 정절을 찬양하였다. 춘향전(春香傳).

**열대 熱帶 (더울 열, 띠 대). ① 속뜻 몹시 더운[熱] 지대(地帶). ② 지리 적도를 중심으로 남북 회귀선 사이에 있는 지대. 연평균 기온이 20℃ 이상 또는 최한월 평균 기온이 18℃ 이상인 지역으로 연중 기온이 높고 강우량이 많은 것이 특징이다.

▸열대-림 熱帶林 (수풀 림). 지리 열대 지방(熱帶地方)에 있는 숲[林]. 평균 기온은 20℃이상으로 식물의 종류가 풍부하다. ¶아마존 강 유역에는 열대림이 발달해있다.

▸열대-병 熱帶病 (병 병). 의학 열대(熱帶) 및 아열대(亞熱帶) 지방에서 많이 볼 수 있는 병(病)을 통틀어 이르는 말. 예를 들면 리케차 감염에 의한 발진티푸스, 스피로헤타 감염에 의한 재귀열, 원충 감염에 의한 흑열병, 아프리카 수면병, 아메바성 이질, 말라리아 따위.

▸열대-산 熱帶産 (낳을 산). 열대 지방(熱帶地方)에서 남[産]. 또는 그런 물건.

▸열대-성 熱帶性 (성질 성). 열대(熱帶) 지방의 특유한 성질(性質). ¶브라질은 열대성 기후를 보인다.

▸열대-수 熱帶樹 (나무 수). 열대 지방(熱帶地方)에서 번식하는 나무[樹].

▸열대-야 熱帶夜 (밤 야). 바깥 온도가 25℃ 이상으로, 열대(熱帶) 지방처럼 뜨거운 밤[夜]. ¶열대야가 계속 되면서 사람들의 밤잠을 이루지 못 하고 있다.

▸열대-어 熱帶魚 (물고기 어). ① 속뜻 열대(熱帶) 지방에 사는 어류(魚類)를 통틀어 이르는 말. ② 동물 진기한 형태와 고운 색채를 가진 구피, 네온테트라, 엔젤피시 따위의 관상용 어류를 이르는 말.

▸열대-열 熱帶熱 (더울 열). ① 속뜻 열대지방(熱帶地方)에서 생기는 열병(熱病). ② 의학 열대 지방에 특유한 학질의 한 가지. 이틀씩 걸러 열이 오른다.

▸열대-호 熱帶湖 (호수 호). ① 속뜻 열대지방(熱帶地方)에 있는 호수(湖水). ② 지리 연중 표면 수온이 4℃이상인 호수. 열대와 기온이 높은 온대 남부에 분포한다. ③ 지리 수위가 우기에 높고 건기에 낮은 호수.

▸열대-과실 熱帶果實 (열매 과, 열매 실). 열대 지방(熱帶地方)에서 나는 열매[果實]. 바나나, 파인애플, 야자 따위.

▸열대 기후 熱帶氣候 (기후 기, 기후 후). 지리 열대(熱帶)에 나타나는 기후(氣候). 연교차는 5~6℃로 일교차보다 작고 항상 여름이다. 강수량이 많으며 우계와 건계의 구별이 생긴다. 참 온대(溫帶) 기후, 한대(寒帶) 기후.

▸열대 식물 熱帶植物 (심을 식, 만물 물). 식물 열대 지방(熱帶地方)에서 자라는 식물(植物)을 통틀어 이르는 말.

▸열대 강:우림 熱帶降雨林 (내릴 강, 비 우, 수풀 림). 지리 비[雨]가 많이 내리는[降] 열대 지역(熱帶地域)의 숲[林]. 주로 늘푸른 큰 키 나무, 덩굴풀 또는 기생(寄生) 식물 등이 울창한 밀림을 이룬다.

▸열대 저:기압 熱帶低氣壓 (낮을 저, 공기 기, 누를 압). 지리 열대 지방(熱帶地方)의 해상(海上)에서 발생하는 저기압(低氣壓)을 통틀어 이르는 말.

▸열대 우:림 기후 熱帶雨林氣候 (비 우, 수풀 림, 기후 기, 기후 후). 지리 열대(熱帶)지역으로 비[雨]가 많이 내려 숲[林]이 우거진 지역의 기후(氣候).

열도[1] 列島 (여러 렬, 섬 도). 지리 길게 늘어서 있는 여러[列] 개의 섬[島]. ¶일본 열도.

열도[2] 熱度 (더울 열, 정도 도). ① 속뜻 열(熱)의 도수(度數). ② 열심의 정도.

열독[1] 熱毒 (더울 열, 독할 독). 한의 더위[熱] 때문에 생기는 발진[毒]. 온독(溫毒).

열독[2] 閱讀 (훑어볼 열, 읽을 독). 책이나 문서 따위를 죽 훑어[閱] 읽음[讀].

열등 劣等 (못할 렬, 무리 등). 보통의 수준이나 등급(等級)보다 낮음[劣]. 또는 그런 등급. ¶이 옷은 품질이 열등하다. [반]우등(優等).

▸열등-감 劣等感 (느낄 감). [심리] 자기를 열등(劣等)하다고 느끼는 감정(感情). ¶열등감에 시달리다.

▸열등-생 劣等生 (사람 생). 성적이 열등(劣等)한 학생(學生).

▸열등-아 劣等兒 (아이 아). 지능(知能)이 열등(劣等)한 아이[兒]. 저능아(低能兒).

▸열등-의:식 劣等意識 (뜻 의, 알 식). 자기를 열등(劣等)하다고 생각하는 의식(意識). ¶그는 유능한데도 스스로는 열등의식 때문에 괴로워한다.

열락 悅樂 (기쁠 열, 즐길 락). ① [속뜻] 기뻐하고[悅] 즐거워함[樂]. ¶모든 열락과 행복을 한없이 누렸다. ② [불교] 유한한 욕구를 넘어서서 얻는 큰 기쁨.

열람 閱覽 (훑어볼 열, 볼 람). 책이나 문서 따위를 죽 훑어보거나[閱] 살펴봄[覽]. ¶그 책은 인터넷 열람이 가능하다.

▸열람-권 閱覽券 (문서 권). 도서관 등에서 책 따위를 열람(閱覽)할 수 있는 증명서[券].

▸열람-료 閱覽料 (삯 료). 도서관 등에서 책 따위를 열람(閱覽)하기 위해 내는 돈[料].

▸열람-석 閱覽席 (자리 석). 도서관 등에서 책 따위를 열람(閱覽)하는 자리[席].

▸열람-실 閱覽室 (방 실). 도서관 등에서 책 따위를 열람(閱覽)하는 방[室].

▸열람-자 閱覽者 (사람 자). 도서나 공부(公簿) 따위를 열람(閱覽)하는 사람[者].

열량 熱量 (더울 열, 분량 량). [물리] 열(熱)에너지의 양(量). 단위는 보통 '칼로리'(cal)로 표시한다. ¶열량이 높다.

▸열량-가 熱量價 (값 가). 체내에서 발생하는 에너지의 양[熱量]을 나타낸 수치[價].

▸열량-계 熱量計 (셀 계). [물리] 열량(熱量)을 재는[計] 기구. 물 열량계, 금속 열량계, 얼음 열량계 따위가 있다.

열렬[1] 熱烈 (뜨거울 열, 세찰 렬). ① [속뜻] 뜨겁고[熱] 세차다[烈]. ② 어떤 것에 대한 애정이나 태도가 매우 맹렬하다. ¶열렬한 사랑을 받다 / 귀국 장병을 열렬히 환영하다.

열렬[2] 熱裂 (더울 열, 찢어질 렬). [광업] 열(熱)로 말미암아 광물 따위가 갈라지는 일[裂].

열록 列錄 (벌일 렬, 기록할 록). 죽 벌여서[列] 기록(記錄)함. 열기(列記). 열서(列書).

열뢰 熱雷 (더울 열, 천둥 뢰). ① [속뜻] 열(熱)로 인해 생기는 천둥[雷]. ② [지리] 여름철에 강한 햇살로 지면이 부분적으로 과열되어 생기는 상승 기류가 원인이 되어 발생하는 우레.

열루 熱淚 (뜨거울 열, 눈물 루). 마음속 깊이 사무쳐 흐르는 뜨거운[熱] 눈물[淚]. ¶열루를 뿌리다 / 열루를 흘리다.

열리 熱離 (더울 열, 떨어질 리). ① [속뜻] 열(熱)로 인해 떨어짐[離]. ② [화학] 가역 반응(可逆反應)의 하나. 열에 의한 해리(解離). 열해리(熱解離).

열망 熱望 (뜨거울 열, 바랄 망). 열렬(熱烈)하게 바람[望]. ¶그는 가수가 되기를 열망하고 있다.

열목-어 熱目魚 (더울 열, 눈 목, 물고기 어). ① [속뜻] 열(熱)이 나는 것처럼 눈[目]이 붉은 물고기[魚]. ② [동물] 송어와 비슷한 민물고기. 몸은 은색이며 눈이 붉고, 옆구리, 등지느러미, 가슴지느러미에 자홍색의 점들이 많다.

열문 熱門 (더울 열, 문 문). 문(門)을 뜨겁게[熱] 할 정도로 많은 사람이 드나드는 권세가 있는 집.

열박 劣薄 (못할 렬, 엷을 박). 못나고[劣] 경박(輕薄)함.

열반 涅槃 (진흙 녈, 쟁반 반). [불교] 산스크리트어의 '니르바나'(Nirvana)를 한자로 음역한 말. 모든 번뇌의 얽매임에서 벗어나고 진리를 깨달아 불생불멸의 법을 체득한 경지로, 불교의 궁극적인 실천 목적이다. ¶열반에 이르다. [비]니원(泥洹), 열반나(涅槃那).

▸열반-종 涅槃宗 (마루 종). [불교] 대승 불교의 대반열반경(大般涅槃經)을 중심으로 하는 종파(宗派). 열반을 모든 중생이 가진 불성의 증득으로 해석한다. 천태종, 법상종, 화엄종 따위의 압력으로 소멸하였으며 우리나라에서는 신라 무열왕 때에 보덕 화상(普德和尙)이 개종하였다.

열변[1] 熱辯 (뜨거울 열, 말 잘할 변). 열렬(熱烈)하게 사리를 밝혀 옳고 그름을 따지는 말[辯]. ¶그는 환경을 보호하자고 열변을 토했다.

열변[2] **熱變** (더울 열, 바뀔 변). 광업 열(熱)로 말미암아 광물의 성질이 바뀜[變]. 또는 그런 현상.

열병[1] **熱病** (더울 열, 병 병). ① 속뜻 열(熱)이 몹시 오르고 심하게 앓는 병(病). ② 의학 열이 나며 두통, 식욕 부진이 뒤따르는 병. '장티푸스'를 일상적으로 이르는 말. '열성병'(熱性病)의 준말. ③ 어떤 일에 몹시 흥분한 상태를 비유하여 이르는 말. ⓑ양병(陽病), 열증(熱症).

열병[2] **閱兵** (훑어볼 열, 군사 병). 군사 군대를 정렬한 다음 병사(兵士)들의 사기와 훈련 상태 따위를 검열(檢閱)함. 또는 그런 일.

▸ 열병-식 閱兵式 (의식 식). 군사 정렬한 군대[兵]의 앞을 지나면서 검열(檢閱)하는 의식(儀式).

열-복사 熱輻射 (더울 열, 바퀴살 복, 쏠 사). 물리 물체에서 열(熱)에너지가 전자파로서 바퀴살[輻] 모양으로 방출되는[射] 현상. 그 에너지나 스펙트럼의 분포는 물체의 종류와 온도에 의하여 정하여지며 온도가 높을수록 파장이 짧은 전자파가 많이 함유되어 있다.

열복 悅服 (기쁠 열, 따를 복). 기쁜[悅] 마음으로 따름[服].

열부[1] **烈夫** (굳셀 렬, 사나이 부). 절개가 굳은[烈] 남자[夫].

열부[2] **烈婦** (굳셀 렬, 부인 부). 절개가 굳은[烈] 여자[婦]. 고난이나 죽음을 무릅쓰고 절개를 지키어 남의 모범이 될 만 한 여자. 열녀(烈女).

열비 劣比 (약할 렬, 견줄 비). 수학 앞의 항의 값이 뒤의 항의 값보다 작은[劣] 비(比). 4:8 따위가 있다.

열사[1] **烈士** (굳셀 렬, 선비 사). 나라를 위하여 절의를 굳게[烈] 지키며 충성을 다하여 싸운 사람[士]. ¶민주열사 / 순국열사를 위해 묵념합시다.

열사[2] **熱沙** (더울 열, 모래 사). 강렬한 햇볕 때문에 뜨거워진[熱] 모래[沙]. ¶열사의 나라 / 열사의 땅.

열사-병 熱射病 (더울 열, 쏠 사, 병 병). 의학 고온 다습한 곳에서 몸의 열(熱)을 발산하지[射] 못하여 생기는 병(病). 체온이 높아져서 어지러움과 피로를 느끼다가 갑자기 의식을 잃고 쓰러진다.

열상 裂傷 (찢어질 렬, 다칠 상). 피부가 찢어져서[裂] 생긴 상처(傷處).

열석 列席 (벌일 렬, 자리 석). ① 속뜻 줄지어[列] 앉은 자리[席]. 열좌(列坐). ② 식장이나 회의장 따위에 참석함.

열선 熱線 (더울 열, 줄 선). ① 전기 가열(加熱)한 금속선(金屬線). ② 물리 적외선(赤外線).

열성 熱性 (더울 열, 성질 성). ① 속뜻 열(熱)과 관련된 특성(特性)이나 성질(性質). ¶열성 소아마비. ② 걸핏하면 흥분하기 쉬운 성질.

열성[1] **劣性** (못할 렬, 성질 성). ① 속뜻 열등(劣等)한 성질(性質). ② 생물 대립 형질이 다른 두 품종을 교배할 때에 잡종 제1대에는 나타나지 않는 형질. 잠성(潛性).

▸ 열성 인자 劣性因子 (인할 인, 씨 자). ① 속뜻 열등한 성질[劣性]의 인자(因子). ② 생물 우성(優性) 인자에게 패배하여 잠복하는 유전 인자. 열성 유전자(劣性遺傳子).

열성[2] **熱誠** (뜨거울 열, 정성 성). 열렬(熱烈)한 정성(精誠). ¶열성 팬 / 엄마는 열성을 기울여 화초를 길렀다.

▸ 열성-적 熱誠的 (것 적). 열성(熱誠)을 다하는 것[的]. ¶한국의 부모들은 자녀 교육에 열성적이다.

열세 劣勢 (약할 렬, 힘 세). 상대편보다 약함[劣] 힘[勢]. 또는 약한 세력. ¶한국은 국력의 열세를 극복하고 드디어 선진국의 대열에 들어섰다. ⓑ우세(優勢).

열손 熱損 (더울 열, 덜 손). ① 속뜻 열(熱)의 손실(損失). ② 물리 전기 회로, 전기 기계에서 전력이 열로 바뀌어 소실되는 현상.

열수 熱水 (더울 열, 물 수). ① 속뜻 뜨거운[熱] 물[水]. ② 지리 바윗물에 있는 뜨거운 액체 상태의 물질. 바윗물이 식어 굳을 때에 물의 임계 온도 이하가 되면 김이 응결하여 바윗물의 여러 성분을 함유하는 용액이 된다.

열-수지 熱收支 (더울 열, 거둘 수, 가를 지). 천문 지표면, 대기 등의 공간에서 태양 에너지[熱]가 드나드는[收支] 정도를 수치로 나타낸 것.

*열심 熱心 (뜨거울 열, 마음 심). ① 속뜻 뜨거운[熱] 마음[心]. ② 온갖 정성을 다하여 골똘하게 힘씀. ¶속뜻학습을 매일매일 열심히 했더니 공부가 재미있어졌다.

열씨 列氏 (벌일 렬, 높임말 씨). 물리 온도 단위의 하나. 얼음이 녹는점을 0℃, 물이 끓는 점을 80℃로 하는 단위로, 1730년에 프랑스의 레오뮈르가 정했다. 이를 만든 레오뮈르(RAaumur)의 중국어 음역어인 열오루이(列奧謬爾)에서 '열'(列)을 성씨(姓氏)로 보아 부른 말이다.

▶열씨 온도-계 列氏溫度計 (따뜻할 온, 정도 도, 셀 계). 물리 열씨온도(列氏溫度)를 표시하도록 고안된 온도계(溫度計). 열씨한란계(列氏寒暖計).

열악 劣惡 (못할 렬, 나쁠 악). 품질이나 능력 따위가 몹시 떨어지고[劣] 나쁘다[惡]. ¶그는 열악한 환경에서도 세계 최고의 스키 선수가 되었다.

열안 熱眼 (더울 열, 눈 안). ① 속뜻 열(熱)이 나는 눈[眼]. ② 붉게 충혈된 눈. 혈안(血眼).

열애 熱愛 (뜨거울 열, 사랑 애). 열렬(熱烈)히 사랑함[愛]. 또는 그런 사랑.

열약 劣弱 (못할 렬, 약할 약). 열등(劣等)하고 약(弱)함.

열-역학 熱力學 (더울 열, 힘 력, 배울 학). 물리 열(熱)을 에너지[力]의 한 형태로 보고 열평형, 열현상 따위를 연구하는 학문(學問). 물리학의 한 분야이다.

열연1 熱延 (더울 열, 늘일 연). ① 속뜻 달궈서[熱] 늘임[延]. ② 공업 강철 따위의 금속을 재결정 온도 이상으로 가열하여 압연하는 방법.

열연2 熱演 (뜨거울 열, 펼칠 연). 열렬(熱烈)하게 연기(演技)함. 또는 그런 연기. ¶그 영화에서는 조연 배우의 열연이 돋보인다.

열외 列外 (줄 렬, 밖 외). ① 속뜻 죽 늘어선 줄[列]의 바깥[外]. ② 어떤 몫이나 축에 들지 못함.

열-용량 熱容量 (더울 열, 담을 용, 분량 량). 물리 어떤 물체의 온도를 1℃ 높이는[熱] 데에 필요한 분량[容量].

열원1 熱援 (뜨거울 열, 도울 원). 열렬(熱烈)히 응원(應援)함. 또는 그런 응원.

열원2 熱源 (더울 열, 근원 원). 열(熱)이 생기는 근원(根源).

열원3 熱願 (뜨거울 열, 바랄 원). 열렬(熱烈)히 원(願)함. 또는 그런 소원.

열위 劣位 (못할 렬, 자리 위). 남보다 못한[劣] 위치(位置)나 수준.

열-음극 熱陰極 (더울 열, 응달 음, 끝 극). 물리 열전자(熱電子)를 내보내는 음극(陰極).

열의 熱意 (뜨거울 열, 뜻 의). 열성(熱誠)을 다하는 마음[意]. 어떤 일을 이루기 위하여 온갖 정성을 다하는 마음. ¶열의가 대단하다.

열재 劣才 (못할 렬, 재주 재). 보잘것없는[劣] 재주[才]. 또는 그런 재주를 가진 사람.

열적 烈蹟 (굳셀 렬, 자취 적). ① 속뜻 열사(烈士)의 행적(行蹟). ② 뚜렷하게 빛나는 일의 자취.

열-적도 熱赤道 (더울 열, 붉을 적, 길 도). 지리 전체 해양에서 수온[熱]이 최대인 곳을 연결한 선[赤道]. 위도상의 적도와는 일치하지 않는다.

열전1 熱戰 (뜨거울 열, 싸울 전). ① 속뜻 온갖 재주와 힘을 들여 맹렬히[熱] 싸우는 싸움[戰]이나 경기. ② 실제로 싸우는 전쟁을 '냉전'(冷戰)에 상대하여 일컫는 말.

열전2 列傳 (여러 렬, 전할 전). ① 속뜻 여러[列] 사람들의 전기(傳記). ② 역사 임금을 제외한 사람들의 전기를 차례로 적어서 벌여 놓은 기전체 기록.

▶열전-체 列傳體 (모양 체). 문학 여러 인물의 생애를 기술한 열전(列傳) 형식으로 쓴 문체(文體). 사마천의 『사기』(史記)에서 비롯되었다.

열-전기 熱電氣 (더울 열, 전기 전, 기운 기). ① 속뜻 열(熱)로 인하여 생긴 전기(電氣). ② 물리 두 가지 금속을 이어서 회로를 만들고 그 이어진 두 끝의 온도를 각각 다르게 할 때에 이 회로 속에 생기는 전기. 열전기쌍에 응용된다.

열-전도 熱傳導 (더울 열, 전할 전, 이끌 도). ① 속뜻 열(熱)이 다른 부분으로 옮겨[傳] 감[導]. ② 물리 물체의 인접한 부분 사이의 온도차이로 인해 일어나는 열에너지의 전달현상. 물질의 이동을 수반하거나 복사에 의하지 않는다. 물체 가운데 열전도가 잘 되는 것을 양도체, 그렇지 못한 것을 절연체라고 한다.

▸열전도-도 熱傳導度 (정도 도). [물리] 물체 속에서 열(熱)이 전도(傳導)되는 양을 나타낸 정도(程度). 열전도율(熱傳導率).

▸열전도-율 熱傳導率 (비율 률). [물리] 물체 속을 열이 전도하는[熱傳導] 정도를 나타낸 수치[率]. 열전도에서 열의 흐름에 수직인 단위 면적을 지나서 단위 시간에 흐르는 열량을 단위 길이 당 온도의 차이로 나눈 값이다. [준]전도율. [비]열전도도(熱傳導度).

열-전류 熱電流 (더울 열, 전기 전, 흐를 류). ① [물리] 두 가지 금속을 연결하여 그 온도[熱]가 다를 때에 생기는 전류(電流). ② [생물] 근육이나 신경에 온도가 불균등한 부분이 있을 때에 저온도의 부분이 전기적으로 음성(陰性)이 되어 외부 매개 물질 속을 고온도 부분으로부터 저온도 부분으로 흐르는 전류.

열-전쌍 熱電雙 (더울 열, 전기 전, 둘 쌍). [물리] 두 가지[雙] 금속을 고리 모양으로 접합하여 접점 사이의 온도[熱]의 차이로 전력(電力)을 일으키게 하는 장치. 두 가지 금속으로는 백금과 백금 로듐, 구리와 콘스탄탄 따위가 쓰인다. 열전기쌍(熱電氣雙).

열-전자 熱電子 (더울 열, 전기 전, 씨 자). [물리] 금속이나 반도체에서 가열되어 온도가 높아질 때에[熱] 방출되는 전자(電子). 진공관 따위에 쓰인다.

열-전지 熱電池 (더울 열, 전기 전, 못 지). ① [속뜻] 열(熱)을 이용하여 얻는 전지(電池). ② [물리] 두 가지 쇠붙이를 길둥근 고리 모양으로 연결하여 열 기전력(起電力)을 얻는 장치. 열전쌍(熱電雙).

열정¹ 劣情 (못할 렬, 마음 정). ① [속뜻] 못나고[劣] 천한 마음이나 정서(情緖). ② 정욕(情慾)에만 흐르는 마음. ¶한순간의 열정에 눈이 멀어 일생을 망치는 수도 있다.

열정² 熱情 (뜨거울 열, 사랑 정). ① [속뜻] 뜨거운[熱] 사랑[情]. ¶그 여자에게 열정을 느끼다. ② 어떤 일에 열중하는 마음. ¶음악에 대한 열정이 갈수록 열렬해졌다.

▸열정-적 熱情的 (것 적). 열정(熱情)이 있는 것[的]. ¶열정적인 사랑.

열-정산 熱精算 (더울 열, 찧을 정, 셀 산). ① [속뜻] 열량(熱量)을 정밀(精密)히 계산(計算)함. ② [물리] 내연 기관 따위에서 공급한 열량 가운데 역학적인 일로 바뀐 양과 손실된 양을 조사하는 일.

열조 烈祖 (굳셀 렬, 조상 조). 커다란[烈] 공로와 업적이 있는 조상(祖上).

열중¹ 熱中 (더울 열, 가운데 중). ① [속뜻] 열(熱)의 한가운데[中]. ② 한 가지 일에 정신을 쏟음. ¶공부에 열중하다. [비]몰두(沒頭).

열중² 列中 (벌일 렬, 가운데 중). 줄지어 늘어선[列] 가운데[中].

열-중성자 熱中性子 (더울 열, 가운데 중, 성질 성, 씨 자). ① [속뜻] 열(熱)을 가진 중성자(中性子). ② [물리] 중성자가 물질 안에서 원자핵과 계속 충돌함으로써 감속되어 주위의 물질과 열적 평형 상태에 있는 것. 에너지가 낮은 중성자를 이르기도 하다.

열증 熱症 (더울 열, 증세 증). ① [속뜻] 열(熱)이 나는 병증(病症). ② [의학] 열병(熱病).

열진 烈震 (세찰 렬, 떨 진). ① [속뜻] 격렬(激烈)한 지진(地震). ② [지리] 진도(震度) 6의 지진. 가옥이 30%가량 무너지고 산사태가 일어나며 땅이 갈라지는 등, 사람들이 서 있을 수 없을 정도로 매우 강한 지진이다. ¶일본에서 일어난 열진으로 가옥 3천 여 채가 무너졌다. [참]미진(微震), 경진(輕震), 약진(弱震), 중진(中震), 강진(強震), 격진(激震).

열차¹ 列次 (벌일 렬, 차례 차). 죽 벌여[列] 놓은 차례(次例).

열차² 列車 (벌일 렬, 수레 차). ① [속뜻] 줄지어 늘어선[列] 차량(車輛). ② [교통] 기관차에 객차나 화차 등을 연결하고 운전 장치를 설비한 차량. [비]기차(汽車).

▸열차-원 列車員 (인원 원). 여객 열차(列車)의 승무원(乘務員).

열창 熱唱 (뜨거울 열, 부를 창). 노래를 열심(熱心)히 부름[唱]. 또는 그 노래.

열-처리 熱處理 (더울 열, 처방할 처, 다스릴 리). ① [속뜻] 열(熱)로 처리(處理)함. ② [공업] 쇠붙이에 열을 가하였다가 식히어 그 성질을 변화시키는 일. 소둔(燒鈍).

열촌 列村 (벌일 렬, 마을 촌). [지리] 집이 줄

[列]지어 서 있는 모양으로 형성된 마을[村].

열친 悅親 (기쁠 열, 어버이 친). 부모[親]의 마음을 기쁘게[悅] 함.

열탕 熱湯 (더울 열, 끓을 탕). ① [속뜻] 끓는[熱] 물이나 국[湯]. ② 100℃에 가까운 온도의 물. 주로 소독하는 데 쓴다.

열투 熱鬪 (뜨거울 열, 싸울 투). ① [속뜻] 열렬(熱烈)히 싸움[鬪]. ② 온 힘을 기울여 맹렬하게 싸움. 또는 그런 시합이나 경기.

열파 熱波 (더울 열, 물결 파). ① [물리] 열전도에 있어서의 열(熱)의 파동(波動). 열파동. ② [지리] 남쪽 바다에서 몹시 더운 기단(氣團)이 파상(波狀)으로 밀려오는 현상.

열패 劣敗 (못할 렬, 패할 패). 남보다 못하여[劣] 경쟁에서 짐[敗]. ¶열패의 수모 / 열패를 당하다.

열-팽창 熱膨脹 (더울 열, 부풀 팽, 배부를 창). [물리] 물체의 온도가 올라감[熱]에 따라 그 길이, 면적, 부피가 늘어나는[膨脹] 현상.

열풍1 烈風 (세찰 렬, 바람 풍). ① [속뜻] 몹시 사납고 세차게[烈] 부는 바람[風]. ¶열풍이 잦을 때, 어민들은 일기 예보를 주의하여 들어야 한다. ② 매우 세차게 일어나는 기운이나 기세를 비유하여 이르는 말. ¶독서 열풍.

열풍2 熱風 (더울 열, 바람 풍). 뜨거운[熱] 바람[風]. ¶사막의 열풍.

열하 분:출 裂罅噴出 (찢어질 렬, 틈 하, 뿜을 분, 나올 출). [지리] 지표의 갈라진[裂] 틈[罅]으로 마그마가 분출(噴出)하는 현상.

열하-일기 熱河日記 (더울 열, 물 하, 날 일, 기록할 기). [문학] 조선 정조 때 박지원이 청나라 사신을 따라 열하(熱河)까지 가면서 지은 일기(日記) 형식의 책. 중국의 신학문을 소개하였고 「허생전」, 「호질」 따위의 단편 소설이 실려 있다.

열학 熱學 (더울 열, 배울 학). [물리] 열(熱)에 관한 현상을 연구하는 학문(學問). 물리학의 한 분야로, 열에 의한 물질의 상태 변화, 전도(傳導), 대류(對流), 열역학, 기체 운동론 따위를 연구하다.

열한 熱汗 (더울 열, 땀 한). ① [속뜻] 더운[熱] 땀[汗]. ② 심한 노동이나 격렬한 운동 따위로 흘리는 땀.

열-해리 熱解離 (더울 열, 풀 해, 떨어질 리). ① [속뜻] 열(熱)을 가하여 풀어지고[解] 떼어지게[離] 함. ② [화학] 복잡하게 조성된 원소나 화합물을 가열하여 간단한 원소나 화합물로 분리하는 현상.

열핵 熱核 (더울 열, 씨 핵). [물리] 열운동(熱運動)을 하는 원자핵(原子核). 열원자핵(熱原子核).

▸열핵 반:응 熱核反應 (되돌릴 반, 응할 응). [물리] 가벼운 원자핵이 고온[熱]·고압에서 결합하여 무거운 원자핵(原子核)으로 되는 핵반응(核反應). 질량 결손에 해당하는 에너지가 방출된다. 핵융합 반응(核融合反應).

열행 烈行 (굳셀 렬, 행할 행). 여자가 정절을 굳게[烈] 지키는 행위(行爲).

열혈 熱血 (더울 열, 피 혈). ① [속뜻] 더운[熱] 피[血]. ② 열렬한 정신이나 격렬한 정열 따위를 비유하여 이르는 말.

▸열혈-한 熱血漢 (사나이 한). 열정에 불타는[熱血] 의기를 가진 사나이[漢]. 열혈남(熱血男). 열혈남아(熱血男兒).

▸열혈-남아 熱血男兒 (사내 남, 아이 아). 열정(熱情)의 피[血]가 끓는 사내[男兒]. 열혈한(熱血漢).

열호 劣弧 (약할 렬, 활 호). [수학] 원의 호로서 반원보다 작은[劣] 호(弧). [반] 우호(優弧).

열화1 烈火 (세찰 렬, 불 화). ① [속뜻] 맹렬(猛烈)하게 타는 불[火]. ¶소방관들이 열화 속으로 뛰어 들어갔다. ② 짙은 붉은색을 비유하여 이르는 말.

열화2 熱火 (뜨거울 열, 불 화). ① [속뜻] 뜨거운[熱] 불길[火]. ② 매우 격렬한 열정을 비유하여 이르는 말. ¶열화와 같은 성원을 보냈다. ③ 매우 급하게 치밀어 오르는 화증. ¶열화가 치밀어 올랐다.

열-화학 熱化學 (더울 열, 될 화, 배울 학). [화학] 화학 반응(化學反應)에 수반하는 열(熱)을 취급하는 학문. 화학의 한 분야로 화학 변화와 열 현상과의 상호 관계를 연구한다.

열-확산 熱擴散 (더울 열, 넓힐 확, 흩을 산). ① [속뜻] 열(熱)에 의해 넓게[擴] 흩어짐[散]. ② [물리] 두 종류의 성분으로 이루어진 유체가 장소에 따라 온도 차이를 보일 때에 한쪽의 성분이 높은 온도로 다른 쪽의 성분이 낮은 온도로 옮겨 가서 성분 조성의 변화가 일어나는 현상.

열-효율 熱效率 (더울 열, 효력 효, 비율 률). 물리 기관에 공급된 열(熱)이 유효(有效)한 일로 바뀐 정도를 나타내는 비율(比率).

염가 廉價 (값쌀 렴, 값 가). 매우 싼[廉] 값[價]. ¶오늘만 특별히 염가에 판매합니다. ㊥저가(低價). ㊞고가(高價).

염결 廉潔 (청렴할 렴, 깨끗할 결). 청렴(淸廉)하고 결백(潔白)함.

염기[1] 鹽氣 (소금 염, 기운 기). 짠맛을 내는 소금[鹽]의 기운(氣運).

염기[2] 鹽基 (소금 염, 터 기). 화학 산과 반응하여 염(鹽)을 만드는 기본(基本) 물질. 물에 녹으면 히드록시 이온을 낸다. 암모니아수, 잿물 따위. ㊞산(酸).

▸염기-도 鹽基度 (정도 도). ① 속뜻 염기(鹽基)가 들어있는 정도(程度). ② 화학 산(酸)한 분자 속에 포함된 수소 원자 가운데 금속 원자 또는 양성기로 치환할 수 있는 수소 원자의 수.

▸염기-류 鹽基類 (무리 류). 화학 산을 중화하여 염을 만들 수 있는 수산화물[鹽基]에 속하는 부류(部類)를 통틀어 이르는 말. ㊟산류(酸類).

▸염기-성 鹽基性 (성질 성). 화학 염기(鹽基)가 지니는 기본적 성질(性質). 원래는 산의 작용을 중화하고 산과 작용하여 염과 물만을 만드는 성질을 뜻한다. 수용액의 페하(pH)는 7보다 크고 붉은 리트머스 시험지를 푸른색으로 변화시킨다. ㊞산성(酸性).

▸염기성-암 鹽基性巖 (성질 성, 바위 암). ① 속뜻 염기성(鹽基性)을 띤 바위[巖]. ② 지리 이산화규소의 함유량이 비교적 적은 화성암을 통틀어 이르는 말. 거무스름한 빛을 띠며 화산암 가운데 현무암과 심성암 가운데 반려암이 이에 속한다.

▸염기성-염 鹽基性鹽 (성질 성, 소금 염). ① 속뜻 염기성(鹽基性)을 띤 소금[鹽]. ② 화학 산과 염기의 중화 반응으로 생성되는 화합물 가운데, 완전 중화가 되지 않고 염기의 히드록시기나 수소 원자를 함유하는 염(鹽).

▸염기성 염:료 鹽基性染料 (성질 성, 물들일 염, 거리 료). ① 속뜻 염기성(鹽基性)을 띤 물감[染料]. ② 화학 색소 분자 가운데 산성기를 함유하지 않고 아미노기 따위의 염기성기를 가지고 색소가 양이온으로 되어 있는 수용성 물감을 통틀어 이르는 말. 색은 선명하지만 햇빛에 바래기 쉽고 세탁, 산, 알칼리, 표백제에 약하다.

▸염기성 산화물 鹽基性酸化物 (성질 성, 산소 산, 될 화, 만물 물). 화학 산과 반응하여 염기성(鹽基性)을 띠는 산화물(酸化物). 물과 반응하면 수산화물이 생기며, 금속의 산화물인 산화칼슘·산화철 따위가 있다.

염도 鹽度 (소금 염, 정도 도). 소금기[鹽]의 정도(程度).

염:독 念讀 (생각 념, 읽을 독). 주의 깊게 생각하며[念] 읽음[讀].

염:두 念頭 (생각 념, 머리 두). ① 속뜻 생각[念]의 첫머리[頭]. ② 머릿속에 정리하여 지닌 생각. 생각 속. ¶나는 선생님의 가르침을 늘 염두에 두고 있다.

염라 閻羅 (마을 염, 새그물 라). '염라'(閻羅)는 산스크리트 '야마'(Yama)를 음역한 것으로 특별히 지하세계를 가리킬 때 쓴다. '염라대왕'의 준말.

▸염라-국 閻羅國 (나라 국). 염라(閻羅)대왕이 다스리는 나라[國]라는 의미로 '저승'을 달리 이르는 말. ㊥염라지옥(閻羅地獄), 염마국(閻魔國).

▸염라-대왕 閻羅大王 (큰 대, 임금 왕). 저승에서 지옥[閻羅]에 떨어지는 사람이 지은 생전의 선악을 심판하는 왕[大王]. '염라'(閻羅)는 산스크리트어 '야마'(Yama)를 음역한 말이다.

염량 炎涼 (불꽃 염, 서늘할 량). ① 속뜻 더위[炎]와 서늘함[涼]. ② 선악과 시비를 분별하는 슬기. ¶염량이 뛰어나다. ③ 세력의 성함과 쇠함. ④ 인정의 후함과 박함.

▸염량-세태 炎涼世態 (세상 세, 모양 태). 세력이 성하고 쇠함[炎涼]에 따라 달라지는 세상(世上) 사람들의 태도(態度). 세태염량(世態炎涼).

염:려[1] 念慮 (생각 념, 걱정할 려). 여러 모로 생각[念]하며 걱정함[慮]. 또는 그런 걱정. ¶염려를 끼쳐 드려 죄송합니다. ㊥걱정, 근

심.

염ː려[2] **艶麗** (고울 염, 고울 려). ① 속뜻 모습이 아리땁고[艶] 고움[麗]. ② 문장이나 그림, 음악 따위가 화려하고 고움.

염ː력 念力 (생각 념, 힘 력). ① 속뜻 생각[念]을 통하여 얻는 힘[力]. ② 불교 한 가지에 전념하여 그로써 장애를 극복하는 힘. 또는 산란한 마음을 그치고 진실한 마음을 갖게 하는 힘. ③ 심리 초능력의 하나. 정신을 집중함으로써 물체에 손을 대지 않고 그 물체의 위치를 옮기는 힘 따위.

염ː료 染料 (물들일 염, 거리 료). 옷감 따위에 빛깔을 들이는[染] 데 필요한 거리[料]나 물질. ¶천연 염료.

▸염ː료 식물 染料植物 (심을 식, 만물 물). 식물 염료(染料)를 만드는 원료가 되는 식물(植物). 잇꽃, 치자, 쪽 따위.

염류 鹽類 (소금 염, 무리 류). ① 속뜻 염분(鹽分)이 들어 있는 여러 가지 물질의 종류(種類). ② 화학 금속 또는 양성인 염기성기와 음성인 산기로 된 화합물을 통틀어 이르는 말. ㊟산류(酸類).

▸염류-천 鹽類泉 (샘 천). 지리 식염 따위의 염류(鹽類)를 많이 함유하고 황화수소나 탄산을 많이 함유하지 않은 온천(溫泉).

염매 廉賣 (값쌀 렴, 팔 매). 물건을 싼값[廉價]에 팖[賣]. ¶염매 시장.

염문[1] **廉問** (살필 렴, 물을 문). 사정이나 형편 따위를 살펴[廉] 몰래 물어봄[問].

염ː문[2] **艶文** (고울 염, 글월 문). 남녀 간의 애정에 관한 고운[艶] 편지[文]. 염서(艶書).

염ː문[3] **艶聞** (고울 염, 들을 문). 연애나 정사에[艶] 관한 소문(所聞).

염ː발 染髮 (물들일 염, 머리털 발). 머리털[髮]을 염색(染色)함. 또는 염색한 머리.

▸염ː발-제 染髮劑 (약제 제). 머리털을 염색하는 데[染髮] 쓰는 약제(藥劑). 질산은, 황화나트륨, 가성 석회, 납을 주성분으로 하여 만든다.

염ː병 染病 (물들일 염, 병 병). ① 속뜻 '전염병'(傳染病)의 준말. ② 의학 '장티푸스'를 속되게 이르는 말. ¶염병에 걸리다.

염ː복 艶福 (고울 염, 복 복). 아름다운[艶] 여자가 잘 따르는 복(福). 여복(女福).

염부 鹽釜 (소금 염, 가마 부). 바닷물을 고아 소금[鹽]을 만들 때에 쓰는 큰 가마[釜].

염분[1] **鹽分** (소금 염, 나눌 분). ① 속뜻 바닷물 따위에 함유되어 있는 소금[鹽] 성분(成分). ¶염분을 적게 섭취하세요. ② 역사 관아나 궁방(宮房)이 소금 장수에게서 받던 세금.

염분[2] **鹽盆** (소금 염, 동이 분). 바닷물을 끓이어 소금[鹽]을 만들 때에 쓰는 큰 가마[盆]. 염부(鹽釜).

염불[1] **鹽拂** (소금 염, 털어낼 불). 장례식이 끝난 뒤 소금[鹽]을 뿌려 부정을 털어냄[拂].

염ː불[2] **念佛** (생각 념, 부처 불). 불교 ① 부처[佛]의 모습과 공덕을 생각하면서[念] 아미타불을 부르는 일. ② 불경을 외는 일. ¶스님은 목탁을 치면서 염불했다. ③ 음악 민속 무용 반주곡의 하나. ④'같은 내용의 말을 자꾸 되풀이함'을 비유하여 이르는 말. 속담 염불에는 맘이 없고 잿밥에만 맘이 있다.

▸염ː불 왕ː생 念佛往生 (갈 왕, 날 생). 불교 아미타불을 믿고 염불(念佛)하면 그것으로 극락세계에 왕생(往生)하는 일.

염ː사 艶事 (고울 염, 일 사). 남녀 간의 정사(情事)나 연애[艶]에 관한 일[事]. ¶염사에 휩싸이다.

*****염산 鹽酸** (염기 염, 산소 산). 화학 염화(鹽化) 수소로 만든 강한 산성(酸性) 물질. 순수한 것은 무색으로 물감, 간장, 합성수지, 조미료, 약품 따위를 만드는 데 쓴다. 화학식은 HCl.

염ː색 染色 (물들일 염, 빛 색). 염료를 사용하여 실이나 천 따위에 빛깔[色]을 물들임[染]. 또는 그런 일. ¶염색 공장 / 머리카락을 노란색으로 염색하다. ㊥입염(入染).

▸염ː색-사 染色絲 (실 사). 생물 핵 속에 있는 염기성 색소에 잘 염색(染色)되는 실[絲] 모양의 물질. 세포 분열이 시작되면 꼬인 모양을 하고 주위에 기질(基質)이 생겨 염색체가 되며 분열이 끝난 뒤에는 팽팽한 모양을 한다. 유전자를 지닌다고 생각된다. 핵사(核絲).

▸염ː색-질 染色質 (바탕 질). 생물 핵 속에 있는 염기성 색소에 잘 염색(染色)되는 물

질(物質). 핵단백질로 이루어졌으며 세포 분열에서 염색체가 된다.

▸염ː색-체 染色體 (몸 체). 생물 진핵생물의 세포 안에서 유사 분열 때에 출연하고 염기성 색소에 잘 염색(染色)되는 소체(小體). 세포 안에 유전자의 형태로 유전정보를 가지고 있으며, 사다리를 꼬아 놓은 것 같은 실 모양의 DNA가 겹겹이 중첩된 구조로 되어있다.

▸염ː색체 지도 染色體地圖 (몸 체, 땅 지, 그림 도). 생물 염색체(染色體) 위에 있는 유전자의 성질과 위치를 표시한 도표[地圖]. 유전자 지도(遺傳子地圖).

▸염ː색체 돌연변이 染色體突然變異 (몸 체, 갑자기 돌, 그러할 연, 바뀔 변, 다를 이). ① 속뜻 염색체(染色體)가 갑자기[突然] 다르게[異] 변(變)함. ② 생물 염색체의 수나 구조의 이상(異常). 이상이 생긴 세포나 개체는 유전적인 이상을 일으켜 사람의 경우, 다운 증후군·터너 증후군 따위의 형태로 나타난다. 염색체 이상(染色體異常).

염색 반ː응 焰色反應 (불꽃 염, 빛 색, 되돌릴 반, 응할 응). ① 속뜻 불꽃[焰]의 색(色)이 다르게 나타나는 반응(反應). ② 화학 정성 분석 방법의 하나. 물질이 무색의 불꽃에 닿으면 그 물질 고유의 빛깔을 나타내는 반응을 이른다. 알칼리 금속이나 알칼리 토금속에 속하는 금속 성분 가운데 나트륨은 노랑, 칼륨은 붉은 보라색을 띤다.

염생 식물 鹽生植物 (소금 염, 살 생, 심을 식, 만물 물). 식물 염분(鹽分)이 많은 토양에서 서식하는[生] 식물(植物). 세포 속에 염분이 많이 들어 있으며 물을 잘 흡수한다. 퉁퉁마디, 갯질경이 따위. 염성 식물(鹽性植物).

염서[1] 炎署 (불꽃 염, 더울 서). 불타는[炎] 듯 한 더위[署]. 염열(炎熱).

염ː서[2] 艶書 (고울 염, 글 서). 남녀 간에 애정[艶]을 담아 써서 보내는 편지글[書].

염석 鹽析 (소금 염, 가를 석). 화학 유기 물질의 용액에 녹아 있는 물질을 소금[鹽]을 이용하여 뽑아내는[析] 일.

염성 식물 鹽性植物 (소금 염, 성질 성, 심을 식, 만물 물). 식물 염생 식물(鹽生植物).

염ː세 厭世 (싫어할 염, 세상 세). 세상(世上)을 싫어하여[厭] 비관함.

▸염ː세-가 厭世家 (사람 가). 세상(世上)을 싫어하여[厭] 비관하는 사람[家]. ¶그는 사고로 아이를 잃고 염세가가 되었다.

▸염ː세-관 厭世觀 (볼 관). 철학 세상(世上)과 인생을 비관하고 싫어하는[厭] 관점(觀點). 스토아학파, 쇼펜하우어 등의 사상이 이의 대표적이다. 염세주의(厭世主義).

▸염ː세-적 厭世的 (것 적). 세상(世上)을 싫어하여[厭] 비관하는 것[的]. ⊕낙천적(樂天的).

▸염ː세-증 厭世症 (증세 증). 심리 세상(世上)을 싫어하여[厭] 비관하는 증세(症勢).

▸염ː세-주의 厭世主義 (주될 주, 뜻 의). 철학 세상(世上)을 싫어하여[厭] 개혁이나 진보는 불가능하다고 보는 경향이나 태도[主義]. ⊕염세관(厭世觀).

▸염ː세 철학 厭世哲學 (밝을 철, 배울 학). 철학 염세주의(厭世主義)에 기반을 둔 철학(哲學). 인간 생활에서 삶은 괴로움을 뜻하며 이 괴로움을 벗어나려면 의지의 멸각(滅却) 이외에는 방법이 없다는 주장으로 쇼펜하우어가 대표적이다.

염소 鹽素 (염기 염, 바탕 소). ① 속뜻 염기(鹽基)를 가진 원소(元素). ② 화학 할로겐 원소의 하나. 자극성 냄새가 나는 황록색 기체로, 산화제·표백제·소독제로 쓰며, 물감·의약·폭발물·표백분 따위를 만드는 데 쓴다. 원자 기호는 Cl.

▸염소-량 鹽素量 (분량 량). 화학 자연수에 함유되어 있는 염분[鹽素]의 양(量). 바닷물의 염분 농도를 나타내는 데 쓴다.

▸염소-산 鹽素酸 (산소 산). 화학 염소(鹽素)와 산(酸)을 반응시켜 만든 물질. 염소산바륨의 수용액에 황산을 넣으면 황산바륨이 침전하고 염소산 수용액이 생기는데 이를 감압·농축하여 만든 무색 기름 모양의 물질이다.

▸염소-수 鹽素水 (물 수). 화학 염소(鹽素)를 물에 녹인 노란빛을 띤 녹색 액체[水]. 산화력이 세며, 살균제·표백제로 쓴다.

▸염소산-염 鹽素酸鹽 (산소 산, 염기 염). 화학 염소산(鹽素酸)의 염기성(鹽基性) 물질. 수용액은 무색이고, 강한 산화력을 가지므로 염료 제조·잡초 제거 따위에 쓴다. 염소산칼륨, 염소산나트륨 따위.

염:속 染俗 (물들일 염, 속될 속). 세속(世俗)에 물듦[染].

염:송 念誦 (생각 념, 욀 송). 불교 부처를 생각하며[念] 불경(佛經)을 외움[誦]. '염불 송경'(念佛誦經)의 준말.

염:수[1] 斂手 (거둘 렴, 손 수). ① 속뜻 하던 일에서 손[手]을 뗌[斂]. 또는 어떤 일에 손을 대지 아니함. ② 두 손을 마주 잡고 공손히 서 있음. ③ 예술 궁중무에서 손을 여미되 소매 끝을 말아 뾰족하게 잡는 동작. 첨렴과 같은 것으로 추정되며 지금은 광렴이나 광수를 쓴다.

염수[2] 鹽水 (소금 염, 물 수). 소금[鹽]을 타서 녹인 물[水].

▸**염수-선** 鹽水選 (고를 선). 농업 벼나 보리 따위의 종자(種子)를 소금물[鹽水]에 담가서 뜨는 것을 버리고 가라앉은 것을 종자용(種子用)으로 가려내는[選] 일. ⓑ소금물 고르기.

▸**염수 주:사** 鹽水注射 (물댈 주, 쏠 사). 의학 0.85%의 생리적 소금물[鹽水]을 정맥(靜脈)에 주사(注射)하는 일. 수분을 공급하고 심장을 자극하며 이뇨, 해독을 목적으로 한다. 식염 주사(食鹽注射).

염:습 殮襲 (염할 렴, 수의 습). 죽은 사람의 몸을 씻긴[殮] 뒤에 옷[襲]을 입히고 염포로 묶는 일.

염심 焰心 (불꽃 염, 가운데 심). 불꽃[焰]의 한가운데[心]에 어두워 보이는 부분. 가연성 가스가 몰려 있다. 불꽃심.

염양 炎陽 (불꽃 염, 볕 양). 몹시 뜨겁게[炎] 내리 쬐는 햇볕[陽].

염연 恬然 (편안할 념, 그러할 연). 아무 욕심이 없이 마음이 편안한[恬] 그런[然] 모양.

염열 炎熱 (불꽃 염, 더울 열). 몹시 심한[炎] 더위[熱].

염:오[1] 染汚 (물들일 염, 더러울 오). ① 속뜻 더러운[汚] 것이 옮음[染]. 또는 더러워짐. ② 불교 번뇌(煩惱).

염:오[2] 厭惡 (싫어할 염, 미워할 오). 마음으로부터 싫어하여[厭] 미워함[惡]. 또는 그런 느낌. ¶염오가 치밀어 오르다.

염:외 念外 (생각 념, 밖 외). 생각[念] 밖[外]. ¶그것은 염외의 일이었다.

염:원 念願 (생각 념, 바랄 원). 간절히 생각하고[念] 바람[願]. 또는 그런 것. ¶그는 의사가 되겠다던 염원을 이루었다. ⓑ바람, 희망(希望), 소망(所望).

염:장[1] 殮葬 (염할 렴, 장사지낼 장). 시체를 염(殮)하여 장사(葬事)를 지냄.

염:장[2] 艶粧 (고울 염, 단장할 장). 예쁘고 아리땁게[艶] 단장함[粧].

염장[3] 鹽醬 (소금 염, 장 장). ① 속뜻 소금[鹽]과 간장[醬]을 아울러 이르는 말. ② 음식의 간을 맞추는 양념을 통틀어 이르는 말.

염장[4] 鹽藏 (소금 염, 감출 장). 소금[鹽]에 절여 저장(貯藏)함. ¶염장을 하면 오래 두고 먹을 수 있다.

▸**염장 식품** 鹽藏食品 (밥 식, 물건 품). 소금에 절여서 오래 보관할 수 있게[鹽藏] 만든 식품(食品). 고추장, 된장, 젓갈 등이 있다.

염전 鹽田 (소금 염, 밭 전). 소금[鹽]을 만들기 위하여 바닷물을 끌어들여 논[水田]처럼 만든 곳. 바닷물을 여기에 모아서 막아 놓고 햇볕에 증발시켜서 소금을 얻는다. ¶신안에는 염전이 많다.

염정[1] 廉正 (청렴할 렴, 바를 정). 청렴(淸廉)하고 공정(公正)함.

염:정[2] 艶情 (고울 염, 사랑 정). 이성[艶]을 그리워하고 사모하는 마음[情]. ⓑ연정(戀情).

염정[3] 鹽井 (소금 염, 우물 정). ① 속뜻 염분(鹽分)이 들어 있는 우물[井]. ② 소금을 얻기 위해 바닷물을 모아 두는 웅덩이.

염제 炎帝 (불꽃 염, 임금 제). ① 속뜻 여름[炎]을 맡은 신[帝]. ② 화제(火帝). ③ '태양'(太陽)을 달리 이르는 말.

염:주 念珠 (생각 념, 구슬 주). ① 불교 염불(念佛)할 때 쓰는 줄에 꿴 구슬[珠]. ¶염주를 돌리다. ⓑ수주(數珠). ② 식물 볏과의 한해살이풀. 줄기는 곧고 높이는 1.5미터 정도이며 잎은 어긋나고 넓은 선 모양으로 끝이 뾰족하다. 7월에 꽃이 잎겨드랑이에서 피는데 수꽃은 위쪽에 암꽃은 아래쪽에 달린다. 열매는 둥근 모양으로 껍데기가 단단하여 염주를 만드는 데에 쓴다.

염증[1] 炎症 (불꽃 염, 증상 증). ① 속뜻 불꽃[炎]같이 빨갛게 붓고 열이 나는 증상(症狀). ② 의학 생체 조직이 손상을 입었을 때에 체내에서 일어나는 방어적 반응. ¶상처에 염증이 생겼다.

염ː증² 厭症 (싫어할 염, 증세 증). 싫어하는[厭] 정도가 병[症]에 가까울 정도로 심함. 싫증. ¶그녀는 베를 짜는 일에 염증이 났다.

염ː직¹ 染織 (물들일 염, 짤 직). ① 속뜻 물을 들이는 일[染]과 베를 짜는 일[織]을 통틀어 이르는 말. ② 피륙에 물을 들임.

염직² 廉直 (청렴할 렴, 곧을 직). 청렴(淸廉)하고 강직(強直)함. ⓑ 염경(廉勁).

염ː처 艶妻 (고울 염, 아내 처). 아리따운[艶] 아내[妻].

염천 炎天 (불꽃 염, 하늘 천). ① 속뜻 몹시 더운[炎] 날씨[天]. ¶염천 더위. ② 구천(九天)의 하나. 남쪽 하늘을 이른다. ⓑ 열천(熱天).

염ː체 艶體 (고울 염, 모양 체). 문학 아름답고 섬세한 여성적인[艶] 시의 문체(文體). 사조(詞藻)가 정서적이다.

염초 焰硝 (불꽃 염, 화약 초). ① 속뜻 불꽃[焰]을 일으키는 화약[硝]. ② 예전에 우리나라에서 화약을 만들 때 주성분이 되는 물질. 또는 '화약'의 옛 이름.

염ː출 捻出 (비틀 념, 날 출). ① 속뜻 비틀어[捻] 짜냄[出]. ② 어떤 방법 따위를 어렵게 생각해 냄. ③ 필요한 비용 따위를 어렵게 걷거나 모음.

염치 廉恥 (청렴할 렴, 부끄러울 치). ① 속뜻 청렴하고[廉] 부끄러워[恥]할 줄 앎. ② 예의와 부끄러움을 아는 마음. ¶그것은 예의와 염치에 어긋나는 짓이다 / 염치없는 사람 같으니라고.

염탐 廉探 (살필 렴, 찾을 탐). 몰래 남의 사정을 살피고[廉] 조사함[探]. ¶적의 동태를 염탐하다.

염ː태 艶態 (고울 염, 모양 태). 아리따운[艶] 모양이나 태도(態度).

염퇴 恬退 (편안할 념, 물러날 퇴). 명예나 이익에 뜻이 없어서 벼슬을 내어놓고 편안하게[恬] 물러남[退].

염ː포 殮布 (염할 염, 베 포). 염습할[殮] 때에 시체를 묶는 베[布]. ¶수의를 입히고 두 팔을 가지런히 한 뒤 염포로 묶었다.

염ː필 染筆 (물들일 염, 붓 필). ① 속뜻 붓[筆]을 먹이나 물감으로 물들임[染]. 붓에 먹을 묻힘. ② 붓으로 글씨를 쓰거나 그림을 그림.

염하 炎夏 (불꽃 염, 여름 하). 불타는[炎] 듯한 여름[夏]. 또는 여름의 더위.

염한 炎旱 (불꽃 염, 가물 한). 무더운[炎] 여름에 드는 가뭄[旱].

염호 鹽湖 (소금 염, 호수 호). 지리 소금기[鹽]가 있는 호수(湖水). 함수호(鹹水湖).

염화 鹽化 (염기 염, 될 화). 화학 물질이 염소(鹽素)와 화합(化合)하는 일. ¶염화나트륨.

▸ 염화-금 鹽化金 (황금 금). 화학 ① 염소(鹽素)와 금(金)의 화합물(化合物). 염화 제일금과 염화 제이금이 있다. ② 염화금산.

▸ 염화-동 鹽化銅 (구리 동). 화학 염소(鹽素)와 구리[銅]의 화합물(化合物).

▸ 염화-물 鹽化物 (만물 물). 화학 염소(鹽素)와 염소보다 양성인 원소와의 화합물(化合物).

▸ 염화-은 鹽化銀 (은 은). 화학 질산은[銀] 용액에 염소(鹽素) 이온을 화합(化合)하여 침전물로 얻는 흰 가루. 햇빛을 받으면 검은 보라색으로 변하므로 인화지를 만드는 데에 쓰인다.

▸ 염화-철 鹽化鐵 (쇠 철). 화학 염소(鹽素)와 철(鐵)의 화합물(化合物).

▸ 염화금-산 鹽化金酸 (쇠 금, 산소 산). ① 속뜻 염소(鹽素)와 화합(化合)한 금산(金酸). ② 화학 금(金)을 강한 산화제[王水]에 녹여서 얻는 연한 노란색의 바늘 모양 결정. ㊟ 염화금. ⓑ 금염화수소산.

▸ 염화-수소 鹽化水素 (물 수, 바탕 소). 화학 염소(鹽素)와 수소(水素)의 화합물(化合物). 자극적인 냄새가 나는 무색의 기체로 물에 녹으면 염산이 된다.

▸ 염화-아연 鹽化亞鉛 (버금 아, 납 연). 화학 염소(鹽素)와 아연(亞鉛)의 화합물(化合物). 대기 중에서 습기를 빨아들여 녹으며 금속을 땜질하는 데에 쓰거나, 방부제·소독제 따위로 쓰인다.

▸ 염화-주석 鹽化朱錫 (붉을 주, 주석 석). 화학 염소(鹽素)와 주석(朱錫)의 화합물(化合物). 유기 화학에서 환원제, 매염제, 도금 따위에 쓰인다.

염화미소 拈華微笑 (집을 념, 꽃 화, 작을 미, 웃을 소). ① 속뜻 꽃[華]을 집어 들자[拈] 그 뜻을 알아차리고 미소(微笑)지음. ②

불교 말로 통하지 않고 마음에서 마음으로 전하는 일. 석가모니가 영산회에서 연꽃 한 송이를 대중에게 보이자 마하가섭만이 그 뜻을 깨닫고 미소지음으로 그에게 불교의 진리를 주었다고 하는 데서 유래. 염화시중(拈華示衆).

염화시중 拈華示衆 (집을 념, 꽃 화, 보일 시, 무리 중). ① 속뜻 꽃[華]을 집어들어[拈] 대중(大衆)에게 보여 줌[示]. ② 불교 염화미소(拈華微笑).

엽각 葉脚 (잎 엽, 다리 각). 잎[葉]의 다리[脚] 같은 밑동.

엽견 獵犬 (사냥 렵, 개 견). 사냥[獵] 할 때 부리기 위해 길들인 개[犬]. 사냥개.

엽고-병 葉枯病 (잎 엽, 마를 고, 병 병). 농업 작물의 잎에 누런 반점이나 얼룩무늬가 생기면서 잎[葉]이 마르는[枯] 병(病). 잎마름 병.

엽관 獵官 (사냥 렵, 벼슬 관). ① 속뜻 관직(官職)을 사냥[獵] 함. ②관직을 얻으려고 갖은 방법으로 노력함. ¶구산 사또 이경룡은 본래 물욕이 과하고 포악한 자로 권문세가에 뇌물을 디밀고 엽관 운동을 해서 이 고을 원 자리를 얻은 자였소. ③ 정치 엽관 제도(獵官制度).

엽구¹ 獵狗 (사냥 렵, 개 구). 사냥할[獵] 때 부리기 위해 길들인 개[狗].

엽구² 獵具 (사냥 렵, 갖출 구). 짐승을 사냥[獵] 하는 데에 쓰는 도구(道具). 그물, 감탕, 엽총, 활, 덫 따위가 있다.

엽구³ 獵區 (사냥 렵, 나눌 구). 사냥[獵] 하는 구역(區域).

엽기 獵奇 (쫓아다닐 렵, 기이할 기). 이상한[奇] 것만을 쫓아다님[獵]. ¶엽기 행각.

▶엽기-적 獵奇的 (것 적). 비정상적이고 기이(奇異)한 일이나 사물에 흥미를 느껴 쫓아다니는[獵] 것[的]. ¶엽기적인 살인 사건.

▶엽기 소:설 獵奇小說 (작을 소, 말씀 설). 문학 비정상적이고 기이(奇異)한 사건이나 세계를 쫓아[獵], 그것을 소재로 하여 쓴 소설(小說).

엽록-소 葉綠素 (잎 엽, 초록빛 록, 바탕 소). ① 속뜻 식물의 잎[葉]에 있는 초록빛[綠] 색소(色素). ② 식물 빛 에너지를 유기 화합물 합성을 통하여 화학 에너지로 전환시키는 녹색 색소. 광합성에 가장 중요한 요소로 빛에서 에너지를 흡수하며 이산화탄소를 탄수화물로 전환시킨다. 녹색 식물, 조류(藻類), 광합성 박테리아 따위의 광합성을 하는 모든 생물체에 나타난다.

엽록-체 葉綠體 (잎 엽, 초록빛 록, 몸 체). ① 속뜻 식물의 잎[葉]에 있는 초록빛[綠] 물체(物體). ② 식물 식물 잎의 세포 안에 함유된 둥근 모양 또는 타원형의 작은 구조물. 엽록소를 함유하여 녹색을 띠며 탄소 동화 작용을 하여 녹말을 만드는 중요 부분이다.

엽맥 葉脈 (잎 엽, 줄기 맥). ① 속뜻 식물의 잎[葉]에 있는 맥(脈). ② 식물 잎살 안에 분포되어 있는 관다발과 그것을 둘러싼 부분. 잎살을 버티어 주고 수분과 양분의 통로가 되어 뿌리에서 줄기를 통하여 온 물·무기염류 및 그 밖의 기관에서 만들어진 물질을 잎을 구성하는 세포에 주고, 또 잎에서 광합성에 의하여 만들어진 물질을 다른 기관에 운반하는 역할을 한다. 나란히맥, 그물맥의 두 가지가 있다.

엽병 葉柄 (잎 엽, 자루 병). 식물 잎[葉] 몸을 줄기나 가지에 붙게 하는 꼭지 부분[柄].

엽복 獵服 (사냥 렵, 옷 복). 사냥할[獵] 때 입는 옷[服].

엽부 獵夫 (사냥 렵, 사나이 부). 사냥[獵] 하는 사람[夫]. 또는 사냥을 직업으로 하는 사람.

엽비 葉肥 (잎 엽, 거름 비). 농업 나뭇잎[葉] 따위를 쌓아 썩혀서 만든 퇴비(堆肥).

엽사 獵師 (사냥 렵, 스승 사). 사냥꾼[獵]을 높여 이르는 말[師].

엽산 葉酸 (잎 엽, 산소 산). ① 속뜻 주로 푸른 잎[葉] 채소에 들어 있는 산(酸). ② 화학 헤모글로빈 형성에 관여하는 비타민 비(B) 복합체. 푸른 잎 채소와 동물의 간·효모 따위에 들어 있으며, 부족하면 빈혈·설사 따위를 일으킨다.

엽삽-병 葉澁病 (잎 엽, 떫을 삽, 병 병). ① 속뜻 잎[葉]이 떫어지는[澁] 병(病). ② 농업 식물의 잎이나 줄기에 녹균이 기생해서 생기는 병. 포자의 모임이 생길 경우에 녹이 슨 것처럼 귤빛 또는 갈색을 띤 가루가 덩어리로 생긴다. 녹병(綠病).

엽상 葉狀 (잎 엽, 형상 상). 잎[葉]처럼 생긴 모양[狀].

▸엽상-경 葉狀莖 (줄기 경). 식물 잎[葉] 모양[狀]을 하고 있고 엽록소를 가지고 있어 동화 작용을 하는 줄기[莖].

▸엽상-체 葉狀體 (몸 체). ① 식물 전체가 잎 모양[葉狀]으로 생기고 잎과 같은 작용을 하는 기관[體]. 잎·줄기·뿌리의 구별이 없는 김·미역 따위에서 볼 수 있다. ② 동물 자포동물인 해파리의 자낭을 덮고 있는 투명체.

▸엽상 식물 葉狀植物 (심을 식, 만물 물). 식물 다세포이지만 뿌리, 줄기, 잎, 관다발이 분화되지 않고 전체가 잎 모양[葉狀]으로 되어 있는 식물(植物)을 통틀어 이르는 말. 이끼류, 균류가 있다.

엽색 獵色 (쫓아다닐 렵, 빛 색). ① 속뜻 여색(女色)을 쫓아다님[獵]. ② '여자와의 육체적 관계 따위를 지나치게 따름'을 이르는 말.

엽서[1] 葉序 (잎 엽, 차례 서). ① 속뜻 잎[葉]이 나는 차례[序]. ② 식물 잎이 줄기에 배열되어 붙어 있는 모양. 어긋나기, 마주나기, 돌려나기, 뭉쳐나기 따위가 있다.

엽서[2] 葉書 (잎 엽, 쓸 서). ① 속뜻 잎[葉]처럼 생긴 종이에 글을 씀[書]. ② 통신 한쪽 면에는 사진이나 그림이 있고 다른 면에는 전하는 내용과 보내는 이와 받는 이의 주소를 적도록 만든 한 장으로 된 우편물. ¶여행 중에 집으로 엽서를 보냈다. ③ 통신 규격을 한정하고 우편 요금을 냈다는 표시로 증표를 인쇄한 편지 용지. 정보 통신부에서 발행하며 통상 엽서, 왕복 엽서, 봉함엽서 따위가 있다.

엽술 獵術 (사냥 렵, 꾀 술). 사냥[獵]을 하는 기술(技術).

엽신 葉身 (잎 엽, 몸 신). 식물 잎사귀[葉]를 이루는 넓은 부분[身]. 잎맥과 잎살로 이루어졌다.

엽아 葉芽 (잎 엽, 싹 아). 식물 자라서 줄기나 잎[葉]이 될 식물의 눈[芽].

엽액 葉腋 (잎 엽, 겨드랑이 액). ① 속뜻 잎[葉]의 겨드랑이[腋]에 해당되는 부분. ② 식물 식물의 가지나 줄기에 잎이 붙은 부분의 위쪽.

엽연 葉緣 (잎 엽, 가선 연). 식물 잎[葉]의 가장자리[緣].

엽-연초 葉煙草 (잎 엽, 담배 연, 풀 초). 식물 잎사귀[葉]를 자르지 않고 그대로 말린 담배[煙草].

엽우 獵友 (사냥 렵, 벗 우). 함께 사냥[獵]을 다니는 친구[友].

엽육 葉肉 (잎 엽, 살 육). ① 속뜻 잎[葉]의 살[肉] 부분. ② 식물 잎의 기본 조직인 표피와 잎맥 이외의 조직. 잎의 겉가죽 안쪽에 있는 녹색의 두꺼운 부분으로 잎에서 잎맥을 제외한 나머지 부분을 일컫는다.

엽전 葉錢 (잎 엽, 돈 전). ① 속뜻 나뭇잎[葉] 같은 모양의 돈[錢]. ② 예전에 사용하던 놋쇠로 만든 돈. 둥글고 납작하며 가운데에 네모진 구멍이 있다. ¶엽전 한 냥. ③ 우리나라 사람이 스스로를 낮잡아 이르는 말. ¶여기에는 너희 같은 엽전들은 들어올 수 없다고.

엽주 獵酒 (쫓아다닐 렵, 술 주). ① 속뜻 술[酒]을 쫓아다님[獵]. ② 아는 사람을 찾아다니며 술을 우려 마심. 또는 그 술.

엽지 葉枝 (잎 엽, 가지 지). 잎[葉]과 가지[枝]를 아울러 이르는 말.

엽차 葉茶 (잎 엽, 차 차). ① 속뜻 잎[葉]을 따서 만든 차(茶). 또는 그것을 달이거나 우려낸 물. ② 차나무의 어린 잎으로 만든 찻감. 또는 그것을 달이거나 우려낸 물. ③ 한 번 우려낸 홍차를 다시 우려낸 멀건 차.

엽채 葉菜 (잎 엽, 나물 채). 주로 잎[葉]을 먹는 채소(菜蔬). 배추, 시금치, 근대 등이 있다.

▸엽채-류 葉菜類 (잎 엽, 나물 채, 무리 류). 식물 잎을 먹는 채소[葉菜]를 통틀어[類] 이르는 말.

엽초 葉草 (잎 엽, 풀 초). 잎[葉] 연초(煙草). 잎담배.

엽총 獵銃 (사냥 렵, 총 총). 사냥[獵]에 알맞도록 만든 총(銃).

엽침 葉針 (잎 엽, 바늘 침). ① 속뜻 바늘[針] 모양의 잎[葉]. ② 식물 식물의 바늘이나 가시 가운데 잎의 변태에 의하여 생긴 것. 선인장의 가시 따위가 이에 속한다.

엽탁 葉托 (잎 엽, 받칠 탁). ① 속뜻 잎[葉]의 받침[托] 부분. ② 식물 잎자루 밑에 붙은 한 쌍의 작은 잎. 눈이나 잎이 어릴 때 이를 보호하는 구실을 한다.

엽편 葉片 (잎 엽, 조각 편). 식물 잎[葉]의 넓은 부분[片].

엽황-소 葉黃素 (잎 엽, 누를 황, 바탕 소). 식물 잎[葉]의 엽록체 안에 엽록소와 함께 존재하는 누런색[黃]의 색소(色素). 가을에 잎이 누렇게 되는 것은 이 색소 때문이다.

영:가[1] 詠歌 (읊을 영, 노래 가). ① 속뜻 시가(詩歌)를 읊음[詠]. ② 음악 서양식 곡조로 지은 노래. ③ 음악 국악에서 종교적인 노래의 하나. '음·아·어·이·우'의 오음을 처음에는 길게, 나중에는 빠르게 가락을 붙여 반복하여 부르는 것으로, 조선 후기부터 불리기 시작했다.

영가[2] 靈歌 (신령 령, 노래 가). 음악 미국의 흑인들이 부르는 일종의 종교적인[靈] 성가(聖歌).

영가[3] 靈駕 (혼령 령, 수레 가). ① 속뜻 영혼(靈魂)을 태운 수레[駕]. ② 불교 육체 밖에 따로 있다고 생각되는 정신적 실체.

영:각 影閣 (모습 영, 집 각). 영정(影幀)을 모신 전각(殿閣).

영:감[1] 令監 (시킬 령, 볼 감). ① 속뜻 명령(命令)하고 감찰(監察)하는 사람. ② 나이가 많아 중년이 지난 남자를 대접하여 이르는 말. ¶스크루지 영감. ③ 나이 든 부부 사이에서 아내가 그 남편을 이르는 말. ¶이 목걸이는 우리 영감이 사준 거예요. ④ 나이가 많아 중년이 지난 남자를 대접하여 이르는 말. ⑤ 역사 정삼품과 종이품의 벼슬아치를 이르던 말. 영공(令公).

영감[2] 靈感 (신령 령, 느낄 감). ① 속뜻 신령(神靈)스러운 예감이나 느낌[感]. ② 창조적인 일의 계기가 되는 기발한 착상이나 자극. ¶강물을 보고 영감을 받아 시를 한 편 지었다.

영거리 사격 零距離射擊 (영 령, 떨어질 거, 떨어질 리, 쏠 사, 칠 격). 군사 가까이 온 적에 대하여 포탄(砲彈)이 포문으로부터 0[零]에 가까운 거리(距離)에서 터지도록 하는 사격(射擊).

영걸 英傑 (뛰어날 영, 뛰어날 걸). '영웅호걸'(英雄豪傑)의 준말. ¶세기에 보기 드문 영걸.

영:겁 永劫 (길 영, 시간 겁). 불교 영원(永遠)한 시간[劫]. 영원한 세월.

▶ **영:겁 회귀** 永劫回歸 (돌 회, 돌아갈 귀). 철학 영원한 시간은 원형(圓形)을 이루고 그 원형 안에서 우주와 인생은 영원히[永劫] 되풀이되어 돌아오거나[回] 돌아간다는[歸] 사상. 니체가 그의 저서 『차라투스트라는 이렇게 말했다』에서 주장한 사상. 영원 회귀(永遠回歸).

영:결 永訣 (길 영, 이별할 결). 죽은 사람과 영원(永遠)히 결별(訣別)함. 영원히 떠나보냄.

▶ **영:결-식** 永訣式 (의식 식). 장사 지내기 전에, 죽은 사람을 영원히 떠나보내는[永訣] 의미로 행하는 의식(儀式).

▶ **영:결-종천** 永訣終天 (끝마칠 종, 하늘 천). 죽어서 영원히 이별[永訣] 하고 천명(天命)을 마침[終].

영계 靈界 (혼령 령, 지경 계). ① 속뜻 사람이 죽은 뒤에 영혼(靈魂)이 가서 산다는 세계(世界). ② 정신이나 정신의 작용이 미치는 범위.

영고[1] 迎鼓 (맞이할 영, 북 고). ① 속뜻 북[鼓]을 치며 신을 맞이함[迎]. ② 역사 부여국에서 12월에 행하던 제천 의식. 모든 백성이 모여 하늘에 제사를 지내고 추수를 감사하며 날마다 춤과 노래와 술을 즐겼다.

영고[2] 榮枯 (꽃필 영, 마를 고). 꽃이 핌[榮]과 잎이 시듦[枯].

▶ **영고-성쇠** 榮枯盛衰 (번성할 성, 쇠퇴할 쇠). 영고(榮枯)와 성쇠(盛衰). 인생이나 사물의 변화.

영공 領空 (다스릴 령, 하늘 공). ① 속뜻 다스리는[領] 하늘[空中]. ② 정치 영토와 영해 위의 하늘로서 그 나라의 주권이 미치는 범위. 그 범위는 고도에 따라 특별한 제한은 없으나 우주 공간은 특정 국가에 속하지 않는 자유로운 공간이다.

▶ **영공-권** 領空權 (권리 권). ① 속뜻 영공(領空)에 대한 권리(權利). ② 법률 영공을 지배하는 국가의 배타적인 주권. 다른 나라의 비행기는 영공에 들어올 수 없으나 국제 민간 항공 조약 체결국의 민간 비행기에는 무해 항공권이 인정된다.

영:과 穎果 (이삭 영, 열매 과). ① 속뜻 이삭[穎]으로 맺는 열매[果]. ② 식물 열매껍질이 말라서 씨껍질과 붙어 하나처럼 되고 속의 씨는 하나인 열매. 벼, 보리, 밀 따위가 있다. 곡과(穀果).

영관[1] 領官 (거느릴 령, 벼슬 관). ① 속뜻 영(領)자로 끝나는 계급[官]의 통칭. ② 군사 소령(少領), 중령(中領), 대령(大領)을 통틀어 이르는 말. 위관(尉官)보다 높고 장성(將星)보다 낮다.

영관[2] 榮冠 (영화 영, 갓 관). ① 속뜻 영예(榮譽)로운 관(冠). ②성공, 승리, 명예 따위를 비유하여 이르는 말.

영광 榮光 (영화 영, 빛 광). 영화(榮華)롭게 빛[光]남. 또는 그러한 영예. ¶이 영광을 부모님께 돌리겠습니다 / 학교 대표로 뽑힌 것이 영광스럽다.

영광 靈光 (신령 령, 빛 광). ① 속뜻 신령(神靈)스럽고 성스러운 빛[光]. ②왕의 은덕을 비유하여 이르는 말.

영:구[1] 永久 (길 영, 오랠 구). 영원(永遠)히 오래[久] 지속됨. ¶영구불변의 진리.

▸**영:구-적 永久的** (것 적). 영원(永遠)히 오랫동안[久] 변하지 않고 계속 되는 것[的]. ¶영구적인 대책을 세우다. 반 일시적(一時的), 순간적(瞬間的), 임시적(臨時的).

▸**영:구-성 永久性** (성질 성). 영원(永遠)히 오랫동안[久] 변하지 않는 성질(性質).

▸**영:구-적 永久的** (것 적). 영원(永遠)히 오랫동안[久] 변하지 않고 계속 되는 것[的].

▸**영:구-치 永久齒** (이 치). ① 속뜻 영원(永遠)히 오랫동안[久] 쓸 수 있는 이[齒]. ② 의학 젖니가 빠진 뒤에 나는 이와 뒤어금니를 통틀어 이르는 말. 사람은 위아래로 모두 32개가 있다.

▸**영:구-화 永久化** (될 화). 어떤 상태가 영원(永遠)히 오랫동안[久] 계속됨[化]. 또는 계속되도록 함.

▸**영:구 경수 永久硬水** (단단할 경, 물 수). 화학 영원한[永久] 센[硬] 물[水]. 마그네슘, 칼슘 따위가 섞여 있어서 끓여도 단물로 되지 않는 물을 말한다.

▸**영:구 기관 永久機關** (틀 기, 빗장 관). ① 속뜻 영원(永遠)히 오랫동안[久] 계속해서 작동하는 기관(機關). ② 물리 밖으로부터 에너지의 공급을 받지 않고 외부에 대하여 영원히 일을 계속하는 가상의 기관. 제1종 영구 기관이라고도 하며, 이 밖에 열원에서 공급한 열을 100% 역학적인 일로 바꿀 수 있는 제2종 영구 기관이 있다.

▸**영:구-기체 永久氣體** (공기 기, 몸 체). ① 속뜻 영구적(永久的)인 기체(氣體). ② 물리 아무리 압축하여도 액화(液化)하지 않는다고 생각한 가스. 비 영구가스.

▸**영:구 동:토 永久凍土** (얼 동, 흙 토). 지리 지층의 온도가 연중 0도 이하로 항상[永久] 얼어 있는[凍] 땅[土]. 전체 육지 면적의 20~25%를 차지하며 한대 기후에 해당하는 남북 양극 권내, 시베리아, 알래스카, 그린란드, 캐나다의 일부 지역에서 볼 수 있다.

▸**영:구 운:동 永久運動** (돌 운, 움직일 동). 물리 외부에서 에너지를 공급받지 않고도 영원(永遠)히 오랫동안[久] 계속되는 기계 운동(運動).

▸**영:구 자:석 永久磁石** (자기 자, 돌 석). 물리 일단 자기화가 된 다음에는 자기(磁氣)를 영원(永遠)히 오랫동안[久] 보존하는 자석(磁石).

▸**영:구-장천 永久長川** (길 장, 내 천). 한없이 오랜[永久] 세월을 긴[長] 시내[川]에 비유하여 이르는 말.

▸**영:구 중립국 永久中立國** (가운데 중, 설 립, 나라 국). 정치 스위스, 오스트리아 따위와 같이 영구(永久)히 중립(中立)이 보장(保障)되어 있는 나라[國]. 비 영세(永世) 중립국.

영구[2] 靈柩 (혼령 령, 널 구). ① 속뜻 혼령(魂靈)이 담겨 있는 널[柩]. ②시신을 담은 관.

▸**영구-차 靈柩車** (수레 차). 시신을 넣은 관[靈柩]을 실어 나르는 차(車). 장례에 쓰는 특수 차량.

영국 英國 (꽃부리 영, 나라 국). 지리 '잉글랜드'(England)의 'Eng'을 영(英)으로 음역하고, 'land'를 국(國)으로 의역한 말.

영기 英氣 (뛰어날 영, 기운 기). 영특(英特)한 재기(才氣).

영남 嶺南 (고개 령, 남녘 남). ① 속뜻 조령(鳥嶺)의 남쪽[南] 지역. ② 지리 경상남·북도를 이르는 말. 삼남(三南)의 하나. 비 교남

(嶠南).

▸ 영남-가 嶺南歌 (노래 가). [문학] 조선 인조 13년(1635)에 박인로가 영남(嶺南)에 부임한 이근원의 덕치(德治)를 찬양한 가사(歌詞).

▸ 영남-학파 嶺南學派 (배울 학, 갈래 파). [역사] 조선 때, 영남(嶺南) 지방의 학자들이 이룬 성리학의 학파(學派). 퇴계 이황를 중심으로 하며 기호학파와 쌍벽을 이루었다. [참]기호학파(畿湖學派).

영내[1] **領內** (다스릴 령, 안 내). 국가의 통치권[領]이 미치는 구역의 안[內].

영내[2] **營內** (집 영, 안 내). [군사] 병영(兵營)의 안[內].

▸ 영내 거주 營內居住 (살 거, 살 주). [군사] 부대의 영내(營內)에서 거주(居住)함.

영년[1] **迎年** (맞이할 영, 해 년). 한 해[年]를 맞이함[迎].

영ː년[2] **永年** (길 영, 해 년). 긴[永] 세월[年].

▸ 영ː년 변ː화 永年變化 (바뀔 변, 될 화). [천문] 관측 값이 오랫동안[永年] 변화(變化)하는 현상. 특히 지구 자기(磁氣)의 변화를 이른다.

영농 **營農** (지을 영, 농사 농). 농사[農]를 지음[營]. ¶영농 후계자 / 영농 기계화.

▸ 영농 자금 營農資金 (밑천 자, 돈 금). [농업] 농업 경영(農業經營)에 쓰이는 자금(資金).

영단 **英斷** (뛰어날 영, 끊을 단). 영특(英特)하게 결단(決斷)함. ¶영단을 갖다.

영단 **靈丹** (신령 령, 붉을 단). 신령(神靈)하고 효험이 있는 붉은[丹] 영약.

영달[1] **令達** (명령 령, 보낼 달). 명령(命令)이 전달(傳達)됨. 또는 명령을 전달하여 알림.

영달[2] **榮達** (영화 영, 이를 달). 영화(榮華)에 이름[達]. 지위가 높고 귀하게 됨.

영도[1] **零度** (영 령, 정도 도). ① [속뜻] 0[零]의 정도(程度). ② 온도, 각도, 고도 따위의 도수(度數)를 세는 기점이 되는 자리.

영도[2] **領導** (거느릴 령, 이끌 도). 거느리고[領] 이끎[導]. 지도함. ¶지도자의 영도에 복종하다 / 공화제에서는 대통령이 나라를 영도한다.

▸ 영도-력 領導力 (힘 력). 앞장서서 이끌고 지도하는[領導] 능력(能力).

▸ 영도-자 領導者 (사람 자). 앞장서서 이끌고 지도하는[領導] 사람[者].

영동 **嶺東** (고개 령, 동녘 동). [지리] 강원도에서 대관령(大關嶺) 동(東)쪽에 있는 지역을 이르는 말. [비]관동(關東).

▸ 영동-선 嶺東線 (줄 선). [교통] 경상북도 영주에서 영동(嶺東)의 강릉을 잇는 산업 철도[線]. 길이는 199km 이다.

영락 **零落** (없어질 영, 떨어질 락). ① [속뜻] 풀잎이 없어지고[零] 나뭇잎이 떨어짐[落]. ② 세력이나 살림이 줄어들어 보잘것없이 됨. ¶영락한 집안. ③ 약간의 틀림이나 다름. ¶민지는 웃는 모습이 영락없이 그녀의 어머니를 닮았다. [비]틀림.

영랑 **令郎** (경칭 령, 사나이 랑). 윗사람의 아들[郎]을 높여[令] 이르는 말. 영식(令息). ¶영랑의 대학 입학을 축하드리겠습니다.

영력 **營力** (지을 영, 힘 력). [지리] 지형을 변화시키는[營] 힘[力]. 침식·운반·퇴적과 관련되는 물·바다·바람·빙하 따위의 작용에 의한 외적 영력과 지진·화산 활동·습곡 작용 따위의 지구 내부 작용에 의한 내적 영력이 있다. '지질영력'(地質營力)의 준말.

영련 **楹聯** (기둥 영, 잇달 련). 기둥[楹]에 장식으로 써 붙이는 시의 글귀[聯]. [비]주련(柱聯).

영령[1] **英領** (영국 영, 다스릴 령). 영국(英國)의 영토(領土). ¶홍콩은 아편 전쟁의 결과로 1842년에 영령이 되었다.

영령[2] **英靈** (꽃부리 영, 혼령 령). ① [속뜻] 꽃[英]처럼 아름다운 영혼(靈魂). ② 죽은 사람의 영혼을 높여 이르는 말. 영현(英顯). ¶순국 영령(殉國英靈). ③ 산천의 정기를 타고난 뛰어난 사람.

영롱 **玲瓏** (옥소리 령, 옥소리 롱). ① [속뜻] 옥을 굴리는 소리[玲=瓏]처럼 맑고 아름답다. ② 구슬에 반사되거나 비치는 빛처럼 맑고 아름답다. ¶영롱한 눈빛.

영리[1] **英里** (영국 영, 거리 리). 영국(英國)에서 사용하는 거리(距離)를 나타내는 단위[里]. 1 마일은 대략 1.6km쯤 된다. 마일(mile).

영ː리[2] **怜悧** (=伶俐, 영리할 령, 영리할 리). 똑똑하고 눈치가 빠르다[怜=悧]. ¶그 아이는 매우 영리하다. [반]어리석다.

영리[3] **榮利** (영화 영, 이로울 리). 영화(榮華)와 복리(福利). 명예와 이익.

영리[4] **營利** (꾀할 영, 이로울 리). 이익(利益)을 꾀함[營]. 또는 그 이익. ¶기업은 대개 영리를 추구한다. [반]비영리(非營利).

▸영리 기업 營利企業 (꾀할 기, 일 업). [경제]재산상의 이익을 위해 활동하는[營利] 기업(企業).

▸영리 법인 營利法人 (법 법, 사람 인). [법률]재산상의 이익을 위해 하는[營利] 사단 법인(法人). '영리 사단 법인'(營利社團法人)의 준말. 영리 사단(營利社團).

▸영리 보:험 營利保險 (지킬 보, 험할 험). [경제]재산상의 이익을 위해 하는[營利] 보험(保險).

▸영리-사업 營利事業 (일 사, 일 업). [경제]재산상의 이익을 위해 경영하는[營利] 사업(事業).

▸영리 자본 營利資本 (재물 자, 밑 본). [경제]재산상의 이익을 위해 하는[營利] 경제 활동에 쓰는 자본(資本).

▸영리-주의 營利主義 (주될 주, 뜻 의). [경제]재산상 이익[營利]을 얻는 것을 사업 활동에서 가장 중요한 방침이나 원칙으로 삼는 사상이나 태도[主義].

▸영리 행위 營利行爲 (행할 행, 할 위). 영리(營利)를 목적으로 행하는 일[行爲].

영림 營林 (꾀할 영, 수풀 림). 삼림(森林)을 관리하고 경영(經營)함. ¶영림 사업.

영망 令望 (좋을 령, 바랄 망). 좋은[令] 평판이나 명망(名望). ¶신임 군수의 영망은 부임 초부터 사람들의 입에 오르내렸다.

영매[1] **令妹** (경칭 령, 누이 매). 남을 높이어[令] 그의 누이동생[妹]을 이르는 말. 매씨.

영매[2] **英邁** (뛰어날 영, 뛰어날 매). 성질이 영특(英特)하고 비범한[邁]. ¶아이는 참으로 영매하여 하나를 가르치면 열을 알았다.

영매[3] **靈媒** (혼령 령, 맺어줄 매). 혼령(魂靈)과 인간을 매개(媒介)하는 사람. 곧 무당이나 박수가 이에 해당한다.

▸영매-술 靈媒術 (꾀 술). 영매(靈媒)의 매개로 신령이나 망령(亡靈)을 불러내거나 죽은 자와 산 자가 의사를 통하는 술법(術法).

영:매-가 詠梅歌 (읊을 영, 매화나무 매, 노래 가). [문학]조선 말, 안민영이 매화(梅花)의 모습을 읊은[詠] 시조[歌].

영:면 永眠 (길 영, 잠잘 면). ① [속뜻]영원(永遠)히 잠듦[眠]. ② '죽음'을 이르는 말.

영:멸 永滅 (길 영, 없어질 멸). 영원(永遠)히 없어짐[滅].

영명[1] **令名** (경칭 령, 이름 명). ① [속뜻]남의 이름[名]을 높여[令] 이르는 말. ② 좋은 명성이나 명예. 영문(令聞). 영예(令譽). 영칭(英稱). ¶영명이 높다.

영명[2] **英名** (뛰어날 영, 이름 명). 뛰어난[英] 명성이나 명예(名譽). ¶영명이 높은 선비.

영명[3] **英明** (뛰어날 영, 밝을 명). 영특(英特)하고 총명(聰明)함. 영달(英達).

영:모 永慕 (길 영, 그리워할 모). ① [속뜻]오래도록[永] 사모(思慕)함. ② 죽을 때까지 어버이를 잊지 아니함.

영묘[1] **靈妙** (신령 령, 묘할 묘). 사람의 지혜로는 짐작할 수 없을 만큼 신비스럽고[靈] 묘(妙)함.

영묘[2] **靈廟** (혼령 령, 사당 묘). ① [속뜻]선조의 영혼(靈魂)을 모신 사당[廟]. ② '탑'(塔)을 달리 이르는 말.

영문[1] **營門** (집 영, 문 문). ① [속뜻]병영(兵營)의 문(門). ¶영문 보초 / 영문 출입증 / 영문을 지키는 병사. ② 군문(軍門). ③ [기독교]구세군에서, 각 교회를 이르는 말.

영문[2] **英文** (영국 영, 글월 문). ① [속뜻]영어(英語)로 쓴 글[文]. ¶영문 편지 / 영문학과. ② 영어를 표기하는 데 쓰는 문자. ¶영문으로 작성하다 / 영문 타자기.

영-문법 英文法 (영국 영, 글월 문, 법 법). [언어]영어(英語)의 문법(文法).

영-문학 英文學 (영국 영, 글월 문, 배울 학). [문학]① 영어(英語)로 표현된 문학(文學). 또는 그것을 연구하는 학문. ② 영국의 문학.

영물 英物 (뛰어날 영, 만물 물). ① [속뜻]똑똑하고 능력이 뛰어난[英] 인물(人物). ② 사리에 어둡고 우둔한 사람을 놀림조로 이르는 말.

영물[1] **靈物** (신령 령, 만물 물). ① [속뜻]신령(神靈)스러운 물건(物件)이나 짐승. ¶이곳에서 호랑이는 영물로 여겨진다. ② 약고 영리한 짐승. ¶그 고양이는 영물이더군.

영:물² 詠物 (읊을 영, 만물 물). ① [속뜻] 만물(萬物)을 시로 읊음[詠]. ② 새, 꽃, 달, 나무 따위를 제재로 하여 시를 짓는 일. 또는 그 시.

▸ 영:물-시 詠物詩 (시 시). 산천초목 등 자연을 제재로 하여 지은[詠物] 시(詩).

영미 英美 (영국 영, 미국 미). 영국(英國)과 미국(美國)을 아울러 이르는 말.

▸ 영미-법 英美法 (법 법). [법률] 영국(英國)과 미국을 중심으로 하는 법체계(法體系). 판례법과 관습법을 주로 하며 불문법(不文法)이 중심이 된다. [반]대륙법(大陸法).

영민 英敏 (뛰어날 영, 재빠를 민). 영특(英特)하고 민첩(敏捷)하다. ¶그의 아들은 영민하기로 동네에 소문이 자자하다.

영:법¹ 泳法 (헤엄칠 영, 법 법). 헤엄치는[泳] 방법(方法).

영법² 英法 (영국 영, 법 법). ① [속뜻] 영국(英國)의 법률(法律). 또는 그것을 연구하는 학문. ② 영국의 법식.

영:별 永別 (길 영, 나눌 별). 영원(永遠)한 이별(離別). ¶영별의 눈물.

영봉 靈峰 (신령 령, 봉우리 봉). 신령(神靈)스러운 산봉우리[峰]. ¶백두산 영봉.

영-부인 令夫人 (경칭 령, 지아비 부, 사람 인). 남의 아내[夫人]를 높여[令] 이르는 말. [비]귀부인(貴夫人).

영불 英佛 (영국 영, 프랑스 불). 영국(英國)과 프랑스[佛蘭西]를 아울러 이르는 말. ¶영불 전쟁.

영빈 迎賓 (맞이할 영, 손님 빈). 귀한 손님[賓]을 맞이함[迎].

영:사¹ 映射 (비칠 영, 쏠 사). 광선이 비치어[映] 반사(反射)함.

영사² 營舍 (집 영, 집 사). [군사] 군대의 병영(兵營)으로 쓰는 건물[舍]. ¶영사로 들어가는 병사 / 보초를 세워 영사를 잘 지키도록 하여라.

영사³ 映寫 (비칠 영, 베낄 사). ① [속뜻] 영화(映畵)등의 필름에 빛을 비추어[映] 스크린에 베껴냄[寫]. ② 토지의 표면을 평면으로 옮김. ③ 원래 그림과 같이 정밀하게 옮겨 그림.

▸ 영사-기 映寫機 (틀 기). [연영] 영화 필름의 화상(畵像)을 영사막에 확대해서 비추어 보이는[映寫] 기계(機械).

▸ 영사-막 映寫幕 (휘장 막). [연영] 영화 필름이나 슬라이드 따위를 비추는[映寫] 흰 막(幕). 스크린. 은막(銀幕).

▸ 영사-실 映寫室 (방 실). [연영] 영사(映寫)를 하기 위해 영사기 따위의 시설을 마련해 놓은 방[室].

영사⁴ 領事 (거느릴 령, 섬길 사). ① [속뜻] 사람들을 거느리고[領] 임금을 섬김[事]. ② [정치] 외국에 있으면서 본국의 무역 통상의 이익을 도모하며 아울러 자국민의 보호를 담당하는 공무원. ③ [역사] 고려 시대에, 삼사(三司)·춘추관·경연(經筵)·전의시(典儀寺)·사복시·선공사 따위의 으뜸 벼슬. 정일품이나 정이품의 재신(宰臣)이 겸하였다. ④ [역사] 조선 시대에, 문하부·삼사·돈녕부·경연·집현전·홍문관·예문관·춘추관·관상감·중추부·돈령원 따위의 으뜸 벼슬. 영돈령부사 외에는 의정(議政) 또는 영의정이 겸하였다.

▸ 영사-관 領事館 (집 관). [법률] 영사(領事)가 주재하는 곳에서 사무를 보는 공관(公館).

▸ 영사 송:장 領事送狀 (보낼 송, 문서 장). ① [속뜻] 영사(領事)가 보내는[送] 문서[狀]. ② [경제] 수출국에 주재하고 있는 수입국의 영사가 수출 상품에 관하여 사실과 틀림없음을 증명한 송장(送狀).

▸ 영사 재판 領事裁判 (분별할 재, 판가름할 판). [역사] 영사(領事)가 주재국에서 자국민에 관한 민사·형사 재판(裁判)을 하던 제도.

영:사-본 影寫本 (그림자 영, 베낄 사, 책 본). ① [속뜻] 그림자[影]처럼 똑같이 베낀[寫] 것[本]. ② 얇은 종이를 원본 위에 두고 그 위에 덧그려 원본과 같이 만든 책이나 도안. [비]투사본(透寫本). [참]모사본(模寫本).

영산 靈山 (신령 령, 메 산). ① [속뜻] 신령(神靈)스러운 산(山). 영악(靈嶽). ¶민족의 영산인 백두산. ② 신불(神佛)을 모시어 제사 지내는 산. ③ [불교] 고대 인도 마갈타국의 왕사성 동북쪽에 있는 산. 석가 여래가 법화경과 무량수경을 강(講)하였던 곳이다. 영취산(靈鷲山).

▸ 영산-회 靈山會 (모일 회). [불교] 석가모니가 영취산(靈鷲山)에서 제자들과 함께 하였던 모임[會].

영:산-자 映山紫 (비칠 영, 메 산, 자줏빛 자). 식물 자색(紫色)의 꽃이 피는 영산백(映山白)의 한 품종. 자영산(紫映山).

영:산-홍 映山紅 (비칠 영, 메 산, 붉을 홍). ① 속뜻 산(山)을 비추는[映] 붉은[紅]빛. ② 식물 철쭉과의 상록 관목. 잎은 피침 모양으로 끝이 둔하고 담홍색의 꽃이 핀다. 한국, 일본 등지에 분포한다.

영상[1] 映像 (비칠 영, 모양 상). ① 물리 빛의 굴절이나 반사에 의하여 물체의 모양[像]이 비침[映]. ¶거울에 비친 영상. ② 머릿속에서 그려지는 모습이나 광경. ③ 영사막이나 브라운관, 모니터 따위에 비추어진 상. ¶TV의 브라운관은 전기 신호를 영상으로 바꾸는 역할을 한다.

영상[2] 零上 (영 령, 위 상). 0℃[零] 이상(以上)의 기온을 이르는 말. ¶봄이 되면서 기온은 영상으로 올라갔다. ⓑ영하(零下).

영상[3] 領相 (거느릴 령, 도울 상). ① 속뜻 으뜸가는[領] 재상(宰相). ② 역사 조선 시대 의정부의 으뜸 벼슬인 '영의정'을 달리 이르는 말.

영색 令色 (좋을 령, 빛 색). ① 속뜻 좋은[令] 얼굴색[色]. ② 남의 비위를 맞추거나 아첨하기 위해 낯빛을 꾸밈. 또는 그 낯빛.

영:생 永生 (길 영, 살 생). ① 속뜻 영원(永遠)한 생명(生命). 또는 영원히 삶. ¶진시황제는 영생을 위해 불로초를 찾아다녔다. ② 기독교 예수를 믿고 그 가르침을 행함으로써 천국에서 영원히 삶. ⓑ상생(常生).

▸영:생불멸 永生不滅 (아닐 불, 없어질 멸). 영원(永遠)히 살고[生] 죽지[滅] 아니함[不]. ¶영생불멸의 존재.

영:서[1] 永逝 (길 영, 갈 서). ① 속뜻 영원(永遠)히 감[逝]. ② '죽음'을 뜻함. 영면(永眠).

영서[2] 英書 (영어 영, 책 서). 영어(英語)로 쓰여 있는 책[書]. ¶영서를 읽다.

영선 營繕 (지을 영, 기울 선). 건축물 따위를 새로 짓거나[營] 수리함[繕]. ¶영선 계획.

▸영선-비 營繕費 (쓸 비). 건축물 따위를 새로 짓거나 수리하는 데에[營繕] 드는 비용(費用).

영선-사 領選使 (거느릴 령, 고를 선, 부릴 사). ① 속뜻 외국으로 데리고[領] 가기 위해 뽑은[選] 사절단(使節團). ② 역사 조선 고종 때 서구의 과학기술 학습과 미국과의 통상에 대한 사전교섭을 목적으로 청나라에 파견한 유학생의 인솔사행. 김윤식을 대표로 한 청년 학도 69명은 새로운 무기의 제조와 사용법을 배우고 돌아왔다.

영성 靈性 (신령 령, 성품 성). 신령(神靈)한 품성이나 성질(性質). ¶그분은 매우 심오한 영성과 빛나는 예지를 갖춘 분이다.

영세[1] 迎歲 (맞이할 영, 해 세). 새해[歲]를 맞이함[迎]. 영신(迎新).

영세[2] 領洗 (차지할 령, 씻을 세). 가톨릭 세례(洗禮)를 받는[領] 일. ¶우리나라 사람으로 최초로 영세한 사람은 이승훈이다.

영세[3] 零細 (떨어질 령, 가늘 세). ① 속뜻 힘이 떨어지고[零] 몸이 가늘어짐[細]. ② 살림이 보잘것없고 몹시 가난함. ¶영세 가정 / 이것은 자본이 영세한 기업을 돕기 위한 정책이다.

▸영세-농 零細農 (농사 농). 사회 농사짓는 경지가 적어 생계를 겨우 유지하는[零細] 농민(農民). 또는 매우 적은 규모의 농업. 세농민(細農民).

▸영세-민 零細民 (백성 민). 수입이 적어 몹시 가난한[零細] 사람[民]. ¶영세민을 돕다.

▸영세 기업 零細企業 (꾀할 기, 일 업). 경제 경영 규모가 작은[零細] 기업(企業). 주로 종업원의 수가 다섯 명 이하인 기업을 이른다.

▸영세 자본 零細資本 (재물 자, 밑 본). 아주 적은[零細] 수의 자본(資本).

영:세불망 永世不忘 (길 영, 세대 세, 아닐 불, 잊을 망). 오랜[永] 시간[世] 동안 잊지[忘] 아니함[不].

영:속 永續 (길 영, 이을 속). 영원(永遠)히 계속(繼續)함.

▸영:속-성 永續性 (성질 성). 영원히 계속되는[永續] 성질(性質)이나 능력.

▸영:속-적 永續的 (것 적). 끊이지 않고 오래 계속 되는[永續] 것[的].

▸영:속 변:이 永續變異 (바뀔 변, 다를 이). ① 속뜻 계속[永續] 다르게[異] 변(變)함. ② 생물 개체의 세포질 변화에 의하여 일어나는 변이. 일반적으로 자손에 전해지나 대(代)가 지남에 따라 차차 소실된다. 계속 변

이(繼續變異).

영손 令孫 (경칭 령, 손자 손). 남의 손자(孫子)를 높여[令] 이르는 말. 영포(令抱).

영송[1] 迎送 (맞이할 영, 보낼 송). 맞아들이는[迎] 일과 보내는[送] 일. ¶손님 영송 업무는 자네가 맡아서 처리 하게.

영:송[2] 詠誦 (읊을 영, 욀 송). 시 따위를 소리내어 읊고[詠] 외움[誦].

영쇄 零瑣 (없어질 령, 자질구레할 쇄). 없어질[零] 정도로 매우 자질구레함[瑣]. '영령쇄쇄'(零零瑣瑣)의 준말.

영:수[1] 永壽 (길 영, 목숨 수). 오래도록[永] 삶[壽]. 장수(長壽).

영수[2] 領水 (다스릴 령, 물 수). ① [속뜻] 다스리는[領] 수역(水域). ② [법률] 한 나라의 주권이 미치는 범위의 수역. 영해(領海) 외에 하천, 호소(湖沼), 항만 따위의 내수(內水)를 포함한다.

영수[3] 領袖 (옷깃 령, 소매 수). ① [속뜻] 옷깃[領]과 소매[袖]. ② 여러 사람 가운데 우두머리. ¶여야 영수 회담.

영수[4] 靈獸 (신령 령, 짐승 수). ① [속뜻] 가장 신령(神靈)한 짐승[獸]. ② '기린'을 이르는 말.

영수[5] 領收 (=領受, 차지할 령, 거둘 수). 돈이나 물품 따위를 받아[領]들임[收]. ¶위 금액을 정히 영수함.

▶ 영수-증 領收證 (증거 증). 돈이나 물품 따위를 받은[領收] 사실을 표시하는 증서(證書). ¶물건을 사면 영수증을 꼭 받아야 한다.

영수-인 領受印 (차지할 령, 받을 수, 도장 인). 돈이나 물품 따위를 받았다[領受]는 표시로 찍는 도장[印].

영시[1] 英詩 (영국 영, 시 시). 영어(英語)로 쓴 시(詩).

영:시[2] 詠詩 (읊을 영, 시 시). 시(詩)를 읊음[詠]. 음시(吟詩).

영시[3] 零時 (영 령, 때 시). 시간이 0[零]인 때[時]. 이십사 시간제에서 하루가 시작하는 시각. 24시부터 1시까지의 사이이다.

영신군-가 迎神君歌 (맞이할 영, 귀신 신, 임금 군, 노래 가). [문학] 구지봉 주위에 살던 백성들이 신군(神君)으로 여긴 수로왕을 맞기[迎] 위해서 부른 고대 가요(歌謠).

영식 令息 (경칭 령, 불어날 식). 남의 자식(子息)을 높여[令] 이르는 말.

영신[1] 迎神 (맞이할 영, 귀신 신). 제사 때 신(神)을 맞아들이는[迎] 절차. [반]송신(送神).

영신[2] 迎新 (맞이할 영, 새 신). ① [속뜻] 새로운 것[新]을 맞이함[迎]. ② 새해를 맞음. 영세(迎歲).

영실 令室 (경칭 령, 집 실). 남의 아내[室]를 높여[令] 이르는 말. 특히 사회적 신분이 높은 사람. 귀부인(貴夫人).

영아 嬰兒 (갓난아이 영, 아이 아). 갓난[嬰] 아이[兒]. ¶앙골라는 영아 사망률이 높다.

영악[1] 獰惡 (모질 영, 악할 악). 매우 모질고[獰] 악독(惡毒)함. ¶영악한 산짐승.

영악[2] 靈惡 (신령 령, 악할 악). ① [속뜻] 신령(神靈)스럽고 악(惡)한 점이 있음. ② 이해(利害)에 밝고 약다. ¶요즘 아이들은 영악하다.

영안-실 靈安室 (혼령 령, 편안할 안, 방 실). ① [속뜻] 혼령(魂靈)이 편안(便安)히 쉬는 방[室]. ② 병원에서 시신과 위패를 모셔 두는 방.

영애 令愛 (경칭 령, 사랑 애). 윗사람의 사랑스런[愛] 딸을 높여[令] 이르는 말.

영약 靈藥 (신령 령, 약 약). 영묘한 효험이 있는 신령(神靈)스러운 약(藥).

영양[1] 令孃 (경칭 령, 아가씨 양). 남의 딸[孃]을 높여[令] 이르는 말. 영애(令愛).

영양[2] 榮養 (영화 영, 기를 양). ① [속뜻] 지위가 높아지고 명망을 얻어 부모를 영화(榮華)롭게 잘 모심[養]. ② [가톨릭] 인간으로서 천주를 잘 섬기는 일.

*****영양[3] 營養** (지을 영, 기를 양). ① [속뜻] 양분(養分)을 지어냄[營]. ② [생물] 생명체에 유지에 필요한 성분이나 그것을 함유한 음식물. 생물체가 외부에서 물질을 섭취하여 소화, 호흡, 순환, 배설을 함으로써 생활 기능을 유지하는 작용이다. ¶삼계탕은 맛도 좋고 영양도 풍부하다.

▶ 영양-가 營養價 (값 가). [생물] 식품에 들어있는 영양(營養)의 가치(價値). 영양소 1g을 완전히 연소하였을 때에 발생하는 열량으로 표시하는데 탄수화물은 4.15kcal, 지방은 9.3kcal, 단백질은 4.2kcal이다. ¶두부

는 영양가가 높은 식품이다.

▸영양-물 營養物 (만물 물). 영양소(營養素)가 많이 들어 있는 음식물(飮食物).

▸영양-분 營養分 (나눌 분). ① [속뜻]식품에 들어있는 영양소(營養素)의 분량(分量). ② 양분(養分). ¶식물은 잎과 뿌리를 통해 영양분을 흡수한다.

▸영양-사 營養士 (선비 사). 면허를 가지고 과학적으로 식생활의 영양(營養)에 관한 지도를 하는 사람[士].

▸영양-소 營養素 (바탕 소). ① [속뜻]생물에게 영양(營養)이 되는 물질[素]. ② [생물]생물이 생명의 유지와 성장을 위해 환경으로부터 섭취해야 하는 물질. 고등 동물에서는 탄수화물·지방·단백질·비타민·무기질 따위가 있고, 고등 식물에서는 질소·칼륨·인 등이 있다. ¶필수 영양소.

▸영양-식 營養食 (밥 식). 영양가(營養價)가 높은 음식(飮食)이나 식사(食事). ¶한여름에는 영양식으로 삼계탕을 많이 먹는다.

▸영양-액 營養液 (진 액). ① [식물]식물의 성장[營養]에 필요한 물질을 용해시킨 수용액(水溶液). 식물의 수경(水耕)에 쓴다. ② [의학]체내의 모세관에서 스며 나오는 혈액에서 생기는 무색 단백질의 액체.

▸영양-엽 營養葉 (잎 엽). ① [속뜻]영양(營養) 기능에 관계하는 잎[葉]. ② [생물]양치식물의 잎 가운데 홀씨를 만들지 않고 동화작용만 하는 잎. [비]나엽(裸葉). [반]포자엽(胞子葉).

▸영양-제 營養劑 (약제 제). [약학]영양(營養)을 보충하는 약[劑]. 각종 영양 성분을 배합하여 정제(錠劑)나 음료의 형태로 만들어 복용과 체내 흡수를 쉽게 하였다.

▸영양-학 營養學 (배울 학). ① [속뜻]영양(營養)에 관한 학문(學問). ② [생물]생물체의 영양 작용과 영양 상태 및 영양물에 관하여 연구하는 학문. 생명의 유지 및 심신의 건강을 유지하기 위한 학문으로, 영양 생리학·영양 화학·영양 병리학 따위가 있다.

▸영양 기관 營養器官 (그릇 기, 벼슬 관). [생물]생물의 영양(營養)을 관장하고 개체의 유지에 관계하는 기관(器官). 동물체에서는 보통 소화 기관을 말하나 넓은 뜻으로는 소화·호흡·순환·배설 따위의 여러 기관을 포함하며, 식물체에서는 뿌리·잎·줄기 따위의 기본 기관과 이들이 변형된 각 기관을 이른다.

▸영양 부족 營養不足 (아닐 부, 넉넉할 족). [의학]영양분(營養分)의 섭취가 충분하지[足] 못하여[不] 허약한 상태.

▸영양 불량 營養不良 (아닐 불, 좋을 량). [생물]영양(營養)이 좋지[良] 않음[不]. 영양 장애나 영양 부족으로 몸이 불건전한 상태.

▸영양 생식 營養生殖 (날 생, 불릴 식). [생물]특별한 생식 기관을 만들지 않고 영양체(營養體)의 일부에서 다음 대의 종족을 유지하여 가는 생식(生殖) 방법. [비]영양 번식(繁殖).

▸영양-실조 營養失調 (잃을 실, 고를 조). [의학]영양(營養) 섭취(攝取)가 모자라거나[失] 고르지[調] 않은 상태. 특히 빈혈(貧血)이 생기고 몸이 붓고 맥박(脈搏)이 느려지며 설사(泄瀉)를 하는 따위의 증세(症勢)를 일으킨다.

▸영양 염류 營養鹽類 (소금 염, 무리 류). [화학]생물의 정상적인 생육에 영양분(營養分)이 되는 염류(鹽類).

▸영양 요법 營養療法 (병 고칠 료, 법 법). [의학]음식물[營養]의 품질, 분량 따위를 조절하여서 직접 질병(疾病)을 치료(治療)하거나 예방하고 장기(臟器)를 비호하면서 전신의 영양을 완전하게 하는 방법(方法). 당뇨병, 위장병, 신장병, 비타민 결핍증, 순환기·호흡기 질환 따위에 쓴다. 식이 요법(食餌療法).

▸영양 장애 營養障礙 (막을 장, 거리낄 애). ① [속뜻]영양(營養)이 가로막힘[障礙]. ② [의학]섭취한 영양소가 몸 안에서 충분히 소화·흡수되지 않고 신진대사의 기능이 순조로이 진행되지 않는 상태. 유아에게 많으며 설사, 구토 따위의 증세가 나타난다.

▸영양 지수 營養指數 (가리킬 지, 셀 수). [생물]키, 몸무게 따위로 구성된 일정한 형식에 의하여 영양 상태(營養狀態)를 나타내는 지수(指數).

▸영양 화:학 營養化學 (될 화, 배울 학). [생물]영양소(營養素)의 종류나 성질, 체내에서의 소화·흡수 과정 따위를 생리학(生理學)과 생리 화학(生理化學)을 기초로 하여 연구하는 학문(學問).

영어[1] **囹圄** (옥 령, 옥 어). ① 속뜻 죄수를 가두는 옥[囹=圄]. 감옥(監獄). ② 감옥(監獄)을 매우 제한된 문맥에서 완곡하게 쓰는 말. 감옥(監獄).

영어[2] **英語** (영국 영, 말씀 어). ① 속뜻 영국(英國)에서 쓰는 말[語]. ② 언어 인도·유럽 어족 게르만 어파의 서게르만 어군에 속한 언어. 미국, 영국, 캐나다, 오스트레일리아 등을 비롯하여 세계 여러 나라에서 사용하는 국제어의 구실을 한다.

영어[3] **營漁** (꾀할 영, 고기잡을 어). 어업(漁業)을 경영(經營)함.

영:언 永言 (길 영, 말씀 언). ① 속뜻 길게[永] 끌면서 하는 말[言]. ② 시와 노래를 이르는 말.

영업 營業 (꾀할 영, 일 업). 이익을 꾀하는[營] 것을 목적으로 하는 사업(事業). 또는 그런 행위. ¶ 영업사원 / 오늘은 10시까지 영업합니다.

▸ **영업-권 營業權** (권리 권). 법률 영업(營業)을 할 수 있는 권리(權利). 그 영업이 보통 이상의 이익을 올릴 수 있는 경우 그 초과 이익을 취득할 수 있는 특권을 이르는 것으로 일종의 무형(無形) 재산이다.

▸ **영업-부 營業部** (나눌 부). 영업(營業)에 관한 일을 맡아보는 부서(部署).

▸ **영업-비 營業費** (쓸 비). 경제 기업의 영업 활동(營業活動)에 드는 비용(費用). 주로 기업 전체를 관리하는 데 드는 일반 관리비와 제품의 판매에 드는 판매비로 나뉜다.

▸ **영업-세 營業稅** (세금 세). 법률 영업(營業)에 대하여 부과하는 국세(國稅). 1976년에 부가 가치세법의 시행으로 폐지되었다. 기업 수익세(企業收益稅). 사업세(事業稅).

▸ **영업-소 營業所** (곳 소). 영업(營業) 활동(活動)을 하는 일정(一定)한 곳[所].

▸ **영업-용 營業用** (쓸 용). 영업(營業)에 쓰임[用]. 또는 그런 대상. ¶ 영업용 택시.

▸ **영업-자 營業者** (사람 자). 영업(營業)을 하는 사람[者]. 영업가(營業家). 영업인(營業人).

▸ **영업-주 營業主** (주인 주). 영업(營業)에서 생기는 모든 권한과 책임을 가진 주인(主人). ㈜업주.

▸ **영업-체 營業體** (몸 체). 영업(營業)을 하기 위해 만든 단체(團體).

▸ **영업 감찰 營業鑑札** (볼 감, 패 찰). 법률 영업(營業)을 허가한 증거로 관청에서 내주는 감찰(鑑札).

▸ **영업 금:지 營業禁止** (금할 금, 멈출 지). 법률 행정 처분으로 영업(營業)을 금지(禁止)하는 일.

▸ **영업 소:득 營業所得** (것 소, 얻을 득). 경제 기업의 주요 영업 활동(營業活動)에서 얻은[得] 것[所]. 매출액에서 매출 원가, 일반 관리비, 판매비를 뺀 나머지. 영업 이익(營業利益).

▸ **영업 양:도 營業讓渡** (넘겨줄 양, 건넬 도). 경제 영업 재산(營業財産)과 영업권(營業權)을 상속, 매매, 증여, 계약에 의하여 다른 사람에게 넘기는[讓渡] 일.

▸ **영업 재산 營業財産** (재물 재, 재물 산). 경제 특정한 영업(營業)을 하기 위해 있는 재산(財産). 상품, 자금, 점포, 채권 따위가 있다.

▸ **영업 정지 營業停止** (멈출 정, 멈출 지). 법률 영업자가 단속 규정을 위반하였을 때, 행정 처분에 의하여 일정 기간 영업(營業)을 못하게 하는[停=止] 일.

▸ **영업 조합 營業組合** (짤 조, 합할 합). 경제 영업(營業)을 위해 만든 조합(組合). 일정한 지역에서 동업자끼리 공동의 이익을 도모하거나 경쟁으로 인한 손해를 방지하기 위해 조직하는 공공 단체이다.

▸ **영업 외 비:용 營業外費用** (밖 외, 쓸 비, 쓸 용). 경제 기업의 주요 영업(營業)과 직접 관계가 없는[外] 활동에 드는 비용(費用). 지급 이자, 할인료, 사채 이자, 유가 증권의 매매 손실 따위가 있다.

영:업-전 永業田 (길 영, 일 업, 밭 전). ① 속뜻 영원(永遠)히 세습하여 경작할[業] 수 있었던 토지[田]. ② 역사 고려 때, 관료나 국역을 맡아 일한 사람들에게 지급되어 대대로 사용하게 한 토지. ③ 중국 당나라 때에, 균전제 가운데 국가에 반납하지 않고 대대로 세습할 수 있었던 토지.

영역[1] **英譯** (영국 영, 옮길 역). 영어(英語)로 번역(翻譯)함.

영역[2] **靈域** (신령 령, 지경 역). 신령(神靈)스러운 지역(地域).

영역[3] **領域** (다스릴 령, 지경 역). ① 속뜻 다스릴[領] 수 있는 권한이 미치는 지역[域].

②활동, 기능, 효과, 관심 따위가 미치는 일정한 범위. ¶그 일은 내 영역 밖이다. ③한 나라의 주권이 미치는 범위. 영토, 영해, 영공으로 구성된다. ¶우리의 영역을 침범한 어선을 나포하다.

▸영역-권 領域權 (권리 권). ① 속뜻 영역(領域)에 대한 권리(權利). ② 법률 국가나 다른 나라의 지배를 받지 않고 자국 영토 내의 모든 사람과 사물을 통치하는 권능. 영토주권(領土主權).

영:영 永永 (길 영, 길 영). 길고[永]도 긺[永]. 매우 긺. ¶영영 소식이 없다 / 그는 영영 고향을 떠났다.

영예[1] 令譽 (좋을 령, 기릴 예). 좋은[令] 명예(名譽). 영명(令名).

영예[2] 榮譽 (꽃필 영, 기릴 예). 꽃을 피우는[榮] 것 같은 훌륭한 업적으로 남들의 칭송이나 기림[譽]을 받음. 또는 그러한 영광. ¶우승의 영예를 안다 / 영예로운 자리. ㊥영광(榮光).

영외 營外 (집 영, 밖 외). 군사 병영(兵營)의 밖[外].

▸영외 거주 營外居住 (살 거, 살 주). 군사 군인이 병영 밖[營外]에서 업무 이외의 일상생활을 하는 것[居住]. 주로 하사관 이상의 군인에게만 허가한다.

영욕 榮辱 (영화 영, 욕될 욕). 영예(榮譽)와 치욕(恥辱)을 아울러 이르는 말.

영용 英勇 (뛰어날 영, 날쌜 용). 매우 영특(英特)하고 용감(勇敢)한. ¶영용한 부대원.

영웅 英雄 (뛰어날 영, 뛰어날 웅). 지혜와 재능이 뛰어나고[英=雄] 용맹하여 보통 사람이 하기 어려운 일을 해내는 사람. ¶그녀는 진정한 영웅이다.

▸영웅-담 英雄譚 (이야기 담). 영웅(英雄)의 전설적인 행적을 쓴 이야기[譚].

▸영웅-시 英雄詩 (시 시). 문학 역사상·전설상의 영웅(英雄)을 주인공으로 그의 사적을 읊은 서사시(敍事詩). 서양에는 「일리아드」, 「오디세이」, 「니벨룽겐의 노래」, 우리나라에는 「동명왕편」(東明王篇) 따위가 있다. '영웅 서사시'의 준말.

▸영웅-심 英雄心 (마음 심). 비범한 재주와 뛰어난 용기를 나타내려는[英雄] 마음[心].

▸영웅-적 英雄的 (것 적). 영웅(英雄)다운 것[的].

▸영웅-전 英雄傳 (전할 전). 영웅(英雄)의 생애를 적은[傳] 책.

▸영웅-화 英雄化 (될 화). 영웅(英雄)이 됨[化]. 또는 영웅이 되게 함.

▸영웅 소:설 英雄小說 (작을 소, 이야기 설). 문학 영웅(英雄)을 소재로 한 우리나라 고전 소설(小說) 유형.

▸영웅-시대 英雄時代 (때 시, 연대 대). 영웅서사시(英雄敍事詩)의 배경이 되었던 시대(時代). 대략 원시 공동체 사회로부터 국가 사회까지의 과도기가 이에 해당한다.

▸영웅 신화 英雄神話 (귀신 신, 이야기 화). 문학 영웅(英雄)의 출생, 성장, 활약 및 고난을 이겨내는 과정 따위를 내용으로 하는 신화(神話).

▸영웅-주의 英雄主義 (주될 주, 뜻 의). ① 속뜻 영웅(英雄)을 숭배하거나 영웅적 행동을 좋아하여 영웅인 체하는 태도[主義]. ② 사회 일반 대중의 능력을 무시하고 영웅적 개인의 사상과 행동을 으뜸으로 여기는 개인주의의 하나.

▸영웅지재 英雄之材 (어조사 지, 재목 재). 영웅(英雄)이 될 자질[材]을 갖춘 사람.

▸영웅-호걸 英雄豪傑 (호쾌할 호, 뛰어날 걸). 영웅(英雄)과 호걸(豪傑)을 아울러 이르는 말. 영걸(英傑).

영원[1] 令媛 (경칭 령, 미인 원). 윗사람의 예쁜[媛] 딸을 높여[令] 이르는 말. 영애(令愛).

영:원[2] 永遠 (길 영, 멀 원). 어떤 상태가 끝없이 길게[永] 멀리[遠] 이어짐. 또는 시간을 초월하여 변하지 아니함. ¶영원한 사랑 / 나는 그와 영원히 함께 할 것이다.

▸영:원-성 永遠性 (성질 성). 시간을 초월하여 영원(永遠)히 존재하는 성질(性質).

▸영:원-무궁 永遠無窮 (없을 무, 다할 궁). 영원(永遠)하여 끝[窮]이 없음[無].

▸영:원-불멸 永遠不滅 (아닐 불, 없어질 멸). 영원(永遠)히 없어지지[滅] 않고[不] 계속됨.

영월[1] 迎月 (맞이할 영, 달 월). 음력 정월 대보름날 저녁에 산이나 들에 나가 달[月]을 맞이하는[迎] 것. ㊥달맞이.

영월[2] 盈月 (찰 영, 달 월). 가득 찬[盈] 달

[月]. 음력 보름밤에 뜨는 둥근 달. ⓑ보름달.

영위[1] 營爲 (지을 영, 할 위). 일 따위를 지어 내어[營] 스스로 함[爲]. ¶행복한 삶을 영위하는 것이 그의 목표이다.

영위[2] 靈位 (혼령 령, 자리 위). ① 속뜻 혼백[靈]의 자리[位]. ② 상가(喪家)에서 모시는 혼백이나 가주(假主)의 신위.

영:유[1] 永有 (길 영, 있을 유). 영원(永遠)히 소유(所有)함. 영원히 있음.

영유[2] 領有 (차지할 령, 있을 유). 자기의 것으로 차지하여[領] 가짐[有]. ¶독도는 대한민국이 영유하고 있는 섬이다.

▸영유-권 領有權 (권리 권). 법률 자기 나라가 영유(領有)하고 있는 영토라고 주장하는 권리(權利). ¶청과 조선은 간도의 영유권을 둘러싸고 분쟁을 벌였다.

영육 靈肉 (혼령 령, 몸 육). 영혼(靈魂)과 육체(肉體)를 아울러 이르는 말.

▸영육 일치 靈肉一致 (한 일, 이를 치). 철학 영혼(靈魂)과 육체(肉體)는 높고 낮은 차별이 있는 두 개의 것이 아니고 오직 하나[一]를 이룬다고[致] 보는 사상. 원래 그리스의 사상이었는데 중세 기독교에서 부인되었다가 르네상스시기에 부활하였다.

영윤 令胤 (경칭 령, 자손 윤). 남의 아들[胤]을 높여[令] 이르는 말. 영식(令息).

영은-문 迎恩門 (맞이할 영, 은혜 은, 문 문). ① 속뜻 천자의 은혜(恩惠)를 맞이하는[迎] 문(門). ② 역사 조선 때, 중국에서 오는 사신을 맞아들이던 문.

영-의정 領議政 (다스릴 령, 의논할 의, 정사 정). ① 속뜻 정사(政事)를 의논(議論)하는 사람들을 이끄는[領] 직책이나 사람. ② 역사 조선 시대, 의정부의 으뜸 벼슬. 정일품의 품계로 서정(庶政)을 총괄하는 최고의 지위이다. ⓑ상상(上相).

영이 靈異 (신령 령, 다를 이). 인간의 지혜로는 헤아릴 수 없이 신령(神靈)스럽고 경이(驚異)로움.

영:-이별 永離別 (길 영, 떨어질 리, 나눌 별). 다시는 만나지 못하고 영원(永遠)히 헤어짐[離別].

영:인 影印 (그림자 영, 도장 인). ① 속뜻 그림자[影]처럼 똑같이 찍어냄[印]. ② 출판 인쇄물의 원본을 사진으로 복사하여 인쇄하는 일.

▸영:인-본 影印本 (책 본). 출판 영인(影印)한 책[本]. ⓑ경인본(景印本), 영인판(影印版).

영일 寧日 (편안할 녕, 날 일). 편안한[寧] 날[日]. ¶아내가 떠난 후 그에게 마음의 영일은 다시 오지 않았다.

영입 迎入 (맞이할 영, 들 입). 환영(歡迎)하여 받아들임[入].

영자[1] 英姿 (꽃부리 영, 맵시 자). 매우 늠름하고 아름다운[英] 자태(姿態). ¶안개가 걷히자 백두산 정상이 그 영자를 드러내었다.

영자[2] 英字 (영국 영, 글자 자). 영어(英語)를 표기하는데 쓰이는 글자[字]. '영문자'(英文字)의 준말. ¶영자 신문.

영:자[3] 影子 (그림자 영, 접미사 자). 그림자[影+子]. ¶호수에 그의 영자가 나타났다.

영:자-팔법 永字八法 (길 영, 글자 자, 여덟 팔, 법 법). 예술 서예에서 '永'자 한 글자[字]로써 모든 한자에 공통되는 여덟 가지[八] 필획 쓰기를 보이는 법(法). 중국 한(漢)나라의 채옹이 고안하였다고 전한다.

영작 英作 (영국 영, 지을 작). 영어(英語)로 글을 지음[作].

영-작문 英作文 (영국 영, 지을 작, 글월 문). 영어(英語)로 지은[作] 글[文].

영장[1] 令狀 (명령 령, 문서 장). ① 속뜻 명령(命令)의 뜻을 기록한 문서[狀]. ② 군대의 소집이나 징집을 명령한 관청에서 보내는 문서. ¶동생은 영장을 받고 군에 입대했다. ③ 법률 사람 또는 물건에 대하여 압수, 체포 따위를 허락하는 내용을 담아 법원 또는 법관이 발부하는 서류. 소환장, 구인장, 구속영장, 압수 수색 영장 따위가 있다. ¶법원은 심 씨에 대해 구속 영장을 발부했다.

영장[2] 營將 (집 영, 장수 장). 역사 조선 시대에 둔, 각 진영(鎭營)의 으뜸 장수[將]. '진영장'(鎭營將)의 준말.

영장[3] 靈長 (신령 령, 어른 장). ① 속뜻 신령(神靈)같은 힘을 가진 우두머리[長]. ② 모든 만물 중에서 가장 뛰어난 존재인 '사람'을 이르는 말. ¶사람은 만물의 영장이다.

▸영장-류 靈長類 (무리 류). ① 속뜻 사람[靈長]과 비슷한 무리[類]. ② 동물 포유강

의 한 목(目). 성성이·원숭이·고릴라 등과 같이 대뇌가 잘 발달했고, 얼굴은 짧으며 가슴에 한 쌍의 유방을 갖추고 손과 발은 물건을 잡기에 알맞으며 각각 5개의 손가락과 발가락이 있다.

영재 英才 (뛰어날 영, 재주 재). 뛰어난[英] 재주[才]. 또는 그런 사람. ¶영재 교육 / 그는 수학의 영재이다. [비]수재(秀才), 천재(天才).

영적 靈的 (신령 령, 것 적). 신령(神靈)같은 점이 있는 것[的]. ¶나는 영적 존재를 믿는다.

영전[1] 榮典 (영화 영, 의식 전). ① [속뜻] 영광(榮光)스러운 전례(典禮). ② 경사스러운 의식. ③ [법률] 국가에 뚜렷한 공적을 세운 사람에게 그 공적을 치하하기 위해 인정한 특수한 법적 지위.

영전[2] 榮轉 (영화 영, 옮길 전). 전보다 더 좋은[榮] 자리나 직위로 옮김[轉].

영:전[3] 影殿 (모습 영, 대궐 전). 임금의 초상[影]을 모신 전각(殿閣).

영전[4] 靈前 (혼령 령, 앞 전). 신이나 죽은 사람의 영혼(靈魂)을 모셔 놓은 자리의 앞[前].

영:절 永絶 (길 영, 끊을 절). 소식이나 관계 또는 생명이나 혈통 따위가 영원(永遠)히 끊어져[絶] 아주 없어짐.

영점 零點 (영 령, 점 점). ① [속뜻] 얻은 점수(點數)가 없음[零]. ¶한 과목이라도 영점을 받으면 낙제한다. ② 능력이나 성과가 전혀 없음을 비유하여 이르는 말. ¶그 사람은 연구 능력은 뛰어나지만 교육자로서는 영점이다. ③ [물리] 물이 어는 점.

영접 迎接 (맞이할 영, 맞이할 접). 손님을 맞아서[迎] 대접(待接)하는 일. ¶외국 귀빈을 영접하다.

영:정 影幀 (모습 영, 그림족자 정). 사람의 모습[影]을 그린 족자[幀]. ¶이순신 장군의 영정.

영:정-과율법 永定課率法 (길 영, 정할 정, 매길 과, 비율 률, 법 법). [역사] 조선 때, 과세율(課稅率)을 영원(永遠)히 고정(固定)해 두던 법(法). [준]영정법.

영:정-법 永定法 (길 영, 정할 정, 법 법). [역사] '영정과율법'(永定課率法)의 준말.

영제 令弟 (경칭 령, 아우 제). 남의 아우[弟]를 높여[令] 이르는 말.

영조 靈鳥 (신령 령, 새 조). 영묘(靈妙)한 힘이 있어 상서로움을 가져온다고 전하여지는 새[鳥]. 흔히 '봉황'을 이른다.

영:존[1] 永存 (길 영, 있을 존). ① [속뜻] 영원(永遠)히 존재(存在)함. ② 영구히 보존함.

영존[2] 令尊 (경칭 령, 높을 존). 남의 아버지[尊]를 높여[令] 이르는 말.

영종 令終 (좋을 령, 끝마칠 종). ① [속뜻] 편안하고 좋게[令] 삶을 마침[終]. ② 제 명대로 다 살다가 편안하게 죽는 것을 이르는 말. 오복(五福) 중의 하나.

영주[1] 英主 (뛰어날 영, 주인 주). 뛰어나게 훌륭한[英] 임금[君主].

영주[2] 領主 (거느릴 령, 주인 주). [역사] 중세 유럽에서, 영지(領地)와 거기에 사는 사람들에게 영주권을 행사하던 사람[主]. 농민과 수공업 장인들에게 부역과 공납을 과하고 재판권과 경찰권을 행사하며, 영지의 질서를 유지하는 역할을 하였다.

영:주[3] 永住 (길 영, 살 주). 한곳에 오래[永] 삶[住].

▸ **영:주-권** 永住權 (권리 권). [법률] 일정한 자격을 갖춘 외국인에게 주는 그 나라에서 영주(永住)할 수 있는 권리(權利). '영구 거주권'(永久居住權)의 준말.

영준 英俊 (뛰어날 영, 뛰어날 준). 영민(英敏)하고 준수(俊秀)함. 또는 그런 사람. 준영(俊英).

영지[1] 英智 (뛰어날 영, 슬기 지). ① [속뜻] 뛰어난[英] 지혜(智慧). ② [철학] 신적 지식이나 절대적 진리를 파악할 수 있는 최고의 인식 능력.

영지[2] 領地 (거느릴 령, 땅 지). ① [속뜻] 영주(領主)가 관할하는 땅[地]. ¶기사 계급은 독립적인 영주로서 영지 내의 농민들을 보호하는 동시에 영지의 실질적인 통치자였다. ② [법률] 영토(領土). ¶고구려 때에는 만주 지방도 우리의 영지였다.

영지[3] 靈芝 (신령 령, 버섯 지). ① [속뜻] 신령(神靈)스러운 버섯[芝]. ② [식물] 삿갓은 심장이며, 전체가 단단하고 적갈색이 도는 버섯. 불로초과에 속하는 영약으로 알려져 말려서 약용한다. [비]지초(芝草).

영지[4] **靈地** (신령 령, 땅 지). 신령(神靈)스러운 땅[地]. ¶백두산은 민족의 영지로 일컬어진다.

영진 榮進 (영화 영, 나아갈 진). 영예(榮譽)롭게 진급(進級)함. 지위가 높아짐.

영-집합 零集合 (영 령, 모일 집, 합할 합). 수학 원소(元素)를 가지지 않는[零] 집합(集合). 공집합(空集合).

영창 營倉 (집 영, 감옥 창). 군사 병영[營]에 설치한 감옥[倉]. ¶김 상병은 명령 불복종으로 닷새 동안 영창에 갔다 왔다.

영:채 映彩 (비칠 영, 빛깔 채). 환하게 빛나는[映] 고운 빛깔[彩]. ¶영채가 도는 눈 / 그래도 두 눈은 기가 풀리지 않고 영채가 감돌았다.

영천 靈泉 (신령 령, 샘 천). ① 속뜻 신기한[靈] 약효가 있는 샘[泉]. ② 지리 온천(溫泉).

영추 迎秋 (맞이할 영, 가을 추). 가을[秋]을 맞이함[迎].

영추-문 迎秋門 (맞을 영, 가을 추, 문 문). ① 속뜻 가을[秋]을 맞이하는[迎] 문(門). ② 고적 경복궁의 서문. 일반 관원들이 출입하였다.

영춘 迎春 (맞이할 영, 봄 춘). ① 속뜻 봄[春]을 맞이함[迎]. ¶영춘 기념으로 등산을 갔다. ② 식물 물푸레나뭇과의 낙엽 활엽 관목. 높이는 2~3m이며, 잎은 마주난다. 이른 봄에 잎보다 먼저 노란 꽃이 핀다. 개나리.

영치 領置 (차지할 령, 둘 치). ① 속뜻 받아[領] 보관해 둠[置]. ② 법률 형사 소송법에서, 국가 기관이 피의자·피고인 또는 재감자에게 딸린 물건을 보관하거나 처분하는 행위.

▸영치-금 領置金 (돈 금). 죄를 지어 교도소에 갇힌 사람이 교도소의 관계 부서에 임시로 맡겨 두는[領置] 돈[金]. 교도소를 통하여 음식이나 물품을 구입하는 데 쓴다.

영:탄 詠歎 (=詠嘆, 읊을 영, 한숨지을 탄). ① 속뜻 읊으며[詠] 탄식(歎息)함. ② 목소리를 길게 뽑아 깊은 정회(情懷)를 읊음. ③ 감탄(感歎).

▸영:탄-법 詠歎法 (법 법). 문학 감탄사나 감탄 조사 따위를 이용하여 기쁨·슬픔·놀라움과 같은 감정을 강하게 나타내는[詠歎] 표현 방법(方法). '오호, 통제라' 등이 그 예이다.

***영토 領土** (거느릴 령, 흙 토). ① 속뜻 다스리는[領] 땅[土]. ¶광개토대왕은 고구려의 영토를 확장했다. ② 법률 국제법에서 국가의 통치권이 미치는 구역. 흔히 토지로 이루어진 국가의 영역을 이르나 영해와 영공을 포함하는 경우도 있다. ¶헌법에는 '한반도와 부속도서'(附屬島嶼)를 대한민국의 영토로 명시하고 있다. ⓑ국토(國土).

▸영토-권 領土權 (권리 권). 법률 국가가 영토(領土)에 대하여 갖는 모든 권리(權利). 또는 영토를 타국에 대여하거나 양도할 수 있는 권리.

▸영토 주권 領土主權 (주인 주, 권리 권). 법률 국가가 다른 나라의 지배를 받지 않고 자국 영토(領土) 내의 모든 사람과 사물을 통치하는 권리[主權]. 영역권(領域權). 영토 고권(領土高權).

영특 英特 (뛰어날 영, 특별할 특). 뛰어나게[英] 특출(特出)하다. ¶동생은 어려서부터 영특하고 매사에 의연했다.

영패 零敗 (영 령, 패할 패). ① 운동 경기나 시합에서 득점이 없어 0[零]점인 채로 짐[敗]. ¶영패를 모면하다. ② 형편없이 패함을 과장하여 이르는 말.

영하 零下 (영 령, 아래 하). ① 속뜻 0[零]보다 아래[下]의 수치. ② 섭씨온도계에서 눈금이 0℃이하의 온도. ¶오늘 기온은 영하 8도다. ⓑ영상(零上).

영하 취:락 嶺下聚落 (고개 령, 아래 하, 모을 취, 마을 락). 지리 영(嶺) 아래[下]에 모여[聚] 형성된 마을[落].

영한 英韓 (영국 영, 한국 한). ① 속뜻 영국(英國)과 한국(韓國)을 아울러 이르는 말. ¶영한 교류. ② 영어와 한국어를 아울러 이르는 말. ¶영한 기계 번역.

영합 迎合 (맞이할 영, 합할 합). ① 속뜻 서로 뜻이 맞아[迎] 하나로 합(合)함. ② 사사로운 이익을 위해 아첨하며 따름.

▸영합-주의 迎合主義 (주될 주, 뜻 의). 자기의 주장이나 견해가 없이 다른 사람의 뜻에만 맞추어 나가려는[迎合] 태도나 경향[主義].

영해[1] **嬰孩** (갓난아이 영, 어린애 해). 갓난

[嬰] 아이[孩].

영해² **領海** (거느릴 령, 바다 해). ① 속뜻 다스리는[領] 권한이 미치는 바다[海]. ② 법률 영토에 인접한 해역으로 그 나라의 통치권이 미치는 범위. 연안해, 내해(內海), 만(灣), 해협 따위로 이루어지는데 해수면이 가장 낮은 썰물 때의 해안선을 기준으로 폭 3해리까지가 보통이지만 나라에 따라 6해리, 12해리를 주장하기도 한다. ¶중국 군함이 한국 영해를 침범했다.

▶영해-선 領海線 (줄 선). 해양 영해(領海)의 한계선(限界線). 곧 한 국가의 국내법이 외국인에게 미치는 영역의 한계선을 이른다.

▶영해 어업 領海漁業 (고기잡을 어, 일 업). 수산 영해(領海) 안에서 이루어지는 어업(漁業). 자국인 및 자국 선박에만 허용된다.

영:향* **影響 (그림자 영, 울릴 향). ① 속뜻 물체의 그림자[影]나 소리의 울림[響]. ② 어떤 사물의 효과나 작용이 다른 것에 미치는 일. ¶환경은 사람의 성격에 영향을 준다.

▶영:향-권 影響圈 (범위 권). 영향(影響)이 미치는 범위[圈]. ¶현재 제주도는 태풍의 영향권 안에 있다.

▶영:향-력 影響力 (힘 력). 어떤 사물의 효과나 작용이 다른 것에 미치는[影響] 힘[力]. 또는 그 크기나 정도. ¶그는 교육계에서 상당히 영향력 있는 인물이다.

영험 **靈驗** (신령 령, 효과 험). 기원하는 대로 되는 신령(神靈)스러운 효과[驗]. ¶비는 대로 뜻이 다 이루어지는 영험이 신통한 바위.

영형 **令兄** (경칭 령, 맏 형). ① 속뜻 남의 형(兄)을 높여[令] 이르는 말. ② 편지에서, 친구를 높여 이르는 말.

영혼 **靈魂** (혼령 령, 넋 혼). ① 속뜻 죽은 사람의 넋[靈=魂]. ② 육체에 깃들어 마음의 작용을 맡고 생명을 부여한다고 여겨지는 비물질적 실체. ¶나는 영혼 불멸을 믿는다. ㊐혼령(魂靈), 혼신(魂神).

▶영혼-설 靈魂說 (말씀 설). 철학 육체 이외에도 영혼이 존재하며 현상계(現象界)의 모든 사물은 영혼(靈魂)의 작용에 의한 것이라고 보는 학설(學說).

▶영혼 불멸설 靈魂不滅說 (아닐 불, 없어질 멸, 말씀 설). 죽은 뒤에도 인간의 영혼(靈魂)은 사라지지[滅] 않고[不] 영원히 존재하며 미래의 생활을 계속한다고 하는 설(說). 조상 숭배, 윤회전생 따위는 이러한 사상에서 성립된 것이다.

영화¹ **英貨** (영국 영, 돈 화). 영국(英國)의 화폐(貨幣). 파운드.

영화² **英華** (꽃부리 영, 꽃 화). ① 속뜻 꽃부리[英]와 꽃[華]에 비견될 만한 아름다움. ② 밖으로 드러나는 아름다운 색채. ③ 뛰어난 시나 문장을 비유하여 이르는 말. ④ 영국과 중국을 아울러 이르는 말.

영화³ **榮華** (꽃필 영, 꽃 화). ① 속뜻 꽃[華]을 활짝 피움[榮]. ② 몸이 귀하게 되어 이름이 세상에 빛남. ¶부귀와 영화를 누리다.

영화⁴ **映畵** (비칠 영, 그림 화). ① 속뜻 그림[畵]을 비춤[映]. ② 연영 연속 촬영한 필름을 연속으로 영사막에 비추어 물건의 모습이나 움직임을 실제와 같이 재현하여 보이는 것. ¶영화를 찍다 / 영화를 보다.

▶영화-계 映畵界 (지경 계). 연영 영화감독, 영화배우, 시나리오 작가, 제작자 등 영화(映畵)에 관계되는 사람들의 사회[界].

▶영화-관 映畵館 (집 관). 영화(映畵)를 상영하는 시설을 갖춘 건물[館]. ㊐극장(劇場).

▶영화-사 映畵社 (회사 사). 영화(映畵)의 제작·배급 또는 수입·수출 따위를 전문으로 하는 회사(會社).

▶영화-인 映畵人 (사람 인). 영화 사업(映畵事業)에 종사하는 사람[人].

▶영화-제 映畵祭 (제사 제). 여러 영화(映畵) 작품을 모아서 일정 기간 내에 연속적으로 상영하는 축제(祝祭). ¶그는 부산 영화제에서 신인 감독상을 받았다.

▶영화-화 映畵化 (될 화). 소설이나 전기 따위를 각색하여 영화(映畵)로 만듦[化].

▶영화-감독 映畵監督 (볼 감, 살필 독). 영화(映畵)를 감독(監督)하는 사람. 영화 제작에서 연기, 촬영, 녹음, 편집 따위를 지휘하여 작품에 통일성을 주는 사람.

▶영화-배우 映畵俳優 (광대 배, 광대 우). 영화(映畵)에 출연하는 배우(俳優). 흔히 엑스트라를 제외한 주역과 조역 연기자들을 이른다.

▶영화 예:술 映畵藝術 (재주 예, 꾀 술). 예술 영화(映畵)를 예술(藝術) 활동의 한 분

야로서 이르는 말.

▸영화 음악 映畫音樂 (소리 음, 풍류 악). [연영]영화 화면(映畫畫面)의 정경(情景)을 돕기 위해 특별히 작곡된 음악(音樂).

▸영화 촬영기 映畫撮影機 (찍을 촬, 모습 영, 틀 기). [연영]영화(映畫)를 만들기 위해 화상[影]을 찍는[撮] 사진기(寫眞機).

영활 靈活 (신령 령, 살 활). ① [속뜻]신통[靈]하게 살아남[活]. ②지략이나 행동이 뛰어나고 재빠름.

예:각 銳角 (날카로울 예, 모서리 각). ① [속뜻]두 변이 이루는 꼭지가 날카로운[銳] 각(角). ② [수학]0°보다는 크고 90°보다는 작은 각. [반]둔각(鈍角).

▸예:각 삼각형 銳角三角形 (석 삼, 모서리 각, 모양 형). [수학]내각(內角)이 모두 예각(銳角)인 삼각형(三角形). [반]둔각 삼각형.

예:감¹ 銳感 (날카로울 예, 느낄 감). 예민(銳敏)한 감각(感覺).

예:감² 豫感 (미리 예, 느낄 감). 어떤 일이 일어나기 전에 암시적으로 또는 본능적으로 미리[豫] 느낌[感]. ¶내 예감이 들어맞았다 / 그는 자신의 죽음을 예감했다.

예:거 例擧 (본보기 례, 들 거). 보기[例]를 들어[擧] 보임. ¶명쾌한 예거로 이해를 돕다.

예:견 豫見 (미리 예, 볼 견). 앞으로 일어날 일을 미리[豫] 짐작하여 봄[見]. ¶할머니의 예견은 적중했다 / 누구도 미래를 정확히 예견할 수는 없다.

예:고 豫告 (미리 예, 알릴 고). 미리[豫] 알림[告]. ¶사고는 항상 예고 없이 찾아온다 / 가격 인상을 예고하다.

▸예:고-편 豫告篇 (책 편). 영화나 텔레비전 프로그램 따위의 내용을 미리 선전하기[豫告] 위해 그 내용의 일부를 뽑아 모은 것[篇].

예:과 豫科 (미리 예, 과목 과). 본과에 들어가기 위한 예비(豫備) 과정(科程).

예광-탄 曳光彈 (끌 예, 빛 광, 탄알 탄). [군사]빛[光]을 끌고[曳] 가는 탄알[彈]. 총포에서 발사되었을 때 앞부분에서 빛을 내며 날아가게 한 탄알. 신호하거나 목표물을 지시하는 데에 쓴다.

예:규 例規 (법식 례, 법 규). 관청이나 회사에서 내부의 사무에 관한 기준이나 범례(範例)를 보이기 위해 정한 규칙(規則).

예:금 預金 (맡길 예, 돈 금). [경제]일정한 계약에 의하여 은행, 우체국 따위에 돈[金]을 맡기는[預] 일. 또는 그 돈. 당좌 예금, 정기 예금, 보통 예금 따위로 나뉜다. ¶정기 예금 / 나는 은행에 돈을 예금했다.

▸예:금-액 預金額 (액수 액). 금융기관에 맡긴 돈[預金]의 액수(額數).

▸예:금-주 預金主 (주인 주). 예금(預金)의 주인(主人). ¶예금주가 나타났다.

▸예:금 계:좌 預金計座 (셀 계, 자리 좌). [경제]금융 기관에 예금(預金)하려고 설정한 개인명이나 법인명의 계좌(計座).

▸예:금 보:험 預金保險 (지킬 보, 험할 험). [경제]은행이 파산할 때 생기는 예금자(預金者)의 손해를 보충하기 위해 부담금의 일부를 기금으로 하는 보험(保險).

▸예:금 원가 預金原價 (본디 원, 값 가). [경제]예금(預金) 이자, 영업비 등 은행 영업에 필요한 경비[原價]가 예금액에 대하여 차지하는 비율.

▸예:금 은행 預金銀行 (돈 은, 가게 행). [경제]예금(預金)을 맡아서 그 자금을 상공업자에게 단기의 경영 자금으로 융자하여 주는 따위의 금전 업무를 하는 은행(銀行). 곧 일반 상업 은행을 이른다.

▸예:금 증서 預金證書 (증명할 증, 글 서). [경제]은행 따위의 금융 기관이 예금자에게 주는 예금(預金)한 내용을 기록한 증서(證書).

▸예:금 통장 預金通帳 (온통 통, 장부 장). [경제]금융 기관이 예금(預金)·지급 따위의 내용을 예금자에게 알리기[通] 위해 기재하여 교부하는 장부(帳簿).

▸예:금 통화 預金通貨 (통할 통, 돈 화). [경제]수표를 발행함으로써 통화(通貨)와 같은 기능을 할 수 있는 당좌 예금(預金)을 이르는 말. 넓은 의미에서 보면 보통 예금, 통지 예금 따위도 예금 통화에 해당한다.

▸예:금 협정 預金協定 (합칠 협, 정할 정). [경제]은행 사이에 맺는 예금 이율(預金利律)에 관한 협정(協定).

예:기¹ 銳氣 (날카로울 예, 기운 기). 날카롭고[銳] 굳세며 적극적인 기세(氣勢).

예:기² 豫期 (미리 예, 기약할 기). 앞으로 닥

쳐올 일에 대하여 미리[豫] 생각하여 기약(期約)함. ¶그는 예기치 못한 질문을 했다.

예기³ 禮記 (예도 례, 기록할 기). ① 속뜻 예법(禮法)에 대해 기록한[記] 책. ② 책명 오경(五經)의 하나. 예법의 이론과 실제를 풀이한 책으로 공자(孔子)와 그 후학들의 저작을 한(漢)의 제후인 헌왕(獻王)이 131편으로 정리하여 엮은 것을 뒷날 유향(劉向)과 대덕(戴德)·대성(戴聖)의 형제들이 잇달아 증보하거나 간추린 것으로 전한다.

예기⁴ 禮器 (예도 례, 그릇 기). ① 속뜻 예도(禮度)를 위한 도구[器]. ② 제사(祭祀)에 쓰는 그릇. 놋그릇, 사기그릇, 나무그릇 따위가 있다. 제기(祭器).

예:기⁵ 藝妓 (재주 예, 기생 기). 노래, 춤, 그림, 글씨, 시문 따위의 예능(藝能)을 익혀 손님을 접대하는 기생(妓生).

예:납 豫納 (미리 예, 바칠 납). 정해진 날이 되기 전에 미리[豫] 냄[納]. 선납(先納).

예:년 例年 (본보기 례, 해 년). ① 속뜻 본보기[例]로 삼은 해[年]. 주로 지난해를 말한다. ② 지리 일기 예보에서 지난 30년간 기후의 평균적 상태를 이르는 말. ¶올 여름은 예년에 비해 훨씬 덥다. ⑪평년(平年).

예:능 藝能 (재주 예, 능할 능). ① 속뜻 재주[藝]와 기능(技能). ② 연극, 영화, 음악, 미술 따위의 예술과 관련된 능력을 통틀어 이르는 말. ¶예능에 소질이 있다.

▸ 예:능-과 藝能科 (과목 과). 교육 음악, 미술, 공예 따위 예능(藝能)에 관한 학과(學科). 예능 과목(藝能科目).

예:단¹ 豫斷 (미리 예, 끊을 단). 미리[豫] 판단(判斷)함. 또는 그 판단. ¶섣부른 예단은 금물이다.

예단² 禮單 (예도 례, 홑 단). 예물(禮物)을 적은 단자(單子). '사례단'(謝禮單)의 준말.

예단³ 禮緞 (예도 례, 비단 단). 예물(禮物)로 보내는 비단[緞]. ¶시부모님에게 예단을 보내다.

예대 禮待 (예도 례, 기다릴 대). 예(禮)를 갖추어 대접(待接)함. 예접(禮接).

예:대-율 預貸率 (맡길 예, 빌릴 대, 비율 률). 경제 은행의 예금(預金) 잔액에 대한 대출(貸出) 잔액의 비율(比率). 은행 경영이나 국민 경제의 중요한 지표가 된다.

예:덕 穢德 (더러울 예, 베풀 덕). ① 속뜻 덕(德)을 더럽히는[穢] 행실. ② 왕의 좋지 않은 행동.

▸ 예:덕선생-전 穢德先生傳 (먼저 선, 날 생, 전할 전). 문학 조선 후기의 실학자 연암 박지원이 지은 한문 단편 소설. 허욕에 찬 양반과 관리들을 예덕(穢德) 선생(先生)이라고 비꼬는 내용의 소설[傳].

예도¹ 禮度 (예도 례, 법도 도). 예의(禮義)와 법도(法度)를 아울러 이르는 말.

예:도² 藝道 (재주 예, 방법 도). 기예(技藝)나 연예를 닦아 나가는 방법[道].

예:둔 銳鈍 (날카로울 예, 무딜 둔). ① 속뜻 날카로움[銳]과 무딤[鈍]. ② 민첩함과 우둔함.

예:령 豫鈴 (미리 예, 방울 령). 정해진 시각이 가까이 왔음을 알리기 위해 미리[豫] 치는 종[鈴].

예론 禮論 (예도 례, 논할 론). 예절(禮節)에 관한 이론(理論).

예:리 銳利 (날카로울 예, 날카로울 리). ① 속뜻 칼날 따위가 날카롭다[銳=利]. ¶칼날이 예리하다. ② 감각이나 관찰력, 통찰력 따위가 날카로움. ¶예리한 판단력.

예:림 藝林 (재주 예, 수풀 림). ① 속뜻 예술(藝術)의 숲[林]. ② 예술(藝術)을 창조하고 연구하는 사람들로 이루어지는 사회. 예원(藝苑).

예망 曳網 (끌 예, 그물 망). 수산 ① 끌어서[曳] 고기를 잡는 그물[網]. 예망류. ② 물에 잠긴 그물을 끌어당김. 또는 그 그물.

예:매¹ 豫買 (미리 예, 살 매). ① 속뜻 물건을 받기 전에 미리[豫] 값을 치르고 사[買] 둠. ② 정해진 때가 되기 전에 미리 삼. ¶영화표를 예매하다.

예:매² 豫賣 (미리 예, 팔 매). ① 물건을 주기 전에 미리[豫] 값을 받고 팖[賣]. ② 정해진 때가 되기 전에 미리 팖. ¶예매를 받다 / 오늘부터 티켓 예매가 시작됐다.

▸ 예:매-권 豫賣券 (문서 권). 정해진 때가 되기 전에 미리[豫] 파는[賣] 표[券]. 입장권, 차표 따위가 있다.

예맥 濊貊 (깊을 예, 맥족 맥). 역사 ① 한족(韓族)을 형성한 예족(濊族)과 맥족(貊族)을 통틀어 이르는 말. ② 고조선의 관할 경계

내에 있던 나라. 또는 그 민족. 만주에서 한반도 북동부를 근거지로 하여 수렵과 목축을 주로 하고 농경도 행하였는데 그로부터 부여와 고구려가 갈려 나왔다.

예:명 藝名 (재주 예, 이름 명). 예능(藝能) 분야에 종사하는 사람이 본명 이외에 따로 지어 부르는 이름[名]. ¶많은 연예인들이 본명보다는 예명을 사용한다. [반]본명(本名).

예모¹ 禮帽 (예도 례, 모자 모). 예복(禮服)을 입을 때 격식에 맞추어 쓰는 모자(帽子).

예모² 禮貌 (예도 례, 모양 모). 예절(禮節)에 맞는 몸가짐[貌]. ¶예모를 갖추다.

예:문¹ 例文 (본보기 례, 글월 문). 본보기[例]가 되는 문장(文章). ¶이 국어사전은 예문이 풍부하다.

예문² 禮文 (예도 례, 글월 문). ① [속뜻]예법(禮法)에 관하여 써 놓은 글[文]. ②한 나라의 예법과 문물제도. ③ [불교]예불하는 의식.

▶예문-가 禮文家 (사람 가). 예법[禮文]에 밝고 잘 지키는 사람[家]. 또는 그런 집안. [비]예가(禮家).

예:문³ 藝文 (재주 예, 글월 문). ① [속뜻]기예(技藝)와 문필(文筆)을 아울러 이르는 말. ②학술과 문예를 아울러 이르는 말.

▶예:문-관 藝文館 (집 관). ① [속뜻]예문(藝文)을 맡아보던 곳[館]. ② [역사]고려 시대에 사명(辭命)을 짓는 일을 맡아보던 관아. 공민왕 11년(1362)에 한림원을 고친 것으로 공양왕 원년(1389)에 춘추관을 합하여 예문춘추관이라고 하였다. ③ [역사]조선 시대에 사명을 짓는 일을 맡아보던 관아. 태조 원년(1392)에 둔 예문춘추관을 태종 원년(1401)에 예문관과 춘추관으로 분리하였는데 고종 31년에 경연청에 합하였다. 문원(文垣). 한림원(翰林院).

예물 禮物 (예도 례, 만물 물). ① [속뜻]사례(謝禮)의 뜻으로 보내는 돈이나 물건(物件). ②혼인할 때 신랑과 신부가 기념으로 주고받는 물품. ¶결혼 예물.

예:민 銳敏 (날카로울 예, 재빠를 민). ① [속뜻]자극에 대한 반응이 날카롭고[銳] 빠르다[敏]. ¶사막여우는 청각이 예민하다. ②감각이 날카로움.

예방¹ 禮訪 (예도 례, 찾을 방). 예(禮)를 갖추는 의미로 인사차 방문(訪問)함. ¶대통령은 외국 경제 사절단의 예방을 받고 투자 문제에 대해 논의했다.

***예:방² 豫防** (미리 예, 막을 방). 질병이나 재해 따위가 일어나기 전에 미리[豫] 대처하여 막는[防] 일. ¶화재를 예방합시다 / 비타민 C는 감기 예방에 도움이 된다.

▶예:방-법 豫防法 (법 법). 미리 막는[豫防] 방법(方法).

▶예:방-책 豫防策 (꾀 책). 질병이나 재해 따위가 일어나지 아니하도록 하는[豫防] 계획이나 방법[策].

▶예:방 의학 豫防醫學 (치료할 의, 배울 학). [의학]각종 질병의 발생 원인을 규명하여 예방(豫防)에 중점을 두고 연구하는 의학(醫學).

▶예:방 접종 豫防接種 (이을 접, 씨 종). [의학]전염병을 예방(豫防)하기 위하여 백신[種]을 투여하여[接] 면역성을 인공적으로 생기도록 하는 일. 종두·비시지 접종 따위.

▶예:방 주:사 豫防注射 (물댈 주, 쏠 사). [의학]전염병을 예방(豫防)하기 위하여 주사기로 항원을 체내에 주입하는[注射] 일.

예배 禮拜 (예도 례, 절 배). ① [속뜻]공손한 예의(禮儀)를 갖추어 절함[拜]. ② [기독교]성경(聖經)을 읽고 기도(祈禱)와 찬송으로 하나님에 대한 숭경(崇敬)의 뜻을 나타내는 일. ¶예배를 드리다.

▶예배-당 禮拜堂 (집 당). [기독교]예배(禮拜)를 드리는 집[堂]. [비]교회(敎會).

예법 禮法 (예도 례, 법 법). ① [속뜻]예의(禮義)로써 지켜야 할 규범[法]. ¶예법을 지키다. ②예의에 관한 모든 절차나 질서. ¶식사 예법. [준]예. [비]법례(法禮).

예:병 銳兵 (날카로울 예, 군사 병). ① [속뜻]날카롭고[銳] 성능이 뛰어난 무기[兵]. ②잘 훈련된 날쌘 병사.

예:보 豫報 (미리 예, 알릴 보). 앞으로 일어날 일을 미리[豫] 알림[報]. 또는 그런 보도. ¶일기 예보 / 기상청은 내일 비가 내릴 것이라고 예보했다.

예복 禮服 (예도 례, 옷 복). 의식을 치르거나 특별히 예절(禮節)을 차릴 때에 입는 옷[服]. ¶결혼 예복 / 그는 예복을 갖추어 입었다.

예ː봉 銳鋒 (날카로울 예, 칼끝 봉). ① 속뜻 창이나 칼 따위의 날카로운[銳] 끝[鋒]. 기봉(機鋒). ② 날카롭게 공격하는 기세. ③ 날카로운 논조나 표현.

예불 禮佛 (예도 례, 부처 불). 부처[佛] 앞에 예(禮)를 갖추어 절하는 의식. 또는 그 의식을 행함.

*__예ː비 豫備__ (미리 예, 갖출 비). ① 속뜻 미리[豫] 마련하거나 갖추어 놓음[備]. 또는 미리 갖춘 준비. ¶예비 식량이 떨어졌다. ② 더 높은 단계로 넘어가거나 정식으로 하기 전에 그 준비로 미리 초보적으로 갖춤. 또는 그런 준비.

▸예ː비-군 豫備軍 (군사 군). 군사 ① 비상시를 예비(豫備)하여 구성한 군인(軍人). 또는 그 군대. 군대에서 제대한 사람들로 구성한다. ② 향토방위를 위해 1968년부터 예비역으로 편성한 비정규군. '향토(鄕土) 예비군'의 준말. ③ 예비대.

▸예ː비-금 豫備金 (돈 금). ① 속뜻 미리 준비하여 두는[豫備] 돈[金]. ② 경제 예비비.

▸예ː비-대 豫備隊 (무리 대). 군사 예비(豫備)하여 두는 부대(部隊). 작전상 전선의 후방에 위치하여 전방 부대를 지원하거나 보충한다. ⓑ예비군.

▸예ː비-병 豫備兵 (군사 병). 군사 ① 전투병에 대하여 지원이나 교체를 할 수 있는[豫備] 병사(兵士). ② 예비역에 편입되어 복무하는 병사.

▸예ː비-비 豫備費 (쓸 비). ① 속뜻 미리 준비해[豫備] 두는 비용(費用). ② 예산을 편성할 때에 예측하기 어려운 예산 외의 지출이나 예산이 부족할 때에 쓰려고 갖추어 두는 비용. 예비금(豫備金).

▸예ː비-역 豫備役 (부릴 역). 군사 현역을 마친 사람에게 예비(豫備)로 부여되는 병역(兵役). ⓑ현역(現役).

▸예ː비 교섭 豫備交涉 (서로 교, 관여할 섭). 정치 본격적인 외교 교섭이 잘 이루어지도록 미리 준비하기[豫備] 위해 이루어지는 교섭(交涉). 교섭의 세부 사항과 기술적인 문제 따위를 의논한다.

▸예ː비 선ː거 豫備選擧 (고를 선, 들 거). ① 속뜻 미리[豫備] 가려 뽑음[選擧]. ② 정치 미국의 대통령 선거가 있을 때에 각 당에서 전국 대회에 보낼 대의원을 뽑는 선거. 전국 대회에서 각 당의 대통령 후보가 지명된다.

▸예ː비 시험 豫備試驗 (따질 시, 효과 험). 본시험에 앞서 본시험을 치를 자격을 얻기 위해 미리 치르는[豫備] 시험(試驗).

▸예ː비 정ː리 豫備定理 (정할 정, 이치 리). 수학 기본 정리를 증명하는 데에 쓰기 위해 예비적(豫備的)으로 세워 놓은 정리(定理). 보조 정리(補助定理).

▸예ː비-지식 豫備知識 (알 지, 알 식). 어떤 일을 하거나 연구하는 데 미리 알아두는[豫備] 지식(知識).

예ː사 例事 (본보기 례, 일 사). ① 속뜻 본보기[例]가 되는 일[事]. ② 흔히 있는 일. '예상사'(例常事)의 준말. ¶영주가 학교에 지각하는 것은 예사다 / 예사로 여기다 / 요즘 그의 행동이 예사롭지 않다.

*__예ː산 豫算__ (미리 예, 셀 산). ① 속뜻 필요한 비용을 미리[豫] 헤아려 계산(計算)함. 또는 그 비용. ¶예산을 짜다. ② 경제 국가나 단체에서 한 회계 연도의 수입과 지출을 미리 셈하여 정한 계획. ¶교육 예산. ③ 진작부터 마음에 두어 작정을 함. 또는 그 작정. ¶집을 살 예산으로 5년 동안 열심히 저축하고 있다. ⓑ결산(決算).

▸예ː산-서 豫算書 (글 서). 수입과 지출에 대한 예산(豫算)을 어림잡아 셈한 서류(書類). ¶예산서를 미리 작성하다.

▸예ː산-안 豫算案 (문서 안). ① 속뜻 예산(豫算)의 초안(草案). ② 법률 의회의 심의 결정을 얻기 전의 예산 편성표.

▸예ː산-액 豫算額 (액수 액). 예산(豫算)해 놓은 금액(金額). ¶예산액의 한도.

▸예ː산-외 豫算外 (밖 외). 생각[豫算] 밖[外]. 뜻밖.

▸예ː산 심ː의 豫算審議 (살필 심, 의논할 의). 법률 국회에서 예산안(豫算案)을 확정하기 위해 심의(審議)하는 일.

▸예ː산 초과 豫算超過 (뛰어넘을 초, 지날 과). 경제 ① 세입이나 세출 또는 수입이나 지출이 예산액(豫算額)보다 많아지는[超過] 일. ② 지출이 예정한 금액보다 많아지는 일.

*__예ː상 豫想__ (미리 예, 생각 상). ① 속뜻 어떤 일을 직접 당하기 전에 미리[豫] 생각하여

[想] 둠. 또는 그런 내용. ¶한국 팀은 예상 밖으로 큰 성과를 거두었다. ② [군사] 이동 목표가 일정한 시간 후에 도달할 위치를 미리 상정하는 일. [비]예측(豫測).

▶예ː상-고 豫想高 (높을 고). ① [속뜻] 수입이나 수확을 하기 전에 미리 어림하여[豫想] 본 수량의 정도[高]. ② 미리 어림짐작으로 따져 본 돈의 액수.

▶예ː상-량 豫想量 (분량 량). 실제로 수입이나 수확을 얻기 전에 미리 어림하여 본[豫想] 수량(數量).

▶예ː상-액 豫想額 (액수 액). 실제로 수입이나 지출이 있기 전에 미리 어림하여[豫想] 본 액수(額數).

▶예ː상-외 豫想外 (밖 외). 미리 생각하여[豫想] 두거나 준비하지 못한[外] 일.

예ː상-사 例常事 (본보기 례, 보통 상, 일 사). 보통[常]인 예(例)로 있는 일[事]. [준]예사.

예서¹ 隸書 (노예 례, 쓸 서). [예술] 중국 8종 서체의 하나. 전서(篆書)보다 간략하고 해서(楷書)에 가까운 글씨체. 진나라 때 감옥 관리이었던 정막(程邈)이 번잡한 전서를 생략하여 만든 것인데, 노예(奴隸)와 같이 천한 일을 하는 사람도 이해하기 쉽도록 한 글씨체[書]라는 뜻에서 붙여진 이름이다.

예서² 禮書 (예도 례, 책 서). ① [속뜻] 예법(禮法)에 관하여 쓴 책[書]. ② 혼서(婚書).

예선¹ 曳船 (끌 예, 배 선). ① [속뜻] 배[船]를 끎[曳]. 또는 배를 끄는 배. ¶대형 선박은 부두에 배를 댈 때에 예선이 필요하다. ② [예술] 선유락 춤을 출 때에 배를 끌던 여자 기생. 세 사람씩 배의 좌우에 갈라서서 끈으로 배를 끌며 계속 춤을 추었다.

예ː선² 豫選 (미리 예, 고를 선). 본선에 나갈 선수나 팀을 미리[豫] 뽑음[選]. ¶2개 조가 예선을 통과했다. [반]결선(決選).

예속¹ 禮俗 (예도 례, 풍속 속). 예의(禮儀)에 관한 풍속(風俗). ¶예속에 따라 생활하다.

예ː속² 隸屬 (따를 례, 속할 속). ① [속뜻] 남의 지휘에 따르거나[隸] 그 부하에 속함[屬]. ¶예속 관계 / 예전에 노비는 주인에게 예속되어 있었다. ② 윗사람에게 매여 있는 아랫사람. ¶예속을 거느리다.

▶예ː속-국 隸屬國 (나라 국). 예속(隸屬)되어 있는 나라[國]. 종속국(從屬國).

예속상교 禮俗相交 (예도 례, 풍속 속, 서로 상, 사귈 교). 예의(禮義)와 풍속(風俗)을 잘 지키면서 서로[相] 교제(交際)함. 향약(鄕約)의 네 가지 덕목 가운데 하나. [참]덕업상권(德業相勸), 과실상규(過失相規), 환난상휼(患難相恤).

예송 논쟁 禮訟論爭 (예도 례, 송사할 송, 논할 론, 다툴 쟁). [역사] 조선 현종 때, 궁중 의례(儀禮)의 적용 문제[訟]를 둘러싸고 서인과 남인 사이에 벌어진 논쟁(論爭).

예ː수¹ 豫受 (미리 예, 받을 수). 미리[豫] 받아[受] 둠.

▶예ː수-금 豫受金 (돈 금). [경제] 거래에 관계된 선금이나 보증금으로서 임시로 받아서[豫受] 나중에 돌려줄 금액(金額).

예ː수² 豫修 (미리 예, 닦을 수). ① [속뜻] 미리[豫] 익히기 위해 수업(修業)함. ② [불교] 죽은 뒤의 명복을 위해 생전에 불사를 닦는 일. 역수(逆修).

▶예ː수-재 豫修齋 (재계할 재). 죽어서 좋은 곳으로 가기 위해 생전에 부처에게 올리는[豫修] 재(齋).

⁑예ː술 藝術 (재주 예, 꾀 술). ① [속뜻] 기예(技藝)와 학술(學術). ② 아름다움을 표현하려는 인간의 활동 및 그 작품. ¶예술 창작. ③ 아름답고 높은 경지에 이른 숙련된 기술. ¶예술에 가까운 음식 솜씨.

▶예ː술-가 藝術家 (사람 가). 예술(藝術) 작품을 창작하거나 표현하는 것을 전문으로 하는 사람[家]. ¶젊은 예술가들이 모여 전시회를 열었다. [비]예술인(藝術人).

▶예ː술-계 藝術界 (지경 계). 예술(藝術) 작품을 창작하거나 표현하는 것을 직업으로 하는 사람들로 이루어진 사회[界]. 또는 그런 분야.

▶예ː술-관 藝術觀 (볼 관). 예술(藝術)의 기원, 본질, 목적, 가치 따위에 관한 견해[觀].

▶예ː술-단 藝術團 (모일 단). 예술가(藝術家)들로 조직된 단체(團體).

▶예ː술-론 藝術論 (논할 론). 예술(藝術)의 본질, 기능, 기법과 같은 문제를 다루는 이론(理論).

▶예ː술-미 藝術美 (아름다울 미). 예술(藝術) 작품의 형태로 표현된 아름다움[美].

인공미(人工美).

▸예ː술-성 藝術性 (성질 성). 예술(藝術) 작품이 지닌 예술적인 특성(特性). ¶이 영화는 예술성이 높다.

▸예ː술-인 藝術人 (사람 인). 예술가(藝術家).

▸예ː술-적 藝術的 (것 적). 예술(藝術)로서의 성격을 갖추고 있는 것[的]. ¶독일의 쾰른 성당은 예술적 가치가 높다.

▸예ː술-제 藝術祭 (제사 제). 음악, 연극, 무용, 문학 따위를 공연하거나 발표하는 예술(藝術) 행사[祭]. 예술의 향상·발전·보급을 위해 열린다.

▸예ː술-파 藝術派 (갈래 파). [문학] 예술 지상주의(藝術至上主義)를 주장하며 예술의 독립성을 강조하는 유파(流派).

▸예ː술-품 藝術品 (물건 품). 예술적(藝術的) 가치가 있는 작품(作品). ¶라스코 벽화는 지금까지 발견된 선사시대 예술품 중 가장 뛰어나다.

▸예ː술-학 藝術學 (배울 학). [예술] 예술(藝術)의 본질, 성립 조건, 기능, 목적 따위를 연구하는 학문(學問).

▸예ː술 지상주의 藝術至上主義 (지극할 지, 위 상, 주될 주, 뜻 의). [문학] 예술(藝術) 자체를 가장[至] 높이[上] 두는 태도[主義]. 19세기 유럽 문학에서 나타난 사상으로, 정치·종교·과학 따위를 예술과 분리하고 오직 예술의 미적 창조만을 최고의 목적으로 한다.

예ː습 豫習 (미리 예, 익힐 습). 앞으로 배울 것을 미리[豫] 익힘[習]. ¶선생님은 예습과 복습의 중요성을 강조하셨다. [반]복습(復習).

예승즉이 禮勝則離 (예도 례, 이길 승, 곧 즉, 떨어질 리). 예의(禮義)가 지나치면[勝] 곧[則] 사이가 멀어짐[離].

예ː시[1] 例示 (본보기 례, 보일 시). 본보기[例]를 들어 보임[示]. ¶적절한 예시를 들다.

예ː시[2] 豫示 (미리 예, 보일 시). 미리[豫] 보이거나 알림[示].

예ː시[3] 豫試 (미리 예, 시험할 시). 미리[豫] 시험(試驗)을 침. '예비 시험'(豫備試驗)의 준말.

예ː식[1] 例式 (법식 례, 법 식). 항상 정하여져 있는[例] 일정한 격식(格式). ¶제례는 예식에 따라 치러진다.

예식[2] 禮式 (예도 례, 의식 식). ① [속뜻]예법(禮法)에 따라 치르는 의식(儀式). ¶예식을 치르다. ②결혼식(結婚式). [준]예.

▸예식-장 禮式場 (마당 장). 예식(禮式)을 치를 수 있도록 설비를 갖추어 놓은 장소(場所). 주로 결혼식장을 이른다.

예ː심 豫審 (미리 예, 살필 심). ① [속뜻]본심사(本審査)에 앞서서 미리[豫] 하는 심사(審査). ¶논문 예심 / 그의 작품은 예심에서 좋은 성적을 거두었다. ② [법률] 구형사 소송법에서 공소 제기 후에 피고 사건을 공판에 회부할 것인가의 여부를 결정하고 아울러 공판에서 조사하기 어렵다고 생각되는 증거를 수집하고 확보하는 공판 전의 절차. [반]본심(本審).

예악 禮樂 (예도 례, 음악 악). 예법(禮法)과 음악(音樂)을 아울러 이르는 말.

예ː약 豫約 (미리 예, 묶을 약). ① [속뜻]미리[豫] 약속(約束)함. 또는 미리 정한 약속. ¶예약을 취소하다 / 병원 진료를 예약하다. ② [법률] 앞으로 일정한 계약을 맺을 것을 미리 약속하여 두는 계약.

▸예ː약-금 豫約金 (돈 금). 무엇을 예약(豫約)할 때에 치르는 돈[金].

▸예ː약 출판 豫約出版 (날 출, 책 판). [출판] 출판물 간행에 앞서 살 사람에게 예약금(豫約金)을 받고 구매의 수효를 알아본 다음에 하는 출판(出版).

▸예ː약 판매 豫約販賣 (팔 판, 팔 매). ① [속뜻]예약(豫約)한 사람에게만 물건을 파는[販=賣] 일. ② [경제] 판매자와 구매자가 상대편에 대하여 팔고 살 의사를 표시하였을 때부터 매매의 효력이 발생하는 계약.

예ː언[1] 例言 (본보기 례, 말씀 언). 내용의 이해를 돕기 위해 책머리에 미리 예시(例示)하여 일러두는 말[言].

예ː언[2] 豫言 (=預言, 미리 예, 말씀 언). ① [속뜻]미리[豫] 하는 말[言]. ②미래에 일어날 일을 미리 알아서 말하는 것. 또는 그런 말. ¶점쟁이의 예언이 빗나갔다. ③ [기독교] 신탁(神託)으로 하나님의 계시나 뜻을 사람들에게 전하는 일. 또는 그런 말.

▸예ː언-서 豫言書 (책 서). ① [속뜻]앞으로

다가올 일을 미리 짐작하는 말[豫言]이 적혀 있는 책[書]. ② 기독교 구약 성경에 실려 있는 전 예언서와 후 예언서를 통틀어 이르는 말.

▶예:언-자 豫言者 (사람 자). ① 속뜻 앞으로 다가올 일을 미리 짐작하여 말하는[豫言] 사람[者]. ② 기독교 선지자(先知者).

예:열 豫熱 (미리 예, 더울 열). 미리[豫] 가열하거나 덥히는 일[熱]. 버너의 점화나 엔진의 시동이 잘되게 하기 위해 한다. ¶오븐을 180도까지 예열한 뒤 반죽을 넣으세요.

예:외 例外 (법식 례, 밖 외). 일반적 규칙이나 법식[例]에서 벗어나는[外] 일. ¶며칠간 계속 덥더니 오늘도 예외는 아니다.

▶예:외-법 例外法 (법 법). 법률 예외적(例外的)으로 적용하는 법규(法規). 개개의 구체적인 사례에 일반 원칙을 적용하면 오히려 불합리한 결과가 생기는 경우에 인정한다.

▶예:외-적 例外的 (것 적). 어떤 규정이나 정례(定例) 이외(以外)의 것[的].

예우 禮遇 (예도 례, 만날 우). 예의(禮義)를 지키어 정중하게 대우(對遇)함.

예:원 藝苑 (=藝園, 재주 예, 마당 원). ① 속뜻 예술(藝術)의 동산[苑]. ② 예술가들의 사회를 아름답게 이르는 말. 예림(藝林). ③ 역사 전적(典籍)이 모이던 곳.

예:의[1] 銳意 (날카로울 예, 뜻 의). 어떤 일을 잘하려고 단단히 차리는 날카로운[銳] 마음[意]. 예정(銳精).

예의[2] 禮意 (예도 례, 뜻 의). ① 속뜻 예(禮)로써 올바르게 나타내는 존경의 뜻[意]. ② 예의 정신. ¶예의로 대하다.

예의[3] 禮誼 (예도 례, 정 의). 예절(禮節)과 정[情誼]를 아우르는 말로 사람이 마땅히 행해야 할 도리를 말함.

예의[4] 禮義 (예도 례, 옳을 의). 사람이 지켜야 할 예절(禮節)과 의리(義理). ¶예의를 힘쓰도록 하라.

*__예의 禮儀__ (예도 례, 거동 의). 존경의 뜻을 표하기 위하여 예(禮)로써 나타내는 말투나 몸가짐[儀]. ¶예의가 바르다 / 예의를 차리다 / 예의를 지키다.

▶예의-범절 禮儀凡節 (무릇 범, 알맞을 절). 일상생활에서 갖추어야 할 예의(禮儀)에 관한 일반적인[凡] 절차(節次). ¶예의범절은 어려서부터 가정에서 길러진다.

예:인[1] 銳刃 (날카로울 예, 칼날 인). 날카로운[銳] 칼날[刃].

예:인[2] 藝人 (재주 예, 사람 인). 여러 가지 기예(技藝)를 닦아 남에게 보이는 일을 직업으로 하는 사람[人]. ¶예인 집단 / 떠돌이 예인 생활.

예인-선 曳引船 (끌 예, 끌 인, 배 선). 강력한 기관을 가지고 다른 배를 끌고[曳引] 가는 배[船].

예:입 預入 (맡길 예, 들 입). 금품을 맡겨 [預] 넣어둠[入].

▶예:입-금 預入金 (돈 금). 맡겨 넣어[預入] 둔 금액(金額).

예장 禮裝 (예도 례, 꾸밀 장). ① 속뜻 예복(禮服)을 입고 위엄 있는 몸가짐이나 차림새를 갖춤[裝]. ¶예장을 갖춘 신랑. ② 민속 납폐(納幣).

⁑**예절 禮節** (예도 례, 알맞을 절). 예의(禮義)에 관한 모든 절차(節次)나 질서. ¶식사 예절 / 극장에서는 휴대전화를 꺼 놓는 것이 기본예절이다.

예:정 豫定 (미리 예, 정할 정). 미리[豫] 정(定)하거나 예상함. ¶한 달 정도 머물 예정이다.

▶예:정-설 豫定說 (말씀 설). 기독교 우주 사이의 모든 사물이나 역사적인 사건은 모두 신의 예정(豫定)에 의하여 된 것이라는 학설(學說). 장로교 창시자인 칼뱅이 주장하였다.

▶예:정-일 豫定日 (날 일). 미리 정하거나 예상한[豫定] 날짜[日]. ¶출산 예정일.

▶예:정-표 豫定表 (겉 표). 앞으로 할 일의 내용을 미리 정하여[豫定] 적어 놓은 표(表).

▶예:정 조화 豫定調和 (고를 조, 어울릴 화). 철학 각 단자(單子)가 독립하여 자기 발전을 하는 존재이면서 서로 일치하여 세계의 질서를 유지하고 있는 것은, 신이 예정(豫定)해 놓은 각 단자 사이의 조화(調和)에 의한 것이라는 설.

예:제[1] 例題 (본보기 례, 문제 제). ① 속뜻 내용의 이해를 돕기 위해 보기[例]로 내는 연습 문제(練習問題). ¶예제를 푸시오. ②

역사 백성의 소장(訴狀)이나 원서(願書)에 적던 관아의 판결문이나 지시문.

예:제² 豫題 (미리 예, 문제 제). ① 속뜻 예상(豫想)하고 있는 문제(問題). ② 넌지시 미리 알려준 문제나 글제.

예조 禮曹 (예도 례, 관아 조). 역사 고려·조선 때, 국가의 의례(儀禮)에 관한 일을 맡아보던 관아[曹]. 제향(祭享), 과거(科擧) 등에 관한 일을 했다. 참 육조(六曹).

▸예조 판서 禮曹判書 (판가름할 판, 글 서). 역사 조선 때, 예조(禮曹)의 정이품 으뜸 벼슬[判書]. 비 종백(宗伯).

예주 禮奏 (예도 례, 연주할 주). 재청에 응한 답례(答禮) 연주(演奏).

예:증 例證 (본보기 례, 증명할 증). 어떤 사실에 대하여 실례(實例)를 들어 증명(證明)함.

예:지¹ 銳智 (날카로울 예, 슬기 지). 날카롭고[銳] 뛰어난 지혜[智].

예:지² 豫知 (미리 예, 알 지). ① 속뜻 어떤 일이 일어나기 전에 미리[豫] 앎[知]. ② 심리 미래의 일을 지각하는 초감각적 지각. 또는 그런 능력.

예:지³ 叡智 (밝을 예, 슬기 지). 사물의 이치를 꿰뚫어 보는 밝은[叡] 지혜[智]. ¶생활의 예지.

예:진 豫診 (미리 예, 살펴볼 진). 의학 환자의 병을 자세하게 진찰하기 전에 미리[豫] 간단하게 진찰(診察)하는 일. 또는 그렇게 하는 진찰.

예찬 禮讚 (예도 례, 기릴 찬). ① 속뜻 아름다운 것에 경의를 표하고[禮] 찬양(讚揚)함. ¶자연을 예찬한 작품. ② 불교 삼보(三寶)를 예배하고 그 공덕을 찬탄함.

▸예찬-론 禮讚論 (논할 론). 훌륭한 것, 좋은 것을 칭찬하는[禮讚] 글이나 말[論]. ¶한복 예찬론.

예총 禮銃 (예도 례, 총 총). 의식(儀式)에서 예(禮)를 표시하기 위해 쏘는 공포(空砲) 총(銃). ¶예총을 쏘다.

***예:측 豫測** (미리 예, 헤아릴 측). 미리[豫] 헤아려[測] 봄. ¶우리의 예측은 적중했다 / 두 팀은 승패는 예측할 수 없는 경기를 펼쳤다. 비 예상(豫想).

예:치 預置 (맡길 예, 둘 치). 맡겨[預] 둠[置].

▸예:치-금 預置金 (돈 금). ① 속뜻 맡겨 둔[預置] 돈[金]. ② 경제 보조 장부에 수지 명세를 기록하거나 원장(元帳)에 한 과목을 만들어 그것만으로 정리하여도 좋은 예금.

예:탁 預託 (맡길 예, 맡길 탁). 부탁(付託)하여 맡겨[預] 둠. ¶예탁 증서.

예:토 穢土 (더러울 예, 흙 토). ① 속뜻 더러운[穢] 땅[土]. ② '이승'을 달리 이르는 말. 예국(穢國).

예:편 豫編 (미리 예, 엮을 편). 군인이 현역에서 예비역(豫備役)으로 편입(編入)함.

예포 禮砲 (예도 례, 대포 포). 예식(禮式) 행사에서 경의, 환영, 조의 따위를 나타내기 위해 쏘는 공포(空砲).

예:풍 藝風 (재주 예, 모습 풍). 예술(藝術), 기예(技藝), 연예(演藝) 따위의 풍취(風趣)나 경향.

예:하 隷下 (따를 례, 아래 하). 지휘관이나 우두머리의 지휘에 따라야[隷] 할 부하(部下). ¶예하 부대.

예학 禮學 (예도 례, 배울 학). 예법(禮法)에 관한 학문(學問). 조선 시대에 성리학이 발달하면서 나타났는데 특히 상장 제례(喪葬祭禮)를 중시하였다.

예항 曳航 (끌 예, 건널 항). 다른 선박이나 물건을 끌고[曳] 항해(航海)함. 또는 그런 항해. 인항(引航).

예:해 例解 (본보기 례, 풀 해). 예(例)를 들어 풀이함[解]. 또는 그런 풀이.

예:행 豫行 (미리 예, 행할 행). 연습으로 미리[豫] 해봄[行]. 또는 그런 일.

▸예:행-연습 豫行演習 (펼칠 연, 익힐 습). 미리 행해[豫行] 연습(演習)함. 어떤 행사를 갖기 전에 그와 똑같은 순서로 해 보는 종합적인 연습.

예:혈 預血 (맡길 예, 피 혈). 피[血]를 혈액은행에 맡김[預].

예:화 例話 (본보기 례, 이야기 화). 실례(實例)를 들어 하는 이야기[話].

예:후 豫後 (미리 예, 뒤 후). ① 속뜻 의사가 환자를 진찰하여 뒷[後]날을 미리[豫] 전망함. 또는 그런 병의 증세. ¶의사가 환자에게 병명과 예후를 설명했다. ② 병이 나은 뒤의 경과. ¶예후가 좋다.

오ː가작통-법 五家作統法 (다섯 오, 집 가, 지을 작, 묶을 통, 법 법). 역사 조선 때, 범죄자의 색출과 세금 징수·부역의 동원 따위를 위해 다섯[五] 집[家]을 한 통(統)으로 묶어[作] 놓은 제도[法].

오ː가-피 五加皮 (다섯 오, 더할 가, 껍질 피). 한의 오갈[五加] 피나무 뿌리의 껍질[皮].

▸오ː가피-주 五加皮酒 (술 주). ① 속뜻 오갈피[五加皮]로 빚은 술[酒]. ② 빛이 붉고 향기가 있는 중국술의 하나.

오ː각¹ 五覺 (다섯 오, 깨달을 각). ① 속뜻 다섯[五] 개의 감각(感覺). ② 불교 중생각(衆生覺)·성문각(聲聞覺)·삼승각(三乘覺)·보살각(菩薩覺)·불각(佛覺)의 다섯 가지 깨달음. ㊥오감(五感).

오ː각² 五角 (다섯 오, 모서리 각). ① 속뜻 각(角)이 다섯[五] 개 있는 것. ② 수학 오각형.

▸오ː각-주 五角柱 (기둥 주). 수학 밑면이 오각형(五角形)으로 된 기둥[柱]. ㊥오각기둥.

▸오ː각-추 五角錐 (송곳 추). 수학 밑면은 오각형(五角形)이고 끝은 송곳[錐]처럼 뾰족한 모양의 도형. ㊥오각뿔.

▸오ː각-형 五角形 (모양 형). ① 속뜻 다섯[五] 개의 모서리[角]가 있는 모양[形]. ② 수학 다섯 개의 선분으로 둘러싸인 평면 도형.

오ː감 五感 (다섯 오, 느낄 감). 의학 시각, 청각, 후각, 미각, 촉각의다섯[五] 개의 감각(感覺). ¶그는 유난히 오감이 발달한 사람이다. ㊥오각(五覺).

오감-도 烏瞰圖 (까마귀 오, 내려다볼 감, 그림 도). ① 속뜻 까마귀[烏]가 내려다본[瞰] 것같이 공중에서 본 상태를 그린 그림[圖]. ② 문학 이상(李箱)이 지은 연작시. 불길하고 부정적인 현실의 부조리, 모순, 혼란 따위를 표현한 초현실주의 시이다.

오ː-거서 五車書 (다섯 오, 수레 거, 책 서). ① 속뜻 다섯[五] 수레[車]에 실을 만한 책[書]. ② 많은 장서(藏書)를 이르는 말. '오거지서'(五車之書)의 준말. ㊟오거.

오ː거지서 五車之書 (다섯 오, 수레 거, 갈 지, 글 서). ① 속뜻 다섯[五] 수레[車] 분량의[之] 많은 책[書]. ② 매우 많은 책. 또는 장서(藏書). ¶대장부라면 오거지서 정도는 읽어야 한다. ㊟오거서.

오ː경¹ 五更 (다섯 오, 시각 경). ① 속뜻 하룻밤을 오경(五更)으로 나눈 것 중 다섯째[五] 시각[更]. 새벽 3시부터 5시까지. ② 하룻밤을 다섯으로 나눈 시각을 통틀어 이르는 말.

오ː경² 五經 (다섯 오, 책 경). ① 속뜻 유학의 다섯[五] 가지 경서(經書). 시경(詩經), 서경(書經), 주역(周易), 예기(禮記), 춘추(春秋)가 있다. ② 기독교 모세 오경.

▸오ː경-박사 五經博士 (넓을 박, 선비 사). 역사 백제 때, 오경(五經)에 능통한 학자[博士]에게 주던 칭호.

오ː계 五戒 (다섯 오, 경계할 계). ① 불교 속세에 있는 신자들이 지켜야 할 다섯[五] 가지 계율(戒律). 불살생계(不殺生戒), 불투도계(不偸盜戒), 불사음계(不邪淫戒), 불망어계(不妄語戒), 불음주계(不飮酒戒)이다. ㊥오상(五常). ② 역사 세속 오계(世俗五戒).

오ː고 五苦 (다섯 오, 괴로울 고). 불교 ① 인생의 다섯[五] 가지 괴로움[苦]. 생로병사고(生老病死苦), 애별리고(愛別離苦), 원증회고(怨憎會苦), 구부득고(求不得苦), 오음성고(五陰盛苦)이다. ② 미계(迷界)의 다섯 가지 괴로움. 제천고(諸天苦), 인도고(人道苦), 축생고(畜生苦), 아귀고(餓鬼苦), 지옥고(地獄苦)이다.

오ː곡 五穀 (다섯 오, 곡식 곡). ① 속뜻 다섯[五] 가지 중요한 곡식(穀食). 쌀, 보리, 콩, 조, 기장을 이른다. ② 온갖 곡식을 통틀어 이르는 말. ㊥오가(五稼), 오종(五種).

▸오ː곡-백과 五穀百果 (여러 백, 열매 과). 온갖 곡식[五穀]과 여러[百] 가지 과일[果]. ¶가을에는 오곡백과가 풍성하다.

오골-계 烏骨鷄 (검을 오, 뼈 골, 닭 계). ① 속뜻 검은[烏] 뼈[骨]를 가진 닭[鷄]. ② 동물 살, 가죽, 뼈가 모두 어두운 회색인 작은 닭. 체질이 약하고 산란 수가 적다.

오ː관 五官 (다섯 오, 벼슬 관). 눈, 귀, 코, 혀, 피부의 다섯[五] 가지 감각 기관(器官).

오ː관산-요 五冠山謠 (다섯 오, 갓 관, 메 산, 노래 요). 문학 고려 때, 문충이 오관산(五冠山)을 소재로 하여 어머니에 대한 효심을 표현한 고려 가요(歌謠).

오:교 五教 (다섯 오, 가르칠 교). ① 속뜻 다섯[五] 가지 가르침[教]. ② 오륜의 가르침. ③ 불교 화엄종에서 불교의 가르침을 나눈 다섯 가지. 소승교, 대승시교, 대승종교, 돈교, 원교이다. ④ 불교 신라 불교의 다섯 종파. 열반종, 남산종, 화엄종, 법상종, 법성종이다.

오구 烏口 (까마귀 오, 입 구). 제도할 때에 쓰는 기구의 하나. 두 갈래로 된 쇠붙이로, 끝을 까마귀[烏] 부리[口] 모양으로 만들어 먹물이나 물감을 찍어 줄을 긋는 데에 쓴다.

오:-군영 五軍營 (다섯 오, 군사 군, 집 영). 다섯[五] 군영(軍營). 훈련도감(訓鍊都監), 어영청(御營廳), 금위영(禁衛營), 총융청(摠戎廳), 수어청(守禦廳)을 말한다. 임진왜란 직후, 조선의 수도와 그 일대를 방어하기 위해 조선 전기의 오위(五衛)를 고쳐 설치한 것이다. 참 오위(五衛).

오:근 五根 (다섯 오, 뿌리 근). ① 바깥 세상을 인식하는 다섯[五] 가지 기관을 뿌리[根]에 비유한 말. 시각을 일으키는 안근(眼根), 청각을 일으키는 이근(耳根), 후각을 일으키는 비근(鼻根), 미각을 일으키는 설근(舌根), 촉각을 일으키는 신근(身根)을 이른다. ② 불교 번뇌를 누르고 깨달음의 길로 이끄는 다섯 가지 근원. 신근(信根), 정진근(精進根), 염근(念根), 정근(定根), 혜근(慧根)을 이른다.

오:기¹ 傲氣 (오만할 오, 기운 기). ① 속뜻 잘난 체하며 오만(傲慢)한 기세(氣勢). ② 능력은 부족하면서도 남에게 지기 싫어하는 마음. ¶오기를 부려 봐야 너만 손해다.

오:기² 誤記 (그르칠 오, 기록할 기). 잘못[誤] 기록(記錄)함. 또는 그런 기록.

오:뇌 懊惱 (한할 오, 괴로울 뇌). 뉘우쳐 한탄하고[懊] 번뇌(煩惱)함. ¶견디기 어려운 오뇌 속으로만 빠져 들어갔다.

오:답 誤答 (그르칠 오, 답할 답). 잘못된[誤] 대답(對答)을 함. 또는 그 대답. ¶이번 시험은 어려웠는지 오답이 많았다.

오:대¹ 五代 (다섯 오, 세대 대). 역사 ① 중국에서 동진(東晉)이 망한 뒤부터 당나라가 건국되기 이전까지의 과도기에 있었던 다섯[五] 왕조[代]. 남조(南朝)의 송(宋), 제(齊), 양(梁), 진(陳)과 남북을 통일한 수(隋)를 이른다. ② 중국에서 당나라가 망한 뒤부터 송나라가 건국되기 이전까지의 과도기에 있었던 다섯 왕조. 후량(後梁), 후당(後唐), 후진(後晉), 후한(後漢), 후주(後周)를 이른다. ③『예기』(禮記)에 나오는 중국 상고(上古)의 다섯 왕조. 당(唐), 우(虞), 하(夏), 은(殷), 주(周)를 이른다. 비 전오대(前五代). 후오대(後五代).

오:대² 五帶 (다섯 오, 띠 대). 지리 지구 표면의 온도 차이를 기준으로 나눈 다섯[五] 기후대(氣候帶). 열대와 남북의 두 온대 및 두 한대로 나뉜다.

오:-대양 五大洋 (다섯 오, 큰 대, 큰바다 양). 지리 지구를 둘러싸고 있는 다섯[五] 개의 큰[大] 바다[洋]. 태평양, 대서양, 인도양, 남빙양, 북빙양을 말한다.

오:-대주 五大洲 (다섯 오, 큰 대, 섬 주). 지리 지구상의 다섯[五] 개의 큰[大] 섬[洲]. 아시아 주, 유럽 주, 아프리카 주, 오세아니아 주, 아메리카 주를 말한다. 준 오주(五洲).

오:대-호 五大湖 (다섯 오, 큰 대, 호수 호). 지리 미국과 캐나다의 국경 지역에 서로 잇닿아 있는 다섯[五] 개의 큰[大] 호수(湖水). 슈피리어 호, 미시간 호, 휴런 호, 이리 호, 온타리오 호를 말한다.

오:도¹ 悟道 (깨달을 오, 길 도). 불교 ① 불도의 진리[道]를 깨달음[悟]. 또는 그런 일. 각도(覺道). ② 번뇌에서 벗어나 부처의 세계에 들어갈 수 있는 길.

오:도² 誤導 (그르칠 오, 이끌 도). 그릇된[誤] 길로 이끎[導].

오:독¹ 汚瀆 (더러울 오, 도랑 독). ① 속뜻 더러운[汚] 도랑[瀆]. ② '명예나 이름 따위를 더럽히는 일'을 이르는 말.

오:독² 誤讀 (그르칠 오, 읽을 독). 잘못 읽거나 틀리게[誤] 읽음[讀]. ¶그는 오독이 없기로 유명한 아나운서이다.

오동 烏銅 (검을 오, 구리 동). 검붉은[烏] 빛이 나는 구리[銅]. ¶오동 숟가락.

오동 梧桐 (오동나무 오, 오동나무 동). ① 식물 오동나무[梧=桐]. 잎은 넓은 심장 모양이며, 재목은 가볍고 고우며 휘거나 트지 않아 거문고, 장롱, 나막신을 만드는데 쓴다. ② 운동 오동나무 모양이 그려져 있는 화투짝. 11월을 나타낸다.

▸오동-상장 梧桐喪杖 (죽을 상, 지팡이 장). 모친 상(喪) 때에 짚는 오동(梧桐)나무 지팡이[杖].

오등[1] 吾等 (나 오, 무리 등). 나[吾]와 같은 무리[等]. 우리들. ㊊아등(我等), 아배(我輩), 여등(余等), 여배(余輩), 오배(吾輩), 오인(吾人).

오:등[2] 五等 (다섯 오, 무리 등). ① 속뜻 다섯[五] 등급(等級). ② 역사 오등작. ③ 역사 남편이 있는 여자의 다섯 가지 등급. 왕의 후(后), 제후의 부인(夫人), 대부의 유인(孺人), 선비의 부인(婦人), 일반의 처(妻)가 있다. ④ 역사 죽었을 때에 쓰는 칭호의 다섯 가지 등급. 천자의 붕(崩), 제후의 훙(薨), 대부의 졸(卒), 선비의 불록(不祿), 일반의 사(死)가 있다. '사지오등'(死之五等)의 준말.

▸오:등-작 五等爵 (벼슬 작). 역사 고려 문종 때 둔 다섯[五] 등급(等級)의 벼슬[爵]. 국공·군공, 현후, 현백, 개국자, 현남으로 충렬왕 때 없앴다가 공민왕 때에 다시 공·후·백·자·남으로 두었으나 곧 없어졌다.

오:락 娛樂 (즐길 오, 즐길 락). ① 속뜻 쉬는 시간에 여러 가지 방법으로 기분을 즐겁게[娛=樂] 하는 일. ¶오락 시간 / 이 호텔에는 오락 시설이 있다. ② 환락(歡樂).

▸오:락-기 娛樂器 (그릇 기). 오락(娛樂)을 즐기기 위한 기구(器具). ¶전자 오락기.

▸오:락-물 娛樂物 (만물 물). ① 속뜻 오락(娛樂)에 사용하는 사물(事物). ② 오락을 위주로 하여 만든 연예물(演藝物).

▸오:락-실 娛樂室 (방 실). 오락(娛樂)에 필요한 시설이 되어 있는 방[室]. 또는 오락을 하는 방.

▸오:락-회 娛樂會 (모일 회). 오락(娛樂)을 하기 위한 모임[會].

오:령 五靈 (다섯 오, 신령 령). 다섯[五] 가지의 신령(神靈)스러운 동물. 기린, 봉황, 거북, 용, 백호(白虎)를 이른다.

오:례 五禮 (다섯 오, 예도 례). 역사 나라에서 지내는 다섯[五] 가지 의례(儀禮). 길례(吉禮), 흉례(凶禮), 군례(軍禮), 빈례(賓禮), 가례(嘉禮)가 있다.

오로 烏鷺 (까마귀 오, 해오라기 로). ① 속뜻 까마귀[烏]와 백로(白鷺)를 아울러 이르는 말. ② 흑과 백을 비유하여 이르는 말. ③ 운동 두 사람이 검은 돌과 흰 돌을 나누어 가지고 바둑판 위에 번갈아 하나씩 두어 가며 승부를 겨루는 놀이. 바둑.

▸오로지쟁 烏鷺之爭 (어조사 지, 다툴 쟁). ① 속뜻 까마귀와 백로[烏鷺]의 싸움[爭]. ② 바둑 두는 일을 이르는 말.

오:록 誤錄 (그르칠 오, 기록할 록). 잘못[誤] 기입함[錄]. 또는 그런 기입.

오:류 誤謬 (그르칠 오, 그르칠 류). 그릇되어[誤=謬] 이치에 맞지 않는 일. 와류(訛謬). ¶오류를 범하다.

오륙 五六 (다섯 오, 여섯 륙). 그 수량이 다섯[五]이나 여섯[六]임을 나타내는 말. ¶그는 오륙 년 동안 군에서 근무했다. ㊊대여섯.

오:륜[1] 五倫 (다섯 오, 도리 륜). 사람이 지켜야 할 다섯[五] 가지 도리[倫]. 부자유친(父子有親), 군신유의(君臣有義), 부부유별(夫婦有別), 장유유서(長幼有序), 붕우유신(朋友有信)을 이른다.

▸오:륜-가 五倫歌 (노래 가). 문학 조선 전기, 오륜(五倫)을 소재로 하여 지은 경기체가[歌].

▸오:륜-행실도 五倫行實圖 (행할 행, 실제 실, 그림 도). 책명 조선 정조 때, 오륜(五倫)에 모범이 될 만한 효자·충신·열녀 등 150명의 행적[行實]을 그림[圖]을 곁들여 한글로 기록한 책. 5권 4책으로 구성되었으며 왕명에 의해 이병모(李秉模) 등이 엮었다.

오:륜[2] 五輪 (다섯 오, 바퀴 륜). ① 운동 다섯[五] 개의 고리[輪]. 왼쪽으로부터 청색, 황색, 흑색, 녹색, 적색의 순으로 오대주를 상징하여 'W'자 모양으로 겹쳐 연결한 것. ② 불교 진언종에서, 오대(五大)가 육체를 이룬다는 뜻으로, 부모로부터 물려받은 몸을 이르는 말. '오륜성신'(五輪成身)의 준말. ③ 불교 모든 물질에 널리 존재하여 물질을 구성하고 생성하는 지(地)·수(水)·화(火)·풍(風)·공(空)의 다섯 가지 큰 요소. ㊊오대(五大).

▸오:륜-기 五輪旗 (깃발 기). 운동 다섯[五] 개의 고리[輪] 그려놓은 기(旗). 흰 바

탕에 청색, 황색, 흑색, 녹색, 적색의 고리를 겹쳐 놓아 오대주의 평화와 협력을 상징하며 1914년에 쿠베르탱의 고안으로 올림픽을 대표하는 기로 제정되었다.

▸오:륜 대:회 五輪大會 (큰 대, 모일 회). **운동** 국제 올림픽 경기[五輪] 대회(大會).

오:리 汚吏 (더러울 오, 벼슬아치 리). 청렴하지 못한[汚] 벼슬아치[吏].

오:리무중 五里霧中 (다섯 오, 거리 리, 안개 무, 가운데 중). ① **속뜻** 오리(五里)나 되는 짙은 안개[霧] 속[中]에 있음. ②'방향이나 갈피를 잡을 수 없음'을 이르는 말. ¶범인의 행방이 오리무중이다.

오:만[1] 五萬 (다섯 오, 일만 만). ① **속뜻** 다섯[五] 배의 만(萬). ¶오만 명의 관중이 경기장을 가득 메웠다. ②매우 종류가 많은 여러 가지를 이르는 말. ¶오만 잡동사니 / 이 가게에서는 오만 가지 물건을 판다 / 그녀는 어릴 적 오만 설움을 겪었다.

오:만[2] 傲慢 (업신여길 오, 건방질 만). ① **속뜻** 남을 업신여기고[傲] 거만(倨慢)함. ② 건방지고 거만함. 또는 그 태도나 행동. ¶오만방자한 인간 같으니 / 그는 오만한 말투로 말했다. ㊐교만(驕慢), 거만(倨慢). ㊎겸손(謙遜).

오:망 迂妄 (어두울 오, 망령될 망). 세상 물정에 어둡고[迂] 하는 짓이 요망(妖妄)스러움. ¶오망을 떨다 / 오망을 부리다 / 오망을 피우다.

오매 寤寐 (깰 오, 잠잘 매). 자나[寐] 깨나[寤] 언제나.

▸오매-불망 寤寐不忘 (아닐 불, 잊을 망). 자나깨나[寤寐] 잊지[忘] 못함[不]. ¶그녀는 오매불망 고향으로 돌아가고 싶었다.

오:면-체 五面體 (다섯 오, 쪽 면, 몸 체). **수학** 다섯[五] 개의 평면(平面)으로 둘러싸인 입체(立體).

오:명 汚名 (더러울 오, 이름 명). 더러워진[汚] 이름[名]이나 영예(榮譽). ¶그는 배신자라는 오명을 쓰게 되었다.

오:목[1] 五目 (다섯 오, 눈 목). **운동** 바둑 놀이의 하나. 두 사람이 흰 돌과 검은 돌을 가지고 한 개씩 번갈아 놓다가 외줄로나 모로 다섯[五] 개의 바둑알[目]을 잇달아 먼저 놓는 사람이 이긴다.

오목[2] 烏木 (검을 오, 나무 목). **식물** 흑단 나무[木] 줄기 중심부의 검은[烏] 부분. 빛깔은 순흑색 또는 담흑색으로 몹시 단단하며 젓가락, 담배설대, 문갑 따위를 만드는 데 쓴다. ¶오목으로 만든 문갑.

오:묘 奧妙 (깊을 오, 묘할 묘). 심오(深奧)하고 미묘(微妙)하다. ¶자연의 섭리는 정말 오묘하다.

오:문 誤聞 (그르칠 오, 들을 문). 잘못[誤] 들음[聞]. ¶설마 오문은 아니겠지? / 그 말은 오문이었던 것 같습니다.

오:물 汚物 (더러울 오, 만물 물). 지저분하고 더러운[汚] 물건(物件). 쓰레기나 배설물 따위. ¶오물 처리 시설 / 오물을 함부로 버리지 마시오.

오:미 五味 (다섯 오, 맛 미). 다섯[五] 가지 맛[味]. 신맛, 쓴맛, 매운맛, 단맛, 짠맛을 이른다.

▸오:미-자 五味子 (접미사 자). ① **속뜻** 다섯[五] 가지 맛[味]이 나는 식물. ② **식물** 오미자나무. 목련과의 낙엽 덩굴성 식물. 타원형의 잎이 나며 가을에 열매를 맺는 나무. 또는 그 열매. 열매는 기침과 갈증 또는 땀과 설사를 멎게 하는 데 효과가 있다.

▸오:미자-차 五味子茶 (차 차). 오미자(五味子)를 달인 차(茶).

오밀-조밀 奧密稠密 (속 오, 빽빽할 밀, 고를 조, 빽빽할 밀). ① **속뜻** 속[奧]이 꽉 차고[密] 고르게[稠] 빽빽함[密]. ②매우 정교하고 세밀한 모양. ¶거실을 오밀조밀 꾸미다 / 오밀조밀한 목각 인형.

오:발 誤發 (그르칠 오, 쏠 발). ① **속뜻** 총포 따위를 잘못[誤] 쏨[發]. ¶총기 오발 사고로 두 명이 사망했다. ②실수로 잘못 말함.

▸오:발-탄 誤發彈 (탄알 탄). ① **속뜻** 잘못 쏜[誤發] 탄환(彈丸). ② **문학** 이범선이 지은 단편 소설. 월남한 한 가족의 비참한 처지를 통하여 분단의 비극성을 증언하고 황폐해진 전후(戰後)의 남한 현실을 날카롭게 비판하였다.

오:방 五方 (다섯 오, 모 방). ① **속뜻** 동, 서, 남, 북과 그 가운데의 다섯[五] 방향(方向). ② **역사** 백제 후기에, 서울을 제외한 지방을 그 위치에 따라 나눈 다섯 구역. 상방(上方), 전방(前方), 중방(中方), 하방(下方), 후방

(後方)이다.

오:백 나한 五百羅漢 (다섯 오, 일백 백, 새그물 라, 사나이 한). 불교 석가모니가 남긴 교리를 결집하기 위해 모였던 오백(五百) 명의 아라한(阿羅漢).

오:보 誤報 (그르칠 오, 알릴 보). 그릇된[誤] 보도(報道). 잘못 알려 줌. ¶오보를 내보내다.

오:복 五福 (다섯 오, 복 복). 유교에서 이르는 다섯 가지[五]의 복(福). 수(壽), 부(富), 강녕(康寧), 유호덕(攸好德), 고종명(考終命)을 이른다.

오:부 五父 (다섯 오, 아버지 부). 아버지[父]로 섬겨야 할 다섯[五] 사람. 곧 친아버지인 실부(實父), 양아버지인 양부(養父), 의붓아버지인 계부(繼父), 의리로 맺은 아버지인 의부(義父), 아버지처럼 모시는 스승인 사부(師父)를 이른다.

오:-분석 誤分析 (그르칠 오, 나눌 분, 가를 석). 언어 형태소 사이의 경계를 잘못[誤] 분석(分析)하여 새로운 어형(語形)이 되는 현상.

오:-불효 五不孝 (다섯 오, 아닐 불, 효도 효). 다섯[五] 가지의 큰 불효(不孝). 게을러서 부모를 돌보지 않는 일, 노름과 술을 좋아하여 부모를 돌보지 않는 일, 재물(財物)과 처자(妻子)만 좋아하여 부모를 돌보지 않는 일, 유흥에 빠져 부모를 욕되게 하는 일, 성질이 사납고 싸움을 잘하여 부모를 불안하게 하는 일을 이른다.

오비-삼척 吾鼻三尺 (나 오, 코 비, 석 삼, 자 척). ① 속뜻 내[吾] 콧물[鼻]이 석자[三尺]나 된다. ②자기 사정이 급하여 남을 돌볼 겨를이 없음. ¶오비삼척인데 그런 일에 관여할 틈이 있겠나!

오비이락 烏飛梨落 (까마귀 오, 날 비, 배나무 리, 떨어질 락). ① 속뜻 까마귀[烏] 날자[飛] 배[梨] 떨어진다[落]. ②우연한 일치로 남의 의심을 받게 됨을 이르는 말. ¶오비이락이란 말이 있듯이 공연히 의심을 받을 일은 하지를 말라.

오:사[1] 五事 (다섯 오, 일 사). ① 속뜻 사람이 타고 난 다섯[五] 가지 바탕[事]. 용모(容貌)와 말하고, 보고, 듣고, 생각하는 것을 이른다. ②옛 병법(兵法)의 근본이 되는 다섯 가지 조건(條件). 도(道), 천(天), 지(地), 장(將), 법(法)을 이른다. ③ 불교 늘 조심해야 할 다섯 가지 중요한 것. 마음, 몸, 쉬는 일, 잠자는 일, 먹는 일이다.

오:사[2] 誤寫 (그르칠 오, 베낄 사). 글이나 글씨를 잘못[誤] 베낌[寫].

오:산 誤算 (그르칠 오, 셀 산). ① 속뜻 잘못 그르치게[誤] 셈함[算]. 또는 그 셈. ②추측이나 예상을 잘못함. 또는 그런 추측이나 예상. ¶그가 돌아온다고 생각하면 오산이다.

오:상 五常 (다섯 오, 늘 상). ① 속뜻 사람이 지켜야 할 다섯[五] 가지의 떳떳한[常] 도리(道理). 인(仁), 의(義), 예(禮), 지(智), 신(信) 또는 오륜(五倫: 父義, 母慈, 兄友, 弟恭, 子孝)을 이른다. ②선남(善男) 선녀(善女)들이 지키는 다섯 가지 계율(戒律).

오:상-고절 傲霜孤節 (오만할 오, 서리 상, 외로울 고, 지조 절). ① 속뜻 서릿발[霜]이 심한 속에서도 굴하지 않고[傲] 외로이[孤] 절개(節槪)를 지키는 꽃. ②'국화'(菊花)를 이르는 말.

오:상 방위 誤想防衛 (그르칠 오, 생각 상, 막을 방, 지킬 위). 법률 정당방위의 요건이 구비되어 있다고 잘못[誤] 생각하여[想] 위법적으로 적의 공격을 막아서[防] 지킴[衛]. 착각 방위(錯覺防衛).

오:상 피:난 誤想避難 (그르칠 오, 생각 상, 피할 피, 어려울 난). 법률 긴급 피난의 요건이 구비되어 있다고 잘못[誤] 생각하여[想] 행하는 재난(災難)을 피하는[避] 행위. 착각 피난(錯覺避難).

오:색 五色 (다섯 오, 빛 색). ① 속뜻 다섯[五] 가지 빛깔[色]. 청색, 황색, 적색, 백색, 흑색을 이른다. ②여러 가지 빛깔.

▶오:색-단청 五色丹靑 (붉을 단, 푸를 청). 집의 벽, 기둥, 천장 따위에 청색, 황색, 적색, 백색, 흑색의 다섯 가지 색[五色]으로 칠한 그림이나 무늬를[丹靑] 그림. ¶대웅전을 오색단청으로 새로 단장하였다.

▶오:색영롱 五色玲瓏 (옥소리 령, 옥소리 롱). 여러 가지 빛깔[五色]이 어울려 눈부시게 찬란함[玲瓏].

▶오:색찬란 五色燦爛 (빛날 찬, 빛날 란). 여러 가지 빛깔[五色]이 어울려 황홀하고도

아름다움[燦爛].

오:서 誤書 (그르칠 오, 쓸 서). 글자를 잘못[誤] 씀[書]. 또는 잘못 쓴 글자.

오:선 五線 (다섯 오, 줄 선). [음악] 악보를 그리기 위하여 가로로 그은 다섯[五] 개의 줄[線]. [비]보표(譜表).

▸오:선-지 五線紙 (종이 지). [음악] 악보를 그릴 수 있도록 오선(五線)을 그은 종이[紙]. ¶오선지에 악보를 그리다.

오:선-주 五仙酒 (다섯 오, 신선 선, 술 주). ① [속뜻] 신선(神仙)이 좋아하는 다섯[五] 가지 재료로 빚은 술[酒]. ② 오가피, 어아리, 쇠무릎, 삽주, 소나무의 마디를 함께 넣어 빚은 술.

오:성¹ 五性 (다섯 오, 성품 성). 사람의 다섯 가지[五] 성정(性情). 기쁨, 노여움, 욕심, 두려움, 근심을 이른다.

오:성² 五聖 (다섯 오, 거룩할 성). ① [속뜻] 고대 중국의 다섯[五] 성인(聖人). 황제(黃帝), 요(堯), 순(舜), 우(禹), 탕왕(湯王)을 이른다. ② 문묘(文廟)에 함께 모시는 다섯 성인. 공자(孔子), 안자(顔子), 증자(曾子), 자사(子思), 맹자(孟子)를 가리킨다.

오:성³ 悟性 (깨달을 오, 성품 성). ① [속뜻] 깨달음[悟]의 본성(本性). ② 지성이나 사고의 능력. ③ [철학] 감성 및 이성과 구별되는 지력(知力). 특히 칸트 철학에서는 대상을 구성하는 개념 작용의 능력을 말한다.

오:성 장군 五星將軍 (다섯 오, 별 성, 장수 장, 군사 군). ① [속뜻] 다섯[五] 개의 별[星]을 단 장군(將軍). ② [군사] 대장의 위로 가장 높은 군인. 원수(元帥).

오:손 汚損 (더러울 오, 상할 손). 더럽혀지고[汚] 손상(損傷)됨. 오상(汚傷).

오:수¹ 午睡 (낮 오, 잠잘 수). 낮[午]에 자는[睡] 잠. ¶오수를 즐기다.

오:수² 汚水 (더러울 오, 물 수). 더러운[汚] 물[水]. 구정물.

오:순-절 五旬節 (다섯 오, 열흘 순, 철 절). ① [기독교] 부활절 후 50일[五旬]째 되는 날[節]. 성령 강림을 기념하는 날이다. ② [가톨릭] 사순절 첫째 주일 바로 전의 주일. 이 날과 그 뒤 이틀 동안 성체(聖體)가 나타나 보인다고 한다.

오:식¹ 五識 (다섯 오, 알 식). [불교] ① 다섯[五] 가지의 인식(認識). 눈, 귀, 코, 혀, 몸의 감각 기관을 통해 빛, 소리, 냄새, 맛, 감각을 느끼는 것. ② 대승기신론에서, 업식(業識), 전식(轉識), 현식(現識), 지식(智識), 상속식(相續識)을 이르는 말.

오:식² 誤植 (그르칠 오, 심을 식). [출판] 활자를 잘못[誤] 심어 인쇄함[植]. 또는 그런 것.

오:신 誤信 (그르칠 오, 믿을 신). 잘못[誤] 믿음[信]. ¶그가 신의를 지킬 것이라고 여겼던 것은 나의 오신이었다.

오:심 誤審 (그르칠 오, 살필 심). 잘못[誤] 심리(審理)하거나 심판(審判)함. 또는 그런 심리나 심판.

오십 五十 (다섯 오, 열 십). 십(十)의 다섯[五] 배가 되는 수. 50 ¶우리 반은 정원이 오십 명이다. [비]쉰.

▸오:십보-소백보 五十步笑百步 (다섯 오, 열 십, 걸음 보, 웃을 소, 일백 백, 걸음 보). ① [속뜻] 오십 걸음[五十步] 도망한 자가 백 걸음[百步] 도망한 자를 비웃음[笑]. ② 조금 낫고 못한 차이는 있지만 본질은 같은 것. ¶49등이나 50등이나 오십보소백보다. [준]오십보백보.

오:십음-도 五十音圖 (다섯 오, 열 십, 소리 음, 그림 도). [언어] 일본 글자의 오십(五十) 가지 소리[音]를 성음(聲音)의 종류에 따라 자음이 같은 것은 같은 행(行)으로, 음운이 같은 것은 같은 단(段)으로 배열한 도표(圖表).

오:악¹ 五惡 (다섯 오, 나쁠 악). [불교] ① 오계(五戒)를 어기는 다섯 가지 악행(惡行). 살생(殺生), 투도(偸盜), 사음(邪淫), 망어(妄語), 음주(飮酒)를 이른다. ② 오상(五常)에 어긋나는 다섯 가지 악행. 불인(不仁), 불의(不義), 불례(不禮), 부지(不智), 불신(不信)을 이른다. ③ 마음을 덮어 선법 할 수 없게 하는 다섯 가지 범위. [비]오개(五蓋), 오계(五戒).

오:악² 五嶽 (다섯 오, 큰 산 악). ① [속뜻] 우리나라에서 이름난 다섯[五] 개의 큰 산[嶽]. 동의 금강산, 서의 묘향산, 남의 지리산, 북의 백두산, 중앙의 삼각산을 이른다. ② 중국의 이름난 다섯 산. 태산(泰山), 화산(華山), 형산(衡山), 항산(恒山), 숭산(嵩山)을

이른다. ③사람의 얼굴에서 이마, 코, 턱, 좌우 광대뼈를 이르는 말.

오:언 五言 (다섯 오, 말씀 언). 문학 ①한 구가 다섯[五] 글자[言]로 이루어진 한시(漢詩)의 형식. ②오언시.

▸**오:언-시** 五言詩 (시 시). 문학 한 구가 다섯[五] 글자[言]로 이루어진 한시(漢詩)를 통틀어 이르는 말. ㊣오언.

▸**오:언 고:시** 五言古詩 (옛 고, 시 시). 문학 한시에서 한 구가 다섯[五] 글자[言]로 이루어진 고체시(古體詩).

▸**오:언 배율** 五言排律 (늘어설 배, 가락 률). 문학 한시에서 한 구가 다섯[五] 글자[言]로 이루어진 대구(對句)를 여섯 구 이상의 짝수로 배열(排列)한 음률(音律).

▸**오:언 율시** 五言律詩 (가락 률, 시 시). 문학 한 구가 다섯[五] 글자[言]로 이루어져 있으며, 모두 여덟 구로 된[律]의 한시(漢詩). ㊣오언율.

▸**오:언 절구** 五言絶句 (끊을 절, 글귀 구). 문학 한 구가 다섯[五] 글자[言]로 이루어져 있으며, 모두 네 구로 된 한시[絶句].

오:역[1] 五逆 (다섯 오, 거스를 역). 임금, 아버지, 어머니, 할아버지, 할머니를 죽이는 다섯[五] 가지 대역죄(大逆罪).

오:역[2] 誤譯 (그르칠 오, 옮길 역). 잘못[誤] 번역함[譯]. 또는 잘못된 번역. ¶이 번역본에는 적지 않은 오역이 발견됐다.

오연 傲然 (오만할 오, 그러할 연). 태도가 오만(傲慢)하거나 그렇게[然] 보일 정도로 담담한. ¶겸손한 줄로만 알았던 그녀 오연한 태도에 놀라지 않을 수 없었다.

오:열[1] 五列 (다섯 오, 줄 렬). ①속뜻 다섯[五] 번째 부대[列]. ②사회 '제오열'(第五列)의 준말. ¶우리 내부에 적의 오열이 있을까 걱정이다.

오열[2] 嗚咽 (슬플 오, 목멜 열). 흐느껴 울어[嗚] 목이 멤[咽]. 오읍(嗚泣). ¶모두들 오열을 금치 못하였다.

⁑**오:염** 汚染 (더러울 오, 물들일 염). ①속뜻 물·공기·흙 따위가 더럽게[汚] 물듦[染]. ¶이 지역은 지하수 오염이 심각한 상태이다 / 자동차 배기가스는 공기를 오염시킨다. ②군사 핵무기 따위의 방사성 물질이 목표물이나 대기 속에 머무르는 상태.

▸**오:염-도** 汚染度 (정도 도). 오염(汚染)된 정도(程度). ¶오염도가 높다.

▸**오:염-원** 汚染源 (근원 원). 자동차의 배기가스, 공장 폐수 등과 같이 환경 오염(汚染)의 근원(根源)이 되는 것.

오:예 汚穢 (더러울 오, 더러울 예). 지저분하고 더러움[汚=穢]. 또는 그런 것.

오:온 五蘊 (다섯 오, 쌓을 온). ①속뜻 다섯[五] 가지를 쌓음[蘊]. ②불교 생멸·변화하는 모든 것을 구성하는 다섯 요소. 곧 물질인 색온(色蘊), 감각 인상인 수온(受蘊), 지각 또는 표상인 상온(想蘊), 마음의 작용인 행온(行蘊), 마음인 식온(識蘊)을 이른다. 오음(五陰). 오중(五衆).

오:욕[1] 五慾 (다섯 오, 욕심 욕). ①속뜻 오경(五境)에 집착하여서 일으키는 다섯 가지 정욕(情慾). ¶오욕에 찬 인생. ②재욕, 색욕, 식욕, 명예욕, 수면욕의 다섯 가지 욕망(慾望).

오:욕[2] 汚辱 (더러울 오, 욕될 욕). 명예가 더럽혀지고[汚] 욕(辱)을 당함.

오:용 誤用 (그르칠 오, 쓸 용). 잘못 그르치게[誤] 사용(使用)함. ¶단어의 오용이 심각하다 / 약물을 오용하면 건강을 해친다.

오:우-가 五友歌 (다섯 오, 벗 우, 노래 가). 문학 조선 인조 때에 윤선도가 지은 연시조(聯時調). 물, 돌, 소나무, 대나무, 달을 다섯[五] 벗[友]에 비유하여 노래한[歌] 것이다.

오:월[1] 五月 (다섯 오, 달 월). 한 해 열두 달가운데 다섯째[五] 달[月]. ¶오월 오일은 어린이 날이다.

▸**오:월-로** 五月爐 (화로 로). ①속뜻 오월(五月)의 화로(火爐). ②당장은 필요 없어도 없어지면 아쉬운 물건을 비유하여 이르는 말.

오월[2] 吳越 (나라 이름 오, 나라 이름 월). ①속뜻 중국 춘추 전국 시대의 오(吳)나라와 월(越)나라. ②서로 적의를 품고 있음을 비유하여 이르는 말. 오나라와 월나라가 오랫동안 적대 관계에 있었다는 데에서 유래.

▸**오월-동주** 吳越同舟 (같을 동, 배 주). ①속뜻 적대 관계의 오[吳] 월[越] 두 나라 사람이 같은[同] 배[舟]를 타고 있음. ②서로 적의를 품은 사람들이 한자리에 있게 된 경

우나 서로 협력해야 하는 상황을 비유하여 이르는 말. 중국 춘추 전국 시대에, 서로 적대 관계인 오나라의 왕 부차(夫差)와 월나라의 왕 구천(句踐)이 같은 배를 탔으나 풍랑을 만나서 서로 단합해야 했다는 데에서 유래. 출전은 『손자』(孫子) 「구지편」(九地篇)이다.

오:위 五衛 (다섯 오, 지킬 위). 전(前)·후(後)·좌(左)·우(右)·중(中)의 다섯[五] 위(衛)로 구성된 전국적인 군사 조직. 조선 전기에 설치·운영했다.

오유 烏有 (어찌 오, 있을 유). ① 속뜻 어찌[烏] 있겠느냐[有]. ② 있던 사물이 없게 되는 것을 이르는 말.

▸오유-선생 烏有先生 (먼저 선, 날 생). 세상에 존재하지 않는 것처럼[烏有] 꾸며낸 인물[先生].

오:율 五律 (다섯 오, 가락 률). 문학 ① 다섯[五] 수(首)로 이루어진 율시(律詩). ② '오언 율시'(五言律詩)의 준말.

오:음 五音 (다섯 오, 소리 음). 음악 궁(宮), 상(商), 각(角), 치(徵), 우(羽)의 다섯[五] 음률(音律). ㊥오성(五聲).

▸오:음 음계 五音音階 (소리 음, 섬돌 계). 음악 한 옥타브가 다섯[五] 개의 음(音)으로 이루어진 소리[音]의 단계(段階). 한국 및 동양의 여러 나라와 스코틀랜드의 민요에 많이 쓰인다.

오:의 奧義 (속 오, 뜻 의). 속[奧]에 지니고 있는 깊은 뜻[義]. ¶오의를 캐내다 / 오의를 파헤치다.

오:인 誤認 (그르칠 오, 알 인). 잘못 그르치게[誤] 앎[認]. 잘못 생각함. ¶사실 오인 / 사람을 동물로 오인하여 총을 쏘는 사고가 발생하였다. ㊥착인(錯認).

오:일-경조 五日京兆 (다섯 오, 날 일, 서울 경, 조짐 조). ① 속뜻 닷새[五日] 동안 경조윤(京兆尹)을 지냄. ② 오래 계속되지 못한 관직. 또는 그런 일을 이름. 중국 한나라 장창(張敞)이 경조윤(京兆尹)에 임명되었다가 며칠 후에 면직된 데서 유래.

오:일-장 五日場 (다섯 오, 날 일, 마당 장). 닷새[五日]에 한 번씩 서는 시장(市場). ¶시골에서는 아직도 오일장이 선다.

오:일-장 五日葬 (다섯 오, 날 일, 장사지낼 장). 초상난 지 닷새[五日] 만에 지내는 장사(葬事). ¶오일장을 치르다.

오:입[1] 悟入 (깨달을 오, 들 입). 깨달음[悟]의 세계로 들어감[入].

오:입[2] 誤入 (그르칠 오, 들 입). ① 속뜻 잘못[誤] 들어감[入]. ② 아내가 아닌 여자와 성관계를 가지는 일. 외도(外道). 외입(外入).

오:자 誤字 (그르칠 오, 글자 자). 잘못 그르치게[誤] 쓴 글자[字]. ¶책의 오자를 수정하다.

▸오:자-낙서 誤字落書 (떨어질 락, 쓸 서). 글자[字]를 잘못[誤] 쓰거나 빠뜨리고[落] 쓰는[書] 일. 또는 그 글자.

오작 烏鵲 (까마귀 오, 까치 작). 까마귀[烏]와 까치[鵲]를 아울러 이르는 말.

▸오작-교 烏鵲橋 (다리 교). 민속 까마귀와 까치가[烏鵲] 은하수에 놓는다는 다리[橋]. 칠월칠석날 저녁에 견우와 직녀를 만나게 하기 위하여 이 다리를 놓는다고 전한다. ㊟작교.

오:장[1] 五葬 (다섯 오, 장사지낼 장). 다섯 가지[五] 방식의 장례(葬禮). 토장(土葬), 화장(火葬), 수장(水葬), 야장(野葬), 임장(林葬)을 이른다.

오:장[2] 五臟 (다섯 오, 내장 장). 한의 간장, 심장, 비장, 폐장, 신장의 다섯[五] 가지 내장(內臟)을 통틀어 이르는 말.

▸오:장육부 五臟六腑 (여섯 륙, 내장 부). 한의 오장(五臟)과 위, 대장, 소장, 쓸개, 방광, 삼초 등의 여섯[六] 가지 내장[腑]. 내장을 통틀어 이르는 말.

오:적 五賊 (다섯 오, 도둑 적). ① 속뜻 다섯[五] 명의 도적[賊]. ② 역사 조선 후기에 을사조약의 체결에 가담한 다섯 매국노. 외부대신 박제순, 내부대신 이지용, 군부대신 이근택, 학부대신 이완용, 농상공부대신 권중현을 이른다. 을사오적(乙巳五賊).

오:전[1] 午前 (낮 오, 앞 전). ① 속뜻 정오(正午) 이전(以前)까지의 시간. ¶오전 수업. ② 자정부터 낮 열두 시까지의 시간. ¶오전 10시. ㊥상오(上午). ㊤오후(午後).

오:전[2] 誤傳 (그르칠 오, 전할 전). 잘못[誤] 전(傳)함. 와전(訛傳).

오:점 汚點 (더러울 오, 점 점). ① 속뜻 더러운[汚] 점(點). ② 명예롭지 못한 흠이나 결

점. ¶6·25는 우리 역사에 동족상잔의 오점을 남겼다.

오:정 五情 (다섯 오, 마음 정). 사람이 가진 다섯 가지[五] 감정(感情). 기쁨, 노여움, 슬픔, 욕심, 증오를 이른다.

오:제 五帝 (다섯 오, 임금 제). ① 역사 고대 중국의 다섯[五] 임금[帝]. 소호(少昊), 전욱(顓頊), 제곡(帝嚳), 요(堯), 순(舜)을 이른다. ② 민속 다섯 방위를 지키는 다섯 신. 동쪽의 청제(青帝), 서쪽의 백제(白帝), 남쪽의 적제(赤帝), 북쪽의 흑제(黑帝), 중앙의 황제(黃帝)이다.

오:종 五種 (다섯 오, 갈래 종). ① 속뜻 다섯[五] 종류(種類). ② 다섯 가지 중요한 곡식. 쌀, 보리, 콩, 조, 기장을 이른다. ⓑ오곡(五穀).

▸ 오:종 경:기 五種競技 (겨룰 경, 재주 기). 운동 한 사람이 다섯[五] 종목(種目)의 경기(競技)에 참가하여 총득점을 겨루는 육상 경기.

오죽 烏竹 (검을 오, 대나무 죽). ① 속뜻 겉이 검은[烏] 대나무[竹]. ② 식물 볏과의 여러해살이 목본 식물. 대의 일종으로 높이는 2~20미터, 지름은 5~8㎝이다.

오죽-헌 烏竹軒 (까마귀 오, 대나무 죽, 집 헌). ① 속뜻 마당에 까만[烏] 대나무[竹]가 있는 집[軒]. ② 고적 이율곡이 태어난 집으로, 보물 제165호. 뜰 안에 오죽(烏竹)이 있어 이 이름을 붙였으며, 보물 정식 명칭은 '강릉 오죽헌'이다.

오:중[1] 誤中 (그르칠 오, 맞을 중). 과녁이나 목표를 잘못[誤] 맞힘[中].

오:중[2] 五重 (다섯 오, 겹칠 중). 다섯[五] 겹[重].

▸ 오:중-주 五重奏 (연주할 주). 음악 다섯 개[五]의 악기를 동시에[重] 연주(演奏)함.

▸ 오:중-창 五重唱 (부를 창). 음악 다섯[五] 사람이 각기 다른 성부로 동시에[重] 부르는[唱] 성악의 노래. 보통 소프라노 두 사람, 알토, 테너, 베이스 각 한 사람씩으로 편성한다.

▸ 오:중-탑 五重塔 (탑 탑). ① 속뜻 다섯[五] 층[重]으로 쌓은 탑(塔). ② 불교 모든 물질에 널리 존재하여 물질을 구성하고 생성하는 지(地)·수(水)·화(火)·풍(風)·공(空)을 상징하는 다섯 부분으로 쌓은 탑. 오륜탑(五輪塔).

오:지[1] 五指 (다섯 오, 손가락 지). 다섯[五] 손가락[指].

오:지[2] 汚池 (더러울 오, 못 지). ① 속뜻 물이 더러운[汚] 못[池]. ② 주로 노인의 살갗에 생기는 거무스름한 얼룩. 검버섯.

오:지[3] 奧地 (속 오, 땅 지). 해안이나 도시에서 멀리 떨어진 대륙 내부[奧]의 땅[地]. ¶아프리카 오지의 정글. ⓑ오지대(奧地帶).

오지리 墺地利 (물가 오, 땅 지, 이로울 리). '오스트리아'(Austria)의 한자 음역어(音譯語).

오지자웅 烏之雌雄 (까마귀 오, 어조사 지, 암컷 자, 수컷 웅). ① 속뜻 구별하기 어려운 까마귀[烏]의 암수[雌雄]. ② 선악과 시비를 가리기 어려운 경우를 비유하여 이르는 말.

오:직 汚職 (더러울 오, 일 직). 어떤 직책(職責)에 있는 사람이 그 직책을 더럽힘[汚]. 특히 공무원이 그 지위나 직권을 남용하여 뇌물을 받는 따위의 부정한 행위를 저지르는 것을 이른다.

오:진[1] 五鎭 (다섯 오, 누를 진). 지리 우리나라의 다섯[五] 진산(鎭山). 백악산(白嶽山)을 중심으로 동의 오대산(五臺山), 서의 구월산(九月山), 남의 속리산(俗離山), 북의 백두산(白頭山)을 말한다.

오:진[2] 汚塵 (더러울 오, 티끌 진). 더러운[汚] 먼지[塵].

오:진[3] 誤診 (그르칠 오, 살펴볼 진). 의학 병을 잘못 그르치게[誤] 진단(診斷)하는 일. 또는 그런 진단. ¶그는 폐렴을 감기로 오진했다.

오:진-법 五進法 (다섯 오, 나아갈 진, 법 법). 수학 수를 셀 때 4 다음은 한 자리 올려 10으로 적고 다시 10이 다섯이면 100으로 적듯이 다섯[五]씩 모일 때마다 한 자리씩 올려 적는[進] 방법(方法). 0, 1, 2, 3, 4 따위의 다섯 가지 숫자로만 나타내는 기수법의 한 가지.

오:차 誤差 (그르칠 오, 어긋날 차). ① 속뜻 잘못하여 그르치거나[誤] 어긋남[差]. ② 수학 실제 셈하여 측정한 값과 이론

적으로 정확한 값과의 차이. ¶오차가 나다. ③ [수학] 참값과 근삿값과의 차이. ④실수 또는 잘못.

▸오:차-율 誤差率 (비율 률). [수학] 오차(誤差)가 나는 비율(比率). 실제로 연산한 결과와 근삿값의 비율을 이른다.

오:찬 午餐 (낮 오, 밥 찬). 보통 때보다 잘 차려서 손님을 대접하는 점심[午] 식사[餐]. ¶총리는 오찬 간담회를 열었다. [비]주찬(晝餐).

▸오:찬-회 午餐會 (모일 회). 손님을 청하여 점심 식사[午餐]를 겸하여 베푸는 간단한 연회(宴會). 주찬회(晝餐會). ¶전근자를 위해 간단한 오찬회를 베풀었다.

오:채 五彩 (=五采, 다섯 오, 빛깔 채). ① [속뜻] 청(靑), 황(黃), 홍(紅), 백(白), 흑(黑)의 다섯 가지[五] 색[彩]. ¶오채 단청(丹靑). ② [수공] 도자기에 칠해진 짙고 선명한 빛깔. 경채(硬彩).

오:체 五體 (다섯 오, 몸 체). ① [속뜻] 몸을 이루는 다섯[五] 부분[體]. 머리, 두 팔, 두 다리를 말한다. ②한자 글씨체에서, 전(篆)·예(隸)·해(楷)·행(行)·초(草)의 다섯 가지.

▸오:체-투지 五體投地 (던질 투, 땅 지). ① [속뜻] 몸의 다섯 부분[五體]을 땅[地]에 던짐[投]. ② [불교] 절하는 법의 하나. 먼저 두 무릎을 땅에 꿇고 두 팔을 땅에 댄 다음 머리가 땅에 닿도록 절을 한다. 투지례(投地禮).

오:촌 五寸 (다섯 오, 관계 촌). ① [속뜻] 친척 가운데 다섯[五]번째 관계[寸]. ②다섯 개의 촌수를 사이에 두고 있는 친척. 아버지의 사촌이나 아들의 사촌 간을 이른다.

오:축 五畜 (다섯 오, 가축 축). 사람이 집에서 기르는 다섯[五] 가지 짐승[畜]. 소, 양, 돼지, 개, 닭을 이른다.

오:충 五蟲 (다섯 오, 벌레 충). 형태에 따라 분류한 다섯[五] 종류의 벌레[蟲]. 비늘이 있는 인충(鱗蟲), 날개가 있는 우충(羽蟲), 털이 있는 모충(毛蟲), 털·날개가 없는 나충(裸蟲), 딱지가 있는 개충(介蟲)을 이른다.

오:취[1] 五臭 (다섯 오, 냄새 취). 노린내, 비린내, 향내, 타는 내, 썩는 내의 다섯[五] 가지 냄새[臭].

오:취[2] 五趣 (다섯 오, 달릴 취). [불교] 사람이 죽어서 가는[趣] 다섯[五] 길. 지옥(地獄), 아귀(餓鬼), 축생(畜生), 천상(天上), 인간(人間)을 이른다. 오도(五道).

오:층-탑 五層塔 (다섯 오, 층 층, 탑 탑). 오중탑(五重塔).

오:침 午寢 (낮 오, 잠잘 침). 낮[午]에 잠을 잠[寢]. 오수(午睡).

오:칭 誤稱 (그르칠 오, 일컬을 칭). 어떤 사물을 그릇되게[誤] 이름[稱]. 또는 잘못된 명칭.

오:탁[1] 五濁 (다섯 오, 흐릴 탁). [불교] 세상의 다섯[五] 가지 더러움[濁]. 명탁(命濁), 중생탁(衆生濁), 번뇌탁(煩惱濁), 견탁(見濁), 겁탁(劫濁)을 이른다.

오:탁[2] 汚濁 (더러울 오, 흐릴 탁). 더럽고[汚] 흐림[濁]. 탁오(濁汚).

오:판 誤判 (그르칠 오, 판가름할 판). 잘못 보거나 잘못 그르치게[誤] 판단(判斷)함. 또는 잘못된 판단. ¶선수는 심판의 오판에 항의했다.

오:포 午砲 (낮 오, 대포 포). 정오(正午)를 알리는 대포(大砲). 오정포(午正砲). ¶오포 분 지도 한참 되었다.

오한 惡寒 (미워할 오, 찰 한). ① [속뜻] 추위[寒]를 미워함[惡]. ② [한의] 몸이 오슬오슬 떨리고 추위를 느끼는 증상. ¶어머니는 밤새 오한이 났다. [비]오한증(惡寒症).

▸오한-증 惡寒症 (증세 증). [한의] 몸이 오슬오슬 떨리고[惡] 추위[寒]를 느끼는 증상(症狀). [준]오한.

오합지졸 烏合之卒 (까마귀 오, 합할 합, 어조사 지, 군사 졸). ① [속뜻] 까마귀[烏]가 모인[合] 것처럼 질서가 없는 병졸(兵卒). ② 임시로 모여들어서 규율이 없고 무질서한 병졸 또는 군중을 이르는 말. ¶적군은 수만 많았지 기율이 없는 오합지졸에 불과했다. [비]오합지중(烏合之衆). 와합지졸(瓦合之卒).

오:해 誤解 (그르칠 오, 풀 해). 그릇되게[誤] 해석(解釋)하거나 뜻을 잘못 앎. 또는 그런 해석. ¶긴 머리 때문에 나는 그를 여자로 오해했다 / 싸움은 사소한 오해에서 시작된다.

오:행 五行 (다섯 오, 행할 행). ① [불교] 보시(布施), 지계(持戒), 인욕(忍辱), 정진(精進),

지관(止觀)의 다섯[五] 가지 보살 수행법(修行法). ② 불교 보살이 자기의 해탈과 다른 이들의 교화를 위해 닦는 다섯 가지 수행. 곧 성행(聖行), 범행(梵行), 천행(天行), 영아행(嬰兒行), 병행(病行)이다. ③ 우주 만물을 이루는 다섯 가지 원소. 금(金), 수(水), 목(木), 화(火), 토(土)를 이른다.

▸오ː행-설 五行說 (말씀 설). 철학 오행(五行)과 그 운동에 관한 이론[說].

▸오ː행 상극 五行相剋 (서로 상, 이길 극). 민속 오행(五行)이 서로[相] 배척하고 부정하는[剋] 이치. 토극수(土剋水), 수극화(水剋火), 화극금(火剋金), 금극목(金剋木), 목극토(木剋土)의 이치이다.

▸오ː행 상생 五行相生 (서로 상, 날 생). 민속 오행(五行)이 서로[相] 가까이하여 생성(生成)하여 주는 이치. 금생수(金生水), 수생목(水生木), 목생화(木生火), 화생토(火生土), 토생금(土生金)의 이치이다.

오ː현 五絃 (다섯 오, 줄 현). 음악 현악기의 다섯[五] 줄[絃].

▸오ː현-금 五絃琴 (거문고 금). 음악 다섯[五] 줄[絃]로 된 옛날 거문고[琴]의 하나. 중국의 순(舜) 임금이 만들었다고 하며 칠현금의 전신(前身)이다. 오현(五絃).

오ː형[1] 五刑 (다섯 오, 형벌 형). 역사 ① 조선 시대에, 중국 대명률에 의거하여 죄인을 처벌하던 다섯[五] 가지 형벌(刑罰). 태형(笞刑), 장형(杖刑), 도형(徒刑), 유형(流刑), 사형(死刑)을 이른다. ② 중국에서 행하던 다섯 가지 형벌. 묵형(墨刑), 의형(劓刑), 비형(剕刑), 궁형(宮刑), 대벽(大辟)을 이른다. ⓑ오독(五毒).

오ː형[2] 吾兄 (나 오, 맏 형). ① 속뜻 나[吾]의 형(兄) 같은 친구. ② 정다운 벗 사이의 편지에서 상대를 이르는 말.

오ː호[1] 五胡 (다섯 오, 오랑캐 호). 역사 중국의 동한에서 남북조 시대에 이르기까지 서북방으로부터 중국 본토에 이주한 다섯[五] 소수 민족[胡]. 흉노(匈奴), 갈(羯), 선비(鮮卑), 저(氐), 강(羌)을 이른다.

▸오ː호 십육국 五胡十六國 (열 십, 여섯 륙, 나라 국). 역사 중국 동한에서 남북조 시대에 이르기까지 오호(五胡)가 세운 열세 나라와 한족(漢族)이 세운 세 나라를 합친 열여섯[十六] 나라[國].

오호[2] 嗚呼 (한숨소리 오, 부를 호). 슬플 때나 탄식할 때[嗚] 내는 소리[呼].

▸오호 애재 嗚呼哀哉 (슬플 애, 어조사 재). ① 속뜻 아[嗚呼], 슬프[哀] 도다[哉]. ② 슬플 때나 탄식할 때 하는 말.

▸오호-통재 嗚呼痛哉 (아플 통, 어조사 재). ① 속뜻 아[嗚呼], 비통(悲痛)하다. ② 슬플 때나 탄식할 때 하는 말.

오ː회 悟悔 (깨달을 오, 뉘우칠 회). 잘못을 깨닫고[悟] 뉘우침[悔].

***오ː후** 午後 (낮 오, 뒤 후). ① 속뜻 정오(正午) 이후(以後) 밤 열두시까지의 시간. ¶오늘 오후 여섯 시로 약속을 잡았다. ② 정오부터 해가 질 때까지의 동안. ¶오후 수업. ⓑ하오(下午). ⓑ오전(午前).

옥경 玉鏡 (옥돌 옥, 거울 경). ① 속뜻 옥(玉)으로 만든 거울[鏡]. ② '달'을 비유하여 이르는 말. ③ 호수 따위의 고요한 물의 면 또는 얼음판을 비유하여 이르는 말.

옥고[1] 玉稿 (옥돌 옥, 원고 고). ① 속뜻 옥(玉)같이 귀한 원고(原稿). ② '남의 글'을 높여 이르는 말.

옥고[2] 獄苦 (감옥 옥, 괴로울 고). 감옥(監獄)에서 하는 고생(苦生). ¶그는 옥고를 치르느라 많이 여위었다.

옥골 玉骨 (옥돌 옥, 뼈 골). ① 속뜻 옥(玉)같이 희고 깨끗한 골격(骨格). ② 고결한 풍채를 이르는 말. ③ '뼈'를 아름답게 이르는 말. ④ 천자(天子)의 유해. ⑤ '매화(梅花)'를 달리 이르는 말.

▸옥골-선풍 玉骨仙風 (신선 선, 모습 풍). 살빛이 희고 고결하여[玉骨] 신선(神仙)과 같은 풍채(風采).

옥내 屋內 (집 옥, 안 내). 집 또는 건물[屋]의 안[內]. ¶옥내 공기를 정화시키다 / 옥내에서는 금연입니다. ⓑ옥외(屋外).

옥녀 玉女 (옥돌 옥, 여자 녀). 마음과 몸이 깨끗한 여자(女子)를 옥(玉)에 비유하여 이르는 말.

옥단춘-전 玉丹春傳 (옥돌 옥, 붉을 단, 봄 춘, 전할 전). 문학 조선 후기에 한글로 쓴 애정 소설. 주인공 이혈룡이 평양 기생 옥단춘(玉丹春)의 도움으로 출세하여 자기를 홀대한 친구 김진희의 죄를 다스리고 옥단춘과 재회한다는 내용의 소설[傳]. 작자와 연대 미상.

옥답 沃畓 (기름질 옥, 논 답). 기름진[沃] 논[畓]. ¶황무지를 옥답으로 개간했다. [반]박답(薄畓).

옥도 沃度 (기름질 옥, 법도 도). [화학] 독일어 '요오드'(Jod)의 한자 음역어. 할로겐족 원소의 하나. 광택이 있는 어두운 갈색 결정으로 승화하기 쉬우며 기체는 자주색을 띠며 독성이 있다. 바닷말에 많이 들어 있으며 의약품이나 화학 공업에 널리 쓴다.

▸옥도-가리 沃度加里 (더할 가, 마을 리). [화학] '요오드화칼륨'의 한자 음역어. 무색의 정육면체 결정. 햇빛에 쪼이면 요오드가 유리되어 누렇게 된다. 살균제, 사진 현상액, 건판 제조 따위에 쓴다.

▸옥도-아연 沃度亞鉛 (버금 아, 납 연). [화학] 요오드[沃度] 화(化) 아연(亞鉛). 무색 또는 연한 노란색 결정. 물에 잘 녹고 방부제나 수렴제로 쓴다.

▸옥도-정기 沃度丁幾 (천간 정, 기미 기). [화학] '요오드 팅크'(tincture of iodine)의 한자 음역어. 요오드화칼륨 따위를 알코올에 녹인 용액. 어두운 붉은 갈색으로 소독에 쓰거나 진통, 소염 따위에 쓰는 외용약이다.

▸옥도 적정법 沃度滴定法 (물방울 적, 정할 정, 법 법). [화학] 요오드[沃度]를 검사할 액체에 떨어뜨려[滴定] 그 액체와 똑같이 반응하기 위해 필요한 용량을 구하는 방법(方法).

▸옥도 전:분 반:응 沃度澱粉反應 (앙금 전, 가루 분, 되돌릴 반, 응할 응). [화학] 요오드[沃度]를 녹말[澱粉]에 넣으면 보라색을 띠는 반응(反應).

▸옥도가리 전:분지 沃度加里澱粉紙 (더할 가, 마을 리, 앙금 전, 가루 분, 종이 지). [화학] 요오드화칼륨[沃度加里] 녹말[澱粉] 종이[紙].

옥동 玉童 (옥돌 옥, 아이 동). 옥(玉)처럼 귀한 어린(童) 아이. '옥동자'(玉童子)의 준말.

옥-동자 玉童子 (옥돌 옥, 아이 동, 아이 자). ① [속뜻] 옥(玉)처럼 귀한 어린(童) 아이[子]. 또는 옥황상제가 사는 옥경(玉京)에 산다는, 맑고 깨끗한 용모를 가진 가상적인 어린 아이. ② 어린 사내아이를 귀엽게 이르는 말. ¶옥동자를 낳다. [준]옥동.

옥루¹ 玉漏 (옥돌 옥, 샐 루). 옥(玉)으로 만든 물시계. 물이 새어[漏] 떨어지는 힘으로 기륜이 회전되면서 12개의 인형이 북·종·징 등을 쳐서 시간을 알려준다. ¶장영실은 자격루(自擊漏)와 옥루를 만들었다.

옥루² 玉樓 (옥돌 옥, 다락 루). ① [속뜻] 옥(玉)으로 장식한 화려한 누각(樓閣). ② 문인(文人)이나 묵객(墨客)이 죽은 뒤에 간다는 천상의 누각. 백옥루(白玉樓).

▸옥루-몽 玉樓夢 (꿈 몽). [문학] 조선 후기에 남영로가 지은 몽자류(夢字類) 소설. 주인공 양창곡(楊昌曲)이 만국(蠻國)을 토벌한 공으로 연왕(燕王)으로 책봉되어 두 명의 처와 세 명의 첩을 거느리고 옥루(玉樓)에서 호화로운 생활을 누리다가 하늘로 올라가 선관(仙官)이 되었다는 내용이다.

옥리 獄吏 (감옥 옥, 벼슬아치 리). ① [속뜻] 감옥(監獄)에서 죄수를 감시하던 벼슬아치[吏]. ② 형벌에 관한 일을 심리하던 벼슬아치. 옥관(獄官).

옥사¹ 獄死 (감옥 옥, 죽을 사). 감옥살이를 하다가 감옥(監獄)에서 죽음[死].

옥사² 獄舍 (감옥 옥, 집 사). 감옥(監獄)으로 쓰이는 집[舍].

옥사³ 獄事 (감옥 옥, 일 사). 감옥(監獄)을 관리하고 범죄를 다스리는 일[事]. 또는 그 사건.

옥상 屋上 (집 옥, 위 상). 집[屋]의 위[上]. 특히 현대식 양옥 건물에서 마당처럼 편평하게 만든 지붕 위를 가리킨다. ¶옥상에 빨래를 널었다.

▸옥상-가옥 屋上架屋 (건너지를 가, 집 옥). ① [속뜻] 지붕 위[屋上]에 또 집[屋]을 올림[架]. ② 물건이나 일을 부질없이 거듭함.

옥새 玉璽 (옥돌 옥, 도장 새). 옥(玉)으로 만든 나라를 대표하는 도장[璽]. ¶조서를 옥새로 봉인했다. [비]국새(國璽).

옥색 玉色 (옥돌 옥, 빛 색). 옥(玉)의 빛깔[色]과 같이 엷은 푸른색.

옥서 玉書 (옥돌 옥, 글 서). ① [속뜻] 신선이 전하는 옥(玉)처럼 귀한 글[書]. ② 상대편 편지(便紙)의 높임말. 귀함(貴函).

옥석 玉石 (옥돌 옥, 돌 석). ① [속뜻] 옥(玉)과 돌[石]. ② 좋은 것과 나쁜 것을 구분함. ¶옥석을 가리다.

▸옥석-구분 玉石俱焚 (함께 구, 불사를 분).

① [속뜻] 옥(玉)과 돌[石]이 함께[俱] 불에 탐[焚]. ② 옳은 사람이나 그른 사람이 구별 없이 모두 재앙을 받음을 이르는 말. 옥석동쇄(玉石同碎).

▶옥석-혼효 玉石混淆 (섞을 혼, 뒤섞일 효). ① [속뜻] 옥(玉)과 돌[石]이 한데 섞여 있음[混淆]. ② 좋은 것과 나쁜 것이 한데 섞여 있음.

옥쇄 玉碎 (옥돌 옥, 부술 쇄). ① [속뜻] 옥(玉)처럼 아름답게 부서짐[碎]. ② 명예나 충절을 위해 깨끗이 죽음을 이르는 말. ¶옥쇄를 결심하다 / 옥쇄의 각오로 일전을 불사하겠다. [반] 와전(瓦全).

옥수 玉手 (옥돌 옥, 손 수). ① [속뜻] 옥(玉)이 맑고 귀한 손[手]. ② 임금의 손. ¶차디찬 상감의 옥수. ③ 여성의 아름답고 고운 손. ¶그 여인의 옥수를 부여잡았다.

옥안 玉顔 (옥돌 옥, 얼굴 안). ① [속뜻] 옥(玉)같이 잘생기고 환한 얼굴[顔]. ② 임금의 얼굴. 용안(龍顔). ③ 지체 높은 사람의 얼굴. ¶대감의 옥안을 우러러볼 수 없었다.

옥야 沃野 (기름질 옥, 들 야). 기름진[沃] 들판[野]. ¶옥야 수십 리가 눈앞에 펼쳐졌다.

옥양목 玉洋木 (옥돌 옥, 서양 양, 나무 목). 옥(玉)같이 귀하고 발이 고운 서양식(西洋式) 무명[木綿]. ¶할머니는 옥양목 치마저고리를 차려 입었다.

옥외 屋外 (집 옥, 밖 외). 집 또는 건물[屋]의 밖[外]. ¶옥외 행사. [반] 옥내(屋內).

옥음 玉音 (옥돌 옥, 소리 음). ① [속뜻] 옥(玉)처럼 맑고 아름다운 소리[音]. ② 아름다운 목소리를 이르는 말. ③ 임금의 음성. ¶왕의 옥음은 여전히 부드러웠다. ④ 남의 편지나 말을 높여 이르는 말.

옥의-옥식 玉衣玉食 (옥돌 옥, 옷 의, 밥 식). 옥(玉)같이 귀한 옷[衣]과 음식(飮食).

옥인 玉印 (옥돌 옥, 도장 인). 옥(玉)으로 만든 도장[印].

옥잠-화 玉簪花 (구슬 옥, 비녀 잠, 꽃 화). [식물] 넓은 심장 모양의 잎이 나고, 8~9월에 향기가 있는 붉은 색 꽃이 피는 풀. 꽃봉오리가 옥비녀[玉簪]와 비슷한 꽃[花]이라 하여 붙여진 이름이다.

옥-장도 玉粧刀 (옥돌 옥, 단장할 장, 칼 도). 자루와 칼집을 옥(玉)으로 장식(粧飾)한 작은 칼[刀].

옥저 沃沮 (물댈 옥, 막을 저). ① [속뜻] 물을 대거나[沃] 막음[沮]. ② [역사] 우리나라의 고대 국가 가운데 함경도의 함흥 일대에 있던 나라. 후에 고구려에 복속되었다.

옥졸 獄卒 (감옥 옥, 군사 졸). [역사] 옥(獄)에 갇힌 사람을 맡아 지키던 군졸(軍卒).

옥좌 玉座 (옥돌 옥, 자리 좌). 임금이 앉는 옥(玉)으로 만든 자리[座]. 또는 임금의 지위. [비] 왕좌(王座).

옥중 獄中 (감옥 옥, 가운데 중). 감옥(監獄)의 안[中]. ¶투옥된 지 3년이 지나자 옥중 생활에 익숙해졌다. [비] 옥리(獄裏).

옥찰 玉札 (옥돌 옥, 쪽지 찰). ① [속뜻] 옥(玉)같이 귀한 편지[札]. 남의 편지를 높여 이르는 말. ② 귀중한 약품(藥品)을 이르는 말.

옥체 玉體 (옥돌 옥, 몸 체). ① [속뜻] 옥(玉)같이 귀한 몸[體]. ② 임금의 몸. ③ 남의 몸을 높여 이르는 말.

옥탑 屋塔 (집 옥, 탑 탑). 주택이나 빌딩 따위의 건물[屋] 맨 꼭대기에 탑(塔)같이 뾰족하게 설치된 공간. ¶옥탑 공사.

▶옥탑-방 屋塔房 (방 방). 옥탑(屋塔)에 놓은 작은 방(房).

옥토[1] 玉兎 (옥돌 옥, 토끼 토). ① [속뜻] 옥(玉)같은 토끼[兎]. ② '달'을 달리 이르는 말. 그 속에 옥 같은 토끼가 있다고 여겨서 붙여진 이름이다.

옥토[2] 沃土 (기름질 옥, 흙 토). 비옥(肥沃)한 땅[土]. ¶이주민들은 밤낮없이 매달려 황무지를 옥토로 만들었다. [반] 황무지(荒蕪地).

옥편 玉篇 (옥돌 옥, 책 편). ① [속뜻] 옥(玉)같이 귀한 책[篇]. ② 낱낱의 한자 뜻을 풀이한 책. ③ [책명] 중국 양나라 때(543년) 고야왕(顧野王)이 쓴 한자 자전(字典). [비] 자전(字典).

옥필 玉筆 (옥돌 옥, 글씨 필). ① [속뜻] 옥(玉)같이 아름다운 글씨[筆]. 매우 잘 쓴 글씨. ② 남의 필적이나 시문을 높여 이르는 말.

옥호 屋號 (집 옥, 이름 호). 집[屋] 이름[號]. 주로 가게나 술집의 이름을 말한다.

옥화 沃化 (기름질 옥, 될 화). [화학] 어떤 물질이 요오드[沃度]와 화합(化合)하는 일.

▶옥화-물 沃化物 (만물 물). [화학] 요오드[沃

度]와 그 보다 더 양성인 물질과의 화합물(化合物).

▸ 옥화-은 沃化銀 (은 은). 화학 요오드[沃度]와 은(銀)을 반응시켜[化] 얻는 물질.

▸ 옥화-수소 沃化水素 (물 수, 바탕 소). 화학 요오드[沃度]와 수소(水素)의 화합물(化合物).

옥황-상제 玉皇上帝 (옥돌 옥, 임금 황, 임금 상, 임금 제). ① 속뜻 옥(玉)같이 귀한 임금[皇]인 하느님[上帝]. ② 도교에서 '하느님'을 이르는 말.

온각 溫覺 (따뜻할 온, 깨달을 각). 의학 체온보다 높은 온도[溫]의 자극을 받았을 때 일어나는 감각(感覺). 피부에 있는 온점으로 수용된 감각. ⓑ냉각(冷覺).

온:건 穩健 (평온할 온, 굳셀 건). 생각이나 행동 따위가 평온(平穩)하고 건실(健實)함. ¶온건 계층 / 온건 개혁파 / 온건한 사상.

온고-지신 溫故知新 (익힐 온, 옛 고, 알 지, 새 신). 옛것[故]을 익히고[溫] 그것을 미루어서 새[新]것을 앎[知]. ≪논어·위정편≫(論語·爲政篇)에 나오는 공자(孔子)의 말이다.

온고지정 溫故之情 (익힐 온, 옛 고, 어조사 지, 마음 정). 옛일[故]을 돌이켜 생각하고[溫] 그리는 마음[情].

온기[1] 溫氣 (따뜻할 온, 기운 기). 따뜻한[溫] 기운(氣運). ¶방에는 아직 온기가 남아 있다. ⓑ냉기(冷氣).

온기[2] 溫器 (따뜻할 온, 그릇 기). 음식을 끓이거나 데우는 데[溫] 쓰는 그릇[器].

온난 溫暖 (=溫煖, 따뜻할 온, 따뜻할 난). 날씨가 따뜻함[溫=暖]. ¶온난 기후 / 이곳은 겨울에도 비교적 온난하다.

▸ 온난-화 溫暖化 (될 화). 지리 지구의 기온이 높아지게[溫暖] 됨[化]. 또는 그런 현상. ¶대기 오염으로 지구의 온난화가 심각하다.

▸ 온난 전선 溫暖前線 (앞 전, 줄 선). 지리 차고 무거운 기단(氣團) 위에 따뜻하고[溫暖] 가벼운 기단이 오르며 형성되는 전선(前線). ⓑ한랭(寒冷) 전선.

▸ 온난 고기압 溫暖高氣壓 (높을 고, 공기 기, 누를 압). 지리 아열대 지방에 생기는 고기압의 하나. 주위보다 중심이 따뜻하고[溫暖] 대류권과 성층권 사이의 경계가 높은[高] 대기(大氣)의 압력(壓力).

온:당 穩當 (평온할 온, 마땅 당). ① 속뜻 평온(平穩)하고 마땅함[當]. ② 사리에 맞고 무리가 없음.

온대 溫帶 (따뜻할 온, 띠 대). ① 속뜻 따뜻한[溫] 지대(地帶). ② 지리 연평균 기온이 0~20℃이거나 가장 추운 달의 평균 기온이 영하 18~3℃의 지역. 열대(熱帶)와 한대(寒帶) 사이에 위치한다. 위도 상으로는 남북 회귀선인 23.5도와 남북 극권 사이의 지역이다.

▸ 온대-림 溫帶林 (수풀 림). 지리 온대(溫帶) 지방에 분포하는 삼림(森林). 참나무·밤나무 따위의 낙엽 활엽수와 소나무·낙엽송 따위의 침엽수가 많다.

▸ 온대-호 溫帶湖 (호수 호). 지리 ① 온대(溫帶)에 있는 호수(湖水). 수위가 봄과 가을에는 높아지고 여름과 겨울에는 낮아진다. ② 수온이 여름에는 4℃이상, 겨울에는 4℃이하가 되는 호수. 영양 물질이 많은 편이라서 생산력이 크다.

▸ 온대 기후 溫帶氣候 (기후 기, 기후 후). 지리 온대(溫帶) 나타나는 기후(氣候). 여름에는 열대지방과 비슷한 기후가, 겨울에는 한 대 지방과 비슷한 기후현상이 나타날 정도로, 평균기온의 연변화가 4계절에 따라 뚜렷하게 구별된다. ⓐ열대(熱帶) 기후, 한대(寒帶) 기후.

▸ 온대 식물 溫帶植物 (심을 식, 만물 물). 식물 온대(溫帶)에서 잘 자라는 식물(植物).

▸ 온대 저:기압 溫帶低氣壓 (낮을 저, 공기 기, 누를 압). 지리 온대(溫帶) 지방에서 발생하는 보통의 저기압(低氣壓).

⁂온도 溫度 (따뜻할 온, 정도 도). 물리 따뜻한[溫] 정도(程度). 또는 그것을 나타내는 수치. 물리적으로는 열평형을 특징짓고 열이 이동하는 경향을 나타내는 양이며 미시적으로는 계(系)를 구성하는 입자가 가지는 에너지의 분포를 정하고 그 평균값의 표준이 되는 양이다. ¶실내 온도 / 기온은 영하 5도였지만 체감 온도는 영하 20도였다.

▸ 온도-계 溫度計 (셀 계). 물리 물체의 온도(溫度)를 재는 계기(計器). 기체 온도계와 액체 온도계, 정압(定壓) 기체 온도계, 저항 온도계, 열전기 온도계, 광고온계 따위가 있

다.

▸온도-차 溫度差 (어긋날 차). 따뜻함과 차가운 온도(溫度)의 차이(差異). ¶바닷물의 온도차를 이용하여 에너지를 얻다.

▸온도 감:각 溫度感覺 (느낄 감, 깨달을 각). 심리 온도(溫度) 자극으로 생기는 피부 감각(感覺). 온각(溫覺)과 냉각(冷覺)을 통틀어 이르는 말.

온돌 溫突 (=溫突, 따뜻할 온, 굴뚝 돌). ① 속뜻 방을 따뜻하게[溫] 하기 위하여 설치한 굴뚝[突]. ② 따뜻한 불기운이 방 밑을 통과하여 굴뚝으로 빠져나가면서 방을 덥히는 장치. ¶온돌은 한국 특유의 난방설비이다. ⓑ구들.

▸온돌-방 溫突房 (방 방). ① 속뜻 온돌(溫突)을 설치한 방(房). ② 구들을 놓아 난방장치를 한 방.

온면 溫麵 (따뜻할 온, 밀가루 면). 더운[溫] 장국에 만 국수[麵].

온반 溫飯 (따뜻할 온, 밥 반). ① 속뜻 갓 지어 따뜻한[溫] 밥[飯]. ② 장국에 만 밥.

온방 溫房 (따뜻할 온, 방 방). 따뜻한[溫] 방(房). 난방(暖房). ¶온방 시설.

온상 溫床 (따뜻할 온, 평상 상). ① 농업 인공적으로 따뜻하게[溫] 하여 식물을 기르는 상(床) 모양의 설비. ¶겨울철에는 딸기를 온상에서 재배한다. ② 어떤 현상이나 사상, 세력 따위가 자라나는 바탕을 비유하여 이르는 말. ¶범죄의 온상.

온색 溫色 (따뜻할 온, 빛 색). ① 미술 따뜻한[溫] 느낌을 주는 색(色). 난색(暖色). ② 온화한 얼굴빛.

온수 溫水 (따뜻할 온, 물 수). 따뜻한[溫] 물[水]. ¶보일러가 고장이 나서 온수가 나오지 않는다. ⓑ냉수(冷水).

▸온수-난방 溫水煖房 (따뜻할 난, 방 방). 중앙식 보일러에서 끓인 물[溫水]을 건물 안의 방열기에 보내서 실내[房]를 덥게[煖] 하는 방법.

온순 溫順 (따뜻할 온, 순할 순). 성질이나 마음씨가 온화(溫和)하고 순(順)하다. ¶고슴도치는 온순한 동물이다 / 그녀는 성격이 온순하다.

온신 溫神 (따뜻할 온, 정신 신). 더운 것[溫]을 느끼는 살갗 신경(神經). 또는 그러한 기능.

온실 溫室 (따뜻할 온, 방 실). ① 속뜻 난방장치를 한 따뜻한[溫] 방[室]. ② 광선, 온도, 습도 따위를 조절하여 각종 식물의 재배를 자유롭게 하는 구조물. ¶온실에 화초를 기르다.

▸온실 효:과 溫室效果 (보람 효, 열매 과). 지리 대기 중의 수증기, 이산화탄소, 오존 따위가 지표에서 우주 공간으로 향하는 적외선 복사를 대부분 흡수하여 지표의 온도를 비교적 높게 유지하는 작용. 빛은 받아들이고 열은 내보내지 않는 온실(溫室)과 같은 효과(效果)가 있다는 데서 유래.

온아 溫雅 (따뜻할 온, 고울 아). 온화(溫和)하고 우아(優雅)함.

온:양 醞釀 (빚을 온, 빚을 양). ① 속뜻 술을 빚음[醞=釀]. 양주(釀酒). ② 남을 모함하기 위해 없는 죄를 꾸며 냄. ③ 마음속에 어떠한 생각을 은근히 품고 있음.

온욕 溫浴 (따뜻할 온, 목욕할 욕). 더운물[溫]로 목욕(沐浴)을 함. ¶온욕은 수면에 도움을 준다.

온유 溫柔 (따뜻할 온, 부드러울 유). 따뜻하고[溫] 부드러움[柔].

온윤 溫潤 (따뜻할 온, 젖을 윤). ① 속뜻 따뜻하고[溫] 촉촉함[潤]. ② 마음씨가 따뜻하고 인정이 있음.

온장-고 溫藏庫 (따뜻할 온, 감출 장, 곳집 고). 조리한 음식물을 따뜻하게[溫] 저장(貯藏)하는 창고(倉庫) 같은 장치. ¶온장고에서 따끈한 커피를 꺼내주었다.

온:전 穩全 (평온할 온, 온전할 전). ① 속뜻 평온(平穩)하고 완전(完全)하다. ② 본바탕대로 고스란히 다 있다. ¶온전한 그릇이 하나도 없다. ② 잘못된 것이 없이 바르거나 옳다. ¶정신이 온전한 사람이라면 그런 짓을 할 리가 없다.

온점 溫點 (따뜻할 온, 점 점). 의학 체온보다 낮은 온도(溫度)의 자극을 느끼는 감각점(感覺點). ⓑ온점(溫點).

온정[1] 溫井 (따뜻할 온, 우물 정). ① 속뜻 따뜻한[溫] 물이 솟아나는 우물[井]. ② 지리 온천(溫泉).

온정[2] 溫情 (따뜻할 온, 마음 정). 따뜻한[溫] 마음[情]. 따뜻한 사랑. ¶온정이 넘치는 말.

▸온정-주의 溫情主義 (주될 주, 뜻 의). 아랫사람에 대하여 냉정한 이해타산으로만 대하지 않고 원칙을 누그러뜨려 위안, 이해 따위의 온정(溫情)으로 대하는 주의(主義).

온제 溫劑 (따뜻할 온, 약제 제). 한의 성질이 따뜻한[溫] 약제(藥劑). 한증(寒症)을 치료하는 데 쓴다.

온존 溫存 (따뜻할 온, 있을 존). ① 속뜻 따뜻하게[溫] 보존(保存)함. 소중하게 보존함. ② 좋지 못한 일을 고치지 않고 그대로 둠. ¶친일 세력의 온존.

온천 溫泉 (따뜻할 온, 샘 천). ① 속뜻 따뜻한[溫] 물이 솟는 샘[泉]. ② 지리 지열에 의하여 지하수가 그 지역의 평균 기온 이상으로 데워져 솟아 나오는 샘. ③ 온천을 이용하는 목욕 시설이 있는 곳. ¶울진 부근에는 덕구 온천이 유명하다.

▸온천-장 溫泉場 (마당 장). 온천(溫泉)에서 목욕할 수 있게 설비가 된 장소(場所). 또는 온천이 있는 곳.

온:축 蘊蓄 (쌓을 온, 쌓을 축). ① 속뜻 속에 깊이 쌓아 둠[蘊=蓄]. 또는 그런 것. ② 오랜 연구로 학식을 많이 쌓음. 또는 그 학식.

온:침 穩寢 (평온할 온, 잠잘 침). 편안하게[穩] 잠을 잠[寢].

온탕 溫湯 (따뜻할 온, 욕탕 탕). 따뜻한[溫] 물을 채운 목욕탕(沐浴湯). ⊕냉탕(冷湯).

온포 溫飽 (따뜻할 온, 배부를 포). ① 속뜻 따뜻하게[溫] 입고 배부르게 먹음[飽]. ② 생활에 아쉬움이 없이 넉넉함.

온풍 溫風 (따뜻할 온, 바람 풍). ① 속뜻 따뜻한[溫] 바람[風]. ¶언덕에는 온풍이 불고 아지랑이가 피어올랐다. ② 장마가 개는 음력 6월경에 부는 남풍. ③ 봄철에 불어오는 바람.

▸온풍-기 溫風器 (그릇 기). 따뜻한[溫] 바람[風]을 일으켜 실내를 덥게 하는 기구(器具). ¶온풍기를 틀자 방안이 금세 따뜻해졌다.

▸온풍 난:방 溫風煖房 (따뜻할 난, 방 방). 따뜻한[溫] 바람[風]으로 방을 데우는 난방(煖房) 방법.

온혈 溫血 (따뜻할 온, 피 혈). ① 속뜻 따뜻한[溫] 피[血]. ② 동물 동물의 체온이 외기의 온도보다 높은 상태. ③ 한의 한기(寒氣)가 들었을 때 혈분(血分)을 데우는 치료 방법.

▸온혈 동:물 溫血動物 (움직일 동, 만물 물). ① 속뜻 따뜻한[溫] 피[血]를 가진 동물(動物). ② 동물 조류나 포유류처럼 바깥 온도에 관계없이 체온을 항상 일정하고 따뜻하게 유지하는 동물. ⓑ등온(等溫) 동물, 상온(常溫) 동물, 정온(定溫) 동물, 항온(恒溫) 동물.

온화[1] 溫和 (따뜻할 온, 따스할 화). ① 속뜻 날씨가 따뜻하고[溫] 바람이 따스하다[和]. ¶온화한 기후. ② 마음이 온순하고 부드럽다. ¶온화한 성격.

온:화[2] 穩和 (평온할 온, 어울릴 화). 성질이나 태도가 조용하고[穩] 평화(平和)롭다. ¶온화하고 고요한 시간이 흘렀다.

온후 溫厚 (따뜻할 온, 두터울 후). 성품이 온화(溫和)하고 후덕(厚德)함.

옹고 翁姑 (시아버지 옹, 시어머니 고). 시아버지[翁]와 시어머니[姑]를 아울러 이르는 말.

옹:-고집 壅固執 (막을 옹, 굳을 고, 잡을 집). ① 속뜻 귀를 꽉 막고[壅] 자기 고집(固執)만 부림. ② 억지가 매우 심하여 자기 의견만 내세워 우기는 성미. 또는 그런 사람. ¶이번에는 옹고집을 부려도 소용없다.

▸옹:고집-전 壅固執傳 (전할 전). 문학 옹고집(壅固執)의 전기(傳記). 부자이면서 인색하고 불효자인 옹고집이 중의 조화로 가짜 옹고집에게 쫓겨나 갖은 고생을 하면서, 잘못을 뉘우치고 착한 사람이 된다는 이야기로, 조선 후기의 판소리계 소설이다.

옹:관 甕棺 (독 옹, 관 관). 고적 고대에 점토를 구워서 만든[甕] 관(棺). 도관(陶棺).

옹구 翁嫗 (독 옹, 할미 구). 늙은 남자[翁]와 늙은 여자[嫗]를 아울러 이르는 말.

옹:기 甕器 (독 옹, 그릇 기). ① 속뜻 독[甕] 모양의 그릇[器]. ② 유약을 바르지 않고 구운 질그릇과 유약을 발라 구운 오지그릇을 통틀어 이르는 말. 간장, 김치 따위를 담가 둘 때 쓴다.

▸옹:기-점 甕器店 (가게 점). ① 속뜻 옹기(甕器)를 파는 가게[店]. ¶옹기점에서 옹기를 사다. ② 옹기를 만드는 곳.

옹:립 擁立 (껴안을 옹, 설 립). 임금으로 모시어[擁] 세움[立]. ¶어린 세자를 새 왕으

로 옹립하다.

옹ː벽 擁壁 (껴안을 옹, 담 벽). ① [속뜻] 중심의 벽을 껴안은[擁] 듯 쌓은 벽(壁). ② 땅을 깎거나 흙을 쌓아 생기는 비탈이 흙의 압력으로 무너져 내리지 않도록 만든 벽. [비] 축대 벽.

옹ː색 壅塞 (막힐 옹, 막힐 색). ① [속뜻] 막혀서[壅=塞] 통하지 않음. ② 생활에 필요한 것이 없거나 모자라서 딱함. ¶옹색한 살림. ③ 매우 비좁음. ¶방이 옹색하다.

옹성 甕城 (독 옹, 성곽 성). ① [속뜻] 독[甕] 모양으로 성 밖을 둘러쌓은 성(城). ② 성을 튼튼히 지키기 위하여 큰 성문 밖에 원형(圓形)이나 방형(方形)으로 쌓은 작은 성.

옹ː위 擁衛 (껴안을 옹, 지킬 위). 좌우에서 안아서[擁] 지키고[衛] 보호함. ¶임금이 신하들의 옹위를 받으며 궁궐을 나왔다.

옹ː졸 壅拙 (막힐 옹, 서툴 졸). 성격이 꽉 막혀[壅] 너그럽지 못하고, 소견이 좁아 행동이 서투르다[拙]. ¶옹졸한 사람 / 그는 생각이 옹졸하다. [반] 너그럽다.

옹주 翁主 (늙은이 옹, 주인 주). ① [속뜻] 늙은[翁] 주인(主人). ② [역사] 고려 시대에, 내명부나 외명부에게 내리던 봉작. 충선왕 때 궁주(宮主)를 고친 것이다. ③ [역사] 조선 시대에 임금의 후궁에게서 난 딸을 이르던 말. ④ [역사] 조선 중기 이전에 세자빈이 아닌 임금의 며느리를 이르던 말.

옹ː호 擁護 (껴안을 옹, 돌볼 호). ① [속뜻] 껴안아서[擁] 잘 돌봄[護]. ② 두둔하고 편들어 지키는 것. ¶정치체제를 옹호하기 위해 화폐제도를 개혁했다 / 자유를 옹호하다.

▶옹ː호-자 擁護者 (사람 자). 두둔하고 편들어 지켜 주는[擁護] 사람[者]이나 단체. ¶그에 대한 옹호자가 한 사람도 없었다.

와려 蝸廬 (달팽이 와, 오두막집 려). ① [속뜻] 달팽이[蝸]의 집[廬]. ② '작고 초라한 집'을 비유하여 이르는 말. ③ 자기 집을 겸손하게 이르는 말.

와ː룡 臥龍 (누울 와, 용 룡). ① [속뜻] 누워 있는[臥] 용(龍). ② 앞으로 큰일을 할 초야(草野)에 묻혀 있는 큰 인물을 비유하여 이르는 말.

와류 渦流 (소용돌이 와, 흐를 류). 물이 소용돌이치면서[渦] 흐름[流]. 또는 그런 흐름.

와문 渦紋 (소용돌이 와, 무늬 문). 소용돌이[渦] 무늬[紋].

와ː방 臥房 (누울 와, 방 방). 누워[臥] 잠자는 방(房). 침실(寢室).

와ː변 臥邊 (누울 와, 가 변). 누워[臥] 있다가 기일이 되었을 때 한꺼번에 갚는 변리(邊利). 다달이 갚지 않고 본전과 함께 한꺼번에 갚는 것을 말한다. 누운변.

와ː병 臥病 (누울 와, 병 병). 병(病)으로 자리에 누움[臥]. 또는 병을 앓고 있음. ¶와병으로 문밖출입을 못하다.

와사-등 瓦斯燈 (기와 와, 이것 사, 등불 등). 가스[瓦斯]로 불을 켜는 등(燈). 가스등. '가스'(瓦斯)는 'gas'의 한자 음역어이다.

와상 渦狀 (소용돌이 와, 형상 상). 소용돌이[渦] 같이 빙빙 도는 모양[狀].

▶와상 성운 渦狀星雲 (별 성, 구름 운). [천문] 소용돌이 모양[渦狀]의 구름[雲] 같은 별[星] 무리의 은하.

와ː석-종신 臥席終身 (누울 와, 자리 석, 끝마칠 종, 몸 신). 편안히 자리[席]에 누워서[臥] 죽음[終身].

와ː신-상담 臥薪嘗膽 (누울 와, 섶나무 신, 맛볼 상, 쓸개 담). ① [속뜻] 거북한 섶[薪]에 몸을 눕히고[臥] 쓸개[膽]를 맛봄[嘗]. ② 원수를 갚거나 마음먹은 일을 이루기 위해 온갖 어려움과 괴로움을 참고 견딤을 비유하여 이르는 말. 『사기』「월세가(越世家)」와 『십팔사략』 등에 나오는 이야기로 중국 춘추 시대 오나라의 왕 부차(夫差)가 아버지의 원수를 갚기 위해 장작더미 위에서 잠을 자며 월나라의 왕 구천(句踐)에게 복수할 것을 맹세하였고 그에게 패배한 월나라의 왕 구천이 쓸개를 핥으면서 복수를 다짐한 데서 유래.

와실 蝸室 (달팽이 와, 집 실). ① [속뜻] 달팽이[蝸]의 집[室]. ② 작고 초라한 집을 비유하여 이르는 말. 와려(蝸廬).

와언 訛言 (그릇될 와, 말씀 언). ① [속뜻] 잘못[訛] 전하여진 말[言]. 와설(訛說). ② [언어] 어느 한 지방에서만 쓰는 표준어가 아닌 말. 사투리.

와ː열 瓦裂 (기와 와, 찢어질 렬). ① [속뜻] 기와[瓦]같이 잘 부서짐[裂]. ② 산산이 쪼개짐을 비유하여 이르는 말.

와옥[1] 瓦屋 (기와 와, 집 옥). 기와[瓦] 집[屋].

와옥[2] 蝸屋 (달팽이 와, 집 옥). 와실(蝸室).

와요 瓦窯 (기와 와, 가마 요). 기와[瓦]를 굽는 가마[窯].

와우 蝸牛 (달팽이 와, 소 우). 소[牛]같이 뿔이 달린 달팽이[蝸]. 달팽이.

▸와우-각 蝸牛殼 (껍질 각). 의학 안귀의 청각을 일으키는 부분. 달팽이[蝸牛]의 껍데기[殼]처럼 생긴 소용돌이 모양의 관(管)에 청각 세포가 배열된 막(膜)이 있다.

▸와우각-상 蝸牛角上 (뿔 각, 위 상). ① 속뜻 달팽이[蝸牛]의 뿔[角] 위[上]. ②'세상이 좁음'을 비유하여 이르는 말.

와음 訛音 (그릇될 와, 소리 음). 잘못[訛] 전해진 글자의 음(音).

와전[1] 瓦全 (기와 와, 온전할 전). ① 속뜻 옥이 못되고 하찮은 기와[瓦]가 되어 온전(穩全)하게 남음. ② 아무 보람도 없이 목숨을 이어 감을 비유하여 이르는 말. ⓑ옥쇄(玉碎).

와전[2] 訛傳 (그릇될 와, 전할 전). 잘못[訛] 전(傳)함. 사실과 다르게 전함. ¶내가 한 말이 와전되어 오해가 생겼다 / 그들은 진실을 와전하고 있다.

와-전류 渦電流 (소용돌이 와, 전기 전, 흐를 류). 전기 변화하고 있는 자기 마당 안의 도체에 전자기 유도로 생기는 소용돌이[渦] 모양의 전류(電流).

와중 渦中 (소용돌이 와, 가운데 중). ① 속뜻 소용돌이[渦] 가운데[中]. ② 일이나 사건 따위가 시끄럽고 복잡하게 벌어지는 가운데. ¶많은 사람이 전란의 와중에 가족을 잃었다.

와탈 訛脫 (그릇될 와, 빠질 탈). 옮겨 적는 과정에서 글자가 잘못된[訛] 것과 빠진[脫] 것.

와해 瓦解 (기와 와, 가를 해). ① 속뜻 기와[瓦]를 만들 때 원통의 틀이 두 개로 갈라짐[解]. ② 조직이 갈라져 흩어짐. ¶전통적인 가족 형태가 급속도로 와해되고 있다.

와형 渦形 (소용돌이 와, 모양 형). 소용돌이[渦]처럼 빙빙 도는 형상(形象).

완강 頑強 (미련할 완, 굳셀 강). 미련할[頑] 정도로 의지가 굳세다[強]. ¶주민들은 공장 설립을 완강히 반대했다. ⓑ유연(柔軟)하다.

완결 完結 (완전할 완, 맺을 결). 완전(完全)하게 끝을 맺음[結]. ¶조설근은 소설을 완결하지 못하고 세상을 떠났다.

완고[1] 完固 (완전할 완, 굳을 고). 빈틈없이 완전(完全)하고 튼튼함[固].

완고[2] 頑固 (미련할 완, 굳을 고). 미련할[頑] 정도로 성질이 고집(固執)스럽다. ¶옆집 할아버지는 완고한 데가 있다.

완:곡 婉曲 (은근할 완, 굽을 곡). ① 속뜻 말이나 행동을 드러내지 않고[婉] 빙 돌려서[曲] 나타내다. ¶완곡하게 거절하다. ② 말씨가 곱고 차근차근하다. ¶완곡한 말씨.

완공 完工 (완전할 완, 일 공). 공사(工事)를 완성(完成)함. ¶건물을 3년 만에 완공했다. ⓑ기공(起工), 착공(着工).

완:구[1] 玩具 (놀 완, 갖출 구). 놀이[玩] 기구(器具). ¶완구는 안전해야 한다. ⓑ장난감.

완:구[2] 緩球 (느릴 완, 공 구). 운동 야구에서 투수가 던지는 느린[緩] 공[球].

완국 完局 (완전할 완, 판 국). 완전(完全)하여 결점이 없는 판국[局].

완:급 緩急 (느릴 완, 급할 급). ① 속뜻 느림[緩]과 빠름[急]. ¶속도의 완급을 조절하다. ② 일의 급함과 급하지 않음.

▸완:급-차 緩急車 (수레 차). 교통 위급할 때에 열차를 정지시킬 수 있도록 제동 장치를 갖춘[緩急] 객차(客車)나 화차(貨車). 대개 열차의 끝에 연결한다.

▸완:급-열차 緩急列車 (벌일 렬, 수레 차). 교통 완급차(緩急車)를 연결한 열차(列車).

완납 完納 (완전할 완, 바칠 납). 남김없이 완전(完全)히 납부(納付)함. ¶등록금을 완납하다.

완:독 玩讀 (익힐 완, 읽을 독). ① 속뜻 글의 뜻을 깊이 생각하면서[玩] 읽음[讀]. ② 비판하지 않고 오로지 읽기만 함.

***완두** 豌豆 (완두 완, 콩 두). 식물 겹잎의 잎이 감아 올라가며 자라는 식물. 열매는 요리해서 먹는다. ¶멘델은 완두로 유전현상을 연구했다.

완둔 頑鈍 (완고할 완, 둔할 둔). 완고(頑固)하고 우둔(愚鈍)함.

완:력 腕力 (팔 완, 힘 력). ① 속뜻 팔[腕]의

힘[力]. ¶그녀는 몸집은 작지만 완력이 세다. ②육체적으로 억누르는 힘. ¶그는 무슨 일이든지 완력으로 해결하려 한다.

완료 完了 (완전할 완, 마칠 료). 완전(完全)히 끝마침[了]. ¶준비 완료. ⊜종료(終了).

▸완료-상 完了相 (모양 상). 언어 동작(動作)의 완료(完了)를 나타내는 동작상(動作相). '-아[어] 있다'로 표시하며 각 시제마다 있다. 완료시(完了時). 완료태(完了態).

완:류 緩流 (느릴 완, 흐를 류). 물이 느린[緩] 속도로 흐름[流]. 또는 그렇게 흐르는 물.

완:만[1] 婉娩 (예쁠 완, 정숙할 만). ① 속뜻 예쁘고[婉] 정숙함[娩]. ②여자의 태도가 의젓하고 부드러움을 말함. 수더분함.

완:만[2] 緩慢 (느릴 완, 게으를 만). ① 속뜻 느리고[緩] 게으름[慢]. ②행동이 느릿느릿하다. ¶완만한 동작. ③경사가 급하지 않다. ¶완만한 언덕길. ⊕빠르다, 신속(迅速)하다.

완미[1] 完美 (완전할 완, 아름다울 미). ① 속뜻 완전(完全)히 아름다움[美]. ②결함이 없음. ¶완미의 경지에 이르다.

완:미[2] 玩味 (익힐 완, 맛 미). ① 속뜻 음식을 잘 씹어서[玩] 맛봄[味]. ②시문 따위의 뜻을 잘 생각하여 음미함.

완미[3] 頑迷 (완고할 완, 헤맬 미). 융통성이 없이 고집이 세고[頑] 사리에 어둡다[迷]. ¶완미한 늙은이 / 양반들이 모두 완미한 것은 아니었다.

완벽 完璧 (완전할 완, 둥근 옥 벽). ① 속뜻 흠이 없이 완전(完全)한 옥[璧]. ②결함이 없이 완전함. ¶그는 완벽에 가까운 묘기를 보여주었다. ⊜완전무결(完全無缺). ⊕미비(未備).

▸완벽-귀조 完璧歸趙 (돌아갈 귀, 나라이름 조). 빌린 물건을 손상하지 않고[完璧] 정중하게 원래 주인에게[趙] 돌려보냄[歸]. 중국 전국 시대 조(趙)나라의 인상여(藺相如)가 진(秦)나라의 소양왕이 열다섯 성(城)과 화씨(和氏)의 벽(璧)을 바꾸자고 하여 진나라에 갔으나 소양왕이 거짓말을 하고 있다는 것을 알고 목숨을 걸고 그 벽을 고스란히 도로 찾아왔다는 데서 유래.

완보[1] 完補 (완전할 완, 채울 보). 완전(完全)히 보충(補充)함. ¶자료 완보.

완:보[2] 緩步 (느릴 완, 걸음 보). 천천히[緩] 걸음[步]. 또는 느린 걸음. ¶완보로 한 시간가량 걸리는 거리이다. ⊕속보(速步).

완본 完本 (완전할 완, 책 본). 한 질 가운데 빠진 것이 없이 완전(完全)하게 갖추어진 책[本]. 완질본.

완봉 完封 (완전할 완, 봉할 봉). ① 속뜻 완전(完全)히 막거나 봉(封)함. ② 운동 야구에서 투수가 상대 팀에게 득점을 허용하지 아니하면서 완투하는 일.

▸완봉-승 完封勝 (이길 승). 운동 야구에서 투수가 상대편 타자들이 득점할 기회를 완전(完全)히 막아[封] 이기는[勝] 것. ¶완봉승을 거둔 투수에게 박수를 보내다.

완불 完拂 (완전할 완, 지불할 불). 남김없이 완전(完全)히 지불(支拂)함. ¶미납금 완불.

완비 完備 (완전할 완, 갖출 비). 빠짐없이 완전(完全)히 다 갖춤[備]. ¶이 호텔에는 연회실이 완비되어 있습니다. ⊜완구(完具). ⊕미비(未備).

완:사 緩斜 (느슨할 완, 비낄 사). 가파르지 않은[緩] 경사(傾斜).

▸완:사-면 緩斜面 (쪽 면). 경사가 가파르지 않은[緩斜] 면(面).

완:상 玩賞 (즐길 완, 즐길 상). 즐겨[玩] 감상함[賞]. ¶완상 식물.

***완성** 完成 (완전할 완, 이룰 성). 완전(完全)히 다 이룸[成]. ¶그 작품은 20년 만에 완성되었다. ⊕미완성(未完成).

▸완성-선 完成線 (줄 선). 설계 따위에서 제품을 완성(完成)하는 선(線). ¶완성선을 따라 바느질을 하다.

▸완성-품 完成品 (물건 품). 완성(完成)된 물건[品].

완:속-물질 緩速物質 (느릴 완, 빠를 속, 만물 물, 바탕 질). 물리 원자로 안에서 핵분열의 속도(速度)를 늦추는[緩] 물질(物質). 감속재(減速材).

완:속-체 緩速體 (느릴 완, 빠를 속, 몸 체). 물리 완속물질(緩速物質).

완수 完遂 (완전할 완, 이룰 수). 뜻한 바를 완전(完全)히 이루어냄[遂]. ¶임무를 완수하다.

완숙 完熟 (완전할 완, 익을 숙). ① 속뜻 열매 따위가 완전(完全)히 무르익음[熟]. ② 음식 따위를 완전히 삶음. ¶달걀을 완숙으로 삶아서 찬물에 담가 두었다. ③재주나 기술 따위가 아주 능숙함. ¶그의 소리는 완숙의 경지에 이르렀다. ④음식 따위를 완전히 삶음. ¶달걀을 완숙으로 삶아서 찬물에 담가 두었다.

▸완숙-기 完熟期 (때 기). 완전히 익는[完熟] 시기(時期). ¶농작물의 완숙기.

완승 完勝 (완전할 완, 이길 승). 완전(完全)하게 또는 여유 있게 이김[勝]. 또는 그런 승리. ¶우리 팀은 원정 경기에서 완승을 거두었다. ㊥완패(完敗).

완악 頑惡 (완고할 완, 악할 악). 성질이 고집스럽고[頑] 사나울 정도로 악독(惡毒)하다. ¶완악한 줄로만 알았던 그 사람한테도 눈물은 있었다.

완:약 婉弱 (순할 완, 약할 약). 순하고[婉]하고 약(弱)함.

완여-반석 完如盤石 (완전할 완, 같을 여, 소반 반, 돌 석). 튼튼하고 완전(完全)하기가 반석(盤石)과 같음[如]. 견여반석(堅如盤石).

완역[1] 完譯 (완전할 완, 옮길 역). 전체를 완전(完全)하게 번역(翻譯)함. 또는 그런 번역. ¶완역 성경.

완:역[2] 玩繹 (익힐 완, 풀어낼 역). 글 뜻을 잘 생각하여[玩] 깊은 뜻을 찾아냄[繹]. 완색(完索). ¶독서의 묘미는 완역의 즐거움에 있다.

완연[1] 完然 (완전할 완, 그러할 연). 완전(完全)히 그러함[然]. 완전함.

완연[2] 宛然 (마치 완, 그러할 연). ① 속뜻 모양이 마치[宛] 그러하다[然]. 매우 흡사하다. ②눈에 보이는 것처럼 아주 또렷함. ¶봄빛이 완연하다.

완:월 玩月 (놀 완, 달 월). 달[月]을 구경하며 노는[玩] 것.

완인 完人 (완전할 완, 사람 인). ① 속뜻 병이 완전(完全)히 나은 사람[人]. ¶하루 빨리 완인이 되어야 할텐데! ②신분이나 명예 따위에 흠이 없는 사람.

완:장 腕章 (팔 완, 글 장). 신분이나 지위 따위를 나타내기 위하여 팔[腕]에 두르는 표장(標章). ¶완장을 차다.

완재 完載 (완전할 완, 실을 재). 신문이나 잡지 따위에 작품 전체를 끝까지 다[完] 실음[載].

***완전 完全** (갖출 완, 온전할 전). 필요한 것이 모두 갖추어져[完] 모자람이나 흠이 없음[全]. ¶완전한 성공 / 완전히 잊다. ㊥불완전(不完全).

▸완전-수 完全數 (셀 수). ① 속뜻 완전(完全)한 수(數). ② 수학 그 자신의 수를 뺀 모든 약수의 합이 원래의 수가 되는 자연수. 6(=1+2+3), 28(=1+2+4+7+14) 따위.

▸완전-엽 完全葉 (잎 엽). 식물 잎사귀, 잎자루, 떡잎의 세 가지를 모두 갖춘[完全] 잎[葉].

▸완전-화 完全花 (꽃 화). 식물 꽃받침, 꽃부리, 수술, 암술을 갖추어[完全] 가진 꽃[花]. ¶무궁화와 벚꽃은 완전화이다. ㊥갖춘꽃

▸완전 고용 完全雇用 (품팔 고, 쓸 용). 경제 일할 능력이 있고 일하고 싶어 하는 사람이 모두[完全] 고용(雇用)되어 실업자가 없는 상태. 곧 노동의 수요와 공급이 일치하는 상태.

▸완전 기체 完全氣體 (공기 기, 몸 체). 물리 분자 사이의 상호 작용이 전혀 없고 그 상태를 나타내는 온도, 압력, 부피의 양 사이에 보일·샤를 법칙이 완전(完全)하게 적용될 수 있다고 가정된 기체(氣體). 이상 기체(理想氣體).

▸완전 독점 完全獨占 (홀로 독, 차지할 점). 경제 한 기업이 어떤 산업을 완전(完全)히 독차지[獨占]하여 가격이나 생산량을 자신들에게 가장 유리하게 결정할 수 있는 상태. ㊥단순 독점(單純獨占).

▸완전 동:사 完全動詞 (움직일 동, 말씀 사). 언어 ①보충하는 말이 없어도 뜻이 완전(完全)한 동사(動詞). ②활용 어미를 고루 갖추어 활용할 수 있는 동사.

▸완전 동화 完全同化 (같을 동, 될 화). 언어 자음끼리 만나 완전(完全)히 같은 소리로 동화(同化)되는 현상.

▸완전 명사 完全名詞 (이름 명, 말씀 사). 언어 다른 말의 도움을 받지 않고 단독으로 쓰일 수 있는[完全] 명사(名詞). ㊥자립 명사(自立名詞).

▸완전-무결 完全無缺 (없을 무, 모자랄 결).

충분히 갖추어져 있어[完全] 아무런 결점(缺點)이 없음[無]. ¶이 세상에 완전무결한 인간은 존재하지 않는다. [비]완전무흠(完全無欠).

▸**완전 범:죄** 完全犯罪 (범할 범, 허물 죄). [법률] 범인이 범행의 증거가 될 만한 물건이나 사실을 전혀 남기지 않아 자기의 범행 사실을 완전(完全)하게 숨김으로써 성립하는 범죄(犯罪).

▸**완전 변:태** 完全變態 (바뀔 변, 모양 태). [동물] 알이 성충이 되기까지 완전(完全)한 단계를 거치는 변태(變態) 형식. 알, 유충, 번데기, 성충의 과정을 거친다. ¶나비는 완전 변태를 한다. [반]불완전(不完全) 변태.

▸**완전 비:료** 完全肥料 (기름질 비, 거리 료). [농업] 질소, 인산, 칼륨의 3요소를 모두 갖추어[完全] 적절히 섞은 비료(肥料).

▸**완전-식품** 完全食品 (먹을 식, 물건 품). 우유 따위와 같이 건강상 필요로 하는 영양소를 모두 갖추고[完全] 있는 단독 식품(食品).

▸**완전 연소** 完全燃燒 (태울 연, 불사를 소). [물리] 산소의 공급이 충분한 상태에서 불에 탈 수 있는 물질이 완전(完全)히 타는[燃燒] 일.

▸**완전 음정** 完全音程 (소리 음, 거리 정). [음악] 두 음이 동시에 어울렸을 때에 완전(完全)히 어울리는 소리[音]의 간격[程]. 완전 1도·4도·5도·8도의 네 가지가 있다.

▸**완전 탄:성** 完全彈性 (튕길 탄, 성질 성). [물리] 외부의 힘을 없애면 동시에 변형이 없어지고 완전(完全)히 본디의 상태로 돌아가는[彈] 성질(性質).

▸**완전 자동사** 完全自動詞 (스스로 자, 움직일 동, 말씀 사). [언어] ① 보충하는 말이 없어도 뜻이 완전(完全)한 자동사(自動詞). ② 어미 활용이 완전하여 여러 가지 어미가 자유로이 붙는 자동사.

▸**완전 주권국** 完全主權國 (주인 주, 권리 권, 나라 국). [법률] 주인된 권리[主權]의 전부를 완전(完全)히 행사하고 조금도 다른 나라의 제한이나 간섭을 받지 않는 나라[國]. 완전 독립국(完全獨立國).

▸**완전 타동사** 完全他動詞 (다를 타, 움직일 동, 말씀 사). [언어] ① 보어(補語)가 없어도 뜻이 완전(完全)한 타동사(他動詞). ② 어미 활용이 완전하여 여러 가지 어미가 자유로이 붙는 타동사.

▸**완전 형용사** 完全形容詞 (모양 형, 얼굴 용, 말씀 사). [언어] ① 보어(補語)가 없어도 뜻이 완전(完全)한 형용사(形容詞). ② 어미 활용이 완전하여 여러 가지 어미가 자유로이 붙는 형용사.

완정 完定 (완전할 완, 정할 정). 완전(完全)히 정(定)해 짐. 완전히 결정됨.

완정-질 完晶質 (완전할 완, 밝을 정, 바탕 질). [광업] 유리질을 함유하지 않고 완전(完全)한 결정(結晶)만으로 이루어져 있는 조직 바탕[質]. 화성암의 일부, 반심성암, 심성암 따위에서 볼 수 있다.

완제[1] 完濟 (완전할 완, 그칠 제). ① [속뜻] 빚을 완전(完全)히 갚음[濟]. ② 완전히 끝마침. 완료(完了).

완제[2] 完製 (완전할 완, 만들 제). 완전(完全)하게 만듦[製]. 또는 그런 제품. ¶완제 생산.

▸**완제-품** 完製品 (물건 품). 일정한 조건에 맞추어 제작을 다 마친[完製] 물건[品]. ¶우리 회사는 완제품을 수입한다.

완존 完存 (완전할 완, 있을 존). 완전(完全)하게 존재(存在)함.

완주 完走 (완전할 완, 달릴 주). 목표한 지점까지 완전히[完] 다 달림[走]. ¶80대 노인이 마라톤 전 구간을 완주했다.

완질 完帙 (완전할 완, 책갑 질). '완질본'(完帙本)의 준말.

▸**완질-본** 完帙本 (책 본). 한 질(帙)이 빠짐없이 완전(完全)하게 갖추어진 책[本]. [준]완본. 완질.

완:착 緩着 (느릴 완, 붙을 착). ① [속뜻] 늦게[緩] 다다름[着]. ② [운동] 바둑이나 장기에서 형세를 호전시킬 기회를 놓친 수. ¶그 수는 완착이다.

완:초 莞草 (왕골 완, 풀 초). ① [속뜻] 풀[草]의 일종인 왕골[莞]. ② [식물] 사초과의 한해살이풀. 높이는 1.5m 정도이며, 잎은 뿌리에서 모여난다. 줄기의 단면이 삼각형으로 질기고 강하여 돗자리, 방석 따위를 만드는 데 쓴다.

완:충 緩衝 (느슨할 완, 부딪칠 충). 충격(衝擊)을 누그러지게[緩] 함. ¶에어백은 자동

차와 운전자 사이에서 완충 역할을 한다.

▶완:충-국 緩衝國 (나라 국). 정치 강대국 사이에 위치하여 그 나라들 사이의 충돌 위험을 완화하는[緩衝] 역할을 하는 나라[國].

▶완:충-기 緩衝器 (그릇 기). 기계 용수철, 방진(防振)고무, 유압 실린더 따위를 이용하여 급격한 충격을 완화하는[緩衝] 기구(器具). 자동차, 항공기, 기차 따위에 쓴다. 완충 장치(緩衝裝置).

▶완:충-액 緩衝液 (진 액). 화학 외부에서 어느 정도의 산(酸)이나 염기(鹽基)를 가해도 수소 이온 농도에 변화가 없는[緩衝] 용액(溶液). 보통은 약산과 그 염, 또는 약염기와 그 염의 혼합 용액이다. 완충 용액(緩衝溶液).

▶완:충 장치 緩衝裝置 (꾸밀 장, 둘 치). 기계 완충기(緩衝器).

▶완:충 지대 緩衝地帶 (땅 지, 띠 대). 정치 대립하는 나라들 사이의 충돌을 완화하기[緩衝] 위해 설치한 중립 지대(地帶).

완치 完治 (완전할 완, 다스릴 치). 병을 완전(完全)히 낫게 함[治]. ¶수술로 암을 완치하다. ⓑ불치(不治).

완쾌 完快 (완전할 완, 시원할 쾌). 병의 완전히[完=快] 나음. ¶완쾌를 빌다. ⓑ전유(全癒), 전쾌(全快).

완투 完投 (완전할 완, 던질 투). 운동 야구에서 한 투수가 교대 없이 한 경기에서 끝까지[完] 던지는[投] 일.

완패 完敗 (완전할 완, 패할 패). 완전(完全)하게 패(敗)함. ¶공화당은 총선(總選)에서 완패했다. ⓑ전패(全敗). ⓑ완승(完勝).

완:-하제 緩下劑 (느슨할 완, 아래 하, 약제 제). 약학 똥을 무르게 하거나[緩] 때로는 설사로 내려보내는[下] 효과를 지닌 약[劑]. 순한 설사약.

완:행 緩行 (느릴 완, 갈 행). ① 속뜻 느리게[緩] 감[行]. ②완행열차. ¶간이역에는 완행만 선다.

▶완:행-열차 緩行列車 (벌일 렬, 수레 차). 일정한 구간을 천천히 운행하면서[緩行] 역마다 멎는 열차(列車). ¶완행열차를 타고 여행하다. ⓑ급행열차(急行列車).

완:화 緩和 (느슨할 완, 따스할 화). ① 속뜻 느슨하고[緩] 온화(穩和)하게 함. ¶그 학교는 입학 조건을 대폭 완화했다 / 이 약은 통증을 완화시켜 준다. ② 물리 크리프(creep)에 의하여 왜곡된 재료의 응력이 없어지는 현상. ③ 물리 응력이 작용하는 탄성체에서 영구 변형에 의하여 탄성 저항이 줄어드는 현상. ④ 물리 물리계의 조건이 급격히 변화한 후, 계(系)가 다른 정상 상태에 가까이 가는 과정.

▶완:화-책 緩和策 (꾀 책). 급박하거나 긴장된 상태를 완화(緩和)하는 방책(方策). ¶완화책을 강구하다.

왈가왈부 曰可曰否 (말할 왈, 옳을 가, 말할 왈, 아닐 부). 어떤 일에 대하여 옳다[可] 말하거나[曰] 옳지 아니하다고[否] 말함[曰]. 옥신각신함. ¶이제 와서 왈가왈부해 봐야 아무 소용없다.

왕가[1] 王家 (임금 왕, 집 가). 임금[王]의 집안[家]. ¶왕가의 후손.

왕가[2] 王駕 (임금 왕, 탈것 가). 임금[王]이 타는 수레[駕]. 어가(御駕).

왕:고 往古 (갈 왕, 옛 고). 지나간[往] 옛날[古]. 전고(前古).

▶왕:고-내금 往古來今 (올 래, 이제 금). 예전부터[往古] 지금까지를[來今] 아울러 이르는 말. ⓒ고금.

왕-고집 王固執 (임금 왕, 굳을 고, 잡을 집). 아주 심한[王] 고집(固執). 또는 그런 고집을 부리는 사람. ¶왕고집을 쓰다.

왕공 王公 (임금 왕, 귀인 공). 왕(王)과 공(公)을 아울러 이르는 말. 곧 신분이 높은 사람을 이른다.

왕관 王冠 (임금 왕, 갓 관). ① 속뜻 임금[王]이나 경기의 일인자로 뽑힌 사람이 머리에 쓰는 관(冠). ¶그는 보석이 촘촘히 박혀 있는 왕관을 썼다. ②유럽에서 존엄하거나 고귀한 표상으로 머리에 쓰는 관. ③운동 경기나 미인 대회 따위에서 일인자로 뽑힌 사람에게 명예로 쓰게 하는 관. ¶미스코리아는 왕관을 쓰고 천천히 걸었다.

***왕국** 王國 (임금 왕, 나라 국). ① 속뜻 임금[王]이 다스리는 나라[國]. ¶고대 왕국. ②하나의 큰 세력을 형성하고 있는 것을 비유하여 이르는 말. ¶석유 왕국.

왕궁 王宮 (임금 왕, 대궐 궁). 임금[王]이 거처하는 궁전(宮殿). ¶경복궁은 조선시대 왕궁 중 하나이다.

왕권 王權 (임금 왕, 권력 권). 임금[王]이 지닌 권력(權力). ¶왕권 정치.

▸왕권-신수설 王權神授說 (귀신 신, 줄 수, 말씀 설). 정치 국왕의 권력[王權]은 신(神)이 내린[授] 절대적인 것이므로 인민이나 의회에 의하여 제한되지 않는다는 설(說).

왕기[1] 王旗 (임금 왕, 깃발 기). 임금이 행차할 때에 임금[王]을 상징하는 표로서 내거는 기(旗).

왕기[2] 王畿 (임금 왕, 경기 기). 왕(王)이 있는 수도 근처의 땅[畿].

왕:기[3] 旺氣 (성할 왕, 기운 기). ① 속뜻 왕성(旺盛)한 기운(氣運). ¶왕기가 뻗치다. ② 행복스럽게 될 조짐. ¶왕기가 보이다.

왕녀 王女 (임금 왕, 딸 녀). 왕(王)의 딸[女]. ¶이웃 나라의 왕녀를 비로 삼았다.

왕:년 往年 (갈 왕, 해 년). 지나간[往] 해[年]. ¶이래 봬도 왕년에는 스타였다. ⓑ왕세(往歲), 왕전(往前).

왕당 王黨 (임금 왕, 무리 당). 왕권(王權)을 옹호·유지·확장하려는 당(黨). ¶스페인의 내란은 마침내 왕당을 물리치고 혁명군이 개가를 올렸다.

왕도[1] 王都 (임금 왕, 도읍 도). 왕궁(王宮)이 있는 도시(都市). ¶이곳은 땅이 넓고 기름지니 가히 왕도를 세울 만하다.

왕도[2] 王道 (임금 왕, 길 도). ① 속뜻 임금[王]으로서 마땅히 지켜야 할 도리(道理). ¶왕도를 지키다. ② 인덕(仁德)을 근본으로 천하를 다스리는 도리. 유학(儒學)에서 이상으로 하는 정치사상. ¶왕도 정치. ③ 어떤 일을 하는 데에 쉬운 방법. ¶모든 공부에는 왕도가 없다.

▸왕도 정치 王道政治 (정사 정, 다스릴 치). 왕도(王道)로 나라를 다스리는[政治] 것.

왕:래 往來 (갈 왕, 올 래). ① 속뜻 가고[往] 오고[來] 함. ¶이 길은 사람들의 왕래가 잦다. ② 서로 교제하여 사귐. ¶나는 그와 주로 편지로 왕래한다. ③ 노자(路資).

▸왕:래부절 往來不絶 (아닐 부, 끊을 절). 가고 옴[往來]이 끊이지[絶] 아니함[不].

왕:로 往路 (갈 왕, 길 로). 가는[往] 길[路]. ⓑ귀로(歸路).

*__왕릉__ 王陵 (임금 왕, 무덤 릉). 임금[王]의 무덤[陵]. ¶천마총은 신라 지증왕의 왕릉으로 알려져 있다.

왕:림 枉臨 (굽을 왕, 임할 림). 남이 자기 집에 오는 것을 겸손하게 이르는 말. 자기 집이 워낙 낮고 작아 몸을 굽혀야[枉] 들어올 수 있다[臨]는 뜻에서 지어진 말이다.

왕립 王立 (임금 왕, 설 립). 국왕(國王)이나 왕족이 세움[立]. 또는 그런 것. ¶왕립 박물관.

왕명 王命 (임금 왕, 명할 명). ① 속뜻 임금[王]의 명령(命令). ¶죽더라도 왕명을 받들겠습니다. ② 임금의 목숨. ⓑ왕령(王令).

왕법 王法 (임금 왕, 법 법). 국왕(國王)이 제정한 법률(法律).

왕:복 往復 (갈 왕, 되돌릴 복). 갔다가[往] 되돌아옴[復]. ¶왕복 차표 / 이 여객선은 부산과 제주를 왕복한다. ⓑ편도(片道).

▸왕복-선 往復船 (배 선). 목적지까지 갔다가 다시 돌아오는[往復] 배[船]나 우주선. ¶우주 왕복선 컬럼비아 호.

▸왕:복 기관 往復機關 (틀 기, 빗장 관). 기계 증기나 가스 따위에 의하여 피스톤의 왕복(往復) 운동을 회전 운동으로 바꾸는 장치[機關]. 내연 기관, 왕복기형(往復機型) 증기 기관 따위가 여기에 속한다.

왕봉 王蜂 (임금 왕, 벌 봉). 동물 여왕봉(女王蜂).

왕부 王父 (임금 왕, 아버지 부). ① 속뜻 임금[王]의 아버지[父]. ② 편지 따위의 글에서, 남에게 자기의 할아버지를 높여 이르는 말.

왕비 王妃 (임금 왕, 아내 비). 임금[王]의 아내[妃]. ⓑ왕후(王后).

왕사[1] 王事 (임금 왕, 일 사). ① 속뜻 임금[王]이 나라를 위해 하는 일[事]. ② 임금이나 왕실에 관한 일. ¶왕사를 돌보다.

왕사[2] 王師 (임금 왕, 스승 사). ① 속뜻 임금[王]의 스승[師]. ② 임금이 거느리는 군사. ③ 역사 고려 시대의 법계 가운데 하나. 교종과 선종의 구별 없이 국사의 아래이고 교종에서는 승통의 위, 선종에서는 대선사의 위이다. 제사(帝師). ④ 역사 조선 초기의 법계 가운데 하나. 교종과 선종의 구별 없이 국사의 아래이고 교종에서는 도대사의 위, 선종에서는 도대선사의 위이다.

왕:사[3] **往事** (갈 왕, 일 사). 지나간[往] 일[事].

왕:생 往生 (갈 왕, 날 생). 목숨이 다하여 다른 세계에 가서[往] 태어남[生].

▸왕:생-극락 往生極樂 (다할 극, 즐길 락). [불교] 이 세상을 떠나 극락(極樂) 정토(淨土)에 가서 다시 태어남[往生]. 극락왕생(極樂往生).

▸왕:생-안락 往生安樂 (편안할 안, 즐길 락). [불교] 극락세계에 가서[往生] 안락(安樂)한 생활을 함. ¶왕생안락을 빌다.

왕성[1] **王城** (임금 왕, 성곽 성). ① [속뜻] 왕도(王都)의 성(城). ②왕궁(王宮)이 있는 도시. ¶왕성을 포위하다.

왕:성[2] **旺盛** (성할 왕, 가득할 성). 한창 성하고[旺] 가득 참[盛]. ¶혈기 왕성 / 식욕이 왕성하다.

왕-세손 王世孫 (임금 왕, 세대 세, 손자 손). 왕세자(王世子)의 맏아들[孫]. [준]세손.

왕-세자 王世子 (임금 왕, 세대 세, 아들 자). 왕(王)의 대[世]를 이을 왕자(王子). ¶그는 둘째 아들을 왕세자로 봉했다. [비]국본(國本).

▸왕세자-비 王世子妃 (왕비 비). 왕세자(王世子)의 정실부인[妃].

왕손 王孫 (임금 왕, 손자 손). 임금[王]의 손자(孫子) 또는 후손(後孫).

왕수 王水 (임금 왕, 물 수). ① [속뜻] 임금[王]처럼 강한 물[水]. ② [화학] 진한 염산과 진한 질산을 3대 1 정도의 비율로 혼합한 액체. 강한 산화제로 산에 잘 녹지 않는 금과 백금 따위를 녹일 수 있다.

왕:시 往時 (갈 왕, 때 시). 이미 많은 세월이 지나간[往] 오래 전 때[時]. 옛적. ¶나도 왕시에는 이름난 축구 선수였다.

왕실 王室 (임금 왕, 집 실). 임금[王]의 집안[室]. [비]경실(京室).

왕:양 汪洋 (넓을 왕, 큰바다 양). ① [속뜻] 바다[洋]가 끝이 없이 넓음[汪]. ②미루어 헤아리기 어려움.

왕업 王業 (임금 왕, 일 업). 임금[王]이 나라를 다스리는 대업(大業). 또는 그런 업적. ¶왕업을 맡다.

왕:오천축국-전 往五天竺國傳 (갈 왕, 다섯 오, 하늘 천, 대나무 축, 나라 국, 전할 전). [책명] 신라 때의 승려 혜초(慧超)가 10년 동안 인도[天竺]의 5[五]개국(國)을 갔다가[往] 당나라에 돌아와서 완성한 여행기[傳].

왕:왕 往往 (갈 왕, 갈 왕). ① [속뜻] 가고[往] 또 감[往]. ②시간의 간격을 두고 이따금. ¶이런 일은 왕왕 생긴다.

왕위[1] **王位** (임금 왕, 자리 위). 임금[王]의 자리[位]. ¶세조는 단종의 뒤를 이어 왕위를 계승했다. [비]왕좌(王座), 보위(寶位), 보조(寶祚), 어좌(御座).

왕위[2] **王威** (임금 왕, 위엄 위). 임금[王]의 위엄(威嚴). ¶왕위가 땅에 떨어지다 / 왕위를 떨치다.

왕유 王乳 (임금 왕, 젖 유). [농업] 왕봉(王蜂)이 될 새끼를 기르기 위해 꿀벌이 분비한 하얀 자양분의 액체[乳].

왕윤 王胤 (임금 왕, 자손 윤). 임금[王]의 자손[胤].

왕자[1] **王者** (임금 왕, 사람 자). ① [속뜻] 임금[王] 된 사람[者]. ②각 분야에서 특히 뛰어난 사람을 비유하여 이르는 말. ¶고래는 바다의 왕자이다. ③왕도로써 천하를 다스리는 사람.

왕:자[2] **往者** (갈 왕, 것 자). 지난 간[往] 것[者]. 지난 번.

***왕자**[3] **王子** (임금 왕, 아들 자). ① [속뜻] 임금[王]의 아들[子]. ¶왕비는 10년 만에 왕자를 낳았다. ②아직 어리거나 젊은 사내아이를 귀엽게 이르는 말. ¶우리 왕자님 오늘은 뭐가 불만이지? [반]공주(公主).

▸왕자-병 王子病 (병 병). 남자가 마치 자기가 왕자(王子)처럼 멋있거나 귀한 사람이라고 생각하는 병적(病的)인 태도.

왕정 王政 (임금 왕, 정치 정). ① [속뜻] 임금[王]이 다스리는 정치(政治). ② [정치] 군주정치(君主政治). ¶왕정을 폐지하고 공화정을 실시하다.

▸왕정-복고 王政復古 (되돌릴 복, 옛 고). [정치] 왕정(王政)이었던 예전으로[古] 되돌아감[復].

왕조[1] **王祖** (임금 왕, 조상 조). 임금[王]의 선조(先祖).

***왕조**[2] **王朝** (임금 왕, 조정 조). ① [속뜻] 임금[王]이 친히 다스리는 조정(朝廷). ②한 왕

가가 다스리는 시대. ¶조선 왕조 오백 년/왕조 실록. /세습 왕조. ㊥왕정(王廷).

▸왕조 시대 王朝時代 (때 시, 연대 대). 역사 임금이 나라를 다스리던[王朝] 시대(時代). ¶왕조 시대의 유물.

왕족 王族 (임금 왕, 겨레 족). 임금[王]의 일가[族]. ¶그녀는 스코틀랜드 왕족과 결혼한다.

왕좌 王座 (임금 왕, 자리 좌). ① 속뜻 임금[王]이 앉는 자리[座]. 또는 임금의 지위. ② 으뜸가는 자리를 비유하여 이르는 말. ¶그는 테니스계의 왕자를 차지했다. ㊥옥좌(玉座), 왕위(王位).

왕지 王旨 (임금 왕, 뜻 지). ① 속뜻 임금[王]의 뜻[旨]. ② 역사 조선 초기에, 임금이 사품 이상의 문무관 벼슬아치에게 주던 사령(辭令). 세종 7년(1425)에 교지(教旨)로 고쳤다.

왕:진 往診 (갈 왕, 살펴볼 진). 의사가 병원 밖의 환자가 있는 곳으로 가서[往] 진찰(診察)함. ¶선생님은 지금 왕진하러 가셨습니다.

왕-천하 王天下 (임금 왕, 하늘 천, 아래 하). 왕(王)이 되어 천하(天下)를 다스림. 또는 그 천하. ¶왕천하를 누리다.

왕-태자 王太子 (임금 왕, 클 태, 아들 자). 왕위(王位)를 이을 왕의 아들[太子]. 황태자(皇太子).

왕토 王土 (임금 왕, 흙 토). 임금[王]에게 소속된 영토(領土).

▸왕토 사:상 王土思想 (생각 사, 생각 상). 왕(王)이 나라의 모든 땅[土]의 주인이라는 사상(思想).

왕통 王統 (임금 왕, 계통 통). 왕(王)위를 계승하는 바른 계통(繼統). ¶왕통을 잇다.

왕화 王化 (임금 왕, 될 화). 임금[王]의 덕행으로 감화(感化)하게 함. 또는 그런 감화. ¶왕화가 미치다 / 왕화를 입다.

왕후[1] 王后 (임금 왕, 왕비 후). 임금[王]의 아내[后]. ㊥왕비(王妃).

왕후[2] 王侯 (임금 왕, 제후 후). 제왕(帝王)과 제후(諸侯).

▸왕후장상 王侯將相 (장수 장, 도울 상). 제왕(帝王)·제후(諸侯)·장수(將帥)·재상(宰相)을 아울러 이르는 말.

왜검 倭劍 (일본 왜, 칼 검). 일본[倭] 고유의 방법으로 만들어진 칼[劍].

왜경 倭警 (일본 왜, 지킬 경). 일제 강점기에 일본인[倭] 경찰(警察)을 이르던 말. ¶왜경의 끄나풀.

왜곡 歪曲 (비뚤 왜, 굽을 곡). ① 속뜻 비뚤고[歪] 굽음[曲]. ② 사실과 다르게 해석하거나 그릇되게 함. ¶역사를 왜곡하다.

왜관 倭館 (작을 왜, 집 관). 역사 조선 시대에 입국한 일본 왜인(倭人)들이 머물면서 외교적인 업무나 무역을 행하던 관사(館舍). 지금의 부산에 있었다.

▸왜관 무:역 倭館貿易 (바꿀 무, 바꿀 역). 역사 조선 때, 일본의 왜관(倭館)을 중심으로 이루어지던 무역(貿易).

***왜구[1] 倭寇** (일본 왜, 도둑 구). 역사 일본[倭]의 도둑떼[寇]. 중국과 우리나라 연안에서 약탈을 일삼았다. ¶최영 장군은 홍산에서 왜구를 격퇴했다. ㊥일구(日寇).

왜구[2] 矮軀 (작을 왜, 몸 구). 키가 작은[矮] 체구(體軀). ¶그는 왜구이지만 힘은 장사이다.

왜국 倭國 (작을 왜, 나라 국). ① 속뜻 왜인(倭人)들의 나라[國]. ② 예전에 '일본'(日本)을 이르던 말. ¶왜국 공사관.

***왜군 倭軍** (일본 왜, 군사 군). 왜인(倭人)들의 군대(軍隊)를 이르던 말.

왜녀 倭女 (일본 왜, 여자 녀). 일본인[倭] 여자(女子)를 이르던 말. ¶기모노를 걸친 왜녀.

⁑왜란 倭亂 (일본 왜, 어지러울 란). ① 속뜻 왜인(倭人)들이 일으킨 난리(亂離). ¶왜란과 호란(胡亂). ② 역사 임진왜란(壬辰倭亂).

왜림 矮林 (작을 왜, 수풀 림). 키가 작은[矮] 나무들로 이루어진 숲[林].

왜마 矮馬 (작을 왜, 말 마). 몸집이 작은[矮] 종자의 말[馬]. 조랑말.

왜병 倭兵 (일본 왜, 군사 병). 일본인[倭] 병사(兵士)를 이르던 말. ¶왜병의 횡포가 극에 달했다.

왜색 倭色 (일본 왜, 빛 색). 일본[倭]의 문화나 생활양식을 띠고 있는 색조(色調). ¶왜색 문화 / 왜색 일소 / 왜색이 짙은 옷차림.

왜선 倭船 (작을 왜, 배 선). ① 속뜻 왜인(倭

人)들의 배[船]. ② 예전에, 일본 왜인들이 만든 배를 이르던 말. ¶왜선들이 나타났다.

왜성[1] **矮性** (작을 왜, 성질 성). 생물의 크기가 그 종의 표준 크기에 비하여 작게[矮] 자라는 특성(特性). 또는 그런 특성을 가진 품종. ¶왜성 사과.

왜성[2] **矮星** (작을 왜, 별 성). 천문 반지름이 작고[矮] 광도가 낮은 항성(恒星).

왜소 矮小 (작을 왜, 작을 소). 작고[矮=小] 초라하다. ¶그는 체격이 왜소하다. ㉤거대(巨大)하다.

왜식[1] **倭式** (일본 왜, 법 식). 일본[倭] 풍[式]을 이르던 말. ¶왜식 국수.

왜식[2] **倭食** (일본 왜, 밥 식). 일본[倭] 음식(飮食)을 이르던 말. ¶왜식 식당.

왜양-일체론 倭洋一體論 (일본 왜, 서양 양, 하나 일, 몸 체, 논할 론). 역사 일본[倭]과 서양(西洋)은 똑같으므로[一體] 서양은 물론 일본에게도 문호를 개방해서는 안 된다는 주장[論].

왜옥 矮屋 (작을 왜, 집 옥). 낮고 조그마한[矮] 집[屋].

왜왕 倭王 (작을 왜, 임금 왕). ① 속뜻 왜인(倭人)들의 왕(王). ② 예전에, 일본의 왕을 이르던 말.

왜인[1] **倭人** (일본 왜, 사람 인). 일본[倭] 사람[人]을 이르던 말.

왜인[2] **矮人** (작을 왜, 사람 인). 기형적으로 키가 작은[矮] 사람[人].

왜장 倭將 (일본 왜, 장수 장). 일본[倭] 장수(將帥)를 이르던 말.

***왜적 倭賊** (일본 왜, 도둑 적). 일본[倭]에서 온 도둑놈[賊]. ¶고려 말 남해안 일대에는 왜적들의 노략질이 끊이지 않았다.

왜적 倭敵 (일본 왜, 원수 적). 적(敵)으로서의 일본[倭]이나 일본인. ¶왜적을 막다.

왜정 倭政 (일본 왜, 정치 정). 일본[倭]이 침략하여 강점하고 다스리던 정치(政治). ¶왜정 치하(治下). ㉥왜치(倭治), 일정(日政).

▶왜정 시대 倭政時代 (때 시, 연대 대). 일본[倭]이 다스리던[政] 때[時代].

왜축 矮縮 (작을 왜, 줄일 축). 물건 따위가 작게[矮] 줄어듦[縮].

왜풍 倭風 (일본 왜, 풍속 풍). ① 속뜻 일본[倭]의 풍속(風俗)을 이르던 말. ¶왜풍을 금하다. ② 방향이 없이 이리저리 마구 부는 바람. 왜바람. ¶왜풍이 불다.

왜형 歪形 (비뚤 왜, 모양 형). 비뚤어진[歪] 모양[形].

외:가 外家 (밖 외, 집 가). 어머니[外]의 친정 집[家]. ¶그는 외가 쪽을 많이 닮았다. ㉤친가(親家).

외:각[1] **外角** (밖 외, 모서리 각). ① 수학 다각형에서 한 변과 그것에 이웃한 바깥[外] 변의 연장선(延長線)이 이루는 각(角). ② 수학 두 개의 직선이 한 직선과 각각 다른 점에서 만나서 생기는 두 선의 바깥쪽 각. ③ 운동 야구에서 타자의 위치에서 보아 홈베이스 중앙부의 바깥 부분. 아웃코너.

외:각[2] **外殼** (밖 외, 껍질 각). 겉[外] 껍데기[殼].

외:간[1] **外艱** (밖 외, 어려울 간). ① 속뜻 바깥[外] 어른의 죽음으로 겪게 되는 어려움[艱]. ② 아버지나 할아버지의 상사. ¶외간의 슬픔 / 외간을 당하다. ㉤내간(內艱).

외:간[2] **外間** (밖 외, 사이 간). ① 속뜻 자기 집 밖[外]의 다른 곳[間]. ¶외간에 파다하게 퍼진 소문. ② 친척이 아닌 남. ¶외간 사람.

▶외:간남자 外間男子 (사내 남, 접미사 자). 여자의 처지에서 '동기나 친척이 아닌[外間] 남자(男子)'를 이르는 말.

외:감 外感 (밖 외, 느낄 감). ① 심리 외계(外界)의 자극으로 말미암아 일어나는 감각(感覺). 시각, 청각, 미각, 촉각 따위가 있다. 외부 감각. ② 한의 고르지 못한 기후 때문에 생기는 감기 따위의 병을 통틀어 이르는 말.

외:강내유 外剛內柔 (밖 외, 굳셀 강, 안 내, 부드러울 유). 겉[外]으로 보기에는 강하게[剛] 보이나 속[內]은 부드러움[柔]. 내유외강(內柔外剛).

외:객 外客 (밖 외, 손 객). ① 속뜻 바깥[外] 손님[客]. ¶외객이 있으니 잠시만 기다려 주십시오. ② 외국(外國)에서 온 손님. ¶외객을 맞으러 공항에 나가다.

외:거 노비 外居奴婢 (밖 외, 살 거, 종 노, 여자종 비). 역사 주인 집 밖[外]에 살면서[居] 자기의 재산을 소유할 수 있었던 노비(奴婢).

외ː견 外見 (밖 외, 볼 견). 겉으로[外] 드러난[見] 모양. 외관(外觀).

외ː경 畏敬 (두려워할 외, 공경할 경). 두려워하면서[畏] 공경(恭敬)함. ¶그는 외경의 인물로 평가되어 왔다. ⑪경외(敬畏).

▸외경-심 畏敬心 (마음 심). 두려워하면서[畏] 공경(恭敬)하는 마음[心].

외ː-경동맥 外頸動脈 (밖 외, 목 경, 움직일 동, 줄기 맥). ① 속뜻 목[頸]의 바깥쪽[外]에 있는 동맥(動脈). ② 의학 안면과 두개부(頭蓋部)에 분포되어 있는 총경동맥의 한 갈래.

외ː-경정맥 外頸靜脈 (밖 외, 목 경, 고요할 정, 줄기 맥). ① 속뜻 목[頸]의 바깥쪽[外]에 있는 정맥(靜脈). ② 의학 뒷머리나 귀 뒤의 외피(外皮)에 퍼져 있는 정맥.

외ː-경험 外經驗 (밖 외, 지날 경, 겪을 험). 객관적(客觀的)인 바깥[外] 세계(世界)에서 얻는 경험(經驗).

외ː계 外界 (밖 외, 지경 계). ① 속뜻 바깥[外] 세계(世界). 또는 자기 몸 밖의 범위. ¶외계와의 단절. ② 지구 밖의 세계. ¶외계에서 온 사람. ③ 불교 육계(六界) 가운데 식(識)을 제외한 오계(五界)를 이르는 말. 지(地), 수(水), 화(火), 풍(風), 공(空)이며 이에 대하여 식대(識大)는 내계(內界)라 한다. ④ 철학 인간의 마음이나 자아에 독립하여 존재하는 일체의 실재를 통틀어 이르는 말. ⑫내계(內界).

▸외ː계-인 外界人 (사람 인). 지구 이외(以外)의 세계(世界)에 존재한다고 상상되는 사람[人]과 비슷한 존재. ⑪우주인(宇宙人).

외ː-골격 外骨格 (밖 외, 뼈 골, 격식 격). 동물 동물체의 겉면[外]에 있는 몸을 보호하기 위해 딱딱해진 골격(骨格). 연체동물의 껍데기, 절지동물의 키틴질의 표층 따위와 뱀이나 물고기의 피부 비늘 따위가 있다. 피부 골격(皮膚骨格).

외ː과 外科 (밖 외, 분과 과). 의학 수술 등의 방법으로 몸 외부(外部)에서 치료하는 의학 분과(分科). 또는 그 부서. ¶외과 치료를 받다.

▸외ː과-의 外科醫 (치료할 의). 의학 외과(外科)의 치료와 수술을 전문으로 하는 의사(醫師).

외ː-과피 外果皮 (밖 외, 열매 과, 껍질 피). 식물 과피(果皮)에서, 가장 바깥[外] 쪽에서 씨를 싸고 있는 층(層). ㊂중과피(中果皮), 내과피(內果皮).

외ː곽 外郭 (=外廓, 밖 외, 외성 곽). ① 속뜻 성 밖[外]에 다시 둘러쌓은 외성[郭]. ② 바깥 테두리. ¶외곽 도로.

▸외ː곽 단체 外廓團體 (모일 단, 몸 체). ① 속뜻 바깥 주변[外廓]에 있는 단체(團體). ② 사회 공공 단체나 정당 따위에서 형식적으로 독립한 조직이면서도 인사와 재정 면에서 특별한 관계를 가지며 그 단체 기능의 일부를 전문적으로 떠맡아 활동하는 두 사람 이상의 모임. 철도청의 홍익회나 보건복지부의 결핵 예방 협회 따위. 윤곽 단체.

외ː관[1] 外官 (밖 외, 벼슬 관). 역사 ① 지방[外]의 관직이나 관원(官員)을 이르던 말. ② 백제 때에, 궁실 밖의 일을 맡아보던 중앙의 관아. 사군부(司軍部), 사도부(司徒部), 사공부(司空部), 사구부(司寇部), 점구부(點口部), 외사부(外舍部), 객부(客部), 주부(綢部), 일관부(日官部), 도시부(都市部)의 10부가 있었다.

외ː관[2] 外觀 (밖 외, 볼 관). 겉[外]으로 보이는[觀] 모양. ¶에펠탑은 외관이 흉물스럽다고 천대를 받았다. ⑪겉모습, 외견(外見).

외ː-광선 外光線 (밖 외, 빛 광, 줄 선). 건물 밖[外]의 태양 빛[光]의 줄기[線].

외ː광-파 外光派 (밖 외, 빛 광, 갈래 파). 미술 ① 자연 광선에 의한 회화적 효과를 표현하기 위해 야외(野外)의 태양빛[光] 아래서 그리는 화파(畵派)를 통틀어 이르는 말. 바르비종파, 인상파 따위. ② 대상의 고유한 빛을 부인하고 빛살을 물리적으로 해석하여 원색에 가까운 빛으로 그림을 그리는 파. 인상파(印象派).

외ː교 外交 (밖 외, 사귈 교). 정치 다른 나라[外國]와 정치적, 경제적, 문화적 관계를 맺는[交] 일. ¶정상 외교. ⑪외치(外治).

▸외ː교-가 外交家 (사람 가). ① 속뜻 외교(外交)를 전문으로 하는 사람[家]. ¶프랑스는 버킹엄 궁에 당대 최고의 외교가를 보냈다. ② 사교, 교섭 따위에 능란한 사람.

▸외ː교-관 外交官 (벼슬 관). 법률 외국에

주재하며 자기 나라를 대표하여 외교 사무에 종사하는[外交] 관직(官職). 또는 그 관직에 종사하는 사람. 대사(大使), 공사(公使), 총영사, 부영사, 영사 및 그에 딸린 참사관, 서기관을 통틀어 이른다.

▸외ː교-권 外交權 (권리 권). [법률] 국제법에서 주권 국가로서 외국과 외교(外交)를 할 수 있는 권리(權利). ¶일제는 을사조약으로 대한제국의 외교권을 빼앗았다.

▸외ː교-단 外交團 (모일 단). [정치] 한 나라에 주재하는 여러 나라의 외교 사절(外交使節)을 통틀어[團] 이르는 말.

▸외ː교-사 外交史 (역사 사). [역사] 한 나라 또는 한 시대의 외교(外交)에 관한 역사(歷史). 또는 국제 관계의 발전 과정을 연구하는 역사.

▸외ː교-술 外交術 (꾀 술). ① [속뜻] 외국과 교제하거나 교섭하는[外交] 수단[術]. ¶그는 탁월한 외교술을 발휘하여 협상을 유리하게 이끌었다. ②남과 교제하거나 교섭하는 수단.

▸외ː교-적 外交的 (것 적). ① [속뜻] 외교(外交)에 관한 것[的]. 외교와 관계되는 것. ¶양국 간에 외교적 접촉을 시도하다. ②외교와 같은 것. ¶외교적 수법.

▸외ː교 기관 外交機關 (틀 기, 빗장 관). [법률] 국가의 외교 임무(外交任務)를 맡은 기관(機關).

▸외ː교 문서 外交文書 (글월 문, 글 서). [법률] 외교 교섭(外交交涉)와 관련하여 작성되는 모든 공문서(公文書). 특히 조약, 선언, 통첩 따위의 법률적인 효력을 지니는 문서를 말한다.

▸외ː교 사ː절 外交使節 (부릴 사, 마디 절). [법률] 국가 간의 외교 교섭(外交交涉)을 위해 외국에 파견되는 국가의 대표자 또는 대표 기관[使節].

▸외ː교 정책 外交政策 (정치 정, 꾀 책). [정치] 자국의 정치적 목적이나 이익을 위해 다른 나라에 대하여 취하는[外交] 정치적(政治的) 목적을 실현하기 위한 방책(方策).

▸외ː교 특권 外交特權 (특별할 특, 권리 권). [법률] 외교 사절(外交使節)이 그 주재국에서 누리는 국제법상의 특별(特別)한 권리(權利).

▸외ː교학-과 外交學科 (배울 학, 분과 과). 대학에서 외교(外交)에 관한 학문을 연구하는 학과(學科).

▸외교 통상부 外交通商部 (다닐 통, 장사 상, 나눌 부). [법률] 외교(外交)·통상(通商)·경제 협력 따위에 관한 일을 맡아 보는 정부 부서(部署).

외ː구[1] **外寇** (밖 외, 도둑 구). 외국(外國)으로부터 쳐들어 온 도둑[寇] 같은 적군. 외적(外敵).

외ː구[2] **畏懼** (두려워할 외, 두려워할 구). 무서워하고 두려워함[畏=懼].

***외ː국 外國** (밖 외, 나라 국). 자기 나라가 아닌 다른[外] 나라[國]. ¶그는 외국에서 학교를 다녔다. [비]이국(異國), 타국(他國). [반]고국(故國), 모국(母國).

▸외ː국-미 外國米 (쌀 미). 외국(外國)에서 들여온 쌀[米]. 외래미(外來米). [준]외미.

▸외ː국-법 外國法 (법 법). [법률] ①외국(外國)의 주권에 의거하여 제정된 법규(法規). ②국제 사법(國際私法) 관계에서 준거법으로서의 외국 법률.

▸외ː국-산 外國産 (낳을 산). 다른 나라[外國]에서 생산(生産)함. 또는 그런 물건. ¶외국산 자동차를 수입하다. [반]국산(國産).

▸외ː국-선 外國船 (배 선). 외국(外國) 국적의 선박(船泊). [준]외선.

▸외ː국-어 外國語 (말씀 어). 다른 나라[外國]의 말[語]. ¶그는 어릴 적부터 외국어를 배웠다. [반]모국어(母國語).

▸외ː국-인 外國人 (사람 인). 다른 나라[外國] 사람[人]. ¶한국을 찾는 외국인 관광객이 크게 늘었다. [반]내국인(內國人), 자국인(自國人).

▸외ː국-제 外國製 (만들 제). 외국(外國)에서 만든[製] 물건. [준]외제.

▸외ː국-채 外國債 (빚 채). [경제] 외국(外國)의 자본 시장에서 모집하는 자기 나라의 공채(公債)와 사채(私債).

▸외ː국-환 外國換 (바꿀 환). [경제] ①환(換)의 한 가지. 국제간의[外國] 채권(債券)이나 채무(債務)를 환어음의 교환으로 결제(決濟)하는 방법. 국제환(國際換). ②외국환 어음.

▸외ː국 공채 外國公債 (여럿 공, 빚 채). [경제] 정부나 공공 단체가 외국(外國)의 자본 시장에서 발행하는 공채(公債).

▸외:국 무:역 外國貿易 (바꿀 무, 바꿀 역). 경제 외국(外國)을 상대로 상품을 사고파는 일[貿易]. 국제 무역(國際貿易). 대외 무역(對外貿易). 세계 무역(世界貿易). 해외 무역(海外貿易).

▸외:국 법인 外國法人 (법 법, 사람 인). 법률 소재지가 외국(外國)이거나 또는 외국법에 따라 설립된 법인(法人).

▸외:국 사:절 外國使節 (부릴 사, 마디 절). 법률 우리나라에 주재하는 외국(外國)의 대사, 공사 및 임시 외교 사절(使節)의 총칭.

▸외:국 자:본 外國資本 (재물 자, 밑 본). 경제 외국(外國)이나 외국인이 투자한 자본(資本). 주식, 사채, 채권, 대부금 따위의 형태가 있다.

▸외:국 항:로 外國航路 (배 항, 길 로). 국내에서 외국(外國)으로 가는 뱃[航] 길[路].

외:군 外軍 (밖 외, 군사 군). 다른 나라[外國]의 군대(軍隊).

외:근 外勤 (밖 외, 일할 근). 자신의 근무지 밖[外]에서 일하는[勤] 것. ⓑ외근(外勤). ¶외근 기자. ⓑ외무(外務). ⓑ내근(內勤).

외:기 外氣 (밖 외, 공기 기). 바깥[外]의 공기(空氣). ¶외기를 쐬다 / 외기가 제법 서늘하다.

▸외:기-권 外氣圈 (범위 권). 지리 대기(大氣)의 제일 바깥[外]층으로 지표에서 약 500km 이상의 영역[圈]. 대기 구성은 질량이 작은 수소, 헬륨이나 전기 전도율이 높은 플라스마로 되어 있다. 일출권(逸出圈).

외:난 外難 (밖 외, 어려울 난). 밖[外]으로부터 닥치는 어려움[難].

외:당 外堂 (밖 외, 집 당). 집의 안채와 떨어져 있는 바깥[外] 주인이 거처하며 손님을 접대하는 곳[堂]. 사랑(舍廊).

외:-당숙 外堂叔 (밖 외, 집 당, 아저씨 숙). 어머니의[外] 사촌 오빠나 사촌 남동생[堂叔].

외:-당숙모 外堂叔母 (밖 외, 집 당, 아저씨 숙, 어머니 모). 외당숙(外堂叔)의 아내[母].

외:대 外待 (밖 외, 기다릴 대). 정성을 들이지 않고 아무렇게나 하는[外] 대접(待接).

외:도 外道 (밖 외, 길 도). ① 속뜻 바른 길에서 벗어난[外] 길이나 노릇[道]. ② 오입(誤入). ¶남편의 외도. ③ 본업을 떠나 다른 일에 손을 댐.

외:등 外燈 (밖 외, 등불 등). 집 밖[外]에 켜놓은 등(燈). 옥외등. ¶골목엔 우리 집 외등과 보안등이 하나 켜져 있었다.

외:람 猥濫 (함부로 외, 넘칠 람). 말이나 행동을 함부로[猥]하여 분수에 넘침[濫]. ¶외람되게 한 말씀 드립니다.

외:랑 外廊 (밖 외, 곁채 랑). 집채의 바깥[外]쪽에 달린 복도[廊].

외:래 外來 (밖 외, 올 래). ① 속뜻 밖[外]에서 들여옴[來]. 또는 다른 나라에서 옴. ¶외래 문물. ② 환자가 입원하지 않고 병원에 다니면서 치료를 받음. 또는 그 환자. ¶외래 진찰권.

▸외:래-어 外來語 (말씀 어). 언어 외국에서 들어온[外來] 말[語]로 국어처럼 쓰이는 단어. ¶'버스', '텔레비전'은 외래어다.

▸외:래-종 外來種 (갈래 종). 다른 나라에서 들어온[外來] 품종(品種). ¶외래종 때문에 토착 동물이 서식지를 잃었다.

▸외:래-품 外來品 (물건 품). 다른 나라에서 들어온[外來] 물품(物品). ¶농산물에도 외래품이 많다.

▸외:래-문화 外來文化 (글월 문, 될 화). 고유한 문화가 아닌 다른 나라에서 들어온[外來] 문화(文化).

▸외:래 사:상 外來思想 (생각 사, 생각 상). 외국에서 전하여 온[外來] 사상(思想).

▸외:래 환:자 外來患者 (병 환, 사람 자). 의학 입원 환자 외에 초진이나 통원 치료를 하러 오는[外來] 환자(患者).

외:력 外力 (밖 외, 힘 력). ① 속뜻 외부(外部)에서 작용하는 힘[力]. ② 지리 '외적 영력'의 준말.

외:륜 外輪 (밖 외, 바퀴 륜). ① 속뜻 바깥[外]쪽의 바퀴[輪]. ② 바퀴의 바깥쪽에 단 쇠나 강철제의 둥근 테. ③ 원형을 이룬 바깥 둘레.

▸외:륜-산 外輪山 (메 산). 울릉도의 성인봉처럼 복식 화산에서 중앙의 분화구를 둥글게 둘러싸고 있는[外輪] 산(山).

▸외:륜-선 外輪船 (배 선). 가운데의 양 뱃전에 외차를 붙인[外輪] 기선(汽船). 외차

선(外車船).

외:면 外面 (밖 외, 쪽 면). ① 속뜻 바깥[外] 면(面). ② 말이나 하는 짓이 겉에 드러나는 모양. ¶사람은 외면만 보고 판단해서는 안 된다. ③ 마주치기를 꺼리어 피하거나 얼굴을 돌림. ¶승재는 친구들에게 외면을 당했다. ④ 어떤 사상이나 이론, 현실, 사실, 진리 따위를 인정하지 않고 도외시함. ¶진실을 외면하다.

▸외:면 묘:사 外面描寫 (그릴 묘, 베낄 사). 문학 행동이나 몸가짐과 같은 겉으로 드러난 상태[外面]를 그려냄[描寫]으로써 성격이나 심리를 나타내려고 하는 인물 묘사의 한 방법. 근대 리얼리즘 소설에 나타난 기법이다.

외:-면적 外面積 (밖 외, 쪽 면, 쌓을 적). 물건의 겉[外] 넓이[面積].

외:모 外貌 (밖 외, 모양 모). 겉[外]으로 드러나 보이는 모양[貌]. ¶외모가 번듯한 기와집들 / 사람을 외모로 판단해서는 안 된다. ⓑ겉모습.

외:무 外務 (밖 외, 일 무). ① 속뜻 외교(外交)에 관한 사무(事務). ¶외무 당국은 이번 사태에 큰 우려를 표명했다. ② 집 밖에서 보는 사무. ③ 외근(外勤).

▸외:무-부 外務部 (나눌 부). 법률 외교 정책, 통상·경제 협력, 조약, 기타 국제 협정 따위에 관한 사무를[外務] 맡아보던 중앙 행정 기관[部].

외:문[1] 外門 (밖 외, 문 문). 바깥[外]으로 난 문(門).

외:문[2] 外問 (밖 외, 물을 문). 초상집에 가서 안에 들어가지 않고 문밖[外]에서 상주(喪主)를 위문(慰問)함. 또는 그런 일.

외:문[3] 外聞 (밖 외, 들을 문). 바깥[外]에서 들려오는 소문(所聞).

외:물 外物 (밖 외, 만물 물). ① 속뜻 바깥[外] 세계의 사물(事物). ② 자기 것이 아닌 남의 물건. ③ 철학 마음에 접촉되는 객관적 세계의 모든 대상.

외:미 外米 (밖 외, 쌀 미). 외국(外國)에서 들여온 쌀[米].

외:박 外泊 (밖 외, 묵을 박). 집이나 일정한 숙소에서 자지 않고 밖[外]에 나가서 잠[泊]. ¶그는 며칠 동안 부모님께 말씀드리지 않고 외박했다.

외:방[1] 外方 (밖 외, 모 방). ① 속뜻 서울 이외(以外)의 지방(地方). ② 외지(外地). ¶외방 장사를 나가다. ③ 바깥쪽.

외:방[2] 外邦 (밖 외, 나라 방). 자기 나라가 아닌 다른[外] 나라[邦]. 외국(外國).

외:방[3] 外房 (밖 외, 방 방). ① 속뜻 바깥[外] 쪽에 있는 방(房). ② 첩(妾)의 방.

외:-배엽 外胚葉 (밖 외, 아이 밸 배, 잎 엽). 생물 다세포 동물의 발생 초기의 배엽 가운데 가장 바깥[外] 쪽의 배엽(胚葉). 표피, 신경 조직, 감각 조직 등이 형성된다. ⓒ내배엽(內胚葉), 중배엽(中胚葉).

외:-배유 外胚乳 (밖 외, 아이 밸 배, 젖 유). 식물 배낭의 바깥에[外] 있으면서, 배(胚)가 자랄 때 영양[乳]을 저장하고 있는 조직. 소나무나 수련 따위의 씨에서 볼 수 있다. ⓑ외배젖. ◻내배유(內胚乳).

외:벌-적 外罰的 (밖 외, 벌할 벌, 것 적). 자기 뜻대로 되지 않는 일이 생겼을 때 그 책임질 일[罰]을 밖[外]으로 돌리는 것[的].

외:벽 外壁 (밖 외, 담 벽). 건물 바깥[外] 쪽을 둘러싸고 있는 벽(壁). ¶건물 외벽에 칠을 새로 했다.

외:변 外邊 (밖 외, 가 변). 바깥[外] 둘레[邊].

외:봉 外封 (밖 외, 봉할 봉). 봉투(封套)의 겉[外]면.

▸외:봉-선 外封線 (줄 선). ① 속뜻 겉[外] 봉투(封套)의 줄[線]. ② 식물 속씨식물에서 수술로 변한 잎의 으뜸이 되는 줄기.

*__외:부 外部__ (밖 외, 나눌 부). ① 속뜻 바깥[外] 부분(部分). ¶건물의 외부에 분홍색 페인트칠을 했다. ② 조직이나 단체의 밖. ¶비밀이 외부로 새어나갔다. ⓑ내부(內部).

▸외:부-인 外部人 (사람 인). 같은 조직이나 단체에 속해 있지 않는[外部] 사람[人]. ¶외부인은 출입을 금합니다.

▸외:부 감:각 外部感覺 (느낄 감, 깨달을 각). 심리 외부(外部)의 자극으로 말미암아 일어나는 감각(感覺). 시각, 청각, 미각, 촉각 따위가 있다. ⓒ외감각.

▸외:부 기생 外部寄生 (맡길 기, 살 생). 생물 어떤 생물이 주로 다른 생물의 몸 겉

[外部]에 붙어서 양분을 얻어 생활하는[寄生] 일.

▸외:부 영력 外部營力 (지을 영, 힘 력). 지리 지구 외부(外部)의 작용으로 지각을 변동시키는[營] 힘[營力]. 바람, 파도, 하류(河流), 빙하, 지하수 따위. 반 내부(內部) 영력.

▸외:부 저항 外部抵抗 (맞설 저, 막을 항). 물리 기기의 외부(外部)에 있는 전류에 대한 저항(抵抗). 준 외저항. 반 내부(內部) 저항.

외:부내빈 外富內貧 (밖 외, 넉넉할 부, 안 내, 가난할 빈). 겉[外]으로는 부유(富裕)한 것같이 보이나 실상[內]은 구차하고 가난함[貧].

외:분 外分 (밖 외, 나눌 분). ① 속뜻 자기 것 이외(以外)의 몫[分]. ② 수학 한 선분을 나누는 점이 선분 안에 있지 않고 선분의 연장 위에 있는 일.

▸외:분-비 外分比 (견줄 비). 수학 한 선분을 외분(外分)하는 비율(比率). 점 P가 선분 AB의 연장선 위에 있을 때, 점 P의 선분 AB에 대한 외분비는 m:n이다.

▸외:분-점 外分點 (점 점). 수학 한 선분을 외분(外分)하는 점(點).

외:-분비 外分泌 (밖 외, 나눌 분, 스며나올 비). ① 속뜻 밖[外]으로 나뉘어[分] 흐름[泌]. ② 의학 분비물이 도관을 통하여 체표나 소화관 속으로 배출되는 현상. 땀, 젖, 소화액의 분비 외에 누에의 고치, 조개류의 껍데기 형성 따위에서 볼 수 있는 특수한 분비도 있다.

▸외:분비-선 外分泌腺 (샘 선). 의학 관을 통하여 표피의 표면[外]으로 분비물(分泌物)을 운반하는 샘[腺]. 외분비샘.

외:비 外備 (밖 외, 갖출 비). 외적(外敵)의 침입에 대한 군사적인 방비(防備).

외:빈 外賓 (밖 외, 손님 빈). ① 속뜻 외부(外部)나 외국에서 온 손님[賓]. ¶외빈 접대. ② 예전에 나라에서 벌이는 잔치에 참석하는 조정의 신하들을 이르던 말.

외:빈내부 外貧內富 (밖 외, 가난할 빈, 안 내, 넉넉할 부). 겉[外]으로는 구차하고 가난한[貧] 것같이 보이나 실상[內]은 부유(富裕)함.

외:사[1] 外史 (밖 외, 역사 사). ① 속뜻 외국(外國)의 역사(歷史). ② 사관이 아닌 사람이 기록한 사료(史料). ③ 역사 중국 주나라 때의 관직. 외국과 관계되는 왕명이나 문서를 맡아보았다.

외:사[2] 外使 (밖 외, 부릴 사). ① 속뜻 외국(外國)에서 보내온 사신이나 사절(使節). ② 역사 지방의 군마(軍馬)를 거느리던 무관.

외:사[3] 外事 (밖 외, 일 사). ① 속뜻 밖[外]의 일[事]. ② 외국 또는 외국인과 관계되는 일. ¶외사 범죄.

외:-사면 外斜面 (밖 외, 비낄 사, 쪽 면). 바깥쪽[外]의 기울어진[斜] 면(面). 또는 사면의 바깥쪽.

외:-사촌 外四寸 (밖 외, 넉 사, 관계 촌). 외가(外家) 쪽 촌수로 따졌을 때, 사촌(四寸) 관계에 있는 사람. 즉 외삼촌의 자녀를 가리킨다. ¶외사촌 누이는 안동으로 출가했다.

외:-삼촌 外三寸 (밖 외, 석 삼, 관계 촌). 외가(外家) 쪽 촌수로 따졌을 때, 삼촌(三寸) 관계에 있는 사람. 즉 어머니의 남자 형제를 가리킨다. ¶아버지를 대신해 외삼촌이 우리를 키우셨다.

외:산 外山 (밖 외, 메 산). 바깥쪽[外]에 멀리 있는 산(山).

외:-삼촌 外三寸 (밖 외, 석 삼, 관계 촌). 외가(外家) 쪽 촌수로 따졌을 때, 삼촌(三寸) 관계에 있는 사람. 즉 어머니의 남자 형제를 가리킨다.

외:상[1] 外相 (밖 외, 도울 상). ① 법률 일부 나라에서, 외무성(外務省)의 우두머리인 재상(宰相)을 이르는 말. ② 불교 선악이나 미추 따위의 겉모양. 또는 밖으로 나타나는 말이나 동작.

***외:상[2] 外傷** (밖 외, 다칠 상). 의학 몸의 겉[外]에 생긴 상처(傷處)를 통틀어 이르는 말. ¶외상보다 눈에 보이지 않는 내상(內傷)이 더 위험할 수 있다.

외:-생식기 外生殖器 (밖 외, 날 생, 불릴 식, 그릇 기). 의학 신체의 외부(外部)에 있는 생식기(生殖器). 비 외음부(外陰部).

외:서 外書 (밖 외, 책 서). ① 속뜻 외국(外國)에서 들여온 도서(圖書). ② 역사 태봉(泰封)의 광평성(廣評省)에 딸린 벼슬. 고려(高

麗) 때의 원외랑(員外郎)과 같다. ③유교의 경서와 사기 이외의 책.

외:선 外線 (밖 외, 줄 선). ① 속뜻 바깥쪽[外]에 있는 선(線). ②건물 밖에 가설한 전선. ③관청이나 회사 따위에서 외부로 통하는 전화.

외:설 猥褻 (함부로 외, 속옷 설). ① 속뜻 속옷[褻]을 함부로[猥] 벗음. ②성욕을 함부로 자극하여 난잡함. ¶예술이냐 외설이냐. ③남녀 간의 난잡하고 문란한 성행위.

▶외:설-물 猥褻物 (만물 물). 사람의 성욕을 자극하는 난잡한[猥褻] 글이나 그림, 조각, 모형 및 기구 따위의 물건(物件)을 통틀어 이르는 말.

▶외:설-죄 猥褻罪 (허물 죄). 법률 남의 성생활의 자유를 강제로 침해하거나 공공연히 여러 사람이 보는 앞에서 외설(猥褻) 행위를 하는 범죄(犯罪). 또는 외설적인 글이나 그림, 기타 물건을 제조·반포·판매·진열하여 성도덕을 문란하게 함으로써 성립하는 범죄.

외:성 外城 (밖 외, 성곽 성). 성 밖[外]에 겹으로 둘러쌓은 성(城). ¶적이 외성을 공격하는 사이 우리는 성을 빠져나가 적의 뒤를 쳤다. 반내성(內城).

외:세 外勢 (밖 외, 힘 세). ① 속뜻 외국(外國)의 힘[勢]. ¶외세의 침략에서 벗어나고자 농민들은 힘을 모았다. ②바깥의 형세. ¶외세를 살피다.

외:손 外孫 (밖 외, 손자 손). 집안의 성씨가 아닌 다른[外] 성씨의 자손(子孫). 즉, 딸이 낳은 외손자와 외손녀를 이른다. ¶장인, 장모가 딸 내외와 외손을 맞았다. 비사손(獅孫), 저손(杵孫).

▶외:손 봉:사 外孫奉祀 (받들 봉, 제사 사). 직계 비속이 없어 외손(外孫)이 대신 제사(祭祀)를 받듦[奉].

외:-손녀 外孫女 (밖 외, 손자 손, 딸 녀). 딸[外]이 낳은 여자 자손[孫女].

외:-손자 外孫子 (밖 외, 손자 손, 아들 자). 집안의 성씨가 아닌 다른[外] 성씨의 손자(孫子). 즉 딸이 낳은 아들을 이른다.

외:수[1] 外需 (밖 외, 쓰일 수). 외국(外國)에서의 수요(需要).

외:수[2] 外數 (밖 외, 셀 수). 남[外]을 속이는 짓이나 그런 술수(術數). 속임수.

외:숙[1] 外宿 (밖 외, 잠잘 숙). 자기 집이 아닌 다른 곳[外]에서 잠[宿].

외:숙[2] 外叔 (밖 외, 아저씨 숙). 외가(外家) 쪽의 숙부(叔父). 비외삼촌(外三寸).

외:-숙모 外叔母 (밖 외, 아저씨 숙, 어머니 모). 외가(外家) 쪽의 숙모(叔母).

외:-숙부 外叔父 (밖 외, 아저씨 숙, 아버지 부). 외가(外家) 쪽의 숙부(叔父). 비외삼촌(外三寸).

외:식[1] 外飾 (밖 외, 꾸밀 식). ① 속뜻 겉[外] 치레[飾]. ②바깥쪽을 장식함. 또는 그런 장식.

외:식[2] 外食 (밖 외, 먹을 식). 집에서 직접 해 먹지 않고 밖에서[外] 음식을 사 먹음[食]. 또는 그런 식사. ¶우리 가족은 일주일에 한 번 외식을 한다.

▶외:식-비 外食費 (쓸 비). 외식(外食)을 하는 데에 쓰이는[費] 돈. ¶이번 달에는 외식비가 늘었다.

▶외:식 산:업 外食産業 (낳을 산, 일 업). ① 속뜻 밖에서 음식을 사먹는[外食] 사람을 위한 서비스업[産業]을 통틀어 이르는 말. ②연쇄점을 거느린 큰 규모의 요식업. 공통된 식단을 마련하고 재료를 일괄 구입하는 것이 특징이다.

외:신[1] 外臣 (밖 외, 신하 신). 한 나라의 신하(臣下)가 다른[外] 나라의 임금을 상대하여 자기를 이를 때 쓰는 말. ¶외신을 위해 잔치를 베풀어주시니 그 은혜를 무엇으로 보답할지 모르나이다.

외:신[2] 畏愼 (두려워할 외, 삼갈 신). 두려워하여[畏] 삼감[愼].

외:신[3] 外信 (밖 외, 소식 신). 외국(外國)으로부터 온 소식[信]. ¶외신 기사. 비외전(外電).

▶외:신 기자 外信記者 (기록할 기, 사람 자). 외신(外信)이 보내온 기사를 다루는 사람[記者].

외:실 外室 (밖 외, 방 실). 한옥에서 주로 바깥[外] 주인이 거처하는 방[室]. 사랑(舍廊).

외:심 外心 (밖 외, 마음 심). ① 속뜻 주의를 기울이지 않고 다른[外] 것을 생각하는 마음[心]. ②처음에 마음먹은 것과 어긋나거

나 배반하는 마음. ③ 수학 삼각형이나 다각형에서 외접원(外接圓)의 중심(中心).

외:압 外壓 (밖 외, 누를 압). 외부(外部)로부터 가해지는 압력(壓力). ㊉내압(內壓).

외:야 外野 (밖 외, 들 야). ① 속뜻 바깥[外] 쪽에 있는 들[野]. ② 운동 야구에서, 본루·1루·2루·3루를 연결한 선 뒤쪽의 파울 라인 안의 지역. ③ 운동 외야수(外野手). ④ 외야석(外野席).

▸외:야-석 外野席 (자리 석). 운동 야구에서, 야구장의 외야(外野) 둘레의 펜스 뒤에 마련된 관람석(觀覽席).

▸외:야-수 外野手 (사람 수). 운동 야구에서, 외야(外野)를 지키는 선수(選手). 우익수(右翼手)·좌익수(左翼手)·중견수(中堅手)를 통틀어 이르는 말. ㊉내야수.

외:양 外樣 (밖 외, 모양 양). 겉[外] 모양(模樣). ¶저 개가 외양은 볼품없어도 집을 잘 지킨다. ㊐겉모양.

외:연 外延 (밖 외, 늘일 연). ① 속뜻 밖[外]으로 늘임[延]. ② 논리 일정한 개념이 적용되는 사물의 전 범위. 이를테면 금속이란 개념에 대해서는 금, 은, 구리, 쇠 따위이고 동물이라고 하는 개념에 대해서는 원숭이, 호랑이, 개, 고양이 따위.

▸외:연-량 外延量 (분량 량). 철학 칸트 철학의 용어로 동일한 종류의 두 가지 또는 그 이상의 양이 모여 전체를 이루었다고[外延] 생각되는 양(量). 도량형으로 잴 수 있는 양이다.

외:연 기관 外燃機關 (밖 외, 태울 연, 틀 기, 빗장 관). 기계 실린더 밖[外]에서 연료를 직접 연소(燃燒)시켜 동력을 얻는 기관(機關). 증기 기관, 전력을 생산하는 기관 따위.

외:염 外焰 (밖 외, 불꽃 염). 겉[外] 불꽃[焰].

외:-외가 外外家 (밖 외, 밖 외, 집 가). 어머니[外]의 외가(外家).

외:용[1] 外容 (밖 외, 얼굴 용). 겉[外] 모습[容]. ¶외용이 늠름하다.

외:용[2] 外用 (밖 외, 쓸 용). 약물을 먹거나 주사하지 않고 몸의 외부(外部)에 씀[用]. 또는 그런 것. ¶외용 연고.

▸외:용-약 外用藥 (약 약). 약학 체외(體外)에 직접 바르거나 주입하여 사용(使用)하는 약(藥). ㊉내복약(內服藥).

외:우[1] 外憂 (밖 외, 근심할 우). ① 속뜻 외적(外敵)의 침범에 대한 걱정[憂]. ② 아버지의 상사(喪事). 또는 아버지가 없을 때의 할아버지의 상사.

외:우[2] 畏友 (두려워할 외, 벗 우). ① 속뜻 경외(敬畏)하는 벗[友]. ② 아끼고 존경하는 벗. ¶그는 나의 외우로 반평생을 함께 하였다.

외:원 外援 (밖 외, 도울 원). ① 속뜻 외국(外國)의 원조(援助). ② 외부로부터 받는 도움.

외:위 外圍 (밖 외, 둘레 위). ① 속뜻 바깥[外] 둘레[圍]. ② 생물 생물체의 겉 부분.

외:유 外遊 (밖 외, 놀 유). 외국(外國)에 놀러감[遊]. 외국 여행.

외:유-내강 外柔內剛 (밖 외, 부드러울 유, 안 내, 굳셀 강). 겉[外]으로는 부드럽고 순하게[柔] 보이나 속[內]마음은 굳세고[剛] 단단함. ㊈내강. ㊐내강외유(內剛外柔).

외:율 外率 (밖 외, 비율 률). 비례식의 바깥쪽[外]에 있는 두 항(項)의 비율(比率). a:b=c:d에서 a와 d를 이른다. 외항(外項).

외:응 外應 (밖 외, 응할 응). ① 속뜻 외부(外部)에서 호응(呼應)함. ② 외부 사람과 몰래 통함. ③ 외부에서 일어나는 반응.

외:의 外衣 (밖 외, 옷 의). ① 속뜻 겉[外]에 입는 옷[衣]. ② 식물 속씨식물의 줄기 끝에 있는 분열 조직의 바깥층.

외:이 外耳 (밖 외, 귀 이). 의학 바깥[外] 귀[耳]. 귀의 바깥 부분.

▸외:이-도 外耳道 (길 도). 의학 바깥귀[外耳]에서 들어가는 길[道]. 귓구멍 어귀로부터 고막에 이르는 'S' 자 모양의 관(管). 어른은 길이가 3㎝ 정도이다.

외:인[1] 外因 (밖 외, 까닭 인). ① 속뜻 외부(外部)에서 생긴 원인(原因). ② 이외의 원인.

외:인[2] 外人 (밖 외, 사람 인). ① 속뜻 한집안 식구 이외(以外)의 사람[人]. ② 단체나 조직 따위의 동아리 밖에 있는 사람. ③ 어떤 일에 관계없는 사람. ¶회의 중 외인 출입 금지. ④ 외국인(外國人). ¶외인 거주지.

▸외:인-촌 外人村 (마을 촌). ① 속뜻 외국인(外國人)들의 마을[村]. ② 문학 김광균이

지은 시. 이국적 정취를 감각적인 수법으로 도시인의 고독과 우수를 표현하였다.

▸외:인-부대 外人部隊 (나눌 부, 무리 대). ① [속뜻] 외국인(外國人)으로 편성된 용병 부대(部隊). ② 알제리에 주둔하였던 프랑스 보병 부대. 프랑스 사람은 입대할 수 없고 공로가 큰 사람에게는 제대한 뒤 프랑스 사람이 되는 혜택도 있었다.

외:자1 外字 (밖 외, 글자 자). 외국(外國) 글자[字].

외:자2 外資 (밖 외, 재물 자). ① [경제] '외국자본'(外國資本)의 준말. ¶외자를 유치하여 산업을 발전시키다. ② [법률] 외국 정부나 국제기관이 공여한 원조 자금 또는 차관(借款)과 이에 의하여 도입된 물자 및 용역(用役)과 외자 기업체에 투하(投下)된 대충 자금과 이에 의하여 건설된 시설.

외:장 外裝 (밖 외, 꾸밀 장). ① [속뜻] 겉[外] 포장(包裝). ② 건물 바깥 면의 장식. ¶외장 검사 / 외장 공사. ③ 외부의 장비(裝備).

외:재 外在 (밖 외, 있을 재). 사물의 안에 있지 않고 밖[外]에 있음[在]. 또는 그런 존재.

▸외:재-율 外在律 (가락 률). [문학] 정형시에서, 시의 외부(外部)에 나타나는[在] 운율(韻律). 음의 고저·장단·음수·음보 따위의 규칙적 반복으로 표현된다. [비]외형률(外形律). [반]내재율(內在律).

▸외:재-비평 外在批評 (따질 비, 평할 평). [문학] 작품에 외재(外在)하고 있는 의의를 비평(批評)하는 것. 작품 자체의 예술성에는 관심을 두지 않는다. [반]내재(內在)비평.

외:-저항 外抵抗 (밖 외, 맞설 저, 막을 항). [물리] '외부 저항'(外部抵抗)의 준말. [반]내저항(內抵抗).

외:적1 外賊 (밖 외, 도둑 적). 외부(外部)에 있는 도적(盜賊).

***외:적2 外敵** (밖 외, 원수 적). 외국(外國)으로부터 쳐들어오는 적(敵). [비]외구(外寇).

외:적3 外的 (밖 외, 것 적). ① [속뜻] 사물의 외부(外部)에 관한 것[的]. ② 정신에 상대하여 물질이나 육체에 관한 것. ¶외적 욕망. [반]내적(內的).

▸외:적 생활 外的生活 (살 생, 살 활). 정신적인 생활에 상대하는 물질적[外的] 생활(生活). [반]내적 생활(內的生活).

외:전1 外典 (밖 외, 책 전). ① [불교] 불경 이외(以外)의 다른 서적[典]. ② [기독교] 출처가 확실하지 아니하여 성경에 수록되지 않은 30여 편의 문헌.

외:전2 外傳 (밖 외, 전할 전). ① [속뜻] 정사(正史) 이외(以外)의 전기(傳記). ② 본전에 빠진 부분을 따로 적은 전기.

외:접 外接 (밖 외, 닿을 접). ① [속뜻] 바깥[外] 부분에서 접합(接合)됨. ② [수학] 단 하나의 점에서 마주치는 두 개의 원이 서로 다른 편의 외부에 있는 일. ③ [수학] 하나의 다각형의 각 변이 다른 다각형의 각 꼭짓점을 지날 때, 전자(前者)가 후자(後者)에 외접한다고 함. 또는 폐곡선(閉曲線)이 하나의 다각형의 각 꼭짓점을 포함하는 때도 말함. 외절(外切).

▸외:접-원 外接圓 (둥글 원). [수학] ① 한 점에서 접하는 다른 원을 안에 가지고 있는 [外接] 원(圓). ② 다각형의 각 꼭짓점을 지나는 원.

▸외:접사:각형 外接四角形 (넉 사, 모서리 각, 모양 형). [수학] 세 변이 원 또는 다각형에 외접(外接)하는 사각형(四角形). [반]내접 사각형.

외:정1 外征 (밖 외, 칠 정). 외국(外國)으로 출정(出征)함. 외역(外役).

외:정2 外政 (밖 외, 정치 정). 외국(外國)에 관한 정치(政治). [반]내정(內政).

외:정3 外情 (밖 외, 실상 정). 외부(外部)나 외국의 사정(事情).

외:제 外製 (밖 외, 만들 제). 외국(外國)에서 만듦[製]. '외국제'의 준말. ¶외제차. [반]국산(國産).

외:조 外祖 (밖 외, 할아버지 조). 외가(外家) 쪽의 조부모(祖父母).

외:-조모 外祖母 (밖 외, 할아버지 조, 어머니 모). 외가(外家) 쪽의 할머니[祖母]. [비]외할머니.

외:-조부 外祖父 (밖 외, 할아버지 조, 아버지 부). 외가(外家) 쪽의 할아버지[祖父]. [비]외할아버지.

외:족 外族 (밖 외, 겨레 족). ① [속뜻] 어머니 쪽[外]의 일가[族]. 외편(外便). 이성친(異姓親). 표친(表親). ② 자기 겨레가 아닌 다

른 겨레. ¶외족의 침입.

외:종 外從 (밖 외, 사촌 종). 외가(外家) 쪽으로 나와 사촌[從]이 되는 관계. 외삼촌(外三寸)의 아들이나 딸.

▶외:종 사:촌 外從四寸 (넉 사, 관계 촌). 외가(外家) 쪽으로 나와 사촌[從=四寸] 간인 사람. ㊤외사촌.

▶외종 자매 外從姊妹 (손윗누이 자, 누이 매). 외가(外家) 쪽으로 나와 사촌[從]인 언니[姊]와 여동생[妹].

▶외:종 제:수 外從弟嫂 (아우 제, 부인 수). 외가(外家) 쪽으로 나와 사촌[從]인 동생[弟]의 아내[嫂].

▶외:종 형제 外從兄弟 (맏 형, 아우 제). 외가(外家) 쪽으로 나와 사촌[從]인 형(兄)과 남동생[弟].

외:-종매 外從妹 (밖 외, 사촌 종, 누이 매). 외가(外家) 쪽으로 나와 사촌[從]인 여동생[妹].

외:-종숙 外從叔 (밖 외, 사촌 종, 아저씨 숙). 외가(外家) 쪽으로 나와 사촌[從]인 오빠나 남동생[叔]. 외당숙(外堂叔).

▶외:-종숙모 外從叔母 (어머니 모). 외종숙(外從叔)의 아내[母]. 외당숙모(外堂叔母).

외:-종씨 外從氏 (밖 외, 사촌 종, 높임말 씨). ① 속뜻 남을 높이어[氏] 그의 외종(外從)을 이르는 말. ② 외종형(外從兄).

외:-종자 外從姊 (밖 외, 사촌 종, 손윗누이 자). 외삼촌의 자식[外從] 중 자기보다 나이가 위인 누이[姊].

외:-종제 外從弟 (밖 외, 사촌 종, 아우 제). 외사촌[外從]인 아우[弟].

외:-종조모 外從祖母 (밖 외, 사촌 종, 할아버지 조, 어머니 모). 외종조부(外從祖父)의 아내[母].

외:-종질 外從姪 (밖 외, 사촌 종, 조카 질). 외사촌[外從]의 아들[姪].

외:종-피 外種皮 (밖 외, 씨 종, 껍질 피). 식물 씨[種]를 싸고 있는 두 겹의 껍질 가운데 맨 바깥쪽[外]의 껍질[皮]. 겉씨껍질.

외:-종형 外從兄 (밖 외, 사촌 종, 맏 형). 외사촌[外從]인 형(兄). 외종씨(外從氏). 표종형(表從兄).

외:주¹ 外周 (밖 외, 둘레 주). 바깥쪽[外]의 둘레[周].

외:주² 外注 (밖 외, 쏟을 주). 경제 자기 회사에서 만들 수 없는 제품이나 부품 따위를 바깥[外]의 다른 회사에 주문(注文)하여 만들게 함. 또는 그런 일. ¶외주를 주다 / 외주를 맡다.

외:지¹ 外地 (밖 외, 땅 지). ① 속뜻 자기가 사는 곳 밖[外]의 다른 고장[地]. 외방(外方). ¶외지 사람. ② 나라 밖의 땅. ③ 식민지를 본국(本國)에 상대하여 이르는 말.

외:지² 外紙 (밖 외, 종이 지). 외국(外國)에서 발행하는 신문[紙]. ¶외지의 보도.

외:지³ 外誌 (밖 외, 기록할 지). 외국(外國)의 잡지(雜誌).

외:직 外職 (밖 외, 일 직). 서울 밖[外]의 각 지방 관아의 벼슬[職]. 외관(外官). 외임(外任). 외관직(外官職).

외:진 外診 (밖 외, 살펴볼 진). 의학 몸의 외부(外部)에서 하는 진찰(診察). 시진(視診), 타진(打診), 청진(聽診) 따위가 있다. ㊥내진(內診).

외:-집단 外集團 (밖 외, 모일 집, 모일 단). ① 속뜻 자기가 속한 집단 밖[外]의 집단(集團). ② 사회 규범이나 가치, 습관, 태도 따위에 있어서 자기와 공통성이 없는 타인으로 이루어져 불쾌감과 대립감을 불러일으키는 집단. 미국의 사회학자 섬너(Sumner, W.G.)가 분류한 집단 개념의 하나이다.

외:차 外車 (밖 외, 수레 차). ① 속뜻 밖[外]에 달린 수레[車]. ② 스크루를 이용하기 이전의 기선(汽船)에 달던 차륜 추진기(車輪推進機).

외:채 外債 (밖 외, 빚 채). 경제 ① 외국(外國)에 진 빚[債]. '외국채'의 준말. ② 외국의 자본 시장에서 모집하는 자기 나라의 공채와 사채.

외:처 外處 (밖 외, 곳 처). 본고장이 아닌 다른[外] 곳[處].

외:척 外戚 (밖 외, 겨레 척). ① 속뜻 외가(外家) 쪽의 친척(親戚). ¶흥선대원군은 외척이 세도를 부리지 못하도록 하였다. ② 같은 본을 가진 사람 이외의 친척. ㊥외인(外姻), 외친(外親).

외:촌 外村 (밖 외, 마을 촌). ① 속뜻 고을 밖[外]에 있는 마을[村]. ② 자기가 살고 있는

마을이 아닌 마을.

외:축 畏縮 (두려워할 외, 줄일 축). 두려워서 [畏] 몸을 움츠림[縮].

외:출 外出 (밖 외, 날 출). 밖[外]으로 나감 [出]. ¶지금은 외출 중이오니 메시지를 남겨주세요. ⓑ나들이.

▸외:출-복 外出服 (옷 복). 밖에 나갈 때 [外出] 입는 옷[服]. ⓑ나들이옷.

▸외:출-증 外出證 (증거 증). 외출(外出)을 허가하는 증명서(證明書). ¶외출증을 끊다.

외:-출혈 外出血 (밖 외, 날 출, 피 혈). 의학 혈액(血液)이 몸 밖[外]으로 나오는 [出] 일.

외:측 外側 (밖 외, 곁 측). 바깥[外] 쪽[側]. ⓑ내측(內側).

외:층 外層 (밖 외, 층 층). 바깥[外] 쪽의 층(層).

외:치 外治 (밖 외, 다스릴 치). ① 의학 피부병을 외과적(外科的)으로 치료(治療)함. 또는 그런 일. ② 정치 외교(外交).

외:친-내소 外親內疏 (밖 외, 친할 친, 안 내, 멀어질 소). 겉[外]으로는 친(親)한 체하면서 속[內]으로는 멀리함[疏]. 내소외친(內疏外親).

외:침[1] 外侵 (밖 외, 쳐들어갈 침). 다른 나라나 외부(外部)에서 쳐들어옴[侵]. ¶남해안 지역은 외침이 빈번했다.

외:침[2] 畏鍼 (두려워할 외, 침 침). 침(鍼) 맞기를 두려워함[畏].

외:투 外套 (밖 외, 덮개 투). 추위를 막기 위하여 겉[外]옷 위에 입는[套] 옷. ¶외투를 걸치다.

▸외:투-막 外套膜 (꺼풀 막). 동물 ① 조개와 같은 연체동물의 몸을 바깥[外]에서 덮고[套] 있는 꺼풀[膜]. ② 대뇌의 바깥쪽 부분. 포유류에서는 잘 발달되어 있다.

외:판 外販 (밖 외, 팔 판). 판매원이 직접 외부(外部) 고객을 찾아다니면서 물건을 팖[販]. ¶외판 사원.

▸외:판-원 外販員 (사람 원). 직접 고객을 찾아다니면서 물건을 파는[外販] 사람 [員]. ¶외판원 생활을 하다. ⓑ세일즈맨 (sales man).

외:편 外篇 (밖 외, 책 편). ① 속뜻 원래 책에서 빠진[外] 부분을 보충하여 다시 엮은 책 [篇]. ② 한 부의 책에서 처음의 총론(總論)을 쓴 부분.

외:표 外表 (밖 외, 겉 표). ① 속뜻 밖[外]이나 겉[表]. ② 밖에 드러난 풍채. 외풍(外風). ③ 사물의 표면.

외:풍 外風 (밖 외, 바람 풍). ① 속뜻 밖[外]에서 들어오는 바람[風]. ¶내 방은 외풍이 심하다. ② 외국(外國)에서 들어온 풍속(風俗). ③ 외표(外表).

외:피 外皮 (밖 외, 껍질 피). ① 속뜻 겉[外] 껍질[皮]. ② 겉을 싸고 있는 가죽. ③ 동물 동물의 거죽이나 몸 안의 여러 기관을 싸고 있는 세포층을 통틀어 이르는 말.

외:한 畏寒 (두려워할 외, 찰 한). 추위[寒]를 두려워함[畏].

외:합 外合 (밖 외, 합할 합). ① 수공 죽세공(竹細工)에서 대나무의 바깥쪽[外]을 서로 합(合)쳐서 가공하는 방식. ② 천문 어떤 행성이 지구에서 보아 태양과 같은 방향에 있고 또 태양의 저 편에 있는 현상. 상합(上合). 순합(順合).

외:항[1] 外港 (밖 외, 항구 항). ① 속뜻 항구가 육지 안쪽에 깊숙이 들어와 있거나 방파제로 구분되어 있을 때, 그 바깥쪽[外]의 구역에 있는 항구(港口). ② 도시의 외곽에 있으면서 그 도시의 문호 역할을 하는 항구. ③ 배가 들기 전에 임시로 머무르는 바다. ⓑ내항(內港).

외:항[2] 外項 (밖 외, 항목 항). 수학 비례식의 바깥쪽[外]에 있는 두 항(項). a:b=c:d에서 a와 d 따위. ⓑ내항(內項).

외:항[3] 外航 (밖 외, 건널 항). 해양 배가 외국(外國)으로 항행(航行)함. 국제 항행(國際航行). ¶외항 선원.

▸외:항-선 外航船 (배 선). 국제 항로를 다니는[外航] 배[船]. ¶외항선을 타다.

외:해 外海 (밖 외, 바다 해). ① 속뜻 육지의 주위[外]에 있는 바다[海]. ② 지리 육지에서 멀리 떨어진 넓은 바다. 외양(外洋). 대양(大洋). 원양(遠洋).

외:핵 外核 (밖 외, 씨 핵). 지리 지표에서 깊이 2,900km에서 5,100km 사이의 핵(核)의 바깥[外]에 위치하는 부분.

외:-행성 外行星 (밖 외, 다닐 행, 별 성). 천문 태양계의 행성 중, 지구 궤도보다 바깥

쪽[外]에 궤도를 가지는 행성(行星). 화성, 목성, 토성, 천왕성, 해왕성, 명왕성 따위. ㊥상행성(上行星). ㊥내행성(內行星).

외ː향 外向 (밖 외, 향할 향). ① 속뜻 바깥쪽[外]을 향(向)하는 성질(性質). ¶외향한 창문. ② 마음의 움직임이 적극적으로 밖으로 나타남. ¶외향적인 태도. ㊥내향(內向).

▸외ː향-성 內向性 (성질 성). ① 속뜻 바깥쪽[外]을 향(向)하는 성질(性質). ② 심리 외부 세계에 관심을 가지며 객관적으로 사고하고 집단적이며 사교적인 성격 유형. ㊥외향형(外向型). ㊥내향성(內向性).

외ː허 外虛 (밖 외, 빌 허). ① 속뜻 겉[外]이 비어 있거나 허술함[虛]. ② 천문 반암부(半暗部).

▸외ː허-내실 外虛內實 (안 내, 채울 실). 겉[外]은 허술해[虛] 보이나 속[內]은 알참[實].

외ː현 外現 (밖 외, 나타날 현). 겉[外]으로 나타남[現].

외ː형 外形 (밖 외, 모양 형). ① 속뜻 사물의 겉[外] 모양[形]. ¶주전자의 외형은 동그랗다. ② 겉으로 드러난 형세.

▸외ː형-률 外形律 (법칙 률). 문학 정형시에서, 외형(外形)에 드러난 고저·장단 등의 규칙적 반복에 의하여 생기는 음률(音律). ㊥외재율(外在律). ㊥내재율(內在律).

외ː-형제 外兄弟 (밖 외, 맏 형, 아우 제). ① 속뜻 아버지는 다르나 어머니[外]가 같은 형제(兄弟). ② 고모(姑母)의 아들.

외ː호[1] 外濠 (밖 외, 해자 호). 성(城)의 바깥[外] 둘레에 도랑처럼 파서 물이 괴게 한 곳[濠].

외ː호[2] 外護 (밖 외, 지킬 호). 외부(外部)에서 보호(保護)를 하여 줌. 또는 그 보호.

외ː-호흡 外呼吸 (밖 외, 내쉴 호, 마실 흡). 생물 생물이 외계(外界)의 산소를 몸 안으로 받아들이고[吸] 이산화탄소를 배출하는[呼] 일. 피부 호흡, 허파 호흡, 아가미 호흡 따위.

외ː혼 外婚 (밖 외, 혼인할 혼). 같은 씨족·종족·계급 안에서의 혼인을 금하고 다른 집단[外]에서 배우자를 구하는 혼인 형식(婚姻形式). 족외혼(族外婚).

외ː화[1] 外華 (밖 외, 빛날 화). 겉치레[外]만 화려(華麗)함. 화려한 겉치레. ¶외화보다는 내실을 기해야 한다.

외ː화[2] 外畵 (밖 외, 그림 화). 연영 외국(外國)에서 제작된 영화(映畵). ㊥방화(邦畵).

외ː화[3] 外貨 (밖 외, 돈 화). 경제 ① 외국(外國)의 돈[貨]. 외국의 통화로 표시된 수표나 유가 증권 따위도 포함한다. ¶외화를 벌어들이다. ② 외국(外國)에서 들여오는 화물(貨物).

▸외ː화 획득 外貨獲得 (얻을 획, 얻을 득). 여러 가지 수출이나 관광객의 유치 등으로 외화(外貨)를 벌어들이는 일[獲得].

▸외ː화 가득률 外貨稼得率 (심을 가, 얻을 득, 비율 률). ① 속뜻 수출을 통하여 외화(外貨)를 가득(稼得)할 수 있는 비율(比率). ② 경제 한 나라의 총 수출액 가운데서 실제로 얻은 외화에 대한 백분율(百分率). 예를 들면, 2백 달러짜리 상품을 수출하였을 때 원자재가 1백 달러짜리 수입품이었다면 외화 가득률은 50%이며 순수하게 벌어들인 외화는 1백 달러가 된다.

외ː환[1] 外患 (밖 외, 근심 환). ① 속뜻 외적(外敵)의 침범에 대한 걱정[患]. 외구(外懼). ② 외적의 침입으로 인한 재앙. 외우(外憂).

▸외ː환-죄 外患罪 (허물 죄). 법률 국가의 대외적 안정을 해침으로써[外患] 성립하는 범죄(犯罪).

외ː환[2] 外換 (밖 외, 바꿀 환). 경제 외국(外國)과의 거래를 결제할 때 쓰는 환(換)어음. 발행지와 지급지가 서로 다른 나라일 때 쓴다. '외국환(外國換) 어음'의 준말. ¶외환위기.

▸외ː환-율 外換率 (비율 률). 경제 외국(外國) 화폐와의 교환(交換) 비율(比率). 한 나라 화폐 단위로 표시한 외국 화폐의 가격.

▸외ː환 시ː장 外換市場 (저자 시, 마당 장). 경제 외국환(外國換)이 거래되고 외국환 시세가 이루어지는 시장(市場). 환은행, 환 중매인, 인수·할인업자, 무역 상사 따위로 구성된다.

▸외ː환 은행 外換銀行 (돈 은, 가게 행). 경제 외국환(外國換)에 관한 업무를 취급하는 은행(銀行).

▸외ː환 관리법 外換管理法 (맡을 관, 다스릴 리, 법 법). 법률 외국환 거래(外國換去來)

및 그와 관련되는 대외 거래를 관리(管理)하여 국제 수지의 균형과 통화 가치의 안정, 외화 자금의 효율적인 운용을 도모하기 위해 제정된 법률(法律). 외국환 관리법(外國換管理法).

요각 凹角 (오목할 요, 모서리 각). ① 속뜻 오목한[凹] 모양의 각(角). ② 수학 180˚보다 크고 360˚보다 작은 각.

요강 要綱 (요할 요, 벼리 강). ① 속뜻 근본이 되는 중요(重要)한 강령(綱領). ② 기본이 되는 줄거리나 골자. ¶교수 요강.

요건 要件 (구할 요, 조건 건). 필요(必要)한 조건(條件). ¶자격 요건.

요격 邀擊 (맞을 요, 칠 격). 공격해 오는 대상을 기다리고[邀] 있다가 도중에서 공격(攻擊)함. ¶요격용 미사일.

요결 要訣 (요할 요, 방법 결). ① 속뜻 가장 중요(重要)한 방법이나 비결(祕訣). ② 긴요한 뜻.

요곡 橈曲 (휘어질 요, 굽을 곡). 지리 지각 운동으로 지각의 넓은 부분이 위쪽이나 아래쪽으로 휘면서[橈] 굽는[曲] 현상.

요골 腰骨 (허리 요, 뼈 골). 의학 허리[腰] 부분의 뼈[骨].

요관 尿管 (오줌 뇨, 대롱 관). 의학 콩팥에서 방광으로 오줌[尿]를 보내는 가늘고 긴 관(管). 수뇨관(水尿管).

요괴 妖怪 (요사할 요, 이상할 괴). ① 속뜻 요사(妖邪)스럽고 괴이(怪異)함. ② 요사스러운 귀신.

요구 要求 (구할 요, 구할 구). 받아야 할 것을 필요(必要)에 의하여 달라고 청구(請求)함. ¶요구 사항 / 지나치게 요구하다. ⓑ요청(要請).

▶요구-서 要求書 (글 서). 요구(要求)하는 내용을 쓴 문서(文書).

▶요구불 예:금 要求拂預金 (지불할 불, 맡길 예, 돈 금). ① 속뜻 예금자가 요구(要求)하면 언제든지 지불(支拂)하는 예금(預金). ② 경제 예금자가 언제든지 찾아 쓸 수 있는 예금을 통틀어 이르는 말. 당좌 예금, 보통 예금 따위가 있다.

요귀 妖鬼 (요사할 요, 귀신 귀). 요사한[妖] 귀신(鬼神).

요:금 料金 (삯 료, 돈 금). 수수료(手數料) 따위에 상당하는 돈[金]. ¶택시 요금 / 요금을 올리다.

▶요:금-표 料金表 (겉 표). 무엇을 이용하거나 구경한 값으로 치르는 돈[料金]을 써 놓은 표(表). ¶놀이동산 이용 요금표.

요기[1] 妖氣 (요사할 요, 기운 기). 요사스러운[妖] 기운(氣運). ¶요기를 부리다.

요기[2] 療飢 (병 고칠 료, 배고플 기). 간신히 배고픈[飢] 증세만 고칠[療] 정도로 조금 먹음. ¶아침 요기.

요긴 要緊 (요할 요, 급할 긴). ① 속뜻 중요(重要)하고도 급함[緊]. ② 중요하여 꼭 필요로 함. ¶요긴한 물건. ⓑ긴요(緊要)하다.

요녀 妖女 (요사할 요, 여자 녀). 요사스럽고[妖] 간사(奸邪)한 여자(女子). 요부(妖婦).

요담 要談 (요할 요, 이야기 담). 긴요(緊要)한 이야기[談]. ¶요담을 나누다.

요대 腰帶 (허리 요, 띠 대). 허리[腰] 띠[帶].

요도 尿道 (오줌 뇨, 길 도). 의학 오줌[尿]을 방광으로부터 몸 밖으로 배출하기 위한 길[道].

요동 搖動 (흔들 요, 움직일 동). ① 속뜻 흔들리거나 흔들어[搖] 움직임[動]. ¶배는 파도 때문에 요동을 쳤다. ② 물리 물체가 일정한 평형 상태나 수치로부터 조금 벗어남. ⓑ요탕(搖蕩).

요란 擾亂 (=搖亂, 흔들 요, 어지러울 란). ① 속뜻 정신이 흔들리거나[擾] 어지러움[亂]. ¶요란한 옷. ② 시끄럽고 떠들썩함. ¶박수 소리가 요란하다 / 코 고는 소리가 요란스럽다.

요람[1] 要覽 (요할 요, 볼 람). 중요(重要)한 내용만 뽑아서 보기[覽] 좋게 간추려 놓은 책. ¶백과 요람.

요람[2] 搖籃 (흔들 요, 바구니 람). ① 속뜻 젖먹이를 태우고 흔들어[搖] 놀게 하거나 잠재우는 바구니[籃]. ¶요람 속의 아기. ② 사물의 발생지나 근원지를 비유하여 이르는 말. ¶유럽 문명의 요람. ⓑ침망(寢網).

▶요람-기 搖籃期 (때 기). ① 속뜻 요람(搖籃) 속에 들어 있던 어린 시절[期]. ② 사물이 발달하는 초창기. 요람시대(搖籃時代).

▶요람-지 搖籃地 (땅 지). ① 속뜻 요람(搖籃)에서 자라던 어린 시절의 고향 땅[地].

②사물이 발달하기 시작한 곳. ¶문명의 요람지. 요람처(搖籃處).

요략 要略 (요할 요, 줄일 략). ① 속뜻 불필요한 것을 생략하고 필요(必要)한 것만을 골라 뽑아 간략(簡略)하게 정리함. 또는 그렇게 뽑은 것. ②글의 대강의 뜻. 개략(槪略). 요약(要約).

요량 料量 (헤아릴 료, 헤아릴 량). 앞일을 잘 헤아려[料=量]봄. 또는 그런 생각. ¶낮잠을 잘 요량으로 소파에 누웠다.

요령[1] 搖鈴 (흔들 요, 방울 령). ① 불교 법요를 행할 때 흔드는[搖] 방울[鈴]모양의 법구(法具). ②놋쇠로 만든 종 모양의 방울.

요령[2] 要領 (요할 요, 요점 령). ① 속뜻 중요(重要)한 골자나 요점[領]. ②일을 하는 데 필요한 효과적인 방법. ¶논문 작성 요령. ③적당히 해 넘기는 잔꾀. ¶요령을 부리다.

▸ **요령-부득** 要領不得 (아닐 부, 얻을 득). 말이나 글 따위의 요령(要領)을 얻을[得] 수가 없음[不]. 부득요령(不得要領).

요로 要路 (요할 요, 길 로). ① 속뜻 중요(重要)한 길[路]. 요진(要津). ②영향력이 있는 중요한 자리나 지위. 또는 그 자리나 지위에 있는 사람. ¶요로에 진정하다.

▸ **요로원-야화기** 要路院夜話記 (집 원, 밤 야, 이야기 화, 기록할 기). 문학 조선 중기, 박두세(朴斗世)가 지은 것으로 서울과 시골에 사는 두 양반이 요로원(要路院) 주막에서 만나 정치, 사회에 대하여 밤[夜]새 이야기한 것을 대화(對話) 형식으로 기록(記錄)한 수필.

요론 要論 (요할 요, 논할 론). ① 속뜻 중요(重要)한 부분에 대한 논의(論議). ②긴요한 논설이나 의논을 함. 또는 그 논설이나 의논.

요리[1] 要理 (요할 요, 이치 리). ① 속뜻 긴요(緊要)한 이치(理致)나 도리(道理). ② 종교 중요한 교리.

요리[2] 料理 (헤아릴 료, 다스릴 리). ① 속뜻 요모조모 헤아려[料] 잘 다스림[理]. ②음식을 일정한 방법으로 만듦. 또는 그 음식. ¶요리 솜씨. ③어떤 대상을 능숙하게 처리함을 속되게 이르는 말.

▸ **요리-사** 料理師 (스승 사). 요리(料理)를 전문으로 하는 사람[師]. ¶그는 중식(中食) 요리사이다.

▸ **요리-책** 料理冊 (책 책). 여러 가지 음식 만드는[料理] 방법을 적어 놓은 책(冊). ¶요리책을 보고 배우다.

요마 妖魔 (요사할 요, 마귀 마). 요망하고 간사스러운[妖] 마귀(魔鬼). 요귀(妖鬼).

요망[1] 妖妄 (요사할 요, 망령될 망). ① 속뜻 요사(妖邪)스럽고 망령(妄靈)됨. ②언행이 방정맞고 경솔함. ¶요망을 떨다.

요망[2] 要望 (구할 요, 바랄 망). 요구(要求)하고 희망(希望)함. ¶연락 요망.

요망[3] 遙望 (멀 요, 바라볼 망). 멀리[遙] 바라봄[望]. 멀리서 바라봄.

요망[4] 瞭望 (아득할 료, 바라볼 망). 아득하게[瞭] 높은 곳에서 바라봄[望].

요면 凹面 (오목할 요, 쪽 면). 가운데가 오목[凹]하게 된 면(面).

▸ **요면-경** 凹面鏡 (거울 경). 오목한[凹面] 거울[鏡].

▸ **요면 동판** 凹面銅版 (구리 동, 널빤지 판). 출판 인쇄하는 그림이나 글씨를 움푹 들어가게[凹面] 새긴 동판(銅版).

요목 要目 (요할 요, 눈 목). ① 속뜻 중요(重要)한 조목(條目). ② 교육 학교 교육에서 교과목마다 반드시 가르쳐야 할 줄거리. 교수요목(教授要目).

요무 要務 (요할 요, 일 무). 중요(重要)한 임무(任務)나 요긴한 일.

요물 妖物 (요사할 요, 만물 물). ① 속뜻 요망스러운[妖] 것[物]. ②간사하고 간악한 사람.

요물 계:약 要物契約 (요할 요, 만물 물, 맺을 계, 묶을 약). ① 속뜻 중요(重要)한 물건(物件)에 대한 계약(契約). ② 법률 당사자의 합의 이외에 당사자 중 한쪽이 물건의 인도 및 기타의 행위를 해야만 성립되는 계약.

요법 療法 (병 고칠 료, 법 법). 한의 병을 고치는[療] 방법(方法). ¶한방요법.

요변 妖變 (요사할 요, 바뀔 변). ① 속뜻 요망(妖妄)하고 변덕(變德)스럽게 행동함. ¶요변을 떨다 / 요변을 부리다 / 요변을 피우다. ②괴이쩍은 변화나 사건이 일어남. ¶세상이 둔갑을 하듯 요변을 한다.

요부[1] 妖婦 (요사할 요, 여자 부). 요사(妖邪)

스러운 여자[婦]. 요녀(妖女). 요희(妖姬).

요부[2] **要部** (요할 요, 나눌 부). 가장 중요(重要)한 부분(部分).

요부[3] **腰部** (허리 요, 나눌 부). ① 속뜻 허리[腰] 부분(部分). ② 궁중에서 '허리'를 이르던 말.

요부[4] **饒富** (넉넉할 요, 넉넉할 부). 살림이 넉넉하고[饒] 부유(富裕)하다. ¶그 집은 본시부터 요부했다.

요:사[1] **夭死** (일찍 죽을 요, 죽을 사). 젊은 나이에 죽음[夭=死]. 요절(夭折).

요사[2] **妖邪** (요망할 요, 간사할 사). 요망(妖妄)하고 간사(奸邪)함. ¶요사를 떨다.

요사[3] **寮舍** (동료 료, 집 사). ① 속뜻 학교나 공공 단체의 공동[寮] 기숙사(寄宿舍). ② 불교 절에 있는 승려들이 거처하는 집.

요산 尿酸 (오줌 뇨, 산소 산). 화학 포유류의 오줌[尿]에 들어 있는 유기산(有機酸).

요산요수 樂山樂水 (좋아할 요, 메 산, 좋아할 요, 물 수). ① 속뜻 산(山)을 좋아하고[樂] 물[水]을 좋아함[樂]. ② 산수 자연을 즐기고 좋아함. ¶요산요수할 여유가 없다.

요상 要償 (구할 요, 갚을 상). 법률 보상(報償)을 요구(要求)함.

▶요상-권 要償權 (권리 권). 법률 손해 배상 청구권과 같이 보상을 요구할[要償] 수 있는 권리(權利).

요새 要塞 (요할 요, 변방 새). ① 속뜻 군사적으로 중요(重要)한 변방[塞]. ② 군사 중요(重要)한 곳에 구축하여 놓은 견고한 성채나 방어시설(防禦施設). ③ 차지하거나 달하기 어렵게 되어 있는 대상이나 목표.

요석 尿石 (오줌 뇨, 돌 석). 의학 오줌[尿] 성분이 굳어져 생긴 돌[石]. 신우, 수뇨관, 신장, 요도 따위에 생긴다. 요결석(尿結石). 요관 결석(尿管結石). 요도 결석(尿道結石). 요로 결석(尿路結石).

요설 饒舌 (넉넉할 요, 혀 설). 쓸데없이 혀[舌]를 많이[饒] 놀림. 말을 많이 함.

⁂요소[1] **要素** (구할 요, 바탕 소). ① 속뜻 꼭 필요(必要)한 바탕[素]이나 성분. 또는 근본 조건. ¶핵심적 요소. ② 그 이상 더 간단하게 나눌 수 없는 성분.

요소[2] **尿素** (오줌 뇨, 바탕 소). 화학 포유류의 오줌[尿]에 들어 있는 질소 질소화합 원소(元素). 체내에서는 단백질이 분해하여 생성되고 공업적으로는 암모니아와 이산화탄소에서 합성된다. 비료, 요소 수지, 의약 따위에 쓴다.

▶요소 수지 尿素樹脂 (나무 수, 기름 지). 화학 요소(尿素)와 포르말린을 합해 만든 합성수지(合成樹脂). 불에 타지 않고 산성에 강하며 가볍고 전기가 통하지 않으며 가정용 기구의 재료나 도료, 접착제로 쓴다. 투명 수지(透明樹脂).

요소[3] **要所** (요할 요, 곳 소). 중요(重要)한 장소(場所)나 지점. ¶요소에 경찰관을 배치하다.

▶요소-요소 要所要所 (요할 요, 곳 소). 중요(重要)한 장소(場所) 마다. ¶인력을 요소요소에 배치하다.

요순 堯舜 (요임금 요, 순임금 순). 고대 중국의 요(堯)임금과 순(舜)임금을 아울러 이르는 말.

▶요순-시절 堯舜時節 (때 시, 철 절). 요임금과 순임금[堯舜]이 덕으로 천하를 다스리던 태평한 시대[時節]. 치세(治世)의 모범으로 삼는다. 요순시대(堯舜時代).

요술 妖術 (요사할 요, 꾀 술). 요사한[妖] 일을 꾸미는 술법(術法). ¶요술 거울.

▶요술-객 妖術客 (손 객). 사람의 눈을 어리게 하여 이상야릇한 일[妖術]을 나타내는 사람[客]. 또는 그런 일을 직업으로 하는 사람.

요시찰-인 要視察人 (구할 요, 볼 시, 살필 찰, 사람 인). 사상이나 보안 문제 따위와 관련하여 행정 당국이나 경찰이 살펴[察] 볼[視] 필요(必要)가 있는 사람[人].

요식[1] **要式** (구할 요, 법 식). 일정한 규정이나 방식에 따를 필요(必要)가 있는 양식(樣式). ¶요식 절차.

▶요식 계:약 要式契約 (맺을 계, 묶을 약). 법률 서류에 기재해야 할 사항과 방식이 법으로 정해져 있는[要式] 계약(契約).

▶요식 행위 要式行爲 (행할 행, 할 위). 법률 어음의 발행이나 정관 작성, 증여, 혼인, 입양, 유언 따위와 같이 일정한 방식을 필요로 하는[要式] 법률 행위(行爲).

요식[2] **料食** (헤아릴 료, 밥 식). ① 속뜻 요리

(料理)한 음식(飮食). ②몫몫으로 나눈 밥에서 한 몫이 되는 분량의 밥. 소식(所食). ③ 역사 벼슬아치에게 주는 잡급(雜給).

▸요식-업 料食業 (일 업). 일정한 시설을 만들어 놓고 음식[料食]을 파는 영업(營業).

요-실금 尿失禁 (오줌 뇨, 잃을 실, 금할 금). 의학 오줌[尿]을 참지 못하고[失禁] 저절로 나오는 병적인 상태. 요실금증(尿失禁症).

*__요약__ 要約 (요할 요, 묶을 약). 요점(要點)을 잘 간추림[約]. ¶줄거리를 요약하시오.

▸요약-자 要約者 (사람 자). 법률 제삼자를 위한 계약에서 상대편이 제삼자에게 지불할 채무를 부담할 것을 요구(要求)하고 약속(約束)하게 하는 사람[者].

요양 療養 (병 고칠 료, 기를 양). ① 속뜻 병을 치료(治療)하고 몸을 보양(保養)함. ②휴양하면서 조리하여 병을 치료함. ¶나는 시골에서 요양 중이다.

▸요양-소 療養所 (곳 소). 요양원(療養院). ¶결핵 요양소.

▸요양-원 療養院 (집 원). 환자들을 수용하여 요양(療養)할 수 있도록 시설을 갖추어 놓은 보건 기관[院]. ⑪요양소(療養所).

요언 要言 (요할 요, 말씀 언). 요점(要點)을 간추려서 정확하게 하는 말[言].

요업 窯業 (기와 요, 일 업). 기와[窯]를 굽는 일[業]. 흙을 구워서 도자기, 벽돌, 기와 따위의 물건을 만드는 공업. 도업(陶業).

요역 徭役 (세금 요, 부릴 역). 역사 남자들에게 세금[徭] 대신에 시키던 노동[役].

요연 瞭然 (밝을 료, 그러할 연). 똑똑하고 분명한[瞭] 그런[然] 모양. ¶일목요연(一目瞭然).

요염 妖艶 (아리따울 요, 고울 염). 사람을 호릴 만큼 매우 아리땁고[妖] 고움[艶]. ¶요염한 눈빛.

요외 料外 (헤아릴 료, 밖 외). 요량(料量)이나 생각의 밖[外]. 생각 밖.

요요[1] 寥寥 (쓸쓸할 료, 쓸쓸할 료). ① 속뜻 괴괴하고 쓸쓸함[寥+寥]. ②매우 적고 드묾.

요요[2] 擾擾 (어지러울 요, 어지러울 요). 뒤숭숭하고 어수선하다[擾+擾]. ¶시국이 음산하고 요요하다.

요용 要用 (구할 요, 쓸 용). 긴요(緊要)하게 씀[用].

▸요용-건 要用件 (물건 건). ① 속뜻 꼭 필요한[要用] 물건(物件). ②아주 긴요한 용건.

▸요용-품 要用品 (물건 품). 아주 긴요하게 쓰이는[要用] 물품(物品).

요운 腰韻 (허리 요, 운 운). ① 속뜻 허리[腰]에 해당하는 중간 부분의 운율(韻律). ② 문학 정형시에서 시행의 중간에 운율의 규칙을 맞추는 일. 또는 그런 운(韻).

요원[1] 要員 (구할 요, 인원 원). ① 속뜻 꼭 필요(必要)한 인원(人員). ¶수사 요원을 배치하다. ②중요한 지위에 있는 사람. ¶간부 요원.

요원[2] 遙遠 (멀 요, 멀 원). 멀고[遙] 멀다[遠]. 까마득하다. ¶목표를 달성하려면 아직 요원하다. ⑪아득하다, 멀다.

요원[3] 燎原 (불탈 료, 들판 원). 불타고 있는[燎] 벌판[原]. ¶요원의 불길처럼 퍼진다.

요:율 料率 (삯 료, 비율 률). 요금(料金)의 정도나 비율(比率).

요음 拗音 (꺾을 요, 소리 음). ① 속뜻 꺾이는[拗] 소리[音]. ② 음악 설전음(舌前音)을 내는 장식음의 하나.

요의 要義 (요할 요, 뜻 의). ① 속뜻 중요(重要)한 뜻[義]. ②요약한 뜻.

요인[1] 要人 (요할 요, 사람 인). 중요(重要)한 자리에 있는 사람[人]. 또는 윗자리에 있는 사람. ¶그는 정부(政府) 요인을 암살하려고 했다.

⁑**요인**[2] 要因 (요할 요, 까닭 인). 중요(重要)한 원인(原因). ¶사고 요인을 밝히다.

▸요인 증권 要因證券 (증거 증, 문서 권). 경제 증권이 표시하는 권리가 증권의 발행만으로 발생하지 않고 주고받는 법률관계의 존재 요인(要因)를 필요로 하는 유가 증권(證券). 화물 상환증, 선화 증권, 창고 증권 따위. 유인 증권(有因證券).

*__요일__ 曜日 (빛날 요, 해 일). ① 속뜻 빛나는[曜] 해[日]. ②일주일의 각 날. ¶오늘은 무슨 요일입니까?

요임 要任 (요할 요, 맡길 임). 중요(重要)한 임무(任務). ¶그가 이번에 요임을 맡게 되었다.

요:절[1] 夭折 (어릴 요, 죽을 절). 어린 나이

[夭]에 죽음[折]. 젊어서 죽음. ¶그 나이에 요절이라니 너무 안타깝다.

요절[2] **要節** (요할 요, 마디 절). 문장에서 중요(重要)한 마디[節].

요절[3] **腰折** (=腰絶, 허리 요, 꺾을 절). 허리[腰]가 꺾일[折] 듯함.

▸**요절-복통** 腰折腹痛 (배 복, 아플 통). 허리가 꺾이고[腰折] 배[腹]가 아픔[痛]. ¶너무 우스워 요절복통할 지경이었다.

요점 **要點** (요할 요, 점 점). 가장 중요(重要)하고 중심이 되는 사실이나 관점(觀點). ¶요점을 정리하다. ⑪골자(骨子), 요지(要旨), 중점(重點), 핵심(核心).

요:정[1] **了定** (마칠 료, 정할 정). ① 속뜻 끝내기[了]로 정(定)함. ② 결판을 내어 끝마침. ¶요정이 나다 / 요정 짓다.

요정[2] **妖精** (아리따울 요, 도깨비 정). ① 속뜻 아리따운[妖] 도깨비[精]. ② 사람의 모습을 한 젊고 귀여운 마녀. 서양의 동화나 전설에 많이 나온다. ¶숲 속의 요정.

요정[3] **料亭** (헤아릴 료, 정자 정). 여러 가지 요리(料理)를 만들어 술과 함께 파는 것을 영업으로 하는 집[亭].

요:조 **窈窕** (얌전할 요, 정숙할 조). 부녀자의 행실이 얌전하고[窕] 정숙함[窈].

▸**요:조-숙녀** 窈窕淑女 (맑을 숙, 여자 녀). 말과 행동이 품위가 있으며 얌전하고[窈=淑] 정숙한[窕] 여자(女子).

요-주의 **要注意** (구할 요, 쏟을 주, 뜻 의). 각별한 주의(注意)를 필요(必要)로함. ¶요주의 인물.

요:지[1] **了知** (깨달을 료, 알 지). 깨달아[了] 앎[知]. 밝게 앎.

요지[2] **要旨** (요할 요, 뜻 지). 핵심이 되는 중요(重要)한 뜻[旨]. ¶이야기의 요지를 파악하다. ⑪골자(骨子), 요점(要點).

*__요지__[3] **要地** (요할 요, 땅 지). 중요(重要)한 곳[地]. ¶군사적 요지를 점령하다.

요지[4] **窯址** (가마 요, 터 지). 질그릇이나 사기그릇, 기와 따위를 굽는 가마[窯]가 있던 옛터[址].

요지-경 **瑤池鏡** (아름다운 옥 요, 못 지, 거울 경). ① 속뜻 아름다운[瑤] 연못[池] 같은 거울[鏡]. ② 확대경을 장치하여 놓고 그 속의 여러 가지 재미있는 그림을 돌리면서 구경하는 장치나 장난감. ③ 알쏭달쏭하고 묘한 세상일을 비유하여 이르는 말. ¶요지경 같은 세상.

요지부동 **搖之不動** (흔들 요, 어조사 지, 아닐 부, 움직일 동). 흔들어도[搖] 움직이지[動] 아니함[不]. ¶그는 한번 마음을 먹으면 요지부동이다.

요지-호 **凹地湖** (오목할 요, 땅 지, 호수 호). ① 속뜻 오목한[凹] 땅[地]에 있는 호수(湖水). ② 지리 수면이 해수면보다 낮은 호수.

요직 **要職** (요할 요, 일 직). ① 속뜻 중요(重要)한 직책이나 직위(職位). ¶요직에 오르다. ② 중요한 직업.

요진 **要津** (요할 요, 나루 진). ① 속뜻 배로 건너는 중요(重要)한 길목이 되는 나루[津]. ¶상주 나루터는 낙동강에서 매우 중요한 요진이었다. ② 요로(要路).

요:채 **了債** (마칠 료, 빚 채). ① 속뜻 빚[債]을 모두 갚음[了]. ② 자기의 의무를 다함.

요처[1] **凹處** (오목할 요, 곳 처). 오목하게[凹] 들어간 곳[處]. 요지(凹地). ¶길거리 요처에는 아직 눈이 쌓여 있다.

요처[2] **要處** (요할 요, 곳 처). 중요(重要)한 곳[處]. 요부(要部). ¶군사들을 요처에 배치하다.

요철 **凹凸** (오목할 요, 볼록할 철). 오목함[凹]과 볼록함[凸]. 철요(凸凹).

요청 **要請** (구할 요, 부탁할 청). ① 속뜻 요구(要求)하여 부탁함[請]. ② 요긴하게 부탁함. 또는 그런 부탁. ¶협력 요청.

요체 **要諦** (요할 요, 살필 체). ① 속뜻 중요(重要)한 깨달음[諦]. ② 중요한 점. ¶국가 발전의 요체.

요추 **腰椎** (허리 요, 등뼈 추). 의학 허리[腰] 등뼈[椎].

요충 **蟯蟲** (요충 요, 벌레 충). 동물 몸이 가늘고 흰 벌레[蟯]같은 기생충(寄生蟲). 사람이나 척추동물의 장(腸)에 기생한다.

요충-지 **要衝地** (요할 요, 사거리 충, 땅 지). 아주 중요(重要)하고 요긴한[衝] 지역(地域). ¶군사적 요충지.

요통 **腰痛** (허리 요, 아플 통). 의학 허리[腰]가 아픈[痛] 증상. 척추 질환, 외상, 임신, 부인과 질환, 신경·근육 질환 따위가 원인이다.

요판 凹版 (오목할 요, 널빤지 판). 오목[凹]한 판자[版].

요하 腰下 (허리 요, 아래 하). 허리[腰] 아래쪽[下]. 허리춤.

요항[1] 要項 (요할 요, 항목 항). 중요(重要)한 사항(事項). ¶이 화초를 키울 때의 요항을 몇 가지 들겠다.

요항[2] 要港 (요할 요, 항구 항). 교통, 수송, 군사 따위에서의 중요(重要)한 항구(港口).

요ː해[1] 了解 (깨달을 료, 풀 해). 깨달아[了] 이해(理解)함. 이해함. 요득(了得).

요해[2] 要害 (구할 요, 해칠 해). ① [속뜻]전쟁에서, 자기편에는 꼭 필요(必要)하면서도 적에게는 해로운[害] 지점. '요해처'의 준말. ¶군대를 요해에 주둔시키다. ②생명과 직접적인 연관을 맺고 있는 몸의 중요한 부분.

요행 僥倖 (바랄 요, 운 좋을 행). ① [속뜻]운수가 좋기[倖]를 바람[僥]. ②뜻밖에 얻는 행운. ¶그는 요행을 바라고 복권을 샀다.

▸요행-수 僥倖數 (운수 수). 뜻밖에 얻는 좋은[僥倖] 운수(運數). ¶요행수를 바라다.

요혈 尿血 (오줌 뇨, 피 혈). [의학]오줌[尿]에 피[血]가 섞여 나오는 병. 소변혈(小便血).

욕객 浴客 (목욕할 욕, 손 객). 목욕(沐浴)하러 오는 손님[客]. ¶욕객이 목욕탕 속에 들어 앉아서 떠들어댄다.

욕계 慾界 (욕심 욕, 지경 계). [불교]삼계(三界)의 하나. 색욕(色慾), 식욕(食慾), 재욕(財慾) 등의 욕망(慾望)이 강한 중생이 머무는 경계(境界). 위로는 육욕천(六欲天), 가운데는 인계(人界)의 사대주(四大洲), 아래로는 팔대(八大) 지옥(地獄)에 이르는 곳이다.

▸욕계 삼욕 慾界三慾 (석 삼, 욕심 욕). [불교]욕계(慾界)에 사는 마음을 가진 중생이 지닌 세 가지[三] 욕심(慾心). 곧 식욕(食慾), 음욕(淫慾), 수면욕(睡眠慾)을 이른다.

욕교반졸 欲巧反拙 (하고자할 욕, 예쁠 교, 돌이킬 반, 서툴 졸). ① [속뜻]너무 잘[巧] 만들려고 하다가[欲] 도리어[反] 졸렬(拙劣)한 결과가 됨. ②너무 잘하려 하면 도리어 잘되지 아니함.

욕구 欲求 (하고자할 욕, 구할 구). 무슨 일을 하고자[欲] 하거나 무엇을 얻고자[求] 함. 또는 그런 마음. ¶생리적 욕구.

▸욕구 불만 欲求不滿 (아닐 불, 찰 만). 욕구(欲求)가 가득 차지[滿] 않음[不].

욕기[1] 浴沂 (목욕할 욕, 물이름 기). ① [속뜻]기수(沂水)에서 목욕(沐浴)함. ②명리를 잊고 유유자적함을 이르는 말. 증석(曾皙)이 공자의 물음에 기수에서 목욕하고 무우(舞雩)에 올라가 시가를 읊조리고 돌아오겠다고 대답한 데서 유래한다.

욕기[2] 慾氣 (욕심 욕, 기운 기). 사물에 대한 욕심(慾心)의 기운(氣運). 욕심(慾心).

욕념 欲念 (=慾念, 하고자할 욕, 생각 념). 분수에 넘치게 무엇을 탐내거나 누리고자 하는[欲] 마음이나 생각[念]. 욕심. ¶욕념에 사로잡히다.

욕망 慾望 (욕심 욕, 바랄 망). 욕심(慾心)이 채워지기를 바람[望]. 또는 그런 마음. ¶욕망에 사로잡히다.

욕불 浴佛 (목욕할 욕, 부처 불). [불교]①불상(佛像)을 목욕(沐浴)시키는 일. ②초파일에, 향수·감차(甘茶)·오색수(五色水) 따위를 아기 부처상의 정수리에 뿌리는 일.

▸욕불-일 浴佛日 (날 일). ① [속뜻]불상(佛像)을 목욕(沐浴)시키는 날[日]. ② [불교]'초파일'을 달리 이르는 말. 석가모니가 태어났을 때 제석천이 하늘에서 내려와 향수로 목욕시켰다는 이야기에 따라 초파일에 꽃으로 장식한 법당 가운데 탄생불의 상을 안치하고 향수 따위를 정수리에 뿌리는 풍속에서 유래.

욕설 辱說 (욕될 욕, 말씀 설). 남의 인격을 무시하는 모욕(侮辱)적인 말[說]. 또는 남을 저주하는 말. ¶욕설을 늘어놓다. [준]욕. [비]욕언(辱言).

욕속부달 欲速不達 (하고자할 욕, 빠를 속, 아닐 부, 이를 달). 빨리[速] 가고자 하면[欲] 도리어 도착하지[達] 못함[不]. 일을 빨리 하려고 하면 도리어 이루지 못함.

욕실 浴室 (목욕할 욕, 방 실). 목욕(沐浴)하기 위해 시설을 갖추어 놓은 방[室]. '목욕실'의 준말. ¶욕실 청소.

*__욕심__ 欲心 (=慾心 하고자할 욕, 마음 심). 무엇을 하고자 하는[欲] 마음[心]. ¶지나친 욕심은 버려라. [비]욕망(慾望).

욕의 浴衣 (목욕할 욕, 옷 의). 목욕(沐浴)할 때 입는 옷[衣].

욕장 浴場 (목욕할 욕, 마당 장). 목욕(沐浴)하는 곳[場].

욕정 欲情 (하고자할 욕, 마음 정). ① [속뜻] 무언가를 하고자 하는[欲] 마음[情]. ② 한순간의 충동으로 일어나는 욕심. ③ 이성에 대한 육체적 욕망. ¶욕정이 일다.

욕조 浴槽 (목욕할 욕, 구유 조). 목욕(沐浴)을 할 수 있도록 물을 담는 용기[槽]. ¶욕조에 몸을 담그다.

욕지 辱知 (욕될 욕, 알 지). ① [속뜻] 자기를 알게[知] 된 것이 상대방에게 오히려 욕(辱)이 됨. ② 상대에게 자기를 겸손하게 이르는 말. 욕교(辱交). 욕우(辱友).

욕탕 浴湯 (목욕할 욕, 끓을 탕). 목욕(沐浴)할 수 있도록 끓인[湯] 물. '목욕탕'의 준말. ¶욕탕에 텀벙 들어가다.

욕통 浴桶 (목욕할 욕, 통 통). '목욕통'(沐浴桶)의 준말.

욕해 慾海 (욕심 욕, 바다 해). 애욕(愛慾)이 넓고 깊음을 바다[海]에 비유하여 이르는 말.

용가 龍駕 (용 룡, 탈것 가). [역사] 임금[龍]이 타던 수레[駕]. 대가(大駕). 용거(龍車). 용차(龍車). 어가(御駕).

용:간 用奸 (쓸 용, 간사할 간). 남을 속이려고 간교(奸巧)한 꾀를 씀[用].

***용:감 勇敢** (날쌜 용, 굳셀 감). 씩씩하고 겁이 없으며[勇] 기운차다[敢]. ¶용감하게 싸우다.

▸**용:감-무쌍 勇敢無雙** (없을 무, 둘 쌍). 용감(勇敢)하기가 견줄 짝[雙]이 없음[無]. 가장 용감함.

용:강 勇剛 (날쌜 용, 굳셀 강). 성격이 씩씩하고[勇] 굳셈[剛].

용:건 用件 (쓸 용, 물건 건). ① [속뜻] 사용(使用)되는 물건(物件). ② 해야 할 일. ¶용건만 간단히 말하다. [비] 볼일, 용무(用務).

용고 龍鼓 (용 룡, 북 고). [음악] 북통에 용(龍)을 그려 넣은 우리나라의 전통 북[鼓]. 북통을 앞으로 둘러메고 친다.

용골 龍骨 (용 룡, 뼈 골). ① [속뜻] 용(龍)의 뼈[骨]. ② 선박 바닥의 중앙을 받치는 길고 큰 재목. 이물에서 고물에 걸쳐 선체를 받치는 기능을 한다. 선골(船骨). ③ [한의] 큰 포유동물의 화석화된 뼈. 주로 탄산칼슘으로 되어 있으며 한약재로서 진정 작용을 한다.

▸**용골 돌기 龍骨突起** (갑자기 돌, 일어날 기). [동물] 조류의 가슴뼈 가운데에 있는 용골(龍骨) 같은 돌기(突起). 날개를 움직이는 근육이 붙어 있다.

용공 容共 (담을 용, 함께 공). 공산주의(共産主義) 또는 그 정책을 용인(容認)하는 일. ¶용공 단체.

용광-로 鎔鑛爐 (쇠녹일 용, 쇳돌 광, 화로 로). [공업] 높은 온도로 광석(鑛石)을 녹여서[鎔] 쇠붙이를 뽑아내는 가마[爐].

용:구 用具 (쓸 용, 갖출 구). 무엇을 하거나 만드는 데 쓰는[用] 여러 가지 도구(道具). ¶바느질 용구.

▸**용:구-함 用具函** (상자 함). 용구(用具)를 담아서 두는 상자[函]. ¶청소 용구함.

용궁 龍宮 (용 룡, 대궐 궁). 전설에서 바다 속에 있다고 하는 용왕(龍王)의 궁전(宮殿).

▸**용궁-부연록 龍宮赴宴錄** (나아갈 부, 잔치 연, 기록할 록). ① [속뜻] 용궁(龍宮)에서 벌인 잔치[宴]에 간[赴] 것을 기록(記錄)한 것. ② [문학] 조선 전기에, 김시습이 지은 한문 소설. 주인공 한생(韓生)이 용왕의 초대를 받고 용궁에서 극진한 대접을 받고 돌아온다는 내용으로 『금오신화』에 실려 있다.

용:권 用權 (쓸 용, 권세 권). 권세(權勢)를 부림[用].

⁑**용:기[1] 勇氣** (날쌜 용, 기운 기). 용감(勇敢)한 기운(氣運). 또는 사물을 겁내지 않는 기개. ¶용기가 나다.

용기[2] 容器 (담을 용, 그릇 기). 물건을 담는[容] 그릇[器]. ¶플라스틱 용기.

용:기[3] 用器 (쓸 용, 그릇 기). 기구(器具)를 사용(使用)함. 또는 그 기구. ¶용기로 설계도를 그리다.

▸**용:기-화 用器畫** (그림 화). [건설] 자, 분도기, 컴퍼스 따위의 기구[用器]를 써서 물체를 점이나 선으로 나타내는 기하학적 그림[畫]. 토목, 건축, 기계 따위의 설계에 쓰인다.

용납 容納 (담을 용, 들일 납). ① [속뜻] 너그러운 마음으로 포용(包容)하여 받아들임[納]. ¶너의 그런 무례한 행동은 도저히 용납할 수 없다. ② 어떤 물건이나 상황을 받아들임.

용녀 龍女 (용 룡, 딸 녀). 민속 ①전설에 나오는 용왕(龍王)의 딸[女]. ②용궁에 산다는 선녀.

용:단 勇斷 (날쌜 용, 끊을 단). 용기(勇氣) 있게 결단(決斷)을 내림. 또는 그 결단. ¶용단을 내리다.

용:달 用達 (쓸 용, 보낼 달). 물건 따위를 쓸[用] 사람에게 배달(配達)함. 또는 그런 일.

▸용:달-차 用達車 (수레 차). 상품이나 물건 따위를 전문적으로 배달하는[用達] 작은 화물 자동차(自動車).

용:담 用談 (쓸 용, 말씀 담). 용무(用務)나 볼일에 관한 말[談]. ¶시간이 없으니 용담만 간단히 말씀드리겠습니다.

용:덕 勇德 (날쌜 용, 베풀 덕). 가톨릭 사추덕(四樞德)의 하나. 어떠한 위험이라도 무릅쓰고[勇] 착한 일을 하는 덕(德).

용:도[1] 用度 (쓸 용, 정도 도). ① 속뜻 쓰이는[用] 정도[度]. ¶용도가 높다. ②관청이나 회사에서 물품을 공급하는 일.

***용:도[2] 用途** (쓸 용, 길 도). 쓰이는[用] 길[途]. 또는 쓰이는 곳. ¶용도 변경. ⓑ쓰임새.

용도[3] 鎔度 (쇠녹일 용, 정도 도). 화학 녹는[鎔] 점[度]. 융점(融點).

용:동 聳動 (솟을 용, 움직일 동). 두렵거나 놀라서 몸을 솟구쳐[聳] 뛰듯 움직임[動].

용두 龍頭 (용 룡, 머리 두). ① 속뜻 용(龍)의 머리[頭]. ②손목시계 따위에서 태엽을 감는 꼭지. ¶시계의 용두를 감았다. ③ 역사 과거에서, 문과의 장원.

▸용두-사미 龍頭蛇尾 (뱀 사, 꼬리 미). ① 속뜻 용(龍)의 머리[頭]가 뱀[蛇]의 꼬리[尾]로 됨. ②'처음은 왕성하나 끝이 부진한 현상'을 이르는 말.

용:략 勇略 (날쌜 용, 꾀할 략). 용기(勇氣)와 지략(智略)을 아울러 이르는 말. ¶동생은 용략과 지혜를 두루 갖추었다.

용:량[1] 用量 (쓸 용, 분량 량). ① 속뜻 사용(使用) 분량(分量). ② 약학 약제를 한 번 또는 하루에 사용하거나 복용하는 분량. ¶약을 복용할 때는 반드시 지시된 용량을 지키십시오.

용량[2] 容量 (담을 용, 분량 량). ① 속뜻 가구나 그릇 같은 데 담을 수 있는[容] 분량(分量). ¶3백 리터 용량의 냉장고. ②컴퓨터에 저장할 수 있는 정보의 양. ③ 물리 어떤 물질이 일정한 상태에서 가질 수 있는 에너지의 양 또는 전기의 양.

▸용량 분석 容量分析 (나눌 분, 가를 석). ① 속뜻 용량(容量)을 분석(分析)함. ② 화학 농도를 아는 표준 용액을 뷰렛에 넣고 시료 용액에 조금씩 떨어뜨려 반응이 끝났을 때의 표준 용액의 소비량으로 시료의 농도를 결정하는 방법.

용:력 勇力 (날쌜 용, 힘 력). 씩씩한[勇] 힘[力]. 또는 뛰어난 역량. ¶용력을 발휘하다 / 출중한 용력.

용렬 庸劣 (보통 용, 못할 렬). 못생기어 재주가 남만 못하여 어리석고[庸] 변변하지 못함[劣].

용:례 用例 (쓸 용, 본보기 례). 실제로 쓰이는[用] 본보기[例]. 또는 용법의 보기. ¶용례의 색인.

용루 龍淚 (용 룡, 눈물 루). 임금[龍]의 눈물[淚]. ¶용루를 흘리다.

용마 龍馬 (용 룡, 말 마). ① 속뜻 모양이 용(龍) 같다는 상상의 말[馬]. ②매우 잘 달리는 훌륭한 말. ¶개천에서 용마가 났다.

용매 溶媒 (녹을 용, 맺어줄 매). ① 속뜻 녹여서[溶] 맺어줌[媒]. ② 화학 어떤 액체에 물질을 녹여서 용액을 만들 때 그 액체를 가리킴.

용:맹 勇猛 (날쌜 용, 사나울 맹). 용감(勇敢)하고 사나움[猛]. ¶용맹을 떨치다 / 용맹스러운 병사.

용:명[1] 勇名 (날쌜 용, 이름 명). 용감(勇敢)하고 사납다는 명성(名聲). ¶용명을 떨치다.

용:명[2] 勇明 (날쌜 용, 밝을 명). 용감(勇敢)하고 총명(聰明)하며 민첩(敏捷)함.

용명[3] 溶明 (녹을 용, 밝을 명). ① 속뜻 물감이 물에 녹듯이[溶] 조용히, 조금씩밝아짐[明]. ② 연영 영화 촬영에서의 한 기법. 영사(映寫)할 때, 어둡고 캄캄하던 화면이 점차 가시어 빛을 더해서 밝고 선명한 화면이 되도록 촬영하는 일. 또는 그 화면. ③라디오나 텔레비전 따위에서 소리나 상(像)이 점차 뚜렷해지는 일. ⓑ용암(溶暗).

용모 容貌 (얼굴 용, 모양 모). 사람의 얼굴[容] 모양[貌]. ¶용모가 단정하다. ㊥모용(貌容), 형모(形貌).

▸ 용모-파기 容貌疤記 (흉터 파, 기록할 기). 어떠한 사람을 잡기 위해 그 사람의 용모(容貌)와 흉터[疤] 같은 특징을 기록(記錄)함. 또는 그런 기록.

용몽 龍夢 (용 룡, 꿈 몽). 용(龍)이 나오는 꿈[夢].

용:무 用務 (쓸 용, 일 무). 힘이나 마음을 써야[用] 할 일[務]. ¶용무를 말하다. ㊥볼일, 용건(用件).

용문 龍紋 (용 룡, 무늬 문). 용(龍)을 그린 오색의 무늬[紋].

▸ 용문-석 龍紋席 (자리 석). 용의 무늬[龍紋]를 놓아 짠 돗자리[席].

용문-사 龍門寺 (용 룡, 문 문, 절 사 불교 경기도 양평군 용문(龍門)면 신점리에 있는 절[寺]. 권근(權近)이 지은 정지(正智) 국사비(國師碑)와 천연기념물 제30호로 지정된 은행나무가 있다.

용미 龍尾 (용 룡, 꼬리 미). ① 속뜻 용(龍)의 꼬리[尾]. ② 무덤의 분상 뒤를 용의 꼬리처럼 만든 자리.

▸ 용미봉탕 龍尾鳳湯 (봉황새 봉, 끓을 탕). ① 속뜻 용(龍)의 꼬리[尾]와 봉황(鳳凰)을 넣고 끓인 탕국[湯]. ② '맛이 매우 좋은 음식'을 비유하여 이르는 말.

용:법 用法 (쓸 용, 법 법). ① 속뜻 사용(使用)하는 방법(方法). ¶약품을 사용하기 전에 용법을 잘 읽어 보아라. ② 법을 이용함.

용:변 用便 (쓸 용, 똥오줌 변). 대변(大便)이나 소변(小便)을 봄[用]. ¶용변을 가리다.

용:병[1] 勇兵 (날쌜 용, 군사 병). 용감(勇敢)한 군사[兵]. 용사(勇士). 용자(勇者). 용졸(勇卒).

용병[2] 傭兵 (품팔 용, 군사 병). ① 군사 봉급을 주어[傭] 고용한 병사(兵士). ¶용병을 모집하다. ② 스포츠에서 외국에서 돈을 주고 데려온 선수. ㊥고병(雇兵).

용:병[3] 用兵 (쓸 용, 군사 병). 군사[兵]를 부림[用]. 용군(用軍). 용무(用武). ¶용병에 능하다.

▸ 용:병-법 用兵法 (법 법). 군사 군사를 부리는[用兵] 방법(方法). 용병술(用兵術).

▸ 용:병-술 用兵術 (꾀 술). ① 군사 전쟁에서 군사[兵]를 부리고[用] 지휘하여 전투를 승리로 이끌기 위한 여러 가지 방법이나 기술(技術). ㊟병술. ㊥용병법(用兵法). ② 운동 선수를 부리는 기술을 비유하여 이르는 말. ¶용병술이 뛰어난 감독.

▸ 용:병-학 用兵學 (배울 학). 용병술(用兵術)에 대하여 연구하는 학문(學問).

용봉-탕 龍鳳湯 (용 룡, 봉황새 봉, 끓을 탕). 용(龍)을 대신한 잉어와 봉황(鳳凰)을 대신한 닭을 넣고 끓인 탕국[湯]. ¶아버지의 보신을 위해 용봉탕을 끓였다.

용:불용-설 用不用說 (쓸 용, 아닐 불, 쓸 용, 말씀 설). 생물 진화학설의 하나. 자주 사용(使用)하는 기관은 세대를 거듭함에 따라서 잘 발달하며 그렇지 못한[不用] 기관은 점점 퇴화하여 없어진다는 학설(學說). 1909년에 라마르크가 제창하였으며 이러한 발달과 미발달은 자손에게 유전한다고 한다.

용비어천-가 龍飛御天歌 (용 룡, 날 비, 어거할 어, 하늘 천, 노래 가). 문학 조선 세종 29년(1447)에 정인지, 안지, 권제 등이 지은 악장의 하나. 훈민정음으로 쓴 최초의 작품으로, 조선을 세우기까지 목조·익조·도조·환조·태조·태종의 사적(事跡)을 중국 고사(故事)에 비유하여, 공덕을 기리어 지은 노래이다. 각 사적의 기술에 앞서 우리말 노래를 먼저 싣고 그에 대한 한역시를 뒤에 붙였다. 임금을 상징하는 용[龍]이 되어 날아[飛] 하늘[天]로 올라 간[御] 것을 노래[歌] 한다는 뜻에서 붙여진 이름으로 추정된다.

용빙 傭聘 (품팔 용, 부를 빙). 사람을 쓰려고[傭] 부름[聘].

용:사[1] 勇士 (날쌜 용, 선비 사). ① 속뜻 용맹스러운[勇] 사람[士]. ② 용병(勇兵). ¶참전 용사.

용사[2] 容赦 (담을 용, 용서할 사). 포용(包容)하여 사면(赦免)해 줌.

용사[3] 龍蛇 (용 룡, 뱀 사). 용(龍)과 뱀[蛇]을 아울러 이르는 말.

▸ 용사-비등 龍蛇飛騰 (날 비, 오를 등). ① 속뜻 용과 뱀[龍蛇]이 하늘로 날아[飛] 오름[騰]. ② '살아 움직이듯 매우 활기찬 글씨'를 비유하여 이르는 말. ¶용사비등의 필

체.

용상¹ 龍床 (용 룡, 평상 상). 임금[龍]이 정무를 볼 때 앉던 평상(平床). 용평상. ¶임금이 용상에 올랐다.

용:상² 聳上 (솟을 용, 위 상). 운동 역도에서 바벨을 두 손으로 잡아 한 동작으로 일단 가슴 위까지 올려서 한 번 받쳐 든 다음, 허리와 다리의 반동을 이용하여 다시 머리 위[上]로 추어올림[聳].

용색 容色 (얼굴 용, 빛 색). 용모(容貌)와 안색(顔色)을 아울러 이르는 말. ¶그녀는 노래도 잘하고 용색도 곱다.

용서 容恕 (담을 용, 동정할 서). ①속뜻 동정심[恕]을 마음에 담음[容]. ②꾸짖거나 벌하지 않고 덮어 줌. ¶용서를 빌다.

용석 鎔石 (쇠녹일 용, 돌 석). 광업 화산에서 뿜어 나온 돌. 또는 땅에서 열을 받아 녹은[鎔] 돌[石].

용선¹ 溶銑 (녹을 용, 무쇠 선). 공업 선철(銑鐵)을 가열하여 녹이는[溶] 일. 또는 녹아서 길쭉해진 그 쇠.

용선² 傭船 (품팔 용, 배 선). 삯[傭]을 주고 배[船]를 이용하는 일.

용설-란 龍舌蘭 (용 룡, 혀 설, 난초 란). 식물 잎이 용(龍)의 혀[舌]처럼 생긴 난초(蘭草). 용설란과의 상록 여러해살이풀.

용소 龍沼 (용 룡, 늪 소). 폭포수가 떨어지는 바로 밑에 있는 깊은 웅덩이[沼]. 용추(龍湫). 용이 사는 곳이라 여겨 용(龍)자를 붙인 것으로 추정된다.

용:수¹ 用水 (쓸 용, 물 수). ①속뜻 물[水]을 쓰는[用] 일. ②방화·관개·공업·발전 따위를 위하여 먼 곳에서 물을 끌어옴. 또는 그 물. ¶공업 용수.

용수² 龍鬚 (용 룡, 콧수염 수). ①속뜻 용(龍)의 수염[鬚]. ②임금의 수염을 높여 이르는 말.

▸용수-철 龍鬚鐵 (쇠 철). ①속뜻 용(龍)의 수염[鬚]처럼 생긴 쇠[鐵]줄. ②늘고 주는 탄력이 있는 나선형으로 된 쇠줄. ¶용수철이 튕겨 나가다.

용슬 容膝 (담을 용, 무릎 슬). ①속뜻 무릎[膝]도 간신히 넣을[容] 정도로 매우 좁음. ②'방이나 장소가 매우 비좁음'을 비유하여 이르는 말. ㊥용신(容身).

용식 작용 溶蝕作用 (녹을 용, 갉아먹을 식, 지을 작, 쓸 용). 지리 빗물이나 지하수가 암석을 녹여서[溶] 먹어 들어가는[蝕] 작용(作用). 석회암 지역에 많이 나타난다.

용신¹ 容身 (담을 용, 몸 신). ①속뜻 몸[身]을 겨우 담을[容] 정도로 장소나 방이 좁고 작음. 용슬(容膝). ②이 세상에 겨우 몸을 붙이고 살아감.

용신² 龍神 (용 룡, 귀신 신). ①속뜻 용(龍)을 신(神)으로 모심. ②용왕(龍王).

▸용신-제 龍神祭 (제사 제). 민속 음력 유월 용날이나 유둣날 또는 칠월 칠석에 용왕[龍]을 신(神)으로 모시고 지내는 제사(祭祀). 농가에서 비를 내려 풍년이 들게 해 달라고 지낸다. 농신제(農神祭).

용:심 用心 (쓸 용, 마음 심). 정성스레 마음[心]을 씀[用]. 용념(用念).

용안¹ 容顔 (얼굴 용, 얼굴 안). ①속뜻 얼굴[容=顔], 눈, 코, 입이 있는 머리의 앞면. ②머리 앞면의 전체적 윤곽이나 생김새. ③주위에 잘 알려져서 얻은 평판이나 명예. 또는 체면. ④어떤 심리 상태가 나타난 형색. ⑤어떤 사물의 진면목을 단적으로 보여 주는 대표적 표상.

용안² 龍眼 (용 룡, 눈 안). ①속뜻 용(龍)의 눈[眼]같이 생긴 과일. ②식물 무환자과의 상록 교목. 높이는 13미터 정도이며 잎은 어긋나고 두껍고 긴 타원형이다. 4월에 황백색 꽃이 잎겨드랑이 또는 가지 끝에 원추(圓錐) 꽃차례로 피고 열매는 둥근 모양으로 7~8월에 익는데 강모(剛毛)가 많으며 씨에 붙은 용안육은 맛이 달아 식용하고 약용하기도 한다. 원안(圓眼). ③한의 용안의 열매를 한방에서 이르는 말. 용안육(龍眼肉).

용안³ 龍顔 (용 룡, 얼굴 안). 임금을 용(龍)에 비유하여 높이고, 그 얼굴[顔]을 이르는 말. ㊥옥안(玉顔), 성안(聖顔).

용암 鎔巖 (쇠녹일 용, 바위 암). ①속뜻 녹은[鎔] 바위[巖]. ②지리 화산의 분화구에서 분출된 마그마. 또는 그것이 냉각·응고된 암석. ¶화산에서 화산재와 용암이 분출되고 있다.

▸용암-구 鎔巖丘 (언덕 구). 지리 유출된 용암(鎔巖)이 화구 바닥에서 높이 솟아올라

가마솥을 엎어놓은 모양으로 이루어진 언덕[丘].

▸용암-굴 鎔巖窟 (굴 굴). [지리] 용암류(鎔巖流)의 겉은 식어 굳어지고 속은 쉽게 굳지 못하여 흘러 나감으로써 생긴 굴(窟).

▸용암-류 鎔巖流 (흐를 류). [지리] 화산이 분화할 때에 화구(火口)에서 흘러나오는 용암(鎔巖)의 흐름[流]. 또는 그 굳은 무더기.

▸용암-층 鎔巖層 (층 층). [지리] 용암(鎔巖)이 분출하여 형성된 지층(地層).

▸용암-탑 鎔巖塔 (탑 탑). [지리] 분출한 용암(鎔巖)이 화산구(火山口)에 높이 쌓여 탑(塔) 모양으로 솟은 화산. 벨로니테(Belonite).

▸용암 대지 鎔巖臺地 (돈대 대, 땅 지). [지리] 화산의 용암(鎔巖)이 대량으로 유출하여 생긴 대지(臺地). 지각의 갈라진 틈 또는 많은 화구로부터 다량의 현무암질 용암류가 분출하여 거의 수평으로 겹쳐져 만들어진 광대한 땅이다. 오랜 시간에 걸쳐 거듭하여 흘러내린 것이 퇴적하여 이루어진다. [준] 용암대.

용액 溶液 (녹을 용, 진 액). [화학] 어떤 물질이 다른 물질에 녹아서[溶] 혼합된 액체(液體). 녹아 있는 물질은 용질, 녹인 액체는 용매라 한다. '용해액'(溶解液)의 준말.

용:약¹ 勇躍 (날쌜 용, 뛰어오를 약). 용감(勇敢)하게 뛰어감[躍]. ¶병약한 그의 용약을 보고 모두 감탄하였다.

용:약² 踊躍 (뛸 용, 뛰어오를 약). 좋아서 뜀[踊=躍].

용:어 用語 (쓸 용, 말씀 어). 일정한 전문 분야에서 주로 사용(使用)하는 말[語]. ¶경제 용어.

용:언 用言 (쓸 용, 말씀 언). [언어] 독립한 뜻을 가지고 어미를 활용하여 서술어로 쓰이는[用] 말[言]. 동사·형용사의 총칭.

용여 容與 (담을 용, 줄 여). ① [속뜻] 너그럽게 용납(容納)하여 줌[與]. ② 태도나 마음이 태연하고 여유가 있음.

용:역 用役 (쓸 용, 부릴 역). ① [속뜻] 노역(勞役)을 씀[用]. ② [경제] 물질적 재화의 형태를 취하지 않고 생산과 소비에 필요한 노무를 제공하는 일. ¶용역 회사.

▸용:역 수출 用役輸出 (나를 수, 날 출). [경제] 보험, 은행 업무, 운송 따위의 서비스를 외국에 제공하거나 노무를 직접 수출하는 인력[用役] 수출(輸出) 따위.

용왕 龍王 (용 룡, 임금 왕). [불교] 바다에 살며 비와 물을 맡고 불법을 수호하는 용(龍) 가운데의 임금[王].

▸용왕-경 龍王經 (책 경). [민속] 용왕(龍王)에게 비를 내려 달라고 비는 제사 때 읽는 경문(經文). 용신경(龍神經).

용:왕-매진 勇往邁進 (날쌜 용, 갈 왕, 힘쓸 매, 나아갈 진). 용감(勇敢)하게 나아가[往] 전심전력을 다하여[邁] 해 나감[進]. 용왕직전(勇往直前). 용왕직진(勇往直進).

용원 傭員 (품팔 용, 사람 원). ① [속뜻] 품팔이[傭]를 하는 사람[員]. 품팔이꾼. ② 관청에서 임시로 채용한 사람.

용유 溶油 (녹을 용, 기름 유). [미술] 그림 물감을 갤 때[溶] 쓰는 기름[油]. 테레빈유 따위의 휘발성 기름이나 아마인유, 개자유 따위의 건성유가 사용된다.

용융 鎔融 (=熔融, 쇠녹일 용, 녹을 융). [화학] 고체가 열에 녹아서[鎔=融] 액체상태가 됨. 융해(融解).

▸용융-점 鎔融點 (점 점). [화학] 융점(融點).

용의 容儀 (얼굴 용, 거동 의). 차림새[容]와 몸가짐[儀]. [비] 의용(儀容), 의표(儀表).

용:의¹ 用意 (쓸 용, 뜻 의). ① [속뜻] 어떤 일을 하려고 마음[意]을 먹거나 씀[用]. 또는 그 마음. ¶이 원칙을 받아들일 용의가 있다. ② 미리 마음을 가다듬음.

▸용:의주도 用意周到 (다듬을 주, 이를 도). 마음의 준비[用意]가 매우 정교함[周到]. ¶용의주도한 계획.

용의² 容疑 (담을 용, 의심할 의). ① [속뜻] 의심(疑心)을 받음[容]. ② 범죄를 저지른 사실이 있으리라는 의심을 하는 것을 가리킴. ¶용의 차량을 집중 추적하다.

▸용의-자 容疑者 (사람 자). [법률] 범죄의 혐의가 있다고 의심을 받고 있는[容疑] 사람[者]. ¶살인 사건의 용의자. [비] 피의자(被疑者), 혐의자(嫌疑者).

용이 容易 (담을 용, 쉬울 이). ① [속뜻] 쉬운[易] 것을 담고[容] 있음. ② 아주 쉽다. 어렵지 않다. ¶이 컴퓨터는 조립이 용이한 것이 장점이다. [반] 난해(難解)하다.

용ː익 用益 (쓸 용, 더할 익). 사용(使用)으로 얻은 이익(利益).

▸용ː익 물권 用益物權 (만물 물, 권리 권). 법률 다른 사람의 부동산을 사용하여 이익을 얻을 수 있는[用益] 사물(事物)에 대한 제한적인 권리(權利). 지상권, 지역권, 전세권 따위.

용ː인¹ 用人 (쓸 용, 사람 인). 사람[人]을 씀[用]. 또는 그 사람.

용인² 容忍 (담을 용, 참을 인). 너그러운 마음으로 참고[忍] 용서(容恕)함.

용인³ 容認 (담을 용, 알 인). 너그러운 마음에 담아서[容] 인정(認定)함. ¶이런 식의 실수는 용인할 수 없다.

용인⁴ 庸人 (보통 용, 사람 인). 평범한[庸] 사람[人]. 범인.

용인⁵ 傭人 (품팔 용, 사람 인). 고용(雇傭)된 사람[人].

용ː자¹ 勇者 (날쌜 용, 사람 자). ① 속뜻 용맹(勇猛)스러운 사람[者]. 용사(勇士). ¶다니엘이나 삼손 같은 한 용자의 모습. ② 용병(勇兵). ¶그는 수년간의 해전에서 수군의 용자로 이름을 떨쳤다.

용자² 容姿 (얼굴 용, 맵시 자). 용모(容貌)와 자태(姿態)를 아울러 이르는 말. ¶그 소녀는 남다른 재주와 용자로 다른 동기생들에게서 부러움과 시기를 받고 있었다.

용ː자-례 用字例 (쓸 용, 글자 자, 본보기 례). ① 속뜻 글자[字]를 사용(使用)하는 보기[例]. ② 언어 『훈민정음』 해례본에서 보인 해례의 하나. 초성, 중성, 종성의 순서를 명시하고 실제의 사용례를 보였다.

용ː자-창 用字窓 (쓸 용, 글자 자, 창문 창). 건설 가로살 두 개와 세로살 한 개로 '用' 자(字) 모양으로 짠 창문(窓門).

용ː장¹ 勇壯 (날쌜 용, 씩씩할 장). 용감(勇敢)하고 굳셈[壯]. ¶용장한 모습.

용ː장² 勇將 (날쌜 용, 장수 장). 용감(勇敢)한 장수(將帥). ¶용장 밑에 약졸(弱卒) 없다.

용ː재 用材 (쓸 용, 재목 재). ① 속뜻 연료 이외에 건축·가구 따위에 쓰는[用] 나무[材]. ② 재료로 쓰는 물건.

용재-총화 慵齋叢話 (게으를 용, 재계할 재, 모일 총, 이야기 화). 문학 조선 중기의 학자인 용재(慵齋) 성현(成俔)의 수필[話]을 모아 놓은[叢] 책. 풍속·지리·역사·문물·제도·음악·문학·인물·설화 따위가 수록되어 있으며, 문장이 아름다워 조선 시대의 수필 문학의 우수작으로 꼽힌다.

용적 容積 (담을 용, 쌓을 적). ① 속뜻 물건을 담고[容] 쌓을[積] 수 있는 부피. 혹은 용기 안을 채우는 분량. ¶물이 냉각되면 그 용적이 늘어난다. ② 수학 통이나 그릇안에 넣을 수 있는 물건 부피의 최댓값.

▸용적-계 容積計 (셀 계). 물건을 담을 수 있는 부피[容積]를 재는[計] 기구.

▸용적-량 容積量 (분량 량). 용적(容積)의 분량(分量). ¶물탱크의 용적량을 늘리다.

▸용적-률 容積率 (비율 률). 건설 대지 면적에 대한 건물 전체 넓이[容積]의 비율(比率). 건축물에 의한 토지의 이용도를 보여주는 기준이 된다.

용ː전¹ 用錢 (쓸 용, 돈 전). ① 속뜻 돈[錢]을 씀[用]. ② 개인이 자질구레하게 쓰는 돈. 용돈.

용ː전² 勇戰 (날쌜 용, 싸울 전). 용감(勇敢)하게 싸움[戰]. 또는 그런 싸움. 용투(勇鬪). ¶각지에서 일어난 의병의 용전으로 외침을 극복하였다.

용점 鎔點 (녹을 용, 점 점). 화학 융점(融點).

용접¹ 容接 (얼굴 용, 맞이할 접). ① 속뜻 얼굴[容]로 맞이함[接]함. ② 찾아온 손님을 만나 봄. ③ 가까이하여 사귐.

용접² 鎔接 (쇠녹일 용, 이을 접). 공업 두 개의 금속·유리·플라스틱 따위를 녹여서[鎔] 서로 이어붙임[接]. 또는 그런 일.

용제¹ 溶劑 (녹을 용, 약제 제). 화학 물질을 녹이는[溶] 데 쓰는 액체[劑]. 알코올, 가솔린 따위가 있다.

용제² 龍祭 (용 룡, 제사 제). 역사 가물 때 용왕(龍王)에게 비를 빌던 제사(祭祀).

용존 산소량 溶存酸素量 (녹을 용, 있을 존, 신맛 산, 바탕 소, 분량 량). 생물 하천, 호수 따위의 물속에 녹아[溶] 있는[存] 산소(酸素)의 양(量).

용졸 庸拙 (보통 용, 서툴 졸). 어리석고[庸] 옹졸(壅拙)함.

용ː지¹ 用地 (쓸 용, 땅 지). 어떤 일에 사용(使用)할 토지(土地). ¶용지를 선정하다.

용:지² 用紙 (쓸 용, 종이 지). 어떤 일에 사용(使用)할 종이[紙]. ¶복사 용지.

용:지불갈 用之不渴 (쓸 용, 대명사 지, 아닐 불, 목마를 갈). 그것을[之] 아무리 써도[用] 닳거나 말라[渴] 없어지지 아니함[不]. ¶용지불갈하는 샘은 없다.

용지-연 龍池硯 (용 룡, 못 지, 벼루 연). 용(龍)을 아로새겨 못[池]처럼 파 놓은 벼루[硯].

용:진 勇進 (날쌜 용, 나아갈 진). 용감(勇敢)하게 나아감[進]. [비]용왕(勇往).

용질¹ 容質 (얼굴 용, 바탕 질). 용모(容貌)와 체질(體質)을 아울러 이르는 말.

용질² 溶質 (녹을 용, 바탕 질). [화학] 용액(溶液)에 녹아 있는 물질(物質). 액체에 다른 액체가 녹아 있을 때에는 양이 적은 쪽을 가리킨다. '용해질'(溶解質)의 준말.

용:처 用處 (쓸 용, 곳 처). 돈이나 물품 따위의 쓸[用] 곳[處]. ¶용처를 확인하다.

용:천 湧泉 (샘솟을 용, 샘 천). ① [속뜻] 물이 솟아나는[湧] 샘[泉]. ② '왕성하게 발생함'을 비유하여 이르는 말. ③ [지리] 지하수가 자연 상태에서 지표로 분출하는 일.

용:출¹ 湧出 (샘솟을 용, 날 출). 물이 솟아[湧] 나옴[出].

용:출² 聳出 (솟을 용, 날 출). 우뚝 솟아[聳] 남[出].

용태 容態 (얼굴 용, 모양 태). ① [속뜻] 얼굴 모양[容]과 몸맵시[態]. 용체(容體). ② 병(病)의 상태나 모양.

용:퇴 勇退 (날쌜 용, 물러날 퇴). ① [속뜻] 조금도 꺼리지 않고 용기(勇氣) 있게 물러남[退]. ② 후진에게 길을 열어 주기 위해 스스로 관직 같은 데에서 물러남.

용:품 用品 (쓸 용, 물건 품). 그것에 관련하여 쓰이는[用] 물품(物品). ¶생활 용품.

용:필 用筆 (쓸 용, 붓 필). 붓[筆]을 놀림[用]. [비][운]필(運筆).

용합 溶合 (녹을 용, 합할 합). 두 물질이 녹아서[溶] 한데 합쳐짐[合]. 또는 녹여서 한데 합침.

용해¹ 鎔解 (쇠녹일 용, 풀 해). [화학] 고체의 물질이 열에 녹아[鎔] 풀어져[解] 액체 상태로 되는 일. 또는 그렇게 되게 하는 일.

용해² 溶解 (녹을 용, 풀 해). ① [속뜻] 녹아[溶] 풀어짐[解]. ② [화학] 물질이 액체 속에서 균일하게 녹아 용액을 만드는 일. ¶소금은 물에 용해된다.

▶용해-도 溶解度 (정도 도). [화학] 일정한 온도에서 일정한 양의 용매 가운데 녹을 수 있는[溶解] 용질의 최대의 양[度].

▶용해-로 溶解爐 (화로 로). [공업] 금속을 녹여서 액체 상태[溶解]로 만드는 가마[爐]. 용선로, 반사로, 전로(轉爐), 전기로, 평로(平爐) 따위가 있다.

▶용해-열 溶解熱 (더울 열). [화학] 용매 속에 용질을 녹일 때[溶解] 발생하거나 흡수되는 열량(熱量). 흡수열(吸收熱).

▶용해-제 溶解劑 (약제 제). [화학] 어떤 액체에 물질을 녹여서[溶解] 용액을 만들 때 그 액체[劑]를 가리키는 말. 용매(溶媒).

▶용해-질 溶解質 (바탕 질). [화학] 용액에 녹아 있는[溶解] 물질(物質). 액체에 다른 액체가 녹아 있을 때에는 양이 적은 쪽을 가리킨다. 용질(溶質).

용:현 用賢 (쓸 용, 어질 현). 어질고[賢] 총명한 사람을 등용(登用)함.

용혈 溶血 (녹을 용, 피 혈). ① [속뜻] 녹아[溶] 흘러내린 피[血]. ② [의학] 혈액 내 적혈구의 세포막이 파괴되어 그 안의 헤모글로빈이 혈구 밖으로 흘러나오는 현상.

▶용혈-소 溶血素 (바탕 소). [의학] 적혈구를 파괴하고 헤모글로빈을 유출시키는[溶血] 물질[素].

▶용혈 반:응 溶血反應 (되돌릴 반, 응할 응). [의학] 용혈(溶血).

▶용혈 현:상 溶血現象 (나타날 현, 모양 상). [의학] 용혈(溶血).

▶용혈성 빈혈 溶血性貧血 (성질 성, 모자랄 빈, 피 혈). [의학] 적혈구 파괴가 계속되어[溶血性] 피 속에 적혈구나 혈색소(血色素)의 수가 적어지는[貧] 현상. 황달, 관절통, 발진 따위가 따른다.

용호 龍虎 (용 룡, 호랑이 호). ① [속뜻] 용(龍)과 범[虎]을 아울러 이르는 말. ② 실력이 비슷한 두 사람의 영웅을 아울러 이르는 말. ③ [민속] 묏자리나 집터의 왼쪽과 오른쪽의 지형을 이르는 말.

▶용호-상박 龍虎相搏 (서로 상, 잡을 박). ① [속뜻] 용과 범이[龍虎] 서로[相] 싸움[搏].

②강자끼리 서로 싸움을 이르는 말. 양웅상쟁(兩雄相爭).

용화 鎔化 (쇠녹일 용, 될 화). 열로 녹여서[鎔] 모양을 변화(變化)시킴. 또는 열에 녹아서 모양이 변함.

용훼 容喙 (담을 용, 주둥이 훼). 간섭하여[容] 말참견[喙]을 함. ¶남의 일에 함부로 용훼하다.

우각 隅角 (모퉁이 우, 모서리 각). ① 속뜻 어떤 장소의 구석진 곳이나 모퉁이[隅=角]. ② 수학 입체각(立體角).

우각[1] 優角 (뛰어날 우, 모서리 각). 수학 한 점에서 나오는 두 반직선이 이루는 각 가운데 보다 큰[優] 쪽의 각(角).

우각[2] 牛角 (소 우, 뿔 각). 소[牛]의 뿔[角]. 쇠뿔.

▸우각-호 牛角湖 (호수 호). 지리 쇠[牛] 뿔[角] 모양의 호수(湖水). 구불구불한 하천의 일부가 본래의 하천에서 분리되어 생긴다.

우:거 寓居 (머무를 우, 살 거). ① 속뜻 남의 집이나 타향에서 임시로 몸을 붙여[寓] 삶[居]. 또는 그런 집. 교거(僑居). 교우(僑寓). 교접(僑接). ②자기의 주거(住居)를 낮추어 이르는 말.

우견 愚見 (어리석을 우, 볼 견). ① 속뜻 어리석은[愚] 생각[見]. ②남에게 자기의 의견을 낮추어 이르는 말. 우고(愚考).

우:경[1] 右傾 (오른쪽 우, 기울 경). ① 속뜻 오른쪽[右]으로 기울어짐[傾]. ¶이 기둥은 건물의 우경을 막기 위한 것이다. ②우익적인 사상으로 기울어짐. 또는 그런 경향. ¶우경 노선.

우:경[2] 雨景 (비 우, 볕 경). 비[雨]가 올 때의 경치(景致). ¶전망대에서 보는 우경은 참 장관이었다.

우:계 雨季 (비 우, 계절 계). 비[雨]가 많이 오는 계절(季節). 우기(雨期).

우골 牛骨 (소 우, 뼈 골). 소[牛]의 뼈[骨]. 쇠뼈.

▸우골-유 牛骨油 (기름 유). 저온에서 우골지(牛骨脂)로부터 뺀 기름[油]. 응고점이 낮으며 윤활유로 쓴다.

▸우골-지 牛骨脂 (기름 지). 쇠뼈[牛骨]에서 뽑아낸 지방(脂肪). 비누, 우골유 따위를 만드는 데 쓰인다.

우공이산 愚公移山 (어리석을 우, 노인 공, 옮길 이, 뫼 산). ① 속뜻 우직한 우공(愚公)이 산(山)을 옮김[移]. ②어떤 일이든 끊임없이 노력하면 반드시 이루어짐을 이르는 말. 우공이라는 한 우직한 노인이 집을 가로막은 산을 옮기려고 대대로 산의 흙을 파서 나르겠다고 하자 이에 감동한 하느님이 산을 옮겨 주었다는 이야기에서 나온 성어이다. ≪열자(列子)≫의 〈탕문편(湯問篇)〉에 나오는 말이다. ¶그는 우공이산을 좌우명 삼아 묵묵히 일했다.

우구 憂懼 (근심할 우, 두려워할 구). 근심하고[憂] 두려워함[懼]. 또는 그런 마음. ¶새로운 삶을 살게 된 귀순자들이 우구를 갖는 것은 당연한 일이다.

우국 憂國 (근심할 우, 나라 국). 나랏일[國]을 근심하고 염려함[憂].

▸우국지사 憂國之士 (어조사 지, 선비 사). 나랏일을 근심하고 염려하는[憂國] 사람[士].

▸우국지심 憂國之心 (어조사 지, 마음 심). 나랏일을 근심하고 염려하는[憂國] 마음[心]. 우국심(憂國心).

▸우국지정 憂國之情 (어조사 지, 뜻 정). 나라[國]를 근심[憂]하는[之] 심정(心情). 또는 그런 마음. ¶우국지정에서 임금에게 상소를 하였다. ㊥우국지심(憂國之心).

▸우국-충절 憂國忠節 (충성 충, 절개 절). 나라[國] 일을 근심[憂]하고 충성(忠誠)을 다하는 절개(節概). ¶우국충절의 정신을 기리다.

우:군[1] 友軍 (벗 우, 군사 군). 자기와 같은 편[友]의 군대(軍隊).

우:군[2] 右軍 (오른쪽 우, 군사 군). ① 군사 오른쪽[右]에 있는 부대[軍]. 또는 대열의 오른쪽. 우익군(右翼軍). ② 역사 고려 시대에 둔 오군(五軍)의 하나. ③ 역사 고려 말기·조선 초기에, 나라의 우측인 서쪽의 방위를 맡아보던 군대. 삼군(三軍)의 하나.

우궁형 優弓形 (뛰어날 우, 활 궁, 모양 형). 수학 반원보다 큰[優] 활[弓] 꼴[形].

우금 于今 (어조사 우, 이제 금). 지금(只今)에 이르기까지[于]. 지금까지. ¶고향을 떠난 지 우금 20년이 되었다.

우:기[1] **雨氣** (비 우, 기운 기). 비[雨]가 올 듯한 기운(氣運). 우의(雨意). 우태(雨態).

우:기[2] **雨期** (비 우, 때 기). 비[雨]가 많이 오는 시기(時期). ¶우기에 접어들었다. ⑪ 우계(雨季). ⑪건기(乾期).

우:단 羽緞 (털 우, 비단 단). 거죽에 고운 털[羽]이 돋게 짠 비단(緋緞). 비로드. 벨벳. ¶검정 우단 외투에 자줏빛 목도리를 걸치고 있다.

우:당[1] **友黨** (벗 우, 무리 당). 우의적(友誼的)으로 지내는 당파(黨派). 어떤 정당 편에서 보아 당파는 다르지만 정책이나 강령 따위의 공통점이 있어서 우호 관계를 유지하는 정당을 말한다.

우:당[2] **右黨** (오른쪽 우, 무리 당). 우익(右翼)의 정당(政黨).

우대 優待 (뛰어날 우, 대우할 대). 특별히 잘[優] 대우(待遇)함. 또는 그런 대우. 위대(爲待). ¶무역 우대 조치.

▸우대-권 優待券 (문서 권). 남보다 특별히 잘 대우할 것을[優待] 나타낸 표[券]. 상점이나 공연장 따위에서 발행한다.

▸우대-증 優待證 (증거 증). 특별한 대우[優待]를 받을 자격이 있다는 증명(證明). ¶경로 우대증.

우:도[1] **友道** (벗 우, 길 도). 친구[友]를 사귀는 도리(道理). ¶그는 어려운 상황에서도 우도를 지키기에 친구들이 많다.

우:도[2] **右道** (오른쪽 우, 길 도). ① 속뜻 오른쪽[右]에 있는 도(道). ② 역사 조선 시대에, 각 도를 둘로 나누었을 때 그 한쪽을 이르던 말. 충청도, 전라도, 경상도, 황해도의 경우에는 서쪽을 이르고 경기도의 경우에는 북쪽을 이르던 말이다.

우도-할계 牛刀割鷄 (소 우, 칼 도, 나눌 할, 닭 계). ① 속뜻 소[牛] 잡는 칼[刀]로 닭[鷄]을 잡음[割]. ②작은 일에 어울리지 아니하게 큰 도구를 씀. ③'지나치게 과장된 표현이나 몸짓 따위'를 비유하여 이르는 말.

우두 牛痘 (소 우, 천연두 두). 의학 천연두(天然痘)를 예방하기 위하여 소[牛]에서 뽑은 면역 물질. ¶우두를 놓다 / 우두를 맞다.

우둔 愚鈍 (어리석을 우, 둔할 둔). 어리석고[愚] 둔(鈍)함. ¶그녀는 정말 우둔하다. ⑪ 총명(聰明)하다, 똑똑하다.

우등 優等 (뛰어날 우, 무리 등). ① 속뜻 보통의 수준이나 등급(等級)보다 우수(優秀)함. 또는 그런 등급. ②성적 따위가 우수한 것. 또는 그런 성적. ¶그는 6년 내내 우리 반에서 우등을 놓치지 않은 모범생이었다. ⑪열등(劣等).

▸우등-상 優等賞 (상줄 상). 우등(優等)한 사람에게 주는 상(賞). ¶우등상을 타다.

▸우등-생 優等生 (사람 생). 성적이 우수한[優等] 학생(學生). ¶너도 열심히 공부하면 우등생이 될 수 있다.

우량 優良 (뛰어날 우, 좋을 량). 물건의 품질이나 상태가 매우[優] 좋음[良]. ¶우량기업.

▸우량-주 優良株 (주식 주). 경제 수익과 배당이 높은[優良] 일류 회사의 주식(株式).

▸우량-품 優良品 (물건 품). 품질이 좋은[優良] 물품(物品).

우:량-계 雨量計 (비 우, 분량 량, 셀 계). 지리 비[雨]가 내린 양(量)을 재는[計] 기구.

우:량-도 雨量圖 (비 우, 분량 량, 그림 도). 지리 강우량(降雨量)이 같은 지역을 선으로 이어 나타낸 지도(地圖).

우려 憂慮 (근심할 우, 걱정할 려). 근심하거나[憂] 걱정함[慮]. ¶우려를 낳다 / 홍수로 산사태가 우려된다.

우로[1] **迂路** (에돌 우, 길 로). 에돌아가는[迂] 길[路].

우:로[2] **雨露** (비 우, 이슬 로). ① 속뜻 비[雨]와 이슬[露]을 아울러 이르는 말. ②비가 내린 뒤에 맺히는 이슬.

우론 愚論 (어리석을 우, 말할 론). ① 속뜻 어리석은[愚] 이론(理論)이나 견해. ②자기의 이론이나 견해를 낮추어 이르는 말. ¶저의 모자란 우론을 잠깐 말씀드릴까 합니다만.

우롱 愚弄 (어리석을 우, 놀릴 롱). 사람을 어리석게[愚] 보고 함부로 놀림[弄]. ¶모욕적인 우롱 / 더 이상 그를 우롱하지 마라.

우료 郵料 (우편 우, 삯 료). 통신 우편(郵便) 요금(料金). ¶편지 부칠 우료도 없다.

*__우:림 雨林__ (비 우, 수풀 림). 지리 비[雨]가 많아 무성하게 자란 열대 식물의 숲[林]. ¶열대 우림.

우마 牛馬 (소 우, 말 마). 소[牛]와 말[馬]을 아울러 이르는 말. ¶우마를 키우다. [비]마소.

▸우마-차 牛馬車 (수레 차). 우차(牛車)와 마차(馬車)를 통틀어 이르는 말.

우매 愚昧 (어리석을 우, 어두울 매). 어리석고[愚] 사리에 어두움[昧]. ¶한 사람의 우매로 많은 사람이 고통을 겪었다 / 우매한 행동. [비]우몽(愚蒙), 우미(愚迷).

우맹 愚氓 (어리석을 우, 백성 맹). 어리석은[愚] 백성[氓]. 우민(愚民). ¶조선 시대의 서민이나 우맹들은 거의 한자를 읽고 쓸 줄 몰랐다.

우:모 羽毛 (깃 우, 털 모). 새의 깃[羽]과 짐승의 털[毛].

우문 愚問 (어리석을 우, 물을 문). 어리석은[愚] 질문(質問).

▸우문-현답 愚問賢答 (어질 현, 답할 답). 어리석은[愚] 질문(質問)에 대한 현명(賢明)한 대답(對答). [반]현문우답.

우물 愚物 (어리석을 우, 만물 물). 어리석은[愚] 사람을 물건(物件)에 비유하여 이르는 말. ¶저런 우물하고 30년을 벗으로 지낸 내가 바보지 / 그는 호인이지만 생활 능력은 전혀 없는 우물이다.

우미 優美 (넉넉할 우, 아름다울 미). 우아(優雅)하고 아름다움[美]. ¶한복의 우미한 맵시.

우민[1] 憂民 (근심할 우, 백성 민). 백성[民]을 근심함[憂]. 또는 그런 마음.

우민[2] 愚民 (어리석을 우, 백성 민). ① [속뜻]어리석은[愚] 백성[民]. 우맹(愚氓). ¶우민 교화. ②백성이 통치자에게 자신을 낮추어 이르는 말. ¶우민의 소견.

▸우민 정책 愚民政策 (정치 정, 꾀 책). 백성을 어리석게[愚民] 하는 정책(政策).

우:박 雨雹 (비 우, 우박 박). 비[雨]같이 떨어지는 얼음 덩어리[雹]. ¶우박이 우두둑 떨어진다.

우:발 偶發 (뜻밖에 우, 일으킬 발). 우연(偶然)히 일어남[發]. 또는 그런 일. ¶우발범죄.

▸우:발-적 偶發的 (것 적). 어떤 일이 전혀 예기치 않게 일어나는[偶發] 것[的]. ¶우발적인 사건. [비]기회범(機會犯).

▸우:발 채:무 偶發債務 (빚 채, 일 무). [법률]장래 일정한 조건이 발생하였을 때, 우발적(偶發的)으로 생기는 채무(債務). 보증한 어음을 치러 주게 되는 경우 따위.

우:방 友邦 (벗 우, 나라 방). 서로 우호적(友好的)인 관계를 맺고 있는 나라[邦]. [비]우방국(友邦國).

우범 虞犯 (근심할 우, 범할 범). 범죄(犯罪)를 저지를 우려가 있음[虞]. ¶우범 지역.

▸우범-자 虞犯者 (사람 자). 범죄를 저지를 우려가 있는[虞犯] 사람[者]. ¶우범자를 가려내다.

▸우범 지대 虞犯地帶 (땅 지, 띠 대). [법률]범죄가 자주 일어나거나 일어날[虞犯] 가능성이 높은 지역[地帶]. 비행 지역(非行地域).

우:변 右邊 (오른쪽 우, 가 변). ① [속뜻]오른[右] 편[邊]. ② [수학]등식이나 부등식에서 등호 또는 부등호의 오른쪽에 적은 수나 식. ③ [역사]조선 시대에 둔 포도청의 우청. [반]좌변(左邊).

우부 愚夫 (어리석을 우, 사나이 부). 어리석은[愚] 남자[夫]. ¶천민과 귀족, 현인과 우부, 악한 자와 선한 자.

우분 牛糞 (소 우, 똥 분). 소[牛]의 똥[糞]. 쇠똥.

우:비[1] 雨備 (비 우, 갖출 비). 비[雨]를 피하기 위하여 갖추어야[備] 할 물품을 통틀어 이르는 말. 우산, 비옷, 삿갓, 도롱이 따위. [비]비옷, 우의(雨衣).

우비[2] 優比 (뛰어날 우, 견줄 비). [수학]8:4 따위와 같이 제 1항이 제 2항보다 큰[優] 비(比).

우:빙 雨氷 (비 우, 얼음 빙). [지리]빗방울[雨] 따위가 얼음[氷]이 되어 식물이나 암석 따위를 덮고 있음. 또는 그 얼음.

우사[1] 牛舍 (소 우, 집 사). 소[牛]를 기르는 집[舍]. ¶우사 옆에 창고를 만들었다.

우사[2] 愚師 (어리석을 우, 스승 사). ① [속뜻]어리석은[愚] 스승[師]. ②스승이 제자에 대하여 자기를 낮추어 부르는 겸칭.

우:산 雨傘 (비 우, 덮개 산). 비[雨]를 맞지 않도록 받쳐 쓰는 도구[傘]. ¶우산을 쓰다.

우산-국 于山國 (어조사 우, 메 산, 나라 국). [역사]삼국 시대에, 울릉도에 있던 나라. 512

년에 신라에 멸망하였다.

우:상[1] **右相** (오른쪽 우, 도울 상). ① 속뜻 오른쪽[右] 자리에 앉은 재상(宰相). ② 역사 우의정(右議政). ㉥상상(上相), 좌상(左相).

우:상[2] **偶像** (허수아비 우, 모양 상). ① 속뜻 허수아비[偶]같은 모양[像]. ②신처럼 숭배의 대상이 되는 물건이나 사람. ¶그는 어린이들의 우상이다. ③나무, 돌, 쇠붙이, 흙 따위로 만든 신불(神佛)이나 사람의 형상. ¶우상 건립. ④ 기독교 하나님 이외에 인위적으로 만들어 놓은 신의 형상. ¶우상을 섬기지 마라. ⑤ 철학 선입견적인 오견(誤見).

▸우:상-교 偶像教 (종교 교). 종교 우상(偶像)을 숭배하고 믿음으로써 고통을 벗고 위안을 얻고자 하는 종교(宗教).

▸우:상-적 偶像的 (것 적). 우상(偶像)에 관한 것[的]. 우상과 같은 것. ¶우상적 존재.

▸우:상-화 偶像化 (될 화). 우상(偶像)이 됨[化]. 또는 우상으로 만듦. ¶국가적 인물의 우상화 정책.

▸우:상 숭배 偶像崇拜 (높을 숭, 공경할 배). 종교 신 이외의 사람이나 물체를[偶像] 신앙의 대상으로 숭배(崇拜)하는 일. 영물이나 주물(呪物)을 종교적인 대상으로 삼는다. ¶우상 숭배 관행.

우:상-맥 羽狀脈 (깃 우, 형상 상, 줄기 맥). 식물 그물맥의 하나. 잎 중앙에 있는 주맥의 지맥(地脈)이 깃[羽] 모양[狀]으로 뻗어 있다.

우:상 복엽 羽狀複葉 (깃 우, 형상 상, 겹칠 복, 잎 엽). 식물 잎자루의 양쪽에 여러[複] 개의 작은 잎[葉]이 새의 깃[羽] 모양[狀]으로 붙어 있는 것.

우상-전 虞裳傳 (헤아릴 우, 치마 상, 전할 전). 문학 박지원이 지은 한문 단편 소설. 우상(虞裳) 이언진의 전기(傳記)를 소설 형식으로 쓴 작품이다.

우색 憂色 (근심할 우, 빛 색). 근심하는[憂] 기색(氣色). ¶시간이 점점 흐르자 그의 얼굴에 우색이 역력히 드러났다.

우:생[1] **寓生** (붙어살 우, 살 생). 남에게 붙어서[寓] 삶[生]. ¶너무나 가난했던 그는 한 때 친구에게 우생하였다.

우생[2] **愚生** (어리석을 우, 사람 생). ① 속뜻 어리석은[愚] 사람[生]. ②말하는 이가 자기를 낮추어 이를 때 쓰는 말. ¶자네의 말을 듣고 우생이 크게 깨닫게 되었소.

우생[3] **優生** (뛰어날 우, 날 생). 생물 좋은[優] 유전 형질을 살려[生] 자손의 자질을 향상시키는 일.

▸우생-학 優生學 (배울 학). 생물 유전 법칙을 응용해서 인간 종족의 개선[優生]을 연구하는 학문(學問). 인종 개량학(人種改良學).

▸우생 수술 優生手術 (손 수, 꾀 술). ① 속뜻 우생(優生)을 위한 수술(手術). ② 의학 유전적으로 나쁜 형질을 가진 때에 수정관이나 수란관을 수술하여 수정이가 안 되도록 하는 우생학적인 단종(斷種) 수단. 단종 수술(斷種手術).

우서 愚書 (어리석을 우, 글 서). ① 속뜻 어리석은[愚] 글[書]. ②가치가 없는 서적. ¶이번에 이사할 때는 우서를 모두 버리고 갈 생각이야. ③말하는 이가 자기 편지를 낮추어 이르는 말. 소간(小簡). 우장(愚狀).

우선[1] **于先** (어조사 우, 먼저 선). ① 속뜻 어떤 일에[于] 먼저[先]. ¶우선 밥부터 먹고 생각해 보자. ②아쉬운 대로. ㉥위선(爲先).

우선[2] **優先** (뛰어날 우, 먼저 선). 딴 것에 앞서[先] 특별하게[優] 대우함. ¶그에게는 친구들보다 공부가 우선이다.

▸우선-권 優先權 (권리 권). ① 속뜻 특별히 남보다 먼저 행사할 수 있는[優先] 권리(權利). ¶사회적 약자(弱者)에게 우선권을 주다. ② 법률 금전이나 물건의 처분, 이익 배당 따위에서 다른 권리자보다 먼저 받을 수 있는 권리.

▸우선-순위 優先順位 (차례 순, 자리 위). 어떤 것을 먼저 차지하거나 사용할 수 있는[優先] 차례[順]나 위치(位置).

우설 愚說 (어리석을 우, 말씀 설). ① 속뜻 어리석은[愚] 주장이나 이론[說]. ②자기의 주장이나 이론을 겸손하게 이르는 말.

우:성[1] **偶性** (짝 우, 성질 성). ① 속뜻 짝[偶]이 있어야만 하는 성질(性質). 독립할 수 없는 성질. ② 철학 사물이 일시적으로 우연히 갖게 된 성질. 우유성(偶有性).

우성[2] **優性** (뛰어날 우, 성질 성). ① 속뜻 우생

(優生)의 성질(性質). ② [생물] 대립 형질이 서로 다른 두 품종을 교배하였을 때 나타나는 잡종 제1대의 형질.

▸우성 인자 優性因子 (인할 인, 씨 자). ① [속뜻] 우성(優性) 형질의 인자(因子). ② [생물] 두 가지 이상의 유전자 중에서 한 쪽만의 성질로 나타나게 하는 인자. 붉고 흰 것의 잡종에서 붉게 나타나면 붉은 것이 우성 인자이다. 우성 유전자(優性遺傳子).

우세 優勢 (뛰어날 우, 형세 세). 남보다 나은[優] 형세(形勢). ¶우세 국면 / 그들이 이길 것이라는 전망이 우세하다. [반]열세(劣勢).

▸우세-승 優勢勝 (이길 승). ① [속뜻] 남보다 우세(優勢)하게 이김[勝]. ② [운동] 유도에서, 절반·유효·효과를 얻었거나, 상대편에게 경고·주의·지도가 있었을 때 내려지는 판정승(判定勝).

우송 郵送 (우편 우, 보낼 송). 우편(郵便)으로 보냄[送]. ¶우송 방법.

우:수[1] 右手 (오른쪽 우, 손 수). 오른쪽[右] 손[手].

우:수[2] 雨水 (비 우, 물 수). ① [속뜻] 비[雨]가 와서 고인 물[水]. ② 24절기의 하나. 입춘(立春)과 경칩(驚蟄) 사이에 들며 양력 2월 18일경이 된다. 태양의 황경(黃經)이 330도인 때에 해당한다. ¶우수가 지나자 버드나무에 물이 올랐다.

우:수[3] 偶數 (짝 우, 셀 수). ① [속뜻] 짝[偶]을 이루는 수(數). ② [수학] 둘로 나누어 나머지 없이 떨어지는 수. 2, 4, 6, 8, 10 따위.

우수[4] 憂愁 (근심할 우, 걱정할 수). 근심하고[憂] 걱정함[愁]. 또는 그런 시름. ¶우수에 잠기다 / 얼굴에 우수가 서리다.

***우수[5] 優秀** (뛰어날 우, 빼어날 수). 뛰어나고[優] 빼어남[秀]. ¶우수사원 / 이 제품은 품질이 우수하다. [반]열등(劣等).

▸우수-상 優秀賞 (상줄 상). 남들보다 재주 따위가 뛰어나서[優秀] 주는 상(賞). ¶우수상을 받았다.

▸우수-성 優秀性 (성질 성). 여럿 가운데 뛰어난[優秀] 특성(特性). ¶제품의 우수성.

▸우수-아 優秀兒 (아이 아). ① [속뜻] 음악, 미술 등 여러 재능이 뛰어난[優秀] 어린이[兒]. ¶우수아 선발 대회. ② [교육] 일반 지능이 같은 나이 또래 가운데 상위 2% 안에 드는 어린이.

우수-마발 牛溲馬勃 (소 우, 오줌 수, 말 마, 일어날 발). ① [속뜻] 소의 오줌[牛溲]과 말똥버섯[馬勃]. ② 가치 없는 말이나 글 또는 품질이 나빠 쓸 수 없는 약재 따위를 이르는 말. ③ 비록 하찮은 것이긴 하나 경우에 따라서는 한약재같이 유용하게 쓰일 수도 있음을 이름.

우:-수사 右水使 (오른 우, 물 수, 부릴 사). [역사] 조선 시대에 우수영(右水營)에서 가장 높은 벼슬[使]. '우수군절도사'(右水軍節度使)의 준말.

우:-수영 右水營 (오른 우, 물 수, 집 영). [역사] 조선 시대에 둔, 전라도와 경상도의 각 우도(右道)에 둔 수군(水軍) 절도사의 군영(軍營).

우:순-풍조 雨順風調 (비 우, 따를 순, 바람 풍, 고를 조). ① [속뜻] 비[雨]와 바람[風]이 때맞추어 순조(順調)로움. ② 농사에 알맞게 기후가 순조로움. 풍조우순(風調雨順).

우승 優勝 (뛰어날 우, 이길 승). ① [속뜻] 실력이 뛰어난[優] 선수가 이김[勝]. ② 경기 따위에서 첫째로 이김. 또는 첫째 등위. ¶영광스러운 우승 / 그는 테니스에서 우승했다.

▸우승-기 優勝旗 (깃발 기). 우승(優勝)한 사람이나 단체에게 주어 표창하는 기(旗).

▸우승-배 優勝盃 (잔 배). 우승(優勝)한 사람이나 단체에게 주는 상배[盃]. 우승컵.

▸우승-자 優勝者 (사람 자). [운동] 실력이 가장 뛰어난[優勝] 사람[者]. ¶체급별 우승자. [비]챔피언(champion).

▸우승-열패 優勝劣敗 (못할 렬, 패할 패). 나은 자[優]가 이기고[勝] 못한 자[劣]는 패(敗)함. 또는 강한 자는 번성하고 약한 자는 쇠멸함.

우-시장 牛市場 (소 우, 저자 시, 마당 장). 소[牛]를 사고 파는 시장(市場).

우:식 雨蝕 (비 우, 갉아먹을 식). [지리] 빗물[雨]에 의한 침식(侵蝕). 빗물 침식.

우심[1] 尤甚 (더욱 우, 심할 심). 더욱[尤] 심(甚)하다. ¶석 달 동안의 가뭄 끝에 찾아든 한파 때문에 주민들의 생활고는 우심하였다.

우심[2] **憂心** (근심할 우, 마음 심). 걱정하는 [憂] 마음[心].

우:-심방 右心房 (오른쪽 우, 마음 심, 방 방). ① 속뜻 심장(心臟) 안의 오른쪽[右] 윗부분[房]. ② 의학 상하 대정맥에서 오는 피를 받아 우심실로 보내는 일을 하는 부위.

우:-심실 右心室 (오른쪽 우, 마음 심, 방 실). ① 속뜻 심장(心臟)의 오른쪽[右]에 있는 방[室]. ② 의학 심장 안의 오른쪽 아랫부분. 조류나 포유류에서 볼 수 있으며 우심방에서 오는 피를 깨끗이 하여 폐동맥으로 보내는 일을 한다.

우아 優雅 (넉넉할 우, 고울 아). 품위 있게 넉넉하고[優] 곱다[雅]. 부드럽고 곱다. ¶우아한 자태 / 그녀는 우아하게 춤을 추었다.

우악[1] **愚惡** (어리석을 우, 악할 악). 어리석고 [愚] 포악(暴惡)하다. ¶그는 생김새가 우악스럽다 / 그는 우악스럽게 나의 팔을 잡아당겼다.

우악[2] **優渥** (넉넉할 우, 두터울 악). 은혜가 매우 넓고[優] 두텁다[渥]. ¶우악하신 배려에 감사드립니다.

우:안[1] **右岸** (오른쪽 우, 언덕 안). 강이나 바다 따위의 오른쪽[右] 기슭[岸]. ¶노를 저어 우안에 배를 대었다. ⓑ좌안(左岸).

우안[2] **愚案** (어리석을 우, 생각 안). ① 속뜻 어리석은[愚] 생각[案]. ② 말하는 이가 자기의 생각이나 안을 낮추어 이르는 말. ¶우안을 한번 살펴봐 주십시오.

우:애 友愛 (벗 우, 사랑 애). ① 속뜻 벗[友] 사이의 정[愛]. ② 형제 사이의 정이나 사랑. ¶우애로운 형제 / 그 형제는 우애가 두텁기로 소문났다. ⓑ우의(友誼).

우:야 雨夜 (비 우, 밤 야). 비[雨] 오는 밤[夜].

우양 牛羊 (소 우, 양 양). 소[牛]와 양(羊)을 아울러 이르는 말.

우:언 寓言 (맡길 우, 말씀 언). 문학 동식물이나 기타 사물에게 사람 역할을 맡겨[寓] 그들의 행동 속에 풍자와 교훈의 뜻을 나타내는 이야기[言]. 우화(寓話).

우여-곡절 迂餘曲折 (에돌 우, 남을 여, 굽을 곡, 꺾을 절). ① 속뜻 멀리 돌고도[迂] 남음[餘]이 있고 휘어[曲] 구부러짐[折]. ② 사정이 뒤얽혀 몇 번이고 변화함. 또는 뒤얽힌 복잡한 사정. ¶그 사건은 많은 우여곡절 끝에 마침내 해결되었다.

우역 牛疫 (소 우, 돌림병 역). ① 속뜻 소[牛]에게 생기는 전염병[疫]. ② 농업 소, 양, 산양에 생기는 급성 접촉 감염성의 치명적인 바이러스성 질환. 발열과 장관 점막에 궤양 발현이 특징이다. 우질(牛疾). ¶우역 예방 접종.

우연 偶然 (뜻밖에 우, 그러할 연). ① 속뜻 아무런 인과 관계가 없이 뜻밖에[偶] 일어난 그러한[然] 일. ¶우연의 일치 / 그와 우연히 만나다. ② 철학 우연성(偶然性). ⓑ뜻밖. ⓑ필연(必然).

▸**우연-사 偶然死** (죽을 사). 자기 명을 다하지 못하고 뜻밖의 일[偶然]로 죽음[死]. 또는 그런 죽음.

▸**우연-성 偶然性** (성질 성). ① 속뜻 사물의 우연(偶然)히 이루어지는 성질(性質). 우성(偶成). ¶우연성이 많다. ② 철학 어떤 사물이 인과율에 근거하지 않는 성질. ㊟우연.

▸**우연 변:이 偶然變異** (바뀔 변, 다를 이). ① 속뜻 우연(偶然)히 다르게[異] 변(變)함. ② 생물 생물체에서 어버이의 계통에 없던 새로운 형질이 나타나 유전하는 현상. 유전자나 염색체의 구조에 변화가 생겨 일어난다. 돌연변이.

▸**우연 발생설 偶然發生說** (나타날 발, 날 생, 말씀 설). 생물 생물은 무생물계에서 생물의 종자 없이 우연(偶然)히 발생(發生)한다는 학설(學說). 자연 발생설(自然發生說).

우열[1] **愚劣** (어리석을 우, 못할 렬). 어리석고 [愚] 못나다[劣]. ¶우열한 품성 / 워낙 재질(才質)이 우열하여 이런 큰일은 제게 벅찬 것 같습니다.

우열[2] **優劣** (뛰어날 우, 못할 렬). ① 속뜻 넉넉함[優]과 그렇지 못함[劣]. ② 우수함과 열등함. ¶실력의 우열을 가리다.

우:완[1] **右腕** (오른쪽 우, 팔 완). 오른쪽[右] 팔[腕]. ¶우완 투수.

우완[2] **愚頑** (어리석을 우, 완고할 완). 어리석고[愚] 완고(頑固)함.

우:왕좌왕 右往左往 (오른쪽 우, 갈 왕, 왼쪽 좌, 갈 왕). ① 속뜻 오른쪽[右]으로 갔다가 [往] 다시 왼쪽[左]으로 갔다[往] 함. ② 이

리저리 왔다 갔다 하며 나아갈 바를 종잡지 못하는 모양. ¶우왕좌왕 어쩔 줄을 모르다 / 우리는 입구가 어디 있는지 몰라서 우왕좌왕했다.

우울 憂鬱 (근심할 우, 답답할 울). ① [속뜻]근심스러워[憂] 하거나 답답해[鬱] 함. 활기가 없음. ¶그는 매우 우울해 보였다. ② [심리]반성과 공상이 따르는 가벼운 슬픔.

▸우울-병 憂鬱病 (병 병). [의학]우울증.

▸우울-증 憂鬱症 (증세 증). [의학]우울(憂鬱)한 심리 상태[症]. 흔히 고민, 무능, 비관, 염세, 허무 관념 따위에 사로잡힌다.

▸우울-질 憂鬱質 (바탕 질). ① [속뜻]우울(憂鬱)해지기 쉬운 성질(性質). ② [심리] 우울하여지기 쉽고 사소한 일로 심각하게 생각하고 걱정하기는 하나, 자극에 대한 반응은 느린 기질 유형. 흑담즙질(黑膽汁質).

우원 迂遠 (에돌 우, 멀 원). ① [속뜻]길을 돌아[迂]가서 멀다[遠]. ¶시간이 많아서 일부러 우원한 길을 택했다. ②방법, 태도, 생활 따위가 현실과 거리가 멀다. ¶그것은 우원한 일이라 여겨진다.

우월 優越 (뛰어날 우, 뛰어날 월). 뛰어나게[優] 월등(越等)함. ¶경제적 우월 / 현지는 공부 좀 잘한다고 자신이 나보다 우월하다고 생각한다.

▸우월-감 優越感 (느낄 감). 남보다 낫다고 여기는[優越] 생각이나 느낌[感]. ¶그들은 아직도 문화적 우월감에 빠져있다.

우위 優位 (뛰어날 우, 자리 위). ① [속뜻]남보다 나은[優] 위치(位置)나 수준. ¶비교 우위 / 군사력에서 그 나라는 우리보다 우위에 있다. ② [철학]우월한 지위.

⁑우유¹ 牛乳 (소 우, 젖 유). 소[牛]의 젖[乳]. [비]타락(駝酪).

▸우유-갑 牛乳匣 (상자 갑). 우유(牛乳)를 담아 파는, 두터운 종이 상자[匣]. [비]우유팩.

▸우유-병 牛乳甁 (병 병). 우유(牛乳)를 담는 병(甁). ¶우유병은 살균 처리한다.

우유² 優柔 (넉넉할 우, 부드러울 유). ① [속뜻]마음이 넉넉하고[優] 부드러움[柔]. ②끊고 맺는 데가 없다.

▸우유-체 優柔體 (모양 체). [문학]우아(優雅)하고 부드러운[柔] 느낌을 주는 문체(文體).

▸우유부단 優柔不斷 (아닐 부, 끊을 단). 어물어물 망설이기만 하고[優柔] 결단성(決斷性)이 없음[不]. ¶그는 성격이 우유부단하다.

우육 牛肉 (소 우, 고기 육). 소[牛]의 고기[肉]. 쇠고기.

우:의¹ 友誼 (벗 우, 정 의). 친구[友] 사이의 정의(情誼). ¶우의를 돈독히 하다 / 양국 정상(頂上)은 회담을 통해 우의를 다졌다. [비]우정(友情), 우애(友愛).

우:의² 羽衣 (깃 우, 옷 의). 선녀나 신선이 입는다는 새의 깃[羽]으로 만든 옷[衣]. ¶우의를 걸친 신선.

우:의³ 雨衣 (비 우, 옷 의). 비[雨]가 올 때 입는 옷[衣]. ¶우의를 입고 논으로 나갔다. [비]우비(雨備).

우의⁴ 寓意 (기탁할 우, 뜻 의). 다른 사물에 빗대어[寓] 비유적인 뜻[意]을 나타내거나 풍자함. 또는 그런 의미.

▸우:의 소:설 寓意小說 (작을 소, 말씀 설). [문학]동식물이나 기타 사물을 의인화하여[寓意] 쓴 소설(小說). 교훈적이고 풍자적인 성격을 띰. 우화 소설(寓話小說).

우:-의정 右議政 (오른쪽 우, 의논할 의, 정사 정). ① [속뜻]오른쪽[右] 자리에 앉아 정사(政事)를 의논(議論)하던 직위. ② [역사]조선 시대, 의정부에 속한 정일품 벼슬. 좌의정의 아래이다. [비]우상(右相).

우이 牛耳 (소 우, 귀 이). ① [속뜻]소[牛]의 귀[耳]. 쇠귀. ②어떤 일이나 단체에서 으뜸인 사람. 우두머리.

▸우이-독경 牛耳讀經 (읽을 독, 책 경). ① [속뜻]쇠귀[牛耳]에 경(經) 읽기[讀]. ②아무리 가르치고 일러 주어도 알아듣지 못함. 우이송경(牛耳誦經).

▸우이-송경 牛耳誦經 (욀 송, 책 경). 우이독경(牛耳讀經).

우:익¹ 羽翼 (깃 우, 날개 익). ① [속뜻]새의 날개[羽=翼]. ②보좌하는 일. 또는 그 일을 하는 사람. ③ [식물]식물에 있는 기관의 좌우에 날개 모양으로 달린 부속물을 통틀어 이르는 말.

우:익² 右翼 (오른쪽 우, 날개 익). ① [속뜻]새나 비행기 따위의 오른쪽[右] 날개[翼]. ¶

비행기의 우익. ② 군사 오른쪽에 있는 부대. 또는 대열의 오른쪽. 우군(右軍). 우익군(右翼軍). ¶우익 앞으로 돌격! ③ 운동 야구에서, 외야의 오른쪽에 있는 수비 위치. 또는 그 위치에 있는 수비수. ¶우익 수비수. ④ 운동 축구에서, 가장 오른쪽에 있는 공격 위치. 또는 그 위치에 있는 공격수. ¶우익 공격수. ⑤ 정치 보수적이거나 국수적인 경향. 또는 그런 단체. 1792년에 프랑스 국민회의에서 온건파인 지롱드당이 의장의 오른쪽 의석을 차지한 데서 나온 말이다. ¶우익 단체.

▸우:익-군 右翼軍 (군사 군). 우익(右翼).

▸우:익-수 右翼手 (사람 수). 운동 야구에서, 오른쪽 외야[右翼]를 지키는 수비수(守備手).

우:인¹ 友人 (벗 우, 사람 인). 친하게 지내는[友] 사람[人]. 벗.

우인² 愚人 (어리석을 우, 사람 인). 어리석은[愚] 사람[人].

우자 愚者 (어리석을 우, 사람 자). 어리석은[愚] 사람[者].

▸우자-일득 愚者一得 (한 일, 얻을 득). 어리석은[愚] 사람[者]이라도 한[一] 가지는 얻을[得]만한 것이 있음.

우:장 雨裝 (비 우, 꾸밀 장). 비[雨]를 맞지 않기 위한 여러 가지 장비나 복장(服裝). 우산, 도롱이, 갈삿갓 따위를 이른다. ¶우장을 갖추다 / 우장을 쓰다 / 우장을 벗다.

우적-가 遇賊歌 (만날 우, 도둑 적, 노래 가). 문학 신라 원성왕 때에, 영재(永才)가 지은 10구체 향가. 남악에 은거하러 가는 길에 도적(盜賊)의 무리를 만나[遇] 이 노래[歌]를 불러 그들을 교화하여 불교에 귀의하게 만들었다는 내용이다. 『삼국유사』에 실려 있다.

우:전¹ 右前 (오른쪽 우, 앞 전). 운동 야구에서, 우익수(右翼手)의 앞[前]. ¶우전 안타를 쳤다.

우전² 郵電 (우편 우, 전기 전). 우편(郵便)과 전보(電報)를 아울러 이르는 말.

우전³ 郵傳 (우편 우, 전할 전). ① 속뜻 우편(郵便)으로 전(傳)함. ② 역사 각 역에 인마(人馬)를 두어 문서나 짐 따위를 나르던 일.

우전-차 雨前茶 (비 우, 앞 전, 차 차). 곡우(穀雨) 이전(以前)에 딴 여린 잎으로 만든 고급 녹차(綠茶).

우점-종 優占種 (뛰어날 우, 차지할 점, 갈래 종). 식물 식물 군집 안에서 우세(優勢)한 위치를 차지하고[占] 있는 종(種).

우:정¹ 友情 (벗 우, 사랑 정). 친구[友]간에 느끼는 사랑[情]. ¶이건 우정의 선물이야 / 그들은 나이를 초월하여 우정을 나누었다. ㊥우의(友誼), 우애(友愛).

우정² 郵政 (우편 우, 다스릴 정). 우편(郵便)에 관한 행정(行政) 업무.

▸우정-총국 郵政總局 (묶을 총, 관청 국). 역사 조선시대 말에 체신 사무[郵政]를 총괄(總括)하던 관청[局]. 고종 21년(1884)에 설치하였다가 얼마 아니하여 폐지하였다. 우정국(郵政局).

우정-국 郵征局 (우편 우, 칠 정, 관청 국). 역사 조선 후기에, 체신(遞信)·우편(郵便)의 이동[征]에 관한 업무를 맡던 관아[局].

우:-정승 右政丞 (오른쪽 우, 정사 정, 도울 승). 우의정(右議政).

우제¹ 愚弟 (어리석을 우, 아우 제). ① 속뜻 어리석은[愚] 아우[弟]. ② 말하는 이가 형으로 대접하는 사람을 상대하여 자기를 낮추어 이르는 겸칭.

우제² 虞祭 (염려할 우, 제사 제). 초우(初虞), 재우(再虞), 삼우(三虞)의 세 제사(祭祀).

우:제-류 偶蹄類 (짝 우, 굽 제, 무리 류). ① 속뜻 짝수[偶]의 발굽[蹄]을 지닌 동물 무리[類]. ② 동물 포유류 중 유제류(有蹄類)의 한 목(目). 발굽이 짝수인데 제2 발굽에서 제5 발굽까지의 네 개가 있는 것과 제3 발굽에서 제4 발굽까지 두 개가 있는 것이 있다. 발굽은 각질(角質)이며 마치 하나가 두 개로 나눠진 것처럼 보인다.

우:조 羽調 (깃 우, 가락 조). 음악 동양 음악에서 '우'(羽)음을 으뜸음으로 하는 음조(音調).

우:족¹ 右族 (오른쪽 우, 겨레 족). ① 속뜻 적자(嫡子)[右]의 혈통[族]. 좌족(左族). ② 명문거족의 집안.

우:족² 羽族 (깃 우, 무리 족). 날개[羽]를 지닌 짐승 종류[族]를 통틀어 이르는 말.

우졸 愚拙 (어리석을 우, 서툴 졸). 어리석고[愚] 못남[拙].

*우ː주 宇宙 (집 우, 집 주). ①속뜻 무한히 큰 집[宇=宙]. ②무한한 시간과 만물을 포함하고 있는 끝없는 공간의 총체. ¶우주 만물 / 로켓이 우주로 발사됐다.

▸우ː주-관 宇宙觀 (볼 관). 철학 ①우주(宇宙)의 기원, 본질, 발전 따위에 관한 학설[觀]. ②세계관·인생관과 마찬가지로, 세계에 있어서 인간 문제에 관한 관찰이나 견해.

▸우ː주-론 宇宙論 (논할 론). 철학 우주(宇宙)의 본체, 기원, 구성, 법칙, 운동 따위에 관한 근본 원리를 따지는 이론(理論). 세계형질론(世界形質論).

▸우ː주-복 宇宙服 (옷 복). 우주(宇宙)를 여행할 때에 입도록 만든 옷[服]. 우주선 내에서 또는 우주 공간의 여러 가지 상황에서 몸을 보호하기 위하여 특수하게 만들었다.

▸우ː주-선 宇宙船 (배 선). 우주(宇宙)를 오갈 수 있도록 만든 비행선(飛行船).

▸우ː주-선 宇宙線 (줄 선). 물리 우주(宇宙)의 어떤 곳에서 발생하여 밤낮을 가리지 않고 지구 위로 내리쏘는 높은 에너지의 방사선(放射線).

▸우ː주-식 宇宙食 (밥 식). 우주(宇宙)를 비행할 때에 휴대하는 음식(飮食).

▸우ː주-인 宇宙人 (사람 인). ①속뜻 우주 비행(宇宙飛行)을 위하여 특수 훈련을 받은 사람[人]. ¶그녀는 한국 최초로 우주를 여행한 우주인이다. ②지구 이외의 천체에 존재한다고 생각되는 인간과 비슷한 생명체. ⓑ외계인(外界人).

▸우ː주-총 宇宙銃 (총 총). 항공 우주 공간(宇宙空間)에서 유영할 때에 자세를 바꾸거나 이동하는 데에 사용하는 개인용 휴대 분사 추진기[銃].

▸우ː주 공학 宇宙工學 (장인 공, 배울 학). 천문 우주(宇宙)와 관련된 것을 기술적[工] 측면에서 연구하는 학문(學問). 우주선이나 인공위성을 만드는 것은 우주 공학의 한 예이다.

*▸우ː주 산ː업 宇宙産業 (낳을 산, 일 업). 항공 우주선이나 인공위성의 개발을 포함하여 우주 개발(宇宙開發)에 필요한 여러 가지 기기를 만드는 산업(産業).

▸우ː주 속도 宇宙速度 (빠를 속, 정도 도). 물리 지구에서 쏘아 올린 인공위성(人工衛星)이나 우주선(宇宙船)이 지구 주위를 돌거나 다른 천체에 도달하는 데 필요한 속도(速度).

▸우ː주-여행 宇宙旅行 (나그네 려, 다닐 행). 지구를 벗어나 우주(宇宙)를 오가며 여행(旅行)하는 것.

우ː중[1] 雨中 (비 우, 가운데 중). 비[雨]가 내리는 가운데[中]. 또는 비가 올 때. ¶우중에 들다.

우ː중[2] 偶中 (뜻밖에 우, 맞을 중). 사물이 우연(偶然)히 잘 들어맞음[中]. 우이득중(偶爾得中).

우지[1] 牛脂 (소 우, 기름 지). 소[牛]의 지방 조직에서 얻은 기름[脂].

우ː지[2] 羽枝 (깃 우, 가지 지). 깃대에서 갈라져 깃털[羽]을 내고 있는 작은 관 모양의 가지[枝]. 깃가지.

우직 愚直 (어리석을 우, 곧을 직). 어리석을[愚] 정도로 올곧다[直]. 고지식하다. ¶우직한 사람.

우질 牛疾 (소 우, 병 질). ①속뜻 소[牛]에 생기는 질병(疾病). ②농업 소, 양, 산양에 생기는 급성 접촉 감염성의 치명적인 바이러스성 질환. 우역(牛疫).

우ː징 雨徵 (비 우, 조짐 징). 비[雨]가 올 징조(徵兆).

우차 牛車 (소 우, 수레 차). 소[牛] 달구지[車]. ¶우차 한 대.

우ː-찬성 右贊成 (오른쪽 우, 도울 찬, 이룰 성). ①속뜻 오른쪽[右]에서 도와[贊] 일을 이룸[成]. ②역사 조선 시대에, 의정부에 속한 종일품 문관 벼슬.

우ː-참찬 右參贊 (오른쪽 우, 참여할 참, 도울 찬). ①속뜻 오른쪽[右]에서 참여(參與)하고 도움[贊]. ②역사 조선 시대에, 의정부에 속한 정이품 문관 벼슬.

우처 愚妻 (어리석을 우, 아내 처). 말하는 이가 자기의 아내[妻]를 낮추어[愚] 이르는 말.

우ː천 雨天 (비 우, 하늘 천). ①속뜻 비[雨]가 내리는 하늘[天]. ②비가 오는 날씨. ¶우천으로 경기가 열리지 못하다.

▸우ː천-순연 雨天順延 (따를 순, 끌 연). 경기나 모임 따위를 갖기로 한 당일에 비가

와서[雨天] 다음날로 미루어짐[順延].

우체 郵遞 (우송할 우, 전할 체). ① 속뜻 편지나 소포 따위를 우송(郵送)하여 전해 줌[遞]. ②정보통신부의 관할 아래 서신이나 기타 물품을 국내나 전 세계에 보내는 업무.

▸**우체-국 郵遞局** (관청 국). ① 속뜻 우편(郵便)·체신(遞信)에 관한 업무를 담당하는 관청[局]. ②우편·우편환·체신 예금 등의 업무를 맡아보는 정보 통신부의 기관. ¶우체국 사서함.

▸**우체-부 郵遞夫** (사나이 부). 통신 우편물을 거두어 모으고 또 각 집에 배달하는[郵遞] 직원[夫].

▸**우체-통 郵遞筒** (대롱 통). 우체(郵遞) 업무를 위하여 설치한 통(筒). ¶우체통에 편지를 넣다.

▸**우체-함 郵遞函** (상자 함). 벽 같은 데 걸어 두고 우편물[郵遞]을 넣는 상자[函]. 우편함(郵便函).

우:충 羽蟲 (깃 우, 벌레 충). 동물 날개[羽]가 달린 벌레[蟲]을 통틀어 이르는 말.

우:측 右側 (오른쪽 우, 곁 측). 오른[右] 쪽[側]. ¶우측 자리에 앉으세요. ⓑ좌측(左側).

우치 愚癡 (어리석을 우, 어리석을 치). ① 속뜻 매우 어리석고[愚=癡] 못남. 치욕(癡慾). ② 불교 삼독의 하나. 사상에 의혹되어 진리를 분별하지 못하는 어리석은 마음을 이른다.

우:파 右派 (오른쪽 우, 갈래 파). ① 속뜻 우익(右翼)의 당파(黨派). ②어떤 단체나 정당 따위의 내부에서 보수주의적이거나 온건주의적 경향을 지닌 파(派). ¶우파 인사 / 우파 세력.

우:편[1] 右便 (오른쪽 우, 쪽 편). 오른[右] 쪽[便]. ¶단상 우편에 앉다.

우편[2] 郵便 (우송할 우, 편할 편). ① 속뜻 편지(便紙) 따위를 우송(郵送)함. ¶서류는 우편으로 보내겠습니다. ②'우편물'(郵便物)의 준말.

▸**우편-낭 郵便囊** (주머니 낭). 우편물(郵便物)을 넣고 다니는 주머니[囊]. 체낭(遞囊). ¶우편낭에서 편지를 꺼내다.

▸**우편-물 郵便物** (만물 물). 우편(郵便)으로 전달되는 서신이나 물품(物品)을 통틀어 이르는 말.

▸**우편-선 郵便船** (배 선). 우편물(郵便物)을 실어 나르는 배[船]. 우선(郵船).

▸**우편-함 郵便函** (상자 함). 우편물(郵便物)을 넣는 상자[函]. ¶텅 빈 우편함.

▸**우편-환 郵便換** (바꿀 환). 경제 편지(便紙)를 보내듯이[郵] 돈을 송금하는 제도. 의뢰인이 일정 금액을 내면 수취인이 가까운 우체국에서 돈으로 바꾸어[換] 갈 수 있다. ¶결혼식에 갈 수 없어 우편환을 보냈다.

▸**우편 번호 郵便番號** (차례 번, 차례 호). 통신 우편(郵便) 업무가 편리하도록, 각 지역에 매긴 번호(番號).

▸**우편-엽서 郵便葉書** (잎 엽, 쓸 서). ① 속뜻 나뭇잎[葉] 같은 작은 종이에 쓴[書] 글을 우편(郵便)으로 보냄. ② 통신 규격을 한정하고 우편 요금을 냈다는 표시로 증표(證標)를 인쇄한 편지 용지.

▸**우편 요:금 郵便料金** (삯 료, 돈 금). 우편물(郵便物)에 대하여 내는 수수료[料金].

▸**우편 저:금 郵便貯金** (쌓을 저, 돈 금). 경제 우체국[郵便]에서 취급하는 저금(貯金).

▸**우편 사서함 郵便私書函** (사사로울 사, 편지 서, 상자 함). 통신 우편물(郵便物)의 집배 사무를 보는 우체국에 국장의 승인을 받은 가입자 전용의 사적(私的)인 우편물[書] 상자[函]. ㊟사서함, 사함.

우표 郵票 (우편 우, 쪽지 표). 우편 요금을 낸 표시로 우편물(郵便物)에 붙이는 증표(證票). ¶엄마는 우표를 수집하신다.

▸**우표-첩 郵票帖** (표제 첩). 우표(郵票)를 수집하여 붙여 만든 책[帖].

우피 牛皮 (소 우, 가죽 피). 쇠[牛] 가죽[皮].

우:합 偶合 (뜻밖에 우, 맞을 합). 우연(偶然)히 합치(合致)됨. 뜻밖에 일치함.

우행 愚行 (어리석을 우, 행할 행). 어리석은[愚] 행동(行動). ¶나의 우행을 양해 바랍니다.

우:향-우 右向右 (오른쪽 우, 향할 향, 오른쪽 우). 군사 제식 훈련 시 구령의 하나. 선 자세에서 오른쪽[右]을 향(向)해 90°도는[右] 동작. ⓑ좌향좌(左向左).

우:현 右舷 (오른쪽 우, 뱃전 현). 배 뒤쪽에

서 뱃머리를 향하여 오른쪽[右]의 뱃전[舷]. ⓑ좌현(左舷).

우:협-무 右挾舞 (오른쪽 우, 낄 협, 춤출 무). 예술 주연자(主演者)의 오른쪽[右]에 끼어서[挾] 춤추는[舞] 사람. ⓑ좌협무(左挾舞).

우호¹ 優弧 (뛰어날 우, 활 호). 수학 원의 호(弧)로서 반원보다 큰[優] 원. ⓑ열호(劣弧).

우:호² 友好 (벗 우, 좋을 호). 개인이나 나라 간에, 친구[友]처럼 사이가 좋음[好]. 또는 그러한 사귐. ¶양국은 오랫동안 우호 관계를 유지하고 있다 / 회담은 우호적인 분위기에서 이루어졌다. ⓑ적대(敵對).

▸우:호-적 友好的 (것 적). 개인끼리나 나라끼리 사이가 친한[友好] 것[的].

▸우:호 조약 友好條約 (조목 조, 묶을 약). 법률 국가들 사이에 좋은 관계[友好]를 지키기 위해 맺는 조약(條約).

우:화¹ 羽化 (깃 우, 될 화). ① 속뜻 날개[羽]가 생겨남[化]. ②사람의 등에 날개가 돋아 하늘로 올라가 신선이 됨. '우화등선'(羽化登仙)의 준말.

우:화² 雨靴 (비 우, 구두 화). 비[雨] 따위로 땅이 질 때 신는 신발[靴].

우:화³ 寓話 (맡길 우, 이야기 화). 문학 동식물이나 기타 사물에게 사람 역할을 맡겨[寓] 그들의 행동 속에 풍자와 교훈의 뜻을 나타내는 이야기[話]. ¶이솝 우화. ⓑ우언(寓言).

▸우:화-법 寓話法 (법 법). 문학 우화(寓話)를 통하여 교훈적인 비유를 하는 표현 방법(方法). '개구리 올챙이 적 생각 못한다' 등이 그 예이다. ⓑ풍유법(諷諭法).

▸우:화-시 寓話詩 (시 시). 문학 동식물을 의인화하여 교훈이나 풍자를 하는 우화(寓話)가 포함된 시(詩).

▸우:화-집 寓話集 (모을 집). 우화(寓話)를 모아 엮은 작품집(作品集). ¶이솝 우화집.

▸우:화 소:설 寓話小說 (작을 소, 말씀 설). 문학 소설 전체의 구성이 우화적이거나 우화(寓話)가 지배적인 역할을 하는 소설(小說). 풍자적인 성격을 띤다. '토끼전', '장끼전' 따위. 우의 소설(寓意小說).

우환 憂患 (근심할 우, 근심 환). ① 속뜻 집안에 병자가 있거나 사고가 생겨 겪는 근심[憂=患]. ¶집안에 우환이 끊이질 않는다. ②쓸데없는 근심이나 걱정. ¶식자우환(識字憂患).

▸우환질고 憂患疾苦 (병 질, 괴로울 고). 근심과 걱정[憂患]과 질병(疾病)과 고생(苦生).

우활 迂闊 (에돌 우, 멀 활). ① 속뜻 곧바르지 않고 에돌아서[迂] 실제와는 거리가 멀다[闊]. ②사리에 어둡고 세상 물정을 잘 모르다. ¶우활한 저를 잘 봐 주셔서 감사합니다. ③주의가 부족하다.

우황 牛黃 (소 우, 누를 황). 한의 ①소[牛]의 쓸개 속에 병적으로 누렇게[黃] 뭉친 물건. 해열, 진정, 강심제로 쓴다. ②황달(黃疸)의 하나. 눈과 얼굴 및 혀가 누런색을 띠며 말을 적게 하고 입을 다신다.

우회 迂廻 (=迂回, 멀 우, 돌 회). 곧바로 가지 않고 멀리[迂] 돌아서[廻] 가는 것. ¶공사 중이오니 우회하기 바랍니다.

▸우회 도:로 迂廻道路 (길 도, 길 로). 시가지나 주요 도로의 교통 혼잡을 덜기 위해 둘러 가게 만든[迂廻] 길[道路].

▸우회 생산 迂廻生産 (날 생, 낳을 산). 경제 생산 수단, 즉 도구나 기계를 만든 다음에 그것을 이용하여[迂廻] 소비재를 생산(生産)하는 방법.

우:-회전 右回轉 (=右廻轉, 오른쪽 우, 돌 회, 구를 전). 차 따위가 오른쪽[右]으로 도는[回轉] 것. ¶사거리에서 우회전 하세요. ⓑ좌회전(左回轉).

우:후 雨後 (비 우, 뒤 후). 비[雨]가 온 뒤[後].

▸우:후죽순 雨後竹筍 (대나무 죽, 죽순 순). ① 속뜻 비[雨]가 온 뒤[後]에 돋아나는 죽순(竹筍). ②어떤 대상이 일시에 많이 생겨나는 상태. ¶유흥업소가 우후죽순처럼 늘어났다.

욱일 旭日 (아침해 욱, 해 일). 아침에 돋는[旭] 해[日].

▸욱일-승천 旭日昇天 (오를 승, 하늘 천). 해[日]가 솟아[旭] 하늘[天]로 떠오름[昇]. 또는 그러한 기세.

운각¹ 雲刻 (구름 운, 새길 각). 미술 구름[雲]의 형상을 새긴 조각(彫刻).

운:각² 韻脚 (운 운, 다리 각). 문학 시가의 글귀 끝[脚]에 다는 운자(韻字).

운경 雲鏡 (구름 운, 거울 경). 지리 거울[鏡]을 써서 구름[雲]의 진행 방향이나 속도를 재는 기구.

운고 雲高 (구름 운, 높을 고). 구름[雲]의 높이[高]. 구름 밑 부분의 고도를 이른다.

운:구 運柩 (나를 운, 널 구). 시체를 넣은 관[柩]을 운반(運搬)하는 것. ¶운구 행렬.

운:궁-법 運弓法 (움직일 운, 활 궁, 법 법). 음악 바이올린 따위의 현악기에서 활[弓]을 운용(運用)하는 방법(方法).

운권-천청 雲捲天晴 (구름 운, 말 권, 하늘 천, 갤 청). ① 속뜻 구름[雲]이 걷히고[捲] 하늘[天]이 맑게 갬[晴]. ② '병(病)이나 근심 따위가 말끔히 사라짐'을 비유하여 이르는 말.

운기¹ 雲氣 (구름 운, 공기 기). ① 속뜻 기상(氣象)에 따라 구름[雲]이 움직이는 모양. ②구름 같이 공중으로 떠오르는 기운.

운:기² 運氣 (운수 운, 기운 기). 인간의 힘을 초월한 천운(天運)과 기수(氣數). 운수(運數).

운니 雲泥 (구름 운, 진흙 니). ① 속뜻 구름[雲]과 진흙[泥]. ②차이가 매우 심함을 이르는 말.

▸운니지차 雲泥之差 (어조사 지, 어긋날 차). ① 속뜻 구름[雲]과 진흙[泥]의 차이(差異). ②매우 큰 차이. 천양지차(天壤之差).

*운:동** 運動 (돌 운, 움직일 동). ① 속뜻 건강을 위하여 몸을 돌리거나[運] 움직임[動]. ¶그는 꾸준히 운동한다 / 규칙적으로 운동하는 습관을 길러라. ②어떤 목적을 사회 속에서 그 구성원의 호응을 얻어 실현하고자 하는 조직적 활동. ¶독립 운동 / 사회단체는 그 기업에 대해 불매(不買) 운동을 벌였다. ③ 물리 물체가 시간이 지남에 따라 그 위치를 바꾸는 것. ¶천체의 운동 / 달은 지구 궤도를 운동한다. ④ 철학 시간의 경과에 따른 물질의 온갖 변화와 발전. ⑪정지(靜止).

▸운:동-가 運動家 (사람 가). ① 속뜻 운동(運動)을 좋아하고 잘하는 사람[家]. ②어떤 사업이나 사회적 운동을 하는 사람. ¶사회 운동가 / 독립 운동가.

▸운:동-구 運動具 (갖출 구). 운동(運動)하는 데 쓰는 기구(器具).

▸운:동-량 運動量 (분량 량). ① 속뜻 운동(運動)하는 세기나 운동하는 데 드는 힘의 분량(分量). ¶요즘 청소년들은 운동량이 적다. ② 물리 물체의 질량과 속도의 곱으로 나타내는 물리량.

▸운:동-모 運動帽 (모자 모). 운동(運動)할 때 쓰는 모자(帽子).

▸운:동-복 運動服 (옷 복). 운동(運動)할 때 입는 간편한 옷[服]. ⑪체육복(體育服).

▸운:동-비 運動費 (쓸 비). ① 속뜻 운동(運動) 경기를 하는데 쓰는 비용(費用). ②어떤 목적을 달성시키기 위해 드는 비용. 운동자금(運動資金).

▸운:동-원 運動員 (사람 원). 어떤 목적을 이루기 위해 활동할[運動] 임무를 띤 사람[員]. ¶선거 운동원.

▸운:동-장 運動場 (마당 장). 운동(運動)할 수 있도록 여러 가지 설비를 갖춘 큰 마당[場]. ¶학교 운동장을 달리다.

▸운:동-화 運動靴 (구두 화). 주로 운동(運動)할 때 신기에 적합하도록 만든 신발[靴]. ¶새 운동화를 신으니 더 잘 뛸 수 있을 것 같다.

▸운:동-회 運動會 (모일 회). 여러 사람이 운동(運動) 경기를 위해 모인[會] 것. 또는 그런 모임. ¶오늘은 학교 운동회가 열린다.

▸운:동 감:각 運動感覺 (느낄 감, 깨달을 각). 심리 신체 각 부분의 운동(運動)에 대한 감각(感覺).

▸운:동 기관 運動器官 (그릇 기, 벼슬 관). 동물 근육, 골격, 섬모, 편모 등과 같이 동물이 공간적인 이동[運動]을 위해 사용하는 기관(器官)의 총칭.

▸운:동 마비 運動痲痺 (저릴 마, 저릴 비). 의학 근육을 뜻대로 움직이지[運動] 못하는[痲痺] 병. 운동 기능을 상실한 상태.

▸운:동 마찰 運動摩擦 (문지를 마, 비빌 찰). ① 속뜻 운동(運動)하고 있는 물체를 정지하려는 마찰(摩擦). ② 물리 한 물체가 다른 물체의 표면에 닿아서 운동할 때에, 그 운동하고 있는 물체를 정지하려는 마찰. 운동 상태에 따라 미끄럼마찰과 구름마찰로 나눈다.

▸운:동 신경 運動神經 (정신 신, 날실 경). ① 의학 골격근의 운동(運動)을 지배하는 말

초 신경(末梢神經). ② 운동을 솜씨 있게 잘 다루는 능력.

▸운:동 잔상 運動殘像 (남을 잔, 모양 상). ① 속뜻 운동(運動)이 끝난 후에도 모양[像]이 남아있음[殘]. ② 심리 움직이는 대상을 바라본 뒤에 정지한 대상을 보면 이것이 앞서 본 운동 방향과 반대 방향(反對方向)으로 움직이는 것같이 보이는 현상.

▸운:동 중추 運動中樞 (가운데 중, 지도리 추). 의학 근육 운동(運動)을 맡아서 처리하는 신경 중추(中樞).

▸운:동 실조 運動失調 (잃을 실, 고를 조). ① 속뜻 몸의 각 부분이 조화를 잃어 운동(運動)을 하려고 해도 뜻대로 조절(調節)되지 않음[失]. ② 의학 뇌 또는 척수의 장애로 근육의 조절이 마음대로 되지 않는 병.

운량[1] **雲量** (구름 운, 분량 량). 지리 구름[雲]이 하늘을 덮은 정도나 양(量). 구름이 온 하늘을 덮었을 때를 10, 구름이 전혀 없을 때를 0으로 하여 눈대중으로 정한다.

운:량[2] **運糧** (옮길 운, 양식 량). 양식(糧食)을 운반(運搬)하는 것.

운:명[1] **殞命** (죽을 운, 목숨 명). 목숨[命]이 다하여 죽음[殞]. ¶어머니는 70세를 일기로 운명하셨습니다.

운:명[2] **運命** (운수 운, 목숨 명). ① 속뜻 운수(運數)와 목숨[命]. ② 인간을 포함한 우주의 일체를 지배한다고 생각되는 필연적이고도 초인간적인 힘. ¶우리가 다시 만난 것은 운명이다. ③ 앞으로의 존망이나 생사에 관한 처지. ¶조국의 운명을 걸머지다. ㊥명운(命運), 숙명(宿命).

▸운:명-극 運命劇 (연극 극). 연영 개인의 의지와 운명과의 싸움이나 운명(運命)의 지배를 받게 되는 이야기를 제재로 한 희곡이나 연극(演劇).

▸운:명-론 運命論 (논할 론). 철학 일체의 일은 미리 정해진 필연적인 법칙[運命]에 따라 일어나므로 인간의 의지로는 변경할 수 없다는 설[論]. 숙명론(宿命論).

▸운:명-신 運命神 (귀신 신). 인간의 운명(運命)을 좌우한다는 신(神).

▸운:명-적 運命的 (것 적). 운명(運命)으로 정해진 것[的].

▸운:명 비:극 運命悲劇 (슬플 비, 연극 극). 연영 인생에서 일어나는 비참한 사건[悲劇]의 원인을 개인을 초월한 운명(運命)에 다 두는 희곡(戱曲). 운명극(運命劇).

운모 **雲母** (구름 운, 어머니 모). 광업 육각 판상(板狀)의 결정이 대부분인 규산염 광물. 얇은 판으로 갈라지는 성질이 있으며 전기 절연물, 내화재(耐火材) 등으로 쓰인다. 백운모·흑운모 등이 있다. 돌비늘. 모양이 비늘구름 같다고 '구름 운'(雲)가 쓰인 것으로 보이며 '어머니 모'자가 쓰인 까닭은 알 수 없다.

▸운모-고 雲母膏 (기름 고). 한의 운모(雲母)를 고아 만든 고약(膏藥).

▸운모-병 雲母屛 (병풍 병). 운모(雲母)로 만든 병풍(屛風).

▸운모-지 雲母紙 (종이 지). 운모(雲母)의 가루를 바른 종이[紙].

▸운모 편암 雲母片巖 (조각 편, 바위 암). 지리 운모(雲母), 석영(石英), 장석(長石) 등을 주성분으로 하는 결정 편암(結晶片巖).

운:목 **韻目** (운 운, 눈 목). 문학 한시에서 운(韻)의 조목(條目). 끝구가 두 자 또는 석 자의 운으로 된 글.

운무 **雲霧** (구름 운, 안개 무). 구름[雲]과 안개[霧]. ¶운무에 싸인 산꼭대기.

▸운무-중 雲霧中 (가운데 중). ① 속뜻 구름[雲]과 안개[霧] 속[中]. ② '아주 의심스러운 일'을 비유하여 이르는 말.

운문[1] **雲紋** (구름 운, 무늬 문). 구름[雲] 모양의 무늬[紋]. ¶운문사(雲紋紗).

운:문[2] **韻文** (운 운, 글월 문). 문학 ① 일정한 운(韻)을 사용한 시문(詩文). ② 시의 형식으로 쓰인 글. ③ 언어 문자 배열에 일정한 규율 또는 운율이 있는 글. ㊥율문(律文). ㊎산문(散文).

▸운:문-체 韻文體 (모양 체). 문학 운문(韻文) 형식으로 쓴 문체(文體). 운율의 유무에 따라 나눈 문체의 한 가지. 곧 향가나 속요, 가사와 같이 외형적인 자수율(字數律)을 가진 문체. ㊎산문체(散文體).

*__운:반__ **運搬** (옮길 운, 옮길 반). ① 속뜻 물건을 탈것 따위에 실어서 옮김[運=搬]. ¶가방이 운반 도중 분실되었다 / 트럭으로 이삿짐을 운반하다. ② 지리 강물, 바람 등이 토사(土沙)나 자갈 등을 유전(流轉)시키는 것.

▸운ː반-비 運搬費 (쓸 비). 운반(運搬)하는 데 들어가는 비용(費用).

▸운ː반 작용 運搬作用 (지을 작, 쓸 용). 지리 물이나 바람이 흙이나 모래를 딴 곳으로 나르는[運搬] 작용(作用).

운산[1] **雲山** (구름 운, 메 산). 구름[雲]이 끼어 있는 산(山).

운ː산[2] **運算** (움직일 운, 셀 산). 수학 식이 나타낸 일정한 규칙에 따라 운용(運用)하여 계산(計算)함. 연산(演算).

운산-무소 雲散霧消 (구름 운, 흩을 산, 안개 무, 사라질 소). ① 속뜻 구름[雲]이 흩어지고[散] 안개[霧]가 사라짐[消]. ② 근심 걱정이 말끔히 없어짐.

운ː서 韻書 (운 운, 책 서). 한자를 운(韻)에 따라 분류·배열한 책[書]. 운책(韻冊).

운ː석 隕石 (떨어질 운, 돌 석). 광업 지구상에 떨어진[隕] 돌[石] 같은 물체. 유성(流星)이 대기 중에서 다 타지 않고 지구상에 떨어진 것.

운ː선 運船 (옮길 운, 배 선). 물건을 운반(運搬)하는 배[船]. 배를 운항함.

운ː성 隕星 (떨어질 운, 별 성). ① 속뜻 지구로 떨어진[隕] 별[星]. ② 천문 지구의 대기권에 돌입한 우주진(宇宙塵)이 빠른 속도로 떨어질 때, 공기의 압축과 마찰에 의하여 가열되어 빛을 발하는 물체. 별똥별. 유성(流星).

운ː세 運勢 (옮길 운, 기세 세). 운명(運命)이나 운수가 닥쳐오는 기세(氣勢). ¶운세를 보다.

운ː소 韻素 (운 운, 바탕 소). ① 속뜻 운율(韻律)의 요소(要素). ② 언어 단어의 의미를 분화하는 데 관여하는 음소 이외의 운율적 특징. 소리의 높낮이, 길이, 세기 따위.

운ː송 運送 (옮길 운, 보낼 송). 화물 따위를 운반(運搬)하여 보냄[送]. ¶항공운송 / 석탄은 대개 철도로 운송한다. ⓑ수송(輸送).

▸운ː송-료 運送料 (삯 료). 화물 또는 여객을 운반하는[運送] 대가로 받는 요금(料金).

▸운ː송-비 運送費 (쓸 비). 운송(運送)하는 데 드는 비용(費用). 운임(運賃).

▸운ː송-선 運送船 (배 선). 여객, 화물 따위를 운송(運送)하는 배[船].

▸운ː송-업 運送業 (일 업). 운임 또는 수수료를 받고 여객과 화물을 운송(運送)하는 영업(營業). 운반업(運搬業).

▸운ː송-장 運送狀 (문서 장). ① 속뜻 운송인(運送人)이 화물과 함께 화주에게 보내는 통지서[狀]. ② 육상 운송에서 운송인의 청구에 의해 송하인(送荷人)이 교부하는 운송 물품 등에 관한 사항을 기재한 서면.

▸운ː송 보ː험 運送保險 (지킬 보, 험할 험). 경제 운송(運送)하는 화물에 대해 화재, 수재, 도난 등으로 받는 손해를 보상하기 위한 손해 보험(損害保險).

▸운ː송 증권 運送證券 (증거 증, 문서 권). 경제 운송인이 송하인에게 운송(運送)에 관하여 발행하는 유가 증권(有價證券). 화물인환증과 선화 증권 따위.

운수[1] **雲水** (구름 운, 물 수). ① 속뜻 구름[雲]과 물[水]. 수운(水雲). ② 불교 탁발하는 승려. 운수승(雲水僧).

운ː수[2] **運數** (돌 운, 셀 수). 이미 정해져 있어 인간의 힘으로는 어쩔 수 없는 천운(天運)과 기수(氣數). ¶운수 좋은 날 / 이번에 운수가 좋으면 부자가 될지 모른다.

▸운ː수-불길 運數不吉 (아닐 불, 길할 길). 운수(運數)가 좋지[吉] 않음[不].

▸운ː수-소관 運數所關 (것 소, 관계할 관). ① 속뜻 운수(運數)가 관계(關係)하기에 달려 있는 것[所]. ② 사람의 힘으로는 어찌할 수 없음.

운ː수[3] **運輸** (옮길 운, 나를 수). 여객이나 화물 따위를 옮기거나[運] 나르는[輸] 일. ¶철도 운수. ⓑ수운(輸運).

▸운ː수-업 運輸業 (일 업). 규모가 크게 여객이나 화물을 운반[運輸]하는 영업(營業).

▸운ː수 회ː사 運輸會社 (모일 회, 단체 사). 운수업(運輸業)을 하는 회사(會社).

운ː신 運身 (돌 운, 몸 신). ① 속뜻 몸[身]을 움직임[運]. ② 어떤 일이나 행동을 편한 마음으로 자유롭게 함. ¶운신의 폭을 넓혔다.

운연 雲煙 (구름 운, 연기 연). ① 속뜻 구름[雲]과 연기(煙氣). 또는 구름과 안개. ② '그림이나 글씨에서 운치 있는 필적'을 형용하여 이르는 말.

운영[1] **雲影** (구름 운, 그림자 영). 구름[雲]의

그림자[影].

운:영² 運營 (움직일 운, 꾀할 영). ① 속뜻 자금 따위를 운용(運用)하여 이익을 꾀함[營]. ② 단체나 조직을 관리하여 경영함. ¶학교 운영 / 그는 큰 회사를 운영한다.

운예 雲霓 (구름 운, 무지개 예). ① 속뜻 구름[雲]과 무지개[霓]. ② 비가 내릴 징조.

운:용 運用 (움직일 운, 쓸 용). 무엇을 움직이게 하거나[運] 부리어 쓰는[用] 것. ¶운용 자금 / 실지로 운용해 보지 않고서는 그 가치를 확인할 수 없다.

운우 雲雨 (구름 운, 비 우). ① 속뜻 구름[雲]과 비[雨]. ② 남녀 사이에 육체적으로 관계함. ¶부부는 원앙 베개와 비취 이불 아래에서 운우의 정을 나누면서 밤을 지냈다. ③ '두터운 혜택이나 덕택'을 비유하여 이르는 말.

▶운우지락 雲雨之樂 (어조사 지, 즐길 락). 남녀가 육체적으로 관계하는[雲雨] 즐거움[樂]. 초혜왕(楚惠王)이 운몽(雲夢)에 있는 고당(高唐)으로 갔을 때 꿈속에서 무산(巫山) 신녀(神女)와 만나 즐겼다는 옛이야기에서 비롯되었다.

▶운우지정 雲雨之情 (어조사 지, 사랑 정). 남녀 간의 육체적으로 관계하는[雲雨] 사랑의 감정(感情).

운운 云云 (이를 운, 이를 운). 이러쿵저러쿵 하면서 말함[云+云].

운:율 韻律 (운 운, 가락 률). 문학 시(詩) 따위에서 운(韻)을 이용해 만든 리듬[律]. 음의 강약, 장단, 고저 또는 동음(同音)이나 유음(類音)을 반복하는 방법을 쓴다. ¶운율에 맞추어 시를 낭송하다.

운:임 運賃 (옮길 운, 품삯 임). 여객이나 화물을 운반(運搬)한 대가로 받는 삯[賃]. ¶모든 운임은 저희가 부담하겠습니다.

▶운:임-표 運賃表 (겉 표). 운임(運賃)을 거리, 무게별로 기재한 표(表). ¶철도 운임표.

운:자 韻字 (운 운, 글자 자). 한시에서 운(韻)으로 다는 글자[字]. ㊟운.

운잔 雲棧 (구름 운, 잔교 잔). ① 속뜻 구름[雲]에 닿을 정도로 높은 사다리[棧]. ② 높은 산의 벼랑 같은 데를 건너다니게 한 통로를 이르는 말.

운:재 運材 (옮길 운, 재목 재). 재목(材木)을 나름[運].

운:적-토 運積土 (옮길 운, 쌓을 적, 흙 토). 지리 암석의 풍화물이 강물, 해수, 빙하, 풍우·중력, 화산 등의 작용으로 운반(運搬)·퇴적(堆積)되어 생긴 토양(土壤). ㊞이적토(移積土). ㊟정적토(定積土).

운:전 運轉 (돌 운, 구를 전). ① 속뜻 기계 따위를 돌리거나[運] 구르게[轉] 함. ② 자동차, 열차 따위를 나아가게 하거나 멈추게 하고 방향을 바꾸게 하는 장치 등을 다루어 일정한 방향으로 움직이게 하는 것. ¶안전 운전.

▶운:전-사 運轉士 (선비 사). 자동차 등을 직업적으로 운전(運轉)하는 사람[士]. '운전기사'의 준말.

▶운:전-석 運轉席 (자리 석). 자동차를 운전(運轉)하는 사람이 앉는 좌석(座席). ¶운전석 옆 자리에 탔다.

▶운:전-수 運轉手 (사람 수). 자동차 등을 직업적으로 운전(運轉)하는 사람[手]. ㊞운전사(運轉士).

▶운:전-실 運轉室 (방 실). 기계 따위를 운전(運轉)하고 조작하는 방[室]. ¶엔진을 고치느라 운전실에서 밤을 샜다.

▶운:전-자 運轉者 (사람 자). 자동차를 운전(運轉)하는 사람[者]. ¶음주 운전자를 구속하다.

▶운전-기사 運轉技士 (재주 기, 선비 사). 직업적으로 차나 기계를 운전(運轉)하는 사람[技士].

▶운:전 자금 運轉資金 (밑천 자, 돈 금). 경제 기업의 경상적 경영 활동[運轉]에 필요한 자금(資金). 곧 원재료, 상품의 구입, 인건비 지급 등에 투입되는 유동적인 자본이다. ㊞회전(回轉) 자금. ㊟설비 자금(設備資金).

▶운:전 자본 運轉資本 (재물 자, 밑 본). 경제 기업의 일상적인 활동[運轉]을 위해 투입된 자본(資本). 경영 자본(經營資本).

운:지-법 運指法 (움직일 운, 손가락 지, 법 법). 음악 악기를 연주할 때 손가락[指]을 쓰는[運] 방법(方法).

운집 雲集 (구름 운, 모일 집). 구름[雲]처럼 많이 모임[集].

운:철 隕鐵 (떨어질 운, 쇠 철). 광업 주성분

이 철(鐵)로 된 운석(隕石).

운:치 韻致 (그윽할 운, 이를 치). 그윽한[韻] 풍치(風致). 고상하고 우아함. ¶정원을 운치 있게 꾸미다 / 가을의 고궁은 운치가 있다. ㊐풍치(風致).

운:통 韻統 (운 운, 계통 통). 문학 중국의 여러 종류의 운서(韻書)에 체계화되어 있는 운자(韻字)의 계통[統]. 동자 운통(東字韻統), 강자 운통(江字韻統) 따위가 있다.

운판 雲版 (구름 운, 널빤지 판). ① 속뜻 구름[雲]모양의 널판지[版]. ② 불교 절에서 부엌 등에 달아 놓고 식사 시간을 알리기 위해 치는 기구. 청동이나 쇠를 이용하여 구름 모양으로 만들었다.

운:필 運筆 (움직일 운, 붓 필). 글씨를 쓰거나 그림을 그리기 위해 붓[筆]을 놀리는[運] 일. 용필(用筆).

운하[1] 雲霞 (구름 운, 노을 하). 구름[雲]과 노을[霞].

운:하[2] 運河 (움직일 운, 물 하). 배를 운항(運航)할 수 있도록 육지를 파서 만든 강[河] 같은 길. ¶수에즈 운하.

운:하[3] 運荷 (옮길 운, 짐 하). 짐[荷]을 운반(運搬)하는 것.

운학[1] 雲鶴 (구름 운, 두루미 학). 구름[雲]과 학(鶴)을 새기거나 그린 무늬. '운학문'(雲鶴紋)의 준말. ¶청자에 운학을 새겨넣었다.

운:학[2] 韻學 (운 운, 배울 학). 한자의 음운(音韻)을 연구하는 학문(學問).

운:항[1] 運航 (움직일 운, 배 항). 배[航]나 항공기를 운행(運行)함. ¶태풍으로 모든 선박의 운항이 중단되었다.

운:항[2] 運港 (움직일 운, 항구 항). 사람을 태워 나르거나 물건을 실어 나르기[運] 위해 만든 항구(港口).

운해 雲海 (구름 운, 바다 해). ① 속뜻 구름[雲]이 덮인 바다[海]. ②산꼭대기나 비행기에서 내려다보았을 때 바다처럼 널리 깔린 구름. ¶산 정상에 올라 발 아래를 굽어보니 운해가 장관이었다.

운:행 運行 (움직일 운, 갈 행). ① 속뜻 배나 차 따위의 탈것을 운전(運轉)하며 가도록[行] 함. ¶버스 운행 노선 / 지하철은 3분 간격으로 운행된다. ② 천문 천체가 궤도를 따라 운동하는 일. ¶달이 궤도를 운행하다.

운:향 韻響 (운 운, 울릴 향). ① 속뜻 운(韻)의 울림[響]. ② 문학 시의 운율이 일으키는 운치(韻致).

운형 雲形 (구름 운, 모양 형). ① 속뜻 구름[雲]의 모양[形]. 또는 구름처럼 생긴 모양. ②구름을 그린 그림이나 조각.

운:휴 運休 (움직일 운, 쉴 휴). 움직임[運]을 쉼[休]. 교통 기관이 운전(運轉)·운항(運航)을 중지하는 일.

울결 鬱結 (답답할 울, 맺을 결). ① 속뜻 가슴이 답답하여[鬱] 무언가 맺힌[結] 것 같음. ② 한의 기혈이 한곳에 몰려 흩어지지 않음.

울기 鬱氣 (답답할 울, 기운 기). ① 속뜻 답답한[鬱] 기분(氣分). ② 한의 기(氣)가 몰려 쌓인 것.

울밀 鬱密 (우거질 울, 빽빽할 밀). 나무 따위가 무성하게 우거져[鬱] 빽빽한[密]. ¶나무가 울밀하다 / 수목이 울밀하면 새와 짐승이 몰려든다.

울분 鬱憤 (답답할 울, 성낼 분). 가슴이 답답하여[鬱] 성이 남[憤]. 또는 그런 울화. ¶그는 참았던 울분을 터뜨렸다.

울울 鬱鬱 (우거질 울, 우거질 울). ① 속뜻 나무가 빽빽하게 들어서 매우 무성하다[鬱+鬱]. ¶울울한 숲. ②마음이 상쾌하지 않고 매우 답답하다. ¶울울한 기분이 들다.

▸ **울울창창 鬱鬱蒼蒼** (푸를 창, 푸를 창). 주로 큰 나무들이 빽빽하게[鬱] 들어서 매우 무성하고 푸름[蒼]. 창창울울(蒼蒼鬱鬱).

울적[1] 鬱寂 (답답할 울, 고요할 적). 마음이 답답하고[鬱] 쓸쓸하다[寂]. ¶마음이 몹시 울적하다.

울적[2] 鬱積 (답답할 울, 쌓을 적). 마음 답답함[鬱]이 쌓임[積].

울증 鬱症 (답답할 울, 증세 증). 가슴이 막혀 답답한[鬱] 병증(病症).

울창 鬱蒼 (우거질 울, 푸를 창). 나무가 빽빽하게 우거지고[鬱] 푸르다[蒼]. ¶노르웨이는 숲이 울창하다.

울혈 鬱血 (답답할 울, 피 혈). ① 속뜻 피[血]가 몰려 막힘[鬱]. ② 의학 몸 안의 장기나 조직에 정맥의 피가 몰려 있는 증상.

울화 鬱火 (답답할 울, 불 화). 가슴이 답답하여[鬱] 치밀어 오른 화(火). ¶그를 보자 울화가 치밀었다.

▸울화-병 鬱火病 (병 병). ① 속뜻 가슴이 답답하여[鬱] 화(火)가 치밀어 오르는 병(病). ② 한의 억울한 마음을 삭이지 못하여 간의 생리 기능에 장애가 와서 머리와 옆구리가 아프고 가슴이 답답하면서 잠을 잘 자지 못하는 병.

▸울화-증 鬱火症 (증세 증). ① 속뜻 가슴이 답답하여[鬱] 화(火)가 치밀어 오르는 증세(症勢). ② 한의 울화병(鬱火病).

웅거 雄據 (씩씩할 웅, 의지할 거). 어떤 지역에 자리 잡고 굳게[雄] 막아 지킴[據].

웅건 雄健 (씩씩할 웅, 굳셀 건). 힘차고[雄] 굳건함[健]. ¶웅건한 필체.

웅걸 雄傑 (뛰어날 웅, 뛰어날 걸). 뛰어난[雄] 호걸(豪傑).

웅계 雄鷄 (수컷 웅, 닭 계). 닭[鷄]의 수컷[雄]. 수탉.

웅녀 熊女 (곰 웅, 여자 녀). 문학 단군 신화에 나오는 단군의 어머니. 단군 신화에 따르면 원래는 곰[熊]이었으나 동굴 속에서 햇빛을 보지 않고 쑥과 마늘만 먹는 시련을 견디어 여자(女子)로 환생한 후, 환웅과 혼인하여 단군을 낳았다고 한다.

웅담 熊膽 (곰 웅, 쓸개 담). 한의 바람에 말린 곰[熊]의 쓸개[膽]. ¶이 약은 웅담으로 만든 것이다.

웅대 雄大 (뛰어날 웅, 큰 대). 기개 따위가 뛰어나고[雄] 규모 따위가 크다[大]. ¶그곳의 경치는 정말 웅대하다.

웅도[1] 雄途 (씩씩할 웅, 길 도). 큰 목적을 위해 떠나는 장한[雄] 길[途].

웅도[2] 雄圖 (뛰어날 웅, 꾀할 도). 웅대(雄大)한 계획[圖].

웅변 雄辯 (씩씩할 웅, 말 잘할 변). 청중을 감동시킬 수 있도록 조리 있고 씩씩하게[雄] 말을 잘함[辯]. ¶웅변대회.

▸웅변-가 雄辯家 (사람 가). 웅변(雄辯)을 잘하는 사람[家]. ¶그는 정력적인 웅변가였다.

웅보 雄步 (씩씩할 웅, 걸음 보). 웅대한 일을 위해 나서는 씩씩하고[雄] 당당한 걸음[步].

웅봉 雄蜂 (수컷 웅, 벌 봉). 벌[蜂]의 수컷[雄]. 수컷 벌. ⓑ자봉(雌蜂).

웅비 雄飛 (씩씩할 웅, 날 비). 힘차고 씩씩하게[雄] 뻗어 나아감[飛]. ¶세계로 웅비하는 조국.

웅성 雄性 (수컷 웅, 성별 성). ① 속뜻 생물에서 수컷[雄]으로서의 성별(性別). ② 수컷의 성질. ⓑ자성(雌性).

웅시 雄視 (씩씩할 웅, 볼 시). 잔뜩 위세[雄]를 부리며 남을 낮추어 봄[視].

웅예 雄蕊 (수컷 웅, 꽃술 예). 식물 수컷[雄] 꽃술[蕊]. 수술. ⓑ자예(雌蕊).

웅자 雄姿 (뛰어날 웅, 맵시 자). 웅장(雄壯)한 모습[姿]. ¶백두산의 웅자.

웅장[1] 雄壯 (뛰어날 웅, 씩씩할 장). 빼어날[雄] 만큼 씩씩하게[壯] 보이다. 또는 매우 우람하다. ¶웅장한 경치에 넋을 잃었다.

웅장[2] 熊掌 (곰 웅, 손바닥 장). 곰[熊]의 발바닥[掌].

웅재 雄才 (뛰어날 웅, 재주 재). 빼어난[雄] 재능(才能). 또는 그런 재능을 가진 사람.

▸웅재-대략 雄才大略 (큰 대, 꾀할 략). 빼어난 재능[雄才]과 원대(遠大)한 지략(智略). 또는 그것을 지닌 사람.

웅지 雄志 (뛰어날 웅, 뜻 지). 웅대(雄大)한 뜻[志]. 큰 뜻. ¶웅지를 품다.

웅풍 雄風 (씩씩할 웅, 바람 풍). ① 속뜻 심하게[雄] 부는 바람[風]. ② 지리 풍력 계급 6의 바람. 초속 10.8~13.8미터로 불며, 큰 나뭇가지가 흔들리고 산을 쓰고 있기가 힘이 드는 정도의 바람이다. ⓑ된바람.

웅필 雄筆 (씩씩할 웅, 글씨 필). 당당하고 힘찬[雄] 글씨[筆].

웅혼 雄渾 (씩씩할 웅, 물흐를 혼). 글이나 글씨 따위가 당당하고 힘차면서도[雄] 물 흐르듯[渾] 막힘이 없음.

웅화 雄花 (수컷 웅, 꽃 화). 식물 암술은 없고 수술[雄]만 있는 꽃[花]. ⓑ수꽃. ⓑ자화(雌花).

원:가[1] 怨歌 (원망할 원, 노래 가). ① 속뜻 원망(怨望)의 뜻을 담은 노래[歌]. ② 문학 신라 효성왕 때 신충(信忠)이 지은 향가. 옛정을 저버린 임금을 원망하는 내용으로 『삼국유사』에 실려 있다.

원가[2] 原價 (본디 원, 값 가). 경제 ① 원래(原來)의 값[價]. 처음 사들일 때의 값. ② 제품의 생산이나 공급에 쓰인 순수비용. ¶원가 산출.

▸원가 계ː산 原價計算 (셀 계, 셀 산). 경제 제품을 생산하는 데 드는 원재료, 노동력, 그 밖의 비용 즉 원가(原價)를 산출[計算]하는 일.

원각 圓覺 (둥글 원, 깨달을 각). 불교 부처의 완전하고 원만(圓滿)한 깨달음[覺]을 이르는 말.

▸원각-경 圓覺經 (책 경). ① 속뜻 원만한 깨달음[圓覺]에 이르는 경전(經典). ② 불교 대승 경전(大乘經典)의 한 가지. 보살들의 물음에 일일이 대답한 석가여래의 각성(覺性)을 명백히 한 경전.

원각-사 圓覺寺 (둥글 원, 깨달을 각, 절 사). 불교 서울특별시 종로구 탑골 공원 자리에 있던 절. 조선 세조 11년(1465)에 왕명으로 세운 대찰(大刹)이었으나 지금은 13층의 사리탑만이 남아 있다. 효령대군이 회암사(檜巖寺) 동쪽 언덕에 석가모니의 사리(舍利)를 안치하고 원각법회(圓覺法會)를 열자, 그날 저녁에 여래가 공중에 나타나고 사리가 분신하는 기이한 일이 일어나 절[寺]을 세웠다고 한다.

원각-본 原刻本 (본디 원, 새길 각, 책 본). ① 속뜻 원래(原來) 목각(木刻)한 판본(板本). ② 초간본(初刊本). ③ 원본(原本).

원간-본 原刊本 (본디 원, 책 펴낼 간, 책 본). ① 속뜻 원래(原來) 간행(刊行)된 판본(板本). 초간본(初刊本). ② 원본(原本).

원ː객 遠客 (멀 원, 손 객). 먼[遠] 곳에서 온 손님[客].

원ː-거리 遠距離 (멀 원, 떨어질 거, 떨어질 리). 먼[遠] 거리(距離). ㊇장거리(長距離). ㊎근거리(近距離).

원ː격 遠隔 (멀 원, 사이 뜰 격). 공간적으로 멀리[遠] 떨어짐[隔]. ¶이 비행기는 원격으로 조종할 수 있다.

▸원ː격-지 遠隔地 (땅 지). 멀리 떨어진[遠隔] 곳[地].

▸원ː격 제ː어 遠隔制御 (누를 제, 다스릴 어). 물리 멀리 떨어진 곳에[遠隔] 있는 기계나 장치에 대해서 자동으로 통제함[制御]. 원격 조작(遠隔操作).

원ː경[1] 遠景 (멀 원, 볕 경). ① 속뜻 먼[遠] 데서 보는 경치(景致). ② 화면에 나타나 있는 먼 쪽 부분. ㊎근경(近景).

원ː경[2] 遠境 (멀 원, 지경 경). ① 속뜻 멀리[遠] 떨어져 있는 국경(國境). ② 멀리 떨어져 있는 지역.

원고[1] 原告 (본디 원, 알릴 고). ① 속뜻 원래(原來) 고소(告訴)한 사람. ② 법률 법원에 민사소송을 제기하여 재판을 청구한 사람. ㊎피고(被告).

원고[2] 原稿 (본디 원, 초안 고). ① 속뜻 맨 처음에[原] 쓴 초안[稿]. ② 인쇄하거나 발표하기 위하여 쓴 글이나 그림 따위. ¶교내 웅변대회 원고를 쓰다.

▸원고-료 原稿料 (삯 료). 원고(原稿)를 집필한 데 대한 삯[料].

▸원고-지 原稿紙 (종이 지). 원고(原稿)를 쓰기 편리하게 만든 종이[紙]. ¶원고지 사용법을 배우다.

▸원고-용지 原稿用紙 (쓸 용, 종이 지). 원고(原稿)를 작성할 때 쓰는[用] 일정한 규격의 종이[紙]. ㊋원고지.

원-관념 元觀念 (으뜸 원, 볼 관, 생각 념). ① 속뜻 으뜸[元]이 되는 관념(觀念). ② 문학 비유법에서 표현하고자 하는 실제 내용. 예를 들어 '내 누님같이 생긴 꽃'에서 꽃의 원관념은 '누님'이다.

원광[1] 原鑛 (본디 원, 쇳돌 광). 광업 ① 제련하지 않은 원래(原來)의 광석(鑛石). ② 주가 되는 광산. ㊇원석(原石).

원광[2] 原鑛 (본디 원, 쇳돌 광). 광업 제련하지 않은 원래(原來)의 광석(鑛石).

▸원광-석 原鑛石 (돌 석). 광업 제련하지 않은 원래(原來) 그대로의 광석(鑛石). ¶중국에서 원광석을 수입한다. ㊋원광.

원광[3] 圓光 (둥글 원, 빛 광). ① 속뜻 둥근[圓] 모양의 빛[光]. 햇빛이나 달빛을 일컫는다. ② 불교 부처의 몸이나 머리에서 내비치는 둥근 빛.

원ː교 遠郊 (멀 원, 성 밖 교). 대도시에서 멀리[遠] 떨어져 있는 지역[郊]. 예전에 도성(都城) 밖 50리까지를 근교(近郊), 100리까지를 원교(遠郊)라 하였다.

▸원ː교 농업 遠郊農業 (농사 농, 일 업). 농업 대도시에서 멀리 떨어진 고장[遠郊]에서 채소, 달걀, 화초 등을 도시민들에게 공급하기 위해 하는 집약적 농업(集約的農業).

원:교근공 遠交近攻 (멀 원, 사귈 교, 가까울 근, 칠 공). 먼[遠] 나라와 우호 관계를 맺고[交] 이웃[近] 나라를 공략(攻略)하는 일.

원구 原口 (언덕 원, 입 구). ① 속뜻 원래[原]의 구멍[口]. ② 동물 동물의 발생 초기에 장차 소화 기관이 될 원장과 통하는 구멍. 부화되어 새끼가 될 때 입과 항문이 된다.

원구-단 圜丘壇 (=圓丘壇, 둥글 원, 언덕 구, 단 단). 고려 시대부터 하늘과 땅[圜]에 제사를 드리도록 언덕[丘]처럼 높게 쌓은 대[壇]. ㊥환구단.

원:국 遠國 (멀 원, 나라 국). 멀리[遠] 떨어진 나라[國]. 원방(遠邦).

원:군 援軍 (도울 원, 군사 군). 도와[援]주기 위한 군대(軍隊). ¶이라크에 원군을 파견했다. ㊥원병(援兵).

원권 原權 (본디 원, 권리 권). 법률 어떤 권리의 침해에 따라 발생하는 원상회복이나 손해 배상의 청구권에 대하여 그 침해된 원래(原來)의 권리(權利)를 이르는 말.

원:귀 寃鬼 (억울할 원, 귀신 귀). 원통(寃痛)하게 죽은 사람의 귀신(鬼神).

원규 院規 (집 원, 법 규). 학원(學院), 서원(書院), 병원(病院) 따위에서 정한 내부 규칙(規則).

원:근 遠近 (멀 원, 가까울 근). 멀고[遠] 가까움[近]. 또는 먼 곳과 가까운 곳.

▸원:근-감 遠近感 (느낄 감). 미술 멀고 가까운[遠近] 거리에 대한 느낌[感]. ¶이 그림은 원근감을 잘 표현했다.

▸원:근-법 遠近法 (법 법). 미술 화면에 원근(遠近)을 나타내어 그림의 현실감이나 입체감을 강하게 하는 기법(技法).

원금 元金 (으뜸 원, 돈 금). ① 속뜻 밑천[元]으로 들인 돈[金]. ② 경제 꾸어 준 돈에서 이자를 붙이지 않은 본디의 돈. ¶원금 50만 원에 대한 이자. ㊞이자(利子).

원급 原級 (본디 원, 등급 급). 언어 유럽의 여러 언어에서, 형용사 부사의 정도를 나타내는 비교급, 최상급에 대하여 비교의 뜻을 나타내지 않는, 원래(原來)의 급(級).

원기[1] 元氣 (으뜸 원, 기운 기). ① 속뜻 타고난[元] 기운(氣運). ② 심신(心身)의 정력. ¶원기를 회복하다. ③ 만물의 정기.

원기[2] 原器 (본디 원, 그릇 기). ① 속뜻 표준으로 만든 원래(原來)의 그릇[器]이나 기구. ② 물리 측정의 기준으로서 도량형의 표준이 되는 기구. ¶미터 원기.

원:납 願納 (바랄 원, 바칠 납). 자원(自願)해서 재물을 바침[納].

▸원:납-전 願納錢 (돈 전). ① 속뜻 스스로 원(願)하여 바치던[納] 돈[錢]. ② 역사 경복궁의 중수를 위해 대원군이 백성들로부터 거두어들인 기부금을 이르던 말.

원내 院內 (집 원, 안 내). ① 속뜻 '원'(院)자가 붙은 각종 기관의 내부(內部). 병원(病院), 양로원(養老院) 따위의 안. ② 의원(議院)의 안, 곧 국회의 안.

▸원내 총:무 院內總務 (거느릴 총, 일 무). 정치 의회 안[院內]에서 자기 당에 딸린 의원을 통솔하고 당무(黨務) 및 다른 당의 의원과의 대외 교섭을 총할(總轄)하는 정당의 간부 의원.

원년 元年 (으뜸 원, 해 년). ① 속뜻 으뜸[元]이 되는 해[年]. ② 임금이 즉위한 해. ③ 어떤 중요한 일이 시작된 해. ¶1982년은 한국 프로야구 원년이다. ㊥다년호(大年號).

원:념 怨念 (원망할 원, 생각 념). 원한(怨恨)을 품은 생각[念].

원단[1] 元旦 (으뜸 원, 아침 단). ① 속뜻 으뜸[元]이 되는 아침[旦]. ② 설날 아침. 사시(四時). 삼시(三始). 세단(歲旦). 원신(元辰). 원조(元朝). 정단(正旦). 정조(正朝).

원단[2] 原緞 (본디 원, 비단 단). 원료(原料)가 되는 비단[緞] 같은 천. ¶이 옷은 고급 원단을 사용하여 만들었다.

원-단위 原單位 (본디 원, 홑 단, 자리 위). ① 속뜻 원래(原來) 필요로 하는 단위(單位). ② 어떤 제품 하나를 생산하는 데 드는 원료, 동력, 노동력 등의 기준량.

원당 原糖 (본디 원, 사탕 당). 정제하여서 설탕을 만드는 원료(原料)가 되는 설탕[糖]. 당밀(唐蜜) 기타의 잡물을 포함한다. '원료당'(原料糖)의 준말.

원대[1] 原隊 (본디 원, 무리 대). 본디[原] 소속해 있던 부대(部隊). ¶원대 복귀(原隊復歸).

원:대[2] 遠大 (멀 원, 큰 대). 계획, 꿈, 이상 등이 먼[遠] 앞날을 내다보는 상태에 있어 크고 대단하다[大]. ¶그는 히말라야 등반

이라는 원대한 목표를 세웠다.

원:대[3] **遠代** (멀 원, 시대 대). ① 속뜻 아주 먼[遠] 시대(時代). ② 먼 조상의 대.

원도[1] **原圖** (본디 원, 그림 도). 미술 모사나 복제 등의 바탕[原]이 되는 그림[圖]. 본그림.

원:도[2] **遠島** (멀 원, 섬 도). 육지에서 멀리[遠] 떨어진 섬[島].

원:동[1] **遠東** (멀 원, 동녘 동). ① 속뜻 먼[遠] 동(東)쪽. ② 유럽에서 본 이름으로 유럽에서 비교적 먼 아시아 대륙의 동부와 그 주변의 섬들을 가리키는 말. 한국(韓國), 중국(中國), 일본(日本) 등이 여기에 속한다. 극동(極東).

원동[2] **原動** (본디 원, 움직일 동). 움직임[動]을 일으키는 기본 바탕[原].

▸원동-기 原動機 (틀 기). 물리 자연계에 존재하는 에너지를 동력으로 바꾸는[原動] 기계(機械). 열기관, 수력 기관, 전동기, 풍력기 등.

▸원동-력 原動力 (힘 력). ① 속뜻 모든 사물의 활동(活動)의 근원[原]이 되는 힘[力]. ¶경제 발전의 원동력. ② 물리 열, 수력, 풍력과 같이 물체나 기계의 운동을 일으키는 힘. ⓑ동력.

원두[1] **原豆** (본디 원, 콩 두). ① 속뜻 원래(原來) 상태의 콩[豆]. ② 가공하기 전의 커피 열매.

원두[2] **園頭** (동산 원, 머리 두). ① 속뜻 동산[園]에 일구어 놓은 밭의 머리[頭] 부분. 터키어를 음역한 것이라는 설도 있다. ② 밭에 심은 오이, 참외, 수박, 호박 따위의 총칭.

▸원두-막 園頭幕 (휘장 막). 수박, 참외 따위의 밭을 지키기 위하여 그 밭머리[園頭]에 지어 놓은 막(幕).

⁂**원래** **原來** (=元來, 본디 원, 올 래). 처음[原] 이래(以來)로. 중국에서는 元來로 쓰다가 명나라 때 元자를 싫어하여 原來로 고쳤다는 설이 있다. ¶그는 원래 친절한 사람이다. ② 사물이 전하여 내려온 그 처음. ⓑ 본디, 본래(本來).

원:래 **遠來** (멀 원, 올 래). 먼[遠] 곳에서 옴[來]. ¶원래의 손님을 맞이하다.

원량 **原量** (본디 원, 분량 량). 원래(原來)의 분량(分量).

원:려 **遠慮** (멀 원, 생각할 려). 먼[遠] 앞일까지 미리 잘 헤아려 생각하는[慮] 것.

원력[1] **原力** (본디 원, 힘 력). 본디[原]부터 있는 기운[力]. 근원이 되는 힘.

원:력[2] **願力** (바랄 원, 힘 력). 불교 신이나 부처에게 빌어 바라는[願] 바를 이루려는 염력(念力).

원:령 **怨靈** (원망할 원, 혼령 령). 원한(怨恨)을 품고 죽은 사람의 혼령(魂靈).

원:로[1] **遠路** (멀 원, 길 로). 먼[遠] 길[路]. 원정(遠程).

원로[2] **元老** (으뜸 원, 늙을 로). ① 속뜻 어떤 일에 오래[老] 종사하여 경험과 공로가 많아 으뜸[元]이 되는 사람. ¶문단의 원로. ② 관직이나 나이, 덕망 따위가 높고 나라에 공로가 많은 사람. ¶원로대신(元老大臣).

▸원로-원 元老院 (관청 원). ① 속뜻 원로(元老)들로 구성된 기관[院]. ② 역사 고대 로마의 입법·자문 기관. ③ 일부 공화국 등에서 상원(上院)을 달리 일컫는 말.

원론 **原論** (본디 원, 논할 론). 근본[原]이 되는 이론(理論). ¶문학 원론(文學原論).

원료 **原料** (본디 원, 거리 료). 바탕[原]이 되는 재료(材料). ¶콩은 두부의 원료이다. '원재료'(原材料)의 준말.

▸원료-당 原料糖 (사탕 당). 정제하여 설탕을 만드는 원료(原料)가 되는 가공하지 않은 사탕[糖]. ㊟원당.

원류 **源流** (근원 원, 흐를 류). ① 속뜻 근원(根源)이 되는 물줄기[流]. 수원(水原). ② 사물이 일어나는 근원. 기원(起源). ¶문명의 원류를 찾다.

⁂**원리**[1] **原理** (본디 원, 이치 리). ① 속뜻 사물의 기본[原]이 되는 이치(理致)나 법칙. ¶자연의 원리. ② 철학 기초가 되는 근거 또는 보편적 진리. ⓑ원칙(原則).

원리[2] **元利** (으뜸 원, 이로울 리). 원금(元金)과 이자(利子). ¶원리합계(元利合計).

▸원리-금 元利金 (돈 금). 경제 원금과 이자[元利]를 합친 돈[金].

원림 **園林** (동산 원, 수풀 림). ① 속뜻 정원(庭園)이나 공원의 숲[林]. ② 집터에 딸린 숲. ¶박 대감 집에는 원림이 잘 꾸며져 있다.

원만 **圓滿** (둥글 원, 가득할 만). ① 속뜻 성격이 둥글고[圓] 마음이 넉넉함[滿]. ¶원만한 성격. ② 일의 진행이 순조로움. ¶ 노사 협상은 원만하게 해결되었다. ③ 서로 의가 좋다. 사이가 구순함. ¶ 원만한 사이.

원:망[1] 怨望 (미워할 원, 바랄 망). 바란[望] 대로 되지 않아 미워하고[怨] 분하게 여김. 또는 그런 마음. ¶ 원망을 품다 / 하늘을 원망해 봤자 소용없다 / 그녀는 나를 원망스러운 눈으로 쳐다보았다.

원:망[2] 遠望 (멀 원, 바라볼 망). ① 속뜻 멀리[遠] 바라봄[望]. ② 먼 앞날의 희망.

원:망[3] 願望 (바랄 원, 바랄 망). 원(願)하고 바람[望]. 또는 원하고 바라는 바.

원:매-인 願買人 (바랄 원, 살 매, 사람 인). 사기[買]를 원(願)하는 사람[人]. 원매자(願買者). 작자(作者).

원:매-인 願賣人 (바랄 원, 팔 매, 사람 인). 팔기를[賣] 원(願)하는 사람[人]. 원매자(願賣者).

원맥 原麥 (본디 원, 보리 맥). 밀가루의 원료(原料)로 쓰는 밀[麥].

원면 原綿 (본디 원, 솜 면). 면방적의 원료(原料)가 되는, 아직 가공하지 않은 솜[綿].

원명[1] 原名 (본디 원, 이름 명). 본디[原]의 이름[名].

원명[2] 原命 (본디 원, 목숨 명). 본디[原] 타고난 목숨[命].

원모[1] 原毛 (본디 원, 털 모). 모직물의 원료(原料)로 쓰는 짐승의 털[毛].

원:모[2] 遠謀 (멀 원, 꾀할 모). 먼[遠] 장래를 위한 일을 도모(圖謀)함. 원대한 계획.

원목 原木 (본디 원, 나무 목). 가공하지 않은 원래(原來)의 통나무[木]. ¶ 이 침대는 원목으로 만들었다.

원무 圓舞 (둥글 원, 춤출 무). ① 속뜻 둥근[圓] 꼴을 이루며 추는 춤[舞]. ② 예술 왈츠나 폴카 따위와 같이 남녀 한 쌍이 추는 경쾌한 사교춤. 윤무(輪舞). ③ 음악 '원무곡'(圓舞曲)의 준말.

원문 原文 (본디 원, 글월 문). 베끼거나 번역한 것에 대하여 본디[原]의 글[文]을 이르는 말. 본문(本文).

원물[1] 元物 (으뜸 원, 만물 물). ① 속뜻 으뜸[元]이 되는 물건(物件). ② 법률 민법에서 경제적 수익으로서의 과실을 낳는 물건을 이르는 말. 우유에 대한 젖소, 과일에 대한 과수 따위.

원물[2] 原物 (본디 원, 만물 물). ① 속뜻 제품의 원료(原料)가 되는 물건(物件). 또는 제품의 기준이 되는 물건. ② 사진이나 그림 또는 모조품 따위의 소재가 된 실제의 물건.

원반[1] 原盤 (본디 원, 쟁반 반). 복제한 음반에 대하여 본디[原]의 음반(音盤).

***원반**[2] 圓盤 (둥글 원, 쟁반 반). ① 속뜻 둥근[圓] 쟁반(錚盤) 같은 판. ② 원반던지기에 쓰이는 운동 기구. 나무 바탕에 쇠붙이로 심과 테두리를 씌우고 둥글넓적하게 만든 판이다.

원:방[1] 遠方 (멀 원, 모 방). 먼[遠] 곳[方]. 먼 지방. 원지(遠地).

원:방[2] 遠邦 (멀 원, 나라 방). 먼[遠] 곳에 있는 나라[邦]. 원국(遠國).

원:배 遠配 (멀 원, 나눌 배). 먼[遠] 곳으로 유배(流配) 보냄.

원범 原犯 (본디 원, 범할 범). ① 속뜻 원래(原來)의 범인(犯人). ② 법률 두 사람 이상이 저지른 범죄에서 범죄 행위를 실행한 사람. 정범(正犯).

원법 原法 (본디 원, 법 법). 고치기 전의 본디[原]의 법(法).

원:병 援兵 (도울 원, 군사 병). 싸움을 도와주는[援] 군사[兵]. 구병(救兵). 구원병(救援兵).

원본 原本 (본디 원, 책 본). ① 속뜻 등사나 초록, 개정, 번역 따위를 하기 전의 본디[原]의 책[本]. ② 등본이나 초본의 근본이 되는 문서. 반 사본(寫本).

원부 原簿 (본디 원, 장부 부). ① 속뜻 베끼거나 고쳐 만들기 전의 본디[原]의 장부(帳簿). ¶ 호적 원부. ② 원장(原帳).

원:부-사 怨婦辭 (원망할 원, 아내 부, 말씀 사). ① 속뜻 원한(怨恨)에 사무친 부인(婦人)의 노래[辭]. ② 문학 조선 중기에 허난설헌이 지은 규방 가사. 남편의 사랑을 받지 못하고 규방에서 속절없이 눈물과 한숨으로 늙어 가는 여인의 애처로운 정한(情恨)을 노래하였다. 일설에는 허균의 첩인 무옥이 지었다고도 한다.

원-불교 圓佛教 (둥글 원, 부처 불, 종교 교). 종교 원(圓)을 상징으로 나타내는 불교(佛

教) 교파의 하나.

원ː사[1] **怨辭** (원망할 원, 말씀 사). 원망(怨望)하는 말[辭].

원ː사[2] **寃死** (억울할 원, 죽을 사). 원통(寃痛)하게 죽음[死]. 원한을 품고 죽음.

원ː사[3] **遠寫** (멀 원, 베낄 사). ① 속뜻 사진을 먼[遠] 곳에서 찍음[寫]. ② 영화 촬영에서 멀리서 넓게 찍음.

원사[4] **原絲** (본디 원, 실 사). 직물의 원료(原料)가 되는 실[絲]. ¶수공업으로 원사를 생산하다.

▸원사-체 原絲體 (몸 체). 식물 이끼식물의 포자가 발아하여 생기는 실 모양[原絲]의 배우체(配偶體).

원사 시대 原史時代 (본디 원, 역사 사, 때 시, 연대 대). ① 속뜻 역사(歷史)의 근원[原]이 되는 시대(時代). ② 역사 고고학상의 시대 구분의 한 가지. 선사 시대와 역사 시대의 중간 시대. 문헌적 자료가 단편적으로 존재하는 시대를 이른다.

원삭-동물 原索動物 (본디 원, 동아줄 삭, 움직일 동, 만물 물). ① 속뜻 원시적(原始的) 등뼈인 척삭(脊索)이 있는 동물(動物). ② 동물 동물 분류상의 한 문(門). 원시적 등뼈인 척색이 한 시기 또는 일생 동안 소화기의 등 쪽에 있고 인두부 양쪽에 아감구멍이 뚫려 있다. '원색'(原索)이라 잘못 읽는 예가 많다.

원ː산[1] **遠山** (멀 원, 메 산). ① 속뜻 멀리[遠] 있는 산(山). ② 안경테의 좌우 두 알을 잇는 물건. ③ 문짝이 걸리도록 문턱에 박는 쇠.

원산[2] **原産** (본디 원, 낳을 산). 어떤 곳에서 처음[原]으로 생산(生産)되는 일. 또는 그 물건. ¶열대 원산의 식물.

▸원산-지 原産地 (땅 지). ① 속뜻 물건 따위가 맨 처음[原] 생산(生産)된 곳[地]. ¶이 제품은 원산지가 중국이다. ② 동식물의 본디의 산지. ¶호주는 캥거루의 원산지다.

원산 학사 元山學舍 (으뜸 원, 메 산, 배울 학, 집 사). 역사 조선 시대에, 원산(元山)에 세워진 근대식 사립 학교[學舍]. 고종 20년(1883)에 덕원 주민들의 요청으로 덕원 부사 정현석(鄭顯奭)이 설립한 것이다.

원삼 圓衫 (둥글 원, 적삼 삼). ① 속뜻 소매가 크고 둥근[圓] 모양의 적삼[衫]. ② 역사 여성들이 입던 예복의 하나. 주로 신부나 궁중에서 내명부들이 입었다. ¶족두리에 원삼을 입은 신부가 먼저 절을 했다.

원상[1] **原狀** (본디 원, 형상 상). 본디[原]의 상태(狀態). 원래 있던 그대로의 상태. ¶1시간 안에 원상 회복(回復)해 놓아라.

원상[2] **原象** (본디 원, 모양 상). 본디[原]의 형상(形象).

원색[1] **原色** (본디 원, 빛 색). ① 속뜻 본디[原]의 색(色). ② 모든 빛깔의 바탕이 되는 빛깔. 빨강, 노랑, 파랑을 이른다. ③ 천연색(天然色). ¶원색 사진.

▸원색-적 原色的 (것 적). 원색(原色)으로 되어 있는 것[的]. 혹은 언행이나 차림새 따위가 노골적인 것. ¶아이들은 원색적인 옷을 입으면 예쁘다 / 그는 책에 원색적인 사진을 실어 물의를 일으켰다.

▸원색-판 原色版 (널빤지 판). 출판 실물의 원래(原來) 빛깔[色]을 내기 위해 만든 인쇄판(印刷版). 빨강, 파랑, 노랑, 검정의 네 가지 원색을 써서 망판 인쇄(網版印刷)를 한다.

원ː색[2] **遠色** (멀 원, 빛 색). 여색(女色)을 멀리함[遠].

원ː생[1] **院生** (집 원, 사람 생). ① 속뜻 학원이나 고아원, 소년원 따위의 '원'(院)에 소속되어 있는 사람[生]. ¶그 학원은 원생의 수가 꽤 많다. ② 역사 조선 중기 이후에 서원(書院)에 딸린 유생을 이르던 말.

원생[2] **原生** (본디 원, 날 생). ① 속뜻 원래(原來) 생겨난[生] 그대로의 상태. ② 분포되기 이전에 본래 난 곳. 원생지(原生地). ③ 인공을 가하지 않은 자연 그대로의 상태.

▸원생-대 原生代 (시대 대). ① 속뜻 원시(原始) 상태의 생물이 나타난[生] 시대(時代). ② 지리 선캄브리아대를 둘로 나누었을 때, 후기의 시대. 약 5~25억 년 전까지의 기간에 해당된다. ¶원생대의 단세포 동물의 화석이 발견되었다. 참 지질 시대(地質時代).

▸원생-림 原生林 (수풀 림). 원생(原生) 상태 그대로의 숲[林]. 원시림(原始林).

▸원생-동물 原生動物 (움직일 동, 만물 물). 동물 동물 분류의 한 문(門). 몸이 하나의 세포로 되어 있는 원시적인[原生] 최하등 동물(動物). 세포 분열이나 아생(芽生)에 의

해서 번식한다. 아메바, 나팔벌레, 유글레나, 종벌레 따위.

▸ 원생-식물 原生植物 (심을 식, 만물 물). 식물 박테리아 같이 발생한 그대로의[原生] 세포로 된 최하등 식물(植物).

원서[1] **原書** (본디 원, 책 서). 번역하거나 베낀 책에 대하여 그 원본(原本)이 된 책[書]. ㊥원전(原典). ㊥역서(譯書).

원:서[2] **願書** (바랄 원, 글 서). 지원(志願)하는 뜻을 적은 서류(書類). ¶한국대학에 원서를 냈다 / 원서접수는 내일 마감합니다.

원석 原石 (본디 원, 돌 석). 광업 ①파낸 그대로의[原] 광석(鑛石). ¶우라늄 원석을 농축하면 핵무기의 원료가 된다. ②가공하기 전의 보석. ㊥원광(原鑛).

원:성 怨聲 (원망할 원, 소리 성). 원망(怨望)하는 소리[聲]. ¶야산을 헐어 골프장을 만들겠다는 발표에 주민들의 원성이 자자하다.

원:소[1] **寃訴** (억울할 원, 하소연할 소). 억울하거나 원통함[寃]을 하소연함[訴]. 무고한 죄를 호소함.

원소[2] **園所** (동산 원, 곳 소). 왕세자나 왕세자빈 등의 산소(山所)가 있는 동산[園].

원소[3] **元素** (으뜸 원, 바탕 소). ① 속뜻 으뜸[元]이 되는 요소(要素). ② 수학 집합을 이루는 낱낱의 대상이나 요소. ¶공집합은 원소가 하나도 없는 집합이다. ③ 화학 한 종류의 원자로만 만들어진 물질. 또는 그 물질의 구성 요소. 현재 106종 정도가 알려져 있다. 홑원소 물질. ¶동위원소(同位元素).

▸ 원소 기호 元素記號 (기록할 기, 표지 호). 화학 원소(元素)의 종류 및 원자량 또는 1g 원자를 표하는 기호(記號). 원자 기호(原子記號).

▸ 원소 분석 元素分析 (나눌 분, 가를 석). 화학 유기 화합물을 구성하는 원소(元素)에 관한 화학 분석(分析). 원소의 종류를 검출하는 정성 분석과 각 원소의 함유량을 구하는 정량 분석이 있다.

▸ 원소 주기율 元素週期律 (돌 주, 때 기, 법칙 률). 화학 원소(元素)를 원자 번호나 원자량의 차례로 벌여 놓을 때, 그 물리적 화학적 성질이 주기적(週期的)으로 변화하는 법칙[律].

원소-병 元宵餠 (으뜸 원, 밤 소, 떡 병). 음력 정월 보름날 밤[元宵]에 먹는 떡[餠].

원:손 遠孫 (멀 원, 손자 손). 먼[遠] 후대의 자손(子孫). ㊥말손(末孫), 계손(系孫), 말예(末裔).

원수[1] **元首** (으뜸 원, 머리 수). ① 속뜻 한 나라의 으뜸[元]이 되는 최고 통치권자[首]. ¶대통령은 공화국의 국가 원수이다. ② 법률 한 나라에서 으뜸가는 권력을 지니면서 나라를 다스리는 사람. 공화국에서는 주로 대통령을, 군주국에서는 군주를 이른다. '국가 원수'(國家元首)의 준말.

원수[2] **元數** (으뜸 원, 셀 수). ① 속뜻 으뜸[元]이 되는 수(數). ②본디의 수.

원:수[3] **怨讐** (미워할 원, 원수 수). 자기 또는 자기 집이나 나라에 해를 끼쳐 원한(怨恨)이 맺힌 사람[讐]. ¶아버지의 원수를 갚다. ㊥은인(恩人). 속담 원수는 외나무다리에서 만난다.

▸ 원:수지간 怨讐之間 (어조사 지, 사이 간). 서로 원수(怨讐)가 된 사람들의 사이[間]. ¶원수지간이었던 그들이 지금은 사이가 좋아졌다.

원수[4] **元帥** (으뜸 원, 장수 수). ① 속뜻 으뜸[元]이 되는 장수(將帥). 또는 그 명예 칭호. 대장(大將)의 위이다. ② 역사 고려 때 전시에 군을 통솔하던 장수. 또는 한 지방 군대를 통솔하던 주장(主將). ③ 역사 대한 제국 때 원수부의 으뜸 벼슬. ㊥오성장군(五星將軍).

▸ 원수-부 元帥府 (관청 부). 역사 대한 제국 때, 국방·용병(用兵)·군사(軍事)에 관한 일을 지휘 감독하던 원수(元帥)가 있던 관청[府].

원숙 圓熟 (둥글 원, 익을 숙). ① 속뜻 둥글게[圓] 모든 부분까지 다 익음[熟]. ②나무랄 데 없이 익숙하다. 아주 숙달하다. ¶구조요원은 원숙한 손길로 물에 빠진 아이를 구했다. ③인격이나 지식, 기예 따위가 깊은 경지에 이름. ¶원숙한 연기 / 나이를 먹으면 인격이 원숙해진다.

원순 모:음 圓脣母音 (둥글 원, 입술 순, 어머니 모, 소리 음). 언어 발음할 때에 입술[脣]을 둥글게[圓] 오므려 내는 모음(母音). 한글의 'ㅗ', 'ㅜ', 'ㅚ', 'ㅟ' 따위.

원시[1] **原詩** (본디 원, 시 시). 본디[原]의 시(詩). 원래의 시.

원시[2] **原始** (=元始, 본디 원, 처음 시). ① 속뜻 근원[原]과 처음[始]. ② 처음 시작된 그대로 있어 발달하지 않은 상태. ¶동굴벽화를 통해 원시민족의 생활을 엿볼 수 있다 / 폭력은 원시적인 해결책이다.

▸**원시-림** 原始林 (수풀 림). 사람의 손이 가지 않은 자연 그대로의[原始] 삼림(森林). ¶성인봉의 원시림은 대한민국의 천연기념물이다.

▸**원시-인** 原始人 (사람 인). ① 속뜻 원시(原始) 시대의 인류(人類). ¶원시인들이 살던 가옥(家屋). ② 미개한 사회의 사람. ㊞미개인(未開人), 야만인(野蠻人).

▸**원시-적** 原始的 (것 적). ① 속뜻 원시(原始) 상태이거나 그와 같은 것[的]. 문화적이지 못한 것. ② 유치한 것.

▸**원시-산업** 原始産業 (낳을 산, 일 업). ① 속뜻 원시적(原始的)인 산업(産業). 사냥, 수렵, 초보적인 농업, 목축 따위를 이른다. ② 천연자원을 획득하기 위한 산업. 농업, 어업, 광업 따위를 이른다.

▸**원시-생활** 原始生活 (살 생, 살 활). 원시(原始) 시대에 일정한 생업이 없이 나무 열매를 따먹고 물고기나 야생 동물을 잡아먹으며 살던 생활(生活).

▸**원시 시대** 原始時代 (때 시, 연대 대). ① 속뜻 인류가 처음으로[原始] 나타나 생활하던 시대(時代). ② 사회 문화가 아직 발달하지 못한[原始] 유사 이전의 시대(時代).

▸**원시 식물** 原始植物 (심을 식, 만물 물). 식물 분류 계통에 의한 식물계의 한 문. 한 개의 세포로 이루어진 최하등[原始]의 식물(植物). 박테리아, 바이러스 등이 포함된다. 단세포 식물(單細胞植物).

▸**원시 종교** 原始宗教 (마루 종, 가르칠 교). 종교 원시(原始) 사회나 현존하는 미개 사회의 종교(宗教).

▸**원시 공:동체** 原始共同體 (함께 공, 같을 동, 몸 체). 사회 원시 공산제(原始共産制)를 토대로 하는 공동체(共同體). 원시 공산체(原始共産體).

▸**원시 공:산체** 原始共産體 (함께 공, 낳을 산, 몸 체). 사회 원시 공동체(原始共同體). 농업 공산체(農業共産體). 씨족 공산체(氏族共産體).

원:시[3] **遠視** (멀 원, 볼 시). ① 속뜻 멀리[遠] 바라봄[視]. ¶세계 경제를 원시하여 대책을 강구합시다. ② 의학 가까이 있는 물체를 잘 볼 수 없는 눈. ¶할머니는 원시라서 가까운 것을 보실 때는 돋보기를 쓴다. ㊞근시(近視).

▸**원:시-경** 遠視鏡 (거울 경). 원시안(遠視眼)인 사람이 쓰는 볼록 렌즈로 된 안경(眼鏡). 원안경(遠眼鏡).

▸**원:시-안** 遠視眼 (눈 안). ① 속뜻 먼[遠] 곳이 잘 보이는[視] 눈[眼]. ② 의학 시력이 약하여 가까이 있는 물체를 잘 볼 수 없는 눈. ㊟원시. 원안.

원-식구 **原食口** (본디 원, 먹을 식, 입 구). 그 집안의 본디[原] 식구(食口).

원:심[1] **怨心** (원망할 원, 마음 심). 원망(怨望)하는 마음[心].

원심[2] **原審** (본디 원, 살필 심). ① 속뜻 원래(原來) 심리(審理)한 재판. ② 법률 그 재판의 하나 앞의 단계에서 소송을 심리한 재판. 또는 그 법원. 원재판(原裁判). ¶원심 판결(判決).

원심[3] **圓心** (둥글 원, 가운데 심). ① 수학 원(圓)의 중심(中心). 원 둘레의 각 점에서 같은 거리에 있는 한 점. ② 불교 열반을 구하는 마음.

원:심 **遠心** (멀 원, 가운데 심). 물리 중심(中心)에서 멀어져 감[遠]. ㊞구심(求心).

▸**원:심-력** 遠心力 (힘 력). 물리 물체가 원운동을 하고 있을 때 회전 중심(中心)에서 멀어지려는[遠] 힘[力]. ¶원심력은 구심력과 크기가 같고 방향은 반대로 작용한다. ㊞구심력(求心力).

▸**원:심 분리기** 遠心分離機 (나눌 분, 떨어질 리, 틀 기). 물리 원심력(遠心力)을 이용하여 섞여 있는 액체와 고체 또는 비중이 서로 다른 액체 혼합을 갈라서 떼어놓는[分離] 장치[機]. 여과, 농축, 탈수, 정제 따위에 쓴다.

원:아[1] **院兒** (집 원, 아이 아). 육아원(育兒院), 고아원(孤兒院)과 같은 수용 시설에서 기르는 어린이[兒]. ¶고아원의 원아를 입양하다.

원아[2] **園兒** (동산 원, 아이 아). 유치원(幼稚

園)에 다니는 아이[兒]. ¶원아 모집.

원안[1] **原案** (본디 원, 안건 안). 회의에 올려진 본디[原]의 안건(案件). ¶법안을 원안대로 통과시켰다.

원:안[2] **遠眼** (멀 원, 눈 안). '원시안'(遠視眼)의 준말.

원앙 鴛鴦 (원앙 원, 원앙 앙). ①동물 부리는 짧고 끝에는 손톱 같은 돌기가 있는 물새[鴛+鴦]. 몸의 길이는 40~45㎝이다. ②금실이 좋은 부부를 비유하여 이르는 말.

▶**원앙-금** 鴛鴦衾 (이불 금). ①속뜻 원앙(鴛鴦)을 수놓은 이불[衾]. ②부부가 함께 덮는 이불.

▶**원앙-침** 鴛鴦枕 (베개 침). ①속뜻 원앙(鴛鴦)을 수놓은 베개[枕]. ②부부가 함께 베는 베개.

▶**원앙-금침** 鴛鴦衾枕 (이불 금, 베개 침). ①속뜻 원앙(鴛鴦)을 수놓은 이불[衾]과 베개[枕]. ②부부가 함께 덮는 이불과 베는 베개.

원액 原液 (본디 원, 진 액). 가공하거나 물 따위를 넣어 묽게 하지 않은 본디[原]의 액체(液體). ¶위스키 원액.

원야 原野 (본디 원, 들 야). 개척하지 않은 자연 그대로의[原] 벌판과 들[野]. 야원(野原).

원:양 遠洋 (멀 원, 큰바다 양). 뭍에서 멀리[遠] 떨어진 큰 바다[洋]. ¶원양 어선 / 원양에 나가 물고기를 잡다.

▶**원:양 어선** 遠洋漁船 (고기잡을 어, 배 선). 수산 원양 어업(遠洋漁業)을 하기에 알맞도록 설비를 갖춘 고기잡이[漁] 배[船].

▶**원:양 어업** 遠洋漁業 (고기잡을 어, 일 업). 먼 바다[遠洋]를 장기간에 걸쳐 항해하며 고기를 잡는 일[漁業]. 원해 어업(遠海漁業).

▶**원:양 항:해** 遠洋航海 (건널 항, 바다 해). 해양 배로 먼[遠] 바다[洋]를 다니며 내국과 외국 사이에 항해(航海)하는 일.

원어 原語 (본디 원, 말씀 어). 번역하거나 고친 말의 본디[原] 말[語].

원염 原鹽 (본디 원, 소금 염). 가공하지 않은 본디[原] 소금[鹽]. 공업염(工業鹽).

원엽-체 原葉體 (들판 원, 잎 엽, 몸 체). 식물 양치식물의 홀씨가 싹터서 생긴 넓고 평평한[原] 잎[葉] 모양의 배우체(配偶體).

원:영 遠泳 (멀 원, 헤엄칠 영). 운동 먼[遠] 거리를 헤엄치는[泳] 일. ¶2마일 원영 대회에 참가했다.

원예 園藝 (동산 원, 심을 예). 동산[園] 같은 곳에 채소, 과일, 화초 따위를 심어서[藝] 가꾸는 일이나 기술. ¶원예식물.

▶**원예-사** 園藝師 (스승 사). 채소, 과일, 화초 따위를 심어서 가꾸는 일을[園藝] 직업으로 하는 사람[師].

▶**원예-학** 園藝學 (배울 학). 농업 채소, 과일, 화초 따위를 심어 가꾸는[園藝] 방법을 연구하는 학문(學問).

▶**원예 식물** 園藝植物 (심을 식, 만물 물). 농업 채소, 과일, 화초 등과 같이 원예(園藝)로 심어 가꾸는 식물(植物). 원예 작물(園藝作物).

▶**원예 작물** 園藝作物 (지을 작, 만물 물). 농업 원예 식물(園藝植物).

▶**원예학-과** 園藝學科 (배울 학, 분과 과). 농업 원예학(園藝學)을 연구하는 학과(學科).

원:왕생-가 願往生歌 (바랄 원, 갈 왕, 날 생, 노래 가). ①속뜻 왕생(往生)을 바라는[願] 노래[歌]. ②문학 신라 문무왕 때 광덕(廣德)이 지은 향가. 달을 서방 정토의 사자(使者)에 비유하여 그곳에 귀의하고자 하는 불심(佛心)을 노래한 것으로 10구체이며 『삼국유사』에 실려 있다.

원외[1] **員外** (인원 원, 밖 외). 정원(定員)의 밖[外]. ¶원외 입학.

원외[2] **院外** (집 원, 밖 외). 고아원, 병원, 연구원 따위의 '원'(院) 자가 붙은 기관(機關)이나 국회의 외부(外部). ¶원외 교섭 단체.

▶**원외 운:동** 院外運動 (돌 운, 움직일 동). ①속뜻 원외(院外)에서 벌이는 운동(運動). ②정치 선거민이 특정한 법률의 제정에 대하여 선출 의원에게 영향을 미칠 목적으로 벌이는 운동.

원:용 援用 (도울 원, 쓸 용). ①속뜻 도움[援]을 받아 씀[用]. ②'자기 이익을 위해 어떤 사실을 딴 데서 끌어다가 주장함'을 이르는 말.

원-운동 圓運動 (둥글 원, 돌 운, 움직일 동).

물리 물체가 원(圓)의 둘레를 따라서 도는 운동(運動).

원유[1] **原由** (본디 원, 까닭 유). ① 속뜻 원인(原因)과 이유(理由)를 아울러 이르는 말. ② 원인(原因).

원유[2] **原油** (본디 원, 기름 유). 땅속에서 뽑아낸 정제하지 않은 본디[原] 상태의 기름[油]. ¶말레이시아도 원유를 생산한다.

원유[3] **原乳** (본디 원, 젖 유). 가공하지 않은 원래(原來) 상태의 우유(牛乳). ¶원유의 맛은 상당히 다르다.

원:유[4] **遠遊** (멀 원, 놀 유). ① 속뜻 멀리[遠] 가서 놂[遊]. ② 수학(修學)이나 수업을 위해 먼 곳에 감.

원유-회 園遊會 (동산 원, 놀 유, 모일 회). 동산[園]에 나가서 노는[遊] 모임[會].

원융 圓融 (원만할 원, 녹을 융). ① 속뜻 원만(圓滿)하게 화합함[融]. ② 한데 통하여 아무 구별이 없음. ③ 불교 모든 법의 이치가 완전히 하나가 되어 융합하여 구별이 없음.

▸ 원융-무애 圓融無礙 (없을 무, 거리낄 애). 불교 원융(圓融)하여 일체의 거리낌[礙]이 없는[無] 상태.

원음[1] **原音** (본디 원, 소리 음). ① 속뜻 본디[原]의 소리[音]. ② 음악 표준음을 이르는 말. 다장조에서 '다, 라, 마, 바, 사, 가, 나'의 7음을 이르며 피아노와 오르간의 흰건반에 해당하는 음이다. ⓑ간음(幹音), 기본음(基本音), 기음(基音).

원:음[2] **遠音** (멀 원, 소리 음). 먼[遠] 데서 나는 소리[音].

원의[1] **原意** (본디 원, 뜻 의). ① 속뜻 본디[原]의 생각[意]. ② 원의(原義).

원의[2] **原義** (본디 원, 뜻 의). 본디[原]의 뜻[義].

원의[3] **院議** (관청 원, 의논할 의). '원'(院) 자가 붙은 의결 기관의 토의나 결의(決議).

원:의[4] **願意** (바랄 원, 뜻 의). 뭔가 하기를 바라는[願] 뜻[意]. 바라는 생각.

원인[1] **猿人** (원숭이 원, 사람 인). ① 속뜻 원숭이[猿] 같은 생활을 하던 원시 시대의 사람[人]. ② 고적 가장 원시적이고, 가장 오래된 화석 인류의 총칭. 약100~300만 년 이전에 생존하였던 것으로 추정한다. ¶북경 원인 / 자바 원인.

⁂**원인**[2] **原因** (본디 원, 까닭 인). 가장 근본적인[原] 요인(要因). ¶원인을 알아야 속이 시원해진다. ⓑ이유(理由), 원유(原由). ⓑ결과(結果).

원:인[3] **遠人** (멀 원, 사람 인). ① 속뜻 먼 데[遠]서 온 사람[人]. ② 멀리 있는 사람.

원:인[4] **遠因** (멀 원, 까닭 인). 결과와의 관계가 먼[遠] 원인(原因). 간접적인 원인. ¶사건의 원인은 여러 가지가 있다.

원-인자 原因子 (본디 원, 인할 인, 씨 자). ① 속뜻 원래(原來)의 인자(因子). 근원이 되는 것. ② 수학 어떤 정수를 소수만의 곱으로 나타낼 때의 각 인수. 12는 2×2×3이므로 2와 3을 12의 소인수라고 한다. 소인수(素因數).

원일 元日 (으뜸 원, 날 일). ① 속뜻 으뜸[元]이 되는 날[日]. ② 정월 초하룻날.

원:일-점 遠日點 (멀 원, 해 일, 점 점). 천문 태양의 둘레를 도는 행성이나 혜성이 태양[日]에서 가장 멀리[遠] 떨어지는 점(點). ㊟원점.

원:입 願入 (바랄 원, 들 입). 어떤 곳에 들어가기[入]를 원(願)함.

원자[1] **元子** (으뜸 원, 아들 자). 역사 아직 왕세자에 책봉되지 않은 임금의 맏[元] 아들[子]. ¶중전이 원자를 특별히 사랑하였다.

⁂**원자**[2] **原子** (본디 원, 씨 자). 화학 물질을 구성하는 기본적[原] 입자(粒子). 각 원소 각기의 특성을 잃지 않는 범위에서 가장 작은 미립자.

▸ 원자-가 原子價 (값 가). ① 속뜻 원자(原子)의 값[價]. ② 화학 원자의 원자량 또는 원자단의 원자량 총량을 화학 당량으로 나눈 수.

▸ 원자-단 原子團 (모일 단). 화학 어떤 화합물의 분자(分子) 안에서 몇 개의 원자(原子)가 서로 결합하여 마치 한 개의 원자 구실을 하는 집단(集團).

▸ 원자-량 原子量 (분량 량). 물리 원자(原子)의 상대적인 질량(質量).

▸ 원자-력 原子力 (힘 력). ① 속뜻 원자(原子)의 힘[力]. ② 물리 원자핵의 붕괴나 핵반응의 경우에 방출되는 에너지가 지속적으로 연쇄 반응을 일으켜 동력 자원으로 쓰일 때의 원자핵 에너지.

▸**원자-로** 原子爐 (화로 로). ① 속뜻 원자력(原子力)을 끌어내는 화로[爐]. ② 물리 원자핵 분열 연쇄 반응의 진행 속도를 인위적으로 제어하여 원자력을 서서히 끌어내는 장치.

▸**원자-론** 原子論 (논할 론). 철학 세계의 모든 사상(事象)을 원자(原子)와 그 운동으로 설명하려는 이론(理論). 원자설(原子說).

▸**원자-병** 原子病 (병 병). 의학 원자력(原子力) 방사성 물질의 방사능 작용 때문에 생기는 병(病).

▸**원자-설** 原子說 (말씀 설). ① 물리 모든 물질은 원자(原子)로 이루어진다는 설(說). ② 철학 세계의 모든 사상(事象)을 원자와 그 운동으로 설명하려는 학설. 원자론(原子論).

▸**원자-시** 原子時 (때 시). 물리 원자시계(原子時計)로 정한 시간(時間)의 체계.

▸**원자-열** 原子熱 (더울 열). 화학 어떤 원소의 1g 원자(原子)의 온도를 1℃높이는 데 필요한 열량(熱量).

▸**원자-운** 原子雲 (구름 운). 원자탄(原子彈)이 공중 폭발할 때 수반하여 생기는 버섯 모양의 인공 구름[雲].

▸**원자-탄** 原子彈 (탄알 탄). 군사 '원자 폭탄'(原子爆彈)의 준말.

▸**원자-핵** 原子核 (씨 핵). 물리 원자(原子)의 중심부[核]를 이루는 입자.

▸**원자 기호** 原子記號 (기록할 기, 표지 호). 화학 원자(原子)의 종류 및 그 원소의 원자량 또는 1g 원자를 나타내는 기호(記號).

▸**원자 무:기** 原子武器 (굳셀 무, 그릇 기). 군사 원자 폭탄(原子爆彈)이나 수소 폭탄 따위의 핵반응으로 생기는 힘을 이용한 무기(武器). 핵무기(核武器).

▸**원자 번호** 原子番號 (차례 번, 차례 호). ① 속뜻 원자(原子)의 번호(番號). ② 화학 원소의 종류를 결정하는 수의 값.

▸**원자-시계** 原子時計 (때 시, 셀 계). 원자(原子)의 고유 진동수(振動數)가 영구히 변하지 않는다는 것을 이용하여 만든 특수 시계(特殊時計).

▸**원자 탄:두** 原子彈頭 (탄알 탄, 머리 두). 군사 원자탄(原子彈)을 장착한 로켓의 두부(頭部).

▸**원자 폭탄** 原子爆彈 (터질 폭, 탄알 탄). 군사 원자핵(原子核)이 분열할 때 생기는 에너지를 이용한 폭탄(爆彈). ¶원자 폭탄에 파괴된 도시는 방사선에 오염되었다. ㊟ 원폭, 원자탄.

▸**원자력 공학** 原子力工學 (힘 력, 장인 공, 배울 학). 물리 원자력(原子力)의 개발과 이용을 연구하는 학문으로 공학(工學)의 한 분야.

▸**원자력 발전** 原子力發電 (힘 력, 일으킬 발, 전기 전). 물리 원자력(原子力)을 응용하여 전기(電氣)를 일으킴[發]. 원자핵 분열에 의하여 발생한 열에너지로 만든 증기로 발전기를 돌려 전력을 생산하는 방식이다.

▸**원자핵 반:응** 原子核反應 (씨 핵, 되돌릴 반, 응할 응). 물리 원자핵이 다른 원자핵이나 소립자와 충돌하여 다른 원자핵(原子核)으로 변화하는 반응(反應).

▸**원자핵 분열** 原子核分裂 (씨 핵, 나눌 분, 찢어질 렬). 물리 우라늄, 토륨, 플루토늄 등의 원자핵이 중성자 또는 감마선 등의 조사(照射)에 의해 거의 같은 정도의 크기의 두 개의 원자핵(原子核)으로 분열(分裂)하는 현상.

▸**원자력 발전소** 原子力發電所 (힘 력, 일으킬 발, 전기 전, 곳 소). 전기 원자핵이 붕괴할 때 생기는 열에너지를 동력[原子力]으로 하여 전기를 얻는 발전소(發電所).

원-자원 元資源 (으뜸 원, 재물 자, 근원 원). 으뜸[元]이 되고 기본이 되는 자원(資源).

원-자재 原資材 (본디 원, 재물 자, 재료 재). 공업 생산의 기본[原]이 되는 재료[資材]. ¶원자재 가격이 상승했다.

원작 原作 (본디 원, 지을 작). ① 속뜻 본디[原]의 저작물(著作物). ② 문학 연극이나 영화의 각본으로 각색되거나 다른 나라의 말로 번역되기 이전의 본디 작품. ¶원작에 충실한 번역.

▸**원작-료** 原作料 (삯 료). 어떤 작품을 극·영화 등으로 각색하거나 개작하여 이용할 때, 그 사용료로서 원작자(原作者)에게 주는 돈[料].

▸**원작-자** 原作者 (사람 자). 원작(原作)을 지은 사람[者]. 원저자(原著者).

원장[1] 元帳 (으뜸 원, 장부 장). ① 속뜻 회계의 으뜸[元]이 되는 장부(帳簿). ② 경제 자산이나 부채, 자본의 상태를 표시하는 모든 계정계좌를 설정하여 분개장(分介帳)에서 분개한 거래를 전부 기록하는 장부.

원장[2] **原狀** (본디 원, 문서 장). 원래(原來) 처음으로 낸 소장(訴狀).

원장[3] **院長** (집 원, 어른 장). ① 속뜻 '원'(院)자가 붙은 시설이나 기관의 우두머리[長]. ¶병원 원장. ② 역사 역원의 잡무를 보던 벼슬. ③ 역사 서원의 관리와 운영 책임을 맡아 보던 사람.

원장[4] **園長** (동산 원, 어른 장). '원'(園)자가 붙은 시설이나 기관의 우두머리[長]. ¶유치원 원장 / 동물원 원장.

원-장부 **元帳簿** (으뜸 원, 휘장 장, 문서 부). ① 속뜻 회계의 으뜸[元]이 되는 장부(帳簿). 원부(原簿). ② 경제 원장(元帳).

원-재료 **原材料** (본디 원, 재목 재, 거리 료). 기본이 되는 원료(原料)와 재료(材料). ¶우리나라는 외국에서 수입한 원재료를 가공하여 외국으로 수출한다.

원-재판 **原裁判** (본디 원, 분별할 재, 판가름할 판). 법률 현재의 재판보다 한 단계 앞서 원래(原來) 받은 재판(裁判). 또는 그런 법원. 항소에서는 초심의 재판, 상고에서는 항소의 재판을 이른다. 원심(原審).

원저 **原著** (본디 원, 지을 저). 번역하거나 번안하기 이전의 원래(原來)의 저작(著作).

원-저자 **原著者** (본디 원, 지을 저, 사람 자). 작품 따위를 처음[原]에 지은[著] 사람[者]. 원작자(原作者).

원적 **原籍** (본디 원, 문서 적). 법률 ① 호적법에서 혼인이나 입양 따위로 적을 옮기기 전의 원래(原來)의 호적(戶籍). ② 본적지(本籍地).

▸ 원적-지 原籍地 (땅 지). 법률 ① 호적을 옮기기 전 원래(原來)의 호적지(戶籍地). ② 본적지(本籍地).

원적-토 **原積土** (본디 원, 쌓을 적, 흙 토). 지리 암석의 풍화 분해물이 딴 데로 운반되지 않고 원래(原來)의 암석 위에 그대로 퇴적하여[積] 된 흙[土]. 정적토(定積土).

원전[1] **原典** (본디 원, 책 전). ① 속뜻 기준이 되는 본디[原]의 고전(古典). ② 원서(原書). ¶원전에 충실한 번역.

원전[2] **圓轉** (둥글 원, 구를 전). ① 속뜻 둥글게[圓] 빙빙 돎[轉]. ② 거침없이 순조롭게 진행됨. ③ 문학 글 뜻이 순하게 통함.

원점[1] **原點** (본디 원, 점 점). ① 속뜻 시작[原]이 되는 출발점(出發點). 또는 근본이 되는 본래의 점. ¶원점에서 다시 이야기해 보자. ② 수학 좌표를 정할 때에 기준이 되는 점. 수직선 위의 0에 대응하는 점이며 평면이나 공간에서 좌표축들의 교점이다. ③ 길이 따위를 잴 때에 기준이 되는 점.

원점[2] **圓點** (둥글 원, 점 점). ① 속뜻 둥근[圓] 점(點). ② 역사 거관 원점(居館圓點).

원:점[3] **遠點** (멀 원, 점 점). ① 물리 물체를 선명하게 볼 수 있는 가장 먼[遠] 점(點). 정상적인 눈에서는 이론상 무한원(無限遠). ② 천문 어떤 천체가 인력의 중심에서 가장 멀리 떨어지는 점. ③ 천문 원일점(遠日點).

원:정[1] **遠程** (멀 원, 거리 정). 먼[遠] 여정(旅程). ¶천리 원정에 아버지가 찾아오셨다. ㊥원로(遠路).

원:정[2] **遠征** (멀 원, 칠 정). ① 속뜻 먼 곳[遠]으로 싸우러[征] 나감. ¶십자군 원정. ② 먼 곳으로 운동 경기 따위를 하러 감. ¶원정 경기. ③ 연구, 탐험, 조사 따위를 위해 먼 곳으로 떠남.

▸ 원:정-군 遠征軍 (군사 군). ① 속뜻 먼 곳으로 싸우러 가는[遠征] 군사나 군대(軍隊). ¶대규모의 원정군을 파견하였다. ② 먼 곳으로 운동 경기 따위를 하러 가는 선수나 팀. ¶원정군을 우리 팀이 물리쳤다.

▸ 원:정-대 遠征隊 (무리 대). ① 속뜻 멀리 적을 치러 가는[遠征] 군대(軍隊). ② 먼 곳으로 경기나 조사, 답사, 탐험 따위를 하러 가는 단체.

원제 **原題** (본디 원, 제목 제). 본디[原]의 제목(題目). '원제목'의 준말.

원조[1] **元祖** (으뜸 원, 조상 조). ① 속뜻 으뜸[元] 조상(祖上). ② 어떤 일을 처음으로 시작한 사람이나 사물. ¶음식점마다 자기네 보쌈이 원조라고 한다. ③ 어떤 사물이나 물건의 최초 시작으로 인정되는 사물이나 물건. 컴퓨터의 원조는 수판(數板)이라 할 수 있다.

원조[2] **元朝** (으뜸 원, 아침 조). 새해의 첫[元]날 아침[朝]. 설날. 원단(元旦).

원:조[3] **援助** (도울 원, 도울 조). 물품이나 돈 따위로 도와줌[援=助]. ¶전세계는 북한에

식량을 원조하고 있다.

원:조[4] 遠祖 (멀 원, 조상 조). 고조(高祖) 이전의 먼[遠] 조상(祖上).

원:족[1] 遠足 (멀 원, 발 족). 먼[遠] 곳으로 발[足]길을 옮김. 소풍. ¶간밤에는 원족 가는 아이처럼 잠을 설쳤다.

원:족[2] 遠族 (멀 원, 겨레 족). 촌수가 먼[遠] 일가 친족(親族). ¶그 집안은 종실의 원족이다. ⓑ근족(近族).

원종 原種 (본디 원, 씨 종). ① 생물 어떤 품종에 대하여 본디[原]의 성질을 가진 종자(種子). 어미씨. ② 식물 씨앗을 받기 위해 뿌리는 종자.

원:죄[1] 怨罪 (원망할 원, 허물 죄). 원한(怨恨)을 품고 저지른 악한 죄(罪).

원죄[2] 原罪 (본디 원, 허물 죄). ① 속뜻 본래[原]부터 있는 죄(罪). ② 기독교 인류의 시조인 아담과 하와가 선악과를 따 먹은 죄 때문에 모든 인간이 날 때부터 가지고 있다는 죄.

원죄[3] 冤罪 (억울할 원, 허물 죄). 억울하게[冤] 뒤집어쓴 죄(罪).

원주[1] 原主 (본디 원, 주인 주). 본디[原]의 임자[主].

원주[2] 原註 (본디 원, 주석 주). 원래(原來)의 글에서 단 주석(註釋).

원주[3] 原住 (본디 원, 살 주). ① 속뜻 어떤 곳에 본디[原]부터 살고 있음[住]. ② 원주소(原住所).

▸ **원주-민** 原住民 (백성 민). 그 지역에 본디부터 살고 있는[原住] 사람들[民]. ¶그 나라는 아프리카 원주민을 몰아내고 나라를 세웠다. ⓑ이주민(移住民).

▸ **원주-지** 原住地 (땅 지). 본디 살던[原住] 곳[地].

원주[4] 圓周 (둥글 원, 둘레 주). ① 속뜻 원(圓)의 둘레[周]. ② 수학 일정한 점에서 같은 거리에 있는 점의 자취.

▸ **원주-율** 圓周率 (비율 률). 수학 원둘레[圓周]와 지름의 비율(比率). 약 3.14:1이며 기호는 'π'.

원주[5] 圓柱 (둥글 원, 기둥 주). 건설 둘레를 둥글게[圓] 깎아 만든 기둥[柱]. 두리기둥.

▸ **원주 투영법** 圓柱投影法 (던질 투, 그림자 영, 법 법). 지리 지구 중심에 시점을 두고 밖에서 지구에 접하는 원주(圓柱) 위에 지구 형상을 투영(投影)하여 지도(地圖)를 그리는 방법(方法).

원-주소 原住所 (본디 원, 살 주, 곳 소). 본디[原] 살던[住] 곳의 주소[所]. ⓒ원주.

원지[1] 原紙 (본디 원, 종이 지). ① 속뜻 본바탕[原]이 되는 종이[紙]. ② 닥나무 껍질을 원료로 하여 만든 종이의 하나. 두껍고 질기며 누에알을 받는 데 쓴다. ③ 등사판 따위의 원판으로 쓰는 종이.

원지[2] 圓池 (둥글 원, 못 지). 둥근[圓] 못[池].

원:지[3] 遠志 (멀 원, 뜻 지). 원대(遠大)한 뜻[志].

원:지[4] 遠地 (멀 원, 땅 지). 먼[遠] 곳[地].

▸ **원:지-점** 遠地點 (점 점). 천문 지구를 도는 달이나 인공 위성이 그 궤도 위에서 지구(地球)에 가장 멀리[遠] 있을 때의 위치[點]. ⓑ근지점(近地點).

원-지형 原地形 (본디 원, 땅 지, 모양 형). ① 속뜻 원래(原來)의 지형(地形). ② 지리 침식 윤회에서 지형 변화의 출발점이 되는 초기의 지형.

원진 圓陣 (둥글 원, 진칠 진). 둥글게[圓] 줄지어 진(陣)을 침. ¶원진을 짜고 삥 둘러섰다.

원질 原質 (본디 원, 바탕 질). 본디[原]의 성질이나 바탕[質].

원창 圓窓 (둥글 원, 창문 창). 건설 틀을 둥글게[圓] 짜서 만든 창(窓).

원:처 遠處 (멀 원, 곳 처). 먼[遠] 곳[處].

원:척 遠戚 (멀 원, 겨레 척). 촌수가 먼[遠] 친척(親戚). 또는 그런 사람.

원:천[1] 怨天 (원망할 원, 하늘 천). 하늘[天]을 원망(怨望)함.

▸ **원:천-우인** 怨天尤人 (탓할 우, 사람 인). 하늘[天]을 원망(怨望)하고 다른 사람[人]을 탓함[尤].

원천[2] 源泉 (근원 원, 샘 천). ① 속뜻 강물의 근원(根源)이 되는 샘[泉]. ¶황지는 낙동강의 원천이다. ② 사물의 근원. ¶책은 지식의 원천이다.

▸ **원천 과세** 源泉課稅 (매길 과, 세금 세). ① 속뜻 원천적(源泉的)으로 매기는[課] 세금(稅金). ② 법률 소득이나 수익에 대한 세금

을 소득자에게 종합적으로 부과하지 않고 소득이나 수입을 지급하는 곳에서 개별적으로 직접 부과하는 방법.

▸원천 징수 源泉徵收 (거둘 징, 거둘 수). 법률 소득이나 수익을 지급하는 쪽[源泉]에서 세금의 일부를 거두어들이는[徵收] 방법.

원체[1] 元體 (으뜸 원, 몸 체). ① 속뜻 으뜸[元]이 되는 몸[體]. ② 본디부터. 워낙. ¶그는 원체 몸이 약하다.

원체[2] 圓體 (둥글 원, 몸 체). 둥근[圓] 형체(形體).

원초 原初 (본디 원, 처음 초). 본디[原] 상태를 갖고 있는 시초(始初). 맨 처음.

▸원초-적 原初的 (것 적). 사물이 비롯되는 맨 처음[原初]의 것[的].

원:촌[1] 遠寸 (멀 원, 관계 촌). 먼[遠] 촌수(寸數). ¶원촌까지 초대해 성대하게 혼례를 치렀다. ⓑ근촌(近寸).

원:촌[2] 遠村 (멀 원, 마을 촌). 멀리[遠] 떨어져 있는 마을[村].

원추 圓錐 (둥글 원, 송곳 추). ① 속뜻 밑면은 둥글고[圓] 끝은 송곳[錐]처럼 뾰족한 모양의 도형. ② 수학 원의 평면 밖의 한 정점(定點)과 원주 위의 모든 점을 연결하여 생긴 면으로 둘러싸인 입체. '원뿔'의 옛말. ⓑ 원뿔체.

▸원추-근 圓錐根 (뿌리 근). 식물 무나 당근과 같이 원뿔[圓錐] 모양으로 된 뿌리[根].

▸원추-대 圓錐臺 (돈대 대). 수학 원뿔[圓錐]을 그 밑면에 평행하는 평면으로 잘랐을 때 꼭짓점이 있는 부분을 없애고 남은 평평한 대(臺) 모양의 입체.

▸원추-면 圓錐面 (쪽 면). 수학 원뿔[圓錐]의 밑면을 뺀 나머지 옆 면(面).

▸원추-형 圓錐形 (모양 형). 수학 원뿔[圓錐] 모양[形]으로 된 형태.

▸원추 곡선 圓錐曲線 (굽을 곡, 줄 선). 수학 원뿔[圓錐]면을 그 꼭짓점을 통하지 않는 평면에서 자를 때 생기는 곡선(曲線).

▸원추 도법 圓錐圖法 (그림 도, 법 법). 지리 지구의 중심에 시점을 두고 지구를 덮는 원뿔[圓錐]의 면에 지구 표면의 형태를 투영하여 지도(地圖)를 그리는 방법(方法). 원뿔 도법.

▸원추 화서 圓錐花序 (꽃 화, 차례 서). ① 속뜻 꽃[花]이 피는 순서[序]가 원추(圓錐) 모양과 같은 것. ② 식물 꽃차례의 축(軸)이 여러 번 분지(分枝)하여 최종의 분지가 총상 꽃차례가 되고 전체가 원뿔 모양을 이루는 것을 이른다. 남천, 벼 따위가 있다. ⓑ원추 꽃차례.

원:출 遠出 (멀 원, 날 출). 멀리[遠] 나감[出]. 멀리 떠남.

원칙 原則 (본디 원, 법 칙). ① 속뜻 원래(原來) 지켜야 할 규칙이나 법칙(法則). ¶학교 생활에서는 원칙을 따르는 것이 중요하다. ② 논리 다른 여러 명제가 도출되는 기본 논제. ⓑ본칙(本則).

▸원칙-법 原則法 (법 법). 법률 어떤 사실에 대한 기본적이고 원리적인[原] 사항[則]만을 규정한 법규(法規).

▸원칙-적 原則的 (것 적). 원칙(原則)에 근거를 두는 것[的].

원:친 遠親 (멀 원, 친할 친). 사이가 먼[遠] 친척(親戚).

원:칭 遠稱 (멀 원, 일컬을 칭). 언어 멀리[遠] 있는 대상을 가리키는[稱] 것. ¶3인칭은 근칭, 중칭, 원칭으로 나뉜다. ⓒ근칭(近稱), 중칭(中稱).

▸원:칭 대:명사 遠稱代名詞 (대신할 대, 이름 명, 말씀 사). 언어 화자와 멀리[遠] 떨어져 있는 사람·사물·방향 등을 가리키는[稱] 대명사(代名詞). '저이', '저것', '저기' 따위가 있다. ⓑ근칭 대명사(遠稱代名詞).

원탁 圓卓 (둥글 원, 높을 탁). 둥근[圓] 탁자(卓子). ¶원탁토의.

▸원탁-회의 圓卓會議 (모일 회, 의논할 의). 둥근[圓] 탁자(卓子)에 둘러앉아서 하는 회의(會議).

원탑 圓塔 (둥글 원, 탑 탑). 위를 둥글게[圓] 쌓아 올린 탑(塔). ¶글랜달록 원탑은 초기 기독교 건축물의 하나이다.

원통[1] 冤痛 (억울할 원, 아플 통). 억울하여[冤] 마음이 아픔[痛]. 분하고 억울함. ¶그는 도둑이라는 누명을 쓰고 죽기가 원통하여 눈물을 흘렸다.

원통[2] 圓筒 (둥글 원, 대롱 통). ① 속뜻 둥근[圓] 모양의 대롱[筒]. ② 수학 하나의 직선이 그와 나란한 직선의 둘레를 한 바퀴 돌아서 생긴 곡면으로 둘러싸인 입체. [비]원기둥.

▸원통-형 圓筒形 (모양 형). 둥근 통[圓筒]의 모양과 같은 꼴[形]. ¶원통형의 물건.

▸원통 도법 圓筒圖法 (그림 도, 법 법). [지리] 지구 중심에 시점을 두고 밖에서 지구에 접하는 원통(圓筒) 위에 지구 형상을 투영하여 지도(地圖)를 그리는 방법(方法). 항해도, 항공도 따위를 그릴 때 이용한다.

원:특 怨慝 (원망할 원, 악할 특). 원한(怨恨)을 품어 몹시 간사하고 사악함[慝].

원판¹ 原版 (본디 원, 널빤지 판). ① [속뜻] 복제·번각의 바탕이 되는 본디[原]의 판(版). ¶원판은 전하지 않고 중간된 것만이 남아 있다. ② [출판] 초판(初版). ¶이 책의 원판은 지금으로부터 30년 전에 발행되었다. ③ [출판] 제일 처음 인쇄한 발행의 근본이 되는 인쇄판. 지형(紙型)을 뜨는 바탕이 된다.

원판² 圓板 (둥글 원, 널빤지 판). 판판하고 넓으며 둥근[圓] 모양의 판(板).

원-판결 原判決 (본디 원, 판가름할 판, 결정할 결). [법률] 현재의 재판 전에 받은 원래(原來)의 판결(判決). ¶대법원은 원판결을 파기했다.

원포 園圃 (동산 원, 밭 포). 동산[園]에 일구어 놓은 뒤란이나 밭[圃]. ¶그는 궁중의 원포에 관한 일을 맡았다.

원폭 原爆 (본디 원, 터질 폭). '원자 폭탄'(原子爆彈)의 준말. ¶원폭 피해자.

원표 元標 (으뜸 원, 나타낼 표). ① [속뜻] 으뜸[元]이 되는 표시(標示). ②기준으로 삼는 표. ¶도로 원표.

원-표피 原表皮 (본디 원, 겉 표, 껍질 피). ① [속뜻] 원래(原來)의 겉[表] 껍질[皮]. ② [식물] 유배 식물 일차 분열 조직의 외층(外層). 자라서 뿌리, 줄기, 잎의 표피를 형성한다.

원품 原品 (본디 원, 물건 품). 본디[原]의 물품(物品). ¶출토된 원품을 미술관으로 이관했다.

원피 原皮 (본디 원, 가죽 피). 가공하지 않은 원래(原來)의 짐승 가죽[皮]. 피혁 제품의 재료가 된다.

원-피고 原被告 (본디 원, 당할 피, 알릴 고). [법률] 원고(原告)와 피고(被告)를 아울러 이르는 말. [준]원피.

원:한 怨恨 (미워할 원, 한탄 한). 억울한 일을 당하여 미워하고[怨] 한스러워함[恨]. 또는 그런 마음. ¶나는 그에게 아무런 원한도 없다.

원:항 遠航 (멀 원, 건널 항). '원양 항해'(遠洋航海)의 준말.

원:해 遠海 (멀 원, 바다 해). ① [속뜻] 먼[遠] 바다[海]. ② [지리] 기상 예보에서 한반도를 중심으로 육지에서 동해는 20km, 황해와 남해는 40km 밖의 바다. ¶오후에 원해에서 큰 파도가 일겠습니다.

원:행 遠行 (멀 원, 갈 행). 먼[遠] 길을 감[行]. ¶그는 원행을 갔다가 열흘 만에 돌아왔다.

원향 原鄕 (본디 원, 시골 향). 한 지방에 여러 대를 내려오며 사는 원래(原來)의 향족(鄕族).

▸원향-리 原鄕吏 (벼슬아치 리). [역사] 한 고을[原鄕]에 여러 대를 이어 살며 벼슬아치[吏] 노릇을 하던 사람.

원:혐¹ 怨嫌 (원망할 원, 싫어할 혐). 못마땅하게 여겨 원망(怨望)하고 싫어함[嫌]. ¶그의 원혐을 사다.

원:혐² 遠嫌 (멀 원, 싫어할 혐). ① [속뜻] 멀리하고[遠] 싫어함[嫌]. ②꺼리고 싫어하는 일을 멀리함.

원형¹ 元型 (으뜸 원, 모형 형). ① [속뜻] 으뜸[元]이 되는 본보기[型]. ② [생물] 발생 면에서의 유사성에 의하여 추상된 유형.

원:형² 寃刑 (억울할 원, 형벌 형). 죄를 짓지 않았는데도 받는 억울한[寃] 형벌(刑罰).

원형³ 原型 (본디 원, 모형 형). ① [속뜻] 같거나 비슷한 여러 개가 만들어져 나온 본디[原] 바탕[型]. ¶이 건축물은 후대 불교 건축물의 원형이 되었다. ②옷감을 잘라 양복을 만들 때 그 밑그림의 바탕이 되는 본(本). ③여러 종류의 동식물 가운데 현존하는 생물의 근원으로 생각되는 모델. ④ [문학] 본능과 함께 유전적으로 갖추어지며 집단 무의식을 구성하는 보편적 상징.

▸원형 비:평 原型批評 (따질 비, 평할 평). [문학] 꿈, 신화, 의식 따위의 원시적 형태[原形] 속에 보편적으로 들어 있는 생각, 성격, 행위, 대상 따위를 인류의 원형적 패턴으로 보고 그것을 문학 작품 속에서 통시적으로

찾아내려고 하는 비평(批評) 방식.

원형[4] 原形 (본디 원, 모양 형). ① 속뜻 본디[原]의 모양[形]. ¶유물의 원형을 보존하기 위해 천을 씌워놓았다. ② 복잡하고 다양한 모습으로 바뀌기 이전의 단순한 모습. ¶대통령제의 원형은 삼권 분립론이다. ③ 언어 기본형(基本形). ㊥본형(本形).

▶ **원형-질** 原形質 (바탕 질). ① 속뜻 원형(原形)을 이루는 물질(物質). ② 생물 살아 있는 세포에 들어 있는 유동성 물질.

▶ **원형질-막** 原形質膜 (바탕 질, 꺼풀 막). ① 속뜻 원형질(原形質)을 이루는 막(膜). ② 생물 세포막(細胞膜).

▶ **원형질-체** 原形質體 (바탕 질, 몸 체). ① 속뜻 원형질(原形質)을 이루는 본체(本體). ② 생물 식물 세포에서 세포벽을 제거한 본체(本體).

원형[5] 圓形 (둥글 원, 모양 형). 둥글게[圓] 생긴 모양[形]. 원 모양. ¶원형 무대에서 오케스트라가 합주하였다.

▶ **원형 극장** 圓形劇場 (연극 극, 마당 장). ① 연영 계단으로 된 관람석에 둘러싸인 원 모양[圓形]의 무대[劇場]. ② 고적 이탈리아 로마에 있는 고대의 원형 투기장. 지붕은 없고 관람석은 둥글게 계단식으로 되어 있다. 원형 경기장(圓形競技場).

▶ **원형 동:물** 圓形動物 (움직일 동, 만물 물). ① 속뜻 둥근 모양[圓形]의 동물(動物). ② 동물 후생동물의 한 문(門). 몸은 대체로 실 모양이고 가로면은 원형이다. 혈관과 호흡기가 없고 암수딴몸이다.

원형이정 元亨利貞 (근본 원, 형통할 형, 이로울 이, 곧을 정). ① 속뜻 근본[元], 형통[亨], 이로움[利], 곧음[貞] 이상 네 가지 덕. ② 하늘이 갖추고 있는 네 가지 덕. 만물이 생겨나서 자라고 이루어지고 거두어짐을 말한다. ③ 사물의 근본이 되는 원리. ¶원형이정의 원리가 만물에 통하고 있다.

원호[1] 元號 (으뜸 원, 이름 호). ① 속뜻 으뜸[元]이 되는 이름[號]. ② 역사 임금이 즉위한 해에 붙이던 칭호. ㊥다년호[大年號].

원:호[2] 援護 (도울 원, 돌볼 호). 도와주고[援] 돌보아[護] 줌. ¶원호 대상자 / 그 기자는 여러 군인이 원호하여 적진에서 무사히 빠져나왔다.

원호[3] 圓弧 (둥글 원, 활 호). 수학 원(圓)둘레 또는 기타 곡선 위의 두 점에 의하여 한정된 한 부분. 활[弧] 모양이다. ㊟호.

원:혼 寃魂 (억울할 원, 넋 혼). 분하고 원통(寃痛)하게 죽은 사람의 넋[魂].

원화[1] 原畵 (본디 원, 그림 화). ① 속뜻 본디[原]의 그림[畵]. ② 출판 복사, 복제의 바탕이 되는 본디의 그림.

원:화[2] 遠禍 (멀 원, 재화 화). 화(禍)나 재앙을 물리쳐 멀리함[遠].

▶ **원:화-소복** 遠禍召福 (부를 소, 복 복). 화를 물리치고[遠禍] 복(福)을 불러들임[召].

원환 圓環 (둥글 원, 고리 환). ① 속뜻 둥글게[圓] 생긴 고리[環]. ② 수학 평면 위에서 두 개의 동심원으로 둘러싸인 부분.

원활 圓滑 (둥글 원, 미끄러울 활). ① 속뜻 둥글고[圓] 매끄러움[滑]. ② 거침이 없이 잘 되어 나감. ¶만사가 원활하게 진행되고 있다.

원훈 元勳 (으뜸 원, 공 훈). ① 속뜻 나라를 위한, 가장 으뜸[元]이 되는 공훈(功勳). ② 나라를 위해 훌륭한 일을 하여 임금이 아끼고 믿어 가까이하는 늙은 신하. ¶지혜와 경륜을 겸한 원훈.

원흉 元兇 (으뜸 원, 흉할 흉). 못된[兇] 짓을 한 사람의 우두머리[元]. ¶안중근 의사는 조선 침략의 원흉인 이토 히로부미를 사살했다.

월간 月刊 (달 월, 책 펴낼 간). 매월(每月) 발간(發刊)하는 일. 또는 그 간행물. ¶월간 잡지를 구독하다.

월건 月建 (달 월, 세울 건). 민속 그 달[月]을 위해 세워[建] 설정한 간지(干支). ¶다음 달의 월건은 갑신(甲申)이다.

월경[1] 月頃 (달 월, 잠깐 경). 한 달[月]이 조금 넘는 기간[頃].

월경[2] 越境 (넘을 월, 지경 경). 경계(境界) 등을 넘음[越].

월경[3] 月經 (달 월, 지날 경). ① 속뜻 매달[月] 겪음[經]. ② 의학 성숙기의 정상적인 여성에게 있는 생리 현상. 난소 기능으로 일어나는 자궁 점막의 출혈로 보통 28일 정도의 주기로 반복된다. ㊥달거리, 생리(生理).

▸**월경-대** 月經帶 (띠 대). 월경(月經)을 할 때 분비되는 피를 흡수하여 밖으로 새지 아니하게 만든 띠[帶]. 생리대(生理帶).

▸**월경-수** 月經水 (물 수). 월경(月經)으로 나오는 물[水] 같은 피.

▸**월경-통** 月經痛 (아플 통). 의학 월경(月經)할 때 아랫배나 자궁 등이 아픈[痛] 증세. ⑪생리통(生理痛).

▸**월경 불순** 月經不順 (아닐 불, 따를 순). 의학 월경(月經)이 고르지[順] 못한[不] 부인병. ⑪부조증(不調症).

▸**월경 폐:쇄기** 月經閉鎖期 (닫을 폐, 잠글 쇄, 때 기). 의학 쉰 살을 전후하여 월경(月經)이 멈추는[閉鎖] 시기(時期). ⑪폐경기(閉經期).

월계 月計 (달 월, 셀 계). 한 달[月]을 단위로 하여 셈함[計]. 또는 그 회계나 통계.

▸**월계-표** 月計表 (겉 표). 한 달[月] 동안 들어오고 나간 숫자를 한데 몰아서 셈하여[計] 보기 쉽게 적어 놓은 표(表).

월계-관 月桂冠 (달 월, 계수나무 계, 갓 관). ① 속뜻 월계수(月桂樹)의 가지와 잎으로 만든 관(冠). 고대 그리스에서 승리를 기리는 뜻으로 머리에 씌워 주던 것으로, 현재는 올림픽에서 경기의 우승자에게 씌워주고 있다. ②'승리하거나 남보다 앞선 사람이 차지하는 명예'를 비유하여 이르는 말.

월계-수 月桂樹 (달 월, 계수나무 계, 나무 수). ① 속뜻 월계(月桂) 나무[樹]. ② 식물 잎은 딱딱하고 향기가 있는 나무. 지중해 연안에서 난다.

월고 月雇 (달 월, 품팔 고). ① 속뜻 한 달[月]을 기한으로 사람을 씀[雇]. 또는 그 사람. ②달로 쳐서 품삯을 주고 사람을 씀. 또는 그 품삯.

월과 月課 (달 월, 매길 과). ① 속뜻 다달이[月] 보는 시험[課]. ②달마다 일정하게 하는 일.

월광 月光 (달 월, 빛 광). 달[月]에서 비추는 빛[光]. ⑪월화(月華).

월구 月球 (달 월, 공 구). 공[球]처럼 둥근 달[月].

월궁 月宮 (달 월, 대궐 궁). 달[月] 속에 있다는 전설상의 궁전(宮殿).

▸**월궁-항아** 月宮姮娥 (항아 항, 항아 아). ① 속뜻 월궁(月宮)에 산다는 항아(姮娥)라는 이름의 선녀. ②'절세미인'을 비유하는 말.

월권 越權 (넘을 월, 권리 권). 권한(權限) 밖[越]의 일을 하는 것. 또는 그런 행위. ¶월권행위.

월급 月給 (달 월, 줄 급). 다달이[月] 받는 정해진 봉급(俸給). ¶이번 달부터 월급이 오른다. ⑪봉급(俸給).

월남 越南 (넘을 월, 남녘 남). ① 속뜻 남(南)쪽으로 넘어감[越]. ②삼팔선 또는 휴전선 이남으로 넘어오는 것. ¶할머니는 6·25전쟁 때 월남했다. ③ 지리 '베트남'(Vietnam)의 한자 음역어. ⑫월북(越北).

월내 月內 (달 월, 안 내). 한 달[月] 안[內]. 또는 그달 안.

월년 越年 (넘을 월, 해 년). 해[年]를 넘기는[越] 것. 유년(踰年).

▸**월년-생** 越年生 (살 생). ① 속뜻 한 해[年]를 넘겨[越] 삶[生]. ② 식물 그해에 싹이 나서 자라다가 이듬해에 열매를 맺고 죽는 일. 또는 그런 식물. 두해살이.

▸**월년-성** 越年性 (성질 성). 식물 해를 넘겨[越年] 다음해에 꽃이 피고 열매를 맺는 식물의 성질(性質). 가을보리 따위.

▸**월년생-초** 越年生草 (살 생, 풀 초). 월년생(越年生) 식물[草].

▸**월년생 식물** 越年生植物 (살 생, 심을 식, 만물 물). 식물 해를 넘겨[越年] 살다[生] 그 다음 해에 죽는 식물(植物). 두해살이풀.

▸**월년생 초본** 越年生草本 (살 생, 풀 초, 본보기 본). 식물 보리, 무, 유채, 완두 등과 같이 그해에 싹이 터서 그 이듬해 자라서 꽃이 피고 열매를 맺은 뒤[越年生] 죽는 풀[草本]. 두해살이풀.

월당 月當 (달 월, 당할 당). 달[月]을 단위로 정한[當] 금액. ⑪월액(月額).

월대-식 月帶蝕 (달 월, 지닐 대, 갉아먹을 식). 천문 달[月]이 뜨거나[帶] 질 때 월식(月蝕) 현상이 동반되는 것.

월동 越冬 (넘을 월, 겨울 동). 겨울[冬]을 넘기는[越] 것. 겨우살이. ¶월동 준비 / 뱀은 겨울잠을 자면서 월동한다. ⑪겨울나기.

▸**월동-력** 越冬力 (힘 력). 주로 식물 따위가 겨울철을 잘 견디어 내는[越冬] 능력(能力).

▸월동-비 越冬費 (쓸 비). 겨울철을 지내는 데 드는[越冬] 비용(費用).

▸월동-성 越冬性 (성질 성). 겨울의 추위를 잘 견디어 내는[越冬] 성질(性質).

월등 越等 (뛰어날 월, 무리 등). 같은 등급(等級)보다 훨씬 뛰어나다[越]. ¶그는 수학 성적이 월등하다.

월력 月曆 (달 월, 책력 력). 1년 가운데 달[月], 날, 요일, 이십사절기, 행사일 따위의 사항을 날짜에 따라 적어[曆] 놓은 것. ⓑ달력.

월령¹ 月齡 (달 월, 나이 령). ① 속뜻 한 살 안 된 아이의 달[月]수로 헤아리는 나이[齡]. ② 천문 신월(新月) 때를 0으로 하여 기산(起算)하는 날짜. 곧 삭(朔)에서 어느 때까지의 시간을 평균 태양일수로 나타낸 것.

월령² 月令 (달 월, 시킬 령). ① 속뜻 매달[月]마다 시킴[令]. 또는 그런 일. ② 매달 혹은 계절마다 해야 할 일들.

▸월령-가 月令歌 (노래 가). 문학 매달[月]이나 계절 별로 해야 할 일들[令]을 읊은 노래[歌]. 고려 가요인 『동동』, 정학유(丁學遊)의 『농가월령가』와 같은 작품들이 있다.

▸월령체-가 月令體歌 (모양 체, 노래 가). 문학 월령가(月令歌).

월례 月例 (달 월, 법식 례). 매달[月] 정해놓고 하는 행사[定例]. ¶월례 행사.

▸월례-회 月例會 (모일 회). 매달[月] 정해놓고 행사[定例]로 하는 모임[會].

월륜 月輪 (달 월, 바퀴 륜). 달[月]이 바퀴[輪]같이 둥글게 됨. 또는 둥근 달의 둘레.

월리¹ 月利 (달 월, 이로울 리). 달[月]마다 계산하여 일정하게 무는 이자(利子). ⓑ달변.

월리² 月離 (달 월, 떨어질 리). 천문 달[月]과 어떤 항성 또는 행성과의 각거리(角距離). 해상(海上)의 경도(經度)를 계산하는 데에 쓰인다.

월말 月末 (달 월, 끝 말). 어느 달[月]이 끝나 가는[末] 무렵. 곧, 말일 이전의 며칠 동안을 가리킨다. ¶숙제는 월말까지 제출하세요. ⓑ월초(月初).

월면 月面 (달 월, 쪽 면). ① 속뜻 달[月]의 표면(表面). ② 달처럼 환하게 잘생긴 얼굴.

▸월면-도 月面圖 (그림 도). 천문 망원경으로 본 달 표면[月面]의 지세를 나타낸 지도(地圖).

▸월면 차량 月面車輛 (수레 차, 수레 량). 달 표면[月面]을 탐험하는데 사용하는 차량(車輛).

월반 越班 (넘을 월, 나눌 반). 교육 성적이 뛰어나 상급반(上級班)으로 건너뛰어[越] 진급함. ¶그는 3학년에서 5학년으로 월반했다.

월번 月番 (달 월, 차례 번). 한 달[月]을 단위로 하여 교대하는 차례[番].

월별 月別 (달 월, 나눌 별). 달[月]에 따라 구별(區別)함.

월병 月餠 (달 월, 떡 병). ① 속뜻 달[月]같이 생긴 떡[餠]. ② 중국 사람들이 추석에 만들어 먹는 과자.

월보 月報 (달 월, 알릴 보). 다달이[月] 하는 보고(報告).

월복 越伏 (넘을 월, 엎드릴 복). 보통 중복 후 열흘만에 말복이 오는데, 열흘을 넘어서[越] 스무 날만에 오는 말복(末伏)을 이름. ¶올해는 월복이라 그런지 늦더위가 기승이다.

월봉 月俸 (달 월, 봉급 봉). 달[月]마다 받는 급여[俸]. ⓑ월급(月給).

월부 月賦 (달 월, 거둘 부). 물건 값 등을 매달[月] 일정하게 나누어 거두어들임[賦]. ¶월부로 컴퓨터를 사다.

▸월부-금 月賦金 (돈 금). 매달[月] 얼마씩 나누어 갚는[賦] 돈[金].

월북 越北 (넘을 월, 북녘 북). ① 속뜻 북(北)쪽으로 넘어감[越]. ② 삼팔선 또는 휴전선 이북으로 넘어가는 것. ¶월북 작가. ⓑ월남(越南).

월불 月拂 (달 월, 치불할 불). 다달이[月] 돈을 치름[拂].

월비 月費 (달 월, 쓸 비). 한 달[月] 간 드는 비용(費用).

월사 月事 (달 월, 일 사). ① 속뜻 달[月]마다 있는 일[事]. ② 의학 월경(月經).

월사-금 月謝金 (달 월, 고마워할 사, 돈 금). 다달이[月] 감사(感謝)의 뜻으로 내던 학교 수업료[金].

월삭[1] **月朔** (달 월, 초하루 삭). 그달[月]의 초하룻날[朔].

월삭[2] **越朔** (넘을 월, 초하루 삭). 아이를 낳기로 예정되어 있던 달[朔]을 넘김[越].

월산 **月産** (달 월, 낳을 산). 한 달[月] 동안에 생산(生産)하는 양.

월상 **月相** (달 월, 모양 상). 천문 달[月]의 위치나 달 표면의 빛나는 부분이 변하는 모양[相].

월색 **月色** (달 월, 빛 색). 달[月]에서 비쳐오는 빛[色]. ⓑ달빛.

월석[1] **月夕** (달 월, 저녁 석). ① 속뜻 달[月]이 밝게 빛나는 밤[夕]. ② 추석날 밤.

월석[2] **月石** (달 월, 돌 석). 달[月]의 표면에 있는 암석(巖石). ¶월석을 채취하다.

월성 **越城** (넘을 월, 성곽 성). 성(城)을 넘음[越].

월세 **月貰** (달 월, 세놓을 세). 다달이[月] 내는 집세[貰]. ¶월세로 점포를 얻다.

월-세계 **月世界** (달 월, 세상 세, 지경 계). ① 속뜻 달[月]의 세계(世界). ② 달빛이 비친 천지. ⓑ달나라.

월수[1] **月水** (달 월, 물 수). 월경(月經)으로 나오는 물[水] 같은 피.

월수[2] **月收** (달 월, 거둘 수). ① 속뜻 한 달[月]동안의 수입(收入). ② 본전에 이자를 얹어 매달 갚아 나가는 빚.

월수[3] **越數** (넘을 월, 셀 수). 예정된 수(數)를 넘는 것[越].

월식 **月蝕** (달 월, 갉아먹을 식). ① 속뜻 달[月]이 갉아 먹힌[蝕] 것처럼 보임. ② 천문 지구가 태양과 달 사이에 들어 달의 한쪽 또는 전체가 지구 그림자에 가려 보이지 않게 되는 현상. 개기 월식과 부분 월식이 있다.

월액 **月額** (달 월, 액수 액). 달[月]을 단위로 정한 금액(金額). ⓑ월당(月當).

월야 **月夜** (달 월, 밤 야). 달[月]이 빛나는 밤[夜].

월여 **月餘** (달 월, 남을 여). 한 달[月] 남짓[餘].

월영 **月影** (달 월, 그림자 영). 달[月]의 그림자[影].

월요 **月曜** (달 월, 빛날 요). '월요일'(月曜日)의 준말.

▶**월요-병** **月曜病** (병 병). ① 속뜻 월요일(月曜日)만 되면 앓는 병(病). ② 한 주(週)가 시작되는 월요일마다 정신적·육체적 피로나 힘이 없음을 느끼는 증상.

월-요일 **月曜日** (달 월, 빛날 요, 해 일). 칠요일 중 달[月]에 해당하는 요일(曜日). ¶다음 주 월요일이 개학이다.

월용 **月容** (달 월, 얼굴 용). 달[月]처럼 아름다운 얼굴[容].

월인석보 **月印釋譜** (달 월, 도장 인, 석가 석, 적어놓을 보). 문학 조선 세조 5년(1459)에 세조가 『월인천강지곡』(月印千江之曲)과 『석보상절』(釋譜詳節)을 합하여 간행한 책.

월인천강지곡 **月印千江之曲** (달 월, 도장 인, 일천 천, 강 강, 어조사 지, 노래 곡). 문학 조선 세종 31년(1449)에 세종이 석가모니의 공덕[月印]이 이 세상에[千江] 두루 넘치는 것을 찬양하여 지은 노래[曲]를 실은 책.

월일 **月日** (달 월, 해 일). ① 속뜻 달[月]과 해[日]. ② 월과 날짜.

월전 **月前** (달 월, 앞 전). 한 달[月]쯤 전(前).

월정 **月定** (달 월, 정할 정). 한 달[月]을 단위로 하여 얼마로 정(定)해 놓음.

월정-사 **月精寺** (달 월, 쓿을 정, 절 사). 불교 강원도 오대산에 있는 절. 신라 선덕 여왕 때 자장(慈藏)이 문수보살의 계시를 받고 지었다 하며, 『조선왕조실록』 등 귀중한 사서를 보관한 오대산 사고(史庫)가 있었다.

월중 **月中** (달 월, 가운데 중). 어느 달[月]의 기간 안[中].

월차 **月次** (달 월, 차례 차). ① 속뜻 한 달[月] 한 달의 순서[次]. 매달. ¶월차 계획을 세우다. ② 천문 하늘에서의 달의 위치나 차례.

월척 **越尺** (넘을 월, 자 척). 낚시에서 낚은 물고기가 한 자[尺]가 넘음[越]. 또는 그 물고기. 주로 붕어를 가리킨다. ¶삼촌은 세 시간 만에 월척을 낚았다.

월천 **越川** (넘을 월, 내 천). 내[川]를 건넘[越].

월초 **月初** (달 월, 처음 초). 어느 달[月]이

시작되는[初] 무렵. ¶월초로 예정된 회합. ⓑ월말(月末).

월출 月出 (달 월, 날 출). 달[月]이 떠오름[出]. ¶월출을 보며 소원을 빌었다.

월파 月波 (달 월, 물결 파). 달[月]빛이 비치는 물결[波]. 달그림자.

월패 月牌 (달 월, 나무쪽 패). 달[月] 모양으로 된 패(牌). 또는 달을 그린 패.

월편 越便 (넘을 월, 쪽 편). 건너[越] 편(便).

월평 月評 (달 월, 평할 평). 신문, 잡지 등에서 다달이[月] 하는 비평(批評).

월-평균 月平均 (달 월, 평평할 평, 고를 균). 한 달(月)을 단위로 하여 내는 평균(平均). ¶열대(熱帶)란 월평균 기온이 18℃를 넘는 지역을 말한다.

월표 月表 (달 월, 겉 표). 어떠한 일의 상황을 다달이[月] 기록한 표(表).

월하 月下 (달 월, 아래 하). 달[月]빛이 비치는 아래[下].

▸월하-노인 月下老人 (늙을 로, 사람 인). ① 속뜻 밝은 달빛[月] 아래[下] 앉아 있던 흰 수염의 노인(老人). ② 부부의 인연을 맺어 준다는 전설상의 늙은이. '중매인'을 비유하여 이르는 말이다. ¶할머니는 월하노인 역할을 하겠다고 나섰다.

▸월하-빙인 月下氷人 (얼음 빙, 사람 인). 월하노인(月下老人)과 빙상인(氷上人). 중매를 하는 사람을 이르는 말.

월형 月形 (달 월, 모양 형). 달[月]처럼 생긴 모양[形].

월훈 月暈 (달 월, 무리 훈). 달[月] 언저리에 둥그렇게 생기는 하얀 테[暈]. ⓑ달무리.

위격 違格 (어길 위, 격식 격). ① 속뜻 일정한 격식(格式)에 맞지 않음[違]. ② 도리에 어긋남.

위-결핵 胃結核 (밥통 위, 맺을 결, 씨 핵). 의학 위(胃)에 생기는 결핵(結核).

위경[1] 危境 (위태할 위, 처지 경). 위태(危殆)로운 처지[境]. ¶위경에 처하다.

위경[2] 胃鏡 (밥통 위, 거울 경). 의학 위(胃)의 내부를 직접 관찰할 수 있도록 거울[鏡]을 달아 놓은 튜브 모양의 의료 기구.

위-경련 胃痙攣 (밥통 위, 경련 경, 오그라질 련). 의학 위(胃)에 일어나는 발작성 통증[痙攣]의 총칭.

위계 位階 (자리 위, 섬돌 계). ① 속뜻 지위(地位)의 품계(品階). ② 벼슬의 품계. ¶위계질서.

위계 僞計 (거짓 위, 꾀 계). 거짓[僞] 계책(計策). 또는 그런 계략을 꾸미는 것.

위공 偉功 (훌륭할 위, 공로 공). 훌륭하고[偉] 뛰어난 공훈(功勳)이나 업적. ¶장군의 위공을 기리다 / 이제 위공을 세워 나라에 충성하고 가문을 빛내고자 합니다.

위관[1] 尉官 (벼슬 위, 벼슬 관). '위'(尉)자가 들어가는 계급[官]. 소위, 중위, 대위의 총칭. ¶위관급의 장교.

위관[2] 偉觀 (훌륭할 위, 볼 관). 훌륭한[偉] 구경거리[觀]. 장관(壯觀).

위-관절 僞關節 (거짓 위, 빗장 관, 마디 절). ① 속뜻 가짜[僞] 관절(關節). ② 의학 뼈가 부러졌다가 치유되는 과정에서 부러진 뼈가 완전히 아물지 못하여 그 부분이 마치 관절처럼 움직이는 상태. 가관절(假關節).

위관택인 爲官擇人 (위할 위, 벼슬 관, 고를 택, 사람 인). 관직(官職)을 위해[爲] 인재(人才)를 고름[擇].

위광 威光 (위엄 위, 빛 광). 위엄(威嚴) 있는 영광(榮光). 권위나 영향. ¶부모님의 위광으로 큰 인물이되었다.

위괴 違乖 (어길 위, 거스를 괴). 어기고[違] 거스름[乖]. 배반함.

위구 危懼 (두려울 위, 두려워할 구). 두려움[危=懼].

▸위구-심 危懼心 (마음 심). 염려하고 두려워하는[危懼] 마음[心].

위국[1] 危局 (위태할 위, 판 국). 위태(危殆)로운 시국(時局)이나 판국.

위국[2] 衛國 (지킬 위, 나라 국). 나라[國]를 지키는[衛] 것.

위국[3] 爲國 (위할 위, 나라 국). 나라[國]를 위함[爲].

▸위국-충절 爲國忠節 (충성 충, 지조 절). 나라를 위한[爲國] 충성(忠誠)스러운 절개(節槪).

위권[1] 威權 (위엄 위, 권리 권). 위엄(威嚴)있는 권력(權力).

위권[2] 僞券 (거짓 위, 문서 권). 거짓[僞]으로 만든 문권(文券).

위-궤양 胃潰瘍 (밥통 위, 무너질 궤, 종기 양). 의학 위(胃) 점막에 상처가 생겨 출혈이 생기기 쉬운 상태[潰瘍]가 됨. 심해지면 위벽에 구멍이 뚫릴 수도 있다.

위극 危極 (위태할 위, 다할 극). 극(極)히 위태(危殆)로움.

위근 쇠약증 胃筋衰弱症 (밥통 위, 힘줄 근, 쇠할 쇠, 약할 약, 증세 증). 의학 위(胃) 근육(筋肉)이 쇠약(衰弱)해져 수축력이 약해져서 생기는 병[症].

위-근시 僞近視 (거짓 위, 가까울 근, 볼 시). ① 속뜻 가짜[僞] 근시(近視). ② 의학 섬모체근(纖毛體筋)이 긴장하고 수정체를 두껍게 조절하는 시간이 길어져 근시와 같은 상태가 된 굴절성 근시. 가성 근시(假性近視).

위금 僞金 (거짓 위, 황금 금). ① 속뜻 가짜[僞] 금(金). ② 화학 황화 제이주석으로 된 도료. 황금빛이며 금박 대용으로 쓰인다. ③ 화학 알루미늄 10%, 구리 90%로 구성된 알루미늄 청동.

위급 危急 (두려울 위, 급할 급). 두려울[危] 정도로 매우 급박(急迫)함. ¶매우 위급할 때 소방차가 달려왔다.

▶위급존망지추 危急存亡之秋 (있을 존, 망할 망, 어조사 지, 세월 추). 살아 남느냐[存] 망(亡)하느냐 하는 매우 위급(危急)한 때[秋].

위기[1] 圍棋 (=圍碁, 둘레 위, 바둑 기). 바둑[棋] 알로 에워 쌈[圍]. 바둑을 둠. 또는 바둑.

위기[2] 違期 (어길 위, 기약할 기). 약속[期]을 어기는 것[違].

위기[3] 危機 (위태할 위, 때 기). 위험(危險)한 때[機]. 위험한 고비. ¶위기는 곧 기회다.

▶위기-감 危機感 (느낄 감). ① 속뜻 위기(危機)에 대한 불안한 느낌[感]. ¶중동에서 전쟁이 일어나 전 세계의 위기감이 높아졌다. ② 위기의식.

▶위기-관리 危機管理 (맡을 관, 다스릴 리). ① 속뜻 위기(危機)를 잘 다스려[管理] 넘김. ② 천재(天災)나 인위적인 비상사태, 전쟁 따위의 위기 상황을 예방하고 그에 적절하게 대처해 나가는 일. ¶위기관리 능력을 상실한 정부.

▶위기-의식 危機意識 (뜻 의, 알 식). 철학 인간 본래의 가치, 질서에 대한 위기(危機)를 알게 되어[意識] 느끼는 불안과 절망. ⓑ위기감(危機感).

▶위기-일발 危機一髮 (한 일, 머리털 발). ① 속뜻 하나의[一] 머리털[髮]로 무거운 물건을 들어 올리는 것 같은 위기(危機)의 순간. ② 여유가 조금도 없이 몹시 절박한 순간.

위난 危難 (위태할 위, 어려울 난). 위태(危殆)로운 재난(災難).

위대 偉大 (훌륭할 위, 큰 대). 훌륭하고[偉] 대단하다[大]. ¶위대한 과학자.

위덕 威德 (위엄 위, 베풀 덕). 위엄(威嚴)과 덕망(德望).

위도 緯度 (씨실 위, 정도 도). ① 속뜻 씨실[緯] 같이 가로로 표시한 도수(度數). ② 지리 지구 위의 위치를 적도와 평행하게 가로로 표시한 것. ¶서울의 위도는 북위 37도이다. ⓑ경도(經度).

▶위도 변:화 緯度變化 (바뀔 변, 될 화). 지리 자전축의 이동에 따라 생기는 위도(緯度)의 주기적 변화(變化).

위독 危篤 (위태할 위, 심할 독). 생명이 위태(危殆)롭고 병세가 매우 심하다[篤]. ¶그의 어머니는 위독하시다.

위락[1] 萎落 (시들 위, 떨어질 락). 시들어[萎] 떨어짐[落].

위락[2] 慰樂 (위로할 위, 즐길 락). ① 속뜻 위로(慰勞)와 안락(安樂). ② 편안한 마음으로 쉬고 즐기는 일.

위란 危亂 (위태할 위, 어지러울 란). 위태(危殆)하고 어지러움[亂].

위력[1] 威力 (위엄 위, 힘 력). 위풍 있는 강대한[威] 힘[力]. ¶핵무기의 위력.

위력[2] 偉力 (훌륭할 위, 힘 력). 위대(偉大)한 힘[力].

위령-곡 慰靈曲 (위로할 위, 혼령 령, 노래 곡). ① 속뜻 죽은 이의 넋[靈]을 달래기 위한[慰] 음악[曲]. ② 가톨릭 천주교에서 위령 미사 때 드리는 음악.

위령-제 慰靈祭 (위로할 위, 혼령 령, 제사 제). 죽은 사람의 영혼(靈魂)을 위로(慰勞)하기 위해 지내는 제사(祭祀). 진혼제(鎭魂祭). ¶전몰장병 위령제.

위례-성 慰禮城 (위로할 위, 예도 례, 성곽 성). 역사 백제 초기의 도읍지. 백제의 시조 온조왕이 고구려에서 남쪽으로 내려와 이곳에 도읍을 정했다고 하는데, 위치에 대해서는 지금의 경기도 하남시 부근이라는 설과 충청남도 천안시 북면 일대라는 설이 있다.

위로 慰勞 (달랠 위, 일할 로). 수고로움[勞]이나 아픔을 달램[慰]. ¶어떻게 위로의 말씀을 드려야 할지 모르겠습니다 / 어머니는 기회가 또 있을 것이라며 나를 위로했다.

▸위로-금 慰勞金 (돈 금). 위로(慰勞)하기 위해 주는 돈[金].

위리 圍籬 (둘레 위, 울타리 리). 유배된 죄인이 거처하는 집의 둘레[圍]에 가시로 울타리[籬]를 치던 일.

▸위리-안치 圍籬安置 (편안할 안, 둘 치). 죄인을 배소(配所)에서 달아나지 못하도록 가시로 울타리를 만들고[圍籬] 그 안에 안전(安全)하게 가두어 둠[置].

위막 僞膜 (거짓 위, 꺼풀 막). 의학 섬유소성 염증이 있을 때 섬유소의 일부가 삼출액과 혼합하여 막(膜)처럼 보이는[僞] 것.

위만 조선 衛滿朝鮮 (지킬 위, 찰 만, 아침 조, 고울 선). 역사 기원전 194년에 위만(衛滿)이 준왕(準王)을 몰아내고 세운 조선(朝鮮). 대동강 유역에 있었던 고조선의 마지막 나라로, 기원전 108년에 한나라의 무제에게 망하였다.

위망 威望 (위엄 위, 바랄 망). 위세(威勢)와 명망(名望)을 아울러 이르는 말. ¶위망을 떨치다.

위명[1] 威名 (위엄 위, 이름 명). 크게 떨치는[威] 명성(名聲). ¶위명을 떨치다.

위명[2] 偉名 (훌륭할 위, 이름 명). 위대(偉大)한 이름[名].

위명[3] 僞名 (거짓 위, 이름 명). 거짓[僞] 이름[名].

위무[1] 威武 (위엄 위, 굳셀 무). ① 속뜻 위세(威勢)와 무력(武力). ② 위엄이 있고 씩씩함.

위무[2] 慰撫 (위로할 위, 어루만질 무). 위로(慰勞)하고 어루만져[撫] 달래는 것. ㊐무위(撫慰).

위문 慰問 (위로할 위, 물을 문). 위로(慰勞)하기 위하여 방문(訪問)함. ¶위문 공연 / 사장은 사고로 죽은 직원을 위문하기 위해 빈소를 찾았다.

▸위문-품 慰問品 (물건 품). 군인이나 이재민 등을 위문(慰問)하기 위하여 보내는 물품(物品).

위민 爲民 (위할 위, 백성 민). 백성[民]을 위하는[爲] 것. ¶위민 사상 / 위민 정책.

위반 違反 (어길 위, 뒤엎을 반). 법령, 명령, 약속 등을 어기거나[違] 지키지 않는 것[反]. ¶주차위반 / 그는 계약을 위반해 위약금을 물었다. ㊐위배(違背).

위배 違背 (어길 위, 등질 배). 약속한 바를 어기고[違] 등짐[背]. ¶위배 행위 / 이것은 헌법 정신에 위배된다. ㊐위반(違反).

위법 違法 (어길 위, 법 법). 법(法)을 어김[違]. ¶위법단체 / 위법한 행위가 나쁜 것이지 사람이 나쁜 것은 아니다. ㊙적법(適法), 합법(合法).

▸위법-성 違法性 (성질 성). ① 속뜻 법을 어기는[違法] 성질(性質)의 것. ② 법률 어떤 행위가 범죄 또는 불법 행위로 인정되는 객관적 요건. 민법에서는 권리 침해를, 형법에서는 어떤 행위가 정당 행위·정당 방위·긴급 피난 따위에 해당하지 않음을 위법성의 구성 요건으로 규정한다.

▸위법 처:분 違法處分 (처리할 처, 나눌 분). 법률 법규에 어긋난[違法] 행정 처분(處分).

▸위법 행위 違法行爲 (행할 행, 할 위). 법률 법을 어기는[違法] 행위(行爲).

위벽 胃壁 (밥통 위, 담 벽). 의학 위(胃)의 내면의 벽(壁).

위병[1] 胃病 (밥통 위, 병 병). 위(胃)에 생기는 병(病)의 총칭.

위병[2] 萎病 (시들 위, 병 병). 몸이 만성적으로 차차 시들어[萎] 쇠약해지는 병(病).

위병[3] 衛兵 (지킬 위, 군사 병). ① 역사 대궐, 군영, 관아 등을 지키는[衛] 군사[兵]. ② 군사 호위하는 일을 맡은 병사. 호위병(護衛兵). ③ 군사 경비·단속을 위해 지정된 장소에 배치된 병사.

▸위병-소 衛兵所 (곳 소). 군사 위병(衛兵)이 그 임무를 수행하는 곳[所]. 보통, 부대 정문에 설치한다.

위복 威服 (위엄 위, 따를 복). 권위(權威)나 위력으로 굴복(屈服)시키는 것. 또는 권위나 위력에 굴복 당하는 것.

위본 僞本 (거짓 위, 책 본). 위조(僞造)한 책[本]. 위서(僞書).

위부 委付 (맡길 위, 청할 부). ① 속뜻 맡겨[委] 부탁(付託)하는 일. 또는 맡겨 내주는 일. ② 법률 해상 보험의 피보험자가 보험의 목적물이 전손(全損)으로 되어 있는가의 여부가 불분명할 경우, 일방적 의사로 목적물을 보험자에 이전하여 책임을 면하거나 권리를 얻거나 하는 일.

위산[1] 胃散 (밥통 위, 흩을 산). 약학 위액(胃液)이 부족하거나 위산(胃酸)이 너무 많이 분비되어 소화가 잘 안 되는 병에 먹는 가루약[散]. ¶소화가 잘 안 되면 위산을 먹어 봐라!

위산[2] 胃酸 (밥통 위, 산소 산). 의학 위액(胃液) 속에 들어 있는 산(酸). 주로 염산이며 소화 효소의 작용을 돕는다.

▸위산 결핍증 胃酸缺乏症 (빠질 결, 모자랄 핍, 증세 증). 의학 위산(胃酸)이 부족한[缺乏] 무산증(無酸症)과 저산증(低酸症)을 통틀어 이르는 말. 위 점막의 위축, 위의 확장, 위염, 위암, 위액 결핍 따위가 원인이 된다.

▸위산 과:다증 胃酸過多症 (지나칠 과, 많을 다, 증세 증). 의학 위액(胃液)의 산도(酸度)가 비정상적으로 높은[過多] 증세(症勢). 과산증(過酸症).

위상 位相 (자리 위, 모양 상). ① 속뜻 어떤 사물이 다른 사물과의 관계 속에서 가지는 위치(位置)나 모습[相]. ¶그는 기술대회에서 1위를 차지해 국가의 위상을 드높였다. ② 수학 극한과 연속의 개념이 정의될 수 있도록 집합에 도입되는 수학적 구조. ③ 물리 진동이나 파동과 같은 주기적 현상에서 시간·위치 진동의 과정 중의 어느 단계에 있는가를 나타내는 변수. ④ 언어 성별, 연령, 직업 등 사회 집단의 차이나 장면의 차이에 따라 말의 차이가 나타나는 현상.

▸위상-어 位相語 (말씀 어). 언어 남녀, 연령, 직업 계층[位相] 등의 차이에 의하여 독특하게 쓰이는 어휘(語彙).

▸위상 수:학 位相數學 (셀 수, 배울 학). 수학 수학(數學)의 한 분야로서 도형의 위상적(位相的) 성질을 연구하는 기하학. 위상 기하학(位相幾何學).

▸위상 기하학 位相幾何學 (몇 기, 무엇 하, 배울 학). 수학 길이, 크기 등의 양적 관계를 무시하고 도형 상호의 위치, 연결 방식 등의 위상적(位相的) 성질(性質)을 연구하는 기하학(幾何學).

▸위상 심리학 位相心理學 (마음 심, 이치 리, 배울 학). 심리 행동을 일으키는 모든 조건은 그 순간에 있어서 생활공간에 포함되어 있다고 생각하고 그 생활공간의 구조를 위상(位相)의 개념에 의해 기술하고자 하는 심리학(心理學).

위생 衛生 (지킬 위, 살 생). ① 속뜻 생명(生命)을 지킴[衛]. ② 건강에 유익하도록 조건을 갖추거나 대책을 세우는 일. ¶위생상태가 좋다.

▸위생-병 衛生兵 (군사 병). 군사 위생(衛生)에 관한 일을 맡아보는 병사(兵士).

▸위생-복 衛生服 (옷 복). ① 속뜻 위생(衛生)을 지키기 위해 입는 옷[服]. ② 의사, 간호사 등 병독에 감염되기 쉬운 직업에 종사하는 사람이 입는 소독을 한 흰 덧옷. ¶식당에 들어오려면 위생복을 입어야 한다.

▸위생-적 衛生的 (것 적). 위생(衛生)에 알맞은 것[的]. ¶이 버섯은 위생적인 환경에서 재배되었다. ⓑ비위생적.

▸위생-학 衛生學 (배울 학). 의학 개인 및 공중의 건강 유지나 향상, 질병 예방 등 위생(衛生)에 대해 연구하는 학문(學問).

▸위생 공학 衛生工學 (장인 공, 배울 학). 건설 공중 위생을 위해 위생(衛生)에 관한 문제를 기술적으로[工] 해결하고자 연구하는 학문(學問). 상하수도 처리, 환경 오염 처리 따위가 그 대상이다.

▸위생 관리 衛生管理 (맡을 관, 다스릴 리). ① 속뜻 위생(衛生)에 관한 일을 관리(管理)함. ② 공장, 사업장, 학교, 공공시설 등의 환경을 정비하여 근로자나 종사자의 건강을 유지·증진시키는 일.

위서 僞書 (거짓 위, 글 서). ① 속뜻 가짜[僞] 편지글[書]. ② 가짜 책. ③ '위조문서'(僞造文書)의 준말. ⓑ위본(僞本).

위석 胃石 (밥통 위, 돌 석). ① 동물 가재, 도둑게 따위와 같은 갑각류의 위(胃) 속에 있는 두 개의 결석(結石). ② 의학 돌멩이처럼 굳어진 위 속의 이물질.

위선[1] **緯線** (씨실 위, 줄 선). ① 속뜻 베틀의 씨실[緯]과 같은 가로 방향의 선(線). ② 지리 적도에 평행하게 지구의 표면을 남북으로 자른 가상의 선. 곧 위도(緯度)를 나타낸 선. ⓑ경선(經線).

위선[2] **僞善** (거짓 위, 착할 선). 거짓[僞]으로 착한[善] 척 함. ¶나는 그의 위선을 더 이상 참을 수 없다. ⓑ위악(僞惡).

▸위선-자 僞善者 (사람 자). 위선(僞善)의 행동을 하는 사람[者].

▸위선-적 僞善的 (것 적). 행동이 위선(僞善)의 성질을 띤 상태에 있는 것[的].

위선사 爲先事 (할 위, 먼저 선, 일 사). ① 속뜻 우선(于先) 하는[爲] 일[事]. ② 조상을 위하여 일함.

위:선지-도 爲先之道 (위할 위, 먼저 선, 어조사 지, 길 도). 선조(先祖)를 위(爲)하는 도리(道理).

위성 衛星 (지킬 위, 별 성). ① 속뜻 행성을 지키듯이[衛] 그 주위를 도는 별[星]. ② 천문 행성의 인력에 의하여 그 행성의 주위를 도는 별. ¶달은 지구의 위성이다. ③ 천문 '인공위성'(人工衛星)의 준말. ¶위성 방송.

▸위성-국 衛星國 (나라 국). '위성 국가'(衛星國家)의 준말.

▸위성 국가 衛星國家 (나라 국, 집 가). 정치 강대국의 주변에 있어[衛星] 정치·경제·군사상 그 지배 또는 영향을 받고 있는 나라[國家]. ¶예전에 불가리아는 소련의 위성 국가였다.

▸위성 도시 衛星都市 (도읍 도, 저자 시). 지리 대도시의 주위에 위치하면서[衛星] 주체성을 가지고 대도시의 기능의 일부를 분담하고 있는 도시(都市). ¶성남이나 안양과 같은 도시는 서울의 위성 도시이다.

▸위성 사진 衛星寫眞 (베낄 사, 참 진). 인공위성(人工衛星)에서 찍은 사진(寫眞). ¶위성 사진을 통해 태풍의 이동경로를 확인한다.

▸위성 중계 衛星中繼 (가운데 중, 이을 계). 언론 통신 위성(衛星)이나 방송 위성을 이용한 중계(中繼) 방식. 통신 위성에서 증폭한 전파가 지구국과 방송국을 거쳐 각 가정으로 전달된다. ¶올림픽 개회식은 전 세계에 위성 중계가 되었다.

▸위성 통신 衛星通信 (통할 통, 소식 신). 통신 인공위성(人工衛星)을 중계소로 이용하는 장거리 통신 방법(通信方法).

위세 威勢 (두려워할 위, 힘 세). ① 속뜻 남을 두렵게[威] 할 만한 강한 힘[勢]. ② 사람을 두렵게 하여 복종시키는 힘. ¶나는 그녀의 위세에 눌려 한 마디도 할 수 없었다.

위수[1] **位數** (자리 위, 셀 수). 수학 수(數)의 자리[位]. 일, 십, 백, 천, 만 따위. 자릿수.

위수[2] **衛戍** (지킬 위, 지킬 수). ① 군사 육군 부대가 오래 한 곳에 주둔하여 경비하는[衛=戍] 일. ② 역사 수자리.

▸위수-령 衛戍令 (명령 령). 법률 육군 부대가 일정한 지역에 주둔하여 경비와 질서 유지 및 군기의 감시와 군에 딸린 건축물과 시설물 등을 보호 할 것[衛戍]을 규정한 대통령령(大統領令).

▸위수-병 衛戍兵 (군사 병). ① 군사 위수(衛戍) 임무를 띤 병사(兵士). 위병(衛兵). ② 역사 수자리를 사는 병정.

▸위수-지 衛戍地 (땅 지). 군사 위수(衛戍) 근무를 하는 일정한 지역(地域).

▸위수 병:원 衛戍病院 (병 병, 집 원). 군사 위수지(衛戍地)에 설치한 육군 병원(陸軍病院). 그 지역 내의 부상병, 환자를 수용·치료한다.

위시 爲始 (할 위, 처음 시). 여럿 중에서 어떤 대상을 첫[始] 자리. 또는 대표로 삼음[爲]. ¶아버지를 위시하여 집안 식구가 다 모였다.

위신 威信 (위엄 위, 믿을 신). 위엄(威嚴)과 신망(信望). ¶반기문씨는 유엔 사무총장으로 선출되어 국가의 위신을 높였다.

위안 慰安 (위로할 위, 편안할 안). 위로(慰勞)하여 마음을 안심(安心)시키는 것. ¶사람들은 대부분 종교에서 위안을 구한다.

▸위안-부 慰安婦 (여자 부). 전시에 군인들을 위안(慰安)하기 위해 성(性)의 도구로 동원되는 여자[婦].

▸위안-제 慰安祭 (제사 제). 혼령을 위안(慰安)하기 위해 지내는 제사(祭祀).

▸위안-처 慰安處 (곳 처). 위안(慰安)이 될 만한 곳[處].

위암[1] **危巖** (위태할 위, 바위 암). 위태로운 [危] 바위[巖].

위암[2] **胃癌** (밥통 위, 암 암). 의학 위(胃)에 발생하는 암(癌). ¶한국인은 위암 발병률이 가장 높다.

위압 **威壓** (위엄 위, 누를 압). 위엄(威嚴)이나 위력 따위로 압박(壓迫)함. 정신적으로 억누름. ¶모두 그의 시퍼런 서슬에 완전히 위압되고 말았다.

▸위압-감 威壓感 (느낄 감). 위압(威壓)하는 느낌[感]. ¶그의 말투에 위압감을 느꼈다.

위액 **胃液** (밥통 위, 진 액). 의학 위(胃)샘에서 분비되는 소화액(消化液).

▸위액 결핍증 胃液缺乏症 (빠질 결, 모자랄 핍, 증세 증). 의학 위액(胃液)의 분비가 낮아지거나 없어지면서[缺乏] 일어나는 병증(病症).

위약[1] **胃弱** (밥통 위, 약할 약). 의학 위(胃)의 소화력이 약(弱)해지는 여러 가지 위장병.

위약[2] **胃藥** (밥통 위, 약 약). 의학 위(胃)에 탈이 났을 때 먹는 약(藥).

위약[3] **僞藥** (거짓 위, 약 약). ① 속뜻 가짜[僞] 약(藥). ② 약학 정신적 효과를 얻기 위해 환자에게 주는 약리 효과가 없는 약. ¶위약 효과.

위약[4] **違約** (어길 위, 묶을 약). ① 속뜻 약속(約束)을 어김[違]. ② 법률 계약으로 정한 의무를 이행하지 않는 것. 부약(負約).

▸위약-금 違約金 (돈 금). 법률 채무 불이행의 위약(違約)이 있을 때, 그 제재로서 채무자가 채권자에게 지불하기로 약정한 돈[金].

위양 **委讓** (맡길 위, 넘겨줄 양). 다른 사람에게 넘겨[讓] 맡기는[委] 것.

위언[1] **違言** (어길 위, 말씀 언). ① 속뜻 자기가 한 말[言]을 어김[違]. ② 이치에 맞지 않는 말. ③ 거역하는 말.

위언[2] **僞言** (거짓 위, 말씀 언). 거짓된[僞] 말[言].

위엄 **威嚴** (두려워할 위, 엄할 엄). ① 속뜻 두려움[威]과 엄(嚴)한 느낌을 받게 함. ② 존경할 만한 위세가 있고 엄숙함. 또는 그런 모습이나 태도. ¶이 불상은 석가모니의 위엄을 잘 표현하고 있다.

위업[1] **偉業** (훌륭할 위, 일 업). 훌륭한[偉] 업적(業績). ¶세계 최고의 건물을 세우는 위업을 이루었다.

위업[2] **爲業** (할 위, 일 업). 생업(生業)으로 삼음[爲].

위연 **威然** (위엄 위, 그러할 연). 점잖고 엄숙한[威] 데가 있는 그러한[然] 모양.

위열[1] **偉烈** (훌륭할 위, 굳셀 렬). 위대(偉大)한 열적(烈蹟). 또는 그러한 공적을 남긴 사람.

위열[2] **慰悅** (위로할 위, 기쁠 열). 위안(慰安)하여 기쁘게[悅] 하는 것.

위염 **胃炎** (밥통 위, 염증 염). 의학 위(胃) 점막에 생기는 염증(炎症). '위장염'(胃腸炎)의 준말.

위용[1] **威容** (위엄 위, 얼굴 용). 위엄(威嚴) 있는 모습이나 모양[容].

위용[2] **偉容** (훌륭할 위, 얼굴 용). 훌륭하고 뛰어난[偉] 용모나 모양[容].

위운 **違韻** (어길 위, 운 운). 문학 한시에서 운자(韻字)가 틀리는[違] 일.

*__위원__ **委員** (맡길 위, 사람 원). 특정 사항의 처리를 위임(委任) 받은 사람[員]. 대개 선거나 임명에 의해 지명된다. ¶운영위원.

▸위원-단 委員團 (모일 단). 일정한 일의 처리를 맡은 위원(委員)들로 구성된 단체(團體). ¶학교위생위원회의 위원단은 현장을 시찰했다.

▸위원-장 委員長 (어른 장). 위원(委員) 가운데 우두머리[長].

▸위원-회 委員會 (모일 회). ① 속뜻 위원(委員)들의 모임[會]. ② 법률 기관, 단체 등에서 특정한 사항을 처리하기 위하여 만든 합의제의 기관. 또는 그 회의. ¶경영 위원회.

위유 **慰諭** (위로할 위, 타이를 유). 위로(慰勞)하고 타일러[諭] 달램.

▸위유-사 慰諭使 (부릴 사). 역사 천재지변이 있을 때, 백성을 위로하려고[慰諭] 어명에 따라 임시로 보내는 벼슬[使].

위의[1] **危疑** (두려울 위, 의심할 의). 마음이 두렵고[危] 의심스러움[疑].

위의[2] **威儀** (위엄 위, 거동 의). ① 속뜻 위엄(威嚴)이 있는 태도[儀]나 차림새. ② 불교 '계율'(戒律)을 달리 이르는 말. ③ 불교 장사(葬事)에 쓰는 항오(行伍).

▸위의당당 威儀堂堂 (집 당, 집 당). 위의(威儀)가 훌륭하고 당당함[堂堂].

위인[1] 僞印 (거짓 위, 도장 인). 가짜[僞]로 만든 도장[印].

위인[2] 偉人 (훌륭할 위, 사람 인). 훌륭한[偉] 사람[人]. ¶지폐 도안에 한국의 위인을 담았다.

▸위인-전 偉人傳 (전할 전). 위인(偉人)의 업적 및 일화 등을 사실(史實)에 입각하여 옮겨[傳] 적은 글. 또는 그 책.

위인[3] 爲人 (할 위, 사람 인). ① 속뜻 사람[人]의 됨됨이[爲]. ② 됨됨이로 본 그 사람.

▸위인설관 爲人設官 (베풀 설, 벼슬 관). 어떤 사람[人]을 채용하기 위(爲)하여 일부러 벼슬자리[官]를 마련함[設].

위임 委任 (맡길 위, 맡길 임). ① 속뜻 어떤 일을 맡기는[委=任] 것. 또는 그 맡은 책임. ¶그 문제의 결정을 법원에 위임했다. ② 법률 당사자의 한쪽이 상대방에게 법률 행위나 그 밖의 사무 처리를 맡기는 계약. ¶우리는 그 문제의 결정을 법원에 위임했다. ③ 법률 행정청이 권한 사무를 다른 행정청에 위탁하는 일.

▸위임-장 委任狀 (문서 장). ① 속뜻 어떤 사람에게 어떤 일을 위임(委任)한다는 뜻을 적은 문서[狀]. ② 법률 국제법에서 특정한 사람을 영사(領事)로 임명하는 취지의 문서.

▸위임 대:리 委任代理 (대신할 대, 다스릴 리). ① 속뜻 위임(委任)하여 대신하게[代理] 함. ② 법률 본인과 대리인 사이의 믿음에 의하여 자발적으로 정하여지는 대리(代理). 임의 대리(任意代理).

▸위임 명:령 委任命令 (명할 명, 시킬 령). 법률 법률의 위임(委任) 또는 상위 명령의 위임에 근거하여 내려지는 명령(命令).

▸위임 입법 委任立法 (설 립, 법 법). 법률 법률의 위임(委任)에 의하여 입법부 이외의 국가 기관, 특히 행정 관청이 법규(法規)를 제정하는[立] 일.

▸위임 통:치 委任統治 (묶을 통, 다스릴 치). 정치 제1차 세계 대전 이후에 국제 연맹의 위임(委任)에 의하여 영국, 프랑스, 일본 등이 독일 및 터키의 옛 식민지를 통치(統治)하던 일. 또는 그 통치 형태.

위자 慰藉 (위로할 위, 기댈 자). 위로(慰勞)하고 도와줌[藉].

▸위자-료 慰藉料 (삯 료). 법률 정신적 고통이나 피해에 대해 위로하고 도우려고[慰藉] 주는 배상금[料]. ¶그녀는 전남편에게 위자료를 청구했다.

위자지도 爲子之道 (할 위, 아이 자, 어조사 지, 길 도). 자식(子息)이 되어[爲] 해야 할 도리(道理).

위작 僞作 (거짓 위, 지을 작). 가짜로[僞] 만드는 작품(作品). ¶전문가의 감정 결과 위작으로 드러난 미술품.

위장[1] 胃臟 (밥통 위, 내장 장). ① 속뜻 음식물을 담아[胃] 소화시키는 내장(內臟) 기관. ② 의학 내장의 식도와 소장 사이에 있는 주머니 모양의 소화기관. 위액을 분비하여 섭취한 음식물을 소화시킨다. ㊟위.

위장[2] 胃腸 (밥통 위, 창자 장). 위(胃)와 장(腸).

▸위장-병 胃腸病 (병 병). 의학 위(胃)나 장(腸)에 일어나는 병(病)의 총칭.

▸위장-염 胃腸炎 (염증 염). 의학 위(胃)나 장(腸)에 생기는 염증(炎症).

위장[3] 僞裝 (거짓 위, 꾸밀 장). ① 속뜻 거짓[僞]으로 꾸밈[裝]. ② 본래의 정체나 모습이 드러나지 않도록 거짓으로 꾸밈. 또는 그런 수단이나 방법. ¶위장결혼을 하다.

▸위장-망 僞裝網 (그물 망). 군사 건물, 장비 등에 덮어 위장(僞裝)하는 그물[網]. 나뭇가지, 풀, 헝겊 등을 매단다.

▸위장 실업 僞裝失業 (잃을 실, 일 업). 겉으로는 취업을 하고 있으나[僞裝] 실질적으로는 직업이 없는[失業] 상태. 정상적인 직업을 얻지 못하여 일시적인 생계유지의 방편으로 원하지 않는 직업에 종사하고 있는 상태를 이른다.

위적 偉績 (훌륭할 위, 실적 적). 위대(偉大)한 공적(功績). 위공(偉功).

위정 爲政 (할 위, 정사 정). 정사(政事)를 함[爲].

▸위정-자 爲政者 (사람 자). 정사(政事)를 하는[爲] 사람[者].

위정-척사 衛正斥邪 (지킬 위, 바를 정, 물리칠 척, 그를 사). ① 속뜻 올바른 것[正]은 지키고[衛], 바르지 못한 것[邪]은 물리침

[斥]. ② 역사 조선 후기에, 주자학을 지키고 가톨릭을 물리치기 위해 내세운 주장. 본디 정학(正學)과 정도(正道)를 지키고 사학(邪學)과 이단(異端)을 물리치자는 것으로, 외국과의 통상 반대 운동으로 이어졌다.

위조 僞造 (거짓 위, 만들 조). 진품과 똑같게 거짓으로[僞] 만드는[造] 일. ¶범인은 여권을 위조하여 해외로 도피했다.

▸위조-죄 僞造罪 (허물 죄). 법률 통화, 인장, 문서, 유가 증권 등을 행사할 목적으로 위조(僞造)함으로써 성립되는 죄(罪). ¶문서 위조(文書僞造).

▸위조-문서 僞造文書 (글월 문, 글 서). 가짜로 꾸민[僞造] 문서(文書).

▸위조-지폐 僞造紙幣 (종이 지, 돈 폐). 진짜처럼 보이게 만든 가짜로 만든[僞造] 지폐(紙幣).

위족 僞足 (거짓 위, 발 족). ① 속뜻 가짜[僞] 다리[足]. ② 동물 원생동물 등의 세포 표면에서 이루어지는 원형질 돌기. 변형하거나 신축하며 이동·생식 등의 일을 한다. ¶아메바는 위족이 있다. ⑪헛발.

위주 爲主 (할 위, 주될 주). 주(主)되는 것으로 삼음[爲]. 으뜸으로 삼음. ¶교과서 위주로 공부하면 된다.

위중 危重 (위태할 위, 무거울 중). 목숨이 위태(危殆)로울 만큼 병세가 심각하다[重]. ¶아버지가 위중하다는 전보를 받았다.

위증[1] 危症 (위태할 위, 증세 증). 위험(危險)한 병세[症].

위증[2] 僞證 (거짓 위, 증명할 증). ① 속뜻 진실을 속이고 거짓[僞]으로 증명(證明)함. ② 법률 법률에 따라 선서를 한 증인이 허위의 증언을 하는 일. ¶법정에서 위증하면 법으로 처벌된다.

▸위증-죄 僞證罪 (허물 죄). 법률 법원이나 국회 등에서 법률에 의하여 선서를 한 증인이 일부러 거짓[僞]으로 증명(證明)함으로써 성립되는 죄(罪).

위지 危地 (위태할 위, 땅 지). ① 속뜻 위험(危險)한 곳[地]. ② 위험한 지위.

위지-동이전 魏志東夷傳 (나라이름 위, 기록할 지, 동녘 동, 오랑캐 이, 전할 전). 『삼국지』 가운데 위(魏)나라에 관해 적은 기록[志] 중, 동이(東夷)를 다룬 부분[傳]. 부여, 고구려, 동옥저(東沃沮), 마한(馬韓), · 진한(辰韓), 변한 (弁韓), 왜(倭) 등에 대해 기록되어 있다.

위차 位次 (자리 위, 차례 차). 자리[位]나 계급 따위의 차례(次例). ¶위차를 정하다.

위착 違錯 (어길 위, 어긋날 착). 말의 앞뒤가 어긋남[違=錯].

위촉 委囑 (맡길 위, 부탁할 촉). 부탁하여[囑] 맡김[委].

위축 萎縮 (시들 위, 줄일 축). ① 속뜻 시들어서[萎] 줄어듦[縮]. ② 어떤 힘에 눌려서 졸아들고 기를 펴지 못하는 것. ¶그는 선생님 앞에서 위축되어 아무 말도 못했다. ③ 정상으로 발달한 기관, 조직의 크기가 감소하는 것.

▸위축-감 萎縮感 (느낄 감). 시들고[萎] 줄어든[縮] 느낌[感]. 어떠한 힘에 눌려서 기를 펴지 못하는 느낌.

위-출혈 胃出血 (밥통 위, 날 출, 피 혈). 의학 위(胃) 질환이 원인이 되어 피[血]가 나는[出] 증상.

⁂위치 位置 (자리 위, 둘 치). ① 속뜻 사물을 일정한 자리[位]에 둠[置]. 또는 그 자리. ¶책상 위치를 바꾸다 / 그 집은 바닷가에 위치해 있다. ② 사회적으로 담당하고 있는 지위나 역할 따위. ¶여성의 사회적 위치. ⑪자리.

▸위치 감:각 位置感覺 (느낄 감, 깨달을 각). 심리 시각이나 청각에 의하지 않고 자세나 신체 각부의 상호적 위치(位置)를 인지하는 감각(感覺). ㊜위치각.

▸위치 천문학 位置天文學 (하늘 천, 글월 문, 배울 학). 천문 천구 위에서 천체들의 상대적인 자리[位置]와 운동을 연구하는 천문학(天文學)의 한 분야. ⑪구면 천문학(球面天文學).

위친 爲親 (위할 위, 어버이 친). 어버이[親]를 위하는[爲] 것.

▸위친지도 爲親之道 (어조사 지, 길 도). 어버이[親]를 위하는[爲] 도리(道理).

위칭 僞稱 (거짓 위, 일컬을 칭). 거짓[僞]으로 꾸며 일컬음[稱].

위탁 委託 (맡길 위, 부탁할 탁). ① 법률 어떤 행위나 사무의 처리를 남에게 맡겨[委] 부탁(付託)하는 일. ¶전문 경영인에게 회사의 운영을 위탁했다. ②남에게 사물이나 사람의 책임을 맡기는 것. ¶위탁교육.

▸위탁-금 委託金 (돈 금). 남에게 맡겨[委] 부탁(付託)해 둔 돈[金].

▸위탁-자 委託者 (사람 자). 남에게 맡겨[委] 부탁(付託)한 사람[者]. [반]수탁자(受託者).

▸위탁 매매 委託賣買 (팔 매, 살 매). [경제]중개 상인 또는 증권업자가 고객의 의뢰를 받아[委託] 상품 또는 증권을 팔고[賣] 사고[買] 일.

▸위탁 증권 委託證券 (증거 증, 문서 권). [경제]증권의 발행자가 스스로 급부의 의무를 부담하지 않고 제삼자가 급부의 의무를 부담하도록 급부의 위탁(委託)을 기재한 증권(證券).

▸위탁 출판 委託出版 (날 출, 책 판). [출판]저작자가 비용을 부담하기로 하고 출판사에 제작을 위탁(委託)하는 형태의 출판(出版).

▸위탁 판매 委託販賣 (팔 판, 팔 매). [경제]생산자가 상품의 판매(販賣)를 대행기관에 위탁(委託)하는 방식.

▸위탁 가공 무역 委託加工貿易 (더할 가, 장인 공, 바꿀 무, 바꿀 역). [경제]한 나라의 업체가 다른 나라 업체에 원자재를 주고 위탁(委託)하여 가공(加工)을 시킨 뒤에 가공한 제품을 다시 들여오거나 제삼국에 수출하는 무역(貿易) 방식.

위태 危殆 (두려울 위, 다급할 태). ① [속뜻]두렵고[危] 다급함[殆]. ②안심할 수 없을 정도로 다급하다. ¶생명이 위태하다 / 목숨이 위태롭다 / 위태위태한 줄타기 묘기.

위통 胃痛 (밥통 위, 아플 통). [의학]위(胃)가 몹시 아픈[痛] 증세.

위패 位牌 (자리 위, 나무쪽 패). 영위(靈位)의 이름을 적은 나무패(牌). ¶사당에 조상의 위패를 모시다. [비]목주(木主), 위판(位版).

▸위패-당 位牌堂 (집 당). 위패(位牌)를 모신 사당(祠堂).

▸위패-목 位牌木 (나무 목). ① [속뜻]위패(位牌)를 만들 나무[木]. ②아직 글씨를 쓰지 않은 위패.

위편 韋編 (가죽 위, 엮을 편). 가죽[韋]으로 책을 엮음[編]. 또는 그 끈.

▸위편-삼절 韋編三絶 (석 삼, 끊을 절). ① [속뜻]공자가 주역 책을 즐겨 읽어 그 가죽[韋] 끈[編]이 세 번[三]이나 끊어짐[絶]. ②'책을 열심히 읽음'을 비유하는 말.

위폐 僞幣 (거짓 위, 돈 폐). 위조(僞造)한 화폐(貨幣).

위품 威品 (위엄 위, 품격 품). 위엄(威嚴)이 있는 인품(人品). ¶그는 점잖고 위품이 있다.

위풍 威風 (위엄 위, 모습 풍). 위엄(威嚴) 있는 풍채(風采).

▸위풍-늠름 威風凜凜 (늠름할 름, 늠름할 름). 풍채가 위엄 있고[威風] 씩씩함[凜凜].

▸위풍-당당 威風堂堂 (집 당, 집 당). 남을 압도할 만큼 위풍(威風)이 대단함[堂堂]. ¶위풍당당한 개선 행렬.

위필 僞筆 (거짓 위, 글씨 필). 위조(僞造)하여 쓴 필적(筆跡). [반]진필(眞筆).

위-하수 胃下垂 (밥통 위, 아래 하, 드리울 수). [의학]위(胃)가 정상 위치보다 아래[下]로 처지는[垂] 증상.

위학[1] 僞學 (거짓 위, 배울 학). ① [속뜻]바른 길에서 벗어난 거짓[僞] 학문(學問). ②그 시대에 있어서 정통이 아닌 학문이나 학파.

위한[2] 胃寒 (밥통 위, 찰 한). [한의]위(胃)가 냉해지는[寒] 증상. 위랭(胃冷).

위한[3] 違限 (어길 위, 끝 한). 약속한 기한(期限)을 어김[違].

위해 危害 (위태할 위, 해칠 해). 위험(危險)한 재해(災害). 특히 사람의 생명을 위협하는 위험이나 해.

▸위해-물 危害物 (만물 물). ① [속뜻]위험하고 해로운[危害] 물건(物件). ②폭발물이나 가스, 석유 따위와 같이 위해를 끼칠만한 물건.

위허 胃虛 (밥통 위, 빌 허). 위(胃)가 허약(虛弱)함.

위헌 違憲 (어길 위, 법 헌). [법률]법률이나 명령, 규칙 등이 헌법(憲法)에 위반(違反)되는 일. ¶이 항목은 분명히 위헌이다. [반]합헌(合憲).

▸위헌-성 違憲性 (성질 성). 어떤 법률 행위가 헌법의 조문이나 정신에 위배되는[違憲] 성질(性質). 비합헌성(非合憲性). [반]합

헌성(合憲性).

위험 危險 (두려울 위, 험할 험). ① 속뜻 두려울[危] 정도로 험(險)함. ② 안전하지 못하거나 신체나 생명에 위해(危害)·손실이 생길 우려가 있는 것. 또는 그런 상태. ¶그는 위험을 무릅쓰고 나를 구했다. ⑭안전(安全), 안녕(安寧).

▸위험-도 危險度 (정도 도). 위험(危險)스러운 정도(程度). ¶위험도가 높을수록 품삯이 많다.

▸위험-성 危險性 (성질 성). 위험(危險)하게 될 가능성이 있는 성질(性質). ¶저 건물은 곧 붕괴될 위험성이 있다.

▸위험-시 危險視 (볼 시). 위험(危險)하게 보거나[視] 여기는 것.

▸위험 사:상 危險思想 (생각 사, 생각 상). 국가 사회의 안녕 질서에 위험(危險)한 영향을 끼칠 만한 사상(思想).

▸위험 수역 危險水域 (물 수, 지경 역). 군사 핵무기 실험이나 해군의 연습 등으로 발생할 위험(危險)을 예방하기 위해 설정하는 물[水]의 경계[域].

▸위험 수위 危險水位 (물 수, 자리 위). 하천이나 호수 등의 범람으로 홍수가 일어날 우려가 있을 정도의 위험(危險)한 수위(水位).

▸위험 신:호 危險信號 (소식 신, 표지 호). ① 속뜻 교통 기관 등에서 위험(危險)을 경고하기 위해 적색의 기(旗)나 등(燈)을 사용하는 신호(信號). ② 위험한 건강 상태나 사회 상황을 암시하는 조짐을 비유하여 이르는 말. 적신호(赤信號).

▸위험-인물 危險人物 (사람 인, 만물 물). ① 속뜻 위험(危險)한 사상을 가진 사람[人物]. ② 무슨 일을 저지를지 모르는 방심할 수 없는 사람. 주의인물.

▸위험-천만 危險千萬 (일천 천, 일만 만). 매우[千=萬] 위험(危險)함. ¶음주 운전은 위험천만한 일이다.

위협 威脅 (두려워할 위, 협박할 협). 남을 두렵게하여[威] 협박(脅迫)하는 것. ¶생명의 위협을 받다.

▸위협-색 威脅色 (빛 색). 동물 자기를 공격하려고 하는 동물에게 위협(威脅)을 주는 효과를 갖는 몸의 색채(色彩)나 무늬. 어떤 종의 나비나 나방의 날개에 있는 눈 모양의 무늬 따위.

▸위협-적 威脅的 (것 적). 으르고 협박하는[威脅] 것[的].

위호 位號 (자리 위, 이름 호). 작위(爵位)와 명호(名號).

위화 違和 (어길 위, 어울릴 화). ① 속뜻 서로 어울림[和]에 어긋남[違]. ② 다른 사물과 조화되지 않는 일.

▸위화-감 違和感 (느낄 감). 어떤 대상이 주위의 다른 대상에 비해 지나치게 특별하거나 하여 조화를 깨고 있는[違和] 느낌[感]. ¶계층 간 위화감을 조성하다.

위화도 회군 威化島回軍 (위엄 위, 될 화, 섬 도, 돌아올 회, 군사 군). 역사 고려 말, 요동(遼東)을 정벌하기 위하여 출정하였던 이성계 등이 위화도(威化島)에서 군사(軍士)들을 이끌고 되돌아와[回] 정권을 장악한 사건.

위-확장 胃擴張 (밥통 위, 넓힐 확, 벌릴 장). 의학 위벽(胃壁)이 긴장을 잃어 위가 병적으로 늘어난[擴張] 증세.

유가[1] 油價 (기름 유, 값 가). 석유(石油)의 판매 가격(價格).

유가[2] 遊街 (떠돌 유, 거리 가). ① 속뜻 거리[街]를 떠돎[遊]. ② 역사 과거 급제자가 광대를 데리고 풍악을 잡히면서 거리를 돌며 좌주(座主), 선진자(先進者), 친척(親戚) 등을 찾아보는 일.

유가[3] 儒家 (선비 유, 집 가). ① 속뜻 선비[儒]의 집안[家]. ② 공자의 학설, 학풍 등을 신봉하고 연구하는 학자나 학파.

유:가[4] 有價 (있을 유, 값 가). 금전상의 가치(價値)가 있음[有].

▸유:가-물 有價物 (만물 물). 경제적 가치가 있는[有價] 물건(物件).

▸유:가 증권 有價證券 (증거 증, 문서 권). 경제 사법상 재산권을 표시한[有價] 증권(證券). 권리의 발생, 행사, 이전이 그 증권에 의해 이루어지는 것으로 어음, 수표, 주권, 채권 따위가 이에 속한다.

유-가공 乳加工 (젖 유, 더할 가, 장인 공). 소나 양의 젖[乳]을 가공(加工)하는 일. ¶유가공 식품.

유-가족 遺家族 (남길 유, 집 가, 겨레 족). 죽은 사람의 뒤에 남은[遺] 가족(家族). ㉟

유족.

유ː각-호 有脚湖 (있을 유, 다리 각, 호수 호). [지리] 물이 흘러 나가는 다리[脚] 같은 하천이 있는[有] 호수(湖水). 유구호(有口湖).

유감¹ 遺憾 (남길 유, 섭섭할 감). 마음에 남는[遺] 섭섭함[憾]. ¶오실 수 없다니 유감입니다.

유ː감² 有感 (있을 유, 느낄 감). 느낌[感]이 있음[有].

▸유ː감 반ː경 有感半徑 (반 반, 지름길 경). [지리] 지진이 일어났을 때 사람이 느낄 수 있는[有感] 진앙으로부터 가장 먼 지점[半徑].

▸유ː감 지대 有感地帶 (땅 지, 띠 대). [지리] 지진을 인체가 느낄 수 있는[有感] 지역[地帶]. [반]무감 지대(無感地帶).

▸유ː감 지점 有感地點 (땅 지, 점 점). [지리] 지진이 났을 때 진동을 인체가 느낄 수 있는[有感] 지점(地點).

▸유ː감 지진 有感地震 (땅 지, 떨 진). [지리] 진동을 뚜렷이 느낄 수 있을[有感] 정도의 지진(地震). [반]무감 지진(無感地震).

유ː개 有蓋 (있을 유, 덮을 개). 뚜껑이나 덮개[蓋]가 있음[有]. [반]무개(無蓋).

▸유ː개-차 有蓋車 (수레 차). 비, 이슬, 눈, 서리 등을 맞지 않도록 설치한 지붕[蓋]이 있는[有] 차량(車輛). [반]무개차(無蓋車).

유ː-개념 類概念 (비슷할 류, 대강 개, 생각 념). ① [속뜻] 같은[類] 종류의 개념(概念). ② [논리] 어떤 개념의 외연이 다른 개념의 외연보다 크고 그것을 포괄할 경우, 전자를 후자에 대하여 이르는 말. 예를 들면, 소나무·매화나무 따위의 종개념(種概念)에 대하여 식물은 유개념이 된다. [반]종개념(種概念).

유객¹ 幽客 (그윽할 유, 손 객). 세상일을 피하여 한가히[幽] 사는 사람[客].

유객² 遊客 (떠돌 유, 손 객). ① [속뜻] 유람(遊覽)하고 다니는 사람[客]. ② 놀고 지내는 사람. ③ 술과 계집으로 소일하는 사람.

유객³ 誘客 (꾈 유, 손 객). 손님[客]을 꾐[誘]. ¶유객 행위를 일삼다.

유거 幽居 (그윽할 유, 살 거). 속세를 떠나 그윽하고[幽] 외딴 조용한 곳에 묻혀 사는[居] 것. 또는 그 거처.

유격 遊擊 (떠돌 유, 칠 격). ① [속뜻] 이리저리 떠돌다가[遊] 적을 불시에 공격함[擊]. ② [군사] 그때그때 형편에 따라 적을 기습적으로 공격하는 일. ¶유격 훈련.

▸유격-대 遊擊隊 (무리 대). ① [군사] 유격(遊擊)의 임무를 띠고 주로 적의 배후나 측면에서 활동하는 특수 부대(特殊部隊) 또는 함대(艦隊). ② 게릴라 전술에 의하여 적군을 교란하는 부대.

▸유격-수 遊擊手 (사람 수). [운동] 야구에서, 이루와 삼루 사이를 오가며 지키는[遊擊] 내야수(內野手).

▸유격-전 遊擊戰 (싸울 전). [군사] 적의 배후나 측면을 소규모의 유격대(遊擊隊)가 기습·교란·파괴하는 전투(戰鬪).

유ː고¹ 有故 (있을 유, 사고 고). 특별한 사정(事情)이나 사고(事故)가 있음[有].

유고² 遺孤 (남길 유, 홀로 고). 부친을 여의고 남겨진[遺] 고아(孤兒).

유고³ 遺稿 (남길 유, 원고 고). 죽은 사람이 생전에 써서 남긴[遺] 원고(原稿). 유초(遺草). ¶유고 시집(遺稿詩集).

유곡 幽谷 (그윽할 유, 골짜기 곡). 그윽하고 깊은[幽] 산골[谷]. 궁곡(窮谷). ¶심산유곡(深山幽谷).

유골 遺骨 (남길 유, 뼈 골). 주검을 태우고 남은[遺] 뼈[骨]. 또는 무덤 속에서 나온 뼈. ¶그의 유골은 강에 뿌려졌다. [비]유해(遺骸).

유공¹ 遺功 (남길 유, 공로 공). 죽은 뒤까지 남는[遺] 공적(功績).

유ː공² 有功 (있을 유, 공로 공). 공로(功勞)가 있음[有]. ¶그는 베트남전쟁에서 돌아와 유공훈장을 받았다.

▸유ː공-자 有功者 (사람 자). 공로가 있는[有功] 사람[者]. ¶국가 유공자.

유ː공-성 有孔性 (있을 유, 구멍 공, 성질 성). [물리] 물질이 지니는 성질의 하나. 모든 물체가 연속적인 실질로 되지 않고 그 조직 사이에 틈[孔]이 있는[有] 성질(性質). 고체·액체가 기체를 흡수하고 또는 고체가 액체에 융해되는 것은 이 성질 때문이다.

유ː공-충 有孔蟲 (있을 유, 구멍 공, 벌레 충). ① [속뜻] 몸에 구멍이 있는[有孔] 벌레

[蟲]. ② 생물 원생동물 위족류 유공충목에 속하는 동물의 총칭. 석회질이나 규산질의 껍질이 있고 껍질에 있는 작은 구멍에서 실 모양의 발을 내밀어 먹이를 취한다. 육안으로도 보일 정도의 큰 단세포동물이다.

▸유:공충-니 有孔蟲泥 (진흙 니). 지리 열대 지방의 바다 밑에서 유공충(有孔蟲)이 죽어서 된 진흙[泥].

유과[1] **油菓** (기름 유, 과자 과). 기름[油]에 튀겨 꿀 또는 조청을 바르고 튀밥이나 깨를 입힌 과자(菓子). ¶어머니는 할머니께 유과를 드렸다. ㊐유밀과(油蜜菓).

유과[2] **乳菓** (젖 유, 과자 과). 우유(牛乳)를 넣어 만든 과자(菓子).

유:관 有關 (있을 유, 관계할 관). 관계(關係)나 관련이 있음[有].

유관-속 維管束 (맬 유, 대롱 관, 다발 속). ① 속뜻 매인[維] 관(管)이 다발[束]을 이룸. ② 식물 양치식물과 종자식물에 있는 조직의 하나. 뿌리, 줄기, 잎 속에 있으며 양분의 통로인 체관과 물의 통로인 물관으로 이루어져 있다.

유:관 식물 有管植物 (있을 유, 대롱 관, 심을 식, 만물 물). 식물 유관속(維管束)을 가지고 있는[有] 양치식물(羊齒植物). 뿌리, 줄기, 잎의 구별이 뚜렷한 식물이다. 종자식물 따위. 경엽 식물(莖葉植物).

유광 流光 (흐를 류, 빛 광). ① 속뜻 흐르는[流] 물결에 비친 달빛[光]. ② 흐르는 물과 같이 빠른 세월을 비유하여 이르는 말.

유광-지 油光紙 (기름 유, 빛 광, 종이 지). 기름[油]을 바른 것처럼 겉이 번지르르하게 윤이나 빛[光]이 나는 종이[紙].

유괴 誘拐 (꾈 유, 속일 괴). 사람을 속여[拐] 꾀어내는[誘] 일. ¶범인은 사탕을 주며 아이를 유괴했다.

▸유괴-범 誘拐犯 (범할 범). 법률 남을 유괴(誘拐)한 범인(犯人). 또는 그 범죄.

유교[1] **遺教** (남길 유, 가르칠 교). ① 속뜻 임금이나 부모가 임종할 때에 남긴[遺] 명령이나 가르침[教]. 유명(遺命). ② 불교 부처와 조사(祖師)가 후인을 위해 남긴 교법.

***유교**[2] **儒教** (유학 유, 종교 교). 유학(儒學)을 종교(宗教)의 관점에서 이르는 말. 삼강오륜을 덕목으로 하며 사서삼경을 경전으로 한다. ¶유교 문화권 / 조선 시대에는 유교를 국가의 통치 이념으로 삼았다.

▸유교 구신론 儒教求新論 (구할 구, 새 신, 논할 론). 역사 1909년 박은식이 주장한 유교(儒教)는 새로운[新] 이념을 찾아야[求] 한다는 이론(理論).

유구[1] **悠久** (아득할 유, 오랠 구). 아득하고[悠] 오래다[久]. ¶한민족은 유구한 역사를 지녔다. ㊐유원(悠遠).

유:구[2] **類句** (비슷할 류, 글귀 구). 비슷한[類] 글귀[句]. 유사한 구절.

유구-곡 維鳩曲 (밧줄 유, 비둘기 구, 노래 곡). 문학 작자, 연대 미상의 고려 속요. 비둘기[維鳩]를 노래한 가사[曲].

유:구무언 有口無言 (있을 유, 입 구, 없을 무, 말씀 언). ① 속뜻 입[口]은 있으나[有] 할 말[言]이 없음[無]. ② 변명이나 항변할 말이 없음. ¶모두 내 탓이니 유구무언이다.

유:구불언 有口不言 (있을 유, 입 구, 아닐 불, 말씀 언). 사정이 거북하거나 따분하여 입[口]이 있으나[有] 말[言]을 하지 않음[不].

유:구 촌:충 有鉤寸蟲 (있을 유, 갈고리 구, 마디 촌, 벌레 충). ① 속뜻 갈고리[鉤]와 마디[寸]가 있는[有] 벌레[蟲]. ② 동물 조충과의 기생충. 몸의 길이는 2~3미터, 폭은 7~8mm이다. 머리는 갈고리 모양을 이루며 네 개의 빨판과 26개 가량의 갈고리가 있다. 사람의 작은창자에 사는 기생충으로 돼지가 중간 숙주이다. 갈고리촌충.

유:구-호 有口湖 (있을 유, 어귀 구, 호수 호). 흘러 나가는 어귀[口]가 있는[有] 호수(湖水). 유각호(有脚湖). ㊥무구호(無口湖).

유군 幼君 (어릴 유, 임금 군). 나이가 어린[幼] 임금[君]. ¶신하들에게는 유군을 보호할 책임이 있습니다.

유:권 有權 (있을 유, 권리 권). 권리(權利)가 있음[有].

▸유:권-자 有權者 (사람 자). ① 속뜻 권리를 가진[有權] 사람[者]. ② 법률 선거권을 가진 사람. ¶지난 선거에서 유권자의 55%만이 투표에 참여했다.

▸유:권 해:석 有權解釋 (풀 해, 풀 석). 법률 국가 기관에 의해 공식적으로 하는 구

속력이 있는[有權] 해석(解釋). ⓑ공권적 해석(公權的解釋).

유근 幼根 (어릴 유, 뿌리 근). 식물 어린[幼] 뿌리[根].

유금 遊金 (놀 유, 돈 금). 쓰지 않고 놀리는[遊] 돈[金].

유금-류 游禽類 (헤엄칠 유, 날짐승 금, 무리 류). 동물 물 위를 헤엄쳐[游] 다니는 새[禽]의 부류(部類). 오리, 기러기, 갈매기 따위.

유급¹ 留級 (머무를 류, 등급 급). 진급(進級)하지 못하고 그대로 남음[留]. ¶그는 두 번이나 유급했다. ⓑ낙제(落第).

유:급² 有給 (있을 유, 줄 급). 급료(給料)가 있음[有]. ⓑ무급(無給).

▶유:급-직 有給職 (일 직). 급료를 받는[有給] 직임(職任).

▶유:급 휴가 有給休暇 (쉴 휴, 겨를 가). 휴가 기간 중에도 급료가 지급되는[有給] 휴가(休暇). 생리 휴가, 출산 휴가, 월차 휴가, 연차 휴가 따위.

유기¹ 鍮器 (놋쇠 유, 그릇 기). 놋쇠[鍮]로 만든 그릇[器]. ¶유기에 차례음식을 담았다.

유:기² 有期 (있을 유, 때 기). 기한(期限)이 있음[有]. ¶유기정학. ⓑ무기(無期).

▶유:기-형 有期刑 (형벌 형). 법률 일정 기간[有期]의 구금을 내용으로 하는 자유형(自由刑). 유기 징역, 유기 금고, 구류 따위. ⓑ무기형(無期刑).

▶유:기 공채 有期公債 (여럿 공, 빚 채). 경제 원금 상환 시기가 정해진[有期] 공채(公債). ⓑ무기 공채(無期公債).

▶유:기 금:고 有期禁錮 (금할 금, 가둘 고). 법률 형기(刑期)가 정해진[有期] 금고(禁錮). 보통 1개월 이상 15년 이하이다. ⓒ무기 금고(無期禁錮).

▶유:기 징역 有期懲役 (혼낼 징, 부릴 역). 법률 형기가 정해진[有期] 징역(懲役). 보통 1개월 이상 15년 이하이다. ⓒ무기 징역(無期懲役).

유:기³ 有機 (있을 유, 틀 기). ① 속뜻 스스로 살아갈 수 있는 기능(機能)을 갖추고 있음[有]. ②생명력을 갖추기 위하여 각 부분이 기계적으로 긴밀하게 협력하는 일. ⓑ무기(無機).

▶유:기-농 有機農 (농사 농). 농업 농약을 쓰지 않고 유기물(有機物)을 활용하는 농사법(農事法). ¶유기농 채소.

▶유:기-물 有機物 (만물 물). ① 생물 생체를 이루며 생체 안에서 있는 생명력의 기틀[有機]에 의하여 만들어지는 물질(物質). ② 화학 '유기 화합물'(有機化合物)의 준말. ⓑ무기물(無機物).

▶유:기-산 有機酸 (산소 산). 화학 산(酸)의 성질을 가진 유기 화합물(有機化合物). 아세트산, 락트산, 페놀 따위. ⓑ무기산(無機酸).

▶유:기-암 有機巖 (바위 암). ① 속뜻 유기물(有機物)로 이루어진 암석(巖石). ② 지리 생물의 유해 또는 분비물로 이루어진 퇴적암(堆積巖). 구성 물질의 차이에 따라 석회질, 규질, 탄질 및 철질의 생물암으로 나뉜다. 생물암(生物巖).

▶유:기-적 有機的 (것 적). 많은 조직, 요소 등이 모여 하나를 이루고 서로 긴밀히 연관되어 서로 떼어 낼 수 없는[有機] 것[的].

▶유:기-질 有機質 (바탕 질). 유기 화합물(有機化合物)의 성질(性質). 또는 그 물질.

▶유:기-체 有機體 (몸 체). ① 생물 유기물(有機物)로 이루어진 생활 기능을 가지고 있는 조직체(組織體). ⓑ무기체(無機體). ② 각 부분이 일정한 목적 하에 통일·조직되어 있으며 부분과 전체가 필연적인 관계를 가지고 있는 조직체.

▶유:기 감:각 有機感覺 (느낄 감, 깨달을 각). 심리 신체 내부의 여러 기관이 정상적인 상태를 잃는 경우에 부분적으로나 전신적으로 느끼는 유기적(有機的)인 막연한 감각(感覺). 보통 감각. 일반 감각. 장기 감각.

▶유:기 감:정 有機感情 (느낄 감, 마음 정). 심리 유기 감각(有機感覺)에 따라 일어나는 복합적인 감정(感情).

▶유:기 광:물 有機鑛物 (쇳돌 광, 만물 물). 광업 석탄, 석유, 호박 등과 같이 동식물과 같은 유기 화합물(有機化合物)이 섞어 땅속에 묻혀 된 광물(鑛物).

▶유:기 비:료 有機肥料 (기름질 비, 거리 료). 농업 동물질·식물질 등의 유기물(有機物)로 만든 비료(肥料). 퇴비, 콩깻묵 따위

로 화학 비료에 대하여 이르는 말. [반]무기 비료(無機肥料).

▸유:기체-설 有機體說 (몸 체, 말씀 설). [사회]사회 제도를 생물체제에 견주어 유기체(有機體)로서 사회를 설명하는 학설(學說). 18~19세기에 발달한 서구의 사회 이론으로 헤겔의 국가관이 대표적이다.

▸유:기 화:학 有機化學 (될 화, 배울 학). [화학]유기 화합물(有機化合物)에 대한 연구를 하는 학문(學問). [반]무기 화학(無機化學).

▸유:기 화:합물 有機化合物 (될 화, 합할 합, 만물 물). [화학]동식물의 생명력[有機]에 의해서만 생성될 수 있는 탄소 화합물(化合物)을 통틀어 이르는 말.

유기[4] 遺棄 (버릴 유, 버릴 기). ① [속뜻]내다 버림[遺=棄]. ② [법률]어떤 사람에 대한 종래의 보호를 거부하여 그를 보호받지 못하는 상태에 두는 일.

▸유기-죄 遺棄罪 (허물 죄). [법률]불구, 질병 등으로 도움을 받아야 할 사람을 도와줄 의무가 있는 사람이 보호하지 않음[遺棄]으로써 성립하는 죄(罪). ¶영아 유기죄.

유:기-음 有氣音 (있을 유, 숨 기, 소리 음). [언어]숨[氣]이 거세게 나오는[有] 파열음(破裂音). 우리말에서는 'ㅊ', 'ㅋ', 'ㅌ', 'ㅍ', 'ㅎ' 따위. [비]거센소리. [반]무기음(無氣音).

유:-기한 有期限 (있을 유, 때 기, 끝 한). 기한(期限)이 있는 것[有]. 또는 시기가 일정한 것. [준]유기. [반]무기한(無期限).

유:기 호흡 有氣呼吸 (있을 유, 숨 기, 내쉴 호, 마실 흡). [생물]산소를 이용하는[有氣] 세포의 호흡(呼吸). 생물체 내에 흡입한 산소에 의하여 양분을 산화(酸化)해서 에너지를 얻는다. [반]무기 호흡(無氣呼吸).

유나 柔懦 (부드러울 유, 나약할 나). 연약하고[柔] 마음이 약함[懦弱].

유녀 幼女 (어릴 유, 여자 녀). 어린[幼] 여자[女] 아이.

유:년[1] 有年 (있을 유, 해 년). ① [속뜻]수확이 다른 때보다 많이 있는[有] 해[年]. 풍년(豐年). ②여러 해.

유년[2] 幼年 (어릴 유, 나이 년). 어린[幼] 나이[年]. 또는 그런 사람. ¶내가 유년 시절에 멱을 감았던 곳.

▸유년-기 幼年期 (때 기). ① [교육]어린이가 성장·발달하는 유년(幼年)의 한 단계[期]. 유아기와 소년기의 중간으로 초등학교 저학년, 유치원에 해당하는 시기이다. ¶그는 미국에서 유년기를 보냈다. ② [법률]14세 미만의 어린 시기. 무능력자로서 형사처벌 대상에서 제외된다.

유년[3] 流年 (흐를 류, 해 년). '유년 사주'(流年四柱)의 준말.

▸유년-사주 流年四柱 (넉 사, 기둥 주). 평생의 운수를 해[年]마다 풀어놓은[流] 사주(四柱). [준]유년.

유년[4] 踰年 (넘을 유, 해 년). 해[年]를 넘김[踰]. 월년(越年).

▸유년-칭원법 踰年稱元法 (일컬을 칭, 으뜸 원, 법 법). ① [속뜻]'해를 넘겨[踰年] 첫 해[元]을 일컫는[稱] 법(法)'. ② [역사]고려·조선 시대에, 왕위를 계승할 때 왕이 죽은 그 해는 전 왕의 연호를 그대로 쓰고 다음 해부터 새 왕의 연호를 쓰도록 정한 법. 단종, 연산군, 광해군 등 폐위된 왕의 경우에는 폐위 년을 그대로 다음 왕의 원년(元年)으로 사용하였다.

유념 留念 (머무를 류, 생각 념). ① [속뜻]어떤 생각[念]에 오래 머무름[留]. ②기억하여 오래오래 생각함. ¶각별히 건강에 유념하다.

유뇨-증 遺尿症 (남길 유, 오줌 뇨, 증세 증). [의학]밤에 자다가 무의식중에 오줌[尿]을 자주 흘리는[遺] 증세(症勢).

유:능 有能 (있을 유, 능할 능). 재능(才能) 또는 능력이 있음[有]. ¶유능한 작가. [반]무능(無能).

유능제강 柔能制剛 (부드러울 유, 능할 능, 누를 제, 굳셀 강). 부드러움[柔]이 능(能)히 굳셈[剛]을 이김[制].

유:단-자 有段者 (있을 유, 구분 단, 사람 자). 일정 단(段)이 있는[有] 사람[者]. 능력의 정도를 '단'으로 나타내는 경기 종목이나 바둑 등에 있다. ¶형은 유도(柔道) 유단자이다.

유당 乳糖 (젖 유, 엿 당). [화학]포유류의 젖당[乳] 속에 들어 있는 이당류(二糖類). 젖산균에 의해 젖산 발효를 일으킨다.

유대 紐帶 (끈 유, 띠 대). ① [속뜻]끈[紐]과

띠[帶]. ②둘 이상의 관계를 연결 또는 결합시킴. 또는 그런 관계를 돈독히 함. ¶긴밀한 유대를 맺다.

▸유대-감 紐帶感 (느낄 감). 개인 간에 혹은 집단에 속한 사람들 사이를 연결하는[紐帶] 공통된 느낌[感]. ¶유대감을 높이다 / 이 영화는 형제간의 유대감을 잘 표현하고 있다.

유ː덕[1] **有德** (있을 유, 베풀 덕). 덕성(德性)을 갖추고 있음[有]. ⓑ무덕(無德).

유덕[2] **遺德** (남길 유, 베풀 덕). 죽은 이가 후세에 끼친[遺] 덕(德). ¶선열의 유덕(遺德)을 기리다.

유ː도[1] **有道** (있을 유, 길 도). 도의심(道義心)이 있음[有]. 또는 인도(人道)에서 벗어남이 없음.

유도[2] **乳道** (젖 유, 길 도). ① 속뜻 젖[乳]이 나오는 길[道]. ②궁중에서, '젖'을 달리 이르던 말.

유도[3] **柔道** (부드러울 유, 방법 도). 운동 두 사람이 맨손으로 서로 맞잡고 상대의 힘을 이용하여 넘어뜨리거나 조르거나 눌러 승부를 겨루는 운동. 일본 옛 무술인 '유술'(柔術)을 도(道)로 승화시킨 말이다.

유도[4] **儒道** (유학 유, 길 도). 유가(儒家)의 도(道).

유도[5] **誘導** (꾈 유, 이끌 도). ① 속뜻 사람이나 물건을 어떤 장소나 상태로 꾀어[誘] 이끄는[導] 일. ¶유도 분만(分娩) / 유도 신문(訊問) / 교통경찰이 과속 차량을 갓길로 유도했다. ② 물리 전기나 자기가 전기장이나 자기장에 있는 물체에 영향을 미치는 것. 또는 그 작용. ⓑ감응(感應). ③ 생물 동물의 발생 과정에서 배(胚)의 어떤 부분이 그에 접하는 다른 배역(胚域)의 영향에 의하여 어떤 기관이나 조직으로 분화·결정되는 현상.

▸유도-탄 誘導彈 (탄알 탄). 군사 제트 엔진이나 로켓을 추진력으로 하여 유도 장치(誘導裝置)에 따라 목표까지 비행하여 폭파하는 무기[彈]. 미사일(missile).

▸유도 단위 誘導單位 (홑 단, 자리 위). 물리 기본 단위에 의하여 유도(誘導)된 단위(單位). 예를 들어, 길이의 단위를 ㎝, 시간의 단위를 초(s)로 했을 때, 속도의 단위인 ㎝/s, 가속도의 단위인 ㎝/s² 따위.

▸유도 신ː문 誘導訊問 (물을 신, 물을 문). 법률 신문하는 사람이 자기가 원하는 특정의 답변을 이끌어 내기[誘導] 위해 피의자나 증인 등에게 교묘한 질문으로 함정을 만들어 하는 묻는 것[訊問]. 가령, 'A 장소에 갔는가'라고 묻지 않고 'A 장소가 규모가 크던가'라고 묻는 따위.

▸유도 작전 誘導作戰 (일으킬 작, 싸울 전). 군사 적군이나 상대편이 부지중에 아군 또는 자기편의 계책에 빠지도록 꾀어내는[誘導] 작전(作戰).

▸유도 전ː기 誘導電氣 (전기 전, 기운 기). 전기 자기장(磁氣場)의 변화[誘導] 에 따라 생기는 전기(電氣).

▸유도 전ː류 誘導電流 (전기 전, 흐를 류). 전기 전자기 유도(電磁氣誘導)에 의해 회로에서 생긴 전류(電流). 감응 전류(感應電流). 감전 전류(感傳電流).

유ː독[1] **有毒** (있을 유, 독할 독). 독성(毒性)이 있음[有]. ¶유독 폐기물 / 이 물질은 사람에게 유독하다. ⓑ무독(無毒).

유독[2] **幽獨** (그윽할 유, 홀로 독). 쓸쓸하고[幽] 외로움[獨].

유독[3] **惟獨** (오직 유, 홀로 독). ① 속뜻 오직[惟] 홀로[獨]. ②유달리 두드러짐. ¶많은 사람 가운데 유독 그녀가 눈에 띄었다.

유동[1] **油桐** (기름 유, 오동나무 동). ① 속뜻 씨로 기름[油]을 짤 수 있는 오동(梧桐) 나무의 일종. ② 식물 대극과의 낙엽 활엽 교목. 높이 약 10m이다. 줄기와 가지는 회갈색이고 5~6월에 붉은빛이 도는 흰 꽃이 핀다. 열매는 10월에 익는데 3개의 씨가 들어 있으며 씨로 기름을 짠다.

유동[2] **流動** (흐를 류, 움직일 동). ① 속뜻 흘러다니고[流] 움직임[動]. 또는 그러한 것. ②이리저리 옮겨 다니는 것. ¶서울은 유동 인구가 많다. ⓑ고정(固定).

▸유동-물 流動物 (만물 물). 액체 따위와 같이 유동성(流動性)이 있는 물질(物質).

▸유동-성 流動性 (성질 성). ① 속뜻 흘러 움직이는[流動] 성질(性質). ②형편이나 경우에 따라 이리저리 변동될 수 있는 성질. ③ 경제 기업의 자산이나 채권의 손실 없이 현금화할 수 있는 난이(難易)의 정도.

▸유동-식 流動食 (밥 식). 소화되기 쉽도록

묽게[流動] 만든 음식(飮食). 미음, 죽, 수프 따위.

▸유동-적 流動的 (것 적). 끊임없이 흘러 움직이는[流動] 것[的]. 또는 정세(情勢) 등이 불안정하여 변화하기 쉬운 것. ¶나폴레옹은 유동적인 전술을 구사했다. ㊥고정적(固定的).

▸유동-체 流動體 (몸 체). 물리 유동적(流動的)인 기체(氣體)와 액체(液體)를 아울러 이르는 말. ㊟유체.

▸유동 공채 流動公債 (여럿 공, 빚 채). 경제 모집액, 이자, 상환 기일 등이 정해지지 않은 유동적(流動的)인 단기 공채(短期公債). ㊥확정 공채(確定公債).

▸유동 문학 流動文學 (글월 문, 배울 학). 문학 입에서 입으로 전하여 오는[流動] 문학(文學). 설화, 민요, 무가, 판소리, 민속극 따위. 구비 문학(口碑文學).

▸유동-원목 流動圓木 (둥글 원, 나무 목). 운동 통나무[圓木]의 양쪽 끝을 쇠사슬로 나직이 매달아 앞뒤로 움직일 수 있게[流動] 하여 그 위를 걸어 다니게 만들어 놓은 놀이 기구.

▸유동 자본 流動資本 (재물 자, 밑 본). 경제 원료나 보조 재료처럼 한 번 생산 과정을 통과함으로써 그 전부의 가치가 생산물로 전화(轉化)되는 유동적(流動的)인 자본(資本). 운전 자본(運轉資本). ㊥고정 자본(固定資本).

▸유동 자산 流動資産 (재물 자, 재물 산). 경제 단기간 내에 자금으로 회수 또는 전환할 수 있는 유동적(流動的)인 자산(資産). 보통 1년 이내의 것을 말한다. 현금, 미수금, 외상 매출금, 재고 상품 따위.

유:동-법 類同法 (비슷할 류, 같을 동, 법 법). 논리 비슷하거나[類] 같은[同] 법(法). 일치법(一致法).

유두[1] 乳頭 (젖 유, 머리 두). ① 속뜻 젖[乳]의 한가운데 머리[頭]처럼 도드라져 나온 꼭지. ② 생물 생체 중 젖꼭지 모양으로 된 돌기(突起).

유두[2] 流頭 (흐를 류, 머리 두). ① 속뜻 흐르는[流] 물에 머리[頭]를 감음. ② 민속 우리나라 고유 명절의 하나. 맑은 시내나 산간 폭포에 가서 머리를 감고 몸을 씻은 후, 가지고 간 음식을 먹으면서 서늘하게 하루를 지낸다. 음력 유월 보름날이다.

유락[1] 乳酪 (젖 유, 진할 락). 우유(牛乳)를 진하게[酪] 가공하여 만든 식품. 버터, 치즈, 크림 따위.

유락[2] 流落 (흐를 류, 떨어질 락). ① 속뜻 흘러[流] 떨어짐[落]. ② 고향을 떠나 타향에서 사는 것.

유락[3] 遊樂 (놀 유, 즐길 락). 놀며[遊] 즐김[樂]. ¶유락 시설(遊樂施設).

유람 遊覽 (떠돌 유, 볼 람). 구경거리를 찾아 떠돌며[遊] 경치 따위를 봄[覽]. ¶배낭을 메고 팔도를 유람하다.

▸유람-선 遊覽船 (배 선). 유람객(遊覽客)을 태우는 배[船]. ¶한강에서 유람선을 타다.

유랑 流浪 (흐를 류, 물결 랑). 흐르는[流] 물결[浪]처럼 정처 없이 떠돌아다님. ¶유랑 극단 / 그는 전국을 유랑하였다. ㊥정착(定着).

▸유랑-민 流浪民 (백성 민). ① 속뜻 일정한 거처 없이 떠돌아다니는[流浪] 백성[民]. ② 집단적으로 떠돌아다니는 민족. 집시(Gypsy).

유래 由來 (말미암을 유, 올 래). ① 속뜻 어떤 것으로 말미암아[由] 생겨남[來]. ② 사물의 내력. ¶우리 고장의 유래에 대하여 조사해 보다.

▸유래-담 由來談 (이야기 담). 사물의 유래(由來)에 대한 이야기[談].

유량[1] 乳量 (젖 유, 분량 량). 젖[乳]의 양(量).

유량[2] 流量 (흐를 류, 분량 량). 어떤 단위 시간에 흐르는[流] 양(量).

유려 流麗 (흐를 류, 아름다울 려). 글이나 말이 유창(流暢)하고 아름다움[麗].

유력[1] 遊歷 (떠돌 유, 지낼 력). 여러 고장을 두루 돌아다니며[遊] 지냄[歷].

유:력[2] 有力 (있을 유, 힘 력). ① 속뜻 힘[力]이나 세력이 있음[有]. ¶그는 이 지방의 유력 인사이다 / 이번 경기에서 가장 유력한 경쟁자를 물리쳤다. ② 희망이나 전망이 있음. ¶그가 우승 후보로 가장 유력하다.

▸유:력-시 有力視 (볼 시). 유력(有力)하게 봄[視].

유렵 遊獵 (놀 유, 사냥 렵). 놀이[遊]로서

하는 사냥[獵].

유령[1] **幼齡** (어릴 유, 나이 령). 어린[幼] 나이[齡].

유령[2] **幽靈** (그윽할 유, 혼령 령). 그윽한[幽] 곳에 나타나는 혼령(魂靈). 죽은 사람의 혼령. ¶이 동네에는 유령이 나온다는 소문이 있다.

▸유령-주 幽靈株 (주식 주). ① 속뜻 투자가 없는데도 있는 것처럼[幽靈] 발행한 주식(株式). ② 유령 회사의 주식. ③ 위조된 주식.

▸유령 도시 幽靈都市 (도읍 도, 저자 시). 사회 폐광이나 군대의 철수 등으로 사람이 없는 텅 비어 있어 유령(幽靈)이 나타날 것만 같은 도시(都市).

▸유령 인구 幽靈人口 (사람 인, 입 구). 사회 실제로는 없는[幽靈] 문서에만 있는 인구(人口).

▸유령 회:사 幽靈會社 (모일 회, 단체 사). 그 존재가 불분명한 회사. 또는 실속이 없이 겉으로만 있는 듯이 거짓으로 꾸며 놓은[幽靈] 회사(會社).

유:례 類例 (비슷할 류, 본보기 례). ① 속뜻 같거나 비슷한[類] 예(例). ② 전례(前例). ¶관광업은 유례를 찾아볼 수 없는 호황을 누렸다.

유로[1] **流路** (흐를 류, 길 로). 물이 흐르는 [流] 길[路].

유로[2] **流露** (흐를 류, 드러낼 로). 마음속에 있는 것이 자연스럽게 밖으로 흘러[流] 나타남[露]. 또는 나타내는 것.

유:록 柳綠 (버들 류, 초록빛 록). 봄철 버들[柳] 잎의 푸른빛[綠]과 누른빛과의 중간 빛. '유록색'(柳綠色)의 준말.

▸유:록-화홍 柳綠花紅 (꽃 화, 붉을 홍). ① 속뜻 버들은 푸르고[柳綠] 꽃[花]은 붉음[紅]. ② 봄철의 경치.

유:료 有料 (있을 유, 삯 료). 요금(料金)을 내게 되어 있음[有]. 또는 요금을 필요로 함. ¶유료 주차장 / 천마총 입장은 유료이다. ㉥무료(無料).

▸유:료 도:로 有料道路 (길 도, 길 로). ① 속뜻 사용 요금을 내야하는[有料] 도로(道路). ② 통행하거나 사용하는데 요금을 징수하는 도로.

유료 작물 油料作物 (기름 유, 거리 료, 지을 작, 만물 물). 농업 들깨, 콩, 평지 따위와 같이 기름[油]을 짤 재료(材料)로 재배하는 작물(作物).

유루 遺漏 (잃어버릴 유, 샐 루). 빠지거나[遺] 새어[漏] 나가는 것.

유류[1] **遺留** (남길 유, 머무를 류). 남겨[遺] 둠[留].

▸유류-분 遺留分 (나눌 분). 법률 상속물 중에서 상속받은 사람이 다른 일정한 상속인을 위해 반드시 남겨 두어야[遺留] 할 일정 부분(部分).

▸유류-품 遺留品 (물건 품). ① 속뜻 죽은 뒤에 남겨 놓은[遺留] 물품(物品). ② 잊어버리고 놓아둔 물품.

유류[2] **油類** (기름 유, 무리 류). 기름[油] 종류(種類)의 통칭. ¶유류 가격 조정 / 유류 수급을 원활히 하다.

▸유류 파동 油類波動 (물결 파, 움직일 동). 경제 석유류(石油類)의 품귀로 일어난 사회적 큰 변동[波動].

유륜 乳輪 (젖 유, 바퀴 륜). 의학 젖[乳]꼭지 둘레에 바퀴[輪]처럼 둥글고 거무스름한 부분.

유:리[1] **有利** (있을 유, 이로울 리). 이로움[利]이 있음[有]. ¶유리한 조건 / 온난 다습한 지역은 벼농사에 유리하다. ㉥불리(不利).

유:리[2] **有理** (있을 유, 이치 리). ① 속뜻 이치(理致)가 있음[有]. 사리(事理)에 맞음. ② 수학 더하기·빼기·곱하기·나누기의 네 가지 연산 이외의 관계를 포함하지 않는 일. ㉥무리(無理).

▸유:리-수 有理數 (셀 수). 수학 정수의 비로 나타낼 수 있는[有理] 수(數). 정수 및 분수를 합쳐서 부른다. 영어 'rational number'의 한자 의역어이다. ㉥무리수(無理數).

▸유:리-식 有理式 (법 식). 수학 근호(根號) 속에 문자를 가지지 않은[有理] 대수식(代數式). 분수식과 정식이 있다. ㉥무리식(無理式).

▸유:리 정:식 有理整式 (가지런할 정, 법 식). 수학 근호(根號)를 쓰지 않고 나타낼 수 있는[有理] 정식(整式).

유리[3] **流離** (흐를 류, 떠날 리). 정처 없이 흘러서[流] 멀리 떠남[離].

▸유리-걸식 流離乞食 (빌 걸, 밥 식). 정처 없이 떠돌며[流離] 밥[食]을 구걸(求乞)함.

유리[4] **遊離** (떠돌 유, 떨어질 리). ① 속뜻 떠돌다[遊] 따로 떨어짐[離]. ② 화학 화합물 중에서 결합이 끊어져 원자나 원자단이 분리하는 일. 또는 원자나 원자단이 결합을 이루지 않고 다른 물질 속에 존재하고 있는 일.

▸유리 세:포 遊離細胞 (작을 세, 태보 포). 동물 혈구나 생식 세포와 같이 다세포 동물의 세포 중에서 일정한 조직을 이루지 않고 낱낱이 독립적으로 행동하는[遊離] 세포(細胞).

*__유리__[5] **琉璃** (유리 류, 유리 리). 광업 ① 황금색의 작은 점이 군데군데 있고 거무스름한 푸른색을 띤 광물[琉=璃]. ¶유리 조각. ② 거무스름한 푸른빛이 나는 보석.

▸유리-관 琉璃管 (대롱 관). 화학 유리(琉璃)로 만든 관(管). 흔히 화학 실험에 쓰인다.

▸유리-막 琉璃膜 (꺼풀 막). ① 속뜻 유리(琉璃)처럼 생긴 막(膜). ② 동물 동물의 상피 조직의 겉면에 어떤 물질의 분비에 의하여 생기거나 바깥층의 세포질이 굳어져서 된 물질.

▸유리-면 琉璃綿 (솜 면). 화학 유리(琉璃) 섬유를 솜[綿] 모양으로 만든 물질.

▸유리 벽 琉璃壁 (담 벽). 유리(琉璃)로 만들어진 투명한 벽(壁). ¶호랑이 어미와 새끼는 유리 벽을 사이에 두고 있었다.

▸유리-병 琉璃甁 (병 병). 유리(琉璃)로 만든 병(甁). ¶두루미는 유리병에 음식을 담아 여우에게 주었다.

▸유리-창 琉璃窓 (창문 창). 유리(琉璃)를 낀 창(窓). ¶유리창에 금이 갔다.

▸유리-체 琉璃體 (몸 체). 동물 눈알에서 수정체·모양체와 망막 사이의 빈 곳을 채우고 있는 유리(琉璃)처럼 무색투명한 반유동체(半流動體).

▸유리-판 琉璃板 (널빤지 판). 유리(琉璃)로 만든 편평한 판(板).

▸유리 섬유 琉璃纖維 (가늘 섬, 밧줄 유). 수공 유리(琉璃)를 녹여 가늘게 만든 인조 섬유(人造纖維). 단열재·방음재·전기 절연재 등으로 사용한다.

유리-론 **唯理論** (오직 유, 이치 리, 논할 론). ① 속뜻 오직[唯] 이치(理致)만을 논(論)함. ② 철학 이(理)의 일차성을 주장하는 객관적 관념론 사상. ③ 철학 합리주의(合理主義).

유린 **蹂躪** (밟을 유, 짓밟을 린). 남의 권리나 인격 등을 침해하여 짓밟는 것[蹂=躪]. ¶인권 유린(人權蹂躪).

유림 **儒林** (선비 유, 수풀 림). ① 속뜻 선비[儒]들이 숲[林]처럼 많이 모임. ② 유도(儒道)를 닦는 많은 선비. 사림(士林).

유:만부동 **類萬不同** (비슷할 류, 일만 만, 아닐 부, 같을 동). ① 속뜻 비슷한[類] 것이 많으나[萬] 서로 같지는[同] 않음[不]. ② 분수에 맞지 않음. 또는 정도에 넘침.

유망[1] **流網** (흐를 류, 그물 망). 수산 고기의 통로인 수류(水流)를 가로질러 그물[網]을 쳐서, 그물 구멍에 고기가 끼거나 물리게 하여 잡는 고기잡이 방식. 또는 그 그물.

유:망[2] **有望** (있을 유, 바랄 망). 앞으로 잘될 듯한 희망(希望)이나 전망(展望)이 있음[有]. ¶유망 산업 / 그는 전도 유망한 청년이다.

▸유:망-주 有望株 (주식 주). ① 경제 시세가 오를 가망이 있는[有望] 주식(株式). ② 어떤 분야에서 크게 성공할 가능성이 있어 촉망을 받고 있는 사람을 비유하는 말. ¶그는 이번 대회 메달 유망주 중 한 명이다.

유명[1] **幽明** (그윽할 유, 밝을 명). ① 속뜻 어둠[幽]과 밝음[明]. ② 저승과 이승. ¶유명을 달리하다.

유명[2] **幽冥** (저승 유, 저승 명). 저승[幽=冥].

유명[3] **遺命** (남길 유, 명할 명). 임금이나 부모가 죽을 때에 남긴[遺] 명령(命令). ¶아버님의 유명을 받들다.

__유:명__[4] **有名 (있을 유, 이름 명). 이름[名]이 세상에 널리 알려져 있음[有]. ¶유명 상표 / 정명훈은 세계적으로 유명한 지휘자이다. ⓑ무명(無名).

▸유:명-세 有名稅 (세금 세). 세상에 이름이 나 있는[有名] 탓으로 당하는 곤욕이나 불편을 세금(稅金)에 빗대어 속되게 이르는 말. ¶유명세를 치르다.

▸유:명 계:약 有名契約 (맺을 계, 묶을 약). 경제 매매, 교환, 증여, 위임 등 일상생활에

서 흔히 이루어지는 전형적인 계약으로서 그 이름이 민법에 규정되어 있는[有名] 계약(契約). ⓑ무명 계약(無名契約).

▸유:명-무실 有名無實 (없을 무, 실제 실). 이름만 있고[有名] 실속[實]이 없음[無].

유명-론 唯名論 (오직 유, 이름 명, 논할 론). ① 속뜻 오직[唯] 이름[名]만을 중시하는 설[論]. ② 철학 중세 철학에서 개체(個體)만이 실재하고 보편은 단순히 개체의 뒤에 있는 명칭에 지나지 않는다고 하는 이론. ⓗ명목론(名目論). ⓑ실념론(實念論).

유모[1] 柔毛 (부드러울 유, 털 모). ① 속뜻 부드러운[柔] 털[毛]. ② 동물 '양'(羊)을 달리 이르는 말.

유모[2] 乳母 (젖 유, 어머니 모). 어머니 대신 젖[乳]을 먹여 주는 어미[母]. ¶아기를 유모한테 맡기다.

▸유모-차 乳母車 (수레 차). 유모(乳母)처럼 아이를 태워 끌고 다니는 수레[車]. ¶쌍둥이 유모차.

유목[1] 幼木 (어릴 유, 나무 목). 어린[幼] 나무[木].

유목[2] 流木 (흐를 류, 나무 목). 물 위에 떠서 흘러가는[流] 나무[木].

⁑**유목[3] 遊牧** (떠돌 유, 기를 목). 물과 풀밭을 찾아 주기적으로 옮겨 다니며[遊] 소나 양 등의 가축을 기름[牧]. 또는 그런 목축 형태. ¶요즘은 유목 생활을 하는 사람들이 거의 없다.

▸유목-민 遊牧民 (백성 민). 사회 유목(遊牧)하면서 생활을 영위하는 민족(民族). ¶여진족은 만주 북부와 동부에서 살던 유목민이다.

유몽 幼蒙 (어릴 유, 어릴 몽). 어린[幼=蒙] 아이.

유묘 幼苗 (어릴 유, 모종 묘). 어린[幼] 모종[苗].

유:무 有無 (있을 유, 없을 무). 있음[有]과 없음[無]. ¶죄의 유무를 가리다.

▸유:무-간 有無間 (사이 간). 있고 없는[有無] 사이[間]. 유무를 관계할 것이 없음.

▸유:무-상통 有無相通 (서로 상, 통할 통). 있는 것과 없는 것[有無]을 서로[相] 융통(融通)함.

유묵 遺墨 (남길 유, 먹 묵). 생전에 남긴[遺] 묵적(墨跡).

유문[1] 幽門 (그윽할 유, 문 문). 의학 위와 십이지장의 경계 부분. 괄약근이 있어 늘 문(門)이 닫혀[幽] 있다가 때때로 열려 음식물을 창자로 보낸다. ⓑ날문. ⓑ분문(噴門).

유문[2] 遺文 (남길 유, 글월 문). 죽은 사람이 남긴[遺] 글[文].

유문-암 流紋巖 (흐를 류, 무늬 문, 바위 암). ① 속뜻 물이 흐르는[流] 듯한 무늬[紋]가 있는 바위[巖]. ② 광업 화산암의 하나. 석영, 칼륨장석 등의 반정(斑晶)이 있는 흰색 또는 회색의 암석이다.

유물[1] 油物 (기름 유, 만물 물). 기름[油]에 결은 물건(物件).

유물[2] 留物 (머무를 류, 만물 물). 쓸모가 없어 버려 둔[留] 물건(物件).

⁑**유물[3] 遺物** (남길 유, 만물 물). ① 속뜻 옛날 사람들이 남긴[遺] 물건(物件). ¶석기시대의 유물. ② 죽은 사람이 남긴 물건. ¶할머니의 유물을 정리하다. ⓑ유품(遺品).

유물[4] 唯物 (오직 유, 만물 물). 철학 오직[唯] 물질적(物質的)인 것만 실재(實在)한다고 생각하는 입장. ⓑ유심(唯心).

▸유물-관 唯物觀 (볼 관). 철학 유물론(唯物論)에 입각한 견해나 관점(觀點). ⓑ유심관(唯心觀).

▸유물-론 唯物論 (논할 론). 철학 만물의 근원을 물질로 보고[唯物] 모든 정신 현상도 물질의 작용이나 그 산물이라고 주장하는 이론(理論). ⓑ유심론(唯心論), 관념론(觀念論).

▸유물 사:관 唯物史觀 (역사 사, 볼 관). 철학 유물론(唯物論)에 입각한 역사관(歷史觀). 마르크스주의의 역사관으로서 경제적·물질적 생활 관계를 역사적 발전의 구극(究極)의 원동력으로 생각하는 입장이다. ⓑ유심 사관(唯心史觀).

▸유물 변:증법 唯物辨證法 (가릴 변, 증명할 증, 법 법). 철학 자연과 사회의 전체를 물질적 존재[唯物]의 변증법적(辨證法的) 발전으로 설명한 이론. 마르크스, 엥겔스가 창시하였다. 변증법적 유물론.

유:미[1] 柳眉 (버들 류, 눈썹 미). ① 속뜻 버들잎[柳]과 같은 눈썹[眉]. ② 미인의 눈썹을 비유하여 이르는 말.

유미² **乳糜** (젖 유, 죽 미). 의학 소화된 지방이 유미관 속에 흡수된 젖[乳]빛의 림프액[糜].

▸유미-관 乳糜管 (대롱 관). 의학 유미(乳糜)가 들어있는 관(管). 소장 안벽의 융모 속 또는 둘레에 분포되어 있는 림프관. 이 관을 통하여 소화된 음식물이 흡수된다.

▸유미-뇨 乳糜尿 (오줌 뇨). 의학 유미(乳糜)나 지방(脂肪)이 섞여 유백색을 띠는 오줌[尿].

유미-주의 **唯美主義** (오직 유, 아름다울 미, 주될 주, 뜻 의). 문학 오직[唯] 아름다움[美]을 최고의 가치로 여겨 이를 추구하는 문예 사조[主義]. 탐미주의(耽美主義).

유미-파 **唯美派** (오직 유, 아름다울 미, 갈래 파). 예술 유미주의(唯美主義)를 신봉하는 예술상의 한 파(派). 탐미파(耽美派).

유민¹ **流民** (흐를 류, 백성 민). 고향을 떠나 이곳저곳으로 떠도는[流] 사람[民]. ㊥유랑민(流浪民).

▸유민-사 流民史 (역사 사). 떠돌아다니는 백성[流民]들의 역사(歷史). ¶그는 러시아 동포들의 유민사를 썼다.

유민² **遺民** (남길 유, 백성 민). 망하여 없어진 나라에 남은[遺] 백성[民]. ¶백제의 유민들에게는 그 망국 왕의 치욕이 바로 자신들의 치욕이었다.

유-밀과 **油蜜菓** (기름 유, 꿀 밀, 과자 과). 밀가루나 쌀가루 반죽을 적당한 모양으로 빚어 바싹 말린 후 기름[油]에 튀겨 꿀[蜜]이나 조청을 바르고 튀밥, 깨 따위를 입힌 과자(菓子). ㊟유과. 밀과.

유발¹ **乳鉢** (젖 유, 밥그릇 발). 고체로 된 약을 빻거나 갈아서 가루로 만드는 데 쓰는 가슴[乳]처럼 생긴 그릇[鉢]. 사기, 유리, 도자기, 쇠붙이 따위로 만든다.

유발² **誘發** (꾈 유, 나타날 발). ① 속뜻 꾀어[誘] 나타나게[發] 함. ②어떤 일이 원인이 되어 다른 일을 일어나게 하는 것. ¶탄 음식은 암을 유발한다.

유발³ **遺髮** (남길 유, 머리털 발). 고인이 남긴[遺] 머리털[髮].

유방¹ **遺芳** (남길 유, 향기 방). ① 속뜻 향기[芳]를 남김[遺]. ②후세에 빛나는 명예를 남김. 또는 그 명예. ③생전에 남긴 글씨나 그림. ㊥유방(流芳), 유묵(遺墨).

유방² **乳房** (젖 유, 방 방). ① 속뜻 젖[乳]을 분비하는 방(房) 형태의 부위. ②성숙한 여자나 포유류의 암컷의 가슴 또는 배에 달려 있어 아기나 새끼에게 젖을 먹이는 기관. 암컷은 젖샘이나 피하 조직이 발달하여 융기하고, 분만 후 일정한 기간 동안 젖을 분비한다. ㊥젖, 가슴.

▸유방-염 乳房炎 (염증 염). 의학 유방(乳房)에 생기는 염증(炎症). 젖꼭지에 생긴 작은 상처를 통해 화농균(化膿菌)이 침입하여 일어나는 젖샘의 염증이다.

유방백세 **流芳百世** (흐를 류, 향기 방, 일백 백, 세대 세). ① 속뜻 향기[芳]가 백대[百世]에 걸쳐 흐름[流]. ②꽃다운 이름이 후세에 길이 전(傳)함. 꽃다운 이름이 후세에 길이 전함.

유배 **流配** (흐를 류, 나눌 배). ① 속뜻 흘러[流] 보내거나 멀리 떨어져[配] 살게 함. ② 역사 죄인을 귀양 보냄. ¶먼 섬으로 유배를 보내다. ㊥귀양.

▸유배 가사 流配歌辭 (노래 가, 말씀 사). 문학 유배(流配)를 당한 사람들이 유배지를 소재로 읊은 가사(歌辭) 작품.

유:배유 종자 **有胚乳種子** (있을 유, 아이 밸 배, 젖 유, 씨 종, 씨 자). ① 속뜻 배젖[胚乳]이 들어있는[有] 씨앗[種子]. ② 식물 속씨식물에서 중복 수정 결과 3n의 배젖이 발달하여 형성된 저장 조직을 가진 종자. 감나무, 피마자 따위. ㊥무배유 종자(無胚乳種子).

유-백색 **乳白色** (젖 유, 흰 백, 빛 색). 젖[乳]과 같이 불투명한 흰색[白色]. 젖빛.

유벌 **流筏** (흐를 류, 뗏목 벌). 뗏목[筏]을 강물에 띄워[流] 보냄. 또는 그렇게 하는 뗏목.

유법 **遺法** (남길 유, 법 법). ① 속뜻 옛 사람이 남긴[遺] 법(法). ② 불교 부처가 끼친 교법(敎法).

유:별¹ **有別** (있을 유, 다를 별). ① 속뜻 다름[別]이 있음[有]. 차이가 있음. ¶남녀 유별 / 할머니는 유별하게 뛰어난 기억력을 가지고 계신다. ②나뉨이 있음.

유:별² **類別** (종류 류, 나눌 별). 종류(種類)별로 나눔[別]. 또는 그러한 구별. 종별(種

別).

유:병 有病 (있을 유, 병 병). 병(病)이 있음[有].

유보 留保 (머무를 류, 지킬 보). ① 속뜻 뒷날로 미루어[留] 지킴[保]. 보류(保留). ② 법률 권리, 의무, 주장 등을 뒷날로 미루어 두는 것.

▶유보 약관 留保約款 (묶을 약, 항목 관). 법률 외국법의 적용에서 그 결과가 사회의 질서에 위반될 때 그 적용을 배척할 수 있는[留保] 경우를 규정하는 국제 사법상(私法上)의 예외 규정[約款].

유:복[1] 有福 (있을 유, 복 복). 복(福)이 있음[有].

유복[2] 裕福 (넉넉할 유, 복 복). 살림이 넉넉하고[裕] 복(福)이 많다. ¶유복한 가정에서 태어나다. ㉥넉넉하다, 부유(富裕)하다.

유복-자 遺腹子 (남길 유, 배 복, 아이 자). ① 속뜻 아버지가 죽을 때 어머니 뱃속[腹]에 남아있던[遺] 자식(子息). ② 아버지가 죽은 뒤에 태어난 자식. ¶뉴턴은 유복자로 태어났다.

유:복지친 有服之親 (있을 유, 옷 복, 어조사 지, 친할 친). 복제(服制)에 따라 상복을 갖추어[有] 입어야 하는 가까운 친척(親戚).

유:복-친 有服親 (있을 유, 옷 복, 친할 친). 복제(服制)에 따라 상복을 갖추어[有] 입어야 하는 가까운 친척(親戚). '유복지친'(有服之親)의 준말.

유봉 乳棒 (젖 유, 몽둥이 봉). 유발(乳鉢)에 약을 넣고 갈 때에 쓰는 막대[棒].

유부[1] 幼婦 (어릴 유, 여자 부). 어린[幼] 여자[婦].

유부[2] 油腐 (기름 유, 썩을 부). 두부(豆腐)를 얇게 썰어 기름[油]에 튀긴 음식. ¶유부 초밥.

유:부[3] 有夫 (있을 유, 지아비 부). 남편[夫]이 있음[有]. 결혼한 여자를 이르는 말.

▶유:부-녀 有夫女 (여자 녀). 남편이 있는[有夫] 여자(女子). ㉥유부남(有婦男).

유:부[4] 有婦 (있을 유, 부인 부). 부인[婦]이 있음[有]. 결혼한 남자를 이르는 말.

▶유:부-남 有婦男 (사내 남). 아내가 있는[有婦] 남자(男子). ㉥유부녀(有夫女).

유부[5] 猶父 (오히려 유, 아버지 부). 아버지[父]와 같은[猶] 사람. 아버지의 형제. 삼촌(三寸).

▶유부-유자 猶父猶子 (오히려 유, 아들 자). 아버지[父]와 같은[猶] 사람과 아들[子] 같은[猶] 사람. 즉 삼촌과 조카.

유:-분수 有分數 (있을 유, 나눌 분, 셀 수). 마땅히 지켜야 할 분수(分數)가 있음[有].

유불 儒佛 (유학 유, 부처 불). ① 속뜻 유교(儒教)와 불교(佛教). ② 유가(儒家)와 불가(佛家).

▶유불선 儒佛仙 (신선 선). 유교(儒教)와 불교(佛教)와 선교(仙教)를 아울러 이르는 말. 삼교(三教).

유비[1] 油肥 (기름 유, 거름 비). 동물성 기름[油]으로 된 거름[肥].

유:비[2] 類比 (비슷할 류, 견줄 비). ① 속뜻 비슷한 것[類] 끼리 견줌[比]. 비교함. ② 논리 유추(類推). ③ 철학 서로 다른 사물의 상호간에 대응적으로 존재하는 유사성 또는 동일성을 이름.

유비무환 有備無患 (있을 유, 갖출 비, 없을 무, 근심 환). ① 속뜻 미리 대비(對備)해 둔 것이 있으면[有] 근심거리[患]가 없게[無] 됨. ② 사전에 미리 대비하는 것이 최상책임. ¶유비무환이라 했듯이 미리미리 대비하는 것이 상책이다.

유:사[1] 有史 (있을 유, 역사 사). 역사(歷史) 기록이 있음[有]. ¶유사 시대(有史時代). ㉥선사(先史).

유:사[2] 有司 (있을 유, 맡을 사). ① 속뜻 맡은[司] 일이 있음[有]. ② 어떤 단체의 사무를 맡아보는 직무. 또는 그런 사람. ③ 집사(執事).

유사[3] 流沙 (흐를 류, 모래 사). 하천에서 물에 밀려 흘러내리는[流] 모래[砂].

유사[4] 遺事 (남길 유, 일 사). ① 속뜻 죽은 이가 생전에 남긴[遺] 일이나 사업(事業). ② 후세에 전하는 사적(史蹟).

유:사[5] 類似 (비슷할 류, 닮을 사). ① 속뜻 비슷하거나[類] 닮음[似]. ② 서로 비슷함. ¶유사단체 / 그의 생각은 내 생각과 굉장히 유사하다.

▶유:사-점 類似點 (점 점). 서로 비슷한[類似] 점(點).

▶유:사-품 類似品 (물건 품). 서로 비슷한

[類似] 물품(物品). ¶유사품에 주의하세요.

▸유:사 상호 類似商號 (장사 상, 이름 호). [경제] 서로 비슷한[類似] 가게[商] 이름[號]. 서로 똑같지는 않으나 혼동 또는 오인될 우려가 있는 상호.

▸유:사 연합 類似聯合 (잇달 련, 합할 합). ① [속뜻] 유사(類似)한 것끼리 연합(聯合)함. ② [심리] 현재의 의식 내용이나 경험이 그것과 비슷한 이전의 경험이나 의식 내용을 불러일으키는 일.

▸유:사 종교 類似宗教 (마루 종, 가르칠 교). ① [속뜻] 일반 종교(宗教)와 유사(類似)한 특징을 지니는 단체. ② [종교] 종교와 비슷하나 사회 일반의 상식으로는 이해할 수 없는 종교. 또는 종교는 아니지만 종교와 비슷한 특징을 지닌 단체. 공인을 받지 못해 사교(邪教)로 불린다.

유:사[6] 有事 (있을 유, 일 사). 일[事]이 있다[有]. 사변(事變)이 있음.

▸유:사-시 有事時 (때 시). 평소와는 다른 일[事]이 있을[有] 때[時]. ¶유사시에 대비하여 돈을 저금해두었다.

유:사 분열 有絲分裂 (있을 유, 실 사, 나눌 분, 찢어질 렬). [생물] 세포 분열에서 핵 안에 실[絲]처럼 생긴 염색체가 나타나[有] 이루어지는 핵분열(核分裂). 진핵 생물에서 가장 보편적인 분열 형태이다. [반]무사 분열(無絲分裂).

유산[1] 油酸 (기름 유, 산소 산). [화학] 올리브유나 동백기름 등 식물성 기름[油]에 들어 있는 고급 지방산(脂肪酸)의 한 가지.

유산[2] 流産 (흐를 류, 낳을 산). ① [의학] 달이 차기 전에 태아가 죽어서 피의 형태로 흘러[流] 나옴[産]. ¶자연 유산 / 이 산모는 유산할 위험이 있으므로 절대 안정이 필요하다. ② '계획한 일이 중지됨'을 이르는 말. ¶대회가 유산되고 말았다.

유:산[3] 有産 (있을 유, 재물 산). 재물이나 재산(財産)이 많이 있음[有]. [반]무산(無産).

▸유:산-자 有産者 (사람 자). 재산(財産)이 많이 있는[有] 사람[者]. [반]무산자(無産者).

▸유:산 계급 有産階級 (섬돌 계, 등급 급). [사회] 많은 재산(財産)을 가지고[有] 풍요한 생활을 하는 신분의 계급(階級). [반]무산 계급(無産階級).

유산[4] 乳酸 (젖 유, 산소 산). [화학] 발효된 젖[乳] 속에 생기는 산(酸).

▸유산-균 乳酸菌 (세균 균). [화학] 유산(乳酸)을 생성하는 세균(細菌). ¶김치에는 유산균이 많다. [비]젖산균.

▸유산 발효 乳酸醱酵 (술 괼 발, 삭일 효). [화학] 유산(乳酸)을 생성하는 발효(醱酵).

▸유산-음료 乳酸飲料 (마실 음, 거리 료). [공업] 유산(乳酸)이 들어있는 음료(飲料). [비]젖산음료.

유산[5] 硫酸 (유황 류, 산소 산). ① [속뜻] 유황(硫黃)이 섞인 산(酸). ② [화학] 무색무취의 끈끈한 불휘발성 액체. 강한 산성으로 금과 백금을 제외한 대부분의 금속을 녹인다. 유기물을 분해하고 물에 섞으면 많은 열을 내면서 습기를 빨아들인다.

▸유산-지 硫酸紙 (종이 지). [화학] 유산(硫酸) 용액으로 처리한 종이[紙]. 황산지(黃酸紙).

유산[6] 遊山 (놀 유, 메 산). 산(山)으로 놀러[遊] 감.

▸유산-가 遊山歌 (노래 가). [음악] 조선 시대 십이 잡가의 하나. 봄날 산천(山川)을 노니며[遊] 그 풍경을 표현한 잡가(雜歌).

▸유산-객 遊山客 (손 객). 산(山)에 놀러[遊] 나온 사람[客].

⁑**유산**[7] 遺産 (남길 유, 재물 산). ① [속뜻] 죽은 이가 남긴[遺] 재산(財産). ¶그는 딸들에게 많은 유산을 남겼다. ② 앞 시대의 사람들이 남겨 준 업적을 비유하여 이르는 말. ¶첨성대는 한국의 문화 유산이다.

▸유산 상속 遺産相續 (서로 상, 이을 속). [법률] 죽은 이가 남긴 재산[遺産]을 가족이나 법정 상속인이 이어받는[相續] 것.

유:산소 운:동 有酸素運動 (있을 유, 신맛 산, 바탕 소, 돌 운, 움직일 동). ① [속뜻] 산소(酸素)가 많이 있어야[有] 하는 운동(運動). ② [운동] 몸속의 지방을 산화시켜 체중 조절에 효과가 있는 운동.

유산-탄 榴散彈 (석류나무 류, 흩을 산, 탄알 탄). ① [속뜻] 석류(石榴)처럼 작은 알갱이로 흩어지며[散] 터지는 탄알[彈]. ② [군사] 많은 수의 작은 탄알을 큰 탄알 속에 넣어 만든 포탄. 큰 탄알이 폭발하면 작은 탄알이 튀어 나가서 살상력이 크고 파괴의 범위가 넓다.

유살 誘殺 (꾈 유, 죽일 살). 꾀어내어[誘] 죽임[殺].

유삼 油衫 (기름 유, 적삼 삼). 기름[油]에 결은 적삼[衫]. 비, 눈 따위를 막기 위해 옷 위에 껴입는다. ¶임금은 유삼을 입고 밖으로 나섰다.

유상1 油狀 (기름 유, 형상 상). 기름[油]과 같은 모양[狀].

유상2 遺像 (남길 유, 모양 상). ① [의학] 빛의 자극으로 망막에 잠깐 남아[遺] 있는 영상(映像). 잔상(殘像). ② 죽은 사람의 남은 초상(肖像).

유:상3 有償 (있을 유, 갚을 상). ① [속뜻] 한 일에 대하여 보상(報償)이 있음[有]. ② 값이나 삯을 받는 일. [반]무상(無償).

▸**유:상 계:약 有償契約** (맺을 계, 묶을 약). [법률] 당사자끼리 대가를 치르기로[有償] 하는 계약(契約).

▸**유:상 대:부 有償貸付** (빌릴 대, 줄 부). [법률] 값을 받고[有償] 빌려[貸] 줌[付]. [반] 무상 대부(無償貸付).

▸**유:상 몰수 有償沒收** (없어질 몰, 거둘 수). [법률] 적당한 대가를 지급하고[有償] 재산이나 권리 따위를 빼앗음[沒收].

▸**유:상 증자 有償增資** (더할 증, 재물 자). [경제] 새로운 주식을 발행함으로써[有償] 자금을 새로 조달하여 자본금(資本金)을 늘리는[增] 일. [반]무상 증자(無償增資).

▸**유:상 행위 有償行爲** (행할 행, 할 위). [법률] 재산 관계의 변동을 목적으로 하는 행위 가운데 상대편으로부터 대가나 보수를 받고서[有償] 하는 행위(行爲). [반]무상 행위(無償行爲).

유:상-무상 有象無象 (있을 유, 모양 상, 없을 무, 모양 상). 형상(形象)이 있거나[有] 혹은 없는[無] 천지간의 모든 물체.

유상 석회 乳狀石灰 (젖 유, 형상 상, 돌 석, 재 회). [화학] 젖[乳]과 같은 걸쭉한 액체 상태(狀態)의 석회(石灰). 석회유(石灰乳).

유:색 有色 (있을 유, 빛 색). 빛깔[色]이 있음[有]. [반]무색(無色).

▸**유:색-체 有色體** (몸 체). [식물] 엽록소 이외의 색소(色素)를 함유(含有)하는 물체(物體). 카로틴, 리코핀 따위로 당근, 오이 따위에서 볼 수 있다.

▸**유:색 인종 有色人種** (사람 인, 갈래 종). 백색 인종 이외의 피부 빛깔[色]이 있는[有] 인종(人種)을 통틀어 이르는 말.

유생1 酉生 (닭 유, 날 생). 유년(酉年)에 태어난[生] 사람.

유생2 儒生 (유학 유, 사람 생). 유학(儒學)을 공부하는 사람[生]. ¶전국 각지의 유생들이 상소(上疏)를 올렸다.

유생3 幼生 (어릴 유, 날 생). ① [속뜻] 어릴[幼] 때 생긴[生] 것. ② [동물] 변태하는 동물의 어린 것. 주로 크면서 모양이 변하는데, 곤충에서는 애벌레나 개구리에 대한 올챙이가 그것이다.

▸**유생 기관 幼生器官** (그릇 기, 벼슬 관). [동물] 올챙이의 꼬리 따위와 같이 유생(幼生)일 때만 있고 성체가 되면 없어지는 기관(器官).

▸**유생 생식 幼生生殖** (날 생, 불릴 식). [동물] 유생(幼生)의 개체에서 새로운 개체가 생겨나서[生] 자라는[殖] 것.

유:생4 有生 (있을 유, 살 생). 생명(生命)이 있음[有].

▸**유:생-물 有生物** (만물 물). 생명이 있는[有生] 물체(物體). [준]생물. [반]무생물(無生物).

유서1 由緖 (까닭 유, 실마리 서). 사물이 생겨난 까닭[由]과 실마리[緖].

유서2 宥恕 (용서할 유, 용서할 서). 너그럽게 용서함[宥=恕].

유:서3 柳絮 (버들 류, 솜 서). 솜[絮]처럼 날려서 흩어지는 버드나무[柳]의 꽃.

유서4 遺書 (남길 유, 글 서). 죽을 때 남긴[遺] 글[書]. ¶그는 전 재산을 고아원에 기부하겠다는 유서를 남겼다.

유:서5 類書 (종류 류, 책 서). ① [속뜻] 종류(種類)별로 엮은 책[書]. ② 예전에 중국에서 경사자집(經史子集)의 여러 책들을 내용이나 항목별로 분류하여 알아보기 쉽게 엮은 책을 통틀어 이르는 말.

유선1 乳腺 (젖 유, 샘 선). [의학] 젖[乳]이 나오는 샘[腺].

유선2 油腺 (기름 유, 샘 선). [동물] 오리 따위 물새의 꽁지의 위쪽에 있어 기름[油]을 분비하는 선(腺).

유:선[3] **有線** (있을 유, 줄 선). ① 속뜻 선(線)이 있음[有]. ② 전선(電線)에 의한 통신 방식. ¶유선 통신. ⓑ무선(無線).

▶ 유:선 방:송 有線放送 (놓을 방, 보낼 송). 통신 전선을 사용하여[有線] 하는 방송(放送).

▶ 유:선 전:신 有線電信 (전기 전, 소식 신). 통신 전선을 사용한[有線] 전신(電信) 방식. ⓑ무선 전신(無線電信).

▶ 유:선 전:화 有線電話 (전기 전, 말할 화). 통신 전선을 사용한[有線] 전화(電話). ⓑ무선 전화(無線電話).

▶ 유:선 통신 有線通信 (통할 통, 소식 신). 통신 전선을 사용한[有線] 통신(通信) 방식. ⓑ무선 통신(無線通信).

유선[4] **流線** (흐를 류, 줄 선). ① 속뜻 물체가 흐르는[流] 방향을 이어 그어놓은 선(線). ② 물리 운동하는 유체의 각 점의 접선 방향이 유체 운동 방향과 일치하도록 그어진 곡선.

▶ 유선-도 流線圖 (그림 도). 사람이나 물자의 이동 경로[流線] 등을 도표화한 통계 지도(地圖).

▶ 유선-형 流線型 (틀 형). ① 속뜻 유선(流線) 모양으로 만든 틀[型]. ② 물이나 공기의 저항을 최소한으로 하기 위해 앞부분을 곡선으로 만들고 뒤쪽으로 갈수록 뾰족하게 한 형태. 자동차, 비행기, 배 따위를 설계할 때 쓰인다. ¶유선형 자동차.

유선-희 **遊仙戲** (놀 유, 신선 선, 희롱할 희). ① 속뜻 신선(神仙)들이 노는[遊]의 놀이[戲]. ② '그네뛰기'를 달리 이르는 말.

유설 **流說** (흐를 류, 말씀 설). 항간에 떠돌아다니는[流] 근거 없는 이야기나 말들[說].

유성[1] **油性** (기름 유, 성질 성). 기름[油] 같은 성질(性質). 또는 기름의 성질. ¶유성 사인펜 / 유성 페인트.

유성[2] **遊星** (떠돌 유, 별 성). 천문 태양의 둘레를 떠돌며[遊] 공전하는 별[星]을 통틀어 이르는 말. 태양계에는 수성, 금성, 지구, 화성, 목성, 토성, 천왕성, 해왕성, 명왕성의 아홉 개의 행성이 있다.

유:성[3] **有性** (있을 유, 성별 성). 같은 종류의 개체에 성(性)의 구별이 있음[有]. ⓑ무성(無性).

▶ 유:성 생식 有性生殖 (날 생, 불릴 식). ① 속뜻 암수의 성적(性的) 성적(性的) 교배로[有] 새로운 개체가 생겨나서[生] 자라는[殖] 것. ② 생물 암수의 두 배우자가 합일한 접합체에서 새로운 생명체가 발생하는 생식 방법. 대개의 다세포 생물에서 볼 수 있다. ⓑ무성(無性) 생식.

▶ 유:성 세:대 有性世代 (인간 세, 시대 대). 생물 세대 교번을 하는 생물에서 유성 생식(有性生殖)을 하는 세대(世代). ⓑ무성 세대(無性世代).

유:성[4] **有聲** (있을 유, 소리 성). 성대를 울리는 소리[聲]가 있음[有]. ⓑ무성(無聲).

▶ 유:성-음 有聲音 (소리 음). 언어 성대(聲帶)의 울림이 있는[有] 소리[音].

유성[5] **流星** (흐를 류, 별 성). ① 속뜻 마치 하늘을 흐르는[流] 것 같이 보이는 별[星]빛. ② 천문 우주의 먼지가 지구의 대기권에 들어와 공기의 압축과 마찰로 빛을 내는 현상. ¶나는 유성이 떨어지는 것을 보면서 소원을 빌었다. ⓑ별똥별, 운성(隕星).

▶ 유성-군 流星群 (무리 군). 천문 혜성이 부서져 우주를 떠도는 유성(流星) 물질의 집합체[群].

▶ 유성-우 流星雨 (비 우). 천문 유성군(流星郡) 속을 지구가 통과할 때, 비[雨]가 쏟아지는 것처럼 한꺼번에 많은 유성이 흐르는 현상.

유성-기 **留聲機** (머무를 류, 소리 성, 틀 기). 레코드에 기록되어 있는[留] 음파[聲]를 회전시켜 재생하는 장치[機]. 축음기(蓄音機).

유:세[1] **有勢** (있을 유, 힘 세). ① 속뜻 힘[勢]이 있음[有]. ② 자랑삼아 세도를 부림. ¶그는 돈 꽤나 번다고 유세를 부린다.

유세[2] **遊說** (떠돌 유, 달랠 세). 각처로 돌아다니며[遊] 자기 의견을 주장하고 선전하여 사람들을 달램[說]. ¶그는 시장 상인들과 일일이 악수하며 유세하고 다녔다.

유세[3] **誘說** (꾈 유, 달랠 세). 달콤한 말로 달래어[說] 꾐[誘].

유:세-지 **有稅地** (있을 유, 세금 세, 땅 지). 경제 세금(稅金)이 있는[有] 땅[地]. 세금을 내야하는 땅. ⓑ무세지(無稅地).

유세차 維歲次 (벗줄 유, 해 세, 차례 차). ① 속뜻 이 해[歲]의 차례(次例). 유(維)는 의미와 상관없는 발어사(發語辭)이다. ② 제사 축문(祝文)의 첫머리에 관용적으로 쓰는 말.

유소 幼少 (어릴 유, 적을 소). 어리고[幼] 나이가 적음[少]. 어림.

▶ 유-소년 幼少年 (나이 년). '유년(幼年)'과 '소년(少年)'을 아울러 이르는 말.

▶ 유소-시 幼少時 (때 시). 어릴[幼少] 때[時].

유소-성 留巢性 (머무를 류, 새집 소, 성질 성). 동물 새끼 때의 발육이 늦어 둥지[巢]에서 오래 머물며[留] 어미 새의 보호를 받아야 하는 성질(性質). ⓑ이소성(離巢性).

유속[1] 流俗 (흐를 류, 풍속 속). 예로부터 전하여 흘러오는[流] 풍속(風俗).

유속[2] 流速 (흐를 류, 빠를 속). 물 같은 유체(流體)의 속도(速度).

유속[3] 遺俗 (남길 유, 풍속 속). 예로부터 전해 내려오는[遺] 풍속(風俗).

유송 油松 (기름 유, 소나무 송). 식물 기름[油]이 들어있는 잣이 열리는 소나뭇[松]과에 딸린 나무. 잣나무.

유송-관 油送管 (기름 유, 보낼 송, 대롱 관). 기름[油]을 먼 곳으로 보내는[送] 관(管). 송유관(送油管).

유:수[1] 有數 (있을 유, 셀 수). ① 속뜻 손가락으로 셀[數] 수 있을[有] 만큼 두드러짐. ¶그는 세계 유수의 화가이다 / 세계 유수의 대기업 대표들이 한 자리에 모였다. ② 모든 것이 운수에 달려 있음.

유수[2] 流水 (흐를 류, 물 수). 흐르는[流] 물[水]. ¶세월은 유수와 같다.

유수[3] 遊手 (놀 유, 사람 수). 일정한 직업이 없이 놀며[遊] 지내는 사람[手].

▶ 유수-도식 遊手徒食 (헛될 도, 먹을 식). ① 속뜻 손[手]을 놀리면서[遊] 헛되이[徒] 밥만 먹음[食]. ② '아무 일도 하지 않고 놀고먹는 사람'을 이르는 말. 무위도식(無爲徒食).

유수-지 遊水池 (놀 유, 물 수, 못 지). ① 속뜻 물[水]을 막아두어 놀게[遊] 하는 못[池]. ② 지리 홍수 때에 하천의 수량을 조절하는 저수지.

유숙 留宿 (머무를 류, 잠잘 숙). 남의 집에서 머무르며[留] 지냄[宿].

유순 柔順 (부드러울 유, 순할 순). 성질이 부드럽고[柔] 온순(溫順)하다. ¶그녀는 말투가 매우 유순하다.

유술 柔術 (부드러울 유, 꾀 술). 상대방의 힘을 이용하여 부드럽게[柔] 하는 무술(武術).

유습 遺習 (끼칠 유, 버릇 습). 예로부터 전해 내려오는[遺] 풍습(風習).

유시[1] 幼時 (어릴 유, 때 시). 어릴[幼] 때[時].

유시[2] 流矢 (흐를 류, 화살 시). 빗나간[流] 화살[矢].

유시[3] 諭示 (깨우칠 유, 보일 시). 관청 같은 데서 백성에게 깨우치게[諭] 하여 가르침[示]. 또는 그런 문서.

유:시-류 有翅類 (있을 유, 날개 시, 무리 류). 동물 날개[翅]가 있거나[有] 지금은 없지만 옛적에 가진 자취가 있는 곤충류(昆蟲類).

유:시무종 有始無終 (있을 유, 처음 시, 없을 무, 끝마칠 종). ① 속뜻 처음[始]이 있되[有] 끝[終]이 없음[無]. ② 시작한 일을 끝까지 하지 않음.

유:시유:종 有始有終 (있을 유, 처음 시, 있을 유, 끝마칠 종). ① 속뜻 처음[始]이 있고[有] 끝[終]도 있음[有]. ② 시작한 일을 끝까지 마침.

유:식[1] 有識 (있을 유, 알 식). 학식(學識)이 있음[有]. ¶그는 어려운 말만 골라 써서 자신의 유식을 드러냈다 / 유식한 사람. ⓑ무식(無識).

유식[2] 唯識 (오직 유, 알 식). 불교 일체의 제법(諸法)은 오직[唯] 지혜[識]가 변하여 이루어진 것이라는 말.

▶ 유식 사:상 唯識思想 (생각 사, 생각 상). 불교 우주의 궁극적 실체는 오직[唯] 마음의 인식(認識)일 뿐이라는 사상(思想).

유:신[1] 有信 (있을 유, 믿을 신). 믿음[信]이 있음[有]. ⓑ무신(無信).

유신[2] 遺臣 (남길 유, 신하 신). ① 속뜻 왕조가 망한 뒤에도 남아 있는[遺] 신하(臣下). ② 선대(先代)부터 계속 임금을 모시는 신하.

유신[3] 儒臣 (유학 유, 신하 신). ① 속뜻 유학(儒學)에 조예가 깊은 신하(臣下). 문신(文臣)을 이르던 말. ② 역사 조선 때 홍문관(弘文館)의 관원을 두루 이르던 말.

유신[4] 維新 (오직 유, 새 신). ① 속뜻 오로지[維] 새롭게[新] 함. ② 낡은 제도나 체제를 아주 새롭게 고침. ¶메이지 유신.

▸유신 헌:법 維新憲法 (법 헌, 법 법). ① 속뜻 낡은 제도를 새롭게 고치기[維新] 위한 헌법(憲法). ② 법률 1972년 10월 17일의 비상조치에 의하여 단행된 대한민국 헌법의 제7차 개헌으로 1972년 12월 27에 공포 시행된 제4공화국의 헌법.

유:신-론 有神論 (있을 유, 귀신 신, 논할 론). 철학 신(神)이 있다는[有] 주장[論]. ㊥무신론(無神論).

유실[1] 流失 (흐를 류, 잃을 실). 물에 떠내려가서[流] 없어짐[失]. ¶이번 홍수로 다리가 유실되었다.

유실[2] 遺失 (잃어버릴 유, 잃을 실). 가지고 있던 돈이나 물건 따위를 잃어버림[遺=失]. ¶외적의 침입으로 유실된 문화재가 많다.

▸유실-물 遺失物 (만물 물). ① 속뜻 잃어버린[遺失] 물건(物件). ② 법률 훔치거나 가로채지 않고 정당하게 차지하고 있던 점유자가 잃어버린 물건. ¶기차 내의 유실물은 역에 보관한다.

유:실-수 有實樹 (있을 유, 열매 실, 나무 수). 과실(果實)이 열리는[有] 나무[樹].

유심[1] 幽深 (그윽할 유, 깊을 심). 그윽하고[幽] 깊음[深].

유:심[2] 有心 (있을 유, 마음 심). ① 속뜻 마음[心]을 한 곳으로 쏟고 있다[有]. ② 주의가 깊다. ¶유심하게 관찰하다 / 유심히 살펴보다.

유심[3] 唯心 (오직 유, 마음 심). ① 속뜻 오직[唯] 정신[心]만이 존재한다고 생각하는 일. ② 불교 일체의 제법(諸法)은 그것을 인식하는 마음의 나타남이며 존재의 본체는 오직 마음뿐이라는 말.

▸유심-관 唯心觀 (볼 관). 철학 유심론(唯心論)에 근거하여 사물을 관찰하는 관점(觀點). ㊥유물관(唯物觀).

▸유심-론 唯心論 (논할 론). 철학 우주 만물의 참된 실재는 정신적인[唯心] 것이라고 주장하는 이론(理論). ㊥유물론(唯物論).

▸유심 사:관 唯心史觀 (역사 사, 볼 관). 철학 역사 발전의 원동력을 유심(唯心)의 관점에서 구하는 역사관(歷史觀). ㊥유물사관(唯物史觀).

유아[1] 幼芽 (어릴 유, 싹 아). 식물 어린[幼] 싹[芽].

유아[2] 幽雅 (그윽할 유, 고울 아). 품위 따위가 그윽하고[幽] 우아(優雅)함.

유아[3] 遺兒 (남길 유, 아이 아). ① 속뜻 부모가 죽거나 없어져 홀로 남은[遺] 아이[兒]. ② 내버린 아이.

유아[4] 幼兒 (어릴 유, 아이 아). 어린[幼] 아이[兒]. ¶유아 교육.

▸유아-기 幼兒期 (때 기). 심리 어린아이[幼兒]의 시기(時期).

▸유아-원 幼兒園 (동산 원). 유아(幼兒)의 보육 시설[園]. 특히 유치원에 들어가기 전의 유아를 보육하는 곳이다. ¶조카는 유아원에 다닌다.

유아[5] 乳兒 (젖 유, 아이 아). 젖[乳]을 먹는 나이의 어린아이[兒]. ¶이 가게는 유아들이 먹는 식품만 판매한다.

▸유아-기 乳兒期 (때 기). 심리 유아(乳兒)의 시기(時期). 생후 약 1년 간 젖을 먹으며 자라는 시기이다.

유아-독존 唯我獨尊 (오직 유, 나 아, 홀로 독, 높을 존). 오로지[唯] 자기[我] 스스로[獨]를 존귀(尊貴)하게 대함. '천상천하, 유아독존'(天上天下, 唯我獨尊)의 준말. ㊀독존.

유아-등 誘蛾燈 (꾈 유, 나방 아, 등불 등). 농업 나방[蛾]을 꾀어[誘] 죽게 만드는 등불[燈]. 해충의 피해를 막기 위하여 켠다. ㊈살충등(殺蟲燈).

유아-론 唯我論 (오직 유, 나 아, 논할 론). 철학 실재하는 것은 오직[唯] 자아(自我)뿐이라는 이론(理論).

유암[1] 乳癌 (젖 유, 암 암). 의학 유방(乳房)에 생기는 암(癌). 유방암(乳房癌).

유암[2] 幽暗 (그윽할 유, 어두울 암). 그윽하고[幽] 어두컴컴함[暗].

유:암[3] 柳暗 (버들 류, 어두울 암). 버드나무[柳]가 무성하여 그늘이 져 어두움[暗].

▸유:암-화명 柳暗花明 (꽃 화, 밝을 명). 버들[柳]은 무성하여 그늘이 짙고[暗] 꽃[花]은 활짝 피어 환함[明].

유압 油壓 (기름 유, 누를 압). [물리] ① 기름[油]에 가하여지는 압력(壓力). ② 압력을 가한 기름에 의하여 피스톤 따위의 동력 기계를 작동하는 일. ¶유압 장치 / 대형 어선에서는 유압 등의 동력을 이용한다.

유액 乳液 (젖 유, 진 액). ① [속뜻] 젖[乳] 같은 액즙(液汁). ② [식물] 식물의 세포 속에 들어 있는 액체. 흰색이나 황색으로 라텍스, 효소 따위가 들어 있다. ③ [화학] 묽은 화장용 크림.

유:야무야 有耶無耶 (있을 유, 어조사 야, 없을 무, 어조사 야). ① [속뜻] 있는[有] 듯[耶] 없는[無] 듯[耶] 함. ② 흐지부지한 모양.

유약[1] 幼弱 (어릴 유, 약할 약). 어리고[幼] 여리다[弱]. ¶유약한 태도.

유약[2] 柔弱 (부드러울 유, 약할 약). 부드럽고[柔] 약(弱)함.

유약[3] 釉藥 (잿물 유, 약 약). ① [수공] 도자기의 겉에 덧씌우는 잿물[釉]로 된 약제(藥劑). 도자기에 액체나 기체가 스며들지 못하게 하며 겉면에 광택이 나게 한다. ¶고려청자는 유약을 입혀 두 번 굽는다. ② [화학] 재를 우려낸 물.

유양[1] 乳養 (젖 유, 기를 양). 젖[乳]을 먹여 기름[養].

유양[2] 悠揚 (아득할 유, 오를 양). ① [속뜻] 한가하게[悠] 오름[揚]. ② 태도가 듬직하고 느긋한 모양.

유어[1] 幼魚 (어릴 유, 물고기 어). 어린[幼] 물고기[魚].

유:어[2] 類語 (비슷할 류, 말씀 어). [언어] 뜻이 비슷한[類] 말[語]. 유의어(類義語).

유언[1] 流言 (흐를 류, 말씀 언). 터무니없이 항간을 떠도는[流] 소문[言].

▸유언-비어 流言蜚語 (날 비, 말씀 어). ① [속뜻] 흘러[流] 다니는 말[言]과 날아[蜚] 다니는 말[語]. ② 아무 근거 없이 항간을 떠도는 소문. ¶사람들은 호랑이가 마을로 내려온다는 유언비어를 곧이곧대로 믿었다. [비]뜬소문.

유언[2] 遺言 (남길 유, 말씀 언). ① [속뜻] 죽기 전에 가족이나 가까운 사람들에게 남긴[遺] 말[言]. ② [법률] 죽은 뒤에 법률상의 효력을 발생시킬 목적으로 일정한 방식에 따라 하는 단독 의사 표시.

▸유언-장 遺言狀 (문서 장). 유언(遺言)을 적은 문서[狀]. ¶변호사가 아버지의 유언장을 공개했다. [비]유언서(遺言書).

유업[1] 乳業 (젖 유, 일 업). 우유(牛乳)나 유제품을 생산하거나 판매하는 사업(事業).

유업[2] 遺業 (남길 유, 일 업). 선대가 물려준[遺] 사업(事業).

유:여[1] 有餘 (있을 유, 남을 여). 여유(餘裕)가 있음[有].

유여[2] 遺與 (남길 유, 줄 여). 남겨[遺] 줌[與].

⁑**유역** 流域 (흐를 류, 지경 역). 강물이 흐르는[流] 언저리의 지역(地域). ¶한강 유역에서 빗살무늬 토기가 발견되었다.

유연[1] 油煙 (기름 유, 연기 연). 기름[油]이 타면서 생기는 연기(煙氣)나 그을음.

유연[2] 油然 (기름 유, 그러할 연). 구름이 이는[油] 모양처럼[然] 형세가 왕성함. ¶구름이 유연하게 피어나다.

유연[3] 悠然 (아득할 유, 그러할 연). 한가한[悠] 그런[然] 모양.

유:연[4] 類緣 (비슷할 류, 인연 연). ① [생물] 생물 상호간의 형상이나 성질 등이 비슷하여[類] 연고(緣故)가 있는 것. ② 친척(親戚).

⁑**유연**[5] 柔軟 (부드러울 유, 연할 연). 부드럽고[柔] 연하다[軟]. ¶민주는 몸이 유연하다.

▸유연-성 柔軟性 (성질 성). 유연(柔軟)한 성질(性質). ¶요가는 몸의 유연성을 기르는 데 좋다. [반]경직성(硬直性).

▸유연-체조 柔軟體操 (몸 체, 부릴 조). 몸을 유연(柔軟)하게 하는 체조(體操).

유:연-탄 有煙炭 (있을 유, 연기 연, 숯 탄). [광업] 탈 때 연기(煙氣)가 나는[有] 석탄(石炭). 휘발성 물질이 많이 포함되어 있기 때문이다. ¶함경북도의 아오지 탄광에서는 유연탄이 많이 생산된다.

유영[1] 遺影 (남길 유, 모습 영). 죽은 사람이 남긴[遺] 사진이나 초상화[影].

유영[2] 游泳 (헤엄칠 유, 헤엄칠 영). 헤엄침[游=泳].

▸유영 동:물 游泳動物 (움직일 동, 만물 물).

동물 물 속을 유영(游泳)하며 다니는 동물(動物)을 통틀어 이르는 말.

유예 猶豫 (망설일 유, 머뭇거릴 예). ① 속뜻 망설이며[猶] 머뭇거림[豫]. ② 시일을 미루거나 늦춤. ¶집행 유예.

유:요[1] 有要 (있을 유, 구할 요). 필요(必要)가 있음[有].

유:요[2] 柳腰 (버들 류, 허리 요). ① 속뜻 버들가지[柳]처럼 가늘고 부드러운 허리[腰]. ② '미인의 가냘픈 허리'를 비유하여 이르는 말.

유용[1] 流用 (흐를 류, 쓸 용). ① 속뜻 다른 용도에 흘리어[流] 돌려씀[用]. ¶정치 자금 유용. ② 법률 세출 예산에 정한 목(目)과 절(節)의 경비에 관하여 각각 상호 간에 다른 데로 돌려쓰는 일.

유:용[2] 有用 (있을 유, 쓸 용). 쓸모[用]가 있음[有]. ¶유용 식물 / 이 책은 어린이에게 유용하다. ⓑ무용(無用).

▶유:용 가격 有用價格 (값 가, 이를 격). ① 속뜻 쓸모[有用]의 정도에 따라 정한 가격(價格). ② 경제 실제 가치보다는 수요자의 많고 적음에 따라 정한 물건의 가격.

▶유:용 식물 有用植物 (심을 식, 만물 물). 식물 인간생활에 유용(有用)하게 쓰이는 식물(植物)을 통틀어 이르는 말.

유용-종 乳用種 (젖 유, 쓸 용, 갈래 종). 젖[乳]을 활용(活用)할 수 있는 가축 종류(種類).

유우 乳牛 (젖 유, 소 우). 젖[乳]을 짜기 위해 기르는 소[牛].

유원[1] 幽園 (그윽할 유, 동산 원). 깊고[幽] 아늑한 동산[園].

유원[2] 悠遠 (멀 유, 멀 원). 아득히 멂[悠=遠].

유원-지 遊園地 (놀 유, 동산 원, 땅 지). 놀[遊] 수 있도록 널찍하게[園] 만든 곳[地]. ¶공휴일이라 유원지에 사람이 많다.

유월[1] 六月 (본음 [육월], 여섯 육, 달 월). 한 해 열두 달 가운데 여섯째 달.

유월[2] 流月 (흐를 류, 달 월). ① 속뜻 음력 유월 보름인 명절 유두(流頭)가 들어 있는 달[月]. ② '음력 6월'을 달리 이르는 말.

유월[3] 榴月 (석류나무 류, 달 월). ① 속뜻 석류(石榴)꽃이 피는 달[月]. ② '음력 5월'을 이르는 말.

유:위 有爲 (있을 유, 할 위). ① 속뜻 일을 할[爲] 만한 능력이 있음[有]. 쓸모가 있음. ② 불교 인연으로 말미암아 일어나는 모든 현상.

유유[1] 悠悠 (멀 유, 멀 유). ① 속뜻 아득히 멀다[悠+悠]. ② 태연하고 느긋하다. 한가롭다. ¶강물이 유유하게 흐른다 / 유유히 거리를 걷다.

▶유유-자적 悠悠自適 (스스로 자, 갈 적). 속세로부터 멀리 떠나 한가로이[悠悠] 자기[自] 마음 내키는 대로 다님[適].

▶유유-창천 悠悠蒼天 (푸를 창, 하늘 천). 까마득히 멀고[悠悠] 푸른[蒼] 하늘[天].

유유[2] 幽幽 (그윽할 유, 그윽할 유). ① 속뜻 깊고 그윽함[幽+幽]. ② 어둡고 조용함.

유유낙낙 唯唯諾諾 (오직 유, 대답할 낙). 오로지[唯] 명령하는 대로 잘 대답하여[諾] 순종함. ¶유유낙낙 추종만 하다. ⓑ유락(唯諾).

유:유-상종 類類相從 (비슷할 류, 무리 류, 서로 상, 따를 종). 비슷한[類] 종류(種類)끼리 서로[相] 따르며[從] 친하게 지냄.

유음 流音 (흐를 류, 소리 음). 언어 혀끝을 잇몸에 가볍게 대었다가 떼거나 혀끝을 잇몸에 댄 채 날숨을 그 양 옆으로 흘려[流] 보내면서 내는 자음(子音).

유의[1] 油衣 (기름 유, 옷 의). 종이나 포목을 기름[油]에 결어서 만든 비옷[衣].

⁑**유의[2] 留意** (머무를 류, 뜻 의). 마음[意]에 두고[留] 관심을 가짐. ¶유의 사항 / 건강에 특별히 유의하십시오. ⓑ유념(留念).

▶유의-점 留意點 (점 점). 잊지 않고 조심해야[留意] 할 점(點). ¶물건을 살 때 유의점은 다음과 같습니다.

유:의[3] 有意 (있을 유, 뜻 의). ① 속뜻 뜻[意]이 있음[有]. 생각이 있음. ② 의미가 있음.

▶유:의-범 有意犯 (범할 범). 법률 죄를 범할 뜻[意]을 가지고[有] 저지른 범죄(犯罪). 또는 그 사람. ⓑ고의범(故意犯).

▶유:의 주:의 有意注意 (쏟을 주, 뜻 의). 심리 미리 조심하려는 의지(意志)를 가지고[有] 하는 주의(注意). ⓑ무의 주의(無意注意).

▸유:의 행동 有意行動 (행할 행, 움직일 동). [심리] 의지(意志)를 가지고[有] 하는 행동(行動).

유:의-어 類義語 (비슷할 류, 뜻 의, 말씀 어). [언어] 비슷한[類] 뜻[義]을 가진 말[語].

유의-유식 遊衣遊食 (놀 유, 옷 의, 놀 유, 먹을 식). ① [속뜻] 놀면서[遊] 입고[衣] 놀면서[遊] 먹음[食]. ② 무위도식(無爲徒食).

유:익 有益 (있을 유, 더할 익). 이로움[益]이 있음[有]. 이점(利點)이 있음. ¶유익을 주다 / 이 동영상은 영어를 배우는 데 유익하다. [반] 무익(無益).

▸유:익-비 有益費 (쓸 비). ① [속뜻] 유익(有益)함을 언자면 지불해야 하는 비용(費用). ② [법률] 물건의 가치를 증가시키는 데에 지출하는 비용.

유:익-탄 有翼彈 (있을 유, 날개 익, 탄알 탄). [군사] 탄두의 비행을 안정시키기 위해 꼬리에 날개[翼]가 달려 있는[有] 탄환(彈丸).

유:인[1] 有人 (있을 유, 사람 인). 인공위성 등에 그것을 다루는 사람[人]이 타고 있음[有]을 이르는 말. ¶유인 우주선. [반] 무인(無人).

유인[2] 幽人 (그윽할 유, 사람 인). 속세를 피하여 조용히[幽] 숨어사는 사람[人].

유인[3] 柔靭 (부드러울 유, 질길 인). 부드러우면서[柔] 질김[靭].

유인[4] 流人 (내칠 류, 사람 인). ① [속뜻] 유배(流配)를 당한 죄인(罪人). ② 타지에서 떠돌아다니는 사람.

유인[5] 遊人 (놀 유, 사람 인). ① [속뜻] 하는 일 없이 놀고[遊] 있는 사람[人]. ② 놀러 다니는 사람.

유인[6] 誘引 (꾈 유, 끌 인). 남을 꾀어[誘] 끌어들임[引]. ¶아귀는 머리위에 달린 가시로 물고기를 유인해 잡아먹는다.

유인[7] 誘因 (꾈 유, 까닭 인). 어떤 작용을 일으키는[誘] 직접적인 원인(原因).

유인[8] 孺人 (사모할 유, 사람 인). ① [속뜻] 사모하는[孺] 사람[人]. ② [역사] 구품 문무관의 아내에게 주던 조선시대 외명부(外命婦)의 품계. ③ 생전에 벼슬하지 못한 사람의 아내에 대한 존칭. 주로 신주나 명정(銘旌)에 쓴다.

유인[9] 油印 (기름 유, 찍을 인). ① [속뜻] 기름[油]을 써서 인쇄(印刷)함. ② 등사기로 찍음. [비] 등사(謄寫).

▸유인-물 油印物 (만물 물). ① [속뜻] 기름[油]을 써서 인쇄(印刷)한 물건(物件). ② 등사기, 인쇄기, 프린터 따위를 이용하여 만든 인쇄물을 말함.

유:인-원 類人猿 (비슷할 류, 사람 인, 원숭이 원). [동물] 사람[人]을 닮은[類] 성성이[猿]과의 동물. ¶침팬지, 고릴라는 모두 유인원이다.

유:인 증권 有因證券 (있을 유, 까닭 인, 증거 증, 문서 권). ① [속뜻] 발행 원인(原因)되는 물건이 있는[有] 증권(證券). ② [경제] 증권이 표시하는 권리가 증권의 발행만으로 발생하지 않고 주고받는 법률 관계의 존재를 필요로 하는 유가 증권. 화물 상환증, 선화 증권, 창고 증권 따위가 있다.

***유일** 唯一 (오직 유, 한 일). 오직[唯] 하나[一] 밖에 없음. ¶언니가 유일한 나의 혈육이다.

▸유일-신 唯一神 (귀신 신). 오직[唯] 하나[一] 밖에 없는 신(神). ¶크리스트교는 유일신을 믿는다.

▸유일-무이 唯一無二 (없을 무, 둘 이). 오직 하나[唯一]만 있지 둘[二]도 없음[無]. ¶그는 나의 유일무이한 친구이다.

▸유일신-교 唯一神教 (귀신 신, 종교 교). 유일신(唯一神) 사상을 믿는 종교(宗教). [준] 일신교.

유임 留任 (머무를 류, 맡길 임). 그 자리에 그대로 머물러[留] 일을 맡음[任].

유입[1] 流入 (흐를 류, 들 입). 흘러[流] 들어옴[入]. ¶인구 유입 / 오염된 하수가 강물로 유입되었다.

유입[2] 誘入 (꾈 유, 들 입). 꾀어[誘] 들임[入].

유자[1] 幼子 (어릴 유, 아이 자). 어린[幼] 자식(子息).

유자[2] 幼者 (어릴 유, 사람 자). 어린[幼] 사람[者].

유:자[3] 有刺 (있을 유, 찌를 자). 가시[刺]가 있음[有].

유자[4] 猶子 (오히려 유, 아들 자). ① [속뜻] 마치

아들[子]과 같은[猶] 사람. ②편지에서 나이 많은 삼촌에 대하여 조카가 자기를 일컫는 말.

유자⁵ 遊資 (놀 유, 재물 자). 쓰이지 못하고 놀고[遊] 있는 자본(資本). '유휴자본'(遊休資本)의 준말.

유자⁶ 遺子 (남길 유, 아이 자). 아비가 죽을 때 어미 뱃속에 남겨진[遺] 자식(子息). '유복자'(遺腹子)의 준말.

유자⁷ 儒者 (유학 유, 사람 자). 유학(儒學)을 공부하는 사람[者]. 유생(儒生).

유자⁸ 孺子 (젖먹이 유, 아들 자). 나이 어린[孺] 남자(男子).

유:자⁹ 類字 (비슷할 류, 글자 자). 모양이 비슷한[類] 글자[字].

유:자¹⁰ 柚子 (유자나무 유, 씨 자). 유자(柚子)나무의 열매[子]. 노란색의 공 모양으로 껍질이 울퉁불퉁하고 신 맛이 특징이다.

▶유:자-차 柚子茶 (차 차). 유자(柚子)를 우려내어 만든 차(茶).

유:-자격 有資格 (있을 유, 바탕 자, 품격 격). 자격(資格)이 있음[有]. [반]무자격(無資格).

유-자녀 遺子女 (남길 유, 아들 자, 딸 녀). 죽은 사람이 남긴[遺] 자녀(子女).

유자-망 流刺網 (흐를 류, 찌를 자, 그물 망). [수산]배와 함께 떠다니는[流] 가시[刺] 같은 것이 달려 있는 그물[網].

유작 遺作 (남길 유, 지을 작). 예술가가 남겨[遺] 놓은 작품(作品). 보통 죽은 후에 발표된 것을 이른다.

유장¹ 悠長 (멀 유, 길 장). ①[속뜻]멀고[悠] 길[長]. ②서두르지 않고 마음에 여유가 있음.

유장² 儒將 (선비 유, 장수 장). 선비[儒] 출신의 장수(將帥).

유:장-동물 有腸動物 (있을 유, 창자 장, 움직일 동, 만물 물). [동물]창자[腸]가 있는[有] 동물(動物)을 통틀어 이르는 말.

유재 遺財 (남길 유, 재물 재). 고인이 남겨[遺] 놓은 재물(財物).

유저 遺著 (남길 유, 지을 저). 생전에 남겨[遺] 놓은 책[著]. 보통 죽은 후에 발표된 것을 이른다.

유적¹ 幽寂 (그윽할 유, 고요할 적). 깊숙하고[幽] 고요함[寂].

유적² 遺籍 (남길 유, 문서 적). 옛사람이 남긴[遺] 서적(書籍).

⁑**유적³ 遺跡** (=遺蹟, 남길 유, 발자취 적). 옛날 사람들이 남긴[遺] 발자취[跡]. 건축물이나 싸움터 또는 역사적인 사건이 벌어졌던 곳이나 패총, 고분 따위를 이른다. ¶백제 유적을 발굴하다. [비]사적(史跡).

▶유적-도 遺跡島 (섬 도). [지리]태고의 대륙이 대부분 바다 속으로 가라앉아 자취[跡]만 남은[遺] 섬[島].

▶유적-지 遺跡地 (땅 지). 옛날 유적(遺跡)이 있는 곳[地]. ¶신라 유적지를 견학하다.

유전¹ 油田 (기름 유, 밭 전). 석유(石油)가 나는 곳을 밭[田]에 비유하여 이르는 말. ¶연구팀이 알래스카에서 유전을 발견했다.

유전² 流傳 (흐를 류, 전할 전). ①[속뜻]세상에 흘러[流] 전(傳)해짐. ②세상에 널리 퍼짐. 또는 그렇게 퍼뜨림. ¶그런 소문이 유전되고 있다.

유전³ 流轉 (흐를 류, 옮길 전). ①[속뜻]세상에 널리 흘러[流] 퍼져 떠돎[轉]. ②세상에 널리 퍼뜨림.

유전⁴ 遺傳 (남길 유, 전할 전). ①[생물]후대에 영향을 남겨[遺] 전(傳)해 내려옴. ¶대머리는 유전된다. ②[불교]번뇌 때문에 생사를 수없이 되풀이하며 미망의 세계를 떠도는 일을 이르는 말.

▶유전-병 遺傳病 (병 병). [의학]어버이로부터 자손에게 유전(遺傳)되는 병(病).

▶유전-성 遺傳性 (성질 성). [생물]유전(遺傳)하는 성질(性質).

▶유전-자 遺傳子 (씨 자). [생물]유전(遺傳) 형질을 지배하는 기본 인자(因子). ¶인간의 유전자 구조를 해독하다.

▶유전-학 遺傳學 (배울 학). [생물]유전자(遺傳子)의 이동 방식이나 물질적 기초, 외계와의 관계 따위를 연구하는 생물학(生物學)의 한 분야.

▶유전 공학 遺傳工學 (장인 공, 배울 학). [생물]유전자(遺傳子)의 합성, 변형 따위를 연구하는 공학(工學). 응용 유전학의 한 분야로, 병의 치료나 이로운 산물의 대량 생산을 목적으로 한다.

▸유전 인자 遺傳因子 (인할 인, 씨 자). 생물 유전자(遺傳子).

▸유전자-량 遺傳子量 (씨 자, 분량 량). 생물 하나의 핵 안에 들어 있는 유전자(遺傳子)의 수량(數量).

▸유전자-형 遺傳子型 (씨 자, 모형 형). 생물 생물이 지니고 있는 유전자(遺傳子)의 구성 양식[型]. 인자형(因子型).

▸유전자 공학 遺傳子工學 (씨 자, 장인 공, 배울 학). 생물 유전 공학.

▸유전자 돌연변이 遺傳子突然變異 (씨 자, 갑자기 돌, 그러할 연, 바뀔 변, 다를 이). 생물 유전자(遺傳子)의 형질이 예상과는 달리 갑자기[突然] 바뀌는[變異] 현상.

유전-물 油煎物 (기름 유, 지질 전, 만물 물). 기름[油]에 지진[煎] 음식물(飮食物).

유전-체 誘電體 (꾈 유, 전기 전, 몸 체). ① 속뜻 전기(電氣)를 일으키는[誘] 물질[體]. ② 전기 전장(電場) 안에 놓았을 때 전하(電荷)를 유도(誘導)하는 물질.

유점 油點 (기름 유, 점 점). ① 속뜻 기름[油]으로 물든 점(點). ② 운향과나 물레나물과 같은 식물의 잎에서 볼 수 있는 반투명의 작은 점.

유정[1] 油井 (기름 유, 우물 정). 천연 석유(石油)를 찾아 뽑아 올리기 위해 우물[井]처럼 깊이 판 구덩이.

유정[2] 遺精 (잃어버릴 유, 정액 정). 의학 성교를 하지 않고 무의식중에 정액(精液)이 몸 밖으로 나오는[遺] 일.

유:정[3] 有情 (있을 유, 마음 정). ① 속뜻 정(情)이 있음[有]. ⓑ무정(無情). ② 불교 감정의 움직임이 있는 동물.

▸유:정 명사 有情名詞 (이름 명, 말씀 사). ① 속뜻 유정(有情) 물체를 가리키는 명사(名詞). ② 언어 사람이나 동물을 가리키는 명사. ⓑ무정 명사(無情名詞).

유제[1] 油劑 (기름 유, 약제 제). 약학 기름[油]의 형태이거나 기름기가 들어있는 약제(藥劑).

유제[2] 乳劑 (젖 유, 약제 제). 화학 우유, 버터, 크림처럼 젖[乳]의 형태와 성질을 지닌 약제(藥劑).

유제[3] 遺制 (남길 유, 정할 제). 선대로부터 전해[遺] 오는 제도(制度).

유:제[4] 類題 (비슷할 류, 문제 제). 비슷한[類] 종류의 문제(問題).

유:제-류 有蹄類 (있을 유, 굽 제, 무리 류). 발끝에 각질의 발굽[蹄]이 있는[有] 포유류(哺乳類).

유-제:품 乳製品 (젖 유, 만들 제, 물건 품). 우유(牛乳)를 가공하여 만든[製] 식품(食品). ¶버터와 치즈는 대표적인 유제품이다.

유조[1] 留鳥 (머무를 류, 새 조). 동물 철을 따라 자리를 옮기지 않고 거의 한 지방에서만 머무는[留] 사는 새[鳥]. 참새, 까마귀, 꿩, 물총새 따위가 있다. 텃새.

유조[2] 遺詔 (남길 유, 고할 조). 임금이 죽으면서 남긴[遺] 조서(詔書). 임금의 유언. ¶유조를 내리다 / 유조를 받들다.

유조[3] 油槽 (기름 유, 구유 조). 석유(石油)나 가솔린 따위를 저장하는 아주 큰 용기[槽]. ¶유조에 구멍이 나서 기름이 샜다.

▸유조-선 油槽船 (배 선). 유조(油槽)를 갖추고 석유나 가솔린 따위를 실어 나르는 배[船]. ¶한국의 유조선 제조 기술은 세계 최고이다.

▸유조-차 油槽車 (수레 차). 유조(油槽)를 갖추고 석유나 가솔린 따위를 실어 나르는 차(車).

유조-지 留潮地 (머무를 류, 바닷물 조, 땅 지). 조수(潮水)가 머무는[留] 개펄[地].

유:족[1] 有足 (있을 유, 넉넉할 족). 풍족(豐足)하게 있음[有]. 넉넉하게 있음.

유족[2] 裕足 (넉넉할 유, 넉넉할 족). 넉넉하고[裕] 풍족(豐足)함.

유족[3] 遺族 (남길 유, 겨레 족). 어떤 사람이 죽은 뒤에 남아[遺] 있는 가족(家族). ¶그는 유족에게 깊은 애도의 뜻을 표했다. ⓑ유가족(遺家族).

유종[1] 乳腫 (젖 유, 종기 종). 의학 유선(乳腺)에 생긴 종기(腫氣).

유종[2] 儒宗 (유학 유, 마루 종). 유학(儒學)에 통달한 으뜸[宗] 학자.

유:종[3] 有終 (있을 유, 끝마칠 종). 끝[終]맺음이 있음[有]. ¶유종의 아름다움.

▸유:종지미 有終之美 (어조사 지, 아름다울 미). 끝을 잘 맺는[有終] 아름다움[美]. 좋은 결말. ¶이번 활동에 최선을 다해 유종지미를 거둡시다.

유ː죄[1] 有罪 (있을 유, 허물 죄). ① 속뜻 죄(罪)가 있음[有]. ② 법률 법원의 판결에 따라 범죄 사실이 인정되는 일. ¶법원은 그에게 유죄를 판결했다. ⓑ무죄(無罪).

유죄[2] 宥罪 (용서할 유, 허물 죄). 죄(罪)를 용서함[宥].

유주[1] 幼主 (어릴 유, 주인 주). ① 속뜻 나이 어린[幼] 백성들의 주인(主人). 나이 어린 임금. 유군(幼君). ② 나이 어린 주인.

유주[2] 遺珠 (남길 유, 구슬 주). ① 속뜻 남겨진[遺] 구슬[珠]. ② 훌륭한 인재를 빠뜨리고 등용하지 못함. ③ 세상에 알려지지 않은 뛰어난 시문(詩文).

▶ 유주지탄 遺珠之歎 (어조사 지, 한숨지을 탄). 마땅히 등용되어야 할 인재가 빠진[遺珠] 데 대한 한탄(恨歎).

유ː주-무량 有酒無量 (있을 유, 술 주, 없을 무, 헤아릴 량). 술[酒]만 있으면[有] 끝[量]이 없을[無] 정도로 마심.

유ː주-물 有主物 (있을 유, 주인 주, 만물 물). 소유주(所有主)가 있는[有] 물건(物件).

유즙 乳汁 (젖 유, 즙 즙). 젖[乳]에서 나는 즙(汁). 분만 후에 포유동물의 유방에서 분비하는 유백색의 불투명한 액체.

유증 遺贈 (남길 유, 보낼 증). 법률 유언에 따라 재산을 남겨[遺] 줌[贈].

유지 乳脂 (젖 유, 기름 지). 젖이나 우유(牛乳)에 들어 있는 지방(脂肪). ¶이 빵은 유지가 듬뿍 들어있어 매우 부드럽다. ⓑ유지방(乳脂肪).

유지[1] 油紙 (기름 유, 종이 지). 기름[油]을 먹인 종이[紙].

유지[2] 遺旨 (남길 유, 뜻 지). 죽은 이가 남긴[遺] 생전의 뜻[旨].

유지[3] 遺志 (남길 유, 뜻 지). 죽은 이가 생전에 이루지 못하고 남긴[遺] 뜻[志]. ¶유지를 받들다.

유지[4] 遺址 (남길 유, 터 지). 옛 자취가 남아[遺] 있는 빈 터[址].

유ː지[5] 有志 (있을 유, 뜻 지). ① 속뜻 어떤 일을 이루려는 뜻[志]이 있음[有]. ② 마을이나 지역에서 명망 있고 영향력을 가진 사람. '유지가'(有志家)의 준말. ¶할아버지는 마을에서 가장 영향력이 큰 유지이다.

▶ 유ː지-가 有志家 (사람 가). ① 속뜻 좋은 일에 뜻[志]이 있는[有] 사람[家]. ¶모금 활동에 유지가 여러분이 참여했다. ② 마을이나 지역에서 명망 있고 영향력을 가진 사람. ⓒ유지. ⓑ유지자(有志者).

유지[6] 油脂 (기름 유, 기름 지). 화학 동식물에서 얻는 기름[油=脂]을 통틀어 이르는 말.

▶ 유지-류 油脂類 (무리 류). 지방질 기름[油脂]의 종류(種類). ¶유지류는 동물의 몸속에 많이 들어 있다.

▶ 유지 공업 油脂工業 (장인 공, 일 업). 공업 유지(油脂)를 채취하여 정제하거나 유지를 가공하여 여러 가지 제품을 만드는 공업(工業).

▶ 유지 작물 油脂作物 (지을 작, 만물 물). 농업 기름[油脂]을 얻기 위해 재배하는[作] 식물(植物).

⁂**유지**[7] 維持 (맬 유, 지킬 지). ① 속뜻 단단히 잡아매어[維] 잘 지킴[持]. ② 어떤 상태나 상황을 그대로 보존하거나 변함없이 계속하여 지탱함. ¶경찰은 사회 질서 유지를 목적으로 활동한다 / 그녀는 몸매를 유지하기 위하여 매일 운동한다.

▶ 유지-비 維持費 (쓸 비). 단체나 시설 따위를 유지(維持)하는 데 드는 비용(費用).

▶ 유지 사료 維持飼料 (먹일 사, 거리 료). 농업 가축의 성장이나 부산물에 필요한 사료가 아닌 그 생명을 유지(維持)하는 데에만 필요한 먹이[飼料].

유-지방 乳脂肪 (젖 유, 기름 지, 기름 방). 젖[乳]에 들어 있는 지방(脂肪).

유ː직 有職 (있을 유, 일 직). 직업(職業)이 있음[有]. ¶처음 취직을 하게된 그는 요즘 한창 유직의 기쁨에 싸여 있다. ⓑ무직(無職).

유ː진-무퇴 有進無退 (있을 유, 나아갈 진, 없을 무, 물러날 퇴). 나아가는[進] 것만이 있을[有] 뿐 물러섬[退]이 없음[無].

유질[1] 乳質 (젖 유, 바탕 질). ① 속뜻 젖[乳]의 품질(品質). ② 젖과 같은 성질.

유질[2] 流質 (흐를 류, 볼모 질). ① 속뜻 저당잡은 질권(質權)에 해당하는 물건을 유출(流出)시켜 그 돈을 가짐. ② 법률 돈을 빌린 사람이 빚을 갚지 않는 경우에 빌려 준 사람이 담보로 맡긴 물건의 소유권을 취득하거나 물건을 팔아서 그 돈을 가지는 일.

유질[3] 留質 (머무를 류, 볼모 질). 보증이 될만한 것[質]을 남겨둠[留]. 또는 그 사람.

유:질[4] 類質 (비슷할 류, 바탕 질). 비슷한[類] 성질(性質).

▸유:질-동상 類質同像 (같을 동, 모양 상). 광업 유사(類似)한 화학 성분[質]을 가지고 같은[同] 모양[像]의 결정을 이루고 있는 광물.

유징 油徵 (기름 유, 조짐 징). 석유(石油)가 매장되어 있음을 알 수 있는 징후(徵候).

유착 癒着 (병 나을 유, 붙을 착). ① 속뜻 병이 나아[癒] 살이 붙음[着]. ② 의학 서로 떨어져 있어야 할 피부나 막 등이 염증으로 말미암아 들러붙는 일. ③어떠한 관계 또는 사물이 아주 밀접하게 결합되는 일. ¶정경 유착.

유찬[1] 流竄 (내칠 류, 숨을 찬). 멀리 유배(流配)를 보내어 숨겨[竄] 둠.

유:찬[2] 類纂 (종류 류, 모을 찬). ① 속뜻 종류(種類)별로 모아[纂] 엮음. 또는 그런 책. ②각 종류로 분류하여 엮음.

유찰 流札 (흐를 류, 패 찰). 입찰 결과 낙찰(落札)이 되지 못하여[流] 무효가 됨.

유창 流暢 (흐를 류, 펼칠 창). 글을 읽거나 하는 말이 물 흐르듯[流] 순탄하게 잘 펼쳐진다[暢]. ¶그는 스페인어를 유창하게 구사한다. ㊥거침없다, 막힘없다.

유채[1] 油菜 (기름 유, 나물 채). ① 속뜻 기름[油]을 짤 수 있는 나물[菜]. ② 식물 십자화과의 두해살이풀. 높이는 1미터 정도이며 4월에 노란 꽃이 피고 잎과 줄기는 먹고 종자로는 기름을 짠다.

유채[2] 油彩 (기름 유, 빛깔 채). 물감을 기름[油]에 풀어서 다채(多彩)롭게 그림을 그리는 법.

▸유:채-색 有彩色 (빛 색). 미술 색상, 명도, 채도의 차이가 있는 채도(彩度)가 있는[有] 빛깔[色]. ¶빨강, 노랑, 주홍은 유채색이다. ㊥무채색(無彩色).

유:책 有責 (있을 유, 꾸짖을 책). 책임(責任)이 있음[有].

▸유:책 행위 有責行爲 (행할 행, 할 위). 법률 법률상 책임(責任)이 있는[有] 행위(行爲).

유:척-동물 有脊動物 (있을 유, 등뼈 척, 움직일 동, 만물 물). 동물 척추(脊椎)가 있는[有] 동물(動物). ㊥무척추동물(無脊椎動物).

유:-천우 柳天牛 (버들 류, 하늘 천, 소 우). 동물 버들[柳] 하늘[天] 소[牛]. 몸의 길이는 3~5㎝이며 어두운 갈색이고 온몸에 누런색 털이 있다.

유철 鍮鐵 (놋쇠 유, 쇠 철). 놋쇠[鍮]와 쇠[鐵]를 뜻하는 말로 구리에 아연을 10~45% 넣어 만든 합금. 가공하기 쉽고 녹슬지 않아 공업 재료로 널리 쓴다.

유체[1] 流涕 (흐를 류, 눈물 체). 눈물[涕]을 흘림[流]. 또는 그 눈물.

유체[2] 遺體 (남길 유, 몸 체). ① 속뜻 부모가 남겨[遺] 준 몸[體]. ②자기 몸을 이르는 말. ③죽은 사람의 몸.

유:체[3] 有體 (있을 유, 몸 체). 형체(形體)가 있는[有] 것. 실체가 있는 것.

▸유:체-물 有體物 (만물 물). 형체가 있는[有體] 물건(物件). ㊥무체물(無體物).

▸유:체 자산 有體資産 (재물 자, 재물 산). 일정한 형태[有體]를 가지고 일정한 공간을 차지하는 자산(資産).

유체[4] 流體 (흐를 류, 몸 체). ① 속뜻 흐르는[流] 물체(物體). ② 물리 '기체'(氣體)와 '액체'(液體)를 통틀어 이르는 말.

▸유체 역학 流體力學 (힘 력, 배울 학). 물리 유체(流體)가 가만히 있거나 움직이고 있을 때 그 안에 있는 물체에 미치는 힘[力] 등을 연구하는 학문(學問).

유초 遺草 (남길 유, 거칠 초). 세상을 떠난 이가 생전에 서서 남겨[遺] 놓은 초고(草稿).

유촉 遺囑 (남길 유, 부탁할 촉). 죽으면서 남긴[遺] 부탁[囑].

유:추 類推 (비슷할 류, 밀 추). ① 속뜻 같거나 비슷한[類] 원인을 근거로 결과를 미루어[推] 짐작함. 또는 그런 짐작. ¶행동을 보면 그 사람의 생각을 유추할 수 있다. ② 언어 어떤 단어나 문법 형식이 그와 비슷한 다른 단어나 문법 형식을 본으로 하여 만들어지거나 변화하는 일. '서르', '바르'가 '함부로', '저절로' 따위의 '-로'에 유추하여 '서로', '바로'로 변화하는 현상 따위이다. ㊥짐

작, 추리(推理), 추론(推論).

▸유:추 작용 類推作用 (지을 작, 쓸 용). 유추(類推)하는 심리 작용(作用).

▸유:추 해:석 類推解釋 (풀 해, 풀 석). 법률 어떤 사항에 대하여 법으로 규정해 놓은 바를 유추(類推)하여 다른 사항에 대해 적용하는 법 해석(解釋).

유:축 농업 有畜農業 (있을 유, 가축 축, 농사 농, 일 업). 농업 기르는 가축(家畜)이 있고[有] 아울러 농작물도 재배하는 농업(農業) 형태.

유출[1] 流出 (흐를 류, 날 출). ① 속뜻 액체 등이 흘러[流] 나감[出]. ¶유조선에서 기름이 유출되었다. ②귀중한 물품이나 정보 따위가 불법적으로 나라나 조직의 밖으로 나가 버림. 또는 그것을 내보냄. ¶시험문제 유출 / 군사 기밀이 외부로 유출되었다.

유출[2] 溜出 (물방울질 류, 날 출). 화학 액체를 가열할 때 생긴 기체가 다시 액체 상태로 방울져[溜] 나오는[出] 일.

유출[3] 誘出 (꾈 유, 날 출). 꾀어[誘] 냄[出]. 유혹하여 나오게 함.

유충 幼蟲 (어릴 유, 벌레 충). 동물 어린[幼] 새끼벌레[蟲]. ¶매미의 유충. 반성충(成蟲).

유취[1] 乳臭 (젖 유, 냄새 취). 젖[乳]에서 나는 냄새[臭]. ¶구상유취(口尚乳臭).

유취[2] 幽趣 (그윽할 유, 풍취 취). 그윽한[幽] 풍취[趣].

유:취[3] 類聚 (무리 류, 모을 취). 종류(種類)별로 모음[聚].

유취-만년 遺臭萬年 (남길 유, 냄새 취, 일만 만, 해 년). ① 속뜻 냄새[臭]를 만년(萬年)에까지 남김[遺]. ②더러운 이름을 오래도록 남김.

유층 油層 (기름 유, 층 층). 지리 석유(石油)가 괴어 있는 지층(地層).

유치[1] 乳齒 (젖 유, 이 치). 젖[乳] 먹이 때 난 이[齒]. 반영구치(永久齒).

유치[2] 誘致 (꾈 유, 이를 치). 설비 등을 갖추어 두고 권하여[誘] 이르게[致] 함. 오게 함. ¶올림픽 유치 / 정부는 관광객을 유치하기 위해 많은 활동을 한다.

유치[3] 幼稚 (어릴 유, 어릴 치). ① 속뜻 생각이나 하는 짓이 어림[幼=稚]. ¶유치한 생각. ②지식이나 기술 따위가 아직 익숙하지 아니함. ¶유치한 연극.

▸유치-원 幼稚園 (동산 원). 교육 초등학교에 들어가기 전의 어린이[幼稚]를 대상으로 삼는 교육 기관[園].

유치[4] 留置 (머무를 류, 둘 치). ① 속뜻 남의 물건을 보관해[留] 둠[置]. ② 법률 구속의 집행 및 재판의 진행이나 그 결과의 집행을 위하여 일정한 곳에 사람을 가두어 두는 일.

▸유치-권 留置權 (권리 권). 법률 채권의 변제를 받을 때까지 어떤 물건을 유치(留置)할 수 있는 권리(權利).

▸유치-미 留置米 (쌀 미). 역사 조선 때, 대동법에 따라 세금으로 거두어들인 쌀의 일부를 각 도의 병영에 보관하여[留] 두던[置] 쌀[米].

▸유치-장 留置場 (마당 장). 경찰서에서 형사 피의자 등을 유치(留置)해두는 곳[場]. ¶그는 경찰서에서 유치장에서 하룻밤을 보냈다.

유쾌 愉快 (즐거울 유, 기쁠 쾌). 마음이 즐겁고[愉] 기분이 좋음[快]. ¶유쾌한 분위기. 반불쾌(不快).

유:탄[1] 柳炭 (버들 류, 숯 탄). 버드나무[柳]를 태워 만든 숯[炭].

유탄[2] 流彈 (흐를 류, 탄알 탄). 목표물에 맞지 않고 빗나간[流] 탄(彈)알.

유탄[3] 榴彈 (석류나무 류, 탄알 탄). ① 속뜻 석류(石榴) 알처럼 터지는 탄알[彈]. ② 군사 탄체 안에 작약을 채워서 목표물에 맞았을 때 터지게 만든 포탄(砲彈).

유탈 遺脫 (잃어버릴 유, 빠질 탈). 책이나 활판에서 글자 따위가 빠짐[遺=脫].

유탕 遊蕩 (놀 유, 거침없을 탕). ① 속뜻 음탕(淫蕩)하게 놀아남[遊]. ②막판 놀기만 함.

유태 猶太 (오히려 유, 클 태). '유대'(Judea)의 한자 음역어(音譯語).

▸유태-교 猶太教 (종교 교). 종교 유대[猶太]인들이 믿는 종교(宗教). 유대교.

유택[1] 幽宅 (그윽할 유, 집 택). ① 속뜻 그윽한[幽] 곳에 있는 집[宅]. ②'무덤'을 달리 이르는 말.

유택[2] 遺澤 (남길 유, 은덕 택). 후세에까지 남아[遺] 있는 고인의 은혜[澤].

유통 流通 (흐를 류, 통할 통). ① 속뜻 공기나 액체가 흘러[流] 통(通)함. ② 경제 상품이 생산자, 상인, 소비자 사이에 거래되는 일. ¶유통 구조 / 화폐의 유통 / 가짜 상품을 시중에 유통시키다. ③ 경제 화폐나 수표 등이 사회에서 널리 쓰이는 일.

▸유통-세 流通稅 (세금 세). 법률 상품이나 재산을 유통(流通)할 때 부과하는 세금(稅金).

▸유통-업 流通業 (일 업). 생산자와 상인, 소비자 사이에 상품을 유통(流通)시켜 주는 일[業]. ¶아버지는 유통업에 종사하신다.

▸유통 경제 流通經濟 (다스릴 경, 건질 제). 경제 상품의 유통(流通)을 기초로 하는 경제(經濟) 체제.

▸유통 기구 流通機構 (틀 기, 얽을 구). 경제 생산자가 생산한 상품이 소비자의 손으로 넘어가는 일련의 유통(流通) 구조[機構].

▸유통 기한 流通期限 (때 기, 끝 한). 경제 먹을거리나 약 같은 상품이 유통(流通)될 수 있는 기한(期限). ¶이 우유는 유통 기한이 지났습니다.

▸유통 자본 流通資本 (재물 자, 밑 본). 경제 유통(流通) 과정에서 기능하는 자본(資本). 상품과 화폐의 형태로 유통된다. 참 생산 자본(生産資本), 소비 자본(消費資本).

▸유통 증권 流通證券 (증거 증, 문서 권). 경제 법률상 인도나 배서(背書)에 의하여 자유롭게 유통(流通)될 수 있는 증권(證券).

▸유통 혁명 流通革命 (바꿀 혁, 운명 명). ① 속뜻 유통(流通) 구조 등을 혁명적(革命的)으로 크게 바꿈. ② 경제 대량 생산과 대량 소비가 더해 감에 따라 상품의 유통 구조, 거래 방식, 기업의 상태 등이 아주 새롭게 바뀌는 현상.

▸유통 화:폐 流通貨幣 (돈 화, 돈 폐). 경제 사회에서 유통(流通)되고 있는 화폐(貨幣).

유파 流派 (흐를 류, 갈래 파). ① 속뜻 원줄기에서 흘러[流] 갈려 나온 갈래[派]. ② 예술 분야에서 독자적인 주의나 수법을 가지고 으뜸 되는 계통에서 갈려 나온 한 파.

유폐[1] 幽閉 (그윽할 유, 닫을 폐). 깊이 숨겨[幽] 가둠[閉]. 사람을 일정한 곳에 가두어 두고 밖으로 나오지 못하게 함.

유폐[2] 流弊 (흐를 류, 나쁠 폐). ① 속뜻 사회에 널리 유행(流行)하고 있는 나쁜[弊] 풍속. ② 내려오던 끝판이나, 잘해 나가던 일의 마지막에 생기는 폐단. '말류지폐'(末流之弊)의 준말.

유포[1] 油布 (기름 유, 베 포). 기름[油]을 먹인 베[布].

유포[2] 流布 (흐를 류, 펼 포). ① 속뜻 흘러[流] 펼쳐짐[布]. ② 널리 세상에 퍼지거나 퍼뜨림.

유:표 有表 (있을 유, 밝힐 표). 여럿 중에 특히 두드러진[表] 점이 있음[有].

유품 遺品 (남길 유, 물건 품). 세상을 떠난 이가 남긴[遺] 생전에 쓰던 물품(物品). ¶이 목걸이는 어머니의 유품이다. ⓑ유물.

유풍[1] 流風 (흐를 류, 풍속 풍). 세상에 유행(流行)하는 풍속(風俗). 유속(流俗).

유풍[2] 遺風 (남길 유, 풍속 풍). ① 속뜻 예로부터 전해 내려오는[遺] 풍속(風俗). ② 선인(先人)이 남긴 기풍.

▸유풍-여속 遺風餘俗 (남을 여, 풍속 속). 예로부터 전하여져 오늘날까지 남아 있는[遺=餘] 풍속(風俗).

유피[1] 柔皮 (부드러울 유, 가죽 피). 부드럽고[柔] 연한 가죽[皮].

유피[2] 鞣皮 (무두질할 유, 가죽 피). 무두질한[鞣] 가죽[皮].

▸유피-제 鞣皮劑 (약제 제). 가죽[皮]을 무두질할[鞣] 때 쓰는 약제(藥劑).

유:피-화 有被花 (있을 유, 덮을 피, 꽃 화). 식물 꽃받침과 꽃잎[被]을 갖춘[有] 꽃[花]. ⓑ무피화(無被花).

유하-주 流霞酒 (흐를 류, 노을 하, 술 주). 노을[霞]이 흐르듯[流] 은은한 맛과 향을 가진 술[酒]. 신선이 마신다는 좋은 술.

유학[1] 幼學 (어릴 유, 배울 학). ① 속뜻 어린[幼] 학자(學者). ② 역사 벼슬을 하지 아니한 유생(儒生)을 이르던 말.

유학[2] 幽壑 (그윽할 유, 골짜기 학). 깊숙한[幽] 골짜기[壑].

유학[1] 留學 (머무를 류, 배울 학). 외지나 외국에 머물며[留] 공부함[學]. ¶해외 유학을 떠나다 / 그는 영국에서 3년간 유학했다.

▸유학-생 留學生 (사람 생). 타지역이나 외

국에 머물면서 공부하는[留學] 학생(學生). ¶이곳에는 세계 각지에서 온 유학생이 머문다.

유학[2] **遊學** (떠돌 유, 배울 학). 고향을 떠나 떠돌아다니며[遊] 객지에서 공부함[學].

*__유학__[3] **儒學** (선비 유, 배울 학). ① 속뜻 선비[儒]들이 공부하던 학문(學問). ② 공자의 사상을 근본으로 하고 사서오경(四書五經)을 경전으로 삼아 정치·도덕의 실천을 중심 과제로 하는 학문. ¶조선시대에는 유학을 숭상하였다.

▸유학-자 儒學者 (사람 자). 유학(儒學)에 조예가 깊은 사람[者]. ¶이이는 조선시대 뛰어난 유학자이다.

유한[1] **幽閑** (그윽할 유, 한가할 한). 그윽하고[幽] 한가로움[閑].

유한[2] **流汗** (흐를 류, 땀 한). 흘러내리는[流] 땀[汗].

유한[3] **遺恨** (남길 유, 원한 한). ① 속뜻 생전에 풀지 못하고 남은[遺] 원한(怨恨). ② 풀리지 아니한 원한.

유:한[4] **有限** (있을 유, 끝 한). 한계(限界)가 있음[有]. ¶인간의 수명은 유한하다. ⓑ무한(無限).

▸유:한-급수 有限級數 (등급 급, 셀 수). 수학 항(項)수에 한정이 있는[有限] 급수(級數). ⓑ무한급수(無限級數).

▸유:한 소:수 有限小數 (작을 소, 셀 수). 수학 소수점 아래의 어떤 자리에 이르러 그치는[有限] 소수(小數). ⓑ무한 소수(無限小數).

▸유:한 직선 有限直線 (곧을 직, 줄 선). 수학 선의 길이가 유한(有限)한 직선(直線). ⓑ무한 직선(無限直線).

▸유:한 책임 有限責任 (꾸짖을 책, 맡길 임). 법률 채무자가 자기의 재산의 일부나 일정한 금액을 한도로 하여[有限] 채무로서 갚는 형식의 책임(責任). ⓑ무한 책임(無限責任).

▸유:한 화서 有限花序 (꽃 화, 차례 서). ① 속뜻 일정한[有限] 순서대로 피는 꽃차례[花序]. ② 식물 꽃대 끝의 꽃이나 속의 꽃부터 시작하여 아래 또는 겉으로 차례로 피는 꽃차례. 수국 따위가 있다. ⓑ무한 화서(無限花序).

▸유:한 회:사 有限會社 (모일 회, 단체 사). 경제 50인 이하의 유한(有限) 책임 사원들로 구성된 회사(會社).

▸유:한 책임 사원 有限責任社員 (꾸짖을 책, 맡길 임, 단체 사, 인원 원). 법률 회사 채무에 대하여 출자액을 한도로 하여[有限] 책임(責任)을 지는 사원(社員). ⓑ무한 책임 사원(無限責任社員).

▸유:한 책임 회:사 有限責任會社 (꾸짖을 책, 맡길 임, 모일 회, 단체 사). 경제 50인 이하의 유한(有限) 책임(責任) 사원들로 구성된 회사(會社). ⓒ유한회사.

유:한[5] **有閑** (있을 유, 틈 한). ① 속뜻 짬[閑]이 있음[有]. ② 재물이 넉넉하여 일하지 않아도 되며 생활이 한가로움.

▸유:한-층 有閑層 (층 층). 재물이 넉넉하여 한가로이[有閑] 놀면서 지내는 사회 계층(階層). 유한 계급(有閑階級).

▸유:한-계급 有閑階級 (섬돌 계, 등급 급). 재물이 넉넉하여 일하지 않고 한가로이[有閑] 놀면서 지내는 계급(階級). 생산에는 관여하지 않고 소비만 하는 계층이다.

▸유:한-부인 有閑夫人 (지아비 부, 사람 인). 유한계급(有閑階級)의 부인(夫人).

유합 **癒合** (병 나을 유, 합할 합). 상처가 나아서[癒] 피부나 근육이 아물어 붙음[合].

유해[1] **遺骸** (남길 유, 뼈 해). 주검을 태우고 남은[遺] 뼈[骸]. 또는 무덤 속에서 나온 뼈. ¶전사자의 유해를 국립묘지에 안치하다. ⓑ유골(遺骨).

유:해[2] **有害** (있을 유, 해칠 해). 해(害)가 있음[有]. ¶유해 식품은 반입할 수 없습니다. ⓑ무해(無害).

▸유:해-무익 有害無益 (없을 무, 더할 익). 유해(有害)하기만 하고 이로움[益]은 없음[無].

유행[1] **遊行** (떠돌 유, 다닐 행). 유람(遊覽)하기 위해 여러 지방을 돌아다님[行].

유행[2] **流行** (흐를 류, 행할 행). ① 속뜻 곳곳으로 흘러[流] 행(行)해짐. ② 사회 어떠한 양식이나 현상 등이 새로운 경향으로 한동안 사회에 널리 퍼지는 경향. ¶이 스타일의 옷은 이미 유행이 지났다. ③ 전염병 따위가 한동안 널리 퍼짐. ¶전국에 독감이 유행하고 있다.

▸유행-가 流行歌 (노래 가). 어느 한 시기에

유행(流行)하는 가요(歌謠). ¶아이는 유행가를 따라 불렀다.

▸유행-병 流行病 (병 병). ① [속뜻] 한동안 널리 유행(流行)하는 병(病). ② '바람직하지 않은 유행을 무턱대고 따르는 경향'을 비유하여 이르는 말.

▸유행-성 流行性 (성질 성). 유행(流行)하는 성질(性質). ¶유행성 감기.

▸유행-어 流行語 (말씀 어). 어느 한 시기에 유행(流行)하는 말[語].

유향1 幽香 (그윽할 유, 향기 향). 그윽한[幽] 향기(香氣).

유향2 遺香 (남길 유, 향기 향). ① [속뜻] 남아있는[遺] 향기(香氣). ② '고인이 끼친 미덕'을 비유하여 이르는 말.

유향3 儒鄕 (선비 유, 시골 향). 선비[儒]가 많이 사는 고장[鄕].

유향-소 留鄕所 (머무를 류, 시골 향, 곳 소). [역사] 고려·조선 때, 각 마을[鄕]에 머물면서[留] 지방의 수령을 보좌하던 곳[所].

유현1 幽玄 (그윽할 유, 오묘할 현). 헤아리기 어려울 만큼 깊고[幽] 오묘함[玄].

유현2 儒賢 (유학 유, 어질 현). 유학(儒學)에 정통하고 어진[賢] 사람.

유현3 遺賢 (잃어버릴 유, 어질 현). 세상을 버리고[遺] 초야에 묻혀 사는 현인(賢人). 벼슬하지 않고 초야에 묻혀 사는 선비.

유혈 流血 (흐를 류, 피 혈). ① [속뜻] 흐르는[流] 피[血]. ② 다툼이나 사고 등으로 피를 흘림. ③ 살상이 벌어지는 일.

▸유혈-극 流血劇 (연극 극). 피[血]를 흘리는[流] 싸움판을 연극(演劇)에 비유하여 이르는 말.

유협 遊俠 (떠돌 유, 의로울 협). 이곳저곳을 떠돌아다니며[遊] 의로운[俠] 일을 하는 사람.

유형1 幼形 (어릴 유, 모양 형). [생물] 생물의 개체 발생 초기에 나타나는 어린[幼] 형태(形態).

유:형2 有形 (있을 유, 모양 형). 형체(形體)가 있음[有]. [반]무형(無形).

▸유:형-물 有形物 (만물 물). 형체가 있는[有形] 물건(物件). [반]무형물(無形物).

▸유:형-인 有形人 (사람 인). [법률] 실질적인 형체를 가지고[有形] 권리와 의무를 행하는 개인(個人).

▸유:형-적 有形的 (것 적). 형체가 있는[有形] 것[的].

▸유:형-체 有形體 (몸 체). 형체가 있는[有形] 물체(物體).

▸유:형 무:역 有形貿易 (바꿀 무, 바꿀 역). [경제] 유형(有形)의 상품 수출입에 의하여 이루어지는 무역(貿易). [반]무형 무역(無形貿易).

▸유:형-무적 有形無跡 (없을 무, 발자취 적). 형체(形體)는 있어 혐의가 있으나[有] 증거가 될만한 자취[跡]가 없음[無].

▸유:형-무형 有形無形 (없을 무, 모양 형). ① [속뜻] 형체가 있는[有形] 것과 형체가 없는[無形] 것. ② 형체가 있는지 없는지 뚜렷하지 않음.

▸유:형 재산 有形財産 (재물 재, 재물 산). [경제] 화폐, 동산, 부동산 등과 같이 일정한 형태가 있는[有形] 재산(財産). [반]무형 재산(無形財産).

▸유:형 문화재 有形文化財 (글월 문, 될 화, 재물 재). [고적] 건축물, 책처럼 형체가 있는[有形] 문화재(文化財).

▸유:형 고정 자산 有形固定資産 (굳을 고, 정할 정, 재물 자, 재물 산). [경제] 토지, 건물, 기계 따위와 같이 구체적인 형태가 있는[有形] 고정 자산(固定資産). [반]무형 고정 자산(無形固定資産).

유형3 流刑 (내칠 류, 형벌 형). [역사] 죄인을 유배(流配) 보내던 형벌(刑罰). [참]오형(五刑).

▸유형-객 流刑客 (손 객). 유형(流刑) 생활을 하는 사람[客].

▸유형-수 流刑囚 (가둘 수). 유형(流刑)을 받은 죄수(罪囚).

▸유형-지 流刑地 (땅 지). 유형(流刑)된 곳[地].

유:형4 類型 (비슷할 류, 모형 형). ① [속뜻] 비슷한[類] 모형(模型). ② 어떤 비슷한 것들의 본질을 개체로 나타낸 것. ¶그것은 두 가지 유형으로 나뉜다. ③ 개성이 뚜렷하지 않은 흔한 모양.

▸유:형-적 類型的 (것 적). 어떤 틀[類型]에 박혀 있는 것[的]. 개성이 없는 것.

▸유:형-학 類型學 (배울 학). ① [속뜻] 유형(類型)에 바탕을 둔 분류 기술(記述)을 주

로 다루는 학문(學問). ② [심리] 인간형을 몇 가지로 분류하고 그에 따라 성격을 이해하려고 하는 학문 분야. ③ [고적] 유물을 그 생김새에 따라 비교하고 분류하는 학문.

유형-동물 紐形動物 (끈 뉴, 모양 형, 움직일 동, 만물 물). ① [속뜻] 끈[紐] 모양[形]으로 생긴 동물(動物). ② [동물] 후생동물의 한 문. 몸은 가늘고 길며 거죽에는 가는 털이 있다. [비]끈벌레, 유충(紐蟲).

유-형제 乳兄弟 (젖 유, 맏 형, 아우 제). 실제 형제는 아니지만 젖[乳]을 나누어 먹고 자란 형제(兄弟). 또는 그러한 관계.

유-호덕 攸好德 (닦을 유, 좋을 호, 베풀 덕). 덕(德)을 좋아하여[好] 즐겨 닦고[攸] 행하는 일. 오복(五福)의 하나. ¶유호덕의 군자로다.

유호-필 柔毫筆 (부드러울 유, 터럭 호, 붓 필). 부드러운[柔] 털[毫]로 만든 붓[筆].

유혹 誘惑 (꾈 유, 홀릴 혹). ① [속뜻] 꾀어[誘] 정신을 흐리게[惑] 함. ② 남을 호리어 나쁜 길로 유도함. ¶유혹에 빠지다 / 거리의 군것질거리들이 아이들을 유혹했다.

▸ 유혹-적 誘惑的 (것 적). 유혹(誘惑)하는 것[的].

유혼 幽魂 (그윽할 유, 넋 혼). 귀신[幽]의 혼(魂). 죽은 사람의 혼을 일컬음.

유화¹ 乳化 (젖 유, 될 화). ① [속뜻] 젖[乳]처럼 됨[化]. ② [물리] 섞이지 않는 두 가지 액체에 약물을 넣어 고르게 섞어 걸쭉한 액체로 만드는 것.

▸ 유화-제 乳化劑 (약제 제). [화학] 섞이지 않는 두 액체를 잘 섞이게 하는[乳化] 물질[劑]. ¶유화제는 표면 활성을 지니고 있다.

유화² 油畫 (기름 유, 그림 화). [미술] 기름[油]으로 갠 물감으로 그린 그림[畫]. ¶유화를 그리다.

유화³ 柔和 (부드러울 유, 따스할 화). 성질이 부드럽고[柔] 온화(穩和)함.

유화⁴ 流火 (흐를 류, 불 화). ① [속뜻] 마치 하늘을 흐르는[流] 것 같이 보이는 불빛[火]. ② [천문] 우주의 먼지가 지구의 대기권에 들어와 공기의 압축과 마찰로 빛을 내는 현상. [비]유성(流星).

유:화⁵ 柳花 (버들 류, 꽃 화). 버들[柳]의 꽃[花].

유화⁶ 硫化 (유황 류, 될 화). [화학] 어떤 물질이 유황(硫黃)과 화합(化合)함. 황화(黃化).

유화⁷ 榴花 (석류나무 류, 꽃 화). 석류(石榴)나무의 꽃[花].

유:화⁸ 類化 (비슷할 류, 될 화). 비슷하게[類] 됨[化]. 같은 종류의 물질이 서로 동화 작용을 함.

유화⁹ 宥和 (용서할 유, 어울릴 화). 용서하고[宥] 화목(和睦)하게 지냄. [반]강경(強硬).

▸ 유화 정책 宥和政策 (정치 정, 꾀 책). [정치] 상대편의 강경한 자세에 대하여 양보하여 화목을 꾀하는[宥和] 정책(政策).

유황 硫黃 (유황 류, 누를 황). [화학] 비금속 원소로 냄새가 없고 수지 광택이 있는[硫] 황색(黃色)의 결정(結晶).

▸ 유황-천 硫黃泉 (샘 천). 많은 양의 유황(硫黃)이 섞여 있는 광천(鑛泉).

유회¹ 油灰 (기름 유, 재 회). 기름[油]과 재[灰]를 섞어서 만든 물건.

유회² 流會 (흐를 류, 모일 회). 성원 미달이나 그 밖의 이유로 회의(會議)가 성립하지 아니함[流]. [반]성회(成會).

유:효 有效 (있을 유, 효과 효). ① [속뜻] 효과(效果)나 효력이 있음[有]. ¶유효 기간 / 이 계약은 1년간 유효하다. ② [운동] 유도 경기에서 메치기나 누르기가 '절반'에 미치지 못한 경우에 심판이 선언하는 판정 용어. [반]무효(無效).

▸ 유:효 사정 有效射程 (쏠 사, 거리 정). [군사] 살상 및 파괴 효과를 거둘 수 있는[有效] 탄알의 사격(射擊) 거리[程]. 유효 사거리(有效射距離).

▸ 유:효 수요 有效需要 (쓰일 수, 구할 요). [경제] 실제로 살 수 있는 능력을 가진[有效] 수요(需要). [반]잠재 수요(潛在需要).

▸ 유:효 숫:자 有效數字 (셀 수, 글자 자). [수학] ① 근삿값 등에 있어서 실질적으로 유효(有效)하거나 또는 잘라 버리지 않는 자리에 있는 숫자[數字]. ② 0에 대하여 1에서 9까지의 숫자.

▸ 유:효 사거리 有效射距離 (쏠 사, 떨어질 거, 떨어질 리). [군사] 탄알이 도달하여 파괴 효과를 나타낼 수 있는[有效] 사정(射程) 거리(距離). 유효 사정(有效射程).

유훈 遺訓 (남길 유, 가르칠 훈). 세상을 떠난 사람이 생전에 남긴[遺] 훈계(訓戒).

유휴 遊休 (놀 유, 쉴 휴). 쓸 수 있는 설비나 기계 등을 쓰지 않고 놀림[遊=休]. ¶유휴 경작지.

▶유휴-지 遊休地 (땅 지). 쓰지 않고 묵히는 [遊休] 땅[地].

▶유휴 자본 遊休資本 (재물 자, 밑 본). 경제 생산에 활용되지 않고[遊休] 있는 자본(資本).

유흔 遺痕 (남길 유, 자취 흔). 남은[遺] 흔적(痕迹).

유흥 遊興 (놀 유, 흥겨울 흥). 흥겹게[興] 노는[遊] 일. ¶유흥업소 / 유흥비(遊興費)로 가산을 탕진하다.

▶유흥-가 遊興街 (거리 가). 유흥(遊興) 업소가 많이 늘어서 있는 거리[街].

▶유흥-비 遊興費 (쓸 비). 유흥(遊興)에 드는 비용(費用).

▶유흥-세 遊興稅 (세금 세). 법률 요릿집, 음식점 따위에서의 유흥(遊興)이나 음식 행위에 대하여 부과하던 간접세(間接稅). 1977년 폐지 되었다. 유흥 음식세(遊興飮食稅).

▶유흥-업 遊興業 (일 업). 음식이나 술 등을 파는 따위의 유흥(遊興)을 할 수 있는 시설을 갖추어 놓은 업종(業種).

▶유흥업-소 遊興業所 (일 업, 곳 소). 유흥업(遊興業)을 경영하는 곳[所].

유희 遊戲 (놀 유, 놀이 희). 놀이[戲]를 하며 즐겁게 놂[遊]. ㊐놀이.

▶유희-요 遊戲謠 (노래 요). 놀이[遊戲]를 하면서 여러 사람이 부르는 노래[謠].

육가야 六伽倻 (여섯 륙, 절 가, 나라이름 야). ① 속뜻 여섯[六] 개로 나뉘어 있던 가야(伽倻). ② 역사 삼한(三韓)시대에 낙동강 하류 유역에 있던 금관가야, 아라가야, 고령가야, 대가야, 성산가야, 비화가야 혹은 소가야를 이름.

육각 六角 (여섯 륙, 모서리 각). ① 속뜻 여섯[六] 개의 각(角)을 이루는 형상. ② 음악 국악에서 북, 장구, 해금, 피리, 태평소 한 쌍을 묶은 여섯 가지 악기를 통틀어 이르는 말. ¶삼현육각(三絃六角).

▶육각-정 六角亭 (정자 정). 지붕과 바닥을 육각형(六角形)으로 지어진 정자(亭子).

▶육각-형 六角形 (모양 형). ① 속뜻 여섯[五] 개의 모서리[角]가 있는 모양[形]. ② 수학 다섯 개의 선분으로 둘러싸인 평면 도형. ¶벌집은 육각형 모양의 작은 칸들로 이루어져 있다.

육감[1] 六感 (여섯 륙, 느낄 감). 심리 여섯[六] 번째 감각(感覺). 인체의 다섯 가지 감각 이외에 경험에서 비롯되는 감각. ¶육감이 맞아떨어지다.

육감[2] 肉感 (몸 육, 느낄 감). ① 속뜻 육체(肉體)상의 감각(感覺). ② 육체에서 풍기는 성적인 느낌.

▶육감-적 肉感的 (것 적). 육체적인 감각[肉感], 즉 성욕을 자극하는 것[的].

육갑 六甲 (여섯 륙, 천간 갑). ① 속뜻 '육십갑자'(六十甲子)의 준말. ② 남의 언행을 얕잡아 이르는 말.

육경 六境 (여섯 륙, 지경 경). 불교 여섯[六] 경계(境界). 육식(六識)의 대상으로 색경(色境), 성경(聲境), 향경(香境), 미경(味境), 촉경(觸境), 법경(法境)을 이른다.

육계[1] 肉界 (몸 육, 지경 계). 육신(肉身)의 세계(世界).

육계[2] 肉鷄 (고기 육, 닭 계). 고기[肉]를 식용으로 쓰기 위해 기르는 닭[鷄].

육계-도 陸繫島 (뭍 륙, 맬 계, 섬 도). 지리 육지(陸地)와 잘록하게 이어진[繫] 모래섬[島].

육계-사주 陸繫沙洲 (뭍 륙, 맬 계, 모래 사, 섬 주). 지리 육지(陸地)와 육지에 가까운 섬을 연결하게[繫] 된 모래[沙] 섬[洲].

육과 肉果 (살 육, 열매 과). 즙과 살[肉]이 많은 과일[果]. '다육과'(多肉果)의 준말.

육괴 肉塊 (고기 육, 덩어리 괴). 고기[肉] 덩어리[塊].

육교[1] 肉交 (몸 육, 사귈 교). ① 속뜻 육체적(肉體的) 교접(交接). ② 남녀 간의 성교.

육교[2] 陸橋 (뭍 륙, 다리 교). 땅[陸] 위에 만든 다리[橋]. 도로나 철도를 가로질러 세운다. ¶육교를 건너 시장에 갔다.

육군 陸軍 (뭍 륙, 군사 군). 군사 육상(陸上)에서 전투하는 군대(軍隊). ㊐지상군(地上軍).

▶육군 대:학 陸軍大學 (큰 대, 배울 학). 교육 육군(陸軍)의 고급 지휘관을 길러내는

군사 학교[大學].

▸육군 본부 陸軍本部 (뿌리 본, 거느릴 부). [군사] 국방부에 달린 육군(陸軍)의 근본(根本)인 통수 기관[部].

▸육군 사:관 학교 陸軍士官學校 (선비 사, 벼슬 관, 배울 학, 가르칠 교). [군사] 육군(陸軍)의 초급 장교[士官]가 될 사람에게 필요한 정규 교육을 하는 군사 학교(學校).

육근 六根 (여섯 륙, 뿌리 근). [불교] 육경(六境)을 인식하는 여섯[六] 가지 기관을 뿌리[根]에 비유한 말. 눈, 귀, 코, 혀, 몸, 뜻이 있다.

육기[1] 六氣 (여섯 륙, 기운 기). [철학] 중국 철학에서 이르는 천지간의 여섯[六] 가지 기운(氣運).

육기[2] 肉氣 (살 육, 기운 기). 몸이 살[肉]찐 상태[氣].

육-기통 六氣筒 (여섯 륙, 공기 기, 대롱 통). [기계] 여섯[六] 개의 실린더[氣筒]를 가진 내연 기관.

육다골소 肉多骨少 (살 육, 많을 다, 뼈 골, 적을 소). 몸에 살[肉]이 많고[多] 뼈[骨]가 적음[少].

육담 肉談 (몸 육, 이야기 담). 육욕(肉慾)에 관한 저속한 이야기[談]. ¶노골적인 육담을 늘어놓다.

육덕[1] 六德 (여섯 륙, 베풀 덕). [철학] 사람으로서 지켜야 할 여섯[六] 가지 도덕(道德). 지(知), 인(仁), 성(聖), 의(義), 충(忠), 화(和)를 이른다. '육원덕'(六元德)의 준말.

육덕[2] 肉德 (살 육, 베풀 덕). 몸에 살[肉]이 많아 덕(德)스러움. ¶그는 육덕이 많고 뱃심이 좋아 보였다.

육돈 肉豚 (고기 육, 돼지 돈). 고기[肉]를 얻으려고 기르는 돼지[豚].

육두-문자 肉頭文字 (몸 육, 접미사 두, 글자 문, 글자 자). 몸[肉頭]으로 하는 상스러운 말이나 글[文字].

육량 肉量 (고기 육, 분량 량). 고기[肉]를 먹을 수 있는 분량(分量).

육례 六禮 (여섯 륙, 예도 례). 우리나라 전통의 혼인 예법에서의 여섯[六] 가지 의례(儀禮). 납채(納采), 문명(問名), 납길(納吉), 납폐(納幣), 청기(請期), 친영(親迎)을 이른다.

육로 陸路 (뭍 륙, 길 로). 땅[陸] 위에 난 길[路]. ¶육로를 통해 금강산에 갈 수 있다. [반]수로(水路).

육룡 六龍 (여섯 륙, 용 룡). ① [속뜻] 수레를 끄는 여섯[六] 마리의 용(龍). ② '임금이 타는 수레'를 비유하여 이르는 말.

육류 肉類 (고기 육, 무리 류). 먹을 수 있는 짐승의 고기[肉] 종류(種類)를 두루 이르는 말.

육림 育林 (기를 육, 수풀 림). 산이나 들에 나무를 심어 숲[林]을 가꾸는[育] 일.

▸육림-업 育林業 (일 업). 나무를 심어 가꾸어 목재를 생산하는[育林] 사업(事業).

육면-체 六面體 (여섯 륙, 쪽 면, 몸 체). [수학] 여섯[六] 개의 평면(平面)에 둘러싸인 입체(立體).

육묘 育苗 (기를 육, 모종 묘). 묘목(苗木)이나 모를 기름[育].

▸육묘-장 育苗場 (기를 육, 모종 묘, 마당 장). 묘목(苗木)이나 모를 기르는[育] 곳[場]. ¶육묘 품종.

육미[1] 六味 (여섯 륙, 맛 미). ① [속뜻] 여섯[六] 가지의 맛[味]. 쓴맛, 단맛, 신맛, 매운맛, 짠맛, 싱거운 맛. ② [한의] 숙지황, 구기자, 산수유 따위의 여섯 가지 약재를 넣어서 달여 만드는 탕약. 육미지황탕(六味地黃湯).

육미[2] 肉味 (고기 육, 맛 미). ① [속뜻] 고기[肉]의 맛[味]. ② 짐승 고기로 만든 음식.

육박 肉薄 (몸 육, 엷을 박). 몸[肉] 가까이 바싹[薄] 다가붙음. ¶적들과 육박전(肉薄戰)을 벌였다 / 5만 명에 육박하는 관중이 경기장에 모였다.

▸육박-전 肉薄戰 (싸울 전). 지상에서 적과 몸[肉]을 맞붙어[薄] 싸우는 전투(戰鬪). ¶치열한 육박전을 벌이다.

육-반구 陸半球 (뭍 륙, 반 반, 공 구). [지리] 지구를 수륙 분포에 따라 둘로 나눌 때에 육지(陸地)가 차지하는 면적이 최대가 되도록 구분한 반구(半球). [반]수반구(水半球).

육방 六房 (여섯 륙, 방 방). [역사] 조선 때, 승정원 및 각 지방 관아에 둔 여섯[六] 부서[房].

육방 정계 六方晶系 (여섯 륙, 모 방, 밝을 정, 이어 맬 계). ① [속뜻] 단면이 육방(六方形)인 결정계(結晶系). ② [광업] 광물 결정계에서, 길이가 같은 세 개의 수평축이 한 평면 위에서 60도로 교차하고, 길이가 다른 하나의 수직축이 세 축의 교차점을 직교하는 결정 형태. ¶흑연은 육방 정계의 광물이다. [참]정계(晶系).

육법 六法 (여섯 륙, 법 법). ① [속뜻]여섯[六] 가지의 기본이 되는 법률(法律). ② '육법전서'(六法全書)의 준말.

▸육법-전서 六法全書 (모두 전, 책 서). 육법(六法)과 그것에 딸린 법규 등을 모두[全] 모아 엮은 법전[書].

육본 陸本 (뭍 륙, 뿌리 본). '육군 본부'(陸軍本部)의 준말.

육봉 肉峰 (살 육, 봉우리 봉). [동물]낙타 등의 살가죽 밑에 지방[肉]이 모여 봉우리[峰]처럼 불거진 큰 혹.

육부[1] 六部 (여섯 륙, 나눌 부). [역사]①신라 때, 씨족을 중심으로 나눈 경주의 여섯[六] 행정 구역[部]. ②고려 때, 행정을 나누어 맡아보던 여섯 관아. ③수나라 때부터 청나라에 이르기까지 중국에서 행정을 나누어 맡아보던 여섯 관아.

육부[2] 六腑 (여섯 륙, 내장 부). [한의]배속에 있는 여섯[六] 가지 기관[腑]. 위, 대장, 소장, 쓸개, 방광, 삼초를 이른다. 음식물을 받아들여 소화하고 영양분을 흡수하며 찌꺼기를 내려 보내는 역할을 한다.

육분-의 六分儀 (여섯 륙, 나눌 분, 천문기계 의). ① [속뜻]원을 여섯[六]으로 나눈[分] 원호 모양의 천체 기구[儀]. ② [물리]태양, 달, 별 따위를 수평선상의 각도를 재는 광학 기계.

육붕 陸棚 (뭍 륙, 시렁 붕). [지리]대륙(大陸)의 가장자리에 이어지는 선반[棚] 모양의 바다 밑의 부분. '대륙붕'(大陸棚)의 준말.

육사[1] 六邪 (여섯 륙, 간사할 사). 나라에 해로운 여섯[六] 유형의 사악(邪惡)한 신하.

육사[2] 陸士 (뭍 륙, 선비 사). [군사]'육군사관학교'(陸軍士官學校)의 준말.

육산-물 陸産物 (뭍 륙, 낳을 산, 만물 물). 육지(陸地)에서 나는[産] 물건(物件).

⁂**육상** 陸上 (뭍 륙, 위 상). ① [속뜻]땅[陸] 위[上]. ¶육상 식물. ② [운동]'육상경기'(陸上競技)의 준말. ¶육상 선수.

▸육상 경:기 陸上競技 (겨룰 경, 재주 기). [운동]땅 위[陸上]에서 하는 운동 경기(競技)를 통틀어 이르는 말.

육색 肉色 (살 육, 빛 색). ① [속뜻]살갗[肉]의 빛깔[色]. ②사람의 살빛처럼 불그스름한 빛깔.

육서[1] 六書 (여섯 륙, 쓸 서). ① [속뜻]여섯[六] 가지 유형의 글자체[書]. ②한자의 4종 조자(造字) 방식인 상형(象形)·지사(指事)·회의(會意)·형성(形聲), 2종 용자(用字) 방식인 전주(轉注)·가차(假借)를 아울러 이르는 말. ③한자의 여섯 가지 서체(書體). 대전(大篆),소전(小篆),예서(隸書),팔분(八分),행서(行書),초서(草書)를 이른다.

육서[2] 陸棲 (뭍 륙, 서식할 서). 육지(陸地)에서 서식(棲息)함.

육성[1] 肉聲 (몸 육, 소리 성). 기계를 통하지 않고 사람의 몸[肉]에서 직접 나오는 소리[聲]. ¶그녀는 마이크 없이 육성으로 노래를 불렀다.

육성[2] 育成 (기를 육, 이룰 성). 길러[育] 성장(成長)시킴. ¶우리 회사는 인재 육성에 힘쓰고 있다 / 이곳은 야구 선수를 체계적으로 육성하는 기관이다. [비]양성(養成).

육성-층 陸成層 (뭍 륙, 이룰 성, 층 층). ① [속뜻]육지(陸地)에 생긴[成] 지층(地層). ② [지리]물 또는 바람의 작용으로 육지에 퇴적한 지층이나 암석을 통틀어 이르는 말.

육속 肉屬 (고기 육, 속할 속). 짐승의 고기[肉]에 속(屬)하는 것.

육송 陸送 (뭍 륙, 보낼 송). 육지(陸地)에서의 운송(運送).

육수[1] 肉水 (고기 육, 물 수). 양지머리, 사태 등 고기[肉]를 곤 국물[水].

육수[2] 陸水 (뭍 륙, 물 수). [지리]내륙(內陸)의 물[水].

▸육수-학 陸水學 (배울 학). 하천, 지하수 등 육수(陸水)의 분포·이동 등을 연구하는 학문(學問).

육수 화서 肉穗花序 (살 육, 이삭 수, 꽃 화, 차례 서). ① [속뜻]살찐[肉] 이삭[穗] 모양 같은 꽃차례[花序]. ② [식물]수상 꽃차례와 비슷하나 꽃대의 주위에 꽃자루가 없는 수많은 잔꽃이 모여 피는 무한 꽃차례.

육순 六旬 (여섯 륙, 열흘 순). ① [속뜻]육(六)십 날[旬]. ②예순 살. ¶오늘은 큰아버지가 육순이 되시는 날이다.

육시 戮屍 (죽일 륙, 시체 시). [역사] 지난 날, 시체(屍體)를 다시 죽이는[戮] 형벌.

육식¹ 六識 (여섯 륙, 알 식). [불교] 육근(六根)에 의하여 대상을 깨닫는 여섯[六] 가지 인식(認識) 작용. 안식(眼識), 이식(耳識), 비식(鼻識), 설식(舌識), 신식(身識), 의식(意識)을 일컫는다.

육식² 肉食 (고기 육, 먹을 식). ① [속뜻] 짐승의 고기[肉]로 만든 것을 먹음[食]. 또는 그 음식. ¶언니는 육식보다 채식을 좋아한다. ② 동물이 동물을 먹이로 함. ¶티라노사우루스는 육식 공룡이다.

▸**육식-가** 肉食家 (사람 가). 육식(肉食)을 즐기는 사람[家].

▸**육식-성** 肉食性 (성질 성). [동물] 주로 고기[肉]를 먹고사는[食] 동물의 습성(習性). ¶육식성 동물 / 육식성 어류. [비] 식육성(食肉性). [참] 식성(食性).

▸**육식-수** 肉食獸 (짐승 수). 주로 고기[肉]를 먹고사는[食] 짐승[獸].

▸**육식-조** 肉食鳥 (새 조). 주로 고기[肉]를 먹고사는[食] 날짐승[鳥類].

▸**육식-충** 肉食蟲 (벌레 충). 주로 작은 벌레[肉]를 먹고사는[食] 벌레[蟲].

▸**육식 동:물** 肉食動物 (움직일 동, 만물 물). [동물] 주로 고기[肉]를 먹고사는[食] 동물(動物). 늑대, 독수리 따위. ¶늑대는 육식 동물이다.

육신¹ 六神 (여섯 륙, 귀신 신). [민속] 오방(五方)을 지킨다는 여섯[六] 신(神).

육신² 肉身 (몸 육, 몸 신). ① [속뜻] 구체적인 물체인 사람의 몸[肉=身]. ¶육신의 고통을 견디다. ② [종교] 영혼의 현신(現身)인 인성(人性). [비] 육체(肉體). [반] 영혼(靈魂).

육십 六十 (여섯 륙, 열 십). ① [속뜻] 십(十)의 여섯[六] 배가 되는 수. 60. ¶모두 육십 명이 접수하였다. ② '육십 세'(六十歲)의 준말. [비] 예순.

▸**육십-갑자** 六十甲子 (천간 갑, 쥐 자). [민속] 갑(甲)으로 시작되는 천간(天干) 10가지와 자(子)로 시작되는 지지(地支) 12가지를 서로 배열해 놓은 60(六十) 가지의 것.

▸**육십분-법** 六十分法 (나눌 분, 법 법). ① [속뜻] 60(六十)으로 나누는[分] 방법(方法). ② [수학] 각도의 단위를 정하는 방법으로 직각의 90분의 1을 1도, 1도의 60분의 1을 1분, 1분의 60분의 1을 1초로 하는 각의 측정법.

▸**육십사-괘** 六十四卦 (넉 사, 걸 괘). 주역에서 팔괘(八卦)를 두 괘씩 겹쳐 얻은 64(六十四) 개의 괘(卦).

▸**육십진-법** 六十進法 (나아갈 진, 법 법). [수학] 육십(六十)을 단위로 한 등급 올려[進] 수를 세는 방법(方法).

육십 만:세 운:동 六十萬歲運動 (여섯 륙, 열 십, 일만 만, 해 세, 돌 운, 움직일 동). [역사] 1926년 6[六]월 10일[十]에, 순종의 인산일(因山日)을 기하여 전개된 만세 운동(萬歲運動). 침체된 민족 운동에 새로운 활기를 안겨 주었으며, 3·1운동과 1929년 광주학생 항일운동의 교량 역할을 했다.

육아¹ 肉芽 (살 육, 싹 아). ① [속뜻] 살[肉]이 돋는 싹[芽]. ② [의학] 모세 혈관, 섬유아세포 따위로 이루어진 증식력이 강한 어린 결합 조직. 외상 따위로 염증이 생겼을 때 손상된 부위를 아물게 하기 위해 심부(深部)에서 발달하여 나온다. ③ [식물] 변태한 곁눈의 하나. 다육질이고 양분을 저장한다. 식물의 모체에서 쉽게 땅에 떨어져 새 개체가 된다.

▸**육아 조직** 肉芽組織 (짤 조, 짤 직). ① [속뜻] 육아(肉芽)로 된 조직(組織). ② [의학] 외상(外傷)이나 염증이 있을 때, 상처가 아물어 가는 과정에서 볼 수 있는 부드럽고 과립상(顆粒狀)인 선홍색의 조직(組織).

육아² 育兒 (기를 육, 아이 아). 어린 아이[兒]를 기름[育]. ¶육아 일기 / 육아 휴직.

▸**육아-낭** 育兒囊 (주머니 낭). [동물] 새끼[兒]를 넣어 기르는[育] 주머니[囊]. 캥거루 따위에 있다.

▸**육아-원** 育兒院 (집 원). 부모가 없거나 기르기 힘든 아이를 거두어 기르는[育兒] 곳[院].

육안 肉眼 (몸 육, 눈 안). ① [속뜻] 몸[肉]에 붙은 눈[眼]이나 시력. ② 눈으로 보는 표면적인 안식(眼識). ¶그 별은 육안으로는 볼 수 없다. ③ [불교] 불교에서 이르는 오안(五眼)의 하나. [비] 맨눈, 심안(心眼).

육영¹ 育嬰 (기를 육, 갓난아이 영). 어린아이[嬰]를 기름[育].

육영² 育英 (기를 육, 뛰어날 영). 영재(英才)

를 가르쳐 기름[育]. ¶그는 평생을 육영사업에 힘썼다.

▸**육영 공원** 育英公院 (관공서 공, 집 원). 역사 고종 23년(1886)에 근대적 인물을 기르기[育英] 위해 설립한 최초의 현대식 공립(公立) 학교[院]. 미국인 교사를 초빙하여 수학·지리학·외국어·정치 경제학 따위를 가르쳤다.

▸**육영 사:업** 育英事業 (일 사, 일 업). 사회 육영(育英)에 전심하는 사업(事業).

▸**육영 재단** 育英財團 (재물 재, 모일 단). 법률 육영(育英) 사업을 목적으로 설립한 재단(財團).

육예 六藝 (여섯 륙, 재주 예). ① 속뜻 여섯[六] 가지 재주[藝]. ② 고대 중국의 여섯 가지 교과(教科). 예(禮), 악(樂), 사(射), 어(御), 서(書), 수(數)를 아울러 이른다.

육욕 肉慾 (몸 육, 욕심 욕). ① 속뜻 육체적(肉體的)인 욕망(慾望). ② 이성(異性)의 육체에 대한 욕망.

▸**육욕-주의** 肉慾主義 (주될 주, 뜻 의). 육욕(肉慾)을 만족시키는 것을 인생 최고의 목적으로 삼는 주의(主義).

육용-종 肉用種 (고기 육, 쓸 용, 갈래 종). 소, 양, 닭처럼 고기[肉]를 쓰기[用] 위해 기르는 가축 품종(品種).

육우 肉牛 (고기 육, 소 우). 고기[肉]를 얻으려고 기르는 소[牛].

육운 陸運 (뭍 륙, 옮길 운). 여객 및 화물을 육상(陸上)에서 운송(運送)함. 육송(陸送).

육-원덕 六元德 (여섯 륙, 으뜸 원, 베풀 덕). 사람으로서 갖추어야 할 여섯[六] 가지 기본[元] 도덕(道德). 지(知), 인(仁), 성(聖), 의(義), 충(忠), 화(和)를 이른다.

육월 六月 (여섯 육, 달 월). '유월'의 본말.

육의-전 六矣廛 (여섯 륙, 어조사 의, 가게 전). 역사 조선 시대 때 서울의 종로에 있던 여섯[六] 가지 가게[廛]. ⓑ 육주비전(六注比廛).

육이오 전:쟁 六二五戰爭 (여섯 륙, 둘 이, 다섯 오, 싸울 전, 다툴 쟁). 역사 1950년 6[六]월 25[二五]일에 북한군이 한국을 침공하여 일어난 전쟁(戰爭). 1953년 7월 27일에 휴전이 이루어져 휴전선을 확정하였으며, 휴전 상태가 오늘날까지 지속되고 있다. ⓑ 한국 전쟁.

육자 肉刺 (살 육, 찌를 자). 살[肉]로 된 가시[刺] 같은 것. 손이나 발에 생기는 사마귀 비슷한 굳은살을 이른다.

육자 명호 六字名號 (여섯 륙, 글자 자, 이름 명, 이름 호). 불교 '나무아미타불'의 여섯[六] 글자[字]로 된 미타(彌陀)의 이름[名號].

육자 염:불 六字念佛 (여섯 륙, 글자 자, 생각 념, 부처 불). 불교 '나무아미타불'(南無阿彌陀佛)의 여섯[六] 글자[字]로 된 부처[佛] 이름을 외는[念] 것.

육장 肉醬 (고기 육, 간장 장). 잘게 썬 쇠고기[肉]를 간장[醬]으로 조린 반찬.

육적[1] 六賊 (여섯 륙, 도둑 적). 불교 여섯[六] 가지 인간의 본성을 흐리게 하는[賊] 것. 색(色), 성(聲), 향(香), 미(味), 촉(觸), 법(法)을 이른다. 육진(六塵).

육적[2] 肉炙 (고기 육, 구울 적). 고기[肉]를 양념장에 재였다가 구운[炙] 음식.

육전 陸戰 (뭍 륙, 싸울 전). 육지(陸地)에서 벌이는 전투(戰鬪). 지상전(地上戰).

육전 조례 六典條例 (여섯 륙, 벼슬 전, 조목 조, 법식 례). 책명 조선 고종 4년(1867)에 각 관아의 육전(六典)에서 맡은 일과 조례(條例) 따위를 규정하여 펴낸 행정 법규집.

육정[1] 六正 (여섯 륙, 바를 정). 나라에 이로운 여섯[六] 명의 올바른[正] 신하. 성신(聖臣), 양신(良臣), 충신(忠臣), 지신(智臣), 정신(貞臣), 직신(直臣)을 이른다. ⓑ 육사(六邪).

육정[2] 六情 (여섯 륙, 마음 정). 사람의 여섯[六] 가지 성정(性情). 희(喜), 노(怒), 애(哀), 락(樂), 애(愛), 오(惡)를 이른다.

육정[3] 肉情 (몸 육, 마음 정). 이성의 육체(肉體)를 바라는 욕정(欲情). 육욕(肉慾).

육조[1] 六朝 (여섯 륙, 조정 조). 역사 중국 역사에서 후한(後漢)이 멸망하고 수(隋) 나라가 천하를 통일하기까지 지금의 남경(南京)에 나라를 세웠던 여섯[六] 왕조(王朝). 오(吳), 동진(東晉), 송(宋), 제(齊), 양(梁), 진(陳)을 이른다.

육조[2] 六曹 (여섯 륙, 관아 조). 역사 고려, 조선 때 기능에 따라 나라 일을 분담하여 집행하던 여섯[六] 개의 중앙 관청[曹]. 이조

(吏曹), 호조(戶曹), 예조(禮曹), 병조(兵曹), 형조(刑曹), 공조(工曹)를 이른다. ¶육조가 국무를 수행하는 데 근거가 되는 법전을 육전(六典)이라고 한다.

▸육조 판서 六曹判書 (판가름할 판, 글 서). 역사 육조(六曹)의 각 판서(判書).

육종 育種 (기를 육, 씨 종). ① 속뜻 씨[種]를 기름[育]. ② 농업 재배 식물이나 사육 동물 중에서 좋은 품종을 육성하거나 품종을 개량하는 일.

육-주비전 六注比廛 (여섯 륙, 물댈 주, 가지런할 비, 가게 전). 역사 조선 시대 때 서울의 종로에 있던 여섯[六] 종류의 가게[廛]. 육의전(六矣廛). 注比은 '무리''떼'를 의미하는 고유어 '주비'의 한자 음역(音譯)이라는 설이 있다.

육중 肉重 (몸 육, 무거울 중). 몸집[肉]이나 생김새 따위가 투박하고 무겁다[重]. ¶그는 육중한 몸을 의자에서 일으켰다.

육즙 肉汁 (고기 육, 즙 즙). 쇠고기[肉]를 삶아서 짜낸 즙(汁).

⁑**육지 陸地** (뭍 륙, 땅 지). 물에 잠기지 않은 지구 표면의 땅[陸=地]. ⓑ땅, 뭍.

▸육지-면 陸地棉 (목화 면). ① 속뜻 육지(陸地)에서 나는 목화[棉]. ② 식물 미국의 기온이 높은 남부 지방에 나는 목화의 한 품종. ⓑ재래면(在來棉).

▸육지-행선 陸地行船 (갈 행, 배 선). ① 속뜻 육지(陸地)에서 배[船]를 저어 가려[行] 함. ②되지도 않을 일을 억지로 하고자 함.

육진¹ 六塵 (여섯 륙, 티끌 진). 불교 인간의 본성을 흐리게 하는 여섯[六] 가지 티끌[塵]. 색(色), 성(聲), 향(香), 미(味), 촉(觸), 법(法)을 이른다.

육진² 六鎭 (여섯 륙, 누를 진). 역사 조선 세종 때 함경북도 경원·경흥·부령·온성·종성·회령 등 여섯[六] 곳에, 적군의 침입을 억누르기[鎭] 위하여 설치한 요새지.

육질 肉質 (고기 육, 바탕 질). 고기[肉]의 품질(品質).

육찬 肉饌 (고기 육, 반찬 찬). 쇠고기[肉] 따위로 만든 반찬(飯饌).

육체¹ 六體 (여섯 륙, 모양 체). ① 역사 과거 때 여섯[六] 가지 시험 형식[體]. 시(詩), 부(賦), 표(表), 책(策), 논(論), 의(疑)를 통틀어 이르던 말. ② 육서(六書).

육체² 肉滯 (고기 육, 막힐 체). 고기[肉]를 먹고 체(滯)한 증세.

육체³ 肉體 (몸 육, 몸 체). 구체적인 물질인 사람의 몸[肉=體]. ¶건전한 육체에 건전한 정신이 깃든다. ⓑ육신(肉身). ⓟ영혼(靈魂), 정신(精神).

▸육체-미 肉體美 (아름다울 미). 육체(肉體)의 균형이 주는 아름다움[美].

▸육체-적 肉體的 (것 적). 육체(肉體)에 관련된 것[的]. ¶스트레스는 정신적으로나 육체적으로 사람을 힘들게 한다. ⓟ정신적(精神的).

▸육체-파 肉體派 (갈래 파). 체격이나 육체미(肉體美)가 뛰어난 무리[派]의 사람.

▸육체-노동 肉體勞動 (일할 로, 움직일 동). 육체(肉體)를 움직여 그 힘으로 하는 노동(勞動). ⓟ정신노동(精神勞動).

▸육체 문학 肉體文學 (글월 문, 배울 학). 문학 주로 욕정 따위의 육체(肉體)의 생활을 묘사하는 관능적인 문학(文學).

육촌 六寸 (여섯 륙, 관계 촌). ① 속뜻 여섯[六] 마디[寸]. ② 여섯 개의 촌수를 사이에 두고 있는 친척. 사촌의 자식, 곧 재종간의 형제자매를 이른다. ⓑ재종(再從).

육추 育雛 (기를 육, 병아리 추). 병아리[雛]를 기름[育].

육축 六畜 (여섯 륙, 가축 축). 집에서 기르는 여섯[六] 가지 가축(家畜). 소, 말, 돼지, 양, 개, 닭을 이른다.

육친¹ 六親 (여섯 륙, 친할 친). ① 속뜻 부모·형제·처자의 여섯[六] 명의 가족[親]을 통틀어 이르는 말. 육척(六戚). ② 점괘를 볼 때 부모, 형제, 처재(妻財), 자손, 관귀(官鬼), 세응(世應)의 여섯 가지를 이르는 말.

육친² 肉親 (몸 육, 친할 친). 혈연[肉] 관계에 있는 친척(親戚). ¶유비, 관우, 장비는 육친처럼 서로 의지하며 살기로 약속했다.

육침 肉針 (살 육, 바늘 침). ① 동물 해면 따위 일부 생물의 살[肉]에 바늘[針]처럼 돋아난 뼈. ② 한의 손가락으로 혈(穴)을 눌러서 치료할 때의 '손가락'을 이르는 말.

육탄 肉彈 (몸 육, 탄알 탄). ① 속뜻 육체(肉體)를 탄환(彈丸)으로 씀. ② 몸을 던져 적진으로 들어가는 일.

▸육탄-전 肉彈戰 (싸울 전). 육탄(肉彈)이 되어 싸우는 전투(戰鬪).

육탈 肉脫 (살 육, 빠질 탈). ① [속뜻] 몸이 여위어 살[肉]이 빠짐[脫]. ② 매장한 시체의 살이 썩어 뼈만 남음 또는 그 상태.

▸육탈-골립 肉脫骨立 (뼈 골, 설 립). ① [속뜻] 살이 벗겨지고[肉脫] 뼈[骨]만 서[立] 있음. ② 몸이 몹시 여윈 것을 이름.

육탕 肉湯 (고기 육, 끓을 탕). 고기[肉]를 넣어 끓인 탕국[湯].

육-판서 六判書 (여섯 륙, 판가름할 판, 글 서). 고려·조선 시대의 국가 행정기관인 육조(六曹)의 으뜸벼슬[判書]. '육조 판서'의 준말. ¶삼정승 육판서.

육포[1] 肉包 (고기 육, 쌀 포). 고기[肉]를 넣은 쌈[包].

육포[2] 肉脯 (고기 육, 포 포). 쇠고기[肉]를 얇게 저며서 말린 포(脯).

육풍 陸風 (뭍 륙, 바람 풍). [지리] 밤의 기온 차이로 육지(陸地)에서 바다로 부는 바람[風]. [반]해풍(海風).

육필 肉筆 (몸 륙, 글씨 필). 본인이 직접[肉] 쓴 글씨[筆]. ¶육필 원고(肉筆原稿). [비]친필(親筆).

육하-원칙 六何原則 (여섯 륙, 무엇 하, 본디 원, 법 칙). 기사를 작성할 때 여섯[六] 가지 물어야할[何] 원칙(原則). '누가, 언제, 어디서, 무엇을, 어떻게, 왜'의 여섯 가지를 이른다. ¶글을 간결하고 명확히 쓰기 위해서는 육하원칙에 따라야 한다.

육해공-군 陸海空軍 (뭍 륙, 바다 해, 하늘 공, 군사 군). [군사] 육군(陸軍), 해군(海軍), 공군(空軍)을 아울러 이름. ¶육해공군 합동 작전. [비]삼군(三軍).

육혈-포 六穴砲 (여섯 륙, 구멍 혈, 대포 포). 탄알을 재는 구멍[穴]이 여섯[六] 개 있는 권총[砲]을 이르던 말.

육형 肉刑 (몸 육, 형벌 형). [역사] 옛날 중국에서 육체(肉體)에 부과하던 형벌(刑罰).

육화 六花 (여섯 륙, 꽃 화). '눈'(雪)을 달리 이르는 말. 눈의 결정이 마치 여섯[六] 장의 꽃잎을 가진 꽃[花]처럼 보인다 하여 붙여진 말이다.

육회 肉膾 (고기 육, 회 회). 소의 살코기[肉]로 만든 회(膾).

윤간 輪姦 (돌 륜, 간음할 간). 여러 남자가 돌아가면서[輪] 한 여자의 몸을 뺏는 일[姦].

윤곽 輪廓 (바퀴 륜, 둘레 곽). ① [속뜻] 바퀴[輪]의 둘레[廓]. ② 겉모양. ¶건물의 윤곽이 흐릿하게 보인다. ③ 일이나 사건의 대체적인 줄거리. ¶사건의 윤곽이 드러나기 시작하다.

윤기[1] 倫紀 (인륜 륜, 벼리 기). 윤리(倫理)와 기강(紀綱)을 아울러 이르는 말.

윤:기[2] 潤氣 (반들거릴 윤, 기운 기). 반들거리는[潤] 기운(氣運). 반들반들함. ¶그녀의 검은 머리카락은 윤기가 난다. [준]윤(潤). [비]광(光), 광택(光澤).

윤:년 閏年 (윤달 윤, 해 년). [천문] 윤일(閏日)이나 윤달[閏月]이 든 해[年].

윤독 輪讀 (돌 륜, 읽을 독). 글이나 책을 여러 사람이 차례로 돌려[輪] 가며 읽음[讀].

윤락 淪落 (빠질 륜, 떨어질 락). 몸을 파는 처지에 빠지거나[淪] 몸을 버려 타락(墮落)함.

윤리 倫理 (인륜 륜, 이치 리). ① [속뜻] 인륜(人倫) 도덕의 원리(原理). ¶그것은 윤리에 어긋나는 일이다. ② [철학] '윤리학'(倫理學)의 준말.

▸윤리-관 倫理觀 (볼 관). 윤리(倫理)에 대하여 가지는 생각이나 관점(觀點).

▸윤리-적 倫理的 (것 적). ① [속뜻] 윤리(倫理)에 관한 것[的]. ② 윤리에 근거한 것.

▸윤리-학 倫理學 (배울 학). [철학] 윤리(倫理)에 대해 연구하는 학문(學問). 도덕 철학(道德哲學).

▸윤리 신학 倫理神學 (귀신 신, 배울 학). [종교] 종교의 목적에 비추어 본 인간의 행위[倫理]를 연구하는 신학(神學)의 한 분과.

윤몰 淪沒 (빠질 륜, 빠질 몰). ① [속뜻] 물에 빠져[淪] 가라앉음[沒]. ② 죄에 빠짐.

윤:문 潤文 (반들거릴 윤, 글월 문). 글[文]을 부드럽게[潤] 다듬음.

윤번 輪番 (돌 륜, 차례 번). 돌아가며[輪] 차례대로[番] 맡음. 또는 그 돌아가는 차례.

▸윤번-제 輪番制 (정할 제). 어떤 일을 차례대로[輪番] 맡아보는 방법이나 제도(制度).

윤벌 輪伐 (돌 륜, 벨 벌). 해마다 삼림의 일부를 돌아가며[輪] 벌채(伐採)함. 또는 그 일.

윤:색 潤色 (반들거릴 윤, 빛 색). ① 속뜻 광택[潤]을 내고 색칠함[色]. ② 시문(詩文) 따위의 초고를 다듬어 좋게 꾸밈. 또는 그 일.

윤생 輪生 (돌 륜, 날 생). 윤회(輪廻)하여 출생(出生)함.

윤선 輪船 (돌 륜, 배 선). 증기 기관의 동력으로 움직이는[輪] 배[船]를 통틀어 이르는 말. '화륜선'(火輪船)의 준말.

윤:옥 胤玉 (자손 윤, 옥돌 옥). ① 속뜻 귀한[玉] 아들[胤]. ② 남을 높여 그의 '아들'을 이르는 말.

윤:우 胤友 (자손 윤, 벗 우). ① 속뜻 친구[友]의 아들[胤]. ② 웃어른이나 가까운 친구를 높여 그의 '장성한 아들'을 일컫는 말.

윤:월 閏月 (윤달 윤, 달 월). 윤년(閏年)에 드는 달[月]. 달력의 계절과 실제 계절과의 차이를 조절하기 위해 1년 중의 달수가 어느 해보다 많은 달을 이른다. ⓑ윤달.

윤:음-언해 綸音諺解 (다스릴 륜, 소리 음, 상말 언, 풀 해). ① 속뜻 다스리는[綸] 소리[音], 즉 임금의 뜻을 우리말[諺]로 풀어[解] 놓은 책. ② 책명 조선 정조(正祖)가 윤음을 널리 보급시키기 위해 모아 한글로 풀어쓴 책.

윤:일 閏日 (윤달 윤, 날 일). 태양력에서 윤년(閏年)이 드는 날[日], 곧 2월 29일.

윤작 輪作 (돌 륜, 지을 작). 농업 같은 경작지에 여러 농작물을 순서에 따라 돌려가며[輪] 재배하는 경작(耕作). ⓑ돌려짓기.

▸윤작-법 輪作法 (법 법). 농업 돌려가며[輪] 경작(耕作)하는 방법(方法).

윤전 輪轉 (바퀴 륜, 구를 전). 바퀴[輪] 모양으로 둥글게 돎[轉].

▸윤전-기 輪轉機 (틀 기). 원통 모양의 판과 원통 사이에 감은 인쇄 용지를 끼워서 윤전(輪轉)으로 인쇄하는 기계(機械).

윤중-제 輪中堤 (바퀴 륜, 가운데 중, 둑 제). 강 가운데 있는 섬의 둘레를 바퀴[輪]처럼 둘러서 그 안쪽[中]에 쌓은 제방(堤防).

윤증 輪症 (돌 륜, 증세 증). 일정 기간 동안 일정 지역을 돌며[輪] 퍼지는 병[症].

윤:집 閏集 (윤달 윤, 모을 집). 원본에서 빠진 글을 따로 모아[閏] 만든 문집(文集).

윤차 輪次 (돌 륜, 차례 차). 돌아가는[輪] 순차(順次).

윤창 輪唱 (돌 륜, 부를 창). 음악 같은 선율을 각 성부가 같은 간격을 두고 돌아가며[輪] 부르는[唱] 가창법. 또는 그런 악곡.

윤:초 閏秒 (윤달 윤, 초 초). 천문 세계시(世界時)와 실제 시각과의 오차를 조정하기 위해 더하거나 빼는[閏] 시간[秒].

윤축 輪軸 (돌 륜, 굴대 축). ① 속뜻 축(軸)을 돌림[輪]. ② 기계 축에 바퀴를 고정하여 바퀴와 축을 동시에 회전시키는 장치. 축에 감은 줄을 당겨서 무거운 물체도 쉽게 올리고 내릴 수 있다.

윤:택 潤澤 (젖을 윤, 윤날 택). ① 속뜻 물기 따위에 젖어[潤] 번지르르하게 윤이 남[澤]. ② 살림살이가 넉넉함. ¶그는 윤택한 가정에서 태어났다.

윤:필 潤筆 (젖을 윤, 붓 필). ① 속뜻 붓[筆]을 먹에 적심[潤]. ② 글씨를 쓰거나 그림을 그림. ③ '윤필료'(潤筆料)의 준말.

▸윤:필-료 潤筆料 (삯 료). 남에게 시문(詩文)이나 서화를 받고자[潤筆] 청할 때 주던 사례금[料].

윤:허 允許 (승낙할 윤, 허락 허). 승낙[允]과 허락[許]. 임금이나 높은 분의 승낙.

윤형 輪形 (바퀴 륜, 모양 형). 바퀴[輪] 모양[形].

▸윤형-동물 輪形動物 (움직일 동, 만물 물). 동물 섬모를 마치 수레바퀴[輪形]가 도는 것처럼 움직여 이동하는 동물(動物).

윤화 輪禍 (바퀴 륜, 재화 화). 자동차나 기차 따위의 바퀴[輪]를 가진 교통 기구에 의해 발생한 재화(災禍).

윤:활 潤滑 (반들거릴 윤, 미끄러울 활). 반들거리고[潤] 미끄러움[滑]. ¶윤활 장치 / 모든 작업과정이 윤활하게 돌아가고 있다.

▸윤:활-유 潤滑油 (기름 유). ① 속뜻 부드럽고 매끄럽게[潤滑] 하기 위해 바르는 기름[油]. ② 공업 기계가 맞닿는 부분의 마찰을 덜기 위하여 쓰는 기름.

▸윤:활-제 潤滑劑 (약제 제). 공업 기계의 회전부 따위에 발라 마찰을 줄이고 부드럽게[潤滑] 하는 물질[劑].

윤회 輪廻 (바퀴 륜, 돌 회). ① [속뜻] 바퀴[輪]처럼 끝없이 돎[廻]. ② [불교] 윤회생사.

▸**윤회 사상** 輪廻思想 (생각 사, 생각 상). [불교] 중생은 끊임없이 삼계육도(三界六道)를 돌고 돌며[輪廻] 생사를 거듭한다고 보는 사상(思想).

▸**윤회-생사** 輪廻生死 (날 생, 죽을 사). [불교] 수레바퀴가 끝없이 돌[廻輪] 듯이, 중생이 번뇌와 업에 의하여 삼계육도(三界六道)의 생사 세계를 그치지 않고 돌고 도는 일.

▸**윤회-전생** 輪廻轉生 (옮길 전, 날 생). [불교] 중생이 업(業)으로 말미암아 삼계육도를 돌면서[輪廻] 반복하여[轉] 태어남[生]을 이르는 말.

율격 律格 (가락 률, 격식 격). [문학] 한시의 구성법의 한 가지로 음율(音律)을 이용한 격식(格式).

율과 律科 (법칙 률, 과목 과). [역사] 조선 때, 법률(法律)에 능통한 사람을 뽑던 과거(科擧).

율기 律己 (법칙 률, 자기 기). ① [속뜻] 자기(自己)를 잘 다스림[律]. ② 안색을 바르게 함.

율동 律動 (가락 률, 움직일 동). ① [속뜻] 가락[律]에 맞추어 움직임[動]. ② 가락에 맞추어 추는 춤. ¶아이들은 선생님의 율동을 따라했다. ③ 음률의 곡조.

▸**율동 체조** 律動體操 (몸 체, 부릴 조). [운동] 음악의 가락에 맞추어 하는[律動] 체조(體操).

율려 律呂 (가락 률, 음률 려). ① [속뜻] '육률(六律)'과 '육려(六呂)'를 아울러 이르는 말. ② 음악. 또는 그 가락.

율령 律令 (법칙 률, 명령 령). ① [법률] 형률(刑律)과 법령(法令)을 아울러 이르는 말. 모든 법률을 말한다. ¶백제의 고이왕(古爾王)은 율령(律令)을 반포했다. ② [역사] 중국 수나라·당나라 때의 법전.

▸**율령격식** 律令格式 (바를 격, 법 식). [역사] 중국 수나라·당나라 때 완성한 4종의 법령. 율(律)은 형법, 영(令)은 제도에 관한 규정과 행정법, 격(格)은 율령의 규정을 수정·증보한 것, 식(式)은 율·령·격의 시행 세칙이다.

율목 栗木 (밤 률, 나무 목). 밤[栗]이 열리는 나무[木].

율문 律文 (법칙 률, 글월 문). ① [속뜻] 법률(法律)을 조목별로 적은 글[文]. ② [문학] 운문(韻文).

율법 律法 (법칙 률, 법 법). ① [속뜻] 규범[律]과 법[法]. ② [기독교] 하나님이 인간에게 지키도록 내린 규범을 이르는 말. ③ [불교] '계율'(戒律)을 달리 이르는 말.

율사[1] **律士** (법칙 률, 선비 사). 소송 사무나 기타 일반 법률(法律) 사무를 전문으로 하는 사람[士]. '변호사'(辯護士)를 일컫는다.

율사[2] **律師** (법칙 률, 스승 사). ① [불교] 계율(戒律)을 잘 알고 지키는 승려[師]. ② 승려의 잘못을 검찰하는 승직(僧職).

율시 律詩 (가락 률, 시 시). [문학] 음율(音律)을 부각한 한시(漢詩)의 한 형태. 오언율시(五言律詩)와 칠언율시(七言律詩)의 두 가지가 있다.

율원 栗園 (밤 률, 동산 원). 밤나무[栗]가 많은 동산[園].

율장 律藏 (법칙 률, 감출 장). [불교] 삼장(三藏)의 하나. 부처가 제정한 계율(戒律)의 조례를 모은 책을 일컫는다.

율절 律絶 (가락 률, 끊을 절). '율시'(律詩)와 '절구'(絶句)를 아울러 이르는 말.

율조 律調 (가락 률, 가락 조). 가락[律=調]. 선율(旋律).

율종 律宗 (법칙 률, 마루 종). [불교] 계율(戒律) 지키는 것을 위주로 한 불교의 한 종파(宗派). '계율종'(戒律宗)의 준말.

율학 律學 (법칙 률, 배울 학). ① [속뜻] 법률(法律)에 관하여 연구하는 학문(學問). ② [역사] 조선 때, 법전을 다스리는 일을 맡아보던 관아.

융기 隆起 (높을 륭, 일어날 기). ① [속뜻] 어느 한 부분이 높이[隆] 솟아오름[起]. ② [지리] 땅이 해면에 대하여 높아짐. 또는 그러한 자연현상. [반] 침강(沈降).

▸**융기-도** 隆起島 (섬 도). [지리] 지반(地盤)의 융기(隆起)로 말미암아 생긴 섬[島].

▸**융기 해:안** 隆起海岸 (바다 해, 언덕 안). [지리] 지반(地盤)의 융기(隆起)로 말미암아 생긴 해안(海岸).

▸**융기 산호초** 隆起珊瑚礁 (산호 산, 산호 호, 암초 초). [지리] 지반(地盤)의 융기(隆起)로

말미암아 해면 상에 모습을 드러낸 산호초(珊瑚礁).

융단 絨緞 (융 융, 비단 단). ① 속뜻 융(絨)과 비단[緞]. ② 수공 양털 따위의 털을 표면에 보풀이 일게 짠 두꺼운 모직물. 그림이나 무늬를 놓아 벽에 걸기도 한다. ㊥양탄자, 카펫.

▸융단 폭격 絨緞爆擊 (터질 폭, 칠 격). 여러 대의 폭격기들이 융단(絨緞)을 깔듯이 특정한 지역을 집중적으로 폭격(爆擊)하는 일.

융동 隆冬 (높을 륭, 겨울 동). 몹시[隆] 추운 겨울[冬]. 엄동(嚴冬). ¶이 곳은 융동이면 영하 30도 까지 내려간다.

융모 絨毛 (융 융, 털 모). 식물 식물의 꽃잎 따위에 있는 융(絨)처럼 작고 가는 털[毛].

융비 隆鼻 (높을 륭, 코 비). 우뚝한[隆] 코[鼻]. 코를 우뚝하게 함.

▸융비-술 隆鼻術 (꾀 술). 의학 낮은 코를 높이는[隆鼻] 수술(手術).

융성 隆盛 (높을 륭, 가득할 성). 매우 높고[隆] 크게 번성(繁盛)함. ¶국가의 융성. ㊥융창(隆昌).

융숭 隆崇 (높을 륭, 높을 숭). 대접, 대우 따위의 수준이 매우 높음[隆=崇]. 또는 극진하게 대하다. ¶나는 융숭한 대접을 받았다. ㊥정성(精誠)스럽다, 정중(鄭重)하다.

융액 融液 (녹을 융, 진 액). 녹아[融] 액체(液體)가 됨. 또는 그 물.

융은 隆恩 (높을 륭, 은혜 은). 임금이나 윗사람의 큰[隆] 은혜(恩惠)를 높여 이르는 말.

융이 戎夷 (오랑캐 융, 오랑캐 이). ① 속뜻 서융(西戎)과 동이(東夷). ② 역사 고대 중국 사람들이 그들의 서쪽과 동쪽 지역에 사는 민족을 멸시하여 이르던 말.

융자 融資 (녹을 융, 재물 자). 자금(資金)을 융통(融通)함. 또는 융통한 자금. ¶학자금 융자 / 나는 은행에서 주택자금을 융자받았다.

▸융자-금 融資金 (돈 금). 금융 기관에서 융통하는[融資] 돈[金]. ¶융자금으로 집을 샀다.

융적 戎狄 (오랑캐 융, 오랑캐 적). ① 속뜻 서융(西戎)과 북적(北狄). ② 역사 고대 중국 사람들이 그들의 서쪽과 북쪽 지역에 사는 민족을 멸시하여 이르던 말.

융점 融點 (녹을 융, 점 점). 화학 고체가 녹아서[融] 액체가 되기 시작하는 온도[點]. ㊥녹는점, 용도(鎔度), 용점(鎔點).

융제 融劑 (녹을 융, 약제 제). 화학 광석 따위 다른 물질을 녹이기[融] 위해 사용하는 약제(藥劑).

융창 隆昌 (높을 륭, 창성할 창). 기세가 높고[隆] 기운차게[昌] 발전함. 융성(隆盛).

융체 隆替 (높을 륭, 쇠퇴할 체). 성함[隆]과 쇠망함[替]. 성쇠(盛衰).

융통 融通 (녹을 융, 통할 통). ① 속뜻 녹여[融] 잘 통(通)하게 함. ②돈이나 물품 등을 빌려 씀. ¶제 사정이 급하니 돈을 조금만 융통해주세요. ③사정과 형편을 보아 일을 잘 처리함. 또는 그러한 재주가 있음. '변통'(變通)으로 순화. ④ 전기 전력 계통에서 전력을 서로 돌려쓰는 일.

▸융통-성 融通性 (성품 성). 때나 경우에 따라 융통(融通)을 잘하는 성격(性格). ¶그는 융통성이 없는 사람이라 우리를 들어가지 못하게 했다.

▸융통-물 融通物 (만물 물). ① 속뜻 융통(融通)되는 물건(物件). ② 법률 거래의 객체로 될 수 있는 물건의 통틀어 일컬음. 공유물(公有物). ㊥불융통물(不融通物).

융합 融合 (녹을 융, 합할 합). ① 속뜻 여럿을 녹여[融] 하나로 합(合)함. ¶양국의 상이한 문화를 융합하다. ② 생물 섬모층 이하의 원생동물에서 두 개체가 합쳐 하나의 개체가 되는 현상.

융해 融解 (녹을 융, 풀 해). ① 속뜻 녹아서[融] 풀어짐[解]. ② 화학 열을 받은 고체가 액체로 되는 현상.

▸융해-열 融解熱 (더울 열). 화학 고체 1g을 완전히 융해(融解)시켜 같은 온도의 액체로 하는데 필요한 열량(熱量).

▸융해-점 融解點 (점 점). 화학 고체가 액체로 녹는[融解] 점(點).

융화[1] 融化 (녹을 융, 될 화). 녹아서[融] 아주 다른 것이 됨[化].

융화[2] 融和 (녹을 융, 고를 화). 고르게[和] 잘 녹아서[融] 한 덩어리가 됨. ¶이 대회는 양국 간의 융화를 위한 것이다.

융흥 隆興 (높을 륭, 일어날 흥). 형세가 기운

차게[隆] 일어남[興].

은감 殷鑑 (은나라 은, 거울 감). ① [속뜻]하(夏)나라의 멸망을 은(殷)나라가 거울[鑑] 삼음. ②거울삼아 경계해야 할 전례를 이르는 말.

은거 隱居 (숨길 은, 살 거). 세상을 피하여 숨어[隱] 삶[居].

은격 隱格 (숨길 은, 격식 격). [민속] 관상에서 겉으로 나타나지 않은[隱] 얼굴의 생김새[格].

은고 恩顧 (은혜 은, 돌아볼 고). 특별히 아끼어[恩] 돌보아[顧] 줌.

은공 恩功 (은혜 은, 공로 공). 은혜(恩惠)와 공로(功勞). ¶그 배우는 수상의 영광을 부모님의 은공으로 돌렸다.

은광 恩光 (은혜 은, 빛 광). ① [속뜻]은혜(恩惠)로운 빛[光]. ②하늘이 내려 주는 비와 이슬의 은택. ③윗사람이나 임금의 은혜.

은광 銀鑛 (은 은, 쇳돌 광). [광업] ①은(銀)을 파내는 광산(鑛山). 은산(銀山). ②은을 포함한 광석.

은괴 銀塊 (은 은, 덩어리 괴). 은(銀) 덩어리[塊].

은구 銀鉤 (은 은, 갈고랑이 구). ① [속뜻]은(銀)으로 만든 발을 거는 고리[鉤]. ②은으로 만든 열쇠나 띠의 자물 단추. ③'썩 아름답게 쓴 초서(草書)'를 비유하여 이르는 말.

은-군자 隱君子 (숨길 은, 임금 군, 접미사 자). ① [속뜻]부귀와 공명을 구하지 않고 숨어서[隱] 사는 군자(君子). ②'국화(菊花)'의 딴이름.

은근 慇懃 (은근할 은, 은근할 근). ① [속뜻]드러내지 않고 마음속으로 생각하는 깊은 정[慇=懃]. ¶은근히 뿌듯함을 느낀다. ②겸손하고 정중함.

은급 恩給 (은혜 은, 줄 급). ① [속뜻]은정(恩情)으로 주는[給] 것. ② [역사]일제 강점기에 정부 기관에서 일정한 연한을 일하고 퇴직한 사람에게 주던 연금.

은기 銀器 (은 은, 그릇 기). 은(銀)으로 만든 그릇[器].

은니 銀泥 (은 은, 진흙 니). 은(銀)가루를 아교에 개어 만든 진흙[泥]같이 질척한 물질. 글씨를 쓰거나 그림을 그리는 데 쓰인다.

은닉 隱匿 (숨길 은, 숨을 닉). 남의 물건이나 범인 등을 몰래 감추어 둠[隱=匿].

▸**은닉-죄** 隱匿罪 (허물 죄). [법률] ①범인이나 장물 따위를 숨겨 감춘[隱匿] 죄(罪). ②'범인 은닉죄'(犯人隱匿罪)의 준말.

▸**은닉 행위** 隱匿行爲 (행할 행, 할 위). [법률]상대편과 짜고 어떤 행위를 숨기는[隱匿] 행위(行爲).

은덕[1] 恩德 (은혜 은, 베풀 덕). ① [속뜻]은혜(恩惠)를 베풂[德]. ¶선생님의 은덕에 깊이 감사드립니다. ②은혜로 입은 신세.

은덕[2] 隱德 (숨길 은, 베풀 덕). ① [속뜻]숨은[隱] 덕행(德行). ②남이 모르게 베푸는 은덕(恩德).

은-도금 銀鍍金 (은 은, 도금할 도, 쇠 금). 다른 금속의 표면을 은(銀)으로 입히는[鍍金] 일.

은두 화서 隱頭花序 (숨길 은, 머리 두, 꽃 화, 차례 서). ① [속뜻]머리[頭]를 숨기고[隱] 있는 모양의 꽃차례[花序]. ② [식물]무화과 따위처럼 꽃대의 끝이 비대하여 주머니 모양으로 오목하게 쏙 들어가고 그 안쪽에 잔꽃이 많이 달리어 외부에서 꽃이 보이지 않는 꽃차례.

은둔 隱遁 (숨길 은, 달아날 둔). 세상을 피하여[遁] 숨음[隱]. ¶은둔 생활. [비]둔피(遁避).

▸**은둔-사상** 隱遁思想 (생각 사, 생각 상). 속세와 인연을 끊고 숨어[隱遁] 살려는 생각[思想]. 둔피사상(遁避思想).

은랍 銀鑞 (은 은, 땜납 랍). 은(銀)을 주성분으로 한 땜납[鑞].

은륜 銀輪 (은 은, 바퀴 륜). ① [속뜻]은(銀)빛 바퀴[輪]. ②자전거를 아름답게 이르는 말.

은린 銀鱗 (은 은, 비늘 린). ① [속뜻]은(銀)빛이 나는 비늘[鱗]. ②물고기를 아름답게 이르는 말.

▸**은린-옥척** 銀鱗玉尺 (옥돌 옥, 자 척). 은(銀) 빛으로 번쩍이는 비늘[鱗]에 옥(玉)으로 만든 자[尺]처럼 아름답고 큰 물고기를 비유하여 이르는 말.

은막 銀幕 (은 은, 휘장 막). ① [속뜻]영화 필름이나 슬라이드 따위를 비추는 은(銀)빛 막(幕). 영사막(映寫幕). ②영화계를 비유하여 이르는 말.

은-맥 銀脈 (은 은, 줄기 맥). 광업 은(銀)이 묻힌 광맥(鑛脈).

은밀 隱密 (숨길 은, 몰래 밀). 숨어서[隱] 몰래[密]. 또는 남몰래. ¶그는 나에게 은밀히 말했다.

은박 銀箔 (은 은, 엷을 박). ① 속뜻 은(銀)을 종이처럼 얇게[箔] 만든 것. ② 비단이나 책 따위에 은박지로 글자나 문양을 박아 넣음. 또는 그것.

▶ 은박-지 銀箔紙 (종이 지). 은(銀)을 얇게[箔] 늘인 종이[紙] 형태의 것. 또는 은박과 같은 모양의 종이. ¶은박지에 싼 고구마.

은반 銀盤 (은 은, 쟁반 반). ① 속뜻 은(銀)으로 만든 쟁반(錚盤). ② 맑고 깨끗한 얼음판을 아름답게 이르는 말. ¶그녀는 은반 위의 요정으로 불린다. ③ 둥근달을 아름답게 이르는 말.

▶ 은반-계 銀盤界 (지경 계). 빙상[銀盤] 경기 선수들의 세계(世界).

은반위구 恩反爲仇 (은혜 은, 되돌릴 반, 할 위, 원수 구). 은혜(恩惠)가 도리어[反] 원수[仇]가 됨[爲].

은반위수 恩反爲讐 (은혜 은, 되돌릴 반, 할 위, 원수 수). 은혜(恩惠)를 베풀고도 도리어[反] 원수(怨讐)가 됨[爲]. ¶은반위수라더니 은혜를 원수로 갚아서야 되겠느냐? ㊟ 은반위구(恩反爲仇).

은-반지 銀半指 (은 은, 반 반, 손가락 지). 은(銀)으로 만든 반지(半指).

은발 銀髮 (은 은, 머리털 발). ① 속뜻 은(銀)빛 머리카락[髮]. 은백색의 머리털. ② 하얗게 선 머리털.

은방 銀房 (은 은, 방 방). 금이나 은(銀) 따위로 장식물을 만들어 파는 가게[房].

은배 銀杯 (은 은, 잔 배). 은(銀)으로 만들거나 은도금한 잔[杯]. 또는 상배(賞盃).

은-백색 銀白色 (은 은, 흰 백, 빛 색). 은(銀)빛이 도는 흰[白] 색(色).

은벽 隱僻 (숨길 은, 후미질 벽). 사람의 왕래가 드문 잘 보이지 않고[隱] 구석짐[僻].

은병 銀瓶 (은 은, 병 병). ① 속뜻 은(銀)을 재료로 하여 만든 병(瓶). ② 역사 고려 때 쓰던 은으로 만든 병 모양의 화폐.

은복 隱伏 (숨길 은, 엎드릴 복). ① 속뜻 숨어[隱] 엎드림[伏]. ② 사람이 안에 숨어 있음.

은 본위 제:도 銀本位制度 (은 은, 뿌리 본, 자리 위, 정할 제, 법도 도). 경제 은(銀)을 한 나라의 기초[本位] 화폐로 하는 제도(制度).

은봉 隱鋒 (숨길 은, 칼끝 봉). 붓글씨를 쓸 때, 예리한 붓 끝[鋒]을 나타내지 않고[隱] 부드러운 형태로 쓰는 필법.

은봉-채 銀鳳釵 (은 은, 봉황새 봉, 비녀 채). 은(銀)으로 봉황(鳳凰)의 머리 모양을 조각한 비녀[釵].

은분 銀粉 (은 은, 가루 분). 은(銀) 가루[粉].

은비 隱庇 (숨길 은, 덮을 비). 보호하여 숨기고[隱] 덮어[庇] 줌.

은사[1] 恩師 (은혜 은, 스승 사). ① 속뜻 은혜(恩惠)로운 스승[師]. 스승을 감사한 마음으로 이르는 말. ¶고등학교 은사를 찾아 뵈었다. ② 불교 자기를 출가시켜 길러 준 스님을 이르는 말.

은사[2] 恩賜 (은혜 은, 줄 사). 은혜(恩惠)를 베풀어 임금이 신하나 백성에게 내려줌[賜]. 또는 그 물건.

은사[3] 銀沙 (은 은, 모래 사). 은(銀)빛같이 흰 모래[沙]를 아름답게 이르는 말.

은사[4] 銀絲 (은 은, 실 사). 은(銀)으로 만든 실[絲].

은사[5] 隱士 (숨길 은, 선비 사). 벼슬을 하지 않고 숨어[隱] 사는 학덕이 높은 선비[士].

은사[6] 隱私 (숨길 은, 사사로울 사). 감추고[隱] 있는 사사(私事)로운 일.

은사[7] 隱事 (숨길 은, 일 사). 숨기어[隱] 두고 남에게 드러내지 않는 일[事].

은산덕해 恩山德海 (은혜 은, 메 산, 베풀 덕, 바다 해). 은혜(恩惠)가 산(山)처럼 높고 덕택(德澤)이 바다[海]처럼 넓음.

은상[1] 恩賞 (은혜 은, 상줄 상). ① 속뜻 은혜(恩惠)로운 상(賞). ② 공을 기리어 임금이 상을 내림 또는 그 상.

은상[2] 銀賞 (은 은, 상줄 상). 금, 은, 동 중 은(銀)에 해당되는 2등상(賞). ¶동생은 수학경시대회에서 은상을 받았다.

은색 銀色 (은 은, 빛 색). 은(銀)과 같은 빛[色]. ㊟ 은빛.

은성 殷盛 (성할 은, 성할 성). 번화하고 성함

[殷=盛].

은-세계 銀世界 (은 은, 세상 세, 지경 계). 눈이 내려 은(銀)빛으로 덮인 천지[世界]를 이르는 말.

은-세공 銀細工 (은 은, 가늘 세, 장인 공). 은(銀)을 재료로 한 섬세(纖細)한 손 공예(工藝).

은-수복 銀壽福 (은 은, 목숨 수, 복 복). 그릇이나 수저 따위에 은(銀)으로 새긴 '수복'(壽福)이란 글자 장식.

은신 隱身 (숨길 은, 몸 신). 몸[身]을 숨김[隱]. ¶조용해질 때까지 여기서 은신해 있어라.

▸은신-처 隱身處 (곳 처). 몸[身]을 숨기는[隱] 곳[處]. ¶그들은 큰 바위 밑에 은신처를 만들었다.

은애 恩愛 (은혜 은, 사랑 애). ① [속뜻] 은혜(恩惠)와 사랑[愛]. ② [불교] 부모 자식 사이나 부부 사이에 못내 사랑하는 정을 이르는 말.

은약 隱約 (숨길 은, 묶을 약). ① [속뜻] 뜻이 숨겨져[隱] 있고 하나로 뭉뚱그려져[約] 있음. ② 말은 간략하나 뜻이 깊음.

은어[1] 銀魚 (은 은, 물고기 어). [동물] 몸은 가늘고 긴 은(銀)색 물고기[魚]. 맑은 강물에서만 산다.

은어[2] 隱語 (숨길 은, 말씀 어). 특수한 집단이나 계층에서 남이 모르게[隱] 자기네끼리만 쓰는 말[語]. ¶'짭새'는 범죄자들이 '경찰'을 가리켜 사용하는 은어다.

은연 隱然 (숨길 은, 그러할 연). 숨겨져[隱] 있는 듯한 모양[然]. ¶은연중에 속마음을 드러내다.

▸은연-중 隱然中 (가운데 중). 남이 모르는[隱然] 가운데[中]. ¶그녀는 은연중에 자신의 속뜻을 내비쳤다.

은-옥색 銀玉色 (은 은, 옥돌 옥, 빛 색). 은(銀) 빛을 띤 옥색(玉色).

은-옥색 隱玉色 (숨길 은, 옥돌 옥, 빛 색). 은은(隱隱)한 옥색(玉色).

은우[1] 恩遇 (은혜 은, 만날 우). 은혜(恩惠)로써 대우(待遇)함.

은우[2] 隱憂 (숨길 은, 근심할 우). 남모르게[隱] 혼자 하는 근심[憂].

은원 恩怨 (은혜 은, 원망할 원). 은혜(恩惠)와 원망(怨望).

은위 恩威 (은혜 은, 위엄 위). 은혜(恩惠)와 위엄(威嚴). 위혜(威惠). ¶그는 한 나라의 왕답게 은위를 갖추었다.

▸은위-병행 恩威竝行 (나란히 병, 행할 행). 은혜(恩惠)와 위엄(威嚴)을 아울러[竝] 행(行)함.

은유 隱喩 (숨길 은, 말할 유). [문학] 사물을 직접 드러내지 않고 숨겨서[隱] 비유(比喩)하는 표현법. '내 마음은 호수요' 따위. [비]은유법(隱喩法).

▸은유-법 隱喩法 (법 법). [문학] 사물의 본뜻을 숨기고[隱] 다만 겉으로 비유(比喩)하는 방법(方法). 원관념은 숨기고 보조 관념을 드러내어 비유하여 표현하려는 대상을 설명하거나 그 특질을 묘사하는 비유법. [준]은유.

은은[1] 殷殷 (성할 은, 성할 은). 대포나 천둥처럼 소리가 큼[殷+殷]. ¶은은히 울리는 대포 소리.

은은[2] 隱隱 (숨길 은, 숨길 은). 소리가 멀리서 울려 아득하다[隱+隱]. ¶은은하게 들리는 종소리.

은의 恩義 (은혜 은, 옳을 의). 은혜(恩惠)와 의리(義理). 또는 갚아야 할 의리 있는 은혜.

은익 銀翼 (은 은, 날개 익). ① [속뜻] 은(銀) 빛이 나는 날개[翼]. ② 비행기를 멋스럽게 이르는 말.

은인[1] 恩人 (은혜 은, 사람 인). 은혜(恩惠)를 베풀어 준 사람[人]. ¶그는 내 생명의 은인이다. [반]원수(怨讐).

은인[2] 隱人 (숨길 은, 사람 인). 속세를 떠나 초야에 묻혀[隱] 사는 사람[人]. 은자(隱者).

은인 隱忍 (숨길 은, 참을 인). 괴로움을 겉으로 드러내지 않고[隱] 참음[忍].

▸은인-자중 隱忍自重 (스스로 자, 무거울 중). 마음속으로 참으며[隱忍] 몸가짐을 스스로[自] 신중(愼重)히 함.

은일 隱逸 (숨길 은, 숨을 일). ① [속뜻] 세상을 피하여 숨어[隱=逸] 삶. 또는 그 사람. ② 예전에 은거하는 학자로서 임금이 특별히 벼슬을 내린 사람.

은자[1] 銀子 (은 은, 접미사 자). 은(銀)으로 만들어 통용하는 돈.

은자[2] 銀字 (은 은, 글자 자). ① [속뜻] 은(銀)가

루나 은박, 은빛 수실을 이용하여 쓴 글자[字]. ¶은자가 새겨진 기념패. ②은빛이 나는 글자.

은자[3] **隱者** (숨길 은, 사람 자). 속세를 떠나 초야에 묻혀[隱] 사는 사람[者]. 은인(隱人).

은잔 **銀盞** (은 은, 잔 잔). 은(銀)으로 만든 술잔(盞). 은배(銀杯).

은잠 **銀簪** (은 은, 비녀 잠). 은(銀)으로 만든 비녀[簪].

은장 **銀匠** (은 은, 장인 장). 은(銀)을 다루는 기술자[匠].

은-장도 **銀粧刀** (은 은, 단장할 장, 칼 도). ①속뜻 칼자루와 칼집을 은(銀)으로 장식한, 노리개로[粧] 차던 칼[刀]. ②역사 나무로 만들어 은 칠을 한 의식용(儀式用) 무기.

은재 **隱才** (숨길 은, 재주 재). 숨은[隱] 재주[才]. 또는 숨은 재주가 있는 사람.

은-쟁반 **銀錚盤** (은 은, 징 쟁, 소반 반). 은(銀)으로 만든 쟁반(錚盤). ¶그녀가 노래를 하면 은쟁반에 옥 구르는 소리가 난다.

은적 **隱迹** (숨길 은, 자취 적). 종적(蹤迹)을 감춤[隱].

은전[1] **恩典** (은혜 은, 의식 전). 나라에서 내리는 은혜(恩惠)로운 특전(特典).

은전[2] **銀錢** (은 은, 돈 전). 은(銀)으로 만들어 통용한 돈[錢].

은정 **恩情** (은혜 은, 마음 정). 은혜(恩惠)를 베푸는 마음[情].

은제 **銀製** (은 은, 만들 제). 은(銀)으로 만듦[製]. 또는 그런 물건.

은-제품 **銀製品** (은 은, 만들 제, 물건 품). 은(銀)으로 만든[製] 물건[品]. ㊟은제.

은종 **隱腫** (숨길 은, 종기 종). 겉으로 드러나지 않는[隱] 종기(腫氣).

은중-태산 **恩重泰山** (은혜 은, 무거울 중, 클 태, 메 산). 은혜(恩惠)가 무겁기[重]가 태산(泰山)같음.

은-지환 **銀指環** (은 은, 손가락 지, 고리 환). 은(銀)으로 만든 손가락[指]에 끼는 고리[環]. ㊥은가락지.

은채 **銀釵** (은 은, 비녀 채). 은(銀)으로 만든 비녀[釵].

은총 **恩寵** (인정 은, 영예 총). ①속뜻 높은 사람이 베푼 인정[恩]과 각별한 사랑[寵]. ②기독교 하나님이 인간에게 내리는 은혜. ¶하나님의 은총.

은택 **恩澤** (은혜 은, 은덕 택). 은혜(恩惠)로운 덕택(德澤).

은토 **銀兎** (은 은, 토끼 토). ①속뜻 은(銀)빛 토끼[兎]. ②'하얀 토끼'를 아름답게 이르는 말. ③달 속에 있다는 전설의 토끼. ④'달'을 달리 이르는 말.

은퇴 **隱退** (숨길 은, 물러날 퇴). ①속뜻 몸을 숨기거나[隱] 자리에서 물러남[退]. ②사회 활동에서 물러나 한가히 지냄. ¶우리 아버지는 은퇴하셨습니다.

은파 **銀波** (은 은, 물결 파). 은(銀)빛으로 반짝이는 물결[波].

은폐 **隱蔽** (숨길 은, 덮을 폐). ①속뜻 숨기려고[隱] 덮음[蔽]. ¶그는 증거를 은폐하려다 경찰에 잡혔다. ②군사 군에서 병력이나 장비 등을 적에게 노출되지 않게 함.

은피 **隱避** (숨길 은, 피할 피). 숨어[隱] 피(避)함.

은하 **銀河** (은 은, 물 하). ①속뜻 은(銀)빛의 강물[河]. ②천문 천구(天球) 위에 구름 띠 모양으로 길게 분포되어 있는 수많은 천체의 무리. ㊥미리내, 은하수(銀河水).

▸은하-계 銀河系 (이어 맬 계). 천문 은하(銀河)를 이루고 있는 수많은 천체의 집단[系].

▸은하-수 銀河水 (물 수). '은하'(銀河)를 강물[水]에 비유하여 이르는 말. ㊥미리내, 은하(銀河).

▸은하 작교 銀河鵲橋 (까치 작, 다리 교). 칠월칠석날 은하(銀河)에 까치[鵲]가 만드는 다리[橋]. ㊥오작교(烏鵲橋).

은한 **銀漢** (은 은, 한수 한). ①속뜻 은(銀)빛의 강물[漢]. ②'은하'를 강(江)에 비유하여 일상적으로 이르는 말. ¶깊은 밤 가을 하늘의 은한. ㊥은하(銀河), 은하수(銀河水).

은합 **銀盒** (은 은, 그릇 합). 은(銀)으로 만든 뚜껑 있는 그릇[盒]. ¶은합과 은수저 / 김밥을 은합에 담으니 더욱 모양이 좋다.

은행[1] **銀杏** (은 은, 살구나무 행). ①속뜻 은(銀)빛이며 살구[杏] 같은 과육을 지닌 열매. ②은행나무의 열매. ㊥백과(白果).

****은행**[2] **銀行** (돈 은, 가게 행). ①속뜻 돈[銀]

을 맡기거나 빌리는 가게[行]. ② [경제] 돈을 맡아주고 빌려주는 일을 하는 업종. 일반인의 예금을 맡고 다른 데 대부하는 일. ¶은행에서 100만 원을 찾았다. ③ 갑자기 필요한 것이나 모자라는 것 등을 모아서 보관하는 조직이나 체계. ¶혈액 은행 / 문제 은행.

▸**은행-가** 銀行家 (사람 가). 은행업(銀行業)을 전문으로 경영하는 사람[家].

▸**은행-가** 銀行街 (거리 가). ① [속뜻] 은행(銀行)이 많이 모여 있는 거리[街]. ② 은행을 비롯함 금융업계.

▸**은행-권** 銀行券 (문서 권). [경제] 한 나라의 특정 은행(銀行)이 발행하는 지폐[券]. ¶한국은행은 새로운 은행권을 공개했다.

▸**은행-법** 銀行法 (법 법). [법률] 은행(銀行)의 설립이나 업무, 경영 등에 관한 것을 규정한 법률(法律).

▸**은행-원** 銀行員 (사람 원). 은행(銀行)의 업무를 맡아보는 직원(職員).

▸**은행-장** 銀行長 (어른 장). 은행(銀行)의 직무상의 최고 책임자[長].

▸**은행-환** 銀行換 (바꿀 환). [경제] 은행(銀行)에서 발행하는 환전(換錢) 표(票).

▸**은행 공:황** 銀行恐慌 (두려울 공, 절박할 황). ① [속뜻] 은행(銀行)으로 인해 두렵고[恐] 절박한[慌] 상황에 빠짐. ② [경제] 공황 때에 예금을 찾으려는 사람들이 한꺼번에 몰려 은행이 예금을 지급할 수 없게 되어 잇달아 파산하는 상태. [비]금융 공황(金融恐慌).

▸**은행 부:기** 銀行簿記 (장부 부, 기록할 기). [경제] 은행(銀行) 업무에 적용한 복식 부기(簿記).

▸**은행 수표** 銀行手票 (손 수, 쪽지 표). [경제] 예금자가 그 은행(銀行) 앞으로 발행하는 지급 위탁서[手票].

▸**은행 이:율** 銀行利率 (이로울 리, 비율 률). [경제] 은행(銀行)에 예금하거나 은행이 빌려줄 때에 이루어지는 이율(利率).

▸**은행 지폐** 銀行紙幣 (종이 지, 돈 폐). [경제] 한 나라의 특정 은행(銀行)이 발행하는 지폐(紙幣). 은행권(銀行券).

▸**은행 할인** 銀行割引 (나눌 할, 당길 인). [경제] 은행(銀行)이 하는 어음의 할인(割引).

▸**은행 준:비금** 銀行準備金 (고를 준, 갖출 비, 돈 금). [경제] 만약의 사태를 대비해 은행(銀行)에서 고객에게 지급하기 위해 준비(準備)해 놓은 돈[金].

은허 殷墟 (은나라 은, 터 허). [고적] 은(殷) 나라 때의 유적지[墟].

▸**은허 문자** 殷墟文字 (글자 문, 글자 자). [역사] 은(殷) 나라 때의 유적지[墟]에서 발굴된 상형 문자(文字). 거북이나 짐승의 뼈에 새겨져 있었다. [비]갑골 문자(甲骨文字).

은현 隱現 (숨길 은, 나타날 현). 숨었다[隱] 나타났다[現] 함. 또는 그런 일.

은혈[1] 銀穴 (은 은, 구멍 혈). 은(銀)을 캐내는 굴 구덩이[穴].

은혈[2] 隱穴 (숨길 은, 구멍 혈). ① [속뜻] 겉으로 드러나지 않은[隱] 구멍[穴]. ② 비밀스레 서로 통하는 길. ③ 남몰래 해치움.

***은혜** 恩惠 (인정 은, 사랑 혜). ① [속뜻] 남으로부터 받는 인정[恩]과 고마운 사랑[惠]. ¶스승의 은혜 / 은혜롭게도 우리는 사계절을 고루 누리고 있다. ② 하느님이 인간에게 베푸는 사랑을 이름.

은혼-식 銀婚式 (은 은, 혼인할 혼, 의식 식). 서양 풍속으로 부부가 은(銀)으로 된 선물을 주고받는 결혼(結婚) 25주년의 기념식(記念式).

은화[1] 恩化 (은혜 은, 될 화). 은혜(恩惠)로 교화(敎化)시킴. 또는 그 교화.

은화[2] 銀貨 (은 은, 돈 화). 은(銀)으로 만든 돈[貨]. ¶미국의 1달러는 은화이다.

은화-식물 隱花植物 (숨길 은, 꽃 화, 심을 식, 만물 물). [식물] 꽃[花]이 피지 않고[隱] 포자(胞子)로 번식하는 식물(植物). 양치식물 따위가 이에 속한다. [비]민꽃식물. [반]현화식물(現花植物).

은환 銀環 (은 은, 고리 환). ① [속뜻] 은(銀)으로 만든 고리[環]. ② 은으로 만든 가락지.

은-회색 銀灰色 (은 은, 재 회, 빛 색). 은(銀)빛이 나는 회색(灰色).

은휼 恩恤 (은혜 은, 도울 휼). 사랑[恩]으로 남을 도움[恤].

을묘 乙卯 (천간 을, 토끼 묘). [민속] 천간의 '乙'과 지지의 '卯'가 만난 간지(干支). 육십갑자의 쉰두째. ¶을묘년에 왜구들이 쳐들어와 만행을 저질렀다.

을미 乙未 (천간 을, 양 미). [민속] 천간의 '乙'과 지지의 '未'가 만난 간지(干支). ¶을미년에 태어난 사람은 양띠이다.

▸을미-개혁 乙未改革 (고칠 개, 바꿀 혁). ① 속뜻 을미년(乙未年)에 일어난 정치 개혁(改革). ② 역사 조선 고종 32년(1895)에 일본에 의지하여 조선의 개화파 관료들이 추진한 국정 개혁.

▸을미-사변 乙未事變 (일 사, 바뀔 변). 역사 1895년 을미년(乙未年)에 일본의 자객들이 경복궁을 습격하여 명성 황후를 죽인 사건[事變].

을방 乙方 (천간 을, 모 방). ① 속뜻 을(乙)에 해당하는 쪽[方]. ② 24방위의 하나, 동남동에서 동쪽으로 15도까지의 방위.

을사 乙巳 (천간 을, 뱀 사). 민속 천간의 '乙'과 지지의 '巳'가 만난 간지(干支). ¶을사년에 태어난 사람은 뱀띠이다.

▸을사-사화 乙巳士禍 (선비 사, 재화 화). ① 속뜻 을사(乙巳)년에 선비[士]들이 겪은 화(禍). ② 역사 조선 명종 원년(1545)인 을사년에 명종의 외척인 윤원형 등에 의해 인종의 외척인 윤임 등이 숙청된 사건.

▸을사-조약 乙巳條約 (조목 조, 묶을 약). ① 속뜻 을사(乙巳)년에 맺은 조약(條約). ② 역사 조선 광무 9년(1905)에 일본이 한국의 외교권을 빼앗기 위하여 강제적으로 맺은 조약. 이 조약으로 조선은 일본에 외교권을 박탈당했다. 그러나 고종 황제가 끝까지 재가(裁可)하지 않았기 때문에 원인 무효의 조약이다.

▸을사-오조약 乙巳五條約 (다섯 오, 조목 조, 묶을 약). ① 속뜻 을사(乙巳)년에 맺은 다섯[五] 항목의 조약(條約). ② 역사 을사조약.

을야 乙夜 (천간 을, 밤 야). 하룻밤을 갑(甲)·을(乙)·병(丙)·정(丁)·무(戊)의 다섯으로 나눈 둘째[乙] 시각에 해당하는 밤[夜].

▸을야지람 乙夜之覽 (어조사 지, 볼 람). ① 속뜻 임금은 낮에는 정사를 보고 밤 열 시경[乙夜]에 책을 봄[覽]. ② 임금의 독서를 이르는 말.

을유 乙酉 (천간 을, 닭 유). 민속 천간의 '乙'과 지지의 '酉'가 만난 간지(干支). 육십갑자의 스물둘째. ¶세조는 을유년에 동(銅)활자를 주조하였다.

을자-진 乙字陣 (새 을, 글자 자, 진칠 진). 민속 '乙'자(字) 모양으로 늘어선[陣] 것. 풍물놀이 판굿의 대형.

을종 乙種 (천간 을, 갈래 종). 두 번째인 을(乙)에 해당하는 종류(種類).

을지 무:공 훈장 乙支武功勳章 (천간 을, 지지 지, 굳셀 무, 공로 공, 공 훈, 글 장). 태극(太極)·을지(乙支)·충무(忠武)·화랑(花郞)·인헌(仁憲)의 등급 중 을지(乙支)에 해당하는 무공(武功)을 세운 군인에게 수여하는 훈장(勳章).

을축 乙丑 (천간 을, 소 축). 민속 천간의 '乙'과 지지의 '丑'이 만난 간지(干支). 육십갑자의 둘째.

▸을축-갑자 乙丑甲子 (천간 갑, 쥐 자). 갑자(甲子) 다음에 을축(乙丑)이 오는 것이 바른 순서인데 그것을 반대로 하였다는 뜻으로 무슨 일이 제대로 되지 않고 '뒤죽박죽으로 뒤바뀜'을 이르는 말.

을해 乙亥 (천간 을, 돼지 해). 민속 천간의 '乙'과 지지의 '亥'가 만난 간지(干支). 육십갑자의 열두째. ¶세조는 을해년에 동활자를 주조하였다.

음가 音價 (소리 음, 값 가). 언어 글자가 지니고 있는 소리[音]의 값[價].

음각[1] 陰角 (응달 음, 모서리 각). 수학 각을 낀 두 반직선 중 한 반직선이 왼쪽으로[陰] 돌아 생기는 각(角). 즉 시계 방향으로 돌아서 생긴 각. 반 양각(陽角).

음각[2] 陰刻 (응달 음, 새길 각). 미술 평면에 글씨나 그림 따위를 오목하게[陰] 새김[刻]. 또는 그러한 조각. ¶이 판화는 음각하여 만들었다. 반 양각(陽刻).

음감 音感 (소리 음, 느낄 감). 음악 ① 음(音)이나 음악에서 받는 느낌[感]. ② 음에 대한 감각.

▸음감 교:육 音感教育 (가르칠 교, 기를 육). 교육 음감(音感)을 기르는 교육(教育).

음객 吟客 (읊을 음, 손 객). ① 속뜻 시를 읊는[吟] 사람[客]. ② '시인'을 달리 이르는 말.

음건 陰乾 (응달 음, 마를 건). 그늘[陰]에서 말림[乾].

음경 陰莖 (응달 음, 줄기 경). ① 속뜻 남자 음부(陰部)에 나무줄기[莖]같이 달린 것. ② 의학 남성의 외부 생식기.

음계[1] 音階 (소리 음, 섬돌 계). 음악 음(音)이 높이에 따라 계단(階段)처럼 배열된 것.

음계[2] 陰界 (응달 음, 지경 계). 귀신이 사는 저승[陰]의 세계(世界). ㉥양계(陽界).

음계[3] 陰計 (응달 음, 꾀 계). 잘 안 보이는 응달[陰]에서 꾸미는 악한 계략(計略). ㉥음모(陰謀).

음고 音高 (소리 음, 높을 고). 음악 음(音)의 높낮이[高低].

음곡 音曲 (소리 음, 노래 곡). 음악 ① 음(音)을 가지고 만드는 악곡(樂曲). ㉥음악(音樂). ② 음율의 곡조.

음공 陰功 (응달 음, 공로 공). 남몰래[陰] 세운 공덕(功德).

음관 蔭官 (덕택 음, 벼슬 관). 조상의 음덕(蔭德)으로 얻은 벼슬[官].

음구 音溝 (소리 음, 도랑 구). ① 속뜻 소리[音]가 녹음되어 있는 도랑[溝] 같은 트랙. ② 연영 영화 필름의 가장자리에 있는 음성이 녹음된 트랙.

음극 陰極 (응달 음, 끝 극). ① 속뜻 음양(陰陽) 가운데 음(陰)에 해당하는 쪽이나 끝[極]. ② 물리 두 개의 전극 사이에 전류가 흐를 때에 전위가 낮은 쪽의 극. ¶양극과 음극을 각각 따로 연결하다. ㉥양극(陽極).

▸음극-관 陰極管 (대롱 관). 물리 음극선(陰極線)을 방출하는 데 쓰이는 진공관(眞空管).

▸음극-선 陰極線 (줄 선). 물리 진공 방전 때에 음극(陰極)에서 양극으로 이어진 전자의 흐름[線].

▸음극선-관 陰極線管 (줄 선, 대롱 관). 물리 음극관(陰極管).

음기 陰氣 (응달 음, 기운 기). ① 속뜻 음산(陰散)하고 찬 기운(氣運). ② 만물이 생성하는 근본이 되는 정기(精氣)의 한 가지. ③ 한의 몸 안의 음과 관련된 기운을 이르는 말. ㉥양기(陽氣).

음낭 陰囊 (응달 음, 주머니 낭). 의학 음경(陰莖)을 싸고 있는 주머니[囊] 모양의 기관.

음녀 淫女 (음란할 음, 여자 녀). 음탕(淫蕩)한 여자(女子).

음담 淫談 (음란할 음, 이야기 담). 음탕(淫蕩)한 이야기[談].

▸음담-패설 淫談悖說 (어그러질 패, 말씀 설). 음탕(淫蕩)한 말[談]과 도리에 벗어나는[悖] 이야기[說].

음덕[1] 蔭德 (덕택 음, 베풀 덕). ① 속뜻 조상의 덕택[蔭]과 은덕(恩德). ② 음덕(陰德).

음덕[2] 陰德 (응달 음, 베풀 덕). 남몰래[陰] 베푼 덕행(德行).

▸음덕-양보 陰德陽報 (볕 양, 갚을 보). ① 속뜻 남모르게[陰] 은덕(恩德)을 베풀면 크게 드러나는[陽] 보답[報]이 주어짐. ② 남이 모르게 덕행을 쌓은 사람은 뒤에 그 보답을 받게 됨. ¶음덕양보를 바라고 한 일은 아니다.

음도[1] 音度 (소리 음, 정도 도). 음(音)의 높낮이의 정도(程度).

음도[2] 陰道 (응달 음, 길 도). ① 속뜻 음(陰)에 해당하는 사람이 지켜야할 도리(道理). ② 군신(君臣), 부자(父子), 부부(夫婦)의 관계에서 신하, 자식, 아내가 지켜야할 도리. ㉾양도(陽道). ③ 달의 궤도.

음독[1] 音讀 (소리 음, 읽을 독). ① 속뜻 한자의 음(音)을 읽음[讀]. ㉾훈독(訓讀). ② 글을 소리내어 읽음.

음:독[2] 飮毒 (마실 음, 독할 독). 독약(毒藥)을 마심[飮].

음동 陰冬 (응달 음, 겨울 동). 음산(陰散)하고 찬 겨울[冬].

음락[1] 淫樂 (음란할 음, 즐길 락). 음란(淫亂)하게 놀고 즐김[樂]. ¶그들은 음락에 빠져 있었다.

음:락[2] 飮樂 (마실 음, 즐길 락). 술을 마시며[飮] 즐거워함[樂].

음란 淫亂 (지나칠 음, 어지러울 란). ① 속뜻 지나치게[淫] 문란(紊亂)함. ② 음탕하고 난잡함. ¶음란 사이트 / 음란한 행위.

▸음란-물 淫亂物 (만물 물). 음탕(淫蕩)하고 난잡(亂雜)한 내용을 담은 책이나 그림, 사진, 영화, 비디오테이프 따위의 물건(物件)을 통틀어 이르는 말. ¶음란물을 보면 안 된다.

음랭 陰冷 (응달 음, 찰 랭). 음산(陰散)하고 차가움[冷].

음량[1] 音量 (소리 음, 분량 량). 음악 악기나 사람이 내는 소리[音]의 크기[量]. 성량(聲量).

음량[2] 陰涼 (응달 음, 서늘할 량). 그늘져서[陰] 시원함[涼].

음려 陰呂 (응달 음, 음률 려). 음악 십이율(十二律) 가운데서 음성(陰聲)에 딸린 여섯 음률[呂].

음력 陰曆 (응달 음, 책력 력). [천문] 해를 양(陽)으로, 달을 음(陰)으로 보았을 때, 달 모양의 변화를 기초로 하여 만든 책력(冊曆). '태음력'(太陰曆)의 준말. ¶그의 음력 생일은 3월 21일이다. [반]양력(陽曆).

음롱 音聾 (소리 음, 귀머거리 롱). [음악] 청각에 이상은 없으면서 노래의 음(音)을 식별하지 못하는[聾] 사람.

음:료 飮料 (마실 음, 거리 료). 마실[飮] 거리[料]. ¶그는 차가운 음료를 들이켰다.

▶음:료-수 飮料水 (물 수). 마실[飮料] 수 있는 물[水]. ¶음료수 자판기.

음률 音律 (소리 음, 가락 률). [음악] ①아악(雅樂)의 오음(五音)과 육률(六律). ②소리와 음악의 가락. [준]율.

음모[1] 陰毛 (응달 음, 털 모). 음부(陰部) 주위에 난 털[毛].

음모[2] 陰謀 (응달 음, 꾀할 모). 잘 안 보이는 응달[陰]에서 남몰래 좋지 못한 일을 꾸밈[謀]. 또는 그 꾸민 일. ¶그들의 음모가 백일하에 드러났다.

음문[1] 陰文 (응달 음, 글자 문). 도장이나 금석문 따위에 음각(陰刻)한 글자[文].

음문[2] 陰門 (음부 음, 문 문). ①[속뜻]음부(陰部)의 문(門). ②[의학]여성의 외부 생식기.

음물 淫物 (음란할 음, 만물 물). ①[속뜻]음탕(淫蕩)한 물건(物件). ②음란한 짓을 하는 사람을 낮춰 이르는 말.

음미 吟味 (읊을 음, 맛 미). ①[속뜻]시가를 읊조리며[吟] 그 깊은 뜻을 맛봄[味]. ②사물의 내용이나 속뜻을 깊이 새기어 맛봄. ¶녹차의 향기와 맛을 음미하다.

음반 音盤 (소리 음, 쟁반 반). 소리[音]를 기록한 동그란 쟁반(錚盤) 같은 판. [비]판(板), 디스크(disk), 레코드(record).

음방 淫放 (음란할 음, 내칠 방). 음란(淫亂)하고 방탕(放蕩)함.

음보[1] 音步 (소리 음, 단위 보). ①[속뜻]음율(音律)의 단위[步]. ②[문학]시가를 읽을 때, 한 호흡 단위로 느껴지는 운율 단위.

음보[2] 音譜 (소리 음, 적어놓을 보). [음악]연주되는 음(音)의 배열이나 주법을 기록한 표[譜]. [비]악보(樂譜), 곡보(曲譜).

음:복 飮福 (마실 음, 복 복). ①[속뜻]복(福)을 마시어[飮] 누림. ②제사를 지내고 나서 제사에 썼던 술을 조상이 주는 복이라 하여 제관(祭官)들이 나누어 마시는 일.

음부[1] 音符 (소리 음, 맞을 부). [음악]악보에서 음(音)의 길이와 높낮이를 나타내는 부호(符號). [비]음표(音標).

음부[2] 陰府 (응달 음, 집 부). 죽은 사람의 영혼이 가서 산다는 어둠[陰]의 세계[府]. [비]명부(冥府), 명도(冥途), 유명(幽冥), 타계(他界), 황천(黃泉).

음부[3] 陰部 (응달 음, 나눌 부). ①[속뜻]몸에서 응달진[陰] 부분(部分). ②[의학]남녀의 생식기가 있는 자리. [비]국부(局部), 치부(恥部).

음부[4] 淫婦 (음란할 음, 여자 부). 음탕(淫蕩)한 여자[婦].

음분 淫奔 (음란할 음, 달릴 분). 남녀가 음란(淫亂)하고 방탕한 짓을 함[奔]. 또는 그런 행동. ¶음분 도주 / 두 남녀가 음분을 일삼고 있다.

음사[1] 陰事 (응달 음, 일 사). ①[속뜻]남몰래[陰] 하는 일[事]. ②남녀가 잠자리를 같이 하는 일.

음사[2] 淫辭 (음란할 음, 말씀 사). 음탕(淫蕩)한 말[辭].

음산 陰散 (응달 음, 흩을 산). ①[속뜻]응달[陰]에 흩어져[散] 있는 듯한 차가운 기운. ②을씨년스럽고 썰렁하다. ¶음산한 날씨.

음상 音相 (소리 음, 모양 상). ①[속뜻]소리[音]의 양상(樣相). ②[언어]한 단어 안에 표현 가치가 다른 모음이나 자음이 교체됨으로써 어감의 차이를 가져오게 되는 것. '야위다'와 '여위다', '감감하다'와 '캄캄하다'와 '깜깜하다' 따위가 있다.

음색 音色 (소리 음, 빛 색). [음악]목소리나 악기 등이 지닌 소리[音]의 특색(特色). 또는 특색 있는 그 소리. ¶바이올린과 첼로는 음색이 다르다.

음서[1] 淫書 (음란할 음, 책 서). 음탕(淫蕩)한 내용의 책[書].

음서[2] 蔭敍 (덕택 음, 베풀 서). [역사]고려·조선 때, 공신이나 전·현직 고관의 자제들이 선조의 음덕(蔭德)으로 벼슬을 얻던[敍] 일.

음성[1] 吟聲 (읊을 음, 소리 성). 시나 노래를 읊조리는[吟] 소리[聲].

음성[2] 陰聲 (응달 음, 소리 성). [음악] 십이율(十二律) 가운데의 6음(陰)에 속하는 소리[聲]. [반]양성(陽聲).

음성[3] 淫聲 (음란할 음, 소리 성). ① [속뜻] 음탕(淫蕩)한 목소리[聲]. ② 음탕하고 난잡스러운 음악.

음성[4] 音聲 (소리 음, 소리 성). ① [속뜻] 사람이 내는 소리[音]와 악기가 내는 소리[聲]. ② [언어] 발음기관에서 생기는 음향. ¶음성변조 / 음성 메시지. [비]목소리.

▸음성-률 音聲律 (법칙 률). [문학] 시에서 음성(音聲)의 요소를 알맞게 배치함으로써 이어지는 운율(韻律).

▸음성-학 音聲學 (배울 학). [언어] 사람의 언어 음성(音聲)을 연구하는 언어학(言語學)의 한 분야.

▸음성 기관 音聲器官 (그릇 기, 벼슬 관). [언어] 동물 특히 사람이 소리[音聲]를 내는 데 필요한 기관(器官). [비]발음 기관(發音器官).

▸음성 기호 音聲記號 (기록할 기, 표지 호). [언어] 말소리[音聲]를 음성학적으로 표시하는 기호(記號). [비]발음 기호(發音記號).

▸음성 상징 音聲象徵 (모양 상, 밝힐 징). ① [속뜻] 음성(音聲)으로 상징(象徵)을 삼음. ② [언어] 음성(音聲)으로 어떤 특정한 뜻이나 인상을 상기시키거나 연상시키는 일. 또는 그 감각적인 말.

▸음성 언어 音聲言語 (말씀 언, 말씀 어). [언어] 음성(音聲)으로 나타내는 언어(言語). 몸짓이나 표정 또는 글자로써 하는 표현에 상대되는 말이다. [참]문자 언어(文字言語).

▸음성 다중 방:송 音聲多重放送 (많을 다, 겹칠 중, 놓을 방, 보낼 송). [언론] 음성(音聲) 신호 여럿[多]을 겹쳐[重] 보내는 텔레비전 방송(放送).

음성[5] 陰性 (응달 음, 성질 성). ① [속뜻] 양(陽)이 아닌 음(陰)에 속하는 성질(性質). ② 어둡고 소극적인 성질. ¶위암 검사 결과는 음성으로 나왔다. ③ [의학] '음성 반응'(陰性反應)의 준말. [반]양성(陽性).

▸음성 모:음 陰性母音 (어머니 모, 소리 음). [언어] 어감(語感)이 어둡고[陰性] 큰 모음(母音). 밖으로 나오는 기류가 약하며 'ㅓ', 'ㅜ', 'ㅕ', 'ㅠ', 'ㅔ', 'ㅝ', 'ㅟ', 'ㅖ' 따위가 있다. [비]약모음(弱母音). [반]양성 모음(陽性母音).

▸음성 반:응 陰性反應 (되돌릴 반, 응할 응). [의학] 병의 화학적·세균학적인 검사의 결과에서 병독의 반응(反應)이 나타나지 않는[陰性] 상태. [반]양성 반응(陽性反應).

음세 音勢 (소리 음, 힘 세). [언어] 음성학에서 음(音)의 강약[勢]을 이르는 말.

음소 音素 (소리 음, 바탕 소). ① [속뜻] 말소리[音]의 요소(要素). ② [언어] 의미 차이를 수반하는 음의 최소 단위. 두 개 이상의 음소가 모여 음절을 이룬다.

▸음소 문자 音素文字 (글자 문, 글자 자). [언어] 표음 문자의 한 갈래. 하나의 음소(音素)를 한 기호로 나타내는 글자[文字].

음속 音速 (소리 음, 빠를 속). [물리] 소리[音]가 매질(媒質)을 통하여 전파되는 속도(速度). 일반적으로 초당 331.5미터인데, 온도가 오를 때마다 증가하며, 물속에서는 그 속도가 5배정도 증가한다(약 1,500m/s). 공기 중에서의 음속은 마하(mach) 1이라고 하며, 그보다 작은 속도를 아음속(亞音速), 그보다 큰 속도를 초음속(超音速)이라 한다.

음송 吟誦 (읊을 음, 욀 송). 시가를 소리 내어 읊음[吟=誦]. ¶이백의 시를 음송하였다. [비]낭송(朗誦).

음수[1] 陰數 (응달 음, 셀 수). [수학] 0을 기준으로 수를 음과 양으로 나눌 때, 0보다 작아 음(陰)에 해당하는 수(數). [반]양수(陽數).

음수[2] 陰樹 (응달 음, 나무 수). [식물] 응달[陰]에서도 잘 자라는 나무[樹]. 비자나무, 전나무 따위가 있다. [비]음지(陰地)나무. [반]양수(陽樹).

음:수[3] 飮水 (마실 음, 물 수). 마실[飮] 수 있는 물[水]. '음료수'(飮料水)의 준말. ¶이 물은 음수로 사용할 수 있다.

▸음:수-대 飮水臺 (대 대). 물[水]을 마실[飮] 수 있도록 하여 놓은 곳[臺].

음수-율 音數律 (소리 음, 셀 수, 가락 률). [문학] 시가에서 음절(音節)의 수(數)를 일정하게 배치함으로써 이루어지는 운율(韻律). ¶이 시조는 3·4조의 음수율을 보인다. [비]음절률(音節律).

음순 陰脣 (응달 음, 입술 순). [의학] 여성의 외음부[陰]에서 마치 입술[脣]처럼 요도와 질을 좌우에서 싸고 있는 주름. ¶외음순과 내음순.

음습1 淫習 (음란할 음, 버릇 습). 음탕(淫蕩)한 버릇[習].

음습2 陰濕 (응달 음, 젖을 습). 그늘지고[陰] 축축함[濕]. ¶이 이끼는 음습한 곳에 서식한다.

음시 吟詩 (읊을 음, 시 시). 시(詩)를 읊음[吟].

음:식 飮食 (마실 음, 먹을 식). 마시고[飮] 먹음[食]. ¶맛있는 음식 / 음식을 짜게 먹으면 건강에 해롭다. [비]음식물.

▸음:식-물 飮食物 (만물 물). 마시고[飮] 먹는[食] 것[物]. ¶음식물 쓰레기가 갈수록 늘고 있다. [준]음식.

▸음:식-점 飮食店 (가게 점). 음식(飮食)을 파는 가게[店]. [비]식당(食堂).

음식-창 陰蝕瘡 (응달 음, 갉아먹을 식, 부스럼 창). [한의] 남녀의 생식기[陰]에 좀이 스는[蝕] 것 같은 부스럼[瘡] 병.

음신 音信 (소리 음, 소식 신). 먼데서 전해 오는 소리[音]나 서신(書信). ¶객지에서 보내온 음신. [비]소식(消息).

음실 陰室 (응달 음, 방 실). ① 햇빛이 들지 않는 그늘진[陰] 방[室]. ② 북쪽으로 난 방.

음심 淫心 (음란할 음, 마음 심). 음탕(淫蕩)한 마음[心]. ¶동네 아낙에게 음심을 품다.

음악1 淫樂 (음란할 음, 음악 악). 음탕(淫蕩)한 음악(音樂).

음악2 音樂 (소리 음, 풍류 악). ① [속뜻] 소리[音]에서 느껴지는 풍류[樂]. ② [음악] 인간의 사상이나 감정을 목소리나 악기로 연주하는 예술. ¶음악에 맞춰 춤을 추다.

▸음악-가 音樂家 (사람 가). ① [속뜻] 음악(音樂)을 전문으로 연주하거나 만드는 사람[家]. ② 음악 연주에 뛰어난 사람. ¶나는 남도민요 음악가이다.

▸음악-계 音樂界 (지경 계). ① [속뜻] 음악(音樂)의 분야[界]. ② 음악가들의 사회. ¶그의 연주법은 음악계에 큰 반향을 일으켰다. [비]악단(樂壇).

▸음악-과 音樂科 (과목 과). ① [속뜻] 초·중·고등학교의 교육 과정에서 음악(音樂) 교육을 하는 교과(教科). ② 대학에서 음악을 연구하는 학과.

▸음악-극 音樂劇 (연극 극). [음악] 음악(音樂)을 포함한 연극(演劇) 형식을 통틀어 이르는 말. ¶그는 특히 음악극을 좋아한다.

▸음악-당 音樂堂 (집 당). 음악(音樂)의 연주를 위하여 특별히 설비된 건물[堂].

▸음악-대 音樂隊 (무리 대). 음악(音樂)을 연주하는 단체[隊]. 주로 야외에서 취주 악기나 타악기로 연주하는 그룹을 이른다.

▸음악-실 音樂室 (방 실). 학교에서 음악(音樂) 수업에 쓰는 교실(教室). ¶음악실에 피아노를 새로 들여놓았다.

▸음악-인 音樂人 (사람 인). ① [속뜻] 음악계(音樂界)에 종사하는 사람[人]. ② 음악을 즐겨하는 사람.

▸음악-적 音樂的 (것 적). ① [속뜻] 음악(音樂)과 관련되는 것[的]. ② 음악에서 표현되는 바와 같은 것. ¶이 시는 음악적 요소가 풍부하다.

▸음악-제 音樂祭 (제사 제). 음악(音樂)을 중심으로 여는 대규모 축제(祝祭). ¶그는 잘츠부르크 음악제에서 모짜르트의 오페라를 공연했다.

▸음악-회 音樂會 (모일 회). 음악(音樂)을 연주하여 청중이 감상하게 하는 모임[會]. ¶자선 음악회. [비]연주회(演奏會).

▸음악-상자 音樂箱子 (상자 상, 접미사 자). 음악(音樂)이 연주되는 기계가 장치된 상자(箱子). 대개 간단한 음악이 들어있어 장난감으로 쓰인다. [참][비]자명금(自鳴琴), 오르골(orgel).

▸음악 영화 音樂映畫 (비칠 영, 그림 화). [연영] 대사, 연기 따위와 함께 음악(音樂)이 중심적인 역할을 하는 영화(映畫).

음액 陰液 (음부 음, 진 액). [의학] 남자의 음부(陰部)에서 나오는 액체(液體). [비]정액(精液).

음약1 陰約 (응달 음, 묶을 약). 은밀히[陰] 약속(約束)함. ¶음약을 저버리다.

음약2 淫藥 (음란할 음, 약 약). ① [속뜻] 음란(淫亂)한 약(藥). ② 성욕을 돋우는 약. [비]미약(媚藥).

음:약3 飮藥 (마실 음, 약 약). 약(藥)을 마심

[飮]. ¶공복에 음약하십시오.

음양 陰陽 (응달 음, 볕 양). ① [속뜻] 응달[陰]과 양지(陽地). ② [철학] 역학에서 이르는 만물의 근원이 되는 상반된 성질을 가진 두 가지 것. ¶음양의 조화. ③ [물리] 전기나 자기(磁氣) 등의 음극과 양극.

▶음양-가 陰陽家 (사람 가). ① [속뜻] 음양설(陰陽說)에 정통한 사람[家]. ② 음양오행설을 바탕으로 하여 일이나 사람의 길흉화복을 헤아리는 사람.

▶음양-각 陰陽刻 (새길 각). ① [속뜻] 음각(陰刻)과 양각(陽刻). ② 음각과 양각을 섞어서 새기는 일.

▶음양-객 陰陽客 (손 객). 음양가(陰陽家) 노릇을 하는 사람[客].

▶음양-과 陰陽科 (과목 과). [역사] 조선 때, 관상감에서 천문학·지리학·명과학 등 음양(陰陽)에 능통한 사람을 뽑던 잡과(雜科).

▶음양-력 陰陽曆 (책력 력). 음력(陰曆)과 양력(陽曆)을 아울러 이르는 말.

▶음양-설 陰陽說 (말씀 설). [철학] 음양(陰陽)에 관한 학설(學說).

▶음양-수 陰陽水 (물 수). 찬[陰] 물을 끓는[陽] 물에 탄 물[水].

▶음양-배합 陰陽配合 (나눌 배, 맞을 합). 남녀[陰陽]가 짝을 지음[配合].

▶음양-상박 陰陽相搏 (서로 상, 잡을 박). 음양(陰陽)이 서로[相] 맞섬[搏].

▶음양-쌍보 陰陽雙補 (둘 쌍, 도울 보). [한의] 몸속의 음기(陰氣)와 양기(陽氣)를 함께[雙] 도움[補].

▶음양-오행설 陰陽五行說 (다섯 오, 갈 행, 말씀 설). [철학] 음양(陰陽)과 오행(五行)의 상호 관련으로 자연 현상이나 인간 생활에서의 길흉을 설명하는 학설(學說).

음역¹ 音域 (소리 음, 지경 역). [음악] 사람의 목소리나 악기가 낼 수 있는 음(音)의 고저(高低) 범위[域]. ¶오르간은 음역이 넓다.

음역² 音譯 (소리 음, 옮길 역). 한자의 음(音)으로 낱말을 옮겨[譯] 적는 일. 'Asia'를 '亞細亞'(아세아)로 표기하는 따위. [비]취음(取音).

▶음역-어 音譯語 (말씀 어). 한자의 음(音)으로 낱말을 옮겨[譯] 만든 단어(單語). 'Italia'를 '伊太利'(이태리)로 표기하는 따위.

음염 淫艶 (음란할 음, 고울 염). 음탕(淫蕩)하고 요염(妖艶)함.

음엽 陰葉 (응달 음, 잎 엽). [식물] 그늘진[陰] 쪽에 달려 햇빛을 받지 못한 잎[葉]. [참][반] 양엽(陽葉).

음영¹ 吟詠 (읊을 음, 읊을 영). 시가를 읊조림[吟=詠].

음영² 陰影 (응달 음, 그림자 영). ① [속뜻] 사람이나 물체가 빛을 가리어 반대쪽에 나타나는 그늘[陰]이나 그림자[影]. ¶그림에 음영을 넣어 윤곽을 나타내다. ② 미묘한 변화나 차이.

▶음영 화:법 陰影畵法 (그림 화, 법 법). [미술] 물체의 음영(陰影)을 그려 입체감이 나게 하는 화법(畵法).

음욕 淫慾 (음란할 음, 욕심 욕). ① [속뜻] 음탕(淫蕩)한 욕심(慾心). ② 남녀간의 정욕(情慾). ③ 호색(好色)하는 마음.

음용¹ 音容 (소리 음, 얼굴 용). 음성(音聲)과 용모(容貌).

음:용² 飮用 (마실 음, 쓸 용). 마시는[飮] 데 씀[用].

▶음:용-수 飮用水 (물 수). 마시는데[飮] 사용(使用)되는 물[水]. [비]음료수(飮料水).

음우¹ 陰佑 (응달 음, 도울 우). 남몰래[陰] 도움 뒤에서 도움[佑].

음우² 陰雨 (응달 음, 비 우). 음산(陰散)하게 내리는 비[雨].

음운¹ 陰雲 (응달 음, 구름 운). 비가 올 듯 짙게 낀 검은[陰] 구름[雲].

음운² 音韻 (소리 음, 운 운). [언어] ① 한자(漢字)의 어두 부분인 음(音)과 나머지 부분인 운(韻)을 아울러 이르는 말. ② 말을 이루는 하나하나의 소리.

▶음운-론 音韻論 (논할 론). [언어] 언어의 음운(音韻) 조직과 체계를 연구하는 언어학의 한 부문[論].

▶음운-학 音韻學 (배울 학). [언어] ① 한자(漢字)의 음운(音韻), 사성(四聲), 반절(半切) 등을 연구하는 학문(學問). ② 음운론(音韻論).

▶음운 도:치 音韻倒置 (거꾸로 도, 둘 치). [언어] 한 단어 안에서 음운(音韻)의 자리가 서로 바뀌어[倒] 놓이는[置] 현상.

▶음운 동화 音韻同化 (같을 동, 될 화).

언어 이어진 음운(音韻)이 서로 영향을 주고받아서 그와 가까운[同] 소리가 되는[化] 현상.

▸음운 변:화 音韻變化 (바뀔 변, 될 화). 언어 음운 체계 안의 어떤 음운(音韻) 또는 그 체계 자체가 시간의 흐름에 따라 변화(變化)하는 일.

▸음운 첨가 音韻添加 (더할 첨, 더할 가). 언어 음운끼리 맞부딪치는 것을 피하기 위해 또는 청각상의 강화를 위해 음운(音韻)을 더하는[添加] 것.

음울 陰鬱 (응달 음, 우거질 울). ① 속뜻 그늘이 컴컴하게[陰] 우거짐[鬱]. ② 음침하고 쓸쓸함. 명쾌하지 못함.

음원 音源 (소리 음, 근원 원). 물리 소리[音]가 나오는 근원(根源). 또는 그 근원이 될 수 있는 것.

음위-율 音位律 (소리 음, 자리 위, 가락 률). 문학 비슷한 음이나 같은 음(音)이 놓인 자리[位]에 따라 일어나는 율격(律格).

음유 시인 吟遊詩人 (읊을 음, 떠돌 유, 시 시, 사람 인). 문학 중세에 프랑스를 중심으로 한 유럽 각지에서 스스로 지은 시를 낭송하며[吟] 봉건 제후의 궁정을 찾아 떠돌아[遊] 다니던 시인(詩人).

음음 陰陰 (응달 음, 응달 음). ① 속뜻 날이 흐리고 어두컴컴함[陰+陰]. ② 수풀이 무성함.

음:읍 飮泣 (마실 음, 울 읍). ① 속뜻 눈물을 삼키며[飮] 흐느끼며 욺[泣]. ② 눈물을 삼킴.

음의 音義 (소리 음, 뜻 의). 음(音)과 뜻[義].

음일 淫佚 (음란할 음, 숨을 일). 음란(淫亂)하게 숨어서[佚] 놂. ¶음일을 일삼다 / 음일을 즐기다.

음자 音字 (소리 음, 글자 자). 언어 말소리[音]를 그대로 기록해 나타낸 문자(文字). 한글, 로마자, 아라비아 문자 따위. '표음 문자'(表音文字)의 준말. ⓑ표음 문자, 기음(記音) 문자.

음자 陰字 (응달 음, 글자 자). ① 속뜻 음각(陰刻)한 활자로 인쇄한 글자[字]. ② 획이 희게 나타난 글자.

음자호산 淫者好酸 (음란할 음, 사람 자, 좋을 호, 신맛 산). 여색을 좋아하는[淫] 사람[者]은 신[酸]맛을 좋아함[好].

음전¹ 音栓 (소리 음, 마개 전). 음악 오르간 따위의 음색(音色)이나 음역(音域)을 바꾸는 마개[栓] 같은 장치.

음전² 陰電 (응달 음, 전기 전). 물리 '음전기'(陰電氣)의 준말.

음-전극 陰電極 (응달 음, 전기 전, 끝 극). 물리 두 개의 전극 사이에 전류가 흐를 때에 전위(電位)가 낮은 쪽[陰]의 극(極). ⓑ음극(陰極). ⓟ양전극(陽電極).

음-전기 陰電氣 (응달 음, 전기 전, 기운 기). 물리 전기의 두 가지 종류 가운데 비교적 적은[陰] 힘을 가진 전기(電氣).

음-전자 陰電子 (응달 음, 전기 전, 씨 자). 물리 음전기(陰電氣)를 지니는 전자(電子). 일반적으로 전자라 하면 이를 이른다. ⓟ양전자(陽電子).

음-전하 陰電荷 (응달 음, 전기 전, 멜 하). 물리 물체가 양전기보다 음전기(陰電氣)를 갖고 있는[荷] 정전기(靜電氣)의 양. ⓟ양전하(陽電荷).

음절 音節 (소리 음, 마디 절). 언어 소리[音]의 한 마디[節]. 음소가 모여서 이루어진 소리의 한 덩어리. ¶'운동'은 2음절로 된 단어이다.

▸음절 문자 音節文字 (글자 문, 글자 자). 언어 한 음절(音節)을 한 글자로 나타내는 표음 문자(文字)의 한 가지.

음정 音程 (소리 음, 거리 정). 음악 높이가 다른 두 음(音) 사이의 거리[程]. ¶음정을 잘 맞추면 노래가 재미있다.

음조¹ 音調 (소리 음, 가락 조). ① 속뜻 소리[音]의 가락[調]. ② 음악 음의 높낮이와 길이의 어울림. ③ 문학 시문(詩文)에서 소리의 높낮이를 비롯한 강약 및 빠르기.

음조² 陰助 (응달 음, 도울 조). 도움을 받는 사람도 모르게[陰] 넌지시 도움[助].

음종¹ 陰腫 (응달 음, 종기 종). 의학 부녀자의 외음부(外陰部)에 생기는 종기[腫] 따위.

음종² 陰縱 (응달 음, 세로 종). 한의 남자의 음부(陰部)에 열이 생기고 늘 발기하여[縱] 있는 병.

음종³ 淫縱 (음란할 음, 놓아줄 종). 색정에 빠져 음탕(淫蕩)하게 놀아남[縱]. 색사(色事)가 지나치게 난잡함.

음:주 飮酒 (마실 음, 술 주). 술[酒]을 마심[飮]. ¶음주 운전.

음지 陰地 (응달 음, 땅 지). 그늘진[陰] 곳[地]. ⓑ응달. ⓑ양지(陽地).

▸음지 식물 陰地植物 (심을 식, 만물 물). 식물 응달[陰地]에서 잘 자라는 식물(植物). ⓑ양지 식물(陽地植物).

음질 音質 (소리 음, 바탕 질). 목소리나 음(音)의 성질(性質).

음창 陰瘡 (응달 음, 부스럼 창). 한의 부녀자의 음부(陰部)에 생기는 부스럼[瘡].

음청 陰晴 (응달 음, 갤 청). 날씨가 흐린[陰] 날과 갠[晴] 날. 또는 흐림과 갬. ¶하루의 음청을 기록하다.

음축 陰縮 (응달 음, 줄일 축). 한의 음경(陰莖)이 차고 줄어드는[縮] 병.

음치 音癡 (소리 음, 어리석을 치). ① 속뜻 소리[音]를 잘 모름[癡]. ②음에 대한 감각이 둔하고 목소리의 가락이나 높낮이 등을 분별하지 못하는 상태 또는 그런 사람.

음침 陰沈 (응달 음, 잠길 침). ① 속뜻 응달[陰]이 지거나 물에 잠긴[沈] 것 같이 어둡고 쌀쌀하다. ¶음침한 날씨. ②성질이 명랑하지 못하다. ¶표정이 음침하다. ③어두컴컴하고 스산함.

음탐 淫貪 (음란할 음, 탐낼 탐). 음란(淫亂)한 것을 즐겨 찾음[貪].

음탕 淫蕩 (음란할 음, 거침없을 탕). 음란(淫亂)하고 방탕(放蕩)함. ¶음탕한 말 / 음탕한 생각.

음통 陰通 (응달 음, 통할 통). 남녀가 처음 음부(陰部)로 정을 통(通)함. 처음 성교를 함.

음파 音波 (소리 음, 물결 파). 물리 소리[音]의 물결[波]. 발음체의 진동으로 말미암아 공기나 그 밖의 매질에 생기는 파동(波動).

▸음파 탐지기 音波探知機 (찾을 탐, 알 지, 틀 기). 물리 음파(音波)를 이용하여 바다 속에 있는 물체의 거리나 방향 등을 찾는[探知] 기계(機械).

음편 音便 (소리 음, 편할 편). ① 속뜻 발음(發音)이 편리(便利)해짐. ② 언어 소리내기 쉬운 다른 음으로 바꾸어 발음하는 현상. 'ㄹ' 뒤에서 '이'가 '리'로 바뀌는 것이 대표적인 예이다.

음표 音標 (소리 음, 나타낼 표). 음악 악보에서 음(音)의 길이와 높낮이를 나타내는[標] 기호.

▸음표 문자 音標文字 (글자 문, 글자 자). 언어 ①말소리[音]를 그대로 나타내는[標] 문자(文字). 한글, 로마자, 아라비아 문자 따위. ②음성 기호(音聲記號). ⓑ표음(表音) 문자, 기음(記音) 문자.

음풍[1] 淫風 (음란할 음, 풍속 풍). 남녀의 성에 관한 음란(淫亂)한 풍속(風俗).

음풍[2] 陰風 (응달 음, 바람 풍). ① 속뜻 흐린[陰] 날씨에 음산하고 싸늘하게 부는 바람[風]. ②겨울철에 북쪽에서 불어오는 찬바람.

음풍-농월 吟風弄月 (읊을 음, 바람 풍, 놀롱, 달 월). ① 속뜻 바람[風]을 읊고[吟] 달[月]을 가지고 놂[弄]. ②자연에 대해 시를 짓고 흥취를 자아내며 즐김.

음풍-영월 吟風詠月 (읊을 음, 바람 풍, 읊을 영, 달 월). 바람[風]과 달[月]을 보며 시를 지어 읊음[吟=詠]. 음풍농월(吟風弄月).

음-하전 陰荷電 (응달 음, 멜 하, 전기 전). 물리 물체가 양전기보다 음전기(陰電氣)를 많이 갖고[荷] 있는 정전기(靜電氣)의 양. ⓑ음전하(陰電荷).

음해 陰害 (몰래 음, 해칠 해). 남몰래[陰] 뒤에서 해(害)침. ¶왕자를 음해하려는 세력이 발각되었다.

음핵 陰核 (응달 음, 씨 핵). 의학 여자의 음부(陰部)에 있는 작은 씨[核] 같은 돌기.

음행 淫行 (음란할 음, 행할 행). 음란(淫亂)한 행실(行實).

음향 音響 (소리 음, 울릴 향). 소리[音]의 울림[響]. ¶음향 효과 / 이 영화관은 최고의 음향 시설을 갖추고 있다.

▸음향-기 音響機 (틀 기). 기계 소리를 내는[音響] 기계(機械). ¶음향기로 실험을 하다.

▸음향-학 音響學 (배울 학). 물리 음향(音響)의 성질, 현상, 진동 등을 연구하는 학문(學問).

▸음향-관제 音響管制 (관리할 관, 누를 제). 차량의 경적 등 시끄러운 소리[音]를 울리지[響] 못하게 관리(管理) 통제(統制)하는 일.

▶음향 신:호 音響信號 (소식 신, 표지 호). 해상 음향(音響)을 이용하는 신호(信號).

▶음향 측심 音響測深 (잴 측, 깊을 심). 해양 초음파(超音波)를 바다 밑으로 쏘아 보내어 그것이 반사되어 울릴[響] 때까지의 시간으로 바다의 깊이[深]를 재는[測] 일.

▶음향 효:과 音響效果 (보람 효, 열매 과). 연영 ①방송, 영화, 연극에 인공적인 음향(音響)을 써서 극의 효과(效果)를 높이는 일. ②극장 등에서, 건물의 구조·재질 등에 따라서 영향을 받게 되는 음향의 효과.

음험 陰險 (응달 음, 험할 험). 마음씨가 어둡고[陰] 험함[險].

음혈 音穴 (소리 음, 구멍 혈). 음악 피리 같은 악기의 몸통에 소리[音]가 나오도록 뚫어 놓은 구멍[穴].

음호 陰戶 (응달 음, 집 호). 음부(陰部)의 구멍[戶]. 여자의 음부(陰部). ㊥하문(下門).

음화 陰畵 (응달 음, 그림 화). ① 속뜻 어두운[陰] 그림[畵]. ②사진에서 현상한 필름에 나타난 화상(畵像). ㊥양화(陽畵).

음황 淫荒 (음란할 음, 거칠 황). 주색에 빠져 음란(淫亂)하고 행동이 거칠다[荒]. ¶그는 음황하게 살아온 지난날을 반성했다.

음훈 音訓 (소리 음, 가르칠 훈). ① 속뜻 음(音)을 적고 뜻을 새김[訓]. ② 언어 한자의 독음과 형태소적 의미를 달아 놓은 것.

음흉 陰凶 (응달 음, 흉할 흉). 마음속이 음침(陰沈)하고 흉악(凶惡)함. ¶음흉을 떨다 / 그는 음흉한 속셈으로 그녀에게 접근했다.

읍간 泣諫 (울 읍, 간언할 간). 임금이나 웃어른에게 울면서[泣] 간절하게 간(諫)함.

읍곡 泣哭 (울 읍, 울 곡). 눈물을 흘리며 우는[泣] 것과 소리 내어 우는[哭] 것.

읍내 邑內 (고을 읍, 안 내). ① 속뜻 읍(邑)의 구역 안[內]. ¶미희는 읍내에 산다. ② 역사 조선 시대에, 관찰 관아가 아닌 지방 관아가 있던 마을. ㊟읍저·읍중·읍하.

읍례 揖禮 (읍드릴 읍, 예도 례). 읍드려[揖] 예(禮)를 표함. 또는 그 예.

읍민 邑民 (고을 읍, 백성 민). 읍내(邑內)에 사는 사람[民]. ¶읍민들이 모여 노래자랑을 했다.

읍-사무소 邑事務所 (고을 읍, 일 사, 일 무, 곳 소). 읍(邑)의 행정 사무(事務)를 맡아보는 기관[所].

읍성 邑城 (고을 읍, 성곽 성). 한 고을[邑] 전체를 성벽으로 둘러쌓은 성(城). ¶충남 서산에 해미읍성이 있다.

읍소 泣訴 (울 읍, 하소연할 소). 어려운 사정을 울며[泣] 간절히 하소연함[訴].

읍양 揖讓 (읍드릴 읍, 사양할 양). ① 속뜻 읍드려[揖] 예를 다하며 사양(辭讓)함. ②겸손한 태도를 가짐.

▶읍양지풍 揖讓之風 (어조사 지, 풍속 풍). 읍양(揖讓)의 예를 잘 지키는 풍습(風習).

읍지 邑誌 (고을 읍, 기록할 지). 한 고을[邑]의 연혁, 지리, 인물, 산업, 문화, 풍속 따위를 기록한 책[誌].

읍참-마속 泣斬馬謖 (울 읍, 벨 참, 말 마, 일어날 속). ① 속뜻 울며[泣] 마속(馬謖)의 목을 벰[斬]. ②큰 목적을 위해서는 자기가 아끼는 사람까지도 버림. 중국 촉나라 제갈량이 군령을 어기어 전투에서 패한 마속을 평소에 매우 아꼈음에도 눈물을 머금고 참형에 처하였다는 데서 유래.

읍청 泣請 (울 읍, 부탁할 청). 울면서[泣] 간절히 부탁함[請].

읍혈 泣血 (울 읍, 피 혈). 어버이의 상을 당하여 피[血]눈물을 흘리며 슬피 욺[泣].

응:견 鷹犬 (매 응, 개 견). ① 속뜻 사냥하는 데 쓰려고 길들인 매[鷹]와 개[犬]. ②사냥을 할 때 부리는 개. ㊥주구(走狗).

응:결 凝結 (엉길 응, 맺을 결). ① 속뜻 엉기어[凝] 맺힘[結]. ② 물리 액체나 기체에 흩어져 있던 미립자가 모여 큰 입자를 이루어 가라앉는 현상. ㊥융해(融解).

▶응:결-력 凝結力 (힘 력). 물리 한 물질 중 가까이 있는 부문이 서로 끌어 당겨 엉기는[凝結] 힘[力].

응:고 凝固 (엉길 응, 굳을 고). ① 속뜻 엉기어[凝] 굳어짐[固]. ②액체나 기체가 고체로 변하는 현상. ¶응고상태 / 피가 응고되기 전에 이 약을 주사해야 한다. ㊥융해(融解).

▶응:고-열 凝固熱 (더울 열). 물리 액체 또는 기체가 응고(凝固)하여 고체로 될 때 내어 놓는 열(熱).

▶응:고-점 凝固點 (점 점). 물리 액체나 기

체가 응고(凝固)할 때의 온도[點].

응:급 應急 (응할 응, 급할 급). 위급(危急)한 사항을 임시로 대응(對應)함. ¶응급 수술 / 응급 상황이 발생하면 119로 전화하시오.

▸응:급-실 應急室 (방 실). 응급(應急) 처치를 할 수 있는 시설을 갖추어 놓은 방[室]. ¶응급실에서 우선 붕대로 상처를 싸맸다.

▸응:급-수단 應急手段 (솜씨 수, 구분 단). 급한[急] 대로[應] 우선 처리하는 수단(手段).

▸응:급-조처 應急措處 (놓을 조, 처리할 처). 급한[急] 대로[應] 우선 처리[措=處]하는 것. [비]응급조치.

▸응:급-조치 應急 (놓을 조, 둘 치). 급한[急] 대로[應] 우선 조치(措置) 것. [비]응급조처.

▸응:급 치료 應急治療 (다스릴 치, 병 고칠 료). 다쳤거나 갑작스레 병이 났을 때 급한[急] 대로[應] 우선 치료(治療)하는 것.

응:낙 應諾 (응할 응, 승낙할 낙). 부탁의 말에 응(應)하여 승낙(承諾)함. ¶나는 형의 제안에 응낙했다.

응:능-주의 應能主義 (응할 응, 능할 능, 주될 주, 뜻 의). [경제] 과세의 기준을 납세자의 능력(能力)에 맞추어[應] 정해야한다는 주장[主義].

응:답 應答 (응할 응, 답할 답). 물음이나 부름에 응(應)하여 대답(對答)함. ¶나는 벨을 눌렀지만 아무도 응답이 없었다. [반]질의(質疑).

▸응:답-자 應答者 (사람 자). 부름이나 물음에 응답(應答)하는 사람[者]. ¶전체 응답자 가운데 70%가 찬성을 했다.

응:당 應當 (응할 응, 마땅 당). 응(應)해야 마땅함[當]. 당연히. ¶식사 전에는 응당 손을 씻어야 한다 / 죄를 지은 사람이 벌을 받는 것은 응당한 일이다.

응:대¹ 應待 (응할 응, 대접할 대). 손님의 방문을 응(應)하여 대접(待接)함. [비]응접(應接).

응:대² 應對 (응할 응, 대할 대). 부름이나 물음 또는 요구 따위에 응답(應答)하여 상대(相對)함. ¶몇 번 물어보았으나 응대가 시큰둥하다.

응:력 應力 (응할 응, 힘 력). ① [속뜻] 대응(對應)하려는 힘[力]. ② [물리] 물체가 외부 힘의 작용에 저항하여 원형을 지키려는 힘.

응:모 應募 (응할 응, 뽑을 모). 모집(募集)에 응(應)함. ¶응모 자격 / 각종 경연대회에 응모하다.

응:변 應變 (응할 응, 바뀔 변). 기회에 따라[應] 잘 바꿈[變]. '임기응변'(臨機應變)의 준말.

응:보 應報 (응할 응, 갚을 보). 선악에 따라[應] 받게 되는 길흉화복의 보답(報答).

▸응:보-형 應報刑 (형벌 형). [법률] 응보형론(應報刑論)의 이념에 따라 과하는 형벌(刑罰). [참]목적형(目的刑).

▸응:보-주의 應報主義 (주될 주, 뜻 의). [법률] 범죄에 따라[應] 죗값을 받아야한다는[報] 태도[主義].

▸응:보형-론 應報刑論 (형벌 형, 논할 론). [법률] 범죄에 따라[應] 형벌(刑罰)을 받아야 한다는[報] 주장[論]. [비]응보주의(應報主義). [참]목적형론(目的刑論).

응:분 應分 (맞을 응, 신분 분). 제 신분(身分)에 맞음[應]. 분수나 능력에 맞음. ¶응분의 할 일을 하다.

응:사 應射 (응할 응, 쏠 사). 상대편의 사격에 맞서서[應] 사격(射擊)함.

응:소¹ 應召 (응할 응, 부를 소). 소집(召集)에 응(應)함.

응:소² 應訴 (응할 응, 하소연할 소). [법률] 원고가 청구한 소송(訴訟)에 피고로서 대응(對應)하는 일.

응:수¹ 應手 (응할 응, 손 수). [운동] 바둑이나 장기 따위에서 상대편의 수에 대응(對應)하여 두는 수(手).

응:수² 應酬 (응할 응, 보낼 수). ① [속뜻] 대응(對應)하여 보냄[酬]. ② 상대편의 말을 되받아 반박함. ¶아이는 상인(商人)의 말에 지지 않고 응수했다. [비]대수(對酬).

응:시¹ 凝視 (엉길 응, 볼 시). 눈길을 한곳으로 모아[凝] 가만히 바라봄[視]. ¶그는 한참 동안 먼 산을 응시했다. [비]주시(注視).

응:시² 應試 (응할 응, 시험할 시). 시험(試驗)에 응(應)함. ¶응시 원서 / 시험 중 부정행위를 하면 1년간 응시할 수 없다.

▸응:시-자 應試者 (사람 자). 시험에 응하

는[應試] 사람[者]. ¶응시자가 500명을 넘어섰다.

응ː용 應用 (맞을 응, 쓸 용). ① 속뜻 실제에 맞게[應] 사용(使用)함. ② 원리나 지식, 기술 따위를 실제로 다른 일에 활용(活用)함을 이름. ¶응용 문제 / 과학을 일상생활에 응용하다.

▸응ː용-과학 應用科學 (조목 과, 배울 학). 실생활에 응용(應用)되는 과학(科學). ⓑ이론과학(理論科學).

▸응ː용-문제 應用問題 (물을 문, 주제 제). 기본 지식을 응용(應用)하여 풀어 보게 하는 문제(問題).

▸응ː용 미ː술 應用美術 (아름다울 미, 꾀 술). 미술 실제적인 응용(應用)에 목적을 둔 도안, 장식 따위의 미술(美術). 도안, 장식 따위.

▸응ː용 수ː학 應用數學 (셀 수, 배울 학). 수학 역학, 통계학, 광학, 물리학, 공학 따위에 응용(應用)되는 수학(數學).

▸응ː용 화ː학 應用化學 (될 화, 배울 학). 화학 산업 현장이나 실생활에 응용(應用)되는 화학(化學).

▸응ː용 경제학 應用經濟學 (다스릴 경, 건질 제, 배울 학). 경제 실생활에 응용(應用)되는 경제학(經濟學).

▸응ː용 물리학 應用物理學 (만물 물, 이치 리, 배울 학). 물리 실생활이나 산업에 응용(應用)되는 물리학(物理學).

▸응ː용 심리학 應用心理學 (마음 심, 이치 리, 배울 학). 심리 실생활이나 실제 문제에 응용(應用)되는 심리학(心理學).

응ː원 應援 (맞을 응, 도울 원). ① 속뜻 맞게[應] 편들어줌[援]. ② 운동 경기 따위에서 선수들이 힘을 낼 수 있도록 도와주는 일. 노래, 손뼉 치기 따위 여러 가지 방식이 있다. ¶그녀는 팀을 응원하느라 목이 다 쉬었다. ③ 곁에서 성원함. 또는 호응하여 도와줌.

▸응ː원-가 應援歌 (노래 가). 운동 경기 따위에서 선수들을 응원(應援)하기 위하여 여럿이 부르는 노래[歌].

▸응ː원-단 應援團 (모일 단). 운동 경기 따위에서 응원(應援)하기 위하여 조직된 단체(團體).

▸응ː원-석 應援席 (자리 석). 응원(應援)하는 사람들이 앉는 자리[席]. ¶양팀의 응원석이 꽉 찼다.

응ː익-주의 應益主義 (응할 응, 더할 익, 주될 주, 뜻 의). 경제 과세의 기준은 각 개인이 국가나 지방 공공 단체로부터 받는 이익(利益)에 따라[應] 두어야 한다는 태도[主義]. 조세 부담을 공평하게 하기 위함이다.

응ː전 應戰 (응할 응, 싸울 전). 적의 공격에 맞서서[應] 싸움[戰].

응ː접 應接 (응할 응, 맞이할 접). ① 속뜻 손님의 요구에 응(應)하여 접대(接待)함. ¶그는 미소를 지으며 손님을 응접했다. ② 어떤 사물에 접촉함.

▸응ː접-실 應接室 (방 실). 손을 맞이하여[應] 접대(接待)하는 방[室].

응ː종 應從 (응할 응, 따를 종). 받아들여[應] 그대로 따름[從].

응ː집 凝集 (엉길 응, 모일 집). ① 속뜻 한군데에 엉겨서[凝] 뭉침[集]. ¶두 물질은 뜨거운 상태에서 응집하여 에너지를 낸다. ② 의학 적혈구나 세균 따위의 입자상(粒子狀) 항원이 항체로 결합되어 덩어리가 되는 현상. ③ 화학 안정성을 잃은 콜로이드 따위의 입자가 모여서 덩어리가 되는 현상. 또는 분자나 원자가 모이는 현상. ¶수증기가 응집해서 물방울이 된다.

▸응ː집-력 凝集力 (힘 력). ① 속뜻 어떤 단체나 조직에 속하는 구성원들을 뭉치는[凝集] 힘[力]. ② 물리 원자, 분자 또는 이온 사이에 작용하여 고체나 액체 따위의 물체를 이루게 하는 인력(引力)을 통틀어 이르는 말.

▸응ː집-소 凝集素 (바탕 소). 생물 응집(凝集) 반응을 일으키는 항체 요소(要素). 적혈구, 세균 따위의 응집원과 반응하여 그것들을 응집시킨다.

▸응ː집 반ː응 凝集反應 (되돌릴 반, 응할 응). 생물 세균이나 적혈구 따위에 대한 항혈청이 항원의 부유액에 반응하여 응집(凝集)하는 것을 보는 항원 항체 반응(反應). 혈액형의 결정이나 급성 전염병의 진단 따위에 쓴다.

응ː징 膺懲 (가슴 응, 혼낼 징). ① 속뜻 마음[膺] 깊이 뉘우치도록 혼냄[懲]. ② 잘못을 깨우쳐 뉘우치도록 징계(懲戒)함. ¶동학군은 탐관오리를 응징했다. ③적국을 정복함.

응:착 凝着 (엉길 응, 붙을 착). 물리 두 고체의 면이 액체 상태로 녹아 엉겨[凝] 붙는[着] 현상.

응:찰 應札 (응할 응, 패 찰). 패[札]를 받음[應]. 입찰에 참가함

응:천-순인 應天順人 (응할 응, 하늘 천, 따를 순, 사람 인). 하늘[天]의 뜻에 부응(副應)하고 사람[人]들의 뜻에 따름[順].

응:체[1] 凝滯 (엉길 응, 막힐 체). 사물의 흐름이 서로 엉겨[凝] 막힘[滯].

응:체[2] 凝體 (엉길 응, 몸 체). 엉기어[凝] 굳은 물체(物體).

응:축 凝縮 (엉길 응, 줄일 축). ①속뜻 한데 엉겨[凝] 굳어서 줄어듦[縮]. ②내용의 핵심이 어느 한곳에 집중되어 쌓여 있음. ③물리 기체가 액체로 변함. 또는 그런 현상.

▸응:축-기 凝縮機 (틀 기). 기계 수증기를 식혀서 물방울을 맺게[凝縮] 하는 증기 기관의 장치[機]. 기관 내부의 압력을 일정하게 하여 기관의 효율을 높이는 데 쓴다.

▸응:축-열 凝縮熱 (더울 열). 화학 기체가 응축(凝縮)하여 액체가 될 때 내는 열(熱).

응:험 應驗 (맞을 응, 효과 험). 징조[驗]가 잘 맞음[應]. 또는 그 징조.

응:혈 凝血 (엉길 응, 피 혈). 피[血]가 엉김[凝].

응:화 應和 (맞을 응, 어울릴 화). 서로 응(應)하여 화답(和答)함.

응:회-암 凝灰巖 (엉길 응, 재 회, 바위 암). 지리 화산이 분출할 때 나온 화산재[灰] 따위의 물질이 응고(凝固)되어 만들어진 암석(巖石).

의가[1] 衣架 (옷 의, 시렁 가). 옷[衣]을 거는 기구[架].

의가[2] 醫家 (치료할 의, 사람 가). 의술(醫術)에 뛰어난 사람[家]. '의술가'(醫術家)의 준말.

▸의가-서 醫家書 (책 서). 의가(醫家)들이 의술을 펼칠 때 필요한 책[書]. ㊟의서.

의가사 제대 依家事除隊 (의지할 의, 집 가, 일 사, 덜 제, 무리 대). 군사 현역 군인이 집안[家] 사정[事]에 의해[依] 예정보다 일찍 제대(除隊)하는 것. 국방부의 허가를 받아야 한다.

의거[1] 依據 (기댈 의, 근거할 거). ①속뜻 어떤 사실이나 원리 따위에 기대거나[依] 근거함[據]. ¶규정에 의거하여 결정하다. ②어떤 힘을 빌려 의지함. ¶동학군은 농민에 의거하여 혁명을 일으켰다. ③산수(山水)에 의지하여 웅거(雄據)함. ¶제갈량은 고지에 의거하여 적군을 격퇴했다.

의:거[2] 義擧 (옳을 의, 들 거). 정의(正義)로운 일을 일으킴[擧]. ¶윤봉길 의사의 의거 / 일제의 학정(虐政)에 국민이 의거했다.

⁑**의:견** 意見 (뜻 의, 볼 견). 어떤 일에 대한 뜻[意]과 견해(見解). ¶당신 의견에 찬성합니다. ㊐견해(見解), 생각, 의사(意思).

▸의:견-서 意見書 (글 서). 어떤 의견(意見)을 적은 글[書]. 또는 그 문서.

의결 議決 (의논할 의, 결정할 결). 의논(議論)하여 결정(決定)함. 또는 그런 결정. ¶과반수의 찬성으로 새 법률안을 의결했다.

▸의결-권 議決權 (권리 권). 법률 ①주주가 자신의 의사 표시를 통하여 주주 총회의 공동 의결(議決)에 참가할 수 있는 권리(權利). ②의결 기관이 회의를 열어 어떤 사항을 의결할 수 있는 권리.

▸의결 기관 議決機關 (틀 기, 빗장 관). 법률 ①행정에 관해 의결(議決)할 수 있는 권한을 가지는 합의제 행정 기관(機關). ②법인의 의사를 결정하는 합의 기관. ㊟집행기관(執行機關).

의:경 義警 (옳을 의, 지킬 경). 법률 병역 의무(義務)를 지고 업무를 수행하는 경찰(警察). '의무경찰'(義務警察)의 준말.

의고 擬古 (흉내낼 의, 옛 고). ①속뜻 옛[古] 것을 본뜸[擬]. ②시가(詩歌)나 문장 등을 옛 형식에 맞추어 지음.

▸의고-체 擬古體 (모양 체). 문학 옛[古] 형식을 본떠서[擬] 쓴 문체(文體).

▸의고-풍 擬古風 (모습 풍). 옛[古] 양식이나 멋을 따르려는[擬] 경향이나 풍조(風潮).

▸의고-주의 擬古主義 (주될 주, 뜻 의). 예술 옛[古] 것을 숭배하여 이를 모방하는[擬] 태도나 주장[主義].

의공 蟻孔 (개미 의, 구멍 공). 개미[蟻]가 파 놓은 구멍[孔].

의과 醫科 (치료할 의, 분과 과). ①교육 의학

(醫學)을 연구하는 대학의 한 분과(分科). ¶그는 의과에 입학했다. ② 역사 고려·조선 시대에, 의술에 정통한 사람을 시험하여 뽑던 과거.

▸의과 대:학 醫科大學 (큰 대, 배울 학). 의학(醫學)을 연구하는 분과(分科)로 구성된 단과 대학(大學).

의관[1] **衣冠** (옷 의, 갓 관). ① 속뜻 남자의 웃옷[衣]과 갓[冠]. ② 남자가 정식으로 갖추어 입는 옷차림. ③ 문물이 열리고 예의가 바른 풍속.

의관[2] **醫官** (치료할 의, 벼슬 관). 역사 조선 시대에, 내의원에 속하여 의술(醫術)에 종사하던 벼슬아치[官].

의구[1] **依舊** (의지할 의, 옛 구). 옛[舊]것을 따름[依]. 옛 모양과 다름이 없음.

의구[2] **疑懼** (의심할 의, 두려워할 구). 의심(疑心)하고 두려워함[懼]. ¶의구를 품다.

▸의구-심 疑懼心 (마음 심). 의심(疑心)하고 두려워하는[懼] 마음[心]. ¶그의 행동을 보니 의구심이 생겼다.

의궤 **儀軌** (의식 의, 바퀴자국 궤). ① 속뜻 의례(儀禮)의 본보기[軌]. ③ 예전에 나라에서 큰일을 치를 때 후세에 참고를 위해 그 일의 처음부터 끝까지의 경과를 자세하게 적은 책.

의귀 **依歸** (의지할 의, 돌아갈 귀). 돌아가거나 돌아와[歸] 몸을 의지(依支)함. ㊥귀의(歸依).

의금 **衣襟** (옷 의, 옷깃 금). 옷[衣]의 깃[襟].

의:금-부 **義禁府** (옳을 의, 금할 금, 관청 부). ① 속뜻 금지(禁止)하는 일을 저지른 사람을 불러다 옳게[義] 만드는 관청[府]. ② 역사 조선 시대에 임금의 명령을 받들어 중죄인을 신문하는 일을 맡아 하던 관아.

의:기[1] **義氣** (옳을 의, 기운 기). 의로운[義] 기세(氣勢).

의기[2] **疑忌** (의심할 의, 꺼릴 기). 의심(疑心)하여 꺼림[忌].

의:기[3] **意氣** (뜻 의, 기운 기). ① 속뜻 뜻[意]과 기세(氣勢). ② 기세가 좋은 적극적인 마음. ¶그 소식이 우리들의 의기를 드높였다.

▸의:기-상투 意氣相投 (서로 상, 들여놓을 투). 마음[意氣]이 서로[相] 맞음[投].

▸의:기-소침 意氣銷沈 (사라질 소, 침울할 침). ① 속뜻 의기(意氣)가 사라지고[銷] 가라앉음[沈]. ② 기운이 없어지고 풀이 죽음. ¶시험에 또 떨어진 그는 매우 의기소침했다.

▸의:기-양양 意氣揚揚 (오를 양, 오를 양). 뜻한 바를 이루어 의기(意氣)가 크게 오름[揚揚]. ¶의기양양한 미소.

▸의:기-충천 意氣衝天 (찌를 충, 하늘 천). 의기(意氣)가 하늘[天]을 찌를[衝] 듯이 솟아오름.

▸의:기-투합 意氣投合 (들여놓을 투, 합할 합). 마음[意氣]이 맞아 하나로 합해짐[投合]. ㊥의기상투(意氣相投).

의:-남매 **義男妹** (옳을 의, 사내 남, 누이 매). ① 속뜻 의리(義理)로 맺은 남매(男妹). ② 아버지나 어머니가 서로 다른 남매.

의:녀 **義女** (옳을 의, 딸 녀). ① 속뜻 의리(義理)로 맺은 딸[女]. ㊥의붓딸.

의념 **疑念** (의심할 의, 생각 념). 의심(疑心)스러운 생각[念].

⁑**의논** **議論** (본음 [의론], 따질 의, 논할 론). 어떤 의견이 옳은지 따지어[議] 말함[論]. ¶의논 상대 / 나는 부모님과 진학 문제에 대해 의논했다. ㊥논의(論議), 토의(討議).

의당 **宜當** (마땅 의, 마땅 당). 마땅히[宜] 응당(應當) 그래야 함. ¶빌린 돈은 의당 갚아야 한다 / 친구의 의리를 지키는 것은 의당한 일이다. ㊥당연(當然)히, 마땅히, 으레.

의대[1] **衣帶** (옷 의, 띠 대). ① 속뜻 옷[衣]과 띠[帶]. ② 옷의 띠.

의대[2] **醫大** (치료할 의, 큰 대). 의학(醫學)을 가르치고 연구하는 단과 대학(大學). '의과대학'(醫科大學)의 준말.

의:덕[1] **義德** (옳을 의, 베풀 덕). 가톨릭 정의(正義)를 이루려는 덕(德).

의덕[2] **懿德** (아름다울 의, 베풀 덕). 아름다운[懿] 덕행(德行).

의:도[1] **義徒** (옳을 의, 무리 도). 정의(正義)를 위해 일을 일으키는 사람들[徒].

⁑**의:도**[2] **意圖** (뜻 의, 꾀할 도). ① 속뜻 뜻[意]한 바를 꾀함[圖]. ② 무엇을 하고자 하는 생각이나 계획. 또는 무엇을 하려고 꾀함. ¶너를 속일 의도는 없었다.

의:량 **意量** (생각할 의, 헤아릴 량). 의사(意

思)와 도량(度量)을 아울러 이르는 말. ¶그의 의량은 옹졸하지 않음은 익히 아는 바이다.

의:려 義旅 (옳을 의, 군사 려). 의로운[義] 군대[旅]. ⓗ의병(義兵).

의례[1] 依例 (의지할 의, 법식 례). 전례(前例)를 따름[依]. '의전례'(依前例)의 준말.

의례[2] 儀禮 (의식 의, 예도 례). 법식[儀]을 갖춘 예의(禮義). ¶국민 의례 / 의례 준칙.

의론 議論 (따질 의, 논할 론). 어떤 의견이 옳은지 따지어[議] 말함[論]. '의논'의 본말.

의롱 衣籠 (옷 의, 대그릇 롱). 옷[衣]을 넣어 두는 농(籠). 옷농. ¶의롱과 금침을 장만하다.

의뢰 依賴 (의지할 의, 맡길 뢰). ① 속뜻 의지(依支)하여 맡김[賴]. ② 남에게 부탁함. ¶그는 경찰에 수사를 의뢰했다.

▸의뢰-서 依賴書 (글 서). 남에게 부탁하는[依賴] 내용을 적은 글[書].

▸의뢰-심 依賴心 (마음 심). 남을 의지(依支)하여 맡기려는[賴] 마음[心].

▸의뢰-인 依賴人 (사람 인). 어떤 일을 남에게 부탁한[依賴] 사람[人].

의료[1] 衣料 (옷 의, 거리 료). 옷[衣]의 재료(材料). 입을 거리.

⁑**의료[2] 醫療** (치료할 의, 병 고칠 료). 의술로 병을 고치는[醫=療] 일. ¶의료 봉사.

▸의료-계 醫療界 (지경 계). 의료(醫療)에 종사하는 사람들의 사회[界].

▸의료-단 醫療團 (모일 단). 병을 고치기[醫療] 위하여 임시로 조직된 단체(團體). ¶해외에 파견할 의료단을 구성하였다.

▸의료-비 醫療費 (쓸 비). 병을 고치는[醫療] 데 드는 비용(費用).

▸의료-업 醫療業 (일 업). 의술로 병을 고치는[醫療] 직업(職業).

▸의료-원 醫療院 (집 원). 여러 가지 의료(醫療)에 관련된 많은 사람과 시설을 갖춘 큰 병원(病院). ¶국립 의료원 / 동네에 의료원이 새로 생겼다.

▸의료 기계 醫療器械 (그릇 기, 기구 계). 병자를 치료하기[醫療] 위한 검사·진찰·수술 등에 쓰이는 기계(器械).

▸의료 기관 醫療機關 (틀 기, 빗장 관). 의료인이 공중 및 특정 다수인을 위해 의료(醫療) 행위를 하는 기관(機關).

▸의료 보:험 醫療保險 (지킬 보, 험할 험). 사회 상해나 질병에 대하여 의료(醫療)의 보장 또는 의료비의 부담을 목적으로 하는 사회 보험(保險).

의류 衣類 (옷 의, 무리 류). 옷[衣]으로 입을 수 있는 종류(種類)를 통틀어 이르는 말. ¶아동 의류. ⓗ의복(衣服).

의:리 義理 (옳을 의, 이치 리). ① 속뜻 사람으로서 마땅히 지켜야 할 옳은[義] 도리(道理). ② 사람과의 관계에 있어서 지켜야 할 바른 도리. ¶의리를 지키다 / 의리에 살고 의리에 죽는다. ③ 남남끼리 혈족 관계를 맺는 일.

의:림-지 義林池 (옳을 의, 수풀 림, 못 지). 고적 충청북도 제천 의림(義林)에 있는 저수지[池]. 삼한 시대의 수리 시설.

의:매 義妹 (옳을 의, 누이 매). ① 속뜻 의리(義理)로 맺은 누이동생[妹]. ② 아버지나 어머니가 서로 다른 누이동생.

의:모 義母 (옳을 의, 어머니 모). ① 속뜻 의리(義理)로 맺은 어머니[母]. ② 아버지가 재혼함으로써 생긴 어머니. ⓗ의붓어머니.

의무[1] 醫務 (치료할 의, 일 무). ① 속뜻 의료(醫療)에 관한 업무(業務). ② 의사로서의 업무.

의:무[2] 義務 (옳을 의, 일 무). ① 속뜻 마땅히 해야 할 옳은[義] 일[務]. ¶권리를 주장하기 전에 의무를 다해야 한다. ② 법률 규범에 의하여 부과되는 부담이나 구속. 납세의 의무. ③ 철학 도덕적으로 강제력이 있는 규범에 근거하여 인간의 의지나 행위에 부과되는 구속. ⓑ권리(權利).

▸의:무-감 義務感 (느낄 감). 의무(義務)를 느끼는 마음[感]. ¶나는 의무감에서 할머니를 돌보았다.

▸의:무-적 義務的 (것 적). 마땅히 꼭 해야 하는[義務] 것[的]. ¶회의에 의무적으로 참석하다.

▸의:무 교:육 義務教育 (가르칠 교, 기를 육). 교육 국가에서 제정한 법률에 따라 일정한 연령에 이른 아동이 의무적(義務的)으로 받아야 하는 보통 교육(教育).

의문 疑問 (의심할 의, 물을 문). ① 속뜻 의심

(疑心)하여 물음[問]. ②의심스러운 생각을 함. 또는 그런 일. ¶선생님의 설명을 듣다 보니 몇 가지 의문이 생겼다 / 그 일이 가능할지 매우 의문스럽다.

▸의문-문 疑問文 (글월 문). [언어] 화자가 청자에게 질문을 하는[疑問] 문장(文章).

▸의문-부 疑問符 (맞을 부). 문장에서 의문(疑問)을 나타내는 부호(符號).

▸의문-점 疑問點 (점 점). 의문(疑問)이나 의심이 나는 점(點). ¶의문점이 많다.

▸의문-표 疑問標 (나타낼 표). 문장에서 의문(疑問)을 나타내는 표(標). 의문부(疑問符).

▸의문 부:호 疑問符號 (맞을 부, 표지 호). ① [속뜻] 의문(疑問)을 표시하는 문장 부호(符號). ② [언어] 의심이나 의문을 나타낼 때 쓰는 마침표. '?'로 표시한다. [비]물음표.

▸의문 대:명사 疑問代名詞 (대신할 대, 이름 명, 말씀 사). [언어] 의문(疑問)의 뜻을 나타내는 대명사(代名詞). '누구', '무엇', '어디' 따위가 있다.

⁑의:미 意味 (뜻 의, 맛 미). ① [속뜻] 말이나 글의 뜻[意]이나 맛[味]. 말뜻. ¶이 단어는 무슨 의미인지 모르겠다. ②사물이나 현상의 가치. ¶의미 있는 삶. ③행위나 현상이 지닌 뜻. ¶돈은 나에게 아무런 의미가 없다.

▸의:미-론 意味論 (논할 론). ① [언어] 단어와 문장의 뜻[意味]과 실제 상황에 나타나는 발화의 뜻을 연구하는 학문 분야[論]. ② [논리] 기호 논리학에서 기호와 그 지시하는 대상과의 관련을 연구하는 학문.

▸의:미-소 意味素 (바탕 소). [언어] 구체적인 의미(意味)를 갖고 있는 최소 단위[素].

▸의:미 변:화 意味變化 (바뀔 변, 될 화). [언어] 단어의 소리를 변화시켜 그 의미(意味)를 바꾸는[變化] 것.

▸의:미심장 意味深長 (깊을 심, 길 장). 말이나 글의 뜻[意味]이 매우 깊고[深] 길다[長]. ¶아버지는 의미심장한 표정으로 나를 쳐다보았다.

의방-유취 醫方類聚 (치료할 의, 방법 방, 무리 류, 모을 취). [책명] 조선 때, 김순의 등이 의료(醫療) 방법(方法)을 종류(種類)별로 모은[聚] 백과사전.

의범 儀範 (거동 의, 본보기 범). 모범(模範)이 될 만한 몸가짐[儀].

의법 依法 (의지할 의, 법 법). 법(法)에 따름[依].

***의:병 義兵** (옳을 의, 군사 병). 옳다고[義] 여기는 일을 위하여 싸우러 나선 군사[兵]. ¶의병은 산성에서 왜군들에 맞서 싸웠다.

▸의:병-장 義兵將 (장수 장). 의병(義兵)의 장수(將帥).

의병 제대 依病除隊 (의지할 의, 병 병, 덜 제, 무리 대). [군사] 병(病)으로 말미암아[依] 제대(除隊)하는 일.

의복 衣服 (옷 의, 옷 복). 옷[衣=服]. [비]의류(衣類).

▸의복-비 衣服費 (쓸 비). 전체 생활비 중에서 옷[衣服]을 사는 데 드는 비용(費用). ¶막내가 학교에 입학하면서 의복비가 많이 든다.

의봉 蟻封 (개미 의, 북돋울 봉). 개미[蟻]가 땅속에 집을 짓기 위해 땅 위로 날라 놓은 흙더미[封].

의:부¹ 義父 (옳을 의, 아버지 부). ① [속뜻] 의리(義理)로 맺은 아버지[父]. ②어머니가 개가함으로써 생긴 아버지. [비]의붓아버지.

의:부² 義婦 (옳을 의, 아내 부). 절개가 굳고 의로운[義] 아낙네[婦].

의부³ 蟻附 (개미 의, 붙을 부). ① [속뜻] 개미[蟻]떼처럼 달라붙거나[附] 모여듦. ②개미 떼처럼 한마음으로 장수를 따름.

의:분¹ 義憤 (옳을 의, 성낼 분). 의로운[義] 마음에서 우러나오는 분노(憤怒). ¶이순신 장군은 의분을 참고 백의종군하였다.

의:분² 義奮 (옳을 의, 떨칠 분). 의(義)를 위해 분발(奮發).

의:사¹ 義士 (옳을 의, 선비 사). 의로운[義] 선비[士]. 의로운 지사(志士). ¶의사 윤봉길.

의:사² 義死 (옳을 의, 죽을 사). 의로운[義] 일을 위해 죽음[死].

의사³ 擬死 (흉내낼 의, 죽을 사). [동물] 외부로부터 갑작스러운 자극을 받은 동물이 움직이지 않고 죽은[死] 체 흉내내는[擬] 일. 곤충, 뱀, 조류, 포유류 따위에서 볼 수 있다.

⁑의사⁴ 醫師 (치료할 의, 스승 사). 병을 치료하는[醫] 것을 직업으로 삼는 사람을 스승[師]으로 높여 부르는 말. ¶피부과 의사.

의:사[5] **意思** (뜻 의, 생각 사). 무엇을 하고자 하는 뜻[意]과 생각[思]. ¶자신의 의사를 밝히다.

▸의:사 능력 意思能力 (능할 능, 힘 력). 법률 자기 행위의 의미나 결과를 정상적으로 판단할[意思] 수 있는 정신적 능력(能力).

▸의:사 소통 意思疏通 (트일 소, 통할 통). 가지고 있는 뜻[意]이나 생각[思]이 서로 통함[疏通]. ¶그녀와는 의사소통이 전혀 되질 않는다.

▸의:사-주의 意思主義 (주될 주, 뜻 의). 법률 의사 표시의 효력을 결정할 때, 객관적인 표시 행위보다는 그 사람의 마음속에 있는 의사(意思)를 중시하는 태도[主義].

▸의:사 표시 意思表示 (겉 표, 보일 시). 법률 어떤 일에 대한 자기의 뜻[意]이나 생각[思]을 나타내는[表示] 것. ¶그는 매번 정확한 의사표시를 하지 않고 뒤에서 투덜거린다.

의사[6] **擬似** (흉내낼 의, 닮을 사). 흉내내어[擬] 닮음[似]. 실제와 비슷함.

▸의사-증 擬似症 (증세 증). 의학 진성(眞性)의 전염병과 비슷하지만[擬似] 그것이라고 단정하기 어려운 증상(症狀).

의사[7] **議事** (의논할 의, 일 사). 어떤 일[事]을 토의(討議)함. ¶의회에서 의사 진행을 방해하면 퇴장시킨다.

▸의사-당 議事堂 (집 당). 의원들이 모여서 어떤 일[事]을 토의(討議)하기 위한 건물[堂]. 주로 국회 의사당을 일컫는다.

▸의사-록 議事錄 (기록할 록). 어떤 안건[事]을 토의(討議)한 경과 및 결정 따위를 적어 놓은 기록(記錄).

▸의사-봉 議事棒 (몽둥이 봉). 국회 따위 의결 기관에서 어떤 안건[事]을 토의(討議)하기 위한 개회, 의안 상정, 가결, 부결, 폐회 따위의 과정을 선언할 때 탁자를 두드리는 망치[棒] 모양의 기구.

▸의사-일정 議事日程 (날 일, 분량 정). 회의에서 미리 의논(議論)할 사항(事項)을 정하여 놓은 것[日程].

의상 **衣裳** (옷 의, 치마 상). ① 속뜻 윗옷[衣]과 치마[裳]. ②겉에 입는 옷. ¶한복은 우리 민족의 전통 의상이다. ③배우나 무용하는 사람들이 연기할 때 입는 옷. ¶무대 의상.

▸의상-실 衣裳室 (방 실). ① 속뜻 옷[衣裳]을 두거나 갈아입기 위한 방[室]. ②여자들의 옷을 맞추어 파는 가게. ¶의상실에서 옷을 새로 맞췄다.

의생 **醫生** (치료할 의, 사람 생). 예전에, 의술(醫術)로 병을 고치는 것을 직업으로 삼았던 사람[生]을 이르는 말. ¶그 늙은 의생은 침술이 대단하다오.

의-생활 **衣生活** (옷 의, 살 생, 살 활). 옷[衣]과 관련된 생활(生活). ¶알뜰하고 검소한 의생활.

의서 **醫書** (치료할 의, 책 서). 의학(醫學)에 관한 책[書].

의석 **議席** (의논할 의, 자리 석). 회의장에서 의원(議員)이 앉는 자리[席]. 또는 그 수. ¶여당이 과반수의 의석을 차지했다.

의성 **擬聲** (흉내낼 의, 소리 성). 사물의 소리[聲]를 본떠 흉내냄[擬].

▸의성-법 擬聲法 (법 법). 언어 사물의 소리[聲]를 본떠[擬] 표현하는 비유법(比喩法). '시냇물이 졸졸 흐른다' 따위.

▸의성-어 擬聲語 (말씀 어). 언어 사물의 소리[聲]를 흉내[擬] 낸 말[語]. ¶각국의 의성어는 서로 다르다.

▸의성 부:사 擬聲副詞 (도울 부, 말씀 사). 언어 사물의 소리[聲]를 흉내 내는[擬] 부사(副詞). '멍멍' '주룩주룩' 따위.

의세 **倚勢** (의지할 의, 세력 세). ① 속뜻 세력(勢力)에 믿고 재거나 억지를 씀[倚]. ②앉을 때에 편안히 뒤로 기대는 물건.

의속 **依屬** (의지할 의, 엮을 속). 어떤 사물의 존재, 성질, 상태, 가치 따위가 다른 사물에 따라[依] 규정되고 엮임[屬].

의수[1] **依數** (의지할 의, 셀 수). 일정한 수(數)에 따라서[依] 함.

의:수[2] **義手** (해넣을 의, 손 수). 인공으로 해넣은[義] 손[手]. 손이 없는 사람을 위하여 나무나 고무 따위로 만들어 붙인 손.

의:숙 **義塾** (옳을 의, 글방 숙). 공익을 위해 의연금(義捐金)을 모아 세운 교육 기관[塾].

의술 **醫術** (치료할 의, 꾀 술). 병을 치료하는[醫] 기술(技術). ¶의술이 발달하면서 수명이 연장되었다.

▸ 의술-가 醫術家 (사람 가). 의술(醫術)에 뛰어난 사람[家]. ¶명망 있는 의술가들을 궁으로 불러들였다. ㊟의가.

의식[1] **衣食** (옷 의, 밥 식). 옷[衣]과 음식(飮食).

▸ 의-식-주 衣食住 (살 주). 인간 생활의 세 가지 요소인 옷[衣], 음식(飮食), 집[住]을 아울러 이르는 말.

*__의ː식__[2] **意識** (뜻 의, 알 식). ① 속뜻 뜻[意]을 앎[識]. ② 깨어 있는 상태에서 자기 자신이나 사물에 대하여 인식(認識)하는 작용. ¶의식을 잃다 / 그는 3일 동안 의식이 없었다. ③ 어떤 것을 두드러지게 느끼거나 특별히 염두에 두다. ¶그는 남의 눈을 지나치게 의식한다. ④ 사회적·역사적으로 형성되는 사물이나 일에 대한 개인적·집단적 감정이나 견해나 사상. ¶엘리트 의식. ⑤ 스스로 그런 줄 알면서 일부러 의식(意識)하고 하는 것[的]. ¶약물 중독을 치료하려면 의식적인 노력이 필요하다. ㊟무의식적(無意識的).

▸ 의ː식-적 意識的 (것 적). 스스로 그런 줄 알면서 일부러 의식(意識)하고 하는 것[的]. ¶약물 중독을 치료하려면 의식적인 노력이 필요하다. ㊥무의식적(無意識的).

▸ 의ː식-화 意識化 (될 화). 어떤 대상에 대하여 깨닫거나[意識] 생각하게 함[化]. 특히, 계급의식을 갖게 한다는 뜻으로 쓴다.

▸ 의ː식 구조 意識構造 (얽을 구, 만들 조). 심리 어떤 개인이나 집단이 가진 의식(意識)의 짜임새[構造].

▸ 의ː식 불명 意識不明 (아닐 불, 밝을 명). 의학 의식(意識)이 명확(明確)하지 않음[不]. ¶병원에 실려 왔을 때 그는 이미 의식 불명 상태였다.

▸ 의ː식 일반 意識一般 (한 일, 모두 반). 철학 칸트의 선험적 관념론에서, 객관적·보편적인[一般] 인식을 성립시키는 의식(意識)의 존재 양상. 개인의 경험 의식에 앞서 그것을 가능하게 하는 초월적 통각(統覺)이다.

▸ 의ː식 심리학 意識心理學 (마음 심, 이치 리, 배울 학). 심리 의식(意識)을 주요 연구 대상으로 하는 심리학(心理學).

*__의식__[3] **儀式** (예의 의, 법 식). ① 속뜻 예의(禮儀)를 갖추는 방식(方式). 행사를 치르는 정해진 법식. ¶의식을 거행하다. ② 공사(公事), 불사(佛事), 신사(神事), 경조(慶弔) 등이 있을 때 행하는 예법(禮法).

▸ 의식-요 儀式謠 (노래 요). 여러 가지 의식(儀式)을 거행하면서 부르는 민요(民謠).

▸ 의식 음악 儀式音樂 (소리 음, 풍류 악). 의식(儀式)을 열 때 연주하는 음악(音樂).

의ː심[1] **義心** (옳을 의, 마음 심). 의로운[義] 마음[心].

의심[2] **疑心** (의아할 의, 마음 심). 확실히 알 수 없어서 의아해하는[疑] 마음[心]. ¶누나는 정말 의심이 많다 / 그의 말이 사실인지 의심쩍다 / 그 소문이 사실인지 아닌지 의심스럽다.

▸ 의심-증 疑心症 (증세 증). 의심(疑心)을 잘하는 성질[症]이나 버릇.

의아 **疑訝** (의심할 의, 의심할 아). 의심스럽고[疑=訝] 괴이함. ¶의아한 점이 한두 가지가 아니다 / 의아스러운 표정.

의ː안[1] **義眼** (해 넣을 의, 눈 안). 인공적으로 해 넣은[義] 눈알[眼].

의안[2] **疑案** (의심할 의, 안건 안). ① 속뜻 의심(疑心)스러운 안건(案件). ② 의혹에 쌓인 안건.

의안[3] **議案** (의논할 의, 안건 안). 토의(討議)할 안건(案件). ¶그는 보행자의 안전을 위한 의안을 국회에 상정했다.

의약[1] **依約** (의지할 의, 묶을 약). 약속(約束)한 대로 따름[依].

의약[2] **醫藥** (치료할 의, 약 약). ① 속뜻 병을 치료하는[醫] 데 쓰는 약(藥). ② 의술과 약품.

▸ 의약-품 醫藥品 (물건 품). 의약(醫藥)으로 쓰이는 물품(物品). ¶의약품은 서늘한 곳에 보관하십시오.

▸ 의약 분업 醫藥分業 (나눌 분, 일 업). 법률 의사(醫師)와 약사(藥師)의 업무(業務)를 분담(分擔)하게 하는 제도.

의ː업[1] **意業** (뜻 의, 업보 업). 불교 마음[意]으로 의지를 지키지 못하여 짓는 죄업(罪業). ㊟삼업(三業).

의업[2] **醫業** (치료할 의, 일 업). ① 속뜻 의술(醫術)을 베푸는 직업(職業). ② 역사 고려 시대에 둔 여러 가지 의서(醫書)를 가지고 의술을 시험하던 잡과의 한 과목.

의ː역 **意譯** (뜻 의, 옮길 역). 단어나 어구에 얽매이지 않고 전체의 뜻[意]을 잘 살리는 번역(翻譯). ㊟직역(直譯).

의연¹ **依然** (의지할 의, 그러할 연). 전과 같이 [依] 그러함[然]. 변함이 없음. ¶의연히 그대로 있다.

의연² **毅然** (굳셀 의, 그러할 연). 의지가 굳고 [毅] 그러하다[然]. 뜻이 꿋꿋하며 단호하다. ¶그는 죽음 앞에서도 의연했다.

의ː연³ **義捐** (옳을 의, 내놓을 연). 옳다[義]고 여기어 돈이나 물품을 내놓음[捐]. ¶의연한 모든 금액은 독거노인을 위해 사용합니다.

▸의ː연-금 義捐金 (돈 금). 바른[義] 마음으로 내는[捐] 돈[金]. ¶수재(水災) 의연금.

의ː열-단 **義烈團** (옳을 의, 세찰 렬, 모일 단). ① 속뜻 정의(正義)로운 일을 맹렬(猛烈)히 실행하는 단체(團體). ② 역사 1919년 11월에 중국 만주 길림성에서 조직한 항일 무장 독립 운동 단체. 김원봉, 윤세주 등 13명이 주동이 되어 과격하고 급진적인 폭력 투쟁을 벌였다.

의ː외 **意外** (뜻 의, 밖 외). 뜻[意] 밖[外]. 생각 밖. ¶아이는 의외의 대답을 했다.

의ː욕 **意慾** (뜻 의, 욕심 욕). ① 속뜻 무엇을 하고자 하는 적극적인 마음[意]이나 욕망(慾望). ¶그도 처음에는 의욕이 넘쳤지만 지금은 마지못해 하고 있다. ② 철학 일정한 목표를 향하여 의지가 적극적으로 작용하는 일.

▸의ː욕-적 意慾的 (것 적). 무엇을 적극적으로 하고자 하는[意慾] 것[的]. ¶그는 항상 의욕적으로 일한다.

의용¹ **儀容** (거동 의, 얼굴 용). ① 속뜻 몸가짐[儀]과 차림새[容]. ② 몸을 가지는 태도. ㊥용관(容觀), 용의(容儀), 의장(儀狀), 의표(儀表), 의형(儀形).

의ː용² **義勇** (옳을 의, 날쌜 용). ① 속뜻 옳다[義]고 여기는 일을 위하여 용기(勇氣)를 부림. ② 정의와 용기를 가지고 자원하는 것.

▸의ː용-군 義勇軍 (군사 군). 국가나 사회의 위급을 구하기 위하여 용기 있게 자원한[義勇] 사람들로 조직된 군대(軍隊). 또는 그런 군대의 군인.

▸의ː용-병 義勇兵 (군사 병). 징병에 의하지 않고 자원해서[義勇] 입대한 병사(兵士).

▸의ː용 소방대 義勇消防隊 (사라질 소, 막을 방, 무리 대). 법률 소방서의 소방 업무를 보조하기 위해 그 지역의 주민 가운데 희망하는[義勇] 사람들로 구성하는 소방대(消防隊).

의원¹ **醫員** (치료할 의, 사람 원). 병을 치료하는[醫] 기술이 있는 사람[員]. ¶최 의원이 직접 왕진(往診)을 나왔다.

의원² **醫院** (치료할 의, 집 원). 진료 시설을 갖추고 의사가 의료(醫療) 행위를 하는 집[院]. ¶의원에 가서 진료를 받다.

의원³ **議員** (의논할 의, 사람 원). 국회나 지방 의회와 같은 합의체의 구성원으로 의결권(議決權)을 가진 사람[員]. ¶그는 시의원으로 당선되었다.

의원⁴ **議院** (의논할 의, 관청 원). 국정을 심의(審議)하는 국가 기관[院].

▸의원 내ː각제 議院內閣制 (안 내, 관청 각, 정할 제). 정치 국회[議院]의 신임에 따라 내각(內閣)이 성립·존속하는 정치 제도(制度).

의원-면직 **依願免職** (의지할 의, 바랄 원, 면할 면, 일 직). 본인의 청원(請願)에 따라서[依] 직위(職位)를 해면(解免)함.

의ː유당-일기 **意幽堂日記** (뜻 의, 그윽할 유, 집 당, 날 일, 기록할 기). 책명 조선 순조 때 의유당(意幽堂) 김씨가 지은 일기(日記) 형식의 문집.

의ː육 **意育** (뜻 의, 기를 육). 교육 의지(意志)의 단련을 목적으로 하는 교육(教育).

의음 **擬音** (흉내낼 의, 소리 음). 연영 어떤 소리를 흉내 내어[擬] 인공적으로 만드는 소리[音]. ㊥효과음(效果音).

의의¹ **疑義** (의심할 의, 뜻 의). 글 뜻[義] 가운데 의심(疑心)스러운 부분.

의ː의² **意義** (뜻 의, 뜻 의). ① 속뜻 말이나 글의 뜻[意=義]. ② 어떤 사실이나 행위 따위가 갖는 중요성이나 가치. ¶3·1 운동의 역사적 의의. ③ 언어 하나의 말이 가리키는 대상. ④ 철학 어떤 말이나 일, 행위 따위가 현실에 구체적으로 연관되면서 가지는 가치 내용.

▸ 의ː의-소 意義素 (바탕 소). 언어 뜻[意義]을 지닌 최소 단위[素]. 대상이나 동작 또는 상태를 나타내는 가장 작은 단위의 말. ㊐의미소(意味素).

▸ 의ː의-학 意義學 (배울 학). 언어 단어와 문장의 뜻[意義]과 실제 상황에 나타나는 발화의 뜻을 연구하는 학문(學問). ㊐의미론(意味論).

의ː인[1] **義人** (옳을 의, 사람 인). 옳은[義] 일을 위하여 나서는 사람[人]. ¶그는 아이를 구하려다 팔을 잃은 의인이다.

의인[2] **擬人** (흉내낼 의, 사람 인). ① 속뜻 사람이 아닌 것을 사람[人]으로 흉내 냄[擬]. ② 법률 자연인이 아닌 것에 법률의 인격을 부여하는 일. 또는 그 인격.

▸ 의인-법 擬人法 (법 법). 문학 사람이 아닌 것을 사람[人]으로 흉내 내는[擬] 표현 방법(方法). 예를 들면 '꽃이 웃는다', '강물은 말없이 흐른다' 따위가 있다.

▸ 의인-화 擬人化 (될 화). 사람이 아닌 것을 사람[人]으로 흉내 내도록[擬] 함[化]. ¶이솝 이야기는 동물을 의인화하여 지은 소설이다.

의자[1] **倚子** (기댈 의, 접미사 자). 앉을 때에, 벽에 세워 놓고 등을 기대는[倚] 기구[子]. ㊐등자(凳子).

의자[2] **椅子** (기댈 의, 접미사 자). 걸터앉도록[椅] 만든 기구[子]. 사무용 의자, 안락의자 등. ㊐걸상.

의ː자[3] **義子** (옳을 의, 아들 자). ① 속뜻 의리(義理)로 맺은 아들[子]. ② 개가하여 온 아내가 데리고 들어온 아들. ㊐의붓아들.

의작 擬作 (흉내낼 의, 지을 작). 남의 것을 흉내 내어[擬] 만듦[作].

의장[1] **衣裝** (옷 의, 꾸밀 장). 옷[衣]을 차려입은 꾸밈새[裝].

의장[2] **儀裝** (의식 의, 꾸밀 장). 의식(儀式)을 행하는 장소의 장식이나 장치(裝置). ¶의장을 갖추다.

의장[3] **擬裝** (흉내낼 의, 꾸밀 장). 비슷하게 흉내 내어[擬] 꾸밈[裝]. ㊐위장(僞裝).

의ː장[4] **意匠** (뜻 의, 궁리할 장). ① 속뜻 뜻[意]을 궁리함[匠]. ② 미적 감각을 표현해 냄. 또는 그런 이미지나 형태. ¶궁궐 내부의 의장이 매우 뛰어나다.

▸ 의ː장-가 意匠家 (사람 가). 의장(意匠)을 전문으로 사람[家].

▸ 의ː장-권 意匠權 (권리 권). 법률 의장(意匠)을 등록한 사람이 가지는 독점적·배타적 권리(權利). 의장권의 설정 등록에 의하여 발생한다.

▸ 의ː장 등록 意匠登錄 (오를 등, 기록할 록). 법률 특허청이 그 의장(意匠)을 의장 원부에 등록(登錄)하는 일.

의장[5] **儀仗** (의식 의, 지팡이 장). 역사 나라 의식(儀式)에 쓰는 지팡이[仗]. 무기, 일산, 월부, 깃발 따위의 물건.

▸ 의장-대 儀仗隊 (무리 대). 군사 의장(儀仗) 등을 들고, 국가 경축 행사나 외국 사절에 대한 환영, 환송 따위의 의식을 위하여 특별히 교육받은 부대(部隊).

▸ 의장-병 儀仗兵 (군사 병). 의장대(儀仗隊)의 구성원으로 의식에 동원되는 병사(兵士).

의장[6] **議長** (의논할 의, 어른 장). ① 속뜻 회의(會議)를 주재하고 그 회의의 집행부를 대표하는 사람[長]. ¶그가 오늘 회의의 의장을 맡았다. ② 법률 합의체(合議體)를 대표하고 그 합의체의 일을 맡아서 처리하는 직무를 맡은 사람. 국회의장 따위.

▸ 의장-단 議長團 (모일 단). 회의나 조직체 따위에서 의장(議長)과 고급 간부의 모임[團]을 통틀어 이르는 말.

의ː적 義賊 (옳을 의, 도둑 적). 탐관오리들의 재물을 훔쳐다가 가난한 사람을 도와주는 의로운[義] 도적(盜賊).

의ː전[1] **義戰** (옳을 의, 싸울 전). 정의(正義)를 위한 전쟁(戰爭).

의전[2] **儀典** (의식 의, 의식 전). 행사나 의식(儀式)을 치르는 일정한 법식[典]. 또는 정해진 방식에 따라 치르는 행사. ㊐의식(儀式).

의-전례 依前例 (의지할 의, 앞 전, 법식 례). 전례(前例)에 따름[依].

의ː절 義絶 (옳을 의, 끊을 절). ① 속뜻 의리(義理) 관계가 끊어짐[絶]. ② 친구나 친척 사이의 정이 끊어짐. ¶그는 자식과 의절을 선언했다. ③ 아내가 죽은 뒤의 처족(妻族)과의 관계를 이르는 말.

의정[1] **議定** (의논할 의, 정할 정). 의논(議論)

하여 결정(決定)함.

▸의정-서 議定書 (글 서). [법률] ① 외교적인 회의에서 의정(議定)한 사항을 기록한 국제 공문서(公文書). ② 나라를 대표하는 전권 위원 사이에 결정된 사항을 기록한 국제 간의 공문서.

▸의정-안 議定案 (안건 안). 회의에서 의정(議定)할 안건(案件).

▸의정 헌:법 議定憲法 (법 헌, 법 법). [법률] 군주와 국민 또는 그 대표 기관의 회의(會議)와 결정(決定)을 통해 성립되는 헌법(憲法). [비] 협정 헌법(協定憲法).

의정[2] **議政** (의논할 의, 정사 정). ① [속뜻] 정사(政事)를 의논(議論)함. ② 국민의 의사를 대표하는 의회가 국정을 운영해 나가는 정치. '의회 정치'(議會政治)의 준말. ¶그는 국회의원이 되어 의정 활동을 하고 있다. ③ [역사] 조선 시대, 의정부(議政府)의 영의정, 좌의정, 우의정을 통틀어 이르는 말. ④ [역사] 대한 제국 때에 둔 의정부의 으뜸 벼슬.

▸의정-부 議政府 (관청 부). [역사] 조선 시대에 나라 일을 의논(議論)하고 나라를 다스리던[政] 행정부의 최고 기관[府].

의제[1] **衣制** (옷 의, 정할 제). 의복(衣服)에 관한 제도(制度).

의:제[2] **義弟** (옳을 의, 아우 제). ① [속뜻] 의리(義理)로 맺은 아우[弟]. ② 아버지나 어머니가 서로 다른 아우. [참] 의형(義兄).

의제[3] **擬製** (흉내낼 의, 만들 제). 어떤 다른 물건을 본뜬[擬] 제품(製品).

의제[4] **議題** (의논할 의, 문제 제). 회의에서 의논(議論)할 문제(問題). ¶이번 회의의 의제는 급식 개선 방안이다.

의제[5] **擬制** (흉내낼 의, 만들 제). ① [속뜻] 흉내 내어[擬] 만듦[制]. ② [법률] 본질이 다른 것을 법률에서 다룰 때는 동일한 것으로 처리하여 동일한 효과를 주는 일. 이를테면 형법상에서 전기를 재물로 보는 것과 같은 일.

▸의제 자본 擬制資本 (재물 자, 밑 본). [경제] 주권, 공채, 사채 따위에서 생기는 이익 배당을 시장 이자율로 평가할 때에 실제의 자본을 초과하는 의제(擬制) 자본(資本) 가격.

의:족 義足 (해 넣을 의, 발 족). 인공으로 만들어 넣은[義] 발[足]. ¶그는 오른쪽 다리에 의족을 하고 있다.

의존 依存 (의지할 의, 있을 존). 남에게 의지(依支)하여 존재(存在)함. ¶지나친 의존에서 벗어나다. [반] 자립(自立).

▸의존-도 依存度 (정도 도). 의존(依存)하는 정도(程度). ¶그는 술에 의존도가 높다.

▸의존 명사 依存名詞 (이름 명, 말씀 사). [언어] 의미가 형식적이어서 다른 말 아래에 기대어[依存] 쓰이는 명사(名詞). ¶"그는 웃기만 할 뿐이었다."에서 '뿐'은 불완전명사이다. [비] 불완전 명사(不完全名詞). [반] 자립 명사(自立名辭).

▸의존 형태소 依存形態素 (모양 형, 모양 태, 바탕 소). [언어] 독립적으로 쓰이지 못하고 다른 말에 의존(依存)하여 쓰이는 형태소(形態素). 어간, 어미, 접사, 조사 따위가 있다. [반] 자립(自立) 형태소.

의준 依準 (의지할 의, 고를 준). ① [속뜻] 일정한 기준(基準)에 근거함[依]. ② 청원(請願)을 들어 줌.

의:중 意中 (뜻 의, 가운데 중). 마음[意] 속[中]. ¶도대체 그녀의 의중을 알 수가 없다. [비] 심중(心中).

▸의:중지인 意中之人 (어조사 지, 사람 인). 마음[意] 속[中]에 두고 있는 사람[人]. [준] 의중인.

의증 疑症 (의심할 의, 증세 증). 의심(疑心)을 잘하는 성질이나 증세(症勢).

의지[1] **依支** (기댈 의, 버틸 지). ① [속뜻] 다른 것에 기대어[依] 몸을 지탱(支撑)함. 또는 그렇게 하는 대상. ¶문기둥을 의지하여 간신히 서 있다 / 할머니는 지팡이에 의지하여 걸었다. ② 다른 것에 마음을 기대어 도움을 받음. 또는 그렇게 하는 대상. ¶언니는 나에게 큰 의지가 되었다 / 의지할 수 있는 사람이 필요하다.

의:지[2] **義肢** (해 넣을 의, 팔다리 지). 인공으로 만든[義] 팔과 다리[肢]. 의수(義手) 및 의족(義足)을 이른다. 인공사지.

의:지[3] **意志** (뜻 의, 뜻 지). ① [속뜻] 어떠한 일을 이루고자 하는 마음이나 뜻[意=志]. ② 심리적으로 선택이나 행위의 결정에 대한 내적이고 개인적인 역량. ¶그는 자신의 의지로 술을 끊었다. ③ [철학] 어떠한 목적을 실현하기 위해 자발적으로 의식적인 행동

을 하게 하는 내적 욕구.

▸의ː지-력 意志力 (힘 력). 의지(意志)를 지켜나가는 힘[力]. ¶그는 의지력이 강한 사람이다.

▸의ː지-박약 意志薄弱 (엷을 박, 약할 약). 의지력(意志力)이 얇고[薄] 약(弱)하여 독자적인 결단을 내리지 못함.

의집 蟻集 (개미 의, 모일 집). 개미[蟻]떼처럼 모임[集].

의ː창 義倉 (옳을 의, 창고 창). ① 속뜻 의로운[義] 일에 쓸 물건을 보관하고 있는 창고(倉庫). ② 역사 고려 시대에 곡식을 저장하여 두었다가 흉년이나 비상 때에 가난한 백성들에게 대여하던 기관.

의처-증 疑妻症 (의심할 의, 아내 처, 증세 증). 심리 아내[妻]의 행실을 지나치게 의심(疑心)하는 변태적 성격이나 병적 증세(症勢).

의촉 依囑 (의지할 의, 부탁할 촉). 어떤 일을 남에게 맡기어[依] 부탁함[囑].

의ː총 義塚 (옳을 의, 무덤 총). 연고가 없는 사람을 위해 의리(義理)로 세워 준 무덤[塚].

의ː충 意衷 (뜻 의, 속마음 충). 마음[意] 속에 깊이 품은 속뜻[衷].

의ː취 意趣 (뜻 의, 뜻 취). ① 속뜻 의지(意志)와 취향(趣向). ② 마음이 쏠리는 데.

의ː치 義齒 (해 넣을 의, 이 치). 인공으로 해 넣은[義] 가짜 이[齒]. ¶할머니는 의치를 해 넣으셨다.

의타 依他 (의지할 의, 다를 타). 남[他]에게 의지(依支)함.

▸의타-심 依他心 (마음 심). 남[他]에게 의지(依支)하는 마음[心]. ¶부모의 과잉보호는 아이들의 의타심을 조장한다. ⊕자립심(自立心).

의탁 依託 (=依托, 의지할 의, 부탁할 탁). 남에게 기대거나[依] 부탁(付託)함.

의ː태[1] 意態 (뜻 의, 모양 태). 마음[意]의 상태(狀態). 마음이 움직이는 상태.

의태[2] 擬態 (흉내낼 의, 모양 태). 모양[態]을 흉내냄[擬].

▸의태-어 擬態語 (말씀 어). 언어 사람 또는 사물의 움직임이나 모양[態]을 흉내 낸[擬] 말[語]. '아장아장', '엉금엉금', '번쩍번쩍' 따위가 있다.

▸의태-어 擬態語 (말씀 어). 언어 사람 또는 사물의 움직임이나 모양[態]을 흉내 낸[擬] 말[語]. '아장아장', '엉금엉금', '번쩍번쩍' 따위가 있다.

▸의태 부ː사 擬態副詞 (도울 부, 말씀 사). 언어 사람 또는 사물의 움직임이나 모양[態]을 흉내 낸[擬] 부사(副詞). '뒤뚱뒤뚱', '까불까불', '데굴데굴' 따위.

의표[1] 意表 (뜻 의, 겉 표). 생각[意] 밖[表]. 예상 밖. ¶그의 질문은 나의 의표를 찔렀다.

의표[2] 儀表 (거동 의, 겉 표). 몸가짐[儀]과 차림새[表]. ⊜의용(儀容).

의학 醫學 (치료할 의, 배울 학). 병을 치료하는[醫] 기술을 연구하는 학문(學問). ¶의학의 발달로 평균수명이 점점 길어지고 있다.

▸의학-계 醫學界 (지경 계). 의학(醫學)을 연구하는 학자들의 사회[界]. ¶그는 의학계에 크게 이바지했다.

▸의학-계 醫學界 (지경 계). 의학(醫學)을 연구하는 학자들의 사회[界].

▸의학-과 醫學科 (분과 과). 대학에서 의학(醫學)을 연구하는 학과(學科).

▸의학-부 醫學部 (나눌 부). 대학에서 의학(醫學)에 관한 학문을 전공하는 학부(學部).

▸의학-자 醫學者 (사람 자). 의학(醫學)을 전문으로 연구하는 학자(學者).

의ː합 意合 (뜻 의, 맞을 합). ① 속뜻 뜻[意]이 서로 맞음[合]. ② 사이가 좋음.

의ː해 義解 (뜻 의, 풀 해). 글의 뜻[義]을 밝힌 풀이[解].

의ː행 義行 (옳을 의, 행할 행). 의로운[義] 행동(行動).

의ː향 意向 (뜻 의, 향할 향). 마음이나 뜻[意]이 향(向)하는 바. 또는 무엇을 하려는 생각. ¶우리와 함께 떠날 의향이 있으면 지금 말해라.

의ː혈[1] 義血 (옳을 의, 피 혈). 정의(正義)를 위해 흘린 피[血].

의혈[2] 蟻穴 (개미 의, 구멍 혈). 개미[蟻]가 파 놓은 굴[穴].

의ː협 義俠 (옳을 의, 도울 협). ① 속뜻 의로운[義] 일로 약자를 돕는 일[俠]. 또는 그런 사람. ②체면을 중히 여기고 신의를 지키는 일.

▸의:협-심 義俠心 (마음 심). ①[속뜻]자신을 희생하더라도, 의로운 마음에서 남을 돕고자하는[義俠] 마음[心]. ¶홍길동은 의협심을 발휘해 곡식을 이웃에 나누어주었다. ②체면을 중히 여기고 신의(信義)를 지키는 마음.

의:형 義兄 (옳을 의, 맏 형). 의리(義理)로 맺은 형(兄). ⑪의제(義弟).

의:-형제 義兄弟 (옳을 의, 맏 형, 아우 제). 의리(義理)로 맺은 형제(兄弟). '결의형제'(結義兄弟)의 준말. ¶유비와 관우, 장비는 의형제를 맺었다.

의혹 疑惑 (의심할 의, 홀릴 혹). 의심(疑心)으로 정신이 홀려[惑] 더욱 수상히 여김. 또는 그런 마음. ¶그는 여전히 의혹에 찬 눈으로 나를 바라보았다.

의-화학 醫化學 (치료할 의, 될 화, 배울 학). [화학]인체의 생리 현상을 화학적(化學的)으로 연구하여 그것을 의료(醫療)에 활용하는 학문(學問).

의회 議會 (의논할 의, 모일 회). [법률]국민이 선출한 의원(議員)들로 구성된 단체[會]. 선거민의 의사를 대표하여 예산의 심의·입법·의결 등을 하는 합의제(合議制) 기관. 국가 기관의 의회를 국회라 하고, 지방 기관의 의회를 지방 의회라 한다.

▸의회 정치 議會政治 (정사 정, 다스릴 치). [정치]국민의 의사를 대표하는 의회(議會)가 국정을 운영해 나가는 정치(政治). 근대 민주 국가의 대표적인 정치 형태로 정당 정치를 전제로 한다.

▸의회-주의 議會主義 (주될 주, 뜻 의). [정치]①국정의 최고 정책을 의회(議會)에서 결정하고자 하는 정치 사상[主義]. ②의회에서 다수 의석을 차지함으로써 자본주의 사회로부터 사회주의 사회로의 이행이 가능하다고 보는 공산주의 내의 수정주의적 입장.

이:가 二價 (두 이, 값 가). [수학]결정되는 값[價]이 둘[二]인 것.

▸이:가 염:색체 二價染色體 (물들일 염, 빛 색, 몸 체). [생물]생물의 감수 분열에서 아버지와 어머니로부터 온 2n개의 염색체가 2개[二價] 씩 접합하여 이루어진 염색체(染色體).

이:간 離間 (떼놓을 리, 사이 간). 둘 사이[間]를 헐뜯어 서로 멀어지게[離] 함. ¶누군가 나를 친구와 이간하려는 자가 있다.

▸이:간-책 離間策 (꾀 책). 이간(離間)을 붙이는 술책(術策).

이감 移監 (옮길 이, 볼 감). 수감(收監)되어 있던 사람을 다른 교도소로 옮김[移].

이:갑-제 里甲制 (마을 리, 첫째 갑, 정할 제). [역사]중국 명나라 때 조세와 부역 따위의 편리를 위해 110호(戶)를 1리(里)로 하여 열 가구의 부호를 정하고 나머지가 100호를 10갑(甲)으로 나누었던 제도(制度).

이:강-웅예 二強雄蘂 (두 이, 굳셀 강, 수컷 웅, 꽃술 예). [식물]수술 중 둘[二]은 길고[強] 둘은 짧은 수술[雄蘂]. 광대수염 따위에서 볼 수 있다.

이:거 離居 (떨어질 리, 살 거). 한 집에서 같이 살아야 할 사람이 서로 떨어져[離] 삶[居].

이견 異見 (다를 이, 볼 견). 남과 다른[異] 의견(意見). ¶이 문제에 대해서는 이견이 많다.

이:경¹ 二更 (둘째 이, 시각 경). 하룻밤을 오경(五更)으로 나눈 것 중 둘째[二] 시각[更]. 밤 9시부터 11시까지.

이:경² 離京 (떠날 리, 서울 경). 서울[京]을 떠남[離]. ⑪귀경(歸京).

이:계 異系 (다를 이, 이어 맬 계). 다른[異] 계통(系統). 계통이 서로 다름.

▸이:계 교배 異系交配 (서로 교, 짝 배). [생물]계통(系統)이 다른[異] 품종·변종·종(種)·속(屬) 따위의 사이에서 행하는 교배(交配).

이:공 理工 (이치 리, 장인 공). 이학(理學)과 공학(工學)을 통틀어 이르는 말. ¶이공 계통.

이:과¹ 耳科 (귀 이, 분과 과). [의학]귓[耳]병을 전문으로 치료하는 분과(分科).

이:과² 理科 (이치 리, 분과 과). 자연계의 원리(原理)나 현상을 연구하는 학과(學科). 물리학, 화학, 동물학, 식물학, 생리학, 지질학, 천문학 따위. ⑪문과(文科).

이:과지사 已過之事 (이미 이, 지날 과, 어조

사 지, 일 사). 이미[已] 지나간[過] 일[事].

이:관¹ 耳管 (귀 이, 대롱 관). 의학 중이(中耳)에서 구강(口腔)으로 통하는 관(管). 고막 안팎의 기압을 조절하며 고실(鼓室)의 분비물을 배출하는 구실을 한다. ㊥유스타키오관(Eustachio管), 귀관.

이관² 移管 (옮길 이, 맡을 관). 관할(管轄)을 옮김[移].

이괘 離卦 (불 리, 걸 괘). 민속 불[離]을 상징하는 팔괘(八卦)의 하나. ¶'☲'을 일러 이괘라고 한다.

이:교 異教 (다를 이, 종교 교). ① 속뜻 다른[異]의 종교(宗教). ②자기가 믿는 종교 이외의 종교.

▶이:교-도 異教徒 (무리 도). ① 속뜻 이교(異教)를 받들고 믿는 사람들[徒]. ② 기독교 기독교 이외의 종교를 받들고 믿는 사람. 또는 그런 무리.

▶이:교-주의 異教主義 (주될 주, 뜻 의). 종교 이교(異教)를 믿는 입장이나 그 주의(主義). 특히 다신교·우상 숭배와 같은 이교를 믿는 일을 기독교도의 입장에서 이르는 말이다.

이:구¹ 已久 (이미 이, 오랠 구). 이미[已] 오래됨[久].

이구² 泥丘 (진흙 니, 언덕 구). 지리 화산에서 내뿜어진 진흙[泥]이 분화구의 주위에 쌓여서 된 원뿔 모양의 언덕[丘].

이:구-동성 異口同聲 (다를 이, 입 구, 같을 동, 소리 성). ① 속뜻 각기 다른[異] 입[口]에서 같은[同] 소리[聲]를 냄. ②여러 사람의 말이 한결같음. ¶모두가 이구동성으로 그를 칭찬했다.

이:국 異國 (다를 이, 나라 국). 풍속 등이 다른[異] 나라[國]. ¶그는 30년간 이국을 떠돌았다. ㊥외국(外國), 타국(他國).

▶이:국-적 異國的 (것 적). 풍물이나 분위기 따위가 자기 나라와는 다른[異國] 것[的]. ¶이국적인 외모 / 제주도는 이국적인 풍경이 펼쳐져 있다.

▶이:국-정조 異國情調 (마음 정, 가락 조). 자기 나라에서는 볼 수 없는 다른[異] 나라[國]의 특유의 풍물과 분위기[情調].

▶이:국-정취 異國情趣 (마음 정, 풍취 취). 다른[異] 나라[國] 특유의 풍물과 분위기[情調]. ㊥이국정조(異國情調).

▶이:국-취미 異國趣味 (뜻 취, 맛 미). ① 속뜻 다른[異] 나라[國]의 풍물이나 제도를 즐기는 취미(趣味). ② 문학 다른 나라의 풍물이나 정경을 그려 색다른 분위기를 나타내거나 예술적 효과를 높이는 일.

이:국-편민 利國便民 (이로울 리, 나라 국, 편할 편, 백성 민). 나라[國]를 이롭게[利] 하고 국민(國民)의 생활을 편안(便安)하게 함.

이:군 二軍 (두 이, 군사 군). 운동 일군(一軍)의 결원을 보충하려는 목적에서 예비적으로[二] 구성한 팀[軍]. 일군에서 뛸 수 있도록 선수를 훈련 양성한다.

이:권 利權 (이로울 리, 권리 권). 이익(利益)을 얻을 수 있는 권리(權利). ¶일본과 러시아는 블라디보스토크를 두고 이권 다툼을 벌였다.

이:극 진공관 二極眞空管 (두 이, 끝 극, 참 진, 빌 공, 대롱 관). 물리 두[二] 개의 전극(電極)을 가진 진공관(眞空管). 음극에 필라멘트를, 양극에 금속판인 플레이트를 연결하여 만든다.

이금 泥金 (진흙 니, 황금 금). 아교[泥]에 갠 금(金)가루.

이:급 二級 (두 이, 등급 급). ① 속뜻 두[二] 개의 등급(等級). ②둘째의 등급. ¶이급 정교사 자격증 / 이 쌀은 이급이다.

이:기¹ 二氣 (두 이, 기운 기). 철학 두[二] 개의 기운(氣運). 즉 음(陰)과 양(陽)을 이른다.

이:기² 利器 (날카로울 리, 그릇 기). ① 속뜻 매우 날카로운[利] 도구[器]나 병기. ②실용에 편리한 기계나 기구. ¶컴퓨터는 문명의 이기이다. ③쓸모 있는 재능. 또는 그런 재능을 가진 사람. ④마음대로 휘두를 수 있는 권력.

이:기³ 利己 (이로울 리, 자기 기). 자기(自己) 이익(利益)만을 꾀함. ㊥이타(利他).

▶이:기-심 利己心 (마음 심). 이기적(利己的)인 마음[心]. ¶나는 친구의 이기심에 화가 났다. ㊥이타심(利他心).

▶이:기-적 利己的 (것 적). 자기(自己)의 이익(利益)만을 꾀하는 것[的]. ¶이기적인 행동. ㊥이타적(利他的).

▸이:기-한 利己漢 (사나이 한). 남달리 이기심(利己心)이 강한 사람[漢]을 낮추어 이르는 말.

▸이:기-주의 利己主義 (주될 주, 뜻 의). 철학 자기(自己)의 이익(利益)만을 꾀하고 사회 일반의 이익은 염두에 두지 않으려는 태도[主義]. ⓑ이타주의(利他主義).

이:기⁴ 理氣 (이치 리, 기운 기). ① 철학 우주의 본체인 이(理)와 그 현상인 기(氣). ② 민속 풍수지리에서 별자리의 모양과 방향을 보고 길흉을 점치는 일.

▸이:기-론 理氣論 (논할 론). 철학 이(理)와 기(氣)의 원리를 통해 자연, 인간, 사회의 존재와 운동을 설명하는 성리학의 이론(理論) 체계.

이:기-작 二期作 (두 이, 때 기, 지을 작). 농업 한 경작지에서 한 해에 같은 작물을 두[二] 차례[期] 지어[作] 거두는 일.

이:남 以南 (부터 이, 남녘 남). ① 속뜻 기준으로부터[以] 남(南)쪽. ¶이 식물은 한강 이남에 서식한다. ②한반도의 북위 38도선 또는 휴전선 남쪽을 이르는 말. ⓑ이북(以北).

이:내² 以內 (부터 이, 안 내). 시간 또는 공간에서 일정한 범위의 기준으로부터[以] 안[內] 쪽. ¶그 일은 한 달 이내에 마칠 수 없다. ⓑ이외(以外).

이:년-생 二年生 (두 이, 해 년, 살 생). ① 식물 2년[二年] 동안 사는[生] 풀. 또는 난 지 2년이 되는 생물. ¶보리는 이년생 풀이다. ②학교 따위에서 2학년이 된 학생. ¶초등학교 2년생은 모두 예방접종을 해야 합니다. ⓑ두해살이.

▸이:년생 식물 二年生植物 (심을 식, 만물 물). 식물 1년 이상 2년(二年) 동안 사는[生] 식물(植物).

▸이:년생 초본 二年生草本 (풀 초, 본보기 본). 식물 1년 이상 2년[二年] 동안 살아있는[生] 풀[草本]. ⓒ이년생 식물.

이:년-초 二年草 (두 이, 해 년, 풀 초). 식물 1년 이상 2년[二年] 정도 생장하는 풀[草]. '이년생 초본'(二年生草本)의 준말.

이:념 理念 (이치 리, 생각 념). ① 속뜻 이상적(理想的)인 것으로 여겨지는 생각[念]이나 견해. ¶건국 이념 / 이념 대립. ② 철학 순수한 이성에 의하여 얻어지는 최고 개념. ⓑ이데아(idea).

이:농 離農 (떠날 리, 농사 농). 사회 농사일을 그만두고 농촌(農村)을 떠남[離]. ¶갈수록 이농 현상이 두드러지고 있다. ⓑ귀농(歸農).

이:뇨 利尿 (이로울 리, 오줌 뇨). 오줌[尿]을 잘 나오게[利] 함.

▸이:뇨-제 利尿劑 (약제 제). 약학 오줌[尿]을 잘 나오게[利] 하는 약제(藥劑).

이:능 異能 (다를 이, 능할 능). 남다른[異] 재능(才能). 특이한 재능.

이:단 異端 (다를 이, 끝 단). ① 속뜻 다른[異] 쪽 끝[端]. ②전통이나 권위에 반항하는 주장이나 이론. ¶갈릴레이의 천동설은 당시 이단으로 간주되었다. ③ 종교 자기가 믿는 종교의 교리에 어긋나는 이론이나 행동. 또는 그런 종교. ¶그 종파는 이단으로 간주되고 있다.

▸이:단-시 異端視 (볼 시). 어떤 사상이나 학설, 교리 따위를 이단(異端)으로 봄[視].

▸이:단-자 異端者 (사람 자). ① 속뜻 이단(異端)의 사상이나 학설, 종교 따위를 주장하거나 믿는 사람[者]. ¶그는 이단자로 몰려 교회에서 추방되었다. ②전통이나 권위, 세속적인 상식에 반항하여 자기 개성을 강하게 주장하여 고립되어 있는 사람.

이:당-류 二糖類 (두 이, 엿 당, 무리 류). 화학 가수 분해에 의하여 한 분자에서 두[二] 분자의 단당류(單糖類)를 만드는 탄수화물 종류(種類).

이:도 吏道 (벼슬아치 리, 길 도). 관리(官吏)로서 마땅히 지켜야 할 도리(道理). ¶이도가 문란해졌다.

이:동¹ 以東 (부터 이, 동녘 동). 어떤 지점을 기준으로부터[以] 동(東)쪽.

이:동² 異同 (다를 이, 같을 동). ① 속뜻 다른[異] 것과 같은[同] 것. ②서로 같지 아니함.

이:동³ 異動 (다를 이, 움직일 동). 직장 내에서의 지위나 직책이 다른[異] 데로 변동(變動)함.

⁂이동⁴ 移動 (옮길 이, 움직일 동). 옮겨[移] 움직임[動]. 움직여서 자리를 바꿈. ¶이동 전화 / 공연 중에는 자리를 이동하지 마십

시오 / 차를 다른 곳으로 이동시키십시오.

▸이동-식 移動式 (법 식). 움직일[移動] 수 있게 된 방식(方式). 또는 그런 방식으로 만든 장치. ㉠고정식(固定式).

▸이동-판 移動瓣 (꽃잎 판). 기계 기계가 도는 대로 위치가 바뀌는[移動] 밸브[瓣].

▸이동 경:찰 移動警察 (지킬 경, 살필 찰). 법률 기차, 선박, 전차 등을 타고 이동(移動)하면서 그 안에서 일어난 범죄 사고를 단속하는 경찰관(警察官).

▸이동 대:사 移動大使 (큰 대, 부릴 사). 정치 필요에 따라서 특정한 임무를 띠고 여러 나라를 다니면서[移動] 방문하는 외교 사절[大使].

▸이동 무:대 移動舞臺 (춤출 무, 돈대 대). 연영 바퀴를 달아 이동(移動)하기 쉬운 무대(舞臺).

▸이동 방:송 移動放送 (놓을 방, 보낼 송). 언론 라디오·텔레비전 방송국에서 송신 장비를 갖춘 중계차로 취재 현장을 옮겨가면서[移動] 직접 방송(放送)하는 일.

▸이동 병:원 移動病院 (병 병, 집 원). 의료 시설과 기구를 갖추어 이동(移動)하면서 위급한 환자를 치료하는 병원(病院). 특히 군사 작전·전투 지역에 다라 옮겨 다니는 야전 병원을 이른다.

▸이동 연:극 移動演劇 (펼칠 연, 연극 극). 연영 작은 규모의 극단이 간편한 장비를 가지고 각 지방을 옮아 다니면서[移動] 공연하는 연극(演劇).

▸이동 촬영 移動撮影 (찍을 촬, 모습 영). 연영 피사체의 움직임에 따라 카메라의 위치를 이동(移動)해 가면서 촬영(撮影)하는 일.

▸이동 취:락 移動聚落 (모을 취, 마을 락). 지리 생활의 근거지나 물자를 찾아 자주 이동(移動)하는 마을[聚落].

▸이동-도서관 移動圖書館 (그림 도, 글 서, 집 관). 도서를 차에 싣고 정기적으로 각 지역을 돌면서[移動] 여러 사람에게 도서를 빌려 주는 도서관(圖書館).

▸이동성 고기압 移動性高氣壓 (성질 성, 높을 고, 공기 기, 누를 압). 지리 비교적 빠른 속도로 움직이는[移動] 특성(特性)을 지닌 고기압(高氣壓).

이:두[1] 李杜 (성씨 리, 성씨 두). 중국 당나라 때의 쌍벽을 이룬 두 시인 '이백'(李白)과 '두보'(杜甫)를 아울러 이르는 말.

이:두[2] 吏讀 (벼슬아치 리, 구절 두). ① 속뜻 관리(官吏)들이 사용하던 글[讀]. ② 언어 한자의 음과 뜻을 빌려 한국어를 적던 표기법. ¶이 문헌은 이두로 표기되어 있다.

▸이:두 문학 吏讀文學 (글월 문, 배울 학). 문학 이두(吏讀)로 쓰인 고전 문학(文學).

이:두-박근 二頭膊筋 (두 이, 접미사 두, 팔 박, 힘줄 근). 의학 위팔의 앞쪽에 있는 두[二] 갈래[頭]로 갈라진 팔[膊] 근육(筋肉). 팔꿈치를 굽히는 작용을 한다. ㊀위팔 두 갈래근, 상완 이두근(上腕二頭筋).

이:두-정치 二頭政治 (두 이, 머리 두, 정사 정, 다스릴 치). 정치 두[二] 사람의 우두머리[頭]가 나라를 다스리는 정치(政治) 체제. ㊀양두(兩頭) 정치.

이:둔 利鈍 (날카로울 리, 무딜 둔). ① 속뜻 날카로움[利]과 무딤[鈍]. ② 영리함과 어리석음.

이:득 利得 (이로울 리, 얻을 득). 이익(利益)을 얻음[得]. ¶그는 재작년에 산 땅을 팔아서 큰 이득을 보았다. ㊀이익(利益). ㉠손실(損失).

이:등[1] 異等 (다를 이, 무리 등). ① 속뜻 등급(等級)이 다름[異]. ② 재능이 여느 사람과 같지 않음.

이:등[2] 二等 (둘째 이, 무리 등). 둘째[二] 무리[等]. ¶그는 100미터 달리기에서 이등으로 들어왔다.

▸이:등-병 二等兵 (군사 병). ① 속뜻 이등(二等) 계급의 병사(兵士). ② 군사 국군의 사병 계급의 하나. 군의 가장 아래의 계급이다.

이:등분-선 二等分線 (두 이, 같을 등, 나눌 분, 줄 선). 수학 선분이나 각 따위를 두[二] 부분으로 똑같이[等] 나누는[分] 선(線).

이:등변 삼각형 二等邊三角形 (두 이, 같을 등, 가 변, 석 삼, 모서리 각, 모양 형). 수학 두[二] 변(邊)의 길이가 같은[等] 삼각형(三角形).

이:란성 쌍생아 二卵性雙生兒 (두 이, 알 란, 성질 성, 둘 쌍, 날 생, 아이 아). 의학 동일한 배란에서 나온 두[二] 개의 난자(卵子)가 각각 수정하여 각자의 성질(性質)을 갖

게 된 쌍생아(雙生兒). [참]일란성(一卵性) 쌍생아.

*이:래 以來 (부터 이, 올 래). 그때부터[以] 지금까지[來]. ¶올해 여름은 20년 이래 가장 더웠다.

이:력 履歷 (밟을 리, 지낼 력). ① [속뜻]밟아[履] 지나온[歷] 길 따위. ②지금까지 겪어온 내력. 주로 학력과 경력을 말한다. ¶그는 이력이 화려하다.

▶이:력-서 履歷書 (글 서). 이력(履歷)을 적은 글[書]. 또는 그 문서. ¶내일까지 이력서를 작성하여 방문하십시오.

이:례 異例 (다를 이, 본보기 례). 보통의 것과 다른[異] 예(例). 특수한 예.

▶이:례-적 異例的 (것 적). 상례에서 벗어난[異例] 특이한 것[的]. ¶이 추위는 3월로서는 이례적이다.

이로¹ 泥路 (진흙 니, 길 로). 진흙[泥] 때문에 질퍽질퍽한 길[路]. [비]진창길.

이:로² 理路 (이치 리, 길 로). 말이나 글 따위에서의 논리(論理)의 맥락이나 노정(路程).

이:로-동귀 異路同歸 (다를 이, 길 로, 같을 동, 돌아갈 귀). ① [속뜻]길[路]은 다르나[異] 돌아가는[歸] 곳은 같음[同]. ②방법은 다르지만 결과는 같음.

이록 移錄 (옮길 이, 기록할 록). 옮기어[移] 적음[錄]. 또는 그 기록.

이:론¹ 異論 (다를 이, 논할 론). 달리[異] 말함[論]. 다른 견해. [비]이견(異見), 이설(異說), 이의(異議).

이:론² 理論 (이치 리, 논할 론). ① [속뜻]사물의 이치(理致)나 지식 따위를 논(論)함. 또는 그러한 명제의 체계. ¶이론과 실제는 반드시 일치하지 않는다. ② [철학]실증성이 희박한 순 관념적으로 조직된 논리. [반]실천(實踐).

▶이:론-가 理論家 (사람 가). ① [속뜻]이론(理論)에 뛰어난 사람[家]. ②실천은 하지 않고 이론만 내세우는 사람. [반]실천가(實踐家).

▶이:론-적 理論的 (것 적). 이론(理論)에 바탕을 둔 것[的]. [반]실천적(實踐的).

▶이:론-과학 理論科學 (조목 과, 배울 학). (실제적인 응용 방면의 연구보다는) 순수한 지식의 원리나 이론(理論)을 중시하여 연구하는 과학(科學). [반]응용과학(應用科學).

▶이:론 경제학 理論經濟學 (다스릴 경, 건질 제, 배울 학). [경제]경제 현상 및 경제 조직에 지배적인 공통성 또는 상대적인 법칙성을 이론적(理論的)으로 연구하는 경제학(經濟學). [비]순수 경제학(純粹經濟學). [반]응용 경제학(應用經濟學).

이:롱 耳聾 (귀 이, 귀머거리 롱). 귀[耳]가 먹어[聾] 소리를 듣지 못함.

▶이:롱-증 耳聾症 (증세 증). [한의]귀가 먹어[耳聾] 소리를 듣지 못하는 증세(症勢).

이:루¹ 二壘 (두 이, 진 루). [운동]야구에서, 주자가 두[二] 번째 밟는 베이스[壘].

이:루² 耳漏 (귀 이, 샐 루). [의학]귓[耳]구멍에서 고름이 나오는[漏] 병.

이:류¹ 二流 (둘째 이, 갈래 류). ① [속뜻]두[二] 번째 갈래[流]나 등급. ②질, 정도, 지위 따위가 일류보다 약간 못함. 또는 그런 것. ¶이류 작가.

이류² 泥流 (진흙 니, 흐를 류). [지리]화산의 폭발이나 산사태 따위로 말미암아 산꼭대기나 산허리에서 흘러내리는 진흙[泥]의 흐름[流].

이:류³ 異流 (다를 이, 갈래 류). 다른[異] 갈래[流]. 다른 무리. 함께 섞일 수 없는 각기 다른 것.

이:류⁴ 異類 (다를 이, 무리 류). 서로 다른[異] 종류(種類).

▶이:류-개념 異類概念 (대강 개, 생각 념). [논리]동일 개념 속에 포섭할 수 없는 다른[異] 종류(種類)의 개념(概念). [비]괴리 개념(乖離概念).

이:륙 離陸 (떨어질 리, 뭍 륙). 비행기가 날기 위해서 땅[陸]과 떨어져[離] 하늘로 오름. ¶비행기는 활주로를 달려 순조롭게 이륙했다. [반]착륙(着陸).

▶이:륙 활주 離陸滑走 (미끄러울 활, 달릴 주). 비행기가 땅에서 떠오르기[離陸] 위해 미끄러져[滑] 달리는[走] 일.

이:륜¹ 耳輪 (귀 이, 바퀴 륜). 귓[耳] 바퀴[輪].

이:륜² 二輪 (두 이, 바퀴 륜). ① [속뜻]두[二]개의 바퀴[輪]. ②두 송이의 꽃.

▶이:륜-차 二輪車 (수레 차). 두[二] 개의

바퀴[輪]가 달린 차(車).

이립 而立 (말이을 이, 설 립). ① [속뜻] 서른 살이 되어서[而] 자립(自立)함. ② 서른 살(30세)을 달리 이르는 말. 공자가 서른 살에 자립한 데서 유래한다.

이:면 裏面 (속 리, 쪽 면). ① [속뜻] 물체의 안쪽[裏]에 있는 면(面). ¶공사 중이니 이면도로로 우회(迂回)하십시오. ② 겉으로 드러나지 않은 속사정. ¶한국의 경제성장의 이면에는 사회적 불평등이 있다. [반]표면(表面).

▸이:면-사 裏面史 (역사 사). 어떤 사건이나 일의 이면(裏面)에 숨어 있는 역사(歷史). 또는 그 사실을 서술한 것.

▸이:면-경계 裏面境界 (지경 경, 지경 계). ① [속뜻] 안[裏面]과 밖의 경계(境界). ② 일의 내용과 옳고 그름. ¶이면경계를 분명히 파악하고 일 처리를 해라.

▸이:면-공작 裏面工作 (만들 공, 지을 작). 겉으로 드러나지 않게 뒤에서[裏面] 일을 꾸밈[工作].

▸이:면부지 裏面不知 (아닐 부, 알 지). 일의 속사정[裏面]이나 내용도 모르고[不知] 체면을 지킬 줄도 모름. 또는 그러한 사람.

이:면-각 二面角 (두 이, 쪽 면, 모서리 각). [수학] 서로 만나는 두[二] 평면(平面)이 이루는 각(角). [준]면각.

이:명[1] 異名 (다를 이, 이름 명). 본이름 외에 달리[異] 부르는 이름[名].

이:명[2] 耳鳴 (귀 이, 울 명). [의학] 질환이나 정신 흥분 등으로 청각 신경에 병적 자극이 생겨 귀[耳]에서 어떤 소리가 잇달아 울리는[鳴] 것처럼 느껴지는 일.

▸이:명-증 耳鳴症 (증세 증). [의학] 질환이나 정신 흥분 등으로 청각 신경에 병적 자극이 생겨 귀[耳]에서 어떤 소리가 잇달아 울리는[鳴] 것처럼 느껴지는 증세(症勢).

이:명-법 二名法 (두 이, 이름 명, 법 법). [생물] 속명(屬名)의 다음에 종명(種名), 두[二] 개의 이름[名]을 적어서 생물의 하나하나의 종류를 나타내는 명명법(命名法). 스웨덴의 식물학자 린네가 창시한 것으로, 현재까지 쓰이고 있다.

이:명-주 耳明酒 (귀 이, 밝을 명, 술 주). [민속] 음력 정월 대보름날 새벽에 귀[耳]가 밝아지라고[明] 마시는 술[酒]. [비]명이주(明耳酒), 총이주(聰耳酒), 치롱주(治聾酒).

이모[1] 移模 (옮길 이, 본뜰 모). 남의 글씨나 그림을 옮겨[移] 본뜸[模].

이:모[2] 異母 (다를 이, 어머니 모). 아버지는 같고 어머니[母]가 다름[異]. [비]이복(異腹).

▸이:모-제 異母弟 (아우 제). 어머니[母]가 다른[異] 아우[弟].

▸이:모-형 異母兄 (맏 형). 어머니[母]가 다른[異] 형(兄).

▸이:모-형제 異母兄弟 (아우 제). 어머니[母]가 다른[異] 형제(兄弟).

*__이모__[3] 姨母 (어머니 자매 이, 어머니 모). 어머니의 자매[姨]를 어머니[母] 같이 부르는 호칭. [반]고모(姑母).

▸이모-부 姨母夫 (지아비 부). 이모(姨母)의 남편[夫].

이:모-작 二毛作 (두 이, 털 모, 지을 작). [농업] 한 경작지에서 1년에 두[二] 번 모[毛]를 내어 재배하는[作] 일. 보통 여름에 벼, 가을에 보리나 밀을 경작한다. [비]양모작(兩毛作).

이:모지년 二毛之年 (두 이, 털 모, 어조사 지, 해 년). ① [속뜻] 검은 머리와 흰머리 두[二] 가지 머리털[毛]이 되는 나이[年]. ② '32세'를 달리 이르는 말. 대략 32세 때 흰머리가 나기 시작하는 것에서 비롯된 말이다.

이:모취인 以貌取人 (써 이, 모양 모, 가질 취, 사람 인). 생김새[貌] 만으로[以] 사람[人]을 쓰는[取] 일.

이목[1] 梨木 (배나무 리, 나무 목). ① [속뜻] 배[梨] 나무[木]. ② [식물] 배나무속의 나무를 통틀어 이르는 말. 높이는 2~3m이고, 봄에 흰색 꽃이 핀다. 열매는 7~10월에 익으면, 달고 수분이 많아 시원하다.

이목[2] 移牧 (옮길 이, 기를 목). [농업] 계절에 따라 자리를 옮겨가며[移] 가축을 기르는[牧] 일. 여름에는 산에 놓아기르고 겨울에는 우리에 넣어 기르는 일로 유목과 방목의 중간 형태이다.

이:목[3] 耳目 (귀 이, 눈 목). ① [속뜻] 귀[耳]와 눈[目]. ② 다른 사람의 주의나 주목. ¶그는 공연으로 사람들의 이목을 끌었다. ③ 귀와

눈을 중심으로 한 얼굴의 생김새.

▸이:목구비 耳目口鼻 (입 구, 코 비). ① 속뜻 귀[耳]·눈[目]·입[口]·코[鼻]를 아울러 이르는 말. ②귀·눈·입·코를 중심으로 한 얼굴의 생김새. ¶그녀는 이목구비가 뚜렷하다.

▸이:목지욕 耳目之慾 (어조사 지, 욕심 욕). ① 속뜻 듣고[耳] 싶고 보고[目] 싶은 욕망(慾望). ②귀로 듣고 눈으로 봄으로써 생기는 물질에 대한 욕망.

이목지신 移木之信 (옮길 이, 나무 목, 어조사 지, 믿을 신). ① 속뜻 나무[木]를 옮기는[移] 간단한 것으로 백성들을 믿게 함[信]. ②남을 속이지 아니한 것을 밝힘. ③약속을 실행하여 믿음을 얻음. ¶이목지신의 옛 이야기를 통하여 믿음을 얻는 일이 매우 소중함을 알 수 있다.

이:문[1] 耳門 (귀 이, 문 문). 귀[耳]의 문(門)에 해당하는 부분. 귓구멍의 바깥쪽으로 열린 곳. ⓑ귓문.

이:문[2] 利文 (이로울 리, 글월 문). ① 속뜻 이로운[利] 내용이 담긴 글[文]. ②이익으로 남는 돈. ¶이문이 남다. ⓑ이자(利子).

이:문[3] 里門 (마을 리, 문 문). 동네[里] 어귀에 세운 문(門).

이:문[4] 異聞 (다를 이, 들을 문). 이상(異常)한 소문(所聞). 신기한 소문.

이:문-목견 耳聞目見 (귀 이, 들을 문, 눈 목, 볼 견). ① 속뜻 귀[耳]로 듣고[聞] 눈[目]으로 봄[見]. ②실지로 겪어 봄을 이르는 말.

이:물 異物 (다를 이, 만물 물). ① 속뜻 기이(奇異)한 물건(物件). ②제대로의 것이 아닌 딴 물질.

▸이:물-감 異物感 (느낄 감). 몸 안에 다른[異] 물질(物質)이 들어간 느낌[感].

이:-물질 異物質 (다를 이, 만물 물, 바탕 질). ① 속뜻 다른[異] 물질(物質). ②불순한 물질. ¶이물질이 있는지 잘 살펴보시오.

이:미 異味 (다를 이, 맛 미). 이상(異常)한 맛[味]. 색다른 맛.

▸이:미-증 異味症 (증세 증). 의학 입맛[味]이 이상(異常)하게 바뀌는 증세(症勢). 임산부가 신 것을 좋아하게 되는 증상 등이다. '이식증'(異食症)의 전 용어.

이:민[1] 里民 (마을 리, 백성 민). 동리(洞里) 사람[民].

이민[2] 移民 (옮길 이, 백성 민). 다른 나라의 땅으로 옮겨가서[移] 사는 사람[民]. ¶그는 중국에서 캐나다로 이민했다.

이:민위천 以民爲天 (써 이, 백성 민, 할 위, 하늘 천). ① 속뜻 백성[民]으로써[以] 하늘[天]을 삼음[爲]. ②백성을 소중하게 여김.

이:-민족 異民族 (다를 이, 백성 민, 무리 족). 핏줄이나 언어·풍속 따위가 다른[異] 민족(民族).

이:-박자 二拍子 (둘 이, 칠 박, 접미사 자). 음악 한 마디가 두[二] 박자(拍子)로 된 것. 4분 음표 2박자 따위. 강음(強音)이 한 박자 건너 되풀이된다.

이:반 離反 (떨어질 리, 되돌릴 반). 사이가 떨어져[離] 마음이 돌아섬[反]. ¶민심이 이반 현상이 생겼다.

이:발 理髮 (다듬을 리, 머리털 발). 머리털[髮]을 깎고 다듬음[理]. ¶그는 넉 달 동안 이발을 안 했다.

▸이:발-사 理髮師 (스승 사). 남의 머리털을 깎아 다듬는[理髮] 일을 직업으로 하는 사람[師]. 이용사. ¶우리 동네 이발사는 솜씨가 좋다.

▸이:발-소 理髮所 (곳 소). 대개 남자의 머리털을 깎아 다듬어[理髮] 주는 곳[所]. ¶아빠는 이발소에서 머리를 깎았다.

이:방[1] 吏房 (벼슬아치 리, 방 방). 역사 ①조선 시대, 육방(六房) 중 관리(官吏)들의 인사에 관한 일과 비서 일을 맡던 관직[房]. ②지방 관아에 딸린 이방의 아전.

이:방[2] 異方 (다를 이, 모 방). ① 속뜻 풍속이나 습관 따위가 다른[異] 지방(地方). ② 물리 빛의 굴절, 팽창 등 물체의 물리적 성질이 방향에 따라 다른 것.

▸이:방-성 異方性 (성질 성). 물리 빛의 굴절, 열전도, 팽창률 따위 물질의 물리적 성질이 그 물체 안에서 방향(方向)에 따라 다르게[異] 작용하는 성질(性質). ⓑ등방성(等方性).

▸이:방-체 異方體 (몸 체). 물리 이방성(異方性)이 있는 물체(物體). ⓑ등방체(等方體).

이:방[3] 異邦 (다를 이, 나라 방). 다른[異] 나

라[邦]. ¶낯선 이방에 발을 들여놓다. ㊥타국(他國).

▸ 이:방-인 異邦人 (사람 인). ① 속뜻 다른[異] 나라[邦] 사람[人]. ② 기독교 유대 사람들이 선민(選民) 의식에서 그들 이외의 다른 민족을 얕잡아 이르던 말. ㊥이국인(異國人).

이:배-체 二倍體 (두 이, 곱 배, 몸 체). 생물 배우자의 염색체 수가 보통의 2배[二倍]인 세포나 개체(個體). 대부분의 고등 동식물이 이에 해당한다.

이벌-찬 伊伐湌 (저 이, 칠 벌, 먹을 찬). 역사 신라 때의 17관등의 첫째 등급. 당시 고유어의 한자 음역어로 추정된다. ㊥각간(角干), 각찬(角粲), 간벌찬(干伐湌).

이:법 理法 (이치 리, 법 법). ① 속뜻 원리(原理)와 법칙(法則). ② 도리와 예법.

이:변 異變 (다를 이, 바뀔 변). 이상(異常)한 변화(變化)나 사건. ¶기상 이변 / 뜻밖의 이변이 일어났다.

이:별 離別 (떨어질 리, 나눌 별). 서로 떨어져[離] 나누어짐[別]. ¶그는 어머니와 이별하고 기차에 올랐다. ㊥작별(作別). ㊦상봉(相逢).

▸ 이:별-가 離別歌 (노래 가). 이별(離別)의 애달픔을 읊은 노래[歌].

▸ 이:별-주 離別酒 (술 주). 이별(離別)할 때 나누어 마시는 술[酒]. ㊟별주.

이:병 二兵 (두 이, 군사 병). 군사 '이등병'(二等兵)의 준말.

이:복 異腹 (다를 이, 배 복). ① 속뜻 서로 다른[異] 배[腹]에서 태어남. ② 아버지는 같으나 낳아준 어머니가 다름. ㊦동복(同腹).

▸ 이:복-형제 異腹兄弟 (맏 형, 아우 제). 배 다른[異腹] 형제(兄弟)나 자매.

이:본 異本 (다를 이, 책 본). ① 속뜻 같은 내용으로 되었으나 판각 또는 펴낸 때나 곳이 다른[異] 책[本]. ㊥이서(異書). ② 희귀한 책. ㊥진본(珍本), 진서(珍書).

이:부[1] 二部 (두 이, 나눌 부). 교육 이부제를 실시하는 학교에서 두[二] 번째로 수업을 하는 부(部). 초등학교의 오후반과 고등학교나 대학의 야간부를 이른다.

▸ 이:부-작 二部作 (지을 작). 문학 주제가 서로 연결되어 있는 이부(二部)로 구성된 작품(作品).

▸ 이:부-제 二部制 (정할 제). 교육 주·야간제 따위와 같이 2부(二部) 교수를 하는 제도(制度).

▸ 이:부 수업 二部授業 (줄 수, 일 업). 교육 2부제 수업 중 두 번째[二部] 하는 수업(授業).

▸ 이:부 합주 二部合奏 (합할 합, 연주할 주). 음악 두[二] 개의 성부(聲部)가 함께[合] 연주(演奏)함. ㊥이중주(二重奏).

▸ 이:부 합창 二部合唱 (합할 합, 부를 창). 음악 두[二] 개의 성부(聲部)를 두 사람 이상이 맡아 노래하는 합창(合唱).

▸ 이:부 형식 二部形式 (모양 형, 꼴 식). 음악 한 곡이 두[二] 부분(部分)의 큰악절로 이루어진 형식(形式). ㊥두도막 형식.

이:부[2] 異父 (다를 이, 아버지 부). 어머니는 같지만 아버지[父]가 다름[異]. ㊦동부(同父).

▸ 이:부-형제 異父兄弟 (맏 형, 아우 제). 어머니는 같으나 아버지[父]가 다른[異] 형제(兄弟).

이:북 以北 (부터 이, 북녘 북). ① 속뜻 어떤 지점의 기준으로부터[以] 북쪽[北]. ¶고구려는 부여성 이북에 천리장성을 쌓았다. ② 우리나라에서 북위 38도선. 또는 휴전선을 기준으로 한 그 북쪽. 곧 '북한'(北韓)을 가리킨다. ¶그는 이북에서 왔다. ㊦이남(以南).

이:분 二分 (두 이, 나눌 분). ① 속뜻 둘[二]로 나눔[分]. ② 천문 춘분과 추분 또는 춘분점과 추분점을 아울러 이르는 말.

▸ 이:분-음표 二分音標 (소리 음, 나타낼 표). 음악 온음표의 반으로 나눈[二分] 길이를 가지는 음표(音標).

이:-분모 異分母 (다를 이, 나눌 분, 어머니 모). 수학 둘 이상의 분수에서 분모(分母)가 서로 다른[異] 것. ㊦동분모(同分母).

이:비인후-과 耳鼻咽喉科 (귀 이, 코 비, 목구멍 인, 목구멍 후, 분과 과). 의학 귀[耳], 코[鼻], 목구멍[咽喉]의 병을 전문적으로 치료하는 의학의 한 분과(分科). ¶이비인후과에서 축농증(蓄膿症)을 치료했다.

이:사[1] 二死 (두 이, 죽을 사). 운동 야구에서의 투[二] 아웃[死]. ¶9회 말 이사 후에

만루 홈런으로 극적인 역전승을 거두다.

*이사² 移徙 (옮길 이, 옮길 사). 살던 곳을 떠나 다른 데로 옮김[移=徙]. ¶영철이는 시골로 이사를 간다.

이:사³ 理事 (다스릴 리, 일 사). ① 속뜻 사무(事務)를 처리(處理)함. ② 법률 법인 기관의 사무를 처리하며, 이를 대표하여 권리를 행사하는 직위. 또는 그러한 일을 맡은 사람.

▸이:사-국 理事國 (나라 국). 정치 국제기관의 이사회(理事會)의 일원이 되는 나라[國].

▸이:사-회 理事會 (모일 회). 법률 ① 중요한 안건을 결정하기 위한 이사(理事)들의 모임[會]. ② 국제기구에서 이사국(理事國)의 대표들로 구성되는 기관. ¶유엔의 안전 보장 이사회.

이사금 尼師今 (여승 니, 스승 사, 이제 금). 역사 신라 때, '임금'의 칭호. 제3대 유리왕 때부터 제18대 실성왕 때까지 사용되었다. 당시 고유어의 한자 음역어로 추정된다.

이:-사반기 二四半期 (두 이, 넉 사, 반 반, 때 기). 일년을 넷[四]으로 나눈[分] 것 중 절반(折半)이 되는 기간(期間). ⓑ이사분기(二四分期).

이:-사분기 二四分期 (두 이, 넉 사, 나눌 분, 때 기). 1년을 넷[四]으로 나눈[分] 기간(期間) 중 둘째[二] 기간. 4, 5, 6월을 이른다. ⓑ이사반기(二四半期).

이:산 離散 (떨어질 리, 흩을 산). 떨어져[離] 흩어짐[散]. ¶전쟁으로 온 가족이 이산했다.

▸이:산-가족 離散家族 (집 가, 겨레 족). 남북 분단 따위의 사정으로 이리저리 흩어져서[離散] 서로 소식을 모르는 가족(家族). ¶분단 40년 만에 이산가족이 상봉했다.

이:산 염기 二酸鹽基 (두 이, 산소 산, 소금 염, 터 기). 화학 한 분자 속에 두[二] 개의 수산기(水酸基)를 가진 염기(鹽基).

이:-산화 二酸化 (두 이, 산소 산, 될 화). 화학 두[二] 개의 산소(酸素) 원자가 결합한 화합물(化合物).

▸이:산화-황 二酸化黃 (누를 황). 화학 두[二] 개의 산소(酸素) 원자와 황(黃)이 결합한 화합물(化合物). 황을 공기 가운데서 태울 때 생기는 기체로서 빛깔이 없고 자극성의 냄새가 나며 독이 있다. 화학식은 SO_2. ⓑ아황산(亞黃酸) 가스.

▸이:산화-규소 二酸化硅素 (규소 규, 바탕 소). 화학 두[二] 개의 산소(酸素) 원자와 규소(硅素)의 화합물(化合物). 경유리(硬琉璃)의 원료로 쓰이는데 천연으로는 석영, 수정, 규사, 규조토 등에서 산출된다. 화학식은 SiO_2. ⓑ무수규산(無水硅酸).

▸이:산화-수소 二酸化水素 (물 수, 바탕 소). 화학 두[二] 개의 산소(酸素) 원자와 수소(水素)의 화합물(化合物). 화학식은 H_2O_2. ⓒ과산화수소(過酸化水素).

▸이:산화-질소 二酸化窒素 (질소 질, 바탕 소). 화학 두[二] 개의 산소(酸素) 원자와 질소(窒素)의 화합물(化合物). 초산연이 분해될 때 생기는 적갈색의 기체로 질식성이 강하며 마취제 등에 쓰인다. 화학식은 NO_2.

▸이:산화-탄소 二酸化炭素 (숯 탄, 바탕 소). 화학 두[二] 개의 산소(酸素) 원자와 탄소(炭素)가 결합한 화합물(化合物). 빛깔과 냄새가 없으며 탄소가 완전 연소할 때 생기는 기체이다. 화학식은 CO_2. ⓑ탄산 무수물(炭酸無水物).

⁑이:상¹ 以上 (부터 이, 위 상). ① 속뜻 어떤 기준으로부터[以] 그 위쪽[上]. ② 말이나 글 따위에서 이제까지 말한 내용. ¶이상 말한 바와 같이. ③ 그것보다 정도가 더하거나 위임. ¶졸업을 하려면 2년 이상 출석해야 한다. ⓑ이하(以下).

이:상² 異狀 (다를 이, 형상 상). ① 속뜻 평소와는 다른[異] 상태(狀態). ② 보통과는 다른 상태나 모양. ¶몸에 이상이 나타나다. ⓑ정상(正狀).

이:상³ 異相 (다를 이, 모양 상). 보통 사람과는 다른[異] 인상(人相)이나 골상(骨相).

이:상⁴ 異象 (다를 이, 모양 상). 기이(奇異)한 현상(現象).

⁑이:상⁵ 異常 (다를 이, 보통 상). 보통[常]과 다른[異]. ¶이상 고온 현상 / 음식 맛이 좀 이상하다 / 아이가 이상스러운 행동을 하면 반드시 병원에 가야 한다.

▸이:상-아 異常兒 (아이 아). 심리 신체, 정신, 행동 또는 사회적 관계 따위에 보통[常]과 다른[異]이상(異常)이 있는 어린이[兒]를 통틀어 이르는 말. ⓑ정상아(正常兒).

▸ 이:상 건조 異常乾燥 (마를 건, 마를 조). 지리 맑은 날씨가 오래 계속되어 공기가 평소[常]와 다르게[異] 건조(乾燥)함. 습도가 10~20%로 되는 것이다.

▸ 이:상 심리학 異常心理學 (마음 심, 이치 리, 배울 학). 심리 정상인의 이상(異常)한 심리 상태나 정신 이상자의 병적 심리 상태를 고찰하여 그 구조와 발생 과정을 해명하려는 심리학(心理學). ⓑ변태 심리학(變態心理學).

이:상[6] **理想** (이치 리, 생각 상). ① 속뜻 이성(理性)에 의하여 생각할[想] 수 있는 범위 안에서 가장 바람직한 상태. ② 철학 생각할 수 있는 가장 완전한 상태.

▸ 이:상-론 理想論 (논할 론). 현실을 고려하지 않고 추상적인 이상(理想)만을 주장하는 말이나 논설(論說).

▸ 이:상-적 理想的 (것 적). 사물의 상태가 이상(理想)에 가장 가까운 것[的]. 사물이 가장 바람직한 상태인 것. ¶신사임당은 조선시대의 가장 이상적인 여인이다.

▸ 이:상-향 理想鄕 (시골 향). 이상(理想)으로 그리는 완전하고 평화로운 상상(想像)의 세계[鄕]. ¶이 소설은 현대인의 이상향을 잘 묘사하고 있다. ⓑ유토피아(Utopia).

▸ 이:상-화 理想化 (될 화). ① 속뜻 이상적(理想的)인 것으로 바뀜[化]. ② 철학 현실을 그대로 보지 않고 이상에 비추어서 보고 생각하는 일.

▸ 이:상 기체 理想氣體 (공기 기, 몸 체). ① 속뜻 이상적(理想的)인 기체(氣體). ② 물리 보일 샤를의 법칙이 그대로 적용될 수 있다고 가정한 기체. 고온·저압 아래에서 분자 사이의 상호 작용이 전혀 없는 상태를 말한다. ⓑ완전 기체(完全氣體).

▸ 이:상-주의 理想主義 (주될 주, 뜻 의). 철학 인생의 의의를 도덕적·사회적 이상(理想)의 실현에 두고 그것을 목표로 삼는 주의(主義). 또는 그러한 인생관. 관념주의. ⓑ현실주의(現實主義).

이:상-곡 履霜曲 (밟을 리, 서리 상, 노래 곡). ① 속뜻 서리[霜]를 밟으며[履] 부른 노래[曲]. ② 문학 작자·연대 미상의 고려 가요. 남편을 일찍 여읜 과부가 님을 그리워하는 내용이다.

이:색[1] **異色** (다를 이, 빛 색). ① 속뜻 다른[異] 빛깔[色]. ②성질이나 상태 등이 색다르게 두드러진 것. ¶이색공연이 유행한다.

▸ 이:색-적 異色的 (것 적). 보통과 특별히 다른[異色] 것[的]. ¶이색적인 결혼식 / 백제 전통 무용은 매우 이색적이다.

이:색[2] **二色** (두 이, 빛 색). 두[二] 가지 색(色).

▸ 이:색-판 二色版 (널빤지 판). 출판 두[二] 가지 색(色)으로 만든 인쇄판(印刷版). 또는 그 인쇄물.

이:생규장-전 李生窺墻傳 (성씨 리, 날 생, 엿볼 규, 담 장, 전할 전). ① 속뜻 이생(李生)이 담장[墻] 안을 엿본[窺] 이야기[傳]. ② 문학 김시습의 소설로 이생이 부모의 허락을 얻어 몰래 만나던 최랑(崔娘)과 혼인을 하지만 홍건적의 무리가 최랑을 죽이는 바람에 현세에서의 사랑을 다하지 못하여 최랑을 지극히 생각하다가 병이 들어 죽는다는 내용.

이:생 웅예 離生雄蘂 (떨어질 리, 날 생, 수컷 웅, 꽃술 예). 식물 저마다 따로 떨어져[離] 난[生] 수꽃술[雄蘂]. 이강(二強) 웅예와 사강(四強) 웅예로 나뉜다.

이생-지 泥生地 (진흙 니, 날 생, 땅 지). ① 속뜻 진흙[泥]이 생기는[生] 땅[地]. ②모래 섞인 진흙 땅.

이:서[1] **以西** (부터 이, 서녘 서). 기준으로 삼은 어떤 지점으로부터[以] 서[西]쪽.

이:서[2] **異書** (다를 이, 책 서). ① 속뜻 기이(奇異)한 서적(書籍). ②귀한 책.

이:서[3] **裏書** (속 리, 쓸 서). ① 속뜻 종이 뒤[裏]에 씀[書]. ②서화(書畵)의 뒷면에 그 서화의 진위 여부를 증명하는 글을 씀.

이:선악-곡 離船樂曲 (떠날 리, 배 선, 음악 악, 노래 곡). 음악 배[船]를 타고 중국으로 떠나는[離] 사신의 출발 광경을 보이는 춤과 함께 부르는 노래[樂曲]. ⓑ배따라기, 선유락(船遊樂).

이설[1] **移設** (옮길 이, 세울 설). 다른 곳으로 옮겨[移] 설치(設置)함.

이:설[2] **異說** (다를 이, 말씀 설). ① 속뜻 이미 나와 있는 이론과 다른[異] 설(說). ②통설이나 정설과는 다른 설. ⓑ이론(異論).

이:성[1] **異姓** (다를 이, 성씨 성). 다른[異] 성씨(姓氏). ⓑ타성(他姓).

이:성² 二姓 (두 이, 성씨 성). ① 속뜻 서로 다른 두[二] 가지 성(姓). ② 혼인을 할 남자와 여자의 양쪽 집안. ③ 성이 다른 두 임금.

▶ 이:성지합 二姓之合 (어조사 지, 맞을 합). ① 속뜻 서로 다른 두[二] 성(姓)을 지닌 집안의 결합(結合). ② 남녀의 혼인을 이르는 말.

***이:성¹** 理性 (이치 리, 성품 성). ① 속뜻 이치(理致)나 도리를 인식하는 성품(性品). ¶ 이성은 인간을 동물과 구별시키는 특별한 능력이다. ② 개념적으로 사유하는 능력을 감각적 능력에 상대하여 이르는 말. ¶ 그는 아들이 죽자 이성을 잃었다. ③ 철학 진위(眞僞), 선악(善惡)을 식별하여 바르게 판단하는 능력. 반 감성(感性).

▶ 이:성-론 理性論 (논할 론). 철학 참된 인식은 경험에 의한 것이 아니고 선험적인 이성적(理性的) 인식이라고 설명하는 이론(理論).

▶ 이:성-적 理性的 (것 적). 감정에 치우치지 않고 이성(理性)에 따른 것[的]. 반 감정적(感情的).

이:성² 異性 (다를 이, 성질 성). ① 속뜻 성질(性質)이 다름[異]. 또는 그 다른 성질. ② 남성 쪽에서 본 여성. 또는 여성 쪽에서 본 남성을 이르는 말. ¶ 이성 친구. 반 동성(同性).

▶ 이:성질-체 異性質體 (바탕 질, 몸 체). 화학 분자식은 같으나 성질(性質)이 다른[異] 물체(物體)를 이르는 말.

이:성 장군 二星將軍 (두 이, 별 성, 장수 장, 군사 군). 군사 별[星] 두[二] 개 짜리인 장군(將軍). '소장'(少將)의 다른 말.

이:세 二世 (다음 이, 세대 세). ① 속뜻 외국에 이주해 간 세대의 다음[二] 세대(世代). ¶ 재일 동포 2세. ② 다음 세대. ③ 주로 서양에서 같은 이름을 가지고 둘째 번으로 자리에 오른 황제나 교황을 일컬음. ¶ 성 바오로 2세.

▶ 이:세-국민 二世國民 (나라 국, 백성 민). ① 속뜻 다음[二] 세대(世代)의 국민(國民). ② 어린이 또는 그 세대를 이르는 말.

이:소 離騷 (떠날 리, 근심할 소). ① 속뜻 근심거리[騷]를 떠남[離]. ② 문학 는 의미로 중국 초(楚)나라 때의 사람 굴원(屈原)이 지은 사부(辭賦).

이:소-성 離巢性 (떠날 리, 새집 소, 성질 성). 동물 새의 새끼가 빨리 자라 둥지[巢]를 떠나는[離] 성질(性質). 물오리, 도요새 따위에서 볼 수 있다. 반 유소성(留巢性).

이:속 異俗 (다를 이, 풍속 속). ① 속뜻 다른[異] 풍속(風俗). ② 색다른 풍습. 이풍(異風). 반 정속(正俗).

이송 移送 (옮길 이, 보낼 송). ① 속뜻 다른 곳으로 옮기어[移] 보냄[送]. ② 법률 소송 또는 행정 절차에서 사건의 처리를 다른 관청으로 옮기는 일.

이:수¹ 利水 (이로울 리, 물 수). ① 속뜻 물[水]을 잘 이용(利用)함. ② 물이 잘 통하게 함. ¶ 이수 공사.

이:수² 里數 (마을 리, 셀 수). ① 속뜻 마을[里]의 수(數). ② 거리를 '리'(里)의 단위로 나타낸 수. ¶ 이수로는 불과 이십 리 밖에 되지 않습니다.

이수³ 泥水 (진흙 니, 물 수). 진흙[泥]이 섞여 흐린 물[水]. 비 흙탕물.

이:수⁴ 履修 (밟을 리, 닦을 수). 소정의 과정을 밟아[履] 학문을 닦음[修]. ¶ 석사 과정을 이수하다.

이:수⁵ 離水 (떨어질 리, 물 수). 수상 비행기가 수면(水面)을 떠나[離] 날아오름.

▶ 이:수 해:안 離水海岸 (바다 해, 언덕 안). ① 속뜻 바다[水]에서 떨어진[離] 해안(海岸). ② 지리 육지가 융기하거나 해면이 저하(低下)하여 생긴 해안. 해안선이 단조롭고 굴곡이 적은 것이 특징이다.

이:수-성 異數性 (다를 이, 셀 수, 성질 성). ① 속뜻 수(數)가 달라지는[異] 특성(特性). ② 생물 염색체의 수(數)가 정상보다 얼마간 늘거나 주는 현상. ③ 식물 같은 식물 중에서 꽃이나 잎의 수효가 일정하지 않은 일.

이:순 耳順 (귀 이, 따를 순). ① 속뜻 귀[耳]로 무슨 소리를 들어도 다 순조(順調)로움. ② 생각하는 것이 원만하여 어떤 일을 들으면 곧 이해가 됨. ③ 나이 예순 살을 이르는 말.

이:승 二乘 (두 이, 곱할 승). ① 수학 같은 수를 두[二] 번 곱함[乘]. ② 불교 성문승과 연각승, 성문승과 보살승, 대승과 소승을 각각 아울러 이르는 말.

이:식[1] **利息** (이로울 리, 불어날 식). ① 속뜻 이득(利得)이 늘어남[息]. ② 이자(利子). ¶이식을 계산하다.

이:식[2] **利殖** (이로울 리, 불릴 식). 이자(利子)를 받아 재산을 불림[殖]. ¶이식의 재능이 있다.

이식[3] **移植** (옮길 이, 심을 식). ① 속뜻 농작물이나 나무를 다른 데로 옮겨[移] 심음[植]. ¶울릉도에서 가져온 나무를 마당에 이식했다. ② 의학 생체(生體)의 일부 조직을 다른 생체나 부위에 옮겨 붙이는 일. 또는 그런 치료법. ¶간이식 수술. ⓑ이종(移種).

이:식-증 異食症 (다를 이, 먹을 식, 증세 증). 의학 입맛[食]이 이상(異常)하게 바뀌는 증세(症勢). 임산부가 신 것을 좋아하게 되는 증상 등이다.

이:실직고 以實直告 (써 이, 실제 실, 곧을 직, 알릴 고). 사실(事實)로써[以] 그대로[直] 알림[告]. ⓑ이실고지(以實告之).

이:심[1] **二心** (두 이, 마음 심). ① 속뜻 두[二] 가지 마음[心]. ② 배반하는 마음. ⓑ이심(異心).

이:심[2] **二審** (두 이, 살필 심). 법률 제일심의 판결에 대한 불복 신청이 있을 때에 하는 제 이(二) 차의 심리(審理). 또는 그런 법원. '제이심'(第二審)의 준말.

이심[3] **移審** (옮길 이, 살필 심). 법률 소송 사건을 다른 법원으로 이송(移送)하여 심리(審理)하는 일.

이:심[4] **異心** (다를 이, 마음 심). ① 속뜻 다른[異] 마음[心]. ② 저버리거나 배신할 마음. 딴마음. ③ 두 가지 마음. ⓑ이심(二心).

이:심[5] **離心** (떨어질 리, 가운데 심). ① 속뜻 중심(中心)에서 떨어짐[離]. ② 떨어져 배반하고자 하는 마음. 또는 마음을 달리하여 배반함.

▸이:심-률 離心率 (비율 률). ① 속뜻 중심(中心)에서 떨어진[離] 정도의 비율(比率). ② 수학 원뿔 곡선 위의 각 점에서 초점까지의 거리와 그 점에서 준선까지의 거리의 비.

이심전심 以心傳心 (부터 이, 마음 심, 전할 전, 마음 심). ① 속뜻 마음[心]에서 부터[以] 마음[心]을 전함[傳]. ② 마음에서 마음으로 전해져 서로 뜻이 통함. ¶이심전심으로 서로 마음이 통하였다. ⓑ심심상인(心心相印).

이:십 二十 (두 이, 열 십). ① 속뜻 이(二)십(十). 숫자 20. ¶이십 명. ② '이십 세'(二十歲)의 준말. ⓑ스물.

▸이:십사-금 二十四金 (넉 사, 황금 금). ① 속뜻 금(金)의 성분이 24분의 24[二十四]인 것. ② 순금(純金).

▸이:십오-시 二十五時 (다섯 오, 때 시). ① 속뜻 하루의 24시가 지난 다음[二十五]의 시간(時間). ② 이미 지나서 뒤늦은 때의 절망과 불안을 이르는 말. 루마니아의 작가 게오르기우(Gheorghiu, C.V.)가 쓴 소설 제목에서 유래.

▸이:십팔-수 二十八宿 (여덟 팔, 별자리 수). 천문 천구(天球)의 스물여덟[二十八] 별 자리[宿].

▸이:십사-절기 二十四節氣 (넉 사, 철 절, 기운 기). 음력에서 태양의 황도(黃道)상의 위치에 따라 1년을 스물넷[二十四]으로 나눈 계절의 구분[節氣]. ⓒ이십사기. ⓑ이십사절후(二十四節候).

이암 泥巖 (=泥巖, 진흙 니, 바위 암). 지리 미세한 진흙[泥]이 쌓여서 딱딱하게 굳어 이루어진 암석(巖石).

이앙 移秧 (옮길 이, 모 앙). 농업 모[秧]를 옮겨[移] 심음. ⓑ모내기.

▸이앙-기 移秧機 (틀 기). 모[秧]를 옮겨[移] 심는 기계(機械). ¶이앙기를 사용해서 모내기를 쉽게 끝냈다.

▸이앙-법 移秧法 (법 법). 조선 후기 유행한 모[秧]를 옮겨[移] 심어 경작하는 농업 방식[法]. ¶수리시설이 확보되면서 조선 후기에는 이앙법이 크게 유행하였다. ⓑ모내기.

이양 移讓 (옮길 이, 넘겨줄 양). 권리 따위를 원래의 자리에서 옮겨[移] 넘겨줌[讓]. ¶민정 이양(民政移讓) / 미얀마에서는 평화롭게 정권이 이양되었다.

이:양-선 異樣船 (다를 이, 모양 양, 배 선). ① 속뜻 모양(模樣)이 이상(異狀)한 배[船]. ② 다른 나라의 배. 주로 조선 말기에 드나들던 외국의 철선을 이른다. ¶박규수는 대동강에서 이양선을 격퇴하였다.

이:어[1] **耳語** (귀 이, 말씀 어). 남이 듣지 못하게 귀[耳]에다 대고 속삭이듯 말함[語].

또는 그런 말. ㊥귀엣말.

이어² 俚語 (속될 리, 말씀 어). 항간에 떠돌며 쓰이는 속된[俚] 말[語]. ㊥이언(俚言).

이:언¹ 二言 (두 이, 말씀 언). ① 속뜻 두[二] 가지 말[言]. ② 한번 한 말을 뒤집어서 달리 하는 말. ¶일구이언(一口二言).

이언² 俚言 (속될 리, 말씀 언). 항간에 떠돌며 쓰이는 속된[俚] 말[言]. ㊥이어(俚語).

이언³ 俚諺 (속될 리, 상말 언). ① 속뜻 속된[俚] 상말[諺]. ② 민중의 지혜가 응축되어 널리 구전되는 민간에서 흔히 쓰는 격언. 주로 사물의 형용과 비유에 쓰이는 형상적인 말이다. ㊥속담(俗談), 세언(世諺), 속어(俗語), 속언(俗諺), 이언(俚諺).

이:역¹ 二役 (두 이, 부릴 역). ① 속뜻 두[二] 가지 역할(役割). ② 한 배우가 극중에서 두 사람의 역을 하는 일. ¶1인 이역.

이:역² 異域 (다를 이, 지경 역). ① 속뜻 다른[異] 나라의 땅[域]. ② 제 고장에서 멀리 떨어진 다른 곳. ¶그는 이역에서 숨을 거두었다.

▶이:역-만리 異域萬里 (일만 만, 거리 리). 만리(萬里)나 떨어진 다른[異] 나라의 땅[域]. 다른 나라의 아주 먼 곳. ¶돈을 벌기 위해 아버지는 이역만리 중동으로 갔다.

이연 移延 (옮길 이, 끌 연). 시일이나 기일 따위를 뒤로 옮기며[移] 미룸[延].

▶이연 계:정 移延計定 (셀 계, 정할 정). 경제 원래는 비용이나 수익이지만 손익 계산상 필요하여 자산이나 부채로 처리를 일시적으로 뒤로 미룬[移延] 계정(計定). 창업비, 개업비, 신주 발행비, 사채 발행비, 연구 개발비 따위가 있다.

▶이연 부:채 移延負債 (질 부, 빚 채). 경제 회계에서 이미 수익으로 기장된 것 중에서 아직 그 기간의 이익으로 계산하지 않고 차기 이후의 수익으로 하기 위해 이연(移延)된 부채(負債).

이:연지사 已然之事 (이미 이, 그러할 연, 어조사 지, 일 사). 이미[已] 그렇게[然] 된 일[事].

이:열치열 以熱治熱 (써 이, 더울 열, 다스릴 치, 더울 열). ① 속뜻 열(熱)로써[以] 열(熱)을 다스림[治]. ② 힘에는 힘으로, 또는 강한 것에는 강한 것으로 상대함.

이:-염기산 二鹽基酸 (두 이, 소금 염, 터 기, 산소 산). 화학 한 분자 속에 반응할 수 있는 수소[鹽基] 원자 두[二] 개를 함유한 산(酸). 황산, 황화수소, 탄산 등.

이:옥-설 理屋說 (다듬을 리, 집 옥, 말씀 설). 문학 비가 새는 집[屋]을 뒤늦게 수리(修理)하며 교훈을 얻는다는 내용의 한문 소설(小說). 이규보가 지었다.

이완 弛緩 (늦출 이, 느슨할 완). ① 속뜻 주의나 긴장 따위가 풀리어[弛] 느슨해짐[緩]. ② 근육이나 신경 따위가 느슨해짐. ¶근육의 수축과 이완 / 온찜질은 뭉친 근육을 이완시키는 데 도움이 된다. ㊥긴장(緊張).

이:왕 已往 (이미 이, 갈 왕). ① 속뜻 이미[已] 지나간[往] 때. ② 이미 정해진 사실로서 그렇게 된 바에. ¶이왕 갈 거면 빨리 서두르자. ㊥이전(以前), 기왕(旣往).

▶이:왕지사 已往之事 (어조사 지, 일 사). 이미[已] 지나간[往] 일[事]. ㊥기왕지사(旣往之事), 이과지사(已過之事).

***이:외 以外** (부터 이, 밖 외). 어떤 범위의 밖[外]으로부터[以]. 이 밖. 그 밖. ¶나 이외에 네 사람이 더 참석했다. ㊥이내(以內).

이:욕 利慾 (이로울 리, 욕심 욕). 사사로운 이익(利益)을 탐내는 욕심(慾心). ¶이욕을 채우다 / 이욕에 눈이 멀다.

이용¹ 移用 (옮길 이, 쓸 용). 법률 세출 예산에서 지정된 경비를 다른 부서나 다른 항목의 경비로 돌려서[移] 씀[用].

이:용² 理容 (다듬을 리, 얼굴 용). 이발(理髮)과 미용(美容)을 일컬음.

이:용³ 異容 (다를 이, 얼굴 용). 평소와 다른[異] 용모(容貌)나 복장.

****이:용⁴ 利用** (이로울 리, 쓸 용). ① 속뜻 물건 따위를 필요에 따라 이롭게[利] 씀[用]. ¶이 자동차는 태양력 에너지를 이용해 움직인다. ② 방편으로 하거나 남을 부려 씀. ¶동생은 늘 남에게 이용만 당한다.

▶이:용-권 利用權 (권리 권). 어떤 시설을 이용(利用)할 수 있는 권리(權利). ¶콘도 이용권.

▶이:용-도 利用度 (정도 도). 이용(利用)하는 빈도(頻度). ¶이 시설은 청소년의 이용도가 높다.

▶이:용-자 利用者 (사람 자). 이용(利用)하

는 사람[者]. ¶올해 들어 휴대전화 이용자가 급격히 늘었다.

▸이:용-후생 利用厚生 (두터울 후, 살 생). 기구를 이롭게[利] 써서[用], 삶[生]을 풍요롭게[厚] 함.

이:원 二元 (둘 이, 으뜸 원). ① 속뜻 두[二] 개의 으뜸[元] 요소. ¶이원 화합물. ② 철학 사물이 두 개의 서로 다른 근본 원리로 이루어져 있는 일. 또는 그 근원. ③ 수학 방정식에서 미지수가 둘 있는 일.

▸이:원-론 二元論 (논할 론). 철학 ① 우주의 근본원리를 정신과 물질이라는 두[二] 가지 요소[元]로 믿는 설[論]. 데카르트의 물심(物心) 이원론이 그 대표적인 예이다. ② 대상 고찰에 있어서 서로 대립하는 두 개의 원리로 실재의 개개의 부분 또는 전체를 설명하는 입장. 또는 그 사고방식. 이를테면 주관과 객관, 의식과 존재, 오성과 감성, 천지, 음양 등이 있다.

이:원-권 以遠權 (부터 이, 멀 원, 권리 권). 법률 두 나라 사이의 항공 협정에서 협정 상대국 내의 지점에서 다시 멀리[遠] 제삼국으로[以] 연장하여 운항할 수 있는 권리(權利).

이:원-제 二院制 (두 이, 관청 원, 정할 제). 법률 국회를 상·하원 두[二] 개의 의원(議院)으로 구성하는 제도(制度). ⓑ양원 제도(兩院制度). ⓐ단원제(單院制), 일원 제도(一院制度).

이:월[1] 二月 (두 이, 달 월). 한 해의 두[二] 번째 달[月].

이월[2] 移越 (옮길 이, 넘을 월). ① 속뜻 옮기어[移] 넘김[越]. ② 경제 부기에서 계산의 결과를 다음 쪽으로 옮겨 넘기는 일. ¶이월 금액. ③ 경제 회계에서 한 회계 연도의 순손익금. 또는 남은 돈을 다음 기로 넘기는 일.

*__이:유__[1] 理由 (이치 리, 까닭 유). 어떤 이치(理致)가 생겨난 까닭[由]. 원인이나 근거. ¶지각한 이유가 뭐니?

▸이:유-율 理由律 (법칙 률). 철학 사유 법칙의 하나. 모든 사물의 존재 또는 진리에는 그에 상응하는 충분한 이유(理由)가 있어야 한다는 법칙[律]. ⓑ충족률(充足律), 충족 원리(充足原理), 충족 이유율(充足理由律).

▸이:유-표 理由標 (나타낼 표). 수학 문제의 답에 대한 이유(理由)를 나타내기 위한 표시(標示). 어떤 문제나 식을 푼 뒤 그 까닭을 나타낼 때, '왜냐하면'의 뜻으로 쓰는 부호로 '∵'로 표시한다. ⓑ이유부(理由符).

이:유[2] 離乳 (떼놓을 리, 젖 유). 젖[乳]을 뗌[離]. 밥을 먹이기 위하여 젖을 먹지 않게 함.

▸이:유-기 離乳期 (때 기). 젖먹이의 젖[乳]을 떼는[離] 시기(時期). 보통 난 지 6-7개월부터 시작한다.

▸이:유-식 離乳食 (밥 식). 젖먹이의 이유기(離乳期)에 먹이는 젖 이외의 음식(飮食). ¶아이는 이제 이유식을 먹을 수 있다.

이:윤 利潤 (날카로울 리, 반들거릴 윤). ① 속뜻 날카로움[利]과 반들반들함[潤]. ② 장사하여 남은 돈. ¶장사로 큰 이윤을 남기다. ③ 경제 기업의 총수익에서 모든 생산비를 뺀 나머지의 소득. ⓑ이익(利益).

▸이:윤-율 利潤率 (비율 률). 경제 총자본에 대한 이윤(利潤)의 비율(比率).

이:율 利率 (이로울 리, 비율 률). 경제 원금에 대한 이자(利子)의 비율(比率). 기간에 따라 연리(年利)·월리(月利)·일변(日邊) 따위로 나뉜다. ¶저축 이율이 낮다.

이:율-배반 二律背反 (두 이, 법칙 률, 등질 배, 되돌릴 반). ① 속뜻 두[二] 가지 규율(規律)이 서로 반대됨[背反]. ② 논리 두 명제가 같은 근거를 가지고 서로 모순되는 것.

이:융 합금 易融合金 (쉬울 이, 녹을 융, 합할 합, 쇠 금). 화학 녹기[融] 쉬운[易] 합금(合金). 융점이 낮은 금속을 알맞은 비율로 섞어 만들어 융점을 더 낮게 만든 합금. ⓑ가융 합금(可融合金).

이:음 異音 (다를 이, 소리 음). ① 속뜻 다른[異] 소리[音]. ② 언어 같은 음소에 포괄되는 몇 개의 구체적인 음이 서로 구별되는 음의 특징을 지니고 있을 때의 음.

이:의[1] 異意 (다를 이, 뜻 의). 다른[異] 의견(意見). 다른 의사. ¶그 일에 이의가 없다.

이:의[2] 異義 (다를 이, 뜻 의). 다른[異] 뜻[義]. ⓑ동의(同義).

▸이:의-어 異義語 (말씀 어). 다른[異] 뜻[義]을 가진 낱말[語].

이:의[3] 異議 (다를 이, 의논할 의). 다른[異]

의견이나 논의(論議). ¶그 안(案)에 대하여 이의 없습니까? / 이의를 제기하실 분은 손을 들어주세요. [반]동의(同議).

▸이:의 신청 異議申請 (아뢸 신, 부탁할 청). [법률]법률상 인정되어 있는 절차에 따라 이의(異議)를 주장하는[申請] 행위.

이:이제이 以夷制夷 (써 이, 오랑캐 이, 누를 제, 오랑캐 이). ① [속뜻] 오랑캐[夷]로써[以] 오랑캐[夷]를 제압(制壓)함. ② 자기는 가만히 있고 한 쪽의 힘을 빌어 다른 한 쪽을 침. ¶당나라는 이이제이 전략을 구사하여 신라와 발해를 견제하였다.

⁑**이:익** 利益 (이로울 리, 더할 익). ① [속뜻] 이롭고[利] 보탬[益]이 됨. ② 물질적으로나 정신적으로 보탬이 되는 것. ¶이익을 보다 / 공공의 이익. ③ [경제] 기업의 결산 결과 모든 경비를 빼고 남은 순소득. ¶우리 회사는 상반기 이익이 증가했다. [비]이득(利得). [반]손실(損失), 손해(損害).

▸이:익-금 利益金 (돈 금). 이익(利益)으로 남은 돈[金]. ¶그는 이익금의 일부를 사회에 환원했다.

▸이:익 대:표 利益代表 (바꿀 대, 나타낼 표). [사회]어떤 단체에서 자신들의 이익(利益)을 주장하기 위해 뽑은 대표(代表).

▸이:익 배:당 利益配當 (나눌 배, 마땅 당). [경제]회사 등에서 기말 결산의 순이익(純利益)을 주주에게 배당(配當)하여 주는 것.

▸이:익 사회 利益社會 (단체 사, 모일 회). [사회]자유 의지로 이익(利益)을 얻으려는 목적 아래 모여 이룬 사회(社會). [참]공동사회(共同社會).

▸이:익 중:생 利益衆生 (무리 중, 사람 생). [불교]세상 사람들[衆生]을 제도(濟度)하여 이들을 돕는[利益] 일을 이르는 말.

▸이:익 준:비금 利益準備金 (고를 준, 갖출 비, 돈 금). [법률]결산기(決算期)마다 순이익(純利益)에서 일부를 떼어 적립하는 법정 준비금(準備金).

이:인[1] 異人 (다를 이, 사람 인). ① [속뜻] 다른[異] 사람[人]. ¶동명이인(同名異人). ② 보통 사람과는 달리 재주가 신통하고 뛰어난 사람.

이:인[2] 二人 (두 이, 사람 인). ① [속뜻] 두[二] 사람[人]. ② 아버지와 어머니, 두 분. ③ 남편과 아내. [비]부모(父母), 부부(夫婦).

▸이:인-삼각 二人三脚 (석 삼, 다리 각). [운동]두[二] 사람[人]이 옆으로 나란히 서서 맞닿는 쪽의 발목을 함께 묶어 세[三] 개의 발[脚]을 만들어 뛰는 경기.

이:-인칭 二人稱 (둘째 이, 사람 인, 일컬을 칭). [언어]대화에서 두[二] 번째로 가리키는 사람[人]을 일컫는[稱] 말. 듣는 사람을 일컫는다. '제이 인칭'(第二人稱)의 준말. ¶'너는 예쁘구나'에서 '너'는 이인칭이다.

이:일 異日 (다를 이, 날 일). ① [속뜻] 어느 정해진 날이 아닌 다른[異] 날[日]. ② 앞으로 올 어느 날. [비]타일(他日).

이임[1] 移任 (옮길 이, 맡길 임). 다른 관직이나 임무(任務)로 옮김[移]. [비]천임(遷任), 전임(轉任).

이:임[2] 離任 (떠날 리, 맡길 임). 맡아보던[任] 일을 내놓고 그 자리를 떠남[離]. [비]퇴임(退任). [반]취임(就任).

이입 移入 (옮길 이, 들 입). ① [속뜻] 옮겨[移] 들어옴[入]. ② [경제] 한 나라 안의 어떤 지역에 다른 지역으로부터 화물을 옮겨 들이는 일. [반]이출(移出).

이:자 利子 (이로울 리, 접미사 자). ① [속뜻] 이로운[利] 것[子]. ② [경제] 남에게 금전을 빌려준 대가로 얻는 일정한 비율의 돈. ¶대출 이자를 갚다 / 한 달 이자는 얼마입니까? [비]변리(邊利). [반]원금(元金).

▸이:자-락 利子落 (떨어질 락). [경제]공채(公債)나 유가 증권의 이자(利子) 또는 이익 배당 조건이 빠져[落] 있는 것. [반]이자부(利子附).

▸이:자-부 利子附 (붙을 부). [경제]공채나 주식 등에 이자(利子) 또는 이익 배당 조건이 붙어[附] 있는 것. [반]이자락(利子落).

이:자-택일 二者擇一 (두 이, 사람 자, 고를 택, 한 일). 두[二] 사람[者]이나 사물 중에 하나[一]를 선택(選擇)함. [비]양자택일(兩者擇一).

이:장[1] 里長 (마을 리, 어른 장). 행정 구역의 단위인 '리'(里)를 대표하여 일을 맡아보는 사람[長].

이장[2] 移葬 (옮길 이, 장사지낼 장). 무덤을 옮겨[移] 새로 장사지냄[葬]. ¶할아버지의 묘를 이장하다. [비]개장(改葬).

이:재[1] 異才 (다를 이, 재주 재). 남다른[異]

재주[才].

이:재² 理財 (다스릴 리, 재물 재). 재물(財物)을 잘 다루어[理] 씀.

▸이:재-학 理財學 (배울 학). ① 속뜻 재물(財物)을 다루는[理] 것을 연구하는 학문(學問). ② 경제 경제학(經濟學). ③ 경제 재정학(財政學).

이재³ 罹災 (걸릴 리, 재앙 재). 재해(災害)를 입음[罹]. 재앙을 당함. ¶이재 구호금.

▸이재-민 罹災民 (백성 민). 재해(災害)를 입은[罹] 주민(住民). ¶홍수로 많은 이재민이 발생했다.

이:재발신 以財發身 (써 이, 재물 재, 드러낼 발, 몸 신). 재물(財物)의 힘으로써[以] 출세함[發身].

이적¹ 夷狄 (오랑캐 이, 오랑캐 적). ① 속뜻 동이(東夷)와 북적(北狄). ② 역사 고대 중국 사람들이 그들의 동쪽과 북쪽 지역에 사는 민족을 멸시하여 이르던 말.

이적² 移籍 (옮길 이, 문서 적). ① 속뜻 혼인하거나 양자로 가서 호적(戶籍)을 옮김[移]. ②운동 선수가 소속을 옮김.

이:적³ 異蹟 (다를 이, 자취 적). ① 속뜻 이상(異常)한 행적(行蹟). ②신의 힘으로 이루어지는 불가사의한 일.

이:적⁴ 離籍 (떼놓을 리, 문서 적). 호적(戶籍)에서 떼어[離] 냄.

이:적⁵ 利敵 (이로울 리, 원수 적). 적(敵)을 이롭게[利] 함.

▸이:적 행위 利敵行爲 (행할 행, 할 위). 적(敵)을 이롭게[利] 하는 말이나 행위(行爲).

이적-토 移積土 (옮길 이, 쌓을 적, 흙 토). 지리 암석의 풍화물이 옮겨와[移] 쌓여[積] 생긴 토양(土壤). ㊥운적토(運積土).

***이:전¹ 以前** (부터 이, 앞 전). 기준이 되는 일정한 때를 포함하여 그로부터[以] 앞[前]쪽. ¶이전에 우리 어디선가 만난 적 있지 않나요? ㊞이후(以後).

이전² 移轉 (옮길 이, 옮길 전). ① 속뜻 처소나 주소 따위를 다른 데로 옮김[移=轉]. ¶주소 이전 / 사무실을 이전하다. ②권리 따위를 넘겨주거나 넘겨받음. ¶빌딩에 대한 소유권을 아들에게 이전했다.

▸이전 등기 移轉登記 (오를 등, 기록할 기). 법률 부동산의 매매, 증여, 상속 따위의 권리 이전(移轉)에 관한 등기(登記).

▸이전 소:득 移轉所得 (것 소, 얻을 득). 경제 이전(移轉) 지급에 따라 생기는 소득(所得).

▸이전 지급 移轉支給 (가를 지, 줄 급). 경제 정부나 기업에서 개인에게로[移轉] 지급(支給)하는 일. 구호품, 연금, 보조금, 보험금 따위.

이전-투구 泥田鬪狗 (진흙 니, 밭 전, 싸울 투, 개 구). ① 속뜻 진흙[泥] 밭[田]에서 싸우는[鬪] 개[狗]. ②강인한 성격의 사람. 특히 함경도 사람을 이른다. ③'자기의 이익을 위해 비열하게 다툼'을 비유하여 이르는 말.

이:점 利點 (이로울 리, 점 점). 이로운[利] 점(點). ¶이 기계는 작동하기 편리하다는 이점이 있다.

이접 移接 (옮길 이, 닿을 접). ① 속뜻 옮겨[移] 접합(接合)시킴. ②함께 공부하는 곳이나 사람을 바꿈.

이:정 里程 (거리 리, 거리 정). 목적지까지 거리[程]의 이수(里數). ¶이곳에서 서울까지의 이정이 얼마나 될까?

▸이:정-표 里程表 (겉 표). 육로(陸路)의 거리[里程]를 적어 놓은 일람표(一覽表).

▸이:정-표 里程標 (나타낼 표). ① 속뜻 도로에서 어느 곳까지의 거리[里程] 및 방향을 알려주는 표지(標識). ¶이정표를 따라서 우회전하세요. ②어떤 일이나 목적의 기준. ¶이번 회담은 양국 관계에 새로운 이정표가 되었다.

이:조¹ 吏曹 (벼슬아치 리, 관아 조). 역사 고려·조선 때, 관리(官吏)에 관한 일을 맡아보던 관아[曹]. 문관의 선임과 훈봉, 관원의 시험과 상벌 등에 관한 일을 했다. ㊟육조(六曹).

▸이:조 판서 吏曹判書 (판가름할 판, 글 서). 역사 조선 때, 이조(吏曹)의 정이품 으뜸 벼슬[判書].

이:조² 李朝 (성씨 리, 조정 조). 역사 '이'(李)씨 임금의 조정(朝廷). 일본인이 조선 왕조를 얕잡아 일컫던 말.

이조³ 移調 (옮길 이, 가락 조). 음악 악곡 전체를 다른 조(調)로 바꿈[移]. ㊥조옮김.

이:족 異族 (다를 이, 겨레 족). ① [속뜻] 다른[異] 민족(民族). ② 성(姓)이 다른 겨레붙이. [반]동족(同族).

이종¹ 移種 (옮길 이, 심을 종). 식물이나 나무의 모종을 옮겨[移] 파종(播種)함. [비]이식(移植).

이종² 姨從 (이모 이, 사촌 종). 이모(姨母)의 자식. 사촌(四寸)에 해당되므로 '從'자가 덧붙여졌다. ¶이종 사촌.

▸이종-매 姨從妹 (누이 매). 이모(姨母)의 자식[從] 중, 자기보다 나이가 아래인 여동생[妹].

▸이종-자 姨從姊 (손윗누이 자). 이모(姨母)의 자식[從] 중, 자기보다 나이가 위인 누나나 언니[姊].

▸이종-제 姨從弟 (아우 제). 이모(姨母)의 자식[從] 중, 자기보다 나이가 아래인 남동생[弟].

▸이종-형 姨從兄 (맏 형). 이모(姨母)의 자식[從] 중, 자기보다 나이가 위인 형(兄)이나 오빠.

▸이종 사:촌 姨從四寸 (넉 사, 관계 촌). 이모(姨母)의 자식[從]으로 나와 사촌(四寸) 관계인 사람. [준]이종.

▸이종 자매 姨從姊妹 (손윗누이 자, 누이 매). 이모(姨母)의 자식[從] 중, 여자 자매(姊妹).

▸이종 형제 姨從兄弟 (맏 형, 아우 제). 이모(姨母)의 자식[從] 중, 남자 형제(兄弟).

이:종³ 異種 (다를 이, 갈래 종). ① [속뜻] 다른[異] 종류(種類). ② 변한 종자.

▸이:종 교배 異種交配 (서로 교, 짝 배). [생물] 서로 다른[異] 종류(種類)의 동식물을 교배(交配)시키는 일.

이주¹ 移住 (옮길 이, 살 주). 다른 곳이나 다른 나라로 옮겨[移] 가서 삶[住]. ¶많은 농촌 청년들이 도시로 이주했다. [반]정착(定着).

▸이주-민 移住民 (백성 민). 다른 곳으로 옮겨가서 사는[移住] 사람[民]. 또는 다른 지역에서 옮겨 와서 사는 사람. ¶이주민은 원주민을 내쫓고 땅을 차지했다. [반]원주민(原住民), 토착민(土着民).

이주² 移駐 (옮길 이, 머무를 주). ① [속뜻] 다른 곳으로 옮겨[移] 머무름[駐]. ② [군사] 다른 곳으로 옮겨 주둔함.

이:주-화 異株花 (다를 이, 그루터기 주, 꽃 화). [식물] 은행나무처럼 수꽃과 암꽃이 서로 다른[異] 나무[株]에서 피는 꽃[花].

이:중 二重 (두 이, 겹칠 중). 두[二] 겹[重]. 겹침. ¶이중 국적 / 이중으로 주차하지 마세요.

▸이:중-고 二重苦 (괴로울 고). 겹치는[二重] 고생(苦生). 거듭되는 고생.

▸이:중-상 二重像 (모양 상). ① [심리] 한 물체를 볼 때 이중(二重)으로 나타나는 망막(網膜)의 영상(影像). ② [물리] 두 개로 겹쳐 보이는 텔레비전의 화상(畫像).

▸이:중-성 二重性 (성질 성). 하나의 사물에 대해 두[二] 가지가 동시에[重] 나타나는 성질(性質).

▸이:중-주 二重奏 (연주할 주). [음악] 두 사람이 서로 다른 두[二] 개의 악기를 동시에[重] 연주(演奏)하는 일. [비]이부합주(二部合奏).

▸이:중-창¹ 二重唱 (부를 창). [음악] 두 사람이 두[二] 개의 성부(聲部)를 동시에[重] 또는 교대로 부르는[唱] 일. [비]듀엣(duet).

▸이:중-창² 二重窓 (창문 창). [건설] 두[二] 겹[重]으로 만든 창문(窓門). ¶이중창은 단열(斷熱) 효과가 높다.

▸이:중 가격 二重價格 (값 가, 이를 격). [경제] 물가 통제 정책상, 같은 상품에 대하여 이중(二重)으로 공정 가격(價格)을 매기는 일.

▸이:중 결합 二重結合 (맺을 결, 합할 합). ① [속뜻] 이중(二重)으로 결합(結合)함. ② [물리] 분자 내 원자 간의 화학결합에서 2개의 원자가 서로 2개의 원자가에 의해서 결합해 있는 화학결합.

▸이:중 경제 二重經濟 (다스릴 경, 건질 제). [경제] 두[二] 가지 경제체재를 병행하는[重] 경제(經濟) 체제.

▸이:중-과:세¹ 二重過歲 (지날 과, 해 세). 양력의 설과 음력의 설, 두[二] 번 거듭해서[重] 설[歲]을 쇰[過].

▸이:중 과세² 二重課稅 (매길 과, 세금 세). [법률] 동일한 과세 물건에 대하여 이중(二重)으로 세금(稅金)을 매기는[課] 일.

▸이:중 국적 二重國籍 (나라 국, 문서 적). [법률] 한 사람이 동시에[重] 둘[二] 이상의 국적(國籍)을 가지는 일.

▸이:중 노출 二重露出 (드러낼 로, 날 출). 연영 각각 다른 피사체를 같은 건판이나 필름에 이중(二重)으로 노출(露出)되게 촬영하는 일.

▸이:중 매:매 二重賣買 (팔 매, 살 매). 법률 동일한 목적물을 이중(二重)으로 매매(賣買)하는 일.

▸이:중 모:음 二重母音 (어머니 모, 소리 음). 언어 둘[二] 이상이 겹쳐[重] 소리 나는 모음(母音). 소리를 내는 도중에 입술 모양이나 혀의 위치가 처음과 나중이 달라지는 모음. 'ㅑ', 'ㅕ', 'ㅛ', 'ㅠ', 'ㅒ', 'ㅖ', 'ㅘ', 'ㅙ', 'ㅝ', 'ㅞ', 'ㅢ' 따위. ㊥복모음(複母音).

▸이:중 방:송 二重放送 (놓을 방, 보낼 송). 연영 한 방송국에서 두[二] 가지를 동시에[重] 방송(放送)을 하는 일.

▸이:중 번역 二重翻譯 (옮길 번, 옮길 역). 한 번 번역한 글을 원문으로 삼아 다시[二重] 다른 나라말로 번역(翻譯)하는 일.

▸이:중-생활 二重生活 (살 생, 살 활). ① 속뜻 한 사람이 직업이나 환경 따위가 크게 다른 두[二] 가지 생활(生活)을 병행하는[重] 일. ② 한 가족의 구성원이 어떤 사정으로 서로 다른 곳에서 생활하는 일.

▸이:중-성격 二重性格 (성질 성, 품격 격). 둘[二重] 이상의 양면성을 가진 성격(性格).

▸이:중 수소 二重水素 (물 수, 바탕 소). 화학 질량수가 2이상[二重]인 수소(水素)의 동위 원소를 통틀어 이르는 말. ㊥중수소.

▸이:중 압류 二重押留 (붙잡을 압, 머무를 류). 법률 한 채권자를 위해 압류한 채무자의 재산이나 권리를 다시[二重] 다른 채권자를 위해 압류(押留)하는 일.

▸이:중 외:교 二重外交 (밖 외, 사귈 교). 정치 내각(內閣) 이외의 독립 권한을 가진 특수 기관이 외무 당국과 병립적으로[二重] 하는 외교(外交).

▸이:중 의:식 二重意識 (뜻 의, 알 식). 동시에 두[二重] 가지로 작용하는 의식(意識).

▸이:중-인격 二重人格 (사람 인, 품격 격). ① 심리 한 사람 안에 두[二] 개 또는 그 이상의 성격[人格]이 동시에[重] 존재하는 것을 인격 장애로 말미암아 일어나는 이상 심리. ② 겉과 속이 다른 경우를 비유하여 이르는 말.

▸이:중 저:당 二重抵當 (맞설 저, 맡을 당). 법률 동일한 부동산에 대하여 이중(二重)으로 담보로 삼는[抵當] 것.

▸이:중 화:산 二重火山 (불 화, 메 산). 지리 화구 안에 새로운 화산이 다시[二重] 생겨 난 화산(火山).

▸이:중 회로 二重回路 (돌아올 회, 길 로). 통신 한 회로로 송신과 수신을 동시에[二重] 할 수 있는 통신 회로(回路).

▸이:중 효:과 二重效果 (보람 효, 열매 과). 한 가지 수단으로 동시에 두[二重] 가지 효과(效果)를 얻음.

▸이:중 곡가제 二重穀價制 (곡식 곡, 값 가, 정할 제). 경제 이중(二重)으로 곡식(穀食)의 가격(價格)을 책정하는 제도(制度).

이:지 理智 (이치 리, 슬기 지). 본능이나 감정에 지배되지 않는 이성(理性)과 지혜(智慧). ¶감정이 이지를 이기면 안 된다.

▸이:지-적 理智的 (것 적). ① 속뜻 이성(理性)과 지혜(智慧)를 갖추고 그에 따라 행동하는 것[的]. ② 모습이나 언행에서 이지가 풍기는 것.

이직[1] 移職 (옮길 이, 일 직). 직장(職場)이나 직업을 옮김[移]. ㊥전직(轉職), 천직(遷職).

이:직[2] 離職 (떠날 리, 일 직). 직장(職場)이나 직업을 떠나[離] 그만둠.

이:진-법 二進法 (두 이, 나아갈 진, 법 법). 수학 숫자 0과 1만을 사용하여 둘[二] 씩 묶어서 누진(累進)하는 표기법(表記法). ¶십진법으로 '3'은 이진법으로 '11'이다.

이:질[1] 痢疾 (설사 리, 병 질). 의학 설사[痢]를 자주 하는 질병(疾病). 똥이 자주 마렵고, 똥에 피와 고름이 섞여 나온다. ¶손을 자주 씻지 않으면 이질에 걸리기 쉽다. ㊥이증(痢症).

이질[2] 姨姪 (이모 이, 조카 질). ① 속뜻 이종(姨從) 조카[姪]. 언니나 여동생의 자식. ② 아내의 자매의 자식.

▸이질-녀 姨姪女 (딸 녀). ① 속뜻 친정 조카[姨姪] 중 딸[女]. ② 아내의 자매의 딸.

▸이질-부 姨姪婦 (며느리 부). 친정 조카[姨姪]가 된 며느리[婦]. 친정 조카의 부인.

▸이질-서 姨姪壻 (사위 서). 친정 조카[姨姪]가 된 사위[壻]. 친정 조카의 남편

이:질[3] 異質 (다를 이, 바탕 질). 사람이나 사물의 바탕[質]이 다름[異]. 다른 성질. [반]동질(同質).

▸이:질-적 異質的 (것 적). 성질(性質)이 서로 다른[異] 것[的]. ¶이질적인 구성원 / 이질적인 문화를 융합해 새로운 문화를 만들다. [반]동질적(同質的).

이:차 二次 (두 이, 차례 차). ① [속뜻]두[二] 번째[次]. ②어떤 사물이나 현상이 본디 것에 대하여 부수적 관계나 처지에 있는 것. [비]부차(副次).

▸이:차-색 二次色 (빛 색). 원색이 섞이어 두[二] 번째[次]로 만들어진 색(色).

▸이:차 곡면 二次曲面 (굽을 곡, 쪽 면). [수학]이차(二次) 방정식으로 나타내는 곡면(曲面)을 통틀어 이르는 말.

▸이:차 곡선 二次曲線 (굽을 곡, 줄 선). [수학]이차(二次) 방정식으로 나타내는 곡선(曲線)을 통틀어 이르는 말.

▸이:차 산:업 二次産業 (낳을 산, 일 업). [사회]1차 산업에서 생산된 재료로 두[二] 번째[次]로 가공하는 산업(産業). '제이차(第二次) 산업'의 준말.

▸이:차 성:징 二次性徵 (성별 성, 밝힐 징). [동물]두 번째로[二次] 나타나는 성별(性別)을 구분 짓는 특징(特徵). 생식 기관 이외의, 닭의 볏, 남성의 수염, 여성의 유방 따위. [참]이차 성징.

▸이:차 전:류 二次電流 (전기 전, 흐를 류). [전기]전압을 바꾸기 위하여 두 개의 코일을 맞놓을 때 이차(二次) 코일에 이끌려 흐르는 전류(電流).

▸이:차 전:지 二次電池 (전기 전, 못 지). [물리]전기 에너지를 화학 에너지로 바꾸어 모아 두었다가 필요한 때에 다시[二次] 전기로 재생하는 전지(電池). [비]축전지(蓄電池).

▸이:차 방정식 二次方程式 (모 방, 거리 정, 법 식). [수학]미지수의 가장 높은 근을 가진 항(項)이 이차(二次)인 방정식(方程式).

이:-차원 二次元 (두 이, 차례 차, 으뜸 원). [수학]평면을 두[二] 개의 차원(次元)으로 나타낸 것. 평면은 상하, 좌우의 두 방향으로 이루어져 있다.

이:-착륙 離着陸 (떨어질 리, 붙을 착, 뭍 륙). 이륙(離陸)과 착륙(着陸)을 아울러 이르는 말. ¶폭우로 인해 비행기의 이착륙이 금지되었다.

이찬 伊湌 (저 이, 먹을 찬). [역사]신라 때의 17관등의 둘째 등급. 당시 고유어의 한자 음역어로 추정된다.

이:채 異彩 (다를 이, 빛깔 채). ① [속뜻]다른[異] 빛깔[彩]. ②남달리 뛰어남. ¶그는 현대의 화가 중 이채를 띠고 있는 인물이다 / 이채로운 작품 / 덕수궁의 건축양식은 매우 이채롭다. ③색다른 빛깔.

이:첨-판 二尖瓣 (두 이, 뾰족할 첨, 꽃잎 판). ① [속뜻]두[二] 개의 날카로운[尖] 판막(瓣膜). ② [의학]심장의 좌심방과 좌심실 사이에 있는 판막. 피가 거꾸로 흐르는 것을 막는다. [비]승모판(僧帽瓣).

이첩 移牒 (옮길 이, 문서 첩). 받은 공문[牒]을 다른 부서로 옮겨[移] 알림. 또는 그 통첩.

이:첩-계 二疊系 (두 이, 겹쳐질 첩, 이어 맬 계). [지리]두[二] 개의 지층(地層)이 겹쳐져[疊] 이어져[系] 있는 것. 이첩기의 지층으로 우랄산맥 서쪽의 페름 시 부근에 잘 발달해 있던 데서 연유한다. [비]페름계.

이:첩-기 二疊紀 (두 이, 겹쳐질 첩, 연대 기). [지리]지질 시대 구분의 하나로, 두[二] 개의 지층이 겹쳐진[疊] 지층이 발달한 지질연대[紀]. 고생대의 마지막 시대로 약 2억 9000만 년 전부터 2억 4500만 년 전까지의 시기이다. [비]페름기.

이:첩 석탄기 二疊石炭紀 (두 이, 겹쳐질 첩, 돌 석, 숯 탄, 연대 기). [지리]①이첩기(二疊紀)와 석탄기(石炭紀)를 아울러 이르는 말. [비]석탄페름기(Permian紀).

이체[1] 移替 (옮길 이, 바꿀 체). 서로 옮기어[移] 바꿈[替]. ¶이체 수수료 / 계좌로 돈을 이체하다.

이:체[2] 異體 (다를 이, 몸 체). ① [속뜻]서로 다른[異] 몸[體]. ②변체(變體).

▸이:체-동심 異體同心 (같을 동, 마음 심). 몸[體]은 서로 다르나[異] 마음[心]은 하나[同]임.

▸이:체-동종 異體同種 (같을 동, 갈래 종). 겉모양[體]은 달라도 본디 종류(種類)는

갈음[同].

▸이ː체 웅예 異體雄蘂 (수컷 웅, 꽃술 예). [식물] 열 개의 수술 가운데서 아홉 개는 꽃술이 서로 붙고 남은 한 개는 떨어져 있어 다른 몸[異體]을 이루고 있는 수술[雄蘂].

이ː촌 향도 離村向都 (떠날 리, 시골 촌, 향할 향, 도읍 도). 시골[村]을 떠나[離] 도시(都市)로 향(向)해 나감.

이축 移築 (옮길 이, 쌓을 축). 건물 따위를 다른 곳으로 옮겨[移] 세움[築].

이출 移出 (옮길 이, 날 출). ① [속뜻] 옮겨[移] 냄[出]. ② [경제] 한 나라 안의 어떤 지역에서 다른 지역으로 화물을 옮기는 일. [참]이입(移入).

이-출입 移出入 (옮길 이, 날 출, 들 입). 이출(移出)과 이입(移入)을 아울러 이르는 말.

이취1 泥醉 (진흙 니, 취할 취). 술이 곤드레 만드레[泥] 취(醉)함. ¶이취로 건강을 해치다.

이ː취2 異臭 (다를 이, 냄새 취). 이상(異常)한 냄새[臭]. 싫은 냄새.

이ː-취임 離就任 (떠날 리, 나아갈 취, 맡길 임). 이임(離任)과 취임(就任)을 아울러 이르는 말.

이ː층 離層 (떼놓을 리, 층 층). [식물] 가지와 잎을 떼놓는[離] 세포층(細胞層).

이ː치 理致 (이치 리, 이를 치). 도리(道理)에 이르는[致] 근본이 되는 뜻. ¶자연의 이치 / 그의 주장은 이치에 맞다.

이ː칭 異稱 (다를 이, 일컬을 칭). 달리[異] 일컫는[稱] 말.

이ː타 利他 (이로울 리, 다를 타). ①자기를 희생하여 남[他]을 이롭게[利] 함. [반]이기(利己). ② [불교] 공덕과 이익을 베풀어 중생을 구하는 일.

▸이ː타-주의 利他主義 (주될 주, 뜻 의). [철학] 자기를 희생하여 타인(他人)을 이롭게[利] 하려는 생각이나 행위[主義]. [비]애타주의(愛他主義), 무아주의(無我主義). [반]이기주의(利己主義).

이ː탈 離脫 (떨어질 리, 벗을 탈). 떨어져[離] 나가거나 벗어남[脫]. ¶통화권 이탈 / 인공위성이 궤도를 이탈했다.

이토 泥土 (진흙 니, 흙 토). 질척질척한[泥] 흙[土]. [비]진흙.

이ː통 耳痛 (귀 이, 아플 통). [의학] 귀[耳] 속이 곪아 앓는[痛] 병. [비]귀앓이. 이통증.

이ː파 異派 (다를 이, 갈래 파). 다른[異] 유파(流派).

이ː판1 吏判 (벼슬아치 리, 판가름할 판). [역사] '이조 판서'(吏曹判書)의 준말.

이ː판2 理判 (이치 리, 판가름할 판). ① [속뜻] 이성적(理性的)으로 잘 판단(判斷)함. ② [불교] 속세를 떠나 도를 닦는 데 마음을 기울이는 일.

▸이ː판-승 理判僧 (스님 승). [불교] 속세를 떠나 수도에만 전념하는[理判] 승려(僧侶).

▸이ː판-사판 理判事判 (일 사, 판가름할 판). ① [속뜻] 이판(理判)과 사판(事判). 이판승과 사판승 둘 중에 하나가 됨. ②막다른 데 이르러 어찌할 수 없게 된 지경. ¶이판사판으로 대들다 / 이젠 나도 이판사판이니 마음대로 해라.

이판-암 泥板巖 (진흙 니, 널빤지 판, 바위 암). [지리] 점토[泥]가 엉겨 붙어서 판(板) 모양으로 된 수성암(水成巖). [비]셰일(shale), 혈암(頁巖).

이ː판-화 離瓣花 (떨어질 리, 꽃잎 판, 꽃 화). [식물] 매화처럼 갈라져 떨어진[離] 꽃잎[瓣]으로 된 꽃[花]. [참]합판화(合瓣花).

▸이ː판화-관 離瓣花冠 (갓 관). [식물] 꽃잎[瓣]이 낱낱이 서로 갈라져[離] 있는 꽃부리[花冠]. [참]합판화관(合瓣花冠).

▸이ː판화-악 離瓣花萼 (꽃받침 악). [식물] 꽃잎[瓣]이 낱낱이 서로 갈라져[離] 있는 꽃의 꽃받침[花萼]. [참]합판화악(合瓣花萼).

이ː팔 二八 (두 이, 여덟 팔). 16세(二×八)를 달리 이르는 말. ¶이팔의 아리따운 얼굴.

▸이ː팔-청춘 二八靑春 (푸를 청, 봄 춘). 나이가 열여섯[二×八] 가량 된 젊은[靑春] 사람.

이ː풍 異風 (다를 이, 풍속 풍). 이상(異常)한 풍속(風俗).

이ː피-화 異被花 (다를 이, 덮을 피, 꽃 화). [식물] 꽃받침과 꽃잎[被]의 색이 서로 다른[異] 꽃[花]. 벚꽃, 진달래꽃 따위가 있다. [참]등피화(等被花).

이ː하 以下 (부터 이, 아래 하). ① [속뜻] 어떤 수량, 단계 따위가 그것을 포함하여 그것보다[以] 적거나 아래[下]. ¶80점 이하는 남아서 공부해야 한다. ②다음에 말할 내용. ¶이하 생략. ㊥이상(以上).

이:하부정관 李下不整冠 (자두 리, 아래 하, 아닐 부, 가지런할 정, 갓 관). ① 속뜻 자두나무[李] 밑[下]에서 갓[冠]을 고쳐[整] 쓰지 말아야[不] 함. ②남의 의심을 받을 일을 하지 말라.

이:하-선 耳下腺 (귀 이, 아래 하, 샘 선). 의학 귓바퀴[耳] 아래쪽[下]에서 시작하여 아래턱뼈의 뒤쪽까지 이어져 있는 침샘[腺]. ㊥귀밑샘.

▸이:하선-염 耳下腺炎 (염증 염). 의학 귀[耳]밑[下]샘[腺]에 생기는 염증(炎症). ㊥귀밑샘염.

이:학[1] 異學 (다를 이, 배울 학). 이단(異端)의 학문(學問).

이:학[2] 理學 (이치 리, 배울 학). ① 속뜻 원리(原理)를 연구하는 학문(學問). ②'철학'을 이르는 말. ③물리학을 비롯하여 화학, 천문학, 생물학, 지질학 따위의 자연 과학을 통틀어 이르는 말. ④ 철학 성리학(性理學).

▸이:학-부 理學部 (나눌 부). 자연 과학[理學]을 공부하는 학부(學部).

이:한 離韓 (떠날 리, 한국 한). 한국(韓國)을 떠남[離].

이:합 離合 (떨어질 리, 만날 합). 헤어짐[離]과 모임[合]. '이합집산'(離合集散)의 준말.

▸이:합-집산 離合集散 (모일 집, 흩을 산). 헤어졌다[離] 합치고[合] 모였다[集] 흩어졌다[散] 함. 헤어졌다 모였다 함.

이:합-사 二合絲 (두 이, 합할 합, 실 사). 두[二] 가닥이 합(合)해진 실[絲].

이항[1] 移項 (옮길 이, 항목 항). ① 속뜻 항(項)을 옮김[移]. ② 수학 등식의 한 변에 있는 항을 부호를 바꾸어 다른 변으로 옮기는 일.

이:항[2] 二項 (두 이, 항목 항). 수학 항(項)이 두[二] 개 있는 것. 또는 두 개의 항.

▸이:항-식 二項式 (법 식). 수학 두[二] 개의 항(項)으로 된 정식(整式).

▸이:항 정:리 二項定理 (정할 정, 이치 리). 수학 이항식(二項式)을 오름차순으로 전개하는 방법을 나타낸 정리(定理).

⁑**이:해**[1] 理解 (이치 리, 풀 해). ① 속뜻 이유(理由)를 풀어[解] 찾아냄. ②이치를 똑똑하게 알게 됨. ¶원리를 이해해야 문제를 쉽게 풀 수 있다. ③깨달아 앎. ¶그의 뜻을 분명히 이해할 수 있다. ④양해(諒解). ¶참가자 여러분의 이해를 구합니다.

▸이:해-심 理解心 (마음 심). 사정이나 형편을 잘 헤아려 주는[理解] 마음[心]. ¶그는 이해심이 많다.

이:해[2] 利害 (이로울 리, 해칠 해). 이익(利益)과 손해(損害). ¶이해를 떠나 힘을 합치다.

▸이:해-간 利害間 (사이 간). 이득(利得)이 되거나 손해(損害)가 되거나 간(間)에.

▸이:해-설 利害說 (말씀 설). 사회 이해관계(利害關係)에 대한 관심을 사회 현상의 원동력이라고 주장하는 이론[說].

▸이:해-관계 利害關係 (빗장 관, 맬 계). 서로 이해(利害)가 미치는 사이의 관계(關係).

▸이:해-득실 利害得失 (얻을 득, 잃을 실). 이로움[利]과 해로움[害] 및 얻음[得]과 잃음[失].

▸이:해-타산 利害打算 (칠 타, 셀 산). 이익(利益)과 손해(損害)를 이모저모 따져[打] 셈함[算].

▸이:해관계-인 利害關係人 (빗장 관, 맬 계, 사람 인). 법률 어떤 사실이나 행위가 자신의 이익(利益)과 손해(損害)에 관계(關係)되는 사람[人].

이행[3] 易行 (쉬울 이, 행할 행). 실행(實行)하기 쉬움[易]. ㊥난행(難行).

이행[4] 移行 (옮길 이, 갈 행). 어떤 현상이 다른 현상으로 변하거나 옮아[移] 감[行]. ㊥추이(推移).

이:행[5] 履行 (밟을 리, 갈 행). ① 속뜻 실제로 밟아[履] 감[行]. ②실제로 실천함. 말과 같이 실제로 행동함. ¶계약한 대로 이행해 주세요. ③ 법률 채무자가 채무의 의무를 실행하는 일. ㊥불이행(不履行).

▸이:행 불능 履行不能 (아닐 불, 능할 능). ① 속뜻 이행(履行)이 가능(可能)하지 않음[不]. ② 법률 채권 성립 때에 가능했던 급부가 그 뒤에 불능이 되는 일.

이:행정 기관 二行程機關 (두 이, 행할 행,

거리 정, 틀 기, 빗장 관). 공업 내연 기관에서 피스톤의 두[二] 행정(行程)으로 한 순환 과정을 끝내는 기관(機關). 주로 오토바이 같은 소형 기관에 쓴다.

이:향[1] **異鄕** (다를 이, 시골 향). 고향과 다른[異] 낯선 마을[鄕]. ⓑ타향(他鄕).

이:향[2] **離鄕** (떠날 리, 시골 향). 고향(故鄕)을 떠남[離]. ⓑ귀향(歸鄕).

이:현령비현령 耳懸鈴鼻懸鈴 (귀 이, 매달 현, 방울 령, 코 비, 달 현, 방울 령). ① 속뜻 귀[耳]에 걸면[懸] 귀걸이[鈴] 코[鼻]에 걸면[懸] 코걸이[鈴]. ② '어떤 사실이 이렇게도 저렇게도 해석됨'을 이르는 말.

이:형 異形 (다를 이, 모양 형). ① 속뜻 기이(奇異)하게 생긴 모양[形]. ② 보통과 다른 모양.

▸이:형-관 異形管 (대롱 관). ① 속뜻 각기 다른[異] 모양[形]의 관(管). ② 공업 구부러지거나 갈라지는 곳이나 지름이 서로 다른 관을 잇는 데 쓰는 관. 와이(Y)자 관, 티(T)자 관, 십자 관(十字管) 따위가 있다.

▸이:-형질 異形質 (바탕 질). 생물 특수한 기능을 위해 원형질(原形質)이 분화한 원형질과는 다른[異] 모양[形]의 물질(物質).

▸이:형 분열 異形分裂 (나눌 분, 찢어질 렬). ① 속뜻 다른 모양[異形]의 분열(分裂). ② 생물 두 번 연속하여서 일어나는 감수 분열 과정에서 첫 번째 분열.

▸이:형 배:우자 異形配偶子 (짝 배, 짝 우, 접미사 자). 생물 유성 생식(有性生殖)을 하는 식물에서 형태상으로 서로 모양[形]이나 크기가 다른[異] 짝[配偶子]. ⓑ동형 배우자(同形配偶者).

이:호 二號 (두 이, 이름 호). ① 속뜻 둘째[二] 호(號). ② '첩'(妾)을 달리 이르는 말. ¶이호를 두다.

이:혼 離婚 (떨어질 리, 혼인할 혼). 법률 혼인(婚姻) 관계를 끊고 서로 떨어져[離] 삶. ¶이혼 가정 / 둘은 결혼 2년 만에 이혼했다. ⓑ결혼(結婚).

이:혼-병 離魂病 (떼놓을 리, 넋 혼, 병 병). ① 속뜻 육체에서 정신[魂]을 떼놓는[離] 나가는 병(病). ② 의학 잠을 자다가 무엇에 이끌린 듯 일어나 멀쩡하게 행동을 하며 돌아다니기도 하다가 다시 잠이 든 뒤, 다음 날 아침 깨어나서는 그런 일을 전혀 기억하지 못하는 정신병. ⓑ몽유증(夢遊症), 몽중방황(夢中彷徨).

이:화[1] **李花** (자두 리, 꽃 화). ① 속뜻 자두[李]나무의 꽃[花]. ② 대한 제국 때, 관리들이 쓰던 휘장.

이:화[2] **異化** (다를 이, 될 화). ① 속뜻 다르게[異] 됨[化]. ② 생물 '이화 작용'(異化作用)의 준말. ③ 두 감각을 시간적·공간적으로 가깝게 했을 때, 그 둘의 질적·양적인 차이가 더욱 두드러지게 나타나는 일. ④ 언어 서로 같거나 비슷한 소리의 하나가 다른 소리로 바뀌는 현상. 중세 국어의 '붑', '거붑'이 현대 국어의 '북', '거북'으로 바뀐 것 따위. ⓑ동화(同化).

▸이:화 작용 異化作用 (지을 작, 쓸 용). 생물 생물의 조직 내에 들어온 물질이 분해되어 원래의 것에서 바뀌어[異化] 다른 에너지원으로 사용되는 일.

이화[3] **梨花** (배나무 리, 꽃 화). 배나무[梨]의 꽃[花]. ⓑ배꽃.

▸이화-주 梨花酒 (술 주). 배꽃[梨花]을 넣고 빚은 술[酒]. ⓑ백운향(白雲香).

▸이화 학당 梨花學堂 (배울 학, 집 당). 교육 조선 고종 23년(1886)에 미국의 선교사 스크랜턴(Scranton, M.) 부인이 설립한 여성 교육 기관. '이화 여자 대학교'의 전신이다.

이-화산 泥火山 (진흙 니, 불 화, 메 산). 지리 땅속에서 가스와 함께 진흙[泥]이 분출되어 화산(火山)처럼 형성된 작은 언덕. 유전(油田) 지역에서 흔히 볼 수 있다.

이:화-성 二化性 (두 이, 될 화, 성질 성). 동물 곤충이 알을 까서 성충이 되기를 1년에 두[二] 번 하는[化] 성질(性質).

이:화 수정 異花受精 (다를 이, 꽃 화, 받을 수, 정액 정). 식물 식물이 같은 나무의 다른[異] 꽃[花]이나 다른 나무의 꽃으로부터 꽃가루[精]를 받는[受] 현상.

이:환[1] **耳環** (귀 이, 고리 환). 귀[耳]에 다는 고리[環] 모양의 장식품.

이환[2] **罹患** (걸릴 리, 병 환). 병[患]에 걸림[罹]. ⓑ이병(罹病).

▸이환-율 罹患率 (비율 률). 일정한 기간 내의 평균 인구에 대한 질병 발생[罹患] 건수

의 비율(比率).

이:황화-탄소 二黃化炭素 (두 이, 누를 황, 될 화, 숯 탄, 바탕 소). [화학] 두[二] 개의 황(黃) 원자와 탄소(炭素)의 화합물(化合物). [비]이류화탄소(二硫化炭素).

이회-암 泥灰巖 (진흙 니, 재 회, 바위 암). [지리] 모래에 진흙[泥]이 덮쳐서 된 석회질(石灰質)의 이판암(泥板巖).

⁑**이:후** 以後 (부터 이, 뒤 후). ① [속뜻] 기준이 되는 일정한 때를 포함하여 그 뒤[後]로부터[以]. ¶6시 이후 언제든 전화해라. ② 지금으로부터 뒤. 이다음. 이후부터는 건강에 유의하십시오. [반]이전(以前).

익곡 溺谷 (빠질 닉, 골짜기 곡). [지리] 해면이 올라가거나 육지가 가라앉으면서[溺] 육지에 바닷물이 밀려와 생긴 골짜기[谷].

익년 翌年 (다음날 익, 해 년). 다음[翌] 해[年]. 이듬해.

익룡 翼龍 (날개 익, 용 룡). ① [속뜻] 날개[翼] 달린 용(龍). ② [동물] 중생대에 살던 하늘을 나는 파충류. 쥐라기 초에 출현하여 백악기까지 존속하였으며 백악기 말에 거의 절멸하였다. ¶프테라노돈은 백악기를 대표하는 익룡이다.

익명 匿名 (숨을 닉, 이름 명). 본이름[名]을 숨김[匿]. ¶익명의 후원자 / 그는 익명을 요구하고 경찰에 범인을 신고했다. [반]실명(實名).

익사 溺死 (빠질 닉, 죽을 사). 물에 빠져[溺] 죽음[死]. ¶홍수로 급격히 불어난 계곡물에 관광객 6명이 익사했다.

익애 溺愛 (빠질 닉, 사랑 애). ① [속뜻] 열렬한 사랑[愛]에 빠짐[溺]. 또는 몹시 사랑함. ② 맹목적으로 귀여워함.

익야 翌夜 (다음날 익, 밤 야). 이튿날[翌] 밤[夜].

익우 益友 (더할 익, 벗 우). 사귀어서 도움[益]이 되는 벗[友]. 유익(有益)한 친구. [반]손우(損友).

익월 翌月 (다음날 익, 달 월). 다음[翌] 달[月]. 이듬달.

익일 翌日 (다음날 익, 날 일). 다음[翌] 날[日]. [비]이튿날.

익자-삼요 益者三樂 (더할 익, 것 자, 석 삼, 좋아할 요). 사람들을 유익(有益)하게 해주는[者] 세[三] 가지의 좋아함[樂]. 예악(禮樂)을 알맞게 지키는 일, 남의 착함을 말하는 일, 어진 벗이 많음을 좋아하는 것을 이른다. [반]손자삼요(損者三樂).

익자-삼우 益者三友 (더할 익, 것 자, 석 삼, 벗 우). 사귀면 유익(有益)하게 되는[者] 세[三] 종류의 벗[友]. 심성이 곧은 친구와 믿음직한 친구, 문견이 많은 친구를 이른다. [비]삼익우(三益友). [반]손자삼우(損者三友).

익조1 益鳥 (더할 익, 새 조). 농작물 따위의 해충을 잡아먹거나 고기와 알을 식용으로 이바지하는 등 사람에게 직접·간접으로 유익(有益)한 새[鳥]. [반]해조(害鳥).

익조2 翌朝 (다음날 익, 아침 조). 이튿날[翌] 아침[朝].

익충 益蟲 (더할 익, 벌레 충). 인간생활에 유익(有益)한 곤충(昆蟲). 해충을 잡아먹거나 식물의 꽃가루를 옮기는 등 직접·간접으로 도움을 준다. [반]해충(害蟲).

인가1 人家 (사람 인, 집 가). 사람[人]이 사는 집[家]. ¶이 부근에는 인가가 드물다. / 한때 허허벌판이던 이곳에 인가가 빽빽이 들어찼다.

인가2 認可 (알 인, 옳을 가). ① [속뜻] 어떤 일을 인정(認定)하여 허가(許可)함. ② [법률] 어떠한 일을 법적으로 옳다고 인정하여 행정적으로 그 시행을 허락하는 일. ¶대학을 설립할 수 있도록 인가를 받았다. [비]인허(認許).

인가3 鄰家 (이웃 린, 집 가). 이웃[鄰] 집[家].

인각 印刻 (도장 인, 새길 각). ① [속뜻] 도장[印]을 새김[刻]. ② 나무나 돌 따위에 글자나 그림을 새김. 또는 그 글자나 그림.

인간1 印刊 (찍을 인, 책 펴낼 간). 인쇄(印刷)하여 책을 펴냄[刊]. 또는 그 책.

⁑**인간**2 人間 (사람 인, 사이 간). ① [속뜻] 사람들[人] 사이[間]. ② 언어를 가지고 사고할 줄 알고 사회를 이루며 사는 지구상의 고등 동물. ¶인간의 본성은 선하다. ③ 사람의 됨됨이. ¶그는 인간이 덜 됐다. ④ 사람이 사는 세상. [비]사람.

▸ 인간-계 人間界 (지경 계). ① [속뜻] 사람[人間]이 사는 세계(世界). ② [불교] 십계(十

界)의 하나. 중생의 세계.

▸**인간-고** 人間苦 (괴로울 고). 사람[人間]이 세상살이에서 받는 고통(苦痛).

▸**인간-미** 人間味 (맛 미). 인간(人間)다운 정겨운 맛[味]. ¶인간미가 넘치다.

▸**인간-사** 人間事 (일 사). 사람[人間]이 살아가면서 겪게 되는 온갖 일[事].

▸**인간-상** 人間像 (모양 상). 어떤 사람[人間]의 외적·내적인 모든 것을 포함한 그 사람 전체의 모습[像]이나 상태.

▸**인간-성** 人間性 (성품 성). 인간(人間)이 타고난 본성(本性). ¶그는 인간성이 좋다.

▸**인간-적** 人間的 (것 적). 사람[人間]다운 성질이 있는 것[的]. ¶인간적인 결함 / 탈북자들을 인간적으로 처우해 주다. [반]비인간적.

▸**인간-학** 人間學 (배울 학). ① [속뜻]인간(人間)에 대한 생물적 연구하는 학문(學問). ② [철학]인류학에 대하여 인간성의 본질이나 우주에서의 인간의 지위 등을 연구하는 학문.

▸**인간-고해** 人間苦海 (괴로울 고, 바다 해). ① [속뜻]사람[人間]이 살아가는데 괴로움[苦]은 바다[海]와 같음. ② '힘든 세상살이'를 비유하여 이르는 말.

▸**인간 공학** 人間工學 (장인 공, 배울 학). [공업]인간(人間)의 정신적·육체적인 여러 조건에 알맞도록 기계 따위를 설계·제작하기[工] 위해 연구하는 과학(科學).

▸**인간-관계** 人間關係 (빗장 관, 맬 계). 사회 집단이나 조직의 구성원[人間]이 빚어내는 개인적·정서적인 관계(關係).

▸**인간 세:계** 人間世界 (세상 세, 지경 계). [불교]사람[人間]들이 사는 세계(世界). [비]중생계(衆生界).

▸**인간 소외** 人間疏外 (멀어질 소, 밖 외). [사회]고도로 발달한 산업 사회에서 문명의 이기(利器)로 말미암아 오히려 인간(人間)들 사이의 정신적 유대가 허물어지고 인간미가 없어져 인간성이 소외(疏外)되는 현상.

▸**인간-주의** 人間主義 (주될 주, 뜻 의). '인간 중심주의'(人間中心主義)의 준말.

▸**인간-문화재** 人間文化財 (글월 문, 될 화, 재물 재). 문화재(文化財)로 지정된 사람[人間]. 역사적·예술적으로 보존할 가치가 있는 중요 무형문화재에 지정된 고유한 능력을 소유한 사람으로, 정식 명칭은 '중요 무형 문화재 보유자'이다.

▸**인간 중심주의** 人間中心主義 (가운데 중, 마음 심, 주될 주, 뜻 의). [철학]인간(人間)이 우주의 중심(中心)이며 궁극의 목적이라고 여기는 세계관[主義]. [참]인간주의.

인감 印鑑 (도장 인, 볼 감). 자기의 것임을 증명할 수 있도록[鑑] 관공서 등에 미리 등록해 둔 특정한 도장[印].

▸**인감 증명** 印鑑證明 (증거 증, 밝을 명). [법률] ① 찍은 도장이 관청에 신고된 인감(印鑑)과 동일하다는 것을 증명(證明)하는 행위. ② 도장에 찍힌 모습이 증명청에 신고된 인감과 같다는 것을 증명하는 서류. 문서의 작성자가 본인임을 증명하는 데 사용된다. '인감 증명서'(印鑑證明書)의 준말.

인갑[1] 印匣 (도장 인, 상자 갑). 도장[印]을 넣어두는 갑(匣).

인갑[2] 鱗甲 (비늘 린, 껍질 갑). ① [속뜻]비늘[鱗]과 껍데기[甲]. ② 물고기와 조개를 비유하여 이르는 말. ③ 악어, 거북 따위와 같은 동물의 비늘 모양의 딱딱한 껍데기. ④ 마음이 음침하여 남에게 속을 터놓지 않음을 비유하여 이르는 말.

인건 人件 (사람 인, 구분할 건). ① [속뜻]사람[人]에 속하는 것으로 구분되는[件] 것. ② 인사(人事)에 관한 일.

▸**인건-비** 人件費 (쓸 비). [경제]경비 중에서 직무나 능력으로서의 한 사람[人件]을 쓰는 데 드는 비용(費用). ¶물가가 오르면서 인건비도 많이 올랐다.

인걸 人傑 (사람 인, 뛰어날 걸). 매우 뛰어난[傑] 인재(人材). 걸출한 인물.

***인격** 人格 (사람 인, 품격 격). ① [속뜻]말이나 행동 등에 나타나는 그 사람[人]의 품격(品格). ¶말은 그 사람의 인격을 보여 준다. ② [사회]온갖 행위를 함에 있어서 스스로 책임을 질 자격을 가진 독립된 개인. ¶아동도 독립된 인격으로 인정해야 한다.

▸**인격-권** 人格權 (권리 권). [법률]어떤 권리를 가진 개인이 인격적(人格的) 이익을 누리는 것을 목적으로 하는 권리(權利). 생명, 신체, 자유, 명예 따위에 관한 권리를 이른다.

▸인격-신 人格神 (귀신 신). 인간적(人間的)인 의식[格]과 감정을 가진 신(神).

▸인격-자 人格者 (사람 자). 훌륭한 인격(人格)을 갖춘 사람[者].

▸인격-화 人格化 (될 화). 사물을 인간[人格]으로 가정하는[化] 일. ㊐의인화(擬人化).

▸인격 분열 人格分裂 (나눌 분, 찢어질 렬). 심리 자기[人格]를 잃어버리고 정신의 통일이 되지 않아[分裂] 때때로 이상한 증세를 나타내는 일.

▸인격-주의 人格主義 (주될 주, 뜻 의). 철학 인격(人格)에 최고의 가치를 두어 다른 모든 가치의 척도로 삼는 사상[主義].

인견[1] 人絹 (사람 인, 비단 견). 수공 사람[人]이 만든 명주실로 짠 비단[絹]. '인조견'의 준말.

인견[2] 引見 (끌 인, 볼 견). 신분이나 지위가 높은 사람이 아랫사람을 불러[引] 만나[見] 보는 일.

인계 引繼 (끌 인, 이을 계). 어떤 일이나 물건을 가져와[引] 남에게 넘겨[繼] 줌. 또는 남으로부터 이어 받음. ¶그는 출근 첫날 업무를 인계받았다.

인고 忍苦 (참을 인, 괴로울 고). 괴로움[苦]을 참음[忍]. ¶어머니는 인고의 세월을 눈물로 살았다.

인골 人骨 (사람 인, 뼈 골). 사람[人]의 뼈[骨]. ¶그곳에서 인골이 발견되었다.

***인공 人工** (사람 인, 장인 공). 자연물을 사람[人]이 직접 다르게 만들어[工] 놓는 일. ¶인공 색소 / 도시 중앙에 인공 호수를 만들었다. ㊐인위(人爲). ㊉자연(自然), 천연(天然).

▸인공-림 人工林 (수풀 림). 사람[人]이 계획적으로 나무를 심어 가꾼[工] 숲[林]. ㊉자연림(自然林).

▸인공-미 人工美 (아름다울 미). 사람[人]의 힘으로 이루어진[工] 아름다움[美]. ㊉자연미(自然美).

▸인공-어 人工語 (말씀 어). ① 언어 세계의 공통어가 될 것을 목표로 하여 사람[人]들이 만든[工] 언어(言語). ㊐국제어(國際語). ② 컴퓨터 어떤 기계 체계로 정보를 처리할 수 있도록 바꾸어 놓은 언어. ㊐기계어(機械語).

▸인공-적 人工的 (것 적). 사람[人]의 힘으로 만든[工] 것[的]. ¶인공적으로 비를 오게 하는 일이 가능해졌다. ㊉자연적.

▸인공 강:우 人工降雨 (내릴 강, 비 우). 지리 인공적(人工的)으로 비[雨]를 내리게[降] 하는 일. 또는 그 비. ¶인공 강우를 위해 구름 사이에 약품을 살포한다.

▸인공 결정 人工結晶 (맺을 결, 밝을 정). 화학 천연의 광물과 화학 성분이 같게 사람[人]이 만든[工] 결정(結晶). ㊐인조 결정(人造結晶).

▸인공 교배 人工交配 (서로 교, 짝 배). 생물 동식물의 암수 교배(交配)를 인공적(人工的)으로 행하는 일.

▸인공-두뇌 人工頭腦 (머리 두, 골 뇌). 인간의 두뇌를 본떠 인간(人間)이 만들어낸[工] 두뇌(頭腦). 흔히 컴퓨터를 이른다.

▸인공 부화 人工孵化 (알 깔 부, 될 화). 생물 날짐승, 물고기, 누에 따위의 알을 인공적(人工的)으로 깨는[孵化] 일. ¶이 양계장에서는 계란을 인공 부화시킨다. ㊉모계 부화(母鷄孵化).

▸인공 수분 人工受粉 (받을 수, 가루 분). 식물 사람[人工]의 힘으로 꽃가루[粉]를 받는[受] 일. 과수(果樹)나 원예 식물 가운데서 품종 개량이나 결실을 목적으로 하여 사람이 직접 수꽃의 꽃가루를 암꽃술 머리에 묻힌다.

▸인공 수정 人工受精 (받을 수, 정액 정). 의학 인위적으로[人工] 수컷의 정액을 채취하여 암컷의 생식기 속으로 들여보내어 수정(受精)되게 하는 일.

▸인공 심폐 人工心肺 (마음 심, 허파 폐). 의학 심장(心腸)과 폐(肺)의 기능을 본떠 만든[人工] 장치. 심장 수술을 하는 동안 심장과 폐장을 대신하여 혈액 순환과 산소의 공급을 한다.

▸인공 영양 人工營養 (지을 영, 기를 양). ① 의학 인공적(人工的)으로 만든 영양분(營養分). 또는 그 영양분을 정맥, 피하 등에 넣어 주는 일. ② 모유를 대신해 우유, 분유 따위로 유아에게 주는 영양분(營養分). ㊉자연영양(自然營養).

▸인공-위성 人工衛星 (지킬 위, 별 성). 천문 사람이 만든[人工] 지구 둘레를 공전

하고[衛] 있는 별[星] 같은 물체.

▸인공 조ː림 人工造林 (만들 조, 수풀 림). [농업] 여러 가지 목적에 의해 사람들이 직접[人工] 씨앗을 뿌리거나 식목하여 숲[林]을 만드는[造] 일. [반]천연 조림(天然造林).

▸인공 지능 人工知能 (알 지, 능할 능). 인간의 지적(知的) 능력(能力)을 본떠 만든[人工] 시스템. ¶컴퓨터가 개발되면서 인공 지능에 대한 연구가 본격화되었다.

▸인공 진주 人工眞珠 (참 진, 구슬 주). [공업] 사람들이[人] 양식해 만든[工] 진주(眞珠). [비]양식 진주(養殖眞珠).

▸인공-호흡 人工呼吸 (내쉴 호, 마실 흡). [의학] 인공적(人工的)으로 호흡(呼吸)을 시키는 일. 호흡이 멈추어져 가사(假死) 상태에 있거나 호흡 곤란에 빠진 사람에게 실시한다.

▸인공 방ː사능 人工放射能 (놓을 방, 쏠 사, 능할 능). [물리] 인공(人工) 방사성 원소(放射性元素)를 지닌 방사능(放射能).

▸인공 돌연변이 人工突然變異 (갑자기 돌, 그러할 연, 바뀔 변, 다를 이). [생물] 생체의 염색체나 유전자에 물리적·화학적인 조작을 가하여 인공적(人工的)으로 만들어 낸 돌연 변이(突然變異).

▸인공 방ː사성 원소 人工放射性元素 (놓을 방, 쏠 사, 성질 성, 으뜸 원, 바탕 소). [물리] 인공적(人工的)으로 만들어 낸 방사성 원소(放射性元素). 중성자(中性子), 양자(陽子), 알파 입자 따위를 결합해 핵반응을 일으켜서 만든다.

인과 因果 (까닭 인, 열매 과). ① [속뜻] 원인(原因)과 결과(結果). ② 원인이 있으면 반드시 결과가 있게 마련이고 결과가 있으면 반드시 그 원인이 있다는 이치. ¶불교에서는 인과를 중시한다.

▸인과-율 因果律 (법칙 률). ① [철학] 모든 일은 원인(原因)에서 발생한 결과(結果)이며 원인이 없이는 아무것도 생기지 않는다는 법칙[律]. ② [물리] 어느 시점에서 계(系)의 상태가 주어지면 그 이전 또는 그 이후의 계의 상태가 결정된다는 법칙.

▸인과 관계 因果關係 (빗장 관, 맬 계). 두 가지 사물이나 사건 사이에 원인(原因)과 결과(結果)의 관계(關係)가 있는 것. ¶흡연과 암 사이에는 깊은 인과 관계가 있다.

▸인과-응보 因果應報 (응할 응, 갚을 보). [불교] 과거 또는 전생에 지은 일에 대한 결과[因果]로 뒷날 길흉화복이 응당(應當) 돌아온다는[報] 말.

인광[1] 燐光 (인 린, 빛 광). ① [화학] 황린(黃燐)이 공기 중에서 저절로 내는 파란빛[光]. ② [물리] 어떤 물체에 자외선 등의 빛을 쬐었다가 그 빛을 없앤 뒤에도 그 물질에서 한동안 나오는 빛. 또는 그러한 현상.

인광[2] 燐鑛 (인 린, 쇳돌 광). [광업] 인회석(燐灰石)을 많이 지니고 있는 광석(鑛石)을 통틀어 이르는 말.

인교 鄰交 (이웃 린, 서로 교). 이웃[鄰] 또는 이웃 나라와의 교류(交流).

인-교대 印交代 (도장 인, 서로 교, 바꿀 대). 관리가 바뀔[交代] 때에 관리가 직무상으로 쓰는 도장[印]을 주고받음.

⁑**인구**[1] 人口 (사람 인, 입 구). ① [속뜻] 세상 사람들[人]의 입[口]. ¶그의 무협담은 인구에 회자되고 있다. ② 일정한 지역에 사는 사람의 수. ¶인구 증가 / 도시로 인구가 집중되고 있다. ③ 어떤 일에 종사하는 사람의 수. 또는 일정한 범주에 속하는 사람의 수. ¶어업 인구 / 축구 인구.

▸인구 동ː태 人口動態 (움직일 동, 모양 태). [사회] 일정 시점으로부터 다른 시점 사이에 있어서의 인구(人口) 변동(變動)의 상태(狀態).

▸인구 밀도 人口密度 (빽빽할 밀, 정도 도). [사회] 일정 면적 안에 사는 인구(人口)의 밀집(密集) 정도(程度). ¶뭄바이는 세계에서 인구밀도가 가장 높은 도시이다.

▸인구 정ː태 人口靜態 (고요할 정, 모양 태). [사회] 인구(人口)의 크기와 구성을 일정 시점에서 정지(靜止)시켜 고찰한 상태(狀態).

▸인구 조사 人口調査 (헤아릴 조, 살필 사). [사회] 일정한 시기에 전국적으로 동시에 인구(人口)의 실태를 알아보는 조사(調査).

▸인구 지수 人口指數 (가리킬 지, 셀 수). [사회] 해마다 또는 달마다의 인구(人口) 변동량을 나타내기 위해 기준 시점을 100으로 하여 비교하는 수[指數].

▸인구 통ː계 人口統計 (묶을 통, 셀 계). [사회] 인구(人口)가 나타내는 여러 현상을 알아보기 위한 통계(統計). 인구의 분포·밀

도·구조 등을 조사하는 정태 통계와, 출생·사망·전입·전출 등을 조사하는 동태 통계가 있다.

▸인구 공동화 현상 人口空洞化現象 (빌 공, 구멍 동, 될 화, 나타날 현, 모양 상). 인구(人口)가 감소하여 텅비게[空洞] 되는[化] 현상(現象). 도심의 상주 인구가 감소하는 현상.

인구[2] **印歐** (인도 인, 유럽 구). 인도(印度)와 유럽[歐羅巴].

▸인구 어:족 印歐語族 (말씀 어, 겨레 족). 언어 인도(印度) 유럽[歐羅巴]에 걸쳐 있는 어족(語族). 영어, 독일어, 프랑스어 따위.

인국 隣國 (이웃 린, 나라 국). 이웃[隣] 나라[國]. ⓑ인방(隣邦).

인군[1] **人君** (사람 인, 임금 군). 백성[人]들의 임금[君].

인군[2] **仁君** (어진 인, 임금 군). 어진[仁] 임금[君].

인권 人權 (사람 인, 권리 권). 법률 사람[人]의 권리(權利). 사람이라면 누구에게나 주어진 생명·자유·평등 등에 관한 기본적인 권리. ¶외국인 노동자의 인권 문제가 심각하다.

▸인권 선언 人權宣言 (알릴 선, 말씀 언). ① 역사 인간(人間)의 자유·평등 따위의 권리(權利)에 관한 선언(宣言). 1789년 8월 26일, 프랑스의 국민 의회의 결의에 따라 채택되었다. ② 정치 세계 인권 선언(世界人權宣言).

인근 隣近 (이웃 린, 가까울 근). 가까운[近] 이웃[隣]. 혹은 이웃처럼 가까운 거리. ¶인근 마을 / 그 자전거는 놀이터 인근에 있었다. ⓑ근방(近方), 근처(近處), 부근(附近).

인기[1] **人器** (사람 인, 그릇 기). 인격(人格)의 그릇[器]. 사람의 됨됨이.

인기[2] **人氣** (사람 인, 기운 기). ① 속뜻 사람[人]의 기개(氣槪). ② 어떤 대상에 쏠리는 많은 사람의 관심이나 호감. ¶인기를 끌다 / 최고의 인기를 얻다.

▸인기-인 人氣人 (사람 인). 대중의 환심을 많이 사고 있는[人氣] 사람[人].

인내 忍耐 (참을 인, 견딜 내). 괴로움이나 노여움 따위를 참고[忍] 견딤[耐]. ¶그 일을 하는 데는 많은 인내가 필요하다 / 어머니가 인내할 수 있었던 이유는 아들이 있었기 때문이다.

▸인내-력 忍耐力 (힘 력). 참고[忍] 견디는[耐] 힘[力]. ¶할아버지는 강한 인내력으로 마라톤을 완주(完走)했다.

▸인내-성 忍耐性 (성품 성). 참고[忍] 견디는[耐] 성질(性質).

▸인내-심 忍耐心 (마음 심). 참고[忍] 견디는[耐] 마음[心]. ¶이 일을 성공시키려면 인내심이 필요하다. ⓑ끈기, 참을성.

인내천 人乃天 (사람 인, 곧 내, 하늘 천). ① 속뜻 사람[人]이 곧[乃] 하늘[天]임. ② 종교 사람마다 한울님을 모시고 있으므로 사람을 여기기를 하늘과 같이 여겨야 한다는 천도교(天道敎)의 근본 교의.

인당 印堂 (도장 인, 집 당). ① 속뜻 도장[印]이나 집[堂]과 관련된 일. ② 민속 관상에서, 양쪽 눈썹 사이를 이르는 말. 이것이 넓으면 젊은 나이에 벼슬을 한다고 한다.

인당-수 印塘水 (도장 인, 못 당, 물 수). 문학 '심청전'에 나오는 깊은 물. 사람을 제물로 바쳐야 배가 무사히 지나갈 수 있다는 곳으로, 심청이 공양미 삼백 석을 구하기 위하여 자기를 제물로 팔아 이곳에 빠졌다.

인대 靭帶 (질길 인, 띠 대). 의학 척추동물의 뼈와 뼈를 잇는 매우 질긴[靭] 끈[帶] 모양의 결합 조직. 관절의 운동 및 억제 작용을 한다. ¶인대가 끊어지다 / 격렬하게 운동을 하면 인대가 늘어난다.

인-대명사 人代名詞 (사람 인, 대신할 대, 이름 명, 말씀 사). 언어 사람[人]을 그 이름 대신[代] 주관적으로 이르는[名] 말[詞]. '인칭 대명사'(人稱代名詞)의 준말.

인덕[1] **人德** (사람 인, 베풀 덕). 좋은 사람[人]을 만나 그에게서 도움을 받는 따위의 덕택(德澤). ⓑ인복(人福).

인덕[2] **仁德** (어질 인, 베풀 덕). 어진[仁] 덕(德).

인도[1] **引渡** (끌 인, 건넬 도). 물건이나 권리 따위를 남에게 넘겨[引] 건넴[渡]. ¶현장 인도 / 범인을 경찰에 인도하다. ⓑ인수(引受).

인도[2] **引導** (끌 인, 이끌 도). ① 속뜻 이끌어[引=導] 줌. ② 가르쳐 일깨움. ¶그는 비행 청소년을 바른 길로 인도했다. ③ 길을 안내함. ③길을 안내함. ¶나는 그의 인도를 받아 미술관에 도착했다.

인도[3] **人道** (사람 인, 길 도). ① [속뜻] 사람들[人]이 다니는 길[道]. ¶택시가 갑자기 인도로 돌진해 행인들이 다쳤다. ②사람으로서 마땅히 지켜야 할 도리. ¶인도적 차원에서 난민을 구호했다. [비]보도(步道). [반]차도(車道).

▸인도-교 人道橋 (다리 교). 사람[人]이 다니는 길[道]로 사용하기 위해 만든 다리[橋].

▸인도-주의 人道主義 (주될 주, 뜻 의). 인간(人間)의 존엄과 도리(道理)에 최고 가치를 둔 사상[主義]. 모든 인류의 공존과 복지의 실현을 꾀하려는 박애사상.

인도[4] **印度** (도장 인, 법도 도). [지리] '인디아'(India)의 한자 음역어(音譯語).

▸인도-교 印度教 (종교 교). [종교] 인도(印度) 사람들이 두루 믿는 종교(宗教). 바라문교 사상을 바탕으로 만든 다신교.

▸인도-양 印度洋 (큰바다 양). ① [속뜻] 인도(印度) 앞의 큰 바다[洋]. ② [지리] 오대양의 하나. 아시아, 오스트레일리아, 아프리카 대륙과 남극 대륙에 둘러싸여 있다.

▸인도-공:작 印度孔雀 (구멍 공, 참새 작). [동물] 인도(印度)가 원산지인 공작(孔雀). 수컷은 푸른 색이며, 꽁지는 길고 녹색이며 눈알 모양의 무늬가 있다.

인동 忍冬 (참을 인, 겨울 동). ① [속뜻] 겨울[冬]의 추위를 잘 견딤[忍]. ② [식물] 인동과의 반상록 덩굴성 식물. [비]인동초(忍冬草).

인두 咽頭 (목구멍 인, 머리 두). [의학] 목구멍[咽]의 앞머리[頭] 부분에 있는 깔때기 모양의 근육. 구강과 식도, 비강과 후두 사이에 있다.

▸인두-염 咽頭炎 (염증 염). [의학] 인두(咽頭)에 생긴 염증(炎症). 혹은 그 염증으로 발갛게 붓는 병.

인두-세 人頭稅 (사람 인, 머리 두, 세금 세). [법률] 납세 능력과 관계없이 사람[人] 머리[頭] 수에 따라 일률적으로 매기는 세금(稅金).

인력[1] **人力** (사람 인, 힘 력). 사람[人]의 능력(能力). 사람의 힘. 사람의 노동력. ¶기술 인력 / 죽고 사는 일은 인력으로 안 된다.

▸인력-거 人力車 (수레 거). 사람[人]의 힘[力]으로 직접 끄는 수레[車]. 두개의 큰 바퀴 위에 사람이 탈 수 있는 안장이 있다.

▸인력-난 人力難 (어려울 난). 인력(人力) 부족으로 겪는 어려움[難].

▸인력 개발 人力開發 (열 개, 드러날 발). 사람[人]의 능력(能力)을 개발(開發)함.

인력[2] **引力** (끌 인, 힘 력). [물리] 떨어져 있는 두 물체가 서로 끌어당기는[引] 힘[力]. ¶조수 간만의 차는 달의 인력 때문에 생긴다. [반]척력(斥力).

▸인력-권 引力圈 (범위 권). 끄는[引] 힘[力]이 미치는 범위[圈].

인례 引例 (끌 인, 본보기 례). ① [속뜻] 인용(引用)된 예(例). ②해당되는 예를 끌어다 보임. 예를 들어서 말함.

⁑**인류 人類** (사람 인, 무리 류). ① [속뜻] 사람[人]의 무리[類]. ②세계의 사람들 모두. ¶그는 인류 역사상 가장 뛰어난 지도자이다.

▸인류-애 人類愛 (사랑 애). 인류(人類) 전체에 대한 사랑[愛]. 인류를 사랑하는 일.

▸인류-학 人類學 (배울 학). 인류(人類)와 그 문화를 연구하는 학문(學問).

인륜 人倫 (사람 인, 도리 륜). ① [속뜻] 사람[人]으로서 마땅히 지켜야 할 도리[倫]. ②사람과 사람과의 사이에 자연적으로 생겨난 질서. ¶그는 인륜에 어긋나는 짓을 저질러 지탄을 받았다. ③ [철학] 헤겔 철학에서, 객관화된 이성적 의지를 이르는 말. 그 실체는 가족, 시민, 사회, 국가이다.

▸인륜-대사 人倫大事 (큰 대, 일 사). 사람[人]의 도리[倫]를 하기 위해 겪게 되는 큰[大] 일[事]들. [비]인간대사(人間大事).

인마 人馬 (사람 인, 말 마). ① [속뜻] 사람[人]과 말[馬]을 아울러 이르는 말. ②마부와 말을 아울러 이르는 말. ③ [천문] 궁수가 활을 쏘는 모습과 비슷한 모양의 별자리. 9월 상순 저녁에 자오선을 지나며 염소자리와 전갈자리 사이에 있다. [비]궁수자리.

인망 人望 (사람 인, 바랄 망). 세상 사람[人]이 우러러 믿고 따르는 덕망(德望).

인맥 人脈 (사람 인, 줄기 맥). 학문, 출신, 경향, 친소 등의 관계로 한 갈래로 얽힌 사람들[人]의 관계[脈].

인면 人面 (사람 인, 낯 면). 사람[人]의 얼굴

[面].

▸인면-수심 人面獸心 (짐승 수, 마음 심). ① 속뜻 사람[人]의 얼굴[面]에 짐승[獸] 같은 마음[心]. ②사람으로서 지켜야 할 도리를 하지 못하는 짐승 같은 사람. 배은망덕하게 행동하는 사람.

인멸 湮滅 (잠길 인, 없어질 멸). 물에 잠기듯[湮] 흔적도 없이 모조리 사라짐[滅]. ¶증거 인멸. ⑪인몰(湮沒).

인명[1] **人名** (사람 인, 이름 명). 사람[人]의 이름[名]. ¶인명을 기재하다.

▸인명-록 人名錄 (기록할 록). 사람[人]의 이름[名]을 적어둔 기록(記錄). 방명록(芳名錄).

▸인명-사전 人名事典 (일 사, 책 전). 사람[人]의 이름[名]에 따라 그의 행적[事]을 적어놓은 책[典].

인명[2] **人命** (사람 인, 목숨 명). 사람[人]의 목숨[命]. ¶인명 피해 / 구급대원은 인명을 구조하기 위해 불속으로 뛰어든다.

▸인명-재천 人命在天 (있을 재, 하늘 천). ① 속뜻 사람[人]의 목숨[命]은 하늘[天]에 달려있음[在]. ②사람이 오래 살거나 일찍 죽는 것은 다 하늘의 뜻임.

인모 鱗毛 (비늘 린, 털 모). 식물 식물의 줄기나 잎 따위의 겉면을 덮고 있는 비늘[鱗] 모양의 털[毛]. 속의 기관을 싸서 보호하는 역할을 한다. ⑪비늘털.

인목 人目 (사람 인, 눈 목). ① 속뜻 사람[人]의 눈[目]. ②남의 눈길.

인몰 湮沒 (잠길 인, 빠질 몰). 물에 잠기거나[湮] 빠져들듯[沒] 모두 사라짐. ⑪인멸(湮滅).

***인문 人文** (사람 인, 글월 문). ① 속뜻 인류(人類)의 문화(文化). ②인물과 문물. ¶인문 과학 / 인문계(人文系).

▸인문-계 人文系 (이어 맬 계). 언어, 문학, 철학, 사회학 등의 인문(人文)에 관련된 학문 계통(系統).

▸인문 과학 人文科學 (조목 과, 배울 학). 교육 정치, 경제, 사회, 역사, 학예 따위 인문(人文)에 관련된 과학(科學)을 통틀어 이르는 말.

▸인문-주의 人文主義 (주될 주, 뜻 의). 사회 18세기 유럽에서 일어났던 인간(人間)과 문화(文化) 중심적인 사상[主義]. ⑪휴머니즘(Humanism).

▸인문 지리학 人文地理學 (땅 지, 이치 리, 배울 학). 지리 인문(人文)과 관련된 사물이나 현상을 지역적[地理] 관점에서 연구하는 과학(科學). ⑪자연 지리학(自然地理學).

인문 토기 印文土器 (새길 인, 무늬 문, 흙 토, 그릇 기). 고적 겉면에 무늬[文]를 새긴[印] 토기(土器).

⁑**인물 人物** (사람 인, 만물 물). ① 속뜻 인간(人間)과 물건(物件). ②뛰어난 사람. ¶그는 큰 인물이 될 것이다. ③생김새나 됨됨이로 본 사람. ¶그는 인물은 좋은데 키가 좀 작다.

▸인물-상 人物像 (모양 상). 사람[人物]의 형체[像]를 본뜬 입체적 조형물이나 그림. ¶회화시간에 인물상을 그렸다.

▸인물-화 人物畫 (그림 화). 미술 사람[人物]을 주제로 하여 그린 그림[畫]. ¶서양화는 인물화를 중심으로 발전했다.

인민 人民 (사람 인, 백성 민). ① 속뜻 국가나 사회를 구성하고 있는 사람들[人=民]. 대체로 지배자에 대한 피지배자를 이른다. ② 법률 국가를 구성하고 있는 자연인. ⑪국민(國民).

▸인민-군 人民軍 (군사 군). ① 속뜻 군인이 아닌 일반인[人民]으로 조직된 군대(軍隊). ②북한의 군대.

▸인민-재판 人民裁判 (분별할 재, 판가름할 판). 법률 공산주의 국가에서 인민(人民)을 배심으로 하여 직접 행하여지는 재판(裁判) 형식.

▸인민 전ː선 人民戰線 (싸울 전, 줄 선). 사회 독일의 나치스나 이탈리아의 파시즘에 대항하여 위해 조직된 인민(人民)들과 그들을 대변하던 정당의 연합체[戰線].

▸인민 주권 人民主權 (주인 주, 권리 권). 법률 인민(人民)에게 주권(主權)이 있는 것. 또는 그 주권. ⑪주권 재민(主權在民).

인법 人法 (사람 인, 법 법). 법률 관할 구역이 달라서 법규의 저촉 문제가 일어났을 때, 사람[人]에게 딸려 어느 곳에서나 적용되는 법(法). ⑫물법(物法).

인보[1] **印譜** (도장 인, 적어놓을 보). 여러 가지 인장(印章)을 종류 별로 모아[譜] 만든 책.

㊥인존(印存), 인집(印集).

인보[2] **鄰保** (이웃 린, 지킬 보). ① 속뜻 이웃[鄰]끼리 서로 보호(保護)하고 살피는 제도. ② 가까운 이웃집이나 이웃 사람. 중국 당나라 때 한 집의 이웃 네 집을 '인(隣)'이라 하고 그 집을 보탠 다섯 집을 '보(保)'라 하는 주민 조직이 있었던 데서 유래. ③ 역사 조선 초기에, 향촌을 통제하고 호적을 작성하기 위해 10호(戶) 또는 여러 호를 하나로 묶은 편호 조직.

▸인보 사:업 鄰保事業 (일 사, 일 업). ① 속뜻 이웃[鄰]끼리 서로 보호(保護)하는 것과 관련된 사업(事業). ② 사회 복지 시설이 낙후된 일정 지역에 종교 단체나 공공 단체가 들어와 보건, 위생, 의료, 교육 따위의 다양한 활동을 통하여 주민들의 복지 향상을 돕는 사회사업.

인-보험 **人保險** (사람 인, 지킬 보, 험할 험). 경제 사람[人]에 관한 보험 사고가 일어났을 때 보험금을 줄 것을 약속하는 보험(保險).

인복 **人福** (사람 인, 복 복). 사람[人]으로 인해 받는 복(福). 다른 사람의 도움을 많이 받는 복. ㊥인덕(人德).

인본 **印本** (찍을 인, 책 본). 인쇄(印刷)한 책[本]. ㊥간본(刊本).

인본-주의 **人本主義** (사람 인, 뿌리 본, 주될 주, 뜻 의). 사회 인간(人間)이 모든 것의 근본(根本)이 된다는 사상[主義]. ㊥인문주의(人文主義).

인봉 **印封** (도장 인, 봉할 봉). ① 속뜻 함부로 손을 대지 못하도록 도장[印]을 찍어 봉(封)함. ② 공무가 끝난 뒤에 관인을 봉하여 둠. ㊥봉인(封印).

인부 **人夫** (사람 인, 사나이 부). 품삯을 받고 일하는 사람[人=夫]. ¶공사장 인부 / 인부들이 도로를 보수하고 있다.

인분[1] **人糞** (사람 인, 똥 분). 사람[人]의 똥[糞]. ¶이곳에서는 인분을 비료로 쓰고 있다.

인분[2] **鱗粉** (비늘 린, 가루 분). 동물 나비, 나방 따위의 날개나 몸의 겉면을 덮고 있는 비늘[鱗]이나 가루[粉] 모양의 분비물.

인-분뇨 **人糞尿** (사람 인, 똥 분, 오줌 뇨). 사람[人]의 똥[糞]과 오줌[尿].

인비 **人祕** (사람 인, 비밀 비). '인사비밀(人事秘密)'의 준말.

인사[1] **人士** (사람 인, 선비 사). ① 속뜻 다른 사람[人]들의 추앙을 받는 명사(名士). ② 사회적인 지위나 명성 있는 사람을 높여 이르는 말. ¶유명 인사.

*****인사**[2] **人事** (사람 인, 일 사). ① 속뜻 사람들[人] 사이에 지켜야 할 예의범절 같은 일[事]. 혹은 사람들에 대한 일. ② 상대방에게 자기를 소개하거나, 안부를 물을 때 하는 예절. ¶작별 인사를 하다 / 우리는 오늘 처음 인사를 나누었다. ③ 관리나 직원의 임용, 해임 등과 같은 행정적인 일. ¶인사 발령 / 낙하산 인사. ⑤ 세상의 일. ⑥ 개인의 인적(人的) 사항(事項). ¶인사는 비밀이다.

▸인사-권 人事權 (권리 권). 관리[人]나 직원의 임용, 해임 등과 같은 행정적인[事] 일을 다루는 권한(權限).

▸인사-란 人事欄 (칸 란). 신문, 잡지 등에서 인사(人事)와 관련된 기사를 싣는 일정한 칸[欄]. ㊥소식란(消息欄).

▸인사-법 人事法 (법 법). 인사(人事)하는 방법(方法). ¶할아버지께서 바른 인사법을 가르쳐주셨다.

▸인사-성 人事性 (성품 성). 인사(人事)를 차리는 습성(習性).

▸인사-조 人事調 (가락 조). ① 속뜻 인사(人事) 투의 어조(語調). ② 참된 마음 없이 인사치레로 형식만 갖추어 하는 인사(人事)나 대접.

▸인사불성 人事不省 (아닐 불, 살필 성). ① 속뜻 사람[人]으로서 지켜야 할 예절[事]을 살피지[省] 못하고[不] 막무가내로 행동함. ② 정신을 잃어 의식이 없음. ¶형은 인사불성이 되도록 술을 마셨다.

▸인사-비밀 人事祕密 (숨길 비, 몰래 밀). 관리[人]나 직원의 임용, 해임 등과 같은 행정적인[事] 일에 관한 비밀(祕密).

인산[1] **因山** (쌓일 인, 메 산). ① 속뜻 무덤 따위를 산(山)처럼 높게 쌓음[因]. ② 역사 태상황과 그의 비, 임금과 그의 비, 황태자 부부, 황태손 부부의 장례. ㊥국장(國葬), 인봉(因封).

인산[2] **人山** (사람 인, 메 산). ① 속뜻 사람[人]으로 산(山)을 이룸. ② 사람이 매우 많음을 형용하는 말.

▸인산-인해 人山人海 (사람 인, 바다 해). ① [속뜻]사람[人]으로 산(山)을 이루고, 사람[人]으로 바다[海]를 이룰 만큼 많음. ②사람이 매우 많음을 형용하는 말. ¶해수욕장은 피서객들로 인산인해를 이루고 있었다.

인산³ **燐酸** (인 린, 산소 산). [화학]인(燐)을 물에 녹여 얻는 산성(酸性) 물질. 화학식은 H_3PO_4.

▸인산 비:료 燐酸肥料 (기름질 비, 거리 료). [농업]인산(燐酸)을 함유한 비료(肥料).

***인삼** **人蔘** (사람 인, 인삼 삼). [식물]두릅나뭇과의 다년초로, 약용으로 재배하는 식물. 뿌리가 사람[人] 형상을 한 삼(蔘)이라 하여 붙여진 이름이다. 주로 말려서 한약재로 쓴다.

▸인삼-주 人蔘酒 (술 주). 인삼(人蔘)을 넣어 빚거나 소주에 인삼을 넣어 우린 술[酒].

▸인삼-차 人蔘茶 (차 차). 인삼(人蔘)을 넣어 끓인 차(茶).

인상¹ **人相** (사람 인, 모양 상). 사람[人]의 얼굴 생김새[相]와 골격. ¶그는 인상이 참 좋다.

▸인상-착의 人相着衣 (입을 착, 옷 의). 사람[人]의 생김새[相]와 옷차림[着衣]. ¶범인의 인상착의를 말하다.

인상² **引上** (끌 인, 위 상). ① [속뜻]끌어[引] 올림[上]. ②값을 올림. ¶대학은 매년 등록금을 인상한다. [반]인하(引下).

▸인상-폭 引上幅 (너비 폭). 인상(引上)된 금액이나 비율의 폭(幅).

인상³ **印象** (새길 인, 모양 상). ① [속뜻]어떤 대상[象]에 대하여 마음속에 새겨지는[印] 느낌. ②외래의 사물이 사람의 마음에 남긴 느낌. ¶서울에 대해 어떤 인상을 받으셨어요?

▸인상-적 印象的 (것 적). 뚜렷이 기억에 남는[印象] 것[的]. ¶그 배우는 인상적인 연기를 펼쳤다 / 이 작품은 흑백의 대비가 인상적이다.

▸인상-파 印象派 (갈래 파). [예술]인상주의(印象主義) 미술을 추진한 화파(畫派). 또는 그러한 사람들. ¶모네는 인상파의 대표적인 화가이다.

▸인상 비:평 印象批評 (따질 비, 평할 평). [문학]예술 작품을 비평가 개인의 인상(印象)에 따라 주관적으로 하는 비평(批評).

▸인상-주의 印象主義 (주될 주, 뜻 의). [미술]19세기 후반, 프랑스를 중심으로 일어난 근대 미술 운동의 한 갈래. 빛의 변화에 따라 시시각각 달라 보이는 자연을 보이는[印] 모양[象] 그대로 묘사하고자 하는 주의(主義). ¶인상주의 미술 / 인상주의 음악.

인색 **吝嗇** (아낄 인, 아낄 색). 재물 따위를 매우 아낌[吝=嗇]. ¶작은 물건에 너무 인색을 부리지 마라 / 그는 어찌나 인색한지 덤을 준 적이 없다.

인생 **人生** (사람 인, 살 생). ① [속뜻]목숨을 가지고 살아가는[生] 사람[人]. ②이 세상에서의 삶. ¶돈이 인생의 전부는 아니다. ③사람의 살아 있는 동안.

▸인생-관 人生觀 (볼 관). 인생(人生)의 존재 가치, 의미, 목적 등에 관해 갖고 있는 전체적인 사고방식[觀]. ¶낙천적인 인생관 / 인생관을 확립하다.

▸인생-파 人生派 (갈래 파). [문학]인생(人生)을 위한 예술을 주장하는 문학상의 한 갈래[派]. 톨스토이를 인생파의 대표적인 문학가로 친다.

▸인생-무상 人生無常 (없을 무, 늘 상). ① [속뜻]인생(人生)에 늘[常] 똑같음이 없음[無]. ②인생이 덧없음. ¶인생무상이라더니 예전에 내로라하던 부자가 거지꼴이 됐다.

▸인생-삼락 人生三樂 (석 삼, 즐길 락). 사람[人]이 살아가는[生] 데 있어 세[三] 가지 즐거움[樂]. 부모가 모두 살아 계시고 형제들이 아무 탈 없는 것, 하늘을 우러러 보아도 부끄러움이 없는 것, 천하의 영재(英才)를 얻어 가르치는 것. 맹자(孟子)는 이상 세 가지를 세 가지 큰 즐거움으로 여겼다. [준]삼락. [비]군자삼락(君子三樂).

▸인생-항로 人生航路 (배 항, 길 로). 사람[人]이 한평생 여러 가지 어려움을 겪으며 살아가는[生] 과정을 험한 뱃길[航路]에 비유하여 이르는 말.

인선¹ **人選** (사람 인, 고를 선). 사람[人]을 가려[選] 뽑음.

인선² **仁善** (어질 인, 착할 선). 어질고[仁] 착함[善].

인성¹ **人性** (사람 인, 성품 성). 사람[人]의 본성(本性). ¶인성은 타고난 본성이기에 교육으로 바뀌지 않는다. ㊥수성(獸性).

인성[2] 人聲 (사람 인, 소리 성). 사람[人]의 소리[聲].

인성[3] 靭性 (질길 인, 성질 성). 물리 재료가 지닌 질긴[靭] 성질(性質). 다른 힘에 의해서 파괴하기 어려운 성질을 말한다. ㊥점성(粘性).

인세[1] 人稅 (사람 인, 세금 세). 법률 과세의 목표를 사람[人]에게 두고 그 사정에 따라 부과하는 조세(租稅). '대인세'(對人稅)의 준말. ㊥물세(物稅).

인세[2] 印稅 (도장 인, 세금 세). ① 속뜻 인지(印紙)를 붙이는 것으로 대신하여 내는 세금(稅金). ②저작물의 출판과 판매에 따라 출판사가 작가 또는 저작권자에게 지불하는 사용료.

인솔 引率 (끌 인, 거느릴 솔). 손아랫사람이나 무리를 끌어[引] 통솔(統率)함. ¶선생님의 인솔 아래 학생들은 공연을 관람했다.

인쇄 印刷 (찍을 인, 박을 쇄). 글이나 그림 따위를 종이, 천 따위에 찍거나[印] 박아[刷] 냄. ¶그 책의 증보판은 이미 인쇄에 들어갔다 / 이곳에서는 여전히 수동으로 책을 인쇄한다.

▸**인쇄-공** 印刷工 (장인 공). 인쇄(印刷)에 종사하는 직공(職工).

▸**인쇄-기** 印刷機 (틀 기). 인쇄(印刷)하는 데 쓰는 기계(機械). ¶구텐베르크는 현대적인 인쇄기를 발명했다.

▸**인쇄-물** 印刷物 (만물 물). 인쇄(印刷)하여 내는 신문, 책, 광고 따위의 물건(物件)을 통틀어 이르는 말.

▸**인쇄-비** 印刷費 (쓸 비). 인쇄(印刷)하는 데 드는 돈[費]. ¶이 책은 컬러판이라 인쇄비가 많이 들었다.

▸**인쇄-소** 印刷所 (곳 소). 인쇄(印刷)의 일을 맡아 하는 곳[所].

▸**인쇄-술** 印刷術 (꾀 술). 인쇄(印刷)하는 기술(技術). ¶활판 인쇄술 / 신라시대에는 이미 목판 인쇄술이 발명되었었다.

▸**인쇄-인** 印刷人 (사람 인). 인쇄(印刷)하는 곳의 대표자[人]. 또는 간행물의 인쇄 책임자.

▸**인쇄-체** 印刷體 (모양 체). 출판 인쇄(印刷) 활자의 서체(書體). ㊥필기체(筆記體).

▸**인쇄-판** 印刷版 (널빤지 판). 출판 인쇄(印刷)를 하는 판(版). 방식에 따라 볼록판·오목판·평판이 있고, 재료에 따라 동판·목판·석판·연판·활판 따위가 있다.

인수[1] 人數 (사람 인, 셀 수). 사람[人]의 수효(數爻).

인수[2] 仁壽 (어질 인, 목숨 수). 인덕(仁德)이 있고 수명[壽]이 길.

인수[3] 引水 (끌 인, 물 수). 물[水]을 끌어옴[引].

인수[4] 印綬 (도장 인, 인끈 수). 도장[印] 꼭지에 꿴 끈[綬]. ¶이순신이 충무 도독의 인수를 받았다. ㊥인끈.

인수[5] 引受 (끌 인, 받을 수). ① 속뜻 물건이나 권리를 가져와[引] 넘겨받음[受]. ② 경제 환어음을 넘겨받아 어음의 지급 채무자가 된다는 뜻을 어음에 기재하는 일. ¶그는 부도난 공장을 인수했다. ㊥인도(引渡).

▸**인수-인** 引受人 (사람 인). ① 속뜻 물건이나 권리를 넘겨받는[引受] 사람[人]. ② 경제 환어음을 넘겨받아 채무를 지는 사람.

▸**인수 설립** 引受設立 (세울 설, 설 립). 경제 회사를 설립할 때, 발행 주식의 전부를 발기인이 인수(引受)하여 회사를 설립(設立)하는 방법. ㊥단순 설립(單純設立).

▸**인수-인계** 引受引繼 (끌 인, 이을 계). 업무 따위를 넘겨받고[引受] 넘겨줌[引繼].

인수[6] 因數 (인할 인, 셀 수). 수학 정수 또는 정식을 몇 개의 곱의 꼴로 하였을 때, 그것을 구성하는 근본[因]이 되는 수(數).

▸**인수 분해** 因數分解 (나눌 분, 가를 해). 수학 주어진 정수나 정식을 인수(因數)로 분해(分解)하는 일. 정수나 식을 몇 개의 인수의 곱으로 바꾸어 나타낸다.

인술 仁術 (어질 인, 꾀 술). ① 속뜻 어진[仁] 덕을 베푸는 법[術]. ②사람을 살리는 의술(醫術)을 이르는 말.

인습[1] 因習 (인할 인, 버릇 습). ① 속뜻 예전부터 있던 관습(慣習)으로 인(因)한 것. ②이전부터 전해 내려와 굳어진 관습. ¶인습에 얽매이다.

▸**인습-화** 因習化 (될 화). 이전부터 전하여 내려오는 낡은 습관[因習]으로 굳어짐[化].

▸**인습-도덕** 因習道德 (길 도, 베풀 덕). ① 속뜻 인습(因習)에 젖어 지금의 생활에 맞

지 않는 형식적인 도덕(道德). ② 옛날부터 지켜 내려오는 도덕.

인습[2] **因襲** (인할 인, 물려받을 습). 옛날 인습(因習)을 그대로 이어[襲] 따름.

▶ 인습-주의 因襲主義 (주될 주, 뜻 의). 옛 인습(因襲)에 사로잡혀 새로운 사회도덕을 따르지 않는 주의(主義).

인시-류 鱗翅類 (비늘 린, 날개 시, 무리 류). 동물 작은 비늘[鱗]과 두 쌍의 날개[翅]가 있는 곤충류(昆蟲類).

인식 認識 (알 인, 알 식). ① 속뜻 이치를 깨달아 아는[認=識] 일. ② 사물을 분별하고 판단하여 앎. ¶흡연이 얼마나 심각한지 인식하는 사람이 적다.

▶ 인식-론 認識論 (논할 론). 철학 인식(認識)이나 지식의 기원, 구조, 범위, 방법 등을 연구하는 철학[論].

▶ 인식-색 認識色 (빛 색). 동물 서로를 알아볼[認識] 수 있는 동물의 체색(體色)의 한 가지.

▶ 인식-표 認識票 (쪽지 표). 군사 군인의 신분을 잘 알아볼[認識] 수 있도록 만든 쪽지(票). 이름, 군번, 혈액형 따위를 새겨 만든 금속판으로 군인이 사망 또는 부상을 당했을 때 그 신분을 바로 알게 하는 데 목적이 있다.

▶ 인식 능력 認識能力 (능할 능, 힘 력). 사물을 인식(認識)할 수 있는 정신 능력(能力).

인신[1] **人臣** (사람 인, 신하 신). 임금을 섬기어 벼슬하는[臣] 사람[人]. ¶임금에 대한 인신의 도리를 잘 지켰다. ⑪ 신하(臣下).

인신[2] **人身** (사람 인, 몸 신). ① 속뜻 사람[人]의 몸[身]. ② 개인의 신분.

▶ 인신-공격 人身攻擊 (칠 공, 칠 격). 남의 인신(人身)에 관한 일을 들어 비난하여 공격(攻擊)함.

▶ 인신-매매 人身賣買 (팔 매, 살 매). 사람[人身]을 팔고[賣] 삼[買].

인심[1] **仁心** (어질 인, 마음 심). 어진[仁] 마음[心]. ¶도량과 인심이 있어야 훌륭한 지도자가 될 수 있다.

인심[2] **人心** (사람 인, 마음 심). ① 속뜻 다른 사람[人]을 생각해 주는 마음[心]. ② 남의 딱한 사정을 헤아려 주고 도와주는 마음. ¶인심이 박하다 / 이 마을은 예로부터 인심이 후하다. ⑪ 인정(人情).

▶ 인심-세태 人心世態 (세상 세, 모양 태). 세상 사람들[人]의 마음[心]과 세상(世上) 물정[態].

인아[1] **人我** (사람 인, 나 아). ① 속뜻 남[人]과 나[我]. ② 불교 사람 안에 변하지 않는 본체가 있다는 미혹한 생각. 곧 아(我)가 있다는 생각이다.

인아[2] **鱗芽** (비늘 린, 싹 아). 식물 비늘[鱗]에 싸여 있는 식물의 겨눈[芽]. ⓐ 나아(裸芽).

인애 仁愛 (어질 인, 사랑 애). 어진[仁] 마음으로 남을 사랑함[愛]. 또는 그 마음.

인양 引揚 (끌 인, 오를 양). 끌어서[引] 들어올림[揚]. ¶사고가 난 선박을 인양했다 / 인양선(引揚船).

인어[1] **人魚** (사람 인, 물고기 어). 상반신은 사람[人]의 몸이며 하반신은 물고기[魚]의 몸인 상상의 동물. ¶인어공주는 마녀에게 목소리를 주고 두 발을 얻었다.

인어[2] **人語** (사람 인, 말씀 어). ① 속뜻 사람[人]의 말[語]. ② 사람의 말소리.

인언 人言 (사람 인, 말씀 언). ① 속뜻 다른 사람[人]들의 말[言]. ② 세상 사람들의 소문을 일컬음.

인업 因業 (인할 인, 일 업). ① 속뜻 어떤 현상이 말미암은[因] 일[業]. ② 불교 내세(來世)의 과보를 이끌어 내는 업.

인연[1] **人煙** (사람 인, 연기 연). 사람[人]이 사는 집에서 나는 연기(煙氣). ⑪ 연화(煙火).

인연[2] **因緣** (인할 인, 연분 연). ① 속뜻 원인(原因)과 연분(緣分). ② 사람들 사이에 맺어지는 관계. ¶기이한 인연. ③ 어떤 사물과 관계되는 연줄. ¶정치와는 인연이 없다 / 난 이 책으로 인연하여 인생관이 바뀌었다. ④ 불교 결과를 만드는 직접적인 힘을 이르는 인(因)과 결과를 돕는 외적이고 간접적인 힘을 이르는 연(緣)을 아울러 이르는 말.

인영 人影 (사람 인, 그림자 영). 사람[人]의 그림자[影]나 자취.

인왕제색-도 仁王霽色圖 (어질 인, 임금 왕, 비갤 제, 빛 색, 그림 도). 미술 1751년 화가 정선이, 인왕산(仁王山)의 비 개인[霽] 모습[色]을 그린 그림[圖].

인욕[1] **人慾** (사람 인, 욕심 욕). 사람[人]의

욕심(慾心).

인욕[2] **忍辱** (참을 인, 욕될 욕). ① [속뜻] 욕(辱)되는 일을 참음[忍]. ② [불교] 온갖 모욕과 번뇌를 참고 원한을 일으키지 않는 수행.

인용 引用 (끌 인, 쓸 용). 남의 글이나 말 가운데서 필요한 부분만을 끌어다[引] 씀[用]. ¶이 부문은 성경의 한 구절을 인용한 것이다.

▸인용-구 引用句 (글귀 구). [언어] 필요한 부분만을 끌어다[引] 쓴[用] 글귀[句].

▸인용-례 引用例 (본보기 례). 남의 글이나 다른 문헌 등에서 따온[引用] 예(例).

▸인용-문 引用文 (글월 문). [언어] 다른 글에서 끌어다[引] 쓴[用] 문장(文章).

▸인용-법 引用法 (법 법). [언어] 남의 말이나 글. 또는 고사나 격언 등에서 필요한 부분을 인용(引用)함으로써 글의 뜻을 더욱 분명히 하는 표현 방법(方法). [비]인유법(引喩法).

▸인용-어 引用語 (말씀 어). [언어] 남의 글이나 말에서 끌어다[引] 쓴[用] 말[語].

인우 鄰友 (이웃 린, 벗 우). 이웃[鄰]에 사는 벗[友].

인원 人員 (사람 인, 수효 원). ① [속뜻] 사람[人]의 수효[員]. ② 단체를 이룬 여러 사람. ¶인원을 줄이다 / 인원이 다 차서 신청할 수 없다.

인위 人爲 (사람 인, 할 위). 사람[人]의 힘으로 함[爲]. [반]자연(自然), 천연(天然).

▸인위-적 人爲的 (것 적). 사람[人]이 일부러 한[爲] 모양이나 성질의 것[的]. ¶인위적으로 만들어진 동굴 / 저는 생명을 인위적으로 연장하고 싶지는 않아요. [반]자연적(自然的), 천연적(天然的).

▸인위 도태 人爲淘汰 (일 도, 씻을 태). ① [속뜻] 인위적(人爲的)으로 물에 일어[淘] 씻어[汰] 버림. ② [생물] 생물의 형태와 기능을 인간이 바라는 대로 바꾸는 일. [반]자연도태(自然淘汰).

▸인위 사회 人爲社會 (단체 사, 모일 회). 인간(人間)의 의지나 특정한 목적에 의하여 이룩된[爲] 사회(社會). [반]자연 사회(自然社會).

인유[1] **人乳** (사람 인, 젖 유). 사람[人]의 젖[乳].

인유[2] **引喩** (끌 인, 말할 유). 다른 예를 끌어와[引] 비유(比喩)함.

▸인유-법 引喩法 (법 법). [문학] 남의 말이나 글 등에서 필요한 부분을 끌어와[引] 비유(比喩)하는 표현 방법(方法). [비]인용법(引用法).

인육 人肉 (사람 인, 고기 육). ① [속뜻] 사람[人] 고기[肉]. ② 몸을 파는 여자의 몸뚱이를 낮잡아 이르는 말.

인은 仁恩 (어질 인, 은혜 은). 어진[仁] 사랑으로 베푼 은혜(恩惠).

인음-증 引飮症 (당길 인, 마실 음, 증세 증). 술을 마실수록[飮] 더 술이 당기는[引] 증세(症勢).

인의[1] **人意** (사람 인, 뜻 의). 사람[人]의 뜻[意]. [비]민심(民心).

인의[2] **人義** (사람 인, 옳을 의). 사람[人]의 의무(義務). ¶효도는 인의의 근본이다.

인의[3] **仁義** (어질 인, 옳을 의). 어짊[仁]과 의로움[義].

▸인의예지 仁義禮智 (예도 례, 슬기 지). 사람으로서 갖추어야 할 네 가지 마음가짐. 곧 어짊[仁]과 의로움[義], 예절(禮節)과 지혜(智慧)를 이른다.

▸인의지정 仁義之情 (어조사 지, 마음 정). 어질고[仁] 의로운[義]의 마음[情].

▸인의예지신 仁義禮智信 (예도 례, 슬기 지, 믿을 신). 사람으로서 갖추어야 할 다섯 가지 도리. 어짊[仁]과 의로움[義], 예절(禮節)과 지혜(智慧), 믿음[信]. 이상 다섯 가지를 오상(五常)이라 한다.

인인 鄰人 (이웃 린, 사람 인). 이웃[鄰] 사람[人].

인자[1] **人子** (사람 인, 아들 자). ① [속뜻] 사람[人]의 아들[子]. ¶인자로서 도리를 다하다. ② [기독교] 예수 자신을 이르는 말. 구세주의 초월성과 동시에 그 인간성을 강조한 이름이다.

인자[2] **仁慈** (어질 인, 사랑할 자). 마음이 어질고[仁] 남을 사랑함[慈]. ¶할머니는 늘 인자한 미소로 나를 반겨주셨다.

인자[3] **印字** (찍을 인, 글자 자). 글자[字]를 찍음[印]. 또는 그 글자. ¶프린터의 인자 속도.

▸인자-기 印字機 (틀 기). 타자기, 전신기,

컴퓨터 프린터와 같이 문자(文字)와 부호를 찍는[印] 기계(機械).

인자[4] 仁者 (어질 인, 사람 자). 어진[仁] 사람[者].

▸**인자-무적** 仁者無敵 (없을 무, 원수 적). 어진[仁] 사람[者]에게는 적(敵)이 없음[無].

▸**인자요산** 仁者樂山 (좋아할 요, 메 산). 어진[仁] 사람[者]은 산(山)을 좋아함[樂]. 어진 사람의 행동은 신중하기가 산과 같다는 의미로 하는 말.

인자[5] 因子 (인할 인, 씨 자). 어떤 결과의 원인(原因)이 되는 낱낱의 요소[子]. ¶유전 인자.

▸**인자-형** 因子型 (모형 형). [생물] 생물이 지니고 있는 유전 인자(因子)의 조성 양식[型]. 겉으로 드러나지 않는 형질에 관한 유전자도 포함된다. [비]유전자형(遺傳子型).

인장 印章 (도장 인, 글 장). ① [속뜻] 도장[印]에 새겨진 글[章]. ② 도장(圖章). ¶계약 서류에 인장을 찍다.

인재[1] 人才 (사람 인, 재주 재). 재주[才]가 뛰어난 사람[人].

인재[2] 人材 (사람 인, 재목 재). 학식과 능력이 뛰어나 어떤 분야에서 재목(材木)이 될 만한 사람[人]. ¶인재 양성 / 우리 학교는 70년간 우수한 인재를 배출했다. [비]인물(人物).

인재[3] 人災 (사람 인, 재앙 재). 사람[人]에 의하여 발생된 재난(災難). [반]천재(天災).

인재[4] 印材 (도장 인, 재료 재). 도장[印]을 만드는 재료(材料).

인적[1] 人跡 (=人迹, 사람 인, 발자취 적). 사람[人]이 다닌 발자취[跡]. 사람의 왕래. ¶한참을 가니 인적이 드문 한적한 길이 나타났다.

인적[2] 人的 (사람 인, 것 적). 사람[人]에 관한 것[的]. ¶인적 자원. [참]물적(物的).

▸**인적 자원** 人的資源 (재물 자, 근원 원). 인적(人的)인 자원(資源). 생산 조건에서 물적(物的) 자원에 대하여 사람의 노동력을 일컫는다.

▸**인적 증거** 人的證據 (증명할 증, 근거할 거). [법률] 증인(證人)이나 당사자인 본인의 진술을 토대로 하는 증거(證據) 방법의 한 가지. [참]물적 증거(物的證據).

인전 印篆 (도장 인, 전서 전). 도장[印]에 새긴 전서(篆書).

인접 鄰接 (이웃 린, 닿을 접). 이웃[鄰]하여 맞닿아[接] 있음. ¶인접 국가 / 서울과 인접한 도시.

▸**인접 수역** 鄰接水域 (물 수, 지경 역). [법률] 영해에 맞닿아[鄰接] 있는 일정 범위의 수역(水域). [비]보충 수역(補充水域), 접속 수역(接續水域).

인정[1] 仁政 (어질 인, 정치 정). 어진[仁] 정치(政治).

인정[2] 仁情 (어질 인, 마음 정). 어진[仁] 마음씨[情]. ¶마을사람들에게 인정을 베풀다.

인정[3] 人情 (남 인, 마음 정). ① [속뜻] 남[人]에 대한 따뜻한 마음[情]. ② 남을 생각하고 도와주는 따뜻한 마음씨. ¶인정을 베풀다 / 어디에 가나 인정에는 변함이 없다. [비]인심(人心).

▸**인정-미** 人情味 (맛 미). 인정(人情)이 있는 따뜻한 맛[味]. ¶인정미를 느끼다.

▸**인정-세태** 人情世態 (세상 세, 모양 태). 세상을 살아가며 느끼는 사람들의 마음[人情]과 세상(世上)의 형편[態].

***인정[4] 認定** (알 인, 정할 정). ① [속뜻] 확실히 알아서[認] 그렇게 결정(決定)함. ¶나는 그의 정직함만은 인정해 주고 싶어 / 그녀는 자신의 잘못을 인정했다. ② 국가의 행정 기관이 어떤 일을 판단하여 결정함.

▸**인정 과세** 認定課稅 (매길 과, 세금 세). 정부가 조사하여[認] 결정(決定)한 과세 표준에 따라 조세(租稅)를 부과(賦課)함.

▸**인정 사:망** 認定死亡 (죽을 사, 망할 망). [법률] 수재, 화재 따위의 사변이 일어나 사망의 확증은 없으나 사망한 것이 거의 확실한 경우에 이를 조사한 관공서의 보고에 따라 사망(死亡)한 것으로 인정(認定)하는 제도.

인정-법 人定法 (사람 인, 정할 정, 법 법). [법률] 인위(人爲)로 제정(制定)한 법(法). [참]자연법(自然法).

인정 신:문 人定訊問 (사람 인, 정할 정, 물을 신, 물을 문). [법률] 형사 재판의 법정에서 본인(本人)임을 확인하여 확정(確定)하기 위해 재판관이 피고인의 성명, 연령 등 인적

사항을 물어보는[訊問] 일.

인조 **人造** (사람 인, 만들 조). 사람[人]이 만듦[造]. ¶인조 잔디. ㊥인공(人工).

▸인조-견 人造絹 (비단 견). 수공 사람[人]이 만든[造] 명주실로 짠 비단[絹]. ¶인조견으로 하늘하늘한 치마를 만들었다.

▸인조-빙 人造氷 (얼음 빙). 인공적(人工的)으로 만든[造] 얼음[氷].

▸인조-석 人造石 (돌 석). 인공적(人工的)으로 만든[造] 돌[石]. 시멘트에 모래, 화강암, 석회 등의 가루를 섞어 굳혀서 자연석과 비슷하게 만든 것이다. ㊥모조석(模造石).

▸인조 견사 人造絹絲 (비단 견, 실 사). 수공 천연 견사와 비슷하게 인공적(人工的)으로 만든[造] 명주실[絹絲].

▸인조 섬유 人造纖維 (가늘 섬, 밧줄 유). 수공 인공적(人工的)으로 만든[造] 섬유(纖維). 화학 섬유(化學纖維). ㊟천연 섬유(天然纖維).

▸인조-염료 人造染料 (물들일 염, 거리 료). 인공적(人工的)으로 만든[造] 물감[染料].

▸인조-인간 人造人間 (사람 인, 사이 간). 기계 인간의 형상과 기능을 본떠 인공적(人工的)으로 만든[造] 사람[人間] 형태의 물체. ㊥로봇(robot).

▸인조 진주 人造眞珠 (참 진, 구슬 주). 공업 진주의 모양을 본떠 인공적(人工的)으로 만든[造] 진주(眞珠). ㊥모조 진주(模造眞珠).

▸인조 피혁 人造皮革 (가죽 피, 가죽 혁). 수공 가죽의 재질이나 특성을 본떠 인공적(人工的)으로 만든[造] 가죽[皮革]. ㊥의피(擬皮).

인조-반정 **仁祖反正** (어질 인, 조상 조, 반대로 반, 바를 정). 역사 인조(仁祖)를 즉위시키기 위해 서인 세력이 일으킨 반정(反正). ¶광해군은 인조반정으로 폐위되었다.

인종[1] **人種** (사람 인, 갈래 종). 사람[人]의 종류(種類). 사람의 피부나 머리털의 빛깔, 골격 등 신체적인 여러 형질에 따라 구분한다. ¶인종 차별 / 소수 인종 / 정부는 인종 갈등을 해소할 방안을 내놓았다.

인종[2] **忍從** (참을 인, 따를 종). 묵묵히 참고[忍] 따름[從]. ¶그의 아내는 인내와 인종의 미덕을 보여 주었다.

인주 **印朱** (도장 인, 붉을 주). 도장[印]을 찍을 때 묻혀 쓰는 붉은[朱] 물감.

인준 **認准** (알 인, 승인할 준). ① 속뜻 인정(認定)하여 승인함[准]. ② 법률 입법부가 법률에 지정된 공무원의 임명과 행정부의 행정 행위를 인정하는 일.

인중 **人中** (사람 인, 가운데 중). 사람[人] 얼굴의 한가운데[中]. 코와 윗입술 사이에 우묵하게 골이 진 부분. ¶그는 인중에 점이 있다.

인증[1] **人證** (사람 인, 증거 증). 법률 법원에서 증인(證人)의 증언을 증거(證據)로 삼는 일. ㊥서증(書證).

인증[2] **引證** (끌 인, 증명할 증). 글 따위를 인용(引用)하여 증명(證明)함. 또는 그 증거.

인증[3] **認證** (알 인, 증명할 증). 법률 어떠한 행위 또는 문서의 성립이나 기재가 정당한 절차로 이루어졌음을 공적 기관이 인정(認定)하여 증명(證明)하는 일.

인지[1] **人指** (사람 인, 손가락 지). ① 속뜻 사람[人]의 손가락[指]. ② 둘째손가락. 집게손가락.

인지[2] **人智** (사람 인, 슬기 지). 사람[人]의 슬기[智]. 사람의 지식.

인지[3] **印紙** (도장 인, 종이 지). ① 속뜻 도장[印]이 찍힌 종이[紙]. ② 국가가 세금이나 수수료 등을 거두어들일 때 그 증서 등에 붙여 일정한 금액을 나타낸 종이 증표. 세금을 수납한 표지로 스탬프를 찍은 데서 유래. ¶이곳에 오천 원짜리 인지를 붙이시오.

▸인지-세 印紙稅 (세금 세). 법률 인지(印紙)를 붙이는 것으로 대신하여 내는 세금(稅金). 재산권을 증명하는 문서에 붙인다.

인지[4] **認知** (알 인, 알 지). ① 속뜻 어떠한 사실을 분명히 앎[認=知]. ¶그는 사태의 심각성을 인지하지 못했다. ② 심리 자극을 받아들이고, 저장하고, 인출하는 일련의 정신 과정. 지각, 기억, 상상, 개념, 판단, 추리를 포함하여 무엇을 안다는 것을 나타내는 포괄적인 용어로 쓴다. ¶인지 발달 단계. ③ 법률 혼인 관계에 있지 않은 상태의 출생자에 대하여 그 생부나 생모가 자기의 자식이라고 인정하는 일. ㊥인식(認識).

▸인지 과학 認知科學 (조목 과, 배울 학). 심리 인간에게 인식(認識)되어 있는 지식

(知識)이 인간의 기억 내부에서 어떻게 구조화되어 표현되는가 하는 문제를 과학적(科學的)으로 다룬 학문(學問).

인지상정 人之常情 (사람 인, 어조사 지, 보통 상, 마음 정). 사람[人]이라면 일반적으로[常] 갖고 있는 마음[情]. 또는 생각. ¶불우한 이웃을 보면 돕고 싶어지는 것이 인지상정이다.

인지위덕 忍之爲德 (참을 인, 어조사 지, 할 위, 베풀 덕). 참는[忍] 것이 덕(德)이 됨[爲].

인지-의 印地儀 (찍을 인, 땅 지, 천문기계 의). [역사] 조선 때, 세조가 만든 땅[地]의 원근(遠近)과 높낮이를 찍어[印] 재는 기구[儀].

인-지질 燐脂質 (인 린, 기름 지, 바탕 질). [화학] 분자 안에 인산(燐酸)이 들어 있는 지방(脂肪) 물질(物質).

인진 引進 (끌 인, 나아갈 진). ① [속뜻] 끌어서[引] 나아가게[進] 함. ② 인재를 끌어 추천함.

인질 人質 (사람 인, 볼모 질). 사람[人]을 볼모[質]로 잡아 둠. ¶소말리아 해적은 돈을 받고 인질을 풀어주었다.

▸인질-극 人質劇 (연극 극). 무력으로 사람[人]을 볼모[質]로 잡아두고 자기의 목적을 이루려고 벌이는 소동[劇].

인징 鄰徵 (이웃 린, 거둘 징). [역사] 조선 후기에, 사망·실종된 병역 의무자의 군포(軍布)를 그 이웃[鄰]에게서 불법적으로 징수(徵收)하던 일.

인찰-지 印札紙 (찍을 인, 쪽지 찰, 종이 지). 미농지에 괘선을 인쇄(印刷)해 공문서나 편지[札]를 쓸 때 사용하는 종이[紙]. [비]괘지(罫紙).

인책 引責 (끌 인, 꾸짖을 책). 자신이 한 일에 대하여 책임(責任)을 스스로 이끌어[引] 짐.

▸인책 사직 引責辭職 (물러날 사, 일 직). 책임(責任)을 스스로 이끌어[引] 지고 자리[職]에서 물러남[辭].

인척 姻戚 (혼인 인, 겨레 척). 혈연관계가 없으나 혼인(婚姻)으로 맺어진 친척(親戚). ¶나와 그녀는 인척 관계다.

인천 상:륙 작전 仁川上陸作戰 (어질 인, 내 천, 위 상, 뭍 륙, 일으킬 작, 싸울 전). 1950년 9월 15일에 유엔군이 인천(仁川)에 상륙(上陸)하여, 한국 전쟁의 상황을 뒤바꾼 군사 작전(作戰).

인-청동 燐靑銅 (인 린, 푸를 청, 구리 동). [공업] 약간의 인(燐)을 섞어 만든 청동(靑銅) 합금.

⁑**인체** 人體 (사람 인, 몸 체). 사람[人]의 몸[體]. ¶인체 구조 / 담배는 인체에 해롭다.

인촌 鄰村 (이웃 린, 마을 촌). 이웃[鄰] 마을[村].

인총 人總 (사람 인, 모두 총). ① [속뜻] 인구(人口)의 총수(總數). ② 인구(人口).

인축 人畜 (사람 인, 가축 축). 사람[人]과 가축(家畜).

인출 引出 (끌 인, 날 출). 예금을 찾아[引] 냄[出]. ¶현금인출 / 그는 통장에서 5만 원을 인출했다.

인출 印出 (찍을 인, 날 출). 인쇄(印刷)하여 펴냄[出].

인충 鱗蟲 (비늘 인, 벌레 충). [동물] 몸에 비늘[羽]이 있는 벌레[蟲]을 통틀어 이르는 말.

인치 引致 (끌 인, 보낼 치). ① [속뜻] 사람을 억지로 끌어[引] 보내는[致] 일. ② 신체의 자유를 구속하여 일정한 곳으로 데려 가는 일.

인칭 人稱 (사람 인, 일컬을 칭). [언어] 동작을 하는 사람[人]를 일컫는[稱] 말. 동작 주체에 따라 1인칭, 2인칭, 3인칭이 있다.

▸인칭 대:명사 人稱代名詞 (대신할 대, 이름 명, 말씀 사). [언어] 사람[人]이 일컬어지는[稱] 이름을 대신(代身)하는 명사(名詞). [준]인대명사.

인파 人波 (사람 인, 물결 파). ① [속뜻] 사람들[人]이 물결[波]같이 모임. ② 많이 모여 움직이는 사람의 모양을 파도에 비유하여 이르는 말. ¶전시회에는 많은 인파가 모여들었다. [비]인산인해(人山人海).

인편[1] 人便 (사람 인, 쪽 편). 오거나 가는 사람[人]의 편(便). ¶고향에 계신 부모님이 인편에 먹을 것을 보내 주셨다.

인편[2] 鱗片 (비늘 린, 조각 편). ① [속뜻] 비늘[鱗]의 조각[片]. 또는 비늘 모양의 얇은 조각. ② [생물] 생물체의 겉면을 덮고 있는 비늘 모양의 조각. 양치식물의 뿌리줄기, 잎자루의 돌기, 나비나 모기의 인분(鱗粉) 따위가 있다.

인품 人品 (사람 인, 품격 품). 사람[人]의 품격(品格). 사람의 됨됨이. ¶그는 인품이 훌륭하다. ㊐인격(人格).

인피[1] 人皮 (사람 인, 가죽 피). 사람[人]의 가죽[皮]. ¶그는 인피를 쓴 짐승과도 같았다.

인피[2] 靭皮 (질길 인, 가죽 피). ① 속뜻 질긴[靭] 가죽[皮] 같은 조직. ② 식물 식물체 내의 줄기 형성층의 바깥쪽에 남아 있는 조직. 섬유로써 중요하게 쓰인다.

▸인피-부 靭皮部 (나눌 부). 식물 체관과 인피(靭皮) 섬유 따위로 관다발을 이룬 속씨 식물의 조직체[部].

▸인피 섬유 靭皮纖維 (가늘 섬, 밧줄 유). 식물 식물의 인피부(靭皮部)를 이루는 섬유(纖維) 및 피층(皮層) 섬유.

▸인피 식물 靭皮植物 (심을 식, 만물 물). 식물 잎이나 줄기의 인피(靭皮) 섬유가 직물, 종이, 끈, 편물 따위의 공업용 원료로 쓰이는 식물(植物)을 통틀어 이르는 말.

인하 引下 (끌 인, 아래 하). ① 속뜻 끌어[引] 내림[下]. ② 값을 떨어뜨림. ¶가격 인하 / 금리가 크게 인하되었다. ㊐인상(引上).

인항 引航 (끌 인, 배 항). ① 속뜻 운항할 수 없는 배[航] 따위를 끌고[引] 항해함. ㊐예항(曳航). ② 글라이더를 공중으로 떠오르게 할 때 자동차 따위로 끌어서 이륙시키는 일.

인해 人海 (사람 인, 바다 해). 사람[人]이 바다[海]처럼 많이 모인 상태를 이르는 말.

▸인해 전:술 人海戰術 (싸울 전, 꾀 술). ① 군사 사람[人]을 바다[海]처럼 많이 투입하여 적을 압도하는 전쟁(戰爭) 기술(技術). ② 많은 사람을 투입하여 무슨 일을 이룩하려는 방책.

인행 印行 (찍을 인, 행할 행). 책 따위를 인쇄(印刷)하여 발행(發行)함. ㊐간행(刊行).

인허 認許 (알 인, 허락 허). 인정(認定)하여 허가(許可)함. ㊐인가(認可).

인현왕후-전 仁顯王后傳 (어질 인, 나타날 현, 임금 왕, 왕비 후, 전할 전). 문학 조선 때 전기 소설로 숙종의 계비 인현왕후(仁顯王后)의 폐비(廢妃) 사건과 장희빈(張禧嬪)과의 관계를 다룬 내간체(內簡體)의 궁중 비극 소설[傳].

인혐 引嫌 (당길 인, 싫어할 혐). ① 속뜻 자신의 잘못에[嫌] 대한 반성이 생김[引]. ¶크게 잘못한 사람도 인혐을 하면 용서하는 법이다. ② 벼슬아치가 어떤 일에 대한 책임을 느낌.

인형[1] 仁兄 (어질 인, 맏 형). ① 속뜻 어진[仁] 형(兄) 같은 친구. ② 편지를 쓸 때, 친구 사이에 서로 상대편에게 존경의 의미로 높여 일컫는 말.

인형[2] 人形 (사람 인, 모양 형). ① 속뜻 사람[人]의 형상(形象). ② 사람의 형상을 본떠 만든 장난감. ¶소민이는 인형을 갖고 놀았다.

▸인형-극 人形劇 (연극 극). 연영 인형(人形)을 움직여서 하는 연극(演劇)을 통틀어 이르는 말.

인혜 仁惠 (어질 인, 은혜 혜). 어진[仁] 마음씨로 베푸는 은혜(恩惠).

인호 人戶 (사람 인, 집 호). 사람[人]의 집[戶]. ㊐인가(人家).

인화[1] 人和 (사람 인, 어울릴 화). 다른 사람[人]과 잘 어울림[和]. ¶인화 단결 / 인화가 잘 되지 않는 조직은 오래가지 못한다.

인화[2] 燐火 (인 린, 불 화). ① 속뜻 인(燐)이 탈 때 보이는 파르스름한 불빛[火]. ② 반딧불. ③ 귀화(鬼火). ㊐인광(燐光), 도깨비불.

인화[3] 引火 (끌 인, 불 화). 불[火]을 끌어옴[引]. 불이 붙음. ¶이 물질은 인화되기 쉽다 / 인화성 제품.

▸인화-점 引火點 (점 점). 화학 휘발성 물질의 증기가 다른 작은 불꽃에 의하여 불[火]이 붙는[引] 최저 온도[點].

인화[4] 印畫 (찍을 인, 그림 화). 연영 필름이나 건판의 모습을 감광지에 비추어 화상(畫像)을 찍어[印] 나타나게 하는 일. ¶사진을 몇 장 인화해 드릴까요?

▸인화-지 印畫紙 (종이 지). 사진을 인화(印畫)하는 데 쓰는 종이[紙].

인환-증 引換證 (끌 인, 바꿀 환, 증거 증). 경제 우체국 등에서 발송인이 위탁한 물건을 가져와[引] 수취인에게 물건 값을 받고 바꾸어[換] 주는 증서(證書). ㊐상환증(相換證).

인회-석 燐灰石 (인 린, 재 회, 돌 석). 광업 인산석회(燐酸石灰)가 섞인 광물[石]. 녹색, 청색, 갈색, 무색 등 여러 가지이며 유리와 같은 광택이 있으며 인산질 비료의 원료로 쓰인다.

인후[1] 仁厚 (어질 인, 두터울 후). ① 속뜻 마음이 어질고[仁] 후덕(厚德)함. ② 의학 식도와 기도를 통하는 입속 깊숙한 곳.

인후[2] 咽喉 (목구멍 인, 목구멍 후). 목구멍[咽=喉].

▸인후-강 咽喉腔 (빈 속 강). 의학 목구멍[咽喉] 안의 빈[腔] 곳. 목구멍의 후두개 연골에서 성문까지의 기도를 이른다.

▸인후-병 咽喉病 (병 병). 의학 목구멍[咽喉]에 생기는 병(病)을 통틀어 이르는 말. ㉥후증(喉症).

▸인후-염 咽喉炎 (염증 염). 의학 목구멍[咽喉]의 점막에 염증(炎症)이 생겨 붉게 부어오르는 병.

▸인후지지 咽喉之地 (어조사 지, 땅 지). ① 속뜻 목[咽喉]같이 중요한 땅[地]. ② 중요한 요새가 되는 땅.

인휼 仁恤 (어질 인, 도울 휼). 어진[仁] 마음으로 어려운 처지에 놓인 사람을 돕고[恤] 보살핌.

인희-지광 人稀地廣 (사람 인, 드물 희, 땅 지, 넓을 광). 사람[人]은 적고[稀] 땅[地]은 넓음[廣]. ㉥지광인희(地廣人稀).

일가[1] 一家 (한 일, 집 가). ① 속뜻 한[一] 집안[家]. 한 가족. ¶최 씨 일가. ② 성(姓)과 본이 같은 겨레붙이. 전쟁으로 일가가 뿔뿔이 흩어졌다. ③ 학문, 기술, 예술 등의 분야에서 독자적인 경지나 체계를 이룬 상태. ¶김정희는 서예에서 일가를 이루었다.

▸일가-견 一家見 (볼 견). ① 속뜻 자기대로[一家]의 독특한 의견(意見)이나 학설 ② 어떤 문제에 대하여 독자적인 경지나 체계를 이룬 견해. ¶지혜는 춤에 일가견이 있다.

▸일가-문중 一家門中 (집안 문, 가운데 중). 한[一] 집안[家]이나 성과 본이 같은 가문(家門) 안[中]에 속하는 가족.

▸일가-친척 一家親戚 (친할 친, 겨레 척). 독립된 한 가정[一家]과 친족(親族)과 외척(外戚)을 아울러 이르는 말. ¶힘든 일이 생겼을 때에는 일가친척을 먼저 찾게 된다.

일가[2] 一價 (한 일, 값 가). ① 수학 값[價]이 하나[一] 임. 또는 그 값. ② 화학 원자가(原子價)가 하나임.

▸일가 원소 一價元素 (으뜸 원, 바탕 소). 화학 나트륨, 칼륨, 염소 따위와 같이 원자가(原子價)가 1(一)인 원소(元素).

▸일가 함:수 一價函數 (넣을 함, 셀 수). 수학 하나의 독립 변수에 대하여 종속 변수의 값[價]이 하나[一]뿐인 함수(函數). ㉕다가함수(多價函數).

일가월증 日加月增 (날 일, 더할 가, 달 월, 더할 증). 날[日]이 갈수록 더해지고[加] 달[月]이 갈수록 늘어감[增].

일-가족 一家族 (한 일, 집 가, 겨레 족). 한[一]집안의 가족(家族). 또는 온 가족. ¶일가족 여섯이 한자리에 모이다.

일각[1] 一角 (한 일, 뿔 각). ① 속뜻 한[一]개의 뿔[角]. ② 한 모서리. 한 부분. ¶사회 일각에 큰 파장을 불러일으켰다.

▸일각대문 一角大門 (큰 대, 문 문). 대문간이 따로 없이 담과 이어진 한[一] 부분[角]에 기둥을 세워서 문짝을 단 대문(大門).

일각[2] 一刻 (한 일, 시간 각). ① 속뜻 한 시의 한[一] 각(刻). 즉 15분. ② 짧은 시간.

▸일각-천금 一刻千金 (일천 천, 황금 금). 매우 짧은 시간[一刻]도 천금(千金)과 같이 귀중함.

일간[1] 日刊 (날 일, 책 펴낼 간). 날[日]마다 박아서 펴냄[刊]. 또는 그 간행물. ② 언론 '일간 신문'의 준말.

▸일간-지 日刊紙 (종이 지). 언론 날[日]마다 간행(刊行)하는 신문[紙]. ㉥일간 신문.

▸일간 신문 日刊新聞 (새 신, 들을 문). 언론 날[日]마다 간행(刊行)하는 신문(新聞). ㉥일간지.

일간[2] 日間 (날 일, 사이 간). ① 속뜻 하루[日] 동안[間]. ② 가까운 며칠 내. ¶일간 기별을 주겠네.

일간-두옥 一間斗屋 (한 일, 사이 간, 말 두, 집 옥). 한[一] 칸[間] 밖에 안 되는 작고[斗] 초라한 집[屋].

일간-초옥 一間草屋 (한 일, 사이 간, 풀 초, 집 옥). 한[一] 칸[間] 밖에 되지 않는 작은 초가[草]집[屋].

일갈 一喝 (한 일, 꾸짖을 갈). 한[一] 번 크게 꾸짖음[喝]. 큰 소리를 지름. ¶스승의 벽력 같은 일갈에 제자들은 발길을 멈추었다.

일개 一介 (한 일, 딱지 개). 보잘것없는 한[一] 조각[介]. ¶일개 평민인 제가 어찌 감히…

일-개인 一個人 (한 일, 낱 개, 사람 인). 한[一] 사람의 개인(個人). ¶그 일은 일개인으로써 감당하기 어려운 일이다.

일거[1] 一擧 (한 일, 들 거). ① [속뜻] 한[一] 번에 들어 올림[擧]. 한 번의 동작. ② 단번에 일을 해치우는 모양을 이름. ¶그간의 실수를 일거에 만회했다.

▸ 일거양득 一擧兩得 (두 량, 얻을 득). ① [속뜻] 한[一] 가지를 들어[擧] 두[兩] 가지 이득[得]을 얻음. ② 한 가지 일을 하여 두 가지 이익을 얻음. ¶뜻밖에 일거양득의 결과를 얻었다. [비] 일석이조(一石二鳥).

▸ 일거-일동 一擧一動 (한 일, 움직일 동). 손짓[擧] 한[一] 번, 움직임[動] 한[一] 번. 하나하나의 행동이나 동작. ¶학생들의 일거일동을 주시하다.

▸ 일거수-일투족 一擧手一投足 (손 수, 한 일, 던질 투, 발 족). ① [속뜻] 손[手] 한[一] 번 드는[擧] 것, 발[足] 한[一] 번 옮기는[投] 것 같은 동작. ② 사소한 하나하나의 행동이나 동작. ¶경찰이 그의 일거수일투족을 감시하고 있다.

일거[2] 逸居 (한가할 일, 살 거). 편안하고 한가로이 즐기며[逸] 지냄[居].

일건 一件 (한 일, 사건 건). ① [속뜻] 한[一] 가지[件]. ② 한 벌. ¶일건 서류를 갖추어서 제출하다.

▸ 일건 기록 一件記錄 (적을 기, 베낄 록). [법률] 그 일에 관계되는 모든[一件] 기록(記錄). [비] 일건 서류

▸ 일건 서류 一件書類 (글 서, 무리 류). [법률] 하나의 소송 사건에 관한 모든[一件] 서류(書類). 각종 조서, 판결서, 소송 관계인이 제출한 서류 따위를 묶어서 철한 장부이다. [비] 일건 기록.

일격 一擊 (한 일, 칠 격). 한[一] 번 세게 침[擊]. 한 번의 공격. ¶상대방이 일격을 가했다.

일견 一見 (한 일, 볼 견). ① [속뜻] 한[一] 번 봄[見]. ¶쌍둥이를 일견에 구별하기는 어렵다. ② 언뜻 보아. ¶그는 일견 착한 듯 보이지만 실은 그렇지 않다.

일경 一更 (한 일, 시각 경). ① [속뜻] 하룻밤을 오경(五更)으로 나눈 것 중 첫째[一] 시각[更]. [비] 초경(初更).

일계[1] 一計 (한 일, 꾀 계). 한[一] 가지 꾀[計]. ¶최후의 일계를 쓰다.

일계[2] 日計 (날 일, 셀 계). ① [속뜻] 하루[日]를 단위로 하는 계산(計算). ② 날수대로의 계산.

▸ 일계-표 日計表 (겉 표). 날[日]마다의 계산(計算)을 한눈에 알아볼 수 있도록 만든 표(表).

일-계급 一階級 (한 일, 섬돌 계, 등급 급). 한[一] 계급(階級). ¶일계급 특진(特進).

일고[1] 一考 (한 일, 생각할 고). 한[一] 번 생각하여[考] 봄. ¶일고의 가치도 없다.

일고[2] 一顧 (한 일, 돌아볼 고). ① [속뜻] 한[一] 번 돌아봄[顧]. 잠깐 돌아봄. ② 관심을 두고 조금 생각하여 봄. ¶그는 자신의 행동을 일고하고 뉘우쳤다.

일고 日雇 (날 일, 품팔 고). 그날[日]그날 품을 파는[雇] 것. [비] 날품, 일용(日傭).

일공 日工 (날 일, 장인 공). ① [속뜻] 그날[日] 그날 품삯을 받고 일함. 또는 그런 사람[工]. ② 하루의 품삯.

일과[1] 一過 (한 일, 지날 과). ① [속뜻] 한[一] 번 지남[過]. ② 한 번 눈을 거침.

▸ 일과-성 一過性 (성질 성). 현상이나 병증이 일시적(一時的)으로 일어났다가 곧 사라지는[過] 성질(性質).

일과[2] 日課 (날 일, 매길 과). 날[日]마다 일을 일정하게 매김[課]. 또는 그런 일. ¶그는 오전 여섯 시에 하루 일과를 시작한다.

▸ 일과-력 日課曆 (책력 력). 날[日]마다 해야 할 일[課]을 적어 놓을 수 있게 만든 일력(日曆).

▸ 일과-표 日課表 (겉 표). 날[日]마다 해야 할 일[課]을 적어 놓은 표(表). ¶영민이는 방학 때 일과표에 따라 생활했다.

일곽 一郭 (=一廓, 한 일, 성곽 곽). 하나[一]의 담[郭]으로 둘러친 지역. ¶그들은 마을 북쪽의 일곽에서 적을 기다렸다.

일관 一貫 (한 일, 꿸 관). ① [속뜻] 하나[一]로 꿰맴[貫]. ② 하나의 방법이나 태도로써 처

음부터 끝까지 똑같이 함. ¶그는 언제나 무뚝뚝한 태도로 일관했다.

▸일관-성 一貫性 (성질 성). 처음부터 끝가지 한결같은[一貫] 성질(性質). ¶그의 행동은 일관성이 없다.

▸일관 작업 一貫作業 (지을 작, 일 업). 공업 원료로부터 제품이 나올 때까지의 여러 과정을 분산하지 않고 연속적으로[一貫] 하는 작업(作業).

일괄 一括 (한 일, 묶을 괄). 낱낱의 것들을 하나[一]로 묶음[括]. ¶일괄 처리 / 세 개의 의안을 일괄하여 의제로 상정했다.

▸일괄 처리 一括處理 (처방할 처, 다스릴 리). 입력 데이터를 일정량 또는 일정 기간 모아서 한꺼번에[一括] 처리(處理)하는 방법.

일광 日光 (해 일, 빛 광). 태양[日]에서 비추는 빛[光]. ⓑ햇빛.

▸일광-욕 日光浴 (목욕할 욕). 병을 치료하거나 건강을 위하여 햇빛[日光]에 목욕(沐浴)하듯 맨몸을 쬐는 일. ¶일광욕을 했더니 피부가 탔다.

▸일광 소독 日光消毒 (사라질 소, 독할 독). 의학 햇빛[日光] 속의 자외선의 살균력을 이용한 소독법(消毒法).

▸일광 요법 日光療法 (병 고칠 료, 법 법). 의학 햇빛[日光] 속의 자외선을 이용한 치료법(治療法).

▸일광 반:사경 日光反射鏡 (되돌릴 반, 쏠 사, 거울 경). 물리 태양[日] 광선(光線)을 일정한 방향으로 반사(反射)시키는 거울[鏡].

▸일광 절약 시간 日光節約時間 (알맞을 절, 아낄 약, 때 시, 사이 간). 사회 여름철에 햇빛[日光]이 비치는 시간을 효율적으로[節約] 이용하기 위해 표준 시간(時間)을 한 시간쯤 앞당기는 제도. ⓑ서머타임(Summer time).

일교-차 日較差 (날 일, 견줄 교, 어긋날 차). 지리 기온, 기압, 습도 따위의 하루[日] 동안의 최고값과 최저값을 비교(比較)한 차이(差異). ¶요즘은 일교차가 크니까 감기 조심하세요.

일구[1] 逸球 (달아날 일, 공 구). 운동 야구에서, 투수가 던진 공[球]을 포수가 잡지 못하고 뒤로 빠뜨리는[逸] 일. ⓑ패스트 볼(passed ball).

일구[2] 一口 (한 일, 입 구). ① 속뜻 하나의[一] 입[口]. 한마디의 말. ②한 사람. ③여러 사람의 똑같은 말.

▸일구-난설 一口難說 (어려울 난, 말씀 설). 한[一] 마디의 말[口]로는 다 설명(說明)하기 어려움[難].

▸일구-이언 一口二言 (두 이, 말씀 언). ① 속뜻 한[一] 입[口]으로 두[二] 가지 말을 함[言]. ②'말을 이랬다저랬다 함'을 이르는 말.

일국 一國 (한 일, 나라 국). ① 속뜻 한[一] 나라[國]. ¶그는 일국의 장관으로서 부적절하게 처신했다. ②온 나라. ¶그의 명성이 일국에 자자하다.

일군[1] 一軍 (한 일, 군사 군). ① 속뜻 한[一] 군대(軍隊). ②온 군대.

일군[2] 一群 (한 일, 무리 군). 한[一] 무리[群]. 한 떼. ¶농민들이 일군을 이루어 관군에 저항했다.

일근 日勤 (날 일, 일할 근). ① 속뜻 날[日]마다 근무(勤務)함. ②낮 동안의 근무.

일금 一金 (한 일, 돈 금). ① 속뜻 일정(一定)한 돈[金]의 액수에 쓰는 말. ¶일금 오백만 원정. ②전부의 돈.

일급[1] 一級 (한 일, 등급 급). ① 속뜻 한[一] 계급(階級). ②최고의 등급. ¶일급 호텔. ③등급의 첫째. ¶나는 컴퓨터 활용 일급 자격증을 취득했다.

일급[2] 日給 (날 일, 줄 급). 날[日]마다 지급하는[給] 방식의 품삯.

일기[1] 一技 (한 일, 재주 기). 한[一] 가지 기술(技術)이나 재주. ⓑ일능(一能).

일기[2] 一朞 (한 일, 돌 기). 한[一] 돌[朞]. ⓑ일주년(一週年).

일기[3] 一期 (한 일, 때 기). ① 속뜻 어떤 시기를 몇으로 나눈 것 중 한[一] 기간(期間). ②한 평생. 일생. ¶35세를 일기로 세상을 떠났다.

▸일기일회 一期一會 (한 일, 모일 회). ① 속뜻 평생[一期]에 단 한[一] 번 만남[會]. ②사람과의 만남이 매우 소중함을 이르는 말.

*__일기__[4] 日記 (날 일, 기록할 기). ① 속뜻 그날 그날[日] 겪은 일이나 감상 등을 적은 개인

의 기록(記錄). ¶나는 하루도 빼지 않고 일기를 쓴다. ②일기장.

▶일기-장 日記帳 (장부 장). ① 속뜻 일기(日記)를 적는 책[帳]. ② 경제 영업상의 거래나 기업 재산에 관한 나날의 상태를 기록하는 장부.

▶일기-초 日記抄 (뽑을 초). ① 속뜻 일기(日記) 가운데서 중요한 대목만 가려서 뽑아[抄] 놓은 것. ② 역사 폐위된 임금의 역사를 편찬하는 데 근거가 되는 초록.

▶일기 문학 日記文學 (글월 문, 배울 학). 문학 ①일기(日記) 형식으로 표현된 문학(文學). ②일기로서 문학적인 가치가 높은 기록.

일기[5] 日氣 (날 일, 기운 기). 그날[日]의 기상(氣象) 상태. ¶일기가 좋다 / 요즘은 일기가 고르지 못하다. ⑪날씨.

▶일기-도 日氣圖 (그림 도). 지리 어떤 지역의 기상 상태[日氣]를 숫자나 기호 따위로 나타낸 그림[圖].

▶일기 예:보 日氣豫報 (미리 예, 알릴 보). 지리 일정한 지역에서의 얼마 동안의 기상 상태[日氣]를 미리[豫] 알리는[報] 일. ¶눈이 온다던 일기 예보와 달리 날이 맑다.

일기-당천 一騎當千 (한 일, 말 탈 기, 당할 당, 일천 천). ① 속뜻 혼자서[一] 말을 타고[騎] 천(千)명의 적을 감당(堪當)함. ②무예가 매우 뛰어남. ③기술이 남보다 뛰어남. 경험이 남보다 월등히 많음. ⑪일인당천(一人當千).

일난풍화 日暖風和 (해 일, 따뜻할 난, 바람 풍, 따스할 화). 날[日]이 따뜻하고[暖] 바람결이[風] 온화(溫和)함.

일년-생 一年生 (한 일, 해 년, 살 생). ① 속뜻 일년(一年)동안 삶[生]. ② 식물 일년생 식물. ③1학년 학생. ¶중학교 일년생. ⑪한해살이.

▶일년생 식물 一年生植物 (심을 식, 만물 물). 식물 식물체가 한[一] 해[年] 동안 살아가는[生] 식물(植物). ¶해바라기는 국화과에 속하는 일년생 식물이다. ⑪일년초(一年草).

▶일년생 초본 一年生草本 (풀 초, 본보기 본). 식물 1년[一年] 동안 살아가는[生] 풀[草本]. ⓐ일년생 식물.

일년-초 一年草 (한 일, 해 년, 풀 초). 식물 1년[一年] 이내에 씨를 뿌려서 싹이 나서 자라 꽃이 피고 열매를 맺으며 시들어 죽는 풀[草]. ⑪한해살이풀.

일념 一念 (한 일, 생각 념). ① 속뜻 한[一] 가지의 생각[念]. 또는 한결 같은 마음. ¶그는 교육 개혁을 일으키겠다는 일념으로 반평생을 살아왔다. ② 불교 온 정신을 기울여 염불하는 일.

▶일념-통천 一念通天 (통할 통, 하늘 천). ① 속뜻 한결같은[一] 마음[念]으로 노력하면 하늘[天]에도 통(通)함. ②정성이 지극하면 무슨 일이든 이룰 수 있음.

일단[1] 一旦 (한 일, 아침 단). ① 속뜻 하루[一] 아침[旦]. ②우선 먼저. ¶일단 밥부터 먹고 하자. ③우선 잠깐. ¶건널목에서는 일단 정지하시오.

일단[2] 一段 (한 일, 구분 단). ① 속뜻 한[一] 단계(段階). ②문장이나 이야기 따위의 한 토막.

일단[3] 一團 (한 일, 모일 단). ① 속뜻 한[一] 덩어리[團]. ②하나의 집단. 한 무리. ¶일단의 시인들.

일단[4] 一端 (한 일, 끝 단). ① 속뜻 한[一]쪽 끝[端]. ②사물의 한 부분.

일-단락 一段落 (한 일, 구분 단, 떨어질 락). 일의 한[一] 토막[段]이 마무리됨[落]. ¶어쨌든 이 사건은 그렇게 일단락을 짓자.

일당[1] 一黨 (한 일, 무리 당). ① 속뜻 목적과 행동을 함께 하는 하나[一]의 무리[黨]. ¶경찰은 일당 4명을 체포했다. ②하나의 정당 또는 당파. ¶북한은 일당 독재체제를 고수하고 있다.

일당[2] 日當 (날 일, 맡을 당). 하루[日] 동안 일한 것에 대한 수당(手當)이나 보수. ¶일당 5만 원을 받았다.

일당백 一當百 (한 일, 당할 당, 일백 백). ① 속뜻 한[一] 사람이 백[百] 사람을 감당(堪當)함. ② '매우 용맹함'을 비유하여 이르는 말.

⁑**일대**[1] 一帶 (한 일, 띠 대). ① 속뜻 하나[一]의 띠[帶]. 혹은 그러한 모양을 이루고 있는 것. ②일정한 범위의 어느 지역 전부. ¶중부 지방 일대에 가뭄이 극심하다. ⑪일원(一圓).

일대[2] 一隊 (한 일, 무리 대). 한[一] 떼[隊].

대오를 이룬 한 때.

일대[3] 一大 (한 일, 큰 대). 하나[一]의 큰 [大]. 굉장한. ¶인터넷은 사람들의 삶에 일대 변화를 가져왔다.

▸일대-사 一大事 (일 사). ① 속뜻 하나[一]의 매우 큰[大] 일[事]. 중대한 일. ② 불교 사람이 죽는 일과 아이를 낳는 일을 이르는 말.

일대[4] 一代 (한 일, 세대 대). ① 속뜻 사람의 한[一] 세대(世代). ¶일대에 한 번밖에 없는 기회. ② 어떤 한 시대. 그 시대. ¶일대의 영웅. ⓑ일세(一世).

▸일대-기 一代記 (기록할 기). 한 사람의 일생[一代] 동안의 일을 적은 기록(記錄). ¶그는 한 지휘자의 일대기를 영화로 만들었다.

▸일대 잡종 一代雜種 (섞일 잡, 갈래 종). 생물 서로 다른 종이나 개체를 교배에 의해 생긴 제일대(第一代)의 잡종(雜種). ⓑ잡종 제일 대.

일도 一到 (한 일, 이를 도). 한[一] 번 다다름[到]. ¶일도 창해(一到滄海).

일도-양단 一刀兩斷 (한 일, 칼 도, 두 량, 끊을 단). ① 속뜻 한[一] 칼[刀]에 둘[兩]로 자름[斷]. ② 머뭇거리지 않고 과감히 처리함.

일독 一讀 (한 일, 읽을 독). 한[一] 번 읽음[讀]. ¶성경을 일독했다.

일동 一同 (한 일, 같을 동). 모두[一] 같이[同]. 그곳에 있는 모든 사람. 어떤 집단이나 단체에 든 모든 사람. ¶일동, 차렷!

일동일정 一動一靜 (한 일, 움직일 동, 한 일, 고요할 정). 하나하나[一]의 움직임[動]이나 멈춤[靜]과 같은 모든 동작. ¶군사들의 일동일정을 빠짐없이 살피다

일동장유-가 日東壯遊歌 (일본 일, 동녘 동, 씩씩할 장, 떠돌 유, 노래 가). 문학 조선 영조 때, 김인겸(金仁謙)이 통신사의 서기관으로 일본[日東]에 즐겁게[壯] 다녀온[遊] 이야기를 적은 가사[歌].

일득일실 一得一失 (한 일, 얻을 득, 한 일, 잃을 실). 한[一] 가지 얻는[得] 것이 있으면 한[一] 가지 잃는[失] 것이 있다는 말.

일등 一等 (한 일, 무리 등). 순위, 등급 따위에서 첫째[一] 무리[等].

▸일등-병 一等兵 (군사 병). 군사 계급이 일등(一等)에 해당하는 군사[兵]. 국군의 사병 계급의 하나. 이등병의 위, 상등병의 아래이다.

▸일등-성 一等星 (별 성). 천문 별 중에서 가장[一等] 밝게 보이는 별[星]. 맨눈으로 볼 수 있는 별의 밝기를 여섯 등급으로 나눌 때에 첫째 등급으로, 시리우스, 견우성, 직녀성 따위가 있다.

▸일등-품 一等品 (물건 품). 품질이 가장 뛰어난[一等] 물품(物品).

일락[1] 一樂 (한 일, 즐길 락). ① 속뜻 한[一] 가지 즐거움[樂]. ② 삼락(三樂)중의 첫째의 낙, 곧 부모가 살아 계시고 형제가 다 무고한 일.

일락[2] 逸樂 (한가할 일, 즐길 락). 초야에 묻혀 편안히[逸] 놀며 즐김[樂].

일락-서산 日落西山 (해 일, 떨어질 락, 서녘 서, 메 산). 해[日]가 서산(西山)으로 떨어짐[落].

일란-성 一卵性 (한 일, 알 란, 성질 성). 한[一] 개의 수정란[卵]에서 태어나는 것[性]. ¶우리는 일란성 쌍둥이이다.

▸일란성 쌍생아 一卵性雙生兒 (둘 쌍, 날 생, 아이 아). 의학 하나[一]의 수정란(受精卵)에서 분열되어 같은 성질(性質)을 갖게 된 쌍둥이[雙生兒].

일람 一覽 (한 일, 볼 람). ① 속뜻 한[一] 번 봄[覽]. 또는 한 번 죽 훑어봄. ¶김 사장은 이달 지출 내역을 일람했다. ② 모든 내용을 한 눈에 볼 수 있도록 간단히 적은 작은 책이나 표. ¶문화재 일람.

▸**일람-표** 一覽表 (겉 표). 많은 사항을 한[一]눈에 보아[覽] 알 수 있게 꾸며 놓은 도표(圖表). ¶졸업생 일람표를 만들다.

일력 日曆 (날 일, 책력 력). 그날[日]의 날짜, 요일만을 적어 놓은 책력(冊曆). 날마다 한 장씩 떼거나 젖히어가며 사용한다.

일련 一連 (한 일, 이을 련). 하나[一]로 이어짐[連]. 또는 그런 체계. ¶일련의 검사 / 일련의 사건은 1952년에 시작되었다.

▸일련-번호 一連番號 (차례 번, 차례 호). 하나[一]의 차례대로 이어지는[連] 번호(番號). ¶일련번호를 매기다. ⓒ연번.

일렬 一列 (한 일, 줄 렬). 한[一] 줄[列]. ¶

일렬 종대 / 강당에는 좌석이 일렬로 배치되어 있었다.

일례 一例 (한 일, 본보기 례). 하나[一]의 예(例). 한 가지 실례(實例). ¶일례를 들면 다음과 같다.

일로 一路 (한 일, 길 로). ① [속뜻]한[一] 방향으로 뻗은 길[路]. ②다른 길로 가지 않고 곧장. ③그렇게 되는 추세. ¶수출이 증가 일로를 걷다.

▸일로-매진 一路邁進 (힘쓸 매, 나아갈 진). 한[一] 길[路]로 힘써[邁] 나아감[進].

일록 日錄 (날 일, 기록할 록). 날[日]마다 기록(記錄)함. 또는 그 기록.

일루[1] 一縷 (한 일, 실 루). ① [속뜻]한[一] 가닥의 실[縷]. ②'몹시 미약하여 겨우 유지되는 정도의 상태'를 비유하여 이르는 말. ¶일루의 광명이 보였다 / 현재로서는 일루의 희망도 없다.

일루[2] 一壘 (한 일, 진 루). [운동]야구에서, 주자가 맨 처음[一] 밟는 베이스[壘].

▸일루-수 一壘手 (사람 수). [운동]야구에서, 상대편 타자의 공격을 막기 위해 일루(一壘)를 지키고 있는 선수(選手).

▸일루-타 一壘打 (칠 타). [운동]야구에서, 타자가 일루(一壘)까지 갈 수 있게 친 안타(安打). [비]단타(單打).

일류 一流 (첫째 일, 갈래 류). 어떤 분야에서 첫째[一] 가는 계층이나 갈래[流]. ¶일류 호텔 / 일류 기술자 / 일류 대학.

일류-제 溢流堤 (넘칠 일, 흐를 류, 둑 제). [건설]저수지 따위에서 물이 찼을 때 저절로 넘쳐[溢] 흐르도록[流] 만든 부분. 혹은 그런 둑[堤].

일륜 一輪 (한 일, 바퀴 륜). ① [속뜻]한[一] 바퀴[輪]. 한 둘레. ②'꽃 한 송이'를 비유하여 이르는 말.

▸일륜-차 一輪車 (수레 차). 바퀴[輪]가 하나[一]인 수레[車].

일률 一律 (한 일, 법칙 률). ① [속뜻]일정(一定)한 규율(規律). 한결같음. ¶천편일률(千篇一律). ②사형에 해당하는 죄. [비]일죄(一罪).

일리 一理 (한 일, 이치 리). ① [속뜻]한[一] 가지 이치(理致). 이치에 합당함. ¶네 말도 일리가 있다. ②같은 이치.

일리일해 一利一害 (한 일, 이로울 리, 한 일, 해칠 해). 한[一] 가지 이득(利得)이 있으면 한[一] 가지 손해(損害)도 있음.

일막-극 一幕劇 (한 일, 막 막, 연극 극). [연영]한[一] 개의 막(幕)으로 이루어진 연극(演劇)이나 드라마. [비]단막극(單幕劇).

일말 一抹 (한 일, 바를 말). ① [속뜻]한[一] 번 바를[抹] 정도 밖에 안 됨. ②약간. 조금. ¶일말의 죄책감도 느끼지 않았다.

일망 一望 (한 일, 바라볼 망). ① [속뜻]한[一] 눈에 바라봄[望]. ②한 보름 동안.

▸일망-무애 一望無涯 (없을 무, 끝 애). 한[一]눈에 바라보아도[望] 끝[涯]이 없을[無] 만큼 아득히 멀고 넓음. [비]일망무제(一望無際).

▸일망-무제 一望無際 (없을 무, 가 제). 한[一]눈에 바라보아도[望] 끝[際]이 없을[無] 만큼 아득히 멀고 넓음. [비]일망무애(一望無涯).

▸일망지하 一望之下 (어조사 지, 아래 하). 한[一]눈에 바라볼[望] 수 있는 시야의 아래[下].

일망타진 一網打盡 (한 일, 그물 망, 칠 타, 다할 진). 어떤 무리를 한[一] 그물[網]에 모두[盡] 때려[打] 잡음. ¶검찰과 경찰이 협력하여 범죄 조직을 일망타진했다.

일맥 一脈 (한 일, 줄기 맥). 하나[一]로 이어진 줄기[脈].

▸일맥-상통 一脈相通 (서로 상, 통할 통). 처지, 성질, 생각 등이 어떤 면에서 한 가지[一脈]로 서로[相] 통(通)함. ¶두 가지 현상에는 일맥상통한 점이 있다.

일면 一面 (한 일, 쪽 면). ① [속뜻]물체나 사물의 한[一] 면(面). ¶사람을 일면만 보고 판단하면 안 된다. ②신문의 첫째 면. ¶그 사건은 일면 기사로 보도되었다.

▸일면여구 一面如舊 (같을 여, 옛 구). 한[一] 번 만났으나[面] 오래[舊] 사귄 것처럼[如] 친밀한 일.

일-면식 一面識 (한 일, 낯 면, 알 식). 한[一] 번 만난[面] 정도로 조금만 앎[識]. ¶그와는 일면식도 없다.

일명[1] 一名 (한 일, 이름 명). ① [속뜻]한[一] 사람[名]. ②본이름 외에 따로 부르는 이름. ¶그는 일명 뽀빠이로 불린다.

일명[2] 一命 (한 일, 목숨 명). ① 속뜻 하나의 [一] 목숨[命]. ② 하나의 명령.

일모[1] 一毛 (한 일, 털 모). ① 속뜻 한[一] 가닥의 털[毛]. ② 아주 가벼운 것. 또는 아주 적은 분량.

일모[2] 日暮 (해 일, 저물 모). 해[日]가 짐[暮]. 또는 그 무렵.

▸ 일모-도궁 日暮途窮 (길 도, 다할 궁). ① 속뜻 해[日]는 지고[暮] 갈 길[途]은 막혔음[窮]. ② '늙고 쇠약하여 앞날이 오래지 않음'을 비유하여 이르는 말.

일모-작 一毛作 (한 일, 털 모, 지을 작). 농업 한 경작지에서 한 해에 한[一] 차례만 모(毛)를 심어 농사를 짓는[作] 일. ㊥단작(單作). ㊟다모작(多毛作).

일목 一目 (한 일, 눈 목). ① 속뜻 한[一] 쪽 눈[目]. 또는 애꾸눈. ② 한 번 보는 일.

▸ 일목요연 一目瞭然 (밝을 료, 그러할 연). 한[一] 눈[目]에도 환히[瞭然] 알 수 있을 만큼 분명하다. ¶서류를 일목요연하게 정리했다.

일몰 日沒 (해 일, 빠질 몰). 지평선이나 수평선 아래로 해[日]가 빠짐[沒]. ¶우리는 일몰을 보러 서해에 갔다. ㊥일입(日入). ㊤일출(日出).

일무 一無 (한 일, 없을 무). 하나[一]도 없음[無].

▸ 일무-가관 一無可觀 (가히 가, 볼 관). 볼[觀] 만한[可] 것이 하나[一]도 없음[無].

▸ 일무-가론 一無可論 (가히 가, 논할 론). 의논(議論)할 만한[可] 일이 하나[一]도 없음[無].

▸ 일무-소식 一無消息 (사라질 소, 불어날 식). 소식(消息)이 하나[一]도 없음[無].

▸ 일무-차착 一無差錯 (어긋날 차, 섞일 착). 어긋나[差] 뒤섞인[錯] 일이 하나[一]도 없음[無].

일문[1] 一門 (한 일, 집안 문). ① 속뜻 한[一] 집안[門]. 한 가족. ② 불교 같은 종파의 사람들을 이르는 말.

일문[2] 日文 (일본 일, 글월 문). 일본어(日本語)로 쓴 글[文].

일문[3] 逸文 (숨을 일, 글월 문). ① 속뜻 세상에 알려지지 않은[逸] 글[文]. ② 뛰어난 글.

일문[4] 逸聞 (숨을 일, 들을 문). 세상에 알려지지 않은[逸] 소문(所聞)이나 이야기. 일화(逸話).

일문-일답 一問一答 (한 일, 물을 문, 한 일, 답할 답). 하나[一]의 질문(質問)에 대하여 하나[一] 씩 대답(對答)함.

일미 一味 (첫째 일, 맛 미). ① 속뜻 첫째[一] 가는 좋은 맛[味]. ¶그 집의 빈대떡은 천하일미이다. ② 불교 부처님의 가르침은 여러 가지인 듯 하나 그 본래의 뜻은 하나라는 뜻. ㊟일당(一黨).

일민 逸民 (숨을 일, 백성 민). 학문과 덕행이 있으면서도 세상을 피해 숨어[逸] 지내는 사람[民].

일박 一泊 (한 일, 묵을 박). 하루[一] 밤을 묵음[泊]. ¶일박 이일 / 우리는 목포에서 일박하고 제주로 떠났다.

일반[1] 一半 (한 일, 반 반). 하나[一]의 절반(折半).

***일반**[2] 一般 (한 일, 모두 반). ① 속뜻 어떤 공통되는 한[一] 요소가 전반(全般)에 두루 미치고 있는 일. ¶일반 상식 / 일반 이론. ② 특별하지 않고 평범한 수준. ¶일반 가정 / 일반 국민. ③ 한 모양이나 마찬가지의 상태. ¶이러나저러나 죽기는 일반이다. ㊥보통(普通). ㊤특수(特殊).

▸ 일반-미 一般米 (쌀 미). 정부에서 보유한 것이 아닌, 일반(一般) 사람들이 사고파는 쌀[米]. ¶일반미가 정부미보다 비싸다. ㊤정부미(政府米).

▸ 일반-법 一般法 (법 법). 법률 사람, 장소, 사항 따위에 특별한 제한 없이 널리[一般] 적용되는 법(法). ㊥보통법(普通法). ㊟특별법(特別法).

▸ 일반-석 一般席 (자리 석). 특별히 마련한 자리가 아닌, 보통(普通) 사람들이 앉도록 마련한 자리[席]. ㊥보통석(普通席). ㊤특별석(特別席).

▸ 일반-수 一般數 (셀 수). 수학 수학식에서 모든[一般] 수가 될 수 있는 수(數). 문자로 나타내어 어떤 수도 될 수 있음을 표시한다. $a+3a=4a$에서의 a 따위.

▸ 일반-어 一般語 (말씀 어). 언어 일반 사람들이 일반(一般) 생활에 널리 쓰는 말[語].

▸ 일반-용 一般用 (쓸 용). 일반적(一般的)으로 사용(使用)함. 또는 그러한 것.

▸일반-인 一般人 (사람 인). ① 속뜻 특별한 신분이나 지위가 없는 보통[一般] 사람[人]. ② 어떤 일에 특별한 관계가 없는 사람 ¶일반인의 출입을 금지합니다.

▸일반-적 一般的 (것 적). 어떤 특정한 분야에만 한정되지 않고 전체에 두루[一般] 걸치는 것[的]. ¶앞으로 환경 문제가 심각해질 것이라는 견해가 일반적이다.

▸일반-직 一般職 (일 직). 국가 공무원 중에서 일반적(一般的)인 행정업무나 기술, 연구 등의 업무를 담당하는 직책(職責).

▸일반-항 一般項 (항목 항). 수학 여러 항으로 된 식, 수열, 급수 등에서의 임의로 정해 모든[一般] 수를 대입할 수 있는 항(項). 문자로 나타내어 어떤 수도 될 수 있음을 표시한다.

▸일반 감:각 一般感覺 (느낄 감, 깨달을 각). 심리 일반적(一般的)으로 느끼는 감각(感覺). 시각, 청각, 후각, 미각, 촉각과 같은 오관(五官)에 의한 감각을 통틀어 이르는 말이다. ㉥보통(普通) 감각. ㉦내장(內臟) 감각.

▸일반 개:념 一般概念 (대강 개, 생각 념). 논리 많은 대상에 널리[一般] 적용되는 개념(概念). ㉥보통(普通) 개념, 보편(普遍) 개념. ㉧개별 개념(個別概念).

▸일반 교:서 一般敎書 (가르칠 교, 글 서). 정치 대통령이 연두(年頭)에 의회에 보내는 기본적인[一般] 시정 방침에 대한 교서(敎書).

▸일반 명사 一般名詞 (이름 명, 말씀 사). 언어 일반(一般) 개념을 표시하는 명사(名詞). 여러 가지 사물의 공통된 특성을 나타낸다. ㉥보통 명사(普通名詞).

▸일반 사:면 一般赦免 (용서할 사, 면할 면). 법률 일정한 형벌의 종류에 해당하는 모든[一般] 죄인에 대해 사면(赦免)함. ㉧특별 사면(特別赦免).

▸일반 예:금 一般預金 (맡길 예, 돈 금). 경제 시중 은행이 중앙은행에 이자 없이[一般] 맡겨 둔 예금(預金).

▸일반 은행 一般銀行 (은 은, 행할 행). 경제 일반인(一般人)으로부터의 예금을 주된 자금원으로 하여 금융 사업을 하는 은행(銀行). ㉥보통 은행(普通銀行). ㉧특수 은행(特殊銀行).

▸일반 조약 一般條約 (조목 조, 묶을 약). 정치 여러 국가가 참가하는 일반적(一般的)인 조약(條約). ㉧특수 조약(特殊條約).

▸일반 투표 一般投票 (던질 투, 쪽지 표). 정치 국가의 중대한 사항에 대하여 모든[一般] 국민이 하는 투표(投票). ㉥국민 투표(國民投票).

▸일반 회:계 一般會計 (모일 회, 셀 계). 경제 국가나 지방 자치 단체의 일반적(一般的)인 세입 세출을 경리하는 회계(會計). ㉧특별 회계(特別會計).

▸일반 심리학 一般心理學 (마음 심, 이치 리, 배울 학). 심리 개체에 차이를 두지 않고 누구에게나[一般] 공통되는 사실과 원리를 연구 대상으로 하는 심리학(心理學). ㉥보통 심리학(普通心理學). ㉧개성 심리학(個性心理學).

▸일반 상대성 이:론 一般相對性理論 (서로 상, 대할 대, 성질 성, 이치 리, 논할 론). 물리 아인슈타인이 특수 상대성 이론을 확장하여 가속 운동을 하는 일반(一般) 좌표계에도 상대성(相對性) 원리를 적용하여 체계화한 이론(理論).

일발[1] 一發 (한 일, 쏠 발). ① 속뜻 활이나 총 따위를 한[一] 번 쏨[發]. ② 총알이나 탄환 따위의 하나. 한 방. ¶일발 장전(裝塡).

▸일발-필중 一發必中 (반드시 필, 맞을 중). 한[一] 번 쏘아[發] 반드시[必] 맞힘[中]. ¶일발필중의 명사수.

일발[2] 一髮 (한 일, 머리털 발). ① 속뜻 한[一] 가닥의 머리털[髮]. ② 극히 작고 약함.

▸일발인천균 一髮引千鈞 (끌 인, 일천 천, 서른 근 균). ① 속뜻 하나[一]의 머리털[髮]로 천균(千鈞)이나 되는 무거운 물건을 끌어당김[引]. ② '아주 긴박하고 아슬아슬한 상태' 따위를 비유하여 이르는 말.

일방 一方 (한 일, 모 방). 한[一] 쪽[方]. 한편. ¶강화도 조약은 조선을 일방으로 하고, 일본을 다른 일방으로 하여 체결되었다.

▸일방-적 一方的 (것 적). ① 속뜻 어느 한편[一方]으로 치우치는 것[的]. ¶형은 그에게 일방적으로 맞았다. ② 상대편은 생각지도 않고 자신의 일만 생각해서 하는 것. ¶그녀는 화가 나면 일방적으로 전화를 끊어버린다.

▸일방-통행 一方通行 (통할 통, 다닐 행). ①

속뜻 사람이나 차량을 도로의 한쪽 방향[一方]으로만 통행(通行)시키는 일. ②'어떤 의사나 주장 따위가 일방적으로만 전하여 지거나 이루어지는 일'을 비유하여 이르는 말. ¶일방통행식의 교육.

▸일방 행위 一方行爲 (행할 행, 할 위). 법률 당사자 한쪽[一方]의 의사 표시만으로 성립하는 법률 행위(行爲). ⓑ단독 행위(單獨行爲).

일배 一杯 (한 일, 잔 배). 한[一] 잔[杯].

▸일배-주 一杯酒 (술 주). 한[一] 잔[杯]의 술[酒].

일백 一百 (한 일, 일백 백). 하나[一]의 백(百). 백. ¶일백의 군사를 거느리다.

일벌-백계 一罰百戒 (한 일, 벌할 벌, 일백 백, 경계할 계). ① 속뜻 한[一] 사람에게 벌(罰)을 중하게 줌으로써 백(百) 사람에게 주의[戒]를 줌. ②다른 사람들에게 경각심을 불러일으키기 위해 본보기로 한 사람에게 엄하게 처벌함.

일변[1] 一變 (한 일, 바뀔 변). 한[一] 번에 아주 싹 달라짐[變]. ¶사태가 일변하다.

일변[2] 日邊 (날 일, 가 변). 날[日]마다 계산하는 일정하게 무는 이자[邊利]. ⓑ일리(一利).

일변[3] 一邊 (한 일, 가 변). ① 속뜻 한쪽[一] 가[邊]. 한쪽 부분. ②한편으로.

▸일변-도 一邊倒 (넘어질 도). 한쪽[一邊]으로만 쏠리거나 치우침[倒]. ¶철학 일변도의 학풍.

일-변화 日變化 (날 일, 바뀔 변, 될 화). 지리 어떤 지점에서의 기온, 습도, 기압 등의 하루[日] 동안의 변화(變化).

일별[1] 一別 (한 일, 나눌 별). 한[一] 번 헤어짐[別].

일별[2] 一瞥 (한 일, 언뜻 볼 별). 한[一] 번 흘낏 봄[瞥]. ¶일별조차 하지 않고 지나치다.

일병 一兵 (한 일, 군사 병). ① 속뜻 첫[一] 번째 등급의 병사(兵士). ② 군사 '일등병'(一等兵)의 준말. 처음 현대식 군대가 창설될 때, 일등병과 이등병 두 가지 계급밖에 없었기 때문에 이러한 이름이 유래된 것으로 추정된다. ⓒ이등병(二等兵).

일보[1] 日報 (날 일, 알릴 보). ① 속뜻 날[日]마다 하는 보고(報告). ②매일 나오는 신문. ¶조선일보.

일보[2] 一步 (한 일, 걸음 보). ① 속뜻 한[一] 걸음[步]. ¶일보 앞으로! / 그 회사는 도산 일보 전에 있다. ②첫걸음. 시작. 초보. ¶정부는 장애인 문제 해결을 향해 일보 전진했다.

▸일보불양 一步不讓 (아닐 불, 사양할 양). 남에게 한[一] 발자국[步]도 양보(讓步)하지 아니함[不].

일본 日本 (해 일, 뿌리 본). 아시아 동쪽 끝에 있는 입헌 군주국. 1867년 메이지 유신(明治維新) 이후 자본주의적 군주 국가로서 급속히 발전하였다.

▸일본-도 日本刀 (칼 도). 일본(日本)에서 생산되거나 일본의 전통을 갖고 있는 칼[刀]을 통틀어 이르는 말. 왜검(倭劍).

▸일본-식 日本式 (법 식). 일본(日本) 특유의 색채나 양식(樣式). ¶일본식 마루방. ⓑ일본풍(日本風).

▸일본-어 日本語 (말씀 어). 언어 일본(日本) 민족이 쓰는 일본의 공용어(公用語). ¶학교에서 일본어를 공부한다. ⓒ일어.

▸일본-인 日本人 (사람 인). 일본(日本) 국적을 가진 사람[人]. ¶연휴를 맞아 많은 일본인 관광객이 한국을 찾았다.

▸일본 뇌염 日本腦炎 (골 뇌, 염증 염). 의학 일본(日本), 한국 등지에서 서식하는 작은 빨간집모기가 흡혈할 때 일어나는 뇌염(腦炎). 혼수상태, 두통, 근육 강직 따위의 증상이 나타나며 사망률이 높다.

일봉 一封 (한 일, 봉할 봉). ① 속뜻 한[一] 통[封]의 편지. ②상금이나 사례금으로 얼마의 돈을 넣은 봉투.

일부[1] 一部 (한 일, 나눌 부). ① 속뜻 한[一] 부분(部分). ②전체의 한 부분. ¶여행 경비의 일부를 부담하다. ⓑ일부분. ⓑ전부(全部).

▸일부 판결 一部判決 (판가름할 판, 결정할 결). 법률 한 소송에 여러 개의 청구가 있는 경우, 그 일부(一部)에 대해서만 판결(判決)함. ⓒ전부 판결(全部判決).

▸일부 주권국 一部主權國 (주인 주, 권리 권, 나라 국). 정치 국제법상 주권(主權)의 일부(一部)만을 인정받는 나라[國]. ⓑ반독립국(半獨立國), 반주권국(半主權國), 불완전

주권국(不完全主權國).

일부² 日附 (날 일, 붙을 부). 서류 따위에 붙여[附] 적어놓은 그날의 일자(日字). ¶이 서류에는 일부가 빠져 있어 언제 쓴 것인지 알 수 없다. ⓑ날짜.

▸일부 변:경선 日附變更線 (바뀔 변, 고칠 경, 줄 선). 지리 날짜[日附]가 변경(變更)되는 기준이 되는 선(線). 태평양의 한가운데를 지나는 180°의 경선(經線)으로 이 선을 기준으로 동쪽으로는 하루가 더해진다.

일부³ 日賦 (날 일, 거둘 부). ①속뜻 날[日]마다 얼마씩 갚음[賦]. 또는 그 돈. ②물건 따위의 값을 날마다 냄. 또는 그런 조건. ¶일부로 물건을 사다.

▸일부-금 日賦金 (돈 금). 일정 기간 동안 날[日]마다 갚아[賦] 나가는 돈[金].

일부-다처 一夫多妻 (한 일, 지아비 부, 많을 다, 아내 처). 한[一] 남편[夫]이 여럿[多]의 아내[妻]를 두는 혼인 형태.

일-부분 一部分 (한 일, 나눌 부, 나눌 분). 전체 중의 한[一] 부분(部分). ¶일부분은 내 잘못인 것 같아. ⓑ일부(一部).

일부-일처 一夫一妻 (한 일, 지아비 부, 한 일, 아내 처). 한[一] 남편[夫]에 한[一] 아내[妻]가 결혼하는 형태.

일부-종사 一夫從事 (한 일, 지아비 부, 따를 종, 섬길 사). 한[一] 남편[夫]만 따르고[從] 섬김[事].

일부-종신 一夫終身 (한 일, 지아비 부, 끝마칠 종, 몸 신). 한[一] 남편[夫]만을 목숨[身]이 다할[終] 때까지 섬김. 남편이 죽은 뒤에도 개가하지 않는 것.

일분 一分 (한 일, 나눌 분). 하나[一]의 사소한 부분(部分). 또는 아주 적은 양. ¶아이가 울먹이면서 말하는 것을 보니 일분도 거짓이 없어 보였다.

일비 日費 (날 일, 쓸 비). 날[日]마다 쓰는 비용(費用).

일비-일희 一悲一喜 (한 일, 슬플 비, 한 일, 기쁠 희). ①속뜻 한[一] 번 슬픈[悲] 일이 있고 한[一] 번 기쁜[喜] 일이 있음. 또는 번갈아 나타남. ②한편으로는 슬프고 한편으로는 기쁨.

일사¹ 一死 (한 일, 죽을 사). ①속뜻 한[一] 번 죽음[死]. 또는 한 목숨을 버림. ②운동 야구의 원 아웃.

일사² 逸士 (숨을 일, 선비 사). ①속뜻 세상에 나타나지 않고 숨어사는[逸] 사람[士]. ②속세에 매이지 않고 유유자적하는 선비.

일사³ 逸史 (숨을 일, 역사 사). 정사(正史)에 드러나지 않은 숨겨진[逸] 역사(歷史).

일사⁴ 逸事 (숨을 일, 일 사). 세상에 드러나지 아니한 숨겨진[逸] 일[事].

일사⁵ 一事 (한 일, 일 사). 한[一] 가지의 일[事]. 한 사건.

▸일사부재리 一事不再理 (아닐 부, 다시 재, 다스릴 리). 법률 어떤 한[一] 사건(事件)에 대하여 일단 판결이 내리고 확정되면 그 사건을 다시[再] 심리(審理)하지 않는다[不]는 원칙.

▸일사부재의 一事不再議 (아닐 부, 다시 재, 의논할 의). 법률 어떤 한[一] 안건[事]에 대해 국회의 같은 회기 내에서는 다시[再] 심의(審議)하지 않는다[不]는 원칙.

일사⁶ 日射 (해 일, 쏠 사). ①속뜻 햇빛[日]이 내리쬠[射]. ②물리 태양으로부터 지구에 이른 방사 에너지.

▸일사-병 日射病 (병 병). 의학 강한 햇볕을 오래 쬐여[日射] 생기는 병(病). 심한 두통과 현기증이 일어나며 심하면 의식을 잃는다. ¶일사병으로 쓰러지다.

일-사반기 一四半期 (한 일, 넉 사, 반 반, 때 기). 1년을 네[四] 부분[半]으로 나눈 시기(時期)의 첫째[一] 기간. 일사분기(一四分期).

일-사분기 一四分期 (한 일, 넉 사, 나눌 분, 때 기). 1년을 넷[四]으로 나눈[分] 기간(期間) 중 첫째[一] 기간. 1, 2, 3월을 이른다. ⓑ일사반기(一四半期).

일사불란 一絲不亂 (한 일, 실 사, 아닐 불, 어지러울 란). ①속뜻 한[一] 올의 실[絲]도 흐트러지지[亂] 않음[不]. ②질서나 체계 따위가 조금도 흐트러진 데가 없음. ¶명령에 맞추어 군인들은 일사불란하게 움직였다.

일사-천리 一瀉千里 (한 일, 쏟을 사, 일천 천, 거리 리). ①속뜻 한[一] 번 쏟아진[瀉] 물줄기가 천리(千里)를 감. ②어떤 일이 거침없이 기세 좋게 진행됨. ③말이나 글이 조금도 거침이 없음.

일사 후퇴 一四後退 (한 일, 넉 사, 뒤 후, 물러날 퇴). 한국 전쟁 때 북쪽으로 전진하던 한국군과 유엔 연합군이 중공군의 공격을 받아 1951년 1월 4일[一四] 서울을 버리고 후퇴(後退)한 일.

일삭 一朔 (한 일, 초하루 삭). 초하루[朔]에서 다음 초하루까지를 하나[一]의 단위로 삼은 기간.

일산[1] 日産 (날 일, 낳을 산). ① 속뜻 하루[日] 동안의 생산량(生産量). ② 일본(日本)에서 생산(生産)한 물건.

일산[2] 日傘 (해 일, 우산 산). ① 속뜻 햇볕[日]을 가리기 위해 쓰는 큰 양산(陽傘). ② 지난날, 의장(儀仗)의 한 가지로 긴 자루가 있는 양산.

일산 염기 一酸鹽基 (한 일, 산소 산, 소금 염, 터 기). 화학 한 분자 속에 한[一] 개의 수산기(水酸基)를 가진 염기(鹽基). 수산화나트륨, 수산화칼륨 따위가 있다.

일산화-연 一酸化鉛 (한 일, 산소 산, 될 화, 납 연). 화학 한[一] 개의 산소(酸素)와 납[鉛]과의 화합물(化合物). 납을 공기 속에서 가열하여 만든 노란 가루로, 납유리, 유약, 축전지 따위를 만드는 데에 쓰인다. 화학식은 PbO. 참 일산화납.

일산화-질소 一酸化窒素 (한 일, 산소 산, 될 화, 질소 질, 바탕 소). 화학 한[一] 개의 산소(酸素)와 질소(窒素)와의 화합물(化合物). 높은 온도에서 산소와 질소를 화합하여 만들며, 물에 잘 녹지 않으며, 상온에서 무색의 기체로 존재한다. 화학식은 NO. ¶일산화질소가 산화되면 이산화질소가 된다. 참 산화질소.

일산화-탄소 一酸化炭素 (한 일, 산소 산, 될 화, 숯 탄, 바탕 소). 화학 한[一] 개의 산소(酸素)와 탄소(炭素)와의 화합물(化合物). 분자식은 CO. ¶일산화탄소에 중독되면 호흡하기 어렵다. 비 산화탄소.

⁑일상 日常 (날 일, 늘 상). 날[日]마다 늘[常]. ¶바쁜 일상을 보내다. 비 평소(平素), 항상(恒常).

▸ **일상-성** 日常性 (성질 성). 일상적(日常的)인 특성(特性).

▸ **일상-어** 日常語 (말씀 어). 일상(日常)생활에서 쓰는 말[語]. ¶일상어에도 한자말이 많다.

▸ **일상-적** 日常的 (것 적). 늘[日常] 있는 예사로운 것[的]. ¶그녀는 이웃과 일상적인 대화를 나누었다.

▸ **일상-생활** 日常生活 (살 생, 살 활). 날마다[日常]의 생활(生活). 평소의 생활. ¶그는 일상생활의 필수품을 마트에서 구입한다.

▸ **일상-용어** 日常用語 (쓸 용, 말씀 어). 평소[日常] 생활에서 보통으로 쓰는[用] 말[語].

일색 一色 (한 일, 빛 색). ① 속뜻 한[一] 가지 빛깔[色]. ② 한 가지로만 이루어진 특색이나 정경. ¶회색빛 일색의 도시 / 이번 여름옷은 온통 꽃무늬 일색이다. ③ 뛰어난 미인. ¶황진이는 인물이 일색이었다.

일생 一生 (한 일, 살 생). 한[一] 생애(生涯). 살아 있는 동안. ¶행복한 일생 / 그는 일생에 한 번 있을까 말까 한 기회를 놓쳤다. 비 평생(平生).

▸ **일생-일대** 一生一代 (한 일, 시대 대). 한[一] 생애(生涯)와 한[一] 세대(世代). 사람의 평생.

일서 逸書 (숨을 일, 글 서). 세상에 드러나지 아니한 숨겨진[逸] 글[書]. 또는 없어져 전하지 않는 책.

일석[1] 一夕 (한 일, 저녁 석). 하루[一] 저녁[夕].

일석[2] 日夕 (날 일, 저녁 석). 해[日]가 있는 저녁[夕]. 비 저녁.

일석이조 一石二鳥 (한 일, 돌 석, 두 이, 새 조). ① 속뜻 하나[一]의 돌[石]로 두[二] 마리의 새[鳥]를 잡음. ② 한 번의 노력으로 여러 효과를 얻음. ¶이 제품은 일석이조의 효과가 있다. 비 일거양득(一擧兩得).

일선 一線 (한 일, 줄 선). ① 속뜻 하나[一]의 선(線). 또는 중요한 뜻이 담긴 뚜렷한 금. ¶일선을 긋다. ② 일을 실행하는 데에서 맨 앞장. '제일선'(第一線)의 준말. ¶일선에서 물러나다 / 그녀는 일선 교사로 근무하고 있다. ③ 군사 적과 맞서는 맨 앞의 전선(戰線). '최전선'(最前線)의 준말. ¶그는 일선 부대에 배치되었다.

일선-동조론 日鮮同祖論 (일본 일, 고울 선, 같을 동, 조상 조, 논할 론). 역사 일제가 조선의 식민통치를 합리화하기 위해 펼친 일본인(日本人)과 조선인(朝鮮人)은 본래 같은[同] 조상(祖上)을 갖고 있다는 주장[論].

일설 一說 (한 일, 말씀 설). ① 속뜻 하나[一]의 학설(學說). ② 어떤 일에 관한 또 다른 설. ¶일설에는 사람도 옛날에는 꼬리를 갖고 있었다 한다.

일성[1] 一聲 (한 일, 소리 성). 한[一] 마디의 소리[聲]. 말 한 마디.

일성[2] 日省 (날 일, 살필 성). 날[日]마다 자기 행실을 돌아보며 잘못을 살핌[省].

▶ 일성-록 日省錄 (기록할 록). ① 속뜻 매일(每日) 자기 성찰(省察)을 위한 기록(記錄). ② 책명 조선 영조 때부터 대한 제국 때까지 역대 임금의 말과 행동을 기록한 책. ③ 책명 조선 영조 때 실학자 안정복이 일상적으로 실천한 일을 적은 일기 따위의 글.

일성일쇠 一盛一衰 (한 일, 가득할 성, 한 일, 쇠할 쇠). ① 속뜻 한[一] 번은 융성(隆盛)했다가 한[一] 번은 쇠락(衰落)함. ② 성하는 때도 있고 쇠하는 때도 있음. ㊥일영일락(一榮一落).

일성-장군 一星將軍 (한 일, 별 성, 장수 장, 군사 군). 군사 군대 계급 중, 별[星]이 하나[一] 짜리인 장군(將軍). '준장'(准將)을 달리 이르는 말.

일성-호가 一聲胡笳 (한 일, 소리 성, 오랑캐 호, 갈잎피리 가). 한[一] 가락의 피리[胡笳] 소리[聲].

일세 一世 (한 일, 세대 세). ① 속뜻 사람의 한[一] 세대(世代). ② 한 시대. ¶일세를 풍미하다

▶ 일세-일대 一世一代 (한 일, 시대 대). 사람의 한[一] 세대(世代). 한평생. ㊥일생(一生)일대.

▶ 일세지웅 一世之雄 (어조사 지, 뛰어날 웅). 한[一] 세대(世代)에 날까 말까한 영웅(英雄). 그 시대에 대적할 사람이 없을 정도로 뛰어난 사람.

일-세:기 一世紀 (한 일, 세대 세, 연대 기). 한[一] 세기(世紀). 세기는 백 년의 기간.

일소[1] 一笑 (한 일, 웃을 소). ① 속뜻 한[一] 번 웃음[笑]. ② 깔보아 웃는 웃음. 관용 일소에 부치다.

일소[2] 一掃 (한 일, 쓸 소). 하나[一]도 남김 없이 모조리 쓸어[掃]버림. ¶폭력배를 일소하다 / 정부는 부정부패 일소에 총력을 기울이고 있다.

일수[1] 一數 (한 일, 셀 수). 제일 좋은 첫[一]번째 숫자[數]. ㊥상수(上數).

일수[2] 日收 (날 일, 거둘 수). ① 속뜻 하루[日] 동안의 수입(收入). ② 본전과 이자를 일정한 날짜로 나눠 날마다 거둬들이는 일. 또는 그 빚. ¶일수를 놓다.

일수[3] 日數 (날 일, 셀 수). ① 속뜻 날[日]의 수(數). ¶출석 일수. ② 민속 그날의 운수. 참 날성수(星數).

일수[4] 一手 (한 일, 손 수). ① 속뜻 바둑이나 장기 따위에서 한[一] 번의 수(手). 한 번 둔 수. ② 첫째 가는 솜씨. ㊥상수(上手).

▶ 일수불퇴 一手不退 (아닐 불, 물러날 퇴). 운동 바둑이나 장기를 둘 때, 한[一] 번 둔 수(手)는 무르지[退] 아니함[不].

일수백확 一樹百穫 (한 일, 나무 수, 일백 백, 거둘 확). ① 속뜻 한[一] 그루의 나무[樹]를 키워 놓으면 백(百) 가지 수확(收穫)이 있음. ② 인재 한 사람을 길러 내면 사회에 큰 이득이 있음.

일-숙직 日宿直 (해 일, 잠잘 숙, 당번 직). 일직(日直)과 숙직(宿直)을 아울러 이르는 말.

일순[1] 一巡 (한 일, 돌 순). 한[一] 바퀴 돎[巡].

일순[2] 一瞬 (한 일, 눈 깜짝일 순). ① 속뜻 한[一] 번 눈 깜짝할[瞬] 정도의 짧은 시간. ② '일순간'(一瞬間)의 준말. ¶장내는 일순 조용해졌다. ㊥삽시(霎時).

▶ 일순-간 一瞬間 (사이 간). 한[一] 번 눈 깜빡일[瞬] 사이[間]. 아주 짧은 시간 동안. ¶건물은 일순간에 타 버렸다. ㊥삽시간(霎時間).

▶ 일순-천리 一瞬千里 (일천 천, 거리 리). 한 눈[一瞬]에 천리(千里)가 드러나는 광활한 경치.

일습 一襲 (한 일, 수의 습). 옷, 그릇, 기구 따위의 한[一] 벌[襲]. 또는 그 전부. ¶일습을 갖추다 / 기구 일습을 챙기다.

일승일패 一勝一敗 (한 일, 이길 승, 한 일, 패할 패). 한[一] 번 이기고[勝] 한[一] 번 짐[敗].

일시[1] 日時 (날 일, 때 시). 날짜[日]와 시간(時間). ¶출발 일시 및 장소 / 회의 일시 및 장소는 아직 정해지지 않았다.

일시[2] 一時 (한 일, 때 시). ① 속뜻 한[一] 때[時]. ② 같은 때. ¶일시에 외치다 / 일시에 그들의 시선이 내게로 쏠렸다.

▸ **일시-불** 一時拂 (지불할 불). 경제 치러야 할 돈을 한꺼번에[一時] 다 치름[拂]. ¶나는 일시불로 구두를 샀다.

▸ **일시-성** 一時星 (별 성). 천문 원래는 희미하여 보이지 아니하다가 한순간[一時] 환히 빛나 나타나는 별[星]. ⓑ신성(新星).

▸ **일시-적** 一時的 (것 적). 한때[一時]만의 것[的]. 오래 가지 않는 것. ¶일시적 인기 / 이것은 사춘기 시절의 일시적인 현상이다. ⓑ영구적(永久的).

▸ **일시 변:이** 一時變異 (바뀔 변, 다를 이). 생물 환경이 바뀌는 경우, 생물체가 일시적(一時的)으로 다른[異] 형질로 변(變)하는 것.

▸ **일시-생사** 一時生死 (살 생, 죽을 사). 한때[一時]에 살고[生] 죽는[死] 것.

▸ **일시 자석** 一時磁石 (자기 자, 돌 석). 물리 외부 자기장 안에 있을 경우에만, 일시적(一時的)으로 자성(磁性)을 가지는 자석(磁石). ⓒ영구 자석(永久磁石).

▸ **일시 차:입금** 一時借入金 (빌릴 차, 들 입, 돈 금). 경제 국가나 지방 자치 단체가 회계 연도 안에 국고금이 부족할 경우, 일시적(一時的)으로 빌려[借] 넣는[入] 돈[金].

일시동인 一視同仁 (같을 일, 볼 시, 같을 동, 어질 인). ① 속뜻 멀고 가까운 사람을 친함에 관계없이 똑같이[一] 보고[視] 똑같이[同] 어질게[仁] 대하여 줌. ② 성인이 누구나 평등하게 똑같이 사랑함. 중국 당나라 한유(韓愈)의 글 원인(原人)에 나오는 말.

일식[1] 日式 (일본 일, 법 식). 일본(日本)에서 전통적으로 내려오던 혹은 일본인들이 일반적으로 하는 양식(樣式).

일식[2] 日食 (일본 일, 밥 식). 일본식(日本式) 요리나 음식(飮食). ⓑ화식(和食).

일식[3] 日蝕 (해 일, 갉아먹을 식). ① 속뜻 태양[日]이 좀먹듯이[蝕] 점점 사그라지는 것. ② 천문 달이 지구와 태양 사이에 들어가 태양을 가리는 현상. ¶지난달에 일식이 있었다.

일신[1] 一新 (한 일, 새 신). 한[一] 번 새로워짐[新]. 또는 새롭게 함. ¶분위기 일신 차원에서 야유회를 갔다.

일신[2] 日新 (날 일, 새 신). 나날[日]이 새로워짐[新].

일신[3] 一身 (한 일, 몸 신). ① 속뜻 자기 한[一] 몸[身]. ② 온몸.

▸ **일신-상** 一身上 (위 상). 자기 한 몸[一身]에[上] 관한 일. ¶그는 일신상의 문제로 퇴사했다.

일신-교 一神教 (한 일, 귀신 신, 종교 교). 종교 오직 한[一] 신(神)만을 인정하고 믿는 종교(宗教). ⓑ유일신교(唯一神教). ⓒ다신교(多神教).

일실 逸失 (달아날 일, 잃을 실). 없어지거나[逸] 잃어버림[失]. 놓침.

일심[1] 一審 (한 일, 살필 심). 법률 소송에서 첫 번째[一] 받는 심리(審理). '제일심'(第一審)의 준말.

일심[2] 一心 (한 일, 마음 심). ① 속뜻 하나로[一] 합쳐진 마음[心]. ② 마음을 한쪽으로만 쓰는 일. 또는 그 마음.

▸ **일심-동체** 一心同體 (같을 동, 몸 체). 여러 사람이 한[一] 마음[心]과 같은[同] 몸[體]이 되어 굳게 결합하는 일.

▸ **일심-만능** 一心萬能 (일만 만, 능할 능). 마음[心]을 하나[一]로 합하면 모든[萬] 일을 다 할 수 있음[能]을 이르는 말.

▸ **일심-불란** 一心不亂 (아닐 불, 어지러울 란). 마음[心]을 하나[一]로 모아 흐트러짐[亂] 없이[不] 오로지 한 가지 일에만 마음을 기울임.

▸ **일심-전력** 一心專力 (오로지 전, 힘 력). 마음[心]을 하나[一]로 모아 오로지[專] 그 일에만 힘씀[力].

일야[1] 日夜 (해 일, 밤 야). 낮[日]과 밤[夜]. 밤낮.

일야[2] 一夜 (한 일, 밤 야). 하루[一]의 밤[夜]. 한 밤.

▸ **일야구도하-기** 一夜九渡河記 (아홉 구, 건널 도, 물 하, 기록할 기). 문학 조선 후기 박지원이 하룻밤[一夜]에 아홉[九] 번이나 시내[河]를 건너며[渡] 시냇물 소리를 통해 감각 기관과 마음의 상관관계를 기록(記錄)

한 산문.

일약 一躍 (한 일, 뛰어오를 약). 지위나 등급, 가격 따위가 한[一] 번에 뛰어오르는[躍] 모양. ¶일약 스타덤에 올랐다.

일양 一樣 (한 일, 모습 양). 한결같은[一] 모양(模樣). ¶그는 매일 봐도 일양 그 모습이다.

일어 日語 (일본 일, 말씀 어). 언어 일본(日本)에서 사용하는 언어(言語). '일본어'의 준말.

일어탁수 一魚濁水 (한 일, 물고기 어, 흐릴 탁, 물 수). ① 속뜻 한[一] 마리의 고기[魚]가 전체 물[水]을 흐리게[濁] 함. ② '한 사람의 잘못으로 여러 사람이 피해를 입게 됨'을 비유하여 이르는 말.

일언 一言 (한 일, 말씀 언). ① 속뜻 한[一] 마디 글자나 말[言]. ② 간단한 말.

▸**일언-반구** 一言半句 (반 반, 글귀 구). ① 속뜻 한 마디 말[一言]과 반(半) 구절(句節)의 글. ② 아주 짧은 말이나 글. ¶그는 이번 사건에 대해 일언반구의 사과도 없다.

▸**일언-반사** 一言半辭 (반 반, 말씀 사). ① 속뜻 한[一] 마디 말[言]과 반(半) 마디 말[辭]. ② 일언반구(一言半句). ¶그 일에 관해서는 누구에게 일언반사도 비친 적이 없다.

▸**일언-일행** 一言一行 (한 일, 행할 행). 하나 하나[一]의 말[言]과 행동(行動). 사소한 언행.

▸**일언지하** 一言之下 (어조사 지, 아래 하). 한[一] 마디의 말[言]로[下] 딱 잘라 말함. 두말할 나위 없음.

▸**일언이폐지** 一言以蔽之 (써 이, 덮을 폐, 그것 지). 한[一] 마디의 말[言]로써[以] 구구한 말 그것[之]을 다 덮어[蔽] 개괄함. 참 폐일언(蔽一言).

일역[1] 日域 (해 일, 지경 역). ① 속뜻 해[日]가 떠오르는 지역(地域). ② 중국에서 '우리나라'를 이르던 말. ③ 태양이 비치는 곳이라는 뜻으로 왕이나 황제의 치덕(治德)이 미치는 나라 안 또는 천하.

일역[2] 日譯 (일본 일, 옮길 역). 일본어(日本語)로 번역(翻譯)함. 또는 그렇게 한 것.

일-염기산 一鹽基酸 (한 일, 소금 염, 터 기, 산소 산). 화학 한 분자 속에 반응할 수 있는 수소[鹽基] 원자가 하나[一] 뿐인 산(酸). ¶염산, 질산은 일염기산이다.

일엽 一葉 (한 일, 잎 엽). ① 속뜻 한[一] 잎[葉]. ¶일엽이 연못에 떨어지다. ② 한 척의 작은 배를 비유하여 이르는 말.

▸**일엽-주** 一葉舟 (배 주). 한[一] 잎[葉] 크기의 작은 배[舟]. '일엽편주'(一葉片舟)의 준말.

▸**일엽-지추** 一葉知秋 (알 지, 가을 추). ① 속뜻 한[一] 나뭇잎[葉]이 떨어지는 것을 보고 가을[秋]이 온 것을 알 수 있음[知]. ② 하찮은 조짐을 보고도 앞으로 일어날 일을 미리 알게 됨.

▸**일엽-편주** 一葉片舟 (조각 편, 배 주). 한[一] 잎[葉] 크기의 조각[片] 배[舟]. 작은 배.

일영 日影 (해 일, 그림자 영). 해[日]가 비쳐서 생긴 그림자[影].

일영일락 一榮一落 (한 일, 꽃필 영, 한 일, 떨어질 락). 한[一] 번 영화(榮華)로웠다가 한[一] 번 쇠락(衰落)함. 비 일성일쇠(一盛一衰).

일요 日曜 (해 일, 빛날 요). 칠요일 중 해[日]에 해당하는 요일(曜日). '일요일'의 준말.

▸**일요 학교** 日曜學校 (배울 학, 가르칠 교). 일요일(日曜日)에 열리는 학교(學校). 주일학교.

일-요일 日曜日 (해 일, 빛날 요, 날 일). 칠요일 중 해[日]에 해당하는 요일(曜日).

일용[1] 日傭 (날 일, 품팔 용). 그날[日]그날 품을 파는[傭] 것. ¶일용직 근로자. 비 일고(日雇).

일용[2] 日用 (날 일, 쓸 용). 날[日]마다 씀[用]. ¶일용할 양식.

▸**일용-품** 日用品 (물건 품). 날마다 쓰는[日用] 물품(物品). ¶이재민에게 약품과 일용품을 보냈다.

일우 一隅 (한 일, 모퉁이 우). 한[一] 구석[隅]. 한 모퉁이. ¶그는 차량 일우에 자리 잡고 도시락을 열었다.

일원[1] 一員 (한 일, 인원 원). 어떤 단체나 사회를 이루는 한[一] 구성원(構成員). ¶국민의 일원으로 투표에 참여합시다.

일원[2] 一圓 (한 일, 둥글 원). 어떤 지역 전체를 아우르는 한[一] 둘레[圓]. ¶서울 일원에 많은 비가 내리고 있다. ㉥일대(一帶).

일원[3] 一元 (한 일, 으뜸 원). ① 속뜻 단 하나[一]의 으뜸[元] 요소. ② 수학 대수 방정식에서 미지수가 하나인 것. ㉾다원(多元).

▸ **일원-론** 一元論 (논할 론). 철학 정신이든 물질이든 또는 그 둘을 합한 것이든 우주의 본체[元]는 오직 하나[一]라고 한 견해나 학설[論]. ㉥단원론(單元論). ㉾다원론(多元論).

▸ **일원-화** 一元化 (될 화). 하나[一]의 체계[元]로 됨[化]. 한 줄기로 만듦. ¶조직을 일원화하다.

▸ **일원 묘:사** 一元描寫 (그릴 묘, 베낄 사). 문학 소설에서 작가가 자신의 주관을 이입한 작품 속의 한[一] 인물의 시각[元]을 통하여 묘사(描寫)하는 일. ㉾다원 묘사(多元描寫).

일원 제:도 一院制度 (한 일, 관청 원, 정할 제, 법도 도). 정치 하나[一]의 의원(議院)만 두는 제도(制度). ㉩일원제. ㉥단원(單院) 제도. ㉾양원 제도(兩院制度).

일월[1] 一月 (첫째 일, 달 월). 1년의 첫[一] 번째 달[月]. ㉥정월(正月).

일월[2] 日月 (해 일, 달 월). ① 속뜻 해[日]와 달[月]. ② 세월(歲月).

▸ **일월-광** 日月光 (빛 광). ① 속뜻 해[日]와 달[月]의 빛[光]. ② 불교 가사(袈裟)의 등에 붙이는 수(繡).

▸ **일-월식** 日月蝕 (갉아먹을 식). 일식(日蝕)과 월식(月蝕).

▸ **일월성신** 日月星辰 (별 성, 별 신). 해[日]와 달[月]과 별[星辰].

일위 一位 (한 일, 자리 위). ① 속뜻 첫째[一]의 지위(地位). 첫째의 자리. ② 한 분. 한 사람. ㉥수위(首位).

일의대수 一衣帶水 (한 일, 옷 의, 띠 대, 물 수). 하나[一]의 옷 띠[衣帶] 같이 줄기가 좁은 강물[水]. 또는 그런 강. ¶그 집 앞에 일의대수 같은 개천이 흐르고 있다.

일이관지 一以貫之 (한 일, 써 이, 꿸 관, 그것 지). ① 속뜻 하나[一]의 원리로[以] 모든 것[之]을 꿰뚫어[貫] 이야기함. ② 하나의 방법이나 태도로써 처음부터 끝까지 한결 같음. ¶일이관지의 태도를 견지하다. ㉩일관.

일익[1] 一翼 (한 일, 날개 익). ① 속뜻 한[一] 쪽 날개[翼]. ② 전체의 한 부분이나 역할을 이르는 말. ¶인터넷은 정보화시대의 일익을 담당한다.

일익[2] 日益 (날 일, 더할 익). 날[日]이 갈수록 더욱[益]. 나날이.

일인[1] 日人 (일본 일, 사람 인). 일본(日本) 사람[人].

일인[2] 一人 (한 일, 사람 인). ① 속뜻 한[一] 사람[人]. ¶일인 시위. ② 첫째가는 사람.

▸ **일인-자** 一人者 (사람 자). 첫 번째[一人]에 손꼽히는 사람[者]. ¶그는 연극계의 일인자로 꼽힌다.

▸ **일인-당천** 一人當千 (당할 당, 일천 천). 한[一] 사람[人]이 천(千) 명을 당(當)해냄. ㉥일기당천(一騎當千).

▸ **일인-이역** 一人二役 (두 이, 부릴 역). 한[一] 사람[人]이 두[二] 가지를 맡아[役] 함.

▸ **일인-일기** 一人一技 (한 일, 재주 기). 한[一] 사람[人]이 한[一] 가지 기술(技術)이 있음.

일-인칭 一人稱 (한 일, 사람 인, 일컬을 칭). 언어 대화에서 첫[一] 번째로 가리키는 사람[人]을 일컫는[稱] 말. 말하는 사람을 일컬음. '제일 인칭'(第一人稱)의 준말.

▸ **일인칭 소:설** 一人稱小說 (작을 소, 말씀 설). 문학 주인공인 '나'[一人稱]의 시점에서 서술되는 소설(小說).

▸ **일인칭 희곡** 一人稱戲曲 (연극 희, 노래 곡). 연영 한 사람의 배우가 주인공인 '나'[一人稱]의 이야기를 이끌어 가는 드라마[戲曲].

일일[1] 一日 (한 일, 날 일). 한[一] 날[日]. 하루. ¶아버지가 우리 학교의 일일 교사로 나섰다.

▸ **일일-생활권** 一日生活圈 (살 생, 살 활, 범위 권). 하루[一日] 안에 모든 일을 해결할 수 있는 생활(生活) 권역(圈域). ¶급행 열차가 운행하면서 전국이 일일생활권에 포함되었다.

▸ **일일여삼추** 一日如三秋 (같을 여, 석 삼, 세월 추). ① 속뜻 하루[一日]가 삼[三] 년[秋] 같음[如]. ② '매우 지루하거나 몹시

애태우며 기다림'을 비유하여 이르는 말.

일일[2] 日日 (날 일, 날 일). 날마다[日+日]. 나날. 매일. ¶일일 공부.

▸**일일-신** 日日新 (새 신). 나날이[日日] 새로워짐[新].

▸**일일-조** 日日潮 (바닷물 조). 지리 하루를 주기로 매일[日日] 일어나는 밀물과 썰물[潮水].

일임 一任 (한 일, 맡길 임). 하나[一]로 묶어 모두 맡김[任]. 모조리 맡김. ¶일임을 받다 / 모든 결정은 자네에게 일임하겠네.

일자[1] 日字 (날 일, 글자 자). 날[日]을 나타내는 글자나 숫자[字]. ¶수술 일자 / 기상 악화로 출발 일자를 늦추었다. ㉥날짜.

일자[2] 一字 (한 일, 글자 자). ① 속뜻 한[一] 글자[字]. ② 짧은 글. 한 마디의 글. ¶일자 소식도 없다. ③ '一'이라는 한자.

▸**일자-진** 一字陣 (진칠 진). 군사 '一' 자(字) 모양으로 늘어선 진(陣). ¶적군이 일자진을 치고 있다.

▸**일자-무식** 一字無識 (없을 무, 알 식). 한[一] 글자[字]도 모를 정도로 아는[識] 것이 없음[無]. ¶일자무식인 백성들도 예절은 안다. ㉥전무식(全無識).

▸**일자-양의** 一字兩義 (두 량, 뜻 의). 한[一] 글자[字]에 두[兩] 가지의 뜻[義]이 있음.

▸**일자천금** 一字千金 (일천 천, 돈 금). ① 속뜻 한[一] 글자[字]에 천금(千金)의 가치가 있음. ② 글씨나 문장이 아주 훌륭함. ¶일자천금이라더니 그의 서예 작품이 그렇게 비싸다는 말인가.

일장 一場 (한 일, 마당 장). 한[一] 바탕[場]. 한 차례. 한 번. ¶사장님은 사원들에게 일장 연설을 했다.

▸**일장-춘몽** 一場春夢 (봄 춘, 꿈 몽). 한[一] 바탕[場] 봄[春]날에 꾼 꿈[夢]처럼 헛된 영화나 덧없는 일.

▸**일장-풍파** 一場風波 (바람 풍, 물결 파). 한[一] 차례[場]의 바람[風]과 파도[波]처럼 심한 분란(紛亂).

▸**일장 훈:시** 一場訓示 (가르칠 훈, 보일 시). 한[一] 차례[場]의 훈화(訓話)와 지시(指示).

일-장검 一長劍 (한 일, 길 장, 칼 검). 한[一] 자루의 크고 긴[長] 칼[劍].

일장-기 日章旗 (일본 일, 글 장, 깃발 기). ① 속뜻 일본(日本)을 나타내는 도안[章]을 그린 깃발[旗]. ② 일본의 국기.

일장-월취 日將月就 (날 일, 앞으로 장, 달 월, 이룰 취). 날[日]마다 나아가고[將] 달[月]마다 뜻을 이룸[就]. 일취월장(日就月將).

일장일단 一長一短 (한 일, 길 장, 한 일, 짧을 단). 하나[一]의 장점(長點)과 하나[一]의 단점(短點). 좋은 점과 나쁜 점이 고루 있음.

일전[1] 一戰 (한 일, 싸울 전). 한[一] 바탕의 싸움[戰]. ¶최후의 일전.

일전[2] 一轉 (한 일, 구를 전). ① 속뜻 한[一] 번 돎[轉]. ② 아주 변함. 싹 바뀜. ¶심기일전하여 다시 해보자.

일전[3] 日前 (날 일, 앞 전). 며칠[日] 전(前). 요전. ¶일전에 한 약속을 잊으면 안 돼.

일절 一切 (한 일, 끊을 절). ① 속뜻 한[一] 번에 끊음[切]. ② 아주. 전혀. 절대로. ¶출입을 일절 금하다 / 일절 간섭하지 마시오.

일점-혈육 一點血肉 (한 일, 점 점, 피 혈, 살 육). 자기가 낳은 단 하나[一點]의 자녀[血肉].

일정[1] 日政 (일본 일, 다스릴 정). 일본(日本)이 우리나라를 점령하여 다스림[政]. ㉥왜정(倭政).

⁑**일정**[2] 一定 (한 일, 정할 정). 어떤 기준에 따라 모양이나 방향이 하나[一]로 정(定)해져 있어 바뀌거나 달라지지 않음. ¶일정 기간 / 쿠키는 크기가 일정하다.

▸**일정-량** 一定量 (분량 량). 일정(一定)한 분량(分量). 어느 한도를 넘지 않는 알맞은 분량. ¶매일 일정량의 우유를 마시면 골다공증을 예방할 수 있다.

▸**일정-액** 一定額 (액수 액). 일정(一定)한 액수(額數). ¶어머니는 매달 일정액을 저금한다.

일정[3] 日程 (날 일, 분량 정). ① 속뜻 하루[日]에 해야 할 일의 분량[程]. ¶나의 일정은 아침 7시부터 시작된다. ② 하루에 갈 거리. ③ 일정한 기간에 해야 할 일을 날짜별로 짜 놓은 것. 또는 그 계획. ¶대통령은 5일 간의 일정으로 미국을 공식 방문한다.

▸**일정-표** 日程表 (겉 표). 앞으로의 일정

(日程)을 날짜별로 짜 놓은 표(表). ¶일정 표를 짜서 벽에 붙였다.

일제[1] 一齊 (한 일, 가지런할 제). ① [속뜻] 여럿이 한꺼번에[一] 가지런하게[齊] 함. ② 한꺼번에. 동시에. ¶일제고사 / 일제히 단속하다.

일제[2] 日製 (일본 일, 만들 제). 일본(日本) 제품(製品). ¶일제 만년필 / 전자제품은 일제보다 국산이 좋다.

***일제**[3] 日帝 (일본 일, 임금 제). [역사] '일본제국주의'(日本帝國主義)의 준말. ¶일제 식민 통치 / 일제 치하의 조국 땅에는 절대로 돌아가지 않겠다.

▸ **일제 시대** 日帝時代 (때 시, 연대 대). [역사] 일제(日帝)가 강점하고 있던 시대(時代). '일제 강점기'의 예전 용어.

▸ **일제 강점기** 日帝強占期 (억지 강, 차지할 점, 때 기). ① [속뜻] 일본(日本) 제국주의(帝國主義)가 강제(強制)로 우리나라를 차지한[占] 시기(時期). ② [역사] 1910년의 국권 강탈 이후 1945년 해방되기까지 35년간의 시대. ¶일제 강점기에 강제 징용된 사람들이 일본에 보상을 요구했다.

일조[1] 一兆 (한 일, 조 조). ① [속뜻] 1[一] 조(兆). 일억(一億)의 일만(一萬) 배. ② 극히 많은 수.

일조[2] 一助 (한 일, 도울 조). 조금[一]의 도움[助]이 됨. 또는 그 도움. ¶제가 일조가 되기를 바랍니다 / 우리가 축제에 일조할 만한 일을 찾아보도록 하자.

일조[3] 一條 (한 일, 가지 조). ① [속뜻] 한[一] 줄기[條]. ¶일조의 광선. ② 한 조항. 또는 한 조목. ¶초안의 일조 일조를 신경을 곤두세우고 검토했다. ③ 한 건(件).

일조[4] 一朝 (한 일, 아침 조). ① [속뜻] 하루[一] 아침[朝]에. ② '일조 일석'의 준말.

▸ **일조-일석** 一朝一夕 (한 일, 저녁 석). ① [속뜻] 하루[一] 아침[朝]과 하루[一] 저녁[夕]의 시간. ② 아주 짧은 시일.

일조[5] 日照 (해 일, 비칠 조). 해[日]가 비침[照]. ¶일조권(日照權) / 일조 시간은 울진과 대관령 지역이 가장 길다.

▸ **일조-권** 日照權 (권리 권). [법률] 자기 집에 햇빛[日]이 충분히 들도록[照] 남쪽에 고층 건물이 서는 것을 저지하는 권리(權利).

▸ **일조-량** 日照量 (분량 량). 해[日]가 비치는[照] 햇볕의 양[量]. ¶겨울철에는 일조량이 적다.

▸ **일조 시간** 日照時間 (때 시, 사이 간). 구름이나 안개 따위에 가리지 않고 해[日]가 비추는[照] 시간(時間).

일족 一族 (한 일, 겨레 족). 한[一] 족속(族屬). 같은 겨레붙이. ¶왕은 반란군 우두머리의 일족을 몰살했다.

일종 一種 (한 일, 갈래 종). ① [속뜻] 한[一] 종류(種類). 한 가지. ¶벼는 풀의 일종이다. ② 어떤 종류. ¶그 아이를

일좌 一座 (한 일, 자리 좌). ① [속뜻] 한[一] 자리[座]. 같은 자리. ② 온 자리. [비] 동석(同席), 만좌(滿座).

일죄 一罪 (한 일, 허물 죄). ① [속뜻] 한[一] 가지의 죄(罪). 같은 죄. ② 사형에 해당하는 죄. [비] 일률(一律).

일주[1] 一周 (한 일, 둘레 주). 한[一] 바퀴[周]를 돎. 도는 그 한 바퀴. ¶세계 일주 / 지구가 자전하면서 행성이 일주하는 것처럼 보인다. [비] 일순(一巡).

일주[2] 一株 (한 일, 그루터기 주). ① [속뜻] 나무 따위의 한[一] 그루[株]. ② 하나의 주식(株式)이나 주권(株券).

일주[3] 逸走 (달아날 일, 달릴 주). 딴 데로 달아나[逸] 달려감[走]. 엉뚱한 데로 벗어나 내닫는 일.

일주-년 一週年 (한 일, 돌 주, 해 년). 어느 시점에서 1[一]년을 돈[週] 해[年].

일주 운:동 日週運動 (해 일, 돌 주, 돌 운, 움직일 동). [천문] 태양[日]이 약 하루 동안에 지구 둘레를 도는[週] 것처럼 보이는 운동(運動). 지구의 자전 운동으로 인하여 지구의 자전 방향과 반대 방향으로 도는 것처럼 보인다.

일주-문 一柱門 (한 일, 기둥 주, 문 문). [건설] 절 같은 데서 한[一] 줄로 배치한 두 개의 기둥[柱]으로 세운 문(門). ¶일주문에 들어서면서 합장을 하였다.

일-주일 一週日 (한 일, 돌 주, 해 일). 한[一] 주일(週日) 동안. 이레 동안. 칠 일간.

일중 日中 (날 일, 가운데 중). ① [속뜻] 하루[日]의 중간(中間). 정오 때. ② '일중식'(日中食)의 준말. 아침과 저녁은 굶고 낮에 한

번만 먹음. ③밤낮의 길이가 같은 때. 즉, 춘분과 추분을 이른다.

일지 日誌 (날 일, 기록할 지). 그날그날[日]의 직무를 기록함[誌]. 또는 그 책. ¶학급 일지 / 일지를 작성하고 퇴근하다.

일직 日直 (낮 일, 당번 직). 낮[日]이나 일요일에 당번[直]이 되어 직장을 지킴. 또는 그런 사람.

▸일직 사령 日直司令 (맡을 사, 명령 령). 군사 일직(日直)을 서는 장교[司令].

일-직선 一直線 (한 일, 곧을 직, 줄 선). 한[一] 방향으로 곧은[直] 선(線). ¶비행기는 도시의 상공을 일직선으로 가로질렀다.

일진[1] 日辰 (날 일, 간지 진). ① 속뜻 그날[日]의 간지[辰]. ¶오늘의 일진을 보니 경신일(庚申日)이다. ②그날의 운세. ¶일진이 좋다 / 일진이 사납다.

일진[2] 一陣 (한 일, 진칠 진). ① 속뜻 한[一] 떼의 군사의 진(陣). ②첫째의 진. ③한 차례. 한 바탕. 한 번.

▸일진-광풍 一陣狂風 (미칠 광, 바람 풍). 한[一] 바탕[陣] 부는 사납고 거센[狂] 바람[風].

▸일진-청풍 一陣淸風 (맑을 청, 바람 풍). 한[一] 바탕[陣] 부는 시원한[淸] 바람[風].

▸일진-흑운 一陣黑雲 (검을 흑, 구름 운). 한[一] 바탕[陣] 이는 먹[黑] 구름[雲].

일진-월보 日進月步 (날 일, 나아갈 진, 달 월, 걸음 보). 날[日]로 달[月]로 끊임없이 진보(進步)함.

일진일퇴 一進一退 (한 일, 나아갈 진, 물러날 퇴). ① 속뜻 한[一] 번 나아갔다[進] 한[一] 번 물러섰다[退] 함. ②좋아졌다 나빠졌다 함.

일진-회 一進會 (한 일, 나아갈 진, 모일 회). ① 속뜻 한[一] 곳으로 나아가는[進] 모임[會]. ② 역사 광무(光武) 8년(1904)에 일제의 대한 제국 강점을 도와준 친일적 정치 단체.

일차 一次 (한 일, 차례 차). ① 속뜻 한[一] 차례(次例). 한 번. ¶내일 중에 일차 방문하겠습니다. ②첫 번. ¶일차 시험.

▸일차-적 一次的 (것 적). 첫 번째[一次]가 되는 것[的]. 우선적인 것. ¶일차적 책임은 나에게 있다.

▸일차 산:업 一次產業 (낳을 산, 일 업). 경제 첫 번째[一次] 단계의 산업(產業). 산업 구조의 세 단계 중 자연 그대로를 이용한 농업, 임업, 수산업, 축산업 따위. '제일차 산업'(第一次產業)의 준말. 원시산업(原始產業).

▸일차 산:품 一次產品 (낳을 산, 물건 품). 경제 곡식, 목재, 석탄처럼 첫 번째[一次]로 생산(生產)한 물품(物品).

▸일차 성:징 一次性徵 (성별 성, 밝힐 징). 동물 첫 번째로[一次] 나타나는 성별(性別)을 구분 짓는 특징(特徵). 생식소(生殖巢)와 이에 딸린 생식 기관의 차이를 이른다. 참 이차 성징.

▸일차 전:류 一次電流 (전기 전, 흐를 류). 전기 변압기 따위에서 일차(一次) 코일에 흐르는 전류(電流).

▸일차 제:품 一次製品 (만들 제, 물건 품). 공업 자연에서 얻는 일차(一次) 산품을 원료로 하여 만든 제품(製品).

▸일차 방정식 一次方程式 (모 방, 거리 정, 법 식). 수학 미지수의 가장 높은 근을 가진 항이 일차(一次)인 방정식(方程式).

일착 一着 (한 일, 붙을 착). ① 속뜻 첫 번째[一]로 도착(到着)함. 맨 먼저 옴. ②맨 처음 시작함.

일책 一策 (한 일, 꾀 책). 한[一] 가지 계책(計策).

일처-다부 一妻多夫 (한 일, 아내 처, 많을 다, 지아비 부). 한[一] 아내[妻]가 여러[多] 명의 남편[夫]을 두는 혼인 형태.

일척 一擲 (한 일, 던질 척). 한[一] 번에 내던짐[擲]. 또는 한 번에 버림.

일천 日淺 (날 일, 얕을 천). 날짜[日]가 많지 않음[淺]. 시작한 지 얼마 되지 않음.

일체[1] 一切 (한 일, 온통 체). ① 속뜻 하나[一]로 묶이는 모든[切] 것. 온갖 것. ¶오늘은 일체의 업무를 중단한다. ②전부, 완전히. ¶회사 경영권을 일체 그에게 맡기다.

▸일체-중생 一切衆生 (무리 중, 날 생). 불교 이 세상의 모든[一切] 무리[衆]의 생물(生物). 준 일체중.

일체[2] 一體 (한 일, 몸 체). 한[一] 몸[體]. 한 덩어리. ¶국민 모두가 일체가 되어 위기를 극복했다 / 일체형(一體型) 오디오.

▸일체-감 一體感 (느낄 감). 남과 어우러져 하나로 되는[一體] 감정(感情). 군중 심리, 전쟁 심리 따위에서 볼 수 있는 정신 현상이다. ¶제복(制服)을 입으면 사원들 간에 일체감이 생기는 것 같다.

일촉즉발 一觸卽發 (한 일, 닿을 촉, 곧 즉, 일으킬 발). ① 속뜻 한[一] 번 닿기만[觸] 하여도 곧[卽] 폭발(爆發)함. ② '금방이라도 일이 크게 터질 듯 한 아슬아슬한 긴장 상태'를 이르는 말.

일촌-광음 一寸光陰 (한 일, 마디 촌, 빛 광, 시간 음). 한[一] 마디[寸] 만큼 짧은 시간[光陰]. 매우 짧은 시간. ㊥촌각(寸刻).

일축 一蹴 (한 일, 찰 축). ① 속뜻 한[一] 번 참[蹴]. ② 단번에 물리침. ¶그의 의견을 일축하였다.

일출[1] 日出 (해 일, 날 출). 해[日]가 돋음[出]. ¶일출 시간은 오전 5시 40분입니다. ㊥일몰(日沒).

일출[2] 逸出 (달아날 일, 날 출). 보통보다 뛰어나고[逸] 특출(特出)함.

일취 逸趣 (달아날 일, 풍취 취). 뛰어나고[逸] 색다른 흥취(興趣). ¶음악에 일취가 있다.

일취-월장 日就月將 (날 일, 이룰 취, 달 월, 앞으로 장). ① 속뜻 날[日]마다 뜻을 이루고[就] 달[月]마다 나아감[將]. ② 발전이 빠르고 성취가 많음. ㊥일장월취(日將月就).

일층 一層 (한 일, 층 층). ① 속뜻 여러 층으로 된 것의 첫째[一] 층(層). ② 한 겹.

일치 一致 (한 일, 이를 치). 하나[一]에 이름[致]. 서로 어긋나지 않고 꼭 맞음. 어긋나는 것이 없음. ¶의견 일치. ㊥불일치(不一致).

▸일치-법 一致法 (법 법). 논리 둘 이상의 사례에서 어떤 공통된[一致] 사례를 찾아내, 이를 현상의 원인이나 결과로 보는 귀납법(歸納法)의 하나. 유동법(類同法).

▸일치-점 一致點 (점 점). 어떤 것들이 서로 일치(一致)하는 부분[點]. ㊥합치점(合致點).

▸일치-단결 一致團結 (모일 단, 맺을 결). 여럿이 하나[一致]로 모여[團] 뭉침[結].

일침 一針 (한 일, 바늘 침). 한[一] 땀[針]. 하나의 바늘. ¶그의 우유부단한 태도에 일침을 놓았다.

일탄 逸彈 (달아날 일, 탄알 탄). 목표물에 맞지 않고 빗나간[逸] 탄환(彈丸).

일탈 逸脫 (달아날 일, 벗을 탈). ① 속뜻 어떤 사상이나 조직, 규범 등에서 빗나가[逸] 벗어남[脫]. 빠져 나감. ¶일상으로부터의 일탈 / 구태의연한 방식에서 일탈해 새로운 제도를 만들었다. ② 사회 사회적인 규범으로부터 벗어나는 일. ¶청소년 일탈 행위.

일퇴 日退 (날 일, 물러날 퇴). 날[日]로 뒤떨어짐[退]. 나날이 쇠퇴함.

일파 一派 (한 일, 갈래 파). ① 속뜻 강의 한[一] 줄기[派]. ② 학예, 종교, 무술 등의 본디의 계통에서 떨어져나온 한 갈래.

일편 一片 (한 일, 조각 편). ① 속뜻 한[一] 조각[片]. ② 매우 작거나 적은 것.

▸일편-단심 一片丹心 (붉을 단, 마음 심). ① 속뜻 한[一] 조각[片] 붉은[丹] 마음[心]. ② '변치 않는 참된 마음'을 이르는 말. ¶일편단심으로 당신을 사랑합니다.

▸일편명월 一片明月 (밝을 명, 달 월). ① 속뜻 한[一] 조각[片]의 밝은[明] 달[月]. ② 둥글고 밝은 달. ¶일편명월에 내 사랑을 담아 보냅니다.

일-평균 日平均 (한 일, 평평할 평, 고를 균). 하루[日]를 단위로 하여 내는 평균(平均). ¶일평균 기온(氣溫).

일-평생 一平生 (한 일, 평안할 평, 살 생). 한[一] 평생(平生). 한 사람이 사는 내내. ¶그는 연구에 일평생을 바쳤다. ㊥한평생.

일폭 一幅 (한 일, 너비 폭). 베나 그림의 한[一] 폭(幅) 또는 한 장. ¶일폭의 그림 / 일폭의 그림 같은 풍경.

일품[1] 逸品 (달아날 일, 물건 품). 아주 뛰어난[逸] 물건[品]. ¶그의 도예는 일품이다.

일품[2] 一品 (첫째 일, 물건 품). 품질이 첫[一] 번째로 꼽히는 아주 뛰어난 물품(物品). 가장 뛰어남. ¶이 식당은 연어 요리가 일품이다.

▸일품-요리 一品料理 (헤아릴 료, 다스릴 리). ① 속뜻 맛이 좋기로 첫째가는[一品] 요리(料理). ② 한 가지마다 그 값을 매겨 놓고 손님의 주문에 따라 내는 요리.

일필 一筆 (한 일, 글씨 필). ① 속뜻 붓에 먹을 다시 먹이지 않고 한[一] 번에 내려 쓴 글씨[筆]. ②한 줄의 글. ③같은 필적.

▸일필-난기 一筆難記 (어려울 난, 기록할 기). 간단히[一筆] 적기[記]가 어려움[難].

▸일필-휘지 一筆揮之 (휘두를 휘, 그것 지). ① 속뜻 붓[筆]을 들어 단번에[一] 휘둘러[揮] 씀. ②글씨를 단숨에 힘차고 시원하게 죽 써 내리는 모양.

일한 日限 (날 일, 한할 한). 정해놓은[限] 일정한 날[日]. 특히, 계약 따위로 지정해 놓은 날을 말한다.

일합 一合 (한 일, 싸울 합). 창·칼 따위로 싸울 때, 창과 창 또는 칼과 칼이 서로 한[一] 번 맞부딪쳐 싸움[合].

***일행**[1] 一行 (함께 일, 갈 행). 길을 함께[一] 감[行]. 또는 함께 가는 사람. ¶일행이 몇 분이십니까?

일행[2] 日行 (날 일, 갈 행). ①하루[日] 동안 걷는[行] 걸음. ②'해가 간다는 뜻'으로, '절기'(節氣)를 이르는 말.

일향 一向 (모두 일, 향할 향). 늘 한[一] 쪽을 향(向)함. 언제나 한결같이. 꾸준히.

일호 一毫 (한 일, 터럭 호). ① 속뜻 한[一] 가닥의 털[毫]. ②극히 작은 정도를 이르는 말. ¶일호도 차이점이 없다 / 일호의 어긋남도 없다.

일화[1] 日貨 (일본 일, 돈 화). ① 속뜻 일본(日本) 화폐(貨幣). ②일본에서 수입한 상품.

일화[2] 逸話 (숨을 일, 이야기 화). 세상에 널리 알려지지 아니한 숨은[逸] 이야기[話]. ¶그는 여행 중에 겪었던 재미있는 일화를 들려주었다. ⓑ에피소드(episode).

일확-천금 一攫千金 (한 일, 붙잡을 확, 일천 천, 돈 금). ① 속뜻 한[一] 번에 천금(千金)을 움켜쥠[攫]. ②단번에 많은 재물을 얻음. ¶그들은 일확천금을 노리고 사기를 쳤다 / 일확천금의 꿈이 산산이 깨졌다.

일환 一環 (한 일, 고리 환). ① 속뜻 줄지어 있는 많은 고리[環] 가운데 하나[一]. ②서로 밀접한 관계로 연결되어 있는 여러 것 가운데 한 부분. ¶고속도로 건설은 국토 개발의 일환이다.

일회-용 一回用 (한 일, 돌 회, 쓸 용). 한[一] 번[回]만 쓰고[用] 버림. 또는 그런 것. ¶일회용 접시.

일후 日後 (날 일, 뒤 후). 뒷[後] 날[日]. ¶일후에는 그렇지 않을 것이다 / 일후에 서로 만나면 인사합시다. ⓒ일전(日前).

임간 林間 (수풀 림, 사이 간). 숲[林] 속[間]. 수풀 사이.

▸임간 학교 林間學校 (배울 학, 가르칠 교). 교육 여름철에 학생들의 건강 증진이나 자연 학습 등을 꾀하기 위해 숲속[林間] 같은 데 세운 학교(學校). 또는 그런 교육.

임갈굴정 臨渴掘井 (임할 임, 목마를 갈, 팔 굴, 우물 정). ① 속뜻 목이 마를[渴] 때에 임(臨)해서야 우물[井]을 팜[掘]. ②평소에 준비 없이 지내다가 일을 닥쳐야 허겁지겁 서두름. ¶임갈굴정이라더니 빈둥빈둥 지내다가 이제 서야 허둥지둥하는 꼴이 가관이다.

임검 臨檢 (임할 림, 검사할 검). 검사(檢査)에 임(臨)함.

임계 臨界 (임할 림, 지경 계). ① 속뜻 경계(境界)에 다다름[臨]. ②일정한 기준에 가까이 닿는 지점. ⓑ한계(限界), 경계(境界).

▸임계-각 臨界角 (모서리 각). 물리 빛의 전반사(全反射)가 일어나는 한계[臨界]의 입사각(入射角). 한계각.

▸임계-량 臨界量 (분량 량). ① 속뜻 일정한 기준[界]에 가까이 닿는[臨] 분량(分量). ② 물리 핵분열 물질이 연쇄 반응을 일으킬 수 있는 최소의 질량.

▸임계 상태 臨界狀態 (형상 상, 모양 태). 물리 임계(臨界) 온도, 임계 압력 아래에 있는 물질의 상태(狀態).

▸임계 압력 臨界壓力 (누를 압, 힘 력). 물리 일정한 온도에서 기체를 액화시키는 데 필요한 최소한[臨界]의 압력(壓力).

▸임계 온도 臨界溫度 (따뜻할 온, 정도 도). 물리 일정한 압력에서 기체를 액화시키는 데 필요한[臨界] 가장 높은 온도(溫度).

▸임계 질량 臨界質量 (바탕 질, 분량 량). 물리 핵분열 물질이 연쇄 반응을 일으킬 수 있는 최소[臨界]의 질량(質量).

임:관 任官 (맡길 임, 벼슬 관). ① 속뜻 관직(官職)에 임명(任命)됨. ②사관생도나 사관후보생이 장교로 임명됨. ⓑ서관(敍官).

임관-석 臨官席 (임할 림, 벼슬 관, 자리 석).

관리(官吏)가 임(臨)하여 앉을 수 있도록 따로 마련한 자리[席].

임균 淋菌 (임질 림, 세균 균). 생물 임질(淋疾)을 일으키는 병원균(病原菌).

임:금 賃金 (품삯 임, 돈 금). ① 속뜻 일을 한 품삯[賃]으로 받는 돈[金]. ¶임금을 올려 달라고 요청하다. ② 법률 임대차(賃貸借)에 있어서 물건을 빌려 쓴 사람이 빌려주는 사람에게 지급하는 사용의 대가. ⓑ노임(勞賃), 삯.

▶임:금-률 賃金率 (비율 률). ① 속뜻 노동량에 따라 임금(賃金)을 지급하는 비율(比率) ② 경제 일정한 시간이나 양의 노동에 대하여 노동자에게 지급하는 임금이나 임금 단가. ㉾임률.

▶임:금 격차 賃金格差 (지위 격, 다를 차). 경제 남녀별·직종별·연령별·학력별·산업별·지역별 분류[格]에 따라 지급되는 개개 노동자의 임금(賃金 차이(差異).

▶임:금 지수 賃金指數 (가리킬 지, 셀 수). 경제 시간이나 장소에 다른 임금(賃金) 수준의 변동을 나타내기 위한 지수(指數).

▶임:금 철칙 賃金鐵則 (쇠 철, 법 칙). 사회 임금(賃金)은 노동자와 그 가족의 생존비에 따라 결정된다는 것을 변하지 않는[鐵] 법칙(法則)으로 여겨 이르는 말. ⓑ노임 철칙(勞賃鐵則).

▶임:금 체계 賃金體系 (몸 체, 이어 맬 계). 경제 임금(賃金)을 결정할 때 기본이 되는 체계(體系). 항목에는 기본급, 가족 수당, 근무 수당 따위가 포함된다.

▶임:금 학설 賃金學說 (배울 학, 말씀 설). 경제 임금(賃金) 수준을 결정하는 요인을 연구하는 이론[學說].

▶임:금 형태 賃金形態 (모양 형, 모양 태). 경제 임금(賃金) 지급의 형태(形態).

▶임:금 기금설 賃金基金說 (터 기, 돈 금, 말씀 설). ① 속뜻 임금(賃金)의 기본 금액(基本金額)에 관한 이론[說]. ② 경제 임금은 한 사회의 총자본에서 임금으로 지급될 기본 금액을 노동자 수로 나눈 몫으로 결정한다는 임금 결정 이론. 노임 기금설(勞賃基金說).

임:기¹ 任期 (맡길 임, 때 기). 일정한 업무 따위를 맡은[任] 기간(期間). ¶대통령의 임기는 5년이다.

임기² 臨機 (임할 림, 때 기). 기회(機會)를 맞아[臨] 잘 대응함.

▶임기-응변 臨機應變 (응할 응, 바뀔 변). 어떤 기회(機會)를 맞았을[臨] 때 이에 부응(副應)하여 변화(變化)함. 그때그때의 형편에 따라 알맞게 일을 처리함. ¶임기응변에 능하다.

임:대 賃貸 (품삯 임, 빌려줄 대). ① 속뜻 삯[賃]이나 돈을 받고 빌려줌[貸]. ② 돈을 받고 자기 물건을 남에게 빌려 줌. ¶임대 아파트 / 제주도를 여행하기 위해 차를 임대했다. ⓑ임차(賃借).

▶임:대-료 賃貸料 (삯 료). 빌려주고[賃貸] 받는 요금(料金). ¶사무실 임대료가 석 달이나 밀렸다. ⓑ임차료(賃借料).

▶임:대-물 賃貸物 (만물 물). 법률 빌려주는[賃貸] 물건(物件). 임대차의 목적이 되는 물건을 임대인 쪽에서 이르는 말.

▶임:대-인 賃貸人 (사람 인). 법률 어떤 물건을 빌려주는[賃貸] 사람[人]. 임대차 계약에 따라 임대물을 빌려 주는 사람.

▶임:대-지 賃貸地 (땅 지). 법률 빌려주는[賃貸] 땅[地]. 임대차의 목적이 되는 토지.

▶임:대-차 賃貸借 (빌릴 차). ① 속뜻 임대(賃貸)와 임차(貸借)를 함께 이르는 말. ② 법률 임대인이 상대방에게 목적물을 사용·수익할 수 있게 하고, 상대방은 그 대가로서 차임을 지급할 것을 약정함으로써 성립하는 계약.

임:란 壬亂 (천간 임, 어지러울 란). 역사 임진(壬辰)년에 일본군이 쳐들어와 일으킨 난(亂). '임진왜란'(壬辰倭亂)의 준말.

임:률 賃率 (품삯 임, 비율 률). 경제 '임금률'(賃金率)의 준말.

임립 林立 (수풀 림, 설 립). 숲[林]의 나무들처럼 죽 늘어 섬[立].

임:면 任免 (맡길 임, 면할 면). 임명(任命)과 해면(解免)을 함께 이르는 말.

▶임:면-권 任免權 (권리 권). 직무를 맡기거나[任] 그만두게[免] 할 권한(權限).

임:명 任命 (맡길 임, 명할 명). 직무를 맡으라고[任] 명령(命令)함. 관직을 줌. ¶사장님은 그를 부장으로 임명했다 / 그는 파키스탄 대사로 임명을 받았다.

▸임ː명-권 任命權 (권리 권). 구성원의 임명(任命)이나 면직(免職) 따위를 할 수 있는 권한(權限).

▸임ː명-장 任命狀 (문서 장). 임명(任命)한다는 사실을 밝힌 문서[狀].

임목 林木 (수풀 림, 나무 목). 숲[林]을 이룬 나무[木].

임ː무 任務 (맡길 임, 일 무). 맡은[任] 일[務]. ¶맡은 바 임무에 최선을 다하다.

임박 臨迫 (임할 림, 닥칠 박). 어떤 때가 가까이 닥쳐[臨=迫] 옴. ¶시험이 임박했다.

임ː병-양란 壬丙兩亂 (천간 임, 천간 병, 두 량, 어지러울 란). 역사 임진왜란(壬辰倭亂)과 병자호란(丙子胡亂)의 두[兩] 전란(戰亂).

임ː부 妊婦 (아이 밸 임, 여자 부). 아이를 밴[妊] 여자[婦]. '임신부'의 준말. ¶이 약품은 임부가 복용하면 안 된다.

임사-본 臨寫本 (임할 림, 베낄 사, 책 본). 원본을 옆에 놓고[臨] 베낀[寫] 책[本]. ⑪모사본(模寫本).

임삭 臨朔 (임할 림, 초하루 삭). 아이 낳을 달[朔]이 다가옴[臨]. ⑪임월(臨月), 당삭(當朔).

임산[1] 林山 (수풀 림, 메 산). 숲[林]으로 덮여 있는 산(山). 수풀이 우거져 있는 산.

임산[2] 臨産 (임할 림, 낳을 산). 아이를 낳을[産] 때가 됨[臨].

임산[3] 林産 (수풀 림, 낳을 산). 농업 숲[林]에서 생산(生産)되는 것. '임산물'의 준말.

▸임산-물 林産物 (만물 물). 농업 산림(山林)에서 생산(生産)되는 물품(物品). ¶태백은 목재 등의 임산물을 생산한다. ㊟임산.

▸임산 자원 林産資源 (재물 자, 근원 원). 산림(山林)에서 생산(生産)되는 자원(資源).

임ː-산부 姙産婦 (아이 밸 임, 낳을 산, 여자 부). 아이를 배거나[姙] 곧 낳을[産] 여자[婦]. 임부(姙婦)와 산부(産婦)를 아울러 이르는 말. ¶임산부를 위해 자리를 양보합시다.

임상 臨床 (임할 림, 평상 상). 실지로 환자가 누워있는 침대[床] 앞에서[臨] 병의 치료와 함께 그 예방법을 연구하는 일.

▸임상 강ː의 臨床講義 (익힐 강, 뜻 의). 의학 직접 환자의 병상(病床) 곁에서[臨] 그 병의 진단 및 치료 방법 따위를 강의(講義)하는 일.

▸임상 신ː문 臨床訊問 (물을 신, 물을 문). 법률 병상(病床)에 있는[臨] 증인을 그가 있는 자리에서 신문(訊問)하는 일.

▸임상 의학 臨床醫學 (치료할 의, 배울 학). 의학 병상(病床)에 있는[臨] 환자를 관찰하여 연구·치료하는[醫] 학문(學問).

임서 臨書 (임할 림, 쓸 서). 글씨본을 앞에 두고[臨] 그것을 보며 씀[書].

임석 臨席 (임할 림, 자리 석). 자리[席]에 와[臨] 앉음.

임성 稔性 (익을 임, 성질 성). ① 속뜻 곡식 따위가 익는[稔] 성질(性質). ② 동물 수정을 통하여 새끼를 밸 수 있는 능력. ③ 식물 식물이 수정에 의해서 열매를 맺는 성질.

임ː소 任所 (맡길 임, 곳 소). 지방 관원이 임명(任命)을 받아 근무하던 곳[所].

임ː술 壬戌 (천간 임, 개 술). 민속 천간의 '壬'과 지지의 '戌'이 만난 간지(干支). 육십갑자의 쉰아홉째. ¶임술년에 삼남지역에서 민란이 일어났다.

임시 臨時 (임할 림, 때 시). ① 속뜻 일정한 때[時]에 다다름[臨]. 또는 그 때. ② 필요에 따른 일시적인 때. ¶임시열차 / 임시 휴교. ㊉상시(常時), 정기(定期).

▸임시-비 臨時費 (쓸 비). 임시(臨時)로 지출하는 비용(費用). ⑪불항비(不恒費). ㊟경상비(經常費).

▸임시-직 臨時職 (일 직). 일정 기간 동안 임시(臨時)로 근무하는 직원(職員). 또는 직책(職責).

▸임시-표 臨時標 (나타낼 표). 음악 악곡의 도중에 본디의 음을 임시(臨時)로 바꾸기 위하여 쓰는 기호[標]. ⑪변화표(變化標), 변화 기호(變化記號).

▸임시 국회 臨時國會 (나라 국, 모일 회). 정치 필요에 따라 임시(臨時)로 소집하는 국회(國會). ㊟정기 국회(定期國會).

▸임시-변통 臨時變通 (바뀔 변, 통할 통). 뜻밖에 생긴 일을 우선 임시(臨時)로 고쳐[變] 쓸 수 있게 함[通].

▸임시 소집 臨時召集 (부를 소, 모을 집). 전쟁이나 사변 따위가 일어났을 때, 임시(臨時)로 병역 대상자를 소집(召集)하는 일.

▸임시 정부 臨時政府 (정사 정, 관청 부). 정치 정식 정부가 설립되기 전에 임시(臨時)로 설립된 정부(政府). ¶항일운동가들이 상하이에 임시 정부를 설립했다.

▸임시 의정원 臨時議政院 (의논할 의, 정사 정, 관청 원). 역사 1919년에 중국 상하이(上海)의 대한민국 임시(臨時) 정부 안에 두었던 입법[議政] 기관[院].

임:신[1] 壬申 (천간 임, 원숭이 신). 민속 천간의 '壬'과 지지의 '申'이 만난 간지(干支). 육십갑자의 아홉째. ¶중종은 임신년에 쓰시마도주[對馬島主]와 조약을 맺었다.

임:신[2] 姙娠 (아이 밸 임, 아이 밸 신). 아이를 뱀[姙=娠]. ¶그녀는 임신 7개월이다 / 그녀는 마흔에 첫 아이를 임신했다. ㊐잉태(孕胎), 회임(懷妊).

임야 林野 (수풀 림, 들 야). 숲[林]과 들[野]을 아울러 이르는 말. 개간되지 않은 땅. ¶한국의 임야 면적은 전체 국토의 70%에 달한다.

임어 臨御 (임할 림, 임금 어). 임금[御]이 그 자리에 왕림(枉臨)함. ¶국왕의 임어를 기다리고 있었다.

임업 林業 (수풀 림, 일 업). 이득을 얻고자 삼림(森林)을 경영하는 사업(事業).

임:오 壬午 (천간 임, 말 오). 민속 천간의 '壬'과 지지의 '午'가 만난 간지(干支). ¶임오년생은 말띠다.

▸임:오-군란 壬午軍亂 (군사 군, 어지러울 란). 역사 조선 고종 19년(1882)인 임오(壬午) 년에 군인(軍人)들이 일으킨 변란(變亂).

임:용 任用 (맡길 임, 쓸 용). 어떤 사람에게 일을 맡기기[任] 위해 고용(雇用)함. ¶공무원 임용 시험 / 그는 대학의 교수로 임용되었다.

임우 霖雨 (장마 림, 비 우). 장마[霖] 비[雨]. ¶임우가 계속되다.

임:원 任員 (맡길 임, 사람 원). 어떤 단체의 중임(重任)을 맡아 처리하는 사람[員]. ¶그녀는 대기업의 임원이다.

임:의 任意 (맡길 임, 뜻 의). ① 속뜻 각자 자기 뜻[意]에 맡김[任]. 자기 뜻대로 함. ¶1부터 10까지 숫자 중에 임의로 세 개를 고르시오 / 구성원은 임의로 뽑는다. ② 대상이나 장소 따위를 일정하게 정하지 아니함. ¶원은 임의의 한 점과 동일한 거리를 갖는 점들의 집합이다.

▸임:의-법 任意法 (법 법). 법률 당사자의 뜻에 따라 임의(任意)로 적용하지 않을 수도 있는 법률(法律). ㊥강행법(強行法).

▸임:의 공채 任意公債 (공변될 공, 빚 채). 경제 응모자가 자기 뜻대로[任意] 정부와의 자유 계약으로 응모하는 공채(公債). ㊥강제 공채(強制公債).

▸임:의 규정 任意規定 (법 규, 정할 정). 법률 당사자의 임의(任意)대로 적용받지 않을 수도 있는 법 규정(規定). 법의 규정과 다른 의사를 표시한 경우에는 적용되지 않는 법 규정. ㊐임의 법규(任意法規). ㊥강행 규정(強行規定).

▸임:의 대:리 任意代理 (대신할 대, 다스릴 리). 법률 본인과 대리인이 임의(任意)대로 정하는 대리(代理). ㊐위임 대리(委任代理). ㊥법정 대리(法定代理).

▸임:의 동행 任意同行 (한가지 동, 갈 행). 법률 수사 기관이 본인의 승낙을 얻어[任意] 검찰청, 경찰서 등에 함께[同] 데려가는[行] 처분.

▸임:의 법규 任意法規 (법 법, 법 규). 법률 임의 규정(任意規定). ㊥강행 법규(強行法規).

▸임:의 소각 任意消却 (사라질 소, 물리칠 각). 경제 주주와 회사의 뜻에 따라[任意] 회사가 주식을 취득해서 이를 소멸하는[消却] 것. ㊟강제 소각(強制消却).

▸임:의 수사 任意搜査 (찾을 수, 살필 사). 법률 피의자를 체포하거나 구금하지 않고 동의나 승낙을 받아서 임의(任意)로 하는 수사(搜査). ㊥강제 수사(強制搜査).

▸임:의 조정 任意調整 (고를 조, 가지런할 정). 법률 노동 쟁의 과정 중, 노사 관계에 있는 당사자 쌍방의 뜻에 따라[任意] 하는 조정(調整). ㊥강제 조정(強制調停).

▸임:의 출두 任意出頭 (날 출, 머리 두). 법률 용의자가 자기 뜻대로[任意] 수사 기관에 몸소[頭] 나오는[出] 일.

▸임:의 표본 任意標本 (나타낼 표, 본보기 본). 수학 임의(任意) 추출법에 따라 뽑힌 표본(標本).

▸임:의 준:비금 任意準備金 (고를 준, 갖출

비, 돈 금). 경제 어떤 단체에서 정관 또는 주주 총회의 결정대로[任意] 적립하는 준비금(準備金). 참 법정 준비금(法定準備金).

▸ 임:의 추출법 任意抽出法 (뽑을 추, 날 출, 법 법). 수학 여러 개 가운데서 일정한 기준 없이 되는대로[任意] 표준을 뽑는[抽出] 방법(方法). 무작위 추출법(無作爲抽出法).

임:인 壬寅 (천간 임, 범 인). 민속 천간의 '壬'과 지지의 '寅'이 만난 간지(干支). 육십갑자의 서른아홉 번째. ¶임인옥사(獄事).

임:자 壬子 (천간 임, 쥐 자). 민속 천간의 '壬'과 지지의 '子'가 만난 간지(干支). 육십갑자의 마흔아홉째. ¶『임자록』(壬子錄).

임장 林葬 (수풀 림, 장사지낼 장). 숲[林]에 장사(葬事)지내는 것.

임전 臨戰 (임할 림, 싸울 전). 전쟁(戰爭)에 나아감[臨].

▸ 임전-무퇴 臨戰無退 (없을 무, 물러날 퇴). 역사 전쟁(戰爭)에 임(臨)해서는 물러남[退]이 없음[無]. 세속 오계의 하나. ¶임전무퇴의 정신으로 싸우다. 참 세속 오계(世俗五戒).

임정[1] 林政 (수풀 림, 정사 정). 임업(林業)에 관한 행정(行政).

임정[2] 臨政 (임할 림, 정사 정). 정치 '임시 정부'(臨時政府)의 준말.

임종[1] 林鐘 (수풀 림, 쇠북 종). ① 속뜻 숲[林] 속에 울리는 종(鐘) 소리. ② 음악 동양 음악에서, 십이율의 여덟째 음. 육려의 하나로 방위는 미(未), 절후는 음력 6월에 해당한다.

임종[2] 臨終 (임할 림, 끝마칠 종). ① 속뜻 죽음[終]에 다다름[臨]. 또는 그때. ¶임종의 말. ② 부모님이 운명할 때에 그 옆에 모시고 있음. ¶어머니가 돌아가실 때 임종 못한 것이 평생의 한이다. 비 임명(臨命), 종신(終身).

임:중도원 任重道遠 (맡길 임, 무거울 중, 길 도, 멀 원). 책임(責任)은 무겁고[重] 가야 할 길[道]은 멂[遠].

임:지 任地 (맡길 임, 땅 지). 관원이 부임(赴任)하는 곳[地].

임:직 任職 (맡길 임, 일 직). 직무(職務)를 맡김[任].

임:-직원 任職員 (맡길 임, 일 직, 사람 원). 임원(任員)과 직원(職員)을 통틀어 이르는 말. ¶창립 기념행사에 모든 임직원이 참석했다.

****임:진**[1] 壬辰 (천간 임, 용 진). 민속 천간의 '壬'과 지지의 '辰'이 만난 간지(干支). ¶임진년생은 용띠다.

▸ 임:진-록 壬辰錄 (기록할 록). 문학 임진왜란(壬辰倭亂)을 소재로 기록(記錄)한 군대 소설.

▸ 임:진-왜란 壬辰倭亂 (일본 왜, 어지러울 란). 역사 조선 선조 25년(1592)인 임진(壬辰)년에 왜구(倭寇)가 침입해 일으킨 전란(戰亂).

임진[2] 臨陣 (임할 림, 진칠 진). 전진(戰陣)에 나섬[臨].

▸ 임진-대적 臨陣對敵 (대할 대, 원수 적). 싸움터[陣]에 나서서[臨] 적(敵)과 맞섬[對].

임진-각 臨津閣 (임할 림, 나루 진, 집 각). 1972년 정부에서 경기도 문산, 임진강(臨津江) 가에 실향민을 위로하기 위하여 세운 큰 집[閣]. ¶임진각에서 북녘 고향을 바라보다.

임:질 淋疾 (임질 림, 병 질). 의학 임균(淋菌)의 감염에 의하여 일어나는 질병(疾病). 비 음질(陰疾).

임:차 賃借 (품삯 임, 빌릴 차). 삯을 내고[賃] 물건을 빌림[借]. 반 임대(賃貸).

▸ 임:차-권 賃借權 (권리 권). 법률 계약에 따라 값을 치르고[賃] 물건을 빌려[借] 쓸 수 있는 권리(權利).

▸ 임:차-료 賃借料 (삯 료). 삯을 내고[賃] 물건을 빌릴[借] 때 내는 값[料]. 반 임대료(賃貸料).

▸ 임:차-물 賃借物 (만물 물). 법률 삯을 주고[賃] 남에게 빌리는[借] 물건(物件).

▸ 임:차-인 賃借人 (사람 인). 법률 임대차 계약에 있어서, 삯을 주고[賃] 물건을 빌리는[借] 사람[人].

임:천[1] 任天 (맡길 임, 하늘 천). 하늘[天]에 맡김[任]. 운명에 따름.

임천[2] 林泉 (수풀 림, 샘 천). ① 속뜻 숲[林] 속에 샘[泉]이 있는 곳. ② 은사(隱士)가 사는 곳.

임:치 任置 (맡길 임, 둘 치). ① 속뜻 남에게

돈이나 물건 따위를 맡겨[任] 둠[置]. ② 법률 당사자 중 한쪽이 금전이나 물건을 맡기고 상대편이 이를 보관하기로 약속함. ⓑ 기탁(寄託).

임:파 淋巴 (물 뿌릴 림, 땅 이름 파). ① 속뜻 '림프'(Lymph)의 한자 음역어(音譯語). ② 의학 고등 동물의 조직 사이를 메우는 무색의 액체. 혈관과 조직을 연결하며 면역항체를 수송한다.

▶임:파-선 淋巴腺 (샘 선). ① 속뜻 림프[淋巴]가 흘러나오는 샘[腺]. ② 의학 포유류의 림프관에 있는 둥글거나 길쭉한 모양의 부푼 곳. 림프구·대식 세포 따위로 이루어져 있으며, 림프에 섞인 병원균이 옮겨가는 것을 막는 역할을 한다.

▶임:파선-염 淋巴腺炎 (샘 선, 염증 염). 의학 병원균이나 독소 등으로 말미암아 일어나는 림프샘[淋巴腺]에 생기는 염증(炎症).

임학 林學 (수풀 림, 배울 학). 임업(林業)에 관해 연구하는 학문(學問). ⓑ 삼림학(森林學).

▶임학-과 林學科 (분과 과). 임학(林學)을 연구하는 학과(學科).

임해 臨海 (임할 림, 바다 해). 바다[海]에 가까움[臨].

▶임해 공업 臨海工業 (장인 공, 일 업). 바다[海]와 접해있는[臨] 곳에서 이루어지는 공업(工業).

임화 臨畵 (임할 림, 그림 화). 미술 미술책 따위를 옆에 두고[臨] 그림을 그리는[畵] 것. 또는 그 그림. ⓑ 자유화(自由畵).

입각¹ 入閣 (들 입, 관청 각). 내각(內閣)에 들어감[入]. 내각 구성원이 됨.

입각² 立脚 (설 립, 다리 각). 근거로 삼아 그 처지에 발[脚]을 디딤[立]. ¶역사적 사명에 입각하여 본 정책을 시행하겠다.

입-간판 立看板 (설 립, 볼 간, 널빤지 판). 땅에 세워[立] 두는 간판(看板).

입감 入監 (들 입, 볼 감). 감옥(監獄)에 잡혀 들어감[入].

입거 入渠 (들 입, 도랑 거). 배를 뱃 도랑[渠]에 넣음[入].

입건 立件 (설 립, 사건 건). 법률 범죄 사실을 인정하여 사건(事件)을 성립(成立) 시킴. ¶형사 입건 / 경찰은 그를 폭행 혐의로 입건했다.

입격 入格 (들 입, 자격 격). ① 속뜻 어떤 자리[格]나 지위에 듦[入]. 시험에 뽑힘. ② 역사 생원, 진사, 조시의 과거에 합격하던 일. ⓑ 합격(合格). ⓑ 실격(失格).

입경 入京 (들 입, 서울 경). 서울[京]에 들어옴[入]. ⓑ 출경(出京), 퇴경(退京).

입고 入庫 (들 입, 곳집 고). 물건 따위를 창고(倉庫)에 넣음[入]. ⓑ 출고(出庫).

입공 入貢 (들 입, 바칠 공). 조공(朝貢)을 바침[入].

입관¹ 入棺 (들 입, 널 관). 시체를 관(棺) 속에 넣음[入].

입관² 入館 (들 입, 집 관). 도서관(圖書館), 미술관(美術館), 박물관(博物館) 따위에 들어감[入].

입관³ 入關 (들 입, 빗장 관). 관문(關門)으로 들어감[入].

입교¹ 入校 (들 입, 학교 교). 학교(學校)에 정식으로 들어감[入]. ⓑ 입학(入學). ⓑ 퇴교(退校).

입교² 入敎 (들 입, 종교 교). ① 기독교 세례를 받아 정식으로 신자가 되어 교회(敎會)의 구성원으로 가입(加入) 되는 일. ② 종교 종교를 믿기 시작함.

입구 入口 (들 입, 어귀 구). 들어가는[入] 어귀[口]. ¶그녀는 동물원 입구에서 아이를 찾고 있다. ⓑ 어귀. ⓑ 출구(出口).

입국 入國 (들 입, 나라 국). 한 나라에서 다른 나라[國]로 들어감[入]. ¶입국 금지. ⓑ 출국(出國).

▶입국 사증 入國査證 (살필 사, 증거 증). 법률 입국(入國)이 가능함을 심사(審査)하여 증명(證明)한 서류. ⓒ 사증.

입궁 入宮 (들 입, 집 궁). ① 속뜻 집[宮] 안으로 들어감[入]. ② 운동 장기에서, 말이 상대편의 궁밭에 들어감.

입궐 入闕 (들 입, 대궐 궐). 대궐(大闕)로 들어감[入]. ⓑ 예궐(詣闕). ⓑ 퇴궐(退闕).

입금 入金 (들 입, 돈 금). 돈[金]이 들어옴[入]. 또는 돈을 계좌에 넣음. ¶사장님은 월급 전액을 통장으로 입금해 주었다. ⓑ 출금(出金).

▶입금-액 入金額 (액수 액). 은행 따위에 넣

은 돈[入金]의 액수(額數). ⓑ출금액(出金額).

▸입금-표 入金票 (쪽지 표). 경제 은행 따위에서 입금(入金) 상황을 적는 전표(傳票).

입납 入納 (들 입, 바칠 납). 편지의 겉봉에 편지를 들여[入] 바친다[納]는 뜻으로 쓰는 공손한 말.

입단 入團 (들 입, 모일 단). 어떤 단체(團體)에 가입(加入)함. ¶입단 선서 / 그는 양키즈야구팀에 새로 입단했다. ⓑ퇴단(退團).

입당 入黨 (들 입, 무리 당). 정당(政黨) 등에 가입(加入)함. ¶입당 신청서 / 그는 공화당에 입당했다. ⓑ탈당(脫黨).

입대 入隊 (들 입, 무리 대). 군사 군대(軍隊)에 들어가[入] 군인이 됨. ¶입대를 거부하다 / 그는 자원해서 해군에 입대했다. ⓑ제대(除隊).

입도[1] 入道 (들 입, 길 도). ① 속뜻 불도(佛道)에 입문(入門)함. 또는 그 사람. ② 도교(道教)에 들어 도사(道士)가 됨.

입도[2] 粒度 (알 립, 정도 도). 암석이나 모래 따위의 낱알[粒]의 크기 정도(程度).

입도-선매 立稻先賣 (설 립, 벼 도, 먼저 선, 팔 매). 아직 논에서 서있는[立] 벼[稻]를 미리[先] 돈을 받고 팖[賣].

입동 立冬 (설 립, 겨울 동). ① 속뜻 겨울[冬]이 시작됨[立]. ② 민속 상강(霜降)과 소설(小雪) 사이로, 양력 11월 7일경이다. ¶입동이니 김장을 해야겠다.

입락 入落 (들 입, 떨어질 락). 들어감[入]과 떨어짐[落]. 또는 급제와 낙방을 아울러 이르는 말.

입력 入力 (들 입, 힘 력). ① 물리 어떤 장치 등을 움직이기 위해 필요한 동력(動力) 따위를 들여[入]보내는 일. ② 문자나 숫자를 기억하게 하는 일. ¶키보드와 마우스는 컴퓨터의 입력 장치이다. ⓑ출력(出力).

▸입력 장치 入力裝置 (꾸밀 장, 둘 치). 중앙 처리 장치에 정보를 입력(入力)하는 장치(裝置).

입례 立禮 (설 립, 예도 례). 선[立] 채로 예(禮)를 차려 인사함. 또는 그런 인사.

입론 立論 (설 립, 논할 론). 이론(理論)의 체계를 세움[立]. 또는 그 이론.

입면 立面 (설 립, 쪽 면). 수학 어떤 물체를 세워[立] 놓고 마주서서 본 면(面). 수직으로 본 면에 대하여, 정면이나 측면에서 수평으로 본 면을 말한다.

▸입면-도 立面圖 (그림 도). 수학 입면(立面)에 투영된 그림[圖]. ⓑ수직 투영도(垂直投影圖).

입멸 入滅 (들 입, 없어질 멸). 불교 멸도(滅度)에 들어감[入]. 수도승이 죽음을 이름. ⓑ귀적(歸寂), 입멸(入滅), 멸도(滅度), 입적(入寂).

입명 立命 (설 립, 운명 명). 천명(天命)을 마음에 세워[立] 평안을 얻음.

입모-근 立毛筋 (설 립, 털 모, 힘줄 근). 의학 털[毛]을 세워서[立] 피부에 소름을 돋게 하는 근육(筋肉).

입목 立木 (설 립, 나무 목). 땅에 뿌리박고 서[立] 있는 나무[木].

입몰 入沒 (들 입, 빠질 몰). ① 속뜻 무엇에 들어가[入] 빠짐[沒]. ② 죽음.

입문 入門 (들 입, 문 문). ① 속뜻 스승의 문하(門下)에 들어감[入]. ② 어떤 학문을 배우려고 처음 들어감. 또는 그 과정. ¶중국어 입문 / 이 책은 철학에 처음 입문하는 사람에게 좋다.

▸입문-서 入門書 (책 서). 입문(入門)하는 사람을 위해 쉽게 쓴 책[書].

입방-체 立方體 (설 립, 모 방, 몸 체). 수학 여섯 개의 면이 모두 합동인 정사각형[方]으로 이루어진[立] 정다면체(正多面體). ⓑ정육면체(正六面體).

입법 立法 (설 립, 법 법). ① 속뜻 법(法)을 세움[立]. ② 법을 제정하는 행위. ¶국회의 입법 과정.

▸입법-권 立法權 (권리 권). 법률 법(法)을 제정하는[立] 권리(權利).

▸입법-부 立法府 (관청 부). 법률 법률(法律)을 제정하는[立] 국가 부서(府署). 삼권분립에 따라 국회를 이르는 말.

▸입법-화 立法化 (될 화). 법률(法律)로 제정되도록[立] 함[化].

▸입법 기관 立法機關 (틀 기, 빗장 관). 법률 법(法)을 만드는[立] 기관(機關). 법률 제정에 참여하는 권한을 가진 국가 기관을 통틀어 이르는 말.

입불 入佛 (들 입, 부처 불). 불교 새로운 불상

(佛像)을 절에 맞아들여[入] 안치하는 일.

입사[1] 入社 (들 입, 회사 사). ① 속뜻 회사(會社)에 들어감[入]. ② 회사에 취직이 되어 들어감. ¶그는 입사 두 달 만에 퇴사했다. 반 퇴사(退社).

입사[2] 入絲 (들 입, 실 사). 놋그릇이나 쇠 그릇 따위에 은실[絲]을 장식으로 박음[入]. ¶입사 기술.

입사[3] 立嗣 (설 립, 이을 사). ① 속뜻 대를 이을[嗣] 아들을 들여세움[立]. ② 아들을 길러서 대를 잇게 함.

입사[4] 入射 (들 입, 쏠 사). 물리 빛이나 파동이 쏘여[射] 들어오는[入] 것. 어떤 물질을 지나가는 빛이나 파동이 다른 물질의 경계면에 닿는 일. 비 투사(投射).

▸입사-각 入射角 (모서리 각). 물리 입사 광선(入射光線)이 입사점에서 경계면의 법선(法線)과 이루는 각(角). 비 투사각(投射角).

▸입사-점 入射點 (점 점). 물리 입사 광선(入射光線)이 제 2매질의 경계면과 만나는 점(點). 비 투사점(投射點).

▸입사 광선 入射光線 (빛 광, 줄 선). 물리 쏘여[射] 들어오는[入] 빛[光線]. 제 1매질을 통과하여 제 2매질의 경계면에 들어오는 광선. 비 투사 광선(投射光線). 반 반사 광선(反射光線).

입산 入山 (들 입, 메 산). ① 속뜻 들어감[入]. ¶입산 금지. ② 출가하여 승려가 됨. 반 하산(下山).

입상[1] 立像 (설 립, 모양 상). 서[立] 있는 모양의 형상(形像). 선 모양으로 만든 형상. ¶금동 여래 입상.

입상[2] 入賞 (들 입, 상줄 상). 상(賞)을 탈 수 있는 등수 안에 듦[入]. ¶입상 소감 / 그는 과학경시대회에서 입상했다.

▸입상-자 入賞者 (사람 자). 상(賞)을 탈 수 있는 등수 안에 든[入] 사람[者]. ¶입상자 명단.

입상[3] 粒狀 (알 립, 형상 상). 알맹이[粒]나 낟알 모양[狀].

▸입상-반 粒狀斑 (얼룩 반). 천문 멀리서 본 태양의 광구면(光球面)에 나타나는 쌀알[粒] 모양[狀]의 잔무늬[斑].

입석[1] 立石 (설 립, 돌 석). ① 속뜻 길 표지로 세워[立] 놓은 돌[石]. ② 고적 석기 시대에 큰 돌을 기둥 모양으로 세워 놓은 기념비.

입석[2] 立席 (설 립, 자리 석). 좌석으로 된 기구나 장소를 서서[立] 이용하는 자리[席]. 반 좌석(座席).

입선[1] 入禪 (들 입, 참선 선). 불교 ① 좌선을 하거나 불경을 읽으러 선원(禪院)에 들어가는[入] 일. ② 선정(禪定)에 들어가는 일.

입선[2] 入選 (들 입, 고를 선). 응모, 출품한 작품 따위가 뽑는[選] 범위 안에 듦[入]. ¶그의 그림이 미술 전람회에서 입선했다. 반 낙선(落選).

▸입선-작 入選作 (지을 작). 심사에 합격하여 뽑힌[入選] 작품(作品). ¶입선작 전시 / 이번 공모전의 입선작을 발표하겠습니다.

입성[1] 入城 (들 입, 성곽 성). ① 속뜻 성(城) 안으로 들어감[入]. ¶성문이 닫혀 입성할 수 없었다. ② 적이 있던 도시를 함락하고 들어가 점령함. ¶전봉준은 단번에 전주성으로 입성했다. ③ 상당한 노력 끝에 선망하던 세계나 방면으로 진출하는 일을 비유하여 이르는 말. ¶그녀는 세계 영화계에 입성하였다. 반 출성(出城).

입성[2] 入聲 (들 입, 소리 성). ① 속뜻 입안으로 들어온[入] 소리[聲]를 가둠. ② 언어 중세 국어 사성의 하나. 소리의 높낮이와는 별도로, 종성이 'ㄱ, ㄷ, ㅂ'로 끝나는 음절들을 묶은 것. ③ 언어 한자음 사성의 하나. 짧고 빨리 끝나는 소리.

입소 入所 (들 입, 곳 소). 훈련소(訓練所), 연구소(硏究所) 따위의 '소'(所)라는 기관에 들어감[入].

입수 入手 (들 입, 손 수). 손[手]에 넣음[入]. 손 안에 들어옴. ¶스파이를 통해 새로운 정보를 입수하다.

입시[1] 入侍 (들 입, 모실 시). 역사 대궐에 들어가서[入] 임금을 뵙던[侍] 일. ¶병조판서 입시오!

입시[2] 入試 (들 입, 시험할 시). 학교에 들어가기[入] 위한 시험(試驗). ¶입시 전문 학원 / 입시제도.

입식[1] 立式 (설 립, 법 식). 서서[立] 행동하도록 된 방식(方式). ¶입식 부엌.

입식[2] 立食 (설 립, 먹을 식). 서서[立] 음식을 먹음[食].

입신[1] 入神 (들 입, 귀신 신). ① 속뜻 지혜나 기술이 신(神)의 경지에 듦[入]. ② 순동 바둑의 9단(段)을 이르는 말.

입신² 立身 (설 립, 몸 신). 자신(自身)의 명성을 세움[立]. 사회적으로 기반을 닦고 출세함. ¶입신을 꾀하다 / 과거에 급제해 입신하고자 모든 일을 뒤로 미뤘다.

▸**입신-양명** 立身揚名 (오를 양, 이름 명). 입신(立身)하여 이름[名]을 드높임[揚]. 출세하여 이름을 세상에 떨침.

▸**입신-출세** 立身出世 (날 출, 세상 세). 성공하여[立身] 세상[世]에 이름을 떨침[出].

입실 入室 (들 입, 방 실). ① 속뜻 방[室]에 들어감[入]. ② 불교 승려가 되고자 하는 이가 법사(法師)의 허락을 받아 법호(法號)를 받음.

입심 立心 (설 립, 마음 심). 마음[心]을 작성하여 세움[立].

입안 立案 (설 립, 안건 안). 안(案)을 세움[立]. 안을 생각해 냄.

입양 入養 (들 입, 기를 양). ① 속뜻 양자(養子)를 들임[入]. ② 법률 혈연관계가 아닌 일반인 사이에 양친과 양자로서 법적인 친자 관계를 맺는 일. ¶입양기관 / 우리는 아이를 입양하기로 결정했다.

▸**입양-아** 入養兒 (아이 아). 데려다[入] 기른[養] 아이[兒]. ¶그녀는 입양아를 친자식보다 더 정성껏 키웠다.

입어-권 入漁權 (들 입, 고기잡을 어, 권리 권). 법률 남이 점유하고 있는 어장(漁場)에 들어가서[入] 어업을 하는 권리(權利).

입언 立言 (설 립, 말씀 언). ① 속뜻 말[言]을 함[立]. 의견을 발표함. ② 후세에 교훈이 될 만한 훌륭한 말을 함. 또는 그 말. ⓑ언명(言明).

입영 入營 (들 입, 집 영). 군영(軍營)에 들어가[入] 군인이 됨. ⓑ입대(入隊).

입옥 入獄 (들 입, 감옥 옥). 감옥(監獄)에 들어가[入] 갇힘. ⓟ출옥(出獄).

입욕 入浴 (들 입, 목욕할 욕). 탕에 목욕(沐浴)하러 들어감[入]. ⓑ입탕(入湯).

입원 入院 (들 입, 집 원). 환자가 치료 또는 요양을 위하여 병원(病院)에 들어감[入]. ¶약물중독은 입원 치료를 받아야 한다. ⓟ퇴원(退院).

▸**입원-비** 入院費 (쓸 비). 병원에 입원(入院)하여 치료를 받는 대가로 내는 돈[費]. ¶입원비를 치르려면 이 돈으로는 어림도 없다.

▸**입원-실** 入院室 (방 실). 환자가 입원(入院)하여 치료를 받을 수 있도록 만들어 놓은 방[室]. ¶입원실은 환자들로 가득 차 있다.

입자 粒子 (알 립, 씨 자). 물질을 이루는 매우 작은 낱낱의 알갱이[粒=子]. ¶이 가루는 입자가 곱다.

***입장¹** 立場 (설 립, 마당 장). ① 속뜻 서[立] 있는 곳[場]. ② 처해있는 상황이나 형편. ¶제 입장도 좀 이해해 주세요.

입장² 入場 (들 입, 마당 장). 회장이나 식장, 경기장 따위의 장내(場內)에 들어감[入]. ¶신부 입장 / 입장은 몇 시부터입니까? ⓟ퇴장(退場).

▸**입장-객** 入場客 (손 객). 장내(場內)로 들어간[入] 손님[客]. ¶공연이 시작하기 전에 입장객이 꽉 찼다.

▸**입장-권** 入場券 (문서 권). 입장(入場)하기 위한 표[券]. ¶무료 입장권.

▸**입장-료** 入場料 (삯 료). 입장(入場)하게 위하여 내는 요금(料金).

▸**입장-세** 入場稅 (세금 세). 법률 입장료(入場料)에 매기는 세금(稅金).

입재 入齋 (들 입, 재계할 재). 불교 제사 전날에 몸과 마음을 깨끗이 하는[齋戒] 것을 시작함[入].

입적¹ 入寂 (들 입, 고요할 적). 불교 적멸(寂滅)에 듦[入]. 수도승의 죽음을 이르는 말. ¶스님은 주무시다가 조용히 입적하셨다. ⓑ귀적(歸寂), 입멸(入滅), 멸도(滅度).

입적² 入籍 (들 입, 문서 적). ① 속뜻 호적(戶籍)에 넣음[入]. ② 명부 등에 끼임.

입전 入電 (들 입, 전기 전). 전신(電信), 전화(電話), 전보(電報) 등이 들어옴[入]. ⓟ타전(打電).

입정¹ 入廷 (들 입, 법정 정). 재판을 하거나 받기 위해 법정(法廷)에 들어감[入]. ⓟ퇴정(退廷).

입정² 入定 (들 입, 정할 정). 불교 선정(禪定)에 듦[入]. 출가(出家)한 승려가 죽는 것을 이름. ⓟ출정(出定).

입조 入朝 (설 립, 조회 조). ① 속뜻 벼슬아치들이 조정의 조회(朝會)에 들어가던[入] 일. ②외국 사신이 조정의 회의에 참여하던 일.

입주 入住 (들 입, 살 주). 특정한 땅이나 집 등에 들어가[入] 삶[住]. ¶우리는 12월에 새 아파트에 입주한다.

▸입주-자 入住者 (사람 자). 새로 지은 집 따위에 들어가 사는[入住] 사람[者]. ¶건물 입주자가 모여 회의를 열었다.

입증 立證 (설 립, 증명할 증). 증거를 세워[立] 증명(證明)함. ¶입증의 의무는 경찰에게 있다 / 실험을 통해 김치의 항암 효과가 입증되었다.

▸입증 책임 立證責任 (꾸짖을 책, 맡길 임). 법률 소송에서, 자기의 주장을 뒷받침할 만한 증거(證據)를 제출하는[立] 책임(責任). 거증 책임(擧證責任).

입지[1] 立地 (설 립, 땅 지). ① 속뜻 서[立] 있는 곳[地]. ② 경제 인간이 경제활동을 하기 위해 선택되는 장소. ③생태학에서, 동식물이 자라는 특정 지역의 환경을 이르는 말.

▸입지 인자 立地因子 (인할 인, 씨 자). 땅[地]을 어떤 용도로 쓸 것인지를 정하는[立] 데 원인(原因)이 되는 것.

▸입지 조건 立地條件 (가지 조, 구분할 건). 어떤 사물의 생장·발전에 꼭 필요한 자연[立地] 조건(條件).

입지[2] 立志 (설 립, 뜻 지). 뜻[志]을 세움[立].

▸입지-전 立志傳 (전할 전). 뜻[志]을 세워[立] 고난을 잘 참고 정진하여 그 뜻을 이룬 사람의 전기(傳記).

입직 入直 (들 입, 당번 직). 근무하는 곳에서 당번[直]을 함[入]. 숙직함.

입질 入質 (들 입, 볼모 질). ① 속뜻 볼모[質]로 넣음[入]. ② 법률 돈을 빌릴 때 물건 따위의 저당을 맡기는 일.

입찰 入札 (들 입, 패 찰). 경제 일을 도급받거나 물건을 매매할 때, 희망자가 예정 가격을 쓴 서류[札] 따위를 내는[入] 일.

▸입찰 공고 入札公告 (드러낼 공, 알릴 고). 경제 입찰(入札)의 날짜, 장소, 방법 등의 내용을 신문 등에 발표하는[公告] 일.

입체[1] 立替 (설 립, 바꿀 체). ① 속뜻 바꿔[替] 세움[立]. ②남이 할 일을 대신하여 담당함. ③ 법률 나중에 상환 받기로 하고 금전이나 재물 따위를 대신 지급하는 일.

***입체**[2] 立體 (설 립, 몸 체). ① 속뜻 세워[立] 놓은 물체(物體). ② 수학 삼차원의 공간에서 여러 개의 평면이나 곡면으로 둘러싸인 부분.

▸입체-각 立體角 (모서리 각). 수학 길이와 넓이, 두께를 지닌 물체[立體]에서 각 뿔면이 한 점에 만나 뾰족하게 이루는 각(角).

▸입체-감 立體感 (느낄 감). ① 속뜻 길이와 넓이, 두께를 지닌 물체[立體]의 느낌[感]. ②입체를 보는 것과 같은 느낌.

▸입체-경 立體鏡 (거울 경). 물리 사진 따위 평면 도형을 입체(立體)로 보이게 장치한 광학 기계[鏡]. 실체경(實體鏡).

▸입체-미 立體美 (아름다울 미). 미술 조각, 공예, 건축 등의 입체(立體)의 형상이 갖는 아름다움[美].

▸입체-적 立體的 (것 적). 입체감(立體感)을 주는 것[的]. ¶그 그림은 입체적으로 보인다.

▸입체-전 立體戰 (싸울 전). 군사 육해·공군의 합동[立體] 작전으로 하는 전쟁(戰爭).

▸입체-파 立體派 (갈래 파). 미술 물체의 모양을 분석하여 기하학적[立體]인 점과 선으로 표현하려고 한 회화의 한 유파(流派).

▸입체 교차 立體交叉 (서로 교, 엇갈릴 차). 건설 도로나 철도가 아래위로 높이를 달리하여 입체적(立體的)으로 교차(交叉)되는 일. 또는 그런 방식. ㉝평면(平面) 교차.

▸입체-낭독 立體朗讀 (밝을 랑, 읽을 독). 소설 따위를 실감 나게[立體的] 소리 내어[朗] 읽음[讀]. 대화 장면에서 등장인물별로 대사를 각기 따로 읽고 효과나 음악 따위를 넣는다.

▸입체 농업 立體農業 (농사 농, 일 업). ① 속뜻 입체적(立體的)인 방법을 이용한 농업(農業). ② 농업 이제까지의 경종(耕種) 농업에 양축(養畜)이나 농산물 가공 따위를 결합하여 종합적으로 하는 농업.

▸입체 도형 立體圖形 (그림 도, 모양 형). 수학 한 평면 위에 있지 않고 공간적인 부피를 가지는[立體] 도형(圖形). ㉥공간 도형(空間圖形).

▸입체 방:송 立體放送 (놓을 방, 보낼 송). 언론 하나의 방송 프로그램을 주파수가 다

른 여럿의[立體] 방송 회로(回路)를 통하여 하는 방송(放送).

▸입체 사진 立體寫眞 (베낄 사, 참 진). 연영 입체적(立體的)으로 보이는 사진(寫眞).

▸입체 영화 立體映畵 (비칠 영, 그림 화). 연영 화면이 입체감(立體感)을 내도록 만든 영화(映畵).

▸입체 음향 立體音響 (소리 음, 울릴 향). 음악 입체감(立體感)이 그대로 재생되는 음향(音響).

▸입체 화ː법 立體畵法 (그림 화, 법 법). 미술 여러 종류의 입체(立體) 도형을 평면상에 정밀하게 나타내려고 하는 회화(繪畵) 기법(技法).

▸입체 기하학 立體幾何學 (몇 기, 무엇 하, 배울 학). 수학 입체(立體) 또는 그것들의 집합으로 된 도형[幾何]의 성질을 연구하는 수학(數學)의 한 분야.

입초[1] **入超** (들 입, 뛰어넘을 초). 경제 일정 기간에 수입(輸入) 총액이 수출 총액을 초과(超過)하는 일. '수입 초과'(輸入超過)의 준말. ⓑ출초(出超).

입초[2] **立哨** (설 립, 망볼 초). 정해진 곳에 서서[立] 보초(步哨)를 섬. 또는 그 사람. ⓑ 부동초(不動哨). ⓑ동초(動哨).

입촌 入村 (들 입, 마을 촌). 마을[村]에 들어 감[入].

입추[1] **立秋** (설 립, 가을 추). ① 속뜻 가을[秋]이 시작됨[立]. ② 민속 대서(大暑)와 처서(處暑) 사이로, 양력 8월 8일경이다. ¶입추가 지나자 바람이 서늘해졌다.

입추[2] **立錐** (설 립, 송곳 추). ① 속뜻 송곳[錐]을 세울[立] 만큼의 자리. ② 설 자리가 매우 좁음을 이르는 말.

▸입추지지 立錐之地 (어조사 지, 땅 지). ① 속뜻 송곳[錐]을 세울[立] 만한 땅[地]. ② 매우 좁아 조금도 여유가 없음.

입춘 立春 (설 립, 봄 춘). 봄[春]이 시작된다[立]고 하는 절기. 대한(大寒)과 우수(雨水) 사이로 2월 4일경이다. ¶강릉에서는 입춘에 문설주에 엄나무 가지를 매다는 풍습이 있다.

▸입춘-방 立春榜 (패 방). 입춘(立春)날에 대문이나 문지방에 써 붙이는 글귀[榜]. ⓑ 입춘서(立春書).

▸입춘-서 立春書 (글 서). 입춘방(立春榜).

▸입춘-대길 立春大吉 (큰 대, 길할 길). ① 속뜻 입춘(立春)을 맞이하여 크게[大] 길(吉)하기를 바람. ② 입춘에 문지방이나 대문 등에 써 붙이는 방의 한 가지.

입출 入出 (들 입, 날 출). 수입(收入)과 지출(支出). ⓑ수지(收支).

▸입출력 장치 入出力裝置 (힘 력, 꾸밀 장, 들 치). 입력(入力) 장치와 출력(出力) 장치(裝置)를 아울러 이르는 말.

입-출금 入出金 (들 입, 날 출, 돈 금). 계좌에 들어오고[入] 나가는[出] 돈[金]. 입금과 출금을 아울러 이르는 말. ¶입출금 내역.

입평 立坪 (설 립, 면적단위 평). ① 속뜻 한 평(坪)을 세제곱[立] 한 부피. ② 부피의 단위. 흙, 모래 따위의 부피를 잴 때 쓴다. 1입평은 가로, 세로, 높이를 각각 여섯 자로 쌓아 올린 더미의 부피이다.

입표 立標 (설 립, 나타낼 표). ① 속뜻 나무, 돌, 깃발 등으로 표시(標示)를 세움[立]. 또는 그 표. ② 해양 항로(航路) 표지의 한 가지. 암초나 여울 등이 있음을 알리는 경계 표지.

입하[1] **入荷** (들 입, 짐 하). 화물[荷]이 들어옴[入]. ¶신제품 입하. ⓑ출하(出荷).

입하[2] **立夏** (설 립, 여름 하). ① 속뜻 여름[夏]이 시작됨[立]. ② 민속 곡우(穀雨)와 소만(小滿) 사이로, 양력 5월 6일경이다. ¶입하가 지나자 농부들의 손길도 바빠졌다.

입학 入學 (들 입, 배울 학). 학교(學校)에 들어가[入] 학생이 됨. ¶입학 원서 / 동생은 올해 초등학교에 입학했다. ⓑ졸업(卒業).

▸입학-금 入學金 (돈 금). 입학(入學)할 때에 학교에 내는 돈[金]. ¶2월 말일까지 입학금을 납부해 주세요.

▸입학-식 入學式 (의식 식). 입학(入學)할 때에 신입생을 모아 놓고 행하는 의식(儀式). ¶부모님이 입학식에 오시지 않아 섭섭했다. ⓑ졸업식(卒業式).

▸입학-시험 入學試驗 (따질 시, 효과 험). 입학(入學)하기 위하여 치르는 시험(試驗). ¶그는 입학시험에서 수석을 차지했다.

입항 入港 (들 입, 항구 항). 배가 항구(港口)에 들어옴[入]. ⓑ출항(出港).

입향-순속 入鄕循俗 (들 입, 시골 향, 돌아다닐 순, 풍속 속). 다른 지방[鄕]에 들어서면[入] 그 지방의 풍속(風俗)을 따라야함[循].

입헌 立憲 (설 립, 법 헌). 헌법(憲法)을 제정함[立].

▸**입헌-국** 立憲國 (나라 국). 헌법(憲法)을 제정하고[立] 그에 따라 정치를 하는 나라[國].

▸**입헌 정체** 立憲政體 (정사 정, 몸 체). 정치 헌법(憲法)을 제정하고[立] 그에 따라 정치를 하는 체제(體制). 군주제와 공화제가 있다.

▸**입헌 정치** 立憲政治 (정사 정, 다스릴 치). 정치 헌법(憲法)을 제정하고[立] 그에 따라 하는 정치(政治).

▸**입헌-주의** 立憲主義 (주될 주, 뜻 의). 정치 입헌(立憲) 정치 체제를 이상으로 하는 주의(主義).

▸**입헌 군주국** 立憲君主國 (임금 군, 주인 주, 나라 국). 정치 입헌(立憲) 군주제(君主制)를 실시하는 나라[國].

▸**입헌 군주제** 立憲君主制 (임금 군, 주인 주, 정할 제). 정치 헌법(憲法)을 제정하고[立] 군주(君主)가 제한된 권력을 갖고 다스리는 정치 체제(體制).

입-화면 立畵面 (설 립, 그림 화, 쪽 면). 수학 입체적(立體的)으로 그린[畵] 평면(平面).

입회[1] 入會 (들 입, 모일 회). 어떤 회(會)에 들어감[入]. 회원이 됨. ¶입회 신청 / 등산을 좋아하는 사람이라면 누구나 입회할 수 있다. ⑪탈회(脫會).

입회[2] 立會 (설 립, 모일 회). ① 속뜻 모여[會] 섬[立]. ②어떠한 사실이 발생하거나 존재하는 현장에 함께 참석하여 지켜봄. ¶우리는 부동산 중개인의 입회 아래 땅 주인과 매매 계약을 하였다. ③ 경제 증권 거래소 따위에서, 거래하는 사람이나 그 대리인이 일정 시간에 거래소 안에 모여 매매 거래를 맺음.

▸**입회-인** 立會人 (사람 인). 법률 뒷날의 증인으로 삼기 위해 어떤 일이 벌어지거나 일어난 곳에 입회(立會)시키는 사람[人].

입후 入後 (들 입, 뒤 후). 후사(後嗣)를 들임[入]. 또는 후사로 들어감. ⑪입사(立嗣).

입-후보 立候補 (설 립, 기다릴 후, 채울 보). 선거에 후보(候補)로 나섬[立]. ¶그는 이번 선거에 입후보를 하였다 / 국회 의원 선거에 입후보하다.

▸**입후보-자** 立候補者 (사람 자). 선거에 입후보(立候補)한 사람[者]. ¶대통령 입후보자를 소개하겠습니다.

잉:부 孕婦 (아이 밸 잉, 여자 부). 아이를 밴[孕] 여자[婦]. ⑪임부(姙婦), 잉모(孕母), 태모(胎母).

잉:수 剩數 (남을 잉, 셀 수). 남은[剩] 수(數).

잉:여 剩餘 (남을 잉, 남을 여). 쓰고 난 나머지[剩=餘]. ¶잉여 식량 / 잉여농산물.

▸**잉:여-금** 剩餘金 (돈 금). 경제 기업 자산 가운데 법으로 정한 자본금을 초과하는[剩餘] 금액(金額).

▸**잉:여 가치** 剩餘價値 (값 가, 값 치). ① 속뜻 남은[剩餘] 가치(價値). ② 경제 자본가가 노동자에게 지불하는 임금 이상으로 노동자가 생산하는 가치. 기업 이윤, 이자 같은 소득의 원천이 된다.

잉:태 孕胎 (아이 밸 잉, 아이 밸 태). 아이를 뱀[孕=胎]. ⑪임신(姙娠), 태잉(胎孕), 회태(懷胎).

ㅈ

자가 自家 (스스로 자, 집 가). ① [속뜻]자기(自己) 집[家]. ②자기(自己). [비]자택(自宅).

▸**자가-용** 自家用 (쓸 용). ① [속뜻]자기(自己) 집[家]에서 사용(使用)함. 또는 그 물건. ②'자가용차'의 준말. ¶나는 자가용으로 출퇴근한다.

▸**자가 결실** 自家結實 (맺을 결, 열매 실). [식물]식물의 난세포가 같은 개체[自家]의 꽃가루를 받아 열매[實]를 맺는[結] 일.

▸**자가-광고** 自家廣告 (넓을 광, 알릴 고). 자기의 가치를 자기[自家] 스스로 널리[廣] 알림[告]. [비]자가선전(自家宣傳), 자기광고(自己廣告).

▸**자가 규정** 自家規定 (법 규, 정할 정). [철학]다른 것에 의지하지 않고, 자기[自家]의 자유의사에 맡기는 규정(規定). [비]자기규정(自己規定).

▸**자가-당착** 自家撞着 (부딪칠 당, 붙을 착). 자기[自家] 스스로 언행의 앞뒤가 맞지 않아 맞부딪침[撞着]. [비]모순당착(矛盾撞着), 자기모순(自己矛盾).

▸**자가-발전** 自家發電 (일으킬 발, 전기 전). [전기]개인 스스로[自家] 소규모의 발전 시설을 갖추고 발전(發電)을 함. 또는 그러한 시설.

▸**자가 보:존** 自家保存 (지킬 보, 있을 존). [생물]생물이 자기[自家]의 생명을 보존(保存)하려 하는 일. [비]자기 보존(自己保存).

▸**자가-선전** 自家宣傳 (알릴 선, 전할 전). 자기의 가치를 자기[自家] 스스로 선전(宣傳)하는 것. [비]자기광고(自己廣告).

▸**자가-소비** 自家消費 (사라질 소, 쓸 비). 자기가 생산한 것을 자기[自家]가 소비(消費)함.

▸**자가 수분** 自家受粉 (받을 수, 가루 분). [식물]같은 개체[自家]의 암술에 꽃가루[粉]를 받는[受] 일. [비]자화 수분(自花受粉). [반]타가 수분(他家受粉).

▸**자가 수정** 自家受精 (받을 수, 정액 정). ① [식물]같은 그루[自家]에 있는 암술과 수술 사이에 수정(受精)이 일어나는 일. ② [동물]암수한몸인 동물에서 수정이 일어나는 일. 지렁이, 달팽이 따위에서 볼 수 있다. [반]타가 수정(他家受精).

▸**자가용-차** 自家用車 (쓸 용, 수레 차). 자기[自] 집[家] 소유로 사용(使用)하는 자동차(自動車).

▸**자가-운전** 自家運轉 (움직일 운, 구를 전). 자기의 차를 자기[自家] 스스로 운전(運轉)함.

▸**자가 임성** 自家稔性 (익을 임, 성질 성). [식물]타화 수분 식물 중 자기[自家]의 화분(花粉)으로 결실하는[稔] 성질(性質).

▸**자가 전염** 自家傳染 (전할 전, 물들일 염). [의학]병을 일으킨 병원균이 자기[自家] 몸속에 있다가 병을 전염(傳染)하는 일. [비]기회감염(機會感染).

▸**자가 제:품** 自家製品 (만들 제, 물건 품). 자기(自己) 집[家]이나 공장에서 만든[製] 물건[品].

▸**자가 중독** 自家中毒 (맞을 중, 독할 독). [의학]자기[自家] 몸 안에서 생긴 유독한 물질로 말미암은 중독(中毒) 현상.

자각 自覺 (스스로 자, 깨달을 각). ① [속뜻]자기 상태 따위를 스스로[自] 깨달음[覺]. ② 스스로 느낌. ¶간암은 자각 증세가 없다 / 우선 자기 힘을 자각하는 것이 중요하다.

▸자각-심 自覺心 (마음 심). 자각(自覺)하는 마음[心].

▸자각 존재 自覺存在 (있을 존, 있을 재). 철학 자각(自覺)할 수 있는 존재(存在)를 뜻하여, 자기의 사명이나 인생의 의의를 자각하는 능력이 있는 사람을 뜻하는 말.

▸자각 증상 自覺症狀 (증세 증, 형상 상). 의학 환자가 스스로[自] 느끼는[覺] 병[症]의 상태(狀態).

자간 字間 (글자 자, 사이 간). 글자[字]와 글자와의 간격(間隔).

자:-갈색 紫褐色 (자줏빛 자, 털옷 갈, 빛 색). 자주색(紫朱色)과 갈색(褐色)을 합한 검누르면서 붉은빛을 조금 띤 빛깔.

자강 自強 (스스로 자, 굳셀 강). 스스로[自] 힘써 굳세게[強] 함.

▸자강불식 自強不息 (아닐 불, 쉴 식). 스스로[自] 힘쓰며[強] 쉬지[息] 않음[不].

자:객 刺客 (찌를 자, 손 객). ① 속뜻 사람을 칼로 찔러[刺] 죽이는 사람[客]. ② 몰래 암살하는 일을 전문으로 하는 사람. ¶자객이 정부 요인을 암살하였다.

자격[1] 字格 (글자 자, 격식 격). 한자(漢字)를 쓰는 격식(格式).

자격[2] 資格 (바탕 자, 품격 격). ① 속뜻 필요한 자질(資質)과 품격(品格). ② 일정한 신분이나 지위에 필요한 조건. ¶응모 자격 / 그는 경기에 참가할 자격을 얻었다.

▸자격-법 資格法 (법 법). 언어 용언이 경우에 따라 그 자격(資格)을 바꾸어 명사, 관형사, 부사의 구실을 하게 되는 법(法).

▸자격-자 資格者 (사람 자). 일정한 자격(資格)을 갖춘 사람[者].

▸자격-증 資格證 (증거 증). 일정한 자격(資格)을 인정하여 주는 증서(證書). ¶교원 자격증.

▸자격 상실 資格喪失 (잃을 상, 잃을 실). 법률 일정한 자격(資格)을 갖지 못하도록[喪=失] 하는 형벌. 사형이나 무기형 또는 무기 금고의 판결을 받은 사람에게 내려진다.

▸자격-시험 資格試驗 (따질 시, 효과 험). 특정 업무에 종사할 수 있는 자격(資格)이 있는가를 알아보기 위한 시험(試驗).

▸자격 심사 資格審査 (살필 심, 살필 사). 자격(資格)이 있는가를 심사(審査)하는 것.

▸자격 임:용 資格任用 (맡길 임, 쓸 용). 일정한 자격(資格)을 갖춘 사람만을 임용(任用)하는 일. 또는 그 제도. ⓑ자유 임용(自由任用).

▸자격 정지 資格停止 (멈출 정, 그칠 지). 법률 일정한 자격(資格)의 전부 또는 일부를 일정 기간 동안 정지(停止)시키는 형벌. 유기 징역이나 유기 금고의 판결을 받은 사람에게 적용된다.

자격-루 自擊漏 (스스로 자, 부딪칠 격, 샐 루). ① 속뜻 스스로[自] 부딪쳐[擊] 샘[漏]. ② 고적 스스로 시간을 쳐서 알리도록 만든 물시계. 흘러내린 물이 수수호(守水湖)로 들어가 살대가 떠오르면 부력(浮力)이 지렛대와 쇠구슬에 전해지고, 쇠구슬이 떨어지면서 동판 한쪽을 치면 동력이 전해져 나무로 된 인형 3구가 종과 북, 징을 쳐서 시보장치를 움직인다. 조선 세종 때 장영실(蔣英實)이 제작하였다.

자격지심 自激之心 | 스스로 자, 분발할 격, 어조사 지, 마음 심
자신의 잘못이나 부족한 점에 대해 반성하거나 부끄러워하며 스스로[自] 분발하려는[激] 마음[心]. ¶그는 그 일에 대해 자격지심을 느끼고 있다.

자결 自決 (스스로 자, 결정할 결). ① 속뜻 일을 스스로[自] 해결(解決)함. ¶민족 자결주의. ② 스스로 목숨을 끊음. ¶그녀는 누명을 쓴 억울함으로 자결하였다. ⓑ자살(自殺).

▸자결-권 自決權 (권리 권). 자기 문제를 자기(自己) 스스로 결정(決定)·해결할 수 있는 권리(權利).

▸자결-주의 自決主義 (주될 주, 뜻 의). 남의 힘을 빌리지 않고 자기의 문제를 스스로[自]의 힘으로 결정(決定)·해결하려는 태도[主義].

자경[1] 自敬 (스스로 자, 공경할 경). 철학 자기 스스로[自] 존경(尊敬)함. 자기의 인격의 절대적 가치와 존엄을 스스로 인정하는 일. ⓑ자존(自尊).

자경[2] 自警 (스스로 자, 지킬 경). 스스로[自]

지키고[警] 조심함.

▸ 자경-단 自警團 (모일 단). 주민들 스스로[自] 자기 마을을 지키기[警] 위해 조직한 단체(團體).

자계[1] **自戒** (스스로 자, 경계할 계). 스스로[自] 저지르지 않도록 스스로 경계(警戒)함.

자:계[2] **磁界** (자석 자, 지경 계). 물리 자석의 주위에 생기는 자기력(磁氣力)이 작용하는 범위[界]. ㊟자기장(磁氣場).

자고[1] **自顧** (스스로 자, 돌아볼 고). 스스로[自] 자신을 돌아봄[顧].

자고[2] **自古** (부터 자, 옛 고). 옛[古] 부터[自]. ¶자고로 한국인은 흰 옷을 즐겨 입었다.

▸ 자고-이래 自古以來 (부터 이, 올 래). 옛날[古] 부터[自] 이후로[以來].

자고-자대 自高自大 (스스로 자, 높을 고, 스스로 자, 큰 대). 자기[自]를 높이고[高] 자기[自]를 크게[大] 여김. 교만하여 스스로 잘난 체함.

자공 自供 (스스로 자, 드릴 공). 스스로[自] 사실대로 말함[供]. 범인이 범행을 자백함.

자과 自過 (스스로 자, 지나칠 과). 자신(自身)의 잘못[過].

자과-심 自誇心 (스스로 자, 자랑할 과, 마음 심). 스스로[自] 자랑하는[誇] 마음[心].

자괴 自愧 (스스로 자, 부끄러울 괴). 스스로[自] 부끄러워함[愧].

▸ 자괴지심 自愧之心 (어조사 지, 마음 심). 스스로[自] 부끄러워하는[愧] 마음[心].

자구[1] **自求** (스스로 자, 구할 구). 필요한 것을 스스로[自] 구(求)함.

자:구[2] **磁區** (자석 자, 나눌 구). 물리 강한 자기를 띤 물체의 내부에서 일정한 방향과 강도의 자기(磁氣)를 가지고 있는 영역[區].

자구[3] **自救** (스스로 자, 구원할 구). 자신을 스스로[自] 구제(救濟)함. ¶자구 수단을 강구하다.

▸ 자구-권 自救權 (권리 권). ① 속뜻 자신을 스스로[自] 구(救)할 권리(權利). ② 법률 사법 절차에 의하지 않고 자기의 권리를 확보하기 위하여 스스로의 힘을 사용할 수 있는 권리.

▸ 자구-책 自救策 (꾀 책). 스스로[自] 자신을 구제(救濟)하기 위한 방책(方策).

자국 自國 (스스로 자, 나라 국). 자기(自己) 나라[國]. ¶양국은 자국의 이익을 위해 협상을 벌였다.

▸ 자국-민 自國民 (백성 민). 자기(自己) 나라[國]의 국민(國民). ㊟자국인(自國人).

▸ 자국-인 自國人 (사람 인). 자기(自己) 나라[國] 사람[人]. ㊟자국민(自國民).

▸ 자국민 대:우 自國民待遇 (백성 민, 기다릴 대, 만날 우). 정치 국내의 여러 가지 활동 사항에 대해서 다른 나라 사람을 자기[自] 나라[國] 사람[民]과 동일하게 대우(待遇)하는 것. ㊟내국민 대우(內國民待遇).

자굴 自屈 (스스로 자, 굽힐 굴). 남에게 스스로[自] 굽힘[屈].

▸ 자굴지심 自屈之心 (어조사 지, 마음 심). 남에게 스스로[自] 굽히는[屈] 마음[心].

자궁 子宮 (아이 자, 집 궁). ① 속뜻 아이[子]가 자라는 어머니 뱃속의 집[宮]. ② 의학 여성 생식기의 일부로 수정란이 착상하여 자라는 곳.

▸ 자궁-암 子宮癌 (암 암). 의학 자궁(子宮)에 생기는 암(癌).

자궤 自潰 (스스로 자, 무너질 궤). 저절로[自] 무너짐[潰].

자:극[1] **磁極** (자석 자, 끝 극). 물리 ①자기력(磁氣力)의 최고점[極]. 자석의 양쪽 끝. ② 지구상에서 자기력이 가장 센 부분, 곧 자북극과 자남극.

⁂**자:극**[2] **刺戟** (찌를 자, 찌를 극). ① 속뜻 일정한 현상이 나타나도록 찌름[刺=戟]. ② 외부에서 작용을 주어 감각이나 마음에 반응이 일어나게 함. 또는 그런 작용을 하는 사물. ¶그 책은 학생들의 호기심을 자극했다. ㊀반응(反應).

▸ 자:극-물 刺戟物 (만물 물). 자극(刺戟)을 주는 물질(物質).

▸ 자:극-성 刺戟性 (성질 성). 감각, 신경 따위를 자극(刺戟)하는 성질(性質).

▸ 자:극-적 刺戟的 (것 적). 신경이나 감각 등을 자극(刺戟)하는 것[的]. ¶건강을 위해 맵고 자극적인 음식은 피하는 것이 좋다.

▸ 자:극-제 刺戟劑 (약제 제). ① 약학 피부나 내장을 자극(刺戟)하여 염증, 운동, 이뇨 등을 일으키게 하는 약제(藥劑). ②어떤 현

상이 촉진되도록 자극을 주는 요소.

▸자ː극 비ː료 刺戟肥料 (기름질 비, 거리 료). 농업 농작물에 자극(刺戟)을 주어 생장에 도움을 주는 비료(肥料). ⓑ보조 비료(補助肥料).

▸자ː극 운ː동 刺戟運動 (돌 운, 움직일 동). 식물 외부의 자극(刺戟)을 받아 일어나는 식물체 내부의 운동(運動).

자금[1] 自今 (부터 자, 이제 금). 지금(只今)으로 부터[自]. ¶자금 100년 전 / 자금 이후로는 절대로 그런 일이 없을 것입니다.

자금[2] 資金 (밑천 자, 돈 금). 사업 따위의 밑천[資]이 되는 돈[金]. '자본금'(資本金)의 준말. ¶아버지는 사업 자금을 마련하기 위해 집을 팔았다.

▸자금-난 資金難 (어려울 난). 자금(資金)이 부족한 데서 생기는 어려움[難]. ¶그 회사는 자금난에 시달리다가 결국 도산했다.

자급 自給 (스스로 자, 줄 급). 필요한 것을 자기(自己) 스스로 공급(供給)함. 스스로 마련함. ¶브라질은 총 에너지의 90%를 자급한다 / 식량 자급률.

▸자급 비ː료 自給肥料 (기름질 비, 거리 료). 농업 농가에서 직접 만들어[自給] 쓰는 거름[肥料].

▸자급-자족 自給自足 (스스로 자, 넉넉할 족). 자기에게 필요한 것을 자기(自己)가 마련하여[給] 스스로[自] 충족(充足)시킴. ¶아마존 원주민은 모든 생필품을 자급자족한다.

▸자급자족-주의 自給自足主義 (스스로 자, 넉넉할 족, 주될 주, 뜻 의). 경제 자기 나라의 수요를 자급자족(自給自足)하여 경제의 발전을 꾀하는 주의(主義).

자긍 自矜 (스스로 자, 자랑할 긍). 스스로[自] 자랑함[矜].

▸자긍-심 自矜心 (마음 심). 스스로[自] 자랑하는[矜] 마음[心]. ¶그는 자신의 직업에 자긍심을 갖고 있다.

자기[1] 自起 (스스로 자, 일어날 기). ① 속뜻 남의 힘을 빌지 않고 제[自] 힘으로 일어남[起]. ②저절로 일어남.

자기[2] 自棄 (스스로 자, 버릴 기). 될 대로 되라는 태도로 자기(自己) 자신을 버림[棄]. '자포자기'(自暴自棄)의 준말.

자기[3] 自欺 (스스로 자, 속일 기). 자기(自己)의 양심을 속임[欺]. 스스로 자기의 생각에 어긋난 언동을 함.

자ː기[4] 瓷器 (=磁器, 사기그릇 자, 그릇 기). 구운 도자기(陶瓷器) 그릇[器]. 백토 따위를 원료로 하여 빚어서 1300~1500도의 비교적 높은 온도로 구운 것.

⁑**자기**[5] 自己 (스스로 자, 몸 기). ① 속뜻 자신[自]의 몸[己]. ②그 사람. 앞에서 이야기된 사람을 다시 가리키는 말. ¶지혜는 자기가 가겠다고 했다. ⓑ자신(自身). ⓑ남.

▸자기-류 自己流 (흐를 류). 보통과는 다른 자기(自己)만의 방식[流]. 자기가 생각해 낸 독특한 방식.

▸자기-애 自己愛 (사랑 애). 자기(自己)를 향하여 나타나는 사랑[愛]. ⓐ대상애(對象愛).

▸자기-편 自己便 (쪽 편). 자기(自己)와 같은 처지에 선 쪽[便]. 또는 그런 사람.

▸자기-감응 自己感應 (느낄 감, 응할 응). 물리 한 윤도(輪道)에다 전류의 강도를 바꾸려 하거나 전류를 통하려 할 때에, 윤도 자체[自己]가 그것을 감지(感知)하고 반응(反應)하는 일. 전류에 대항하는 새 전류를 만든다. 자기 유도(自己誘導). ⓑ자체 유도(自體誘導). ⓐ상호유도(相互誘導).

▸자기-감정 自己感情 (느낄 감, 마음 정). 자기(自己) 자신에 대하여 갖는 감정(感情).

▸자기 과ː시 自己誇示 (자랑할 과, 보일 시). 심리 자기의 존재를 인정받기 위해, 남에게 자기(自己)를 과장(誇張)하여 보여주려는[示] 심리적 경향.

▸자기 관찰 自己觀察 (볼 관, 살필 찰). 심리 자기의 의식 경험을 스스로[自己] 관찰(觀察)하는 일. ⓑ내관(內觀).

▸자기-광고 自己廣告 (넓을 광, 알릴 고). 자기의 가치를 자기(自己) 스스로 널리[廣] 알림[告]. ⓑ자가광고(自家廣告), 자기선전(自己宣傳).

▸자기 교ː육 自己教育 (가르칠 교, 기를 육). 누구의 지도 없이 스스로[自己] 교육(教育)하는 일.

▸자기-기만 自己欺瞞 (속일 기, 속일 만). 스스로 자기(自己)의 마음을 속이는[欺瞞] 일. 자기의 신조나 양심에 어긋난다는 것을 의식하면서 굳이 실행하는 경우를 이른다.

▸자기-만족 自己滿足 (가득할 만, 넉넉할 족). 스스로 자기(自己) 자신이나 자신의 행위에 대하여 만족(滿足)하는 일.

▸자기-모순 自己矛盾 (창 모, 방패 순). 논리 스스로[自己]의 생각이나 주장이 앞뒤가 맞지 아니함[矛盾]. 자기 자신의 정립에 대하여 동시에 그것을 폐기, 부정하는 작용이 동일한 주체에 갖추어져 있는 일을 이른다. ⓑ자가당착(自家撞着).

▸자기-반성 自己反省 (되돌릴 반, 살필 성). 자기(自己)가 한 일을 스스로 되돌아보며[反] 깨닫는[省]하는 일.

▸자기 방:치 自己放置 (내칠 방, 둘 치). 자기(自己) 자신을 내버려[放] 둠[置].

▸자기 보:존 自己保存 (지킬 보, 있을 존). 생물 생물이 자기(自己)의 생명을 보호(保護)하여 남아있게[存] 하는 것.

▸자기 본위 自己本位 (뿌리 본, 자리 위). 자기(自己) 자신을 중심[本]이 되는 자리[位]에 두어 생각하고 행동하는 일.

▸자기 부:정 自己否定 (아닐 부, 정할 정). 자기(自己) 자신을 부정(否定)하는 일.

▸자기 분석 自己分析 (나눌 분, 가를 석). 심리 자기(自己)의 심리를 스스로 분석(分析)해 보는 일.

▸자기-비판 自己批判 (따질 비, 판가름할 판). 자기(自己)의 생각이나 언행에 대하여 좋고 나쁘거나 옳고 그름을 스스로 따져 말함[批判]. ⓑ자아비판(自我批判).

▸자기 생산 自己生産 (날 생, 낳을 산). 경제 자기(自己)의 필요에 의하여 스스로 하는 생산(生産).

▸자기-소개 自己紹介 (이을 소, 끼일 개). ① 속뜻 자기(自己)가 스스로 여럿 사이에 끼여[介] 관계를 이음[紹]. ②처음 만난 사람에게 자기의 이름이나 경력, 직업 따위를 소개하는 일.

▸자기 소외 自己疏外 (멀어질 소, 밖 외). ① 속뜻 자기(自己)가 소외(疏外)됨. ② 철학 헤겔의 변증법에서, 운동의 주체가 자기 본래의 모습에서 벗어나 대립되는 상황으로 변전(變轉)하는 일. ③ 철학 인간이 자기의 본질을 상실하여 비인간적 상태에 놓이는 일.

▸자기-실현 自己實現 (실제 실, 나타날 현). 철학 자기(自己) 본질을 실제(實際)로 이루는[現] 것. ⓑ자아실현(自我實現).

▸자기 암:시 自己暗示 (몰래 암, 보일 시). 심리 자기(自己) 스스로 어떤 생각을 되풀이하여 주입시켜 가만히[暗] 일깨움[示].

▸자기 유도 自己誘導 (꾈 유, 이끌 도). ① 속뜻 스스로[自己] 꾀어[誘] 이끎[導]. ② 물리 어떤 회로를 흐르는 전류의 세기가 바뀔 때, 그 회로 자체에 이런 전류의 변화를 방해하는 방향으로 기전력이 생기는 현상. ⓑ자기 감응(自己感應), 자체 유도(自體誘導). ⓒ상호유도(相互誘導).

▸자기 자본 自己資本 (재물 자, 밑 본). 경제 기업 스스로[自己] 소유하고 있는 자본(資本). 소유자가 출자한 자본과 기업 내부에서 축적된 유보 자본(留保資本)을 합한 것이다. ⓒ타인 자본(他人資本).

▸자기 점유 自己占有 (차지할 점, 있을 유). 법률 점유자가 스스로[自己] 물건을 차지하여[占] 자기 소유(所有)로 하는 것. ⓒ대리 점유(代理占有).

▸자기-주의 自己主義 (주될 주, 뜻 의). 철학 자기(自己)의 이해와 관련하여 행동하고, 사회 일반의 이해는 염두에도 두지 않는 주의(主義). ⓑ이기주의(利己主義).

▸자기-중심 自己中心 (가운데 중, 마음 심). 남은 염두에 두지 않고, 자기(自己)의 상황을 중심(中心)으로 하여 판단하거나 행동하는 일.

▸자기 진:단 自己診斷 (살펴볼 진, 끊을 단). 심리 자기의 정신이나 행동에 대하여 스스로[自己] 판단하는[診斷] 것. ⓑ자기 평가(自己評價).

▸자기-청산 自己淸算 (맑을 청, 셀 산). 이제까지의 온갖 복잡했던 생활을 스스로[自己] 깨끗이[淸] 정리하는[算] 일.

▸자기 평:가 自己評價 (평할 평, 값 가). 심리 다른 사람과 비교하여 자신[自己]의 개성을 평가(評價)하는 일. ⓑ자기 진단(自己診斷).

▸자기 현:시 自己顯示 (드러낼 현, 보일 시). ① 속뜻 자기(自己)의 존재를 유난히 남에게 드러내[顯] 보임[示]. ② 심리 남에게 자기를 나타내 보이는 일. 남에게서 인정을 받으려는 욕구나 자기를 실제 이상으로 나타내려는 강한 욕구에서 비롯한다.

▸자기-혐오 自己嫌惡 (싫어할 혐, 미워할 오). 스스로 자기(自己) 자신을 미워하고

[惡] 싫어함[嫌].

▸자기-희생 自己犧牲 (희생 희, 희생 생). 남을 위하여 자기(自己)의 노력이나 목숨을 아끼지 않고 희생(犧牲)하는 일.

자기[6] 自記 (스스로 자, 기록할 기). ① 속뜻 스스로[自] 기록(記錄)함. ② 부호, 문자 따위를 기계가 자동적으로 기록하는 일.

▸자기 장치 自記裝置 (꾸밀 장, 둘 치). 물리 측정한 값들을 자동(自動)으로 기록(記錄)하는 장치(裝置)를 통틀어 이르는 말.

▸자기 고도계 自記高度計 (높을 고, 정도 도, 셀 계). 항공 고도(高度)를 자동(自動)으로 기록(記錄)하는 항공용 계기(計器).

▸자기 기압계 自記氣壓計 (공기 기, 누를 압, 셀 계). 물리 기압(氣壓)의 변화를 자동(自動)으로 기록(記錄)하는 계기(計器).

▸자기 습도계 自記濕度計 (젖을 습, 정도 도, 셀 계). 물리 습도(濕度)의 변화를 자동(自動)으로 기록(記錄)하는 계기(計器).

▸자기 온도계 自記溫度計 (따뜻할 온, 정도 도, 셀 계). 물리 온도(溫度)의 변화를 자동(自動)으로 기록(記錄)하는 계기(計器).

▸자기 우:량계 自記雨量計 (비 우, 분량 량, 셀 계). 지리 강우량(降雨量)의 변화를 자동(自動)으로 기록(記錄)하는 계기(計器).

▸자기 일사계 自記日射計 (해 일, 쏠 사, 셀 계). 물리 일사량(日射量)의 변화를 자동(自動)으로 기록(記錄)하는 계기(計器).

***자:기[7]** 磁氣 (자석 자, 기운 기). 물리 자석(磁石)이 철을 끌어당기는 힘이나 기운[氣]. ¶자기를 띠게 하다 / 자기 나침반.

▸자:기-도 磁氣圖 (그림 도). 지리 지구상의 여러 지점의 지자기(地磁氣)를 측정하여 도면(圖面)으로 나타낸 것.

▸자:기-력 磁氣力 (힘 력). 물리 자기(磁氣)의 힘[力]. ¶이 기계는 자기력을 이용하여 움직인다. ㊜자력.

▸자:기-장 磁氣場 (마당 장). 물리 자기력(磁氣力)이 작용하고 있는 공간[場]. 자석끼리, 전류끼리 또는 자석과 전류 사이에 작용하는 힘의 공간. ㊇자계(磁界).

▸자:기 감:응 磁氣感應 (느낄 감, 응할 응). 물리 자기장에 놓여 있는 물체가 자기(磁氣)를 느끼고[感] 이에 반응(反應)하는 현상. ㊇자기 유도(磁氣誘導).

▸자:기 기뢰 磁氣機雷 (틀 기, 천둥 뢰). 군사 함선(艦船)이 가까이 다가오면, 자기(磁氣)의 작용에 의하여 자동적으로 폭발하도록 장치한 기뢰(機雷).

▸자:기 녹음 磁氣錄音 (기록할 록, 소리 음). 전기 자기(磁氣)를 이용한 녹음(錄音). 테이프 리코더처럼 강한 자성(磁性)을 띤 물체의 자화(磁化) 현상을 이용한다.

▸자:기 유도 磁氣誘導 (꾈 유, 이끌 도). 물리 자기장에 놓여 있는 물체가 자기(磁氣)에 이끌려[誘導] 자기를 띠는 현상[誘導]. ㊇자기 감응(磁氣感應).

▸자:기 저:항 磁氣抵抗 (맞설 저, 막을 항). 물리 자기 회로 안에 있어서 자기(磁氣)의 투과력을 막는[抵=抗] 현상.

▸자:기 적도 磁氣赤道 (붉을 적, 길 도). 물리 지구 표면에서 지자기(地磁氣)의 복각이 0이 되는 지점을 연결한 선[赤道]. 지리학상의 적도와 일치하는 것은 아니며, 장소에 따라서는 남쪽 또는 북쪽으로 치우쳐서 지구를 일주한다.

▸자:기 폭풍 磁氣暴風 (사나울 폭, 바람 풍). 물리 지구의 자기장(磁氣場)에 일어나는 불규칙한, 비교적 큰 변동[暴風].

▸자:기 나침의 磁氣羅針儀 (비단 라, 바늘 침, 천문기계 의). ① 속뜻 명주실에[羅] 자침(磁針)을 매달아 자기(磁氣)에 따라 남북을 나타내도록 한 기계[儀]. ② 물리 자침으로 방위를 알 수 있도록 자기(磁氣)를 이용해 만든 기계. 처음 이를 만들어 썼던 중국 사람들이 명주실에 자침을 매달아 쓴 데서 이름이 유래.

▸자:기 자오선 磁氣子午線 (쥐 자, 말 오, 줄 선). 물리 지구 위에서 자기(磁氣) 마당의 수평 자기력의 방향을 나타내는 자오선(子午線). 자유로이 회전할 수 있도록 달아 놓은 자침이 지구의 중력을 뺀 지자기 이외의 힘을 받지 않고 정지할 때에 자침의 수직면과 지구 표면과 만나는 선을 이른다.

▸자:기 증폭기 磁氣增幅器 (더할 증, 너비 폭, 그릇 기). 전기 강자성체(強磁性體)의 자기 포화현상(磁氣飽和現象)을 이용하여 전류를 증폭(增幅)하는 장치[器].

▸자:기 탐광법 磁氣探鑛法 (찾을 탐, 쇳돌 광, 법 법). 광업 자기(磁氣)를 이용하여 광상(鑛床)의 위치나 지질 구조를 추정하는

[探] 방법(方法).

▸자:기 탐지기 磁氣探知機 (찾을 탐, 알 지, 틀 기). 공업 자기(磁氣)를 이용하여, 주로 물속을 항행하는 잠수함을 탐지(探知)하는 장치[機].

자:-남극 磁南極 (자석 자, 남녘 남, 끝 극). 물리 지구 자기(地球磁氣)의 축이 지구 표면과 만나는 남극점(南極點). 자침이 가리키는 남쪽 끝. ⓗ남자극(南磁極). ⓒ자북극(磁北極).

자낭 子囊 (씨 자, 주머니 낭). ① 속뜻 씨[子]가 담긴 주머니[囊]. ② 식물 하등 식물에서 포자(胞子)가 들어 있는 주머니처럼 생긴 기관. ③ 식물 양치류, 특히 태류(苔類)의 포자낭.

▸자낭-균 子囊菌 (세균 균). 생물 자낭(子囊) 속에서 포자를 만드는 균류(菌類)를 통틀어 이르는 말.

자녀 子女 (아들 자, 딸 녀). 아들[子]과 딸[女]. 아들딸. ¶그는 결혼하여 두 자녀를 두고 있다. ⓗ자식(子息).

자단[1] 自斷 (스스로 자, 끊을 단). 스스로[自] 판단(判斷)함. 스스로 결정함.

자:단[2] 紫檀 (자줏빛 자, 박달나무 단). ① 속뜻 자줏빛[紫] 껍질을 가진 박달나무[檀]. ② 식물 콩과의 상록 활엽 교목. 높이 10m 가량으로 몸체는 붉은빛을 띠고 아름다워서 건축, 가구 따위의 재료로 쓰인다.

▸자:단-향 紫檀香 (향기 향). 자단(紫檀)을 잘게 깎아 만든 향(香).

자담 自擔 (스스로 자, 멜 담). 자기(自己)가 부담(負擔)함. ⓗ자당(自當).

자답 自答 (스스로 자, 답할 답). 스스로 묻고 스스로[自] 대답(對答)함. '자문자답'(自問自答)의 준말.

자당[1] 自黨 (스스로 자, 무리 당). 자기(自己)의 당파(黨派).

자당[2] 慈堂 (사랑할 자, 집 당). ① 속뜻 자애(慈愛)로운 영당(令堂). ② 상대편의 어머니를 높여 일컫는 말. ⓗ대부인(大夫人), 북당(北堂), 영당(令堂), 훤당(萱堂).

자당[3] 蔗糖 (사탕수수 자, 사탕 당). 화학 사탕수수[蔗], 사탕무 따위의 식물에 들어 있는 이당류(二糖類). 수크로스(sucrose).

자대 自大 (스스로 자, 큰 대). 자기(自己) 스스로 위대(偉大)하다고 여김.

자동 自動 (스스로 자, 움직일 동). ① 속뜻 사람의 힘이 닿지 않아도 스스로[自] 움직임[動]. ¶이 청소기는 자동으로 움직인다. ② 언어 '자동사'(自動詞)의 준말. ⓑ수동(手動), 타동(他動).

▸자동-문 自動門 (문 문). 전동(電動)이나 공기 압력 등에 의하여 자동(自動)으로 여닫게 된 문(門). ¶자동문을 밀지 마시오.

▸자동-식 自動式 (법 식). 사람의 힘을 필요로 하지 않고, 기계 장치 자체(自體)의 힘으로 움직이게[動] 만든 방식(方式). ⓑ수동식(手動式).

▸자동-적 自動的 (것 적). ① 속뜻 다른 힘을 빌리지 않고 저절로[自] 움직이는[動] 것[的]. ¶자동적으로 발사되는 대포. ② 의사와 상관없이 이루어지거나 어떤 절차 없이 바로 이루어지는. 또는 그런 것. ¶그는 벨이 울리자 자동적으로 일어섰다.

▸자동-차 自動車 (수레 차). 석유나 가스를 연료로 하여, 스스로[自] 도로 위를 달리게[動] 만든 차(車).

▸자동-화 自動化 (될 화). 자동적(自動的)으로 됨[化]. 자동적으로 되게 함. ¶최신 설비를 설치해 공장을 자동화하다.

▸자동-계단 自動階段 (섬돌 계, 층계 단). 전력을 공급받아 자동(自動)으로 오르내리는 계단(階段).

▸자동 면:역 自動免疫 (면할 면, 돌림병 역). 의학 어떤 병을 앓은 후 또는 백신의 접종에 의하여 제 몸 안에 항체를 자동(自動)으로 생기게 하여 면역(免疫)이 되는 일. ⓒ타동 면역(他動免疫).

▸자동 선반 自動旋盤 (돌 선, 소반 반). 공업 여러 가지 조작을 자동(自動)으로 하는 선반(旋盤). 선반 위에 여러 가지 공구가 장착되어 있다.

▸자동 소:총 自動小銃 (작을 소, 총 총). 군사 한 번 쏘고 나면 자동(自動)으로 총알이 장전되는 소총(小銃).

▸자동 악기 自動樂器 (음악 악, 그릇 기). 음악 자동(自動)으로 악곡을 연주하는 악기(樂器).

▸자동 제:어 自動制御 (누를 제, 다스릴 어). 기계 조건의 변화에 따라 자동(自動)으로 기계의 작동을 조절하는[制御] 일. 또는 그

기구.

▸자동 직기 自動織機 (짤 직, 틀 기). 공업 자동(自動)으로 직물(織物)을 짜는[織] 기계(機械).

▸자동 화ː기 自動火器 (불 화, 그릇 기). 군사 발사와 장전 등이 자동(自動)으로 작동되는 총포[火器]. 자동 권총·자동 소총·기관총·기관포 등.

▸자동 기록기 自動記錄器 (적을 기, 베낄 록, 그릇 기). 공업 여러 가지 계기에 의하여 측정된 값을 자동(自動)으로 종이나 자기(磁氣) 테이프 따위에 기록(記錄)하는 기구(器具).

▸자동 연결기 自動連結器 (이을 련, 맺을 결, 그릇 기). 교통 철도용 차량의 양끝에 붙어 있어서 차량과 차량이 자동(自動)으로 연결(連結)되게 하는 장치[器].

▸자동 접지기 自動摺紙機 (접을 접, 종이 지, 틀 기). 기계 자동(自動)으로 종이나 인쇄물[紙] 따위를 접는[摺] 기계(機械).

▸자동-판매기 自動販賣機 (팔 판, 팔 매, 틀 기). ① 속뜻 상품을 자동(自動)으로 파는[販賣] 기계(機械). ② 동전이나 지폐를 넣고 원하는 물품을 선택하면 사려는 물품이 나오게 되어 있으며 주로 승차권, 음료, 담배 따위의 판매에 쓰인다. ¶음료수 자동판매기.

자-동사 自動詞 (스스로 자, 움직일 동, 말씀 사). 언어 움직임의 대상인 목적어를 필요로 하지 않고 자체(自體)만으로 움직임[動]을 나타내는 단어[詞]. 참타동사(他動詞).

자득 自得 (스스로 자, 얻을 득). ① 속뜻 스스로[自] 터득(攄得)함. 스스로 이해함. ② 스스로 만족하게 여김.

자ː등 紫藤 (자줏빛 자, 등나무 등). 식물 자줏빛[紫] 꽃이 피는 등(藤)나무.

자량 自量 (스스로 자, 헤아릴 량). ① 속뜻 스스로[自] 헤아림[量]. ② 자기 자신의 요량.

자력¹ 資力 (재물 자, 힘 력). ① 속뜻 자본(資本)을 들일 수 있는 힘[力]. ② 경제적인 지급 능력.

자력² 自力 (스스로 자, 힘 력). ① 속뜻 자기(自己) 혼자의 힘[力]. ② 불교 자기 자신의 행업(行業)에 의하여 깨달음을 얻으려고 하는 일. 참타력(他力).

▸자력-갱생 自力更生 (다시 갱, 살 생). 남에게 의지하지 않고 자신(自身)의 힘[力]만으로 어려운 처지에서 벗어나 다시[更] 새로운 삶을 살아감[生]. ¶사업에 실패한 그는 자력갱생의 정신으로 재기에 노력하고 있다.

▸자력 구ː제 自力救濟 (건질 구, 건질 제). ① 속뜻 자신(自身)의 힘[力]으로 구제(救濟)함. ② 법률 자기의 권리를 확보하기 위하여 사법 절차를 따르지 않고 피해자 자신이 스스로의 힘으로 권리를 잃지 않거나 되찾는 행위. 비자구 행위(自救行爲).

자ː력 磁力 (자석 자, 힘 력). 물리 자기(磁氣)의 힘[力]. ¶이 자석은 자력이 세다. 비자기력(磁氣力).

▸자ː력-계 磁力計 (셀 계). 자력(磁力)의 세기와 그 방향을 측정하는 계기(計器).

▸자ː력-선 磁力線 (줄 선). 물리 자기장에 있어서의 자력(磁力)의 방향을 나타내는 곡선(曲線). N극에서 나와 S극으로 향하려는 성질이 있다. 비지력선(指力線).

▸자ː력 선ː광 磁力選鑛 (고를 선, 쇳돌 광). 광업 자력(磁力)으로 광물(鑛物)을 골라냄[選]. 광물의 자성 차이를 이용하여 유용 광물을 골라냄.

자ː로 磁路 (자석 자, 길 로). 물리 강자성체를 이용하여 자기력선속(磁氣力線束)이 일주하도록 만든 닫힌 회로(回路). '자기 회로'(磁氣回路)의 준말.

⁑자료 資料 (밑천 자, 거리 료). 무엇을 하기 위한 밑천[資]이나 바탕이 되는 재료(材料). 특히 연구나 조사 등의 바탕이 되는 재료. ¶연구 자료 / 그녀는 소설을 쓰기 위해 자료를 수집하고 있다.

▸자료-실 資料室 (방 실). 자료(資料)를 모아 둔 방[室]. ¶자료실을 정리하다.

▸자료-집 資料集 (모을 집). 일정한 자료(資料)를 모아서[集] 엮은 책. ¶자료집을 만들다.

자ː류 磁流 (자석 자, 흐를 류). 물리 자로(磁路)를 통한 자기의 흐름[流].

자리 自利 (스스로 자, 이로울 리). ① 속뜻 자신(自身)의 이익(利益). ② 불도를 닦아서 얻은 공덕을 남에게 돌리지 않고 자기 혼자 차지하는 일.

자립 自立 (스스로 자, 설 립). ① 속뜻 스스로[自] 섬[立]. ② 남에게 의지하거나 남의 지배를 받지 않고 자기 힘으로 해 나감. ¶자립 생활 / 자립 경제.

▸**자립-성** 自立性 (성질 성). 남에게 의존하지 않고 스스로[自]의 힘으로 일어서려는[立] 성질(性質). ¶자립성을 기르다.

▸**자립-적** 自立的 (것 적). 스스로[自]의 힘으로 서는[立] 것[的]. ¶문제를 자립적으로 해결하다.

▸**자립 명사** 自立名詞 (이름 명, 말씀 사). 언어 다른 말의 도움을 받지 않고 단독으로[自立] 쓰일 수 있는 명사(名詞). ⓑ완전 명사(完全名詞), 실질 명사(實質名詞). ⓐ의존 명사(依存名詞).

▸**자립 형태소** 自立形態素 (모양 형, 모양 태, 바탕 소). 언어 다른 말의 도움을 받지 않고 단독으로[自立] 쓰일 수 있는 형태소(形態素). ¶'철수가 책을 읽었다'에서 '철수'와 '책'은 자립 형태소이다. ⓐ의존 형태소(依存形態素).

자:-마노 紫瑪瑙 (자줏빛 자, 마노 마, 마노 노). 광업 자줏빛[紫]을 띤 마노(瑪=瑙).

자막 字幕 (글자 자, 휘장 막). 제목·배역·해설 등을 글자[字]로 나타낸 화면이나 막(幕). ¶외국 영화는 대사를 자막으로 처리한다.

자만[1] 自滿 (스스로 자, 가득할 만). 스스로[自] 만족(滿足)하게 여김.

자만[2] 自慢 (스스로 자, 건방질 만). 스스로[自] 건방지게[慢] 행동함. ¶상대 팀이 아무리 약해도 자만은 금물이다. ⓑ겸손(謙遜).

▸**자만-심** 自慢心 (마음 심). 자만(自慢)하는 마음[心]. ¶그는 자만심에 차 있다.

자:망 刺網 (찌를 자, 그물 망). 수산 그물코[刺]가 있는 그물[網]. 고기 떼가 지나는 곳에 길게 쳐서 물고기를 그물코에 걸리게 하여 잡는다.

자매 姊妹 (손윗누이 자, 누이 매). ① 속뜻 누나나 언니[姊]와 여동생[妹]. ② 같은 계통에 속하거나 서로 비슷한 점을 많이 가진 둘 또는 그 이상의 것. ¶자매 학교 / 자매 회사. ⓑ여형제(女兄弟).

▸**자매-교** 姊妹校 (학교 교). 교육 ① 자매(姊妹) 관계를 맺은 학교(學校). 친선이나 연구 교류 등의 목적으로 특별히 가까운 관계에 있는 두 학교. ② 같은 대학의 부속학교 관계에 있는 두 학교.

▸**자매-편** 姊妹篇 (책 편). 소설·희곡·영화 따위의, 서로 관련되는 두[姊妹] 작품[篇]. 또는 먼저의 작품에 이어지는 비슷한 내용의 작품.

▸**자매-결연** 姊妹結緣 (맺을 결, 인연 연). ① 속뜻 자매(姊妹)의 인연(因緣)이나 관계를 맺음[結]. ② 어떤 지역이나 단체 또는 집단이 다른 지역이나 단체 또는 집단과 친선이나 상호 교류를 목적으로 밀접한 관계를 맺는 일. ¶우리 마을은 상하이와 자매결연을 맺었다.

▸**자매-기관** 姊妹機關 (틀 기, 빗장 관). 자매(姊妹) 관계를 맺은 기관(機關). 목적과 정신을 같이 하여, 서로 밀접한 관계에 있는 기관.

▸**자매 도시** 姊妹都市 (도읍 도, 저자 시). 사회 자매(姊妹) 관계를 맺은 도시(都市). 국제적인 문화 교류나 친선을 목적으로, 특별히 친밀한 관계를 맺은 두 도시.

▸**자매 신문** 姊妹新聞 (새 신, 들을 문). 자매(姊妹) 관계를 맺은 신문(新聞). 발행 정신과 목적이 같고 서로 밀접한 관계에 있는 두 신문. 한 기관에서 발행되는 각기 다른 신문도 이에 속한다.

▸**자매 회:사** 姊妹會社 (모일 회, 단체 사). 경제 자매(姊妹) 관계를 맺은 두 회사(會社). 같은 목적과 정신을 가지고 운영되며 서로 밀접한 관계에 있다.

▸**자매 역연혼** 姊妹逆緣婚 (거스를 역, 인연 연, 혼인할 혼). ① 속뜻 자매(姊妹)와 거슬러[逆] 인연(因緣)을 맺어 혼인(婚姻)함. ② 사회 아내가 죽을 경우, 죽은 아내의 자매와 결혼하는 관습.

자멸[1] 自蔑 (스스로 자, 업신여길 멸). 자기(自己) 자신을 업신여김[蔑].

자멸[2] 自滅 (스스로 자, 없어질 멸). ① 속뜻 스스로[自] 멸망(滅亡)함. ② 자기 행동이 원인이 되어 자기가 멸망함. ¶자멸을 초래하다.

▸**자멸-책** 自滅策 (꾀 책). 잘한다는 것이 잘못이 되어, 도리어 자기(自己) 자신이 망하게[滅] 되는 방책(方策).

자명[1] **自明** (스스로 자, 밝을 명). ① 속뜻 스스로[自] 밝히다[明]. ② 증명이나 설명의 필요 없이 그 자체만으로 명백하다. ¶자명한 이치 / 그 계획은 성공할 것이 자명하다.

자명[2] **自鳴** (스스로 자, 울 명). 저절로[自] 소리가 남[鳴].

▸ 자명-종 自鳴鐘 (쇠북 종). 일정한 시간이 되면 스스로[自] 울려서[鳴] 시각을 알려 주는 시계[鐘]. ¶자명종을 5시에 맞추고 잠자리에 들었다.

자모[1] **姿貌** (맵시 자, 모양 모). 맵시[姿]와 얼굴[貌]. ¶자모의 고움보다는 마음의 아름다움에 반하였다.

자모[2] **慈母** (사랑할 자, 어머니 모). ① 속뜻 자애(慈愛)로운 어머니[母]. ② 팔모(八母)의 하나. 죽은 어머니 대신 자기를 길러준 서모(庶母).

자모[3] **子母** (아들 자, 어머니 모). ① 속뜻 아들[子]과 어머니[母]. ② 아이의 어머니. 반 모자(母子).

▸ 자모-음 子母音 (소리 음). 언어 자음(子音)과 모음(母音).

▸ 자모-자 子母字 (글자 자). 언어 자음 문자(子音文字)와 모음 문자(母音文字).

자모[4] **字母** (글자 자, 어머니 모). 언어 ① 한 음절의 기본 바탕[母]이 되는 글자[字]. ㄱ·ㄴ·ㄷ이나 a·b·c 따위를 말한다. ② 전통 중국어 음운론에서 동일한 성모(聲母)를 가진 글자 가운데 하나를 골라 그 대표로 삼은 글자. 초성 자음에 해당한다. p-를 나타내는 [幫], k-를 나타내는 [見] 등을 말한다.

▸ 자모-순 字母順 (차례 순). 자모(字母)의 배열 순서(順序).

자모-회 **姉母會** (손윗누이 자, 어머니 모, 모일 회). 교육 유치원이나 초등학교 어린이의 어머니[母]나 누이[姉]들로 이루어진 모임[會].

자:-목련 **紫木蓮** (자줏빛 자, 나무 목, 연꽃 련). ① 속뜻 자줏빛[紫] 꽃이 피는 목련(木蓮). ② 식물 목련과의 낙엽 활엽 교목. 잎은 끝이 뾰족한 달걀 모양이며 어긋맞게 난다.

자문[1] **自問** (스스로 자, 물을 문). 스스로[自] 자신에게 물음[問]. ¶우리는 자신의 행동에 대해 자문해 볼 필요가 있다.

▸ 자문-자답 自問自答 (스스로 자, 답할 답). 스스로[自] 묻고[問] 스스로[自] 대답(對答)함.

자:문[2] **諮問** (물을 자, 물을 문). 정부나 기업체 따위에서, 학식과 경험이 풍부한 전문가에게 의견을 물음[諮=問]. ¶법률 자문 / 그는 경제 전문가에게 이 문제를 자문했다.

▸ 자:문 기관 諮問機關 (틀 기, 빗장 관). 자문(諮問) 받은 문제에 대해서 전문가들이 연구·검토·협의하여 답신하는 기관(機關).

자미 **滋味** (불을 자, 맛 미). ① 속뜻 좋은 맛[味]을 불어나게 함[滋]. ② 자양분이 많고 맛도 좋음. 또는 그런 음식. ③ '재미'의 본딧말.

자박 **自縛** (스스로 자, 묶을 박). ① 속뜻 스스로[自] 자신을 옭아 묶음[縛]. ② 자기가 주장한 의견에 구속되어 자기의 자유를 잃음.

자:반 **紫斑** (자줏빛 자, 얼룩 반). 피부 조직에 내출혈로 말미암아 나타난 자줏빛[紫] 얼룩[斑].

▸ 자:반-병 紫斑病 (병 병). ① 의학 피부 조직이나 점막 아래에 출혈로 말미암아 자줏빛[紫] 반점(斑點)이 나타나는 병(病). ② 자색의 얼룩얼룩한 무늬.

자발 **自發** (스스로 자, 드러낼 발). 자기 뜻을 스스로[自] 드러냄[發]. 스스로 함.

▸ 자발-성 自發性 (성질 성). 무슨 일을 자기 스스로[自] 하는[發] 성질(性質). 또는 그런 특성.

▸ 자발-적 自發的 (것 적). 자기 스스로[自] 하는[發] 것[的]. ¶교통질서 확립을 위해서는 시민들의 자발적인 참여가 필요하다. 반 강제적(強制的).

자방 **子房** (씨 자, 방 방). ① 속뜻 씨앗[子]이 담긴 방(房). ② 식물 암술대 밑에 붙은 통통한 주머니 모양의 부분을 가리키며, 그 속에 밑씨가 들어 있다.

자백 **自白** (스스로 자, 말할 백). ① 속뜻 자기 비밀을 직접[自] 털어놓고 말함[白]. 또는 그 진술. ② 법률 형사 소송법에서, 자기의 범죄 사실을 인정하는 일. ¶경찰은 마침내 그의 자백을 받아냈다.

자복 **自服** (스스로 자, 따를 복). ① 속뜻 스스로[自] 복종(服從)함. ② 법률 친고죄(親告罪)에 있어서, 고소권을 가진 피해자에게 자발적으로 자기의 범죄 사실을 인정하는 일.

자법 子法 (자식 자, 법 법). ① 속뜻 어미에 대하여 자식[子] 관계에 있는 법(法). ② 법률 외국의 법률을 이어받거나 본떠서 만든 법률. 참 모법(母法).

자변 自辨 (스스로 자, 가릴 변). ① 속뜻 스스로[自] 분별하여[辨] 처리함. ② 스스로 비용을 부담함. ¶점심은 회사 부담이 아니고 자변이다.

자복[1] 子福 (자식 자, 복 복). ① 속뜻 자식(子息)을 잘 둔 복(福). ② 자식을 두어서 얻는 복.

자복[2] 雌伏 (암컷 자, 엎드릴 복). ① 속뜻 암컷[雌]이 수컷에게 엎드림[伏]. ② 남에게 스스로 굴복함. ③ 실력 있는 사람이 시기를 기다리며 가만히 숨어서 지냄. 참 웅비(雄飛).

***자본** 資本 (재물 자, 밑 본). ① 속뜻 사업을 하는 데 밑바탕[本]이 되는 재물[資]. ② 토지, 노동과 함께 생산의 기본 요소의 하나. ¶자본이 부족하다.

▶ **자본-가** 資本家 (사람 가). ① 속뜻 자본(資本)으로 이윤을 얻는 사람[家]. ② 자본을 이용하여 금융이윤을 얻거나, 자본으로 노동자를 고용하여 기업을 경영하여 이윤을 얻는 사람. ¶신흥 자본가.

▶ **자본-금** 資本金 (돈 금). ① 속뜻 이익을 낳는 밑바탕[資本]이 되는 돈[金]. ② 경제 영리를 목적으로 한 회사를 경영하는 바탕이 되는 돈.

▶ **자본-재** 資本財 (재물 재). 경제 생산에 필요한 요소[資本]가 되는 재화(財貨).

▶ **자본-주** 資本主 (주인 주). 자본(資本)을 대는 사람[主].

▶ **자본 거:래** 資本去來 (갈 거, 올 래). ① 속뜻 자본(資本)이 오고[來] 감[去]. ② 경제 기업의 자본금이나 자본 잉여금을 증감시키는 거래. ③ 경제 국가 간의 거래에서 유가 증권의 매매나 자금의 융통 따위를 중심으로 한 거래.

▶ **자본 계급** 資本階級 (섬돌 계, 등급 급). '자본가 계급'(資本家階級)의 준말.

▶ **자본 계:수** 資本係數 (맬 계, 셀 수). 경제 생산 설비, 원자재 등 투입 자본(資本) 전체의 생산량에 대한 비율[係數].

▶ **자본 계:정** 資本計定 (셀 계, 정할 정). 경제 ① 자기 자본(資本)액이나 실제 재산액의 증감을 적는 모든 계정(計定)을 통틀어 이르는 말. ② 결산 후의 실제 재산액을 나타내는 계정.

▶ **자본 도피** 資本逃避 (달아날 도, 피할 피). 경제 자국 화폐 가치의 하락이 예상되는 경우, 불이익을 피하기 위하여 자국 화폐 자금[資本]을 도피(逃避)시켜 외화 자금으로 바꾸어 놓는 일.

▶ **자본 수출** 資本輸出 (나를 수, 날 출). 경제 자본(資本)이 외국으로 팔려 나가는[輸出] 것. 외국의 채권이나 증권에 대한 투자, 차관 또는 외국에서의 공장 건설, 합작 회사의 설립 등의 방법이 있다.

▶ **자본 시:장** 資本市場 (저자 시, 마당 장). 경제 금융 시장 중, 장기 자금[資本]의 수요와 공급이 이루어지는 시장(市場).

▶ **자본 예:산** 資本豫算 (미리 예, 셀 산). 경제 기업의 설비 자산[資本]에 대한 지출 예산(豫算).

▶ **자본-주의** 資本主義 (주될 주, 뜻 의). 경제 생산 수단을 자본(資本)으로서 소유한 자본가가 이윤 획득을 위하여 생산 활동을 하도록 보장하는 사회 경제 체제[主義].

▶ **자본 축적** 資本蓄積 (모을 축, 쌓을 적). 이윤(利潤)을 아껴 자본(資本)을 모아[蓄=積] 생산 규모를 늘리는 일.

▶ **자본가 계급** 資本家階級 (사람 가, 섬돌 계, 등급 급). 자본(資本)을 내어 이윤을 얻는 사람들[家]로 이루어진 계급(階級). 생산 수단을 소유하고 노동자를 고용하여 이윤을 얻다. 준 자본 계급.

▶ **자본 준:비금** 資本準備金 (고를 준, 갖출 비, 돈 금). 경제 주식회사나 유한 회사가 영업 이외의 자본(資本) 거래에서 생기는 이익을 적립해야 하는 적립해야 할 법정 준비금(準備金).

자부[1] 子部 (아이 자, 나눌 부). 중국 고전을 경·사·자·집(經·史·子·集)의 사부(四部)로 분류한 것 중에서 '자'(子)에 딸린 부류(部類). 제자백가[子]의 서적이나 소설 따위의 책이 이에 속한다. 비 병부(丙部). 참 경사자집.

자부[2] 子婦 (아들 자, 여자 부). 아들[子]의 부인[婦].

자부[3] 姊夫 (손윗누이 자, 지아비 부). 손윗누이[姊]의 남편[夫]. ㊥자형(姊兄).

자부[4] 慈父 (사랑할 자, 아버지 부). ① 속뜻 자애(慈愛)로운 아버지[父]. 자식에 대하여 깊은 사랑을 가지 아버지. ②'아버지'를 높여 일컫는 말.

자부[5] 自負 (스스로 자, 질 부). ① 속뜻 스스로[自] 자신을 짊어짐[負]. ②자기의 재능이나 능력 따위에 자신을 가지고 스스로 자랑으로 생각함. 또는 그런 마음.

▶자부-심 自負心 (마음 심). 자부(自負)하는 마음[心]. ¶그는 자신의 일에 대해 자부심이 강하다.

자:북 磁北 (자석 자, 북녘 북). 물리 나침의[石磁]가 가리키는 북(北)쪽 방향.

자:-북극 磁北極 (자석 자, 북녘 북, 끝 극). 물리 지구 자기(地球磁氣)의 축이 지구 표면과 만나는 북(北)쪽 끝[極]. 자침이 가리키는 북쪽 끝. ㊥자남극(磁南極).

자분 自噴 (스스로 자, 뿜을 분). 온천수, 석유, 가스 따위가 저절로[自] 뿜어[噴] 나옴.

▶자분-정 自噴井 (우물 정). 지리 땅속의 원유가 가스의 압력으로 저절로[自] 뿜어[噴] 나오는 유정(油井). ㊥분유정(噴油井).

자비[1] 自備 (스스로 자, 갖출 비). 스스로[自] 준비(準備)함.

▶자비-량 自備糧 (양식 량). 스스로[自] 준비(準備)한 양식(糧食).

자비[2] 自費 (스스로 자, 쓸 비). 스스로[自] 부담하는 비용(費用). ㊥사비(私費).

▶자비 출판 自費出版 (날 출, 책 판). 출판 개인이 자기(自己)의 비용(費用)으로 책을 출판(出版)함.

자비[3] 煮沸 (끓일 자, 끓을 비). 물 같은 것이 펄펄 끓음[煮=沸]. 또는 펄펄 끓임.

▶자비 소독법 煮沸消毒法 (사라질 소, 독할 독, 법 법). 의학 물체를 펄펄 끓는[煮沸] 물 속에 넣어서 소독(消毒)하는 방법(方法).

*__자비__[4] 慈悲 (사랑할 자, 슬플 비). ① 속뜻 고통 받는 이를 사랑하고[慈] 같이 슬퍼함[悲]. 또는 그런 마음. ¶자비를 베풀다. ② 불교 부처가 중생을 불쌍히 여겨 고통을 덜어 주고 안락하게 해 주려는 마음. '자비심'의 준말.

▶자비-심 慈悲心 (마음 심). 불교 중생을 사랑하고[慈] 가엾게 여기는[悲] 마음[心]. ¶자비심 많은 할머니 / 어머니는 자비롭고 온화하신 분이다.

▶자비-인욕 慈悲忍辱 (참을 인, 욕될 욕). 불교 ①대중을 사랑하고[慈] 가엾게 여기는[悲] 일과 욕(辱)됨을 참는[忍] 일. ②보살이 중생을 구제하기 위하여 자비심(慈悲心)으로 고난을 참고 견디는 일.

자비-심 自卑心 (스스로 자, 낮을 비, 마음 심). 스스로[自] 자신을 남보다 못하다고[卑] 여기는 마음[心].

자사[1] 子史 (아이 자, 역사 사). 제자(諸子)의 글과 역사(歷史)의 글. 중국 고전의 분류법에 의한 자부(子部)와 사부(史部)를 아울러 이르는 말.

자:사[2] 刺絲 (찌를 자, 실 사). ① 속뜻 가시[刺] 같은 실[絲]. ② 동물 강장동물인 해파리나 산호 따위의 자세포(刺細胞)에 의한 실 모양의 독이 든 기관.

자산 資產 (재물 자, 재물 산). ① 속뜻 토지, 건물, 금전 따위[資]의 재산(財產). ② 법률 자본이 될 수 있거나 채무의 담보가 될 수 있는 재산. ㊥자재(資材).

▶자산-가 資產家 (사람 가). 자산(資產)을 많이 가지고 있는 사람[家]. 재산이 많은 사람.

▶자산-주 資產株 (주식 주). 경제 자산(資產)으로서 가지고 있을만한 장래성 있는 주식(株式).

▶자산 계:정 資產計定 (셀 계, 정할 정). 경제 자산(資產)의 증감을 기록하기 위한 계정(計定) 과목. ㊥부채 계정(負債計定).

▶자산 동:결 資產凍結 (얼 동, 맺을 결). 경제 얼음[凍]을 얼리[結] 듯, 자산(資產)의 처분이나 이동을 제한하거나 금지하는 조치.

▶자산 평가 資產評價 (평할 평, 값 가). 경제 일정 시점에서의 자산(資產)의 화폐 가치를 평가(評價)하여 결정하는 일. 곧 재산 목록이나 대차 대조표에 올릴 자산의 가격을 매기는 일.

▶자산 재:평가 資產再評價 (다시 재, 평할 평, 값 가). 경제 고정 자산(資產)의 가격을 시가(時價)에 가깝게 다시[再] 평가(評價)하는 일.

자살 自殺 (스스로 자, 죽일 살). 스스로[自]

자기를 죽임[殺]. 자기 목숨을 끊음. ¶자살 소동을 벌이다 / 그는 신세를 비관하여 자살했다. [비]자결(自決). [반]타살(他殺).

▶**자살-자** 自殺者 (사람 자). 자살(自殺)한 사람[者].

▶**자살 관여죄** 自殺關與罪 (관계할 관, 도울 여, 허물 죄). [법률]어떤 이의 자살(自殺)에 직·간접으로 관여(關與)하여 성립하는 죄(罪). 자살 교사나 자살 방조 따위.

▶**자살 교:사죄** 自殺教唆罪 (가르칠 교, 부추길 사, 허물 죄). [법률]자살의 의사가 없는 사람에게 자살(自殺)을 가르치고[教] 부추김[唆]으로써 성립하는 죄(罪).

▶**자살 방조죄** 自殺幇助罪 (도울 방, 도울 조, 허물 죄). [법률]자살의 의사가 있는 사람이 자살(自殺)을 할 수 있도록 직·간접으로 도움[幇助]으로써 성립하는 죄(罪).

자상[1] 仔詳 (자세할 자, 자세할 상). ① [속뜻]성질이 찬찬하고 꼼꼼하다[仔=詳]. ¶아버지는 매우 자상하시다. ②말이나 글이 매우 자세함.

자:상[2] 刺傷 (찌를 자, 다칠 상). 칼 따위에 찔려서[刺] 다침[傷]. ¶목덜미에 자상을 입었다.

자상[3] 自傷 (스스로 자, 다칠 상). 일부러 자기 몸을 스스로[自] 다치게[傷] 함. 또는 그 상처.

▶**자상 행위** 自傷行爲 (행할 행, 할 위). [법률]자기의 몸에 스스로[自] 상처(傷處)를 내는 행위(行爲).

자상-처분 自上處分 (부터 자, 위 상, 처리할 처, 나눌 분). 상관(上官)으로부터[自] 내리는 지휘나 명령[處分].

자색[1] 姿色 (맵시 자, 빛 색). 여자의 고운 맵시[姿]와 얼굴빛[色]. 여자의 미모(美貌).

자:색[2] 紫色 (자줏빛 자, 빛 색). 자주(紫朱) 빛[色]. ¶아이리스는 봄에 흰색, 자색의 꽃을 피운다.

▶**자:색-금** 紫色金 (황금 금). 자줏빛[紫色]이 나는 금(金). 금 78%와 알루미늄 22%를 섞어 만든다.

자생 自生 (스스로 자, 살 생). ① [속뜻]자신(自身)의 힘으로 살아감[生]. ¶자생 능력 / 자생과 자멸을 거듭하다. ②저절로 나서 자람. ¶자생 춘란 / 이 지역에서는 선인장이 자생한다. ③ [불교]저절로 생겨남. 또는 인(因)이 스스로 과(果)를 낳음.

▶**자생-란** 自生蘭 (난초 란). 산이나 들에서 저절로 자라는[自生] 난(蘭). ¶칠갑산에는 자생란이 많다.

▶**자생-적** 自生的 (것 적). 저절로[自] 나서[生] 자라나는 것[的].

▶**자생-지** 自生地 (땅 지). 식물이 자생(自生)하는 곳[地].

▶**자생 식물** 自生植物 (심을 식, 만물 물). [식물]산이나 들 또는 강이나 바다에 저절로[自] 나는[生] 식물(植物). [참]재배 식물(栽培植物).

자서[1] 字書 (글자 자, 책 서). 한자(漢字)를 모아 일정한 순서로 배열하여 그 한 자 한 자의 음(音), 훈(訓), 운(韻) 따위를 해설한 책[書]. [비]자전(字典).

자서[2] 自序 (스스로 자, 차례 서). 지은이가 책머리에 스스로[自] 적는 서문(序文).

자서[3] 自書 (스스로 자, 쓸 서). 글씨를 자기 손으로 직접[自] 씀[書]. 또는 그 글씨. [비]자필(自筆).

자서[4] 自署 (스스로 자, 쓸 서). 문서 따위에 자기 이름을 직접[自] 적음[署]. 또는 그 서명(署名). [비]수서(手署).

자서[5] 自敍 (스스로 자, 쓸 서). 자기에 관한 일을 자기(自己)가 서술(敍述)함.

▶**자서-전** 自敍傳 (전할 전). [문학]자기가 쓴[自敍] 자기 전기(傳記). ¶『참회록』은 루소의 자서전이다.

자서제질 子壻弟姪 (아들 자, 사위 서, 아우 제, 조카 질). ① [속뜻]아들[子], 사위[壻], 아우[弟], 조카[姪]. ②일가친척 모두를 이르는 말.

자석[1] 字釋 (글자 자, 풀 석). 글자[字]의 뜻풀이[釋]. [비]자해(字解).

***자:석**[2] 磁石 (자기 자, 돌 석). [광업]자성(磁性)을 가진 광석(鑛石). 철을 끌어다니는 성질이 있는 물체. [비]지남철(指南鐵).

▶**자:석-강** 磁石鋼 (강철 강). [공업]영구 자석(磁石)으로 쓰이는 강철(鋼鐵). 흔히 자철광(磁鐵鑛)을 이른다.

▶**자:석-반** 磁石盤 (소반 반). [물리]자석(磁石)이 남북을 가리키는 성질을 이용해 방위를 알 수 있도록 만든 동글납작하여 소반

[盤]처럼 생긴 기계. 자기 나침의(磁氣羅針儀).

자:석³ 紫石 (자줏빛 자, 돌 석). ① [속뜻]자줏빛[紫]의 돌[石]로 만든 벼루. ② '자석영'(紫石英)의 준말.

자:-석영 紫石英 (자줏빛 자, 돌 석, 꽃부리 영). [광업]자줏빛[紫]의 석영(石英). [비]자수정(紫水晶).

자선¹ 自選 (스스로 자, 고를 선). 자기 작품을 자기(自己)가 고름[選]. 또는 골라서 엮음. ¶자선 작품을 전시했다.

자선² 慈善 (사랑할 자, 착할 선). 불행한 처지에 있는 사람을 사랑하여[慈] 돕는 착한[善] 일. 특히, 가난한 사람들을 물질적으로 돕는 일을 이른다. ¶자선 모금 운동.

▸**자선-가** 慈善家 (사람 가). 남을 사랑하여[慈] 좋은[善] 일을 하는 사람[家]. ¶나는 사업가이지, 자선가가 아니란 말이오.

▸**자선-시** 慈善市 (저자 시). 자선(慈善) 사업의 자금조달을 위해 자선 단체가 상품을 모아서 일반인에게 팔고 그 이익금을 자금에 충당하는 일시적·임시적 시장(市場). 또는 그러한 행사.

▸**자선-회** 慈善會 (모일 회). ① [속뜻]자선(慈善) 사업의 자금을 마련하기 위하여 어떤 행사를 열거나 물품을 판매하거나 하는 모임[會]. ② 자선 단체(慈善團體)를 흔히 이르는 말.

▸**자선 단체** 慈善團體 (모일 단, 몸 체). [사회]적십자사, 고아원, 양로원 따위와 같이 자선(慈善) 사업을 하는 단체(團體).

▸**자선 병:원** 慈善病院 (병 병, 집 원). [사회]공공 단체 등에서 자선(慈善)을 목적으로 설립한 병원(病院).

▸**자선 사:업** 慈善事業 (일 사, 일 업). [사회]고아, 병자, 노약자, 빈민(貧民) 등을 돕는[慈善] 사회적·공공적인 구제 사업(事業). ¶그는 자선 사업에 온 생을 바쳤다.

▸**자선 행위** 慈善行爲 (행할 행, 할 위). 불행한 처지에 있는 사람을 불쌍히 여겨[慈] 도와주는[善] 일[行爲].

자설 自說 (스스로 자, 말씀 설). 자기(自己)의 의견이나 학설(學說).

자성¹ 自省 (스스로 자, 살필 성). 스스로[自] 반성(反省)함. 자기가 한 일에 대한 옳고 그름을 되돌아봄.

자성² 雌性 (암컷 자, 성별 성). ① [속뜻]생물에서 암컷[雌]으로서의 성별(性別). ② 암컷의 성질. ② [동물]난자(卵子), 대배우자(大配偶者)를 형성하는 성질이나 그것에서 유도된 형태, 생리 따위를 이르는 말. [비]암컷. [반]웅성(雄性).

자성³ 資性 (바탕 자, 성품 성). 밑바탕[資]이 되는 성품(性品). 타고난 성품. [비]천성(天性).

자성⁴ 自性 (스스로 자, 성품 성). [불교]① 변하지 않는 자기(自己) 본성(本性). ② '자성본불'의 준말.

▸**자성-본불** 自性本佛 (뿌리 본, 부처 불). ① [속뜻]자기(自己) 본성(本性)은 본래(本來)부터 부처님[佛]과 같음. ② [불교]본디부터 갖추고 있는 불성(佛性). [준]자성.

자:성⁵ 磁性 (자석 자, 성질 성). [물리]자기(磁氣)를 띤 물체가 쇠붙이 따위를 끌어당기거나 하는 성질(性質). ¶이 카드는 자성을 띠는 물체 옆에 두지 마시오.

▸**자:성-체** 磁性體 (몸 체). ① [속뜻]자성(磁性)을 지닌 물체(物體). ② [물리]자기 마당 속에서 자기화 하는 물질.

▸**자:성 산:화철** 磁性酸化鐵 (산소 산, 될 화, 쇠 철). [화학]자성(磁性)을 띤 산화철(酸化鐵). 철선을 공기 중에서 태우거나 발갛게 단 쇠에 수증기를 작용시켜서 만든다. [비]사산화삼철(四酸化三鐵).

자성-일가 自成一家 (스스로 자, 이룰 성, 한 일, 집 가). ① [속뜻]스스로[自] 한[一] 가문(家門)을 일으킴[成]. ② 자기의 노력으로 어떤 학문이나 기예에 통달하여 독자적인 경지나 체계를 이룸.

⁂**자:세¹** 姿勢 (맵시 자, 기세 세). ① [속뜻]몸맵시[姿]와 마음가짐[勢]. ② 몸이 가지는 모양. 앉았거나 섰거나 하는 따위. ¶편한 자세로 앉으세요. ③ 무슨 일에 대하는 마음가짐, 곧 정신적인 태도. ¶그는 언제나 성실한 자세로 일했다.

자:세² 藉勢 (기댈 자, 세력 세). 의지할[藉] 만한 세력(勢力).

⁂**자세³** 仔細 (어릴 자, 가늘 세). ① [속뜻]어리고[仔] 가늘다[細]. ② 사소한 부분까지 아주 구체적이고 분명하다. ¶자세하게 약도를 그리다 / 자세히 설명하다. ③ 성질 따위

가 꼼꼼하고 찬찬함.

자ː-세포 刺細胞 (찌를 자, 작을 세, 태보 포). ① [속뜻] 가시[刺] 같은 것을 만드는 세포(細胞). ② [동물] 자포동물의 표피에 있는 특별한 세포. 속에 있는 독액과 나사 모양의 자사를 내쏘아 몸을 지키고 먹이를 잡는다.

자소 自訴 (스스로 자, 하소연할 소). 자기 자신의 죄를 스스로[自] 고소(告訴)함. [비] 자수(自首).

자ː속 磁束 (자석 자, 묶을 속). ① [속뜻] 자력(磁力)을 합함[束]. ② [물리] 자기 마당이 있는 공간에서 어떤 면적을 지나가는 자기력선의 총수에 비례하여 이것의 밀도와 수직인 면의 넓이를 곱한 양. 단위는 웨버(Wb). '자기력선속'(磁氣力線束)의 준말.

자손 子孫 (아이 자, 손자 손). ① [속뜻] 자식[子]과 손자(孫子). ¶그의 자손들은 전국에 흩어져 살고 있다. ② 후손이나 후대. ¶비록 패망한 왕가의 자손이지만, 자존심은 아직 남아 있소.

▸자손-계 子孫計 (셀 계). 자손(子孫)의 앞날을 위하여 세우는 계획(計劃).

자수[1] 自守 (스스로 자, 지킬 수). ① [속뜻] 남의 힘을 빌리지 않고 자기(自己) 힘으로 지킴[守]. ② 말이나 행동을 스스로 조심하여 범절을 지킴.

자수[2] 自首 (스스로 자, 머리 수). ① [속뜻] 스스로[自] 머리[首]를 내밂. ② [법률] 죄를 범한 사람이 자진하여 수사기관에 범죄 사실을 자백함. ¶그는 경찰에 자수하기로 결심했다.

자수[3] 自修 (스스로 자, 닦을 수). 남에게서 배우지 않고 스스로[自] 학문이나 기술 따위를 익히고 닦음[修].

자수[4] 字數 (글자 자, 셀 수). 글자[字]의 수효(數爻). ¶500자 이내로 자수를 제한하다.

자ː수[5] 刺繡 (찌를 자, 수놓을 수). 천에 바늘을 찔러[刺] 넣어 수(繡)를 놓음. 또는 그 수. ¶어머니는 치마에 자수를 놓았다. [준] 수.

자수[6] 自手 (스스로 자, 손 수). ① [속뜻] 자기(自己)의 손[手]. ② 자기(自己) 혼자의 노력(勞力). 또는 힘.

▸자수-삭발 自手削髮 (깎을 삭, 머리털 발). ① [속뜻] 자기 손[自手]으로 자신의 머리털[髮]을 깎음[削]. ② '어려운 일을 남의 힘을 빌리지 않고 자기 혼자의 힘으로 감당함'을 비유하여 이르는 말. ③ [불교] 본인의 뜻으로 머리를 깎고 승려가 됨.

▸자수-성가 自手成家 (이룰 성, 집 가). 물려받은 재산이 없이 자기(自己)의 힘[手]으로 집안[家]을 일으키는[成] 일. ¶그녀는 자수성가하여 대기업의 사장이 되었다.

자-수립 自樹立 (스스로 자, 세울 수, 설 립). 사업의 기초나 공을 자기(自己)의 힘으로 닦거나 세움[樹立].

자ː-수정 紫水晶 (자줏빛 자, 물 수, 밝을 정). [광업] 자줏빛[紫]의 수정(水晶).

자숙 自肅 (스스로 자, 엄숙할 숙). 스스로[自] 행동을 엄숙(嚴肅)하게 절제함.

▸자숙-자계 自肅自戒 (스스로 자, 경계할 계). 스스로[自] 자신의 언행을 삼가고[肅] 스스로[自] 자신을 경계(警戒)함.

자습 自習 (스스로 자, 익힐 습). 가르치는 이 없이 혼자 스스로[自] 공부하여 익힘[習]. ¶자습 시간 / 그 아이는 한글을 자습하여 책도 제법 잘 읽는다. [비] 독습(獨習).

▸자습-서 自習書 (책 서). 스스로[自] 배워 익힐[習] 수 있도록 쉽고 자세하게 풀이해 놓은 책[書].

자승[1] 自勝 (스스로 자, 이길 승). ① [속뜻] 자신(自身)을 이김[勝]. ② 스스로 욕망을 억누름. ③ 스스로 자기가 남보다 낫다고 여김.

자승[2] 自乘 (스스로 자, 곱할 승). ① [속뜻] 그 자신(自身)을 곱함[乘]. ② [수학] 같은 수를 두 번 곱함. [비] 제곱.

▸자승-근 自乘根 (뿌리 근). [수학] 그 자신(自身)을 곱하여[乘] 나타낼 때 그 자신[根]. 2^2은 4이므로 2는 4의 자승근이다. [비] 제곱근.

▸자승-멱 自乘冪 (제곱 멱). [수학] 그 자신(自身)을 곱하여[乘] 제곱[冪]을 나타내는 수. 5의 자승멱은 5^2로 표현하는 것이 그 예이다. [비] 제곱멱.

▸자승-비 自乘比 (견줄 비). [수학] 각 항의 수가 그 자신(自身)을 곱한[乘] 것은 원래 수의 비(比)와 같음. 또는 그 비. 제곱비.

자승-자박 自繩自縛 (스스로 자, 노끈 승, 스스로 자, 묶을 박). ① [속뜻] 자기(自己)가 꼰 줄[繩]에 자기(自己)가 묶임[縛]. ② 자기가 한 말이나 행동에 자기 자신이 엮여 괴로움을 당하게 됨.

자시 子時 (쥐 자, 때 시). 민속 십이시의 첫 번째[子] 시(時). 밤 11시부터 오전 1시까지이다.

*__자식__ 子息 (아이 자, 불어날 식). ① 속뜻 아이들[子]이 불어남[息]. ② 자신의 아들과 딸의 총칭. ¶그는 자식이 둘이다. ③ 남자를 욕하여 이르는 말. ¶의리 없는 자식. ⓑ자녀(子女).

**__자신__[1] 自身 (스스로 자, 몸 신). 제[自] 몸[身]. ¶너 자신을 알라. ⓑ자기(自己). ⓑ남, 타인(他人).

*__자신__[2] 自信 (스스로 자, 믿을 신). 자기(自己)을 믿음[信]. 또는 그런 마음. ¶나는 영어와 중국어에 자신이 있다 / 그는 이번 대회에서 성공을 자신했다. ⓑ자부(自負).

▸자신-감 自信感 (느낄 감). 자신(自信)이 있다고 여겨지는 느낌[感]. ¶그는 언제나 자신감이 넘친다.

▸자신만만 自信滿滿 (가득할 만, 가득할 만). 자신감(自信感)이 넘치도록[滿+滿] 있다. 아주 자신이 있다. ¶그는 자신만만한 표정으로 상대방을 보았다.

자실-체 子實體 (씨 자, 열매 실, 몸 체). 식물 ① 균류의 홀씨[子實]를 만들기 위한 영양체(營養體). ② 균류에서 홀씨를 만들기 위하여 만들어지는 구조.

자씨 姊氏 (손윗누이 자, 높임말 씨). 남을 높여 그의 손윗누이[姊]를 높여[氏] 일컫는 말.

*__자아__ 自我 (스스로 자, 나 아). ① 속뜻 나[我] 자신(自身). 자기 자신. ② 철학 천지 만물에 대한 인식이나 행동의 주체로서의 자기를 이르는 말. ¶그녀는 자아 발견을 위한 여행을 떠났다. ⓑ타아(他我).

▸자아-비판 自我批判 (따질 비, 판가름할 판). 나[自我]의 이제까지의 행동이나 사상에 있어서의 잘못을 스스로 비평(批評)하고 판단(判斷)하는 일. ⓑ자기비판(自己批判).

▸자아-실현 自我實現 (실제 실, 나타날 현). 철학 자기[自我]의 가능성을 실제(實際)로 드러내는[現] 일. 자기가 본디 가지고 있는 절대적인 자아를 완전히 실현하는 일. ⓑ자기실현(自己實現).

▸자아-의식 自我意識 (뜻 의, 알 식). 심리 외계의 의식에 대립하는, 자아(自我)에 대하여 아는[意識] 것. ⓒ자의식.

자안[1] 字眼 (글자 자, 눈 안). ① 속뜻 눈[眼]과 같은 역할을 하는 글자[字]. ② 한문으로 된 글 가운데 가장 중요한 대목의 글자.

자안[2] 慈眼 (사랑할 자, 눈 안). ① 속뜻 자비(慈悲)의 눈[眼]. 자애로운 눈. ② 불교 중생을 자비롭게 보는 불보살의 눈.

자안[3] 慈顔 (사랑할 자, 얼굴 안). 자비(慈悲)로운 얼굴[顔]. 자애에 찬 다정한 얼굴.

자애[1] 自愛 (스스로 자, 사랑 애). 자기 자신을 스스로[自] 아끼고 사랑함[愛]. ⓑ애기(愛己).

▸자애-주의 自愛主義 (주될 주, 뜻 의). 철학 다른 사람이야 어떻든 자기(自己)만을 귀중하게[愛] 여겨 자기의 이익만을 추구하는 방식이나 태도[主義]. ⓑ이기주의(利己主義). ⓒ애타주의(愛他主義), 이타주의(利他主義).

자애[2] 慈愛 (사랑할 자, 아낄 애). ① 속뜻 사랑하고[慈] 아낌[愛]. 또는 그런 마음. ② 아랫사람에 대한 깊은 사랑. ¶부모의 자애 / 자애로운 미소.

▸자애지정 慈愛之情 (어조사 지, 마음 정). 자애(慈愛)로운 마음[情].

자약 自若 (스스로 자, 같을 약). ① 속뜻 본연[自]과 같음[若]. ② 큰일을 당하고도 아무렇지도 않은 듯 침착함. '태연자약'(泰然自若)의 준말.

자양[1] 字樣 (글자 자, 모양 양). 글자[字]의 모양[樣]. ⓑ자체(字體), 자형(字形).

자양[2] 滋養 (불을 자, 기를 양). 몸에 영양(營養)을 불리는[滋] 일. 또는 그런 물질.

▸자양-당 滋養糖 (사탕 당). 약학 몸에 영양(營養)을 불리는[滋] 당류(糖類). 맥아당과 덱스트린을 주성분으로 하는 유아용(乳兒用) 영양제의 한 가지.

▸자양-물 滋養物 (만물 물). 자양분(滋養分)이 많은 음식물(飮食物). ⓑ자양품(滋養品).

▸자양-분 滋養分 (나눌 분). 몸의 자양(滋養)이 되는 성분(成分). ¶쌀에는 자양분이 많다.

▸ 자양-액 滋養液 (진 액). 자양분(滋養分)이 많이 들어 있는 액체(液體).

▸ 자양-제 滋養劑 (약제 제). 약학 자양분(滋養分)을 많이 넣어 만든 약제(藥劑).

▸ 자양-품 滋養品 (물건 품). 자양분(滋養分)이 많은 음식물[品]. ㊊자양물(滋養物).

▸ 자양 관:장 滋養灌腸 (물댈 관, 창자 장). 의학 입으로 음식을 섭취할 수 없을 때, 자양액(滋養液)을 항문을 통해 창자[腸] 속에 넣어[灌] 흡수시키는 일.

자언 自言 (스스로 자, 말씀 언). 자기 자신(自身)이 한 말[言].

자업-자득 自業自得 (스스로 자, 일 업, 스스로 자, 얻을 득). 자기(自己)가 저지른 일의 업(業)을 자기 자신(自身)이 받음[得]. ¶그 사람의 불행은 자업자득이다. ㊊자업자박(自業自縛).

자여 自餘 (스스로 자, 남을 여). 넉넉하여 저절로[自] 남음[餘].

자:연[1] 瓷硯 (사기그릇 자, 벼루 연). 자기(瓷器)로 만든 벼루[硯]. ㊊도연(陶硯).

자:연[2] 紫煙 (자줏빛 자, 연기 연). ① 속뜻 보랏빛[紫] 연기(煙氣). ② 담배 연기.

⁑자연[3] 自然 (스스로 자, 그러할 연). ① 속뜻 스스로[自] 그러함[然]. ② 사람의 손에 의하지 않고 스스로 존재하는 것이나 일어나는 현상. ¶자연의 법칙 / 풍장(風葬)은 시체를 비바람에 자연히 없어지게 하는 방법이다 / 우리는 자연스럽게 친해졌다. ③ 사람의 힘이 더해지지 않고 저절로 생겨난 산, 강, 바다, 식물, 동물 따위의 존재. ¶자연을 사랑하다 / 자연을 보존하다. ④ 사람이나 물질의 본디의 성질. ㊉인위(人爲).

▸ 자연-계[1] 自然系 (이어 맬 계). ① 속뜻 자연과학(自然科學) 계통(系統). ② 수학, 물리학, 화학, 생물학, 지구 과학 따위의 학문 계통. ¶자연계 학과 / 자연계의 모집 정원.

▸ 자연-계[2] 自然界 (지경 계). ① 속뜻 인간을 포함한 천지 만물[自然]이 존재하는 범위[界]. ② 인간 세계를 둘러싸고 있는 천체·산천·식물·동물 따위의 모든 세계. ¶자연계의 모든 생물은 자연법칙의 지배를 받는다.

▸ 자연-관 自然觀 (볼 관). 자연(自然)에 대한 관념(觀念)이나 견해.

▸ 자연-광 自然光 (빛 광). 물리 태양 광선이나 구름의 반사광과 같이, 인공적으로 만들어낸 빛에 대하여, 자연(自然)으로부터 얻은 빛[光].

▸ 자연-교 自然教 (종교 교). 종교 종교 발달 과정에서, 국민적 또는 세계적 종교 이전에 나타난 자연(自然) 발생적, 원시적 종교(宗教)를 일컫는 말. '자연 종교'(自然宗教)의 준말.

▸ 자연-권 自然權 (권리 권). 법률 인간이 태어나면서부터 자연적(自然的)으로 가지고 있는 권리(權利). ㊊천부인권(天賦人權).

▸ 자연-금 自然金 (황금 금). 광업 인공으로 만든 것에 대하여, 자연(自然)으로 산출되는 금(金).

▸ 자연-동 自然銅 (구리 동). 광업 인공으로 만들어낸 것에 대하여, 자연(自然)으로 산출되는 구리[銅].

▸ 자연-력 自然力 (힘 력). ① 속뜻 자연계(自然界)의 작용이나 능력(能力). ② 경제 생산 요소 중, 인간의 노동력을 돕는 바람·물·빛·수증기·전기 따위의 힘.

▸ 자연-림 自然林 (수풀 림). ① 속뜻 자연(自然) 그대로의 수풀[林]. ㊊원시림(原始林). ② 인공조성 없이 저절로 자라서 이루어진 삼림. ㊊천연림(天然林). ㊟인공림(人工林).

▸ 자연-목 自然木 (나무 목). 재배하지 않고 산과 들에 저절로[自然] 나서 자라는 나무[木].

▸ 자연-물 自然物 (만물 물). 인공으로 된 것이 아닌, 자연계(自然界)에 있는 유형물(有形物). ㊉인공물(人工物).

▸ 자연-미 自然美 (아름다울 미). 꾸밈이 없는 자연(自然) 그대로의 아름다움[美]. ㊉인공미(人工美).

▸ 자연-범 自然犯 (범할 범). 법률 법규로 규정할 필요도 없이, 어느 시대 어느 사회에서나 도의적·사회적 규범[自然]에 어긋나는 범죄(犯罪). ㊊형사범(刑事犯). ㊟법정범(法定犯), 행정범(行政犯).

▸ 자연-법 自然法 (법 법). 법률 인간의 본성[自然]에 바탕을 둔 법률(法律). 시대와 장소에 관계없이 영구불변의 효력을 가지는 것으로 생각되는 보편적인 법률. ㊟실정법(實定法), 인정법(人定法).

▸ 자연-사[1] 自然史 (역사 사). 인류나 나타

나기 이전의 자연의 발전이나 인간 이외의 자연계(自然界)의 발전 및 변화에 관한 역사(歷史).

▸**자연-사²** 自然死 (죽을 사). 노쇠로 말미암아 자연(自然)히 죽는[死] 일. 생리적인 여러 기능이 쇠약해짐으로써 저절로 죽는 일. [반]우연사(偶然死).

▸**자연-생** 自然生 (날 생). 자연계(自然界)에 저절로 남[生]. 또는 그런 것.

▸**자연-석** 自然石 (돌 석). 인공을 가하지 않은 자연(自然) 그대로의 돌[石]. [비]천연석(天然石).

▸**자연-성** 自然性 (성질 성). 자연(自然) 그대로의 성질(性質).

▸**자연-수¹** 自然水 (물 수). 바다, 강, 호수, 땅속 같은 데에 자연적(自然的)으로 있는 물[水].

▸**자연-수²** 自然數 (셀 수). [수학] 1, 2, 3, 처럼 수의 발생과 동시에 있었다고[自然] 생각되는 가장 소박한 수(數). 양(陽)의 정수(整數)를 통틀어 이르는 말.

▸**자연-식** 自然食 (밥 식). 인공 색소나 방부제 등을 첨가하는 따위의 가공을 하지 않은 자연(自然) 그대로의 식품(食品).

▸**자연-신** 自然神 (귀신 신). [종교] 자연물(自然物)이나 자연의 현상을 신(神)처럼 만들어 떠받드는 것.

▸**자연-율** 自然律 (법칙 률). [철학] 자연계(自然界)의 모든 사물을 지배하는 원인과 결과의 필연적 법칙[律]. [비]자연 법칙(自然法則).

▸**자연-은** 自然銀 (은 은). [광업] 자연적(自然的)으로 산출되는 은(銀).

▸**자연-인** 自然人 (사람 인). ① [속뜻] 사회나 문화 따위에 오염되지 않은 자연(自然) 그대로의 인간(人間). ② [법률] 권리나 의무의 주체로서 평등하게 그 능력과 자격을 인정받고 있는 개인. [참]법인(法人).

▸**자연-적** 自然的 (것 적). 인공을 가하지 않은 자연(自然) 그대로의 것[的]. ¶자연적 폭발. [반]인공적(人工的), 인위적(人爲的).

▸**자연-철** 自然鐵 (쇠 철). [광업] 자연적(自然的)으로 산출되는 철(鐵). 소량의 니켈, 구리, 탄소 등을 함유한다.

▸**자연-파** 自然派 (갈래 파). [미술] 자연주의(自然主義) 경향의 작가들의 유파(流派).

▸**자연-황** 自然黃 (누를 황). [화학] 자연적(自然的)으로 산출되는 황(黃). 황색을 띠며, 화산이나 온천 등에서 산출된다.

▸**자연-경관** 自然景觀 (볕 경, 볼 관). [지리] 사람의 손이 닿지 않은 자연(自然) 그대로의 경관(景觀). [참]문화 경관(文化景觀).

▸**자연 경제** 自然經濟 (다스릴 경, 건질 제). [경제] 화폐를 사용하지 않고 물건과 물건을 맞바꾸거나 자급자족으로 이루어지는[自然] 경제(經濟).

▸**자연 공물** 自然公物 (여럿 공, 만물 물). [법률] 자연(自然) 상태 그대로 공공(公共)의 목적에 이용될 수 있는 실체를 가지는 물건(物件). 하천, 해변, 호수, 늪 따위.

▸**자연 과학** 自然科學 (조목 과, 배울 학). [교육] 자연계(自然界)에서 일어나는 현상과 원리를 연구하여 하나의 체계[科]를 세우는 학문(學問).

▸**자연 관찰** 自然觀察 (볼 관, 살필 찰). 자연(自然)의 현상이나 변화를 살펴보는[觀察] 일.

▸**자연 도태** 自然淘汰 (일 도, 씻을 태). ① [속뜻] 자연(自然)스럽게 물에 일어[淘] 씻겨[汰] 나감. ② [생물] 자연계에서 그 생활 조건에 적응하는 생물은 생존하고, 그렇지 못한 생물은 저절로 사라지는 일. 다윈이 도입한 개념이다. [비]자연 선택(自然選擇).

▸**자연 면:역** 自然免疫 (면할 면, 돌림병 역). [의학] 사람이나 동물이 태어날 때부터 자연적(自然的)으로 가지고 있는 병원체[疫]를 피할[免] 수 있는 것. 선천 면역(先天免疫).

▸**자연 묘:사** 自然描寫 (그릴 묘, 베낄 사). [문학] 문학 작품 등에서, 자연(自然)을 있는 그대로[寫] 그려내는[描] 일.

▸**자연 발화** 自然發火 (일으킬 발, 불 화). [화학] 공기에 닿으면 산화되기 쉬운 유기물이 계속 산소를 흡수함으로써 열을 내어, 자연(自然)스럽게 불[火]이 일어남[發].

▸**자연-법칙** 自然法則 (법 법, 법 칙). [철학] 자연계(自然界)의 모든 사물을 지배하는 원인과 결과의 필연적 법칙(法則).

▸**자연-보:호** 自然保護 (지킬 보, 돌볼 호). [사회] 인류의 생활환경인 자연(自然)을 훼손하지 않고 좋은 상태로 가꾸고 보살피는[保護] 것. ¶자연보호 구역 / 그는 자연보호

운동의 선구자이다.

▸자연 분:류 自然分類 (나눌 분, 무리 류). [생물] 생물의 초자연적(超自然的) 성질에 따라서 그 종류(種類)를 나누는[分] 일. [참]인위 분류(人爲分類).

▸자연 사회 自然社會 (단체 사, 모일 회). [사회] 개인의 의지나 목적과는 관계없이 혈연이나 지연 따위에 의해 자연(自然)스럽게 성립하는 사회(社會). [참]인위 사회(人爲社會).

▸자연-선택 自然選擇 (고를 선, 고를 택). [생물] 동종의 생물 개체 사이에 일어나는 생존경쟁에서 환경에 적응한 것은 자연(自然)히 선택(選擇)되는 것. [비]자연도태(自然淘汰).

▸자연 수:은 自然水銀 (물 수, 은 은). [광업] 자연적(自然的)으로 산출되는 수은(水銀). 상온에서는 액체 상태이며, 소량의 금과 은을 함유한다.

▸자연 숭배 自然崇拜 (높을 숭, 공경할 배). [종교] 자연신(自然神)을 숭배(崇拜)하는 일. [비]천연 숭배(天然崇拜).

▸자연 신학 自然神學 (귀신 신, 배울 학). [종교] 신(神)의 존재 및 그 진리의 근거를 초자연적인 것이 아닌, 인간의 이성이 인식할 수 있는 자연적(自然的)인 것에서 구하는 학문(學問).

▸자연 신화 自然神話 (귀신 신, 이야기 화). [문학] 자연현상(自然現象)이나 자연물의 기원, 상태, 활동 따위를 설명하는 신화(神話).

▸자연 연소 自然燃燒 (태울 연, 불사를 소). [화학] 공기에 닿으면 산화되기 쉬운 유기물이 계속 산소를 흡수함으로써, 자연(自然)스럽게 탐[燃燒]. [비]자연 발화(自然發火).

▸자연-영양 自然營養 (지을 영, 기를 양). 천연물에서 그대로[自然] 섭취하는 영양(營養). 모유(母乳)에서 섭취하는 영양을 이른다. [반]인공영양(人工營養).

▸자연-재해 自然災害 (재앙 재, 해칠 해). 태풍, 가뭄, 홍수, 지진, 화산 폭발, 해일 따위의 피할 수 없는 자연(自然) 현상으로 인하여 일어나는 재해(災害). ¶이 지역은 극심한 자연재해가 몇 년째 계속되고 있다.

▸자연 종교 自然宗教 (마루 종, 가르칠 교). [종교] ① 종교 발달 과정에서, 자연적(自然的)으로 발생된 종교(宗教). [준]자연교. ② 초자연적인 것이 아닌, 인간 본래의 이성(理性)에 바탕을 두는 종교.

▸자연-주의 自然主義 (주될 주, 뜻 의). ① [예술] 있는 그대로의 자연(自然)의 아름다움이나 개성을 재현하는 것을 예술의 목적으로 하는 주의(主義). ② [문학] 인간의 삶과 사회의 문제를 있는 그대로 묘사하는 것에 중점을 둔 문예 사조. ③ [교육] 아동의 천성을 자연 그대로 발전시키려는 교육관. 인간의 자연적 본성과 발달 과정 그 자체를 중시하며, 사회적인 습관·관념을 강요하지 않는다.

▸자연 증수 自然增收 (더할 증, 거둘 수). ① [농업] 농작물의 수확(收穫) 따위가 저절로[自然] 느는[增] 현상. ② [경제] 국민 경제의 성장으로 세율 따위를 올리지 아니하여도 재정 수입이 저절로 느는 일.

▸자연 채:무 自然債務 (빚 채, 일 무). [법률] 채권자가 소송할 필요가 없는, 자연적(自然)인 채무(債務).

▸자연 철학 自然哲學 (밝을 철, 배울 학). [철학] 자연현상의 바탕이 되는 형이상학적 원리를 연구하며, 자연 과학(自然科學)의 인식의 기초와 그 근본을 밝히려는 철학(哲學).

▸자연-현상 自然現象 (나타날 현, 모양 상). 자연계(自然界)의 법칙에 따라서 일어나는 여러 가지 현상(現象).

▸자연 혈족 自然血族 (피 혈, 겨레 족). [법률] 어버이와 자식처럼 자연적(自然的) 혈연에 의해 이어져 있는 혈족(血族). [참]법정 혈족(法定血族).

▸자연-환경 自然環境 (고리 환, 상태 경). 인간 생활을 둘러싸고 있는 자연계(自然界)의 모든 요소가 이루는 환경(環境). ¶자연환경 보호를 위해 관광을 제한했다.

자:염 煮鹽 (삶을 자, 소금 염). 바닷물을 졸여[煮] 만든 소금[鹽].

자엽 子葉 (아이 자, 잎 엽). [식물] 식물(植物)의 씨 속에 붙어 있는 어린[子] 잎[葉]. 움이 트면 떡잎이 된다. [비]떡잎.

자영 自營 (스스로 자, 꾀할 영). 사업 따위를 독립하여 자기(自己) 스스로 경영(經營)함.

자예 雌蘂 (암컷 자, 꽃술 예). [식물] 암[雌] 꽃술[蘂]. 꽃의 중심부에 있는 생식기관. 꽃을 구성하는 중요한 부분으로 암술 머리,

암술대, 씨방으로 되어 있다. ㉾웅예(雄蘂).

자오-면 子午面 (쥐 자, 말 오, 쪽 면). 천문 자오선(子午線)이 이루는 평면(平面). 적도면과 직교한다.

자오-선 子午線 (쥐 자, 말 오, 줄 선). 천문 천구(天球)의 극에 해당하는 자(子)와 적도에 해당하는 오(午)가 수직으로 만나는 큰 원[線]. 시각의 기준이 된다.

▸자오선 고도 子午線高度 (높을 고, 정도 도). 천문 천체가 자오선(子午線)을 통과할 때의 고도(高度).

▸자오선 관측 子午線觀測 (볼 관, 헤아릴 측). 천문 천체가 자오선(子午線)을 통과할 때에 그 적경(赤經)과 적위(赤緯)를 관측(觀測)하는 일.

▸자오선 통과 子午線通過 (통할 통, 지날 과). 천문 태양, 달, 항성 따위의 천체가 주로 일주 운동에 의하여 자오선(子午線)을 통(通)해 지나가는[過] 일. 또는 지나가는 그 시간.

자오-의 子午儀 (쥐 자, 말 오, 천문기계 의). 천문 천체가 자오선(子午線)을 지나가는 시각이나 위치를 관측하는 기계[儀].

자오-환 子午環 (쥐 자, 말 오, 고리 환). 천문 천체가 자오선(子午線)을 통과할 때의 고도를 측정하여, 그 천체의 적위(赤緯)를 고리[環] 모양으로 정밀하게 구하는 기계.

자:외-선 紫外線 (자줏빛 자, 밖 외, 줄 선). 물리 태양 스펙트럼에서 보랏빛[紫]의 바깥쪽[外]에 나타나는 광선(光線). 파장이 가시광선보다 짧고 엑스선보다 긴, 눈에 보이지 않는 복사선(輻射線). ¶자외선 차단제 / 자외선으로 컵을 소독했다. ㉾적외선(赤外線).

▸자:외선 사진 紫外線寫眞 (베낄 사, 참 진). 연영 특수한 건판(乾板)에 자외선(紫外線)을 비추어서 찍은 사진(寫眞).

▸자:외선 요법 紫外線療法 (병 고칠 료, 법 법). 의학 태양등(太陽燈) 따위의 자외선(紫外線)을 사용하는 질병 치료법(治療法).

자용 自用 (스스로 자, 쓸 용). 자기(自己)가 몸소 씀[用]. 또는 그 씀씀이.

자용 姿容 (맵시 자, 얼굴 용). 맵시[姿]와 얼굴 생김새[容]. 모양. ㊐자태(姿態).

자우 慈雨 (사랑할 자, 비 우). ① 속뜻 자애(慈愛)로운 비[雨]. ② 식물이 자라기 알맞게 내리는 비. ③ 오래도록 가물다가 내리는 비를 뜻함. ㊐택우(澤雨).

자운[1] 字韻 (글자 자, 운 운). 글자[字]의 운(韻).

자:운[2] 紫雲 (자줏빛 자, 구름 운). 자줏빛[紫] 구름[雲].

자:-운영 紫雲英 (자줏빛 자, 구름 운, 꽃부리 영). ① 속뜻 자줏빛[紫] 구름[雲]과 같은 꽃[英]. ② 식물 콩과의 이년초. 4-5월에 피며 밭에 심었다가 자란 뒤에 갈아엎어 녹비로 쓴다.

자웅 雌雄 (암컷 자, 수컷 웅). ① 속뜻 암컷[雌]과 수컷[雄]. ② 승부, 강약 따위를 비유하여 이르는 말. ¶자웅을 겨루다 / 자웅을 다투다. ㊐암수.

▸자웅-목 雌雄目 (눈 목). 한 쪽은 암컷[雌] 같이 크고, 한 쪽은 수컷[雄]같이 작은, 짝눈[目]. 또는 그런 눈을 가진 사람. ㊐자웅눈.

▸자웅-성 雌雄聲 (소리 성). 여성처럼 앳된[雌] 소리와 남성처럼 거센[雄] 소리가 섞여 나오는 목소리[聲].

▸자웅 도태 雌雄淘汰 (가려낼 도, 걸러낼 태). 생물 동물이 생식할 때, 짝을 얻는 데 적당한 형질만이 자손에게 남아서 진화에 관여한다고 하는 학설. 선택되지 못한 암컷[雌]혹은 수컷[雄]이 가진 형질은 도태(淘汰)한다는 내용이다. 영국의 생물학자 다윈이 주창하였다. ㊐성 선택(性選擇), 자웅 선택.

▸자웅 동가 雌雄同家 (같을 동, 집 가). 식물 암술[雌]과 수술[雄]이 한[同] 꽃봉오리[家] 안에 갖추어져 있어 암꽃과 수꽃의 구별이 없는 꽃. ㊐암수한꽃, 자웅 일가(雌雄一家). ㉾자웅 이가(雌雄異家).

▸자웅 동주 雌雄同株 (같을 동, 그루터기 주). 식물 암꽃[雌]과 수꽃[雄]이 한[同] 그루[株]에 피는 것. 소나무, 오이, 호박 따위. ㊐암수한그루. ㉾자웅 이주(雌雄異株).

▸자웅 동체 雌雄同體 (같을 동, 몸 체). 동물 암수[雌雄] 두 생식 기관이 한[同] 개체(個體) 속에 있는 것. 지렁이, 달팽이, 선충 따위가 있다. ㊐암수한몸. ㉾자웅 이체(雌雄異體).

▸자웅 동형 雌雄同形 (같을 동, 모양 형).

생물 같은 종류이면서 암수[雌雄]의 형태(形態)가 서로 같은[同] 생물. 참자웅 이형(雌雄異形).

▸자웅 동화 雌雄同花 (같을 동, 꽃 화). 식물 암술[雌]과 수술[雄]이 한[同] 꽃[花]에 다 있는 것. 벚꽃, 진달래꽃 따위가 있다. 비암수갖춘꽃, 양성화(兩性花). 참자웅 이화(雌雄異花).

▸자웅 선ː택 雌雄選擇 (고를 선, 고를 택). 생물 동물이 생식할 때, 짝을 얻는 데 적당한 암컷[雌]혹은 수컷[雄]의 형질만이 선택(選擇)적으로 자손에게 남아서 진화에 관여한다고 하는 학설. 비성 선택(性選擇), 자웅 도태(雌雄淘汰).

▸자웅 이ː가 雌雄異家 (다를 이, 집 가). 식물 암술[雌]과 수술[雄]이 서로 다른[異] 꽃봉오리[家]에 있어 암꽃과 수꽃의 구별이 있는 꽃. 비암수딴꽃, 자웅 이화. 참자웅 동가(雌雄同家).

▸자웅 이ː색 雌雄異色 (다를 이, 빛 색). 동물 동물 중, 암컷[雌]과 수컷[雄]의 몸 빛깔[色]이 서로 다른[異] 것.

▸자웅 이ː주 雌雄異株 (다를 이, 그루터기 주). 식물 암꽃[雌]과 수꽃[雄]이 서로 다른[異] 그루[株]에 피는 것. 소철, 시금치, 은행나무 따위. 비암수딴그루. 참자웅 동주(雌雄同株).

▸자웅 이ː체 雌雄異體 (다를 이, 몸 체). 동물 암수[雌雄] 두 생식 기관이 서로 다른[異] 개체(個體) 속에 있는 것. 척추동물, 절지동물 따위가 있다. 비암수딴몸. 참자웅 동체(雌雄同體).

▸자웅 이ː형 雌雄異形 (다를 이, 모양 형). 생물 같은 종류이면서 암컷[雌]과 수컷[雄]이 서로 다른[異] 형태(形態)인 것. 참자웅 동형(雌雄同形).

▸자웅 이ː화 雌雄異花 (다를 이, 꽃 화). 식물 암술[雌]과 수술[雄]이 각기 다른[異] 꽃[花]에 들어 있는 것. 비단성화(單性花), 자웅 이가. 참자웅 동화(雌雄同花).

▸자웅 일가 雌雄一家 (한 일, 집 가). 식물 암술[雌]과 수술[雄]이 한[一] 꽃봉오리[家]에 있는 것. 비자웅 동가(雌雄同家).

자원[1] 字源 (글자 자, 근원 원). 한자(漢字) 낱낱의 기원(起源).

자원[2] 自願 (스스로 자, 바랄 원). 스스로[自] 하기를 바람[願]. ¶자원 봉사 / 그는 오지 근무를 자원했다.

⁑**자원**[3] 資源 (재물 자, 근원 원). ① 속뜻 재물[資]이 될 수 있는 근원[源]. ②생활 및 생산에 이용될 수 있는 원료나 노동력을 통틀어 이르는 말. ¶물적 자원 / 인적 자원.

▸자원 위성 資源衛星 (지킬 위, 별 성). ① 속뜻 천연자원(資源) 탐사 따위에 활용되는 위성(衛星). ② 항공 천연자원의 탐사, 농작물 작황의 관측, 대기와 해양의 오염도 관측 따위를 목적으로 한 인공위성.

자ː위[1] 磁位 (자석 자, 자리 위). 물리 자기(磁氣) 마당[位]에 의한 퍼텐셜의 크기.

자위[2] 自慰 (스스로 자, 달랠 위). ① 속뜻 스스로[自] 자기 마음을 달램[慰]. ¶그는 목숨을 건진 것만도 다행이라고 자위했다. ②자기의 생식기를 자극하여 성적 쾌감을 얻는 것.

▸자위-책 自慰策 (꾀 책). 스스로[自] 자신을 위로(慰勞)하기 위한 방책(方策). ¶자위책을 강구하다.

자위[3] 自衛 (스스로 자, 지킬 위). 몸이나 나라를 스스로[自] 막아서 잘 지킴[慰]. ¶자위의 총격을 가하다.

▸자위-권 自衛權 (권리 권). 법률 외국으로부터의 불법적인 침해에 대해서, 나라가 스스로[自] 국민을 지키기[衛] 위해 국가가 실력 행사를 할 수 있는 권리(權利). ¶자위권을 발동하다.

▸자위-대 自衛隊 (무리 대). ① 속뜻 자위(自衛)를 위하여 조직한 부대(部隊). ②제2차 세계 대전 이후의 일본의 방위 조직.

⁑**자유** 自由 (스스로 자, 말미암을 유). 자기(自己) 마음이 내키는 대로[由] 행동하는 일. ¶의견을 자유롭게 말하다 / 우리 학교 학생은 누구나 자유로이 강당을 이용할 수 있다. ② 법률 법률의 범위 안에서 남에게 구속되지 않고 자기 마음대로 하는 행위. ¶개인의 자유는 존중되어야 한다 . ③ 철학 자연 및 사회의 객관적 필연성을 인식하고 이것을 활용하는 일. 반구속(拘束).

▸자유-권 自由權 (권리 권). 법률 국가 권력도 침해할 수 없는 개인이 자유(自由)로울 권리(權利). 신앙·학문·사상·언론·집회·결

사·직업 선택·거주 이전의 자유 따위.

▸**자유-당** 自由黨 (무리 당). ① [속뜻] 자유(自由)를 표방하는 정당(政黨). ② [정치] 1951년 12월에 임시 수도인 부산에서 이승만을 총재로 하여 창당한 정당. 집권당으로서 독재를 자행하였다. 1960년 3·15 부정 선거를 감행함으로써 4·19 혁명을 유발하여 붕괴되었다.

▸**자유-도** 自由度 (정도 도). [물리] ① 한 역학계에서 그 배치를 정할 때, 뜻대로[自由] 독립적인 변화를 할 수 있는 좌표[度]. ② 평형 상태에 있는 불균일계 물질계에 있어서 서로 독립적으로 변화시킬 수 있는 상태 변수의 개수.

▸**자유-민** 自由民 (백성 민). [법률] 정당한 행위에 대하여 자기의 권리를 자유(自由)로이 행사할 수 있는 국민(國民). [비] 자유인(自由人).

▸**자유-시**[1] 自由市 (도시 시). [역사] 중세 후기의 유럽에서, 국왕이나 제후·교황 등의 지배를 받지 않고 자유(自由)롭게 운영되던 도시(都市). '자유 도시'(自由都市)의 준말.

▸**자유-시**[2] 自由詩 (시 시). [문학] 운율이나 시형이 자유(自由)로운 시(詩). [반] 정형시(定型詩).

▸**자유-업** 自由業 (일 업). 일정한 고용 관계에 의하지 않으며, 시간에 얽매이지 않고 자유(自由)로이 하는 직업(職業). '자유 직업'(自由職業)의 준말.

▸**자유-인** 自由人 (사람 인). [법률] 정당한 행위에 대하여 자기 권리를 자유(自由)로이 행사할 수 있는 사람[人]. [비] 자유민(自由民).

▸**자유-재** 自由財 (재물 재). [경제] 각 개인이 대가를 치르지 않고 자유(自由)로 처분할 수 있는 재화(財貨). 공기, 햇빛과 같이 거의 무한으로 존재하여 인간의 욕망에 대한 희소성(稀少性)이 없다. [반] 경제재(經濟財).

▸**자유-투** 自由投 (던질 투). [운동] 농구·핸드볼·수구(水球) 따위에서, 상대편이 반칙을 범하였을 때 일정한 선이나 지점에서 자유(自由)로이 공을 던지는[投] 일.

▸**자유-항** 自由港 (항구 항). [경제] 외국의 화물이나 선박에 대하여 관세 없이 자유(自由)롭게 출입할 수 있도록 개방된 항구(港口). '자유 무역항'(自由貿易港)의 준말.

▸**자유-형**[1] 自由刑 (형벌 형). [법률] 범죄자의 자유(自由)를 빼앗는 형벌(刑罰).

▸**자유-형**[2] 自由型 (모형 형). [운동] ① 레슬링 경기 종목의 한 가지. 몸 전체를 자유(自由)롭게 이용하여 공격하거나 방어할 수 있는 경기 방식[型]. ② 수영 경기 종목의 한 가지. 수영법의 형(型)에 제한을 두지 않는 경기 방식.

▸**자유-화**[1] 自由化 (될 화). 자유(自由)롭게 하거나[化] 자유롭게 됨. 또는 그 일. ¶두발 자유화.

▸**자유-화**[2] 自由畵 (그림 화). [미술] 어린이들이 사물에 대한 인식을 표현하고 싶은 대로 자유(自由)로이 그린 그림[畵]. 또는 아이들이 자기의 실감(實感)을 솔직하게 표현한 그림. [참] 임화(臨畵).

▸**자유 가격** 自由價格 (값 가, 이를 격). [경제] 정부의 간섭 없이 시장에서 자유(自由) 경쟁에 의하여 성립되거나 변동하는 가격(價格).

▸**자유 결혼** 自由結婚 (맺을 결, 혼인할 혼). 부모의 동의 없이 당사자들의 자유(自由) 의사로 하는 결혼(結婚). [비] 자유 혼인(自由婚姻).

▸**자유 경:쟁** 自由競爭 (겨룰 경, 다툴 쟁). [경제] 아무런 규제도 받지 않고 남과 자유(自由)로이 경쟁(競爭)하는 일.

▸**자유 경제** 自由經濟 (다스릴 경, 건질 제). [경제] 국가의 간섭이나 통제 없이 기업이나 개인의 경제 활동의 자유(自由)가 인정되는 경제(經濟) 체제. [참] 계획 경제(計劃經濟), 통제 경제(統制經濟).

▸**자유 공채** 自由公債 (여럿 공, 빚 채). [경제] 개인의 자유(自由)로운 선택으로 사고팔 수 있는 공채(公債). [참] 강제 공채(强制公債).

▸**자유 교:육** 自由敎育 (가르칠 교, 기를 육). [교육] ① 인간 본연의 자유(自由)를 추구하는 교육(敎育). 직업 교육, 전문 교육에 대하여 자유인으로서 인간적 교양을 기르는 것이 목적이다. ② 학습자의 자질·개성을 중시하며 자발적 활동에 중심을 두는 교육.

▸**자유-기구** 自由氣球 (공기 기, 공 구). 밧줄로 지상에 붙잡아 매지 않고 바람의 방향에 따라 자유(自由)롭게 떠다니게 만든 기구

(氣球).

▸자유 기업 自由企業 (꾀할 기, 일 업). 경제 남의 간섭을 받지 않고 개인의 자유(自由)의사로 경영하는 기업(企業).

▸자유-노동 自由勞動 (일할 로, 움직일 동). 일정한 직장을 갖지 않고[自由] 날품으로 하는 노동(勞動).

▸자유 도시 自由都市 (도읍 도, 저자 시). 역사 중세 후기의 유럽에서, 국왕이나 제후·교황 등의 지배를 받지 않고 자유(自由)롭게 운영되던 도시(都市). ㊜자유시.

▸자유 무:역 自由貿易 (바꿀 무, 바꿀 역). 경제 국가가 아무런 규제나 보호를 하지 않고 수출입을 자유(自由)로이 방임하는 무역(貿易). ¶자유 무역 협정을 벌이다. ㊟보호(保護) 무역, 관리(管理) 무역.

▸자유-방임 自由放任 (내칠 방, 맡길 임). ① 속뜻 각자의 자유(自由)에 맡겨 간섭하지 아니함[放任]. ② 경제 경제적 자유방임주의자들이 사유 재산과 기업의 자유 활동을 옹호하는 주장.

▸자유 법학 自由法學 (법 법, 배울 학). 법률 법전(法典) 만능주의를 배격하고 형식 논리를 피해 실사회 생활에 적응하는 법 해석을 주장하는, 좀 더 자유(自由)로운 법학(法學). 자유법설(自由法說).

▸자유 사상 自由思想 (생각 사, 생각 상). 자유(自由)를 존중하는 사상(思想).

▸자유 선박 自由船舶 (배 선, 큰 배 박). 법률 교전국(交戰國)에서 포획·몰수할 수 없이, 자유(自由)로이 다닐 수 있는 중립국의 선박(船舶)을 이르는 말.

▸자유-세계 自由世界 (세상 세, 지경 계). ① 속뜻 자유(自由)가 보장된 사회[世界]. 자유로운 세계. ②제2차 세계 대전 후, 공산주의 국가에 대하여 자본주의 국가를 통틀어 이르는 말.

▸자유 어업 自由漁業 (고기잡을 어, 일 업). 법률 관청(官廳)의 허가 없이 자유(自由)로이 할 수 있는 어업(漁業).

▸자유 연상 自由聯想 (잇달 련, 생각 상). 심리 어떤 말이 주어졌을 때, 그 말에서 떠오르는 생각을 자유(自由)로이 연상(聯想)해 나가는 일.

▸자유-연애 自由戀愛 (그리워할 련, 사랑 애). 전통이나 도덕적 속박에서 벗어나 당사자의 자유(自由)로운 뜻에 따라 하는 연애(戀愛).

▸자유-의사 自由意思 (뜻 의, 생각 사). 남의 속박이나 강제에 의한 것이 아닌 자유(自由)로운 의사(意思).

▸자유 의:지 自由意志 (뜻 의, 뜻 지). ① 철학 외부의 제약이나 구속을 받지 않고 어떠한 목적을 스스로[自由] 세우고 실행할 수 있는 뜻[意=志]. ② 심리 두 가지 이상의 동기에 대한 선택과 결정은 자신이 자유로이 할 수 있다는 의지.

▸자유 이민 自由移民 (옮길 이, 백성 민). 법률 개인의 자유(自由) 의사에 따라 다른 나라로 이주(移住)하는 사람[民].

▸자유 임:용 自由任用 (맡길 임, 쓸 용). 법률 임용권자가 특별한 자격이나 요건에 구애되지 않고 자유(自由)롭게 결정하는 임용(任用). ㊟자격 임용(資格任用).

▸자유-자재 自由自在 (스스로 자, 있을 재). ① 속뜻 모든 것이 자기(自己)에게서 말미암고[由] 또 저절로[自] 존재(存在)하는 듯 자기 뜻대로 함. ② 모든 것이 자유롭고 거침이 없음. ¶그는 중국어를 자유자재로 구사한다.

▸자유-재량 自由裁量 (분별할 재, 헤아릴 량). ① 속뜻 개인이 자기가 옳다고 믿는 바대로[自由] 일을 판단하여 처리함[裁量]. ② 국가 기관에 허용되는 판단 및 행위의 자유.

▸자유 재화 自由財貨 (재물 재, 재물 화). 경제 임자 없이 자유(自由)로이 존재하는 재화(財貨). ㊜자유재.

▸자유 전:기 自由電氣 (전기 전, 기운 기). 물리 다른 물체를 만나면 전기 작용을 일으키는, 절연된 도체를 자유(自由)로이 흐르는 전기(電氣).

▸자유 전:자 自由電子 (전기 전, 씨 자). 물리 진공 속이나 물질 속을 자유(自由)로이 운동하는 전자(電子).

▸자유-주의 自由主義 (주될 주, 뜻 의). 철학 개인의 자유(自由)를 존중하여 국가의 간섭을 최대한으로 줄이려는 사상이나 태도[主義].

▸자유지정 自由之情 (어조사 지, 마음 정). 나면서부터[自由] 가지고 있는 마음[情].

▸자유-직업 自由職業 (일 직, 일 업). 정한

고용 관계에 의하지 않으며, 시간에 얽매이지 않고 자유(自由)로이 하는 직업(職業). [참]자유업.

▸**자유 진:동** 自由振動 (떨칠 진, 움직일 동). [물리] 외력(外力)의 영향을 받지 않고 자유(自由)로이 하는 진동(振動). 고유 진동(固有振動).

▸**자유 토:론** 自由討論 (따질 토, 논할 론). [정치] 자유 토의(自由討議).

▸**자유 토:의** 自由討議 (따질 토, 의논할 의). [정치] 특정한 의제를 회의에 올리지 않고 자유(自由)로이 문제를 내놓고 하는 토의(討議). [비]자유 토론(自由討論).

▸**자유 통상** 自由通商 (다닐 통, 장사 상). [경제] 교역 당사국들 사이에 통상의 원활함을 위하여, 보호 무역의 정책을 협력적으로 완화하거나 배제하여, 자유(自由)롭게 상업(商業)을 영위할[通] 수 있도록 하는 조처.

▸**자유 항:로** 自由航路 (배 항, 길 로). [경제] 정부의 규제 없이 선주(船主)가 자유(自由)로이 골라서 다닐 수 있는 뱃길[航路].

▸**자유-항행** 自由航行 (건널 항, 다닐 행). 국제적으로 개방된 공해(公海)나 하천을 자유(自由)로이 건너[航] 다님[行]. 또는 그 항행.

▸**자유-행동** 自由行動 (행할 행, 움직일 동). 집단에 소속한 개인이 그 집단의 규율에 따르지 않고, 자기 마음대로[自由] 하는 행동(行動).

▸**자유 혼인** 自由婚姻 (결혼할 혼, 시집갈 인). [법률] 부모의 동의 없이 당사자들의 자유(自由) 의사로 하는 혼인(婚姻). [비]자유 결혼(自由結婚).

▸**자유 화:물** 自由貨物 (재물 화, 만물 물). [법률] 교전국(交戰國)이 포획·몰수할 수 없이, 자유(自由)롭게 운반할 수 있는 중립국 선박의 화물(貨物).

▸**자유 무:역항** 自由貿易港 (바꿀 무, 바꿀 역, 항구 항). [경제] 외국의 화물이나 선박이 관세 없이 자유(自由)롭게 출입하며 무역(貿易)할 수 있도록 개방된 항구(港口). [준]자유항.

▸**자유 민권론** 自由民權論 (백성 민, 권리 권, 논할 론). [사회] 국민(國民)은 누구나 스스로 선택한 정치와 사회에 참여할 수 있는 자유(自由)로운 권리(權利)가 있다는 계몽주의적 정치 이론(理論). 루소의 천부 인권설과 밀의 공리주의의 영향을 받아 자유와 민권의 신장 및 민주적 의회 정치를 주장하였다.

▸**자유 의:지론** 自由意志論 (뜻 의, 뜻 지, 논할 론). [철학] 의지(意志)는 어떤 동기, 원인, 환경 따위에 구속받거나 제약되지 않고 자유(自由)라는 이론(理論). [비]비결정론(非決定論).

▸**자유 환:시세** 自由換時勢 (바꿀 환, 때 시, 형세 세). [경제] 시장에서 자유(自由)로이 거래되는 환(換)의 시세(時勢).

▸**자유 민주주의** 自由民主主義 (백성 민, 주인 주, 주될 주, 뜻 의). [사회] 자유(自由) 주의에 입각한 민주주의(民主主義) 사상. 진정한 민주주의는 자유주의를 전제로 해야만 가능하고, 양자(兩者)는 본디 일체가 되어야 한다는 뜻에서 민주주의를 이르는 말이다.

▸**자유 심증주의** 自由心證主義 (마음 심, 증거 증, 주될 주, 뜻 의). [법률] 증거(證據)의 가치를 법관의 자유(自由)로운 판단[心]에 맡기는 태도[主義]. [참]법정 증거주의(法定證據主義).

▸**자유주의 경제** 自由主義經濟 (주될 주, 뜻 의, 다스릴 경, 건질 제). [경제] 자유주의(自由主義) 사상에 따라 운영되는 경제(經濟) 체제. 국가의 간섭이나 통제 없이, 기업이나 개인의 경제 활동의 자유가 인정된다. [반]계획 경제(計劃經濟), 통제 경제(統制經濟).

▸**자유주의 경제학** 自由主義經濟學 (주될 주, 뜻 의, 다스릴 경, 건질 제, 배울 학). [경제] 개인이 자신의 능력을 마음껏 발휘할[自由主義] 수 있는 경제적 활동을 통하여 사회 전체의 행복이 실현될 것이라는 원리를 기본으로 하고 이를 체계화시킨 경제 학설(經濟學說).

자육 孶育 (낳을 자, 기를 육). 동물이 새끼를 낳아서[孶] 기름[育].

자율 自律 (스스로 자, 법칙 률). ① [속뜻] 스스로의 의지로 자신(自身)의 행동을 규제함[律]. ¶자율 학습. ② [철학] 칸트의 윤리관에서, 어떤 권위나 욕망에도 구애됨이 없이 실천 이성에 의하여 스스로 세운 도덕률(道德律)에 따르는 일. [반]타율(他律).

▸**자율-권** 自律權 (권리 권). 법률 국가 기관의 독자성을 존중하여, 일정한 범위 한에서 그 기관이 스스로[自] 규칙[律]을 제정할 수 있는 권리(權利).

▸**자율-성** 自律性 (성질 성). 스스로 자신을 통제하여 절제하는[自律] 성질(性質)이나 특성. ¶의사 선택의 자율성을 높이기 위해 무기명 투표를 실시했다.

▸**자율-적** 自律的 (것 적). 스스로의 의지로 자기(自己) 행동을 조절하는[律] 것[的]. ¶환경 보호 운동에 자율적으로 참여하다.

▸**자율 신경** 自律神經 (정신 신, 날실 경). 의학 의지와는 관계없이 자율적(自律的)으로 신체 내부의 기관이나 조직의 활동을 지배하며 조절하는 신경(神經). ⓑ식물성 신경(植物性神經).

자음[1] 字音 (글자 자, 소리 음). ① 속뜻 낱낱 한자(漢字)의 음(音). ② 글자의 음.

자음[2] 子音 (아이 자, 소리 음). ① 속뜻 어머니의 도움을 받아야하는 아이[子]처럼 모음(母音)이 있어야 음절음이 되는 소리[音]. ② 언어 목이나 입 등에서 장애를 받으며 나는 소리. ¶자음 'ㄱ'은 모음 'ㅏ'가 있어야 [가]라고 발음할 수 있다. ⓑ모음(母音).

▸**자음 동화** 子音同化 (같을 동, 될 화). 언어 음절 끝 자음(子音)이 그 뒤에 오는 자음과 만날 때, 어느 한쪽이 다른 쪽을 닮아서 그와 비슷하거나 같은[同] 소리로 바뀌기도[化] 하고, 양쪽이 서로 닮아서 두 소리가 다 바뀌기도 하는 현상. ⓑ자음 접변(子音接變).

▸**자음 접변** 子音接變 (닿을 접, 바뀔 변). 언어 음절 끝 자음(子音)이 그 뒤에 오는 자음과 만나서[接] 두 자음이 모두 혹은 하나만 변(變)하는 현상. 자음 동화(子音同化). 예를 들어 '밥물'이 '밤물'로, '섭리'가 '섭니'로, 이 '섭니'가 다시 '섬니'로 바뀌는 것 따위.

▸**자음 충돌** 子音衝突 (부딪칠 충, 부딪칠 돌). 언어 한 단어 안에 또는 두 단어가 결합할 때 나란히 이어진 자음(子音)이 서로 소리가 충돌(衝突)하여 발음이 불분명해지는 현상.

자의[1] 字義 (글자 자, 뜻 의). ① 속뜻 낱낱 한자(漢字)의 뜻[義]. ② 글자의 뜻.

자의[2] 自意 (스스로 자, 뜻 의). 자기 스스로[自]의 생각이나 의견(意見). ¶자의로 회사를 그만두다. ⓑ타의(他意).

자의[3] 恣意 (마음대로 자, 뜻 의). 제멋대로[恣] 하는 생각[意]. 자기 마음대로.

▸**자의-성** 恣意性 (성질 성). 자기 마음대로[恣意] 되거나 이루어지는 성질(性質)

자-의:식 自意識 (스스로 자, 뜻 의, 알 식). ① 속뜻 자신(自身)의 행동, 성격 등에 대하여 아는[意識] 일. ¶학문은 지식을 넓히고 자의식을 깊게 해준다. ② 철학 외계의 의식에 대립하는, 자아(自我)에 대한 의식(意識).

자익 自益 (스스로 자, 더할 익). 자기(自己)의 이익(利益).

▸**자익-권** 自益權 (권리 권). 법률 사원 개인[自]의 이익(利益)을 위하여 상법상 주어진 권리(權利). 사원권(社員權)의 한 가지. ⓒ공익권(共益權).

▸**자익 신:탁** 自益信託 (믿을 신, 맡길 탁). 경제 신탁 재산에서 생기는 이익(利益)이 위탁자 자신(自身)에게 돌아가는 신탁(信託). ⓒ타익 신탁(他益信託).

자인[1] 自認 (스스로 자, 알 인). 스스로[自] 인정(認定)함. ¶그는 자신의 잘못을 자인했다.

자:인[2] 瓷印 (사기그릇 자, 도장 인). 흙을 정하게 구워서 만든 자기(瓷器) 도장[印].

자임 自任 (스스로 자, 맡길 임). ① 속뜻 스스로[自] 어떤 일을 맡음[任]. 자기의 임무로 여김. ② 스스로 자기의 능력 따위에 대하여 훌륭하다고 자부함.

자자[1] 字字 (글자 자, 글자 자). 한 글자[字] 한 글자[字].

자자[2] 自恣 (스스로 자, 마음대로 자). ① 속뜻 자기(自己) 멋대로 함[恣]. ② 불교 하안거(夏安居)의 마지막 날에, 모인 중들이 자기 잘못을 뉘우치고 고백하여 서로 훈계하는 일.

자:자[3] 刺字 (찌를 자, 글자 자). ① 속뜻 글자[字]를 바늘 같은 것으로 찔러[刺] 문신(文身)하는 일. 또는 그 글자. ⓑ자청(刺靑). ② 역사 옛날 중국에서 얼굴이나 팔뚝에 죄명을 먹칠하여 넣던 형벌.

자자[4] 藉藉 (깔개 자, 깔개 자). ① 속뜻 널리 깔려있다[藉+藉]. ② 여러 사람의 입에 오르내려 떠들썩하다. ¶그는 국내외에 명성이 자자할 정도로 대단한 화가이다.

자자손손 子子孫孫 (아이 자, 아이 자, 손자 손, 손자 손). ① 속뜻 자식[子]의 자식[子], 그리고 손자[孫]의 손자[孫]. ② 자손의 여러 대(代). ¶좋은 전통을 자자손손 전하다. ㊥대대손손(代代孫孫).

자자-주옥 字字珠玉 (글자 자, 글자 자, 구슬 주, 구슬 옥). 글씨의 한 글자[字] 한 글자[字]가 마치 보석[珠玉]같이 모두 잘 쓰인 것을 칭찬하여 이르는 말.

자작[1] 子爵 (아이 자, 벼슬 작). 오등작(五等爵) 중에 넷째인 자(子)에 해당되는 작위(爵位). 또는 그 작위를 가진 사람. ㊟공작(公爵), 후작(侯爵), 백작(伯爵), 남작(男爵).

자작[2] 自作 (스스로 자, 지을 작). ① 속뜻 스스로[自] 손수 만듦[作]. 또는 그 물건. ② 자기 농토에 직접 농사를 지음. ㊥가작(家作). ㊦소작(小作).

▶**자작-곡** 自作曲 (노래 곡). 스스로[自] 지어[作] 부르는 노래[曲].

▶**자작-농** 自作農 (농사 농). 자기 땅에 자기(自己)가 직접 짓는[作] 농사(農事). 또는 그러한 농민. ㊦소작농(小作農).

▶**자작-시** 自作詩 (시 시). 자기(自己)가 지은[作] 시(詩).

▶**자작-지** 自作地 (땅 지). 직접[自] 경작(耕作)하는 자기 소유의 농지(農地). ㊟소작지(小作地).

▶**자작-자연** 自作自演 (스스로 자, 펼칠 연). 자기(自己)가 지은[作] 작품을 자기[自]가 직접 연출(演出)하거나 작품에 출연(出演)함.

자작[3] 自酌 (스스로 자, 술따를 작). 자기 잔에 스스로[自] 술을 따름[酌].

▶**자작-자음** 自酌自飮 (스스로 자, 마실 음). 자기(自己)가 술을 따라[酌] 자기(自己)가 마심[飮]. 손수 술을 따라 마심.

자:장 磁場 (자석 자, 마당 장). 물리 자석이나 전류의 주위에 생기는 자력(磁力)이 미치는 범위[場]. ¶자장의 강도를 재다. ㊥자계(磁界).

자재[1] 資財 (재물 자, 재물 재). ① 속뜻 자본(資本)이 되는 재산(財産). ② 자산(資産).

자재[2] 自在 (스스로 자, 있을 재). ① 속뜻 스스로[自] 있음[在]. ② 구속이나 방해가 없이 마음 대로임.

▶**자재-화** 自在畵 (그림 화). 미술 다른 도구 없이 붓으로만 마음대로[自在] 그린 그림[畵]. 임화(臨畵), 사생화(寫生畵), 상상화(想像畵)의 셋으로 나뉜다.

자재[3] 資材 (재물 자, 재료 재). 물자(物資)와 재료(材料)를 아울러 이르는 말. ¶건축 자재 / 우리 회사는 자재를 수입해 제품을 만든다.

▶**자재-난** 資材難 (어려울 난). 자재(資材)가 귀하거나 모자라서 겪게 되는 어려움[難].

▶**자재 관리** 資材管理 (맡을 관, 다스릴 리). 경제 생산에 필요한 각종 자재(資材)의 보관·운반 및 재고 등을 합리적으로 운영하는 생산 관리(管理).

자저 自著 (스스로 자, 지을 저). 자기(自己) 저서(著書).

자적 自適 (스스로 자, 갈 적). 자기[自] 마음 내키는 대로 감[適]. ¶유유자적(悠悠自適).

자전[1] 字典 (글자 자, 책 전). 낱낱 한자[字]에 대하여 음과 뜻을 자세히 풀이해 놓은 책[典]. ¶모르는 한자를 자전에서 찾아보았다. ㊥옥편(玉篇).

자전[2] 自傳 (스스로 자, 전할 전). 자기의 지나온 일을 스스로[自] 적은 전기[傳]. '자서전'(自敍傳)의 준말.

▶**자전 소:설** 自傳小說 (작을 소, 말씀 설). 문학 자기(自己) 자신의 성장 과정을 중심으로 생애의 전부 또는 일부를 내용으로 하여 쓴 전기(傳記) 형식의 소설(小說).

자전[3] 自轉 (스스로 자, 구를 전). ① 속뜻 스스로[自] 돎[轉]. ② 천문 천체(天體)가 그 내부를 지나는 축(軸)을 중심으로 회전하는 일. ¶지구의 자전으로 밤과 낮이 생긴다. ㊦공전(公轉).

▶**자전-거** 自轉車 (수레 거). 페달을 밟으면 저절로[自] 굴러가는[轉] 수레[車]. ¶자전거 여행 / 자전거를 타다.

▶**자전거-포** 自轉車鋪 (수레 거, 가게 포). 자전거(自轉車)를 팔거나 수선하는 점포(店鋪).

▶**자전 주기** 自轉週期 (돌 주, 때 기). 천문 천체가 그 몸체를 관통하는 직선을 축

으로 스스로[自] 돌[轉] 때, 한 바퀴[週] 도는 데 걸리는 기간(期間). 참공전 주기(公轉週期).

자절 自切 (스스로 자, 끊을 절). 동물 동물이 외부의 공격이 있으면, 몸의 일부를 스스로[自] 끊어[切] 생명을 유지하는 현상. 비자단(自斷), 자할(自割).

자정[1] 子正 (쥐 자, 바를 정). 십이시의 자시(子時)의 한가운데[正]. 밤 12시. ¶그는 자정이 넘어서야 집에 돌아왔다. 비정자(正子). 반정오(正午).

자정[2] 自淨 (스스로 자, 깨끗할 정). 저절로[自] 깨끗해짐[淨]. ¶생태계의 자정 작용.

▶**자정 작용** 自淨作用 (지을 작, 쓸 용). 생물 오염된 대기나 하천이 침전, 산화 작용, 유기물의 분해 등으로 저절로[自] 깨끗해지는[淨] 작용(作用).

자:-정향 紫丁香 (자줏빛 자, 천간 정, 향기 향). 식물 물푸레나무과의 낙엽 관목으로, 꽃은 4-5월에 피며 향기가 있다. 보라색[紫]의 꽃이 피며 이를 옆에서 보면 '丁'자 형태로 보이고 매우 향기(香氣)가 좋아 붙여진 이름이다. 라일락(lilac).

자제[1] 子弟 (아들 자, 아우 제). ① 속뜻 아들[子]과 아우[弟]. ② 남을 높여 그의 아들을 일컫는 말. ¶자제분은 무슨 일을 하십니까? 비자사(子舍).

자제[2] 自製 (스스로 자, 만들 제). 자기(自己)가 직접 만듦[製]. 또는 그 물건. 비자작(自作).

자제[3] 姊弟 (손윗누이 자, 아우 제). 누이[姊]와 동생[弟].

자제[4] 自制 (스스로 자, 누를 제). 욕망, 감정 따위를 스스로[自] 억누름[制]. ¶건물에서는 흡연을 자제해 주십시오.

▶**자제-력** 自制力 (힘 력). 스스로[自] 자기를 억제(抑制)하는 힘[力]. ¶그는 자제력을 잃고 소리를 질렀다.

▶**자제-심** 自制心 (마음 심). 자기의 욕망, 감정 따위를 스스로[自] 억누르는[制] 마음[心].

자조[1] 慈鳥 (사랑할 자, 새 조). ① 속뜻 새끼가 어미에게 먹이를 물어다 주는 자애(慈愛)로운 새[鳥]. ② '까마귀'를 달리 이르는 말. 비자오(慈烏).

자조[2] 自助 (스스로 자, 도울 조). ① 속뜻 스스로[自] 자기를 도움[助]. ¶자조 정신 / 자조는 최상의 도움이다. ② 법률 국제법상 국가가 자기 힘으로 자기의 권리를 확보하는 일.

▶**자조-자** 自助者 (사람 자). 스스로[自] 자기를 도와[助] 앞길을 헤쳐 나가는 사람[者].

자조[3] 自照 (스스로 자, 비칠 조). 자기 자신의 행동이나 마음을 스스로[自] 비추어[照] 보아 관찰함. 또는 그렇게 하는 일.

▶**자조 문학** 自照文學 (글월 문, 배울 학). 문학 일기나 수필 따위와 같이 자기 스스로를 살펴보고[自照] 뉘우치는 정신에서 이루어진 문학(文學).

자조[4] 自嘲 (스스로 자, 비웃을 조). 스스로[自] 자신을 비웃음[嘲].

▶**자조-적** 自嘲的 (것 적). 스스로[自] 자기 자신을 비웃는[嘲] 것[的].

자족 自足 (스스로 자, 넉넉할 족). ① 속뜻 스스로[自] 만족(滿足)함. 또는 그 만족. ② 필요한 물건을 자기 스스로 충족시킴.

▶**자족-감** 自足感 (느낄 감). 스스로[自] 자신을 만족(滿足)스럽게 여기는 느낌[感].

▶**자족 경제** 自足經濟 (다스릴 경, 건질 제). ① 속뜻 필요한 것을 스스로[自] 충족(充足)시키는 경제(經濟). ② 경제 경제 발전의 가장 초기 단계로서, 자기가 필요한 만큼만 생산·소비를 하여 가족 외의 교환 관계가 생기지 않는 경제.

자존[1] 自存 (스스로 자, 있을 존). ① 속뜻 자신(自身)의 존재(存在). ② 스스로의 힘으로 생존하는 일.

▶**자존-권** 自存權 (권리 권). 법률 자기(自己)의 생존(生存)을 유지하기 위하여 필요한 일체의 행위를 할 수 있는 자기 보호권(保護權).

자존[2] 自尊 (스스로 자, 높을 존). ① 속뜻 스스로[自] 자기를 높이거나[尊] 잘난 체함. ② 자기의 품위를 스스로 지킴. ③ 철학 자기 인격성의 절대적 가치와 존엄을 스스로 깨달아 아는 일. 참자경(自敬).

▶**자존-심** 自尊心 (마음 심). 제 몸이나 품위를 스스로[自] 높이[尊] 가지는 마음[心]. ¶이것은 내 자존심이 걸린 문제다.

▸자존-자대 自尊自大 (스스로 자, 큰 대). 자기를 스스로[自] 높이고[尊] 스스로[自] 크게[大] 여김.

▸자존-자만 自尊自慢 (스스로 자, 건방질 만). 자기를 스스로[自] 높이고[尊] 스스로[自] 거만(倨慢)하게 굶.

자종 自從 (스스로 자, 따를 종). 스스로[自] 복종(服從)함.

자주[1] 自註 (스스로 자, 주석 주). 자기가 쓴 글에 자기(自己)가 직접 주(註)를 닮. 또는 그 주석(註釋).

자:주[2] 紫珠 (자줏빛 자, 구슬 주). 식물 마편초과의 낙엽 활엽 관목. 여름에 자줏빛[紫]의 잔 꽃이 피며 가을에 잘고 동그란[珠] 열매를 맺는다. 목재가 희고 단단하여 도구나 양산 자루 따위를 만드는 데 쓰인다.

자주[3] 慈主 (사랑할 자, 주인 주). ① 속뜻 자애(慈愛)로운 주인(主人). ② 편지글에서 어머니를 일컫는 말.

자주[4] 自主 (스스로 자, 주인 주). 자기(自己)가 주인(主人)이 되어 자신의 일을 스스로 처리하는 일.

▸자주-권 自主權 (권리 권). ① 속뜻 아무런 속박이나 간섭을 받지 않고 스스로의 문제를 스스로 결정하고 처리할 수 있는[自主] 권리(權利). ② 법률 국가가 국내 문제나 대외 문제를 자기 뜻대로 자유롭게 결정할 수 있는 권리. ¶조선은 을미늑약으로 국가의 자주권을 상실했다.

▸자주-민 自主民 (백성 민). 자주권(自主權)을 가진 국가의 국민(國民).

▸자주-성 自主性 (성질 성). 자주적(自主的)인 성질(性質).

▸자주-적 自主的 (것 적). 자기에게 관계되는 일을 스스로[自主] 처리하는 것[的]. ¶문제를 자주적으로 해결하자.

▸자주-국방 自主國防 (나라 국, 막을 방). 자기(自己)가 주인(主人)이 되어 스스로의 힘으로 나라[國]를 지킴[防].

▸자주-독립 自主獨立 (홀로 독, 설 립). 국가가 자주권(自主權)을 행사할 수 있는 완전한 독립(獨立). ¶안창호는 조국의 자주독립을 위해 온 몸을 바쳤다.

▸자주 점유 自主占有 (차지할 점, 있을 유). 법률 자기(自己)가 주인(主人)이 되어 어떤 물건을 점유(占有)하는 것. ⓐ타주 점유(他主占有).

▸자주-정신 自主精神 (씛을 정, 혼 신). 남의 간섭이나 보호를 받지 않고 자기(自己)가 주인(主人)이 되어 일을 처리하려는 정신(精神).

자:주[5] 紫朱 (자줏빛 자, 붉을 주). 짙은 남빛[紫]을 띤 붉은[朱] 색. 또는 그런 물감.

▸자:주-색 紫朱色 (빛 색). 보라색[紫]과 붉은색[朱]을 합한 빛깔[色]. ¶그녀는 자주색 옷을 즐겨 입는다. ㊟자주. ㊥자줏빛.

자주-포 自走砲 (스스로 자, 달릴 주, 대포 포). 군사 직접[自] 움직이면서[走] 쏠 수 있는 포(砲). 차량 위에 고정시켜 운반되고 사격할 수 있어, 기동성이 있다.

자:죽 紫竹 (자줏빛 자, 대나무 죽). 식물 자주색[紫] 대나무[竹]. 높이 3m에, 잎은 6-15㎝로 관상용으로 울타리에 심는다. ㊥설죽(雪竹).

자중[1] 自重 (스스로 자, 무거울 중). ① 속뜻 자기(自己)를 소중(所重)히 함. ② 말이나 행동, 몸가짐 따위를 신중하게 함. ¶앞으로는 좀 더 자중하겠습니다.

자증[2] 自證 (스스로 자, 증명할 증). ① 속뜻 스스로 자기(自己)에 관한 것을 증명(證明)함. 또는 그 증명. ② 불교 불법(佛法)을 자기 스스로 깨달아 앎.

자중지란 自中之亂 (스스로 자, 가운데 중, 어조사 지, 어지러울 란). 자기(自己)편 중(中)에서 일어나는 분란(紛亂).

자진[1] 自進 (스스로 자, 나아갈 진). 제 스스로[自] 나감[進]. ¶자진신고.

자진[2] 自盡 (스스로 자, 다될 진). ① 속뜻 스스로[自] 목숨을 끊음[盡]. ② 기운 따위가 저절로 다하거나 잦아듦.

자찬[1] 自撰 (스스로 자, 지을 찬). 책 따위를 손수[自] 지음[撰]. 자신이 편찬함.

자찬[2] 自讚 (스스로 자, 기릴 찬). 자기가 한 일을 자기 스스로[自] 칭찬(稱讚)함. '자화자찬'(自畵自讚)의 준말.

자질 資質 (밑천 자, 바탕 질). ① 속뜻 밑천[資]과 본바탕[質]. ② 본래 타고난 성품이나 소질. ¶그는 자질이 침착하여 이 일을 하기 적합하다. ③ 자격을 갖추는 데 필요한 소질. ¶의사의 자질을 갖추다.

자:창 刺創 (찌를 자, 상처 창). 의학 날카롭

고 뾰족한 것에 찔린[刺] 상처[創].

자책 自責 (스스로 자, 꾸짖을 책). 자기의 잘못을 스스로[自] 꾸짖음[責]. 스스로 책임져야 할 일. ¶그는 아들의 잘못이 자기 탓이라고 자책했다.

▸**자책-점** 自責點 (점 점). 운동 야구에서, 투수의 자신(自身)이 책임(責任) 다하지 못하여 상대편에 안겨 준 득점(得點). 데드 볼, 안타를 허용하여 준 점수.

▸**자책 관념** 自責觀念 (볼 관, 생각 념). 심리 자기가 나쁜 짓을 하였다[自責]는 망상적 관념(觀念).

자처 自處 (스스로 자, 살 처). ① 속뜻 스스로[自] 그렇게 처신(處身)함. ¶한국 핸드볼팀은 세계 최강임을 자처한다. ② 자기의 일을 스스로 처리함. ③ 스스로 자기의 목숨을 끊음. ¶그는 목을 매달고 자처하려 했다. ㊀ 자결(自決), 자살(自殺).

자천 自薦 (스스로 자, 천거할 천). 자기(自己)가 자신을 추천(推薦)함. ㉟ 타천(他薦).

자천-배타 自賤拜他 (스스로 자, 천할 천, 공경할 배, 다를 타). 자기(自己) 것을 천(賤)하게 여기고 남[他]의 것은 숭배(崇拜)함.

자ː철 磁鐵 (자석 자, 쇠 철). 광업 자성(磁性)이 강한 광물[鐵]. ¶경상북도 쇠골안은 자철이 많이 산출된다.

▸**자ː철-광** 磁鐵鑛 (쇳돌 광). 광업 강한 자성(磁性)을 띠고 있는 철(鐵) 광석(鑛石).

▸**자ː철-석** 磁鐵石 (돌 석). 광업 강한 자성(磁性)을 띠는 철(鐵) 종류의 광석(鑛石).

자청 自請 (스스로 자, 부탁할 청). 어떤 일을 자기 스스로[自] 부탁함[請]. ¶그녀는 자신이 가겠다고 자청했다 / 그는 힘든 일을 자청하여 떠맡았다.

자체[1] 字體 (글자 자, 모양 체). 글자[字]의 서체(書體). 글자의 구조나 모양. ㊀ 자양(字樣), 자형(字形).

***자체**[2] 自體 (스스로 자, 몸 체). ① 속뜻 그 스스로[自]의 몸[體]이나 모양. ¶그는 남성스러움 그 자체다. ② 스스로 하는 것. ¶자체 조사를 실시하다.

▸**자체-적** 自體的 (것 적). 스스로[自體] 가지고 있는 것[的]. ¶식사는 우리가 자체적으로 해결했다.

▸**자체-감응** 自體感應 (느낄 감, 응할 응). 물리 한 윤도(輪道)에다 전류의 강도를 바꾸려 하거나 전류를 통하려 할 때에, 윤도 자체(自體)가 그것을 감지(感知)하고 반응(反應)하는 일. ㊀ 자체 유도(自體誘導).

▸**자체 금융** 自體金融 (돈 금, 녹을 융). 경제 기업 자체(自體)나 기업주에 의하여 마련되는 자금[金融].

▸**자체 방ː전** 自體放電 (놓을 방, 전기 전). 물리 축전지의 외부 회로를 연결하지 않은 상태에서 저절로[自體] 전기(電氣)를 흘려보내는[放] 현상.

▸**자체 유도** 自體誘導 (꾈 유, 이끌 도). 물리 전기 회로에서 전류의 크기나 방향을 바꿈으로써 회로 자체(自體)에 일어나는 전자 유도(電磁誘導). ㊀ 자기 유도(自己誘導), 자체감응(自體感應). ㉠ 상호 유도(相互誘導).

▸**자체 환ː각** 自體幻覺 (홀릴 환, 느낄 각). 심리 거울에 비치듯 자기 자신[自體]을 보는 환각(幻覺). ㊀ 경영 환각(鏡映幻覺).

자초[1] 自招 (스스로 자, 부를 초). 어떤 결과를 자기 스스로[自] 불러들임[招]. ¶화(禍)를 자초하다.

자초[2] 自初 (부터 자, 처음 초). 어떤 일이 비롯된 처음[初]부터[自].

▸**자초지종** 自初至終 (이를 지, 끝마칠 종). 처음[初]부터[自] 끝[終]까지[至]의 과정. ¶그는 나에게 자초지종을 이야기했다. ㊀ 자두지미(自頭至尾).

자촉 반ː응 自觸反應 (스스로 자, 닿을 촉, 되돌릴 반, 응할 응). 화학 어떤 물질이 스스로[自] 촉매(觸媒)로 쓰여 화학 반응(化學反應)을 일으키는 일.

자축 自祝 (스스로 자, 빌 축). 자기가 맞은 경사 따위를 스스로[自] 축하(祝賀)함.

자ː충[1] 刺衝 (찌를 자, 찌를 충). 칼이나 송곳 따위로 찌름[刺=衝].

자충[2] 自充 (스스로 자, 채울 충). 운동 바둑에서, 자기(自己)가 돌을 채워[充] 넣어 자기를 죽게 만드는 것.

▸**자충-수** 自充手 (손 수). ① 운동 자충(自充)이 되는 실수(失手). ¶자충수를 두다. ② '스스로 행한 행동이 결국에 가서는 자신에게 불리한 결과를 가져오게 됨'을 비유하여 이르는 말. ¶그는 실언을 해서 자충수를 두

는 꼴이 되고 말았다.

자취[1] 自炊 (스스로 자, 불 땔 취). 스스로[自] 밥을 지음[炊]. ¶자취 생활 / 그는 서울에서 자취하면서 대학에 다닌다.

▸자취-방 自炊房 (방 방). 자취(自炊)하려고 얻어 든 방(房). ¶그는 학교 근처에 자취방을 얻었다.

자취[2] 自取 (스스로 자, 가질 취). 제 스스로[自] 만들어서 그런 결과를 얻음[取].

▸자취-기화 自取其禍 (그 기, 재화 화). 스스로[自]의 잘못으로 그러한[其] 화(禍)를 입게[取] 됨.

▸자취지화 自取之禍 (어조사 지, 재화 화). 자기(自己) 잘못으로 자기가 입게[取] 되는 화(禍).

자치 自治 (스스로 자, 다스릴 치). ① 속뜻 스스로[自] 다스림[治]. ② 법률 지방 자치 단체 등의 공선(公選)된 사람들이 그 범위 안의 행정이나 사무를 자주적으로 처리함. ¶자치 도시.

▸자치-국 自治國 (나라 국). 연방국에 딸리면서 자치권(自治權)을 가진 나라[國].

▸자치-권 自治權 (권리 권). 법률 자치(自治) 행정을 할 수 있는 권리(權利).

▸자치-대 自治隊 (무리 대). 지역의 안전을 스스로[自] 지키는[治] 조직[隊].

▸자치-령 自治領 (다스릴 령). 정치 중앙 정부의 간섭을 받지 않고 스스로[自] 다스리는[治] 영토(領土).

▸자치-적 自治的 (것 적). 제 일은 제 스스로[自]가 다스리는[治] 것[的]. ¶학생회는 자치적으로 운영된다.

▸자치-제 自治制 (정할 제). 법률 공공 단체나 집단이 스스로[自] 행정을 펴는[治] 제도(制度). ¶시의 자치제.

▸자치-회 自治會 (모일 회). 교육 학교에서, 학생들의 자치(自治) 활동을 위하여 만들어진 교육적인 조직[會].

▸자치 기관 自治機關 (틀 기, 빗장 관). 법률 자치(自治) 행정의 권한을 가진 공공 기관(機關).

▸자치-단체 自治團體 (모일 단, 몸 체). 법률 국가 통치권을 위임받아 공공사무를 자유(自由)로 처리하는[治] 공공 단체(團體).

▸자치 제:도 自治制度 (정할 제, 법도 도). 법률 ① 자치(自治) 행정이 보장된 제도(制度). ㉺자치제. ② '지방 자치 제도'(地方自治制度)의 준말.

▸자치 통:제 自治統制 (거느릴 통, 누를 제). 경제 업자들이 조합이나 카르텔을 통하여, 자치적(自治的)으로 각자의 자유로운 경제 활동에 가하는 통제(統制).

▸자치 행정 自治行政 (행할 행, 정사 정). ① 정치 국민이 행정 기관을 선출하여 자체적(自體的)으로 사무를 처리하는[治] 행정(行政) 형태. ② 법률 지방 자치 단체에 의한 행정.

▸자치 활동 自治活動 (살 활, 움직일 동). 학생들이 자치적(自治的)으로 행하는 학교생활의 과외 활동(活動).

▸자치 식민지 自治植民地 (심을 식, 백성 민, 땅 지). 정치 자치권(自治權)이 부여된 식민지(植民地).

자치-통감 資治通鑑 (바탕 자, 다스릴 치, 통할 통, 거울 감). ① 속뜻 치도(治道)에 자료(資料)가 되고 역대를 통(通)하여 거울[鑑]이 됨. ② 책명 중국 송나라 때 편찬된 중국의 역사서. 주(周) 나라 위열왕으로부터 후주(後周) 세종에 이르기까지의 113왕 1362년간의 역사적 사건을 연대순으로 엮은 것으로, 사마광이 편찬하였다.

자친 慈親 (사랑할 자, 어버이 친). ① 속뜻 자비(慈悲)로운 모친(母親). ② 남에게 '자기의 어머니'를 일컫는 말. ㉥엄친(嚴親).

자침[1] 自沈 (스스로 자, 가라앉을 침). 타고 있는 배 따위를 스스로[自] 가라앉힘[沈].

자:침[2] 磁針 (자석 자, 바늘 침). 물리 자성(磁性)을 띠고 있는 바늘[針]처럼 가는 광석. 자장(磁場)의 방향을 재기 위하여, 수평으로 놓아두면 회전하는 영구 자석. ㉥나침(羅針), 자석(磁石), 지남침(指南針).

자칭 自稱 (스스로 자, 일컬을 칭). 남에게 자기(自己)를 일컬음[稱]. 스스로 말함. ¶아까 자칭 가수라는 사람이 왔다 갔어요.

▸자칭-군자 自稱君子 (임금 군, 접미사 자). ① 속뜻 자기(自己)를 스스로 군자(君子)라고 이름[稱]. ② '자기 자랑이 매우 심한 사람'을 놀림조로 이르는 말. ㉥자칭천자(自稱天子).

▸자칭-천자 自稱天子 (하늘 천, 아들 자). ① 속뜻 자기가 스스로[自] 황제[天子]라고

부름[稱]. ②'자기 자랑이 매우 심한 사람'을 비웃는 말. [비]자칭군자(自稱君子).

▸자칭 대:명사 自稱代名詞 (대신할 대, 이름 명, 말씀 사). [언어]자기를 일컫는[自稱] 대명사(代名詞). [비]일인칭 대명사(一人稱代名詞).

자타 自他 (스스로 자, 다를 타). ①[속뜻]자기(自己)와 남[他]. ¶그는 자타가 공인하는 한국 최고의 야구선수이다. ②[불교]불법을 깨닫는 자신의 힘과 남의 힘.

자탄 自歎 (스스로 자, 한숨지을 탄). 자기(自己) 일을 자기 스스로 탄식(歎息)함.

▸자탄-가 自歎歌 (노래 가). 자기 신세를 스스로[自] 한탄(恨歎)하여 부르는 노래[歌].

자탄-자가 自彈自歌 (스스로 자, 튕길 탄, 스스로 자, 노래 가). ①[속뜻]스스로[自] 거문고를 타며[彈] 노래함[歌]. [비]자창자화(自唱自和). ②자문자답(自問自答).

자태 姿態 (맵시 자, 모양 태). ①[속뜻]맵시[姿]와 모양[態]. ¶한라산이 웅장한 자태를 드러냈다. ②몸가짐.

자택 自宅 (스스로 자, 집 택). 자기(自己) 집[宅]. 상대방이나 제3자에 대하여 쓸 수 있는 말이다. ¶자택 주소를 적어 주십시오.

자통[1] **自通** (스스로 자, 통할 통). ①[속뜻]자기(自己) 스스로 사리를 통(通)하여 앎. ②저절로 트임. 자연히 통함.

자:통[2] **刺痛** (찌를 자, 아플 통). 찌르는[刺] 듯한 아픔[痛].

자퇴 自退 (스스로 자, 물러날 퇴). 스스로[自] 물러남[退].

자파 自派 (스스로 자, 갈래 파). 자기(自己) 쪽의 유파(流派).

자판[1] **字板** (글자 자, 널빤지 판). 글자[字]를 배열해 놓은 판(板). ¶컴퓨터 자판.

자판[2] **自判** (스스로 자, 판가름할 판). ①[속뜻]저절로[自] 판명(判明)됨. ②[법률]상급 법원에서 원심(原審)을 파기하고 독자적으로 새로운 판결을 내리는 일.

자판[3] **自辦** (스스로 자, 힘쓸 판). ①[속뜻]스스로[自] 힘써[辦] 처리함. ②자변(自辨).

자판-기 自販機 (스스로 자, 팔 판, 틀 기). 자동적(自動的)으로 물건을 팔[販] 수 있도록 만들어진 기계(機械). '자동판매기'(自動販賣機)의 준말. ¶음료수 자판기.

자:패 紫貝 (자줏빛 자, 조개 패). [동물]겉껍질이 자주색[紫]인 조개[貝]. 나사조개의 한 가지로, 길이는 약 8㎝정도이다. 옛날에는 다산(多産)과 풍요의 상징물로 몸에 지녔으며, 화폐로도 쓰였다.

자폐 自廢 (스스로 자, 그만둘 폐). 스스로[自] 그만둠[廢].

자폐-성 自閉性 (스스로 자, 닫을 폐, 성질 성). [심리]스스로[自] 남과의 소통을 막은[閉] 성질(性質). [비]내폐성(內閉性).

자폐-아 自閉兒 (스스로 자, 닫을 폐, 아이 아). 자폐증(自閉症)이 있는 어린이[兒].

자폐-증 自閉症 (스스로 자, 닫을 폐, 증세 증). [의학]스스로 남과 소통을 막는[自閉] 증세(症勢). 남과의 공감대가 없어 말을 하지 않으며, 주위에 관심이 없어져 자기 세계에만 몰두하는 특징을 보인다.

자:포 刺胞 (찌를 자, 태보 포). ①[속뜻]가시[刺]처럼 뾰족한 세포(細胞). ②[동물]자포동물의 자세포에 있는 세포 기관. 자사(刺絲)가 있는데 이것을 쏘아 몸을 지키고 먹이를 잡는다. ¶해파리는 자포 속의 자사를 이용해 먹이를 잡아먹는다.

▸자:포-동물 刺胞動物 (움직일 동, 만물 물). 강장과 입 주위에 많은 자세포를 가진 촉수가 있는 동물. 몸은 방사대칭형으로 운동성이 떨어지기 때문에 고착 생활을 하거나 부유 생활을 한다. [참]강장동물(腔腸動物).

자포-자기 自暴自棄 (스스로 자, 사나울 포, 스스로 자, 버릴 기). 절망 상태에 빠져서, 스스로[自] 자신을 해치고[暴] 버려둠[棄]. ¶그는 시험에 떨어진 후 자포자기하였다.

자폭[1] **自爆** (스스로 자, 터질 폭). ①[속뜻]스스로[自] 폭파(爆破)시킴. ②자기가 지닌 폭발물을 스스로 폭발시켜 자기 목숨을 끊음. ¶자폭 테러 / 그는 수류탄을 터뜨려 자폭했다.

자폭[2] **恣暴** (마음대로 자, 사나울 폭). 자기 멋대로[恣] 날뜀[暴].

자품 資稟 (바탕 자, 받을 품). 타고난 바탕[資]과 성품(性稟). ¶선생의 곧고 바른 자품에 모두 탄복했다.

자필 自筆 (스스로 자, 글씨 필). 자기[自]가 직접 쓴 글씨[筆]. ¶자필 서명 / 그는 자필로 추천서를 써주었다. [반]대필(代筆).

자학[1] 自虐 (스스로 자, 모질 학). 스스로[自] 자기를 학대(虐待)함. ¶어쩔 수 없는 일이었으니 자학하지 마라.

자학[2] 字學 (글자 자, 배울 학). 한자(漢字)의 구성 원리와 음(音), 훈(訓) 따위를 연구하는 학문(學問). '문자학'(文字學)의 준말.

자학[3] 自學 (스스로 자, 배울 학). ① [속뜻]자기 스스로[自]의 힘으로 배움[學]. ②강의를 위주로 하기보다 학생들 스스로 공부하게 하는 학습법.

▸**자학-자습** 自學自習 (스스로 자, 익힐 습). 스스로[自] 배우고[學] 스스로[自] 익힘[習].

자해[1] 字解 (글자 자, 풀 해). 글자[字]의 풀이[解]. [비]자석(字釋).

자해[2] 自害 (스스로 자, 해칠 해). ① [속뜻]스스로[自] 자기 몸을 해침[害]. ¶그의 팔에는 자해한 흔적이 남아있다. ②스스로 목숨을 끊음. ¶그는 극심한 스트레스로 자해했다. [비]자상(自傷), 자살(自殺).

자해[3] 自解 (스스로 자, 풀 해). ① [속뜻]자기 스스로[自]의 생각으로 풂[解]. ②자기를 해명함.

자행[1] 自行 (스스로 자, 행할 행). ① [속뜻]어떤 일을 스스로[自] 행(行)함. ②자기의 깨달음을 위한 수행(修行).

자행[2] 恣行 (마음대로 자, 행할 행). ① [속뜻]제멋대로[恣] 해 나감[行]. ②건방지게 행동함.

자형[1] 字形 (글자 자, 모양 형). 글자[字]의 모양[形]. 글자의 생김새. [비]자양(字樣), 자체(字體).

자형[2] 自形 (스스로 자, 모양 형). ① [속뜻]자체(自體)의 모양[形]. ② [광업]그 광물 특유의 결정면(結晶面)으로 둘러싸여 있을 때의 그 광물의 결정 형태.

자형[3] 姊兄 (손윗누이 자, 맏 형). 손윗누이[姊]의 남편[兄]. [비]매형(妹兄), 자부(姊夫).

자형[4] 慈兄 (사랑할 자, 맏 형). ① [속뜻]자애(慈愛)로운 형(兄). ②상대편을 높여 일컫는 말.

자혜 慈惠 (사랑할 자, 은혜 혜). 자애(慈愛)롭게 베푸는 은혜(恩惠). ¶베풀어주신 두터운 자혜를 잊을 수 없습니다.

▸**자혜 의원** 慈惠醫院 (치료할 의, 집 원). ① [속뜻]인자(仁慈)와 은혜(恩惠)로 병을 고치는 의원(醫院). ② [역사]대한 제국 융희 3년(1909)에 가난한 백성의 질병을 고쳐 주려고 세웠던 근대식 국립 의료원.

자호[1] 子壺 (씨 자, 병 호). [의학]여성 생식기의 일부로, 수정란[子]이 착상하여 자라는 곳. 동그란 병[壺] 모양이라 하여 이렇게 부른다. [비]자궁(子宮).

자호[2] 字號 (글자 자, 차례 호). ① [속뜻]활자(活字)의 호수(號數). ②토지의 번호나 족보의 장수 따위를 숫자 대신 천자문의 차례에 따라 매긴 번호.

자호[3] 自號 (스스로 자, 이름 호). 스스로[自] 자기의 호(號)를 지어 부름. 또는 그러한 호.

자:홍-색 紫紅色 (자줏빛 자, 붉을 홍, 빛 색). 보랏[紫]빛과 붉은[紅]빛을 합한 빛깔[色]. [비]적자색(赤紫色).

자화[1] 雌花 (암컷 자, 꽃 화). [식물]암[雌]술만이 있는 꽃[花]. [참]웅화(雄花).

자:화[2] 磁化 (자석 자, 될 화). [물리]물체가 자성(磁性)을 띠게 되는[化] 일. 또는 띠게 하는 일. [비]대자(帶磁), 여자(勵磁).

자화[3] 自畵 (스스로 자, 그림 화). 자기(自己)가 그린 그림[畵].

▸**자화-상** 自畵像 (모양 상). [미술]자기(自己)가 자신을 그린[畵] 모습[像]. 또는 그런 그림. ¶이 그림은 고흐의 자화상이다.

▸**자화-자찬** 自畵自讚 (스스로 자, 기릴 찬). ① [속뜻]자기(自己)가 그린 그림[畵]을 스스로[自] 칭찬(稱讚)함. ②자기가 한 일을 자기 스스로 자랑함. ¶그는 자신의 작품을 자화자찬하여 비난을 받았다. [준]자찬.

자화 수분 自花受粉 (스스로 자, 꽃 화, 받을 수, 가루 분). [식물]양성화에서 자기(自己) 꽃[花]의 꽃가루가 암술머리에 붙는 현상[受粉]. [비]자가 수분(自家受粉). [참]타화 수분(他花受粉).

자화 수정 自花受精 (스스로 자, 꽃 화, 받을 수, 정액 정). [식물]식물이 그 자신(自身)의 그루에 있는 암꽃[花]과 수꽃 사이에서 수정(受精)이 일어나는 일. 자가 수정(自家受

精). ㊟타화 수정(他花受精).

자활 自活 (스스로 자, 살 활). 자기 스스로[自]의 힘으로 살아감[活]. ¶자활 시설.

자회 慈誨 (사랑할 자, 가르칠 회). 자애(慈愛)로운 가르침[誨].

자-회사 子會社 (아이 자, 모일 회, 단체 사). 경제 다른 회사와 자본적 관계 같은 특별한 계약을 맺어, 그 회사의 지배 아래에[子] 있는 회사(會社). ㊟모회사(母會社).

자획 字劃 (글자 자, 그을 획). 글자[字]의 획(劃). ㊥필획(筆劃).

자훈 字訓 (글자 자, 가르칠 훈). ① 속뜻 한자(漢字)의 뜻을 우리말로 쉽게 풂[訓]. ② 글자와 새김.

자휘 字彙 (글자 자, 무리 휘). ① 속뜻 한자(漢字)를 모아[彙] 놓고 그 뜻과 음 따위를 해설한 책. ㊥자전(字典). ② 책명 중국 명나라의 매응조(梅膺祚)가 지은 자전(字典).

작가[1] 作歌 (지을 작, 노래 가). 노래[歌]를 지음[作]. 또는 그 노래.

작가[2] 作家 (지을 작, 사람 가). 전문적으로 문학이나 예술을 창작(創作)하는 사람[家]. ¶여류 작가 / 그는 이 작품으로 인기 작가가 되었다.

▸ **작가-론** 作家論 (논할 론). 문학 작가(作家)의 활동과 그 작품 따위에 대한 다각적인 평론(評論).

▸ **작가-적** 作家的 (것 적). 작가(作家)로서의 주의, 주장, 양심, 태도를 가지는 것[的].

작고 作故 (지을 작, 옛 고). ① 속뜻 옛[故] 사람이 됨[作]. ② 죽은 사람을 높여 그의 '죽음'을 이르는 말. ¶그분은 60세에 작고하셨다.

작곡 作曲 (지을 작, 노래 곡). 음악 노래[曲]를 지음[作]. 또는 그 악곡. ¶이 노래는 그가 작곡하였다.

▸ **작곡-가** 作曲家 (사람 가). 음악 작곡(作曲)을 전문으로 하는 사람[家]. ¶헨델은 바로크 음악의 작곡가로 유명하다.

▸ **작곡-계** 作曲界 (지경 계). 작곡가(作曲家)들이 활동하는 사회[界].

▸ **작곡-법** 作曲法 (법 법). 음악 악곡(樂曲)을 창작(創作)하는 기법(技法).

▸ **작곡-자** 作曲者 (사람 자). 음악 작곡(作曲)한 사람[者].

작금 昨今 (어제 작, 이제 금). ① 속뜻 어제[昨]와 오늘[今]. 어제와 이제. ② 요즈음. 요사이.

▸ **작금-양년** 昨今兩年 (두 량, 해 년). 작년(昨年)과 금년(今年)의 두[兩] 해[年].

작년 昨年 (어제 작, 해 년). 지난[昨] 해[年]. ¶작년 겨울.

▸ **작년-도** 昨年度 (정도 도). 지난[昨] 연도(年度).

작농 作農 (지을 작, 농사 농). 농사(農事)를 지음[作].

작답 作畓 (일으킬 작, 논 답). 토지를 개간하여 논[畓]을 만듦[作]. ㊥기답(起畓).

작당 作黨 (일으킬 작, 무리 당). 무리[黨]를 지음[作]. 동아리를 이룸. ㊥작배(作輩).

작도 作圖 (지을 작, 그림 도). ① 속뜻 지도(地圖) 따위를 만듦[作]. ② 주어진 조건을 만족시키는 기하학적 도형을 그림. 또는 그 일.

▸ **작도-법** 作圖法 (법 법). 수학 자와 컴퍼스만을 써서 주어진 조건에 알맞은 선이나 도형을[圖] 그리는[作] 방법(方法). ㊟도법.

작동 作動 (지을 작, 움직일 동). ① 속뜻 기계 따위가 만들어져[作] 움직임[動]. ② 기계의 운동 부분이 움직임. 또는 그 부분을 움직이게 함. ¶감시 카메라가 작동 중이다.

작란 作亂 (일으킬 작, 어지러울 란). 난리(亂離)를 일으킴[作].

작량 酌量 (헤아릴 작, 헤아릴 량). 짐작(斟酌)하여 헤아림[量].

▸ **작량 감:경** 酌量減輕 (덜 감, 가벼울 경). 법률 법률적으로는 특별한 사유가 없더라도 범죄의 정상에 참작할 만한 사유가 있다고 판단되는[酌量] 경우에, 법원이 그 형을 줄이거나[減] 가볍게[輕] 하는 것.

작렬 炸裂 (터질 작, 찢어질 렬). 폭발물 따위가 터져서[炸] 산산이 퍼짐[裂].

작례 作例 (지을 작, 본보기 례). 글을 짓는[作] 데에 본보기가 되는 예문(例文).

작록 爵祿 (벼슬 작, 녹봉 록). 관작(官爵)과 봉록(俸祿). 지위와 봉급.

작명 作名 (지을 작, 이름 명). ① 속뜻 이름[名]을 지음[作]. ② 역사 기병(騎兵)이나 보졸(步卒)이 징발되는 호(戶)에 대한 사람의 수효를 치던 일.

▸작명-가 作名家 (사람 가). 이름[名]을 짓는[作] 일을 전문으로 하는 사람[家]. [비]작명사(作名師).

▸작명-사 作名師 (스승 사). 작명가(作名家).

작문 作文 (지을 작, 글월 문). ① [속뜻]글[文]을 지음[作]. 또는 그 글. ¶겨울에 대해 작문을 하다. ② 기교를 부려 지은 산문(散文). '작자문'(作者文)의 준말. ③ [교육]학습자가 자기의 감상이나 생각을 글로써 표현하는 부문. ¶작문 시간. [비]글짓기.

▸작문-법 作文法 (법 법). 글[文]을 짓는[作] 방법(方法).

▸작문-정치 作文政治 (정사 정, 다스릴 치). ① [속뜻]작문(作文)하는 것처럼 하는 정치(政治). ② '시정(施政) 방침만 늘어놓고 실제로는 시행하지 못하는 정치'를 비유하여 이르는 말.

⁑**작물** 作物 (지을 작, 만물 물). 농사를 지어[作] 얻은 식물(植物). '농작물'(農作物)의 준말. ¶이 지방의 주요 작물은 밀이다.

▸작물-학 作物學 (배울 학). 농작물(農作物)의 품종이나 형태, 재배, 개량 따위를 연구하는 학문(學問).

▸작물 한:계 作物限界 (끝 한, 지경 계). [농업]지형이나 기후 따위에 지배되는, 농작물(農作物)의 재배 한계(限界).

작반 作伴 (일으킬 작, 짝 반). 동행자나 동무[伴]로 삼음[作]. ¶그와 작반이 되었다.

작배 作配 (일으킬 작, 짝 배). 남녀가 서로 짝[配]을 지음[作]. 또는 배필을 정함.

작법 作法 (지을 작, 법 법). ① [속뜻]글을 짓는[作] 방법(方法). ② 법칙을 정함.

작별 作別 (지을 작, 나눌 별). 이별(離別)을 함[作]. 이별의 인사를 나눔. ¶작별 인사 / 친구와 작별하고 기차에 올랐다. [반]상봉(相逢).

작부 酌婦 (술따를 작, 여자 부). 술집에서 손을 접대하며 술을 따르는[酌] 여자[婦].

작비-금시 昨非今是 (어제 작, 아닐 비, 이제 금, 옳을 시). 전[昨]에는 그르다고[非] 여겨지던 것이 지금[今]은 옳게[是] 여겨짐.

작사 作詞 (지을 작, 말씀 사). 가사(歌詞)를 지음[作]. ¶이 노래는 그가 작사·작곡했다.

작설-차 雀舌茶 (참새 작, 혀 설, 차 차). 갓 나온 차나무의 어린 싹을 따서 만든 차. 참새[雀]의 혓바닥[舌]같이 작고 여린 차(茶)라고 해서 붙여진 이름이다.

작성 作成 (지을 작, 이룰 성). 원고, 서류, 계획 따위를 만들어[作] 완성(完成)함. ¶참가 신청서를 작성하십시오.

▸작성-법 作成法 (법 법). 작성(作成)하는 방법(方法).

▸작성-자 作成者 (사람 자). 작성(作成)한 사람[者].

작수-성례 酌水成禮 (술따를 작, 물 수, 이룰 성, 예도 례). ① [속뜻]물[水]을 따라[酌] 혼례(婚禮)를 치름[成]. ② '가난한 집안에서 혼례를 치르는 것'을 비유하여 이르는 말이다.

작시 作詩 (지을 작, 시 시). 시(詩)를 지음[作]. [비]시작(詩作).

▸작시-법 作詩法 (법 법). 시(詩)를 짓는[作] 방법(方法).

작심 作心 (지을 작, 마음 심). 마음[心]을 단단히 지어[作] 먹음. 또는 그 마음. ¶작심을 먹다 / 그는 담배를 끊기로 작심했다.

▸작심-삼일 作心三日 (석 삼, 날 일). ① [속뜻]마음먹은[作心] 것이 삼일(三日) 밖에 못 감. ② '결심이 오래 가지 못함'을 이르는 말. ¶술을 끊겠다는 아빠의 각오는 항상 작심삼일이다.

작약1 芍藥 (함박꽃 작, 약 약). ① [속뜻]함박꽃[芍] 약초(藥草). ② [식물]미나리아재빗과의 백작약, 적작약 등을 통틀어 이르는 말. 함박꽃.

작약2 炸藥 (터질 작, 약 약). 터지[炸]도록 안에 넣어 놓은 화약(火藥).

작약3 雀躍 (참새 작, 뛰어오를 약). 참새[雀]처럼 통통 뛰면서[躍] 기뻐함. ¶흔희작약(欣喜雀躍).

⁑**작업** 作業 (지을 작, 일 업). 일정한 목적과 계획 아래 어떤 일터에서 일[業]을 함[作]. 또는 그 일. ¶단순 작업 / 계획대로 작업하면 내년에 공사가 끝난다.

▸작업-기 作業機 (틀 기). 원동기로부터 동력의 공급을 받아 기계 작업(作業)을 하는 기계(機械)를 통틀어 이르는 말.

▸작업-대 作業臺 (돈대 대). 작업(作業)을 하기에 편리하도록 만든 대(臺).

▸ 작업-등 作業燈 (등불 등). 작업장(作業場)을 밝히기 위하여 켜는 등(燈).

▸ 작업-량 作業量 (분량 량). 일정한 시간에 하는 작업(作業)의 분량(分量). 일의 분량.

▸ 작업-모 作業帽 (모자 모). ① [속뜻] 일할[作業] 때 쓰는 모자(帽子). ② 군인이 일상 근무나 훈련, 작업 때 쓰는 모자. [참] 정모(正帽).

▸ 작업-반 作業班 (나눌 반). 일정한 작업(作業)을 하기 위하여 편성·조직한 반(班).

▸ 작업-복 作業服 (옷 복). 작업(作業)할 때만 입는 옷[服]. ¶아버지의 작업복은 기름때가 끼어 있었다.

▸ 작업-장 作業場 (마당 장). 작업(作業)을 하는 곳[場]. ¶작업장에 안전표지를 해두다. [비] 일터.

▸ 작업-가설 作業假說 (임시 가, 말씀 설). 충분히 실증된 것은 아니나, 연구나 실험[業]을 하기[作] 위하여 잠정적으로 유효한 것으로 간주되는 가설(假說). 작용가설(作用假說).

▸ 작업 검:사 作業檢查 (봉함 검, 살필 사). [심리] 일정한 작업(作業)을 통하여 정신 기능을 파악하는 심리 검사(心理檢查). 경면묘사, 미로 찾기 따위의 도구를 사용한다.

▸ 작업 곡선 作業曲線 (굽을 곡, 줄 선). [심리] 시간에 따른 작업(作業) 성적의 변화를 좌표로 나타낸 곡선(曲線). 이에 근거하여 연습이나 피로 따위의 효과를 검토한다.

▸ 작업 분석 作業分析 (나눌 분, 가를 석). 작업(作業)의 내용, 방법, 재료, 공구 및 설비에 대한 분석(分析).

작연 灼然 (밝을 작, 그러할 연). ① [속뜻] 번쩍이는 빛이 눈부시게[灼] 찬란한 그런[然] 모양. ② 명백함.

작열 灼熱 (사를 작, 뜨거울 열). 불을 사르는[灼]듯한 뜨거움[熱]. ¶작열하는 태양 아래 낙타가 묵묵히 걷고 있다.

***작용** 作用 (지을 작, 쓸 용). ① [속뜻] 어떤 물체가 만들어져[作] 실제로 쓰임[用]. ② [물리] 한 물체의 힘이 다른 물체의 힘에 미치어서 영향을 주는 일. ¶동화작용 / 모든 물체 사이에는 서로 끌어당기는 힘이 작용한다.

▸ 작용-권 作用圈 (범위 권). 물리적 작용(作用)이 미치는 범위[圈].

▸ 작용-량 作用量 (분량 량). ① [속뜻] 작용(作用)하는 물질의 분량(分量). ② 작용의 세기 또는 크기.

▸ 작용-력 作用力 (힘 력). 작용(作用)하는 힘[力].

▸ 작용-면 作用面 (쪽 면). 힘이 작용(作用)하는 면(面).

▸ 작용-선 作用線 (줄 선). [물리] 작용점에서 작용(作用)하는 힘의 방향으로 그은 직선(直線).

▸ 작용-점 作用點 (점 점). [물리] 어떤 물체에 작용(作用)하는 힘이 미치는 한 점(點).

▸ 작용-가설 作用假說 (임시 가, 말씀 설). 충분히 실증된 것은 아니나, 어떤 작용(作用)을 위하여 잠정적으로 유효한 것으로 간주되는 가설(假說). [비] 작업가설(作業假說).

작위[1] 爵位 (벼슬 작, 자리 위). ① [속뜻] 벼슬[爵]과 지위(地位)를 통틀어 이르는 말. ② 작(爵)의 계급.

작위[2] 作爲 (일으킬 작, 할 위). 마음을 먹고[作] 일부러 행동함[爲]. 일부러 하는 행동. [반] 부작위(不作爲).

▸ 작위-령 作爲令 (명령 령). [법률] 특정의 행위(行爲)를 수행하게[作] 하는 행정상의 명령(命令).

▸ 작위-범 作爲犯 (범할 범). [법률] 고의[作爲]로 저지른 범죄(犯罪). 또는 그 범인. [반] 부작위범.

▸ 작위 채:무 作爲債務 (빚 채, 일 무). [법률] 채무자의 적극적 행위[作爲]를 목적으로 하는 채무(債務). [반] 부작위 채무.

▸ 작위 체험 作爲體驗 (몸 체, 겪을 험). [심리] 스스로 하는 생각이나 행위를 모두 남의 조종을 받아 하는[作爲] 것으로 느끼는 체험(體驗).

작의 作意 (지을 작, 뜻 의). 작가가 작품을 창작(創作)하려는 의도(意圖). 또는 창작하려는 작품의 의도.

작일 昨日 (어제 작, 날 일). 어제[昨]의 날[日]. 어제. [반] 명일(明日).

작자 作者 (지을 작, 사람 자). ① [속뜻] 작품을 짓거나[作] 만든 사람[者]. ¶『홍길동전』의 작자는 허균이다. ② 나 아닌 다른 사람을 낮잡아 이르는 말. ¶저 사람, 도대체 뭐 하는 작자야? ③ 물건이나 예술작품을 만드는 사람. '제작자'(製作者)의 준말. ④ 물건을 살 사람. ¶작자가 나서야 팔지. ⓑ독자(讀者).

작작 綽綽 (너그러울 작, 너그러울 작). 빠듯하지 않고 너글너글함[綽+綽].

▸작작 유ː여 綽綽有餘 (있을 유, 남을 여). 빠듯하지 않고[綽綽] 여유(餘裕)가 있음[有]. ⓑ여유작작(餘裕綽綽).

작전 作戰 (일으킬 작, 싸울 전). ① 속뜻 싸움[戰]이나 경기의 대책을 세움[作]. ¶작전을 짜다. ② 군사 일정 기간에 집중적으로 벌이는 군사적 행동을 통틀어 이르는 말. ¶작전 명령 / 이곳은 육군이 작전하고 있는 지역으로 민간인의 출입을 금합니다.

▸작전-지 作戰地 (땅 지). 군사 작전(作戰)의 대상이 되는 지역(地域).

▸작전 계ː획 作戰計劃 (셀 계, 나눌 획). 작전(作戰)을 위한 계획(計劃).

▸작전 목표 作戰目標 (눈 목, 표 표). 작전(作戰) 계획의 수행을 위한 목표(目標).

▸작전 참모 作戰參謀 (참여할 참, 꾀할 모). 군사 부대 작전(作戰)에 관한 사항을 맡아 보는 참모(參謀).

▸작전 행동 作戰行動 (행할 행, 움직일 동). 군사 작전(作戰)을 실행으로 옮기기 위한 현실의 전투 행동(行動).

작정[1] 作定 (일으킬 작, 정할 정). 어떤 일에 대해 마음으로 결정(決定)을 내림[作]. 또는 그 결정. ¶그는 술을 끊기로 작정했다 / 이번 방학에는 터키로 여행 갈 작정이다.

작정[2] 酌定 (헤아릴 작, 정할 정). 어떤 일을 헤아려[酌] 결정(決定)함. 또는 그 결정. ¶무(無)작정 그렇게 하면 안 된다.

작중 인물 作中人物 (지을 작, 가운데 중, 사람 인, 만물 물). ① 문학 작품(作品) 가운데[中] 등장하는 인물(人物). ¶이 소설에서는 작중인물인 '만득이'가 이야기를 서술한다. ② 연영 연극 중에 나오는 인물.

작첩 作妾 (지을 작, 첩 첩). 첩(妾)을 얻음[作]. ¶그는 작첩을 못마땅하게 생각한다.

작춘 昨春 (어제 작, 봄 춘). 지난[昨] 봄[春]. ¶그는 우수한 성적으로 작춘에 졸업을 했고 올봄에 유학을 떠났다.

작취-미성 昨醉未醒 (어제 작, 취할 취, 아닐 미, 깰 성). 어제[昨] 마신 술기[醉]가 아직 깨지[醒] 아니함[未].

작태 作態 (지을 작, 모양 태). ① 속뜻 모양[態]을 꾸밈[作]. ② 꼴불견의 짓거리.

작파 作破 (지을 작, 깨뜨릴 파). ① 속뜻 부수는[破] 일을 함[作]. ② 어떤 계획이나 일을 중도에서 그만두어 버림. ¶건설 자재가 부족하여 공사를 중도에서 작파를 하였다.

작폐 作弊 (일으킬 작, 나쁠 폐). 폐(弊)를 끼침[作]. 폐단이 됨.

⁑**작품** 作品 (지을 작, 물건 품). ① 속뜻 물건[品]을 만듦[作]. 또는 그 만든 물건. ¶새로운 작품을 내놓다. ② 그림, 조각, 소설, 시 등 예술 활동으로 만든 것. ¶피카소의 작품 / 이번 경매에는 새로운 작품이 나왔다.

▸작품-론 作品論 (논할 론). 예술 작품(作品)의 가치에 대하여 비평한 평론(評論).

▸작품-성 作品性 (성질 성). 작품(作品)에 나타난 작가의 창조적 개성(個性).

▸작품-전 作品展 (펼 전). 작품(作品)을 일반에게 보이는 전시회(展示會). ¶졸업 작품전을 보러가다.

▸작품-집 作品集 (모을 집). 작품(作品)을 모아서[集] 엮은 책.

▸작품 가치 作品價值 (값 가, 값 치). 예술 작품(作品)의 예술적 가치(價值).

작풍 作風 (지을 작, 모습 풍). 예술 작품(作品)에 나타난 작가의 독특한 특징이나 분위기[風].

작호 爵號 (벼슬 작, 이름 호). 관작(官爵)의 칭호(稱號). 특히 작위의 칭호를 이른다.

작황 作況 (지을 작, 상황 황). 농업 농사를 지어[作] 잘 되고 못 된 상황(狀況). ¶올해는 복숭아의 작황이 좋지 않다.

▸작황 지수 作況指數 (가리킬 지, 셀 수). 농업 예상되는 작황(作況)을 평년에 비교하여 나타낸 지수(指數).

작흥 作興 (일으킬 작, 흥겨울 흥). 흥겨운[興] 기운을 떨쳐 일으킴[作].

작희 作戲 (일으킬 작, 희롱할 희). 희롱(戲弄)을 하여 방해를 놓음[作]. ¶둘이서 별별 작희를 다 하였다.

잔결 殘缺 (남을 잔, 빠질 결). 일부는 남고[殘] 일부는 없어져[缺] 완전하지 못함. 또는 그 물건.

▸잔결-본 殘缺本 (책 본). 여러 권으로 한 질이 되어 있는 책에서 일부는 남고[殘] 일

부는 없어진[缺] 책[本]이 있음. 또는 그러한 책질.

잔고 殘高 (남을 잔, 높을 고). ① [속뜻] 남은[殘] 것의 높이[高]. ② 나머지 금액. 나머지. ¶예금 잔고를 확인하다 / 통장 잔고가 바닥나다.

잔교 棧橋 (잔도 잔, 다리 교). 계곡에 걸쳐놓아[棧] 허공에 뜬 구름 다리[橋].

잔금 殘金 (남을 잔, 돈 금). ① [속뜻] 남은[殘] 돈[金]. ② 갚다가 덜 갚은 돈. ¶잔금을 치르다.

잔기 殘期 (남을 잔, 때 기). 남은[殘] 기간(期間).

잔당 殘黨 (남을 잔, 무리 당). 패하거나 망하고 남은 무리[黨]. ¶반란군의 잔당까지 모두 잡아들였다. [비]잔도(殘徒), 여당(餘黨).

잔대 盞臺 (잔 잔, 돈대 대). 술잔[盞]을 받치는 받침대[臺]. ¶잔대를 받들어 올리다.

잔도 棧道 (잔도 잔, 길 도). 험한 벼랑에 나무를 잇대어[棧] 만든 길[道].

잔독 殘毒 (해칠 잔, 독할 독). 잔인(殘忍)하고 악독(惡毒)함.

잔등 殘燈 (남을 잔, 등불 등). 밤늦게 심지가 다 타고 남은[殘] 희미한 등불[燈]. ¶어머니는 잔등의 불빛에 편지를 읽어 내려갔다.

잔량 殘量 (남을 잔, 분량 량). 남은[殘] 수량(數量).

잔루[1] 殘淚 (남을 잔, 눈물 루). 눈물[淚]이 흐르고 남은[殘] 자국.

잔루[2] 殘壘 (남을 잔, 진 루). ① [속뜻] 함락되지 않고 남아[殘] 있는 보루(堡壘). ② [운동] 야구에서 그 회(回)의 공격이 끝나 교체할 때, 주자가 누(壘)에 남아 있는 일. 또는 그 누.

잔류 殘留 (남을 잔, 머무를 류). 남아[殘] 머무름[留]. 남아 처져 있음. 뒤에 남음.

▶ 잔류 감:각 殘留感覺 (느낄 감, 깨달을 각). [심리] 감각을 일으키는 자극이 사라진 뒤에도 잠시 남아[殘留] 있는 감각(感覺). [비]잔존 감각(殘存感覺).

▶ 잔류 자:기 殘留磁氣 (자석 자, 기운 기). [물리] 자화력(磁化力)을 제거된 상태에서도 그대로 남아[殘留] 있는 자기(磁氣).

잔망 孱妄 (나약할 잔, 망령될 망). ① [속뜻] 잔약(孱弱)하고 요망(妖妄)함. ② 얄밉도록 맹랑함. 또는 그런 짓. ¶잔망을 떨다 / 잔망을 부리다 / 잔망을 피우다.

잔멸 殘滅 (남을 잔, 없어질 멸). 쇠잔(衰殘)하여 다 없어짐[滅]. [비]잔망(殘亡), 잔폐(殘廢).

잔명 殘命 (남을 잔, 목숨 명). 얼마 남지 않은 쇠잔(衰殘)한 목숨[命].

잔무 殘務 (남을 잔, 일 무). 다 처리하지 못하고 남은[殘] 사무(事務). ¶남아서 잔무를 정리하다.

잔반[1] 殘班 (남을 잔, 나눌 반). 가세가 조금밖에 남지 않은[殘] 양반(兩班). ¶잔반의 후예로 태어났다.

잔반[2] 殘飯 (남을 잔, 밥 반). 먹다 남은[殘] 밥[飯].

잔병 殘兵 (남을 잔, 군사 병). ① [속뜻] 남아[殘] 있는 병사(兵士). ② 패잔병(敗殘兵).

잔본 殘本 (남을 잔, 책 본). 팔다가 남은[殘] 책[本].

잔상 殘像 (남을 잔, 모양 상). ① [속뜻] 지워지지 않고 남아[殘] 있는 지난날의 모습[像]. ¶며칠 전에 본 영화의 잔상이 아직도 뇌리 속에 남아 있다 / 아무리 잊으려 해도 그녀의 잔상은 쉽사리 사라지지 않았다. ② [의학] 외부 자극이 사라진 뒤에도 감각 경험이 지속되어 나타나는 상. 촛불을 한참 바라본 뒤에 눈을 감아도 그 촛불의 상이 나타나는 현상 따위이다.

잔서 殘暑 (남을 잔, 더울 서). 늦여름의 마지막 남은[殘] 더위[暑]. [비]여열(餘熱), 잔염(殘炎).

잔설 殘雪 (남을 잔, 눈 설). 녹다가 남은[殘] 눈[雪]. 또는 이른 봄까지 녹지 아니한 눈. ¶대관령에는 응달마다 잔설이 아직 남아 있다.

잔악 殘惡 (해칠 잔, 악할 악). 잔인(殘忍)하고 악독(惡毒)함.

▶ 잔악-성 殘惡性 (성질 성). 잔악(殘惡)한 성질(性質).

***잔액** 殘額 (남을 잔, 액수 액). 쓰고 남은[殘] 금액(金額). ¶계좌의 잔액을 조회하다 / 이 상품권은 잔액을 환불받을 수 있다.

잔약 孱弱 (나약할 잔, 약할 약). 가냘프고[孱] 약(弱)하다. ¶잔약한 몸 / 잔약한 늙은 이쯤으로 치부하면 안 된다.

잔업 殘業 (남을 잔, 일 업). ① [속뜻] 하다가 남은[殘] 일[業]. ②근무 시간이 끝나고 나서 더 하는 작업.

▸**잔업 수당** 殘業手當 (손 수, 맡을 당). 남은[殘] 일[業]을 하는 대가로 받는 노임[手當].

잔여 殘餘 (남을 잔, 남을 여). 남은 것[殘=餘]. ¶잔여임기가 두 달 밖에 안 남았다.

잔열 殘熱 (남을 잔, 더울 열). ① 속뜻 기세가 조금만 남은[殘] 더위[熱]. 늦여름의 한풀 꺾인 더위. ②남은 신열(身熱). ¶잔열이 가시다.

잔염 殘炎 (남을 잔, 불꽃 염). 여름의 기세가 조금만 남은[殘] 더위[炎]. ⓑ잔서(殘暑).

잔영 殘影 (남을 잔, 그림자 영). ① 속뜻 뒤에 남은[殘] 그림자[影]나 흔적. ②가시지 않은 지난날의 모습.

잔월 殘月 (남을 잔, 달 월). ① 속뜻 새벽녘에 희미하게 남아[殘] 있는 달[月]. ②거의 다 져 가는 달. ¶손톱 같은 잔월.

잔인 殘忍 (해칠 잔, 모질 인). 해치고[殘] 모질게 함[忍]. 인정이 없고 모짊. ¶잔인한 말 / 적군은 아녀자를 잔인하게 살해했다.

▸**잔인-성** 殘忍性 (성질 성). 잔인(殘忍)한 성질(性質).

▸**잔인-박행** 殘忍薄行 (엷을 박, 행할 행). 잔인(殘忍)하고도 야박(野薄)한 짓[行].

잔잔 潺潺 (물 흐르는 소리 잔, 물 흐르는 소리 잔). ① 속뜻 흐르는 물소리가 가늘고 나지막하다[潺+潺]. ¶잔잔한 시냇물 소리. ②내리는 비가 가늘고 조용하다. ¶밖에는 비단실 같은 잔잔한 비가 내리고 있다.

잔재[1] 殘在 (남을 잔, 있을 재). 남아[殘] 있음[在].

잔재[2] 殘滓 (남을 잔, 찌꺼기 재). 남아[殘] 있는 찌꺼기[滓]. ¶일제 강점기의 잔재를 청산하다.

잔적[1] 殘賊 (남을 잔, 도둑 적). 아직 잡지 못하고 남아[殘] 있는 도둑[賊].

잔적[2] 殘敵 (남을 잔, 원수 적). 아직 남아[殘] 있는 적군(敵軍).

잔전 殘錢 (남을 잔, 돈 전). 쓰고 남은[殘] 돈[錢]. ⓑ잔액(殘額).

잔존 殘存 (남을 잔, 있을 존). 없어지지 않고 남아[殘] 있음[存]. ¶잔존 세력 / 잔존 사회주의 국가.

잔질 殘疾 (남을 잔, 병 질). 몸에 남아[殘] 있는 병[疾].

잔편 殘片 (남을 잔, 조각 편). 남은[殘] 조각[片].

잔품 殘品 (남을 잔, 물건 품). 팔거나 쓰거나 먹거나 하다가 남은[殘] 물품(物品).

잔학 殘虐 (해칠 잔, 모질 학). 남을 마구 해치고[殘] 모질게[虐] 굴다. ¶잔학행위 / 밤에 잔학한 내용의 영화를 보면 무서운 꿈을 꾼다. ⓑ잔혹(殘酷).

▸**잔학-성** 殘虐性 (성질 성). 잔학(殘虐)한 성질(性質).

잔해[1] 殘害 (해칠 잔, 해칠 해). 사람과 물건을 해침[殘=害]. '잔인해물'(殘人害物)의 준말.

잔해[2] 殘骸 (남을 잔, 뼈 해). ① 속뜻 썩거나 타다가 남은[殘] 뼈[骸]. ②부서지거나 못 쓰게 되어 남아 있는 물체. ¶무너진 건물의 잔해 아래에서 생존자를 구조했다.

잔향 殘響 (남을 잔, 울릴 향). 물리 발음체(發音體)의 진동이 그친 후에까지 벽이나 천장에 반사되어 남는[殘] 울림[響]. 여향(餘響).

잔혹 殘酷 (해칠 잔, 독할 혹). 성질이나 하는 짓이 잔인(殘忍)하고 몹시 독하다[酷]. ¶잔혹 행위 / 잔혹한 사람.

잔화[1] 殘火 (남을 잔, 불 화). 타고 남은[殘] 불[火]. 꺼져 가는 불.

잔화[2] 殘花 (남을 잔, 꽃 화). ① 속뜻 거의 다 지고 남은[殘] 꽃[花]. ②시들어 가는 꽃.

잔흔 殘痕 (남을 잔, 흉터 흔). 남은[殘] 흔적(痕迹). ¶산골짜기에는 아직 겨울의 잔흔이 채 가시지 않았다.

잠룡 潛龍 (잠길 잠, 용 룡). ① 속뜻 아직 하늘에 오르지 않고 물 속에 잠겨 있는[潛] 용(龍). ②'잠시 왕위에 오르지 않고 이를 피해 숨어 있는 사람 또는 기회를 엿보고 있는 영웅'을 비유하여 이르는 말.

잠망-경 潛望鏡 (잠길 잠, 바라볼 망, 거울 경). 물리 물속에 잠겨[潛] 해상이나 지상의 목표물을 살펴볼[望] 수 있도록 반사경이나 프리즘을 이용하여 만든 망원경(望遠鏡).

잠명송 箴銘頌 (경계할 잠, 새길 명, 기릴 송). 행실을 가르치고 경계하는 글인 잠(箴)과,

마음에 간직하여 생활의 신조로 삼는 글인 명(銘)과, 공덕을 찬양하는 글인 송(頌)을 아울러 이르는 말.

잠몰 潛沒 (잠길 잠, 빠질 몰). 물속에 잠김[潛=沒].

잠별 暫別 (잠깐 잠, 나눌 별). 잠깐[暫] 동안의 이별(離別). 또는 잠깐 동안 이별함.

잠복 潛伏 (잠길 잠, 엎드릴 복). ① 속뜻 물속에 잠겨 있거나[潛] 땅바닥에 엎드려 있음[伏]. ② 겉으로 드러나지 아니함. ¶그는 잠복해 있다가 범인을 잡았다. ③ 의학 병에 감염되어 있으면서도 증상이 겉으로 드러나지 않음. ¶이 병은 잠복 기간이 2주 정도이다.

▸잠복-기 潛伏期 (때 기). 의학 병원체가 체내에 침입하여 발병하기까지 잠복(潛伏)하는 기간(期間). ¶이 병은 잠복기가 짧다.

▸잠복-아 潛伏芽 (싹 아). 식물 식물 줄기의 껍질 밑에 생겨 드러나지 않는[潛伏] 눈[芽]. 보통 때는 여러 해가 지나도 발달하지 않고 있다가, 근처의 가지나 줄기를 자르면 비로소 자라기 시작한다. ㊐숨은눈.

▸잠복 감:염 潛伏感染 (느낄 감, 물들일 염). 의학 증상이 겉으로 드러나지 않게 숨어[潛伏] 있는 감염(感染). 병균이 몸 안에 들어가 잠복기가 지난 후에도 증상이 나타나지 않는다. ㊐불현성 감염(不顯性感染).

▸잠복-근무 潛伏勤務 (부지런할 근, 힘쓸 무). 범인 등을 잡기 위해 몰래 숨어서[潛伏] 지키고 있음[勤務].

▸잠복 유전 潛伏遺傳 (남길 유, 전할 전). 생물 체질, 성질 따위의 열성형질이, 한 대 또는 여러 대에 잠복(潛伏)해 있다가 유전(遺傳)되는 현상. ㊐격세 유전(隔世遺傳).

▸잠복 초소 潛伏哨所 (망볼 초, 곳 소). 군사 보초가 드러나지 않게 숨어서[潛伏] 경계 근무를 하도록 지정된 초소(哨所).

잠봉 暫逢 (잠깐 잠, 만날 봉). 잠시(暫時) 서로 만나[逢] 봄.

잠사 蠶絲 (누에 잠, 실 사). 누에고치[蠶]에서 뽑은 실[絲].

▸잠사-업 蠶絲業 (일 업). 양잠(養蠶)이나 실[絲]을 잣는 따위의 일[業]을 통틀어 이르는 말.

잠사-총 潛射銃 (숨길 잠, 쏠 사, 총 총). 군사 참호와 같은 은폐물에 숨어서[潛] 목표물을 쏠[射] 수 있도록 잠망경 따위를 장치한 총(銃).

잠상[1] 潛商 (숨길 잠, 장사 상). 법령으로 금지하고 있는 물건을 몰래[潛] 팔고 사는 상(商)거래. 또는 그 장수. ¶그 지방은 잠상들이 몰려들어 늘 흥청거렸다.

잠상[2] 潛像 (숨길 잠, 모양 상). ① 속뜻 감추어져[潛] 있는 모습[像]. ② 연영 건판이나 필름의 감광막에 빛의 작용으로 해서 생기기는 하였으나, 아직 현상하기 전이기 때문에 눈으로 볼 수 없는 상.

잠상[3] 蠶桑 (누에 잠, 뽕나무 상). 누에[蠶]와 뽕[桑].

잠성[4] 潛性 (숨길 잠, 성질 성). 생물 유전하는 형질에서 첫 세대에서는 나타나지 않고 잠복(潛伏)해 있다가, 그 후의 대에서 나타나는 성질(性質). 열성(劣性).

잠-세력 潛勢力 (숨길 잠, 권세 세, 힘 력). 겉으로 드러나지 않는[潛] 세력(勢力).

잠수 潛水 (잠길 잠, 물 수). 물[水]속으로 잠김[潛]. ¶해녀는 잠수하여 전복을 따왔다.

▸잠수-관 潛水冠 (갓 관). 잠수부가 잠수(潛水)해서 일할 때 쓰는 구리나 쇠붙이로 만든 모자[冠].

▸잠수-교 潛水橋 (다리 교). 큰물이 났을 때에는 물[水]에 잠기는[潛] 다리[橋].

▸잠수-군 潛水軍 (군사 군). 역사 잠수(潛水)하여 공사를 하던 군졸(軍卒).

▸잠수-병 潛水病 (병 병). 의학 물밑과 물위의 심한 기압의 차로 말미암아 잠수부(潛水夫)에게 흔히 나타나는 갖가지 신체적 장애[病]를 통틀어 이르는 말.

▸잠수-복 潛水服 (옷 복). 물[水]속으로 들어갈[潛] 때 입는 특수한 옷[服].

▸잠수-부 潛水夫 (사나이 부). 잠수복을 입고 물[水]속에 들어가서[潛] 작업을 하는 사람[夫].

▸잠수-정 潛水艇 (거룻배 정). ① 속뜻 바다 밑으로 잠수(潛水)할 수 있는 작은 배[艇]. ② 군사 항해 속도가 빠른 소형의 잠수함. ㊐잠항정(潛航艇).

▸잠수-함 潛水艦 (싸움배 함). 군사 바다 밑으로 잠수(潛水)할 수 있는 전투함(戰鬪

艦).

▸잠수 모:함 潛水母艦 (어머니 모, 싸움배 함). ① 속뜻 여러 잠수함(潛水艦)의 모체(母體)가 되는 함정(艦艇). ② 군사 잠수 함대에서 잠수함을 지휘하는 군함. 휴양 시설을 갖추고 있으며, 잠수함에 연료, 식량 따위를 공급한다.

▸잠수 어로 潛水漁撈 (고기잡을 어, 잡을 로). 잠수(潛水)하여 수산물을 잡거나 채취하는 일[漁撈].

***잠:시** 暫時 (잠깐 잠, 때 시). 잠깐[暫] 동안[時]. ¶잠시 후에 다시 오겠다. ⓑ잠깐.

▸잠:시-간 暫時間 (사이 간). 잠깐[暫時] 동안[間]. 오래지 않은 짧은 동안. ㊞잠시. ⓑ수유(須臾), 편시(片時).

잠식 蠶食 (누에 잠, 먹을 식). 누에[蠶]가 뽕잎을 먹듯이[食] 점차 조금씩 침략하여 먹어 들어감. ¶외국 자본의 국내 시장 잠식이 우려되고 있다.

잠신 潛身 (숨길 잠, 몸 신). ① 속뜻 몸[身]을 숨기어[潛] 나타나지 아니함. ② 어떤 활동에 참여할 만한 사람이 몸을 사리어 나타나지 아니함.

잠실 蠶室 (누에 잠, 방 실). ① 속뜻 누에[蠶]를 치는 방[室]. ② 역사 중국에서, 궁형에 처할 죄인을 가두던 감옥. 바람이 전혀 통하지 않는 밀실로 되어 있었다.

잠언 箴言 (경계할 잠, 말씀 언). ① 속뜻 사람이 살아가는 데 교훈이 되고 경계가 되는[箴] 짧은 말[言]. ② 기독교 구약 성서 중의 한 편. 솔로몬과 현자들의 지혜로운 말을 모아 엮은 내용이다.

잠업 蠶業 (누에 잠, 일 업). 농업 누에[蠶]를 치는 사업(事業). '양잠업'의 준말.

잠열 潛熱 (숨길 잠, 더울 열). ① 속뜻 겉으로 나타나지 않고 속에 숨어[潛] 있는 열(熱). ② 물리 고체가 액체로, 액체가 기체로 변할 때 온도 상승의 효과를 나타내지 않고 단순히 물질의 상태를 바꾸는 데 쓰는 열.

잠영[1] 潛泳 (잠길 잠, 헤엄칠 영). 운동 몸을 물 위로 드러내지 않고 물속에서만[潛] 헤엄치는[泳] 일.

잠영[2] 潛影 (숨길 잠, 그림자 영). ① 속뜻 그림자[影]를 감춤[潛]. ② 얼씬도 아니함. ③ 어떤 무늬나 빛깔 따위가 잠긴 듯이 은근히 드러나는 일. 또는 그런 상태.

잠입 潛入 (잠길 잠, 들 입). ① 속뜻 물속에 잠기어[潛] 들어감[入]. ② 몰래 숨어 들어감. ¶간첩의 잠입을 철저히 막아야 한다.

▸잠입-자 潛入者 (사람 자). 몰래 숨어[潛] 들어온[入] 사람[者].

잠잠 潛潛 (잠길 잠, 잠길 잠). ① 속뜻 고요히 잠기다[潛+潛]. ② 아무 소리도 없이 조용하다. ¶비바람이 그치자 파도가 잠잠해졌다. ③ 말이 없이 가만히 있다. ¶한동안 잠잠하더니.

잠재 潛在 (잠길 잠, 있을 재). 속에 잠기어[潛] 있음[在]. 겉에 드러나지 않고 숨어 있음. ¶잠재 능력 / 한국은 성장할 수 있는 힘이 잠재되어 있다.

▸잠재-력 潛在力 (힘 력). 겉으로 드러나지 않고 속에 숨어 있는[潛在] 힘[力]. ¶아름이는 예술적 잠재력이 있다.

▸잠재-부 潛在符 (맞을 부). 언어 숨김표, 빠짐표, 줄임표 따위의 글을 숨기는[潛在] 문장 부호(符號).

▸잠재-적 潛在的 (것 적). 겉으로 드러나지 않고 잠재(潛在)하는 것[的].

▸잠재 수요 潛在需要 (쓰일 수, 구할 요). 경제 현금의 뒷받침 없이 잠재(潛在) 구매력만을 가지는 수요(需要). ㊟유효 수요(有效需要).

▸잠재 실업 潛在失業 (잃을 실, 일 업). 겉으로 드러나지 않은[潛在] 실업(失業). 실제로 직장을 잃지는 않았지만, 취업이 불안정하거나, 능력보다 못한 직장을 다니고 있는 상태를 이른다.

▸잠재 유전 潛在遺傳 (남길 유, 전할 전). 생물 열성 유전자가 우성 유전자와 결합한 상태에서 겉으로 그 형질이 드러나지 않는[潛在] 유전자(遺傳子).

▸잠재-의:식 潛在意識 (뜻 의, 알 식). 심리 겉으로 드러나지 못하고 감추어져 있는[潛在] 의식(意識) 상태. 어떤 경험을 한 후, 그 경험과 관련된 사물·사건·사람·동기 따위와 같은 것을 일시적으로 의식하지 못하다가 필요할 때에 다시 의식할 수 있다. ⓑ부의식(副意識).

▸잠재 통화 潛在通貨 (통할 통, 돈 화). 경제 시장에 나타나지 않은[潛在] 통용(通用) 화폐(貨幣). 중앙은행에 맡긴 정부 및

민간의 당좌 예금. 현재는 유통되고 있지 않으나 언제라도 출금하여 통화(通貨)로 할 수 있다.

잠적 潛跡 (=潛迹, 숨길 잠, 발자취 적). 발길[跡]을 아주 숨김[潛]. ¶사건 이후 그녀가 잠적했다.

잠정 暫定 (잠깐 잠, 정할 정). 잠깐[暫] 임시로 정(定)함. ¶잠정 합의 / 잠정 예산.

▸잠정-적 暫定的 (것 적). 우선 임시로[暫] 정(定)한 것[的]. ¶양측은 잠정적으로 협상안에 합의했다.

▸잠정 예:산 暫定豫算 (미리 예, 셀 산). 법률 한 회계 연도 개시 전까지 입법부에서 본예산이 의결되지 않을 경우 잠정적(暫定的)으로 사용할 수 있는 예산(豫算). 가예산(假豫算).

▸잠정 조약 暫定條約 (조목 조, 묶을 약). 정치 우선 임시[暫]로 체결하는[定] 조약(條約). ⑪가조약(假條約).

잠종 蠶種 (누에 잠, 씨 종). 농업 ①누에[蠶] 씨[種]. ¶잠종 검사. ②누에의 품종.

잠통 潛通 (숨길 잠, 통할 통). ①속뜻 몰래[潛] 내통(內通)함. ②몰래 간통(姦通)함.

잠함 潛函 (잠길 잠, 상자 함). ①[속뜻]땅 속에 가라앉히는[潛] 상자[函]. ②건축 토목건축의 기초 공사를 할 때에 압착 공기를 보내어 지하수가 솟는 것을 막으면서, 그 속에서 작업할 수 있게 철근 콘크리트로 만든 상자.

잠항 潛航 (숨길 잠, 건널 항). ①속뜻 잠수함 따위가 물속으로 숨어서[潛] 항행(航行)함. ②몰래 항해함.

▸잠항-정 潛航艇 (거룻배 정). 군사 물속으로 숨어서[潛] 항행(航行)하는 소형의 잠수함[艇].

잠행 潛行 (잠길 잠, 갈 행). ①속뜻 물속으로 잠기어서[潛] 나아감[行]. ②숨어서 남몰래 다님.

▸잠행 운:동 潛行運動 (돌 운, 움직일 동). 사회 비합법적으로 숨어서[潛] 하는[行] 사회 운동(運動)이나 정치 운동. ⑪지하 활동(地下活動), 지하 운동(地下運動).

잠혈 潛血 (숨길 잠, 피 혈). 화학적 검사에 의해서만 알 수 있는 겉으로는 알 수 없는[潛] 매우 적은 양의 출혈(出血).

잡가[1] 雜家 (섞일 잡, 사람 가). 중국 춘추 전국 시대의 제자백가(諸子百家)의 한 가지. 유가(儒家), 묵가(墨家), 명가(名家), 법가(法家) 등 제가(諸家)의 설(說)을 종합한[雜] 학설. 또는 그 학파[家]를 이르던 말.

잡가[2] 雜歌 (어수선할 잡, 노래 가). ①속뜻 잡(雜)스럽고 속된 노래[歌]. ②문학 조선 말기에 평민들이 지어 부르던 노래.

잡감 雜感 (어수선할 잡, 느낄 감). 잡다(雜多)한 느낌[感].

잡객 雜客 (어수선할 잡, 손 객). 대수롭지 않은[雜] 손님[客].

잡거 雜居 (섞일 잡, 살 거). ①속뜻 갖가지 사람들이나 여러 나라의 사람들이 한데 섞여서[雜] 삶[居]. ②교도소에서, 한 감방 안에 여러 재소자가 섞여 지내는 일. ⑪혼거(混居).

▸잡거-제 雜居制 (정할 제). 법률 두 사람 이상의 재소자를 잡거(雜居)시키는 제도(制度). ⑳독방제(獨房制).

▸잡거-지 雜居地 (땅 지). 법률 여러 나라의 사람들이 한데 섞여[雜] 사는[居] 지역(地域).

▸잡거 구금 雜居拘禁 (잡을 구, 금할 금). 법률 두 사람 이상의 범죄인을 한곳[雜居]에 가두어 둠[拘禁].

잡-계정 雜計定 (섞일 잡, 셀 계, 정할 정). 경제 항목에 해당하지 않거나[雜] 독립된 과목을 설정할 만큼 크지 못한 거래를 처리하는 계정(計定).

잡곡 雜穀 (섞일 잡, 곡식 곡). 쌀 이외의 다른 곡식(穀食)을 섞은[雜] 것. 또는 그 곡식. ¶나는 잡곡을 넣어 지은 밥을 좋아한다.

잡과 雜科 (섞일 잡, 과목 과). 역사 고려·조선 때, 기술관직[雜]을 뽑던 과거(科擧).

잡귀 雜鬼 (섞일 잡, 귀신 귀). 온갖 잡다(雜多)한 귀신(鬼神). ¶어머니는 팥죽을 대문 앞에 뿌려 잡귀를 쫓았다. ⑪객귀(客鬼), 객신(客神), 잡신(雜神).

잡균 雜菌 (섞일 잡, 세균 균). ①속뜻 여러 가지가 섞인[雜] 세균(細菌). ②생물 미생물 따위를 배양할 때, 외부로부터 섞여 들어가서 자라는 세균.

잡급 雜給 (섞일 잡, 줄 급). 일정한 급료 이외에 잡일[雜]로 더 받는[給] 돈.

잡기¹ 雜技 (섞일 잡, 재주 기). ① 속뜻 여러 가지 자질구레한[雜] 기예(技藝). ¶그는 잡기에 능한 편이다. ② 여러 가지 잡된 노름. ¶그는 잡기를 하다가 재산을 모두 잃었다. ㊥외기(外技).

잡기² 雜器 (섞일 잡, 그릇 기). ① 속뜻 잡다(雜多)한 그릇[器]. 잡구(雜具). ② 신령에게 공물을 바칠 때 쓰는 작은 나무 접시.

잡기³ 雜記 (섞일 잡, 기록할 기). 여러 가지 자질구레한[雜] 일들을 기록(記錄)함. 또는 그 기록. ㊟잡록(雜錄), 잡필(雜筆).

▶ 잡기-장 雜記帳 (장부 장). 여러 가지 잡스런[雜] 것을 적은[記] 공책이나 장부[帳].

잡념 雜念 (섞일 잡, 생각 념). ① 속뜻 머릿속에 뒤엉켜 있는[雜] 여러 가지 생각[念]. ¶잡념이 떠올라서 공부를 할 수가 없다. ② 여러 가지 옳지 못한 생각. ㊥객려(客慮).

잡다 雜多 (섞일 잡, 많을 다). 여러[多] 가지가 뒤섞여[雜] 너저분하다. ¶잡다한 생각 / 잡화점 선반에는 온갖 물건이 잡다하게 쌓여 있었다.

잡담 雜談 (섞일 잡, 말씀 담). 이런저런 얘기를 섞어[雜] 쓸데없이 하는 말[談]. ¶아낙들이 우물가에서 잡담을 나누고 있다.

잡답 雜沓 (섞일 잡, 끓을 답). 사람이 많이 몰리고 섞이고[雜] 붐빔[沓]. ㊥분답(紛沓).

잡록 雜錄 (섞일 잡, 기록할 록). 여러 가지 일을 질서 없이[雜] 기록(記錄)함. ¶잡록만 몇 가지 남아 있을 뿐이다. ㊥잡기(雜記).

잡목 雜木 (섞일 잡, 나무 목). 여러 종류가 뒤섞인[雜] 나무[木]. ¶그곳은 잡목이 무성하다.

잡무 雜務 (섞일 잡, 일 무). 갖가지 자질구레한[雜] 일[務].

잡문 雜文 (섞일 잡, 글월 문). 잡스러운[雜] 내용의 글[文].

잡물 雜物 (어수선할 잡, 만물 물). ① 속뜻 하찮은[雜] 여러 가지 물건(物件). ② 어떤 물질 속에 섞여 있는, 필요 없거나 해로운 물질.

잡배 雜輩 (섞일 잡, 무리 배). 잡(雜)된 무리[輩]. ¶모두가 당당한 사람들이지, 잡배는 없었습니다.

잡범 雜犯 (섞일 잡, 범할 범). 정치범 이외의 여러 가지[雜] 범죄(犯罪). 또는 그 죄를 범한 사람.

잡병 雜病 (섞일 잡, 병 병). 갖가지 잡스러운[雜] 병(病).

잡부 雜夫 (섞일 잡, 사나이 부). 자질구레한[雜] 일을 하는 인부(人夫). ㊥잡역부(雜役夫).

잡부-금 雜賦金 (섞일 잡, 구실 부, 돈 금). 기본 부과금 이외에 여러 가지 잡다(雜多)한 구실[賦]로 물리는 돈[金].

잡비 雜費 (섞일 잡, 쓸 비). 여러 가지 비용(費用)을 섞어 놓은[雜] 것. 또는 그 비용. ¶이번 달은 잡비가 꽤 많이 들었다. ㊥잡용(雜用).

잡사 雜事 (섞일 잡, 일 사). 여러 가지의 자질구레한[雜] 일[事].

잡상 雜像 (섞일 잡, 모양 상). 궁전이나 전각의 지붕 위 네 귀에 여러 가지[雜] 신상(神像)을 새겨 얹는 장식 기와.

잡-상인 雜商人 (섞일 잡, 장사 상, 사람 인). 잡다(雜多)한 물건을 들고 다니면서 장사하는[商] 사람[人]. ¶잡상인 출입 금지.

잡색 雜色 (섞일 잡, 빛 색). ① 속뜻 여러 가지 빛이 뒤섞인[雜] 빛깔[色]. ② 뒤섞여 있는 온갖 것. ③ 민속 풍물놀이와 민속놀이에서 정식 구성원이 아니지만 놀이의 흥을 돋우기 위하여 등장하는 사람.

▶ 잡색-군 雜色軍 (군사 군). 역사 조선 때, 생원·진사·향리·교생·장인·공사천 따위의 여러 신분[雜色]의 사람들을 모아 형식적으로 조직한 군대(軍隊).

잡서 雜書 (섞일 잡, 책 서). ① 속뜻 대수롭지 않은[雜] 책[書]. ② 여러 가지 사실을 되는 대로 모아 엮은 책.

잡석 雜石 (섞일 잡, 돌 석). 토목, 건축 따위에 쓰는 자질구레한[雜] 돌[石].

잡설 雜說 (섞일 잡, 말씀 설). 여러 가지 잡다한[雜] 이야기[說]나 여론.

잡성-화 雜性花 (섞일 잡, 성별 성, 꽃 화). 식물 한 나무에 여러[雜] 가지 성(性)의 꽃[花]이 섞여 핌. 암꽃과 수꽃이 함께 핌. ㊥다성화(多性花).

잡세 雜稅 (섞일 잡, 세금 세). ① 속뜻 여러 가지 자질구레한[雜] 세금(稅金). ② 법률 '잡종세'(雜種稅)의 준말.

잡-소득 雜所得 (섞일 잡, 것 소, 얻을 득). 여러 가지 잡다(雜多)한 소득(所得).

잡-수당 雜手當 (섞일 잡, 손 수, 맡을 당). 여러 가지 자질구레한[雜] 수당(手當).

잡-수입 雜收入 (섞일 잡, 거둘 수, 들 입). ① [속뜻] 장부에 두드러진 명목의 계정이 없는 자질구레한[雜] 수입(收入). ② 정상적인 수입 이외의 이럭저럭 생기는 수입.

잡식 雜食 (섞일 잡, 먹을 식). ① [속뜻] 여러 가지 음식을 가리지 않고[雜] 마구 먹음[食]. ② 동물성 먹이나 식물성 먹이를 두루 먹음. ¶잡식 동물.

▶ 잡식-성 雜食性 (성질 성). [동물] 동물성 먹이와 식물성 먹이를 가리지 않고[雜] 먹고 사는[食] 동물의 습성(習性). ¶돼지는 잡식성의 동물이다. [참]식성(食性).

▶ 잡식 동:물 雜食動物 (움직일 동, 만물 물). [동물] 동물성 먹이와 식물성 먹이를 가리지 않고[雜] 먹고사는[食] 동물(動物).

잡신 雜神 (섞일 잡, 귀신 신). 잡다한[雜] 귀신(鬼神). [비]객귀(客鬼), 객신(客神), 잡귀(雜鬼).

잡심 雜心 (어수선할 잡, 마음 심). 어수선한[雜] 마음[心].

잡어 雜魚 (섞일 잡, 물고기 어). 여러 가지 자질구레한[雜] 물고기[魚]. ¶값싼 잡어들만 잔뜩 잡았다.

잡언 雜言 (섞일 잡, 말씀 언). [문학] 잡언고시(雜言古詩).

▶ 잡언-체 雜言體 (모양 체). [문학] 글자 수에 일정한 규정이 없는[雜言] 시체(詩體).

▶ 잡언-고시 雜言古詩 (옛 고, 시 시). [문학] 글자 수에 일정한 규정이 없는[雜言] 형식으로 쓰여진 고시(古詩).

잡역 雜役 (섞일 잡, 부릴 역). ① [속뜻] 공역 이외의 여러[雜] 가지 부역(負役). ② 갖가지 자질구레한 일.

▶ 잡역-부 雜役夫 (지아비 부). 잡역(雜役)에 종사하는 인부(人夫). [준]잡부.

▶ 잡역-선 雜役船 (배 선). 잡역(雜役)에 쓰이는 배[船].

잡용 雜用 (섞일 잡, 쓸 용). ① [속뜻] 일상의 자질구레한[雜] 씀씀이[用]. ② 잡비(雜費).

잡음 雜音 (섞일 잡, 소리 음). ① [속뜻] 여러 가지 뒤섞인[雜] 소리[音]. ¶라디오에서 잡음이 심하게 난다. ② 어떤 일에 대하여 비판하는 말이나 소문. ¶그는 지금까지 아무 잡음 없이 회사를 이끌어 왔다.

잡인 雜人 (섞일 잡, 사람 인). 그 장소나 그 일에 관계가 없는[雜] 사람[人].

잡저 雜著 (섞일 잡, 지을 저). ① [문학] 서(序)·기(記)·잠(箴)·명(銘)·부(賦)·표(表)·책(策) 이외의 한문으로 된 갖가지[雜] 저술(著述). ② 잡다한 의견이나 감상을 되는 대로 모은 책.

잡제 雜題 (섞일 잡, 문제 제). ① [속뜻] 잡다(雜多)한 여러 가지 문제(問題). ② 갈피를 잡을 수 없게 단 제목. ③ [문학] 일정한 제목도 없이 여러 가지 내용을 적은, 대수롭지 않은 한시.

잡종 雜種 (섞일 잡, 갈래 종). ① [속뜻] 여러 가지가 섞인 잡다(雜多)한 종류(種類). ② [생물] 품종이 다른 암수의 교배로 생긴 유전적으로 순수하지 못한 생물체. ¶이 개는 잡종이다. [반]순종(純種).

▶ 잡종-법 雜種法 (법 법). [생물] 우수한 잡종(雜種)을 만드는 방법(方法).

▶ 잡종-세 雜種稅 (세금 세). [법률] 상공업 이외의 영업이나 물품에 부과하는 여러 가지[雜種] 세금(稅金).

▶ 잡종 강세 雜種強勢 (강할 강, 세력 세). [생물] 잡종(雜種) 제1세대가 몸의 크기, 번식력, 내성(耐性) 등의 조건에서 어버이보다 뛰어난[強勢] 현상.

▶ 잡종 경:기 雜種競技 (겨룰 경, 재주 기). [운동] 정식의 육상 경기가 아닌 줄다리기 따위의 여러 가지[雜種] 경기(競技).

▶ 잡종 형성법 雜種形成法 (모양 형, 이룰 성, 법 법). [생물] 품종이 다른 종류(種類)의 식물과 섞어[雜] 인공으로 가루받이하여 우수한 개체로 만드는[形成] 품종 개량 방법(方法).

잡증 雜症 (섞일 잡, 증세 증). [의학] 주된 병 이외에 일어나는 여러 가지[雜] 증상(症狀).

잡지 雜誌 (섞일 잡, 기록할 지). ① [속뜻] 여러 가지 내용의 기록[誌]을 한데 섞어[雜] 모은 것. ② 각종 원고를 모아 정기적으로 간행되는 출판물. ¶과학 잡지.

▸ **잡지-사** 雜誌社 (회사 사). 잡지(雜誌)를 편집·간행하는 출판사(出版社).

▸ **잡지-책** 雜誌冊 (책 책). 다양한 내용[雜誌]을 정기적으로 간행하는 출판물[冊]. ㊂ 잡지.

잡직 雜職 (섞일 잡, 일 직). 역사 조선 시대에, 의학·역학·음양학·율학·산학 따위의 잡무(雜務)를 맡아보던 관직(官職).

잡채 雜菜 (섞일 잡, 나물 채). 나물[菜]이나 채 썬 고기 등을 볶아서 섞어[雜] 놓은 음식.

잡초[1] 雜抄 (섞일 잡, 뽑을 초). 여러[雜] 가지 것을 추려 뽑아[抄] 놓음. 또는 그렇게 만든 책.

잡초[2] 雜草 (섞일 잡, 풀 초). 여러 가지 쓸모없는 풀[草]이 뒤섞여[雜] 있음. 또는 그런 풀. ¶논에 잡초를 뽑다. ㊥잡풀.

잡칙 雜則 (섞일 잡, 법 칙). 여러 가지 자질구레한[雜] 규칙(規則).

잡탕 雜湯 (섞일 잡, 끓을 탕). ① 속뜻 쇠고기, 해삼, 전복, 채소, 무 등의 여러[雜] 가지 재료를 삶아 썰어 넣고 양념과 고명을 하여 끓인 탕국[湯]이나 볶은 음식. ② '난잡한 모양이나 사물' 또는 '난잡한 행동'을 하는 사람을 이르는 말.

잡품 雜品 (섞일 잡, 물건 품). 여러 가지 자질구레한[雜] 물품(物品).

잡필 雜筆 (섞일 잡, 글씨 필). 여러 가지 자질구레한[雜] 일들을 적은 글[筆]. ㊥잡기(雜記).

잡화 雜貨 (섞일 잡, 재물 화). 잡다(雜多)한 상품[貨]. ¶잡화는 저쪽에서 팝니다.

▸ **잡화-상** 雜貨商 (장사 상). 여러[雜] 가지 일용품[貨]을 파는 장사[商]. 또는 그 장수나 상점.

장가 長歌 (길 장, 노래 가). 문학 시조와는 달리 길이나 편수에 제한 없이 형식이 긴[長] 시가(詩歌)를 통틀어 이르는 말. 가사, 잡가, 경기체가 따위. ㊤단가(短歌).

장각 長脚 (길 장, 다리 각). 긴[長] 다리[脚].

장각-과 長角果 (길 장, 뿔 각, 열매 과). 식물 열과(裂果) 중에서 열매가 긴[長] 뿔[角] 모양으로 맺히는 열매[果]. ㊤단각과(短角果).

장:갑[1] 掌匣 (손바닥 장, 상자 갑). 손을 보호하거나 추위를 막기 위하여 천이나 실 또는 가죽 따위로 만들어 손[掌]에 끼는 갑(匣) 같은 물건. ¶장갑을 끼다.

장갑[2] 裝甲 (꾸밀 장, 갑옷 갑). ① 속뜻 갑(甲)옷 같이 단단하게 꾸밈[裝]. ② 선체(船體)·차체(車體) 따위를 특수한 강철판으로 둘러쌈. 또는 그 강철판.

▸ **장갑-판** 裝甲板 (널빤지 판). 장갑(裝甲)하는 데 쓰는 강철판(鋼鐵板).

▸ **장갑-차** 裝甲車 (수레 차). 군사 겉에 강철판 등을 덧댄[裝甲] 차량(車輛). 인원을 수송하거나 보병이 전투할 때 사용한다.

▸ **장갑-함** 裝甲艦 (싸움배 함). 강철판으로 장갑(裝甲)한 군함(軍艦). ㊥갑철함(甲鐵艦).

▸ **장갑 부대** 裝甲部隊 (나눌 부, 무리 대). 군사 주로 기계화된 장갑(裝甲) 차량으로 편성된 육군의 지상 부대(部隊).

▸ **장갑 열차** 裝甲列車 (벌일 렬, 수레 차). 군사 장갑(裝甲)판과 화포 등으로 중무장한 철도[列] 차량(車輛).

▸ **장갑 차량** 裝甲車輛 (수레 차, 수레 량). 군사 전차, 장갑차, 자주포 따위의 차륜식 차량이나 무한궤도 차량으로서 장갑(裝甲)이 된 전투용 특수 차량(車輛)을 통틀어 이르는 말.

▸ **장갑 자동차** 裝甲自動車 (스스로 자, 움직일 동, 수레 차). 군사 선회 포탑(旋回砲塔) 및 고정식 또는 반고정식 총포 따위로 무장하고, 전체를 강철판으로 둘러싼[裝甲] 차륜식(車輪式) 차량[自動車]. ㊟장갑차.

장강 長江 (길 장, 강 강). ① 속뜻 물줄기가 긴[長] 강(江). ② 중국에서 '양자강'(揚子江)의 본래 이름.

장:거 壯擧 (장할 장, 들 거). 장(壯)하고 대단한 거사(擧事). ㊥성거(盛擧).

장-거리 長距離 (길 장, 떨어질 거, 떨어질 리). 멀고 긴[長] 거리(距離). ¶장거리 운전 / 나는 장거리 육상선수였다. ㊥원거리(遠距離). ㊤단거리(短距離).

▸ **장거리-포** 長距離砲 (대포 포). 군사 먼 곳을 포격할 수 있도록 만든, 사격 거리(距離)가 긴[長] 대포(大砲).

▸ **장거리 경:주** 長距離競走 (겨룰 경, 달릴 주). 운동 길이가 긴[長] 거리(距離)를 달

려[走] 빠르기를 겨루는[競] 운동.

▸장거리 전:화 長距離電話 (전기 전, 말할 화). 통신 일반 가입 구역 밖인 특정의 먼[長] 구역[距離]과 통화하는 전화(電話).

장검 長劍 (길 장, 칼 검). 예전에 허리에 차던 긴[長] 칼[劍]. ¶장군은 허리에 장검을 차고 있었다.

장경 長徑 (길 장, 지름길 경). 긴[長] 지름[徑]. ㊀단경(短徑).

장:계 狀啓 (문서 장, 아뢸 계). 역사 감사나 왕명으로 지방에 파견된 벼슬아치가 왕에게 문서[狀]를 써서 올리던 보고[啓].

장고 長考 (길 장, 생각할 고). 장시간(長時間) 골똘히 생각함[考].

장골 長骨 (길 장, 뼈 골). 길고[長] 굵은 뼈[骨].

장:골[1] 壯骨 (씩씩할 장, 뼈 골). 장대(壯大)한 골격(骨格). 또는 그런 골격의 사람.

장:골[2] 掌骨 (손바닥 장, 뼈 골). 손바닥[掌]을 이루는 다섯 개의 뼈[骨].

장공 長空 (길 장, 하늘 공). 끝없이 높고 먼[長] 공중(空中). ¶전설의 새인 봉새는 한번에 구만 리 장공을 난다고 한다.

장과 漿果 (음료 장, 열매 과). ① 속뜻 음료[漿]를 만드는 데 쓰이는 과일[果]. ② 식물 과육과 액즙이 많고 속에 씨가 들어 있는 과실. 감, 귤, 포도 따위가 있다.

장:관[1] 壯觀 (씩씩할 장, 볼 관). ① 속뜻 굉장(宏壯)하여 볼만한 경관(景觀). ¶서울의 야경은 어디에도 비길 수 없는 장관이다. ② 하는 짓이나 겉모습이 차마 볼 수 없을 정도로 우습고 거슬림. ¶주사를 부리는 그의 모습은 정말 장관이었다. ㊥위관(偉觀), 꼴불견.

장:관[2] 長官 (어른 장, 벼슬 관). 법률 국무를 맡아보는 행정 각부의 으뜸[長] 관리(官吏). ¶교육부 장관.

장:관[3] 將官 (장수 장, 벼슬 관). ① 속뜻 군사[將]를 지휘하는 벼슬[官]. 장수(將帥). ② 군사 장성(將星)급의 고급 장교를 통틀어 이르는 말.

장:관[4] 腸管 (창자 장, 대롱 관). ① 속뜻 대롱[管] 같은 창자[腸]. ② 의학 섭취한 음식물을 소화하고 흡수하는 대롱 모양의 기관을 통틀어 이르는 말. 소화관.

장광 長廣 (길 장, 넓을 광). 길이[長]와 넓이[廣].

▸장광-도 長廣刀 (칼 도). 날이 길고[長] 폭이 넓은[廣] 칼[刀].

▸장광-설 長廣舌 (혀 설). ① 속뜻 길고[長] 넓은[廣] 혀[舌]. ② 유창한 말솜씨. ③ 쓸데없이 장황하게 늘어놓는 말.

장:교 將校 (거느릴 장, 부대 교). ① 속뜻 부대[校]를 거느림[將]. ② 군사 육해공군의 소위 이상의 무관을 통틀어 이르는 말. ③ 역사 조선 때, 각 군영과 지방 관아의 군무에 종사하던 낮은 벼슬아치를 통틀어 이르던 말. ㊜사병(士兵).

▸장:교-단 將校團 (모일 단). 장교(將校)들로 구성된 단체(團體).

장구[1] 長久 (길 장, 오랠 구). 매우 길고[長] 오래다[久]. ¶우리나라는 4천년의 장구한 역사가 있다. ㊥장원(長遠).

▸장구지계 長久之計 (어조사 지, 꾀 계). 어떤 일이 오래[長久] 계속되도록 도모하는 계책(計策). ㊥장구지책(長久之策).

▸장구지책 長久之策 (어조사 지, 꾀 책). 어떤 일이 오래[長久] 계속되도록 도모하는 책략(策略). ㊥장구지계(長久之計).

장구[2] 長軀 (길 장, 몸 구). 키가 큰[長] 몸집[軀]. ㊥장신(長身).

장구[3] 章句 (글 장, 글귀 구). 글의 장(章)과 구(句).

장:구[4] 葬具 (장사지낼 장, 갖출 구). 장사지내는[葬] 데 쓰는 제사 용품[具]. ㊥장기(葬器).

장구[5] 裝具 (꾸밀 장, 갖출 구). ① 속뜻 꾸미고 단장(端裝)하는 데 쓰는 도구(道具). ② 무장할 때, 몸에 차는 탄띠·대검 등의 도구. ¶장구를 갖추다.

**장군 將軍 (장수 장, 군사 군). ① 속뜻 군(軍)을 통솔하는 장수(將帥). ¶이순신 장군은 병사들을 지휘하여 왜구를 물리쳤다. ② 운동 장기에서 상대편의 '장'[將軍]을 잡으려고 두는 수. ㊥장관(將官).

▸장군-총 將軍塚 (장수 장, 군사 군, 무덤 총). ① 속뜻 장군(將軍)의 무덤[塚]. ② 고적 광개토대왕이나 장수왕의 능으로 추정되는 고구려 때의 돌무덤. 중국 길림성(吉林省) 집안시(輯安市)에 있다.

장기[1] 長技 (길 장, 재주 기). 가장 잘하는[長] 재주[技]. ¶장기 자랑 / 그는 접영(蝶泳)이 장기이다. ⓑ특기(特技).

장:기[2] 將器 (장수 장, 그릇 기). 장수(將帥)가 될 만한 기량(器量). 또는 그러한 기량을 지닌 사람.

장:기[3] 葬器 (장사지낼 장, 그릇 기). 장례(葬禮) 때에 쓰는 기물(器物). ⓑ장구(葬具).

장:기[4] 帳記 (장부 장, 기록할 기). 물건이나 논밭 따위의 매매에 관한 물목(物目)을 적은[記] 명세서[帳].

장기[5] 臟器 (내장 장, 그릇 기). 의학 내장(內臟)의 여러 기관(器官). ¶장기 기증 / 장기 이식.

▸**장기 감:각** 臟器感覺 (느낄 감, 깨달을 각). 심리 내장(內臟) 여러 기관(器官)의 활동이나 상태에 따라 일어나는 감각(感覺). ⓑ유기 감각(有機感覺).

▸**장기 기생충** 臟器寄生蟲 (맡길 기, 살 생, 벌레 충). 동물 동물의 장기(臟器) 속에 기생(寄生)하면서 영양을 빨아먹는 벌레[蟲]. 흔히 창자 안에 기생한다.

장기[6] 長期 (길 장, 때 기). 오랜[長] 기간(期間). ¶장기 휴가. ⓑ단기(單期).

▸**장기-적** 長期的 (것 적). 오랜[長] 기간(期間)에 걸친 것[的].

▸**장기-전** 長期戰 (싸울 전). 오랜[長] 기간(期間)에 걸친 전쟁(戰爭). ⓑ지구전(持久戰).

▸**장기-채** 長期債 (빚 채). 경제 갚는 기간이 보통 1년 이상인[長期] 빚[債]. ⓑ단기채(單期債).

▸**장기-화** 長期化 (될 화). 어떤 일이 오래[長期] 끌게 되거나[化] 또는 오래 끌게 함. ¶파업의 장기화 / 건설사에 문제가 생겨 공사가 장기화되었다.

▸**장기 거:래** 長期去來 (갈 거, 올 래). 경제 매매 약정을 한 뒤 물건과 대금을 주고받는 기간이 장기(長期)인 거래(去來) 방법. '장기 청산 거래'(長期淸算去來)의 준말. ⓑ단기 거래(單期去來).

▸**장기 금융** 長期金融 (돈 금, 녹을 융). 경제 장기간(長期間)에 걸쳐 갚기로 하고 대부받는 자금[金融]. ⓑ단기 금융(單期金融).

▸**장기 신:용** 長期信用 (믿을 신, 쓸 용). 경제 부동산을 담보로 하여 오래[長期] 지속시키는 금융상의 신용(信用).

▸**장기 신:탁** 長期信託 (믿을 신, 맡길 탁). 경제 장기간(長期間) 돈 따위를 믿고[信] 맡기는[託] 것. 맡기는 기간이 5년 이상인 신탁. ⓑ단기 신탁(單期信託).

▸**장기 예:보** 長期豫報 (미리 예, 알릴 보). 지리 사흘 이상의 장기간(長期間)을 대상으로 하는 예보(豫報). ⓑ단기 예보(單期豫報).

장:기[7] 將棋 (장수 장, 바둑 기). 운동 32짝을 붉은 글자, 푸른 글자의 두 종류로 나누어 장기판에 정해진 대로 배치하고 둘이 교대로 두면서 장군(將軍)을 막지 못하면 지는 바둑[棋]같은 놀이. ¶할아버지가 평상에서 장기를 두고 계신다.

▸**장:기-판** 將棋板 (널빤지 판). 장기(將棋)를 두는 데 쓰는 판(板). ¶이 장기판은 오동나무로 만들었다.

장-기간 長期間 (길 장, 때 기, 사이 간). 오랜[長] 기간(期間) 동안[間]. ¶그는 간암으로 장기간 약을 먹었다. ⓑ단기간(單期間).

장:남 長男 (어른 장, 사내 남). 맏[長] 아들[男]. ¶김 씨네 장남이 대를 이어 국밥집을 운영한다. ⓑ큰아들. ⓑ장녀(長女).

장내 場內 (마당 장, 안 내). ① 속뜻 어떠한 장소(場所)의 안[內]. ¶그의 연설이 끝나자 장내가 떠나갈 듯한 박수가 터져 나왔다. ② 경제 주식이나 채권 따위의 유가 증권이 거래되는, 증권 거래소 안. ¶장내 거래. ③ 역사 과거를 보던 과장(科場)의 안. ⓑ장중(場中). ⓑ장외(場外).

장내 기생충 腸內寄生蟲 (창자 장, 안 내, 맡길 기, 살 생, 벌레 충). 동물 회충, 요충, 촌충, 십이지장충 따위와 같이 장(腸) 안[內]에 기생(寄生)하는 벌레[蟲].

장:녀 長女 (어른 장, 딸 녀). 맏[長] 딸[女]. ¶어머니가 돌아가시고 장녀인 언니는 집안 살림을 도맡았다. ⓑ큰딸. ⓑ장남(長男).

장년[1] 長年 (길 장, 해 년). ① 속뜻 긴[長] 세월[年]. ② 나이가 많은 사람. 늙은이.

▸**장년 섭동** 長年攝動 (잡을 섭, 움직일 동). ① 속뜻 긴[長] 세월[年] 동안 움직임[動]을 다잡음[攝]. ② 천문 천체의 운동량이 시간에 따라 늘어나거나 천체의 진동에 의하

여 진폭이 점차 커지는 현상. 장차(長差)의 원인이 된다. [참]장차(長差).

장ː년² 壯年 (장할 장, 나이 년). 혈기 왕성하여[壯] 한창 활동할 나이[年]. 또는 그런 나이의 사람. 일반적으로 서른 살에서 마흔 살 안팎을 이른다. [비]장령(壯齡).

▸장ː년-기 壯年期 (때 기). ① [속뜻]장년(壯年)의 시기(時期). ② [지리]침식 작용이 가장 왕성하고 활발하여 지형이 매우 험준한 시기를 이르는 말.

장뇌¹ 長腦 (길 장, 골 뇌). ① [속뜻]긴[長] 머리[腦] 모양의 산삼. ② 심어서 기른 산삼. [비]장로(長蘆).

장뇌² 樟腦 (녹나무 장, 골 뇌). [화학]모노테르펜에 속하는 케톤의 하나. 무색투명한 부드러운 고체나 판 모양의 결정으로 물에 잘 녹지 않으며, 유기 용매에 잘 녹는다. 녹는점은 178~179℃, 끓는점은 209℃이며 녹나무[樟]의 잎·줄기·뿌리 따위[腦]를 증류·냉각시켜 얻는다.

▸장뇌-유 樟腦油 (기름 유). [화학]녹나무를 증류할 때에 장뇌(樟腦)와 함께 얻는 정유(精油). 노란색이나 갈색을 띤다.

장니 障泥 (막을 장, 진흙 니). 말을 탄 이의 옷에 진흙[泥]이 튀는 것을 막기[障] 위해 가죽 같은 것으로 만들어 안장 양쪽에 달아 늘어뜨리는 물건.

장닉 藏匿 (감출 장, 숨을 닉). 감추고[藏] 숨김[匿].

장단 長短 (길 장, 짧을 단). ① [속뜻]길고[長] 짧음[短]. ② 장점과 단점. 장단점. ③ 춤, 노래, 풍악 등에서의 박자. 리듬.

장-단점 長短點 (길 장, 짧을 단, 점 점). 장점(長點)과 단점(短點). ¶사람마다 제각기 장단점이 있다. [준]장단.

장ː담¹ 壯談 (씩씩할 장, 말씀 담). 확신을 가지고 씩씩하게[壯] 말함[談]. 또는 자신 있게 하는 말. ¶우리 팀이 이길 거라고 장담은 못하지만 최선을 다하겠습니다.

장ː담² 壯膽 (씩씩할 장, 쓸개 담). 씩씩한[壯] 담력(膽力).

장ː대¹ 壯大 (씩씩할 장, 큰 대). ① [속뜻]튼튼하고[壯] 체격이 매우 크다[大]. ¶장대한 체격. ② 기운이 세고 씩씩함.

장대² 長大 (길 장, 큰 대). 길고[長] 큼[大]. [반]단소(短小).

장대³ 張大 (벌릴 장, 큰 대). ① [속뜻]어떤 일을 더 크게[大] 벌임[張]. ② 규모 따위가 넓고 큼.

장대-석 長臺石 (길 장, 돈대 대, 돌 석). [건설]길게[長] 다듬어 만든 받침[臺] 돌[石]. 섬돌 축대나 층계 따위로 쓴다. [준]장대.

장ː도¹ 壯途 (씩씩할 장, 길 도). 중대한 사명이나 장대(壯大)한 뜻을 품고 나서는 길[途].

장ː도² 壯圖 (씩씩할 장, 꾀할 도). 장대(壯大)한 계획[圖]이나 포부.

장도³ 長刀 (길 장, 칼 도). 길이가 긴[長] 칼[刀]. [반]단도(短刀).

장도⁴ 長途 (길 장, 길 도). 먼[長] 길[途]. 긴 여행.

장도⁵ 粧刀 (단장할 장, 칼 도). 정교한 장식[粧]을 한 칼집이 있는 작은 칼[刀].

장동 章動 (글 장, 움직일 동). ① [속뜻]약한[章] 움직임[動]. ② [천문]달, 태양의 인력으로 지구의 자전축에 생기는 주기적인 작은 진동.

장두¹ 長頭 (길 장, 머리 두). ① [속뜻]길쭉한[長] 형태의 머리[頭]. ② 가장 큰 폭과 가장 큰 길이의 비(比)가 76미만인 머리. [반]단두(短頭).

장두² 裝頭 (꾸밀 장, 머리 두). 책판 같은 널조각이 들뜨지 않도록 두 끝[頭]에 대는[裝] 나무 조각.

장등 長燈 (길 장, 등불 등). ① [속뜻]밤새도록[長] 등(燈)불을 켜 둠. 또는 그런 등불. ② [불교]부처 앞에 불을 켬.

▸장등-시주 長燈施主 (베풀 시, 주인 주). [불교]장등(長燈)하는 데 쓸 기름을 시주(施主)하는 일.

장란-기 藏卵器 (감출 장, 알 란, 그릇 기). [식물]선태식물, 양치식물 따위에서 난(卵)세포를 만들고 간직하여[藏] 두는 기관(器官).

***장래** 將來 (앞으로 장, 올 래). ① [속뜻]앞으로[將] 닥쳐 올[來] 날. ¶장래 희망. ② 앞날의 전망이나 전도. ¶그는 장래가 불확실하다. [비]앞날, 미래(未來).

▸장래-성 將來性 (성질 성). 앞날[將來]의

가능성(可能性).

장:려[1] 壯麗 (씩씩할 장, 고울 려). 웅장(雄壯)하고 화려(華麗)함.

장:려[2] 奬勵 (부추길 장, 힘쓸 려). 권하고 부추기어[奬] 어떤 일에 힘쓰게[勵] 함. ¶독서 장려 / 저축을 장려하다. ⓑ권장(勸奬).

▸장:려-금 奬勵金 (돈 금). 어떤 일을 장려(奬勵)하려는 뜻으로 보조해 주는 돈[金]. ¶출산 장려금.

▸장:려-상 奬勵賞 (상줄 상). 무엇을 장려(奬勵)할 목적으로 주는 상(賞). ¶백일장에서 장려상을 받다.

장:력[1] 壯力 (씩씩할 장, 힘 력). 씩씩하고[壯] 굳센 힘[力].

장력[2] 張力 (당길 장, 힘 력). ① 속뜻 오므라들고 당겨지는[張] 힘[力]. ② 물리 물체가 스스로 오므라들어 가능한 한 작은 면적을 가지려는 힘. 그 크기는 단위 면적당으로 나타내는데, 면에만 힘이 작용하는 표면 장력에서는 단위 길이당으로 나타낸다. ¶표면 장력. ③ 물리 증기의 압력.

장:렬[1] 壯烈 (씩씩할 장, 굳셀 렬). 기운이 씩씩하고[壯] 의지가 굳세다[烈]. ¶장렬한 죽음.

장:렬[2] 葬列 (장사지낼 장, 줄 렬). 장의(葬儀)의 행렬(行列).

장:령 壯齡 (장할 장, 나이 령). 혈기 왕성하여[壯] 한창 활동할 나이[齡]. 또는 그런 나이의 사람. ⓑ장년(壯年).

장:례 葬禮 (장사지낼 장, 예도 례). 장사(葬事)를 지내는 예절(禮節). ¶장례 절차가 간소해지고 있다 / 군인의 시신을 찾아 장례했다. ⓑ장의(葬儀).

▸장:례-식 葬禮式 (의식 식). 장례(葬禮)를 치르는 의식(儀式). ¶장례식에 참석하다.

장:례-원 掌隷院 (맡을 장, 노비 례, 관청 원). 역사 조선 때, 노비[隷]에 관한 일을 관장(管掌)하던 관아[院].

장:로 長老 (어른 장, 늙을 로). ① 속뜻 나이가 지긋하고[長=老] 덕이 높은 사람을 높여 일컫는 말. ② 기독교 장로교·성결교 등에서 선교 및 교회 운영에 대한 봉사를 맡아보는 직분. 또는 그 사람. ③ 불교 지혜와 덕이 높고 법랍이 많은 승려를 높여 일컫는 말.

▸장:로-교 長老教 (종교 교). 기독교 장로(長老)들이 합의하여 교회를 운영하는 개신교의 한 교파(教派).

▸장:로-회 長老會 (모일 회). 기독교 장로(長老)들이 합의하여 운영하는 교회(教會).

장:롱 欌籠 (장롱 장, 대그릇 롱). 위판이 있고 다리가 있는 장(欌)과 옷 따위를 넣어두는 바구니인 농(籠)을 아울러 이르는 말. ¶할머니는 반지를 장롱 안에 꼭꼭 숨겼다.

장률 長律 (길 장, 가락 률). 문학 한시에서 길이가 긴[長] 시율(詩律). 대구가 여섯 구 이상인 배율(排律)이나 칠언율(七言律) 따위.

장:리 長利 (길 장, 이로울 리). ① 속뜻 이율이 높은[長] 이자(利子). ② 돈이나 곡식을 꾸어 주고, 받을 때에는 한 해 이자로 본디 곡식의 절반 이상을 받는 변리. ¶장리를 놓다. ③ 물건의 길이나 수효에서, 본디의 것보다 절반이 더한 것을 이르는 말.

장림 長霖 (길 장, 장마 림). 오래 계속되는[長] 장마[霖].

장막[1] 帳幕 (휘장 장, 휘장 막). ① 속뜻 볕이나 비를 피할 수 있도록 둘러친 휘장(揮帳)이나 천막[幕]. ¶이 지역 유목민은 유르트라는 장막 같은 곳에서 산다. ② 안을 보지 못하게 둘러치는 막. 또는 그러한 조처. ¶어둠의 장막.

장:막[2] 漿膜 (미음 장, 꺼풀 막). 생물 ① 포유류, 조류, 파충류의 배(胚)의 맨 바깥쪽을 둘러싸고 있는 미음[漿]같이 뿌연 막(膜). ② 척추동물의 체강(體腔)에 면한 부분과 내장의 외면을 싸고 있는 흰빛의 얇은 막(膜). 흉막(胸膜), 복막(腹膜), 심막(心膜)을 통틀어 이르는 말.

장막-극 長幕劇 (길 장, 막 막, 연극 극). 연영 여러 막(幕)으로 나누어진 긴[長] 연극(演劇). ⓑ단막극(單幕劇).

*__장면__ 場面 (마당 장, 쪽 면). ① 속뜻 어떤 장소(場所)에서 벌어진 광경[面]. ¶나는 그 끔찍한 장면을 보고 몸을 움직일 수가 없었다. ② 연극, 영화 등의 한 모습. ¶뛰는 장면을 찍다.

▸장면 전:환 場面轉換 (옮길 전, 바꿀 환). 연영 장면(場面)이 갈리어[轉] 바뀜[換].

장명 長命 (길 장, 목숨 명). 목숨[命]이 길

[長]. 또는 긴 수명(壽命). ⓑ단명(短命).

장명-등 長明燈 (길 장, 밝을 명, 등불 등). ① 속뜻 처마 끝이나 마당의 기둥에 달아 놓고 밤새도록[長] 켜두는[明] 등(燈). ② 무덤 앞이나 절 안에 세우는, 돌로 만든 등.

장:모[1] 丈母 (어른 장, 어머니 모). 장인(丈人)의 부인을 어머니[母]에 비유한 말. ⓑ장인(丈人).

장모[2] 長毛 (길 장, 털 모). 긴[長] 털[毛]. ⓒ단모(短毛).

장-모음 長母音 (길 장, 어머니 모, 소리 음). 언어 길게[長] 발음하는 모음(母音).

장목[1] 長木 (길 장, 나무 목). 물건을 괴거나 받치는 굵고 긴[長] 나무[木].

장목[2] 張目 (벌릴 장, 눈 목). 눈[目]을 부릅뜸[張].

장문[1] 長文 (길 장, 글월 문). ① 속뜻 길게[長] 지은 글[文]. ⓑ단문(短文). ② 글자 수를 맞추지 않고 잇달아 내리적은 글.

장:문[2] 將門 (장수 장, 문 문). 장수(將帥)의 가문(家門).

장:문[3] 掌紋 (손바닥 장, 무늬 문). 손바닥[掌]에 나타난 무늬[紋]. 손금.

장문[4] 藏門 (감출 장, 문 문). 운동 자기편 세력을 이용하여, 한 수로 상대편 돌의 달아날 길[門]을 봉쇄해[藏] 버리는 수법.

장물[1] 長物 (길 장, 만물 물). ① 속뜻 긴[長] 물건(物件). ② 쓸모가 없는 물건.

장물[2] 贓物 (숨길 장, 만물 물). 법률 부당하게 취득하여 숨겨놓은[贓] 남의 물건(物件). ⓑ장품(贓品).

▶ **장물-죄** 贓物罪 (허물 죄). 법률 장물(贓物)의 취득·매매·보관·운반·알선 따위의 행위를 한 죄(罪)를 통틀어 이르는 말.

▶ **장물 취:득죄** 贓物取得罪 (가질 취, 얻을 득, 허물 죄). 법률 장물(贓物)을 취득(取得)함으로써 성립되는 죄(罪).

장:미[1] 壯美 (씩씩할 장, 아름다울 미). 장대(壯大)한 아름다움[美].

장미[2] 薔薇 (장미 장, 장미 미). 식물 장미과의 낙엽 관목[薔=薇]. 관상용 식물로 품종이 많다.

▶ **장미-색** 薔薇色 (빛 색). 장미(薔薇)꽃의 빛깔[色].

▶ **장미-수** 薔薇水 (물 수). 장미(薔薇)꽃을 증류하거나 장미유를 물에 녹이거나 하여 얻는 투명한 액체[水]. 좋은 향기가 나므로 약품의 냄새나 맛을 조절하는 데 쓰인다.

▶ **장미-유** 薔薇油 (기름 유). 장미속(薔薇屬)의 꽃을 물과 함께 증류하여 얻는 휘발성 향유(香油). 고급 향료나 화장품의 원료 또는 약품의 냄새나 맛을 조절하는 데 쓰인다.

▶ **장미-진** 薔薇疹 (홍역 진). 의학 모세 혈관의 충혈에 의하여 일어나는 장밋빛[薔薇] 작은 반점[疹].

▶ **장미-촌** 薔薇村 (마을 촌). ① 속뜻 장미(薔薇)가 많은 마을[村]. ② 문학 최초의 시 전문 동인지. 1921년 5월에 창간, 1호에 그쳤다. 황석우, 박종화, 변영로, 노자영, 박영희 등이 동인으로 낭만주의 작품 세계를 표현하였다.

▶ **장미-화** 薔薇花 (꽃 화). 식물 장미(薔薇) 꽃[花].

▶ **장미 석영** 薔薇石英 (돌 석, 꽃부리 영). 광업 장밋빛[薔薇]의 석영(石英). 공기 중에 오래 두면 청색이 된다.

▶ **장미 소:설** 薔薇小說 (작을 소, 말씀 설). 문학 ① 세기말적이고 퇴폐적인 경향의 강렬한 장미(薔薇)로 상징되는 낭만주의 소설(小說)을 이르는 말. ② 이탈리아의 시인이며 작가인 단눈치오의 소설 '죽음의 승리'를 이르는 말.

장발 長髮 (길 장, 머리털 발). 길이가 긴[長] 머리카락[髮]. ¶1970년대에는 남자들의 장발을 단속했다. ⓑ단발(短髮).

▶ **장발-승** 長髮僧 (스님 승). 불교 머리카락[髮]을 길게 기른[長] 승려(僧侶).

▶ **장발-족** 長髮族 (무리 족). 여자가 아닌데도, 머리카락[髮]을 길게 기른[長] 남자들[族]을 얕잡아 이르는 말.

장방 長房 (길 장, 방 방). ① 속뜻 길쭉하게[長] 생긴 방(房). 너비보다 길이가 긴 방. ② 역사 각 관아에서 서리(書吏)들이 쓰던 방.

장방-체 長方體 (길 장, 모 방, 몸 체). ① 속뜻 길쭉한[長] 네모[方] 모양[體]. ② 수학 폭보다 길이가 길고 각진 도형. ⓑ직육면체(直六面體).

장방-형 長方形 (길 장, 모 방, 모양 형). ① 속뜻 길쭉한[長] 네모[方] 모양[形]. ②

수학 폭보다 길이가 길고 각진 도형. ㊥직사각형(直四角形).

장-백대 長白帶 (길 장, 흰 백, 띠 대). 가톨릭 가톨릭의 사제가 의식 때 입는 길고[長] 흰[白] 띠[帶]가 있는 두루마기 모양의 겉옷.

장:벌 杖罰 (몽둥이 장, 벌할 벌). 몽둥이[杖]로 매를 때리는 벌(罰).

장법[1] 章法 (글 장, 법 법). ① 속뜻 문장(文章)을 구성하는 방법(方法). ② 문물제도와 법도(法度).

장:법[2] 葬法 (장사지낼 장, 법 법). 시신을 장사(葬事) 지내는 방법(方法).

장벽[1] 腸壁 (창자 장, 담 벽). 의학 창자[腸]의 둘레를 이룬 벽(壁).

장벽[2] 障壁 (막을 장, 담 벽). ① 속뜻 가리어 막은[障] 담[壁]. ¶장벽을 쌓다. ② '의사소통이나 교류 등에 방해가 되는 사물'을 비유하여 이르는 말.

장변 場邊 (마당 장, 가 변). 시골 장판[場]에서 돈놀이하는 데 붙는 이자[邊利]. 닷새 동안에 변리를 보통 2%씩 낸다. ¶장변을 내다 / 장변을 얻다. ㊥시변(市邊), 장도지(場都地), 장변리(場邊利).

장병[1] 長病 (길 장, 병 병). 오랜[長] 병(病). ㊥장질(長疾).

장:병[2] 將兵 (장수 장, 군사 병). 군사 장교(將校)에서부터 하급 병사(兵士)에 이르기까지 모두를 이르는 말. ¶국군 장병 / 외출 나온 장병.

장병-엽 長柄葉 (길 장, 자루 병, 잎 엽). 식물 긴[長] 잎자루[柄]를 가진 잎[葉].

장복 長服 (길 장, 약 먹을 복). 같은 약이나 음식 따위를 오래[長] 두고 늘 먹음[服].

장본[1] 藏本 (감출 장, 책 본). 서적[本]을 간직하여[藏] 둠. 또는 그러한 서적(書籍). ㊥장서(藏書).

장본[2] 張本 (벌릴 장, 뿌리 본). ① 속뜻 뿌리[本]를 벌림[張]. ② 일의 발단이 되는 근원. ③ '장본인'의 준말.

▸ **장본-인** 張本人 (사람 인). 못된 일을 저지르거나 물의를 일으킨[張本] 바로 그 사람[人]. ¶그가 이번 소동의 장본인이다.

장봉 藏鋒 (감출 장, 칼끝 봉). 예술 획의 처음과 끝에 붓끝[鋒]을 감추어[藏] 그 흔적이 나타나지 않도록 쓰는 필법.

장:부[1] 丈夫 (어른 장, 사나이 부). ① 속뜻 어른[丈]이 된 씩씩한 사내[夫]. ¶네가 벌써 이렇게 늠름한 장부가 되었구나! ② 건장하고 씩씩한 사내. '대장부'(大丈夫)의 준말.

장부[2] 臟腑 (내장 장, 내장 부). 한의 오장(五臟)과 육부(六腑). 간장, 염통, 지라, 허파, 콩팥 이상 오장과 담, 위, 대장, 소장, 방광, 삼초 이상 육부를 일컫는 말. '오장육부'(五臟六腑)의 준말.

장부[3] 帳簿 (휘장 장, 문서 부). 금품의 수입과 지출을 기록하는 휘장[帳]같은 문서[簿]나 책. ¶장부를 정리하다 / 나는 지출한 돈을 장부에 기재하였다.

▸ **장부 가격** 帳簿價格 (값 가, 이를 격). 경제 장부(帳簿)에 기재되어 있는 자산, 부채, 자본의 가격(價格).

장비[1] 裝備 (꾸밀 장, 갖출 비). 어떤 장치와 설치 등을 차려[裝] 갖춤[備]. 또는 그 장치나 비품. ¶우리 병원은 최신 의료장비를 갖추고 있습니다.

장:비[2] 葬費 (장사지낼 장, 쓸 비). 장사(葬事)를 치르는 데 드는 비용(費用). '장례비'(葬禮費)의 준말.

장비 군령 張飛軍令 (당길 장, 날 비, 군사 군, 명령 령). 장비(張飛)의 성격처럼 몹시 급한 군령(軍令). 옛날 중국 촉한의 장수 장비의 성미가 몹시 급했다는 데서 유래.

장:사[1] 壯士 (씩씩할 장, 선비 사). ① 속뜻 힘이 있어 씩씩한[壯] 사람[士]. ② 힘이 센 사람. ¶그는 힘이 장사다. ㊥역사(力士).

장:사[2] 葬事 (장사지낼 장, 일 사). 죽은 사람을 땅에 묻거나 화장하는[葬] 일[事]. ¶장사를 치르다 / 장사를 지내다.

장사[3] 長蛇 (길 장, 뱀 사). ① 속뜻 크고 긴[長] 뱀[蛇]. ② 열차나 긴 행렬을 비유하여 이르는 말.

▸ **장사-진** 長蛇陣 (줄 진). ① 속뜻 많은 사람이 긴[長] 뱀[蛇]처럼 길게 줄[陣]지어 있는 모양. ¶식당 앞은 손님들로 장사진을 이루었다. ② 예전의 병법에서, 한 줄로 길게 벌이던 진법(陣法).

장삼 長衫 (길 장, 적삼 삼). 불교 검은 베로 길이가 길고[長] 품과 소매를 넓게 지은 웃옷[衫]. 주로 스님들이 입는다.

장삼-이사 張三李四 (성씨 장, 석 삼, 성씨 리, 넉 사). ① 속뜻 장(張)씨의 셋째[三] 아들과 이(李)씨의 넷째[四] 아들. ② 평범한 보통 사람을 이르는 말. ③ 불교 '사람에게 성리(性理)가 있음은 아나, 그 모양이나 이름을 지어 말할 수 없음'을 비유하여 이르는 말. ㊥갑남을녀(甲男乙女).

장:상[1] 掌上 (손바닥 장, 위 상). 손바닥[掌] 위[上].

장상[2] 藏相 (곳간 장, 도울 상). 나라의 곳간[藏]을 맡은 재상(宰相). 나라의 재무를 맡은 장관.

장:상[3] 將相 (장수 장, 도울 상). 장수(將帥)와 재상(宰相).

▸장:상-지재 將相之材 (어조사 지, 재목 재). 장수(將帥)나 재상(宰相)이 될 만한 인재(人材).

장:상[4] 掌狀 (손바닥 장, 형상 상). 손가락을 다 편 손바닥[掌] 모양[狀].

▸장:상-맥 掌狀脈 (줄기 맥). 식물 손바닥[掌] 모양[狀]으로 된 잎의 잎맥(脈). 손모양 맥.

▸장:상 복엽 掌狀複葉 (겹칠 복, 잎 엽). 식물 한 개의 잎자루에 손바닥[掌] 모양[狀]의 여러 개의 작은 잎이 겹쳐[複] 있는 잎[葉].

▸장:상 심:렬 掌狀深裂 (깊을 심, 찢어질 렬). 식물 잎이 손바닥[掌] 모양[狀]으로 깊게[深] 갈라짐[裂]. 또는 그런 잎. 하눌타리, 단풍나무 따위의 잎과 같은 모양.

장생 長生 (길 장, 살 생). ① 속뜻 길이길이[長] 오래도록 삶[生]. ¶불로(不老) 장생 / 영지(靈芝)는 장생할 수 있는 한약재로 알려져 있다. ② 천도교에서 육신(肉身)의 장수(長壽), 영혼의 불멸, 사업의 유전을 통틀어 이르는 말.

▸장생불사 長生不死 (아닐 불, 죽을 사). 오래도록[長] 살아[生] 죽지[死] 아니함[不].

장서[1] 長書 (길 장, 글 서). ① 속뜻 사연을 길게[長] 쓴 편지글[書]. ② 내용을 길게 쓴 글.

장서[2] 長逝 (길 장, 갈 서). ① 속뜻 길이길이[長] 떠나 감[逝]. ② 죽음을 달리 이르는 말. 사거(死去). 영서(永逝).

장서[3] 藏書 (감출 장, 책 서). 책[書]을 간직하여[藏] 둠. 또는 그 책. ¶이 도서관은 2백만 권의 장서를 보유하고 있다. ㊥장본(藏本).

▸장서-가 藏書家 (사람 가). 책[書]을 많이 간직하고[藏] 있는 사람[家].

▸장서-판 藏書版 (책 판). 책[書]을 오래 간직해[藏] 둘 수 있도록 견고하고 미려(美麗)하게 만든 책[版].

▸장서-표 藏書票 (쪽지 표). 책[書]을 간직한[藏] 사람을 표시하기 위하여 붙이는 쪽지[票].

장:석[1] 丈席 (어른 장, 자리 석). 학문과 덕망이 높은[丈] 사람을 위한 자리[席].

장석[2] 長石 (길 장, 돌 석). ① 속뜻 쪼개짐이 길쭉한[長] 형태의 돌[石]. ② 광업 규산염 광물의 한 가지. 칼륨, 나트륨, 칼슘, 바륨 및 규산이 주성분이다. 질그릇, 사기, 유리, 성냥, 비료의 원료가 된다. ㊥질돌.

장석[3] 長席 (길 장, 자리 석). 짚을 결어 길게[長] 만든 자리[席].

장석[4] 張石 (벌릴 장, 돌 석). 건설 경사진 곳에 돌[石]을 덮어 까는[張] 일.

장:선[1] 將船 (장수 장, 배 선). 장수(將帥)가 타고 군사를 지휘하는 배[船].

장선[2] 腸腺 (창자 장, 샘 선). 의학 장액(腸液)을 분비하는 대롱 모양의 선(腺).

장선[3] 腸線 (창자 장, 줄 선). 양, 돼지 따위의 장(腸)으로 만든 노끈 모양의 줄[線]. 외과 수술용 봉합사(縫合絲)로 쓰거나 현악기의 줄이나 라켓의 그물 따위로 쓰인다.

장:설[1] 丈雪 (길이 장, 눈 설). 한 길[丈]이나 되게 내린 눈[雪]. 썩 많이 내린 눈.

장:설[2] 壯雪 (씩씩할 장, 눈 설). 장쾌(壯快)하게 썩 많이 오는 눈[雪]. ¶근래에 보기 드문 장설이었다.

장설[3] 長舌 (길 장, 말 설). ① 속뜻 긴[長] 혀[舌]. ② 말이 많음. ¶장설을 풀어놓다.

장:성[1] 壯盛 (씩씩할 장, 담을 성). 씩씩하고[壯] 원기가 왕성(旺盛)함.

장성[2] 長成 (자랄 장, 이룰 성). 아이가 자라[長] 어른이 됨[成]. ¶장성한 아들.

장성[3] 長城 (길 장, 성곽 성). ① 속뜻 길게[長] 둘러 쌓인 성(城). ② '만리장성'(萬里長城)의 준말.

장:성[4] 將星 (장수 장, 별 성). ① [속뜻] 별[星] 모양의 휘장(徽章)을 붙이는 계급의 장군(將軍). ② [군사] 준장, 소장, 중장, 대장을 포함하는 장군을 통틀어 이르는 말. ¶그의 아버지는 육군 장성이다. ③ [민속] 어떤 사람에게든지 각각 그에게 인연이 맺어져 있다는 별. [비]장군(將軍).

장-세 場稅 (마당 장, 세금 세). 상인들로부터 시장(市場)을 사용하고 내는 세금(稅金).

**장소 場所 (마당 장, 곳 소). 무엇이 있거나 무슨 일이 벌어지거나 하는 곳[場=所]. ¶약속 장소 / 강연할 장소를 찾다. [비]처소(處所).

장:손 長孫 (어른 장, 손자 손). 맏[長] 손자(孫子).

장:-손녀 長孫女 (어른 장, 손자 손, 딸 녀). 맏[長] 손녀(孫女).

장송[1] 長松 (길 장, 소나무 송). ① [속뜻] 키가 큰[長] 소나무[松]. ② 너비 25㎝, 두께 4㎝, 길이 250㎝ 가량의 널.

장:송[2] 葬送 (장사지낼 장, 보낼 송). 시신을 장지(葬地)로 보냄[送]. ¶장송하러 나온 사람들이 줄을 지어 묘역으로 들어섰다.

▸장:송-곡 葬送曲 (노래 곡). [음악] 장례(葬禮) 행렬이 지나갈[送] 때 연주하는 악곡(樂曲).

▸장:송 행진곡 葬送行進曲 (갈 행, 나아갈 진, 노래 곡). [음악] 장례(葬禮) 행렬이 지나갈[送] 때 연주하는 장중하고 비통한 느낌의 느린 행진곡(行進曲). [준]장송곡.

장수[1] 長壽 (길 장, 목숨 수). 긴[長] 목숨[壽]. 오래 삶. ¶장수 마을 / 이 마을 사람들은 대체로 장수한다. [반]요절(夭折).

장수[2] 張數 (낱장 장, 셀 수). 종이 장(張)같이 얇고 넓적한 물건의 수효(數爻).

장:수[3] 將帥 (거느릴 장, 거느릴 수). [군사] 군사를 지휘 통솔하는[將=帥] 사람. ¶장수풍뎅이 / 장수하늘소.

장수[4] 藏守 (감출 장, 지킬 수). 물건 따위를 잘 간직하여[藏] 지키다[守]. [비]간수(看守).

장-수로 長水路 (길 장, 물 수, 길 로). [운동] 수영 경기장에서 길이 50m 이상의 긴[長] 수로(水路). [반]단수로(短水路).

장수-선무 長袖善舞 (길 장, 소매 수, 잘할 선, 춤출 무). ① [속뜻] 소매[袖]가 길면[長] 춤이 잘[善] 추어짐[舞]. ② 조건이 좋으면 성공하기도 쉬움.

장시 長詩 (길 장, 시 시). [문학] 길이가 긴[長] 형식의 시(詩). [반]단시(短詩).

장-시간 長時間 (길 장, 때 시, 사이 간). 오랜[長] 시간(時間). 긴 시간. ¶장시간 운전하면 허리가 아프다. [반]단시간(短時間).

장-시세 場時勢 (마당 장, 때 시, 형세 세). 시장(市場)에서 물건이 거래되는 시세(時勢).

장-시일 長時日 (길 장, 때 시, 날 일). 오랜[長] 시간[時日]. [반]단시일(短時日).

장-시조 長時調 (길 장, 때 시, 가락 조). [문학] 초장·중장·종장 가운데 두 구 이상이 길어진[長] 시조(時調). 특히 중장이 무제한으로 길어지는 경우가 많다. [참]평시조(平時調). 중시조(中時調).

장식[1] 粧飾 (단장할 장, 꾸밀 식). 겉모양을 단장(丹粧)하여 꾸밈[飾].

장:식[2] 葬式 (장사지낼 장, 의식 식). 장례(葬禮)를 치르는 의식(儀式). '장례식'(葬禮式)의 준말.

장식[3] 裝飾 (꾸밀 장, 꾸밀 식). 겉모양을 아름답게 꾸밈[裝=飾]. 또는 그 꾸밈새나 장식물. ¶실내 장식 / 아이들과 크리스마스트리를 장식했다.

▸장식-물 裝飾物 (만물 물). 장식(裝飾)에 쓰이는 물건(物件). [비]장식품(裝飾品).

▸장식-음 裝飾音 (소리 음). [음악] 가락에 멋을 주고 표현을 풍부하게 하기 위해 덧붙이는 장식적(裝飾的)인 음(音).

▸장식-지 裝飾紙 (종이 지). 장식(裝飾)에 쓰기 위해 가공을 한 종이[紙].

▸장식-품 裝飾品 (물건 품). 장식(裝飾)에 쓰이는 물건[品]. ¶이 부분은 장식품이 아니라 머리를 보호하는 역할을 한다. [비]장식물(裝飾物).

▸장식-화 裝飾畫 (그림 화). [미술] 건축, 가구, 그릇 따위에 장식(裝飾)으로 도안하여 그린 그림[畫].

▸장식 도안 裝飾圖案 (그림 도, 생각 안). [미술] 장식(裝飾)을 목적으로 하는 도안(圖案).

▸장식 미:술 裝飾美術 (아름다울 미, 꾀 술).

미술 장식(裝飾)을 목적으로 하는 응용 미술(美術)의 한 분야.

장신 長身 (길 장, 몸 신). 키가 큰[長] 몸[身]. 또는 그런 사람. ¶그는 우리 팀에서 가장 장신이다. ⓑ단신(短身).

장신-구 裝身具 (꾸밀 장, 몸 신, 갖출 구). 몸[身]을 치장하는[裝] 데 쓰는 여러 가지 도구(道具). ¶그녀는 값비싼 장신구들을 걸쳤다.

장:악 掌握 (손바닥 장, 쥘 악). ① 속뜻 손바닥[掌]에 쥠[握]. ②판세나 권력 따위를 휘어잡음. ¶수양대군이 모든 권력을 장악하자 단종은 왕위를 내주었다.

장안 長安 (길 장, 편안할 안). ① 속뜻 길이길이[長] 편안(便安)함. ②수도. 서울. ¶장안의 화제가 되었다.

장암 腸癌 (창자 장, 암 암). 의학 장(腸)에 생기는 암(癌)을 통틀어 이르는 말.

*__장애__ 障礙 (=障碍, 막을 장, 거리낄 애). ① 속뜻 무슨 일을 하는데 가로막고[障] 거리낌[礙]이 됨. 또는 그런 일. ¶언어 장애 / 수입 규제는 무역에 장애가 되고 있다. ② 신체상의 고장. ¶위장 장애.

▸장애-물 障礙物 (만물 물). 장애(障礙)가 되는 사물(事物). ¶장애물 경주 / 이번 일이 성공하려면 마지막 장애물을 잘 넘어야 한다.

▸장애-아 障礙兒 (아이 아). 신체를 제대로 움직일 수 없는 장애(障礙)를 가진 아이[兒]. ¶이번 공연은 장애아에게 희망을 주었다.

▸장애-우 障礙友 (벗 우). 장애(障礙)가 있는 사람을 벗[友]에 비유하여 친근하게 표현한 말. ¶장애우를 돕다.

▸장애-인 障礙人 (사람 인). 육체적 또는 정신적 장애(障礙)가 있는 사람[人]. ¶장애인 편의 시설 / 우리는 장애인을 채용하였다.

▸장애 경:주 障礙競走 (겨룰 경, 달릴 주). 운동 ①트랙에 설치된 장애물(障礙物)을 뛰어넘어 달리는[走] 육상 경기(競技). '장애물 경주'(障礙物競走)의 준말. ②코스 위에 설치된 여러 가지 장애물을 뛰어넘는 경마 종목.

▸장애 미:수 障礙未遂 (아닐 미, 이룰 수). 법률 범죄의 실행에 착수하였으나, 뜻밖의 장애(障礙)로 범죄의 실행을 완수(完遂)하지 못한[未] 경우를 이르는 말.

장:액[1] 腸液 (창자 장, 진 액). 의학 창자[腸]의 샘과 점막에서 분비되는 소화액(消化液). ⓑ창자액.

장액[2] 漿液 (미음 장, 진 액). ① 의학 장막(漿膜)에서 분비되는 투명한 황색의 액체(液體). ②점액이 들어 있지 않은 맑은 액체.

장액[3] 獐腋 (노루 장, 겨드랑이 액). 노루[獐]의 앞다리 안쪽 겨드랑이[腋]에 난 보드라운 털.

▸장액-필 獐腋筆 (붓 필). 장액(獐腋)으로 만든 붓[筆].

장야 長夜 (길 장, 밤 야). 가을이나 겨울의 긴[長] 밤[夜]. ⓑ단야(短夜).

장약 裝藥 (꾸밀 장, 약 약). 군사 탄환을 발사하기 위하여 총포의 약실에 화약(火藥)을 잼[裝]. 또는 그 화약.

장어 長魚 (길 장, 물고기 어). 동물 몸이 가늘고 길쭉하여[長] 뱀과 비슷한 민물고기[魚]. '뱀장어'의 준말.

장:언 壯言 (씩씩할 장, 말씀 언). 확신을 가지고 자신 있게[壯] 말함[言]. 또는 그런 말. ⓑ장담(壯談), 장어(壯語).

장엄 莊嚴 (꾸밀 장, 엄할 엄). ① 속뜻 꾸밈[莊] 따위에 위엄(威嚴)이 있음. ②웅장하며 위엄 있고 엄숙함. ¶장엄한 음악 / 피렌체 성당은 규모가 웅대하고 장엄하다.

▸장엄-미 莊嚴美 (아름다울 미). 자연 경관이나 예술 작품의 장엄(莊嚴)한 것에서 느껴지는 아름다움[美].

▸장엄-성 莊嚴性 (성질 성). 장엄(莊嚴)한 성질(性質).

장:열 壯熱 (장할 장, 더울 열). 병으로 인하여 나는 매우 높은[壯] 신열(身熱).

장:염 腸炎 (창자 장, 염증 염). 의학 창자[腸]에 생기는 염증(炎症). ¶보리수는 장염에 좋다.

▸장:염-균 腸炎菌 (세균 균). 생물 사람의 몸에 침입하여 주로 장염(腸炎)과 식중독을 일으키는 살모넬라균[菌]의 한 가지.

장-영창 長映窓 (길 장, 비칠 영, 창문 창). ① 속뜻 빛이 길게[長] 비치는[映] 창문(窓門). ②길이가 매우 긴 채광창(採光窓).

장:예-원 掌隸院 (맡을 장, 노예 례, 관청

원). 역사 조선 때, 노비[隷] 업무를 관장(管掌)하던 관청[院].

장외 場外 (마당 장, 밖 외). ① 속뜻 일정한 장소(場所)나 공간의 바깥[外]. ¶장외 홈런. ② 경제 주식이나 채권 따위의 유가 증권이 거래되는, 증권 거래소 이외의 장소. ¶장외 거래. 반 장내(場內).

▶장외 거:래 場外去來 (갈 거, 올 래). 경제 거래소[場] 밖[外]에서 이루어지는 거래(去來). 특히 증권 거래소 밖에서 이루어지는 증권의 거래를 이른다.

▶장외 시:장 場外市場 (저자 시, 마당 장). 경제 장외(場外) 거래가 이루어질 때 형성되는 시장(市場).

장:용-제 腸溶劑 (창자 장, 녹을 용, 약제 제). 약학 약의 표면을 젤라틴으로 싸서 위(胃)에서는 녹지 않고 장(腸)에 들어가서 녹게[溶] 만든 약제(藥劑).

장:-운동 腸運動 (창자 장, 돌 운, 움직일 동). 의학 소화 작용으로 일어나는 대장(大腸)·소장(小腸)의 운동(運動).

장원[1] 長遠 (길 장, 멀 원). 길고[長] 멂[遠]. 비 장구(長久).

장:원[2] 壯元 (壯元(×), 문서 장, 으뜸 원). ① 속뜻 과거 급제자 이름을 적은 문서[狀]에 으뜸[元]으로 적힌 이름. ② 역사 과거시험에서, 갑과에 첫째로 급제함. 또는 그런 사람. 장두(狀頭)라고도 한다. ¶이몽룡은 장원으로 급제했다. ③ 대회에서 최우수상을 차지함. 또는 그런 사람. ¶그는 백일장에서 장원을 차지하였다.

▶장:원-랑 狀元郞 (사나이 랑). 역사 장원(狀元)으로 급제한 사나이[郞]. 비 괴방(魁榜).

▶장:원-례 狀元禮 (예도 례). 지난날, 글방에서 장원(狀元)이 된 사람이 치르던 예(禮). 한턱내던 일.

▶장:원 급제 狀元及第 (이를 급, 집 제). 역사 과거에서, 장원(狀元)으로 합격함[及第].

장원[3] 莊園 (꾸밀 장, 동산 원). ① 속뜻 풀 따위를 잘 가꾸어 놓은[莊] 동산[園]. ② 서양의 중세 봉건 사회에서, 귀족이나 승려·교회 등에 의해 이루어졌던 토지 소유의 한 형태.

▶장원 경제 莊園經濟 (다스릴 경, 건질 제). 중세의 귀족과 교회가 소유한 대토지인 장원(莊園)을 중심으로 이루어지는 경제(經濟) 체제.

장:유[1] 醬油 (장 장, 기름 유). ① 속뜻 간장[醬]과 먹는 기름[油]을 아울러 이르는 말. ② 음식의 간을 맞추는 데 쓰는 짠맛이 나는 흑갈색 액체. 비 간장.

장:유[2] 長幼 (어른 장, 어릴 유). 어른[長]과 어린이[幼]. ¶장유에 따라 다르게 대우하였다.

▶장:유-유서 長幼有序 (있을 유, 차례 서). 어른[長]과 젊은이[幼] 간의 도리(道理)는 차례[序]를 지키는 것에 있음[有]. 오륜(五倫)의 하나.

장:육 醬肉 (장 장, 고기 육). 간장[醬]에 졸인 고기[肉].

장:-유지 壯油紙 (장할 장, 기름 유, 종이 지). 장지(壯紙)에 들기름[油]을 먹인 종이[紙].

장음[1] 長吟 (길 장, 읊을 음). 시가 따위를 길게[長] 읊음[吟].

장음[2] 長音 (길 장, 소리 음). 언어 길게[長] 나는 소리[音]. 반 단음(短音).

▶장음-부 長音符 (맞을 부). 글이나 악곡에서 길게[長] 내는 소리[音]임을 밝히는 부호(符號).

▶장음-화 長音化 (될 화). 언어 장음(長音)이 됨[化]. 또는 장음이 되게 함.

장-음계 長音階 (길 장, 소리 음, 섬돌 계). ① 속뜻 긴[長] 음계(音階). ② 음악 서양 음계에서 셋째와 넷째, 일곱째와 여덟째 음 사이는 반음, 그 밖의 음은 온음으로 이루어진 음계. 반 단음계(短音階).

장-음정 長音程 (길 장, 소리 음, 거리 정). 음악 장조(長調)를 이루는 음정(音程). 단음정보다 반음 넓고, 중음정보다 반음 좁은 음정으로, '다(C)'음을 기준으로 하여 2, 3, 6, 7도가 있다.

장:의 葬儀 (장사지낼 장, 의식 의). 장사(葬事)를 지내는 의식(儀式). ¶어머니는 장의를 치르는 내내 눈물을 흘렸다. 비 장례(葬禮), 장사(葬事).

▶장:의-사 葬儀社 (회사 사). 장례(葬禮) 의식(儀式)에 관한 물건을 팔거나, 그 일을

맡아 하는 회사(會社).

장-의자 長椅子 (길 장, 의나무 의, 접미사 자). 여러 사람이 앉을 수 있도록 가로로 길게[長] 만든 의자(椅子).

장:인[1] 丈人 (어른 장, 사람 인). 아내의 친정 어른[丈]이 되는 사람[人]. 아내의 아버지. [비]빙부(聘父). 악부(岳父).

장인[2] 匠人 (기술자 장, 사람 인). 손으로 물건 만드는 기술[匠]을 업으로 하는 사람[人]. ¶이 도자기는 장인의 숨결이 느껴진다.

장:일 葬日 (장사지낼 장, 날 일). 장사를 지내는[葬] 날[日]. ¶장례를 사흘장으로 하면 모레가 장일이 된다.

장일 식물 長日植物 (길 장, 해 일, 심을 식, 만물 물). [식물]하루의 일조(日照) 시간이 길어야[長] 꽃이 피는 식물(植物). [반]단일 식물(短日植物).

장:자[1] 壯者 (씩씩할 장, 사람 자). 장년(壯年)에 이른 사람[者].

장:자[2] 長姉 (어른 장, 손윗누이 자). 맏[長] 누이[姉].

장:자[3] 長者 (어른 장, 사람 자). ①[속뜻]나이나 지위, 항렬 따위가 자기보다 많은[長] 사람[者]. 어른. ②덕망이 있고 나이가 많은 사람. ③큰 부자를 점잖게 이르는 말.

장:자[4] 長子 (어른 장, 아들 자). 맏[長] 아들[子]. ¶장자가 왕위(王位)를 잇다.

▶장:자 상속 長子相續 (서로 상, 이을 속). [법률]지위나 재산 따위를 장자(長子)가 단독으로 상속(相續)하는 것.

장-자석 場磁石 (마당 장, 자기 자, 돌 석). [물리]강한 자기장(磁氣場)을 일으키기 위한 전자석(電磁石).

장작 長斫 (길 장, 자를 작). 통나무를 길쭉하게[長] 잘라서[斫] 쪼갠 땔나무. ¶소나무 장작 / 장작 두 개비 / 장작 한 단.

장:장[1] 葬場 (장사지낼 장, 마당 장). 장례(葬禮)를 치르는 장소(場所).

장장[2] 長長 (길 장, 길 장). 길고[長] 긺[長]. ¶이 그림은 장장 4년에 걸쳐 완성되었다.

▶장장-추야 長長秋夜 (가을 추, 밤 야). 기나긴[長長] 가을[秋] 밤[夜].

▶장장-춘일 長長春日 (봄 춘, 날 일). 기나긴[長長] 봄[春] 날[日].

▶장장-하일 長長夏日 (여름 하, 날 일). 기나긴[長長] 여름[夏] 날[日].

장:재[1] 將材 (장수 장, 재목 재). 장수(將帥)가 될 만한 훌륭한 인재(人材).

장재[2] 裝載 (꾸밀 장, 실을 재). 배나 수레 따위에 짐을 꾸려서[裝] 실음[載].

장:적 長嫡 (어른 장, 정실 적). 본처[嫡]가 낳은 장남(長男).

장전[1] 章典 (글 장, 법 전). ①[속뜻]글[章]로 적어 놓은 규칙이나 법[典]. ②한 나라의 제도와 문물. [비]전장(典章).

장전[2] 裝塡 (꾸밀 장, 메울 전). ①[속뜻]속에 무엇을 채워[裝] 메움[塡]. ②총포에 탄환을 잼.

장:전[3] 欌廛 (장롱 장, 가게 전). 장롱(欌籠) 따위의 세간을 만들어 파는 가게[廛]. ¶장전에 가서 혼수 가구를 장만하였다.

장:절[1] 壯絶 (씩씩할 장, 뛰어날 절). 매우 웅장(雄壯)하고 뛰어남[絶]. [비]장렬(壯烈).

장절[2] 章節 (글 장, 마디 절). 문장의 장(章)과 절(節).

***장점** 長點 (길 장, 점 점). ①[속뜻]상대적으로 긴[長] 점(點). ②좋은 점. 나은 점. ¶원주의 장점은 솔직함이다. [반]결점(缺點), 단점(短點).

장-점막 腸粘膜 (창자 장, 끈끈할 점, 꺼풀 막). [의학]장벽(腸壁)을 이루고 있는 점막(粘膜).

장:정[1] 壯丁 (씩씩할 장, 사나이 정). ①[속뜻]성년이 되어 씩씩하고[壯] 혈기왕성한 사나이[丁]. ¶그는 장정 세 사람 몫의 일을 한다. ②부역이나 군역에 소집된 남자. ③징병 적령(適齡)의 남자. [참]정남(丁男), 정장(丁壯).

장정[2] 長征 (길 장, 칠 정). 멀리 감. 또는 멀리[長] 정벌(征伐)을 떠남.

장정[3] 長程 (길 장, 거리 정). 매우 멀고 긴[長] 거리[程]. 먼 여로(旅路). ¶기러기는 장정 5천 킬로미터를 쉬지 않고 날아갔다. [비]장로(長路).

장정[4] 章程 (글 장, 분량 정). 여러 조목의 글[章]로 적어 놓은 규정(規程).

장정[5] 裝幀 (꾸밀 장, 그림틀 정). ①[속뜻]제본할 때, 책을 매고 표지[幀]를 꾸밈[裝]. ②책의 모양새 전반에 걸친 의장(意匠)을 함.

또는 그 의장. 책치레.

장정-기 藏精器 (감출 장, 정액 정, 그릇 기). [식물]선태식물, 양치식물 따위에서 정자(精子)를 만들고 간직하여[藏] 두는 기관(器官).

장:제 葬制 (장사지낼 장, 정할 제). 장사(葬事)를 지내는 방식과 제도(制度). 토장(土葬), 화장(火葬), 수장(水葬), 풍장(風葬), 조장(鳥葬) 따위가 있다. ¶삼국 시대의 장제는 삼국이 조금씩 달랐다.

장조 長調 (길 장, 가락 조). ① [음악]장음계(長音階)로 된 곡조(曲調). ② [문학]중국 사곡(詞曲) 가운데서 가장 긴 것. 보통 91자 이상으로 이루어졌다. [반]단조(短調)

장족 長足 (길 장, 발 족). ① [속뜻]기다랗게[長] 생긴 다리[足]. ②사물의 발전이나 진행이 매우 빠름. ¶장족의 발전 / 그의 테니스 실력은 장족으로 진보했다.

장주기-조 長週期潮 (길 장, 돌 주, 때 기, 바닷물 조). [지리]보름 이상의 긴[長] 주기(週期)로 일어나는 조석(潮汐).

장:졸 將卒 (장수 장, 군사 졸). 장수(將帥)와 병졸(兵卒). [비]장병(將兵), 장사(將士).

장주지몽 莊周之夢 (장자 장, 두루 주, 어조사 지, 꿈 몽). ① [속뜻]『장자』(莊子)에서 유래한 장주(莊周)의 꿈[夢]. 꿈이 깬 뒤에 자기가 나비가 된 것인지 나비가 자기가 된 것인지 분간이 가지 않았다는 이야기로, 장자 사상의 으뜸을 이룬다. ②자아(自我)와 외계(外界)와의 구별을 잊어버린 경지.

장:죽[1] 杖竹 (지팡이 장, 대나무 죽). 지팡이[杖]로 쓰는 대나무[竹].

장죽[2] 長竹 (길 장, 대나무 죽). 대나무[竹]로 만든 긴[長] 담뱃대.

장중[1] 莊重 (꾸밀 장, 무거울 중). ① [속뜻]꾸밈[莊] 따위가 무겁게[重] 보임. ②장엄하고 무겁게 느껴진다. ¶장중한 분위기 / 경기장에서 애국가가 장중하게 울려 퍼졌다.

장:중[2] 掌中 (손바닥 장, 가운데 중). ① [속뜻]손[掌] 안[中]. ②무슨 일이 자기 뜻대로 되는 범위. [비]수중(手中), 장리(掌裏).

▸장:중-물 掌中物 (만물 물). 자기 손안[掌中]에 든 물건(物件). 수중에 있는 물건.

▸장:중-보옥 掌中寶玉 (보배 보, 옥돌 옥). ① [속뜻]손안[掌中]에 있는 귀한 보물[寶玉]. ②가장 사랑스럽고 소중한 것을 이르는 말. 장중주(掌中珠).

장:지[1] 壯志 (씩씩할 장, 뜻 지). 장대(壯大)한 포부나 뜻[志]. [비]장심(壯心).

장지[2] 長指 (=將指, 길 장, 손가락 지). ① [속뜻]가장 긴[長] 손가락[指]. ②가운뎃손가락.

장:지[3] 葬地 (장사지낼 장, 땅 지). 장사(葬事)하여 시체를 묻는 땅[地]. ¶장지로 향하다 / 장지는 어디로 정했는가?

장진주-사 將進酒辭 (앞으로 장, 나아갈 진, 술 주, 말씀 사). [문학]조선 선조 때의 문인 정철(鄭澈)이 지은 사설시조. 덧없는 인생을 한탄하며 술[酒]을 가지고[將] 나아가[進] 권하는 내용으로, 이백의 『장진주』(將進酒)의 영향을 받아 지었다고 전해지는 작품[辭].

장:질 長姪 (어른 장, 조카 질). 맏[長] 조카[姪].

장차[1] 長差 (길 장, 어긋날 차). [천문]행성이나 위성의 궤도의 위치 및 형상이 계속해서[長] 조금씩 어긋나는[差] 현상. [비]장년 섭동(長年攝動).

장차[2] 將次 (앞으로 장, 차례 차). ① [속뜻]앞으로[將] 돌아올 순서[次]. ②미래의 어느 때를 나타내는 말. ¶장차 커서 무엇이 되고 싶니?

장차[3] 掌車 (맡을 장, 수레 차). [역사]조선 후기에, 임금이 타는 말과 수레[車]의 관리 업무를 관장(管掌)하던 벼슬.

장착 裝着 (꾸밀 장, 붙을 착). ① [속뜻]장치(裝置)하고 부착(附着)함. ②의복, 기구, 장비 따위를 붙이거나 착용함. ¶에어백 장착 / 차에 체인을 장착하다.

장창 長槍 (길 장, 무기 창). ① [군사]예전에, 긴[長] 자루에 날을 붙여 군사들이 무기[槍]로 쓰던 칼. ② [역사]십팔기의 하나. 보졸이 장창을 가지고 하는 무예이다.

장책 長策 (길 장, 꾀 책). ① [속뜻]좋은[長] 계책(計策). [비]양책(良策). ②꼭 이길 만한 좋은 꾀. [비]승산(勝算).

장처 長處 (길 장, 곳 처). ① [속뜻]마음씨나 행실의 가장 나은[長] 부분[處]. [비]장점(長點). ②여러 일 중에서 잘하는 것. 장소(長所). [반]단처(短處).

장:척 丈尺 (길이 장, 자 척). 열 자[丈] 길이의 장대로 된 자[尺].

장천[1] 長川 (길 장, 내 천). 밤낮으로 쉬지 않고 연달아[長] 흐르는 시내[川]. '주야장천'(晝夜長川)의 준말.

장천[2] 長天 (길 장, 하늘 천). 멀고도[長] 넓은 하늘[天].

장:-천공 腸穿孔 (창자 장, 뚫을 천, 구멍 공). 의학 창자[腸]에 구멍[孔]이 뚫린[穿] 병.

장초 章草 (글 장, 거칠 초). ① 속뜻 예전의 글[章]에 애용되던 초서(草書). ② 한자 서체의 한 가지. 후한 초기에 유행한 예서(隸書)이면서 행초서(行草書)를 닮은 서체.

장총 長銃 (길 장, 총 총 -]). 몸통부분이 긴 총(銃).

장축 長軸 (길 장, 굴대 축). 수학 타원 안에서 가장 긴[長] 지름[軸]. ㉥단축(短軸).

장:-출혈 腸出血 (창자 장, 날 출, 피 혈). 의학 창자[腸]벽에서 피[血]가 나옴[出].

장취 長醉 (길 장, 취할 취). 늘[長] 술에 취(醉)함. ¶요샌 매일 장취로구나!

▸장취-불성 長醉不醒 (아닐 불, 깰 성). 늘[長] 술에 취(醉)해있어 깨어나지[醒] 아니함[不].

장취-성 將就性 (앞으로 장, 이룰 취, 성질 성). 장차(將次) 무엇을 이룰[就] 만한 가능성(可能性). ㉥장진성(將進性).

장치[1] 藏置 (감출 장, 둘 치). 물건 따위를 간직하여[藏] 둠[置].

*__장치__[2] 裝置 (꾸밀 장, 둘 치). ① 속뜻 기계나 설비 따위를 차려[裝] 둠[置]. 또는 그 물건. ¶난방 장치. ② 무대 따위를 차리어 꾸밈. 또는 그 차리어 꾸민 것. ¶무대 장치.

▸장치 공업 裝置工業 (장인 공, 일 업). 공업 생산 수단으로서 거대한 장치(裝置)나 설비를 필요로 하는 공업(工業). 석유 화학 공업 따위.

장침[1] 長枕 (길 장, 베개 침). 가로 긴[長] 베개[枕]. ¶할아버지는 비스듬히 장침에 기댄 채 잠이 드셨다.

장침[2] 長針 (길 장, 바늘 침). ① 속뜻 긴[長] 바늘[針]. ② 분침(分針). ㉥단침(短針).

장타 長打 (길 장, 칠 타). 운동 야구에서 2루타 이상의 거리가 긴[長] 안타(安打). ㉥단타(短打).

장-탄식 長歎息 (길 장, 한숨지을 탄, 숨쉴 식). 길게[長] 탄식(歎息)함. 또는 그 탄식. ㉥장태식(長太息). ㉥장탄.

장:쾌 壯快 (씩씩할 장, 시원할 쾌). 힘차고[壯] 상쾌(爽快)함. 장하고 통쾌함.

장탄 裝彈 (꾸밀 장, 탄알 탄). 군사 총포에 탄환(彈丸)을 넣음[裝].

장-태평 長太平 (길 장, 클 태, 평안할 평). 늘[長] 아무런 걱정 없이 태평(太平)함.

장파[1] 長波 (길 장, 물결 파). 물리 파장 3000m 이상, 주파수 3-300㎑의 긴[長] 전파(電波). 주로 근거리 통신에 이용된다.

장:파[2] 長派 (어른 장, 갈래 파). 맏[長] 아들의 갈래[派]. ㉥만파.

장-파장 長波長 (길 장, 물결 파, 길 장). 통신 장파(長波)의 파장(波長). 라디오 방송 및 무선 통신 따위에 쓴다.

장판[1] 藏版 (감출 장, 널빤지 판). 일정한 곳에 보관하여[藏] 둔 책판(冊版).

장판[2] 壯版 (장할 장, 널빤지 판). 기름 먹여 두꺼워 장하게[壯] 보이는 널판[版] 형태의 종이. 또는 이것을 바른 방바닥. '장판지'(壯版紙)의 준말. ¶거실에 장판을 새로 깔다.

▸장판-방 壯版房 (방 방). 바닥을 장판지(壯版紙)로 바른 방(房).

▸장판-지 壯版紙 (종이 지). 방바닥을 바르는 데 쓰는 기름을 먹인 두꺼운[壯版] 종이[紙].

장:편[1] 掌篇 (손바닥 장, 책 편). 문학 ① 손바닥[掌]만 한 크기의 작품[篇]. ② '매우 짧은 산문'을 이르는 말. ③ 콩트(conte).

장편[2] 長篇 (길 장, 책 편). 문학 ① 시가나 소설·영화 따위에서, 내용이 긴[長] 작품이나 책[篇]. ② 구(句)의 수(數)에 제한이 없는 한시체(漢詩體). ㉥단편(短篇).

▸장편 소:설 長篇小說 (작을 소, 말씀 설). 문학 구상이 크고 줄거리가 복잡하며 길이가 긴[長篇] 소설(小說). ¶염상섭의 『삼대』는 장편소설이다. ㉥단편 소설(短篇小說).

장:폐색-증 腸閉塞症 (창자 장, 닫을 폐, 막힐 색, 증세 증). 의학 장관(腸管)의 일부가 막혀[閉塞] 창자 안의 것이 통하지 않게 되

는 병증(病症).

장포 場圃 (마당 장, 밭 포). 집 가까이에 있는 땅[場]의 밭[圃].

장하[1] 長夏 (길 장, 여름 하). ① 속뜻 긴[長] 여름[夏]의 해. ② 음력 6월을 달리 이르는 말.

장:하[2] 帳下 (장막 장, 아래 하). ① 속뜻 장막(帳幕) 아래[下]. ② 막하(幕下).

장하[3] 裝荷 (꾸밀 장, 짐 하). ① 속뜻 짐[荷]을 꾸림[裝]. ② 전기 통신에서 전송 상태를 좋게 하기 위하여 일정한 간격으로 회로에 코일을 끼워 넣는 일.

장하-주 章下註 (글 장, 아래 하, 주석 주). 각 장(章)의 끝[下]에 몰아서 단 주석(註釋).

***장:학** 獎學 (장려할 장, 배울 학). 학문(學問)을 장려(獎勵)함. 또는 그 일. ¶장학 재단 / 장학 사업.

▸장:학-관 獎學官 (벼슬 관). 교육 학문(學問)을 장려(獎勵)하고, 기획·조사·연구·지도·감독에 관한 사무를 맡은 교육 공무원[官].

▸장:학-금 獎學金 (돈 금). ① 속뜻 학술(學術) 연구를 장려(獎勵)하고 원조하기 위하여 특정한 학자나 단체 등에 내주는 돈[金]. ② 가난한 학생이나 우수한 학생에게 학비 보조금으로 내주는 돈. ¶은주는 경시대회에서 1등을 해서 장학금을 받았다.

▸장:학-사 獎學士 (선비 사). 교육 장학관의 아래 직급으로, 교육 내용의 지도와 교사의 감독에 관한 일을 맡아보는[獎學] 교육 공무원[士].

▸장:학-생 獎學生 (사람 생). 장학금(獎學金)을 받는 학생(學生).

장:한 壯漢 (씩씩할 장, 사나이 한). 몸집이 건장(健壯)하고 힘이 센 남자[漢]. ¶장한 서너 명쯤은 쉽게 해치울 수 있는 장사였다.

장해 障害 (막을 장, 해칠 해). 무슨 일을 가로막거나[障] 방해(妨害)함. ¶그 산을 오르는 데에 큰 장해는 없었다. ⓗ장애(障礙).

▸장해-물 障害物 (만물 물). 장해(障害)가 되는 사물(事物).

장:혈 葬穴 (장사지낼 장, 구멍 혈). 시체를 묻는[葬] 구덩이[穴].

장:-협착 腸狹窄 (창자 장, 좁을 협, 좁을 착). 의학 창자[腸]가 좁아져서[狹窄] 먹은 것 따위가 잘 통하지 않게 되는 증상.

장:형[1] 杖刑 (몽둥이 장, 형벌 형). 역사 죄인의 볼기를 막대기[杖]로 치던 형벌(刑罰). ⓗ곤형(棍刑). ⓒ오형(五刑).

장:형[2] 長兄 (어른 장, 맏 형). 맏[長] 형[兄]. 큰형.

▸장:형-부모 長兄父母 (아버지 부, 어머니 모). 맏형[長兄]의 지위와 하는 일이, 부모(父母)와 같음을 이르는 말.

장형 시조 長形時調 (길 장, 모양 형, 때 시, 가락 조). 문학 각 장이 제한 없이 긴[長] 형식(形式)의 시조(時調).

장화 長靴 (길 장, 구두 화). 목이 긴[長] 신이나 구두[靴]. ¶장화를 신다. ⓑ단화(短靴).

장화홍련-전 薔花紅蓮傳 (장미 장, 꽃 화, 붉을 홍, 연꽃 련, 전할 전). 문학 장화(薔花)와 홍련(紅蓮) 자매의 이야기를 담은 고전 전기(傳奇) 소설. 계모 허씨에 의하여 고통스런 삶을 살다가 원통한 죽음을 당한 자매가 원혼이 되어 복수한다는 내용의 이야기이다. 작가와 연대는 알 수 없다.

장활 長闊 (길 장, 트일 활). 땅이나 하늘이 끝이 안보이게 멀고[長] 광활(廣闊)함.

장황 張皇 (벌일 장, 클 황). 지나치게 벌이고[張] 커져서[皇] 번거롭다. ¶설명이 장황하여 이해할 수 없다.

장:회 壯懷 (씩씩할 장, 품을 회). 굳세게[壯] 품은[懷] 뜻.

장회 소:설 章回小說 (글 장, 돌 회, 작을 소, 말씀 설). 문학 삼국지, 서유기 따위와 같이 이야기를 여러 장(章)과 회(回)로 나누어 서술한 중국 소설(小說)의 한 체재.

장:후 葬後 (장사지낼 장, 뒤 후). 장사(葬事)를 치른 뒤[後]. ⓑ장전(葬前).

장흔 粧痕 (단장할 장, 흉터 흔). ① 속뜻 화장(化粧)한 흔적(痕迹). ② 꾸미어 만든 흔적.

재:가[1] 再嫁 (다시 재, 시집갈 가). 결혼한 여자가 다른 남자에게 다시[再] 시집가는[嫁] 것. ¶그녀는 남편이 죽고 나서 1년 후에 재가를 했다. ⓗ개가(改嫁).

재가[2] 裁可 (처리할 재, 가히 가). ① 속뜻 결재(決裁)하여 허가(許可)함. ② 임금이 결재하여 허가함.

재가[3] 齋家 (재계할 재, 집 가). ① 속뜻 재(齋)를 올리는 사람의 집[家]. ② 초상난 집을 무당이나 승려가 이르는 말.

재:가[4] 在家 (있을 재, 집 가). ① 속뜻 집[家]에 있음[在]. ② 불교 자기의 집에서 중처럼 불도를 닦음. 재속(在俗). ③ 사회에서 살아가는 일반 사람을 이르는 말. 참 출가(出家).

▸ **재:가-계** 在家戒 (경계할 계). 불교 재가(在家) 불자들이 지켜야 할 계(戒).

▸ **재:가-승** 在家僧 (스님 승). 불교 ① 속가에서[在家] 불법을 닦는 승려(僧侶). ② 왕조 때, 함경도 변경 지역에 살던 여진족의 유민. 머리털을 깎고, 마을마다 불당(佛堂)을 두고 살았다.

재각 齋閣 (재계할 재, 집 각). 무덤이나 사당의 옆에 제사 지내려고[齋] 지은 집[閣]. 비 재실(齋室).

재간[1] 才幹 (재주 재, 재능 간). 재주[才]와 재능[幹]. 또는 그러한 능력. ¶재간이 뛰어나다 / 그 많은 일을 나 혼자 해낼 재간이 없다.

재:간[2] 再刊 (다시 재, 책 펴낼 간). 책 따위를 다시[再] 발간(發刊)함. 또는 그 간행물.

재감[1] 災減 (재앙 재, 덜 감). 재해(災害)를 입은 논밭에 대하여 세금을 덜[減] 매김.

재감[2] 裁減 (분별할 재, 덜 감). 헤아려[裁] 가볍게 덜어[減] 줌.

재:감[3] 在監 (있을 재, 볼 감). 감옥(監獄)에 갇혀 있음[在]. 비 재소(在所).

▸ **재:감-자** 在監者 (사람 자). 감옥(監獄)에 갇혀 있는[在] 사람[者]. 비 재소자(在所者).

재:-감염 再感染 (다시 재, 느낄 감, 물들일 염). 의학 한번 걸렸던 병에 다시[再] 감염(感染)됨. 준 재감.

재:개[1] 再改 (다시 재, 고칠 개). 한번 고친 것을 다시[再] 고침[改]. 두 번째 고침.

재:개[2] 再開 (다시 재, 열 개). 끊기거나 쉬었던 회의 따위를 다시[再] 엶[開]. ¶국교 재개 / 양측은 협의를 통해 회담을 재개했다.

재:-개발 再開發 (다시 재, 열 개, 드러날 발). 다시[再] 개발(開發)함. 또는 그 일. ¶재개발 아파트.

재:-개의 再改議 (다시 재, 고칠 개, 의논할 의). 회의에서, 개의(改議)에 대하여 다시[再] 고쳐[改] 논의(論議)함. 또는 그 개의.

재:거 再擧 (다시 재, 들 거). 두[再] 번째 일을 일으킴[擧]. 또는 그 거사(擧事).

재:건 再建 (다시 재, 세울 건). 없어졌거나 허물어진 것을 다시[再] 일으켜 세움[建]. ¶숭례문 재건 / 지진이 일어났던 이 도시는 1년 후 완전히 재건되었다.

재:-건축 再建築 (다시 재, 세울 건, 쌓을 축). 기존에 있던 건축물을 허물고 다시[再] 세우거나[建] 쌓아[築] 만듦. ¶노후한 건물을 재건축하다.

재:-검사 再檢査 (다시 재, 봉함 검, 살필 사). 한 번 검사한 것을 다시[再] 검사(檢査)함. 또는 그 검사.

재:-검토 再檢討 (다시 재, 검사할 검, 따질 토). 한 번 검토한 것을 다시[再] 검사(檢査)하여 좋은 결과를 찾음[討]. 또는 그 검토.

재결[1] 齋潔 (재계할 재, 깨끗할 결). 마음을 가지런히 하고[齋] 몸을 깨끗이 함[潔].

재결[2] 裁決 (분별할 재, 결정할 결). ① 속뜻 옳고 그름을 가리어[裁] 결정(決定)함. 비 재단(裁斷). ② 소원(訴願)의 제기나 행정 소송에 대한 행정 기관의 판정.

▸ **재결 신청** 裁決申請 (알릴 신, 부탁할 청). 법률 당사자 간에 행정상의 법률적 분쟁이 생겼을 때, 제삼자인 행정 기관에 그 판정[裁決]을 신청(申請)하는 행위.

▸ **재결 처:분** 裁決處分 (처리할 처, 나눌 분). 법률 법규의 결정을 엄격히 따라 내리는[裁決] 행정 처분(處分).

재:-결정 再結晶 (다시 재, 맺을 결, 밝을 정). 화학 결정성의 물질의 용액을 냉각하거나 증발시켜 다시[再] 결정(結晶)시키는 일.

재:-결합 再結合 (다시 재, 맺을 결, 합할 합). ① 속뜻 다시[再] 결합(結合)함. 또는 그 결합. ② 화학 전리(電離)에 의하여 분리된 음양의 이온 또는 전자와 양이온이 다시 결합하여 중성 분자나 원자를 만드는 일.

재:경[1] 在京 (있을 재, 서울 경). 서울[京]에 있음[在]. ¶재경 동창회를 열었다.

재:경[2] 再耕 (다시 재, 밭갈 경). 논이나 밭을 한 해에 두[再] 번 가는[耕] 것.

재경[3] 財經 (재물 재, 다스릴 경). 재정(財政)

과 경제(經濟)를 아울러 이르는 말.

재:-경매 再競賣 (다시 재, 겨룰 경, 팔 매). 경제 경락(競落)이 결정된 뒤, 경락인이 경락 대금을 지불하지 않을 경우에 다시[再] 경매(競賣)하는 것.

재:계[1] 再啓 (다시 재, 아뢸 계). 편지를 다 적은 뒤에 또 적어야 할 일이 생겼을 경우에 다시[再] 이야기한다는[啓] 뜻으로 쓰는 말. ㊥추신(追伸).

재계[2] 財界 (재물 재, 지경 계). 주로 재물(財物)을 다루는 실업가나 금융업자의 사회[界].

재계[3] 齋戒 (재계할 재, 경계할 계). 마음을 가지런히 하여[齋] 언행을 조심하고 삼가함[戒].

재:고[1] 再考 (다시 재, 생각할 고). 한 번 정한 일을 다시[再] 한 번 생각함[考]. ¶그 계획은 재고의 여지가 없다.

재:고[2] 在庫 (있을 재, 곳집 고). ① 속뜻 창고(倉庫)에 쌓여 있음[在]. ②팔리지 않은 채 창고에 남아 있는 물건. '재고품'(在庫品)의 준말. ¶재고 조사 / 재고 정리.

▸재:고-품 在庫品 (물건 품). 팔리지 않거나 미처 출고를 못해, 창고(倉庫)에 남아있는[在] 물품(物品).

▸재:고 투자 在庫投資 (던질 투, 재물 자). 경제 ①수요가 늘 것에 대비하여 재고량(在庫量)을 늘이기 위한 투자(投資). ②수요가 줄어서 늘어난 재고에 대한 투자.

재골 才骨 (재주 재, 뼈 골). 재주[才] 있게 생긴 골상(骨相). 또는 그러한 사람.

재:교[1] 在校 (있을 재, 학교 교). ① 속뜻 학교(學校)에 있음[在]. ②재학 중임.

재:교[2] 再校 (다시 재, 고칠 교). 출판 초교 후에 다시[再] 교정(校正)함. 또는 그런 교정.

재:-교부 再交付 (다시 재, 서로 교, 줄 부). 한 번 교부한 서류나 증명서 따위를 다시[再] 내어 줌[交付].

재:-교섭 再交涉 (다시 재, 서로 교, 관여할 섭). 처음의 교섭이 실패한 경우에 다시[再] 교섭(交涉)함. 또는 그 교섭.

재:-교육 再教育 (다시 재, 가르칠 교, 기를 육). 교육 ①일정한 교육이 끝난 사람을 다시[再] 교육(教育)함. 또는 그 교육. ②실무에 종사하고 있는 사람에게 다시 직책상 필요한 교육을 베풂. 또는 그 교육.

재:-구성 再構成 (다시 재, 얽을 구, 이룰 성). 한 번 구성한 것을 다시[再] 구성(構成)함. 또는 그 구성. ¶조직의 재구성 / 이 영화는 실화를 바탕으로 재구성했다.

재:-군비 再軍備 (다시 재, 군사 군, 갖출 비). 일단 해제되거나 폐지했던 군비(軍備)를 다시[再] 갖춤.

재국[1] 才局 (재주 재, 재간 국). 재주[才=局]. ¶누구나 나름대로 재국이 있기 마련이다.

재국[2] 材局 (재목 재, 재간 국). ① 속뜻 재목(材木)이 될 만한 재능[局]. ¶뛰어난 재국을 발휘하다. ㊥재기(材器).

재궁 齋宮 (재계할 재, 집 궁). ① 속뜻 무덤이나 사당의 옆에 제사 지내려고[齋] 지은 집[宮]. ㊥재실(齋室). ② 역사 향교의 선비들의 위패를 모신 집. ㊥교궁(校宮).

재:귀 再歸 (다시 재, 돌아갈 귀). 본디 있던 곳으로 다시[再] 돌아옴[歸]. 되돌아옴.

▸재:귀-열 再歸熱 (더울 열). 의학 급성 전염병의 한 가지. 5-7일간 내처 두통 및 높은 열과 오한으로 앓다가 5-7일간 회복된 후에 다시[再] 병증이 복귀(復歸)되어 열(熱)이 오르는 현상이다. ㊥회귀열(回歸熱).

재:-귀화 再歸化 (다시 재, 돌아갈 귀, 될 화). 법률 혼인, 귀화, 이탈 등의 이유로 국적을 잃었던 사람이 다시[再] 그 나라로 돌아가[歸] 국민이 됨[化]. ㊥국적 회복(國籍回復).

재:근 在勤 (있을 재, 일할 근). 어떤 직장에 근무(勤務)하고 있음[在].

재기[1] 才氣 (재주 재, 기운 기). 재주[才]가 있어 보이는 기질(氣質). ¶재기 발랄하다.

재기[2] 才器 (재주 재, 그릇 기). 재주[才]와 기량(器量). ¶뛰어난 재기를 썩히다니! ㊥재량(才量), 재국(才局).

재:기[3] 再記 (다시 재, 기록할 기). 다시[再] 기록(記錄)함.

재:기[4] 再起 (다시 재, 일어날 기). 한 번 망하거나 실패했다가 다시[再] 일어나는[起] 일. ¶그는 재기의 발판을 마련했다 / 그는 재기에 성공했다.

▸재:기 불능 再起不能 (아닐 불, 능할 능). 다시[再] 일어날[起] 가능(可能)이 없음[不]. ㊥갱기 불능(更起不能).

재ː-기소 再起訴 (다시 재, 일어날 기, 하소연할 소). 법률 형사 소송법상 공소를 취소한 후 그 범죄 사실에 대한 다른 중요한 증거를 발견하였을 경우에 다시[再] 공소(公訴)를 제기(提起)하는 일.

재난 災難 (재앙 재, 어려울 난). 재앙(災殃)으로 인한 어려움[難]. 뜻밖의 불행한 일. ¶우리 마을에 큰 재난이 닥쳤다. ㊎재앙(災殃), 액화(厄禍), 화해(禍害).

재ː내 在內 (있을 재, 안 내). 안[內]에 있음[在]. ㊥재외(在外).

재녀 才女 (재주 재, 여자 녀). 재주[才] 있는 여자(女子). ㊥재사(才士).

재년 災年 (재앙 재, 해 년). ① 속뜻 재앙(災殃)이 많은 해[年]. ② 흉년(凶年).

재능 才能 (재주 재, 능할 능). 재주[才]와 능력(能力). ¶내 동생은 과학에 재능이 있다. ㊎재력(才力).

재단[1] 財團 (재물 재, 모일 단). 법률 일정한 목적을 위하여 결합된 재산(財産)의 집단(集團). ¶복지 재단의 후원으로 자선 음악회가 열렸다.

▸재단 법인 財團法人 (법 법, 사람 인). 법률 일정한 목적에 제공된 재산[財團]의 독립된 운용을 위하여, 그 설립이 인정된 공익 법인(法人).

▸재단 저ː당 財團抵當 (맞설 저, 맡을 당). 법률 일정한 기업용 재산[財團]을 일괄하여 담보 가치를 파악하고 거기에 설정하는 저당권(抵當權). 또는 그러한 담보를 삼는 일.

▸재단 채ː권 財團債權 (빚 채, 권리 권). 법률 파산(破産)한 재단(財團)으로부터 파산 절차에 의하지 않고 파산 채권자에 우선하여 빚[債]을 변제(辨濟)받을 수 있는 청구권(請求權).

재단[2] 裁斷 (마를 재, 끊을 단). ① 속뜻 옷을 만들기 위하여 옷감을 마르거나[裁] 끊음[斷]. ¶재단 가위. ② 옳고 그름을 분별하여 판단함. ¶근거도 없이 다른 사람을 재단하지 마라. ㊎마름질.

▸재단-기 裁斷機 (틀 기). 마름질[裁斷]하는 기계(機械). ㊎단재기(斷裁機).

▸재단-법 裁斷法 (법 법). 마름질[裁斷]하는 방법(方法).

▸재단-사 裁斷師 (스승 사). 마름질[裁斷]을 전문으로 하는 사람[師].

▸재단 비ː평 裁斷批評 (따질 비, 평할 평). 문학 미리 일정한 기준을 세워[裁斷] 놓고, 그 기준에 준하여 작품을 다루는 문예 비평(批評)의 한 가지. 18세기 초까지 영국과 프랑스 등지에서 주로 행하여졌다.

재담 才談 (재주 재, 이야기 담). 재치(才致) 있게 하는 재미있는 이야기[談]. ¶그는 재담을 섞어 가며 강연했다.

재덕 才德 (재주 재, 베풀 덕). 재주[才]와 덕(德). 재지(才智)와 덕행(德行).

▸재덕-겸비 才德兼備 (아우를 겸, 갖출 비). 재주[才]와 덕(德)을 두루[兼] 갖춤[備].

재독[1] 在獨 (있을 재, 독일 독). 독일(獨逸)에 살고 있음[在]. ¶재독 물리학자.

재ː독[2] 再讀 (다시 재, 읽을 독). 한 번 읽은 것을 다시[再] 읽음[讀]. 두 번째 읽음.

재동 才童 (재주 재, 아이 동). 재주[才]가 빼어난 아이[童].

재ː래 在來 (있을 재, 올 래). 전부터 있어[在] 온[來] 것. 이제까지 해 오던 일. ¶재래시장.

▸재ː래-면 在來棉 (목화 면). 농업 옛날부터 재배하여 오던[在來] 면화(棉花). ㊥육지면(陸地棉).

▸재ː래-식 在來式 (법 식). 재래(在來)의 방식(方式). ¶재래식 화장실.

▸재ː래-종 在來種 (갈래 종). 한 지역에서 예전부터 계속 길러온[在來] 품종(品種). 다른 지역의 종자와 교배되지 않고 그 지역에 적응되었다. ¶이 딸기는 재래종을 개량한 것이다. ㊥개량종(改良種), 외래종(外來種).

재략 才略 (재주 재, 꾀할 략). ① 속뜻 재주[才]와 책략(策略). ② 재주가 있는 꾀.

재량[1] 才量 (재주 재, 분량 량). 재주[才]와 도량(度量). ㊎재국(才局).

재ː량[2] 載量 (실을 재, 분량 량). 물건을 쌓아 실은[載] 분량(分量)이나 중량(重量). '적재량'(積載量)의 준말.

재량[3] 裁量 (분별할 재, 헤아릴 량). ① 속뜻 스스로 분별하고[裁] 헤아려[量] 처리함. ¶이번 일은 자네가 재량하여 완수하게. ② 법률 '자유재량'(自由裁量)의 준말. ㊎

재작(裁酌), 재탁(裁度).

▸재량-권 裁量權 (권리 권). 자유재량(自由裁量)으로 처분할 수 있는 권한(權限).

▸재량 변:호 裁量辯護 (말 잘할 변, 돌볼 호). 법률 법원에서 자유재량(自由裁量)의 권리에 따라 선임한 변호인의 변호(辯護).

▸재량 처:분 裁量處分 (처리할 처, 나눌 분). 법률 행정청의 자유재량(自由裁量)에 속하는 범위 안에서 하는 행정 처분(處分). 참기속 처분(羈束處分).

▸재량 활동 裁量活動 (살 활, 움직일 동). 미리 정하여 있는 교과목 이외에, 학생들과 교사가 스스로 계획하여[裁量] 하는 활동(活動). 또는 그러한 활동을 하는 과목.

재력[1] 才力 (재주 재, 힘 력). 재주[才]와 능력(能力). 비재능(才能).

재력[2] 財力 (재물 재, 힘 력). 재물(財物)의 힘[力]. 재산상의 세력. ¶재력가(財力家) / 그는 재력이 상당한 사람이다. 비부력(富力).

재:련 再鍊 (다시 재, 불릴 련). ① 속뜻 쇠붙이를 두[再] 번째 불에 달구어 두드려서[鍊] 단단하게 함. ② 목재나 석재를 두 번째 다듬음.

재령 材齡 (재료 재, 나이 령). ① 속뜻 재료(材料)의 나이[齡]. ② 건설 건축물에 재료를 사용한 뒤로 지나간 햇수.

재:록[1] 再錄 (다시 재, 기록할 록). 다시[再] 기록(記錄)하거나 수록(收錄)함. 또는 그 기록.

재:록[2] 載錄 (실을 재, 기록할 록). 책 따위에 기록(記錄)하여 실음[載].

재록-신 財祿神 (재물 재, 녹봉 록, 귀신 신). 민속 사람의 재물(財物)과 복록(福祿)을 맡아본다는 신(神).

재:론 再論 (다시 재, 논할 론). 다시[再] 말하거나[論] 거론(擧論)함. ¶재론의 여지가 없다 / 그 일은 이후에 재론하기로 합시다.

재롱 才弄 (재주 재, 놀 롱). 재주[才]를 부리며 귀엽게 놂[弄]. ¶강아지가 재롱을 부린다.

**재료 材料 (재목 재, 거리 료). ① 속뜻 재목(材木)을 만드는 데 필요한 거리[料]. ② 어떤 일을 하거나 이루는 거리. ¶저희 식당은 좋은 재료만을 사용합니다.

▸재료-미 材料美 (아름다울 미). 재료(材料) 그대로의 아름다움[美].

▸재료-비 材料費 (쓸 비). 제품 생산에 쓰이는 재료(材料)에 드는 비용(費用).

▸재료 역학 材料力學 (힘 력, 배울 학). 물리 구조물을 형성하는 재료(材料)의 역학적(力學的)인 성질을 연구하는 학문(學問).

재:류 在留 (있을 재, 머무를 류). ① 속뜻 어느 곳에 한동안 머물러[留] 있음[在]. ② 외국에 가서 한동안 머물러 있음.

▸재:류-민 在留民 (백성 민). 어느 곳에 머물고[留] 있는[在] 사람[民]. 비거류민(居留民).

재리 財利 (재물 재, 이로울 리). 재물(財物)과 이익(利益).

재:림 再臨 (다시 재, 임할 림). ① 속뜻 다시[再] 옴[臨]. ② 기독교 부활하여 승천한 예수가, 최후의 심판 때 이 세상에 다시 온다는 일.

▸재:림-파 再臨派 (갈래 파). 기독교 예수의 재림(再臨)이 멀지 않다고 주장하는 크리스트교의 한 파(派).

재망 才望 (재주 재, 바랄 망). 재주[才]와 명망(名望). 비재명(才名).

재명 才名 (재주 재, 이름 명). ① 속뜻 재주[才]와 명성(名聲). 비재망(才望). ② 재주로 말미암아 소문난 이름.

재:-명년 再明年 (다시 재, 밝을 명, 해 년). 내년[明年]의 그 다음[再] 해.

재:-명일 再明日 (다시 재, 밝을 명, 날 일). 다음[明] 날[日]의 그 다음[再] 날. 비모레.

재목[1] 宰木 (무덤 재, 나무 목). 무덤[宰]가에 심은 나무[木]. 비묘목(墓木).

재목[2] 材木 (재료 재, 나무 목). ① 속뜻 건축·토목·가구 따위의 재료(材料)로 쓰는 나무[木]. ¶이 건물은 좋은 재목을 써서 지었다. ② 큰일을 할 인물을 비유하여 이르는 말. ¶그 소년은 한국 야구를 이끌어 갈 재목이다.

▸재목-상 材木商 (장사 상). 재목(材木)을 사고 파는 장사[商]. 또는 그 장수.

재무 財務 (재물 재, 일 무). 재정(財政)에 관한 사무(事務). ¶재무 관리.

▸재무-비 財務費 (쓸 비). 경제 징세나 국유

재산의 관리 등 재무(財務)에 관한 활동이나 운영상의 경비(經費).

▸ 재무-제표 財務諸表 (모두 제, 겉 표). 경제 한 기업의 재산(財産) 업무(業務)에 관한 여러[諸] 가지 계산표(計算表). 대차 대조표, 손익 계산서 따위.

▸ 재무 행정 財務行政 (행할 행, 정사 정). 정치 국가나 그 밖의 행정 주체가 임무를 행하는 데 필요한 재화(財貨)의 조달·관리·사용 등의 업무(業務)에 관한 행정(行政).

재ː-무장 再武裝 (다시 재, 굳셀 무, 꾸밀 장). 다시[再] 무기(武器)를 갖추어 차림[裝].

재ː물[1] 在物 (있을 재, 만물 물). 있는[在] 물건(物件).

재물[2] 財物 (재물 재, 만물 물). ① 속뜻 재산(財産)이 될만한 물건(物件). ¶그는 재물에 눈이 어두워졌다. ② 법률 절도, 강도, 사기, 공갈, 횡령, 장물 따위 죄의 객체가 되는 것. ⓑ재화(財貨).

재물-대 載物臺 (실을 재, 만물 물, 대 대). 물리 현미경에서 관찰할 물건(物件)을 얹어 놓는[載] 평평한 대(臺).

재물-보 才物譜 (돋아날 재, 만물 물, 적어놓을 보). 책명 조선 정조 때, 이성지(李成之)가 펴낸 어휘집. 삼재 만물(三才萬物)과 우리나라 역대의 제도, 문물의 이름을 설명한 어휘집[譜].

재ː미 在美 (있을 재, 미국 미). 미국(美國)에 살고 있음[在]. ¶재미 한국인 / 재미 동포 / 재미 과학자.

재민 災民 (재앙 재, 백성 민). 재해(災害)를 입은 사람들[民]. '이재민'(罹災民)의 준말.

재ː발 再發 (다시 재, 나타날 발). ① 속뜻 한 번 생기었던 일이나 병 따위가 다시[再] 나타남[發]. ¶꾸준히 치료하지 않으면 암은 재발하기 쉽다. ⓑ갱발(更發). ② 한 번 보낸 글발 따위를 다시 부침. ¶고지서를 재발하다.

재ː-발견 再發見 (다시 재, 나타날 발, 볼 견). 다시[再] 발견(發見)함. 새삼스럽게 깨달아 알아냄.

재ː-방송 再放送 (다시 재, 놓을 방, 보낼 송). 한 번 했던 방송 내용을 다시[再] 방송(放送)함.

재ː-방영 再放映 (다시 재, 놓을 방, 비칠 영). 한 번 했던 방영 내용을 다시[再] 방영(放映)함.

재ː배[1] 再拜 (다시 재, 절 배). ① 속뜻 두[再] 번 절함[拜]. 또는 그 절. ¶재배를 올리다. ② 웃어른에게 쓰는 편지에서, 사연을 끝낸 뒤 자기 이름 뒤에 쓰는 말. 두 번 절을 한다는 뜻으로, 상대편을 높이는 표현이다.

⁑**재ː배**[2] 栽培 (심을 재, 북돋울 배). 식물을 심어서[栽] 가꿈[培]. ¶할머니는 뒤뜰에 토마토를 재배한다.

▸ 재ː배-법 栽培法 (법 법). 식물을 심어[栽] 가꾸는[培] 방법(方法).

▸ 재ː배 식물 栽培植物 (심을 식, 만물 물). 농업 인공적으로 심어서[栽] 가꾸는[培] 식물(植物). ⓑ야생 식물(野生植物), 자생 식물(自生植物).

재ː-배당 再配當 (다시 재, 나눌 배, 마땅 당). 다시[再] 나누어[配] 받는 몫[當]. 보통 배당 이외에 다시 더하는 배당.

재ː-배열 再配列 (다시 재, 나눌 배, 벌일 렬). 다시[再] 나누어[配] 줄지어[列] 놓음.

재ː-배치 再配置 (다시 재, 나눌 배, 둘 치). 다시[再] 잘 나누어[配] 자리에 둠[置]. ¶우리 부대는 다른 곳으로 재배치될 것이다.

재벌 財閥 (재물 재, 가문 벌). 경제 재산(財産)을 많이 가진 사람의 가문[閥]. 또는 혈연으로 맺어진 자본가 집단. ¶재벌 기업.

재ː범 再犯 (다시 재, 범할 범). 한 번 죄를 저지른 사람이 다시[再] 죄를 저지름[犯]. 또는 그 사람.

재ː벽 再壁 (다시 재, 담 벽). 건설 목조 건물에 흙벽을 칠 때, 처음 바른 벽(壁) 위에 다시[再] 한 번 시멘트나 황토 반죽을 바르는 일.

재변[1] 才辯 (재주 재, 말 잘할 변). 재치(才致) 있게 잘하는 말[辯].

재변[2] 災變 (재앙 재, 바뀔 변). ① 속뜻 재앙(災殃)으로 말미암아 생기는 변고(變故). ② 자연계의 이변(異變).

재ː보[1] 再報 (다시 재, 알릴 보). 두[再] 번째 알리는[報] 일.

재보[2] 財寶 (재물 재, 보배 보). ① 속뜻 재화(財貨)와 보물(寶物). ② 귀한 재물.

재:-보험 再保險 (다시 재, 지킬 보, 험할 험). 경제 보험자가 피보험자에 대하여 계약상의 책임을 다시[再] 다른 보험자에게 보험(保險)하는 계약.

재:-복무 再服務 (다시 재, 일 복, 힘쓸 무). 일정한 병역 의무를 마친 사람이 다시[再] 군무(軍務)를 맡아 일함[服]. 또는 그 일.

재:봉[1] 再逢 (다시 재, 만날 봉). 헤어졌던 사람을 다시[再] 만남[逢]. ㊥재회(再會).

▸재:-봉춘 再逢春 (봄 춘). ① 속뜻 음력으로 일 년에 두[再] 번이나 입춘(立春)이 드는[逢] 일. ②'불우한 처지에 빠졌던 사람이 다시 행복을 되찾는 것'을 비유하여 이르는 말.

재봉[2] 裁縫 (마를 재, 꿰맬 봉). 옷감을 말라서[裁] 바느질함[縫]. 또는 그 일. ¶어머니는 재봉을 잘하신다. ¶재봉틀.

▸재봉-기 裁縫機 (틀 기). 재봉(裁縫)할 때 쓰는 기계(機械). 재봉틀.

▸재봉-사 裁縫師 (스승 사). 재봉(裁縫) 일을 전문으로 하는 사람[師].

▸재봉-사 裁縫絲 (실 사). 재봉(裁縫)할 때 쓰는 실[絲].

▸재봉-수 裁縫繡 (수 수). 재봉(裁縫)틀로 놓은 수(繡).

재-부족 才不足 (재주 재, 아닐 부, 넉넉할 족). 재주[才]가 부족(不足)함.

재:-분배 再分配 (다시 재, 나눌 분, 나눌 배). 다시[再] 몫을 나눔[配分]. ¶소득의 재분배.

재:-분할 再分割 (다시 재, 나눌 분, 쪼갤 할). 다시[再] 나누어[分] 쪼갬[割].

재사[1] 才士 (재주 재, 선비 사). 재주[才]가 많은 남자[士]. ¶그는 당대의 재사로 이름을 떨쳤다. ㊟재녀(才女).

재사[2] 才思 (재주 재, 생각 사). 재치(才致) 있는 생각[思]. ¶그 아이는 이따금 재사가 넘치는 말을 하여 사람을 놀라게 했다.

재:사[3] 在社 (있을 재, 회사 사). ① 속뜻 회사(會社)에 있음[在]. ②회사에 근무하고 있음.

재:사[4] 再思 (다시 재, 생각 사). 여러모로 헤아려 보고 다시[再] 생각함[思]. 또는 그런 생각.

***재산** 財産 (재물 재, 재물 산). ① 속뜻 경제적 가치가 있는 재물(財物)이나 자산(資産). ¶그는 죽기 전에 전 재산을 사회에 환원했다. ②소중한 것을 비유하여 이르는 말. ¶책은 인류 문화의 재산이다. ③ 법률 동산, 부동산 외에 금전적 가치를 지니는 권리 및 의무의 총체. 적극적 재산인 자산 이외에 소극적 재산인 부채를 포함하는 경우도 있다.

▸재산-가 財産家 (사람 가). 재산(財産)이 많은 사람[家]. ㊥부자(富者).

▸재산-권 財産權 (권리 권). 법률 경제적 이익을 목적으로 하는 재산(財産)상의 권리(權利).

▸재산-법 財産法 (법 법). 법률 재산적(財産的) 생활관계를 규율하는 사법(私法).

▸재산-세 財産稅 (세금 세). 법률 재산(財産)의 소유 또는 재산의 이전 사실에 대하여 부과하는 조세(租稅).

▸재산-형 財産刑 (형벌 형). 법률 재산(財産)을 빼앗는 것을 내용으로 하는 형벌(刑罰). ㊟체형(體刑).

▸재산 계:정 財産計定 (셀 계, 정할 정). 경제 부기에서 자산 및 부채[財産]에 관한 계정(計定).

▸재산 목록 財産目錄 (눈 목, 기록할 록). ① 속뜻 어느 시점에서 상인의 영업 재산(財産)을 개별적으로 값을 매겨서 일정한 차례로 적은 것[目錄]. ②금전상의 가치가 있는 모든 개인 재산의 목록.

▸재산 보:험 財産保險 (지킬 보, 험할 험). 경제 재산(財産)상의 사건에 관련된 경제 사정의 불안정성을 제거할 목적으로 만든 보험(保險). 해상 보험, 화재 보험, 도난 보험, 신용 보험 따위.

▸재산 분여 財産分與 (나눌 분, 줄 여). 법률 이혼할 경우에 당사자의 어느 한 쪽이 상대편에게 재산(財産)을 나누어[分] 주는[與] 일.

▸재산 상속 財産相續 (서로 상, 이을 속). 법률 재산(財産)상의 지위 상속(相續). 적극 재산은 물론 소극 재산도 포함된다. ㊥유산 상속(遺産相續).

▸재산 소:득 財産所得 (것 소, 얻을 득). 경제 재산(財産)을 이용해 생기는 소득(所得). 지대, 이자 따위.

▸재산 압류 財産押留 (붙잡을 압, 머무를

류). 법률 ①채권자가 국가의 공권력을 빌려 채무자의 재산(財産)을 압류(押留)하는 것. ②납세 의무를 행하지 않는 사람에게 국가나 자치 단체가 그 사람의 재산을 압류하는 강제 징수의 한 가지.

▸재산 제:도 財産制度 (정할 제, 법도 도). 법률 재산(財産)의 소유 및 처분에 관한 제도(制度).

▸재산 차압 財産差押 (어긋날 차, 붙잡을 압). 법률 채권자가 국가의 공권력을 빌려 채무자의 재산(財産)을 차압(差押)하는 것. ㊐재산 압류(財産押留).

▸재산 출자 財産出資 (날 출, 재물 자). 법률 공동 사업을 하기 위한 자본으로서 금전 기타의 재산(財産)을 출연(出捐)하여 투자(投資)하는 일.

재:삼 再三 (다시 재, 석 삼). 두[再] 번, 세[三] 번. 여러 번을 다시.

▸재:삼-재:사 再三再四 (다시 재, 넉 사). 다시[再] 세[三] 번 그리고 다시[再] 네[四] 번 거듭거듭 반복함. 몇 번씩. 거듭거듭.

재:상[1] 在喪 (있을 재, 죽을 상). 상제로서 상중(喪中)에 있음[在].

재:상[2] 宰相 (맡을 재, 도울 상). ①속뜻 임금이 시킨 일을 맡아[宰] 돕는[相] 신하. ②역사 임금을 보필하며 모든 관원을 지휘·감독하는 자리에 있는 이품(二品) 이상의 벼슬을 통틀어 이르던 말. ¶조부는 재상을 역임하셨다. ㊐재신(宰臣), 중당(中堂).

▸재:상-가 宰相家 (집 가). 재상(宰相)의 집[家].

재색[1] 才色 (재주 재, 빛 색). 여자의 재주[才]와 용모[色]. ¶재색을 겸비한 규수.

재색[2] 財色 (재물 재, 빛 색). 재물(財物)과 여색(女色). ¶재색을 탐하다. ㊐화색(貨色).

재:생 再生 (다시 재, 날 생). ①속뜻 죽게 되었다가 다시[再] 살아남[生]. ¶뇌세포는 한번 파괴되면 재생되지 않는다. ②버리게 된 물건을 다시 살려서 쓰게 만듦. ¶재생휴지 / 폐식용유를 재생하여 비누를 만들었다. ㊐소생(蘇生).

▸재:생-성 再生性 (성질 성). ①속뜻 재생(再生)해서 쓸 수 있는 성질(性質). ②생물 상실되거나 손상된 생물체의 어떤 조직이 다시 되살아나는 성질.

▸재:생-지 再生紙 (종이 지). 헌 종이를 풀어 녹여서 다시[再] 만든[生] 종이[紙].

▸재:생-품 再生品 (물건 품). 한 번 사용하였던 물건을 이용하여 다시[再] 만든[生] 물품(物品).

▸재:생지은 再生之恩 (어조사 지, 은혜 은). 죽게 된 목숨을 다시[再] 살려준[生] 은혜(恩惠).

▸재:생지인 再生之人 (어조사 지, 사람 인). 죽을 고비를 겪고 다시[再] 살아난[生] 사람[人].

재:-생산 再生產 (다시 재, 날 생, 낳을 산). 생산된 재화가 소비에 의하여 다시[再] 생산(生産)되는 일.

재:석 在席 (있을 재, 자리 석). ①속뜻 자리[席]에 있음[在]. ②회의에서 표결할 때 자리에 있는 일.

▸재:석 인원 在席人員 (사람 인, 인원 원). 자리에 있는[在席] 인원(人員).

재:선 再選 (다시 재, 고를 선). ①속뜻 한 번 당선된 사람이 다시[再] 두 번째 당선(當選)됨. ¶재선의원(議員) / 그는 대통령에 재선되었다. ②법률 '재선거'(再選擧)의 준말.

재:-선거 再選擧 (다시 재, 고를 선, 들 거). ①속뜻 다시[再] 하는 선거(選擧). ②법률 선거의 일부나 전부가 무효 판결을 받았을 때 또는 당선인이 임시 개시 전에 사망하거나 당선을 사퇴할 때, 선거 결과 당선인이 없을 때 등의 경우에 실시함.

재:설 再說 (다시 재, 말씀 설). 이미 한 이야기를 다시[再] 말함[說]. 되풀이하여 설명함.

재:세 在世 (있을 재, 세상 세). 세상(世上)에 살아 있음[在]. 또는 살아 있는 그 동안.

재:소[1] 再訴 (다시 재, 하소연할 소). 법률 한 번 취하했거나 각하 당한 소송(訴訟)을 다시[再] 제기함. '재기소'(再起訴)의 준말.

재:소[2] 在所 (있을 재, 곳 소). 교도소(矯導所)에 갇혀 있음[在]. ㊐재감(在監).

▸재:소-자 在所者 (사람 자). ①속뜻 교도소(矯導所)에 갇혀 있는[在] 사람[者]. ②어떤 일정한 곳에 있는 사람.

재:속 在俗 (있을 재, 속될 속). 불교 출가하

지 않고 속세(俗世)에 있음[在]. 또는 그런 사람. ⓑ재가(在家). ⓒ출가(出家).

재:송[1] 載送 (실을 재, 보낼 송). 차나 배 따위에 물건을 실어[載] 보냄[送].

재:송[2] 再送 (다시 재, 보낼 송). ① 속뜻 다시[再] 보냄[送]. ② 법률 '재송 전보'(再送電報)의 준말.

▸재:송 전:보 再送電報 (전기 전, 알릴 보). 법률 수신인의 주소가 바뀌었을 때, 수신인의 대리인이나 전 주소에 있는 사람에게 새 주소로 다시[再] 보내줄[送] 것을 청구하는 특별 전보(電報).

재:수[1] 在囚 (있을 재, 가둘 수). 교도소 안에 갇혀[囚] 있음[在].

재수[2] 財數 (재물 재, 운수 수). ① 속뜻 재물(財物)에 관한 운수(運數). ② 좋은 일이 생길 운수. ¶오늘은 재수가 좋다. 속담 재수가 옴 붙었다.

재:수[3] 再修 (다시 재, 닦을 수). 한번 배웠던 학과 과정을 다시[再] 공부함[修].

▸재:수-생 再修生 (사람 생). 입학시험에 떨어져서 다시[再] 공부하는[修] 학생(學生).

재:-수술 再手術 (다시 재, 손 수, 꾀 술). 한 번 수술한 부위를 다시[再] 수술(手術)함. 또는 그 수술.

재:-수습 再收拾 (다시 재, 거둘 수, 주울 습). ① 속뜻 어수선한 사태를 다시[再] 바로잡음[收拾]. ② 산란한 정신을 가라앉히어 다시 바로잡음. ③ 어수선하게 흩어진 물건을 다시 정돈함.

재:-수입 再輸入 (다시 재, 나를 수, 들 입). 한 번 수출했던 물건을 다시[再] 수입(輸入)함. 또는 그 수입. ⓑ재수출(再輸出).

재:-수출 再輸出 (다시 재, 나를 수, 날 출). 수입한 물건을 다시[再] 수출(輸出)함. 또는 그 수출. ⓑ재수입(再輸入).

재:숙 再宿 (다시 재, 잠잘 숙). 이틀[再] 밤을 머무름[宿].

재:순 再巡 (다시 재, 돌 순). ① 속뜻 두[再] 번째 도는[巡] 차례. ② 활쏘기의 두 번째 차례.

재승덕박 才勝德薄 (재주 재, 뛰어날 승, 베풀 덕, 엷을 박). 재주[才]는 많으나[勝] 덕(德)이 적음[薄]. ⓑ재승박덕(才勝薄德).

재시 財施 (재물 재, 베풀 시). 불교 '삼시'(三施)의 하나. 남에게 재물(財物)을 베푸는[施] 일. ⓒ삼시(三施).

재:-시공 再施工 (다시 재, 베풀 시, 일 공). 다시[再] 공사(工事)를 실시(實施)함.

재:-시험 再試驗 (다시 재, 따질 시, 효과 험). ① 속뜻 다시[再] 시험(試驗)을 침. ② 일정한 점수에 미달하는 사람에게 다시 치르게 하는 시험.

재식[1] 才識 (재주 재, 알 식). 재주[才]와 식견(識見).

재:식[2] 栽植 (심을 재, 심을 식). 농작물이나 나무를 심음[栽=植]. ¶재식 사업.

재:신 宰臣 (재상 재, 신하 신). ① 속뜻 재상(宰相)의 위치에 있는 신하(臣下). ② 역사 정삼품 당상관 이상의 벼슬. 또는 그 벼슬에 있던 사람. ③ 역사 고려 시대에 둔, 중서문하성의 시중 이하 종이품 이상의 벼슬. ④ 역사 임금을 돕고 모든 관원을 지휘하고 감독하는 일을 맡아보던 이품 이상의 벼슬.

재:실[1] 再室 (다시 재, 집 실). ① 건설 헌 집을 헐어서 그 재목으로 다시[再] 지은 집[室]. ② 재취(再娶)한 아내.

재실[2] 齋室 (재계할 재, 집 실). ① 속뜻 제사 지내려고[齋] 지은 집[室]. ⓑ재각(齋閣), 재궁(齋宮). ② 능(陵), 종묘(宗廟) 등에 제사 지내려고 지은 집. ⓑ재전(齋殿).

재:심 再審 (다시 재, 살필 심). 법률 송사(訟事)에서 초심에 이어 다시금[再] 이루어지는 심리(審理). 초심에 불복하는 당사자나 청구권자가 요구한다. ⓒ초심(初審), 삼심(三審).

재:-심사 再審査 (다시 재, 살필 심, 살필 사). 다시[再] 심사(審査)함.

재앙 災殃 (재앙 재, 재앙 앙). 천재지변(天災地變) 따위로 말미암은 불행한 변고[災=殃]. ¶재앙을 피하다 / 입은 재앙의 근원이다. ⓑ재난(災難).

재액 災厄 (재앙 재, 재앙 액). 재앙(災殃)과 액운(厄運)을 일컬음.

재:야 在野 (있을 재, 들 야). ① 속뜻 들[野]에 파묻혀 있음[在]. ② 정치인이나 저명인사로서 공직에 있지 않거나 정치 활동에 직접 나서지 않고 있음. ¶재야 단체 / 재야 출신의 인사(人士).

재:언 再言 (다시 재, 말씀 언). 다시[再] 말함[言].

재:연[1] 再演 (다시 재, 펼칠 연). ① 속뜻 다시[再] 공연(公演)함. ② 다시 되풀이함. ¶범인은 범행을 재연했다.

재:연[2] 再燃 (다시 재, 태울 연). ① 속뜻 꺼졌던 불이 다시[再] 탐[燃]. ¶산불은 재연을 경계해야 한다. ② 잠잠해진 일이 다시 떠들고 일어남. ¶그 문제의 재연은 사전에 막아야한다.

재:열 宰列 (재상 재, 줄 렬). 재상(宰相)의 반열(班列).

재예 才藝 (재주 재, 재주 예). 재능(才能)과 기예(技藝).

재완 才腕 (재주 재, 팔 완). 재능[才] 있는 수완(手腕).

재:외 在外 (있을 재, 밖 외). 외국(外國)에 있음[在]. ¶재외 동포.

▸ 재:외 공관 在外公館 (관공서 공, 집 관). 법률 해외(海外)에 파견되어 있는[在] 외무부의 공관(公館)을 통틀어 이르는 말.

▸ 재:외 자:산 在外資産 (재물 자, 재물 산). 외국(外國)에 있는[在] 자산(資産).

▸ 재:외 정:화 在外正貨 (바를 정, 재물 화). 경제 정부나 중앙은행이 국제 대차를 결제하기 위하여 외국(外國)의 금융 중심지에 두는[在] 정화(正貨).

재욕 財慾 (재물 재, 욕심 욕). 불교 재물(財物)에 대한 탐욕(貪慾).

재:우 再虞 (다시 재, 헤아릴 우). 장사지낸 뒤에 두[再] 번째 지내는 우제(虞祭).

재운 財運 (재물 재, 운수 운). 재물(財物)을 많이 모을 운수(運數).

재원[1] 才媛 (재주 재, 미인 원). 재주[才] 있는 젊은 여자[媛]. ¶그녀는 대학을 수석으로 입학한 재원이다. ⓑ재자(才子).

재원[2] 財源 (재물 재, 근원 원). ① 속뜻 재화(財貨)나 재정의 원천(源泉). ② 지출하는 돈의 출처.

재:위 在位 (있을 재, 자리 위). 임금의 자리[位]에 있음[在]. 또는 그 동안. ¶연산군은 재위 중에 폐위되었다. ⓑ어극(御極).

재:-음미 再吟味 (다시 재, 읊을 음, 맛 미). 다시[再] 맛[味] 봄[吟].

재:의 再議 (다시 재, 의논할 의). ① 속뜻 다시[再] 의논(議論)함. 또는 그 의논. ② 법률 이미 결합된 사항에 대하여 같은 기관이 다시 심의하거나 의결하는 절차.

재이 災異 (재앙 재, 다를 이). ① 속뜻 천재(天災)와 지이(地異). ② 재앙이 되는 괴상한 일.

재인 才人 (재주 재, 사람 인). ① 속뜻 재주[才]가 있는 사람[人]. ② 지난날 재주를 넘거나 악기로 풍악을 치던 광대를 이르던 말.

재:인 再認 (다시 재, 알 인). 다시[再] 인식(認識)함. '재인식'(再認識)의 준말.

재:-인식 再認識 (다시 재, 알 인, 알 식). ① 속뜻 지난날의 인식에 대하여 고쳐서 다시[再] 인식(認識)함. ② 현재의 어떤 자극으로 과거에 경험한 행위나 감정을 새삼 뚜렷하게 인식하는 일.

재:일[1] 在日 (있을 재, 일본 일). 일본(日本)에 살고 있음[在]. ¶재일 교포 / 재일 거류민단 / 재일 유학생.

재일[2] 齋日 (재계할 재, 날 일). ① 불교 명복을 빌기 위하여 불공을 올리는[齋] 날[日]. ② 가톨릭 대소재(大小齋)를 지키는 날.

재:임[1] 在任 (있을 재, 맡길 임). 어떤 직무나 임지(任地)에 있음[在]. 또는 그 동안. ¶재임 기간.

재:임[2] 再任 (다시 재, 맡길 임). 본디의 직책에 다시[再] 임명(任命)됨. ¶그 자리에 재임되었다.

재:-입찰 再入札 (다시 재, 들 입, 패 찰). 다시[再] 입찰(入札)함. 또는 그 입찰.

재자 才子 (재주 재, 아들 자). 재주[才] 있는 젊은 남자[子]. ⓒ재원(才媛).

▸ 재자-가인 才子佳人 (아름다울 가, 사람 인). 재주[才] 있는 젊은 남자(男子)와 아름다운[佳] 여자[人]. ⓑ가인재자(佳人才子).

▸ 재자-다병 才子多病 (많을 다, 병 병). 재주[才] 있는 사람[子]은 병(病)이 많음[多].

재:-작년 再昨年 (다시 재, 어제 작, 해 년). 지[再] 지난[昨] 해[年]. 그러께. ¶재작년 봄에 심은 나무가 이렇게 자랐다.

재:적[1] 載積 (실을 재, 쌓을 적). 물건을 수레 같은 것에 실어서[載] 쌓음[積].

재:적[2] 在籍 (있을 재, 문서 적). 학적, 호적,

병적 따위를 적은 문서[籍]에 올라 있음[在]. ¶재적 인원 / 워싱턴 대학에는 한국 학생이 다수 재적하고 있다.

▸재ː적-생 在籍生 (사람 생). 재적(在籍)하여 있는 학생(學生).

▸재ː적-수 在籍數 (셀 수). 재적(在籍)하여 있는 수효(數爻).

재ː정[1] 在廷 (있을 재, 관청 정). ① [속뜻] 조정(朝廷)에 있으면서[在] 일을 함. [비]재조(在朝). ② 법정(法廷)에 출두하여 있음.

재ː정[2] 再訂 (다시 재, 바로잡을 정). 두[再] 번째 정정(訂正)함. 또는 그 정정.

재정[3] 財政 (재물 재, 정사 정). ① [속뜻] 재산(財産)을 조달, 관리, 사용하는 일체의 정사(政事). ② [경제] 개인, 가정, 단체 등의 경제 상태. ¶회사의 재정 상태가 좋아졌다.

▸재정-가 財政家 (사람 가). 재정(財政) 사무를 전문으로 맡아하는 사람[家]. ¶그레셤은 16세기 영국의 재정가였다.

▸재정-권 財政權 (권리 권). [법률] 재정(財政)상의 수입을 올리기 위하여 행사하는 국가 권력(權力).

▸재정-난 財政難 (어려울 난). [경제] 재정(財政)의 부족으로 말미암아 생기는 어려움[難]. ¶외환 위기로 회사는 재정난을 겪었다.

▸재정-범 財政犯 (범할 범). [법률] 행정범의 한 가지. 국가의 재정(財政)에 악영향을 미치는 행위로 인한 죄[犯].

▸재정-법 財政法 (법 법). [법률] ① 국가 또는 지방 자치 단체의 재정(財政)에 관한 법(法)을 통틀어 이르는 말. ② 헌법에 따라, 국가 재정의 기본 원칙과 예산의 작성, 집행 또는 결산에 관한 기본 규정 등으로 이루어지는 법률.

▸재정-적 財政的 (것 적). 재정(財政)에 관한 것[的].

▸재정-학 財政學 (배울 학). [경제] 나라를 다스리는 데에 필요한 자금[財]의 조달·관리·운용[政] 따위에 대하여 연구하는 학문(學問). [비]이재학(理財學).

▸재정 관세 財政關稅 (빗장 관, 세금 세). [법률] 재정(財政)상의 수입을 목적으로 하는 관세(關稅).

▸재정 보증 財政保證 (지킬 보, 증명할 증). [법률] 재산을 다루는 국가 공무원이나 회사원이 그 사무를 집행함에 있어서 고의 또는 과실로 인하여 일정한 재산[財政]에 손해를 끼쳤을 때, 그 신속한 보상을 하게 하기 위한 조처로서의 보증(保證).

▸재정 융자 財政融資 (녹을 융, 재물 자). [경제] 국가 재정(財政)으로 이루어지는 융자(融資).

▸재정 자금 財政資金 (밑천 자, 돈 금). [경제] 민간 자금에 대한 국가 재정(財政)의 수입 또는 지출로써, 국고에서 다루는 자금(資金).

▸재정 재산 財政財産 (재물 재, 재물 산). [경제] 경제적(財政的) 재산으로서만 보유되는 국가의 재산(財産).

▸재정 투자 財政投資 (던질 투, 재물 자). [경제] 정부가 조세 수입 및 전매 사업 따위로 생긴 이익금[財政]을 공익사업이나 공공 사업에 투자(投資)하는 일.

▸재정 투융자 財政投融資 (던질 투, 녹을 융, 재물 자). [경제] 국가 재정(財政) 활동의 일환으로 물적 자산의 증가를 위해 주택, 도로, 통신, 지역 개발 따위에 돌려지는 투자(投資) 및 융자(融資)를 통틀어 이르는 말.

재정[4] 裁定 (분별할 재, 정할 정). 옳고 그름을 분별하여[裁] 결정(決定)함.

▸재정 기간 裁定期間 (때 기, 사이 간). [법률] 법원에서 재판(裁判)으로써 정(定)하는 기간(期間). [참]법정 기간(法定期間).

▸재정 신청 裁定申請 (알릴 신, 부탁할 청). [법률] 고소 또는 고발한 사건에 대하여, 검사가 결정한 불기소 처분에 불복할 경우, 고소인 또는 고발인이 정한 기일 안에 고등 법원에 그 당부에 관한 재정(裁定)을 신청(申請)하는 일.

재ː-정비 再整備 (다시 재, 가지런할 정, 갖출 비). 다시[再] 정비(整備)함. ¶팀을 재정비하다.

재ː정 증인 在廷證人 (있을 재, 법정 정, 증거 증, 사람 인). [법률] 우연히 또는 당사자와 동행하여 법정(法廷)에 현재 있는[在] 사람을 증인(證人)으로 채택하는 것. 또는 그 사람.

재ː제 再製 (다시 재, 만들 제). 다시[再] 가공하여 제품으로 만듦[製].

▸재ː제-주 再製酒 (술 주). 양조주나 증류주를 원료로 하여 알코올, 당분, 약품, 향료

등을 다시[再] 혼합하여 빚은[製] 술[酒].

재:조[1] 再造 (다시 재, 만들 조). 다시[製] 만듦[造].

재:조[2] 在朝 (있을 재, 조정 조). 조정(朝廷)에서 섬기고 있음[在]. [비]재정(在廷).

재:-조명 再照明 (다시 재, 비칠 조, 밝을 명). 다시[再] 연구하여 그 가치를 비추어[照] 밝힘[明].

재:-조사 再調査 (다시 재, 헤아릴 조, 살필 사). 다시[再] 조사(調査)함.

재:-조정 再調整 (다시 재, 고를 조, 가지런할 정). 다시[再] 조정(調整)함.

재:-조직 再組織 (다시 재, 짤 조, 짤 직). 다시[再] 조직(組織)함.

재종[1] 材種 (재료 재, 갈래 종). 재료(材料)나 자재(資材)의 종류(種類).

재:종[2] 再從 (다시 재, 사촌 종). 사촌[從]을 거듭한[再] 관계. 육촌 형제간에 서로를 일컫는 말.

▸재:종-간 再從間 (사이 간). 육촌[再從] 형제자매의 사이[間].

▸재:종-고 再從姑 (고모 고). 육촌[再從] 고모[姑].

▸재:종-매 再從妹 (누이 매). 육촌[再從] 사이가 되는 누이[妹].

▸재:종-손 再從孫 (손자 손). ① [속뜻] 육촌[再從] 형제의 손자(孫子). ② 남편의 종형제의 손자.

▸재:종-수 再從嫂 (부인 수). 육촌[再從] 형제의 아내[嫂].

▸재:종-숙 再從叔 (아저씨 숙). 아버지의 재종(再從). 곧 칠촌 숙부[叔]. [비]재당숙(再堂叔).

▸재:종-씨 再從氏 (높임말 씨). ① [속뜻] 남에게 대하여 자기의 육촌[再從] 형을 높여[氏] 일컫는 말. ② 남의 '재종(再從)형제'를 높여 일컬음.

▸재:종-제 再從弟 (아우 제). 육촌[再從] 사이가 되는 아우[弟].

▸재:종-질 再從姪 (조카 질). ① [속뜻] 육촌[再從] 형제의 아들[姪]. ② 남편의 육촌 형제의 아들. [비]재당질(再堂姪).

▸재:종-형 再從兄 (맏 형). 육촌[再從] 사이가 되는 형[兄].

재:주[1] 在住 (있을 재, 살 주). 어떤 곳에 머물러[在] 삶[住].

재주[2] 齋主 (재계할 재, 주인 주). 재(齋)를 올리는 주인(主人).

재준 才俊 (재주 재, 뛰어날 준). 재주[才]가 뛰어난 사람[俊].

재:중 在中 (있을 재, 가운데 중). 속[中]에 들어 있음[在]. 흔히 봉투 겉에 쓰는 말. ¶이력서 재중.

재:직 在職 (있을 재, 일 직). 어떤 직장(職場)에 근무하고 있음[在]. ¶그는 이 회사에서 20년 동안 재직하고 있다.

재지 才智 (재주 재, 슬기 지). 재주[才]와 지혜[智].

재질[1] 才質 (재주 재, 바탕 질). 재주[才]와 기질(氣質). ¶음악에 재질이 있다.

재질[2] 材質 (재목 재, 바탕 질). ① [속뜻] 목재(木材)의 성질(性質). ¶오동나무는 재질이 단단하다. ② 재료(材料)가 갖는 성질. ¶이 옷은 재질이 좋다.

재:차 再次 (다시 재, 차례 차). 다시[再] 온 두 번째 차례(次例). 두 번째. ¶답안지를 재차 확인하다. [비]거듭.

재:창 再唱 (다시 재, 부를 창). 노래를 다시[再] 부름[唱]. ¶그는 관객들의 요청으로 이 노래를 재창하였다.

재:-창조 再創造 (다시 재, 처음 창, 만들 조). 이미 있는 것을 고치거나 새로운 방식을 써서 다시[再] 만듦[創造]. ¶전통 춤을 현대적으로 재창조하다.

재:천 在天 (있을 재, 하늘 천). ① [속뜻] 하늘[天]에 있음[在]. ② 하늘에 달려 있음.

재:-천명 再闡明 (다시 재, 열 천, 밝을 명). 다시[再] 드러내어[闡] 밝힘[明].

재:청 再請 (다시 재, 부탁할 청). ① [속뜻] 다시[再] 부탁함[請]. ② 회의에서, 남의 동의를 찬성하여 거듭 청함. ¶그를 대표로 선출하자고 몇 사람이 재청했다. ③ 출연자의 훌륭한 솜씨를 찬양하여 박수 따위로 재연을 청하는 일. ¶그의 연주가 끝나자 사람들은 재청을 외치기 시작했다.

재:축 再築 (다시 재, 쌓을 축). 무너진 축대나 건축물을 다시[再] 쌓거나[築] 세움.

재:-출발 再出發 (다시 재, 날 출, 떠날 발). 다시[再] 출발(出發)함. 다시 시작함.

재:취 再娶 (다시 재, 장가들 취). ① 속뜻 아내를 여의고 다시[再] 장가[娶]드는 일. 비 계취(繼娶), 후취(後娶). ② 후처(後妻)의 높임말.

재치 才致 (재주 재, 이를 치). ① 속뜻 재주[才]가 상당한 경지에 이름[致]. ② 눈치 빠른 말씨나 능란한 솜씨. ¶그는 나의 물음에 재치 있게 대답했다.

재:침 再侵 (다시 재, 쳐들어갈 침). 다시[再] 침범(侵犯)함.

재:탕 再湯 (다시 재, 끓을 탕). ① 속뜻 다시[再] 끓임[湯]. 재전(再煎). ② 한번 써먹은 것을 되풀이하여 써먹음.

재택-근무 在宅勤務 (있을 재, 집 택, 부지런할 근, 힘쓸 무). 근무지에 가지 않고 집[宅]에 있으면서[在] 일하는[勤務] 것. 회사와 통신 회선으로 연결된 정보 통신 기기를 설치하여 근무한다.

재:택 수업 在宅受業 (있을 재, 집 택, 받을 수, 일 업). 학교에 가지 않고 집[宅]에 있으면서[在] 수업(受業)을 받는 것.

재:-통일 再統一 (다시 재, 묶을 통, 한 일). 다시[再] 통일(統一)함. ¶독일이 재통일되었다.

재:-투자 再投資 (다시 재, 던질 투, 재물 자). 경제 단순 재생산(再生産)을 하기 위하여 투하(投下)되는 자본(資本).

재:판[1] 再版 (다시 재, 책 판). ① 속뜻 두[再] 번째 출판(出版)함. 또는 그 책. 비 중판(重版). ② 과거에 있었던 어떤 일이 다시 되풀이되는 것.

재판[2] 裁判 (분별할 재, 판가름할 판). ① 속뜻 옳고 그름을 분별하여[裁] 판단(判斷)함. ② 법률 구체적인 소송 사건을 해결하기 위하여 법원 또는 법관이 공권적 판단을 내리는 일. 또는 그 판단. 소송의 목적이 되는 사실의 성질에 따라 민사 재판, 형사 재판, 행정 재판의 세 가지가 있으며, 그 형식에 따라 판결, 결정, 명령 등이 있다. ¶형사재판 / 그 사건은 재판 중이다.

▸ 재판-관 裁判官 (벼슬 관). 법률 법원에서 재판(裁判) 사무를 맡아보는 법관(法官). 준 판관.

▸ 재판-권 裁判權 (권리 권). 법률 국가 통치권의 한 작용으로서의 사법권, 곧 국가가 법원에 부여한 재판(裁判)할 권리(權利).

▸ 재판-소 裁判所 (곳 소). 법률 ① 분쟁을 재판(裁判)하는 기관[所]. ② 법원(法院). ¶재판소에 견학가다.

▸ 재판-장 裁判長 (어른 장). 법률 분쟁의 재판(裁判)을 지도, 감독하는 우두머리[長] 법관.

▸ 재판-정 裁判廷 (법정 정). 재판(裁判) 하는 법정(法廷).

▸ 재판 청구권 裁判請求權 (부탁할 청, 구할 구, 권리 권). 법률 법원에 대하여 법률에 의한 재판(裁判)을 청구(請求)할 수 있는 국민의 권리(權利).

재:-판정 再判定 (다시 재, 판가름할 판, 정할 정). 다시[再] 판정(判定)함. 또는 그 판정.

재:편 再編 (다시 재, 엮을 편). 다시[再] 편성(編成)함. 또는 그런 편성. 재편성. ¶새 정부의 출범에 따라 지방 행정 조직의 재편이 논의되고 있다.

재:-편성 再編成 (다시 재, 엮을 편, 이룰 성). 다시[再] 엮어서[編] 만듦[成]. 또는 그 편성. ¶선수단을 재편성하다.

재:-평:가 再評價 (다시 재, 평할 평, 값 가). 다시[再] 평가(評價)함. 또는 그 평가. ¶이 책은 광해군을 재평가하고 있다.

재필 才筆 (재주 재, 글씨 필). 재치(才致) 있게 쓴 글씨[筆]나 문장. 또는 글씨나 글을 재치 있게 쓰는 사람.

재학[1] 才學 (재주 재, 배울 학). 재주[才]와 학식(學識)을 아울러 이르는 말. ¶재학을 겸비하다.

▸ 재학-겸유 才學兼有 (아우를 겸, 있을 유). 재주[才]와 학식[學]을 아울러[兼] 갖춤[有].

재:학[2] 在學 (있을 재, 배울 학). 학교에 학적(學籍)이 있음[在]. ¶우리 언니는 초등학교 5학년에 재학 중이다.

▸ 재:학-생 在學生 (사람 생). 재학(在學)하고 있는 학생(學生). ¶우리 학교 재학생 수는 1800명이다.

▸ 재:학 증명서 在學證明書 (증거 증, 밝을 명, 글 서). 재학(在學) 중임을 증명(證明)하는 서류(書類).

재:-할인 再割引 (다시 재, 나눌 할, 당길 인). 경제 금융 기관에서 한번 할인한 어음

을 중앙은행이나 다른 금융 기관이 또 다시[再] 할인(割引)하는 일.

▸재ː할인-료 再割引料 (삯 료). [경제] 어음을 다시[再] 할인(割引) 할 때 치러 주는 요금(料金).

재ː-항고 再抗告 (다시 재, 버틸 항, 알릴 고). ① [속뜻] 다시[再] 항고(抗告)함. ② [법률] 민사 소송 및 형사 소송에서, 항고 법원이나 고등 법원의 결정 또는 명령이 헌법이나 법령에 위배됨을 이유로 다시 상급 법원에 제기하는 항고.

재ː-항변 再抗辯 (다시 재, 버틸 항, 말 잘할 변). [법률] 원고가 피고의 항변이 옳지 않음을 주장하여 다시[再] 제출하는 항변(抗辯).

*__재해__ 災害 (재앙 재, 해칠 해). 재앙(災殃)으로 말미암은 피해(被害). ¶정부는 지진으로 인한 재해를 복구하고 있다.

▸재해-자 災害者 (사람 자). 재해(災害)를 입은 사람[者].

▸재해-지 災害地 (땅 지). 재해(災害)를 입은 곳[地].

▸재해 구ː조 災害救助 (도울 구, 도울 조). 재해(災害)를 입은 사람들을 구원(救援)하고 도와주는[助] 일.

▸재해 보ː상 災害補償 (채울 보, 갚을 상). [사회] 사용자가 업무상 재해(災害)를 입은 근로자에게 근로 기준법에 따라서 지급하는 보상(補償).

▸재해 보ː험 災害保險 (지킬 보, 험할 험). [경제] 노무자 등의 업무상의 사유로 말미암은 재해(災害)를 대비하여 가입하는 보험(保險).

재ː향 在鄕 (있을 재, 시골 향). 고향(故鄕)에 있음[在].

▸재ː향 군인 在鄕軍人 (군사 군, 사람 인). [군사] 현역에서 물러나 고향[鄕]에 돌아와[在] 생업에 종사하는 군인(軍人).

재ː현 再現 (다시 재, 나타날 현). 다시[再] 나타남[現]. 또는 나타냄. ¶사고 당시의 상황을 재현하다. [비]재생(再生).

재ː혼 再婚 (다시 재, 혼인할 혼). 다시[再] 결혼(結婚)함. 또는 그 혼인. ¶그녀는 남편이 죽은 지 얼마 안 돼 재혼했다. [반]초혼(初婚).

재화1 才華 (재주 재, 빛날 화). 빛나는[華] 재주[才]. 또는 뛰어난 재능. ¶명민한 재화 / 그 재화가 보통 여자가 아니더랍니다.

재화2 災禍 (재앙 재, 재앙 화). 뜻하지 않게 생긴 나쁜 일[災=禍]. [비]액화(厄禍).

재화3 財貨 (재물 재, 재물 화). 재산(財産)이 될 만한 물건[貨]. [비]재물(財物).

재ː화4 載貨 (실을 재, 재물 화). 차나 배에 화물(貨物)을 실음[載]. 또는 그 화물.

▸재ː화 흘수선 載貨吃水線 (먹을 흘, 물 수, 줄 선). [해양] 선체의 중앙 바깥쪽에 표기한 화물(貨物)을 가득 실었을[載] 때의 물[水]을 먹어[吃] 잠기는 선(線).

재환 災患 (재앙 재, 근심 환). 재앙(災殃)과 환난(患難).

재ː-확인 再確認 (다시 재, 굳을 확, 알 인). 다시[再] 확인(確認)함.

재ː활 再活 (다시 재, 살 활). 다시[再] 활동(活動)함. 또는 다시 활용함. ¶재활 훈련.

▸재ː활-원 再活院 (집 원). [사회] 신체장애인이 장애를 극복하고 다시 생활할[再活] 수 있도록 하는 기관[院]. ¶재활원에서 자원봉사를 했다.

재ː-활용 再活用 (다시 재, 살 활, 쓸 용). 폐품 따위를 가공하여 다시[再] 씀[活用]. ¶신문을 휴지로 재활용하다.

▸재ː활용-품 再活用品 (물건 품). 고치든가 가공하면 다시 쓸 수[再活用] 있는 버린 물건[品]. 또는 그 물건을 써서 만든 새 물건.

재ː회1 再會 (다시 재, 모일 회). 다시[再] 만남[會]. ¶나는 옛 친구와 10년 만에 재회하였다.

재회2 齋會 (방 재, 모일 회). ① [역사] 조선 때, 성균관 재생(齋生)들이 재(齋) 중의 일을 처결하던 모임[會]. ② [불교] 중들이 모여서 몸과 마음을 깨끗이 하고 독경과 불공으로 죽은 사람을 제도(濟度)함. 또는 그 일.

재ː흥 再興 (다시 재, 일어날 흥). 다시[再] 일어남[興]. 또는 다시 일으킴.

쟁공 爭功 (다툴 쟁, 공로 공). 서로 공[功]을 다툼[爭].

쟁권 爭權 (다툴 쟁, 권세 권). 권리나 권세[權]를 다툼[爭].

쟁단 爭端 (다툴 쟁, 처음 단). 싸움[爭]의 실마리[端].

쟁두 爭頭 (다툴 쟁, 머리 두). ① 속뜻 어떤 일을 할 때 서로 먼저[頭] 하기를 다툼[爭]. ② 내기에서 끗수가 같을 때 다른 방법으로 이기고 짐을 겨룸.

쟁론 爭論 (다툴 쟁, 논할 론). 서로 다투어[爭] 논박함[論]. 또는 논박(論駁)하는 그 이론(理論). ⑪쟁변(爭辯).

쟁반 錚盤 (징 쟁, 소반 반). 징[錚]같이 얇고 소반[盤] 같이 바닥이 넓적한 그릇. ¶쟁반에 과일을 담다 / 쟁반같이 둥근 달.

쟁선 爭先 (다툴 쟁, 먼저 선). 서로 앞서기[先]를 다툼[爭].

쟁소 爭訴 (다툴 쟁, 하소연할 소). 서로 다투어[爭] 소송(訴訟)함. ⑪쟁송(爭訟).

쟁송 爭訟 (다툴 쟁, 송사할 송). 서로 다투어[爭] 소송(訴訟)함. ⑪쟁소(爭訴).

쟁심 爭心 (다툴 쟁, 마음 심). 남과 다투려는[爭] 마음[心]. '경쟁심'(競爭心)의 준말.

쟁의 爭議 (다툴 쟁, 의논할 의). ① 속뜻 서로 자기의 의견을 주장하며 논의(論議)하여 다툼[爭]. 또는 그 의론(議論). ② 사회 '노동쟁의'(勞動爭議) 준말.

▶쟁의-권 爭議權 (권리 권). 법률 근로자가 단결하여 자신들의 권익 옹호를 위한 여러 가지 쟁의(爭議) 행위를 할 수 있는 권리(權利).

▶쟁의 행위 爭議行爲 (행할 행, 할 위). 법률 파업·태업·공장 폐쇄와 같이, 근로자와 사용자가 자기주장의 관철 또는 이에 대항할 목적으로 행하는[爭議] 업무의 정상적인 운영을 저해하는 행위(行爲).

쟁쟁[1] 琤琤 (옥 소리 쟁, 옥 소리 쟁). ① 속뜻 옥이 맞부딪쳐 맑게 울리는 소리[琤+琤]. ② 지나간 소리가 잊히지 않고 귀에 울리는 듯하다. ¶오늘따라 왠지 정답던 할머니의 목소리가 귀에 쟁쟁 울리는 듯하다 / 그녀의 말이 아직도 귀에 쟁쟁하다.

쟁쟁[2] 錚錚 (쇳소리 쟁, 쇳소리 쟁). ① 속뜻 쇳소리[錚+錚]처럼 뚜렷함. ② 쇠붙이 따위가 맞부딪쳐 맑게 울리는 소리. ¶꽹과리 소리가 쟁쟁 울린다 / 귓전에 징 소리가 아직도 남아 쟁쟁거린다. ③ 여러 사람 가운데서 매우 뛰어나다. ¶세계의 쟁쟁한 과학자들.

쟁점 爭點 (다툴 쟁, 점 점). 논쟁(論爭)의 중심이 되고 있는 점(點).

쟁취 爭取 (다툴 쟁, 가질 취). 싸워서[爭] 빼앗아 가짐[取]. ¶금메달 쟁취 / 시민들은 자유를 쟁취하기 위해 혁명을 일으켰다.

쟁탈 爭奪 (다툴 쟁, 빼앗을 탈). 서로 다투어[爭] 빼앗음[奪]. 또는 그 다툼. ¶양측은 정권을 쟁탈하기 위해 공격했다.

▶쟁탈-전 爭奪戰 (싸울 전). 서로 다투어 빼앗는[爭奪] 싸움[戰]. ¶양국은 그 섬을 두고 쟁탈전을 벌였다.

쟁투 爭鬪 (다툴 쟁, 싸울 투). 서로 다투며 싸움[爭=鬪].

쟁패 爭霸 (다툴 쟁, 으뜸 패). ① 속뜻 으뜸[霸]이 되려고 다툼[爭]. ② 우승을 다툼.

▶쟁패-전 爭霸戰 (싸울 전). 패권(霸權)을 다투는[爭] 싸움[戰].

저:가 低價 (낮을 저, 값 가). 낮은[低] 값[價] 또는 헐한 값. ⑪염가(廉價). ⑫고가(高價).

저:감 低減 (숙일 저, 덜 감). 숙으려들고[低] 줄어듦[減].

저:개발-국 低開發國 (낮을 저, 열 개, 드러날 발, 나라 국). 개발(開發) 정도가 선진 공업국보다 낮은[低] 상태에 있는 나라[國]. ⑬개발도상국(開發途上國).

저:간 這間 (이 저, 사이 간). 그[這] 동안[間]. 요즈음.

저:격 狙擊 (노릴 저, 칠 격). 어떤 대상을 겨냥하여[狙] 쏨[擊]. ¶저격을 당하다 / 누군가 옥상에서 그를 저격했다.

▶저:격-대 狙擊隊 (무리 대). 군사 적을 저격(狙擊)하는 임무를 맡은 부대[隊].

▶저:격-병 狙擊兵 (군사 병). 군사 은폐된 곳에서, 적을 저격(狙擊)하는 임무를 맡은 병사(兵士).

저:-고도 低高度 (낮을 저, 높을 고, 정도 도). 해발 1만 피트 이하의 낮은[低] 높이[高度]를 이르는 말. ¶저고도로 비행하다.

저:공 低空 (낮을 저, 하늘 공). 고도가 낮은[低] 공중(空中). ⑫고공(高空).

▶저:공-비행 低空飛行 (날 비, 다닐 행). 항공 비행기가 지면 가까이[低] 떠서[空] 낢[飛行]. ⑫고공비행(高空飛行).

저:-공해 低公害 (낮을 저, 여럿 공, 해칠

해). 공해(公害)가 적은[低] 것. ¶저공해 연료를 개발하다.

저:광-장 貯鑛場 (쌓을 저, 쇳돌 광, 마당 장). 광업 광석(鑛石)을 저장(貯藏)해 두는 곳[場].

저:금 貯金 (쌓을 저, 돈 금). ① 속뜻 돈[金]을 모아[貯] 둠. 또는 그 돈. ② 돈을 금융 기관이나 우체국 등에 맡겨 저축(貯蓄)함. 또는 그 돈. ¶은행에 100만 원을 저금하다. ⓑ저축(貯蓄).

▸저:금-통 貯金筒 (대롱 통). 집에 두고 돈[金]을 집어넣어 모아[貯] 둘 수 있게 만든 통(筒). ¶돼지 저금통.

▸저:금-통장 貯金通帳 (온통 통, 장부 장). 저금(貯金)과 지급한 내용을 적은 통장(通帳). ⓑ예금 통장(預金通帳).

저:-금리 低金利 (낮을 저, 돈 금, 이로울 리). 낮은[低] 금리(金利). ㊟저리.

▸저:금리 정책 低金利政策 (정치 정, 꾀 책). 경제 정부나 중앙은행이 경기 자극책 및 경제 성장 촉진책으로 낮은[低] 금리(金利) 수준을 유지하여 경기(景氣)의 회복을 촉진시키려는 정책(政策).

저:급 低級 (낮을 저, 등급 급). 등급(等級) 정도 따위가 낮거나[低] 천박함. ⓟ고급(高級).

저:-기압 低氣壓 (낮을 저, 공기 기, 누를 압). ① 속뜻 지리 대기의 기압(氣壓)이 주위보다 낮은[低] 상태. ¶바람은 고기압에서 저기압으로 분다 / 저기압의 영향으로 전국이 차차 흐려져 비가 오겠습니다. ② 사람의 기분이나 일의 형세가 좋지 아니한 상태. ⓟ고기압(高氣壓).

저:능 低能 (낮을 저, 능할 능). 지능(知能)이 보통보다 썩 낮음[低]. 또는 그런 상태. ¶본디 저능이었다.

▸저:능-아 低能兒 (아이 아). 교육 지능(知能)이 보통 수준보다 낮은[低] 아이[兒]. 주의력 산만, 기억 불확실, 의지박약 등이 나타난다. ⓑ정신 지체아(精神遲滯兒).

저:단 低短 (낮을 저, 짧을 단). 낮고[低] 짧음[短].

저:당 抵當 (맞설 저, 맡을 당). ① 속뜻 서로 맞서서[抵] 겨루거나 맡음[當]. ② 법률 채무의 담보로 삼음.

▸저:당-권 抵當權 (권리 권). ① 속뜻 채무의 담보로 삼은 것[抵當]에 대한 권리(權利). ② 법률 채무자가 채무를 이행하지 않을 경우, 미리 담보물로 저당 잡아 둔 채권자가, 그 담보물에 대하여 다른 채권자에 우선해서 변제 받을 것을 목적으로 하는 권리.

▸저:당-물 抵當物 (만물 물). 법률 저당(抵當) 잡힌 물건(物件).

▸저:당 채:권 抵當債券 (빚 채, 문서 권). 법률 원금 및 이자의 청구권이 저당권부(抵當權付) 채권(債權)에 의하여 보증되는 유가 증권(證券).

저:도 低度 (낮을 저, 정도 도). 낮은[低] 정도(程度).

저돌 猪突 (돼지 저, 갑자기 돌). 멧돼지[猪]처럼 좌우를 살핌이 없이 무작정 돌진(突進)함. 또는 그렇게 실행함. ⓑ시돌(豕突).

▸저돌-적 猪突的 (것 적). 멧돼지[猪]처럼 앞뒤 헤아림 없이 곧장 돌진(突進)하거나 실행하는 것[的].

저:두 低頭 (숙일 저, 머리 두). 머리[頭]를 숙임[低].

▸저:두부답 低頭不答 (아닐 부, 답할 답). 머리[頭]를 숙인[低] 채 대답(對答)을 하지 않음[不].

저:등 著騰 (뚜렷할 저, 오를 등). 경제 물가 따위가 현저(顯著)하게 오름[騰]. ⓟ저락(著落).

저:락[1] 著落 (뚜렷할 저, 떨어질 락). 경제 물가 따위가 현저(顯著)하게 떨어짐[落]. ⓟ저등(著騰).

저:락[2] 低落 (낮을 저, 떨어질 락). 물가, 명예, 가치, 위신 따위가 낮게[低] 떨어짐[落]. ⓟ앙등(昻騰).

저:력 底力 (밑 저, 힘 력). ① 속뜻 밑바닥[底]에 간직하고 있는 끈기 있는 힘[力]. ② 여차할 때 발휘되는 강한 힘. ¶그는 금메달을 딸 만한 저력이 있다.

저:류 底流 (밑 저, 흐를 류). ① 속뜻 바닷물이나 강물의 밑바닥[底]을 흐르는 흐름[流]. ② 겉에 드러나지 않은 사물의 깊은 곳의 움직임.

저:렴 低廉 (낮을 저, 값쌀 렴). 값이 낮고[低] 싸다[廉]. ¶이 가게는 다른 곳보다 저렴하다. ⓑ싸다.

저:리 低利 (낮을 저, 이로울 리). 낮은[低] 비율의 변리(邊利). 낮은 이자. '저금리'(低金利)의 준말. ㊥저변(低邊), 헐변(歇邊). ㊦고리(高利).

▸ 저:리-채 低利債 (빚 채). 이자(利子)가 낮은[低] 빚[債]. ㊦고리채(高利債).

▸ 저:리 자금 低利資金 (밑천 자, 돈 금). 경제 사회 정책상 정부가 싼[低] 이자[利]로 빌려 주는 자금(資金).

저:면 底面 (밑 저, 쪽 면). ① 속뜻 밑[底] 바닥[面]. ② 물건의 아래쪽을 이루는 겉면. 밑면.

저:-면적 底面積 (밑 저, 쪽 면, 쌓을 적). 수학 원기둥, 각기둥, 원뿔 따위의 밑[底] 넓이[面積].

저:명[1] 著明 (뚜렷할 저, 밝을 명). 현저(顯著)하고 분명(分明)함.

저:명[2] 著名 (드러날 저, 이름 명). 세상에 이름[名]을 드러냄[著]. 이름이 널리 알려짐. ¶저명 학자 / 이번 학회에는 저명한 작가들이 많이 참석했다.

▸ 저:명-인사 著名人士 (사람 인, 선비 사). 저명(著名)한 사람[人士].

▸ 저:명 작가 著名作家 (지을 작, 사람 가). 저명(著名)한 작가(作家).

저모 猪毛 (돼지 저, 털 모). 돼지[猪]의 털[毛]. ㊥돈모(豚毛).

▸ 저모-립 猪毛笠 (삿갓 립). 돼지털[猪毛]로 싸개를 한 갓[笠].

▸ 저모-필 猪毛筆 (붓 필). 저모(猪毛)로 맨 큰 붓[筆].

저:-모음 低母音 (낮을 저, 어머니 모, 소리 음). 언어 단모음의 한 갈래. 입을 크게 벌려 혀의 위치가 가장 낮은[低] 상태에서 발음되는 모음(母音). ㊥개모음(開母音), 저설모음(低舌母音).

저:-물가 低物價 (낮을 저, 만물 물, 값 가). 물건(物件)의 값[價]이 쌈[低]. 또는 헐한 물가(物價).

▸ 저:물가 정책 低物價政策 (정치 정, 꾀 책). 경제 국내의 물가(物價)를 낮추거나 낮은[低] 수준으로 유지하려는 정책(政策).

저:미 低迷 (낮을 저, 헤맬 미). ① 속뜻 기운이 내려가[低] 활동이 둔하고 혼미(昏迷)하다. ② 안개나 구름 따위가 낮게 끼어 어둑하다. ③ 거래가 활발하지 않고 저조하다.

저:반 底盤 (밑 저, 소반 반). ① 속뜻 마그마의 바닥[底]을 이루는 소반[盤] 같은 바위. ② 지리 지표에 드러난 넓이가 100㎢ 이상인 심성암체(深成岩體).

저:번 這番 (이 저, 차례 번). 요전의 그[這] 때[番]. ¶저번 토요일에 누나의 결혼식이 있었다.

저:변 底邊 (밑 저, 가 변). ① 수학 도형의 밑[底]을 이루는 변(邊). ② 어떤 생각이나 현상 따위의 겉으로 드러나지 않는 부분. ¶그 작품 저변에는 유교사상이 깔려 있다. ③ 사회의 기본을 이루는 요소나 계층. ¶우리 경제의 저변을 확대하다.

▸ 저:변 확대 底邊擴大 (넓힐 확, 큰 대). 어떤 특정한 분야의 신진이나 저변(底邊) 인력을 늘리는[擴大] 일.

저:본 底本 (밑 저, 책 본). 번역을 하거나 저술을 할 때, 그 바탕[底]을 삼은 책[本]. ㊥원본(原本), 대본(大本).

저:부[1] 低部 (낮을 저, 나눌 부). 낮은[低] 부분(部分).

저:부[2] 底部 (밑 저, 나눌 부). 밑바닥[底]을 이루는 부분(部分).

저:분자 화합물 低分子化合物 (낮을 저, 나눌 분, 씨 자, 될 화, 합할 합, 만물 물). 화학 적은[低] 수의 분자(分子)가 결합한 화합물(化合物). ㊦고분자 화합물(高分子化合物).

저:상 沮喪 (막을 저, 잃을 상). 기력이 꺾여서[沮] 기운을 잃음[喪]. ¶사기가 저상되다.

저:생-전 楮生傳 (닥나무 저, 사람 생, 전할 전). 문학 고려의 이첨(李詹)이 지은 것으로, 닥나무[楮]로 만드는 종이를 사람[生]으로 등장시켜 부패한 선비들의 해이한 정신 자세를 풍자한 가전체(假傳體) 작품.

저:생-동물 底生動物 (밑 저, 살 생, 움직일 동, 만물 물). 동물 말미잘·무면조개·갯지렁이·해삼물 따위와 같이 밑바닥[底]에 사는[生] 동물(動物)을 통틀어 이르는 말.

저:서 著書 (지을 저, 책 서). 책[書]을 지음[著]. 또는 지은 책. ¶그는 교육에 관한 많은 저서를 남겼다.

저:선 底線 (밑 저, 줄 선). 문장 부호의 하나.

가로로 쓴 글에서, 중요한 부분의 밑[底]에 그은 줄[線].

저:설 모:음 低舌母音 (낮을 저, 혀 설, 어머니 모, 소리 음). 언어 혀[舌]의 위치가 가장 낮은[低] 상태에서 발음되는 모음(母音). ⓑ저모음(低母音).

저:성 低聲 (낮을 저, 소리 성). 낮은[低] 목소리[聲]. ⓑ고성(高聲).

저:-소득 低所得 (낮을 저, 것 소, 얻을 득). 낮은[低] 소득(所得). 소득이 낮음. ¶저소득 가정을 위해 주택을 임대해주다. ⓑ고소득(高所得).

▸ 저:소득-층 低所得層 (층 층). 사회 소득(所得)이 낮은[低] 계층(階層). ⓑ고소득층(高所得層).

저:속[1] 低俗 (낮을 저, 속될 속). 품위 따위가 낮고[低] 속(俗)됨. ¶그는 말씨가 저속하다 / 저속한 소설. ⓑ고상(高尙)하다.

저:속[2] 低速 (낮을 저, 빠를 속). 낮은[低] 속력(速力)이나 속도. ¶버스는 저속으로 출발했다. ⓑ고속(高速).

▸ 저:-속도 低速度 (정도 도). 낮은[低] 속도(速度). ⓒ저속. ⓑ고속(高速).

저:수[1] 低首 (숙일 저, 머리 수). 고개[首]를 숙임[低].

저:수[2] 底數 (밑 저, 셀 수). 수학 거듭제곱의 식에서 거듭제곱의 바탕[底]이 되는 수(數). 밑수.

*__저:수__[3] 貯水 (쌓을 저, 물 수). 산업용으로나 상수도용으로 물[水]을 가두어 모아둠[貯]. 또는 그 물.

▸ 저:수-량 貯水量 (분량 량). 모은[貯] 물[水]의 양(量).

▸ 저:수-반 貯水盤 (소반 반). 분수 시설 따위에서, 뿜어낸 물[水]을 모아[貯] 두기 위하여 만들어 놓은 소반[盤] 모양의 장치.

▸ 저:수-지 貯水池 (못 지). 인공으로 둑을 쌓아 물[水]을 모아[貯] 두는 못[池]. ¶벽골제(碧骨堤)는 백제 때 쌓은 저수지이다.

▸ 저:수 식물 貯水植物 (심을 식, 만물 물). 식물 몸 안에 스스로 많이 물[水]을 모아[貯] 오랫동안 마르지 않고 가뭄에 잘 견디는 식물(植物). ⓑ다장식물(多漿植物).

저:-수로 低水路 (낮을 저, 물 수, 길 로). 하천 부지에서, 하천 바닥이 낮게[低] 된 수로(水路). 가뭄 때에도 물이 흐를 만큼 얕다. ⓑ고수로(高水路).

저:수-공사 低水工事 (낮을 저, 물 수, 장인 공, 일 사). 건설 강물이 최저(最低) 수량(水量)일 때에도 배가 다닐 수 있도록, 일정한 폭과 깊이를 유지하게 하기 위하여 하는 하천 공사(工事).

저:술 著述 (지을 저, 지을 술). 책을 씀[著=述]. 또는 그 책. ¶역사에 관한 저술. ⓑ저작(著作), 찬술(撰述).

▸ 저:술-가 著述家 (사람 가). 책 짓는[著述] 일을 전문으로 하는 사람[家]. ¶바로는 고대 로마의 철학자이자 저술가였다. ⓑ저작가(著作家).

▸ 저:술-업 著述業 (일 업). 저술(著述)에 종사하는 직업(職業).

저:습 低濕 (낮을 저, 젖을 습). 땅이 낮아[低] 축축함[濕]. 습도가 많음.

저습-지 低濕地 (낮을 저, 젖을 습, 땅 지). 땅이 낮고[低] 축축한[濕] 곳[地]. ¶이 나무는 저습지에 서식한다.

저:시 貯柴 (쌓을 저, 땔나무 시). 땔나무[柴]를 모아 쌓아[貯] 둠.

저:압 低壓 (낮을 저, 누를 압). 낮은[低] 압력(壓力). 압력을 낮춤. ⓑ고압(高壓).

▸ 저:압-선 低壓線 (줄 선). 전기 배전선에서, 변압기에 의하여 다시 전압(電壓)을 낮추어[低] 수요자에게 보내는 전선(電線). ⓑ고압선(高壓線).

▸ 저:압 경제 低壓經濟 (다스릴 경, 건질 제). ① 속뜻 수요 압력(壓力)이 낮은[低] 경제(經濟). ② 경제 공급이 수요보다 많아 생산 과잉 상태에 있는 경제. 제품 가격 저하, 이윤의 정체 따위 같은 현상이 나타나며, 국민 경제 면에서는 실업의 증대 따위의 불균형이 생긴다.

저:액 低額 (낮을 저, 액수 액). 가격이 낮은[低] 금액(金額). ⓑ고액(高額).

저어[1] 底魚 (바닥 저, 물고기 어). 동물 바다의 밑바닥[底] 가까운 곳에 사는 물고기[魚]. 가자미, 넙치, 대구, 아귀 따위가 있다. ¶저어는 근해어(近海魚)의 한 종류이다. ⓒ부어(浮魚), 근어(根魚).

저어[2] 齟齬 (어긋날 저, 어긋날 어). ① 속뜻 윗니와 아랫니가 서로 어긋남[齟=齬].

②사물이나 일이 잘 맞지 않고 어긋남.

저:억 沮抑 (막을 저, 누를 억). 막아서[沮] 억지로 누름[抑]. [비]억지(抑止), 저지(沮止).

저:열¹ 低劣 (낮을 저, 못할 렬). 질이 낮고[低] 용렬(庸劣)함.

저:열² 低熱 (낮을 저, 더울 열). 온도가 낮은[低] 열(熱). [반]고열(高熱).

저:온 低溫 (낮을 저, 따뜻할 온). 낮은[低] 온도(溫度). ¶생선은 부패하기 쉬우므로 저온에서 보관해야 한다. [반]고온(高溫).

▸저:온 공업 低溫工業 (장인 공, 일 업). [공업]기체를 저온(低溫)으로 냉각, 액화시켜 제품을 얻는 공업(工業). 공기에서 산소를 분리하는 것 따위.

▸저:온 다습 低溫多濕 (많을 다, 젖을 습). 기온(氣溫)이 낮고[低] 습기[濕]가 많음[多].

▸저:온 마취 低溫痲醉 (저릴 마, 취할 취). [의학]체온(體溫)을 25-30도로 내려[低] 물질 대사를 저하시키면서 하는 마취(痲醉). 뇌수술, 심장 수술 등 큰 수술 때 이용한다. '저체온 마취'(低體溫痲醉)의 준말. [비]저체온법(低體溫法).

▸저:온 살균 低溫殺菌 (죽일 살, 세균 균). [공업]식품류를 60~80℃의 비교적 저온(低溫)에서 살균(殺菌)하는 일.

저:-온도 低溫度 (낮을 저, 따뜻할 온, 정도 도). 낮은[低] 온도(溫度).

저용 猪勇 (돼지 저, 날쌜 용). 멧돼지[猪]처럼 무턱대고 앞으로만 내닫는 무모한 용기(勇氣). ¶지금은 쓸데없는 저용을 부릴 때가 아니다.

저:위 低位 (낮을 저, 자리 위). ① [속뜻]낮은[低] 위치(位置). ②낮은 지위(地位). [반]고위(高位).

저:-위도 低緯度 (낮을 저, 씨실 위, 정도 도). [지리]낮은[低] 위도(緯度). 적도(赤道)에 가까운 위도. ¶이 해류는 저위도로 느리게 흐르는 한류이다.

저:유 貯油 (쌓을 저, 기름 유). 기름[油]을 저장(貯藏)하여 둠.

저육 猪肉 (돼지 저, 고기 육). 돼지[猪] 고기[肉]. '제육'의 본딧말.

저:율 低率 (낮을 저, 비율 률). 어떤 표준보다 낮은[低] 비율(比率). [반]고율(高率).

저:음¹ 低吟 (낮을 저, 읊을 음). 시 따위를 낮은[低] 소리로 읊음[吟]. [반]고음(高吟).

저:음² 低音 (낮을 저, 소리 음). ① [속뜻]낮은[低] 음(音). 또는 낮은 목소리. ¶그는 저음으로 노래를 불렀다. ② [음악]합창이나 합주에서 가장 낮은 음역. 또는 악곡의 가장 낮은 음부. [반]고음(高音).

▸저:음-계 低音階 (섬돌 계). [음악]낮은[低] 음(音)들로 이루어진 음계(音階). [반]고음계(高音階).

▸저:음부 기호 低音部記號 (나눌 부, 기록할 기, 표지 호). ① [속뜻]낮은[低] 음자리[音部] 표[記號]. ② [음악]오선보에서 오선의 제 4선의 '바'음의 자리임을 나타내는 기호. '[[저음부기호]]'로 표시한다. [반]고음부 기호(高吟部記號).

저:의 底意 (밑 저, 뜻 의). 드러내지 않고 밑바닥[底]속에 품고 있는 뜻[意]. ¶갑자기 나에게 잘해 주는 저의가 뭐니? [비]본심(本心), 본의(本意), 진심(眞心).

저:인-망 底引網 (밑 저, 끌 인, 그물 망). 바다 밑바닥[底]으로 끌고[引] 다니면서 깊은 데 사는 물고기를 잡는 그물[網]의 한 가지. 자루나 주머니처럼 생겼다. [비]저예망(底曳網).

▸저:인망 어선 底引網漁船 (고기잡을 어, 배 선). 저인망(底引網)으로 물고기를 잡는[漁] 배[船].

▸저:인망 어업 底引網漁業 (고기잡을 어, 일 업). [수산]저인망(底引網)으로 바다 깊은 데 사는 물고기를 잡는 어업(漁業). 주로 가자미나 명태 따위를 잡는다.

저:일-계 低日季 (낮을 저, 해 일, 계절 계). ① [속뜻]해[日]가 낮게[低] 뜨는 계절(季節). ② [지리]동지(冬至)를 중심으로 한 그 앞뒤의 기간. 이 기간에는 해가 낮게 뜬다. [반]고일계(高日季).

저:-임금 低賃金 (낮을 저, 품삯 임, 돈 금). 낮은[低] 임금(賃金). 싼 품삯. [준]저임.

저:자 著者 (지을 저, 사람 자). 글 따위를 지은[著] 사람[者]. [비]작자(作者), 지은이.

저:-자세 低姿勢 (숙일 저, 맵시 자, 기세 세). 교섭 따위에서 상대편의 비위를 맞추려고 자세(姿勢)를 낮춤[低]. ¶그녀는 내

앞에서는 항상 저자세를 취한다. [반]고자세(高姿勢).

저작[1] **咀嚼** (씹을 저, 씹을 작). 입으로 음식물을 씹음[咀=嚼]. 또는 그런 기능이나 작용.

▸**저작-근** 咀嚼筋 (힘줄 근). [의학] 음식물을 씹는[咀嚼] 작용을 맡은 근육(筋肉).

▸**저작-기** 咀嚼器 (그릇 기). [동물] 음식물을 씹는[詛嚼] 작용을 맡은 기관(器官). 무척추동물의 키틴질의 턱, 척추동물의 이 따위.

저:작[2] **著作** (지을 저, 지을 작). ① [속뜻] 책을 지어냄[著=作]. ¶저작 활동 / 그는 고대 문물에 대한 책을 저작했다. ② [역사] 조선 때, 홍문관(弘文館)·승문원(承文院)·교서관(校書館)의 정팔품 벼슬. [비]저술(著述).

▸**저:작-가** 著作家 (사람 가). 책 짓는[著作] 일을 전문으로 하는 사람[家]. [비]저술가(著述家).

▸**저:작-권** 著作權 (권리 권). [법률] 저작자가 자신의 저작물(著作物)을 독점적으로 이용할 수 있는 권리(權利). ¶저작권을 침해하다.

▸**저:작-물** 著作物 (만물 물). 저작(著作)한 작품[物]. 사상 또는 감정을 창작적으로 표현한 것으로, 문예·학술·미술·음악 의 범위에 드는 것을 이른다.

▸**저:작-자** 著作者 (사람 자). 책을 지은[著作] 사람[者]. ¶저작자가 사망한 뒤에도 저작권은 보호를 받는다.

▸**저:작권-법** 著作權法 (권리 권, 법 법). [법률] 저작권(著作權)의 보호를 목적으로 하는 법률(法律). ¶이 책은 저작권법의 보호를 받습니다.

▸**저:작권-자** 著作權者 (권리 권, 사람 자). [법률] 저작권법(著作權法)에 따라 저작물에 대한 저작권(著作權)을 가진 사람[者]. 원칙적으로 저작자가 저작권자로 된다.

▸**저:작권 침:해** 著作權侵害 (권리 권, 쳐들어갈 침, 해칠 해). [법률] 저작권자의 승낙 없이 저작물의 내용을 상업적으로 이용하여 저작권자(著作權者)의 이익을 침해(侵害)하는 일.

▸**저:작 인접권** 著作鄰接權 (이웃 린, 닿을 접, 권리 권). ① [속뜻] 저작(著作)과 인접(鄰接)한 활동을 한 사람에게 주는 권리(權利). ② [법률] 가수나 연주자 등 저작물의 내용을 실연(實演)하는 사람, 음반 제작자, 방송 사업자 등에게 인정하는 저작권에 준하는 권리.

저:장[1] **低張** (낮을 저, 당길 장). ① [속뜻] 당겨지는[張] 힘이 더 낮음[低]. ② [생물] 한 용액의 삼투압이 다른 용액의 삼투압과 비교하여 낮은 것. [참]고장(高張), 등장(等張).

저:장[2] **貯藏** (쌓을 저, 감출 장). 물건 따위를 쌓아서[貯] 잘 간직함[藏]. ¶냉동 저장 / 저장뿌리 / 생선을 소금에 절여 저장하다.

▸**저:장-고** 貯藏庫 (곳집 고). 물건이나 재화 따위를 모아서 간수하여[貯藏] 두는 창고(倉庫). ¶저장고에 잘 넣어 두다.

▸**저:장-근** 貯藏根 (뿌리 근). [식물] 양분을 저장(貯藏)하여 두는 식물의 뿌리[根].

▸**저:장-량** 貯藏量 (분량 량). ① [속뜻] 저장(貯藏)되어 있는 물건의 양(量). ② 물건을 저장할 수 있는 용량.

▸**저:장-물** 貯藏物 (만물 물). 저장(貯藏)되어 있는 물건(物件).

▸**저:장-법** 貯藏法 (법 법). 물건을 상하지 않게 저장(貯藏) 하는 방법(方法).

▸**저:장-성** 貯藏性 (성질 성). 오래 저장(貯藏)해 두어도 상하지 않는 성질(性質).

▸**저:장-실** 貯藏室 (방 실). 물건을 저장(貯藏)하는 방[室].

▸**저:장-엽** 貯藏葉 (잎 엽). [식물] 양분이나 수분 따위를 많이 저장(貯藏)하여 두는 특수한 잎[葉].

▸**저:장 물질** 貯藏物質 (만물 물, 바탕 질). 생물의 몸속에 저장(貯藏)되어 있는 영양 물질(物質).

▸**저:장 전:분** 貯藏澱粉 (앙금 전, 가루 분). [식물] 식물의 뿌리, 땅속줄기, 배젖, 떡잎 따위에 저장(貯藏)되어 있는 녹말[澱粉]. 고구마의 뿌리, 감자의 덩이줄기, 보리나 벼의 배젖, 완두의 떡잎 따위에 저장되어 있다.

▸**저:장 조직** 貯藏組織 (짤 조, 짤 직). [식물] 식물체 안에서 영양 물질을 특별히 많이 저장(貯藏)하고 있는 조직(組織).

저:조[1] **低調** (낮을 저, 가락 조). ① [속뜻] 낮은[低] 가락[調]. ② 능률이나 성적이 낮음. ¶출석 저조 / 시청률이 저조하다. ③ 활기가 없거나 내용이 충실하지 않음. ¶저조하던 남북 회담이 다시 활기를 띠다.

저:조[2] **低潮** (낮을 저, 바닷물 조). ① [지리] 조

수(潮水)가 빠져나가 해수면이 낮아짐[低]. ②'감정이나 기세가 가장 가라앉은 상태'를 비유하여 이르는 말. ㊥간조(干潮). ㊤고조(高潮).

▸저:조-선 低潮線 (줄 선). 지리 조수(潮水)가 빠져나가 해수면이 가장 낮아졌을[低] 때 바다와 육지의 경계선. ¶영해는 저조선을 기준으로 측정한다. ㊥간조선(干潮線). ㊤고조선(高潮線).

저:주 詛呪 (욕할 저, 빌 주). 미운 이에게 욕하며[詛] 재앙이나 불행이 닥치기를 빎[呪]. ¶저주의 말을 퍼붓다. ㊤축복(祝福).

저:-주파 低周波 (낮을 저, 둘레 주, 물결 파). 물리 진동수가 낮은[低] 주파(周波). 또는 그러한 파동이나 전파. ㊤고주파(高周波).

저:지[1] 低地 (낮을 저, 땅 지). 지대(地代)가 낮은[低] 땅. ㊤고지(高地).

저:지[2] 底止 (밑 저, 멈출 지). 밑바닥[底]까지 가서 멈춤[止]. 갈 데까지 가서 멈춤.

저:지[3] 沮止 (막을 저, 그칠 지). 막아서[沮] 중지(中止)시킴. ¶경찰은 시위대를 저지했다.

▸저:지-선 沮止線 (줄 선). 그 이상 범하지 못하도록 막는[沮止] 경계선(境界線).

저:질 低質 (낮을 저, 바탕 질). 질(質)이 낮음[低]. 바탕이 좋지 않음. ¶저질 상품 / 저질 만화.

▸저:질-탄 低質炭 (숯 탄). 화력이 약한 저질(低質) 석탄(石炭).

저:차 低次 (낮을 저, 차례 차). 낮은[低] 차원(次元)이나 정도.

저:체온 마취 低體溫麻醉 (낮을 저, 몸 체, 따뜻할 온, 저릴 마, 취할 취). 의학 저온 마취(低溫麻醉).

저:-체중 低體重 (낮을 저, 몸 체, 무거울 중). 정상보다 적은[低] 몸무게[體重]. ¶저체중은 영양부족이 원인이기도 하다.

저:촉 抵觸 (밀 저, 떠받을 촉). ① 속뜻 서로 밀면서[抵] 떠받음[觸]. 서로 모순됨. ②법률이나 규칙에 위배되거나 거슬림. ¶법에 저촉되는 일.

저:축 貯蓄 (쌓을 저, 모을 축). ① 속뜻 쌓아[貯] 모아둠[蓄]. ② 경제 소득의 일부를 아껴 금융기관에 맡겨 둠. 또는 그 돈. ¶나는 월급의 절반을 저축한다. ㊥저금(貯金).

▸저:축 보:험 貯蓄保險 (지킬 보, 험할 험). 경제 보험에 든 사람이 일정한 연령이나 조건에 이르렀을 때에 저축(貯蓄)한 일정한 금액을 지급할 것이 약속된 보험(保險).

▸저:축 성:향 貯蓄性向 (성질 성, 향할 향). ① 속뜻 저축(貯蓄)을 하려는 성향(性向). ② 경제 소득에서 차지하는 저축(貯蓄)의 비율. ㊤소비 성향(消費性向).

▸저:축 예:금 貯蓄預金 (맡길 예, 돈 금). 경제 개인이 저축(貯蓄)을 목적으로 하는 은행 예금(預金)의 한 가지.

▸저:축 은행 貯蓄銀行 (돈 은, 가게 행). 경제 저축 예금(貯蓄預金)을 주로 맡아 하는 은행(銀行). 일반 국민을 대상으로 운영하며 이자가 비교적 높다.

저:층 底層 (밑 저, 층 층). 밑바닥[底] 층(層).

저:-탁류 底濁流 (밑 저, 흐릴 탁, 흐를 류). 지리 해저(海底) 사면을 따라 흐르는, 퇴적물의 밀도가 비교적 높은 탁류(濁流).

저:탄 貯炭 (쌓을 저, 숯 탄). 석탄, 숯[炭] 따위를 저장함(貯藏). 또는 그 석탄이나 숯.

▸저:탄-량 貯炭量 (분량 량). 석탄, 숯[炭] 따위의 저장(貯藏)되어 있는 분량(分量).

▸저:탄-장 貯炭場 (마당 장). 저탄(貯炭)하는 장소(場所).

저:택 邸宅 (집 저, 집 택). ① 속뜻 규모가 아주 큰 집[邸=宅]. ¶그는 시골에 으리으리한 저택이 있다. ②예전에 왕후나 귀족의 집을 이르던 말.

저:토 底土 (밑 저, 흙 토). 밑바닥[底]의 흙[土]. 하층(下層)의 흙.

저:하[1] 低下 (낮을 저, 아래 하). ① 속뜻 사기, 정도, 수준, 물가, 능률 따위가 아래로[下] 낮아짐[低]. ¶판매 저하 / 요즘 학생들의 체력이 크게 저하되었다. ②자기 자신을 낮춤. ㊤향상(向上).

저:하[2] 邸下 (집 저, 아래 하). ① 속뜻 저택(邸宅) 아래[下]. ② 역사 조선시대에 '왕세자'를 높여 일컫던 말.

저:-학년 低學年 (낮을 저, 배울 학, 해 년). 낮은[低] 학년(學年). ¶초등학교 저학년 어린이. ㊤고학년.

저:함 低陷 (낮을 저, 빠질 함). 낮은[低] 곳

으로 빠짐[陷]. 낮고 우묵함.

⁑**저ː항** 抵抗 (맞설 저, 막을 항). ① 속뜻 어떤 힘, 권위 따위에 맞서서[抵] 버티어 막음[抗]. ② 물리 힘의 작용에 대하여 그 방향과 반대 방향으로 작용하는 힘. ¶공기의 저항을 최소화하다. ㊥항거(抗拒).

▸저ː항-계 抵抗計 (셀 계). 물리 유효 저항(抵抗)을 재는 데 쓰는 계기(計器).

▸저ː항-권 抵抗權 (권리 권). 법률 기본적 인권을 침해하는 압정적인 국가 권력에 대하여 저항(抵抗)할 수 있는 국민의 권리(權利).

▸저ː항-기 抵抗器 (그릇 기). 물리 전기 회로에 전기 저항(抵抗)을 조성하기 위하여 연결하는 기구(器具).

▸저ː항-력 抵抗力 (힘 력). ① 속뜻 저항(抵抗)하는 힘[力]. ¶그녀는 저항력이 약해서 독감에 걸렸다. ② 운동을 방해하는 힘.

▸저ː항-률 抵抗率 (비율 률). 물리 단면적이 같은 등질의 전기 도체가 갖는 전기 저항(抵抗)의 비율(比率). ㊥비저항(比抵抗).

▸저ː항-선 抵抗線 (줄 선). ① 군사 적의 공격에 맞서[抵] 막는[抗] 방어선(防禦線). ② 물리 전류를 통하게 한 고유 저항의 쇠붙이 줄.

▸저ː항-성 抵抗性 (성품 성). 저항(抵抗)하는 성질(性質).

▸저ː항-손 抵抗損 (덜 손). 물리 전류가 저항체(抵抗體)를 흐를 때, 발생되는 전기 에너지의 손실(損失).

▸저ː항-심 抵抗心 (마음 심). 저항(抵抗)하는 마음[心].

▸저ː항-체 抵抗體 (몸 체). ① 속뜻 저항(抵抗)하는 물체(物體). ② 물리 저항기(抵抗器)나 저항 재료를 이르는 말.

▸저ː항 문학 抵抗文學 (글월 문, 배울 학). 문학 제2차 대전 중 나치 독일에 대한 프랑스의 저항(抵抗) 운동을 기반으로 생성된 문학(文學).

▸저ː항 운ː동 抵抗運動 (돌 운, 움직일 동). 사회 압제나 외국의 지배에 저항(抵抗)하는 민족적 운동(運動).

저ː-항라 紵亢羅 (모시 저, 높을 항, 비단 라). 모시[紵]로 짠 항라(亢羅).

저ː해 沮害 (막을 저, 해칠 해). 막아서[沮] 못하게 하여 해침[害]. ¶저해 요인 / 비만은 키의 성장을 저해한다.

저ː-혈압 低血壓 (낮을 저, 피 혈, 누를 압). 의학 혈압(血壓)이 정상보다 낮은[低] 현상. ㊥고혈압(高血壓).

적가 嫡家 (정실 적, 집 가). 적자손(嫡子孫)의 집[家]. ㊥서가(庶家).

적-갈색 赤褐色 (붉을 적, 털옷 갈, 빛 색). 붉은[赤]빛을 띤 갈색(褐色).

적개 敵愾 (원수 적, 성낼 개). 적(敵)에 대한 분노와 증오[愾].

▸적개-심 敵愾心 (마음 심). 적에 대하여 분노하는[敵愾] 마음[心]. ¶적개심에 불타오르다 / 적개심에 가득 찬 눈빛.

적객 謫客 (귀양 갈 적, 손 객). 적소(謫所)에서 귀양살이를 하고 있는 사람[客].

적거 謫居 (귀양 갈 적, 살 거). 귀양[謫]을 삶[居]. 귀양살이.

적격 適格 (알맞을 적, 자격 격). 자격(資格)이 알맞음[適]. 또는 그 자격. ㊥결격(缺格).

▸적격-자 適格者 (사람 자). 자격(資格)에 맞는[適] 사람[者].

적견 的見 (과녁 적, 볼 견). 딱 들어맞는[的確] 견해(見解).

적경[1] 赤經 (붉을 적, 날실 경). 천문 천구상의 천체의 위치를 나타내는 적도(赤道) 좌표에서의 경도(經度). ㊟적위(赤緯).

적경[2] 敵境 (원수 적, 지경 경). 적 또는 적국(敵國)과의 경계(境界).

적경[3] 積慶 (쌓을 적, 기쁠 경). 거듭 쌓인[積] 경사(慶事). 경사가 거듭됨.

적곡 積穀 (쌓을 적, 곡식 곡). 곡식(穀食)을 쌓아[積] 둠. 또는 그 곡식.

적공 積功 (쌓을 적, 공로 공). ① 속뜻 공(功)을 쌓음[積]. ② 어떤 일에 많은 공을 들임.

▸적공-누덕 積功累德 (포갤 루, 베풀 덕). 공덕(功)을 쌓고[積] 덕(德)을 더함[累].

적과 摘果 (딸 적, 열매 과). 과실(果實)을 솎아[摘] 냄. 또는 그 일.

적과-기 炙果器 (구울 적, 열매 과, 그릇 기). 제사 때 구이[炙]와 과실(果實)을 담는 장방형의 그릇[器].

적구[1] 赤狗 (붉을 적, 개 구). ① 속뜻 붉은[赤] 개[狗]. ② 공산당의 앞잡이를 낮잡아 이르는 말.

적구[2] 適口 (알맞을 적, 입 구). 음식 따위가 입[口]에 맞음[適].

▸**적구지병** 適口之餠 (어조사 지, 떡 병). 입[口]에 맞는[適] 떡[餠].

적구-독설 赤口毒舌 (붉을 적, 입 구, 독할 독, 혀 설). ① 속뜻 붉은[赤] 입[口]과 독한[毒] 혀[舌]. ② 남을 몹시 비난하고 저주하는 말.

적국 敵國 (원수 적, 나라 국). 적대(敵對) 관계에 있는 나라[國]. ¶그는 회담을 통해 적국의 침략을 막았다. ⓑ교전국(交戰國).

적군[1] 赤軍 (붉을 적, 군사 군). ① 속뜻 붉은[赤] 옷 따위로 무장한 군대[軍]. ② 러시아의 정규군. 1918년에 노동자와 농민으로 구성되었다. ③ 공산군을 달리 이르는 말.

적군[2] 敵軍 (원수 적, 군사 군). ① 속뜻 적국(敵國)의 군대(軍隊)나 병사. ¶그는 혼자서 적군을 무찔렀다. ② 운동 경기 따위에서 '상대편'을 이르는 말. ⓑ아군(我軍).

적군[3] 賊軍 (도둑 적, 군사 군). 도둑[賊]의 군대[軍]. ⓑ적도(賊徒). ⓑ관군(官軍).

적굴[1] 賊窟 (도둑 적, 굴 굴). 도둑[賊]의 소굴(巢窟). ⓑ적소(賊巢), 적혈(賊穴).

적굴[2] 敵窟 (원수 적, 굴 굴). 적(敵)의 무리가 우글거리는 소굴(巢窟).

***적극** 積極 (쌓을 적, 끝 극). ① 속뜻 끝[極]까지 쌓음[積]. ② 어떤 일에 대하여 바짝 다잡는 성향이나 태도. ¶현지는 나를 적극 도와주었다. ⓑ소극(消極).

▸**적극-성** 積極性 (성질 성). 적극적(積極的)인 성질(性質). ⓐ소극성(消極性).

▸**적극-적** 積極的 (것 적). 적극적(積極的)으로 힘쓰는 것[的]. ¶그는 모든 일에 적극적이다. ⓑ소극적(消極的). ⓐ소극적(消極的).

▸**적극-책** 積極策 (꾀 책). 적극적(積極的)인 대책(對策). ⓐ소극책(消極策).

▸**적극-화** 積極化 (될 화). 적극적(積極的)인 것으로 되거나[化] 되게 함.

▸**적극 명:제** 積極命題 (명할 명, 제목 제). 논리 적극적(積極的)인 긍정의 관계를 나타내는 명제(命題). 주어와 서술어의 일치를 제시하는 명제로, '모든 갑은 을이다'라는 전칭 긍정 명제와 '어떤 갑은 을이다'라는 특칭 긍정 명제가 있다. 긍정 명제(命題).

▸**적극 방어** 積極防禦 (막을 방, 막을 어). 군사 적의 공격에 맞서 공격함으로써 적극적(積極的)으로 방어(防禦)하는 일.

▸**적극 의:무** 積極義務 (옳을 의, 일 무). 법률 어떤 일정한 일을 적극적(積極的)으로 해야 하는 의무(義務). ⓑ소극 의무(消極義務).

▸**적극 재산** 積極財産 (재물 재, 재물 산). 법률 특정인에 속한 예금, 토지, 가옥 따위와 같이 금전적인 가치가 있는[積極] 재산권(財産權)의 총체. ⓑ소극 재산(消極財産).

▸**적극 재정** 積極財政 (재물 재, 정사 정). 경제 정부가 적극적(積極的)으로 각종 사업을 벌여 재정(財政) 지출을 증가시켜 경기를 상승시키고, 국민 소득을 높이려는 정책.

▸**적극-주의** 積極主義 (주될 주, 뜻 의). ① 속뜻 일을 적극적(積極的)으로 하는 태도[主義]. ② 철학 콩트의 실증 철학. 지식의 최고 형태를 실증 과학이라 한다. ⓑ실증주의(實證主義). ⓑ소극주의(消極主義).

적금[1] 赤金 (붉을 적, 쇠 금). ① 화학 붉은[赤] 금속(金屬). 전기와 열의 전도성이 뛰어나다. ② 공업 금에 구리를 25~50% 더하여 만든 합금. ⓑ구리.

적금[2] 積金 (쌓을 적, 돈 금). ① 속뜻 돈[金]을 모아[積] 둠. 또는 그 돈. ② 경제 일정 기간 일정 금액을 불입한 다음 만기가 되면 찾기로 약속된, 은행 저금의 한 가지. ¶매달 십 만원씩 적금을 붓다.

적기[1] 赤記 (붉을 적, 기록할 기). 붉은[赤] 글씨로 쓴 기록(記錄).

적기[2] 赤旗 (붉을 적, 깃발 기). ① 속뜻 붉은[赤] 빛깔의 깃발[旗]. ② 위험 신호용의 붉은 기.

적기[3] 摘記 (딸 적, 기록할 기). 요점만 뽑아[摘] 적음[記]. 또는 그 기록. ⓑ적록(摘錄).

적기[4] 適期 (알맞을 적, 때 기). 알맞은[適] 시기(時期). ¶지금이 단풍을 구경하기에 적기이다.

적기[5] 敵機 (원수 적, 틀 기). 적(敵)의 비행기(飛行機). ¶백령도 영공(領空)에 적기가 나타났다.

적-나라 赤裸裸 (붉을 적, 벌거벗을 라, 벌거벗을 라). ① 속뜻 벌건[赤] 몸을 드러내 놓다[裸+裸]. ② 숨김이 없이 있는 그대로 다 드러내다. ¶그 영화는 빈민가의 삶을 적나라하게 보여 준다.

적남 嫡男 (정실 적, 사내 남). 정실[嫡]의 몸에서 난 아들[男]. ⓑ적자(嫡子).

적녀 嫡女 (정실 적, 딸 녀). 정실[嫡]의 몸에서 난 딸[女]. ⓟ서녀(庶女).

적년 積年 (쌓을 적, 해 년). 여러[積] 해[年]. ¶적년의 공을 쌓았다.

적다 摘茶 (딸 적, 차 다). 차(茶)나무의 싹을 땀[摘].

적담[1] 赤痰 (붉을 적, 가래 담). 피가 섞여 붉은[赤]빛을 띤 가래[痰].

적담[2] 敵膽 (원수 적, 쓸개 담). ① 속뜻 적(敵)의 간담(肝膽). ② 적의 마음.

적당[1] 賊黨 (도둑 적, 무리 당). 도둑[賊]의 무리[黨]. ¶청룡도를 든 적당들이 새끼 밴 소를 빼앗아 갔다.

***적당**[2] 適當 (알맞을 적, 마땅 당). ① 속뜻 정도나 이치에 꼭 알맞고[適] 마땅하다[當]. ¶매일 적당한 운동은 건강에 좋다 / 간장을 적당히 넣어 간을 맞추다. ② 엇비슷하게 요령이 있다. ¶적당하게 핑계를 대다.

▸ 적당-량 適當量 (분량 량). 쓰임에 알맞은[適當] 분량(分量). ¶적당량의 소금은 건강에 좋다.

▸ 적당-주의 適當主義 (주될 주, 뜻 의). 적당(適當)히 해버리려는 태도나 생각[主義].

적대[1] 赤帶 (붉을 적, 띠 대). 천문 적도(赤道).

적대[2] 敵對 (원수 적, 대할 대). 적(敵)으로 맞서[對] 버팀. ¶적대 관계 / 적대적인 태도 / 상대방을 적대하면 좋을 것이 없다. ⓟ우호(友好).

▸ 적대-국 敵對國 (나라 국). 서로 적(敵)으로 맞서있는[對] 나라[國].

▸ 적대-시 敵對視 (볼 시). 적대적(敵對的)으로 여김[視].

▸ 적대-심 敵對心 (마음 심). 적(敵)으로 맞서려는[對] 마음[心].

▸ 적대-적 敵對的 (것 적). 적대(敵對)하는 것[的]. 적대되는 것.

▸ 적대 의:사 敵對意思 (뜻 의, 생각 사). 적대적(敵對的)으로 맞서 버티려는 생각[意思].

▸ 적대 행위 敵對行爲 (행할 행, 할 위). 적(敵)으로 여겨 맞서[對] 버티며 겨루는 행위(行爲).

적-대하 赤帶下 (붉을 적, 띠 대, 아래 하). 한의 피가 섞인 붉은[赤]빛의 대하증(帶下症). 또는 그 분비액.

적덕 積德 (쌓을 적, 베풀 덕). 덕(德)을 쌓음[積]. 또는 쌓은 덕행(德行).

▸ 적덕-누인 積德累仁 (포갤 루, 어질 인). 덕(德)을 쌓고[積] 어진[仁] 일을 더함[累].

적도[1] 賊徒 (도둑 적, 무리 도). 도둑[賊]의 무리[徒]. ⓑ적당(賊黨).

적도[2] 適度 (알맞을 적, 정도 도). 알맞은[適] 정도(程度).

적도[3] 赤道 (붉을 적, 길 도). ① 속뜻 지도에 붉은[赤] 색으로 표시한 길[道]. ② 지리 지구의 중심을 지나는 지축에 직각인 평면과 지표가 교차되는 선. ③ 지리 지구의 적도 평면을 천구상에 연장했을 때 그 평면이 천구의 면에 닿는 가상의 교선(交線).

▸ 적도-류 赤道流 (흐를 류). 지리 무역풍 때문에 적도(赤道)의 남북 양쪽을 동쪽에서 서쪽으로 흐르는 해류(海流). '적도 해류'(赤道海流)의 준말.

▸ 적도-제 赤道祭 (제사 제). 배가 적도(赤道)를 통과할 때에 안전한 항해를 비는 제사(祭祀) 의식.

▸ 적도 기단 赤道氣團 (공기 기, 모일 단). 지리 적도(赤道) 부근의 해양 위에서 생기는 고온 다습한 기단(氣團).

▸ 적도 반:경 赤道半徑 (반 반, 지름길 경). 지리 적도(赤道)로 계산한 지구의 반지름[半徑]. 지구 중심에서 적도까지의 평균 거리.

▸ 적도 반:류 赤道反流 (반대로 반, 흐를 류). 지리 적도의 북쪽에서, 적도(赤道) 해류의 반대(反對)로 흐르는 해류(海流). 즉 서에서 동으로 흐른다. ⓑ적도 역류(赤道逆流).

▸ 적도 역류 赤道逆流 (거스를 역, 흐를 류). 지리 적도(赤道)의 북쪽에서, 적도 해류를 거슬러[逆] 흐르는 해류(海流). 즉 서에서 동으로 흐른다. ⓑ적도 반류(赤道反流).

▸ 적도 직하 赤道直下 (곧을 직, 아래 하). ① 속뜻 적도(赤道)의 바로[直] 아래[下]. ② 지리 적도의 선(線)에 해당하는 지역. 일 년

내내 태양의 직사광선을 받으므로 고지를 제외하고는 매우 덥다.

▸ **적도 해:류** 赤道海流 (바다 해, 흐를 류). 지리 무역풍 때문에 적도(赤道)의 남북 양쪽을 동쪽으로부터 서쪽으로 흐르는 두 줄기의 해류(海流).

▸ **적도 무풍대** 赤道無風帶 (없을 무, 바람 풍, 띠 대). 지리 남북 두 반구의 무역풍대 사이에 끼어서 바람[風]이 없는[無] 적도(赤道) 부근의 지대(地帶).

▸ **적도 상우대** 赤道常雨帶 (늘 상, 비 우, 띠 대). 지리 적도(赤道)를 중심한 남북 약 5도 이내에 있는 늘[常] 비[雨]가 내리는 지대(地帶).

▸ **적도 저:압대** 赤道低壓帶 (낮을 저, 누를 압, 띠 대). 지리 적도(赤道) 부근의 온도가 높아 기류가 상승함으로써 기압(氣壓)이 낮아지는[低] 곳[帶].

적동 赤銅 (붉을 적, 구리 동). ① 속뜻 붉은[赤] 빛을 띤 구리[銅]. ② 공업 구리에 3-8%의 금을 더한 합금.

▸ **적동-광** 赤銅鑛 (쇳돌 광). 적동(赤銅)을 포함하고 있는 광석(鑛石).

▸ **적동-색** 赤銅色 (빛 색). 검붉은[赤] 구리[銅] 같은 빛깔[色]. 구릿빛.

▸ **적동-설** 赤銅屑 (가루 설). 구리[赤銅]의 가루[屑].

▸ **적동-전** 赤銅錢 (돈 전). 적동(赤銅)으로 만든 돈[錢]. ⓑ적동화(赤銅貨).

▸ **적동-화** 赤銅貨 (돈 화). 적동전(赤銅錢).

적두 赤豆 (붉을 적, 콩 두). ① 속뜻 붉은[赤] 빛깔의 콩[豆]. ② 껍질 색깔이 검붉은 팥.

▸ **적두-반** 赤豆飯 (밥 반). 팥[赤豆]으로 지은 밥[飯].

▸ **적두-병** 赤豆餠 (떡 병). 팥[赤豆]으로 만든 떡[餠].

적란-운 積亂雲 (쌓을 적, 어지러울 란, 구름 운). 지리 구름덩어리가 뭉쳐[積] 수직으로 발달해 비를 내리는[亂] 커다란 구름[雲]. ⓑ소나기구름. nimbus는 rain의 뜻.

적량[1] 適量 (알맞을 적, 분량 량). 적당(適當)한 분량(分量). ¶적량의 술은 몸에 좋다고 한다.

적량[2] 積量 (쌓을 적, 분량 량). ① 속뜻 적재(積載)한 양(量). '적재량'의 준말. ¶법정 적량을 초과하다. ② 넓이와 무게와 용적. ¶적량을 계산하다.

적령 適齡 (알맞을 적, 나이 령). ① 속뜻 알맞은[適] 나이[齡]. ② 어떤 일을 치르기에 알맞은 나이.

▸ **적령-기** 適齡期 (때 기). 적령(適齡)이 된 시기(時期).

▸ **적령-아** 適齡兒 (아이 아). 적령(適齡)이 된 아이[兒].

▸ **적령-자** 適齡者 (사람 자). 어떤 표준이나 규정에 알맞은[適] 나이[齡]의 사람[者].

적례 適例 (알맞을 적, 본보기 례). 알맞은[適] 예(例). 적당한 보기.

적로-성질 積勞成疾 (쌓을 적, 일할 로, 이룰 성, 병 질). 오랜 노고(勞苦)가 쌓임[積]으로 말미암아 병[疾]이 됨[成].

적록 摘錄 (딸 적, 기록할 록). 요점만을 따서[摘] 적음[錄]. 또는 그 기록. ⓑ적기(摘記).

적록 색맹 赤綠色盲 (붉을 적, 초록빛 록, 빛 색, 눈멀 맹). 의학 붉은색[赤色]과 그 보색(補色)인 녹색(綠色)의 두 빛깔[色]을 가려내지 못하는 시각 이상[盲]. ⓒ녹색맹. ⓑ홍록 색맹(紅綠色盲).

적루 敵壘 (원수 적, 진 루). 적(敵)의 보루(堡壘).

적류 嫡流 (정실 적, 갈래 류). 정실[嫡] 계통의 유파(流派). 정통의 유파. ⓑ서류(庶流).

적리 赤痢 (붉을 적, 설사 리). ① 속뜻 붉은[赤]색의 설사[痢]를 함. ② 의학 급성 전염병인 이질의 하나. 여름철에 많이 발생하며, 발열과 복통이 따르고 피와 곱이 섞인 대변을 누게 된다.

적립 積立 (쌓을 적, 설 립). 모아서 쌓아[積] 둠[立].

▸ **적립-금** 積立金 (돈 금). ① 속뜻 적립(積立)하여 두는 돈[金]. ② 경제 은행, 회사 따위에서 연도마다 이익금의 일부를 기업 내에 유보하여 두는 경우의 축적 자본.

▸ **적립 저:금** 積立貯金 (쌓을 저, 돈 금). 경제 일정 기간마다 일정 금액을 적립(積立)하는 저금(貯金).

적마 赤魔 (붉을 적, 마귀 마). ① 속뜻 붉은[赤] 마귀(魔鬼). ② 공산주의자들의 마수(魔手)를 이르는 말.

적막 寂寞 (고요할 적, 쓸쓸할 막). ① 속뜻 고요하고[寂] 쓸쓸함[寞]. ¶아이의 비명 소리가 적막을 깼다 / 그는 적막한 산길을 걸었다. ②의지할 곳이 없이 외로움. ¶부모 형제 없이 적막한 신세가 되었다.

▸적막-감 寂寞感 (느낄 감). 적막(寂寞)한 느낌[感]. 외로운 느낌.

적면 赤面 (붉을 적, 낯 면). ① 속뜻 붉은[赤] 얼굴[面]. ②부끄럽거나 성이 나서 얼굴을 붉힘. 또는 그 얼굴.

▸적면 공:포증 赤面恐怖症 (두려울 공, 두려워할 포, 증세 증). 심리 남의 앞에 나서면 얼굴[面]이 붉어져[赤] 나서기를 두려워하고[恐怖] 꺼리는 강박성 신경증(神經症).

적멸 寂滅 (고요할 적, 없어질 멸). ① 속뜻 고요하게[寂] 없어짐[滅]. ② 불교 번뇌의 경지를 벗어나 생사의 괴로움을 끊음. 열반(涅槃).

▸적멸-궁 寂滅宮 (집 궁). 불교 불상을 모시지 않고[寂滅] 법당만 있는 불전[宮].

적모 嫡母 (정실 적, 어머니 모). 서자가 '아버지의 정실[嫡] 부인[母]'을 부르는 말.

적몰 籍沒 (문서 적, 빠질 몰). ① 속뜻 같은 호적(戶籍)에 있는 모든 사람들을 모조리 없애 버림[沒]. ② 역사 중죄를 지은 죄인의 재산을 몰수하고 가족까지도 처벌하던 일.

적반하장 賊反荷杖 (도둑 적, 되돌릴 반, 멜 하, 지팡이 장). ① 속뜻 도둑[賊]이 도리어[反] 몽둥이[杖]를 멤[荷]. ②잘못한 사람이 도리어 잘한 사람을 나무라는 경우. ¶새치기를 하고도 화를 내다니, 적반하장도 유분수지!

적발 摘發 (들추어낼 적, 드러낼 발). 숨겨진 물건을 들추어[摘] 드러냄[發]. ¶그 학생은 시험 시간에 커닝을 하다가 적발됐다.

적법 適法 (알맞을 적, 법 법). 법규(法規)나 법률에 맞음[適]. ¶적법한 절차 / 그 행위는 적법하다. ⓑ불법(不法), 위법(違法).

적벽-가 赤壁歌 (붉을 적, 담 벽, 노래 가). 문학 판소리의 한 마당. 중국 소설 『삼국지연의』(三國志演義) 가운데 적벽(赤壁)의 싸움을 소재로 한 잡가(雜歌)중의 하나.

적벽-부 赤壁賦 (붉을 적, 담 벽, 글 부). ① 문학 중국 송(宋)나라 때의 소식(蘇軾)이 적벽(赤壁)에서 뱃놀이를 하며 지은 글[賦]. ② 미술 지난날 중국에서 들여오던 큰 사기 대접의 한 가지.

적병[1] 賊兵 (도둑 적, 군사 병). 도적(盜賊)이나 역적의 병졸(兵卒).

적병[2] 敵兵 (원수 적, 군사 병). 적(敵)의 병사(兵士). ¶풀숲에 적병이 숨어 있으리라고는 생각하지 못했다.

적보 的報 (과녁 적, 알릴 보). 정확한[的] 통보(通報).

적부[1] 的否 (과녁 적, 아닐 부). 꼭 맞음[的]과 그러하지 아니함[否].

적부[2] 適否 (알맞을 적, 아닐 부). 적당(適當)함과 그러하지 아니함[否].

▸적부 심사 適否審査 (살필 심, 살필 사). 법률 피의자의 구속이 적법(適法)한가 아니한가[否]를 법원에서 심사(審査)하는 일.

적-부적 適不適 (알맞을 적, 아닐 부, 알맞을 적). 적합(適合)한 것과 부적합(不適合)한 것.

적분 積分 (쌓을 적, 나눌 분). ① 속뜻 나눈[分] 것을 쌓은[積] 것. ② 수학 함수를 나타내는 곡선과 좌표축 위의 일정한 구간으로 쌓인 면적을 어떤 극한값으로 구하는 일. ③ 수학 '적분학'(積分學)의 준말.

▸적분-학 積分學 (배울 학). 수학 함수의 적분(積分)에 관한 성질을 연구하는 수학(數學)의 한 분과.

▸적분 방정식 積分方程式 (모 방, 거리 정, 법 식). 수학 미지 함수의 적분(積分)을 포함하는 방정식(方程式)을 통틀어 이르는 말.

적빈-무의 赤貧無依 (발가벗을 적, 가난할 빈, 없을 무, 의지할 의). 벌거벗을[赤] 정도로 매우 가난한데다가[貧] 의지(依支)할 곳조차 없음[無].

적빈여세 赤貧如洗 (발가벗을 적, 가난할 빈, 같을 여, 씻을 세). 벌거벗을[赤] 정도로 가난하고[貧] 물로 씻은[洗] 것 같이[如] 아무것도 없음.

적산[1] 敵産 (원수 적, 재물 산). ① 속뜻 자기 나라나 점령지 안에 있는 적국(敵國)의 재산(財産). ② 역사 1945년 8·15 광복 이전까지 한국 내에 있던 일제(日帝)나 일본인 소유의 재산을 광복 후에 이르는 말. ¶적산 공장 / 일본 사람들이 쓰던 물건이나 가옥은 다 국가에 귀속될 적산이다.

적산[2] 積算 (쌓을 적, 셀 산). 어떤 수나 값을 계속 더하여[積] 계산(計算)함.

▸적산-법 積算法 (법 법). 공사의 실비를 정확하게 적산(積算)하는 방법(方法).

▸적산 온도 積算溫度 (따뜻할 온, 정도 도). 식물 식물의 생육이나 녹은 눈의 양을 나타내는 지표로서, 일일 평균 기온과 설정한 기준 온도(溫度)의 차이를 어느 기간 동안에 걸쳐 합계한[積算] 것.

▸적산 전:력계 積算電力計 (전기 전, 힘 력, 셀 계). 전기 일정 기간 동안 사용한 전력(電力)의 총량을 재는[積算] 계기(計器).

적색 赤色 (붉을 적, 빛 색). ① 속뜻 붉은[赤] 빛[色]. ¶적색경보 / 정지를 알리는 적색 불빛이 깜빡거렸다. ② 사회 '공산주의'(共産主義)를 상징하는 말. ¶적색분자.

▸적색 거:성 赤色巨星 (클 거, 별 성). ① 속뜻 붉은빛[赤色]이 도는 큰[巨] 별[星]. ② 천문 중심핵에서 수소의 연소가 끝난 진화 단계에 있는 항성. 본래 크기의 100배까지 팽창하며, 표면 온도는 낮다.

▸적색 편이 赤色偏移 (치우칠 편, 옮길 이). 천문 천체 따위의 광원이 내는 빛의 스펙트럼선이 파장이 긴 붉은색[赤色] 쪽으로 치우쳐[偏] 밀리어 옮겨지는[移] 현상.

적-색맹 赤色盲 (붉을 적, 빛 색, 눈멀 맹). 의학 붉은[赤] 빛[色]을 보지 못하는[盲] 눈.

적서[1] 摘書 (딸 적, 쓸 서). 남의 글을 따다[摘] 씀[書]. 요점만을 뽑아 씀.

적서[2] 嫡庶 (정실 적, 첩 서). ① 속뜻 적자(嫡子)와 서자(庶子). ② 적파(嫡派)와 서파(庶派).

적석-총 積石塚 (쌓을 적, 돌 석, 무덤 총). 고적 돌[石]로 쌓아[積] 만든 무덤[塚].

적선[1] 賊船 (도둑 적, 배 선). 해적(海賊)들이 타고 다니는 배[船]. '해적선'(海賊船)의 준말.

적선[2] 敵船 (원수 적, 배 선). 적(敵)의 배[船]. ¶이순신 장군은 노량해전에서 적선 삼백여 척을 격파했다.

적선[3] 積善 (쌓을 적, 착한 선). 착한[善] 일을 많이 함[積]. ¶가난한 사람들에게 적선을 베풀다 / 한 푼만 적선해 주십시오. ㉥적불선(積不善).

적선[4] 謫仙 (귀양 갈 적, 신선 선). ① 속뜻 신선 세계에서 벌을 받아 인간계로 귀양 온[謫] 선인(仙人). ②당나라 시인 이백(李白)을 미화하여 이르는 말.

적설[1] 赤雪 (붉을 적, 눈 설). 지리 한대 및 고산의 항설대(恒雪帶)에서 눈 위에 붉은 원조류(原藻類)가 번식해서 붉게[赤] 보이는 눈[雪].

적설[2] 積雪 (쌓을 적, 눈 설). 쌓인[積] 눈[雪].

적성[1] 赤誠 (붉을 적, 진심 성). 속[赤] 마음에서 우러나오는 참된 마음[誠]. ¶적성으로 모시다.

적성[2] 敵性 (원수 적, 성질 성). ① 속뜻 맞서려는[敵] 성질(性質). ② 적국(敵國)에 동조하는 성향(性向).

⁑**적성**[3] 適性 (알맞을 적, 성질 성). 어떤 일에 알맞은[適] 성질(性質)이나 적응 능력. ¶적성에 맞는 일을 찾다.

▸적성 검:사 適性檢查 (봉함 검, 살필 사). 심리 특정 활동에 대한 개인의 적성(適性)을 측정하기 위하여 하는 검사(檢查).

적세 敵勢 (원수 적, 형세 세). 적(敵)의 세력이나 형세(形勢). ¶적세가 우리보다 우세하다.

적소[1] 賊巢 (도둑 적, 새집 소). 도적(盜賊) 떼의 소굴[巢]. ㉥적굴(賊窟), 적혈(賊穴).

적소[2] 適所 (알맞을 적, 곳 소). 꼭 알맞는[適] 자리[所]. ¶인력이 적소에 배치되다.

적소[3] 謫所 (귀양 갈 적, 곳 소). 죄인이 귀양살이[謫]하던 곳[所].

적소성대 積小成大 (쌓을 적, 작을 소, 이룰 성, 큰 대). 작은[小] 것도 많이 쌓이면[積] 큰[大] 것을 이룸[成]. ㉥적진성산(積塵成山), 적토성산(積土成山).

적손 嫡孫 (정실 적, 손자 손). 적자(嫡子)의 정실(正室)이 낳은 아들[孫]. ㉦서손(庶孫).

▸적손-승조 嫡孫承祖 (받을 승, 조상 조). 적손(嫡孫)인 손자(孫子)가 할아버지[祖]로부터 직접 한집안을 거느릴 권리를 이어받는[承] 일. ¶아버지가 일찍 돌아가시는 바람에 적손승조한 그가 가업을 이어 나갔다. ㉥승중(承重), 적손승중(嫡孫承重).

적송[1] 赤松 (붉을 적, 소나무 송). 붉은빛[赤]

을 띤 소나무[松] 목재.

적송[2] 積送 (쌓을 적, 보낼 송). 물품을 실어서[積] 보냄[送].

▸적송-품 積送品 (물건 품). 실어서[積] 보내는[送] 물품(物品).

적수[1] 敵手 (원수 적, 사람 수). ① 속뜻 적(敵)이 될 만한 사람[手]. ② 재주나 힘이 서로 비슷해서 상대가 되는 사람. ¶나는 그의 적수가 못 된다. ㊀적.

적수[2] 赤手 (발가벗을 적, 손 수). ① 속뜻 맨[赤] 손[手]. ② 가진 것이 아무 것도 없는 손.

▸적수-공권 赤手空拳 (빌 공, 주먹 권). ① 속뜻 맨[赤] 손[手]과 맨[空] 주먹[拳]. ② 아무것도 가진 것이 없음. 도수공권(徒手空拳).

▸적수-단신 赤手單身 (홑 단, 몸 신). ① 속뜻 맨[赤] 손[手]과 홑[單] 몸[身]. ② 가진 재산도 없고, 의지할 일가붙이도 없는 외로운 몸.

▸적수-성가 赤手成家 (이룰 성, 집 가). 맨[赤] 손[手]으로 시작하여 한 살림[家]을 이룸[成].

적수[3] 積數 (쌓을 적, 셀 수). 수학 서로 곱하여 쌓은[積] 수(數).

적습[1] 敵襲 (원수 적, 습격할 습). 적(敵)의 습격(襲擊). ¶적습에 대비하여 경계를 강화하다.

적습[2] 積習 (쌓을 적, 버릇 습). 오래 쌓인[積] 버릇[習]. ¶담배를 피우는 적습은 고치기 어렵다.

적승 赤繩 (붉을 적, 노끈 승). ① 속뜻 붉은[赤] 줄[繩]. ② 인연을 맺는 끈. 부부의 인연.

▸적승-계족 赤繩繫足 (맬 계, 발 족). 부부가 될 인연을 맺어[赤繩] 혼인이 정하여짐[繫足].

적시[1] 摘示 (딸 적, 보일 시). 지적(指摘)하여 제시(提示)함. ¶문제점을 하나하나 적시하다.

적시[2] 敵視 (원수 적, 볼 시). 적(敵)으로 봄[視]. '적대시'(敵對視)의 준말.

적시[3] 適時 (알맞을 적, 때 시). 적당(適當)한 시기(時期). 알맞은 때. ¶그는 적시에 나타나 나를 구해줬다.

▸적시-타 適時打 (칠 타). 운동 야구에서 적절한 때[適時]에 때리는 안타(安打).

▸적시-적지 適時適地 (알맞을 적, 땅 지). 알맞은[適] 때[時]와 알맞은[適] 곳[地]. 때와 장소가 모두 적절함.

적신[1] 赤身 (발가벗을 적, 몸 신). 벌거벗은[赤] 몸[身].

적신[2] 賊臣 (도둑 적, 신하 신). 도둑[賊]같은 신하(臣下). 반역하거나 불충한 신하.

적-신호 赤信號 (붉을 적, 소식 신, 표지 호). ① 속뜻 붉은[赤] 신호(信號). ② 교통 신호의 한 가지로 교차로 따위에 붉은 등이나 기를 달아 '멈춤'을 나타내는 신호. ⓑ청신호(青信號).

적실[1] 的實 (과녁 적, 실제 실). 틀림없이[的] 확실(確實)함. ⓑ적확(的確).

적실[2] 嫡室 (정실 적, 집 실). 정실[嫡] 아내[室]. ⓑ정실(正室).

적실[3] 敵失 (원수 적, 그르칠 실). ① 속뜻 적군(敵軍)의 실책(失策). ¶적실을 틈타 적을 섬멸하다. ② 상대팀의 실수. ¶야구 경기에서 적실로 득점하였다.

적실[4] 適實 (알맞을 적, 실제 실). 실제(實際)에 적합(適合)함. 실제로 잘 들어맞음. ¶적실한 예를 들다.

적심[1] 赤心 (발가벗을 적, 마음 심). ① 속뜻 벌거벗은[赤] 마음[心]. ② 조금도 거짓이 없는 참된 마음. ⓑ단심(丹心).

적심[2] 摘心 (딸 적, 가운데 심). 농업 나무나 농작물 줄기의 눈[心]이나 생장점을 따내는[摘] 일.

적-십자 赤十字 (붉을 적, 열 십, 글자 자). ① 속뜻 흰 바탕에 붉은[赤] 색의 십자(十字)를 그린 휘장. ② 사회 '적십자사'의 준말.

▸적십자-기 赤十字旗 (깃발 기). 적십자(赤十字)의 표장을 나타낸 깃발[旗].

▸적십자-사 赤十字社 (단체 사). 사회 적십자(赤十字) 정신에 의한 활동을 하는 국제적 단체[社].

적아 摘芽 (딸 적, 싹 아). 농업 농작물의 새싹[芽] 가운데서 필요하지 않은 어린 눈을 따냄[摘]. 또는 그 일.

적악 積惡 (쌓을 적, 나쁠 악). 나쁜[惡] 짓을 많이 쌓음[積]. ⓑ적선(積善).

적업 適業 (알맞을 적, 일 업). 능력이나 재질에 알맞은[適] 직업(職業). [비]적직(適職).

적여구산 積如丘山 (쌓을 적, 같을 여, 언덕 구, 메 산). 산더미[丘山]처럼[如] 많이 쌓여[積] 있음.

적역[1] 適役 (알맞을 적, 부릴 역). 연극, 영화 따위에서 알맞은[適] 배역(配役).

적역[2] 適譯 (알맞을 적, 옮길 역). 적절(適切)한 번역이나 통역(通譯). ¶한국어의 색채 표현에 대한 영어의 적역은 쉽지 않다.

적연 寂然 (고요할 적, 그러할 연). ① [속뜻] 조용하고 고요하다[寂+然]. ¶산속은 적연하여 무섭기까지 하였다. ② 매우 감감하다. ¶그간 소식이 적연하여 궁금하기 그지없어 몇 자 적어 보낸다.

적영 敵營 (원수 적, 집 영). 적군(敵軍)의 진영(陣營). 적(敵)의 병영(兵營).

적외-선 赤外線 (붉을 적, 밖 외, 줄 선). ① [속뜻] 붉은[赤] 색의 빛 바깥쪽에[外] 있는 빛줄[線]. ② [물리] 파장이 적색 가시광선(可視光線)보다 길며 극초단파보다 짧은, 750㎛~1㎜의 전자파. 햇빛 따위를 스펙트럼으로 분산시켜 보면 적색 스펙트럼의 바깥쪽에 존재한다. ¶이것은 적외선을 이용한 의료용 기기이다. [비]열선(熱線). [참]자외선(紫外線).

▸적외선 사진 赤外線寫眞 (베낄 사, 참 진). 적외선(赤外線)을 이용하여 찍는 사진(寫眞).

▸적외선 요법 赤外線療法 (병 고칠 료, 법 법). [의학] 환부에 적외선(赤外線)을 조사(照射)하는 광선 요법(療法)의 한 가지.

적요 摘要 (딸 적, 요할 요). 중요(重要)한 부분을 뽑아내어[摘] 적는 일. 또는 그렇게 적어 놓은 것.

▸적요-란 摘要欄 (칸 란). 적요(摘要)를 적는 칸[欄].

적용 適用 (알맞을 적, 쓸 용). 알맞게[適] 응용(應用)함. 맞추어 씀. ¶이 법은 모든 국민에게 적용된다.

적우[1] 適雨 (알맞을 적, 비 우). 시기에 알맞게[適] 내리는 비[雨].

적우[2] 積憂 (쌓을 적, 근심할 우). 오랫동안 쌓인[積] 근심[憂].

적운 積雲 (쌓을 적, 구름 운). [지리] 작은 구름 덩어리가 뭉쳐 쌓여[積] 수직으로 발달한 구름[雲]. 비를 내리지 않는 것이 보통이다. [비]뭉게구름.

적울 積鬱 (쌓을 적, 답답할 울). ① [속뜻] 오래 쌓인[積] 울분(鬱憤). ¶적울을 풀다 / 적울로 울화병이 나다. ② 겹겹이 쌓이고 쌓임. ③ [한의] 오래된 울증(鬱症).

적원 積怨 (쌓을 적, 원망할 원). 오래 쌓이고 쌓인[積] 원망(怨望). ¶적원을 풀다.

적위 赤緯 (붉을 적, 씨실 위). [천문] 천구상(天球上)의 별의 위치를 나타내기 위하여 적도(赤道)로부터 남북 양쪽을 세로[緯]로 재어 나간 각거리(角距離). [반]적경(赤經).

▸적위-권 赤緯圈 (범위 권). [천문] 적위(赤緯)가 같은 지역을 둥글게[圈] 이은 선. 천구의 극을 중심으로 하고 천체의 극거리를 반지름으로 하는 천구 위의 작은 원. [비]적위 등권.

▸적위 등:권 赤緯等圈 (같을 등, 울타리 권). [천문] 적위(赤緯)가 같은[等] 지역을 울타리처럼[圈] 이은 선. [준]적위권.

적응 適應 (알맞을 적, 맞을 응). ① [속뜻] 어떠한 상황이나 조건에 알맞게[適] 잘 어울림[應]. ¶시차 적응 / 그는 전학 간 학교에 잘 적응하고 있다. ② [생물] 생물이 외계의 변화에 따라 생존에 알맞게 응하여 그 형태나 습성이 변함. ③ [심리] 사람이 자연 환경과 사회적 조건에 알맞게 응하여 그 습성이나 생활 방식이 변함.

▸적응-력 適應力 (힘 력). 적응(適應)하는 능력(能力). ¶이 식물은 새로운 환경에 대한 적응력이 뛰어나다.

▸적응-성 適應性 (성질 성). ① [속뜻] 일정한 조건이나 환경 따위에 맞추어 알맞게 변화하는[適應] 성질(性質). ② [생물] 생물의 형태나 습성이 주위 환경과 적응하도록 변화하는 능력이나 성질.

▸적응-증 適應症 (증세 증). [의학] 약제나 수술. 또는 그 밖의 치료법에 적응(適應)되어 효과를 나타내는 질환이나 증세(症勢).

▸적응 형질 適應形質 (모양 형, 바탕 질). [생물] 생물이 생명을 유지하기 위하여 주위 환경과 그 변화에 적응(適應)하여 나타내는 형질(形質).

적의[1] 適宜 (알맞을 적, 마땅 의). 무엇을 하기에 알맞고[適] 마땅함[宜]. ¶적의 조치하다 / 인삼 재배에 적의한 땅.

적의[2] 適意 (알맞을 적, 뜻 의). 뜻[意]에 맞음[適]. 마음에 맞음. ㊥중의(中意).

적의[3] 敵意 (원수 적, 뜻 의). ① 속뜻 적대(敵對)하는 마음[意]. ② 해치려는 마음. ¶적의를 품다 / 그는 적의에 찬 눈으로 나를 노려보았다.

적임 適任 (알맞을 적, 맡길 임). ① 속뜻 어떤 임무(任務)를 맡기에 알맞음[適]. ¶이 일에는 그가 적임이다. ② '적임자'의 준말.

▶ 적임-자 適任者 (사람 자). 그 임무(任務)를 맡기기에 적당(適當)한 사람[者]. ¶우리 학교 회장으로는 아름이가 적임자다.

적자[1] 賊子 (해칠 적, 자식 자). 어버이를 해치는[賊] 자식(子息). 불충하거나 불효한 사람.

적자[2] 嫡子 (정실 적, 자식 자). 정실[嫡]의 몸에서 태어난 자식(子息). ㊥적남(嫡男). ㊟서자(庶子).

적자[3] 赤子 (발가벗을 적, 아이 자). ① 속뜻 벌거벗은[赤] 아이[子]. ② 갓난 아이. ② 임금이 '백성'을 이르던 말.

▶ 적자지심 赤子之心 (어조사 지, 마음 심). ① 속뜻 갓난아이[赤子]같이 거짓이 없는 마음[心]. ② 임금에게 충성을 다하는 백성의 마음.

적자[4] 赤字 (붉을 적, 글자 자). ① 속뜻 붉은[赤] 글씨의 숫자[字]. ② 경제 장부에서 수입을 초과한 지출로 생기는 모자라는 금액. ¶빚을 갚고 나면 이번 달도 적자이다. ㊦흑자(黑字).

▶ 적자 예:산 赤字豫算 (미리 예, 셀 산). 경제 예산을 편성할 때, 적자(赤字) 공채를 발행함으로써 그 부족 분을 메워 균형을 잡는 예산(豫算).

▶ 적자 융자 赤字融資 (녹을 융, 재물 자). 경제 기업체의 적자(赤字)를 메우도록 금융기관이 자금(資金)을 융통(融通)해 주는 일.

▶ 적자 재정 赤字財政 (재물 재, 정사 정). 경제 경상적 수입이 지출보다 부족하여 그 예산이 적자(赤字)인 재정(財政) 상태. ㊥결손(缺損) 재정. ㊦건전 재정(健全財政), 균형(均衡) 재정.

▶ 적자 공채 赤字公債 (여럿 공, 빚 채). 경제 국가가 적자(赤字)를 메우기 위하여 발행하는 공채(公債).

적자[5] 適者 (알맞을 적, 사람 자). 어떤 일에 알맞은[適] 사람[者]. 잘 적응하는 사람.

▶ 적자-생존 適者生存 (살 생, 있을 존). 생물 생존 경쟁의 세계에서, 외계의 상태나 변화에 적응(適應)한 자(者)만이 살아[生] 남는[存] 일. ㊥우승열패(優勝劣敗).

적자-색 赤紫色 (붉을 적, 자줏빛 자, 빛 색). 붉은[赤]빛이 도는 자줏빛[紫色]. ㊥자홍색(紫紅色).

적장[1] 賊將 (도둑 적, 장수 장). 도적(盜賊)의 장수(將帥). 도둑의 우두머리.

적장[2] 敵將 (원수 적, 장수 장). 적(敵)의 장수(將帥). ¶그는 적장의 목을 베었다.

적-장자 嫡長子 (정실 적, 어른 장, 아들 자). 정실[嫡]이 낳은 맏[長] 아들[子].

적재[1] 摘載 (딸 적, 실을 재). 요긴한 점만을 따서[摘] 기재(記載)함.

적재[2] 積財 (쌓을 적, 재물 재). 재산(財産)을 모아 쌓음[積]. 또는 그 재산.

적재[3] 適材 (알맞을 적, 재목 재). 알맞은[適] 재목(材木). 유능한 인재(人材).

▶ 적재-적소 適材適所 (알맞을 적, 곳 소). 어떤 일에 알맞은[適] 인재(人材)에게 알맞은[適] 자리[所]에 씀. ¶새로 뽑은 사원들을 적재적소에 배치했다.

적재[4] 積載 (쌓을 적, 실을 재). 차나 선박 따위에 짐을 쌓아[積] 실음[載]. ¶이 트럭은 3톤까지 적재할 수 있다.

▶ 적재-량 積載量 (분량 량). ① 속뜻 물건을 실은[積載] 분량(分量). ② 적재할 수 있는 용량. ㊟적량.

적적 寂寂 (고요할 적, 고요할 적). 쓸쓸하고 고요하다[寂+寂]. ¶아이들이 없으니 집 안이 무척 적적하다.

적전 敵前 (원수 적, 앞 전). 적(敵)의 앞[前]. 적진(敵陣)의 전면(前面).

▶ 적전 도:하 敵前渡河 (건널 도, 물 하). 군사 적전(敵前)에서 위험을 무릅쓰고 강[河]을 건넘[渡]. 또는 그 작전.

▶ 적전 상:륙 敵前上陸 (위 상, 뭍 륙). 군사 적전(敵前)에서 위험을 무릅쓰고 상륙(上陸)함. 또는 그 작전.

***적절** 適切 (알맞을 적, 몹시 절). 매우[切] 알맞다[適]. ¶적절한 대답 / 적절히 행동하다. ㊦부적절하다.

적정[1] 滴定 (물방울 적, 정할 정). 화학 물방울을 떨어뜨려[滴] 정량(定量) 분석을 하는 데 사용되는 중요한 조작의 한 가지. 점적(點滴).

적정[2] 敵情 (원수 적, 실상 정). 적(敵)의 형편[情]. 적군(敵軍)의 정황(情況).

적정[3] 適正 (알맞을 적, 바를 정). 알맞고[適] 바른[正] 정도. ¶적정 온도 / 적정 수준 / 적정한 방법을 찾아 문제를 해결하자.

▸적정 가격 適正價格 (값 가, 이를 격). 경제 원가를 알맞고[適] 바르게[正] 계산한 가격(價格). ㊟적정가.

적제 滴劑 (물방울 적, 약제 제). 방울을 떨어뜨려[滴] 조제(調劑)해야 하는 약.

적조[1] 赤潮 (붉을 적, 바닷물 조). 생물 조수(潮水)가 붉게[赤] 보이는 현상. 동물성 플랑크톤의 이상번식으로 바닷물이 부패하여 나타난다. ¶적조 때문에 물고기가 떼죽음을 당했다.

적조[2] 積阻 (쌓을 적, 막을 조). 두 사람 사이에 오랫동안[積] 소식이 막힘[阻]. 오랫동안 소식을 못함. ¶그동안 적조하였습니다. ㊥격조(隔阻).

적중[1] 積重 (쌓을 적, 겹칠 중). 쌓여서[積] 겹침[重].

적중[2] 謫中 (귀양갈 적, 가운데 중). 귀양살이[謫]를 하는 동안[中].

적중[3] 的中 (과녁 적, 맞을 중). 목표한 과녁[的]에 정확히 들어맞음[中]. ¶화살이 과녁에 적중했다 / 오후에 눈이 내릴 것이라는 일기예보는 적중했다.

▸적중-률 的中率 (비율 률). 화살이나 총알 또는 예측 따위의 적중(的中) 비율(比率).

적증 的證 (과녁 적, 증거 증). 적확(的確)한 증거(證據). 틀림없는 증거.

적지[1] 赤地 (발가벗을 적, 땅 지). ① 속뜻 벌거벗은[赤] 땅[地]. ② 흉년이 들어 거둘 농작물이 아주 없게 된 땅.

적지[2] 敵地 (원수 적, 땅 지). 적(敵)의 땅[地]. 적의 세력 아래 들어가 있는 지역. ¶그는 적지를 뚫고 들어가 포로를 구했다.

적지[3] 適地 (알맞을 적, 땅 지). 무엇을 하는 데 알맞은[適] 곳[地].

▸적지-적수 適地適樹 (알맞을 적, 나무 수). 알맞은[適] 땅[地]에 알맞은[適] 나무[樹]를 심음.

▸적지-적작 適地適作 (알맞을 적, 지을 작). 알맞은[適] 땅[地]에 알맞은[適] 작물(作物)을 심음.

적직 適職 (알맞을 적, 일 직). 취미, 재능, 성격 따위에 알맞은[適] 직업(職業). ㊥적업(適業).

적진 敵陣 (원수 적, 진칠 진). 적(敵)의 진영(陣營). 적군(敵軍)의 진지(陣地). ¶적진을 향해, 돌격하라!

적진-성산 積塵成山 (쌓을 적, 티끌 진, 이룰 성, 메 산). 티끌[塵] 모아[積] 산(山)이 됨[成]. ㊥적소성대(積小成大).

적채 積債 (쌓을 적, 빚 채). 오랫동안 쌓인[積] 빚[債].

적찰 赤札 (붉을 적, 쪽지 찰). 팔기로 예약이 된 상품이나, 싼 값에 처분하려는 물건 따위에 붙이는 붉은색[赤] 쪽지[札].

적-철광 赤鐵鑛 (붉을 적, 쇠 철, 쇳돌 광). 광업 육방 정계(六方晶系)에 딸리는 광물. 적갈색(赤葛色)으로 철의 함유량이 거의 70%에 가까운 철광석(鐵鑛石).

적체[1] 赤體 (붉을 적, 몸 체). 의학 배란(排卵) 뒤의 난포(卵胞)가 황체(黃體)가 되는 과정에서 응혈(凝血)이 차서 빨갛게[赤] 보이는 것.

적체[2] 積滯 (쌓을 적, 막힐 체). 쌓여서[積] 막힘[滯]. ¶실업자의 적체 현상.

적출[1] 摘出 (딸 적, 날 출). ① 속뜻 수술 따위로 속에 들어 있는 것을 끄집어[摘] 내거나[出] 몸의 일부를 도려냄. ② 부정이나 결점 따위를 들추어냄.

적출[2] 嫡出 (정실 적, 날 출). 정실[嫡]이 낳은[出] 자녀. ㊤서출(庶出).

▸적출-자 嫡出子 (아이 자). 법률 법률상의 혼인[嫡] 관계에서 출생(出生)한 자식(子息).

적출[3] 積出 (쌓을 적, 날 출). 물건을 실어[積] 냄[出]. ㊥출하(出荷).

▸적출-항 積出港 (항구 항). 화물을 선박으로 적출(積出)하는 항구(港口).

적충 赤蟲 (붉을 적, 벌레 충). ① 속뜻 붉은[赤] 빛깔의 벌레[蟲]. ② 동물 모기의 애벌레. 4~7㎜의 갈색 또는 검은색 유충으로 물 속에서 산다. ㊥장구벌레.

적취 積聚 (쌓을 적, 모을 취). ① 속뜻 쌓여서[積] 모임[聚]. ② 한의 오랜 체증으로 말미암아 뱃속에 덩어리가 생기는 병을 이르는 말. ⓑ적기(積氣), 적병(積病).

적층 문학 積層文學 (쌓을 적, 층 층, 글월 문, 배울 학). 문학 문학작품이 오랜 시간 입에서 입으로 전해지면서 내용의 변화가 층층(層層)이 쌓여[積] 개별적인 작품이 존재하는 문학(文學) 작품.

적치 積置 (쌓을 적, 둘 치). 쌓아[積] 둠[置].

적측 敵側 (원수 적, 곁 측). 적(敵)의 편[側]. 적의 쪽.

적침 敵侵 (원수 적, 쳐들어갈 침). 적(敵)의 침입(侵入).

적탄 敵彈 (원수 적, 탄알 탄). 적군(敵軍)이 쏜 탄환(彈丸). ⓑ적환(敵丸).

적토 赤土 (붉을 적, 흙 토). ① 속뜻 붉은[赤] 흙[土]. ② 불모의 땅.

▶ 적토-마 赤土馬 (말 마). 붉은 흙[赤土] 빛깔의 말[馬]. 중국 삼국 시대에 위(魏)의 여포(呂布)가 타던 준마(駿馬)의 이름. 『삼국지연의』(三國志演義)에서는 "온몸이 숯불처럼 붉고 잡 털이 하나도 없으며, 머리에서 꼬리까지의 길이가 1장(丈)이고 키가 8척(尺)"이라고 묘사되어 있다.

적토-성산 積土成山 (쌓을 적, 흙 토, 이룰 성, 메 산). 흙[土]이 쌓여[積] 산(山)이 됨[成]. ⓑ적소성대(積小成大).

적통 嫡統 (정실 적, 계통 통). 적파(嫡派)의 계통(繼統).

적파[1] 嫡派 (정실 적, 갈래 파). 적통(嫡統)에 속하는 갈래[派]. ⓑ서파(庶派).

적파[2] 摘播 (딸 적, 뿌릴 파). 씨앗을 몇 알씩 집어서[摘] 군데군데 뿌림[播].

적판 滴板 (물방울 적, 널빤지 판). 화학 물방울[滴] 분석에 쓰이는 실험 기구의 한 가지. 여러 군데를 오목오목하게 만든 사기로 된 판(板). '점적판'(點滴板)의 준말.

적패 積敗 (쌓을 적, 패할 패). 실패나 패배(敗北)를 거듭[積] 하여 기운이 빠지고 몹시 지침.

적폐 積弊 (쌓을 적, 나쁠 폐). 오랫동안 쌓여[積] 온 폐단(弊端).

적평 適評 (알맞을 적, 평할 평). 적절(適切)한 평가(評價).

적-포도주 赤葡萄酒 (붉을 적, 포도 포, 포도 도, 술 주). 붉은[赤]빛의 포도주(葡萄酒).

적하[1] 滴下 (물방울 적, 아래 하). 액체가 방울져[滴] 떨어짐[下]. 또는 그렇게 방울져 떨어지게 함.

적하[2] 積荷 (쌓을 적, 짐 하). 선박이나 기차에 실어[積] 보내는 하물(荷物).

▶ 적하 보:험 積荷保險 (지킬 보, 험할 험). 경제 적하(積荷)된 짐이 운송 도중 분실·훼손될 경우의 손해를 보전하기 위한 해상 보험(海上保險).

▶ 적하 증권 積荷證券 (증거 증, 문서 권). 경제 적하(積荷)된 짐에 대한 선화 증권(船貨證券)과 보험 증권(保險證券)을 겸한 것으로, 선적 화물에 보험이 붙여진 선화 증권. 붉은색 문자로 인쇄되어 있다.

적함 敵艦 (원수 적, 싸움배 함). 적(敵)의 군함(軍艦).

***적합** 適合 (알맞을 적, 맞을 합). 꼭 알맞게[適] 잘 맞음[合]. 꼭 알맞음. ¶이곳은 벼농사를 짓기에 적합하다. ⓑ부적합(不適合).

적-행낭 赤行囊 (붉을 적, 다닐 행, 주머니 낭). 우체국에서, 등기 우편 등의 귀중한 우편물을 담아 나르는 데에 쓰는 붉은[赤] 주머니[行囊].

적혈[1] 赤血 (붉을 적, 피 혈). 붉은[赤] 피[血].

적혈[2] 賊穴 (도둑 적, 구멍 혈). 도둑[賊]들이 사는 구멍[穴] 같은 굴. ⓑ적굴(敵窟), 적소(賊巢).

적-혈구 赤血球 (붉을 적, 피 혈, 공 구). 의학 혈색소(血色素)인 헤모글로빈 때문에 붉게[赤] 보이는 혈구(血球)의 한 가지. ⓑ백혈구(白血球).

적형 嫡兄 (정실 적, 맏 형). 첩에게서 난 아들이 정실[嫡]에서 난 형(兄)을 이르는 말.

적호 適好 (알맞을 적, 좋을 호). 알맞고[適] 좋음[好].

적화[1] 赤禍 (붉을 적, 재화 화). 공산주의[赤]로 말미암아 입는 재화[禍]. 또는 불행.

적화[2] 積貨 (쌓을 적, 재물 화). 차나 선박 따위에 화물(貨物)을 실음[積]. 또는 그 화물.

적화[3] 赤化 (붉을 적, 될 화). ① 속뜻 붉은[赤] 색으로 됨[化]. ② 공산주의 국가가 됨을 상징적으로 나타낸 말. ¶적화 통일은 막아야 한다.

▸적화-사상 赤化思想 (생각 사, 생각 상). 공산주의[赤]에 물든[化] 사상(思想).

▸적화 운:동 赤化運動 (돌 운, 움직일 동). 사회 적화(赤化)를 위한 혁명 운동(革命運動).

적확 的確 (과녁 적, 굳을 확). 과녁[的]에서 벗어남이 없이 정확(正確)함.

적황[1] 赤黃 (붉을 적, 누를 황). 붉은빛[赤]을 띤 누른빛[黃].

적황[2] 敵況 (원수 적, 상황 황). 적(敵)의 상황(狀況).

적회 積懷 (쌓을 적, 품을 회). 오랫동안 서로 만나지 못하여 쌓인[積] 회포(懷抱). 그리워하는 생각.

적효 適效 (알맞을 적, 효과 효). 알맞은[適] 효과(效果).

적흑-색 赤黑色 (붉을 적, 검을 흑, 빛 색). 붉은[赤]빛을 띤 검은[黑] 빛[色].

전가[1] 田家 (밭 전, 집 가). 밭[田] 가는 사람의 집[家]. ㊥전사(田舍).

전가[2] 全家 (모두 전, 집 가). 온[全] 집안[家]. ㊥거가(擧家), 전호(全戶).

전:가[3] 轉嫁 (옮길 전, 떠넘길 가). 자기의 허물이나 책임 따위를 남에게 떠넘겨[嫁] 옮김[轉]. ¶책임을 친구에게 전가하다.

전가[4] 傳家 (전할 전, 집 가). ① 속뜻 집안[家] 살림이나 재산을 윗대에서 아랫대로 물려줌[傳]. ② 대대로 그 집안에 전하여 내려옴.

▸전가지보 傳家之寶 (어조사 지, 보배 보). 대대로 집[家] 안에 전(傳)해 내려오는 보물(寶物).

전각[1] 全角 (완전할 전, 모서리 각). 출판 가로 세로가 기본 활자와 완전(完全)히 같은 각(角)의 폭과 길이를 가진 자형.

전각[2] 前脚 (앞 전, 다리 각). 앞[前] 다리[脚]. ㊥후각(後脚).

전:각[3] 殿閣 (큰 집 전, 관청 각). ① 속뜻 궁전(宮殿)과 누각(樓閣). ¶사훈각은 개국공신의 영정을 모신 전각이다. ② 임금이 거처하던 궁전(宮殿). ¶왜군이 전각에 방화했다.

전:각[4] 篆刻 (전자 전, 새길 각). 나무나 돌, 쇠붙이, 옥 따위에 전자(篆字)로 새긴[刻] 글자. 또는 그 글자.

▸전:각-가 篆刻家 (사람 가). 전각(篆刻)을 전문으로 하는 사람[家].

전간 傳簡 (전할 전, 대쪽 간). 사람을 시켜서 편지[簡]를 전(傳)함.

전갈[1] 全蠍 (온전할 전, 전갈 갈). 동물 몸은 짧은 머리가슴과 좁고 긴 배로 나뉘는데 꼬리 끝에 독침이 있는 곤충[蠍]. '全'자가 쓰인 까닭은 알 수 없다. ¶전갈자리.

전갈[2] 傳喝 (전할 전, 큰소리 갈). ① 속뜻 큰소리[喝]로 전(傳)함. ② 사람을 시켜 안부를 묻거나 말을 전함. 또는 그 안부나 말. ¶할머니께서 돌아가셨다는 전갈이 왔다.

전:갈[3] 錢渴 (돈 전, 목마를 갈). ① 속뜻 돈[錢]이 마름[渴]. ② 돈이 잘 융통되지 않음.

전감 前鑑 (앞 전, 거울 감). ① 속뜻 지난[前] 일을 거울삼아[鑑] 비추어 보는 일. ② 앞 사람이 남긴 본받을 만한 일.

▸전감-소연 前鑑昭然 (밝을 소, 그러할 연). 거울[鑑]을 보는 것처럼 앞[前]의 일이 환하게[昭] 보이는 그런[然] 상태.

전-강풍 全強風 (매우 전, 강할 강, 바람 풍). ① 속뜻 매우[全] 세게[強] 부는 바람[風]. ② 지리 풍력 계급 10의 바람. 초속 24.5~28.4 미터로 불며, 육지에서는 건물이 부서지고 나무가 쓰러지며 바다에서는 파도가 크게 일어 흰 거품으로 뒤덮일 정도의 바람이다. ㊥노대바람.

전:개 展開 (펼 전, 열 개). ① 속뜻 눈앞에 넓게 펼쳐져[展] 열림[開]. ② 논리나 사건, 이야기의 장면 따위가 점차 크게 펼쳐져 열림. ¶이야기 전개가 빠르다.

▸전:개-도 展開圖 (그림 도). 수학 입체의 표면을 전개(展開)시켰을 때 이루어지는 도형(圖形). ¶직육면체의 전개도를 그려 보시오.

▸전:개-식 展開式 (법 식). 수학 다항식의 곱을 전개(展開)하여 얻은 식(式).

전개-의 前開衣 (앞 전, 열 개, 옷 의). 몸통과 소매 부분을 알맞은 크기로 말라서 여유 있게 꿰매고, 몸통의 앞부분[前]은 두 쪽이 되도록 트인[開] 의복(衣服). 두루마기, 도

포 따위.

전:거[1] 典據 (책 전, 근거할 거). 문헌 전적(典籍)상의 근거(根據)나 출처.

전:거[2] 奠居 (정할 전, 살 거). 머물러 살[居] 만한 곳을 정함[奠]. ⓑ전접(奠接).

전:거[3] 轉居 (옮길 전, 살 거). 살던[居] 곳을 떠나 다른 곳으로 옮김[轉]. ⓑ전주(轉住).

전건[1] 前件 (앞 전, 사건 건). ① 속뜻 앞[前]의 사건(事件). 앞에서 말한 조항. ② 논리 가언적(假言的) 판단에 있어서, 그 '조건'(條件)을 나타내는 부분.

전:건[2] 電鍵 (전기 전, 열쇠 건). 전기 전기, 전선 따위의 회로에 손가락으로 누르거나 떼면 전기(電氣)가 흐르거나 끊기게 된 단추 모양의 스위치나 열쇠[鍵]를 통틀어 이르는 말.

전게 前揭 (앞 전, 내걸 게). 앞[前]에서 게재(揭載)함. ¶더 자세한 것은 전게 논문을 참조하기 바란다.

전:격 電擊 (전기 전, 부딪칠 격). ① 속뜻 강한 전류(電流)에 의한 갑작스런 충격(衝擊). ② 번개처럼 빠르고 날카로움. 또는 번개처럼 갑작스러운 공격(攻擊). ¶전격 작전.

▸전:격-적 電擊的 (것 적). 번개[電]처럼 갑작스럽게 냅다 치는[擊] 것[的]. ¶그는 전격적으로 결혼을 발표했다.

▸전:격-전 電擊戰 (싸울 전). 번개[電]처럼 순식간에 들이쳐서[擊] 결판을 내는 싸움[戰].

전:계 電界 (전기 전, 지경 계). 물리 전기력(電氣力)이 작용하는 공간[界]. ⓑ전기 마당, 전장(電場), 전기장(電氣場).

전결 專決 (오로지 전, 결정할 결). 결정권자가 오로지[專] 자기 혼자서 결정(決定)함. 또는 그 결정.

전경[1] 全景 (모두 전, 볕 경). 전체(全體)의 경치(景致). ¶남산에서는 서울의 전경이 보인다.

전경[2] 前景 (앞 전, 볕 경). ① 속뜻 앞[前]쪽으로 보이는 경치(景致). ¶이 아파트는 베란다에서 보이는 전경이 괜찮다. ② 그림, 사진 따위에서 사람이나 물건의 앞에 있는 경치(景致). ⓑ배경(背景).

전:경[3] 戰警 (싸울 전, 지킬 경). 서울특별시장·광역시장·해양 경찰대장에 소속되어, 전투(戰鬪)와 경비임무 따위를 수행하는 경찰(警察).

전:고[1] 典故 (책 전, 옛 고). ① 속뜻 전거(典據)가 되는 옛[故] 일. ② 전례(典例)와 고사(故事). ⓑ고실(故實).

전고[2] 傳稿 (전할 전, 원고 고). 뒤에 전(傳)할 목적으로 자기의 일대기를 적어 놓은 글[稿].

전:고[3] 銓考 (저울질할 전, 생각할 고). 사람을 뽑을 때, 여러모로 저울질하고[銓] 깊이 생각함[考].

전:고[4] 戰鼓 (싸울 전, 북 고). 전투(戰鬪)할 때에 치는 북[鼓].

전고[5] 前古 (앞 전, 옛 고). 지나간[前] 옛날[古].

▸전고-미문 前古未聞 (아닐 미, 들을 문). 전[前古]에는 들어[聞] 보지 못한[未] 일. 처음 듣는 일. ⓑ전대미문(前代未聞).

▸전고-미증유 前古未曾有 (아닐 미, 일찍 증, 있을 유). 옛날[前古]에는 일찍이[曾] 있지[有] 않았던[未] 일. 최초의 일. 처음 있는 일.

전곡[1] 田穀 (밭 전, 곡식 곡). 밭[田]에서 나는 곡식(穀食). 밭곡식.

전곡[2] 全曲 (모두 전, 노래 곡). 전체(全體) 곡(曲). 곡의 전체.

전:곡[3] 錢穀 (돈 전, 곡식 곡). 돈[錢]과 곡식(穀食). ⓑ금곡(金穀), 전량(錢糧).

전공[1] 全功 (모두 전, 공로 공). ① 속뜻 모든[全] 공로(功勞)나 공적(功績). ② 결점이 없이 온전한 공로나 공적.

전공[2] 前功 (앞 전, 공로 공). ① 속뜻 전(前)에 세운 공로(功勞)나 공적(功績). ② 앞사람의 공로나 공적.

전:공[3] 電工 (전기 전, 장인 공). ① 공업 전기(電氣)를 원동력으로 하는 공업(工業). '전기 공업'(電氣工業)의 준말. ② '전기공'(電氣工)의 준말.

전공[4] 專攻 (오로지 전, 닦을 공). ① 속뜻 오로지[專] 그것만 갈고 닦음[攻]. ② 어느 한 분야를 전문적으로 연구함. 또는 그 분야. ¶피아노 전공 / 대학에서 무엇을 전공하셨습니까?

▸전공-과목 專攻科目 (분과 과, 눈 목). 전문적으로 이수하는[專攻] 과목(科目). ⓩ전

공.

전:공[5] 戰功 (싸울 전, 공로 공). 전투(戰鬪)에서 세운 공로(功勞). [비]군공(軍功), 전훈(戰勳).

▸ 전:공-비 戰功碑 (비석 비). 전투(戰鬪)에서 세운 공(功)을 기리어 세우는 비석(碑石).

▸ 전:공-탑 戰功塔 (탑 탑). 전투(戰鬪)에서 세운 공(功)을 기리어 세우는 탑(塔).

전과[1] 全課 (모두 전, 매길 과). ① [속뜻] 모든[全] 과(課). ¶회사 내의 전과에서 모금을 하기로 했다. ② 한 과의 전부. ¶시험 문제는 그동안 배웠던 전과에서 출제되었다. ③ 모든 과목(課目). ¶그 학생은 전과에서 고르게 우수한 성적을 거두었다.

전과[2] 前過 (앞 전, 지나칠 과). 전(前)에 저지른 허물[過].

전과[3] 專科 (오로지 전, 과목 과). 전문(專門)으로 연구하는 학과(學科).

전:과[4] 戰果 (싸울 전, 열매 과). ① [속뜻] 전투(戰鬪)나 운동 경기에서 거둔 성과(成果). ¶왕은 전과를 올린 장군에게 비단을 하사했다. ② 운동 경기에서 올린 성과.

전:과[5] 轉科 (옮길 전, 분과 과). 학과(學科)나 병과(兵科)를 다른 과(科)로 옮김[轉].

전과[6] 全科 (모두 전, 과목 과). [교육] ① 모든[全] 과목(科目). 모든 학과(學科). ② 초등학교의 모든 과목을 다루는 학습 참고서.

▸ 전과 참고서 全科參考書 (헤아릴 참, 살필 고, 책 서). 전(全) 학과(學科)의 참고(參考) 사항을 모아 한데 엮은 책[書].

전과[7] 前科 (앞 전, 형벌 과). [법률] 전(前)에 형벌[科]을 받은 사실. ¶그는 전과 2범이다.

▸ 전과-자 前科者 (사람 자). [법률] 전과(前科)가 있는 사람[者].

전관[1] 全館 (모두 전, 집 관). ① [속뜻] 모든[全] 관(館). ② 그 관의 전체.

전:관[2] 轉官 (옮길 전, 벼슬 관). 관직(官職) 자리를 옮김[轉].

전관[3] 前官 (앞 전, 벼슬 관). 이전(以前)에 그 벼슬자리에 있던 관원(官員). [비]원임(原任).

▸ 전관-예우 前官禮遇 (예도 례, 만날 우). 전(前)에 관직(官職)을 지냈던 사람에게, 퇴관 후에도 재임 당시의 예우(禮遇)를 하는 일.

전관[4] 專管 (오로지 전, 맡을 관). ① [속뜻] 오로지[專] 한 일만을 전적으로 책임지고 맡음[管]. ② 전체가 그 관할에 딸림. ¶전관 수역(水域).

▸ 전관 수역 專管水域 (물 수, 지경 역). [수산] 연안국이 자기 나라의 연안에서 어업이나 자원의 발굴 등에 대해서 전관(專管)하는 수역(水域).

▸ 전관 조계 專管租界 (세낼 조, 지경 계). 외국 영토에서 어느 한 나라가 행정권, 경찰권 따위를 그 스스로[專] 맡아[管] 처리하고 있는 지역[租界]. [비]전관 거류지(專管居留地). [반]공동 조계(共同租界).

▸ 전관 거류지 專管居留地 (살 거, 머무를 류, 땅 지). [법률] 외국 영토에서 어느 한 나라가 행정권, 경찰권 따위를 그 스스로[專] 맡아[管] 처리하고 있는 지역[居留地].

전:광 電光 (번개 전, 빛 광). ① [속뜻] 번개[電]가 칠 때 번쩍이는 불[光]. ¶불길한 생각이 전광과 같이 스치고 지나갔다 / 전광석화(石火). ② 전력(電力)으로 일으킨 빛. ¶전광 간판.

▸ 전:광-판 電光板 (널빤지 판). 전광(電光)을 통하여 그림이나 문자 따위가 나타나도록 만든 판(板). ¶전광판에는 9회 말을 알리는 불이 들어왔다. [비]전광게시판.

▸ 전:광-석화 電光石火 (돌 석, 불 화). ① [속뜻] 번갯불[電光]이나 부싯돌[石]의 불[火]이 반짝임. ② '몹시 짧은 시간', '매우 재빠른 동작'을 비유하여 이르는 말. ¶전광석화처럼 빠른 동작.

▸ 전:광-게시판 電光揭示板 (내걸 게, 보일 시, 널빤지 판). 많은 전구를 배열하여 전기(電氣) 불[光]을 켰다 껐다 함으로써 문자나 그림을 나타내도록 만든 게시판(揭示板). [준]전광판.

전괴 全壞 (모두 전, 무너질 괴). 모두[全] 파괴(破壞)됨. 전부 파괴함.

전:교[1] 轉校 (옮길 전, 학교 교). 학교(學校)를 옮김[轉]. [비]전학(轉學).

전교[2] 傳敎 (전할 전, 종교 교). ① [속뜻] 종교(宗敎)를 널리 전도(傳道)함. ② [불교] 불제자(佛弟子)에게 교리(敎理)를 전함. ③ 임금이 교령(敎令)을 내려 전(傳)하던 일. 또는 그 명령. ⓑ하교(下教). ¶전교를 내리다.

▸전교-회 傳教會 (모일 회). 가톨릭 전교(傳教)를 목적으로 하는 단체[會].

전교[3] 全校 (모두 전, 학교 교). 한 학교(學校)의 전체(全體). ¶전교 학생회장.

▸전교-생 全校生 (사람 생). 한 학교(學校)의 전체(全體) 학생(學生). ¶전교생이 운동장에 모였다.

전구[1] 全軀 (모두 전, 몸 구). 온[全] 몸[軀]. ⓑ전신(全身).

*__전:구__[2] 電球 (전기 전, 공 구). 전등(電燈)에 끼우는 공[球] 모양의 기구. 안은 진공 또는 비활성 기체가 들어있어, 전류를 통하게 해 빛을 낸다. ¶아버지가 부엌의 전구를 갈아 끼웠다.

전:구[3] 戰具 (싸울 전, 갖출 구). 전쟁(戰爭)의 제구(諸具). 전쟁의 여러 가지 연장. ⓑ병구(兵具).

전:구[4] 轉句 (옮길 전, 글귀 구). 문학 한시(漢詩)의 기승전결(起承轉結) 구조에서 '轉'에 해당하는 구(句). 이곳에서 시의(詩意)를 바꾼다[轉].

전구[5] 前驅 (앞 전, 몰 구). ① 속뜻 맨 앞[前]에서 말을 모는[驅] 사람. ② 어떤 행렬의 맨 앞에 가는 사람.

▸전구 증상 前驅症狀 (증세 증, 형상 상). 의학 전염병의 잠복기. 또는 뇌출혈이나 간질병 따위가 일어나기 직전(直前)에 먼저[驅] 나타나는 증상(症狀).

전국[1] 全局 (모두 전, 판 국). 전체(全體)의 국면(局面). 전체의 판국.

전:국[2] 戰局 (싸울 전, 판 국). 전쟁(戰爭)이 되어 가는 형편[局]. ¶전국이 아군에게 불리하다.

전:국[3] 戰國 (싸울 전, 나라 국). ① 속뜻 영웅이 할거하여 서로 싸우는[戰] 여러 나라[國]. ② 어지럽게 서로 얽혀 싸우는 세상.

**__전국__[4] 全國 (모두 전, 나라 국). 한 나라[國]의 전체(全體). 온 나라. ¶전국 체육 대회.

▸전국-구 全國區 (나눌 구). 법률 전국(全國)을 한 단위로 하는 선거구(選擧區). ¶그는 전국구 국회의원에 출마했다. ⓑ지역구(地域區).

▸전국-적 全國的 (것 적). 규모·범위 따위가 나라[國] 전체(全體)에 관계되는 것[的]. ¶내일은 전국적으로 눈이 내리겠습니다.

전-국민 全國民 (모두 전, 나라 국, 백성 민). 온[全] 국민(國民).

전군[1] 全軍 (모두 전, 군사 군). 한 나라의 온[全] 군대(軍隊). ¶전군을 지휘하다. ⓒ삼군(三軍).

전군[2] 前軍 (앞 전, 군사 군). 앞장[前]선 군대(軍隊). ⓑ후군(後軍).

전권[1] 全卷 (모두 전, 책 권). ① 속뜻 여러 권으로 된 책의 모든[全] 권(卷). ② 한 권의 전부.

전:권[2] 典券 (저당 잡힐 전, 문서 권). 집 또는 땅문서와 같은 문권(文券)를 전당(典當)으로 잡힘.

전권[3] 前卷 (앞 전, 책 권). 여러 권으로 된 책 가운데 앞[前]의 권(卷). ¶소설의 전권에 나온 인물들.

전권[4] 專權 (마음대로 전, 권리 권). 권력(權力)을 차지하여 마음대로[專] 부림. 또는 그러한 권력. ¶그의 전권에 불만을 품다 / 전권하는 것을 그냥 볼 수 없었다.

전권[5] 全權 (모두 전, 권력 권). ① 속뜻 모든[全] 권력(權力). ② 맡겨진 일을 책임지고 처리할 수 있는 일체의 권한. ¶전권을 부여받다 / 전권을 장악하다. ③ 법률 전권 위원.

▸전권 공사 全權公使 (관공서 공, 부릴 사). 법률 나라를 대표하라는 특명(特命)에 의해 전권(全權)을 위임받고 다른 나라에 파견되어 외교를 담당하는 공식적(公式的)인 직급[使]. '전권 대사'(特命全權大使)와는 석차만 다를 뿐 직무와 특권은 같다. '특명 전권 공사'(特命全權公使)의 준말. ⓒ공사.

▸전권 대:사 全權大使 (큰 대, 부릴 사). 법률 나라를 대표하라는 특명(特命)에 의해 전권(全權)을 위임받고 다른 나라에 파견되어 외교를 담당하는 최고[大] 직급[使]. '특명 전권 대사'(特命全權大使)의 준말. ⓒ대사.

▸전권 위원 全權委員 (맡길 위, 관원 원). 법률 국가로부터 국제 조약의 체결, 국제회의 또는 그 밖의 외교 교섭에 관한 전권(全權)을 위임(委任)받아 파견되는 외교 관원(官員).

▸전권 위임장 全權委任狀 (맡길 위, 맡길 임,

문서 장). 법률 임시 외교 사절이, 국가를 대표하여 외교 교섭을 벌이고, 조약을 체결할 수 있는 전권(全權)을 국가 원수로부터 위임(委任)받은 공문서[狀].

전:극 電極 (전기 전, 끝 극). 물리 전기(電氣)가 드나드는 양극(兩極)의 단자(端子). ¶전구에 전극을 연결하다.

▸전:극 전:위 電極電位 (전기 전, 자리 위). 물리 전극(電極)과 이에 접촉하는 전해질 용액과의 사이에서 생기는 접촉 전위차(電位差). 단극 전위(單極電位).

전:근 轉勤 (옮길 전, 일할 근). 자리를 옮겨[轉] 일함[勤]. 근무처를 옮김. ¶그는 다른 도시의 학교로 전근했다.

전근대-적 前近代的 (앞 전, 가까울 근, 시대 대, 것 적). 앞[前] 시대인 근대(近代)의 특징을 지니고 있는 것[的]. ¶전근대적 사고 방식.

전기[1] 全期 (모두 전, 때 기). ① 속뜻 모든[全] 기간(期間). ② 한 기간의 전체.

전기[2] 全機 (모두 전, 틀 기). 한 전대(戰隊)에 편성되어 있는 전체(全體)의 비행기(飛行機). 또는 어느 특정 기종의 비행기 전부. ¶이 전대에 딸린 전투기 전기를 발진시키다.

전기[3] 前記 (앞 전, 기록할 기). 앞[前]에 기록(記錄)함. 또는 앞의 기록. ㊂후기(後記).

전기[4] 前期 (앞 전, 때 기). ① 속뜻 현재의 앞[前]의 기간(期間). ② 어떤 기간을 둘로 나누었을 때의 그 앞 기간. ㊥후기(後期).

전기[5] 傳騎 (전할 전, 말 탈 기). 전령(傳令)의 임무를 맡은 기병(騎兵).

전:기[6] 電機 (전기 전, 틀 기). 전력(電力)으로 움직이는 기계(機械).

전:기[7] 戰記 (싸울 전, 기록할 기). 전쟁(戰爭)의 기록(記錄). 전쟁의 모습을 기록한 책.

전:기[8] 戰騎 (싸울 전, 말 탈 기). 말을 타고[騎] 싸우는[戰] 군사. 전쟁에 참가하는 기병.

전:기[9] 戰機 (싸울 전, 때 기). ① 속뜻 전투(戰鬪)에서 이길 수 있는 기회(機會). ¶전기를 잃었다. ② 전투가 일어나려는 기운(氣運). ¶전기가 무르익다. ③ 전쟁의 기밀. ¶전기를 누설하다.

전:기[10] 轉記 (옮길 전, 기록할 기). 어떤 기재 사항을 한 장부에서 다른 장부로 옮기어[轉] 적음[記]. 또는 옮기어 적은 그 기록(記錄).

전:기[11] 轉機 (옮길 전, 때 기). 전환점(轉換点)이 되는 기회(機會)나 시기. ¶전기가 되다 / 전기로 삼다 / 전기를 맞이하다.

전기[12] 傳奇 (전할 전, 기이할 기). 문학 전(傳)해 오는 기이(奇異)한 이야기. 괴이하고 환상적인 색채가 짙은 이야기. ¶전기 소설.

▸전기 문학 傳奇文學 (글월 문, 배울 학). 문학 공상적이고 기이한 사건을 다룬[傳奇] 흥미 본위의 문학(文學).

▸전기 소:설 傳奇小說 (작을 소, 말씀 설). 문학 공상적이고 기이한[奇] 사건을 전하는[傳] 흥미 본위의 소설(小說).

전기[13] 傳記 (전할 전, 기록할 기). 한 개인의 일대기를 전(傳)하기 위하여 적은[記] 것. ¶나는 안창호의 전기를 읽었다.

▸전기-문 傳記文 (글월 문). 어느 개인의 일대기를 전(傳)하기 위하여 적은[記] 글[文].

▸전기 소:설 傳記小說 (작을 소, 말씀 설). 문학 어떤 특정 인물의 전기(傳記)를 바탕으로 한 소설(小說) 작품.

⁑전:기[14] 電氣 (전기 전, 기운 기). 물리 전자(電子)의 이동으로 생기는 에너지[氣]의 한 형태. ¶전기가 나가다 / 전깃불, 전깃줄.

▸전:기-계 電氣計 (셀 계). 전기 충전된 물체 사이의 정전기에 의하여 두 점 사이의 전기(電氣)차를 측정하는 계기(計器). ㊐전위계(電位計).

▸전:기-공 電氣工 (장인 공). 전기(電氣) 관계의 작업에 종사하는 직공(職工).

▸전:기-동 電氣銅 (구리 동). 화학 전기(電氣)를 이용하여 광석이나 원료에 함유된 금속을 빼어낸 후에 정제된 구리[銅]. ㊐전해동(電解銅).

▸전:기-등 電氣燈 (등불 등). 전기(電氣)로 불을 밝힌 등(燈).

▸전:기-량 電氣量 (분량 량). 물리 대전체(帶電體)가 가지는 전기(電氣)의 양(量).

▸전:기-력 電氣力 (힘 력). 물리 대전체 사이에 작용하는 전기(電氣)의 힘[力].

▸전:기-로 電氣爐 (화로 로). 공업 전기(電

氣)의 열을 이용하여 고온의 열을 발생시키는 화로(火爐).

▸전ː기-석 電氣石 (돌 석). ① 속뜻 마찰하거나 가열하면 전기(電氣)가 일어나는 돌[石]. ② 광업 육방 정계(六方晶系)의 규산염 광물을 통틀어 이르는 말. 철, 마그네슘, 붕소, 알루미늄 따위가 주성분이다. 성분 구성에 따라 종류가 많고, 광택·투명성·빛깔이 다양하다.

▸전ː기-어 電氣魚 (물고기 어). 동물 몸에 전기(電氣) 기관을 갖추고 있어서, 강한 전기를 발생하는 물고기[魚]들을 통틀어 이르는 말.

▸전ː기-욕 電氣浴 (목욕할 욕). 의학 약한 전기(電氣)를 흐르게 한 목욕(沐浴)물에 환자의 몸을 담그게 하는 물리 치료의 한 방법.

▸전ː기-장 電氣場 (마당 장). 물리 대전체(帶電體)의 주위에 전기적(電氣的)인 힘이 미치는 공간[場]. ㊟전장. ㊥전기 마당, 전계(電界).

▸전ː기-풍 電氣風 (바람 풍). ① 속뜻 전기(電氣)를 이용하여 일으키는 바람[風]. ② 물리 어떤 물체의 끝 부분에서 방전이 일어나면서 전기가 발생하여 다른 공기가 밀려들어오면서 이는 바람.

▸전ː기-학 電氣學 (배울 학). 물리 전기 현상(電氣現象)과 그 이론을 연구하는 학문(學問).

▸전ː기 감ː응 電氣感應 (느낄 감, 응할 응). 물리 대전체(帶電體) 부근에서 도체에 전기(電氣)가 일어나는[感應] 현상. ㊥정전 유도(靜電誘導).

▸전ː기 계ː기 電氣計器 (셀 계, 그릇 기). 전기 전기(電氣)에 관한 갖가지 양을 측정하는 계기(計器)를 통틀어 이르는 말.

▸전ː기 공업 電氣工業 (장인 공, 일 업). 공업 전기(電氣)를 원동력으로 하는 공업(工業).

▸전ː기 공학 電氣工學 (장인 공, 배울 학). 전기 전기(電氣)의 성질과 그 응용 기술을 연구하는 공학(工學).

▸전ː기 기관 電氣器官 (그릇 기, 벼슬 관). 동물 전기(電氣)를 발생하는 특별한 기관(器官).

▸전ː기 기구 電氣器具 (도구 기, 갖출 구). 기계 전기(電氣) 에너지를 이용하는 각종 기구(器具)를 통틀어 이르는 말.

▸전ː기-난로 電氣煖爐 (따뜻할 난, 화로 로). 전기(電氣) 열(熱)을 이용한 난로(煖爐).

▸전ː기 당량 電氣當量 (당할 당, 분량 량). 화학 전기 화학 반응에서, 1쿨롬(C)에 해당(該當)하는 전기량(電氣量)이 이동할 때 반응하는 원자 또는 원자단의 질량(質量). 화학 당량을 패러데이 상수로 나눈 값과 같다. '전기 화학 당량'(電氣化學當量)의 준말.

▸전ː기 도ː금 電氣鍍金 (도금할 도, 쇠 금). 화학 전기(電氣) 분해를 이용하여 다른 금속의 표면에 금이나 은 따위의 금속(金屬)을 입히는 [鍍] 일.

▸전ː기력-선 電氣力線 (힘 력, 줄 선). 물리 전기력(電氣力)의 크기와 방향을 나타내는 곡선(曲線).

▸전ː기 분석 電氣分析 (나눌 분, 가를 석). 화학 전기(電氣) 분해를 이용한 분석법(分析法) 및 전도도(傳導度)를 이용한 전기 적정법(滴定法).

▸전ː기 분해 電氣分解 (나눌 분, 가를 해). 물리 전해질의 수용액에 전류를 통하여 액체 속의 양음 이온이 각각 나누어져 양극과 음극에 모여서 화학적인 전기(電氣) 생성물이 나누어져[分] 풀어지는[解] 현상.

▸전ː기 사ː업 電氣事業 (일 사, 일 업). 전기 전기(電氣)를 생산하고 공급·판매하는 사업(事業). 일반 전기 수용가에게 전기를 공급하는 일반 전기 사업과 일반 전기 사업자에게 전기를 공급하는 특정 전기 사업이 있다.

▸전ː기 소량 電氣素量 (바탕 소, 분량 량). 물리 더 이상 나눌 수 없는 최소[素]의 전기량(電氣量).

▸전ː기 야ː금 電氣冶金 (불릴 야, 쇠 금). 광업 광석에서 쇠붙이를 골라내거나[冶] 합금(合金)할 때 전기(電氣)를 이용하는 방법. ㊥전기 정련(電氣精鍊).

▸전ː기 용ː량 電氣容量 (담을 용, 분량 량). 전기 도체(導體)나 축전기의 전위를 단위량만큼 높이는 데 필요한 전기(電氣)의 용량(容量).

▸전ː기 용접 電氣鎔接 (쇠녹일 용, 이을 접). 공업 두 금속에 전기열(電氣熱) 또는 가스

열을 가하여 녹인[鎔] 뒤 서로 붙이는[接] 것을 통틀어 이르는 말.

▸전:기 자:석 電氣磁石 (자기 자, 돌 석). 물리 연철심의 둘레에 절연된 코일을 감아 전기(電氣)를 통하여 자성(磁性)이 생긴 돌[石]. 전자석(電磁石).

▸전:기 저:항 電氣抵抗 (맞설 저, 막을 항). 물리 도체에 전기(電氣)가 흐르는 것을 방해하는[抵抗] 작용.

▸전:기 전도 電氣傳導 (전할 전, 이끌 도). 전기 도체(導體) 속의 전하(電荷)의 이동으로 물체 사이에 전기(電氣)가 흐르는[傳導] 현상.

▸전:기 점화 電氣點火 (켤 점, 불 화). 물리 내연 기관 따위에서 전기(電氣) 장치를 이용하여 가스에 불[火]을 켜는[點] 방법.

▸전:기 정련 電氣精鍊 (찧을 정, 불릴 련). 광업 전기(電氣)를 이용하여 정제(精製)하고 제련(製鍊)함. 전기 분해를 응용한 전해 정련과 전류를 열원(熱源)으로 한 전열 정련이 있다. ㊥전기 야금(電氣冶金).

▸전:기 진:동 電氣振動 (떨칠 진, 움직일 동). 물리 전기(電氣)가 두 개의 도체 사이를 굉장히 빠른 속도로 반복적으로 흔들려[振] 움직이는[動] 현상. 또는 이 현상이 회로 주위의 전기장을 진동시켜 전자기파를 발생하는 현상.

▸전:기 진:자 電氣振子 (떨칠 진, 접미사 자). 물리 어떤 물체가 전기(電氣)를 띠고 있는지 여부를 실험하는 데 쓰는 진자(振子).

▸전:기 철도 電氣鐵道 (쇠 철, 길 도). 교통 전기(電氣)를 동력으로 한 차량이 다니는 철도(鐵道).

▸전:기 치료 電氣治療 (다스릴 치, 병 고칠 료). 의학 인체에 전기(電氣)를 통하게 하여 생체 반응을 일으킴으로써 치료(治療)하는 방법. ㊥전기 요법(電氣療法), 전자 치료(電子治療).

▸전:기 탐광 電氣探鑛 (찾을 탐, 쇳돌 광). 광업 땅속을 흐르는 전기(電氣)의 방향이나 세기를 재서 땅속의 유용 광물(鑛物)을 찾거나[探] 지질 구조를 해석하는 방법.

▸전:기 통신 電氣通信 (통할 통, 소식 신). 통신 전기(電氣) 방법으로 문자, 부호, 음향, 영상 따위의 정보를 주고받음[通信].

▸전:기-풍로 電氣風爐 (바람 풍, 화로 로). 니크롬선의 전기(電氣) 저항에 의하여 발생하는 열을 이용하는 풍로(風爐).

▸전:기 해:리 電氣解離 (풀 해, 떨어질 리). 화학 중성의 원자나 분자가 전기(電氣)를 띤 원자나 원자단으로 풀어져서[解] 떨어짐[離]. 이온화.

▸전:기 현:상 電氣現象 (나타날 현, 모양 상). 물리 전기장(電氣場) 마당과 자기장에 관련하여 일어나는 모든 현상(現象).

▸전:기 화:학 電氣化學 (될 화, 배울 학). 화학 전기적(電氣的) 현상을 수반하는 화학(化學) 반응 또는 화학 현상을 연구하는 학문.

▸전:기 회로 電氣回路 (돌아올 회, 길 로). 전기 전기(電氣)가 도체(導體)의 한 점에서 시작하여 다시 그 출발점에 돌아오는[回] 통로(通路).

▸전:기 진:동기 電氣振動器 (떨칠 진, 움직일 동, 그릇 기). 물리 전기(電氣) 회로에 진동(振動) 전류를 일으키는 기구(器具).

▸전:기 착암기 電氣鑿巖機 (뚫을 착, 바위 암, 틀 기). 기계 전기(電氣)의 힘으로 바위[巖]에 구멍을 뚫는[鑿] 기계(機械).

전-기생 全寄生 (완전할 전, 맡길 기, 살 생). 어떤 식물이 동화 작용을 못하고, 완전(完全)히 다른 식물에 붙어[寄] 살면서[生] 그 식물로부터 영양을 흡수하는 일.

전-나체 全裸體 (모두 전, 벌거벗을 라, 몸 체). 옷을 모두[全] 벗은[裸] 알몸[體].

전-남편 前男便 (앞 전, 사내 남, 쪽 편). 먼젓번[前]의 남편(男便). ㊥전부(前夫).

전납[1] 全納 (모두 전, 바칠 납). 모두[全] 납부(納付)함.

전납[2] 前納 (앞 전, 바칠 납). 사전(事前)에 미리 납부(納付)함. ㊥예납(豫納).

전:낭 錢囊 (돈 전, 주머니 낭). 돈[錢]을 넣은 주머니[囊]. ¶전낭에 들어있는 엽전.

전년 前年 (앞 전, 해 년). 지나간[前] 해[年]. ¶전년 여름에 비해 훨씬 덥다. ㊥지난해, 작년(昨年).

전념 專念 (오로지 전, 생각 념). 오로지[專] 한 가지 일만 마음에 두어 생각함[念]. ¶공부에 전념하다.

전:농 轉農 (옮길 전, 농사 농). 직업을 농사(農事)로 바꿈[轉].

전뇌 前腦 (앞 전, 골 뇌). 의학 척추동물의 발생 초기에 형성되는 뇌포(腦胞)의 앞[前]부분.

전능 全能 (모두 전, 능할 능). 어떤 일이든 모두[全] 다 할 수 있는 능력(能力).

전:다 煎茶 (달일 전, 차 다). 차[茶]를 달임[煎]. ㊥팽다(烹茶).

전단[1] 全段 (모두 전, 구분 단). ① 속뜻 책이나 신문 따위의 지면을 구분하는 단(段)의 전체(全體). ② 모든 단락.

전단[2] 前段 (앞 전, 구분 단). 앞[前]부분의 단락(段落). ㊥후단(後段).

전단[3] 前端 (앞 전, 끝 단). 앞[前]쪽 부분의 끝[端]. ㊥후단(後端).

전:단[4] 剪斷 (자를 전, 끊을 단). ① 속뜻 잘라[剪] 끊음[斷]. ② 물리 물체 내부 양쪽에 크기가 같고 방향이 반대인 두 힘이 가해져 물체 내부에서 어긋남이 생기는 일.

전단[5] 專斷 (마음대로 전, 끊을 단). 혼자 마음대로[專] 단정(斷定)함.

전단[6] 傳單 (전할 전, 홑 단). 광고나 선전(宣傳)의 내용을 적은 낱장[單]의 인쇄물. ¶수배 전단 / 전단을 뿌리다. ㊥알림쪽지.

전:단[7] 戰端 (싸울 전, 처음 단). 전쟁(戰爭)의 실마리[端]. ㊥병단(兵端).

***전달** 傳達 (전할 전, 보낼 달). ① 속뜻 지시, 명령, 물품 따위를 전(傳)하여 보냄[達]. ¶이 편지를 그에게 전달해 주세요. ② 자극, 신호, 동력 따위가 다른 기관에 전하여짐. ¶소리는 공기를 통해 전달되었다. ③ 의학 신경 섬유의 흥분이 신경 근육의 접합부에 전하여짐. ¶소리의 파동은 고막에 전달된 후 증폭된다.

전담[1] 全擔 (모두 전, 멜 담). 어떤 일의 전부(全部)를 담당(擔當)함. ¶비용은 회사에서 전담한다.

전담[2] 專擔 (오로지 전, 멜 담). 전문적(專門的)으로 맡거나 혼자서 담당(擔當)함. ¶과목별 전담 교사. ㊥전당(專當).

전답 田畓 (밭 전, 논 답). 밭[田]과 논[畓]. ㊥논밭, 전토(田土).

전당[1] 全當 (모두 전, 맡을 당). 어떤 일을 모두[全] 맡아[當] 함. ㊥전담(全擔).

전당[2] 專當 (오로지 전, 맡을 당). 어떤 일만 오로지[專] 맡아[當] 함. ㊥전담(專擔).

전:당[3] 殿堂 (대궐 전, 집 당). ① 속뜻 대궐[殿] 같이 웅장하고 화려한 집[堂]. ② '학문, 예술, 과학, 기술, 교육 따위의 분야에서 가장 권위 있는 연구기관'을 비유하여 이르는 말. ¶과학 기술의 전당. ③ 신불을 모셔 놓은 집. ㊥전우(殿宇).

전당[4] 全黨 (모두 전, 무리 당). 한 정당(政黨)의 전체(全體).

▸**전당 대:회** 全黨大會 (큰 대, 모일 회). 정치 한 정당의 의원들 모두가[全黨] 참석하는 모임[大會].

전:당[5] 典當 (저당 잡힐 전, 맡을 당). 물품을 담보로 잡히거나[典] 맡겨 놓고[當] 돈을 꾸어 씀. ¶그는 반지를 20만 원에 전당잡혔다.

▸**전:당-국** 典當局 (방 국). 전당(典當)으로 이익을 취하는 곳[局]. ㊥전당포.

▸**전:당-포** 典當鋪 (가게 포). 전당(典當)으로 이익을 취하는 가게[鋪]. ¶전당포에 맡긴 목걸이를 되찾다. ㊥전포(錢鋪).

▸**전:당-표** 典當票 (쪽지 표). 전당(典當)한 증거로 주는 쪽지[票].

▸**전:당-품** 典當品 (물건 품). 전당(典當) 잡거나 전당 잡히는 물품(物品).

전:대[1] 戰隊 (싸울 전, 무리 대). ① 속뜻 전투(戰鬪)를 위한 군대(軍隊). ② 군사 해군에서, 둘 이상의 함정과 항공기로 이루어지는 전단(戰團)의 예속 부대. ③ 군사 공군에서, 단(團)보다는 작고 대대(大隊)보다는 큰 단위 부대(部隊).

전:대[2] 纏帶 (감을 전, 띠 대). ① 속뜻 감는[纏] 띠[帶]. ② 돈이나 물건을 넣어 허리에 매거나 어깨에 두르기 편하도록 만든 자루. ㊥견대(肩帶).

전대[3] 前代 (앞 전, 시대 대). 앞[前] 시대(時代). 지나간 시대. ㊥전세(前世). ㊥후대(後代).

▸**전대-미문** 前代未聞 (아닐 미, 들을 문). 지난[前] 시대(時代)에는 들어본[聞] 적이 없는[未] 일.

전:대[4] 轉貸 (옮길 전, 빌릴 대). ① 속뜻 빌린 것[貸]을 다시 다른 사람에게 옮겨[轉] 빌

려 주거나 꾸어 줌. ②남을 거쳐서 빌려 주거나 꾸어 줌.

▸전ː대-작 轉貸作 (지을 작). 소작인이 자기가 소작 부치던 땅을 다시 다른 사람에게 빌려주어[轉貸] 농사짓게[作] 하던 일.

▸전ː-대차 轉貸借 (빌릴 차). 빌리거나 꾼[貸借] 물건을 남에게 다시 빌려 주거나 꾸어 줌[轉].

전대지재 專對之材 (오로지 전, 대답할 대, 어조사 지, 재목 재). 상대편의 물음에 제 혼자[專]의 지혜롭게 대답(對答)할 수 있어 외국의 사신으로 보낼 만한 인재(人材).

전도1 全島 (모두 전, 섬 도). 온[全] 섬[島]의 전체.

전도2 全都 (모두 전, 도읍 도). ① 속뜻 온[全] 도시(都市) 전체. ②서울 전체.

전도3 全道 (모두 전, 길 도). 한 도(道)의 전체(全體).

전도4 全圖 (모두 전, 그림 도). 전체(全體)를 그린 그림[圖]이나 지도(地圖). ¶세계 전도.

전ː도5 剪刀 (자를 전, 칼 도). 옷감, 종이, 머리털 등을 자르거나[剪] 오리는 데 쓰는 칼[刀] 따위의 쇠붙이 연장. 가위.

전ː도6 奠都 (정할 전, 도읍 도). 나라의 서울[都]을 정함[奠].

전ː도7 電鍍 (전기 전, 도금할 도). 화학 전기분해(電氣分解)를 이용하여 금속의 표면에 얇은 막을 입히는[鍍] 방법. '전기 도금'(電氣鍍金)의 준말.

전도8 前途 (앞 전, 길 도). ① 속뜻 앞[前]으로 나아갈 길[途]. ②장래(將來).

▸전도-요원 前途遙遠 (멀 요, 멀 원). ① 속뜻 앞[前]으로 가야 할 길[途]이 아득히[遙] 멂[遠]. ②장래가 창창하게 멂.

▸전도-유망 前途有望 (있을 유, 바랄 망). 앞길[前途]이 잘 되어갈 희망(希望)이 있음[有].

전도9 前渡 (앞 전, 건넬 도). 정한 날짜보다 먼저[前] 돈을 건넴[渡]. ⓑ선급(先給).

▸전도-금 前渡金 (돈 금). 사전(事前)에 건네는[渡] 일정액의 돈[金]. ⓑ선급금(先給金).

전도10 傳道 (전할 전, 길 도). ① 속뜻 종교적인 도(道)를 세상에 널리 전함[傳]. ② 기독교 기독교의 교리를 세상에 널리 전하여 믿지 않는 사람에게 신앙을 가지도록 인도함. 또는 그런 일. ¶그는 아프리카 원주민을 전도했다.

▸전도-사 傳道師 (스승 사). 기독교 전도(傳道)의 임무를 맡은 사람[師].

▸전도-서 傳道書 (글 서). ① 속뜻 전도(傳道)하기 위한 글[書]. ② 기독교 구약 성서 중 한 편.

전도11 傳導 (전할 전, 이끌 도). ① 속뜻 전(傳)하여 인도(引導)함. ② 물리 열 또는 전기가 물체 속을 이동하는 일. 또는 그런 현상. 열전도, 전기 전도 따위가 있다. ③ 의학 흥분이 신경이나 근육 따위의 같은 세포 안에서 전해지는 일. 또는 그런 현상.

▸전도-도 傳導度 (정도 도). ① 속뜻 전하여 이끄는[傳導] 정도(程度). ② 전기 도체에 흐르는 전류의 크기를 나타내는 상수. '전기 전도도'(電氣傳導度)의 준말. ⓑ도전율(導電率), 전기 전도율(電氣傳導率).

▸전도-율 傳導率 (비율 률). ① 속뜻 물체에 전도(傳導)되는 정도를 나타낸 비율[率]. ② 물리 물체 속을 열이 전도하는 정도를 나타낸 수치. '열전도율'(熱傳導率)의 준말.

▸전도 전ː자 傳導電子 (전기 전, 씨 자). 전기 금속 또는 반도체 안에서 전위차에 의하여 이동하며 전기 전도(電氣傳導)를 일으키는 자유 전자(自由電子).

전ː도12 顚倒 (뒤집힐 전, 넘어질 도). ① 속뜻 엎어져[顚] 넘어지거나[倒] 넘어뜨림. ②차례, 위치, 이치, 가치관 따위가 뒤바뀌어 원래와 달리 거꾸로 됨. ③ 불교 번뇌 때문에 잘못된 생각을 갖거나 현실을 잘못 이해하는 일.

▸전ː도-열 顚倒熱 (더울 열). 의학 아침에 오르고 저녁에 내리는 거꾸로[顚倒] 된 열형(熱型).

전동1 全洞 (모두 전, 마을 동). 온[全] 동네[洞]. 동네 전체.

전동2 傳動 (전할 전, 움직일 동). 기계 장치에서, 동력(動力)을 다른 부분이나 다른 기계로 전달(傳達)함.

전ː동3 轉動 (구를 전, 움직일 동). 구르거나 굴려[轉] 움직임[動].

전ː동4 電動 (전기 전, 움직일 동). 전기 전기

(電氣)의 힘으로 움직임[動]. ¶전동 칫솔 / 이 기계는 전동이다.

▸전:동-기 電動機 (틀 기). 전기 전기(電氣)의 힘으로 움직이는[動] 기계(機械).

▸전:동-력 電動力 (힘 력). 물리 전위(電位)가 서로 다른 두 점 사이의 전위차를 이용하여 전류(電流)를 흐르게 하는[動] 힘[力]. ⓑ기전력(起電力).

▸전:동-차 電動車 (수레 차). 교통 전동기(電動機)의 힘으로 레일 위를 달리는 차(車).

▸전:동 발전기 電動發電機 (일으킬 발, 전기 전, 틀 기). 전기 전동기(電動機)로 발전기(發電機)를 돌려서 전류의 성질을 바꾸는 기계(機械). 보통 전동기와 발전기를 직결하여 사용하며, 교류를 직류로 바꾸거나 직류를 교류로 바꾸는 데 쓰인다.

전:동[5] **顫動** (떨릴 전, 움직일 동). 떨거나[顫] 떨리어서 움직임[動].

▸전:동-음 顫動音 (소리 음). 언어 혀끝을 비교적 빠르게 떨면서[顫動] 내는 소리[音]. 혀끝을 윗잇몸에 대었다 떼었다 하는 운동을 반복함으로써 생긴다. ⓑ반전음(反轉音), 전설음(顫舌音), 진동음(振動音).

전:두[1] **纏頭** (감을 전, 머리 두). ① 속뜻 회교도가 흰 천으로 머리[頭]를 싸는[纏] 일. ②광대, 기생, 악공 등에게 그 재주를 칭찬하여 사례로 주는 돈이나 물건.

전두[2] **前頭** (앞 전, 머리 두). 앞[前] 머리[頭].

▸전두-골 前頭骨 (뼈 골). 의학 두개(頭蓋)의 앞[前]부분을 이루는 뼈[骨]. 앞머리뼈.

▸전두-근 前頭筋 (힘줄 근). 의학 머리[頭]의 앞[前]면에 있는 근육(筋肉).

전득[1] **傳得** (전할 전, 얻을 득). ① 속뜻 전(傳)해 받음[得]. ②상속이나 유증에 의하여 재산 따위를 얻음.

전:득[2] **轉得** (옮길 전, 얻을 득). ① 속뜻 남의 손을 거쳐서[轉] 얻음[得]. ② 법률 남이 일단 취득한 물건이나 권리를 다시 그 사람으로부터 취득함.

전등[1] **前燈** (앞 전, 등불 등). 자동차 기관차 따위의 앞[前]에 단 등(燈). ⓑ전조등(前照燈).

전등[2] **傳燈** (전할 전, 등불 등). 불교 불법의 전통을 받아 전(傳)하는 일을 등불[燈]에 비유하여 이르는 말.

전:등[3] **電燈** (전기 전, 등불 등). 전기(電氣)의 힘으로 밝은 빛을 내는 등(燈). 흔히 백열전기등을 이른다. ¶그는 전등을 켜 놓은 채 잠들었다. ¶전등불.

▸전:등-선 電燈線 (줄 선). 전등(電燈)에 이어진 전선(電線).

전등-사 **傳燈寺** (전할 전, 등불 등, 절 사). ① 속뜻 불법을 전(傳)하는 등불[燈]을 상징하는 절[寺]. ② 불교 인천광역시 강화군에 있는 절. 고구려 소수림왕 11년(381)에 아도화상(阿道和尙)이 창건하였다고 한다.

전등 신화 **剪燈新話** (자를 전, 등불 등, 새 신, 이야기 화). ① 속뜻 등불[燈]의 심지를 잘라가며[剪] 읽을 정도로 재미있고, 새로운[新] 이야기[話]. ② 문학 1378년경에 중국 명나라 구우가 지은 전기체(傳奇體) 형식의 단편 소설집. 당나라 전기 소설을 본떠 고금의 괴담과 기문을 엮었다.

전라 **全裸** (모두 전, 벌거벗을 라). 옷을 모두[全] 벗음[裸].

전:락 **轉落** (구를 전, 떨어질 락). ① 속뜻 굴러[轉] 떨어짐[落]. ②나쁜 상태나 타락한 상태에 빠짐.

전:란 **戰亂** (싸울 전, 어지러울 란). 전쟁(戰爭)으로 말미암은 난리(亂離). ¶전국이 전란에 휩쓸리게 되었다.

전:람[1] **電纜** (전기 전, 닻줄 람). 물리 절연물 재료로 전선(電線)을 닻줄[纜]같이 굵게 다발로 포장한 것. 주로 땅속이나 물속으로 송전할 때 쓴다.

전:람[2] **展覽** (펼 전, 볼 람). ① 속뜻 펴서[展] 봄[覽]. ②소개, 교육, 선전 따위를 목적으로 필요한 물품을 일정한 장소에 모아 진열하여 놓고 여러 사람에게 보임. ¶이 미술관에서는 국보급 고려청자를 전람한다.

▸전:람-회 展覽會 (모일 회). 소개, 교육, 선전 따위를 목적으로 물건이나 예술 작품을 펼쳐놓고[展] 여러 사람에게 보이는[覽] 모임[會]. ¶미술 전람회를 열다.

▸전:람회-장 展覽會場 (모일 회, 마당 장). 전람회(展覽會)가 열리고 있는 곳[場].

전래 **傳來** (전할 전, 올 래). ① 속뜻 예로부터 전(傳)하여 내려옴[來]. ¶전래 동요 / 전래된 미풍양속을 지키다. ② 외국에서 전하여 들어옴. ¶고구려에 불교가 전래되었다.

▸전래지물 傳來之物 (어조사 지, 만물 물). 전래(傳來)되어 온 물건(物件).

▸전래지풍 傳來之風 (어조사 지, 풍속 풍). 전래(傳來)되는 풍습(風習).

전략[1] 前略 (앞 전, 줄일 략). 앞[前]부분을 생략(省略)함.

전:략[2] 電略 (전기 전, 줄일 략). 통신 전보(電報)를 발신할 때, 그 특수한 취급을 지정하기 위하여 전보용지에 기입하는 약호(略號). '전신 약호'(電信略號)의 준말.

전:략[3] 戰略 (싸울 전, 꾀할 략). ① 속뜻 전쟁(戰爭)을 전반적으로 이끌어 가는 책략(策略). ¶전략을 세우다. ② 정치, 경제 따위의 사회적 활동을 하는 데 있어서의 책략.

▸전:략-가 戰略家 (사람 가). 전략(戰略)에 능숙한 사람[家]. ¶제갈량은 뛰어난 전략가로 전쟁을 승리로 이끌었다.

▸전:략-촌 戰略村 (마을 촌). 전략(戰略)상의 목적 달성을 위하여 여러 가지 시설과 기능을 갖춘 마을[村].

▸전:략 공군 戰略空軍 (하늘 공, 군사 군). 군사 적의 군사·산업·정치·경제의 중심지를 공격하는 전략(戰略) 폭격을 주 임무로 하는 공군(空軍) 부대.

▸전:략 물자 戰略物資 (만물 물, 재물 자). 군사 전략(戰略)에 큰 가치가 있는 물자(物資). 우라늄, 석유, 철, 비철 금속, 고무, 공작 기계 따위가 있다. ㊥전략 자원(戰略資源).

▸전:략 병기 戰略兵器 (군사 병, 그릇 기). 군사 전략(戰略)상의 목적에 쓰이는 병기(兵器).

▸전:략 산:업 戰略産業 (낳을 산, 일 업). 경제 국민 경제의 발전에 큰 구실을 하게 하려고 전략적(戰略的)으로 특별히 키우는 산업(産業).

▸전:략 요지 戰略要地 (요할 요, 땅 지). 군사 전략적(戰略的)으로 중요(重要)한 지역(地域).

▸전:략 지도 戰略地圖 (땅 지, 그림 도). 군사 전략(戰略) 계획에 쓰는 중간 축척의 지도(地圖).

▸전:략 폭격 戰略爆擊 (터질 폭, 칠 격). 군사 전략(戰略)에 따라 행하는 폭격(爆擊).

▸전:략 핵무기 戰略核武器 (씨 핵, 굳셀 무, 그릇 기). 군사 전략적(戰略的)으로 큰 도시나 공업 중심지 및 전략 핵 기지 따위를 파괴하려고 만든 핵무기(核武器).

전량[1] 全量 (모두 전, 분량 량). 전체(全體)의 분량(分量).

전:량[2] 電量 (전기 전, 분량 량). 물리 전하(電荷)의 양(量). 도선 속에 1암페어의 정상 전류가 흐를 때 도선을 통하여 1초 동안에 흐르는 전기량이 1쿨롬(C)이다.

▸전:량-계 電量計 (셀 계). 물리 도선을 통과한 전하(電荷)의 총량(總量)을 재는 계기(計器).

전력[1] 全力 (모두 전, 힘 력). 모든[全] 힘[力]. 있는 힘. 온 힘. ¶전력을 기울이다 / 전력을 쏟다.

전력[2] 前歷 (앞 전, 지낼 력). 이전(以前)의 경력(經歷). ¶전력을 숨기다.

전력[3] 專力 (오로지 전, 힘 력). 오로지[專] 한 가지 일에만 힘[力]을 쏟음. ¶그는 이번 작품에 전력을 기울였다.

전:력[4] 戰力 (싸울 전, 힘 력). 전투(戰鬪)나 경기 따위를 할 수 있는 능력(能力). ¶선수들의 부상으로 팀의 전력이 약화되었다.

전:력[5] 戰歷 (싸울 전, 지낼 력). 전쟁(戰爭)이나 전투(戰鬪)에 참가한 경력(經歷).

*__전:력__[6] 電力 (전기 전, 힘 력). 물리 전류(電流)에 의한 동력(動力). 전류가 단위 시간에 하는 일. 또는 단위 시간에 사용되는 전기 에너지의 양. ¶전력 낭비를 줄이다.

▸전:력-계 電力計 (셀 계). 전기 전등, 동력 따위에 사용되는 전력(電力)을 재는 계기(計器). '전력 계량기'(電力計量器)의 준말.

▸전:력-화 電力化 (될 화). 전력(電力)을 이용하게 됨[化].

▸전:력 수송 電力輸送 (나를 수, 보낼 송). 전기 송전선을 이용하여 전력(電力)을 발전소에서 소비지로 수송(輸送)하는 일.

전련 前聯 (앞 전, 잇달 련). ① 속뜻 바로 앞[前]의 연(聯). ② 문학 신체시를 두 절로 나눌 때 앞의 절. ③ 문학 한시에서, 율(律)의 대구(對句)를 이루는 제3구와 제4구.

전렵 田獵 (밭 전, 사냥 렵). 총이나 활 따위로 산이나 들[田]의 짐승을 잡음[獵]. 사냥.

전:령[1] 典令 (법 전, 명령 령). ① 속뜻 법률[典]이나 법령(法令). ② 그 전부터 있던 사

례.

전ː령[2] **電令** (전기 전, 명령 령). 전보(電報)로서 하는 명령(命令). ⓑ전명(電命).

전ː령[3] **電鈴** (전기 전, 방울 령). 전기(電氣)를 이용하여 방울[鈴] 같은 것을 때려 소리 나게 하는 장치. 초인종이나 전화기 따위에 이용한다.

전령[4] **傳令** (전할 전, 명령 령). 명령(命令) 따위를 전달(傳達)함. 또는 그 사람. ¶적군의 전령을 사살하다. ⓑ전명(傳命), 전령병(傳令兵).

▸**전령-병** 傳令兵 (군사 병). 명령(命令)을 전달(傳達)하는 임무를 맡은 병사(兵士).

▸**전령-사** 傳令使 (부릴 사). 전령(傳令)의 임무를 띤 사람[使].

▸**전령-패** 傳令牌 (나무쪽 패). 역사 조선 시대에, 좌우 포도대장이 지니던 직사각형의 쪽 패(牌). 한쪽 면에는 전령(傳令)이란 글자가 새겨져 있고, 다른 한쪽 면에는 직명(職名)이 새겨져 있다.

전ː례[1] **典例** (책 전, 법식 례). 전거(典據)가 되는 선례(先例).

전ː례[2] **典禮** (의식 전, 예도 례). ① 속뜻 왕실이나 나라의 중요한 의식[典]과 예도[禮]. ②일정한 의식. ③조선 시대에 『경국대전』(經國大典)과 『가례』(家禮)를 아울러 이르던 말. ④ 기독교 교회가 단체로 하나님과 그리스도 또는 성인, 복자들에게 하는 공식적인 경배 행위.

전례[3] **前例** (앞 전, 법식 례). ① 속뜻 이전(以前)부터 있었던 사례(事例). ②예로부터 전하여 내려오는 일 처리의 관습. ¶전례에 따라 일을 처리하다. ⓑ유례(類例).

전ː로[1] **電路** (전기 전, 길 로). 전기 전기(電氣)가 통하는 길[路].

전ː로[2] **電爐** (전기 전, 화로 로). 공업 전력(電力)을 이용하여 고온의 열을 발생시키는 화로(火爐). '전기로'(電氣爐)의 준말.

전ː로[3] **錢路** (돈 전, 길 로). 돈[錢]이 융통되는 길[路]. 돈길.

전롱 **全聾** (완전할 전, 귀머거리 롱). 완전(完全)히 듣지 못하는 귀머거리[聾] 상태. 또는 그런 귀머거리.

전ː류[1] **轉流** (옮길 전, 흐를 류). 지리 조류(潮流)가 흐르는 방향을 바꾸는[轉] 일.

*__전ː류__[2] **電流** (전기 전, 흐를 류). ① 속뜻 전기(電氣)가 흐름[流]. ② 물리 전하가 연속적으로 이동하는 현상. 도체 내부의 전위가 높은 곳에서 낮은 곳으로 흐르며 양전기가 흐르는 방향이 전류의 방향이다. ¶대류 전류 / 철조망에는 고압 전류가 흐르고 있다.

▸**전ː류-계** 電流計 (셀 계). 직류 또는 교류의 전류(電流) 값을 측정하는 계기(計器).

▸**전ː류 전ː환기** 電流轉換器 (옮길 전, 바꿀 환, 그릇 기). 전기 직류 발전기나 전동기 따위의 코일에 일어난 전류(電流)를 바깥으로 흐르게[轉換] 하는 기기(器機).

전륜 **前輪** (앞 전, 바퀴 륜). 자동차 따위의 앞[前]쪽 바퀴[輪]. ¶전륜 구동 자동차. ⓑ후륜(後輪).

전ː륜-화 **轉輪花** (구를 전, 바퀴 륜, 꽃 화). ① 속뜻 바퀴[輪]를 돌리는[轉] 모양으로 피는 꽃[花]. ② 식물 국화과의 한해살이풀. 높이는 30~60㎝이며, 여름에 황금색이 도는 붉은 갈색 꽃이 바퀴를 돌리듯 모여 핀다. ⓑ만수국(萬壽菊).

전리[1] **田里** (밭 전, 마을 리). 밭[田]이 있는 마을[里]. 고향 마을.

전ː리[2] **電離** (전기 전, 떨어질 리). 화학 중성의 원자나 분자가 전해질이 용액 속에서 전기(電氣)를 띤 원자나 원자단으로 분리(分離) 되는 일. 또는 그런 일. '전기 해리'(電氣解離)의 준말.

▸**전ː리-도** 電離度 (정도 도). 화학 전해질이 전리(電離)한 분자의 수가 그 물질 전체의 분자의 수에 대하여 갖는 정도(程度).

▸**전ː리-설** 電離說 (말씀 설). 화학 전해질 용액은 항상 일정한 전리도(電離度)로 이온화하여 있다는 이론[說].

▸**전ː리-층** 電離層 (층 층). 지리 전리권(電離圈) 안에서 이온 밀도가 비교적 큰 층(層).

▸**전ː리 상자** 電離箱子 (상자 상, 접미사 자). 물리 기체가 전리(電離)되는 정도를 측정하는 상자(箱子).

▸**전ː리 전ː류** 電離電流 (전기 전, 흐를 류). 물리 전리(電離)한 기체에 전장을 작용시켜서 일으키는 전류(電流).

전ː리[3] **戰利** (싸울 전, 이로울 리). 전쟁(戰爭)에서 얻은 이득(利得).

▸ 전ː리-품 戰利品 (물건 품). 전투(戰鬪)에서 승리(勝利)하여 적군으로부터 빼앗은 물품(物品).

전립-선 前立腺 (앞 전, 설 립, 샘 선). ① [속뜻] 앞쪽으로[前] 서도록[立] 하는 샘[腺]. ② [의학] 방광의 아래, 남성 생식기의 뒤쪽에 요도가 시작되는 앞 부위를 둘러싸고 있는 밤톨만한 선(腺). 정액의 액체 성분을 이루는 유백색의 액체를 요도로 분비하여 정자의 운동을 활발하게 한다.

전ː마 戰馬 (싸울 전, 말 마). 전쟁(戰爭)에 쓰는 말[馬].

전마-선 傳馬船 (전할 전, 말 마, 배 선). 말[馬]을 나르는[傳] 배[船]. 큰 배와 육지 또는 배와 배 사이를 오가며 짐을 나르는 거룻배.

전막 全幕 (모두 전, 막 막). [연영] 한 연극을 이루고 있는 모든[全] 막(幕).

전ː말 顚末 (꼭대기 전, 끝 말). 꼭대기[顚]부터 끝[末]까지. 처음부터 끝까지 일이 진행되어 온 경과. ¶사건의 전말이 드러나다.

▸ 전ː말-서 顚末書 (글 서). 처음부터[顚] 끝까지[末] 일의 경위를 적은 문서(文書). [비]시말서(始末書).

전ː망[1] 戰亡 (싸울 전, 죽을 망). 싸움터에서 싸우다가[戰] 죽음[亡]. [비]전사(戰死).

전ː망[2] 展望 (펼 전, 바라볼 망). ① [속뜻] 멀리 펼쳐진[展] 곳을 바라봄[望]. ② 멀리 내다보이는 경치. ¶이곳은 전망이 좋다. ③ 앞날을 헤아려 내다봄. 또는 내다보이는 장래의 상황. ¶이번 사업은 전망이 밝다.

▸ 전ː망-대 展望臺 (돈대 대). 전망(展望)할 수 있도록 만들어 놓은 높은 대(臺). ¶통일 전망대.

▸ 전ː망-성 展望性 (성질 성). 전망(展望)할 수 있는 가능성(可能性).

▸ 전ː망-차 展望車 (수레 차). 바깥의 풍경을 전망(展望)하기 위하여 특별히 만든 객차(客車).

전매[1] 前賣 (앞 전, 팔 매). 사전(事前)에 미리 팖[賣]. ¶전매를 받다. [비]예매(豫賣).

전ː매[2] 轉賣 (옮길 전, 팔 매). ① [속뜻] 샀던 물건을 도로[轉] 다른 사람에게 팔아[賣] 넘김. ¶미등기 전매 금지. ② [경제] 증권 거래소의 투기 거래 방법의 하나. 경쟁 매매에 의하여 매매를 한 사람이, 그 수도(受渡) 기일이 되기 전에 같은 종류의 유가 증권을 반대 매매를 하여 차익금 또는 차손금(差損金)을 수수하여 이전의 매매 계약을 소멸시키는 것을 이른다. '전매 환매'의 준말.

전매[3] 專賣 (오로지 전, 팔 매). ① [속뜻] 어떤 물건을 오로지[專] 혼자서만 팖[賣]. ② [법률] 국가가 국고 수입을 위하여 어떤 재화의 판매를 독점하는 일. ¶옛날에는 소금과 철을 전매했다.

▸ 전매-권 專賣權 (권리 권). [법률] 어떠한 물건을 전매(專賣)할 수 있는 권리(權利).

▸ 전매-품 專賣品 (물건 품). 국가나 특정 회사가 어떠한 물건을 전매권(專賣權)을 가지고 만들어서 파는 물품(物品). 전매물(專賣物).

▸ 전매 수입 專賣收入 (거둘 수, 들 입). [경제] 정부나 지방 자치 단체가 전매(專賣)하여 얻은 수입(收入).

▸ 전매-특허 專賣特許 (특별할 특, 허락 허). ① [법률] 정부가 발명의 보호와 장려를 위하여 발명품의 전매권(專賣權)을 특별(特別)히 허가(許可)하는 일. ② 독차지하여 담당하는 일을 비유하여 이르는 말.

전면[1] 前面 (앞 전, 쪽 면). ① [속뜻] 앞[前] 면(面). ¶건물의 전면에 간판이 걸려 있다. ② [불교] 절의 큰방의 정면. [비]앞면. [반]후면(後面).

전면[2] 全面 (모두 전, 쪽 면). ① [속뜻] 모든[全] 면(面). 또는 모든 부문. ¶국어사전을 전면 개정하다. ② 하나의 면 전체. ¶신문에 전면 광고를 싣다.

▸ 전면-적 全面的 (것 적). 전면(全面)에 걸친 것[的].

▸ 전면 강ː화 全面講和 (강구할 강, 화목할 화). ① [속뜻] 모든 면[全面]에서 화목(和睦)을 꾀함[講]. ② [정치] 전쟁이 종결될 즈음에 동맹 관계에 있는 나라들이 공동으로 적국과 강화 조약을 체결하는 일. [비]일반(一般) 강화. [참]단독(單獨) 강화.

▸ 전면 전ː쟁 全面戰爭 (싸울 전, 다툴 쟁). [군사] 일정한 범위 전체[全面]에 걸쳐 벌어지는 전쟁(戰爭). [준]전면전.

전멸 全滅 (모두 전, 없어질 멸). 모조리[全] 죽거나 망하거나 하여 없어짐[滅]. ¶적군은 완전히 전멸되고 말았다.

전명¹ 傳命 (전할 전, 명할 명). 명령(命令)을 전(傳)함. [비]전령(傳令).

전:명² 電命 (전기 전, 명할 명). 전보(電報)로 하는 명령(命令). [비]전령(電令).

전모¹ 全貌 (모두 전, 모양 모). 전체(全體) 모습[貌]. 또는 전체 내용. ¶사건의 전모를 밝히다.

전:모² 剪毛 (자를 전, 털 모). ① [속뜻]짐승의 털[毛]을 깎는[剪] 일. ② [수공]직물 표면에 나와 있는 잔털을 깎아 올을 뚜렷하게 하는 모직물 공정.

전:몰 戰歿 (싸울 전, 죽을 몰). 싸움터에서 싸우다가[戰] 죽음[歿].

전묘 田畝 (밭 전, 이랑 묘). 밭[田]의 이랑[畝].

전무¹ 全無 (모두 전, 없을 무). 전혀[全] 없음[無]. ¶이곳은 전기 시설이 전무하다.

전무² 專務 (오로지 전, 일 무). 어떤 일을 전문적(專門的)으로 맡아보는 사무(事務). 또는 그런 사람.

▸전무-이사 專務理事 (다스릴 리, 일 사). 회사의 일[務]을 전문적(專門的)으로 맡아 모든 업무를 총괄하는 이사(理事).

전-무식 全無識 (모두 전, 없을 무, 알 식). 전혀[全] 아는[識] 것이 없음[無]. 또는 그런 사람. [비]일자무식(一字無識), 판무식(判無識).

전무-후무 前無後無 (앞 전, 없을 무, 뒤 후, 없을 무). 이전(以前)에도 없었고[無] 앞으로도[後] 없음[無]. [비]공전절후(空前絶後).

전문¹ 全文 (모두 전, 글월 문). 전체[全] 글[文]. ¶기사 전문을 인용하다.

전문² 前文 (앞 전, 글월 문). ① [속뜻]한 편의 글에서 앞[前]부분에 해당하는 글[文]. ② [법률]법령의 조문 앞에 있는 글. 법령 제정의 취지·목적·기본 원칙 따위를 선언한 것으로, 형식적으로 그 법령의 일부로 인정한다.

전문³ 前門 (앞 전, 문 문). 앞[前]쪽으로 난 문(門). 앞문.

전문⁴ 前聞 (앞 전, 들을 문). 이전(以前)에 들음[聞]. 또는 그 소문.

전문⁵ 傳聞 (전할 전, 들을 문). 전(傳)하여 들음[聞].

전:문⁶ 電文 (전기 전, 글월 문). 전보(電報)의 글귀[文]. '전보문'(電報文)의 준말.

전:문⁷ 篆文 (전서 전, 글월 문). 전서체(篆書體)의 문자(文字).

전:문⁸ 轉聞 (옮길 전, 들을 문). 다른 사람을 거쳐[轉] 간접으로 들음[聞].

전문⁹ 專門 (오로지 전, 문 문). 어떤 분야에 상당한 지식과 경험을 가지고 오직[專] 그 분야[門]만 연구하거나 맡음. 또는 그 분야. ¶이 음식점은 삼계탕을 전문으로 한다.

▸전문-가 專門家 (사람 가). 어떤 분야를 연구하거나 그 일에 종사함에 있어, 그 분야에 전문적(專門的)인 지식과 경험을 가진 사람[家]. ¶최 박사님은 공룡 화석 전문가이다.

▸전문-어 專門語 (말씀 어). '전문 용어'(專門用語)의 준말.

▸전문-의 專門醫 (치료할 의). [의학]의학의 일정한 분과만을 전문적(專門的)으로 맡아보는 의사(醫師). ¶그는 이비인후과 전문의이다.

▸전문-적 專門的 (것 적). 한 가지 일을 전문(專門)으로 하는 것[的]. ¶전문적 지식.

▸전문-점 專門店 (가게 점). 일정한 종류의 상품만을 전문(專門)으로 파는 가게[店].

▸전문-직 專門職 (일 직). 전문적(專門的)인 지식이나 기술이 필요한 직업(職業). ¶그는 전문직에 종사한다.

▸전문-화 專門化 (될 화). 전문적으로 됨. 전문적(專門的)으로 되게[化] 함.

▸전문 교:육 專門教育 (가르칠 교, 기를 육). [교육]전문(專門) 지식이나 기술을 가르치는 교육(教育).

▸전문-대:학 專門大學 (큰 대, 배울 학). [교육]전문적(專門的)인 직업 교육을 주로 하는 대학(大學) 과정이나 그 기관. 수업 연한은 2~3년이다.

▸전문 용:어 專門用語 (쓸 용, 말씀 어). 특정 분야의 사회에서 인위적으로 만들어 그 방면에서만 전문적(專門的)으로 쓰는 용어(用語). [준]전문어.

▸전문 지식 專門知識 (알 지, 알 식). 특정한 학문이나 일에 대하여 전문적(專門的)인 지식(知識).

▸전문-학교 專門學校 (배울 학, 가르칠 교).

① 속뜻 전문적(專門的)인 지식이나 기술을 가르치는 학교(學校). ② 교육 일제 강점기에, 중등학교 졸업생에게 전문적인 지식이나 기술을 가르치던 학교.

▸전문 경영인 專門經營人 (다스릴 경, 꾀할 영, 사람 인). 기업 경영(經營)에 대한 전문적(專門的)인 지식과 경험을 갖춘 사람[人].

전미 全美 (모두 전, 미국 미). 미국(美國) 전체(全體). ¶전미 선수권.

전반[1] 全般 (모두 전, 일반 반). ① 속뜻 전체(全體)에 공통되는 일반적(一般的)인 것. ② 어떤 일이나 부문에 대하여 그것에 관계되는 전체. 또는 통틀어서 모두. ¶나는 중국 역사 전반에 관심이 있다. ⓑ부분(部分), 일부(一部).

▸전반-사 全般事 (일 사). 어떤 것과 관련된 전반(全般)의 일[事].

▸전반-적 全般的 (것 적). 전반(全般)에 걸친 것[的]. ¶일의 전반적인 흐름을 파악하다.

전반[2] 前半 (앞 전, 반 반). 전체를 둘로 나누었을 때, 앞[前] 부분의 절반(折半). ¶19세기 전반에 산업혁명이 전 세계로 확산되었다. ⓑ후반(後半).

▸전반-기 前半期 (때 기). 어떤 기간을 둘로 나누었을 때의 앞부분[前半]에 해당하는 시기(時期).

▸전반-부 前半部 (나눌 부). 전체를 둘로 나누었을 때 앞부분[前半]을 이루는 부분(部分).

▸전반-전 前半戰 (싸울 전). 운동 축구·핸드볼 따위의 운동 경기에서, 경기 시간을 둘로 나누었을 때에 전반(前半)의 경기[戰]. ¶2:1로 전반전이 끝났다. ⓑ후반전(後半戰).

전-반생 前半生 (앞 전, 반 반, 살 생). 사람의 한평생을 둘로 나누었을 때에 전반(前半)에 해당되는 삶[生]. ⓑ후반생(後半生).

전-반신 前半身 (앞 전, 반 반, 몸 신). 몸[身]의 앞[前]쪽 반(半).

전방[1] 前方 (앞 전, 모 방). ① 속뜻 앞[前] 쪽[方]. ¶50미터 전방에서 우회전하세요. ② 적을 바로 마주하고 있는 지역. ¶전방에 배치되다. ⓑ후방(後方).

전방[2] 專房 (오로지 전, 방 방). ① 속뜻 오로지[專] 혼자서 차지하고 있는 방(房). ② 첩이 사랑을 독차지함.

전방[3] 傳方 (전할 전, 방법 방). 지식이나 기술 따위를 전(傳)하여 받은 방법(方法).

전:방[4] 廛房 (가게 전, 방 방). 물건을 파는 곳[廛=房]. 가게.

전배[1] 前胚 (앞 전, 아이 밸 배). 식물 식물의 씨눈[胚] 발생의 앞[前] 단계. 식물의 씨눈이 생기는 단계. 수정란의 분할부터 씨눈이 생길 때까지의 상태를 이른다.

전:배[2] 餞杯 (전송할 전, 잔 배). ① 속뜻 전송[餞]을 위해 잔[杯]을 듦. ② 헤어짐의 애틋한 정을 나누며 마시는 술.

전번 前番 (앞 전, 차례 번). 지난[前] 번(番). ¶전번에 만난 곳에서 보자. ⓑ다음번(番).

전:범[1] 典範 (법 전, 틀 범). 본보기[典]가 될 만한 규범(規範).

전:범[2] 戰犯 (싸울 전, 범할 범). 전쟁(戰爭)이라는 범죄(犯罪). '전쟁 범죄자'(戰爭犯罪者)의 준말.

▸전:범-자 戰犯者 (사람 자). 전쟁 범죄[戰犯]를 저지른 사람[者]. '전쟁 범죄자'(戰爭犯罪者)의 준말.

전법[1] 傳法 (전할 전, 법 법). 교법(敎法)을 전(傳)하여 줌.

전:법[2] 戰法 (싸울 전, 법 법). 전쟁이나 경기 따위에서 상대와 싸우는[戰] 방법(方法). ¶전법을 개발하다.

전벽[1] 全壁 (완전할 전, 담 벽). 문이나 창이 전혀 없는 완전(完全)한 벽(壁).

전벽[2] 塼壁 (벽돌 전, 담 벽). 벽돌[塼]로 쌓은 벽(壁).

전:벽[3] 錢癖 (돈 전, 버릇 벽). 유달리 돈[錢]에 집착하는 성질이나 버릇[癖].

전:변 轉變 (옮길 전, 바뀔 변). 형세나 국면 따위가 바뀌어[轉] 달라짐[變].

전:별 餞別 (전송할 전, 나눌 별). 전송(餞送) 잔치를 베풀어 작별(作別)함.

▸전:별-금 餞別金 (돈 금). 전별(餞別)할 때 떠나는 사람을 위로하는 뜻에서 주는 돈[金].

▸전:별-연 餞別宴 (잔치 연). 전별(餞別)할 때에 베푸는 잔치[宴].

▸전:별-회 餞別會 (모일 회). 전별(餞別)할 때에 서운한 마음을 달래기 위하여 잔치를 베풀며 하는 모임[會].

전병1 前兵 (앞 전, 군사 병). 대열의 앞[前]에서 행군하는 경계(警戒) 부대[兵].

전:병2 煎餠 (달일 전, 떡 병). ① 속뜻 찹쌀가루, 밀가루, 수수가루 등을 반죽하여 부친[煎] 떡[餠]. ②형편없는 일이나 물건을 비유적으로 이르는 말. [예문]그렇게 하다가는 전병 같은 신세를 면하기 어렵다. [참]젬병.

전:보1 塡補 (메울 전, 채울 보). 부족한 것을 메워서[塡] 채움[補].

전:보2 戰報 (싸울 전, 알릴 보). 전쟁(戰爭)이나 경기 따위의 경과나 결과를 알리는[報] 소식.

전:보3 轉補 (옮길 전, 채울 보). 보직(補職)을 옮겨[轉] 다른 일을 맡음.

전:보4 電報 (전기 전, 알릴 보). 통신 전기(電氣) 신호를 이용해 알림[報]. 또는 그 통보. ¶할머니가 위독하시다는 전보를 받았다.

▸전:보-료 電報料 (삯 료). 전보(電報)를 치는 데 드는 돈[料]. ㊥전신료(電信料).

▸전:보-문 電報文 (글월 문). 전보(電報)의 내용이 되는 글[文]. ㊟전문.

▸전:보-환 電報換 (바꿀 환). ① 속뜻 전보(電報)로 돈을 바꾸어[換] 보냄. ② 경제 우편환의 하나. 발송인의 지급 송금의 청구에 따라 발행국이 전신으로 지불국에 통지하면 지불국은 이에 근거하여 현금 또는 전신환 증서를 수취인에게 보내준다. ㊥전신환(電信換).

▸전:보 요:금 電報料金 (삯 료, 돈 금). 전보(電報)를 치는 값으로 내는 요금(料金). ㊟전보료. ㊥전신료(電信料).

▸전:보-용지 電報用紙 (쓸 용, 종이 지). 발신할 전보(電報)의 내용을 써서 전신국에 내는 용지(用紙).

전:복1 顚覆 (넘어질 전, 뒤집힐 복). 넘어져[顚] 뒤집힘[覆]. ¶자동차 전복 사고 / 폭풍에 배가 전복되어 가라앉았다.

전복2 全鰒 (온전할 전, 오분자기 복). ① 속뜻 온전한[全] 오분자기[鰒]. ② 동물 전복과의 조개를 통틀어 이르는 말.

▸전복-죽 全鰒粥 (죽 죽). 전복(全鰒)을 넣어 쑨 죽(粥).

▸전복-탕 全鰒湯 (끓을 탕). 전복(全鰒)으로 끓인 탕국[湯].

전봉 前鋒 (앞 전, 끝 봉). 앞[前]의 끝[鋒]. ㊥선봉(先鋒).

전부1 前夫 (앞 전, 지아비 부). 먼젓번의[前] 남편[夫].

전부2 前部 (앞 전, 나눌 부). 앞[前] 부분(部分).

전부3 前婦 (앞 전, 아내 부). 다시 장가들기 전[前]의 아내[婦].

전:부4 轉付 (옮길 전, 줄 부). ① 속뜻 다른 것으로 바꾸어[轉] 줌[付]. ② 법률 채권자가 채무자의 재산을 압류하는 방법의 하나. 원래의 채무 대신에 채무자가 제삼자에 대하여 가지는 채권을 압류하여 채권자에게 이전한다.

전부5 全部 (모두 전, 나눌 부). 사물의 모든[全] 부분(部分). ¶전부 얼마예요? ㊥전체(全體). ㊦일부(一部).

▸전부 판결 全部判決 (판가름할 판, 결정할 결). ① 속뜻 사물의 모든 부분[全部]을 판단(判斷)하여 결정(決定)함. ② 법률 하나의 소송에 여러 개의 청구가 있는 경우 전부에 대하여 행하여진 종국 판결.

전:분 澱粉 (앙금 전, 가루 분). 감자, 고구마, 물에 불린 녹두 따위를 갈아서 가라앉힌 앙금[澱]을 말린 가루[粉]. ㊥녹말(綠末).

▸전:분-당 澱粉糖 (사탕 당). 화학 전분(澱粉)을 산(酸)이나 효소로 가수 분해를 하여 얻는 당류(糖類). ㊥녹말당(綠末糖).

▸전:분-질 澱粉質 (바탕 질). 전분(澱粉)을 많이 함유한 물질(物質).

▸전:분-종자 澱粉種子 (씨 종, 씨 자). 농업 저장 물질로서 전분(澱粉)을 많이 가지고 있는 씨[種子]. ㊥녹말종자(綠末種子).

▸전:분 효:소 澱粉酵素 (발효 효, 바탕 소). 화학 전분(澱粉)을 당(糖)으로 가수 분해를 하는 반응에서 촉매 구실을 하는 효소(酵素).

전분육등-법 田分六等法 (밭 전, 나눌 분, 여섯 륙, 무리 등, 법 법). 역사 조선 때, 전국의 토지[田]를 비옥도에 따라 여섯[六] 등급(等級)으로 나누어[分] 세금을 달리 내도록 하던 제도[法].

전불 全拂 (모두 전, 지불할 불). 돈을 모두[全] 지불(支拂)함.

전비[1] 全備 (모두 전, 갖출 비). 빠진 것이 없이 모두[全] 갖춤[備].

전비[2] 前非 (앞 전, 아닐 비). 이전(以前)에 저지른 잘못[非]. ¶전비는 묻지 않겠다.

전:비[3] 戰備 (싸울 전, 갖출 비). 전쟁(戰爭)에 대한 준비(準備). 또는 그런 장비.

전:비[4] 戰費 (싸울 전, 쓸 비). 전쟁(戰爭)하는 데 드는 비용(費用).

전사[1] 全史 (모두 전, 역사 사). 모든 분야를 다 포괄하는 전체(全體)의 역사(歷史).

전사[2] 前史 (앞 전, 역사 사). ① 속뜻 역사(歷史) 기록이 있기 이전(以前). ② 당면한 역사의 원인을 설명하기 위하여 쓰는, 그 이전의 역사. ㊗선사(先史).

전:사[3] 戰士 (싸울 전, 선비 사). ① 속뜻 전투(戰鬪)하는 군사(軍士). ¶영웅적인 전사. ② 맨 앞에 나서 힘껏 일하는 일꾼. ¶산업 전사.

전:사[4] 戰史 (싸울 전, 역사 사). 전쟁(戰爭)의 역사(歷史).

전사[5] 傳寫 (전할 전, 베낄 사). 책을 전(傳)해 가며 베껴 씀[寫].

전사[6] 前事 (앞 전, 일 사). 앞서[前] 있었던 일[事]. 또는 이미 지나간 일.

▶ 전사-물론 前事勿論 (말 물, 논할 론). 지난[前] 일[事]에 대하여는 옳고 그름을 논(論)하지 말라[勿].

전:사[7] 戰死 (싸울 전, 죽을 사). 싸움터에서 싸우다가[戰] 죽음[死]. ¶전사 통지서 / 그녀의 남편은 한국전쟁 때 전사했다.

▶ 전:사-자 戰死者 (사람 자). 전쟁터에서 전사(戰死)한 사람[者].

전:사[8] 轉寫 (옮길 전, 베낄 사). ① 속뜻 글이나 그림 따위를 옮기어[轉] 베낌[寫]. ② 말소리를 문자로 옮겨 적음.

▶ 전:사-지 轉寫紙 (종이 지). ① 속뜻 전사(轉寫) 석판에 쓰는 얇은 가공지(加工紙). ② 도기나 양철에 인쇄할 때에 쓰는 인쇄 화지.

전산[1] 全山 (모두 전, 메 산). ① 속뜻 모든[全] 산(山). ② 그 산의 전체.

전산[2] 前山 (앞 전, 메 산). 마을이나 집의 앞[前]쪽에 있는 산(山). 앞산.

전:산[3] 電算 (전기 전, 셀 산). 전자(電子) 회로를 이용한 고속의 자동 계산기(計算器). 숫자 계산, 자동 제어, 데이터 처리, 사무 관리, 언어나 영상 정보 처리 따위에 광범위하게 이용된다. ¶전산 처리. ㊗컴퓨터.

▶ 전:산-기 電算機 (틀 기). 전산(電算)을 하는 기계(機械). '전자계산기'의 준말.

▶ 전:산-망 電算網 (그물 망). 컴퓨터[電算]로 연결, 조직된 통신망(通信網). ¶전산망 일원화 / 행정 전산망.

전:상[1] 戰狀 (싸울 전, 형상 상). 전쟁(戰爭)의 실제 상황(狀況).

전:상[2] 戰傷 (싸울 전, 다칠 상). 전쟁터에서 적과 싸우다[戰] 다침[傷].

▶ 전:상-병 戰傷兵 (군사 병). 전쟁터에서 적과 싸우다[戰] 다친[傷] 병사(兵士).

▶ 전:상-자 戰傷者 (사람 자). 전쟁터에서 적과 싸우다[戰] 다친[傷] 사람[者].

전색[1] 栓塞 (마개 전, 막힐 색). ① 속뜻 마개[栓]로 막음[塞]. ② 의학 혈관이 혈액 중의 불순물로 인해 막힘.

전:색[2] 塡塞 (메울 전, 막힐 색). 빈곳을 꽉 메워[塡] 막음[塞].

전-색맹 全色盲 (모두 전, 빛 색, 눈멀 맹). 의학 전혀[全] 색(色)을 구별하지 못하는[盲] 병증.

전:색-제 展色劑 (펼 전, 빛 색, 약제 제). ① 속뜻 페인트의 색(色)을 고루 펴는 데[展] 사용하는 약제(藥劑). ② 물감에 섞어서 물감이 잘 퍼지게 하고 빨리 말라서 굳게 하는 물질.

전:생[1] 轉生 (옮길 전, 날 생). 다른 것으로 바뀌어[轉] 다시 태어남[生].

전생[2] 全生 (모두 전, 살 생). 태어나서[生] 죽을 때까지의 온[全] 평생.

전생[3] 前生 (앞 전, 살 생). 불교 이 세상에 태어나기 이전(以前)의 삶[生]. ¶우리는 전생에 부부였던 것이 틀림없다. ㊗전겁(前劫). ㊉내생(來生), 현생(現生).

▶ 전생-연분 前生緣分 (인연 연, 나눌 분). 전생(前生)에서 맺은 연분(緣分).

전서[1] 全書 (모두 전, 책 서). ① 속뜻 어떤 사람의 저작을 모두[全] 모아 한 질로 만든 책[書]. ②어떤 한 분야의 저작물이나 사실의 전부를 망라하여 체계적으로 엮은 책.

전ː서[2] 篆書 (전서 전, 쓸 서). ① 속뜻 전서체(篆書體)로 쓴 글씨[書]. ②전자(篆字).

전ː서[3] 戰書 (싸울 전, 글 서). 전쟁(戰爭)의 시작을 알리는 글[書].

전서[4] 傳書 (전할 전, 글 서). 편지[書]를 전(傳)함.

▸**전서-구** 傳書鳩 (비둘기 구). 편지글[書]을 전(傳)하는 데 쓸 수 있게 훈련된 비둘기[鳩].

전석[1] 塼石 (벽돌 전, 돌 석). ① 속뜻 벽돌[塼] 돌[石]. ② 건설 진흙과 모래를 반죽하여 틀에 박은 뒤 굽거나 건조해서 만든 건축 재료. 벽돌.

전ː석[2] 轉石 (구를 전, 돌 석). 암반에서 흐르는 물 따위로 굴러[轉] 밀려나간 돌[石].

전선[1] 全線 (모두 전, 줄 선). ① 속뜻 철도의 모든[全] 선로(線路). ② 모든 전선(戰線).

전ː선[2] 銓選 (저울질할 전, 고를 선). ① 속뜻 사람을 저울질하듯[銓] 가려 뽑음[選]. ② 역사 고려·조선 시대에, 이조와 병조에서 행한 문관, 서리 및 무관에 대한 인사 행정.

전ː선[3] 戰船 (싸울 전, 배 선). 전투(戰鬪)에 쓰는 배[船]. ¶거북선은 임진왜란 때 사용된 전선이다.

전ː선[4] 戰線 (싸울 전, 줄 선). ① 군사 전쟁에서 직접 전투(戰鬪)가 벌어지는 지역이나 그런 지역을 연결한 선(線). ¶현 전선에서 전쟁이 종결되면 좋겠다. ②정치 운동이나 사회 운동 따위에서, 직접 투쟁하는 일. 또는 그런 투쟁 형태. ¶해방 전선.

전ː선[5] 轉旋 (구를 전, 돌 선). 굴러서[轉] 빙빙 돌아감[旋]. 또는 굴려서 빙빙 돌림.

전선[6] 前線 (앞 전, 줄 선). ① 군사 싸움터에서 적과 상대하는 맨 앞[前] 지역을 연결한 선(線). ¶전선에서 한국군의 승전보가 날라 왔다. ② 지리 성질이 다른 두 기단의 경계면이 지표와 만나는 선. ¶겨울은 한랭 전선의 영향을 받아 춥다. ③직접 뛰어든 일정한 활동 분야. ¶생활 전선 / 산업 전선.

▸**전선-면** 前線面 (쪽 면). ① 속뜻 전선(前線)의 겉면[面]. ② 지리 지표와 교차하여 전선(前線)을 만드는, 밀도와 기온이 다른 두 기단의 경계면(境界面).

*__전ː선__[7] 電線 (전기 전, 줄 선). 전기(電氣)가 통과하는 쇠로 된 줄[線]. ¶이 전선에는 전기가 흐르고 있다.

▸**전ː선-주** 電線柱 (기둥 주). 전선(電線)을 연결해 놓은 기둥[柱].

전설[1] 前說 (앞 전, 말씀 설). ① 속뜻 예전[前] 사람이 남겨 놓은 말[說]. ②전에 논한 논설.

전설[2] 傳說 (전할 전, 말씀 설). ① 속뜻 옛날부터 민간에서 전(傳)하여 내려오는 말[說]이나 이야기. ¶이 연못에 용이 살았다는 전설이 전해 내려온다. ②전하여 주는 말. ㊥전언(傳言).

▸**전설-적** 傳說的 (것 적). 전설(傳說)로 전할 정도의 것[的].

▸**전설-화** 傳說化 (될 화). 전설적(傳說的)인 것이 되거나[化] 전설로 되게 함.

전설 모ː음 前舌母音 (앞 전, 혀 설, 어머니 모, 소리 음). 언어 혀[舌]의 앞[前]쪽에서 발음되는 모음(母音). 우리말의 'ㅣ', 'ㅔ', 'ㅐ', 'ㅟ', 'ㅚ' 따위.

전ː설-음 顫舌音 (떨릴 전, 혀 설, 소리 음). 언어 혀끝을 윗잇몸에 가까이 대고 혀[舌]끝을 굴려 떨리게[顫] 하여 내는 소리[音]. ㊥설전음(舌顫音).

전성[1] 全盛 (완전할 전, 가득할 성). 완전(完全)히 가득함[盛]. 한창 무르익음.

▸**전성-기** 全盛期 (때 기). 형세나 세력 따위가 전성(全盛)한 시기(時期). ¶그녀의 전성기는 이미 지났다.

▸**전성-시대** 全盛時代 (때 시, 연대 대). 형세나 세력 따위가 가장 전성(全盛)한 시대(時代). ¶그는 자연주의의 전성시대를 열었다.

전ː성[2] 展性 (펼 전, 성질 성). 두드리거나 압착하면 금속이 얇게 펴지는[展] 성질(性質).

전ː성[3] 顫聲 (떨릴 전, 소리 성). ① 속뜻 떨리는[顫] 목소리[聲]. ② 음악 판소리 창법에서, 떨리며 나오는 변화된 목소리. 혹은 거문고나 가야금 따위를 연주할 때 내는 떨림음. ㊥발발성(勃發聲).

전ː성[4] 轉成 (옮길 전, 이룰 성). ① 속뜻 기능이나 상태 따위가 바뀌어[轉] 다른 것으로 됨[成]. ② 언어 품사 전성.

▸전ː성-어 轉成語 (말씀 어). 언어 ①다른 품사로 바뀌어[轉成] 쓰는 말[語]. ②외국어가 자기 나라말로 변화한 말. '남포'(lamp), '빵' 따위.

▸전ː성-형 轉成形 (모양 형). 언어 문장의 기능을 전성(轉成)하여 활용하는 형태(形態). 다른 품사의 자격을 가지게 하는데, 명사형, 관형사형, 부사형으로 나뉜다. '과자를 먹는 아기가 많다'의 '먹는', '과자를 먹기 싫어하는 아기도 있다'의 '먹기', '과자를 먹어 이가 상했다'의 '먹어'따위.

▸전ː성 동ː사 轉成動詞 (움직일 동, 말씀 사). 언어 원래 동사가 아니었던 것이 동사(動詞)로 바뀐[轉成] 것. '높이다', '밝히다' 따위.

▸전ː성 명사 轉成名詞 (이름 명, 말씀 사). 언어 원래 명사가 아니었던 것이 명사(名詞)로 바뀐[轉成] 것. '기쁨', '웃음', '높이', '열매' 따위.

▸전ː성 부ː사 轉成副詞 (도울 부, 말씀 사). 언어 원래 부사가 아니었던 것이 부사(副詞)로 바뀐[轉成] 것. '급히', '빨리', '가까이' 따위

▸전ː성 어ː미 轉成語尾 (말씀 어, 꼬리 미). 언어 용언의 어간에 붙어 다른 품사의 기능을 수행하게 하는[轉成] 어미(語尾). 명사 전성 어미, 관형사 전성 어미와 부사 전성 어미로 나뉜다. '-기', '-(으)ㅁ', '-ㄴ', '-ㄹ', '-아/어', '-게', '-지', '-고' 따위.

▸전ː성 조ː사 轉成助詞 (도울 조, 말씀 사). 언어 원래 조사가 아니었던 것이 조사(助詞)로 바뀐[轉成] 것. '밖에', '조차' 따위

▸전ː성 감ː탄사 轉成感歎詞 (느낄 감, 감탄할 탄, 말씀 사). 언어 원래 감탄사가 아니었던 것이 감탄사(感歎詞)로 바뀐[轉成] 것. '저런', '아니' 따위.

▸전ː성 관형사 轉成冠形詞 (갓 관, 모양 형, 말씀 사). 언어 원래 관형사가 아니었던 것이 관형사(冠形詞)로 바뀐[轉成] 것. '한 말', '두 말', '서 말'에서 '한', '두', '서'와 같이 수사에서 전성한 것과, '그 사람이 성실한가?'의 '그'와 같이 대명사에서 전성한 것이 있다.

▸전ː성 대ː명사 轉成代名詞 (대신할 대, 이름 명, 말씀 사). 언어 원래 대명사가 아니었던 것이 대명사(代名詞)로 바뀐[轉成] 것. '각하'(閣下), '전하'(殿下), '귀하'(貴下), '당신'(當身) 따위.

▸전ː성 형용사 轉成形容詞 (모양 형, 얼굴 용, 말씀 사). 언어 원래 형용사가 아니었던 것이 형용사(形容詞)로 바뀐[轉成] 것. '슬기롭다', '멋지다', '영광스럽다' 따위.

전성-관 傳聲管 (전할 전, 소리 성, 대롱 관). 분리된 두 방을 연결하여 음성(音聲)을 전(傳)하여 주는 관(管).

전세[1] 田稅 (밭 전, 세금 세). 논밭[田]에 부과되는 조세(租稅).

전세[2] 前世 (앞 전, 세상 세). 현세에 태어나기 이전(以前)에 살던 세상(世上). ⓑ전대(前代).

전세[3] 傳世 (전할 전, 세대 세). 대대로[世] 전(傳)함.

전세[4] 專貰 (오로지 전, 세놓을 세). 오직[專] 어떤 사람에게만 빌려줌[貰]. ¶전세 버스.

전ː세[5] 戰勢 (싸울 전, 형세 세). 전쟁(戰爭)이 전개되어 가는 형세(形勢). ¶동남풍이 불자 전세가 역전되었다.

전세[6] 傳貰 (전할 전, 세놓을 세). 경제 일정한 금액을 주인에게 전(傳)해 맡겨 두고 그 부동산을 일정 기간 빌려[貰] 쓰는 일. ¶그는 살던 집을 전세를 놓았다. ¶전셋집.

▸전세-권 傳貰權 (권리 권). 법률 전세금(傳貰金)을 지불한 사람이 남의 부동산을 이용할 수 있는 권리(權利).

▸전세-금 傳貰金 (돈 금). 전세(傳貰)를 얻을 때 그 부동산의 소유주에게 맡기는 돈[金].

▸전세-방 傳貰房 (방 방). 전세(傳貰)로 빌려 주는 방(房). 또는 전세로 빌려 쓰는 방. ¶그는 방 한 개짜리 전세방을 얻었다.

전 세ː계 全世界 (모두 전, 세상 세, 지경 계). 온[全] 세계(世界). 모든 나라. ¶그의 이름은 전세계에 알려졌다.

전-세기 前世紀 (앞 전, 세대 세, 연대 기). 지나간[前] 세기(世紀).

전소 全燒 (모두 전, 불사를 소). 남김없이 다[全] 타[燒] 버림.

전속[1] 全速 (모두 전, 빠를 속). 낼 수 있는 힘을 모두[全] 낸 속력(速力). '전속력'의 준말. ¶전속으로 질주하다.

전속[2] 全屬 (모두 전, 엮을 속). 모두[全]가

한곳에 속(屬)함.

전:속³ 轉屬 (옮길 전, 엮을 속). ① 속뜻 소속(所屬)을 바꿈[轉]. ② 원적(原籍)을 다른 데로 옮김.

전속⁴ 專屬 (오로지 전, 엮을 속). ① 속뜻 오로지[專] 어떤 한 기구나 조직에만 소속(所屬)되거나 관계를 맺음. ¶전속모델. ② 권리나 의무가 오직 특정한 사람이나 기관에 딸림.

▸ 전속-물 專屬物 (만물 물). 오로지 어떤 한 곳에만 전적(專的)으로 속(屬)하여 있는 물건(物件).

▸ 전속 관할 專屬管轄 (맡을 관, 다스릴 할). 법률 민사 소송을 특정 법원의 재판권에 전속(專屬)하게 하고, 당사자가 변경할 수 없도록 된 관할(管轄).

▸ 전속 부:관 專屬副官 (도울 부, 벼슬 관). 군사 장성급 지휘관에 전속(專屬)되어 그 지휘관을 보좌하여 신변 보호와 사무 연락 따위의 일을 전적으로 맡아보는 참모[副] 장교[官].

전-속력 全速力 (모두 전, 빠를 속, 힘 력). 낼 수 있는 모든[全] 속력(速力). ¶그는 차를 전속력으로 몰아 병원에 갔다.

전:속 전:류 電束電流 (전기 전, 묶을 속, 전기 전, 흐를 류). 전기 축전기에 충전이나 방전을 할 때, 그 안의 도체 판에 전기(電氣)가 모이거나 흩어지는 동안 절연체 내에 흐르는 묶여 있던[束] 전류(電流).

전손 全損 (모두 전, 덜 손). ① 속뜻 전체(全體)에 걸쳐 손실(損失)을 입음. 또는 그 손실. ② 해상 보험의 목적물인 선박이나 화물이 완전히 형체를 손실하거나 또는 쓸모없게 되는 일.

전:송¹ 電送 (전기 전, 보낼 송). 사진 따위를 전류(電流) 또는 전파로 먼 곳에 보냄[送]. ¶전자우편으로 초대장을 전송했다.

전송² 傳送 (전할 전, 보낼 송). ① 속뜻 전(傳)해 보내[送] 줌. ② 역사 나라에서 사람이나 물건을 수송할 때 역에서 역으로 전하여 목적지에 보내도록 하던 일.

전송³ 傳誦 (전할 전, 욀 송). 여러 사람의 입에서 입으로 전(傳)하여 외움[誦].

전:송⁴ 餞送 (보낼 전, 보낼 송). 서운하여 전별(餞別)의 잔치를 베풀어 보냄[送]. ¶우리는 성대한 전송을 받았다. 비배웅.

전:송⁵ 轉送 (옮길 전, 보낼 송). 물건이나 편지 따위를 전하여 달라고 남에게 맡겨[轉] 보냄[送].

▸ 전:송 사진 轉送寫眞 (베낄 사, 참 진). 물리 전류나 전파로 전송(轉送)한 사진(寫眞).

전수¹ 專修 (오로지 전, 닦을 수). ① 속뜻 한 가지 분야의 기술이나 지식 따위를 전문적(專門的)으로 닦음[修]. ② 불교 오직 아미타불의 본원에 순응하여 정토에 왕생하는 정정업인 염불만을 닦는 일.

전수² 傳受 (전할 전, 받을 수). 기술이나 지식 따위를 전(傳)하여 받음[受]. ¶어머니에게 장 담그는 법을 전수받았다.

전수³ 傳授 (전할 전, 줄 수). 기술이나 지식 따위를 전(傳)하여 줌[授]. ¶아들에게 비법을 전수하다.

전수⁴ 全數 (모두 전, 셀 수). ① 속뜻 전체(全體)의 수효(數爻). ② 생물 두 배의 염색체 수를 갖는 접합자의 상태를 이르는 말.

▸ 전수-결 全數決 (결정할 결). 모두[全數]가 찬성하여 결정(決定)함. '전수가결'(全數可決)의 준말.

▸ 전수-가결 全數可決 (옳을 가, 결정할 결). 모두[全數]가 찬성하여 가결(可決)함. 만장일치의 가결.

▸ 전수 조사 全數調査 (헤아릴 조, 살필 사). 수학 대상이 되는 통계 집단의 전수(全數)를 조사(調査)하는 관찰 방법.

전수-금 前受金 (앞 전, 받을 수, 돈 금). 경제 사전(事前)에 미리 받은[受] 돈[金]. 또는 그 돈의 계정. 비선수금(先受金).

전-수익 全收益 (모두 전, 거둘 수, 더할 익). 전체(全體) 수익(收益). 수익의 전부.

전술¹ 前述 (앞 전, 말할 술). 앞[前]에서 이미 말함[述].

전:술² 戰術 (싸울 전, 꾀 술). ① 군사 전쟁(戰爭) 상황에 대처하기 위한 기술(技術). ¶제갈량은 교묘한 전술로 조조의 군대를 이겼다. ② 일정한 목적을 달성하기 위한 수단이나 방법.

▸ 전:술-가 戰術家 (사람 가). 전술(戰術)에 능한 사람[家].

▸ 전:술-적 戰術的 (것 적). ① 속뜻 전술(戰

術)에 관한 것[的]. ② 회전 또는 전투에서 독립부대로 행동할 수 있도록 편성된 부대.

▸전:술-학 戰術學 (배울 학). 군사 군사 전술(戰術) 분야에 관하여 연구하는 학문(學問).

▸전:술 공군 戰術空軍 (하늘 공, 군사 군). 군사 비교적 한정된 작전 지역에서 지상 작전이나 해상 작전을 직접 지원하거나, 내습하는 적을 요격하는 임무를 맡은 전술적(戰術的)인 공군 부대(空軍部隊).

▸전:술 폭격 戰術爆擊 (터질 폭, 칠 격). 군사 전술(戰術) 목표에 대하여 행하는 폭격(爆擊).

전습[1] 前習 (앞 전, 버릇 습). 이전(以前)의 습관(習慣).

전습[2] 傳習 (전할 전, 익힐 습). ① 속뜻 기술이나 지식 따위를 다른 사람으로부터 전(傳)해 받아 익힘[習]. ② 수습 과정의 장인.

전습[3] 傳襲 (전할 전, 물려받을 습). 전(傳)해 물려받음[襲]. 또는 전해 내려오는 것을 그대로 따름.

전승[1] 全勝 (모두 전, 이길 승). 전쟁이나 경기 따위에서 한 번도 지지 않고 모두[全] 이김[勝]. ¶우리 팀은 이번 대회에서 3전 전승을 거두었다. ⓑ백전백승(百戰百勝). ⓑ전패(全敗).

전:승[2] 轉乘 (옮길 전, 탈 승). 다른 말이나 차 또는 배 따위로 옮겨[轉] 탐[乘].

전승[3] 傳承 (전할 전, 받들 승). 문화, 풍속, 제도 따위를 전(傳)해 이어받음[承]. ¶전통 문화의 전승 / 문화유산을 전승하다.

▸전승 문학 傳承文學 (글월 문, 배울 학). 문학 입에서 입으로 전(傳)해 이어져[承] 오는 문학(文學). ⓑ구비 문학(口碑文學).

전:승[4] 戰勝 (싸울 전, 이길 승). 전쟁이나 경기 따위에서 싸워[戰] 이김[勝]. ¶왕은 전승을 축하하는 잔치를 베풀었다. ⓑ패전(敗戰).

▸전:승-국 戰勝國 (나라 국). 전쟁(戰爭)에서 이긴[勝] 나라[國].

전시[1] 全市 (모두 전, 도시 시). 시(市)의 전체(全體).

***전:시**[2] 展示 (펼 전, 보일 시). ① 속뜻 여러 가지 물품을 한곳에 벌여 놓고[展] 보임[示]. ¶졸업 작품을 전시하다. ② 책, 편지 따위를 펴서 봄. 또는 펴서 보임.

▸전:시-관 展示館 (집 관). 어떤 물품을 전시(展示)할 목적으로 세운 건물[館]. ¶선사 유물 전시관 / 선생님과 전시관을 견학했다.

▸전:시-물 展示物 (만물 물). 전시(展示)하여 놓은 물품(物品). ¶전시물을 진열대에 올려놓다.

▸전:시-실 展示室 (방 실). 물품을 차려 놓고 보이는[展示] 방[室]. ¶그 화가의 작품전은 2층 전시실에서 열립니다.

▸전:시-장 展示場 (마당 장). 물품을 차려 놓고 보이는[展示] 곳[場]. ¶자동차 전시장 / 종합 전시장.

▸전:시-품 展示品 (물건 품). 전시(展示)하여 놓은 물품(物品).

▸전:시-회 展示會 (모일 회). 어떤 물품을 벌여[展] 놓고 일반인에게 보여[示] 주는 모임[會]. ¶이곳에서 도서 전시회가 열린다.

▸전:시 효:과 展示效果 (보람 효, 열매 과). ① 속뜻 전시(展示)를 통하여 얻어지는 효과(效果). ② 경제 주위의 높은 소비 수준에 영향을 받아 소득 수준에 비하여 소비 수준이 높아지는 현상. ⓑ과시 효과(誇示效果). ③ 정치 정치 지도자가 대내외적으로 자신의 업적을 과시하기 위하여 실질적인 효과가 크지도 아니한 상징적인 정책을 실시함으로써 얻고자 하는 효과.

전:시[3] 展翅 (펼 전, 날개 시). 표본을 만들기 위하여 곤충의 날개[翅] 따위를 수평으로 펴는[展] 일.

▸전:시-판 展翅板 (널빤지 판). 채집한 곤충의 촉각, 날개[翅], 다리 따위를 잘 펴서[展] 고정하는 판(板).

전:시[4] 戰時 (싸울 전, 때 시). 전쟁(戰爭)이 벌어진 때[時]. ¶그 나라는 지금 전시 상태이다.

▸전:시-세 戰時稅 (세금 세). 법률 전시(戰時)에 전쟁 경비를 조달하려고 특별히 부과하는 세금(稅金).

▸전:시-하 戰時下 (아래 하). 전시(戰時)의 상황 아래[下].

▸전:시 경제 戰時經濟 (다스릴 경, 건질 제). 경제 전쟁을 수행하기 위하여 전시(戰時)에 짜는 국민 경제(經濟). 소비 절약, 생산 증

가 등을 꾀하는 계획적이고 통제적인 경제.

▸ **전ː시 공법** 戰時公法 (여럿 공, 법 법). 법률 전시(戰時)에 필요한 국제 간의 공공(公共) 법규 관계를 규정한 법률(法律).

▸ **전ː시 공채** 戰時公債 (여럿 공, 빚 채). 경제 전시(戰時)에 군사비의 지출을 위해 모집하는 국가[公]의 빚[債].

▸ **전ː시 복구** 戰時復舊 (되돌릴 복, 옛 구). 전시(戰時)에 파괴된 것을 본디[舊]의 상태로 고쳐 되돌려[復] 놓음.

▸ **전ː시 봉쇄** 戰時封鎖 (봉할 봉, 잠글 쇄). 전시(戰時)에 전투 수단으로 적국 연안의 교통을 막는[封=鎖] 일.

▸ **전ː시 징발** 戰時徵發 (거둘 징, 보낼 발). ① 속뜻 전시(戰時)에 군대의 필요에 따라 강제적으로 군사를 거두어[徵] 전쟁터로 보냄[發]. ② 법률 전시에 민간의 물자를 강제적으로 거두어들이는 일.

▸ **전ː시 체제** 戰時體制 (몸 체, 정할 제). 사회 전시(戰時)에 모든 사회적 기구나 조직을 전쟁 수행에 알맞도록 만든[制] 형식[體].

▸ **전ː시 편제** 戰時編制 (엮을 편, 만들 제). 군사 전시(戰時)에 공격과 방어를 효과적으로 수행할 수 있도록 부대의 구성원을 체계에 맞게 짜서[編] 조직을 만듦[制].

▸ **전ː시 국제법** 戰時國際法 (나라 국, 사이 제, 법 법). 법률 전시(戰時)에 필요한 국제간(國際間)의 법규 관계를 규정한 법률(法律). ⑪전시 공법(戰時公法).

전시-과 田柴科 (밭 전, 땔나무 시, 조목 과). 역사 고려 때, 관료의 임금이나 관아의 경비로 임야[田]나 땔감[柴]을 나누어주던 제도[科]. 경종 1년(976)에 처음 제정하여 문종 30년(1076)에 완비하였다. 직전(職田), 한인전(閑人田), 군인전(軍人田), 공음전(功蔭田), 공해전(公廨田) 등이 있다.

전-시대 前時代 (앞 전, 때 시, 연대 대). 이전(以前) 시대(時代). 앞 시대. ⑫후시대(後時代).

전-시절 前時節 (앞 전, 때 시, 철 절). 지나간[前] 시절(時節). ⑪전세월(前歲月).

전ː식 電飾 (전기 전, 꾸밀 식). 전기(電氣) 조명을 이용한 장식(裝飾).

전신[1] 前身 (앞 전, 몸 신). ① 속뜻 바뀌기 전(前)의 신분(身分). ②신분, 단체, 회사 따위의 바뀌기 전의 본체. ③전생의 몸.

전신[2] 傳信 (전할 전, 소식 신). 편지[信]나 소식을 전(傳)함.

전ː신[3] 轉身 (옮길 전, 몸 신). ① 속뜻 다른 곳으로 몸[身]을 옮김[轉]. ②주의(主義)나 생활 방침을 바꿈.

전신[4] 全身 (모두 전, 몸 신). 온[全] 몸[身]. 몸 전체. ¶전신이 다 아프다 / 전신 거울.

▸ **전신-골** 全身骨 (뼈 골). 염소, 노루, 소 따위에서 살을 발라낸 온몸[全身]의 뼈[骨].

▸ **전신-상** 全身像 (모양 상). 미술 몸[身] 전체(全體)를 조소 또는 그림으로 나타낸 사람의 형상[像].

▸ **전신 마취** 全身痲醉 (저릴 마, 취할 취). 의학 일시적으로 중추 신경을 억제하여 온몸[全身]의 감각이나 의식을 마비시키는 일[痲醉]. ⑫국소 마취(局所痲醉).

▸ **전신-만신** 全身滿身 (찰 만, 몸 신). 온[全=滿] 몸[身].

▸ **전신 불수** 全身不隨 (아닐 불, 따를 수). 한의 중풍으로 말미암아 온몸[全身]을 마음대로[隨] 쓰지 못함[不]. ⑫반신(半身) 불수.

▸ **전신 운ː동** 全身運動 (돌 운, 움직일 동). 운동 온몸[全身]을 고루 움직이는 운동(運動). ¶수영은 전신 운동이다.

전ː신[5] 電信 (전기 전, 소식 신). 통신 문자나 숫자를 전기(電氣) 신호로 바꾸어 전파나 전류로 보내는 통신(通信).

▸ **전ː신-기** 電信機 (틀 기). 물리 전류(電流)나 전파를 이용하여 통신(通信)하는 기계(機械).

▸ **전ː신-료** 電信料 (삯 료). 전신(電信)을 보내는 데 드는 요금(料金).

▸ **전ː신-망** 電信網 (그물 망). 그물[網]처럼 분포된 전신(電信) 통신 설비의 체계.

▸ **전ː신-주** 電信柱 (기둥 주). ① 속뜻 전선(電線)이나 통신선(通信線)을 늘여 매기 위하여 세운 기둥[柱]. ②'키가 큰 사람'을 비유하여 이르는 말. ⑪전봇대.

▸ **전ː신-환** 電信換 (바꿀 환). 경제 전신(電信)에 의한 우편환(郵便換). ⑪전보환(電報換).

▸ **전ː신 동맹** 電信同盟 (한가지 동, 맹세할 맹). 통신 국제간의 전신(電信) 교환(交換)을 약정한 동맹(同盟).

▸전:신 부:호 電信符號 (맞을 부, 표지 호). 통신 전신(電信)에서 점이나 선으로 자모를 나타낸 부호(符號).

▸전:신 약호 電信略號 (줄일 략, 표지 호). 통신 전신(電信)을 보낼 때에 어떤 사물을 간단하고 알기 쉽게 하기 나타내기 위하여, 간략(簡略)하게 만든 부호(符號).

전실 **前室** (앞 전, 집 실). 남의 전(前) 아내[室]를 높여 이르는 말.

▸전실 자식 前室子息 (아이 자, 불어날 식). 전실(前室) 소생의 자식(子息).

전심[1] **前審** (앞 전, 살필 심). ① 속뜻 이전(以前)에 있던 심리(審理). ② 법률 법원의 심리에 앞서 행정 기관 따위에서 하는 심리.

전심[2] **全心** (모두 전, 마음 심). 온[全] 마음[心]. ¶문제 해결을 위해 전심을 기울였다.

▸전심-전력 全心全力 (모두 전, 힘 력). 온[全] 마음[心]과 온[全] 힘[力]. ¶그는 전심전력을 다해서 이번 공연을 준비했다.

전심[3] **專心** (오로지 전, 마음 심). 마음[心]을 오로지[專] 한곳에만 기울임. ¶그는 연구에 전심하고 있다.

▸전심-전력 專心專力 (오로지 전, 힘 력). 온 마음[心]과 온 힘[力]을 오로지[專] 한곳에 모아 씀.

전아[1] **全我** (모두 전, 나 아). 철학 자아(自我)의 전체(全體)를 이르는 말.

전:아[2] **典雅** (법 전, 고울 아). 바르고[典] 아담(雅淡)하여 품위가 있음.

전:아[3] **剪芽** (자를 전, 싹 아). 나무나 풀의 싹[芽]을 잘라[剪] 냄.

전악 **前惡** (앞 전, 나쁠 악). ① 속뜻 이전(以前)에 저지른 죄악(罪惡). ② 전세(前世)의 죄업(罪業).

전안[1] **前案** (앞 전, 안건 안). 이전(以前)의 고안(考案)이나 안건.

전:안[2] **奠雁** (제사지낼 전, 기러기 안). 민속 구식 결혼식에서 신랑이 신부의 집에 기러기[雁]를 가지고 가서 상위에 놓고 절하는[奠] 예식.

▸전:안-상 奠雁床 (평상 상). 전안(奠雁)을 행할 때에 기러기를 올려놓는 상(床).

전:압 **電壓** (전기 전, 누를 압). ① 속뜻 전기(電氣) 마당의 압력(壓力). ② 전기 전기 마당이나 도체 안에 있는 두 점 사이의 에너지 차이. ¶전압을 올리다.

▸전:압-계 電壓計 (셀 계). 전기 회로 안의 두 점 사이의 전압(電壓)을 재는[計] 기기(器機).

▸전:압-선 電壓線 (줄 선). 전기 전압계(電壓計)에 이어지는 전선(電線).

전-압력 **全壓力** (모두 전, 누를 압, 힘 력). 물리 전체(全體) 압력(壓力).

전액[1] **全額** (모두 전, 액수 액). 전부(全部)에 해당되는 액수(額數). ¶전액을 현금으로 지불하다.

전:액[2] **篆額** (전서 전, 현판 액). 전서(篆書) 서체로 쓴 현판이나 비석의 제액(題額).

전야[1] **田野** (밭 전, 들 야). 논밭[田]과 들[野].

전야[2] **前夜** (앞 전, 밤 야). ① 속뜻 지난[前] 밤[夜]. ② 특정한 날을 기준으로 그 전날 밤. ¶크리스마스 전야. ③ 특정한 시기나 단계를 기준으로 하여 그 앞이 되는 시기나 단계. ¶폭풍 전야 / 혁명 전야.

▸전야-제 前夜祭 (제사 제). 어떤 행사에 앞서 그 전(前)날 밤[夜]에 베푸는 축제(祝祭).

전약[1] **前約** (앞 전, 묶을 약). 이전(以前)에 맺은 약속(約束). ㊐ 선약(先約).

전:약[2] **煎藥** (달일 전, 약 약). ① 속뜻 약(藥)을 달이는[煎] 일. 또는 달여 놓은 약. ② 동짓날에 먹는 음식의 하나.

전어[1] **佃漁** (사냥할 전, 고기잡을 어). 사냥질[佃]과 고기잡이[漁].

전:어[2] **箭魚** (화살 전, 물고기 어). ① 속뜻 화살[箭] 같은 가시가 많이 있는 물고기[魚]. ② 동물 준치과의 물고기. 몸의 길이는 50㎝ 정도에 옆으로 납작하며, 살에는 가시가 많다.

전:어[3] **錢魚** (돈 전, 물고기 어). ① 속뜻 은전(銀錢) 같은 색깔의 물고기[魚]. ② 동물 청어과의 바닷물고기. 몸의 길이는 20~30㎝이고 옆으로 납작하며, 등은 검푸르고 배는 은백색이다.

전어[2] **傳語** (전할 전, 말씀 어). 말씀[語]을 전(傳)함. ㊐ 전언(傳言).

▸전어-통 傳語筒 (대롱 통). ① 속뜻 말[語]을 전(傳)할 때 쓰던 통(筒). ② 예전에, '전화기'(電話機)를 속되게 이르던 말.

전언[1] 前言 (앞 전, 말씀 언). 앞[前]에서 한 말[言]. 이전에 한 말. [비]전설(前說).

전언[2] 傳言 (전할 전, 말씀 언). 말[言]을 전(傳)함. 또는 그 말. [비]전어(傳語).

▸전언-판 傳言板 (널빤지 판). 전(傳)하는 말[言]을 써 두거나 쪽지를 꽂아 놓도록 한 판(板).

전업[1] 前業 (앞 전, 일 업). ① [속뜻] 이전(以前)에 종사하였던 직업(職業). ② [불교] 전생에 지은 선악의 업.

전업[2] 專業 (오로지 전, 일 업). ① [속뜻] 전문(專門)으로 하는 직업(職業). ¶전업 주부 / 전업 작가. ② 국가가 자유 경쟁을 금지·억제할 목적으로 법인이나 어떤 개인에게 그 경영을 허가하여 이익을 독점시키는 업.

▸전업-농 專業農 (농사 농). 오로지[專] 농사만 일하는[業] 농민(農民). ¶농어민 후계자 지원금은 전업농에만 지급된다.

전:업[3] 電業 (전기 전, 일 업). 전기(電氣)와 관련되는 사업(事業).

전:업[4] 轉業 (옮길 전, 일 업). 직업(職業)을 바꿈[轉].

전역[1] 全域 (모두 전, 지경 역). 전체(全體)의 지역(地域). ¶부산 전역에 비가 내리고 있다.

전역[2] 全譯 (모두 전, 옮길 역). 원문을 전부(全部) 번역(翻譯)함. 또는 그 번역.

전:역[3] 戰役 (싸울 전, 부릴 역). 전투(戰鬪)에 동원됨[役]. [비]전쟁(戰爭), 난리(亂離).

전:역[4] 戰域 (싸울 전, 지경 역). 전투(戰鬪)하는 지역(地域).

전:역[5] 轉役 (옮길 전, 부릴 역). 현재까지 복무하던 역종(役種)에서 다른 역종으로 바뀜[轉]. ¶현역에서 예비역으로 전역하다.

▸전:역-식 轉役式 (의식 식). 전역(轉役)할 때 행하는 의식(儀式).

전연[1] 全然 (온전할 전, 그러할 연). 온전(穩全)히 그러함[然]. 온전함. ¶나는 그 일에 대해서는 전연 모른다.

전연[2] 全緣 (완전할 전, 가선 연). [식물] 식물의 잎 가장자리 여러 가지 생김새 중, 톱니가 전혀 없이 잎가의 가장자리[緣]가 완전(完全)함.

전연[3] 前緣 (앞 전, 인연 연). ① [속뜻] 전생(前生)의 인연(因緣). '전생연분'(前生緣分)의 준말. ② 앞쪽의 가장자리나 언저리. ③ 비행기 주익(主翼)의 앞쪽 부분.

전:연[4] 展延 (펼 전, 늘일 연). 늘려서[延] 얇게 폄[展]. 또는 벌려져서 얇게 펴지고 늘어남.

전열[1] 全裂 (모두 전, 찢어질 렬). ① [속뜻] 전부(全部) 갈라짐[裂]. ② [식물] 꽃받침, 꽃잎, 잎 따위의 가장자리가 밑 부분까지 깊게 갈라진 것.

전열[2] 前列 (앞 전, 줄 렬). ① [속뜻] 앞[前]에 있는 줄[列]. ② 전대(前代)의 사람이 세운 공적과 업적.

전:열[3] 戰列 (싸울 전, 줄 렬). 전쟁(戰爭)에 참가하는 부대의 대열(隊列). ¶전열을 갖추어 행군을 시작하다.

전:열[4] 電熱 (전기 전, 더울 열). [물리] 전기(電氣) 에너지를 열에너지로 변환시켰을 때 발생하는 열(熱).

▸전:열-기 電熱器 (그릇 기). [물리] 전류(電流)에 의한 열(熱)을 발생시키는 기구(器具).

▸전:열-선 電熱線 (줄 선). [물리] 전류를 통하여 전열(電熱)을 발생시키는 선(線).

전염 傳染 (전할 전, 물들일 염). ① [속뜻] 버릇이나 태도, 풍속 따위가 옮아[傳] 물듦[染]. ② 병이 남에게 옮음. ¶전염 예방 / 감기는 전염된다.

▸전염-병 傳染病 (병 병). [의학] 전염(傳染)되기 쉬운 병(病). ¶법정 전염병 / 전염병이 전국을 휩쓸었다. [비]돌림병.

▸전염-성 傳染性 (성질 성). 전염(傳染)이 되는 특성(特性). ¶이 병은 전염성이 강하다.

전엽-육 全葉育 (모두 전, 잎 엽, 기를 육). [농업] 썰지 않은 통째[全]의 뽕잎[葉]을 먹여 누에를 기르는[育] 일.

전와[1] 塼瓦 (벽돌 전, 기와 와). 벽돌[塼]과 기와[瓦].

전:와[2] 戰渦 (싸울 전, 소용돌이 와). 전쟁(戰爭)으로 인하여 일어난 소용돌이[渦].

전:와[3] 轉訛 (옮길 전, 그릇될 와). 바뀌어[轉] 그릇됨[訛].

▸전:와-어 轉訛語 (말씀 어). 본뜻이 바뀌어[轉] 그릇되게[訛] 전하여진 말[語].

전완-골 前腕骨 (앞 전, 팔 완, 뼈 골).

의학 팔꿈치부터 손목까지의 앞 팔[前腕]에 있는 뼈[骨].

전완-근 前腕筋 (앞 전, 팔 완, 힘줄 근). 의학 팔꿈치부터 손목까지의 앞 팔[前腕]에 있는 근육(筋肉).

전왕 前王 (앞 전, 임금 왕). 전대(前代)의 임금[王].

전:요 纏繞 (감을 전, 두를 요). 덩굴 따위가 친친 휘감아[纏] 두름[繞]. 또는 친친 휘감김.

▸전:요-경 纏繞莖 (줄기 경). 식물 스스로 서지 못하고 다른 물건을 감으면서[纏繞] 위로 뻗어 오르는 줄기[莖]. 칡 따위.

▸전:요 식물 纏繞植物 (심을 식, 만물 물). 줄기로 다른 물건을 친친 감으며[纏繞] 자라 올라가는 덩굴 식물(植物).

전용[1] 全用 (모두 전, 쓸 용). 온통 다[全] 씀[用]. 온전히 씀.

전용[2] 全容 (모두 전, 얼굴 용). 전체(全體)의 모습[容]. 또는 내용. ⓑ전모(全貌).

전:용[3] 轉用 (옮길 전, 쓸 용). 예정되어 있는 곳에 쓰지 않고 다른 데로 돌려서[轉] 씀[用]. ¶공금을 전용하다.

전용[4] 專用 (오로지 전, 쓸 용). ① 속뜻 공동으로 쓰지 않고 오로지[專] 혼자서만 씀[用]. ¶버스전용차로. ② 오로지 한 가지만 씀. ¶한글 전용. ③ 일정한 부문에만 한하여 씀. ¶축구 전용 구장. ⓑ공용(共用).

▸전용-권 專用權 (권리 권). 법률 특정한 물건이나 장소를 전용(專用)하는 권리(權利).

▸전용-기 專用機 (틀 기). 특정한 사람만이 전용(專用)하는 비행기(飛行機).

▸전용-로 專用路 (길 로). 특정한 목적 전용(專用)으로 쓰이는 길[路].

▸전용-선[1] 專用船 (배 선). 특정한 화물만을 싣는데 전용(專用)하도록 만든 배[船].

▸전용-선[2] 專用線 (줄 선). ① 속뜻 전용(專用)으로 쓰는 전화선(電話線). ② 전용으로 쓰는 철도의 선로.

▸전용-전 專用栓 (마개 전). 한 집에서만 전용(專用)하는 수도전(水道栓).

▸전용 어장 專用漁場 (고기잡을 어, 마당 장). 수산 전용권(專用權)이 있는 어장(漁場).

▸전용 철도 專用鐵道 (쇠 철, 길 도). 교통 특정인이 전용(專用)하려는 목적으로 관청의 허가를 얻어 부설한 철도(鐵道).

전:우 戰友 (싸울 전, 벗 우). 전장(戰場)에서 승리를 위해 생활과 전투를 함께 하는 동료[友]. ⓑ군우(軍友).

▸전:우-애 戰友愛 (사랑 애). 전우(戰友)로서 서로 돕고 사랑[愛]하는 마음.

전:운[1] 戰雲 (싸울 전, 구름 운). 전쟁(戰爭)이나 전투가 벌어지려는 살기를 띤 형세를 구름[雲]에 비유한 말. ¶전운이 감돌다.

전:운[2] 戰運 (싸울 전, 돌 운). 전쟁(戰爭)이나 전투가 벌어지려는 형세[運]. ¶전운이 감돌다.

전원[1] 全員 (모두 전, 인원 원). 전체(全體)의 인원(人員). ¶우리 반 전원이 봉사 활동에 참여했다.

전원[2] 全院 (모두 전, 집 원). 한 집[院]의 전체(全體). 마을 전체.

전원[3] 田園 (밭 전, 동산 원). ① 속뜻 논밭[田]과 동산[園]. ② 도시에서 떨어진 시골이나 교외(郊外)를 이르는 말. ¶전원 생활 / 아름다운 전원의 풍경을 바라보다.

▸전원-시 田園詩 (시 시). 문학 전원(田園)의 생활이나 정경을 읊은 시(詩).

▸전원-풍 田園風 (모습 풍). 전원(田園)다운 풍취(風趣).

▸전원-도시 田園都市 (도읍 도, 저자 시). ① 속뜻 전원(田園)의 정취와 쾌적함을 갖추고 있는 도시(都市). ② 대도시 근교의 전원 지대에 계획적으로 건설된 도시.

▸전원 문학 田園文學 (글월 문, 배울 학). 문학 전원(田園)의 생활과 정경을 다룬 문학(文學).

▸전원-생활 田園生活 (살 생, 살 활). 도시를 떠나 전원(田園)에서 한가하게 지내는 생활(生活).

▸전원-시인 田園詩人 (시 시, 사람 인). 주로 전원(田園)의 아름다움을 노래하는 시인(詩人).

전:원[4] 電源 (전기 전, 근원 원). ① 물리 전류(電流)의 근원[源]. ¶라디오의 전원을 켜다. ② 발전 시설 같은, 전기 에너지를 얻는 원천.

▸전:원 개발 電源開發 (열 개, 드러날 발). 공업 전원(電源)을 얻기 위한 여러 시설을

개발(開發)함.

전월 前月 (앞 전, 달 월). 지난[前] 달[月]. 전달. ¶나는 전월보다 성적이 많이 올랐다.

전위[1] 全委 (모두 전, 맡길 위). 전부(全部) 맡김[委]. 전부 위임함.

전위[2] 專委 (오로지 전, 맡길 위). 오로지[專]한 일만을 맡김[委]. ㊐전임(專任).

전위[3] 傳位 (전할 전, 자리 위). 왕위(王位)를 물려줌[傳].

전:위[4] 轉位 (옮길 전, 자리 위). ① 속뜻 위치(位置)가 옮겨지거나[轉] 바뀜. ② 생물 염색체의 일부, 또는 유전자가 동일 염색체의 다른 부분으로 옮아가는 일. ③ 의학 관절의 뼈가 어긋나는 일. ④ 화학 유기 화합물의 한 분자 안에서 두 개의 원자 또는 원자단이 서로 그 위치를 바꾸는 일.

전위[5] 前衛 (앞 전, 지킬 위). ① 속뜻 앞[前]에서 먼저 나가는 호위(護衛). '전위대'(前衛隊)의 준말. ② 예술 선구적이고 실험적인 창작을 시도하는 그룹. ③ 운동 구기 경기에서, 자기 진영 전방에서 공격이나 수비를 담당하는 선수. 또는 그런 위치.

▸전위-극 前衛劇 (연극 극). 연영 새로운 시대정신으로 그 시대를 앞서가려는[前衛] 선구적인 연극(演劇).

▸전위-대 前衛隊 (무리 대). 군사 부대 이동 시 맨 앞에서[前] 본대를 호위하는[衛] 임무를 맡은 부대(部隊).

▸전위-파 前衛派 (갈래 파). 예술 기성의 예술 관념이나 형식을 부정하고 혁신적[前衛] 예술을 주장한 예술 운동의 한 갈래[派]. 20세기 초에 유럽에서 일어난 다다이즘, 입체파, 미래파, 초현실주의 따위.

▸전위 영화 前衛映畫 (비칠 영, 그림 화). 연영 새로운 실험적 표현 수법을 사용하여[前衛] 만든 영화(映畫).

전:위[6] 電位 (전기 전, 자리 위). 전기 전기(電氣) 마당 안의 한 점에 어떤 표준점으로부터 단위 전기량을 옮기는 데 필요한 두 점 사이의 전압의 차[位]. 곧 전하가 갖는 위치 에너지를 이른다.

▸전:위-계 電位計 (셀 계). 전기 충전된 물체 사이의 정전기력에 의하여 전위(電位) 또는 전위차를 재는[計] 기계.

▸전:위-차 電位差 (어긋날 차). 전기 전기 마당 또는 도체 안의 두 점 사이의 전위(電位)의 차(差).

전유[1] 全乳 (온전할 전, 젖 유). 지방을 빼지 않은 온전(穩全)한 상태의 우유(牛乳).

전:유[2] 煎油 (지질 전, 기름 유). 기름[油]으로 지짐[煎].

전유[3] 專有 (오로지 전, 있을 유). 오로지[專] 혼자만 가지고 있음[有]. 독차지함. ㊐독점(獨占).

▸전유-물 專有物 (만물 물). 독차지한[專有] 물건(物件). ㊐독점물(獨占物). ㊥공유물(共有物).

전:율 戰慄 (두려워할 전, 벌벌 떨 률). 몹시 무섭거나 두려워[戰] 벌벌 떨다[慄]. ¶전율을 느끼다 / 나는 점점 커지는 비명 소리에 전율했다.

전:음[1] 顫音 (떨릴 전, 소리 음). 떨리는[顫] 소리[音].

전음[2] 全音 (모두 전, 소리 음). 음악 온[全] 음(音). 장음계에서, '미·파', '시·도' 이외의 장2도 음정.

▸전음-계 全音階 (섬돌 계). 음악 한 옥타브가 다섯 개의 온음[全音]과 두 개의 반음으로 이루어진 음계(音階).

▸전음-부 全音符 (맞을 부). 음악 한 마디 전체(全體)의 길이에 해당하는 음(音)을 표현하는 부호[符]. ㊐온음표.

전음-기 傳音器 (전할 전, 소리 음, 그릇 기). 소리[音]를 멀리 전(傳)하는 기계(器械).

전-음정 全音程 (모두 전, 소리 음, 거리 정). 음악 하나의 음정 전체(全體)에 해당하는 음(音) 사이의 거리[程]. 두 개의 반음정을 합한 음정.

전의[1] 專意 (오로지 전, 뜻 의). 오직[專] 한 곳으로만 뜻[意]을 기울임.

전:의[2] 戰意 (싸울 전, 뜻 의). 싸우고자[戰] 하는 의욕(意慾). ¶대장이 죽자 그들은 전의를 잃었다.

전:의[3] 轉義 (옮길 전, 뜻 의). 본래의 뜻에서 다른 뜻[義]으로 바뀜[轉]. 또는 그렇게 바뀐 뜻.

전-의발 傳衣鉢 (전할 전, 옷 의, 밥그릇 발). 불교 제자에게 교법을 전하여 줌을 이르는 말. 당나라 선종의 시조 달마로부터 제6조 혜능(慧能)까지 가사[衣]와 바리때[鉢]를 전(傳)하여 준 데서 유래.

전-의식 前意識 (앞 전, 뜻 의, 알 식). 심리 지금은 무의식 상태에 있지만, 생각해 내려고 하면 생각해 낼 수 있는 이전(以前)의 의식(意識). 참의식, 무의식(無意識).

전:이 轉移 (구를 전, 옮길 이). ① 속뜻 자리나 위치 따위를 다른 곳으로 굴러[轉] 옮김[移]. ¶한 나라의 문화는 다른 나라로 전이되기도 한다. ② 의학 병원체나 종양 세포가 혈류나 림프류를 타고 흘러서 다른 장소로 옮겨와 변화를 일으킴. ¶암세포가 뇌까지 전이되었다. ③ 심리 앞에서 행한 학습이 나중 학습의 효과에 영향을 줌.

전인[1] 前因 (앞 전, 인할 인). 전생(前生)의 인연(因緣).

전인[2] 全人 (모두 전, 사람 인). ① 속뜻 모든[全] 자질을 두루 갖춘 사람[人]. ② 결함이 없이 완벽한 사람.

▸전인 교:육 全人教育 (가르칠 교, 기를 육). 교육 인간(人間)이 지닌 모든[全] 자질을 조화롭게 발달시키는 것을 목적으로 하는 교육(教育).

전인[3] 前人 (앞 전, 사람 인). 이전(以前)의 사람[人]. 반후인(後人).

▸전인-미답 前人未踏 (아닐 미, 밟을 답). ① 속뜻 이전 사람[前人]은 누구도 가보지[踏] 못함[未]. ② 이제까지 그 누구도 손을 대어 본 일이 없음.

전-인구 全人口 (모두 전, 사람 인, 입 구). 전체(全體) 인구(人口).

전일[1] 全一 (모두 전, 한 일). 전체(全體)가 하나[一]를 이룸. 통일성 있는 모양.

전일[2] 前日 (앞 전, 날 일). 전(前) 날[日]. 비선일(先日). 반후일(後日).

전일[3] 專一 (오로지 전, 한 일). 마음과 힘을 모아 오직[專] 한[一] 곳에만 씀.

전일[4] 全日 (모두 전, 날 일). ① 속뜻 모든[全] 날[日]. ② 하루 종일.

▸전일-제 全日制 (정할 제). ① 속뜻 어떤 일을 온종일[全日] 실시하도록 만든 제도(制度). ② 교육 일반적으로 평일 주간에 규칙적으로 수업을 하는 제도. 흔히 학교에서 채택하는 방식.

전:임[1] 轉任 (옮길 전, 맡길 임). 다른 관직이나 임무(任務)로 옮김[轉].

전임[2] 前任 (앞 전, 맡길 임). 이전(以前)에 그 임무를 맡음[任]. 또는 그런 사람이나 그 임무. ¶그는 책임을 전임 사장에게 돌렸다. 반후임(後任).

▸전임-자 前任者 (사람 자). 그 임무를 이전(以前)에 맡아보던[任] 사람[者].

전임[3] 專任 (오로지 전, 맡길 임). 어떤 일을 전문적(專門的)으로 맡음[任]. 또는 그런 사람.

▸전임 강:사 專任講師 (강의할 강, 스승 사). 한 학교에 전임(專任)으로 근무하는 강사(講師).

전:입 轉入 (옮길 전, 들 입). 거주지나 학교 따위의 소속을 다른 곳으로부터 옮겨[轉] 들어옴[入]. ¶전입 신고 / 그는 이번에 우리 부대로 전입해 왔다.

▸전:입-자 轉入者 (사람 자). 거주지나 학교 따위의 소속을 다른 곳으로부터 옮겨[轉] 온[入] 사람[者]. 반전출자(轉出者).

전자[1] 前者 (앞 전, 것 자). ① 속뜻]말한 것[者]. ¶전자가 후자보다 좋다. ② 말하는 때 이전의 지나간 차례나 때. ¶이 사람이 전자에 내가 말했던 사람일세. 비지난번. 반후자(後者).

전:자[2] 篆字 (전서 전, 글자 자). 전서(篆書) 서체로 써놓은 한자(漢字).

전:자[3] 電子 (전기 전, 씨 자). ① 물리 음전하(陰電荷)를 가지고 원자핵의 주위를 도는 소립자(素粒子)의 하나. ② 전자를 이용한 산업이나 제품에 관계되는 것. ¶전자 악기 / 전자 제품 / 전자레인지.

▸전:자-관 電子管 (대롱 관). 물리 전자(電子)를 응용한 진공관(眞空管). 또는 저압관(低壓管).

▸전:자-뇌 電子腦 (골 뇌). 물리 사람 두뇌(頭腦) 작용의 일부 또는 그와 비슷한 기능을 지니고 있는 전자(電子) 장치. '전자두뇌'(電子頭腦)의 준말.

▸전:자-론 電子論 (논할 론). 물리 전자(電子)의 성질이나 운동을 연구하는 학문[論].

▸전:자-선 電子線 (줄 선). 물리 많은 전자(電子)가 일정한 방향으로 빠른 속도로 날아 움직이는 흐름을 이어 선(線)으로 나타낸 것.

▸전:자-총 電子銃 (총 총). 물리 전자선(電

子線)을 발생하는 총(銃) 모양의 장치.

▸전:자-파 電子波 (물결 파). 물리 전자(電子)를 입자로서가 아닌 물질파(物質波)로서 이르는 말.

▸전:자 공학 電子工學 (장인 공, 배울 학). 전기 전자(電子)의 운동 현상과 그 응용 기술을 연구하는 공학(工學).

▸전:자-두뇌 電子頭腦 (머리 두, 골 뇌). 물리 사람 두뇌(頭腦) 작용의 일부 또는 그와 비슷한 기능을 지니고 있는 전자(電子) 장치.

▸전:자 방:출 電子放出 (놓을 방, 날 출). 물리 진공관이나 광전관의 음극에서 전자(電子)가 방출(放出)하는 현상.

▸전:자 사진 電子寫眞 (베낄 사, 참 진). 연영 전자(電子) 기록 매체 위에 광전도 효과와 정전기 현상을 이용하여 화상을 얻는 사진(寫眞) 방식.

▸전:자 우편 電子郵便 (우송할 우, 편할 편). ① 속뜻 전자계산기(電子計算器)를 이용한 우편(郵便). ② 컴퓨터 컴퓨터 이용자끼리 네트워크를 통하여 문서나 화상 등의 정보를 주고받는 통신 시스템.

▸전:자 음악 電子音樂 (소리 음, 풍류 악). 음악 전자(電子) 음향 장치를 사용하여 작곡하거나 연주하는 음악(音樂).

▸전:자 장치 電子裝置 (꾸밀 장, 둘 치). 물리 전자(電子)의 운동을 이용하는 전기 기기[裝置].

▸전:자-계:산기 電子計算器 (셀 계, 셀 산, 그릇 기). 진공관, 트랜지스터 따위의 전자(電子) 회로를 이용하여 대량의 정보를 고속, 자동으로 계산(計算)하거나 처리하는 기계(器械).

전:자[4] 電磁 (전기 전, 자석 자). 물리 전기(電氣)와 자기(磁氣)를 아울러 이르는 말. ⊕전자기(電磁氣).

▸전:자-계 電磁界 (지경 계). 물리 전자기(電磁氣)가 존재하며 작용하는 공간[界].

▸전:자-기 電磁氣 (기운 기). 물리 전기(電氣)와 자기(磁氣)를 아울러 이르는 말. ㊟전자.

▸전:자-력 電磁力 (힘 력). 물리 전기나 자기[電磁]에 의한 힘[力]을 통틀어 이르는 말.

▸전:자-석 電磁石 (돌 석). 물리 전류(電流)가 흐르면 자기화(磁氣化) 되고, 전류를 끊으면 원래의 상태로 돌아가는 일시적 자석(磁石). 연철봉에 코일을 감아 만든다. ⊕전기 자석(電氣磁石).

▸전:자-설 電磁說 (말씀 설). 물리 전자기(電磁氣)에 관한 이론[說].

▸전:자-장 電磁場 (마당 장). 물리 전기(電氣) 마당과 자기(磁氣) 마당[場]을 아울러 이르는 말. ⊕전자계(電磁界).

▸전:자-파 電磁波 (물결 파). 물리 전자(電磁)가 주기적으로 변화하면서 전달되는 파동(波動). 마이크로파, 가시광선, 엑스선, 감마선 따위. '전자기파'(電磁氣波)의 준말.

▸전:자 감:응 電磁感應 (느낄 감, 응할 응). ① 속뜻 전자(電磁)가 스스로 감응(感應)함. ② 물리 자력선이 도체를 질러갈 때 반응을 하여 그 도선 안에 한때 전류가 생기는 현상. ⊕전자기 유도(電磁氣誘導).

▸전:자기-장 電磁氣場 (기운 기, 마당 장). 물리 전기장(電氣場)과 자기장(磁氣場)을 아울러 이르는 말.

▸전:자기-파 電磁氣波 (기운 기, 물결 파). 물리 전기장(電氣場)과 자기장(磁氣場)이 주기적으로 변화하면서 전달되는 파동(波動).

▸전:자 단위 電磁單位 (홑 단, 자리 위). 물리 전자기량(電磁氣量)을 나타내는 단위(單位)의 하나.

▸전:자 유도 電磁誘導 (꾈 유, 이끌 도). ① 속뜻 전자(電磁)가 스스로 유도(誘導)됨. ② 물리 회로를 관통하는 자력선이 변화하면, 그 회로에 전류를 흐르게 하려는 기전력이 생기는 현상. '전자기 유도'(電磁氣誘導)의 준말.

전자-창 田字窓 (밭 전, 글자 자, 창문 창). 창살을 '十'자 모양으로 끼워 '田' 자(字) 모양처럼 된 창(窓).

전작[1] 前作 (앞 전, 지을 작). ① 속뜻 예전[前]에 만든 작품(作品). ② 이전 사람의 작품.

전작[2] 前酌 (앞 전, 술따를 작). 이전(以前)에 마신[酌] 술. ¶그는 전작이 있다고 술을 사양하였다.

전작[3] 田作 (밭 전, 지을 작). ① 속뜻 밭[田] 농사를 지음[作]. ② 밭에서 지어 수확한 곡식.

▸전작-지 田作地 (땅 지). 밭농사를 짓는 [田作] 땅[地].

전작⁴ 全作 (모두 전, 지을 작). 한 작가나 일정한 분야의 모든[全] 작품[作].

▸전작 장편 소설 全作長篇小說 (길 장, 책 편, 작을 소, 말씀 설). 문학 여러 회로 나누지 않고 한꺼번에 모든 작품[全作]을 발표하는 장편 소설(長篇小說).

전장¹ 全長 (모두 전, 길 장). ① 속뜻 어떤 대상의 전체(全體)의 길이[長]. ② 물고기의 주둥이 끝에서 꼬리지느러미 끝까지의 길이.

전장² 全張 (모두 전, 낱장 장). 종이 따위의 온[全] 장(張).

전:장³ 典章 (법 전, 글 장). ① 속뜻 규칙이나 법[典] 따위를 적은 글[章]. ② 제도와 문물을 아울러 이르는 말.

전장⁴ 前章 (앞 전, 글 장). 앞[前]의 글[章].

전장⁵ 前場 (앞 전, 마당 장). 증권 거래소에서 오전(午前)에 열리는 장(場).

전:장⁶ 電場 (전기 전, 마당 장). 물리 전기력(電氣力)이 작용하는 공간[界]. ⑪전기 마당, 전계(電界), 전기장(電氣場).

전:장⁷ 戰場 (싸울 전, 마당 장). 싸움[戰]이 일어난 곳[場]. ¶전장에 나가다. ⑪전쟁터.

전장⁸ 前裝 (앞 전, 꾸밀 장). 탄약을 총구의 앞[前]에 밀어넣어 장착(裝着)함.

▸전장-총 前裝銃 (총 총). 군사 탄약을 총구의 앞[前]에 밀어넣어 장착(裝着)하는 소총(小銃).

▸전장-포 前裝砲 (대포 포). 군사 포탄을 포구의 앞[前]에 밀어넣어 장착(裝着)하는 대포(大砲).

전재¹ 全載 (모두 전, 실을 재). 소설이나 논문 따위의 글을 출판물에 실을 때에 전체(全體)를 다 실음[載].

전:재² 轉載 (옮길 전, 실을 재). 어떤 곳에 이미 발표되었던 글을 다른 곳에 그대로 옮겨[轉] 실음[載].

전:재³ 戰災 (싸울 전, 재앙 재). 전쟁(戰爭)으로 말미암은 재난(災難). ¶전재로 도시가 황폐화되었다.

▸전:재-민 戰災民 (백성 민). 전쟁(戰爭)으로 재난(災難)을 입은 사람[民].

⁑**전:쟁** 戰爭 (싸울 전, 다툴 쟁). ① 속뜻 싸움[戰]과 다툼[爭]. ¶전쟁터 / 전쟁놀이. ② 국가와 국가. 또는 교전 단체 사이에 무력을 사용하여 싸움. ¶한국전쟁 / 전쟁 영화. ③ '극심한 경쟁이나 혼란'을 비유하여 이르는 말. ¶입시 전쟁. ⑪전투(戰鬪).

▸전:쟁-고아 戰爭孤兒 (홀로 고, 아이 아). 전쟁(戰爭)으로 부모를 잃어 홀로된[孤] 아이[兒].

▸전:쟁 문학 戰爭文學 (글월 문, 배울 학). 문학 전쟁(戰爭)을 고발하고 진단하는 문학(文學).

▸전:쟁 범:죄 戰爭犯罪 (범할 범, 허물 죄). 법률 전쟁(戰爭)할 당시에 전투에 관한 국제 법규를 어기거나 비인도적 행위를 하거나 전시 반역을 함으로써 성립하는 범죄(犯罪).

전:-저당 轉抵當 (옮길 전, 맞설 저, 맡을 당). ① 속뜻 저당(抵當)을 옮김[轉]. ② 법률 저당권자가 저당권을 자기의 채무에 대한 담보로 제공하는 일.

전적¹ 全的 (모두 전, 것 적). 전체(全體)의 것[的]. 모두. 완전히. ¶당신의 의견에 전적으로 찬성합니다.

전:적² 典籍 (책 전, 문서 적). ① 속뜻 책[典=籍]. ② 역사 조선 시대에 성균관에 속하여 성균관의 학생을 지도하는 일을 맡아보던 정육품 벼슬.

전적³ 前績 (앞 전, 실적 적). 이전(以前)에 이루어 놓은 업적(業績).

전:적⁴ 轉籍 (옮길 전, 문서 적). 호적(戶籍)이나 학적(學籍) 따위를 다른 곳으로 옮김[轉].

전:적⁵ 戰績 (싸울 전, 실적 적). 상대와 싸워서[戰] 얻은 실적(實績). ¶나는 그에게 3전 전패의 전적이 있다.

전:적⁶ 戰跡 (싸울 전, 발자취 적). 전쟁(戰爭)의 자취[跡].

▸전:적-비 戰跡碑 (비석 비). 격전(激戰)의 자취[跡]가 있는 곳에 그 사실을 기념하기 위하여 세운 비(碑).

▸전:적-지 戰跡地 (땅 지). 전쟁(戰爭)의 자취[跡]가 남아 있는 곳[地]. ¶전적지를 답사하다.

전:전¹ 戰前 (싸울 전, 앞 전). 전쟁(戰爭)이 일어나기 이전(以前). ⑪전후(戰後).

전:전[2] **轉傳** (옮길 전, 전할 전). 이리저리 거쳐서[轉] 전(傳)해짐.

전:전[3] **轉戰** (옮길 전, 싸울 전). 여기저기로 자리를 옮겨가면서[轉] 싸움[戰].

전전[4] **前前** (앞 전, 앞 전). ① 속뜻 이전(以前)보다 앞선[前]. ② 매우 오래전.

▸전전-년 前前年 (해 년). 지난[前]해의 바로 전(前) 해[年]. ⓑ재작년(再昨年).

▸전전-월 前前月 (달 월). 지난[前]달의 전(前) 달[月].

전:전[5] **輾轉** (구를 전, 구를 전). 누운 채 몸을 이리저리 뒤척임[輾=轉].

▸전:전-반측 輾轉反側 (되돌릴 반, 곁 측). 누워서 몸을 이리저리 굴리어[輾=轉] 엎드렸다[反] 모[側]로 누웠다 하며 잠을 이루지 못함. ⓑ전전불매(輾轉不寐).

▸전:전불매 輾轉不寐 (아닐 불, 잠잘 매). 누워서 몸을 이리저리 굴리며[輾=轉] 잠들지[寐] 못함[不]. ⓑ전전반측(輾轉反側).

전:전[6] **轉轉** (옮길 전, 옮길 전). 이리저리 굴러다니거나 옮겨 다님[轉+轉]. ¶객지를 전전하다.

▸전:전-걸식 轉轉乞食 (빌 걸, 밥 식). 정처 없이 이리저리 돌아다니며[轉轉] 음식(飮食)을 구걸(求乞)함.

전:전긍긍 戰戰兢兢 (두려울 전, 두려울 전, 조심할 긍, 조심할 긍). ① 속뜻 몹시 두려워하며[戰+戰] 몸을 움추림[兢+兢]. ② 어떤 위기감에 떠는 심정을 비유한 말. ¶그는 빵을 훔쳐 먹은 것을 들킬까 봐 전전긍긍하고 있다.

전:전-율률 戰戰慄慄 (두려워할 전, 두려워할 전, 벌벌 떨 률, 벌벌 떨 률). 심한 두려움[戰+戰]이나 분노 따위로 몸을 떪[慄+慄].

전:전-파 戰前派 (싸울 전, 앞 전, 갈래 파). 예술 제이 차 세계 대전(大戰) 이전(以前)의 사상, 생활 태도, 가치관 따위를 따르려는 예술 유파(流派). ⓑ전후파(戰後派).

전점 專占 (오로지 전, 차지할 점). 오로지[專] 혼자서 차지함[占]. ⓑ독점(獨占).

전정[1] **田政** (밭 전, 정사 정). 역사 조선 때, 삼정(三政) 가운데 토지[田]와 관련된 세를 받아들이던 일.

전정[2] **前庭** (앞 전, 뜰 정). 앞[前] 뜰[庭]. ⓑ후정(後庭).

전정[3] **前情** (앞 전, 사랑 정). 이전[前]의 정(情). 옛정. ⓑ구정(舊情).

전정[4] **前程** (앞 전, 거리 정). 앞[前]으로 가야할 길[程].

*__전:정__[5] **剪定** (자를 전, 정할 정). 농업 가지의 일부를 잘라[剪] 다듬는[定] 일. ⓑ가지치기.

전제[1] **田制** (밭 전, 정할 제). 논밭[田]에 관한 제도(制度).

전제[2] **前提** (앞 전, 들 제). ① 속뜻 어떠한 일을 이루기 위하여 앞서[前] 제시(提示)하는 것. ¶그들은 결혼을 전제로 만나고 있다. ② 논리 추리를 할 때, 결론의 기초가 되는 판단. 삼단 논법에서는 대전제, 소전제를 구별한다.

▸전제 조건 前提條件 (가지 조, 구분할 건). 어떤 일을 함에 앞서[前] 내세우는[提] 조건(條件).

전제[3] **專制** (마음대로 전, 정할 제). ① 속뜻 다른 사람은 상관없이 제 생각대로만[專] 일을 처리함[制]. ② 국가의 권력을 개인이 장악하고 그 개인의 의사에 따라 모든 일을 처리함. ¶전제 정치.

▸전제-국 專制國 (나라 국). 전제(專制) 정치를 하는 나라[國].

▸전제-적 專制的 (것 적). 혼자의 생각대로[專] 결정하고 처리하는[制] 것[的].

▸전제 군주 專制君主 (임금 군, 주인 주). 정치 전제(專制) 정치를 하는 나라의 군주(君主).

▸전제 정체 專制政體 (정치 정, 몸 체). 정치 전제(專制) 정치를 행하는 정치(政治) 체제(體制).

▸전제 정치 專制政治 (정사 정, 다스릴 치). 정치 국가 권력을 개인이 장악하여[專] 민의나 법률에 제약을 받지 않고 실시하는[制] 정치(政治).

▸전제-주의 專制主義 (주될 주, 뜻 의). 경제 전제(專制) 정치의 시행을 주장하는 사상[主義]. 또는 그런 제도. ⓑ민주주의(民主主義).

전조[1] **前兆** (앞 전, 조짐 조). 사전(事前)에 미리 나타나 보이는 조짐(兆朕).

전조[2] **前條** (앞 전, 조목 조). 앞[前]의 조항(條項) 또는 조문(條文).

전조[3] **前朝** (앞 전, 조정 조). 바로 전대(前代)의 왕조(王朝).

전:조[4] **電槽** (전기 전, 나무통 조). ① 속뜻 축전지(蓄電池)를 싸고 있는 상자[槽]. ②전기 도금에 쓰는 전해조. ③전해 공업에 쓰는 전해조.

전:조[5] **轉照** (구를 전, 비칠 조). 차례대로 돌려가며[轉] 봄[照]. 회람(回覽).

전:조[6] **轉調** (옮길 전, 가락 조). 음악 악곡의 진행 중 지금까지 계속되던 곡조에서 다른 곡조(曲調)로 바꾸어[轉] 진행시키는 일. 조바꿈.

전조-등 **前照燈** (앞 전, 비칠 조, 등불 등). 기차나 자동차 따위의 앞[前]을 비추는[照] 등(燈). ¶안개가 짙으니 전조등을 켜라.

전족[1] **前足** (앞 전, 발 족). 네 발 짐승의 앞[前] 발[足]. 혹은 두 발 중 앞으로 내딛은 발.

전:족[2] **塡足** (메울 전, 넉넉할 족). 모자라는 것을 보충하여[塡] 넉넉하게[足] 함.

전:족[3] **纏足** (감을 전, 발 족). 발[足]을 옭아[纏] 묶음. 여자의 엄지발가락 이외의 발가락들을 어릴 때부터 발바닥 방향으로 접어 넣듯 힘껏 묶어 헝겊으로 동여매어 발이 자라지 못하게 하던 중국의 옛 풍습.

전존 **傳存** (전할 전, 있을 존). 전(傳)하여져 현존(現存)함.

전-존재 **全存在** (모두 전, 있을 존, 있을 재). 모든[全] 존재(存在). 존재의 전부.

전죄 **前罪** (앞 전, 허물 죄). 이전(以前)에 지은 죄(罪).

전:주[1] **典主** (저당 잡힐 전, 주인 주). 물건을 잡아놓고 돈을 꾸어주는 전당포(典當鋪)의 주인(主人).

전주[2] **前週** (앞 전, 주일 주). 지난[前] 주(週).

전:주[3] **電柱** (전기 전, 기둥 주). 전선(電線)을 매기 위하여 세운 기둥[柱].

전:주[4] **電鑄** (전기 전, 쇠 불릴 주). 화학 전지 분해에 의한 전기(電氣) 도금의 방법을 응용하여 쇠를 부어[鑄] 필요한 물건을 복제하는 일. '전기 주조'(電氣鑄造)의 준말.

전:주[5] **銓注** (저울질할 전, 쏟을 주). 인물을 저울질하여[銓] 적당한 벼슬자리에 배정함[注].

전:주[6] **錢主** (돈 전, 주인 주). ① 속뜻 사업 밑천[錢]을 대는 사람[主]. ②빚을 준 사람.

전:주[7] **轉注** (구를 전, 물댈 주). ① 속뜻 물이 돌아서[轉] 흘러 들어감[注]. ②한자 육서(六書)의 하나. 이미 있는 한자의 뜻을 확대·발전시켜 다른 뜻으로 쓰는 방법. 또는 전주(轉注)에 해당되는 한자.

전주[8] **前奏** (앞 전, 연주할 주). 음악 극이나 악곡을 시작하기 전(前)에 하는 연주(演奏). 참 간주(間奏), 후주(後奏).

▶**전주-곡** **前奏曲** (노래 곡). ① 속뜻 전주(前奏)의 역할을 하는 곡(曲)을 통틀어 이르는 말. ② 음악 서양의 근대 음악에서 짧은 음형 내지 모티브에 근거를 두고 화성적으로 계속 조바꿈을 사용한 피아노 위주의 곡을 이르는 말. 15~16세기 성악곡에 상대하여 발생했다. ③'어떤 일이 본격화되기 전에 암시가 되는 일'을 비유하여 이르는 말. ¶3·1 운동의 전주곡인 독립선언서가 발표되었다.

전:중-파 **戰中派** (싸울 전, 가운데 중, 갈래 파). 제 2차 세계 대전(世界大戰) 중(中)에 청년 시절을 보낸 세대[派].

전지[1] **田地** (밭 전, 땅 지). 밭[田]으로 일구어 놓은 땅[地]. 논밭. ¶조상님들의 피땀이 배어 있는 전지를 함부로 팔 수 있으랴!

전지[2] **全紙** (모두 전, 종이 지). ① 속뜻 신문 따위의 전체(全體) 지면(紙面). ② 출판 자르지 아니한 온장의 종이. ¶학생들이 전지에 함께 그림을 그렸다.

전지[3] **全智** (온전할 전, 슬기 지). 아무 데도 막히거나 모자람이 없는 완전(完全)한 지혜(智慧).

전지[4] **前志** (앞 전, 뜻 지). ① 속뜻 전(前)에 품었던 뜻[志]. ②이전의 기록이나 서적.

전지[5] **前肢** (앞 전, 사지 지). 몸에서 앞[前] 쪽에 있는 다리[肢].

전:지[6] **剪枝** (자를 전, 가지 지). 가지[枝]를 자름[剪].

전:지[7] **戰地** (싸울 전, 땅 지). 싸우는[戰] 땅[地].

전:지[8] **轉地** (옮길 전, 땅 지). 다른 곳[地]으

로 옮김[轉]. ¶동계 전지 훈련.

전지[9] 全知 (모두 전, 알 지). ① 속뜻 모든[全] 것을 다 앎[知]. ② 가톨릭 하느님의 적극적 품성의 하나.

▸전지-적 全知的 (것 적). 모든[全] 것을 다 아는[知] 것[的]. ¶전지적 작가 시점.

▸전지-전능 全知全能 (모두 전, 능할 능). 모든[全] 사물을 잘 알고[知] 모든[全] 일을 다 할 수[能] 있음. ¶전지전능하신 하느님.

전:지[10] 電池 (전기 전, 못 지). 전기 화학반응, 방사선, 온도 차, 빛 따위로 전극 사이에 전기(電氣) 에너지를 저장하는 못[池] 같은 장치. ¶리튬 전지 / 전지가 다 닳아서 충전해야겠다.

▸전:지 용:량 電池容量 (담을 용, 분량 량). 물리 전지(電池)가 방전할 때에 낼 수 있는 전기의 용량(容量).

전직[1] 前職 (앞 전, 일 직). 이전(以前)에 가졌던 직업(職業). ¶전직 농구선수였던 그는 사업가가 되었다.

전:직[2] 轉職 (옮길 전, 일 직). 직업(職業)을 바꿈[轉]. ⑪이직(移職).

전진[3] 前陣 (앞 전, 진칠 진). 여러 진 가운데 앞[前]에 친 진(陣).

전진[4] 前進 (앞 전, 나아갈 진). 앞[前]으로 나아감[進]. ¶이번 일을 이보 전진을 위한 일보 후퇴로 여기다. ⑫후진(後進), 후퇴(後退).

전:진[5] 戰陣 (싸울 전, 진칠 진). 싸움[戰]을 위하여 진을 침[陣].

전:진[6] 戰塵 (싸울 전, 티끌 진). ① 속뜻 싸움터[戰]에서 이는 먼지나 티끌[塵]. ¶땀과 전진으로 얼룩진 군복. ②싸움터의 소란.

전:진[7] 轉進 (옮길 전, 나아갈 진). ① 속뜻 군대가 주둔하던 곳을 떠나 다른 곳으로 옮겨[轉] 감[進]. ②이리저리 굴러 점차 앞으로 나아감.

전질 全帙 (온전할 전, 책갑 질). 온전(穩全)한 책 한 질(帙).

전집[1] 全集 (모두 전, 모을 집). 한 사람 또는 같은 시대나 같은 종류의 저작물을 모두[全] 모아[集] 한 질로 출판한 책. ¶세계 문학 전집.

전집[2] 前集 (앞 전, 모을 집). 전(前)에 골라 모아둔 시집이나 문집(文集).

전차[1] 前次 (앞 전, 차례 차). 지난[前] 번[次].

전:차[2] 電車 (전기 전, 수레 차). 공중에 설치한 전선에서 전력(電力)을 공급받아 지상에 설치된 궤도 위를 다니는 차(車).

전:차[3] 戰車 (싸울 전, 수레 차). ① 속뜻 전투(戰鬪)에 쓰는 차(車). ② 군사 무한궤도를 갖추고, 두꺼운 철판으로 장갑(裝甲)하고, 포와 기관총 따위로 무장한 차량. ⑪탱크(tank).

전:차[4] 轉借 (옮길 전, 빌릴 차). 남이 빌려 온 것을 다시[轉] 빌림[借].

전차[5] 前借 (앞 전, 빌릴 차). ① 속뜻 뒷날에 받을 돈을 앞당겨[前] 빌려[借] 씀. ②어떤 조건 아래 갚기로 하고 빚으로 씀. 또는 그 빚.

▸전차-금 前借金 (돈 금). ① 속뜻 뒷날에 받을 돈을 기일 전에 앞당겨[前] 빌린[借] 돈[金]. ②어떤 조건 아래 갚기로 하고 빚으로 쓰는 돈.

전:착 電着 (전기 전, 붙을 착). 물리 전기(電氣) 분해로 전해질 용액에서 나온 이온이 음극 물체의 표면에 붙는[着] 일.

전채[1] 前菜 (앞 전, 나물 채). 식사 전(前)에 식욕을 돋우려고 먹는 야채(野菜).

전채[2] 前債 (앞 전, 빚 채). 전(前)에 진 빚[債].

전:채[3] 戰債 (싸울 전, 빚 채). 경제 전쟁(戰爭)에 필요한 비용을 충당하기 위하여 발행하는 국채(國債).

전처 前妻 (앞 전, 아내 처). 재혼하기 전(前)의 아내[妻].

전천 사진기 全天寫眞機 (모두 전, 하늘 천, 베낄 사, 참 진, 틀 기). 천문 어안(魚眼) 렌즈나 구면(球面) 거울을 써서 전체(全體) 하늘[天]의 모습을 찍는 기상 관측용 사진기(寫眞機).

전-천후 全天候 (모두 전, 하늘 천, 기후 후). 모든[全] 날씨[天候]에도 제 기능을 다할 수 있음.

▸전천후-기 全天候機 (틀 기). 항공 밤이나 나쁜 기상 조건에서도 전천후(全天候)로 활동할 수 있는 비행기(飛行機).

▸전천후 농업 全天候農業 (농사 농, 일 업). 농업 가뭄이나 홍수 따위의 나쁜 기상 조건

하에서도 전천후(全天候)로 지을 수 있는 농사[農業].

전철[1] **前轍** (앞 전, 바퀴 자국 철). ① 속뜻 앞[前]에 지나간 수레바퀴의 자국[轍]. ② 이전 사람의 그릇된 일이나 행동의 자취. ¶내 딸은 나와 같은 전철을 밟게 하고 싶지 않다.

전:철[2] **電鐵** (전기 전, 쇠 철). 교통 전기(電氣)를 동력으로 하여 궤도 위에 차량을 운전하는 철도(鐵道). '전기철도'의 준말. ¶그녀는 전철로 출퇴근을 한다.

▶**전:철-역** 電鐵驛 (정거장 역). 전철(電鐵)이 왕래하고 발착하는 역(驛). ¶전철역에서 만납시다.

전철[3] **轉轍** (옮길 전, 바퀴 자국 철). ① 속뜻 바퀴 자국[轍]을 옮김[轉]. ② 교통 선로의 갈림길에서 기차나 전차 따위의 차량이 갈려 가도록 궤도를 돌림.

▶**전:철-기** 轉轍機 (틀 기). 교통 철도에서 차량[轍]을 다른 선로로 옮길[轉] 수 있도록 선로가 갈리는 곳에 설치한 기기(器機).

▶**전:철-수** 轉轍手 (사람 수). 전철기(轉轍機)를 조작하는 철도 종업원[手].

전청 全清 (완전할 전, 맑을 청). 언어 훈민정음의 초성 체계 가운데 완전히[全] 맑고 깨끗하게[清] 발음되는 음. 성대를 울리지 않고, 기류가 밖으로 나오지도 않은 채 음성을 내는 초성의 공통 특질이다. 'ㄱ', 'ㄷ', 'ㅂ', 'ㅅ', 'ㅈ', 'ㆆ' 따위.

⁂**전체** 全體 (모두 전, 몸 체). ① 속뜻 온[全] 몸[體]. ② 개개 또는 부분의 집합으로 구성된 것을 몰아서 하나의 대상으로 삼는 경우에 바로 그 대상. ¶소문이 마을 전체에 퍼졌다.

▶**전체-성** 全體性 (성질 성). 여러 사물이 전체적(全體的)으로 하나의 유기적인 체계를 이루고 있는 성질(性質).

▶**전체-적** 全體的 (것 적). 전체(全體)에 관계되는 것[的]. ¶내 방은 전체적으로 분위기가 따뜻하다. ㉵부분적(部分的).

▶**전체 국가** 全體國家 (나라 국, 집 가). 정치 전체주의(全體主義)를 통치 원리로 삼는 국가(國家).

▶**전체 운:동** 全體運動 (돌 운, 움직일 동). 몸 전체(全體)를 이동하여 움직이는 운동(運動).

▶**전체 집합** 全體集合 (모일 집, 합할 합). 수학 부분 집합이나 여집합에 대하여, 그 바탕이 되는 원소 전체(全體)로 이루어진 집합(集合).

▶**전체주의 국가** 全體主義國家 (주될 주, 뜻 의, 나라 국, 집 가). 정치 전체주의(全體主義)를 통치 원리로 삼는 국가(國家). ㉾전체 국가.

전초[1] **全草** (모두 전, 풀 초). 꽃, 뿌리, 잎, 줄기 등을 가진 풀[草]의 전체[全] 포기.

전초[2] **前哨** (앞 전, 망볼 초). 군사 앞[前] 쪽에 배치하여 망을 보는[哨] 작은 부대. 또는 그런 임무. ¶전초 기지.

▶**전초-전** 前哨戰 (싸울 전). 군사 ① 전초(前哨)가 벌이는 작은 규모의 전투(戰鬪). ② 본격적인 전투를 벌이기 전에 하는 작은 규모의 전투.

전:축 **電蓄** (전기 전, 모을 축). 전기(電氣)를 동력으로 작동하는 축음기(蓄音機).

전:출 **轉出** (옮길 전, 날 출). ① 속뜻 다른 곳으로 옮겨[轉] 나감[出]. ¶전출 신고 ② 근무지로 옮겨 감. ¶그는 지방으로 전출했다. ㉵전입(轉入).

전:충 **塡充** (메울 전, 채울 충). 빈 곳을 메워서[塡] 채움[充].

▶**전:충-성** 塡充性 (성질 성). 물리 물질이 공간을 메우는[塡充] 성질(性質).

전취[1] **前娶** (앞 전, 장가들 취). 재혼하기 전(前)의 아내[娶]. 전처(前妻). ¶헤어진 전취가 생각났다.

전:취[2] **戰取** (싸울 전, 가질 취). 싸워서[戰] 목적한 바를 얻음[取].

전치[1] **全治** (완전할 전, 다스릴 치). 병을 완전(完全)히 고침[治].

전치[2] **前齒** (앞 전, 이 치). 의학 앞[前]쪽에 난 치아(齒牙).

전:치[3] **轉置** (옮길 전, 둘 치). 딴 곳으로 옮겨[轉] 놓음[置].

전치-사 **前置詞** (앞 전, 둘 치, 말씀 사). 언어 명사나 대명사 앞[前]에 놓여[置] 다른 품사와의 문법적 관계를 나타내는 품사(品詞).

전칭 全稱 (모두 전, 일컬을 칭). ① 속뜻 '모든'과 같이 전부(全部)를 일컫는[稱] 말. ② 논리 정언적 명제 가운데 주사(主辭)가 가리키는 외연 전체에 관하여 긍정적 또는 부정적으로 서술하는 명제가 가진 성질.

▸전칭 명:제 全稱命題 (명할 명, 제목 제). ① 속뜻 전칭(全稱)하는 말이 붙는 명제(命題). ② 논리 빈사가 주사의 표현하는 사물 모두를 긍정하거나 부정하는 명제. 이를테면 '모든 사람은 죽을 것이다', '모든 사람은 사족수(四足獸)가 아니다' 따위.

▸전칭 판단 全稱判斷 (판가름할 판, 끊을 단). ① 속뜻 전칭(全稱)으로 인한 판단(判斷). ② 논리 주사(主辭)의 모든 범위에 걸쳐서 긍정하거나 부정하는 판단.

전쾌 全快 (완전할 전, 시원할 쾌). 병이 완전히[全=快] 나음. 비 완쾌(完快).

전-타음 前打音 (앞 전, 칠 타, 소리 음). ① 속뜻 앞[前]에 치는[打] 소리[音]. ② 음악 본음표의 앞에 붙어 연주되는 음. 비 앞꾸밈음.

전탁[1] 全託 (모두 전, 부탁할 탁). 어떤 사물이나 일 모두[全]를 남에게 부탁(付託)함.

전탁[2] 全濁 (완전할 전, 흐릴 탁). ① 속뜻 완전(完全)히 탁(濁)한 소리. ② 언어 훈민정음에서 훈민정음의 초성 체계 가운데 'ㄲ', 'ㄸ', 'ㅃ', 'ㅆ', 'ㅉ', 'ㆅ' 따위에 공통적으로 나타나는 특질. ③ 언어 중국 성운학에서 성모를 분류할 때에 비음(鼻音)을 제외한 유성 자음을 이르는 말.

전탑 塼塔 (벽돌 전, 탑 탑). 벽돌[塼]로 쌓은 탑(塔).

전택 田宅 (밭 전, 집 택). 논밭[田]과 집[宅].

전토[1] 田土 (밭 전, 흙 토). ① 속뜻 밭[田]의 흙[土]. ② 논밭. 비 전답(田畓).

전토[2] 全土 (모두 전, 흙 토). 국토(國土)의 전체(全體). 온 나라 안.

전통[1] 全通 (모두 전, 통할 통). ① 속뜻 가설 중이거나 부설 중인 길이나 선로 따위가 모두[全] 통(通)함. ② 모든 이치에 통달함.

전통[2] 全統 (온전할 전, 계통 통). ① 속뜻 모든[全] 계통(系統). ② 있는 전부. ③ 쪼개지 않은 덩어리. 비 온통.

전:통[3] 箋筒 (찌지 전, 대롱 통). 역사 나라에 큰 일이 있을 때에 왕에게 바치는 보고문인 전문(箋文)을 넣던 통(筒).

전:통[4] 箭筒 (화살 전, 대롱 통). ① 속뜻 화살[箭]을 넣어 두는 통(筒). ② 역사 전문(箋文)을 넣어 두는 봉투.

⁑**전통**[5] 傳統 (전할 전, 계통 통). ① 속뜻 대대로 전(傳)해 내려온 계통(系統). ② 어떤 집단이나 공동체에서, 지난 시대에 이미 계통을 이루며 전하여 오는 사상·관습·행동 따위의 양식. ¶이 제과점은 100년의 전통을 자랑한다.

▸전통-미 傳統美 (아름다울 미). 전통적(傳統的)으로 전해 내려오는 것에서 느끼는 아름다움[美].

▸전통-적 傳統的 (것 적). 전통(傳統)으로 되는 것[的]. 전통에 관한 것. ¶횃불놀이는 강릉 지역의 전통적 풍습이다.

▸전통 가옥 傳統家屋 (집 가, 집 옥). 한 사회에서 전통적(傳統的)으로 사용되던 형태의 집[家屋].

▸전통 문화 傳統文化 (글월 문, 될 화). 한 사회의 전통(傳統)이 된 문화(文化).

▸전통-주의 傳統主義 (주될 주, 뜻 의). ① 속뜻 예로부터 전하여 내려오는[傳統] 문화의 정신과 양식을 존중하고 지키려는 보수적인 경향[主義]. ② 철학 진리는 계시(啓示)에 기초를 둔 종교적 전통에서 찾아야 한다는 사상. 18~19세기에 프랑스에서 계몽사상에 반대하여 일어난 철학의 한 유파이다.

전:투 戰鬪 (싸울 전, 싸울 투). 두 편의 군대가 조직적으로 무장하여 싸움[戰=鬪]. ¶야간 전투 / 그들은 3개월 동안 전투를 벌였다. 비 전쟁(戰爭).

▸전:투-기[1] 戰鬪旗 (깃발 기). 군사 군함에서 전투(戰鬪) 개시의 신호로 올리는 깃발[旗].

▸전:투-기[2] 戰鬪機 (틀 기). 군사 전투(戰鬪)할 때 공중전을 주 임무로 하는 작고 민첩한 군용 항공기(航空機).

▸전:투-력 戰鬪力 (힘 력). 군사 전투(戰鬪)를 해낼 수 있는 힘[力]. 전투를 할 수 있는 병력. ¶이 나라는 세계 최강의 전투력이 있다.

▸전:투-모 戰鬪帽 (모자 모). 군사 전투(戰鬪)할 때 군인 등이 쓰는 간편한 모자[帽].

▸전:투-선 戰鬪線 (줄 선). 군사 전투(戰鬪)에 있어 부대의 배치를 가상적으로 연결한 선(線).

▸전ː투-원 戰鬪員 (사람 원). 군사 전투(戰鬪)에 직접 참가하는 정규 군인[員].

▸전ː투-함 戰鬪艦 (싸움배 함). 군사 전투(戰鬪)에 사용할 용도로 제작한 군용 선박[艦]을 통틀어 이르는 말.

▸전ː투 대형 戰鬪隊形 (무리 대, 모양 형). 군사 전투(戰鬪)를 하기 위한 부대 또는 함대(艦隊)의 형태(形態).

▸전ː투 명ː령 戰鬪命令 (명할 명, 시킬 령). 군사 전투(戰鬪) 중에 내리는 작전과 행정에 관한 명령(命令).

▸전ː투 병과 戰鬪兵科 (군사 병, 분과 과). 군사 보병, 포병, 기갑, 공병, 통신, 항공 따위와 같이 직접 전투(戰鬪)에 참가하는 병과(兵科).

▸전ː투 부대 戰鬪部隊 (나눌 부, 무리 대). 군사 전시(戰時)에 직접 전투(戰鬪)에 참가하는 부대(部隊).

▸전ː투 행위 戰鬪行爲 (행할 행, 할 위). 군사 전투(戰鬪)를 하여 적군이 저항하지 못하도록 하는 행위(行爲).

전파[1] 全破 (모두 전, 깨뜨릴 파). 전부(全部) 파괴(破壞)됨.

전ː파[2] 電波 (전기 전, 물결 파). ① 속뜻 전류(電流)의 파동(波動). ② 물리 도체 중의 전류가 진동함으로써 방사되는 전자기파. 특히 전기 통신에서 쓰는 것을 가리킨다. ¶전파를 보내다 / 안테나는 전파를 수신하기 위한 장치이다.

▸전ː파-계 電波計 (셀 계). 물리 무선 주파 발진기의 출력 또는 도달한 전파(電波)의 파장이나 주파수를 재는[計] 장치.

▸전ː파 병기 電波兵器 (군사 병, 그릇 기). 군사 전파(電波)를 이용하는 병기(兵器). 통신기, 레이더, 암시(暗視) 망원경 따위.

▸전ː파 항ː법 電波航法 (건널 항, 법 법). 항공 전파(電波)를 이용한 항법(航法).

전파[3] 傳播 (전할 전, 뿌릴 파). ① 속뜻 전(傳)하여 널리 퍼뜨림[播]. ¶백제는 불교를 일본에 전파했다. ② 물리 파동이 매질 속을 퍼져 가는 일.

▸전파-설 傳播說 (말씀 설). 사회 문화의 기원이나 전달을 연구하는 데 있어서 역사적 접촉에 의한 전파(傳播)의 역할을 특히 강조하는 학설(學說).

전파 수신기 全波受信機 (모두 전, 물결 파, 받을 수, 소식 신, 틀 기). 통신 장파, 중파, 단파의 모든[全] 전파(電波)의 방송을 들을 수 있는 라디오 수신기(受信機).

전패 全敗 (모두 전, 패할 패). 싸움마다 모두[全] 짐[敗]. ⓑ전승(全勝).

전ː패위공 轉敗爲功 (옮길 전, 패할 패, 할 위, 공로 공). 실패(失敗)가 바뀌어서[轉] 오히려 공(功)이 됨[爲].

전편[1] 全篇 (모두 전, 책 편). 한 편(篇)의 시문이나 서적 또는 영화 따위의 전체(全體).

전편[2] 前篇 (앞 전, 책 편). 여러 편으로 나누어진 책이나 영화 따위의 앞[前] 편(篇). ¶이 영화는 전편이 더 재미있다. ⓑ후편(後篇).

전편[3] 轉便 (옮길 전, 편할 편). 여러 사람의 손을 거쳐[轉] 전해진 소식[便].

전폐[1] 全閉 (모두 전, 닫을 폐). 모두[全] 닫음[閉]. 아주 닫아 버림. ¶그 지역 상가가 전폐하였다.

전폐[2] 前弊 (앞 전, 나쁠 폐). 예전[前]부터 내려오는 해로운[弊] 일.

전ː폐[3] 錢幣 (돈 전, 돈 폐). 돈[錢]에 해당되는 화폐(貨幣). 돈.

전포[1] 傳布 (전할 전, 펼 포). 전(傳)하여 널리 퍼뜨림[布].

전ː포[2] 廛鋪 (가게 전, 가게 포). 물건을 늘어놓고[鋪] 파는 가게[廛]. ⓑ전방(廛房).

전폭 全幅 (모두 전, 너비 폭). ① 속뜻 모든[全] 너비[幅]. ② 일정한 범위 전체. ¶전폭 지원하다.

▸전폭-적 全幅的 (것 적). 있는 대로 전부[全幅]인 것[的]. ¶나는 그의 의견에 전폭적으로 찬성한다.

전ː폭-기 戰爆機 (싸울 전, 터질 폭, 틀 기). 군사 전투(戰鬪)할 때 폭격(爆擊)을 할 수 있게 만든 비행기(飛行機). '전투 폭격기'(戰鬪爆擊機)의 준말.

전표[1] 傳票 (전할 전, 쪽지 표). 은행, 회사, 상점 따위에서 금전의 출납이나 거래 내용 따위를 간단히 적어 전(傳)하는 쪽지[票]. ¶매출전표를 작성하다.

전ː표[2] 錢票 (돈 전, 쪽지 표). 가지고 오는 사람에게 적힌 액수만큼의 돈[錢]을 주도록 되어 있는 쪽지[票].

전:하[1] **殿下** (대궐 전, 아래 하). ① 속뜻 대궐[殿] 아래[下]. ② 역사 왕이나 왕비 또는 왕족을 높여 부르는 말. ¶상왕 전하. ③ 가톨릭 '추기경'을 높여 이르는 말.

전:하[2] **電荷** (전기 전, 멜 하). 물리 물체가 갖고[荷] 있는 정전기(電氣)의 양.

전:하[3] **轉荷** (옮길 전, 짐 하). ① 속뜻 짐[荷]을 다른 곳으로 옮김[轉]. ②책임이나 죄과 따위를 남에게 떠넘김.

전:학 轉學 (옮길 전, 배울 학). 다니던 학교에서 다른 학교로 학적(學籍)을 옮김[轉]. ¶그는 서울에서 전학해 왔다.

전할 全割 (모두 전, 나눌 할). 생물 수정란 전체(全體)가 세포로 나뉘는[割] 식의 세포 분열.

전:함 戰艦 (싸울 전, 싸움배 함). 전투(戰鬪)에 쓰이는 군함(軍艦). ㉥군함(軍艦).

전항 前項 (앞 전, 항목 항). ① 속뜻 앞[前]에 적혀 있는 사항(事項). ② 수학 둘 이상의 항 가운데에서 앞의 항. ¶전항과 후항에 3을 곱한다. ㉤후항(後項).

전항-동물 前肛動物 (앞 전, 항문 항, 움직일 동, 만물 물). ① 속뜻 항문(肛門)이 앞[前]쪽에 있는 동물(動物). ② 동물 몸 앞 끝에 섬모가 난 촉수가 고리 모양으로 촉수관을 이루고, 항문은 촉수관 바깥쪽에 있는 동물을 통틀어 이르는 말.

전:해 電解 (전기 전, 풀 해). ① 속뜻 어떤 화합물을 전류(電流)를 보내 분해(分解)하는 것. ② 물리 녹아 있는 상태의 화합물에 전극을 넣고 전류를 통하여 양이온·음이온을 각각 양극·음극 위에서 방전시켜 각 전극에서 성분을 추출하는 일. '전기분해'(電氣分解)의 준말.

▸전:해-동 電解銅 (구리 동). 화학 전기 야금(電氣冶金)으로 분해(分解)시켜 얻은 구리[銅]. ㉥전기동(電氣銅).

▸전:해-물 電解物 (만물 물). ① 속뜻 전류(電流)를 통하면 분해(分解)되는 물질(物質). ② 물리 물 따위의 용매에 녹아서[解] 음양의 이온[電]이 생기는 물질(物質). ㉥전해질.

▸전:해-조 電解槽 (나무통 조). 화학 전기분해(電氣分解)를 할 때에 전극과 전해액을 넣는 통[槽]. ㉦전조.

▸전:해-질 電解質 (바탕 질). ① 속뜻 전류(電流)를 통하면 분해(分解)되는 물질(物質). ② 물리 물 따위의 용매에 녹아서, 양이온과 음이온으로 분해되면서 전류를 통하게 하는 물질. ㉤비전해질.

▸전:해 공업 電解工業 (장인 공, 일 업). 공업 전기 분해(電氣分解)를 이용하는 화학공업(化學工業).

전행 專行 (마음대로 전, 행할 행). 자기 마음대[專]로 결정하여 실행(實行)함. ㉥전천(專擅), 천행(擅行).

전:향 轉向 (옮길 전, 향할 향). 이제까지의 사상, 신념, 주의, 주장 따위를 다른 방향(方向)으로 바꿈[轉].

▸전:향-력 轉向力 (힘 력). 물리 자전하 오른쪽이나 왼쪽의 직각 방향으로 방향(方向)을 바꾸어[轉] 주는 힘[力].

▸전:향 문학 轉向文學 (글월 문, 배울 학). 문학 이전의 정신적 지향(志向)이나 신념을 바꾸고[轉] 새로운 방향으로 나아가는 태도를 나타내는 문학(文學).

전현 前賢 (앞 전, 어질 현). 예전[前]의 현자(賢者). 예전 사람들을 높여 이르는 말.

전형[1] **全形** (모두 전, 모양 형). ① 속뜻 전체(全體)의 모습[形]. ¶건물 전형을 찍다. ② 완전한 형체. ¶흠잡을 데 없는 전형.

전:형[2] **典刑** (책 전, 형벌 형). ① 속뜻 형벌(刑罰)에 관한 법전(法典). ② 형벌을 관장함. ③ 예로부터 전하여 내려오는 법전. ④ 한번 정하여져 변하지 않는 법.

전:형[3] **箭形** (화살 전, 모양 형). 식물 끝이 화살[箭] 모양[形]으로 뾰족하고 기각이 날카롭게 갈라져 있는 잎 모양.

전:형[4] **轉形** (옮길 전, 모양 형). 모양[形]을 바꿈[轉].

전:형[5] **典型** (법 전, 모형 형). ① 속뜻 모범[典]이 될 만한 본보기[型]. ② 같은 부류의 특징을 가장 잘 나타내고 있는 본보기. ¶그는 전형적인 학자다.

▸전:형-적 典型的 (것 적). 전형(典型)이 될 만한 것[的].

전:형[6] **銓衡** (저울질할 전, 저울대 형). ① 속뜻 저울대[衡]로 저울질함[銓]. ② 사람의 됨됨이나 재능을 여러모로 시험하여 골라 뽑음. ¶제1차 전형에 합격하다.

▶전ː형 위원 銓衡委員 (맡길 위, 인원 원). 전형(銓衡)하는 일을 맡은[委] 사람[員].

전호[1] 全戶 (모두 전, 집 호). 온[全] 집안[戶]. ⓑ전가(全家).

전호[2] 前號 (앞 전, 차례 호). 앞[前]의 번호(番號). 또는 앞의 호수(號數).

전ː화[1] 電火 (번개 전, 불 화). 번개[電]가 칠 때 번쩍이는 불빛[火]. ⓑ번갯불.

전ː화[2] 電化 (전기 전, 될 화). 전력(電力)을 이용할 수 있도록 함[化]. 또는 전기 시설을 갖춤. ¶농어촌 전화 사업이 급선무입니다.

전ː화[3] 戰火 (싸울 전, 불 화). ① 속뜻 전쟁(戰爭)으로 안한 화재(火災). ② 전쟁(戰爭). ⓑ병화(兵火).

전ː화[4] 戰禍 (싸울 전, 재화 화). 전쟁(戰爭)으로 말미암아 입는 재화(災禍). ¶다행히도 우리 집은 전화를 면했다.

전ː화[5] 錢貨 (돈 전, 재물 화). 돈[錢]과 재화(財貨). 돈.

▶전ː화-학 錢貨學 (배울 학). 옛날 돈[錢貨]을 모아 그 연혁, 유별, 계통 따위를 고증하는 학문(學問).

***전ː화**[6] 電話 (전기 전, 말할 화). 전파(電波)나 전류를 이용하여 말[話]을 주고받음. ¶전화벨 / 전화를 걸다 / 전화를 끊다 / 전화를 놓다.

▶전ː화-국 電話局 (관청 국). 전화(電話) 가입이나 가설, 교환하여 주는 따위의 일을 맡아보는 기관[局].

▶전ː화-기 電話機 (틀 기). 전화(電話)에 이용되는 기기(器機). ¶무선 전화기. ⓒ전화.

▶전ː화-선 電話線 (줄 선). 유선 전화기(電話機)에 전류를 보내어 통화가 되게 하는 전선(電線).

▶전ː화-세 電話稅 (세금 세). 전화(電話) 사용료에 따라 일정 금액을 전화 가입자에게 매기는 국세(國稅)의 하나.

▶전ː화-통 電話筒 (대롱 통). 전화(電話)를 할 수 있게 만든 기계. 전화기가 통(筒)처럼 생겼다는 뜻에서 '전화기'를 속되게 이르는 말.

▶전ː화 교환 電話交換 (서로 교, 바꿀 환). 전화(電話) 사용자의 전화선을 받아[交] 통화하고자 하는 상대편에게 바꾸어[換]주는 일.

▶전ː화-번호 電話番號 (차례 번, 차례 호). 가입된 전화(電話)마다 매겨져 있는 일정한 번호(番號). ¶전화번호를 알려주세요.

▶전ː화 회선 電話回線 (돌 회, 줄 선). 통신 전화(電話) 신호를 전송하기 위하여 설치한 선로[回線].

전ː화[7] 轉化 (옮길 전, 될 화). 바뀌어[轉] 달리 됨[化]. 바꾸어 다르게 함.

▶전ː화-당 轉化糖 (사탕 당). 화학 수크로스를 가수 분해하여[轉化] 얻는 당류(糖類). 포도당과 과당의 혼합물이다.

전ː화위복 轉禍爲福 (옮길 전, 재화 화, 할 위, 복 복). 재앙[禍]이 바뀌어[轉] 도리어 복(福)이 됨[爲]. ¶시험이 떨어진 것이 내게 오히려 전화위복이 되었다.

전ː환 轉換 (옮길 전, 바꿀 환). ① 속뜻 다른 방향이나 상태로 옮기거나[轉] 바꿈[換]. ② 심리 마음속의 감정적 갈등이 신체적 운동 기능이나 감각 기능의 증상으로 나타나는 것. ¶기분 전환을 위해 공원에서 자전거를 탔다.

▶전ː환-기 轉換期 (때 기). 전환(轉換)하는 또는 되는 시기(時期).

▶전ː환-기 轉換器 (그릇 기). 전기 전기 회로나 전자기 회로의 전류 방향을 바꾸는[轉換] 기구(器具).

▶전ː환-점 轉換點 (점 점). 전환(轉換)하는 지점(地點) 또는 시점(時點). ¶그를 만난 것이 내 인생의 전환점이 되었다.

▶전ː환 무ː대 轉換舞臺 (춤출 무, 돈대 대). 연영 모든 장면의 뼈대가 되는 고정된 장치를 중심으로 하여 배경이나 소도구 따위를 바꿀[轉換] 수 있게 만든 무대(舞臺).

▶전ː환 사채 轉換社債 (회사 사, 빚 채). 경제 소유자의 희망에 따라, 일정한 조건 아래 발행 회사의 보통 주식으로 전환(轉換)할 수 있는 사채(社債).

▶전ː환 주식 轉換株式 (주식 주, 법 식). 경제 발행 후, 주주(株主)의 희망에 따라 일정한 조건 아래에서 다른 종류로 전환(轉換)할 수 있는 주식(株式).

전ː환-국 典圜局 (벼슬 전, 화폐 환, 관청 국). 역사 조선 고종 때, 화폐[圜]의 주조를 맡던[典] 관아[局].

전:황[1] 戰況 (싸울 전, 상황 황). 전쟁(戰爭)의 상황(狀況). ㉥전상(戰狀).

전:황[2] 錢荒 (돈 전, 거칠 황). 돈[錢]이 잘 유통되지 않아 메마름[荒].

전회[1] 前回 (앞 전, 돌 회). 먼저[前] 번[回]. 전번. 앞 회.

전:회[2] 轉回 (구를 전, 돌 회). ① 속뜻 구르고[轉] 돎[回]. ㉥회전(回轉). ② 음악 화음에서 아래의 음이 옥타브 위로 또는 위의 음이 옥타브 아래로 바뀌는 일. ㉥자리바꿈.

전횡 專橫 (마음대로 전, 멋대로 횡). 권세를 혼자서 쥐고 제 마음대로[專] 함[橫]. ¶전횡을 휘두르다.

전후[1] 前後 (앞 전, 뒤 후). ① 속뜻 앞[前] 뒤[後]. ¶전후를 살피다. ② 먼저와 나중. ¶일의 전후를 따지다. ③ 일정한 때나 수량에 약간 모자라거나 넘는 것. ¶그녀는 20세 전후로 보인다.

▶ **전후-곡절** 前後曲折 (굽을 곡, 꺾을 절). 어떤 일의 처음[前]부터 끝[後]까지의 곡절(曲折)있는 사연. ㉥전후사연(前後事緣).

▶ **전후좌우** 前後左右 (왼쪽 좌, 오른쪽 우). 앞[前]과 뒤[後], 왼쪽[左]과 오른쪽[右]. ¶전후좌우를 둘러보다. ㉥사방(四方).

전:후[2] 戰後 (싸울 전, 뒤 후). 전쟁(戰爭)이 끝난 뒤[後].

▶ **전:후-파** 戰後派 (갈래 파). 문학 전후(戰後)의 경향이나 사조를 띤 문학의 유파(流派).

▶ **전:후 문학** 戰後文學 (글월 문, 배울 학). 문학 세계 대전(大戰) 후(後)에 생겨난, 허무적·퇴폐적인 경향이나 사조를 띤 문학(文學).

전-후방 前後方 (앞 전, 뒤 후, 모 방). 전방(前方)과 후방(後方)을 아울러 이르는 말.

전:훈[1] 電訓 (전기 전, 가르칠 훈). 전보(電報)로 내리는 훈령(訓令).

전:훈[2] 戰勳 (싸울 전, 공 훈). 싸움[戰]에 이겨서 세운 공로[勳]. ㉥전공(戰功).

전휴 全休 (모두 전, 쉴 휴). 온종일[全] 쉼[休].

전-휴부 全休符 (모두 전, 쉴 휴, 맞을 부). 음악 온[全] 쉼[休] 표[符]. 온음표와 같은 길이의 쉼표. 네 박자를 다 쉰다.

전흉 前胸 (앞 전, 가슴 흉). 동물 주로 곤충의 앞[前]쪽 가슴[胸].

▶ **전흉배-판** 前胸背板 (등 배, 널빤지 판). 동물 전흉(前胸)의 등[背]이 되는 부분[板].

전희 前戱 (앞 전, 놀 희). ① 속뜻 이전(以前)의 장난[戱]. ② 성교(性交) 전에 하는 애무.

절가[1] 折價 (꺾을 절, 값 가). ① 속뜻 물건의 값[價]을 깎음[折]. ② 물건을 교환할 때에, 값을 견주어 받을 물건의 양을 정함.

절가[2] 絕家 (끊을 절, 집 가). 혈통이 끊어져[絕] 상속자가 없는 가문(家門).

절감[1] 切感 (몹시 절, 느낄 감). 절실(切實)히 느낌[感]. ¶인간의 한계를 절감하다.

절감[2] 節減 (알맞을 절, 덜 감). 알맞게[節] 씀씀이를 줄임[減]. ¶비용을 절감하기 위해 배송방식을 바꾸었다.

절개[1] 切開 (벨 절, 열 개). ① 속뜻 째거나 베어[切] 벌림[開]. ② 치료를 위하여 몸의 일부를 째어서 엶.

절개[2] 節槪 (지조 절, 절개 개). ① 속뜻 굳은 지조[節]와 꿋꿋한 기개(氣槪). ② 신념을 굳게 지킴. ¶절개가 굳은 사람. ③ 지조와 정조를 깨끗하게 지키는 여자의 품성. ¶열녀의 절개를 기리다.

절검 節儉 (알맞을 절, 검소할 검). 절약(節約)하고 검소(儉素)함.

절경[1] 絕景 (뛰어날 절, 볕 경). 뛰어난[絕] 경치(景致). ¶천하의 절경이로다!

절경[2] 絕境 (끊을 절, 지경 경). 멀리 떨어져[絕] 있는 땅[境].

절계 節季 (철 절, 끝 계). ① 속뜻 계절[節] 또는 계절의 끝[季]. ② 음력 섣달을 달리 이르는 말.

절고 節鼓 (마디 절, 북 고). 음악 아악의 악절(樂節)의 처음이나 끝에 치는 북[鼓]. 타악기의 하나로 대(臺) 위에 올려놓고 나무방망이로 친다.

절골 折骨 (꺾을 절, 뼈 골). 의학 뼈[骨]가 부러짐[折]. ¶다리가 절골 상태라서 움직일 수가 없었다. ㉥골절(骨折).

절교 絕交 (끊을 절, 사귈 교). 서로 교제(交際)를 끊음[絕]. ¶우리는 사소한 말다툼으로 절교했다. ㉥단교(斷交). ㉯교제(交際).

절구 絕句 (끊을 절, 글귀 구). 문학 기(起),승

(承), 전(轉), 결(結)의 네 구(句)로 끊어져[絕] 이루어진 한시의 형식. 오언(五言)과 칠언(七言)이 있다.

절규 絶叫 (끊을 절, 부르짖을 규). 숨이 끊어지도록[絶] 부르짖음[叫]. ¶부상자들은 도와 달라고 절규했다.

절기[1] 絶技 (뛰어날 절, 재주 기). 매우 뛰어난[絶] 기술(技術)이나 솜씨.

절기[2] 絶奇 (뛰어날 절, 기이할 기). ① 속뜻 심히[絶] 신기(神奇)함. ② 아주 기특함. ⑪절묘(絶妙).

절기[3] 節氣 (철 절, 기운 기). ① 속뜻 사시사철[節] 다른 기운(氣運). ② 한 해를 스물넷으로 나눈 철. ¶오늘은 절기 상 봄으로 접어드는 입춘(立春)이다. ③ 이십사절기 가운데 양력 매월 상순에 드는 것. ⑪절후(節候).

절단[1] 絶斷 (끊을 절, 끊을 단). 유대나 연관 관계 등을 끊음[絶=斷]. ⑪단절(斷絶).

절단[2] 切斷 (벨 절, 끊을 단). 자르거나 베어[切] 끊어냄[斷]. 잘라냄. ¶종양이 퍼지기 전에 다리를 절단해야 한다.

▸절단-기 切斷機 (틀 기). 기계 물건을 절단(切斷)하는데 쓰이는 기계[機].

▸절단-면 切斷面 (쪽 면). 절단(切斷)한 표면(表面). ⓔ단면.

절대[1] 絶大 (뛰어날 절, 큰 대). 매우 두드러지게[絶] 큼[大].

절대[2] 絶代 (끊을 절, 시대 대). ① 속뜻 아득하게 멀리 떨어진[絶] 옛 시대(時代). ② 당대(當代)에 견줄 만한 것이 없을 만큼 뛰어남.

절대[3] 絶對 (끊을 절, 대할 대). ① 속뜻 비교하거나 상대되어 맞설[對] 만한 것이 끊어져[絶] 없음. ¶절대 진리 / 절대 권력. ② 법률 아무런 조건이나 제약이 붙지 아니함. ¶절대 안정 / 절대 자유. ③ 무조건. 무슨 사정이 있어도, 결단코. ¶절대로 그를 만나지 않겠다.

▸절대-권 絶對權 (권리 권). ① 속뜻 절대적(絶對的)인 권리(權利). ② 법률 권리의 내용이 특정의 보호 법익을 직접 지배하므로 그 효력이 모든 사람을 의무자로 하여 이에 대항할 수 있는 권리.

▸절대-량 絶對量 (분량 량). ① 속뜻 절대적(絶對的)으로 필요한 양(量). ② 더하거나 덜지 아니한 본디의 양. ③ 일정한 양 가운데서 거의 대부분에 해당하는 양.

▸절대-자 絶對者 (것 자). 철학 스스로 존재하면서 그 자신만으로 완전한[絶對] 것[者]. 신, 실체, 절대정신 따위를 이른다. ¶절대자의 존재를 증명하려 하다.

▸절대-적 絶對的 (것 적). 다른 것과 비교하거나 동등한 것으로서 병립(竝立)할 수 없는[絶對] 것[的].

▸절대-치 絶對値 (값 치). 수학 실수에서, 양 또는 음의 부호를 떼어버린[絶對] 수치(數值). ⑪절댓값

▸절대 가격 絶對價格 (값 가, 이를 격). 경제 상품의 절대적(絶對的) 가치를 화폐량으로 표시한 가격(價格).

▸절대 개:념 絶對槪念 (대강 개, 생각 념). 논리 다른 개념과의 비교 관계를 떠나서, 그 자체로서 독립적인[絶對] 뜻을 가진 개념(槪念).

▸절대 농지 絶對農地 (농사 농, 땅 지). 법률 절대적(絶對的)으로 농지(農地) 이외의 목적으로 사용할 수 없도록 정해놓은 땅.

▸절대-다수 絶對多數 (많을 다, 셀 수). 전체 가운데서 거의 대부분[絶對]을 차지할 정도로 많은[多] 수(數). ¶이 지역은 절대다수가 어민들이다.

▸절대 단위 絶對單位 (홑 단, 자리 위). 물리 기본 단위의 크기가 특수한 물질의 성질 따위에 관계없이 일정한[絶對] 단위(單位).

▸절대 등:급 絶對等級 (같을 등, 등급 급). 천문 별의 밝기를 나타내는 기준이 되는[絶對] 등급(等級).

▸절대 습도 絶對濕度 (젖을 습, 정도 도). ① 속뜻 다른 곳과 비교하지 않은 자체[絶對]의 습도(濕度). ② 물리 1㎥의 공기 속에 들어 있는 수증기의 질량을 그램 수로 나타낸 수.

▸절대 안정 絶對安靜 (편안할 안, 고요할 정). ① 속뜻 완전히[絶對] 안정(安靜)하는 일. ② 의학 환자를 누운 자세로 오랫동안 외부와 접촉을 끊고 휴식하게 하는 일.

▸절대 영도 絶對零度 (영 령, 정도 도). 물리 절대(絶對) 온도의 기준 온도로서 영하 273.16℃로, 이상 기체의 부피가 이론상 0℃[零]이 되는 점[度].

▸절대 오:차 絶對誤差 (그르칠 오, 어긋날 차). [수학] 참수 값과 그 근사치와의 차. 오차(誤差)의 절대치(絶對値).

▸절대 온도 絶對溫度 (따뜻할 온, 정도 도). [물리] 물질의 특이성에 의존하지 않고[絶對] 눈금을 정의한 온도(溫度). 영하 273.16℃를 기준으로 하여, 보통의 섭씨와 같은 간격으로 눈금을 붙인다. 단위는 켈빈(K).

▸절대 음감 絶對音感 (소리 음, 느낄 감). [음악] 어떤 음을 들었을 때에, 다른 음과 비교하지 않고도[絶對] 그 소리[音]의 고유한 높낮이를 알아내는[感] 능력.

▸절대 음악 絶對音樂 (소리 음, 풍류 악). [음악] 순수한 예술성만을 위하여[絶對] 작곡한 음악(音樂).

▸절대 의:무 義務 (옳을 의, 일 무). [법률] 권리가 뒤따르지 않는 절대적(絶對的)인 의무(義務). 국가에 대한 국민의 납세 의무, 병역 의무 따위. [참] 상대 의무(相對義務).

▸절대 임야 絶對林野 (수풀 림, 들 야). [농업] 영구히 산지로 보호하기로 행정 관서에서 지정한[絶對] 임야(林野).

▸절대-주의 絶對主義 (주될 주, 뜻 의). ① [정치] 군주에게 절대적(絶對的)인 권력을 부여하는 정치사상[主義]. ② [법률] 형벌의 본질은 범죄에 대한 정당한 응보에 있다고 하는 사상.

▸절대 군주제 絶對君主制 (임금 군, 주인 주, 정할 제). [정치] 군주(君主)가 어떠한 법률이나 기관에도 구속받지 않는 절대적(絶對的) 권한을 가지는 정치 체제(體制).

절도[1] **絶倒** (끊을 절, 넘어질 도). 기절(氣絶)하여 정신을 잃고 넘어짐[倒]. '포복절도'(抱腹絶倒)의 준말.

절도[2] **絶島** (끊을 절, 섬 도). 육지에서 아주 멀리 떨어져[絶] 있는 섬[島]. ¶절도로 귀양살이를 가다.

절도[3] **節度** (알맞을 절, 정도 도). ① [속뜻] 행동 따위를 알맞게[節]하는 정도(程度). ② 일이나 행동 따위를 정도에 알맞게 하는 규칙적인 한도. ¶절도를 지키다 / 그의 언행에는 절도가 있다. ③ [철학] 조화와 완전을 중시한 그리스 정신이 일반적 준거로 삼은 것. 아리스토텔레스는 이를 중용이라고 하였다.

절도[4] **竊盜** (훔칠 절, 훔칠 도). 남의 재물을 몰래 훔침[竊=盜]. ¶차량절도사건이 해마다 늘어나고 있다. [비] 도둑질.

▸절도-죄 竊盜罪 (허물 죄). 남의 재물을 몰래 훔친[竊盜] 범죄(犯罪).

절도-사 節度使 (알맞을 절, 법도 도, 부릴 사). ① [속뜻] 법률[度]에 알맞게[節] 지역을 다스리던 벼슬[使]. ② [역사] 고려 시대에 12주(州)를 군사적으로 편성한 지방제도. 혹은 그 으뜸 관리.

절두-체 截頭體 (끊을 절, 머리 두, 몸 체). [수학] 어떤 물체를 그 밑면과 나란한 평면으로 잘랐을 때 그 밑면과 자른[截] 윗[頭]면 사이의 부분[體].

절락 絶落 (끊을 절, 떨어질 락). 끊어져서[絶] 떨어짐[落].

절량 絶糧 (끊을 절, 양식 량). 양식(糧食)이 떨어짐[絶].

▸절량-농가 絶糧農家 (농사 농, 집 가). 재해나 흉작 따위로 양식(糧食)이 떨어진[絶] 농가(農家).

절련 絶戀 (끊을 절, 그리워할 련). 연애(戀愛) 관계를 끊음[絶].

절록 節錄 (마디 절, 기록할 록). 알맞은 마디[節]로 줄이어 적음[錄].

절류 折柳 (꺾을 절, 버들 류). 떠나는 이를 배웅함. '떠나는 이에게 버들[柳]가지를 꺾어[折] 주며 석별의 정을 나누었다'는 고사에서 유래. [비] 절지(折枝).

절륜 絶倫 (뛰어날 절, 무리 륜). 무리[倫] 중에 두드러지게 뛰어남[絶]. ¶정력이 절륜한 사람.

절리 節理 (마디 절, 결 리). ① [속뜻] 나무 마디[節]의 결[理]. ② [지리] 외부의 힘이 가해져서 암석에 생긴 금. ¶주상 절리.

절마 切磨 (벨 절, 갈 마). ① [속뜻] 옥돌을 자르고[切] 갈아서[磨] 빛을 냄. '절차탁마'(切磋琢磨)의 준말. ② 학문이나 인격을 갈고 닦는다는 의미.

절망[1] **切望** (몹시 절, 바랄 망). 간절(懇切)히 바람[望]. ¶그는 고국으로 돌아갈 것을 절망하였다.

절망[2] **絶望** (끊을 절, 바랄 망). 모든 희망(希望)이 끊어짐[絶]. ¶그는 절망을 딛고 일어서서 세계 최고의 가수가 되었다. [반] 희망(希望).

▸절망-감 絶望感 (느낄 감). 모든 희망이나 기대가 끊어진[絶望] 느낌[感].

▸절망-적 絶望的 (것 적). 모든 희망이나 기대가 끊어지다시피[絶望] 된 것[的]. ¶절망적인 소식. (반)희망적(希望的).

절맥 絶脈 (끊을 절, 맥 맥). ① 속뜻 맥박(脈搏)이 끊어짐[絶]. 죽음. ②산의 혈맥이 끊어짐.

절멸 絶滅 (끊을 절, 없어질 멸). 모조리[絶] 없어지거나[滅] 없앰.

절명 絶命 (끊을 절, 목숨 명). 목숨[命]이 끊어짐[絶]. 죽음.

절목 節目 (마디 절, 눈 목). ① 속뜻 초목의 마디[節]와 눈[目]. ②차례로 나누어 정해 놓은 낱낱의 조나 항목. (비)조목(條目).

절묘 絶妙 (뛰어날 절, 묘할 묘). 뛰어나게[絶] 기묘(奇妙)함. ¶절묘한 재주.

절무 絶無 (끊을 절, 없을 무). 끊어져[絶] 아주 없음[無]. (비)개무(皆無).

절문 節文 (알맞을 절, 글월 문). 예절(禮節)에 관한 글[文].

절물 節物 (철 절, 만물 물). 철[節]에 따라 나오는 산물(產物).

절미[1] 絶美 (뛰어날 절, 아름다울 미). 몹시[絶] 아름다움[美]. 더없이 아름답다.

절미[2] 絶微 (뛰어날 절, 작을 미). 심히[絶] 미묘(微妙)함. 더없이 미묘하다.

절미[3] 節米 (알맞을 절, 쌀 미). 쌀[米]을 절약(節約)함. ¶절미 운동.

절박[1] 切迫 (몹시 절, 닥칠 박). 기한 따위가 몹시[切] 가까이 닥쳐[迫] 시간적 여유가 없다. ¶사태가 절박하다.

절박[2] 節拍 (마디 절, 칠 박). ① 음악 아악의 곡조에서 한 곡마다 박자를 쳐서[拍] 음조의 마디[節]를 지음. ②끝을 막음.

절반 折半 (꺾을 절, 반 반). ① 속뜻 하나를 반(半)으로 가른[折] 것 중 하나. ¶과자를 절반으로 나누다. ② 운동 유도의 판정의 한 가지. 메치기의 효과가 한 판에 가깝다고 인정되거나 누르기가 선언된 후, 25~29초 동안 누르고 있었을 때 얻게 된다.

절벽 絶壁 (끊을 절, 담 벽). ① 속뜻 담[壁]처럼 끊어질[絶] 듯이 가파르고 급한 낭떠러지. ¶그는 절벽 아래로 몸을 던졌다. ②앞을 가릴 수 없는 깜깜하게 어두운 상태를 비유하여 이르는 말. ¶절벽에 부딪치다. ③'아주 귀가 먹었거나 사리에 어두운 사람'을 비유하여 이르는 말. (비)낭떠러지, 벼랑.

절부 節婦 (지조 절, 아내 부). 절개(節槪)가 굳은 아내[婦].

절사[1] 絶嗣 (끊을 절, 이을 사). 대를 이을[嗣] 후손이 끊어짐[絶]. (비)절손(絶孫).

절사[2] 節士 (지조 절, 선비 사). 절개(節槪)가 굳은 선비[士].

절사[3] 節死 (지조 절, 죽을 사). 절개(節槪)를 지키어 죽음[死].

절삭[4] 切削 (벨 절, 깎을 삭). 쇠붙이 따위를 자르거나[切] 깎음[削].

절상 切上 (벨 절, 위 상). ① 속뜻 잘라버리고[切] 올림[上]. ② 수학 어림수를 구할 때, 구하려는 자리의 숫자를 1만큼 크게 하고, 그보다 아랫자리는 모두 버리는 일. ③ 경제 화폐가치의 수준을 높이는 것. (비)올림. (반)절하(切下).

절색 絶色 (뛰어날 절, 빛 색). 빼어난[絶] 미색(美色). 견줄 데 없이 빼어나게 아름다운 여자. ¶천하의 절색.

절선[1] 切線 (끊을 절, 줄 선). 수학 곡선이나 곡면의 한 점에 떨어져[切] 닿는 직선(直線). (비)접선(接線).

절선[2] 折線 (꺾을 절, 줄 선). ① 속뜻 꺾어진[折] 선(線). ② 수학 여러 가지 길이와 방향을 가진 선분들을 차례로 이은 선.

절세[1] 節稅 (알맞을 절, 세금 세). 적법하게 세금(稅金) 부담을 줄이는[節] 일.

절세[2] 絶世 (끊을 절, 세상 세). 세상(世上)과 인연을 끊음[絶].

절세[3] 絶世 (뛰어날 절, 세상 세). 세상(世上)에 비길 것이 없을 만큼 매우 빼어남[絶].

▸절세-가인 絶世佳人 (아름다울 가, 사람 인). 이 세상(世上)에서 비길 사람이 없을 만큼 빼어나게[絶] 아름다운[佳] 여자[人]. (비)절세미인(絶世美人).

▸절세-미인 絶世美人 (아름다울 미, 사람 인). 이 세상(世上)에서 비길 사람이 없을 만큼 빼어나게[絶] 아름다운[美] 여자[人]. (비)절세가인(絶世佳人).

절속 絶俗 (끊을 절, 속될 속). 속세(俗世)와의 인연을 아주 끊음[絶].

절손 絶孫 (끊을 절, 손자 손). 계통을 이을 후손(後孫)이 끊어짐[絶]. [비]절사(絶嗣).

절수 節水 (알맞을 절, 물 수). 물[水]을 알맞게[節] 아껴 씀. ¶절수 운동.

▸ **절수-기** 節水器 (그릇 기). 물을 아끼기[節水] 위해 수도 따위에 붙여 쓰는 기구(器具).

절승 絶勝 (뛰어날 절, 뛰어날 승). 경치가 비할 데 없이 빼어나게[絶] 좋음[勝]. 또는 그 경치. ¶그곳은 동해의 절승이다.

절식1 絶息 (끊을 절, 숨쉴 식). 숨[息]이 끊어짐[絶]. 죽음.

절식2 節食 (알맞을 절, 밥 식). 음식(飮食)을 알맞게[節] 먹음. ¶그는 건강을 위해 절식하고 있다.

절식3 絶食 (끊을 절, 밥 식). 일정기간 음식(飮食)을 의식적으로 끊어[絶] 먹지 않음. [비]단식(斷食).

▸ **절식-복약** 絶食服藥 (먹을 복, 약 약). 절식(絶食)하면서 약(藥)을 복용(服用)함.

▸ **절식 요법** 絶食療法 (병 고칠 료, 법 법). [의학] 며칠 동안 먹지 않고[絶食] 위장병이나 당뇨병을 치료(治療)하는 방법(方法). [비]단식 요법(斷食療法).

절신 絶信 (끊을 절, 소식 신). 소식이나 편지[信]를 끊음[絶]. 또는 끊어진 소식이나 편지.

절실 切實 (몹시 절, 실제 실). ① [속뜻] 몹시[切] 실질(實質)적임. 적절하다. ¶매우 절실한 표현 / 그의 마음이 절실히 전해졌다. ② 아주 긴요하고 다급하다. ¶난민에게 의약품이 절실하다 / 절실한 요청을 거절할 수 없었다.

절심 絶心 (끊을 절, 가운데 심). 폭약에 연결된 심지(心地)가 타 들어가다가 끊어짐[絶]. 또는 심지를 끊음.

절애 絶崖 (끊을 절, 벼랑 애). 깎아[絶] 세운 듯한 낭떠러지[崖]. [비]단애(斷崖).

절약 節約 (알맞을 절, 아낄 약). 알맞게[節] 아껴[約] 씀. ¶시간 절약 / 낭비되는 에너지를 절약하자. [반]낭비(浪費), 허비(虛費).

절연1 節煙 (알맞을 절, 담배 연). 담배[煙] 피우는 양을 줄임[節]. ¶그는 요즘 절연 중이다.

절연2 絶緣 (끊을 절, 인연 연). ① [속뜻] 인연(因緣)이나 관계를 끊음[絶]. ¶그와의 절연은 생각도 해 본 적이 없다. ② [전기] 도체 사이에 전기나 열이 통하지 못하게 함.

▸ **절연-물** 絶緣物 (만물 물). [전기] 전기나 열의 도체 사이를 절연(絶緣)하는 데 쓰는 물질(物質). [비]절연 재료(絶緣材料).

▸ **절연-선** 絶緣線 (줄 선). [전기] 절연(絶緣) 재료를 입혀서 전류가 새지 않도록 한 전선(電線). [비]피복선(被覆線).

▸ **절연-성** 絶緣性 (성질 성). [전기] 전기가 통하지 않는[絶緣] 성질(性質).

▸ **절연-유** 絶緣油 (기름 유). [전기] 절연(絶緣)을 목적으로 정제하여서 만든 기름[油].

▸ **절연-장** 絶緣狀 (문서 장). 인연(因緣)을 끊자는[絶] 내용을 적은 글[狀].

▸ **절연-지** 絶緣紙 (종이 지). 전기(電氣) 절연물(絶緣物)로 쓰는 종이[紙].

▸ **절연-체** 絶緣體 (몸 체). [전기] 열이나 전기를 잘 전달하지 않는[絶緣] 물체(物體).

▸ **절연 도료** 絶緣塗料 (칠할 도, 거리 료). [전기] 전기 절연성(絶緣性)을 띠도록 사용하는 칠감[塗料].

▸ **절연 재료** 絶緣材料 (재목 재, 거리 료). [전기] 전기나 열의 도체 사이를 절연(絶緣)하는 데 쓰는 재료(材料).

절염 絶艶 (뛰어날 절, 고울 염). 비길 데 없을 만큼 빼어나게[絶] 예쁨[艶]. ¶그녀를 과연 천하의 절염이었다.

절영 絶影 (끊을 절, 그림자 영). 그림자[影]조차 끊어짐[絶]. 전연 나타나지 않음.

절요1 切要 (몹시 절, 구할 요). 매우[切] 중요(重要)함.

절요2 折腰 (꺾을 절, 허리 요). ① [속뜻] 허리[腰]를 꺾음[折]. ② 절개를 굽히고 남에게 굽실거림을 이르는 말.

절욕 節慾 (알맞을 절, 욕심 욕). ① [속뜻] 욕심(慾心)을 절제(節制)함. ② 색욕(色慾)을 억제함.

절용 節用 (알맞을 절, 쓸 용). 알맞게[節] 씀[用]. [반]남용(濫用).

절원 切願 (매우 절, 바랄 원). 매우[切] 바람[願]. 간절한 소원.

절육 切肉 (벨 절, 고기 육). 얄팍얄팍하게 썰어[切] 양념장에 재워서 익힌 고기[肉].

절음1 絶飮 (끊을 절, 마실 음). 술 마시는

[飮] 것을 끊음[絶].

절음² 節飮 (알맞을 절, 마실 음). 술 마시는 [飮] 것을 절제(節制)함. [비]절주(節酒).

절음 법칙 絶音法則 (끊을 절, 소리 음, 법 법, 법 칙). [언어] 합성어나 단어 사이에서 앞의 받침이 모음을 만날 때 받침이 모음에 연음되지 않고 끊어져서[絶], 대표음으로 발음(發音)되는 법칙(法則). '꽃 아래'가 '꼬차래'가 되지 않고 '꼬다래'로 바뀌는 것 따위.

절의¹ 絶義 (끊을 절, 옳을 의). 맺었던 의(義)를 끊음[絶]. [비]의절(義絶).

절의² 節義 (지조 절, 옳을 의). 절개(節槪)와 의리(義理)를 아울러 이르는 말.

▸절의-가 節義歌 (노래 가). [문학] 절의(節義)를 지키겠다는 내용을 담은 가사(歌辭).

절인 絶人 (뛰어날 절, 사람 인). 아주 뛰어난 [絶] 사람[人].

절일 節日 (철 절, 날 일). ① [속뜻] 명절(名節)이 있는 날[日]. ② 임금이 태어난 날. [비]명일(名日).

절장보단 絶長補短 (끊을 절, 길 장, 채울 보, 짧을 단). ① [속뜻] 긴[長] 것을 잘라서[絶] 짧은[短] 것을 보충(補充)함. ② 장점으로 단점을 보충함.

절적 絶跡 (끊을 절, 발자취 적). 발길[跡]을 끊고[絶] 오고가지 않음.

절전 節電 (알맞을 절, 전기 전). 전기(電氣)를 아껴[節] 씀.

절절¹ 切切 (매우 절, 매우 절). 매우 간절(懇切)하다. ¶절절한 염원 / 가슴 절절한 사랑 노래 / 가족의 필요성을 절절히 느끼다.

절절² 節節 (마디 절, 마디 절). 글이나 말의 한 마디[節] 한 마디[節]. ¶어머니의 편지에는 절절마다 자식에 대한 애틋한 정이 들어 있다.

절정 絶頂 (뛰어날 절, 꼭대기 정). ① [속뜻] 뛰어나게[絶] 높은 꼭대기[頂]. ② 사물의 진행이나 상태 따위가 최고에 이른 때. ¶인기 절정의 가수. ③ [문학] 예술 작품에서, 사건의 발전이 가장 긴장한 단계. [비]정상(頂上).

절제¹ 節制 (알맞을 절, 누를 제). 정도에 넘지 아니하도록 알맞게[節] 억누름[制]. ¶건강하자면 음식을 절제해야 한다.

절제² 切除 (벨 절, 덜 제). 잘라[切] 버림[除].

▸절제-술 切除術 (꾀 술). [의학] 장기나 조직의 일부를 절제(切除)하는 수술(手術).

절조 節操 (지조 절, 잡을 조). 절개(節槪)와 지조(志操)를 일컬음. ¶절조가 있는 사람.

절종 絶種 (끊을 절, 씨 종). 생물의 씨[種]가 아주 없어짐[絶].

절주¹ 節奏 (마디 절, 곡조 주). ① [속뜻] 한 마디[節]의 곡조[奏]. ② 음의 장단이나 강약 따위가 반복될 때의 그 규칙적인 음의 흐름. [비]리듬(rhythm).

절주² 節酒 (알맞을 절, 술 주). 술[酒]을 절제(節制)함. [비]절음(節飮).

▸절주-배 節酒杯 (잔 배). ① [속뜻] 술[酒]을 줄이는[節] 잔[杯]. ② 과음을 경계하기 위하여, 술이 일정한 한도에 차면 구멍으로 세어 나가도록 만든 잔. [비]계영배(戒盈杯).

절지¹ 折枝 (꺾을 절, 가지 지). ① [속뜻] 나뭇가지[枝]를 꺾음[折]. 또는 그 나뭇가지. ② [미술] 꽃가지나 나뭇가지만 그리고 뿌리는 그리지 않는 화법.

절지² 絶地 (끊을 절, 땅 지). ① [속뜻] 중심에서 멀리 떨어진[絶] 외진 땅[地]. ② 땅이 끊어져 낭떠러지가 된 곳.

절지-동물 節肢動物 (마디 절, 사지 지, 움직일 동, 만물 물). [동물] 몸이 작고 다리[肢]가 여러 개의 마디[節]로 이루어져 있는 동물(動物). 갑각강, 거미강, 노래기강, 지네강, 바다거미강으로 나눈다. ¶곤충은 대부분 절지동물에 속한다.

절질-상 折跌傷 (꺾을 절, 넘어질 질, 다칠 상). [의학] 다리가 부러지거나[折] 접질리어 [跌] 다침[傷].

절차¹ 節次 (알맞을 절, 차례 차). 일을 치르는 데 알맞은[節] 단계나 순서[次]. ¶절차를 밟다 / 복잡한 절차.

▸절차-법 節次法 (법 법). [법률] 권리의 실질적 내용을 실현하는 데 필요한 절차(節次)를 규정한 법(法).

절차² 切磋 (벨 절, 갈 차). ① [속뜻] 옥이나 돌을 자르고[切] 줄로 갊[磋]. ② 학문과 덕행을 닦음을 이르는 말.

▸절차-탁마 切磋琢磨 (다듬을 탁, 갈 마). ① [속뜻] 옥이나 돌을 자르고[切], 줄로 쓸고 [磋], 끌로 쪼고[琢], 숫돌에 갈아서[磨]

빛을 냄. ② 부지런히 학문과 덕행을 닦음.

절찬 絶讚 (뛰어날 절, 기릴 찬). 뛰어날[絶] 정도로 매우 칭찬(稱讚)함. 극히 칭찬함. ¶절찬을 받을 만하다.

▸절찬-리 絶讚裡 (속 리). 지극한 칭찬[絶讚]을 받는 가운데[裡]. ¶그의 책은 절찬리에 판매되었다.

절창 絶唱 (뛰어날 절, 부를 창). ① 속뜻 뛰어나게[絶] 잘 부름[唱]. 또는 그런 노래. ② 뛰어나게 잘 지은 시. ¶이 시조는 여전히 절창이다. ③ 아주 뛰어난 명창.

절처봉생 絶處逢生 (끊을 절, 곳 처, 만날 봉, 살 생). 오지도 가지도 못할 막다른[絶] 곳[處]에서 요행히 살[生] 길을 만남[逢].

절척 切戚 (몹시 절, 겨레 척). 매우[切] 가까운 친척(親戚). 성과 본이 같지 아니하면서 가까운 친척. ¶사촌 오촌 척분도 절척이다.

절체-절명 絶體絶命 (끊을 절, 몸 체, 끊을 절, 목숨 명). ① 속뜻 끊어질[絶] 듯한 몸[體]과 끊어질[絶] 듯한 목숨[命]. ② '매우 궁박한 처지에 놓임'을 비유하여 이르는 말. ¶절체절명의 위기에 처해 있다.

절충[1] 折衝 (꺾을 절, 찌를 충). ① 속뜻 적의 전차[衝]를 꺾어[折] 돌려세움. ② 이해관계가 서로 다른 상대와 교섭하거나 담판함. ¶양측이 절충을 거듭하다 / 노사가 막후 절충을 벌이다.

절충[2] 折衷 (꺾을 절, 속마음 충). ① 속뜻 각자의 속마음[衷]을 조금씩 꺾어[折] 타협을 모색함. ② 어느 편으로 치우치지 않고 이것과 저것을 취사(取捨)하여 알맞게 함. ¶의견절충 / 서로의 생각을 절충하다.

▸절충-설 折衷說 (말씀 설). 대립되는 둘 이상의 학설을, 취할 것은 취하고 버릴 것은 버려서 절충(折衷)한 학설(學說).

▸절충-주의 折衷主義 (주될 주, 뜻 의). ① 법률 대립하는 둘 이상의 법 학설에서 장점을 취하여 절충(折衷)하는 태도[主義]. ② 철학 서로 다른 몇 가지 사상 가운데 진리라고 여겨지는 것을 취하여 이들을 절충하고 조화시켜 새로운 진리를 발견하려는 태도.

절취[1] 截取 (끊을 절, 가질 취). 끊어서[截] 가짐[取].

절취[2] 竊取 (훔칠 절, 가질 취). 남의 물건을 훔치어[竊] 가짐[取]. ⓗ투취(偸取).

절치 切齒 (벨 절, 이 치). 이[齒]를 갊[切].

▸절치-부심 切齒腐心 (썩을 부, 마음 심). 몹시 분하여 이[齒]를 갈며[切] 속[心]을 썩임[腐].

절친 切親 (몹시 절, 친할 친). 몹시[切] 친근(親近)하다. ¶절친한 친구 / 그들은 절친한 사이이다.

절토 切土 (벨 절, 흙 토). 건설 평지나 경사면을 만들기 위하여 흙[土]을 깎아 내는[切] 일.

절통 切痛 (끊을 절, 아플 통). 뼈가 끊어지는[切] 듯한 원통(冤痛)함. ¶절통에서 나오는 눈물.

절판 絶版 (끊을 절, 널빤지 판). ① 속뜻 책의 출판(出版)을 그만 둠[絶]. ② 출판했던 책을 계속 간행할 수 없게 됨.

절편 截片 (끊을 절, 조각 편). ① 속뜻 절단(截斷)해낸 조각[片]. ② 수학 좌표 평면 상의 직선이 x축과 만나는 점의 x좌표 및 y축과 만나는 점의 y좌표를 통틀어 이르는 말.

절품 切品 (끊을 절, 물건 품). ① 속뜻 공급이 끊어진[切] 물품(物品). ② 물건이 다 팔리고 없음. 품절(品切). ¶날씨가 추워지자 난방 기구가 절품되었다.

절품 絶品 (뛰어날 절, 물건 품). 아주 뛰어나게[絶] 좋은 물품(物品).

절필 絶筆 (끊을 절, 붓 필). ① 속뜻 붓[筆]을 놓고[絶] 다시는 더 글을 쓰지 아니함. ② 생전에 마지막으로 쓴 글이나 글씨.

절핍[1] 切逼 (몹시 절, 닥칠 핍). 시기나 기일 따위의 정한 날짜가 바싹[切] 닥쳐서[逼] 다급함.

절핍[2] 絶乏 (끊을 절, 떨어질 핍). 끊어지고[絶] 떨어짐[乏]. 더 이상 생기지 않음.

절하 切下 (벨 절, 아래 하). ① 속뜻 잘라버리고[切] 내림[下]. ② 경제 화폐 가치의 수준을 낮춤. '내림'으로 순화. ⓑ절상(切上).

절학 絶學 (끊을 절, 배울 학). ① 속뜻 폐지되거나 없어진[絶] 학문(學問). ② 학문이나 지식을 초월한 경지.

절해 絶海 (끊을 절, 바다 해). 뭍에서 멀리 떨어진[絶] 바다[海].

▸절해-고도 絶海孤島 (홀로 고, 섬 도). 육지에서 아주 멀리 떨어져 있는[絶海] 외딴[孤] 섬[島].

절현 絶絃 (끊을 절, 줄 현). ① [속뜻] 거문고 줄[絃]을 끊음[絶]. 중국 춘추 시대 거문고의 명수인 백아는 친구 종자기가 죽자, 자기의 거문고 소리를 이해하는 사람을 잃었다고 슬퍼한 나머지 현을 끊고 다시는 거문고를 타지 아니하였다는 고사에서 유래. ② 진정으로 자기를 알아주는 사람과 사별함.

절호 絶好 (뛰어날 절, 좋을 호). 뛰어나게[絶] 좋음[好]. 아주 딱 좋음. ¶절호의 기회를 맞았다.

절화 絶火 (끊을 절, 불 화). ① [속뜻] 아궁이에 불[火]이 끊어짐[絶]. ② 몹시 가난하여 밥을 짓지 못함.

절효 節孝 (지조 절, 효도 효). ① [속뜻] 절조(節操)와 효성(孝誠)을 아울러 이르는 말. ② 젊어서 남편과 사별한 부인이 재가하지 않고 시부모를 잘 모심.

▶ 절효-정문 節孝旌門 (기 정, 문 문). ① [속뜻] 절효(節孝)를 기리기 위하여 세운 문[旌門]. ② 충신·효자·열녀 등을 표창하고 그 정신을 기리기 위하여 세운 붉은 칠을 한 문.

절후[1] 絶後 (끊을 절, 뒤 후). ① [속뜻] 후손(後孫)이 끊이어[絶] 대를 잇지 못함. ② 비교할 만한 것이 뒤에는 다시 없음. ¶절후의 명작.

절후[2] 節候 (철 절, 기후 후). 한 해를 스물넷으로 나눈 시간[節=候]. [비] 절기(節氣).

점:가 漸加 (점점 점, 더할 가). 점점[漸] 더해짐[加]. 점점 더함. [반] 점감(漸減).

점:감 漸減 (점점 점, 덜 감). 점점[漸] 줄어듦[減]. 점점 줄임. [반] 점가(漸加).

점:강-법 漸降法 (점점 점, 내릴 강, 법 법). [문학] 크고 높고 강한 것에서부터 점차[漸] 작고 낮고 약한 것으로 끌어내리는[降] 방식으로 강조하는 표현 방법(方法). '첫날엔 오십 리, 다음 날엔 사십 리, 삼십 리...' 등이 그 예이다. [비] 점층법(漸層法).

점거[1] 占居 (차지할 점, 살 거). 어떤 장소를 차지하여[占] 삶[居]. [비] 점유(占有).

점거[2] 占據 (차지할 점, 근거할 거). 어떤 장소를 차지하여[占] 근거지(根據地)로 삼음. ¶폭도들이 그 건물을 점거했다. [비] 점령(占領).

***점검** 點檢 (점 점, 검사할 검). 문제가 되는 점(點)이 있는지 검사(檢查)함. 또는 그런 검사. ¶정기적인 점검을 하다.

점결-성 粘結性 (끈끈할 점, 맺을 결, 성질 성). [광업] 석탄이 탈 때에 녹아서 엉겨[粘] 뭉쳐서[結] 덩어리로 되는 성질(性質).

점결-탄 粘結炭 (끈끈할 점, 맺을 결, 숯 탄). [광업] 점결성(粘結性)이 있는 석탄(石炭). 건류할 때에 350℃정도에서 융해하여 휘발분을 발생한 후에 구멍이 많은 코크스를 이루는 석탄.

점경 點景 (점 점, 볕 경). ① [속뜻] 멀리 점점[點]이 이루어진 경치(景致). ② [미술] 산수화에서, 사람·동물·사물 따위를 화면의 곳곳에 그려 넣는 일.

점:고[1] 漸高 (점점 점, 높을 고). 점차적(漸次的)으로 높아짐[高].

점고[2] 點考 (점 점, 살필 고). 명부에 일일이 점(點)을 찍어 가며 사람의 수를 조사함[考]. ¶점고를 받다 / 점고를 마친 후에 출발하라!

점괘 占卦 (점칠 점, 걸 괘). [민속] 점(占)을 쳐서 나오는 괘(卦). ¶점괘가 좋다.

점:근 漸近 (점점 점, 가까울 근). 점점[漸] 가까워짐[近].

점다 點茶 (점 점, 차 다). ① [속뜻] 마른 찻[茶]잎을 끓는 물에 부어[點] 우려냄. ② [불교] 선원에서, 불전(佛前)이나 영전(靈前)에 차를 공양함. 또는 그런 일.

점-대:칭 點對稱 (점 점, 대할 대, 맞을 칭). [수학] 두 도형 사이의 한 점(點)을 중심으로 한 도형을 180° 회전하였을 때 다른 도형과 완전히 겹치는 대칭(對稱).

▶ 점대칭 도형 點對稱圖形 (그림 도, 모양 형). [수학] 점대칭(點對稱) 되는 도형(圖形).

점도 粘度 (끈끈할 점, 정도 도). 끈끈한[粘] 정도(程度).

▶ 점도-계 粘度計 (셀 계). [기계] 점도(粘度)를 재는 계기(計器).

점-도표 點圖表 (점 점, 그림 도, 겉 표). [수학] 점(點)을 그린[圖] 표(表). 점그래프.

점:두 店頭 (가게 점, 머리 두). 가게[店] 앞[頭].

▶ 점:두 거:래 店頭去來 (갈 거, 올 래). ① [속뜻] 가게 앞[店頭]에서 이루어지는 거래(去來). ② [경제] 증권 거래소 밖에서 이루어

지는 주식이나 채권의 거래.

▸점:두 매:매 店頭賣買 (팔 매, 살 매). ① 속뜻 가게 앞[店頭]에서 이루어지는 매매(賣買). ② 경제 증권 거래소 밖에서 이루어지는 주식이나 채권의 매매.

점:등[1] 漸騰 (점점 점, 오를 등). 시세가 점점[漸] 오름[騰].

점등[2] 點燈 (켤 점, 등불 등). 등(燈)에 불을 켬[點].

▸점등-관 點燈管 (대롱 관). 전기 형광등에 달려 있는 점등용(點燈用) 방전관(放電管).

점:락 漸落 (점점 점, 떨어질 락). 시세가 점점[漸] 떨어짐[落].

점력 粘力 (끈끈할 점, 힘 력). 끈끈한[粘] 힘[力]. 질기고 차진 힘.

점령 占領 (차지할 점, 거느릴 령). ① 속뜻 차지하여[占] 거느림[領]. ② 교전국의 군대가 적국의 영토에 들어가 그 지역을 군사적으로 지배함. ¶영국군은 거문도를 점령했다.

점막 粘膜 (끈끈할 점, 꺼풀 막). 의학 소화관, 기도, 비뇨 생식도 따위의 안쪽을 덮고 있는 부드럽고 끈끈한[粘] 꺼풀[膜]을 통틀어 이르는 말.

▸점막-암 粘膜癌 (암 암). 의학 점막(粘膜)에 생기는 암(癌).

점:멸[1] 漸滅 (점점 점, 없어질 멸). 점점[漸] 멸망(滅亡)하여 감. ¶그 나라도 점멸의 길로 들어섰다.

점멸[2] 點滅 (켤 점, 없어질 멸). ① 속뜻 등불을 켰다[點] 껐다[滅] 함. ¶점멸 신호등. ② '어떤 생각이나 현상 따위가 생겨났다 사라졌다함'을 비유하여 이르는 말.

▸점멸-기 點滅機 (틀 기). 전등을 자동적으로 켰다[點] 껐다[滅] 할 수 있게 장치한 기구(機具).

▸점멸-등 點滅燈 (등불 등). 자동차 따위의 불이 켜졌다 꺼졌다[點滅] 하는 전등(電燈).

점명 點名 (점 점, 이름 명). 명단의 이름[名]을 차례로 점(點)을 찍어 가며 부름.

점모 粘毛 (끈끈할 점, 털 모). 식물 식물의 어린잎이나 꽃받침 따위에 있으면서 점액(粘液)을 분비하는 털[毛].

점묘 點描 (점 점, 그릴 묘). ① 미술 물감을 점(點)으로 찍어서 그림을 그림[描]. 또는 그런 기법. ② 문학 인물이나 사물의 전체를 묘사하지 않고 그 작은 부분을 각각 떼어서 따로따로 그리는 일.

▸점묘-도 點描圖 (그림 도). 수학 점(點)이 찍힌 정도로 양의 많고 적음을 나타내는[描] 그래프[圖].

▸점묘-파 點描派 (갈래 파). 예술 작은 점(點)들을 찍어 사물을 그리던[描] 화가의 일파(一派). ⑪신인상파(新印象派).

▸점묘-주의 點描主義 (주될 주, 뜻 의). 미술 색조의 분할을 철저히 한 점묘법(點描法)을 특징으로 하며, 화면 구성을 중시한 회화의 한 경향[主義]. 1886년 프랑스의 쇠라, 시냐크 등을 중심으로, 인상파의 수법을 더욱 과학적으로 추구하여 일어났다. ⑪신인상주의(新印象主義).

점미 粘米 (끈끈할 점, 쌀 미). 기[粘]가 있는 쌀[米]. 찹쌀.

점:방 店房 (가게 점, 방 방). 가게[店] 방(房). 가게. ⑪상점(商店).

점병 粘餠 (끈끈할 점, 떡 병). 기[粘]가 있는 떡[餠]. 찰떡.

점복 占卜 (점칠 점, 점칠 복). ① 속뜻 예측하는 일[占]과 길흉을 알아보는 일[卜]. ② 점치는 일.

점상 點狀 (점 점, 형상 상). 점(點)과 같은 모양[狀].

점서 占書 (점칠 점, 책 서). 점술(占術)에 관하여 적은 책[書].

점선 點線 (점 점, 줄 선). 점(點)으로 이루어진 줄[線]. ¶점선으로 표시된 부분.

점성[1] 粘性 (끈끈할 점, 성질 성). ① 속뜻 차지고 끈끈한[粘] 성질(性質). ② 물리 유체(流體)가 형태를 바꾸려고 할 때에, 유체 내부에 마찰이 생기는 성질.

점성[2] 占星 (점칠 점, 별 성). 별[星]의 빛이나 위치, 운행 따위를 보고 길흉을 점 침[占].

▸점성-가 占星家 (사람 가). 별[星]을 연구해 점을 치는[占] 일을 전문으로 하는 사람[家]. ⑪성학가(星學家).

▸점성-술 占星術 (꾀 술). 별[星]의 빛이나 위치, 운행 따위를 보고 개인과 국가의 길흉을 점(占)치는 복술(卜術).

점수[1] **點水** (점 점, 물 수). 물[水]을 방울방울[點] 떨어뜨려 부음.

점수[2] **點數** (점 점, 셀 수). ① 속뜻 점(點)의 수효(數爻). ② 성적을 나타내는 숫자. ¶민수는 수학 점수가 높다. ③ 물건의 가짓수. ¶문화재 점수.

점술 占術 (점칠 점, 꾀 술). 점(占)을 치는 술법(術法).

점-시력 點視力 (점 점, 볼 시, 힘 력). 의학 미세한 점(點)의 유무를 눈으로 보아[視] 분간할 수 있는 능력(能力). 참선시력(線視力).

점:심 點心 (점 점, 마음 심). ① 속뜻 마음[心]에 점(點)을 찍음. ② 낮에 끼니로 먹는 음식. ¶점심시간 / 점심을 먹다. ③ 불교 선종에서 배고플 때에 조금 먹는 음식을 이르는 말.

점안 點眼 (점 점, 눈 안). ① 속뜻 눈[眼]에 점(點)을 찍는 것처럼 안약을 떨어뜨려 넣음. ② 점정(點睛). ③ 불교 점불정(點佛睛).

▸점안-수 點眼水 (물 수). 눈[眼]에 직접 한 방울씩 떨어뜨려[點] 사용하는 물[水]약. ⓑ점안제(點眼劑).

점액 粘液 (끈끈할 점, 진 액). ① 속뜻 끈끈한[粘] 성질이 있는 액체(液體). ② 생물 생물체의 점액선 따위에서 분비되는 끈끈한 액체. ¶위는 점액을 분비해 위벽을 보호한다.

▸점액-막 粘液膜 (꺼풀 막). 의학 소화관, 기도, 비뇨 생식도 따위의 안쪽을 덮고 있는 부드럽고 끈끈한 액체의[粘液] 막(膜)을 통틀어 이르는 말. ㊣점막.

▸점액-선 粘液腺 (샘 선). 의학 점액(粘液)을 분비하는 외분비 샘[腺].

▸점액-질 粘液質 (바탕 질). 심리 자극에 대한 반응이 둔하고 보수적이며 의지가 굳고 인내력[粘液]이 있는 기질(氣質) 유형.

▸점액 수종 粘液水腫 (물 수, 종기 종). 의학 점액질(粘液質)의 액[水]이 괴여 생기는 종기(腫氣). 갑상선의 기능이 떨어짐으로써 일어난다.

점:약 點藥 (점 점, 약 약). 눈에 약물[藥]을 방울방울[點] 떨어뜨림. 또는 그 약물.

점-양토 粘壤土 (끈끈할 점, 흙덩이 양, 흙 토). 끈끈한[粘] 성질이 강한 흙[壤=土].

점역 點譯 (점 점, 풀이할 역). 말이나 보통의 글자를 점자(點字)로 풀이하여[譯] 고침.

점:염[1] **漸染** (점점 점, 물들일 염). 차차[漸] 번져서 물듦[染]. 점점 전염됨.

점염[2] **點染** (점 점, 물들일 염). 조금씩[點] 젖어 물듦[染]. ¶노을에 붉게 점염된 하늘.

점엽 點葉 (점 점, 잎 엽). 미술 동양화에서 점(點)을 찍어 나뭇잎[葉]을 그리는 방법.

점:오 漸悟 (점점 점, 깨달을 오). 불교 소승에서 대승에 이르는 얕고 깊은 차례를 거치며 점점[漸] 깊이 깨달음[悟]. 참돈오(頓悟).

점용 占用 (차지할 점, 쓸 용). ① 속뜻 차지하여[占] 씀[用]. ② 하천, 도로, 수면(水面) 따위를 점거하여 사용함. 또는 그런 일.

점:원 店員 (가게 점, 사람 원). 상점(商店)에 고용되어 물건을 팔거나 그 밖의 일을 맡아 하는 사람[員]. ¶그 옷 가게의 점원들은 친절하다.

점유 占有 (차지할 점, 있을 유). 물건이나 영역, 지위 따위를 차지하고[占] 있음[有]. ¶불법 점유 / 그 회사는 국내 가전제품 시장의 40%를 점유하고 있다.

▸점유-권 占有權 (권리 권). 법률 물건을 소지한 점유자(占有者)가 물건에 대하여 가지는 권리(權利).

점-음표 點音標 (점 점, 소리 음, 나타낼 표). 음악 음표 머리 오른쪽에 작은 점(點)이 있는 음표(音標). 점은 본 음표 길이의 반을 나타낸다. ⓑ부점(附點)음표. 참단순(單純)음표.

점:이 漸移 (점점 점, 옮길 이). 차차[漸] 옮아감[移].

▸점:이-성 漸移性 (성질 성). 차차 옮아가는[漸移] 성질(性質).

▸점:이 지대 漸移地帶 (땅 지, 띠 대). ① 속뜻 어떤 특성이 점차 옮아가는[漸移] 지대(地帶). ② 지리 서로 다른 지리적 특성을 가진 두 지역 사이에서 중간적인 현상을 나타내는 지대.

▸점:이 층리 漸移層理 (층 층, 결 리). 지리 조용한 퇴적 환경에서, 입자의 크기가 아래에서 위로 갈수록 가는 입자가 퇴적되어[漸移] 생긴 퇴적암의 성층 구조[層理].

점:입-가경 漸入佳境 (점점 점, 들 입, 아름다울 가, 지경 경). ① 속뜻 점점[漸] 들어

[入] 갈수록 경치가 아름다운[佳] 경지(境地)에 이름. ② 일이 점점 재미있는 지경으로 들어감.

점자 點字 (점 점, 글자 자). 두꺼운 종이 위에 도드라진 점(點)들을 일정한 방식으로 짜 모아 만든 글자[字]. 시각장애인들이 손가락으로 더듬어 읽도록 만든 문자이다.

점재 點在 (점 점, 있을 재). 여기저기 점점(點點)이 흩어져 있음[在].

점적 點滴 (점 점, 물방울 적). ① 속뜻 액체가 점(點)같이 방울져[滴] 떨어지는 일. 또는 그 방울. ② 시료 용액에 시약을 한 방울씩 떨어뜨려 분석하는 일.

⁑**점:점**[1] 漸漸 (차츰 점, 차츰 점). 차츰[漸] 차츰[漸] 변함. ¶날씨가 점점 더워지고 있다. ⓑ점차(漸次), 차츰.

점점[2] 點點 (점 점, 점 점). ① 속뜻 낱낱의 점(點+點). ¶파란 점점 무늬가 놓인 코트. ② 점을 찍은 듯이 하나씩. ¶가로등이 점점으로 커졌다.

점정 點睛 (점찍을 점, 눈동자 정). 사람이나 짐승 따위를 그릴 때 맨 나중에 눈동자[睛]를 점찍어[點] 넣음.

점조 占兆 (점칠 점, 조짐 조). 점(占)을 칠 때 나타나는 길흉의 징조(徵兆).

점조-제 粘稠劑 (끈끈할 점, 빽빽할 조, 약제 제). 액체에 끈기[粘]를 주어 진하게[稠] 하는 물질이나 약제(藥劑).

점:주 店主 (가게 점, 주인 주). 가게[店]의 주인(主人).

점:증 漸增 (점점 점, 더할 증). 점점[漸] 많아짐[增]. 점점 불어남.

점:진 漸進 (점점 점, 나아갈 진). ① 속뜻 점차(漸次) 앞으로 나아감[進]. ② 점점 발전함. ¶복지 사회로 점진하다.

▸점:진-적 漸進的 (것 적). 점차(漸次) 조금씩 나아가는[進] 것[的]. ¶점진적 발전. ⓑ급진적(急進的).

▸점:진-주의 漸進主義 (주될 주, 뜻 의). 급격한 방법을 피하고 순서대로 서서히[漸] 목적을 달성하려는[進] 태도나 경향[主義].

점질 粘質 (끈끈할 점, 바탕 질). 차지고 끈적끈적한[粘] 물질(物質). '점액질'(粘液質)의 준말.

점차[1] 點差 (점 점, 어긋날 차). 점수(點數)의 차이(差異).

⁑**점:차**[2] 漸次 (점점 점, 차례 차). 점점[漸] 차례(次例)대로. ¶현지는 점차 공부에 흥미를 느꼈다. ⓑ점점(漸漸), 차츰.

점착 粘着 (끈끈할 점, 붙을 착). 끈끈하게[粘] 달라붙음[着].

▸점착-제 粘着劑 (약제 제). 물질을 달라붙게 하는[粘着] 작용을 하는 약제(藥劑).

점철 點綴 (점 점, 꿰맬 철). 흐트러진 여러 점(點)이 서로 이어짐[綴]. 또는 그것들을 서로 이음.

점체 粘體 (끈끈할 점, 몸 체). 고체와 액체의 중간 상태인 끈끈한[粘] 물체(物體).

점:층-법 漸層法 (점점 점, 층 층, 법 법). 문학 문장의 뜻을 겹치어[層] 써서 문자의 뜻을 점점[漸] 강화시켜 독자의 느낌을 절정에 이르도록 하는 표현 방법(方法). '수신, 제가, 치국, 평천하' 등이 그 예이다. ⓑ점강법(漸降法).

점토 粘土 (끈끈할 점, 흙 토). 지리 ① 작은 알갱이로 이루어진 부드럽고 끈끈한[粘] 흙[土]. ¶그녀는 점토로 그릇을 만들었다. ⓑ찰흙. ② 지리 작은 알갱이로 이루어진 퇴적물. ③ 지리 크기가 1/256mm보다 작은 암석 부스러기 또는 광물 알갱이. ⓑ찰흙.

▸점토-기 粘土器 (그릇 기). 점토(粘土)로 만든 질그릇[器].

▸점토-암 粘土巖 (바위 암). 지리 호수나 바다 밑바닥에 점토(粘土)가 쌓여 굳어 이루어진 퇴적암(堆積巖).

▸점토-질 粘土質 (바탕 질). 지리 점토(粘土)가 많이 섞여 있는 암석이나 지층의 물질(物質).

점:퇴 漸退 (점점 점, 물러날 퇴). ① 속뜻 점점[漸] 뒤로 물러남[退]. ② 차차 쇠퇴하여 감.

점파 點播 (점 점, 뿌릴 파). 농업 씨앗을 한 곳에 한 개 또는 몇 개씩 일정한 간격을 두고 점점(點點)이 뿌려[播] 나감.

▸점파-기 點播機 (틀 기). 농업 점파(點播)에 쓰이는 농기계(農機械)의 한 가지.

점판-암 粘板巖 (끈끈할 점, 널빤지 판, 바위 암). 지리 점토(粘土)의 성질을 가지고 있으면서, 평면적[板]으로 잘 갈라지는 바위

[巖].

점:포 店鋪 (가게 점, 가게 포). 물건을 늘어놓고 파는 곳[店=鋪]. ⑪가게, 상점(商店).

점풍 占風 (점칠 점, 바람 풍). 점(占)을 치는 일과 풍수(風水) 보는 일을 아울러 이르는 말.

▸점풍-기 占風旗 (깃발 기). 바람[風]의 방향을 알기[占] 위해 돛대머리에 다는 깃발[旗].

점호 點呼 (점 점, 부를 호). 인원을 점검(點檢)하기 위하여 이름을 부름[呼]. ¶취침 점호.

점화 點火 (켤 점, 불 화). ① 속뜻 불[火]을 켬[點]. ¶올림픽 성화를 점화하다. ②장마 때 방 안의 습기를 말리기 위하여 불을 땜. ③ 기계 내연 기관에서 실린더 안의 연료를 폭발시키기 위하여 가스체에 가열 또는 전기 불꽃을 접촉시킴. 또는 그런 일. ⑪발화(發火), 착화(着火).

▸점화-구 點火口 (구멍 구). 가스등 따위의 불을 붙이는[點火] 부리의 구멍[口].

▸점화-약 點火藥 (약 약). 화학 작약(炸藥)이나 폭파약에 불[火]을 붙이는[點] 역할을 하는 화약(火藥). ⑪기폭약(起爆藥).

▸점화-전 點火栓 (마개 전). 기계 내연 기관에서, 실린더 안의 연료를 전기 불꽃으로 점화(點火)하는 꼭지[栓] 형태의 부품. 점화 플러그.

▸점화 장치 點火裝置 (꾸밀 장, 둘 치). 점화(點火)를 하는 장치(裝置).

점획 點劃 (점 점, 그을 획). 글자를 이루는 점(點)과 획(劃).

접각 接角 (닿을 접, 모서리 각). ① 속뜻 맞닿은[接] 각(角). ② 수학 두 각이 같은 평면 위에 있고 꼭짓점과 한 변을 공유하며 그 두 각 내부에 공통부분을 갖지 아니할 때, 한 각을 다른 각에 상대하여 이르는 말.

접객 接客 (맞이할 접, 손 객). 손님[客]을 맞아[接] 시중듦. ⑪접빈(接賓).

▸접객-부 接客婦 (여자 부). 요릿집 같은 데에서 손님[客]을 접대(接待)하는 여자[婦]. ⑪접대부(接待婦).

▸접객-업 接客業 (일 업). 손님[客]을 접대(接待)하는 일[業].

접견 接見 (맞이할 접, 볼 견). ① 속뜻 공식적으로 손님을 맞이하여[接] 만나 봄[見]. ¶접견시간 / 접견장소. ② 법률 형사 절차에 의하여 신체의 구속을 받고 있는 피고인이나 피의자와 만남. 또는 그런 일.

접경 接境 (닿을 접, 지경 경). 서로 맞닿은[接] 경계(境界).

접골 接骨 (이을 접, 뼈 골). 의학 어긋나거나 부러진 뼈[骨]를 이어[接] 맞춤. ¶접골 치료 / 지난번에 접골한 곳을 또 다쳤다.

▸접골-사 接骨師 (스승 사). 의학 외과적 수술을 하지 않고 주로 부목, 안마, 깁스 따위의 방법으로 골절 따위를 치료하는 것[接骨]을 전문적으로 하는 사람[師].

접근 接近 (맞이할 접, 가까울 근). 맞이하여[接] 가까이 다가감[近]. ¶접근 금지 / 그는 접근하기 쉬운 사람이다.

접대[1] 接對 (맞이할 접, 대할 대). 찾아온 이를 맞이하여[接] 대면(對面)함.

접대[2] 接待 (맞이할 접, 대접할 대). 손님을 맞이하여[接] 대접(待接)함. ¶따뜻한 접대 / 그녀는 미소를 지으며 손님을 접대하였다. ⑪대접(待接).

▸접대-부 接待婦 (여자 부). 요릿집 따위에서 손을 접대(接待)하는 여자[婦]. ⑪접객부(接客婦).

▸접대-비 接待費 (쓸 비). 손님을 접대(接待)하는 데 드는 비용(費用).

접도-구역 接道區域 (닿을 접, 길 도, 나눌 구, 지경 역). 법률 도로(道路)에 인접(隣接)한 구역(區域).

접두-사 接頭辭 (닿을 접, 머리 두, 말씀 사). ① 속뜻 단어 앞[頭]에 붙는[接] 말[辭]. ② 언어 어근이나 단어의 앞에 붙어 파생어를 만드는 말. '맨손'의 '맨-', '들볶다'의 '들-' 따위.

접두-어 接頭語 (닿을 접, 머리 두, 말씀 어). ① 속뜻 단어 앞[頭]에 붙는[接] 말[語]. ② 언어 접두사(接頭辭).

접등 摺燈 (접을 접, 등불 등). 주름을 잡아서 아래위로 접었다[摺] 폈다 할 수 있는 종이로 만든 등(燈).

접맥 接脈 (이을 접, 줄기 맥). 맥(脈)을 이음[接].

접목[1] 接目 (닿을 접, 눈 목). 눈[目]을 감음[接].

접목² 接木 (이을 접, 나무 목). ① [속뜻] 나무[木]를 접붙여 이음[接]. 또는 그 나무. ② '둘 이상의 다른 현상 따위를 알맞게 조화시킴'을 비유하여 이르는 말. ¶국악과 대중가요의 접목.

접문 接吻 (닿을 접, 입술 문). 입[吻]을 맞춤[接].

접물 接物 (닿을 접, 만물 물). 물건(物件)에 닿음[接].

접미-사 接尾辭 (닿을 접, 꼬리 미, 말씀 사). ① [속뜻] 단어 뒤[尾]에 붙는[接] 말[辭]. ② [언어] 어근이나 단어의 뒤에 붙어 파생어를 만드는 말. '선생님'의 '-님', '지우개'의 '-개' 따위. [반]접두사(接頭辭).

접미-어 接尾語 (닿을 접, 꼬리 미, 말씀 어). ① [속뜻] 단어 뒤[尾]에 붙는[接] 말[語]. ② [언어] 접미사(接尾辭).

접변 接變 (닿을 접, 바뀔 변). [언어] 어떤 소리가 이웃한[接] 소리의 영향으로, 본래의 소리와 다른 음으로 변(變)함. 또는 그런 현상.

접빈 接賓 (맞이할 접, 손님 빈). 손님[賓]을 맞아[接] 응대함. [비]접객(接客).

▶ 접빈-실 接賓室 (방 실). 손님[賓]을 접대(接待)하는 방[室]. [비]응접실(應接室).

접사¹ 接寫 (닿을 접, 베낄 사). [연영] 렌즈를 피사체 가까이에 대고[接] 찍음[寫].

접사² 接辭 (닿을 접, 말씀 사). ① [속뜻] 단어 앞이나 뒤에 붙는[接] 말[辭]. ② [언어] 단독으로 쓰이지 않고 항상 다른 어근(語根)이나 단어에 붙어 새로운 단어를 구성하는 부분. 접두사(接頭辭)와 접미사(接尾辭)가 있다.

접선 接線 (닿을 접, 줄 선). ① [수학] 곡선이나 곡면의 한 점에 닿는[接] 직선(直線). ② 어떤 목적을 위하여 비밀리에 만남. 또는 그런 관계를 맺음.

접소 接所 (이을 접, 곳 소). [종교] 동학에서, 접(接)의 집회 장소(場所).

접속 接續 (닿을 접, 이을 속). ① [속뜻] 서로 맞닿도록[接] 이어줌[續]. ② [전기] 서로 다른 업체에서 공급한 여러 장비를 물리적으로 또는 전자회로 적으로 연결하는 일. ③ [컴퓨터] 컴퓨터에서, 여러 개의 프로세서와 기억 장치 모듈 사이를 물리적으로 또는 전자 회로적으로 연결하는 일. ¶인터넷 접속.

▶ 접속-곡 接續曲 (노래 곡). [음악] 여러 악곡의 일부씩을 이어 붙여[接]하여 한 곡으로 엮은[續] 곡(曲).

▶ 접속-범 接續犯 (범할 범). [법률] 시간적 공간적으로 거의 같은 기회에 여러 가지의 비슷한 죄를 이어서[接續] 저지르는[犯] 일. 또는 그 일을 저지른 사람.

▶ 접속-사 接續辭 (말씀 사). [언어] 자립어로서의 활용이 없는 말 가운데 단어와 단어 또는 구절과 구절 사이를 이어 주는[接續] 구실을 하는 말[辭].

▶ 접속-어 接續語 (말씀 어). [언어] 단어와 단어, 구절과 구절, 문장과 문장을 이어 주는[接續] 구실을 하는 말[語].

▶ 접속 부:사 接續副詞 (도울 부, 말씀 사). [언어] 앞의 체언이나 문장의 뜻을 뒤의 체언이나 문장에 이어 주면서[接續] 뒤의 말을 꾸며 주는 부사(副詞).

▶ 접속 수역 接續水域 (물 수, 지경 역). [법률] 한 나라의 영해에 접속(接續)한 일정한 범위의 공해(公海) 수역(水域).

▶ 접속 조:사 接續助詞 (도울 조, 말씀 사). [언어] 두 단어를 같은 자격으로 이어 주는[接續] 구실을 하는 조사(助詞).

접수¹ 接收 (이을 접, 거둘 수). ① [속뜻] 이어받아서[接] 거둠[收]. ② 권력으로써 다른 사람의 소유물을 일방적으로 수용함. ¶적군이 아군의 방송국을 접수하였다.

접수² 接受 (맞이할 접, 받을 수). ① [속뜻] 맞이하여[接] 받아들임[受]. ② 신청이나 신고 따위를 구두(口頭)나 문서로 받음. ¶접수번호 / 접수를 마감하다.

▶ 접수-국 接受國 (나라 국). 다른 나라의 외교 사절을 받아들이는[接受] 쪽의 나라[國].

▶ 접수-증 接受證 (증거 증). 접수(接受)한 사실을 증명(證明)하는 문서.

▶ 접수-처 接受處 (곳 처). 처리할 문서나 금품 따위를 받는[接受] 사무를 맡아보는 곳[處].

접순 接筍 (닿을 접, 죽순 순). 나뭇가지[筍]에 접붙임[接].

접신 接神 (닿을 접, 귀신 신). 신(神)이 사람의 몸에 내리어[接] 신통한 능력이 생기는 일.

접아 接芽 (닿을 접, 싹 아). [식물] 나무를 접붙일 때에 접붙이고자 하는 나뭇가지에 같이 붙여서[接] 자른 싹[芽].

접안[1] 接岸 (닿을 접, 언덕 안). 배를 기슭[岸]이나 육지에 댐[接]. ¶배를 접안시켰다.

접안[2] 接眼 (닿을 접, 눈 안). 물리 눈[眼]에 가까이 댐[接]. ¶접안 렌즈(lens). 참대물(對物).

접어 接語 (닿을 접, 말씀 어). ① 속뜻 말[語]을 서로 주고받음[接]. ¶요새는 대면을 해도 별로 접어도 않는다. ② 언어 접사(接辭).

접영 蝶泳 (나비 접, 헤엄칠 영). 운동 두 손을 동시에 앞으로 뻗쳐 나비[蝶]처럼 물을 아래로 끌어내리고 양다리를 모아 상하로 움직이며 발등으로 물을 치면서 나아가는 수영(水泳).

접요-사 接腰辭 (닿을 접, 허리 요, 말씀 사). 언어 독립되어 쓰지 못하고, 말 중간[腰]에 끼여[接] 함께 한 단어를 이루는 접사(接辭). 한국어에서는 접요사의 존재를 인정하지 않고 있다.

접이 接耳 (닿을 접, 귀 이). 남의 귀[耳]에 입을 대고[接] 소곤거림.

접장 接長 (이을 접, 어른 장). ① 속뜻 보부상의 동아리인 '접'(接)의 우두머리[長]. ② 동학의 교구인 '접'의 우두머리. 비접주(接主).

접적 接敵 (닿을 접, 원수 적). 적진(敵陣)에 근접(近接)함. 적과 맞부딪힘.

접전 接戰 (닿을 접, 싸울 전). ① 속뜻 경기나 전투에서 서로 맞붙어[接] 싸움[戰]. 또는 그런 경기나 전투. ② 서로 힘이 비슷하여 승부가 쉽게 나지 않는 경기나 전투. ¶팽팽한 접전을 벌이다.

접점 接點 (닿을 접, 점 점). ① 수학 곡선 또는 곡면의 접선이나 접평면이 그 곡선 또는 곡면에 접(接)하는 점(點). ② 계전기나 개폐기 따위에서, 접촉에 의하여 전류가 전도되는 부분.

접종[1] 接種 (이을 접, 씨 종). ① 속뜻 종자(種子)를 접합(接合)시킴. ② 의학 병의 예방, 치료, 진단, 실험 따위를 위하여 병원균이나 항독소, 항체 따위를 사람이나 동물의 몸에 주입함. 또는 그렇게 하는 일. ¶예방 접종.

접종[2] 接踵 (닿을 접, 발꿈치 종). ① 속뜻 발꿈치[踵]를 접(接)함. ② 남의 뒤에 바싹 붙어서 따름. ③ 사물이나 사건이 잇달아 생김을 이르는 말.

접지[1] 接枝 (닿을 접, 가지 지). 식물 접(接)을 붙일 때 바탕이 되는 나무에 나뭇가지[枝]를 꽂음. 또는 그런 방법.

접지[2] 接地 (닿을 접, 땅 지). ① 속뜻 땅[地]에 닿음[接]. 또는 땅에 댐. ② 전기 전기 회로를 동선(銅線) 따위의 도체로 땅과 연결함.

▸접지-선 接地線 (줄 선). 접지(接地)를 할 때 전기 기기와 땅을 연결하는 전선(電線).

접지[3] 摺紙 (접을 접, 종이 지). ① 속뜻 종이[紙]를 앞 또는 뒤로 접음[摺]. 또는 그렇게 접은 종이. ② 제본할 때 페이지 순서대로 인쇄된 종이를 접음. 또는 그렇게 한 종이.

▸접지-기 摺紙機 (틀 기). 출판 제본 따위를 하기 위하여 종이[紙]를 접는[摺] 기계(機械).

접착 接着 (닿을 접, 붙을 착). 착 달라[接]붙음[着]. ¶접착 테이프 / 접시의 조각을 접착했다.

▸접착-력 接着力 (힘 력). 두 물체가 서로 달라붙는[接着] 힘[力]. ¶이 풀은 접착력이 강하다.

▸접착-제 接着劑 (약제 제). 두 물체를 서로 붙이는[接着] 데 쓰는 약[劑].

접책 摺册 (접을 접, 책 책). ① 속뜻 종이를 앞뒤로 여러 번 접어서[摺] 책(册)처럼 만든 것. ② 병풍처럼 폈다 접었다 할 수 있게 만든 책. 경본(經本)이나 글·그림첩에 주로 쓴다.

접철 摺綴 (접을 접, 꿰맬 철). 접어서[摺] 한데 꿰맴[綴].

접첩 摺帖 (접을 접, 문서 첩). 접을[摺] 수 있도록 만든 서화첩[帖].

접촉 接觸 (맞이할 접, 닿을 촉). ① 속뜻 맞이하여[接] 서로 닿음[觸]. ¶신체접촉. ② 가까이 대하고 사귐. ¶그녀와의 접촉을 되도록 피하고 싶다. ③ 수학 직각 좌표 위에서 접하고 있는 두 곡선이 한 접촉점에서의 미분 계수가 일치하는 일. ④ 화학 촉매에 의하여 화학 반응을 일으키는 일.

▸접촉-법 接觸法 (법 법). 화학 촉매를 써서 화합물을 합성하는[接觸] 방법(方法).

▸접촉-제 接觸劑 (약제 제). ① 화학 접촉(接觸) 반응의 촉매로 쓰는 약제(藥劑). ② 약학 해충의 신경을 마비시키거나 숨구멍을 막아서 죽이는 살충제.

▸접촉 감:염 接觸感染 (느낄 감, 물들일 염). 의학 환자, 감염 동물 따위와의 접촉(接觸)으로 일어나는 감염(感染). 접촉 전염(接觸傳染).

▸접촉 광:물 接觸鑛物 (쇳돌 광, 만물 물). 광업 암석이 접촉(接觸) 변성 작용을 받았을 때 원광물의 결정 구조가 바뀌어 새로 생기는 광물(鑛物).

▸접촉 반:응 接觸反應 (되돌릴 반, 응할 응). 화학 ① 불균일계에서, 두 물질이 맞닿아[接觸] 이루어지는 반응(反應). ② 아주 적은 양의 촉매에도 반응 속도가 두드러지게 증가되거나 감소되는 것. ⓗ촉매 반응(觸媒反應).

▸접촉 운:동 接觸運動 (돌 운, 움직일 동). 식물 외부의 접촉(接觸)으로 일어나는 식물의 운동(運動).

▸접촉 작용 接觸作用 (지을 작, 쓸 용). 화학 접촉(接觸) 반응에서, 촉매가 반응을 촉진하거나 방해하는 작용(作用).

▸접촉 저:항 接觸抵抗 (맞설 저, 막을 항). 전기 두 물체의 접촉(接觸)면을 통하여 전기가 흐를 때에, 그 사이에서 생기는 전기 저항(抵抗).

▸접촉 전:기 接觸電氣 (전기 전, 기운 기). 물리 서로 다른 물질을 접촉(接觸)시켰을 때 생기는 전기(電氣).

▸접촉 전염 接觸傳染 (전할 전, 물들일 염). 의학 병원소 따위와의 접촉(接觸)으로 일어나는 전염(傳染).

▸접촉 변:성암 接觸變成巖 (바뀔 변, 이룰 성, 바위 암). 지리 땅 속 깊은 곳에서 올라온 마그마의 열과 접촉(接觸)하여 본디의 성분이나 결정 구조가 바뀌어[變] 이루어진[成] 바위[巖].

▸접촉 변:성 작용 接觸變成作用 (바뀔 변, 이룰 성, 지을 작, 쓸 용). 지리 고온의 마그마가 지각의 일부를 뚫고 들어가서 주변의 물질과 접촉(接觸)하여 그 물질의 성분과 조직을 변화시키는[變成] 작용(作用).

접-평면 接平面 (닿을 접, 평평할 평, 쪽 면). 수학 곡면(曲面) 위의 한 점과 맞닿은[接] 평면(平面).

접피-술 接皮術 (닿을 접, 가죽 피, 꾀 술). 의학 상처나 흉터에 피부(皮膚)를 붙이는[接] 외과 수술(手術).

접합 接合 (이을 접, 합할 합). ① 속뜻 하나로 이어[接] 합함[合]. 또는 한데 닿아 붙음. ¶접합수술. ② 공업 용접(鎔接). ③ 물리 반도체 장치에서, 두 개의 서로 다른 반도체 영역 사이의 전이. ④ 동물 접착한 두 개체 사이에서 핵의 일부분만을 교환하여 융합하고 세포질의 융합은 일어나지 않는 섬모충류의 유성 생식 방법. ⑤ 생물 세균이 균체 표면 일부에서 서로 결합하여 한쪽 세균의 유전 물질이 다른 쪽 세균으로 전달되는 현상. ⑥ 식물 식물, 특히 균류 따위의 생식 세포 또는 생식 기관의 합체. ⑦ 식물 엽상 식물의 유성 생식.

▸접합-부 接合符 (맞을 부). ① 속뜻 이어 붙이는[接合] 부호(符號). ② 언어 이음표 '—'의 이름. 사전, 논문 등에서 파생어나 합성어를 나타내기 위하여 쓴다.

▸접합-자 接合子 (씨 자). 생물 배우자의 접합(接合)에 의하여 생긴 자웅의 생식 세포[子].

▸접합 재료 接合材料 (재목 재, 거리 료). 건축에서, 접합(接合)할 때 쓰는 재료(材料).

접형-골 蝶形骨 (나비 접, 모양 형, 뼈 골). 의학 머리 양쪽에 걸쳐 있는 나비[蝶] 모양[形]의 뼈[骨].

접형 화관 蝶形花冠 (나비 접, 모양 형, 꽃 화, 갓 관). 식물 다섯 개의 꽃잎으로 이루어지고 나비 모양[蝶形]과 비슷한 꽃부리[花冠].

정:가[1] 正價 (바를 정, 값 가). 에누리 없는 정당(正當)한 값[價].

정:가[2] 定價 (정할 정, 값 가). 상품에 값[價]을 매김[定]. 또는 그 값. ¶이 바지의 정가는 4만 원이다.

정:각[1] 正刻 (바를 정, 시각 각). 틀림없는 바로[正] 그 시각(時刻). ¶12시 정각에 만나자.

정:각[2] 正覺 (바를 정, 깨달을 각). ① 속뜻 가장 올바른[正] 깨달음[覺]. ② 불교 진리를 터득한 부처의 깨달음.

정:각[3] 定刻 (정할 정, 시각 각). 정(定)해진

시각(時刻). ¶오늘 그는 정각보다 30분 늦었다.

정각[4] 亭閣 (정자 정, 집 각). 산수가 좋은 곳에 머무르기[亭] 위하여 지은 아담하고 작은 집[閣]. [비]정자(亭子).

정각[5] 頂角 (꼭대기 정, 모서리 각). [수학] 이등변 삼각형에서 두 등변 사이에 위치한 꼭지[頂] 부분의 각(角).

정:각[6] 正角 (바를 정, 모서리 각). [수학] 삼각법에서 각을 낀 두 직선 중의 한 직선이 시곗바늘의 반대 방향[正]으로 돌아서 생기는 각(角). [비]양각(陽角). [반]부각(負角).

▸정:-각주 正角柱 (기둥 주). [수학] 밑면이 정다각형(正多角形)인 각(角)기둥[柱].

▸정:-각추 正角錐 (송곳 추). [수학] 밑면은 정다각형(正多角形)이고 끝은 송곳[錐]처럼 뾰족한 모양의 도형.

정간[1] 停刊 (멈출 정, 책 펴낼 간). 감독관청의 명령으로 신문, 잡지 따위의 정기 간행물의 발간(發刊)을 일시적으로 멈춤[停].

정간[2] 井間 (우물 정, 사이 간). 가로 세로의 평행선으로 이루어진 '井'자 모양의 칸[間].

▸정간-보 井間譜 (적어놓을 보). [음악] 조선 세종 때에, '井'자 모양으로 칸[間]을 쳐서 소리의 길이와 높이를 정확히 표시한 악보(樂譜).

▸정간-지 井間紙 (종이 지). '井'자 모양으로 칸[間]을 쳐 놓은 종이[紙]. 글씨를 쓸 때에, 종이 밑에 받쳐놓아 글자 간격을 고르게 하는 역할을 한다.

정감 情感 (사랑 정, 느낄 감). 사랑[情]스럽게 느껴짐[感]. 정조와 감흥을 불러일으키는 느낌. ¶원주는 보면 볼수록 정감이 간다.

정갑 精甲 (쓿을 정, 갑옷 갑). 견고하고 훌륭한[精] 갑옷[甲].

정강[1] 政綱 (정치 정, 벼리 강). ① [속뜻] 정치(政治)의 대강(大綱). ② 정부 또는 정당이나 정치 집단에서 국민에게 공약하여 이루고자 하는 정책의 큰 줄기. ¶정강을 발표하다.

정강[2] 精鋼 (쓿을 정, 강철 강). 정련(精鍊)한 강철(鋼鐵).

정:개 定改 (정할 정, 고칠 개). ① [속뜻] 마음을 고쳐[改]먹기로 작정(作定)함. ② [가톨릭] 다시 죄를 짓지 아니하기로 결심하는 일. 고백 성사의 다섯 요건 가운데 하나.

정객 政客 (정사 정, 손 객). 정사(政事)를 하는 사람[客].

정거 停車 (멈출 정, 수레 거). 가던 차(車)를 멈춤[停]. ¶이 역에서 5분간의 정거합니다.

▸정거-장 停車場 (마당 장). 열차(列車)가 멈추어서[停] 여객이나 화물을 싣고 내릴 수 있도록 설비를 갖춘 곳[場]. ¶아들을 배웅하러 정거장으로 나가다.

정:격[1] 定格 (정할 정, 격식 격). ① [속뜻] 정(定)해진 격식(格式)이나 규격. ② [전기] 전기 기구를 만들 때 따르는 정해진 규격. 제조자가 보증한 사용 한도 및 전압, 전류, 속도, 역률 따위의 지정 조건을 통틀어 이른다. ¶정격 전류.

정:격[2] 正格 (바를 정, 격식 격). ① [속뜻] 바른[正] 격식(格式)이나 규격. 또는 격식이나 규격에 맞음. ② [문학] 절구나 율시에서, 첫 구의 둘째 자를 측성(仄聲)의 글자로 시작하는 한시 작법. [반]변격(變格).

▸정:격 가사 正格歌辭 (노래 가, 말씀 사). [문학] 낙구가 시조의 종장의 율격과 같고 바른[正] 율격(律格)을 지니는 가사(歌辭).

정:견[1] 正見 (바를 정, 볼 견). ① [속뜻] 바른[正] 견해(見解). ② [불교] 팔정도의 하나. 사제(四諦)의 이치를 알고, 제법(諸法)의 참된 모습을 바르게 판단하는 지혜.

정:견[2] 定見 (정할 정, 볼 견). 일정(一定)한 자기 주장이 있는 의견(意見). ¶정견이 없는 사람.

정견[3] 政見 (정치 정, 볼 견). 정치(政治)상의 의견(意見). 정치에 관한 식견. ¶정견을 달리하다.

정결[1] 貞潔 (곧을 정, 깨끗할 결). 정조가 곧고[貞] 행실이 깨끗함[潔].

정결[2] 淨潔 (깨끗할 정, 깨끗할 결). 매우 깨끗함[淨=潔]. ¶정결한 마음 / 그의 방은 늘 정결하다.

정:경[1] 正經 (바를 정, 지날 경). ① [속뜻] 사람으로서 마땅히 행해야 할 바른[正] 길[經]. ② [기독교] 구약 성경과 신약 성경을 아울러 이르는 말.

정경[2] 政經 (정치 정, 다스릴 경). 정치(政治)와 경제(經濟)를 아울러 이르는 말.

정경[3] 情景 (마음 정, 볕 경). 마음[情]에 감흥을 불러일으킬 만한 경치(景致)나 장면. ¶산의 아름다운 정경.

정경-부인 貞敬夫人 (곧을 정, 공경할 경, 지아비 부, 사람 인). ① [속뜻] 행실이 곧아[貞] 뭇사람들로부터 공경(恭敬)을 받을 만한 부인(夫人). ② [역사] 조선 시대에, 정일품·종일품 문무관의 아내에게 주던 봉작.

정:계[1] 正系 (바를 정, 이어 맬 계). 바른[正] 혈통[系]. [비]정통(正統).

정계[2] 政界 (정치 정, 지경 계). 정치(政治) 및 정치가의 세계(世界). '정치계'의 준말. ¶그는 10년 넘게 정계에 몸담고 있다.

정계[3] 淨界 (깨끗할 정, 지경 계). ① [속뜻] 깨끗한[淨] 곳[界]. ② [불교] 신불(神佛)을 안치한 절이나 사당 따위를 이르는 말. 정토(淨土).

정계[4] 晶系 (밝을 정, 이어 맬 계). [광업] 결정체(結晶體)를 결정축의 수, 위치, 길이에 따라 나눈 계통(系統). '결정계'(結晶系)의 준말. 등축·정방·육방·사방·단사·삼사 정계가 있다.

정:계[5] 定界 (정할 정, 지경 계). 경계(境界)를 정(定)함. 또는 그 경계나 한계.

▸정:계-비 定界碑 (비석 비). [역사] 조선 숙종 38년(1712)에 조선과 청나라의 경계(境界)를 정(定)하기 위하여 백두산 위에 세운 비석(碑石).

정:계-항 定繫港 (정할 정, 맬 계, 항구 항). 선박을 매어[繫] 두거나 머물도록 정(定)한 항구(港口).

정:곡[1] 正鵠 (바를 정, 과녁 곡). ① [속뜻] 과녁[鵠]의 바로[正] 한가운데. ¶화살이 정곡에 꽂히다. ② 가장 중요한 요점 또는 핵심. ¶정곡을 찌르다 / 정곡을 벗어나다. ③ 조금도 틀림없이 바로. ¶심장에 정곡으로 칼을 맞았다.

정곡[2] 情曲 (사랑 정, 굽을 곡). 정(情)이 곡진(曲盡)함. 깊은 정. 간절하고 곡진한 정. [비]심곡(心曲).

정:공[1] 正攻 (바를 정, 칠 공). ① [속뜻] 정면(正面)으로 하는 공격(攻擊). ¶적진을 정공으로 돌파하다. ② 기묘한 꾀나 모략을 쓰지 않고 정정당당히 하는 공격. ¶정공만으로 적과 대적해선 이기기 힘들다.

정공[2] 精工 (쓿을 정, 장인 공). ① [속뜻] 정교(精巧)하게 만듦[工]. 또는 그런 만든 물건. ② [공업] '정밀 공업'(精密工業)의 준말.

정:과[1] 正果 (바를 정, 열매 과). ① [속뜻] 여러 과일[果]을 두루 바로[正] 갖춤. ② 온갖 과일, 생강, 연근, 인삼 따위를 꿀이나 설탕물에 졸여 만든 음식. ¶손님에게 차와 정과를 대접하다.

정:과[2] 正課 (바를 정, 과목 과). 학교 같은 곳에서 배워야 할 정규(正規) 과업(課業).

정:과정 鄭瓜亭 (나라이름 정, 오이 과, 정자 정). [문학] 고려 의종 때 정서(鄭敍)가 지은 가요. 유배지 동래(東萊)에서 자신의 외로운 심정을 산 접동새에 비유하여 임금을 사모하는 정을 노래하였다. 정서의 호인 과정(瓜亭)을 따서 제목을 붙였다.

정:관[1] 定款 (정할 정, 항목 관). [법률] 법인의 목적, 조직, 업무 집행 따위에 관해 정(定)해 놓은 기본 항목[款]. 또는 그것을 적은 문서.

정관[2] 精管 (정액 정, 대롱 관). [동물] 정액(精液)을 나르는 긴 관(管). 수컷 생식기의 하나로 정소에서 만들어진 정자를 정낭으로 나른다. '수정관'(輸精管)의 준말

정관[3] 靜觀 (고요할 정, 볼 관). ① [속뜻] 고요한[靜] 마음으로 사물을 바라봄[觀]. 주위 정세의 변화에 따라서 움직이지 않고 조용히 사태의 추이를 바라봄. ② [철학] 실천적 관여의 입장을 떠나 현실적 관심을 버리고 순객관적으로 바라보는 것.

정:-관사 定冠詞 (정할 정, 갓 관, 말씀 사). [언어] 명사 앞에 붙어서 지시나 특정(特定)의 뜻을 나타내는 관사(冠詞).

정광 精鑛 (쓿을 정, 쇳돌 광). [광업] 불순물을 제거하여[精] 품위가 높아진 광석(鑛石).

정:교[1] 正教 (바를 정, 종교 교). ① [종교] 사교(邪教)가 아닌 바른[正] 종교(宗教). ② [기독교] 그리스 정교회. ③ [종교] 대종교 교직의 하나. 교리에 밝고 교단에 공적이 많은 신도에게 준다.

정교[2] 政教 (정치 정, 종교 교). ① [속뜻] 정치(政治)와 종교(宗教)를 아울러 이르는 말. ② 정치와 교육을 아울러 이르는 말.

정교[3] 情交 (사랑 정, 사귈 교). ① [속뜻] 두터운 정(情)으로 가깝게 사귐[交]. ② 남녀의 연

애나 성적인 교합.

*정교4 精巧 (슳을 정, 예쁠 교). 슳은 쌀[精] 같이 예쁨[巧]. 또는 그렇게 다듬음. ¶정교한 솜씨 / 무늬가 정교하다.

정:-교사 正教師 (바를 정, 가르칠 교, 스승 사). 교육 ① 국가에서 인정하는 정식(正式) 교사(教師)의 자격을 가진 교사. ② 학교에서 정식 교사로 근무하는 교사.

정:교-점 正交點 (바를 정, 서로 교, 점 점). 천문 유성, 위성, 혜성 따위가 남에서 북을 향해 정(正)방향으로 황도를 통과하여 교차(交叉)하는 지점(地點). 반 승교점(昇交點).

정구1 庭球 (뜰 정, 공 구). ① 속뜻 평평한 뜰[庭]에서 공[球]을 치는 놀이. ② 운동 경기장 중앙 바닥에 네트를 가로질러 치고 그 양쪽에서 라켓으로 공을 주고받는 경기. 1955년 '테니스'로 이름이 바뀌었다.

정구2 精究 (슳을 정, 생각할 구). 정밀(精密)히 연구(硏究)함.

정:-구품 正九品 (바를 정, 아홉 구, 품위 품). 역사 고려·조선 때, 문관[正] 반열의 아홉[九] 번째 품계(品階). 18품계 가운데 열일곱째 등급이다.

정국 政局 (정치 정, 판 국). 정치(政治)의 국면(局面). 정치계의 형편.

정:군1 正軍 (바를 정, 군사 군). 역사 조선 때, 장정으로 군역에 복무하던 정식(正式) 군인(軍人).

정:군2 整軍 (가지런할 정, 군사 군). 군대(軍隊)를 정비(整備)하고 군기를 바로 잡음.

정:권1 正權 (바를 정, 권리 권). 정당(正當)한 권리(權利).

정권2 政權 (정치 정, 권리 권). 정치(政治)를 하는 권력(權力). 나라의 통치기관을 움직이는 권력. ¶민주정권 / 정권을 장악하다.

정:규1 定規 (정할 정, 법 규). ① 속뜻 정(定)해 놓은 규약이나 규칙(規則). ② 제도에 쓰는 자의 하나.

정:규2 正規 (바를 정, 법 규). ① 속뜻 정식(正式) 규정이나 규범(規範). ¶정규 방송 / 정규 직원. ② 규정에 맞는 정상적인 상태. ¶정규를 벗어나다.

▶정:규-군 正規軍 (군사 군). 군사 한 나라 정부에 제도적으로 소속되어 정규(正規) 군사 교육 훈련을 받아 이루어진 군대(軍隊).

정:극1 正劇 (바를 정, 연극 극). 연영 가면극·인형극·창극·무용극 따위에 대하여, 정격(正格) 연극(演劇)을 이르는 말.

정극2 靜劇 (고요할 정, 연극 극). 연영 무대 위의 정조(情調)를 중시하고, 적은 동작과 대사로 내면적인 갈등을 표현하는 조용한[靜] 분위기의 극(劇).

정:근3 定根 (정할 정, 뿌리 근). ① 식물 원래부터 정(定)해져 있는 뿌리[根]. ② 불교 오근(五根)의 하나. 일체의 공덕을 낳게 한다는 선정(禪定)을 뿌리에 비유해서 이르는 말.

정근4 精勤 (슳을 정, 부지런할 근). 정성(精誠)을 다하여 부지런히[勤] 힘씀.

정:금 正金 (바를 정, 황금 금). 경제 지폐에 대하여 금은(金銀) 따위로 만든 정화(正貨).

정:기1 正氣 (바를 정, 기운 기). ① 속뜻 지극히 크고 바르고[正] 공명한 천지의 원기(元氣). ② 바른 기풍. ③ 정상적인 기후. ④ 생명의 원기(元氣).

정:기2 定氣 (정할 정, 기운 기). 천문 춘분점을 기준으로 황도를 24등분하여, 태양이 각 분점에 도달하는 순간을 이십사절기(二十四節氣)로 정(定)하는 방법.

정기3 旌旗 (기 정, 깃발 기). 깃대 끝을 새의 깃으로 꾸민 의장기인 정(旌)과 일반적인 깃발[旗]을 아울러 이르는 말.

정기4 精氣 (정신 정, 기운 기). ① 속뜻 민족 따위의 정신(精神)과 기운(氣運). ¶고려청자에는 우리 겨레의 정기가 서려 있다. ② 천지 만물을 생성하는 원천이 되는 기운. ¶백두산의 정기를 받다. ③ 생기 있고 빛이 나는 기운. ¶그의 두 눈에는 정기가 있다. ④ 사물의 순수한 기운. ¶나무의 정기 / 조상에게 물려받은 보검의 정기.

정기5 精機 (슳을 정, 틀 기). 극히 정밀(精密)하게 만들어진 기계(機械). '정밀 기계'(精密機械)의 준말.

정기6 精騎 (정신 정, 말 탈 기). 정기(精氣)있는 기병(騎兵).

정:기7 定期 (정할 정, 때 기). 정(定)해진 기간(期間). 기한이나 기간이 일정하게 정하여져 있는 것. ¶정기 세일.

▶정:기-권 定期券 (문서 권). 교통 통근이

나 통학을 위하여 일정(一定)한 기간(期間)에 일정한 구간을 다니는 데 쓰는 기차나 전철 따위의 할인 승차권(乘車券). '정기 승차권'(定期乘車券)의 준말.

▸정:기-금 定期金 (돈 금). 정기적(定期的)으로 치르거나 받을 돈[金].

▸정:기-물 定期物 (만물 물). ① 경제 정기(定期)거래에서 매매의 목적이 되는 물건(物件). ② 출판 정기적으로 간행하는 출판물.

▸정:기-불 定期拂 (지불할 불). 경제 ① 정(定)해진 기간(期間)에 치르는[拂] 돈. ㊥ 정기급(定期給). ② 어음 지불인이 일정한 기일 또는 일자(日字) 후 일정한 기일이 경과한 뒤에 지불하는 일.

▸정:기-선 定期船 (배 선). 일정한 항로를 정해진 시간[定期]에 다니는 배[船]. ㊥ 부정기선(不定期船).

▸정:기-적 定期的 (것 적). 일정(一定)한 시기(時期)에 일정한 일을 하는 것[的]. ㊥ 비정기적.

▸정:기-풍 定期風 (바람 풍). 지리 일정한 시기[定期]에 방향이 달라지는 바람[風].

▸정:기-형 定期刑 (형벌 형). 법률 법원이 자유형(自由刑)의 기간을 확정하여[定期] 선고하는 형벌(刑罰). ㊥ 부정기형(不定期刑).

▸정:기-회 定期會 (모일 회). 어떤 모임이나 단체에서 정기적(定期的)으로 여는 모임[會].

▸정:기 거:래 定期去來 (갈 거, 올 래). 경제 거래소에서 주고받는 날짜[時期]를 정해두고[定] 매매 계약을 하는 거래 방법(去來方法).

▸정:기 국회 定期國會 (나라 국, 모일 회). 정치 정기적(定期的)으로 소집되는 국회(國會). 우리나라의 경우 국회법에 따라 매년 한 번씩 100일간의 회기로 소집된다.

▸정:기 대:부 定期貸付 (빌릴 대, 줄 부). 경제 돈을 꾸어 주는 기한(期限)이 일정(一定)한 은행의 대부(貸付).

▸정:기 매:매 定期賣買 (팔 매, 살 매). 거래소에서 주고받는 날짜[時期]를 정해두고[定] 매매(賣買) 계약을 하는 거래 방법. ㊥ 정기 거래(定期去來).

▸정:기 상환 定期償還 (갚을 상, 돌려줄 환). 일정(一定)한 기간(期間)에 공채, 채권 따위를 갚는[償還] 일.

▸정:기 선:거 定期選擧 (고를 선, 들 거). 법률 규정(規定)된 임기(任期)가 끝났을 때에 하는 선거(選擧).

▸정:기 시험 定期試驗 (따질 시, 효과 험). 정기적(定期的)으로 실시하는 시험(試驗).

▸정:기 연금 定期年金 (해 년, 돈 금). 법률 연금을 받을 대상자가 일정한 나이에 이른 때로부터 일정(一定) 기간(期間)의 생존을 조건으로 지급하는 연금(年金).

▸정:기 예:금 定期預金 (맡길 예, 돈 금). 경제 일정 금액을 일정(一定)한 기간(期間) 동안 금융 기관에 맡기고 정한 기한 안에는 찾지 아니하겠다는 약속으로 하는 예금(預金).

▸정:기 총:회 定期總會 (모두 총, 모일 회). 법률 일정(一定)한 시기(時期)마다 개최하는 모든[總]인원이 참석한 모임[會].

▸정:기 항:로 定期航路 (배 항, 길 로). 배가 정기적(定期的)으로 다니는 뱃길[航路].

▸정:기 휴업 定期休業 (쉴 휴, 일 업). 경제 상점이나 회사 따위에서, 정기적(定期的)으로 영업(營業)을 쉬는[休] 일.

정난 靖難 (다스릴 정, 어려울 난). 나라가 처한 병란이나 위태로운 재난(災難)을 다스림[靖].

정남[1] 丁男 (장정 정, 사내 남). ① 속뜻 장정(壯丁) 남자(男子). ② 부역이나 군역에 소집된 남자. ③ 징병 적령에 이른 남자.

정:남[2] 正南 (바를 정, 남녘 남). 꼭 바른[正] 남(南)쪽. '정남방'(正南方)의 준말.

정남[3] 貞男 (곧을 정, 사내 남). 동정(童貞)을 잃지 않은 남자(男子). ㊥ 정녀(貞女).

정:-남방 正南方 (바를 정, 남녘 남, 모 방). 꼭 바른[正] 남(南)쪽[方]. 또는 그 방향.

정납 呈納 (드릴 정, 바칠 납). 윗사람에게 물건을 드리거나[呈] 바침[納]. ㊥ 정상(呈上), 정송(呈送).

정낭 精囊 (정액 정, 주머니 낭). 의학 정액(精液)을 생산하는 길쭉한 주머니[囊]. 남자 생식기의 한 부분.

정녀 貞女 (곧을 정, 여자 녀). 동정(童貞)을 잃지 않은 여자(女子). ㊥ 숫처녀. ㊥ 정남

(貞男).

정년¹ 丁年 (천간 정, 해 년). ① 민속 천간이 정(丁)으로 된 해[年]. ② 장정이 된 남자. 남자의 나이가 만 20세임을 가리킨다.

정년² 停年 (멈출 정, 나이 년). 직원 등이 일을 그만하도록[停] 정해놓은 나이[年]. ¶정년 퇴직.

▸ 정년-제 停年制 (정할 제). 일정한 나이[年]에 이르면 퇴직하도록[停] 되어 있는 제도(制度).

정:념¹ 正念 (바를 정, 생각 념). 불교 ① 팔정도의 하나. 사념을 떨쳐 버리고 항상 바르게[正] 불도를 생각하는[念] 일. ② 정법(正法)으로 극락 왕생함을 믿는 일. ③ 아미타불을 열심히 염불하는 일.

정념² 情念 (마음 정, 생각 념). 감정(感情)에 따라 일어나는 억누르기 어려운 생각[念].

정녕 丁寧 (장정 정, 편안할 녕). ① 속뜻 태도 따위가 장정[丁]처럼 편안함[寧]. ② 조금도 틀림없이 꼭. 또는 더 이를 데 없이 정말로. ¶정녕 꿈은 아니겠지요? / 정녕 가시겠다면 고이 보내 드리리다.

정:-다각형 正多角形 (바를 정, 많을 다, 모서리 각, 모양 형). 수학 변의 길이와 각의 크기가 모두 같은[正] 다각형(多角形).

정:-다면체 正多面體 (바를 정, 많을 다, 쪽 면, 몸 체). 수학 면이 모두 합동인 정다각형(正多角形)으로 되어 있어 어떤 꼭짓점에 모이는 면의 수도 같고, 어떤 꼭짓점에서도 입체각이 같은 다면체(多面體).

정:단 正旦 (바를 정, 아침 단). 정월(正月) 초하루의 아침[旦]. 설날. 원단(元旦).

정:-단층 正斷層 (바를 정, 끊을 단, 층 층). 지리 기울어진 단층면을 따라서 위에 있는 지반이 아래쪽으로 미끄러져 내려간 바른[正] 단층(斷層). ㊥ 역단층(逆斷層).

정담¹ 政談 (정치 정, 이야기 담). 정치(政治) 또는 정치계에 관한 이야기[談].

정담² 情談 (마음 정, 이야기 담). ① 속뜻 깊은 마음[情]을 주고받는 이야기[談]. ¶친구와 정담을 주고받다. ② 마음에서 우러나는 진정한 이야기. [속담]정담도 길면 잔말이 생긴다.

정담³ 鼎談 (솥 정, 이야기 담). 세 개의 솥[鼎] 발처럼 세 사람이 둘러앉아서 하는 이야기[談].

정:답 正答 (바를 정, 답할 답). 옳은[正] 답(答). 맞는 답. ¶정답을 맞히다. ㊥ 오답(誤答).

정:당¹ 正堂 (바를 정, 집 당). 집의 바로[正] 한 가운데 크게 자리한 대청[堂].

정당² 政堂 (정사 정, 집 당). 정사(政事)를 보는 집[堂]. 옛날 시골의 관아.

정당³ 精糖 (쓿을 정, 사탕 당). 사탕 원료를 정제(精製)하여 설탕[糖]을 만드는 일. 또는 정제한 설탕.

정:당⁴ 正當 (바를 정, 마땅 당). 바르고[正] 마땅하다[當]. 이치가 당연하다. ¶정당한 권리 / 정당한 방법으로 돈을 벌었다.

▸ 정:당-화 正當化 (될 화). 정당(正當)하게 됨[化]. 또는 정당하게 되게 함.

▸ 정:당-방위 正當防衛 (막을 방, 지킬 위). 법률 급박하고 부당한 침해를 막고[防], 자기 또는 남의 생명이나 권리를 지키기[衛] 위하여 어쩔 수 없이 하게 된 정당(正當)한 가해 행위.

▸ 정:당 행위 正當行爲 (행할 행, 할 위). 법률 법 공동체 내에서 지배적인 법 확신이나 사회 윤리에 비추어 일반적으로 승인된 바르고[正] 마땅한[當] 행위(行爲).

정당⁵ 政黨 (정치 정, 무리 당). 정치(政治)를 하기 위해 조직한 무리[黨]. 이념이나 주장이 같은 사람들이 모이며, 정권을 잡고 행사하기 위해 노력한다. ¶정당에 가입하다 / 그들은 새로운 정당을 만들었다.

▸ 정당 내:각 政黨內閣 (안 내, 관청 각). 정치 의회에서 다수의 의석을 차지한 정당(政黨)이 조직하는 내각(內閣).

▸ 정당 정치 政黨政治 (정사 정, 다스릴 치). 정치 정당(政黨)을 바탕으로 이루어지는 정치(政治).

정:대 正大 (바를 정, 큰 대). ① 속뜻 바르고[正] 크다[大]. 바르고 옳아서 사사로움이 없다. ¶정대한 행동. ② 공정(公正)하고 의젓함.

정덕 貞德 (곧을 정, 베풀 덕). 여자의 곧은[貞] 덕(德).

정:도¹ 正道 (바를 정, 길 도). ① 속뜻 올바른[正] 길[道]. ② 정당한 도리. ¶정도를 걷다 / 정도를 따르다. ㊥ 사도(邪道).

정도[2] 征途 (칠 정, 길 도). ① 속뜻 정벌(征伐)하러 가는 길[途]. ②여행하는 길.

정:도[3] 定都 (정할 정, 도읍 도). 도읍(都邑)을 새로 정(定)함. ⑪건도(建都).

정도[4] 政道 (정치 정, 길 도). 정치(政治)의 길[道]. 정치의 방침. 시정(施政) 방침.

⁑**정도**[5] 程度 (분량 정, 법도 도). ① 속뜻 일정한 분량[程]과 법도[度]. ②얼마의 분량. 또는 알맞은 어떠한 한도. ¶한 숟가락 정도의 소금 / 장난도 정도껏 해라 / 어느 정도는 인정할 수 있다.

정도[6] 程途 (거리 정, 길 도). ① 속뜻 여행의 일정(日程)이나 경로[途]. ②어떤 지점에서 목적지까지의 거리. ⑪노정(路程).

정독 精讀 (쓿을 정, 읽을 독). 쌀을 쓿듯이[精] 뜻을 새겨 가며 읽음[讀]. ¶글의 내용을 깊이 이해하기 위해서는 정독이 필요하다.

정돈[1] 停頓 (멈출 정, 조아릴 돈). ① 속뜻 멈추어[停] 조아림[頓]. ②멈추어 나아가지 아니함. ¶일시적 정돈 상태에 빠지다.

정:돈[2] 整頓 (가지런할 정, 조아릴 돈). 가지런히[整] 조아림[頓]. 가지런하게 함. 바로 잡음. ¶책상 정돈.

정동[1] 征東 (칠 정, 동녘 동). ① 속뜻 동(東)쪽을 향하여 감[征]. ②동방(東方)을 정벌함.

정동[2] 精銅 (쓿을 정, 구리 동). 화학 정련(精鍊)하여 순도가 99.9% 이상인 구리[銅].

정:동[3] 正東 (바를 정, 동녘 동). 꼭 바른[正] 동쪽[東]. '정동방'(正東方)의 준말.

정동[4] 情動 (마음 정, 움직일 동). 심리 희로애락과 같이 일시적으로 급격히 일어나는[動] 감정(感情). 진행 중인 사고 과정이 멎게 되거나 신체 변화가 뒤따르는 강렬한 감정 상태.

▸ 정동-적 情動的 (것 적). 감정(感情)이 일시적으로 왈칵 치솟는[動] 것[的].

▸ 정동-주의 情動主義 (주될 주, 뜻 의). 어떤 행위를 논리적으로 파악하지 않고 일시적인 감정에 치우쳐[情動] 행동으로 옮기는 태도[主義]. 또는 그런 태도를 당연하게 여기는 생각.

정:-동방 正東方 (바를 정, 동녘 동, 모 방). 꼭 바른[正] 동쪽[東方]. 또는 그 방향(方向).

정동방-곡 靖東方曲 (다스릴 정, 동녘 동, 모 방, 노래 곡). 문학 이성계가 위화도에서 동쪽[東方]으로 회군한[靖] 사건을 찬양한 노래[曲]. 정도전이 지었다.

정란 靖亂 (다스릴 정, 어지러울 란). 나라의 난리[亂]를 다스림[靖].

정랑 情郎 (사랑 정, 사나이 랑). 여자가 남편 이외에 정(情)을 둔 남자[郎]. ¶정랑과 애기의 사이.

정략 政略 (정치 정, 꾀할 략). 정치적(政治的)인 책략(策略).

▸ 정략-적 政略的 (것 적). 정치상의 책략[政略]을 목적으로 삼는 것[的].

▸ 정략-혼 政略婚 (혼인할 혼). 가장이나 친권자가 자신의 이익이나 목적을 위하여[政略] 당사자의 의사를 무시하고 시키는 결혼(結婚). '정략결혼'(政略結婚)의 준말.

정:량 定量 (정할 정, 분량 량). 일정(一定)한 분량(分量).

▸ 정:량 분석 定量分析 (나눌 분, 가를 석). 화학 시료를 구성하고 있는 각 성분의 정량(定量)을 구하는 분석(分析) 방법(方法).

정려[1] 旌閭 (기 정, 마을 려). 발[旌]을 세운 동네[閭]. 충신, 효자, 열녀 등을 표창하기 위해 정문을 세운 것을 말한다.

정려[2] 精慮 (쓿을 정, 생각할 려). 꼼꼼하고 자세한[精] 생각[慮].

정려[3] 精勵 (쓿을 정, 힘쓸 려). 정성(精誠)을 다하고 부지런히 힘써[勵] 일함.

정려[4] 靜慮 (고요할 정, 생각할 려). 조용히[靜] 생각함[慮].

정력 精力 (정액 정, 힘 력). 정액(精液)을 쏟는 성적 능력(能力). 심신의 활동력. ¶나는 공부에 모든 정력을 쏟았다.

▸ 정력-가 精力家 (사람 가). 정력(精力)이 왕성한 사람[家].

▸ 정력-적 精力的 (것 적). 정력(精力)이 좋은 것[的].

▸ 정력-제 精力劑 (약제 제). 정력(精力)을 돋우어주는 약[劑].

정련[1] 精練 (쓿을 정, 익힐 련). ① 속뜻 자세히[精] 잘 연습(練習)함. ② 공업 섬유를 순수하고 깨끗한 것으로 만들기 위하여 불순물을 걸러 없애는 일.

정련[2] 精鍊 (쓿을 정, 불릴 련). ① 속뜻 쌀을 찧고[精] 쇠를 불리[鍊]듯이 함. ② [공업] 광석이나 기타의 원료에 들어 있는 금속을 뽑아내어 제련하는 일.

▸정련-소 精鍊所 (곳 소). 정련(精鍊)을 하는 곳[所]. ⓑ제련소(製鍊所).

▸정련-제 精練劑 (약제 제). [화학] 천연 섬유를 정련(精鍊)하는 데 쓰이는 약제(藥劑).

정:렬1 整列 (가지런할 정, 줄 렬). 가지런히[整] 벌여 줄을 세움[列]. ¶학생들은 한 줄로 정렬했다.

정렬2 貞烈 (곧을 정, 굳셀 렬). 여자의 지조가 곧고[貞] 굳음[烈]. 순결을 지키며 행실이 바름.

▸정렬-부인 貞烈夫人 (지아비 부, 사람 인). [역사] 조선 시대에, 정조와 지조를 굳게 지킨[貞烈] 부인(夫人)에게 내리던 칭호.

정령1 政令 (정치 정, 명령 령). 정치(政治)상의 명령(命令).

정령2 精靈 (도깨비 정, 혼령 령). ① [속뜻] 죽은 사람의 넋[精=靈]. ② 만물의 근원을 이룬다는 신령스러운 기운. ③ 산천초목이나 무생물 따위의 여러 가지 사물에 깃들여 있다는 혼령. ④ 생활력이나 생명력의 근원이 되는 정신.

▸정령 숭배 精靈崇拜 (높을 숭, 공경할 배). [종교] 사람이나 동물 또는 자연물의 정령(精靈)이 인간 생활에 큰 영향을 끼친다고 믿어 갖가지 방법으로 그것을 섬기고 숭배(崇拜)하는 초기 단계의 신앙.

정:례 定例 (정할 정, 법식 례). 일정하게 정(定)하여 놓은 규례(規例) 또는 사례(事例).

정:로1 正路 (바를 정, 길 로). 올바른[正] 길[路]. 또는 정당한 도리.

정로2 征路 (칠 정, 길 로). ① [속뜻] 여행가는[征] 길[路]. ⓑ정도(征途). ② 출정하는 길.

정:론1 正論 (바를 정, 논할 론). 바른[正] 언론(言論). 이치에 딱 들어맞는 의견이나 주장. ¶정론을 내세우다 / 정론을 펴다.

정:론2 定論 (정할 정, 논할 론). 어떤 결론에 도달하여 확정(確定)된 의견이나 이론(理論). ¶정론을 다시 바꿀 필요가 있을까.

정론3 政論 (정치 정, 논할 론). 그 시대의 정치(政治)에 관한 언론(言論).

정류1 精溜 (쓿을 정, 물방울질 류). [화학] 액체 혼합물을 증류(蒸溜)하여 그 속에 섞여 있는 불순물을 없애는[精] 일.

정:류2 整流 (가지런할 정, 흐를 류). ① [물리] 물이나 공기, 유체의 흐름[流]을 고르게[整] 하는 일. ② [전기] 교류 전류를 직류 전류로 바꾸는 일. 전파 정류와 반파 정류가 있다.

정류3 停留 (멈출 정, 머무를 류). 멈추어[停] 머무름[留].

▸정류-소 停留所 (곳 소). 자동차나 전차 따위가 사람이 타고 내리도록 일시 멈추는[停留] 일정한 곳[所]. ⓑ정류장(停留場).

▸정류-장 停留場 (마당 장). 자동차나 전차 따위가 사람이 타고 내리도록 일시 멈추는[停留] 일정한 곳[場]. ¶버스 정류장. ⓑ정류소(停留所).

정:률1 定律 (정할 정, 법칙 률). ① [속뜻] 어떤 행위에 대하여 죄형을 정(定)하여 놓은 법이나 규율(規律). ② 일정한 조건 아래서 반드시 어떤 현상이 일어나는 경우의 법칙.

정:률2 定率 (정할 정, 비율 률). 일정(一定)한 비율(比率).

▸정:률-세 定率稅 (세금 세). [법률] 일정(一定) 비율(比率)에 따라 매기는 세금(稅金).

정:리1 正理 (바를 정, 이치 리). 올바른[正] 도리(道理).

정:리2 定理 (정할 정, 이치 리). ① [속뜻] 정(定)하여져 있는 이치(理致). ② 이미 진리라고 증명된 일반 명제.

정리3 情理 (사랑 정, 이치 리). 인정(人情)과 도리(道理). ¶이웃 간의 정리 / 친구 간의 정리.

⁑**정:리4** 整理 (가지런할 정, 다듬을 리). ① [속뜻] 가지런하게[整] 다듬음[理]. ② 흐트러진 것이나 어지러운 것을 가지런하고 바르게 하는 일. ¶서랍 정리 / 방정리. ③ 체계적으로 분류하고 종합함. ¶현대사를 정리하다. ④ 문제가 되거나 불필요한 것을 줄이거나 없애서 말끔하게 바로잡음. ¶노점상을 정리하다. ⑤ 다른 사람과의 관계를 지속하지 않고 끝냄. ¶그녀와의 관계를 정리하다. ⑥ 은행과의 거래 내역을 통장에 기록으로 나타냄. ¶통장을 정리하다.

▸정:리-자 整理字 (글자 자). [출판] 조선 정조 16년(1792)에 정리(整理) 된 의궤(儀軌)를 인쇄하기 위해 생생자(生生字)를 본보기

로 하여 만든 구리 활자(活字).

▸정:리 공채 整理公債 (여럿 공, 빚 채). 경제 이미 발행한 여러 공채를 정리(整理)하기 위하여 발행하는 국가[公]의 빚[債].

▸정:리 운:동 整理運動 (돌 운, 움직일 동). 운동 운동을 마친 뒤에 온몸을 풀기 위하여 [整理] 하는 가벼운 운동(運動).

정:립[1] 正立 (바를 정, 설 립). 바로[正] 섬[立]. 또는 바로 세움. ¶가치관의 정립 / 올바른 노사 관계를 정립하다.

정:립[2] 定立 (정할 정, 설 립). ① 속뜻 정(定)하여 세움[立]. ¶먼저 일의 방향을 정립하는 것이 우선이다. ② 철학 어떤 논점에 대하여 반론을 예상하고 주장함. 또는 그런 의견이나 학설. ③ 철학 전체에서 특정한 면이나 일정한 내용을 추출하여 고정하는 일. ④ 철학 헤겔의 변증법에서, 논리를 전개하기 위한 최초의 명제. 또는 사물 발전의 최초의 단계.

정:립[3] 鼎立 (솥 정, 설 립). 세 발 달린 솥[鼎]같이, 세 사람 또는 세 세력이 벌여 섬[立].

정말 丁抹 (천간 정, 바를 말). '덴마크'(Denmark)의 한자 음역어(音譯語).

정맥[1] 精麥 (쓿을 정, 보리 맥). 보리[麥]를 찧어서[精] 속꺼풀을 벗기고 깨끗하게 함. 또는 그 보리쌀.

정:맥[2] 整脈 (가지런할 정, 맥 맥). 의학 가지런하고[整] 규칙적인 맥박(脈搏). ⓑ부정맥(不整脈).

정맥[3] 靜脈 (고요할 정, 줄기 맥). ① 속뜻 피가 조용히[靜] 흐르는 혈관줄기[脈]. ② 의학 정맥혈(靜脈血)을 심장으로 보내는 순환 계통의 하나. 피의 역류를 막는 역할을 하며 살갗 겉으로 퍼렇게 드러난다. ⓑ동맥(動脈).

▸정맥-류 靜脈瘤 (혹 류). 의학 정맥(靜脈)이 혹[瘤]처럼 확장된 상태.

▸정맥-혈 靜脈血 (피 혈). 의학 정맥(靜脈)에 의하여 심장으로 보내지며, 다시 폐동맥을 거쳐 폐로 보내지는 피[血].

▸정맥 산:업 靜脈産業 (낳을 산, 일 업). 사회 정맥(靜脈)의 구실처럼 폐기물을 처리·재생·재가공하는 산업(産業).

▸정맥 주:사 靜脈注射 (물댈 주, 쏠 사). 의학 약액을 직접 정맥(靜脈) 속으로 주입하는 주사법(注射法).

정:면 正面 (바를 정, 쪽 면). ① 속뜻 똑바로[正] 마주 보이는 면(面). ¶정면에 보이는 건물이 병원이다. ② 사물에서, 앞쪽으로 향한 면. ¶정면에 스티커를 부착하다. ③ 에두르지 않고 직접 마주 대함. 정면으로 맞서다. ¶정면 돌파 / 정면으로 도전하다.

▸정:면-도 正面圖 (그림 도). ① 미술 사물의 정면(正面)을 보고 그린 그림[圖]. ② 수학 입면도(立面圖).

▸정:면 공:격 正面攻擊 (칠 공, 칠 격). 군사 적의 주력이 있는 앞부분[正面]을 공격(攻擊)하는 전투 방법.

▸정:면-충돌 正面衝突 (부딪칠 충, 부딪칠 돌). ① 속뜻 두 물체가 정면(正面)으로 대질러서[衝] 부딪침[突]. ② 두 편이 정면으로 맞부딪쳐서 싸움.

정:명[1] 正明 (바를 정, 밝을 명). 바르고[正] 밝음[明]. 정대(正大)하고 공명(公明)함.

정:명[2] 正命 (바를 정, 목숨 명). ① 속뜻 정당(正當)한 수명(壽命). 천명을 다하거나 정의를 위하여 죽는 목숨. ② 하늘로부터 부여받은 만물 본래의 성질. ③ 불교 팔정도의 하나. 삼업(三業)으로 악업(惡業)을 짓지 않고, 바른 생활 수단에 의하여 다섯 가지 사명을 여의는 일.

정:명[3] 定命 (정할 정, 운명 명). ① 속뜻 날 때부터 정(定)하여진 운명(運命). ¶그것이 나의 정명인 것 같다. ② 변경하지 못할 명령. ③ 불교 전생의 인연에 의하여 정해진 목숨.

정명[4] 精明 (쓿을 정, 밝을 명). 깨끗하고[精] 밝음[明]. 눈의 정기(精氣).

정:모 正帽 (바를 정, 모자 모). 정복(正服)에 갖추어 쓰는 모자(帽子). ¶까만 정모에 정복 차림을 하고 나타났다.

정모 세:포 精母細胞 (정액 정, 어머니 모, 작을 세, 태보 포). ① 속뜻 정세포(精細胞)의 모체(母體)가 되는 세포(細胞). ② 생물 동물의 정원세포로부터 성장하여 생기는 세포. 분열하여 정세포를 만든다.

정묘[1] 精妙 (쓿을 정, 묘할 묘). 정교(精巧)하고도 아주 묘(妙)함.

정묘[2] 丁卯 (천간 정, 토끼 묘). 민속 천간의

'丁'과 지지의 '卯'가 만난 간지(干支).

▸정묘-호란 丁卯胡亂 (오랑캐 호, 어지러울 란). ① 속뜻 정묘년(丁卯年)에 오랑캐[胡]들로 인해 일어난 난리(亂離). ② 역사 조선 인조 5년(1627)에 후금의 아민(阿敏)이 인조반정의 부당성을 내세우고 침입하여 일어난 난리이다. 인조가 강화(江華)로 피란하였다가 강화 조약을 맺고 두 나라는 형제의 나라가 되었다.

정무[1] 停務 (멈출 정, 일 무). 사무(事務)를 멈추고[停] 잠시 쉼.

정무[2] 政務 (정치 정, 일 무). 정치(政治)나 국가 행정에 관계되는 사무(事務).

▸정무-관 政務官 (벼슬 관). 정치 의원 내각제에서, 장관을 도와 국회와의 교섭 따위의 정무(政務)에 관여하는 별정직 공무원[官].

▸정무-직 政務職 (일 직). ① 속뜻 정무(政務)를 하는 직업(職業). ② 법률 선거에 의하여 취임하거나 임명에 국회의 동의를 필요로 하는 특수 경력직의 한 종류.

▸정무 장:관 政務長官 (어른 장, 벼슬 관). 법률 국무총리가 지정하는 정무(政務)를 담당하는 장관(長官). 정부의 원(院), 부(部), 처(處)의 우두머리가 아닌 국무 위원.

▸정무 차관 政務次官 (버금 차, 벼슬 관). 법률 장관을 보좌하여 정책과 기획의 수립에 참가하며 정무(政務)를 처리하는 차관(次官).

▸정무 총감 政務總監 (거느릴 총, 살필 감). 역사 일제 강점기에, 조선 총독부의 총독이 정무(政務)를 잘 할 수 있도록 옆에서 보좌하던 관리[總監].

정묵 靜默 (고요할 정, 잠잠할 묵). 고요하고[靜] 묵묵함[默]. 말이 없이 조용함.

정:문[1] 正文 (바를 정, 글월 문). 책이나 문서의 본[正] 문(文).

정:문[2] 正門 (바를 정, 문 문). ① 속뜻 건물의 정면(正面)에 있는 출입문(出入門). ¶학교 정문에서 만나자. ② 대궐이나 관아의 삼문(三門) 중 가운데에 있는 문. ¶창덕궁 정문. ⓑ후문(後門).

정문[3] 旌門 (기 정, 문 문). 충신, 효자, 열녀를 표창하기 위하여 그 집 앞에 세우던 의장기[旌]와 붉은 문(門).

정문[4] 頂門 (정수리 정, 문 문). ① 속뜻 갓난아이의 정수리[頂]가 채 굳지 않아서 숨 쉴 때 마다 뛰는 연한 곳[門]. ② 머리 위의 숫구멍이 있는 자리. ⓑ정수리.

정물 靜物 (고요할 정, 만물 물). ① 속뜻 정지하여[靜] 움직이지 않는 물건(物件). ② 미술 정물화.

▸정물-화 靜物畵 (그림 화). 미술 과일, 꽃, 화병 따위의 스스로 움직이지 못하는 정물(靜物)들을 놓고 그린 그림[畵].

정미[1] 情味 (사랑 정, 맛 미). 정(情)을 느끼게 하는 맛[味]. 인정미. ¶그에게는 따뜻한 정미를 느껴진다.

정미[2] 精美 (쓿을 정, 아름다울 미). 세공 따위가 정교(精巧)하고 아름다움[美].

정미[3] 精微 (쓿을 정, 작을 미). 정밀(精密)하고 미세(微細)함.

정미[4] 丁未 (천간 정, 양 미). 민속 천간의 '丁'과 지지의 '未'가 만난 간지(干支). 육십갑자의 마흔넷째.

▸정미 의병 丁未義兵 (옳을 의, 군사 병). 역사 1907년 정미(丁未)년에 고종의 강제 퇴위로 일어난 의병(義兵).

정미[5] 精米 (쓿을 정, 쌀 미). 벼를 쓿어[精] 깨끗하게 만든 쌀[米].

▸정미-소 精米所 (곳 소). 쌀[米]을 찧는[精] 곳[所]. ⓑ방앗간.

정밀[1] 靜謐 (고요할 정, 고요할 밀). ① 속뜻 조용하고[靜] 고요함[謐]. ② 고요하고 편안함. ¶새벽 산사의 정밀.

정밀[2] 精密 (쓿을 정, 빽빽할 밀). 쓿은 쌀[精] 같이 세밀(細密)함. 빈틈이 없고 자세함. ¶정밀검사.

▸정밀-도 精密度 (정도 도). ① 속뜻 측정의 정밀(精密)함을 나타내는 정도(程度). ② 측정기 따위의 기계 장치의 정확도를 나타내는 정도.

▸정밀 공업 精密工業 (장인 공, 일 업). 공업 정밀(精密) 기계나 기구를 만드는 공업(工業).

정박 碇泊 (닻 정, 머무를 박). 배가 닻[碇]을 내리고 머무름[泊]. ¶항구에는 배가 정박 중이다 / 배가 부두에 정박하고 있다.

▸정박-등 碇泊燈 (등불 등). 닻[碇]을 내리고 배를 대고[泊] 있는 배가 밤에 그 위치

를 나타내기 위하여 갑판 위에 높이 내거는 등불[燈].

정박-아 精薄兒 (정신 정, 엷을 박, 아이 아). ① [속뜻] 정신(精神)이 희미한[薄] 아이[兒]. ② [심리] 뇌의 장애를 받아 정신 발달이 지체된 아이를 말함. '정신박약아'(精神薄弱兒)의 준말.

정:-반:대 正反對 (바를 정, 반대로 반, 대할 대). 완전히[正] 반대(反對)되는 일. ¶그것은 사실과 정반대다.

정:-반사 正反射 (바를 정, 되돌릴 반, 쏠 사). ① [속뜻] 바른[正] 방향으로 반사(反射)됨. ② 투사된 광선이 반사 법칙에 따라 일정한 방향으로 반사되는 현상.

정:-반응 正反應 (바를 정, 되돌릴 반, 응할 응). [화학] 가역 반응에서, 화학 변화가 원래의 물질로부터 생성 물질의 바른[正] 방향으로 진행하는 반응(反應).

정:반합 正反合 (바를 정, 되돌릴 반, 합할 합). [철학] 헤겔에 의하여 정식화된 변증법 논리의 삼 단계. 하나의 주장인 정(正)에 모순되는 다른 주장인 반(反)이, 더 높은 종합적인 주장인 합(合)에 통합되는 과정.

정방[1] 政房 (정사 정, 방 방). ① [속뜻] 정사(政事)를 의논하는 방(房). ② [역사] 고려 때, 최우가 자기 집에 설치하였던 사설 정치 기관.

정:방[2] 正方 (바를 정, 모 방). ① [속뜻] 바른[正] 네모[方]. ② 똑바로 되는 정면.

▶정:방-형 正方形 (모양 형). [수학] 네 변의 길이가 모두 꼭[正] 같은 네모[方] 모양[形]. [비] 정사각형(正四角形).

▶정:방 정계 正方晶系 (밝을 정, 이어 맬 계). ① [속뜻] 단면이 정방형(正方形)인 결정계(結晶系). ② [광업] 광물 결정계에서, 전후축과 좌우축은 길이가 같으나 상하축만 길고, 세 축이 서로 직교하는 결정 형태. ¶주석은 정방 정계의 광물이다. [참] 정계(晶系).

정:배 定配 (정할 정, 나눌 배). 귀양 보낼 곳을 정(定)하여 죄인을 유배(流配)시킴.

정백 精白 (쓿을 정, 흰 백). 쌀 따위를 하얗게[白] 찧음[精]. 아주 깨끗한 흰 색.

▶정백-미 精白米 (쌀 미). 하얗게[白] 찧은[精] 쌀[米].

정벌 征伐 (칠 정, 칠 벌). 무력을 써서 적이나 죄 있는 무리를 치는[征=伐] 일. ¶이종무는 대마도 정벌에 나섰다.

정:범 正犯 (바를 정, 범할 범). [법률] 형법에서, 자기의 의사에 따라 범죄를 실제로 저지른 바로[正] 그 범인(犯人). [비] 원범(原犯), 주범(主犯). [참] 종범(從犯).

정:법[1] 正法 (바를 정, 법 법). ① [속뜻] 바른[正] 법칙(法則). ② [법률] 법의 정당성을 판별하기 위한, 법의 순수 이념에 의하여 규정한 실정적인 법질서. ③ [법률] 정형(正刑). ④ [불교] 바른 교법(敎法).

정:법[2] 定法 (정할 정, 법 법). 정(定)해진 법칙(法則).

정법[3] 政法 (정치 정, 법 법). ① [속뜻] 정치(政治)와 법률(法律)을 아울러 이르는 말. ② 정치와 법도를 아울러 이르는 말.

정변 政變 (정치 정, 바뀔 변). 혁명이나 쿠데타 따위로 생긴 정치(政治) 상의 큰 변동(變動). ¶갑신정변 / 페루에서 정변이 일어났다.

정병 精兵 (쓿을 정, 군사 병). 정선(精選)하여 추려 뽑은 우수하고 강한 병사(兵士). ¶정병 오백으로 결사대를 조직하다.

정보[1] 町步 (밭두둑 정, 걸음 보). ① [속뜻] 밭두둑[町]의 길이를 발걸음[步]으로 잼. ② 땅 넓이의 단위. 정(町)으로 끝나고 우수리가 없을 때 쓴다. 1정보는 3,000평으로 약 9,917.4㎡에 해당한다. ¶논 10정보 / 소작농에게 삼 정보씩 나누어주다.

정보[2] 情報 (실상 정, 알릴 보). ① [속뜻] 실상[情]에 대한 보고(報告). ② 관찰이나 측정을 통하여 수집한 자료를 실제 문제에 도움이 될 수 있도록 정리한 지식. 또는 그 자료. ¶생활 정보 / 정보를 교환하다.

▶정보-망 情報網 (그물 망). 정보(情報)를 효과적으로 모으기 위하여 이루어 놓은 체계를 그물[網]에 비유한 말.

▶정보-원 情報員 (사람 원). 정보(情報)의 수집, 분석을 하는 일에 종사하는 사람[員].

▶정보-지 情報誌 (기록할 지). 특정 정보(情報)를 제공하는 잡지(雜誌). ¶낚시 정보지 / 생활 정보지.

▶정보-화 情報化 (될 화). 특정 정보(情報)를 정확하고 빠르고 효과적으로 주고받도록 함[化].

▶정보 과학 情報科學 (조목 과, 배울 학).

통신 정보(情報)의 생성, 전달, 축적, 이용에 관한 일반적인 원리를 연구하는 과학(科學).

▸정보-기관 情報機關 (틀 기, 빗장 관). 정보(情報)의 수집, 처리, 선전, 통제 따위에 관한 일을 전문적으로 맡아 하는 기관(機關).

▸정보 부대 情報部隊 (나눌 부, 무리 대). 군사 정보(情報) 수집을 주 임무로 하는 부대(部隊).

▸정보 산업 情報産業 (낳을 산, 일 업). 통신 정보(情報)의 생산, 수집, 가공, 유통, 전달 따위의 정보에 관한 사항을 다루는 산업(産業). ¶정보 산업을 육성하다.

▸정보-은행 情報銀行 (돈 은, 가게 행). 많은 정보(情報)를 컴퓨터에 입력해 두고 이용자의 요구에 따라 필요한 자료를 알려주는 기관을 은행(銀行)에 비유한 말.

▸정보화 사회 情報化社會 (될 화, 단체 사, 모일 회). 사회 정보(情報)가 유력한 자원이 되고 정보의 가공과 처리에 의한 가치의 생산을 중심으로 사회나 경제가 운영되고 발전되어 가는[化] 사회(社會).

정:복[1] 正服 (바를 정, 옷 복). 의식 때에 입는 정식(正式)의 옷[服]. ¶백관복은 조선시대 관원의 정복(正服)이다.

정복[2] 征服 (칠 정, 따를 복). ① 속뜻 남의 나라나 이민족 따위를 쳐서[征] 굴복(屈服)시킴. ¶11세기 노르만족은 영국을 정복했다. ② 다루기 어렵거나 힘든 대상 따위를 뜻대로 다룰 수 있게 됨. ¶영어 정복 / 에베레스트를 정복하다. ③ 다루기 어렵거나 힘든 대상 따위를 뜻대로 다룰 수 있게 됨. ¶영어 정복.

정복[3] 淨福 (깨끗할 정, 복 복). ① 속뜻 맑고도[淨] 조촐한 행복(幸福). ¶정복을 느끼다. ② 불교 불교를 믿음으로써 얻는 행복.

정:복[4] 整復 (가지런할 정, 되돌릴 복). 의학 골절이나 탈구로 어긋난 뼈를 본디 상대로 가지런하게[整] 되돌리는[復] 일.

정:본[1] 正本 (본 정, 책 본). ① 속뜻 문서의 바로[正] 그 원본(原本). ¶정본을 제출하다. ② 법률 판결의 원본을 토대로 공증 권한을 갖는 공무원이 작성한 것으로, 원본과 동일한 효력을 가지는 문서.

정:본[2] 定本 (정할 정, 책 본). ① 속뜻 고전의 여러 이본(異本) 가운데, 검토하고 교정하여 원본과 가장 가깝고 표준이 될 만하다고 정(定)한 책[本]. ¶정본으로 삼다. ② 저자가 손질한 결정판.

정:부[1] 正否 (바를 정, 아닐 부). 바름[正]과 그렇지 아니함[否]. 옳고 그름.

정:부[2] 正副 (바를 정, 버금 부). 으뜸[正]과 버금[副].

정부[3] 貞婦 (곧을 정, 아내 부). 슬기롭고 정조가 곧은[貞] 아내[婦] 또는 여자.

정부[4] 情夫 (사랑 정, 사나이 부). 남편이 아니면서, 정(情)을 두고 깊이 사귀는 남자[夫]. ¶서방인지 정부인지 잘 모르겠다.

정부[5] 情婦 (사랑 정, 여자 부). 아내가 아니면서, 정(情)을 두고 깊이 사귀는 여자[婦]. ¶아내 몰래 정부를 두었다.

⁑**정부**[6] 政府 (정사 정, 관청 부). ① 속뜻 정사(政事)를 보는 관청[府]. ② 법률 입법, 사법, 행정의 삼권을 포함하는 통치기구를 통틀어 이르는 말. ¶한민족은 20세기에 근대적인 정부를 수립했다.

▸정부-군 政府軍 (군사 군). 정부(政府)에 소속되어 있는 군대(軍隊). ⓑ관군(官軍).

▸정부-당 政府黨 (무리 당). 정부(政府) 구성에 참여한 정당(政黨). ⓑ여당(與黨).

▸정부-미 政府米 (쌀 미). 쌀값 조절 및 군수용이나 구호용에 충당하기 위하여 정부(政府)가 사들여 보유하고 있는 쌀[米]. ⓑ 일반미(一般米).

▸정부-불 政府弗 (달러 불). 경제 국고금으로 정부(政府)가 보관·관리하고 있는 달러[弗].

▸정부-안 政府案 (안건 안). 정부(政府)가 작성하여 국회에 내는 의안(議案).

▸정부 예:금 政府預金 (맡길 예, 돈 금). 경제 정부(政府)가 중앙은행에 맡겨둔[預] 돈[金].

정:-부의장 正副議長 (바를 정, 도울 부, 의논할 의, 어른 장). 의장[正]과 부의장(副議長).

정-부인 貞夫人 (곧을 정, 지아비 부, 사람 인). ① 속뜻 슬기롭고 정조가 곧은[貞] 부인(夫人). ② 역사 조선 때, 외명부(外命婦)의 한 품계. 정이품·종이품 문무관의 아내의 칭호이다.

정:-부통령 正副統領 (바를 정, 도울 부, 거느릴 통, 다스릴 령). 대통령[正]과 부통령(副統領).

정:북 正北 (바를 정, 북녘 북). 꼭 바른[正] 북(北)쪽 방향. '정북방'(正北方)의 준말.

정:-북방 正北方 (바를 정, 북녘 북, 모 방). 정북(正北).

정:-북향 正北向 (바를 정, 북녘 북, 향할 향). 정북(正北)을 향(向)한 쪽.

정분 情分 (사랑 정, 나눌 분). 정(情)을 나눔[分]. 사귀어서 정이 든 정도. 또는 사귀어서 든 정.

정:비[1] 正比 (바를 정, 견줄 비). 바른[正] 비율(比率). 반비(反比)에 상대되는 말.

정:비[2] 正妃 (바를 정, 왕비 비). 정실(正室)인 왕비(王妃)를 후궁에 상대하여 이르는 말.

*__정:비__[3] 整備 (가지런할 정, 갖출 비). ① 속뜻 흐트러진 체계를 가지런히[整] 하여 제대로 갖춤[備]. ② 기계나 설비가 제대로 작동하도록 보살피고 손질함. ¶삼촌은 직접 자동차를 정비하신다. ③ 도로나 시설 따위가 제 기능을 하도록 정리함. ¶수로(水路)를 정비하다.

▸정:비-공 整備工 (장인 공). 차량이나 비행기 같은 것을 정비(整備)하는 기능공(技能工).

▸정:비-사 整備士 (선비 사). 기계나 설비가 제대로 작동하도록 보살피고 손질하는[整備] 일에 종사하는 사람[士].

▸정:비-소 整備所 (곳 소). 정비(整備)하는 일을 전문으로 맡아 하는 곳[所]. ¶자동차 정비소.

정:-비:례 正比例 (바를 정, 견줄 비, 본보기 례). ① 속뜻 바른[正] 비례(比例). ② 수학 두 양이 서로 같은 비율로 일정하게 늘거나 주는 일. ¶시험 점수와 실력이 항상 정비례하는 것은 아니다. 반 반비례(反比例).

정:-비례 定比例 (정할 정, 견줄 비, 본보기 례). 일정(一定)한 비례(比例).

정사[1] 丁巳 (천간 정, 뱀 사). 민속 천간의 '丁'과 지지의 '巳'가 만난 간지(干支). 육십갑자의 쉰넷째.

정:사[2] 正史 (바를 정, 역사 사). ① 속뜻 정확(正確)한 사실의 역사(歷史). 또는 그런 기록. ¶정사에 기록되다 / 이 소설은 철저하게 정사에 바탕을 두었다. ② 기전체로 서술한 역사. 또는 그 기록. ③ 정통적인 역사 체계에 의하여 서술된 역사나 그 기록을 야사(野史)에 상대하여 이르는 말.

정:사[3] 正邪 (바를 정, 그를 사). ① 속뜻 바른[正] 일과 그릇된[邪] 일을 아울러 이르는 말. ② 정기(正氣)와 사기(邪氣)를 아울러 이르는 말.

정:사[4] 正使 (바를 정, 부릴 사). 역사 사신(使臣) 가운데 우두머리[正]가 되는 사람. 또는 그런 지위. 참 부사(副使).

정사[5] 政事 (정치 정, 일 사). ① 속뜻 정치(政治) 또는 행정상의 일[事]. ¶흥선대원군은 고종을 대신해 정사를 돌보았다. ② 예전에, 벼슬아치의 임명과 해임에 관한 일.

정사[6] 情史 (사랑 정, 역사 사). 남녀의 애정(愛情)에 관한 기록[史]. 연애를 다룬 소설.

정사[7] 情死 (사랑 정, 죽을 사). 사랑한 남녀가 사랑[情]을 이루지 못하고 함께 죽음[死].

정사[8] 情私 (사랑 정, 사사로울 사). 친족 사이의 사사(私事)로운 정(情).

정사[9] 情事 (사랑 정, 일 사). ① 속뜻 남녀 간에 사랑[情]을 주고받는 일[事]. ② 남녀가 서로 육체적으로 사랑을 나누는 일.

정사[10] 情思 (사랑 정, 생각 사). 남녀가 정(情)을 나누려는 마음[思]. 비 정념(情念).

정사[11] 淨寫 (깨끗할 정, 베낄 사). 깨끗하게[淨] 다시 씀[寫]. 비 정서(淨書).

정사[12] 精舍 (정신 정, 집 사). ① 속뜻 정신(精神)을 수양하는 곳[舍]. ② 학문을 가르치려고 지은 집. ③ 승려가 불도를 닦는 곳.

정사[13] 精査 (쓿을 정, 살필 사). 아주 작은 것도 빼놓지 않고 자세히[精] 조사(調査)함.

정사[14] 靜思 (고요할 정, 생각 사). 조용히[靜] 생각함[思].

정:사[15] 正射 (바를 정, 쏠 사). ① 속뜻 정면(正面)에서 쏨[射]. ② 수직으로 투사함.

▸정:사-영 正射影 (그림자 영). ① 속뜻 수직으로[正] 투사(投射)하였을 때 나타나는 그림자[影]. ② 수학 공간 안의 도형을 평행한 직선들에 의하여 한 평면 위에 투영하는 대응. 또는 그 대응에 의한 상. ③ 수학 도형

위의 한 점으로부터 한 직선이나 한 평면 위에 내려 그은 수선의 발.

▸정:사 도법 正射圖法 (그림 도, 법 법). 지리 지도 투영법의 하나. 시점을 무한대의 거리에 두고 지구 중심을 지나는 평면에 지구 표면을 수직으로[正] 투영하는[射] 도법(圖法).

▸정:사 투영 正射投影 (던질 투, 그림자 영). 지리 평면에 대하여 수직 방향으로[正射] 무한대의 거리로부터 그림자[影]를 비추게[投] 하는 평면 투영 방법의 하나.

정:-사각형 正四角形 (바를 정, 넉 사, 모서리 각, 모양 형). ① 속뜻 바른[正] 사각형(四角形). ② 수학 네 변의 길이와 각의 크기가 모두 같은 사각형. ⓑ정방형(正方形).

정:-사면체 正四面體 (바를 정, 넉 사, 쪽 면, 몸 체). ① 속뜻 똑바른[正] 사면체(四面體). ② 수학 각 면이 모두 합동인 정삼각형 네 개로 이루어진 다면체.

정:-사원 正社員 (바를 정, 모일 사, 인원 원). 일정한 자격을 갖춘 정식(正式) 회사(會社) 직원(職員).

정:사유 正思惟 (바를 정, 생각 사, 생각할 유). ① 속뜻 바른[正] 생각[思惟]. ② 불교 팔정도의 하나. 사제(四諦)의 이치를 추구하고 고찰하며, 지혜를 향상시키는 일.

정:-사품 正四品 (바를 정, 넷째 사, 품위 품). 역사 고려·조선 때, 문관[正] 반열의 네[四] 번째 품계(品階). 18품계 가운데 일곱째 등급이다.

정:삭 正朔 (정월 정, 초하루 삭). 정월(正月) 초하루[朔].

정:산[1] 正酸 (바를 정, 산소 산). ① 속뜻 순정(純正)한 산(酸). ② 화학 비금속 산화물이 물과 화합하여 만든 산 중에 염기도가 가장 높은 산. 오르토산.

정:산[2] 定算 (정할 정, 셀 산). 예정(豫定)한 계산(計算).

정산[3] 精算 (쓿을 정, 셀 산). 정밀(精密)하게 계산(計算)함. 또는 그런 계산. ¶종합 소득세 정산. ⓑ개산(概算).

▸정산-표 精算表 (겉 표). 경제 손익 계산서를 만들 때까지의 정산(精算) 과정을 한데 모아 나타낸 표(表).

정:-삼각형 正三角形 (바를 정, 석 삼, 모서리 각, 모양 형). ① 속뜻 반듯한[正] 삼각형(三角形). ② 수학 세 변의 길이와 각의 크기가 모두 같은 삼각형.

정:-삼품 正三品 (바를 정, 셋째 삼, 품위 품). 역사 고려·조선 때, 문관[正] 반열의 세[三] 번째 품계(品階). 18품계 가운데 다섯째 등급이다.

정상[1] 情想 (마음 정, 생각 상). 정서(情緖)와 상념(想念). 감정과 생각.

정:상[2] 正常 (바를 정, 보통 상). 바른[正] 상태(常態). 이상한 데가 없는 보통의 상태. ¶오후에는 정상 수업을 한다. ⓑ비정상(非正常).

▸정:상-류 正常流 (흐를 류). 물리 속도, 압력, 방향 따위가 시간의 변화에도 바뀌지 않는[正常] 유체의 흐름[流].

▸정:상-아 正常兒 (아이 아). 몸과 마음의 상태에 아무런 이상이 없는[正常] 아이[兒].

▸정:상-인 正常人 (사람 인). 몸과 정신에 탈이 없는[正常] 사람[人]. ¶정상인과 다른 점이 있다.

▸정:상-적 正常的 (것 적). 상태가 정상(正常)인 것[的]. ⓑ비정상적.

▸정:상-화 正常化 (될 화). 정상(正常)의 상태가 되거나 되게[化] 함.

▸정:상 가격 正常價格 (값 가, 이를 격). 경제 수요와 공급이 오랫동안 자연스러운 균형을 이룰 때 이루는 안정되고 표준적인[正常] 가격(價格).

정:상[3] 定常 (정할 정, 늘 상). 일정(一定)하여 늘[常] 한결같음.

▸정:상-파 定常波 (물결 파). 물리 파형(波形)이 매질을 통하여 더 진행하지 못하고 일정(一定)한 곳에 항상(恒常) 머물러 진동하는 파동(波動).

▸정:상 상태 定常狀態 (형상 상, 모양 태). ① 속뜻 일정하고 늘 한결같은[定常] 상태(狀態). ② 물리 어떤 물리적 체계를 결정하는 변수가 시간과 더불어 변하지 않는 경우에, 그 변수에 관한 체계를 이르는 말. ③ 물리 양자 역학에서, 계(系)의 에너지가 일정한 값을 가지고 있는 상태.

▸정:상 전:류 定常電流 (전기 전, 흐를 류). 전기 시간이 지나도 크기나 방향이 변하지 않는[定常] 전류(電流).

정상⁴ 情狀 (실상 정, 형상 상). ① [속뜻] 실상[情]과 형태[狀]. ② 어떤 결과에 이르기까지의 사정. ¶정상을 참작해 형(刑)을 줄여 주었다.

▸정상 참작 情狀參酌 (헤아릴 참, 헤아릴 작). [법률] 재판관이 범죄를 저지르게 된 사정(事情)과 그 당시의 상태(狀態)를 헤아려서[參酌] 형벌을 가볍게 하기로 선택함. 정상 작량(情狀酌量).

정상⁵ 政商 (정치 정, 장사 상). 정치가(政治家)와 상인(商人)의 결탁. 정권(政權)을 이용하여 사사로운 이익을 꾀하는 상인(商人).

▸정상-배 政商輩 (무리 배). 정치가와 결탁하거나 정권(政權)을 이용하여 사사로운 이익을 꾀하는 상인(商人) 무리[輩].

정상⁶ 頂上 (꼭대기 정, 위 상). ① [속뜻] 산 따위 맨 꼭대기[頂]의 위[上]. ¶지리산 정상에 오르다. ② 그 이상 더 없는 최고의 상태. ¶인기 정상의 배우. ③ 한 나라의 최고 수뇌. ¶양국의 정상이 만나 문제를 논의했다.

▸정상 회:담 頂上會談 (모일 회, 말씀 담). [정치] 두 나라 이상의 우두머리[頂上]가 모여 하는 회담(會談).

정:색 正色 (바를 정, 빛 색). ① [속뜻] 안색(顔色)을 바르게[正] 함. ② 얼굴에 엄정한 빛을 나타냄. 또는 그 표정. ¶정색을 하고 말하다.

정색 반:응 呈色反應 (드러낼 정, 빛 색, 되돌릴 반, 응할 응). ① [속뜻] 색(色)을 나타내는[呈] 반응(反應). ② [화학] 일정한 빛깔을 내거나 빛깔이 변하는 작용을 수반하는 화학 반응.

정생 頂生 (꼭대기 정, 날 생). 줄기의 맨 끝이나 꼭대기[頂]에 남[生].

정서¹ 征西 (칠 정, 서녘 서). ① [속뜻] 서(西)쪽을 침[征]. ② 서쪽으로 나아감.

정서² 淨書 (깨끗할 정, 쓸 서). ① [속뜻] 글씨를 깨끗이[淨] 씀[書]. ② 초(草) 잡았던 글을 깨끗이 베껴 씀.

정서³ 精書 (쓿을 정, 쓸 서). 정성(精誠)을 다하여 글씨를 씀[書].

정:서⁴ 正書 (바를 정, 쓸 서). ① [속뜻] 글씨를 흘려 쓰지 않고 또박또박 바르게[正] 씀[書]. 또는 그렇게 쓴 글씨. ② 초안을 잡았던 글을 정식으로 베껴 씀.

▸정:서-법 正書法 (법 법). ① [속뜻] 올바르게[正] 글로 적는[書] 방법(方法). ② [언어] 한글로 우리말을 서사(書寫)하는 규칙.

정서⁵ 情緖 (마음 정, 실마리 서). ① [속뜻] 여러 가지 마음[情]이나 감정의 실마리[緖]. ② 감정을 불러일으키는 기분이나 분위기. ¶이 음악은 정서 안정에 도움이 된다.

▸정서-적 情緖的 (것 적). 정서(情緖)를 띤 것[的]. ¶정서적 문제 / 정서적 불안.

▸정서 장애 情緖障礙 (막을 장, 거리낄 애). [심리] 외부 세계의 자극에 대하여 적절한 정서(情緖) 표현을 못하거나[障] 거리끼는[礙] 정신 이상 상태의 하나.

정:-서방 正西方 (바를 정, 서녘 서, 모 방). 꼭 바른[正] 서(西)쪽 또는 그 방향(方向). [준]정서.

정:석¹ 定石 (정할 정, 돌 석). ① [속뜻] 바둑에서 돌[石]을 놓는[定] 방법. ② 무엇을 처리하는 데 정해진 방식. ¶정석대로 대응하다. ③ 바둑에서, 예로부터 지금에 이르기까지 공격과 수비에 최선이라고 인정한 일정한 방식으로 돌을 놓는 법. ¶바둑의 초보자는 우선 정석을 익혀야 한다.

정:석² 定席 (정할 정, 자리 석). 어떤 사람이 정(定)해 놓고 늘 앉는 자리[席]. 정해진 좌석.

정:석-가 鄭石歌 (나라이름 정, 돌 석, 노래 가). [문학] 고려 시대의 가요(歌謠). 태평성대를 기리고 남녀 간의 변함없는 사랑을 노래하였다. 정석(鄭石)은 악기 소리의 음역(音譯)한 것이라는 설이 있다.

정:선¹ 正善 (바를 정, 착할 선). 마음이 바르고[正] 착함[善].

정:선² 定先 (정할 정, 먼저 선). ① [속뜻] 정(定)해진 규칙에 따라 먼저[先] 둠. ② [운동] 바둑에서 상대편과 수의 차이가 있어 한쪽이 늘 흑(黑)을 가지고 먼저 두는 일.

정선³ 停船 (멈출 정, 배 선). ① [속뜻] 가던 배[船]가 멈춤[停]. 또는 그렇게 되게 함. ② 선박의 진항을 정지시켜 선박 업무를 금지함.

정선⁴ 精選 (쓿을 정, 고를 선). 많은 것 가운데서 특히 뛰어난 것을 면밀하게[精] 잘 골라 뽑음[選]. ¶정선한 물건 / 정선된 정보.

정:-선율 定旋律 (정할 정, 돌 선, 가락 률). 음악 대위법에서, 여러 가지 대위 선율을 붙일 수 있는 고정(固定)된 선율(旋律).

정:설 定說 (정할 정, 말씀 설). 일정한 결론에 도달하여 이미 확정(確定)하거나 인정한 말[說]. ¶정설을 뒤집을 만한 연구 결과를 얻었다.

정:성[1] 正聲 (바를 정, 소리 성). ① 속뜻 바른[正] 목소리[聲]. 또는 바른 곡조의 음악. ② 음탕하지 아니한 음률.

정:성[2] 定星 (정할 정, 별 성). 천문 늘 일정(一定)한 자리에 있는 것처럼 보이는 별[星]. ㊐항성(恒星).

정:성[3] 定省 (정할 정, 살필 성). ① 속뜻 날이 어두워지면 부모님의 잠자리를 정(定)해 드리고 아침에는 밤새 안부를 살펴[省] 물음. '혼정신성'(昏定晨省)의 준말. ② 부모를 잘 섬기고 효성을 다함.

정성[4] 情性 (마음 정, 성품 성). 인정(人情)과 성품(性品)을 아울러 이르는 말.

*__정성__[5] 精誠 (쓿을 정, 진심 성). 쓿은 쌀[精]처럼 순백한 진심[誠]. ¶정성어린 선물 / 부모님을 정성스럽게 모시다 / 음식을 정성껏 준비하다.

정:성[6] 鄭聲 (나라이름 정, 소리 성). ① 속뜻 옛날 중국 정(鄭)나라의 음탕하고 외설적인 노래 소리[聲]. ② '음란하고 야비한 음률'을 비유하여 이르는 말. ③ 한의 환자가 정신이 흐릿한 상황에서 낮은 목소리로 분명히 알아들을 수 없는 말을 웅얼거리거나 같은 말을 되풀이하는 일.

정:성[7] 定性 (정할 정, 성질 성). ① 속뜻 물질의 성분이나 성질(性質)을 밝히어 정(定)함. ② 주관적으로 평정(評定)함. ㊟정량(定量).

▸**정:성 평가** 定性評價 (평할 평, 값 가). 정성적(定性的)으로 평가(評價)함. ㊟정량(定量) 평가.

정세[1] 政勢 (정사 정, 형세 세). 정치(政治)상의 동향이나 형세(形勢). ¶국제 정세가 불안하다.

정세[2] 情勢 (실상 정, 형세 세). 일이 되어 가는 실상[情]과 형세(形勢). ¶국내 정세를 분석하다.

정세[3] 精細 (쓿을 정, 가늘 세). 정밀(精密)하고 상세(詳細)함. 자세하고 빈틈이 없음.

정-세포 精細胞 (정액 정, 작을 세, 태보 포). 생물 유성 생식을 하는 동식물의 웅성(雄性) 생식기 안에 생성되는 정자(精子)가 되기 직전의 세포(細胞).

정소 精巢 (정액 정, 새집 소). 의학 정자(精子)를 만들어 내는 새집[巢] 같은 생식기관. 포유류에서는 음낭이 이에 해당한다. ㊟난소(卵巢).

정:속 正俗 (바를 정, 풍속 속). 올바른[正] 풍속(風俗). ㊥이속(異俗).

정송 呈送 (드릴 정, 보낼 송). 물건을 보내[送] 드림[呈]. ㊐정납(呈納).

정수[1] 井水 (우물 정, 물 수). 우물[井] 물[水].

정:수[2] 正手 (바를 정, 손 수). 운동 바둑·장기 따위에서, 속임수나 흘림수가 아닌 정당(正當)한 법수(法手).

정:수[3] 正數 (바른 정, 셀 수). 수학 영(零)보다 큰[正] 수(數)를 이르는 것으로, '양수'(陽數)의 예전 용어.

정수[4] 精粹 (쓿을 정, 순수할 수). ① 속뜻 불순물이 섞이지 아니하여 깨끗하고[精] 순수(純粹)하다. ¶청명하고도 정수한 자질. ② 청렴하고 사욕이 없다.

정수[5] 精髓 (쓿을 정, 골수 수). ① 속뜻 뼈 속에 있는 순수한[精] 골수(骨髓). ② 사물의 중심이 되는 골자 또는 요점. ¶민족 문화의 정수 / 정수를 걸러 내다 / 정수를 모아 놓다 / 회화의 정수를 보이다.

정수[6] 靜修 (고요할 정, 닦을 수). 고요한[靜] 마음으로 학덕(學德)을 닦음[修].

정:수[7] 定數 (정할 정, 셀 수). ① 속뜻 일정하게 정(定)하여진 수효나 수량(數量). ② 정해진 운수.

▸**정:수 비:례** 定數比例 (견줄 비, 본보기 례). 화학 화합물이 이루어질 때, 각 물질 사이에 정(定)하여져 있는 일정 불변한 수(數)의 비례(比例). 수소와 산소가 2대 1로 화합하는 물이나 탄소와 산소가 1대 2로 화합하는 이산화탄소 따위를 이른다. ㊐상수(常數) 비례.

정수[8] 淨水 (깨끗할 정, 물 수). 물[水]을 깨끗하고[淨] 맑게 함. 또는 그 물. ¶이 물은 정수한 것이다 / 정수를 마시다.

▸**정수-기** 淨水器 (그릇 기). 물을 깨끗하게

하는[淨水] 기구(器具). ¶정수기에서 거른 물.

▸정수-지 淨水池 (못 지). [건설] 수도 설비에서, 여과지에서 거른 맑은[淨] 물[水]을 높은 배수지로 올리기 전에 잠깐 동안 저장하는 못[池].

정수[9] **靜水** (고요할 정, 물 수). 흐름이 멈추어 고요한[靜] 물[水].

▸정수-압 靜水壓 (누를 압). [물리] 흐름이 멈추어 고요한[靜] 물[水]속에서 생기는 압력(壓力).

정:수[10] **整數** (가지런할 정, 셀 수). ① [속뜻] 가지런하게[整] 나타낸 모든 수(數). ② [수학] 자연수의 음수, 영, 자연수를 통틀어 이르는 말. 즉 '…, -2, -1, 0, 1, 2, …' 따위의 수를 이른다.

▸정:수-론 整數論 (논할 론). [수학] 정수(整數)의 성질을 연구하는 학문[論].

정수-식물 挺水植物 (뺄 정, 물 수, 심을 식, 만물 물). [식물] 뿌리는 진흙 속에 있고 줄기와 잎의 대부분은 물[水] 위로 뻗어 있는[挺] 수생 식물(水生植物)의 하나. 땅속줄기에 통기 조직이 발달되어 있어 근계(根系)의 호흡을 돕는다. 얕은 물가에서 자라며, 갈대·부들·연꽃·줄 따위가 있다.

정숙[1] **貞淑** (곧을 정, 맑을 숙). 여자로서 행실이 곧고[貞] 마음씨가 맑음[淑]. ¶정숙한 아내.

정숙[2] **精熟** (쓿을 정, 익을 숙). 어떤 일에 정통(精通)하고 능숙(能熟)함.

정숙[3] **靜淑** (고요할 정, 맑을 숙). 몸가짐이 조용하고[靜] 마음이 맑음[淑]. 차분하고 숙부드러움. ¶정숙한 걸음걸이.

정숙[4] **靜肅** (고요할 정, 엄숙할 숙). 아무 소리 없이[靜] 매우 조용하고 엄숙(嚴肅)함. ¶실내 정숙 / 정숙한 분위기에서 책을 읽었다.

정순 貞順 (곧을 정, 따를 순). 몸가짐이 정숙(貞淑)하고 마음씨가 온순(溫順)함.

*__정승 政丞__ (정사 정, 도울 승). ① [속뜻] 정사(政事)를 도움[丞]. ② [역사] 고려 태조 18년(935)에 신라의 마지막 왕인 경순왕에게 준 벼슬. 태자(太子)의 위. ③ [역사] 고려 시대에 둔 종일품의 으뜸 벼슬. 충렬왕 34년(1308)에 시중(侍中)을 고친 것. ④조선 시대, 문하부의 정일품 으뜸 벼슬. 태조 3년(1394)에 시중(侍中)을 고친 것.

정시[1] **呈示** (드러낼 정, 보일 시). ① [속뜻] 드러내어[呈] 보여줌[示]. ② [경제] 어음, 수표, 증권 따위의 소지자가 인수나 지급을 요구하기 위하여 인수인 또는 지급인에게 제출하여 보임.

정:시[2] **正視** (바를 정, 볼 시). ① [속뜻] 똑바로[正] 봄[視]. [비]정안(正眼). ② [의학] 정시안.

▸정:시-안 正視眼 (눈 안). [의학] 시력을 조절하지 아니하여도 평행 광선이 망막 위에 상(像)을 맺는 눈.

정:시[3] **定時** (정할 정, 때 시). 일정(一定)한 시간(時間) 또는 시기. ¶정시 뉴스.

▸정:시-제 定時制 (정할 제). 특별한 시간이나 시기(時期)를 정(定)해 놓고 그 시기를 이용하여 수업을 하는 제도(制度).

정시자-전 丁侍者傳 (천간 정, 모실 시, 사람 자, 전할 전). [문학] 고려 말, 석식영암이 지은 가전체 작품. 지팡이를 '丁' 모양의, 사람을 부축하는[侍] 사람[者]으로 의인화하여 불교 포교와 지도층의 겸허를 권유한 내용의 작품[傳].

정:식[1] **定食** (정할 정, 밥 식). ① [속뜻] 값과 메뉴가 정(定)해져 있는 음식(飮食). ¶백반 정식. ②식당이나 여관 따위에서 때를 정하여 놓고 먹는 끼니때의 음식.

정:식[2] **定植** (정할 정, 심을 식). [농업] 온상에서 기른 모종을 밭에 내어다 정(定)해진 곳에 제대로 심는[植] 일.

정식[3] **程式** (분량 정, 법 식). [수학] 표준[程]이 되는 방식(方式).

정:식[4] **整式** (가지런할 정, 법 식). ① [속뜻] 정수(整數)로 나타낸 식(式). ② [수학] 어떤 문자에 대하여, 덧셈·뺄셈·곱셈만의 연산을 사용하여 얻어지는 대수식(代數式).

*__정:식__[5] __正式__ (바를 정, 법 식). 규정대로의 바른[正] 방식(方式). 정당한 방식. ¶정식으로 소개를 받다.

▸정:식 간:격 正式間隔 (사이 간, 사이 뜰 격). [군사] 정렬할 때에, 왼팔을 어깨높이로 곧게[正] 올렸을 때, 가운뎃손가락 끝이 왼쪽 사람의 어깨에 닿을 정도로 벌리는 식(式)의 간격(間隔).

정:식[6] **定式** (정할 정, 법 식). 일정(一定)한

방식(方式). 정해진 의식.

▸정:식 재판 定式裁判 (분별할 재, 판가름할 판). 법률 통상의 공판 절차에 의한 일정(一定)한 방식(方式)의 재판(裁判).

정:신[1] 正信 (바를 정, 믿을 신). 불교 참되고 올바른[正] 믿음[信]을 이르는 말.

정신[2] 艇身 (거룻배 정, 몸 신). ① [속뜻]배[艇]의 몸통[身]. ② 보트와 보트 사이의 거리를 나타내는 단위. 경주할 때 쓴다.

정신[3] 挺身 (바칠 정, 몸 신). 어떤 일에 몸[身]을 바침[挺]. 솔선하여 앞장 섬. ¶사회 사업에 정신하다.

▸정신-대 挺身隊 (무리 대). ① 속뜻 어떤 목적을 위하여 몸[身]을 바치는[挺] 부대(部隊). ② 태평양 전쟁 때 일본 제국주의 군대의 종군 위안부로 끌려간 여성들을 이르는 말. ③ 죽기를 각오하고 있는 힘을 다할 것을 결심한 사람으로 이루어진 부대나 무리. ⓑ결사대(決死隊).

***정신[4]** 精神 (쓿을 정, 혼 신). ① 속뜻 쓿은 쌀[精]처럼 순백한 혼[神]이나 마음. ② 사물을 느끼고 생각하며 판단하는 능력. 또는 그런 작용. ¶정신을 집중하다. ③ 마음의 자세나 태도. ¶근면 정신. ④ 사물의 근본적인 의의나 목적 또는 이념이나 사상. ¶화랑도 정신. ⑤ 우주의 근원을 이루는 비물질적 실재. [관용]정신을 차리다.

▸정신-계 精神界 (지경 계). 정신(精神)이 작용하는 세계(世界). ⓒ물질계(物質界).

▸정신-골 精神骨 (뼈 골). 영리하고 총기[精神]있게 생긴 골격(骨格).

▸정신-과 精神科 (분과 과). 의학 정신(精神) 장애인의 진단·치료를 행하는 의학 분과(分科). '신경 정신과'(神經精神科)의 준말.

▸정신-기 精神氣 (기운 기). 정신(精神)의 기운(氣運).

▸정신-력 精神力 (힘 력). 정신(精神)을 받치고 있는 힘[力]. ¶강한 정신력.

▸정신-론 精神論 (논할 론). 철학 ① 정신(精神) 또는 심령이 경험으로부터 독립된 이성의 실체라고 보는 이론(理論). ⓑ유심론(唯心論). ② 정신이 육체를 떠나서 불가사의한 작용을 한다는 신앙.

▸정신-맹 精神盲 (눈멀 맹). ① 속뜻 정신적(精神的)인 맹인(盲人). ② 심리 시각 자체는 정상인데, 이를 뇌에서는 인식하지 못하는 상태. 대뇌 피질에서 시각 중추가 다른 중추와 연락이 잘 안되기 때문에 나타난다.

▸정신-면 精神面 (쪽 면). 정신(精神)에 관계되는 방면(方面).

▸정신-병 精神病 (병 병). 의학 정신(精神)의 장애나 이상으로 나타나는 병(病).

▸정신-사 精神史 (역사 사). ① 역사 역사를 형성하는 근원적인 힘으로서 정신(精神)을 고찰하는 역사학(歷史學). ② 개개인의 정신(精神)·사상의 변천.

▸정신-적 精神的 (것 적). 정신(精神)에 관한 것[的]. 정신에 중점을 둔 것. ¶정신적 충격 / 정신적 상처.

▸정신 감:응 精神感應 (느낄 감, 응할 응). 심리 한 사람의 정신(精神)으로부터 다른 사람의 정신으로 사고나 말, 행동 따위가 전달되어[感] 반응(反應)하는 현상. 텔레파시(telepathy).

▸정신 감정 精神鑑定 (볼 감, 정할 정). 법률 담당 법관이 전문가에게 의뢰하여 피의자의 정신(精神) 상태를 의학적으로 감별(鑑別)하여 판정(判定)하는 일.

▸정신-과학 精神科學 (조목 과, 배울 학). 인간의 정신적(精神的) 작용이나 그것으로부터 발생하는 문화 현상을 과학적(科學的)으로 연구하는 학문(學問). 철학(哲學), 신학(神學), 심리학(心理學), 역사학(歷史學), 정치학(政治學) 따위.

▸정신 교:육 精神教育 (가르칠 교, 기를 육). 교육 의지의 단련, 덕성의 함양과 같은 정신적(精神的)인 면을 대상으로 하는 교육(教育).

▸정신 노동 精神勞動 (일할 로, 움직일 동). 주로 두뇌를 써서[精神] 하는 노동(勞動).

▸정신-문명 精神文明 (글월 문, 밝을 명). 정신적(精神的)인 활동을 바탕으로 하여 이루어진 문명(文明).

▸정신-문화 精神文化 (글월 문, 될 화). 학술, 사상, 종교, 예술, 도덕 따위와 같이 인간의 정신적(精神的) 활동으로 이룬 문화(文化).

▸정신-박약 精神薄弱 (엷을 박, 약할 약). 심리 지능[精神] 발달이 매우 늦은[薄弱] 일. 또는 그러한 사람.

▸정신 병:원 精神病院 (병 병, 집 원).

의학 정신병(精神病) 환자를 수용하여 치료하는 병원(病院).

▸정신병-질 精神病質 (병 병, 바탕 질). 심리 감정과 의사(意思)의 측면에서 본 인격이 균형을 잃고 치우쳐 있는 정신병적(精神病的)인 성격[質].

▸정신병-학 精神病學 (병 병, 배울 학). 의학 정신병(精神病)의 증상, 원인, 경과 따위를 연구하여 그 예방과 치료에 응용하는 학문(學問).

▸정신 보:건 精神保健 (지킬 보, 튼튼할 건). 의학 정신(精神) 장애를 조기에 발견하고 치료하는 공중보건(公衆保健). ⓑ정신 위생(精神衛生).

▸정신 분석 精神分析 (나눌 분, 가를 석). 심리 무의식과 같은 정신(精神)의 심층에 있는 내용을 관찰·분석(分析)하는 일.

▸정신-생활 精神生活 (살 생, 살 활). 철학 ①물질이나 육체가 아닌 정신적(精神的)인 면에 가치를 두는 생활(生活). ②사상, 감정 따위의 정신적 측면의 생활.

▸정신 연령 精神年齡 (나이 년, 나이 령). 심리 정신(精神) 발달의 정도를 나타내는 나이[年齡]. 지능 검사에 의해서 측정된 정신 수준. ¶정신 연령이 높다.

▸정신 요법 精神療法 (병 고칠 료, 법 법). 의학 환자에게 여러 가지 정신적(精神的)인 영향을 주어 병을 치료(治療)하는 방법(方法). ⓑ심리 요법(心理療法).

▸정신 위생 精神衛生 (지킬 위, 살 생). 의학 정신(精神) 장애를 조기에 발견하고 치료하는 공중위생(公衆衛生). ⓑ정신 보건(精神保健).

▸정신 의학 精神醫學 (치료할 의, 배울 학). 의학 정신병(精神病)의 증상, 원인, 경과 따위를 연구하고 병을 예방, 치료하는[醫] 학문(學問). ⓑ정신병학(精神病學).

▸정신 이:상 精神異常 (다를 이, 보통 상). 의학 신경[精神] 정신 계통의 장애[異常].

▸정신-주의 精神主義 (주될 주, 뜻 의). 철학 물질보다도 인간의 정신(精神)을 더 중시하는 태도[主義]. ⓒ물질주의(物質主義).

▸정신-지체 精神遲滯 (더딜 지, 막힐 체). 의학 정신(精神) 발달이 더딘[遲滯] 상태.

▸정신 착란 精神錯亂 (섞일 착, 어지러울 란). ①속뜻 정신(精神)이 마구 뒤섞여[錯] 어지러움[亂]. ②의학 급성 중독이나 전염병 따위로 말미암아 의식 장애를 일으키는 것. 지각, 기억, 주의, 사고 등의 지적 능력이 상실되는 상태를 말한다.

▸정신-박약아 精神薄弱兒 (엷을 박, 약할 약, 아이 아). 의학 선천적 또는 후천적 뇌의 장애 따위로 정신(精神) 발달이 뒤져[薄弱] 정상적인 사회생활을 할 수 없는 아동(兒童).

정:실[1] **正室** (바를 정, 집 실). ①속뜻 정면(正面)에 있는 집[室]. 집의 몸채. ②첩에 상대하여 본 아내. ⓑ본실(本室), 적실(嫡室), 정처(正妻).

정:실[2] **正實** (바를 정, 참될 실). 바르고[正] 참됨[實].

정실[3] **貞實** (곧을 정, 참될 실). 마음이 곧고[貞] 성실(誠實)함. 정숙하고 독실함.

정실[4] **情實** (사랑 정, 실제 실). 사사로운 정(情)이나 실익(實益)에 이끌리는 일. ¶정실 인사 / 정실에 얽매이다.

정:심 **正心** (바를 정, 마음 심). 바른[正] 마음[心]. 또는 마음을 바르게 가짐.

정:아[1] **定芽** (정할 정, 싹 아). 식물 꼭지눈이나 곁눈 따위와 같이 일정(一定)한 자리에 나는 싹[芽]. ⓑ부정아(不定芽).

정아[2] **頂芽** (꼭대기 정, 싹 아). 식물 식물의 줄기나 가지의 맨 꼭대기[頂]에서 나는 싹[芽].

정아[3] **靜雅** (고요할 정, 고울 아). 맑고[靜] 우아(優雅)함. 고요하고 고상함.

정:악 **正樂** (바를 정, 음악 악). ①속뜻 정통(正統) 국악(國樂). ②음악 국악 가운데 궁중에서 연주되던 음악인 아악을 포함하여, 민간에 계승되어 온 우아하고 고상한 음악을 이르는 말. ③음악 '법악'(法樂)을 달리 이르는 말.

정:안 **定案** (정할 정, 안건 안). 이미 결정(決定)된 안건(案件).

정압[1] **靜壓** (고요할 정, 누를 압). 물리 멈추어[靜] 있는 유체의 압력(壓力). ⓑ동압(動壓).

정:압[2] **定壓** (정할 정, 누를 압). 일정(一定)한 압력(壓力).

▸정:압 비:열 定壓比熱 (견줄 비, 더울 열).

물리 일정한 압력[定壓]에서 하에서 물체의 온도를 1 올리는 데 필요한 열량[比熱].

정애 情愛 (마음 정, 사랑 애). 정(情)이 많은 사랑[愛]. 따뜻한 사랑.

정:액[1] 定額 (정할 정, 액수 액). 일정(一定)한 금액(金額). 정해진 액수.

▸정:액-등 定額燈 (등불 등). 사용량에 구애받지 않고 전등의 수와 촉수에 따라 일정(一定)하게 요금[額]을 내는 전등(電燈).

▸정:액-세 定額稅 (세금 세). 법률 납세자나 그 밖의 사정에 관계없이 일정(一定)한 금액(金額)을 거두는 조세(租稅).

▸정:액 보:험 定額保險 (지킬 보, 험할 험). 법률 사고가 일어났을 때 미리 계약한 일정(一定)한 보험 금액(定額)을 지급하도록 계약하는 보험(保險).

정액[2] 精液 (쓿을 정, 진 액). ① 의학 수컷의 정자(精子)를 내포하고 있는 액체(液體). ② 생물의 몸 안이나 줄기, 뿌리, 열매 등의 안에서 만들어진 순수한 액체. ¶인삼 정액.

▸정액-은행 精液銀行 (돈 은, 가게 행). 의학 체질이나 재능 따위가 뛰어난 남성들의 정액(精液)을 모아서 간수하였다가 인공 수정을 원하는 여성에게 공급하는 은행(銀行)과 같은 기관.

정야 靜夜 (고요할 정, 밤 야). 고요한[靜] 밤[夜].

정:약 定約 (정할 정, 묶을 약). 약속(約束)을 정(定)함. 또는 그 약속.

정:양[1] 正陽 (바를 정, 볕 양). ① 속뜻 정월(正月)의 양기(陽氣). ② 음력 정월을 달리 이르는 말.

정양[2] 靜養 (고요할 정, 기를 양). 몸과 마음을 편하고 고요하게[靜] 하여 병을 다스림[養].

▸정양-원 靜養院 (집 원). 몸과 마음의 병을 고치기[靜養] 위한 시설[院].

정:어 正語 (바를 정, 말씀 어). 불교 사제(四諦)의 진리를 깨달아 바른[正] 말[語]만을 하는 일.

정:언 定言 (정할 정, 말씀 언). 논리 어떤 명제, 주장, 판단을 '만일', '혹은' 따위의 조건을 붙이지 않고 단정(斷定)하여 말함[言]. 또는 그런 말.

▸정:언-적 定言的 (것 적). 단정(斷定)하는 명제나 주장, 판단[言]의 것[的]. ⓑ단언적(斷言的).

정:업[1] 正業 (바를 정, 일 업). 불교 일체의 행동을 사제(四諦)의 진리에 맞는 정견(正見)에 따라 바르게 행하는 일[業]. 팔정도의 하나이다. '정정업'(正定業)의 준말.

정:업[2] 定業 (정할 정, 업보 업). ① 속뜻 정(定)해진 업보(業報). ② 불교 과거에 지은 업에 따라 현세에서 받게 되는 과보(果報).

정업[3] 淨業 (깨끗할 정, 일 업). 불교 ① 맑고 깨끗한[淨] 선업(善業). ② 정토교에서, 정토에 왕생할 정인인 '삼복'(三福)을 이르는 말. ③ 정토왕생의 정업인 '염불'을 이르는 말.

정업[4] 停業 (멈출 정, 일 업). 업무(業務)나 영업 또는 생업을 멈춤[停].

정-역학 靜力學 (고요할 정, 힘 력, 배울 학). 물리 물체가 고요히[靜] 멈추어 있을 때의 힘[力]이나 물체의 변형 따위를 다루는 학문(學問).

정연[1] 井然 (우물 정, 그러할 연). ① 속뜻 우물 정(井)자처럼 그렇게[然] 가지런함. ② 짜임새와 조리가 있다. ¶논리 정연하게 글을 잘 쓰다.

정:연[2] 整然 (가지런할 정, 그러할 연). 가지런하게[整] 그러한[然]. 가지런하고 질서가 있다. ¶질서정연하게 배열해 놓다.

정열 情熱 (마음 정, 뜨거울 열). 어떤 마음[情]이 불[熱]같이 활활 타오름. 또는 그런 감정. ¶연구에 정열을 쏟다.

▸정열-적 情熱的 (것 적). 불길이 타듯 세찬[情熱] 것[的].

정염[1] 井鹽 (우물 정, 소금 염). 염분이 섞여 있는 우물[井]에서 채취한 소금[鹽].

정염[2] 情炎 (사랑 정, 불꽃 염). 욕정(欲情)이 불같이 타오름[炎]. 또는 그런 욕정. ⓑ정화(情火).

정예 精銳 (쓿을 정, 날카로울 예). ① 속뜻 정통(精通)하고 예리(銳利)함. ¶정예 병사. ② 날래고 용맹스러움. ③ 능력이 우수함. 또는 그런 인재. ¶소수 정예반 / 정예 작가.

정:오[1] 正午 (바를 정, 낮 오). 낮[午]의 한[正] 가운데. 열두 시. 태양이 한가운데 위치하는 시각. ⓑ오정(午正). ⓑ자정(子正).

정ː오² 正誤 (바를 정, 그르칠 오). 잘못된[誤] 글자나 문구 따위를 바로잡는[正] 일.

▸정ː오-표 正誤表 (겉 표). 인쇄물 따위에서 잘못된[誤] 곳을 바로잡아[正] 적은 표(表).

정ː-오각형 正五角形 (바를 정, 다섯 오, 모서리 각, 모양 형). [수학] 다섯 변의 길이와 각의 크기가 모두 같은[正] 오각형(五角形).

정온¹ 靜穩 (고요할 정, 평온할 온). ① [속뜻] 고요하고[靜] 평온(平穩)함. ② [지리] 풍파(風波)가 없어 고요하고 평온한 상태.

정ː온² 定溫 (정할 정, 따뜻할 온). 일정(一定)한 온도(溫度).

▸정ː온-기 定溫機 (틀 기). [물리] 일정(一定)한 온도(溫度)를 유지하는 기계(機械).

▸정ː온 동ː물 定溫動物 (움직일 동, 만물 물). [동물] 바깥 온도에 관계없이 항상 일정(一定)한 체온(體溫)을 유지하는 동물(動物). 조류나 포유류 따위 [비]온혈 동물(溫血動物). [반]변온 동물(變溫動物).

정외 廷外 (법정 정, 밖 외). 법정(法廷)의 밖[外]. [반]정내(廷內).

정외 情外 (마음 정, 밖 외). 인정(人情)에 벗어나는[外] 일.

▸정외지언 情外之言 (어조사 지, 말씀 언). 인정(人情)에 벗어나는[外] 말[言].

정욕¹ 情欲 (마음 정, 하고자할 욕). ① [속뜻] 마음[情] 속에 일어나는 여러 가지 욕구(欲求). ② [불교] 물건을 탐내고 집착하는 마음.

정욕² 情慾 (사랑 정, 욕심 욕). 정사(情事)에 대한 욕망(慾望). 이성의 육체에 대하여 느끼는 성적 욕망. ¶정욕을 억제하다 / 정욕에 사로잡히다.

정ː용 整容 (가지런할 정, 얼굴 용). 용모(容貌)를 정연(整然)하게 함.

▸정ː용-법 整容法 (법 법). [운동] 운동을 시작하기 전에 팔다리, 허리, 목 따위를 움직여 자세[容]를 바로잡는[整] 방법(方法).

▸정ː용 비ː열 整容比熱 (견줄 비, 더울 열). [물리] 물질의 용적(容積)을 일정하게 유지하면서[整] 그 온도를 높이는 데 필요한 열량[比熱].

정용-체 晶溶體 (밝을 정, 녹을 용, 몸 체). ① [속뜻] 맑게[晶] 녹은[溶] 물체(物體). ② [화학] 두 가지 이상의 결정물이 섞인 용액이 그 온도에 의하여 일정한 비율로 다시 혼합된 결정체.

정우 政友 (정치 정, 벗 우). 정치계(政治界)의 벗[友]. 또는 정견(政見)이 같은 사람. [반]정적(政敵).

정ː원¹ 正員 (바를 정, 인원 원). 정당(正當)한 자격을 가진 구성원(構成員).

정ː원² 定員 (정할 정, 인원 원). 일정한 규정에 따라 정(定)해진 인원(人員). ¶참가 정원이 다 찼다.

▸정ː원-제 定員制 (정할 제). 어떤 일이나 기관 따위에 참가하는 사람[員]의 수효를 미리 정(定)해 놓는 제도(制度).

정원³ 庭園 (뜰 정, 동산 원). 잘 가꾸어 놓은 넓은 뜰[庭]이나 작은 동산[園]. 뜰. ¶할아버지는 정원을 가꾸는 일로 소일하신다.

▸정원-사 庭園師 (스승 사). 정원(庭園)의 꽃밭이나 수목을 가꾸는 일을 직업으로 하는 사람[師]. ¶정원사가 잔디를 깎고 있다.

▸정원-수 庭園樹 (나무 수). 정원(庭園)에 심어 가꾸는 나무[樹].

정월 正月 (바를 정, 달 월). 한 해의 첫째 날인 정삭(正朔)이 있는 달[月]. 음력으로 한 해의 첫째 달. ¶정월 초하루.

정ː위¹ 正僞 (바를 정, 거짓 위). 바른[正] 것과 거짓된[僞] 것.

정ː위² 定位 (정할 정, 자리 위). 어떤 사물의 위치(位置)를 정(定)함. 또는 그 정해진 위치.

▸정ː위-점 定位點 (점 점). 주판에서 수(數)의 자리[位]를 정(定)해 놓은 점(點).

정유¹ 精油 (쓿을 정, 기름 유). ① [속뜻] 어떤 식물을 채취해 정제(精製)한 기름[油]. ② [화학] 정제한 석유나 정제한 동물 지방. 또는 그러한 일. ¶정유업체.

정유² 丁酉 (천간 정, 닭 유). [민속] 천간의 '丁'과 지지의 '酉'가 만난 간지(干支). ¶정유년생은 닭띠다.

▸정유-재란 丁酉再亂 (다시 재, 어지러울 란). [역사] 조선의 선조 30년(1597)인 정유(丁酉) 년에 왜구가 다시[再] 일으킨 난리(亂離). 임진왜란 후 교섭이 결렬되자 가토 기요마사(加藤清正) 등이 전쟁을 일으켰다.

정:육[1] 正肉 (순수할 정, 고기 육). 쇠고기의 순수한[正] 살코기[肉] 부분.

정육[2] 精肉 (쓿을 정, 고기 육). 굳기름이나 뼈 따위를 발라내 깨끗이 쓿은[精] 고기[肉].

▸정육-점 精肉店 (가게 점). 정육(精肉)을 파는 가게[店]. ㊥고깃간, 푸줏간.

정:-육각형 正六角形 (바를 정, 여섯 륙, 모서리 각, 모양 형). 수학 여섯 변의 길이와 각의 크기가 모두 같은[正] 육각형(六角形).

정:-육면체 正六面體 (바를 정, 여섯 륙, 쪽 면, 모양 체). 수학 정사각형(正四角形) 여섯[六] 개가 합해 이루어진 다면체(多面體).

정:윤 正閏 (정월 정, 윤달 윤). ① 속뜻 정위(正位)와 윤위(閏位)를 아울러 이르는 말. ② 평년(平年)과 윤년(閏年)을 아울러 이르는 말.

정:은 正銀 (바를 정, 은 은). 광업 불순물이 섞이지 않은 순수한[正] 은(銀). ㊥순은(純銀).

정:음 正音 (바를 정, 소리 음). ① 속뜻 글자의 바른[正] 음(音). ② 한자의 속음이나 와음이 아닌 본디의 바른 음.

▸정:음-청 正音廳 (관청 청). 역사 조선 때, 훈민정음(訓民正音) 창제 후 서적의 편찬과 인쇄를 위하여 설치한 임시 관청(官廳).

정읍-사 井邑詞 (우물 정, 고을 읍, 말씀 사). 문학 정읍(井邑)에 사는 아내가 행상을 나가 늦도록 돌아오지 않는 남편을 걱정하며 부른 백제 가요[詞].

정:의[1] 正意 (바를 정, 뜻 의). 올바른[正] 생각[意].

정:의[2] 定義 (정할 정, 뜻 의). 말이나 사물의 뜻[義]을 명백히 규정(規定)함. 또는 그 뜻. ¶정의를 내리다 / 교육에 대하여 정의해 보라.

정의[1] 情義 (마음 정, 옳을 의). 인정(人情)과 의리(義理).

정의[2] 情誼 (사랑 정, 정 의). 사귀어 두터워진 사랑[情=誼]. ¶두터운 정의 / 정의가 깊다.

정의[3] 精義 (쓿을 정, 뜻 의). 상세한[精] 뜻[義]. 정확한 의의.

***정:의**[4] 正義 (바를 정, 옳을 의). ① 속뜻 올바른[正] 도리[義]. ② 바른 뜻이나 가치. ¶정의를 위해 싸우다 / 정의의 사나이. ③ 개인 간의 올바른 도리. 또는 사회를 구성하고 유지하는 공정한 도리. ④ 철학 지혜·용기·절제의 완전한 조화를 이르는 말.

▸정:의-감 正義感 (느낄 감). 정의(正義)를 관철시키려는 마음[感]. ¶그는 정의감이 강하다 / 정의로운 행동.

정의[5] 情意 (마음 정, 뜻 의). 감정(感情)과 의지(意志). 뜻. 마음.

▸정의-상통 情意相通 (서로 상, 통할 통). 마음[情]과 뜻[意]이 서로[相] 통(通)함.

▸정의-투합 情意投合 (들여놓을 투, 합할 합). 마음[情]과 뜻[意]이 서로 잘 맞음[投合].

정:-의관 整衣冠 (가지런할 정, 옷 의, 갓 관). 옷[衣]과 갓[冠]을 가지런하게[整] 함. 몸가짐을 단정하게 함.

정:-이품 正二品 (바를 정, 둘째 이, 품위 품). 역사 고려·조선 때, 문관[正] 반열의 두[二] 번째 품계(品階). 18품계 가운데 셋째 등급이다.

정:인[1] 正人 (바를 정, 사람 인). 마음씨가 바른[正] 사람[人].

정인[2] 情人 (마음 정, 사람 인). ① 속뜻 마음[情]이 통하고 친한 사람[人]. ② 남몰래 정을 통하는 남녀 사이에서 서로를 이르는 말.

정일[1] 精一 (쓿을 정, 같을 일). ① 속뜻 마음이 순수하고[精] 한결[一]같음. ② 조금도 잡된 것이 섞이지 않고 순수함.

정:일[2] 定日 (정할 정, 날 일). ① 속뜻 어떤 일을 하기 위하여 미리 정(定)한 날짜[日]. ② 일정한 날짜.

▸정:일-시장 定日市場 (저자 시, 마당 장). 날짜[日]를 정(定)하여 놓고 정기적으로 서는 시장(市場).

정:-일품 正一品 (바를 정, 첫째 일, 품위 품). 역사 고려·조선 때, 문관[正] 반열의 첫[一] 번째 품계(品階). 18품계 가운데 첫째 등급이다.

정자[1] 亭子 (정자 정, 접미사 자). 경치가 좋은 곳에 놀거나 쉬기 위하여 지은 집[亭]. 벽이 없이 기둥과 지붕만 있다. ¶정자에 앉아서 쉬다 / 정자나무.

정자[2] 晶子 (밝을 정, 씨 자). 광업 수정질(水

晶質)의 화성암 속에 들어 있는 아주 작은 결정(結晶) 알갱이[子].

정자[3] 精子 (정액 정, 씨 자). 생물 정액(精液)에 있는 수컷의 생식 세포[子]. 사람의 경우 길이는 0.05mm 가량이고 머리, 목, 꼬리로 이루어져 있다. 난자와 정자가 만나면 수정이 된다. ⊕난자(卵子).

정:자[4] 正字 (바를 정, 글자 자). ① 속뜻 바른[正] 글자[字]. ¶이름을 정자로 또박또박 쓰세요. ②한자의 약자나 속자가 아닌 본디의 글자를 이르는 말.

▶정:자-법 正字法 (법 법). ① 속뜻 어떤 문자(文字)로써 한 언어를 바르게[正] 표기하는 규칙[法]. ② 언어 한글 맞춤법. ⓑ정서법(正書法).

정자-각 丁字閣 (천간 정, 글자 자, 집 각). 왕릉에 제사를 지내기 위하여 봉분 앞에 '丁'자(字) 모양으로 지은 집[閣].

정자-로 丁字路 (천간 정, 글자 자, 길 로). '丁'자(字) 모양으로 난 길[路].

정자 전:법 丁字戰法 (천간 정, 글자 자, 싸울 전, 법 법). 군사 해군에서, '丁'자(字) 대형으로 싸우는[戰] 방법(方法).

정자-형 丁字形 (천간 정, 글자 자, 모양 형). '丁'자(字)처럼 생긴 모양[形].

▶정자형-약 丁字形葯 (꽃밥 약). 식물 참나무나 중다리의 꽃밥 등과 같이 꽃실의 꼭대기에 붙어 '丁'자(字) 모양[形]으로 생긴 꽃밥[葯].

정:장[1] 正章 (바를 정, 글 장). 정식(正式)의 훈장(勳章). ⊕약장(略章).

정:장[2] 正裝 (바를 정, 꾸밀 장). 정식(正式)의 복장(服裝)을 함. 또는 그 복장. ¶단정한 정장 차림.

정장[3] 艇長 (거룻배 정, 어른 장). 보트, 요트 및 정(艇) 따위의 배를 책임지고 지휘하는 사람[長]. 또는 그런 직위.

정:-장석 正長石 (바를 정, 길 장, 돌 석). ① 속뜻 쪼개짐이 똑바르고[正] 길쭉한[長] 돌[石]. ② 광업 칼륨, 알루미늄이 들어 있는 단사 정계의 규산염 광물.

정쟁 政爭 (정치 정, 다툴 쟁). 정치(政治)에서의 싸움[爭]. 또는 정치계의 투쟁. ¶정쟁에 휘말리다.

정저-와 井底蛙 (우물 정, 밑 저, 개구리 와). ① 속뜻 우물[井] 밑[底]의 개구리[蛙]. ② '견문이 좁고 세상 형편에 어두운 사람'을 비유하여 이르는 말. ⓑ정정와(井庭蛙), 정중와(井中蛙).

정:적[1] 正嫡 (바를 정, 본처 적). ① 속뜻 정식(正式)으로 예를 갖추어 맞은 본처[嫡]. 장가처. ②본처가 낳은 적자(嫡子). ③종가(宗家).

정적[2] 政敵 (정치 정, 원수 적). 정치적(政治的)으로 적대(敵對) 관계에 있는 사람.

정적[3] 情迹 (마음 정, 자취 적). 감정(感情)으로 느낄 수 있는 흔적(痕迹).

정적[4] 靜寂 (고요할 정, 고요할 적). 고요하고[靜] 적막(寂寞)함. ¶개 짖는 소리가 정적을 깨뜨렸다.

정적[5] 靜的 (고요할 정, 것 적). 정지(靜止)하고 있는 상태의 것[的].

정:적[6] 定積 (정할 정, 쌓을 적). 수학 ①일정(一定)하게 곱하여 쌓음[積]. ②일정한 넓이나 부피.

▶정:-적토 定積土 (흙 토). 지리 암석의 분해물이 본디의 암석 위에 그대로 쌓여서[定積] 된 흙[土]. ⓑ원적토(原積土), 잔적토(殘積土).

▶정:적 비:열 定積比熱 (견줄 비, 더울 열). 물리 물질의 용적을 일정하게 유지하면서[定積] 그 온도를 높이는 데 필요한 열량[比熱]. ⓑ정용 비열(定容比熱).

정:적 도법 正積圖法 (바를 정, 쌓을 적, 그림 도, 법 법). 지리 지구 위의 각 부분의 면적(面積)을 늘 같은[正] 비율이 되게 하는 도법(圖法). ⓑ등적 도법(等積圖法).

정:-적분 定積分 (정할 정, 쌓을 적, 나눌 분). 수학 일정(一定)한 구간 안의 적분(積分). ⊕부정적분(不定積分).

정전[1] 丁田 (장정 정, 밭 전). 역사 신라 성덕왕 때, 장정(壯丁)에게 나라에서 나누어주던 토지[田].

정:전[2] 正殿 (바를 정, 대궐 전). 역사 임금이 조회를 하던 정면(正面)의 궁전(宮殿).

정전[3] 征戰 (칠 정, 싸울 전). 출정(出征)하여 싸움[戰].

정전[1] 政戰 (정치 정, 싸울 전). 정치적(政治的) 의견 차이로 인한 싸움[戰]. ⓑ정쟁(政爭).

정전[2] **挺戰** (바칠 정, 싸울 전). 스스로 몸을 바쳐[挺] 앞장서서 싸움[戰].

정전[3] **停電** (멈출 정, 전기 전). 전기(電氣)가 잠깐 끊어짐[停]. ¶그는 정전에 대비해 초와 손전등을 사 두었다.

정전[4] **停戰** (멈출 정, 싸울 전). [군사] 교전 중에 있는 쌍방이 합의에 따라 일시적으로 전쟁(戰爭)을 멈춤[停].

정전-감응 **靜電感應** (고요할 정, 전기 전, 느낄 감, 응할 응). [물리] 마찰 따위에 의하여 정전기(靜電氣)가 느껴짐[感應]. 정전기 유도.

정:-전기[1] **正電氣** (바를 정, 전기 전, 기운 기). [물리] 전기의 두 종류 중 정(正)의 성질을 갖고 있는 전기(電氣). 양(陽)의 전기.

정-전:기[2] **靜電氣** (고요할 정, 전기 전, 기운 기). [물리] 시간에 따른 분포의 변화가 없는[靜] 전기(電氣) 현상. ¶겨울에는 옷에서 정전기가 자주 일어난다. [준]정전.

정전-법 **井田法** (우물 정, 밭 전, 법 법). [역사] 고대 중국의 하나라·은나라·주나라에서 농지[田]를 '井'자 모양으로 9 등분하여 나누어 경작하게 한 토지 제도[法].

정전 유도 **靜電誘導** (고요할 정, 전기 전, 꾈 유, 이끌 도). [물리] 전기를 띠고 있는 도체를 전기(電氣)를 띠지 않는[靜] 도체 가까이에 두면, 전기를 일으키는[誘導] 현상.

정:절[1] **正切** (바를 정, 벨 절). ① [속뜻] 똑바르게[正] 끊거나 자름[切]. ② [수학] 직각 삼각형의 예각의 대변과 그 각을 낀 밑변의 비를 그 각에 대하여 이르는 한자말. [비]탄젠트(tangent)].

정절[2] **貞節** (곧을 정, 지조 절). 여자의 곧은[貞] 지조[節]. ¶정절을 지키다. [비]정조(貞操).

정:점[1] **定點** (정할 정, 점 점). 정(定)해져 있는 점(點).

정점[2] **頂點** (꼭대기 정, 점 점). ① [속뜻] 맨 꼭대기[頂]가 되는 곳[點]. ¶산꼭대기의 정점에 다다르다. ②발전하는 것의 최고의 상태. ¶그 배우의 인기는 정점에 달했다. [비]절정(絶頂).

정:접 **正接** (바를 정, 닿을 접). [수학] 삼각비 중 직각삼각형에서 한 예각에 바로[正] 맞닿는[接] 밑변에 대한 예각의 대변의 비를 이르는 말. 영어로는 '접하는'이라는 의미를 지닌 라틴어 'tangent'에서 왔다.

정:정[1] **正定** (바를 정, 정할 정). [불교] 산란한 생각을 버리고, 마음을 바르고[正] 안정(安定)시키는 일. 팔정도의 하나이다.

정정[2] **征頂** (칠 정, 꼭대기 정). 산의 정상(頂上)을 정복(征服)함.

정:정[3] **定鼎** (정할 정, 솥 정). 새로 나라를 세워 도읍을 정함을 이르는 말. 중국 하나라의 우왕이 구주(九州)의 금속을 모아 아홉 개의 솥[鼎]을 만들어 왕위 계승의 보배로운 상징으로 삼았는데 후에 주나라의 성왕이 이것을 다른 곳으로 옮겨 주나라의 도읍으로 정(定)한 데에서 유래.

정정[4] **亭亭** (정자 정, 정자 정). ① [속뜻] 정자(亭子)처럼 우뚝하게 높이 솟다. ¶정정한 거목. ②늙은 몸이 굳세고 건강하다. ¶할아버지는 칠십이 넘으셨는데 아직도 정정하시다 / 구십 노인이 정정히 앉아 계신다.

정정[5] **訂正** (바로잡을 정, 바를 정). 글자나 글 따위의 잘못을 바로잡아[訂] 바르게[正] 고침. ¶정정 기사 / 문제가 있는 곳을 정정한 후에 원고를 다시 제출했다.

정정[6] **訂定** (바로잡을 정, 정할 정). 잘잘못을 바로잡아[訂] 다시 정(定)함. ¶요금 체계를 정정하여 다시 발표하였다.

정정[7] **政情** (정치 정, 실상 정). 정계(政界)의 사정(事情). 정계의 움직임. '정치 정세'(政治情勢)의 준말.

정정[8] **貞淨** (곧을 정, 깨끗할 정). 여자의 행실이 곧고[貞] 몸가짐이 깨끗함[淨].

정정[9] **淨淨** (깨끗할 정, 깨끗할 정). 썩 맑고 깨끗함[淨+淨].

정:정당당 **正正堂堂** (바를 정, 바를 정, 집 당, 집 당). 태도, 처지, 수단 따위가 꿀림이 없이 바르고[正+正] 떳떳하다[堂+堂]. ¶정정당당한 경기를 펼치다 / 정정당당히 싸우다.

정:-정진 **正精進** (바를 정, 찧을 정, 나아갈 진). ① [속뜻] 바른[正] 길로 정진(精進)함. ② [불교] 온 마음을 기울여 악이 생기지 못하게 하며, 선이 발생하도록 노력하는 것.

정:제[1] **整除** (가지런할 정, 나눌 제). 나머지가 없이 정연(整然)한 나눗셈[除]. 나누어 떨어짐.

정제² 錠劑 (덩이 정, 약제 제). 가루약을 뭉쳐서 동그랗게[錠] 만든 약[劑]. [비]환제(丸劑).

정제³ 精製 (쓿을 정, 만들 제). ① [속뜻]정성을 들여 정밀(精密)하게 잘 만듦[製]. ② 물질에 섞인 불순물을 없애 그 물질을 더 순수하게 함. ¶원유(原油)를 정제하다.

▸정제-면 精製綿 (솜 면). 불순물을 빼고 소독하여 정제(精製)한 솜[綿]. [비]탈지면(脫脂綿), 소독면(消毒綿).

▸정제-품 精製品 (물건 품). 정제(精製)한 물품(物品).

정:제⁴ 整齊 (가지런할 정, 가지런할 제). 바로잡아 가지런히[整=齊] 함.

▸정:제-화 整齊花 (꽃 화). [식물]복숭아꽃, 벚꽃 등과 같이, 꽃받침이나 꽃잎의 모양과 크기가 각각 똑같이[整齊] 생긴 꽃[花].

▸정:제 화관 整齊花冠 (꽃 화, 갓 관). [식물]매화, 벚꽃, 장다리꽃 등과 같이 모양과 크기가 같은[整齊] 꽃잎들이 규칙적으로 배열된 꽃부리[花冠].

정:조¹ 正條 (바를 정, 가지 조). ① [속뜻]간격이 바른[正] 줄[條]. ② 법에 규정된 조례(條例).

정조² 情調 (마음 정, 가락 조). ① [속뜻]감정(感情)의 가락[調]. ② [심리]단순한 감각에 따라 일어나는 감정.

정조³ 情操 (마음 정, 잡을 조). ① [속뜻]감정(感情)을 조종(操縱)함. ② [심리]진리·아름다움·선행·신성한 것을 대하였을 때에 일어나는 고차원적인 복잡한 감정.

정조⁴ 貞操 (곧을 정, 잡을 조). ① [속뜻]곧은[貞] 지조(志操). ¶정조를 지키다. ② 이성 관계에서 순결을 지키는 일. ¶정조를 중히 여기다. [비]정절(貞節).

▸정조-대 貞操帶 (띠 대). 여자의 순결[貞操]을 지키기 위하여 음부(陰部)에 채우는, 쇠로 만든 띠[帶].

▸정조 의:무 貞操義務 (옳을 의 ,일 무). [법률]부부가 저마다 정조(貞操)를 지켜야 할 의무(義務).

정:조 문:안 正朝問安 (바를 정, 아침 조, 물을 문, 편안할 안). [역사]① 정월(正月) 초하룻날 아침[朝]에 조정의 신하가 임금에게 안부(安否)를 여쭙던[問] 일. ② 정월 초하룻날 젊은이가 어른에게 문안하던 일.

정:족¹ 鼎足 (솥 정, 발 족). 발이 세 개 달린 솥[鼎]의 발[足].

▸정:족지세 鼎足之勢 (어조사 지, 형세 세). 솥의 발[鼎足]처럼 셋이 맞서 대립하고 있는 형세(形勢).

정:족² 定足 (정할 정, 넉넉할 족). 결정(決定)에 필요한 인원이 충족(充足)함.

▸정:족-수 定足數 (셀 수). [법률]합의체가 사안을 의논·결정(決定)하는 것을 충족(充足)시키는 최소한의 출석 인원수(人員數). ¶정족수에 3명이 모자란다.

정:종 正宗 (바를 정, 마루 종). ① [불교]창시자의 정통(正統)을 이어받은 종파(宗派). ② 일본식으로 빚어 만든 맑은 술. 일본 상품명이다.

정:좌¹ 正坐 (바를 정, 앉을 좌). 몸가짐을 바르게[正] 하고 앉음[坐].

정:좌² 鼎坐 (솥 정, 앉을 좌). 솥[鼎]의 세 발처럼 세 사람이 간격을 벌려 앉음[坐].

정좌³ 靜坐 (고요할 정, 앉을 좌). 몸을 바르게 하고 마음을 고요하게 하여[靜] 앉음[坐].

정주¹ 汀洲 (물가 정, 섬 주). 늪, 못, 호수, 내, 강, 바다 따위에서 물가[汀]에 물이 얕고 흙이나 모래가 드러난 섬[洲] 같은 곳.

정:주² 定住 (정할 정, 살 주). 살[住] 곳을 정(定)함. 일정한 곳에 자리 잡고 삶.

정:주-간 鼎廚間 (솥 정, 부엌 주, 사이 간). ① [속뜻]솥[鼎]을 걸어두고 음식을 만드는 부엌[廚]으로, 방과 연결되어 그 사이[間]에 있는 곳. ② [건설]부엌과 안방 사이에 벽이 없이 부뚜막에 방바닥을 잇달아 꾸민 부엌.

정:주-체 正柱體 (바를 정, 기둥 주, 몸 체). [수학]밑면이 정다각형(正多角形)인 각기둥[柱] 형체(形體).

정주-학 程朱學 (분량 정, 붉을 주, 배울 학). [철학]중국 송나라 때의 정호(程顥), 정이(程頤)와 주희(朱熹) 계통의 성리학(性理學)을 이르는 말.

정:중¹ 正中 (바를 정, 가운데 중). 정면(正面) 한 가운데[中].

정:중² 鄭重 (점잖을 정, 무거울 중). 태도나 모양이 점잖고[鄭] 묵직하다[重]. 은근하고 친절하다. ¶그는 어른에게 항상 정중하

다 / 정중히 사과하다.

정중-와 井中蛙 (우물 정, 가운데 중, 개구리 와). ① [속뜻] 우물[井] 안[中] 개구리[蛙]. ② '견문이 좁고 세상 형편에 어두운 사람'을 비유하여 이르는 말. [비]정저와(井底蛙).

정:지[1] 整地 (가지런할 정, 땅 지). ① [속뜻] 땅[地]을 반반하게 정리(整理)함. 또는 그런 일. ② [농업] 곡식을 심기 전에 땅을 갈아 흙을 부드럽게 하여 곡식의 성장에 알맞도록 경지를 정리하는 일.

정:지[2] 整枝 (가지런할 정, 가지 지). 나뭇가지[枝]를 잘라 가지런히[整] 다듬음.

정지[3] 停止 (멈출 정, 멈출 지). 중도에서 멈추거나[停] 그침[止]. ¶정지 신호 / 선 안에서 정지하시오.

▸ 정지-선 停止線 (줄 선). [교통] 정지(停止)해야 하는 위치를 나타내는 선(線). ¶운전할 때는 정지선을 잘 지켜야 한다.

▸ 정지 공권 停止公權 (관공서 공, 권리 권). [법률] 일정 기간 공법(公法)상의 권리(權利) 행사를 정지(停止)하는 형벌.

정지[4] 靜止 (고요할 정, 멈출 지). 조용히[靜] 멈춤[止]. 또는 멈추어 가만히 있는 상태.

▸ 정지-각 靜止角 (모서리 각). [물리] 평면 위에서 물체를 끌어당길 때에 면이 물체를 움직이지 못하도록[靜止] 하려는 힘과 이 힘의 방향이 이루는 각(角) 중 최대의 각.

▸ 정지-핵 靜止核 (씨 핵). [생물] 세포 분열을 하지 않는[靜止] 보통 상태의 핵(核). [비]휴지핵(休止核).

▸ 정지 마찰 靜止摩擦 (문지를 마, 비빌 찰). [물리] 어떤 면 위의 물체를 움직이려 할 때, 면이 물체를 움직이지 못하도록[靜止] 하는 마찰(摩擦).

▸ 정지 인구 靜止人口 (들 입, 입 구). [사회] 늘거나 줄거나 하지 않고 멈추어있는[靜止] 인구(人口).

▸ 정지 조건 靜止條件 (가지 조, 구분할 건). [법률] 행위의 효력(效力) 발생이나 소멸(消滅)을 멈추게[靜止] 하는 조건(條件).

정:직[1] 正直 (바를 정, 곧을 직). 마음에 거짓이나 꾸밈이 없이 바르고[正] 곧음[直]. ¶정직이 내 좌우명이다. [반]부정직(不正直).

▸ 정:직-성 正直性 (성품 성). 마음에 거짓이나 꾸밈이 없이 바르고 곧은[正直] 특성(特性). ¶공무원으로서 도덕성과 정직성을 지키다.

정:직[2] 定職 (정할 정, 일 직). 일정(一定)한 직업(職業).

정직[3] 停職 (멈출 정, 일 직). 공무원에 대한 징계의 하나로 공무원의 직무(職務)를 하지 못하게 함[停]. 신분은 그대로 지니며, 보수는 3분의 2가 감소한다.

정:-직선 定直線 (정할 정, 곧을 직, 줄 선). [수학] 정(定)해진 직선(直線).

정:진[1] 正眞 (바를 정, 참 진). ① [속뜻] 바르고[正] 아주 참됨[眞]. 거짓이 없음. ② '석가모니'를 달리 이르는 말.

정진[2] 精進 (정력 정, 나아갈 진). ① [속뜻] 정력(精力)을 다하여 힘써 매진(邁進)함. ¶학문에 정진하다. ② 몸을 깨끗이 하고 마음을 가다듬음. ③ 고기를 삼가고 채식함. ④ [불교] 일심으로 불도를 닦아 게을리 하지 않는 일.

정진[3] 靜振 (고요할 정, 떨칠 진). [지리] 바닷가나 못 따위의 표면에, 정상파에 의해 주기적으로 조용히[靜] 일어나는 진동(振動) 현상.

정질 晶質 (밝을 정, 바탕 질). [화학] 결정(結晶)을 이루고 있는 물질(物質). '결정질'(結晶質)의 준말. ¶정질 석회암.

정차 停車 (멈출 정, 수레 차). 움직이던 차(車)가 멈추어[停] 섬. ¶정차 금지. [비]정거(停車). [반]발차(發車).

정:착 定着 (정할 정, 붙을 착). ① [속뜻] 자리를 정(定)하여 달라붙음[着]. ② 일정한 곳에 자리를 잡고 삶. ¶정착 생활. ③ 새로운 문화 현상, 학설 따위가 당연한 것으로 사회에 받아들여짐. 정착 단계에 이르다. ¶민주주의가 정착 단계에 이르렀다. [반]방랑(放浪), 유랑(流浪).

▸ 정:착-물 定着物 (만물 물). 건물, 수목, 교량, 돌담처럼 토지에 부착한[定着] 상태로 사용되는 것이 사회 통념으로 인정되는 물건(物件).

정:찬 正餐 (바를 정, 밥 찬). 정식(正式) 식단에 따라 차린 음식[餐]. 또는 그러한 식사.

정:찰[1] 正察 (바를 정, 살필 찰). 똑바로[正] 살핌[察]. 정확하게 관찰함.

정찰[2] 精察 (쓿을 정, 살필 찰). 자세하고[精]

꼼꼼하게 살핌[察].

정:찰[3] **正札** (바를 정, 쪽지 찰). 물건의 정당(正當)한 값을 적은 쪽지[札]. ¶정찰 가격.

▸정:찰-제 正札制 (정할 제). 상품에 붙인 정찰(正札)대로 파는 제도(制度).

정찰[4] **偵察** (염탐할 정, 살필 찰). 군사 적의 동태 따위를 몰래 염탐[偵]하여 살핌[察]. ¶정찰위성 / 소형비행기가 적진을 정찰하고 있다.

▸정찰-기 偵察機 (틀 기). 군사 정찰(偵察)하는 데에 쓰는 군용기(軍用機). 비행 속도가 빠르며, 사진기나 레이더 따위의 특수 정찰 장치를 갖추고 있다.

정채 **精彩** (쓿을 정, 빛깔 채). ① 속뜻 정교(精巧)하고 아름다운 빛깔[彩]. ② 생기가 넘치는 활발한 기상.

⁂**정책** **政策** (정치 정, 꾀 책). 정치적(政治的) 목적을 실현하기 위한 책략(策略). ¶교육정책 / 정책을 수립하다.

▸정책-적 政策的 (것 적). 정책(政策)에 관한 것[的]. 정책에 관계되는 상태.

정:처[1] **正妻** (바를 정, 아내 처). 첩이 아닌, 정식(正式)으로 맞은 아내[妻]. ⓑ정실(正室).

정:처[2] **定處** (정할 정, 곳 처). 정(定)한 곳[處]. ¶정처 없이 떠돌다.

정청 **政廳** (정사 정, 관청 청). ① 속뜻 정무(政務)를 보는 관청(官廳). ¶임시 정부 정청에서 잠을 잤다. ② 역사 조선 시대에, 이조나 병조의 전관(銓官)이 궁중에서 정사를 보던 곳.

정체[1] **政體** (정치 정, 몸 체). 정치 ① 국가의 통치[政] 체제(體制). 군주제, 귀족제, 민주제, 공화제 따위. ② 통치권의 행사 방법에 따라 구별하는 정치 형태. ⓒ국체(國體).

정:체[2] **正體** (바를 정, 몸 체). ① 속뜻 바른[正] 형체(形體). ② 참된 본디의 형체. ¶범인의 정체는 아직 밝혀지지 않았다. ③ 본심(本心)의 모양. 자신의 정체를 찾아 여행을 떠나다. 바른 모양의 글씨.

▸정체-성 正體性 (성질 성). 변하지 않는 존재의 본질[正體]을 깨닫는 성질(性質). 또는 그 성질을 가진 독립적 존재. ⓒ아이덴티티(identity).

정체[3] **停滯** (멈출 정, 막힐 체). 앞으로 나아가지 못하고 멈추거나[停] 막혀 있음[滯]. ¶교통 정체.

▸정체 전선 停滯前線 (앞 전, 줄 선). 지리 찬 기단과 따뜻한 기단의 경계면이 한 곳에 머물러[停滯] 있는 전선(前線). 장마 전선 따위가 있다.

정초[1] **正初** (정월 정, 처음 초). 정월(正月) 초순(初旬). 그 해의 맨 처음. ⓑ세초(歲初).

정:초[2] **定草** (정할 정, 거칠 초). 결정(決定)된 글의 초고(草稿).

정:초[3] **定礎** (정할 정, 주춧돌 초). 주춧돌[礎]을 정(定)하여 놓음. 또는 그 돌. 머릿돌.

정:-초점 **正焦點** (바를 정, 태울 초, 점 점). 물리 평행 입사 광선이 반사한 뒤에 축 위의 한곳에 똑바로[正] 모이는[焦] 점(點).

정:-촉매 **正觸媒** (바를 정, 닿을 촉, 맺어줄 매). 화학 반응 속도를 올바른[正] 방향으로 빠르게 하는 촉매(觸媒).

정축 **丁丑** (천간 정, 소 축). 민속 천간의 '丁'과 지지의 '丑'이 만난 간지(干支). 육십갑자의 열넷째.

정취 **情趣** (마음 정, 풍취 취). 마음[情]을 불러일으키는 풍취(風趣). ¶봄의 정취가 한껏 무르익었다. ⓑ정조(情調).

정치[1] **情痴** (사랑 정, 어리석을 치). 색정(色情)에 빠져 이성을 잃어버린 바보[痴].

정치[2] **精緻** (쓿을 정, 촘촘할 치). 자세하고[精] 촘촘함[緻]. 정교하고 치밀함.

⁂**정치**[3] **政治** (정사 정, 다스릴 치). 나라의 정무(政務)를 다스림[治]. 또는 그런 일. ¶정치 활동 / 조선시대는 유교를 정치 이념으로 삼았다.

▸정치-가 政治家 (사람 가). 정치(政治)를 전문으로 맡아하는 사람[家]. 또는 정치에 관한 학식과 경험이 풍부한 사람. ¶정치가가 되겠다는 꿈을 키우다. ⓑ정치인.

▸정치-계 政治界 (지경 계). 정치(政治)에 관계되는 분야[界]. ⓑ정치 사회(政治社會).

▸정치-광 政治狂 (미칠 광). 정치적(政治的)인 문제에 지나치게 열중하는[狂] 사람.

▸정치-력 政治力 (힘 력). 정치적(政治的)인 일을 처리하는 솜씨나 능력(能力).

▸정치-범 政治犯 (범할 범). 법률 국가의 권

력이나 정치(政治)에 반하는 범죄(犯罪). ⓑ국사범(國事犯).

▸정치-부 政治部 (나눌 부). 신문사나 방송국 등에서, 정치(政治)에 관한 기사를 다루는 부서(部署).

▸정치-사 政治史 (역사 사). 정치 정치적(政治的) 사실(史實) 및 정치권력의 발전 과정 따위에 관한 역사(歷史).

▸정치-인 政治人 (사람 인). 정치(政治)를 맡아서 하는 사람[人]. ¶정치인은 희망을 파는 상인이다. ⓑ정치가.

▸정치-적 政治的 (것 적). ① 속뜻 정치(政治)에 관한 것[的]. 정치성을 띤 것. ②사무적이 아니고 흥정이나 교섭에 의하는 것. ¶정치적 수단으로 해결하려 하다.

▸정치-학 政治學 (배울 학). 정치 정치(政治) 현상을 연구 대상으로 하는 사회 과학(科學).

▸정치 결사 政治結社 (맺을 결, 모일 사). 특정한 사람들이 정치(政治) 권력의 획득, 유지, 확대를 위하여 결성(結成)한 모임[社].

▸정치 경:찰 政治警察 (지킬 경, 살필 찰). 법률 일정한 정치(政治) 체제 또는 정권에 맞서는 모든 세력의 저항을 감시하고 탄압하는 경찰(警察).

▸정치 교:육 政治教育 (가르칠 교, 기를 육). 교육 일반 대중에게 정치적(政治的)인 지식을 부여하기 위하여 행하는 교육(教育).

▸정치-권력 政治權力 (권리 권, 힘 력). 정치적(政治的) 기능을 수행하기 위한 권력(權力).

▸정치 단체 政治團體 (모일 단, 몸 체). 정치 특정한 사람들이 정치(政治) 권력의 획득, 유지, 확대를 위하여 모인 단체(團體). 정치 결사(政治結社).

▸정치-사상 政治思想 (생각 사, 생각 상). 정치 정치(政治)에 관한 이론이나 사상(思想).

▸정치 사회 政治社會 (단체 사, 모일 회). 정치 주권자가 나라를 다스리는[政治] 사회(社會).

▸정치 소:설 政治小說 (작을 소, 말씀 설). 문학 ①정치적(政治的) 사건이나 문제를 다룬 소설(小說). ②정치를 제재로 하여 정치 사상의 계몽·선전을 목적으로 쓴 소설.

▸정치-의식 政治意識 (뜻 의, 알 식). 정치 정치(政治) 일반 또는 특정한 정치 문제에 대한 견해, 신념[意識] 따위를 통틀어 이르는 말.

▸정치 자금 政治資金 (밑천 자, 돈 금). 정치 정당 같은 정치(政治) 단체의 운영 및 선거 따위에 필요한 자금(資金).

▸정치 철학 政治哲學 (밝을 철, 배울 학). 철학 정치(政治)의 근본원리 및 가치 따위를 연구하는 학문[哲學].

▸정치 투쟁 政治鬪爭 (싸울 투, 다툴 쟁). 사회 ①정치적(政治的) 요구나 주장을 관철하기 위한 투쟁(鬪爭). ②지배 계급의 정치 권력을 대상으로 한 무산 계급의 투쟁.

▸정치 헌:금 政治獻金 (바칠 헌, 돈 금). 정치 정당 같은 정치(政治) 단체나 개별 정치인의 정치 활동을 돕기 위하여 자금(資金)을 내는[獻] 일. 또는 그 자금.

▸정치 혁명 政治革命 (바꿀 혁, 운명 명). 정치 기성 정치(政治) 제도의 근본적인 변혁을 가져오는 혁명(革命).

정치 定置 (정할 정, 둘 치). 일정(一定)한 곳에 놓아둠[置].

▸정:치-망 定置網 (그물 망). 수산 한곳에 고정(固定)해 놓고[置] 고기 떼가 지나가다가 걸리도록 한 그물[網].

▸정:치 어업 定置漁業 (고기잡을 어, 일 업). 수산 어구를 일정(一定)한 곳에 설치(設置)하고 고기를 잡는[漁] 일[業].

정:치-법 正置法 (바를 정, 둘 치, 법 법). 언어 문장의 성분을 정상적(正常的)인 차례로 배열하는[置] 방법(方法). ⓑ도치법(倒置法).

정:칙[1] 定則 (정할 정, 법 칙). 일정(一定)한 규칙(規則).

정:칙[2] 正則 (바를 정, 법 칙). ① 속뜻 바른[正] 규칙이나 법칙(法則). ② 수학 복소수 함수가 미분이 가능한 일. ③ 수학 행렬이 역행렬을 가지는 일. ④ 수학 곡선이 어느 곳에서나 접선을 가지며, 그것이 연속적으로 변화하는 일.

정탐 偵探 (염탐할 정, 찾을 탐). 사건이나 남의 비밀을 몰래 염탐[偵]하여 찾아냄[探]. 또는 그 일을 하는 사람. ⓑ탐정(探偵).

정태[1] 情態 (실상 정, 모양 태). ① 속뜻 어떤 일의 정황(情況)과 되어 가는 모양[態]. ②

아첨하는 사람의 마음씨와 그 태도.

정태[2] 靜態 (고요할 정, 모양 태). 움직이지 않고 가만히 있는[靜] 상태(狀態).

▸정태 통:계 靜態統計 (묶을 통, 셀 계). 수학 일정한 시점에서 순간적인 상태[靜態]를 유지하고 있는 집단을 조사하여 얻은 통계(統計).

정토 淨土 (깨끗할 정, 흙 토). 불교 ①부처나 보살이 사는, 번뇌의 굴레를 벗어난 아주 깨끗한[淨] 세상[土]. ②정토종(淨土宗).

▸정토-교 淨土教 (가르칠 교). 불교 정토문(淨土門)의 교법(教法).

▸정토-종 淨土宗 (마루 종). 불교 아미타불 및 그가 출현할 정토(淨土)의 존재를 믿고, 죽은 후 그 정토에 태어나기를 바라는 대승 불교의 종파(宗派).

▸정토-왕생 淨土往生 (갈 왕, 날 생). 불교 죽은 후 그 정토(淨土)에 가서[往] 다시 태어남[生]. ⓑ극락왕생(極樂往生).

▸정토-회향 淨土回向 (돌아올 회, 향할 향). 불교 ①자신의 선근과 공덕을 중생에게 베풀어 함께 정토(淨土)를 향(向)해 돌아가는[回] 일. ②젊어서는 다른 일을 하다가 늙바탕에 염불을 하는 일.

정통[1] 精通 (쓿을 정, 통할 통). 무엇에 대해 정확하고 자세히[精] 꿰뚫고[通] 있음. ¶정통한 소식 / 그는 한국의 사정에 정통하다.

정:통[2] 正統 (바를 정, 계통 통). ①속뜻 바른[正] 계통(系統). ¶일본의 정통 요리를 맛보다. ②빗나가지 않고 정확한 것. ¶그는 머리를 정통으로 얻어맞고 쓰러졌다. ③적장(嫡長)의 혈통. ④사물의 중심이 되는 요긴한 부분.

▸정:통-론 正統論 (논할 론). 어떤 학설이나 종교에서 교의를 가장 올바르게[正] 이어받은[統] 이론(理論).

▸정:통-성 正統性 (성질 성). ①속뜻 바른[正] 계통(系統)을 잇는 성질(性質). ②사회 통치를 받는 사람에게 권력 지배를 승인하고 허용하게 하는 논리적·심리적인 근거. ¶그는 정통성을 인정받았다.

▸정:통-적 正統的 (것 적). 정통(正統)에 딸린 것[的]. 정통적 학설.

▸정:통-파 正統派 (갈래 파). 교의나 학설을 가장 바르게[正] 이어받은[統] 교파(教派)나 학파(學派).

정파 政派 (정치 정, 갈래 파). 정치(政治)에서의 이해관계에 따라 나뉜 무리[派].

정판[1] 精版 (쓿을 정, 널빤지 판). ①속뜻 정교(精巧)한 인쇄판(印刷版). ②출판 평판 인쇄의 하나. 보통 인쇄가 판면에서 직접 종이에 인쇄하는 데 비하여, 인쇄판에 바른 잉크가 원기둥을 거쳐 전사(轉寫)하여, 이것을 다시 피인쇄체에 인쇄한다. ⓑ오프셋 인쇄.

정:판[2] 整版 (가지런할 정, 널빤지 판). ①속뜻 조판[版]을 정돈함[整]. ②출판 조판(組版)의 잘못된 부분이나 오자(誤字) 등을 교정 지시대로 고치는 일.

정:-팔면체 正八面體 (바를 정, 여덟 팔, 쪽 면, 몸 체). 수학 여덟[八] 개 면이 모두 합동인 정(正)삼각형으로 이루어진 다면체(多面體).

정패 征覇 (칠 정, 으뜸 패). 여러 지역을 정복(征服)하여 그 중 우두머리[覇]가 됨.

정:평[1] 正平 (바를 정, 평평할 평). 되질이나 저울질 따위에 있어서 바르게[正] 수평(水平)을 유지함.

정:평[2] 正評 (바를 정, 평할 평). 꼭 바른[正] 평론(評論). 정당한 비평.

정:평[3] 定評 (정할 정, 평할 평). 모든 사람이 다 같이 인정(認定)하는 평판(評判). ¶그는 화가로 이미 정평이 나 있다.

정폐 情弊 (마음 정, 나쁠 폐). 사사로운 인정(人情)에 이끌려 생기는 폐단(弊端).

정표 情表 (사랑 정, 밝힐 표). 마음속의 사랑[情]을 표현하기[表] 위하여 물품을 줌. 또는 그 물품. ¶금반지를 정표로 주고받았다.

정:풍 整風 (가지런할 정, 풍속 풍). 어지러운 풍속(風俗) 따위를 바로잡음[整].

정필 停筆 (멈출 정, 붓 필). 글씨나 글을 쓰다가 붓[筆]을 멈춤[停].

정-하중 靜荷重 (고요할 정, 짐 하, 무거울 중). 건설 움직이지 않는[靜] 물체[荷]가 다른 물체에 주는 무게[重]. ⓑ동하중(動荷重).

정학 停學 (멈출 정, 배울 학). ①속뜻 학업(學業)을 멈춤[停]. ②교육 학생이 학교의 규칙을 어겼을 때 등교를 정지하는 일.

정한 情恨 (마음 정, 원한 한). 인정(人情)과

원한(怨恨). ¶정한이 함께 서렸다.

정:한 이:자 定限利子 (정할 정, 한할 한, 이로울 리, 접미사 자). 법률 이율의 가장 높은 금액을 법률로 한정(限定)한 이자(利子).

정:할 正割 (바를 정, 나눌 할). ① 속뜻 똑바르게[正] 밑변과 빗변을 나눔[割]. ② 수학 직각 삼각형에서 예각의 밑변에 대한 빗변의 비를 이르는 말. '나누다'는 뜻의 'secant'에서 온 말. ⓑ시컨드.

정:합 整合 (가지런할 정, 맞을 합). ① 속뜻 가지런하게[整] 꼭 맞음[合]. ② 이론의 내부에 모순이 없음. ③ 물리 어떤 계(系)에서 다른 계로 에너지를 전달할 때, 최대의 효율로 보내지도록 양자 간의 조건을 조정하는 일. ④ 지리 두 개 이상의 지층이 퇴적 작용이 중단되지 않고 연속으로 쌓인 관계. ⓑ부정합(不整合).

정해[1] 丁亥 (천간 정, 돼지 해). 민속 천간의 '丁'과 지지의 '亥'가 만난 간지(干支). 육십갑자의 스물넷째. ¶세조는 정해년에 압록강변의 여진을 토벌했다.

정:해[2] 正解 (바를 정, 풀 해). 바르게[正] 풀이함[解]. 또는 그런 풀이.

정해[3] 精解 (쓿을 정, 풀 해). 꼼꼼하고 자세하게[精] 풀이함[解]. 또는 그런 풀이.

정핵 精核 (정액 정, 씨 핵). ① 생물 난자의 수정 때에 난세포 안에 들어온 정자(精子)의 핵(核). ② 생물 웅성(雄性) 배우자의 핵. 동물에서는 정자의 핵을 이르며 속씨식물에서는 화분관 속의 생식핵이 분열하여 생기는 두 개의 핵을 이른다.

정:행 正行 (바를 정, 행할 행). ① 속뜻 올바른[正] 행동(行動). ② 불교 부처의 가르침을 바탕으로 한 바른 행위. ③ 불교 정토종에서, 극락정토에 왕생하기 위하여 닦는 행업(行業).

정:향 진:화설 定向進化說 (정할 정, 향할 향, 나아갈 진, 될 화, 말씀 설). 생물 생물체 속에 진화 요인이 있으며, 생물이 일정(一定)한 방향(方向)으로 진화(進化)한다는 학설(學說). ⓩ정향 진화.

정:험 定驗 (정할 정, 겪을 험). 규정(規定)된 경험(經驗).

▶정험 철학 定驗哲學 (밝을 철, 배울 학). 철학 지식이나 경험(經驗)은 개념의 규정성(規定性)에 의하여 구성된다는 철학(哲學).

정:현 正弦 (바를 정, 시위 현). ① 속뜻 똑바른[正] 활시위[弦]. ② 수학 직각 삼각형에서 예각의 빗변에 대한 대변의 비를 이르는 말. ⓑ사인(sine).

정혈 淨血 (깨끗할 정, 피 혈). ① 속뜻 깨끗한[淨] 피[血]. ② 피를 깨끗하고 맑게 함. ¶모란의 껍질은 정혈 효과가 있다.

정:형[1] 定形 (정할 정, 모양 형). 일정(一定)한 형태(形態).

정형[2] 情形 (실상 정, 모양 형). 사물의 정세(情勢)와 형세(形勢)를 아울러 이르는 말. ⓑ정경(情景), 정상(情狀), 정황(情況).

정형[3] 晶形 (밝을 정, 모양 형). 결정(結晶)이 나타내는 겉모양[形]. '결정형'(結晶形)의 준말.

정:형[4] 定型 (정할 정, 모형 형). 일정(一定)한 형식이나 모형(模型). ¶정형에서 벗어나다.

▶정:형-시 定型詩 (시 시). 문학 일정한 형식과 규칙에 맞추어[定型] 지은 시(詩). ⓑ자유시(自由詩).

정:형[5] 整形 (가지런할 정, 모양 형). ① 속뜻 모양[形]을 가지런히[整] 함. ② 몸의 생김새를 고쳐 바로잡음.

▶정:형 수술 整形手術 (손 수, 꾀 술). 의학 선천적, 후천적으로 이상해진 뼈나 근육 따위를 바르게[整形] 하기 위한 외과 수술(手術).

▶정형-외:과 整形外科 (밖 외, 분과 과). 의학 근육이나 골격 따위의 장애를 고쳐주는[整形] 외과(外科). ¶그는 정형외과에서 골절 치료를 받았다.

정혜 淨慧 (깨끗할 정, 슬기로울 혜). 불교 마음을 한곳에 머물게 하는 '정'(淨)과, 현상과 본체를 관조하는 '혜'(慧)를 아울러 이르는 말.

정:혜-쌍수 定慧雙修 (정할 정, 슬기로울 혜, 둘 쌍, 닦을 수). 불교 선정(禪定)과 지혜(智慧) 그 둘[雙]을 함께 닦는[修] 일.

정:혼 定婚 (정할 정, 혼인할 혼). 혼인(婚姻)을 정(定)함. ⓑ가약(佳約), 혼약(婚約).

정화[1] 政化 (정치 정, 될 화). 정치(政治)로 백성을 다스려 교화(敎化)함.

정화² 淨火 (깨끗할 정, 불 화). 신성하고 깨끗한[淨] 불[火].

정화³ 情火 (사랑 정, 불 화). 불[火]같이 타오르는 욕정(欲情). ¶뜨거운 정화! 뜨거운 사랑. [비]정염(情炎).

정화⁴ 情話 (사랑 정, 이야기 화). ① [속뜻] 사랑[情]으로 주고받는 이야기[話]. [비]정담(情談). ② 남녀가 정답게 이야기를 주고받음. 또는 그 이야기. [비]정설(情說). ¶달콤한 정화를 주고받다.

정화⁵ 精華 (쓿을 정, 빛날 화). ① [속뜻] 깨끗하고[精] 빛남[華]. ② 깨끗하고 순수한 알짜. ③ 정수가 될 만한 뛰어난 부분. ¶민족 문화의 정화를 잘 보존해야 한다.

정:화⁶ 正貨 (바를 정, 돈 화). [경제] 명목 가치와 소재 가치가 같은 본위[正] 화폐(貨幣).

▸ 정:화 준:비 正貨準備 (고를 준, 갖출 비). [경제] 중앙은행이 발행한 은행권을 정화(正貨)로 바꿀 수 있도록 준비(準備)해두는 일. [참]보증 준비(保證準備).

정화⁷ 淨化 (깨끗할 정, 될 화). ① [속뜻] 불순하거나 더러운 것을 깨끗하게[淨] 함[化]. ¶수질 정화 / 이 식물은 공기를 정화하는데 도움을 준다. ② [문학] 비극을 봄으로써 마음에 쌓여 있던 우울함, 불안감, 긴장감 따위가 해소되고 마음이 깨끗해지는 일. ③ [심리] 정신 분석에서, 마음속에 억압된 감정의 응어리가 언어나 행동을 통하여 외부에 표출됨으로써 정신의 안정을 찾는 일. 심리 요법에 많이 이용된다. ④ [종교] 비속한 상태를 신성한 상태로 바꾸는 일.

▸ 정화-기 淨化器 (그릇 기). 더러워진 공기를 깨끗하게[淨] 바꾸는[化] 기계(器械). ¶공기 정화기.

▸ 정화-조 淨化槽 (나무통 조). ① [속뜻] 더러운 물을 깨끗하게[淨] 만들기[化] 위한 통[槽]. ② 똥오줌을 하수도로 내보내기 전에 가두어서 썩히고 소독하는 통. ¶정화조를 청소하다.

정화-수 井華水 (우물 정, 꽃 화, 물 수). 이른 새벽에 우물[井]에서 길어 올린 물[水]을 꽃[華]에 비유한 말. 조왕에게 가족들의 평안을 빌면서 정성을 들이거나 약을 달이는 데 쓴다. ¶정화수를 떠놓고 빌다.

정확¹ 精確 (쓿을 정, 굳을 확). 자세하고[精] 확실(確實)함.

⁑정:확² 正確 (바를 정, 굳을 확). 바르고[正] 확실(確實)함. ¶그는 모든 일에 정확을 기한다 / 좀 더 정확히 이야기해 줘. [반]부정확(不正確).

▸ 정:확-도 正確度 (정도 도). 바르고[正] 확실(確實)한 정도(程度). ¶정확도를 높이다 / 이 자료의 정확도는 99%이다.

▸ 정:확-성 正確性 (성질 성). 바르고[正] 확실(確實)한 성질(性質). 또는 그런 정도.

정황¹ 政況 (정치 정, 상황 황). 정치계(政治界)의 상황(狀況).

정황² 情況 (실상 정, 상황 황). ① [속뜻] 일의 사정(事情)과 상황(狀況). ② 인정상 딱한 처지에 있는 상황. [비]정경(情景).

정회¹ 停會 (멈출 정, 모일 회). ① [속뜻] 회의(會議)를 잠깐 멈춤[停]. ② 국회의 개회 중에 한때 그 활동을 멈춤.

정회² 情懷 (사랑 정, 품을 회). 정(情)과 회포(懷抱)를 아울러 이르는 말. 생각하는 마음.

정훈¹ 政訓 (정치 정, 가르칠 훈). [군사] 군인을 대상으로 정치(政治) 이념을 교육하는[訓] 것.

정훈² 庭訓 (뜰 정, 가르칠 훈). 가정(家庭)의 교훈(教訓). 『논어』의 『계씨편』(季氏篇)에서 공자의 아들 이(鯉)가 뜰을 뛰어다니자, 이를 본 공자가 아이를 불러 시(詩)와 예(禮)를 배워야 한다고 훈계한 데서 유래. [비]가훈(家訓).

정:휴 定休 (정할 정, 쉴 휴). 일정(一定)한 기간 동안 업무나 가게를 쉼[休]. '정기 휴업(定期休業)'의 준말.

▸ 정:휴-일 定休日 (날 일). 상점이나 회사 따위에서, 정기적(定期的)으로 영업을 쉬는[休] 날[日].

제가¹ 齊家 (다스릴 제, 집 가). 집안[家]을 잘 다스림[齊]. ¶제가(齊家)는 수신(修身)에 달려 있다.

제가² 諸家 (모두 제, 집 가). ① [속뜻] 문내(門內)의 여러[諸] 집안[家]. ② 여러 대가(大家). ③ '제자백가'(諸子百家)의 준말.

제각 除角 (덜 제, 뿔 각). 소나 염소, 사슴 따위의 뿔[角]을 없앰[除].

제:강 製鋼 (만들 제, 강철 강). 강철(鋼鐵)을 만듦[製]. 또는 그 강철. ¶제강산업 / 이곳

에서 제강한 재료는 외국으로 수출한다.

제거 除去 (덜 제, 없앨 거). 덜어[除] 없앰[去]. ¶불순물 제거 / 친일파 제거 / 악취 제거.

제고[1] 提高 (들 제, 높을 고). 쳐들어[提] 높임[高]. 높게 함. 높임.

제고[2] 諸苦 (모두 제, 괴로울 고). 갖가지 모든[諸] 괴로움[苦].

제:공[1] 祭供 (제사 제, 드릴 공). 제사(祭祀)에 바침[供]. 또는 그런 물건.

제공[2] 提供 (들 제, 드릴 공). 들어서[提] 갖다 드림[供]. ¶자료 제공 / 이곳은 아침 식사를 무료로 제공한다.

제:공-권 制空權 (누를 제, 하늘 공, 권리 권). 군사 공군력으로 어느 지역의 하늘[空]을 지배하는[制] 능력[權].

제:과 製菓 (만들 제, 과자 과). 과자(菓子)나 빵을 만듦[製]. ¶제과 기술 / 제과회사.

▸제:과-점 製菓店 (가게 점). 과자(菓子)나 빵을 만들어[製] 파는 가게[店].

제:관[1] 祭官 (제사 제, 벼슬 관). ① 속뜻 제사(祭祀)를 맡은 관원(官員). ②제사에 참례하는 사람. ㊥향관(享官).

제:관[2] 祭冠 (제사 제, 갓 관). 제사(祭祀) 때에 제관(祭官)이 쓰는 갓[冠].

제:관[3] 製罐 (만들 제, 두레박 관). 공업 강철판을 원통꼴로 구부리고 가두리를 못과 나사못으로 조립하여 두레박[罐] 비슷한 보일러를 만드는[製] 일.

제:구[1] 祭具 (제사 제, 갖출 구). 제사(祭祀)에 쓰는 여러 가지 기구(器具).

제:구[2] 製具 (만들 제, 갖출 구). 물건을 만드는[製] 도구(道具).

제구[3] 諸具 (모두 제, 갖출 구). 여러 가지[諸]의 기구(器具). ¶수술 제구 / 땅 팔 제구를 들고 산으로 올라갔다.

제:구[4] 制球 (누를 제, 공 구). 운동 야구에서 투수가 공[球]을 제어(制御)하여, 마음먹은 대로 던지는 일.

▸제:구-력 制球力 (힘 력). 운동 야구에서 투수가 공[球]을 잘 조절하는[制] 능력(能力).

제:구 예:술 第九藝術 (차례 제, 아홉 구, 재주 예, 꾀 술). 연영 여러 가지 예술 가운데 아홉[九] 번째[第]로 생긴 예술(藝術)이라는 말로 '유성 영화'를 달리 이르는 말. 무성 영화인 '제팔 예술'(第八藝術)에 상대된다.

제국[1] 諸國 (모두 제, 나라 국). 여러[諸] 나라[國]. ㊥제방(諸邦).

제:국[2] 帝國 (임금 제, 나라 국). 황제(皇帝)가 다스리는 나라[國]. ¶로마 제국 / 훈족은 유럽 일대에 거대한 제국을 건설했다.

▸제:국-주의 帝國主義 (주될 주, 뜻 의). 정치 우월한 군사력과 경제력으로 다른 나라나 민족을 정벌하여 제국(帝國)을 건설하려는 정치이념[主義].

제군 諸君 (모두 제, 군자 군). ① 속뜻 모든[諸] 군자(君子). ②통솔자나 지도자가 여러 명의 아랫사람을 높여 이르는 말.

제:권 帝權 (임금 제, 권리 권). 황제(皇帝)의 권한(權限).

제궤의혈 堤潰蟻穴 (둑 제, 무너질 궤, 개미 의, 구멍 혈). ① 속뜻 개미[蟻] 구멍[穴] 때문에 결국 큰 둑[堤]도 무너짐[潰]. ②'작은 일에 소홀히 하면 큰 화를 당하게 됨'을 경계하여 이르는 말.

제균[1] 除菌 (덜 제, 세균 균). 해로운 균(菌)을 없앰[除].

제균[2] 齊均 (가지런할 제, 고를 균). 가지런하고[齊] 고르게 함[均].

제금 提琴 (들 제, 거문고 금). 음악 ①중국 명나라·청나라 때에 손에 들고[提] 연주하던 현악기[琴]. ②서양 현악기의 하나. 가운데가 잘록한 타원형의 몸통에 네 줄을 매어 활로 문질러서 소리를 낸다. ㊥바이올린(violin).

▸제금-가 提琴家 (사람 가). 바이올린[提琴]을 전문으로 연주하는 사람[家].

제:기[1] 祭器 (제사 제, 그릇 기). 제사(祭祀)에 쓰는 그릇[器].

제기[2] 提起 (들 제, 일어날 기). ① 속뜻 들어내어[提] 문제를 일으킴[起]. ¶의혹을 제기하다. ②소송을 일으킴. ㊥제론(提論), 제언(提言), 제의(提議).

제:다 製茶 (만들 제, 차 다). 차나무[茶]에서 딴 잎을 이용하여 음료로 만듦[製]. ¶제다 실습을 하다.

제:단 祭壇 (제사 제, 단 단). ① 속뜻 제사(祭祀)를 지내는 단(壇). ② 종교 제물(祭物)을

바치기 위하여 다른 곳과 구별하여 마련한 신성한 단(壇). 종교적으로 의례의 중심을 이룬다.

제:당 製糖 (만들 제, 엿 당). 당분(糖分)의 함유량이 많은 식물의 즙으로 설탕을 만듦[製]. ¶제당 공장.

▸제:당-업 製糖業 (일 업). 설탕[糖]을 만드는[製] 것을 주로 하는 일[業]. ㊥당업.

제대 除隊 (덜 제, 무리 대). 규정된 기한이 차거나 질병 또는 집안 사정으로 군대(軍隊)를 나와 군인의 의무를 덜게[除] 됨. ¶삼촌은 올 여름 제대했다. ㊐입대(入隊).

제대 梯隊 (사다리 제, 무리 대). 군사 ①군대, 군함, 항공기 따위로 편성된 사다리꼴[梯] 대형(隊形). ②배열·배치된 어떤 부대를 한 구분체로 매기어 이르는 말.

제:덕 帝德 (임금 제, 베풀 덕). 제왕(帝王)의 성덕(聖德).

제:도[1] 帝都 (임금 제, 도읍 도). 황제(皇帝)가 사는 도읍(都邑). ㊔황성(皇城).

제:도[2] 帝道 (임금 제, 길 도). 인의(仁義)로 나라를 다스리는 제왕(帝王)의 정도(正道).

제:도[3] 製陶 (만들 제, 질그릇 도). 질그릇[陶]을 만듦[製].

제도[4] 諸島 (모두 제, 섬 도). 모든[諸] 섬[島]. 또는 여러 섬. ¶하와이 제도.

제도[5] 諸道 (모두 제, 길 도). ①속뜻 행정 구획의 모든[諸] 도(道). 또는 여러 도. ②모든 길. 또는 여러 길.

⁑**제:도[6] 制度** (정할 제, 법도 도). ①속뜻 국가나 사회에 의하여 정해진[制] 법도(法度). ②관습이나 도덕, 법률 따위의 규범이나 사회 구조의 체계. ¶교육제도.

▸제:도-화 制度化 (될 화). 제도(制度)로 되게 함[化].

***제:도[7] 製圖** (만들 제, 그림 도). 기계, 건축물, 공작물 따위의 도면(圖面)이나 도안(圖案)을 만들어냄[製]. ¶제도연필(製圖鉛筆).

▸제:도-공 製圖工 (장인 공). 도면(圖面)이나 도안을 그리는[製] 일을 전문으로 하는 직공(職工). ㊔도공(圖工).

▸제:도-기 製圖器 (그릇 기). 도면이나 도안을 그리는[製圖] 데에 쓰는 기구(器具).

▸제:도-판 製圖板 (널빤지 판). 제도(製圖) 용지 밑에 받치는 평평한 널빤지[板].

제:도[8] 濟度 (건널 제, 법도 도). ①속뜻 열반[度]으로 건네줌[濟]. ②불교 미혹한 세계에서 생사만을 되풀이하는 중생을 건져 내어 생사 없는 열반의 언덕에 이르게 함. ㊔도제(度濟).

▸제:도 이:생 濟度利生 (이로울 리, 날 생). 불교 중생을 제도(濟度)하여 이익(利益)이 나게[生] 함.

제:독[1] 制毒 (누를 제, 독할 독). 미리 해독(害毒)을 막음[制].

제독[2] 除毒 (덜 제, 독할 독). 독(毒)을 없애 버림[除].

제독[3] 提督 (거느릴 제, 살필 독). ①속뜻 함대를 거느리고[提] 군사를 감독(監督)하는 사령관. ¶넬슨 제독. ②역사 조선 선조 때에, 교육을 장려·감독하려고 팔도에 한 사람씩 둔 벼슬. ㊔훈도(訓導).

제:동 制動 (누를 제, 움직일 동). 기계나 자동차 따위를 눌러[制] 움직이지[動] 못하게 함. ¶제동 장치 / 노루가 뛰어들어 급히 차를 제동했다.

▸제:동-기 制動機 (틀 기). 바퀴의 회전[動]을 제어(制御)하는 기계(機械).

제-동맥 臍動脈 (배꼽 제, 움직일 동, 줄기 맥). 의학 배꼽[臍]에 연결된 핏줄[動脈]. 탯줄을 통하여 태아와 태반을 잇는다.

제등 提燈 (들 제, 등불 등). ①속뜻 자루가 있어서 손에 들고[提] 다닐 수 있는 등(燈). ②불교 등불을 들고 부처에게 축원함.

▸제등 행렬 提燈行列 (갈 행, 줄 렬). 불교 부처의 탄생을 축하하는 의미로 손에 등(燈)을 들고[提] 여러 사람이 줄지어[列] 걷는[行] 것.

제등-명법 諸等命法 (모두 제, 같을 등, 명할 명, 법 법). ①속뜻 원래는 모두[諸] 똑같은[等] 수치이지만 다르게 말하는[命] 방법(方法). ②수학 단명수를 복명수로 고치는 계산 방법. 70분을 1시간 10분으로, 150㎝를 1미터 50㎝로 바꾸는 것 따위를 이른다. ㊐제등통법(諸等通法).

제등-수 諸等數 (모두 제, 같을 등, 셀 수). ①속뜻 모두가[諸] 똑같은[等] 수치(數値). ②수학 몇 개의 단위를 조합하여 표시하는 명수(名數). ㊔복명수(複命數).

제등-통법 諸等通法 (모두 제, 같을 등, 통할 통, 법 법). ① 속뜻 원래는 모두[諸] 똑같은 [等] 수치를 하나의 공통(共通)된 단위로 만드는 방법(方法). ② 수학 복명수를 단명수로 고치는 계산 방법. 1시간 10분을 70분으로, 1미터 50㎝를 150㎝로 바꾸는 것 따위를 이른다. ㊟통법. ㊥제등명법(諸等命法).

제:련 製鍊 (만들 제, 불릴 련). 공업 광석을 용광로에 넣어 녹이고 불려서[鍊] 금속을 만듦[製]. ¶제련 기술 / 우리나라는 삼국시대부터 철을 제련해 왔다.

▸**제:련-소** 製鍊所 (곳 소). 제련(製鍊)을 하는 곳[所]. ㊐정련소(精鍊所), 취련소(吹鍊所).

제:령 制令 (정할 제, 명령 령). ① 속뜻 법제(法制)에서 정해진 명령(命令). ② 일제 강점기에, 조선 총독이 법률에 대신하여 발포한 명령.

제례[1] 除例 (덜 제, 법식 례). 갖추어야 할 식례(式例)를 덜어 냄[除].

제례[2] 除禮 (덜 제, 예도 례). 갖추어야 할 예의(禮儀)를 덜어 냄[除]. 주로 간단한 한문투 편지의 첫머리에 쓴다.

제례[3] 諸禮 (모두 제, 예도 례). 모든[諸] 예절(禮節).

제:례[4] 祭禮 (제사 제, 예도 례). 제사(祭祀)를 지내는 예법(禮法)이나 예절. ㊐제식(祭式).

▸**제:례-악** 祭禮樂 (음악 악). 음악 천신(天神)·인신(人神)·지신(地神)의 제례(祭禮)에 쓰는 음악(音樂).

제:마 濟馬 (건질 제, 말 마). 제주도(濟州道)에서 나는 말[馬].

제막 除幕 (덜 제, 휘장 막). 장막(帳幕)을 걷어냄[除].

▸**제막-식** 除幕式 (법 식). 동상이나 기념비 따위의 조형물에 덮어두었던 헝겊[幕]을 걷어내는[除] 의식(儀式). ¶기념비 제막식을 거행했다.

제:망매-가 祭亡妹歌 (제사 제, 죽을 망, 누이 매, 노래 가). 문학 신라 경덕왕 때 월명사가 죽은[亡] 누이[妹]의 제사(祭祀)를 지내기 위해 지은 10구체의 향가(鄕歌).

제:매 弟妹 (아우 제, 누이 매). 남동생[弟]과 여동생[妹]을 아울러 이르는 말.

제:면[1] 製綿 (만들 제, 솜 면). 목화를 다루어서 솜[綿]을 만듦[製].

제:면[2] 製麵 (만들 제, 국수 면). 국수[麵]를 만듦[製].

▸**제:면-기** 製麵機 (틀 기). 국수[麵]를 만드는[製] 틀[機].

제명[1] 除名 (덜 제, 이름 명). 구성원 명단에서 이름[名]을 뺌[除]. 구성원 자격을 박탈함. ¶제명을 당하다 / 그는 결국 팀에서 제명되었다.

제명[2] 題名 (제목 제, 이름 명). ① 속뜻 책, 시문 따위의 표제(標題)나 제목의 이름[名]. ② 명승지에 자기의 이름을 기록함.

제명[3] 題銘 (이마 제, 새길 명). 책의 첫머리[題]에 쓰는 글인 제사(題詞)와 그릇 따위에 새기는 글인 명(銘)을 아울러 이르는 말.

제:모 制帽 (만들 제, 모자 모). 학교, 관청, 회사 따위에서 쓰도록 특별히 만든[制] 모자(帽子).

제목 題目 (이마 제, 눈 목). ① 속뜻 이마[題]와 눈[目]. ② 작품이나 글 따위에서 첫머리에 붙이는 이름. ¶책 제목 / 노래 제목.

제:문 祭文 (제사 제, 글월 문). 제사(祭祀)를 지낼 때 읽는 글[文]. ¶스님이 제문을 읽었다.

제:물 祭物 (제사 제, 만물 물). ① 속뜻 祀)에 쓰는 음식물(飮食物). ¶양을 제물로 바치다. ② 희생된 물건이나 사람 따위를 비유하여 이르는 말. ㊐제수(祭需), 품(祭品), 천수(薦羞).

제물포 조약 濟物浦條約 (건질 제, 만물 물, 개 포, 조목 조, 묶을 약). 역사 임오군란(壬午軍亂)으로 발생된 문제를 처리하기 위하여 고종 19년(1882) 8월 30일 조선과 일본이 제물포(濟物浦)에서 맺은 조약(條約).

제민[1] 齊民 (가지런할 제, 백성 민). 모든[齊] 백성[民]. 일반 백성.

제:민[2] 濟民 (건질 제, 백성 민). 도탄에 빠진 백성[民]을 구제(救濟)함. ㊐구민(救民).

제반 諸般 (모두 제, 모두 반). 어떤 것과 관련된 모든[諸] 전반(全般)의 것. 모든 것. ¶제반 상황을 보고하겠습니다.

▸**제반-사** 諸般事 (일 사). 어떤 것과 관련된 모든[諸般] 일[事]. ㊟제사. ㊐전반사(全般事).

제발 題跋 (이마 제, 발문 발). 제사(題辭)와 발문(跋文)을 아울러 이르는 말.

제방 堤防 (둑 제, 둑 방). 물이 넘쳐 들어오지 못하도록 물가에 쌓은 둑[堤=防]. ¶제방을 쌓다. ⓑ방강(防江), 제당(堤塘).

제번 除煩 (덜 제, 번거로울 번). ① 속뜻 번거로운[煩] 인사말은 덜어[除] 버리고 할 말만 적음. ② 간단한 편지의 첫머리에 쓰는 말. ⓑ산만(刪蔓).

제벌 除伐 (덜 제, 벨 벌). 필요 없는 나무나 나뭇가지를 베어[伐] 버림[除].

제법[1] 除法 (나눌 제, 법 법). 수학 수를 나누는[除] 방법(方法).

제:법[2] 製法 (만들 제, 법 법). 물건 따위를 만드는[製] 방법(方法). '제조법'의 준말. ¶신약의 제법을 비밀에 부치다.

제법[3] 諸法 (모두 제, 법 법). ① 속뜻 가지가지의 모든[諸] 법(法). ② 불교 우주에 있는 유형, 무형의 모든 사물. ¶제법이 무상하다.

제법 실상 諸法實相 (모두 제, 사물 법, 실제 실, 모양 상). 우주에 존재하는 유형·무형의 모든[諸] 사물[法]의 실제(實際)의 모습[相]. ⓑ진실상(眞實相).

제:병 祭屛 (제사 제, 병풍 병). 제사(祭祀) 때에 치는 병풍(屛風).

제보 提報 (들 제, 알릴 보). 정보(情報)를 제공(提供)함. ¶제보 전화 / 그는 회사의 비리를 검찰에 제보했다.

제:복[1] 制服 (만들 제, 옷 복). 학교나 관청, 회사 따위에서 입도록 특별히 만든[制] 옷[服]. ⓑ사복(私服), 평복(平服).

제복[2] 除服 (덜 제, 옷 복). 정해진 기일이 다 지나서 상복(喪服)을 입어야할 의무를 덞[除]. ⓑ탈복(脫服).

제:복[3] 祭服 (제사 제, 옷 복). 제향(祭享) 때에 입는 예복(禮服).

제:본 製本 (만들 제, 책 본). ① 속뜻 낱장으로 되어 있는 원고나 인쇄물 따위를 차례에 따라 실이나 철사로 매고 표지를 붙여 한 권의 책[本]으로 꾸미는[製] 일. ⓑ제책(製冊). ② 만든 물건의 본보기.

제:부 弟夫 (아우 제, 지아비 부). 여동생[弟]의 남편[夫]. ⓑ제랑(弟郞). ⓒ형부(兄夫).

제:분 製粉 (만들 제, 가루 분). 밀을 빻아 밀가루를 만들 듯, 곡식이나 약재 따위를 빻아서 가루[粉]로 만듦[製].

제:빈 濟貧 (건질 제, 가난할 빈). 가난한[貧] 사람을 구제(救濟)함.

제:빙 製氷 (만들 제, 얼음 빙). 얼음[氷]을 만듦[製].

제:사[1] 製絲 (만들 제, 실 사). 고치나 솜 따위로 실[絲]을 만듦[製].

제사[2] 諸事 (모두 제, 일 사). 모든[諸] 일[事]. '제반사'(諸般事)의 준말.

제사[3] 題詞 (이마 제, 말씀 사). 책의 첫머리[題]에 그 책을 대표하거나 관계되는 내용을 적은 글[詞]. ⓒ제. ⓑ제사(題辭).

제사[4] 題辭 (이마 제, 말씀 사). ① 역사 관부에서 백성이 제출한 소장(訴狀)이나 원서(願書)의 첫머리[題]에 쓰던 관부의 판결이나 지령[辭]. ⓑ제지(題旨). ② 제사(題詞).

제:사[5] 祭司 (제사 제, 맡을 사). 제사(祭祀)를 주관하는[司] 사람. '제사장'의 준말. ¶흰 옷 입은 제사들이 단상에 올랐다.

▶**제:사-장** 祭司長 (어른 장). ① 기독교 기독교·유대교에서, 예루살렘 성전에서 의식이나 전례[祭]를 맡아보는[司] 우두머리[長]. ② 제례나 주문(呪文)에 밝아 영검을 얻게 하는 사람.

*****제:사[6]** 祭祀 (제사 제, 제사 사). 신령이나 죽은 사람의 넋에게 정성을 다하여 제물(祭物)을 바쳐 추모하고 복을 비는 의식[祀]. ¶제사를 지내다 / 제삿날. [속담]남의 제사에 감 놓아라 배 놓아라 한다.

▶**제:사-상** 祭祀床 (평상 상). 제사(祭祀)를 지낼 때 제물을 올려 놓는 상(床). ¶제사상에 올릴 음식을 정성스럽게 준비했다.

제:사[7] 第四 (차례 제, 넉 사). 속뜻 네[四] 번째[第].

▶**제:사-계** 第四系 (이어 맬 계). 지리 제사기(第四紀) 동안에 생성된 지층[系]. ⓑ제사기층(第四紀層).

▶**제:사-기** 第四紀 (연대 기). 지리 지질시대를 넷으로 나눈 네 번째[第四] 시대[紀]. 중생대, 백악기, 신생대 전기, 신생대 후기 중 마지막 시기이다. 약 200만 년 전부터 현재에 이르는 시대로, 빙하가 발달하고 인류가 출현하였다.

▶**제:사-병** 第四病 (병 병). 의학 성홍열(猩

紅熱), 마진(痲疹), 풍진(風疹) 다음의 네 번째[第四] 질병(疾病). 성홍열과 비슷하나, 그보다 증세가 가벼우며 발열·발진이 따른다.

▸ **제ː사 계급** 第四階級 (섬돌 계, 등급 급). 사회 ① 유럽의 봉건 사회의 넷째[第四] 계급(階級). 생산 수단이 없어 노동력에 기대 살아가는 사람들이 이에 해당한다. 칼라일에 의한 계급분류이다. ② 언론직에 종사하는 사람을 이르는 말. 특히 신문 기자를 이른다. ㊐무산 계급(無産階級). ㊟제일(第一) 계급, 제이(第二) 계급, 제삼(第三) 계급.

▸ **제ː사기-층** 第四紀層 (연대 기, 층 층). 지리 제4기(第四紀)에 생긴 지층(地層). ㊐제사계(第四系).

▸ **제ː사차 산ː업** 第四次産業 (차례 차, 낳을 산, 일 업). 경제 제1차·제2차·제3차 산업을 제외한 네 번째[第四次] 산업(産業). 넓은 뜻의 제삼차 산업을 세분한 것의 하나로, 정보, 의료, 교육, 서비스 산업 따위의 지식 집약적 산업을 일컫는다.

제산[1] 除算 (나눌 제, 셀 산). 수학 수를 나누어[除] 셈함[算]. 나눗셈.

제ː산[2] 製産 (만들 제, 낳을 산). 물건을 만들어[製] 생산(生産)함.

제ː산-제 制酸劑 (누를 제, 산소 산, 약제 제). 약학 위산(胃酸)의 분비를 억제(抑制)하는 약[劑].

제ː삼 第三 (차례 제, 셋째 삼). 여럿 가운데서 세[三] 번째[第].

▸ **제ː삼-국** 第三國 (나라 국). 국제간의 분쟁 또는 기타 사건에 직접 관계가 있는 두 당사국(當事國) 이외의 세 번째[第三] 나라[國]. ㊟당사국(當事國).

▸ **제ː삼-기** 第三紀 (연대 기). 지리 지질시대를 넷으로 나눈 세 번째[第三] 시대[紀]. 중생대, 백악기, 신생대 전기, 신생대 후기 중 세 번째 시기이다.

▸ **제ː삼 당** 第三黨 (무리 당). 정치 의석수가 세 번째[第三]인 정당(政黨).

▸ **제ː삼-심** 第三審 (살필 심). 법률 제이심에 대한 상급[第三] 법원의 심리(審理) 재판.

▸ **제ː삼-자** 第三者 (사람 자). ① 속뜻 일정한 일에 직접 관계가 있는 사람 이외의[第三] 사람[者]. ¶너는 제삼자니까 상관하지 마라. ② 법률 법률 행위에 직접 관여하지 않는 사람. ㊟당사자(當事者).

▸ **제ː삼 계급** 第三階級 (섬돌 계, 등급 급). 사회 유럽의 봉건 사회의 셋째[第三] 계급(階級). 중산계급, 상공업자, 농민 등의 평민 계급으로 시민혁명을 주도한 계층이다. 칼라일에 의한 계급분류이다. ㊟제일(第一) 계급, 제이(第二) 계급, 제사(第四) 계급.

▸ **제ː삼기-층** 第三紀層 (연대 기, 층 층). 지리 제3기(第三紀)에 생긴 지층(地層). 제삼계(第三系). 제삼기계(第三紀系).

▸ **제ː삼 세ː계** 第三世界 (세상 세, 지경 계). ① 속뜻 세 번째[第三] 세계(世界). ② 정치 아시아, 아프리카, 라틴 아메리카 등과 같이 동서 냉전의 어느 쪽에도 가담하지 않은 개발 도상국가를 일컬음. ¶민희는 제삼세계에 대해 조사했다.

▸ **제ː삼 세ː력** 第三勢力 (권세 세, 힘 력). ① 속뜻 세 번째[第三] 세력(勢力). ② 정치 세계의 냉전체제 중, 좌익과 우익 어느 편에도 속하지 않는 중간 세력.

▸ **제ː삼 인칭** 第三人稱 (사람 인, 일컬을 칭). 언어 화자, 청자 이외의 세 번째[第三] 사람[人]을 일컫는[稱] 말. '그', '그녀', '당신' 따위. ㊞삼인칭.

▸ **제ː삼 제ː국** 第三帝國 (임금 제, 나라 국). 역사 신성로마 제국, 독일 제국에 이어 세 번째[第三]로 나타난 제국(帝國)이라는 말로, 나치스 통치하의 독일을 이르던 말.

▸ **제ː삼 권리자** 第三權利者 (권세 권, 이로울 리, 사람 자). 법률 직접적인 채권(債權)을 가지는 권리자가 아닌, 채권[權利]을 가지는 제삼자(第三者).

▸ **제ː삼-차 산ː업** 第三次産業 (차례 차, 낳을 산, 일 업). 경제 제1차·제2차 산업을 제외한 세 번째[第三次] 산업(産業). 상업, 운수, 통신, 금융 따위의 서비스업.

▸ **제ː삼 채ː무자** 第三債務者 (빚 채, 일 무, 사람 자). 법률 직접적인 채무가 있는 채무자가 아닌, 채무(債務)가 있는 제삼자(第三者).

제ː상[1] 祭床 (제사 제, 평상 상). 제사(祭祀)를 지낼 때 제물을 올려놓는 평상(平床). '제사상'의 준말.

제상[2] 梯狀 (사다리 제, 형상 상). 수학 도형 따위의 사다리[梯] 모양[狀]. ㊐사다리꼴.

제:생 濟生 (건질 제, 살 생). ① 속뜻 목숨[生]을 구제(救濟)함. ② 중생을 구제함.

▸ 제:생-원 濟生院 (집 원). 역사 조선 때, 서민들의 생명(生命)을 구제(救濟)하기 위해 설치한 의료 기관[院].

제서 題書 (이마 제, 쓸 서). 책의 머리[題]나 족자, 비석 따위에 쓴[書] 글자. ⓑ제자(題字).

제석[1] 除夕 (덜 제, 저녁 석). ① 속뜻 한 해를 덜어 보내는[除] 밤[夕]. ② 섣달 그믐날 밤. ⓑ세제(歲除), 제야(除夜).

제:석[2] 祭席 (제사 제, 자리 석). 제사(祭祀)를 지낼 때 까는 자리[席].

제설[1] 諸說 (모두 제, 말씀 설). 여러[諸] 사람이 주장하는 말[說]. 또는 그런 학설.

제설[2] 除雪 (덜 제, 눈 설). 쌓인 눈[雪]을 치움[除]. 또는 그런 일. ¶제설 작업. ⓑ소설(掃雪).

▸ 제설-기 除雪機 (틀 기). 기계 쌓인 눈[雪]을 치우는[除] 기계(機械). ⓑ소설기(掃雪機).

▸ 제설-차 除雪車 (수레 차). 쌓인 눈[雪]을 치우는[除] 차(車).

제:성 帝城 (임금 제, 성곽 성). 황제(皇帝)가 있는 나라의 서울이나 도성(都城). ⓑ황성(皇城).

제:세 濟世 (건질 제, 세상 세). 세상(世上)을 구제(救濟)함.

▸ 제:세-경륜 濟世經綸 (날실 경, 실 륜). 세상(世上)을 구제(救濟)할 만한 역량과 포부[經綸]. 또는 그렇게 세상을 다스리는 것.

▸ 제:세-안민 濟世安民 (편안할 안, 백성 민). 세상(世上)을 구제(救濟)하고 백성[民]을 편안(便安)하게 함.

제소 提訴 (들 제, 하소연할 소). 법률 소송(訴訟)을 제기(提起)함. 또는 그런 일. ¶그는 계약 위반으로 제소됐다.

제:수[1] 弟嫂 (아우 제, 부인 수). ① 속뜻 남자 형제 사이에서 아우[弟]의 아내[嫂]를 이르는 말. ② 남남의 남자끼리 동생이 되는 남자의 아내를 이르는 말. ⓟ형수(兄嫂).

제수[2] 除授 (덜 제, 줄 수). 역사 ① 옛 관직을 없애고[除] 새 관직을 내리던[授] 일. ② 천거에 의하지 않고 임금이 직접 벼슬을 내리던 일. ⓑ제배(除拜).

제수[3] 除數 (나눌 제, 셀 수). 수학 나눗셈에서, 어떤 수를 나누는[除] 수(數). 예를 들면, '10÷5=2'에서의 '5'. ⓟ피제수(被除數).

제:수[4] 祭需 (제사 제, 쓰일 수). 제사(祭祀)에 쓰이는[需] 음식물. 혹은 여러 가지 물품. ¶제수를 장만하다.

제:술 製述 (만들 제, 지을 술). 시나 글을 지음[製=述].

제습 除濕 (덜 제, 젖을 습). 습기(濕氣)를 없앰[除].

제:승 制勝 (누를 제, 이길 승). 겨루어 눌러[制] 이김[勝].

▸ 제:승-당 制勝堂 (집 당). ① 속뜻 겨루어 이기기[制勝] 위하여 지은 집[堂]. ② 역사 이순신 장군이 거처하면서 삼도 수군을 지휘하며 무기를 만들고 군량을 비축하던 집. 경상남도 통영시 한산면에 있고, 삼도 수군의 본영이다.

제시[1] 題詩 (제목 제, 시 시). 제목(題目)을 붙여 시(詩)를 지음. 또는 그 시.

제시[2] 提示 (들 제, 보일 시). ① 속뜻 의견 따위를 말이나 글로 들러내어[提] 보임[示]. ¶의견을 제시하다. ② 검사나 검열 따위를 위하여 물품을 내보임. ¶입구에서 신분증을 제시하십시오.

▸ 제시 증권 提示證券 (증거 증, 문서 권). 경제 증권을 가진 사람이 증권에 따르는 권리를 행사하기 위하여 의무 이행자에게 제시(提示)해야 하는 증권(證券).

제:식 制式 (만들 제, 법 식). ① 속뜻 정해진[制] 양식(樣式). ② 군사 대열을 짓는 훈련을 할 때 쓰도록 규정된 격식과 방식.

▸ 제:식-복 制式服 (옷 복). 관혼상제나 공식적인 의식[制式] 때 입어야 하는 옷차림[服]. 예복, 상복 따위.

▸ 제:식 훈:련 制式訓練 (가르칠 훈, 익힐 련). 군사 집단의 정해진 규칙이나 방식[制式] 따위를 익히게 하는 훈련(訓練).

제:씨[1] 弟氏 (아우 제, 높임말 씨). 상대방을 높여[氏] 그의 아우[弟]를 이르는 말. ⓑ계씨(季氏).

제씨[2] 諸氏 (모두 제, 높임말 씨). 여러[諸] 사람을 높여[氏] 이르는 말.

제:악[1] 祭樂 (제사 제, 음악 악). 음악 나라의 제향(祭享) 때에 연주하던 아악(雅樂).

제악[2] 諸惡 (모두 제, 악할 악). 모든[諸] 악(惡).

제안 提案 (들 제, 생각 안). 생각[案]을 들어[提] 내놓음. 또는 그런 생각. ¶이번 봄 소풍은 그의 제안이었다.

▸제안-권 提案權 (권리 권). 법률 안건(案件)을 제출(提出)할 수 있는 권리(權利). ㊐제출권(提出權).

▸제안-자 提案者 (사람 자). 안건(案件)을 제출(提出)하는 기관이나 사람[者].

제:압 制壓 (누를 제, 누를 압). 상대방을 억눌러서[壓] 통제(統制)함. ¶그는 반대파로부터 제압을 당했다 / 기선을 제압하다.

제액 題額 (이마 제, 이마 액). ① 속뜻 글의 맨 첫머리[題=額]. ② 액자에 그림을 그리거나 글씨를 씀. ③ 비신(碑身)의 상단부나 이수에 비의 명칭을 새긴 부분.

제야 除夜 (덜 제, 밤 야). ① 속뜻 한 해를 덜어 보내는[除] 밤[夜]. ② '섣달 그믐날 밤'을 이름. ¶제야의 종소리.

제:약[1] 製藥 (만들 제, 약 약). 약재(藥材)를 섞어서 약(藥)을 만듦[製]. 또는 그 약. ¶제약회사.

제:약[2] 制約 (누를 제, 묶을 약). ① 속뜻 누르거나[制] 묶어[約] 못하게 함. ② 조건을 붙여 활동을 못하게 함. ¶단체 생활에는 제약이 따른다.

▸제:약-성 制約性 (성질 성). 조건을 붙여 내용을 제약(制約)하는 성질(性質).

제:어 制御 (누를 제, 다스릴 어). ① 속뜻 억눌러서[制] 마음대로 다스림[御]. ② 감정, 충동, 생각 따위를 막거나 누름. ¶감정을 제어하기가 어렵다. ③ 기계나 설비 또는 화학 반응 따위가 목적에 알맞은 작용을 하도록 조절함. ¶제어 장치.

▸제:어-봉 制御棒 (몽둥이 봉). 물리 원자로 안의 연쇄 반응을 제어(制御)하기 위하여 원자로 속에 넣었다 꺼냈다 하는 막대[棒] 모양의 설비.

제언[1] 提言 (들 제 ,말씀 언). 의견이나 생각[言]을 내놓음[提].

제언[2] 堤堰 (둑 제, 둑 언). 바다나 강을 가로질러 막아 쌓은 둑[堤=堰].

제언[3] 諸彦 (모두 제, 선비 언). 여러[諸] 어진 선비[彦]. ㊐제현(諸賢).

제언[4] 題言 (이마 제, 말씀 언). 서적, 화폭, 비석 따위의 첫머리[題]에 쓴 글[言].

제역 除役 (덜 제, 부릴 역). 병역(兵役)의 일부 또는 전부를 덞[除]. ㊐면역(免役).

제염[1] 臍炎 (배꼽 제, 염증 염). 의학 갓난아이의 배꼽[臍]과 그 언저리에 생기는 염증(炎症).

제:염[2] 製鹽 (만들 제, 소금 염). 소금[鹽]을 만듦[製].

▸제:염-법 製鹽法 (법 법). 소금을 만드는[製鹽] 방법(方法). ¶제염법에 관한 설명을 듣다.

제영 題詠 (제목 제, 읊을 영). 시를 다 지은 다음 제목(題目)을 붙인 후 시를 읊음[詠].

제오-열 第五列 (차례 제, 다섯 오, 줄 렬). 사회 내부에 있으면서도 외부의 반대 세력에 옹호하며 활동하고 있는 집단. 에스파냐 내란 때 네 개 부대를 이끌고 마드리드를 공격한 프랑코 장군이 시내에도 자기들에게 호응하는 또 한 개[第五]의 부대[列]가 있다는 말을 퍼뜨린 데서 유래한다.

제왕[1] 諸王 (모두 제, 임금 왕). 여러[諸] 임금[王].

제:왕[2] 帝王 (임금 제, 임금 왕). 황제(皇帝)와 국왕(國王).

▸제:왕-운기 帝王韻紀 (운 운, 벼리 기). ① 속뜻 제왕(帝王)의 공적에 대해 운문(韻文)으로 기록한 역사책[紀]. ② 책명 고려 고종 때, 이승휴(李承休)가 중국과 우리나라의 역사를 칠언시(七言詩)로 적은 책.

▸제:왕 신권설 帝王神權說 (귀신 신, 권력 권, 말씀 설). 정치 제왕(帝王)의 권력(權力)은 신(神)으로부터 받은 것이라는 주장[說]. ㊐왕권신수설(王權神授說).

▸제:왕 절개 수술 帝王切開手術 (벨 절, 열 개, 손 수, 꾀 술). 의학 모체의 배를 가르고[切] 자궁을 열어[開] 인공적으로 태아를 꺼내는 수술(手術). 고대 로마의 율리우스 카이사르(Julius Caesar) 가문 중의 한 사람이 이 방법으로 출생했기 때문에 영어로는 'cesarean section'이라고 하는데, 'cesarean'을 '帝王'으로, 'section' '切開手術'로 각각 의역하여 합친 말이다.

제외 除外 (덜 제, 밖 외). 따로 떼어[除] 밖[外]에 둠. ¶제외사항 / 세금을 제외하고

5만원을 받았다. ⓑ포함(包含).

제요 提要 (들 제, 요할 요). ① 속뜻 중요(重要)한 부분만을 추려 제시(提示)함. ⓗ제강(提綱). ②의견 따위를 내세워 주장함. ⓗ제창(提唱).

제:욕 制慾 (누를 제, 욕심 욕). 욕심(慾心)을 억제(抑制)함.

▶제:욕-주의 制慾主義 (주될 주, 뜻 의). 철학 모든 정신적·육체적인 욕심(慾心)을 억제(抑制)하여, 종교나 도덕에서 이상을 성취하려는 사상[主義]. ⓗ금욕주의(禁慾主義). ⓒ쾌락주의(快樂主義).

제우[1] 悌友 (공경할 제, 벗 우). 형제 사이나 어른과 젊은이간에 서로 존경하고[悌] 우애(友愛)가 있음.

제우[2] 諸友 (모두 제, 벗 우). 여러[諸] 벗[友]. ⓗ제익(諸益).

제웅 除雄 (덜 제, 수컷 웅). 식물 식물이 교배를 할 때에 자화 수분을 방지하기 위하여 꽃이 피기 전 꽃봉오리일 때에 수술[雄]을 제거(除去)하는 일.

제원[1] 諸元 (모두 제, 으뜸 원). 여러[諸] 가지의 요소[元].

제원[2] 諸員 (모두 제, 인원 원). 여러[諸] 인원(人員).

제월 除月 (덜 제, 달 월). ① 속뜻 한 해를 덜게[除] 되는 마지막 달[月]. ②음력 12월의 딴 이름.

제:위[1] 帝位 (임금 제, 자리 위). 제왕(帝王)의 자리[位]. ¶진흥왕이 제위에 오른 뒤 신라는 융성했다 / 제위를 찬탈하다.

제:위[2] 帝威 (임금 제, 위엄 위). 제왕(帝王)의 위엄(威嚴). ⓗ황위(皇威).

제:위[3] 祭位 (제사 제, 자리 위). 제사(祭祀)를 받는 신위(神位).

제위[4] 諸位 (모두 제, 자리 위). 여러[諸] 분[位]. ⓗ열위(列位), 제공(諸公).

제:위-보 濟危寶 (건질 제, 위태할 위, 보배 보). 역사 고려 때, 나라에서 위급(危急)한 백성을 구제(救濟)하기 위해 모아둔 재물[寶].

제:유 製油 (만들 제, 기름 유). 동물체나 식물체를 원료로 하여 기름[油]을 만듦[製].

제유-법 提喩法 (들 제, 말할 유, 법 법). 문학 사물의 한 부분을 예로 들어[提] 전체를 비유(比喩)하는 표현 방법(方法). '인간은 빵만으로 살 수 없다'에서 '빵'이 '식량'을 나타내는 따위. ⓗ거우법(擧隅法). ⓒ대유법(代喩法), 환유법(換喩法).

제:육 의:식 第六意識 (차례 제, 여섯 륙, 뜻 의, 알 식). ① 속뜻 여섯[六] 번째[第] 의식(意識). ② 불교 감각의 결과를 종합하여 이지(理智), 감정, 의욕 따위를 불러일으키는 정신의 작용.

제:의[1] 祭衣 (제사 제, 옷 의). 가톨릭 미사[祭] 때, 사제가 장백의 위에 입는 옷[衣].

제의[2] 提議 (들 제, 의논할 의). 논의(論議)할 내용을 들어[提] 내놓음. ¶그는 입사제의를 받았다. ⓗ제론(提論), 제언(提言).

제의[3] 題意 (제목 제, 뜻 의). ① 속뜻 제목(題目)의 뜻[意]. ②문제의 뜻.

제:이 第二 (차례 제, 둘째 이). 여럿 가운데서 두[二] 번째[第]. 둘째. ¶이곳은 나의 제이의 고향이다.

▶제:이-심 第二審 (살필 심). 법률 제일심의 판결에 대한 불복 신청이 있을 때에 하는 두 번째로[第二] 하는 심리(審理). ⓒ이심.

▶제:이 위 第二胃 (밥통 위). 동물 되새김질을 하는 포유류의 소화 기관으로, 네 개의 반추위(反芻胃) 중 두 번째[第二] 위(胃). 소나 사슴 따위에 있다. ⓗ벌집위, 봉소위(蜂巢胃).

▶제:이-의 第二義 (뜻 의). 철학 근본이 되는 첫째의 의의가 아닌 두 번째[第二] 의의(意義).

▶제:이 계급 第二階級 (섬돌 계, 등급 급). 사회 유럽의 봉건 사회의 둘째[第二] 계급(階級). 귀족과 성직자 등이 이에 해당한다. 칼라일에 의한 계급분류이다. ⓒ제일(第一) 계급, 제삼(第三) 계급, 제사(第四) 계급.

▶제:이 성:질 第二性質 (성품 성, 바탕 질). 철학 물체의 성질 중 두 번째[第二] 성질(性質). 물체를 대하는 사람의 주관적 감각에 의하여 규정되는 성질을 일컫는다. ⓒ제일 성질(第一性質).

▶제:이 인칭 第二人稱 (사람 인, 일컬을 칭). 언어 대화하는 두 사람 중, 말하는 사람을 첫 번째 대화자로 볼 때, 말을 듣는[第二] 사람[人]을 이르는[稱] 말. 대칭(對稱). ⓒ이인칭.

▸제:이-차 산:업 第二次産業 (차례 차, 낳을 산, 일 업). 경제 1차 산업의 생산물을 정제 가공하여 두 번째[第二次] 생산물을 생산하는 산업(産業).

▸제:이-차 세:계 대:전 第二次世界大戰 (차례 차, 세상 세, 지경 계, 큰 대, 싸울 전). ① 속뜻 두 번째[第二次]로 일어난 세계대전(世界大戰). ② 역사 1939년 독일·이탈리아·일본 등의 군국주의 나라와 미국·영국·프랑스 등의 연합국 사이에 일어난 세계적 규모의 전쟁. 1943년 9월에 이탈리아, 1945년 5월에 독일, 1945년 8월에 일본이 항복하면서 끝났다.

제인 諸人 (모두 제, 사람 인). 모든[諸] 사람[人]. 여러 사람. ¶제인들은 들어라!

제일[1] 除日 (덜 제, 날 일). ① 속뜻 한 해를 덜게[除] 되는 마지막 날[日]. ② '섣달그믐날'을 이르는 말.

제:일[2] 祭日 (제사 제, 날 일). 제사(祭祀)를 지내는 날[日].

***제:일**[3] 第一 (차례 제, 첫째 일). ① 속뜻 여럿 가운데서 첫[一] 번째[第]. ¶건강이 제일이다. ② 여럿 가운데 가장. ¶나는 과일 중에 귤을 제일 좋아한다.

▸제:일-류 第一流 (갈래 류). 제일(第一)가는 등급[流].

▸제:일-보 第一步 (걸음 보). 첫 번째[第一] 걸음[步].

▸제:일-선 第一線 (줄 선). ① 속뜻 일을 실행하는 데에서 맨 앞[第一] 줄[線]. ② 군사 여러 개의 진지로 이루어진 방어선 가운데 가장 앞쪽에 있는 진지선. 최전선(最前線).

▸제:일-심 第一審 (살필 심). 법률 소송에서 첫 번째[第一] 받는 심리(審理). ㊣일심. ㊥시심(始審), 초심(初審).

▸제:일-위 第一位 (자리 위). 으뜸가는[第一] 자리[位]. 일등.

▸제:일-의 第一義 (옳을 의). ① 불교 가장 뛰어난[第一] 참된 도리[義]. ② 철학 근본이 되는 첫째 의의. 또는 궁극의 진리. ㊟제이의(第二義).

▸제:일-차 第一次 (차례 차). 첫 번[第一]째[次].

▸제:일-강산 第一江山 (강 강, 메 산). ① 속뜻 강산(江山)의 경치가 좋기로 첫째[第一] 갈 만한 곳. ②최고로 생각할 만한 사람이나 물건을 비유하여 이르는 말.

▸제:일 계급 第一階級 (섬돌 계, 등급 급). 사회 유럽의 봉건 사회의 첫째[第一] 계급(階級). 왕과 제후 등이 이에 해당한다. 칼라일에 의한 계급분류이다. ㊟제이(第二) 계급, 제삼(第三) 계급, 제사(第四) 계급.

▸제:일 원리 第一原理 (본디 원, 이치 리). 철학 현상의 배후에서 현상을 지배하는 근본[第一] 원리(原理).

▸제:일 성:질 第一性質 (성품 성, 바탕 질). ① 속뜻 첫 번째[第一] 성질(性質). ② 철학 물체의 성질을 둘로 나눈 것 가운데, 물질 그 자체에 갖추어져 있는 객관적인 성질. ㊟제이 성질(第二性質).

▸제:일 의:무 第一義務 (옳을 의, 일 무). ① 속뜻 첫 번째[第一] 의무(義務). ② 법률 법률에 규정되어 있어 위반이 허락되지 않는 기본적인 의무.

▸제:일 인칭 第一人稱 (사람 인, 일컬을 칭). 언어 두 대화자 중 말하는[第一] 사람[人]과 그가 속한 무리를 일컬음[稱]. ㊟일인칭.

▸제:일-주의 第一主義 (주될 주, 뜻 의). 무슨 일에든지 첫째[第一]가 되고자 하는 태도[主義].

▸제:일 주제 第一主題 (주될 주, 제목 제). 음악 소나타 형식의 악장에서, 맨 먼저[第一] 제시되어 그 악장의 주요 부분을 이루는 주제(主題).

▸제:일-차 산:업 第一次産業 (차례 차, 낳을 산, 일 업). 경제 가장 기초적인[第一次] 생산물을 생산하는 산업(産業). 농업, 임업, 수산업 따위.

▸제:일차 성:징 第一次性徵 (차례 차, 성별 성, 밝힐 징). 동물 암수딴몸인 동물의 기본적인[第一次] 성적(性的) 특징(特徵). ㊟일차 성징.

▸제:일-차 세:계 대:전 第一次世界大戰 (차례 차, 세상 세, 지경 계, 큰 대, 싸울 전). ① 속뜻 첫 번째[第一次]로 일어난 세계대전(世界大戰). ② 역사 1914년 독일·오스트리아·이탈리아의 동맹국과 영국·프랑스·제정 러시아의 협상국 간에 일어난 세계적 규모의 전쟁. 1918년에 독일이 항복하고 이듬해 베르사유 조약을 체결하며 끝났다.

제:자[1] 弟子 (아우 제, 아이 자). ① 속뜻 아우

[弟]나 자식[子]같은 사람. ②스승의 가르침을 받거나 받은 사람. ¶스승의 날이면 제자들이 찾아온다. [반]스승.

제:자² 祭資 (제사 제, 재물 자). 제사(祭祀)에 필요한 자금(資金). [비]제비(祭費).

제자³ 題字 (이마 제, 글자 자). 서적의 머리[題]나 족자, 비석 따위에 쓴 글자[字]. [비]제서(題書).

제자⁴ 諸子 (모두 제, 아들 자). ① [속뜻]아들[子]이나 아들과 같은 항렬의 모든[諸] 사람을 이르는 말. ② [역사]중국 춘추 전국 시대에, 각기 일가(一家)의 학설을 세운 여러 사람. 또는 그들의 저서와 학술.

▶제자-백가 諸子百家 (일백 백, 사람 가). [역사]중국의 춘추 전국 시대의 여러[諸] 학자[子]와 수많은[百] 대가(大家). 공자(孔子), 관자(管子), 노자(老子), 맹자(孟子), 장자(莊子), 묵자(墨子), 열자(列子), 한비자(韓非子) 등을 통틀어 이르는 말. [준]제가.

***제:작 製作** (만들 제, 지을 작). 재료를 가지고 기능과 내용을 가진 새로운 물건이나 예술 작품을 만듦[製=作]. ¶독도를 외국에 알릴 포스터를 제작했다.

▶제:작-도 製作圖 (그림 도). 어떤 물건을 만드는[製作] 데에 필요한 그림[圖]. ¶잠수함 제작도를 살펴 보다.

▶제:작-비 製作費 (쓸 비). 물건이나 예술 작품을 만드는[製作] 데에 드는 비용(費用).

▶제:작-품 製作品 (물건 품). 제작(製作)된 물건이나 예술 작품(作品).

제장 諸將 (모두 제, 장수 장). ① [속뜻]여러[諸] 장수(將帥). ②싸움터에 나갔다가 죽은 신령. 군복을 만들어 놓고 모신 데서 유래.

제:재¹ 制裁 (마를 제, 마를 재). ① [속뜻]옷감을 마름질[制]하거나 마름[裁]. ② [법률]법이나 규정을 어겼을 때 국가가 처벌이나 금지 따위를 행함. 또는 그런 일. ¶무력 시위를 벌이면 법적 제재를 받는다. ③일정한 규칙이나 관습의 위반에 대하여 제한(制限)하거나 금지함. ¶핵무기를 개발하는 나라에 경제적인 제재를 가할 것이다.

제재² 題材 (주제 제, 재료 재). 예술 작품이나 학술 연구 따위의 주제(主題)가 되는 재료(材料). ¶사랑을 제재로 한 문학 작품.

제:재³ 製材 (만들 제, 재목 재). 베어 낸 나무로 재목(材木)을 만듦[製]. ¶나무를 제재하여 가구를 만들다.

▶제:재-소 製材所 (곳 소). 베어 낸 나무로 재목을 만드는[製材] 곳[所]. ¶제재소에서 나무를 켜다.

제적 除籍 (덜 제, 문서 적). 호적(戶籍), 학적(學籍), 당적(黨籍) 따위에서 이름을 지워버림[除]. ¶그는 무단결석이 잦아 제적되었다.

▶제적-부 除籍簿 (장부 부). 호적, 학적, 당적 따위에서 제적(除籍)된 사람의 것을 따로 적어 두거나 묶어 두는 장부(帳簿).

제:전 祭典 (제사 제, 의식 전). ① [속뜻]제사(祭祀)의 의식[典]. ②문화, 예술, 체육 따위와 관련하여 성대히 열리는 사회적인 행사. ¶민속놀이 제전.

▶제:전-악 祭典樂 (음악 악). [음악]제전(祭典)에서 연주하는 음악(音樂).

제:절¹ 祭節 (제사 제, 알맞을 절). 제사(祭祀)를 지내는 절차(節次).

제절² 諸節 (모두 제, 마디 절). ① [속뜻]여러[諸] 마디[節]. ②상대방 집안 식구들의 근황을 높여 이르는 말. ¶댁내 제절이 편안하옵니까. ③손윗사람의 움직임을 높여 이르는 말. ¶자당님의 제절이 궁금합니다.

제:정¹ 帝政 (임금 제, 정치 정). ① [속뜻]황제(皇帝)가 다스리는 군주 제도의 정치(政治). ②제국주의의 정치.

제정² 提呈 (들 제, 드릴 정). 물건을 내어[提] 드림[呈].

제:정³ 制定 (만들 제, 정할 정). 제도나 법률 따위를 만들어서[制] 정(定)함. ¶특별법안 제정 / 개천절을 국경일로 제정하다.

▶제:정-법 制定法 (법 법). [법률]입법 기관이 일정한 형식과 절차에 따라 만들어[制] 정해놓은[定] 법률(法律).

제:정⁴ 祭政 (제사 제, 정사 정). 제사(祭祀)와 정치(政治)를 아울러 이르는 말.

▶제:정-일치 祭政一致 (한 일, 이를 치). [정치]제사(祭祀)와 정치(政治)가 하나로 합해진[一致] 정치 형태. [비]정교일치(政教一致).

제제¹ 提題 (들 제, 제목 제). 논증하려고 내어놓는[提] 명제(命題).

제:제² 製劑 (만들 제, 약제 제). 의약품[劑]을 치료 목적에 맞게 배합하고 가공하여 일정한 형태로 만듦[製]. 또는 그런 제품.

제:조 製造 (만들 제, 만들 조). ① [속뜻] 공장에서 큰 규모로 물건을 만듦[製=造]. ② 원료에 인공을 가하여 정교한 제품을 만듦. ¶제조된 자동차는 전 세계로 수출된다.

▶제:조-법 製造法 (법 법). 물건을 만드는[製造] 방법(方法). ¶최무선은 화약 제조법을 개발했다.

▶제:조-업 製造業 (일 업). 물품을 대량으로 만드는[製造] 사업(事業). ¶아버지께서 제조업에 종사하신다.

▶제:조-원 製造元 (으뜸 원). 특정 상품을 만든[製造] 으뜸[元] 생산지.

▶제:조 계:정 製造計定 (셀 계, 정할 정). [경제] 제품을 만드는데[製造] 쓰인 원가(原價)를 총괄하는 계정(計定).

▶제:조 원가 製造原價 (본디 원, 값 가). [경제] 제품을 만드는[製造] 데에 든 기본[原] 비용[價].

제족 諸族 (모두 제, 겨레 족). ① [속뜻] 한 집안의 모든[諸] 겨레붙이[族]. ② 여러 겨레붙이.

제종¹ 諸宗 (모두 제, 마루 종). 한 겨레붙이의 본종(本宗)과 지파(支派)의 모든[諸] 일족[宗]을 이르는 말.

제종² 諸種 (모두 제, 갈래 종). 모든[諸] 종류(種類). 여러 종류.

제:좌¹ 帝座 (임금 제, 자리 좌). ① [속뜻] 황제(皇帝)의 자리[座]. [비] 옥좌(玉座). ② 중국에서, 천제(天帝)의 자리라고 정한 별자리.

제좌² 諸座 (모두 제, 자리 좌). ① [속뜻] 여러[諸] 계좌(計座). ② [경제] 부기에서 분개할 때에 한 거래의 대차 어느 한쪽의 계정 과목이 둘 이상에 걸쳐 있는 일.

제:주¹ 帝主 (임금 제, 위패 주). 제왕(帝王)의 신주(神主).

제:주² 祭主 (제사 제, 주인 주). 제사(祭祀)의 주체(主體)가 되는 상제. ¶큰 형이 제주가 되어 아버지 제사를 지냈다.

제:주³ 祭酒 (제사 제, 술 주). 제사(祭祀)에 쓰는 술[酒].

▶제:주-잔 祭酒盞 (잔 잔). 제주(祭酒)를 담는 잔(盞).

제:중 濟衆 (건질 제, 무리 중). [불교] 대중(大衆)을 구제(救濟)함.

▶제:중-원 濟衆院 (집 원). [역사] 조선 때, 여러[衆] 사람을 구제(救濟)하기 위해 설립한 병원(病院).

제:지¹ 制止 (누를 제, 멈출 지). 어떤 일을 억눌러[制] 멈추게[止]함. ¶경찰은 불법 집회를 제지했다.

제:지² 製紙 (만들 제, 종이 지). 종이[紙]를 만듦[製]. ¶중국은 일찍부터 제지 기술이 발달하였다.

제진¹ 除塵 (덜 제, 티끌 진). 공기 중에 떠도는 먼지[塵]를 없앰[除]. [비] 수진(收塵).

제진² 梯陣 (사다리 제, 진칠 진). [군사] 군대, 군함, 항공기를 사다리꼴[梯]로 편성한 진형(陣形).

제창¹ 提唱 (들 제, 부를 창). ① [속뜻] 어떤 주장을 들어놓고[提] 부르짖음[唱]. ¶남녀평등을 제창하다. ② [불교] 종지(宗旨)의 큰 줄기를 들어서[提] 그 뜻을 풀이함[唱]. ③ [불교] 경전, 어록 따위를 들어서 말함. [비] 제강(提綱), 제요(提要).

제창² 齊唱 (가지런할 제, 부를 창). ① [속뜻] 여러 사람이 다같이[齊] 노래 부름[唱]. ② [음악] 같은 가락을 두 사람 이상이 동시에 노래함. ¶애국가를 제창하다.

제:책 製冊 (만들 제, 책 책). 낱장으로 되어 있는 원고나 인쇄물 따위를 차례에 따라 실이나 철사로 매고 표지를 붙여 한 권의 책(冊)으로 만듦[製]. [비] 제본(製本).

제척 除斥 (덜 제, 물리칠 척). ① [속뜻] 배제(排除)하여 물리침[斥]. ② [법률] 법관 및 법원 사무관 등이 특정 사건에 대하여 법률에서 정한 특수한 관계가 있을 때에 법률상 그 사건에 관한 직무 집행을 행할 수 없게 함. ③ [법률] 재단의 청산과 같은 경우에 일정 기간 내에 신고를 하지 않는 채권자를 변제 또는 배당에서 제외하는 일.

제:천 祭天 (제사 제, 하늘 천). 하늘[天]에 제사(祭祀)를 지냄. ¶부여의 제천 의식은 '영고'라고 불렀다.

▶제:천 의:식 祭天儀式 (예의 의, 법 식). [민속] 하늘[天]을 숭배하여 제사(祭祀) 지내는 의식(儀式). 부여의 영고, 동예의 무천,

고구려의 동맹, 마한의 시월제 따위.

제:철 製鐵 (만들 제, 쇠 철). 공업 광석에서 철(鐵)을 뽑아내는[製] 일. ¶영국은 제철 산업이 발달했다.

▸제:철-소 製鐵所 (곳 소). 철광석을 용광로에 녹여 철을 뽑아내는[製鐵] 일을 하는 곳[所]. ¶광양 제철소.

제:청[1] 祭廳 (제사 제, 마루 청). ①속뜻 제사(祭祀)를 지내기 위하여 마련한 대청(大廳). ¶칠성각에다 제청을 마련하였다. ②장사 때에 제사를 지내기 위하여 무덤 옆에 마련한 곳.

제청[2] 提請 (들 제, 부탁할 청). 어떤 안건을 제시(提示)하여 결정하여 달라고 청구(請求)함. ¶장관은 국무총리의 제청으로 대통령이 임명한다.

제초 除草 (덜 제, 풀 초). 잡초[草]를 뽑아 없앰[除]. ¶괭이로 정원의 잡초를 제초하다. ⓑ살초(殺草).

▸제초-제 除草劑 (약제 제). 농업 잡초[草]만을 없애는[除] 약제(藥劑). ¶논에 제초제를 뿌리다. ㊟살초제(殺草劑).

제:축-문 祭祝文 (제사 제, 빌 축, 글월 문). 제사(祭祀)를 지낼 때에 신명(神明)에게 고하는[祝] 글[文].

제출 提出 (들 제, 날 출). 안건 따위를 들어[提] 내놓음[出]. ¶내일까지 답안을 제출하십시오.

제충 除蟲 (덜 제, 벌레 충). 해충(害蟲)을 없애 버림[除]. ⓑ구충(驅蟲).

▸제충-국 除蟲菊 (국화 국). ①속뜻 벌레[蟲]를 없애는[除] 국화(菊花). ②식물 국화과의 여러해살이풀. 높이는 30~60㎝로, 5~6월에 줄기 끝이나 가지 끝에 흰 꽃이 핀다.

▸제충국-분 除蟲菊粉 (국화 국, 가루 분). 제충국(除蟲菊)의 꽃을 말려 만든 가루[粉].

제취 除臭 (덜 제, 냄새 취). 냄새[臭]를 없앰[除].

제:탄 製炭 (만들 제, 숯 탄). ①속뜻 숯[炭]을 구워 만듦[製]. ②탄이나 연탄을 만듦.

제:택 第宅 (집 제, 집 택). 살림집[第=宅]과 정자를 통틀어 이르는 말. ⓑ제사(第舍).

제:판 製版 (만들 제, 널빤지 판). ①속뜻 인쇄판(印刷版)을 만드는[製] 일. ②출판 조판(組版).

제:패 制霸 (누를 제, 으뜸 패). ①속뜻 적을 누르고[制] 패권(霸權)을 차지함. ¶나폴레옹은 한때 유럽을 제패했다. ②경기 따위에서 우승함. ¶선수들은 이제 올림픽 제패를 꿈꾸고 있다.

제평 齊平 (가지런할 제, 고를 평). 가지런하고[齊] 고름[平].

제폐 除弊 (덜 제, 나쁠 폐). 폐단(弊端)을 없앰[除].

제폭 除暴 (덜 제, 사나울 폭). 폭력(暴力)을 제거(除去)함.

▸제폭-구민 除暴救民 (구원할 구, 백성 민). 포악(暴惡)한 관리를 없애버리고[除] 백성[民]을 구(救)한다는 동학의 구호.

제표 除標 (나눌 제, 나타낼 표). 수학 나눗셈[除] 기호[標].

⁑**제:품** 製品 (만들 제, 물건 품). 원료를 써서 물품(物品)을 만듦[製]. 또는 그렇게 만들어 낸 물품. '제조품'(製造品)의 준말. ¶그 가게에는 싸고 질 좋은 제품이 많다. ⓑ상품(商品).

제하 題下 (제목 제, 아래 하). 제목(題目) 아래[下].

*__제:한__ 制限 (누를 제, 끝 한). 일정한 한도(限度)를 정해 이를 넘지 못하게 막거나 억누름[制]. ¶시험시간을 한 시간으로 제한하다.

▸제:한 공간 制限空間 (빌 공, 사이 간). 항공 항공기의 운항이 제한(制限)을 받는 공간(空間).

▸제:한 선:거 制限選擧 (고를 선, 들 거). 정치 제한(制限)된 사람들만 참여하는 선거(選擧) 제도. 재산·신분·성별·교육 정도 따위를 기준으로 선거권을 부여한다. ⓑ보통 선거(普通選擧).

▸제:한 전:쟁 制限戰爭 (싸울 전, 다툴 쟁). 군사 전쟁의 목적이나 지역, 수단, 무기 따위를 제한(制限)하며 진행하는 전쟁(戰爭). ⓑ한정 전쟁(限定戰爭). ㊟국지 전쟁(局地戰爭), 전면 전쟁(全面戰爭).

제:한-제 制汗劑 (누를 제, 땀 한, 약제 제). 약학 땀[汗]이 나는 것을 억제(抑制)하는 약제(藥劑). ⓑ지한제(止汗劑).

제해 除害 (덜 제, 해칠 해). 해로운[害] 사물을 없앰[除].

제:해-권 制海權 (누를 제, 바다 해, 권력 권). ① [속뜻] 바다[海]를 통제(統制)할 수 있는 권력(權力). ② [법률] 평시나 전시를 막론하고 무력으로 바다를 지배하여 군사, 통상, 항해 따위에 관하여 해상에서 가지는 권력. [준] 해권. [비] 해상권(海上權).

제행 諸行 (모두 제, 행할 행). [불교] ① 깨달음에 도달하기 위하여 몸, 입, 뜻으로 행하는 모든[諸] 선행(善行). ② 모든 유위법(有爲法). ③ 정토교에서, 염불을 제외한 모든 선행을 이르는 말.

▶ 제행-무상 諸行無常 (없을 무, 늘 상). [불교] 우주의 모든[諸] 만물은 돌고[行] 변하여 잠시도 같은[常] 모양으로 머무르지 않음[無].

제:향 祭享 (제사 제, 드릴 향). ① [속뜻] 제사(祭祀)를 드림[享]. '제사'의 높임말. ② 나라에서 지내는 제사.

제:헌 制憲 (만들 제, 법 헌). 헌법(憲法)을 만들어[制] 정함. ¶제헌 이래 우리나라 법은 계속 바뀌어 왔다.

▶ 제:헌-절 制憲節 (철 절). [법률] 우리나라의 헌법(憲法)을 제정(制定)·공포한 것을 기념하기 위하여 제정한 국경일[節]. 7월 17일이다.

▶ 제:헌 국회 制憲國會 (나라 국, 모일 회). [정치] 헌법(憲法)을 제정(制定)한 국회(國會). 우리나라의 초대 국회를 이르는 말.

제:혁 製革 (만들 제, 가죽 혁). 짐승의 생가죽[革]을 다루어 물건을 만듦[製]. [비] 제피(製皮).

제현 諸賢 (모두 제, 어질 현). 여러[諸] 어진[賢]분들. [비] 제군자(諸君子), 제언(諸彦)

제:형[1] 弟兄 (아우 제, 맏 형). 아우[弟]와 형(兄)을 아울러 이르는 말.

제형[2] 梯形 (사다리 제, 모양 형). [수학] 사다리[梯]처럼 생긴 모양[形].

제형[3] 諸兄 (모두 제, 맏 형). ① [속뜻] 집안의 여러[諸] 형(兄). ② 말하는 이와 대등한 관계에 있는 여러 사람을 높여 이르는 말.

제형[4] 蹄形 (굽 제, 모양 형). 말굽[蹄]처럼 생긴 모양[形].

▶ 제형 자:석 蹄形磁石 (자기 자, 돌 석). 말굽모양[蹄形]의 자석(磁石).

제호[1] 除號 (나눌 제, 표지 호). [수학] 수를 나누는 데[除] 쓰이는 부호(符號). '÷'로 표시한다. [비] 나눗셈 부호. [참] 가호(加號), 감호(減號), 승호(乘號).

제호[2] 題號 (제목 제, 이름 호). 책이나 신문 따위의 제목(題目)에 상당하는 이름[號]. ¶책의 제호를 바꾸니 판매 부수가 늘었다.

제:화[1] 祭靴 (제사 제, 구두 화). 제관(祭官)이 신는 목이 긴 가죽신[靴].

제:화[2] 製靴 (만들 제, 구두 화). 구두 따위의 신[靴]을 만듦[製]. ¶제화 산업 / 제화 공장.

제:회 際會 (사이 제, 모일 회). ① [속뜻] 좋은 때[際]를 만남[會]. ② 임금과 신하 사이에 뜻이 잘 맞음.

*__제후__ 諸侯 (모두 제, 제후 후). ① [속뜻] 모든[諸] 후작(侯爵). ② [역사] 봉건 시대에 일정한 영토를 가지고 그 영내의 백성을 지배하는 권력을 가진 사람. ¶제후들은 황제에게 조공을 바쳤다. [비] 군공(君公), 번봉(藩封). [참] 열후(列侯), 공후(公侯).

▶ 제후-국 諸侯國 (나라 국). 제후(諸侯)가 다스리는 나라[國].

제휴 提携 (들 제, 이끌 휴). 행동을 함께 하기 위하여 서로 붙들어[提] 이끎[携]. ¶기술 제휴 / 외국 회사와 제휴하여 상품을 판매하다.

조:가 弔歌 (위문할 조, 노래 가). 죽음을 애도하며[弔] 부르는 노래[歌]. [비] 장가(葬歌).

조각[1] 爪角 (발톱 조, 뿔 각). ① [속뜻] 짐승의 발톱[爪]과 뿔[角]. ② 자신을 적으로부터 보호하여 주는 물건을 비유하여 이르는 말.

조각[2] 組閣 (짤 조, 관청 각). 내각(內閣)을 조직(組織)함.

⁑__조각__[3] 彫刻 (새길 조, 새길 각). [미술] 재료를 새기거나[彫=刻] 깎아서 입체 형상을 만듦. 또는 그런 미술 분야. ¶정교한 대리석 조각 / 나무로 비둘기를 조각하다 / 조각칼. [비] 조소(彫塑).

▶ 조각-가 彫刻家 (사람 가). 조각(彫刻)을 전문으로 하는 사람[家]. ¶미켈란젤로는 이탈리아의 유명한 조각가이다.

▶ 조각-기 彫刻機 (틀 기). [기계] 회전하는 공구를 이용하여 글자나 도안 따위를 조각(彫

刻)하는 기계(機械).

▸조각-도 彫刻刀 (칼 도). 조각(彫刻)에 쓰는 작은 칼[刀].

▸조각-품 彫刻品 (물건 품). 조각(彫刻)한 물품(物品). ¶조각품이 서서히 모양을 갖추어 간다.

▸조각 석판 彫刻石版 (돌 석, 널빤지 판). 출판 석판(石版)면에 원도(原圖)의 윤곽을 놓고 조각(彫刻)하여 그 팬 부분에 아마인유를 배어들게 한 제판(製版).

▸조각 요판 彫刻凹版 (오목할 요, 널빤지 판). 출판 조각도나 조각기로 새기고[彫刻] 화학적으로 부식시켜 오목하게[凹] 만든 인쇄판(印刷版).

조:간[1] **釣竿** (낚시 조, 장대 간). 고기를 낚는 데[釣] 쓰이는 기다란 막대[竿].

조간[2] **朝刊** (아침 조, 책 펴낼 간). 매일 아침[朝] 발행되는[刊] 신문. '조간신문'(新聞)의 준말. ¶그는 매일 출근하는 동안 조간을 읽는다. ⓑ석간(夕刊).

▸조간-지 朝刊紙 (종이 지). 매일 아침[朝] 발행되는[刊] 신문[紙]. ⓑ조간신문(朝刊新聞). ⓑ석간지(夕刊紙).

조갈 燥渴 (마를 조, 목마를 갈). 입술이나 입안, 목 따위가 타는 듯이 몹시 마름[燥=渴]. ⓑ구갈(口渴).

▸조갈-증 燥渴症 (증세 증). ① 속뜻 입술이나 입 안, 목 따위가 몹시 마르는[燥渴] 증세(症勢). ② 한의 소갈(消渴).

조갈-소 藻褐素 (바닷말 조, 털옷 갈, 바탕 소). 식물 갈조류(褐藻類)에 들어 있는 적갈색(赤褐色) 색소(色素). ⓑ갈조소(褐藻素).

조:감[1] **照鑑** (비칠 조, 볼 감). ① 속뜻 서로 비추어[照] 봄[鑑]. ②신불 등이 밝게 보살핌.

조감[2] **鳥瞰** (새 조, 볼 감). 새[鳥]가 높은 하늘에서 아래를 내려다보는[瞰] 것처럼 전체를 한눈으로 관찰함. ¶언덕 꼭대기에서 저 아래 마을을 조감하다.

▸조감-도 鳥瞰圖 (그림 도). 높은 곳에서 내려다본[鳥瞰] 상태의 그림이나 지도(地圖). ¶신축 건물의 조감도를 살펴보다. ⓑ부감도(俯瞰圖), 부시도(俯視圖).

조갑 爪甲 (발톱 조, 껍질 갑). ① 속뜻 손톱[爪]의 껍질[甲]. ②손톱과 발톱을 통틀어 이르는 말. ⓑ지갑(指甲).

조강[1] **條鋼** (가지 조, 강철 강). 공업 길쭉한 가지[條] 모양으로 가공한 강철(鋼鐵)을 통틀어 이르는 말.

조강[2] **粗鋼** (거칠 조, 강철 강). 공업 제강로에서 제조된 그대로의 가공되지 않은 거친[粗] 강철(鋼鐵).

조강[3] **糟糠** (지게미 조, 겨 강). ① 속뜻 지게미[糟]와 쌀겨[糠]. ②가난한 사람이 먹는 변변치 못한 음식을 이르는 말. ③'조강지처'(糟糠之妻)의 준말.

▸조강지처 糟糠之妻 (어조사 지, 아내 처). ① 속뜻 지게미[糟]와 쌀겨[糠]로 함께 끼니를 이은 아내[妻]. ②'몹시 가난하고 천할 때에 고생을 함께 겪어 온 아내'를 이르는 말. ⓒ조강.

조개모변 朝改暮變 (아침 조, 고칠 개, 저물 모, 바뀔 변). ① 속뜻 아침[朝]에 고친[改] 것을 저녁[暮]에 다시 바꿈[變]. ②자주 바꿈. 변덕이 많음. ⓑ조변석개(朝變夕改).

조:객 弔客 (위문할 조, 손 객). 조상(弔喪)하러 온 손님[客]. ⓒ하객(賀客).

▸조:객-록 弔客錄 (기록할 록). 조객(弔客)의 이름을 적는[錄] 책.

⁂**조건 條件** (가지 조, 구분할 건). ① 속뜻 각 가지[條]로 나누어 구분한[件] 사항. ②어떤 일을 결정하기에 앞서 내놓는 요구나 견해. ¶협상 조건을 제시하다. ③규정(規定)한 사항이나 요소. ¶지리적 조건을 갖추다.

▸조건 반:사 條件反射 (되돌릴 반, 쏠 사). 심리 어떤 조건(條件)에서만 일어나는 반사(反射) 작용. ⓑ무조건 반사(無條件反射).

▸조건 자:극 條件刺戟 (찌를 자, 찌를 극). 심리 조건 반사(條件反射)나 조건 반응(條件反應)을 일으키게 하는 자극(刺戟).

조:견-표 早見表 (빠를 조, 볼 견, 겉 표). 경 한 눈에 빨리[早] 알아볼[見] 수 있도록 만든 표(表). ¶가격 조견표를 참고 바랍니다.

조:경[1] **造景** (만들 조, 볕 경). 경치(景致)를 아름답게 만듦[造]. ¶이번에 새로 만든 공원은 조경에 특히 신경을 썼다.

조경[2] **潮境** (바닷물 조, 지경 경). 지리 성질이 다른 해류[潮]가 만나는 경계점(境界點).

조:계[1] **早計** (이를 조, 셀 계). 적당한 때가 되기도 전[早]에 지레 잡는 계획(計劃)이

나 셈. ¶그것은 성급한 조계라 생각됩니다.

조계[2] **租界** (세낼 조, 지경 계). ① [속뜻]조차(租借)한 지역의 경계(境界). ② [역사] 19세기 후반에 영국, 미국, 일본 등 8개국이 중국을 침략하는 근거지로 삼았던, 개항 도시의 외국인 거주지.

조계-종 **曹溪宗** (마을 조, 시내 계, 마루 종). ① [속뜻]조계산(曹溪山)에서 발원한 종파(宗派). ② [불교] 우리나라 선종을 통틀어 이르는 말. 고려 시대에 보조 국사(普照國師)가 송광산에서 정혜사를 창건하고, 뒤에 '송광산'을 '조계산'으로 고친 다음부터 붙인 이름이다.

조고[1] **祖考** (할아버지 조, 아버지 고). 이미 돌아가신[考] 할아버지[祖]. [비]왕고(王考).

조고[2] **凋枯** (시들 조, 마를 고). 나무나 풀 따위가 시들어[凋] 마름[枯].

조고[3] **潮高** (바닷물 조, 높을 고). [지리]조류(潮流)의 물 높이[高].

조곡[1] **弔哭** (위문할 조, 울 곡). 조상(弔喪)하는 뜻으로 욺[哭]. 또는 그런 곡.

조곡[2] **組曲** (짤 조, 노래 곡). [음악]여러 개의 악곡을 조합(組合)하여 하나로 구성된 악곡(樂曲).

조곡[3] **朝哭** (아침 조, 울 곡). 상제가 소상 때까지 이른 아침[朝]마다 신위 앞에서 우는[哭] 일.

조ː-곡선 **助曲線** (도울 조, 굽을 곡, 줄 선). ① [속뜻]간곡선을 보조(補助)할 수 있도록 나타낸 곡선(曲線). ② [지리]간곡선으로 나타내기 어려운 상세한 지형을 표현하기 위해 등고선 간격의 2분의 1이나 4분의 1 따위의 해발 고도를 파선으로 그린 선. [참]계곡선(計曲線), 간곡선(間曲線), 조곡선(助曲線).

조ː골-세포 **造骨細胞** (만들 조, 뼈 골, 작을 세, 태보 포). [생물]뼈[骨]를 만드는 데[造] 관여하는 세포(細胞). [비]성골세포(成骨細胞).

조공[1] **租貢** (조세 조, 바칠 공). 조세(租稅) 따위를 바침[貢]. 또는 그 조세.

조공[2] **朝貢** (조정 조, 바칠 공). [역사]다른 나라 조정(朝廷)에 물품을 바침[貢]. ¶조선은 중국에 사신을 보내 조공을 바쳤다.

▶조공 무ː역 朝貢貿易 (바꿀 무, 바꿀 역). [역사]속국이나 제후가 종주국에 조공(朝貢)을 바침으로써 이루어지는 무역(貿易).

조관 **朝官** (조정 조, 벼슬 관). 조정(朝廷)에서 벼슬살이를 하고 있는 사람[官]. ¶일찍이 국록을 먹고 조관을 지낸 몸이었다. [비]조신(朝臣).

조광-권 **租鑛權** (세낼 조, 쇳돌 광, 권리 권). [법률]계약에 따라 남의 광구(鑛區)를 빌려[租] 광물을 캐내어 취득할 수 있는 권리(權利).

조ː교[1] **弔橋** (=吊橋, 매달 조, 다리 교). [건설]양쪽 언덕에 줄이나 쇠사슬을 건너지르고, 거기에 의지하여 매달아[弔] 놓은 다리[橋]. 현교(懸橋).

조ː교[2] **助教** (도울 조, 가르칠 교). ① [교육]대학 교수(教授)를 돕는[助] 직위. 또는 그 직위에 있는 사람. ¶보고서는 조교에게 제출하세요. ② [군사]군사 교육·훈련을 할 때에 교관을 도와 교재 관리, 시범 훈련, 피교육자 인솔 따위를 맡아보는 사병. ¶훈련에 앞서 숙달된 조교가 시범을 보이겠다. ③ [역사] 신라 때에 둔, 국학(國學)의 교수관(教授官). ④ [역사]고려 성종 때의 국자감 및 문종 때의 태의감에 속한 벼슬. ⑤ [역사]조선 세종 때에 둔, 내의원의 참하(參下). ⑥ [역사]대한 제국 때에 둔, 무관 학교 및 육군 유년 학교의 관직.

조ː교[3] **照校** (비칠 조, 고칠 교). 대조(對照)하여 교정(校正)함. 대조하여 검토함.

조ː-교수 **助教授** (도울 조, 가르칠 교, 줄 수). [교육]대학교수 직위로, 부교수의 아래서 교수(教授)를 돕는[助] 역할을 함.

조ː구조 운ː동 **造構造運動** (만들 조, 얽을 구, 만들 조, 돌 운, 움직일 동). [지리]산지의 주요 구조(構造)를 형성하는[造] 대규모의 지각 변형 작용[運動].

조ː국[1] **肇國** (시작할 조, 나라 국). 나라[國]를 세움[肇]. [비]건국(建國).

조국[2] **祖國** (조상 조, 나라 국). ① [속뜻]조상(祖上) 때부터 대대로 살던 나라[國]. ¶조국을 위해 목숨 바쳐 싸우다. ②자기 국적이 속하여 있는 나라. ③민족이나 국토의 일부가 떨어져서 다른 나라에 합쳐졌을 때에 그 본디의 나라. [비]고국(故國).

▸조국-애 祖國愛 (사랑 애). 조국(祖國)에 대한 사랑[愛]. ㊥애국심(愛國心).

조:귀 早歸 (이를 조, 돌아갈 귀). 일찍[早] 돌아오거나 돌아감[歸].

조규 條規 (조목 조, 법 규). 조문(條文)의 규정(規定).

조균 朝菌 (아침 조, 버섯 균). ① 속뜻 아침[朝]에 생겼다가 저녁에 스러지는 버섯[菌]. ② '덧없이 짧은 목숨'을 비유하여 이르는 말.

조근 朝槿 (아침 조, 무궁화 근). ① 속뜻 아침[朝]에 가장 싱싱해 보이는 무궁화나무[槿]. ② '덧없음'을 비유하여 이르는 말.

조:금[1] 造金 (만들 조, 황금 금). 인공으로 만든[造] 금(金).

조금[2] 彫金 (새길 조, 쇠 금). 끌을 이용하여 금속(金屬)에 그림이나 무늬, 글씨 따위를 새김[彫].

조:급[1] 早急 (이를 조, 급할 급). 이르고[早] 급(急)함. 서둘러야할 정도로 급함.

조급[2] 躁急 (성급할 조, 급할 급). 참을성 없이 매우 급하다[躁=急]. ¶조급한 성격 / 놀란 나머지 예의를 잊고 조급히 물었다.

▸조급-성 躁急性 (성품 성). 조급(躁急)해 하는 성격(性格).

▸조급-증 躁急症 (증세 증). 조급(躁急)해 하는 버릇[症]이나 마음.

조:기[1] 弔旗 (위문할 조, 깃발 기). ① 속뜻 조의(弔意)를 표하기 위해 다는 깃발[旗]. ¶현충일에는 조기를 게양한다. ② 남의 죽음을 슬퍼하는 뜻을 나타내기 위하여 검은 헝겊을 달거나 검은 선을 두른 기.

조:기[2] 早起 (이를 조, 일어날 기). 아침 일찍[早] 일어남[起]. ¶조기 축구단.

▸조:기-회 早起會 (모일 회). 아침 일찍 일어나[早起] 함께 운동 따위를 하려고 조직한 모임[會]. ¶우리 동네는 조기회를 만들어 마을도 청소하고 친목도 도모한다.

조:기[3] 早期 (이를 조, 때 기). 이른[早] 시기(時期). ¶조기 교육 / 암(癌)은 조기에 발견하는 것이 중요하다. ㊥초기(初期).

▸조:기 재:배 早期栽培 (심을 재, 북돋울 배). 농업 농작물을 보통보다 한두 달 이른[早] 시기(時期)에 심어[栽] 가꾸는[培] 일.

조난 遭難 (만날 조, 어려울 난). 항해나 등산 따위를 하는 도중에 재난(災難)을 만남[遭]. ¶등산객 한 명이 등산 도중 조난을 당했다.

▸조난-선 遭難船 (배 선). 항해를 하는 도중에 조난(遭難)당한 배[船].

▸조난-자 遭難者 (사람 자). 항해나 등산 따위를 하는 도중에 조난(遭難)당한 사람[者].

▸조난 신:호 遭難信號 (소식 신, 표지 호). 해양 조난(遭難)당한 배가 구조를 청할 때 보내는 신호(信號). ㊥조난 통신(遭難通信).

▸조난 통신 遭難通信 (통할 통, 소식 신). 해양 조난(遭難)당한 배가 구조를 청할 때 하는 통신(通信). ㊥조난 신호(遭難信號). ㊟긴급 통신(緊急通信).

조:달[1] 早達 (이를 조, 이를 달). ① 속뜻 젊은 나이로 일찍[早] 높은 지위에 오름[達]. ② 나이는 어리지만 어른같이 보임.

조달[2] 調達 (고를 조, 보낼 달). ① 속뜻 고루[調] 보냄[達]. ② 자금이나 물자 따위를 대어 줌. ¶명수는 학비를 조달하기 위해 여러 가지 일을 했다.

▸조달-청 調達廳 (관청 청). ① 속뜻 물품의 조달(調達)을 담당하는 관청(官廳). ② 법률 재정 경제부 소속으로 정부 물자의 구매·공급·관리 및 정부 주요 시설의 공사 계약 따위에 관한 사무를 처리하는 중앙 행정 기관.

조당[1] 粗糖 (거칠 조, 사탕 당). 정제하지 않은[粗] 설탕[糖]. ㊤정당(精糖).

조당[2] 朝堂 (조회 조, 집 당). ① 속뜻 임금이 신하의 조회(朝會)를 받는 집[堂]. ② 나라의 정치를 의논, 집행하던 곳. ㊥조정(朝廷).

조대[1] 粗大 (거칠 조, 큰 대). 거칠고[粗] 큼[大].

조:대[2] 釣臺 (낚시 조, 돈대 대). 물고기를 낚을[釣] 수 있도록 높고 평평하게 만든 돈대[臺].

조:도[1] 早稻 (이를 조, 벼 도). 일반 품종보다 일찍[早] 여무는 벼[稻]. 올벼.

조도[2] 調度 (헤아릴 조, 정도 도). ① 속뜻 사물을 정도(程度)를 헤아려[調] 처리함. ② 정도에 맞게 살아가는 계교.

조:도[3] 照度 (비칠 조, 정도 도). ① 속뜻 밝게

비치는[照] 정도(程度). ② 물리 단위 면적이 단위 시간에 받는 빛의 양. '조명도'(照明度)의 준말. ¶조도를 높이다.

▸조:도-계 照度計 (셀 계). 물리 조도(照度)를 재는[計] 기구. 조명도계(照明度計).

조독 爪毒 (발톱 조, 독할 독). 한의 손톱[爪]에 긁힌 자리에 균이나 독(毒)이 들어가 생긴 염증.

조동[1] 粗銅 (거칠 조, 구리 동). 완전히 정련되지 않은 거친[粗] 구리[銅]. ㊐흑동(黑銅).

조동[2] 躁動 (성급할 조, 움직일 동). 조급하게[躁] 움직임[動].

조:-동사 助動詞 (도울 조, 움직일 동, 말씀 사). 언어 홀로는 문장의 주체를 서술하지 못하고, 본용언 뒤에 놓여 그 뜻을 돕는[助] 동사(動詞). '보조 동사'(補助動詞)의 준말.

조락 凋落 (시들 조, 떨어질 락). ① 속뜻 초목의 잎 따위가 시들어[凋] 떨어짐[落]. ㊐위락(萎落), 조령(凋零). ② 차차 쇠하여 보잘것없이 됨. ㊐영락(榮落).

조:람 照覽 (비칠 조, 볼 람). ① 속뜻 비추어[照] 똑똑히 살펴봄[覽]. ② 불교 부처나 보살이 빛으로 중생을 굽어 살핌.

조략 粗略 (거칠 조, 줄일 략). ① 속뜻 아주 성기고[粗] 간략(簡略)함. ② 함부로 여기어 허투루 함.

조:력[1] 助力 (도울 조, 힘 력). 힘[力]을 써 도와줌[助]. 또는 그 힘.

조력[2] 潮力 (바닷물 조, 힘 력). 바닷물[潮] 흐름의 차이로 발생되는 힘[力].

▸조력 발전 潮力發電 (일으킬 발, 전기 전). 전기 조수(潮水) 간만의 차이로 일어나는 힘[力]을 이용하는 발전(發電). ¶서해안은 조력발전을 하기에 알맞다.

조련[1] 調練 (=調鍊, 길들일 조, 익힐 련). ① 속뜻 길들이기[調] 위하여 훈련(訓練)시킴. ② 훈련을 거듭하여 쌓음. ¶농장에서 야생마를 조련하다.

▸조련-사 調練師 (스승 사). 개, 돌고래, 코끼리 따위의 동물을 길들여[調] 재주를 가르치고 훈련(訓練)시키는 사람[師]. ¶침팬지가 조련사의 말을 참 잘 듣는다.

조:련[2] 操鍊 (잡을 조, 불릴 련). ① 속뜻 잡아 쥐고[操] 불에 불리어[鍊] 달굼. ② 성가시게 굴어 남을 몹시 괴롭힘. ③ 군사 교련(教鍊).

▸조:련-장 操鍊場 (마당 장). 조련(操鍊)하는 장소(場所). ㊐훈련장(訓鍊場).

조령[1] 凋零 (시들 조, 떨어질 령). ① 속뜻 초목의 잎이 시들어[凋] 떨어짐[零]. ② 세력 따위가 차차 쇠하여 보잘것없이 됨. ㊐조락(凋落).

조령[2] 朝令 (조정 조, 명령 령). 조정(朝廷)의 명령(命令).

조령모개 朝令暮改 (아침 조, 시킬 령, 저물 모, 고칠 개). ① 속뜻 아침[朝]에 내린 법령(法令)을 저녁[暮]이면 다시 바꿈[改]. ② 법령을 자꾸 고쳐서 갈피를 잡기가 어려움. 이랬다저랬다 변덕이 심할 때 즐겨 쓰는 말이다. ¶조령모개로 자주 바뀌는 선거제도.

조:례[1] 弔禮 (위문할 조, 예도 례). 남의 상사(喪事)에 대하여 조상(弔喪)하는 예절(禮節).

조례[2] 條例 (조목 조, 법식 례). ① 속뜻 조목조목[條] 적어 놓은 규칙이나 명령[例]. ② 법률 지방 자치 단체가 법령의 범위 안에서 지방 의회의 의결을 거쳐 그 지방의 사무에 관하여 제정하는 법. ¶조례를 제정하다. ㊐조령(條令).

조례[3] 朝禮 (아침 조, 예도 례). 학교 따위에서 구성원들이 일과를 시작하기 전에 아침[朝]마다 모여 하는 의식[禮]. ¶오늘 조례는 교실에서 하자. ② 조정의 관리들이 아침에 궁궐에 모여 임금을 뵙던 일. ㊐조회(朝會). ㊎종례(終禮).

조:례[4] 照例 (비칠 조, 법식 례). 전례(前例)에 비추어봄[照].

조:로[1] 早老 (이를 조, 늙을 로). 나이에 비하여 빨리[早] 늙음[老].

조로[2] 朝露 (아침 조, 이슬 로). ① 속뜻 아침[朝] 이슬[露]. ② '인생의 덧없음'을 비유하여 이르는 말. ㊐조균(朝菌).

▸조로-인생 朝露人生 (사람 인, 살 생). 아침[朝] 이슬[露]처럼 덧없는 인생(人生). ㊐초로인생(草露人生).

조롱[1] 鳥籠 (새 조, 대그릇 롱). 새[鳥]를 넣어두고 기르는 장[籠]. ¶새는 조롱 속에서 날개를 파닥이고 있었다.

조롱[2] 嘲弄 (비웃을 조, 놀릴 롱). 비웃거나

[嘲] 깔보면서 놀림[弄]. ¶조롱을 당하고 도 꿋꿋이 이겨냈다. [비]기롱(欺弄), 우롱(愚弄).

조:루 早漏 (이를 조, 샐 루). ① [속뜻] 빨리[早] 샘[漏]. ② [의학] 성교할 때에 비정상적으로 너무 이르게 남자의 사정이 이루어지는 일. '조루증'(早漏症)의 준말.

조류¹ 鳥類 (새 조, 무리 류). 새[鳥]의 특징을 가진 동물 종류(種類). ¶야생 조류를 연구하다. [비]날짐승.

조류² 藻類 (바닷말 조, 무리 류). [식물] 바닷말[藻]의 특징을 가지는 종류(種類). 물속에 살면서 엽록소로 동화작용을 한다.

조류³ 潮流 (바닷물 조, 흐를 류). ① [속뜻] 밀물과 썰물 때문에 일어나는 바닷물[潮]의 흐름[流]. ¶이 지역은 조류의 흐름이 빠른 편이다. ② 시대 흐름의 경향이나 동향. ¶밀려드는 세계화의 조류를 막을 수는 없다.

▸조류 신:호 潮流信號 (소식 신, 표지 호). [해양] 간만이 일정하지 아니한 물길에서 조류(潮流)의 방향과 빠르기를 나타내는 신호(信號).

조:륙 운:동 造陸運動 (만들 조, 뭍 륙, 돌 운, 움직일 동). [지리] 지반의 융기, 침강으로 육지(陸地)를 만드는[造] 것과 같은 지각 운동(運動). [비]조륙 작용(造陸作用).

조리¹ 笊籬 (조리 조, 대나무 리). 곡식을 이는 데 쓰는 가는 대나무[籬]로 만든 기구[笊]. ¶조리로 쌀을 일다.

조리² 條理 (가지 조, 다스릴 리). ① [속뜻] 각가지[條]를 모두 다 잘 정리(整理)함. ② 말이나 글 또는 일이나 행동에서 앞뒤가 들어맞고 체계가 서는 갈피. ¶현수는 말을 조리 있게 잘한다. [비]두서(頭緖).

조리³ 調理 (고를 조, 다스릴 리). ① [속뜻] 건강이 회복되도록 몸을 고르게[調] 잘 다스림[理]. ¶산후조리. ② 여러 가지 재료를 잘 맞추어 먹을 것을 만듦. ¶맛도 중요하지만 위생적으로 조리하는 것이 가장 중요하다. [비]요리(料理).

▸조리-대 調理臺 (돈대 대). 음식 따위를 만드는[調理] 데에 쓰는 높고 평평한 대(臺). ¶부엌은 좁았지만 조리대나 그릇같이 있을 것은 다 있었다. [비]요리대(料理臺).

▸조리-사 調理士 (선비 사). ① [속뜻] 음식을 만드는[調理] 일을 직업으로 하는 사람[士]. ② 음식점 따위에서 음식을 만드는 사람. ¶나는 유명한 한식 조리사가 되고 싶다. [비]요리사(料理師).

조:림 造林 (만들 조, 수풀 림). 인위적인 방법으로 숲[林]을 만듦[造]. ¶공원을 조림하여 삼림욕장을 만들다. [비]식림(植林).

▸조:림-학 造林學 (배울 학). [농업] 삼림을 조성[造林], 육성하는 기술을 연구하는 학문(學問). [참]사방 공학(砂防工學).

조립 組立 (끈 조, 설 립). ① [속뜻] 끈[組]으로 엮거나 만들어 세움[立]. ② 여러 부품을 하나의 구조물로 엮어 만듦. ¶선물로 받은 장난감 로봇을 조립했다.

▸조립-도 組立圖 (그림 도). 제작물이나 구조물의 조립(組立) 방식을 나타낸 도면(圖面). ¶조립도를 보고 필요한 재료를 준비하였다.

▸조립-식 組立式 (법 식). 여러 부품을 이용해 조립(組立)하는 방식(方式). ¶이 침대는 조립식이다.

▸조립-품 組立品 (물건 품). 여러 부품을 하나의 구조물로 조립(組立)하여 만든 물품(物品).

▸조립 건:축 組立建築 (세울 건, 쌓을 축). [건설] 공장에서 대량으로 만들어 낸 건축물의 뼈대를 현장에서 조립(組立)하는 건축(建築) 양식.

조마 調馬 (길들일 조, 말 마). ① [속뜻] 말[馬]을 길들임[調]. ② 말을 강제로 모아 거둠. [비]징마(徵馬).

▸조마-사 調馬師 (스승 사). 말[馬]을 길들이는[調] 일을 직업으로 하는 사람[師].

조:만 早晩 (이를 조, 늦을 만). 이름[早]과 늦음[晩]을 아울러 이르는 말.

▸조:만-간 早晩間 (사이 간). ① [속뜻] 아침[早]부터 저녁[晩]까지의 동안[間]. ② 앞으로 곧. ¶탈옥수는 조만간 체포될 것이다. [비]머지않아.

조망¹ 眺望 (바라볼 조, 바라볼 망). 먼 곳을 바라봄[眺=望]. 또는 그런 경치. ¶나무숲이 조망을 가로막다 / 여기서는 도시 전체를 조망할 수 있다. [비]전망(展望).

조망² 鳥網 (새 조, 그물 망). 새[鳥]를 잡기 위해 치는 그물[網].

조매-화 鳥媒花 (새 조, 맺어줄 매, 꽃 화). 식물 새[鳥]에 의하여 꽃가루가 매개(媒介)되는 꽃[花]. 동백꽃 따위. ㉿수매화(水媒花), 충매화(蟲媒花), 풍매화(風媒花).

조면 繰綿 (틀 조, 솜 면). 목화의 씨를 앗아 틀어[繰] 만든 솜[綿].

▸조면-기 繰綿機 (틀 기). 목화의 씨를 빼거나 솜[綿]을 트는[繰] 기계(機械).

조면-암 粗面巖 (거칠 조, 쪽 면, 바위 암). 지리 거친[粗] 면(面)을 가진 화산암(火山巖).

조:명¹ 助命 (도울 조, 목숨 명). 목숨[命]을 구하여 줌[助]. ¶그의 조명을 위해 백방으로 노력했다.

조:명² 照明 (비칠 조, 밝을 명). ① 속뜻 빛을 비추어[照] 밝게[明] 함. ¶교실의 조명이 불충분해 공부하기에 좋지 않다. ② 연영 무대 효과나 촬영 효과를 높이기 위해 광선을 사용하여 비침. 또는 그 광선. ¶화려한 조명 아래서 춤을 추는 가수들.

▸조:명-계 照明計 (셀 계). 조명도(照明度)를 재는[計] 기계. '조명도계'(照明度計)의 준말.

▸조:명-도 照明度 (정도 도). ① 속뜻 밝게[明] 비추는[照] 정도(程度). ② 물리 단위 면적이 단위 시간에 받는 빛의 양. ㉿조도.

▸조:명-등 照明燈 (등불 등). 빛을 비추어[照] 밝게[明] 하는 등(燈). ¶무대 조명등이 뜨겁다.

▸조:명-탄 照明彈 (탄알 탄). 군사 터뜨리면 밝은[明] 빛을 내는[照] 폭탄(爆彈). ¶밤에도 조명탄을 쏘아 올려 대낮처럼 밝았다.

조명시리 朝名市利 (조정 조, 이름 명, 저자 시, 이로울 리). ① 속뜻 명분(名分)은 조정(朝廷)에서 취하고, 이익(利益)은 장터[市]에서 다투어야 함. ② 무슨 일이든 알맞은 곳에서 해야 함을 비유하여 이르는 말. ¶조명시리라고, 무슨 일이든 때와 장소가 있는 법이다.

조모¹ 祖母 (할아버지 조, 어머니 모). ① 속뜻 할아버지[祖]의 아내이자 아버지의 어머니[母]. ② 부모의 어머니와 한 항렬에 있는 여자를 통틀어 이르는 말. ㊥조부(祖父).

조모² 朝暮 (아침 조, 저물 모). 아침[朝]과 저녁[暮]. ㊐조석(朝夕).

조목 條目 (가지 조, 눈 목). ① 속뜻 법률이나 규정 따위의 낱낱의 조항(條項)이나 항목(項目). ¶이 규정은 다섯 가지 조목으로 되어 있다. ② 하나의 일을 구성하고 있는 낱낱의 부분이나 갈래. ㊐절목(節目), 항목(項目), 조항(條項).

▸조목-조목 條目條目 (가지 조, 눈 목). 한 조목(條目) 한 조목(條目)씩. 조목마다. ¶사람들은 조목조목 따져가며 개발을 반대했다.

조목 棗木 (대추나무 조, 나무 목). 대추[棗] 나무[木].

조묘¹ 祖廟 (조상 조, 사당 묘). 선조(先祖)를 모신 사당[廟].

조묘² 粗描 (거칠 조, 그릴 묘). 줄거리만 대충[粗] 그려[描] 냄.

조무 朝霧 (아침 조, 안개 무). 아침[朝]에 끼는 안개[霧].

조문¹ 弔文 (위문할 조, 글월 문). 죽은 사람의 명복을 빌며 조상(弔喪)하는 글[文]. '조의문'(弔意文)의 준말.

조문² 條文 (조목 조, 글월 문). 규정이나 법령 따위에서 조목(條目)으로 나누어 적은 글[文]. ¶조문에 명시된 대로 일을 처리하세요.

조:문³ 照門 (비칠 조, 문 문). 총 따위에서 목표물에 맞을지 가늠해보기[照] 위해 만든 구멍[門].

조:문⁴ 弔問 (위문할 조, 물을 문). 조상(弔喪)하여 상주를 위문(慰問)함. 또는 그 위문. ¶친구들은 아버님을 조문했다. ㊐문상(問喪), 조상(弔喪).

▸조:문-객 弔問客 (손 객). 조문(弔問)하러 온 손님[客]. ¶조문객들이 끊이질 않았다. ㊐문상객(問喪客), 조상객(弔喪客).

조물¹ 彫物 (새길 조, 만물 물). 조각(彫刻)한 물건(物件).

▸조물-사 彫物師 (스승 사). 물건(物件)을 조각(彫刻)하는 사람[師].

조:물² 造物 (만들 조, 만물 물). ① 속뜻 만물(萬物)을 만듦[造]. ② 조물주가 만든 온갖 물건.

▸조:물-주 造物主 (주인 주). 우주의 만물

(萬物)을 만든[造] 신[主]. ¶산을 보니 조물주의 오묘한 조화가 실감난다.

조:미¹ 助味 (도울 조, 맛 미). 음식의 맛[味]을 돋움[助].

조미² 調味 (고를 조, 맛 미). 음식의 맛[味]을 알맞게 맞춤[調]. ¶간장과 설탕으로 조미하다.

▸조미-료 調味料 (거리 료). 음식의 맛[味]을 알맞게 맞추는[調] 데에 쓰는 재료(材料). ¶인공 조미료를 너무 많이 쓰면 건강에 좋지 않다.

조미수호통상조약 朝美修好通商條約 (아침 조, 미국 미, 닦을 수, 좋을 호, 다닐 통, 장사 상, 조목 조, 묶을 약). 역사 1882년에 조선(朝鮮)과 미국(美國) 사이에 수호(修好)와 통상(通商)을 목적으로 맺은 조약(條約).

조민¹ 兆民 (조 조, 백성 민). 모든[兆] 백성[民]. ㉥만민(萬民).

조민² 躁悶 (성급할 조, 번민할 민). 마음이 조급(躁急)하여 가슴이 답답함[悶].

조밀 稠密 (빽빽할 조, 빽빽할 밀). 들어선 것이 촘촘하고 빽빽함[稠=密].

조:-밀화 造蜜花 (만들 조, 꿀 밀, 꽃 화). 인공으로 만든[造] 밀화(蜜花). ㉥호박.

조박 糟粕 (지게미 조, 지게미 박). ① 속뜻 술을 거르고 남은 지게미[糟=粕]. ② 학문이나 서화·음악 따위에서, 옛사람이 다 밝혀서 지금은 새로운 의의가 없는 것을 이르는 말. ③ 양분을 빼고 난 필요 없는 물건.

조:반¹ 早飯 (이를 조, 밥 반). 이른[早] 아침에 밥을 먹기 전에 간단하게 먹는 음식[飯].

▸조:반-기 早飯器 (그릇 기). 조반(早飯)을 담는 그릇[器]. 놋쇠로 만든 식기로, 반병두리같이 생겼고 뚜껑이 있다.

조:반² 朝飯 (아침 조, 밥 반). 아침[朝]에 먹는 밥[飯]. ¶나는 늦게까지 자느라 조반을 잘 안 먹는 편이다.

▸조반-상 朝飯床 (평상 상). 아침밥[朝飯]을 차린 상(床).

조:발¹ 早發 (이를 조, 필 발). ① 속뜻 어떤 꽃이 다른 꽃보다 일찍[早] 핌[發]. ② 기차나 기선 따위가 정한 시간보다 일찍 떠남. ㉥조행(早行).

조발² 調髮 (고를 조, 머리털 발). ① 속뜻 머리털[髮]을 고르고[調] 정리하여 땋음. ② 머리털을 깎아 다듬음.

조:방 助幇 (도울 조, 도울 방). 오입판에서, 남녀 사이의 일을 주선하여 도와주고[助=幇] 잔심부름 따위를 함. 또는 그런 일.

조:백 早白 (이를 조, 흰 백). 늙기도 전에 일찍[早] 머리가 하얗게[白] 셈.

조:법 助法 (도울 조, 법 법). 법률 주법(主法)을 도와[助] 이를 실행하는 방법 및 절차를 규정한 법률(法律). 형사 소송법(刑事訴訟法), 민사 소송법(民事訴訟法) 따위.

조:변 早變 (이를 조, 바뀔 변). 일찍[早] 변(變)함. 또는 빨리 변함.

조변석개 朝變夕改 (아침 조, 바뀔 변, 저녁 석, 고칠 개). ① 속뜻 아침[朝]에 변(變)한 것을 저녁[夕]에 다시 고침[改]. ② 계획이나 결정 따위를 일관성이 없이 자주 고침을 이르는 말. ㉥조개모변(朝改暮變), 조석변개(朝夕變改).

조복¹ 朝服 (조정 조, 옷 복). 역사 관원이 조정(朝廷)에 나아가 하례할 때에 입던 예복(禮服).

조복² 調服 (고를 조, 먹을 복). 약에 다른 약을 타서[調] 먹음[服].

조부 祖父 (할아버지 조, 아버지 부). ① 속뜻 할아버지[祖] 대의 아버지[父]. ¶아이는 조부께서 직접 만들어 주신 연을 신나게 날렸다. ② 부모의 아버지와 한 항렬에 있는 남자를 통틀어 이르는 말. ㉯조모(祖母).

조-부모 祖父母 (할아버지 조, 아버지 부, 어머니 모). 할아버지[祖父] 대의 할머니[祖母]를 아울러 이르는 말. ¶내 동생은 조부모님의 사랑을 독차지했다.

조분 鳥糞 (새 조, 똥 분). 새[鳥]의 똥[糞].

▸조분-석 鳥糞石 (돌 석). 광업 물새[鳥]의 똥[糞]이 바닷가의 바위에 쌓여 만들어진 돌[石].

조불려석 朝不慮夕 (아침 조, 아니 불, 생각할 려, 저녁 석). ① 속뜻 형세가 절박하여 아침[朝]에 저녁[夕] 일을 헤아리지[慮] 못함[不]. ② 당장을 걱정할 뿐이고 앞일을 생각할 겨를이 없음. ¶형세가 급박하여 조불려석하는 처지가 되었다. ㉥조불모석(朝不謀夕).

조비 **祖妣** (할아버지 조, 어머니 비). 돌아가신 할머니[祖妣]를 이르는 말.

조:사[1] **弔詞** (위문할 조, 말씀 사). 죽은 사람을 슬퍼하여 조상(弔喪)의 뜻을 표하는 글이나 말[詞].

조:사[2] **早死** (이를 조, 죽을 사). 젊어서 일찍[早] 죽음[死]. ㉥요절(夭折).

조:사[3] **助詞** (도울 조, 말씀 사). ① 속뜻 돕는[助] 역할을 하는 말[詞]. ② 언어 명사 등 체언이나 부사 따위에 붙어 그 말과 다른 말과의 문법적 관계를 표시하거나 그 말의 뜻을 돕는다. 접속(接續)·보(補)조사로 나뉜다. ¶'밥을 먹다'의 '을'은 조사이다.

조:사[4] **助辭** (도울 조, 말씀 사). 언어 한문에서 실질적인 뜻이 없이 다른 글자를 돕는[助] 글자[辭]. '어조사'(語助辭)의 준말. '어'(於), '의'(矣), '언'(焉), '야'(也) 따위.

조:사[5] **釣師** (낚시 조, 스승 사). 전문적으로 고기를 낚는[釣] 사람[師].

조:사[6] **釣絲** (낚시 조, 실 사). 낚싯대에 드리워 고기를 낚을[釣] 때 쓰는 가는 줄[絲].

조사[7] **措辭** (놓을 조, 말씀 사). 문학 시가나 산문에서, 말[辭]이나 문자를 선택하거나 배열하는[措] 일. 또는 그런 용법.

조사[8] **照査** (비칠 조, 살필 사). 대조(對照)하여 조사(調査)함.

조:사[9] **照射** (비칠 조, 쏠 사). 햇빛이나 방사선 따위를 비추어[照] 쪼임[射].

조사[10] **祖師** (조상 조, 스승 사). ① 속뜻 어떤 학파를 처음 세운 조상(祖上) 같은 사람[師]. ②한 종파를 세워서, 그 종지를 펼친 사람을 높여 이르는 말. 종조(宗祖). ③스승님의 스승.

▸조사-당 祖師堂 (집 당). 불교 조사(祖師)의 영정이나 위패를 모신 집[堂]. ㉥조당(祖堂).

⁑**조사**[11] **調査** (헤아릴 조, 살필 사). ① 속뜻 잘 헤아리고[調] 살펴봄[査]. ②사물의 내용을 명확히 알기 위하여 자세히 살펴보거나 찾아봄. ¶설문 조사 / 사건을 철저히 조사하다.

▸조사-단 調査團 (모일 단). 사건이나 사실을 조사(調査)하기 위하여 만든 단체(團體). ¶정부는 진상을 밝히고자 조사단을 파견했다.

▸조사-자 調査者 (사람 자). 어떤 사건이나 현상을 자세히 조사(調査)하는 사람[者]. ¶현장 조사자의 말을 들어봅시다.

조-사료 **粗飼料** (거칠 조, 먹일 사, 거리 료). 농업 섬유질이 많아 푸석푸석한[粗] 사료(飼料). 건초나 짚 따위. ㉬농후 사료(濃厚飼料).

조:산[1] **早産** (이를 조, 낳을 산). 달을 다 채우지 못하고 일찍[早] 아이를 낳음[産]. ㉥조생(早生). ㉤만산(晩産).

▸조:산-아 早産兒 (아이 아). 의학 달을 다 채우지 못하고 일찍[早] 태어난[産] 아이[兒]. 29~38주 사이에 태어난 아이를 이른다. ㉥조생아(早生兒). ㉤과숙아(過熟兒), 미숙아(未熟兒).

조:산[2] **助産** (도울 조, 낳을 산). ① 속뜻 해산(解産)을 도움[助]. ②산업을 조성함.

▸조:산-사 助産師 (스승 사). 해산(解産)을 돕거나[助] 임산부와 신생아를 돌보는 일을 하는 사람[師]. ㉥산파(産婆).

조:산[3] **造山** (만들 조, 메 산). ① 속뜻 인공적으로 산(山)을 쌓아 만듦[造]. 또는 그 산. ②지각 변동으로 산이 만들어짐.

▸조:산-대 造山帶 (띠 대). 지리 조산(造山) 운동이 있었거나 일어날 가능성이 큰, 띠[帶] 모양으로 길게 이어진 지역. ㉥변동대(變動帶).

▸조:산 운:동 造山運動 (돌 운, 움직일 동). 지리 산맥(山脈)을 형성하는[造] 지각 변동[運動]. ㉥조산 작용(造山作用).

조:-산호 **造珊瑚** (만들 조, 산호 산, 산호 호). 인공으로 만든[造] 산호(珊瑚).

조:삼 **造蔘** (만들 조, 인삼 삼). 수삼(水蔘)을 찌고 다듬어 백삼(白蔘)이나 홍삼(紅蔘)을 만듦[造]. 또는 그렇게 만든 인삼.

조삼모사 **朝三暮四** (아침 조, 석 삼, 저물 모, 넉 사). ① 속뜻 아침[朝]에 세[三] 개, 저녁[暮]에 네[四] 개씩 줌. ②당장 눈앞의 차이만을 알고 그 결과가 같음을 모름. 간교한 잔꾀로 남을 속여 희롱함. 중국 송나라의 저공(狙公)의 고사로, 먹이를 아침에 세 개, 저녁에 네 개씩 주겠다는 말에는 원숭이들이 적다고 화를 내더니 아침에 네 개, 저녁에 세 개씩 주겠다는 말에는 좋아하였다는 데서 유래한다. ¶회사의 얄팍한 조삼모사

전략에 그들이 속아 넘어갔다.

조상[1] **爪傷** (발톱 조, 다칠 상). 손톱[爪]이나 발톱에 긁혀서 다침[傷].

조:상[2] **早霜** (이를 조, 서리 상). 철보다 일찍[早] 내리는 서리[霜].

조상[3] **彫像** (새길 조, 모양 상). [미술] 조각(彫刻)하여 놓은 형상(形像). '조각상'(彫刻像)의 준말.

조:상[4] **弔喪** (위문할 조, 죽을 상). 죽음에 대하여 슬퍼하는 뜻을 드러내어 상주(喪主)를 위문함[弔]. [비]조문(弔問).

▸조:상-객 弔喪客 (손 객). 조상(弔喪)하러 온 사람[客]. [비]조문객(弔問客).

조상[5] **祖上** (할아버지 조, 위 상). ① [속뜻] 선조(先祖)가 된 윗[上]세대의 어른. ¶우리는 조상 대대로 이 마을에서 살아왔다. ② 자기 세대 이전의 모든 세대. ¶한글에는 조상들의 슬기와 지혜가 담겨 있다. ③ 후에 오는 것이 발생·발전하는데 토대가 되는 것. [참]상종(上宗), 조선(祖先), 선대(先代). [반]자손(子孫).

▸조상-신 祖上神 (귀신 신). 자손을 보호하는 4대조(四代祖)보다 더 앞선 조상(祖上)들의 신(神).

▸조상 숭배 祖上崇拜 (높을 숭, 공경할 배). [종교] 조상(祖上)의 영혼을 숭배(崇拜)함. 또는 그런 풍습이나 신앙. 조선 숭배(祖先崇拜).

조:상-기 **造像記** (만들 조, 모양 상, 기록할 기). 석상(石像), 동상(銅像) 따위를 만든[造] 사연이나 유래를 적은[記] 글.

조:상-부모 **早喪父母** (이를 조, 죽을 상, 아버지 부, 어머니 모). 어려서[早] 부모(父母)를 여읨[喪]. [비]조실부모(早失父母).

조상-육 **俎上肉** (도마 조, 위 상, 고기 육). ① [속뜻] 도마[俎] 위[上]에 오른 고기[肉]. ② 어찌할 수 없게 된 운명을 이르는 말.

조색 **調色** (고를 조, 빛 색). [미술] 그림을 그릴 때 물감[色]을 섞어서[調] 그리고자 하는 빛깔을 내는 일.

▸조색-판 調色板 (널빤지 판). 물감[色]을 섞을[調] 때 쓰는 판(板).

조생모사 **朝生暮死** (아침 조, 날 생, 저물 모, 죽을 사). ① [속뜻] 아침[朝]에 나서[生] 저녁[暮]에 죽음[死]. ② 수명이 매우 짧음.

조:생-아 **早生兒** (이를 조, 날 생, 아이 아). [의학] 달을 다 채우지 못하고 일찍[早] 태어난[生] 아이[兒]. [비]조산아(早産兒).

조:생-종 **早生種** (이를 조, 날 생, 씨 종). [농업] 같은 농작물 가운데 다른 것보다 일찍[早] 싹을 틔우는[生] 품종(品種). [준]조종. [비]조숙종(早熟種). [반]만생종(晩生種).

조:서[1] **弔書** (위문할 조, 글 서). 상주(喪主)가 된 사람을 위문하는[弔] 뜻을 적은 편지 글[書].

조서[2] **調書** (헤아릴 조, 글 서). ① [속뜻] 조사(調査)한 사실을 적은 문서(文書). ¶조서를 작성하다. ② [법률] 소송 절차의 경과 및 내용을 공증하기 위하여 법원 등에서 작성하는 문서.

조:서[3] **詔書** (고할 조, 글 서). 임금의 명령을 백성들에게 알리기[詔] 위해 적은 문서(文書). [비]금문(金文), 단서(丹書), 조칙(詔勅).

조석[1] **潮汐** (바닷물 조, 바닷물 석). ① [속뜻] 밀물[潮]과 썰물[汐]. ② [지리] 달, 태양 따위의 인력에 의하여 아침에 밀려 들어왔다가 나가고, 저녁에 들어왔다 나가는 바닷물 보통 12시간 25분의 간격으로 하루에 두 번 일어난다.

조석[2] **朝夕** (아침 조, 저녁 석). ① [속뜻] 아침[朝]과 저녁[夕]을 아울러 이르는 말. ¶부모님께 조석으로 문안인사를 드린다. ② 썩 가까운 앞날을 이르는 말. ¶여러 사람의 목숨이 조석에 달렸으니 부디 신중하거라. [비]단석(旦夕), 조만(朝晩), 조모(朝暮). ③ 아침저녁으로 먹는 밥. '조석반'(朝夕飯)의 준말.

▸조석-공양 朝夕供養 (드릴 공, 기를 양). 아침[朝]저녁[夕]으로 웃어른께 음식을 드려[供] 모심[養].

▸조석 예불 朝夕禮佛 (예도 례, 부처 불). [불교] 아침[朝]저녁[夕]으로 부처[佛]에게 절하는[禮] 일.

조-석반 **朝夕飯** (아침 조, 저녁 석, 밥 반). 아침[朝]과 저녁[夕]에 먹는 밥[飯].

조선[1] **鳥仙** (새 조, 신선 선). ① [속뜻] 새[鳥] 중의 신선(神仙). ② '학'(鶴)을 달리 이르는 말.

조:선[2] **釣船** (낚시 조, 배 선). 고기를 낚을[釣] 때 타는 배[船].

조선[3] **祖先** (할아버지 조, 먼저 선). 할아버지

[祖]보다 앞선[先] 어른. ㊐조상(祖上).

▸조선-교 祖先教 (종교 교). 종교 조선(祖先)의 신령 숭배를 근본으로 삼는 종교(宗教).

▸조선 숭배 祖先崇拜 (높을 숭, 공경할 배). 종교 조상[祖先]의 영혼을 숭배(崇拜)함. ㊐조상 숭배(祖上崇拜).

조:선⁴ 造船 (만들 조, 배 선). 배[船]를 만듦[造]. ¶한국의 조선 기술은 수준급이다.

▸조:선-소 造船所 (곳 소). 배[船]를 만들거나[造] 고치는 곳[所]. ¶작년에는 조선소를 견학하여 큰 배도 타보았다.

조선⁵ 朝鮮 (아침 조, 고울 선). 역사 ①우리나라의 상고 때부터 써 내려오는 국명. 고조선(古朝鮮). ②1392년 이성계가 고려를 무너뜨리고 한양을 도읍으로 세운 나라. ㊐근세조선(近世朝鮮).

▸조선-어 朝鮮語 (말씀 어). 일본어에 대하여 조선(朝鮮) 사람들이 쓰던 말[語]. ㊐조선말.

▸조선-족 朝鮮族 (겨레 족). 중국에 사는 조선(朝鮮) 겨레[族]. ¶중국 연변에는 조선족 자치주가 있다.

▸조선-문전 朝鮮文典 (글월 문, 법 전). 책명 1895년경 유길준(俞吉濬)이 지은 국어[朝鮮語] 문법서[文典]. 1909년에 『대한문전』(大韓文典)으로 고쳐 냈다.

▸조선-통보 朝鮮通寶 (통할 통, 보배 보). 역사 조선(朝鮮) 세종 5년(1423)에 쇠로 만든 엽전. 널리 유통(流通)되는 보배[寶]로운 화폐라 하여 이름 붙여졌다.

▸조선 상:고사 朝鮮上古史 (위 상, 옛 고, 역사 사). 책명 고조선(古朝鮮)부터 시작된 우리나라의 상고(上古) 시대의 역사(歷史)에 대해 쓴 책. 신채호가 1931년 『조선일보』에 연재하였다.

▸조선어 학회 朝鮮語學會 (말씀 어, 배울 학, 모일 회). 역사 조선어(朝鮮語)를 연구하기 위한 학회(學會). 1931년 '조선어연구회'가 바뀐 이름이며 이후 '한글학회'로 이름을 바꾸었다.

▸조선 총:독부 朝鮮總督府 (거느릴 총, 살필 독, 관청 부). 역사 일제가 1910년부터 1945년까지 우리나라[朝鮮]의 국정을 총괄(總括)하고 감독(監督)하기 위하여 설치하였던 관청[府].

▸조선어 연:구회 朝鮮語研究會 (말씀 어, 갈 연, 생각할 구, 모일 회). 역사 조선어(朝鮮語)를 연구(研究)하기 위한 학회(學會). 1921년 창설되었으며, 일제의 탄압 아래 꾸준히 우리말을 연구·보급했다.

▸조선왕조-실록 朝鮮王朝實錄 (임금 왕, 왕조 조, 실제 실, 기록할 록). 책명 조선(朝鮮) 왕조(王朝) 472년 동안의 역사적 사실(事實)을 기록(記錄)한 책. 유네스코 세계 기록 유산으로 지정되었으며, 국보 제151호이다.

▸조선어 학회 사:건 朝鮮語學會事件 (말씀 어, 배울 학, 모일 회, 일 사, 것 건). 역사 1942년 일제가 조선어 학회(朝鮮語學會)의 회원을 투옥한 사건(事件). 일제는 조선어 학회를 학술 단체를 가장한 독립운동 단체라고 꾸며, 회원들에게 혹독한 고문을 자행하였다.

조:설 早雪 (이를 조, 눈 설). 제철보다 일찍[早] 내리는 눈[雪].

조섭 調攝 (고를 조, 잡을 섭). 건강이 회복되도록 몸을 보살피고[調] 병을 다스림[攝]. ㊐조리(調理).

조:성¹ 早成 (이를 조, 이룰 성). 나이에 비하여 빨리[早] 성장(成長)함. ㊐조숙(早熟).

조성² 鳥聲 (새 조, 소리 성). 새[鳥]가 내는 소리[聲].

조:성³ 造成 (만들 조, 이룰 성). ①속뜻 무엇을 만들어서[造] 이룸[成]. ¶시장은 대규모 관광 단지 조성을 추진하고 있다. ②분위기나 정세 따위를 만듦. ¶여론 조성 / 면학 분위기를 조성하다.

조:성⁴ 助成 (도울 조, 이룰 성). 도와서[助] 이루게[成] 함. ㊐보성(輔成).

▸조:성-품 助成品 (물건 품). 생산물이 완성되도록[助成] 돕는 물품(物品). 비료나 약품 따위.

조성⁵ 組成 (짤 조, 이룰 성). ①속뜻 여러 개의 요소나 성분으로 얽거나 짜서[組] 이룸[成]. ②물체를 이루는 성분의 비율. ㊐성분비(成分比).

▸조성 사회 組成社會 (단체 사, 모일 회). 사회 국가, 정당처럼 일정한 목적을 이루기 위하여 인위적으로 조직한[組成] 사회(社會) 집단.

조성⁶ 調聲 (고를 조, 소리 성). ①속뜻 소리

[聲]를 고름[調]. ②소리를 낼 때에 그 높낮이와 장단을 고름.

▸조성 모:음 調聲母音 (어머니 모, 소리 음). 언어 자음으로 끝나는 소리에 자음으로 이어진 소리가 붙을 때, 소리[聲]를 부드럽게 내기[調] 위하여 넣는 모음(母音). 매개 모음(媒介母音). '먹으니', '손으로'에서 '-으-' 따위.

조:세[1] **早世** (이를 조, 세상 세). 젊어서 일찍[早] 세상(世上)을 뜸. ㊥요절(夭折).

조:세[2] **助勢** (도울 조, 세력 세). 세력(勢力)을 도와줌[助].

조세[3] **租稅** (구실 조, 세금 세). 법률 세금으로 거두어들이는 돈[稅=租]. ¶정부는 농민들의 조세부담을 덜어 주기로 했다. ㊂세. ㊥세금(稅金).

▸조세-안 租稅案 (문서 안). 역사 조선시대에 토지의 면적에 따라 매긴 세금[租稅]을 적은 장부[案].

▸조세-범 租稅犯 (범할 범). 법률 조세(租稅)의 부과, 징수, 납부에 관련된 범죄(犯罪). ㊥포탈범(逋脫犯).

▸조세-법 租稅法 (법 법). 법률 조세(租稅)에 관한 법률(法律). ㊂세법.

▸조세 전:가 租稅轉嫁 (옮길 전, 떠넘길 가). 법률 조세(租稅) 부담이 상품의 유통 과정을 통하여 납세자로부터 다른 사람에게 옮겨[轉] 가는[嫁] 일.

▸조세 주체 租稅主體 (주될 주, 몸 체). 법률 조세(租稅)를 낼 의무가 있는 개인이나 법인[主體].

▸조세 특면 租稅特免 (특별할 특, 면할 면). 법률 조세(租稅)를 특별(特別)히 면(免)해 주는 행정 처분. ㊥조세 특혜(租稅特惠).

▸조세 협정 租稅協定 (합칠 협, 정할 정). 법률 국가 간에 이중으로 조세(租稅) 부과하는 것을 막기 위하여 체결하는 국제 협정(協定).

조소[1] **彫塑** (새길 조, 빚을 소). 미술 재료를 새기거나[彫] 빚어서[塑] 입체 형상을 만드는 미술. ¶조소는 조각(彫刻)과 소조(塑造)를 통틀어 이르는 말이다.

조소[2] **嘲笑** (비웃을 조, 웃을 소). 조롱(嘲弄)하여 웃음[笑]. ¶친구들의 조소를 받다 / 돈과 물질에 사로잡힌 현실을 조소했다. ㊥비웃음.

조:속[1] **早速** (이를 조, 빠를 속). 이르고도[早] 빠르다[速]. ¶조속한 시일 내에 처리해 주십시오 / 불합리한 법률은 조속히 개정되어야 한다.

조속[2] **粗俗** (거칠 조, 풍속 속). 천박하고 거칠고[粗] 상스러운 풍속(風俗).

조속-기 調速機 (고를 조, 빠를 속, 틀 기). 기계 원동기에서 하중의 증감에 따라 회전 속도(速度)를 일정하게 조정(調整)하는 기계(機械).

조손 祖孫 (할아버지 조, 손자 손). 할아버지[祖父]와 손자(孫子)를 아울러 이르는 말.

▸조손-간 祖孫間 (사이 간). 할아버지[祖]와 손자(孫子)와의 사이[間]. 또는 그런 친척 관계.

조:쇠 早衰 (이를 조, 쇠할 쇠). 나이보다 일찍[早] 쇠약(衰弱)해짐.

조:수[1] **助手** (도울 조, 사람 수). 어떤 책임자 밑에서 지도를 받으면서 그 일을 도와주는[助] 사람[手]. ¶목수 밑에서 허드렛일을 하며 조수 노릇을 한 적이 있다.

조수[2] **鳥獸** (새 조, 짐승 수). 새[鳥]와 짐승[獸]을 통틀어 이르는 말. ㊥수조(獸鳥), 금수(禽獸).

조수[3] **漕手** (배 저을 조, 사람 수). 운동 오락·조정 경기에서, 노를 젓는[漕] 선수(選手).

조수[4] **潮水** (바닷물 조, 물 수). ① 속뜻 바다에서 밀려들었다가 밀려나가는[潮] 물[水]. ② 지리 달, 태양 따위의 인력에 의하여 주기적으로 높아졌다 낮아졌다 하는 바닷물. 밀물과 썰물을 통틀어 이르는 말. ¶서해안은 조수의 차가 심하다.

조:숙 早熟 (이를 조, 익을 숙). ① 속뜻 식물의 열매가 일찍[早] 익음[熟]. ②나이에 비하여 정신적·신체적 발달이 빠름. ¶요즘 아이들은 나이에 비해 조숙하다.

▸조:숙 재:배 早熟栽培 (심을 재, 북돋울 배). 농업 농작물을 빨리[早] 여물게[熟] 하기 위한 재배(栽培) 방법. 온상에서 모를 길러 밭에서 기르는 방법이다. ㊟촉성 재배(促成栽培).

조술 祖述 (조상 조, 지을 술). 조상(祖上)이나 선인들 말한 바를 근본으로 하여 서술(敍述)하고 밝힘.

조습 燥濕 (마를 조, 젖을 습). 바싹 마름[燥]

과 축축하게 젖음[濕].

조:시 弔詩 (위문할 조, 시 시). 죽은 이를 조상(弔喪)하며 지은 시(詩).

조:식[1] 早食 (이를 조, 먹을 식). ① 속뜻 아침밥을 일찍[早] 먹음[食]. ② 아침밥.

조식[2] 條植 (가지 조, 심을 식). ① 속뜻 농작물을 심을 때, 그 간격을 고르게 하기 위하여 줄[條]을 지어 심음[植]. ② 몸치장을 함.

조식[3] 粗食 (거칠 조, 밥 식). ① 속뜻 거친[粗] 밥[食]. ② 검소하게 먹음.

조식[4] 朝食 (아침 조, 밥 식). 아침[朝] 끼니로 먹는 밥[食].

조신[1] 祖神 (조상 조, 귀신 신). 신(神)으로 모시는 조상(祖上).

조신[2] 朝臣 (조정 조, 신하 신). 조정(朝廷)에서 벼슬살이를 하고 있는 신하(臣下). ¶조신이라는 자들은 지위만 탐하고 있다.

조신[3] 操身 (잡을 조, 몸 신). 잘못이나 실수가 없도록 몸가짐[身]을 잘 다잡음[操]. ¶너도 이제 시집을 갈 것이니 조신해야 한다.

조신 설화 調信說話 (고를 조, 믿을 신, 말씀 설, 이야기 화). 문학 신라 때 승려 조신(調信)이 사랑하는 여인과 가난한 삶을 꾸려가다 깨어보니 모두 꿈이었다는 내용의 설화(說話).

조:실-부모 早失父母 (이를 조, 잃을 실, 아버지 부, 어머니 모). 어려서 일찍[早] 부모(父母)를 잃음[失]. ¶나는 조실부모하고 고모님 댁에서 자랐다.

조심[1] 彫心 (새길 조, 마음 심). 마음[心]에 새김[彫].

▸조심-누골 彫心鏤骨 (새길 루, 뼈 골). ① 속뜻 마음[心]에 새기고[彫] 뼈[骨]에 새길[鏤] 정도로 깊이 생각함. ② '글 따위를 애를 써서 다듬음', '깊이 명심함'을 비유하여 이르는 말.

***조:심[2]** 操心 (잡을 조, 마음 심). 잘못이나 실수가 없도록 마음[心]을 다잡음[操]. ¶이 물건은 조심해서 다뤄 주세요 / 처음 만져보는 물건이라 조심스러웠다 / 도자기를 조심스레 들어 옮겼다. ㊐주의(注意).

▸조:심-성 操心性 (성품 성). 조심(操心)하는 성격(性格)이나 태도. ¶이 작업은 매우 위험해서 조심성이 필요하다.

▸조:심-조심 操心操心). 매우 조심스럽게 [操心+操心] 행동하는 모양. ¶어두운 방안을 조심조심 걸어갔다.

조아 爪牙 (발톱 조, 어금니 아). ① 속뜻 손톱[爪]과 어금니[牙]를 아울러 이르는 말. ② 매우 쓸모 있는 사람이나 물건을 비유하여 이르는 말. ③ 적의 습격을 막고 임금을 호위하는 신하를 비유하여 이르는 말.

조악 粗惡 (거칠 조, 나쁠 악). 제품 따위의 질이 거칠고[粗] 나쁨[惡].

조:암 광:물 造巖鑛物 (만들 조, 바위 암, 쇳돌 광, 만물 물). 광업 암석(巖石)을 이루는[造] 주요 광물(鑛物).

조:앙 早秧 (이를 조, 모 앙). 볏모[秧]를 보통보다 일찍[早] 냄.

조:애 阻礙 (막을 조, 거리낄 애). 일이나 행동 따위를 막는[阻] 장애(障礙). ㊐저애(沮礙).

조야[1] 粗野 (거칠 조, 거칠 야). 말이나 행동 따위가 거칠고[粗] 촌스러움[野].

조야[2] 朝野 (조정 조, 들 야). ① 속뜻 조정(朝廷) 신하와 일반 야인(野人). ② 백성을 통틀어 이르는 말.

조약[1] 調藥 (고를 조, 약 약). 여러 가지 약재(材)를 섞어서 약(藥)을 조제(調劑)함.

조약[2] 條約 (조목 조, 묶을 약). ① 속뜻 조목(條目)으로 나누어 맺은 약속(約束). ② 법률 국가 간의 권리와 의무를 국가 간의 합의에 따라 법적 구속을 받도록 규정하는 조문. ¶두 나라 사이에 조약이 맺어졌다.

▸조약-국 條約國 (나라 국). 정치 서로 수교 통상 조약(條約)을 맺은 나라[國].

조:양[1] 早穰 (이를 조, 볏대 양). 보통 품종보다 일찍[早] 익는 벼[穰].

조양[2] 朝陽 (아침 조, 볕 양). ① 속뜻 아침[朝] 햇살[陽]. 아침 해. ㊉석양(夕陽). ② 새벽에 동하는 남자의 성적인 양기.

조양[3] 調養 (고를 조, 기를 양). 건강이 회복되도록 몸을 보살피고[調] 보양(保養)함. ㊐조리(調理).

조:어[1] 助語 (도울 조, 말씀 어). 언어 ① 문장에 어구(語句)를 보태어 넣음[助]. ② 한문에서 실질적인 뜻이 없이 다른 글자를 돕는 조사. ㊐어조사(語助辭).

조어[2] 祖語 (조상 조, 말씀 어). ① 속뜻 조상(祖上)이 되는 언어(言語). ② 언어 비교 방법을 통하여, 친족 관계에 있는 여러 언어들이 갈려 나온 것으로 추정되는 언어.

조어[3] 鳥語 (새 조, 말씀 어). ① [속뜻] 새[鳥]의 지저귀는 소리[語]. ②알아듣지 못하게 지껄이는 말소리.

조:어[4] 釣魚 (낚시 조, 물고기 어). 물고기[魚]를 낚음[釣].

조:어[5] 造語 (만들 조, 말씀 어). ① [속뜻] 새로 말[語]을 만듦[造]. 또는 그렇게 만든 말. ② [언어] 실질 형태소에 다른 실질 형태소나 여러 가지 접사를 결합하여 새로운 단어를 만드는 일.

조어[6] 藻魚 (바닷말 조, 물고기 어). 해조(海藻)가 많은 곳에 사는 물고기류[魚].

조:언[1] 助言 (도울 조, 말씀 언). 말[言]로 거들거나 깨우쳐 주어서 도움[助]. 또는 그 말. ¶전문가의 조언 / 학생에게 공부하는 방법을 조언하다. [비]도움말.

조:언[2] 造言 (만들 조, 말씀 언). 근거 없는 사실을 꾸며서[造] 하는 말[言].

조업[1] 祖業 (조상 조, 일 업). 조상(祖上) 때부터 대대로 내려오는 가업(家業).

조:업[2] 肇業 (시작할 조, 일 업). 어떤 사업(事業)을 처음으로 시작함[肇].

조:업[3] 操業 (잡을 조, 일 업). 기계 따위를 잡고 움직여[操] 일[業]을 함. ¶지금은 어선들의 조업을 금지하고 있다.

▸조:업-도 操業度 (정도 도). [경제] 일정 기간 동안 생산하기[操業] 위한 설비를 이용하는 정도(程度).

▸조:업 단:축 操業短縮 (짧을 단, 줄일 축). [경제] 공장의 일하는[操業] 시간을 짧게[短] 줄여[縮] 생산을 제한하는 일.

조:연 助演 (도울 조, 펼칠 연). [연영] 주연의 연기(演技)를 보조(補助)함. 또는 그 역(役)을 맡은 사람. ¶조연을 맡은 배우. [반]주연(主演).

조:역 助役 (도울 조, 부릴 역). 보조(補助) 역할(役割). 또는 도와서 거들어 주는 일. [반]주역(主役).

조열 燥熱 (마를 조, 더울 열). 입이 바싹 마르고[燥] 몸에 열(熱)이 나는 일.

조:영[1] 造營 (만들 조, 지을 영). 집 따위를 지음[造=營]. [비]건축(建築).

조:영[2] 照影 (비칠 조, 그림자 영). ① [속뜻] 비치는[照] 그림자[影]. ②사람의 얼굴이나 모양을 그리거나 조각한 것. [비]초상(肖像).

조:예 造詣 (이를 조, 이를 예). 지식이나 기술 따위가 매우 높은 수준에 이름[造=詣]. ¶음악에 대한 조예가 깊다.

조왕 竈王 (부엌 조, 임금 왕). [민속] 부엌[竈] 일을 관장하는 왕(王). 늘 부엌에 있으면서 모든 길흉을 판단한다고 한다.

▸조왕-상 竈王床 (평상 상). [민속] 부엌[竈] 일을 관장하는 왕(王)에게 올리려고 제물을 차린 상(床).

▸조왕-신 竈王神 (귀신 신). [민속] 부엌[竈]을 맡은 왕(王)같은 신(神). 늘 부엌에 있으면서 모든 길흉을 판단한다고 한다.

조:요 照耀 (비칠 조, 빛날 요). 밝게 비쳐서[照] 빛남[耀].

조:요-경 照妖鏡 (비칠 조, 요사할 요, 거울 경). ① [속뜻] 마귀[妖]의 본성을 비추어서[照] 그의 참된 형상을 드러내 보인다는 신통한 거울[鏡]. ②사회의 숨은 본체를 비추어 냄. [비]조마경(照魔鏡).

조우 遭遇 (만날 조, 만날 우). ① [속뜻] 우연히 서로 만남[遭=遇]. [비]조봉(遭逢), 회우(會遇). ②신하가 뜻에 맞는 임금을 만남.

▸조우-전 遭遇戰 (싸울 전). [군사] 쌍방의 군대가 뜻하지 않게 부딪쳐[遭遇] 벌이는 전투(戰鬪).

조운 漕運 (나를 조, 돌 운). ① [속뜻] 배로 물건을 실어 나르는[漕] 운반(運搬). [비]운조(運漕), 조전(漕轉). ② [역사] 현물로 받아들인 각 지방의 조세를 서울까지 배로 운반하던 제도. [비]전조(轉漕). [참]조창(漕倉).

▸조운-제 漕運制 (정할 제). [역사] 고려·조선 시대에, 각 도에서 국가에 수납하는 전세 및 대동미를 배를 이용하여[漕] 경창까지 수송하던[運] 제도(制度).

▸조운-창 漕運倉 (창고 창). [역사] ①조운(漕運)과 조창(漕倉)을 아울러 이르는 말. ②세곡(稅穀)의 수송과 보관을 위하여 수로(水路) 근처에 설치한 창고. [준]조창.

조울-병 躁鬱病 (성급할 조, 답답할 울, 병 병). [의학] 흥분되어 조급(躁急)한 상태와 우울(憂鬱)하고 억제된 상태가 주기적으로 반복되는 병(病).

조울-증 躁鬱症 (성급할 조, 답답할 울, 증세 증). ① 속뜻 조급(躁急)함과 우울(憂鬱)함이 교차되는 병증(病症). ②『의학』 양극성(兩極性) 기분 장애. ¶조울증도 약물 치료가 가능하다.

조:원¹ 造園 (만들 조, 동산 원). 정원(庭園)이나 공원, 유원지 따위를 만듦[造].

조원² 組員 (짤 조, 사람 원). 한 조(組)를 이루는 사람[員]. ¶조장은 조원들을 모두 불러 모았다.

조위¹ 潮位 (바닷물 조, 자리 위). 조수(潮水)의 흐름에 따라 변화하는 해면(海面)의 높이[位].

조:위² 弔慰 (위문할 조, 위로할 위). 죽은 사람을 조상(弔喪)하고 유가족을 위문(慰問)함.

▸조:위-금 弔慰金 (돈 금). 조위(弔慰)하는 뜻을 나타내기 위하여 내는 돈[金]. ⓑ부의금(賻儀金).

조율 調律 (어울릴 조, 가락 률). ① 속뜻 가락[律]이 잘 어울리도록[調]함. ¶이 피아노는 조율이 필요하다. ②문제를 알맞게 조절함을 비유하는 말. ¶각 정당의 이견(異見)을 조율하다.

▸조율-사 調律師 (스승 사). 현악기 따위를 전문적으로 조율(調律)하는 사람[師].

조율이시 棗栗梨柹 (대추 조, 밤 율, 배 이, 감 시). 제사에 흔히 쓰는 과실, 대추[棗], 밤[栗], 배[梨], 감[柹] 따위를 말함. ¶조율이시를 차례로 제사상에 올리다.

조음¹ 潮音 (바닷물 조, 소리 음). 바닷물의 조류(潮流)가 들어왔다 나갔다 하며 내는 소리[音]. '해조음'(海潮音)의 준말.

조음² 調音 (고를 조, 소리 음). ① 언어 말소리[音]를 조절(調節)하여 냄. 또는 그러한 움직임. ⓑ분절(分節). ② 음악 악기의 음정을 고름. 또는 음율(音律)을 고른 악음(樂音).

▸조음-소 調音素 (바탕 소). 언어 자음으로 끝나는 소리에 자음으로 이어진 소리가 붙을 때, 소리를 부드럽게 내기[調] 위하여 넣는 모음 음소(音素). '먹으니', '손으로'에서 '-으-' 따위. ⓑ매개 모음(媒介母音).

▸조음 기관 調音器官 (그릇 기, 벼슬 관). 언어 입술, 이처럼 말소리[音]를 조절(調節)해 내는 신체 기관(器官).

조:응¹ 照應 (비칠 조, 응할 응). ① 속뜻 둘 이상의 사물이나 현상 또는 말과 글이 앞뒤를 비쳐보아[照] 서로 대응(對應)함. ②원인에 따라서 결과가 생김.

조응² 調應 (길들일 조, 응할 응). 의학 눈이 밝은 곳이나 어두운 곳에 길들여져[調] 적응(適應)하게 되는 기능.

조:의¹ 弔意 (위문할 조, 뜻 의). 남의 죽음을 슬퍼하는[弔] 뜻[意]. ¶삼가 조의를 표합니다.

조의² 粗衣 (거칠 조, 옷 의). 거친[粗] 옷[衣]이라는 뜻으로써 너절한 옷을 일컬음.

▸조의-조식 粗衣粗食 (거칠 조, 밥 식). 너절한[粗] 옷[衣]과 변변찮은[粗] 음식[食]. 또는 그런 옷을 입고, 그런 음식을 먹는 생활. ⓑ악의악식(惡衣惡食).

조익 鳥翼 (새 조, 날개 익). 새[鳥]의 날개[翼].

조인¹ 鳥人 (새 조, 사람 인). ① 속뜻 새[鳥]처럼 나는 사람[人]. ②'비행가'(飛行家)를 비유하여 이르는 말.

조:인² 釣人 (낚시 조, 사람 인). 고기를 낚는[釣] 사람[人].

조인³ 調印 (헤아릴 조, 도장 인). ① 속뜻 사정을 잘 살펴 헤아려[調] 도장[印]을 찍음. ②서로 약속하여 만든 문서에 도장을 찍음. ¶일부 국가들은 핵실험 금지협약에 조인을 거부했다. ③ 법률 국제법상 조약 체결 때 조약 당사국의 대표자가 조약문에 동의하여 서명하는 일.

조일 朝日 (아침 조, 해 일). 아침[朝] 해[日]. ⓑ욱일(旭日), 효일(曉日).

조:작¹ 造作 (만들 조, 지을 작). ① 속뜻 어떤 일을 사실인 듯이 만들어[造] 지음[作]. ¶그는 성적을 조작했다. ②진짜를 본떠서 가짜를 만듦. 또는 그렇게 만든 물건. ¶그는 성적을 조작했다. ③지어서 만듦.

조:작² 操作 (부릴 조, 지을 작). ① 속뜻 기계 따위를 일정한 방식에 따라 다루어[操] 일함[作]. ¶아버지는 새로운 기계도 능숙하게 조작하신다. ②작업 따위를 잘 처리하여 행함.

조잡¹ 粗雜 (거칠 조, 섞일 잡). 생각이나 일 따위가 거칠고[粗] 뒤섞이다[雜]. ¶조잡한 솜씨 / 장난감을 너무 조잡하게 만들었다.

조잡[2] 稠雜 (빽빽할 조, 섞일 잡). 빽빽하고[稠] 복잡(複雜)함.

조ː장[1] 弔狀 (위문할 조, 문서 장). 상주를 위로하는[弔喪] 뜻을 담은 글월이나 문서[狀]. ⓑ조서(弔書).

조ː장[2] 助長 (도울 조, 자랄 장). ① 속뜻 벼의 이삭을 억지로 뽑아서 길게[長] 함[助]. ② 힘을 들여 억지로 도와서 더 자라게 함. ¶과소비를 조장하다.

조장[3] 組長 (짤 조, 어른 장). 조(組)를 단위로 편성한 조직의 책임자나 우두머리[長]. ¶조장을 선출하다.

조장[4] 條章 (조목 조, 글 장). 조(條), 장(章) 따위의 여러 조목으로 나눈 규정. ¶교통 법규의 조장을 고치다.

조장[5] 鳥葬 (새 조, 장사지낼 장). 송장을 들에 두어 새[鳥]가 쪼아먹게 하던 원시적인 장사(葬事).

조ː재 造材 (만들 조, 재목 재). 벌채한 나무를 마름질하여 재목(材木)을 만듦[造].

조적 鳥跡 (새 조, 발자취 적). ① 속뜻 새[鳥]의 발자국[跡]. ② 한자의 필적을 이르는 말. 중국 황제 때 창힐이란 사람이 새의 발자국을 보고 글자를 만들었다는 데서 유래.

조ː전[1] 弔電 (위문할 조, 전기 전). 조상(弔喪)하는 뜻을 담아 보내는 전보(電報).

조전[2] 祖奠 (조상 조, 제사지낼 전). 발인 전에 영결을 조상(祖上)에게 고하는 제사 의식[奠].

**조절 調節 (고를 조, 마디 절). ① 속뜻 마디마디[節]를 잘 고름[調]. ② 균형이 맞게 바로잡음. 또는 적당하게 맞추어 나감. ¶시험 전에 컨디션 조절을 잘 해야 한다 / 의자의 높낮이를 조절하다. ③ 의학 눈의 망막과 수정체의 거리를 알맞게 맞추거나 수정체의 모양을 바꾸어 외계의 상(像)을 망막 위에 맺도록 하는 작용. '조절 작용'(調節作用)의 준말. ⓑ조정(調整).

▸**조절-란** 調節卵 (알 란). 동물 동물의 알에서, 발생의 과정을 조절(調節)하여 완전한 동물이 되는 알[卵]. ⓑ조정란(調整卵).

조점 兆占 (조짐 조, 점칠 점). 점을 침[兆=占]. 또는 점을 쳐서 나온 점괘.

조정[1] 措定 (놓을 조, 정할 정). 철학 ① 어떤 사물이나 존재를 두고[措] 내용을 명백히 규정(規定)하는 일. ② 명제를 자명한 것 또는 임의의 가정으로서 직접적으로 추리에 의하지 않고 긍정하여 주장하는 일.

조ː정[2] 釣艇 (낚시 조, 거룻배 정). 고기를 낚기[釣] 위해 타는 배[艇].

조정[3] 朝廷 (조회 조, 관청 정). ① 속뜻 임금을 조회(朝會)하는 관청[廷]. ② 임금이 나라의 정치를 신하들과 의논하거나 집행하는 곳. ¶조정의 신하들은 수도를 어디로 옮길지 의논했다.

조정[4] 漕艇 (나를 조, 거룻배 정). ① 속뜻 작은 물건을 실어 나르는[漕] 돛이 없는 거룻배[艇]. ② 운동 정해진 거리에서 보트를 저어 스피드를 겨루는 경기. ¶조정 경기장.

조정[5] 調停 (고를 조, 멈출 정). ① 속뜻 양측의 의견을 잘 조절(調節)하여 분쟁을 멈추게[停] 함. ¶당사자들이 직접 의견 조정을 하기로 했다. ② 법률 법원이 분쟁 당사자의 합의를 이끌어내는 일. ③ 사회 노동 위원회의 조정 위원이 해결되지 않은 노동 쟁의를 해결되도록 노력하는 일.

▸**조정-법** 調停法 (법 법). 법률 각종 분쟁을 법원이나 제삼자의 조정(調停)에 따라 해결하기 위하여 만든 법률(法律).

조정[6] 調整 (고를 조, 가지런할 정). 어떤 기준이나 실정에 알맞게 다듬어[調] 정돈(整頓)함. ¶버스 노선을 조정하다. ⓑ조절(調節).

▸**조정-실** 調整室 (방 실). 복잡한 큰 기계가 고르게 잘 움직이도록 조절하는[調整] 방[室]. ¶조정실은 깨끗하게 해야 한다.

▸**조정-지** 調整池 (못 지). 전기 수로식 발전에서, 전력 수요의 변동에 맞추어 유량을 조절하려고[調整] 수로의 중간에 만들어 놓은 저수지(貯水池).

조제[1] 調製 (고를 조, 만들 제). 주문에 따라서 물건을 조절(調節)하여 만듦[製].

조제[2] 粗製 (거칠 조, 만들 제). 정성을 들이지 않고 대충[粗] 만듦[製]. ⓑ조조(粗造).

▸**조제-품** 粗製品 (물건 품). 정성을 들이지 않고 대충[粗] 만든[製] 물건[品].

조제[3] 調劑 (고를 조, 약지을 제). ① 속뜻 약학 여러 가지 약품을 적절히 조합(調合)하여 약을 지음[劑]. 또는 그런 일. ¶약국에서 감기약을 조제했다. ② 조정(調停).

▸조제-실 調劑室 (방 실). 약을 짓는[調劑] 방[室]. [비]약제실(藥劑室).

▸조제-약 調劑藥 (약 약). 여러 가지 약품을 적절히 조합(調合)하여 만든[劑] 약품(藥品).

조:조¹ 早朝 (이를 조, 아침 조). 이른[早] 아침[朝]. ¶조조 할인.

조조² 粗造 (거칠 조, 만들 조). 정성을 들이지 않고 대충[粗] 만듦[造]. [비]조제(粗製).

조:조³ 肇造 (시작할 조, 만들 조). 처음으로[肇] 만듦[造]. [비]창조(創造).

조족지혈 鳥足之血 (새 조, 발 족, 어조사 지, 피 혈). ① [속뜻]새[鳥] 발[足]의 피[血]. ② '매우 적은 분량'을 비유하여 이르는 말.

조:졸 早卒 (이를 조, 마칠 졸). 젊은 나이에 일찍[早] 죽음[卒]. [비]요절(夭折).

조:종¹ 弔鐘 (위문할 조, 쇠북 종). ① [속뜻]조상(弔喪)하는 뜻을 담아 치는 종(鐘). ② 일의 맨 마지막을 고하는 증표나 신호를 비유하여 이르는 말.

조:종² 早種 (이를 조, 씨 종). [농업]다른 품종보다 일찍[早] 나서 일찍 여무는 품종(品種). '조생종'(早生種)의 준말.

조종³ 祖宗 (조상 조, 마루 종). ① [속뜻]으뜸[宗]이 되는 조상(祖上). ② 임금의 조상. ③ '가장 근본적이며 주요한 것'을 비유하여 이르는 말.

조종⁴ 朝宗 (아침 조, 마루 종). ① [속뜻]중국에서 제후가 천자를 알현하던 일. 봄에 만나는 것을 조(朝)라 하고, 여름에 만나는 것을 종(宗)이라 한 데서 유래. ② '강물이 바다로 흐르는 것'을 비유하여 이르는 말.

조종⁵ 操縱 (잡을 조, 놓아줄 종). ① [속뜻]자기 마음대로 잡았다[操] 놓았다[縱] 함. ¶나는 누구의 조종을 받는 꼭두각시가 아니다. ② 비행기나 선박, 자동차 따위의 기계를 다룸. ¶그는 경비행기를 조종할 수 있다.

▸조종-간 操縱杆 (몽둥이 간). 조종사가 항공기의 비행 방향과 운동 방향을 조종(操縱)하는 막대[杆] 모양의 장치.

▸조종-사 操縱士 (선비 사). 항공기를 조종(操縱)할 수 있는 기능과 자격을 갖춘 사람[士]. ¶관제탑에서 조종사에게 착륙을 허가했다. [비]항공사(航空士).

▸조종-석 操縱席 (자리 석). 항공기를 조종(操縱)하기 위한 자리[席]. ¶조종석 옆에는 낙하산이 준비되어 있다.

▸조종-실 操縱室 (방 실). 항공기를 일정한 방향과 속도로 움직이도록 조종(操縱)하는 방[室]. ¶조종실에 들어가 보다.

조:주¹ 助走 (도울 조, 달릴 주). ① [속뜻]다른 선수에게 도움[助]을 주기 위해서 함께 달려[走] 주는 일. ② [운동]육상이나 체조에서 탄력을 얻기 위해 달려가는 것. [비]도움닫기.

조:주² 助奏 (도울 조, 연주할 주). 독창이나 독주를 돕는[助] 역할을 하는 연주(演奏).

조:주³ 造酒 (만들 조, 술 주). 술[酒]을 빚어 만듦[造].

조:준 照準 (비칠 조, 고를 준). 총이나 포 따위를 쏘거나 할 때 목표물을 비춰보며[照] 방향과 거리를 조절함[準]. ¶대포는 성벽을 조준했다.

▸조:준-기 照準器 (그릇 기). [군사]포탄이 목표물에 명중할 수 있도록 조준(照準)하는 장치[器].

▸조:준-선 照準線 (줄 선). 사수의 눈으로부터 목표의 조준점(照準點)에 이르는 직선(直線).

*__조직__ 組織 (짤 조, 짤 직). ① [속뜻]날실과 씨실로 짠 천의 짜임새[組=織]. ¶이 옷감은 조직이 치밀하다. ② 특정한 목적을 달성하기 위하여 여러 개체나 요소를 모아서 체계있는 집단을 이룸. ¶조직 활동 / 독서 모임을 조직하다. ③ [생물]동일한 기능과 구조를 가진 세포의 집단. ¶근육 조직이 파괴되다. ④ [광업]구성 광물의 크기나 모양, 배열 방법 따위에 따른 암석의 내부 구조.

▸조직-계 組織系 (이어 맬 계). [생물]식물서 여러 조직(組織)이 모여서 유기적인 관계[系]를 이루는 조직. 표피계, 유관속계(維管束系) 따위가 있다.

▸조직-망 組織網 (그물 망). 그물[網]처럼 여러 갈래로 널리 퍼져 있는 조직체(組織體)의 체계적인 갈래. ¶세계적인 조직망을 갖추다.

▸조직-법 組織法 (법 법). [법률]인간 행위의 기초 또는 수단이 되는 조직(組織)에 관하여 규정한 법(法).

▸조직-액 組織液 (진 액). [동물]동물의 각 조직(組織) 세포 사이에 있는 액체(液體).

▸조직-적 組織的 (것 적). 잘 짜여진[組織]

것[的]. ¶독립 운동을 조직적으로 전개하다.

▸조직-책 組織責 (꾸짖을 책). 조직(組織)을 구성하는 전반적인 업무에 대한 책임(責任). 또는 그 책임을 지는 사람.

▸조직-체 組織體 (몸 체). 체계 있게 짜여[組織] 있는 단체(團體). ¶큰 조직체는 변화에 대한 적응이 느릴 수 있다.

▸조직-화 組織化 (될 화). 체계 있게 짜여[組織] 있는 일이 유기적인 활동을 하게끔 함[化].

▸조직 배:양 組織培養 (북돋울 배, 기를 양). [생물]생물체의 조직(組織)을 떼어 내어 배양(培養)·증식하는 일.

조짐 兆朕 (기미 조, 기미 짐). 좋거나 나쁜 일이 생길 기미[兆=朕]가 보이는 현상. ¶곧 전쟁이 날 조짐이 보인다. [비]낌새, 징조(徵兆).

조차[1] 潮差 (바닷물 조, 어긋날 차). 밀물과 썰물[潮] 때의 수위(水位)의 차(差).

조차[2] 租借 (세낼 조, 빌릴 차). ① [속뜻]삯을 물기로 하고[租] 집이나 땅 따위를 빌림[借]. ② [법률]특별한 합의에 따라 한 나라가 다른 나라 영토의 일부를 빌려 일정한 기간 동안 통치하는 일.

▸조차-지 租借地 (땅 지). [법률]한 나라가 다른 나라로부터 빌려[租借] 통치하는 영토[地]. 영토권은 빌려 준 나라에 속하지만, 통치권은 빌린 나라에 속한다.

조:착 早着 (이를 조, 붙을 착). 열차 따위가 예정된 시간보다 일찍[早] 도착(到着)함.

조찬[1] 粗餐 (거칠 조, 밥 찬). ① [속뜻]거친[粗] 식사[餐]. ② 자기가 대접하는 식사를 낮추어 이르는 말. ③ 검소하게 차린 식사. [비]조찬(粗饌). [반]성찬(盛饌).

조찬[2] 朝餐 (아침 조, 밥 찬). 손님을 초대하여 함께 먹는 아침[朝] 식사[餐]. [참]만찬(晩餐), 오찬(午餐).

▸조찬-회 朝餐會 (모일 회). 손님을 초대하여 아침[朝] 식사[餐]를 겸하여 베푸는 간단한 연회(宴會). [참]만찬회(晩餐會), 오찬회(午餐會).

조:참 早參 (이를 조, 참여할 참). 모임에 예정 시간보다 일찍[早] 참석(參席)함. [반]지참(遲參).

조창 漕倉 (나를 조, 창고 창). [역사]고려·조선 시대에, 조세로 거둔 곡식을 배로 나르기[漕] 위해 강가나 바닷가에 지어 놓은 창고(倉庫). [비]조세창(租稅倉), 조운창(漕運倉).

조처 措處 (놓을 조, 처리할 처). 일이나 문제 따위를 해결해 놓거나[措] 잘 처리(處理)함. ¶다시는 이런 일이 없도록 단호히 조처하겠습니다. [비]조치(措置).

조:청 造淸 (만들 조, 맑을 청). 엿 따위를 만드는[造] 과정에서 묽게[淸] 고아서 굳지 않은 엿. ¶떡을 조청에 찍어 먹다.

조:촉 弔燭 (위문할 조, 촛불 촉). 조상(弔喪)하기 위하여 켠 촛불[燭].

조:총[1] 弔銃 (위문할 조, 총 총). 조상(弔喪)하기 위하여 소총을 몇 발씩 일제히 쏘는 예총(禮銃). [참]조포(弔砲).

조총[2] 鳥銃 (새 조, 총 총). 새[鳥]를 잡는 데 쓰는 총(銃).

조:추 早秋 (=肇秋, 이를 조, 가을 추). 이른[早] 가을[秋].

조:춘 早春 (=肇春, 이를 조, 봄 춘). 이른[早] 봄[春].

조:출 早出 (이를 조, 날 출). ① [속뜻]아침에 매우 일찍[早] 나감[出]. ② 정시나 약속된 시간보다 이르게 나감.

조충-서 鳥蟲書 (새 조, 벌레 충, 쓸 서). 새[鳥]와 벌레[蟲] 따위의 형상을 본뜬 글씨체[書]. [준]충서.

조충-전각 彫蟲篆刻 (새길 조, 벌레 충, 전서 전, 새길 각). ① [속뜻]벌레[蟲]를 새기듯[彫] 글을 새김[篆刻]. ② 남의 글에서 글귀들을 따다가 짜 맞추는 짓. 조충소기(彫蟲小技).

조취모산 朝聚暮散 (아침 조, 모을 취, 저물 모, 흩을 산). ① [속뜻]아침[朝]에 모였다가[聚] 저녁[暮]에 헤어짐[散]. ② 만남과 헤어짐의 덧없음. 금방 만났다 금방 헤어짐.

조치 措置 (놓을 조, 둘 치). 일이나 문제 따위를 해결해 놓거나[措] 적절히 처치(處置)함. ¶조치를 취하다 / 단호하게 조치하다. [비]조처(措處).

조:칙 詔勅 (고할 조, 조서 칙). 임금의 명령을 백성들에게 알리기[詔] 위해 적은 문서[勅]. [준]조. [비]조서(詔書).

조침 朝寢 (아침 조, 잠잘 침). 아침[朝]에 든 잠[寢].

조:침-문 弔針文 (위문할 조, 바늘 침, 글월 문). [문학]조선 순조 때에 유씨(兪氏) 부인이 지은 수필. 바늘[針]이 부러지자 이를 애도하며[弔] 쓴 글[文]이다.

조:타 操舵 (부릴 조, 키 타). 배의 키[舵]를 조종(操縱)함.

▸조:타-기 操舵機 (틀 기). 배의 키를 조종하는[操舵] 장치[機]. [준]타기.

▸조:타-수 操舵手 (사람 수). 배의 키를 조종하는[操舵] 사람[手].

▸조:타-실 操舵室 (방 실). 배의 키를 조종하는[操舵] 장치가 있는 방[室].

조탁 彫琢 (새길 조, 다듬을 탁). ① [속뜻]보석과 같이 단단한 것을 새기거나[彫] 쫌[琢]. ② 문장이나 글 따위를 매끄럽게 다듬음. ¶ 글은 조탁하는 맛에 쓴다.

조탁-성 鳥啄聲 (새 조, 쪼을 탁, 소리 성). ① [속뜻]새[鳥]가 쪼아[啄] 먹는 소리[聲]. ② 사실이 아닌 말을 듣고 잘못 옮기는 헛소문.

조탄 粗炭 (거칠 조, 숯 탄). [광업]아주 질이 나쁘고 거친[粗] 석탄(石炭).

조:퇴 早退 (이를 조, 물러날 퇴). 정해진 시간보다 일찍[早] 물러나옴[退]. ¶ 오늘은 몸이 좋지 않아 선생님께 말씀드리고 조퇴했다.

조:파 早播 (이를 조, 뿌릴 파). 씨를 제철보다 일찍[早] 뿌림[播]. [반]만파(晩播).

조판¹ 彫版 (새길 조, 널빤지 판). 나무[版] 따위에 조각(彫刻)하거나 글자를 새김. 또는 그런 판자.

조판² 組版 (짤 조, 널빤지 판). ① [속뜻]판(版)을 짜 맞춤[組]. ② [출판]원고에 따라서 골라 뽑은 활자를 원고의 지시대로 순서, 행수, 자간, 행간, 위치 따위를 맞추어 짬. 또는 그런 일. ¶ 팔만대장경을 조판하다. [비]제판(製版).

조:폐 造幣 (만들 조, 돈 폐). 화폐(貨幣)를 만듦[造]. ¶ 조폐공사.

▸조:폐-권 造幣權 (권리 권). [경제]법률에 정해진 화폐 제도에 의하여 화폐(貨幣)를 제조(製造)하고 발행하는 권리(權利).

조:포¹ 弔砲 (위문할 조, 대포 포). [군사]군대에서 장례식을 할 때, 조상(弔喪)하는 뜻으로 쏘는 예포(禮砲). [참]조총(弔銃).

조포² 粗暴 (거칠 조, 사나울 포). 성질이나 행동 따위가 거칠고[粗] 사나움[暴].

조:포-체 造胞體 (만들 조, 태보 포, 몸 체). [식물]세대 교번을 하는 식물에서 포자(胞子)를 만들어[造] 생식을 하는 세대의 식물체(植物體).

조표 調標 (가락 조, 나타낼 표). [음악]악곡의 가락[調]을 나타내는 기호[標]. [비]조기호(調記號).

조품 粗品 (거칠 조, 물건 품). ① [속뜻]매우 간략하게 만들어 조악(粗惡)한 물품(物品). ② 남에게 보내는 선물을 겸손하게 이르는 말.

조필 粗筆 (거칠 조, 붓 필). ① [속뜻]거친[粗] 붓[筆]. ② 자기가 쓴 글씨를 겸손하게 이르는 말. [비]졸필(拙筆), 악필(惡筆).

조하¹ 朝霞 (아침 조, 노을 하). 아침[朝] 노을[霞].

조:하² 肇夏 (시작할 조, 여름 하). ① [속뜻]여름[夏]이 시작되는[肇] 철. ② 초여름.

조합¹ 調合 (고를 조, 합할 합). ① [속뜻]약재나 물감, 안료 따위를 일정한 비율로 알맞게 조절(調節)하여 섞거나 합(合)침. ② 음식 맛을 냄. [비]조미(調味).

조합² 組合 (짤 조, 합할 합). ① [속뜻]여럿을 한데 엮어[組] 한 덩어리로 합(合)함. ¶ 부품을 조합하면 자동차가 완성된다. ② [사회]목적과 이해를 같이하는 두 사람 이상이 자기 이익을 지키고 공동의 목적을 이루려고 공동으로 출자하여 사업을 경영하는 조직이나 단체. ¶ 농업협동조합. ③ [수학]여러 개 가운데에서 몇 개를 순서에 관계없이 한 쌍으로 뽑아내어 모음.

▸조합-비 組合費 (쓸 비). ① [속뜻]조합(組合)을 경영하는 데에 필요한 일반 비용(費用). ② 조합의 구성원이 내는 회비.

▸조합-원 組合員 (사람 원). 조합(組合)에 가입한 사람[員].

▸조합 계:약 組合契約 (맺을 계, 묶을 약). [법률]조합(組合)의 당사자가 서로 출자하여 공동 조합을 경영할 것을 내용으로 한 계약(契約).

▸조합 기업 組合企業 (꾀할 기, 일 업).

경제 작은 규모의 생산자와 노동자가 함께 뭉쳐서[組合] 각자의 경제적 이익을 도모하는 기업(企業).

▸조합-주의 組合主義 (주될 주, 뜻 의). ① 사회 노동 운동의 목표를 노동자의 경제적 지위 향상으로 제한하려는 노동조합 운동(勞動組合運動)에 관한 사상[主義]. ② 정치 사회의 각 영역을 국가에 종속되어 있는 하위 조합과 같이 통제하는 정치 제도.

조항¹ 祖行 (할아버지 조, 줄 항). 할아버지[祖]뻘의 항렬(行列).

조항² 條項 (조목 조, 항목 항). 법률이나 규정 따위의 조목(條目)이나 항목(項目). ¶낱낱의 조항을 잘 읽어보다. ⓑ조목(條目).

조해¹ 潮害 (바닷물 조, 해칠 해). 간석지에 만든 농지에 조수(潮水)가 들어서 생기는 피해(被害).

조해² 潮解 (바닷물 조, 풀 해). 화학 고체가 공기 가운데서 습기[潮]를 빨아들여 저절로 녹는[解] 일. ⓑ흡습 용해(吸濕溶解).

▸조해-성 潮解性 (성질 성). 화학 고체가 대기 속에서 습기를 빨아들여[潮] 녹는[解] 성질(性質).

조:행¹ 早行 (이를 조, 갈 행). 아침 일찍[早] 길을 떠남[行]. ⓑ조발(早發).

조행² 操行 (잡을 조, 행할 행). 절조(節操)와 행실(行實)을 아울러 이르는 말. ⓑ품행(品行).

조헌 朝憲 (조정 조, 법 헌). ① 속뜻 조정(朝廷)의 법규[憲]. ②나라의 헌법. ⓑ국헌(國憲).

조:험 阻險 (험할 조, 험할 험). 길이 막히고 몹시 험함[阻=險].

조현 朝見 (조정 조, 뵈올 현). 예전에, 신하가 조정(朝廷)에 나아가 임금을 뵙는[見] 일을 이르던 말. ⓑ조근(朝覲).

▸조현-례 朝見禮 (예도 례). 역사 새로 간택된 비(妃)나 빈(嬪)이 가례를 지낸 뒤에 처음으로 부왕과 모비를 뵙던[朝見] 예식(禮式).

조:혈 造血 (만들 조, 피 혈). 생물체의 기관에서 피[血]를 만들어[造] 냄.

▸조:혈-기 造血器 (그릇 기). 의학 적혈구(赤血球)를 만드는[造] 기관(器官). '조혈 기관'(造血器官)의 준말. ⓑ조혈 조직(造血組織).

▸조:혈-제 造血劑 (약제 제). 약학 조혈(造血) 기능을 돕는 약제(藥劑). 적혈구나 헤모글로빈을 증가시켜 빈혈을 치료한다.

▸조:혈 조직 造血組織 (짤 조, 짤 직). 의학 적혈구(赤血球)를 만드는[造] 신체 조직(組織). ⓑ조혈 기관(造血器官).

조:형¹ 造型 (만들 조, 모형 형). 주조할 틀[型]을 만듦[造]. ¶금속으로 조형된 형틀.

조:형² 造形 (만들 조, 모양 형). 형상(形象)을 만듦[造]. 형체가 있는 것을 만들어 냄. ¶동양적으로 조형된 동상.

▸조:형-물 造形物 (만물 물). 인공적으로 형상(形象)을 만든[造] 물체(物體). ¶남산에 인공 조형물을 만들다.

▸조:형-미 造形美 (아름다울 미). 예술 예술적으로 형상(形象)을 만들어[造] 표현하는 아름다움[美]. ¶이 도시의 조형미가 뛰어나다.

▸조:형-성 造形性 (성질 성). 조형(造形) 작품이 지니고 있는 특성(特性).

▸조:형 미:술 造形美術 (아름다울 미, 꾀 술). 미술 각종 재료를 사용하여 공간에 형태(形態)를 만드는[造] 미술(美術).

▸조:형 예:술 造形藝術 (재주 예, 꾀 술). 예술 회화, 조각, 건축 등과 같이 각종 재료를 사용하여 공간에 형태(形態)를 만드는[造] 예술(藝術). ⓑ조형 미술(造形美術). ⓒ시간 예술(時間藝術).

조호 潮湖 (바닷물 조, 호수 호). 지리 조수(潮水)가 빠진 뒤에 땅이 팬 곳에 물이 남아서 호수(湖水)처럼 된 곳.

조:혼¹ 早婚 (이를 조, 혼인할 혼). 어린 나이에 일찍[早] 결혼(結婚)함. 또는 그렇게 한 혼인. ¶아내와 조혼하여 일찍 첫아들을 보았다. ⓑ만혼(晩婚).

조:혼² 助婚 (도울 조, 혼인할 혼). ① 속뜻 혼인(婚姻)에 드는 비용을 도와줌[助]. ②혼인할 때, 형편이 어려운 신부의 집을 신랑의 집에서 경제적으로 도와줌.

▸조:혼-전 助婚錢 (돈 전). 혼인(婚姻)할 때, 신랑의 집에서 형편이 어려운 신부의 집에 보태어[助] 주는 돈[錢].

조홀 粗忽 (거칠 조, 허술할 홀). 언행 따위가 거칠고[粗] 차분하지 못함[忽]. 경솔하여 조심성이 없음.

조홍[1] **朝虹** (아침 조, 무지개 홍). 이른 아침[朝]에 서쪽 하늘에 서는 무지개[虹].

조:홍[2] **早紅** (이를 조, 붉을 홍). 다른 종류보다 열매가 일찍[早] 익고 빛깔이 몹시 붉은[紅] 감. '조홍시'(早紅柹)의 준말.

▸조:홍시-가 早紅柹歌 (감나무 시, 노래 가). [문학] 조선 선조 때 박인로가 지은 연시조. 영천에 머물러 있던 이덕형이 보낸 조홍시(早紅柹)를 보고, 육적(陸績)의 회귤(懷橘) 고사를 연상하고 돌아가신 어머니를 생각하며 지었다는 시조[歌].

조:화[1] **弔花** (위문할 조, 꽃 화). 조의(弔意)를 표하는 데 쓰는 꽃[花]. ¶장례식장에 가서 조화를 바치고 절을 올렸다.

조:화[2] **造化** (만들 조, 될 화). ① [속뜻] 무엇을 창조(創造)하고 변화(變化)시킴. ② 만물을 창조하고 기르는 대자연의 이치. ¶자연의 조화. ③ 어떻게 이루어진 것인지 알 수 없을 정도로 신통하게 된 일. ¶길바닥에 돈이 떨어져 있다니 이게 웬 조화냐?

조:화[3] **造花** (만들 조, 꽃 화). 인공적으로 만든[造] 꽃[花]. ¶화병에 조화를 꽂았다. [반] 생화(生花).

조화[4] **彫花** (새길 조, 꽃 화). 도자기에 꽃[花]무늬를 새김[彫]. 또는 그런 기법.

조화[5] **調和** (고를 조, 어울릴 화). 고르게[調] 서로 잘 어울림[和]. ¶모든 악기가 서로 조화를 이루며 아름다운 소리를 낸다. [반] 부조화(不調和).

▸조화-미 調和美 (아름다울 미). 모순됨이나 어긋남이 없이 잘 어울리는[調和] 아름다움[美].

▸조화-성 調和性 (성질 성). 서로 모순됨이나 어긋남이 없이 잘 어울리는[調和] 성질(性質).

▸조화-급수 調和級數 (등급 급, 셀 수). [수학] 각 항의 역수가 등차 급수를 이루는 조화(調和)로운 급수(級數).

▸조화-수열 調和數列 (셀 수, 줄 렬). [수학] 각 항의 역수가 만드는 수열이 등차 수열을 이루는 조화(調和)로운 수열(數列).

▸조화 중항 調和中項 (가운데 중, 항목 항). [수학] 세 개의 수가 조화(調和) 수열을 이룰 때 가운데[中]의 항(項).

▸조화 해:석 調和解析 (풀 해, 가를 석). ① [속뜻] 조화(調和)롭게 해석(解析)함. ② [수학] 일반적으로 어떤 함수를 삼각함수의 급수로 분해하는 일.

조:환 **弔環** (매달 조, 고리 환). ① [속뜻] 매달아[弔] 놓은 고리[環]. ② [운동] 체조의 링 운동에 쓰는 기구. 지름이 18㎝ 정도 되게 나무로 만든 한 쌍의 고리로, 지상으로부터 높이 2.5미터 되는 곳에 매달아 놓았다.

▸조:환 운:동 弔環運動 (돌 운, 움직일 동). [운동] 남자 체조 경기 종목의 하나로 매달린[弔] 링[環]을 사용하여 턱걸이, 물구나무서기 따위의 기술을 펼치는 운동(運動).

조:회[1] **照會** (비칠 조, 모일 회). ① [속뜻] 확인을 위하여 대조(對照)해 보거나 만나 봄[會]. ② 어떤 사람이나 사실에 대하여 상세히 알아보는 일. ¶조회 결과, 그 차는 도난 차량으로 밝혀졌다.

조회[2] **朝會** (아침 조, 모일 회). ① [속뜻] 학교나 관청 따위에서 아침[朝]에 모든 구성원이 한자리에 모이는[會] 일. ¶조회를 시작하겠습니다. ② [역사] 모든 벼슬아치가 아침[朝]에 함께 모여[會] 임금에게 문안드리고 정사를 아뢰던 일. [비] 조례(朝禮).

▸조회-대 朝會臺 (돈대 대). 학교 운동장에서 조회(朝會)를 할 때, 말하는 사람이 올라서는 조금 높은 단[臺]. ¶교장 선생님께서 조회대에 올라가 말씀하셨다.

조:효 **早曉** (이를 조, 새벽 효). 이른[早] 새벽[曉].

조후[1] **兆候** (조짐 조, 조짐 후). 조짐(兆朕)과 징후(徵候).

조후[2] **潮候** (바닷물 조, 기후 후). ① [속뜻] 밀물과 썰물[潮]이 드나드는 시각[候]. [비] 조신(潮信). ② 밀물이 들어오거나 썰물이 나갈 징후.

▸조후-차 潮候差 (어긋날 차). [지리] 밀물이 들어왔다가 다음 밀물[潮]이 들어올 때까지의 시간[候] 차이(差異). [비] 평균 고조 간극(平均高潮間隙).

조훈 **祖訓** (조상 조, 가르칠 훈). 조상(祖上)이 남겨 놓은 가르침[訓].

조:휼 **弔恤** (위문할 조, 도울 휼). 조상(弔喪)하고 위로함[恤]. [비] 조민(弔愍).

조흔[1] **爪痕** (발톱 조, 흉터 흔). 손톱[爪]이나

발톱 따위에 긁힌 자국[痕].

조흔² 條痕 (가지 조, 흉터 흔). ① 속뜻 줄[條]을 친 자국[痕]. ② 애벌로 구운 자기를 광물로 긁거나 갈아서 낸 줄 자국.

▶조흔-색 條痕色 (빛 색). 광업 자기를 광물로 긁거나 갈았을 때 생기는 줄[條] 자국[痕]의 고유한 빛깔[色].

족구 足球 (발 족, 공 구). 운동 발[足]로 공[球]을 차서 네트를 넘겨 승부를 겨루는 경기.

족-내혼 族內婚 (겨레 족, 안 내, 혼인할 혼). 사회 같은 씨족(氏族)·종족(種族) 안[內]에서만 배우자를 구하는 혼인(婚姻) 형식. 준 내혼. 반 족외혼(族外婚).

족대 足臺 (발 족, 돈대 대). 목기류나 가구류를 놓을 때, 발[足]밑에 건너대는 받침대[臺].

족-대부 族大父 (겨레 족, 큰 대, 아버지 부). 할아버지[大父]뻘 되는 같은 성[族]의 먼 친척. 참 족손(族孫).

족류 族類 (겨레 족, 무리 류). 한 가족(家族)을 이루는 사람들[類].

족멸 族滅 (겨레 족, 없어질 멸). 큰 죄를 지은 사람들의 집안[族]이 멸망(滅亡)함. 비 멸족(滅族).

족벌 族閥 (겨레 족, 가문 벌). ① 속뜻 큰 세력을 가진 가문[族]의 일족[閥]. ② 씨족의 사회적 신분이나 지위.

족보 族譜 (겨레 족, 적어놓을 보). ① 속뜻 한 가문[族]의 계통과 혈통 관계를 적어놓은[譜] 책. ¶족보에 이름을 올리다. ② 한 가문의 계통과 혈통 관계. 참 성보(姓譜), 씨보(氏譜).

족부¹ 足部 (발 족, 나눌 부). 발[足]에서부터 발목까지의 부분(部分).

족부² 族父 (무리 족, 아버지 부). 씨족(氏族), 부족(部族) 따위의 우두머리[父]. 비 족장(族長).

▶족부-권 族父權 (권력 권). 씨족, 부족 따위의 우두머리[族父]가 가지는 통솔권(統率權).

족사 足絲 (발 족, 실 사). 동물 연체동물의 발[足] 구실을 하는 기관에서 나오는 실[絲] 모양의 분비물.

족산 族山 (겨레 족, 메 산). 일족(一族)의 묘를 쓴 산(山).

족생 簇生 (모일 족, 날 생). ① 속뜻 뭉쳐서[簇] 남[生]. ② 식물 여러 개의 잎이 짤막한 줄기에 무더기로 나는 일. 비 뭉쳐나기.

족속 族屬 (겨레 족, 무리 속). ① 속뜻 같은 겨레[族]에 속하는 무리[屬]. ② 같은 패거리에 속하는 사람들을 낮잡아 이르는 말. ¶그들은 인정이라고는 눈곱만큼도 없는 족속들이다. 비 족당(族黨).

족손 族孫 (겨레 족, 손자 손). 같은 일가[族]에서 손자(孫子)뻘이 되는 사람.

족쇄 足鎖 (발 족, 쇠사슬 쇄). ① 역사 죄인의 발[足]목에 채우던 쇠사슬[鎖]. ¶여러 죄인이 족쇄에 묶여 있다. ② 자유를 구속하는 대상을 비유하여 이르는 말. ¶족쇄를 채우다.

족숙 族叔 (겨레 족, 아저씨 숙). 같은 일가[族]에서 아저씨[叔]뻘이 되는 사람. 참 족질(族姪).

족-외혼 族外婚 (겨레 족, 밖 외, 혼인할 혼). 사회 자신의 씨족(氏族)·종족(種族) 밖[外]에서 배우자를 구하는 혼인(婚姻) 형식. '씨족 외혼'(氏族外婚)의 준말. 준 외혼. 반 족내혼(族內婚).

족인 族人 (겨레 족, 사람 인). 같은 일가[族]의 사람들[人].

족자 簇子 (조릿대 족, 접미사 자). 그림이나 글씨 따위를 벽에 걸거나 말아 둘 수 있도록 양 끝에 가름대[簇]를 대고 표구한 물건[子]. ¶서재 벽면에 작은 족자를 걸다.

족장¹ 足掌 (발 족, 손바닥 장). 발[足]의 밑쪽 평평한 바닥[掌].

족장² 族丈 (겨레 족, 어른 장). 같은 일가[族]에서 항렬이 위인 어른[丈].

족장³ 族長 (겨레 족, 어른 장). ① 속뜻 일족(一族)의 어른[長]. ② 종족이나 부족의 우두머리. ¶이 마을에는 부족을 다스리는 족장이 있다.

족적 足跡 (발 족, 발자취 적). 발[足]의 자취[跡]. 발자국.

족제¹ 族弟 (겨레 족, 아우 제). 같은 일가[族]에서 항렬은 같으나 아우[弟]뻘인 남자.

족제² 族制 (겨레 족, 정할 제). ① 속뜻 가족(家族) 또는 씨족(氏族)과 같이 혈연으로 결합하는 제도(制度). ② 예전에, 가족이나 씨족 간에 지켜야 할 도덕규범을 규정한 제도.

족지 足指 (발 족, 손가락 지). 발[足] 앞쪽의 갈라진 부분[指]. 발가락.

족질 族姪 (겨레 족, 조카 질). 같은 일가[族]에서 조카[姪]뻘이 되는 사람.

족징 族徵 (겨레 족, 거둘 징). [역사] 조선 때, 군포세를 내지 못하는 사람은 그 일가[族]에게 대신 세금을 징수(徵收)하던 일.

족척 族戚 (겨레 족, 겨레 척). 성이 같은 겨레붙이[族]와 성이 다른 겨레붙이[戚]를 아울러 이르는 말. ¶한 동네에 족척들이 다 모여 산다.

족친 族親 (겨레 족, 친할 친). 같은 일가[族]의 친척(親戚).

족탈불급 足脫不及 (발 족, 벗을 탈, 아닐 불, 이를 급). ① [속뜻] 발[足]에 신은 것을 벗고[脫] 뛰어가도 따라잡지[及] 못함[不]. ② '능력, 역량, 재질 따위가 두드러져 도저히 따라가지 못할 정도임'을 비유하여 이르는 말.

족탕 足湯 (발 족, 끓을 탕). 소의 발[足]과 사태를 넣어 푹 끓인 탕국[湯].

족통 足痛 (발 족, 아플 통). 발[足]이 아픈[痛] 증세.

족하 足下 (발 족, 아래 하). ① [속뜻] 발[足] 아래[下]. ② 같은 또래 사이에서, 상대편을 높여 이르는 말.

족형 族兄 (겨레 족, 맏 형). 같은 일가[族]에서 항렬은 같으나 형(兄)뻘이 되는 남자.

족흔 足痕 (발 족, 흉터 흔). ① [속뜻] 사람이나 동물의 발[足] 자국[痕]이나 자취. ② 수성암 따위에 화석으로 남은 동물의 발자국.

존가 尊家 (높을 존, 집 가). 남의 집[家]을 높여[尊] 이르는 말. [비]귀가(貴家), 귀댁(貴宅), 존택(尊宅).

존객 尊客 (높을 존, 손 객). 높고[尊] 귀한 손님[客].

존견 尊見 (높을 존, 볼 견). 남의 뜻이나 의견(意見)을 높여[尊] 이르는 말. [비]존의(尊意).

존경 尊敬 (높을 존, 공경할 경). 남의 인격, 사상, 행위 따위를 높이[尊] 받들어 공경(恭敬)함. ¶세종대왕은 존경스러운 위인이다. [반]무시(無視), 멸시(蔑視).

▸**존경-심** 尊敬心 (마음 심). 받들어 공경하는[尊敬] 마음[心]. ¶선생님에 대한 존경심.

▸**존경-어** 尊敬語 (말씀 어). [언어] 존경(尊敬)하는 뜻을 담은 말[語]. [준]경어.

존공 尊公 (높을 존, 귀인 공). ① [속뜻] 지위가 높은 사람[公]을 높여[尊] 이르는 말. ② 손윗사람의 아버지를 높여 이르는 말. [비]존대인(尊大人).

존귀 尊貴 (높을 존, 귀할 귀). 지위나 신분이 높고[尊] 귀(貴)함. ¶이 세상 사람들은 모두 존귀하다. [반]비천(卑賤).

존념 存念 (있을 존, 생각 념). 잊지 않고 늘 생각하고[念] 있음[存].

존당 尊堂 (높을 존, 집 당). ① [속뜻] 남의 어머니[堂]를 높여[尊] 이르는 말. [비]자당(慈堂). ② 남의 집이나 집안을 높여 이르는 말.

존대[1] 尊大 (높을 존, 큰 대). 벼슬이나 학식, 인격 따위가 높고도[尊] 큼[大].

존대[2] 尊待 (높을 존, 대접할 대). ① [속뜻] 높이[尊] 받들어 대접(待接)함. ② 존경하는 말투로 대함. ¶그는 항상 나를 깍듯이 존대했다 / 존댓말. [반]하대(下待).

▸**존대-법** 尊待法 (법 법). [언어] 남을 높여서[尊待] 말하는 법(法).

▸**존대-어** 尊待語 (말씀 어). [언어] 남을 받들어[尊] 대(待)할 때 쓰는 말[語].

존-대인 尊大人 (높을 존, 큰 대, 사람 인). 손윗사람의 아버지[大人]를 높여[尊] 이르는 말. [비]존공(尊公).

존로 尊老 (높을 존, 늙을 로). 노인(老人)을 높여[尊] 이르는 말. [비]노공(老公), 존옹(尊翁).

존류 存留 (있을 존, 머무를 류). 남아서[存] 머묾[留]. 또는 남아서 머물게 함.

존립 存立 (있을 존, 설 립). ① [속뜻] 생존(生存)하여 자립(自立)함. ② 국가, 제도, 단체, 학설 따위가 그 위치를 지키며 존재함. ¶사형제 존립에 대한 논쟁 / 국가가 존립하려면 우선 국민이 있어야 한다. ③ 객관적인 실재가 되는 관념적인 대상.

존망 存亡 (있을 존, 망할 망). 존속(存續)과 멸망(滅亡). 생존(生存)과 사망(死亡). ¶그것은 우리의 존망이 달린 문제이다.

▸존망지추 存亡之秋 (어조사 지, 세월 추). 살아남거나[存] 혹은 망(亡)할 수 있는 아주 절박한 때[秋].

존멸 存滅 (있을 존, 없어질 멸). 존속(存續)과 멸망(滅亡)을 통틀어 이르는 말. [비]존망(存亡).

존명¹ 尊名 (높을 존, 이름 명). 남의 이름[名]을 높여[尊] 이르는 말. [비]존함(尊銜).

존명² 尊命 (높을 존, 명할 명). 남의 명령(命令)을 높여[尊] 이르는 말. [비]귀명(貴命). [참]분부(分付).

존모 尊慕 (높을 존, 그리워할 모). 존경(尊敬)하여 그리워함[慕].

존문¹ 尊門 (높을 존, 문 문). 남의 가문(家門)이나 집을 높여[尊] 이르는 말. [비]귀문(貴門).

존문² 尊問 (높을 존, 물을 문). 다른 사람이 하는 질문(質問)을 높여[尊] 이르는 말.

존봉 尊奉 (높을 존, 받들 봉). 존경(尊敬)하여 높이 받듦[奉].

존부 存否 (있을 존, 아닐 부). 존재(存在)함과 그렇지 아니함[否].

존비 尊卑 (높을 존, 낮을 비). 사회적 지위나 신분의 높음[尊]과 낮음[卑].

▸존비-귀천 尊卑貴賤 (귀할 귀, 천할 천). 사회적 지위나 신분의 높음[尊]과 낮음[卑] 또는 귀(貴)함과 천(賤)함.

존상 尊像 (높을 존, 모양 상). 지위가 높고[尊] 귀한 형상(形像).

존서 尊書 (높을 존, 글 서). 남의 편지[書]를 높여[尊] 이르는 말. [비]존한(尊翰), 존찰(尊札), 귀함(貴函).

존성 尊姓 (높을 존, 성씨 성). 남의 성(姓)을 높여[尊] 이르는 말.

▸존성-대명 尊姓大名 (큰 대, 이름 명). ① [속뜻]존귀(尊貴)한 성(姓)과 큰[大] 이름[名]. ②남의 성과 이름을 높여 이르는 말.

존속¹ 存續 (있을 존, 이을 속). 어떤 대상이 그대로 있거나[存] 어떤 현상이 계속(繼續)됨. ¶세습 제도의 존속 / 고구려는 약 700년 동안 존속했다.

존속² 尊屬 (높을 존, 무리 속). [법률]혈연관계에서 자기보다 높은[尊] 항렬의 친속(親屬). 부모 항렬 이상에 속하는 친족을 말한다. ¶존속범죄를 저지르면 더 큰 처벌을 받는다. [참]비속(卑屬).

▸존속-친 尊屬親 (친할 친). 부모 이상의 높은[尊] 항렬에 속(屬)하는 친족(親族). [준]존속.

존숭 尊崇 (높을 존, 높을 숭). 높이[尊] 받들어 숭배(崇拜)함. [비]존상(尊尙).

존시 尊侍 (높을 존, 모실 시). 존장(尊長)과 시생(侍生). 나이가 많은 웃어른과 이를 모시는 나이가 적은 아랫사람.

▸존시-간 尊侍間 (사이 간). 존장(尊長)과 시생(侍生)의 사이[間].

존심 存心 (있을 존, 마음 심). 마음[心]에 두고[存] 있음. 잊지 아니함. [비]처심(處心), 택심(宅心).

존안¹ 存案 (있을 존, 안건 안). 보존(保存)하여 두는 문건이나 안건(案件). '존안건'(存案件)의 준말.

존안² 尊顔 (높을 존, 얼굴 안). 남의 얼굴[顔]을 높여[尊] 이르는 말. [비]대안(臺顔), 존면(尊面).

존앙 尊仰 (높을 존, 우러를 앙). 존경(尊敬)하여 우러러봄[仰].

존엄 尊嚴 (높을 존, 엄할 엄). ① [속뜻]인물이나 지위 따위가 높고[尊] 위엄(威嚴)이 있음. ¶왕실의 명예와 존엄을 유지하다. ②예전에, 임금의 지위를 이르던 말.

▸존엄-성 尊嚴性 (성질 성). 존엄(尊嚴)한 성질(性質). ¶인간의 존엄성.

존영¹ 尊詠 (높을 존, 읊을 영). 남이 지은 시와 노래[詠]를 높여[尊] 이르는 말.

존영² 尊榮 (높을 존, 꽃필 영). 지위가 높아지고[尊] 이름이 여러 곳에서 꽃처럼 피어남[榮].

존영³ 尊影 (높을 존, 모습 영). 남의 화상(畫像)이나 사진[影] 따위를 높여[尊] 이르는 말. [비]존조(尊照).

존옹 尊翁 (높을 존, 늙은이 옹). 남자 노인[翁]을 높여[尊] 이르는 말. [비]노공(老公), 존로(尊老).

존의 尊意 (높을 존, 뜻 의). 남의 뜻이나 의견(意見)을 높여[尊] 이르는 말. [비]존견(尊見), 존려(尊慮), 고견(高見).

존자 尊者 (높을 존, 사람 자). ① [불교]학문과 덕행이 뛰어난[尊] 부처의 제자[者]를 이르는 말. ② [가톨릭]덕행이 뛰어난 사람에게 교황청이 공인하는 존칭의 하나.

존장 尊長 (높을 존, 어른 장). 일가친척이 아닌, 자기보다 나이가 많은 사람[長]을 높여[尊] 이르는 말.

*__존재__ 存在 (있을 존, 있을 재). ① 속뜻 현존(現存)하여 실제로 있음[在]. 또는 그런 대상. ¶그는 축구계에서 잊을 수 없는 존재이다 / 외계인이 존재할 가능성은 높지 않다. ②다른 사람의 주목을 끌 만한 두드러진 품위나 처지. 또는 그런 대상. ¶그는 축구계에서 잊을 수 없는 존재이다. ③ 철학 의식으로부터 독립하여 외계(外界)에 객관적으로 실재함. ④ 철학 형이상학적 의미로, 현상 변화의 기반이 되는 근원적인 실재. ⑤ 철학 변증법적 유물론에서, 객관적인 물질의 세계. 참 당위(當爲).

▸존재-론 存在論 (논할 론). 철학 존재(存在) 또는 존재의 근본적·보편적인 모든 규정을 연구하는 학문 분야[論]. 비본체론(本體論), 실체론(實體論).

▸존재 명:제 存在命題 (명할 명, 제목 제). 논리 존재(存在) 판단을 말로 나타내는 명제(命題).

▸존재 판단 存在判斷 (판가름한 판, 끊을 단). 철학 어떤 사물이나 대상의 존재(存在) 여부에 관한 판단(判斷).

존저 尊邸 (높을 존, 집 저). 남의 집[邸]을 높여[尊] 이르는 말.

존전 尊前 (높을 존, 앞 전). ① 속뜻 신불(神佛)이나 높은[尊] 사람의 앞[前]. ②예전에, 임금이나 높은 벼슬아치의 앞을 이르던 말.

존조 尊照 (높을 존, 비칠 조). ① 속뜻 남의 화상(畵像)이나 사진[照] 따위를 높여[尊] 이르는 말. ②편지 글에서, 겸손하게 보아달라는 뜻으로 쓰는 말.

*__존중__ 尊重 (높을 존, 무거울 중). 높여[尊] 귀중(貴重)하게 대함. ¶존중받고 싶다면 남부터 존중하라.

존집 尊執 (높을 존, 잡을 집). 아버지의 벗[執]이 될 만한 나이의 웃어른을 높여[尊] 이르는 말. '부집존장'(父執尊長)의 준말. 비 존장(尊丈).

존찰 尊札 (높을 존, 쪽지 찰). 남의 편지[札]를 높여[尊] 이르는 말. 비존함(尊函), 귀함(貴函).

존체 尊體 (높을 존, 몸 체). 다른 사람의 몸[體]을 높여[尊] 이르는 말. 비귀체(貴體), 옥체(玉體).

존총 尊寵 (높을 존, 사랑할 총). 높은[尊] 사람이 베푸는 은혜와 사랑[寵]을 이르는 말.

존치 存置 (있을 존, 둘 치). 제도나 설비 따위를 없애지 않고[存] 그대로 둠[置].

존칭 尊稱 (높을 존, 일컬을 칭). ① 속뜻 남을 공경하는 뜻으로 높여[尊] 부름[稱]. 또는 그 칭호. ¶존칭을 붙이다. ②사람이나 사물을 높이는 뜻으로 이르는 말. ¶마을 사람들은 할아버지를 '선생'이라고 존칭하였다. 반 경칭(敬稱), 비칭(卑稱).

▸존칭-어 尊稱語 (말씀 어). 언어 남을 높여[尊] 부르는[稱] 말[語].

존택 尊宅 (높을 존, 집 택). 남의 집[宅]이나 집안을 높여[尊] 이르는 말. 비귀가(貴家), 귀댁(貴宅), 존가(尊家).

존폐 存廢 (있을 존, 그만둘 폐). 존속(存續)과 폐지(廢止)를 아울러 이르는 말.

존필 尊筆 (높을 존, 글씨 필). 남의 글[筆]이나 글씨를 높여[尊] 이르는 말.

존한 尊翰 (높을 존, 글 한). 남의 편지[翰]를 높여[尊] 이르는 말. 비귀함(貴函).

존함[1] 尊函 (높을 존, 편지 함). 남의 편지[函]를 높여[尊] 이르는 말. 비귀함(貴函).

존함[2] 尊銜 (높을 존, 이름 함). 남의 이름[銜]을 높여[尊] 이르는 말. ¶존함을 여쭈다. 비성함(姓銜), 함자(銜字).

존항 尊行 (높을 존, 항렬 항). 집안에서 자기보다 높은[尊] 항렬(行列)을 이르는 말. 비 비항(卑行).

존현[1] 尊賢 (높을 존, 어질 현). ① 속뜻 어질고 착한 사람[賢人]을 존대(尊對)함. ②신분이나 지위 따위가 높고 학덕이 많고 어짊. 또는 그런 사람. 어질고 착한 사람을 공경함.

존현[2] 尊顯 (높을 존, 드러낼 현). 지위가 높아지고[尊] 이름이 드러남[顯].

존형 尊兄 (높을 존, 맏 형). ① 속뜻 존경(尊敬)스러운 형(兄). ②같은 또래 사이에서, 상대편을 높여 이르는 말.

존호 尊號 (높을 존, 이름 호). ① 속뜻 남을 높여[尊] 부르는 칭호(稱號). ¶존호를 부르다. ② 역사 왕이나 왕비의 덕을 기리기 위하여 올리던 칭호. ¶존호를 올리다.

존후 尊候 (높을 존, 물을 후). 주로 편지 글에서, 남의 건강 상태[候]를 높여[尊] 이르는 말.

졸가 拙家 (서툴 졸, 집 가). ① 속뜻 보잘것없는[拙] 집[家]. ② '자기 집'을 겸손하게 이르는 말.

졸계 拙計 (서툴 졸, 꾀 계). 보잘것없는[拙] 계책(計策).

졸고 拙稿 (서툴 졸, 원고 고). ① 속뜻 보잘것없는[拙] 원고(原稿). ② '자기가 쓴 글'을 겸손하게 이르는 말. ㊐우고(愚稿).

졸년 卒年 (마칠 졸, 해 년). 어떤 사람이 죽은[卒] 해[年]. ㊐몰년(沒年). ㊤생년(生年).

졸-년월일 卒年月日 (마칠 졸, 해 년, 달 월, 날 일). 어떤 사람이 죽은[卒] 해[年]와 달[月], 날짜[日]. ㊤생년월일(生年月日).

졸도[1] 卒徒 (군사 졸, 무리 도). ① 속뜻 군사[卒] 무리[徒]. ② 남의 부하 노릇이나 하는 변변하지 못한 사람. ¶적국의 졸도 몇 명을 사로잡았다.

졸도[2] 卒倒 (갑자기 졸, 넘어질 도). 갑자기[卒] 정신을 잃고 쓰러짐[倒]. 또는 그런 일. ¶그는 깜짝 놀라 졸도할 뻔 했다. ㊐기절(氣絶), 실신(失神).

졸렬 拙劣 (서툴 졸, 못할 렬). ① 속뜻 보잘것없고[拙] 잘하지 못하다[劣]. ② 옹졸하고 서투르다. ¶그건 너무 졸렬한 짓이다.

졸로 拙老 (서툴 졸, 늙을 로). ① 속뜻 보잘것없는[拙] 늙은이[老]. ② 노인이 자기를 낮추어 이르는 말. ㊐우로(愚老).

졸론 拙論 (서툴 졸, 논할 론). ① 속뜻 보잘것없는[拙] 말이나 이론(理論). ② '자기의 말이나 이론'을 겸손하게 이르는 말.

졸루 拙陋 (서툴 졸, 좁을 루). ① 속뜻 보잘것없고[拙] 좁다[陋]. ② 하는 짓이 옹졸하고 서투르며 더럽고 너절하다.

졸망 拙妄 (서툴 졸, 헛될 망). 보잘것없고[拙] 거짓됨[妄].

졸문 拙文 (서툴 졸, 글월 문). ① 속뜻 보잘것없고[拙] 서투른 글[文]. ② '자기의 글'을 겸손하게 이르는 말.

졸병 卒兵 (하인 졸, 군사 병). 직위가 낮은[卒] 병사(兵士). ¶해군 졸병 한 명이 나왔다.

졸보 拙甫 (서툴 졸, 사나이 보). ① 속뜻 재주도 없고 모든 일에 서툰[拙] 남자[甫]. ② 자기를 낮추어 부르는 겸칭.

졸부[1] 猝富 (갑자기 졸, 넉넉할 부). 갑자기[猝] 부유(富裕)해 짐. 또는 그런 사람.

졸부[2] 拙夫 (서툴 졸, 지아비 부). ① 속뜻 변변찮은[拙] 남편[夫]. ② 남편이 아내에게 자기를 낮추어 이르는 말. ㊤졸처(拙妻).

졸-부귀 猝富貴 (갑자기 졸, 넉넉할 부, 귀할 귀). 갑자기[猝] 얻은 부귀(富貴).

졸사 猝死 (갑자기 졸, 죽을 사). 뜻밖에 갑자기[猝] 죽음[死]. ㊐급사(急死).

졸서 卒逝 (마칠 졸, 갈 서). 죽어서[卒] 멀리 감[逝]. ㊐졸거(卒去).

졸성 拙誠 (서툴 졸, 정성 성). ① 속뜻 변변찮은[拙] 정성(精誠). ② '자기의 정성'을 겸손하게 이르는 말.

졸속 拙速 (서툴 졸, 빠를 속). 어설프고[拙] 빠름[速]. 또는 그런 태도.

졸업 卒業 (마칠 졸, 일 업). ① 속뜻 학생이 규정에 따라 소정의 학업(學業)을 마침[卒]. ¶작년에 초등학교를 졸업하다. ② 어떤 일이나 기술, 학문 따위에 통달하여 익숙해짐. ㊤입학(入學).

▸졸업-기 卒業期 (때 기). 졸업(卒業)하는 시기(時期)나 학기(學期).

▸졸업-반 卒業班 (나눌 반). 졸업(卒業)을 앞둔 학년[班]. 또는 그런 학생.

▸졸업-생 卒業生 (사람 생). 규정에 따라 소정의 학업(學業)을 마친[卒] 사람[生]. ¶저는 이 학교 9회 졸업생입니다. ㊤입학생.

▸졸업-식 卒業式 (의식 식). 졸업장(卒業狀)을 수여하는 의식(儀式). ¶졸업식에서 민수는 눈물을 흘렸다. ㊤입학식.

▸졸업-장 卒業狀 (문서 장). 졸업(卒業)한 사항을 적어 졸업생에게 주는 문서[狀]. 졸업증(卒業證). ¶졸업장을 받고 선생님과 악수를 했다.

▸졸업 논문 卒業論文 (논할 론, 글월 문). 규정에 따라 소정의 학업을 마치고 졸업(卒業)하기 위하여 제출하는 논문(論文).

▸졸업 증서 卒業證書 (증명할 증, 글 서). 졸

업(卒業)한 사항을 적은 증서(證書). [비]졸업장(卒業狀).

졸연 猝然 (갑자기 졸, 그러할 연). 아무 소문도 없이 갑작스러운[猝] 그러한[然] 모양.

졸우 拙愚 (서툴 졸, 어리석을 우). 보잘것없고[拙] 어리석음[愚].

졸음 拙吟 (서툴 졸, 읊을 음). ① [속뜻] 보잘것없이[拙] 읊은[吟] 시. ②'자기가 지은 시'를 겸손하게 이르는 말.

졸의 拙意 (서툴 졸, 뜻 의). ① [속뜻] 보잘것없는[拙] 의견(意見). ②'자기의 의견이나 의사'를 겸손하게 이르는 말.

졸자 拙者 (서툴 졸, 사람 자). ① [속뜻] 보잘것없는[拙] 사람[者]. ② 말하는 이가 '자기'를 낮추어 이르는 말.

졸작 拙作 (서툴 졸, 지을 작). ① [속뜻] 솜씨가 서투르고[拙] 보잘것없는 작품(作品). ②'자기의 작품'을 겸손하게 이르는 말. [참]걸작(傑作).

졸-장부 拙丈夫 (서툴 졸, 어른 장, 사나이 부). 도량이 좁은[拙] 사내[丈夫]. [비]소장부(小丈夫). [반]대장부(大丈夫).

졸저 拙著 (서툴 졸, 지을 저). ① [속뜻] 보잘것없는[拙] 저술(著述). ②'자기가 쓴 책'을 겸손하게 이르는 말.

졸지 猝地 (갑자기 졸, 땅 지). 갑작스러운[猝] 처지[地]. 갑자기. ¶졸지에 알거지가 되었다.

▸졸지-풍파 猝地風波 (바람 풍, 물결 파). 갑자기[猝地] 일어난 세찬 바람[風]과 험한 물결[波] 같은 어려움.

졸직 拙直 (서툴 졸, 곧을 직). ① [속뜻] 속이 좁지만[拙] 올곧다[直]. ② 성격이 고지식하고 융통성이 없다. ¶너무나 졸직한 위인이다.

졸책 拙策 (서툴 졸, 꾀 책). ① [속뜻] 보잘것없는[拙] 계책(計策). ②'자기가 계획한 방법'을 겸손하게 이르는 말. 졸모(拙謀). 졸계(拙計).

졸처 拙妻 (서툴 졸, 아내 처). ① [속뜻] 변변찮은[拙] 아내[妻]. ② 남에게 '자기 아내'를 낮추어 이르는 말. 졸형(拙荊). [참]졸부(拙夫).

졸편 卒篇 (마칠 졸, 책 편). 시나 글[篇]의 전편을 다 짓거나 읽기를 마침[卒]. [비]종편(終篇).

졸품 拙品 (서툴 졸, 물건 품). ① [속뜻] 변변찮은[拙] 작품(作品)이나 물품(物品). ②'자기의 작품이나 물품'을 겸손하게 이르는 말.

졸필 拙筆 (서툴 졸, 글씨 필). ① [속뜻] 보잘것없는[拙] 필적(筆跡). ②'자기가 쓴 글씨'를 겸손하게 이르는 말. [비]단필(短筆), 우필(愚筆).

졸한 猝寒 (갑자기 졸, 찰 한). 갑자기[猝] 닥치는 추위[寒].

종가[1] 宗家 (마루 종, 집 가). 족보로 보아 한 문중에서 맏이[宗]로만 이어 온 큰집[家]. ¶시어머니는 종가의 대를 이을 아들을 바라셨다.

종가[2] 終價 (끝마칠 종, 값 가). [경제] 증권 시장에서, 그 날의 마지막[終]에 이루어진 가격(價格). [반]시가(始價).

종가-세 從價稅 (따를 종, 값 가, 세금 세). [법률] 물품의 가격(價格)에 따라[從] 세율을 정하는 조세(租稅). [참]종량세(從量稅).

종각 鐘閣 (쇠북 종, 집 각). 큰 종(鐘)을 달아 두기 위하여 지은 누각(樓閣).

종간 終刊 (끝마칠 종, 책 펴낼 간). 신문, 잡지 따위의 정기 간행물의 마지막[終] 호를 펴냄[刊]. [반]창간(創刊).

종강 終講 (끝마칠 종, 강의할 강). 한 학기의 마지막[終] 강의(講義). [반]개강(開講).

종-개념 種概念 (무리 종, 대강 개, 생각 념). [논리] 어떤 공통된 특징을 갖는 개념의 한 종류(種類)가 되는 개념(槪念). '사람'의 종개념에는 '남자'와 '여자'가 있는 따위.

종견 種犬 (씨 종, 개 견). 씨[種]를 받기 위하여 기르는 개[犬].

종결[1] 終決 (끝마칠 종, 결정할 결). 결정(決定)을 끝냄[終].

종결[2] 終結 (끝마칠 종, 맺을 결). ① [속뜻] 일을 마치어[終] 끝맺음[結]. ¶수사의 종결 / 마침내 전쟁이 종결되었다. ② 일정한 논리적 전제로부터 이끌어 내는 결론. [비]종료(終了), 결료(結了), 귀결(歸結).

▸종결-형 終結形 (모양 형). [언어] 종결(終結) 어미로 끝나는 용언의 형태(形態). [비]종지형(終止形).

▸종결 어:미 終結語尾 (말씀 어, 꼬리 미). [언어] 한 문장을 종결(終結)되게 하는 어말

어미(語尾).

종경-론 **從輕論** (따를 종, 가벼울 경, 논할 론). 법률 두 가지 이상의 죄가 동시에 드러났을 때에, 가벼운[輕] 죄를 따라[從] 처벌하자는 주의[論]. ⓑ종경(從輕).

종고 **鐘鼓** (쇠북 종, 북 고). 종(鐘)과 북[鼓]을 통틀어 이르는 말.

종-고모 **從姑母** (사촌 종, 고모 고, 어머니 모). 아버지의 사촌[從] 누이인 고모(姑母)를 이르는 말. ⓑ당고모(當姑母).

종곡[1] **終曲** (끝마칠 종, 노래 곡). 음악 ① 악곡(樂曲)이 끝나는[終] 마지막 악장. ② 오페라에서, 각 막(幕)을 맺는 곡.

종곡[2] **種穀** (씨 종, 곡식 곡). 씨앗[種]으로 쓸 곡식(穀食).

종과득과 **種瓜得瓜** (심을 종, 오이 과, 얻을 득, 오이 과). ① 속뜻 오이[瓜]를 심으면[種] 반드시 오이[瓜]를 얻음[得]. ② 원인에 따라 결과가 생김. ⓑ종두득두(種豆得豆), 인과응보(因果應報).

종관 **縱貫** (세로 종, 꿸 관). 세로[縱]나 남북으로 꿰뚫음[貫]. ⓑ횡관(橫貫).

**종교 宗敎 (마루 종, 가르칠 교). 신이나 초자연적인 절대자 또는 힘에 대한 믿음을 통하여 삶의 근원[宗] 문제를 가르치는[敎] 문화 체계. ¶당신이 믿는 종교는 무엇입니까?

▸종교-가 宗敎家 (사람 가). ① 속뜻 어떤 종교(宗敎)에 통달한 사람[家]. ② 어떤 종교를 믿고 선전하며 전도하는 사람.

▸종교-계 宗敎界 (지경 계). 종교(宗敎)를 가진 사람들이 이루고 있는 사회[界]. ¶종교계의 주요 인사들이 한 자리에 모였다.

▸종교-극 宗敎劇 (연극 극). 연영 종교적(宗敎的) 내용을 다룬 연극(演劇). 또는 종교 행사와 함께 하는 연극.

▸종교-사 宗敎史 (역사 사). 종교 종교(宗敎)의 역사적 의미, 기원과 변천[史] 따위를 연구하는 학문.

▸종교-성 宗敎性 (성품 성). ① 속뜻 인간의 종교적(宗敎的) 성품(性品). ② 종교가 가지는 독특한 성질.

▸종교-심 宗敎心 (마음 심). 종교 신이나 초월자를 숭배하는[宗敎] 마음[心].

▸종교-인 宗敎人 (사람 인). 종교(宗敎)를 가진 사람[人]. ¶종교인들은 신의 존재를 믿는다.

▸종교-적 宗敎的 (것 적). 종교(宗敎)에 딸리거나 종교와 관계가 있는 것[的].

▸종교-학 宗敎學 (배울 학). 철학 여러 종교(宗敎) 현상을 비교·연구하고, 종교의 본질을 객관적·보편적으로 연구하는 학문(學問).

▸종교-화 宗敎畵 (그림 화). 미술 종교적(宗敎的) 사실이나 이야기, 인물 따위를 주제로 그린 그림[畵]. ⓒ도석화(道釋畵). 성화(聖畵).

▸종교 개:혁 宗敎改革 (고칠 개, 바꿀 혁). 역사 16세기에 유럽에서 로마 가톨릭 교회[宗敎]에 반대하여 일어난 개혁(改革) 운동.

종-구품 **從九品** (따를 종, 아홉 구, 품위 품). 역사 고려·조선 때, 무관[從] 혹은 종친 반열의 아홉[九] 번째 품계(品階). 모두 18품계 가운데 맨 아래 등급이다.

종국 **終局** (끝마칠 종, 판 국). 일을 마치는[終] 마지막 상황[局]. ¶그 공사는 종국에는 실패하고야 말았다.

▸종국 판결 終局判決 (판가름할 판, 결정할 결). 법률 민사 소송에서, 소송 사건의 전부나 일부를 해당 심급(審級)에서 완결하는[終局] 판결(判決).

종군 **從軍** (따를 종, 군사 군). ① 속뜻 군대(軍隊)를 따라[從] 전쟁터로 나감. ¶종군기자 / 큰아버지께서는 베트남전에 종군했다. ② 전투 목적 이외의 일로 군대를 따라 같이 다님. ¶종군 기자.

▸종군-기 從軍記 (기록할 기). 군대(軍隊)를 따라다니면서[從] 전쟁터에서 있었던 상황과 보고 느낀 점을 쓴[記] 글. ⓒ참전기(參戰記).

▸종군 기자 從軍記者 (기록할 기, 사람 자). 언론 군대(軍隊)를 따라[從] 전쟁터에 나가 전투 상황을 보도하는 기자(記者).

▸종군 기장 從軍記章 (기록할 기, 글 장). 군사 전공(戰功)과 상관없이 전쟁[軍]에 나섰던[從] 군인 또는 군무원에게 주는 기장(記章). ⓑ종군 휘장(從軍徽章).

▸종군 작가 從軍作家 (지을 작, 사람 가). 문학 헤밍웨이 등과 같이 전쟁[軍]에 참여하여[從] 체험하거나 목격한 전쟁 상황을

작품의 주제로 하여 창작 활동을 하는 작가(作家).

종규 宗規 (마루 종, 법 규). ① 기독교 종교 회의나 기타의 권위에 의하여 공인된 교회[宗]를 규율하는 법[規]. ② 종교 종중 총회에서 채택 결정한, 그 종중에 관계되는 규약. 종법(宗法).

종극 終極 (끝마칠 종, 끝 극). 일이나 상황이 끝나는[終] 맨 끝[極].

종근 種根 (씨 종, 뿌리 근). 번식시키기 위하여 씨앗[種]으로 삼는 뿌리[根].

종금 從今 (좇을 종, 이제 금). 지금(至今)부터[從] 계속. ㊥종차(從此).

▸종금-이후 從今以後 (부터 이, 뒤 후). 지금[今]부터[從] 그 뒤[後]로[以]. ㊥종자이후(從玆以後), 종차이후(從此以後).

종기[1] 終期 (끝마칠 종, 때 기). ① 속뜻 어떤 일이 끝나는[終] 시기(時期). ② 법률 법률 행위의 효력이 소멸하는 기한. ③ 생물 유사 분열에서, 염색체가 두 극에서 휴지핵으로 돌아가는 시기. ㊥말기(末期). ㊥시기(始期).

종:기[2] 腫氣 (부을 종, 기운 기). ① 속뜻 공기(空氣)가 찬 듯 부어오른[腫] 것. ② 피부의 털구멍 따위로 화농성 균이 들어가서 생기는 염증. ¶엉덩이에 난 종기를 짜다.

종내 終乃 (끝마칠 종, 이에 내). 마침[終]내(乃). 끝내. ¶그는 병상에 눕더니 종내 일어나지 못했다.

종-다수 從多數 (따를 종, 많을 다, 셀 수). 다수(多數)의 의견을 따름[從].

▸종다수-결 從多數決 (결정할 결). 여러 의견 가운데서 다수(多數)의 사람들이 지지하는 의견을 따라[從] 결정(決定)함. '종다수취결'(從多數取決)의 준말.

종단[1] 宗團 (마루 종, 모일 단). 종교(宗教)나 종파의 단체(團體).

종단[2] 終端 (끝마칠 종, 끝 단). 맨 끝[終=端]. 또는 맨 마지막.

▸종단 속도 終端速度 (빠를 속, 정도 도). 물리 물체의 속도가 증대하다가 차츰 일정한 속도로 떨어지는데, 이때의 마지막[終端] 단계의 속도(速度).

종단[3] 縱斷 (세로 종, 끊을 단). ① 속뜻 세로[縱]로 끊거나[斷], 길이로 자름. ¶그 산맥이 한국을 종단하고 있다. ② 남북의 방향으로 건너가거나 건너옴. ¶국토 종단계획. ㊥횡단(橫斷).

▸종단-면 縱斷面 (쪽 면). 물체를 세로로 잘라[縱斷] 생긴 면(面).

▸종단-주의 縱斷主義 (주될 주, 뜻 의). 사회 한 공장에서 종적 관계에 있는 자본가와 노동자가 공동으로 조합을 조직하려는[縱斷] 사상[主義]. ㊥횡단주의(橫斷主義).

종답 宗畓 (마루 종, 논 답). 조상의 제사에 쓰는 경비를 충당하기 위하여 종중(宗中)에서 관리하고 소유하는 논[畓]. '종중답'(宗中畓)의 준말.

종대 縱隊 (세로 종, 무리 대). 세로[縱]로 줄을 지어 나란히 선 대형(隊形). ¶3열 종대로 돌격하다. ㊥횡대(橫隊).

종덕 種德 (심을 종, 베풀 덕). 불교 남에게 은덕(恩德)을 심음[種]. 은덕을 베풂.

종돈 種豚 (씨 종, 돼지 돈). 씨[種]를 받기 위하여 기르는 수퇘지[豚].

종동 鐘銅 (쇠북 종, 구리 동). 공업 종(鐘)을 만드는 데 쓰이는 청동(青銅). '종청동'(鐘青銅)의 준말.

종두 種痘 (심을 종, 천연두 두). 의학 천연두[痘]를 예방하기 위하여 백신을 인체의 피부에 접종(接種)하는 일. 1796년에 제너가 발견하였다.

▸종두-법 種痘法 (법 법). 의학 천연두[痘]를 예방하기 위하여 백신을 인체의 피부에 접종(接種)하는 방법(方法).

▸종두-진 種痘疹 (홍역 진). 의학 종두(種痘)를 한 뒤에 생기는 발진(發疹)을 통틀어 이르는 말.

종두지미 從頭至尾 (좇을 종, 머리 두, 이를 지, 꼬리 미). 처음[頭]부터[從] 끝[尾]까지[至] 이르는 동안. ㊥자초지종(自初至終).

종란 種卵 (씨 종, 알 란). 씨[種]를 받기 위하여 부화시키는 알[卵]. ¶종란의 품질을 개량하다.

종래 從來 (좇을 종, 올 래). 일정한 시점을 기준으로 이전부터[從] 그 뒤[來].

종량-등 從量燈 (따를 종, 분량 량, 등불 등). 계량기를 설치하여 전력의 소모량(消耗量)

에 따라[從] 요금을 내는 전등(電燈). [비]계량등(計量燈). [참]정액등(定額燈).

종량-세 從量稅 (따를 종, 분량 량, 세금 세). [법률] 물품의 무게나 길이, 용량(容量)에 따라[從] 세율을 결정하는 조세(租稅).

종량-제 從量制 (따를 종, 분량 량, 정할 제). 사용량이나 배출량[量]에 따라[從] 요금이 매겨지는 제도(制度). ¶쓰레기 종량제.

종렬[1] 縱列 (세로 종, 줄 렬). 세로[縱]로 줄[列]을 지음. 또는 그 줄. [반]횡렬(橫列).

종렬[2] 縱裂 (세로 종, 찢어질 렬). ① [속뜻] 세로[縱]로 찢어짐[裂]. ② [식물] 무나 배추 등에서 꽃밥이 세로로 터져서 꽃가루가 날리는 것을 이름.

종례 終禮 (끝마칠 종, 예도 례). 학교에서 하루 일과를 마친[終] 뒤에 모여 나누는 의식[禮]. ¶종례가 끝나자 아이들은 서둘러 교실을 나갔다. [반]조례(朝禮).

종로 鐘路 (=鍾路, 쇠북 종, 길 로). [지리] 서울특별시 광화문 네거리에서 동대문에 이르는 큰 거리. 조선시대 사대문을 여닫는 것을 알리는 종루(鐘樓)가 있는 길[路]이라는 뜻으로 붙여진 이름이다.

종론 宗論 (마루 종, 논할 론). ① [속뜻] 각각 다른 종교(宗敎)가 서로의 우열, 진위를 들어 다투는 언론(言論). ② [불교] 경전에 대한 중심 뜻을 세우기 위한 논의. [참]석론(釋論).

종료 終了 (끝마칠 종, 마칠 료). 어떤 행동이나 일 따위를 끝내어[終] 마침[了]. ¶오 분 뒤에 경기가 종료된다. [반]개시(開始).

종루 鐘樓 (쇠북 종, 다락 루). ① [속뜻] 종(鐘)을 달아 두는 누각(樓閣). [비]조종당(釣鐘堂), 종당(鐘堂). ② [역사] 조선 시대에, 한성부의 중심이 되는 곳에 종을 달아 둔 누각.

⁑종:류 種類 (갈래 종, 무리 류). ① [속뜻] 갈래[種]에 따라 나눈 무리[類].또는 그것을 세는 단위. ②사물의 부문을 나누는 갈래. ¶이 동물원에는 온갖 종류의 동물이 산다. [준]종. [비]종속(種屬).

▶종류-별 種類別 (나눌 별). 종류(種類)에 따라 각각 다른 구별(區別).

종률-세 從率稅 (따를 종, 비율 률, 세금 세). [법률] 일정한 세율(稅率)에 따라[從] 매기는 조세(租稅).

종마 種馬 (씨 종, 말 마). 씨[種]를 받기 위하여 기르는 말[馬].

종막 終幕 (끝마칠 종, 막 막). ① [속뜻] 연극 등의 마지막[終] 막(幕). ②사건의 최후. ¶주인공의 죽음으로 종막을 고하였다.

종말 終末 (끝마칠 종, 끝 말). 일 따위를 마치는[終] 맨 끝[末]. ¶그 노인은 지구의 종말이 가까웠다고 믿는다. [비]종미(終尾).

▶종말-관 終末觀 (볼 관). [종교] 종말론(終末論).

▶종말-론 終末論 (논할 론). [종교] 세계와 인류가 최후[終末]에는 어떻게 되는가에 대한 종교적인 이론(理論). [비]종말관(終末觀).

▶종말 처:리장 終末處理場 (처방할 처, 다스릴 리, 마당 장). [건설] 하수를 하천이나 바다로 흘려보내기 위하여 마지막[終末]으로 처리(處理)하는 장소(場所).

종:매 從妹 (사촌 종, 누이 매). 사촌[從] 여동생[妹].

종명 鐘銘 (쇠북 종, 새길 명). 종(鐘)에 새긴[銘] 글자나 글.

종모-법 從母法 (따를 종, 어머니 모, 법 법). [역사] 신분이 다른 부모 사이에 태어난 자식이 어머니[母]의 신분을 따르던[從] 법(法).

⁑종목 種目 (갈래 종, 눈 목). ① [속뜻] 여러 가지 종류(種類)에 따라 나눈 항목(項目). ¶운동 경기 종목. ② [경제] 증권 시장에서, 매매 거래의 대상이 되는 유가 증권을 내용과 형식에 따라 분류한 것.

▶종목-별 種目別 (나눌 별). 종목(種目)에 따른 구별(區別).

종묘[1] 宗廟 (마루 종, 사당 묘). [역사] ①조선 시대에, 역대 임금과 왕비의 위패를 모시던 왕실[宗]의 사당[廟]. 1995년에 유네스코 세계 문화유산으로 지정되었다. ②중국 제왕가 조상의 위패를 두던 묘. [비]궁묘(宮廟), 대묘(大廟).

▶종묘-사직 宗廟社稷 (토지신 사, 곡식신 직). ① [속뜻] 왕실의 사당[宗廟]과 토지와 곡식의 신[社稷]. ②과거 왕실의 선덕과 하늘의 뜻을 통해 국가를 다스리는 일.

▶종묘 제:례악 宗廟祭禮樂 (제사 제, 예도 례, 음악 악). [음악] 조선 시대에, 종묘(宗廟)에서 역대 제왕의 제사[祭禮] 때에 쓰던 음악(音樂).

종묘[2] **種苗** (심을 종, 모종 묘). 식물의 씨나 싹[苗]을 심어서[種] 가꿈. 또는 그런 모종이나 묘목.

▶종묘-상 種苗商 (장사 상). 종묘(宗苗)나, 종묘에 필요한 물품을 파는 상점(商店). 또는 그런 장수.

▶종묘-장 種苗場 (마당 장). 식물의 씨앗이나 묘목 따위를 심어서[種苗] 기르는 곳[場]. ㊐양묘장(養苗場).

종무[1] **終務** (끝마칠 종, 일 무). 관공서 등에서 연말에 업무(業務)를 끝내는[終] 일. ¶종무식(終務式). ㊥시무(始務).

종무[2] **宗務** (마루 종, 일 무). 종교(宗教)나 그에 딸린 단체 등에 관련된 사무(事務).

▶종무-소 宗務所 (곳 소). 불교 특정 종교(宗教)의 업무(業務)를 맡아보는 곳[所]. 특히 절의 사무소를 이른다.

종무소식 **終無消息** (끝마칠 종, 없을 무, 사라질 소, 불어날 식). 끝내[終] 아무 소식(消息)이 없음[無]. ㊥일무소식(一無消息).

종문 **宗門** (마루 종, 문 문). ① 속뜻 종가(宗家)의 문중(門中). ② 불교 종파(宗派).

종물 **從物** (따를 종, 만물 물). 자물쇠에 딸린 열쇠, 시계에 딸린 줄 따위와 같이 일정한 물건에 딸려[從] 있는 물건(物件). ㊥주물(主物).

종반[1] **宗班** (마루 종, 나눌 반). 임금의 본종(本宗)이 되는 반열(班列)이나 겨레붙이. ¶임금의 종반 가운데 역량 있는 분을 찾아보았다.

종반[2] **終盤** (끝마칠 종, 무렵 반). ① 속뜻 운동 경기, 장기 따위에서 승패가 마무리[終]되는 무렵[盤]. ② 어떤 일이나 일정한 기간의 끝판에 가까운 단계. ㊟초반(初盤), 중반(中盤).

종배 **終杯** (끝마칠 종, 잔 배). ① 속뜻 술잔을 차례대로 돌리며 술을 마실 때, 맨 나중에[終] 돌린 술잔[杯]. ② 술자리에서의 마지막 잔. ㊐말배(末杯).

종:백 **從伯** (사촌 종, 맏 백). 사촌[從] 맏형[伯]을 남에게 이르는 말. '종백씨'(從伯氏)의 준말.

종범 **從犯** (따를 종, 범할 범). 법률 정범(正犯)을 따라[從] 그의 범죄를 도와준 공범(共犯). ㊐방조범(幇助犯).

종법[1] **宗法** (마루 종, 법 법). 종교 한 종파나 종문(宗門)의 법규(法規). ㊐종규(宗規).

종법[2] **從法** (따를 종, 법 법). 법률 주법(主法)을 따라[從] 이를 실행할 방법을 규정한 법률(法律). ㊐절차법(節次法).

종별 **種別** (갈래 종, 나눌 별). 종류(種類)에 따라 구별(區別)함. 또는 그런 구별. ㊐유별(類別).

종복 **從僕** (따를 종, 종 복). ① 속뜻 주인의 말을 따르는[從] 사내 종[僕]. ㊟종비(從婢). ② '줏대 없이 남이 시키는 대로 따라서 하는 사람'을 비유하여 이르는 말.

종부[1] **宗婦** (마루 종, 며느리 부). 종자(宗子)나 종손(宗孫)이 된 며느리[婦].

종부[2] **從夫** (따를 종, 지아비 부). 남편[夫]을 따름[從].

종사[1] **宗師** (마루 종, 스승 사). ① 속뜻 모든 사람이 으뜸[宗]으로 존경하는 사람[師]. ② 불교 정법을 전하여 대중에게 존숭을 받는 승려. ③ 불교 선법을 전하는 고승. ④ 불교 각 종파의 조사. ⑤ 불교 대종교에서 성도 천리한 사람을 높여 이르는 말.

종사[2] **宗嗣** (마루 종, 이을 사). 종가(宗家)를 잇는 후사(後嗣).

종사[3] **從死** (따를 종, 죽을 사). 앞서 죽은 사람의 뒤를 따라서[從] 죽음[死].

종사[4] **從事** (따를 종, 섬길 사). ① 속뜻 어떤 사람을 따르며[從] 섬김[事]. ② 마음과 힘을 다해 일함. ¶무슨 직업에 종사하고 계십니까?

▶종사-자 從事者 (사람 자). 일정한 직업이나 부문, 일 따위에 종사(從事)하는 사람[者]. ¶전문직 종사자.

종-사품 **從四品** (따를 종, 넷째 사, 품위 품). 역사 고려·조선 때, 무관[從] 혹은 종친 반열의 네[四] 번째 품계(品階). 18품계 가운데 여덟째 등급이다.

종산 **宗山** (마루 종, 메 산). ① 속뜻 한 종가(宗家)의 조상을 모신 산(山). 또는 한 종중의 소유로 되어 있는 산. ㊐종중산(宗中山). ② 주산 위에 있는 주산. ㊐종주산(宗主山).

종-삼품 **從三品** (따를 종, 셋째 삼, 품위 품). 역사 고려·조선 때, 무관[從] 혹은 종친 반열의 세[三] 번째 품계(品階). 18품계 가운데 여섯째 등급이다.

종상[1] **種桑** (심을 종, 뽕나무 상). 뽕나무[桑]를 심음[種].

종상[2] **綜詳** (바디 종, 자세할 상). 베틀의 바디[綜]처럼 치밀하고 상세(詳細)함.

종상-화 鐘狀花 (쇠북 종, 형상 상, 꽃 화). [식물] 종(鐘) 모양[狀]으로 생긴 꽃[花].

종상 화관 鐘狀花冠 (쇠북 종, 형상 상, 꽃 화, 갓 관). [식물] 종(鐘) 모양[狀]으로 생긴 꽃받침[花冠].

종상 화:산 鐘狀火山 (쇠북 종, 형상 상, 불 화, 메 산). [지리] 산꼭대기가 종(鐘) 모양[狀]으로 된 화산(火山).

종서 縱書 (세로 종, 쓸 서). 세로[縱]로 글을 씀[書]. 또는 그렇게 쓴 글씨. [반]횡서(橫書).

종선[1] **從船** (따를 종, 배 선). 큰배에 딸린[從] 작은 배[船]. ¶부두에서 종선을 타고 기선으로 들어갔다.

종선[2] **縱線** (세로 종, 줄 선). 세로[縱]로 그어진 줄[線]. [반]횡선(橫線).

종성[1] **鐘聲** (쇠북 종, 소리 성). 종(鐘)을 쳐 나는 소리[聲].

종성[2] **終聲** (끝마칠 종, 소리 성). [언어] 우리말 한글 표기에서 한 음절이 끝나는[終] 소리[聲]. 받침.

▸**종성 규칙** 終聲規則 (법 규, 법 칙). [언어] 국어의 자음이 종성(終聲)으로 쓰일 때에, 제 음대로 발음되지 않고 특수한 음가를 가지게 되는 규칙(規則). [비]말음 법칙(末音法則).

▸**종성 부용 초성** 終聲復用初聲 (다시 부, 쓸 용, 처음 초, 소리 성). [언어] 훈민정음에서, 종성(終聲)은 초성(初聲)을 다시[復] 사용(使用)한다는 제자 원리.

종성 유전 從性遺傳 (따를 종, 성별 성, 남길 유, 전할 전). [생물] 개체의 성별(性別)에 따라[從] 형질이 다르게 나타나는 유전(遺傳).

종-소원 從所願 (따를 종, 것 소, 바랄 원). 소원(所願)에 따라[從] 다 들어줌. [비]종자원(從自願).

종속[1] **從俗** (따를 종, 풍속 속). 세상의 풍속(風俗)을 따름[從]. '종시속'(從時俗)의 준말.

종속[2] **從屬** (따를 종, 엮을 속). ① [속뜻] 자주성이 없이 주가 되는 것에 딸리거나[從] 엮임[屬]. ¶부모는 자식을 종속적인 존재로 생각하면 안 된다. ② [언어] 문장의 구성 성분으로서 다른 부분에 대하여 주술, 수식, 조건적 접속 따위의 관계로 결합하는 일.

▸**종속-국** 從屬國 (나라 국). [정치] ① 정치나 경제·군사 면에서 다른 나라에 종속(從屬)되어 있는 나라[國]. [준]종국, 속국. [비]부속국(附屬國), 예속국(隸屬國). ② 외교 관계는 스스로 처리하고, 다른 부분은 종주국에 의하여 처리되는 나라.

▸**종속-물** 從屬物 (만물 물). 어떤 것에 딸려[從屬] 있는 물건(物件). [비]예속물(隸屬物).

▸**종속-범** 從屬犯 (범할 범). [법률] 정범(正犯)에 딸리어[從屬] 성립하는 교사범(教唆犯)이나 방조범(幇助犯).

▸**종속-적** 從屬的 (것 적). 종속(從屬) 관계에 있는 것[的].

▸**종속-절** 從屬節 (마디 절). [언어] 이어진 문장에서, 주절(主節)에 딸려[從屬] 이를 한정(限定)하는 절(節).

▸**종속 관계** 從屬關係 (빗장 관, 맬 계). ① [속뜻] 상위 개념에 딸려있는[從屬] 하위 개념의 관계(關係). ② 신분이나 힘에 있어서, 상위의 것에 종속되어 있는 관계.

▸**종속 변:수** 從屬變數 (바뀔 변, 셀 수). [수학] 독립 변수의 변화에 종속(從屬)되어 값이 결정되는 다른 변수(變數).

▸**종속 사:건** 從屬事件 (일 사, 것 건). [수학] 어떤 사건의 발생 여부가 다른 사건이 일어날 확률에 영향을 줄 때에, 앞 사건에 대하여 종속(從屬)되어 일어나는 사건(事件)을 이르는 말. [반]독립 사건(獨立事件).

▸**종속 성분** 從屬成分 (이룰 성, 나눌 분). [언어] 문장에서 주성분에 딸려[從屬] 그 내용을 꾸며주는 성분(成分). [비]부속 성분(附屬成分).

▸**종속 회사** 從屬會社 (모일 회, 단체 사). [경제] 자본 참가 또는 계약, 정관 따위에 따라 다른 회사에 딸려[從屬] 지배를 받는 회사(會社). [비]자회사(子會社). [참]지배 회사(支配會社).

종손[1] **宗孫** (마루 종, 손자 손). 종가(宗家)의 대를 이을 손자(孫子). ¶종손이라 그런지 예의범절이 바르다. [반]지손(支孫).

종:손[2] **從孫** (사촌 종, 손자 손). 사촌 형제[從]의 손자(孫子). ⓑ유손(猶孫), 질손(姪孫).

종:-손녀 **從孫女** (사촌 종, 손자 손, 딸 녀). 사촌 형제[從]의 손녀(孫女).

종:-손부 **從孫婦** (사촌 종, 손자 손, 며느리 부). 사촌 형제[從]의 손자(孫子) 며느리[婦].

종수 **種樹** (심을 종, 나무 수). 나무[樹] 따위의 식물을 심고[種] 가꿈. ⓑ식목(植木).

종:숙 **從叔** (사촌 종, 아저씨 숙). 아버지의 사촌[從] 형제로, 숙부(叔父)가 되는 관계. ⓑ당숙(堂叔).

종:-숙모 **從叔母** (사촌 종, 아저씨 숙, 어머니 모). 종숙(從叔)의 아내[母]. ⓑ당숙모(堂叔母).

종시[1] **終始** (끝마칠 종, 처음 시). 마지막[終]과 처음[始]. 또는 마침과 시작함. ¶종시 한결 같았다.

종시[2] **終是** (끝마칠 종, 이 시). 그것[是]을 끝냄[終]. 끝내. 마침내.

종-시가 **從時價** (따를 종, 때 시, 값 가). 물건을 사고 팔 때에 시세(時勢)를 따른[從] 가격(價格). ⓑ종시세(從時勢).

종-시속 **從時俗** (따를 종, 때 시, 풍속 속). 세상에 어느 때[時] 유행하는 풍속(風俗)대로 따름[從]. ⓒ종속.

종식 **終熄** (끝마칠 종, 꺼질 식). 한때 매우 성하던 현상이나 일이 끝나거나[終] 꺼짐[熄].

종신[1] **宗臣** (마루 종, 신하 신). ① 속뜻 나라나 종묘(宗廟)에 큰 공을 세운 신하(臣下). ② 왕족으로 벼슬자리에 있는 사람. ¶종신들의 입궐을 금지시켰다.

종신[2] **終身** (끝마칠 종, 몸 신). ① 속뜻 목숨[身]을 다하기[終]까지의 동안. ¶종신의 유배길에 오르다. ② 일생을 마침. ⓑ임종(臨終).

▸종신-직 終身職 (일 직). 평생[終身] 동안 일할 수 있는 직위(職位).

▸종신-형 終身刑 (형벌 형). 법률 죽을 때까지[終身] 받는 형벌(刑罰).

▸종신 보:험 終身保險 (지킬 보, 험할 험). 경제 피보험자가 죽어야만[終身] 보험금을 지급하는 생명 보험(保險).

▸종신 연금 終身年金 (해 년, 돈 금). 법률 권리자가 죽을[終身] 때까지 매년 일정한 금액을 받을 수 있는 연금(年金).

▸종신-자식 終身子息 (아이 자, 불어날 식). 부모가 운명할[終身] 때에 임종한 자식(子息).

▸종신지질 終身之疾 (어조사 지, 병 질). 죽을 때까지[終身] 고칠 수 없는 질병(疾病). ⓑ종신병(終身病).

▸종신징역 終身懲役 (혼낼 징, 부릴 역). 법률 죽을 때까지[終身] 징역(懲役)을 짐. ⓑ무기 징역(無期懲役).

▸종신-회원 終身會員 (모일 회, 인원 원). 자신이 사퇴하지 않는 한, 평생토록[終身] 자격을 가지는 회원(會員). ⓑ평생회원(平生會員).

종실 **宗室** (마루 종, 집 실). 임금[宗]의 집안[室]. ⓑ종친(宗親).

종심[1] **從心** (따를 종, 마음 심). ① 속뜻 마음[心]을 따름[從]. ② '일흔(70) 살'을 달리 이르는 말. 『논어』「위정(爲政)」편에서 공자가 '칠십이종심소욕불유구'(七十而從心所欲不踰矩)에서 유래한 것으로, 일흔이 되면 마음에 따라 행하여도 도리에 어긋나는 일이 없음을 이른다.

▸종심소욕 從心所欲 (것 소, 하고자할 욕). 마음[心]에 하고 싶은[欲] 바[所]를 따름[從].

종심[2] **終審** (끝마칠 종, 살필 심). ① 교육 논문 심사 때에, 논문 통과 여부를 결정하는 맨 마지막[終]의 심사(審查). ② 법률 심급 제도에서, 맨 마지막에 해당하는 심급.

종씨[1] **宗氏** (마루 종, 성씨 씨). 한 일가[宗]에 속하는 같은 성씨[氏]의 사람들. 또는 그들끼리 부르는 말. ¶이런 데서 종씨를 만나니 참으로 반갑습니다.

종:씨[2] **從氏** (사촌 종, 높임말 씨). ① 속뜻 남에게 자기 사촌[從] 형을 높여[氏] 이르는 말. ② 남의 사촌 형제를 높여 이르는 말.

종야 **終夜** (끝마칠 종, 밤 야). 하룻밤[夜] 동안[終]. ⓑ경석(竟夕), 종석(終夕), 종소(終宵).

종:양 **腫瘍** (종기 종, 종기 양). 의학 세포가 이롭지 않거나 무의미한 조직 덩어리[腫=瘍]를 만드는 병. ¶악성 종양을 제거하는

수술을 받다.

종언 終焉 (끝마칠 종, 이에 언). ① [속뜻] 계속 되던 일 따위가 이에[焉] 끝남[終]. ② 없어지거나 죽어서 존재가 사라짐. ¶공산주의의 종언 / 인생의 종언을 고하다.

종업[1] 終業 (끝마칠 종, 일 업). 학업(學業) 따위의 일을 마침[終]. ¶방학 전에 종업식을 거행했다. [비]종무(終務). [반]시업(始業).

종업[2] 從業 (따를 종, 일 업). 어떤 업무(業務)에 종사(從事)함. ¶쉽고 편한 업종에만 종업하려는 사람들이 너무 많다.

▶종업-원 從業員 (사람 원). 어떤 업무(業務)에 종사(從事)하는 사람[員]. ¶이 식당의 종업원이 참 친절하네요. [반]주인(主人).

종연 終演 (끝마칠 종, 펼칠 연). 연극(演劇), 연설(演說), 연주(演奏) 따위가 끝남[終]. [반]개연(開演).

종영 終映 (끝마칠 종, 비칠 영). 영화 상영(上映)이 끝남[終]. [반]시영(始映).

종-오품 從五品 (따를 종, 다섯 오, 품위 품). [역사] 고려·조선 시대, 종신(從臣)의 다섯[五] 번째 품계(品階). 모두 18품계 가운데 열째 등급이다.

종용[1] 從容 (조용할 종, 조용할 용). 조용함[從=容]. '조용'의 본딧말.

종용[2] 慫慂 (권할 종, 권할 용). 잘 설득하고 달래어 권함[慫=慂]. ¶그에게 경찰에 자수하기를 종용했다.

종유[1] 從遊 (따를 종, 놀 유). 학식이나 덕행이 높은 사람을 따라[從] 함께 지냄[遊].

종유[2] 種油 (씨 종, 기름 유). 씨앗[種]에서 짜낸 기름[油]. 특히 유채의 씨앗에서 짜낸 기름을 이른다.

종유-동 鐘乳洞 (쇠북 종, 젖 유, 구멍 동). ① [속뜻] 천정에 종(鐘)의 유두(乳頭) 같은 모양이 달려 있는 동굴(洞窟). ② [지리] 석회암 속의 층면을 따라 흐르는 지하수가 석회암을 침식하여 생긴 동굴. 동굴 천정과 바닥에 종유석, 석순(石筍), 석회주(石灰柱) 같은 것을 볼 수 있다. [비]석유동(石乳洞), 석회동(石灰洞), 종유굴(鍾乳窟).

종유-석 鐘乳石 (쇠북 종, 젖 유, 돌 석). [지리] 종유굴의 천장에 종(鐘) 모양의 젖(乳) 같이 달려 있는 석회석(石灰石) 고드름. [비]빙주석(氷柱石), 석종유(石鐘乳).

종-육품 從六品 (따를 종, 여섯 륙, 품위 품). [역사] 고려·조선 때, 무관[從] 혹은 종친 반열의 여섯[六] 번째 품계(品階). 모두 18품계 가운데 열두째 등급이다.

종이 宗彛 (마루 종, 제기 이). [역사] ① 종묘(宗廟)의 제사에 쓰던 술 그릇[彛]. ② 곤룡포에 그린 범의 그림.

종-이품 從二品 (따를 종, 둘째 이, 품위 품). [역사] 고려·조선 때, 무관[從] 혹은 종친 반열의 두[二] 번째 품계(品階). 18품계 가운데 넷째 등급이다.

종인[1] 宗人 (마루 종, 사람 인). ① [속뜻] 촌수가 아주 먼 일가 종친(宗親)인 사람[人]. ② [역사] 중국 명·청 때에, 종친의 일을 맡아보던 벼슬.

종인[2] 從因 (따를 종, 까닭 인). 주(主)가 아닌[從] 간접적인 원인(原因).

종일 終日 (끝마칠 종, 날 일). 하루[日]가 다 끝날[終] 때까지. ¶오늘은 종일 흐려서 빨래를 할 수 없었다. [비]온종일, 진종일.

종-일품 從一品 (따를 종, 첫째 일, 품위 품). [역사] 고려·조선 때, 무관[從] 혹은 종친 반열의 첫[一] 번째 품계(品階). 18품계 가운데 둘째 등급이다.

종자[1] 宗子 (마루 종, 아들 자). 종가(宗家)의 맏아들[子].

종:자[2] 從子 (사촌 종, 아들 자). 사촌[從]의 아들[子]. 조카.

종자[1] 從者 (따를 종, 사람 자). 남을 따라다니며[從] 시중드는 사람[者]. [비]종인(從人).

종자[2] 縱恣 (놓아줄 종, 마음대로 자). 하고 싶은 대로하도록 내버려둠[縱=恣]. [비]종사(縱肆).

종자[3] 種子 (씨 종, 씨 자). 식물에서 나온 씨[種=子]. 또는 씨앗. ¶새로운 종자를 개발하다. ② 동물의 혈통이나 품종. 또는 그로부터 번식된 새끼. ¶종자가 좋은 개. [준]종. [비]씨, 씨앗.

▶종자-식물 種子植物 (심을 식, 만물 물). [식물] 씨[種子]로 번식하는 식물(植物). [비]현화식물(顯花植物).

종:-자매 從姉妹 (사촌 종, 손윗누이 자, 누이 매). 사촌[從] 사이인 자매(姉妹).

종-자음 終子音 (끝마칠 종, 아이 자, 소리

음). 언어 한 음절을 끝맺는[終] 자음(子音). 받침이 되는 자음.

종장[1] 宗匠 (마루 종, 장인 장). ① 속뜻 장인(匠人)의 우두머리[宗]. ② 경학(經學)에 밝고 글을 잘 짓는 사람.

종장[2] 終章 (끝마칠 종, 글 장). ① 문학 시조와 같이 세 장으로 나뉜 시가에서 마지막[終] 장(章). ② 옛날 서당에서, 한문 시구를 암기하기 위하여 운(韻)을 맞추는 놀이를 할 때, 정한 글자가 맨 끝에 있는 시구(詩句). 참 초장(初章), 중장(中章).

종적[1] 蹤跡 (=蹤迹, 자취 종, 발자취 적). ① 속뜻 없어지거나 떠난 뒤에 남는 자취[蹤=跡]. ¶아침이 되자 그는 종적도 없이 사라졌다. ② 고인(古人)의 행적.

종적[2] 縱的 (세로 종, 것 적). 사물의 세로[縱]로 관계되는 것[的]. 반 횡적(橫的).

종전[3] 宗田 (마루 종, 밭 전). 종중(宗中) 소유의 밭[田].

종전[4] 宗典 (마루 종, 법 전). 불교 한 종파(宗派)에서 기본 교의를 담고 있는 경전(經典).

종전[5] 從前 (좇을 종, 앞 전). 지금보다 이전(以前)으로 거슬러간[從] 그 때에. ¶종전에 비해 훌륭한 대접을 받았다.

종전[6] 終戰 (끝마칠 종, 싸울 전). 전쟁(戰爭)이 끝남[終]. 또는 전쟁을 끝냄. 반 개전(開戰).

종점 終點 (끝마칠 종, 점 점). ① 속뜻 기차, 버스, 전차 따위를 운행하는 일정한 구간이 끝나는[終] 지점(地點). ¶종점이 가까워지자 승객들도 줄어들었다. ② 일정한 동안의 맨 끝이 되는 때. 비 종착역(終着驛), 종말점(終末點). 반 기점(起點), 시점(始點).

종정[1] 宗正 (마루 종, 바를 정). ① 속뜻 한 문중 종파(宗派)에서 정통(正統)을 계승한 제일 높은 어른. ¶종정으로 추대되다. ② 불교 우리나라 불교의 최고 통할자로, 총본산의 우두머리. ¶종정으로 추대되다.

종정[2] 鐘鼎 (쇠북 종, 솥 정). 종(鐘)이나 솥[鼎] 따위의 쇠붙이와 그릇붙이를 통틀어 이르는 말.

▸종정-도 鐘鼎圖 (그림 도). 미술 종(鐘)이나 솥[鼎] 따위의 쇠붙이와 그릇 붙이 따위를 그린 그림[圖].

▸종정-문 鐘鼎文 (글월 문). 문학 중국 은나라·주나라 때에, 종(鐘)이나 솥[鼎] 따위에 새겨져 있던 문자(文字).

종:제 從弟 (사촌 종, 아우 제). 사촌[從] 아우[弟]. 반 종형(從兄).

종:-제수 從弟嫂 (사촌 종, 아우 제, 부인 수). 사촌[從] 아우[弟]의 아내[嫂].

종조[1] 宗祖 (마루 종, 조상 조). 으뜸[宗]이 되는 조사(祖師).

종:조[2] 從祖 (사촌 종, 할아버지 조). 할아버지[祖]의 사촌[從].

종:-조모 從祖母 (사촌 종, 할아버지 조, 어머니 모). 할머니[祖母]의 사촌[從].

종:-조부 從祖父 (사촌 종, 할아버지 조, 아버지 부). 할아버지[祖父]의 사촌[從]. 준 종조.

종족[1] 宗族 (마루 종, 겨레 족). 성(姓)과 본(本)이 같아 일족[宗]을 이루는 겨레붙이[族]. 비 부족(部族).

종족[2] 種族 (갈래 종, 무리 족). ① 속뜻 같은 갈래[種]의 생물 무리[族]. ¶어떤 생명체나 종족을 보호하려는 본능을 갖고 있다. ② 조상이 같고, 같은 계통의 언어·문화 따위를 가진 인간 집단. ¶역사가 흐르면서 여러 종족으로 갈라졌다.

▸종족-적 種族的 (것 적). ① 속뜻 어떤 종족(種族)에게만 있는 것[的]. ② 온 종족에 관계되거나 온 종족을 두루 포함하는 것.

▸종족 보:존 種族保存 (지킬 보, 있을 존). 종족(種族)을 지켜 대를 지켜[保] 존속(存續)하게 하는 일.

종졸 從卒 (따를 종, 하인 졸). ① 속뜻 남을 따라다니며[從] 심부름하는 사람[卒]. ¶그의 종졸이 되었다. ② 특정한 사람이나 부서에 속하여 있는 병졸. ¶종졸 수십 명을 두고 있다.

종:종 種種 (갈래 종, 갈래 종). ① 속뜻 여러 가지[種+種]. ② 때때로. 가끔. ¶학교가 끝나면 종종 놀이터에 들렀다.

▸종:종색색 種種色色 (빛 색, 빛 색). 종류(種類)마다, 색깔[色]마다.

종죄 從罪 (따를 종, 허물 죄). 어떤 사람이 죄를 짓는 것을 따라[從] 도와준 사람에게 내리는 죄(罪).

종주[1] 宗主 (마루 종, 주인 주). 역사 중국 봉건 시대에, 제후들 가운데 으뜸[宗] 가는 패권을 잡은 맹주(盟主).

▸종주-국 宗主國 (국가 국). ① 속뜻 어떤 범위 안의 나라들 중 으뜸이 되어[宗主] 주변 국들의 주권을 좌우하는 나라[國]. ② 문화적 현상과 같은 어떤 대상이 처음 시작한 나라. ㉾종국.

▸종주-권 宗主權 (권력 권). 법률 한 나라가 국내법의 범위 안에서 으뜸이 되어[宗主] 다른 나라의 내정이나 외교를 지배하는 특수한 권력(權力).

종주[2] **縱走** (세로 종, 달릴 주). ① 속뜻 능선을 따라 세로[縱]로 산을 주파(走破)하는 일. ② 산맥 따위가 지형이 긴 쪽으로 또는 남북으로 이어져 있음. ③ 세로로 늘어났다 줄었다 함.

▸종주-근 縱走筋 (힘줄 근). 동물 세로[縱]로 늘어났다 줄었다하는[走] 근육(筋肉). 척추동물의 장(腸) 또는 지렁이 따위에서 볼 수 있다.

종중[1] **從衆** (따를 종, 무리 중). 여러[衆] 사람의 말이나 행동을 따라[從] 함.

종중[2] **宗中** (마루 종, 가운데 중). ① 속뜻 일족[宗] 가운데[中]. ② 성(姓)이 같고 본(本)이 같은 한 겨레붙이의 집안.

▸종중-답 宗中畓 (논 답). 수확한 것을 조상의 제사에 쓰기 위해 종중(宗中)에서 가지는 논[畓]. ㉾종답.

▸종중-산 宗中山 (메 산). 한 문중[宗中]의 조상을 모신 산(山). 또는 한 종중의 소유로 되어 있는 산. ㉾종산.

▸종중-전 宗中田 (밭 전). 수확한 것을 조상의 제사에 쓰기 위해 종중(宗中)에서 가지는 밭[田].

▸종중-전답 宗中田畓 (밭 전, 논 답). 종중(宗中) 소유의 밭[田]과 논[畓]. 그곳에서 추수한 것은 조상의 제사를 지내는 데 쓴다.

종중-론 **從重論** (따를 종, 무거울 중, 논할 론). 법률 두 가지 이상의 죄가 동시에 드러났을 때에, 무거운[重] 죄에 따라[從] 처벌한다는 주의[論]. ㉾종중. ㉥종경론(從輕論).

종지[1] **宗支** (마루 종, 가를 지). 종중(宗中)에서 종파(宗派)와 지파(支派)를 아울러 이르는 말.

종지[2] **宗旨** (마루 종, 뜻 지). ① 속뜻 주장이 되는 요지나 근본[宗]이 되는 중요한 뜻[旨]. ㉥주지(主旨). ② 종문의 교의나 취지. ㉥종의(宗意).

종지[3] **終止** (끝마칠 종, 그칠 지). ① 속뜻 무엇을 끝마쳐[終] 그만함[止]. ② 악곡의 끝이나 중도에서 끝맺는다는 느낌을 주는 형태.

▸종지-부 終止符 (맞을 부). ① 속뜻 문장이 끝나는[終止] 것을 표시하는 부호(符號). ② 언어 문장을 끝맺을 때 쓰는 것으로 마침표. 온점(.), 고리점(。), 물음표(?), 느낌표(!)가 있다. ¶내일이면 모든 군 생활에 종지부를 찍게 된다. ③ 음악 악장이나 악곡의 끝을 나타내는 기호. ¶종지부를 찍다. ㉥마침표.

▸종지 기호 終止記號 (기록할 기, 표지 호). 음악 악장이나 악곡의 끝[終止]을 나타내는 기호(記號). ㉥종지부.

종진 **縱陣** (세로 종, 진칠 진). 군사 세로[縱]로 늘어서도록 친 진형(陣形). ㉥횡진(橫陣).

종-진동 **縱振動** (세로 종, 떨칠 진, 움직일 동). 물리 기둥 모양의 물체에서 세로[縱]로 일어나는 진동(振動).

종:질 **從姪** (사촌 종, 조카 질). 사촌[從] 형제의 아들인 조카[姪]. ㉥당질(堂姪).

종차 **種差** (갈래 종, 어긋날 차). 큰 범위 아래 한 종류가 다른 한 종류(種類)와 구별되는 차이(差異).

종착 **終着** (끝마칠 종, 붙을 착). 마지막으로[終] 도착(到着)함.

▸종착-역 終着驛 (정거장 역). 기차나 전차 따위가 운행을 마치고[終] 도착(到着)하는 역(驛). ¶한숨 자고 나니 종착역에 이르렀다. ㉥종점(終點). ㉥시발역(始發驛).

종:창 **腫脹** (종기 종, 부을 창). 의학 몸의 일부가 곪거나[腫] 부어오름[脹].

종:처 **腫處** (종기 종, 곳 처). ① 속뜻 종기(腫氣)가 난 자리[處]. ② '사회생활이나 어떤 분야에서 건전하지 못하고 썩은 부분'을 비유하여 이르는 말.

종척 **宗戚** (마루 종, 겨레 척). 왕의 종친(宗親)과 외척(外戚)을 아울러 이르던 말. ¶나라의 일가 종척들이 그 소문을 듣고 대궐로 모여들었다.

종축[1] **縱軸** (세로 종, 굴대 축). 수학 그래프에서 세로[縱]로 그은 축(軸). ㉥횡축(橫軸).

종축² 種畜 (씨 종, 가축 축). 우수한 씨[種]를 얻기 위하여 기르는 우량 품종의 가축(家畜).

▸**종축 목장** 種畜牧場 (칠 목, 마당 장). [농업] 종축(種畜)을 위해 우량 품종의 가축을 기르는 목장(牧場). [준]종축장.

종친 宗親 (마루 종, 친할 친). ① [속뜻] 한 일족[宗]에 속하는 친척(親戚). ¶명절이 되어 가깝게 사는 종친들이 다 모였다. ② 임금의 친족. [비]종실(宗室).

▸**종친-회** 宗親會 (모일 회). 성과 본이 같은 일가붙이[宗親]들의 모임[會]. [비]종문회(宗門會).

종-칠품 從七品 (따를 종, 일곱 칠, 품위 품). [역사] 고려·조선 때, 무관[從] 혹은 종친 반열의 일곱[七] 번째 품계(品階). 모두 18품계 가운데 열넷째 등급이다.

종탑 鐘塔 (쇠북 종, 탑 탑). 꼭대기에 종(鐘)을 매달아 치도록 만든 탑(塔). ¶성당 종탑에서 들려오는 은은한 종소리.

종파¹ 宗派 (마루 종, 갈래 파). ① [속뜻] 종가(宗家)에서 떨어져 나온 갈래[派]. ② 같은 종교의 갈린 갈래. ¶다른 종파라고 해서 서로 싸우면 안 된다. ③ [불교] 불교의 갈래. 석가모니가 입멸한 후에 교의, 행사, 작법 따위에 따라 갈라짐. [비]교파(教派).

종파² 縱波 (세로 종, 물결 파). ① [속뜻] 세로[縱]로 이는 물결[波]. ② [물리] 매질(媒質)의 진동 방향이 파동의 방향에 일치하는 파동. ¶음파는 종파에 속한다. ③ 배가 가는 방향과 나란히 가는 파도. [비]세로파. [반]횡파(橫波).

종-팔품 從八品 (따를 종, 여덟 팔, 품위 품). [역사] 고려·조선 때, 무관[從] 혹은 종친 반열의 여덟[八] 번째 품계(品階). 모두 18품계 가운데 열여섯째 등급이다.

종패 種貝 (씨 종, 조개 패). 씨[種]를 받으려고 기르는 조개[貝]. 씨조개.

종피 種皮 (씨 종, 껍질 피). [식물] 씨[種]의 껍질[皮].

***종합** 綜合 (모을 종, 합할 합). ① [속뜻] 여러 가지를 한데 모아[綜] 합(合)함. ¶종합 검진을 받아보다 / 여러 의견을 종합하다. ② [논리] 개개의 관념, 개념, 판단 따위를 결합시켜 새로운 관념이나 개념을 구성하는 일. [참]합. ③ [철학] 변증법 논리나 헤겔 철학에서, 서로 모순되는 정립(定立)과 반정립(反定立)을 거쳐, 대립과 모순이 통일되는 새로운 단계. [참]분석(分析).

▸**종합-장** 綜合帳 (장부 장). 여러 가지 내용을 종합(綜合)하여 적어 두는 공책[帳]. ¶내일 할 일을 종합장에 적어두다.

▸**종합-적** 綜合的 (것 적). 종합(綜合)한 것[的]. 종합하는 태도인 것. ¶연구 결과를 종합적으로 살펴보다.

▸**종합 개발** 綜合開發 (열 개, 드러날 발). [경제] 국가적 차원에서 종합적(綜合的)으로 추진하는 국토와 자원의 개발(開發).

▸**종합 과세** 綜合課稅 (매길 과, 세금 세). [법률] 법인 또는 개인 납세자의 모든 소득을 종합(綜合)하여 세금(稅金)을 매기는[課] 방법. [반]분리 과세(分離課稅).

▸**종합 대:학** 綜合大學 (큰 대, 배울 학). [교육] 셋 이상의 단과 대학과 대학원이 함께 모여[綜合] 이루어진 대학(大學).

▸**종합 병:원** 綜合病院 (병 병, 집 원). [의학] 여러 진료 과목을 고루[綜合] 갖춘 병원(病院). ¶종합 병원은 일반 병원에 비해 규모가 크다.

▸**종합 비:평** 綜合批評 (따질 비, 평할 평). [문학] 문예 작품의 종합적(綜合的)인 가치를 논의하는 비평(批評). [참]분석 비평(分析批評).

▸**종합 상사** 綜合商社 (장사 상, 회사 사). [경제] 상품의 종류와 수량, 교역 대상을 종합적(綜合的)으로 하여 대규모로 영위하는 상사(商社).

▸**종합 예:술** 綜合藝術 (재주 예, 꾀 술). [예술] 영화나 오페라처럼 분야를 달리하는 모든 예술적 요소를 종합(綜合)하여 이루어지는 예술(藝術).

▸**종합 잡지** 綜合雜誌 (섞일 잡, 기록할 지). [언론] 정치·경제·사회·문예·과학 따위의 각 분야에 대한 글을 종합적(綜合的)으로 엮은 잡지(雜誌). [준]종합지.

▸**종합 판단** 綜合判斷 (판가름할 판, 끊을 단). [논리] 칸트의 용어로, 실제로는 술어가 주어에 포함되어 있지 않음에도, 종합적(綜合的)으로 판단(判斷)하면 주어와 결합될 수 있다고 생각하는 것. [비]종합 단정(綜合斷定), 확장 판단(擴張判斷).

▸종합 학습 綜合學習 (배울 학, 익힐 습). [교육] 교과를 나누지 않고 모든 학습을 하나로 모아 종합적(綜合的)으로 실시하는 학습(學習).

▸종합 소:득세 綜合所得稅 (것 소, 얻을 득, 세금 세). [법률] 납세자의 모든[綜合] 소득(所得)을 합계한 것에 대하여 매기는 세금(稅金). [반]분류 소득세(分類所得稅).

종항 終航 (끝마칠 종, 건널 항). 배나 항공기 따위가 정해진 항해(航海)나 항공(航空)을 마침[終].

종-해안 縱海岸 (세로 종, 바다 해, 언덕 안). [지리] 산맥이나 지질 구조의 주축과 나란히 세로[縱]로 된 해안(海岸). [반]횡해안(橫海岸).

종핵 種核 (씨 종, 씨 핵). [식물] 씨앗[種]의 중심이 되는 알맹이[核]. 다음 대(代)의 식물이 될 작은 배(胚)가 있다.

종행 縱行 (세로 종, 줄 행). 세로[縱]로 된 줄[行]. [반]횡행(橫行).

종헌 終獻 (끝마칠 종, 바칠 헌). 제사를 지낼 때 올리는 세 번의 잔 가운데 마지막[終] 잔을 올림[獻]. [참]초헌(初獻), 아헌(亞獻).

▸종헌-관 終獻官 (벼슬 관). [역사] 나라의 제사를 지낼 때에 종헌(終獻)을 맡던 관직(官職).

종:형 從兄 (사촌 종, 맏 형). 사촌[從] 형(兄). [반]종제(從弟).

종:-형수 從兄嫂 (사촌 종, 맏 형, 부인 수). 사촌[從] 형(兄)의 아내[嫂].

종:-형제 從兄弟 (사촌 종, 맏 형, 아우 제). 사촌[從] 관계인 형(兄)과 아우[弟]. [비]당형제(堂兄弟), 동당형제(同堂兄弟).

종형 鐘形 (쇠북 종, 모양 형). 종(鐘)과 같은 모양[形]. [비]종상(鐘狀).

종:환 腫患 (종기 종, 근심 환). ① [속뜻] 종기(腫氣)로 인한 근심[患]. ② 남을 높여 그의 종기를 일컫는 말.

종회 宗會 (마루 종, 모일 회). 종중(宗中)의 일을 의논하기 위한 모임[會]. '종중회의'(宗中會議)의 준말.

종횡 縱橫 (세로 종, 가로 횡). ① [속뜻] 세로[縱]와 가로[橫]. ¶종횡이 일정하게 교차하도록 만들어라. ② 거침없이 마구 오거나 이리저리 다님. ¶전장을 종횡하며 용맹하게 싸우다.

▸종횡-가 縱橫家 (사람 가). [역사] 중국 전국시대에, 제자백가 가운데 제후들 사이를 오가며 여러 국가를 종횡(縱橫)으로 합쳐야 한다는 합종책(合縱策)과 연횡책(連衡策)을 논한 분파[家].

▸종횡-무진 縱橫無盡 (없을 무, 다될 진). ① [속뜻] 가로[縱] 또는 세로[橫]로 다함[盡]이 없음[無]. ② 자유자재로와 거침이 없음. ¶종횡무진으로 활약하다.

종효 終孝 (끝마칠 종, 효도 효). 어버이의 임종(臨終) 때에 곁에서 효도(孝道)함. 또는 그런 효성.

종후 從厚 (따를 종, 두터울 후). 어떤 일을 너무 야박하지 아니하게 넉넉한[厚] 편으로 따라서[從] 함.

좌:객 坐客 (앉을 좌, 손 객). 서지 못하고 앉아만[坐] 있는 불구자[客].

좌:객 座客 (자리 좌, 손 객). 자리[座]에 앉은 손님[客].

좌:견천리 坐見千里 (앉을 좌, 볼 견, 일천 천, 거리 리). ① [속뜻] 자리에 앉아서[坐] 천리(千里)를 봄[見]. ② 보이지 않는 먼 곳이나 앞일을 내다봄.

좌:경 左傾 (왼쪽 좌, 기울 경). ① [속뜻] 왼쪽[左]으로 기울어짐[傾]. ② 공산주의나 사회주의 따위의 좌익 사상으로 기울어짐. 또는 그런 경향. [반]우경(右傾).

좌:고 坐高 (앉을 좌, 높을 고). 앉아[坐] 있을 때의 높이[高]나 키. 앉은키.

좌:고-우면 左顧右眄 (왼쪽 좌, 돌아볼 고, 오른쪽 우, 곁눈질할 면). ① [속뜻] 왼쪽[左]을 돌아보고[顧] 오른쪽[右]을 곁눈질함[眄]. ② '무슨 일에 얼른 결정을 짓지 못하고 이리저리 눈치만 살핌'을 비유하여 이르는 말. [비]좌우고면(左右顧眄).

좌:골[1] 挫骨 (꺾을 좌, 뼈 골). 뼈[骨]가 부러짐[挫]. 또는 부러진 뼈.

좌:골[2] 坐骨 (앉을 좌, 뼈 골). [의학] 골반을 이루는 좌우의 한 쌍의 뼈. 앉았을[坐] 때 몸의 중축을 이루는 부분을 이루는 뼈[骨].

▸좌:골 신경 坐骨神經 (정신 신, 날실 경). ① [속뜻] 좌골(坐骨)에 있는 신경(神經). ② [의학] 허리에서부터 넓적다리의 뒤쪽을 지나 무릎에까지 이르는, 다리의 운동과 지각

을 맡은 가장 길고 굵은 신경.

좌:구 坐具 (앉을 좌, 갖출 구). ① [속뜻] 방석과 같이 앉을[坐] 때 밑에 까는 도구(道具). ② [불교] 불교의 육물 가운데 하나. 앉거나 누울 때 밑에 까는 방석으로 비구의 생활필수품.

좌:국 坐局 (앉을 좌, 판 국). 산세나 집터 따위의 어느 방위를 등지고 앉은[坐] 판국[局].

좌:기 左記 (왼쪽 좌, 기록할 기). 세로쓰기를 한 글에서, 본문의 왼쪽[左]에 기록(記錄)된 것. (비)좌개(左開). (반)우기(右記).

좌:단 左袒 (왼쪽 좌, 옷벗을 단). ① [속뜻] 왼쪽[左] 소매를 벗음[袒]. ② 남을 편들어 동의함을 이르는 말. 중국 전한시대 때에, 여후가 반란을 꾀할 때 공신 주발(周勃)이 군중(軍中)에서, 여후를 돕고자 하는 자는 우단하고 한나라 왕실을 돕고자 하는 자는 좌단하라고 명하자 모두 좌단하였다는 데서 유래. 『사기·여후본기』(史記·呂后本紀)에 나오는 말이다.

좌:담 座談 (자리 좌, 이야기 담). 여러 사람이 한자리[座]에 모여 앉아서 어떤 문제에 대하여 나누는 이야기[談].

▶좌:담-회 座談會 (모일 회). 좌담(座談)을 하는 모임[會]. ¶정부의 교육 정책에 대해 전문가들이 좌담회를 가졌다.

좌:당 左黨 (왼쪽 좌, 무리 당). ① [속뜻] 좌익(左翼)의 정당(政黨). ② 정부의 반대당. (반)우당(右黨).

좌:도 左道 (왼쪽 좌, 길 도). [역사] ① 유교의 종지(宗旨)를 오른쪽이라 볼 때, 이에 어긋나는[左] 모든 사교[道]를 이르는 말. ② 조선 시대에, 각 도를 둘로 나누었을 때 그 한쪽을 이르던 말. 충청도·전라도·경상도·황해도의 경우에는 동쪽을 이르고, 경기도의 경우에는 북쪽을 이르던 말. (반)우도(右道).

좌:방 左方 (왼쪽 좌, 모 방). ① [속뜻] 왼쪽[左] 방면(方面). ② 왼쪽. (반)우방(右方).

좌:법 坐法 (앉을 좌, 법 법). [불교] 결가부좌 따위의, 부처나 불도들이 앉는[坐] 법식(法式).

좌:변 左邊 (왼쪽 좌, 가 변). ① [속뜻] 왼쪽[左] 가장자리[邊]. ② [수학] 등식이나 부등식에서, 등호 또는 부등호의 왼쪽에 적은 수나 식. ③ [역사] 좌포도청. (반)우변(右邊).

좌:불안석 坐不安席 (앉을 좌, 아닐 불, 편안할 안, 자리 석). ① [속뜻] 앉아도[坐] 자리[席]가 편안(便安)하지 않음[不]. ② '마음이 불안하거나 걱정스러워서 가만히 앉아 있지 못하고 안절부절못하는 모양'을 이르는 말.

좌:사우고 左思右考 (왼쪽 좌, 생각 사, 오른쪽 우, 생각할 고). 이리저리[左右] 잘 생각해봄[思=考]. (비)좌사우량(左思右量), 좌사우상(左思右想), 좌우사량(左右思量).

좌:상[1] 左相 (왼쪽 좌, 도울 상). ① [속뜻] 왼쪽[左] 자리에 앉은 재상(宰相). ② [역사] 좌의정(左議政). (참)상상(上相), 우상(右相).

좌:상[2] 坐像 (앉을 좌, 모양 상). [미술] 앉은[坐] 모습[像]을 묘사한 그림이나 조소 작품. (참)입상(立像).

좌:상[3] 座上 (자리 좌, 위 상). ① [속뜻] 여러 사람이 모인 자리[座]에서 가장 나이가 많거나 으뜸가는[上] 사람. (비)좌중(座中). ② 여러 사람이 모인 자리.

좌:상[4] 挫傷 (꺾을 좌, 상할 상). ① [속뜻] 기운이 꺾이고[挫] 마음이 상함[傷]. ② [의학] 외부로부터 둔중한 충격을 받아서, 피부 표면에는 손상이 없으나 내부의 조직이나 내장이 다치는 일. (비)좌창(挫創).

좌:서 左書 (왼쪽 좌, 쓸 서). ① [속뜻] 왼[左] 손으로 글씨를 씀[書]. 또는 그 글씨. ② 원래와 다르게 오른쪽과 왼쪽이 바뀌어서 된 글자. 뒤집어 보아야 제대로 보인다.

좌:석 座席 (자리 좌, 자리 석). ① [속뜻] 앉을 수 있게 마련된 자리[座=席]. ¶6시 공연에 좌석이 있습니까? / 좌석 버스. ② 여러 사람이 모인 자리. ¶좌석을 정리하느라 장내가 시끄러웠다. (비)자리.

▶좌:석-권 座席券 (문서 권). 좌석(座席)의 번호를 지정한 표[券]. (반)입석권(立席券).

좌:선 坐禪 (앉을 좌, 참선 선). [불교] 고요히 앉아서[坐] 참선(參禪)함. 선종에서 중요시하는 수행법. (준)선. (비)안선(安禪), 연좌(宴坐).

좌:수[1] 左手 (왼쪽 좌, 손 수). 왼쪽[左] 손[手]. (반)우수(右手).

좌:수[2] 坐收 (앉을 좌, 거둘 수). ① [속뜻] 앉아

서[坐] 거둠[收]. ②편하게 이익을 얻음.

좌:수[3] 坐睡 (앉을 좌, 잠잘 수). 앉아서[坐] 졺[睡].

좌:-수영 左水營 (왼 좌, 물 수, 집 영). 역사 조선 시대에, 전라도와 경상도의 각 좌도(左道)에 둔 수군(水軍) 절도사의 군영(軍營).

좌:-승지 左承旨 (왼쪽 좌, 받들 승, 뜻 지). ① 속뜻 임금의 왼편[左]에서 뜻[旨]을 받듦[承]. ② 역사 고려 시대에 밀직사에 속하여 왕명의 출납을 맡아 하던 정삼품 벼슬. 충렬왕 2년(1276)에 좌승선을 고친 것이다. ③ 역사 조선 시대에 중추원이나 승정원에 속하여 왕명의 출납을 맡아 하던 정삼품 벼슬. 태종 원년(1401)에 좌대언으로 고쳤다가 뒤에 다시 이 이름으로 고쳤다.

좌:시 坐視 (앉을 좌, 볼 시). 가만히 앉아서[坐] 보기[視]만 함. ¶그들을 좌시하지 않을 것이다.

좌:식 坐食 (앉을 좌, 먹을 식). 일하지 않고 놀며 앉아서[坐] 먹음[食]. ㊥와식(臥食).

▶좌:식-산공 坐食山空 (메 산, 빌 공). 일을 하지 않고 앉아서[坐] 놀고 먹기만[食] 한다면 산(山)더미 같은 재산도 결국 다 없어지게[空] 됨.

좌:-심방 左心房 (왼쪽 좌, 마음 심, 방 방). 의학 심장(心腸) 안의 왼쪽[左] 윗부분[房]. 폐정맥에서 오는 피를 좌심실로 보내는 구실을 한다. ㉯우심방(右心房).

좌:-심실 左心室 (왼쪽 좌, 마음 심, 방 실). 의학 심장(心腸) 안의 왼쪽[左] 아랫부분[室]. 좌심방에서 오는 피를 깨끗하게 하여 대동맥으로 보내는 구실을 한다. ㉯우심실(右心室).

좌:안 左岸 (왼쪽 좌, 언덕 안). 강이나 바다 따위의 왼쪽[左] 기슭[岸]. ㉯우안(右岸).

좌:약 坐藥 (앉을 좌, 약 약). 약학 앉은[坐] 자세로 요도, 항문, 질(膣) 따위를 통하여 몸 안에 넣는 약(藥). ㊥주입제(注入劑).

좌:업 坐業 (앉을 좌, 일 업). 앉아서[坐] 일하는 직업(職業).

좌:완 左腕 (왼쪽 좌, 팔 완). 왼쪽[左] 팔[腕]. ㉯우완(右腕).

***좌:우**[1] 左右 (왼쪽 좌, 오른쪽 우). ① 속뜻 왼쪽[左]과 오른쪽[右]을 아울러 이르는 말. ¶좌우를 살피다 / 고개를 좌우로 흔들다. ②어떤 일에 영향을 주어 지배함. ¶이번 프로젝트가 회사의 사활을 좌우한다 / 수확량은 날씨에 좌우된다. ③옆이나 곁 또는 주변. ¶경찰은 시위대의 좌우를 둘러쌌다. ④주위에 거느리고 있는 사람. ¶회장은 좌우를 물리치고 그에게 이번 사건을 물었다. ⑤좌익과 우익을 아울러 이르는 말. ¶좌우 대립의 시대가 종결되었다.

▶좌:우-간 左右間 (사이 간). 이렇든 저렇든[左右] 간(間)에. ¶좌우간 수고들 많았습니다. ㊥어쨌든, 좌우지간(左右之間).

▶좌:우-고면 左右顧眄 (돌아볼 고, 흘길 면). ① 속뜻 이쪽저쪽[左右]을 돌아다[顧] 흘겨 봄[眄]. ②앞뒤를 재고 망설임. ㊥좌고우면(左顧右眄), 좌면우고(左眄右顧).

▶좌:우지간 左右之間 (어조사 지, 사이 간). 이렇든 저렇든[左右] 간(間)에. ㊣좌우간.

▶좌:우-충돌 左右衝突 (부딪칠 충, 부딪칠 돌). 이리저리[左右] 마구 부딪침[衝突]. ㊥좌충우돌(左衝右突).

▶좌:우-협공 左右挾攻 (낄 협, 칠 공). 좌우(左右) 양쪽에서 죄어 들어가며[挾] 침[攻].

좌:우[2] 座右 (자리 좌, 오른쪽 우). 앉은 자리[座]의 오른쪽[右]. 또는 그 옆.

▶좌:우-명 座右銘 (새길 명). 늘 자리[座] 옆[右]에 새겨[銘] 두고 가르침으로 삼는 말이나 문구. ¶"최선을 다하자"가 내 좌우명이다.

좌:-우익 左右翼 (왼쪽 좌, 오른쪽 우, 날개 익). ① 속뜻 좌익(左翼)과 우익(右翼)을 아울러 이르는 말. ② 군사 진을 칠 때에, 좌우로 날개 모양으로 벌여 있는 군대.

좌:원우응 左援右應 (왼쪽 좌, 도울 원, 오른쪽 우, 맞을 응). 이쪽저쪽 양쪽[左右]을 모두 응원(應援)함.

좌:욕 坐浴 (앉을 좌, 목욕할 욕). 앉아서[坐] 배꼽 아래만 물에 담구어 목욕(沐浴)하는 일.

좌:-의정 左議政 (왼쪽 좌, 의논할 의, 정사 정). ① 속뜻 왼쪽[左] 자리에 앉아 정사(政事)를 의논(議論)하던 직위. ② 역사 조선 시대, 의정부에 속한 정일품 벼슬. 영의정의 아래, 우의정의 위이다. ㊥좌상(左相).

좌:이대사 坐而待死 (앉을 좌, 말이을 이, 기

다릴 대, 죽을 사). ① 속뜻 앉아서[坐] 죽기[死]만을 기다림[待]. ②이미 어떤 대책도 세울 수 없는 절망적인 상황.

좌:익 左翼 (왼쪽 좌, 날개 익). ① 속뜻 왼쪽[左] 날개[翼]. ② 군사 '좌익군'(左翼軍)의 준말. ③ 정치 사회주의나 공산주의적인 과격한 혁신 사상 또는 그러한 사상에 물들어 있는 사람. ④ 운동 축구에서 공격수 중의 맨 왼쪽 선수 레프트 윙. ⑤ 운동 야구에서 외야(外野)의 왼쪽. 레프트 필드. 참우익(右翼).

▶좌:익-군 左翼軍 (군사 군). 군사 중군(中軍)의 왼쪽[左翼]에 진을 친 군대(軍隊).

▶좌:익-수 左翼手 (사람 수). 운동 야구에서 외야의 왼쪽[左翼]을 맡아 지키는 선수(選手). 레프트 필더.

좌:작진퇴 坐作進退 (앉을 좌, 일으킬 작, 나아갈 진, 물러날 퇴). 군대의 훈련에서, 지휘자는 앉아서[坐] 작전(作戰) 명령만 내려도 군대의 진퇴(進退) 훈련이 제대로 이루어짐을 이르는 말.

좌:장[1] 坐杖 (앉을 좌, 지팡이 장). 앉은[坐] 채로 겨드랑이를 괴어 몸을 의지하는 '丁' 자 모양의 짧은 지팡이[杖].

좌:장[2] 座長 (자리 좌, 어른 장). 여럿이 모인 자리[座]에서 으뜸이 되는 어른[長]. 비석장(席長).

좌:재 坐齋 (앉을 좌, 재계할 재). 제사 전날부터 부정한 일을 삼가고 좌정(坐定)하여 재계(齋戒)함.

좌:전 左前 (왼쪽 좌, 앞 전). 운동 야구에서 좌익수(左翼手)의 앞[前]. ¶좌전 안타를 치고 나갔다.

좌:절 挫折 (꺾을 좌, 꺾을 절). ① 속뜻 뜻이나 기운 따위가 꺾임[挫=折]. ¶입시 좌절 / 좌절을 딛고 성공하다. ②어떤 계획이나 일이 헛되이 끝남. ¶효종의 북벌 계획이 좌절된 것은 참으로 애석한 일이었다. 비좌돈(挫頓).

▶좌:절-감 挫折感 (느낄 감). 계획이나 의지 따위가 꺾이는[挫折] 느낌[感]. ¶아무도 내 말을 들어주지 않아 좌절감을 느낀다.

좌:정 坐定 (앉을 좌, 정할 정). ① 속뜻 앉아서[坐] 몸을 고정(固定)함. ② '앉음'을 높여 이르는 말.

좌:정관천 坐井觀天 (앉을 좌, 우물 정, 볼 관, 하늘 천). ① 속뜻 우물[井] 속에 앉아[坐] 하늘[天]을 봄[觀]. ②견문과 안목이 매우 좁아 마음이 옹졸함.

좌:-정승 左政丞 (왼쪽 좌, 정사 정, 도울 승). 좌상(左相) 정승(政丞). '좌의정'(左議政)을 달리 이르는 말.

좌:종 坐鐘 (앉을 좌, 쇠북 종). 책상 따위 위에 앉혀[坐] 놓은 시계[鐘]. ¶책상 위에 놓여 있는 좌종이 열두 시를 쳤다.

좌:중 座中 (자리 좌, 가운데 중). 여러 사람이 모여 있는 자리[座] 가운데[中]. 비좌상(座上).

좌:중-간 左中間 (왼쪽 좌, 가운데 중, 사이 간). 운동 야구에서 좌익수(左翼手)와 중견수(中堅手) 사이[間]. ¶좌중간에 안타!

좌:지우:지 左之右之 (왼쪽 좌, 갈 지, 오른쪽 우, 갈 지). ① 속뜻 왼쪽[左]으로 갔다가[之] 다시 오른쪽[右]으로 갔다가[之] 함. ②제 마음대로 다루거나 휘두름.

좌:차 座次 (자리 좌, 차례 차). 앉은자리[座]의 차례(次例).

좌:-찬성 左贊成 (왼쪽 좌, 도울 찬, 이룰 성). 역사 조선 때, 의정부(議政府) 좌편(左便)에 앉는 종일품 벼슬[贊成].

좌:-참찬 左參贊 (왼쪽 좌, 참여할 참, 도울 찬). 역사 조선 때, 의정부(議政府) 좌편(左便)에 앉는 정이품 벼슬[參贊].

좌:창 坐唱 (앉을 좌, 부를 창). 음악 앉아서[坐] 노래함[唱]. 앉은소리.

좌:처 坐處 (앉을 좌, 곳 처). ① 속뜻 앉는[坐] 자리[處]. ②집이 있는 그 자리. 집이 들어선 자리.

좌:천 左遷 (왼쪽 좌, 옮길 천). ① 속뜻 오른쪽을 높이고 왼쪽을 낮게 보던 풍습에 유래되어 왼쪽[左]의 직책으로 옮기는[遷] 것을 이름. ②낮은 관직이나 지위로 떨어지거나 지방의 관직으로 전근됨을 비유하는 말.

좌:-청룡 左青龍 (왼쪽 좌, 푸를 청, 용 룡). 민속 풍수설에서, 동쪽을 상징하는 청룡(青龍)이 주산(主山)의 왼쪽[左]에 있음을 이르는 말. 참우백호(右白虎).

좌:초 坐礁 (앉을 좌, 암초 초). ① 속뜻 배가 암초(暗礁)에 걸림[坐]. ②어려운 처지에 빠짐. 주저앉음.

좌:충우돌 左衝右突 (왼쪽 좌, 부딪칠 충, 오

른쪽 우, 부딪칠 돌). ① 속뜻 왼쪽[左]에 부딪쳤다가[衝] 다시 오른쪽[右]에 부딪침[突]. ②닥치는 대로 마구 치고받고 함. 분별 없이 아무에게나 함부로 맞닥뜨림. ⑪좌우충돌(左右衝突).

좌:측 左側 (왼쪽 좌, 곁 측). 왼쪽[左] 곁[側]. 왼쪽. ¶곧장 가다가 좌측으로 도세요. ⑫우측(右側).

▶좌:측-통행 左側通行 (통할 통, 다닐 행). 도로 따위를 다닐 때, 사람은 길의 왼쪽[左側]으로 다님[通行]. 또는 그렇게 다니게 되어 있는 규칙. ¶영국에서는 차량이 좌측통행한다. ⑫우측통행(右側通行).

좌:파 左派 (왼쪽 좌, 갈래 파). ① 속뜻 좌익(左翼)의 당파(黨派). ②어떤 단체나 정당에서, 급진적인 사상을 가진 사람들의 파. 또는 그런 사람.

좌:판 坐板 (앉을 좌, 널빤지 판). 땅에 깔아 놓고 앉는[坐] 널빤지[板].

좌:편 左便 (왼쪽 좌, 쪽 편). 왼쪽[左] 편(便). 왼쪽. ⑫우편(右便).

좌:포우혜 左脯右醯 (왼쪽 좌, 포 포, 오른쪽 우, 초 혜). 제상을 차릴 때, 왼쪽[左]에 포(脯), 오른쪽[右]에 식혜(食醯)를 차림.

좌:표 座標 (자리 좌, 나타낼 표). ① 속뜻 자리해 있는[座] 곳에 붙인 표시(標示). ② 수학 평면이나 공간 안의 임의의 점의 위치를 나타내는 수나 수의 짝. 직선 위의 한 점 O를 고정시켰을 때에, 그 위의 점 P와 O와의 거리가 a라면 P가 O의 오른쪽에 있는지 왼쪽에 있는지에 따른 a 또는 -a를 O를 원점으로 한 P의 좌표라고 한다. ③'사물이 처하여 있는 위치나 형편'을 비유하여 이르는 말. ¶민족사의 바른 좌표.

▶좌:표-축 座標軸 (굴대 축). 수학 좌표(座標)를 결정할 때의 기준이 되는 직선[軸].

좌:하 座下 (자리 좌, 아래 하). ① 속뜻 앉은 자리[座]의 아래[下]. ②편지에서 상대편을 높여 그의 이름 아래에 쓰는 말. ⑪좌전(座前).

좌:해 左海 (왼쪽 좌, 바다 해). 지난날 중국에서, 발해(渤海)의 왼쪽[左]에 있다는 것으로 '우리나라'를 달리 이르던 말.

좌:향 坐向 (앉을 좌, 향할 향). ① 속뜻 앉은[坐] 방향(方向). ② 민속 묏자리나 집터 따위의 등진 방위에서 정면으로 바라보이는 방향.

좌:향-좌 左向左 (왼쪽 좌, 향할 향, 왼쪽 좌). ① 속뜻 왼쪽[左]을 향(向)하여 왼쪽[左]으로 돎. ②'왼쪽으로 90° 돌아서라'는 구령.

좌:현 左舷 (왼쪽 좌, 뱃전 현). 고물에서 뱃머리를 향하여 왼쪽[左]에 있는 뱃전[舷]. ¶배는 선수 좌현 30도로 달리고 있다.

좌:-회전 左回轉 (왼쪽 좌, 돌 회, 구를 전). 차 따위가 왼쪽[左]으로 돎[回轉]. ¶좌회전 신호를 기다리다 / 다음 교차로에서 좌회전하세요. ⑫우회전(右回轉).

좌:흥 座興 (자리 좌, 흥겨울 흥). ① 속뜻 좌중(座中)의 흥취(興趣). ②연석(宴席) 따위에서 흥을 돋우기 위해서 하는 간단한 노래나 놀이.

죄:과[1] 罪科 (허물 죄, 형벌 과). 지은 죄(罪)에 대하여 내리는 형벌[科]. ¶도박에 대한 죄과로 벌금형에 처하다.

죄:과[2] 罪過 (허물 죄, 지나칠 과). 죄(罪)가 될 만한 과오(過誤). ⑪죄고(罪辜).

죄:루 罪累 (허물 죄, 엮일 루). ① 속뜻 죄(罪)에 연루(連累)되는 일. ②죄를 여러 번 범하는 일.

죄:명 罪名 (허물 죄, 이름 명). 죄(罪)의 이름[名]. 절도죄, 살인죄, 위증죄 따위.

죄:목 罪目 (죄 죄, 눈 목). 범죄(犯罪)의 종류나 항목(項目). ¶검사가 죄목을 열거했다.

죄:벌 罪罰 (죄 죄, 벌할 벌). 죄(罪)에 지우는 형벌(刑罰). ⑪죄책(罪責).

죄:보 罪報 (죄 죄, 갚을 보). 불교 죄업(罪業)에 따른 과보(果報).

죄:상 罪狀 (허물 죄, 형상 상). 죄(罪)를 짓게 된 구체적인 상황(狀況). ¶그의 죄상을 말해 주는 여러 가지 사실이 드러났다.

죄:송 罪悚 (허물 죄, 두려워할 송). 죄(罪)스럽고 송구(悚懼)하다. ¶늦어서 죄송합니다 / 부모님께 죄송스러워 고개를 들 수 없었다.

▶죄:송만만 罪悚萬萬 (일만 만, 일만 만). 죄송(罪悚)하기 이를 데 없음[萬萬].

죄:수 罪囚 (허물 죄, 가둘 수). 죄(罪)를 저지르고 옥에 갇힌[囚] 사람. ¶죄수들은 수

갑을 차고 있었다. ⑪수인(囚人).

죄:악 罪惡 (허물 죄, 나쁠 악). 죄(罪)가 될 만한 나쁜[惡] 일. ¶남을 죽이는 것은 큰 죄악이다.

▸죄:악-감 罪惡感 (느낄 감). 자기가 한 일이나 행위를 죄악(罪惡)이라고 여겨, 그것에 얽매여 있는 감정(感情).

▸죄:악-상 罪惡相 (모양 상). 죄악(罪惡)의 진상(眞相).

▸죄:악-성 罪惡性 (성질 성). 죄악(罪惡)의 성질(性質). 죄상의 경향.

▸죄:악-시 罪惡視 (볼 시). 죄악(罪惡)으로 여기거나 봄[視]. ¶조선 시대에는 남녀 간의 연애를 죄악시했다.

죄:안 罪案 (허물 죄, 문서 안). 범죄(犯罪) 사실을 적은 기록[案].

죄:업 罪業 (허물 죄, 업보 업). 죄(罪)를 받을 업보(業報).

▸죄:업 망:상 罪業妄想 (헛될 망, 생각 상). 심리 스스로 죄(罪)를 받을 짓[業]을 했다고 여기는 헛된[妄] 생각[想]. ⑪죄악 망상(罪惡妄想).

죄:역 罪逆 (허물 죄, 거스를 역). 마땅한 이치를 거스르는[逆] 큰 죄(罪).

죄:옥 罪獄 (허물 죄, 가둘 옥). 범죄(犯罪)를 보고 옥에 가둠[獄]. ⑪옥사(獄事).

죄:원 罪源 (허물 죄, 근원 원). 죄(罪)의 근원(根源).

죄:-의:식 罪意識 (허물 죄, 뜻 의, 알 식). 잘못[罪]에 대한 자각이나 의식(意識). ¶죄의식에 사로잡히다.

죄:인[1] 罪人 (허물 죄, 사람 인). ① 속뜻 죄(罪)를 지은 사람[人]. ¶죄인들을 풀어주기로 결정하다. ②부모의 상중에 있는 사람이 스스로를 남에게 이르는 말. ⑪과인(科人), 죄자(罪者).

죄:인[2] 罪因 (허물 죄, 까닭 인). 죄(罪)의 원인(原因).

죄:장 罪障 (허물 죄, 막을 장). 불교 죄악(罪惡)이 선과(善果)를 얻는 데 장애(障礙)가 됨을 이르는 말.

죄:적 罪迹 (허물 죄, 자취 적). 죄(罪)의 흔적(痕迹).

▸죄:적 인멸 罪迹湮滅 (잠길 인, 없앨 멸). 범죄의 증거가 될 만한 흔적[罪迹]을 감추거나[湮] 없애는[滅] 일.

죄:중벌경 罪重罰輕 (허물 죄, 무거울 중, 벌할 벌, 가벼울 경). ① 속뜻 죄(罪)는 무거우나[重] 형벌(刑罰)은 가벼움[輕]. ②형벌이 불공정함.

죄:중우범 罪中又犯 (허물 죄, 가운데 중, 또 우, 범할 범). 죄(罪)를 지은 가운데[中] 다시[又] 죄를 저지름[犯].

죄:증 罪證 (허물 죄, 증거 증). 범죄(犯罪)의 증거(證據).

죄:질 罪質 (허물 죄, 바탕 질). 범죄(犯罪)의 성질(性質).

죄:책 罪責 (허물 죄, 꾸짖을 책). ① 속뜻 잘못[罪]을 저지른 책임(責任). ②죄로 인한 형벌. ⑪죄벌(罪罰).

▸죄:책-감 罪責感 (느낄 감). 저지른 잘못[罪]에 대하여 책임(責任)을 느낌[感]. ¶견딜 수 없는 죄책감에 시달리다.

죄:형 罪刑 (허물 죄, 형벌 형). 범죄(犯罪)와 형벌(刑罰)을 아울러 이르는 말.

▸죄:형 법정주의 罪刑法定主義 (법 법, 정할 정, 주될 주, 뜻 의). 법률 범죄와 형벌[罪刑]은 오직 법률(法律)에 의해서만 정(定)할 수 있다는 원칙[主義].

죄:화 罪禍 (허물 죄, 재화 화). 죄(罪)를 저질러 받는 재화(災禍).

주:가[1] 酒家 (술 주, 집 가). 술[酒]을 만들거나 파는 집[家].

주가[2] 株價 (주식 주, 값 가). 경제 주식(株式)이나 주권(株券)의 가격(價格). '주식 가격'(株式價格)의 준말. ¶오늘 아침 주가가 크게 올랐다.

주각[1] 柱脚 (기둥 주, 다리 각). ① 속뜻 기둥[柱]의 다리[脚]. ② 건설 건물의 맨 밑 부분을 말함.

주간[2] 主幹 (주될 주, 줄기 간). ① 속뜻 주(主)된 중심 줄기[幹]. ②어떤 일을 책임지고 맡아 처리함. 또는 그런 사람.

주간[1] 晝間 (낮 주, 사이 간). 낮[晝] 동안[間]. ¶그는 주간에 근무한다. ⑪야간(夜間).

주간[2] 週間 (주일 주, 사이 간). 월요일부터 일요일까지의 한 주일(週日) 동안[間]. ¶주간 계획을 세우다.

주간[3] 週刊 (주일 주, 책 펴낼 간). 한 주(週)

간격으로 간행(刊行)함. 또는 그런 간행물.

▸주간-지 週刊紙 (종이 지). 언론 한 주의 간격으로 간행하는[週刊] 신문[紙].

▸주간 신문 週刊新聞 (새 신, 들을 문). 언론 한 주의 간격으로 간행하는[週刊] 신문(新聞). ㊟주간지. ㊞계간지(季刊誌).

▸주간 잡지 週刊雜誌 (섞일 잡, 기록할 지). 언론 한 주의 간격으로 간행하는[週刊] 잡지(雜誌). ㊞계간지(季刊誌).

주:강 鑄鋼 (쇠 불릴 주, 강철 강). ① 속뜻 주조(鑄造)한 후에 다시 더 가공한 강철(鋼鐵). ② 공업 정련한 탄소강이나 합금강을 특정한 모양의 거푸집에 넣어 주조한 다음, 열처리를 하여 재질을 개량한 강철.

주-개념 主槪念 (주될 주, 대강 개, 생각 념). 논리 판단의 대상이 되는 주(主)된 개념(槪念). ㊥주사(主辭). ㊞빈사(賓辭).

주객[1] 酒客 (술 주, 손 객). 술[酒]을 좋아하는 사람[客]. 또는 술을 먹는 사람. ㊥음객(飮客). ¶술집 안에 주객들로 가득 찼다.

주객[2] 主客 (주될 주, 손 객). ① 속뜻 주인(主人)과 손님[客]. ② 주되는 것과 부차적인 것을 아울러 이르는 말. ¶주객이 전도되다. ③ 예전에 중국에서 빈객을 영접하는 일을 맡아보던 사람. ④ 언어 주어와 객어를 아울러 이르는 말.

▸주객-일체 主客一體 (한 일, 몸 체). 주체(主體)와 객체(客體)가 한[一] 덩어리[體]가 됨.

▸주객-일치 主客一致 (한 일, 이를 치). 주체(主體)와 객체(客體)가 하나[一]가 됨[致].

▸주객-전도 主客顚倒 (넘어질 전, 넘어질 도). ① 속뜻 주인(主人)과 손님[客]의 위치가 서로 뒤바뀌었음[顚=倒]. ② 사물의 경중(輕重)·선후(先後)·완급(緩急) 따위가 서로 뒤바뀜을 이르는 말. ㊥객반위주(客反爲主).

주:거 住居 (살 주, 살 거). 일정한 곳에 머물러[居] 삶[住]. 또는 그런 집. ¶주거환경이 좋다 / 주거를 옮기려고 한다. ㊥거주(居住), 주가(住家).

▸주:거-비 住居費 (쓸 비). 주거(住居)에 소요되는 경비(經費). 집세, 수도 요금, 화재 보험료 따위. ¶소득 수준에 따라 지출하는 주거비도 달라진다.

▸주:거-지 住居地 (땅 지). 사람이 살고 있거나 살았던[住居] 지역(地域). ¶그는 주거지가 확실하지 않다.

▸주:거 침입 住居侵入 (쳐들어갈 침, 들 입). 법률 정당한 이유 없이 남의 집[住居] 따위에 침입(侵入)하는 행위. ㊞가택 침입(家宅侵入).

▸주:거 침입죄 住居侵入罪 (쳐들어갈 침, 들 입, 허물 죄). 법률 정당한 이유 없이 남의 집[住居] 따위에 침입(侵入)하는 범죄(犯罪). ㊞가택 침입죄(家宅侵入罪).

주격 主格 (주인 주, 자격 격). ① 속뜻 주어(主語)가 되는 자격(資格). ② 언어 문장 안에서, 체언이 서술어의 주어임을 표시하는 격. ㊞서술격(敍述格).

▸주격 조:사 主格助詞 (도울 조, 말씀 사). ① 속뜻 주어(主語)의 자격(資格)을 갖게 하는 조사(助詞). ② 언어 문장 안에서, 체언이 서술어의 주어임을 표시하는 격 조사. '이/가', '께서', '에서' 따위가 있다.

주견 主見 (주될 주, 볼 견). 자기의 주장(主張)이 있는 의견(意見).

주-경기장 主競技場 (주될 주, 겨룰 경, 재주 기, 마당 장). 여러 가지 운동 경기(競技)를 하기 위한 시설을 갖춘 곳[場] 중 주된[主] 경기장. ¶올림픽 주경기장.

주경-야독 晝耕夜讀 (낮 주, 밭갈 경, 밤 야, 읽을 독). ① 속뜻 낮[晝]에는 농사짓고[耕] 밤[夜]에는 글을 읽음[讀]. ② 어려운 여건 속에서도 꿋꿋이 공부함. ¶아저씨는 7년간의 주경야독 끝에 대학을 졸업했다. ㊥청경우독(晴耕雨讀).

주곡 主穀 (주될 주, 곡식 곡). 주식(主食)의 재료가 되는 곡물(穀物). 쌀, 보리, 밀 따위. ㊞잡곡(雜穀).

▸주곡-식 主穀式 (법 식). 농업 주곡(主穀)의 생산을 목적으로 하는 영농 방식(方式).

주-곡선 主曲線 (주될 주, 굽을 곡, 줄 선). ① 속뜻 등고선 가운데 중심[主]이 되는 곡선(曲線). ② 지리 가는 실선으로 나타내는 등고선. 5만분의 1 지형도에서 높이 20미터를 나타낸다. ㊞계곡선(計曲線), 간곡선(間曲線), 조곡선(助曲線).

주공 主公 (주인 주, 귀인 공). ① 속뜻 주인(主人)을 높이어[公] 이르는 말. ② 군주국가의 주인(主人)이 되는 자리의 사람. ③ '주인

공'(主人公)의 준말.

주-공격 主攻擊 (주될 주, 칠 공, 칠 격). 주력(主力) 부대를 투입하여 적을 공격(攻擊)함.

주관[1] 主管 (주될 주, 맡을 관). 어떤 일에 중심이 되어[主] 맡아 관리(管理)함. ¶정부 주관으로 의식을 거행하다.

주관[2] 主觀 (주인 주, 볼 관). ① [속뜻] 스스로 주인(主人)이 되어 보는[觀] 생각. ¶자기 주관이 뚜렷하다. ② [철학] 외부 세계·현실 따위를 인식, 체험, 평가하는 의식과 의지를 가진 존재. [반]객관(客觀).

▸**주관-성** 主觀性 (성질 성). 주관적(主觀的)인 성질(性質). [반]객관성(客觀性).

▸**주관-식** 主觀式 (법 식). [교육] 시험에서 주관적(主觀的)으로 서술하는 형식(形式). ¶이번 시험에는 주관식 문제들이 많았다. [반]객관식.

▸**주관-적** 主觀的 (것 적). 주관(主觀)을 바탕으로 한 것[的]. ¶주관적인 해석. [반]객관적.

▸**주관-주의** 主觀主義 (주될 주, 뜻 의). ① [철학] 인식, 실천, 판단의 근거를 주관(主觀)에 두는 주의(主義). ② [사회] 인식이나 판단의 기준이 주관에 있다고 보는 사상. ③ [법률] 형벌은 응보가 아니라 범죄인의 악성을 개선하고 범죄인을 교육하기 위한 목적형이라고 보는 형법 이론.

▸**주관 가치설** 主觀價值說 (값 가, 값 치, 말씀 설). [경제] 상품은 그 효용에 대한 주관적(主觀的)인 평가에 따라 그 가치(價値)가 결정된다는 학설(學說). [반]객관 가치설(客觀價値說).

주광[1] 酒狂 (술 주, 미칠 광). ① [속뜻] 술[酒]을 미친[狂] 듯이 좋아함. 술에 취하여 미치광이 짓을 함. [비]주란(酒亂), 주망(酒妄). ② 술을 광적으로 즐기는 사람.

주광[2] 晝光 (낮 주, 빛 광). 낮[晝] 동안에 비치는 햇빛[光]. [비]백색광(白色光).

▸**주광-등** 晝光燈 (등불 등). 주광색(晝光色)을 내는 전등(電燈).

▸**주광-색** 晝光色 (빛 색). 낮에 비치는 햇빛[晝光]과 같은 빛깔[色]. '천연 주광색'(天然晝光色)의 준말.

▸**주광 전:구** 晝光電球 (전기 전, 공 구). 주광색(晝光色)을 내비치는 전구(電球).

주:광-성 走光性 (달릴 주, 빛 광, 성질 성). [생물] 생물체가 빛[光]의 자극을 향해 움직이는[走] 성질(性質). 식물이 태양을 향하거나 벌레가 불빛을 따라 모여드는 것 따위.

*__주교__[1] 主教 (주될 주, 종교 교). ① [속뜻] 주장(主張)으로 삼는 종교(宗教). ② [가톨릭] 교구를 관할하는 조직이나, 그 직에 있는 사람을 이르는 말.

주교[2] 舟橋 (배 주, 다리 교). 작은 배[舟]를 한 줄로 여러 척 띄워 놓아 만든 다리[橋].

주구[1] 主構 (주될 주, 얽을 구). ① [속뜻] 주(主)가 되는 귀틀[構]. ② [건설] 다리의 구조에서 가장 중요한 귀틀.

주:구[2] 走狗 (달릴 주, 개 구). ① [속뜻] 사냥꾼 앞에서 달리는[走] 개[狗]. ② '남의 앞잡이 노릇을 하는 사람'을 비유하여 이르는 말. ¶침략자의 주구. ③ 사냥감을 물어오는 일을 시키는 개. [비]응견(鷹犬).

주:구[3] 誅求 (벨 주, 구할 구). ① [속뜻] 목을 베고[誅] 재물을 탐함[求]. ② 관청에서 백성의 재물을 강제로 마구 빼앗음. ¶가렴주구(苛斂誅求).

주군 主君 (주인 주, 임금 군). 군주국가에서 나라를 다스리는 우두머리[主]인 임금[君].

주권[1] 主權 (주인 주, 권리 권). ① [속뜻] 주인(主人)의 권리(權利). ② [법률] 국가 의사를 최종적으로 결정하는 최고·독립·절대의 권력. ¶주권을 행사하다.

▸**주권-국** 主權國 (나라 국). [법률] ① 다른 나라의 간섭을 받지 않고 주권(主權)을 완전히 행사하는 독립 국가(國家). ② 어떤 사건에 대하여 통치권, 특히 재판권을 갖는 국가.

▸**주권-자** 主權者 (사람 자). 국가의 주권(主權)을 가진 사람[者]. 군주국에서는 군주, 공화국에서는 국민 또는 그 대표 기관인 의회를 말한다.

▸**주권-재민** 主權在民 (있을 재, 백성 민). [사회] 국가의 주권(主權)이 국민(國民)에게 있음[在]. [비]인민 주권(人民主權).

주권[2] 株券 (주식 주, 문서 권). [경제] 주식(株式)의 금액을 적어 출자한 사람에게 발행하는 증권(證券). [비]주식(株式).

▸**주권 배:당** 株券配當 (나눌 배, 마땅 당).

경제 주식회사에서 이익 배당의 일부 또는 전부를 현금으로 지급하지 않고 새로 주권(株券)을 발행하여 주주에게 나누어 주는 일[配當].

주극-성 週極星 (돌 주, 끝 극, 별 성). 천문 남극 또는 북극[極]의 둘레를 도는[週] 별[星].

주금[1] 株金 (주식 주, 돈 금). 경제 주식(株式)에 대하여 출자하는 돈[金].

주:금[2] 鑄金 (쇠 불릴 주, 쇠 금). 거푸집에 녹인 금속(金屬)을 넣어 기물을 만드는[鑄] 기법.

주:금[3] 走禽 (달릴 주, 날짐승 금). 동물 타조, 에뮤(emu) 따위 같이 나르지 않고 달리기[走]만 하는 날짐승[禽].

▸주:금-류 走禽類 (무리 류). 동물 타조처럼, 새의 종류에 속하지만, 날개가 퇴화하여 날지 못하고, 땅위를 달리며[走] 사는 새[禽]의 종류(種類).

주급 週給 (주일 주, 줄 급). 한 주(週)마다 치러 주는 급료(給料).

주기[1] 朱記 (붉을 주, 기록할 기). 중요한 곳이나 특별한 부분을 붉은[朱]색으로 기록(記錄)함.

주:기[2] 走技 (달릴 주, 재주 기). 운동 러닝, 릴레이, 허들처럼 달려서[走] 그 속도를 재는 경기(競技).

주:기[3] 注記 (=註記, 쏟을 주, 기록할 기). ① 속뜻 주(注)를 달아 기록(記錄)함. ②사물을 기록하는 일. ③ 불교 절에서, 논의를 기록하는 직책. ④ 불교 불전을 주석한 책.

주기[4] 酒氣 (술 주, 기운 기). 술[酒]을 마시면 도는 취기(醉氣).

주기[5] 酒器 (술 주, 그릇 기). 술[酒] 담거나 따를 때 쓰는 그릇[器].

주기[6] 週忌 (돌 주, 꺼릴 기). 죽은 뒤, 해마다 돌아오는[週] 그 죽은 날[忌]. ¶10주기 기념행사.

주기[7] 週期 (돌 주, 때 기). ① 속뜻 한 바퀴 도는 데[週] 걸리는 일정한 시간[期]. ¶지구는 1년을 주기로 태양 주위를 공전한다. ②어떤 현상이 일정한 시간마다 똑같은 변화를 되풀이할 때, 그 일정한 시간을 이르는 말. ¶그는 삼 년 주기로 이사를 다녔다 / 주기적으로 이런 현상이 발생한다.

▸주기-성 週期性 (성질 성). 주기적(週期的)으로 진행하거나 나타나는 성질(性質).

▸주기-적 週期的 (것 적). 같은 성질의 현상이 일정한 시간을 두고 되풀이하여[週期] 나타나거나 진행하는 것[的].

▸주기-율 週期律 (법칙 률). 화학 원소를 원자 번호의 차례로 배열하였을 때, 그 성질이 주기적(週期的)으로 나타난다고 하는 법칙[律]. '원소 주기율'(元素週期律)의 준말.

▸주기율-표 週期律表 (법칙 률, 겉 표). 화학 원소를 주기율(週期律)에 따라 벌여 놓은 표(表).

▸주기 결산 週期決算 (결정할 결, 셀 산). 경제 수입과 지출에 대하여 주마다[週期] 하는 계산[決算].

▸주기 곡선 週期曲線 (굽을 곡, 줄 선). 수학 일정한 주기(週期)마다 같은 모양을 되풀이하는 곡선(曲線).

▸주기 운:동 週期運動 (돌 운, 움직일 동). 물리 일정한 시간마다 똑같은 상태가 되풀이되는[週期] 운동(運動).

주-기도문 主祈禱文 (주인 주, 빌 기, 빌 도, 글월 문). 기독교 예수[主]가 제자들에게 직접 가르친 기도문(祈禱文).

주기-론 主氣論 (주될 주, 기운 기, 논할 론). 철학 조선 시대에 기(氣)가 주체(主體)가 된다고 보는 성리학 이론(理論). 추상적인 이(理)보다는 물질적인 기(氣)에서 우주의 근원적 존재를 구해야 한다는 주장이다.

주:기-성 走氣性 (달릴 주, 공기 기, 성질 성). 생물 생물체가 산소[氣]의 자극을 향해 움직이는[走] 성질(性質). 산소성 세균이나 유글레나가 산소 기포 주위에 모이는 따위.

주기억 장치 主記憶裝置 (주될 주, 기록할 기, 생각할 억, 꾸밀 장, 둘 치). 컴퓨터의 중앙 처리 장치가 직접 명령을 꺼내거나 데이터를 읽고 쓰는 주(主)된 기억(記憶) 장치(裝置). 롬(ROM)·램(RAM) 따위.

주년 週年 (=周年, 돌 주, 해 년). 한 해[年]를 단위로 하여 돌아오는[週] 그 날. ¶결혼 20주년.

주단[1] 朱丹 (붉을 주, 붉을 단). 붉은 빛깔[朱=丹].

주단[2] 柱單 (기둥 주, 홑 단). 민속 신랑 집에서 출생 해, 달, 날, 시의 사주(四柱)를 적어 서 신부집으로 보내는 종이[單]. '사주단자'(四柱單子)의 준말. ㊥사주(四柱).

주단³ 紬緞 (명주 주, 비단 단). 명주(明紬)와 비단(緋緞) 따위를 통틀어 이르는 말.

주단⁴ 綢緞 (비단 주, 비단 단). 비단[綢=緞].

주담¹ 酒痰 (술 주, 가래 담). 한의 담음의 하나. 술[酒]을 많이 마셔서 가래[痰]가 생기고 구토가 나는 증상을 이른다.

주담² 酒談 (술 주, 말씀 담). 술[酒]에 취해 한 말[談].

주당 酒黨 (술 주, 무리 당). 술[酒]을 즐기고 잘 마시는 사람들[黨]. ㊥주도(酒徒).

주덕 酒德 (술 주, 베풀 덕). ① 속뜻 술[酒]의 좋은[德] 점. ② 술 취한 뒤에도 주정하지 않고 몸과 마음을 바르게 가지는 버릇.

주도¹ 周到 (다듬을 주, 이를 도). 속뜻 매우 정교하게[到] 다듬음[周]. ② 빈틈이 없음.

주도² 酒徒 (술 주, 무리 도). 술[酒]을 즐기고 아주 잘 마시는 무리[徒]. ㊥주당(酒黨).

주도³ 酒道 (술 주, 길 도). 술[酒]을 마실 때 지켜야 할 도리(道理).

주도⁴ 主導 (주인 주, 이끌 도). 주인(主人)이 되어 이끌어 나감[導]. ¶정부 주도하의 산업화 / 정미는 모임을 주도하는 능력이 있다.

▸**주도-권** 主導權 (권력 권). 주장(主將)이 되어 어떤 일을 이끌거나 지도(指導)하는 권력(權力).

▸**주도-력** 主導力 (힘 력). 주장(主將)이 되어 남을 이끄는[導] 힘[力].

▸**주도-적** 主導的 (것 적). 주장(主將)이 되어 남을 이끌거나 지도(指導)하는 처지에 있는 것[的].

주독 酒毒 (술 주, 독할 독). 한의 술[酒]의 알코올 성분이 쌓여서 생긴 독(毒). 얼굴에 붉은 반점으로 나타난다.

주동 主動 (주될 주, 움직일 동). 어떤 일에 중심이 되어[主] 행동(行動)함. 또는 그러한 사람. ¶그는 3·1만세운동을 주동했다.

▸**주동-문** 主動文 (글월 문). 언어 주동사(主動詞)가 서술어로 쓰인 문장(文章).

▸**주동-자** 主動者 (사람 자). 어떤 일을 적극적으로 행동하는[主動] 사람[者]. ¶경찰은 이번 파업 주동자를 검거했다.

▸**주동-적** 主動的 (것 적). 주동(主動)의 역할을 하거나 주동이 되는 자리에 있는 것[的].

주-동사 主動詞 (주될 주, 움직일 동, 말씀 사). 언어 문장의 주체(主體)가 행동하는 동작을 나타내는 동사(動詞). ㊟사동사(使動詞).

주두 柱頭 (기둥 주, 머리 두). ① 건설 기둥[柱]의 맨 위 머리[頭] 부분. 기둥머리. ② 식물 암술머리.

주:둔 駐屯 (머무를 주, 진칠 둔). 군사 군대가 어떤 곳에 진을 치고[屯] 머무름[駐]. ¶미군은 한국전쟁 이후로 한국에 주둔하고 있다.

▸**주:둔-군** 駐屯軍 (군사 군). 군사 어떤 지역에 일시적으로 머물러[駐屯] 있는 군대(軍隊).

▸**주:둔-지** 駐屯地 (땅 지). 군사 군대가 머물러[駐屯] 있는 곳[地].

주등 酒燈 (술 주, 등불 등). 지난날 술[酒]집 문 앞에 달아 두던 등(燈)불.

주란 酒亂 (술 주, 어지러울 란). 습관적으로 술[酒]에 취하여 날뛰는[亂] 일. ㊥주광(酒狂), 주망(酒妄).

주람 周覽 (두루 주, 볼 람). 두루[周] 돌아다니며 자세히 살펴봄[覽].

주랑 柱廊 (기둥 주, 곁채 랑). 여러 개의 기둥[柱]만 있는 복도[廊].

주량¹ 柱梁 (기둥 주, 들보 량). ① 속뜻 기둥[柱]과 대들보[梁]. ② '한 집안이나 나라의 중요한 인재'를 비유하여 이르는 말.

주량² 酒量 (술 주, 분량 량). 견딜 수 있을 만큼 마시는 술[酒]의 분량(分量).

주:력¹ 走力 (달릴 주, 힘 력). 달리는[走] 힘[力].

주:력² 注力 (쏟을 주, 힘 력). 힘[力]을 들임[注]. 힘씀. ¶당분간 시험 준비에만 주력해야겠다.

주:력³ 呪力 (빌 주, 힘 력). ① 속뜻 주술(呪術)의 힘[力]. ② 불행이나 재해를 막아 준다고 믿는 신비한 힘.

주력⁴ 周歷 (두루 주, 지낼 력). 두루[周] 돌아다님[歷].

주력⁵ 酒力 (술 주, 힘 력). ① 속뜻 사람을 취하게 하는 술[酒]의 힘[力]. ② 술김에 나는 힘.

주력[6] 主力 (주될 주, 힘 력). 중심이 되는 [主] 힘[力]. 또는 그런 세력(勢力). ¶주력 부대가 전멸 당했다.

▸**주력 부대** 主力部隊 (나눌 부, 무리 대). 군사 주력(主力)을 이루는 부대(部隊).

▸**주력 함대** 主力艦隊 (싸움배 함, 무리 대). 군사 여러 함대 가운데 주력함을 근간으로 하고 중심이 되는[主力] 함대(艦隊).

주련[1] 柱聯 (기둥 주, 잇달 련). 기둥[柱]에 장식으로 써 붙이는 시의 글귀[聯]. ㊟영련(楹聯).

주련[2] 株連 (그루터기 주, 이을 련). ① 속뜻 나무 그루터기[株]가 연(連)이어 있음. ②한 사람이 저지른 죄에 여러 사람이 관련됨.

주렴 珠簾 (구슬 주, 발 렴). 구슬[珠] 따위를 꿰어 만든 발[簾]. ¶주렴을 걷고 마루로 나왔다.

주례[1] 周禮 (두루 주, 예도 례). 책명 중국 경서 중, 주(周)나라의 국가 제도와 의례(儀禮)등을 분류하여 설명한 책.

주례[2] 主禮 (주될 주, 예도 례). 예식(禮式)을 주도(主導)하여 진행함. 또는 그 일을 맡아 보는 사람. ¶목사님께 결혼식 주례를 부탁드렸다.

▸**주례-사** 主禮辭 (말씀 사). 주례(主禮)하는 사람이 예식에서 하는 축사(祝辭).

주:로 走路 (달릴 주, 길 로). ① 속뜻 도주(逃走)하는 길[路]. ② 운동 육상 경기에서 경주자가 달리는 일정한 길.

주록 週錄 (주일 주, 기록할 록). 한 주(週)의 기록(記錄).

주:루[1] 走壘 (달릴 주, 진 루). 운동 야구에서 주자가 다음 누(壘)로 달리는[走] 일.

주루[2] 酒樓 (술 주, 다락 루). 술[酒]을 파는 집[樓].

주류[1] 主流 (주될 주, 흐를 류). ① 속뜻 강의 원줄기[主]가 되는 흐름[流]. ¶한강의 주류. ②어떤 조직이나 단체에서 영향력이 가장 큰 세력. ¶올 겨울옷은 화려한 원색이 주류를 이룬다. ③사상 따위의 여러 갈래에서 으뜸가는 갈래. '본류'(本流)로 순화. ¶스콜라철학은 중세철학의 주류를 이루었다. ㊥비주류(非主流).

주류[2] 酒類 (술 주, 무리 류). 술[酒]에 속하는 무리[類]. ¶청소년에게 주류를 판매하지 않습니다.

▸**주류-업** 酒類業 (일 업). 주류(酒類)를 양조하거나 거래하는 사업(事業).

▸**주류-품** 酒類品 (물건 품). 주류(酒類)에 속하는 물품(物品)을 통틀어 이르는 말.

주:류-성 走流性 (달릴 주, 흐를 류, 성질 성). 생물 생물체가 물의 흐름[流]에 자극을 받아 움직이는[走] 성질(性質). 하천의 물고기가 상류를 향하여 헤엄치고 것 따위.

주:륙 誅戮 (벨 주, 죽일 륙). 베어[誅] 죽임[戮]. 죄인을 죽임.

주리-론 主理論 (주될 주, 이치 리, 논할 론). 철학 조선 시대에 이(理)가 주체(主體)가 된다고 보는 성리학의 이론(理論). 이(理)는 기(氣)를 주재하는 실재라는 주장이다.

주립 州立 (고을 주, 설 립). 주(州)의 경비로 세워[立] 관리·유지하는 것. ¶주립 대학 / 주립 기관.

주:마 走馬 (달릴 주, 말 마). 말[馬]을 타고 달림[走]. 달리는 말.

▸**주:마-등** 走馬燈 (등불 등). ① 속뜻 달리는[走] 것같이 보이는 말[馬] 그림이 따라 돌아가는 등불[燈]. ②'사물이 덧없이 빨리 변해 감'을 비유하여 이르는 말. ¶주마등 같은 인생 / 즐거웠던 추억이 주마등 같이 스쳐 갔다.

▸**주:마가편** 走馬加鞭 (더할 가, 채찍 편). ① 속뜻 달리는[走] 말[馬]에 채찍질[鞭]을 가(加)함. ②'열심히 하는 사람을 더 부추기거나 몰아침'을 비유하여 이르는 말.

▸**주:마간산** 走馬看山 (볼 간, 메 산). ① 속뜻 달리는[走] 말[馬] 위에서 산천(山川)을 구경함[看]. ②이것저것을 천천히 살펴볼 틈이 없이 바삐 서둘러 대강대강 보고 지나침.

주막 酒幕 (술 주, 휘장 막). 시골의 길목에서 술[酒]이나 밥 따위를 팔던 막사[幕]같은 집. ➲ 주막집.

주말 週末 (주일 주, 끝 말). 한 주일(週)의 끝[末]. ¶아버지는 주말마다 등산을 가신다.

주맥 主脈 (주될 주, 줄기 맥). ① 속뜻 여러 줄기 가운데서 으뜸[主]이 되는 줄기[脈].

② [식물] 잎 한가운데 있는 가장 큰 잎맥. [비] 중륵맥(中肋脈).

주맹 晝盲 (낮 주, 눈멀 맹). [의학] 어두운 곳에서 보다 낮[晝]같이 밝은 곳에서 눈이 더 잘 안 보이는[盲] 사람.

주면 柱面 (기둥 주, 쪽 면). ① [속뜻] 기둥[柱] 면(面). ② [물리] 결정추의 하나에 나란하고, 다른 두 축의 한쪽 또는 양쪽에 교차하는 결정면. ③ [수학] 평면 상에 있는 곡선상의 각 점을 지나 그 평면에 수직인 직선이 모여서 이루는 곡면.

주:멸 誅滅 (벨 주, 없앨 멸). 죄인 따위를 목을 베어[誅] 죽여 없앰[滅].

주명¹ 主命 (주인 주, 명할 명). ① [속뜻] 주군(主君)의 명령(命令). [비] 왕명(王命), 칙명(勅命). ② 주인의 분부. ③ [가톨릭] 천주(天主)의 명령.

주:명² 註明 (주석 주, 밝을 명). 주(註)를 달아 본문의 뜻을 밝힘[明].

주:명-곡 奏鳴曲 (연주할 주, 울 명, 노래 곡). [음악] 악기만을 연주(演奏)하여 울리게[鳴] 하는 곡(曲). 성악도 함께 들어있는 칸타타와 상대되는 말이다. 이탈리아어 '연주하다, 울려 퍼지다'는 뜻의 'sonare'의 한자 의역어.

주모¹ 酒母 (술 주, 어머니 모). 술집에서 술[酒]을 파는 여자[母]. [비] 주부(酒婦).

주모² 珠母 (구슬 주, 어머니 모). ① [속뜻] 진주[珠]의 모체(母體)가 되는 조개. ② [동물] 길이 25㎝ 가량의 진주조개로, 겉은 검고 속은 담홍색의 광택이 난다. 껍데기 안쪽에 아름다운 진주가 들어 있어 양식에 가장 좋다.

주모³ 主謀 (주될 주, 꾀할 모). 모략이나 음모 따위를 주도(主導)하여 꾸밈[謀]. ¶몰래 반란을 주모하다.

▸주모-자 主謀者 (사람 자). 우두머리가 되어 어떤 일이나 음모 따위를 꾸미는[主謀] 사람[者]. ¶시위 주모자를 찾아내다.

주목 朱木 (붉을 주, 나무 목). ① [속뜻] 껍질이 붉은[朱] 나무[木]. ② [식물] 주목과의 상록 교목. 높이 22m 가량으로 곧게 자라며 껍질은 적갈색이다.

주:목 注目 (쏟을 주, 눈 목). ① [속뜻] 눈[目]길을 한곳에 쏟음[注]. ② 어떤 대상이나 일에 대해 특별히 관심을 가지고 자세히 살핌. ¶그 사건은 주목을 별로 받지 못했다.

주-목적 主目的 (주될 주, 눈 목, 것 적). 주요(主要) 목적(目的).

주몽 晝夢 (낮 주, 꿈 몽). 낮[晝]에 꿈[夢]을 꾸는 것처럼 공상에 잠기는 것.

주무 主務 (주될 주, 일 무). 사무(事務)를 주관(主管)함. 또는 그런 사람.

▸주무-자 主務者 (사람 자). 어떤 사무(事務)를 주관(主管)하여 맡아보는 사람[者].

▸주무-부 主務部 (나눌 부). 어떤 사무(事務)를 주관(主管)하여 그에 따른 권한과 직무를 관장하는 부서(部署).

▸주무 관청 主務官廳 (벼슬 관, 관아 청). [정치] 어떤 행정 업무(業務)를 주관(主管)하는 관청(官廳).

▸주무 장:관 主務長官 (어른 장, 벼슬 관). [정치] 어떤 행정 업무(業務)를 주관(主管)하는 장관(長官).

주묵 朱墨 (붉을 주, 먹 묵). 붉은[朱] 빛깔의 먹[墨].

주문¹ 主文 (주될 주, 글월 문). ① [법률] 사건에 대해 법원이 하는 판결의 주(主)된 내용이 담긴 글[文]. '판결 주문'(判決主文)의 준말. ② [역사] 조선 때, 대제학(大提學)을 달리 이르던 말.

주문² 朱門 (붉을 주, 문 문). ① [속뜻] 붉은[朱] 문(門). ② 예전에, 지위가 높은 벼슬아치의 집을 이르던 말.

주:문³ 呪文 (빌 주, 글월 문). ① [속뜻] 비는[呪] 글[文]. ② [민속] 음양가(陰陽家)나 술가(術家)등이 술법을 부릴 때, 외우는 글귀. ¶그 주문을 외우면 죽은 사람이 살아난다고 믿는다. ③ 심령을 닦고 한울님에게 빌 때 외는 글귀.

주:문⁴ 註文 (주석 주, 글월 문). 어떤 문장(文章)이나 글귀를 주해(註解)한 글.

주:문⁵ 注文 (물댈 주, 글월 문). 물건 구입 의사를 밝히어 보내는[注] 글[文]. 또는 그런 일. ¶주문을 받다 / 주문하자마자 음식이 나왔다.

▸주:문-자 注文者 (사람 자). ① [속뜻] 주문(注文)한 사람[者]. 맞춘 사람. ② [법률] 도급인(都給人)에게 일의 완성을 청구할 권리와 함께 보수 지급의 의무를 가진 도급 계약의 당사자.

▸주:문-품 注文品 (물건 품). 주문(注文)하여 맞춘 물품(物品). 주문 받은 물품. ㉟기성품(旣成品).

▸주:문 생산 注文生産 (날 생, 낳을 산). 경제 소비자의 주문(注文)에 따라서 생산(生産)하는 일.

주물¹ 主物 (주될 주, 만물 물). 직접적인 효용을 가지는 주(主)된 물건(物件). 가구에 대한 집, 시곗줄에 대한 시계 따위. ㉟종물(從物).

주:물² 呪物 (빌 주, 만물 물). ① 속뜻 신에게 빌[呪] 때 사용하는 물건(物件). ② 원시 종교에서, 악귀를 물리치고 행운을 가져다주는 신비한 힘을 가졌다고 하여 신성시하는 물건을 이르는 말.

주:물³ 鑄物 (쇠 불릴 주, 만물 물). 공업 쇳물을 일정한 틀 속에 부어 굳혀 만든[鑄] 물건(物件).

▸주:물 공장 鑄物工場 (장인 공, 마당 장). 공업 주물(鑄物)을 만드는 공장(工場).

주:미 駐美 (머무를 주, 미국 미). 미국(美國)에 머묾[駐]. ¶주미 한국대사관.

⁑주:민 住民 (살 주, 백성 민). 일정한 지역에 머물며 사는[住] 백성[民]. '거주민'(居住民)의 준말. ¶나는 이 아파트 주민이다.

▸주:민-세 住民稅 (세금 세). 법률 그 어느 지역에 사는 개인[住民] 및 법인(法人)의 소득에 대하여 매기는 세금(稅金). 지방세의 하나이다.

▸주:민 등록 住民登錄 (오를 등, 기록할 록). 법률 주민(住民)의 거주 관계 및 인구 동태를 파악하기 위하여 시, 읍, 면의 주민을 해당 지역의 주민 등록표에 등록(登錄)하게 하는 제도.

▸주:민 등록증 住民登錄證 (오를 등, 기록할 록, 증거 증). 법률 일정 지역의 주민(住民)인 사실이 등록(登錄)된 것을 나타내는 증명서(證明書). 만17세 이상이면 발급한다. ¶신분을 확인하기 위해 주민 등록증을 제출해 주십시오.

주밀 周密 (다듬을 주, 빽빽할 밀). ① 속뜻 옥을 정교하게[密] 다듬음[周]. ② 계획이나 진행 따위를 하는데 빈틈이 없음. 주도(周到)하고 면밀(綿密)함.

주반¹ 酒飯 (술 주, 밥 반). ① 속뜻 술[酒]과 밥[飯]. ㊐주식(酒食). ② 술밥.

주반² 酒盤 (술 주, 소반 반). 술[酒]상으로 쓰는 소반(小盤).

주발 周鉢 (둘레 주, 밥그릇 발). 놋쇠로 둘러[周] 만든 밥그릇[鉢]. ¶할아버지가 밥을 반 주발 밖에 안 드셨다.

주방 廚房 (부엌 주, 방 방). ① 속뜻 부엌[廚]이 있는 방(房). 음식을 만들거나 차리는 방. ¶그녀는 음식점 주방에서 일하고 있다. ② 역사 대궐에서, 음식을 만들던 곳. '소주방'(燒廚房)의 준말.

▸주방-장 廚房長 (어른 장). 음식점이나 다방 따위에서 조리를 맡은 곳[廚房]의 우두머리[長]. ¶호텔 주방장이 아무나 되는 줄 아니?

주배 酒杯 (술 주, 잔 배). 술[酒]을 따라 마시는 잔[杯]. 술잔. ¶이별의 주배를 나누다.

주번¹ 主番 (주될 주, 차례 번). 주(主)가 되어 관할 지역을 돌아보며 살피는 차례[番]의 사람. 또는 그 일.

주번² 週番 (주일 주, 차례 번). 한 주(週)마다 차례[番]대로 하는 근무. ¶이번 주 주번은 화장실 좀 청소하렴.

▸주번 사:관 週番士官 (선비 사, 벼슬 관). 군사 군대에서 주번(週番) 사령을 도와 주번 근무병들을 지휘·관리하는 장교[士官].

▸주번 사령 週番司令 (맡을 사, 명령 령). 군사 군대에서 주번(週番) 근무를 지휘·감독하는 책임 장교[司令].

주:벌¹ 誅伐 (벨 주, 벨 벌). 죄인의 목을 베어 죽임[誅=伐].

주:벌² 誅罰 (벨 주, 벌할 벌). ① 속뜻 목을 베는[誅] 벌(罰). ② 죄인을 꾸짖어 벌을 줌. 또는 그 벌. ¶엄한 주벌이 최상책입니다.

주범 主犯 (주될 주, 범할 범). 어떤 범죄를 주동(主動)한 범인(犯人). ¶사건 발생 한 달 만에 주범이 잡혔다 / 자동차 매연은 대기오염의 주범이다. ㊐정범(正犯).

주법¹ 主法 (주될 주, 법 법). ① 속뜻 주된[主] 법(法). ② 법률 실체법(實體法).

주:법² 走法 (달릴 주, 법 법). 운동 육상 경기의 경주나 도약 따위에서 달리는[走] 방법(方法).

주:법³ 呪法 (빌 주, 법 법). ① 속뜻 주문(呪文)을 읽거나 외우는 방법(方法). ② 주술

(呪術).

주:법[4] 奏法 (연주할 주, 법 법). 음악 악기를 연주(演奏)하는 방법(方法). '연주법'(演奏法)의 준말. ¶기타의 주법을 연습하다.

주벽 酒癖 (술 주, 버릇 벽). ① 속뜻 술[酒]을 몹시 즐겨 마시는 버릇[癖]. ② 술 취한 뒤에 드러나는 버릇. ⓑ주성(酒性).

⁑주변 周邊 (둘레 주, 가 변). 무엇의 주위(周圍)나 가장자리[邊]. ¶영호는 주변에 친구가 많다 / 주변 경치가 정말 좋다. ⓑ주위(周位).

▸**주변-인** 周邊人 (사람 인). ① 속뜻 한 집단의 주변(周邊)을 맴돌고 있는 사람[人]. ② 심리 둘 이상의 서로 다른 사회나 집단에 딸려 양쪽의 영향을 받으면서 어느 쪽에도 완전히 소속되지 못하고 있는 사람을 이르는 말.

▸**주변 세:포** 周邊細胞 (작을 세, 태보 포). 식물 식물체 안의 기공(氣孔) 주변(周邊)에 있는 세포(細胞). 반달 모양으로, 기공을 여닫으며 물기의 발산을 조절하고 내부를 보호한다. ⓑ개폐 세포(開閉細胞), 공변세포(孔邊細胞).

▸**주변 장치** 周邊裝置 (꾸밀 장, 둘 치). 중앙처리 장치를 둘러싸고[周邊] 있는 여러 장치(裝置)를 통틀어 이르는 말.

▸**주변 지역** 周邊地域 (땅 지, 지경 역). 한곳을 중심으로 한 그 주변(周邊)의 일정한 지역(地域).

주병[1] 酒餠 (술 주, 떡 병). 술[酒]과 떡[餠]을 아울러 이르는 말. ¶주병에 다과에 식품이 산처럼 쌓였다.

주:병[2] 駐兵 (머무를 주, 군사 병). 어떤 곳에 군사[兵]들을 머물게[駐] 함. 머물러있는 그 군대. ⓑ주군(駐軍).

▸**주:병-권** 駐兵權 (권리 권). 법률 다른 나라 영토 안에 군대를 머물게[駐兵] 하여 자국민의 생명과 재산 따위를 보호 경비할 수 있는 권리(權利).

주보[1] 酒甫 (술 주, 사나이 보). 술[酒]을 몹시 즐기거나 많이 마시는 남자[甫].

주보[2] 酒保 (술 주, 지킬 보). ① 속뜻 술[酒]을 보관(保管)해두고 파는 가게. 또는 술을 파는 사람. ¶그 동네에는 주보가 없었다. ② 예전에, '군매점'을 이르던 말. ¶주보 담당병.

주보[3] 週報 (주일 주, 알릴 보). ① 속뜻 한 주(週)에 한 번씩 발행하여 그 주에 있었던 주요 소식을 알리는[報] 신문이나 잡지. ② 한 주일에 한 번씩 작성하여 올리는 보고.

주복-야행 晝伏夜行 (낮 주, 숨길 복, 밤 야, 다닐 행). 낮[晝]에는 숨어[伏] 있다가 밤[夜]에 나다님[行].

주봉 主峯 (주될 주, 봉우리 봉). 한 산맥 가운데 가장[主] 높은 봉우리[峯]. 최고봉.

주부[1] 主部 (주될 주, 나눌 부). 언어 문장에서 주어의 역할을 하는 부분(部分). '부지런한 학생은 열심히 공부 한다'에서 '부지런한 학생은' 따위. '주어부'(主語部)의 준말. ⓒ술부(述部).

주부[2] 主婦 (주인 주, 아내 부). ① 속뜻 한 가정 주인(主人)의 부인(婦人). ¶자녀 셋을 둔 주부. ② 주인인 부인.

주:불 駐佛 (머무를 주, 프랑스 불). 프랑스[佛蘭西]에 주재(駐在)함. ¶주불 대사 / 주불 한국 영사관.

주붕 酒朋 (술 주, 벗 붕). 술[酒]을 함께 마실만한 친구[朋].

주:비 籌備 (계획할 주, 갖출 비). 어떤 일을 하려고 미리 계획하여[籌] 갖춤[備].

주빈 主賓 (주될 주, 손님 빈). 손님 가운데서 주(主)가 되는 손님[賓]. ¶저명한 인사들이 주빈으로 참석하다.

주사[1] 主事 (주될 주, 일 사). ① 속뜻 사무(事務)를 주관(主管)함. 또는 그런 사람. ② 상대편을 점잖게 높여 이르는 말. 남자의 성(姓) 뒤에 붙여 쓴다. ¶김 주사. ③ 법률 행정직 6급 공무원의 직급(職級). 사무관의 아래, 주사보의 위이다.

주사[2] 主辭 (주될 주, 말씀 사). 논리 판단의 대상이 되는 주(主)된 개념[辭]. '사람은 동물이다'에서 '사람' 따위. ⓑ주개념(主槪念), 주어(主語), 주체(主體). ⓒ빈사(賓辭).

주사[3] 朱沙 (붉을 주, 모래 사). 광업 붉은[朱] 빛깔이 나는 육방 정계(六方晶系)의 광물[沙]. ⓑ단사(丹砂), 단주(丹朱), 진사(辰砂).

주:사[4] 呪辭 (빌 주, 말씀 사). 주술가(呪術家)가 술법을 부릴 때 외우는 말[辭].

주사[5] 酒邪 (술 주, 그를 사). 술[酒]에 취하

여서 하는 못된[邪] 버릇.

주사6 紬絲 (명주 주, 실 사). 누에고치에서 뽑아낸[紬] 실[絲].

주ː사7 走査 (달릴 주, 살필 사). ① [속뜻] 이리저리 옮겨다니면서[走] 조사(調査)함. 영어 'scan'을 의역한 말로 추정된다. ② [전기] 화면을 화소(畵素)로 낱낱이 나누는 일. 또는 나뉜 화소를 차례로 맞추어 화면을 구상하는 일.

▸주ː사-선 走査線 (줄 선). [물리] 텔레비전이나 팩시밀리 따위에서, 화상(畵像)을 이루고 있는 많은 점을 일정한 차례로 이은[走査] 낱낱의 선(線).

▸주ː사 방식 走査方式 (방법 방, 꼴 식). [물리] 텔레비전에서 주사(走査)의 방향과 속도를 결정하는 방식(方式).

주ː사8 注射 (물댈 주, 쏠 사). [의학] 약물을 주사기에 넣어 생물체의 조직이나 혈관 안으로 들여보내[注] 쏘아[射] 넣는 일. ¶팔뚝에 주사를 맞았다 / 진통제를 주사하다.

▸주ː사-기 注射器 (그릇 기). [의학] 주사(注射)할 때 쓰는 기구(器具).

▸주ː사-량 注射量 (분량 량). 주사(注射)하는 약물의 양(量).

▸주ː사-액 注射液 (진 액). 주사(注射)하는 액체(液體)로 된 약. [비]주사약(注射藥).

▸주ː사-약 注射藥 (약 약). [약학] 주사(注射)하는 액체로 된 약(藥). [비]주사액(注射液).

▸주ː사-침 注射針 (바늘 침). [의학] 주사기(注射器) 끝에 있는, 안이 비어있는 바늘[針].

주사9 酒肆 (술 주, 가게 사). 술[酒]을 파는 가게[肆].

▸주사-청루 酒肆靑樓 (푸를 청, 다락 루). 술집[酒肆]과 창녀 집[靑樓] 따위를 통틀어 이르는 말.

주산1 主山 (주될 주, 메 산). ① [속뜻] 중심[主]이 되는 산(山). ② [민속] 풍수설에서 집터, 묏자리, 도읍터 등의 뒤쪽에 위치하고, 거기서 좌청룡, 우백호가 갈려나온 산.

주산2 珠算 (구슬 주, 셀 산). 구슬[珠] 모양의 알을 이용하여 셈하는[算] 기구. ¶그는 주산을 잘 해서 계산을 빨리 한다. [비]수판셈.

주-산물 主産物 (주될 주, 낳을 산, 만물 물). 어떤 고장의 주요(主要) 생산물(生産物).

주-산지 主産地 (주될 주, 낳을 산, 땅 지). 어떤 산물이 주(主)로 생산(生産)되는 지역(地域).

주산-단지 主産團地 (주될 주, 낳을 산, 모일 단, 땅 지). 어떤 산물을 주(主)로 생산(生産)하기 위해 집단적(集團的)으로 조성한 일정 지역(地域).

주ː살 誅殺 (벨 주, 죽일 살). 죄인을 베어[誅] 죽임[殺].

주상1 主上 (임금 주, 위 상). ① [속뜻] 군주(君主)의 석상(席上). ② 임금. ¶주상의 엄명을 받으시오.

주ː상2 奏上 (아뢸 주, 위 상). 위[上] 분에게 아뢺[奏]. 임금에게 아룀.

주상3 酒傷 (술 주, 다칠 상). 술[酒]을 마셔 위장을 다침[傷]. ¶연일 술을 퍼마시더니 주상이 났다.

주상4 柱狀 (기둥 주, 형상 상). 기둥[柱] 모양[狀].

▸주상 절리 柱狀節理 (마디 절, 결 리). [지리] 마그마가 냉각 응고함에 따라 부피가 수축하여 생기는, 다각형 기둥 모양[柱狀]의 마디[節]를 형성하고 있는 결[理]이나 금.

주색1 主色 (주될 주, 빛 색). ① [속뜻] 전체적으로 밑바탕을 이루는 주(主)된 색깔[色]. ② 중심이 되는 적색, 황색, 청색, 녹색의 네 가지 색깔.

주색2 朱色 (붉을 주, 빛 색). 붉은[朱] 빛깔[色].

주색3 酒色 (술 주, 빛 색). ① [속뜻] 술[酒]과 여색(女色). ② 얼굴에 나타난 술기운. [비]주음(酒淫).

▸주색-잡기 酒色雜技 (섞일 잡, 재주 기). 술[酒]과 여자[色]와 여러 가지[雜] 놀이[技].

주ː-생활 住生活 (살 주, 살 생, 살 활). 사는[住] 집이나 사는 곳에 관한 생활(生活). ¶한옥은 우리의 전통적인 주생활 양식이다.

주서1 朱書 (붉을 주, 쓸 서). 붉은[朱]색의 먹이나 물감으로 글씨를 씀[書]. 또는 그렇게 쓴 붉은 글씨.

주서2 洲嶼 (섬 주, 섬 서). [지리] 강어귀에 흙과 모래가 쌓여 삼각주처럼 된 섬[洲=嶼]. ⓑ주도(洲島).

주석[3] **主席** (주인 주, 자리 석). ① 속뜻 주인(主人)의 자리[席]. 중심이 되는 자리. ② 중국 등 일부 국가의 정부나 정당의 최고 지위. 또는 그 지위에 있는 사람. ¶후진타오 주석. ③ 회의나 연회 등을 주재하는 사람.

주석[4] **朱錫** (붉을 주, 주석 석). ① 속뜻 붉은[朱] 빛의 금속[錫]. ② 화학 은백색의 광택이 나는 금속 원소.

주석[5] **柱石** (기둥 주, 돌 석). ① 속뜻 기둥[柱]과 주춧돌[石]. ② 어떤 분야에서 '가장 중요한 구실을 하는 사람'을 비유하여 이르는 말. ⓑ영동(楹棟).

주석[6] **酒席** (술 주, 자리 석). 술[酒]을 마시며 노는 자리[席].

주:석[7] **註釋** (=注釋, 밝힐 주, 풀 석). 낱말이나 문장의 뜻을 알기 쉽게 주(註)를 달아 자세히 풀이함[釋]. 또는 그 글. ⓑ주해(註解).

주석[8] **酒石** (술 주, 돌 석). ① 속뜻 술[酒] 단지에 생기는 돌[石] 같은 물질. ② 화학 포도주를 만들 때, 발효가 진행되어 알코올이 증가하면 생기는 침전물.

▸주석-산 酒石酸 (산소 산). 화학 주석(酒石)에 탄산칼슘을 넣어 얻는 침전물을 묽은 황산(黃酸)으로 처리하면 얻을 수 있는 무색 결정 물질.

주선[1] **酒仙** (술 주, 신선 선). ① 속뜻 술[酒]을 즐기는 신선(神仙) 같은 사람. ② 주량이 매우 큰 사람. ⓑ주호(酒豪).

주선[2] **周旋** (두루 주, 돌 선). ① 속뜻 일이 잘 되도록 여러모로 두루[周] 돌보며[旋] 힘씀. ¶그의 주선으로 일자리를 얻었다. ② 법률 제삼국이 외부에서 분쟁 당사국의 화해를 도와주는 일.

▸주선-료 周旋料 (삯 료). 어떤 일을 주선(周旋)해 주고 그 대가로 받는 요금(料金).

▸주선-성 周旋性 (성질 성). 주선(周旋)을 잘하는 성질(性質)이나 재간.

주성[1] **主星** (주될 주, 별 성). 천문 중심이[主] 되는 별[星]. 쌍성(雙星) 중 밝은 별을 가리킨다. ⓑ동반성(同伴星).

주:성[2] **走性** (달릴 주, 성질 성). ① 속뜻 어떤 곳으로 달려들듯[走] 모이는 성질(性質). ② 생물 외부의 자극에 따라 반응을 보이는 생물의 특성. 자극의 종류에 따라 주광성(走光性)·주기성(走氣性)·주류성(走流性)·주열성(走熱性)·주전성(走電性)·주지성(走地性) 등으로 나뉜다.

주성[3] **周星** (둘레 주, 별 성). 목성(木星)이 하늘을 한 바퀴[周] 도는 기간인 열두 해 동안을 이르는 말.

주-성분 **主成分** (주될 주, 이룰 성, 나눌 분). ① 속뜻 어떤 물질을 이루고 있는 주요(主要) 성분(成分). ¶수박의 주성분은 물이다. ② 언어 주어, 서술어, 목적어, 보어 따위와 같이 문장을 이루는 데 없어서는 안 될 주된 성분. ⓑ부성분(副成分).

주세 **酒稅** (술 주, 세금 세). 법률 주류(酒類)에 매기는 세금(稅金).

주세-불 **主世佛** (주될 주, 세상 세, 부처 불). ① 속뜻 세상(世上)에서 으뜸[主]인 부처[佛]. ② 불교 법당에 모신 부처 가운데서 으뜸가는 부처.

주:소[1] **註疏** (=注疏, 주석 주, 트일 소). 경전(經傳)의 원문 따위를 자세히 풀어[註] 의미가 확 통하게[疏] 함. 또는 그러한 풀이.

주:소[2] **住所** (살 주, 곳 소). 사람이 자리를 잡아 살고[住] 있는 곳[所]. ¶우리 집 주소가 바뀌었어요.

▸주:소-록 住所錄 (기록할 록). 친구나 거래처 등의 주소(住所)를 적어[錄] 두는 장부.

▸주:소 부정 住所不定 (아닐 부, 정할 정). 사는 곳[住所]이 일정(一定)하지 아니함[不]. 일정한 주소가 없음.

▸주:소지-법 住所地法 (땅 지, 법 법). 법률 당사자의 주소(住所)가 있는 곳[地]의 법(法).

주속 **紬屬** (명주 주, 속할 속). 명주실[紬]로 만든 물건 종류[屬].

주손 **胄孫** (맏아들 주, 손자 손). 맏[胄] 손자(孫子).

주:수-세례 **注水洗禮** (부을 주, 물 수, 씻을 세, 예도 례). 기독교 물[水]로 머리 위를 적시며[注] 하는 세례(洗禮).

주:술 **呪術** (빌 주, 꾀 술). 초자연적 존재나 신비적인 힘을 빌려 길흉을 점치고 회복을 비는[呪] 술법(術法). ¶주술로 병을 고치

다.

▸주:술-사 呪術師 (스승 사). 주술(呪術)을 부리는 사람[師].

주시[1] **主視** (주될 주, 볼 시). 주(主)로 보는 [視] 눈. ¶나는 왼쪽 눈이 주시이다.

주:시[2] **走時** (달릴 주, 때 시). [물리] 지진파(地震波) 따위의 파동(波動)이 일정 지점까지 이동해 가는[走] 데 걸리는 시간(時間).

주:시[3] **注視** (쏟을 주, 볼 시). 어떤 사물이나 상황에 정신을 쏟아[注] 자세히 봄[視]. ¶온 세계의 주시를 받다 / 경찰에서는 그의 행동을 주시했다.

▸주:시-점 注視點 (점 점). 주시(注視)하는 부분[點]. [준]시점.

주식[1] **酒食** (술 주, 밥 식). 술[酒]과 밥[食]을 아울러 이르는 말. ¶군사들을 위로할 주식을 거두어들였다.

▸주식-점 酒食店 (가게 점). 술[酒]과 밥[食]을 파는 집[店].

주식[2] **主食** (주될 주, 밥 식). 밥이나 빵과 같이 끼니에 주(主)로 먹는 음식(飮食). ¶쌀을 주식으로 하다. [반]부식(副食).

▸주식-비 主食費 (쓸 비). 주식물(主食物)을 사는 데 드는 비용(費用). [반]부식비(副食費).

주식[3] **株式** (주식 주, 법 식). [경제] ① 회사의 자본을 구성하는 단위. '株'는 미국식 용어 'stocks'를 직역(直譯)한 것이며, 그것으로 자본을 모으는 방식(方式)이라는 뜻으로 '주식'이라는 용어가 만들어진 것으로 추정된다. ¶주식으로 돈을 벌었다. ② 주주의 출자에 대하여 교부하는 유가 증권. [비]주권(株券).

▸주식 거:래 株式去來 (갈 거, 올 래). [경제] 주식(株式)을 매매하는[去來] 일.

▸주식 금융 株式金融 (돈 금, 녹을 융). [경제] ① 주식(株式)의 발행·인수·매입 등의 방법으로 기업체에 필요한 자금을 공급하는 일[金融]. ② '주식 담보 금융'(株式擔保金融)의 준말.

▸주식 배:당 株式配當 (나눌 배, 마땅 당). [경제] 회사의 이익을 주식(株式)을 발행하여 나누어 주는 일[配當]. 또는 그 몫.

▸주식 시:장 株式市場 (저자 시, 마당 장). [경제] 주식(株式)의 매매가 이루어지는 시장(市場).

▸주식 양:도 株式讓渡 (넘겨줄 양, 건넬 도). [경제] 법률 행위에 따라 주주권[株式]을 넘겨주는[讓渡] 일.

▸주식 자본 株式資本 (재물 자, 밑 본). [경제] 주식(株式)으로 출자된 자본(資本).

▸주식 중매 株式仲買 (가운데 중, 살 매). [경제] 주식 거래소에서 주식(株式)의 매매나 거래를 중매(仲買)하는 일.

▸주식-회:사 株式會社 (모일 회, 단체 사). [경제] 주식(株式)의 발행을 통해 자금을 모아 운영하는 회사(會社).

주-식물 **主食物** (주될 주, 먹을 식, 만물 물). 평소의 끼니에서의 주(主)되는 먹을[食]거리[物]. [반]부식물(副食物).

주신[1] **主神** (주될 주, 귀신 신). 한 재단에 있는 여러 신 가운데 주(主)된 신(神).

주신[2] **酒神** (술 주, 귀신 신). 술[酒]의 신(神). 그리스 신화의 디오니소스(Dionysus)와 로마 신화의 바커스(Bacchus)를 이르는 말.

주심[1] **主心** (주될 주, 마음 심). 중심[主]이 되는 마음[心]. 굳게 먹은 일정한 마음.

주심[2] **主審** (주될 주, 살필 심). ① [속뜻] 주(主)된 심사원(審査員). ② [운동] 여러 명의 심판 가운데 주장이 되어 경기를 진행시키고 심판하는 사람. ¶주심의 판정을 따르기로 하다.

주아[1] **主我** (주될 주, 나 아). ① [속뜻] 주관적(主觀的)인 나[我]. ② 자아(自我)를 중심으로 생각하고 판단하는 것. 자기의 이해타산만을 하는 욕심. [비]이기(利己).

주아[2] **珠芽** (구슬 주, 싹 아). ① [속뜻] 구슬[珠] 같은 싹[芽]. ② [식물] 곁눈의 한 가지. 양분을 저장하고 있어 살이 많으며, 모체에서 땅에 떨어져 수정을 통하지 않고도 새로운 식물이 된다.

주:악 **奏樂** (연주할 주, 음악 악). 음악(音樂)을 연주(演奏)함.

주안[1] **酒案** (술 주, 책상 안). 술[酒]을 차려 놓은 상[案]. 술상. ¶주안을 들고 들어왔다.

주안[2] **主眼** (주될 주, 눈 안). ① [속뜻] 주(主)로 많이 사용하는 눈[眼]. ¶나는 왼쪽 눈이 주안이다. ② 눈여겨 봄.

▸주안-점 主眼點 (점 점). 주요(主要)하여 눈[眼]여겨 보아야 할 부분[點].

주안-상 酒按床 (술 주, 누를 안, 평상 상). 술[酒]과 안주(按酒)를 차린 상[床].

주야 晝夜 (낮 주, 밤 야). ① 속뜻 낮[晝]과 밤[夜]. ¶주야 교대로 일하다. ②쉬지 않고 계속함. ¶어머니는 주야로 아버지가 회복되기만을 기다렸다.

▸주야-풍 晝夜風 (바람 풍). 낮[晝]과 밤[夜]에 따라 방향을 달리하여 부는 바람[風].

▸주야-골몰 晝夜汨沒 (빠질 골, 빠질 몰). ① 속뜻 밤낮[晝夜]없이 무엇에 빠짐[汨沒]. ②어떤 일을 밤낮으로 생각함.

▸주야불망 晝夜不忘 (아닐 불, 잊을 망). 밤낮[晝夜]으로 잊지[忘] 않음[不]. 늘 잊지 않음.

▸주야불식 晝夜不息 (아닐 불, 쉴 식). 밤낮[晝夜]으로 쉬지[息] 않음[不].

주약 主藥 (주될 주, 약 약). 처방 가운데 주요(主要) 성분이 되는 약(藥).

주어 主語 (주될 주, 말씀 어). ① 언어 문장에서 주체(主體)가 되는 말[語]. ¶'철수가 운동을 한다.'에서 주어는 '철수'이다. ② 논리 주(主)되는 개념. ⓑ주사(主辭). ⓒ서술어(敍述語).

▸주어-구 主語句 (글귀 구). 언어 문장에서 주어(主語)의 구실을 하는 구(句).

▸주어-부 主語部 (나눌 부). 언어 문장에서, 주어(主語)의 구실을 하는 부분(部分). '부지런한 학생은 열심히 공부 한다'에서 '부지런한 학생은' 따위. ㊟주부. ⓒ서술부(敍述部).

▸주어-절 主語節 (마디 절). 언어 문장에서 주어(主語)의 구실을 하는 절(節).

주업 主業 (주될 주, 일 업). 주요(主要) 사업(事業).

주역[1] 主役 (주될 주, 부릴 역). ① 속뜻 연극이나 영화 따위의 주(主)된 역할(役割). 또는 그러한 사람. ¶그 여배우는 이번 영화에서 주역을 따냈다. ②어떤 분야에서 중요한 일을 하는 사람. ¶그가 우리 팀 우승의 주역이다. ⓑ단역(端役).

주:역[2] 註譯 (주석 주, 옮길 역). 자세한 주(註)를 달면서 정확하게 번역(翻譯)함.

주역[3] 周易 (두루 주, 바꿀 역). 책명 주(周)나라 때 만든, 천지 만물의 변화[易]를 설명한 유교의 경전. ⓒ역.

▸주역-선생 周易先生 (먼저 선, 사람 생). 주역(周易)의 팔괘(八卦)를 풀어 남의 길흉화복을 판단하여 주는 사람[先生].

▸주역-언해 周易諺解 (상말 언, 풀 해). 책명 조선 선조(宣祖) 때, 주역(周易)을 우리말[諺]로 풀어놓은[解] 책.

주연[1] 朱硯 (붉을 주, 벼루 연). 주묵(朱墨)을 가는 데 쓰는 작은 벼루[硯].

주연[2] 周緣 (둘레 주, 가선 연). 둘레[周]의 가장자리[緣].

주연[3] 酒宴 (술 주, 잔치 연). 술[酒] 잔치[宴].

주연[4] 酒筵 (술 주, 대자리 연). 술[酒] 자리[筵].

주연[5] 周延 (두루 주, 늘일 연). 논리 어떤 개념의 판단이 그 개념의 외연(外延) 전체에 두루[周] 미칠[延] 때, 그 개념을 이르는 말. 이를테면 '모든 포유류는 동물이다'라는 명제에서 '포유류'라고 하는 개념은 그 외연의 전부에 관하여 동물인 것이 주장되어 있으므로 주연되어 있는 반면, '동물'은 주연되어 있지 않다.

주연[6] 主演 (주인 주, 펼칠 연). 연영 ①연극이나 영화 등에서 주인공(主人公)으로 출연(出演)함. 또는 주인공으로 출연한 배우. ¶그가 주연한 영화가 흥행에 성공했다. ②연극이나 영화 따위에서 극의 이야기를 이끌어나가는 배우. '주연 배우'의 준말. ⓑ조연(助演).

▸주연 배우 主演俳優 (광대 배, 광대 우). 연영 연극이나 영화 따위에서 주인공(主人公)으로 출연(出演)하는 배우(俳優).

주:열-성 走熱性 (달릴 주, 더울 열, 성질 성). 생물 생물체가 주위의 온도[熱]의 자극을 향해 움직이는[走] 성질(性質).

주:영 駐英 (머무를 주, 영국 영). 영국(英國)에 주재(駐在)함. ¶주영 한국 대사관.

주옥 珠玉 (구슬 주, 구슬 옥). ① 속뜻 구슬[珠]과 옥(玉)을 통틀어 이르는 말. ②'여럿 가운데 가장 아름답고, 값지며 귀한 것'을 비유하는 말. ¶그는 200여 편의 주옥같은 시를 썼다.

▸주옥-편 珠玉篇 (책 편). 가장 뛰어난[珠玉] 작품이나 책[篇].

주옹-설 舟翁說 (배 주, 늙은이 옹, 말씀 설). 문학 조선 전기 권근의 작품으로, 배를 탄 손님이 배[舟]를 젓는 노인[翁]에게 삶의 지혜를 배우는 내용을 말한[說] 수필 작품.

⁂**주요** 主要 (주될 주, 요할 요). 주(主)가 되고 중요(重要)함. ¶올해의 주요 사건.

▸주요-색 主要色 (빛 색). 주요(主要)한 빛깔[色]. 빨강, 노랑, 파랑, 초록의 네 가지 빛깔을 이른다.

▸주요-성 主要性 (성질 성). 주요(主要)한 성질(性質)이나 특성(特性).

▸주요-시 主要視 (볼 시). 주요(主要)하게 봄[視]. 주요하게 판단함.

주우 酒友 (술 주, 벗 우). 술[酒]로 사귄 벗[友].

주운 舟運 (배 주, 옮길 운). 배[舟]로 화물 따위를 나르는[運] 일.

주-원료 主原料 (주될 주, 본디 원, 거리 료). 주요(主要) 원료(原料). ¶이 제품의 주원료는 대부분 수입한다.

주-원인 主原因 (주될 주, 본디 원, 까닭 인). 주요(主要) 원인(原因). ¶사고의 주원인을 찾다.

주위[1] 主位 (주인 주, 자리 위). 주인(主人)의 지위(地位). 으뜸가는 자리.

⁂**주위**[2] 周圍 (둘레 주, 둘레 위). ① 속뜻 어떤 것의 바깥 둘레[周=圍]. ¶달은 지구 주위를 돌고 있다. ② 어떤 사람이나 사물을 둘러싸고 있는 환경. ¶주위가 어두워지다. ③ 어떤 사람의 가까이에 있는 사람들. ¶주위의 시선을 의식하다. ④ 수학 원의 바깥 둘레. ⓑ주변(周邊).

▸주위-선 周圍線 (줄 선). 바깥 둘레[周圍]의 선(線).

▸주위-염 周圍炎 (염증 염). 의학 어떤 신체 기관의 둘레[周圍]에 생기는 염증(炎症).

▸주위 환경 周圍環境 (고리 환, 상태 경). 어떤 것을 둘러싸고[周圍] 있는 환경(環境).

주:위상책 走爲上策 (달릴 주, 할 위, 위 상, 꾀 책). 달아나는 것[走]이 제일 좋은 꾀[上策]가 됨[爲]. 달아나는 것이 최상책이라는 말.

주유[1] 舟遊 (배 주, 놀 유). 배[舟]를 타고 놂[遊]. ⓑ선유(船遊).

주:유[2] 注油 (부을 주, 기름 유). 기름[油]을 넣음[注]. ¶주유 중에는 엔진을 꺼 주세요.

▸주:유-소 注油所 (곳 소). 기름[油]을 넣는[注] 곳[所].

주유[3] 周遊 (두루 주, 떠돌 유). 여러 곳을 두루[周] 다니며 유람(遊覽)함. ⓑ주행(周行).

▸주유-천하 周遊天下 (하늘 천, 아래 하). 천하(天下)를 두루[周] 다니며 유람(遊覽)함.

주육 酒肉 (술 주, 고기 육). 술[酒]과 고기[肉]. 술과 안주.

주은 主恩 (주인 주, 은혜 은). ① 기독교 주(主)의 은혜(恩惠). ② 군은(君恩). ③ 주인의 은혜.

주음[1] 主音 (주될 주, 소리 음). 음악 음계의 으뜸[主]이 되는 음(音). 으뜸음.

주음[2] 酒淫 (술 주, 음란할 음). 음주(飮酒)와 음행(淫行). 술을 마시고 음란한 행위를 하는 짓. ⓑ주색(酒色).

주:음-부호 注音符號 (쏟을 주, 소리 음, 맞을 부, 표지 호). 언어 한자의 음(音)을 달기[注] 위하여 고안한 부호(符號).

주의[1] 周衣 (둘레 주, 옷 의). 한복 겉에[周] 입는 옷[衣]. 두루마기.

주의[2] 主意 (주될 주, 뜻 의). ① 속뜻 주(主)된 의미(意味). ② 이성이나 감성보다 의지를 중요하게 여기는 일. ③ 가톨릭 주님의 의지.

▸주의-설 主意說 (말씀 설). 의지(意志)를 으뜸으로[主] 여기는 설(說). ⓑ주의주의(主意主義).

▸주의-주의 主意主義 (주될 주, 뜻 의). ① 속뜻 감정이나 지성보다도 의지(意志)를 으뜸[主]으로 여기는 태도[主義]. ② 철학 의지를 존재의 본질이라고 보는 가치. ③ 심리 의지를 심적 생활의 근본 기능으로 보는 처지. ④ 의지가 양심이나 이성을 초월하여 모든 윤리적 과제의 중심이라고 하는 주의. ⑤ 종교 의지를 모든 종교 활동의 근원으로 보고 축복은 의지의 활동이라고 하는 주의. ⓑ주의설(主意說).

주의[3] 主義 (주될 주, 뜻 의). ① 속뜻 중심[主]이 되는 뜻[義]이나 의견. ② 굳게 지키는 주장이나 방침. ¶그는 주의가 강한 사람이다. ③ 체계화된 이론이나 학설. ¶민족자결주의 / 제국주의.

▸주의-자 主義者 (사람 자). 어떤 주의(主

義)를 굳게 믿어 그것을 주장하는 사람[者].

주:의[4] 注意 (쏟을 주, 뜻 의). ① 속뜻 뜻[意]이나 마음을 쏟음[注]. ¶주의를 기울이다. ②마음에 새겨 두고 조심함. ¶감기에 걸리지 않게 주의하세요. ③경고나 충고의 뜻으로 일깨워 주는 말. ¶조용히 하라고 선생님에게 주의를 받았다. ④ 심리 여러 자극 중 특정한 것에만 반응하는 심리상태.

▶주:의-보 注意報 (알릴 보). 지리 기상대 등에서 기상 상태로 말미암아 피해가 예상될 때 주의(注意)하라고 알리는[報] 것. ¶대설(大雪) 주의보.

▶주:의 인물 注意人物 (사람 인, 만물 물). 주의(注意) 깊게 살펴보아야 할 사람[人物]. ㊐요시찰인(要視察人).

주익 主翼 (주될 주, 날개 익). 항공 비행물체를 날 수 있도록 하는 주요(主要) 날개[翼].

주인[1] 主因 (주될 주, 까닭 인). 가장 주요(主要)한 원인(原因). ㊥부인(副因).

주인[2] 主人 (주될 주, 사람 인). ① 속뜻 한 집안을 꾸려 나가는 주(主)되는 사람[人]. ②물건을 소유한 사람. ¶이 땅의 주인은 누구입니까? / 주인집. ③손을 맞이하는 사람. ¶주인은 손님들에게 반갑게 인사했다. ④고용 관계에서의 고용주. ¶휴가를 달라고 주인에게 건의하다. ㊥손님.

▶주인-공 主人公 (귀인 공). 사건이나 예술 작품에서의 중심[主] 인물[人]을 높여[公] 이르는 말. ¶이 소설의 주인공은 어느 시골의 농부이다.

▶주인-댁 主人宅 (집 택). ① 속뜻 주인(主人)이 사는 집[宅]. ②안주인.

▶주인-봉 主人峰 (봉우리 봉). ① 속뜻 주인(主人) 격에 해당하는 산봉우리[峰]. ② 민속 풍수설에서 '묏자리, 집터, 도읍터 따위의 가까운 곳에 있는 가장 높은 산봉우리'를 이르는 말.

▶주인-옹 主人翁 (늙은이 옹). '늙은[翁] 주인(主人)'을 점잖게 일컫는 말.

▶주인-장 主人丈 (어른 장). 주인(主人)을 높여[丈] 일컫는 말.

주일[1] 週日 (주일 주, 날 일). 일요일부터 토요일까지의 한 주(週) 기간[日]. 7일. ¶이 편지를 몇 주일 뒤면 받을 수 있을까요?

주:일[2] 駐日 (머무를 주, 일본 일). 일본(日本)에 주재(駐在)함. ¶주일 한국 대사관 / 주일 특파원.

주일[3] 主日 (주인 주, 해 일). 기독교 '일요일'을 달리 이르는 말. 예수[主] 그리스도가 부활한 사건을 매주 기념하는 날[日]에서 유래한다. ¶주일에는 영업하지 않습니다.

▶주일 학교 主日學校 (배울 학, 가르칠 교). 기독교 교회에서 신앙을 도탑게 하기 위하여 주일(主日)마다 종교 교육을 하는 학교(學校).

주임 主任 (주될 주, 맡길 임). 어떤 일에 중심[主]이 되어 맡음[任]. 또는 그 사람. ¶3학년 주임 교사 / 영업부 주임으로 승진하다.

▶주임 교:수 主任教授 (가르칠 교, 줄 수). 교육 주로 대학에서, 어떤 전문학과나 학부의 주임(主任)을 맡은 교수(教授).

주:입[1] 鑄入 (쇠 불릴 주, 들 입). 쇳물을 거푸집에 부어[鑄] 넣음[入].

주:입[2] 注入 (부을 주, 들 입). ① 속뜻 액체를 물체 안에 부어[注] 넣음[入]. ¶자동차에 냉각수를 주입하다. ②지식을 기계적으로 기억하게 하여 가르침. ¶단순히 머리에 주입된 지식은 오래가지 않는다. ③어떤 사상 따위를 남의 의식(意識)에 새겨지도록 가르침.

▶주:입-기 注入器 (그릇 기). 기름 따위의 액체를 주입(注入)하는 데에 쓰는 기구(器具).

▶주:입-식 注入式 (법 식). ① 속뜻 주입(注入)하는 방식(方式). ② 교육 주입 교육에 따라 베푸는 교육 방식.

▶주:입 교:육 注入教育 (가르칠 교, 기를 육). 교육 지식의 주입(注入)에 중점을 두는 교육(教育) 방식. ㊥개발 교육(開發教育), 계발 교육(啓發教育).

▶주:입-주의 注入主義 (주될 주, 뜻 의). 교육 아동 교육에서, 주입(注入) 교육에 치중하려는 경향[主義]. ㊥개발주의(開發主義).

주자[1] 走者 (달릴 주, 사람 자). ① 속뜻 달리는[走] 사람[者]. ¶선두주자 / 마지막 주자가 결승점에 도착했다. ② 운동 야구에서 아웃되지 않고 누(壘)에 나가 있는 사람. ¶주자를 2루로 보내다.

주ː자[2] 奏者 (연주할 주, 사람 자). 악기를 연주(演奏)하는 사람[者]. '연주자'(演奏者)의 준말.

주ː자[3] 鑄字 (쇠 불릴 주, 글자 자). 쇠붙이를 녹여 부어[鑄] 만든 활자(活字). 또는 그러한 일.

▸주ː자-소 鑄字所 (곳 소). 역사 조선시대 때, 활자(活字)를 만들던[鑄] 곳[所].

주자-석 朱子石 (붉을 주, 접미사 자, 돌 석). 광업 석회암 가운데에 황화 제이수은을 함유하여 주홍(朱紅)빛 무늬를 띤 돌[石]. 도장 재료나 장식용으로 쓴다. ⓑ계혈석(鷄血石), 주사석(朱砂石).

주-자재 主資材 (주될 주, 재물 자, 재료 재). 제품을 만드는데 쓰이는 주요(主要) 자원(資源)과 재료(材料).

주자-학 朱子學 (붉을 주, 접미사 자, 배울 학). 철학 중국 송나라 때의 주자(朱子)가 대성한 유학(儒學). ⓑ성리학(性理學), 송학(宋學), 정주학(程朱學).

주자-가례 朱子家禮 (붉을 주, 접미사 자, 집 가, 예도 례). 책명 명나라 때, 구준(丘濬)이 가례(家禮)에 관한 주자(朱子)의 학설을 수집하여 만든 책.

주작[1] 朱雀 (붉을 주, 참새 작). ① 속뜻 붉은[朱] 빛깔의 참새[雀]. ② 민속 이십팔수 가운데 남쪽을 지키는 일곱 별을 통틀어 이르는 말. ③사신(四神)의 하나. 남쪽 방위를 지키는 신령을 상징하는 짐승을 이른다. 붉은 봉황으로 형상화하였다.

주ː작[2] 做作 (지을 주, 지을 작). 없는 사실을 꾸며 지음[做=作]. ⓑ주출(做出).

▸주ː작-부언 做作浮言 (뜰 부, 말씀 언). 뜬[浮] 소문[言]을 지어냄[做作].

⁑**주장**[1] 主張 (주될 주, 벌릴 장). ① 속뜻 자기의 의견이나 주의(主義)를 널리 떠벌임[張]. 또는 그런 주의. ¶변호사는 무죄를 주장했다. ②어떤 일에 중심이 되어 맡아 처리함. ¶이번 토론회는 국무총리가 주재한다. ③ 법률 당사자가 자기에게 유리한 법률 효과나 사실을 진술하는 행위. ⓑ주재(主宰).

주장[2] 主將 (주될 주, 장수 장). ① 속뜻 한 군대의 으뜸가는[主] 장수(將帥). ② 운동 한 팀을 대표하는 선수. ¶주장이 팀을 대표하여 트로피를 받았다.

주장[3] 主掌 (주될 주, 맡을 장). 주(主)로 맡아서[掌] 함.

주재[1] 主宰 (주될 주, 맡을 재). 어떤 일을 중심이 되어[主] 맡아함[宰]. 또는 그 사람. ¶대통령 주재로 긴급회의가 열렸다 / 우주를 주재하는 존재. ⓑ주장(主張).

주ː재[2] 駐在 (머무를 주, 있을 재). ① 속뜻 일정한 곳에 머물러[駐] 있음[在]. ②직무상 파견된 곳에 머물러 있음. ¶한국 주재 일본 대사.

▸주ː재-국 駐在國 (나라 국). 대사나 공사 등 외교관이 주재(駐在)하고 있는 나라[國].

▸주ː재-소 駐在所 (곳 소). ① 속뜻 파견되어 머물러[駐] 있는[在] 곳[所]. ②일제 강점기에, 순사(巡査) 등이 맡은 구역 안에 머물러 근무를 하던 곳.

▸주ː재-원 駐在員 (사람 원). 어떤 곳에 파견되어 머물러[駐] 있는[在] 사람[員].

주-재료 主材料 (주될 주, 재목 재, 거리 료). 주요(主要) 재료(材料). ¶빵은 밀가루와 설탕이 주재료이다. ㊟주재.

주저[1] 主著 (주될 주, 지을 저). 주요(主要) 저서(著書).

주저[2] 躊躇 (머뭇거릴 주, 머뭇거릴 저). 나아가지 못하고 머뭇거림[躊=躇]. ¶우리는 어떤 일에도 주저하지 않는다.

주적 主敵 (주될 주, 원수 적). 주(主)되는 적(敵). ¶국방백서에 주적을 명시해 놓았다.

주전[1] 主戰 (주될 주, 싸울 전). ① 속뜻 전쟁(戰爭)하기를 주장(主張)함. ②주력이 되어 싸움. 또는 그런 사람. ¶그는 부상 때문에 주전으로 뛸 수 없다. ⓑ후보(候補).

주전[2] 周全 (두루 주, 완전할 전). 빈틈없이 두루[周] 완전(完全)함.

주ː전[3] 鑄錢 (쇠 불릴 주, 돈 전). 쇠 돈[錢]을 주조(鑄造)함. 또는 그런 돈.

주ː전-성 走電性 (달릴 주, 전기 전, 성질 성). 생물 생물체가 전류(電流)의의 자극을 향해 움직이는[走] 성질(性質).

주전-자 酒煎子 (술 주, 달일 전, 접미사 자). 술[酒]이나 물 따위를 데우거나[煎] 담는 그릇[子]. ¶주전자에 물을 끓이다.

주절 主節 (주될 주, 마디 절). 언어 한 문장을 이루는 두 개의 절 중, 주(主)가 되는 마디[節]. ㉥종속절(從屬節).

주점[1] 主點 (주될 주, 점 점). 주요(主要)한 부분[點]. ㉥요점(要點).

주점[2] 朱點 (붉을 주, 점 점). 붉은[朱] 먹이나 잉크로 찍은 점(點).

주점[3] 酒店 (술 주, 가게 점). 술[酒]을 파는 가게[店].

주:정[1] 酒酊 (술 주, 술취할 정). 술[酒]에 취함[酊]. 술에 취하여 하는 짓거리. ¶그는 가끔 술을 마시고 주정을 부리는 경향이 있다.

주정[2] 主情 (주될 주, 마음 정). 감정(感情)이나 정서(情緖)를 위주(爲主)로 함. ㉠주지(主知).

▸**주정-설** 主情說 (말씀 설). 철학 주정주의(主情主義). ㉠주지설(主知說).

▸**주정-시** 主情詩 (시 시). 문학 인간의 감정(感情)이나 정서를 그 주요(主要) 내용으로 하는 시(詩). 좁은 의미의 서정시를 이른다.

▸**주정-주의** 主情主義 (주될 주, 뜻 의). 철학 이성이나 지성보다 감정(感情)이나 정서(情緖)를 위주(爲主)로 해야 한다는 태도나 주장[主義]. 낭만주의가 이 경향을 대표한다. ㉥주정설(主情說).

주정[3] 酒精 (술 주, 쓿을 정). 술[酒]의 주성분[精]으로서 주로 녹말로 만드는 무색투명한 액체. ㉥에탄올(ethanol). 알코올(alcohol).

▸**주정-계** 酒精計 (셀 계). 알코올 수용액 속의 알코올[酒精] 함유량을 재는[計] 도구.

▸**주정-음료** 酒精飮料 (마실 음, 거리 료). 알코올[酒精] 성분이 들어 있는 음료(飮料).

주제[1] 主祭 (주될 주, 제사 제). 제사(祭祀)를 주관(主管)함. 또는 그 사람.

주제[2] 酒劑 (술 주, 약제 제). 약재를 술[酒]에 섞어 만든 약제(藥劑).

⁑**주제**[3] 主題 (주될 주, 제목 제). ① 속뜻 연설이나 토론 따위의 주요(主要) 제재(題材)나 제목(題目). ¶이별의 슬픔을 주제로 한 시. ② 중심이 되는 문제. ¶대화의 주제와 관련 없는 내용은 삼가 주십시오. ③ 예술 작품에서 작가가 그리려고 하는 중심 제재나 사상. ㉥부제(副題).

▸**주제-가** 主題歌 (노래 가). 영화나 연극 등에서 부르는, 주제(主題)와 관계가 깊은 노래[歌]. ¶나는 드라마 주제가를 계속 흥얼댔다.

▸**주제-도** 主題圖 (그림 도). 지리 자연, 지질, 인구, 민족, 문화, 경제 따위의 특정한 부문을 주제(主題)로 하여 만든 지도(地圖).

▸**주제-어** 主題語 (말씀 어). 한 문장에서 주제(主題)를 담은 부분의 말[語].

▸**주제 소:설** 主題小說 (작을 소, 말씀 설). 문학 기분이나 정조(情調)보다 어떤 일관된 주제(主題)를 중심 내용으로 하여 쓰인 소설(小說).

▸**주제 음악** 主題音樂 (소리 음, 풍류 악). 음악 영화나 연극 등의 주제(主題)를 담고 있는 음악(音樂).

주조[1] 主調 (주될 주, 가락 조). 어떤 악곡에서 중심[主]이 되는 가락[調]. '주조음'(主調音)의 준말.

주조[2] 主潮 (주될 주, 바닷물 조). 한 시대나 사회의 중심[主]이 되는 사조(思潮).

주조[3] 酒造 (술 주, 만들 조). 술[酒]을 빚어 만듦[造].

▸**주조-장** 酒造場 (마당 장). 술[酒]을 빚어 만드는[造] 곳[場].

주:조[4] 鑄造 (쇠 불릴 주, 만들 조). 쇳물을 거푸집에 부어[鑄] 필요한 물건을 만듦[造]. ¶기념 주화를 주조하다.

▸**주:조-기** 鑄造機 (틀 기). 출판 활자를 주조(鑄造)하는 기계(機械).

주종[1] 主宗 (주인 주, 마루 종). 여러 가지 가운데 주(主)가 되고 으뜸[宗]이 되는 것. ¶그 나라의 수출품은 가전제품이 주종을 이룬다.

주종[2] 主從 (주인 주, 따를 종). ① 속뜻 주인(主人)과 그를 따르는[從] 사람. ¶주종 관계를 이루다. ② 주되는 사물과 그에 딸린 사물.

주주 株主 (주식 주, 주인 주). 경제 주식(株式)을 가지고 있는 사람[主]. 직접 또는 간접으로 회사 경영에 참여하고 있는 개인이나 법인을 말한다. ¶주주 총회

▸**주주-권** 株主權 (권리 권). 경제 주주(株主)가 회사에 대하여 갖는 권리(權利). ㉥주식(株式).

▸주주 총:회 株主總會 (모두 총, 모일 회). 경제 주식회사의 주주(株主)들이 모두[總] 모여 회사의 중요 사항을 심의하고 결정하는 단체[會].

주중 週中 (주일 주, 가운데 중). 한 주(週) 가운데[中]. ¶이 백화점은 주중에도 항상 붐빈다.

주지[1] 主旨 (주될 주, 뜻 지). ① 속뜻 중심[主]이 되는 뜻[旨]. 주요 취지. ㊥주의(主意). ② 가톨릭 천주(天主)의 성지(聖旨).

주지[2] 主知 (주될 주, 알 지). 감정보다 지성(知性)을 주(主)로 하는 것. ㊟주정(主情).

주지[3] 主枝 (주될 주, 가지 지). 중심[主]이 되는 가지[枝].

주:지[4] 住持 (살 주, 지킬 지). 불교 안주(安住)하여 법을 유지(維持)하며 한 절을 책임지고 맡아보는 승려. ¶주지 스님께 합장(合掌)하다.

주지[5] 周知 (두루 주, 알 지). 여러 사람이 두루[周] 앎[知]. 널리 앎.

주지[6] 主知 (주될 주, 알 지). 감성보다 지성(知性)을 위주(爲主)로 하는 것. ㊟주정(主情).

▸주지-설 主知說 (말씀 설). 철학 주지주의(主知主義). ㊟주정설(主情說).

▸주지-시 主知詩 (시 시). 문학 감정보다는 지성(知性)을 위주(爲主)로 하는 예술 의식이나 시작(詩作) 태도로 쓰인 시(詩).

▸주지-주의 主知主義 (주될 주, 뜻 의). ① 속뜻 감정이나 의지보다 지성(知性)을 위주(爲主)로 해야한다는 태도[主義]. ② 문학 감정·정서보다 이성·지성을 중시하는 경향. ③ 철학 인식이나 도덕적 의지 따위는 지성에 기초한다는 학설. ㊥주지설(主知說).

주-지사 州知事 (고을 주, 알 지, 일 사). 미국처럼 여러 주(州)의 연방으로 이루어진 나라에서 한 주의 우두머리 관리[知事]. ¶텍사스 주지사 선거에 출마하다.

주:지-성 走地性 (달릴 주, 땅 지, 성질 성). 생물 생물이 땅[地]의 중력에 따라 반응하여 움직이는[走] 성질(性質). ㊥추지성(趨地性).

주지-육림 酒池肉林 (술 주, 못 지, 고기 육, 수풀 림). 술[酒]이 못[池]을 이루고 안주로 쓸 고기[肉]가 숲[林]을 이룸. 중국 은나라 주(紂)왕이 못을 파 술을 채우고 숲의 나뭇가지에 고기를 걸어 놓고 술잔치를 즐겼던 일에서 유래.

주:차 駐車 (머무를 주, 수레 차). 자동차(自動車)를 세워 둠[駐]. ¶주차 공간 / 가게 앞에 주차하지 마십시오.

▸주:차-장 駐車場 (마당 장). 자동차(自動車)를 세워 두도록[駐] 마련한 곳[場]. ¶이 건물 지하에 주차장이 있습니다.

주찬 酒饌 (술 주, 밥 찬). 술[酒]과 반찬(飯饌). 술과 안주. ¶주찬을 차려 왔다. ㊥주효(酒肴).

주찰 周察 (두루 주, 살필 찰). 빠짐없이 두루[周] 살핌[察].

주창 主唱 (주인 주, 이끌 창). ① 속뜻 주장(主將)이 되어 이끎[唱]. ② 앞장서서 부르짖음. ¶김 선생님은 늘 민족주의를 주창하셨다.

주채 酒債 (술 주, 빚 채). 술[酒]을 마시고 진 빚[債].

주:책[1] 誅責 (죽일 주, 꾸짖을 책). ① 속뜻 죽도록[誅] 꾸짖음[責]. ② 매우 엄하게 꾸짖음.

주:책[2] 籌策 (헤아릴 주, 꾀 책). 이리저리 따져서 생각해낸[籌] 대책(對策).

주:철 鑄鐵 (쇠 불릴 주, 쇠 철). ① 속뜻 주조(鑄造)에 쓰이는 철(鐵). ② 공업 철에 약간의 탄소가 들어 있는 합금. ㊥생철(生鐵), 선철(銑鐵).

▸주:철-관 鑄鐵管 (대롱 관). 수도, 가스 따위의 도관으로 쓰는 무쇠[鑄鐵]로 만든 관(管).

주:청 奏請 (아뢸 주, 부탁할 청). 임금에게 아뢰어[奏] 부탁함[請]. ㊥계청(啓請).

▸주:청-사 奏請使 (부릴 사). 역사 조선 때, 동지사(冬至使) 등의 정기적인 사신 이외에 중국에 청할[奏請] 일이 있어 보내던 사신(使臣).

주체[1] 柱體 (기둥 주, 몸 체). ① 속뜻 기둥[柱] 모양의 다면체(多面體). ② 수학 한 직선에 평행하는 셋 이상의 평면과, 이직선과 만나는 두 개의 평행한 평면으로 둘러싸인 다면체.

주체[2] 酒滯 (술 주, 막힐 체). 한의 술[酒]을 마셔서 생기는 체증(滯症). ¶며칠 밤을 새우고 술을 먹더니 주체가 났다.

주체[3] **主體** (주될 주, 몸 체). ① 속뜻 어떤 단체나 물건의 주(主)가 되는 부분[體]. ¶국가의 주체는 국민이다. ② 사물의 작용이나 어떤 행동의 주가 되는 것. ¶역사의 주체. ③ 철학 실재하는 객관에 대립하는, 의식하는 주관. ④ 법률 다른 쪽에 대하여 의사나 행위를 미치는 쪽. ⑤ 혁명과 건설의 주인으로서의 인민 대중을 이르는 말.

▸**주체-성** 主體性 (성질 성). 주체적(主體的)인 의지나 판단에 바탕을 둔 태도나 성질(性質).

▸**주체-적** 主體的 (것 적). 주체(主體)에 관한 것[的]. 주체의 성질을 가지는 것.

▸**주체 존대법** 主體尊待法 (높을 존, 대할 대, 법 법). 언어 한 문장의 주체(主體)를 높여[尊待] 이르는 표현 방법(方法). ⓑ객체 존대법(客體尊待法).

주초 **週初** (주일 주, 처음 초). 한 주(週)의 첫[初] 부분. ¶주초부터 일이 잘 안 풀린다. ⓑ주말(週末).

주:촉-성 **走觸性** (달릴 주, 닿을 촉, 성질 성). 생물 다른 물체와의 접촉(接觸)에 따라 반응하여 움직이는[走] 성질(性質).

주최 **主催** (주될 주, 열 최). 어떤 행사나 회합 따위의 개최(開催)를 주관(主管)함. ¶신문사 주최로 바자회가 열리다.

▸**주최-자** 主催者 (사람 자). 주최(主催)하는 사람[者]이나 단체.

주축 **主軸** (주될 주, 굴대 축). ① 속뜻 몇 개의 축을 가진 도형이나 물체에서 중심[主]이 되는 축(軸). ② 어떤 활동의 중심. ¶학생회가 주축이 되어 축제를 진행했다. ③ 수학 몇 개의 축을 가진 도형이나 물체에서 가장 주가 되는 축. 타원에서의 긴 축과 짧은 축, 2차 곡면의 대칭면이 교차하는 선 따위가 있다. ④ 기계 원동기에서 동력을 직접 전하는 전동축. ⓑ정축(正軸).

주충 **酒蟲** (술 주, 벌레 충). ① 속뜻 술[酒] 벌레[蟲]. ② '술을 너무 좋아하는 사람'을 조롱하여 이르는 말.

주치 **主治** (주될 주, 다스릴 치). 어떤 의사가 치료(治療)를 주관(主管)함. 또는 그런 일.

▸**주치-의** 主治醫 (치료할 의). 어떤 사람의 건강 상태나 병에 대한 주치(主治)를 전적으로 맡고 있는 의사(醫師).

주침 **晝寢** (낮 주, 잠잘 침). 낮[晝]에 자는 잠[寢].

*__주:택__ **住宅** (살 주, 집 택). ① 속뜻 사람이 살[住] 수 있게 지은 집[宅]. ¶주택을 마련하다. ② 건설 한 채씩 따로 지은 집. '단독주택'(單獨住宅)의 준말. ¶정원이 있는 호화스러운 주택. ⓑ가옥(家屋), 집.

▸**주:택-가** 住宅街 (거리 가). 주택(住宅)이 들어서 있는 길거리[街]. ¶저 골목은 작년부터 주택가가 들어섰다.

▸**주:택-난** 住宅難 (어려울 난). 주택(住宅)이 모자라서 겪는 어려움[難].

▸**주:택-지** 住宅地 (땅 지). 주로 주택(住宅)이 들어서 있는 지역(地域). 또는 위치, 환경 등의 조건이 주택을 짓기에 알맞은 땅.

주토 **朱土** (붉을 주, 흙 토). 붉은[朱] 빛깔을 띠고 있는 흙[土].

주통 **州統** (고을 주, 거느릴 통). 역사 신라 때, 주(州) 안의 여러 사원에 대한 감독[統]을 맡아보던 승직(僧職).

주-특기 **主特技** (주될 주, 특별할 특, 재주 기). ① 속뜻 주(主)된 특기(特技). ② 군사 군대의 기본 교육 과정을 마친 군인이 각자의 교육·경험·소양 따위를 바탕으로 한 전문 교육을 받음으로써 얻게 되는 특기.

주파[1] **走破** (달릴 주, 깨뜨릴 파). 정해진 거리를 달려서[走] 끝까지 감[破]. ¶그 선수는 100미터를 10초 안에 주파하였다.

주파[2] **周波** (둘레 주, 물결 파). 물리 주기적으로 되풀이되는[周] 파동(波動).

▸**주파-수** 周波數 (셀 수). 물리 1초 동안에 되풀이되는 주파(周波)의 횟수[數].

▸**주파수 변:조** 周波數變調 (셀 수, 바뀔 변, 가락 조). ① 속뜻 주파수(周波數)가 변하도록[變調] 함. ② 물리 일정한 진폭의 반송파 주파수를 전기 신호에 따라 변화시켜 통신하는 방식. 진폭 변조에 비하여 잡음이 적다. ⓒ진폭 변조(振幅變調).

주판 **珠板** (=籌板, 구슬 주, 널빤지 판). 구슬[珠] 모양의 알이 달려 있는 판(板). 셈을 할 때 사용하는 기구이다. ¶주판을 퉁기며 장부 정리를 하다. ⓑ산판(算板), 수판(數板).

주평 **週評** (주일 주, 평할 평). 어떤 분야의,

한 주간(週間)에 있었던 일에 대한 총괄적인 비평(批評).

주포 主砲 (주될 주, 대포 포). 군사 중심[主]이 되는 대포(大砲). 그 군함이 가진 대포 중 구경(口徑)이 가장 큰 대포. 참부포(副砲).

주필[1] 主筆 (주인 주, 글씨 필). ① 속뜻 신문이나 잡지사 등에서 수석[主] 집필자(執筆者). ② 지난날, 과장(科場)에서 수석(首席)이던 시관(試官).

주필[2] 朱筆 (붉을 주, 붓 필). 붉은[朱] 먹을 묻혀 쓰는 붓[筆]. 또는 그것으로 쓴 글씨.

주:필[3] 走筆 (달릴 주, 글씨 필). 글씨를 흘려서 달리듯[走] 빨리 쓴 글씨[筆].

주학 晝學 (낮 주, 배울 학). 낮[晝]에 공부함[學]. 반야학(夜學).

주:한 駐韓 (머무를 주, 한국 한). 한국(韓國)에 주재(駐在)함. ¶주한 유엔군사령부.

주항 周航 (두루 주, 건널 항). 여러 곳을 두루[周] 항해(航海)함.

주:해 註解 (=注解, 주석 주, 풀 해). 본문의 뜻을 알기 쉽게 주(註)를 달아 풀이함[解]. 비주석(註釋).

주행[1] 周行 (두루 주, 다닐 행). 여러 곳을 두루[周] 다니며[行] 구경함. 비주유(周遊).

주행[2] 走行 (달릴 주, 갈 행). 자동차 따위 바퀴가 달린 탈것이 달려[走] 감[行]. ¶자동차 주행 전에 점검을 하다.

▸주:행-선 走行線 (줄 선). 고속 도로 따위 큰길에서 평상으로 달리는[走行] 차선(車線).

▸주:행 거:리 走行距離 (떨어질 거, 떨어질 리). 함선이나 차량이 일정한 속력으로 갈[走行] 수 있는 전체 거리(距離).

주행[3] 晝行 (낮 주, 행할 행). 동물이 낮[晝]에 움직임[行]. 반야행(夜行).

▸주행-성 晝行性 (성질 성). 동물 밤에는 쉬고 낮[晝]에 활동하는[行] 동물의 습성(習性). 반야행성(夜行性).

주:향[1] 走向 (달릴 주, 향할 향). ① 속뜻 달려가는[走] 방향(方向). ② 지리 기울어진 지층면이 수평면과 만나서 되는 직선의 방향. 비층향(層向).

주향[2] 酒香 (술 주, 향기 향). 술[酒]에서 나는 좋은 냄새[香].

주현-군 州縣軍 (고을 주, 고을 현, 군사 군). 역사 고려 때, 각 지방의 주(州)·현(縣)에 두었던 군대(軍隊).

주:혈 사상충 住血絲狀蟲 (살 주, 피 혈, 실 사, 형상 상, 벌레 충). 동물 사람의 혈관(血管) 속에 기생하여 사는[住] 실[絲] 모양[狀]의 기생충(寄生蟲).

주:혈-흡충 住血吸蟲 (살 주, 피 혈, 마실 흡, 벌레 충). 동물 사람의 혈관(血管) 속에 기생하여 살며[住] 피를 빨아[吸] 먹는 기생충(寄生蟲).

주형[1] 主刑 (주될 주, 형벌 형). ① 역사 형법대전에서 규정하였던 주요(主要) 형벌(刑罰). 사형(死刑), 유형(流刑), 역형(役刑), 금옥(禁獄), 태형(笞刑) 따위를 통틀어 이르는 말. ② 법률 독립하여 과(科)할 수 있는 형벌. 부가형(附加刑)과 구별되는 개념이다.

주:형[2] 鑄型 (쇠 불릴 주, 모형 형). ① 속뜻 녹인 쇳물을 부어[鑄] 넣는 거푸집[型]. ② 활자의 몸을 만드는 거푸집.

주호[1] 酒壺 (술 주, 병 호). 술[酒]을 담는 병[壺].

주호[2] 酒豪 (술 주, 호걸 호). 술[酒]을 잘 마시는 호걸(豪傑). 주량이 센 사람. 비주선(酒仙).

주혼 主婚 (주될 주, 혼인할 혼). 혼사(婚事)를 주관(主管)함. 또는 그 사람.

주홍 朱紅 (붉을 주, 붉을 홍). 붉은 빛깔[朱=紅].

▸주홍-색 朱紅色 (빛 색). 노란빛을 약간 띤 붉은[朱紅] 빛깔[色]. ¶나는 주홍색 옷을 좋아한다.

주:화[1] 鑄貨 (쇠 불릴 주, 돈 화). 쇠붙이를 녹여 만든[鑄] 화폐(貨幣). 또는 그러한 일. ¶주화를 발행하다.

주화[2] 主和 (주될 주, 어울릴 화). 서로 싸우지 말고 화의(和議)할 것을 주장(主張)함. 반주전(主戰).

▸주화-론 主和論 (논할 론). 서로 싸우지 말고 화의(和議)할 것을 주장(主張)하는 의견[論]. 반주전론(主戰論).

▸주화-파 主和派 (갈래 파). 서로 싸우지 말고 화의(和議)할 것을 주장(主張)하는 무리[派].

주-화기 主火器 (주될 주, 불 화, 그릇 기).

[군사] 전투 부대의 주요(主要) 화기(火器). 소총 중대에서의 소총 따위.

주:화-성 走化性 (달릴 주, 될 화, 성질 성). [생물] 생물체가 화학(化學) 물질의 농도의 차에 따라 반응하여 움직이는[走] 성질(性質).

주황 朱黃 (붉을 주, 누를 황). 빨강[朱]과 노랑[黃]의 중간색.

▸주황-색 朱黃色 (빛 색). 빨강[朱]과 노랑[黃]의 중간색(中間色). ¶주황색 불꽃이 일어나다.

주회 周回 (둘레 주, 돌 회). ① [속뜻] 에워싸고 그 둘레를[周] 돎[回]. 빙빙 돎. ② 지면 등의 둘레.

주:획 籌劃 (헤아릴 주, 나눌 획). 방법 따위를 자세히 헤아려[籌] 계획(計劃)함. 또는 그 생각하는 계획.

주:효[1] 奏效 (아뢸 주, 효과 효). ① [속뜻] 효력(效力)이 있음을 알려줌[奏]. ② 기대한 결과가 나타남. ¶새로운 전략이 주효하였다.

주효[2] 酒肴 (술 주, 안주 효). 술[酒]과 안주[肴]를 아울러 이르는 말. 주찬(酒饌). ¶약주나 한잔 대접하려고 주효를 장만해 놓았습니다.

주훈[1] 主訓 (주인 주, 가르칠 훈). [가톨릭] 천주(天主)의 가르침[訓]을 이르는 말.

주훈[2] 週訓 (주일 주, 가르칠 훈). 학교 같은 곳에서, 그 주간(週間)에 특히 강조하려고 내세운 교훈(教訓).

주휴 週休 (돌 주, 쉴 휴). 한 주간(週間)에 한 번 또는 두 번 쉼[休]. 또는 그 날.

주흥 酒興 (술 주, 흥겨울 흥). 술[酒]로 돋군 흥(興).

죽간[1] 竹竿 (대나무 죽, 장대 간). 대나무[竹]로 만든 장대[竿].

죽간[2] 竹簡 (대나무 죽, 대쪽 간). 대나무[竹]로 만든 간책(簡冊). 고대 중국에서는 이곳에 글자를 적은 뒤 엮어 책을 만들었다.

죽계-별곡 竹溪別曲 (대나무 죽, 시내 계, 다를 별, 노래 곡). [문학] 고려 충숙왕 때 안축(安軸)이 고향인 죽계(竹溪)의 경치를 읊은 경기체가[別曲].

죽근 竹根 (대나무 죽, 뿌리 근). 대나무[竹]의 뿌리[根].

죽기 竹器 (대나무 죽, 그릇 기). 대나무[竹]로 만든 그릇[器].

죽도 竹刀 (대나무 죽, 칼 도). ① [속뜻] 대나무[竹]로 만든 칼[刀]. ② [운동] 검도에 쓰는 도구. 네 가닥으로 쪼갠 대나무를 묶어 칼 대신 쓴다.

죽렴 竹簾 (대나무 죽, 발 렴). 대나무[竹]로 만든 발[簾].

죽롱 竹籠 (대나무 죽, 대그릇 롱). 대나무[竹]로 만든 농(籠).

죽리 竹籬 (대나무 죽, 울타리 리). 대나무[竹]로 친 울타리[籬].

죽림 竹林 (대나무 죽, 수풀 림). 대나무[竹]가 무성한 숲[林].

▸죽림-욕 竹林浴 (목욕할 욕). 대나무 숲[竹林]을 거닐며 목욕(沐浴)하듯 공기를 쐬는 일. ¶죽림욕이 건강에 좋다는 말이 있다.

▸죽림 산수 竹林山水 (메 산, 물 수). [미술] 대숲[竹林]을 주로 하여 그린 산수화(山水畵).

▸죽림-칠현 竹林七賢 (일곱 칠, 어질 현). 중국 진(晉)나라 초기에 노장(老莊)의 허무주의를 숭상하여, 죽림(竹林)에 묻혀 살았던 일곱[七] 선비[賢].

죽립 竹笠 (대나무 죽, 우리 립). 조선 때 중이나 부녀자들이 쓰던 대나무[竹]를 엮어 만든 갓[笠].

죽마 竹馬 (대나무 죽, 말 마). 대나무[竹]로 만든 말[馬].

▸죽마고우 竹馬故友 (옛 고, 벗 우). ① [속뜻] 어렸을 때, 대나무[竹]로 만든 말[馬]을 타며 놀던 옛[故] 친구[友]. ② 어렸을 때부터 친하게 지낸 친구. ¶그 두 사람은 죽마고우로 평생을 친하게 지냈다. [비] 막역지우(莫逆之友).

죽물 竹物 (대나무 죽, 만물 물). 대나무[竹]로 만든 물건(物件).

죽백 竹帛 (대나무 죽, 비단 백). 중국 고대에 종이가 발명되기 전에 대쪽[竹]이나 명주[帛]에 글을 적던 데서, '책', 특히 '역사책'을 이르는 말.

▸죽백지공 竹帛之功 (어조사 지, 공로 공). 책[竹帛]에 기록하여 전할 만한 공적(功績).

죽-부인 竹夫人 (대나무 죽, 지아비 부, 사람 인). 대나무[竹]로 엮어서 만든 물건. 더위를 식히기 위하여 부인(夫人)을 대신해 이것을 안고 잔다고 하여 붙여진 이름이다.

▸죽부인-전 竹夫人傳 (전할 전). 문학 고려 공민왕 때의 문인 이곡(李穀)이 지은 가전체(假傳體) 작품. 대나무[竹]를 의인화하여 아녀자[夫人]의 굳은 절개를 담아 전(傳)한다.

죽비[1] 竹扉 (대나무 죽, 문짝 비). 대나무[竹]를 엮어 만든 사립문[扉].

죽비[2] 竹篦 (대나무 죽, 빗치개 비). ① 속뜻 대나무[竹]로 만든 빗[篦]. ② 불교 두 개의 대쪽을 합하여 만든 불구(佛具).

죽사 竹絲 (대나무 죽, 실 사). 대나무[竹]를 실[絲]처럼 가늘게 쪼갠 것.

▸죽사-립 竹絲笠 (삿갓 립). 대나무를 쪼갠 것[竹絲]을 엮어 만든 삿갓[笠].

죽-상자 竹箱子 (대나무 죽, 상자 상, 접미사 자). 대나무[竹]를 엮어 만든 상자(箱子).

죽석 竹席 (대나무 죽, 자리 석). 대나무[竹]로 짠 자리[席].

죽-세:공 竹細工 (대나무 죽, 가늘 세, 장인 공). 수공 대나무[竹]를 재료로 하는 세공(細工). 또는 그 공예품. ¶담양은 예로부터 죽세공이 발달하였다.

죽순 竹筍 (대나무 죽, 죽순 순). 대나무[竹]의 땅속줄기에서 돋아나는 어리고 연한 싹[筍]. ¶이 음식은 죽순으로 만들었다.

죽염 竹鹽 (대나무 죽, 소금 염). 약학 대나무[竹] 통 속에 천일염(天日鹽)을 다져 넣고 황토로 봉한 후, 높은 열에 아홉 번 거듭 구워 내어 얻은 가루.

죽엽 竹葉 (대나무 죽, 잎 엽). 대나무[竹]의 잎[葉].

▸죽엽-주 竹葉酒 (술 주). 대나무[竹] 잎[葉]을 삶은 물에 담근 술[酒].

▸죽엽-죽 竹葉粥 (죽 죽). 대나무[竹] 잎[葉]과 석고를 물에 달인 물에 멥쌀을 넣고 끓인 죽(粥).

죽영 竹纓 (대나무 죽, 갓끈 영). 아주 가는 대나무[竹]를 마디마디 잘라서 실에 꿰어 만든 갓끈[纓].

죽원[1] 竹院 (대나무 죽, 집 원). 둘레에 대나무[竹]를 많이 심은 집[院].

죽원[2] 竹園 (대나무 죽, 동산 원). 대나무[竹]가 많이 심어 있는 동산[園].

죽인 竹印 (대나무 죽, 도장 인). 대나무[竹]의 뿌리로 만든 도장[印].

죽장 竹杖 (대나무 죽, 지팡이 장). 대나무[竹]로 만든 지팡이[杖].

▸죽장-망혜 竹杖芒鞋 (까끄라기 망, 신 혜). ① 속뜻 대지팡이[竹杖]와 짚신[芒鞋]. ② '먼 길을 떠날 때의 아주 간편한 차림'을 이르는 말.

죽전 竹田 (대나무 죽, 밭 전). 대나무[竹]를 많이 심은 밭[田].

죽정 竹亭 (대나무 죽, 정자 정). ① 속뜻 대나무[竹]로 지은 자그마한 정자(亭子). ② 뜰에 대를 심어 놓은 정자.

죽-제:품 竹製品 (대나무 죽, 만들 제, 물건 품). 대나무[竹]로 만든[製] 물건[品]. ¶이 가게에서는 죽제품을 판다.

죽지-사 竹枝詞 (대나무 죽, 가지 지, 말씀 사). 문학 중국 악부(樂府) 죽지사(竹枝詞-당나라 유우석의 『죽지신사』에 담겨있는 데서 유래)를 모방하여 우리나라의 경치, 인정, 풍속 따위를 노래한 가사(歌詞). ⓑ건곤가(乾坤歌).

죽창[1] 竹窓 (대나무 죽, 창문 창). 대나무[竹]로 살을 만든 창문(窓門).

죽창[2] 竹槍 (대나무 죽, 창 창). ① 속뜻 대나무[竹]로 만든 창(槍). ¶농민들은 죽창을 들고 대항하였다. ② 조선 시대에, 대로 만들어 무예를 익히는 데 쓰던 창. 또는 보병이 그것을 가지고 익히던 무예. '죽장창'(竹長槍)의 준말.

죽책[1] 竹柵 (대나무 죽, 울타리 책). 대나무[竹]로 친 울타리[柵].

죽책[2] 竹策 (대나무 죽, 채찍 책). 대나무[竹]로 만든 채찍[策].

죽척 竹尺 (대나무 죽, 자 척). 대나무[竹]로 만든 자[尺].

죽총 竹叢 (대나무 죽, 모일 총). 대나무[竹]의 떨기[叢]. 대나무 숲. ¶쓸쓸한 가을바람이 죽총에 불어와 대나무들이 서로 부대끼는 소리를 내어 운치를 더한다.

죽침[1] 竹枕 (대나무 죽, 베개 침). 대나무[竹]로 만든 베개[枕].

죽침² 竹針 (대나무 죽, 바늘 침). 대나무[竹]로 만든 바늘[針].

죽침³ 竹鍼 (대나무 죽, 바늘 침). 대나무[竹]로 만든 바늘[鍼].

죽통 竹筒 (대나무 죽, 대롱 통). 굵은 대나무[竹]로 만든 긴 통(筒).

준:-강도 準強盜 (준할 준, 억지 강, 훔칠 도). [법률] 강도(強盜)에 준(準)하는 죄를 지은 사람.

준:거¹ 遵據 (따를 준, 근거할 거). 따르고[遵] 의거(依據)함. ¶예전에 있었던 선례를 준거하는 것이 상책이다.

준:거² 準據 (고를 준, 근거할 거). 어떤 일의 기준(基準)이나 근거(根據). 또는 그것에 따름.

▶준:거-법 準據法 (법 법). [법률] 국제 사법(國際私法)에 의하여 어떤 법률관계에 적용되도록[準據] 지정되어 있는 법(法).

▶준:거 집단 準據集團 (모일 집, 모일 단). [사회] 개인이 자기의 행위나 규범의 표준으로 삼는[準據] 집단(集團).

준:걸 俊傑 (뛰어날 준, 뛰어날 걸). 재주와 슬기가 뛰어난[俊=傑] 사람. [비]준사(俊士), 준언(俊彦), 준예(俊乂).

준:결승-전 準決勝戰 (준할 준, 결정할 결, 이길 승, 싸울 전). [운동] 결승전(決勝戰)에 준(準)하는 경기. 결승에 나갈 자격을 부여받기 위한 경기. ¶우리 반은 준결승전에서 안타깝게 졌다. [준]준결승.

준:골 俊骨 (뛰어날 준, 뼈 골). 남보다 뛰어나게[俊] 큰 골격(骨格). 또는 그러한 사람.

준:공 竣工 (마칠 준, 일 공). 공사(工事)를 마침[竣]. ¶이 건물은 올 연말에 준공될 예정이다. [비]완공(完工). [반]기공(起工), 착공(着工).

▶준:공-식 竣工式 (의식 식). 준공(竣工)을 알리고 축하하는 의식(儀式). ¶기공한지 2년 만에 준공식을 가졌다. [반]기공식(起工式).

준:-교사 準教師 (준할 준, 가르칠 교, 스승 사). 정교사에 준(準)하는 자격을 인정받은 교사(教師).

준:납 準納 (고를 준, 바칠 납). 일정한 기준(基準)에 따라 바침[納].

준:-대로 遵大路 (따를 준, 큰 대, 길 로). ① [속뜻] 길을 오갈 때 큰[大] 길[路]을 따라감[遵]. ② 어떤 일을 할 때 정당한 절차와 방법에 따라서 함.

준:동 蠢動 (꿈틀거릴 준, 움직일 동). ① [속뜻] 벌레 따위가 꿈틀거리며[蠢] 움직임[動]. ② '하찮은 무리 또는 불순한 세력 따위가 소란을 피우는 것'을 비유하여 이르는 말.

준:령 峻嶺 (높을 준, 고개 령). 높고[峻] 험한 고개[嶺]. ¶소백산 준령을 타고 넘다.

준:례 準例 (고를 준, 법식 례). ① [속뜻] 기준(基準)이 될 만한 전례(前例). ② 전례로 삼음.

준:로 峻路 (높을 준, 길 로). 높고[峻] 험한 길[路].

준:론 峻論 (높을 준, 논할 론). 날카롭고 엄준(嚴峻)한 언론(言論).

준:마 駿馬 (뛰어날 준, 말 마). 썩 잘 달리는[駿] 좋은 말[馬]. ¶야생마를 훈련하여 천리를 거뜬히 달리는 준마로 만들다. [비]명마(名馬), 준족(駿足), 철제(鐵蹄).

준:맹 準盲 (준할 준, 눈멀 맹). 소경[盲]에 준(準)함. 거의 맹인에 가까운 시력을 가진 사람.

준:-문서 準文書 (준할 준, 글월 문, 글 서). 경계표·도면 등과 같이 문서(文書)와 비슷한[準] 기능을 가진 것.

준:민 俊敏 (뛰어날 준, 재빠를 민). 슬기가 뛰어나고[俊] 날쌤[敏].

준:범 遵範 (따를 준, 틀 범). 사회 규범(規範)을 잘 지킴[遵].

준:법¹ 峻法 (높을 준, 법 법). 엄격한[峻] 법률(法律).

준:법² 遵法 (따를 준, 법 법). 법령(法令)을 지킴[遵]. 법을 따름.

▶준:법-정신 遵法精神 (쓿을 정, 혼 신). 법(法)을 올바로 지키는[遵] 정신(精神).

준:봉¹ 峻峯 (높을 준, 봉우리 봉). 높고[峻] 험한 산봉우리[峯].

준:봉² 遵奉 (따를 준, 받들 봉). 관례(慣例)나 명령 따위를 따라서[遵] 받듦[奉].

⁑**준:비** 準備 (고를 준, 갖출 비). 필요한 것을 미리 골고루[準] 다 갖춤[備]. ¶내일 소풍 갈 준비는 다 되었느냐.

▸준:비-금 準備金 (돈 금). ① 속뜻 준비(準備)해 놓은 돈[金]. ② 경제 기업이 장래의 필요에 대비하여 적립해 두는 이익금의 일부.

▸준:비-물 準備物 (만물 물). 앞으로 준비(準備) 해야 할 물건(物件). ¶내일 수업에 쓸 준비물을 챙기다.

▸준:비 교:육 準備教育 (가르칠 교, 기를 육). 교육 상급 학교로 진학할 준비(準備)를 위한 교육(教育).

▸준:비 서면 準備書面 (글 서, 쪽 면). 법률 민사 소송에서, 당사자가 구두 변론에서 진술하려는 내용을 준비(準備)하여 적어 내는 서면(書面).

▸준:비 운:동 準備運動 (돌 운, 움직일 동). 운동 본격적인 운동이나 경기를 하기 전에 몸이 적응할 수 있도록 준비(準備)하는 가벼운 운동(運動). ¶수영을 하기 전에 준비 운동부터 하도록 하자.

▸준:비 체조 準備體操 (몸 체, 부릴 조). 운동 본격적인 운동이나 경기를 하기 전에 몸이 적응할 수 있도록 준비(準備)하는 가벼운 체조(體操). 준비 운동.

준:사[1] **俊士** (뛰어날 준, 선비 사). ① 속뜻 재주와 슬기가 매우 뛰어난[俊] 사람[士]. ② 역사 중국 주나라의 학제에서, 서인(庶人)의 자제 가운데에 학덕이 뛰어난 사람으로서 대학(大學) 입학을 허가받은 사람.

준:사[2] **竣事** (마칠 준, 일 사). 어떤 일[事]을 끝마침[竣].

준:산 **峻山** (높을 준, 메 산). 높고[峻] 험한 산(山).

준상 **樽床** (술통 준, 평상 상). 제사 때 술그릇[樽]을 올려놓는 상(床).

준석 **樽石** (술통 준, 돌 석). 무덤 앞에 있는, 술그릇[樽]을 올려놓는 돌[石].

준:설 **浚渫** (깊을 준, 파낼 설). ① 속뜻 개울 따위의 밑바닥을 깊게[浚] 파냄[渫]. ¶연못을 준설하여 못의 물을 정화하였다. ② 건설 물의 깊이를 깊게 하여 배가 잘 드나들 수 있도록 하천이나 항만 등의 바닥에 쌓인 모래나 암석을 파내는 일. ¶금강은 준설 공사가 한창이다.

▸준:설-기 浚渫機 (틀 기). 하천이나 해안의 바닥을 준설(浚渫)하는 기계(機械).

▸준:설-선 浚渫船 (배 선). 하천이나 해안의 바닥을 준설(浚渫)하기 위한 기계를 갖춘 배[船].

준:성 **準星** (준할 준, 별 성). ① 속뜻 별[星]에 준(準)하는 물체. ② 천문 강한 전파를 내는 성운(星雲).

준:수[1] **俊秀** (뛰어날 준, 빼어날 수). 슬기가 뛰어나고[俊] 풍채가 빼어나다[秀]. ¶그 젊은이는 용모가 준수하다.

준:수[2] **準數** (고를 준, 셀 수). 일정한 수(數)에 준거(準據)함. ⑪의수(依數).

준:수[3] **遵守** (따를 준, 지킬 수). 규칙이나 명령 따위를 그대로 따르고[遵] 지킴[守]. ¶교칙을 준수하다.

준순 **逡巡** (뒷걸음질 칠 준, 돌 순). ① 속뜻 뒷걸음질치거나[逡] 그 자리를 맴돌기만 함[巡]. ②어떤 일을 단행하지 못하고 우물쭈물함. ③ 수학 소수(小數)의 단위의 하나. 10^{-14}.

준:승 **準繩** (평평할 준, 노끈 승). ① 속뜻 수준기(水準器)와 먹줄[繩]. ② 일정한 법식.

준:엄 **峻嚴** (높을 준, 엄할 엄). 매우 엄하다[峻=嚴]. ¶준엄한 목소리로 꾸짖다.

준:열 **峻烈** (높을 준, 세찰 렬). 매우 엄하고[峻] 격렬(激烈)함.

준:영 **俊英** (뛰어날 준, 뛰어날 영). 매우 뛰어남[俊=英]. 또는 그런 사람. ⑪영준.

준:-예산 **準豫算** (준할 준, 미리 예, 셀 산). ① 속뜻 공식 예산(豫算)에 준(準)하는 돈. ② 법률 국가의 예산안이 의결되지 못한 경우, 전년도에 준(準)하여 집행하는 잠정 예산(豫算).

준:용[1] **準用** (고를 준, 쓸 용). 규정 따위를 기준(基準)으로 적용(適用)함.

준:용[2] **遵用** (따를 준, 쓸 용). 그대로 따라서[遵] 씀[用].

준:-우승 **準優勝** (준할 준, 뛰어날 우, 이길 승). ① 속뜻 우승(優勝)에 준(準)함. ②우승에 다음가는 등수. ¶아깝게 준우승에 머물다.

준:위 **准尉** (비길 준, 벼슬 위). ① 속뜻 위관(尉官)에 비기는[准] 계급. ② 군사 군대 계급의 하나. 소위의 아래, 상사의 위. ⑪준사관(准士官).

준:장 准將 (비길 준, 장수 장). ① 속뜻 장성(將星) 급에 비기는[准] 계급. ② 군사 군대 계급의 하나. 소장의 아래, 대령의 위.

준:재 俊才 (뛰어날 준, 재주 재). 아주 뛰어난[俊] 재주[才]. 또는 그런 사람.

준:적 準的 (고를 준, 과녁 적). 활쏘기에서, 과녁[的]을 겨냥함[準].

준절 峻截 (높을 준, 끊을 절). ① 속뜻 산이 깎아[截] 세운 듯이 높고[峻] 험하다. ② 매우 위엄이 있고 정중하다. ¶그의 음성은 자못 준절하였다 / 준절하게 서애를 꾸짖다.

준:-점유 準占有 (준할 준, 차지할 점, 있을 유). ① 속뜻 점유(占有)에 준(準)하는 것으로 봄. ② 법률 실제로 점유를 수반하지 않는 재산권을 행하는 일.

준:족 駿足 (준마 준, 발 족). ① 속뜻 빠른[駿] 발[足]. ② 잘 달리는 사람. ③ 좋은 발을 가져, 걸음이 매우 빠른 말. ㊥준마(駿馬).

준:책 峻責 (높을 준, 꾸짖을 책). 엄히[峻] 꾸짖음[責].

준:척 準尺 (준할 준, 자 척). 낚은 물고기의 길이가 한 자[尺]에 가까움[準]. 또는 그 물고기.

준:칙 準則 (고를 준, 법 칙). 기준(基準)이 되는 규칙(規則). ㊥준규(準規).

▸준:칙-주의 準則主義 (주될 주, 뜻 의). 법률 규칙(規則)의 기준(基準)만 충족시키면, 관청의 허가 없이 법인을 설립할 수 있게 하는 주의(主義).

준:-평원 準平原 (준할 준, 평평할 평, 들판 원). 지리 오랫동안 계속된 침식으로 산이 깎이어 전체가 거의 평원(平原)과 비슷하게[準] 된 곳. ㊥파상 평원(波狀平原).

준:행¹ 準行 (고를 준, 행할 행). 어떤 본보기를 준거(準據)하여 따라 행동(行動)함.

준:행² 遵行 (따를 준, 행할 행). 관례나 명령 따위를 따라서[遵] 행동(行動)함.

준:험 峻險 (높을 준, 험할 험). 산이나 고개 따위가 높고[峻] 험(險)함.

중:각 重刻 (거듭 중, 새길 각). 출판 이미 발행한 책을 거듭[重] 펴냄[刻]. ㊥중간(重刊).

중간¹ 中間 (가운데 중, 사이 간). ① 속뜻 두 사물의 가운데[中]나 그 사이[間]. ¶두 여자를 두고 중간에서 갈등하다. ② 사물이 아직 끝나지 않은 때나 상황. ¶이야기가 중간에 끊어졌다. ③ 가운데쯤의 정도나 크기. ¶내 성적은 반에서 중간 정도다.

▸중간-권 中間圈 (범위 권). 지리 ① 성층권(成層圈)과 열권(熱圈) 사이[中間]에 있는 대기권(大氣圈). 지표에서 약 48~80km에 있다. ② 지구의 지각과 핵 사이에 있는 맨틀 부분.

▸중간-자 中間子 (접미사 자). ① 속뜻 이쪽에도 저쪽에도 속하지 않고 양쪽의 사이[中間]에 있는 것[子]. ② 물리 소립자 가운데서 전자(電子)와 양자(陽子)의 중간(中間)에 있는 입자(粒子).

▸중간-적 中間的 (것 적). 중간에 오거나 중간(中間)에 해당하는 것[的]. ¶중간적인 입장.

▸중간-층 中間層 (층 층). ① 지리 지구 내부의 시마층과 중심층 사이[中間]에 있는 층(層). ② 사회 중간 계급(中間階級).

▸중간 계급 中間階級 (섬돌 계, 등급 급). 사회 여러 계급의 중간(中間)에 위치하는 사회적 계급(階級). ㊥중간층(中間層).

▸중간-고사 中間考査 (생각할 고, 살필 사). 교육 한 학기의 중간(中間) 무렵에 실시하는 학력고사(學力考査). ¶중간고사 문제는 쉽게 출제되었다.

▸중간-노선 中間路線 (길 로, 줄 선). 극단적인 주장이 아닌 중간(中間)에 위치하는 행동 방침[路線]이나 처지.

▸중간 상인 中間商人 (장사 상, 사람 인). 경제 생산자와 도매상의 중간에서, 도매상과 소매상의 중간(中間)에서 물건을 사고 파는 상인(商人).

▸중간 세:포 中間細胞 (작을 세, 태보 포). 생물 동물체의 조직 세포 사이[中間]에 있는 특수 세포(細胞). ㊥간세포(間細胞).

▸중간 소:설 中間小說 (작을 소, 말씀 설). 문학 순문학의 예술성과 대중 문학의 오락성을 합한 중간(中間) 형태의 소설(小說).

▸중간 숙주 中間宿主 (묵을 숙, 주인 주). 동물 기생충이 최종 숙주에 붙기 전까지 그 사이[中間]에 기생하여 발육·변태의 일부를 거치게 되는 숙주(宿主).

▸중간 유전 中間遺傳 (남길 유, 전할 전). ①

속뜻 아버지와 어머니 중간(中間)의 성질을 띤 유전(遺傳). ② 생물 잡종 제일 대가 부모의 중간 형질을 나타내는 유전 방식.

▶중간 잡종 中間雜種 (섞일 잡, 종류 종). 생물 어버이 형질의 중간(中間)을 나타내는 잡종(雜種).

▶중간 생산물 中間生産物 (날 생, 낳을 산, 만물 물). 경제 다른 생산물의 재료로 쓰이기 위해 중간(中間)에 생산(生産)된 물건(物件).

중:간² 重刊 (거듭 중, 책 펴낼 간). 출판 이미 펴낸 책을 거듭[重] 간행(刊行)함. ㊥중각(重刻).

▶중:간-본 重刊本 (책 본). 중간(重刊)한 책[本]. ㊥후각본(後刻本).

중개 仲介 (가운데 중, 끼일 개). 제삼자의 처지로 둘 이상의 당사자 사이[仲]에 끼어[介] 어떤 일을 주선함. ¶결혼 중개 업체.

▶중:개-업 仲介業 (일 업). 상품 매매의 중개(仲介)를 전문으로 하는 직업(職業).

▶중:개-인 仲介人 (사람 인). 상품 매매를 중개(仲介)하는 사람[人].

▶중:개 무:역 仲介貿易 (바꿀 무, 바꿀 역). 경제 제삼국의 무역업자가 물자를 외국에서 외국으로 중개(仲介)하는 무역(貿易) 형태.

중-개념 中概念 (가운데 중, 대강 개, 생각 념). ① 속뜻 중간[中] 범위의 개념(概念). ② 논리 삼단 논법의 대전제와 소전제의 양쪽에 포함되어 있으며, 대개념과 소개념을 매개하여 결론을 성립시키는 개념. '물고기는 동물이다. 붕어는 물고기다. 그러므로 붕어는 동물이다.'에서 '물고기'와 같은 개념을 이른다. ㊥매개 개념(媒介概念). ㊟대개념(大概念), 소개념(小概念)

중-거:리 中距離 (가운데 중, 떨어질 거, 떨어질 리). ① 속뜻 짧지도 길지도 않은 중간(中間) 정도의 거리(距離). ¶중거리 미사일을 쏘다. ② '중거리 경주'의 준말.

▶중거리 경:주 中距離競走 (겨룰 경, 달릴 주). 운동 달리기 중 중간(中間) 정도의 거리(距離)를 달리는[走] 경기(競技). 남자는 800m - 1500m, 여자는 400m - 800m이다.

중:건 重建 (거듭 중, 세울 건). 절이나 궁궐 따위의 건물을 손질하여 다시[重] 세움[建]. ¶흥선대원군은 경복궁을 중건하면서 백성들의 원망을 샀다.

중견 中堅 (가운데 중, 굳을 견). ① 속뜻 어떤 단체나 사회에서 중심(中心)을 굳건히[堅] 지키는 역할을 하는 사람. ¶중견배우답게 훌륭한 연기를 선보였다. ② 군사 주장의 직접 지휘 아래에 둔 정예로 편성한 중군. ③ 운동 2루의 뒤쪽, 곧 외야의 중앙부.

▶중견-수 中堅手 (사람 수). 운동 중견(中堅)을 지키는 선수(選手).

▶중견 작가 中堅作家 (지을 작, 사람 가). 문학 작품의 질과 경력에 있어 중견(中堅)이 되는 작가(作家).

중경 中京 (가운데 중, 서울 경). ① 속뜻 가운데[南]에 있는 서울[京]. ② 역사 고려 시대에 사경(四京) 가운데 당시의 수도에 해당하는 행정구역(현재의 개성). ㊟사경(四京), 남경(南京), 동경(東京), 서경(西京).

중:-경상 重輕傷 (무거울 중, 가벼울 경, 다칠 상). 심하거나[重] 가볍게[輕] 다친[傷] 것을 아울러 이름. 중상(重傷)과 경상(輕傷). ¶중경상을 입다.

중계 中繼 (가운데 중, 이을 계). ① 속뜻 중간(中間)에서 이어줌[繼]. ¶이 산장은 산간 지대에서 중계 역할을 하고 있다. ② 언론 '중계방송'(放送)의 준말. ¶녹화 중계 / 텔레비전에서는 올림픽 경기가 중계되고 있다.

▶중계-소 中繼所 (곳 소). 중계(中繼)하는 곳[所].

▶중계 무:역 中繼貿易 (바꿀 무, 바꿀 역). 경제 외국에서 수입한 물자를 가운데서[中] 이어[繼]받아 그대로 재수출하는 형태의 무역(貿易).

▶중계-방:송 中繼放送 (놓을 방, 보낼 송). 언론 어떤 방송국의 프로그램을 다른 방송국에서 중계(中繼)하여 방송(放送)하는 일. ¶중계방송으로 축구 경기를 보았다.

중:고¹ 重苦 (무거울 중, 괴로울 고). 과중(過重)한 고통(苦痛). 참기 힘든 어려움.

중고² 中古 (가운데 중, 옛 고). ① 역사 상고(上古)와 근고(近古)의 중간(中間) 시기의 고대(古代). 우리나라에서는 삼국 시대 때부터 통일 신라 시대까지의 시기를 이른다. ②이미 사용하였거나 오래됨. 혹은 그 물품. ¶아버지께서 중고 책상을 하나 사오셨다.

③그리 오래지 아니한 옛날. [참]상고(上古), 근고(近古).

▸중고-차 中古車 (수레 차). 어느 기간 동안 사용하여 조금 낡은[中古] 자동차(自動車). ¶그는 값싸고 쓸 만한 중고차를 샀다.

▸중고-품 中古品 (물건 품). 꽤 오래 써서 좀[中] 낡은[古] 물건[品]. ¶이것은 신품과 다름없는 중고품이다. [준]중고.

중고-생 中高生 (가운데 중, 높을 고, 사람 생). 중학생(中學生)과 고등학생(高等學生)을 아울러 이르는 말. ¶중고생을 위한 참고서.

중공 中共 (가운데 중, 함께 공). [지리] '중화인민공화국'(中華人民共和國)을 줄여서 부르던 말.

▸중공-군 中共軍 (군사 군). 중국 공산당[中共]에 딸린 군대(軍隊). ¶중공군의 개입으로 한국군은 후퇴하기 시작했다.

중:-공업 重工業 (무거울 중, 장인 공, 일 업). [공업] 크기에 비하여 무게가 무거운[重] 물건을 만드는 공업(工業). 제철, 기계, 조선, 차량 따위. ¶우리나라는 중공업이 발달했다. [반]경공업(輕工業).

중공 인견사 中空人絹絲 (가운데 중, 빌 공, 사람 인, 비단 견, 실 사). 섬유의 속[中]이 비게[空] 만든 특수한 인조(人造) 견사(絹絲). 광택이 부드럽고 보온성이 크다.

중:과[1] 重科 (무거울 중, 형벌 과). ①[속뜻]무거운[重] 형벌[科]. ②중죄(重罪).

중:과[2] 重課 (무거울 중, 매길 과). 세금 따위의 부담을 무겁게[重] 매김[課].

중:과[3] 衆寡 (무리 중, 적을 과). 수효의 많음[衆]과 적음[寡].

▸중:과부적 衆寡不敵 (아닐 부, 원수 적). ①[속뜻]수적으로 많음[衆]과 적음[寡]은 대적(對敵)하지 못함[不]. ②적은 수로는 많은 수를 이길 수 없음.

중:-과실 重過失 (무거울 중, 지나칠 과, 그르칠 실). ①[속뜻]중대(重大)한 잘못[過]이나 실수(失手). ②[법률]상식적으로 이해할 수 없을 만큼 주의를 기울이지 않아 일어나는 중대한 과실. ¶중과실이 없는 경우에는 불이익을 받지 않는다. [반]경과실(輕過失).

중-과피 中果皮 (가운데 중, 열매 과, 껍질 피). [식물] 과피(果皮)에서, 내과피와 외과피 사이[中]에서 씨를 싸고 있는 층(層). [참]외과피(外果皮), 내과피(內果皮).

중-괄호 中括弧 (가운데 중, 묶을 괄, 활 호). ①[속뜻]중간(中間) 크기의 괄호(括弧). ②[언어]묶음표의 하나. '{ }'으로 표시한다. ③[수학]소괄호를 포함한 식의 앞뒤를 묶어서 한 단위를 나타낼 때 쓰는 부호.

중구[1] 中歐 (가운데 중, 유럽 구). ①[속뜻]중부(中部) 유럽[歐羅巴]. ②[지리] 유럽의 중앙부. 오스트리아, 헝가리, 체코, 슬로바키아 등 여러 나라를 포함한다.

중:구[2] 重九 (거듭 중, 아홉 구). 9[九]가 거듭되는[重] 날. 즉 음력 9월 9일이다. [비]중양절(重陽節).

중:구[3] 衆口 (무리 중, 입 구). 여러 사람[衆]의 입[口].

▸중:구-난방 衆口難防 (어려울 난, 막을 방). ①[속뜻]여러 사람[衆]의 입[口]을 막기[防] 어려움[難]. ②막기 어려울 정도로 여럿이 마구 지껄임. ¶중구난방으로 떠들어대는 바람에 나는 말 한마디도 못하고 나왔다.

중국 中國 (가운데 중, 나라 국). ①[속뜻]중원(中原) 지역에 있는 나라[國]. ②[지리]아시아 동부에 있는 나라. 황하(黃河)를 중심으로 고대 문명이 일어난 곳으로, 총 면적은 959만 6961㎢이다. ¶중국 베이징 올림픽.

▸중국-어 中國語 (말씀 어). [언어]중국(中國)에서 중국인들이 쓰는 언어(言語). ¶나는 영어보다 중국어를 잘한다. [비]한어(漢語).

▸중국-인 中國人 (사람 인). 중국(中國) 국적을 가진 사람[人]. ¶그는 겉보기에는 중국인으로 보이지 않는다.

중궁-전 中宮殿 (가운데 중, 대궐 궁, 대궐 전). ①[속뜻]가운데[中]에 있는 궁전(宮殿). ②왕비가 거처하던 궁전. ③왕비(王妃)를 높여 이르던 말.

중권[1] 中卷 (가운데 중, 책 권). 상·중·하, 세 권으로 된 책의 가운데[中] 권(卷).

중:권[2] 重圈 (겹칠 중, 울타리 권). ①[속뜻]몇 겹[重]으로 둘러쳐진 울타리[圈]. ②[지리] 지각으로 둘러싸여 있는 지구의 내부. 맨틀과 핵을 포함한다. [비]지심(地心), 지핵(地核).

중ː-금속 重金屬 (무거울 중, 쇠 금, 속할 속). [화학] 다른 금속에 비하여 비중이 높아 무거운[重] 금속(金屬). ¶물에서 중금속이 검출되었다. [반]경금속(輕金屬).

중ː금-주의 重金主義 (무거울 중, 황금 금, 주될 주, 뜻 의). [경제] 화폐나 금(金) 등 경제를 중시(重視)하는 경제학상의 주의(主義).

중ː금-학파 重金學派 (무거울 중, 황금 금, 배울 학, 갈래 파). [경제] 중금주의(重金主義)를 내세웠던 경제학파(經濟學派).

중급 中級 (가운데 중, 등급 급). 중간(中間) 정도의 등급(等級). ¶중급 과정.

중기[1] 中期 (가운데 중, 때 기). 일정한 기간의 중간(中間)인 시기(時期). ¶조선 중기의 사회제도.

중ː기[2] 重器 (무거울 중, 그릇 기). ① [속뜻] 귀중(貴重)한 기구(器具). ② 중요한 인물.

중ː기[3] 重機 (무거울 중, 틀 기). ① [속뜻] 건설공사 따위에 쓰이는 일정한 무게 이상의 [重] 기계(機械). ② [군사] 중공업에 쓰이는 기계.

중ː-기관총 重機關銃 (무거울 중, 틀 기, 빗장 관, 총 총). [군사] 구경(口徑)이 크고, 비교적 무거운[重] 기관총(機關銃). [준]중기. [반]경기관총(輕機關銃).

중-남미 中南美 (가운데 중, 남녘 남, 미국 미). ① [속뜻] 중남부(中南部)지역의 미주(美洲). ② [지리] 라틴 아메리카. ¶중남미 사람들은 굉장히 사교적인 편이다.

중년 中年 (가운데 중, 나이 년). 인생의 중간(中間) 정도를 살고 있는 나이[年]. 마흔 살 안팎의 나이. ¶중년의 신사가 점잖게 들어왔다.

중ː-노동 重勞動 (무거울 중, 일할 로, 움직일 동). 육체적으로 몹시 힘든[重] 고된 노동(勞動). ¶하루 종일 연탄을 나르는 중노동을 했다. [반]경노동(輕勞動).

중-노인 中老人 (가운데 중, 늙을 로, 사람 인). 나이가 노년기의 한가운데[中] 쯤 되는 늙은이[老人]. 아주 많이 늙지 않은 사람.

중농 中農 (가운데 중, 농사 농). 중간(中間) 정도의 농토를 가진 농민(農民).

중ː농-주의 重農主義 (무거울 중, 농사 농, 주될 주, 뜻 의). [경제] 농업(農業)을 중시(重視)하는 주의(主義). 18세기 중엽에 프랑스 경제학자들이 중상주의에 대항하여 국부의 바탕은 농업에 있다고 주장하였다.

중ː농-학파 重農學派 (무거울 중, 농사 농, 배울 학, 갈래 파). [경제] 농업(農業)을 중시(重視)하는 학파(學派). 중농주의(重農主義)를 내세웠다.

중뇌 中腦 (가운데 중, 골 뇌). [의학] 좌우 대뇌 반구 중간(中間)에 끼어 있는 뇌(腦). 대뇌와 다른 부분과를 연락하며 안구(眼球)의 운동, 동공(瞳孔)의 조절, 체위 반사 등을 맡아보는 신경 중추가 있다.

중ː다 衆多 (무리 중, 많을 다). 수효가 무리[衆]를 이룰 정도로 많음[多].

중단[1] 中段 (가운데 중, 구분 단). ① [속뜻] 한 편(篇)의 글에서 가운데[中] 단락(段落). ② 한가운데의 층.

중단[2] 中斷 (가운데 중, 끊을 단). 중도(中途)에서 끊어짐[斷]. ¶태풍으로 인해 유람선 운항을 중단한다. [비]중지(中止). [반]계속(繼續), 지속(持續).

중-단전 中丹田 (가운데 중, 붉을 단, 밭 전). 도가(道家)에서 삼단전(三丹田)의 가운데[中] 부분에 있는 단전(丹田)을 이르는 말.

중-단파 中短波 (가운데 중, 짧을 단, 물결 파). [물리] 파장(波長)이 단파보다는 약간 긴, 중간(中間) 정도의 단파(短波). 50~200m의 전파이다.

중답 中畓 (가운데 중, 논 답). 토질이 중간(中間) 정도 되는 논[畓].

중당 中堂 (가운데 중, 집 당). ① [역사] 집이나 관청의 한가운데[中] 있는 건물[堂]. 특히 중국 당(唐)나라 때 재상이 정무를 보던 곳을 이른다. ② [역사] 지난날, '재상'(宰相)을 달리 일컫던 말. ③ [불교] 천태종(天台宗)의 본존을 안치하는 본당.

중대[1] 中隊 (가운데 중, 무리 대). ① [속뜻] 규모가 중급(中級)인 부대(部隊). ② [군사] 보통 4개 소대로 편성되는 육군과 해병대 부대 편제의 한 단위. ¶2중대 장병들은 훈련 준비가 한창이다. ③ [역사] 지난날, 행군할 때 다섯 오(伍)로 편성된 25명의 군사를 이르던 말.

▶중대-장 中隊長 (어른 장). [군사] 중대(中隊)를 지휘·통솔하는 지휘관[長].

중ː대² 重大 (무거울 중, 큰 대). 가볍게 여길 수 없을 만큼 아주 무겁고[重] 큼[大]. ¶중대 발표를 하다/ 이것은 내 진로를 결정할 중대한 문제이다.

▸중ː대-시 重大視 (볼 시). 어떤 사물이나 상황을 중대(重大)하게 봄[視].

▸중ː대 사ː건 重大事件 (일 사, 것 건). 아주 중대(重大)한 사건(事件). ㉟중대사.

중ː도¹ 重盜 (거듭 중, 훔칠 도). 운동 야구에서 두 주자가 동시에 거듭해서[重] 도루(盜壘)하는 일. 더블(double) 스틸(steal).

중도² 中途 (가운데 중, 길 도). ① 속뜻 가운데[中] 길[途]. ② 오가는 길의 중간. ¶차가 중도에서 고장이 났다. ③ 일이 되어 가는 동안. 하던 일의 중간. ¶형주는 가정 형편이 어려워 학업을 중도에 포기했다.

▸중도-개로 中途改路 (바꿀 개, 길 로). ① 속뜻 중간[中途]에 길[路]을 바꿈[改]. ② 일이 진행되어 가는 도중에 방침을 바꾸는 것.

▸중도이폐 中途而廢 (말이을 이, 그만둘 폐). 일을 하다가 중도(中途)에서 그만둠[廢]. ㊥반도이폐(半途而廢).

중도³ 中道 (가운데 중, 길 도). ① 속뜻 어느 한쪽으로 치우치지 않는 가운데[中]의 길[道]. ② 어느 한쪽으로 기울지 않은 중간의 입장. ¶극단적인 입장보다는 중도를 걷는 것이 바람직하다. ③ 불교 유(有)나 공(空)의 어느 한쪽에도 떨어지지 않는 진실한 도리.

중도-금 中渡金 (가운데 중, 건넬 도, 돈 금). 부동산 따위의 거래에서, 계약금과 잔금 사이[中]에 건네는[渡] 돈[金].

***중독** 中毒 (맞을 중, 독할 독). ① 속뜻 독(毒)을 맞음[中]. ② 몸 안에 약물의 독성이 들어가 신체 기능의 장애를 일으키는 일. ¶연탄가스 중독으로 쓰러지다. ③ 술이나 마약 따위를 지나치게 복용한 결과, 그것 없이는 견디지 못하는 병적 상태. ¶알코올 중독 치료를 받다 / 컴퓨터 중독에 빠지다.

▸중독-량 中毒量 (분량 량). 어떤 약물이 중독(中毒) 현상을 일으키게 되는 가장 적은 분량(分量).

▸중독-성 中毒性 (성질 성). 중독(中毒)을 일으키는 성질(性質). ¶담배는 중독성이 강하다.

▸중독-자 中毒者 (사람 자). 마약이나 알코올 따위에 중독(中毒)되어 신체에 기능 장애를 일으킨 사람[者]. ¶경찰의 조사를 받자 자기는 마약 중독자가 아니라고 잡아뗐다.

▸중독-진 中毒疹 (홍역 진). 의학 중독(中毒)으로 말미암아 몸 안팎에 생기는 발진(發疹).

▸중독 약시 中毒弱視 (약할 약, 볼 시). 의학 약물 중독(中毒)으로 말미암아 시력(視力)이 약(弱)해지는 일.

중동¹ 中東 (가운데 중, 동녘 동). 지리 유럽을 기준으로 극동(極東)과 근동(近東)의 중간[中] 지역. 곧, 지중해 연안의 서남아시아 및 이집트를 포함한 지역을 이른다. ㉟중동(中東), 근동(近東).

중ː동² 仲冬 (가운데 중, 겨울 동). ① 속뜻 겨울[冬]의 한가운데[仲]. 한겨울. ② 음력 11월을 달리 이르는 말. ㉟중춘(仲春), 중하(仲夏), 중추(仲秋).

중등 中等 (가운데 중, 무리 등). 중간(中間) 정도의 등급(等級). ㉟상등(上等), 하등(下等), 초등(初等), 고등(高等).

▸중등-부 中等部 (나눌 부). 중학생(中學生) 또는 그와 같은 등급(等級)의 학생들이 속한 부분(部分). ¶이번 대회에는 중등부 20개 팀, 고등부 10개 팀이 출전했다.

▸중등-열 中等熱 (더울 열). 중간(中間) 정도의 등급(等級)에 속하는 체온[熱].

▸중등 교ː육 中等教育 (가르칠 교, 기를 육). 교육 중간(中間) 등급(等級) 정도의 교육(教育). 초등 교육 이후에 받는 교육 등급으로, 중학교 및 고등학교가 해당한다.

▸중등-학교 中等學校 (배울 학, 가르칠 교). 교육 중등(中等) 교육을 실시하는 학교(學校). 중학교와 고등학교가 해당한다.

중ː래 重來 (거듭 중, 올 래). ① 속뜻 갔다가 다시[重] 옴[來]. ② 한번 지낸 벼슬을 거듭 맡게 됨.

중략 中略 (가운데 중, 줄일 략). 말이나 글의 중간(中間)을 줄임[略]. ¶다 읽기에는 너무 길어서 중략하겠다.

중ː량 重量 (무거울 중, 분량 량). ① 속뜻 무게[重]로 따지는 물건 따위의 양(量). 무거운 정도 ¶이 소포는 중량 초과로 요금을 더 내셔야 합니다. ㊥무게. ② 물리 지구상의 물체에 작용하는 중력(重力)의 크기. ③아주 큰 무게. ⓑ경량(輕量).

▸중:량-급 重量級 (등급 급). 순동 체급 경기에서 체중[量]이 무거운[重] 체급(體級). ¶그는 권투 시합에서 중량급에 출전할 예정이다. ⓑ경량급(輕量級).

▸중:량-품 重量品 (물건 품). ① 속뜻 무게가 무거운[重量] 물품(物品). ②하물 수송에서, 부피에 비하여 무게가 무거워서, 그 무게에 따라 운임이 계산되는 물품. ⓒ경량품(輕量品).

▸중:량 분석 重量分析 (나눌 분, 가를 석). 화학 중량(重量)을 재서 성분의 양을 구하는 분석(分析) 방법.

중량-급 中量級 (가운데 중, 분량 량, 등급 급). 순동 체급 경기에서 중간(中間) 정도 체중[量]의 체급(體級). 중량급(重量級)과 경량급(輕量級)의 사이.

중:려 衆慮 (무리 중, 생각할 려). 많은 사람들[衆]의 염려(念慮).

중:력[1] 衆力 (무리 중, 힘 력). 여러 사람[衆]의 힘[力].

*__중:력__[2] 重力 (무거울 중, 힘 력). ① 속뜻 무게[重]를 만드는 힘[力]. ② 물리 지구가 지구 위에 있는 물체를 끄는 힘. ¶달에 가면 중력을 덜 받게 된다.

▸중:력-수 重力水 (물 수). 지리 중력(重力)에 따라 땅속으로 스며들어가는 물[水].

▸중:력-장 重力場 (마당 장). 물리 중력(重力)이 작용하고 있는 지구 주위의 공간[場].

▸중:력-파 重力波 (물결 파). 물리 ①중력(重力)에 의해 액체 표면에 일어나는 파동(波動). ②만유인력의 파동.

▸중:력 가속도 重力加速度 (더할 가, 빠를 속, 정도 도). 물리 물체가 운동할 때 중력(重力)으로 인해 생기는 가속도(加速度).

▸중:력 단위계 重力單位系 (홑 단, 자리 위, 이어 맬 계). 물리 기본 단위로 길이·시간·중량을 채택하여, 다른 여러 단위를 이로부터 이끌어 내는 단위계(單位系).

중력-분 中力粉 (가운데 중, 힘 력, 가루 분). 중간(中間) 정도의 차진 힘[力]이 있는 밀가루[粉]. 찰기가 중간 정도 되는 밀가루. ⓒ박력분(薄力粉), 강력분(强力粉).

중령 中領 (가운데 중, 거느릴 령). 군사 중급(中級) 영관(領官) 계급. 소령의 위, 대령의 아랫계급.

중로[1] 中老 (가운데 중, 늙을 로). 나이가 노년기의 한가운데[中] 쯤 되는 늙은이[老]. '중노인'의 준말.

중로[2] 中路 (가운데 중, 길 로). ① 속뜻 오가는 길[路]의 중간(中間). ⓑ중도(中道), 중도(中途). ②중인(中人)의 계급.

중:론 衆論 (무리 중, 논할 론). 여러 사람[衆]의 말[論]이나 의견. ¶중론에 따라 결정하다 / 상황을 좀 더 지켜보아야 한다는 게 중론이다. ⓑ중의(衆議).

*__중류__ 中流 (가운데 중, 흐를 류). ① 속뜻 흐르는[流] 강이나 하천의 중간(中間) 부분. ¶강의 중류는 폭이 넓다. ②높지도 낮지도 않은 중간 정도의 계층. ¶중류 가정에서 자라다. ③기류(氣流)의 중간쯤. ⓑ중층(中層).

▸중류-층 中流層 (층 층). 중류(中流) 생활을 하고 있는 사회 계층(階層).

▸중류 계급 中流階級 (섬돌 계, 등급 급). 사회 생활이나 문화 수준 등이 중류(中流)쯤 되는 계급(階級).

▸중류 사회 中流社會 (단체 사, 모일 회). 사회 중류 계급(中流階級)으로 이루어진 사회(社會).

중륵-맥 中肋脈 (가운데 중, 갈비 륵, 줄기 맥). 식물 잎의 중앙(中央)을 갈빗대[肋] 모양처럼 세로로 통하고 있는 굵은 잎의 맥(脈). ⓑ주맥(主脈).

중:리 重利 (거듭 중, 이로울 리). 경제 거듭해서[重] 이자(利子)를 계산하는 것. 즉 이자(利子)에 다시 이자(利子)를 붙이는 계산 방법. ⓑ복리(複利).

▸중:리-법 重利法 (법 법). 경제 거듭해서[重] 이자(利子)를 계산하는 방법(方法). 일정한 기간마다 이자를 원금에 합치고, 그 합계액을 다음 기간의 원금으로 하여 다시 이자를 붙여 나간다. ⓑ복리법(複利法).

중립 中立 (가운데 중, 설 립). ① 속뜻 중간(中間)에 섬[立]. ②어느 편에도 치우치지 않고 공정하게 처신함. ¶사회자는 토론에서 중립적인 태도를 취해야 한다. ③국가 사이의 분쟁이나 전쟁에 관여하지 않고 중간 입장을 지킴.

▸중립-국 中立國 (나라 국). 중립(中立)을 외교 방침으로 하는 나라[國].

▸중립-좌 中立座 (자리 좌). ① 속뜻 중립(中立)의 자리[座]. ② 물리 구·원뿔 따위와 같이 물체의 위치가 변하여도 중심의 높이는 변하지 않고, 언제나 그대로 정지하는 일.

▸중립-주의 中立主義 (주될 주, 뜻 의). 중립(中立)을 지키려는 외교상의 방침이나 태도[主義].

▸중립 지대 中立地帶 (땅 지, 띠 대). ① 속뜻 중립[中立]을 취하고 있는 지대(地帶). ② 군사 교전국 군대의 중간에 지정하여 서로 병력을 투입하지 않기로 협정한 지역. ③ 군사 평시에 요새의 건조나 군대의 주둔이 금지된 지역. ⓑ비무장 지대(非武裝地帶).

중:망[1] 重望 (무거울 중, 바랄 망). 두터운[重] 명망(名望).

중:망[2] 衆望 (무리 중, 바랄 망). 많은 사람[衆]으로부터 받고 있는 신망(信望).

중매[1] 仲媒 (=中媒, 가운데 중, 맺어줄 매). 남녀 사이의 가운데[仲]에서 혼인을 맺도록[媒] 함. 또는 그 일이나 사람. ¶중매가 들어오다 / 내가 작년에 그 부부를 중매했다. ➲ 중매쟁이.

▸중매-인 仲媒人 (사람 인). 혼인을 중매(仲媒)하는 사람[人].

▸중매-결혼 仲媒結婚 (맺을 결, 혼인할 혼). 중매(仲媒)를 통하여 이루어진 결혼(結婚).

중매[2] 仲買 (가운데 중, 살 매). 가운데서[仲] 물품이나 권리 등의 매매(賣買)를 매개(媒介)해 주고 이익을 얻는 일.

▸중매-상 仲買商 (장사 상). 중매(仲買)를 전문으로 하는 상인(商人). 중개인.

▸중매-인 仲買人 (사람 인). ① 속뜻 중간에서 흥정을 붙이기도 하고 중매(仲買)도 하는 상인(商人). ⓑ중상(中商), 거간꾼.

중-명사 中名辭 (가운데 중, 이름 명, 말씀 사). 언어 '중개념'(中槪念)을 언어로 나타낸 말[名辭]. ⓑ매명사(媒名辭).

중-모음[1] 中母音 (가운데 중, 어머니 모, 소리 음). 언어 입을 보통으로 열고 혀의 높이를 중간(中間)으로 하여 발음하는 모음(母音). 'ㅔ'(e), 'ㅓ'(ə), 'ㅗ'(o) 따위.

중:-모음[2] 重母音 (겹칠 중, 어머니 모, 소리 음). 언어 두 개가 겹쳐[重] 소리 나는 모음(母音). 소리를 내는 도중에 입술 모양이나 혀의 위치가 처음과 나중이 달라지는 모음. 'ㅑ', 'ㅕ', 'ㅛ', 'ㅠ', 'ㅒ', 'ㅖ', 'ㅘ', 'ㅙ', 'ㅝ', 'ㅞ', 'ㅢ' 따위. ⓑ이중 모음(二重母音).

중:목 衆目 (무리 중, 눈 목). 많은 사람[衆]의 눈[目].

중:-무기 重武器 (무거울 중, 굳셀 무, 그릇 기). 군사 혼자 나를 수 없는 무겁고[重] 큰 무기(武器).

중:-무장 重武裝 (무거울 중, 굳셀 무, 꾸밀 장). 중무기(重武器)로 무장(武裝)함.

중문[1] 中門 (가운데 중, 문 문). 대문 안[中]에 또 세운 문(門). ⓑ중문(重門), 중대문(中大門).

중:문[2] 重文 (거듭 중, 글월 문). 언어 둘 이상의 절(節)이 대등하게 거듭하여[重] 이어진 문장(文章). ⓑ대등문(對等文), 병렬문(竝列文).

중미 中米 (가운데 중, 쌀 미). 품질 등급이 중간(中間)쯤 되는 쌀[米].

중반[1] 中飯 (가운데 중, 밥 반). 하루 중의 가운데[中] 끼니[飯]. 점심.

중반[2] 中盤 (가운데 중, 쟁반 반). ① 속뜻 가운데[中]에 있는 쟁반[盤]. ②어떤 사물의 진행이 중간쯤 되는 단계. ¶50대 중반의 나이. ② 운동 초반이 끝나고 점점 본격적인 대전(對戰)으로 들어가는 국면. ¶경기가 중반으로 접어들다.

▸중반-전 中盤戰 (싸울 전). 바둑·장기·운동 경기 등에서, 초반을 지나 한창 치열해진 중반(中盤)의 싸움[戰].

중:방 重房 (무거울 중, 방 방). 역사 고려 때, 이군 육위의 상장군·대장군들이 모여 군사(軍事)를 비롯해 중요(重要)한 정사를 의논하던 곳[房].

중-배엽 中胚葉 (가운데 중, 아이 밸 배, 잎 엽). 생물 다세포 동물의 발생 초기의 배엽 가운데 내배엽과 외배엽 사이[中]에 생기는 배엽(胚葉). 골격, 근육 등이 형성된다. ⓒ내배엽(內胚葉), 외배엽(外胚葉).

중:벌 重罰 (무거울 중, 벌할 벌). 중(重)한 형벌(刑罰). 무거운 징벌. ⓑ경벌(輕罰).

중:범 重犯 (무거울 중, 범할 범). ① 속뜻 크

고 중(重)한 범죄(犯罪). ②죄를 거듭 저지름. 또는 그 사람.

중병[1] 中病 (가운데 중, 병 병). 일의 중도(中途)에서 뜻밖에 생기는 다른 탈이나 병(病).

중ː병[2] 重病 (무거울 중, 병 병). 목숨이 위태로울 만큼 무거운[重] 병(病). ¶중병에 걸린 환자를 돌보다. ㊥중환(重患).

중ː보 重寶 (무거울 중, 보배 보). 귀중(貴重)한 보배[寶]. ¶집안에 중보를 가지고 있다.

중복[1] 中伏 (가운데 중, 엎드릴 복). 삼복(三伏)의 가운데[中] 있는 복(伏)날. ¶중복 더위가 한창이다.

중복[2] 中腹 (가운데 중, 배 복). ① 속뜻 기다란 물건의 가운데[中]에 배[腹]같이 불룩하게 나온 부분. ②산의 중턱.

중ː복[3] 重複 (거듭 중, 겹칠 복). 같은 것이 두 번 이상 거듭[重]하여 겹침[複]. ¶한 문장에서 같은 단어의 중복은 피하는 것이 좋다.

▸중ː복 수정 重複受精 (받을 수, 정액 정). ① 속뜻 겹쳐서[重複] 수정(受精)함. ② 식물 화분관 속에 있는 두 개의 정핵 가운데 하나는 난핵과 합체하여 새 개체가 되고, 다른 하나는 극핵과 합체하여 배젖이 되는 현상을 일컫는 말.

중봉[1] 中峯 (가운데 중, 봉우리 봉). ① 속뜻 가운데[中] 봉우리[峯]. ②봉우리의 중턱.

중봉[2] 中鋒 (가운데 중, 칼끝 봉). 서예에서 붓의 뾰족한 끝[鋒]이 획의 한가운데[中]에 있도록 씀. 또는 그렇게 쓴 필획.

중부[1] 中部 (가운데 중, 나눌 부). ① 속뜻 어떤 지역의 가운데[中] 부분(部分). ¶중부 지방에는 비가 올 것으로 보인다. ② 역사 조선 때, 서울 안을 다섯으로 나눈 구역의 하나.

중ː부[2] 仲父 (가운데 중, 아버지 부). 둘째[仲] 아버지[父].

중-부중 中不中 (맞힐 중, 아닐 부, 맞힐 중). 맞힘[中]과 맞히지[中] 못함[不].

중분 中分 (가운데 중, 나눌 분). ① 속뜻 가운데[中]를 갈라 반으로 나눔[分]. ②중년의 운수.

중사[1] 中士 (가운데 중, 선비 사). 군사 상사(上士)와 하사(下士) 사이[中]에 있는 국군 부사관(副士官) 계급의 하나.

중ː사[2] 重事 (무거울 중, 일 사). 중대(重大)한 일[事]. '중대사'(重大事)의 준말.

중ː삭 仲朔 (가운데 중, 초하루 삭). 음력 2, 5, 8, 11월처럼 계절의 한가운데[仲] 있는 달[朔]. ㊥중월(仲月).

중산 계급 中産階級 (가운데 중, 재물 산, 섬돌 계, 등급 급). 사회 재산(財産)을 가진 정도가 중간(中間)에 속하는 사회 계급(階級). ㊥중산층(中産層). ㊟유산 계급, 무산 계급.

중산-층 中産層 (가운데 중, 재물 산, 층 층). 사회 재산(財産)을 가진 정도가 중간(中間)에 속하는 사회 계층(階層). ¶중산층이 줄어들고 빈곤층이 늘면서 빈부격차가 심해졌다. ㊥중산 계급(中産階級).

중ː살 重殺 (거듭 중, 죽일 살). 운동 야구에서 두 사람의 주자를 한꺼번에 거듭하여[重] 아웃시키는[殺] 일.

중상[1] 中商 (가운데 중, 장사 상). 물건을 사서 되넘겨 팔거나 흥정을 붙이는 중간(中間) 상인(商人).

중상[2] 重喪 (거듭 중, 죽을 상). 탈상하기 전에 부모 상(喪)을 거듭[重] 당함.

중ː상[3] 重傷 (무거울 중, 다칠 상). 심하게[重] 다침[傷]. 또는 몹시 다친 상처. ¶교통사고로 사람들이 중상을 입었다. ㊐경상(輕傷).

▸중ː상-자 重傷者 (사람 자). 아주 심하게 다친[重傷] 사람[者]. ¶중상자들만 우선 병원으로 옮기고 있다.

중ː상[4] 重賞 (무거울 중, 상줄 상). 상(賞)을 후하게[重] 줌. 후한 상.

중상[5] 中傷 (가운데 중, 상할 상). 중간(中間)에서 터무니없는 말로 남을 헐뜯어 명예를 손상(損傷)시킴.

▸중상-모략 中傷謀略 (꾀할 모, 꾀할 략). 중상(中傷)과 모략(謀略)을 아울러 이르는 말. ¶근거 없는 중상모략을 일삼다.

중ː상-주의 重商主義 (무거울 중, 장사 상, 주될 주, 뜻 의). 경제 상업(商業)을 중시(重視)하여 국부의 증대를 꾀하려는 주의(主義).

중ː상 학파 重商學派 (무거울 중, 장사 상, 배울 학, 갈래 파). 경제 상업(商業)을 중시

(重視)하는 학파(學派).

중:생¹ 重生 (거듭 중, 날 생). ① [속뜻] 거듭[重] 태어남[生]. ② [기독교] 원죄 때문에 죽었던 영(靈)이 예수를 믿음으로 해서 영적으로 다시 새사람이 됨.

중생² 中生 (가운데 중, 날 생). ① [속뜻] 중간(中間) 자리에 태어남[生]. ② [생물] 메마르지도 습하지도 않은 곳에 삶. 재배식물 따위의 특징이다. ③ [불교] 극락왕생의 상품, 중품, 하품 각각의 중간 자리.

▸중생-대 中生代 (시대 대). [지리] 시대의 한 구분으로 고생대(古生代)와 신생대(新生代)의 중간(中間)에 위치한 지질 시대(時代). 트라이아스기·쥐라기·백악기로 나뉜다. ¶중생대에 공룡이 나타나기 시작했다. [참]지질 시대(地質時代).

▸중생-층 中生層 (층 층). [지리] 중생대(中生代)에 생긴 지층(地層).

▸중생-동물 中生動物 (움직일 동, 만물 물). [동물] 동물 분류학상 원생동물(原生動物)과 후생동물(厚生動物)의 중간(中間)에 위치하는 다세포동물(動物).

▸중생 식물 中生植物 (심을 식, 만물 물). [식물] 수생(水生) 식물과 건생(乾生) 식물의 중간(中間) 정도의 환경 조건에서 사는[生] 식물(植物).

중:생³ 衆生 (무리 중, 사람 생). ① [속뜻] 많은[衆] 사람[生]. ② [불교] 부처의 구제 대상이 되는 이 세상의 모든 생물. ¶어리석은 중생을 구제하다.

▸중:생-계 衆生界 (지경 계). [불교] 중생(衆生)이 사는 세계(世界). [비]미계(迷界), 인간 세계.

▸중:생-탁 衆生濁 (흐릴 탁). [불교] 오탁(五濁)의 하나로 중생(衆生)이 죄가 많아서 의리를 알지 못하는[濁] 일.

▸중:생 제:도 衆生濟度 (건질 제, 건널 도). [불교] 부처가 중생(衆生)을 고해(苦海)로부터 건져내어[濟] 고해를 건너도록[度] 하는 것. [비]제도 중생(濟度衆生).

중서¹ 中庶 (가운데 중, 첩 서). 중인(中人)과 서얼(庶孼)을 아울러 이르는 말.

중:서² 衆庶 (무리 중, 여러 서). 여러 사람[衆=庶].

중:석 重石 (무거울 중, 돌 석). [광업] 텅스텐. 이 광석을 발견한 스웨덴의 과학자 크론슈테트가 스웨덴어로 '무거운[重] 돌[石]'이라는 뜻의 'tungsten'으로 부른 데서 유래.

중선 中線 (가운데 중, 줄 선). [수학] 삼각형의 한 꼭짓점과 그 맞은 편 변의 중점(中點)을 이은 선분(線分).

중:설¹ 重說 (거듭 중, 말씀 설). 거듭[重] 말함[說]. [비]중언(重言).

중:설² 衆說 (무리 중, 말씀 설). 많은 사람[衆]의 의견이나 말[說].

중설 모:음 中舌母音 (가운데 중, 혀 설, 어머니 모, 소리 음). [언어] 혀[舌]의 가운데[中] 면과 입천장 중앙부 사이에서 조음되는 모음(母音). 국어의 'ㅓ(ə), ㅏ(a)' 따위.

중성¹ 中聲 (가운데 중, 소리 성). ① [속뜻] 한 음절에서 가운데[中]에 들어가 나는 소리[聲]. ② [언어] '모음'(母音)을 달리 이르는 말.

중:성² 重星 (겹칠 중, 별 성). [천문] 두 개 이상의 별이 겹쳐[重] 늘어서서 하나처럼 보이는 별[星]. [비]다중성(多重星).

중:성³ 衆星 (무리 중, 별 성). 무리[衆]를 지은 많은 별[星].

중성⁴ 中性 (가운데 중, 성질 성). ① [속뜻] 대립되는 두 성질의 어느 쪽에도 해당되지 않는 중간(中間)의 성질(性質). ② [화학] 산성과 염기성의 중간에 있다고 생각되는 물질의 성질. ③ 남성의 특성이나 여성의 특성이 뚜렷하지 못한 성질. 또는 그러한 사람. ④ [언어] 서구어 문법에서, 단어를 성(性)에 따라 구별한 종류의 한 가지로 남성도 여성도 아닌 성. ⑤ [생물] 암수딴몸 또는 암수딴그루인 생물의 한 개체에서 암수의 두 형질이 혼합되어 나타나는 일. [참]간성(間性).

▸중성-자 中性子 (씨 자). [물리] 전기적(電氣的)으로 중성(中性)인 소립자(素粒子).

▸중성-화 中性化 (될 화). 남성이나 여성의 특성을 잃어버려 중성적(中性的)으로 됨[化].

▸중성-화 中性花 (꽃 화). [식물] 한 꽃 안에 수술과 암술이 모두 퇴화하여 중성(中性)이 된 꽃[花]. 메꽃이나 수국 따위가 이에 해당된다.

▸중성 모:음 中性母音 (어머니 모, 소리 음). [언어] 양성 모음과 음성 모음의 중간(中間)

쯤 되는 성질(性質)을 가진 모음(母音). 우리말의 모음 'ㅣ'(i) 따위. 모음조화가 있는 언어에서 어떤 모음과도 잘 어울린다.

▸ **중성-미자** 中性微子 (작을 미, 씨 자). 물리 중성자(中性子)가 양성자와 전자로 붕괴될 때 생기는 작은[微] 입자(粒子).

▸ **중성 반:응** 中性反應 (되돌릴 반, 응할 응). 화학 산성도 염기성도 나타내지 않는[中性] 반응(反應).

▸ **중성 비:료** 中性肥料 (기름질 비, 거리 료). 농업 화학적으로 산성과 염기성의 중간(中間)쯤 되는 성질(性質)을 가진 비료(肥料). 물에 녹였을 때 수용액이 중성을 나타낸다.

▸ **중성 세:제** 中性洗劑 (씻을 세, 약제 제). 화학 물에 녹아서 산성과 염기성의 중간(中間)쯤 되는 성질(性質)을 띠는 합성 세제(洗劑).

▸ **중성자-탄** 中性子彈 (접미사 자, 탄알 탄). 군사 핵분열이나 핵융합 때에 원자핵에서 나오는 중성자(中性子)와 감마선을 이용한 원자 폭탄(爆彈).

▸ **중성 지방** 中性脂肪 (기름 지, 기름 방). ① 속뜻 중성(中性)을 띤 지방(脂肪). ② 화학 체내에서 지방산과 글리세롤이 결합한 지방의 한 가지.

▸ **중성 토양** 中性土壤 (흙 토, 흙덩이 양). 농업 토양 반응이 산성과 염기성의 중간(中間)쯤 되는 성질(性質)을 띠는 토양(土壤).

중:세[1] 重稅 (무거울 중, 세금 세). 부담이 무거운[重] 조세(租稅).

중세[2] 中世 (가운데 중, 세대 세). 역사 역사의 시대 구분의 한 가지로, 고대(古代)와 근세(近世) 사이[中]의 세기(世紀). ¶이 건물은 중세 시대에 지어졌다.

▸ **중세-기** 中世紀 (연대 기). 역사 중세.

▸ **중세-사** 中世史 (역사 사). 중세기(中世紀)의 역사(歷史).

▸ **중세 국어** 中世國語 (나라 국, 말씀 어). 언어 중세기(中世紀)에 사용하던 국어(國語). 고려 건국 이후부터 16세기 말까지에 걸친 시기의 국어.

▸ **중세 철학** 中世哲學 (밝을 철, 배울 학). 철학 중세기(中世紀)의 철학(哲學). 교부(教父) 철학과 스콜라(schola) 철학을 이르는 말.

중소[1] 中蘇 (중국 중, 소련 소). 중국(中國)과 소련(蘇聯)을 아울러 이르는 말.

중소[2] 中小 (가운데 중, 작을 소). 규모나 수준 따위가 중간(中間)[中] 또는 그보다 작은[小] 것. ¶중소 도시에 살다.

▸ **중소-기업** 中小企業 (꾀할 기, 일 업). 경제 자본금이나 종업원 수 또는 그 밖의 시설 등이 중소(中小) 규모인 기업(企業). ¶중소기업과 대기업이 서로 협력해야 경제가 발전한다.

중:소-공지 衆所共知 (무리 중, 것 소, 함께 공, 알 지). 많은 사람[衆]이 다[共] 아는[知] 바[所]의 것. ¶그것은 중소공지의 사실이니 더 이상 설명할 필요가 없을 것이다.

중:쇄 重刷 (거듭 중, 박을 쇄). 출판 거듭[重]하여 인쇄(印刷)함. ⓑ증쇄(增刷).

중수[1] 中壽 (가운데 중, 목숨 수). ①장수(長壽)하는 나이 중 중간(中間)쯤 되는 나이[壽]. 80세가 넘는 나이를 이른다. ⓒ상수(上壽), 하수(下壽). ② 보통 사람보다 웬만큼 많은 나이. 또는 그 사람.

중수[2] 中數 (가운데 중, 셀 수). 수학 ①중간(中間)의 값[數]. 평균수(平均數). ②두 내항이 같은 비례식의 가운데에 있는 수.[:ab=:bc]일 때의 b를 a와 c의 중수라 한다.

중:수[3] 重囚 (무거울 중, 가둘 수). 죄가 무거운[重] 죄수(罪囚). 큰 죄를 지은 죄수. ⓑ경수(輕囚).

중:수[4] 重修 (거듭 중, 고칠 수). 낡고 헌 것을 다시 거듭하여[重] 손대어 고침[修].

중:수[5] 重水 (무거울 중, 물 수). 화학 보통의 물보다 분자량이 커서 무거운[重] 물[水]. 중수소와 산소의 결합으로 만들어지며, 원자로의 중성자 감속재로 사용된다. 화학식은 D2O. ¶중수로(爐).

중:수[6] 重數 (무거울 중, 셀 수). 무게[重]의 단위로 헤아려 숫자[數]로 나타낸 것.

중-수도 中水道 (가운데 중, 물 수, 길 도). ① 속뜻 중간(中間) 정도 수질의 물[水]을 옮기는 관[道]. ②빗물이나 취사한 물 또는 목욕탕의 물을 정화하여 별도의 관으로 보내, 수세식 화장실·살수 따위의 용도로 다시 사용하는 설비.

중:-수소 重水素 (무거울 중, 물 수, 바탕 소). ① 속뜻 질량수가 1인 보통의 수소보다

무거운[重] 수소(水素). ② [화학] 질량수가 2 또는 3인 수소의 동위 원소를 통틀어 이르는 말.

중순 中旬 (가운데 중, 열흘 순). 한 달의 중간(中間)인 11일부터 20일까지의 열흘[旬] 동안. ¶7월 중순에 여행을 갈 예정이다.

중:시 重視 (무거울 중, 볼 시). 중요(重要)하게 봄[視]. ¶우리 학교는 학생들의 개성을 중시한다. [반]경시(輕視).

중-시조 中始祖 (가운데 중, 처음 시, 조상 조). 쇠퇴한 가문을 중간(中間)에 다시 일으켜 세운 한 가계나 왕계의 초대[始]가 되는 조상(祖上).

중-시조 中時調 (가운데 중, 때 시, 가락 조). [문학] 평시조 형식에서 벗어나 길지도 않는 중간(中間) 급의 시조(時調). 초장이나 중장의 어느 한 구절의 자수가 평시조의 자수보다 몇 자 많아진 시조.

중:-시하 重侍下 (거듭 중, 모실 시, 아래 하). 부모와 조부모를 다[重] 모시는[侍] 처지[下].

중식 中食 (가운데 중, 밥 식). 하루의 중간(中間) 시간에 먹는 밥[食]. ¶중식으로 김밥을 준비했다. [비]점심.

중:신¹ 重臣 (무거울 중, 신하 신). ① [속뜻] 중요(重要)한 직무를 맡고 있는 신하(臣下). ② [역사] '정이품 이상의 벼슬아치'를 이르던 말.

중:신² 衆臣 (무리 중, 신하 신). 여러[衆] 신하[臣].

중:신³ 重新 (거듭 중, 새 신). 거듭[重] 하여 새롭게[新] 함.

중-신기전 中神機箭 (가운데 중, 귀신 신, 틀 기, 화살 전). ① [속뜻] 중형(中型)의 신기전(神機箭). ② 총길이 145㎝정도의, 대신기전과 같은 구조로 만든 로켓 다연발 화살무기.

중실 中室 (가운데 중, 방 실). ① [속뜻] 가운데[中] 방[室]. ② [동물] 나비 따위의 날개 밑동 부분의 굵은 맥(脈)으로 둘러막힌 부분.

중:심¹ 重心 (무거울 중, 가운데 심). ① [속뜻] 무게[重]의 한가운데[心] 점. ¶무게 중심 / 중심을 잃고 쓰러지다. ② [물리] 물체의 각 부분에 작용하는 중력(重力)의 합력(合力)이 작용한다고 생각되는 점. ¶무게 중심.

⁑**중심² 中心** (가운데 중, 가운데 심). ① [속뜻] 한가운데[中=心]. 한복판. ¶남산은 서울 시내 중심에 자리를 잡고 있다. ②가장 중요한 역할을 하는 곳. 또는 그러한 위치에 있는 것. ¶농경 중심 사회 / 시민들이 중심이 되어 협회를 만들다. ③확고한 주관이나 줏대. ¶어려울 때일수록 중심이 흔들리지 않도록 해라. ④ [수학] 원(圓)이나 구(球)에서 가장자리의 각 점으로부터 같은 거리에 있는 점.

▸중심-가 中心街 (거리 가). 시내 따위의 중심(中心)이 되는 거리[街]. ¶그 상점은 시내 중심가에 위치한다.

▸중심-각 中心角 (모서리 각). [수학] 원의 중심(中心)에서 그은 두 반지름이 만드는 각(角).

▸중심-력 中心力 (힘 력). [물리] 입자에 작용하는 힘[力]이 항상 힘의 중심(中心)을 향하는 것. 또는 그 힘.

▸중심-부 中心部 (나눌 부). 중심(中心)이 되는 부분(部分). ¶그들은 도시 중심부부터 폭격하기 시작했다.

▸중심-선 中心線 (줄 선). 물체의 중심(中心)을 지나는 직선(直線).

▸중심-식 中心蝕 (갉아먹을 식). [천문] 달이 태양의 중심(中心) 방향에 있을 때의 일식(日蝕).

▸중심-적 中心的 (것 적). 중심(中心)을 이루는 것[的]. ¶아버지는 모임에서 중심적인 역할을 맡고 계신다.

▸중심-주 中心柱 (기둥 주). ① [속뜻] 중심(中心)이 되는 기둥[柱]. ② [식물] 고등 식물의 뿌리나 줄기의 중심을 세로로 지나가는 부분. 수분과 양분의 통로가 된다.

▸중심-지 中心地 (땅 지). 어떤 일이나 활동의 중심(中心)이 되는 곳[地]. ¶할리우드는 세계적인 영화 산업의 중심지다.

▸중심-체 中心體 (몸 체). 어떤 활동이나 행동의 중심(中心)이 되는 몸[體]. 또는 그런 단체. ¶독립 운동의 중심체 역할을 하다.

▸중심 기압 中心氣壓 (공기 기, 누를 압). [지리] 고기압이나 저기압의 중심부(中心部)의 기압(氣壓). [비]중심 시도(中心示度).

▸중심 도법 中心圖法 (그림 도, 법 법). [지리] 지도 투영법의 한 가지로 시점(視點)을 지구 중심(中心)에 두었을 때의 투시 도

법(圖法).

▸중심 시ː도 中心示度 (보일 시, 정도 도). 지리 고기압이나 저기압의 중심부(中心部)에서 기압계가 나타내는[示] 기압(氣壓)의 정도(程度). ㉥중심 기압(中心氣壓).

▸중심 운ː동 中心運動 (돌 운, 움직일 동). 물리 한 정점[中心]으로 향하는 힘만이 작용하는 경우의 물체의 평면 운동(運動).

중ː심[3] **衆心** (무리 중, 마음 심). 여러 사람[衆]의 마음[心].

▸중ː심-성성 衆心成城 (이룰 성, 성곽 성). 여러 사람[衆]의 마음[心]이 하나로 모이면 성(城)도 이룸[成]. 여러 사람의 뜻이 일치하면 큰 일을 이룰 수 있음.

중ː씨 仲氏 (가운데 중, 높임말 씨). 백(伯), 중(仲), 숙(叔), 계(季)로 서열을 매긴 형제의 호칭 중 둘째[仲] 형제를 높여[氏] 이르는 말.

중ː압 重壓 (무거울 중, 누를 압). ① 속뜻 무겁게[重] 내리누름[壓]. ¶다리가 중압을 이기지 못하고 무너져버렸다. ②참기 어려운 부담을 주거나 강요하는 것. ¶나는 시험을 잘 봐야 한다는 중압을 받았다 / 무거운 세금에 중압감(重壓感)을 느끼다.

*__중앙 中央__ (가운데 중, 가운데 앙). ① 속뜻 사방의 한가운데[中=央]. ¶중앙 도서관 / 사무실 중앙에 탁자를 놓았다. ②'수도'(首都)를 이르는 말. ¶감독관이 중앙에서 지방으로 파견됐다. ㉯지방(地方).

▸중앙-선 中央線 (줄 선). ① 속뜻 한가운데[中央]를 지나는 선(線). ¶축구를 하기 위해 중앙선을 그리다. ② 교통 큰길에서, 좌측·우측의 중간에 그어 차선을 구분한 선. ¶차가 중앙선을 넘어가 사고가 날 뻔 했다. ③ 교통 서울특별시 청량리역과 경상북도 경주 사이를 잇는 철도.

▸중앙-치 中央値 (값 치). 수학 통계자료에서 변량을 그 크기순으로 늘어놓을 때 그 중앙(中央)에 해당하는 값[値]. ㉥중앙값.

▸중앙 관제 中央官制 (관리할 관, 정할 제). 법률 중앙(中央) 관청(官廳)의 설치, 명칭, 조직, 기능 따위에 관한 제도(制度).

▸중앙 금고 中央金庫 (돈 금, 곳집 고). 경제 국가[中央]가 소유하는 화폐[金]를 보관하며, 수입과 지출을 관리하는 기관[庫]. 국고(國庫).

▸중앙-난방 中央煖房 (따뜻할 난, 방 방). 중심[中央]이 되는 곳에서 건물 각 부분으로 증기나 더운물을 보내는 방식의 난방(煖房). ㉥집중난방(集中煖房).

▸중앙-은행 中央銀行 (은 은, 행할 행). 경제 한 나라의 통화 제도 및 은행 제도의 중심[中央]이 되는 은행(銀行). 은행권을 발행하고 통화의 공급 및 금융의 조정 따위를 주요 업무로 한다. ¶우리 아버지는 우리나라의 중앙은행인 한국은행을 다녔다.

▸중앙 정부 中央政府 (정사 정, 관청 부). 정치 지방 자치제가 실시되고 있는 행정 제도에서, 중심[中央]이 되어 전국을 통할하는 최고의 행정(行政) 기관[府].

▸중앙 집권 中央集權 (모을 집, 권력 권). 정치 중앙(中央) 정부에 정치상의 권력(權力)이 집중(集中)되어 있는 일. ㉯지방 분권(地方分權).

중ː액 重液 (무거울 중, 진 액). ① 화학 비중(比重)이 높은[重] 액체(液體). ② 광업 물에 부드러운 고체 알갱이를 풀어서 밀도가 물보다 크게 만든 액체.

중야 中夜 (가운데 중, 밤 야). 한밤[夜] 중(中). 깊은 밤. ¶어느덧 밤이 중야에 접어들었다.

중ː양[1] **仲陽** (가운데 중, 볕 양). ① 속뜻 봄[陽]에 버금[仲]가는 달. ②'음력 이월'을 달리 이르는 말. ㉥중춘(仲春).

중ː양[2] **重陽** (거듭 중, 볕 양). ① 음악 양점(陽點)이 거듭된[重] 장구의 '겹채'를 이르는 말. ② 민속 '중양절'(重陽節)의 준말. ③ 양수(陽數)가 겹침.

▸중ː양-절 重陽節 (철 절). 민속 양수(陽數)가 겹친[重] 절기(節氣). 음력 9월 9일이다. ¶중양절에는 국화전을 만들어 먹는 풍습이 있다. ㉥구일(九日), 중구(重九).

중ː-양자 重陽子 (무거울 중, 볕 양, 씨 자). ① 속뜻 무거운[重] 양자(陽子). ② 물리 중수소(重水素)의 원자핵(原子核). 양자 한 개와 중성자 한 개로 이루어졌다.

중ː언 重言 (거듭 중, 말씀 언). 거듭[重] 말함[言].

▸중ː언-부언 重言復言 (다시 부, 말씀 언). 거듭[重] 말하고[言] 또 다시[復] 말함[言]. 같은 말을 반복함. ¶그는 술에 취했

는지 한참을 중언부언했다.

중:역[1] **重役** (무거울 중, 부릴 역). ① [속뜻] 책임이 무거운[重] 역할(役割). ② 은행이나 회사 따위에서 중요한 소임을 맡은 임원. ¶그는 이제 회사의 중역이 됐다.

중:역[2] **重譯** (거듭 중, 옮길 역). 한 번 번역한 글을 원문으로 삼아 다시[重] 다른 나라 말로 번역(翻譯) 하는 일. '이중 번역'(二重翻譯)의 준말.

중:연 **重緣** (거듭 중, 인연 연). 이미 혼인 관계를 맺은 집안 사이에 거듭[重] 인연(因緣)이 맺어지는 일.

중엽 **中葉** (가운데 중, 무렵 엽). 한 시대나 세기를 세 시기로 구분할 때, 그 중간(中間) 무렵[葉]. ¶신라 시대 중엽.

중-영산 **中靈山** (가운데 중, 신령 령, 메 산). [음악] 상영산보다 빠르고 잔영산보다 느린, '영산회상(靈山會相)'의 가운데[中] 곡조.

중오 **重午** (겹칠 중, 낮 오). ① [속뜻] '5'[午]가 겹치는[重] 날. ② 단오(端午). 5월 5일.

▶중:오-절 重午節 (철 절). [민속] '5'[午]가 겹치는[重] 절기(節氣). 음력 5월 5일이다. [비] 단오(端午).

중외 **中外** (가운데 중, 밖 외). ① [속뜻] 안[中]과 밖[外]. ② 국내와 국외.

▶중외-비 中外比 (견줄 비). ① [속뜻] 안[中]의 것과 밖[外]의 것과의 비율(比率). ② [수학] 어떤 양을 큰 것과 작은 것 둘로 나눌 때, 그 작은 것과 큰 것과의 비가 큰 것과 전체와의 비와 같을 때, 그 양쪽의 비율. [비] 중말비(中末比), 황금비(黃金比), 외중비(外中比).

중요[1] **中夭** (가운데 중, 일찍 죽을 요). ① [속뜻] 중년(中年)에 죽음[夭]. ② 뜻밖에 당한 재난.

****중:요**[2] **重要** (무거울 중, 요할 요). 귀중(貴重)하고 요긴(要緊)함. ¶중요 인물을 중심으로 찾아보다 / 언어는 꾸준히 공부하는 것이 중요하다.

▶중:요-성 重要性 (성질 성). 사물의 중요(重要)한 요소나 성질(性質). ¶교육은 그 중요성에 비해 투자가 적다.

▶중:요-시 重要視 (볼 시). 중요(重要)하게 여김[視]. ¶나는 무엇보다도 우정을 중요시한다.

중용[1] **中庸** (가운데 중, 보통 용). ① [속뜻] 중간(中間) 또는 보통[庸] 정도. ② 어느 쪽으로 치우침이 없고 알맞음. ¶그는 언제나 중용을 지킨다. ③ [책명] 사서(四書)의 하나. 중용의 덕과 도를 인간 행위의 최고 기준으로 삼은 유교 경전.

중:용[2] **重用** (무거울 중, 쓸 용). 중요(重要)한 자리에 임명하여 부림[用]. 소중히 씀. ¶고려 초기에는 문관들을 중용했다. [비] 대용(大用).

중:우 **衆愚** (무리 중, 어리석을 우). 많은 어리석은[愚] 사람들[衆].

▶중:우 정치 衆愚政治 (정사 정, 다스릴 치). ① [속뜻] 민중을 어리석게[衆愚] 만드는 정치(政治). ② [정치] '민주 정치'를 비꼬아 이르는 말.

중원[1] **中元** (가운데 중, 으뜸 원). [민속] 삼원(三元)중 중간(中間)에 있는 명절. 음력 7월 보름날. 백중(百中)날. 도교에서는 천상(天上)의 선관(仙官)이 일 년에 세 번 인간의 선악을 살핀다고 하는데 그때를 '원'(元)이라고 한다. 1월 15일을 상원(上元), 10월 15일을 하원(下元)이라고 하며 7월 15일의 중원과 함께 삼원(三元)이라 하여서 초제(醮祭)를 지내는 세시 풍속이 있었다.

중원[2] **中原** (가운데 중, 들판 원). ① [속뜻] 한가운데[中]에 있는 넓은 들판[原]. ② 중국 문화의 발원지인 황하(黃河) 중류의 남북 양안(兩岸)의 지역. ③ 변경(邊境)에 대하여 천하의 중앙을 이르는 말. ④ 정권 따위를 다투고 겨루는 곳.

▶중원-축록 中原逐鹿 (쫓을 축, 사슴 록). ① [속뜻] 너른 들[中原]에서 사슴[鹿]을 쫓음[逐]. ② '천하 군웅이 제왕의 지위를 얻으려고 다툼'을 비유하여 이르는 말. ③ 서로 경쟁하여 어떤 지위를 얻고자 하는 일.

▶중원 고구려비 中原高句麗碑 (높을 고, 글귀 구, 고울 려, 비석 비). [고적] 고구려 장수왕이 남진(南進)하여 세운 비석(碑石). 고구려(高句麗)를 천하의 중심[中原]으로 보아 이름 붙였다. 충청북도 충주시 가금면에 있으며, 국보 제205호이다.

중위[1] **中尉** (가운데 중, 벼슬 위). [군사] 위관(尉官)의 가운데[中] 계급. 소위의 위, 대위의 아래 계급.

중:위[2] 重位 (무거울 중, 자리 위). 중요(重要)한 직위(職位). ⓑ중직(重職).

중:위[3] 重圍 (거듭 중, 둘레 위). 여러 겹으로[重] 둘러쌈[圍].

중위[4] 中位 (가운데 중, 자리 위). 중간(中間) 정도의 자리[位]나 순위.

▸중위-수 中位數 (셀 수). 통계 자료를 그 크기의 차례로 늘어놓을 때 그 중위(中位)에 해당하는 값[數].

중-위도 中緯度 (가운데 중, 씨실 위, 정도 도). 지리 저위도(低緯度)와 고위도(高緯度)의 중간(中間) 지대. 대략 위도 20~50도이다.

중유[1] 中有 (가운데 중, 있을 유). 불교 '중간(中間)에 있음[有]'이라는 뜻의 산스크리트 어 'Antarābhava'을 의역한 말. 사람이 죽어서 다음 생을 받을 때까지의 49일 동안을 말한다. ⓑ중음(中陰).

중유[2] 中油 (가운데 중, 기름 유). 화학 콜타르를 분류(分溜)하는 중간(中間) 단계에서 얻는 기름[油]. 이것은 180~230℃에서 나오는데, 이를 다시 분류하면 페놀산유와 나프탈렌유를 얻을 수 있다.

중:유[3] 重油 (무거울 중, 기름 유). ① 속뜻 비중이 커서 무거운[重] 기름[油]. ② 공업 석유를 정제하여 휘발유, 경유, 등유 등을 짜낸 후 남은 기름.

▸중:유 기관 重油機關 (틀 기, 빗장 관). 기계 실린더 안의 공기를 압축하여 중유(重油)나 경유(輕油)로 발화 연소시켜 피스톤의 왕복운동을 일으키는 내연기관(內燃機關)의 한 가지.

중:은 重恩 (무거울 중, 은혜 은). 크고 두터운[重] 은혜(恩惠).

중음[1] 中音 (가운데 중, 소리 음). ① 속뜻 음절의 가운데[中]에 끼는 소리[音]. ② 언어 '땅'에서의 'ㅏ', '들'에서의 'ㅡ' 등과 같은 사잇소리. ③ 음악 여성의 소프라노 다음의 높은 음. 가온음.

중음[2] 中陰 (가운데 중, 응달 음). 불교 사람이 죽어서 다음 생을 받을 때까지의 이승도 저승도 아닌 중간(中間)에 있는 음지(陰地)에서 지내는 49일 동안을 이르는 말. ⓑ중유(中有).

중:의[1] 衆意 (무리 중, 뜻 의). 여러 사람[衆]의 의견(意見).

중:의[2] 衆議 (무리 중, 의논할 의). ① 속뜻 여러 사람[衆]의 논의(論議)나 의견. ¶모든 중의가 그것을 반대하는 것으로 모아졌다. ⓑ중론(衆論).

중:의-법 重義法 (거듭 중, 뜻 의, 법 법). 문학 하나의 단어에 두 가지 의미[義]를 중복(重複)시켜 전달하는 표현 방법(方法).

중이 中耳 (가운데 중, 귀 이). 의학 외이(外耳)와 내이(內耳)의 중간(中間) 쯤에 고막이 있는 부분의 귀[耳].

▸중이-염 中耳炎 (염증 염). 의학 병원균의 감염으로 중이(中耳)에 생기는 염증(炎症). ¶중이염을 방치하면 청력을 잃을 수 있다.

중-이층 中二層 (가운데 중, 두 이, 층 층). ① 속뜻 이층(二層)과 일층의 중간(中間)에 있는 층(層). ② 보통의 이층보다는 조금 낮고 단층보다는 조금 높게 지은 이층.

중인[1] 中人 (가운데 중, 사람 인). 역사 조선시대, 양반과 평민의 중간(中間) 계급에 있는 사람[人]을 이르던 말.

중:인[2] 重因 (무거울 중, 까닭 인). 중요(重要)한 원인(原因).

중:인[3] 衆人 (무리 중, 사람 인). 한 무리[衆]의 사람[人].

중:인-변 重人邊 (겹칠 중, 사람 인, 가 변). 한자 부수 중, 사람인(人) 자의 첫 획이 겹친[重] 것같이 보이는 변(邊), 즉 '彳'(척)을 이르는 말.

중일 전:쟁 中日戰爭 (중국 중, 일본 일, 싸울 전, 다툴 쟁). 역사 1937년 중국(中國)과 일본(日本) 사이에 벌어진 전쟁(戰爭). 일본이 중국 본토를 정복하려고 일으켰는데 1945년에 일본이 연합국에 무조건 항복하며 끝이 났다.

중:임[1] 重任 (무거울 중, 맡을 임). 무거운[重大]한 임무(任務). 또는 중대한 직책이나 소임. ¶중임을 맡아 막중한 책임감을 느끼다.

중임[2] 重任 (거듭 중, 맡을 임). 정해진 임기를 거듭[重]하여 맡음[任]. 또는 중대한 소임. ⓑ연임(連任), ⓑ단임(單任).

중:-입자 重粒子 (무거울 중, 알 립, 씨 자). 물리 핵자(核子) 및 그보다 질량이 무거운[重] 소립자(素粒子)를 통틀어 이르는 말.

중:-자음 重子音 (겹칠 중, 아이 자, 소리

음). 언어 소리가 둘 이상 중복(重複)되어 있는 자음(子音). 'ㄺ, ㄻ' 따위가 이에 해당된다. ⑪복자음(複子音).

중장¹ 中章 (가운데 중, 글 장). 문학 세 개의 장으로 나누어진 악곡이나 시조의 가운데[中] 장(章).

중장² 中將 (가운데 중, 장수 장). 군사 국군 장성(將星) 계급으로 소장(少將)과 대장(大將)의 중간(中間)에 위치한 계급.

중장³ 中腸 (가운데 중, 창자 장). 동물 무척추 동물의 가운데[中] 창자[腸].

중-장기 中長期 (가운데 중, 길 장, 때 기). 중간(中間) 정도로 오랜[長] 기간(期間). ¶중장기 경제 개발 계획.

중:-장비 重裝備 (무거울 중, 꾸밀 장, 갖출 비). 토목이나 건설 공사 등에 쓰이는 무거운[重] 장비(裝備)를 일컬음. ¶터널 공사를 위해 중장비가 동원되었다.

중재 仲裁 (가운데 중, 분별할 재). ① 속뜻 분쟁이나 싸움의 가운데[仲] 끼어들어 제재(制裁)함. 서로 다투는 사이에 들어 화해시킴. ¶그의 중재로 문제는 해결됐다. ②제삼자나 제삼국이 분쟁을 일으킨 당사자나 당사국 사이에 들어 화해를 붙임. ③ 법률 노동 쟁의 조정법에서, 노사(勞使) 쌍방의 신청이나 행정 관청의 요구 등이 있을 때 노동 위원회에서 중재 재정(仲裁裁定)을 내려 쟁의를 해결하는 일.

▸중재-인 仲裁人 (사람 인). 중재(仲裁)하는 사람[人].

▸중재 계:약 仲裁契約 (맺을 계, 묶을 약). 법률 ①분쟁 당사자가 그 분쟁을 제삼자의 중재(仲裁)에 따라 해결하기로 약정하는 계약(契約). ②국제 분쟁을 국제 재판에 부칠 것을 약속하는 국가 간의 합의.

▸중재 재정 仲裁裁定 (분별할 재, 정할 정). 법률 노동 위원회가 노동 쟁의의 중재(仲裁)를 위해, 노동 쟁의 조정법에 따라 옳고 그름을 헤아려[裁] 결정(決定)하는 일.

▸중재 재판 仲裁裁判 (분별할 재, 판가름할 판). 법률 국제간에 분쟁이 있을 때, 중재(仲裁)를 위하여 분쟁 당사국 쌍방이 선정하거나 조직한 재판관에 의해 행하여지는 재판(裁判).

중:적 衆敵 (무리 중, 원수 적). 한 무리[衆]의 적(敵).

중전¹ 中前 (가운데 중, 앞 전). 운동 야구에서 중견수(中堅手)의 앞[前].

중전² 中殿 (가운데 중, 대궐 전). ① 속뜻 중궁(中宮=왕비)이 거처하는 대궐[殿]. '중궁전'(中宮殿)의 준말. ②왕후를 높여 이르는 말.

중:-전기 重電機 (무거울 중, 전기 전, 틀 기). 무게가 무거운[重] 전기(電氣) 기구(機具)를 통틀어 이르는 말. ⑪경전기(輕電機).

중-전차 中戰車 (가운데 중, 싸울 전, 수레 차). 군사 크기와 무게가 중간(中間) 정도인 전차(戰車).

중:-전차 重戰車 (무거울 중, 싸울 전, 수레 차). 군사 무게가 무겁고[重] 구경이 큰 화포를 장비한 대형의 전차(戰車).

중절 中絶 (가운데 중, 끊을 절). 중도(中途)에서 끊거나[絶] 그만둠. 흔히 임신 중절의 뜻으로 쓰인다. ⑪중단(中斷).

중절-모 中折帽 (가운데 중, 꺾을 절, 모자 모). 꼭대기의 가운데[中]가 꺾이고[折] 챙이 둥글게 달린 모자(帽子). '중절모자'(中折帽子)의 준말. ¶중절모를 쓴 노년의 신사.

중점¹ 中點 (가운데 중, 점 점). ① 언어 가운데[中] 점(點). ② 수학 선분이나 유한 곡선 따위를 이등분하는 점. ③ 역사 조선 후기에 둔, 보부상 조직의 임원을 통틀어 이르던 말. 영위(領位), 반수(班首), 접장(接長)들이 있었다.

중:점² 重點 (무거울 중, 점 점). ① 속뜻 가장 중요(重要)한 점(點). 중요하게 여겨야 할 점. ¶이 책은 학생들의 이해를 돕는 데 중점을 두었다. ② 물리 지렛대를 써서 물체를 움직이려고 할 때, 그 물체의 무게가 걸리는 점.

▸중:점-적 重點的 (것 적). 어떤 것에 중점(中點)을 두어 집중하는 것[的]. ¶도로 안전 문제를 중점적으로 조사하다.

중정¹ 中正 (가운데 중, 바를 정). 어느 쪽에도 치우침이 없고[中] 바름[正]. 지나치거나 모자람이 없이 알맞음.

중정² 中庭 (가운데 중, 뜰 정). ① 속뜻 마당[庭]의 한가운데[中]. ②집 안의 안채와 바깔채 사이에 있는 뜰.

중정³ 中情 (가운데 중, 마음 정). 가슴속 가운데[中]에 깊이 품은 감정(感情)이나 생각.

중:정⁴ 重訂 (거듭 중, 바로잡을 정). 책 따위의 내용을 거듭[重]해서 고침[訂].

중:정⁵ 衆情 (무리 중, 마음 정). 여러 사람[衆]의 감정(感情). 대중의 의견.

중:-정석 重晶石 (무거울 중, 밝을 정, 돌 석). ① [속뜻] 무겁고[重] 밝은[晶] 돌[石]. ② [광업] 중금속(重金屬)의 광상에서 맥석으로 산출되는 황산바륨의 광석(鑛石). 가루로 정제하여 백색 안료, 도료 원료, 제지(製紙), 인조 상아 따위의 첨가제로 쓴다.

중졸 中卒 (가운데 중, 마칠 졸). 중학교(中學校)를 마침[卒]. '중학교졸업'(中學校卒業)의 준말. ¶그의 학력은 중졸이었지만 모르는 것이 없었다.

중종-반정 中宗反正 (가운데 중, 마루 종, 돌이킬 반, 바를 정). [역사] 조선 1506년에 연산군을 몰아내고[反正] 중종(中宗)을 왕으로 추대한 사건.

중:죄 重罪 (무거울 중, 허물 죄). 무거운[重] 죄(罪). 큰 죄. ¶예전에 불효(不孝)는 중죄로 다스려 무거운 형벌을 내렸다.

중:주 重奏 (겹칠 중, 연주할 주). [음악] 각 악기가 각각 다른 성부를 맡아 함께 겹쳐서[重] 연주(演奏)하는 합주의 한 형식 또는 그 연주.

중:증¹ 重症 (무거울 중, 증세 증). 몹시 위중(危重)한 병의 증세(症勢). ¶중증 장애인 / 병이 워낙 중증이라 치료가 거의 불가능하다.

중:증² 衆證 (무리 중, 증거 증). 여러 사람[衆]의 증거(證據). 많은 증인.

중지¹ 中止 (가운데 중, 그칠 지). 하던 일을 중도(中途)에서 그만둠[止]. ¶엘리베이터 작동을 잠시 중지시켰다. [비]중단(中斷). [반]계속(繼續), 지속(持續).

중지² 中指 (가운데 중, 손가락 지). 가운데[中] 손가락[指]. ¶그는 사고로 중지 한 마디가 잘렸다. [비]장지(長指).

중지³ 中智 (가운데 중, 슬기 지). 보통 중간(中間) 정도의 슬기[智].

중:지⁴ 重地 (중할 중, 땅 지). 매우 중요(重要)한 곳[地].

중:지⁵ 衆志 (무리 중, 뜻 지). 여러 사람[衆]의 뜻[志]이나 생각.

중:지⁶ 衆知 (무리 중, 알 지). 여러 사람[衆]이 다 앎[知]. ¶그것은 중지의 사실이다.

중:지⁷ 衆智 (무리 중, 슬기 지). 여러 사람[衆]의 의견이나 슬기[智]. ¶문제를 해결하려면 중지를 모아야 한다.

중:직 重職 (무거울 중, 일 직). 중요(重要)한 직위(職位). [비]중위(重位).

중진¹ 中震 (가운데 중, 떨 진). ① [속뜻] 중간(中間) 급의 지진(地震). ② [지리] 진도(震度) 4의 지진. 집이 심하게 흔들리고, 기물이 넘어지거나 그릇 안의 물이 넘치는 정도이다. ¶그 건물은 중진에도 주저앉고 말았다. [참]미진(微震), 경진(輕震), 약진(弱震), 강진(強震), 열진(烈震), 격진(激震).

중:진² 重鎭 (무거울 중, 누를 진). ① [속뜻] 책장이나 종이가 바람에 날리지 아니하도록 무겁게[重] 누름[鎭]. 또는 그런 물건. ② 어떤 분야에서 중요한 자리에 있거나 지도적 영향력을 가진 사람. ③ 병권(兵權)을 잡고 군사적 요충지를 지키는 사람.

중진-국 中進國 (가운데 중, 나아갈 진, 나라 국). ① [속뜻] 진보(進步)한 정도가 중간(中間)쯤 되는 나라[國]. ② 국민 소득이나 사회 보장 제도, 경제 발전 따위의 면에서 선진국(先進國)과 후진국(後進國)의 중간에 속하는 나라. ¶중진국에서 벗어나 선진국에 바짝 다가서다.

중질 中質 (가운데 중, 바탕 질). 중등(中等) 정도의 질(質).

중:징 重徵 (무거울 중, 거둘 징). 조세 따위를 무겁게[重] 매겨 거둠[徵].

중:차대 重且大 (무거울 중, 또 차, 큰 대). 무겁고[重] 또[且] 큼[大].

중:창¹ 重唱 (겹칠 중, 부를 창). [음악] 각 성부(聲部)를 한 사람이 하나씩 맡아 동시에[重] 노래함[唱]. 또는 그 노래.

중:창² 重創 (거듭할 중, 처음 창). ① [속뜻] 거듭하여[重] 다시 만들거나[創] 세움. ② 상처 위에 다시 상처를 냄. ③ 아주 심하게 다침. 또는 그런 부상.

중:책 重責 (무거울 중, 꾸짖을 책). ① [속뜻] 중대(重大)한 책임(責任). ¶그는 이번에 외국 손님을 접대하는 중책을 맡았다.

②엄중하게 책망함.

중천 中天 (가운데 중, 하늘 천). 한가운데[中] 하늘[天]. 하늘 한복판. ¶해가 중천에 떴는데 아직도 자고 있느냐.

중:-천금 重千金 (무거울 중, 일천 천, 황금 금). ① [속뜻] 무게[重]가 천금(千金)과 같음. ②가치가 매우 귀함.

중:첩 重疊 (거듭 중, 겹쳐질 첩). 거듭[重] 겹쳐짐[疊].

중체-서용 中體西用 (가운데 중, 몸 체, 서녘 서, 쓸 용). 『역사』중국(中國)의 문물을 모체(母體)로 삼고 서양(西洋)의 것을 더불어 활용(活用)함. ¶중체서용 사상이 널리 퍼졌다.

중추[1] 中樞 (가운데 중, 지도리 추). ① [속뜻] 중심(中心)이 되는 중요한 지도리[樞] 장치. ②사물의 중심이 되는 중요한 부분. ¶그들이 학생회의 중추 역할을 한다. ③ [의학] '중추 신경'(神經)의 준말.

▶중추-원 中樞院 (관청 원). [역사] ①고려와 조선 때, 왕명의 출납 등을 맡아보던 나라의 중추적(中樞的)인 관청[院]. ②대한 제국 때, 의정부에 딸렸던 관청. ③일제 때, 조선 총독부의 자문 기관.

▶중추 신경 中樞神經 (정신 신, 날실 경). [의학] 신경 기관 가운데, 가장 중심이 되는 역할[中樞]을 하는 신경(神經). 신경 섬유를 통하여 들어오는 자극을 받고 통제하며 다시 근육, 분배선 따위에 자극을 전달한다. [준]중추.

▶중추 신경계통 中樞神經系統 (정신 신, 날실 경, 이어 맬 계, 큰 줄기 통). [의학] 동물의 신경계에서 신경 섬유와 신경 세포가 모여 뚜렷한 중심부[中樞]를 이루고 있는 신경계(神經系). [준]중추 신경계.

중추[2] 仲秋 (가운데 중, 가을 추). ① [속뜻] 가을[秋]의 한가운데[仲]. ②음력 8월을 달리 이르는 말. [비]중춘(仲春), 중하(仲夏), 중동(仲冬).

▶중추-절 仲秋節 (철 절). ① [속뜻] 음력 8월 보름[仲秋]에 지내는 명절(名節). ②'추석'(秋夕), '한가위'를 이르는 말. 햅쌀로 송편을 빚고 햇과일 따위의 음식을 장만하여 차례를 지낸다. ¶오는 중추절에는 밝은 보름달을 볼 수 있을 것이다.

중축 中軸 (가운데 중, 굴대 축). ① [속뜻] 물건의 한가운데[中]를 가로지르는 축(軸). ②사물의 가장 중심이 되는 곳. 또는 그러한 사람.

중춘 仲春 (가운데 중, 봄 춘). ① [속뜻] 봄[春]의 한가운데[仲]. ②음력 2월을 달리 이르는 말. [참]중하(仲夏), 중추(仲秋), 중동(仲冬).

중:출 重出 (거듭 중, 날 출). 같은 것이 거듭[重] 나옴[出]. [비]첩출(疊出).

중층 中層 (가운데 중, 층 층). ① [속뜻] 중간(中間)에 있는 층(層). ②중류(中流).

▶중층-운 中層雲 (구름 운). [지리] 중간 높이[中層]의 구름[雲]. 중위도 지방의 경우 대개 2~7㎞ 높이의 구름으로, 고적운(高積雲)·고층운(高層雲)·난층운(亂層雲)을 이른다.

중침 中針 (가운데 중, 바늘 침). 중간(中間) 굵기의 바늘[針].

중칭[1] 中秤 (가운데 중, 저울 칭). 일곱 근부터 서른 근까지를 다는 중간치(中間値)의 저울[秤].

중칭[2] 中稱 (가운데 중, 일컬을 칭). ① [언어] 멀지도 가깝지도 않은[中] 대상을 가리키는[稱] 것. ¶3인칭은 근칭, 중칭, 원칭으로 나뉜다. ② [언어] 중칭 대명사(中稱代名詞). [참]근칭(近稱), 원칭(遠稱).

▶중칭 대:명사 中稱代名詞 (대신할 대, 이름 명, 말씀 사). [언어] 화자와 그리 멀지 않은[中] 곳에 있는 사람·사물·방향 등을 가리키는[稱] 대명사(代名詞). '그이', '그것' 따위.

중:탁 重濁 (무거울 중, 흐릴 탁). 탕약이나 국물 있는 음식 같은 것이 뻑뻑하고[重] 걸쭉함[濁].

중탕[1] 中湯 (가운데 중, 욕탕 탕). 물의 온도가 중간(中間)쯤 되는 온천이나 욕탕[湯].

중:탕[2] 重湯 (거듭 중, 끓을 탕). ① [속뜻] 거듭[重]하여 끓임[湯]. ②끓는 물속에 음식 담은 그릇을 넣어 익히거나 데움. ¶한약을 중탕해서 마시다.

중:태 重態 (무거울 중, 모양 태). 병이 위중(危重)한 상태(狀態). ¶교통사고로 중태에 빠지다.

중:토 重土 (무거울 중, 흙 토). ① [농업] 너무

차져서[重] 농사짓기에 알맞지 않은 흙[土]. ② 화학 바륨(Braium)의 산화물. 질산바륨이나 탄산바륨을 가열하여 만든 흰색의 가루로, 공기 속에서 탄산가스와 수증기를 잘 흡수한다. ⓑ산화바륨(酸化Barium).

▸중:토-수 重土水 (물 수). 화학 산화바륨[重土]을 물에 녹인 액체[水]. 알칼리의 표준 용액이나 탄산가스의 흡수제로 쓰인다.

중퇴 中退 (가운데 중, 물러날 퇴). ① 속뜻 중도(中途)에서 물러남[退]. 도중에 그만둠. ② 교육 학생이 과정을 다 마치지 못하고 중도에서 학교를 그만둠. '중도퇴학'(中途退學)의 준말. ¶집안 사정으로 대학을 중퇴하다.

중파[1] 中波 (가운데 중, 물결 파). 물리 중간(中間) 정도 되는 주파수의 전파(電波). 주파수 300~3000㎑, 파장 100~1000m의 전파. 라디오 방송 따위에 쓴다.

중파[2] 中破 (가운데 중, 깨뜨릴 파). 반쯤[中] 깨어짐[破]. 수리를 하면 다시 쓸 수 있을 정도로 깨짐. 또는 그 정도로 깨뜨림.

중판[1] 中版 (가운데 중, 널빤지 판). 종이나 사진 따위의 크기가 중간(中間)쯤 되는 판형(版型).

중:판[2] 重版 (거듭 중, 책 판). 한번 낸 책을 거듭[重] 출판한 출판물(出版物). ⓑ재판(再版).

▸중:판-본 重版本 (책 본). 중판(重版)한 책[本].

중:판[3] 重瓣 (겹칠 중, 꽃잎 판). 식물 여러 겹[重]으로 된 꽃잎[瓣]. ⓑ겹꽃잎. ⓟ단판(單瓣).

▸중:판-위 重瓣胃 (밥통 위). 동물 반추위(反芻胃)의 제 3실. 점막[瓣]이 주름져[重] 있는 위(胃)로 벌집위에서 입으로 되넘긴 것을 받는다.

▸중:판-화 重瓣花 (꽃 화). 식물 여러 겹[重]의 꽃잎[瓣]으로 이루어진 꽃[花]. ⓟ단판화(單瓣花).

중편 中篇 (가운데 중, 책 편). ① 속뜻 셋으로 나눈 책이나 글의 가운데[中]편(篇). ¶어제까지 상편을 읽고 오늘부터 중편을 읽는다. ② 문학 '중편소설'의 준말.

▸중편 소:설 中篇小說 (작을 소, 말씀 설). 문학 장편 소설과 단편 소설의 중간(中間)쯤 되는 분량[篇]의 소설(小說). ¶그 책은 중편 한 편과 단편 세 편이 실려 있다.

중:평 衆評 (무리 중, 평할 평). 여러 사람[衆]의 비평(批評).

중포[1] 中包 (가운데 중, 쌀 포). 운동 장기(將棋)에서 궁 자리의 좌우 가운데[中]줄에 앉힌 포(包).

중포[2] 中砲 (가운데 중, 대포 포). 군사 경포(輕砲)와 중포(重砲)의 중간(中間)쯤 되는 대포(大砲). 대개 구경이 105㎜에서 155㎜까지의 포를 일컫는다.

중:포[3] 重砲 (무거울 중, 대포 포). 군사 구경(口徑)이 크고 무거운[重] 대포(大砲). 구경 8인치 이상으로 사정거리가 길고 포탄의 위력이 크다. ⓟ경포(輕砲).

중:-포화 重砲火 (무거울 중, 대포 포, 불 화). ① 속뜻 성능이 강한[重] 대포(大砲)의 화력(火力). ② 몹시 심한 포격.

중폭 中幅 (가운데 중, 너비 폭). 정도가 중간(中間)쯤 되는 너비[幅].

중-폭격기 中爆擊機 (가운데 중, 터질 폭, 칠 격, 틀 기). 군사 기체(機體)가 중간(中間) 정도의 크기인 폭격기(爆擊機).

중:-폭격기 重爆擊機 (무거울 중, 터질 폭, 칠 격, 틀 기). 군사 기체(機體)가 매우 크고 무거운[重] 폭격기(爆擊機).

중품 中品 (가운데 중, 물건 품). ① 속뜻 품질이 중간(中間) 정도인 물건[品]. ② 극락정토의 아홉 계층 중에서 중간 자리의 셋을 이르는 말.

중풍 中風 (맞을 중, 바람 풍). ① 속뜻 바람[風]을 맞음[中]. ② 한의 몸의 전부, 혹은 일부가 마비되는 병. ¶중풍에 걸려 오른쪽 반신을 못 쓰다. ⓑ뇌졸중.

▸중풍-증 中風症 (증세 증). 한의 중풍(中風)으로 말미암아 생기는 여러 가지 증세(症勢).

▸중풍-질 中風質 (바탕 질). 한의 중풍(中風)에 걸리기 쉬운 체질(體質).

중:하[1] 仲夏 (가운데 중, 여름 하). ① 속뜻 여름[夏]의 한가운데[仲]. 한여름. ② 음력 5월을 달리 이르는 말. ⓒ중춘(仲春), 중추(仲秋), 중동(仲冬).

중:하[2] 重荷 (무거울 중, 짐 하). 무거운[重] 짐[荷].

⁑중학 中學 (가운데 중, 배울 학). ① 교육 '중학교'(中學校)'의 준말. ② 역사 조선 때, 서울 중부에 둔 사학(四學)의 하나.

중-학교 中學校 (가운데 중, 배울 학, 가르칠 교). 교육 중등(中等) 교육을 실시하는 학교(學校). ㊟중학.

중-학생 中學生 (가운데 중, 배울 학, 사람 생). 중학교(中學校)에 재학하는 학생(學生).

중한 中寒 (맞을 중, 찰 한). ① 속뜻 찬[寒] 바람을 맞음[中]. ② 한의 추위로 팔다리가 뻣뻣해지거나 심장이 쑤시고 아프거나 인사불성에 빠지는 병. 중한증(中寒症).

중:합 重合 (겹칠 중, 합할 합). ① 속뜻 포개어[重] 합침[合]. ② 화학 같은 화합물의 분자 두 개 이상이 결합하여 분자량이 큰 다른 화합물이 되는 일.

▶중:합-도 重合度 (정도 도). 화학 한 중합체(重合體)에서 기본 단위체의 수[度].

▶중:합-체 重合體 (몸 체). 화학 분자가 기본 단위가 반복되어[重] 이루어진[合] 화합물[體].

중항 中項 (가운데 중, 항목 항). ① 속뜻 가운데[中] 있는 항목(項目). ② 수학 수열이나 급수에서, 서로 이웃하는 세 항의 가운데 항. …, a, b, c, …에서 b를 a와 c의 중항이라 한다.

중핵 中核 (가운데 중, 씨 핵). ① 속뜻 가운데[中]에 있는 씨[核]. 중요한 부분. ② 속 알맹이.

중행 中行 (가운데 중, 행할 행). 한쪽으로 치우치지 않은[中] 행실(行實).

중형¹ 中型 (가운데 중, 모형 형). 중간(中間)쯤 되는 크기의 모형(模型). ¶중형 버스.

중:형² 仲兄 (가운데 중, 맏 형). 자기의 둘째[仲] 형(兄). ㊐중씨(仲氏), 차형(次兄).

중:형³ 重刑 (무거울 중, 형벌 형). 크고 무거운[重] 형벌(刑罰). ¶징역 20년의 중형을 선고받다.

중형 시조 中形時調 (가운데 중, 모양 형, 때 시, 가락 조). 문학 초장, 중장 가운데 어느 한 장이 평시조보다 1음보 정도 더 길어진, 평시조와 사설시조의 중간(中間) 형태(形態)의 시조(時調).

중:혼 重婚 (거듭 중, 혼인할 혼). 배우자가 있는 사람이 이중(二重)으로 혼인(婚姻)함.

중화¹ 中火 (가운데 중, 불 화). 길을 가는 중(中)에 불[火]을 지펴 점심을 지어 먹음.

중화² 中華 (가운데 중, 빛날 화). ① 속뜻 가운데[中]에서 빛남[華]. ② 지난날, 한민족(漢民族)이 주변의 민족에 대하여 자랑삼아 이르던 말.

중화³ 中和 (가운데 중, 어울릴 화). ① 속뜻 서로 다른 성질의 물질이 중간(中間)에서 어우러져[和] 서로의 특징이나 작용을 잃음. ¶두 민족은 한데 어울려 살면서 중화되었다. ② 화학 산과 염기가 반응하여 서로의 성질을 잃음. 또는 그 반응. ¶암모니아수로 독성을 중화시키다. ④ 화학 서로 성질이 다른 물질이 융합하여 각각 그 특징이나 작용을 잃음. ⑤ 물리 양전기와 음전기가 하나가 되어 전하(電荷)를 잃음.

▶중화-열 中和熱 (더울 열). 화학 산과 염기가 각각 1g 당량(當量)씩 중화(中和)할 때 나는 열량(熱量).

▶중화-제 中和劑 (약제 제). 화학 중화(中和) 반응에 쓰는 약제(藥劑). 또는 중화시키는 약제. ¶중화제를 묻혀 소독하다.

▶중화지기 中和之氣 (어조사 지, 기운 기). 덕성이 바르고 골라서[中] 아주 화평(和平)한 기상(氣象).

중:-화기 重火器 (무거울 중, 불 화, 그릇 기). 군사 비교적 화력이 센[重] 화기(火器). 보병이 지니는 중기관총, 무반동총, 박격포 따위. ㊥경화기(輕火器).

중:-화상 重火傷 (무거울 중, 불 화, 다칠 상). 심하게[重] 입은 화상(火傷). ¶공장에 불이 나 다섯 명의 직원이 중화상을 입었다.

중-화학 重化學 (무거울 중, 될 화, 배울 학,). 중공업(重工業)과 화학(化學) 공업(工業). ¶중화학 공업단지.

▶중:화학 공업 重化學工業 (장인 공, 일 업). 공업 중공업(重工業)과 화학(化學) 공업(工業)을 아울러 이르는 말.

중:환¹ 重患 (무거울 중, 병 환). 위중(危重)한 질환(疾患). ㊐중병(重病). ㊥경환(輕患).

중환² 中丸 (맞을 중, 알 환). 총알[丸]에 맞음[中].

▶중환-치사 中丸致死 (이를 치, 죽을 사). 총

알[丸]에 맞아[中] 죽음[死]에 다다름[致].

중ː-환자 重患者 (무거울 중, 병 환, 사람 자). 중환(重患)에 걸린 사람[者]. ¶이곳은 중환자가 입원해 있다. ㊥경환자(輕患者).

중후 重厚 (무거울 중, 두터울 후). ① 속뜻 태도 따위가 무게가 있고[重] 부피가 있다[厚]. ¶그 신사는 중후한 멋을 풍긴다. ② 작품이나 분위기가 엄숙하고 무게가 있다. ¶집의 실내는 중후한 느낌의 가구들로 꾸며져 있다.

중흥 中興 (가운데 중, 일어날 흥). 집안이나 나라 따위가 쇠퇴하던 것이 중간(中間)에서 다시 일어남[興]. ¶민족 중흥의 주역 / 쇠퇴한 불교를 중흥시키다.

▸중흥지주 中興之主 (어조사 지, 임금 주). 쇠퇴하던 나라를 중흥(中興)시킨 군주(君主).

즉각 即刻 (곧 즉, 시각 각). 곧[即] 그 시각(時刻)에. ¶이 약은 즉각 효과가 나타난다.

즉결 即決 (곧 즉, 결정할 결). 그 자리에서 바로[即] 결정(決定)하거나 해결함. ㊥직결(直決).

▸즉결 심ː판 即決審判 (살필 심, 판가름할 판). 법률 가벼운 범죄 사건에 대하여 정식 형사 소송 절차를 밟지 않고 경찰 서장의 청구를 받아들여 순회 판사가 즉결(即決)하는 약식 재판[審判].

즉금 即今 (곧 즉, 이제 금). ① 속뜻 이제[今] 곧[即]. ② 지금 당장에.

즉낙 即諾 (곧 즉, 승낙할 낙). 즉석(即席)에서 승낙(承諾)함.

즉납 即納 (곧 즉, 바칠 납). 돈이나 물건을 즉석(即席)에서 납부(納付)함.

즉단 即斷 (곧 즉, 끊을 단). 즉시(即時) 단정(斷定)함.

즉답 即答 (곧 즉, 답할 답). 즉석(即席)에서 대답(對答)함. ¶장관은 기자회견에서 즉답을 피했다. ㊥직답(直答).

즉매 即賣 (곧 즉, 팔 매). 전시회 등에서, 물건을 즉석(即席)에서 파는[賣] 일.

즉멸 即滅 (곧 즉, 없어질 멸). 즉각(即刻) 멸망(滅亡)함.

즉물-적 即物的 (곧 즉, 만물 물, 것 적). ① 속뜻 대상[物]을 있는 즉각(即刻) 포착하는 것[的]. ② 물질적인 것을 으뜸으로 하여 생각하는 것.

즉발 即發 (곧 즉, 떠날 발). ① 속뜻 즉시(即時) 출발(出發)함. ② 즉시 폭발함.

▸즉발 중성자 即發中性子 (가운데 중, 성질 성, 씨 자). 물리 핵분열 그 순간에 방출[即發]되는 고속의 중성자(中性子).

즉사 即死 (곧 즉, 죽을 사). 즉시(即時) 죽음[死]. ¶토끼가 총알을 맞고 즉사했다. ㊥직사(直死).

즉살 即殺 (곧 즉, 죽일 살). 즉시(即時) 죽임[殺].

즉석 即席 (곧 즉, 자리 석). 일이 진행되는 바로 그[即] 자리[席]. ¶즉석 복권 / 즉석에서 노래를 부르다. ㊥즉좌(即座), 직석(直席).

즉세 即世 (나아갈 즉, 세상 세). 세상(世上)을 떠남[即]. 사람이 죽음.

즉속 即速 (곧 즉, 빠를 속). 곧[即] 빨리[速].

즉송 即送 (곧 즉, 보낼 송). 즉시(即時) 보냄[送].

즉시 即時 (곧 즉, 때 시). 바로 그[即] 때[時]. 곧바로. ¶무슨 일이 생기면 즉시 의사를 부르세요.

▸즉시-급 即時給 (줄 급). 지급 청구가 있을 때 즉시(即時) 현금으로 치러 주는[給] 일.

▸즉시-범 即時犯 (범할 범). 법률 범죄의 실행(實行)을 완전히 끝내는 즉시(即時) 범죄(犯罪)가 완성되고 종료(終了) 되는 것. 절도죄, 방화죄, 살인죄 등이 해당된다.

▸즉시 항ː고 即時抗告 (버틸 항, 알릴 고). 법률 소송법상 일정한 불변(不變) 기간 내에[即時] 제기해야 하는 항고(抗告).

즉신-성불 即身成佛 (곧 즉, 몸 신, 이룰 성, 부처 불). 불교 현재의 몸[身]이 그대로 곧[即] 부처[佛]가 되는[成] 일.

즉심 即審 (곧 즉, 살필 심). 법률 가벼운 범죄 사건에 대하여 정식 형사 소송 절차를 밟지 않고 경찰 서장의 청구를 받아들여 순회 판사가 즉결(即決)하는 약식 재판[審判]. '즉결 심판'(即決審判)의 준말.

즉심시불 即心是佛 (곧 즉, 마음 심, 이 시, 부처 불). 불교 중생(衆生)의 마음[心]이 곧[即] 부처[佛]임[是]. 즉 사람의 본성은 불성(佛性)을 지니고 있는 것이라는 뜻.

즉영 卽詠 (곧 즉, 읊을 영). 시를 그 자리에서 바로[卽] 읊거나[詠] 지음. ¶옛 선비들은 자연에 살면서 즉영을 즐겼다.

즉위 卽位 (나아갈 즉, 자리 위). 임금의 자리[位]에 나아가[卽] 오름. ¶선왕이 돌아가시고 세자가 즉위했다. ⓑ등극(登極). ⓟ퇴위(退位).

즉응 卽應 (곧 즉, 응할 응). 즉시(卽時) 응대(應對)함. 그대로 곧 적응함.

즉일 卽日 (곧 즉, 날 일). 바로 그[卽] 날[日]. ⓑ당일(當日).

▸즉일 시:행 卽日施行 (베풀 시, 행할 행). 법률 법령 따위를 공포한 그[卽] 날[日] 부터 시행(施行)함.

즉제[1] 卽製 (곧 즉, 만들 제). 즉석(卽席)에서 만듦[製].

즉제[2] 卽題 (곧 즉, 제목 제). 그 자리에서 곧[卽] 짓도록 내놓은 시나 글의 제목(題目).

즉좌 卽座 (곧 즉, 자리 좌). 어떤 일이 벌어지는 바로[卽] 그 자리[座]. ¶사람들은 즉좌에서 노래 한 곡을 청했다.

즉-출급 卽出給 (곧 즉, 날 출, 줄 급). 돈이나 물건을 바로[卽] 내어[出] 줌[給].

즉행 卽行 (곧 즉, 갈 행). ① 속뜻 바로[卽] 감[行]. ② 곧 실행함.

즉효 卽效 (곧 즉, 효과 효). 즉시(卽時) 나타나는 효과(效果). ¶감기에는 이 약이 즉효다.

즉흥 卽興 (곧 즉, 흥겨울 흥). 즉석(卽席)에서 일어나는 흥취(興趣). ¶즉흥으로 피아노를 연주하다.

▸즉흥-곡 卽興曲 (노래 곡). 음악 즉흥적(卽興的)인 악상을 소품 형식으로 지은 악곡(樂曲).

▸즉흥-극 卽興劇 (연극 극). 연영 그 자리의 흥에[卽興] 따라 연출하는 극(劇).

▸즉흥-시 卽興詩 (시 시). 문학 그 자리에서의 느낌을[卽興] 그대로 읊은 시(詩).

▸즉흥-적 卽興的 (것 적). ① 속뜻 그때그때의 느낌을[卽興] 표현하는 것[的]. ② 깊이 생각하지 않고 생각나는 대로 무슨 일을 하는 것. ¶그녀는 즉흥적으로 연설을 했다.

즐린 櫛鱗 (빗 즐, 비늘 린). 동물 한쪽 가장자리가 빗살[櫛]같이 된 물고기의 비늘[鱗].

즐문 토기 櫛文土器 (빗 즐, 무늬 문, 흙 토, 그릇 기). 고적 빗살[櫛]로 그은 것 같은 평행선의 무늬[文]가 있는 토기(土器). ⓑ빗살무늬 토기.

즐비 櫛比 (빗 즐, 가지런할 비). 빗살[櫛]처럼 가지런하게[比] 늘어서 있다. ¶거리에는 옷가게가 즐비하다.

즐치 櫛齒 (빗 즐, 이 치). ① 속뜻 빗[櫛]의 이[齒]. ② 빗의 가늘게 갈라진 낱낱의 살.

즐판 櫛板 (빗 즐, 널빤지 판). 동물 몸에 난 아주 가는 털이 빗살[櫛]처럼 모여서 판(板) 모양을 이룬 기관. 잔털이 섬모 빗살처럼 모여서 된 것으로 이것을 움직여 운동한다.

즙액 汁液 (즙 즙, 진 액). 즙(汁)을 짜낸 액(液).

증가[1] 增價 (더할 증, 값 가). ① 속뜻 값어치[價]가 더해짐[增]. ② 값을 올림. ⓟ감가(減價).

증가[2] 增加 (더할 증, 더할 가). 수나 양을 더하고[增] 또 더함[加]. 많아짐. ¶인구 증가 / 도서관의 책이 매년 증가하고 있다. ⓟ감소(減少).

▸증가-율 增加率 (비율 률). 늘어나는[增加] 비율(比率). ¶인구 증가율. ⓟ감소율(減少率).

증간 增刊 (더할 증, 책 펴낼 간). 잡지 등의 정기 간행물에서, 정해진 시기 외에 임시로 늘리어[增] 간행(刊行)하는 일. 또는 그 간행물.

증감[1] 增減 (더할 증, 덜 감). 늘림[增]과 줄임[減]. ¶인구의 증감이 별로 없다 / 하천의 물은 조수의 간만에 따라 증감한다. ⓑ증손(增損).

증감[2] 增感 (더할 증, 느낄 감). ① 속뜻 자극이 많아진[增] 것을 느껴[感] 아는 감각. ② 연영 사진 감광 재료의 감광도가 높아짐. 감광도를 높임. ③ 화학 반응 물질에 첨가된 다른 물질에 의하여 광화학 반응이 촉진되는 현상.

증강 增強 (더할 증, 강할 강). 수나 양을 늘려[增] 더 강(強)하게 함. ¶군사력 증강에 힘쓰다.

증개 增改 (더할 증, 고칠 개). 문장 따위를 양적으로 보태고[增], 틀린 것을 고쳐[改]

바로잡음.

증거 證據 (증명할 증, 근거할 거). ① 속뜻 어떤 사실을 증명(證明)할 수 있는 근거(根據). ¶그가 돈을 훔쳤다는 증거는 없다. ② 법률 법원이 법률 적용의 대상이 되는 사실의 유무를 확정하는 재료.

▶증거-금 證據金 (돈 금). 법률 계약의 이행을 확실히 하기 위하여 당사자의 한쪽이 상대편에게 담보로[證據] 건네주는 돈[金].

▶증거-력 證據力 (힘 력). 법률 증거(證據)가 가지는 힘[力]. 증거가 가지는 신빙성의 정도.

▶증거-물 證據物 (만물 물). 어떤 사실을 증명(證明)할 수 있는 근거(根據)가 되는 물품(物品). ¶이 물건은 법정에서 증거물로 쓰일 수 있다. ⓑ증거품(證據品).

▶증거-인 證據人 (사람 인). 법률 어떤 사실을 증명(證明)할 수 있는 근거(根據)를 가진 사람[人]. ㊟증인.

▶증거-품 證據品 (물건 품). 어떤 사실을 증명(證明)할 수 있는 근거(根據)가 되는 물품(物品).

▶증거 능력 證據能力 (능할 능, 힘 력). ① 속뜻 증거(證據)가 가진 능력(能力). ② 법률 증거가 주요 사실을 인정하는 자료로 이용될 수 있는 법률상의 객관적인 자격.

▶증거 방법 證據方法 (방법 방, 법 법). ① 속뜻 증거(證據)를 찾기 위한 방법(方法). ② 법률 법관이 사실의 있고 없음을 판단하기 위하여 조사할 수 있는 사람이나 물건.

▶증거 보:전 證據保全 (지킬 보, 온전할 전). 법률 증거 조사 때까지 기다리다가는 그 증거 방법의 사용이 불가능해지거나 어렵게 될 경우, 증거(證據)를 온전(穩全)하게 지키기[保] 위해 하는 절차.

▶증거 원인 證據原因 (본디 원, 까닭 인). 법률 법관의 심증(心證)을 확신으로 이끄는 증거(證據)가 될 만한 원인(原因).

▶증거 조사 證據調查 (헤아릴 조, 살필 사). 법률 법원이 증인의 신문, 감정인 의견의 청취, 문서의 열람, 검증물 등의 증거(證據)를 조사(調査)함.

▶증거 증권 證據證券 (증거 증, 문서 권). 법률 재산법상의 권리와 의무가 기재되어 일정한 법률관계의 증명에[證據] 쓰이는 문서(證券).

▶증거 항:변 證據抗辯 (버틸 항, 말 잘할 변). 법률 민사 소송의 당사자의 한쪽이 상대편의 증거(證據)에 대하여 항의(抗議)하는 내용의 진술[辯].

▶증거 인멸죄 證據湮滅罪 (잠길 인, 없앨 멸, 허물 죄). 법률 다른 사람의 형사 사건이나 징계 사건에 관한 증거(證據)를 없앤[湮滅] 죄(罪).

▶증거 재판주의 證據裁判主義 (분별할 재, 판가름할 판, 주될 주, 뜻 의). 법률 범죄 사실의 인정은 적법한 증거 조사의 절차를 거친, 증거 능력이 있는 증거(證據)에 따라 재판(裁判)해야 한다는 주의(主義).

증결 增結 (더할 증, 맺을 결). 일정하게 편성된 열차에 차량을 임시로 늘여서[增] 연결(連結)하는 일.

증광-시 增廣試 (더할 증, 넓을 광, 시험할 시). ① 속뜻 임시로 늘리어[增廣] 보는 과거 시험(試驗). ② 역사 조선 때, 나라에 큰 경사가 있을 때 실시하던 임시 과거 시험.

증군 增軍 (더할 증, 군사 군). 군사력(軍事力)을 증가(增加)시킴. ⓑ감군(減軍).

증권 證券 (증거 증, 문서 권). ① 속뜻 증거(證據)가 되는 문서[券]. ② 경제 주식, 공채, 사채 등의 유가 증권. ¶증권에 투자하다. ③ 법률 재산에 관한 권리나 의무를 나타내는 문서.

▶증권-업 證券業 (일 업). 경제 유가 증권(證券)의 매매·인수(引受)·매출(賣出)·모집 또는 매출의 주선 등을 하는 일[業].

▶증권 시:장 證券市場 (저자 시, 마당 장). 경제 증권(證券)을 사고파는 시장(市場). 크게 발행 시장과 유통 시장으로 나누는데, 좁은 뜻으로는 증권 거래소를 뜻한다. ¶오늘은 특히 증권시장에서의 매매가 활발했다.

▶증권 투자 證券投資 (던질 투, 재물 자). 경제 이익을 얻을 목적으로 주식이나 공사채 등의 유가 증권(證券)을 사는 데 돈을 들이는 일[投資].

▶증권 회:사 證券會社 (모일 회, 단체 사). 경제 증권업(證券業)을 하는 주식회사(株式會社).

▶증권 거:래소 證券去來所 (갈 거, 올 래, 곳 소). 경제 증권(證券)의 매매[去來]를 위하여 열리는 상설 시장[所].

증급 增給 (더할 증, 줄 급). 급여(給與)를 올려줌[增].

증기 蒸氣 (찔 증, 공기 기). 물리 액체나 고체가 증발(蒸發) 또는 승화하여 생긴 기체(氣體). '수증기'(水蒸氣)의 준말. ¶물이 끓자 주전자에서 증기가 뿜어져 나온다.

▸증기-압 蒸氣壓 (누를 압). 물리 고체 또는 액체와 평형(平衡)으로 있는 증기(蒸氣)의 압력(壓力).

▸증기 소독 蒸氣消毒 (사라질 소, 독할 독). 섭씨 100도 이상의 증기(蒸氣)로 쪄서 독(毒)을 없애는[消] 방법.

▸증기 기관 蒸氣機關 (틀 기, 빗장 관). 기계 수증기(水蒸氣)의 압력을 이용하여 피스톤의 왕복 운동을 일으켜 동력을 얻는 열기관(熱機關). ⓑ기관(汽罐).

▸증기 기관차 蒸氣機關車 (틀 기, 빗장 관, 수레 차). 기계 증기 기관(蒸氣機關)을 동력으로 해서 달리는 기관차(機關車).

증답 贈答 (보낼 증, 답할 답). 선물을 서로 주고[贈] 받는[答] 일.

증대 增大 (더할 증, 큰 대). 수량이나 정도 따위가 늘어서[增] 커짐[大]. 늘려서 크게 함. ¶수출 증대를 목표로 하다 / 생산성을 증대시키다.

증량 增量 (더할 증, 분량 량). 양(量)을 늘림[增]. ⓑ감량(減量).

증례 證例 (증거 증, 본보기 례). 증거(證據)가 되는 예(例).

증뢰 贈賂 (보낼 증, 뇌물 뢰). 뇌물[賂]을 줌[贈]. ⓑ증회(贈賄). ⓑ수뢰(收賂).

증류 蒸溜 (찔 증, 물방울질 류). 화학 액체를 가열하여[蒸] 생긴 기체를 식혀서 다시 액체로 만드는[溜] 일. 여러 성분이 섞인 혼합 용액으로부터 끓는점의 차이를 이용하여 각 성분을 분리할 수 있다. ¶바닷물을 증류하여 민물로 만들다.

▸증류-수 蒸溜水 (물 수). 화학 천연수를 증류(蒸溜)하여 정제한, 거의 순수한 물[水]. ¶증류수에는 전기가 통하지 않는다.

▸증류-주 蒸溜酒 (술 주). 발효시켜 만든 술을 다시 증류(蒸溜)하여 알코올 함유의 비율을 높인 술[酒].

증면 增面 (더할 증, 쪽 면). 신문이나 잡지 따위의 발행 면수(面數)를 늘림[增].

증명 證明 (증거 증, 밝을 명). ① 속뜻 증거(證據)를 찾아내어 밝힘[明]. 어떤 사실이나 결론이 참인지 아닌지를 밝히는 일. ¶증명 사진. ② 논리 수학이나 논리학에서, 어떤 명제의 진위를 근본 원리로부터 이끌어 내는 일. ③ 법률 재판의 기초가 되는 사실을 확인하는 일. ¶무죄를 증명하다.

▸증명-서 證明書 (글 서). 어떤 사실을 증명(證明)하는 글[書]. 또는 그 문서. ¶그 증명서는 이제 통하지 않는다.

증모 增募 (더할 증, 뽑을 모). 정원보다 더 늘려[增] 뽑음[募].

증발[1] 增發 (더할 증, 쏠 발). 늘려[增] 발행(發行)함.

증발[2] 蒸發 (찔 증, 일으킬 발). ① 물리 액체에 열을 가해 증기(蒸氣)가 일어남[發]. 또는 그러한 현상. ¶바닥의 물은 햇빛에 금방 증발했다/ 증발 접시. ② '사람이나 물건이 갑자기 사라져 행방불명이 됨'을 속되게 이름. ¶그 사건이 일어나자 사나이는 증발해버렸다.

▸증발-계 蒸發計 (셀 계). 물리 물의 증발량(蒸發量)을 재는[計] 기상 관측 기구. 대야 모양의 그릇에 넣은 물의 줄어드는 분량에 의하여 재는 경우가 많다.

▸증발-량 蒸發量 (분량 량). 일정한 시간 안에 증발(蒸發)하는 분량(分量).

▸증발-열 蒸發熱 (더울 열). 물리 액체가 증발(蒸發) 하는데 필요한 열량(熱量). ⓑ기화열(氣化熱).

증배 增配 (더할 증, 나눌 배). 배당(配當)이나 배급(配給) 따위를 늘림[增]. ⓑ감배(減配).

증별 贈別 (보낼 증, 나눌 별). 떠나는[別] 사람에게 선물 따위를 줌[贈].

증병 增兵 (더할 증, 군사 병). 군사[兵]의 수효를 늘림[增]. ¶개정 증보.

증보 增補 (더할 증, 채울 보). 책이나 글의 내용을 보태고[增] 다듬어서 채움[補].

증봉 增俸 (더할 증, 봉급 봉). 봉급(俸給)을 늘림[增]. ⓑ감봉(減俸).

증비 增備 (더할 증, 갖출 비). 설비(設備)를 늘림[增].

증빙 證憑 (증거 증, 기댈 빙). 증거(證據)로 삼음[憑]. ¶증빙 서류를 함께 제출하세요.

▸증빙 서류 證憑書類 (글 서, 무리 류). 증거가 되는[證憑] 서류(書類). ㊊문빙(文憑).

증삭 增削 (더할 증, 깎을 삭). 보태거나[增] 깎아냄[削]. ㊊증산(增刪).

증산¹ 增刪 (더할 증, 깎을 산). 시문(詩文) 같은 것을 다듬기 위하여 더 보태거나[增] 깎아 냄[刪]. ㊊증삭(增削), 첨삭(添削).

증산² 增産 (더할 증, 낳을 산). 계획이나 기준보다 생산량(生産量)이 늚[增]. ¶식량증산 / 올해는 농작물이 증산되었다. ㊇감산(減産).

증산³ 蒸散 (찔 증, 흩을 산). ① 속뜻 증발(蒸發)하여 흩어짐[散]. ② 식물 식물체 안의 물이 기공(氣孔)을 통하여 수증기가 되어 밖으로 배출되는 현상.

▸증산 작용 蒸散作用 (지을 작, 쓸 용). 식물 식물체 안의 물이 기공을 통하여 수증기가 되어 밖으로 배출되는[蒸散] 현상[作用]. ㊊발산 작용(發散作用), 통발 작용(通發作用).

⁑증상 症狀 (증세 증, 형상 상). 병을 앓을 때의 증세(症勢)나 상태(狀態). ¶다음과 같은 증상이 보이면 감기를 의심해야 한다. ㊊증세(症勢).

증서 證書 (증명할 증, 글 서). 법률 어떤 사실을 증명(證明)하는 문서(文書). 증거가 되는 서류. ¶증서를 작성하면 계약이 완료됩니다. ㊊명문(明文), 증문(證文).

▸증서 대:부 證書貸付 (빌릴 대, 줄 부). 경제 은행 등의 대주(貸主)가 차주(借主)에게 차용 증서(證書)를 내게 하여 빌려[貸] 줌[付].

증설 增設 (더할 증, 세울 설). 늘려[增] 설치(設置)함. ¶두 개의 학급을 더 증설하다.

증세¹ 症勢 (증상 증, 형세 세). 병이나 상처 때문에 나타나는 여러 가지 증상(症狀)이나 형세(形勢). ¶증세가 조금 호전됐다. ㊊증상(症狀), 증정(症情), 증후(症候).

증세² 增稅 (더할 증, 세금 세). 세금(稅金)의 액수를 늘림[增]. ㊇감세(減稅).

증속 增速 (더할 증, 빠를 속). 속도(速度)를 늘림[增]. 속도가 빨라짐. ㊇감속(減速).

증손¹ 增損 (더할 증, 덜 손). 많아짐[增]과 적어짐[損]. ㊊증감(增減).

증손² 曾孫 (거듭 증, 손자 손). ① 속뜻 대가 거듭된[曾] 손자(孫子). ② 손자의 아들. '증손자'의 준말.

증-손녀 曾孫女 (거듭 증, 손자 손, 딸 녀). ① 속뜻 거듭된[曾] 손녀(孫女). ② 아들의 손녀.

증-손자 曾孫子 (거듭 증, 손자 손, 아들 자). ① 속뜻 거듭된[曾] 손자(孫子). ② 아들의 손자. 또는 손자의 아들.

증쇄 增刷 (더할 증, 박을 쇄). 출판 일정한 부수를 인쇄한 다음에 다시 추가하여[增] 인쇄(印刷)함. ㊊중쇄(重刷).

증수¹ 增水 (더할 증, 물 수). 물[水]이 불리어 늘임[增]. ㊇감수(減水).

증수² 增收 (더할 증, 거둘 수). 수입(收入)이나 수확이 늘어남[增]. ㊇감수(減收).

증수³ 增修 (더할 증, 고칠 수). ① 속뜻 책 따위의 분량을 늘리고[增] 내용을 다듬어 고침[修]. ② 건물 따위를 더 늘려서 짓거나 고침.

증습 蒸濕 (찔 증, 젖을 습). 찌는[蒸] 듯이 무덥고 눅눅함[濕].

증시 證市 (증거 증, 저자 시). 경제 증권(證券)을 사고파는 시장(市場). '증권시장'의 준말. ¶미국 증시가 강세로 돌아섰다.

증식 增殖 (더할 증, 불릴 식). ① 속뜻 더해져[增] 불어남[殖]. ② 늘어서 많아짐. 또는 늘려서 많게 함. ¶암세포의 증식 / 저금해 둔 돈이 증식해서 큰돈이 되었다. ③ 생물 생물체의 조직·세포 따위의 수가 생식이나 분열에 따라 늘어남. ¶암세포의 증식. ④ 물리 원자로에서 중성자의 흡수에 따라, 소비되는 핵연료의 원자수보다 생성되는 핵연료의 원자수가 많아지는 일.

▸증식-로 增殖爐 (화로 로). 물리 핵분열성 물질이 원자로 안에서 소비됨과 동시에 연쇄반응으로 소비된 것 이상의 새로운 핵분열 물질이 증가하는[增殖] 원자로(原子爐).

▸증식성-염 增殖性炎 (성질 성, 염증 염). 세포나 섬유의 증식(增殖)이라는 특성(特性)을 이용해 일어나는 염증(炎症). ㊊번식성염(繁殖性炎).

증애 憎愛 (미워할 증, 사랑 애). 미움[憎]과 사랑[愛]. ㊊애증(愛憎).

증액 增額 (더할 증, 액수 액). 액수(額數)를 늘림[增]. ⓑ감액(減額).

증언 證言 (증거 증, 말씀 언). 법률 증인(證人)으로서 사실을 말함[言]. 또는 그런 말. ¶목격자의 증언을 듣다 / 범인은 붉은 셔츠를 입었다고 증언했다.

▸증언-대 證言臺 (돈대 대). 증언하는 사람이 증언(證言)하도록 시설해 놓은 자리[臺].

증여 贈與 (보낼 증, 줄 여). ① 속뜻 남에게 금품을 보내[贈] 줌[與]. ⓑ기증(寄贈), 증유(贈遺). ② 법률 자기 재산을 무상으로 상대편에게 줄 의사를 나타내고, 상대편이 이를 받아들이는 일.

▸증여-세 贈與稅 (세금 세). 법률 증여(贈與)받은 재산을 대상으로 하여 매기는 조세(租稅).

증열 蒸熱 (찔 증, 더울 열). ① 속뜻 증기(蒸氣)로 열(熱)을 가하여 쪄냄[蒸]. ② 찌는 듯한 더위.

증염 蒸炎 (찔 증, 불꽃 염). 찌는[蒸] 듯이 타는[炎] 더위.

증오[1] 證悟 (깨달을 증, 깨달을 오). 불교 불도를 닦아 진리를 깨달음[證=悟].

증오[2] 憎惡 (미워할 증, 미워할 오). 몹시 미워함[憎=惡]. ¶전쟁을 증오하지 않을 사람이 있을까. ⓑ애정(愛情).

▸증오-심 憎惡心 (마음 심). 몹시 미워하는[憎惡] 마음[心]. ¶그의 눈은 증오심과 분노로 불타올랐다.

증원[1] 增員 (더할 증, 인원 원). 인원(人員)을 늘림[增]. ¶재해지역에 봉사 인력을 증원했다. ⓑ감원(減員).

증원[2] 增援 (더할 증, 도울 원). 인원을 늘려서[增] 도움[援]. ⓑ감원(減援).

증유 贈遺 (보낼 증, 남길 유). ① 속뜻 보내어[贈] 남김[遺]. ② 물품 따위를 선물로 줌. ③ 법률 당사자의 일방이 자기의 재산을 무상으로 상대편에게 줄 의사를 표시하고 상대편이 이를 승낙함으로써 성립하는 계약. 증여(贈與).

증-음정 增音程 (더할 증, 소리 음, 거리 정). 음악 완전 음정(完全音程)이나 장음정(長音程)을 반음 넓힌[增] 음정(音程). 증1도에서 증7도까지 있다.

증익 增益 (더할 증, 더할 익). 수익(收益) 따위가 늚[增]. 이익을 늘임.

증인[1] 證印 (증명할 증, 도장 인). 증명(證明)하기 위하여 찍은 도장[印].

증인[2] 證人 (증거 증, 사람 인). ① 속뜻 어떤 사실을 증명(證明)하는 사람[人]. ¶그는 이 사건의 산증인이다. ② 법률 어떤 사건에 대하여, 법정에서 증인을 하는 사람. '증거인'(證據人)의 준말. ¶피고 측에서 증인을 세웠다. ⓑ증거인(證據人).

▸증인-석 證人席 (자리 석). 법정 따위에서 증인(證人)이 앉도록 마련된 자리[席]. ¶증인은 증인석에 앉아 주세요.

▸증인 신:문 證人訊問 (물을 신, 물을 문). 법률 법정에서, 증인(證人)의 증언을 묻는[訊問] 증거 조사의 절차.

증자 增資 (더할 증, 재물 자). 자본금(資本金)을 늘림[增]. ⓑ감자(減資).

증장 增長 (더할 증, 자랄 장). ① 속뜻 불어나고[增] 자라남[長]. ② 좋지 못한 성질이나 경향 따위가 점점 심하여짐.

증적 證跡 (증거 증, 발자취 적). 증거(證據)가 될 만한 흔적이나 자취[跡]. ¶형사가 사건 현장에 도착했을 때는 이미 모든 증적이 사라진 뒤였다.

증정[1] 增訂 (더할 증, 바로잡을 정). 책 따위의 분량을 늘이고[增] 잘못된 데를 고침[訂].

증정[2] 贈呈 (보낼 증, 드릴 정). 남에게 선물이나 기념품 따위를 보내[贈] 드림[呈]. ¶사은품으로 시계를 증정하다.

증조 曾祖 (거듭 증, 할아버지 조). ① 속뜻 대가 거듭된[曾] 할아버지[祖]. ② 조부(祖父)의 아버지. '증조부'의 준말. ➲ 증조할머니 / 증조할아버지.

증-조모 曾祖母 (거듭 증, 할아버지 조, 어머니 모). 증조(曾祖) 할머니[祖母]. ¶증조모님 제사를 지내다. ⓑ증조할머니.

증-조부 曾祖父 (거듭 증, 할아버지 조, 아버지 부). 증조(曾祖) 할아버지[祖父]. 아버지의 할아버지. ⓑ증조할아버지.

▸증-조부모 曾祖父母 (아버지 부, 어머니 모). 증조부(曾祖父)와 증조모(曾祖母)를 아울러 이르는 말.

증좌 證左 (증거 증, 증거 좌). 참고가 될 만한 증거[證=左]. ¶이것은 이 나라 임금이 백성들의 신망을 얻고 있다는 증좌입니다.

증주[1] **增株** (더할 증, 주식 주). 경제 자본을 늘리기[增] 위하여 주식회사가 모집한 주식(株式).

증주[2] **增註** (더할 증, 주석 주). 이전의 주석(註釋)에 새로운 주석(註釋)을 더 보탬[增].

증지 證紙 (증거 증, 종이 지). 일정한 절차를 마쳤음을 증명(證明)하거나 물품의 품질을 표시하기 위하여 붙이는 종이[紙].

*__증진 增進__ (더할 증, 나아갈 진). 점점 더하여[增] 나아감[進]. ¶운동을 하니 식욕이 증진되었다. ㊥감퇴(減退).

증징 增徵 (더할 증, 거둘 징). 조세(租稅) 따위를 전보다 늘려서[增] 징수(徵收)함.

증차 增車 (더할 증, 수레 차). 운행하는 차량(車輛) 수(數)를 늘림[增].

증축 增築 (더할 증, 지을 축). 지금 있는 건물에 더 늘려서[增] 지음[築]. ¶학생들이 늘어남에 따라 도서관을 증축할 필요가 있다.

증투-막 增透膜 (더할 증, 비칠 투, 꺼풀 막). 물리 사진 렌즈 따위와 같은 투명한 물질 표면에 붙여서 반사광을 줄이고 투과력(透過力)을 늘리는[增] 얇은 막(膜).

증파 增派 (더할 증, 보낼 파). 이미 나가 있는 곳에, 인원을 더 늘려서[增] 파견(派遣)함.

증편 增便 (더할 증, 편할 편). 교통편(交通便)의 횟수를 늘림[增]. ¶여름철에는 여객기 운항을 증편한다. ㊥감편(減便).

증폭 增幅 (더할 증, 너비 폭). ① 속뜻 너비[幅]를 늘림[增]. ② 물리 빛이나 음향·전기 신호 따위의 진폭(震幅)을 늘림. ¶확성기를 대면 목소리가 증폭된다. ③생각이나 일의 범위가 아주 넓어져서 커지는 것. ¶그의 말은 거짓으로 드러나 의혹이 증폭되고 있다.

▸증폭-기 增幅器 (그릇 기). 물리 진공관이나 트랜지스터 따위를 이용하여 증폭(增幅) 작용을 하게 하는 기구(器具).

▸증폭 작용 增幅作用 (지을 작, 쓸 용). 물리 ①진동의 진폭(振幅)을 늘리는[增] 작용(作用). ②진동 전파의 전류나 전압의 진폭을 늘리는 작용.

증표 證票 (증거 증, 쪽지 표). 증거(證據)로 주는 표(票). 증거가 될 만한 표. ¶돈을 받았다는 증표로 영수증을 주었다.

증험 證驗 (증거 증, 겪을 험). ① 속뜻 증거(證據)로 삼을 만한 경험(經驗). 또는 실지로 사실을 경험함. ¶나는 신의 존재에 대한 확실한 증험이 있다. ②시험해 본 효험. ¶새로 개발된 약의 증험이 뛰어나다.

증회 贈賄 (보낼 증, 뇌물 회). 뇌물[賄]을 보냄[贈]. ㊥증뢰(贈賂). ㊥수회(收賄).

▸증회-죄 贈賄罪 (허물 죄). 법률 공무원에게 뇌물[賄]을 줌[贈]으로써 성립되는 죄(罪).

증후 症候 (증세 증, 조짐 후). 병으로 앓는 여러 가지 증세(症勢)와 조짐[候]. ¶간에서 이상 증후를 발견했다. ㊥증세(症勢).

▸증후-군 症候群 (무리 군). ① 속뜻 여러[群] 증후(症候)들. ② 의학 몇 가지 증후가 늘 함께 나타나지만, 그 원인이 명확하지 아니하거나 단일하지 아니한 병적인 증상들을 통틀어 이르는 말. ¶다운 증후군.

지가[1] **地價** (땅 지, 값 가). 토지(土地)의 매매 가격(價格).

지가[2] **紙價** (종이 지, 값 가). 종이[紙]의 가격(價格).

지각[1] **地角** (땅 지, 모서리 각). ① 속뜻 땅[地]의 한 귀퉁이[角]. ②구석지게 멀리 떨어진 땅을 이르는 말. ③ 지리 바다 쪽으로 부리 모양으로 뾰족하게 뻗은 육지.

지각[2] **知覺** (알 지, 깨달을 각). ① 속뜻 알게 되고[知] 깨닫게[覺] 됨. ②감각 기관을 통하여 외부의 사물을 인식하는 작용. ¶공간 지각 능력 / 컴컴해서 방향을 지각할 수 없다. ③사물의 이치를 분별하는 능력. ¶몇 년이 지나서야 지각이 들었다 / 일부 지각 없는 사람들 때문에 피해를 본다.

▸지각 신경 知覺神經 (정신 신, 날실 경). 동물 지각(知覺) 세포의 여러 자극을 감각 중추에 전달하는 신경(神經). ㊥감각 신경(感覺神經).

지각[3] **地殼** (땅 지, 껍질 각). ① 속뜻 땅[地]의 껍질[殼]. ② 지리 지구의 표층을 이루고 있는 단단한 부분. ¶지각 변동. ㊥지반(地盤).

▸지각 변:동 地殼變動 (바뀔 변, 움직일 동). ① 지리 지구 내부의 원인 때문에 지각(地殼)에 일어나는 변화(變化)와 움직임[動]. ㊥지각 운동(地殼運動), 지반 운동(地盤運動). ②큰 변화.

▸지각 운:동 地殼運動 (돌 운, 움직일 동).

지리 지구 내부의 원인 때문에 지각(地殼)에 일어나는 여러 가지 운동(運動). ⓑ지각변동(地殼變動).

지각[4] **遲刻** (늦을 지, 시각 각). 정해진 시각(時刻)보다 늦음[遲]. ¶늦잠을 자서 학교에 지각했다. ⓑ지참(遲參).

▸지각-생 遲刻生 (사람 생). 지각(遲刻)을 한 학생(學生). ¶지각생에게 벌을 주었다.

지간[1] **枝幹** (가지 지, 줄기 간). ① 속뜻 가지[枝]와 줄기[幹]. ②'팔다리와 몸'을 비유하여 이르는 말. ⓑ지간(肢幹).

지간[2] **肢幹** (사지 지, 줄기 간). 팔다리[肢]와 몸[幹]. ⓑ지간(枝幹).

지갑 **紙匣** (종이 지, 상자 갑). ① 속뜻 종이[紙]로 만든 갑[匣]. ②가죽이나 헝겊 따위로 자그마하게 만든 주머니와 같은 물건. ¶지갑에서 돈을 꺼내다 / 지갑이 가볍다.

지개 **志槪** (뜻 지, 절개 개). 의지(意志)와 기개(氣槪). ⓑ지기(志氣).

지검 **地檢** (땅 지, 검사할 검). 법률 각 지방(地方)에 설치된 검찰청(檢察廳). '지방 검찰청'(地方檢察廳)의 준말.

지격 **志格** (뜻 지, 인격 격). 고상한 뜻[志]과 인격(人格).

지견[1] **知見** (알 지, 볼 견). ① 속뜻 지식(知識)과 견식(見識). ②사물을 식별하고 관찰하는 능력. ⓑ식견(識見).

지견[2] **智見** (슬기 지, 볼 견). 지혜(智慧)와 식견(識見).

지결 **至潔** (지극할 지, 깨끗할 결). 지극(至極)히 맑고 깨끗함[潔].

지경[1] **地境** (땅 지, 지경 경). ① 속뜻 땅[地]의 경계(境界). ②어떤 처지나 형편. ¶너무 억울해 눈물이 날 지경이다. ⓑ지계(地界).

지경[2] **枝莖** (가지 지, 줄기 경). 식물의 가지[枝]와 줄기[莖].

지경-풍 **至輕風** (지극할 지, 가벼울 경, 바람 풍). ① 속뜻 지극(至極)히 가벼운[輕] 바람[風]. ② 지리 풍력 계급 1의 바람. 초속 0.3~1.5미터로 불며, 연기의 이동에 의하여 풍향을 알 수 있을 정도로 부는 바람이다. ⓑ실바람.

지계[1] **地界** (땅 지, 지경 계). 나라나 지역(地域) 따위의 구간을 가르는 경계(境界). ⓑ지경(地境).

지계[2] **地契** (땅 지, 맺을 계). 역사 대한 제국 때, 토지(土地) 소유권을 증명하던 일종의 계약서(契約書).

지계[3] **地階** (땅 지, 섬돌 계). ① 속뜻 고층 건물에서의 지하(地下)에 있는 층계(層階). ② 고층 건물에서의 첫째 층.

지계[4] **持戒** (지킬 지, 경계할 계). 불교 계행(戒行)을 굳게 지키는[持] 일.

지고[1] **地高** (땅 지, 높을 고). 땅[地]의 높이[高].

지고[2] **至高** (지극할 지, 높을 고). 지극(至極)히 높음[高]. 더없이 뛰어남 또는 더없이 훌륭함.

▸지고-선 至高善 (착할 선). 철학 가장 높은[至高] 선(善). 인간 행위의 가장 높은 도덕적 이상을 이르는 말. ⓑ최고선(最高善).

▸지고-지순 至高至純 (지극할 지, 순수할 순). 지극(至極)히 높고[高] 지극(至極)히 순수(純粹)함.

지곡 **止哭** (그칠 지, 울 곡). 슬피 울던 곡(哭)을 그침[止].

지골[1] **肢骨** (팔다리 지, 뼈 골). 의학 팔다리[肢]의 뼈[骨].

지골[2] **指骨** (손가락 지, 뼈 골). 의학 손가락[指]의 뼈[骨].

지공[1] **至恭** (지극할 지, 공손할 공). 지극(至極)히 공손(恭遜)하다. ¶자식들의 지공한 태도로 보아 그 집안의 교육을 짐작할 수 있었다.

지공[2] **遲攻** (늦을 지, 칠 공). 운동 농구나 축구 따위에서, 공격(攻擊) 속도를 늦춤[遲]. ⓑ속공(速攻).

지공무사 **至公無私** (지극할 지, 공평할 공, 없을 무, 사사로울 사). 지극(至極)히 공평(公平)하고 사사(私事)로움이 없음[無].

지공-지평 **至公至平** (지극할 지, 공정할 공, 지극할 지, 고를 평). 지극(至極)히 공평(公平)함.

지관[1] **支管** (=枝管, 가를 지, 대롱 관). 수도관이나 가스관 따위의, 본관(本管)에서 갈라져[支] 나온 관(管).

지관[2] **地官** (땅 지, 벼슬 관). 민속 풍수설에 따라 집터[地]나 묏자리 따위를 가려잡는 사람[官]. ⓑ지사(地師), 풍수(風水).

지광-인희 地廣人稀 (땅 지, 넓을 광, 사람 인, 드물 희). 땅[地]은 넓고[廣] 사람[人]은 드묾[稀]. ㊥토광인희(土廣人稀), 인희지광(人稀地廣).

지괴[1] 地塊 (땅 지, 덩어리 괴). ① 속뜻 땅[地] 덩어리[塊]. 흙덩어리. ② 지리 지각(地殼) 가운데, 주위가 단층(斷層)을 이루고 있는 지역.

▸**지괴 산맥** 地塊山脈 (메 산, 줄기 맥). 지리 주위가 단층을 이루고 있는[地塊] 산맥(山脈).

▸**지괴 산지** 地塊山地 (메 산, 땅 지). 지리 주위가 단층을 이루고 있는[地塊] 산지(山地).

▸**지괴 운:동** 地塊運動 (돌 운, 움직일 동). 지리 지괴(地塊)가 단층면(斷層面)을 따라 밀려 움직이는[運=動] 현상.

지괴[2] 志怪 (기록할 지, 이상할 괴). 문학 귀신이나 짐승 따위에 관한 괴이(怪異)한 내용의 이야기를 적은[志] 것.

▸**지괴 소:설** 志怪小說 (작을 소, 말씀 설). 문학 귀신이나 짐승 따위에 관한 괴이(怪異)한 내용의 이야기를 적은[志] 소설(小說).

지교[1] 至巧 (지극할 지, 예쁠 교). 지극(至極)히 정교(精巧)함.

지교[2] 至交 (지극할 지, 사귈 교). 지극(至極)히 두터운 교분이나 교의(交誼). ¶지교를 맺다 / 그들은 남달리 지교를 나누던 사이였다.

지교[3] 智巧 (슬기 지, 약을 교). 지혜(智慧)롭고 교묘(巧妙)함.

지구[1] 知舊 (알 지, 오래 구). 알게[知] 된지 오래[舊]된 친한 친구. ¶그는 지구들 사이에서도 인기가 많다.

⁑**지구**[2] 地球 (땅 지, 공 구). ① 속뜻 땅[地]으로 이루어진 크나큰 공[球]. ② 천문 태양에서 세 번째로 가까우며, 인류가 사는 행성. ¶지구는 둥글다 / 지구본.

▸**지구-광** 地球光 (빛 광). 천문 음력 초하루 전후에 지구(地球)에서 반사된 태양의 빛[光]이 달의 어두운 면을 희미하게 비치는 현상.

▸**지구-상** 地球上 (위 상). 지구(地球)의 위[上]. ¶지구상에 그런 동물은 없다.

▸**지구-의** 地球儀 (천문기계 의). 지구(地球)를 본떠 만든 작은 모형[儀]. ㊥지구본.

▸**지구-촌** 地球村 (마을 촌). 지구(地球)를 하나의 마을[村]로 비유하여 이르는 말. ¶인터넷은 전 세계를 지구촌으로 연결해 놓았다.

▸**지구 과학** 地球科學 (조목 과, 배울 학). 지리 지구(地球)와 이를 형성하는 물질 및 지구가 속하고 있는 우주를 연구하는 과학(科學)의 한 분야.

▸**지구 위성** 地球衛星 (지킬 위, 별 성). 천문 항상 지구(地球)의 둘레를 도는[衛] 별[星].

▸**지구 자:기** 地球磁氣 (자석 자, 기운 기). 물리 지구(地球)가 가지고 있는 자기(磁氣)나, 그로 말미암아 생기는 자장(磁場). ㊟지자기.

▸**지구형 행성** 地球型行星 (모형 형, 다닐 행, 별 성). 천문 태양계의 행성 가운데, 지구(地球)의 모양[型]처럼 반지름과 질량이 작고 밀도가 높은 행성(行星).

⁑**지구**[3] 地區 (땅 지, 나눌 구). ① 속뜻 지역(地域)을 일정하게 나눈[區] 것. ② 일정한 목적에 의하여 특별히 지정된 지역. ¶이 도시 북부는 상업 지구로 지정되었다.

▸**지구-당** 地區黨 (무리 당). 정치 중앙당에 대하여, 각 지구(地區)에 설치된 당(黨).

지구[4] 地溝 (땅 지, 도랑 구). 지리 거의 평행을 이룬 단층 사이에, 지반(地盤)이 꺼져서 생긴 낮고 기름한 도랑[溝] 같은 골짜기.

▸**지구-대** 地溝帶 (띠 대). 지리 일대가 지구(地溝)로 이루어진 띠[帶] 모양의 낮은 땅.

*__지구__[5] 持久 (잡을 지, 오랠 구). ① 속뜻 오래도록[久] 잘 잡아[持] 둠. ② 오래도록 유지(維持)함.

▸**지구-력** 持久力 (힘 력). 오래 버티어 내는[持久] 힘[力]. 오래 끄는 힘. ¶마라톤을 하면 지구력을 기를 수 있다. ㊥끈기, 인내력(忍耐力).

▸**지구-전** 持久戰 (싸울 전). ① 속뜻 승부를 빨리 내지 않고 오랫동안 끌어[持久] 가며 싸우는 전쟁이나 시합[戰]. ② '오래도록 상대편의 동향을 살펴 가며 기다리는 일'을 비유하여 이르는 말. ㊥장기전(長期戰).

지국 支局 (가를 지, 관청 국). 본사나 본국에서 갈라져[支] 나가 각 지방에 설치되어 그 지역의 업무를 맡아보는 곳[局]. ¶신문사 지국.

지궁 至窮 (지극할 지, 궁할 궁). 지극(至極)히 곤궁(困窮)함.

지-권연 紙卷煙 (종이 지, 말 권, 담배 연). 담배의 잎을 얇은 종이[紙]로 말아[卷] 만든 담배[煙].

지균-풍 地均風 (땅 지, 고를 균, 바람 풍). 지리 상층에서 마찰력의 영향을 받지 않고, 지면(地面)과 평행을[均] 이루며 부는 바람[風].

지귀 至貴 (지극할 지, 귀할 귀). 더없이[至] 귀(貴)함.

지극 至極 (이를 지, 다할 극). 어떠한 정도나 상태 따위가 극도(極度)에 이르다[至]. ¶그는 어머니에 대한 효성이 지극하다 / 이것은 지극히 중요한 문제다.

지근[1] 支根 (가를 지, 뿌리 근). 식물 원뿌리에서 갈라져[支] 나간 뿌리[根]. ㊐받침뿌리.

지근[2] 至近 (지극할 지, 가까울 근). 지극(至極)히 가까움[近]. 아주 가까움.

⁑**지금**[1] 只今 (다만 지, 이제 금). ① 속뜻 단지[只] 바로 이 시간[今]. ¶예나 지금이나 달라진 것이 없다. ② 말하고 있는 바로 이때. ¶지금부터 한 시간만 공부하자. ㊐현재(現在). ➲ 지금껏.

지금[2] 地金 (땅 지, 황금 금). ① 속뜻 땅[地] 속에서 갓 파낸 황금(黃金). ¶지금 덩어리를 캐내다. ② 세공(細工)하지 않은 황금(黃金).

지급[1] 至急 (지극할 지, 급할 급). 매우[至] 급(急)함. ㊐절급(切急).

지급[2] 支給 (가를 지, 줄 급). 갈라서[支] 내어줌[給]. ¶장학금을 지급하다.

▸지급 거:절 支給拒絶 (막을 거, 끊을 절). 법률 지급(支給) 제시 기간 안에, 어음·수표의 소지인이 지급 담당자에게 지급을 청구했는데도, 어음 금액·수표 금액 등의 전부 또는 일부의 지급(支給)이 거절(拒絶)된 경우를 이르는 말.

▸지급 명:령 支給命令 (명할 명, 시킬 령). 법률 채권자에게 정당한 이유가 있다고 인정될 경우 변론을 거치지 않고 채무자에게 지급(支給)을 명령(命令)함.

▸지급 보:증 支給保證 (지킬 보, 증명할 증). 법률 수표의 지급인이, 스스로 그 금액의 지급(支給)을 보증(保證)하는 일.

▸지급 불능 支給不能 (아닐 불, 능할 능). 법률 채무자가 돈을 가지고 있거나 가까운 장래에 조달할[支給] 능력(能力)이 없는[不] 상태.

▸지급 유예 支給猶豫 (망설일 유, 머뭇거릴 예). 경제 전쟁이나 큰 화재 등으로 경제적으로 긴급한 사태가 발생한 경우, 채무자의 파탄이 경제계에 큰 타격이 있을 것으로 예상되어, 법령으로 일정 기간 금전의 지급(支給)을 머뭇거리며[猶豫] 연기하는 조처.

▸지급 정지 支給停止 (멈출 정, 멈출 지). 법률 채무자가 채무 갚는[支給] 것을 그만 둘[停止] 수밖에 없는 사실을 스스로 표시하는 행위.

▸지급 증권 支給證券 (증거 증, 문서 권). 법률 금전의 지급(支給) 수단으로 쓰이는 유가 증권(證券).

▸지급 준:비금 支給準備金 (고를 준, 갖출 비, 돈 금). ① 속뜻 내주기[支給] 위해 미리 준비(準備)해 놓은 돈[金]. ② 경제 예금 지급의 준비에 충당하기 위하여 시중 은행이 한국은행에 예탁하는 일정 비율의 자금. ③ 경제 중앙은행의 화폐 발행에 대한 정화(正貨) 준비금.

지기[1] 地氣 (땅 지, 공기 기). ① 속뜻 토양[地] 속의 공기(空氣). 탄산의 양이 산소보다 더 많음. ② 대지의 정기. ㊐토기(土氣). ③ 땅의 눅눅한 기운.

지기[2] 地祇 (땅 지, 토지 신 기). ① 속뜻 땅[地]을 다스리는 신[祇]. 지신(地神). ¶지기를 모시는 신당을 따로 꾸며 놓았다. ② 역사 제사 지내는 의전에서 사직(社稷)을 이르던 말.

지기[3] 志氣 (뜻 지, 기운 기). 뜻[志]과 기개(氣槪). ㊐지개(志槪).

지기[4] 知機 (알 지, 때 기). 시기(時機)를 앎[知]. 미리 낌새를 알아차림.

지기[5] 紙器 (종이 지, 그릇 기). 종이컵, 종이접시, 마분지 상자 등과 같이 종이[紙]로 만든 용기(容器).

지기[6] 知己 (알 지, 자기 기). 자기(自己)를 알아주는[知] 벗. '지기지우'(知己之友)의 준말. ¶그에게는 막역한 지기들이 많다.

▸지기지우 知己之友 (어조사 지, 벗 우). 자기를 잘 알아주는[知己] 친구[友]. 자기를 잘 이해해 주는 참다운 친구. ㊥지음(知音).

지긴지요 至緊至要 (지극할 지, 긴급할 긴, 지극할 지, 요할 요). 지극(至極)히 긴급(緊急)하고 지극(至極)히 중요(重要)함.

지난 至難 (지극할 지, 어려울 난). 지극(至極)히 어려움[難]. ㊥심난(甚難).

지남 指南 (가리킬 지, 남녘 남). ① 속뜻 남(南)쪽을 가리킴[指]. ②사람을 지도하여 가르침.

▸지남-석 指南石 (돌 석). 남쪽을 가리키는[指南] 돌[石]. ㊟자석(磁石).

▸지남-차 指南車 (수레 차). ① 속뜻 남쪽을 가리키는[指南] 수레[車]. ②고대 중국에서 쓰던 수레 위에 놓인 목상(木像)의 손가락이 항시 남쪽을 가리킨 데서 유래. ③'어떤 일을 하는 데 본보기가 되는 것'을 비유하여 이르는 말.

▸지남-철 指南鐵 (쇠 철). 물리 남쪽을 가리키는[指南] 철(鐵). 철을 끌어당기는 성질을 가진 물체. ㊥자석(磁石).

▸지남-침 指南針 (바늘 침). 남쪽을 가리키는[指南] 바늘(針). 자장의 방향을 재기 위하여, 수평으로 자유로이 회전할 수 있도록 한 소형의 영구 자석. ㊥자침(磁針).

지낭 智囊 (슬기 지, 주머니 낭). ① 속뜻 지혜(智慧)의 주머니[囊]. ②지혜가 많은 사람.

지-내력 地耐力 (땅 지, 견딜 내, 힘 력). 건설 토지(土地)가 어떤 구조물의 압력에 견디어[耐] 내는 힘[力].

지능 知能 (알 지, 능할 능). 지식을 쌓거나 사물을 바르게 판단하거나 하는 지적(知的)인 능력(能力). ¶지능이 높다고 공부를 잘하는 것은 아니다.

▸지능-권 知能權 (권리 권). 법률 지적 재산[知能]을 남이 함부로 사용하지 못하게 할 수 있는 권리(權利). ㊥지적 소유권(知的所有權).

▸지능-범 知能犯 (범할 범). 법률 지능적(知能的)인 수단을 써서 하는 범죄(犯罪). 또는 그런 범인.

▸지능 검:사 知能檢査 (봉함 검, 살필 사). 심리 개인의 선천적인 지능(知能) 수준이나 지능적 발달 정도를 판단하는 검사(檢査).

▸지능 연령 知能年齡 (해 년, 나이 령). 심리 지능(知能)의 연령(年齡). 정신 연령.

▸지능 지수 知能指數 (가리킬 지, 셀 수). 교육 지능(知能)의 발달 정도를 나타내는[指] 수(數). ㊥아이큐(IQ).

지단[1] 地段 (땅 지, 구분 단). 넓은 땅[地]을 몇 단(段)으로 나누어 가른 때의 한 구역.

지단[2] 肢端 (사지 지, 끝 단). 손발[肢]의 맨 끝[端].

▸지단 비:대증 肢端肥大症 (살찔 비, 큰 대, 증세 증). 의학 뇌하수체의 기능 이상으로 손발이나 아래턱, 콧등이[肢端] 비정상적으로 커지는[肥大] 병증(病症). '말단 비대증'의 예전 용어.

지당[1] 至當 (지극할 지, 마땅 당). 지극(至極)히 당연(當然)하다. 이치에 꼭 맞다. ¶참으로 지당한 말씀입니다.

지당[2] 池塘 (못 지, 못 당). 넓고 깊게 팬 땅에 늘 괴어 있는 물[池=塘].

지대[1] 支待 (가를 지, 대접할 대). 지난날, 공사(公事)로 인해 시골로 나가는 높은 벼슬아치의 먹을 것과 쓸 물건을 그 시골의 관아에서 지출(支出)하여 대접(待接)하는 일.

지대[2] 支隊 (가를 지, 무리 대). 군사 본대의 지휘 아래에 있으나, 본대에서 갈라져[支] 나가 독립적인 행동을 하는 작은 부대(部隊).

지대[3] 至大 (지극할 지, 큰 대). 지극(至極)히 크다[大]. ¶이번 월드컵의 경제적 효과는 지대하다. ㊞지소(至小).

지대[4] 地代 (땅 지, 대금 대). 법률 남의 토지(土地)를 빌린 사람이 빌려준 사람에게 무는 대금(代金).

⁑**지대[5] 地帶** (땅 지, 띠 대). ① 속뜻 한정된 지역(地域)의 일대(一帶). ¶높은 지대로 이동하세요. ②자연적 또는 인위적으로 한정된 일정한 구역. ¶공장 지대에서는 많은 소음과 매연이 발생했다.

지대[6] 址臺 (터 지, 돈대 대). 건설 건축물을 세우기 위하여 터[址]를 잡고 돌로 쌓은 부분[臺].

▸지대-석 址臺石 (돌 석). 지대(址臺)를 쌓은 돌[石].

지-대공 地對空 (땅 지, 대할 대, 하늘 공).

땅[地]에서 공중(空中)을 향함[對]. ㉟공대공(空對空), 공대지(空對地), 지대지(地對地).

지-대지 地對地 (땅 지, 대할 대, 빌 공). 땅[地]에서 땅[地]을 향함[對]. ㉟공대공(空對空), 공대지(空對地), 지대공(地對空).

지덕¹ 至德 (지극할 지, 베풀 덕). 더없이[至] 큰 덕(德).

지덕² 地德 (땅 지, 베풀 덕). ① 속뜻 땅[地]이 지닌 덕(德). ②'땅의 혜택'을 이르는 말. ¶지덕을 입다. ③운이 트고 복이 오게 하는 집터의 기운.

지덕³ 知德 (알 지, 베풀 덕). 지식(知識)과 도덕(道德)을 아울러 이르는 말. ¶지덕을 겸비하다.

지덕⁴ 智德 (슬기 지, 베풀 덕). ① 속뜻 지혜(智慧)와 덕행(德行). ② 가톨릭 사추덕(四樞德)의 하나. 어떤 행위가 옳고 그른지 올바르게 판단하는 덕. ③평등한 지혜로 일체를 비추는 석가여래의 덕.

▸지덕체 智德體 (몸 체). 교육 지육(智育)·덕육(德育)·체육(體育)을 아울러 이르는 말.

지도¹ 地道 (땅 지, 길 도). ① 속뜻 땅[地]속에 뚫어 놓은 길[道]. ②땅을 파서 적을 치는 길. ⓑ갱도(坑道).

⁑**지도² 地圖** (땅 지, 그림 도). 지리 지구(地球) 표면의 일부나 전부를 일정한 축척(縮尺)에 따라 평면 위에 나타낸 그림[圖]. ¶지도를 보고 친척집을 찾아가다.

▸지도 투영법 地圖投影法 (던질 투, 그림자 영, 법 법). 지리 지도(地圖)를 투영(投影)하여 평면으로 나타내는 방법(方法).

⁑**지도³ 指導** (가리킬 지, 이끌 도). ① 속뜻 어떤 목적이나 방향으로 남을 가리켜주고[指] 이끌어[導] 줌. ¶선배의 지도를 받다 / 선수들을 지도하며 시합을 준비하다. ② 교육 '학습 지도'(學習指導)의 준말.

▸지도-급 指導級 (등급 급). 지도(指導)를 해낼 정도의 수준(水準)이나 계급(階級).

▸지도-력 指導力 (힘 력). 남을 가르쳐 이끌 수 있는[指導] 능력(能力). ¶지도력을 발휘하여 사람들을 이끌다.

▸지도-자 指導者 (사람 자). 남을 가르쳐 이끄는[指導] 사람[者]. ¶그는 실력 있고 모범적이어서 지도자로 알맞다.

▸지도-적 指導的 (것 적). 어떤 목적이나 방향으로 남을 가르쳐 이끌[指導] 만한 것[的]. ¶지도적인 역할을 하다.

▸지도 표지 指導標識 (나타낼 표, 기록할 지). 교통 차량 운행을 가르쳐주는[指導] 도로 표지(標識).

지독 至毒 (지극할 지, 독할 독). 지극(至極)히 독하다[毒]. 매우 심하거나 모질다. ¶지독한 냄새 / 이곳의 겨울은 지독하게 춥다.

지동 地動 (땅 지, 움직일 동). 천문 지구(地球)가 돌아 움직이는[動] 일, 곧 '지구의 자전'과 '공전'을 이르는 말.

▸지동-설 地動說 (말씀 설). 천문 태양은 우주의 중심에 정지해 있고, 지구는 그 둘레를 자전하면서 공전하고 있다[地動]는 학설(學說). ⓑ천동설(天動說).

▸지동-의 地動儀 (천문기계 의). 지리 중국에서 쓰던 지구의(地球儀). 지구(地球)를 본떠 움직이게[動] 만든 천문기계[儀].

지동지서 指東指西 (가리킬 지, 동녘 동, 가리킬 지, 서녘 서). ① 속뜻 동(東)쪽을 가리키기도[指] 하고 서(西)쪽을 가리키기도[指] 함. ②근본에는 손을 못 대고 엉뚱한 것을 가지고 이러쿵저러쿵함.

지두¹ 池頭 (못 지, 머리 두). 연못[池] 가장자리[頭].

지두² 指頭 (손가락 지, 머리 두). 손가락[指]의 끝[頭].

▸지두-문 指頭紋 (무늬 문). 수공 도자기에 잿물을 바른 뒤 손가락[指] 끝[頭]으로 아무렇게나 그린 무늬[紋].

▸지두-서 指頭書 (글 서). 손가락[指] 끝[頭]으로 쓴 글씨[書].

▸지두-화 指頭花 (꽃 화). 손가락[指] 끝[頭]으로 그린 그림[花].

지둔¹ 至鈍 (지극할 지, 둔할 둔). 지극(至極)히 우둔(愚鈍)함.

지둔² 遲鈍 (더딜 지, 둔할 둔). 굼뜨고[遲] 미련함[鈍].

지득 知得 (알 지, 얻을 득). 깨달아[知] 얻음[得].

지등 紙燈 (종이 지, 등불 등). 종이[紙]로 둘러 바른 등(燈).

지-등롱 紙燈籠 (종이 지, 등불 등, 대그릇

롱). 종이[紙]로 집을 만든 등롱(燈籠).

지락 至樂 (지극할 지, 즐길 락). 지극(至極)한 즐거움[樂].

지란 芝蘭 (버섯 지, 난초 란). 지초(芝草)와 난초(蘭草)를 아울러 이르는 말.

▸지란지교 芝蘭之交 (어조사 지, 사귈 교). ① 속뜻 지초(芝草)와 난초(蘭草) 같은 향기로운 사귐[交]. ② '벗 사이의 맑고도 고귀한 사귐'을 이르는 말.

지랭 至冷 (지극할 지, 찰 랭). 몹시[至] 추움[冷]. 몹시 참.

지략[1] 智略 (슬기 지, 꾀할 략). 슬기로운[智] 계략(計略). ㊥지모(智謀).

지략[2] 誌略 (기록할 지, 줄일 략). 간단히[略] 적은[誌] 기록.

지려 智慮 (슬기 지, 생각할 려). 슬기로운[智] 생각[慮]. 깊이 생각하는 능력.

지력[1] 地歷 (땅 지, 지날 력). 지리(地理)와 역사(歷史)를 아울러 이르는 말.

지력[2] 知力 (알 지, 힘 력). 인지(認知)하는 능력(能力). 지식(知識)의 힘.

지력[3] 智力 (슬기 지, 힘 력). 슬기[智]의 힘[力]. ¶뛰어난 지력을 발휘하다.

지력[4] 地力 (땅 지, 힘 력). 땅[地]의 힘[力]. 토지의 생산력. ¶퇴비를 주어 지력을 북돋다.

▸지력 체감 地力遞減 (번갈아 체, 덜 감). 농업 거름을 주지 않고 해마다 같은 땅에 곡물을 재배할 때, 그 땅[地]의 생산력(生産力)이 점차[遞] 떨어지는[減] 일.

지력-선 指力線 (가리킬 지, 힘 력, 줄 선). 물리 자기 작용이나 전기 작용의 방향 및 세기[力]를 나타내는[指] 곡선군(曲線群). ㊥자력선(磁力線).

지령[1] 地靈 (땅 지, 신령 령). 토지(土地)의 신[靈].

지령[2] 指令 (가리킬 지, 명령 령). 활동 방침에 관한 지시(指示)와 명령(命令). ¶지령을 내리다 / 즉각 후퇴하라고 지령하다.

지령[3] 紙齡 (종이 지, 나이 령). 신문지(新聞紙)의 나이[齡]에 해당하는 호수(號數).

지령[4] 誌齡 (기록할 지, 나이 령). 잡지(雜誌)의 나이[齡]에 해당하는 호수(號數).

지로[1] 支路 (가를 지, 길 로). 큰길에서 갈라져[支] 나간 작은 길[路].

지로[2] 指路 (가리킬 지, 길 로). 길[路]을 가리켜[指] 인도함.

지록위마 指鹿爲馬 (가리킬 지, 사슴 록, 할 위, 말 마). ① 속뜻 사슴[鹿]을 가리켜[指] 말[馬]이라고 함[爲]. ② '윗사람을 농락하여 권세를 마음대로 함'을 이르는 말. 중국 진(秦)나라의 조고(趙高)가 자신의 권세를 시험하여 보고자 어린 황제 호해(胡亥)에게 사슴을 가리키며 말이라고 한 데서 유래. ③ '모순된 것을 끝까지 우겨서 남을 속이려는 짓'을 비유하여 이르는 말.

지론[1] 至論 (지극할 지, 논할 론). 지극(至極)히 당연한 말[論].

지론[2] 持論 (가질 지 , 논할 론). 변함없이 늘 가지고[持] 있는 의견이나 이론(理論). ㊥지설(持說).

지뢰 地雷 (땅 지, 천둥 뢰). ① 속뜻 땅[地] 속에서 천둥[雷]같이 큰 소리를 내며 터짐. ② 군사 땅에 묻어 사람이나 전차 등이 밟거나 그 위를 지나면 터지도록 장치한 폭약. ¶이곳의 야생동물들은 지뢰를 밟고 숨지기도 한다.

지료[1] 地料 (땅 지, 삯 료). 법률 지상권자가 토지(土地) 사용의 대가로 토지 소유자에게 지급하는 금전이나 그 외의 물건[料].

지료[2] 紙料 (종이 지, 거리 료). 종이[紙]를 만드는 원료(原料).

지룡 地龍 (땅 지, 용 룡). ① 속뜻 땅[地]속의 용(龍). ② 한의 약재로 쓰이는 '지렁이'를 이르는 말.

지루 地壘 (땅 지, 포갤 루). 지리 단층 운동으로 땅[地]이 솟거나[壘], 주변이 침강하여 생기는 단층 산지.

▸지루 산맥 地壘山脈 (메 산, 줄기 맥). 지리 지루(地壘)로 이루어진 좁고 긴 산맥(山脈).

지류[1] 支流 (가를 지, 흐를 류). ① 속뜻 원줄기에서 갈라져[支] 나간 물줄기[流]. 원줄기로 흘러 들어가는 물줄기. ¶양재천은 한강의 지류이다. ② 학설이나 정당 따위의 주류에서 갈라져 나와 한 파를 이룸. 또는 그렇게 이룬 파. ¶사상의 지류. ㊥분파(分派). ㊦본류(本流).

지류[2] 紙類 (종이 지, 무리 류). 종이[紙] 종

류(種類).

지류[3] **遲留** (늦을 지, 머무를 류). 오래[遲] 머무름[留].

지리[1] **地利** (땅 지, 이로울 리). ① 속뜻 땅[地]에서 얻는 이익(利益). ② 땅의 산물로부터 얻는 이익. ③ 땅의 생긴 모양에서 얻는 편리함이나 이로움.

지리[2] **地理** (땅 지, 이치 리). ① 속뜻 땅[地]이 형성된 이치[理]. ② 땅 위에 있는 수륙(水陸), 기후, 생물, 교통 따위의 모양이나 상태. ¶나는 이곳의 지리에 밝다 / 지리 조건. ④ 지리 '지리학'(地理學)의 준말. ④ 민속 '풍수지리'(風水地理)의 준말. ¶지리에 대한 안목이 없다.

▸ **지리-구** 地理區 (나눌 구). 지리적(地理的) 특색에 따라 나눈 지역 구분(區分).

▸ **지리-적** 地理的 (것 적). 지리(地理)에 관한 것[的]. 지리상의 문제에 관계되는 것. ¶한국과 일본은 지리적으로 가깝다.

▸ **지리-지** 地理誌 (기록할 지). 지리 특정 지역의 지리(地理)에 관하여 서술한[誌] 책. ¶세종실록 지리지 / 팔도 지리지.

▸ **지리-학** 地理學 (배울 학). 지리 지구 표면의 여러 자연 및 인문 현상을[地理] 연구하는 학문(學問).

▸ **지리학-과** 地理學科 (배울 학, 분과 과). 지리학(地理學)을 연구하는 학과(學科).

지리-멸렬 **支離滅裂** (가를 지, 떨어질 리, 없어질 멸, 찢어질 렬). 갈리고[支] 흩어지고[離] 찢기어[裂] 없어짐[滅]. 제 갈피를 잡지 못하게 됨.

지마 **芝麻** (버섯 지, 삼 마). ① 속뜻 지초[芝]와 삼[麻]. ② 참깨, 들깨, 검은깨를 통틀어 이르는 말. ⑪호마(胡麻).

▸ **지마-죽** 芝麻粥 (죽 죽). 참깨[芝麻]로 만든 죽(粥).

지만 **遲慢** (더딜 지, 느릴 만). 더디고[慢] 늦음[遲]. ⑪지완(遲緩).

지망 **志望** (뜻 지, 바랄 망). 뜻[志]을 두고 소망(所望)함. ¶나는 한때 외교관을 지망했다.

지맥[1] **支脈** (가를 지, 줄기 맥). 식물 주맥에서 좌우로 갈라져나간[支] 잎맥[脈]. ⑫본맥(本脈).

지맥[2] **地脈** (땅 지, 줄기 맥). ① 지리 지층(地層)이 맥(脈)처럼 죽 이어진 것. ⑪토맥(土脈). ② 민속 풍수설에서, 정기가 순환한다는 땅 속의 줄을 이르는 말. ⓒ맥(脈).

지맥[3] **遲脈** (더딜 지, 맥 맥). 한의 보통 사람보다 느리게[遲] 뛰는 맥박(脈搏). ⑪서맥(徐脈). ⑫속맥(速脈).

지면[1] **地面** (땅 지, 쪽 면). 땅[地]의 표면(表面). 땅바닥. ¶눈이 와서 지면이 얼어붙었다.

지면[2] **知面** (알 지, 낯 면). ① 속뜻 아는[知] 얼굴[面]. 아는 사이. ② 얼굴을 앎.

지면[3] **紙面** (종이 지, 쪽 면). ① 속뜻 종이[紙]의 겉면[面]. ¶이 책은 지면이 매끄럽다. ② 신문의 기사가 실린 종이의 면. ¶이 사건을 지면에 싣다.

지면[4] **誌面** (기록할 지, 쪽 면). 잡지(雜誌)의 내용이 실린 면(面). ⑪지상(誌上).

지명[1] **地名** (땅 지, 이름 명). 땅[地]의 이름[名]. 지역의 이름. ¶순 우리말로 된 지명.

지명[2] **知命** (알 지, 목숨 명). ① 속뜻 천명(天命)을 앎[知]. ② 『논어·위정편』(論語·爲政篇)의 '五十而知天命'에서 유래된 말로, 나이 '쉰 살'을 뜻하는 말.

지명[3] **指命** (가리킬 지, 명할 명). 지정(指定)하여 명령(命令)함.

지명[4] **知名** (알 지, 이름 명). 널리 알려진[知] 이름[名]. 세상에 이름을 알림.

▸ **지명-도** 知名度 (정도 도). 세상에 이름이 널리 알려진[知名] 정도(程度). ¶지명도가 높은 사람.

▸ **지명-인사** 知名人士 (사람 인, 선비 사). 이름이 세상에 널리 알려진[知名] 사람[人士].

지명[5] **指名** (가리킬 지, 이름 명). 여러 사람 가운데 누구의 이름[名]을 지정(指定)하여 가리킴. ¶그녀는 국무총리로 지명되었다.

▸ **지명-전** 指名戰 (싸울 전). 정당 따위에서 지명(指名)을 얻기 위한 경쟁[戰].

▸ **지명 수배** 指名手配 (손 수, 나눌 배). 법률 범죄인을 지명(指名)하여 수배(手配)함.

▸ **지명 입찰** 指名入札 (들 입, 패 찰). 경제 지명(指名)한 사람에게만 입찰(入札)을 허가함. 또는 그 입찰.

▸ **지명 타:자** 指名打者 (칠 타, 사람 자).

운동 야구에서 투수를 대신하여 지명(指名)된 타자(打者).

▸ **지명 투표** 指名投票 (던질 투, 쪽지 표). 정치 대통령·부통령·국무총리 등의 선거에 나갈 후보자를 지명(指名)하기 위해 하는 투표(投票).

지모[1] **地貌** (땅 지, 모양 모). 지리 땅[地] 표면의 고저, 기복, 사면 따위의 상태[貌].

지모[2] **知母** (알 지, 어머니 모). 식물 백합목 지모과의 다년초. 산이나 들에 절로 나는데, 높이는 1m 가량되고, 굵은 뿌리줄기는 가로 벋고 가늘고 긴 잎은 무더기로 나며, 초여름에 담자색 꽃이 이삭 모양으로 피고, 뿌리줄기는 한방에서 해소·담·갈증 따위의 약재로 쓰이는데, 학명은 'Anemarrhena asphodeloides'이다. 그리스 신화에서 비롯된 '아스포델'이라는 식물의 꽃말은 '나는 당신의 것'이므로, '나의 모체(母體)가 되는 것을 아는[知] 꽃'이라 풀이하여 '知母'라고 이름한 것으로 추정된다.

지모[3] **智謀** (슬기 지, 꾀할 모). 지혜(智慧)로운 모략(謀略). 슬기로운 꾀. ㉥지략(智略).

▸ **지모-웅략** 智謀雄略 (뛰어날 웅, 꾀할 략). 슬기로운 계책[智謀]과 웅대(雄大)한 계략(計略).

지목[1] **指目** (가리킬 지, 눈 목). ① 속뜻 어떤 사람의 눈[目]을 가리킴[指]. ② 여러 사람이나 사물 가운데서 일정한 것에 대하여 어떠하다고 가리키어 정함. ¶사건의 용의자로 지목되다.

지목[2] **地目** (땅 지, 눈 목). 주된 용도에 따라 땅[地]을 구분하는 명목(名目). 논, 밭, 택지, 염전, 광천지, 산림, 목장, 묘지, 용수로, 저수지, 공중 도로, 공원, 잡종지 따위로 나눈다. ¶지목을 산림에서 택지로 바꾸다.

▸ **지목 변:경** 地目變更 (바뀔 변, 고칠 경). 지목(地目)을 바꾸어[變] 고침[更].

지묘 **至妙** (지극할 지, 묘할 묘). 지극(至極)히 묘(妙)함. 더없이 묘함. ㉥극묘(極妙).

지묵 **紙墨** (종이 지, 먹 묵). 종이[紙]와 먹[墨].

지문[1] **至文** (지극할 지, 글월 문). 지극(至極)히 빼어난 글[文]. 아주 뛰어난 글.

지문[2] **地文** (바탕 지, 글월 문). ① 속뜻 주어진 바탕[地] 글[文]. 또는 그 내용. ¶다음 지문을 읽고 물음에 답하시오. ② 문학 희곡에서, 해설과 대사를 뺀 나머지 부분의 글. 인물의 동작, 표정, 심리, 말투 따위를 지시하거나 서술함. ③ 지리 대지(大地)의 온갖 모양. ㉥바닥글.

지문[3] **誌文** (기록할 지, 글월 문). 죽은 사람에 대해 기록한[誌] 글[文]. 죽은 이의 이름, 생일과 죽은 날, 업적, 무덤이 있는 곳 따위를 적는다.

지문[4] **指紋** (손가락 지, 무늬 문). 손가락[指] 끝마디의 안쪽 무늬[紋]. 또는 그것이 어떤 물건에 남긴 흔적. ¶지문을 남기지 않도록 장갑을 끼다.

▸ **지문-법** 指紋法 (법 법). 지문(指紋)의 특성으로 사람을 식별하는 방법(方法).

지물 **地物** (땅 지, 만물 물). ① 속뜻 땅[地] 위에 존재하는 모든 물체(物體). 집, 도로, 나무, 하천 따위. ② 적의 포화나 시야로부터 몸을 숨길 수 있는 물건.

지물 **紙物** (종이 지, 만물 물). 종이[紙]나 종이에 속하는 물건(物件).

▸ **지물-상** 紙物商 (장사 상). 종이[紙物]를 전문으로 취급하는 상점이나 상인(商人).

▸ **지물-포** 紙物鋪 (가게 포). 종이[紙物]를 파는 가게[鋪]. ㉥지전(紙廛).

지미[1] **地味** (땅 지, 맛 미). 흙[地]의 메마르고 기름진[味] 성질. ㉥토리(土理).

지미[2] **至美** (지극할 지, 아름다울 미). 지극(至極)히 아름다움[美].

지미[3] **至微** (지극할 지, 작을 미). 지극(至極)히 작음[微].

지밀 **至密** (지극할 지, 몰래 밀). ① 속뜻 깊숙이 있어 지극(至極)히 비밀(祕密)스러운 곳. ② 왕과 왕비가 늘 거처하던 곳. ③ 각 궁방(宮房)의 침실.

지반[1] **池畔** (못 지, 두둑 반). 연못[池]의 가장자리 두둑[畔]. ㉥지변(池邊).

지반[2] **地盤** (땅 지, 소반 반). ① 속뜻 땅[地]이 소반[盤]같이 편평한 바닥. ② 땅의 굳은 표면. ¶홍수 때문에 이곳의 지반이 내려앉았다. ③ 구조물 따위를 설치하는 데 기초가 되는 땅. ③ 어떤 일을 하기 위한 근거나 기초가 될 만한 바탕. 사회적 지반을 넓히다. ㉥지각(地殼), 토대(土臺).

▸ **지반 운:동** 地盤運動 (돌 운, 움직일 동).

[지리] 지반(地盤)이 일정한 힘에 의해 움직임[運動].

지발 遲發 (늦을 지, 떠날 발). ① [속뜻] 규정 시간보다 늦게[遲] 출발(出發)함. ② 보통보다 늦게 발생함.

▸ **지발 중성자** 遲發中性子 (가운데 중, 성질 성, 씨 자). [물리] 원자핵 분열 후 조금 뒤에 생기는[遲發] 중성자(中性子).

지방[1] 地方 (땅 지, 모 방). ① [속뜻] 땅[地]의 어느 한 부분[方]. 어느 한 방면의 땅. ¶낯선 지방으로 여행하다. ② 한 나라의 수도(首都)나 대도시 외의 고장. ¶지방으로 내려가다. [반] 중앙(中央).

▸ **지방-관** 地方官 (벼슬 관). ① [속뜻] 지난날, 지방(地方)을 다스리던 관리(官吏). 주(州)·부(府)·군(郡)·현(縣)의 으뜸 벼슬을 이르던 말. ② 지방의 행정 사무를 맡아보는 고급 공무원.

▸ **지방-도** 地方道 (길 도). ① [속뜻] 지방(地方)에 난 길[道]. ② 도지사의 관할 아래에 있는 도로. [참] 국도(國道).

▸ **지방-민** 地方民 (백성 민). 지방(地方)에 사는 백성[民]. 시골 주민.

▸ **지방-병** 地方病 (병 병). 일정 지방(地方)에서 생기는 특유의 병(病). [비] 풍토병(風土病).

▸ **지방-비** 地方費 (쓸 비). 지방(地方) 공공 단체의 경비(經費).

▸ **지방-색** 地方色 (빛 색). 자연, 인정, 풍속 등에서 풍기는 어떤 지방(地方)의 고유한 특색(特色). ¶이 소설은 사투리가 많아 지방색이 잘 나타나 있다.

▸ **지방-성** 地方性 (성질 성). 어떤 지방(地方)에서 나타나는 특유의 성질(性質).

▸ **지방-세** 地方稅 (세금 세). [법률] 지방(地方) 공공 단체가 제정상의 필요에 따라 그 지방의 주민에게 받는 세금(稅金). [반] 국세(國稅).

▸ **지방-시** 地方時 (때 시). [지리] 어떤 지방(地方)의 특정 지점을 지나는 자오선(子午線)을 기준으로 하여 정한 시간(時間).

▸ **지방-열** 地方熱 (더울 열). 자기 지방(地方)을 사랑하는 열성(熱性).

▸ **지방-채** 地方債 (빚 채). [법률] 지방(地方) 자치 단체가 재정상의 필요에 따라 발행하는 채권(債券).

▸ **지방-청** 地方廳 (관청 청). 지방(地方)의 행정 관청(官廳).

▸ **지방-판** 地方版 (널빤지 판). 신문에서 어떤 지방(地方)에 관한 기사를 따로 실은 인쇄판(印刷版).

▸ **지방-풍** 地方風 (바람 풍). [지리] 지형이나 기온 따위의 영향으로 어떤 지방(地方)에서만 일어나는 바람[風]. [비] 국지풍(局地風).

▸ **지방-형** 地方型 (모형 형). [생물] 어떤 지방(地方)에서만 나타나는 특유한 모양[型]. 같은 종류의 생물인데도 산지(産地)에 따라 조금씩 다른 특징을 갖추고 있는 것.

▸ **지방 법원** 地方法院 (법 법, 관청 원). [법률] 중앙 법원에 대하여 지방(地方)에 설치된 법원(法院).

▸ **지방 분권** 地方分權 (나눌 분, 권력 권). [정치] 지방(地方)에서 통치권(統治權)을 나누어[分] 갖는 것. 그러한 제도. [반] 중앙 집권(中央集權).

▸ **지방 은행** 地方銀行 (돈 은, 가게 행). [경제] 지방(地方)의 어느 한정된 구역 안에서 독자적으로 영업하는 보통 은행(銀行). [반] 시중 은행(市中銀行).

▸ **지방 의회** 地方議會 (의논할 의, 모일 회). [법률] 도나 시에 설치된 지방(地方) 공공 단체의 의회(議會).

▸ **지방 자치** 地方自治 (스스로 자, 다스릴 치). [법률] 지방 주민이 선출한 기관이 지방(地方)의 행정을 자체적(自體的)으로 처리하는[治] 제도.

▸ **지방 장:관** 地方長官 (어른 장, 벼슬 관). 지방(地方) 자치단체에서 우두머리[長]가 되는 관리(官吏).

▸ **지방 행정** 地方行政 (행할 행, 정사 정). ① [속뜻] 지방(地方) 자치 단체에서 하는 행정(行政). ② [법률] 국가의 지방 행정 기관에서 하는 행정.

▸ **지방 문화재** 地方文化財 (글월 문, 될 화, 재물 재). [법률] 지방(地方) 단체가 지정하여 관리, 보호하는 문화재(文化財). 국유 문화재 이외에 향토 문화의 보존상 필요하다고 인정하여 지정한다. ¶우리 마을에는 지방 문화재가 많이 보존되어 있다.

▸ **지방 자치 단체** 地方自治團體 (스스로 자, 다스릴 치, 모일 단, 몸 체). [정치] 중앙 정부의

간섭을 직접 받지 않고, 주민의 의사를 바탕으로 하여 한 지방(地方)의 행정을 스스로[自] 처리하는[治] 행정 단체(團體). 시·도·군·구 따위. 줄여서 '지차체'라고도 한다.

▸지방 자치 제도 地方自治制度 (스스로 자, 다스릴 치, 정할 제, 법도 도). 법률 지방 자치(地方自治).

*지방² 脂肪 (기름 지, 기름 방). ① 속뜻 기름[脂=肪]. ② 생물 유지가 상온(常溫)에서 고체를 이룬 것. 생물체의 중요한 에너지 공급원이다.

▸지방-산 脂肪酸 (산소 산). 화학 지방(脂肪)을 가수 분해할 때 생기는 사슬 모양의 산(酸). 의산(蟻酸)이나 초산(醋酸) 따위.

▸지방-선 脂肪腺 (샘 선). 생물 살갗 아래에 있는 지방(脂肪)을 분비하는 선(腺). ㊜지선. ㊥피지선(皮脂腺).

▸지방-유 脂肪油 (기름 유). 화학 상온에서 지방(脂肪)이 액체[油] 상태인 것. ㊜지유.

▸지방-종 脂肪腫 (종기 종). 의학 지방(脂肪) 세포로 이루어진 종양(腫瘍)의 한 가지.

▸지방-질 脂肪質 (바탕 질). ① 속뜻 지방(脂肪) 성분으로 된 물질(物質). ② 의학 지방이 너무 많은 체질.

▸지방-층 脂肪層 (층 층). 생물 지방(脂肪)으로 된 층(層). 살갗 밑에 있다.

▸지방 세:포 脂肪細胞 (작을 세, 태보 포). 생물 지방(脂肪) 조직을 이루는 세포(細胞).

▸지방 조직 脂肪組織 (짤 조, 짤 직). 의학 지방(脂肪) 세포가 모여서 이루어진 조직(組織).

▸지방-종자 脂肪種子 (씨 종, 씨 자). 식물 저장 물질로서 주로 지방(脂肪)을 함유하는 종자(種子).

지방³ 紙榜 (종이 지, 패 방). 민속 종이[紙] 조각에 지방문을 써 놓은 신주 패[榜].

▸지방-문 紙榜文 (글월 문). 제사 따위를 지낼 때에, 지방(紙榜)에 쓰는 글[文].

*지배 支配 (가를 지, 나눌 배). ① 속뜻 가르고[支] 나눔[配]. ② 자기의 의사대로 복종하게 하여 다스림. ¶강한 나라의 지배를 받다. ③ 외부의 요인이 사람의 생각이나 행동에 적극적으로 영향을 미침. ¶인간은 자연을 지배할 수 없다. ④ 언어 구나 문장 안에서, 어떤 단어가 관계하는 다른 단어에 대하여 특정한 형태를 갖추도록 요구하는 일. 또는 그런 문법 관계.

▸지배-권 支配權 (권리 권). ① 속뜻 무엇을 지배(支配)할 수 있는 권리(權利). ② 법률 권리의 객체를 직접 지배하여 다른 사람의 개입을 필요로 하지 않고 그 이익을 받아 누릴 수 있는 권리.

▸지배-인 支配人 (사람 인). 법률 주인을 대신하여 영업에 관한 것을 지배(支配)할 수 있는 대리권을 가진 사람[人]. ¶호텔의 지배인이 나와 정중히 사과했다.

▸지배-자 支配者 (사람 자). 남을 지배(支配)하거나 지배적인 위치에 있는 사람[者]. ¶노예들은 지배자의 채찍 밑에서 일해야 했다. ㊥피지배자.

▸지배-적 支配的 (것 적). 지배(支配)하는 상태에 있는 것[的]. 우세한 것. ¶지배적 위치에 있는 사람.

▸지배 계급 支配階級 (섬돌 계, 등급 급). 사회 정치적·경제적·사회적으로 어떤 국가나 사회를 지배(支配)하는 계급(階級).

지번 地番 (땅 지, 차례 번). 땅[地]에 매겨 놓은 번호(番號).

지벌 地閥 (땅 지, 가문 벌). 지위(地位)와 문벌(門閥).

지법 地法 (땅 지, 법 법). 법률 '지방 법원'(地方法院)의 준말.

지벽¹ 地僻 (땅 지, 후미질 벽). ① 속뜻 어떤 지역(地域)이 후미진[僻] 곳에 있음. ② 마을 따위의 위치가 궁벽(窮僻)함.

지벽² 紙壁 (종이 지, 담 벽). 종이[紙]를 바른 벽[壁].

지변¹ 支辨 (가를 지, 가릴 변). ① 속뜻 돈을 지급(支給)하여 빚을 갚아 변제(辨濟)함. ② 빚을 갚기 위하여 돈이나 물건 따위를 내어 줌.

지변² 池邊 (못 지, 가 변). 못[池] 가장자리[邊]. ㊥지반(池畔).

지변³ 地變 (땅 지, 바뀔 변). ① 속뜻 땅[地]의 변동(變動). ② 지리 지각의 운동. ③ 지리 땅 위에서 일어나는 이변. 지진, 해일, 홍수 따위. ㊥지이(地異).

지병 持病 (가질 지, 병 병). ① 속뜻 계속 갖고[持] 있는 병(病). ② 잘 낫지 않아 늘 앓으면서 고통을 당하는 병. ¶지병으로 두통을 앓다. [비]고질(痼疾).

지보[1] 地步 (처지 지, 걸음 보). ① [속뜻]처지(處地)와 행보(行步). ②사회 활동에서 바탕이 되는 일정한 지위. ¶지보를 확고히 하다.

지보[2] 至寶 (지극할 지, 보배 보). 지극(至極)히 귀한 보배[寶].

지보[3] 支保 (버틸 지, 지킬 보). ① [속뜻]오랫동안 지탱(支撑)하여 보전(保全)함. ② [법률] '지급보증'(支給保證)의 준말.

▶지보-공 支保工 (장인 공). [건설]굴이나 땅을 깊이 팔 때, 둘레의 흙이 무너지지 않게 하기 위하여 임시로 나무 따위를 짜서 버티는[支保] 공사(工事).

지복 至福 (지극할 지, 복 복). 지극(至極)한 행복(幸福). 더없는 행복. ¶지복의 삶을 누렸다.

지본 紙本 (종이 지, 책 본). ① [속뜻]종이[紙]로 만든 책[本]. ②종이에 쓴 글씨나 그림. [참]견본(絹本).

지봉-유설 芝峯類說 (버섯 지, 봉우리 봉, 무리 류, 말할 설). [책명]조선 선조 때의 학자 지봉(芝峯) 이수광이 천문·지리·병정·관직 따위에 관해 종류별(種類別)로 나누어 해설(解說)한 책.

지부 支部 (가를 지, 나눌 부). 본부에서 갈라져[支] 나가 일부(一部) 지역의 업무만을 맡아보는 곳. ¶서울에 본부를 두고 각 군에 지부를 설치하다.

지분 知分 (알 지, 나눌 분). 자기의 본분(本分)을 앎[知]. 제 분수를 앎.

지분[1] 脂粉 (기름 지, 가루 분). 연지(臙脂)와 백분(白粉). [비]분지(粉脂).

지분[2] 持分 (가질 지, 나눌 분). 공유 재산이나 권리 따위에서, 공유자(共有者) 각자가 가지는[持] 부분(部分). ¶그는 회사 지분의 절반을 갖고 있다.

▶지분-권 持分權 (권리 권). 지분(持分)에 대한 권리(權利).

지불 支拂 (가를 지, 털어낼 불). ① [속뜻]갈라서[支] 털어냄[拂]. ②돈을 주어 값을 치름. ¶임금 지불 / 상점에서 물건 값을 지불하고 나왔다.

지빈 至貧 (지극할 지, 가난할 빈). 지극(至極)히 가난함[貧].

▶지빈-무의 至貧無依 (없을 무, 의지할 의). 몹시 가난하고[至貧] 의지(依支)할 데가 없음[無].

지사[1] 支社 (가를 지, 회사 사). 본사에서 갈라져[支] 나가 일정 지역의 업무를 맡아보는 회사(會社). ¶해외지사를 설립하다. [반]본사(本社).

지사[2] 地史 (땅 지, 역사 사). 지구(地球)의 생성·발달·변천에 관한 역사(歷史).

지사[3] 志士 (뜻 지, 선비 사). 크고 높은 뜻[志]을 가진 사람[士]. 국가·민족·사회를 위하여 자기 몸을 바쳐 일하려는 포부를 가진 사람. ¶나라의 앞날을 걱정하는 지사.

지사[4] 知事 (알 지, 일 사). 한 도의 행정 사무(事務)를 파악하여[知] 맡아보는 지방 장관. '도지사'(道知事)의 준말.

지사[5] 指事 (가리킬 지, 일 사). ① [속뜻]사물(事物)을 가리킴[指]. ②한자 육서(六書)의 하나. 수량이나 위치 따위 추상적인 개념을 상징적으로 형상화한 자형. 一·二·上·下 따위.

지사-제 止瀉劑 (멈출 지, 쏟을 사, 약제 제). 설사(泄瀉)를 그치게[止] 하는 약제(藥劑).

지상 地相 (땅 지, 모양 상). ① [속뜻]땅[地]의 모양[相]. [비]지형(地形). ②집터 따위를 잡을 때 땅의 형세를 살펴 길흉을 감정하는 일.

지상[1] 地象 (땅 지, 모양 상). 땅[地]에서 일어나는 여러 현상(現象). 지진·화산·산사태 따위. [반]천상(天象).

지상[2] 至想 (지극할 지, 생각 상). 지극(至極)히 뛰어난 생각[想].

지상[3] 志尚 (마음 지, 높일 상). 고상(高尚)한 마음[志].

지상[4] 地上 (땅 지, 위 상). ① [속뜻]땅[地]의 위[上]. ¶지상 10미터 높이의 건물. ②이 세상. ¶인생은 이 지상에서 단 한번 뿐이다. [비]지면(地面), 지표(地表), 현세(現世). [반]지하(地下).

▶지상-경 地上莖 (줄기 경). [식물]땅위[地上]로 난 줄기[莖]. [비]기경(氣莖). [반]지하경(地下莖).

▶지상-군 地上軍 (군사 군). [군사]지상(地上)에서 전투하는 군대(軍隊). 주로 육군을 말한다.

▸지상-권 地上權 (권리 권). 법률 남의 땅[地上]을 사용하는 권리(權利).

▸지상-전 地上戰 (싸울 전). 군사 지상(地上)에서 하는 전투(戰鬪). ⓑ육전(陸戰).

▸지상-풍 地上風 (바람 풍). 지리 지표면(地表面) 위[上]에서 부는 바람[風].

▸지상 낙원 地上樂園 (즐길 락, 동산 원). ① 속뜻 이 세상[地上]에 있는 즐거운 세계[樂園]. ② 종교 지상 천국. ③ 문학 영국의 시인 모리스가 지은 장편 서사시. 지상 낙원을 찾아 항해하면서 지은, 고대 그리스와 중세 북유럽에 관한 24편의 작품이다.

▸지상 마ː력 地上馬力 (말 마, 힘 력). 물리 항공 발동기가 땅[地] 위[上]에서 낼 수 있는 마력(馬力).

▸지상 식물 地上植物 (심을 식, 만물 물). 식물 지상(地上)에서 30㎝ 이상의 높이에 싹이 나는 식물(植物). ⓑ정공 식물(挺空植物).

▸지상-신선 地上神仙 (귀신 신, 신선 선). ① 속뜻 이 세상[地上]에 산다고 하는 신선(神仙). ②'팔자가 썩 좋은 사람'을 비유하여 이르는 말. ③ 종교 천도를 믿어 법열을 얻으면 정신적으로 극락을 얻고 영적으로 장생을 얻게 되는 일. 지상선(地上仙).

▸지상 천국 地上天國 (하늘 천, 나라 국). 종교 천도교 따위에서, 하늘에서 찾을 것이 아니라 이 현실 사회[地上]에서 세워야 하는 완전한 이상 세계[天國]. ⓑ지상 낙원.

▸지상 표지 地上標識 (나타낼 표, 기록할 지). 항공 비행하면서 비행 지점을 쉽게 알아볼 수 있도록 그 항공로를 따라 땅[地] 위[上]에 설치한 여러 가지 표지(標識).

지상[5] 至上 (지극할 지, 위 상). 지극(至極)히 높은 위[上]. ¶세계의 평화를 지상 과제로 삼다.

▸지상-신 至上神 (귀신 신). 여러 신 가운데 가장[至] 높은[上] 신(神). ⓑ최고신(最高神).

▸지상-자 至上者 (사람 자). 종교 가장[至] 높은[上] 존재[者]. 일부 미개 민족 사이에서 신앙되고 전승되어 온, 만물의 창조주인 영적 존재.

▸지상 명ː령 至上命令 (명할 명, 시킬 령). ① 속뜻 가장[至] 높은[上] 명령(命令). 절대로 복종해야 할 명령. ② 철학 칸트 철학에서, 행위의 결과에 구애됨이 없이 행위 그것 자체가 선(善)이기 때문에 무조건 그 수행이 요구되는 도덕적 명령. ⓑ정언적 명령(定言的命令).

지상[6] 紙上 (종이 지, 위 상). ① 속뜻 종이[紙]의 위[上]. ②신문의 지면. ¶소설을 신문 지상에 발표하다.

▸지상-공문 紙上空文 (빌 공, 글월 문). ① 속뜻 종이[紙] 위[上]에 쓴 헛된[空] 글[文]. ②실행하지 않거나 할 수 없는 헛된 조문. ㊟공문.

지서 支署 (가를 지, 관청 서). 본서에서 갈라져[支] 나와 그 지역의 업무를 맡아보는 관청[署]. ¶지서에 불려가 조사를 받았다. ⓑ분서(分署).

지석[1] 支石 (버틸 지, 돌 석). ① 속뜻 위에 올려진 것을 지탱(支撑)하는 돌[石]. ② 고인돌. ⓑ입석(立石).

지석[2] 砥石 (숫돌 지, 돌 석). 칼날 따위를 가는데[砥] 쓰이는 돌[石].

지석[3] 誌石 (기록할 지, 돌 석). 지문(誌文)을 적는 돌[石]. ¶지석에는 죽은 이의 사망 연월일이 적혀 있었다.

지-석판 紙石板 (종이 지, 돌 석, 널빤지 판). ① 속뜻 종이[紙]로 만든 석판(石板). ②마분지에 돌가루 따위로 반죽한 것을 발라서 만든 석판의 대용품.

지선[1] 支線 (가를 지, 줄 선). ① 속뜻 도로, 철도, 통신 선로 따위의 본선에서 갈라져[支] 나간 선(線). ②전주 따위가 넘어가지 않도록 땅 위로 비스듬히 버티어 친 줄. ⓟ본선(本線).

지선[2] 至善 (지극할 지, 착할 선). ① 속뜻 지극(至極)히 착함[善]. ②'지어지선'(止於至善)의 준말. ⓟ지악(至惡).

지선[3] 脂腺 (기름 지, 샘 선). 생물 진피(眞皮)에 있는 지방(脂肪)을 분비하는 샘[腺]. '지방선'(脂肪腺)의 준말.

지성[1] 至性 (지극할 지, 성품 성). 지극(至極)히 착한 성격(性格).

지성[2] 至聖 (지극할 지, 거룩할 성). 지극(至極)히 성(聖)스러움. 지덕(智德)을 아울러 갖추어 더 없이 뛰어난 성인.

지성[3] 至誠 (지극할 지, 정성 성). 지극(至極)한 정성(精誠). 또는 그러한 정성. ¶환자를 지성으로 돌보다. 속담 지성이면 감천.

지성[4] **知性** (알 지, 성질 성). ① 속뜻 지적(知的) 품성(品性). 사물을 알고 판단하는 능력. 감정과 의지에 대하여, 모든 지적 작용에 관한 능력을 이르는 말. ¶양심과 지성을 갖춘 사람. ② 심리 새로운 상황에 부딪혔을 때에, 맹목적이거나 본능적 방법에 의하지 않고 지적인 사고에 근거하여 그 상황에 적응하고 과제를 해결하는 성질.

▸ **지성-인** 知性人 (사람 인). ① 속뜻 지성(知性)을 갖춘 사람[人]. ¶교육을 받은 지성인이라면 남의 말에 귀를 기울일 줄 알아야 한다. ② 고인류를 분류한 학명의 하나. '생각하는 사람'이라는 뜻으로, 네안데르탈인과 현생 인류를 포함한다. ㊟지성. ㊥호모 사피엔스(Homo sapiens).

지세[1] **至細** (지극할 지, 가늘 세). 지극(至極)히 가늚[細].

지세[2] **地貰** (땅 지, 세놓을 세). 땅[地]을 빌려 쓴 값으로 내는 세(貰).

지세[3] **地稅** (땅 지, 세금 세). 땅[地]에 대한 조세(租稅).

지세[4] **地勢** (땅 지, 형세 세). 깊고 얕고 넓고 좁고 울퉁불퉁한 땅[地]의 형세(形勢). ㊥지위(地位), 지형(地形).

지소[1] **支所** (가를 지, 곳 소). 본소에서 갈라져[支] 나와 그 지역의 업무를 맡아보는 곳[所]. ¶각 지방에 지소를 설치하다.

지소[2] **至小** (지극할 지, 작을 소). 지극(至極)히 작음[小]. ㊤지대(至大).

지소[3] **池沼** (못 지, 늪 소). 못[池]과 늪[沼]. ㊥소택(沼澤).

지소[4] **指笑** (가리킬 지, 웃을 소). 손가락질하며[指] 비웃음[笑].

지소[5] **紙所** (종이 지, 곳 소). ① 속뜻 종이[紙]를 만드는 곳[所]. ② 지난날, 천민인 지장(紙匠)이 집단으로 살며 나라에 공물로 바칠 종이를 만들던 곳.

지소-사 **指小辭** (가리킬 지, 작을 소, 말씀 사). 언어 원래의 뜻보다 더 작은[小] 개념이나 친애(親愛)의 뜻을 나타내는[指] 접사(接辭). 또는 그렇게 하여 파생된 말. '망아지'에서 '-아지', '꼬랑이'에서 '-앙이'따위.

지속[1] **紙屬** (종이 지, 속할 속). 종이[紙]류에 속(屬)하는 것. ㊥지물(紙物).

지속[2] **持續** (지킬 지, 이을 속). ① 속뜻 오래 지켜[持] 이어[續] 나감. ② 끊임없이 이어짐. ¶지속 가능성 / 어려움 속에서도 학업을 지속하다.

▸ **지속-음** 持續音 (소리 음). 언어 같은 상태가 오래 지속(持續)되는 음(音). ㊟속음.

▸ **지속-적** 持續的 (것 적). 어떤 상태가 오래 계속되는[持續] 것[的]. ¶지속적인 경제 성장.

지속[3] **遲速** (더딜 지, 빠를 속). 더딤[遲]과 빠름[速].

▸ **지속-침** 遲速針 (바늘 침). 시계의 더디고[遲] 빠름[速]을 바로잡는 바늘[針]. ㊥교정침(校正針).

지손 **支孫** (가를 지, 손자 손). 지파(支派)의 자손(子孫). ㊤종손(宗孫).

지수[1] **止水** (멈출 지, 물 수). 흐르지 않고 괴어 있는[止] 물[水].

지수[2] **地水** (땅 지, 물 수). 땅[地]속의 물[水]. '지하수'(地下水)의 준말.

지수[3] **指數** (가리킬 지, 셀 수). ① 속뜻 어떤 사실이나 정도 따위를 가리키는[指] 수(數). ¶지능 지수 / 종합주가 지수. ② 수학 어떤 수나 문자의 오른쪽 위에 덧붙여 쓰여 거듭제곱을 한 횟수를 나타내는 문자나 숫자. ¶제곱 지수.

▸ **지수 법칙** 指數法則 (법 법, 법 칙). 수학 지수(指數)로 표현된 숫자를 여러 가지 방법으로 계산할 수 있는 법칙(法則).

▸ **지수 방정식** 指數方程式 (모 방, 거리 정, 법 식). 수학 어떤 항의 지수(指數)에 미지수가 들어 있는 방정식(方程式).

지순[1] **至順** (지극할 지, 순할 순). 지극(至極)히 순(順)함. 매우 고분고분 함.

지순[2] **至純** (지극할 지, 순수할 순). 지극(至極)히 순수(純粹)함.

▸ **지순-지결** 至純至潔 (지극할 지, 깨끗할 결). 지극(至極)히 순결(純潔)함.

지술 **地術** (땅 지, 꾀 술). 민속 풍수설에 따라 지리(地理)를 살펴서 묏자리나 집터 따위의 좋고 나쁨을 점치는 술법(術法).

지시 **指示** (가리킬 지, 보일 시). ① 속뜻 가리켜[指] 보임[示]. ② 무엇을 하라고 일러서 시킴. ③ 법률 상급 기관이 하급 기관에 대하여 개별적이고 구체적으로 발하는 행정 규칙.

▸지시-등 指示燈 (등불 등). 다른 자동차에 신호를 가리키는[指示] 자동차에 달려 있는 등(燈).

▸지시-문 指示文 (글월 문). ① [속뜻] 지시(指示)의 내용을 적은 문건(文件). ¶지시문을 내리다. ② [문학] 희곡에서, 몸짓이나 무대의 장치, 분위기 따위를 나타내는 부분.

▸지시-약 指示藥 (약 약). [화학] 화학 반응에 있어서 일정한 상태를 보여주는[指示] 데 사용되는 시약(試藥).

▸지시-어 指示語 (말씀 어). [언어] 말하는 이와 말을 듣는 이 사이에서 이야기가 이루어지는 장면에 있는 대상을 지시(指示)하는 말[語].

▸지시 가격 指示價格 (값 가, 이를 격). [경제] 원료나 제품의 공급자가 제품업자나 판매업자에게 보여주는[指示] 제품의 판매 가격(價格).

▸지시 부:사 指示副詞 (도울 부, 말씀 사). [언어] 처소나 시간 및 문장 안에서의 사실 등을 지시(指示)하는 부사(副詞). '이리', '그리', '내일', '오늘' 따위.

▸지시 표지 指示標識 (나타낼 표, 기록할 지). [교통] 자동차나 보행자를 지시(指示)하기 위해 설치한 교통안전 표지(標識). ¶횡단보도는 지시 표지의 하나이다.

▸지시 관형사 指示冠形詞 (갓 관, 모양 형, 말씀 사). [언어] 어떤 사물의 성질이나 상태 등을 가리킬[指示] 때 쓰는 관형사(冠形詞). ¶'다른 노래'에서 '다른'은 지시 관형사이다.

▸지시 대:명사 指示代名詞 (대신할 대, 이름 명, 말씀 사). [언어] 어떤 사물, 처소를 가리킬[指示] 때 쓰는 대명사(代名詞). '그것', '이것', '어디', '무엇' 따위. ¶'그것은 책상이다'에서 '그것'은 지시대명사이다. [비]사물 대명사(事物代名詞).

▸지시적 요법 指示的療法 (것 적, 병 고칠 료, 법 법). [심리] 치료자가 지시(指示)하는 대로 이루어지는 치료법(治療法). 치료자가 올바르다고 믿는 방향으로 환자를 이끌어 가는 치료법이다.

▸지시 형용사 指示形容詞 (모양 형, 얼굴 용, 말씀 사). [언어] 어떤 사물의 성질, 모양, 상태 등을 가리킬[指示] 때 쓰는 형용사(形容詞). '그러하다', '어떠하다', '아무러하다' 따위.

지식[1] 智識 (슬기 지, 알 식). ① [속뜻] 지혜(智慧)와 견식(見識). 생각하여 아는 작용. ② [불교] 기신론에서, 모든 대상이 모두 마음에서 비롯된 것임을 알지 못하고 대상에 대하여 이치에 맞지 아니한 그릇된 생각을 일으키는 식(識)의 작용을 이르는 말.

***지식**[2] 知識 (알 지, 알 식). ① [속뜻] 어떤 대상에 대하여 배우거나 실천을 통하여 알게 된[知] 명확한 이해나 인식(認識). ¶과학에 대한 지식이 풍부하다. ② 알고 있는 내용이나 사물. ¶사전 지식 / 전문 지식 / 기초 지식. ③ [철학] 인식으로 얻어져 객관적으로 확증된 성과를 이르는 말.

▸지식-인 知識人 (사람 인). 지식(知識)이 많은 사람[人]. ¶당시의 지식인들은 그 정책을 앞장서서 반대하지 못했다.

▸지식-층 知識層 (층 층). 지식인(知識人)들로 이루어진 사회 계층(階層).

▸지식 계급 知識階級 (섬돌 계, 등급 급). [사회] 러시아 제정 시대에, 혁명적 지식인(知識人)들로 이루어진 계급(階級).

▸지식 분자 知識分子 (나눌 분, 접미사 자). 지식층(知識層)에 속하는 사람[分子].

▸지식 산:업 知識産業 (낳을 산, 일 업). [경제] 지식(知識)의 개발·처리·제공과 관련된 모든 산업(産業). 신문, 방송, 출판, 영화 등의 산업 따위.

지신[1] 至神 (지극할 지, 신통할 신). 지극(至極)히 신통(神通)함.

지신[2] 地神 (땅 지, 귀신 신). 땅[地]을 맡아 다스린다는 신령(神靈). ¶지신밟기.

지신[3] 智臣 (슬기 지, 신하 신). 슬기로운[智] 신하(臣下). 육정(六正)의 하나.

지-신심 至信心 (지극할 지, 믿을 신, 마음 심). 더할 수 없이 지극(至極)한 믿음[信心].

지실 知悉 (알 지, 모두 실). 모두 다[悉] 앎[知]. 자세히 앎.

지심[1] 至心 (지극할 지, 마음 심). 지극(至極)히 성실한 마음[心].

지심[2] 知心 (알 지, 마음 심). 마음[心]을 서로 잘 앎[知].

지심[3] 地心 (땅 지, 마음 심). 지구(地球)의

중심(中心). [비]중권(重圈).

▸지심 천정 地心天頂 (하늘 천, 꼭대기 정). [천문]지구(地球)의 중심(中心)과 관측점을 잇는 천구(天球)의 꼭대기[頂]. [준]천정.

지악 至惡 (지극할 지, 악할 악). ① [속뜻]지극(至極)히 악독(惡毒)함. [반]지선(至善). ② 어떤 일에 기를 쓰고 악착 같이 덤벼드는 데가 있음.

지압[1] 地壓 (땅 지, 누를 압). 땅[地]속의 물체가 그것의 무게나 외부 힘의 영향으로 내부로 또는 다른 물체를 향하여 누르는[壓] 힘. ¶유물이 지압을 받지 않고 잘 보존되다.

지압[2] 指壓 (손가락 지, 누를 압). ① [속뜻]손가락[指]으로 아픈 데를 누르는[壓] 것. ② 지압 요법(指壓療法).

▸지압-법 指壓法 (법 법). [의학] 혈관을 지압(指壓)하는 지혈법(止血法).

▸지압 요법 指壓療法 (병 고칠 료, 법 법). [의학]건강의 이상이나 병을 지압(指壓)으로 치료(治療)하는 방법(方法). [비]지압(指壓).

지애 至愛 (지극할 지, 사랑 애). 지극(至極)한 사랑[愛].

지약 持藥 (가질 지, 약 약). 몸에 지니고[持] 다니는 약(藥).

지양 止揚 (멈출 지, 오를 양). ① [속뜻]멈추었다[止]가 다시 올라감[揚]. ② 더 높은 단계로 오르기 위하여 어떠한 것을 하지 아니함. 피함. 하지 않음. ③ [철학]어떤 것을 그 자체로는 부정하면서 오히려 한층 더 높은 단계에서 이것을 긍정하는 일.

지어지선 止於至善 (그칠 지, 어조사 어, 지극할 지, 착할 선). 지극(至極)히 착한[善] 경지에 이르러 발길을 멈춤[止]. 『대학』(大學)에서 이르는 삼강령(三綱領)의 하나.

지언[1] 至言 (지극할 지, 말씀 언). 지극(至極)히 마땅한 말[言].

지언[2] 知言 (알 지, 말씀 언). 사리를 알고[知] 하는 말[言]. 도리에 맞는 말.

지엄 至嚴 (지극할 지, 엄할 엄). 지극(至極)히 엄(嚴)하다. ¶왕실의 지엄한 법도.

지업 紙業 (종이 지, 일 업). 종이[紙] 따위를 다루는 일[業].

지역[1] 地役 (땅 지, 부릴 역). ① [속뜻]땅[地]을 부림[役]. 자기 땅의 편익을 위하여 남의 땅을 사용하는 일. ② [법률]'지역권'(地役權)의 준말.

▸지역-권 地役權 (권리 권). [법률]남의 땅을 사용할[地役] 수 있는 권리(權利).

지역[2] 地域 (땅 지, 지경 역). 일정한 땅[地]의 구역(區域). 또는 그 안의 땅. ¶이 지역에서는 물이 부족하다.

▸지역-구 地域區 (나눌 구). [법률]시·군·구 따위 일정한 지역(地域)을 한 단위로 하여 설정한 선거구(選擧區). [반]전국구(全國區).

▸지역-상 地域相 (모양 상). 일정 지역(地域)의 자연 지리적인 요소를 통틀어서 본 모양[相].

▸지역 감:정 地域感情 (느낄 감, 마음 정). 특정 지역(地域)의 사람들에게 가지는 좋지 않은 편견이나 감정(感情). ¶선거에서 지역감정을 부추기는 것은 옳지 않다.

▸지역 방어 地域防禦 (막을 방, 막을 어). [운동]농구나 축구 경기에서, 수비하는 편의 각 선수가 일정한 지역(地域)을 맡아 막는[防=禦] 일.

▸지역 사회 地域社會 (단체 사, 모일 회). [사회]지역(地域)에 따라 이루어진 사회(社會).

▸지역 수당 地域手當 (손 수, 당할 당). [사회]일하는 지역(地域)에 따라 생기는 생활비의 차이 따위를 근거로 하여 지급되는 수당(手當).

▸지역 대:표제 地域代表制 (바꿀 대, 나타낼 표, 정할 제). [정치]지역구(地域區)마다 대표(代表)를 뽑는 정치 제도(制度). [참]직능 대표제(職能代表制).

지연[1] 地緣 (땅 지, 인연 연). 태어나거나 살고 있는 지역(地域)을 근거로 하는 사회적인 연고(緣故). [참]학연(學緣), 혈연(血緣).

지연[2] 紙鳶 (종이 지, 연 연). 종이[紙]로 만든 연(鳶). 살을 붙인 종이를 실에 매어 공중에 날리는 장난감이다.

지연[3] 遲延 (늦을 지, 끌 연). 정해진 때보다 늦게[遲] 시간을 끎[延]. ¶약간의 문제가 생겨 열차의 출발이 지연되다.

▸지연 이:자 遲延利子 (이로울 리, 접미사 자). [경제]돈을 갚을 날짜를 지연(遲延)할 경우 무는 이자(利子). [비]연체 이자(延滯利子).

▸지연-작전 遲延作戰 (일으킬 작, 싸울 전). ① [속뜻]일을 늦추어[遲延] 자기에게 이롭

게 하려는 작전(作戰). ② [군사] 시간을 얻기 위하여, 결전을 피하면서 적의 전진을 늦추는 방어 작전.

지열[1] **止熱** (멈출 지, 더울 열). 병으로 말미암아 생긴 열(熱)을 그치게[止] 함.

지열[2] **地熱** (땅 지, 더울 열). [지리] 땅[地] 속에서 나는 열(熱). ¶지열 에너지를 이용한 발전(發電).

▸ **지열 발전** 地熱發電 (일으킬 발, 전기 전). 지열(地熱)을 가진 물질을 이용하여 전기(電氣)를 일으킴[發].

지엽 **枝葉** (가지 지, 잎 엽). ① [속뜻] 가지[枝]와 잎[葉]. ② 본체에서 갈라져 나간 중요하지 않은 부분.

지옥 **地獄** (땅 지, 감옥 옥). ① [속뜻] 땅[地] 속에 있는 감옥(監獄). ② [기독교] 큰 죄를 지은 사람의 혼이 신의 구원을 받지 못하고 악마와 함께 영원히 벌을 받는다는 곳. ¶그렇게 못된 짓을 많이 했으니 지옥에 갈 것이다. ③ '못 견딜 만큼 괴롭고 참담한 형편이나 환경'을 비유하여 이르는 말. ¶입시 지옥 / 거기서 일한 순간부터 지옥이었다. ④ [불교] 이승에서 악업을 지은 사람이 죽어서 간다고 하는 온갖 고통으로 가득 찬 세계. [반]천국(天國), 천당(天堂).

▸ **지옥-계** 地獄界 (지경 계). [불교] 지옥(地獄)의 세계(世界). 십계(十界)의 하나. 현실에서 악한 일을 한 사람들이 죽어서 가는 세계를 이른다.

▸ **지옥-도** 地獄道 (길 도). [불교] 지옥(地獄)의 세계[道]. 죄를 지은 중생이 죽어서 간다는 삼악도(三惡道)의 하나이다.

지온 **地溫** (땅 지, 따뜻할 온). 땅[地] 표면 또는 땅 속의 온도(溫度).

지요 **至要** (지극할 지, 요할 요). 지극(至極)히 중요(重要)함.

지용 **智勇** (슬기 지, 날쌜 용). 슬기[智]와 용기(勇氣).

지용-성 **脂溶性** (기름 지, 녹을 용, 성질 성). [화학] 어떤 물질이 기름[脂]에 녹는[溶] 성질(性質).

지우[1] **至愚** (지극할 지, 어리석을 우). 지극(至極)히 어리석음[愚].

지우[2] **知友** (알 지, 벗 우). 서로 마음을 잘 아는[知] 친한 벗[友]. ¶지우를 만나다.

지우[3] **智愚** (슬기 지, 어리석을 우). 슬기로움[智]과 어리석음[愚].

지우[4] **知遇** (알 지, 만날 우). 남이 자신의 인격이나 재능을 알아주어[知] 잘 대우(待遇)해 줌. ¶지우를 입다 / 지우를 받다.

▸ **지우지감** 知遇之感 (어조사 지, 느낄 감). 자기의 인격이나 학식을 알아주고[知] 후히 대우(待遇)해 주는 데 대한 고마운 마음[感].

지-우산 **紙雨傘** (종이 지, 비 우, 덮개 산). 기름 먹인 종이[紙]로 만든 우산(雨傘).

지운 **地運** (땅 지, 운수 운). [민속] 땅[地]의 운수(運數).

지원[1] **支院** (가를 지, 집 원). [법률] 지역별로 따로 갈라져[支] 나온 하부 법원(法院). ¶가정법원 소년부지원. [비]분원(分院).

지원[2] **支援** (버틸 지, 도울 원). 버틸[支] 수 있도록 도와줌[援]. ¶아낌없는 지원에 깊이 감사드립니다.

지원[3] **至願** (지극할 지, 바랄 원). 지극(至極)한 바람[願]. ¶그것이 너의 지원(至願)이라면 내가 적극적으로 지원(支援)해 주마.

지원[4] **志願** (뜻 지, 바랄 원). 어떤 일이나 조직에 뜻[志]을 두어 끼기를 바람[願]. ¶지원 입대 / 명문대학에 지원하다.

▸ **지원-병** 志願兵 (군사 병). [군사] 스스로 입대를 지원(志願)한 병사(兵士). ¶지원병을 모집하다.

▸ **지원-서** 志願書 (글 서). 뜻[志]을 두어 바라는[願] 바를 적어서 내는 글[書]. 또는 그 문서. ¶입사 지원서에 사진을 붙이다.

▸ **지원-자** 志願者 (사람 자). 어떤 일이나 조직에 뜻[志]을 두어 끼이길 바라는[願] 사람[者]. ¶지원자가 몰려들다.

지월 **至月** (지극할 지, 달 월). 동지(冬至)가 있는 달[月]. 음력 11월. [비]창월(暢月).

지위 **地位** (땅 지, 자리 위). ① [속뜻] 있는 곳[地]의 자리[位]. ② 사회적 신분에 따라 개인이 차지하는 자리나 계급. ¶그는 지위도 있고 돈도 있다 / 그는 낮은 지위에 있지만 매우 능력 있는 사람이다. ③ 어떤 사물이 차지하는 자리나 위치. [준]위.

지유[1] **地油** (땅 지, 기름 유). 땅[地]속에서 나는 기름[油]. [비]석유(石油).

지유[2] **脂油** (기름 지, 기름 유). ① [속뜻] 기름

[脂=油]. ② 화학 상온에서 지방이 액체 상태인 것. '지방유'(脂肪油)의 준말.

지-유삼 紙油衫 (종이 지, 기름 유, 적삼 삼). 종이[紙]로 만들어 기름[油]을 먹인 적삼[衫] 같은 비옷.

지육[1] 脂肉 (기름 지, 고기 육). 기름기[脂]와 살코기[肉].

지육[2] 智育 (슬기 지, 기를 육). 슬기[智]의 계발과 지식의 함양을 목적으로 하는 교육(敎育). ㊟덕육(德育). 체육(體育).

지은[1] 至恩 (지극할 지, 은혜 은). 지극(至極)한 은혜(恩惠).

지은[2] 地銀 (하늘 천, 은 은). ① [속뜻]땅[地]에서 나는 은(銀). ② 천은(天銀) 다음으로 품질이 좋은 은. 순분(純分) 90%인 것을 말한다. ㊟천은(天銀).

지은[3] 知恩 (알 지, 은혜 은). ① 속뜻 은혜(恩惠)를 앎[知]. ② 불교 삼보(三寶)의 은덕을 아는 일.

▸지은-보은 知恩報恩 (갚을 보, 은혜 은). 남의 은혜(恩惠)를 알고[知恩] 그 은혜(恩惠)를 갚음[報].

지음 知音 (알 지, 소리 음). ① 속뜻 소리[音]를 잘 앎[知]. ② 음악의 구조를 잘 앎. ③ 새나 짐승의 소리를 가리어 알아들음. ④ 중국 춘추 전국 시대에 거문고의 명수인 백아(伯牙)의 거문고 소리를 잘 알아들은 사람은 오직 그 친구 종자기(鐘子期)뿐이었다는 고사에서 유래되어, '마음이 서로 통하는 친한 벗'을 이른다. ㊥지기지우(知己之友).

▸지음-객 知音客 (손 객). 음악의 곡조를 잘 알아듣는[知音] 사람[客]. 풍류를 아는 사람.

지의[1] 紙衣 (종이 지, 옷 의). ① 속뜻 종이[紙]로 속을 넣어 만든 겨울 옷[衣]. ② 불교 재를 지낼 때, 관욕하려고 종이로 만든 옷.

지의[2] 地衣 (땅 지, 옷 의). ① 속뜻 땅[地] 위에 옷[衣]처럼 덮여있음. ② 식물 지의류(地衣類)에 딸린 식물을 통하여 이르는 말. ③ 제사 같은 때에 쓰려고 헝겊으로 가를 두르고 여럿을 이어 붙여서 만든 큰 돗자리. ㊥석화(石花).

▸지의-대 地衣帶 (띠 대). 식물 지의류(地衣類), 선태류, 소철류 따위가 자라는 지대(地帶). 식물의 수직 분포대 중, 초본대(草本帶)의 위로 고산대의 최상부 지대에 위치한다.

▸지의-류 地衣類 (무리 류). 식물 땅[地]이나 바위를 덮고[衣] 자라는 식물 종류(種類). 열대, 온대, 남북극으로부터 고산 지대까지 널리 분포한다.

지이 地異 (땅 지, 다를 이). 땅[地] 위에서 일어나는 여러 가지 이변(異變). 지진, 홍수, 해일 따위. ㊥지변(地變).

지이부지 知而不知 (알 지, 말이을 이, 아닐 부, 알 지). 알지만[知] 그러나[而] 알지[知] 못하는[不] 체함.

지인[1] 至人 (지극할 지, 사람 인). 지극(至極)히 덕이 높은 사람[人]. 덕망이 최고로 높은 사람.

지인[2] 知人 (알 지, 사람 인). 아는[知] 사람[人]. ¶부친의 지인 / 지인이 많다.

지인[3] 至仁 (지극할 지, 어질 인). 지극(至極)히 어짊[仁].

▸지인-지자 至仁至慈 (지극할 지, 사랑할 자). 지극(至極)히 인자(仁慈)함.

지인용 智仁勇 (슬기 지, 어질 인, 날쌜 용). 지혜(智慧)와 인자(仁慈)와 용기(勇氣)를 아울러 이르는 말.

지자[1] 至慈 (지극할 지, 사랑할 자). 지극(至極)히 자비(慈悲)로움.

지자[2] 知者 (알 지, 사람 자). 지식(知識)이 많고 사리에 밝은 사람[者].

지자[3] 智者 (슬기 지, 사람 자). 슬기로운[智] 사람[者]. 지혜가 많은 사람.

▸지자-요수 智者樂水 (좋아할 요, 물 수). 슬기로운 사람[智者]은 물[水]을 좋아함[樂]. 슬기로운 사람은 흐르는 물처럼 사리(事理)에 막힘이 없다는 말이다. ㊟인자요산(仁者樂山).

지-자기 地磁氣 (땅 지, 자석 자, 기운 기). 물리 지구(地球)가 가진 자기(磁氣). '지구자기'(地球磁氣)의 준말.

지자제 地自制 (땅 지, 스스로 자, 정할 제). 법률 '지방 자치 제도'(地方自治制度)의 준말.

지장[1] 支障 (버틸 지, 막을 장). 앞에 버티고[支] 가로막고[障] 있어 방해가 됨. ¶공사장에서 나오는 소음이 수업에 지장을 준다.

㉥장애(障礙).

지장² 指章 (손가락 지, 글 장). 손가락의 지문(指紋)으로 찍는 도장(圖章). ¶도장이 없으면 대신 지장을 찍어도 된다.

지장³ 智將 (슬기 지, 장수 장). 지략(智略)이 뛰어난 장수(將帥).

지저 地底 (땅 지, 밑 저). 땅[地]의 밑바닥[底].

지적¹ 地積 (땅 지, 쌓을 적). 땅[地]의 면적(面積).

지적² 知的 (알 지, 것 적). 지식(知識)이 있는 것[的]. 또는 지식에 관한 것. ¶높은 지적 수준 / 안경을 쓰니 좀 더 지적인 분위기가 난다.

지적³ 指摘 (가리킬 지, 딸 적). ① 속뜻 어떤 사물을 가리켜[指] 꼭 집어냄[摘]. ¶내가 지적한 학생은 일어나서 책을 읽어라. ②허물 따위를 들추어 가려냄. ¶그 문제에 대한 몇 가지 지적이 나오고 있다 / 선생님은 내 글에 창의성이 없다고 지적하셨다.

지적⁴ 地籍 (땅 지, 문서 적). 땅[地]에 관한 여러 가지 사항을 적어 놓은 서적(書籍).

▶ **지적 대장** 地籍臺帳 (돈대 대, 장부 장). 법률 토지의 상황을 적어놓은[地籍] 장부[臺帳]. ㉥토지 대장(土地臺帳).

지전¹ 紙錢 (종이 지, 돈 전). ① 속뜻 종이[紙]로 만든 돈[錢]. ㉥지폐(紙幣). ②죽은 사람이 저승 가는 길에 노자로 쓴다는 돈 모양으로 오린 종이.

지전² 紙廛 (종이 지, 가게 전). ① 속뜻 종이[紙] 따위를 파는 가게[廛]. ㉥지물포(紙物鋪). ②종이와 가공품을 팔았던 육주비전의 하나.

지-전류 地電流 (땅 지, 전기 전, 흐를 류). 전기 ①땅[地] 표면을 흐르는 전류(電流). ②지구를 회로의 일부로 하는 전신기 따위에서, 전선 속을 흘러 통신에 장애를 주는 전류.

지절¹ 志節 (뜻 지, 지조 절). 지조(志操)와 절개(節槪)를 아울러 이르는 말.

지절² 肢節 (사지 지, 마디 절). 사지(四肢)의 마디[節].

▶ **지절-통** 肢節痛 (아플 통). 한의 온몸의 뼈마디[肢節]가 아픈[痛] 증상.

지점¹ 支點 (버틸 지, 점 점). ① 속뜻 무엇을 떠받치는[支] 부분[點]. ② 물리 물체를 떠받치는 지렛대를 괸 점. ㉥지렛목.

***지점²** 地點 (땅 지, 점 점). 땅[地] 위의 일정한 점(點). ¶이곳은 사고가 많이 나는 지점이다.

지점³ 指點 (가리킬 지, 점 점). 어느 부분[點]을 가리킴[指].

지점⁴ 趾點 (멈출 지, 점 점). 수직선이나 사선(斜線)이 멈추는[趾] 밑 점(點).

지점⁵ 支店 (가를 지, 가게 점). 본점에서 갈라져[支] 나온 점포(店鋪). ¶그 은행은 전국에 150개 지점이 있다. ㉥분점(分店).

▶ **지점-장** 支店長 (어른 장). 지점(支店)의 업무를 총괄하는 우두머리[長]. ¶은행 지점장.

지-점토 紙粘土 (종이 지, 끈끈할 점, 흙 토). 종이[紙]로 만든 찰흙[粘土] 같은 물질. 공작이나 공예에 이용한다. ¶지점토로 만든 인형.

지정¹ 至正 (지극할 지, 바를 정). 지극(至極)히 올바름[正].

지정² 至情 (지극할 지, 사랑 정). ① 속뜻 지극(至極)히 두터운 정분(情分). ②진심에서 우러나오는 참된 정. ③아주 가까운 친척. 지친(至親).

⁑**지정³** 指定 (가리킬 지, 정할 정). ① 속뜻 가리키어[指] 확실하게 정(定)함. ②관공서, 학교, 회사, 개인 등이 어떤 것에 특정한 자격을 줌. ¶문화재로 지정되다 / 그들은 미리 지정된 장소로 떠났다.

▶ **지정-석** 指定席 (자리 석). 특정 사람을 위하여 지정(指定)해 놓은 좌석(座席). ¶손님께서는 빈자리 말고 지정석에 앉으세요.

지정⁴ 至精 (지극할 지, 씛을 정). ① 속뜻 지극(至極)히 정밀(精密)함. ②더없이 깨끗함.

▶ **지정지미** 至精至微 (지극할 지, 작을 미). 지극(至極)히 정밀(精密)하고 미세(微細)함.

▶ **지정지밀** 至精至密 (지극할 지, 빽빽할 밀). 지극(至極)히 정밀(精密)함.

지정불고 知情不告 (알 지, 실상 정, 아닐 불, 알릴 고). 범죄 사실이나 사정(事情)을 알고[知] 있으면서도 고발(告發)하지 아니함[不].

지정의 知情意 (알 지, 마음 정, 뜻 의).

심리 인간의 정신활동의 근본 기능인 지성(知性), 감정(感情), 의지(意志)를 아울러 이르는 말.

지정-학 地政學 (땅 지, 정치 정, 배울 학). 정치 지리적(地理的) 조건과 정치(政治) 현상의 관계를 연구하는 학문(學問). '지리 정치학'(地理政治學)의 준말.

지제[1] 地祭 (땅 지, 제사 제). 땅[地]을 다스리는 신령에게 지내는 제사(祭祀).

지제[2] 地堤 (땅 지, 둑 제). ① 속뜻 흙이나 돌로 땅[地]에 쌓은 무더기[堤]. ② 불교 사리가 없는 불탑을 가리킴.

지제[3] 紙製 (종이 지, 만들 제). 종이[紙]로 만듦[製]. 또는 그런 물건.

지조[1] 地租 (땅 지, 조세 조). 법률 토지(土地) 수익에 대하여 매기는 조세(租稅).

지조[2] 志操 (뜻 지, 잡을 조). 원칙과 신념을 굽히지 않고 꿋꿋한 의지(意志)로 끝까지 지킴[操]. ¶지조 높은 선비. ⓑ절개(節槪).

지조[3] 指爪 (손가락 지, 손톱 조). 손가락[指]의 손톱[爪].

지족 知足 (알 지, 넉넉할 족). 만족(滿足)을 앎[知]. 분수를 알고 만족함.

▸**지족불욕** 知足不辱 (아닐 불, 욕될 욕). 분수를 지켜 만족할 줄 아는[知足] 사람은 욕(辱)되지 아니함[不].

지존 至尊 (지극할 지, 높을 존). ① 속뜻 지극(至極)히 높음[尊]. 또는 그러한 사람. ② 임금의 높임말. ⓑ극존(極尊).

지종 地種 (땅 지, 심을 종). ① 속뜻 화초를 땅[地]에 심음[種]. ② 법률 소유자에 따라 구별한 토지의 종류.

지주[1] 支柱 (버틸 지, 기둥 주). ① 속뜻 어떠한 물건이 쓰러지지 아니하도록 버티는[支] 기둥[柱]. ¶지진에 지주가 흔들거리기 시작했다. ② '정신적·사상적으로 의지할 수 있는 근거나 힘'을 비유하여 이르는 말. ¶아저씨는 제 정신적 지주이십니다.

▸**지주-근** 支柱根 (뿌리 근). 식물 지주(支柱) 역할을 하는 뿌리[根].

지주[2] 地主 (땅 지, 주인 주). 토지(土地)의 주인(主人). ② 자신이 소유한 토지를 남에게 빌려 주고 지대(地代)를 받는 사람. ¶이 마을 지주는 마을 논밭의 절반을 갖고 있다. ③ 그 토지에서 사는 사람.

▸**지주 계급** 地主階級 (섬돌 계, 등급 급). 사회 지주(地主)로 이루어진 사회 계급(階級).

지주[3] 蜘蛛 (거미 지, 거미 주). 동물 거미[蜘=蛛].

▸**지주-망** 蜘蛛網 (그물 망). 거미[蜘蛛]가 쳐 놓은 망(網).

지주[4] 持株 (가질 지, 주식 주). ① 속뜻 어떤 회사의 주식(株式)을 가지고[持] 있음. ② 경제 소유하고 있는 주식.

▸**지주 회사** 持株會社 (모일 회, 단체 사). 경제 다른 회사의 주식(株式)을 가지고[持] 있음으로써 그 회사를 독점적으로 지배하는 회사(會社). 지배하는 회사를 모(母)회사, 지배를 받는 회사를 자(子)회사라고 한다. ⓑ통제 회사(統制會社), 투자 회사(投資會社).

지중[1] 至重 (지극할 지, 무거울 중). 지극(至極)히 귀중(貴重)함.

지중[2] 持重 (가질 지, 무거울 중). 몸가짐을 무겁게[重] 가짐[持].

지중[3] 地中 (땅 지, 가운데 중). ① 속뜻 땅[地]의 속[中]. ② 시체가 놓이는 무덤의 구덩이 부분을 이르는 말. ⓑ광중(壙中).

▸**지중-선** 地中線 (줄 선). 전기 땅속[地中]에 묻어서 가설한 전선(電線). 배전선, 송전선 따위. ⓑ지하선(地下線).

▸**지중-해** 地中海 (바다 해). 지리 유럽, 아시아, 아프리카 세 대륙[地]에 둘러싸여 그 가운데[中] 있는 바다[海]. 동쪽으로 홍해와 인도양, 서쪽으로 대서양과 통하며, 북쪽에 흑해가 있다. ¶나일 강은 지중해로 흘러든다.

▸**지중 식물** 地中植物 (심을 식, 만물 물). 식물 땅속[地中]에서 해를 넘기는 겨울눈을 가진 식물(植物). 고구마, 백합과 식물, 토란 따위가 있다.

▸**지중해성 기후** 地中海性氣候 (바다 해, 성질 성, 기후 기, 기후 후). 지리 지중해(地中海) 지방에 나타나는, 혹은 그런 특성(特性)을 지닌 기후(氣候).

지지[1] 地支 (땅 지, 가를 지). ① 속뜻 땅[地]에 해당되는 갈래[支]. ② 민속 육십갑자의 아래 단위를 이루는 요소. 자(子), 축(丑), 인(寅), 묘(卯), 진(辰), 사(巳), 오(午), 미

(未), 신(申), 유(酉), 술(戌), 해(亥)의 열두 가지. ⓢ천간(天干).

지지[2] **地誌** (땅 지, 기록할 지). ① 속뜻 특정 지역(地域)의 자연 및 인문 현상을 백과사전식으로 나누어 기록한[誌] 책. ② 지리 특정지역의 지역적 성격을 종합적으로 구명하는 학문. ⓑ지지학(地誌學).

지지[3] **知止** (알 지, 그칠 지). 자신의 분수에 넘치지 아니하도록 그칠 줄[止]을 앎[知].

지지[4] **枝指** (가지 지, 손가락 지). 덧나온[枝] 손가락[指].

지지[5] **支持** (버틸 지, 지킬 지). ① 속뜻 버틸[支] 수 있도록 지켜줌[持]. ②어떤 사람이나 단체 따위의 의견에 찬동하여 이를 위하여 힘을 씀. ¶어떤 후보를 지지하십니까? ③ 경제 주가 하락이 매입 세력에 의하여 어느 선에서 더 이상 계속되지 않는 일.

▸지지-율 支持率 (비율 률). 선거 따위에서, 유권자들이 특정 후보를 지지(支持)하는 비율(比率). ¶대통령은 올해 가장 높은 지지율을 기록했다.

▸지지-자 支持者 (사람 자). 어떤 일이나 주장에 찬동하여 힘을 쓰는[支持] 사람[者]. ¶선거 유세에서 지지자들의 환호에 답례했다.

▸지지 조직 支持組織 (짤 조, 짤 직). 생물 동물체나 식물체의 몸을 지지(支持)하는 조직(組織).

지지[6] **遲遲** (더딜 지, 더딜 지). 몹시 더디다[遲+遲].

▸지지부진 遲遲不進 (아닐 부, 나아갈 진). 매우 더디어서[遲遲] 일 따위가 잘 진척(進陟)되지 아니함[不]. ¶공사가 지지부진하게 진행되다.

지진[1] **指診** (손가락 지, 살펴볼 진). 의학 손가락[指]으로 만져 진찰(診察)함. '수지진'(手指診)의 준말.

⁑**지진**[2] **地震** (땅 지, 떨 진). ① 속뜻 땅[地]의 떨림[震]. ② 지리 오랫동안 누적된 변형 에너지가 갑자기 방출되면서 지각이 흔들리는 일. ¶지진이 나면 건물 밖으로 즉시 대피하세요.

▸지진-계 地震計 (셀 계). 기계 지진(地震)의 진동을 자동적으로 세어[計] 기록하는 기계.

▸지진-대 地震帶 (띠 대). 지리 지진(地震)이 자주 일어나거나 일어나기 쉬운 띠[帶] 모양을 이루고 있는 지역.

▸지진-동 地震動 (움직일 동). 지리 지진(地震)으로 일어나는 지면의 흔들림[動].

▸지진-파 地震波 (물결 파). 지리 지진(地震)으로 인하여 생기는 탄성파(彈性波). ¶지진파를 감지하다.

▸지진 단층 地震斷層 (끊을 단, 층 층). 지리 큰 지진(地震)으로 생긴 단층(斷層).

지진-아 **遲進兒** (더딜 지, 나아갈 진, 아이 아). 교육 학습이나 지능이 더디게[遲] 발달하는[進] 아동(兒童).

지진-제 **地鎭祭** (땅 지, 누를 진, 제사 제). 민속 토목 공사를 할 때에 지신(地神)을 위로하여 진정(鎭靜)시키기 위하여 지내는 제사(祭祀).

지질[1] **脂質** (기름 지, 바탕 질). 생물 지방(脂肪) 물질(物質). 생물체 안에 존재하며 물에 녹지 않고 유기 용매에 녹는 물질을 통틀어 이르는 말. ⓢ당질(糖質).

지질[2] **紙質** (종이 지, 바탕 질). 종이[紙]의 품질(品質). ⓑ지지(紙地).

지질[3] **地質** (땅 지, 바탕 질). 지리 지각(地殼)을 이루는 여러 가지 암석이나 지층(地層)의 성질(性質). ¶이 시기에는 지질에 큰 변동이 있었다.

▸지질-도 地質圖 (그림 도). 지리 어떤 지역에 있는 암석의 분포나 지질(地質) 구조를 나타낸 그림[圖].

▸지질-학 地質學 (배울 학). 지리 지구(地球)와 그 주위의 지구형 행성의 특성[質]을 연구하는 학문(學問). 구성 물질, 형성 과정 등을 연구 대상으로 한다.

▸지질 시대 地質時代 (때 시, 연대 대). 지리 지질(地質)을 파악하여 구분한 시대(時代). 지구가 이루어진 이후부터 역사 시대 이전까지를 말하는데, 선캄브리아대, 고생대, 중생대, 신생대로 크게 나뉘며 각 대는 다시 기(紀), 세(世), 절(節)로 세분된다. ⓑ지질 연대(地質年代).

▸지질 조사 地質調査 (헤아릴 조, 살필 사). 지리 어떤 지역의 지질(地質) 상태를 알아내기 위하여 지질 시대, 지질 구조 따위를 조사(調査)함.

지참[1] **遲參** (늦을 지, 참여할 참). 정해진 시각보다 늦게[遲] 참석(參席)함. ⓑ만도(晩到), 지각(遲刻). ⓑ조참(早參).

지참[2] **持參** (가질 지, 참여할 참). 무엇을 가지고서[持] 모임 따위에 참여(參與)함. ¶신분증을 지참해야 입장할 수 있다.

▸ 지참-금 持參金 (돈 금). ① 속뜻 지참(持參)한 돈[金]. ② 신부가 시집가면서 친정에서 가지고 가는 돈.

지척 **咫尺** (길이 지, 자 척). ① 속뜻 길이가 8치[咫]나 1자[尺] 밖에 안 되는 짧은 거리. ② 아주 가까운 거리. ¶지척을 분간할 수 없다 / 마음이 지척이면 천리도 지척이요, 마음이 천리면 지척도 천리다.

▸ 지척불변 咫尺不辨 (아닐 불, 가릴 변). 매우 가까운 거리[咫尺]에 있는 것도 변별(辨別)하지 못함[不].

▸ 지척지지 咫尺之地 (어조사 지, 땅 지). 매우 가까운[咫尺] 곳[地]. ⓒ지척지(咫尺地).

지천 **至賤** (지극할 지, 천할 천). ① 속뜻 지극(至極)히 천(賤)함. 매우 천함. ② 매우 흔함. ¶가을이면 코스모스가 지천으로 피어난다.

지-천명 **知天命** (알 지, 하늘 천, 목숨 명). ① 속뜻 하늘의 뜻[天命]을 앎[知]. ② 쉰 살(50세)을 달리 이르는 말. 공자의 말씀에서 유래된 말이다.

지천위서 **指天爲誓** (가리킬 지, 하늘 천, 할 위, 맹세할 서). 하늘[天]을 가리키며[指] 맹세[誓]를 함[爲].

지첨 **指尖** (손가락 지, 뾰족할 첨). 손가락[指]의 끝 뾰족한[尖] 부분.

지청 **支廳** (가를 지, 관청 청). 본청(本廳)의 관할 아래에 있으면서 본청에서 따로 갈라져[支] 나와 일정한 지역의 일을 맡아보는 관청(官廳).

지체[1] **肢體** (사지 지, 몸 체). 사지(四肢)와 몸통[體]을 통틀어 이르는 말.

지체[2] **遲滯** (더딜 지, 막힐 체). ① 속뜻 늦어지거나[遲] 막힘[滯]. ¶더 이상 시간을 지체할 수 없다. ② 의무 이행을 정당한 이유 없이 지연하는 일.

지초[1] **芝草** (버섯 지, 풀 초). ① 속뜻 버섯[芝] 종류의 풀[草]. ② 영지(靈芝).

지초[2] **紙草** (종이 지, 풀 초). 종이[紙]와 담배[煙草]를 아울러 이르는 말. 상가에 부의하는 경우에 흔히 쓰인다. ⓒ지촉(紙燭).

지촉 **紙燭** (종이 지, 촛불 촉). 종이[紙]와 초[燭]를 아울러 이르는 말. 흔히 상가에 부의할 때 쓴다. ⓒ지초(紙草).

지총 **紙銃** (종이 지, 총 총). ① 속뜻 종이[紙]로 만든 장난감 총(銃). ② 화약을 종이 속에 넣고 끝에 심지를 대어 터지게 만든 불놀이 기구.

지축 **地軸** (땅 지, 굴대 축). 지리 ① 지구(地球)가 돌아가는 축(軸). 북극과 남극을 연결하는 축. ¶지구는 지축을 중심으로 자전한다. ② 대지의 중심. ¶지축을 뒤흔드는 요란한 소리.

지출[1] **持出** (가질 지, 날 출). 물품 따위를 가지고[持] 나감[出]. ¶총기 지출 금지.

⁑**지출**[2] **支出** (가를 지, 날 출). 갈라서[支] 내줌[出]. ¶수입에서 지출을 떼면 약간의 이익이 남는다 / 용돈의 대부분을 책 사는 데 지출했다. ⓑ수입(收入).

▸ 지출-관 支出官 (벼슬 관). 법률 예산 사용을 결정하고 국고금의 지출(支出)을 명령하는 권한을 가지는 관리(官吏). '지출 명령관'(支出命令官)의 준말.

▸ 지출-액 支出額 (액수 액). 어떤 목적을 위하여 지급한[支出] 돈의 액수(額數). ¶교육비 지출액을 줄이다. ⓑ수입액.

▸ 지출 예:산 支出豫算 (미리 예, 셀 산). 경제 한 회계 연도에 지출(支出)에 대한 예산(豫算). ⓒ수입 예산(收入豫算).

지충 **至忠** (지극할 지, 충성 충). 지극(至極)히 충성(忠誠)스러움.

지취 **志趣** (뜻 지, 뜻 취). 의지(意志)와 취향(趣向)을 아울러 이르는 말. ⓑ의취(意趣).

⁑**지층** **地層** (땅 지, 층 층). 지리 자갈, 모래, 진흙, 생물체 따위가 물밑이나 지표(地表)에 퇴적하여 이룬 층(層). ¶지층에서 화석이 발견되다.

지치 **智齒** (슬기 지, 이 치). ① 속뜻 슬기[智]를 대표하는 이[齒]. ② 의학 '사랑니'를 전문적으로 이르는 말.

지친 **至親** (지극할 지, 친할 친). ① 속뜻 지극(至極)히 친(親)함. 매우 친함. ⓑ주친(周親). ② 매우 가까운 친족. 아버지와 아들, 언니와 아우 사이를 이르는 말. ⓑ지정(至

情).

지침 指針 (가리킬 지, 바늘 침). ① 속뜻 무엇을 가리키는[指] 바늘[針] 같은 것. 시계, 나침반, 계량기 등에 붙어 있는 바늘. ¶나침반의 지침이 북쪽을 가리키고 있다. ② 생활이나 행동 따위의 지도적 방법이나 방향을 지도하여 주는 준칙. ¶정부에서 지침이 내려왔다.

▸ **지침-서** 指針書 (책 서). 지침(指針)을 적어 놓거나 지침으로 사용할 만한 책[書].

지칭 指稱 (가리킬 지, 일컬을 칭). 어떤 대상을 가리켜[指] 일컬음[稱]. 또는 그런 이름. ¶21세기는 흔히 정보화 사회라고 지칭된다.

지탄 指彈 (손가락 지, 퉁길 탄). ① 속뜻 손가락[指]으로 퉁김[彈]. ② 잘못을 지적하여 비난함. 손가락질. ¶국민들로부터 지탄을 받다 / 뇌물을 받은 정치인을 지탄하다.

지탱 支撐 (버틸 지, 버팀목 탱). ① 속뜻 버티어[支] 놓은 버팀목[撐]. ② 오래 버티어 유지함. ¶산소 호흡기로 목숨을 지탱하고 있다.

지통[1] 止痛 (멈출 지, 아플 통). 통증(痛症)을 멈추게 함[止].

지통[2] 至痛 (지극할 지, 아플 통). 지극(至極)히 심한 고통(苦痛).

지파 支派 (가를 지, 갈래 파). ① 속뜻 종파(宗派)에서 갈라져[支] 나간 파(派). 맏이가 아닌 자손에서 갈라져 나간 파를 일컫는다. ② 기독교 이스라엘의 12지파를 이르는 말. ㊞세파(世派).

지판 地板 (땅 지, 널빤지 판). ① 속뜻 관(棺)의 밑바닥[地] 널[板]. ② 전기 접지할 때 땅속에 묻는 금속판. ㊥천판(天板).

지편 紙片 (종이 지, 조각 편). 종이[紙]의 작은 조각[片].

지평[1] 地坪 (땅 지, 면적단위 평). 땅[地]의 평수(坪數). ㊟건평(建坪).

지평[2] 地平 (땅 지, 평평할 평). ① 속뜻 대지(大地)의 편평(扁平)한 면. ② 지평선. ¶자리가 높아서 탁 트인 지평을 바라볼 수 있다. ③ '사물의 전망이나 가능성' 따위를 비유하여 이르는 말. ¶생명 공학의 새 지평을 열다.

▸ **지평-면** 地平面 (쪽 면). 지리 지구 위[地平]의 어떤 지점에서 연직선에 수직인 평면(平面).

▸ **지평-선** 地平線 (줄 선). ① 속뜻 편평한 대지[地平]의 끝과 하늘이 맞닿아 보이는 경계선(境界線). ¶넓은 지평선 너머로 해가 진다. ② 천문 지평면이 천구와 만나는 큰 원. 지평 좌표의 기준이 됨. '천구 지평'(天球地平)의 준말. ㊀지평. ㊞수평선(水平線).

▸ **지평 거:리** 地平距離 (떨어질 거, 떨어질 리). 천문 지구 표면[地平]의 어떤 높이에서 볼 수 있는 가장 먼 거리(距離).

▸ **지평 부:각** 地平俯角 (숙일 부, 모서리 각). 지리 실제로 보이는 지평선(地平線)과 천문학적 지평선이 만나는 구부러져[俯] 보이는 각(角).

▸ **지평 시:차** 地平視差 (볼 시, 어긋날 차). 천문 천체가 지평선(地平線)에 왔을 때의 시차(視差).

▸ **지평 좌표계** 地平座標系 (자리 좌, 나타낼 표, 이어 맬 계). 천문 천구를 관측하는 데 기준을 관측자가 서 있는 지평선(地平線)으로 정한 좌표계(座標系).

지폐 紙幣 (종이 지, 돈 폐). 종이[紙]에 인쇄를 하여 만든 화폐(貨幣). ¶천 원짜리 지폐를 오백 원짜리 두 개로 바꾸다. ㊞지전(紙錢), 지화(紙貨). ㊟금속 화폐(金屬貨幣).

▸ **지폐 본위** 紙幣本位 (뿌리 본, 자리 위). 경제 지폐(紙幣)를 한 나라의 기초[本位] 화폐로 하는 제도.

지폭 紙幅 (종이 지, 너비 폭). 종이[紙]의 너비[幅].

지표[1] 紙票 (종이 지, 쪽지 표). 종이[紙]로 만든 쪽지[票].

***지표[2] 地表** (땅 지, 겉 표). 지구(地球)의 표면(表面). 또는 땅의 겉면. '지표면'의 준말. ¶한여름의 열기가 지표를 뜨겁게 달구었다.

▸ **지표-면** 地表面 (낯 편). 땅[地]의 겉[表]면(面). ¶푸른 새싹이 지표면을 뚫고 나오다.

▸ **지표-수** 地表水 (물 수). 지리 하천, 해양처럼 지표(地表)에 있는 모든 물[水]. ㊟지하수(地下水).

▸ **지표 식물** 地表植物 (심을 식, 만물 물). 식물 겨울눈의 위치가 지표(地表)에서 30㎝ 이내에 있는 식물(植物). ㊟지상 식물(地上

植物), 지하 식물(地下植物).

*지표³ 指標 (가리킬 지, 나타낼 표). ① 속뜻 방향이나 목적, 기준 따위를 가리키는[指] 표지(標識). ¶그는 아버지의 말씀을 지표로 삼고 살았다. ② 수학 어떤 수의 상용로그 값의 정수 부분. 반 가수(假數).

▸지표 식물 指標植物 (심을 식, 만물 물). 식물 지표(指標)가 되는 식물(植物).

지피 地被 (땅 지, 덮을 피). 땅[地]을 덮고[被] 있는 잡초.

▸지피-물 地被物 (만물 물). 땅을 덮고[地被] 있는 물건(物件). 낙엽이나 떨어진 씨앗 따위.

지피지기 知彼知己 (알 지, 저 피, 알 지, 자기 기). ① 속뜻 상대[彼]를 알고[知] 나[己]를 앎[知].『손자』「모공편」(謀攻篇)에서 유래된 말이다. ② 적군과 아군의 속사정을 잘 아는 것. 그것이 전쟁에서 이기는 비결임을 뜻하는 말이다. ¶지피지기면 백전불태(百戰不殆)이다.

지필 紙筆 (종이 지, 붓 필). 종이[紙]와 붓[筆]을 아울러 이르는 말.

▸지필묵 紙筆墨 (먹 묵). 종이[紙], 붓[筆], 먹[墨]을 아울러 이르는 말.

▸지필연묵 紙筆硯墨 (벼루 연, 먹 묵). 종이[紙], 붓[筆], 벼루[硯], 먹[墨]을 아울러 이르는 말.

⁂지하 地下 (땅 지, 아래 하). ① 속뜻 땅[地]의 아래[下]. 또는 땅속을 파고 만든 구조물의 공간. ¶지하 2층 / 지하에는 수많은 광물이 묻혀 있다. ② '저승'을 비유하여 이르는 말. ③ 사회 운동, 정치 운동, 저항 운동 따위를 비합법적으로 하는 영역. ¶지하 간행물. 반 지상(地上).

▸지하-경 地下莖 (줄기 경). 식물 땅[地] 아래[地下]로 나는 줄기[莖]. 반 지상경(地上莖).

▸지하-근 地下根 (뿌리 근). 식물 땅[地] 아래[地下]로 나는 뿌리[根].

▸지하-도 地下道 (길 도). 땅[地] 아래[下]에 만든 길[道]. ¶횡단보도 대신 지하도로 길을 건너다.

▸지하-선 地下線 (줄 선). ① 전기 땅[地] 아래[地下]에 묻어서 가설한 전선(電線). 지중선(地中線). ② 교통 지하 철도의 선로. 참 지상선(地上線).

▸지하-수 地下水 (물 수). 땅속[地下]에 고여 있는 물[水]. ¶쓰레기 매립으로 지하수가 오염되고 있다. 준 지수. 반 지상수(地上水).

▸지하-실 地下室 (방 실). ① 속뜻 땅속[地下]에 만든 방[室]. ② 건설 뜰이나 집채 아래에 땅을 파서 만든 광. 땅광.

▸지하-철 地下鐵 (쇠 철). 교통 땅속[地下]을 다니는 철도(鐵道). '지하 철도'(地下鐵道)의 준말. ¶차가 이렇게 막히니 차라리 지하철을 타자.

▸지하-층 地下層 (층 층). 땅[地] 밑[下]에 지은 층(層).

▸지하 결실 地下結實 (맺을 결, 열매 실). 식물 땅속[地下]에서 열매[實]를 맺는[結] 일. 수정은 땅 위에서 이루어진다. 땅콩 따위.

▸지하 경제 地下經濟 (다스릴 경, 건질 제). 경제 땅속[地下]에서 이루어지는 것처럼 비합법적으로 이루어지는 경제 활동이나 통계에 나타나지 않는 경제 활동(經濟活動).

▸지하-공작 地下工作 (장인 공, 지을 작). ① 속뜻 어떤 목적을 이루기 위하여 땅속[地下]에서 이루어지는 것처럼 비합법적으로 일을 함[工作]. ② 이면에서 행하는 작용이나 활동.

▸지하 문학 地下文學 (글월 문, 배울 학). 문학 땅속[地下]에서 이루어지는 것처럼 비밀리에 지어지거나 읽히는 문학(文學). 또는 그런 작품.

▸지하-상가 地下商街 (장사 상, 거리 가). 지하(地下)에 상점(商店)이 늘어서 거리[街]를 이룬 곳.

▸지하 식물 地下植物 (심을 식, 만물 물). 식물 땅속[地下]에서 싹이 나오는 식물(植物). 참 지상 식물(地上植物). 지표 식물(地表植物).

▸지하-신문 地下新聞 (새 신, 들을 문). 언론 땅속[地下]에서 이루어지는 것처럼 비합법적으로 숨어서 발행하는 신문(新聞).

▸지하 운:동 地下運動 (돌 운, 움직일 동). 사회 땅속[地下]에서 이루어지는 것처럼 비합법적으로 숨어서 하는 사회 운동(社會運動)이나 정치 운동(政治運動). 지하 활동

(地下活動).

▸지하-자원 地下資源 (재물 자, 근원 원). 지하(地下)에 묻혀 있는 자원(資源). 철, 석탄, 석유 따위. ¶지하자원이 풍부한 나라.

▸지하 조직 地下組織 (짤 조, 짤 직). 땅속[地下]에서 이루어지는 것처럼 비합법적으로 사회 운동이나 정치 운동을 하는 비밀 조직(組織).

▸지하 철도 地下鐵道 (쇠 철, 길 도). 교통 땅속[地下]을 다니는 철도(鐵道). ㊟지하철.

▸지하 활동 地下活動 (살 활, 움직일 동). 땅속[地下]에서 이루어지는 것처럼 비합법적으로 숨어서 하는 사회 활동(活動)이나 정치 활동.

지학[1] **地學** (땅 지, 배울 학). 지리 지구(地球)에 대해 과학적 방법으로 연구하는 학문(學問). '지구 과학'(地球科學)의 준말.

지학[2] **志學** (뜻 지, 배울 학). ① 속뜻 배움[學]에 뜻[志]을 둠. ② '열다섯 살'을 달리 이르는 말. 나이 열다섯에 배움에 뜻을 두었다는 공자의 말에서 유래. 『논어·위정편』(論語·爲政篇)에 나온다.

지한[1] **至恨** (지극할 지, 원한 한). 지극(至極)한 원한(怨恨).

지한[2] **脂汗** (기름 지, 땀 한). 의학 지방분(脂肪分)이 많이 섞여서 끈끈한 땀[汗].

지한-제 止汗劑 (멈출 지, 땀 한, 약제 제). 약학 땀[汗]을 멎게[止] 하거나 억제하는 약제(藥劑).

지해 支解 (가를 지, 가를 해). 역사 예전에, 중국에서 사람의 사지를 가르고[支] 찢어[解] 죽이는 형벌.

지행[1] **至幸** (지극할 지, 다행 행). 지극(至極)히 다행(多幸)함. ㊞만행(萬幸).

지행[2] **志行** (뜻 지, 행할 행). 지조(志操)와 행실(行實)을 아울러 이르는 말.

지행[3] **知行** (알 지, 행할 행). 지식(知識)과 행동(行動)을 아울러 이르는 말.

▸지행합일-설 知行合一說 (합할 합, 한 일, 말씀 설). 철학 지식(知識)과 행동(行動)은 하나[一]로 합(合)쳐져야 한다는 학설(學說). 알고 행하지 아니하면 진짜 아는 것이 아니라는 뜻. ㊟선지후행설(先知後行說).

지향[1] **志向** (뜻 지, 향할 향). ① 속뜻 어떤 목표로 뜻[志]이 쏠리어 향(向)함. 또는 그 의지. ¶우리는 평화 통일을 지향한다. ② 동기가 되는 목적의 관념이 아니라, 그것을 실현하는 데 필요한 수단과 예상되는 결과의 관념을 이르는 말.

▸지향-성 志向性 (성질 성). 철학 무엇을 지향(志向)하는 성질(性質).

지향[2] **指向** (가리킬 지, 향할 향). 방향(方向)을 가리킴[指]. 지정된 방향으로 나아감. ¶등산하러 온 사람들은 정상을 지향해 걸어갔다.

▸지향-성 指向性 (성질 성). 물리 빛이나 전파, 음파 따위의 세기가 지정된 방향[指向]에 따라 변하는 성질(性質).

▸지향-점 指向點 (점 점). 방향(方向)을 가리켜[指] 도달하고자 목표로 정한 점. ¶몇 개로 나뉜 등산로는 정상을 지향점으로 하고 있었다.

지-향사 地向斜 (땅 지, 향할 향, 비낄 사). ① 속뜻 땅[地]을 향(向)해 생긴 경사(傾斜). ② 지리 지층이 수천 미터 이상 두껍게 쌓인 후, 조산 운동을 받아 습곡 산맥을 이룬 퇴적 분지. ㊥지배사(地排斜).

지현 至賢 (지극할 지, 어질 현). 지극(至極)히 현명(賢明)함.

***지혈 止血** (멈출 지, 피 혈). 나오는 피[血]를 멎게[止] 함. ¶팔을 붕대로 묶어 흐르는 피를 지혈했다. ㊥출혈(出血).

▸지혈-면 止血綿 (솜 면). 의학 나오는 피[血]를 멎게[止] 하는 데 쓰는 솜[綿].

▸지혈-법 止血法 (법 법). 나오는 피[血]를 멎게[止]하는 방법(方法).

▸지혈-제 止血劑 (약제 제). 약학 나오는 피[血]를 멎게[止]하는 약제(藥劑).

지협 地峽 (땅 지, 골짜기 협). 수에즈, 파나마처럼, 두 개의 육지(陸地)를 연결하는 골짜기[峽].

지형[1] **紙型** (종이 지, 모형 형). 종이[紙]로 만든 틀[型]. 식자판 위에 축축한 종이를 올려놓고 무거운 물건으로 눌러서 그 종이 위에 활자의 자국이 나타나게 한다.

****지형**[2] **地形** (땅 지, 모양 형). ① 속뜻 땅[地]의 형세(形勢). ¶지형이 험해 적의 기습에 주의해야 한다. ② 군사 전투에서, 눈으로 인식할 수 있는 범위와 사격할 수 있는 범위의 장애 요소로 이용하는 은폐물이나 엄폐물. ㊐지세(地勢), 지상(地相).

▸지형-도 地形圖 (그림 도). 지리 지형(地形) 및 위에 분포하는 사물을 상세하게 그린 지도(地圖). ㊐지모도(地貌圖), 지세도(地勢圖).

▸지형-적 地形的 (것 적). 땅의 생긴 모양[地形]과 관계되는 것[的]. ¶바람의 방향과 속도는 지형적인 영향을 많이 받는다.

▸지형-학 地形學 (배울 학). 지리 지형의 형태와 형성 과정 따위의 지형(地形)에 대한 학문(學問).

▸지형 윤회 地形輪廻 (바퀴 륜, 돌 회). 지리 지형(地形)의 변화가 바퀴[輪]가 돌[廻] 듯 끝없이 일어남. 지형이 침식되어 일정한 과정을 거쳐 변화하여 가는 일. ㊐침식 윤회(浸蝕輪廻).

▸지형 측량 地形測量 (잴 측, 분량 량). 지리 지형(地形)의 높낮이, 위치, 거리를 재어[測] 헤아리는[量] 것.

지혜 智慧 (슬기 지, 슬기로울 혜). ① 속뜻 슬기롭고[智] 총명함[慧]. ②사물의 이치를 빨리 깨닫고 사물을 정확하게 처리하는 능력. ¶조상들의 지혜가 담긴 문화 / 문제를 지혜롭게 해결하다. ③ 불교 육바라밀의 하나. 제법(諸法)에 환하여 잃고 얻음과 옳고 그름을 가려내는 마음의 작용. ㊐슬기.

▸지혜-검 智慧劍 (칼 검). 불교 지혜(智慧)가 번뇌를 끊고 생사의 얽매임을 끊음을 잘 드는 칼[劍]에 비유하여 이르는 말.

▸지혜-화 智慧火 (불 화). 불교 지혜(智慧)가 번뇌를 태움을 불[火]에 비유하여 이르는 말.

▸지혜 문학 智慧文學 (글월 문, 배울 학). 기독교 격언과 잠언 등 주로 지혜(智慧)롭게 인생을 사는 내용을 담은 문학(文學). 또는 그러한 책.

지호 指呼 (가리킬 지, 부를 호). 손짓하여[指] 부름[呼].

▸지호지간 指呼之間 (어조사 지, 사이 간). 손짓하여 부를[指呼] 만큼 가까운 거리[間]. ㊇지호간.

지혼-식 紙婚式 (종이 지, 혼인할 혼, 의식 식). 부부가 책 따위의 종이[紙]로 된 선물을 주고받는 결혼(結婚) 1주년 기념식(記念式).

지화 指話 (손가락 지, 말할 화). 손가락[指]을 사용해 하는 말[話]. ㊐수화(手話).

▸지화-법 指話法 (법 법). 손가락[指]을 사용해 말[話]을 하는 방법(方法). ㊐수화법(手話法).

지환 指環 (손가락 지, 고리 환). 손가락[指]에 끼는 고리[環]. ㊐반지(斑指).

지황 地黃 (땅 지, 누를 황). 식물 현삼과의 여러해살이풀. 뿌리는 약용한다.

지효[1] 至孝 (지극할 지, 효도 효). 지극(至極)한 효성(孝誠). 매우 정성을 다하는 효도. ㊐대효(大孝).

지효[2] 知曉 (알 지, 깨달을 효). 알아서[知] 깨달음[曉]. 또는 환히 앎.

지효[3] 遲效 (더딜 지, 효력 효). 더디게[遲] 나타나는 효과(效果). ㊥속효(速效).

▸지효-성 遲效性 (성질 성). 효력(效力)이나 효능이 늦게[遲] 나타나는 성질(性質).

▸지효성 비:료 遲效性肥料 (성질 성, 기름질 비, 거리 료). 농업 효과가 늦게 나타나는 특성[遲效性]을 지닌 비료(肥料).

지후 至厚 (지극할 지, 두터울 후). ① 속뜻 지극(至極)히 두꺼움[厚]. ②매우 후덕함.

지휘 指揮 (손가락 지, 휘두를 휘). ① 속뜻 손가락[指]을 휘두름[揮]. ②목적을 효과적으로 이루기 위하여 단체의 행동을 통솔함. ¶그의 지휘 아래 열심히 싸우다 / 군사들을 지휘하다. ③ 음악 합주 따위에서, 많은 사람의 노래나 연주가 예술적으로 조화를 이루도록 앞에서 이끄는 일. ¶합창단을 지휘하다.

▸지휘-관 指揮官 (벼슬 관). 군사 군대를 지휘(指揮)하는 우두머리[官]. ¶용맹하고 통솔력 있는 지휘관.

▸지휘-권 指揮權 (권력 권). 단체의 행동을 지휘(指揮)할 수 있는 권력(權力).

▸지휘-대 指揮臺 (돈대 대). 음악 지휘(指揮)하도록 마련한 높고 평평한 대(臺).

▸지휘-도 指揮刀 (칼 도). 군사 훈련, 열병식 따위에서 지휘(指揮)하기 위하여 사용하는 칼[刀].

▸지휘-봉 指揮棒 (몽둥이 봉). ① 속뜻 지휘관(指揮官)이 쓰는 막대기[棒]. ② 음악 지휘자가 합창, 합주 따위를 지휘하는 데 쓰는 막대기. ¶지휘봉을 휘두르자 악기들이 일

제히 소리를 내기 시작했다.

▸지휘-자 指揮者 (사람 자). ① 속뜻 지휘(指揮)하는 사람[者]. ¶여러 단체의 지휘자를 맡아 보다. ② 음악 합창이나 합주 따위에서, 노래나 연주를 앞에서 조화롭게 이끄는 사람. ¶지휘자는 성공적으로 연주회를 마쳤다.

▸지휘-명령 指揮命令 (명할 명, 시킬 령). ① 속뜻 지휘(指揮)하고 명령(命令)함. ② 상급 관청이 하급 관청에 그 소관 사무에 관하여 내리는 명령. 지령(指令).

직각[1] **直閣** (당번 직, 관청 각). 역사 ① 고려 시대에, 보문각[閣]에 속한 종육품 벼슬[直]. ② 조선 시대에, 규장각에 속한 벼슬.

직각[2] **直角** (곧을 직, 모서리 각). 수학 모서리가 무디거나 날카롭지 않은 똑바른[直] 각(角). 두 직선(直線)이 만나서 이루는 90도의 각. ¶몸을 직각으로 굽혀 인사하다.

▸직각 삼각형 直角三角形 (석 삼, 모서리 각, 모양 형). 수학 한 내각(內角)이 직각(直角)인 삼각형(三角形). ㊌직삼각형.

직각[3] **直覺** (곧을 직, 느낄 각). 보거나 듣는 즉시 직관적(直觀的)으로 느낌[覺].

▸직각-설 直覺說 (말씀 설). 철학 진리나 실재는 분별적인 사고보다는 지적 직관[直覺]에 의하여서만 인식이 가능하다는 사상이나 학설(學說).

▸직각-적 直覺的 (것 적). 한눈에[直] 곧 아는[覺] 것[的].

▸직각-주의 直覺主義 (주될 주, 뜻 의). 철학 직각설(直覺說). 직관주의(直觀主義).

직-각주 直角柱 (곧을 직, 모서리 각, 기둥 주). 수학 옆모서리가 밑변에 직각(直角)인 기둥[柱]. ㊥직각기둥.

직간 直諫 (곧을 직, 간언할 간). 임금이나 웃어른에게 잘못된 일에 대하여 직접(直接) 말함[諫]. 또는 그런 일.

직감 直感 (곧을 직, 느낄 감). 사물이나 현상을 접하면 진상을 곧바로[直] 느낌[感]. ¶위험이 다가오고 있음을 직감했다 / 형사는 직감적으로 그가 범인임을 알아챘다.

직-거:래 直去來 (곧을 직, 갈 거, 올 래). 경제 사고파는 사람이 직접(直接) 거래(去來)함. ¶도시 소비자와 농민 사이의 농산물 직거래.

직격 直擊 (곧을 직, 부딪칠 격). 곧바로[直] 부딪침[擊]. ¶빙산에 직격으로 부딪힌 여객선이 침몰하였다.

직결[1] **直決** (곧을 직, 결정할 결). 그 자리에서 바로[直] 결정(決定)함. ㊥즉결(即決).

직결[2] **直結** (곧을 직, 맺을 결). 다른 사물이 개입하지 않고 직접(直接) 연결(連結)됨. ¶이것은 사람들의 건강 문제와 직결된다.

직경 直徑 (곧을 직, 지름길 경). ① 속뜻 원의 중간을 곧바로[直] 가로지르는[徑] 선. ② 수학 원이나 구 따위에서 중심을 지나는 직선으로 그 둘레 위의 두 점을 이은 선분. ¶직경 5cn의 원을 그리세요. ㊥지름.

직계[1] **直啓** (곧을 직, 아뢸 계). 역사 조선 시대에, 육조로 하여금 의정부를 거치지 않고 직접(直接) 임금에게 알리던[啓] 일.

직계[2] **直系** (곧을 직, 이어 맬 계). ① 속뜻 혈연이 친자 관계에 의하여 직접(直接) 이어져 있는 계통(系統). ¶직계 가족이 아니면 들어오실 수 없습니다. ② 사제, 단체 따위의 관계에서 직접 계통을 이어받는 일. 또는 그런 사람.

▸직계-친 直系親 (친할 친). 법률 직계(直系) 관계에 있는 친족(親族). '직계 친족'(直系親族)의 준말.

▸직계 가족 直系家族 (집 가, 겨레 족). 사회 직계(直系)에 속하는 가족(家族). 조부모와 부모, 부모와 자녀, 자녀와 손자 등의 관계를 이루는 가족을 이른다.

▸직계 비:속 直系卑屬 (낮을 비, 무리 속). 법률 직계(直系)로 내려와 자기보다 아래[卑]인 혈족[屬]. 아들, 딸, 손자, 증손 등. ㊟직계 존속(直系尊屬).

▸직계 인척 直系姻戚 (혼인 인, 겨레 척). 법률 직계(直系)로 내려와 자신과 혼인(婚姻) 관계로 이루어진 사람의 혈족이나 친척(親戚). ㊥직계 인족(直系姻族).

▸직계 존속 直系尊屬 (높을 존, 무리 속). 법률 직계(直系)로 내려와 자기보다 위[尊]인 혈족[屬]. 부모, 조부모 등. ㊟직계 비속(直系卑屬).

▸직계 친족 直系親族 (친할 친, 겨레 족). 법률 직계(直系) 관계에 있는 친족(親族). ㊌직계친.

▸직계 혈족 直系血族 (피 혈, 겨레 족).

법률 직계(直系)의 관계에 있는 혈족(血族).

직계 職階 (일 직, 섬돌 계). 직무(職務)의 종류와 책임에 따라 구분한 공무원의 계급(階級). ㊥직급(職級).

▸직계-제 職階制 (정할 제). 법률 직무의 종류와 책임에 따라 직계(職階)를 정하는 제도(制度). ㊥직위 분류제(職位分類制).

직고 直告 (곧을 직, 알릴 고). 곧이곧대로[直] 알림[告]. ¶이실직고(以實直告)하다.

직공[1] 職工 (일 직, 장인 공). ① 속뜻 자기 손기술로 물건을 만드는 일[職]을 업으로 하는 장인[工] 같은 사람. ② 공장에서 일하는 사람. ¶인쇄소 직공들은 열심히 일했다.

직공[2] 織工 (짤 직, 장인 공). 옷감을 짜는[織] 일을 하는 사람[工].

직관[1] 職官 (일 직, 벼슬 관). 직위(職位)와 관등(官等)을 아울러 이르는 말.

직관[2] 直觀 (곧을 직, 볼 관). ① 속뜻 직접(直接) 봄[觀]. 또는 직접 보아 앎. ¶그는 직관이 뛰어나다. ② 교육 감관의 작용으로 직접 외계의 사물에 관한 구체적인 지식을 얻음. ③ 철학 감관의 작용으로 직접 외계의 사물에 관한 구체적인 지식을 얻음. ㊥직각(直覺).

▸직관-상 直觀像 (모양 상). ① 속뜻 직관(直觀)을 통해 얻은 형상(形像). ② 심리 실재의 사물처럼 생생하게 재현된 과거의 시각적 인상.

▸직관-설 直觀說 (말씀 설). 철학 진리나 실재는 분별적인 사고보다는 지적 직관(直觀)에 의하여서만 인식이 가능하다는 사상이나 학설(學說).

▸직관-적 直觀的 (것 적). 추리나 판단에 따르지 않고, 직관(直觀)으로 사물을 파악하는 것[的].

▸직관 교:수 直觀教授 (가르칠 교, 줄 수). 교육 말로만 무엇을 가르치지 않고, 실제 사물이나 사실에 대한 직관(直觀)을 통해서 가르침[教授]. 그러한 방법. ㊥실물 교수(實物教授).

▸직관-주의 直觀主義 (주될 주, 뜻 의). ① 수학 형식 논리적인 공리주의에 반대하여 직관(直觀)을 수학의 필연적인 발전 형식이라고 주장하는 주의(主義). ② 철학 진리나 실재는 분별적인 사고보다는 지적 직관에 의하여서만 인식이 가능하다는 사상.

직교 直交 (곧을 직, 서로 교). 수학 두 직선 또는 두 평면이 직각(直角)을 이루며 교차(交叉)하는 일. ㊤사교(斜交).

직구 直球 (곧을 직, 공 구). 운동 야구에서 투수가 변화를 주지 않고 곧게[直] 던지는 공[球]. ㊤변화구(變化球).

직군 職群 (일 직, 무리 군). 비슷한 직무(職務)의 무리[群].

직권 職權 (일 직, 권력 권). 직무(職務)에 따른 권한(權限).

▸직권 남:용 職權濫用 (함부로 람, 쓸 용). 직권(職權)을 함부로[濫] 씀[用].

▸직권 명:령 職權命令 (명할 명, 시킬 령). 행정 관청이 직권(職權)으로 제정하는 명령(命令).

▸직권-주의 職權主義 (주될 주, 뜻 의). 법률 ① 민사 소송법에서, 법원에 직권(職權)을 집중하는 입장[主義]. ② 형사 소송법에서, 법원이 소송 진행에 주도적으로 행동할 수 있는 권리를 가지도록 하는 입장.

▸직권 처:분 職權處分 (처리할 처, 나눌 분). 법률 직권(職權)으로 행하는 처분(處分).

▸직권 진:행주의 職權進行主義 (나아갈 진, 갈 행, 주될 주, 뜻 의). 법률 소송을 법원이 직권(職權)으로 진행(進行)하도록 하는 태도[主義].

직급 職級 (일 직, 등급 급). 직무(職務)의 종류와 책임도에 따라 구분한 공무원의 등급(等級). ㊥직계(職階).

직기 織機 (짤 직, 틀 기). 옷감을 짜는[織] 기계(機械).

직납 直納 (곧을 직, 바칠 납). 직접(直接) 납입(納入)함.

직녀 織女 (짤 직, 여자 녀). ① 속뜻 옷감을 짜는[織] 여자[女]. ② 견우직녀 설화에 나오는 여자 주인공. ③ 천문 직녀성(織女星). ㊥직부(織婦).

▸직녀-성 織女星 (별 성). ① 속뜻 직녀(織女)가 하늘에 올라가 된 별[星]. ② 천문 거문고자리에서 가장 밝은 별. 칠월 칠석날 밤에 견우성(牽牛星)과 만난다는 전설이 있다. ㊥베가(Vega), 천녀(天女).

직능 職能 (일 직, 능할 능). ① 속뜻 직무(職務)를 수행하는 능력(能力). ② 직업이나 직무에 따른 고유한 기능이나 역할.

▸직능 국가 職能國家 (나라 국, 집 가). 정치 국가가 사회경제에 해야 할 직능(職能)에 중점을 둔 국가(國家).

▸직능 대:표제 職能代表制 (바꿀 대, 나타낼 표, 정할 제). 정치 직능(職能)에 따라 구성된 단체에서 대표(代表)를 뽑는 정치 제도(制度).

직단-면 直斷面 (곧을 직, 끊을 단, 쪽 면). 수학 원기둥이나 각기둥 따위의 기둥체를 그 측면에 수직(垂直)이 되게 평면으로 자른[斷] 면(面).

직달 直達 (곧을 직, 보낼 달). 직접(直接) 전달(傳達)함.

직-담판 直談判 (곧을 직, 말씀 담, 판단할 판). 직접(直接) 당사자를 만나서 담판(談判)함.

직답 直答 (곧을 직, 답할 답). ① 속뜻 듣고 나서 곧바로[直] 대답(對答)함. ⓑ즉답(即答). ②다른 사람을 거치지 않고 직접 대답함.

직도 直道 (곧을 직, 길 도). 곧은[直] 길[道].

직력 職歷 (일 직, 지낼 력). 직무(職務)를 맡아 온 경력(經歷).

직렬[1] 直列 (곧을 직, 줄 렬). 전기 전기 회로에서 전지나 저항기 따위를 곧게[直] 줄지어[列] 연결하는 것. '직렬연결'(直列連結)의 준말. ⓑ병렬(竝列).

직렬[2] 職列 (일 직, 줄 렬). 직무가 비슷한 다른 직급(職級)의 계열(系列). ⓒ직위(職位).

직로 直路 (곧을 직, 길 로). 곧은[直] 길[路].

직류[1] 直溜 (곧을 직, 물방울질 류). 화학 석유 등의 원유를 직접(直接) 가열하여 얻는 기체·액체[溜] 성분.

직류[2] 直流 (곧을 직, 흐를 류). ① 속뜻 곧게[直] 흐름[流]. ② 전기 시간이 지나도 전류의 크기와 방향이 변하지 않는 전류. ③어떤 계통을 직접 계승하고 있는 유파. ⓑ교류(交流).

▸직류 전:류 直流電流 (전기 전, 흐를 류). 전기 시간이 지나도 크기와 방향이 변하지 않고 곧게[直] 흐르는[流] 전류(電流).

직립 直立 (곧을 직, 설 립). ① 속뜻 꼿꼿하고 곧게[直] 섬[立]. ②산 따위가 높이 솟아오름. 또는 그런 높이. ③수직(垂直).

▸직립-경 直立莖 (줄기 경). 식물 땅 위로 곧게[直] 나[立] 자라는 줄기[莖].

▸직립-면 直立面 (쪽 면). 수학 투영도에서, 물체를 평면에 수직[直立]을 이루는 정면에서 보았을 때의 모양을 그린 면(面). ⓑ입화면(立畵面).

▸직립 보:행 直立步行 (걸음 보, 다닐 행). 고적 곧게 서서[直立] 걸음[步行]. 주로 인간이 이동하는 형태를 이른다.

▸직립 원인 直立猿人 (원숭이 원, 사람 인). 고적 직립(直立) 보행을 하는 원인(猿人). 전기 구석기 문화를 지니고 있었던 인류로, 베이징 원인, 자바 원인 따위가 있다.

직-말사 直末寺 (곧을 직, 끝 말, 절 사). 불교 본산(本山) 직속(直屬)의 작은[末] 절[寺].

직매 直賣 (곧을 직, 팔 매). 경제 중간상인을 거치지 않고 직접[直] 팖[賣]. ¶직매하는 계란을 사기 때문에 싸게 살 수 있다. ⓑ직판(直販).

▸직매-장 直賣場 (마당 장). 생산자가 소비자에게 제품을 직접 파는[直賣] 장소(場所). ¶농산물 직매장.

직맥 直脈 (곧을 직, 줄기 맥). ① 속뜻 곧게[直] 뻗은 맥(脈). ② 식물 잎의 줄기가 세로로 나란히 된 잎맥. 댓잎, 보리 잎 따위.

직면 直面 (곧을 직, 낯 면). 어떠한 일이나 사물을 직접(直接) 대면(對面)함. ¶몹시 어려운 문제에 직면하다.

직명 職名 (일 직, 이름 명). 직업(職業)이나 직무, 직위, 벼슬 따위의 이름[名].

직무 職務 (맡을 직, 일 무). 직책이나 직업상에서 책임을 지고 담당하여 맡은[職] 일[務]. ¶직무에 충실하다.

▸직무 대:리 職務代理 (대신할 대, 다스릴 리). 법률 해당 관청이 직무(職務)를 다른 사람으로 하여금 대신(代身) 처리(處理)하게 하는 일.

▸직무 명:령 職務命令 (명할 명, 시킬 령). 직무(職務)에 대해 내리는 명령(命令).

▸직무 범:죄 職務犯罪 (범할 범, 허물 죄). ① 속뜻 직무(職務)와 관련된 범죄(犯罪). ② 법률 공무원이 직권을 남용하거나 책임을

다하지 아니함으로써 성립하는 범죄. [준]직무범.

직물 織物 (짤 직, 만물 물). 실을 짜서[織] 만든 물건(物件). 면직물, 모직물, 견직물 따위. ¶자연 직물이라 느낌이 좋다.

직방 直放 (곧을 직, 놓을 방). 어떤 결과나 효과가 지체 없이 곧바로[直] 나타나는[放] 일. [비]직통(直通).

직방-체 直方體 (곧을 직, 모 방, 몸 체). ① [속뜻] 직각(直角) 네모[方]로 이루어진 형체(形體). ② [수학] 각 면이 모두 직사각형이고, 마주 보는 세 쌍의 면이 각각 평행한 육면체. [비]직육면체(直六面體).

직배 直配 (곧을 직, 나눌 배). ① [속뜻] 직접(直接) 배달(配達)함. ② 생산자 또는 판매점으로부터 직접(直接) 소비자에게 배급(配給)함. ¶직배 영화.

직-복근 直腹筋 (곧을 직, 배 복, 힘줄 근). [의학] 곧게[直] 내리 뻗은 복부(腹部)의 근육(筋肉).

직봉 職俸 (일 직, 녹 봉). ① [속뜻] 관직(官職)에 따르는 봉록(俸祿). ② 직무와 봉급을 아울러 이르는 말.

직부 織婦 (짤 직, 여자 부). 피륙을 짜는[織] 여자[婦]. ¶어머니는 직부였다. [비]직녀(織女).

직분 職分 (일 직, 나눌 분). ① [속뜻] 직무(職務)상의 본분(本分). ¶맡은 바 직분을 충실히 하다. ② 마땅히 해야 할 본분. ¶사람은 각자 지켜야 할 직분이 있다.

직사¹ 直死 (곧을 직, 죽을 사). 그 자리에서 곧바로[直] 죽음[死]. [비]즉사(卽死).

직사² 直寫 (곧을 직, 베낄 사). 직접적(直接的)으로 그대로 베껴 씀[寫].

직사³ 職司 (일 직, 맡을 사). 직무(職務)에 따라 맡은[司] 사무.

직사⁴ 職事 (일 직, 일 사). 직무(職務)에 관계되는 일[事].

직사⁵ 直射 (곧을 직, 쏠 사). ① [속뜻] 곧게[直] 쏨[射]. ② [군사] '직접 사격'(直接射擊)의 준말. ③ [군사] 포병 사격에서, 탄도가 조준선 위로 목표보다 더 높게 올라가지 아니하도록 쏨.

▸ 직사-포 直射砲 (대포 포). [군사] 조준 장치로 직접(直接) 목표물을 겨누어 쏘는[射] 포(砲).

▸ 직사-광선 直射光線 (빛 광, 줄 선). 정면으로 곧게[直] 비치는[射] 빛[光]살[線]. ¶이 제품은 직사광선을 피해 보관하세요.

▸ 직사 도법 直射圖法 (그림 도, 법 법). [지리] 지구의 한 면을 곧장[直] 쏘아[射] 보아 그 아래에 있는 면에 그리는[圖] 방법(方法).

직-사:각 直四角 (곧을 직, 넉 사, 모서리 각). 네 각이 모두 직각(直角)으로 된 사각(四角).

▸ 직-사:각형 直四角形 (모양 형). [수학] 내각(內角)이 모두 직각(直角)인 사각형(四角形). ¶직사각형 모양의 탁자.

직삼 直蔘 (곧을 직, 인삼 삼). 곧게[直] 펴서 말린 백삼(白蔘).

직-삼각형 直三角形 (곧을 직, 석 삼, 모서리 각, 모양 형). [수학] 한 내각(內角)이 직각(直角)인 삼각형(三角形). '직각 삼각형'(直角三角形)의 준말.

직상 直上 (곧을 직, 위 상). ① [속뜻] 바로[直] 그 위[上]. ② 직선으로 곧게 올라감.

직서 直敍 (곧을 직, 쓸 서). 상상이나 감상 따위를 덧붙이지 않고 있는 곧이곧대로[直] 서술(敍述)함.

직석 直席 (곧을 직, 자리 석). 바로[直] 그 자리[席]. [비]즉석(卽席).

직선¹ 直線 (곧을 직, 줄 선). ① [속뜻] 곧은[直] 선(線). ¶두 점을 직선으로 연결하시오. ② [수학] 두 점 사이를 가장 짧게 연결한 선. [반]곡선(曲線).

▸ 직선-미 直線美 (아름다울 미). ① [속뜻] 직선(直線)에서 느껴지는 아름다움[美]. ② 직선적인 구성에 의하여 이루어지는 건축물이나 미술작품의 소박하고 힘찬 아름다움. [반]곡선미.

▸ 직선-적 直線的 (것 적). ① [속뜻] 직선(直線)의 모양이나 성질을 가진 것[的]. ¶직선적인 도로 ② 꾸미거나 숨기거나 하지 않고 솔직한 것. ¶그는 너무 직선적으로 말해서 따르는 사람이 별로 없다.

▸ 직선-형 直線形 (모양 형). [수학] 직선(直線)으로 변이 이루어진 도형(圖形). 삼각형, 사각형 따위. [반]곡선형(曲線形).

▸ 직선-거리 直線距離 (떨어질 거, 떨어질 리). 두 점을 직선(直線)으로 연결하는 거리(距離). 기하학적으로 가장 짧은 거리.

▸직선 기선 直線基線 (터 기, 줄 선). 해양 영해의 범위를 정하기 위하여 적당한 여러 점을 직선(直線)으로 이어서 정한 기준선(基準線).

직선[2] **直選** (곧을 직, 고를 선). 정치 선거인이 직접(直接) 피선거인을 뽑는 선거(選擧). '직접선거'의 준말.

▸직선-제 直選制 (정할 제). 정치 국민들이 직접 선거(直接選擧)를 통하여 대표를 선출하는 제도(制度). ¶대통령 직선제. ⓑ간선제(間選制).

직설 直說 (곧을 직, 말씀 설). 바른대로[直] 말함[說]. 또는 그 말.

▸직설-법 直說法 (법 법). ① 속뜻 직설적(直說的)인 방법(方法). ② 언어 화자가 그 이야기의 내용을 사실로 인정하는 문법상의 표현법.

직-섬석 直閃石 (곧을 직, 번쩍할 섬, 돌 석). ① 속뜻 직선(直線)이 교차된 결정을 보이는 각섬석(角閃石). ② 광업 철과 마그네슘의 규산염을 주성분으로 하는 각섬석으로 회갈색, 누런 갈색, 푸른 갈색을 띠며 유리 광택이 있음.

직성 直星 (당번 직, 별 성). ① 민속 사람의 나이에 따라 그 운명에 대한 당번[直]을 하고 있는 아홉 가지 별[星]. 제웅직성, 토직성, 수직성, 금직성, 일직성, 화직성, 계도직성, 월직성, 목직성으로 남자는 열 살에 제웅직성이 들기 시작하고, 여자는 열한 살에 목직성이 들기 시작하여 차례로 돌아간다. ②타고난 성질이나 성미. ¶일이 직성에 맞지 않는다 / 나는 하고 싶은 일을 해야 직성이 풀린다. 관용 직성이 풀리다.

직세 直稅 (곧을 직, 세금 세). 법률 국가가 납세 의무자에게 직접(直接) 징수하는 조세(租稅). 소득세, 법인세, 상속세, 부당 이득세, 재산세 따위. '직접세'(直接稅)의 준말.

직소 直訴 (곧을 직, 하소연할 소). 규정된 절차를 밟지 않고 윗사람이나 상급 관청에 직접(直接) 호소(呼訴)함.

직속 直屬 (곧을 직, 속할 속). 직접(直接) 소속(所屬)됨. 또는 그런 소속. ¶직속선배 / 몇몇 부서가 대통령에 직속되었다. ⓑ직례(直隷).

▸직속 부대 直屬部隊 (나눌 부, 무리 대). 군사 사령부나 고위 부대에 직속(直屬)되어 그 지휘를 받는 부대(部隊).

▸직속-상관 直屬上官 (위 상, 벼슬 관). 자기가 직접 속하여[直屬] 있는 부서의 상관(上官).

직손 直孫 (곧을 직, 손자 손). 친족 사이의 핏줄이 곧게[直] 이어져 내려온 자손(子孫). ⓑ방손(傍孫).

직송 直送 (곧을 직, 보낼 송). ① 속뜻 곧바로[直] 보냄[送]. 즉송(卽送). ¶산지 직송. ② 상대편에게 직접 보내거나 부침.

직수 職守 (일 직, 지킬 수). 직무 또는 직장[職]을 지킴[守].

직수-아문 直囚衙門 (곧을 직, 가둘 수, 마을 아, 문 문). 『역사』조선 시대에, 다른 기관을 거치지 아니하고 직접(直接) 죄인을 가둘[囚] 수 있던 관청[衙門]. ¶조선시대 직수아문으로는 병조, 형조, 한성부, 사헌부, 승정원, 장례원, 종부시, 관찰사, 비변사, 포도청 등이 있다.

직-수입 直輸入 (곧을 직, 나를 수, 들 입). 다른 나라의 중개 없이 곧바로[直] 수입(輸入)함. ⓑ직수출(直輸出).

직-수출 直輸出 (곧을 직, 나를 수, 날 출). 국내에서 생산한 상품을 중개 없이 직접(直接) 실어서[輸] 내보냄[出]. ⓑ직수입(直輸入).

직시 直視 (곧을 직, 볼 시). ① 속뜻 정신을 집중하여 어떤 대상을 똑바로[直] 봄[視]. ②사물의 진실을 바로 봄. ¶사회의 문제를 직시해야 할 때이다. ③병으로 눈알을 굴리지 못하고 앞만 봄.

직신 稷神 (곡식신 직, 귀신 신). 곡식을 맡아 보살피는[稷] 신(神).

직실 直實 (곧을 직, 참될 실). 올바르고[直] 착실함[實].

직심 直心 (곧을 직, 마음 심). ① 속뜻 곧은[直] 마음[心]. ②한결 같이 굳게 지켜 나가는 마음. ③ 불교 진여(眞如)를 미루어 헤아리는 마음. 곧 불도(佛道)를 헤아리는 마음.

직언 直言 (곧을 직, 말씀 언). ① 속뜻 자신이 생각하는 바를 바로[直] 말함[言]. ⓑ곡언(曲言). ②절대적이고 무조건적인 말.

*__직업 職業__ (일 직, 일 업). 생계를 유지하기 위하여 하는 직무(職務)나 생업(生業). ¶그

녀의 직업은 간호사다.

▸ **직업-병** 職業病 (병 병). 사회 그 직업(職業)의 특수한 환경이나 작업 상태로 인해 생기는 병(病). ¶너무 오래 앉아 일을 하다 보면 요통과 같은 직업병을 앓게 된다.

▸ **직업-인** 職業人 (사람 인). 어떠한 직업(職業)에 종사하고 있는 사람[人]. ¶성공한 전문 직업인을 초대해 강연을 듣다.

▸ **직업-적** 職業的 (것 적). 직업(職業)에 관계되는 것[的]. 직업으로 삼는 것.

▸ **직업 교:육** 職業教育 (가르칠 교, 기를 육). 교육 일정한 직업(職業)에 종사하는 데 필요한 지식이나 기능을 가르치는 교육(教育). ⓑ실업 교육(實業教育).

▸ **직업 군인** 職業軍人 (군사 군, 사람 인). 군사 직업(職業)으로서 군무(軍務)를 하고 있는 군인(軍人).

▸ **직업 단체** 職業團體 (모일 단, 몸 체). 사회 각 직업별(職業別)로 조직된 단체(團體). 의사회, 변호사회, 상업 조합 따위.

▸ **직업 보:도** 職業輔導 (도울 보, 이끌 도). 사회 ①직업을 갖고 있는 사람이나 취업을 희망하는 사람들에게 그 직업(職業)에 필요한 지식이나 기능을 익히도록 도와서[輔] 잘할 수 있도록 이끌어[導] 주는 일. ②취직한 사람이 그 직업에 적응하여 성공할 수 있도록 직업상으로나 생활상으로 필요한 보호·지도를 하는 일.

▸ **직업 선:수** 職業選手 (고를 선, 사람 수). 운동을 직업(職業)으로 하는 선수(選手).

▸ **직업 안:내** 職業案內 (생각 안, 안 내). 취직하고자 하는 사람에게 구인광고 등을 통해 직업(職業)의 내용을 알려주고 마땅한 직업을 찾을 수 있도록 안내(案內)하는 일.

▸ **직업-여성** 職業女性 (여자 녀, 성별 성). ① 속뜻 일정한 직업(職業)에 종사하고 있는 여성(女性). ②주로 유흥업에 종사하는 여성을 완곡하게 이르는 말.

▸ **직업-의식** 職業意識 (뜻 의, 알 식). 각 직업(職業)에 종사하는 사람들이 자신의 직업에 대해 가지고 있는 특유의 의식(意識).

▸ **직업 전:선** 職業戰線 (싸울 전, 줄 선). 직업(職業)을 얻고자 갖은 수단을 다해 경쟁하는 모습을 전쟁터[戰線]에 비유한 말.

▸ **직업 지도** 職業指導 (가리킬 지, 이끌 도). 적성에 맞는 직업(職業)이나 진로를 찾을 수 있도록 지도(指導)하는 여러 가지 활동.

직역[1] 直譯 (곧을 직, 옮길 역). 원문에 쓰인 낱낱 단어의 의미를 가감 없이 곧바로[直] 번역(翻譯)함. ¶직역에 가까운 번역. ⓑ축어역(逐語譯). ⓑ의역(意譯).

직역[2] 職域 (일 직, 지경 역). 직업(職業)의 영역이나 범위[域].

직영 直營 (곧을 직, 꾀할 영). 사업을 직접(直接) 관리하여 이익을 꾀함[營]. ¶본사 직영 매장 / 시청에서 직영하는 사업.

직왕 直往 (곧을 직, 갈 왕). 주저하지 않고 곧장[直] 감[往].

▸ **직왕-매진** 直往邁進 (힘쓸 매, 나아갈 진). 주저 없이 곧장[直] 가서[往] 힘써[邁] 나아감[進].

직원 職員 (일 직, 사람 원). 직장에서 각각의 직무(職務)를 맡고 있는 사람[員]. ¶이 화장실은 직원 전용이다.

▸ **직원 조합** 職員組合 (짤 조, 합할 합). 사회 직원(職員)들의 권익을 옹호하기 위하여 직원들이 조직(組織)한 모임[合].

직위 職位 (일 직, 자리 위). ① 속뜻 직무(職務)에 따라 규정되는 사회적·행정적 위치(位置). ¶높은 지위를 박탈하다. ②직무와 직책에 의하여 규정되는 공무원의 위계.

직유-법 直喩法 (곧을 직, 말할 유). 문학 비슷한 성질이나 모양을 가진 두 사물을 직접적(直接的)으로 비유(比喩)하는 표현 방법(方法). '같이', '처럼', '듯이'와 같은 연결어로 결합하여 '쟁반같이 둥근 달' 따위가 이에 속한다.

직-육면체 直六面體 (곧을 직, 여섯 륙, 쪽 면, 모양 체). 수학 각 면이 모두 직사각형(直四角形)이고, 마주 보는 세 쌍의 면이 각각 평행한 육면체(六面體). ⓑ장방체(長方體), 직방체(直方體).

직인[1] 職人 (일 직, 사람 인). ① 속뜻 손재주로 물건을 만드는 것을 직업(職業)으로 하는 사람[人]. 직공(職工). ②중세 이래의 수공업 조직인 길드에서, 생산에 종사한 기술자.

직인[2] 職印 (일 직, 도장 인). 직무(職務)에 쓰는 도장[印]. 공무원이나 회사원들의 직위 명칭에 '인'(印) 자를 붙인다.

직일 直日 (당번 직, 날 일). 숙직(宿直)이나 일직(日直) 같은 당번[直]을 맡은 날[日].

직임 職任 (일 직, 맡길 임). 직무(職務)상 맡은 임무(任務). ¶직임을 다하다.

직장¹ 職掌 (일 직, 맡을 장). 소정의 직무(職務)를 관장(管掌)함. 맡고 있는 역할.

직장² 職場 (일 직, 마당 장). 사람들이 일정한 직업(職業)을 가지고 일하는 곳[場]. ¶이번 기회에 직장을 옮기려고 한다.

▸직장-인 職場人 (사람 인). 직장(職場)을 가지고 일하는 사람[人]. ¶점심시간을 이용해 학원을 다니는 직장인들이 많다.

직장³ 直腸 (곧을 직, 창자 장). 의학 대장의 끝 부분. 위는 'S' 자 모양의 결장(結腸)에 이어지고, 아래는 항문을 통해 밖으로 열리는 곧은[直] 창자[腸].

▸직장-암 直腸癌 (암 암). 의학 직장(直腸)에 생기는 암(癌).

직재 直裁 (곧을 직, 처리할 재). ① 속뜻 직접(直接) 결재(決裁)함. ②지체하지 않고 즉시 헤아려 결정함.

직전¹ 直前 (곧을 직, 앞 전). 어떤 일이 일어나기 바로[直] 전(前). ¶시험 직전에 병원에 입원했다. ㊥직후(直後).

직전² 職田 (일 직, 밭 전). 역사 조선 시대 때의 사전(私田)의 하나. 벼슬아치들에게 벼슬하는[職] 동안 나누어 주던 땅[田].

▸직전-법 職田法 (법 법). 역사 조선 때, 직전(職田)을 지급하던 제도[法].

직절-구 直截口 (곧을 직, 끊을 절, 입 구). 수학 원기둥이나 각기둥 따위의 기둥체를 그 측면에 수직(垂直)이 되게 평면으로 자른[截] 둥근 입[口] 같은 단면. ㊞수직 단면(垂直斷面), 직절면(直截面).

⁂**직접 直接** (곧을 직, 이을 접). 중간에 매개 따위가 없이 곧바로[直] 연결됨[接]. ¶이 목걸이는 직접 만든 것이다. ㊥간접(間接).

▸직접-비 直接費 (쓸 비). 경제 제품의 제조나 판매에 직접(直接) 소비되는 비용(費用). ㊞주요 경비(主要經費). ㊥간접비(間接費).

▸직접-세 直接稅 (세금 세). 법률 국가가 실제의 납세 의무자에게 직접(直接) 징수하는 조세(租稅). ㊥간접세(間接稅).

▸직접-적 直接的 (것 적). 직접(直接) 하는 또는 되는 것[的]. ¶햇빛은 식물의 성장에 직접적인 영향을 미친다. ㊥간접적(間接的).

▸직접 경험 直接經驗 (지날 경, 겪을 험). 철학 사물이나 현상에 직접(直接) 부딪쳐서 얻는 경험(經驗). ㊥간접 경험(間接經驗).

▸직접 국세 直接國稅 (나라 국, 세금 세). 법률 국가(國家)가 징수하는 직접세(直接稅). 소득세, 법인세, 상속세 따위. ㊥간접 국세(間接國稅).

▸직접 기관 直接機關 (틀 기, 빗장 관). 법률 국회·대통령·대법원처럼, 헌법으로 지위와 권한을 직접(直接) 부여한 국가 기관(機關). 헌법 기관(憲法機關). ㊥간접 기관(間接機關).

▸직접 발생 直接發生 (나타날 발, 날 생). 동물 유체(幼體)가 직접(直接) 성체의 모양으로 나는[發生] 생물의 유형. 고등 척추동물의 발생에서 볼 수 있다. ㊥간접 발생(間接發生).

▸직접 발행 直接發行 (떠날 발, 갈 행). ① 경제 유가 증권을 발행할 때, 금융 기관을 통하지 않고 회사가 직접(直接) 사채를 발행(發行)하여 일반 공중으로부터 모집하는 일. ②사채 총액을 확정하지 않고 일정한 기간을 정하여 그 기간 내에 개별적으로 채권을 매출하는 방법.

▸직접 보:상 直接補償 (채울 보, 갚을 상). 법률 손해에 대한 직접적(直接的)인 보상(補償). ㊥간접 보상(間接補償).

▸직접 분열 直接分裂 (나눌 분, 찢어질 렬). 생물 생물 세포에서 핵분열의 한 형태. 핵이 있는 그대로의 상태에서 직접(直接) 둘로 분열(分裂)되어 염색체가 나타나지 않는 일. ㊞무사 분열(無絲分裂).

▸직접 비:료 直接肥料 (기름질 비, 거리 료). 농업 식물에 직접(直接) 흡수되어 양분이 되는 비료(肥料). 황산암모늄, 인분(人糞), 과인산석회 따위. ㊥간접 비료(間接肥料).

▸직접 선:거 直接選擧 (고를 선, 들 거). 정치 선거인이 직접(直接) 피선거인을 뽑는 선거(選擧). ㊥간접 선거(間接選擧).

▸직접 점유 直接占有 (차지할 점, 있을 유). 법률 타인의 개재 없이 물건을 직접(直接) 점유(占有)하는 일. ㊞자기 점유(自己占有). ㊥간접 점유(間接占有).

▸직접 정:범 直接正犯 (바를 정, 범할 범). 법률 본인 스스로의 의사에 따라 스스로 직

접(直接) 실행한 범죄나 범인[正犯]. ㊥간접 정범(間接正犯).

▸직접 조ː명 直接照明 (비칠 조, 밝을 명). 건설 빛의 대부분을 직접(直接) 내리비춰[照] 밝히는[明] 것. ㊥간접 조명(間接照明).

▸직접 추리 直接推理 (밀 추, 이치 리). 논리 하나의 판단을 전제로 하여 다른 개념의 매개 없이[直接] 새로운 결론을 이끌어 내는 추리(推理). ㊥간접 추리(間接推理).

▸직접 침략 直接侵略 (쳐들어갈 침, 빼앗을 략). 군사 무력으로 직접(直接) 다른 나라의 영역을 침략(侵略)하는 일. ㊥간접 침략(間接侵略).

▸직접 화법 直接話法 (말할 화, 법 법). 언어 남의 말을 인용할 경우에 그 사람의 말을 그대로[直接] 말하는[話] 방법(方法). ㊥간접 화법(間接話法).

▸직접 효ː용 直接效用 (효과 효, 쓸 용). 경제 사람의 욕구를 직접(直接) 충족하여 주는 재화의 효용(效用). ㊥간접 효용(間接效用).

▸직접 군주제 直接君主制 (임금 군, 주인 주, 정할 제). 정치 군주(君主)가 직접(直接) 권력을 행사하는 정치 체제(體制). ㊥간접 군주제(間接君主制).

▸직접 민주제 直接民主制 (백성 민, 주인 주, 정할 제). ① 속뜻 직접적(直接的)으로 국민(國民)이 정치에 참여하는[主] 제도(制度). ② 정치 국민이 국가의 의사 결정과 집행에 직접 참여하는 정치 제도(制度). ㊥순수 민주제(純粹民主制). ㊥간접(間接) 민주제.

▸직접 선ː거 제도 直接選擧制度 (고를 선, 들 거, 정할 제, 법도 도). 정치 직접 선거(直接選擧)의 방식으로 피선거인을 뽑는 제도(制度). ㊟직선제. ㊥간접 선거 제도(間接選擧制度).

▸직접 심리주의 直接審理主義 (살필 심, 다스릴 리, 주될 주, 뜻 의). 법률 소송을 맡은 법원이 직접(直接) 변론을 듣고 증거를 조사하는[審理] 주의(主義). ㊥간접 심리주의(間接審理主義).

직정 直情 (곧을 직, 마음 정). 자신의 감정(感情)을 꾸밈없이 그대로[直] 드러내는 일.

▸직정-경행 直情徑行 (지름길 경, 갈 행). ① 속뜻 감정(感情)이 내키는 대로 곧장[直] 지름길[徑]을 감[行]. 상대의 생각이나 주위의 사정 등에 신경 쓰지 않고 자기의 생각대로 행동함. 경정직행(徑情直行). ② 예법에 개의하지 않고 자기의 생각대로 행동함.

직제 職制 (일 직, 정할 제). ① 속뜻 직무(職務) 따위에 관한 제도(制度). ② 국가 행정 기관의 조직·명칭·설치·권한 등을 정한 규칙. ㊥관제(官制).

직-제자 直弟子 (곧을 직, 아우 제, 아이 자). 직접(直接) 가르침을 받은 제자(弟子). ㊥직문(直門).

직조 織造 (짤 직, 만들 조). 기계나 베틀 따위로 피륙을 짜고[織] 짓는[造] 일. ¶직조 공업 / 직조 공장 / 직조 기술자.

직종 職種 (일 직, 갈래 종). 직업(職業)이나 직무의 종류(種類). ¶이런 직종에서 일해 본 경험이 있나요?

직주 直走 (곧을 직, 달릴 주). 곧장[直] 달려감[走].

▸직-주로 直走路 (길 로). 운동 직선(直線)으로 된 육상 경주로(競走路).

직-주체 直柱體 (곧을 직, 기둥 주, 몸 체). 수학 옆모서리가 밑면에 수직(垂直)인 각기둥[柱]의 도형체(圖形體).

직증 直證 (곧을 직, 증거 증). 아무런 증명도 필요하지 않을 만큼 직접적(直接的)인 증거(證據). ㊥명증(明證).

직지-인심 直指人心 (곧을 직, 가리킬 지, 사람 인, 마음 심). 불교 ①사람[人]의 마음[心]을 곧바로[直] 가리킴[指]. 생각하거나 분석하지 말고, 자기 내부에 있는 마음을 곧바로 파악한다는 뜻. ②교리를 생각하거나 모든 계행을 닦지 않고, 직접 사람의 마음을 지도하여 불과를 이루게 함.

직지심-체요-절 直指心體要節 (곧을 직, 가리킬 지, 마음 심, 몸 체, 요할 요, 마디 절). 불교 고려 우왕 3년(1377)에 백운 화상(白雲和尚)이 석가모니의 직지인심(直指人心) 견성성불(見性成佛)의 뜻을 그 중요한 부분[體要]만 골라 뽑아[節] 해설한 책. 세계 최초의 금속 활자본으로 공인된 불경으로, '직지심경'이라고도 한다.

직진 直進 (곧을 직, 나아갈 진). 곧바로[直] 나아감[進]. ¶계속 직진하면 우체국이 나옵니다.

직차 職次 (일 직, 차례 차). 직책[職]의 차례(次例).

직책 職責 (일 직, 꾸짖을 책). 직무(職務)상의 책임[責]. ¶맡은 직책을 성실히 수행하다.

직첩 職牒 (일 직, 문서 첩). 역사 조선시대, 벼슬[職]을 갖게 된 자에게 수여한 증서[牒]. ⓑ고신(告身), 사첩(謝牒).

직토 直吐 (곧을 직, 말할 토). 사실대로 곧바로[直] 말함[吐]. ¶직토를 듣다.

직통 直通 (곧을 직, 통할 통). ① 속뜻 전화 따위가 두 지점 사이에 장애나 중계 없이 직접(直接) 통(通)함. ② 어떤 결과나 효과가 바로 나타남. ③ 열차나 버스 따위가 중간에 다른 곳에 들르지 않고 곧장 감. ⓑ직방(直放).

직파[1] 直派 (곧을 직, 갈래 파). 한 조상으로부터 직계(直系)로 내려온 갈래[派].

직파[2] 直播 (곧을 직, 뿌릴 파). 농업 모를 못자리에서 기른 뒤 논밭으로 옮겨 심지 않고 씨를 직접(直接) 논밭에 뿌리는[播] 일.

▶ 직파-법 直播法 (법 법). 직파(直播)하는 농사 방법(方法). ¶조선 이전의 시기에는 직파법이 행해졌다.

직판 直販 (곧을 직, 팔 판). 경제 유통 과정 없이 생산자가 소비자에게 직접(直接) 팖[販]. ¶농산물을 시세보다 싸게 직판하다. ⓑ직매(直賣).

▶ 직판-장 直販場 (마당 장). 생산자가 소비자에게 직접(直接) 판매(販賣)하는 장소(場所). ¶직판장에서 싸고 품질 좋은 농산물을 사다.

직품 職品 (일 직, 품위 품). 역사 벼슬[職]의 품계(品階). ¶직품에 따라 대우가 달랐다.

직필 直筆 (곧을 직, 글씨 필). ① 속뜻 무엇에도 영향을 받지 않고 사실을 그대로[直] 적은 글[筆]. ② 붓을 꼿꼿이 잡고 글씨를 쓰는 방식. ⓟ곡필(曲筆).

직하 直下 (곧을 직, 아래 하). ① 속뜻 바로[直] 그 아래[下]. ② 곧바로 곧게 내려감. ③ 한의 이질(痢疾)이 중한 증세.

직할 直轄 (곧을 직, 관할할 할). 중간에 다른 기구나 조직을 통하지 않고 직접(直接) 관할(管轄)함. ¶국방부 직할 부대.

▶ 직할-시 直轄市 (도시 시). 법률 지방 자치 단체의 한 가지로, 중앙 정부가 직접 관할하는[直轄] 도시(都市). '광역시'(廣域市)의 옛 이름이다.

▶ 직할 학교 直轄學校 (배울 학, 가르칠 교). 교육 주무 관청에서 직접 관할하는[直轄] 학교(學校).

직함 職銜 (일 직, 이름 함). ① 속뜻 벼슬[職]의 이름[銜]. ② 직책이나 직무의 이름.

직항 直航 (곧을 직, 건널 항). 배나 비행기 따위가 도중에 다른 항구나 공항에 들르지 않고 목적지까지 곧바로[直] 감[航].

직해 直解 (곧을 직, 풀 해). 문장이나 구절을 글자 뜻 그대로[直] 풀이함[解].

직행 直行 (곧을 직, 갈 행). ① 속뜻 도중에 다른 곳에 머무르거나 들르지 않고 바로[直] 감[行]. ¶이 버스는 목포까지 직행한다. ② 올바르고 정당한 행동. ③ 마음대로 꾸밈없이 해냄. '직정경행'(直情徑行)의 준말. ⓟ곡행(曲行).

직-활강 直滑降 (곧을 직, 미끄러울 활, 내릴 강). 운동 스키에서, 산의 경사면을 일직선으로 곧바로[直] 미끄러져[滑] 내려[降] 옴. ⓟ사활강(斜滑降).

직후 直後 (곧을 직, 뒤 후). 어떤 일이 있고 난 바로[直] 다음[後]. ¶그때는 전쟁 직후라 경제가 몹시 어려웠다. ⓑ즉후(即後). ⓟ직전(直前).

진가[1] 眞假 (참 진, 거짓 가). 진짜[眞]와 가짜[假]를 아울러 이름. ⓑ진부(眞否), 진위(眞僞).

진가[2] 眞價 (참 진, 값 가). 참된[眞] 값어치[價]. ¶진가를 발휘하다 / 작품의 진가를 인정하다.

진:갑 進甲 (나아갈 진, 천간 갑). 환갑(還甲)보다 한 해 더 나아간[進] 해. 환갑의 이듬해. 62세. ¶할머니는 올해 진갑을 맞으신다.

진:강 進講 (나아갈 진, 강의할 강). 임금 앞에 나아가[進] 글을 강론함[講]. ⓑ시강(侍講).

진객 珍客 (보배 진, 손 객). 귀한[珍] 손님[客]. ⓑ가객(佳客), 가빈(佳賓).

진겁 塵劫 (티끌 진, 시간 겁). 불교 과거와 미래의 티끌[塵] 수만큼 많은 시간[劫]. ⓑ진점겁(塵點劫).

진:격 **進擊** (나아갈 진, 칠 격). 앞으로 나아가[進] 적을 침[擊]. ¶새벽에 진격을 개시한다. ㊐진공(進攻). ㊖퇴각(退却).

진경¹ **珍景** (보배 진, 볕 경). 진귀(珍貴)한 경치(景致)나 구경거리. ㊐진풍경(珍風景), 이풍경(異風景).

진경² **眞景** (참 진, 볕 경). ① 속뜻 실제[眞]의 경치(景致). 실경(實景). ② 생활 따위의 실제 모습을 비유하여 이르는 말. ③ 실제의 경치 그대로 그린 그림.

진경³ **眞境** (참 진, 상태 경). ① 속뜻 본바탕을 가장 잘 나타낸 참다운[眞] 상태[境]. ② 실지 그대로의 경계(境界).

진:경⁴ **進境** (나아갈 진, 지경 경). 발전하여 더 나아간[進] 경지(境地).

진경⁵ **塵境** (티끌 진, 지경 경). ① 속뜻 티끌[塵] 같은 세상[境]. 영계(靈界)에서 볼 때의 '이 세상'을 가정하여 이르는 말. 정신에 고통을 주는 복잡하고 어수선한 세상. ② 불교 심식(心識)의 대상인 육진(六塵).

진계 **塵界** (티끌 진, 지경 계). 티끌[塵] 세계(世界). ㊐진경(塵境).

진골 **眞骨** (참 진, 뼈 골). 역사 신라 때의 골품(骨品)에서 진(眞)급의 골품(骨品). 성골 다음의 등급으로, 부모 중 한쪽만 왕족이고 한쪽은 귀족인 경우. 양쪽 다 왕족이면 성골(聖骨)이다. ¶태종 무열왕 이후로는 진골 출신이 왕이 되었다. ㊟성골(聖骨).

진:공¹ **進貢** (나아갈 진, 바칠 공). 나아가[進] 공물을 바침[貢]. ¶진공 사신.

진공² **眞空** (참 진, 빌 공). 물리 물질이 전혀 존재하지 않고 진정(眞正)으로 비어있는[空] 곳. 인위적으로 만들어낼 수는 없고, 실제 극히 저압의 상태를 이른다. ¶진공으로 포장하면 음식을 오래 보존할 수 있다.

▶**진공-관** **眞空管** (대롱 관). 물리 유리나 금속 따위의 용기에 몇 개의 전극을 봉입하고 내부를 높은 진공(眞空) 상태로 만든 전자관(電子管).

진과¹ **珍果** (보배 진, 열매 과). 진귀(珍貴)한 과실[果]. ¶잔칫상은 맛있는 음식과 진과들로 가득 찼다.

진과² **珍菓** (보배 진, 과자 과). 진귀(珍貴)한 과자(菓子).

진과³ **眞果** (참 진, 열매 과). 식물 진짜로[眞] 수정한 뒤에 씨방 부분만이 발달하여 생긴 과실[果]. 복숭아, 야자, 매실 따위가 있다.

진:군 **進軍** (나아갈 진, 군사 군). ① 속뜻 적을 치러 군대(軍隊)가 나아감[進]. 또는 군대를 나아가게 함. ¶진군의 북소리 / 반란군의 거점으로 진군하다. ② 많은 사람이 어떤 일에 활발히 참가하여 힘차게 전진하는 것을 비유하여 이르는 말. ¶새 희망의 날을 향하여 온 민족이 진군을 거듭하고 있다.

진귀 **珍貴** (보배 진, 귀할 귀). 보배[珍]롭고 보기 드물게 귀(貴)하다. ¶창고에는 진귀한 물건들로 가득 차 있었다.

진:급 **進級** (나아갈 진, 등급 급). 등급(等級), 계급, 학년 따위가 올라감[進]. ¶아버지가 부장으로 진급하셨다.

진기¹ **珍奇** (보배 진, 기이할 기). 진귀(珍貴)하고 기이(奇異)하다. ¶여행을 하면 진기한 풍경을 많이 보게 된다.

진:기² **津氣** (끈끈할 진, 기운 기). ① 속뜻 끈적끈적한[津] 기운(氣運). ¶진기가 있는 밥을 좋아했다. ② 먹은 것이 잘 삭지 아니하여 오랫동안 유지되는 든든한 기운. ¶밥은 국수보다 진기가 많다.

진기³ **珍器** (보배 진, 그릇 기). 진귀(珍貴)한 그릇[器].

진:기⁴ **振起** (떨칠 진, 일어날 기). 정신을 가다듬어 떨쳐[振] 일어남[起]. 또는 일으킴. ㊐진작(振作).

진:념 **軫念** (수레뒤턱나무 진, 생각 념). ① 속뜻 윗사람이 수레뒤턱나무[軫]같이 보잘것없는 아랫사람을 걱정하여 생각함[念]. ② 임금이 신하나 백성의 사정을 걱정하여 근심함.

진:노 **震怒** (벼락 진, 성낼 노). 존엄한 존재가 벼락[震]같이 크게 성냄[怒]. ¶신의 진노를 부르다 / 할아버지가 몹시 진노하셨다.

진:단¹ **震旦** (떨 진, 아침 단). '중국'을 달리 이르는 말. 인도 사람이 중국을 치나스타나(chinasthāna)라고 부르던 것을 한자로 음역한 것이다.

진:단² **震檀** (떨 진, 박달나무 단). 우리나라를 예스럽게 이르는 말. 중국의 진방(震方, '동쪽')에 있고 단군(檀君)이 시조인 나라라는 뜻에서 붙여진 이름이다.

*진:단³ 診斷 (살펴볼 진, 끊을 단). [의학] 의사가 환자의 병 상태를 살펴보아[診] 판단(判斷)하는 일. ¶의사의 진단을 받다 / 의사는 그의 병을 암으로 진단했다.

▸진:단-서 診斷書 (글 서). [의학] 의사가 병의 진단(診斷) 결과를 적은 증명서(證明書). ¶진단서를 떼다.

진담 眞談 (참 진, 말씀 담). 진심(眞心)에서 우러나온, 거짓이 없는 참된 말[談]. ¶그는 진담 반 농담 반으로 이야기했다. [반]농담(弄談).

진답 陳畓 (묵을 진, 논 답). 농사를 짓지 않고 오래 묵어서[陳] 거칠어진 논[畓]. ¶진답을 옥토로 일구다.

진도¹ 陣圖 (진칠 진, 그림 도). [역사] 진지(陣地)의 모양을 그린 그림[圖].

진:도² 進度 (나아갈 진, 정도 도). ① [속뜻] 일이 진행(進行)되는 속도나 정도(程度). ¶쉬는 날이 많아 진도가 늦었다. ② [교육] 학과의 진행 속도나 정도. ¶교과 진도를 맞추다.

진:도³ 震度 (떨 진, 정도 도). ① [속뜻] 떨리는[震] 정도(程度). ② [지리] 어떤 지역에서 나타나는 지진의 진동 크기나 피해 정도. ¶진도 7.5의 강력한 지진이 있었다.

*진:동¹ 振動 (떨칠 진, 움직일 동). ① 흔들려[振] 움직임[動]. ¶시계추가 천천히 진동한다. ② 냄새 따위가 아주 심하게 나는 상태. ¶고약한 냄새가 진동을 한다. ③ [물리] 물리량이 정해진 범위에서 주기적으로 변화하는 현상.

진:동² 震動 (떨 진, 움직일 동). ① [속뜻] 떨리어[震] 움직임[動]. ② 물체가 몹시 울리어 흔들림. ¶집이 심하게 진동하였다.

진:대-법 賑貸法 (구휼할 진, 빌릴 대, 법 법). [역사] 재난이나 흉년 든 해에 어려운 백성을 구휼하기[賑] 위해 나라의 곡식을 꾸어 주던[貸] 제도[法].

진:력 盡力 (다할 진, 힘 력). 있는 힘[力]을 다함[盡]. 또는 낼 수 있는 모든 힘. ¶경제를 살리기 위해 진력하다.

진:로 進路 (나아갈 진, 길 로). 앞으로 나아갈[進] 길[路]. ¶태풍의 진로 / 선생님과 진로에 대해 상담하다.

진:료 診療 (살펴볼 진, 병 고칠 료). [의학] 의사가 환자를 진찰(診察)하고 치료(治療)하는 일. ¶진료 시간 / 독거노인을 무료로 진료하다.

▸진:료-비 診療費 (쓸 비). 진료(診療)에 대한 대가로 치르는 비용(費用). ¶그는 아들의 진료비를 마련하려고 막노동을 했다.

▸진:료-소 診療所 (곳 소). 환자를 진료(診療)하기 위해 설비를 갖춘 곳[所]. 병원보다 작은 규모이다. ¶노인들을 위한 진료소를 따로 열다.

▸진:료-실 診療室 (방 실). 환자를 진료(診療)하기 위해 마련한 방[室]. ¶환자는 진료실에 들어갔다.

진:루 進壘 (나아갈 진, 진 루). [운동] 야구에서, 다음 누(壘)로 나아가는[進] 일.

진리 眞理 (참 진, 이치 리). ① [속뜻] 참된[眞] 이치(理致). 또는 참된 도리. ¶그 진리를 깨닫는 데 오랜 시간이 걸렸다. ② [논리] 명제가 사실에 정확하게 들어맞음. 또는 논리의 법칙에 모순되지 않는 바른 판단. ③ [철학] 언제 어디서나 누구든지 승인할 수 있는 보편적인 법칙이나 사실.

진:맥 診脈 (살펴볼 진, 맥 맥). [한의] 병을 진찰하기 위하여 맥(脈)을 짚어 보는[診] 일. ¶의원은 요모조모 진맥해 보더니 약을 지어 주었다. [비]검맥(檢脈), 견맥(見脈), 맥진(脈診), 집맥(執脈), 안맥(按脈).

진-면모 眞面貌 (참 진, 낯 면, 모양 모). 본래의 참[眞]된 얼굴[面貌]. 본디부터 지니고 있는 그대로의 모습. [비]진면목(眞面目).

진-면:목 眞面目 (참 진, 낯 면, 눈 목). ① [속뜻] 본래의 참된[眞] 얼굴[面]과 눈[目]. ② 본디부터 지니고 있는 그대로의 상태. ¶그 선수는 이번 경기에서 진면목을 발휘했다.

진묘 珍妙 (보배 진, 묘할 묘). ① [속뜻] 진귀(珍貴)하고 절묘(絶妙)함. ② 유별나게 기묘함.

진:무 鎭撫 (누를 진, 어루만질 무). ① [속뜻] 해적을 진압(鎭壓)하고 백성을 위무(慰撫)함. ② [역사] 진무영.

▸진:무-사 鎭撫使 (부릴 사). [역사] 조선 시대에, 진무영(鎭撫營)에 속한 으뜸 벼슬[使]. 강화 유수(江華留守)가 겸임하였다.

▸진:무-영 鎭撫營 (집 영). [역사] 조선 시대에, 바다의 방위[鎭撫]를 맡은 군영(軍營). 강화도에 본영을 두고 숙종 26년(1700)에 설치하였는데, 후에 심영(沁營)으로 고쳐

다.

진묵 眞墨 (참 진, 먹 묵). 진짜[眞] 먹[墨]. 참먹.

진문[1] 珍聞 (보배 진, 들을 문). 진귀(珍貴)한 소문[聞]. 또는 이상한 이야기.

진문[2] 陣門 (진칠 진, 문 문). 군사 진영(陣營)으로 드나드는 문(門). ¶보초병이 진문을 지키고 있다.

진물[1] 珍物 (보배 진, 만물 물). 진귀(珍貴)한 물건(物件).

진물[2] 眞物 (참 진, 만물 물). 진짜[眞] 물건(物件).

진미[1] 珍味 (보배 진, 맛 미). 보배[珍]같이 귀하고 좋은 음식의 맛[味]. 또는 그런 맛이 나는 음식물. ¶국수의 진미를 맛보다.

진미[2] 眞味 (참 진, 맛 미). ① 속뜻 참된[眞] 맛[味]. ¶예술의 진미. ② 진정한 취미.

진미[3] 陳米 (묵을 진, 쌀 미). 해를 넘겨 오래 묵은[陳] 쌀[米]. 묵은쌀.

진:발 進發 (나아갈 진, 떠날 발). 전쟁 따위에서, 출발(出發)하여 앞으로 나아감[進]. ¶분대의 진발을 명령했다.

진범 眞犯 (참 진, 범할 범). 참[眞] 범인(犯人). 직접 죄를 저지른 사람. ¶그가 구속되었지만 사실 진범은 따로 있었다.

진법[1] 眞法 (참 진, 법 법). ① 속뜻 참된[眞] 법(法). ② 불교 진여(眞如)의 정법(正法). ③ 진여실상(眞如實相)의 법.

진법[2] 陣法 (진칠 진, 법 법). 군사 진(陣)을 치는 방법(方法). ¶학익진(鶴翼陣)은 유명한 공격 진법이다.

진병 進兵 (나아갈 진, 군사 병). 싸움터 따위로 병사(兵士)를 내보냄[進].

진보[1] 珍寶 (보배 진, 보배 보). 진귀(珍貴)한 보배[寶].

진:보[2] 進步 (나아갈 진, 걸음 보). ① 속뜻 한 걸음[步] 더 나아감[進]. 정도나 수준이 나아지거나 높아짐. ¶진보 세력 / 진보하는 과학 기술. ② 역사 발전의 합법칙성에 따라 사회의 변화나 발전을 추구함. ⓑ개명(開明), 개화(開化). ⓑ퇴보(退步), 수구(守舊).

▸ **진:보-적** 進步的 (것 적). ① 속뜻 진보(進步)하는 것[的]. ② 진보주의의 처지에 서 있는 것. ⓑ보수적(保守的).

▸ **진:보-주의** 進步主義 (주될 주, 뜻 의). ① 속뜻 사회의 모순을 변화와 개혁을 통하여 점진적으로 해결해 나가려는[進步] 사고 방식[主義]. ② 인간의 정신, 문명, 역사 따위가 시간을 따라서 나아지고 발전한다고 하는 신념. ⓒ보수주의(保守主義), 혁신주의(革新主義).

진복 眞福 (참 진, 복 복). 참된[眞] 행복(幸福).

▸ **진복-팔단** 眞福八端 (여덟 팔, 끝 단). 가톨릭 여덟 가지 행복. 참된[眞] 행복(幸福)을 얻기 위한 여덟[八] 가지의 실마리[端]. ⓑ여덟 가지 행복.

진본[1] 珍本 (보배 진, 책 본). 아주 귀한[珍] 책[本]. ⓑ진서(珍書).

진본[2] 眞本 (참 진, 책 본). 저자가 직접 쓴 진짜[眞] 책[本]. 화가가 직접 그린 그림. 또는 처음 박아 낸 판본. ⓑ가본(假本).

진부[1] 眞否 (참 진, 아닐 부). 참됨[眞]과 거짓됨[否]. 또는 진짜와 가짜. ⓑ진가(眞假), 진위(眞僞).

진부[2] 陳腐 (묵을 진, 썩을 부). ① 속뜻 오래 묵었거나[陳] 썩은[腐] 것. ② 사상, 표현, 생각 따위가 낡아서 새롭지 못하다. ¶진부한 표현은 쓰지 않는 것이 좋다.

진북 眞北 (참 진, 북녘 북). ① 속뜻 진짜[眞] 북쪽[北]. ② 지리상의 기준에 따른 지구의 북쪽.

진-분수 眞分數 (참 진, 나눌 분, 셀 수). ① 속뜻 진짜[眞] 분수(分數). ② 수학 분자의 값이 분모보다 작은 분수. ⓑ가분수(假分數).

진:사[1] 陳謝 (아뢸 진, 용서빌 사). 까닭을 설명하며[陳] 사죄(謝罪)함.

진:사[2] 進士 (나아갈 진, 선비 사). ① 속뜻 벼슬에 나아간[進] 선비[士]. ② 역사 조선시대 진사시(進士試)에 합격한 사람에게 준 칭호. ⓑ상사(上舍). ③ 역사 고려 시대에, 과거의 문과 가운데 제술과에 합격한 사람에게 주던 칭호. ④ 역사 고려 시대에, 국자감 시험에 합격한 사람.

진사[3] 塵事 (티끌 진, 일 사). 티끌[塵]같이 작은 일[事]. 속세의 어지러운 일. ⓑ진무(塵務).

진사[4] 震死 (벼락 진, 죽을 사). 벼락[震]을 맞아 죽음[死].

진-사건 珍事件 (보배 진, 일 사, 것 건). 진기(珍奇)하고 이상야릇한 사건(事件). ㊥진사(珍事).

진:산[1] 鎭山 (누를 진, 메 산). 역사 도읍지나 각 고을에서 그곳을 진호(鎭護)하는 주산(主山)으로 정하여 제사하던 산. 조선 시대에는 동쪽의 금강산, 남쪽의 지리산, 서쪽의 묘향산, 북쪽의 백두산, 중심의 삼각산을 오악(五嶽)이라고 하여 주산으로 삼았다.

진:산[2] 晉山 (나아갈 진, 메 산). ① 속뜻 산사(山寺)에 나아감[晉]. ② 불교 새 주지가 취임하는 일. ㊥입원(入院).

▶진:산-식 晉山式 (법 식). 불교 절의 주지가 새로 취임하여[晉山] 거행하는 의식(儀式).

진상[1] 眞相 (참 진, 모양 상). 참된[眞] 모습[相]. 사물이나 현상의 거짓 없는 모습이나 내용. ¶사건의 진상을 밝히다.

진:상[2] 進上 (올릴 진, 위 상). ① 속뜻 윗[上] 사람에게 올리어[進] 바침. ② 진귀한 물품이나 지방의 토산물 따위를 임금이나 고관 따위에게 바침. ¶이 비단은 임금님께 진상할 것이다. ③ 허름하고 나쁜 것을 속되게 이르는 말. 또는 그런 물건. ㊥진봉(進奉).

▶진상-고객 進上顧客 (돌아볼 고, 손 객). 트집을 잡아 물건 따위를 공짜로 진상(進上)하도록 행패를 부리는 고객(顧客). ¶식당을 경영하다보면 생트집을 부리는 파렴치한 진상고객이 종종 나타난다.

진서[1] 珍書 (보배 진, 책 서). 진귀(珍貴)한 책[書]. ㊥진본(珍本), 진적(珍籍), 비본(秘本), 비적(秘籍).

진서[2] 眞書 (참 진, 글 서). ① 속뜻 참[眞] 글[書]. ② 예전에 한글을 언문(諺文)이라고 낮춘 데에 상대하여 '한문'을 높여 이르던 말. ③ '해서'(楷書)의 속된말.

진선미 眞善美 (참 진, 착할 선, 아름다울 미). 참됨[眞], 착함[善], 아름다움[美]을 아울러 이르는 말.

진:선진:미 盡善盡美 (다할 진, 착할 선, 다할 진, 아름다울 미). 착함[善]과 아름다움[美]을 다함[盡]. 완전무결함을 이른다. 진선완미(眞善完美).

진설[1] 珍說 (보배 진, 말씀 설). 진기(珍奇)한 이야기[說].

진설[2] 陳設 (늘어놓을 진, 베풀 설). ① 속뜻 제사나 잔치 때, 음식을 법식에 따라 상 위에 차려[陳] 놓음[設]. ② 연회나 의식(儀式)에 쓰는 물건을 차려 놓음. ㊥배설(排設).

진성[1] 眞性 (참 진, 성질 성). 사물이나 현상의 있는 그대로의 진짜[眞] 성질(性質).

진성[2] 眞誠 (참 진, 정성 성). 참된[眞] 정성(精誠).

진:성[3] 盡誠 (다할 진, 정성 성). 정성(精誠)을 다함[盡].

진:세[1] 陣勢 (진칠 진, 형세 세). ① 속뜻 진영(陣營)의 형세(形勢). ② 군진(軍陣)의 세력.

진세[2] 塵世 (티끌 진, 세상 세). 티끌[塵] 같은 세상[世].

진속[1] 眞俗 (참 진, 속될 속). ① 속뜻 참됨[眞]과 속됨[俗]. ② 불교 진제(眞諦)와 속제(俗諦)의 이치를 통틀어 이르는 말. ③ 불교 불법과 세법을 통틀어 이르는 말. ④ 불교 출가자와 일반사람을 통틀어 이르는 말. ⑤ 불교 '사리'를 달리 이르는 말. '진'(眞)은 '이'(理)로서 불생불멸의 이치이고, '속'(俗)은 '사'(事)로 서 인연이 낳는 사상(事相)이다.

진속[2] 塵俗 (티끌 진, 속될 속). 지저분하고 어지러워 티끌[塵] 같은 속세(俗世). ¶진속을 벗어나다.

진솔 眞率 (참 진, 소탈할 솔). 진실(眞實)하고 소탈하다[率]. ¶자신의 꿈을 진솔하게 이야기하다.

진수[1] 珍秀 (보배 진, 빼어날 수). 진귀(珍貴)하고도 빼어남[秀].

진수[2] 眞數 (참 진, 셀 수). ① 속뜻 진정(眞正)한 개수(個數). ② 수학 로그함수에서 어떤 수의 로그 수에 대하여 그 어떤 수를 이르는 말. ㊥역대수(逆對數).

진수[3] 眞髓 (참 진, 골수 수). 진짜[眞] 중요한 골수(骨髓)가 되는 부분. 사물이나 현상의 가장 중요하고 본질적인 부분. ¶이것이 고전음악의 진수이다.

진:수[4] 鎭守 (누를 진, 지킬 수). 군대를 주둔시켜[鎭] 군사적으로 중요한 곳을 지킴[守].

진수[5] 珍羞 (보배 진, 음식 수). 진귀(珍貴)하고 맛이 좋은 음식[羞]. ¶진수를 차리어 대접하다. ㊥진선(珍膳), 진찬(珍饌), 화찬(華

饌).

▸진수-성찬 珍羞盛饌 (많을 성, 반찬 찬). 진귀(珍貴)한 음식[羞]과 푸짐하게[盛] 차린 요리[饌]. ¶그런 진수성찬은 처음 먹어 보았다.

진:수[6] **進水** (나아갈 진, 물 수). ① 속뜻 물[水]로 나아가게[進] 함. ②새로 만든 배를 조선대(造船臺)에서 처음으로 물에 띄움. ¶거북선을 진수하다.

▸진:수-대 進水臺 (돈대 대). 새로 만든 배를 조선대에서 미끄러뜨려 물[水]에 띄우는[進] 장치[臺].

▸진:수-식 進水式 (의식 식). 새로 만든 배를 처음으로 물[水]에 띄울[進] 때에 하는 의식(儀式).

진:술 陳述 (아뢸 진, 말할 술). ① 속뜻 자세히 아뢰거나[陳] 말함[述]. 또는 그런 이야기. ¶진술을 받다 / 그 사람은 사건에 대해 거짓으로 진술했다. ② 법률 민사 소송에서, 당사자가 법원에 대하여 구체적인 법률 상황이나 사실에 관한 지식을 보고하고 알리는 일. 또는 그런 소송 행위. ③ 법률 형사 소송에서, 당사자·증인·감정인이 관계 사항을 구술 또는 서면으로 알리는 일. ㊥신술(申述).

▸진:술-서 陳述書 (글 서). 법률 피의자가 경찰이나 검찰 등에서 진술(陳述)한 내용을 적은 문서[書]. ㊥공술서(供述書).

진시 眞是 (참 진, 옳을 시). ① 속뜻 참되고[眞] 옳음[是]. ②진실로. ¶진시 송구하기 이를 데 없습니다 / 이는 진시 어려운 일이다.

진신 眞身 (참 진, 몸 신). 불교 부처의 진실(眞實)한 몸[身]. 부처의 법신(法身)을 이른다.

진실 眞實 (참 진, 실제 실). 참된[眞] 사실(事實). ¶진실 혹은 거짓 / 사람들을 진실하게 대하다/ 나는 진실로 너를 사랑한다. ㊥참. ㊦거짓, 허위(虛僞).

▸진실-감 眞實感 (느낄 감). 진실(眞實)로 여겨지는 느낌[感].

▸진실-성 眞實性 (성품 성). 진실(眞實)된 품성(品性). ¶다시는 안 그러겠다고 다짐했지만 진실성이 부족했다.

▸진실-무위 眞實無僞 (없을 무, 거짓 위). 진실(眞實)이며 거짓이[僞] 없음[無].

진심[1] **眞心** (참 진, 마음 심). 거짓이 없는 참된[眞] 마음[心]. ¶합격을 진심으로 축하한다. ㊥실심(實心), 심성(心性). ㊦가심(假心).

진심[2] **嗔心** (성낼 진, 마음 심). 왈칵 성내는[嗔] 마음[心].

진심[3] **塵心** (티끌 진, 마음 심). 속세에서 더럽혀진[塵] 마음[心].

진심[4] **盡心** (다할 진, 마음 심). 마음[心]을 다함[盡].

▸진심-갈력 盡心竭力 (다할 갈, 힘 력). 마음[心]을 다하고[盡] 있는 힘[力]을 다함[竭]. ㊟진심력.

진:알 進謁 (나아갈 진, 뵐 알). 높은 사람에게 나아가[進] 뵘[謁]. ㊥진배(進拜).

진:압 鎭壓 (누를 진, 누를 압). 진정(鎭靜)시키기 위하여 강압적인 힘으로 억누름[壓]. ¶폭동이 진압되지 못하고 있다 / 소방관들은 화재를 진압했다.

진:앙 震央 (떨 진, 가운데 앙). ① 속뜻 지진(地震)의 한가운데[央]. ② 지리 지진이 발생한 지하의 진원(震源) 바로 위에 해당하는 지표상의 지점. ㊥진원지(震源地).

진애 塵埃 (티끌 진, 먼지 애). ① 속뜻 티끌[塵]과 먼지[埃]. ㊥애진(埃塵). ②세상의 속된 것을 비유하여 이르는 말.

▸진애 감:염 塵埃感染 (느낄 감, 물들일 염). 의학 공기 속에 떠 있는 먼지[塵埃]에 묻은 병원체를 들이마시거나 그것이 살갗에 묻어서 생기는 감염(感染). ㊥먼지 감염.

진액 津液 (끈끈할 진, 진 액). 생물의 몸 안에서 생겨나는 진(津)이나 액체(液體). 수액이나 체액 따위를 이른다.

진언[1] **眞言** (참 진, 말씀 언). ① 속뜻 거짓이 없는 참된[眞] 말[言]. ② 불교 부처의 말. ③ 불교 다라니.

진언[2] **陳言** (묵을 진, 말씀 언). ① 속뜻 낡아빠지고 케케묵은[陳] 말[言]. ②일정한 사실에 대하여 말을 함.

진:언[3] **進言** (나아갈 진, 말씀 언). 윗사람에게 나아가[進] 자기의 의견을 말함[言]. 또는 그런 말.

진언[4] **嗔言** (성낼 진, 말씀 언). 성내어[嗔] 꾸짖는 말[言].

진에 瞋恚 (부릅뜰 진, 성낼 에). ① 속뜻 눈을

부릅뜨고[瞋] 성냄[恚]. ② 불교 십악의 하나. 자기 의사에 어그러짐에 대하여 성내는 일을 이른다.

진여 眞如 (참 진, 같을 여). ① 속뜻 진실(眞實)함이 항상 같음[如]. ② 불교 사물의 있는 그대로의 모습이라는 뜻으로 '우주 만유의 본체인 평등하고 차별이 없는 절대의 진리'를 이르는 말. ⓑ여실(如實), 일진(一眞). ⓑ가상(假相).

진:역 震域 (떨 진, 지경 역). ① 속뜻 지진(地震)이 일어난 지역(地域). ② 지리 지진(地震)이 일어났을 때, 일정한 진도를 가지는 지역. 진도(震度)크기에 따라 유감(有感) 지역, 강진(強震) 지역 따위로 구분한다. ② 예전에 '우리나라'를 달리 이르는 말.

진연[1] 塵煙 (티끌 진, 연기 연). 연기[煙]처럼 자욱하게 일어나는 티끌[塵].

진연[2] 塵緣 (티끌 진, 인연 연). 티끌[塵] 세상의 인연(因緣). 속세와의 번거로운 인연.

진:열 陳列 (늘어놓을 진, 벌일 렬). 물건을 죽 늘어놓거나[陳] 벌여 놓음[列]. ¶점원은 수많은 상품을 진열하느라 바빴다.

▶**진:열-대** 陳列臺 (돈대 대). 물건이나 상품을 진열(陳列)해 놓을 수 있도록 만든 대(臺). ¶수많은 유물이 진열대를 가득 채우고 있다.

▶**진:열-장** 陳列欌 (장롱 장). 물건이나 상품을 진열(陳列)해 놓는 장(欌). ¶진열장 안의 다이아몬드를 살펴보다.

▶**진:열-창** 陳列窓 (창문 창). 가게 밖에서 안에 진열(陳列)한 상품을 들여다볼 수 있도록 설치한 창(窓).

진영[1] 眞影 (참 진, 모습 영). 주로 얼굴을 진짜[眞]같이 그린 초상[影]. 또는 얼굴을 찍은 사진. ¶노국 공주의 진영이 발견됐다.

진영[2] 陣營 (진칠 진, 집 영). ① 군사 군대가 진(陣)을 치고 집단으로 거주하는 집[營]. ¶전투에 앞서 적의 진영에 사절을 보냈다. ② 정치적·사회적·경제적으로 구분된 서로 대립되는 세력의 어느 한쪽. ¶동서 대립 진영 / 민족주의 진영에 가담하다. ⓑ군영(軍營).

진:영[3] 鎭營 (누를 진, 집 영). 역사 조선 시대에, 각 도를 지키기[鎭] 위해 설치한 감영(監營).

진옥 眞玉 (참 진, 옥돌 옥). 진짜[眞] 옥(玉).

진완 珍玩 (보배 진, 놀 완). 진기(珍奇)하게 여겨서 가지고 놂[玩].

진-외가 陳外家 (묵을 진, 밖 외, 집 가). ① 속뜻 묵은[陳] 외가(外家). ② 자신의 외가가 아니라, 한 대를 더 올라간 아버지의 외가를 이르는 말.

진-외조모 陳外祖母 (묵을 진, 밖 외, 할아버지 조, 어머니 모). ① 속뜻 묵은[陳] 외조모(外祖母). ② 아버지의 외조모.

진-외조부 陳外祖父 (묵을 진, 밖 외, 할아버지 조 아버지 부). ① 속뜻 묵은[陳] 외조부(外祖父). ② 아버지의 외조부.

진용[1] 眞勇 (참 진, 날쌜 용). 참된[眞] 용기(勇氣).

진용[2] 陣容 (진칠 진, 얼굴 용). ① 군사 군진(軍陣)의 모습[容]. ② 한 단체가 집단을 이루고 있는 구성원의 짜임새. ③ 군사 진영(陣營)의 형편 또는 상태.

진운[1] 陣雲 (진칠 진, 구름 운). ① 속뜻 진(陣)을 친 것처럼 생긴 구름[雲]. ¶진운이 걷히다. ② 전쟁터에 뜬 구름.

진:운[2] 進運 (나아갈 진, 운수 운). 진보(進步)할 기세나 기운(氣運). ¶시대의 진운 / 문화의 진운.

진:원 震源 (떨 진, 근원 원). ① 지리 지진(地震) 발생의 근원(根源)이 되는 지점. 지각 내부의 지진 발생점이나 지진의 원인인 암석 파괴가 시작된 곳을 말한다. ② '사건이나 소동 따위를 일으킨 근원'을 비유하여 이르는 말. ¶사건의 진원을 파악하느라 분주하다.

▶**진:원-지** 震源地 (땅 지). ① 지리 지진(地震) 발생의 근원(根源)이 되는 곳[地]. ② 사건이나 소동 따위를 일으킨 근원이 되는 곳을 비유하여 이르는 말. ¶소문의 진원지.

진위 眞僞 (참 진, 거짓 위). 참[眞]과 거짓[僞]. 또는 진짜와 가짜를 통틀어 이름. ¶보석의 진위를 밝히다.

▶**진위-법** 眞僞法 (법 법). 간단한 지식의 유무나 옳고 그름을 객관적으로 조사하기 위하여, 두 가지 선택할 갈래를 주어 참·거짓[眞僞]을 판단하게 하는 방법(方法).

진유[1] 眞油 (참 진, 기름 유). 참[眞]깨에서 짜낸 기름[油]. 참기름.

진유² 眞儒 (참 진, 선비 유). 유학의 진리를 터득한 참된[眞] 선비[儒].

진의¹ 眞意 (참 진, 뜻 의). 속에 품고 있는 참[眞] 뜻[意]. 또는 진짜 의도. ¶그의 진의가 무엇인지 걷잡을 수가 없다.

진의² 眞義 (참 진, 뜻 의). 참된[眞] 의미나 의의(意義).

진인¹ 眞人 (참 진, 사람 인). ① [종교] 참된[眞] 도를 깨달은 사람[人]. ② [불교] 진리를 깨달은 사람. ③ [불교] '아라한'을 이르는 말.

진인² 眞因 (참 진, 까닭 인). 참된[眞] 원인(原因). 진짜 원인.

진:일 盡日 (다될 진, 날 일). 하루[日]가 다하는[盡] 동안. 온종일. ¶어제도 하루 진일을 돌아다녔다.

진:-일보 進一步 (나아갈 진, 한 일, 걸음 보). 한[一] 걸음[步] 더 나아감[進]. 한 단계 더 높이 발전해 나아감을 이르는 말. [반]퇴일보(退一步).

진:입 進入 (나아갈 진, 들 입). 앞으로 나아가[進] 안으로 들어감[入]. ¶월드컵 본선 진입 / 고속도로에 진입하다.

▶ 진:입-로 進入路 (길 로). 진입(進入)할 수 있도록 낸 길[路]. ¶학교 진입로에는 느티나무가 서 있다.

진:자 振子 (떨칠 진, 접미사 자). [물리] 줄 끝에 추를 매달아 좌우로 왔다갔다 흔들리게[振] 만든 물체[子]. ¶진자는 흔들리면서 초를 나타낸다.

진:작¹ 振作 (떨칠 진, 일으킬 작). 떨쳐[振] 일으킴[作]. 또는 떨쳐 일어남. [비]진기(振起).

진작² 眞斫 (참 진, 자를 작). 참[眞]나무 장작(長斫).

진장¹ 珍藏 (보배 진, 감출 장). 진귀(珍貴)하게 여겨 잘 간직함[藏].

진:장² 振張 (떨칠 진, 벌릴 장). ① [속뜻] 기세를 떨쳐[振] 일을 벌임[張]. ② 일을 번성하게 함.

진장³ 陳藏 (묵을 진, 감출 장). 묵혀[陳] 감추어[藏] 두고 먹는 음식. 입동(立冬) 전후에 겨울 동안 먹을 배추김치, 깍두기, 동치미 따위를 담가두는 일.

진장⁴ 陳醬 (묵을 진, 간장 장). ① [속뜻] 오래 묵어서[陳] 아주 진하게 된 간장[醬]. ② 검정콩으로 쑨 메주로 담가 빛이 까맣게 된 간장.

진:재 震災 (떨 진, 재앙 재). 지진(地震)으로 생긴 재해[災].

진적¹ 珍籍 (보배 진, 문서 적). 보배[珍]같이 귀한 서적(書籍). [비]진서(珍書).

진적² 眞蹟 (참 진, 자취 적). ① [속뜻] 실제의 진짜[眞] 유적(遺蹟). ② 손수 쓴 글씨. [비]친필(親筆).

진적³ 陳迹 (묵을 진, 자취 적). 지난날의 묵은[陳] 자취[迹].

진:전¹ 振顫 (떨칠 진, 떨릴 전). [의학] 머리, 손, 몸에서 무의식적으로 일어나는 근육의 떨림[振=顫]. 알코올 중독, 신경 쇠약, 파킨슨 증후군 따위에서 나타난다.

진:전² 進展 (나아갈 진, 펼 전). 일이 진행(進行)되어 발전(發展)됨. ¶연구에 큰 진전이 있다 / 둘의 관계는 급속도로 진전되었다.

진정¹ 眞正 (참 진, 바를 정). ① [속뜻] 참되고[眞] 바르게[正]. ② 거짓 없이 참으로. ¶진정한 애국자 / 선생님을 뵙게 되어 진정 반갑습니다.

진정² 眞情 (참 진, 실상 정). ① [속뜻] 거짓이나 꾸밈이 없는 참된[眞] 실상[情]. ¶일부러 진정을 숨겼다. ② 참되고 애틋한 정이나 마음. ¶진정을 털어놓다 / 진정으로 사랑하다 / 진정으로 말하다.

진:정³ 進呈 (나아갈 진, 드릴 정). 물건을 스스로 나서서[進] 드림[呈]. [비]정진(呈進).

진:정⁴ 鎭定 (누를 진, 정할 정). 반대하는 세력이나 기세를 억눌러[鎭] 안정(安定)시킴.

진:정⁵ 陳情 (아뢸 진, 실상 정). 사정(事情)을 간곡히 아뢸[陳]. ¶죄 없는 사람들을 풀어줄 것을 진정하다.

▶ 진:정-서 陳情書 (글 서). 실정이나 사정(事情)을 진술(陳述)하여 적은 글[書]. 또는 그 문서. ¶시청에 진정서를 제출하다.

진:정⁶ 鎭靜 (누를 진, 고요할 정). ① [속뜻] 누르거나[鎭] 가라앉혀 조용하게[靜] 함. ¶사태가 진정되지 못하다. ② 격앙된 감정이나 아픔 따위를 가라앉힘. ¶화가 나는 마음을 진정하려 애쓰다.

▶ 진:정-제 鎭靜劑 (약제 제). [약학] 중추 신경이 비정상적으로 흥분한 상태를 진정(鎭

靜)시키는 데 쓰이는 약[劑]. ¶환자는 진정제를 먹고 잠이 들었다.

진제 眞諦 (참 진, 진리 제). 불교 ①평등하고 차별이 없는 참된[眞] 진리[諦]. ②깨달음에 관한 진리. ③최상의 진리.

진종 珍種 (보배 진, 씨 종). 진귀(珍貴)한 종자(種子).

진:-종일 盡終日 (다할 진, 끝마칠 종, 날 일). 하루[日]가 다될[盡=終] 때까지. ¶진종일 나가 놀다. ⑪온종일.

진주[1] 陳奏 (늘어놓을 진, 아뢸 주). 윗사람에게 사정을 차근차근 늘어놓고[陳] 아룀[奏].

진:주[2] 進走 (나아갈 진, 달릴 주). 달려서[走] 앞으로 나아감[進].

진:주[3] 進駐 (나아갈 진, 머무를 주). 군대가 남의 영토에 들어가[進] 머무르는[駐] 일.

진주[4] 眞珠 (참 진, 구슬 주). ① 속뜻 진짜[眞] 구슬[珠]. ②연체동물 부족류 조개의 체내에 생긴 탄산칼슘이 주성분인 구슬 모양의 광택이 나는 이상 분비물. 우아하고 아름다운 빛깔의 광택이 나서 장신구로 쓴다. ¶진주 목걸이가 피부색과 잘 어울린다.

▸ 진주-선 眞珠扇 (부채 선). 진주(眞珠)로 장식한 부채[扇]. 혼인 때에 신부의 얼굴을 가리는 데 쓴다. ⑪진주부채.

▸ 진주-암 眞珠巖 (바위 암). 지리 진주(眞珠)와 비슷한 빛깔이 나는 화산암(火山巖). 석영 조면암이 유리 모양으로 된 것이다.

▸ 진주혼-식 眞珠婚式 (혼인할 혼, 의식 식). 부부가 결혼(結婚) 30주년을 기념하기 위하여 진주(眞珠) 제품을 선물로 주고받는 의식(儀式).

진:주-성 晉州城 (나아질 진, 고을 주, 성곽 성). 고적 경상남도 진주의 진주(晉州) 공원 일대와 내성동(內城洞)에 걸쳐 있던 조선 시대의 읍성(邑城). 고려 말기에 왜구를 막기 위하여 쌓은 것으로 임진왜란 때의 항전지로 유명하다. 성안에 촉석루가 있다.

진중[1] 珍重 (보배 진, 무거울 중). ① 속뜻 진귀(珍貴)하고 소중(所重)함. 귀중(貴重). ②아주 소중히 여김.

진중[2] 陣中 (진칠 진, 가운데 중). 진(陣)을 친 가운데[中].

진:중[3] 鎭重 (누를 진, 무거울 중). 점잖고[鎭] 무게[重]가 있음.

진즉 趁卽 (쫓을 진, 곧 즉). 그 때부터 미리, 시기를 맞추어[趁] 곧바로[卽]. ¶진즉 병원에 갈 걸 그랬다. ⑪진작.

진지[1] 眞知 (참 진, 알 지). 참된[眞] 지식(知識).

진지[2] 眞智 (참 진, 슬기 지). ① 속뜻 진리(眞理)를 깨달은 지혜(智慧). ② 불교 삼지(三智)의 하나. 차별 없는 평등의 진리를 관조하는 지혜를 이른다.

진지[3] 眞摯 (참 진, 지극할 지). 말이 참답고[眞] 태도가 지극하다[摯]. ¶농담을 너무 진지하게 받아들인다.

진지[4] 陣地 (진칠 진, 땅 지). 진(陣)을 치고 있는 곳[地]. 언제든지 적과 싸울 수 있도록 설비 또는 장비를 갖추고 부대를 배치하여 둔 곳. ¶적의 공격을 받고 진지에서 철수했다.

▸ 진지-전 陣地戰 (싸울 전). 진지(陣地)를 구축하고 적과 벌이는 싸움[戰].

진진 津津 (끈끈할 진, 끈끈할 진). ① 속뜻 입에 착착 달라붙을[津+津] 정도로 맛이 좋다. ¶진진하게만 느껴지던 음식. ②재미 따위가 매우 있다. ¶재미가 진진한 구경거리 / 흥미가 진진한 이야기.

진찬[1] 珍饌 (보배 진, 반찬 찬). 진귀(珍貴)한 반찬[饌]. ⑪진수(珍羞).

진:찬[2] 進饌 (나아갈 진, 음식 찬). 힘써 차려 내온[進] 음식[饌]. 궁궐 안에 경사가 있을 때 열리던 잔치. 진연(進宴)보다 규모가 작고 의식이 간단하다.

진:찰 診察 (살펴볼 진, 살필 찰). 의학 의사가 여러 가지 방법으로 환자의 병이나 증상을 보고[診] 살핌[察]. ¶병원에 가서 진찰을 받다. ⑪진후(診候).

▸ 진찰-권 診察券 (문서 권). 환자가 그 병원에서 진찰(診察)받을 수 있음을 증명하는 표[券].

▸ 진:찰-실 診察室 (방 실). 의사가 환자를 진찰(診察)하는 방[室]. ¶어머니는 진찰실 밖에서 기다렸다.

진채[1] 珍菜 (보배 진, 나물 채). 진귀(珍貴)하고 맛이 좋은 나물[菜].

진채[2] 眞彩 (참 진, 빛깔 채). 매우[眞] 진하게 쓰는 채색(彩色). 또는 그것으로 그린 그림. ⓑ농채(濃彩). ⓑ담채(淡彩).

진:척 進陟 (나아갈 진, 오를 척). ① 속뜻 한 걸음 더 나아가고[進] 한 단계 더 오름[陟]. ②일이 목적한 방향대로 진행되어 감. ¶공사가 진척을 보이지 않는다. ③벼슬이 높아짐. ⓑ진전(進展), 진행(進行).

진:천¹ 振天 (떨칠 진, 하늘 천). ① 속뜻 소리가 하늘[天]에까지 떨쳐 울림[振]. ②이름을 천하에 떨침.

진:천² 震天 (떨 진, 하늘 천). 소리가 하늘[天]을 뒤흔들[震] 듯이 울림.

▸진:천-뢰 震天雷 (천둥 뢰). 하늘을 뒤흔드는[震天] 천둥[雷] 같은 소리를 낸다는 뜻을 지닌 조선 중기의 화기.

▸진:천-동지 震天動地 (움직일 동, 땅 지). ① 속뜻 소리 따위가 하늘[天]을 뒤흔들고[震] 땅[地]을 움직임[動]. ②'위력이나 기세를 천하에 떨침'을 비유하여 이르는 말.

진:청 陳請 (아뢸 진, 부탁할 청). 사정을 진술(陳述)하여 간청(懇請)함.

진:체¹ 振替 (떨칠 진, 바꿀 체). 경제 어떤 금액을 한 계정에서 떨어내어[振] 다른 계정으로 대체(代替)하는 일. 또는 그 계정. ⓑ대체(對替).

진:체² 晉體 (나라이름 진, 모양 체). 중국 진(晉)나라의 명필인 왕희지의 글씨체[體]. ⓑ우군체(右軍體).

진:촌 鎭村 (누를 진, 마을 촌). 적을 진압(鎭壓)할 수 있을 만큼 전략상으로 중요한 마을[村].

***진:출** 進出 (나아갈 진, 날 출). ① 속뜻 앞으로 나아가[進] 밖으로 나감[出]. ②어떤 방면으로 활동 범위나 세력을 넓혀 나아감. ¶여성의 사회 진출 / 한국 영화가 국제무대에 진출하고 있다.

▸진:출-권 進出權 (권리 권). 어떤 경기에 나갈 수 있는[進出] 권리(權利). ¶한국은 월드컵 결승 진출권을 따냈다.

진:충 盡忠 (다할 진, 충성 충). 충성(忠誠)을 다함[盡].

▸진:충-보국 盡忠報國 (갚을 보, 나라 국). 충성(忠誠)을 다하여[盡] 나라[國]의 은혜를 갚음[報]. ⓑ갈충보국(竭忠報國).

진:취 進取 (나아갈 진, 가질 취). 적극적으로 나아가서[進] 일을 취(取)하여 이룩함. ¶지도자가 되려면 먼저 진취의 기상을 지녀야 한다.

▸진:취-성 進取性 (성품 성). 진취(進取)하려는 성격(性格).

▸진:취-적 進取的 (것 적). 나아가[進] 취(取)하려는 적극성이 있는 것[的]. ¶화랑의 진취적인 기상.

진-태양 眞太陽 (참 진, 클 태, 볕 양). 천문 시태양(視太陽)이나 평균 태양(平均太陽)에 대하여, 천구 위에 나타난 진짜[眞] 태양(太陽).

▸진태양-시 眞太陽時 (때 시). 천문 진태양(眞太陽)이 자오선을 통과하는 때를 기준으로 하여 정한 시법(時法).

▸진태양-일 眞太陽日 (날 일). 천문 진태양(眞太陽)이 자오선을 통과하여 다시 자오선을 통과할 때까지의 하루[日]의 시간.

진토 塵土 (티끌 진, 흙 토). 티끌[塵]과 흙[土]을 통틀어 이르는 말. ¶백골이 진토가 된들 어떻게 임금님의 은혜를 갚을까.

진통¹ 陣痛 (한바탕 진, 아플 통). ① 속뜻 한바탕[陣] 겪는 통증(痛症)이나 어려움. ¶오랜 진통 끝에 법률이 통과되었다. ② 의학 해산할 때, 짧은 간격을 두고 반복되는 복부의 통증. ¶임산부가 진통을 시작하자 즉시 병원으로 옮겼다.

진:통² 鎭痛 (누를 진, 아플 통). 의학 아픔[痛]을 눌러[鎭] 멎게 함. ¶이 약은 진통 효과가 뛰어나다.

▸진:통-제 鎭痛劑 (약제 제). 약학 중추 신경에 작용하여 진통(陣痛)을 느끼지 못하게[鎭] 하는 약[劑]. ¶두통이 있어서 진통제를 찾다.

진:퇴 進退 (나아갈 진, 물러갈 퇴). 앞으로 나아가고[進] 뒤로 물러남[退]. ¶두 선수는 씨름판에서 진퇴를 거듭하고 있다.

▸진:퇴-양난 進退兩難 (두 량, 어려울 난). 앞으로 나아가기[進]와 뒤로 물러나기[退] 둘[兩] 다 어려운[難] 처지에 놓임. ¶이 문제를 포기할 수도 없고 정말 진퇴양난의 길에 빠졌다.

▸진:퇴-유곡 進退維谷 (오로지 유, 골 곡). ① 속뜻 앞으로 나아가려고[進] 해도, 뒤로 물러나려고[退] 해도 오로지[維] 산골짜기[谷] 뿐임. ②이러지도 저러지도 못하고 꼼짝할 수 없는 궁지. ¶진퇴유곡에 빠지다.

[비]진퇴양난(進退兩難).

진ː폭1 震幅 (떨 진, 너비 폭). [지리] 지진계에 감촉되어 기록되는 진동(震動)의 폭(幅).

진ː폭2 振幅 (떨칠 진, 너비 폭). ① [속뜻] 떨리는[振] 정도의 너비[幅]. ② [물리] 진동(振動)하고 있는 물체가 정지 또는 평형 위치에서 최대 변위까지 이동하는 거리. 진동하는 폭의 절반이다. ¶탐지기의 진폭이 크게 동요하고 있다.

▶진ː폭 변ː조 振幅變調 (바뀔 변, 가락 조). [물리] 진동(振動)하는 폭(幅)을 변화시키는[變調] 것.

진품1 眞品 (참 진, 물건 품). 진짜[眞] 물건[品]. ¶진품을 가려내기가 쉽지 않다. [반]모조품(模造品), 위조품(僞造品).

진품2 珍品 (보배 진, 물건 품). 보배로운[珍] 물건이나 물품[品]. ¶가보로 보존해온 진품을 내다 팔았다.

진풍 塵風 (티끌 진, 바람 풍). 먼지[塵] 섞인 바람[風].

진-풍경 珍風景 (보배 진, 바람 풍, 볕 경). 구경거리가 될 만한 보기 드문[珍] 풍경(風景). ¶한여름에 눈이 내리는 진풍경이 벌어지다.

진피1 眞皮 (참 진, 가죽 피). ① [속뜻] 참[眞] 가죽[皮]. ② [의학] 척추동물의 표피 아래에 있는 섬유성 결합 조직.

진피2 陳皮 (묵을 진, 껍질 피). [한의] 오래 묵힌[陳] 말린 귤의 껍질[皮]. 위를 보호하여 소화를 돕는 데 쓴다. [비]황귤피(黃橘皮).

진필 眞筆 (참 진, 글씨 필). 진짜[眞] 손수 쓴 글씨[筆]. [비]친필(親筆).

진ː학 進學 (나아갈 진, 배울 학). ① [속뜻] 학문의 길에 나아가[進] 배움[學]. ② 상급 학교에 올라감. ¶명수는 올해 대학에 진학했다.

진한 辰韓 (용 진, 나라이름 한). [역사] 삼한(三韓) 가운데 경상북도를 중심으로 한 동북부 지역에 있던 12개의 소국. '辰'이 쓰인 까닭에 대해서는 정설이 없다. [참]마한(馬韓), 변한(弁韓).

진합-태산 塵合泰山 (티끌 진, 합할 합, 클 태, 메 산). 티끌[塵]도 많이 모이면[合] 큰[泰] 산[山]이 될 수 있음. 작은 물건도 많이 모이면 큰 것이 됨.

진ː항 進航 (나아갈 진, 배 항). 배[航]가 나아감[進]. 배가 항해하여 나아감.

진ː해 鎭咳 (누를 진, 기침 해). [의학] 기침[咳]을 진정(鎭靜)시켜 그치게 함.

▶진ː해-제 鎭咳劑 (약제 제). [약학] 기침을 멈추게 하는[鎭咳] 약제(藥劑).

***진ː행 進行** (나아갈 진, 갈 행). ① [속뜻] 앞으로 향하여 나아[進] 감[行]. ¶태풍의 진행 방향. ② 일 따위를 처리하여 나감. ¶회의를 매끄럽게 진행하다.

▶진ː행-상 進行相 (모양 상). [언어] 동작의 진행(進行) 상태[相]를 나타내는 어법상의 표현. 현재 진행상, 과거 진행상, 미래 진행상이 있다.

▶진ː행-자 進行者 (사람 자). 의식·방송 따위에서, 일을 이끌어 나가는[進行] 사람[者]. ¶그녀는 뉴스 진행자로 발탁되었다. [비]진전(進展), 진척(進陟).

▶진ː행-파 進行波 (물결 파). [물리] 공간 내에서 일정한 방향으로 진행(進行)하는 파동(波動).

▶진ː행-형 進行形 (모양 형). [언어] 움직임이 진행(進行) 중인 형태(形態)를 나타냄.

진ː향 進向 (나아갈 진, 향할 향). 일정한 곳이나 목표 따위를 향하여[向] 나아감[進].

진ː헌 進獻 (나아갈 진, 바칠 헌). ① [속뜻] 임금에게 나아가[進] 예물을 바침[獻]. ② [역사] 조선 시대에, 중국에 조공하려고 각 도에서 받아들이던 공물. [비]진상(進上).

진ː현 進見 (나아갈 진, 뵈올 현). 임금께 나아가[進] 뵘[見].

진형 陣形 (진칠 진, 모양 형). 진(陣)을 친 모양[形]. 전투의 대형.

진ː혼 鎭魂 (누를 진, 넋 혼). 죽은 사람의 넋[魂]을 진정(鎭靜)시켜 고이 잠들게 함.

▶진ː혼-곡 鎭魂曲 (노래 곡). [음악] 죽은 사람의 넋[魂]을 위로하기[鎭] 위한 악곡[曲].

▶진ː혼-제 鎭魂祭 (제사 제). 죽은 사람의 넋[魂]을 위로하기[鎭] 위해 올리는 제사(祭祀). [비]위령제(慰靈祭).

진홍 眞紅 (참 진, 붉을 홍). ① [속뜻] 참으로[眞] 붉음[紅]. ② 짙은 붉은빛. ➲ 진홍빛.

진화1 珍貨 (보배 진, 재물 화). 진귀(珍貴)한 물건[貨].

진:화² 鎭火 (누를 진, 불 화). 불길[火]을 진압(鎭壓)함. 화재를 끔. ¶비가 와서 불이 금방 진화됐다. ②말썽, 소동, 소문 따위를 해결함. ¶들끓는 여론을 진화하다.

진:화³ 進化 (나아갈 진, 될 화). ① 속뜻 진보(進步)하여 차차 더 나은 것이 됨[化]. ¶시간에 따라 언어도 진화한다. ② 생물 생물이 외계의 영향과 내부의 발전에 의하여 간단한 구조에서 복잡한 구조로, 하등한 것에서 고등한 것으로 발전하는 일. ¶사람이 유인원(類人猿)에서 진화한 것인지는 확신할 수 없다. ⓑ퇴화(退化).

▸진:화-론 進化論 (논할 론). 생물 생물의 진화(進化) 요인에 관한 이론(理論). 1859년에 영국의 생물학자 다윈이 『종의 기원』에서 체계화하였다.

▸진:화-설 進化說 (말씀 설). 생물 생물은 진화(進化)하는 것이라는 학설(學說). ⓑ진화론.

▸진:화-주의 進化主義 (주될 주, 뜻 의). 생물 생물이 극히 원시적인 것으로부터 진화(進化)하여 고등한 것이 되었다는 주의(主義). ⓑ진화설(進化說).

진황 眞況 (참 진, 상황 황). 참된[眞] 상황(狀況).

진황-지 陳荒地 (묵을 진, 거칠 황, 땅 지). 버려두어서 묵고[陳] 거칠어진[荒] 땅[地].

진:휼 賑恤 (구휼할 진, 도울 휼). 흉년에 가난한 백성을 돕고[賑=恤] 보살핌. ⓑ진구(賑救).

진:흥 振興 (떨칠 진, 일어날 흥). 떨치고[振] 일어남[興]. 또는 그렇게 되게 함. ¶과학 연구가 진흥하다.

▸진:흥-책 振興策 (꾀 책). 진흥(振興)하게 하는 계책(計策).

진흥왕 순수비 眞興王巡狩碑 (참 진, 일어날 흥, 임금 왕, 돌 순, 순행할 수, 비석 비). 고적 신라 진흥왕(眞興王)이 지금의 한강 유역에서 동북 해안에 이르는 지대와 가야를 쳐서 영토를 넓힌 다음, 신하들과 변경을 두루 돌아다니며[巡] 살필[狩] 때에 세운 비석(碑石).

진희 珍稀 (보배 진, 드물 희). 진기(珍奇)하고 드묾[稀].

질감 質感 (바탕 질, 느낄 감). ① 속뜻 재질(材質)의 차이에서 받는 느낌[感]. ¶이 스웨터는 질감이 좋다. ② 미술 물감, 화포, 필촉, 화구 따위가 만들어 내는 화면 대상의 느낌.

질겁 窒怯 (막힐 질, 무서울 겁). 뜻밖의 일에 숨이 막힐[窒] 정도로 겁을 냄[怯]. ¶개가 짖는 소리에 질겁해서 달아나다.

질고¹ 疾苦 (병 질, 괴로울 고). 질병(疾病)으로 인한 고통(苦痛). ⓑ병고(病苦).

질고² 秩高 (급여 질, 높을 고). 녹봉[秩]이 높음[高].

질고³ 質古 (바탕 질, 옛 고). 질박(質朴)하고 예스러움[古].

질곡 桎梏 (차꼬 질, 수갑 곡). ① 속뜻 발목에 채우는 차꼬[桎]와 손에 채우는 수갑[梏]. ②'몹시 속박하여 자유를 가질 수 없는 고통의 상태'를 비유하여 이르는 말. ¶인습의 질곡에서 탈피하다.

질권 質權 (볼모 질, 권리 권). 법률 전당잡을[質] 수 있는 권리(權利). 채무자가 돈을 갚을 때까지 채권자가 담보물을 간직할 수 있고, 채무자가 돈을 갚지 아니할 때는 그것으로 우선 변제를 받을 수 있는 권리.

▸질권 설정자 質權設定者 (세울 설, 정할 정, 사람 자). 법률 담보의 목적물을 채권자에게 제공하여 질권(質權)을 설정(設定)한 사람[者].

질급 窒急 (막힐 질, 급할 급). ① 속뜻 숨이 막힐[窒] 정도로 다급(多急)함. ②몹시 놀라거나 겁나서 갑자기 숨이 막힘.

질기 窒氣 (막힐 질, 숨 기). 숨[氣]이 막힘[窒]. ⓑ질색(窒塞).

질녀 姪女 (조카 질, 여자 녀). 조카[姪]인 여자(女子). 형제자매의 딸.

질둔 質鈍 (바탕 질, 둔할 둔). ① 속뜻 질박(質朴)하고 우둔(愚鈍)함. ②몸이 뚱뚱하여 동작이 굼뜸.

질량 質量 (바탕 질, 분량 량). ① 속뜻 어떤 물질(物質)의 양(量). ② 물리 물체의 고유한 역학적 기본량. 관성 질량과 중력 질량이 있다. 국제 단위는 그램(g). ¶이 물체를 가열해도 질량은 변하지 않는다 / 질량 보존의 법칙.

▸질량-수 質量數 (셀 수). 물리 원자핵을 구성하는 핵의 질량(質量) 수(數).

질료 質料 (바탕 질, 거리 료). 물질의 생성 변화에 있어서 바탕[質]이 되는 재료(材料).

질문 質問 (바탕 질, 물을 문). ① 속뜻 바탕[質]이 되는 중요한 것을 물어봄[問]. ② 모르거나 의심나는 점을 물음. ¶질문은 많이 할수록 좋다. ③ 법률 국회법에 따라, 국회의원이 정부에 대하여 일정한 사항에 관하여 설명을 요구하고 그 의견을 묻는 일. ㊥ 질의(質疑). ㊤ 대답(對答).

▶ **질문-지** 質問紙 (종이 지). 어떤 문제에 관한 질문(質問)들을 열거한 지면(紙面). ¶질문지를 작성하다.

▶ **질문지-법** 質問紙法 (종이 지, 법 법). 미리 준비한 질문지(質問紙)로 많은 대답을 얻어 대체적인 경향을 발견하려는 방법(方法). 사회 심리학적 연구 따위에 쓰인다.

질물 質物 (볼모 질, 만물 물). 법률 질권(質權)의 대상이 되는 물건(物件). 또는 채무의 담보로 맡긴 물건.

질박 質樸 (=質朴, 바탕 질, 순박할 박). 꾸밈이 없고[質] 수수함[樸]. ㊥ 실박(實樸).

⁑질병 疾病 (병 질, 병 병). 몸의 온갖 병[疾=病]. ¶질병에 시달리다. ㊥ 질환(疾患), 환우(患憂).

질보 疾步 (빠를 질, 걸음 보). 몹시 빠른[疾] 걸음[步]. ㊥ 속보(速步), 질족(疾足).

질부 姪婦 (조카 질, 며느리 부). 조카[姪] 며느리[婦].

질사 窒死 (막힐 질, 죽을 사). 숨이 막혀[窒] 죽음[死].

질산 窒酸 (질소 질, 산소 산). 화학 질소(窒素)와 산소(酸素), 수소로 된 강한 염기성 무기산의 하나.

▶ **질산-균** 窒酸菌 (세균 균). 생물 토양 속의 아질산을 산화시켜 질산염(窒酸鹽)을 생성하는 과정에서 화학적으로 얻어지는 에너지로 탄소 동화를 하는 세균(細菌).

▶ **질산-염** 窒酸鹽 (염기 염). 화학 금속 또는 양성인 염기성기와 질산기(窒酸基)로 이루어진 염(鹽).

▶ **질산-은** 窒酸銀 (은 은). 화학 은(銀)을 질산(窒酸)에 녹여 얻는 무색투명한 결정.

▶ **질산-섬유소** 窒酸纖維素 (가늘 섬, 밧줄 유, 바탕 소). 화학 황산이나 질산(窒酸), 물의 혼합액에 셀룰로오스를 넣어 만드는 섬유소(纖維素)의 질산에스테르. 질소량에 의한 질화도(窒化度)의 차이에 따라 성질이 다르다. 질화도가 큰 것은 솜화약으로 쓰며, 작은 것은 필름이나 셀룰로이드의 원료로 쓴다.

질색 窒塞 (막힐 질, 막힐 색). ① 속뜻 몹시 놀라거나 싫어서 기(氣)가 막힘[窒=塞]. ② 몹시 싫어하거나 꺼림. ¶병원이라면 딱 질색이다.

***질서** 秩序 (차례 질, 차례 서). 사물의 순서나 차례[秩=序]. ¶여럿이 사는 사회에서는 질서를 지켜야 한다. ㊤ 무질서(無秩序).

질소¹ 質素 (바탕 질, 수수할 소). 꾸밈이 없이[質] 소박(素朴)함. 질박하고 검소함.

***질소²** 窒素 (질소 질, 바탕 소). 화학 공기의 약 5분의 4를 차지하는 무색·무미·무취의 질화물(窒化物)을 만드는 기체 원소(元素). 천연으로는 암모늄염·질산염으로 존재하며, 보통 화학 반응을 일으키기 어려우나 높은 온도에서는 다른 원소와 화합하여 질화물을 만든다.

▶ **질소 고정** 窒素固定 (굳을 고, 정할 정). 화학 공기 속의 질소(窒素)를 분리 하거나 고정(固定)하여 질소 화합물로 만드는 일.

▶ **질소 공업** 窒素工業 (장인 공, 일 업). 공업 공기 중의 질소(窒素)를 분리·고정하여 질소 화합물을 만드는 화학 공업(工業).

▶ **질소 비ː료** 窒素肥料 (기름질 비, 거리 료). 농업 질소(窒素)가 많이 들어 있는 비료(肥料).

▶ **질소 폭탄** 窒素爆彈 (터질 폭, 탄알 탄). 군사 수소 폭탄을 질소(窒素)로 싸서 만든 폭탄(爆彈).

▶ **질소족 원소** 窒素族元素 (무리 족, 으뜸 원, 바탕 소). 화학 질소(窒素)와 유사한[族] 화학 반응을 보이는 원소(元素).

▶ **질소 동화 작용** 窒素同化作用 (같을 동, 될 화, 지을 작, 쓸 용). 식물 생물체가 대기 중의 기체 질소(窒素) 또는 토양이나 물속의 무기 질소 화합물을 사용하여 각종 유기 질소 화합물을 만드는[同化] 작용(作用).

질시¹ 疾視 (미워할 질, 볼 시). 밉게[疾] 봄[視]. ¶질시의 눈으로 바라보다.

질시² 嫉視 (시기할 질, 볼 시). 시기하여[嫉] 봄[視]. ㊥ 투시(妬視).

질식 窒息 (막힐 질, 숨쉴 식). 숨[息]이 막힘[窒]. 또는 산소가 부족하여 숨을 쉴 수 없게 됨. ¶뜨거운 열기와 고약한 냄새로 질식할 것 같다.

▸질식-사 窒息死 (죽을 사). 질식(窒息)으로 인한 죽음[死].

질실 質實 (바탕 질, 참될 실). 꾸밈이 없이 질박(質朴)하고 성실(誠實)함.

질언[1] 疾言 (빠를 질, 말씀 언). 빠른[疾] 말[言]. 빠르고 급한 말투.

질언[2] 質言 (바탕 질, 말씀 언). 꾸밈이 없는[質] 말[言]. 사실을 있는 대로 딱 잘라서 말함. 또는 그런 말.

질염 膣炎 (보지 질, 염증 염). 의학 질(膣) 점막에 생기는 염증(炎症).

질의[1] 質議 (바탕 질, 의논할 의). 사리의 옳고 그름을 질문(質問)하고 의논(議論)함.

질의[2] 質疑 (바탕 질, 의심할 의). ① 속뜻 바탕[質]이 되는 중요한 것에 대하여 의문(疑問)을 품음. ② 의심나거나 모르는 점을 물음. ¶질의를 받다. ③ 법률 국회 회의에서 의제가 되어있는 의안이나 동의 등에 관하여 의원이 국무 위원, 정부 위원, 발의자 또는 제안자, 보고자에게 의문점을 따져 묻는 일. ㊥질문(質問). ㊦답변(答辯), 응답(應答).

▸질의-응답 質疑應答 (응할 응, 답할 답). 의심나는 점을 묻고[質疑], 이에 응답(應答)하는 일.

질적 質的 (바탕 질, 것 적). 내용이나 본질(本質)에 관계되는 것[的]. ¶내용이 질적으로 뛰어나다. ㊦양적(量的).

질점 質點 (바탕 질, 점 점). 물리 물체의 크기를 무시하고 질량(質量)이 모여 있다고 보는 점(點).

▸질점-계 質點系 (이어 맬 계). 물리 몇 개의 질점(質點)으로 이루어지는 역학적 체계(體系).

질정[1] 叱正 (꾸짖을 질, 바를 정). 꾸짖어[叱] 바로잡음[正]. ¶독자들로부터 격려와 질정을 받았다.

질정[2] 質正 (바탕 질, 바를 정). 묻거나 따져서[質] 바로잡음[正].

질정[3] 質定 (바탕 질, 정할 정). 묻거나 따져서[質] 목표를 정함[定]함. ¶어떻게 할지 질정을 못했다.

질족 疾足 (빠를 질, 발 족). 빠른[疾] 발[足] 걸음. 발이 빠름. ㊥속보(速步).

질주 疾走 (빠를 질, 달릴 주). 빨리[疾] 달림[走]. ¶도로를 질주하는 수많은 차들.

질증 疾憎 (미워할 질, 미워할 증). 몹시 미워함[疾=憎].

질직 質直 (바탕 질, 곧을 직). 질박(質朴)하고 정직(正直)함.

질책[1] 叱責 (꾸짖을 질, 꾸짖을 책). 꾸짖어[叱] 나무람[責]. ¶아버지는 나를 호되게 질책하셨다.

질책[2] 帙册 (책갑 질, 책 책). 여러 권[帙]으로 된 한 벌의 책(册).

질책[3] 質責 (바탕 질, 꾸짖을 책). 잘못을 물어[質] 꾸짖음[責]. 꾸짖어 바로잡음.

질타 叱咤 (꾸짖을 질, 꾸짖을 타). 크게 꾸짖음[叱=咤]. ¶국민의 질타를 받다.

질탕 跌宕 (지나칠 질, 방탕할 탕). 지나치게[跌] 방탕함[宕]. 신이 나서 정도가 지나치도록 흥겨움. 또는 그렇게 노는 짓.

질통 疾痛 (병 질, 아플 통). 질병(疾病)으로 생긴 아픔[痛].

질투 嫉妬 (시샘할 질, 시기할 투). ① 속뜻 자기보다 나은 사람을 시샘하고[嫉] 시기하여[妬] 미워함. ¶그녀의 아름다움에 질투를 느낀다 / 친구가 칭찬받았다고 질투하고 미워하면 안 된다. ② 자기가 사랑하는 이성이 다른 이성을 좋아하거나 호의적인 태도로 대하거나 하여 미움을 느끼고 분하게 여기는 것. ㊥샘, 시기(猜忌).

▸질투-심 嫉妬心 (마음 심). 질투(嫉妬)하는 마음[心]. ¶매일 사랑받는 동생을 보면 질투심이 일었다.

질품 質稟 (바탕 질, 사뢸 품). 상관에게 받은[稟] 일을 물어봄[質].

질풍 疾風 (빠를 질, 바람 풍). ① 속뜻 몹시 빠르고[疾] 거세게 부는 바람[風]. ¶질풍처럼 밀어닥치는 적군들. ② 지리 풍력 계급 5의 바람. 초속 8.0~10.7미터로 불며, 작은 나무가 흔들리고 바다에서는 작은 물결이 일 정도의 바람이다. ㊥흔들바람.

▸질풍-경초 疾風勁草 (굳셀 경, 풀 초). ① 속뜻 질풍(疾風)에도 꺾이지 않는 굳센[勁] 풀[草]. ② 아무리 어려운 일을 당하여도 뜻이 흔들리지 않는 사람.

▸질풍-노도 疾風怒濤 (성낼 노, 파도 도). ① 속뜻 몹시 빠르게[疾] 부는 바람[風]과 성난[怒] 듯이 무섭게 소용돌이치는 파도(波濤). ¶적군이 질풍노도처럼 밀려오고 있다. ② 문학 18세기 후반에 독일에서 일어난 문학 운동. 계몽주의 사조에 반항하면서 감정의 해방, 개성의 존중 및 천재주의를 주장하였다. ㊊슈투름 운트 드랑(Sturm und Drang).

질항 姪行 (조카 질, 항렬 항). 조카[姪]뻘 되는 항렬(行列).

질행 疾行 (빠를 질, 갈 행). 빨리[疾] 감[行].

질호 疾呼 (빠를 질, 부를 호). 급히[疾] 소리를 질러 부름[呼].

질화-강 窒化鋼 (질소 질, 될 화, 강철 강). 화학 표면을 질화(窒化)하여 경도(硬度)를 높인 특수강(特殊鋼).

질화-물 窒化物 (질소 질, 될 화, 만물 물). 화학 질소(窒素)와 질소보다 양성인 원소가 화합(化合)하여 이루어진 물질(物質).

질환 疾患 (병 질, 근심 환). 몸의 병[疾]과 마음의 근심[患]. ¶호흡기 질환. ㊊질병(疾病).

짐작 斟酌 (술따를 짐, 술따를 작). ① 속뜻 술잔에 적당하게 잘 따름[斟=酌]. ② 사정이나 형편 따위를 어림잡아 잘 헤아림. ¶그들은 이미 떠났을 것이라고 짐작된다.

집강 執綱 (잡을 집, 벼리 강). 역사 ① 면, 리의 중요[綱] 사무를 집행(執行)하던 사람. ② 동학(東學)의 교직(教職)인 육임(六任) 가운데 네 번째 직위.

▸**집강-소** 執綱所 (곳 소). 역사 동학 농민군이 전라도 지방에 설치한 자치적 개혁 기구. 한 명의 집강(執綱)과 몇 명의 의사원이 행정 사무를 맡아보던 곳[所]이다.

집결 集結 (모일 집, 맺을 결). 한군데로 모여[集] 뭉침[結]. ¶집결 장소 / 학생들이 운동장에 집결했다. ㊉해산(解散).

집계 集計 (모을 집, 셀 계). 이미 계산한 것들을 한데 모아서[集] 계산(計算)함. 또는 그런 계산. ¶집계 결과 / 투표용지를 집계하다.

집광 集光 (모을 집, 빛 광). 렌즈나 거울을 써서 빛[光]을 한곳에 모음[集].

▸집광-경 集光鏡 (거울 경). 물리 빛[光]을 모으는[集] 거울[鏡]. ㊊집광기(集光器).

▸집광-력 集光力 (힘 력). 망원경이 빛[光]을 모으는[集] 힘[力]. 대물 렌즈가 클수록 증가함.

집구 集句 (모을 집, 글귀 구). 옛사람들이 지은 글귀[句]를 모아서[集] 새로운 시를 만듦. 또는 그러한 시.

집권[1] 集權 (모을 집, 권력 권). 권력(權力)을 한군데로 모음[集]. ¶중앙 집권. ㊉분권(分權).

집권[2] 執權 (잡을 집, 권력 권). 권력(權力)이나 정권(政權)을 잡음[執]. ¶이번 선거로 야당이 집권하게 되었다. ㊊당권(黨權).

▸집권-당 執權黨 (무리 당). 정권(政權)을 잡은[執] 정당(政黨). ㊟여당(與黨).

▸집권-자 執權者 (사람 자). 권세나 정권(政權)을 잡고[執] 있는 사람[者].

집금 集金 (모을 집, 돈 금). 돈[金]을 거두어 모음[集]. 또는 그 돈. ㊊수금(收金).

▸집금-원 集金員 (사람 원). 집금(集金)을 하는 사람[員].

집기 什器 (세간 집, 그릇 기). 살림살이[什]에 쓰는 온갖 기구(器具). ㊊집물(什物).

집기-병 集氣瓶 (모을 집, 공기 기, 병 병). 화학 기체(氣體)를 모으는[集], 유리로 된 병(瓶). 화학 실험 기구로 쓰인다.

집념 執念 (잡을 집, 생각 념). ① 속뜻 마음속에 꼭 잡고[執] 있는 생각[念]. ¶그는 성공에 대한 집념이 강하다. ② 한 가지 일에만 달라붙어 정신을 쏟음. ¶학문에 집념하다.

집단 集團 (모일 집, 모일 단). 여럿이 모인[集] 단체(團體). ¶집단으로 시위를 일으키다.

▸집단-어 集團語 (말씀 어). 언어 ① 국가를 이루고 있지 아니한 민족이나 집단(集團)이 사용하는 언어(言語). ② 일정한 지방이나 사회에서 쓰는 언어를, 국가를 배경으로 하는 국어에 상대하여 이르는 말.

▸집단 강:도 集團強盜 (억지 강, 훔칠 도). 떼 지어 다니는[集團] 강도(強盜).

▸집단 검:진 集團檢診 (검사할 검, 살펴볼 진). 의학 학교, 회사, 공장 따위에서 많은 인원[集團]에게 일제히 실시하는 건강 검진(檢診). 주로 결핵, 기생충, 성병 따위의 조기 발견을 목표로 한다.

▸집단 농장 集團農場 (농사 농, 마당 장). 사회 농지의 소유권을 가진 집단(集團)이 조직적으로 협동하여 경영하는 농장(農場).

▸집단 방위 集團防衛 (막을 방, 지킬 위). 군사 여러 나라가 합동으로 기구를 만들어 집단적(集團的)으로 분쟁이나 전쟁을 막고[防] 국가의 안전을 지키는[衛] 일. 북대서양 조약 기구, 바르샤바 조약 기구 따위.

▸집단 본능 集團本能 (뿌리 본, 능할 능). 심리 고립되는 것을 싫어하고 무리 지어 살려고 하는[集團] 본능(本能). ⓑ군거 본능(群居本能).

▸집단 요법 集團療法 (병 고칠 료, 법 법). 심리 정신 장애를 치료하기 위하여 심리적 부적응 상태에 있는 사람들을 일정 기간 동안 집단(集團) 활동을 시킴으로써 적응에 도움을 주려는 정신 요법(療法).

▸집단 지도 集團指導 (가리킬 지, 이끌 도). ① 교육 여럿이 협동하여[集團] 학습을 하는 상태 안에서 이루어지는 지도(指導). ② 정치 최고 권력자의 독재를 배제하고 간부의 집단적 합의로 중요한 방침이나 정책을 결정하여 나가는 일. ⓑ개별 지도(個別指導).

▸집단 표상 集團表象 (겉 표, 모양 상). 철학 뒤르켐의 사회학에서, 개인의 생리적·심리적 표상에 기초를 두지 않고 사회 집단(集團) 그 자체에 기초를 둔 지적·감정적 표상(表象). ⓑ집합 표상(集合表象).

▸집단 심리학 集團心理學 (마음 심, 이치 리, 배울 학). 심리 가족, 학급, 직장 따위의 집단(集團)에 관련되는 심리(心理), 행동, 문제 따위를 연구하는 학문(學問). ⓑ개인 심리학(個人心理學).

▸집단 안전 보ː장 集團安全保障 (편안할 안, 온전할 전, 지킬 보, 막을 장). 사회 국가의 안전(安全)을 한 나라의 군비 증강이나 다른 나라와의 동맹으로 해결하지 않고 여러 나라가 집단적(集團的)으로 협력하여 보장(保障)하는 제도.

집달 執達 (잡을 집, 보낼 달). ① 속뜻 상부의 뜻을 받아서[執] 아래로 전달(傳達)함. ② '위의 지시에 따라서 일을 집행함'을 이름.

▸집달-관 執達官 (벼슬 관). 법률 지방 법원 및 그 지원에 소속되어 재판 결과의 집행(執行), 법원이 발하는 서류의 송달(送達) 사무, 기타의 사무를 맡아보는 단독제의 독립 기관[官]. 또는 그 기관의 직원.

집-대성 集大成 (모을 집, 큰 대, 이룰 성). 여러 가지 훌륭한 것을 모아[集] 하나의 크고[大] 완전한 것을 이루어냄[成]. ¶이 책은 전국의 민속놀이를 집대성했다.

집도 執刀 (잡을 집, 칼 도). ① 속뜻 칼[刀]을 잡음[執]. ② 의사가 수술이나 해부를 하기 위하여 메스를 잡음.

집례 執禮 (잡을 집, 예도 례). ① 속뜻 예식(禮式)을 집행(執行)함. ② 나라의 제사 때에 홀기를 읽는 일을 맡아보던 임시 벼슬. ⓑ찬자(贊者).

집록 輯錄 (모을 집, 기록할 록). 여러 책에서 모아[輯] 기록(記錄)함. 또는 그런 기록. ⓑ찬록(纂錄).

집무 執務 (잡을 집, 일 무). 사무(事務)를 집행(執行)함. ¶집무를 보느라 바쁘다.

▸집무-실 執務室 (방 실). 주로 높은 지위에 있는 사람들이 일을 처리하는[執務] 방[室]. ¶총리가 집무실로 출근하다.

▸집무-편람 執務便覽 (편할 편, 볼 람). 집무(執務)하는데 필요한 여러 가지 규정이나 지식을 보기[覽]에 편(便)하도록 간단히 정리한 책.

집물 什物 (세간 집, 만물 물). 살림살이[什]에 쓰는 온갖 기구[物]. ⓑ집기(什器).

집배 集配 (모을 집, 나눌 배). 한 군데로 모았다가[集] 다시 나누어[配] 보냄. 우편물이나 화물 따위를 모아서 주소지로 배달하는 따위를 일컫는다.

▸집배-원 集配員 (사람 원). 여러 가지를 모아서[集] 배달(配達)하는 사람[員]. '우편 집배원'(郵便集配員)의 준말. 집배인(集配人). ¶집배원 아저씨가 편지를 전해 주었다.

집백 執白 (잡을 집, 흰 백). 운동 바둑에서 백(白)을 잡고[執] 두는 일. ⓑ집흑(執黑).

집법 執法 (잡을 집, 법 법). 법(法)을 굳게 지킴[執].

집복 集福 (모을 집, 복 복). 복(福)을 불러 모음[集].

집부 集部 (모을 집, 나눌 부). 중국 고전을 경·사·자·집(經·史·子·集)의 사부(四部)로 분류한 것 중에서 '집'(集)에 딸린 부류(部類).

문집(文集), 시집(詩集) 따위가 이에 속한다. ⓑ정부(丁部). ⓒ경사자집.

집사 執事 (잡을 집, 일 사). ① 속뜻 주인 가까이 있으면서 그 집의 일[事]을 맡아 보는[執] 사람. ¶집사가 손님을 거실로 안내했다. ② 기독교 교회의 각 기관 일을 맡아 봉사하는 교회 직분의 하나. 또는 그 직분을 맡은 사람. ¶김 집사님이 기도하시겠습니다. ③ 존귀한 사람을 높여 이르는 말. 벼슬이나 직급이 중간 정도인 사람을 높여 이르는 이인칭 대명사. ④ 불교 절에서 여러 가지 잡무를 처리하는 소임.

▸집사-관 執事官 (벼슬 관). 역사 나라의 모든 의식(儀式)때에 일[事]을 맡아[執] 정해진 절차에 따라 식을 진행하던 임시 벼슬아치[官].

▸집사-자 執事者 (사람 자). 일[事]을 맡아서[執] 실제로 처리하는 사람[者].

집산 集散 (모일 집, 흩을 산). 모여들었다[集] 흩어졌다[散] 함.

▸집산-지 集散地 (땅 지). ① 속뜻 생산물이 여러 곳에서 모여들었다가[集] 다시 다른 곳으로 흩어져[散] 나가는 곳[地]. ¶이 도시는 쌀의 집산지이다. ② 사람이 모여들기도 하고 흩어져 나가기도 하는 곳. ¶서울은 인구의 집산지이다.

집산-주의 集産主義 (모을 집, 낳을 산, 주될 주, 뜻 의). 사회 ① 생산물(生産物)을 모아[集] 중앙에서 이를 관리하는 정치 사상[主義]. ② 토지·공장·철도·광산 따위의 중요한 생산 수단을 국유화하여 정부의 관리 아래 두고 집중 통제하는 것을 이상으로 하는 사상. ⓑ공산주의(共産主義)

집상 執喪 (잡을 집, 죽을 상). 어버이 상사(喪事)에서 예절을 지켜[執] 상제 노릇을 함.

집성 集成 (모을 집, 이룰 성). 여러 가지를 모아서[集] 체계 있는 하나를 이룸[成].

▸집성-재 集成材 (재료 재). 건설 두께 2.5~5㎝의 판자를 모아[集] 가열·압축해 만든[成] 목재(木材).

집소-성대 集小成大 (모을 집, 작을 소, 이룰 성, 큰 대). 작은[小] 것을 모아서[集] 큰[大] 것을 이룸[成].

집심 執心 (잡을 집, 마음 심). ① 속뜻 흔들리지 아니하게 한쪽으로 마음[心]을 잡고[執] 열중함. 또는 그 마음. ② 원래의 마음을 고스란히 간직함.

▸집심 현:상 執心現象 (나타날 현, 모양 상). 도시 기능상 접근성과 임대료가 높은 도심(都心)을 향해 모이는[執] 현상(現象).

집약 集約 (모을 집, 묶을 약). 한데 모아서[集] 묶음[約]. ¶기술 집약 / 여러 사람의 의견을 집약하다.

▸집약-적 集約的 (것 적). 많은 것을 한데 모아서[集] 묶는[約] 것[的]. 또는 그런 성질을 띤 것.

▸집약 경영 集約經營 (다스릴 경, 꾀할 영). 경제 비교적 많은 자본이나 노동력을 집약적(集約的)으로 써서 효율적으로 행하는 경영(經營).

집어-등 集魚燈 (모을 집, 물고기 어, 등불 등). 수산 야간에 물고기를 잡을 때에, 어류(魚類)를 모여들게[集] 하려고 배에 켜는 등불[燈].

집영 集英 (모을 집, 뛰어날 영). 인재나 영재(英才)를 모음[集]. 또는 그 인재.

집요[1] 執拗 (잡을 집, 우길 요). ① 속뜻 고집(固執)스럽게 우기다[拗]. ② 몹시 고집스럽고 끈질기다. ¶그는 마음먹은 것은 반드시 해내는 집요한 사람이다 / 집요하게 돈을 재촉하다.

집요[2] 輯要 (모을 집, 구할 요). 요점(要點)만을 모음[輯]. 또는 그런 책.

집음-기 集音機 (모을 집, 소리 음, 틀 기). 전기 약한 음을 녹음하거나 방송할 때에 소리[音]를 모아[集] 크게 하는 기기(器機).

집의[1] 執意 (잡을 집, 뜻 의). 자기 의견(意見)을 굳게 가짐[執].

집의[2] 執義 (잡을 집, 옳을 의). 정의(正義)를 굳게 지킴[執].

집자 集字 (모을 집, 글자 자). 문헌에서 필요한 글자[字]를 찾아 모음[集].

집적 集積 (모을 집, 쌓을 적). 모아서[集] 쌓음[積].

▸집적 이:익 集積利益 (이로울 리, 더할 익). 특정 장소에 같은 종류의 업종이 집중되어[集積] 생기는 이익(利益).

▸집적-회로 集積回路 (돌아올 회, 길 로). 많은 회로 소자나 내부 배선을 특수한 방법으로 집적(集積)한 초소형의 전자 회로(回

路).

집전 執典 (잡을 집, 의식 전). 의식이나 전례(典禮)따위를 맡아[執] 집행함.

집정 執政 (잡을 집, 정사 정). ① 속뜻 나라의 정사(政事)를 맡음[執]. 또는 그 관직이나 사람. ② 역사 프랑스 혁명기 제일 공화정 시대의 최고 통치자.

▸ **집정-관** 執政官 (벼슬 관). 정권(政權)을 잡고[執] 있는 관리(官吏). ¶나폴레옹은 집정관을 거쳐 황제의 자리에 올랐다.

집제 集諦 (모일 집, 진리 제). ① 속뜻 괴로움이 생기는[集] 원인을 밝힌 진리[諦]. ② 불교 사제(四諦)의 하나. 괴로움의 원인은 끝없는 애집(愛執)에 있다는 진리를 이른다.

집주[1] 集注 (모을 집, 쏟을 주). ① 속뜻 한곳으로 모아[集] 쏟음[注]. ② 집주(集註).

집주[2] 集註 (모을 집, 주석 주). 여러 사람의 주석(註釋)을 한데 모음[集]. 또는 그런 책. ⓑ 집주(集注).

집중[1] 執中 (잡을 집, 가운데 중). ① 속뜻 가운데[中]를 잡음[執]. ② 지나치거나 모자람이 없이 또는 한쪽으로 치우침이 없이 마땅하고 떳떳한 도리를 취함.

***집중**[2] 集中 (모일 집, 가운데 중). ① 속뜻 한 곳을 중심(中心)으로 하여 모임[集]. 또는 그렇게 모음. ¶인구가 도시로 집중되다. ② 한 가지 일에 모든 힘을 쏟아 부음. ¶집중 사격 / 시끄러워 공부에 집중할 수가 없다. ⓑ 분산(分散).

▸ **집중-력** 集中力 (힘 력). 마음이나 주의를 집중(集中)할 수 있는 힘[力]. ¶집중력이 모자라서 오래 앉아 있지 못한다.

▸ **집중-적** 集中的 (것 적). 어느 한군데로 모이거나 모은[集中] 것[的]. ¶집중적인 단속.

▸ **집중-난방** 集中暖房 (따뜻할 난, 방 방). 중심이 되는 한곳에서[集中] 건물 각 부분으로 증기나 더운물을 보내는 방식의 난방(暖房). ⓑ 중앙난방(中央煖房).

▸ **집중 사격** 集中射擊 (쏠 사, 칠 격). 군사 한 목표에 모든 화력을 집중적(集中的)으로 하는 사격(射擊). ⓑ 배분 사격(配分射擊).

▸ **집중 호우** 集中豪雨 (호쾌할 호, 비 우). 지리 어느 한 지역에 짧은 시간동안 집중적(集中的)으로 내리는 큰[豪] 비[雨].

▸ **집중 신경계** 集中神經系 (정신 신, 날실 경, 이어 맬 계). 의학 신경 세포가 동물체의 특정부위에 집중(集中)하여 뇌나 그 밖의 신경절로 된 신경중추와 몸의 각부에 연락하는 말초 신경으로 된 신경계(神經系). ⓑ 산만 신경계(散漫神經系).

집지 執贄 (잡을 집, 예물 지). ① 속뜻 예물[贄]을 지니고[執] 감. ② 예전에, 제자가 스승을 처음 뵐 때에 예물을 가지고 가서 경의를 표하던 일. ⓑ 집질(執質). ③ 역사 신하가 임금을 만날 때 예물을 가지고 가서 경의를 표하던 일.

집진 集塵 (모을 집, 티끌 진). ① 속뜻 공기 중에 떠다니는 먼지[塵]나 쓰레기를 한곳에 모으는[集] 일. ② 가스에 섞인 먼지 따위를 분리하여 잡아내는 일. ⓑ 수진(收塵).

집착[1] 執捉 (잡을 집, 잡을 착). 죄인 따위를 붙잡음[執=捉].

집착[2] 執着 (잡을 집, 붙을 착). 어떤 것에 늘 마음이 쏠려 잡고[執] 매달림[着]. ¶승부에 너무 집착하지 마라.

집찰 集札 (모을 집, 패 찰). 차표나 입장권[札] 따위를 출구에서 거두어 모음[集]. ⓑ 집표(集票).

집철 緝綴 (모을 집, 꿰맬 철). 한데 모아서[緝] 엮음[綴]. 또는 그런 책.

집촌 集村 (모일 집, 마을 촌). 집들이 한곳에 모여[集] 있는 마을[村]. ⓑ 산촌(散村).

집총 執銃 (잡을 집, 총 총). 총(銃)을 쥐거나 지님[執].

집표 集票 (모을 집, 쪽지 표). 쪽지[票]를 거두어 모음[集]. ⓑ 집찰(集札).

집필 執筆 (잡을 집, 붓 필). ① 속뜻 붓[筆]을 잡음[執]. ② 직접 글을 씀. ¶요리책 한 권을 집필하다.

집하 集荷 (모을 집, 짐 하). ① 속뜻 짐[荷]을 모음[集]. ② 농산물이나 수산물 따위를 여러 지역에서 시장 따위의 한곳으로 모음. 또는 그 산물. ⓑ 집화(集貨).

집합 集合 (모일 집, 합할 합). ① 속뜻 모여서[集] 하나로 합(合)침. ¶두 시까지 운동장에 집합해라. ② 수학 특정 조건에 맞는 원소들의 모임. ¶무한 집합. ⓑ 해산(解散).

▸ **집합-과** 集合果 (열매 과). 생물 여러 개의 열매들이 모여[集合] 하나의 열매[果]처

럼 보이는 것. 오디, 무화과 따위가 있다.

▸집합-론 集合論 (논할 론). 수학 집합(集合)의 성질을 연구하는 학문 분야[論]. 1883년 독일의 수학자 칸토어가 창시하였다.

▸집합-체 集合體 (몸 체). 많은 것이 모여[集合] 이루어진 덩어리[體].

▸집합 개:념 集合概念 (대강 개, 생각 념). 논리 내포하는 개체를 총괄하여[集合] 전체로서의 의미를 갖는 개념(概念). 참 개별개념(個別概念).

▸집합 명사 集合名詞 (이름 명, 말씀 사). ① 논리 집합 개념(集合概念)을 나타내는 명사(名詞). ② 언어 같은 종류의 것이 여럿 모여 있는 전체를 나타내는 명사.

집해 集解 (모을 집, 풀 해). 여러 가지 풀이[解]를 모음[集]. 또는 그런 책.

집행 執行 (잡을 집, 행할 행). ① 속뜻 일을 잡아[執] 행(行)함. ② 실제로 시행함. ¶각종 사업을 집행하다. ③ 법률 법률, 명령, 재판, 처분 따위의 내용을 실행하는 일. ¶사형을 집행하다. ④ 법률 사법상 또는 행정법상의 의무를 이행하지 않는 사람에 대하여 국가가 강제 권력으로 그 의무의 이행을 실현하는 작용이나 절차. '강제 집행'(強制執行)의 준말.

▸집행-권 執行權 (권력 권). 법률 ① 법률을 집행(執行)하는 국가의 권력(權力). 행정권이 이에 해당한다. ② 강제 집행을 할 수 있는 권한.

▸집행-력 執行力 (힘 력). 법률 법원 따위의 판결에 따라 강제 집행(執行)을 할 수 있는 힘[力].

▸집행-벌 執行罰 (벌할 벌). 법률 행정상 집행(執行)의 한 방법으로, 의무 이행을 간접적으로 강제할 목적으로 행하는 벌(罰). 비 강제벌(強制罰).

▸집행-부 執行部 (나눌 부). 정당이나 노동조합 따위의 단체에서, 의결 기관의 결정 사항을 집행(執行)하는 부서(部署).

▸집행 기관 執行機關 (틀 기, 빗장 관). 법률 ① 법인의 의결 또는 의사 결정을 집행(執行)하는 기관(機關). ② 민사 소송법에서, 채권자의 신청에 따라 강제 집행을 실시하는 직무를 가지는 국가 기관. ③ 행정법에서, 관청의 명령을 받아 실력으로 그 의사를 집행하는 기관. 참 의결 기관(議決機關).

▸집행 명:령 執行命令 (명할 명, 시킬 령). 법률 법률이나 상위 명령을 집행(執行)하기 위하여 필요한 세부 사항을 규정한 명령(命令). 참 위임 명령(委任命令).

▸집행 유예 執行猶豫 (망설일 유, 머뭇거릴 예). ① 속뜻 집행(執行)을 머뭇거림[猶豫]. ② 법률 3년 이하의 징역 또는 금고의 형이 선고된 범죄자에게 정상을 참작하여 일정한 기간 동안 형의 집행을 망설이며 결행하지 않는 일. 비 선고 유예(宣告猶豫).

▸집행 처:분 執行處分 (처리할 처, 나눌 분). 법률 강제 집행(執行) 중에 행하는 개별적인 행정 처분(處分).

집현-전 集賢殿 (모일 집, 어질 현, 대궐 전). ① 속뜻 어진[賢] 사람들이 많이 모여[集] 있는 큰 집[殿]. ② 역사 고려 시대에 둔, 제관전(諸館殿)의 하나. ③ 역사 조선 전기에 둔, 경적(經籍)·전고(典故)·진강(進講) 따위를 맡아보던 관아. ¶집현전 학자들은 밤을 새워 가며 연구하고 있다.

집형 執刑 (잡을 집, 형벌 형). 형(刑)을 집행(執行)함.

집화 集貨 (모을 집, 재물 화). ① 속뜻 물건[貨]을 모음[集]. ② 화물이나 상품 따위를 한곳에 모이게 하거나 모여듦. 또는 그 화물이나 상품. 비 수하(蒐荷), 집하(集荷).

집회 集會 (모일 집, 모일 회). 여러 사람이 어떤 목적을 위하여 일시적으로 모인[集] 모임[會]. ¶환경 보호를 촉구하는 집회.

▸집회-란 集會欄 (칸 란). 집회(集會)에 관한 기사를 싣는 신문의 한 칸[欄].

집흑 執黑 (잡을 집, 검을 흑). 운동 바둑에서 검은[黑] 돌을 잡고[執] 두는 일. 반 집백(執白).

징계 懲戒 (혼낼 징, 경계할 계). ① 속뜻 허물이나 잘못을 뉘우치도록 나무라며[懲] 경계(警戒)함. ② 부정이나 부당한 행위에 대하여 제재를 가함. ¶반칙을 한 선수는 징계를 받는다. ③ 공무원의 복무 의무 위반 행위에 대하여 국가나 공공 단체가 사용자로서의 지위에서 제재를 가하는 일.

▸징계 사:범 懲戒事犯 (일 사, 범할 범). 법률 징계(懲戒)를 받아야 할 범행[事犯]. 또는 그런 사람.

▸징계 처:분 懲戒處分 (처리할 처, 나눌 분).

법률 공무원의 복무 의무 위반행 위에 대하여 징계(懲戒)로서 내리는 행정 처분(處分).

징구 徵求 (거둘 징, 구할 구). 돈이나 곡식 따위를 거두려고[徵] 요구(要求)함. ¶회비를 징구하였다.

징니-연 澄泥硯 (맑을 징, 진흙 니, 벼루 연). 수공 벼루의 하나. 물에 넣고 휘저어 잡물을 없앤 맑고 고운[澄] 흙[泥]으로 구워서 만든 벼루[硯].

징모 徵募 (부를 징, 모을 모). 국가에서 특별한 일에 필요한 사람을 불러[徵] 모음[募]. ㊐징집(徵集).

징발 徵發 (거둘 징, 드러낼 발). ① 속뜻 남에게 물품을 강제적으로 모아[徵] 내게 함[發]. ② 국가에서 특별한 일에 필요한 사람이나 물자를 강제로 모으거나 거둠. ¶전쟁이 나자 공장들이 징발되어 무기를 만들었다.

징벌 懲罰 (혼낼 징, 벌할 벌). ① 속뜻 혼내는[懲] 뜻으로 벌(罰)을 줌. ② 옳지 아니한 일을 하거나 죄를 지은 데 대하여 벌을 줌. 또는 그 벌. ¶악한 자를 징벌하다.

징벽 徵辟 (부를 징, 임금 벽). 임금[辟]이 초야에 있는 사람을 예를 갖추어 불러서[徵] 벼슬을 시킴. ㊐소벽(召辟).

징변 懲辨 (혼낼 징, 가릴 변). 죄를 벌하고[懲] 잘못을 분별함[辨].

징병 徵兵 (부를 징, 군사 병). ① 속뜻 군사[兵]를 불러[徵] 모음. ② 법률 국가가 법령으로 병역 의무자를 강제적으로 징집하여 일정 기간 병역에 복무시키는 일. ¶징병에 응하다. ㊐징소(徵召), 첨병(簽兵).

▸ **징병-제** 徵兵制 (정할 제). 법률 '징병 제도'(徵兵制度)의 준말.

▸ **징병 검:사** 徵兵檢査 (봉함 검, 살필 사). 군사 징집 대상자를 소집하여[徵兵] 군대에서 복무할 자격이 되는지 신체나 신상 따위를 검사(檢査)하는 일.

▸ **징병 제도** 徵兵制度 (정할 제, 법도 도). 법률 국가가 국민 모두에게 의무병으로 복무시키는[徵兵] 의무 병역 제도(制度).

▸ **징병 적령** 徵兵適齡 (알맞을 적, 나이 령). 징병(徵兵)에 알맞은[適] 연령(年齡). ㊐징병 연령(徵兵年齡).

징상 徵狀 (조짐 징, 형상 상). 징후(徵候)와 상태(狀態)를 아울러 이르는 말.

징세 徵稅 (거둘 징, 세금 세). 세금(稅金)을 거두어[徵] 들임. ㊊납세(納稅).

징수 徵收 (거둘 징, 거둘 수). ① 속뜻 나라, 공공 단체, 지주 등이 돈·곡식·물품 따위를 거둠[徵=收]. ② 법률 행정기관이 법에 따라서 조세, 수수료, 벌금 따위를 국민으로부터 거두어들이는 일. ¶세금은 공정하게 징수해야 한다.

징악 懲惡 (혼낼 징, 나쁠 악). 악(惡)한 일이나 사람을 징계(懲戒)함.

징역 懲役 (혼낼 징, 부릴 역). ① 법률 죄인을 교도소에 가두고 징계(懲戒)의 수단으로 노역(勞役)을 시키는 형벌. ¶징역을 살면서 죄를 뉘우치다. ② 역사 대한 제국 때에, 감옥에 가두어 노역(勞役)에 복무시키던 형벌.

▸ **징역-장** 懲役場 (마당 장). 죄인을 가두어 두고 일정한 노동을 시키는[懲役] 곳[場].

▸ **징역-형** 懲役刑 (형벌 형). 법률 징역(懲役)에 처하는 무거운 형벌(刑罰). ¶10년 이하의 징역형에 처하다.

징용 徵用 (부를 징, 쓸 용). 법률 나라에서 불러[徵] 등용(登用)함. 사변 또는 이에 준하는 비상사태에 국가의 권력으로 국민을 강제적으로 일정한 업무에 종사시키는 일. ¶일제의 징용 / 전쟁에 백성들을 강제로 징용했다. ③ 역사 일제 강점기에, 일본 제국주의자들이 조선 사람을 강제로 동원하여 부리던 일. ¶할아버지는 징용되었다가 고향으로 돌아올 수 없었다.

징조 徵兆 (조짐 징, 조짐 조). 어떤 일이 생길 기미나 조짐[徵=兆]. ¶비가 올 것 같은 불길한 징조. ㊐전조(前兆), 조징(兆徵).

징증 徵證 (밝힐 징, 증거 증). 증거(證據)를 밝힘[徵]. 증명이나 증거가 되는 것. ㊐징빙(徵憑).

징집 徵集 (거둘 징, 모을 집). ① 속뜻 물건을 거두어[徵] 모음[集]. ② 병역 의무자를 현역에 복무할 의무를 부과하여 불러 모음. ¶옆집 아들도 군대에 징집됐다. ㊐징모(徵募).

▸ **징집 면:제** 徵集免除 (면할 면, 덜 제). 군사 징병 검사 후 복무에 부적합하거나 그

밖의 사정으로 징집(徵集)을 면제(免除)하는 일.

▸징집 연도 徵集年度 (해 년, 정도 도). 징집(徵集)하기에 적령(適齡)이 되는 연도(年度).

▸징집-영장 徵集令狀 (명령 령, 문서 장). 군사 국가가 법에 따라 징집 적령자에게 징집(徵集)을 명령(命令)하는 문서[狀].

징청 澄清 (맑을 징, 맑을 청). 물 같은 것이 아주 맑음[澄=清]. ㊥청징(清澄).

징치 懲治 (혼낼 징, 다스릴 치). 징계(懲戒)하여 다스림[治]. ¶죄상에 따라 엄하게 징치를 하다.

징표 徵表 (밝힐 징, 겉 표). ① 속뜻 사물의 특성을 겉[表]으로 드러내어 밝혀주는[徵] 것. ② 논리 일정한 사물이 공통으로 가지는 필연적인 성질로 하나의 사물을 다른 사물로부터 구별하는 표가 되는 것.

징표 徵標 (밝힐 징, 나타낼 표). 어떤 것과 다른 것의 차이점을 밝혀[徵] 나타나는[標] 점. ¶시대가 달라지고 있다는 징표를 도처에서 잘 볼 수 있다. ㊥표징(標徵).

징험 徵驗 (조짐 징, 겪을 험). 어떤 징조(徵兆)를 경험(經驗)함. ㊥조상(兆祥).

징후 徵候 (조짐 징, 조짐 후). 어떤 일이 일어날 조짐[徵=候]. ¶병이 날 징후가 보인다.

차:가 借家 (빌릴 차, 집 가). 남의 집[家]을 빌려서[借] 듦. 또는 그 집.

차감 差減 (어긋날 차, 덜 감). 차액(差額) 따위를 덜어[減] 냄. 또는 비교하여 줄어든 차이. ¶차감 계정 / 차감 잔액 / 교육 예산의 차감.

차고 車庫 (수레 차, 곳집 고). 차량(車輛)을 넣어 두는 곳[庫]. ¶차고에 차를 대다.

차관[1] 次官 (버금 차, 벼슬 관). ① [역사] 대한제국 때, 궁내부와 각 부(部)의 버금가는[次] 관직(官職). 또는 그 관리. ② [법률] 소속 장관을 보좌하고 장관의 직무를 대행할 수 있는 정무직(政務職) 국가공무원.

차관[2] 茶罐 (차 차, 양철통 관). 찻물[茶]을 끓이는 그릇[罐]. 모양이 주전자와 비슷하다. 찻주전자.

차:관[3] 借款 (빌릴 차, 항목 관). ① [속뜻] 빌린[借] 금액을 나타내는 항목[款]. ② 정부가 외국으로부터 자금을 빌려 옴. ¶차관협정 / 차관 도입 / 차관 상환.

차:광 遮光 (가로막을 차, 빛 광). 햇빛[光]이나 불빛을 가림[遮]. ¶차광 유리를 하다.

차:금[1] 借金 (빌릴 차, 돈 금). 돈[金]을 빌려[借] 옴. 또는 그 돈. [비]차재(借財), 차전(借錢), 차채(借債), 채금(債金).

차금[2] 差金 (어긋날 차, 돈 금). 차이(差異)가 나는 금액(金額). 어떤 액수에서 덜어 내고 남은 돈. [비]차액(差額).

▸ 차금 거:래 差金去來 (갈 거, 올 래). [경제] 매매할 물건의 시가 변동을 짐작하고 그 차액[差金]을 이득으로 하기 위한 매매[去來]. [비]차금 매매(差金賣買), 공매매(公賣買).

▸ 차금 매:매 差金賣買 (팔 매, 살 매). [경제] 차금 거래(差金去來).

차:급 借給 (빌릴 차, 줄 급). 물건을 빌려[借] 줌[給]. [비]차여(借與).

차기[1] 次期 (버금 차, 때 기). 다음[次] 시기(時期). ¶그가 차기 이사장으로 선출되었다.

차기[2] 此期 (이 차, 때 기). 이[此] 때[期]. 이 시기.

차기[3] 茶器 (차 차, 그릇 기). ① [속뜻] 차(茶)를 담는 그릇[器]. 가루로 된 차를 담는 사기 그릇. ② 차를 달이어 마시는 데 쓰는 제구. [비]차제구(茶諸具).

차남 次男 (버금 차, 사내 남). 둘째[次] 아들[男]. ¶이 아이가 제 차남입니다. [반]장남(長男), 차녀(次女).

차내 車內 (수레 차, 안 내). 자동차(自動車) 따위의 안[內]. [비]차중(車中).

차녀 次女 (버금 차, 딸 녀). 둘째[次] 딸[女]. [반]차남(次男).

차년 此年 (이 차, 해 년). 이번[此] 해[年]. 올해.

차:단 遮斷 (가로막을 차, 끊을 단). ① [속뜻] 가로막아[遮] 사이를 끊음[斷]. ② 끊거나 막아서 서로 통하지 못하게 하는 것. ¶전자

파 차단. ③다른 것과의 관계나 접촉을 막거나 끊음. ¶외부와의 접촉을 차단하다.

▸차:단-기¹遮斷器 (그릇 기). 전류나 전자가 흐르지 못하도록 전선을 끊거나 막는[遮斷] 기구(器具).

▸차:단-기²遮斷機 (틀 기). 철도 건널목 따위에 설치하여 차량이나 사람이 왕래하는 것을 잠시 막는[遮斷] 기계(機械). ¶차단기가 내려가고 곧 기차가 지나갔다.

▸차:단 사격 遮斷射擊 (쏠 사, 칠 격). 군사 적이 일정한 지역 또는 지점을 사용하지 못하도록[遮斷] 가하는 사격(射擊).

차대¹ 差待 (어긋날 차, 대접할 대). 정당한 이유 없이 차이(差異)를 두어 남보다 나쁘게 대접함[待]. '차별대우'(差別待遇)의 준말.

차:대² 借貸 (빌릴 차, 빌릴 대). 빌려옴[借]과 빌려줌[貸]. ㊞대차(貸借).

차도¹ 車道 (수레 차, 길 도). 차(車)가 다니는 길[道]. ¶차도에서 놀면 위험하다. ㊞찻길, 차로(車路). ㊥보도(步道), 인도(人道).

차도² 差度 (다를 차, 정도 도). ①속뜻 조금씩 달라지는[差] 정도(程度). ②병이 조금씩 나아가는 정도. ¶앓던 아이가 약을 먹고는 차도를 보였다.

차:도³ 遮道 (가로막을 차, 길 도). 길[道]을 막음[遮]. ㊞차로(遮路).

차:도-살인 借刀殺人 (빌릴 차, 칼 도, 죽일 살, 사람 인). ①속뜻 남의 칼[刀]을 빌려[借] 다른 사람[人]을 죽임[殺]. ②남을 이용하여 사람을 해치는 음험한 수단.

차동 差動 (어긋날 차, 움직일 동). 기계 따위가 움직이는 과정에서 그 빠르기가 저절로 차이(差異)가 나서 달라지는 운동(運動).

▸차동 장치 差動裝置 (꾸밀 장, 둘 치). 기계 둘 이상의 기계 부품이 있을 때 그들의 운동의 차(差)나 합을 이용하여 한 부분을 움직이게[動] 한 장치(裝置).

차등¹ 次等 (버금 차, 무리 등). 버금가는[次] 등급(等級). 2등.

차등² 差等 (다를 차, 무리 등). 무리[等]에 따라 차이(差異)가 나도록 함. 또는 차이가 나는 등급. ¶일의 양에 차등을 두다. ㊥균등(均等).

차:등³ 遮燈 (가로막을 차, 등불 등). 불빛이 밖으로 새어 나가지 않도록 등(燈)을 가림[遮].

차량 車輛 (수레 차, 수레 량). ①속뜻 열차(列車)의 한 칸[輛]. ¶차량 탈선 사고. ②도로나 선로 위를 달리는 모든 차를 통틀어 이르는 말. ¶10톤 이상의 차량은 이 도로를 통행할 수 없다.

▸차량 한:계 車輛限界 (끝 한, 지경 계). 건설 철도에서, 차량(車輛)의 각 부분이 궤도의 바깥 공간을 침범하지 아니하도록 규정한 한계(限界).

차:력 借力 (빌릴 차, 힘 력). 약이나 신령의 힘을 빌려[借] 몸과 기운[力]을 굳세게 함.

▸차력-약 借力藥 (약 약). 차력(借力)을 얻기 위하여 먹는 약(藥).

차례¹ 茶禮 (차 차, 예도 례). ①속뜻 차(茶)를 올리는 예(禮). ②음력 매달 초하루날 또는 보름, 명절, 조상 생신날 등에 간단히 지내는 제사. ¶설날 아침에 차례를 지내다.

⁂**차례²** 次例 (순서 차, 법식 례). ①속뜻 순서[次]에 따라 정한 법식[例]. 또는 순서대로 돌아오는 기회. ¶내가 노래할 차례가 되었다 / 숫자가 큰 것부터 차례대로 늘어놓다. ②책이나 글 따위에서 벌여 적어 놓은 항목. ¶나는 책을 펴면 차례부터 읽는다. ③일이 일어나는 횟수를 세는 단위. ¶그를 여러 차례 만났다. ㊞순서(順序).

▸차례-차례 次例次例). 차례[次例+次例]를 따라서 순서 있게. ¶학생들은 버스에 차례차례 올랐다.

차로¹ 叉路 (엇갈릴 차, 길 로). 서로 엇갈려[叉] 있는 길[路]. 두 갈래로 나뉜 길.

차로² 車路 (수레 차, 길 로). 차(車)가 다니는 길[路]. ¶차로가 좁아지다. ㊞차도(車道), 찻길.

차:로³ 遮路 (가로막을 차, 길 로). 길[路]을 막음[遮]. ㊞차도(遮道).

차륜 車輪 (수레 차, 바퀴 륜). 차(車)의 바퀴[輪]. ㊞수레바퀴.

차:면 遮面 (가로막을 차, 낯 면). ①속뜻 얼굴[面]을 가림[遮]. ②바깥에서 집 안이 안 보이도록 담장이나 휘장 따위로 가림.

차:명 借名 (빌릴 차, 이름 명). 남의 이름[名]을 빌려[借] 씀.

차:문 借文 (빌릴 차, 글월 문). 다른 사람의

재주를 빌려[借] 쓴 글[文]. 남에게 시문(詩文)을 대신 짓게 함. 또는 그 시문.

차반 茶盤 (차 차, 소반 반). 차(茶)의 그릇을 올려놓는 조그만 소반[盤]. [비] 다반(茶盤).

차:벽 遮壁 (가로막을 차, 담 벽). ① 속뜻 무엇을 막기[遮] 위하여 설치한 벽(壁). ② 전기 외부의 자기 마당이나 전기 마당으로부터 장치를 고립시키기 위한 금속 격벽이나 차폐.

차:변 借邊 (빌려줄 차, 쪽 변). ① 속뜻 빌려 준[借] 것 같은 자산 따위를 적는 쪽[邊]. ② 경제 부채의 감소, 자산의 증가 따위를 적는 복식 부기 분계장 계정 계좌의 왼쪽을 이르는 말. ⓑ대변(貸邊).

차별 差別 (다를 차, 나눌 별). ① 속뜻 다르게[差] 나눔[別]. ②차등이 있게 구별함. ¶인종 차별 / 이 제품은 품질부터 차별된다. ⓑ평등(平等).

▸ 차별-적 差別的 (것 적). 차별(差別)이 있거나 차별을 두는 것[的]. ¶여성을 차별적으로 대하지 마십시오.

▸ 차별 대:우 差別待遇 (대접할 대, 만날 우). 차별(差別)을 두고 대접함[待遇].

차부[1] 車夫 (수레 차, 사나이 부). 마차나 우차와 같은 수레[車]를 부리거나 끄는 남자[夫].

차부[2] 車部 (수레 차, 거느릴 부). 자동차의 시발점이나 종착점에 마련된 차(車)의 집합소[部].

차분 差分 (다를 차, 나눌 분). 등급을 달리하여[差] 나눔[分].

차비[1] 車費 (수레 차, 쓸 비). 차(車)를 타는 데 드는 비용(費用). ¶거기까지 가는 데는 차비가 별로 안 든다.

차비[2] 差備 (어긋날 차, 갖출 비). ① 속뜻 틀리지[差] 않도록 준비(準備)함. ② 역사 특별한 사무를 맡기려고 임시로 하는 임명.

▸ 차비-관 差備官 (벼슬 관). 역사 왕조 때 특별한 사무를 맡기기[差] 위하여 임시로[備] 임명하던 벼슬[官].

차사 差使 (부릴 차, 부릴 사). 역사 ①중요한 임무를 맡겨 파견하던[差] 임시 벼슬[使]. ¶함흥 차사가 돌아오지 않았다. ②고을 원(員)이 죄인을 잡으려고 보내던 관원.

차상 次上 (버금 차, 위 상). 문학 시문을 평가하는 등급 가운데 입격 다음[次] 등의 맨 윗[上] 급.

차서 次序 (차례 차, 차례 서). 차례(次例)와 순서(順序).

차석 次席 (버금 차, 자리 석). 직위나 성적 따위의 맨 윗자리의 다음[次] 자리[席]. 또는 그 사람.

차선[1] 車線 (수레 차, 줄 선). ① 속뜻 차도(車道)에 그려 놓은 선(線). ②포장된 차도에서 차량의 주행 질서를 위하여 주행 방향으로 그려 놓은 선. ¶차선을 따라 똑바로 운전하다. ③도로에 그어진 주행선의 수를 헤아리는 단위. ¶왕복 8차선 도로에서 사고가 났다.

차선[2] 次善 (버금 차, 좋을 선). 최선에 버금[次]가는 좋은[善] 방도. ¶차선이라고는 도망가는 방법밖에 없다.

▸ 차선-책 次善策 (꾀 책). 차선(次善)의 방책(方策).

차성-중자음 次成重子音 (차례 차, 이룰 성, 겹칠 중, 아이 자, 소리 음). 앞뒤의 차례(次例)를 이루고[成] 있어 이를 바꿀 수 없는 겹[重] 자음(子音). 'ㄺ', 'ㄻ', 'ㄼ' 따위.

차세[1] 此世 (이 차, 세상 세). 이[此] 세상(世上).

차세[2] 此歲 (이 차, 해 세). 이번[此] 해[歲]. 올해. 금년.

차손 差損 (어긋날 차, 덜 손). 매매의 결산 때 생기는 차액(差額)의 손실(損失). ⓑ차익(差益).

▸ 차손-금 差損金 (돈 금). 매매의 결산 때 생기는 차액(差額)의 손실금(損失金).

차:송 借送 (빌릴 차, 보낼 송). 남의 것을 빌려서[借] 보냄[送].

차수[1] 叉手 (엇갈릴 차, 손 수). ① 속뜻 두 손[手]을 교차(交叉)하여 마주잡음. 팔짱을 낌. ②관여하지 않음. ⓑ공수(拱手).

차수[2] 次數 (차례 차, 셀 수). ① 속뜻 차항(次項)의 수(數). ② 수학 단항식에서, 등급을 나타내는 문자 인수의 개수(個數).

차수[3] 差數 (어긋날 차, 셀 수). 차이(差異)가 생긴 수(數). 틀리는 수효.

차:수[4] 借手 (빌릴 차, 손 수). 손[手]을 빌림[借]. 자기 일을 남의 손을 빌려서 함.

차승 叉乘 (엇갈릴 차, 곱할 승). 산가지를 얽어[叉] 곱하는[乘] 방법.

차실 茶室 (차 차, 방 실). 차(茶)를 끓이는 방[室]. ㊥다방(茶房), 다실(茶室).

차아 次兒 (버금 차, 아이 아). 둘째[次] 아들[兒]. ㊥차남(次男).

차안 此岸 (이 차, 언덕 안). ① 속뜻 이[此] 언덕[岸]. ② 이 세상을 뜻함. ③ 생사의 세계. ㊥피안(彼岸).

차압 差押 (어긋날 차, 붙잡을 압). 채무를 갚지 않고 남은 차액(差額)에 상당하는 재산을 압류(押留)함.

차액[1] 差額 (어긋날 차, 액수 액). 차이(差異)가 나는 액수(額數). 덜어내고 남은 돈.

차ː액[2] 借額 (빌릴 차, 액수 액). 빌린[借] 돈의 액수(額數).

차양 遮陽 (가로막을 차, 볕 양). ① 속뜻 볕[陽]을 가림[遮]. 또는 그럴 목적으로 처마 끝에 덧대는 지붕. ¶바람이 불어 차양이 흔들렸다. ② 학생모나 군모 따위에서 모자의 앞에 대어 이마를 가리거나 손잡이 구실을 하는 조각. ¶차양이 넓은 밀짚모자. ㊥챙.

차ː용 借用 (빌릴 차, 쓸 용). ① 속뜻 돈이나 물건을 빌려[借] 씀[用]. ¶차용증 / 그에게 돈을 차용하다. ② 언어 다른 나라 언어에서 단어, 형태소, 문자나 개별적 표현 따위를 빌려다 씀. 또는 그런 일. ㊥대용(貸用).

▸차ː용-금 借用金 (돈 금). 빌려[借] 쓴[用] 돈[金].

▸차ː용-물 借用物 (만물 물). 빌려[借] 쓴[用] 물건(物件).

▸차ː용-어 借用語 (말씀 어). 언어 다른 언어의 어휘에서 빌려와[借] 쓰는[用] 단어(單語). ㊥외래어(外來語).

▸차ː용-인 借用人 (사람 인). 남의 돈이나 물건을 빌려[借] 쓴[用] 사람[人].

▸차ː용 증서 借用證書 (증명할 증, 글 서). 금전이나 물건을 빌려[借] 쓴[用] 것을 증명(證明)하는 문서(文書). ㊟차용증.

차운 次韻 (차례 차, 운 운). ① [속뜻]두 번째[次] 운자(韻字). 문학 한시에서, 남이 지은 시의 운자를 따서 이어 시를 지음. 또는 그 방법.

▸차운-시 次韻詩 (시 시). 문학 한시에서, 남이 지은 시의 운자를 따서[次韻] 지은 시(詩).

차원 次元 (차례 차, 으뜸 원). ① 속뜻 순서[次]를 정하는 단위[元]. ② 사물을 보거나 생각하는 처지. 또는 어떤 생각이나 의견 따위를 이루는 사상이나 학식의 수준. ¶국가 차원의 문제 / 차원이 다른 대화. ③ 수학 일반적으로 공간의 넓이 정도를 나타내는 수. 보통 직선은 1차원, 평면은 2차원, 입체는 3차원이지만, 4차원이나 무한 차원도 생각할 수 있다.

차ː월 借越 (빌릴 차, 넘을 월). 경제 일정 한도를 넘어서[越] 빌리는[借] 것.

차월-피월 此月彼月 (이 차, 달 월, 저 피, 달 월). ① 속뜻 이[此] 달[月], 저[彼] 달[月]. ② '약속이나 기한 따위를 미적미적 미루는 태도'를 비유하여 이르는 말. ㊥차일피일(此日彼日).

차위[1] 次位 (버금 차, 지위 위). 버금가는[次] 지위(地位). 또는 그 사람. ㊥차석(次席).

차ː위[2] 借威 (빌릴 차, 두려워할 위). 남의 위력(威力)을 빌림[借].

차유 茶油 (차 차, 기름 유). 차(茶)나무의 씨로 짠 기름[油].

차ː음 遮音 (가로막을 차, 소리 음). 시끄러운 소리[音]를 막음[遮]. ㊥방음(防音).

⁂**차이** 差異 (어긋날 차, 다를 이). 서로 어긋나고[差] 다름[異]. ¶세대 차이 / 나는 언니랑 세 살 차이가 난다.

▸차이-법 差異法 (법 법). 논리 어떤 현상이 일어나는 때와 그렇지 않은 때의 차이(差異)를 조사하여 원인과 결과를 알아내는 방법(方法).

▸차이-점 差異點 (점 점). 차이(差異)가 나는 점(點). ¶과일과 채소의 차이점은 무엇일까? ㊥공통점(共通點).

▸차이 심리학 差異心理學 (마음 심, 이치 리, 배울 학). 심리 각 개인의 개성적인 차이(差異)를 연구 대상으로 하는 심리학(心理學). ㊥개성 심리학(個性心理學).

차익 差益 (어긋날 차, 더할 익). ① 속뜻 변동으로 인한 차이(差異)에서 생긴 이익(利益). ② 매매의 결과나 가격, 환시세의 개정이나 변동 따위로 생기는 이익. 또는 그 이익의 액수. ㊥차손(差損).

차일 遮日 (가로막을 차, 해 일). 해[日]를 가리기[遮] 위해 치는 포장. ⓑ천포(天布), 천막(天幕).

▸차일-석 遮日石 (돌 석). 차일(遮日)을 고정시키기 위해 줄에 매다는 돌[石].

차일-피일 此日彼日 (이 차, 날 일, 저 피, 날 일). ① 속뜻 이[此] 날[日], 저[彼] 날[日]. ② '약속이나 기한 따위를 미적미적 미루는 태도'를 비유하여 이르는 말. ⓑ차월피월(此月彼月).

차임 車賃 (수레 차, 품삯 임). 차(車)를 타는 데 내는 품삯[賃]을 통틀어 이르는 말.

차입[1] 差入 (부릴 차, 들 입). 교도소나 구치소에 갇힌 사람에게 옷, 음식, 돈 따위를 부탁하여[差] 들여보냄[入]. ¶죄수에게 차입을 주다.

차:입[2] 借入 (빌릴 차, 들 입). 돈이나 물건을 빌려[借] 들임[入]. ¶국내 기업들의 해외 자본 차입이 늘었다. ⓑ대출(貸出).

차자[1] 次子 (버금 차, 자식 자). 둘째[次] 아들[子]. ⓑ차남(次男).

차:자[2] 借字 (빌릴 차, 글자 자). ① 속뜻 남의 나라 글자[字]를 빌려[借] 씀. 또는 그 글자. ② 언어 글자의 뜻과는 관계없이 음(音)이나 훈(訓)만을 빌려다 쓴 글자. 이두(吏頭), 향찰(鄕札), 구결(口訣)에 쓰였다.

차:작 借作 (빌릴 차, 지을 작). ① 속뜻 남의 손을 빌려[借] 물건을 만듦[作]. ② 글을 대신 지음.

차장[1] 次長 (버금 차, 어른 장). 회사나 단체에서 부장 다음[次]의 직위[長]. 또는 그 사람.

차장[2] 車掌 (수레 차, 맡을 장). 차(車) 안의 일을 맡아보는[掌] 사람. 발차 신호나 승객의 안내 따위의 일.

차-저음 次低音 (버금 차, 낮을 저, 소리 음). 음악 가장 낮은 소리에 버금[次]가는 낮은[低] 소리[音]. 남성의 목소리에서 테너와 베이스의 중간. '바리톤'의 한자말.

차점 次點 (버금 차, 점 점). 채점하거나 표결한 결과로 나타난 최고점에 버금[次]가는 점수(點數)나 표수.

차제 此際 (이 차, 사이 제). 이[此] 때[際]. 이 즈음.

차종[1] 車種 (수레 차, 갈래 종). 자동차(自動車)의 종류(種類). ¶다양한 차종이 전시되어 있다.

차종[2] 次宗 (버금 차, 마루 종). 대종가(大宗家)에서 갈려 나온, 대종가 다음가는[次] 종파(宗派).

차-종가 次宗家 (버금 차, 마루 종, 집 가). 대종가(大宗家)에서 갈려 나온, 대종가 다음가는[次] 종가(宗家).

차-종손 次宗孫 (버금 차, 마루 종, 손자 손). 대종가(大宗家)에서 갈려 나온, 대종가 다음가는[次] 종손(宗孫).

차주[1] 車主 (수레 차, 주인 주). 차(車)의 주인(主人).

차:주[2] 借主 (빌릴 차, 주인 주). 돈이나 물건을 빌려[借] 쓴 사람[主]. ⓒ채주(債主).

차중[1] 次中 (버금 차, 가운데 중). 문학 시문을 평하는 등급의 하나. 입격 등급 다음[次] 등의 가운데[中] 급.

차중[2] 車中 (수레 차, 가운데 중). ① 속뜻 차(車)의 안[中]. ⓑ차내(車內). ② 차를 타고 있는 동안.

차-중음 次中音 (버금 차, 가운데 중, 소리 음). 음악 한 중간에서 버금[次] 가는 중간(中間) 소리[音]. 남성의 목소리에서 소프라노와 바리톤의 중간 소리를 이른다.

차즙 茶汁 (차 차, 즙 즙). 차(茶)나무의 잎을 끓여 낸 즙(汁).

차:지 借地 (빌릴 차, 땅 지). 남의 땅[地]을 빌림[借]. 빌린 땅. ⓑ대지(貸地).

차질 蹉跌 (넘어질 차, 넘어질 질). ① 속뜻 발을 헛디디어 넘어짐[蹉=跌]. ② 하던 일이 뜻밖에 잘못되거나 틀어짐. ¶태풍이 불어 여행에 차질이 생기다.

차차 次次 (차례 차, 차례 차). ① 속뜻 어떤 상태나 정도가 차례대로[次+次] 조금씩 진행하는 모양. ¶자세한 것은 차차 알게 될 것이다. ② 서두르지 않고 천천히. ⓑ점점, 점차, 차츰.

차차웅 次次雄 (버금 차, 버금 차, 수컷 웅). 역사 신라 때, '임금'을 일컫던 이름. 제2대 남해왕 때에 쓰였다. 당시 고유어를 한자로 음역(音譯)한 것으로 추정된다.

차착 差錯 (어긋날 차, 섞일 착). 어그러져[差] 순서가 틀리고 앞뒤가 서로 뒤섞임[錯].

차창 車窓 (수레 차, 창문 창). 차(車)에 달린 창문(窓門). ¶차창 밖으로 비가 내린다.

차처 此處 (이 차, 곳 처). 이[此] 곳[處]. 여기.

차청 次淸 (버금 차, 맑을 청). 언어 두 번째[次]로 맑은[淸] 소리. 훈민정음 초성 체계의 음성적 특질의 하나로, 현대 음성학에서 말하는 유기 무성 자음을 이른다.

차체 車體 (수레 차, 몸 체). 차량(車輛)의 몸체[體]. 승객이나 화물을 싣는 부분. ¶사고로 인해 차체가 크게 망가졌다.

차축 車軸 (수레 차, 굴대 축). 두 개의 차(車) 바퀴를 연결하는 굴대[軸].

차출 差出 (부릴 차, 날 출). ① 속뜻 어떤 일을 시키려고[差] 사람을 뽑아냄[出]. ② 지난날, 관원을 임명하기 위하여 사람을 뽑던 일.

차:치 且置 (잠깐 차, 둘 치). 잠시[且] 내버려 둠[置]. ¶그 문제는 차치하고 이것에 대해 의논해 봅시다.

▶차:치-물론 且置勿論 (없을 물, 논할 론). 우선[且] 내버려두고[置] 논의(論議)하지 않음[勿]. ㊜차치.

차탁[1] 茶托 (차 차, 받칠 탁). 차(茶)그릇을 받치는[托] 쟁반.

차탁[2] 茶卓 (차 차, 탁자 탁). 차(茶)그릇을 놓는 작은 응접용 탁자(卓子).

차탄 嗟歎 (탄식할 차, 한숨지을 탄). 탄식하고[嗟] 한탄(恨歎)함.

차편 車便 (수레 차, 편할 편). 차(車)가 오가는 편(便). ¶거기 가려면 어떤 차편이 있습니까?

차:폐 遮蔽 (가로막을 차, 덮을 폐). ① 군사 적의 관측이나 사격의 목표가 되지 않게 막아[遮] 덮음[蔽]. ② 물리 일정한 공간을 전기나 자기로부터 보호하기 위하여 차단함.

▶차:폐-물 遮蔽物 (만물 물). 군사 적으로부터 몸을 가리기[遮蔽] 위하여 이용하는 바위나 웅덩이, 제방 따위의 물건(物件).

▶차:폐 재:배 遮蔽栽培 (심을 재, 북돋울 배). 농업 식물의 개화기를 조절하기 위해 식물에 햇빛을 가리는[遮蔽] 재배(栽培) 방법. ㊥차광 재배(遮光栽培).

차폭 車幅 (수레 차, 너비 폭). 차량(車輛)의 너비[幅]. ¶이 차는 차폭이 커서 이 골목에는 못 들어가겠다.

차표 車票 (수레 차, 쪽지 표). 차(車)를 탈 수 있음을 증명한 쪽지[票]. ¶차표가 없으면 들어갈 수 없다. ㊥승차권(乘車券).

차:필 借筆 (빌릴 차, 글씨 필). 남의 손을 빌려[借] 쓴 글씨[筆].

차하 次下 (버금 차, 아래 하). 문학 시문을 평하는 등급의 하나. 입격 등급 다음[次] 등(等)의 가장 아래[下] 급(級).

차한 此限 (이 차, 끝 한). 이[此] 한계(限界). 또는 이 한정. ¶부득이한 경우는 차한을 지키도록 한다.

차:함 借銜 (=借啣, 빌릴 차, 이름 함). ① 속뜻 직함(職銜)을 빌림[借]. ② 역사 실제로는 근무하지 않고 이름만을 비는 벼슬을 이르던 말. ㊕실직(實職). 실함(實銜).

차형 次兄 (버금 차, 맏 형). 둘째[次] 형(兄). 중형(仲兄).

차호 次號 (버금 차, 차례 호). ① 속뜻 다음[次] 번호(番號). ② 신문, 잡지 따위 정기 간행물의 다음 호. ¶이번 호에는 기사가 넘쳐서 차호에 싣겠습니다.

차:환 借換 (빌릴 차, 바꿀 환). ① 속뜻 새로 빌려서[借] 먼저 빌렸던 것을 바꿈[換]. ② 경제 새로 증권을 발생한 돈으로 이미 발행한 증권을 상환함.

차회 次回 (버금 차, 돌 회). 다음[次] 번[回]. ㊥하회(下回).

차후 此後 (이 차, 뒤 후). 이[此] 뒤[後]. 이 다음. ¶차후에는 이런 일이 없도록 해라.

착각[1] 錯角 (어긋날 착, 모서리 각). ① 속뜻 두 직선이 서로 교착(交錯)될 때 이루는 각도(角度). ② 수학 한 직선이 다른 두 직선과 각각 다른 두 점에서 만날 때에, 서로 반대쪽에서 상대하는 각. 두 직선이 평행이면 엇각의 크기는 서로 같다. '엇각'의 예전 용어.

착각[2] 錯覺 (어긋날 착, 깨달을 각). 사물을 실제와 다르게[錯] 느낌[覺]. ¶그는 자기가 잘 생겼다고 착각한다.

▶착각-범 錯覺犯 (범할 범). 법률 법률상 죄가 되지 않는 행위를 죄가 된다고 착각(錯覺)하여 범(犯)한 행위. ㊥환각범(幻覺犯).

▶착각 피:난 錯覺避難 (피할 피, 어려울 난). 법률 긴급 피난의 요건이 갖추어져 있지 아

니한데도 갖추어진 것으로 착각(錯覺)한 피난(避難) 행위. ⓑ오상 피난(誤想避難).

착간 錯簡 (어긋날 착, 대쪽 간). ① 속뜻 어긋나게[錯] 엮인 대쪽[簡]. ② 차례가 잘못된 책장.

착검 着劍 (입을 착, 칼 검). ① 속뜻 칼[劍]을 몸에 참[着]. ② 군사 대검을 총구 쪽에 꽂음. 또는 그런 동작.

착공[1] 着工 (붙을 착, 일 공). 공사(工事)에 착수(着手)함. ¶고속도로를 착공하다. ⓑ기공(起工). ⓑ준공(竣工), 완공(完工).

착공[2] 鑿孔 (뚫을 착, 구멍 공). 구멍[孔]을 뚫음[鑿]. ⓑ천공(穿孔).

착공[3] 鑿空 (뚫을 착, 하늘 공). ① 속뜻 허공(虛空)을 뚫으려[鑿] 함. ② '쓸데없는 헛된 논의'를 비유하여 이르는 말.

착과 着果 (붙을 착, 열매 과). 과일 나무에 열매[果]가 열림[着].

착굴 鑿掘 (뚫을 착, 팔 굴). 땅에 구멍을 뚫어[鑿] 파들어[掘] 감.

착근[1] 着近 (붙을 착, 가까울 근). 가깝게[近] 달라붙음[着].

착근[2] 着根 (붙을 착, 뿌리 근). ① 속뜻 옮겨 심은 식물이 뿌리[根]를 내림[着]. ¶나무를 심을 때는 착근이 잘 되도록 해야 한다. ② 다른 곳으로 옮겨가서 자리를 잡고 삶. ③ 어떠한 것이 기반을 잡음을 비유하여 이르는 말. ¶외국 문화가 착근이 안 되어 혼란스러운 상황이다.

착념 着念 (붙을 착, 생각 념). 무엇에 생각[念]을 둠[着].

착란 錯亂 (섞일 착, 어지러울 란). 감정이나 사고 따위가 뒤섞여[錯] 어지러움[亂].

착륙 着陸 (붙을 착, 뭍 륙). 비행기 따위가 땅[陸]위에 내림[着]. ¶우주선이 달에 착륙하다. ⓑ착지(着地). ⓑ이륙(離陸).

▸착륙-선 着陸船 (배 선). 착륙(着陸)을 하는 데 쓰는 우주선(宇宙船). ¶착륙선으로 갈아타다.

착모 着帽 (입을 착, 모자 모). 모자(帽子)를 씀[着]. ⓑ탈모(脫帽).

착발 着發 (입을 착, 떠날 발). ① 속뜻 도착(到着)과 출발(出發)을 아울러 이르는 말. 발착(發着). ② 포탄이 목표물에 닿는 순간에 폭발하는 일.

착복 着服 (입을 착, 옷 복). ① 속뜻 옷[服]을 입음[着]. ⓑ착의(着衣). ⓑ탈의(脫衣). ② 남의 돈이나 물건을 몰래 자기가 차지함. ¶공금을 착복하다.

착빙 着氷 (붙을 착, 얼음 빙). 물리 공기 중의 냉각된 물방울이 얼음[氷]이 되어 물체의 겉면에 달라붙음[着]. 또는 그런 현상.

착상[1] 着床 (붙을 착, 평상 상). 의학 포유류의 수정란이 자궁벽에 접착(接着)하여 모체의 영양을 흡수할 수 있는 상(床) 모양의 상태가 됨. 또는 그런 현상.

착상[2] 着想 (붙을 착, 생각 상). 생각하는[想] 일에 착수(着手)함. 어떤 일이나 계획 등에 대한 새로운 생각이나 구상이 마음에 떠오르는 일. ¶착상이 기발하다. ⓑ착의(着意).

착색 着色 (붙을 착, 빛 색). 색[色]을 입힘[着]. ¶치아가 누렇게 착색되다.

▸착색-제 着色劑 (약제 제). ① 속뜻 그림이나 물건에 색깔[色]을 입히는[着] 물질[劑]. ② 식욕을 돋우기 위하여 첨가하는 식용 색소. ③ 생물체 조직을 현미경으로 조사할 때, 조직 양상을 쉽게 분변하기 위하여 조직 속에 투입하여 물들이는 유기 화합물.

▸착색-유리 着色琉璃 (유리 류, 유리 리). 색깔[色]을 입힌[着] 유리(琉璃).

착생 着生 (붙을 착, 살 생). 어떤 생물이 다른 생물에 붙어서[着] 살거나[生] 자람.

▸착생 식물 着生植物 (심을 식, 만물 물). 식물 다른 식물이나 바위에 붙어서[着] 사는[生] 식물(植物).

착석 着席 (붙을 착, 자리 석). 자리[席]에 앉음[着]. ⓑ착좌(着座).

착선 着船 (붙을 착, 배 선). 배[船]가 항구나 나루터에 도착(到着)함. ⓑ발선(發船).

착송 捉送 (잡을 착, 보낼 송). 사람을 잡아서[捉] 보냄[送].

착수[1] 捉囚 (잡을 착, 가둘 수). 죄인을 잡아[捉] 가둠[囚].

착수[2] 着水 (붙을 착, 물 수). ① 속뜻 수면(水面)에 닿음[着]. ② 비행정이나 우주선 또는 물새 따위가 수면에 내림.

착수[3] 着手 (붙을 착, 손 수). ① 속뜻 손[手]을 댐[着]. ② 어떤 일을 시작함. ¶새로운 일에 착수하다.

▸착수-금 着手金 (돈 금). 착수(着手)할 때

필요한 돈[金]. ㊞선금(先金).

▸착수 미:수 着手未遂 (아닐 미, 이룰 수). 법률 범죄의 실행에는 착수(着手)하였으나 그 행위를 이루지[遂] 못함[未].

착시 錯視 (어긋날 착, 볼 시). 잘못[錯] 봄[視]. 착각하여 봄.

착신 着信 (붙을 착, 통신 신). 통신 통신(通信)이 도착함[着]. ㊞착전(着電). ㊥발신(發信).

착실 着實 (붙을 착, 열매 실). ① 속뜻 열매[實]가 달리다[着]. ②사람이 허튼 데가 없이 찬찬하며 실하다. ¶겉보기에는 착실한 것 같다 / 착실히 돈을 모아 차를 사다.

착심 着心 (붙을 착, 마음 심). 어떠한 일에 마음[心]을 붙임[着].

착안[1] 着岸 (붙을 착, 언덕 안). 배가 바다나 강 따위의 기슭[岸]에 닿음[着].

착안[2] 着眼 (붙을 착, 눈 안). ① 속뜻 눈[眼]을 가까이 대어[着] 봄. ②어떤 일을 주의하여 봄. 또는 어떤 문제를 해결하기 위한 실마리를 잡음. ¶착안 사항 / 이 제품은 지렛대의 원리에서 착안된 것이다.

▸착안-점 着眼點 (점 점). ① 속뜻 주의를 기울인[着眼] 점(點). ②어떤 문제를 해결하기 위한 실마리가 되는 점.

착암 鑿巖 (뚫을 착, 바위 암). 바위[巖]에 구멍을 뚫음[鑿].

▸착암-기 鑿巖機 (틀 기). 바위[巖]에 구멍을 뚫는[鑿] 기계(機械).

착역 着驛 (붙을 착, 정거장 역). 열차 등이 도착(到着)하는 역(驛). 역에 다다름.

착염 錯鹽 (섞일 착, 염기 염). 화학 금속 이온과 리간드와의 배위 결합으로 이루어진 착(錯)이온의 염(鹽).

착오 錯誤 (어긋날 착, 그르칠 오). ① 속뜻 착각(錯覺)을 하여 잘못 그르침[誤]. 또는 그런 잘못. ¶착오를 겪다보면 성공하게 된다 / 착오로 거스름돈을 덜 받았다. ㊞오착(誤錯), 착류(錯謬). ② 논리 부주의에서 생기는 추리의 오류. ㊞배리(背理)반리(反理), 역리(逆理).

착용 着用 (붙을 착, 쓸 용). 옷 따위에 부착(付着)해 씀[用]. ¶일을 할 때 안전모를 착용하다.

착유[1] 搾乳 (짤 착, 젖 유). 가축의 젖[乳]을 짬[搾].

착유[2] 搾油 (짤 착, 기름 유). 기름[油]을 짬[搾].

착의[1] 着衣 (입을 착, 옷 의). 옷[衣]을 입음[着]. 입고 있는 옷. ㊞착복(着服). ㊟탈의(脫衣).

착의[2] 着意 (붙을 착, 뜻 의). ① 속뜻 무슨 일에 생각[意]을 둠[着]. 주의를 기울임. ㊞유의(留意). ②어떤 일이 생각에 떠오름. ㊞착상(着想).

착임 着任 (붙을 착, 맡길 임). ① 속뜻 부임(赴任)할 곳에 도착(到着)함. ¶착임 신고 ②임명된 직무에 취임함. ¶착임 연설.

착잡 錯雜 (섞일 착, 어수선할 잡). 여러 가지 생각이 뒤섞여[錯] 마음이 어수선함[雜]. ¶그의 편지를 보고 마음이 착잡했다.

착전 着電 (붙을 착, 전기 전). 통신 도착(到着)한 전신(電信)이나 전보(電報). ㊞착신(着信).

착정 鑿井 (팔 착, 우물 정). 우물[井]을 팜[鑿].

착족 着足 (붙을 착, 발 족). 어떤 곳에 자리를 잡고 발[足]을 붙임[着].

착종 錯綜 (섞일 착, 모을 종). 여러 가지 사물이나 현상이 뒤섞여[錯] 모임[綜].

착좌 着座 (붙을 착, 자리 좌). 자리[座]에 엉덩이를 붙임[着]. ㊞착석(着席).

▸착좌-식 着座式 (의식 식). ① 속뜻 착좌(着座)하는 의식(儀式). ② 가톨릭 주교가 교구장에 취임하는 의식을 이르는 말.

착지[1] 着地 (붙을 착, 땅 지). ① 속뜻 땅[地] 위에 도착(到着)함. ¶부대원들의 낙하산이 약속된 지점에 정확하게 착지했다. ② 운동 멀리뛰기나 체조 경기 따위에서 동작을 마친 뒤, 땅에 서는 일. ¶그 체조 선수는 착지가 조금 불안했다.

착지[2] 錯紙 (섞일 착, 종이 지). ① 속뜻 책을 잘못 매어 차례가 뒤섞인[錯] 종이[紙]. ②종이 묶음 속에 섞인 찢어진 종이.

착취 搾取 (짤 착, 가질 취). ① 속뜻 무엇을 쥐어짜서[搾] 나오는 것을 취(取)함. ②자본가나 지주가 근로자나 농민에 대하여 노동에 비해 싼 임금을 지급하고 그 이익의 대부분을 차지하는 일. ¶아이들의 노동력을 착취하다. ㊞수탈(收奪), 약탈(掠奪).

착탄 着彈 (붙을 착, 탄알 탄). 어떤 지점에 날아가 떨어진[着] 탄환[彈].

▸착탄 거:리 着彈距離 (떨어질 거, 떨어질 리). 군사 쏜 탄환이 날아가서 이른[着彈] 거리(距離). ⓑ탄착 거리(彈着距離).

착하 着荷 (붙을 착, 짐 하). 도착(到着)한 하물(荷物).

착함 着艦 (붙을 착, 싸움배 함). ① 속뜻 승무원들이 군함(軍艦)에 도착(到着)함. ¶승무원들의 착함이 늦어져서 출항하지 못하고 있다. ② 군함이 항구에 도착함. ¶착함 예정 시간이 지났다. ③ 비행기가 항공모함의 갑판에 내려앉음.

착항 着港 (붙을 착, 항구 항). 배가 항구(港口)에 도착(到着)함. ⓑ출항(出港), 발항(發港).

착화 着火 (붙을 착, 불 화). 불[火]을 붙임[着]. ⓑ점화(點火).

▸착화-점 着火點 (점 점). 화학 어떤 물질에 불[火]이 붙는[着] 온도[點]. 공기 속이나 산소 속에서 가열할 때 스스로 타기 시작하는 최저 온도. ⓑ발화점(發火點).

찬:가 讚歌 (기릴 찬, 노래 가). 훌륭함을 기리는[讚] 뜻을 나타내는 노래[歌].

찬:간 饌間 (반찬 찬, 사이 간). 집에서 반찬(飯饌)을 만드는 곳[間]. ¶찬간에서 대충 먹고 나왔다.

찬:기파랑-가 讚耆婆郎歌 (기릴 찬, 늙은이 기, 할미 파, 사나이 랑, 노래 가). 문학 신라 경덕왕 때 충담사(忠談師)가 화랑인 기파랑(耆婆郎)을 기리며[讚] 지은 향가(鄕歌).

찬:동 贊同 (도울 찬, 한가지 동). ① 속뜻 어떤 일을 도와서[贊] 함께[同] 함. ② 뜻을 같이함. ¶그들도 우리의 제안에 찬동했다. ⓑ동의(同意), 찬성(贊成).

찬:란 燦爛 (빛날 찬, 빛날 란). ① 속뜻 눈부시게 빛나다[燦=爛]. ¶햇빛이 찬란하다. ② 매우 훌륭하다. ¶찬란한 업적을 남기다.

찬:록 撰錄 (지을 찬, 기록할 록). ① 속뜻 글을 지어[撰] 기록(記錄)함. ② 가려 모아 기록함.

찬:립 簒立 (빼앗을 찬, 설 립). 임금의 자리를 빼앗고[簒] 자기가 그 자리에 들어섬[立]. ¶나라가 혼란스럽고 임금이 어릴 때 특히 찬립 사건이 잘 일어났다.

찬:모 饌母 (반찬 찬, 어머니 모). 남의 집에 고용되어 주로 반찬(飯饌) 만드는 일을 맡아 하는 여자[母]. ¶찬모의 솜씨가 좋아 이 집 음식은 모두 맛있다.

찬:문 撰文 (지을 찬, 글월 문). 지은[撰] 글[文]. 글을 지음.

찬:미 讚美 (기릴 찬, 아름다울 미). 아름다운[美] 것을 기림[讚]. ¶아름다운 자연을 찬미한 시(詩).

▸찬:미-가 讚美歌 (노래 가). 아름다움[美]을 기리는[讚] 노래[歌]. ⓑ찬송가(讚頌歌).

찬:반 贊反 (도울 찬, 반대로 반). 찬성(贊成)과 반대(反對). ¶투표를 통해 찬반을 묻다.

찬:방 饌房 (반찬 찬, 방 방). 반찬(飯饌)을 만들거나 반찬거리를 두는 방(房). ⓑ차방(茶房).

찬:부 贊否 (도울 찬, 아닐 부). 찬성(贊成)과 그렇지 않음[否]. 찬성과 불찬성. ⓑ찬반(贊反).

찬:불 讚佛 (기릴 찬, 부처 불). 불교 부처[佛]의 공덕을 찬미(讚美)함.

▸찬:불-가 讚佛歌 (노래 가). 불교 부처의 공덕을 찬미하는[讚佛] 노래[歌]. ⓑ불가(佛歌).

찬:사 讚辭 (기릴 찬, 말씀 사). 칭찬하는[讚] 말[辭]. 또는 글. ¶멋진 공연에 아낌없는 찬사를 보내다.

찬:상 讚賞 (기릴 찬, 상줄 상). 훌륭한 점을 기리어[讚] 칭찬함[賞]. ⓑ상찬(賞讚).

찬:석 鑽石 (뚫을 찬, 돌 석). 광업 돌[石]을 뚫는[鑽] 돌. ⓑ금강석(金剛石).

찬:성 贊成 (도울 찬, 이룰 성). ① 속뜻 어떤 일을 도와주어[贊] 이루게[成] 함. ② 다른 사람의 의견이나 제안 등을 인정하여 동의함. ¶나는 네 생각에 찬성이다. ③ 역사 조선시대 의정부에 속해 있던 종1품 벼슬. ⓑ동의(同意), 찬동(贊同). ⓑ반대(反對).

▸찬:성-표 贊成票 (쪽지 표). 회의에서 의안을 표결할 때, 찬성(贊成)하는 표(票). ¶여당 의원들은 대부분 찬성표를 던졌다. ⓑ가표(可票). ⓑ반대표(反對票).

찬:송 讚頌 (기릴 찬, 기릴 송). 공덕 따위를 기리고[讚] 칭송(稱頌)함. ¶선대의 왕업을 추모하고 찬송하다.

▸찬:송-가 讚頌歌 (노래 가). 기독교 하나님의 은혜를 찬송(讚頌)하여 부르는 노래[歌]. ㉥찬미가(讚美歌). ㉦성가(聖歌).

찬:수[1] **纂修** (모을 찬, 고칠 수). 문서를 모아[纂] 정리하여[修] 책으로 엮음. ㉥찬집(纂集).

찬:수[2] **饌需** (반찬 찬, 쓰일 수). ① 속뜻 반찬(飯饌)거리를 구함[需]. ② 반찬거리가 되는 것. 또는 반찬의 종류를 가리킴.

찬:술[1] **撰述** (지을 찬, 지을 술). 책을 지음[撰=述]. 지은 책. ㉥저술(著述).

찬:술[2] **纂述** (모을 찬, 지을 술). 글의 재료를 모아[纂] 저술(著述)함. ¶자료가 부족하여 찬술이 쉽지 않다.

찬:시 簒弑 (빼앗을 찬, 죽일 시). 왕위를 빼앗으려고[簒] 임금을 죽임[弑].

찬:양 讚揚 (기릴 찬, 오를 양). 훌륭함을 기리고[讚] 받들어 올림[揚]. ¶왕의 업적을 찬양하다.

찬:역 簒逆 (빼앗을 찬, 거스를 역). 왕위를 빼앗으려고[簒] 음모를 꾸미며 반역(叛逆)함.

찬:연[1] **燦然** (빛날 찬, 그러할 연). 눈부시게 빛나는[燦] 그러한[然] 모양. ¶찬연한 문화 / 불꽃놀이 펼쳐지는 하늘은 유난히 찬연했다.

찬:연[2] **鑽研** (뚫을 찬, 갈 연). ① 속뜻 뚫고[鑽] 갈고[研] 함. ② 학문 따위를 깊이 연구함. ㉥연찬(研鑽).

찬:위 簒位 (빼앗을 찬, 자리 위). 임금의 자리[位]를 빼앗음[簒]. ㉥찬탈(簒奪).

찬:의 贊意 (도울 찬, 뜻 의). 찬성(贊成)의 뜻[意]. ㉥동의(同意).

찬:입 竄入 (숨을 찬, 들 입). ① 속뜻 숨어[竄] 들어감[入]. ② 잘못되어 뒤섞여 들어감.

찬:자 撰者 (지을 찬, 사람 자). ① 속뜻 책이나 글 따위를 지은[撰] 사람[者]. ② 작품을 가려 모아 책으로 엮은 이.

찬:장 饌欌 (반찬 찬, 장롱 장). 반찬(飯饌)이나 음식 따위를 넣어 두는 장(欌). ¶그는 찬장을 뒤져 먹을 것을 찾았다.

찬:정 撰定 (지을 찬, 정할 정). 작품을 지어서[撰] 골라 정(定)함.

찬정-분지 鑽井盆地 (뚫을 찬, 우물 정, 동이 분, 땅 지). ① 속뜻 우물[井]이 뚫어져[鑽] 있는 것같이 땅속에서 물이 나오는 분지(盆地). ② 지리 불투수층 사이의 지하수가 지층의 압력에 의하여 지표로 솟아 나오는 지층 구조를 이루고 있는 분지.

찬:조 贊助 (도울 찬, 도울 조). 뜻을 같이하여 도움[贊=助]. ㉥찬좌(贊佐).

▸찬:조-금 贊助金 (돈 금). 찬조(贊助)의 뜻으로 내는 돈[金].

▸찬:조 연:설 贊助演說 (펼칠 연, 말씀 설). 남이 하는 일 등에 찬조(贊助)하는 연설(演說).

찬:집[1] **撰集** (지을 찬, 모을 집). 여러 가지 글을 짓고[撰] 그것을 모아서[集] 책으로 엮음. ㉥찬수(纂修), 찬집(纂輯).

찬:집[2] **纂輯** (모을 찬, 모을 집). 자료를 모아[纂=輯] 책을 엮음. 편찬과 편집. ㉥찬집(纂集).

찬:출 竄黜 (내칠 찬, 내쫓을 출). 벼슬을 빼앗고[竄] 먼 곳으로 내쫓음[黜].

찬:탄 讚歎 (기릴 찬, 감탄할 탄). 깊이 감동하여 찬양(讚揚)하고 감탄(感歎)함. ¶뛰어난 연기력에 찬탄을 보내다 / 그녀의 음식 솜씨에는 찬탄하지 않을 수 없다.

찬:탈 簒奪 (빼앗을 찬, 빼앗을 탈). 임금의 자리를 빼앗음[簒=奪]. ¶왕권을 찬탈하고자 반란을 일으키다. ㉥찬위(簒位).

찬:평 讚評 (기릴 찬, 평할 평). 칭찬(稱讚)하여 비평(批評)함. ㉤혹평(酷評).

찬:표 贊票 (도울 찬, 쪽지 표). 찬성(贊成)을 표하는 쪽지[票]. '찬성표'(贊成票)의 준말. ㉤부표(否票).

찬:합 饌盒 (반찬 찬, 그릇 합). 반찬(飯饌) 따위를 담는 뚜껑 있는 그릇[盒].

찰과-상 擦過傷 (문지를 찰, 지날 과, 다칠 상). 무엇에 문질리거나[擦] 스쳐서[過] 살갗이 벗겨진 상처(傷處). ¶무릎에 가벼운 찰과상을 입었다.

찰나 刹那 (절 찰, 어찌 나). 불교 '매우 짧은 동안'을 뜻하는 산스크리트 어 'Ksana'의 한자 음역어. ¶집을 떠나려는 찰나에 문제가 생겼다. ㉥순간(瞬間).

▸찰나-주의 刹那主義 (주될 주, 뜻 의). 과거나 미래를 생각하지 않고 오직 현재의 순간

적[刹那] 쾌락만을 구하는 생활 태도[主義].

찰상 擦傷 (마찰할 찰, 다칠 상). 무엇과 마찰(摩擦)해 생긴 상처(傷處). ⓑ찰과상(擦過傷).

찰찰 察察 (살필 찰, 살필 찰). 지나치게 꼼꼼하게 살피고[察] 또 살핌[察]. ¶찰찰이 불찰이다.

찰한 札翰 (쪽지 찰, 글 한). 편지[札] 글[翰]. 상대편에게 전하고 싶은 일 등을 적어 보내는 글.

찰현 擦絃 (문지를 찰, 줄 현). 줄[絃]을 문질러서[擦] 소리를 냄.

▸찰현-악기 擦絃樂器 (음악 악, 그릇 기). 음악 활로 현을 켜서[擦絃] 소리를 내는 악기(樂器).

***참가** 參加 (참여할 참, 더할 가). ① 속뜻 어떤 모임이나 단체의 일에 참여(參與)하여 가입(加入)함. ¶행사에 참가하다. ② 법률 어떤 법률관계에 제삼자가 관여함. ⓑ불참(不參).

▸참가-인 參加人 (사람 인). ① 속뜻 참가(參加)한 사람[人]. ② 법률 민사 소송법상, 타인 간에 계속(繫屬)된 소송에 참가하는 제삼자. ③ 법률 어음법상, 참가 인수와 참가 지급을 하는 사람.

▸참가-자 參加者 (사람 자). 모임 따위에 참가(參加)한 사람[者]. ¶시합 참가자를 모집하다.

▸참가 지급 參加支給 (가를 지, 줄 급). 법률 환어음과 약속 어음에 있어서, 인수·지급의 거절 등 만기의 전후를 묻지 않고 소구(遡求) 원인이 발생하였을 때, 소구를 막기 위하여 본래의 지급인 이외의 사람[參加人]이 소구 의무자의 어떤 사람을 위하여 하는 지급(支給).

참견 參見 (참여할 참, 볼 견). ① 속뜻 참여(參與)하여 친히 봄[見]. ② 남의 일에 끼어들어 아는 체하거나 간섭함. ¶남의 일에 쓸데없이 참견하지 마라. ⓑ간섭(干涉), 관여(關與).

참경 慘景 (참혹할 참, 볕 경). 참혹(慘酷)한 광경(光景). 끔찍하고 비참한 광경이나 정상(情狀). ⓑ참상(慘狀).

참고[1] 慘苦 (참혹할 참, 괴로울 고). 참혹(慘酷)한 괴로움[苦].

참고[2] 參考 (헤아릴 참, 생각할 고). ① 속뜻 헤아려[參] 곰곰이 생각함[考]. ② 살펴서 도움이 될 만한 자료로 삼음. ¶참고로 제 의견을 말씀드려도 되겠습니까? / 사전을 자주 참고하다. ⓑ참조(參照).

▸참고-서 參考書 (책 서). 교육 ① 참고(參考)가 되는 책[書]. ¶기술 과학의 참고서. ② 교과서 외에 학습에 참고가 되는 책. ¶친구의 참고서를 빌리다.

▸참고-인 參考人 (사람 인). ① 속뜻 참고(參考)로 삼을 만한 사람[人]. ② 법률 범죄 수사의 과정에서, 수사 기관의 취조에 대하여 과거에 실제로 경험하여 안 사실을 진술하도록 명령을 받은 피의자 이외의 제삼자. ¶참고인을 불러 조사하다.

참관 參觀 (참여할 참, 볼 관). 어떤 자리에 직접 참가(參加)하여 지켜봄[觀]. ¶장학사들이 수업을 참관하다. ⓑ참견(參見).

▸참관-기 參觀記 (기록할 기). 참관(參觀)한 일의 내용이나 느낌을 적은[記] 글.

▸참관-인 參觀人 (사람 인). ① 속뜻 어떤 모임이나 행사에 참가하여 지켜보는[參觀] 사람[人]. ② 법률 선거 때, 투표와 개표 상황 따위가 법대로 진행되는지를 지켜보는 사람. ¶참관인의 자격으로 투표를 지켜보다.

참괴 慙愧 (부끄러울 참, 부끄러울 괴). 부끄러워함[慙=愧]. 부끄럽게 여김.

참구 參究 (헤아릴 참, 생각할 구). ① 속뜻 참조(參照)하여 연구(硏究)함. ② 불교 참선하며 진리를 탐구함.

참극 慘劇 (끔찍할 참, 연극 극). ① 속뜻 끔찍하고[慘] 극적(劇的)인 사건. ② 참혹한 일이나 사건을 연극에 비유하여 이르는 말. ¶많은 사람이 죽거나 다치는 참극이 일어났다.

참:급 斬級 (벨 참, 목 급). 옛날 전쟁에서 적의 목[級]을 벰[斬].

참담 慘憺 (끔찍할 참, 비참할 담). ① 속뜻 끔찍하고[慘] 비참함[憺]. ¶그들의 삶은 몹시 참담했다. ② 몹시 슬프고 괴로움. ¶참담한 실패.

참:두 斬頭 (벨 참, 머리 두). 머리[頭]를 벰[斬]. 목을 자름. ⓑ참수(斬首).

참람 僭濫 (어긋날 참, 넘칠 람). 분수에 넘쳐[濫] 너무 지나치다[僭].

참렬 參列 (참여할 참, 줄 렬). ① 속뜻 반열(班列)에 참여(參與)함. ② 대열이나 행렬에 참여함.

참례 參禮 (참여할 참, 예도 례). 예식(禮式), 제사 따위에 참여(參與)함. ¶제사 참례 / 결혼식장에 참례를 하지 않았다.

참:륙 斬戮 (벨 참, 죽일 륙). 칼로 베어[斬] 죽임[戮]. ㊥참살(斬殺).

참모 參謀 (참여할 참, 꾀할 모). ① 속뜻 참여(參與)하여 모의(謀議)함. ¶선거 참모. ② 군사 군대에서 각급 고급 지휘관의 지휘권 행사를 보좌하기 위하여 특별히 임명되거나 파견된 장교. 인사, 정보, 작전, 군수 참모 따위.

▸참모-부 參謀部 (나눌 부). ① 군사 참모(參謀)에 관한 사무를 보는 부서(部署). ② 역사 대한 제국 때, 원수부에 딸려 있던 부서.

▸참모-장 參謀長 (어른 장). 군사 참모(參謀) 중 우두머리[長]. 사단급 이상의 부대에서, 각 참모의 업무를 통합 조정하고 지휘관을 보좌하는 지위의 장.

▸참모 장:교 參謀將校 (거느릴 장, 부대 교). 군사 참모(參謀)직에 있는 장교(將校).

▸참모 총:장 參謀總長 (묶을 총, 어른 장). ① 군사 육해공군의 각 군을 지휘하고 감독하는[參謀] 최고 지휘관[總長]. ② 역사 대한 제국 때에 둔, 참모부의 으뜸 관직. 대장 또는 부장으로 임명했다.

참문[1] 慘聞 (참혹할 참, 들을 문). 참혹(慘酷)한 소문(所聞).

참문[2] 讖文 (조짐 참, 글월 문). 미래를 예언하는[讖] 문서(文書).

참방 參榜 (참여할 참, 패 방). 역사 방목(榜目)에 자기의 성명이 섞이어[參] 있음. 과거에 급제하여 방목에 이름이 오름.

참배 參拜 (뵐 참, 절 배). ① 속뜻 신이나 부처를 보며[參] 절하고[拜] 빎. ¶부처님께 참배를 드리다. ② 무덤이나 기념탑 등의 앞에서 절하고 기림. ¶신사참배 / 김구 선생 묘를 참배하다.

참:벌 斬伐 (벨 참, 벨 벌). ① 속뜻 벰[斬=伐]. 작벌(斫伐). ② 죄인을 참형에 처함.

참변 慘變 (참혹할 참, 바뀔 변). 참혹(慘酷)한 변고(變故). ¶전쟁이라는 참변을 당하였다.

참봉 參奉 (참여할 참, 받들 봉). 역사 조선 시대, 능 따위를 모시는[奉] 일을 맡았던[參] 벼슬.

참불가언 慘不可言 (끔찍할 참, 아닐 불, 가히 가, 말씀 언). 너무나 끔찍하여[慘] 차마 가히[可] 말할[言] 수 없음[不].

참불인견 慘不忍見 (끔찍할 참, 아닐 불, 참을 인, 볼 견). 너무나 끔찍하여[慘] 차마[忍] 바라볼[見] 수 없음[不].

참사[1] 參事 (참여할 참, 일 사). ① 속뜻 어떤 일[事]에 참여(參與)함. ② 일부 금융 기관이나 기업체 등에서의 직위의 한 가지.

참사[2] 慘死 (끔찍할 참, 죽을 사). 끔찍하게[慘] 죽음[死].

참사[3] 慘事 (참혹할 참, 일 사). 참혹(慘酷)한 사건(事件). ¶한 순간의 부주의로 참사가 일어날 수 있다. ㊥참변(慘變).

참사[4] 慙死 (부끄러울 참, 죽을 사). 부끄러워[慙] 죽을[死] 지경에 이름.

참:살[1] 斬殺 (벨 참, 죽일 살). 칼로 목 따위를 베어[斬] 죽임[殺]. ㊥참륙(斬戮).

참살[2] 慘殺 (끔찍할 참, 죽일 살). 끔찍하게[慘] 죽임[殺].

참상[1] 慘狀 (참혹할 참, 형상 상). 참혹(慘酷)한 모양이나 상태(狀態). ¶태풍이 지나간 뒤의 참상은 눈 뜨고 볼 수 없었다. ㊥참경(慘景).

참상[2] 慘喪 (참혹할 참, 죽을 상). ① 속뜻 참혹(慘酷)하게 죽음[喪]. ② 젊어서 죽은 이의 상사. ㊥호상(好喪).

참서 讖書 (조짐 참, 책 서). 미래의 일에 대한 주술적 예언[讖]을 기록한 책[書].

참석 參席 (참여할 참, 자리 석). 어떤 자리[席]나 모임에 참여(參與)함. ¶회의에 참석하다. ㊥불참(不參).

▸참석-자 參席者 (사람 자). 모임 따위에 참석(參席)한 사람[者]. ¶파티 참석자.

참선 參禪 (참구할 참, 좌선 선). 불교 좌선(坐禪)하며 진리를 참구(參究)함. 좌선하며 불도를 닦는 일.

참섭 參涉 (참여할 참, 관여할 섭). 어떤 일에 끼어들어[參] 간섭(干涉)함. ¶그 일에 참섭을 해봤자 좋을 것이 없다.

참성-단 塹星壇 (구덩이 참, 별 성, 단 단). ① 속뜻 별[星] 모양의 구덩이[塹]가 있는 단(壇). ② 고적 인천광역시 강화군 강화도 마니산 서쪽 봉우리에 있는 단(壇). 돌을 쌓아 기단은 둥글고 상단은 네모지게 만들었으며 단군왕검이 하늘에 제사를 지낸 곳으로 알려져 있다.

참세 懺洗 (뉘우칠 참, 씻을 세). 죄를 뉘우치고[懺] 고쳐서 마음을 깨끗이 함[洗].

참소 讒訴 (헐뜯을 참, 하소연할 소). 남을 헐뜯어서[讒] 없는 죄를 있는 듯이 꾸며 고해바치는[訴] 일.

참:수 斬首 (벨 참, 머리 수). 머리[首]를 자름[斬]. ㊔참두(斬頭).

참:시 斬屍 (벨 참, 시체 시). 역사 시체[屍]를 벰[斬]. 죽은 뒤에 큰 죄가 드러났을 때, 그 사람의 시체를 베거나 목을 잘라 거리에 내걸던 형벌. '부관참시'(剖棺斬屍)의 준말.

참:신 斬新 (매우 참, 새 신). 매우[斬] 새롭다[新]. ¶참신한 디자인 / 아이디어가 참신하다. ㊀진부(陳腐)하다.

참심 參審 (참여할 참, 살필 심). ① 속뜻 심판(審判)에 참여(參與)함. ② 법률 국민 가운데에서 선출된 사람이 법관과 동등한 자격으로 재판에 참여하는 일.

▸참심-원 參審員 (사람 원). 법률 참심제에 있어서 법관과 함께 재판에 참여(參與)하여 심판(審判)하고 합의를 하는 사람[員]. ㊔배심원(陪審員).

▸참심-제 參審制 (정할 제). 법률 국민 가운데서 선거나 추첨으로 뽑힌 참심원(參審員)이 직업적 법관과 같이 합의체를 구성하여 재판하는 제도(制度).

참언[1] 讖言 (조짐 참, 말씀 언). 앞으로 일어날 조짐[讖]을 말함[言]. 앞일에 대한 길흉을 미리 들어서 하는 말. ㊔참어(讖語).

참언[2] 讒言 (헐뜯을 참, 말씀 언). 거짓으로 남을 헐뜯는[讒] 말[言]. ㊔참설(讒說).

참여 參與 (헤아릴 참, 도울 여). ① 속뜻 어떤 일을 잘 헤아려[參] 도움[與]. ② 어떤 일에 끼어들어 관계함. ¶적극적인 참여와 지지 / 축제에 참여하다. ③ 법률 재판 따위가 벌어지는 현장에 나가 지켜봄.

▸참여-도 參與度 (정도 도). 어떤 일에 사람들이 참여(參與)하는 정도(程度). ¶쓰레기 분리수거 참여도가 높아지고 있다.

▸참여-시 參與詩 (시 시). 문학 정치 문제나 사회 문제에 의도적으로 참여(參與)하는 의식으로 쓰인 시(詩).

참연 慘然 (참혹할 참, 그러할 연). 참혹(慘酷)한 그런[然] 모양.

참요 讖謠 (조짐 참, 노래 요). 문학 시대적 상황이나 정치적 조짐[讖] 따위를 암시하는 민요(民謠).

참위 讖緯 (조짐 참, 씨실 위). ① 속뜻 음양오행설에 따라 길흉화복을 점치거나 예언함[讖=緯]. 또는 그럴 때 쓰이는 책. ② 도참과 위서를 아울러 이르는 말.

▸참위-설 讖緯說 (말씀 설). 중국 후한(後漢) 때에 성행하였던, 불안한 사회 현상에 대하여 길흉화복을 예언하던[讖緯] 설(說).

참-의원 參議院 (참여할 참, 의논할 의, 관청 원). ① 속뜻 국가의 주요 시책 결정에 참여(參與)하는 의원(議院). ② 정치 양원제 국회에서 상원에 해당하는 의원. ㊔상원(上院). ㊟민의원(民議院).

참작 參酌 (헤아릴 참, 헤아릴 작). ① 속뜻 어떤 일을 잘 헤아려[參] 짐작(斟酌)함. ② 이리저리 비교해 알맞게 헤아림. ¶나이가 어리다는 점을 참작하다. ㊔참량(參量).

참전 參戰 (참여할 참, 싸울 전). 전쟁(戰爭)에 참가(參加)함. ¶할아버지는 한국전쟁에 참전하셨다고 한다.

참절 慘絶 (참혹할 참, 뛰어날 절). 매우[絶] 참혹(慘酷)함. ㊔참렬(慘烈).

▸참절-비절 慘絶悲絶 (슬플 비, 뛰어날 절). 매우 참혹하고[慘絶] 매우[絶] 슬픔[悲]. ㊔비절참절(悲絶慘絶).

참정 參政 (참여할 참, 정치 정). ① 속뜻 정치(政治)에 참여(參與)함. ② 역사 대한 제국 때에, 의정부에 속한 벼슬. 또는 그 벼슬아치. 내부 대신이 겸하였다.

▸참정-권 參政權 (권리 권). 법률 국민이 국정(國政)에 직접 또는 간접으로 참여(參與)하는 권리(權利). ¶여성이 참정권을 얻게 된 것은 얼마 되지 않는다. ㊔공민권(公民權).

참조 參照 (헤아릴 참, 비칠 조). 참고(參考)로 대조(對照)하여 봄. ¶자세한 설명은 해설집을 참조하세요.

참:죄 斬罪 (벨 참, 허물 죄). 참형(斬刑)을 당할 만한 죄(罪). ㊥단죄(斷罪).

참:주 僭主 (분에 넘칠 참, 주인 주). ① 속뜻 분수에 넘치게[僭] 스스로 군주(君主)라고 칭하는 사람. ② 역사 고대 그리스의 여러 폴리스에서, 비합법적 수단으로 지배자가 된 사람.

참집 參集 (참여할 참, 모일 집). 참여(參與)하기 위하여 어떤 곳에 모임[集].

참착 參錯 (섞일 참, 섞일 착). 뒤섞이어[參=錯] 고르지 못함. ㊥교착(交錯).

참찬[1] 參贊 (참여할 참, 도울 찬). ① 속뜻 참여(參與)하여 도움[贊]. ② 역사 조선시대, 의정부의 기능을 약화시키기 위하여 의정부 소속으로 두었던 정2품 관직.

참찬[2] 參纂 (헤아릴 참, 모을 찬). 참고(參考)하여 책을 편찬(編纂)함.

참척 慘慽 (참혹할 참, 근심할 척). ① 속뜻 참혹(慘酷)할 정도로 매우 큰 근심거리[慽]. ②자손이 부모나 조부모보다 먼저 죽는 일. ¶참척의 아픔.

참천 參天 (참여할 참, 하늘 천). 하늘[天]과 나란히[參] 늘어섬. 높이 늘어섬.

참치 參差 (섞일 참, 어긋날 치). 뒤섞이어[參] 어긋남[差]. 가지런하지 못하고 들쑥날쑥한 모양. '참치부제'(參差不齊)의 준말.

▸참치부제 參差不齊 (아닐 부, 가지런할 제). 길고 짧거나 들쭉날쭉하여[參差] 가지런하지[齊] 않음[不].

참:칭 僭稱 (분에 넘칠 참, 일컬을 칭). 자기의 신분에 넘치는[僭] 칭호(稱號)를 자칭(自稱)함.

참판 參判 (참여할 참, 판가름할 판). ① 속뜻 재판(裁判)에 간여함[參]. ② 역사 조선 시대, 육조의 종이품 벼슬.

참패 慘敗 (참혹할 참, 패할 패). 참혹(慘酷)하게 패(敗)함. ¶대군을 이끌고 왔으나 참패를 당하고 돌아갔다. ㊥대패(大敗). ㊤쾌승(快勝).

참함 讒陷 (헐뜯을 참, 빠질 함). 남을 헐뜯고[讒] 모함(謀陷)함.

참해 慘害 (참혹할 참, 해칠 해). ① 속뜻 참혹(慘酷)하게 입은 손해(損害). ②참혹하게 해침.

참:형[1] 斬刑 (벨 참, 형벌 형). 역사 지난날, 죄인의 목을 쳐서[斬] 죽이던 형벌(刑罰). ㊥단죄(斷罪).

참형[2] 慘刑 (참혹할 참, 형벌 형). 참혹(慘酷)한 형벌(刑罰). ㊥악형(惡刑).

참호 塹壕 (=塹濠, 구덩이 참, 도랑 호). ① 속뜻 성 둘레에 파 놓았던 구덩이[塹=壕]. ¶참호를 파고 방벽을 세우다. ② 군사 현대전에서, 적의 공격을 막기 위해 파 놓은 구덩이.

▸참호-전 塹壕戰 (싸울 전). 군사 참호(塹壕)를 의지하고 공방전을 벌이는 전투(戰鬪).

참혹 慘酷 (끔찍할 참, 독할 혹). 끔찍하고[慘] 독하다[酷]. ¶그 영화는 너무 참혹한 장면이 많다.

참화 慘禍 (참혹할 참, 재화 화). 참혹(慘酷)한 재앙[禍]. 끔찍한 불행.

참회[1] 參會 (참여할 참, 모일 회). 모임[會]에 참여(參與)함.

참회[2] 慙悔 (부끄러울 참, 뉘우칠 회). 부끄럽게[慙] 여겨 뉘우침[悔].

참회[3] 懺悔 (뉘우칠 참, 뉘우칠 회). ① 속뜻 자기의 잘못을 뉘우침[懺=悔]. ¶그동안의 잘못을 참회하며 눈물을 흘리다. ② 불교 과거의 죄악을 깨달아 뉘우침. ③ 기독교 개신교에서, 죄를 뉘우쳐 하나님에게 고백함. ㊥회개(悔改).

▸참회-록 懺悔錄 (기록할 록). 자기 생활을 뉘우쳐[懺悔] 고백한 기록(記錄).

▸참회-문 懺悔文 (글월 문). ① 속뜻 참회(懺悔)한 내용을 적은 글[文]. ② 불교 부처나 보살에게 예불할 때나 참회할 때 읽는 글.

▸참회-멸죄 懺悔滅罪 (없앨 멸, 허물 죄). 불교 참회(懺悔)의 공덕으로써 모든 죄업(罪業)을 없애는[滅] 일.

참흉 慘凶 (참혹할 참, 흉할 흉). 참혹(慘酷)한 흉년(凶年).

차방 茶房 (차 차, 방 방). ① 속뜻 차(茶)를 마시는 방(房). ② 역사 지난날, 식료품을 넣어두는, 안방 옆에 딸린 작은 방. 찬방(饌房). ③차 종류를 조리하여 팔거나 청량음료 및 우유 따위 음료수를 파는 영업소.

찻간 車間 (수레 차, 사이 간). 기차(汽車)나 버스 따위에서 사람이 타는 칸[間]. ¶찻간이 텅 비었다.

찻잔 茶盞 (본음 [차잔], 차 차, 잔 잔). 차(茶)를 따라 마시는 잔(盞). ¶부인은 찻잔의 밑을 손으로 받쳐 들고 조금씩 마셨다.

창가[1] 娼家 (몸파는 여자 창, 집 가). 창녀(娼女)의 집[家]. ¶창가가 몰려 있는 곳.

창:가[2] 唱歌 (부를 창, 노래 가). ① 속뜻 곡조에 맞추어 노래[歌]를 부름[唱]. ② 음악 갑오개혁 이후에 발생한 근대 음악 형식의 하나. 서양 악곡의 형식을 빌려 지은 간단한 노래이다.

창:간 創刊 (처음 창, 책 펴낼 간). 정기 간행물 따위를 처음으로[創] 발간(發刊)함. 신문, 잡지 따위 정기 간행물의 첫 호를 간행함. ¶창간 10주년 / 주간지가 창간되다. ⓑ 종간(終刊).

▸창:간-호 創刊號 (차례 호). 정기 간행물에서 처음으로 발행한[創刊] 호(號). ¶잡지를 창간호부터 빠짐없이 읽다.

창:건 創建 (처음 창, 세울 건). 건물 따위를 처음으로[創] 만들어 세움[建]. ¶저 건물은 전쟁 직후에 창건되었다.

▸창:건-주 創建主 (주인 주). 절을 창건(創建)한 시주(施主).

창:견 創見 (처음 창, 볼 견). 처음으로[創] 생각해낸 의견(意見). 독창적인 견해.

창경-궁 昌慶宮 (창성할 창, 기쁠 경, 대궐 궁). ① 속뜻 국운이 창성(昌盛)하는 경사(慶事)가 있기를 기원하는 뜻에서 지은 궁전(宮殿). ② 고적 서울특별시 종로구 원서동에 있는 궁. 조선 성종 14년(1483)에 수강궁을 중건하여 이 이름으로 고쳤다.

창고 倉庫 (곳집 창, 곳집 고). ① 속뜻 물건을 간직하여 두는 곳집[倉=庫]. ¶창고에 곡식이 산더미처럼 쌓여 있다. ② 창고업자가 남의 화물을 보관하기 위하여 사용하는 설비. ⓑ곳간.

▸창고-업 倉庫業 (일 업). 경제 보관료를 받고 남이 맡긴 화물을 자기의 창고(倉庫)에 보관하는 영업(營業).

▸창고 증권 倉庫證券 (증거 증, 문서 권). 경제 창고업자(倉庫業者)가 화물을 맡긴 사람의 청구에 따라 발행하는 유가 증권(證券).

창:곡 唱曲 (부를 창, 노래 곡). ① 음악 노래를 부르기[唱] 위한 곡조(曲調). ② 곡조에 따라 노래를 부름.

창공 蒼空 (푸를 창, 하늘 공). 푸른[蒼] 하늘[空]. ¶창공에 빛난 별. ⓑ창천(蒼天).

창구[1] 窓口 (창문 창, 구멍 구). ① 속뜻 창문(窓)에 조그마하게 뚫어놓은 구멍[口]. ② 손님을 응대하거나, 문서·물품·금전의 출납 따위를 담당하는 곳. ¶요금은 이 창구에서 내실 수 있습니다. ③ 외부와의 절충이나 교섭을 담당하는 곳. ¶단일 창구로 교섭하시오.

창구[2] 創口 (상처 창, 구멍 구). 칼날 같은 것에 의해 상한[創] 상처의 구멍[口].

창구[3] 瘡口 (부스럼 창, 구멍 구). 부스럼[瘡] 등이 터져서 생긴 구멍[口].

창구[4] 艙口 (선창 창, 구멍 구). 배의 창고에서 짐을 내리거나 올리기 위하여 상갑판[艙]에 만들어 놓은 네모진 구멍[口].

창:군 創軍 (처음 창, 군사 군). 군대(軍隊)를 창설(創設)함. ⓑ건군(建軍).

창궁 蒼穹 (푸를 창, 활꼴 궁). 푸른[蒼] 하늘[穹]. ¶대지는 초록 일색이고 창궁은 남청 일색이로다. ⓑ창천(蒼天).

창궐 猖獗 (미쳐 날뛸 창, 날뛸 궐). 못된 세력이나 전염병 따위가 세차게 일어나 걷잡을 수 없이 퍼짐[猖=獗]. ¶도적들이 창궐하다 / 유행성 감기가 창궐하다.

창:극 唱劇 (부를 창, 연극 극). ① 속뜻 노래를 부르며[唱] 하는 연극[劇]. ② 연영 우리나라 구극(舊劇)의 한 가지. 판소리와 창을 중심으로 극적인 대화로 이루어지는 전통 연극. '창조가극'(唱調歌劇)의 준말.

▸창:극-조 唱劇調 (가락 조). ① 속뜻 창극(唱劇)의 곡조(曲調). ② 음악 광대 한 사람이 고수의 북장단에 맞추어 서사적인 이야기를 소리와 아니리로 엮어 발림을 곁들이며 구연하는 우리 고유의 민속악.

창기 娼妓 (몸파는 여자 창, 기생 기). 몸을 팔던[娼] 천한 기생[妓].

창녀 娼女 (몸파는 여자 창, 여자 녀). 몸을 파는 것을[娼] 직업으로 삼는 여자[女]. ⓑ 창부(娼婦).

창녕 순수비 昌寧巡狩碑 (창성할 창, 편안할 녕, 돌 순, 순시할 수, 비석 비). 고적 경상남도 창녕군 창녕(昌寧)읍에 있는, 신라 진흥왕의 순수비(巡狩碑). 본디 창녕군 창녕읍 화왕산 기슭에 있던 것을 1924년에 지금의 위치로 옮겼다. 진흥왕 22년(561)에 세운 것으로 추정되며, 비문은 해서체로 되어 있다. 국보 제33호이다.

창:단 創團 (처음 창, 모일 단). 모임[團]을 창설(創設)함.

창:달 暢達 (펼칠 창, 이를 달). ① 속뜻 거침없이 기세를 펴서[暢] 어떤 일을 이룸[達]. ② 막힘이 없이 통하거나 숙달함. ㊐통달(通達).

창:당 創黨 (처음 창, 무리 당). 당(黨)을 창설(創設)함.

창:덕 彰德 (드러낼 창, 베풀 덕). 남의 덕행(德行)을 밝혀 드러냄[彰].

창덕-궁 昌德宮 (창성할 창, 베풀 덕, 대궐 궁). ① 속뜻 국운이 창성(昌盛)하고 은덕(恩德)이 쌓이기를 기원하는 뜻에서 지은 궁전(宮殿). ② 고적 서울특별시 종로구 와룡동에 있는 궁궐. 조선 태종 때에 건립된 것으로 역대 왕이 정치를 하고 상주하던 곳이며, 보물 383호인 돈화문 등이 있다. 1997년에 유네스코 세계 문화유산으로 지정되었다. 사적 제122호이다.

창:도 唱導 (부를 창, 이끌 도). ① 속뜻 주장을 내세워 외치면서[唱] 앞장서 이끎[導]. ② 불교 교법을 베풀어 불도로 인도함.

창랑 滄浪 (큰바다 창, 물결 랑). 큰 바다[滄]의 푸른 물결[浪]. ㊐창파(滄波).

▸창랑자취 滄浪自取 (스스로 자, 가질 취). ① 속뜻 큰 바다의 푸른 물결[滄浪]을 몸소[自] 취(取)함. ② '좋은 말을 듣거나 나쁜 말을 듣거나 다 제 할 탓'이라는 말.

창:립 創立 (처음 창, 설 립). 학교나 회사, 기관 따위를 처음으로[創] 세움[立]. ¶창립 기념 행사. ㊐창설(創設).

창:만 脹滿 (배부를 창, 가득할 만). ① 속뜻 배가 가득차서[滿] 불룩해짐[脹]. ② 의학 복강(腹腔)안에 액체가 괴어 배가 몹시 팽창하는 증상. ③ 한의 배가 몹시 불러 오르면서 속이 그득한 감이 있는 증상.

창:망[1] 愴望 (슬퍼할 창, 바라볼 망). ① 속뜻 슬프게[愴] 바라봄[望]. ② 시름없이 바라봄.

창:망[2] 悵惘 (원망할 창, 멍할 망). ① 속뜻 너무나 원망스러워[悵] 멍해짐[惘]. ② 마음 속의 원망으로 인하여 다른 생각을 할 마음의 여유가 없음.

창망[3] 蒼茫 (=滄茫, 푸를 창, 아득할 망). 넓고 푸르고[蒼] 아득함[茫].

창맹 蒼氓 (푸를 창, 백성 맹). 무수히 많은[蒼] 세상의 백성[氓]. ㊐창생(蒼生).

창:명 彰明 (드러낼 창, 밝힐 명). 드러내어[彰] 밝힘[明].

창문 窓門 (창문 창, 문 문). 창(窓)으로 쓰기 위해 만든 문(門). 채광이나 통풍을 위하여 벽에 낸 작은 문. ¶창문을 활짝 열다 / 창문가.

창백 蒼白 (푸를 창, 흰 백). 얼굴에 푸른[蒼] 빛이 돌며 핏기가 없이 희다[白]. 해쓱하다. ¶며칠 잠을 못 자더니 안색이 창백해졌다.

▸창백-출 蒼白朮 (차조 출). 한의 창출(蒼朮)과 백출(白朮)을 아울러 이르는 말. 당삽주의 뿌리와 덩이줄기를 말린 약재를 아울러 이르는 말.

창:법[1] 唱法 (부를 창, 법 법). 노래나 소리, 시조 따위를 부르는[唱] 방법(方法). ¶남성적인 창법으로 유명한 여가수.

창법[2] 槍法 (창 창, 법 법). 창(槍)을 쓰는 방법(方法).

창병 瘡病 (부스럼 창, 병 병). ① 속뜻 부스럼[瘡]이 생기는 병(病). ② 한의 피부에 나는 질병을 통틀어 이르는 말.

창:부[1] 倡夫 (광대 창, 사나이 부). ① 속뜻 사내[夫] 광대[倡]. ② 무당 굿 열두 거리의 한 가지.

창부[2] 娼婦 (몸파는 여자 창, 여자 부). 몸 파는 일을[娼] 직업으로 하는 여자[婦]. ㊐창녀(娼女).

창상[1] 創傷 (상처 창, 다칠 상). 날에 베어[創] 다침[傷].

창상[2] 滄桑 (큰바다 창, 뽕나무 상). ① 속뜻 푸른 바다[滄]가 변하여 뽕[桑]밭이 됨. ② '덧없는 세상의 변천'을 이르는 말. '창해상전'(滄海桑田)의 준말.

▸창상-세계 滄桑世界 (세상 세, 지경 계). 변화가 많은[滄桑] 세상[世界].

▶창상지변 滄桑之變 (어조사 지, 바뀔 변). ① 속뜻 푸른 바다[滄]가 뽕[桑]밭으로 변(變)함. ② '시절의 변화가 무상함'을 이르는 말. ⓑ상전벽해(桑田碧海).

창생 蒼生 (푸를 창, 사람 생). 무성히 많은[蒼] 사람[生]. 세상의 모든 백성. ⓑ창맹(蒼氓).

창:서 暢敍 (화창할 창, 베풀 서). 마음이나 회포를 온화하고 맑게[暢] 베풂[敍].

창:선 彰善 (드러낼 창, 착할 선). 남의 착한[善] 행실을 드러냄[彰]. ⓑ창악(彰惡).

▶창:선-징악 彰善懲惡 (혼낼 징, 악할 악). 착한 일을 드러내 주고[彰善] 악(惡)한 일은 징벌(懲罰)함. ⓑ권선징악(勸善懲惡).

창:설 創設 (처음 창, 세울 설). 조직 따위를 처음으로[創] 세움[設]. ¶축구부를 창설하다. ⓑ창립(創立).

▶창:설-자 創設者 (사람 자). 기관이나 단체 따위를 처음으로 창설(創設)한 사람[者]. ¶그의 할아버지가 이 학교의 창설자이다.

창성[1] 昌盛 (창성할 창, 성할 성). 일이나 세력 따위가 번성하여[昌=盛] 잘 되어감.

창:성[2] 創成 (처음 창, 이룰 성). 창조(創造)하여 이룸[成].

창:세 創世 (처음 창, 세상 세). 맨 처음[創] 세상(世上).

▶창:세-기 創世記 (기록할 기). ① 속뜻 세상(世上)과 인류의 창조(創造)에 관한 기록(記錄). ② 기독교 세상과 인류의 창조에 대해 기록된 구약성서 중 하나.

창송 蒼松 (푸를 창, 소나무 송). 푸른[蒼] 소나무[松]. ⓑ청송(靑松).

▶창송-취죽 蒼松翠竹 (푸를 취, 대나무 죽). 푸른[蒼] 소나무[松]와 푸른[翠] 대나무[竹].

창:수 唱酬 (부를 창, 보낼 수). 시가나 문장을 부르고[唱] 지어서 서로 주고받음[酬].

창술 槍術 (창 창, 꾀 술). 창(槍)을 쓰는 기술(技術).

창승 蒼蠅 (푸를 창, 파리 승). ① 속뜻 푸른[蒼]색을 띤 파리[蠅]. ⓑ쉬파리. ② 소인(小人)을 비유하여 이르는 말.

창:시 創始 (처음 창, 처음 시). 처음으로[創] 시작(始作)함. 처음 만듦. ¶진화론을 창시하다.

▶창:시-자 創始者 (사람 자). 어떤 사상이나 학설 따위를 처음으로[創] 시작(始作)하거나 내세운 사람[者]. ¶국어 연구의 창시자.

창:씨 創氏 (처음 창, 성씨 씨). 성[氏]을 창조(創造)함. '창씨개명'(創氏改名)의 준말.

▶창:씨-개명 創氏改名 (바꿀 개, 이름 명). ① 속뜻 성을 새로 짓고[創氏] 이름[名]을 바꿈[改]. ② 역사 일제 강점 말기, 강제로 우리의 성명을 일본식으로 바꾸어 짓도록 한 일.

창:악 彰惡 (드러낼 창, 나쁠 악). 남의 악(惡)한 행실을 드러냄[彰]. ⓑ창선(彰善).

창:안[1] 創案 (처음 창, 생각 안). 전에 없었던 생각[案]을 처음[創] 함. ¶새로운 사업을 창안해 내다.

창안[2] 蒼顔 (푸를 창, 얼굴 안). 늙어서 창백(蒼白)해진 얼굴[顔]. 곧 노인의 얼굴.

▶창안-백발 蒼顔白髮 (흰 백, 머리털 발). 노인의 창백한 얼굴[蒼顔]과 하얗게[白] 센 머리털[髮].

창언 昌言 (햇빛 창, 말씀 언). ① 속뜻 아름다운[昌] 말[言]. 이치에 맞는 말. ⓑ가언(佳言). ② 도움이 되는 좋은 말.

▶창언-정론 昌言正論 (바를 정, 논할 론). 이치에 맞는 말[昌言]과 옳은 말[正論].

창:업 創業 (처음 창, 일 업). ① 속뜻 사업(事業)을 창설(創設)함. ¶회사 창업도 힘들지만 경영은 더 힘들다. ② 나라를 처음으로 세움. ¶조선 왕조 창업의 일등 공신.

▶창:업 이:득 創業利得 (이로울 리, 얻을 득). 경제 창업(創業)으로 인하여 얻게[得] 된 이익(利益). 주식회사의 설립이나 신주 발행에 있어, 회사 설립자에게 돌아가는 이익.

▶창:업지주 創業之主 (어조사 지, 주인 주). 왕조를 처음 세운[創業] 임금[主]. 개국시조.

창역-가 倉役價 (창고 창, 부릴 역, 값 가). 역사 조선 말기에 세미(稅米)를 창고(倉庫)에 넣는 일을 하고[役] 받은 값[價].

창연 蒼然 (푸를 창, 그러할 연). ① 속뜻 빛깔이 몹시 푸르고[蒼] 그러한[然]. ¶창연한 가을 하늘 / 창연한 바다. ② 날이 저물어 어둑어둑하다. ¶창연한 저녁 빛이 들판에 깔린다. ③물건 따위가 오래되어 예스러운 느낌이 은근하다. ¶고색이 창연한 산사.

창:우 倡優 (광대 창, 광대 우). 민속 광대[倡=優]. 지난날, 줄타기나 판소리·가면극 따위를 하던 사람을 통틀어 이르던 말.

창운 昌運 (창성할 창, 운수 운). 앞날이 탁 트인[昌] 좋은 운수[運].

창원 蒼遠 (푸를 창, 멀 원). 아득하게[蒼] 멂[遠].

창:월 暢月 (펼칠 창, 달 월). ① 속뜻 겨울이 한창인[暢] 달[月]. ②'음력 11월'을 달리 이르는 말. ㊥지월(至月).

창:의[1] 倡義 (인도할 창, 옳을 의). 옳은[義] 일에 따르도록 인도함[倡]. 국란을 당하여 의병을 일으킴.

창:의[2] 創意 (처음 창, 뜻 의). 처음으로[創] 해낸 생각이나 의견(意見).

▸창:의-력 創意力 (힘 력). 새로운 생각[意]을 처음으로[創] 만들어내는 능력(能力). ¶창의력을 발휘하다.

▸창:의-성 創意性 (성질 성). 새로운 생각[意]을 처음으로[創] 만들어내는 특성(特性). ¶창의성이 풍부하다 / 창의성을 발휘해서 문제를 해결하다.

▸창:의-적 創意的 (것 적). 창의성(創意性)을 띠거나 가진 것[的]. ¶창의적인 사고방식.

창의-문 彰義門 (드러낼 창, 옳을 의, 문 문). ① 속뜻 의로움[義]을 드러낸다[彰]는 뜻을 담은 성문(城門). ② 고적 조선 시대에 한양의 서북쪽에 건립한 성문으로 현재 사소문 가운데 남아 있는 유일한 것이다. ㊥자하문(紫霞門). ㊟사소문(四小門).

창:이 創痍 (상처 창, 상처 이). 칼 따위에 다친[創] 상처[痍].

창:일 漲溢 (물불을 창, 넘칠 일). ① 속뜻 물이 불어서[漲] 넘침[溢]. ㊥창만(漲滿). ② 의기나 의욕이 왕성하게 일어남.

창:작 創作 (처음 창, 지을 작). ① 속뜻 처음으로[創] 만들어[作] 냄. ②예술 작품을 독창적으로 만들거나 표현하는 일. 또는 그 작품. ¶소설을 창작하다.

▸창:작-물 創作物 (만물 물). ① 속뜻 창작(創作)을 한 문예 작품[物]. ② 법률 인간의 정신적 노력에 의한 산물을 통틀어 이르는 말.

▸창:작-집 創作集 (모을 집). 문학 창작(創作)한 문예 작품을 모은[集] 것. 주로 '단편 소설집'을 이르는 말.

▸창:작-품 創作品 (물건 품). 창작(創作)한 문예 작품(作品).

창:저 彰著 (드러낼 창, 드러날 저). 어떤 일을 밝혀 드러냄[彰=著].

창:정 創定 (처음 창, 정할 정). 법이나 제도 따위를 처음으로 창조(創造)하여 정(定)함.

창:제 創製 (=創制, 처음 창, 만들 제). 전에 없던 것을 처음으로[創] 만듦[製]. ¶한글을 창제하다.

창:조 創造 (처음 창, 만들 조). ① 속뜻 전에 없던 것을 처음으로[創] 만듦[造]. ②신(神)이 우주 만물을 처음으로 만듦. ¶생명 창조의 신비 / 천지가 창조되다. ③어떤 목적으로 문화적·물질적 가치를 이룩함. ¶새로운 문학의 창조 / 유행을 창조하다. ④ 문학 1919년에 김동인, 주요한 등에 의해 창간된 최초의 순수 문예 동인지. 1921년에 통권 9호로 종간되었다. ㊤모방(模倣).

▸창:조-력 創造力 (힘 력). 새로운 것을 창조(創造)하는 힘[力]이나 능력. ¶창조력을 기르다.

▸창:조-물 創造物 (만물 물). 창조(創造)한 물건(物件).

▸창:조-자 創造者 (사람 자). 창조(創造)한 사람[者]. ¶역사의 창조자.

▸창:조-적 創造的 (것 적). 새로운 것을 만들어 내는[創造] 특성이 있는 것[的]. ¶전통 문화를 창조적으로 발전시키다.

창:졸 倉卒 (갑자기 창, 갑자기 졸). 미처 어찌할 겨를이 없이 갑작스러움[倉=卒].

▸창:졸-간 倉卒間 (사이 간). 갑작스러워[倉=卒] 미처 어찌할 수도 없는 사이[間]. ㊥조차간(造次間).

창종 瘡腫 (부스럼 창, 종기 종). 온갖 부스럼[瘡]과 종기(腫氣).

창:준 唱準 (부를 창, 고를 준). ① 속뜻 원고를 소리내어[唱] 읽어가며 잘못된 것을 바로잡음[準]. ② 역사 조선 때, 교정을 돕느라고 원고를 읽던 잡직.

창:증 脹症 (배부를 창, 증세 증). 한의 배가

불룩해지는[脹] 증상(症狀).

창창 蒼蒼 (푸를 창, 푸를 창). ① [속뜻] 초목이 무성하거나 하늘·바다·호수 따위가 푸르다[蒼+蒼]. ¶가을 하늘이 창창하다. ② 앞길이 멀고멀어서 아득하다. ¶앞길이 창창한 청년. ③ 저문 저녁의 으슴푸레한 어둠의 빛. ¶창창한 달밤.

▸창창-소년 蒼蒼少年 (적을 소, 나이 년). 앞길이 창창(蒼蒼)한 젊은이[少年]. 장래성이 많은 소년.

▸창창울울 蒼蒼鬱鬱 (우거질 울, 우거질 울). 주로 큰 나무들이 빽빽하게 들어서 매우 무성하고[鬱+鬱] 푸름[蒼+蒼]. [비] 울울창창.

창천 蒼天 (푸를 창, 하늘 천). ① [속뜻] 맑게 갠 새파란[蒼] 하늘[天]. [비] 궁창(穹蒼), 창공(蒼空), 창궁(蒼穹). ② 사천의 하나로 봄철의 하늘. ③ 구천의 하나로 동북쪽 하늘.

창:초 創初 (처음 창, 처음 초). 사물을 창조(創造)한 처음[初]. [비] 태초(太初).

창:출 創出 (처음 창, 날 출). 처음으로[創] 만들어 냄[出].

창취 蒼翠 (푸를 창, 푸를 취). 나무가 우거져 싱싱하게 푸름[蒼=翠].

창:쾌 暢快 (펼칠 창, 기쁠 쾌). 맺힌 것을 풀어서[暢] 마음에 거리낌이 없이 아주 즐거움[快]. 아주 유쾌함.

창:탄 唱彈 (부를 창, 퉁길 탄). 노래를 부르면서[唱] 현악기를 탐[彈].

창태 蒼苔 (푸를 창, 이끼 태). 푸른[蒼] 이끼[苔]. [비] 청태(靑苔).

창파 滄波 (큰바다 창, 물결 파). 큰 바다[滄]의 푸른 물결[波]. [비] 창랑(滄浪).

창평 昌平 (창성할 창, 평안할 평). 나라가 창성(昌盛)하고 세상이 태평(太平)함.

창포 菖蒲 (창포 창, 부들 포). ① [속뜻] 창포[菖]와 부들[蒲]. ② [식물] 향기가 있고 길쭉한 잎이 나며, 초여름에 황록색의 꽃이 피는 풀. ③ [한의] 창포의 뿌리만을 특히 이르는 말.

창피 猖披 (미쳐 날뛸 창, 쓰러질 피). 체면 깎일 일을 당하여 부끄러워 마음속으로 펄펄 뛰고[猖] 쓰러질[披] 지경임. ¶창피를 주다 / 창피해서 얼굴이 빨개졌다.

창하 증권 倉荷證券 (창고 창, 짐 하, 증거 증, 문서 권). [경제] 창고(倉庫)에 맡긴 하물(荷物)에 대한 유가 증권(有價證券). [비] 창고 증권(倉庫證券).

창해 滄海 (큰바다 창, 바다 해). 넓고 큰[滄] 바다[海]. [비] 창명(滄溟).

▸창해-수 滄海水 (물 수). 큰 바다[滄海]의 물[水].

▸창해-상전 滄海桑田 (뽕나무 상, 밭 전). ① [속뜻] 넓은[滄] 바다[海]가 변하여 뽕[桑]밭[田]이 됨. ② '세상의 큰 변화'를 이르는 말. [비] 상전벽해(桑田碧海).

▸창해-일속 滄海一粟 (한 일, 조 속). ① [속뜻] 큰[滄] 바다[海]에 떠 있는 한[一] 알의 좁쌀[粟]. ② '매우 작음' 또는 '보잘것없는 존재'를 비유하여 이르는 말. [비] 대해일적(大海一滴).

창:현 彰顯 (드러낼 창, 드러낼 현). 두루 알도록 널리 알려 드러냄[彰=顯]. [비] 현창(顯彰).

창호 窓戶 (창문 창, 지게문 호). 창문(窓)과 지게문[戶]을 아울러 이르는 말.

▸창호-지 窓戶紙 (종이 지). 창과 문[窓戶]을 바르는 종이[紙]. 한지(韓紙)의 한 가지. ¶창호지를 바르다.

창:화 唱和 (부를 창, 합칠 화). ① [속뜻] 시나 노래를 한쪽에서 먼저 부르고[唱] 다른 쪽에서 화답(和答)함. ② 악기를 곡에 맞추어 노래로 화답함.

창황 蒼黃 (=蒼皇, 蒼惶, 푸를 창, 누를 황). 어찌할 겨를 없이 매우 급하여[蒼] 안색이 노래짐[黃].

▸창황-망조 蒼黃罔措 (멍할 망, 놓을 조). 너무 급하여 어찌할 바를 모르고[蒼黃] 멍하니[罔] 정신을 놓고[措] 있음.

창:회 暢懷 (펼칠 창, 품을 회). 가슴속에 품고[懷] 있던 것을 시원하게 펼쳐[暢] 놓음. 맺혔던 가슴속을 헤쳐서 시원하게 회포를 풀어놓음.

채:결 採決 (가려낼 채, 결정할 결). 의장이 의안 채택(採擇) 여부를 의원들에게 물어 결정(決定)함.

채:광[1] 採鑛 (캘 채, 쇳돌 광). [광업] 광석(鑛石)을 캐냄[採]. ¶채광 기계를 구입하였다.

채:광[2] 採光 (캘 채, 빛 광). 실내를 밝게 하기 위하여 바깥 햇빛[光] 등을 받아들임[採]. ¶채광이 잘 되어 불을 안 켜도 된다.

▸채ː광-창 採光窓 (창문 창). 햇빛[光]을 받아들이기[採] 위해 낸 창문(窓門).

▸채ː광-탄 採光彈 (탄알 탄). 백·적·녹색 등 빛을 내는[採光] 채광제(採光劑)를 넣은 신호탄(信號彈).

채ː구 彩球 (빛깔 채, 공 구). ① [속뜻] 채색(彩色)된 공[球]. ② [천문] 태양의 광구와 상층 대기인 코로나 사이의 대기층.

채ː굴 採掘 (캘 채, 팔 굴). 광물 따위를 캐내기[採] 위하여 땅을 팜[掘]. ¶채굴된 광석은 다른 나라로 수출된다.

▸채ː굴-권 採掘權 (권리 권). [법률] 일정한 구역에서 광물을 캐내어[採掘] 가질 수 있는 광업권(鑛業權).

채ː권[1] 債券 (빚 채, 문서 권). [경제] 국가나 회사 등이 필요한 자금[債]을 빌리고자 할 때 발행하는 유가증권(證券). ¶다리를 짓기 위해 채권을 발행하다.

▸채ː권 시ː장 債券市場 (저자 시, 마당 장). [경제] 채권(債券)을 발행하고 유통하는 시장(市場)을 통틀어 이르는 말.

채ː권[2] 債權 (빚 채, 권리 권). [법률] 빚[債]을 빌려 준 데 대한 권리(權利). 재산상의 급부를 요구할 수 있는 권리. [반]채무(債務).

▸채ː권-자 債權者 (사람 자). [법률] 채권(債權)을 가진 사람[者]. 채무자에게 재산상의 급부(給付)를 청구할 권리가 있는 사람. [반]채무자(債務者).

▸채ː권-질 債權質 (볼모 질). [법률] 권리질(權利質)의 한 가지로 채권(債權)을 목적으로 하는 질권(質權).

▸채ː권 양ː도 債權讓渡 (넘겨줄 양, 건넬 도). [법률] 채권(債權)을 제삼자에게 넘겨줄[讓渡] 것을 목적으로 하는 계약.

▸채ː권 증권 債權證券 (증거 증, 문서 권). [법률] 채권(債權)의 존재를 나타내는 유가증권(證券).

▸채ː권 침ː해 債權侵害 (쳐들어갈 침, 해칠 해). [법률] 채권(債權)의 실현을 방해하는[侵害] 행위.

▸채ː권 행위 債權行爲 (행할 행, 할 위). [법률] 행위자 사이에 채권(債權)·채무 관계를 발생시키는 것을 내용으로 하는 법률 행위(行爲).

채ː귀 債鬼 (빚 채, 귀신 귀). 빚[債]을 몹시 조르는 사람을 악귀(惡鬼)에 비유하여 이르는 말.

채ː근 採根 (캘 채, 뿌리 근). ① [속뜻] 식물의 뿌리[根]를 캠[採]. ② 일의 근원을 캐어 밝힘. ③ 어떤 일을 따지어 독촉함.

채ː금[1] 採金 (캘 채, 황금 금). 금(金)을 캠[採].

채ː금[2] 債金 (빚 채, 돈 금). 빚진[債] 돈[金]. [비]채전(債錢).

채ː급 債給 (빚 채, 줄 급). 빌려[債] 줌[給].

채ː기 彩器 (빛깔 채, 그릇 기). 그림 그릴 때 여러 빛깔[彩]의 물감을 풀어서 쓰는 그릇[器].

채ː납 採納 (가려낼 채, 들일 납). 사람을 골라서[採] 받아들임[納]. 의견을 받아들임.

채ː농 菜農 (나물 채, 농사 농). 채소(菜蔬)를 가꾸는 농사(農事).

채ː니-기 採泥器 (캘 채, 진흙 니, 그릇 기). [기계] 바다나 강의 바닥에 침전된 진흙[泥] 따위를 긁어내는[採] 기구(器具).

채ː단[1] 采緞 (무늬 채, 비단 단). [민속] 혼인 때, 신랑 집에서 신부 집으로 미리 보내는 청색·홍색의 두 가지 색깔[采]의 비단[緞].

채ː단[2] 綵緞 (비단 채, 비단 단). 비단[綵=緞]을 통틀어 이르는 말.

채ː도[1] 彩度 (빛깔 채, 정도 도). [미술] 빛깔[彩]이 선명한 정도(程度). 빛깔의 세 가지 속성 중 하나이다.

채ː도[2] 彩陶 (빛깔 채, 질그릇 도). [고적] 색칠[彩]과 무늬가 있는 도자기(陶瓷器).

채ː독 菜毒 (나물 채, 독할 독). [한의] 채소(菜蔬)를 날것으로 먹어서 생기는 중독증(中毒症)을 이르는 말.

채ː득 採得 (캘 채, 얻을 득). 묻고 캐내어[採] 어떤 사실을 얻음[得]. 수탐(搜探)하여 사실을 찾아냄.

채ː란 採卵 (캘 채, 알 란). ① [속뜻] 가금(家禽)의 알[卵]을 거두는[採] 일. ② 물고기의 알을 인공적으로 받는 일.

채ː련 採鍊 (캘 채, 불릴 련). [광업] 광물을 캐내어[採] 정련(精鍊)하는 일.

채ː록 採錄 (가려낼 채, 기록할 록). 필요한 자료를 찾아 모아서[採] 적거나[錄] 녹음함.

▸채ː록-자 採錄者 (사람 자). 채록(採錄)한

사람[者].

채:료 彩料 (빛깔 채, 거리 료). 채색(彩色)에 쓰이는 재료(材料).

채:마 菜麻 (나물 채, 삼 마). ① 속뜻 나물[菜]과 삼[麻]. ② 먹을거리나 입을 거리로 심어서 가꾸는 식물. ¶봄 채마 / 채마 재배 / 채마를 가꾸다. ③ 채마밭. ¶채마를 부치다.

채:무 債務 (빚 채, 일 무). ① 속뜻 빚을 갚아야할[債] 일[務]. ② 법률 특정인이 다른 특정인에게 어떤 행위를 해야 할 의무. ¶천만 원의 채무가 있다. 반 채권(債權).

▶ 채:무-자 債務者 (사람 자). 법률 채무(債務)를 진 사람[者]. 채권자에게 어떤 급부의 의무가 있는 사람. 반 채권자(債權者).

▶ 채:무 명의 債務名義 (이름 명, 옳을 의). ① 속뜻 채무(債務)에 대한 명의(名義). ② 법률 일정한 사법상의 이행 의무의 존재를 증명하고, 법률에 따른 강제 집행력이 부여된 공증 문서.

▶ 채:무 이:행 債務履行 (밟을 리, 갈 행). 법률 채무자가 자기의 채무(債務)를 순서를 밟아[履] 실행(實行)하는 일.

▶ 채:무 불이행 債務不履行 (아닐 불, 밟을 리, 갈 행). 법률 채무자가 채무(債務)의 내용대로 이행(履行)하지 않는[不] 일. 이행 지체, 이행 불능, 불완전 이행이 있다.

채:묵 彩墨 (빛깔 채, 먹 묵). 미술 ① 속뜻 채색(彩色)에 쓰이는 먹[墨]. ② 채색화와 묵화를 아울러 이르는 말.

채:문 彩文 (빛깔 채, 무늬 문). ① 속뜻 빛깔[彩]과 무늬[文]. ② 물결무늬나 원형 따위를 써서 그린 기하학적 무늬. 증권이나 지폐의 도안에 쓰인다.

▶ 채:문 토기 彩文土器 (흙 토, 그릇 기). 고적 겉면에 채색(彩色)한 무늬[文]가 있는 고대 토기(土器).

채:밀 採蜜 (캘 채, 꿀 밀). 꿀[蜜]을 뜸[採].

채:방 採訪 (가려낼 채, 찾을 방). 모르는 곳을 물어 가며[採] 찾음[訪]. 비 채탐(採探).

채:벌 採伐 (캘 채, 벨 벌). 나무를 베거나[伐] 풀을 캐내는[採] 것. 비 벌채(伐採).

채:벽 採壁 (캘 채, 담 벽). 광업 채석장에서 석재를 뜨는[採] 암벽(岩壁)의 단면.

채:변 採便 (캘 채, 똥 변). 검사용으로 변(便)을 받음[採].

채:병 彩屛 (빛깔 채, 병풍 병). 채색(彩色)을 써서 그린 병풍(屛風).

채:보 採譜 (가려낼 채, 적어놓을 보). 음악 곡조를 듣고 음을 가려내어[採] 악보(樂譜)로 적음.

채:부 採否 (가려낼 채, 아닐 부). 채용(採用)의 여부(與否). 채택의 여부.

채:빙 採氷 (캘 채, 얼음 빙). 얼음[氷]을 떠냄[採].

채:산[1] 採山 (캘 채, 메 산). 산(山)에서 나는 나물을 캐냄[採].

채:산[2] 採算 (가려낼 채, 셀 산). ① 경제 수지나 손익을 따지거나[採] 셈함[算]. ② 이해 득실을 따지거나 챙기는 일. 비 타산(打算).

채:삼 採蔘 (캘 채, 인삼 삼). 인삼(人蔘)을 캠[採]. ¶그는 혼자서 채삼을 하러 떠났다.

채:색[1] 采色 (무늬 채, 빛 색). 아름다운 색[采=色].

채:색[2] 菜色 (나물 채, 빛 색). ① 속뜻 푸성귀[菜]의 빛깔[色]. ② 부황이 나서 누르스름한 얼굴빛.

채:색[3] 彩色 (빛깔 채, 빛 색). ① 속뜻 여러 가지 빛깔[彩]의 색칠[色]. ② 그림이나 장식에 색을 칠함. ¶독특한 채색 기법 / 빨간 페인트로 담장을 채색하다.

▶ 채:색-화 彩色畵 (그림 화). 미술 채색(彩色)으로 그린 그림[畵]. ¶생동감 있는 채색화.

채:석 採石 (캘 채, 돌 석). 채석장에서 석재(石材)를 캐냄[採]. ¶채석된 돌은 주택용 석재로 공급된다.

▶ 채:석-장 採石場 (마당 장). 석재(石材)를 떠내는[採] 곳[場].

채:소 菜蔬 (나물 채, 나물 소). 밭에 가꾸어 식용하는 각종 푸성귀나 나물[菜=蔬]. ¶밭에는 푸른 채소가 돋아난다. 비 야채(野菜), 푸성귀.

▶ 채:소 원예 菜蔬園藝 (동산 원, 심을 예). 농업 채소(菜蔬)를 전문적으로 밭[園]에 심어[藝] 재배하는 일.

채:송-화 菜松花 (나물 채, 소나무 송, 꽃 화). ① 속뜻 채소(菜蔬)같으면서도 소나무[松] 모양을 하고 있는 꽃[花] 나무. ② 식물 솔잎 모양의 잎이 나며, 여름부터 가을

에 걸쳐 빨강·노랑·하양 등의 꽃이 피는 풀.

채:수 採水 (캘 채, 물 수). 실험 또는 관측을 하기 위하여 물[水]을 채취(採取)함.

채:식 菜食 (나물 채, 먹을 식). 채소[菜]로 만든 것을 먹음[食]. ㊥초식(草食). ㊦육식(肉食).

▸채:식-주의 菜食主義 (주될 주, 뜻 의). 식물성 식품만 먹는[菜食] 습관이나 주의(主義).

채:약 採藥 (캘 채, 약 약). 약초(藥草)나 약재(藥材)를 캐어[採] 거둠.

채:여 彩輿 (빛깔 채, 수레 여). 역사 꽃무늬가 채색(彩色)되어 있는 수레[輿]. 왕실에 의식이 있을 때, 귀중품을 실어 옮기는 데 쓰던 교자 모양의 기구이다.

채:연 彩輦 (빛깔 채, 손수레 연). 역사 꽃무늬가 채색(彩色)되어 있는 수레[輦]. 왕실에 의식이 있을 때, 귀중품을 실어 옮기는 데 쓰던 교자 모양의 기구이다.

채:용 採用 (가려낼 채, 쓸 용). ① 속뜻 사람을 뽑아[採] 씀[用]. ¶채용을 미루다 / 신입사원을 채용하다. ② 어떤 의견이나 방법을 골라 받아들여 씀. ¶이 작품에서는 비유법을 채용했다 / 그의 의견은 채용되지 못했다. ㊟채택(採擇).

채:운 彩雲 (빛깔 채, 구름 운). 여러 가지 채색(彩色)을 띤 구름[雲].

채:원 菜園 (나물 채, 동산 원). 야채[菜]를 심은 밭[園]. ㊥채포(菜圃).

채:유1 採油 (캘 채, 기름 유). 유전에서 기름[油]을 채굴(採掘)함.

채:유2 菜油 (나물 채, 기름 유). 채소(菜蔬)의 씨로 짜낸 기름[油]. 특히, 배추씨로 짜낸 기름을 이른다.

채:의 彩衣 (빛깔 채, 옷 의). 울긋불긋한 채색(彩色)이 있는 옷[衣].

채:자 採字 (가려낼 채, 글자 자). 출판 인쇄소에서 원고대로 활자(活字)를 골라[採] 뽑는 일. ㊥문선(文選).

▸채:자-공 採字工 (장인 공). 출판 채자(採字)를 하는 사람[工]. ㊥문선공(文選工).

채:장 債帳 (빚 채, 장부 장). 빚진[債] 돈의 액수를 적은 장부[帳].

채:전1 菜田 (나물 채, 밭 전). 채소(菜蔬) 밭[田].

채:전2 債錢 (빚 채, 돈 전). 빚진[債] 돈[錢]. ㊥채금(債金).

채:점 採點 (가려낼 채, 점 점). 점수(點數)를 매겨 우열을 가려냄[採]. ¶답안지를 채점하다.

채:종1 菜種 (나물 채, 씨 종). 채소[菜]의 씨앗[種].

채:종2 採種 (가려낼 채, 씨 종). 씨앗[種]을 골라서[採] 받음. ㊥취종(取種).

▸채:종-답 採種畓 (논 답). 씨앗[種]을 받으려고[採] 따로 마련한 논[畓].

▸채:종-전 採種田 (밭 전). 씨앗[種]을 받으려고[採] 따로 마련한 밭[田].

채:주 債主 (빚 채, 주인 주). 빚[債]을 준 사람[主]. ㊦차주(借主).

채:집 採集 (캘 채, 모을 집). 무엇을 캐거나[採] 찾아서 모음[集]. ¶약초채집 / 곤충을 채집해서 표본을 만들었다.

채:초 採草 (캘 채, 풀 초). 풀[草]을 캐냄[採]. 가축에게 먹일 풀을 벰.

채:취1 彩翠 (빛깔 채, 푸를 취). 비취옥(翡翠玉)의 고운 빛깔[彩].

채:취2 採取 (캘 채, 가질 취). ① 속뜻 자연물에서 일부분을 캐거나[採] 뜯어서 가짐[取]. ¶미역 채취 / 고모는 약초를 채취하러 나가셨다. ② 연구나 조사 등을 위하여 표본이나 자료가 될 것을 찾거나 골라서 거두어 챙김. ¶지문채취 / 전라도 지방의 민요를 채취하다.

▸채:취-권 採取權 (권리 권). 광업 사광을 캐어 가질[採取] 수 있는 권리(權利).

채:층 彩層 (빛깔 채, 층 층). 천문 일식 때 코로나의 아래층에 분홍빛[彩]으로 보이는 층(層). ㊥채구(彩球).

채:탄 採炭 (캘 채, 숯 탄). 석탄(石炭)을 캐냄[採].

채:탐 採探 (가려낼 채, 찾을 탐). 모르는 곳을 물어가며[採] 찾음[探]. ㊥채방(採訪).

*__채:택 採擇__ (캘 채, 고를 택). ① 속뜻 캐어내거나[採] 골라냄[擇]. ② 작품, 의견, 제도 따위를 가려 뽑음. ¶채택된 원고에 대해서는 기념품을 드립니다.

채:판 彩板 (빛깔 채, 널빤지 판). 단청을 할 때, 여러 가지 채색(彩色)을 고루 섞어 화공들에게 공급하는 판(板).

채:필 彩筆 (빛깔 채, 붓 필). 채색(彩色)하는 데 쓰는 붓[筆].

채:혈 採血 (캘 채, 피 혈). 의학 진단이나 수혈을 하기 위하여 피[血]를 뽑음[採]. 참수혈(輸血).

채:홍 彩虹 (빛깔 채, 무지개 홍). ① 속뜻 고운 빛깔[彩]의 무지개[虹]. ② 공중에 떠 있는 물방울이 햇빛을 받아 나타내는 반원 모양의 일곱 빛깔의 줄. 비무지개.

채:화[1] 採火 (캘 채, 불 화). 오목 거울이나 볼록 렌즈 따위로 태양 광선을 모아 받아서 불[火]을 채취(採取)함.

채:화[2] 菜花 (나물 채, 꽃 화). 채소(菜蔬)의 꽃[花].

채:화[3] 綵華 (비단 채, 꽃 화). 비단[綵] 헝겊으로 만든 꽃[華].

채:화[4] 彩畵 (빛깔 채, 그림 화). 미술 여러 빛깔[彩]을 칠해 그린 그림[畵]. '채색화'(彩色畵)의 준말.

▶채:화-기 彩畵器 (그릇 기). 수공 채색(彩色)으로 무늬나 그림을 그려[畵] 놓은 사기 그릇[器].

▶채:화-석 彩畵席 (돗자리 석). 채색(彩色)으로 무늬를 놓아서[畵] 짠 돗자리[席].

책가 冊價 (책 책, 값 가). 책(冊)의 값[價].

책갑 冊匣 (책 책, 상자 갑). 책(冊)을 넣어 두는 작은 상자[匣]나 집. ¶책갑에 책을 넣어 두다 / 책갑에서 책을 빼다.

책궁 責躬 (꾸짖을 책, 몸소 궁). 자기 자신을 몸소[躬] 꾸짖음[責].

책권 冊卷 (책 책, 책 권). ① 속뜻 얼마쯤의 책[冊=卷]. ② 서책의 권과 질.

책궤 冊櫃 (책 책, 함 궤). 책(冊)을 넣어두는 궤짝[櫃].

책동 策動 (꾀 책, 움직일 동). ① 속뜻 은밀히 책략(策略)을 꾸미거나 행동(行動)하는 짓. ② 은밀히 남을 부추기어 움직이게 하는 짓.

책략 策略 (꾀 책, 꾀할 략). ① 속뜻 계책(計策)과 모략(謀略). 꾀. ② 어떤 일을 꾸미고 이루어 나가는 교묘한 방법. ¶돈을 벌기 위한 책략.

책려 策勵 (채찍 책, 힘쓸 려). 채찍질하듯[策] 독려(督勵)함. 비책면(策勉).

책력 冊曆 (책 책, 책력 력). 일 년 동안의 월일, 해와 달의 운행, 월식과 일식, 절기, 특별한 기상 변동 따위를 날의 순서에 따라 적은 책[冊=曆]. 비역서(曆書).

책립 冊立 (책 책, 세울 립). 역사 황태자나 황후를 황제의 명령[冊]으로 봉하여 세우던[立] 일. 비책봉(冊封).

책망 責望 (꾸짖을 책, 바랄 망). 잘못을 들어 꾸짖고[責] 원망(怨望)함. 또는 그 일. ¶어머니는 친구와 싸운 아들을 심하게 책망하셨다.

책면 策勉 (채찍 책, 힘쓸 면). 어떤 일을 할 때, 채찍질[策] 하듯이 힘써서[勉] 함. 비책려(策勵).

책명[1] 冊名 (책 책, 이름 명). 책(冊)의 이름[名]. 비책제(冊題).

책명[2] 策命 (꾀 책, 명할 명). 역사 왕이 신하에게 계책(計策)을 내려 명령(命令)하는 글. 비책문(策文).

책모 策謀 (꾀 책, 꾀할 모). 계책(計策)을 꾀함[謀]. 일을 처리하는 꾀와 방법. 비책략(策略).

책무 責務 (꾸짖을 책, 일 무). 책임(責任)과 임무(任務).

책문[1] 策文 (꾀 책, 글월 문). ① 속뜻 책문(策問)에 답하는 글[文]. ② 임금이 신하에게 명령하는 글. 비책명(策命).

책문[2] 策問 (꾀 책, 물을 문). 역사 왕조 때, 정치에 관한 계책(計策)을 물어서[問] 서술하게 하던 시험 과목.

책문[3] 責問 (꾸짖을 책, 물을 문). 나무라듯[責] 따져 물음[問]. 비힐문(詰問).

▶책문-권 責問權 (권리 권). 법률 책문(責問)을 할 권리(權利). 소송 당사자가 반대편이나, 법원의 소송 절차상의 위반 행위에 대하여 이의를 제기하고 그 효력을 다툴 권리.

책방 冊房 (책 책, 방 방). ① 속뜻 책(冊)을 팔거나 사는 집[房]. ¶책방에서 낡은 책을 하나 사오다. ② 역사 조선 때, 고을 원의 비서 사무(事務)를 맡아보던 사람. 비서점(書店), 책실(冊室).

책벌 責罰 (꾸짖을 책, 벌할 벌). 잘못을 나무라고[責] 벌(罰)함.

책보[1] 冊褓 (책 책, 보자기 보). 책(冊)을 싸는 보자기[褓].

책보[2] 冊寶 (책 책, 보배 보). 옥책(玉冊)과 금보(金寶)를 아울러 이르는 말.

책봉 冊封 (책 책, 봉할 봉). 역사 황태자나 황후를 황제의 명령[冊]으로 봉하여[封] 세우던 일. ⑪책립(冊立).

▸책봉-사 冊封使 (부릴 사). 역사 중국에서, 천자의 조칙을 받들어 제후의 나라에 가서 책봉(冊封)을 전하던 사신(使臣).

책비 責備 (꾸짖을 책, 갖출 비). 남에게 모든 일을 다 갖추도록[備] 재촉함[責].

책사 策士 (꾀 책, 선비 사). 계책(計策)을 세우는 사람[士] 계책에 능한 사람. ⑪모사(謀士).

책상[1] 冊床 (책 책, 평상 상). 책(冊)을 읽거나 글씨를 쓰는 데 쓰는 평상(平床). ¶책상 위에 책을 두었다.

▸책상-반 冊床盤 (소반 반). 책상(冊床) 모양으로 만든 소반[盤].

▸책상-보 冊床褓 (보자기 보). 책상(冊床)을 덮는 보(褓).

▸책상-양반 冊床兩班 (두 량, 나눌 반). 지난날, 학문[冊床]과 덕행으로써 양반(兩班)이 된 상사람을 이르던 말.

책상[2] 柵狀 (울타리 책, 형상 상). 울타리[柵]와 같은 모양[狀].

▸책상 조직 柵狀組織 (짤 조, 짤 직). 식물 잎의 겉쪽 표피 바로 밑에 책상(柵狀)으로 있는 조직(組織).

책서 冊書 (책 책, 글 서). ① 속뜻 책(冊)에 쓰인 글[書]. ②책을 베껴 씀.

책선 責善 (꾸짖을 책, 착할 선). 친구끼리 착한[善] 일을 서로 권함[責].

책성 責成 (꾸짖을 책, 이룰 성). ① 속뜻 책임(責任)을 지워서 이루게[成] 함. ②남에게 맡긴 일이 잘 되게 다짐함.

책세 冊貰 (책 책, 세놓을 세). 책(冊)을 빌려 보는 값으로 내던 돈[貰].

책실 冊室 (책 책, 방 실). ① 속뜻 책(冊)이 있는 방[室]. ② 역사 조선 때, 고을 원의 비서 구실을 하던 사람. ⑪책방(冊房).

책언 責言 (꾸짖을 책, 말씀 언). 나무라는[責] 말[言].

책원 策源 (꾀 책, 근원 원). ① 속뜻 계책(計策)의 근원(根源)이 되는 곳. '책원지'(策源地)의 준말. ② 군사 전선(戰線)이나 작전 지역에 물자를 공급하던 후방의 기지.

책응 策應 (꾀 책, 응할 응). ① 속뜻 계책(計策)에 따라 호응(呼應)함. ② 군사 대군을 출동시킨 뒤 병참 부대를 뒤따르게 하거나 우군이 서로 호응하여 작전하던 일.

책인 責人 (꾸짖을 책, 사람 인). 남[人]의 잘못을 나무람[責].

▸책인즉명 責人則明 (곧 즉, 밝을 명). 자기의 허물은 덮어두고, 남[人]을 책망(責望)하는 데는 곧[則] 밝음[明].

*__책임__ 責任 (꾸짖을 책, 맡길 임). ① 속뜻 꾸짖음[責]을 받지 않도록 꼭 해야 할 임무(任務). ¶이 교실 청소는 네 책임이다. ② 법률 행위의 결과에 따른 손실이나 제재를 떠맡는 일.

▸책임-감 責任感 (느낄 감). 책임(責任)을 중히 여기는 마음[感]. ¶자기 일에 대한 책임감이 강하다.

▸책임-자 責任者 (사람 자). 책임(責任)을 지는 사람[者]. ¶현장의 책임자를 추궁하다.

▸책임 내:각 責任內閣 (안 내, 관청 각). 정치 내각(內閣)이 의회에 대하여 책임(責任)을 지는 제도.

▸책임 능력 責任能力 (능할 능, 힘 력). 법률 책임(責任)을 질 수 있는 능력(能力).

▸책임 연령 責任年齡 (해 년, 나이 령). 법률 형법상의 책임(責任) 능력을 인정하는 나이[年齡]. 만 14세.

▸책임 조건 責任條件 (가지 조, 구분할 건). 법률 형사 책임(責任)의 조건(條件)인 고의나 과실.

▸책임 준:비금 責任準備金 (고를 준, 갖출 비, 돈 금). 법률 보험 회사가 예상되는 위험에 대비하여 지급 책임(責任)을 다하기 위하여 미리 준비(準備)해 둔 돈[金].

책자 冊子 (책 책, 접미사 자). 얇거나 작은 책(冊). ¶학교에 대해 안내하는 책자를 보내다.

책장[1] 冊張 (책 책, 낱장 장). 책(冊)의 낱장[張]. ¶조용히 책장을 넘기다.

책장[2] 冊欌 (책 책, 장롱 장). 책(冊)을 넣어 두는 장롱(欌籠). ¶책장에는 여러 종류의 책이 꽂혀 있다. ⑪서가(書架).

책점 冊店 (책 책, 가게 점). 책(冊)을 파는 가게[店]. ¶책점에 들러서 책을 샀다.

책정 策定 (꾀 책, 정할 정). ① [속뜻] 계책(計策)을 세워서 결정(決定)함. ② 정책이나 계획 따위를 의논하여 결정함.

책제 册題 (책 책, 제목 제). 책(冊)의 제목(題目). [비] 책명(冊名).

처가 妻家 (아내 처, 집 가). 아내[妻]의 집[家]. 아내의 친정. [비] 처가집. [반] 시가(媤家).

▸처가-댁 妻家宅 (집 댁). 처가(妻家) 집[宅]. 남의 처가를 대접하여 이르는 말.

▸처가-속 妻家屬 (무리 속). 처가(妻家)의 집안 식구[屬].

처:결 處決 (처리할 처, 결정할 결). 처리(處理)하여 결정(決定)함. [비] 결처(決處).

처계-친 妻系親 (아내 처, 이어 맬 계, 친할 친). 아내[妻] 쪽의 혈통[系]으로 이루어진 친척(親戚). [반] 부계친(父系親).

처-고모 妻姑母 (아내 처, 고모 고, 어머니 모). 아내[妻]의 고모(姑母).

처남 妻男 (아내 처, 사내 남). 아내[妻]의 남자[男] 형제.

▸처남-댁 妻男宅 (댁 댁). 처남(妻男)의 아내[宅]. 아내의 올케.

처:녀 處女 (살 처, 여자 녀). ① [속뜻] 시집가기 전에 부모와 함께 사는[處] 여자[女]. ② 아직 결혼하지 않은 다 자란 여자. ¶다 큰 처녀가 저렇게 천방지축이라니. ③ 맨 처음의. 아무도 손대지 않은. ¶처녀 비행. [비] 처자(處子). [반] 총각(總角).

▸처:녀-궁 處女宮 (집 궁). ① [속뜻] 처녀(處女)의 집[宮]. ② [천문] 황도 십이궁의 하나. 2000년간의 세차에 따라 지금은 사자자리가 이 궁과 일치해 있다. [비] 쌍녀궁(雙女宮).

▸처:녀-림 處女林 (수풀 림). 사람이 손을 대지 아니한 자연 그대로의[處女] 숲[林]. [비] 원시림(原始林).

▸처:녀-막 處女膜 (꺼풀 막). [의학] 처녀(處女)의 질(膣)의 앞부분에 있는 얇은 막(膜).

▸처:녀-성 處女性 (성질 성). 처녀(處女)로서 갖추고 있는 성질(性質). 특히, 성적 순결을 이른다.

▸처:녀-수 處女水 (물 수). [지리] 땅속 깊은 곳에 있는 마그마에서 나와 바위틈을 따라 땅거죽에 처음[處女] 솟아오른 물[水]. [참] 순환수(循環水).

▸처:녀-왕 處女王 (임금 왕). 교미하기 전의[處女] 여왕(女王)벌.

▸처:녀-작 處女作 (지을 작). 처음[處女] 지었거나[作] 처음 발표한 예술 작품(作品).

▸처:녀-좌 處女座 (자리 좌). [천문] 처녀(處女) 자리[座]. 황도 십이궁의 하나로 사자자리와 천칭자리 사이에 있는 별자리. 처녀궁(處女宮).

▸처:녀-지 處女地 (땅 지). ① [속뜻] 사람이 이용하고 있지 않은 자연 그대로의[處女] 땅[地]. ② 아직 개척되거나 밝혀지지 않은 채로 있는 분야.

▸처:녀-비행 處女飛行 (날 비, 다닐 행). 비행사나 비행기가 처음으로[處女] 하늘을 날아[飛] 가는[行] 일.

▸처:녀 생식 處女生殖 (날 생, 불릴 식). ① [속뜻] 처녀(處女)의 몸에서 새로운 개체가 생겨나서[生] 자라는[殖] 것. ② [생물] 단성(單性) 생식.

▸처:녀-출연 處女出演 (날 출, 펼칠 연). 연극이나 영화에 처음으로[處女] 나가[出] 연기(演技)함.

▸처:녀-출판 處女出版 (날 출, 책 판). 출판사나 저자가 처음으로[處女] 책[版]을 펴내는[出] 일.

▸처:녀-항해 處女航海 (건널 항, 바다 해). 훈련을 받은 항해사가 처음으로[處女] 하는 항해(航海).

처:단 處斷 (처리할 처, 끊을 단). 결단(決斷)하여 처리(處理)함.

처당 妻黨 (아내 처, 무리 당). 아내[妻]의 일가[黨]. [비] 처족(妻族).

처덕 妻德 (아내 처, 베풀 덕). ① [속뜻] 아내[妻]의 덕행(德行). ② 아내로 말미암아 남달리 입는 은덕.

처량 凄凉 (쓸쓸할 처, 쓸쓸할 량). 초라하고 쓸쓸하다[凄=凉]. ¶처량한 신세 / 귀뚜라미 우는 소리가 처량하게 들렸다.

***처:리 處理** (처방할 처, 다스릴 리). ① [속뜻] 처방(處方)하여 잘 다스림[理]. ② 정리하여 치우거나 마무리를 지음. ¶일을 적당히 처리해서는 안 된다. ③ 어떤 결과를 얻으려고 화학적·물리적 작용을 일으킴. ¶천장을 물이 새지 않게 처리했다.

▸처:리-장 處理場 (마당 장). 처리(處理)하는 곳[場]. ¶폐수 처리장 / 쓰레기 처리장.

처모 妻母 (아내 처, 어머니 모). 아내[妻]의 어머니[母]. ⓑ장모(丈母).

처:무 處務 (처리할 처, 일 무). 일[務]을 처리(處理)함. 처리해야 할 사무.

처:방 處方 (처리할 처, 방법 방). ① 속뜻 일을 처리(處理)하는 방법(方法). ¶그만의 독특한 처방을 받다. ②증세에 따라 약을 짓는 방법. ¶항생제를 처방하다. ③ 의학 '처방전'(處方箋)의 준말. ¶처방을 쓰다. ③결함이나 잘못을 바로잡기 위한 대책을 비유하여 이르는 말.

▸처:방-전 處方箋 (문서 전). 의학 의사가 환자에게 줄 약의 이름과 분량, 조제 방법[處方] 등을 적은 문서[箋]. ¶약사는 의사의 처방전을 보고서 약을 지어 주었다.

처-백모 妻伯母 (아내 처, 맏 백, 어머니 모). 아내[妻]의 백모(伯母). 아내의 큰어머니.

처-백부 妻伯父 (아내 처, 맏 백, 아버지 부). 아내[妻]의 백부(伯父). 아내의 큰아버지.

***처:벌** 處罰 (처할 처, 벌할 벌). 가벼운 죄를 범한 사람에게 벌(罰)을 줌[處]. ¶처벌 기준을 정하다.

처:변 處變 (처리할 처, 바뀔 변). ① 속뜻 변화(變化)하는 실정에 따라 융통성 있게 처리(處理)함. ②갑작스러운 변을 당하여 잘 수습함.

처복 妻福 (아내 처, 복 복). 좋은 아내[妻]를 맞이하는 복(福).

처-부모 妻父母 (아내 처, 아버지 부, 어머니 모). 아내[妻]의 부모(父母). 장인과 장모.

처:분 處分 (처리할 처, 나눌 분). ① 속뜻 처리(處理)하여 나눠[分] 치움. ¶집을 처분하다. ②명령을 받거나 내려 일을 처리함. ¶관대한 처분을 기다립니다 / 그를 불구속으로 처분하다. ③ 법률 행정·사법 관청이 특정한 사건에 대하여 법규를 적용하는 행위. 행정 처분 따위. ④ 법률 이미 있는 권리나 권리의 객체에 변동을 일으키는 일.

▸처:분 명:령 處分命令 (명할 명, 시킬 령). 법률 국가가 국민이나 공공 기관에 대하여 일정한 행위를 할 것을 명하거나 금지하는 [處分] 명령(命令).

▸처:분-주의 處分主義 (주될 주, 뜻 의). 법률 당사자가 소송의 해결을 꾀하고 소송을 처분(處分)을 할 수 있는 주의(主義). '처분권주의'(處分權主義)의 준말.

▸처:분권-주의 處分權主義 (권리 권, 주될 주, 뜻 의). 법률 소송의 개시와 종료, 재판의 대상·범위·형식 따위의 처분권(處分權)에 대해 당사자의 주도권을 인정하는 주의(主義). ⓑ불변경주의(不變更主義).

처:사[1] 處事 (처리할 처, 일 사). 일[事]을 처리(處理)함. 처리된 일.

처:사[2] 處士 (살 처, 선비 사). ① 속뜻 세상 밖에 나서지 않고 조용히 묻혀 사는[處] 선비[士]. ⓑ거사(居士). ② 불교 절에서 임시로 지내는 도사(道士).

▸처:사-가 處士歌 (노래 가). 문학 벼슬을 단념하고 처사(處士)로서 전원에 묻혀 사는 은둔생활의 시정을 읊은 노래[歌].

처산 妻山 (아내 처, 메 산). ① 속뜻 아내[妻]의 무덤이 있는 곳[山]. ⓑ처장(妻葬). ②아내의 무덤.

처-삼촌 妻三寸 (아내 처, 석 삼, 관계 촌). 아내[妻]의 삼촌(三寸). ⓑ처숙(妻叔).

처상 妻喪 (아내 처, 죽을 상). 아내[妻]의 상사(喪事).

처:서 處暑 (처리할 처, 더울 서). ① 속뜻 더위[暑]가 여전히 머무름[處]. ② 민속 입추(立秋)와 백로(白露) 사이로, 양력 8월23일 경이다. ¶처서가 지나면 모기도 입이 비뚤어진다.

처성-자옥 妻城子獄 (아내 처, 성곽 성, 아이 자, 감옥 옥). ① 속뜻 아내[妻]는 성(城)이며, 자녀(子女)는 감옥(監獄)임. ②처자를 거느리고 있는 사람은 집안일에 매이어 자유로이 활동할 수 없음을 이르는 말.

처:세 處世 (살 처, 세상 세). 세상(世上)에서 남과 더불어 살아감[處]. 또는 그런 일. ¶그는 처세에 능하다.

▸처:세-술 處世術 (꾀 술). 처세(處世)하는 방법[術]과 수단. ¶능수능란하고 교묘한 처세술.

▸처:세-훈 處世訓 (가르칠 훈). 처세(處世)하는 데 도움이 되는 교훈(教訓).

처:소 處所 (살 처, 곳 소). ① 속뜻 사람이 살고[處] 있는 곳[所]. ¶회사 가까운 곳에 처소를 마련하다. ②어떤 일이 벌어지거나

어떤 물건이 있는 자리. ¶무기를 만드는 처소를 발견하다. ⓑ장소(場所).

처숙 妻叔 (아내 처, 아저씨 숙). 아내[妻]의 숙부(叔父). '처숙부'의 준말. ⓑ처삼촌(妻三寸).

처-숙모 妻叔母 (아내 처, 아저씨 숙, 어머니 모). 아내[妻]의 숙모(叔母).

처-숙부 妻叔父 (아내 처, 아저씨 숙, 아버지 부). 아내[妻]의 숙부(叔父). ㊟처숙.

처-시하 妻侍下 (아내 처, 모실 시, 아래 하). ① 속뜻 아내[妻]를 모시는[侍] 처지 아래[下]에 있음. ② '아내에게 눌려지내는 사람'을 조롱조로 이르는 말. '엄처시하'(嚴妻侍下)의 준말. ⓑ공처가(恐妻家).

처:신 處身 (살 처, 몸 신). 세상을 살아가는[處] 데 필요한 몸[身]가짐이나 행동. ¶처신을 똑바로 하다.

처실 妻室 (아내 처, 방 실). 아내[妻]의 방[室]. 아내.

처:역 處役 (처할 처, 부릴 역). 징역(懲役)에 처(處)함.

처연 悽然 (슬퍼할 처, 그러할 연). 애달프고 구슬프고[悽] 그러한[然]. ¶처연한 신세 / 나는 부모님의 묘소 앞에서 처연해졌다.

처-외가 妻外家 (아내 처, 밖 외, 집 가). 아내[妻]의 외가(外家). 장모의 친정.

처-외편 妻外便 (아내 처, 외가 외, 쪽 편). 아내[妻]의 외가(外家) 쪽[便] 일가.

처:용-가 處容歌 (곳 처, 얼굴 용, 노래 가). 문학 ① 향가의 하나. 신라 헌강왕 때, 처용(處容)이 아내를 범한 역신을 물리치기 위해 지은 노래[歌]. ② 고려 가요의 하나. 향가인 '처용가'를 고쳐 지은 노래.

처:용-무 處容舞 (곳 처, 얼굴 용, 춤출 무). 예술 조선 때, 궁중 연례(宴禮)에 처용(處容)의 가면을 쓰고 추던 탈춤[舞]. ⓑ처용희(處容戲).

처:용-희 處容戲 (곳 처, 얼굴 용, 연극 희). 예술 조선 때, 궁중 연례(宴禮)에 처용(處容)의 가면을 쓰고 하던 연극[戲]. ⓑ처용무(處容舞).

처우[1] 凄雨 (쓸쓸할 처, 비 우). 쓸쓸하게[凄] 내리는 비[雨].

처:우[2] 處遇 (처할 처, 만날 우). ① 속뜻 그 사람의 처지(處地)에 맞게 대접함[遇]. ② 사람을 평가해서 거기에 맞추어 대우함. ③ 근로자에게 일정한 지위나 봉급을 주어 대우함. ¶부당한 처우.

처:의 處義 (처할 처, 옳을 의). 의(義)를 지킴[處].

처자[1] 妻子 (아내 처, 아이 자). 아내[妻]와 자식(子息). ¶처자를 거느리고 멀리 떠나다.

처:자[2] 處子 (살 처, 접미사 자). 결혼하지 않고 부모와 함께 사는[處] 여자(女子). ¶그 동네에 그 처자와 죽자 사자 하는 총각이 있었다.

처-자식 妻子息 (아내 처, 아이 자, 불어날 식). 아내[妻]와 자식(子息). ¶처자식을 먹여 살리다.

처장 妻葬 (아내 처, 장사지낼 장). ① 속뜻 아내[妻]의 장사(葬事). ② 아내의 뫼. ⓑ처산(妻山).

처재 妻財 (아내 처, 재물 재). ① 속뜻 아내[妻]가 친정에서 가지고 온 재물(財物). ② 민속 이르는 육친(六親)의 하나. 아내와 재물에 관한 명수(命數)를 맡았다고 한다.

처절[1] 凄切 (쓸쓸할 처, 몹시 절). 몹시[切] 쓸쓸함[凄].

처절[2] 悽絶 (슬퍼할 처, 뛰어날 절). 슬프기[悽]가 더할 나위 없음[絶]. ¶처절한 몸부림.

처제 妻弟 (아내 처, 아우 제). 아내[妻]의 여동생[弟].

처-조모 妻祖母 (아내 처, 할아버지 조, 어머니 모). 아내[妻]의 친정 할머니[祖母]. ⓑ장조모(丈祖母).

처-조부 妻祖父 (아내 처, 할아버지 조, 아버지 부). 아내[妻]의 친정 할아버지[祖父]. ⓑ장조(丈祖), 장조부(丈祖父).

처족 妻族 (아내 처, 겨레 족). 아내[妻]의 겨레붙이[族]. ⓑ처당(妻黨), 처변(妻邊), 처편(妻便).

*__처:지__ 處地 (살 처, 땅 지). ① 속뜻 현재 살고[處] 있는 땅[地]. 또는 현재의 형편. ¶내 처지에 그런 사치스런 생활을 할 수는 없다. ② 서로 사귀어 지내는 관계. ¶우리는 서로 말을 놓고 지내는 처지다.

처질 妻姪 (아내 처, 조카 질). 아내[妻]의 친정 조카[姪]. [비]처조카.

처-질녀 妻姪女 (아내 처, 조카 질, 여자 녀). 아내[妻]의 친정 질녀(姪女). [비]처 조카딸.

처참¹ 悽慘 (슬퍼할 처, 참혹할 참). 매우 슬프고[悽] 참혹(慘酷)하다. ¶사고가 난 처참한 광경.

처:참² 處斬 (처할 처, 벨 참). 목을 베어[斬] 죽이는 형벌에 처(處)함.

처창 悽愴 (슬퍼할 처, 슬퍼할 창). 몹시 애달프고 슬프다[悽=愴]. ¶처창한 울음소리.

처:처 處處 (곳 처, 곳 처). 곳[處] 곳[處]. 곳곳마다. 여러 곳.

처첩 妻妾 (아내 처, 첩 첩). 아내[妻]와 첩[妾]. 적첩(嫡妾).

처:치 處置 (처리할 처, 둘 치). ① [속뜻] 일을 처리(處理)하여 치워 둠[置]. ¶쓰레기가 처치 곤란이다 / 적군을 처치하다. ② 상처나 헌데 따위를 치료함. ¶응급 처치.

처:판 處辦 (처리할 처, 힘쓸 판). 일을 힘써서[辦] 처리(處理)함.

처풍 凄風 (쓸쓸할 처, 바람 풍). 쓸쓸하게[凄] 부는 바람[風].

처:형¹ 處刑 (처할 처, 형벌 형). 무거운 죄를 범한 죄인에게 형(刑)을 집행함[處]. ¶살인범을 처형하다.

처형² 妻兄 (아내 처, 맏 형). 아내[妻]의 언니[兄].

척강 陟降 (오를 척, 내릴 강). 오르고[陟] 내림[降]. 오르락내리락함.

척거¹ 斥拒 (물리칠 척, 막을 거). 물리치고[斥] 거절함[拒]. 배척하여 거절함.

척거² 擲去 (내버릴 척, 없앨 거). 던져서 내버려[擲] 없앰[去].

척결 剔抉 (바를 척, 긁어낼 결). ① [속뜻] 뼈를 발라내고[剔] 살을 긁어냄[抉]. ② 모순, 결함 등이 있는 현상이나 근원을 깨끗이 없앰. ¶부정부패 척결을 위해 노력하다.

척골 脊骨 (등뼈 척, 뼈 골). [의학] 척추동물의 등마루[脊]를 이루는 뼈[骨]. [비]등뼈, 척량(脊梁).

척관-법 尺貫法 (자 척, 꿸 관, 법 법). 길이는 척(尺), 무게는 관(貫) 등의 단위로 하는 도량법(度量法).

척도 尺度 (자 척, 정도 도). ① [속뜻] 자[尺]로 잰 길이의 정도(程度). ② 무엇을 평가하거나 판단할 때의 기준. ¶인간은 만물의 척도 / 돈은 행복의 척도가 될 수 없다.

척독 尺牘 (자 척, 편지 독). 한 자[尺] 밖에 안 되는 편지[牘]. 짧은 편지(便紙). 보통 길이 한 자쯤 되는 널빤지에 글을 쓴데서 유래. [비]척소(尺素).

척동 尺童 (자 척, 아이 동). 키가 한 자[尺] 정도 되는 어린 아이[童]. [비]소동(小童).

척량 尺量 (자 척, 헤아릴 량). '자'[尺]를 단위로 한 물건의 길이[量].

척력 斥力 (물리칠 척, 힘 력). [물리] 같은 종류의 전기나 자기를 지닌 물체 사이에서 작용하는 두 물체의 서로 밀어내는[斥] 힘[力]. [반]인력(引力).

척박 瘠薄 (메마를 척, 엷을 박). 땅이 메마르고[瘠] 기름지지 못하다[薄]. ¶척박한 환경을 일구다.

척보 隻步 (하나 척, 걸음 보). 발 한[隻]짝 만큼의 걸음[步]. 반걸음.

척분 戚分 (겨레 척, 신분 분). 성(姓)이 다르면서 일가[戚]가 되는 관계[分]. [비]척의(戚誼).

척불 斥佛 (물리칠 척, 부처 불). 불교(佛教)를 배척(排斥)함.

척사¹ 擲柶 (던질 척, 윷 사). 윷[柶]을 던짐[擲].

척사² 斥邪 (물리칠 척, 그릇 사). ① [속뜻] 바르지 못한[邪] 것은 물리침[斥]. ② 사교(邪教)를 물리침.

▶ 척사-위정 斥邪衛正 (지킬 위, 바를 정). 바르지 못한[邪] 것은 물리치고[斥], 바른[正] 것은 굳게 지킴[衛]. 조선 말기에 기독교와 외세를 배척·탄압하던 시기에 내세운 구호이다. [비]위정척사(衛正斥邪).

척삭 脊索 (등뼈 척, 동아줄 삭). [동물] 척수(脊髓)의 아래로 뻗어 있는 연골로 된 줄[索] 모양의 물질. 척추의 기초가 되는 것으로, 원색동물에서는 일생 동안 볼 수 있으나, 척추동물에서는 퇴화된다.

▶ 척삭-동물 脊索動物 (움직일 동, 만물 물). [동물] 척추(脊椎)동물과 원삭동물(原索動物)을 합쳐서 이르는 말.

척산촌수 尺山寸水 (자 척, 메 산, 마디 촌, 물 수). ① [속뜻] 한 자[尺]의 산[山]과 한 치

[寸]의 물[水]. ②높은 데서 멀리 바라볼 때, '조그맣게 보이는 산과 강'을 이르는 말. 척산척수(尺山尺水).

척살 刺殺 (찌를 척, 죽일 살). 칼 따위로 찔러[刺] 죽임[殺]. ㊥자살(刺殺).

척색 脊索 (등뼈 척, 찾을 색 / 동아줄 삭). '척삭'(脊索)의 잘못된 독음.

▸ **척색-동물** 脊索動物 (움직일 동, 만물 물). '척삭동물'(脊索動物)의 잘못된 독음.

척속 戚屬 (겨레 척, 무리 속). 성이 다른 겨레[戚] 붙이[屬]. ㊥척당(戚黨).

척수¹ 尺數 (자 척, 셀 수). 자[尺]로 잰 수치(數値). '척량척수'(尺量尺數)의 준말.

척수² 隻手 (하나 척, 손 수). ① 속뜻 한쪽[隻] 손[手]. ②매우 외로움.

척수³ 脊髓 (등뼈 척, 골수 수). 의학 척추(脊椎)의 관 속에 들어 있는 신경 중추[髓]. 뇌와 말초 신경 사이의 자극 전달과 반사 기능을 맡는다.

▸ **척수-막** 脊髓膜 (꺼풀 막). 의학 척수(脊髓)를 싸고 있는 섬유질의 막(膜).

▸ **척수-염** 脊髓炎 (염증 염). 의학 척수(脊髓)에 생기는, 경련과 마비가 따르는 염증(炎症).

▸ **척수 신경** 脊髓神經 (정신 신, 날실 경). 의학 척수(脊髓)에서 갈라져 몸통과 팔다리의 곳곳에 퍼져 있는 운동 및 지각 신경(神經).

척숙 戚叔 (겨레 척, 아저씨 숙). 척분(戚分)이 있는 겨레붙이 가운데에서 아저씨[叔]뻘이 되는 사람.

척식 拓植 (=拓殖, 넓힐 척, 심을 식). 개척(開拓)과 식민(植民). 미개한 땅을 개척하여 사람이 살거나 살게 한다.

척신¹ 隻身 (하나 척, 몸 신). 혼자[隻]의 몸[身].

척신² 戚臣 (겨레 척, 신하 신). 임금과 척분(戚分)이 있는 신하(臣下).

척안 隻眼 (하나 척, 눈 안). ① 속뜻 외[隻] 눈[眼]. ②남다른 식견(識見).

척애 隻愛 (하나 척, 사랑 애). 어느 한편에서만 혼자[隻] 하는 사랑[愛].

척언 斥言 (물리칠 척, 말씀 언). 남을 물리치는[斥] 말[言]. 남을 배척하는 말.

척영 隻影 (하나 척, 그림자 영). ① 속뜻 외따로 혼자[隻] 있는 그림자[影]. ②오직 한 사람을 뜻하는 말.

척의 戚誼 (겨레 척, 정 의). ① 속뜻 척속(戚屬)간의 정[情誼]. ¶척의가 도탑다. ②척분(戚分).

척일 隻日 (하나 척, 날 일). ① 속뜻 홀[隻]수인 날[日]. ②일진의 천간이 갑·병·무·경·임인 날. ㊥기일(奇日), 강일(剛日).

척전 擲錢 (던질 척, 돈 전). 돈[錢]을 던짐[擲]. 동전을 던져서 드러나는 앞뒤쪽을 보고 길흉을 점치는 일.

척제 戚弟 (겨레 척, 아우 제). 아우[弟]뻘이 되는 성(姓)이 다른 겨레붙이[戚].

척지¹ 尺地 (자 척, 땅 지). ① 속뜻 한 자[尺] 밖에 안 되는 좁은 땅[地]. ㊥척토(尺土), 촌지(寸地). ②아주 가까운 곳. ¶그는 처자식을 척지에 두고도 보지 못하고 떠났다.

척지² 尺紙 (자 척, 종이 지). ① 속뜻 한 자[尺] 밖에 안 되는 종이[紙]. ②짧게 쓴 편지.

척지³ 拓地 (넓힐 척, 땅 지). ① 속뜻 땅[地]을 개척(開拓)함. 개척한 땅. ㊥척토(拓土). ②땅의 경계를 넓힘.

척질 戚姪 (겨레 척, 조카 질). 조카[姪]뻘 되는 인척(姻戚)의 겨레붙이.

척창 隻窓 (하나 척, 창문 창). 건설 좁고 기름하게 한 짝[隻]만 짜서 단 창(窓). ㊥쪽창.

척촌 尺寸 (자 척, 마디 촌). ① 속뜻 자[尺]와 치[寸]. 한 자[尺]의 10분의 1이 1치[寸]이다. ②얼마 안 되는 작은 것을 이르는 말.

▸ **척촌지공** 尺寸之功 (어조사 지, 공로 공). 약간의[尺寸] 공(功).

척추 脊椎 (등뼈 척, 등뼈 추). 의학 척추동물의 등마루를 이루는 뼈[脊=椎]. ¶잘못된 자세로 오래 앉으면 척추가 휜다. ㊥등골뼈.

▸ **척추-골** 脊椎骨 (뼈 골). 의학 척추동물의 등마루[脊=椎]를 이루는 뼈[骨]. ㊥등골뼈.

▸ **척추-염** 脊椎炎 (염증 염). 의학 척추(脊椎)에 생기는 염증(炎症). 척추 운동의 제한·농양 등이 나타나며, 치료 뒤에 곱사등이가 된다.

▸ **척추-동물** 脊椎動物 (움직일 동, 만물 물). 동물 등골뼈[脊椎]를 가진 동물(動物)을 통틀어 이르는 말. ㊥등뼈동물.

척축 斥逐 (물리칠 척, 쫓을 축). 물리쳐[斥] 쫓음[逐].

척출[1] 斥黜 (물리칠 척, 내쫓을 출). 벼슬을 떼어 내쫓음[斥=黜].

척출[2] 剔出 (바를 척, 날 출). 발라[剔] 냄[出]. 도려내거나 후벼 냄.

척탄 擲彈 (던질 척, 탄알 탄). 적에게 폭탄(爆彈)을 던짐[擲]. 수류탄과 소총 척탄이 있다.

▸ 척탄-병 擲彈兵 (군사 병). 군사 척탄(擲彈) 임무를 맡은 병사(兵士).

▸ 척탄-통 擲彈筒 (대롱 통). 군사 비교적 먼 거리를 척탄(擲彈)하는데 쓰는 통(筒) 같은 병기.

척퇴 斥退 (물리칠 척, 물리날 퇴). 물리쳐[斥] 물러나게 함[退].

척행 隻行 (하나 척, 갈 행). 먼 길을 혼자서[隻] 감[行].

척화 斥和 (물리칠 척, 어울릴 화). 서로 잘 지내자[和]는 제의를 물리침[斥].

▸ 척화-비 斥和碑 (비석 비). ① 속뜻 화친(和親)을 배척(排斥)하는 뜻을 담아 새긴 비석(碑石). ② 역사 1871에 조선의 흥선 대원군이 서양과의 교류를 거부하는 뜻으로 서울과 지방 각처에 세운 비석.

척후 斥候 (엿볼 척, 조짐 후). 군사 ① 적의 상태[候]를 엿봄[斥]. 적의 형편이나 지형 등을 살핌. ② '척후병'(斥候兵)의 준말.

▸ 척후-병 斥候兵 (군사 병). 군사 척후(斥候) 임무를 맡은 병사(兵士).

▸ 척후-전 斥候戰 (싸울 전). 군사 ① 두 편의 척후병(斥候兵)끼리 하는 싸움[戰]. ② 서로 척후를 벌이는 활동.

천간 天干 (하늘 천, 천간 간). 땅에 대립되는 하늘[天]을 상징하는 십간(十干). 육십갑자의 위 단위를 이루는 요소로 갑(甲), 을(乙), 병(丙), 정(丁), 무(戊), 기(己), 경(庚), 신(辛), 임(壬), 계(癸). 십간(十干)을 이른다. 참 지지(地支).

천갈-궁 天蝎宮 (하늘 천, 전갈 갈, 집 궁). ① 속뜻 하늘[天]에 있는 전갈[蝎] 모양의 별자리[宮]. ② 천문 궁수자리의 서쪽에 있는 'S'자 모양의 전갈자리.

천갈-좌 天蝎座 (하늘 천, 전갈 갈, 자리 좌). 천문 하늘[天]에 있는 전갈[蝎] 모양의 별자리[座]. 비 천갈궁(天蝎宮).

천개[1] 天開 (하늘 천, 열 개). ① 속뜻 하늘[天]을 엶[開]. ② 역사 고려 때, 묘청 등이 서경(西京), 곧 지금의 평양에 대위국을 세우고 썼던 연호.

천개[2] 天蓋 (하늘 천, 덮을 개). ① 속뜻 하늘[天]을 덮는 뚜껑[蓋]. '관의 뚜껑'을 일컫는다. 비 천판(天板). ② 불교 대궐의 용상 위나 법당의 불상 위에 만들어 놓은 집 모양의 장식.

천:객 遷客 (옮길 천, 손 객). 거처를 옮기어[遷] 귀양살이하는 사람[客]. 비 천인(遷人).

천객-만래 千客萬來 (일천 천, 손 객, 일만 만, 올 래). 많은[千] 손님[客]이 많이[萬] 찾아옴[來].

천거[1] 川渠 (내 천, 도랑 거). 물의 근원에서 멀지 않은 내[川]나 도랑[渠].

천:거[2] 薦擧 (올릴 천, 들 거). 인재를 들추어 내[擧] 어떤 자리에 쓰도록 추천(推薦)함. ¶그는 여러 번 천거되었으나 벼슬길에 나가지 않았다.

천겁 千劫 (일천 천, 시간 겁). 천(千) 번의 겁(劫). 매우 오랜 시간. 비 영겁(永劫).

천:격 賤格 (천할 천, 격식 격). ① 속뜻 낮고 천(賤)하게 생긴 골격(骨格). ② 낮고 천한 품격. 비 천골(賤骨). 반 귀격(貴格).

천:견 淺見 (얕을 천, 볼 견). ① 속뜻 얕게[淺] 봄[見]. 얕은 견문. 비 천문(淺聞). ② 천박한 소견. ③ '자기의 소견'을 겸손하게 이르는 말. 비 단견(短見).

▸ 천:견-박식 淺見薄識 (엷을 박, 알 식). ① 속뜻 얕게[淺] 보고[見] 엷게[薄] 앎[識]. ② 천박한 견문과 지식. ③ '자기의 견식'을 겸손하게 이르는 말.

천경-지위 天經地緯 (하늘 천, 날실 경, 땅 지, 씨실 위). ① 속뜻 하늘[天]의 경서(經書)와 땅[地]의 참서[緯]. ② '영원히 변하지 않는 진리나 법칙'을 비유하여 이르는 말.

천계[1] 天戒 (하늘 천, 경계할 계). 하늘[天]이 내리는 경계(警戒)나 가르침.

천계[2] 天界 (하늘 천, 지경 계). 불교 ① 삼계(三界)의 하나. 하늘[天]의 세계(世界). ② 하늘 위의 세계. '천상계'(天上界)의 준말.

천계[3] 天啓 (하늘 천, 열 계). 하늘[天]이 인

도함[啓]. 하늘의 계시(啓示).

천고[1] **天鼓** (하늘 천, 북 고). ① [속뜻] 하늘[天]에서 치는 북[鼓]. 천둥을 일컬음. ② [불교] 부처의 설법.

천고[2] **千古** (일천 천, 옛 고). ① [속뜻] 천(千) 년이 지난 옛날[古]. 아득히 먼 옛날. ② 오랜 세월 동안. ③ 일찍이 유례가 없음.

▸천고-절 千古節 (지조 절). 오랫동안[千古] 변하지 않을 굳은 절개(節槪).

▸천고-불후 千古不朽 (아닐 불, 썩을 후). 오랜 세월 동안[千古] 썩지[朽] 않음[不]. 또는 없어지지 않음.

천고마비 天高馬肥 (하늘 천, 높을 고, 말 마, 살찔 비). 하늘[天]이 높고[高] 말[馬]이 살찜[肥]. 가을이 좋은 계절임을 일컫는 말. ¶천고마비의 계절.

천고만난 千苦萬難 (일천 천, 괴로울 고, 일만 만, 어려울 난). 천(千)가지 괴로움[苦]과 만(萬)가지 어려움[難]. '온갖 고난'을 일컫는 말. [비]천신만고(千辛萬苦).

천:골 賤骨 (천할 천, 뼈 골). ① [속뜻] 낮고 천(賤)하게 생긴 골격(骨格). [비]천격(賤格). ② 천하게 생긴 사람. [반]귀골(貴骨).

천공[1] **天工** (하늘 천, 장인 공). ① [속뜻] 하늘[天]의 조화로 만들어진[工] 묘한 재주. [비]화공(化工). ② 하늘이 백성을 다스리는 조화.

천공[2] **天公** (하늘 천, 존칭 공). 하늘[天]을 높여 부르는 말[公]. 하느님. [비]천제(天帝).

천공[3] **天功** (하늘 천, 공로 공). 하늘[天]의 공(功). 하늘의 조화로 이루어진 묘한 재주. 자연의 조화.

천:공[4] **賤工** (천할 천, 장인 공). 천(賤)한 일을 하는 공인(工人).

천공[5] **天空** (하늘 천, 빌 공). ① [속뜻] 하늘[天]이 텅 비어 있음[空]. ② 한없이 넓은 하늘.

▸천공-해활 天空海闊 (바다 해, 넓을 활). ① [속뜻] 하늘[天]과 바다[海]가 한없이 넓음[空闊]. ② '도량이 크고 넓음'을 비유하여 이르는 말.

천:공[6] **穿孔** (뚫을 천, 구멍 공). ① [속뜻] 구멍[孔]을 뚫음[穿]. [비]착공(鑿空). ② [의학] 위벽이나 복막 따위가 상하여 구멍이 생김.

▸천:공-기 穿孔機 (틀 기). ① [속뜻] 공작물 따위에 구멍을 뚫는[穿孔] 기계(機械). ② [기계] 전자계산기의 카드나 테이프 따위에 구멍을 뚫는 장치.

▸천:공-판 穿孔板 (널빤지 판). [동물] 구멍이 뚫려 있어서[穿孔] 그곳으로 물을 들이고 내는 판(板). 극피동물의 등 쪽에 있는 석회질의 작은 기관이다.

천곽 天廓 (하늘 천, 둘레 곽). ① [속뜻] 하늘[天]의 둘레[廓]. ② '눈의 흰자위'를 일컬음.

천관 天官 (하늘 천, 벼슬 관). ① [속뜻] 하늘[天]처럼 높은 벼슬[官]. ② [역사] 육조 가운데 으뜸인 '이조' 또는 '이조 판서'를 달리 이르던 말.

천광 天光 (하늘 천, 빛 광). 맑게 갠 하늘[天]의 빛[光].

천:구[1] **賤軀** (천할 천, 몸 구). ① [속뜻] 천(賤)한 몸뚱이[軀]. ② '자기의 몸'을 낮추어 이르는 말.

천구[2] **天狗** (하늘 천, 개 구). ① [속뜻] 하늘[天]의 개[狗]. ② [민속] '천구성'(天狗星)의 준말. ③ [불교] 악귀의 한 가지.

▸천구-성 天狗星 (별 성). ① [속뜻] 하늘[天]에 떠있는 개[狗] 형상의 별[星]. ② [민속] 옛날 중국에서, '유성'이나 '혜성'을 이르던 말.

천구[3] **天球** (하늘 천, 공 구). [천문] 하늘[天]을 공[球] 모양으로 여기고 이르는 말. 천체의 시위치를 정하기 위해서 관측자를 중심으로 하는 반지름 무한대의 구면(球面)을 설정하고, 천체를 그 위에 투영해서 나타내는 것으로 본다.

▸천구-의 天球儀 (천문기계 의). [천문] 천구(天球) 위에 보이는 별자리나 황도 따위를 지구본처럼 기록하여 놓은 모형[儀].

▸천구 좌:표 天球座標 (자리 좌, 나타낼 표). [천문] 천구(天球) 위에 있는 천체의 위치를 결정하는 좌표(座標). [비]천체 좌표(天體座標).

천국 天國 (하늘 천, 나라 국). ① [속뜻] 천상(天上)에 있는 나라[國]. 이상적인 세계. ¶보행자 천국 / 여기가 바로 지상 천국이다. ② [기독교] 하나님이 직접 다스린다는 나라. ¶부자가 천국에 들어가기는 낙타가 바늘구멍에 들어가기보다 어렵다. ③ '고난이 없는 낙원'을 비유하여 이르는 말. [비]천당(天堂),

하늘나라. ⓑ지옥(地獄).

천군 天君 (하늘 천, 임금 군). ① 역사 삼한 때, 천신(天神)에 대한 제사를 맡아보는 종교적 주권자[君]. 정치적·사회적으로 막강한 영향력을 행사한다. ② 사람의 마음.

천군-만마 千軍萬馬 (일천 천, 군사 군, 일만 만, 말 마). 천(千) 명의 군사(軍士)와 만(萬) 마리의 말[馬]. 썩 많은 군사와 말. ⓑ천병만마(千兵萬馬).

천궁[1] 川芎 (내 천, 궁궁이 궁). ① 식물 중국 사천성(四川省)의 궁궁이[芎]라는 뜻의 약용 식물. 줄기 높이는 30~60㎝이다. 뿌리줄기는 살이 많으며 향기가 있다. 8월경에 흰 꽃이 핀다. ② 한의 '천궁과 궁궁이의 뿌리'를 약재로 이르는 말. 피를 맑게 하는 데나 부인병 등에 쓰인다.

천궁[2] 天弓 (하늘 천, 활 궁). ① 속뜻 하늘[天]에 걸린 활[弓]. ② '무지개'를 달리 이르는 말. ⓑ제궁(帝弓).

천권[1] 天權 (하늘 천, 권세 권). ① 속뜻 하늘[天]의 권세(權勢). ② 천문 북두칠성의 머리 쪽에 있는 네 개의 별 가운데 넷째 별.

천:권[2] 擅權 (멋대로 천, 권력 권). 권력(權力)을 제멋대로[擅] 부림.

천극[1] 天極 (하늘 천, 끝 극). ① 속뜻 하늘[天]의 꼭대기[極]. 지축의 연장선과 천구(天球)가 교차하는 점으로, 북극성이 위치한다. ② '북극성'을 달리 이르는 말.

천극[2] 栫棘 (울타리 천, 가시나무 극). ① 속뜻 가시[棘] 울타리[栫]를 침. ② '가난한 사람이 옷이 없어서 밖에 나가지 못함'을 이르는 말. ③ 역사 죄인의 집에 가시나무 울타리를 쳐서 밖으로 나가지 못하게 하는 것.

천:근[1] 淺近 (얕을 천, 가까울 근). 지식이나 생각이 깊지 않고[近] 얕음[淺].

천근[2] 千斤 (일천 천, 근 근). ① 속뜻 한 근(斤)의 천(千) 배. ② 아주 무거움.

▶ 천근-역사 千斤力士 (힘 력, 선비 사). ① 속뜻 천근(千斤)을 드는 역사(力士). ② '힘이 매우 센 사람'을 이르는 말.

천금 千金 (일천 천, 돈 금). ① 속뜻 엽전 천(千) 냥의 돈[金]. ② 많은 돈. ¶일확천금(一攫千金) / 천금을 준다고 해도 목숨은 살 수 없다. ③ 매우 귀중한 가치. ¶천금 같은 너를 인당수로 보낼 수는 없다.

천기[1] 天璣 (하늘 천, 구슬 기). ① 속뜻 하늘[天]에 떠있는 구슬[璣]. ② 천문 북두칠성의 머리 쪽에 있는 네 개의 별 가운데 셋째 별. 큰곰자리의 감마성(gamma星)으로, ⓒ천권(天權).

천기[2] 天氣 (하늘 천, 기운 기). ① 속뜻 하늘[天]의 기운(氣運). 천문에서 나타나는 징조. 건상(乾象). 천후(天候). ② 대기의 기상 상태. 일기(日氣).

▶ 천기-도 天氣圖 (그림 도). 기상 상태[天氣]를 여러 가지 부호와 선으로 적어 넣어서 어떤 지역의 일기 상태를 보이는 그림[圖]. 기상도(氣象圖). 일기도(日氣圖).

천기[3] 天機 (하늘 천, 실마리 기). ① 속뜻 하늘[天]의 기밀(機密). 천지조화의 기밀. ② 임금의 밀지(密旨). ③ 중대한 기밀. ④ 타고난 성질이나 기지(機智).

▶ 천기-누설 天機漏泄 (=天機漏洩, 샐 루, 샐 설). 중대한 기밀[天機]이 샘[漏泄]. 또는 그렇게 함.

천난-만고 千難萬苦 (일천 천, 어려울 난, 일만 만, 괴로울 고). 천(千) 가지 어려움[難]과 만(萬) 가지 괴로움[苦]. 천신만고(千辛萬苦). 천고만난(千苦萬難).

천남-성 天南星 (하늘 천, 남녘 남, 별 성). ① 속뜻 하늘[天]의 남(南)쪽에 뜬 별[星]같이 흔한 풀. ② 식물 천남성과의 다년초. 높이는 30~60㎝이며, 붉은 열매가 열린다. ③ 한의 천남성의 구경을 약재로 이르는 말.

천:녀[1] 賤女 (천할 천, 여자 녀). 천(賤)한 여자(女子). 신분이 낮은 여자.

천녀[2] 天女 (하늘 천, 여자 녀). ① 불교 천상(天上)에 산다고 하는 여자(女子). 용모가 아름답고, 노래와 춤을 잘 추고 자유로이 날아다닌다고 한다. ⓑ비천(飛天), 천인(天人). ② 천문 직녀성(織女星). ③ '매우 아름답고 상냥한 여성'을 비유하여 이르는 말.

▶ 천녀-손 天女孫 (손자 손). ① 속뜻 천녀(天女)의 자손(子孫). ② 천문 직녀성(織女星).

천년[1] 天年 (하늘 천, 나이 년). ① 속뜻 하늘[天]이 내린 나이[年]. ② '타고난 수명을 제대로 다 사는 나이'를 이름. ⓑ천명(天命).

천년[2] 千年 (일천 천, 해 년). 해[年]가 천(千) 번이 지날 정도의 오랜 세월. ¶그렇게 돈을 펑펑 쓰면서 어느 천년에 집을 사겠어?

▸ **천년-수** 千年壽〔목숨 수〕. 천년(千年)이나 누리는 수명(壽命).

▸ **천년-만년** 千年萬年〔일만 만, 해 년〕. ① 속뜻 천년(千年)과 만년(萬年). ② 아주 오랜 세월.

▸ **천년-승지** 千年勝地〔뛰어날 승, 땅 지〕. 오랫동안[千年] 변하지 않을 명승지(名勝地).

▸ **천년 왕국** 千年王國〔임금 왕, 나라 국〕. 기독교 예수가 재림하여 천년(千年) 동안 다스릴 것이라는 이상의 왕국(王國).

▸ **천년-일청** 千年一淸〔한 일, 맑을 청〕. ① 속뜻 황하(黃河)의 흐린 물이 천년(千年) 만에 한[一] 번 맑아짐[淸]. ② '좀처럼 있을 수 없는 일을 헛되이 바라거나 기다림'을 비유하여 이르는 말. ㊐백년하청(百年河淸).

천념 千念〔일천 천, 생각 념〕. 일천(一千) 팔백 개의 구슬을 꿴 염주(念珠).

천:-녹색 淺綠色〔얕을 천, 초록빛 록, 빛 색〕. 엷은[淺] 녹색(綠色).

천:단¹ 淺短〔얕을 천, 짧을 단〕. 생각이나 지식이 얕고[淺] 짧음[短].

천:단² 擅斷〔멋대로 천, 끊을 단〕. 제 생각대로 마구[擅] 처단(處斷)하거나 처리함.

천:답 踐踏〔밟을 천, 밟을 답〕. 발로 밟음[踐=踏].

천당 天堂〔하늘 천, 집 당〕. ① 속뜻 하늘[天]에 있는 신의 전당(殿堂). ② 기독교 천국(天國). ③ 불교 극락세계인 정토(淨土). ㊐하늘나라. ㊥지옥(地獄).

천대¹ 千代〔일천 천, 시대 대〕. 천(千) 번의 세대(世代). ㊐영원(永遠).

천:대² 賤待〔천할 천, 대접할 대〕. 천(賤)하게 대접(待接)함. ¶도둑놈의 아들이라고 천대를 받다.

천덕 天德〔하늘 천, 베풀 덕〕. ① 속뜻 하늘[天]의 덕(德). ② 민속 길일(吉日)과 길방(吉方)을 이르는 말.

▸ **천덕-사은** 天德師恩〔스승 사, 은혜 은〕. 하늘의 덕[天德]과 스승[師]의 은혜(恩惠).

▸ **천덕-왕도** 天德王道〔임금 왕, 길 도〕. 하늘[天]의 덕(德)과 왕(王)의 도(道).

천도¹ 天桃〔하늘 천, 복숭아 도〕. ① 속뜻 하늘[天] 나라에서 난다고 하는 복숭아[桃]. ② 식물 열매의 거죽에 털이 없고 윤이 나는 복숭아. ㊐천도복숭아.

천:도² 遷都〔옮길 천, 도읍 도〕. 도읍(都邑)을 옮김[遷]. ¶신돈은 평양으로 천도할 것을 주장했다.

천:도³ 薦度〔올릴 천, 법도 도〕. ① 속뜻 법도(法度)를 건네줌[薦]. ② 불교 죽은 사람의 넋을 극락으로 인도하는 일.

천도⁴ 天道〔하늘 천, 길 도〕. ① 속뜻 하늘[天]의 도리(道理). ② 불교 천체가 운행하는 길. ③ 중생들이 윤회하는 욕계·색계·무색계를 통틀어 이르는 말.

▸ **천도-교** 天道教〔종교 교〕. 종교 하늘[天]의 도리(道理)를 기본 사상으로 하는 종교(宗教). 최제우를 교조로 하여, 인내천 사상을 교리로 하는 종교이다. ㊐동학(東學).

▸ **천도-무심** 天道無心〔없을 무, 마음 심〕. 하늘[天道]이 무심(無心)함.

천동¹ 天童〔하늘 천, 아이 동〕. 불교 ① 천인(天人)이 인간의 형상을 하고 세상에 나타난 동자(童子). ② 호위하는 신.

천:동² 遷動〔옮길 천, 변할 동〕. 자리를 옮겨[遷] 움직이게[動] 함. ㊐천사(遷徙).

천동³ 天動〔하늘 천, 움직일 동〕. ① 속뜻 하늘[天]이 움직임[動]. ② 하늘이 움직일 만큼 큰 소리나 울림. '천둥'의 원래말.

▸ **천동-설** 天動說〔말씀 설〕. 천문 하늘이 움직인다[天動]는 학설(學說). 모든 천체는 우주의 중심인 지구 둘레를 돈다는 학설. ㊥지동설(地動說).

▸ **천동-대신** 天動大神〔큰 대, 귀신 신〕. 민속 천둥[天動]을 몰고 온다는 큰[大] 귀신(鬼神).

천라-지망 天羅地網〔하늘 천, 새그물 라, 땅 지, 그물 망〕. ① 속뜻 하늘[天]과 땅[地]에 쳐진 그물[羅=網]. ② '피할 수 없는 경계망이나 벗어날 길이 없는 재액'을 비유하여 이르는 말.

천락-수 天落水〔하늘 천, 떨어질 락, 물 수〕. 하늘[天]에서 떨어진[落] 물[水]. '빗물'을 달리 이르는 말.

천랑-성 天狼星〔하늘 천, 이리 랑, 별 성〕. 천문 하늘[天]의 큰개[狼]자리에서 가장 밝은 청백색의 별[星]. 밤하늘에서 볼 수 있는 가장 밝은 별이다.

천래 天來 (하늘 천, 올 래). ① 속뜻 하늘[天]로부터 왔음[來]. ② 재주가 선천적임. ⓑ천부(天賦).

천:려¹ 淺慮 (얕을 천, 생각할 려). 얕은[淺] 생각[慮]. ⓑ단려(短慮).

천려² 千慮 (일천 천, 생각할 려). 천(千) 번을 생각함[慮]. 여러모로 생각하거나 마음을 씀.

▶ **천려-일득** 千慮一得 (한 일, 얻을 득). ① 속뜻 천(千) 번을 생각하다보면[慮] 하나[一] 정도는 얻을[得] 수도 있음. ② 아무리 어리석은 사람일지라도 많은 생각을 하다 보면 한 가지쯤은 좋은 방법을 찾을 수 있음. ⓑ천려일실(千慮一失).

▶ **천려-일실** 千慮一失 (한 일, 그르칠 실). ① 속뜻 천(千) 번을 생각하다보면[慮] 하나[一] 정도는 잃을[失] 수도 있음. ② 아무리 슬기로운 사람일지라도 많은 생각을 하다 보면 한 가지쯤은 실책이 있게 마련임. ⓑ천려일득(千慮一得).

천렵 川獵 (내 천, 사냥 렵). 놀이로 냇물[川]에서 고기를 잡는[獵] 일.

천로 역정 天路歷程 (하늘 천, 길 로, 지낼 력, 거리 정). 문학 영국의 작가 버니언이 지은 우화 소설. 신의 노여움을 두려워하는 한 기독교인이 천국(天國)으로 가는 길[路]에서 겪은[歷] 여정(旅程)을 내용으로 한 소설이다.

천록 天祿 (하늘 천, 복 록). 하늘[天]이 주는 복록(福祿).

천뢰 天籟 (하늘 천, 소리 뢰). ① 속뜻 하늘[天]의 소리[籟]. 바람 소리나 빗소리 등 자연스러운 소리. ⓑ지뢰(地籟). ② 자연의 가락에 맞는 뛰어난 시문(詩文).

천:루 賤陋 (천할 천, 좁을 루). 됨됨이가 천하고[賤] 도량이 좁다[陋].

천륜 天倫 (하늘 천, 도리 륜). 하늘[天]이 맺어준 사람 사이에 지켜야 할 도리[倫]. 부자(父子)·형제 사이에 마땅히 지켜야 할 도리. ¶부모가 자식을 버리는 일은 천륜에 어긋난다.

천:릉 遷陵 (옮길 천, 무덤 릉). 능(陵)을 다른 곳으로 옮김[遷]. '천산릉'(遷山陵)의 준말.

천리¹ 天理 (하늘 천, 이치 리). 하늘[天]의 이치(理致). 만물에 통하는 자연의 도리.

천:리² 踐履 (실천할 천, 밟을 리). 몸소 실천(實踐)하여 겪음[履].

천리³ 千里 (일천 천, 거리 리). ① 속뜻 1리(里)의 천(千)배에 해당하는 거리. ② '매우 먼 거리'를 비유하는 말. ¶어머니는 천리 길도 마다 않고 나를 보러 오셨다.

▶ **천리-경** 千里鏡 (거울 경). ① 속뜻 천리(千里) 밖의 것도 볼 수 있도록 만든 망원경(望遠鏡). ② 물리 두 개 이상의 볼록 렌즈를 맞추어서 멀리 있는 물체 따위를 크고 정확하게 보도록 만든 장치.

▶ **천리-구** 千里駒 (망아지 구). ① 속뜻 천리(千里)를 달릴 수 있는 망아지[駒]. ⓑ천리마(千里馬). ② 자손들 가운데서 뛰어나게 잘난 자손을 칭찬하여 이르는 말.

▶ **천리-마** 千里馬 (말 마). ① 속뜻 하루에 천리(千里)를 달릴 수 있는 말[馬]. ② '아주 뛰어난 말'을 비유하여 이르는 말.

▶ **천리-안** 千里眼 (눈 안). ① 속뜻 천리(千里) 밖을 보는 눈[眼]. ② 먼데서 일어난 일을 직감적으로 알아맞히는 능력. ③ 사물의 이면을 꿰뚫어 보는 능력.

▶ **천리-포** 千里脯 (포 포). 고기붙이를 술, 초, 소금에 주물러 하루쯤 두었다가 삶아서 말린 반찬[脯]. 먼[千里] 길을 가는 동안 먹을 수 있을 만큼 저장성이 뛰어나다.

▶ **천리-건곤** 千里乾坤 (하늘 건, 땅 곤). ① 속뜻 천리(千里)나 되는 하늘[乾]과 땅[坤]. ② 멀리 뻗쳐 아주 너른 하늘과 땅.

▶ **천리-동풍** 千里同風 (같을 동, 바람 풍). ① 속뜻 천리(千里)까지 같은[同] 바람[風]이 붊. ② '태평한 세상'을 비유하여 이르는 말.

▶ **천리-만리** 千里萬里 (일만 만, 거리 리). ① 속뜻 멀기가 천 리(千里) 또는 만 리(萬里)나 됨. ② '아주 먼 거리'를 이르는 말. ㊟천만리.

▶ **천리-비린** 千里比鄰 (견줄 비, 이웃 린). ① 속뜻 천리(千里)나 되는 먼 곳을 이웃[鄰]과 견줌[比]. ② 먼 곳을 가깝게 느낌.

▶ **천리 장성** 千里長城 (길 장, 성곽 성). ① 속뜻 천리(千里) 가량의 긴[長] 성(城). ② 고적 고려 1033년에, 압록강 어귀에서 함흥의 도련포까지 쌓은 장성.

▶ **천리-행룡** 千里行龍 (갈 행, 용 룡). ① 속뜻 천리(千里)를 가는[行] 용(龍). ②

민속 풍수설에서, 산맥이 높았다 낮았다 하며 힘차게 뻗은 형세를 이르는 말. ③어떤 일을 직접 말하지 않고, 그 유래를 말하여 차차 그 일에 미침.

천마 天馬 (하늘 천, 말 마). ① 속뜻 하늘[天]을 달린다는 상제(上帝)의 말[馬]. ②아라비아에서 나는 좋은 말.

▸천마-도 天馬圖 (그림 도). 고적 순백의 천마(天馬) 한 마리가 하늘로 날아 올라가는 모양을 그린 그림[圖]. 경상북도 경주시에 있는 천마총에서 나온 말다래의 뒷면에 그려져 있다.

▸천마-총 天馬塚 (무덤 총). ① 속뜻 천마(天馬) 벽화가 있는 무덤[塚]. ② 고적 경상북도 경주시 황남동에 있는 신라 때의 고분으로 신라 지증왕의 능으로 추정되고, 천마도가 그려져 있는 것이 가장 큰 특징이다.

천막 天幕 (하늘 천, 휘장 막). 하늘[天]을 가린 막(幕). 비바람 따위를 막는 장막. ¶천막을 치고 교실을 만들다. ⓑ차일(遮日).

천:만[1] 喘滿 (숨 천, 가득할 만). 숨[喘]이 목 끝까지 참[滿].

천만[2] 千萬 (일천 천, 일만 만). ① 속뜻 만(萬)의 천(千)의 곱절. ¶한 달에 천만 원도 넘게 번다. ②천만 가지의 경우, 즉 '많은 수나 경우'를 이르는 말. 전혀. 아주. 매우. 어떤 경우에도. ¶천만의 말씀 / 앞으로는 그런 일이 천만 없도록 하게. ③더할 나위 없음. 정도가 심함. ¶위험 천만하다.

▸천만-고 千萬古 (옛 고). 천만(千萬) 년이나 되는, 퍽 오랜 옛날[古].

▸천만-금 千萬金 (돈 금). 천(千) 냥과 만(萬) 냥의 돈[金]. 썩 많은 돈이나 값어치.

▸천만-년 千萬年 (해 년). ① 속뜻 천년(千年)과 만년(萬年). ②아주 오랜 세월. ⓑ천추만세(千秋萬歲).

▸천만-대 千萬代 (시대 대). ① 속뜻 천(千) 번의 세대와 만(萬) 번의 세대(世代). ②썩 멀고 오랜 세대. ⓑ천만세(千萬世).

▸천만-리 千萬里 (거리 리). '천리만리'(千里萬里)의 준말.

▸천만-번 千萬番 (차례 번). 천 번(千番)과 만 번(萬番). 수없이 여러 번.

▸천만-사 千萬事 (일 사). 천(千) 가지 만(萬) 가지 일[事]. 퍽 많은 여러 가지 일. 온갖 일. ⓢ만사.

▸천만-세 千萬世 (세대 세). ① 속뜻 천(千) 번의 세대(世代)와 만(萬) 번의 세대. ②썩 멀고 오랜 세대. ⓑ천만대(千萬代).

▸천만-세 千萬歲 (해 세). 천만년(千萬年).

▸천만-다행 千萬多幸 (많을 다, 행운 행). 천만(千萬) 번 생각해도 매우 다행(多幸)함. ¶더 크게 다치지 않아 천만다행이다. ⓑ만만다행(萬萬多幸).

▸천만-몽외 千萬夢外 (꿈 몽, 밖 외). 천만(千萬) 번의 꿈[夢]에도 생각지 못함[外]. 천만뜻밖.

▸천만부당 千萬不當 (아닐 부, 마땅 당). 천만(千萬) 번의 경우에도 온당(穩當)치 않음[不]. '천부당만부당'(千不當萬不當)의 준말.

▸천만-부득 千萬不得 (아닐 부, 얻을 득). 천만(千萬) 번의 경우에도 전혀 얻지[得] 못함[不].

▸천만불가 千萬不可 (아닐 불, 옳을 가). 천만(千萬) 번의 경우에도 전연 옳지[可] 않음[不]. 전혀 경우에 맞지 않음. ⓑ만만불가(萬萬不可).

▸천만-의외 千萬意外 (뜻 의, 밖 외). 천만(千萬) 번의 경우에도 생각[意] 밖[外]임.

천매-암 千枚巖 (일천 천, 낱낱 매, 바위 암). ① 속뜻 천[千] 개의 낱낱[枚] 바위[巖]. ② 지리 나뭇잎처럼 얇은 층이 켜켜이 쌓여 잘 떨어지는 변성암. 석영, 운모, 녹니석 등을 주성분으로 한다.

천맥[1] 阡陌 (두렁 천, 두렁 맥). ① 속뜻 두렁[阡=陌]. 밭 사이의 길. ②산기슭이나 밭두둑.

천맥[2] 泉脈 (샘 천, 줄기 맥). 땅속에 있는 샘[泉] 줄기[脈].

천명[1] 天命 (하늘 천, 목숨 명). ① 속뜻 하늘[天]이 준 수명(壽命). 타고난 수명. ②하늘의 명령. ¶할 일을 다 하고 천명을 기다리다. ③천자의 명령. ⓑ천수(天壽). ⓟ비명(非命).

천명[2] 天明 (하늘 천, 밝을 명). 하늘[天]이 밝아올[明] 무렵. 동틀 무렵.

천:명[3] 賤名 (천할 천, 이름 명). ① 속뜻 천(賤)한 이름[名]. ②자기 이름을 겸손하게 이르는 말. ③ 민속 명이 길고 복을 받으라고 어린아이에게 따로 지어 주는 천한 이름.

천:명[4] 闡明 (드러낼 천, 밝을 명). 사실, 내막 또는 의사 따위를 분명(分明)하게 드러내거나[闡] 나타냄. ¶우리의 의지를 전 세계에 천명했다.

천:묘 遷墓 (옮길 천, 무덤 묘). 무덤[墓]을 다른 곳으로 옮김[遷]. ㊥천장(遷葬).

천무이일 天無二日 (하늘 천, 없을 무, 두 이, 해 일). ① 속뜻 하늘[天]에 두[二] 개의 해[日]가 있을 수 없음[無]. ② '나라에는 임금이 하나뿐임'을 비유하여 이르는 말.

천문[1] 天門 (하늘 천, 문 문). ① 속뜻 천제(天帝)의 전각에 있는 문(門). 하늘로 들어가는 문. ② '대궐 문'을 높여 이르던 말. ③ '콧구멍'이나, '양미간'을 달리 이르는 말.

천:문[2] 淺聞 (얕을 천, 들을 문). 얕은[淺] 견문(見聞). ㊥천견(淺見).

천문[3] 天文 (하늘 천, 무늬 문). ① 속뜻 하늘[天]의 무늬[文]. ② 천문 우주와 천체의 온갖 현상과 내재된 법칙성. ¶천문 항법(航法).

▸천문-대 天文臺 (돈대 대). 천문 천체 현상[天文]을 조직적으로 관측하고 연구하는 시설[臺].

▸천문-시 天文時 (때 시). 천문 천체 현상[天文]에 따른 시각(時刻). 태양이 남중하는 정오를 출발점으로 재는 시간.

▸천문-조 天文潮 (바닷물 조). 천문 천체 현상[天文]에 의하여 일어나는 일반적인 조석(潮汐)현상. ㊥천체조(天體潮).

▸천문-학 天文學 (배울 학). 천문 천체 현상[天文]에 관한 온갖 사항을 연구하는 학문(學問).

▸천문-천정 天文天頂 (하늘 천, 꼭대기 정). ① 속뜻 천문(天文)이 있는 하늘[天] 꼭대기[頂]. ② 천문 지구 표면의 관측 지점에서 연직선을 위쪽으로 연장했을 때 천구와 만나는 점. ㊣천정. ㊥천정점(天頂點).

▸천문학-적 天文學的 (배울 학, 것 적). ① 속뜻 천문학(天文學)에 관한 것[的]. ② 수가 엄청나게 큰. 또는 그런 것. ¶천문학적 비용과 인력.

▸천문 항:법 天文航法 (건널 항, 법 법). 항공 천체 현상[天文]에 의해 배나 비행기[航] 따위의 위치를 재는 방법(方法). ㊥측천법(測天法).

천문-만호 千門萬戶 (일천 천, 문 문, 일만 만, 지게문 호). ① 속뜻 천(千) 개의 문(門)과 만(萬) 개의 지게문[戶]. ② 대궐에 문이 많음. ③ 많은 백성의 집.

천:민 賤民 (천할 천, 백성 민). 신분이 천(賤)한 백성[民]. ¶그는 천민이었지만 재능이 뛰어나 높은 벼슬에 올랐다.

천:박 淺薄 (얕을 천, 엷을 박). 지식이나 생각 따위가 얕고[淺] 엷음[薄]. ¶생각이 천박하여 돈 많은 것만 자랑으로 여기다.

천:발 지진 淺發地震 (얕을 천, 일으킬 발, 땅 지, 떨 진). 지리 땅속 얕은[淺] 곳에서 일어나는[發] 지진(地震). 진원이 땅속 약 5,60km 보다 얕다. ㊥심발 지진(深發地震).

천방 川防 (내 천, 둑 방). 내[川]를 가로막은 둑[防].

천방-백계 千方百計 (일천 천, 방법 방, 일백 백, 꾀 계). ① 속뜻 천(千) 가지의 방법(方法)과 백(百) 가지의 계략(計略). ② 온갖 계책이나 꾀를 이름.

천방-지방 天方地方 (하늘 천, 모 방, 땅 지, 모 방). 천방지축(天方地軸).

천방-지축 天方地軸 (하늘 천, 모 방, 땅 지, 굴대 축). ① 속뜻 하늘[天]의 한 구석[方]을 갔다가 땅[地]의 한 축(軸)을 돌아다님. ② 마구 덤벙대는 일. ¶천방지축으로 행동하다. ㊥천방지방(千方地方).

천배 千倍 (일천 천, 곱 배). ① 속뜻 천(千) 곱절[倍]. ② 비교할 수 없을 만큼 아주 많은 수량이나 정도를 이르는 말. ¶지금의 이 은혜는 백배 천배로 갚겠습니다.

천백 千百 (일천 천, 일백 백). ① 속뜻 천(千) 또는 백(百). ② 많은 수를 이르는 말. ¶천백 마디의 말이 다 필요없다.

천벌 天伐 (하늘 천, 칠 벌). ① 속뜻 하늘[天]이 침[伐]. ② '벼락에 맞아서 죽는 일'을 이름.

천벌 天罰 (하늘 천, 벌할 벌). 하늘[天]이 주는 벌(罰). ¶그렇게 거짓말을 하면 천벌을 받는다. ㊥천주(天誅), 천형(天刑).

천변[1] 川邊 (내 천, 가 변). 내[川]의 가장자리[邊].

천변[2] 天邊 (하늘 천, 가 변). 하늘[天]의 가장자리[邊].

천변[3] 天變 (하늘 천, 바뀔 변). 일식이나 월식, 폭풍 따위 하늘[天]에서 일어나는 큰 변고(變故).

▸천변-지이 天變地異 (땅 지, 다를 이). 하늘[天]과 땅[地], 곧 자연계에서 일어나는 큰 이변(異變).

천변-만화 千變萬化 (일천 천, 바뀔 변, 일만 만, 될 화). ① [속뜻]천(千) 가지, 만(萬) 가지로 변화(變化)함. ②변화가 무궁함.

천병 天兵 (하늘 천, 군사 병). ① [속뜻]천자(天子)가 보낸 병사(兵士). ②고대 중국의 제후국에서, '황제의 군사'를 이르던 말.

천병-만마 千兵萬馬 (일천 천, 군사 병, 일만 만, 말 마). ① [속뜻]천(千) 명의 병사(兵士)와 만(萬) 마리의 말[馬]. ②아주 많은 수의 군사와 군마. 천군만마(千軍萬馬).

천보 天步 (하늘 천, 걸음 보). ① [속뜻]하늘[天]의 걸음걸이[步]. ②나라의 운명.

천복 天福 (하늘 천, 복 복). 하늘[天]에서 내려 준 복록(福祿).

천부[1] 天父 (하늘 천, 아버지 부). [기독교]하늘[天]에 계신 아버지[父]. '하나님'을 일컫는 말.

천:부[2] 賤夫 (천할 천, 사나이 부). 신분이 천(賤)한 남자[夫].

천:부[3] 賤婦 (천할 천, 여자 부). 신분이 천(賤)한 여자[婦].

천부[4] 天府 (하늘 천, 집 부). ① [속뜻]하늘[天]의 곳간[府]. '천부지토'(天府之土)의 준말. ②천연의 요새. ③'학덕이 두루 출중하고 깊은 사람'을 비유하여 이르는 말.

▸천부지토 天府之土 (어조사 지, 흙 토). ① [속뜻]하늘[天]의 곳간[府]과 같은 땅[土]. ②땅이 매우 기름져 온갖 산물이 많이 나는 땅. [준]천부.

천부[5] 天賦 (하늘 천, 물려줄 부). ① [속뜻]하늘[天]이 줌[賦]. ②선천적으로 타고남. ¶천부의 재능을 가졌다.

▸천부-설 天賦說 (말씀 설). ① [속뜻]하늘이 주었다는[天賦] 설(說). ② [철학]사람의 성질과 능력은 태어나면서부터 갖추어져 있다는 이론. [비]선천설(先天說).

▸천부-적 天賦的 (것 적). 하늘이 준[天賦] 것처럼 선천적으로 타고난 것[的]. ¶이 학생은 음악에 천부적인 재능이 있다.

▸천부 인권 天賦人權 (사람 인, 권리 권). [법률]하늘[天]이 평등하게 부여(賦與)한 인간[人]으로서의 권리(權利). [비]자연권(自然權).

▸천부-자연 天賦自然 (스스로 자, 그러할 연). ① [속뜻]하늘이 베풀어 준[天賦] 자연(自然). ②하늘로부터 받아서 사람의 힘으로는 어떻게 할 수 없는 본연의 성질.

▸천부 인권설 天賦人權說 (사람 인, 권리 권, 말씀 설). [철학]인권(人權)은 나면서부터 주어진[天賦] 것이라는 학설(學說). 인간은 나면서부터 자유와 평등을 누릴 천부의 권리가 있다는 이론이다.

▸천부 인권 사상 天賦人權思想 (사람 인, 권리 권, 생각 사, 생각 상). 인권(人權)은 하늘이 주었다[天賦]고 생각하는 사상(思想).

천부당-만부당 千不當萬不當 (일천 천, 아닐 부, 마땅 당, 일만 만, 아닐 부, 마땅 당). ① [속뜻]천(千) 번 만(萬) 번 부당(不當)함. ②아주 부당함. [준]천만부당, 만부당.

천부-인 天符印 (하늘 천, 부신 부, 도장 인). 천자(天子)라는 표지[符]로 하느님이 내려 준 세 개의 도장[印]. 단군이 고조선을 건국하였다는 신화에 나온다.

천분 天分 (하늘 천, 나눌 분). 하늘[天]이 나눠준[分] 것. 타고난 재질이나 분복(分福).

천분-비 千分比 (일천 천, 나눌 분, 견줄 비). 전체를 천(千)으로 나누었을[分] 때의 일정량의 비율(比率). [비]천분율(千分率).

천분-율 千分率 (일천 천, 나눌 분, 비율 률). 전체를 천(千)으로 나누었을[分] 때의 일정량의 비율(比率). [비]천분비(千分比).

천불 千佛 (일천 천, 부처 불). [불교]1천(千) 명의 부처[佛]. 곧 과거·현재·미래의 삼겁에 각각 나타난다는 1천의 부처. 특히 현재의 1천 부처를 이른다.

천붕 天崩 (하늘 천, 무너질 붕). 하늘[天]이 무너짐(崩).

▸천붕-지괴 天崩地壞 (땅 지, 무너질 괴). 하늘[天]과 땅[地]이 무너짐[崩壞].

▸천붕-지탁 天崩地坼 (땅 지, 갈라질 탁). ① [속뜻]하늘[天]이 무너지고[崩] 땅[地]이 갈라짐[坼]. ②'매우 큰 소리'를 이르는 말.

▸천붕지통 天崩之痛 (어조사 지, 아플 통). ① [속뜻]하늘[天]이 무너지는[崩] 듯한 아

픔[痛]. ② '임금이나 아버지의 상사(喪事)를 당한 슬픔'을 비유하여 이르는 말.

천사 天使 (하늘 천, 부릴 사). ① 속뜻 '천자(天子)의 사신(使臣)'을 제후국에서 일컫던 말. ② 기독교 하나님의 사자로서 하나님과 인간의 중개 역할을 하는 존재를 이르는 말. ¶서양의 천사는 주로 날개를 달고 있다 / 그녀는 천사와 같은 마음씨를 가졌다. ⓑ악마(惡魔).

천사-만고 千思萬考 (일천 천, 생각 사, 일만 만, 생각할 고). 천(千) 번, 만(萬) 번 생각함[思考]. 여러 가지로 생각함.

천사-만량 千思萬量 (일천 천, 생각 사, 일만 만, 헤아릴 량). 천(千) 번 생각하고[思] 만(萬) 번을 헤아림[量]. 여러 가지로 생각하고 헤아림.

천사-만려 千思萬慮 (일천 천, 생각 사, 일만 만, 생각할 려). 천(千) 번, 만(萬) 번 생각함[思=慮]. 여러 가지 생각과 걱정.

천사-만루 千絲萬縷 (일천 천, 실 사, 일만 만, 실 루). 천(千) 올, 만(萬) 올의 실[絲=縷]. 피륙을 짜는 데 드는 수많은 실.

천사-만사 千事萬事 (일천 천, 일 사, 일만 만, 일 사). ① 속뜻 천(千) 가지 일[事]과 만(萬) 가지 일[事]. ② 온갖 일을 이르는 말. ¶천사만사가 다 귀찮다.

천사-문답 天師問答 (하늘 천, 스승 사, 물을 문, 답할 답). 종교 한울님[天]과 교조[師]인 최제우가 직접 영감으로 묻고[問] 대답(對答)한 것.

천사-옥대 天賜玉帶 (하늘 천, 줄 사, 옥돌 옥, 띠 대). 역사 하늘[天]이 준[賜] 옥(玉)으로 만든 띠[帶]. ⓑ성대(聖帶).

천산 天産 (하늘 천, 낳을 산). ① 속뜻 천연(天然)으로 남[産]. ② '천산물'(天産物)의 준말.

천:산-갑 穿山甲 (뚫을 천, 메 산, 껍질 갑). ① 속뜻 산(山)을 뚫을[穿] 만한 껍질[甲]을 지닌 동물. ② 동물 천산갑과의 짐승. 온몸이 딱딱한 기와 모양의 암갈색 비늘로 덮여 있다. ③ 한의 천산갑의 껍질. 두창이나 마진 따위의 약재로 쓴다.

천산-만락 千山萬落 (일천 천, 메 산, 일만 만, 마을 락). 천(千) 개의 산(山)과 만(萬) 개의 마을[落]. 수많은 산과 수많은 마을.

천산-만수 千山萬水 (일천 천, 메 산, 일만 만, 물 수). 천(千) 개의 산(山)과 만(萬) 개의 시내[水]. 수없이 많은 산과 내.

천산-만학 千山萬壑 (일천 천, 메 산, 일만 만, 골짜기 학). ① 속뜻 천(千) 개의 산(山)과 만(萬) 개의 골짜기[壑]. ② 겹겹이 싸인 산과 골짜기.

천산-물 天産物 (하늘 천, 낳을 산, 만물 물). 천연(天然)으로 난[産] 물건(物件). ㊟천산. ⓑ천연자원(天然資源).

천상[1] 天常 (하늘 천, 보통 상). 하늘[天]이 정한 상도(常道).

천상[2] 天象 (하늘 천, 모양 상). 천문 천체(天體)의 현상(現象). ⓑ건상(乾象). ⓑ지상(地象).

▶ **천상열차분야지도** 天象列次分野之圖 (벌일 렬, 차례 차, 나눌 분, 들 야, 어조사 지, . 그림 도). ① 속뜻 천체[天象]에 나타난 별자리를 차례(次例)로 벌여 놓고[列] 나누어 놓은[分野] 그림[圖]. ② 천문 천문도의 하나. 조선 태조 4년(1395)에 흑요석에 성도(星圖)와 관측 현상을 새긴 것으로, 중국의 순우천문도(淳祐天文圖)에 다음가는, 가장 오래된 석각 천문도이다. 국보 제228호.

천상[3] 天上 (하늘 천, 위 상). ① 속뜻 하늘[天]의 위[上]. ¶천상의 소리. ② 불교 '천상계'의 준말. ⓑ천국(天國).

▶ **천상-계** 天上界 (지경 계). 불교 십선(十善)을 닦으면 간다고 하는 하늘[天] 위[上]의 세계(世界)를 이름. ⓑ하계(下界).

▶ **천상-수** 天上水 (물 수). 하늘[天] 위[上]에서 내리는 물[水]. ⓑ빗물. ㊟천수.

▶ **천상-천하** 天上天下 (하늘 천, 아래 하). ① 속뜻 하늘 위[天上] 하늘[天] 아래[下]. ② 온 세상. 온 우주.

천상-만태 千狀萬態 (일천 천, 형상 상, 일만 만, 모양 태). 천(千) 가지 형상(形狀)과 만(萬) 가지 자태(姿態). 온갖 모양이나 상태. ⓑ천태만상(千態萬象).

천색 天色 (하늘 천, 빛 색). 하늘[天]의 빛깔[色].

천:생[1] 賤生 (천할 천, 날 생). ① 속뜻 천(賤)하게 태어남[生]. ② '자기'를 낮추어 일컫는 말. ⓑ천출(賤出).

천생[2] 天生 (하늘 천, 날 생). ① 속뜻 하늘

[天]에서 타고 난[生] 것. 태어날 때부터 지닌 본바탕. ②선천적으로 타고남. ¶그는 천생 예술가다.

▸천생-배필 天生配匹 (짝 배, 짝 필). 하늘에서 맺어 준[天生] 배필(配匹). ㊥천정배필(天定配匹).

▸천생-연분 天生緣分 (인연 연, 나눌 분). 하늘이 미리 마련하여 준[天生] 연분(緣分). ¶나와 내 남편이야말로 천생연분이다. ㊥천생인연, 천정연분(天定緣分).

▸천생-인연 天生因緣 (인할 인, 연분 연). 하늘이 미리 마련하여 준[天生] 인연(因緣). ㊥천생연분(天生緣分).

천서 天瑞 (하늘 천, 상서 서). 하늘[天]이 내리는 상서(祥瑞)로운 징조.

천서-만단 千緖萬端 (일천 천, 실마리 서, 일만 만, 처음 단). 천(千) 올, 만(萬) 올의 실마리[緖=端]. 수없이 많은 일의 갈피.

천석 泉石 (샘 천, 돌 석). 샘[泉]과 돌[石]. 물과 돌. ㊥수석(水石).

▸천석-고황 泉石膏肓 (샘 천, 돌 석, 살찔 고, 명치끝 황). ① 속뜻 샘[泉]과 돌[石]에 매료되어 고황(膏肓)에 들었음. ②고질병이 되다시피 산수풍경을 좋아함. ㊥연하고질(煙霞痼疾).

천선1 天仙 (하늘 천, 신선 선). 하늘[天]에서 산다고 하는 신선(神仙).

천:선2 遷善 (옮길 천, 착할 선). 나쁜 성정을 착한[善] 쪽으로 옮김[遷]. 착하게 변함.

천선-지전 天旋地轉 (하늘 천, 돌 선, 땅 지, 구를 전). ① 속뜻 하늘[天]과 땅[地]이 핑핑 돎[旋=轉]. ②정신이 헷갈려 어수선함. ③세상일이 크게 변함.

천성 天性 (하늘 천, 성질 성). 하늘[天]이 준 성질(性質). 선천적으로 타고난 성격. ¶그는 천성이 게으름뱅이다. ㊥본성(本性), 자성(資性), 천질(天質).

천세1 千世 (일천 천, 세대 세). 이전이나 이후의 천(千) 번의 세대(世代).

천세2 千歲 (일천 천, 해 세). ① 속뜻 천(千) 년이나 되는 세월(歲月)이나 나이. 천재(千載). ②'천추만세'(千秋萬歲)의 준말.

▸천세-력 千歲曆 (책력 력). 앞으로 올 천 년[千歲] 동안의 일월, 성신, 절후 따위를 헤아려 만든 책력(冊曆).

천:소 淺沼 (얕을 천, 늪 소). 얕은[淺] 늪[沼]. 얕은 못.

천:속 賤俗 (천할 천, 풍속 속). ① 속뜻 비천(鄙賤)한 풍속(風俗). ②천하고 속됨.

천손 天孫 (하늘 천, 손자 손). ① 속뜻 천신(天神)의 후손(後孫). ② 천문 '직녀성'을 달리 이르는 말.

천수1 天授 (하늘 천, 줄 수). 하늘[天]에서 내려 줌[授]. ㊥천여(天與).

천수2 天壽 (하늘 천, 목숨 수). 하늘[天]에서 준 수명(壽命). ㊥천명(天命).

천수3 天數 (하늘 천, 운수 수). ① 속뜻 하늘[天]에서 준 운수(運數). ㊥천명(天命). ②천운(天運).

천수4 泉水 (샘 천, 물 수). 샘[泉]에서 솟는 물[水].

천수5 千手 (일천 천, 손 수). ① 속뜻 천(千) 개의 손[手]. ② 불교 '천수관음'(千手觀音)의 준말.

▸천수-경 千手經 (책 경). 불교 천수관음(千手觀音)의 유래와 발원 및 공덕 등을 담은 불경(佛經).

▸천수-관음 千手觀音 (볼 관, 소리 음). 불교 천 개의 손[千手]과 눈을 가진 관음보살(觀音菩薩).

천수6 天水 (하늘 천, 물 수). 하늘[天]에서 내려온 물[水]. ㊥빗물.

▸천수-답 天水畓 (논 답). 농업 물의 근원이나 물줄기가 없어서 비[天水]가 와야만 모를 내고 기를 수 있는 논[畓]. ㊥봉답(奉畓), 봉천답(奉天畓).

▸천수-농경 天水農耕 (농사 농, 밭갈 경). 농업 오로지 빗물[天水]에만 의존하여 짓는[耕] 농사(農事).

천수-국 千壽菊 (일천 천, 목숨 수, 국화 국). ① 속뜻 천(千) 년[壽]토록 오래 사는 국화(菊花). ② 식물 국화과의 일년초. 줄기는 50㎝ 가량의 줄기에, 깃 모양의 잎이 나며, 여름에 황색의 꽃이 핀다.

천승지국 千乘之國 (일천 천, 수레 승, 어조사 지, 나라 국). ① 속뜻 천(千) 대의 수레[乘]를 갖고 있는 나라[國]. ② '제후의 나라'를 이르던 말.

천시1 天時 (하늘 천, 때 시). ① 속뜻 하늘[天]의 도움이 있는 시기(時機). ¶천시를 기다리다. ②때를 따라서 돌아가는 자연현상. 곧 계절, 밤과 낮, 더위와 추위 따위를 이른다.

천:시[2] **賤視** (천할 천, 볼 시). 천(賤)하게 봄[視]. ¶예전에는 상인을 천시했다. ⓑ천대(賤待).

천:식[1] **淺識** (얕을 천, 알 식). 얕은[淺] 지식(知識)이나 견식(見識).

천식[2] **喘息** (헐떡거릴 천, 숨쉴 식). ① 속뜻 헐떡거리면서[喘] 숨을 쉼[息]. ② 의학 기관지에 경련이 일어나는 병. ¶천식에 걸려 자지러지는 소리로 기침을 했다.

천:식[3] **賤息** (천할 천, 불어날 식). ① 속뜻 천(賤)한 자식(子息). ②남 앞에서 '자기의 자식'을 낮추어 이르는 말.

천:신[1] **賤臣** (천할 천, 신하 신). ① 속뜻 천(賤)한 신하(臣下). ②신하가 임금에게 '자기'를 낮추어 일컫던 말.

천:신[2] **薦新** (올릴 천, 새 신). ① 속뜻 새[新] 것을 드림[薦]. ②그 해에 새로 난 과일이나 농산물을 신에게 먼저 올리는 일. ③ 민속 봄과 가을에 신을 위하는 굿.

천신[3] **天神** (하늘 천, 귀신 신). ① 속뜻 하늘[天]의 신령(神靈). ②풍운 뇌우(風雲雷雨)와 산천 성황(山川城隍)을 통틀어 이르는 말. 중춘(仲春)과 중추(仲秋)에 날을 받아 제향을 지낸다. ③ 가톨릭 '천사'(天使)를 달리 이르는 말.

▶천신-지기 天神地祇 (땅 지, 땅 귀신 기). 하늘의 신령[天神]과 땅[地]의 신령[祇]. 천신과 지기를 아울러 이르는 말.

천신-만고 千辛萬苦 (일천 천, 고통 신, 일만 만, 괴로울 고). ① 속뜻 천(千) 가지 고생[辛]과 만(萬) 가지 괴로움[苦]. ②마음과 몸을 온 가지로 수고롭게 하고 애씀. ¶천신만고 끝에 기계를 발명해 내다. ⓑ천고만난(千苦萬難), 천난만고(千難萬苦).

천심[1] **千尋** (일천 천, 단위 심). 천(千) 심(尋)에 해당되는 길이. 매우 깊거나 높음을 이르는 말. '尋'은 길이의 단위로 8척(尺)을 이른다.

천심[2] **天心** (하늘 천, 마음 심). ① 속뜻 하늘[天]의 뜻[心]. 천의(天意). ②쳐다보이는 하늘의 한가운데.

천:심[3] **淺深** (얕을 천, 깊을 심). 얕음[淺]과 깊음[深].

천악 天樂 (하늘 천, 음악 악). 종교 대종교에서, 천자(天子)인 단군의 공덕을 기리는 노래[樂]의 제목.

천안[1] **天眼** (하늘 천, 눈 안). ① 속뜻 천자(天子)의 눈[眼]. ②임금을 높여 그의 눈을 이르던 말. ③ 불교 미세한 사물까지도 멀리, 널리 볼 수 있고, 중생의 미래와 생사까지도 볼 수 있는 눈.

천안[2] **天顔** (하늘 천, 얼굴 안). ① 속뜻 천자(天子)의 얼굴[顔]. ②임금을 높여 그의 얼굴을 이르던 말. ⓑ용안(龍顔).

천암만학 千巖萬壑 (일천 천, 바위 암, 일만 만, 골짜기 학). ① 속뜻 천(千) 개의 바위[巖]와 만(萬) 개의 골짜기[壑]. ②'깊은 산속의 경치'를 비유하여 이르는 말.

천앙 天殃 (하늘 천, 재앙 앙). 하늘[天]이 내리는 재앙(災殃).

천애 天涯 (하늘 천, 끝 애). ① 속뜻 하늘[天]의 끝[涯]. ②'천애지각'(天涯地角)의 준말. ③아득히 멀리 떨어진 낯선 곳.

▶천애-지각 天涯地角 (땅 지, 모서리 각). ① 속뜻 하늘의 끝[天涯]이 닿는 땅[地]의 한 귀퉁이[角]. ②아득하게 멀리 떨어져 있는 곳을 이르는 말.

천:약 踐約 (실천할 천, 묶을 약). 약속(約束)을 지켜 실천(實踐)함.

천:양[1] **闡揚** (드러낼 천, 오를 양). 생각이나 주장을 드러내어[闡] 올림[揚].

천양[2] **天壤** (하늘 천, 땅 양). 하늘[天]과 땅[壤]. ⓑ천지(天地).

▶천양-무궁 天壤無窮 (없을 무, 다할 궁). 하늘[天]과 땅[壤]처럼 무궁(無窮)함.

▶천양지간 天壤之間 (어조사 지, 사이 간). 하늘[天]과 땅[壤]의 사이[間]. 또는 그 안에 있는 모든 사물. ㊤천지간.

▶천양지차 天壤之差 (어조사 지, 어긋날 차). ① 속뜻 하늘[天]과 땅[壤]처럼 큰 차이(差異). ②사물이 서로 엄청나게 다름. ⓑ천양지판(天壤之判), 운니지차(雲泥之差).

▶천양지판 天壤之判 (어조사 지, 나눌 판). ① 속뜻 하늘[天]과 땅[壤]의 나뉨[判]. ②사물이 서로 엄청나게 다름. ⓑ천양지차(天壤之差).

천어[1] **川魚** (내 천, 물고기 어). 냇물[川]에

사는 물고기[魚]. ㊥민물고기.

천어[2] 天語 (하늘 천, 말씀 어). ① 속뜻 천자(天子)의 말[語]. ② 임금을 높여 그의 말을 이르던 말.

천:언 踐言 (실천할 천, 말씀 언). 말한[言] 대로 실천(實踐)함.

천언만어 千言萬語 (일천 천, 말씀 언, 일만 만, 말씀 어). 천(千) 번, 만(萬) 번의 말[言=語]. 수없이 많이 하는 말.

천:업 賤業 (천할 천, 일 업). 천(賤)한 직업(職業).

천여 天與 (하늘 천, 줄 여). 하늘[天]이 줌[與]. ㊥천수(天授).

천:역 賤役 (천할 천, 부릴 역). 천(賤)한 일[役]. 또는 그 일을 하는 사람. ¶천인은 천역을 담당할 수밖에 없다.

천연[1] 天然 (하늘 천, 그러할 연). ① 속뜻 하늘[天]이 만든 그대로의[然] 것. 사람의 힘을 가하지 않은 자연 그대로의 상태. ¶천연가스 / 천연 원료를 사용하다. ② 매우 비슷하게. ¶걸음걸이가 천연 제 형을 닮았다. ㊤인위(人爲).

▸ **천연-두** 天然痘 (천연두 두). ① 속뜻 천연적(天然的)인 것으로 생각했던 두창(痘瘡). ② 의학 법정 전염병의 한 가지. 열이 나고 두통이 나며 온몸에 발진이 생겨서 자칫하면 얼굴이 얽게 되는 전염병이다. ¶천연두에 걸려 얼굴이 얽었다.

▸ **천연-림** 天然林 (수풀 림). 천연(天然)으로 이루어진 삼림(森林). ㊥자연림(自然林).

▸ **천연-물** 天然物 (만물 물). 천연(天然) 그대로의 물건(物件).

▸ **천연-미** 天然美 (아름다울 미). 천연(天然) 그대로에서 풍기는 아름다움[美]. ㊥자연미(自然美).

▸ **천연-빙** 天然氷 (얼음 빙). 저절로[天然] 얼어서 된 얼음[氷]. ㊤인조빙(人造氷).

▸ **천연-색** 天然色 (빛 색). ① 속뜻 물체가 가지고 있는 천연(天然) 그대로의 빛깔[色]. ¶천연색의 화면. ② 자연의 빛을 본뜬 빛깔. ㊥자연색(自然色), 원색(原色).

▸ **천연-석** 天然石 (돌 석). 천연(天然)에서 나온 그대로의 돌[石]. ㊥자연석(自然石).

▸ **천연-육** 天然育 (기를 육). 누에를 천연(天然) 그대로 기름[育].

▸ **천연-견사** 天然絹絲 (비단 견, 실 사). 천연(天然) 그대로 만들어진 비단[絹] 실[絲]. 인조 견사에 상대하여 '명주실'을 이르는 말.

▸ **천연-갱신** 天然更新 (다시 갱, 새 신). 농업 씨가 떨어졌다 저절로[天然] 다시[更] 새로[新] 난 싹을 길러 조림하는 방법.

▸ **천연 과실** 天然果實 (열매 과, 열매 실). ① 속뜻 천연(天然)에서 얻는 열매[果實]. ② 법률 물건이 경제적 용도에 따라 직접 거두거나 얻어지는 자연적 산출물. ㊤법정 과실(法定果實).

▸ **천연-백색** 天然白色 (흰 백, 빛 색). 천연(天然)에서 나온, 혹은 그 빛과 같은 흰[白] 빛깔[色]. ㊥천연주광색(天然晝光色).

▸ **천연 섬유** 天然纖維 (가늘 섬, 밧줄 유). 수공 솜, 명주실, 양털 등과 같이 천연(天然)으로 얻을 수 있는 섬유(纖維). ㊤인조 섬유(人造纖維).

▸ **천연 숭배** 天然崇拜 (높을 숭, 공경할 배). 종교 천연(天然)의 현상을 숭배(崇拜)하는 일. ㊥자연 숭배(自然崇拜).

▸ **천연 자:석** 天然磁石 (자기 자, 돌 석). 물리 천연(天然)에서 나는 자석(磁石).

▸ **천연-자원** 天然資源 (재물 자, 근원 원). 천연(天然)으로 존재하는, 인간 생활에 쓸모있는 자원(資源). ¶천연자원이 풍부한 나라.

▸ **천연 조:림** 天然造林 (만들 조, 수풀 림). 농업 천연적(天然的)으로 자란 어린 나무를 보호·육성하여 산림(山林)을 만드는[造] 방법. ㊤인공 조림(人空造林).

▸ **천연-기념물** 天然紀念物 (벼리 기, 생각 념, 만물 물). 천연(天然)에서 나는, 가치가 있어 법으로 보호하여 기념(紀念)할만한 생물(生物)이나 식물(植物)을 통틀어 이르는 말.

▸ **천연-주광색** 天然晝光色 (낮 주, 빛 광, 빛 색). 천연(天然)에서 나온, 혹은 그 빛과 같은 대낮[晝]에 비치는 빛[光]과 같은 빛깔[色]. ㊜주광색.

천:연[2] 遷延 (옮길 천, 끌 연). 일을 뒤로 옮겨[遷] 미룸[延].

▸ **천:연-세월** 遷延歲月 (해 세, 달 월). 일을 제때 하지 않고 세월(歲月)만 끎[遷延].

천:열 賤劣 (천할 천, 못할 렬). 됨됨이가 천(賤)하고 용렬(庸劣)함.

천엽 千葉 (일천 천, 잎 엽). ① 속뜻 천(千) 겹의 잎[葉]. ② 식물 여러 겹으로 된 꽃잎.

천:오 舛誤 (어그러질 천, 그르칠 오). 어그러져서[舛] 그릇됨[誤].

천옥 天獄 (하늘 천, 감옥 옥). 천연적(天然的)으로 만들어진 감옥(監獄) 같은 지형. 사방이 산으로 둘러막힌 험한 지대.

천:와 遷訛 (바뀔 천, 잘못될 와). 변천(變遷)하여 본디 모양이나 뜻을 잃고 잘못됨[訛].

천왕 天王 (하늘 천, 임금 왕). ① 불교 욕계와 색계에 있다는 하늘[天]의 왕(王)을 통틀어 이르는 말. ② 무당의 굿의 한 가지. ③ 문학 환웅(桓雄).

▸ **천왕-문** 天王門 (문 문). 불교 절 어귀의 사천왕(四天王)을 모신 문(門).

▸ **천왕-성** 天王星 (별 성). ① 속뜻 천왕(天王)을 상징하는 별[星]. ② 천문 태양계의 일곱째 행성. 영문명인 'Uranus'는 그리스 신화에 나오는 하늘의 신을 이르는 말에서 비롯되었다.

천외 天外 (하늘 천, 밖 외). ① 속뜻 하늘[天]의 바깥[外]. ② 매우 높고 먼 곳.

천우 天宇 (하늘 천, 하늘 우). ① 속뜻 하늘[天=宇]. ② 천하(天下). ③ 천자(天子)가 있는 도읍.

천우-신조 天佑神助 (하늘 천, 도울 우, 귀신 신, 도울 조). 하늘[天]이 돕고[佑] 신(神)이 도움[助]. ¶천우신조로 위험에서 탈출했다.

천운 天運 (하늘 천, 운수 운). ① 속뜻 하늘[天]이 정한 운수(運數). ㊥천수(天數). ② 천체의 운행.

천원[1] 泉源 (샘 천, 근원 원). 샘물[泉]의 근원[源].

천원[2] 天元 (하늘 천, 으뜸 원). ① 속뜻 하늘[天]의 근본[元]. 만물이 자라는 근원. ② '임금'을 달리 일컫던 말. ③ 운동 바둑판 한가운데에 있는 점. 또는 그곳에 놓은 바둑돌.

▸ **천원-점** 天元點 (점 점). 운동 바둑판 한가운데[天元]에 있는 점(點). 또는 그곳에 놓은 바둑돌.

천원-지방 天圓地方 (하늘 천, 둥글 원, 땅 지, 모 방). ① 속뜻 하늘[天]은 둥글고[圓] 땅[地]은 모났음[方]. ② 옛날 중국 사람들의 우주관.

천위[1] 天位 (하늘 천, 자리 위). ① 속뜻 천자(天子)의 자리[位]. ② 하늘이 준 자리, 즉 그 사람에게 가장 알맞은 직위.

천위[2] 天威 (하늘 천, 위엄 위). 천자(天子)의 위엄(威嚴).

천위[3] 天爲 (하늘 천, 할 위). 하늘[天]이 하는[爲] 바. 자연의 작용. ㊥인위(人爲).

천은[1] 天銀 (하늘 천, 은 은). ① [속뜻]천연(天然)의 은(銀). ② 품질이 가장 뛰어난 은. 순분(純分) 100%인 것을 말한다. ㊟지은(地銀).

천은[2] 天恩 (하늘 천, 은혜 은). ① 속뜻 하늘[天]의 은혜(恩惠). ② 임금의 은덕.

▸ **천은-망극** 天恩罔極 (없을 망, 끝 극). 임금[天]의 은혜(恩惠)가 끝[極]이 없음[罔]. 임금의 은혜가 더할 나위 없이 두터움.

천읍 天泣 (하늘 천, 울 읍). ① 속뜻 하늘[天]이 욺[泣]. ② 구름 한 점 없는 맑은 날에 비나 눈이 내리는 일.

▸ **천읍-지애** 天泣地哀 (땅 지, 슬플 애). ① 속뜻 하늘[天]이 울고[泣] 땅[地]이 슬퍼함[哀]. ② '말할 수 없이 기막힌 슬픔'을 비유하여 이르는 말.

천의[1] 天意 (하늘 천, 뜻 의). ① 속뜻 하늘[天]의 뜻[意]. 하느님의 뜻. ② 임금의 뜻. ㊥천심(天心).

천의[2] 天衣 (하늘 천, 옷 의). ① 속뜻 천자(天子)의 옷[衣]. ② 선인(仙人)의 옷. ③ 불교 천인(天人), 곧 비천(飛天)이 입는 옷.

▸ **천의-무봉** 天衣無縫 (없을 무, 꿰맬 봉). ① 속뜻 선인이 입는 옷[天衣]은 꿰맨[縫] 자국이 없음[無]. ② 사물이 완전무결함. ③ 시가나 문장 따위가 꾸밈이 없이 퍽 자연스러움. ④ 세상사에 물들지 아니한 어린이와 같은 순진함.

천:이[1] 賤易 (천할 천, 쉬울 이). 천(賤)하게 보고 업신여김[易].

천:이[2] 遷移 (옮길 천, 옮길 이). ① 속뜻 옮김[遷=移]. ② 식물 생물의 한 때가 시간의 경과에 따라 변천해 가는 현상. ③ 물리 양자역학에서, 어떤 계(系)가 정상 상태에서 다른 정상 상태로 어떤 확률을 가지고 옮기는

일.

천:인[1] 賤人 (천할 천, 사람 인). ① [속뜻] 천(賤)한 사람[人]. ② 봉건사회에서 천한 일이 생업이었던 사람. 백정, 노비 따위. [반] 귀인(貴人).

천인[2] 千仞 (일천 천, 길 인). ① [속뜻] 천[千] 길[仞]. ② 아주 높거나 깊음.

▶ 천인-단애 千仞斷崖 (끊을 단, 벼랑 애). 천 길[千仞]이나 될 듯한 깎아지른[斷] 듯한 낭떠러지[崖].

천인[3] 天人 (하늘 천, 사람 인). ① [속뜻] 하늘[天]과 사람[人]. ② 천의(天意)와 인사(人事). 천리(天理)와 인욕(人慾). ③ 천상에 산다고 하는 여자. [비] 천녀(天女). ④ 재주나 용모가 썩 뛰어난 사람이나 썩 아름다운 여자를 이르는 말.

▶ 천인-국 天人菊 (국화 국). ① [속뜻] 아름다운 여자[天人] 같은 국화(菊花). ② [식물] 국화과의 일년초. 온몸에 부드럽고 짧은 털이 있으며, 줄기 끝에 노란 꽃이 핀다.

▶ 천인-공노 天人共怒 (함께 공, 성낼 노). ① [속뜻] 하늘과 사람[天人]이 함께[共] 노(怒)함. ② 누구나 분노를 참을 수 없을 만큼 증오스럽거나 도저히 용납될 수 없음. [비] 신인공노(神人共怒).

천일 天日 (하늘 천, 해 일). ① [속뜻] 하늘[天]과 해[日]. ② 하늘에 떠 있는 해. 또는 그 햇볕. ③ [종교] 천도교의 '창건 기념일'을 이르는 말.

▶ 천일-염 天日鹽 (소금 염). 염전에 바닷물을 끌어와 햇볕[天日]과 바람에 수분을 증발시켜 만든 소금[鹽].

▶ 천일-제염 天日製鹽 (만들 제, 소금 염). 염전에 바닷물을 끌어와 햇볕[天日]과 바람에 수분을 증발시켜 소금[鹽]을 만드는[製] 방법.

▶ 천일-조림 天日照臨 (비칠 조, 임할 림). ① [속뜻] 하늘[天]과 해[日]가 비추며[照] 굽어봄[臨]. ② '속일 수 없음'을 비유하여 이르는 말.

천일-기도 千日祈禱 (일천 천, 날 일, 빌 기, 빌 도). 천(千) 일(日) 동안 기도(祈禱)하고 수행하는 일.

천일-주 千日酒 (일천 천, 날 일, 술 주). 빚어 넣은 지 천(千) 일(日) 만에 먹게 담근 술[酒].

천일 행자 千日行者 (일천 천, 날 일, 행할 행, 사람 자). [불교] 천(千) 일(日) 동안 수행(修行)하는 사람[者].

천일-홍 千日紅 (일천 천, 날 일, 붉을 홍). ① [속뜻] 오랫동안[千日] 붉게[紅] 피어있는 꽃. ② [식물] 비름과의 일년초. 열대 아메리카 원산의 관상용 식물로 키는 40~50㎝이다. 7~10월에 빨강, 분홍, 하양 등의 작은 꽃이 핀다.

천:임 遷任 (옮길 천, 맡길 임). 임지(任地)를 옮김[遷]. 임무를 옮김. [비] 전임(轉任).

천자[1] 天子 (하늘 천, 아들 자). ① [속뜻] 천제(天帝)의 아들[子]. ② 천명을 받아 천하를 다스리는 사람. 중국에서 '황제'를 일컫던 말. [비] 만승지군(萬乘之君).

천자[2] 天資 (하늘 천, 바탕 자). 타고난[天] 자질(資質). [비] 천품(天稟).

천:자[3] 穿刺 (뚫을 천, 찌를 자). [의학] 진찰하기 위하여, 몸의 일부를 침으로 찔러[刺] 구멍을 내어[穿] 체내의 액체를 뽑아 냄.

천:자[4] 淺紫 (얕을 천, 자줏빛 자). 엷은[淺] 보랏빛[紫].

천:자[5] 擅恣 (멋대로 천, 마음대로 자). 제 마음대로[擅] 하여 방자(放恣)하게 굶.

천자[6] 千字 (일천 천, 글자 자). ① [속뜻] 천(千) 개의 글자[字]. ② [책명] '천자문'의 준말.

▶ 천자-문 千字文 (글월 문). [책명] 한문을 처음 배우는 사람을 위하여 교과서로 쓰이던 책. 중국 후량(後梁)의 주흥사(周興嗣)가 1천(千) 자(字)의 한자로 4언 시문(詩文)으로 지어 만든 책이다.

천자-만태 千姿萬態 (일천 천, 맵시 자, 일만 만, 모양 태). 천(千) 가지 몸가짐[姿]과 만(萬) 가지 모양[態]. 온갖 자태. [준] 만태.

천자만홍 千紫萬紅 (일천 천, 자줏빛 자, 일만 만, 붉을 홍). ① [속뜻] 천(千) 가지 자줏빛[紫]과 만(萬) 가지 붉은빛[紅]. ② '여러 가지 빛깔의 꽃이 만발함'을 이르는 말. [비] 만자천홍(萬紫千紅).

천작[1] 天作 (하늘 천, 지을 작). 천연(天然)으로 만듦[作]. [반] 인작(人作).

천작[2] 天爵 (하늘 천, 벼슬 작). ① [속뜻] 하늘[天]이 준 작위(爵位). ② 남에게 존경을 받을 만한 타고난 덕행이나 미덕. [반] 인작(人

爵).

천:작[3] 淺酌 (얕을 천, 술따를 작). ① 속뜻 술잔에 술을 얕게[淺] 따름[酌]. ② 조용히 가볍게 술을 마심.

천:장[1] 遷葬 (옮길 천, 장사지낼 장). 무덤을 다른 곳으로 옮겨[遷] 장사지냄[葬]. ㉥천묘(遷墓).

천장[2] 天障 (하늘 천, 막을 장). ① 속뜻 하늘[天]을 가리어 막음[障]. ② 건설 집의 안에서 위쪽 면. ¶천장에 파리가 붙어 있다. ③ 주식 시세나 가격 등이 일정 기간 중에 가장 높은 시세. ¶인플레가 천장을 모르고 뛰다.

▸천장-화 天障畵 (그림 화). 천장(天障)에 그린 그림[畵].

천-장부 賤丈夫 (천할 천, 어른 장, 사나이 부). 행실이 천(賤)한 남자[丈夫].

천장지구 天長地久 (하늘 천, 길 장, 땅 지, 오랠 구). ① 속뜻 하늘[天]과 땅[地]은 영원함[長久]. ② 하늘과 땅처럼 영구히 변함이 없음. ¶천장지구 사랑한다던 나를 버리고 떠나다니!

천장-지비 天藏地祕 (하늘 천, 감출 장, 땅 지, 숨길 비). ① 속뜻 하늘[天]이 감추고[藏] 땅[地]이 숨겨 둔[祕] 것. ② '세상에 묻혀 드러나지 아니함'을 이르는 말.

천:재[1] 淺才 (얕을 천, 재주 재). ① 속뜻 얕은[淺] 재주[才]. ② '자기의 재능'을 낮춰 이르는 말.

천재[2] 千載 (일천 천, 해 재). 천(千) 년[載]. 오랜 세월. ㉥천세(千歲).

▸천재-일시 千載一時 (한 일, 때 시). ① 속뜻 천(千) 년[載] 만에 한[一] 번 오는 때[時]. ② 좀처럼 만나기 어려운 기회.

▸천재-일우 千載一遇 (한 일, 만날 우). ① 속뜻 천(千) 년[載]에 단 한[一] 번 만남[遇]. ② 좀처럼 만나기 어려운 대단한 기회. ¶천재일우의 기회를 놓치다.

천재[1] 天才 (하늘 천, 재주 재). 하늘[天]이 준 재주[才]. 태어날 때부터 갖춘 뛰어난 재주. 또는 그런 재주를 가진 사람. ¶그는 돈 버는 데 천재다 / 천재와 바보는 종이 한 장 차이다. ㉯둔재(鈍才).

▸천재 교:육 天才教育 (가르칠 교, 기를 육). 천재(天才)를 위하여 베푸는 특수 교육(教育).

천재[2] 天災 (하늘 천, 재앙 재). 하늘[天]이 내리는 재앙(災殃). 자연현상으로 일어나는 재난. 지진, 홍수 따위. ¶천재를 입다.

▸천재-지변 天災地變 (땅 지, 바뀔 변). 하늘[天]에서 내린 재앙(災殃)과 땅[地]에서 일어나는 변고(變故). 자연 현상으로 일어나는 재앙이나 괴변. ¶천재지변으로 인한 피해가 크다.

천저 天底 (하늘 천, 밑 저). ① 속뜻 하늘[天]의 밑[底]. ② 천문 지구 위의 관측점에서 연직선을 아래쪽으로 연장할 때, 천구와 만나는 가상의 점. ㉯천정(天頂).

▸천저-점 天底點 (점 점). 천문 '천저'(天底)를 기하학적인 점(點)으로 여겨 이르는 말. ㉯천정점(天頂點).

천적 天敵 (하늘 천, 원수 적). ① 속뜻 천연(天然)의 적(敵). ② 동물 어떤 생물에 대하여 해로운 적이 되는 생물. 개구리에 대한 뱀, 쥐에 대한 고양이 따위.

천:전 遷轉 (옮길 천, 옮길 전). 벼슬자리를 옮김[遷=轉].

천정[1] 天庭 (하늘 천, 뜰 정). ① 속뜻 천제(天帝)의 궁궐[庭]. ② 별 이름. ③ 관상에서, '양미간과 그 부근의 이마'를 이르는 말. ㉯천중(天中).

천정[2] 天井 (하늘 천, 우물 정). 지붕의 안쪽, 즉 천장. 천장(天障)이 '井'같이 보이기 때문에 붙여진 이름이다.

▸천정-천 天井川 (내 천). ① 속뜻 천정(天井)처럼 바닥이 높은 하천(河川). ② 지리 하천의 바닥이 주위의 평지보다 높은 하천.

▸천정부지 天井不知 (아닐 부, 알 지). ① 속뜻 천정(天井)을 알지[知] 못함[不]. ② '물건 값 따위가 자꾸 오르기만 함'을 이르는 말.

천정[3] 天定 (하늘 천, 정할 정). 하늘[天]이 미리 정(定)함. ¶천정의 연분.

▸천정-배필 天定配匹 (짝 배, 짝 필). 하늘이 정해준[天定] 배필(配匹). ㉥천생배필(天生配匹).

▸천정-연분 天定緣分 (인연 연, 나눌 분). 하늘이 정해준[天定] 연분(緣分). ㉥천생연분(天生緣分).

천정[4] 天頂 (하늘 천, 꼭대기 정). ① 속뜻 하늘[天]의 맨 꼭대기[頂]. ㉥정상(頂上). ②

[천문] 관측자의 위치에서 연직선을 하늘 위로 연장할 때 천구와 만나게 되는 가상의 점을 이름. '천문천정'(天文天頂)의 준말. [반] 천저(天底). ③'지심 천정'(地心天頂)의 준말.

▸ 천정-의 天頂儀 (천문기계 의). [천문] 관측 지점의 위도를 구하기 위하여, 천정(天頂)의 남북에 있는 기준 항성의 천정 거리를 재는 데 쓰이는 망원경 장치[儀].

▸ 천정-점 天頂點 (점 점). [천문] '천정(天頂)'을 기하학적인 점(點)으로 여기고 이르는 말. [반]천저점(天底點).

▸ 천정 거:리 天頂距離 (떨어질 거, 떨어질 리). [천문] 천정(天頂)에서 일정한 천체까지의 각거리(角距離).

천제[1] 天帝 (하늘 천, 임금 제). ① [속뜻] 하늘[天]의 명을 받은 임금[帝]. ② [불교] '제석천'(帝釋天)을 달리 이르는 말. [비]하느님, 상제(上帝), 천공(天公).

천제[2] 天祭 (하늘 천, 제사 제). 천신(天神)에게 지내는 제사(祭祀).

천조[1] 天助 (하늘 천, 도울 조). 하늘[天]의 도움[助].

천조[2] 天造 (하늘 천, 만들 조). ① [속뜻] 하늘[天]의 조화(造化). ②사물이 저절로 잘 되어 있음.

천존지비 天尊地卑 (하늘 천, 높을 존, 땅 지, 낮을 비). ① [속뜻] 하늘[天]은 우러러보고[尊] 땅[地]은 천시함[卑]. ②윗사람은 받들고, 아랫사람은 천하게 여김.

천종 天縱 (하늘 천, 놓아줄 종). ① [속뜻] 하늘[天]이 풀어놓음[縱]. ②날 때부터 훌륭함.

▸ 천종지성 天縱之聖 (어조사 지, 거룩할 성). ① [속뜻] 하늘이 낸[天縱] 거룩한[聖] 사람. ②'공자'나 '제왕'을 이르는 말.

천종-만물 千種萬物 (일천 천, 갈래 종, 일만 만, 만물 물). 천(千) 가지, 만(萬) 가지[種]의 물건(物件). 온갖 종류의 사물.

천주[1] 天柱 (하늘 천, 기둥 주). ① [속뜻] 하늘[天]을 괴고 있는 기둥[柱]. ②'세상을 이끌어 나가는 도의'를 비유하여 이르는 말.

천:주[2] 薦主 (천거할 천, 주인 주). 어떤 사람을 추천(推薦)하여 준 사람[主]. ¶천주의 의견을 참고하다.

천주[3] 天主 (하늘 천, 주인 주). ① [속뜻] 하늘[天]의 주인(主人). ② [가톨릭] 하느님을 일컫는 말. ③ [불교] '대자재천(大自在天)'의 딴 이름.

▸ 천주-경 天主經 (책 경). [가톨릭] 하나님[天主]에게 드리는 기도문[經].

▸ 천주-교 天主教 (종교 교). [가톨릭] 하느님[天主]을 믿는 종교(宗教).

▸ 천주-당 天主堂 (집 당). [가톨릭] 하나님[天主]의 집[堂]. 성당.

▸ 천주-학 天主學 (배울 학). [가톨릭] 하느님[天主]을 믿고 연구하는 학문(學問). 지난날, '가톨릭'을 달리 이르던 말.

▸ 천주교-도 天主教徒 (종교 교, 무리 도). [가톨릭] 천주교(天主教)를 믿는 사람들[徒]. 가톨릭의 신자.

▸ 천주교-회 天主教會 (종교 교, 모일 회). [가톨릭] ①하나님[天主]을 믿는 사람들이 다니는 교회(教會). 성당을 중심으로 한 건물. ②가톨릭의 교단(教壇).

▸ 천주-실의 天主實義 (실제 실, 뜻 의). ① [속뜻] 하느님[天主]의 진실(眞實)한 의의(意義). 하느님의 참뜻. ② [책명] 1603년 천주교 신부인 마테오 리치가 중국에서 쓴 천주교를 설명한 책.

천주[4] 天誅 (하늘 천, 벨 주). 하늘[天]이 나쁜 죄를 지은 사람을 벰[誅]. 천벌(天罰). ¶천주를 입다 / 천주를 받다.

▸ 천주-활적 天誅猾賊 (교활할 활, 도둑 적). 하늘[天]이 교활(狡猾)한 도적(盜賊)을 벌줌[誅].

천중 天中 (하늘 천, 가운데 중). ① [속뜻] 관측자를 중심으로 한 하늘[天]의 한가운데[中]. ②관상에서, '이마의 위쪽'을 이르는 말. [참]천정(天庭).

▸ 천중-절 天中節 (철 절). [민속] '천중가절'(天中佳節)의 준말. 단오(端午).

▸ 천중-가절 天中佳節 (좋을 가, 철 절). [민속] 천중(天中)의 좋은[佳] 명절(名節), 즉 '단오'를 달리 이르는 말.

▸ 천중-적부 天中赤符 (붉을 적, 부신 부). [민속] 천중절(天中節)에 문 위에 붙이는 붉은[赤] 부적(符籍). [비]단오 부적(端午符籍).

천지 天地 (하늘 천, 땅 지). ① [속뜻] 하늘[天]과 땅[地]. ¶눈이 온 천지를 뒤덮었다. ②온 세상. ¶이렇게 고마운 일이 천지에 어디

또 있겠는가. ③대단히 많음. ¶그의 방은 쓰레기 천지다.

▸천지-각 天地角 (뿔 각). 하늘[天]과 땅[地]을 향하여 난 소의 뿔[角].

▸천지-간 天地間 (사이 간). ① [속뜻] 하늘[天]과 땅[地] 사이[間]. ②이 세상.

▸천지인 天地人 (사람 인). 우주를 주장하는 삼원(三元)인 '하늘[天]·땅[地]·사람[人]'을 아울러 이르는 말. [비]삼재(三才).

▸천지-판 天地板 (널빤지 판). ① [속뜻] 하늘[天]과 땅[地]을 덮는 널[板]. ②관의 뚜껑과 바닥에 대는 판(板).

▸천지-개벽 天地開闢 (열 개, 열 벽). ① [속뜻] 하늘[天]과 땅[地]이 열림[開=闢]. 세상이 처음으로 생겨남. ②자연계나 사회의 '큰 변동'을 비유하여 이르는 말. ¶가난했던 나라가 천지개벽을 했다.

▸천지-신명 天地神明 (귀신 신, 밝을 명). ① [속뜻] 하늘[天]과 땅[地]의 여러 신[神明]. ②우주를 주관하는 신령.

천지만엽 千枝萬葉 (일천 천, 가지 지, 일만 만, 잎 엽). ① [속뜻] 천(千)의 가지[枝]와 만(萬)의 잎[葉]. ②무성한 나무의 가지와 잎. ③'일이 복잡하게 얽혀 어수선함'을 비유하여 이르는 말.

천지망아 天之亡我 (하늘 천, 어조사 지, 망할 망, 나 아). ① [속뜻] 하늘[天]이 나[我]를 망(亡)하게 하는 구려! ②'아무런 허물이 없는 데도 저절로 망함'을 탄식하여 이르는 말.

천직[1] 天職 (하늘 천, 일 직). ① [속뜻] 하늘[天]이 내려 준 직업(職業). ②그 사람의 천성에 알맞은 직업. ¶그는 자기 직업을 천직으로 여기고 열심히 일한다.

천:직[2] 賤職 (천할 천, 일 직). 천(賤)한 직업(職業).

천:직[3] 遷職 (옮길 천, 일 직). 직업(職業)을 옮김[遷]. [비]전직(轉職).

천:진[1] 薦進 (천거할 천, 나아갈 진). 사람을 천거(薦擧)하여 어떤 자리로 나아가게[進] 함. [비]천인(薦引).

천진[2] 天眞 (하늘 천, 참 진). ① [속뜻] 천성(天性) 그대로 꾸밈이 없이 참됨[眞]. 자연 그대로 거짓이 없고 순진함. ¶천진한 표정 / 아이가 눈을 깜박이며 천진스럽게 웃는다. ②타고난 대로의 성품. ③ [불교] 불생불멸의 참된 마음.

▸천진-난만 天眞爛漫 (빛날 란, 흩어질 만). 말이나 행동에 천진(天眞)함이 넘쳐흐름[爛漫]. 조금도 꾸밈이 없이 아주 순진하고 참됨. ¶천진난만한 아기 / 그의 생각은 너무나 천진난만했다.

▸천진-무구 天眞無垢 (없을 무, 때 구). 천진(天眞)하고 아무 때[垢]가 없음[無].

천진-전 天眞殿 (하늘 천, 참 진, 대궐 전). [종교] 대종교에서, 단군[天]의 초상[眞]을 모신 사당[殿].

천질[1] 天疾 (하늘 천, 병 질). 선천적(先天的)으로 타고난 병[疾].

천질[2] 天質 (하늘 천, 바탕 질). 선천적(先天的)으로 타고난 성질(性質). [비]천성(天性).

천:질[3] 賤質 (천할 천, 바탕 질). ① [속뜻] 천(賤)한 자질(資質). ②남에게 '자기의 자질'을 낮추어 이르는 말. [비]천품(賤品).

천:집-사 賤執事 (천할 천, 잡을 집, 일 사). 아주 낮고[賤] 더러운 일[事], 또는 그런 일을 맡아서[執] 하는 것.

천차만별 千差萬別 (일천 천, 다를 차, 일만 만, 나눌 별). ① [속뜻] 천(千) 가지 차이(差異)와 만(萬) 가지 구별(區別). ②여러 가지 사물에 차이와 구별이 아주 많음. ¶품질과 디자인에 따라 가격이 천차만별이다.

천착[1] 舛錯 (어그러질 천, 섞일 착). ① [속뜻] 심정이 뒤틀려서[舛] 어지럽다[錯]. ¶그 말이 천착하고 귀에 거슬렸다. ②생김새나 행동이 상스럽고 더럽다. ¶가장 천착한 방법으로 나를 괴롭혔다.

천:착[2] 穿鑿 (뚫을 천, 뚫을 착). ① [속뜻] 구멍을 뚫음[穿=鑿]. ②어떤 내용이나 원인 따위를 파고들어 알려고 하거나 연구함. ③꼬치꼬치 캐묻거나 억지로 이치에 맞지 않는 말을 함.

▸천:착-증 穿鑿症 (증세 증). [의학] 사소한 일이나 해결 불가능한 일에도 의문이 생기어 그것을 천착(穿鑿)하여 해결하지 않으면 안심할 수 없는 병증(病症).

천창 天窓 (하늘 천, 창문 창). [건설] 채광이나 환기를 위하여 하늘[天]로 낸 창(窓).

천:첩 賤妾 (천할 천, 첩 첩). ① [속뜻] 천(賤)한 신분의 첩(妾). 기생이나 종으로서 남의

첩이 된 여자. ②지난날, 부녀자가 '자기'를 낮추어 이르던 말.

천첩-옥산 千疊玉山 (일천 천, 겹쳐질 첩, 옥돌 옥, 메 산). ① [속뜻] 천(千) 겹[疊]으로 된 옥(玉)같이 아름다운 산(山). ②수없이 겹쳐 보이는 아름다운 산들.

천청 天聽 (하늘 천, 들을 청). 천제(天帝)가 들음[聽].

천청만촉 千請萬囑 (일천 천, 부탁할 청, 일만 만, 부탁할 촉). 천(千) 번, 만(萬) 번을 부탁함[請=囑]. 수없이 거듭하여 청을 넣고 부탁함.

천:-청색 淺青色 (얕을 천, 푸를 청, 빛 색). 연한[淺] 청색(青色).

천:체[1] 遷替 (옮길 천, 바꿀 체). 옮겨[遷] 바꿈[替].

천체[2] 天體 (하늘 천, 몸 체). ① [속뜻] 하늘[天] 전체(全體). ② [천문] 우주 공간에 떠 있는 온갖 물체를 통틀어 이르는 말. ¶천체를 관측하다.

▸천체-력 天體曆 (책력 력). [천문] 천체(天體)의 위치나 운동, 크기, 광도(光度) 따위 여러 현상을 예보하는 역서(曆書). 천체 관측이나 항해에 사용된다.

▸천체-조 天體潮 (바닷물 조). [지리] 천체(天體) 현상에 의하여 일어나는 일반적인 조석(潮汐) 현상. [비]천문조(天文潮).

▸천체 좌:표 天體座標 (자리 좌, 나타낼 표). [천문] 천구상에서 천체(天體)의 위치를 나타내는 데 쓰이는 좌표계(座標系). [비]천구 좌표(天球座標).

천총 天寵 (하늘 천, 사랑할 총). ① [속뜻] 하늘[天] 같은 사랑[寵]. ②'임금의 총애'를 높여 이르던 말.

천추[1] 天樞 (하늘 천, 지도리 추). ① [속뜻] 하늘[天]의 지도리[樞]. ② [천문] 북두칠성의 하나. 국자 모양의 앞쪽 위의 별.

천추[2] 千秋 (일천 천, 세월 추). 이전이나 이후의 천(千) 년의 세월[秋]. ¶천추의 한(恨)을 남기다.

▸천추-사 千秋使 (부릴 사). [역사] 조선 때, 명(明)나라 황태자의 생일에 장수[千秋]를 기원하기 위하여 보내던 사신(使臣).

▸천추-만대 千秋萬代 (일만 만, 시대 대). ① [속뜻] 천(千) 년[秋]과 만(萬) 세대(世代). ②자손만대에 이르기까지의 긴 시간을 이르는 말. ¶천추만대에 길이 전해지다. [비]천만년(千萬年).

▸천추-유한 千秋遺恨 (남길 유, 원한 한). 천[千] 년[秋]의 세월에도 남겨진[遺] 원한(怨恨). 오래도록 길이 잊지 못할 원한.

천축 天竺 (하늘 천, 나라이름 축). 지난날 중국에서, '인도'를 이르던 말. 왜 그렇게 불렀는지에 대해서는 정설이 없다.

▸천축-계 天竺桂 (계수나무 계). ① [속뜻] 천축(天竺)에서 나는 계수(桂樹)나무. ② [식물] 코카과의 관목. 높이는 1~2미터이며, 잎은 어긋나고 긴 타원형이다. 여름에 노란색의 꽃을 피운다.

천:출 賤出 (천할 천, 날 출). ① [속뜻] 천첩(賤妾)에게서 난[出] 자손. ②천한 출신. ¶천출이었기에 벼슬은 못했어도 장사로 큰 성공을 하였다.

천측 天測 (하늘 천, 잴 측). [지리] 경위도(經緯度)를 알기 위해 천체(天體)를 관측(觀測)함. ¶천측 기계.

천층만층 千層萬層 (일천 천, 층 층, 일만 만, 층 층). ① [속뜻] 천(千)겹, 만(萬)겹의 층(層). 수없이 많은 켜. ②사물의 매우 많은 층등. 또는 층진 모양. [준]천만층.

천치 天痴 (=天癡, 하늘 천, 어리석을 치). 선천적(先天的)인 바보[痴]. ¶이런 쉬운 것도 모르다니, 바보 천치야. [비]백치(白痴).

천칙 天則 (하늘 천, 법 칙). 하늘[天]의 법칙(法則). 우주 대자연의 법칙. [비]섭리(攝理).

천:칭[1] 賤稱 (천할 천, 일컬을 칭). 천(賤)하게 일컬음[稱]. 천한 칭호.

천칭[2] 天秤 (하늘 천, 저울 칭). ① [속뜻] 천정(天井)에 매달아 놓은 저울[秤]. ②저울의 하나. 가운데에 줏대를 세우고 가로장을 걸치는데, 양쪽 끝에 똑같은 저울판을 달고, 한쪽에 달 물건을, 다른 쪽에 추를 놓아 평평하게 하여 물건의 무게를 단다. '천평칭'(天平稱)의 준말.

▸천칭-궁 天秤宮 (집 궁). [천문] 황도 십이궁 중 일곱 번째 자리[宮]. 가을이 되면 태양[天]이 이 별자리에 와서 밤낮을 평등하게 나눈다[秤]는 뜻에서 붙여진 이름이다.

천태만상 千態萬象 (일천 천, 모양 태, 일만 만, 모양 상). 천(千) 가지 자태(姿態)와 만

(萬) 가지 모양[象]. 모든 사물이 제각기 다른 모습을 하고 있음. ¶사람마다 잠버릇도 천태만상이다. ⓑ천상만태(千象萬態).

천태-종 天台宗 (하늘 천, 별 태, 마루 종). 불교 중국 수(隋)나라의 천태(天台) 대사를 개조(開祖)로 하는 불교의 한 종파(宗派).

천택 川澤 (내 천, 못 택). 내[川]와 연못[澤].

천:토 賤土 (천할 천, 흙 토). 풍속이 천(賤)한 시골 땅[土]. ⓑ천향(賤鄕).

천통 天統 (하늘 천, 계통 통). ① 속뜻 천자(天子)의 혈통(血統). ② 천도(天道)의 기강.

천파만파 千波萬波 (일천 천, 물결 파, 일만 만, 물결 파). ① 속뜻 천(千) 갈래, 만(萬) 갈래의 물결[波]. 수없이 많은 물결. ② '어떤 일이 크게 물의를 일으키거나 갖가지 사태를 잇달아 유발시키는 현상'을 비유하여 이르는 말. ㊀천만파.

천판 天板 (하늘 천, 널빤지 판). ① 속뜻 천정(天井)을 가리는 판(板). ② 관의 뚜껑이 되는 널. ③ 책상, 상자나 장롱 따위의 위 표면이나 천장에 대는 널. ④ 광업 갱도나 채굴 현장의 천장. 천반.

천편-일률 千篇一律 (일천 천, 책 편, 한 일, 가락 률). ① 속뜻 천(千) 가지의 책[篇]이 똑같이 하나[一]의 음률(音律)임. ② 여러 시문의 격조가 모두 비슷하여 개별적 특성이 없음. ③ '여럿이 개별적 특성이 없이 모두 엇비슷한 현상'을 비유하여 이르는 말.

천평-칭 天平秤 (하늘 천, 평평할 평, 저울 칭). ① [속뜻]천정(天井)에 매달아 평평하게 하여 물건의 무게를 다는 저울[秤]. ② 가운데에 줏대를 세우고 가로장을 걸친 뒤, 양쪽 끝에 똑같은 저울판을 달고, 한쪽에 달 물건을, 다른 쪽에 추를 놓아 평평하게 하여 물건의 무게를 다는 저울. ㊀천칭.

천품[1] 天稟 (하늘 천, 받을 품). 선천적(先天的)으로 타고난 기품(氣稟). ⓑ성품(性稟), 천자(天資).

천:품[2] 賤品 (천할 천, 품격 품). 천(賤)한 품격(品格). ⓑ천질(賤質).

천풍 天風 (하늘 천, 바람 풍). 하늘[天] 높이 부는 센 바람[風].

천하[1] 天河 (하늘 천, 물 하). ① 속뜻 하늘[天]에 흐르는 강[河]. ② '은하'(銀河)를 달리 이르는 말.

천하[2] 泉下 (샘 천, 아래 하). ① 속뜻 황천(黃泉)의 아래[下]. ② '저승'을 이르는 말.

천하[3] 天下 (하늘 천, 아래 하). ① 속뜻 하늘[天] 아래[下]. 온 세상. ¶천하의 못된 놈 / 천하에 이름을 떨치다. ② 한 나라나 정권. ¶공산당 천하가 되었다.

▸천하-사[1] 天下士 (선비 사). ① 속뜻 세상[天下]에 이름난 큰 인물[士]. ② 세상의 여러 명사들.

▸천하-사[2] 天下事 (일 사). ① 속뜻 세상[天下]의 온갖 일[事]. '천하만사'(天下萬事)의 준말. ② 제왕이 되려고 하는 큰 일.

▸천하-대세 天下大勢 (큰 대, 형세 세). 세상[天下]이 돌아가는 큰[大] 형세(形勢). 국내외의 정세.

▸천하-만사 天下萬事 (일만 만, 일 사). 세상[天下]의 온갖[萬] 일[事].

▸천하-무적 天下無敵 (없을 무, 원수 적). 세상[天下]에 맞서 싸울 상대[敵]가 없음[無].

▸천하-일색 天下一色 (한 일, 빛 색). 세상[天下]에 하나[一] 밖에 없는 얼굴[色]. 세상에 드문 아주 뛰어난 미인.

▸천하-장:사 天下壯士 (씩씩할 장, 선비 사). ① 속뜻 세상[天下]에서 보기 드문 매우 힘센 장사(壯士). ¶힘은 천하장사인데 똑똑하지가 못하다. ② 운동 민속 씨름에서 체급에 관계없이 씨름꾼에게 주는 가장 큰 선수권.

▸천하-태평 天下太平 (=天下泰平, 클 태, 평안할 평). ① 속뜻 온 세상[天下]이 태평(太平)함. ② 근심 걱정이 없거나 성질이 느긋하여 세상 근심을 모르고 편안함. ¶그는 지금 세상이 어떻게 돌아가는지도 모르고 천하태평이다. ⓑ만사태평(萬事太平).

▸천하 대장군 天下大將軍 (큰 대, 장수 장, 군사 군). 남자 장군의 모습을 새겨 세운 장승.

천:학 淺學 (얕을 천, 배울 학). 얕은[淺] 학식(學識). 학식이 부족함. ⓑ박학(薄學). ⓑ 박학(博學).

▸천:학-비재 淺學菲才 (엷을 비, 재주 재). ① 속뜻 얕은[淺] 학식(學識)과 얕은[菲] 재주[才]. ② '자기의 학식과 재주'를 겸손하게 이르는 말.

천한[1] 天旱 (하늘 천, 가물 한). 날씨[天]가 가뭄[旱]. 가물.

천한[2] 天漢 (하늘 천, 한수 한). 하늘[天]의 은하수[漢]. ㊥은하(銀河), 은한(銀漢).

천:한[3] 賤寒 (천할 천, 가난할 한). 신분이 천(賤)하고 살림이 가난함[寒].

천:한[4] 賤漢 (천할 천, 사나이 한). 신분이 천(賤)한 사나이[漢].

천한[5] 天寒 (하늘 천, 찰 한). 날씨[天]가 추움[寒].

▶천한-백옥 天寒白屋 (흰 백, 집 옥). ① 속뜻 추운 날[天寒]에 허술한[白] 집[屋]. ②가난한 생활.

천:해 淺海 (얕을 천, 바다 해). 얕은[淺] 바다[海]. ㊥심해(深海).

▶천:해-저 淺海底 (밑 저). 수심이 얕은[淺] 바다[海]의 밑바닥[底].

▶천:해 어업 淺海漁業 (고기잡을 어, 일 업). 수산 육지에 가까운 얕은 바다[淺海]에서 하는 어업(漁業).

천행[1] 天幸 (하늘 천, 다행 행). 하늘[天]이 준 은혜나 다행(多幸). ¶그는 물에 빠졌지만 천행으로 살아났다.

천:행[2] 踐行 (실천할 천, 행할 행). 실천(實踐)하여 행(行)함.

천:향 賤鄕 (천할 천, 시골 향). 풍속이 천(賤)한 시골[鄕]. ㊥천토(賤土).

천향-국색 天香國色 (하늘 천, 향기 향, 나라 국, 빛 색). ① 속뜻 하늘[天]까지 닿을 향기(香氣)와 나라[國]에서 가장 아름다운 빛[色]. ②'모란꽃'을 이르는 말. ③가장 아름다운 여자를 비유하여 이르는 말.

천험 天險 (하늘 천, 험할 험). 땅 모양이 천연적(天然的)으로 험(險)하게 생김.

▶천험지지 天險之地 (어조사 지, 땅 지). 천연적으로 험하여[天險] 요새가 될 만한 땅[地].

천현지친 天顯之親 (하늘 천, 드러낼 현, 어조사 지, 친할 친). ① 속뜻 하늘[天]이 드러내준[顯] 친분(親分). ②'천륜(天倫)에 의한 부자, 형제 등의 지친(至親) 관계'를 이르는 말.

천:협 淺狹 (얕을 천, 좁을 협). ① 속뜻 얕고[淺] 좁음[狹]. ②도량이 작고 옹졸함.

천형 天刑 (하늘 천, 형벌 형). 하늘[天]이 내린 형벌(刑罰). ㊥천벌(天罰).

▶천형-병 天刑病 (병 병). ① 속뜻 하늘이 내린 형벌[天刑]처럼 심한 병(病). ②'문둥병'을 달리 이르는 말.

천혜 天惠 (하늘 천, 은혜 혜). 하늘[天]이 베풀어 준 은혜(恩惠). 자연의 은혜. ¶천혜의 관광자원.

천호-만환 千呼萬喚 (일천 천, 부를 호, 일만 만, 부를 환). 천(千) 번, 만(萬) 번 부름[呼=喚]. 수없이 여러 번 부름.

천:혼-문 薦魂文 (올릴 천, 넋 혼, 글월 문). 불교 죽은 이의 넋[魂]을 인도하는[薦] 글[文]. 죽은 사람의 영혼이 극락세계로 가도록 축원하는 글.

천:-홍색 淺紅色 (얕을 천, 붉을 홍, 빛 색). 옅은[淺] 붉은[紅] 빛깔[色]. ㊥담홍색(淡紅色).

천화[1] 天火 (하늘 천, 불 화). 천연적(天然的)으로 일어난 화재(火災).

천화[2] 天禍 (하늘 천, 재화 화). 하늘[天]에서 내리는 재화(災禍).

천화[3] 泉華 (샘 천, 꽃 화). ① 속뜻 샘[泉]에 생긴 꽃[華] 같은 퇴적물. ② 지리 샘, 호수, 하천 따위에 석회질이나 규산질 물질이 침전하여 생긴 퇴적물.

천:화[4] 遷化 (바뀔 천, 될 화). ① 속뜻 바뀌어[遷] 다른 것이 됨[化]. ② 불교 이승의 교화가 끝나서 다른 세상에 교화하러 감. ③ 불교 '고승(高僧)의 죽음'을 이르는 말. ㊥귀적(歸寂).

천황 天皇 (하늘 천, 임금 황). ① 속뜻 하늘[天]이 점지한 황제(皇帝). ②일본에서, 자기네 '임금'을 일컫는 말. ㊥옥황상제(玉皇上帝).

▶천황-씨 天皇氏 (성씨 씨). 역사 ①임금[天皇]의 씨족(氏族). ②삼황의 으뜸인 중국 고대의 전설적인 임금.

천회 天灰 (하늘 천, 재 회). ① 속뜻 하늘[天]의 재[灰]. ②광중에 관을 내려놓고 방회로 관의 가를 메운 뒤에 관 위를 다지는 석회.

천후 天候 (하늘 천, 기후 후). ① 속뜻 하늘[天]의 기후(氣候). ㊥날씨, 일기(日氣). ② 기후(氣候).

철가 撤家 (거둘 철, 집 가). 집[家]을 철거(撤去)함. 온 가족을 데리고 다른 곳으로 옮기려고 살림살이를 쌈.

▸철가-도주 撤家逃走 (달아날 도, 달릴 주). 집[家]을 철거(撤去)하고 온 가족과 함께 달아남[逃走].

철각[1] 凸角 (볼록할 철, 모서리 각). [수학] 뾰족한[凸] 모양으로 생기는 각(角). 180°보다 작은 각. [반]요각(凹角).

철각[2] 鐵脚 (쇠 철, 다리 각). ① [속뜻] 교량, 탑 따위의 밑을 받치는 쇠[鐵]로 만든 다리[脚]. ② 무쇠처럼 튼튼한 다리.

철갑 鐵甲 (쇠 철, 갑옷 갑). ① [속뜻] 쇠[鐵]로 만든 갑옷[甲]. ¶철갑을 두른 장군. ② 어떤 물건의 겉에 다른 물질을 흠뻑 칠하여 이룬 겉더께. [비]철의(鐵衣), 칠갑(漆甲).

▸철갑-선 鐵甲船 (배 선). 쇠로 겉[鐵甲]을 싸서 만든 병선(兵船).

▸철갑-탄 鐵甲彈 (탄알 탄). [군사] 철갑(鐵甲)도 파괴할 만한 탄환(彈丸). 적의 장갑이나 견고한 목표물 따위를 뚫거나 파괴하기 위하여 사용하는 탄환. [비]파갑탄(破甲彈).

철강 鐵鋼 (쇠 철, 강철 강). [공업] 주철(鑄鐵)과 강철(鋼鐵)을 아울러 이르는 말.

▸철강-업 鐵鋼業 (일 업). [공업] 철광석(鐵鑛石)을 원료로 주철과 강철[鋼鐵]을 생산하는 산업(産業).

철갱 鐵坑 (쇠 철, 구덩이 갱). 철광석(鐵鑛石)을 파내는 광산의 굴[坑].

철거 撤去 (거둘 철, 없앨 거). 건물이나 시설 따위를 치우거나 거두어[撤] 없애버림[去]. ¶저 건물은 곧 철거될 것이다.

철골[1] 徹骨 (뚫을 철, 뼈 골). 뼈[骨]를 뚫음[徹]. 뼈에 사무침.

철골[2] 鐵骨 (쇠 철, 뼈 골). ① [속뜻] 교량, 철탑, 공장, 고층 건물 따위 쇠[鐵]로 된 뼈대[骨]. ② 쇠처럼 굳세게 생긴 골격.

▸철골-태 鐵骨胎 (아이 밸 태). [수공] 쇠로 뼈대[鐵骨]를 만든, 배가 둥근[胎] 도자기. 쇳가루가 섞인 유약을 올려 구운 도자기의 몸.

▸철골 구조 鐵骨構造 (얽을 구, 만들 조). [건설] 철골(鐵骨)로 건축물을 짜서[構] 만듬[造].

철공 鐵工 (쇠 철, 장인 공). 쇠[鐵]를 다루어 제품을 만드는 직공(職工).

▸철공-소 鐵工所 (곳 소). 철공(鐵工) 제품을 만드는 곳[所]. 쇠로 갖가지 제품을 만드는 소규모의 기업.

철-공장 鐵工場 (쇠 철, 장인 공, 마당 장). 철공(鐵工) 제품을 만드는 공장(工場). 쇠로 갖가지 기구를 만드는 공장.

철관[1] 鐵冠 (쇠 철, 갓 관). [역사] 암행어사가 쓰던 쇠[鐵]로 살을 댄 관(冠).

철관[2] 鐵棺 (쇠 철, 관 관). 쇠[鐵]로 만든 관(棺).

철관[3] 鐵管 (쇠 철, 대롱 관). 쇠[鐵]로 만든 대롱 같은 관(管).

***철광** 鐵鑛 (쇠 철, 쇳돌 광). [광업] ① '철광석'(鐵鑛石)의 준말. 쇠. ② 철광석이 나는 광산.

철-광:석 鐵鑛石 (쇠 철, 쇳돌 광, 돌 석). [광업] 철(鐵)을 포함하고 있는 광석(鑛石). 자철광, 적철광, 갈철광 따위. ¶철광석은 근대 공업을 발달시킨 주요한 자원이다.

철교 鐵橋 (쇠 철, 다리 교). ① [속뜻] 철(鐵)을 주재료로 하여 놓은 다리[橋]. ② 철도(鐵道) 선로가 부설되어 있어서 열차가 통과할 수 있도록 만든 다리[橋]. '철도교'(鐵道橋)의 준말. ¶한강에 철교를 건설하다. [반]인도교(人道橋).

철군 撤軍 (거둘 철, 군사 군). 주둔하던 곳에서 군대(軍隊)를 철수(撤收)함. [비]철병(撤兵).

철궁 鐵弓 (쇠 철, 활 궁). 쇠[鐵]로 만든 전투용의 활[弓].

철권 鐵拳 (쇠 철, 주먹 권). ① [속뜻] 쇠[鐵] 같은 주먹[拳]. ② 굳센 주먹.

철궤[1] 鐵軌 (쇠 철, 바퀴자국 궤). 쇠[鐵]로 만든 궤도(軌道).

철궤[2] 鐵櫃 (쇠 철, 함 궤). 쇠[鐵]로 만든 상자[櫃].

철근 鐵筋 (쇠 철, 힘줄 근). [건설] 건물이나 구조물을 지을 때 힘줄[筋] 같은 역할을 하는 쇠[鐵] 막대. ¶철근 콘크리트.

철금 鐵琴 (쇠 철, 거문고 금). 쇠[鐵] 조각으로 만든, 쳐서 소리를 내는 악기[琴].

철기[1] 鐵騎 (쇠 철, 말 탈 기). ① [역사] 철갑(鐵甲)으로 무장하고 말을 탄[騎] 군사. ② 용맹한 기병.

철기[2] 鐵器 (쇠 철, 그릇 기). 쇠[鐵]로 만든

그릇[器]. ¶철기를 사용하면서 농업이 발달하였다.

▶ 철기 시대 鐵器時代 (때 시, 연대 대). 고적 철기(鐵器)를 쓰던 시대(時代). 연모의 재료에 따라 구분한 인류 발전의 제3단계이다.

철농 撤農 (거둘 철, 농사 농). 농사(農事)를 걷어치움[撤].

철-다각형 凸多角形 (볼록할 철, 많을 다, 모서리 각, 모양 형). ① 속뜻 볼록[凸]한 여러[多] 개의 각(角)을 지닌 모양[形]. ② 수학 각각의 내각이 180도보다 작은 다각형. 다각형의 어느 변을 연장하여도, 그 연장된 선이 다각형의 내부를 지나지 않는다.

철단 鐵丹 (쇠 철, 붉을 단). 금속[鐵]제의 그릇이나 기계 등에 녹이 슬지 않게 바르는 붉은[丹] 도료. ㊥변병(辨柄).

⁑**철도** 鐵道 (쇠 철, 길 도). ① 속뜻 쇠[鐵]로 만든 길[道]. ② 열차의 운행을 위한 갖가지 시설과 교통수단을 통틀어 이르는 말. ¶철도를 놓다 / 철도를 이용하면 편안하다.

▶ 철도-교 鐵道橋 (다리 교). 교통 철도(鐵道)를 깔아 놓은 교량(橋梁). ㊟철교.

▶ 철도-망 鐵道網 (그물 망). 철도(鐵道)가 이리저리 그물[網]처럼 되어 있는 교통 조직. ¶철도망이 거미줄처럼 뻗어 있다.

▶ 철도-청 鐵道廳 (관청 청). 법률 철도(鐵道)에 관한 업무를 관장하는 중앙 행정기관[廳].

▶ 철도-편 鐵道便 (편할 편). 철도(鐵道)를 이용하는 교통편(交通便).

철독 鐵毒 (쇠 철, 독할 독). 쇠[鐵]에서 나오는 독(毒).

철두-철미 徹頭徹尾 (뚫을 철, 처음 두, 뚫을 철, 꼬리 미). ① 속뜻 처음[頭]부터 끝[尾]까지 모두 통함[徹]. ② 처음부터 끝까지 철저하게. ¶철두철미하게 조사하다.

철로 鐵路 (쇠 철, 길 로). 쇠[鐵]로 만든 길[路]. ¶기적을 울리며 기차가 철로 위를 지나갔다.

철롱 鐵籠 (쇠 철, 대그릇 롱). 쇠[鐵]로 만든 바구니[籠]나 둥우리를 두루 이르는 말.

철리 哲理 (밝을 철, 이치 리). ① 속뜻 밝은[哲] 이치(理致). ② 철학상의 이치나 원리.

철마 鐵馬 (쇠 철, 말 마). ① 속뜻 쇠[鐵]로 된 말[馬]. ② '기차'를 달리 이르는 말. ¶철마가 빠르게 달리고 있다.

철망 鐵網 (쇠 철, 그물 망). ① 속뜻 가는 쇠[鐵]를 얽어서 만든 그물[網]. ¶철망 속에 갇힌 원숭이. ② '철조망'(鐵條網)의 준말. ¶도둑은 급하게 철망을 넘다 옷이 걸려 찢어졌다.

철면[1] 凸面 (볼록할 철, 쪽 면). 가운데가 볼록해진[凸] 면(面). ㊥요면(凹面).

철면[2] 鐵面 (쇠 철, 낯 면). ① 속뜻 쇠[鐵]처럼 두꺼운 얼굴[面]. ② 쇠처럼 검붉은 얼굴.

철-면피 鐵面皮 (쇠 철, 낯 면, 가죽 피). ① 속뜻 무쇠[鐵]처럼 두꺼운 낯[面] 가죽[皮]. ② '뻔뻔스럽고 염치없는 사람'을 비유하여 이르는 말. ¶걸핏하면 돈을 꾸러 오는 철면피.

▶ 철면피-한 鐵面皮漢 (가죽 피, 사나이 한). 철면피(鐵面皮)의 사나이[漢].

철-면경 凸面鏡 (볼록할 철, 낯 면, 거울 경). 볼록한[凸] 거울[面鏡].

철모 鐵帽 (쇠 철, 모자 모). 군사 전투할 때 군인이 쓰는 강철(鋼鐵)로 만든 둥근 모자(帽子). ¶머리에 철모를 쓴 군인.

철목 綴目 (꿰맬 철, 눈 목). 여러 가지 조목(條目)이나 종목을 한 곳에 벌여[綴]놓음.

철문 鐵門 (쇠 철, 문 문). 쇠[鐵]로 만든 문(門). 쇠문.

철물 鐵物 (쇠 철, 만물 물). ① 속뜻 쇠[鐵]로 만든 온갖 물건(物件). ② 특히 쇠로 만든 자질구레한 물건을 이르는 말.

▶ 철물-전 鐵物廛 (가게 전). 철물(鐵物)을 파는 가게[廛]. ㊥철물점.

▶ 철물-점 鐵物店 (가게 점). 철물(鐵物)로 된 상품을 전문으로 다루는 가게[店]. ¶철물점에서 톱을 샀다.

철반 鐵盤 (쇠 철, 쟁반 반). 쇠[鐵]로 만든 쟁반(錚盤).

철벽 鐵壁 (쇠 철, 담 벽). ① 속뜻 쇠[鐵]로 만든 벽(壁). ② 아주 튼튼한 장벽이나 방비. ¶철벽 같은 수비.

철병 撤兵 (거둘 철, 군사 병). 주둔지에서 병사(兵士)를 철수(撤收)시킴. ¶모든 장수에게 철병 명령을 내렸다. ㊥철군(撤軍).

⁑**철봉** 鐵棒 (쇠 철, 몽둥이 봉). ① 속뜻 쇠

[鐵]로 만든 몽둥이[棒]. ② 운동 두 개의 기둥에 쇠막대기를 걸쳐 고정시킨 체조 용구. ¶철봉에 일 분 넘게 매달리다.

▶ 철봉-대 鐵棒臺 (돈대 대). 운동을 할 수 있도록 쇠막대기[鐵棒]를 걸쳐 놓은 시설[臺]. ¶놀이터에 있던 철봉대가 망가졌다.

▶ 철봉 운:동 鐵棒運動 (돌 운, 움직일 동). 운동 철봉(鐵棒)에서 하는 여러 가지 동작으로 구성된 운동(運動).

철분[1] **鐵分** (쇠 철, 나눌 분). 어떤 물질 속에 들어 있는 철(鐵)의 성분(成分). ¶미역은 철분이 많은 식품 중 하나이다.

철분[2] **鐵粉** (쇠 철, 가루 분). ① 속뜻 쇠[鐵]의 가루[粉]. ② 한의 철화분을 정제한 약재.

철빈 **鐵貧** (굳을 철, 가난할 빈). 매우[鐵] 가난함[貧]. ⓑ적빈(赤貧).

철사[1] **撤祀** (거둘 철, 제사 제). 제사(祭祀)를 마침[撤].

철사[2] **鐵沙** (쇠 철, 모래 사). 광업 모래[沙] 형태로 있는 쇠[鐵]. ⓑ사철(砂鐵).

철사[3] **鐵絲** (쇠 철, 실 사). 쇠[鐵]로 만든 가는 실[絲] 모양의 것. ¶구부러진 철사를 펴다. ⓑ쇠줄.

철삭 **鐵索** (쇠 철, 동아줄 삭). 철사(鐵絲)를 꼬아서 만든 줄[索]. ¶어부들은 파도 속에서 두 척의 배에 철삭을 연결하였다.

철상[1] **撤床** (거둘 철, 평상 상). 상(床) 위에 차린 음식을 거두어[撤] 치움.

철상[2] **鐵像** (쇠 철, 모양 상). 쇠[鐵]를 부어 만든 사람이나 동물 따위의 형상(形像).

철색 **鐵色** (쇠 철, 빛 색). 쇠[鐵]처럼 검푸르고 약간 흰빛이 도는 빛깔[色].

철석 **鐵石** (쇠 철, 돌 석). ① 속뜻 쇠[鐵]와 돌[石]. ② 마음이나 의지, 약속 따위가 '굳고 단단함'을 비유하여 이르는 말. ¶나는 친구의 말을 철석같이 믿고 기다렸다.

▶ 철석-간장 鐵石肝腸 (간 간, 창자 장). 쇠[鐵]와 돌[石]같이 굳고 단단한 마음[肝腸]. ㊟석장. ⓑ철심석장(鐵心石腸).

철-석영 **鐵石英** (쇠 철, 돌 석, 꽃부리 영). 광업 철(鐵)을 많이 함유한 석영(石英). 붉은빛을 띤다.

철선 **鐵船** (쇠 철, 배 선). 쇠[鐵]로 만든 배[船].

철선 **鐵線** (쇠 철, 줄 선). 쇠[鐵]로 만든 가는 줄[線]. ⓑ철사(鐵絲).

철쇄 **鐵鎖** (쇠 철, 잠글 쇄). ① 속뜻 쇠[鐵]로 만든 자물쇠[鎖]. ② 쇠로 만든 고리를 여러 개 이어서 만든 줄. ⓑ쇠사슬.

철수[1] **撤收** (거둘 철, 거둘 수). ① 속뜻 거두어[撤] 들임[收]. ② 있던 곳에서 시설이나 장비 따위를 거두어 가지고 물러남. ¶군대가 철수하다 / 비가 내려서 텐트를 철수시켰다. ⓑ철퇴(撤退).

철수[2] **鐵銹** (쇠 철, 녹슬 수). 쇠[鐵]에 스는 녹[銹].

철시 **撤市** (거둘 철, 저자 시). ① 속뜻 시장(市場)을 거둠[撤]. ② 시장이나 가게가 문을 닫고 장사를 하지 아니함. ¶상인들은 휴가 기간에 일제히 철시를 하였다. ⓑ철전(撤廛).

철심 **鐵心** (쇠 철, 마음 심). ① 속뜻 쇠[鐵]처럼 단단한 마음[心]. ② 쇠로 속을 박은 물건의 심. ¶다리에 철심을 박다.

▶ 철심-석장 鐵心石腸 (돌 석, 창자 장). 쇠[鐵]나 돌[石]처럼 단단한 마음[心腸]. ㊟석장. ⓑ철심석장(鐵心石腸), 철석간장(鐵石肝腸).

철안 **鐵案** (쇠 철, 생각 안). 쇠[鐵]처럼 확고한 생각[案]. 좀처럼 변경할 수 없는 단안. 확고한 의견.

철-압인 **鐵壓印** (쇠 철, 누를 압, 도장 인). 쇠[鐵]로 만든 압인(壓印).

철야 **徹夜** (뚫을 철, 밤 야). 자지 않고 밤[夜]을 새움[徹]. ¶철야 협상 / 이틀 밤을 철야하고 나니 눈이 저절로 감긴다.

철오 **徹悟** (뚫을 철, 깨달을 오). 사물의 깊은 이치를 꿰뚫어[徹] 깨달음[悟].

철옥 **鐵獄** (쇠 철, 감옥 옥). ① 속뜻 쇠[鐵]로 만든 감옥(監獄). ② 규율이 엄한 감옥.

철옹 **鐵甕** (=鐵瓮, 쇠 철, 독 옹). 쇠[鐵]로 만든 독[甕].

▶ 철옹-성 鐵甕城 (성곽 성). '철옹산성'(鐵甕山城)의 준말.

▶ 철옹-산성 鐵甕山城 (메 산, 성곽 성). ① 속뜻 쇠[鐵]로 만든 독[甕]처럼 견고한 산성(山城). ② 어떤 강한 힘으로도 함락하거나 와해할 수 없이 방비나 단결이 튼튼한 상태. ㊟옹성.

철완 **鐵腕** (쇠 철, 팔 완). 쇠[鐵]처럼 억세고 야무진 팔[腕].

철-운모 鐵雲母 (쇠 철, 구름 운, 어머니 모). 광업 철분(鐵分)이 많이 들어 있는 검은색의 운모(雲母).

철음 綴音 (꿰맬 철, 소리 음). 언어 자음과 모음이 하나로 엮어져[綴] 이루어진 음(音).

철인1 哲人 (밝을 철, 사람 인). 사리에 밝고[哲] 인격이 뛰어난 사람[人]. ¶철인처럼 행세하다. (비)철학자(哲學者).

철인2 鐵人 (쇠 철, 사람 인). 쇠[鐵]처럼 강한 몸을 가진 사람[人]. ¶철인 3종 경기.

철인3 鐵印 (쇠 철, 도장 인). ① 속뜻 쇠[鐵]로 만든 도장[印]. '철압인'(鐵壓印)의 준말. ② 인쇄에서, 강철이나 놋쇠로 만들어 두꺼운 양장 표지에 금자를 찍는 데 쓰는 무늬 조각판.

철자 綴字 (꿰맬 철, 글자 자). ① 속뜻 자모(字母)를 꿰매어[綴] 음을 적음. ② 언어 자음과 모음을 맞추어 음절 단위의 글자를 만드는 일. ¶이름의 철자를 가르쳐 주세요.

▸철자-법 綴字法 (법 법). 언어 글자나 자모를 짜 맞추는[綴字] 방법(方法). ¶철자법에 맞게 고치다. (비)맞춤법.

철장 鐵杖 (쇠 철, 지팡이 장). 쇠[鐵]로 만든 지팡이[杖].

철재 鐵材 (쇠 철, 재료 재). 공업이나 건축에 쓰이는 쇠붙이[鐵] 재료(材料).

철저 徹底 (뚫을 철, 밑 저). 속속들이 꿰뚫어[徹] 밑바닥[底]까지 빈틈이 없음. 또는 그런 태도. ¶철저히 단속하다 / 맡은 일에 철저하다.

철적 鐵笛 (쇠 철, 피리 적). 쇠[鐵]로 만든 피리[笛].

철정 鐵釘 (쇠 철, 못 정). 쇠[鐵]로 만든 못[釘].

철제1 鐵製 (쇠 철, 만들 제). 쇠[鐵]로 만듦[製]. 또는 그 물건. ¶철제 사다리.

철제2 鐵劑 (쇠 철, 약제 제). 철분(鐵分)을 주성분으로 한 약제(藥劑).

철제3 鐵蹄 (쇠 철, 굽 제). ① 속뜻 말의 발바닥에 붙이는 쇠[鐵]로 만든 굽[蹄]. ② 힘차고, 잘 걷는 말. (비)준마(駿馬).

철조1 凸彫 (볼록할 철, 새길 조). 미술 평평한 판에 모양이나 형상을 볼록하게[凸] 새김[彫]. (비)양각(陽刻).

철조2 鐵條 (쇠 철, 가지 조). ① 속뜻 가지[條] 모양의 긴 쇠[鐵]. ② '굵은 철사'를 일컬음.

▸철조-망 鐵條網 (그물 망). 철조선(鐵條線)을 그물[網] 모양으로 얼기설기 엮어 놓은 물건. 또는 그것을 둘러친 울타리. ¶건물 주위에는 철조망이 둘러쳐져 있다.

▸철조-선 鐵條線 (줄 선). 철조(鐵條)로 만든 줄[線].

철주 鐵柱 (쇠 철, 기둥 주). 쇠[鐵]로 만든 기둥[柱].

철창 鐵窓 (쇠 철, 창문 창). 쇠[鐵]로 만든 창살이 달린 창문(窓門). ¶창문을 모두 철창으로 바꾸다 / 철창에 갇히다.

▸철창-신세 鐵窓身世 (몸 신, 세상 세). 철창(鐵窓)으로 둘러싸인 감옥에 갇히는 신세(身世). ¶경찰에 붙잡힌 그들은 철창신세가 되었다.

철책 鐵柵 (쇠 철, 울타리 책). 쇠[鐵]줄로 만든 우리나 울타리[柵]. ¶휴전선에 철책을 두르다.

철천 鐵泉 (쇠 철, 샘 천). 탄산철(炭酸鐵)과 황산철(黃酸鐵)을 함유하는 온천(溫泉).

철천 徹天 (뚫을 철, 하늘 천). 하늘[天]을 뚫음[徹]. 하늘에 사무침. ¶무슨 철천의 원한이 있다고!

▸철천지원 徹天之冤 (어조사 지, 원한 원). 철천지한(徹天之恨).

▸철천지한 徹天之恨 (어조사 지, 원한 한). 하늘에 사무치는[徹天] 원한(怨恨).

▸철천지원수 徹天之怨讐 (어조사 지, 미워할 원, 원수 수). 원한(怨恨)이 하늘에 사무칠[徹天] 만큼 크나큰 원수(怨讐).

철첨 鐵尖 (쇠 철, 뾰족할 첨). 끝이 뾰족한[尖] 쇠막대[鐵].

철추 鐵椎 (쇠 철, 망치 추). 쇠[鐵]로 만든 방망이[椎]. (비)철퇴(鐵槌).

철칙 鐵則 (쇠 철, 법 칙). 쇠[鐵]처럼 굳은 법칙(法則). 변경하거나 어길 수 없는 규칙. ¶어떤 경우에도 때리지 않는다는 게 내 철칙이다.

철탑 鐵塔 (쇠 철, 탑 탑). ① 속뜻 철근(鐵筋)이나 철골(鐵骨)을 써서 만든 탑(塔). ② 송전선 따위 전선(電線)을 지탱하기 위해 세운 쇠기둥. ¶철탑에는 굵은 고압선이 설치되어 있다.

철통[1] **鐵通** (쇠 철, 통할 통). 담뱃대의 마디를 통(通)하게 하는 데 쓰는 쇠[鐵] 꼬챙이.

철통[2] **鐵桶** (쇠 철, 통 통). ① [속뜻] 쇠[鐵]로 만든 통(桶). ② 철통처럼 조금도 빈틈없이 튼튼히 에워싸고 있다. ¶철통같이 경계하다.

철퇴[1] **撤退** (거둘 철, 물러날 퇴). 자리 잡은 데서 거두어[撤] 물러감[退]. [비]철수(撤收).

철퇴[2] **鐵槌** (쇠 철, 몽둥이 퇴). ① [속뜻] 쇠[鐵]로 만든 몽둥이[槌]. ② [역사] 끝이 둥그렇고 울퉁불퉁한 쇠몽둥이. ③ '호된 처벌이나 타격'을 비유하여 이르는 말. ¶뇌물을 받은 공무원들에게 철퇴를 가하다.

철판[1] **凸版** (볼록할 철, 널빤지 판). [출판] 판면의 볼록하게 도드라진[凸] 글자나 그림에 잉크가 묻어서 인쇄되는 인쇄판(印刷版). [비]볼록판.

철판[2] **鐵板** (쇠 철, 널빤지 판). 쇠[鐵]로 된 넓은 조각[板]. ¶철판에 고기를 굽다 / 얼굴에 철판을 깔다.

철편 **鐵片** (쇠 철, 조각 편). 쇠[鐵]의 조각[片].

철폐 **撤廢** (거둘 철, 그만둘 폐). 거두어들이거나[撤] 그만둠[廢]. ¶야간 통행금지를 철폐하다. [비]철파(撤罷).

철필 **鐵筆** (쇠 철, 붓 필). ① [속뜻] 쇠[鐵]로 만든 붓[筆]처럼 무엇을 쓰는 도구. ② 등사판에 쓰이는 끝이 뾰족한 쇠붓. ③ 도장을 새기는 새김칼.

철학 **哲學** (밝을 철, 배울 학). ① [속뜻] 인간과 삶의 원리와 본질 따위를 밝히는[哲] 학문(學問). 흔히 인식, 존재, 가치의 세 기준에 따라 하위 분야를 나눈다. ¶동양 철학을 공부하다. ② 투철한 인생관이나 가치관. ¶나에게는 나대로의 철학이 있다.

▸철학-가 哲學家 (사람 가). ① [속뜻] 철학(哲學)에 조예가 깊은 사람[家]. ② 철학자(哲學者).

▸철학-과 哲學科 (분과 과). 대학에서 철학(哲學)을 연구하는 학과(學科).

▸철학-사 哲學史 (역사 사). [철학] 철학(哲學)의 연원과 변천, 추이, 발전의 모습을 체계적으로 쓴 역사(歷史).

▸철학-자 哲學者 (사람 자). 철학(哲學)을 전문으로 연구하는 사람[者].

철한 **鐵漢** (쇠 철, 사나이 한). 쇠[鐵]처럼 강직하고 굽힘이 없는 사나이[漢].

철혈 **鐵血** (쇠 철, 피 혈). ① [속뜻] 쇠[鐵]와 피[血]. ② '군비(軍備)'와 '군사'를 아울러 이르는 말. ③ 군사력(軍事力).

▸철혈 재상 鐵血宰相 (맡을 재, 도울 상). 군사력[鐵血]을 배경으로 정책을 강력하게 밀고 나가는 재상(宰相).

▸철혈 정략 鐵血政略 (정치 정, 꾀할 략). 무력[鐵血]으로 나라의 위엄을 떨치려는 정략(政略).

▸철혈 정책 鐵血政策 (정치 정, 꾀 책). [역사] 1862년에 비스마르크가 무력[鐵血]으로 독일을 통일하려던 정책(政策).

철형 **凸形** (볼록할 철, 모양 형). 가운데가 볼록한[凸] 모양[形].

철화 **鐵火** (쇠 철, 불 화). ① [속뜻] 빨갛게[火] 단 쇠[鐵]. ② 총을 쏠 때 총구에서 번쩍이는 불. ③ '칼과 총'을 달리 이르는 말. [비]총화(銃火).

철환[1] **撤還** (거둘 철, 돌아올 환). 거두어서[撤] 돌아감[還]. [비]철귀(撤歸).

철환[2] **鐵丸** (쇠 철, 알 환). 쇠[鐵]로 만든 잘고 동그란 알[丸] 모양의 물건을 통틀어 이르는 말.

▸철환-제 鐵丸劑 (약제 제). [한의] 철분(鐵分)이 들어간 약재로 동그랗게[丸] 빚어 만든 약제(藥劑).

철환-천하 **轍環天下** (바퀴자국 철, 고리 환, 하늘 천, 아래 하). ① [속뜻] 수레의 바퀴자국[轍]을 따라 천하(天下)를 돌아다님[環]. ② 공자(孔子)가 여러 나라를 두루 다니며 교화하던 일.

철회 **撤回** (거둘 철, 돌이킬 회). 벌인 일을 거두어[撤]들여 원래 상태로 돌아감[回]. ¶국회의 결정을 철회시키다.

철획 **鐵劃** (쇠 철, 그을 획). 쇠[鐵]처럼 강하게 쓴 글씨의 획(劃).

첨가 **添加** (더할 첨, 더할 가). 이미 있는 데에 덧붙이거나[添] 보탬[加]. ¶방부제를 첨가하지 않은 제품. [반]삭제(削除).

▸첨가-물 添加物 (만물 물). 식품 따위를 만

들 때 보태어[添加] 넣는 물질(物質). ¶인공 첨가물 / 음식에 화학 첨가물을 넣다.

▸첨가-어 添加語 (말씀 어). 언어 어근에 문법적인 기능을 하는 요소를 더해[添加] 문법적 역할을 표시하는 언어(言語). ㊥교착어(膠着語), 점착어(粘着語), 부착어(附着語), 첨가어(添加語). ㊟고립어(孤立語), 굴절어(屈折語).

첨감[1] 添減 (더할 첨, 덜 감). ① 속뜻 더함[添]과 덞[減]. ②첨가와 삭감.

첨감[2] 添感 (더할 첨, 감기 감). 감기(感氣)가 더해짐[添].

첨기 添記 (더할 첨, 기록할 기). 덧붙여[添] 적음[記]. ㊥추신(追伸).

첨단 尖端 (뾰족할 첨, 끝 단). ① 속뜻 물건의 뾰족한[尖] 끝[端]. ②시대의 흐름·유행 따위의 맨 앞장. ¶첨단 기술을 도입하다.

▸첨단 방:전 尖端放電 (놓을 방, 전기 전). 물리 도체(導體)의 표면에 뾰족한[尖端] 곳이 있을 때 그 부분에 전기가 집중하여 방전(放電)되는 현상. 피뢰침도 이 현상을 이용하여 만든다.

▸첨단 거:대증 尖端巨大症 (클 거, 큰 대, 증세 증). ① 속뜻 몸의 끝[尖端] 부분이 커지는[巨大] 증세(症勢). ② 의학 뼈끝이나 손가락 끝, 아래턱, 코, 입술 등 몸의 뾰족하게 나온 끝부분이 거대해지는 병증.

첨리 尖利 (뾰족할 첨, 날카로울 리). 끝이 뾰족하고[尖] 날카로움[利]. ㊥첨예(尖銳).

첨망 瞻望 (볼 첨, 바라볼 망). 높은 데를 올려 보거나[瞻] 멀리 바라봄[望].

첨미 尖尾 (뾰족할 첨, 꼬리 미). 뾰족한[尖] 물건의 맨 끝[尾]이나 꽁지.

첨밀 甛蜜 (달 첨, 꿀 밀). ① 속뜻 단[甛] 꿀[蜜]. 꿀같이 단 것. ②달콤한 말. '첨언밀어'(甛言蜜語)의 준말. ㊥감언(甘言).

첨배[1] 添杯 (더할 첨, 잔 배). 따라 놓은 술잔[杯]에 술을 더[添] 따름. ㊥첨잔(添盞).

첨배[2] 瞻拜 (볼 첨, 절 배). 선현(先賢)의 묘소나 사당에 우러러[瞻] 절함[拜].

첨병 尖兵 (뾰족할 첨, 군사 병). 군사 적 가까이 행군할 때 행군 본대의 맨 앞[尖]에서 적의 움직임을 살피고 경계하는 병사(兵士). 또는 그 부대.

첨병 添病 (더할 첨, 병 병). 어떤 병에 덮쳐서 또 다른 병(病)이 겹침[添]. ㊥첨증(添症).

첨보 添補 (더할 첨, 채울 보). 더하여[添] 보충(補充)함.

첨봉 尖峰 (뾰족할 첨, 봉우리 봉). 뾰족한[尖] 산봉우리[峰].

첨부 添附 (더할 첨, 붙을 부). 주로 문서나 안건 따위에 더하거나[添] 덧붙임[附]. ¶첨부된 문서를 참조하다.

첨삭 添削 (더할 첨, 깎을 삭). 시문이나 답안 따위를 첨가(添加)하거나 삭제(削除)함. ¶첨삭지도 / 편집부장이 원고의 내용을 첨삭했다.

첨산 添算 (더할 첨, 셀 산). 더 보태어[添] 계산(計算)함.

첨서 添書 (더할 첨, 쓸 서). ① 속뜻 원본에 글을 더하여[添] 씀[書]. ②편지 따위에서 다른 사연을 보태어 씀.

▸첨서 낙점 添書落點 (떨어질 락, 점 점). 역사 왕조 때, 벼슬아치의 임명에서 삼망(三望)에 든 사람이 모두 합당하지 않을 때 그 밖의 사람의 이름을 더 써넣어[添書] 낙점(落點)하던 일.

첨성-대 瞻星臺 (볼 첨, 별 성, 돈대 대). ① 속뜻 별[星]을 관측하여 보는[瞻] 누대(樓臺). ② 고적 신라 때의 천문 관측대. 선덕 여왕 때 축조한 것으로 경주에 있다.

첨앙 瞻仰 (볼 첨, 우러를 앙). 우러러[仰] 봄[瞻]. 우러러 사모함.

첨언-밀어 甛言蜜語 (달 첨, 말씀 언, 꿀 밀, 말씀 어). ① 속뜻 달콤한[甛] 말[言]과 꿀[蜜] 같은 말[語]. ②듣기 좋은 말. 남을 꾀기 위한 달콤한 말. ㊟첨밀.

첨예 尖銳 (뾰족할 첨, 날카로울 예). ① 속뜻 끝이 뾰족하고[尖] 서슬이 날카로움[銳]. ②상황이나 사태 따위가 날카롭다. ¶의견이 첨예하게 대립하다.

▸첨예-화 尖銳化 (될 화). 어떤 사태나 행동 따위가 날카로워지게[尖銳] 됨[化].

▸첨예-분자 尖銳分子 (나눌 분, 접미사 자). 어떤 단체 안에서 급진적인[尖銳] 태도를 가진 사람[分子].

첨원 尖圓 (뾰족할 첨, 둥글 원). 끝이 뾰족하면서[尖] 둥근[圓] 것.

첨:유 諂諛 (아첨할 첨, 아첨할 유). 아첨함[諂=諛]. 알랑거림.

첨자 添字 (더할 첨, 글자 자). ① [속뜻] 글자[字]를 덧붙임[添]. ② [언어] 소리의 차이나 변수를 나타내기 위하여 문자의 좌우에 덧붙이는 소문자.

첨작 添酌 (더할 첨, 술따를 작). 제사 때, 종헌(終獻)으로 올린 술잔에 제주(祭酒)가 잔이 넘치도록 술을 더해[添] 따르는[酌] 일.

첨잔 添盞 (더할 첨, 잔 잔). 따라 놓은 술잔[盞]에 술을 더[添] 따름. [비]첨배(添杯).

첨장 添狀 (더할 첨, 편지 장). 어떤 것을 보낼 때 덧붙이는[添] 편지[狀]. [비]첨한(添翰).

첨전-고후 瞻前顧後 (볼 첨, 앞 전, 돌아볼 고, 뒤 후). ① [속뜻] 앞[前]을 바라보고[瞻] 뒤[後]를 돌아봄[顧]. ② '어떤 일을 당하여 용기를 내어 결단하지 못하고 두리번거리기만 하는 것'을 비유하여 이르는 말. [비]전첨후고(前瞻後顧).

첨족 尖足 (뾰족할 첨, 발 족). 관절에 탈이 생겨 발뒤꿈치를 들고 걷는 뾰족한[尖] 발[足].

첨죄 添罪 (더할 첨, 죄 죄). 죄 있는 자가 죄(罪)를 더함[添]. 거듭 저지름.

첨증[1] 添症 (더할 첨, 증세 증). 어떤 병에 덮쳐서 또 다른 병증(病症)이 겹침[添]. [비]첨병(添病).

첨증[2] 添增 (더할 첨, 더할 증). 더하여[添] 늘림[增]. 또는 더 늚.

첨지 僉知 (다 첨, 알 지). ① [속뜻] 세상을 다[僉] 알만한[知] 나이의 사람. ② 성 아래 붙여 '나이 많은 이'를 낮추어 가볍게 부르던 말. ¶김 첨지는 주막에서 술을 한 잔 마셨다. ③ [역사] 조선 시대, 중추부의 정삼품 당상관의 관직.

첨지 籤紙 (쪽지 첨, 종이 지). 책 같은 데에 무엇을 표하느라고 붙이는 쪽지[籤]로 된 종이[紙].

첨찬 添竄 (더할 첨, 고칠 찬). 시나 문장을 자꾸 더 첨삭(添削)하여 고침[竄].

첨채 甛菜 (달 첨, 나물 채). ① [속뜻] 단[甛]맛이 나는 채소[菜]. ② [식물] 명아줏과의 두해살이풀. 달걀 모양의 잎에, 원뿔 모양의 덩이뿌리가 있다. [비]사탕무.

▶첨채-당 甛菜糖 (사탕 당). 사탕무[甛菜]로 만든 설탕[糖].

첨치 添齒 (더할 첨, 이 치). 나이[齒]를 더함[添]. 한 살 더 먹음.

첨탑 尖塔 (뾰족할 첨, 탑 탑). 지붕 꼭대기가 뾰족한[尖] 탑(塔). 또는 그런 탑이 있는 높은 건물. ¶교회 첨탑 위의 흰 십자가.

첨통 籤筒 (제비 첨, 대롱 통). 첨사(籤辭)가 적힌 점대를 담는 통(筒).

첨한 添翰 (더할 첨, 글 한). 무엇을 보낼 때 첨부(添附)하는 편지[翰]. [비]첨장(添狀).

첨형 尖形 (뾰족할 첨, 모양 형). 끝이 뾰족하게[尖] 생긴 모양[形].

첩경 捷徑 (빠를 첩, 지름길 경). ① [속뜻] 빠른[捷] 지름길[徑]. ¶성공에 이르는 첩경. ② 어떤 일을 함에 있어서 흔히 그렇게 되기가 쉬움을 이르는 말. ¶말을 그렇게 하면 욕먹기가 첩경이다. [반]우로(迂路).

첩구 疊句 (겹쳐질 첩, 글귀 구). 같은 어구(語句)가 거듭하여 겹치는[疊] 것.

첩로 捷路 (빠를 첩, 길 로). 빠른[捷] 길[路]. [비]첩경(捷徑).

첩리 捷利 (빠를 첩, 날카로울 리). 빠르고[捷] 날램[利].

첩보[1] 捷報 (이길 첩, 알릴 보). 싸움에 이겼다[捷]는 보고(報告).

첩보[2] 牒報 (문서 첩, 알릴 보). 서면[牒]으로 상관에게 보고(報告)함.

첩보[3] 諜報 (염탐할 첩, 알릴 보). 적의 형편을 염탐하여[諜] 알려[報]줌. ¶적 부대가 산을 넘어온다는 첩보가 들어왔다.

▶첩보-망 諜報網 (그물 망). 첩보(諜報) 활동을 위한 조직 체계[網].

첩부 貼付 (붙을 첩, 줄 부). 착 달라붙게[貼=付] 함.

첩서[1] 捷書 (이길 첩, 글 서). 왕조 때, 싸움에 이겼음[捷]을 보고 하던 글[書].

첩서[2] 疊書 (겹쳐질 첩, 쓸 서). 잘못하여 같은 글자나 글귀를 거듭[疊] 쓰는[書] 일.

첩실 妾室 (첩 첩, 방 실). ① [속뜻] 첩(妾)의 방[室]. ② 첩을 점잖게 이르는 말. ③ 지난날, 여자가 윗사람에게 '자기 방'을 이르던 말.

첩약 貼藥 (봉지 첩, 약 약). 여러 가지 약재를 섞어 지어서 약봉지[貼]에 싼 약(藥). ¶아주 정성스럽게 첩약을 지어왔다.

첩어 疊語 (겹쳐질 첩, 말씀 어). [언어] 같은 소리나 비슷한 소리를 가진 단어가 겹쳐서

[疊] 이루어진 말[語]. '누구누구', '드문드문', '꼭꼭' 따위.

첩운 疊雲 (겹쳐질 첩, 구름 운). 겹겹이[疊] 쌓인 구름[雲].

첩음-법 疊音法 (겹쳐질 첩, 소리 음, 법 법). 문학 시나 노래에서 같은 음절(音節)을 두 번씩 거듭[疊] 읊는 방법(方法).

첩자[1] 妾子 (첩 첩, 아이 자). 첩(妾)의 자식(子息). ㊥서자(庶子).

첩자[2] 諜者 (염탐할 첩, 사람 자). 적의 형편이나 사정을 염탐하는[諜] 사람[者]. ¶우리 중에 적의 첩자가 있을지도 모른다. ㊥간첩(間諜).

첩지 牒紙 (문서 첩, 종이 지). 역사 대한 제국 때, 최하급의 관리인 판임관에게 내리던 서면[牒]으로 된 임명장[紙].

첩첩 疊疊 (겹쳐질 첩, 겹쳐질 첩). 여러 겹으로 겹침[疊+疊]. ¶첩첩 쌓인 먼 산 / 주위는 첩첩이 어둠에 싸여 적막했다.

▸첩첩-산중 疊疊山中 (메 산, 가운데 중). 산이 첩첩(疊疊)이 둘러싸인 깊은 산(山) 속[中]. ¶첩첩산중에서 길을 잃다.

▸첩첩-수심 疊疊愁心 (근심 수, 마음 심). 깊이 겹겹으로[疊疊] 쌓인 근심스런 수심(愁心).

첩출 妾出 (첩 첩, 날 출). 첩(妾)이 낳은[出] 아이. ㊥서출(庶出).

첩화 貼花 (붙을 첩, 꽃 화). ① 속뜻 꽃[花] 모양을 붙임[貼]. ② 수공 도자기를 구울 때 같은 감으로 여러 가지 모양을 만들어 붙인 무늬.

청가 請暇 (부탁할 청, 겨를 가). 휴가(休暇)를 요청(要請)함. ㊥청유(請由).

청각[1] 青角 (푸를 청, 뿔 각). ① 속뜻 푸른[靑] 색의 뿔[角] 같이 생긴 바닷말. ② 식물 녹조류 청각과의 해조. 파도의 영향을 적게 받는 깊은 바다에서 자라며 김장 때 김치의 고명으로 쓰기도 한다.

▸청각-채 青角菜 (나물 채). 식물 푸른[靑] 색의 사슴 뿔[角]과 비슷한 모양의 바닷말[菜]. ㊤청각.

청각[2] 聽覺 (들을 청, 깨달을 각). 의학 무엇을 귀로 들어[聽] 일어나는 감각(感覺). ¶지나친 소음은 청각에 피해를 줄 수 있다.

▸청각-기 聽覺器 (그릇 기). 의학 소리를 느끼는[聽覺] 기관(器官). ㊤청관(聽官).

▸청각 교:육 聽覺教育 (가르칠 교, 기를 육). 교육 청각(聽覺)을 이용한 교육(教育). 음악이나 방송 따위.

청간 清澗 (맑을 청, 산골물 간). 맑은[淸] 계곡의 물[澗]. ㊤청계(淸溪).

청감 聽感 (들을 청, 느낄 감). 의학 무엇을 들어[聽] 일어나는 감각(感覺). 귀가 공기나 물 등을 통해 받은 음향의 자극을 뇌에 전달하여 일으키는 감각. ㊤청각(聽覺).

청강[1] 清江 (맑을 청, 강 강). 맑게[淸] 흐르는 강(江).

청강[2] 聽講 (들을 청, 강의할 강). 강의(講義)를 들음[聽].

▸청강-생 聽講生 (사람 생). ① 속뜻 청강(聽講)하는 학생(學生). ② 교육 대학에서 정규 학생은 아니나 청강만을 허락받은 학생.

청강사자현부-전 清江使者玄夫傳 (맑을 청, 강 강, 부릴 사, 사람 자, 검을 현, 사나이 부, 전할 전). 문학 맑은[淸] 강[江]에 사자(使者)로 나온 현부(玄夫)의 조상 문갑(文甲)에 관한 이야기[傳]. 고려 고종 때의 문인 이규보(李奎報)가 지은 가전체(假傳體) 작품으로 거북을 의인화하여, 어진 사람의 행적을 기린 내용이다.

청강-석 青剛石 (푸를 청, 굳셀 강, 돌 석). 푸르고[靑] 단단한[剛] 돌[石]. 본바탕보다 짙푸른 무늬가 나뭇결처럼 있다.

청강-수 青剛水 (푸를 청, 굳셀 강, 물 수). ① 속뜻 무색투명[靑]하고 강한[剛] 냄새를 뿜는 물[水]. ② 화학 '염산'을 달리 이르는 말.

청객 請客 (부탁할 청, 손 객). 손님[客]을 초대함[請]. 청한 손님. ㊥청빈(請賓).

청거 請去 (부탁할 청, 갈 거). 손님을 초대하여[請] 함께 감[去].

청검 清儉 (맑을 청, 검소할 검). 청렴(淸廉)하고 검소(儉素)함.

청견 請見 (부탁할 청, 볼 견). 만나 보기[見]를 부탁함[請].

청결 清潔 (맑을 청, 깨끗할 결). 지저분한 것을 없애어 맑고[淸] 깨끗함[潔]. ¶항상 몸을 청결히 해라. ㊦불결(不潔).

청경-채 青梗菜 (푸를 청, 줄기 경, 나물 채). ① 속뜻 푸른[靑] 줄기[梗]를 가진 나물

[菜]. ② [식물] 십자화과의 한해살이풀. 잎은 둥글고 녹색이며 연녹색의 잎줄기는 두껍고 즙이 많다.

청경우독 晴耕雨讀 (갤 청, 밭갈 경, 비 우, 읽을 독). ① [속뜻] 맑은[晴] 날은 논밭을 갈고[耕] 비[雨] 오는 날은 책을 읽음[讀]. ② 부지런히 일하며, 여가를 헛되이 보내지 않고 힘써 공부함.

청계 淸溪 (맑을 청, 시내 계). 맑은[淸] 시내[溪]. [비]청간(淸澗).

▸ 청계-수 淸溪水 (물 수). 맑은[淸] 시내[溪]에 흐르는 물[水].

청고 淸高 (맑을 청, 높을 고). 사람됨이 맑고[淸] 고상(高尙)함.

청-고초 靑苦椒 (푸를 청, 쓸 고, 산초나무 초). ① [속뜻] 색은 푸르고[靑] 맛은 쓴[苦] 산초(山椒)나무. ② 풋고추.

청곡 淸曲 (맑을 청, 노래 곡). 청아(淸雅)한 노래 곡조(曲調).

청골 聽骨 (들을 청, 뼈 골). ① [속뜻] 청각(聽覺) 기능을 하는 뼈[骨]. ② [의학] 가운데 귀의 속에 있는 세 개의 작은 뼈. 망치뼈, 모루뼈, 등자뼈로 고막의 진동을 속귀에 전달한다.

청공[1] 靑空 (푸를 청, 하늘 공). 푸른[靑] 하늘[空]. [비]청천(靑天).

청공[2] 晴空 (갤 청, 하늘 공). 맑게 갠[晴] 하늘[空]. [비]청천(晴天).

청-공간 聽空間 (들을 청, 빌 공, 사이 간). 청각(聽覺)에 의하여 지각할 수 있는 공간(空間).

청과 靑果 (푸를 청, 열매 과). ① [속뜻] 푸른[靑] 채소와 과일[果]. ② 채소와 과일을 통틀어 이르는 말. ¶청과 시장.

▸ 청과-물 靑果物 (만물 물). 청과(靑果)에 속하는 물품(物品). ¶시장에서 청과물 장사를 하다.

▸ 청과-상 靑果商 (장사 상). 청과(靑果)를 파는 장사[商].

청관 淸官 (맑을 청, 벼슬 관). [역사] 조선 때, 문명(文名)과 청망(淸望)이 있는 관리(官吏). '홍문관의 벼슬아치'를 비유하여 이르던 말.

청관 聽官 (들을 청, 벼슬 관). 소리를 느끼는[聽覺] 기관(器官). [비]청각기(聽覺器).

청광 淸狂 (맑을 청, 미칠 광). 마음은 깨끗하나[淸] 하는 짓이 미친[狂] 듯이 보임. 또는 그런 사람.

청-교도 淸敎徒 (맑을 청, 종교 교, 무리 도). [기독교] 16세기 후반에 영국에서 일어난 신교의 종단(宗團). 사치를 버리고 청정(淸淨)한 생활을 할 것을 내세운 교도(敎徒).

청구[1] 靑丘 (=靑邱, 푸를 청, 언덕 구). ① [속뜻] 푸른[靑] 언덕[丘]. ② 지난날, 중국에서 '우리나라'를 달리 이르던 말. 중국의 신화에 따르면, 오색 가운데 '청'(靑)은 동방을 상징하므로, 중국의 동쪽에 있는 우리나라를 일러 그렇게 지칭하였다고 한다.

▸ 청구-도 靑丘圖 (그림 도). [책명] 1834년에 김정호가 만든 우리나라[靑丘] 지도(地圖). '청구선표도'(靑邱線表圖)의 준말.

▸ 청구-영언 靑丘永言 (길 영, 말씀 언). [책명] 조선 영조 때, 김천택(金天澤)이 엮은 시조집. 고려 말부터 편찬 당시까지의 우리나라[靑丘] 시조와 가사[永言]를 곡조별로 분류 정리한 것이다.

▸ 청구-야담 靑邱野談 (들 야, 이야기 담). [문학] 조선 후기에 우리나라[靑邱]에 전해오던 여러 잡다한[野] 이야기[談] 따위를 기록한 책.

청구[2] 請求 (부탁할 청, 구할 구). 요청(要請)하여 요구(要求)함. 무엇을 공식적으로 내놓거나 주기를 요구함. ¶손해배상 청구 / 구속영장을 청구하다.

▸ 청구-권 請求權 (권리 권). [법률] 남에게 대하여 일정한 행위를 청구(請求)할 수 있는 권리(權利).

▸ 청구-서 請求書 (글 서). 무엇을 공식적으로 청구(請求)하는 내용이 적힌 글[書]. 또는 그 문서. ¶공과금 청구서를 받다.

청국 淸國 (청나라 청, 나라 국). [역사] 만청(滿淸) 제국(帝國). 명(明)나라 이후 만주족 누르하치가 세운 정복 왕조로서, 중국 최후의 통일 왕조. [준]청.

청국-장 淸麴醬 (맑을 청, 누룩 국, 된장 장). ① [속뜻] 맑은[淸] 누룩[麴]을 이용해 만든 된장[醬]. ② 푹 삶은 콩을 띄워서 만든 된장의 한 가지. 주로 찌개를 끓여 먹는다.

청군 靑軍 (푸를 청, 군사 군). 운동 경기 따위에서, 파란[靑] 색의 상징물을 사용하는 편을 군사[軍]에 비유한 말. ¶달리기에서 청군이 이겼다. [반]백군(白軍).

청규 淸閨 (맑을 청, 안방 규). 부녀가 거처하는 깨끗한[淸] 방[閨].

청금 靑衿 (푸를 청, 옷깃 금). '유생'(儒生)을 달리 이르던 말. 『시경』의 '청청자금'(靑靑子衿)에서 온 말.

청기¹ 靑氣 (푸를 청, 기운 기). 푸른[靑] 기운(氣運).

청기² 靑旗 (푸를 청, 깃발 기). 푸른[靑] 빛깔의 깃발[旗].

청기³ 請期 (물을 청, 때 기). [민속] 우리나라 전통의 혼인 예법에서, 신랑 집에서 혼인날을[期] 택하여 그 가부를 묻는[請] 편지를 신부 집에 보내는 것. [참]육례(六禮).

청기⁴ 聽器 (들을 청, 그릇 기). 소리를 느끼는[聽] 기관(器官). '청각기'(聽覺器)의 준말.

청납¹ 淸納 (맑을 청, 바칠 납). 조세를 남김없이[淸] 바침[納].

청납² 聽納 (들을 청, 들일 납). 의견이나 권고 따위를 잘 들어서[聽] 받아들임[納].

청녀¹ 靑女 (푸를 청, 여자 녀). ① [속뜻] 푸른[靑] 옷을 입은 여자(女子). ② [민속] '서리를 맡아 다스린다는 신'을 달리 이르는 말. ③ 서리.

청녀² 淸女 (청나라 청, 여자 녀). 청(淸)나라 여자(女子). 중국 여자.

청년 靑年 (푸를 청, 나이 년). ① [속뜻] 푸른[靑] 나이[年]. ② 젊은 사람. 특히, 젊은 남자를 가리킨다. ¶저 청년은 참 성실하다. [비]젊은이.

▸ 청년-기 靑年期 (때 기). 청년(靑年)에 해당하는 시기(時期). [비]청춘기(靑春期).

▸ 청년-단 靑年團 (모일 단). 수양이나 사회 공헌을 위하여 청년(靑年)들로 조직된 단체(團體).

▸ 청년-회 靑年會 (모일 회). 수양이나 사회 공헌을 위하여 조직된 청년(靑年)들의 모임[會].

청-녹두 靑綠豆 (푸를 청, 초록빛 록, 콩 두). [농업] 열매가 푸른[靑] 녹두(綠豆).

청단¹ 靑短 (푸를 청, 짧을 단). [운동] 화투에서, 한 사람이나 한 편이 푸른[靑] 띠가 그려진 모란·국화·단풍의 다섯 끗짜리 석 장을 맞추어서 이루는 단(短).

청단² 聽斷 (들을 청, 끊을 단). 송사(訟事)를 듣고[聽] 판단(判斷)함.

청담¹ 淸淡 (맑을 청, 맑을 담). ① [속뜻] 빛깔이나 맛이 맑고 깨끗하거나[淸] 엷음[淡]. ② 마음이 깨끗하고 담박함.

청담² 淸談 (맑을 청, 이야기 담). ① [속뜻] 속되지 않은 청아(淸雅)한 이야기[談]. ② '남의 이야기'를 높여 이르는 말.

청담³ 晴曇 (갤 청, 흐릴 담). 날씨의 맑음[晴]과 흐림[曇].

청답 靑踏 (푸를 청, 밟을 답). 푸른[靑] 풀을 밟으며[踏] 산책함. [비]답청(踏靑).

청대¹ 請待 (부탁할 청, 대접할 대). 손님을 초대하여[請] 대접(待接)함. [비]영빙(迎聘).

청대² 請對 (부탁할 청, 대할 대). [역사] 신하가 급한 일이 있을 때, 임금을 면대(面對)하기를 요청(要請)함.

청덕 淸德 (맑을 청, 베풀 덕). 청렴(淸廉)한 덕행(德行).

청도 淸道 (맑을 청, 길 도). ① [속뜻] 길[道]을 깨끗이[淸] 함. ② [역사] 임금이 거둥할 때 미리 길을 치우는 일. ③ [한의] 숨쉴 때 공기가 통하는 길. 콧구멍, 후두, 기관, 기관지 따위가 있다.

청동¹ 靑桐 (푸를 청, 오동나무 동). ① [속뜻] 껍질이 푸른[靑] 오동(梧桐)나무. ② [식물] 벽오동과의 낙엽 활엽 교목. 높이는 15미터 정도에 껍질은 녹색이며 잎은 넓고 크다.

*__청동²__ 靑銅 (푸를 청, 구리 동). ① [속뜻] 푸른[靑] 색을 띠는 구리[銅]. ② [화학] 구리와 주석의 합금. ¶그 상은 청동으로 만든 것이다.

▸ 청동-기 靑銅器 (그릇 기). 청동(靑銅)으로 만든 기구(器具)를 두루 이르는 말. ¶강릉 일대에는 청동기 유적이 있다.

▸ 청동-화 靑銅貨 (돈 화). 청동(靑銅)으로 만든 화폐(貨幣).

▸ 청동-화로 靑銅火爐 (불 화, 화로 로). 청동(靑銅)으로 만든 화로(火爐).

▸ 청동기 시대 靑銅器時代 (그릇 기, 때 시, 연대 대). [고적] 청동(靑銅)을 이용하여 여러 가지 도구[器]를 만들어 쓰던 시대(時代). [참]석기 시대(石器時代). 철기 시대(鐵器時代).

청득 請得 (부탁할 청, 얻을 득). 어떤 일을 부탁하여[請] 허락을 얻음[得].

청등 靑燈 (푸를 청, 등불 등). 푸른[靑] 천으로 씌워진 등(燈).

▶청-등롱 靑燈籠 (대그릇 롱). 푸른[靑] 천으로 겉을 씌운 등롱(燈籠). '청사등롱'(靑紗燈籠)의 준말.

▶청등-홍가 靑燈紅街 (붉을 홍, 거리 가). ① 속뜻 푸른[靑] 등(燈)과 붉은[紅] 거리[街]. ② '화류계'를 달리 이르는 말.

청람[1] 靑嵐 (푸를 청, 아지랑이 람). 먼 산에 끼어 푸르스름하게[靑] 보이는 아지랑이[嵐].

청람[2] 晴嵐 (갤 청, 아지랑이 람). 개인[晴] 날의 아지랑이[嵐].

청람[3] 靑藍 (푸를 청, 쪽 람). ① 속뜻 푸른[靑] 쪽풀[藍]과 같은 빛. ② 쪽의 잎에 들어 있는 천연적인 색소. 푸른색을 내는데 쓰인다.

▶청람-색 靑藍色 (빛 색). 푸른[靑] 쪽풀[藍]과 같은 빛깔[色].

청랑 晴朗 (갤 청, 밝을 랑). 맑고[晴] 밝음[朗].

청래 請來 (부탁할 청, 올 래). 손님을 초대하여[請] 맞아 옴[來].

청량[1] 淸亮 (맑을 청, 밝을 량). 소리가 맑고[淸] 밝음[亮].

청량[2] 淸凉 (맑을 청, 서늘할 량). 맑고[淸] 서늘함[凉]. ¶청량한 가을 날씨.

▶청량-제 淸凉劑 (약제 제). ① 속뜻 먹으면 기분이 상쾌해지는[淸凉] 약제(藥劑). ② 답답한 마음이나 세상사를 '시원히 풀어 주는 구실을 함'을 비유하여 이르는 말.

▶청량-사육 淸凉飼育 (먹일 사, 기를 육). ① 속뜻 시원한[淸凉] 상태에서 사육(飼育)함. ② 농업 불을 때지 않고 자연의 온도로 누에를 기르는 일. ㊐천연육(天然育).

▶청량-음:료 淸凉飮料 (마실 음, 거리 료). 시원한[淸凉] 느낌을 주는 음료(飮料). 소다수, 사이다, 콜라 따위가 있다.

청량-미 靑粱米 (푸를 청, 기장 량, 쌀 미). ① 속뜻 푸른빛[靑]이 도는 기장[粱] 쌀[米]. ② 차조의 하나인 생동찰의 알맹이.

청려 淸麗 (맑을 청, 고울 려). 청아(淸雅)하고 수려(秀麗)함. 맑고 고움.

청려-장 靑藜杖 (푸를 청, 명아주 려, 지팡이 장). 푸른[靑] 명아주[藜]로 만든 지팡이[杖]. 명아줏대로 만든 지팡이.

청력 聽力 (들을 청, 힘 력). 귀로 소리를 듣는[聽] 능력(能力). ¶할머니의 청력이 많이 나쁘다.

▶청:력-계 聽力計 (셀 계). 의학 사람의 청력(聽力)을 재는[計] 장치.

청련 淸漣 (맑을 청, 잔물결 련). 물이 맑고[淸] 잔잔함[漣].

청렬 淸洌 (맑을 청, 찰 렬). ① 속뜻 물이 맑고[淸] 참[洌]. ② 물맛이 시원하고 산뜻함.

청렴 淸廉 (맑을 청, 검소할 렴). 마음이 맑아[淸] 검소함[廉]. ¶청렴하고 겸손한 대감. ㊐청백(淸白).

▶청렴-결백 淸廉潔白 (깨끗할 결, 흰 백). 마음에 탐욕이 없고[淸廉] 행동에 허물이 없음[潔白]. ¶아버지는 늘 정직하고 청렴결백하게 사셨다.

청령 聽令 (들을 청, 명령 령). 명령(命令)을 주의 깊게 들음[聽].

청록[1] 靑鹿 (푸를 청, 사슴 록). ① 속뜻 푸른색[靑]의 사슴[鹿]. ② 동물 사슴과의 하나. 높이는 1.2미터 정도이며, 몸은 여름에는 푸른 빛을 띤 회색이고 겨울에는 회색을 띤 갈색의 동물.

▶청록-파 靑鹿派 (갈래 파). 문학 1946년에 공동 시집 '청록집'(靑鹿集)을 낸 조지훈, 박목월, 박두진이 중심이 된 시파(詩派)를 이르는 말.

청록[2] 靑綠 (푸를 청, 초록빛 록). '청록색'(靑綠色)의 준말.

▶청록-색 靑綠色 (빛 색). 파랑[靑]과 녹(綠)색의 중간 쯤 되는 색(色). ㊜청록.

▶청록 산수 靑綠山水 (메 산, 물 수). 미술 하늘색[靑]과 녹색(綠色)으로만 그린 산수화(山水畵).

청룡 靑龍 (푸를 청, 용 룡). ① 속뜻 푸른[靑] 빛을 띤 용(龍). ② 민속 동쪽 방위의 목(木) 기운을 맡은 용의 형상을 한 태세신을 이르는 말. ㊐창룡(蒼龍). ③ 민속 풍수설에서 '주산에서 뻗어 나간 왼쪽 산줄기'를 이르는 말. '좌청룡'(左靑龍)의 준말. ㊟우백호(右白虎).

▶청룡-도 靑龍刀 (칼 도). 역사 청룡(靑龍)이 그려진 칼[刀]. '청룡 언월도'(靑龍偃月

刀)의 준말.

▸청룡 언:월도 青龍偃月刀 (쏠릴 언, 달 월, 칼 도). [역사] 중국 무기의 한 가지인, 청룡(青龍)이 그려진 초승달[偃月] 모양의 칼[刀]. [준]언월도.

청루 青樓 (푸를 청, 다락 루). 청등(青燈)을 단 다락집[樓]. 기생집. ¶청루에 드나들다.

청류 清流 (맑을 청, 흐를 류). ① [속뜻] 맑게[清] 흐르는[流] 물. ② '절의를 지키는 사람'을 비유하여 이르는 말.

청리[1] 青梨 (푸를 청, 배나무 리). [식물] 빛이 푸르고[青] 물기가 많은 배[梨].

청리[2] 清吏 (맑을 청, 벼슬아치 리). 청렴(清廉)한 관리(官吏). [반]오리(汚吏).

청마 青馬 (푸를 청, 말 마). [운동] 장기에서 쓰는 푸른[青]빛을 칠한 말[馬]. [참]홍마(紅馬).

청망 清望 (맑을 청, 바랄 망). 청렴(清廉)하다는 명망(名望). [비]청명(清名).

청매[1] 青梅 (푸를 청, 매화나무 매). 채 익지 않은 푸른[青] 매실(梅實).

청매[2] 請賣 (부탁할 청, 팔 매). ① [속뜻] 물건 팔기[賣]를 부탁받음[請]. ② 물건을 받아서 팖.

청맹 青盲 (푸를 청, 눈멀 맹). ① [속뜻] 겉으로 보기에는 눈이 멀쩡하나[青] 앞을 보지 못하는[盲] 눈. 또는 그런 사람. ② '사리에 밝지 못하여 눈을 뜨고도 사물을 제대로 분간하지 못하는 사람'을 비유하여 이르는 말.

청명[1] 清名 (맑을 청, 이름 명). 청렴(清廉)하다는 명망(名望). [비]청망(清望).

청명[2] 清明 (맑을 청, 밝을 명). ① [속뜻] 날씨가 맑고[清] 밝음[明]. ¶청명한 아침 하늘. ② [민속] 춘분(春分)과 곡우(穀雨) 사이로, 양력 4월 5일경이다. ¶한식(寒食)에 죽으나 청명에 죽으나.

▸청명-절 清明節 (철 절). 청명(清明)이 든 절기(節氣). 이십사절기의 하나인 '청명'을 달리 이르는 말.

▸청명-주 清明酒 (술 주). 청명(清明)이 든 때에 담근 술[酒].

청문[1] 請文 (부탁할 청, 글월 문). [불교] 불보살을 초대하거나[請] 죽은 사람의 영혼을 부르는 글[文]. [비]청사(請詞).

청문[2] 聽聞 (들을 청, 들을 문). ① [속뜻] 설교나 연설 따위를 들음[聽=聞]. ② 들리는 소문. ③ 남의 이목(耳目).

▸청문-회 聽聞會 (모일 회). [정치] 어떤 일에 대하여 물어보아 대답을 들어보기[聽聞] 위한 모임[會]. ¶국회에서 청문회를 개최하다.

청미[1] 青米 (푸를 청, 쌀 미). 덜 익어 푸른[青]빛이 도는 쌀[米].

청미[2] 清美 (맑을 청, 아름다울 미). 맑고[清] 아름다움[美].

청밀 清蜜 (맑을 청, 꿀 밀). ① [속뜻] 맑은[清] 꿀[蜜]. ② 꿀벌이 꽃에서 빨아들여 벌집 속에 모아 두는, 달콤하고 끈끈한 액체.

청백 清白 (맑을 청, 흰 백). 청렴(清廉)하고 결백(潔白)함.

▸청백-리 清白吏 (벼슬아치 리). ① [속뜻] 재물에 대한 욕심이 없이 곧고 깨끗한[清白] 관리(官吏). ② [역사] 왕조 때, 각 관아에서 천거하여 뽑힌 결백한 관리를 따로 이르던 말.

▸청백-미 清白米 (쌀 미). 깨끗하게[清白] 쓿은 쌀[米].

청백-색 青白色 (푸를 청, 흰 백, 빛 색). 푸른[青]빛이 도는 흰[白] 빛깔[色].

청백-자 青白瓷 (=青白磁, 푸를 청, 흰 백, 사기그릇 자). [수공] 몸통은 백자(白瓷)로 빚은 뒤 청자(青瓷)의 잿물을 입혀 만든 자기(瓷器). [비]백청자(白青瓷).

청병 請兵 (부탁할 청, 군사 병). 원병(援兵)을 요청(要請)하거나 출병하기를 요청함.

청보 青褓 (푸를 청, 보자기 보). 푸른[青] 빛깔의 보자기[褓].

청복 清福 (맑을 청, 복 복). 정신적으로 청한(清閑)한 복(福).

청부 請負 (부탁할 청, 질 부). 어떤 일을 맡아줄[負] 것을 부탁함[請]. [비]도급(都給).

▸청부-금 請負金 (돈 금). [건설] 어떤 일을 맡아줄[負] 것을 부탁하고[請] 주는 돈[金]. [비]도급금(都給金).

▸청부-업 請負業 (일 업). [건설] 어떤 일을 맡아줄[負] 것을 부탁받아[請] 하는 일[業]. [비]도급업(都給業).

▸청부-인 請負人 (사람 인). [법률] 어떤 일을 맡아줄[負] 것을 부탁한[請] 사람[人]. [비]도급인(都給人).

▸청부 계:약 請負契約 (맺을 계, 묶을 약).

어떤 일을 맡아줄[負] 것을 부탁하는[請] 것에 대한 계약(契約). ㈥도급 계약(都給契約).

▸청부 살인 請負殺人 (죽일 살, 사람 인). 남의 부탁을 받고[請負] 사람[人]을 죽이는[殺] 일.

청빈[1] 清貧 (맑을 청, 가난할 빈). 성품이 청렴(淸廉)하여 가난함[貧]. ¶청빈한 선비. ㈥한소(寒素).

청빈[2] 請賓 (부탁할 청, 손님 빈). 잔치 따위에 손님[賓]을 초대함[請]. ㈥청객(請客).

청사[1] 青史 (푸를 청, 역사 사). ① 속뜻 푸른[青] 대나무 쪽에 기록한 역사(歷史). ② 역사 역사상의 기록. 예전에 종이가 없을 때 푸른 대의 껍질을 불에 구워 푸른빛과 기름을 없애고 얇게 잘라 사실을 기록하던 데서 유래.

청사[2] 青絲 (푸를 청, 실 사). 푸른[青]빛의 실[絲].

청사[3] 請詞 (부탁할 청, 말씀 사). 불교 불보살을 초대하거나[請] 죽은 이의 영혼(靈魂)을 부르는 글[詞]. ㈥청문(請文).

청사[4] 廳事 (관청 청, 일 사). ① 역사 관아[廳]에서 하는 일[事]. ②예전에, 벼슬아치들이 모여 나랏일을 처리하던 곳. 관아(官衙). ③ 건설 집채 안에 바닥과 사이를 띄우고 깐 널빤지. 또는 그 널빤지를 깔아 놓은 곳. 마루.

청사[5] 廳舍 (관청 청, 집 사). 관청(官廳)의 사무실로 쓰이는 건물[舍]. ¶정부 종합청사.

청사-등롱 青紗燈籠 (푸를 청, 비단 사, 등불 등, 대그릇 롱). 역사 궁중에서 또는 정승 벼슬아치들의 밤 나들이 때 쓰던 푸른[青] 천[紗]으로 꾸민 등롱(燈籠). ㈜청등롱, 청사롱.

청-사진 青寫眞 (푸를 청, 베낄 사, 참 진). ① 속뜻 설계도면 따위의 푸른[青] 빛이 감도는 사진(寫眞). ¶건물의 청사진을 만들다. ②어떤 일에 대한 '계획·구상'을 상징하여 이르는 말. ¶미래에 대한 청사진을 제시하다. ㈥미래상(未來像).

청산[1] 青酸 (푸를 청, 산소 산). ① 속뜻 푸른[青]빛이 감도는 산성(酸性) 액체. ② 화학 사이안화칼륨에 황산을 넣고 증류하여 얻는 무색의 액체. ③ 화학 사이안화수소의 수용액.

▸청산-염 青酸鹽 (염기 염). 화학 사이안화수소산[青酸]의 염(鹽).

▸청산-가리 青酸加里 (더할 가, 마을 리). ① 속뜻 사이안화[青酸] 칼륨[加里]. ② 화학 '加里'는 '칼륨'의 한자 음역어. 석탄 가스를 정제할 때에, 산화철에 흡수되어 생긴 사이안화물로 만든 물질. 화학식은 KCN.

청산[2] 清算 (맑을 청, 셀 산). ① 속뜻 서로 채권·채무 관계를 말끔하게[清] 셈하여[算] 정리함. ¶빚을 청산하다. ② 경제 회사나 조합 등이 해산한 경우에 그 재산을 정리·처분하는 일. ③어떤 일이나 특히 부정적인 요소 등 지금까지의 관계에 결말을 지음.

▸청산-인 清算人 (사람 인). 법률 해산한 법인의 청산(清算) 사무를 집행하는 사람[人].

▸청산 거:래 清算去來 (갈 거, 올 래). 경제 매매 계약을 체결하고 일정한 기간이 지난 뒤에 물건과 대금을 주고받는[清算] 거래(去來).

▸청산 계:정 清算計定 (셀 계, 정할 정). 경제 상거래를 할 때에 수시로 현금을 주고받지 않고 일정한 기간의 거래를 모아서 그 대차를 청산(清算)하는 계산 방식[計定].

청산[3] 青山 (푸를 청, 메 산). ① 속뜻 풀과 나무가 무성한 푸른[青] 산(山). ② 불교 절의 큰방 아랫목 벽에 써 붙여서 '주인의 자리'임을 나타내는 문자. ㈥벽산(碧山).

▸청산-별곡 青山別曲 (다를 별, 노래 곡). 문학 현실을 도피하여 청산(青山)에 몸을 맡긴 비애를 노래한 고려 시대의 속요[別曲].

▸청산-유수 青山流水 (흐를 류, 물 수). ① 속뜻 푸른[青] 산(山)에 맑게 흐르는[流] 물[水]. ②막힘없이 썩 잘하는 말을 비유하여 이르는 말. ¶말솜씨가 청산유수 같다.

청산리 대:첩 青山里大捷 (푸를 청, 메 산, 마을 리, 큰 대, 이길 첩). 역사 1920년에 김좌진을 총사령으로 한 독립군이 만주 청산리(青山里)에서 일본군을 크게[大] 이긴[捷] 싸움.

청삼 青衫 (푸를 청, 적삼 삼). ① 속뜻 푸른[青] 색의 적삼[衫]. ② 역사 나라 제향 때 입던 남색 도포. ③ 역사 조복(朝服) 안에 받쳐 입던 옷. ④ 역사 전악(典樂)이 입던 공복(公服).

청상[1] **青裳** (푸를 청, 치마 상). ① 속뜻 푸른[青] 치마[裳]. ② 푸른 치마를 입은 여자. 특히 기생을 비유하여 이르는 말.

청상[2] **清爽** (맑을 청, 시원할 상). 맑고[清] 시원함[爽].

청상[3] **清霜** (맑을 청, 서리 상). 깨끗한[清] 서리[霜].

청상[4] **青孀** (젊을 청, 과부 상). 젊은[青] 과부[孀]. '청상과부'(青孀寡婦)의 준말.

▸ 청상-과부 青孀寡婦 (적을 과, 아내 부). 젊어서[青] 남편을 잃고 홀로 된[孀] 과부(寡婦). ㈜상부, 청상. ㈥청상과수.

▸ 청상-과수 青孀寡守 (과부 과, 지킬 수). 젊어서[青] 남편을 잃고 홀로 된[孀] 과부[寡守]. ㈥청상과부.

청색[1] **清色** (맑을 청, 빛 색). 유채색 가운데서 명도와 채도가 높아 깨끗하게[清] 나타나는 색(色). ㈤탁색(濁色).

청색[2] **青色** (푸를 청, 빛 색). 푸른[青] 빛[色]. ¶하늘이 부드러운 청색을 띤다.

▸ 청색 사진 青色寫眞 (베낄 사, 참 진). 연영 설계도 따위를 복사하는 데 쓰이는, 푸른[青] 색(色) 바탕에 도면의 선이나 글자가 희게 나타나는 사진(寫眞). ㈜청사진.

청서[1] **青書** (푸를 청, 글 서). 정치 영국 의회나 추밀원의 보고서. 겉표지가 푸른색[青]의 보고서(報告書)라 하여 붙여진 이름이다. ㉟백서(白書).

청서[2] **清書** (맑을 청, 쓸 서). 깨끗이[清] 베껴 씀[書]. ㈥정서(淨書).

청석 **青石** (푸를 청, 돌 석). 푸른[青] 빛깔의 돌[石]을 두루 이르는 말.

청설 **清雪** (맑을 청, 씻을 설). 깨끗이[清] 쓸고[雪] 닦음. 더러운 것을 없애어 깨끗이 함.

⁑**청소** **清掃** (맑을 청, 쓸 소). 먼지나 더러운 것 따위를 깨끗하게[清] 쓸어냄[掃]. ¶청소 당번 / 내 방을 청소하다. ㈥소제(掃除).

▸ 청소-기 清掃機 (틀 기). 청소(清掃)를 하는 데 쓰이는 기계(機械). 진공청소기. ¶청소기를 돌리다.

▸ 청소-부[1] 清掃夫 (사나이 부). 건물이나 도로 등을 청소(清掃)하는 일에 종사하는 남자[夫].

▸ 청소-부[2] 清掃婦 (여자 부). 청소(清掃)하는 일을 직업으로 하는 여자[婦].

▸ 청소-차 清掃車 (수레 차). 쓰레기나 분뇨 따위를 청소(清掃)하는 차(車).

청-소골 **聽小骨** (들을 청, 작을 소, 뼈 골). 의학 무엇을 듣는[聽] 귀에 있는 작은[小] 뼈[骨]. ㈜청골.

청-소:년 **青少年** (젊을 청, 적을 소, 나이 년). ① 속뜻 청년(青年)과 소년(少年). ② 소년기에서 청년기로 접어드는 미성년의 젊은이. ¶청소년 범죄를 예방하다.

청송[1] **青松** (푸를 청, 소나무 송). 푸른[青] 소나무[松]. ㈥창송(蒼松), 취송(翠松).

청송[2] **請誦** (부탁할 청, 욀 송). ① 속뜻 낭송(朗誦)을 부탁함[請]. ② 민속 판수가 경을 읽으러 가는 데 딸려 가는 판수.

청송[3] **聽訟** (들을 청, 송사할 송). 재판을 하기 위해 송사(訟事)를 들음[聽].

청수[1] **清水** (맑을 청, 물 수). ① 속뜻 깨끗하고 맑은[清] 물[水]. ㈤탁수(濁水). ② 종교 천도교의 의식에 쓰는 맑은 물. 교조 최제우가 형벌을 받을 때 청수(清水)를 받은 뒤에 죽었다는 데서 교주의 성스러운 피를 뜻한다고 한다.

청수[2] **清秀** (맑을 청, 빼어날 수). ① 속뜻 얼굴 모양이 깨끗하고[清] 빼어남[秀]. ② 속되지 않고 뛰어남.

청순 **清純** (맑을 청, 순수할 순). 깨끗하고[清] 순수(純粹)함. ¶그 소녀는 앳되고 청순하다.

청시[1] **清諡** (맑을 청, 시호 시). 예전에 살아 있는 동안 청렴결백(清廉潔白)하고 마음이 곧았던 사람에게 내리던 시호(諡號).

청시[2] **聽視** (들을 청, 볼 시). 듣고[聽] 봄[視]. ㈥시청(視聽).

청신[1] **清晨** (맑을 청, 새벽 신). 대기가 맑은[清] 새벽[晨].

청신[2] **清新** (맑을 청, 새 신). ① 속뜻 맑고[清] 새로움[新]. ② 깨끗하고 산뜻함.

청-신경 **聽神經** (들을 청, 정신 신, 날실 경). 의학 청각(聽覺)을 뇌에 전달하는 신경(神經).

청-신호 **青信號** (푸를 청, 소식 신, 표지 호). ① 교통 교차로 따위에 표시된 푸른[青]색의 신호(信號). ②'앞일이 잘 될 것 같은 조짐'을 비유하여 이르는 말. ㊇적신호(赤信號).

청심 淸心 (맑을 청, 마음 심). ① 속뜻 마음[心]을 깨끗이[淸] 함. 깨끗이 한 마음. ② 한의 심경의 열을 풀어 버림.

▸청심-제 淸心劑 (약제 제). 한의 심경(心經)의 열을 내리게[淸] 하는 약제(藥劑).

▸청심-환 淸心丸 (알 환). 한의 심경(心經)의 열을 내리게[淸] 하는 환약(丸藥).

▸청심-과욕 淸心寡慾 (적을 과, 욕심 욕). 마음[心]을 깨끗이[淸] 하고 욕심(慾心)을 적게[寡] 함.

청아[1] 靑蛾 (푸를 청, 눈썹 아). ① 속뜻 푸르고[靑] 아름다운 눈썹[蛾]. ②'미인'(美人)을 비유하여 이르는 말.

청아[2] 淸雅 (맑을 청, 고울 아). 속된 티가 없이 맑고[淸] 곱다[雅]. ¶방울 소리가 청아하다.

▸청아-성 淸雅聲 (소리 성). 청아(淸雅)한 목소리[聲].

청안 靑眼 (푸를 청, 눈 안). ① 속뜻 푸른[靑] 눈[眼]. 검은 동자가 보이는 눈. ② 반가운 마음으로 대하는 눈. ㊇백안(白眼).

▸청안-시 靑眼視 (볼 시). 남을 반가운 마음으로 대하여[靑眼] 봄[視]. ㊇백안시(白眼視).

청알 請謁 (부탁할 청, 뵐 알). 만나 뵙기[謁]를 부탁함[請]. 알현하기를 청함.

청야 聽野 (들을 청, 들 야). 소리가 귀에 들리는[聽] 범위[野].

청약 請約 (부탁할 청, 묶을 약). 법률 계약(契約)을 신청(申請)함. 유가증권의 공모나 매출에 응모하여 인수 계약을 신청하는 일. ¶회사 주식 청약의 단위는 10주이다.

청어 靑魚 (푸를 청, 물고기 어). 동물 푸른[靑] 빛을 띤 바닷물고기[魚]. 가을에서 봄에 걸쳐 잡히며 맛이 좋다.

청어 鯖魚 (청어 청, 물고기 어). 동물 고등엇과의 바닷물고기. 몸은 기름지고 통통하며 등에 녹색[鯖]을 띤 검은색 물결무늬가 있고 배는 은백색의 물고기[魚].

청옥 靑玉 (푸를 청, 옥돌 옥). 광업 푸르고[靑] 투명하며 다이아몬드 다음으로 단단한 강옥(鋼玉)의 하나.

청와[1] 靑瓦 (푸를 청, 기와 와). 푸른[靑] 빛깔의 매우 단단한 기와[瓦].

▸청와-대 靑瓦臺 (돈대 대). ① 속뜻 푸른[靑] 빛깔의 기와[瓦]로 지붕을 인 누대(樓臺). ② 우리나라 대통령 관저 이름.

청와[2] 靑蛙 (푸를 청, 개구리 와). ① 속뜻 푸른[靑] 빛깔의 개구리[蛙]. ② 동물 개구릿과의 하나. 몸의 길이는 5~9㎝이며 대개 녹색을 띤 갈색에 검은 무늬가 있다. 한국, 중국, 몽골 등지에 분포한다. 참개구리.

청-요리 淸料理 (청나라 청, 헤아릴 료, 다스릴 리). ① 속뜻 청(淸)나라 식의 요리(料理). ②'중국 요리'를 달리 이르는 말.

청우 晴雨 (갤 청, 비 우). 날이 갬[晴]과 비[雨]가 옴. ¶청우 여하를 점치다.

청운 靑雲 (푸를 청, 구름 운). ① 속뜻 푸른[靑] 빛을 띤 구름[雲]. ②'높은 명예나 벼슬'을 비유하여 이르는 말. ¶청운의 뜻을 품다. ③'입신출세'(立身出世)를 뜻하는 말.

▸청운-객 靑雲客 (손 객). ① 속뜻 청운(靑雲)의 뜻을 품은 사람[客]. ② 높은 벼슬에 오른 사람.

▸청운-교 靑雲橋 (다리 교). ① 속뜻 푸른 구름[靑雲]처럼 높이 놓인 다리[橋]. ② 고적 경주 불국사 대웅전 전방 자하문 앞에 놓인 석교(石橋).

▸청운지사 靑雲之士 (어조사 지, 선비 사). ① 속뜻 높은 벼슬[靑雲]에 오른 사람[士]. ② 학덕이 높은 어진 사람.

청원[1] 請援 (부탁할 청, 도울 원). 도와주기[援]를 부탁함[請].

청원[2] 請願 (부탁할 청, 바랄 원). ① 속뜻 바라는[願] 바를 말하고 이루어지게 해 달라고 부탁함[請]. ¶청원을 받아들이다 / 특별 휴가를 청원하다. ② 법률 국가 기관이나 지방 자치 단체에 대하여 국민이 문서로서 희망 사항을 진술함.

▸청원-권 請願權 (권리 권). 법률 국민이 국가 기관에 대하여 문서로써 청원(請願)할 수 있는 권리(權利).

▸청원 경:찰 請願警察 (지킬 경, 살필 찰). 법률 청원(請願)에 따라 배치된 경찰(警察).

청유[1] 淸遊 (맑을 청, 놀 유). 속되지 않고 풍치 있게[淸] 놂[遊]. 풍치 있는 놀이.

청유[2] 請誘 (부탁할 청, 꾈 유). 함께 하도록 꾀어[誘] 부탁함[請].

▸ **청유-문** 請誘文 (글월 문). 언어 말하는 이가 말을 듣는 이에게 함께 행동할 것을 청하는[請誘] 내용의 문장(文章).

▸ **청유형 종결 어:미** 請誘形終結語尾 (모양 형, 끝마칠 종, 맺을 결, 말씀 어, 꼬리 미). 언어 말하는 이가 말을 듣는 이에게 행동을 같이하자고 권하는[請誘] 형식(形式)의 용언의 종결 어미(終結語尾). 어미에 '-자', '-자꾸나', '-세', '-읍시다' 따위가 붙는 형태.

청음[1] 淸音 (맑을 청, 소리 음). ① 속뜻 맑은[淸] 목소리[音]. ② 언어 성대를 진동시키지 않고 내는 소리. ㉥무성음(無聲音). ㉣탁음(濁音).

청음[2] 淸陰 (맑을 청, 응달 음). ① 속뜻 맑은[淸] 그늘[陰]. ② '소나무나 대나무 따위의 그늘'을 운치 있게 이르는 말.

청음-기 聽音機 (들을 청, 소리 음, 틀 기). 기계 항공기나 잠수함 따위에서 내는 소리[音]를 들어[聽] 그 위치를 탐지하는 기계(機械).

청의 靑衣 (푸를 청, 옷 의). ① 속뜻 푸른[靑] 빛깔의 옷[衣]. ② 천한 사람을 이르는 말. 예전에 천한 사람이 푸른 옷을 입었던 데서 유래한다.

청이불문 聽而不聞 (들을 청, 말이을 이, 아닐 불, 들을 문). ① 속뜻 들어도[聽] 들리지[聞] 아니함[不]. ② 듣고도 못 들은 체함. ㉥청약불문(聽若不聞).

청일 淸日 (청나라 청, 일본 일). 청(淸)나라와 일본(日本)을 아울러 이르는 말. ¶청일 양국의 관계는 급속도로 악화되었다.

▸ **청일-전:쟁** 淸日戰爭 (싸울 전, 다툴 쟁). 역사 1894년에 조선의 동학 농민 운동에 출병하는 문제로 일어난 중국 청(淸)나라와 일본(日本)과의 전쟁(戰爭). 일본군이 평양 등지에서 승리하여 1895년에 시모노세키 조약을 맺었다.

청-일점 靑一點 (푸를 청, 한 일, 점 점). ① 속뜻 붉은 꽃 가운데 푸른[靑] 잎 한[一] 부분[點]. ② 많은 여자 사이에 있는 한 사람의 남자를 비유하여 이르는 말. ㉣홍일점(紅一點).

청자[1] 聽者 (들을 청, 사람 자). 이야기 따위를 듣는[聽] 사람[者]. ¶이야기할 때에는 청자의 나이나 직업 따위를 고려해야 한다. ㉣화자(話者).

***청자**[2] 靑瓷 (=靑磁, 푸를 청, 사기그릇 자). 수공 철분을 함유한 유약을 입혀 푸른[靑] 빛이 도는 도자기(陶瓷器). ㉥청도(靑陶).

▸ **청자-와** 靑瓷瓦 (기와 와). 수공 고려 때, 청자(靑瓷)를 만드는 방식으로 만든 기와[瓦].

청작 淸酌 (맑은 청, 술따를 작). ① 속뜻 맑은[淸] 술을 따름[酌]. ② '제사에 쓰는 술'을 이르는 말.

청장[1] 靑帳 (푸를 청, 장막 장). 빛깔이 푸른[靑] 휘장(揮帳).

청장[2] 請狀 (부탁할 청, 문서 장). ① 속뜻 좋은 일에 남을 초청(招請)하는 글[狀]. ㉥청첩장(請牒狀). ¶청장을 띄우다. ② 불교 신도들을 초청하는 글.

청장[3] 廳長 (관청 청, 어른 장). 법률 '청'(廳)자가 붙은 관청의 우두머리[長].

청장-년 靑壯年 (젊을 청, 장할 장, 나이 년). 청년(靑年)과 장년(壯年)을 아울러 이르는 말. ¶동네 청장년이 모여 씨름 대회를 열었다.

청재 淸齋 (맑을 청, 재계할 재). 몸을 깨끗이[淸] 재계(齋戒)하고 부정한 일을 멀리함.

청전 靑田 (푸를 청, 밭 전). 벼가 푸릇푸릇[靑]한 논[田].

청절[1] 淸絶 (맑을 청, 뛰어날 절). 심히[絶] 맑음[淸]. 더할 수 없이 깨끗하거나 맑음.

청절[2] 淸節 (맑을 청, 지조 절). 깨끗한[淸] 절개나 절조(節操).

청정 淸淨 (맑을 청, 깨끗할 정). ① 속뜻 맑고[淸] 깨끗함[淨]. ¶청정 에너지를 개발하다 / 시냇물이 청정하다. ② 불교 죄가 없이 깨끗함. 깨끗하여 속됨이 없음.

▸ **청정-수** 淸淨水 (물 수). ① 속뜻 깨끗한[淸淨] 물[水]. ② 불교 불전에 올리는 물.

▸ **청정-심** 淸淨心 (마음 심). 불교 망념을 버린 깨끗한[淸淨] 마음[心].

▸ **청정-수역** 淸淨水域 (물 수, 지경 역). 지리 해양 자원을 보호하고 해수 오염을 방지하기 위하여 물[水]을 깨끗하게[淸淨] 유지해야 하는 지역(地域).

▸ **청정 재:배** 淸淨栽培 (심을 재, 북돋울 배). 농업 식물을 깨끗하게[淸淨] 재배(栽培)함.

특히 채소 재배에 있어서, 사람의 분뇨를 사용하지 않은 재배법이다.

▸청정 채ː소 清淨菜蔬 (나물 채, 나물 소). 농업 날로 먹을 수 있도록 청정(清淨) 재배한 채소(菜蔬).

청-정미 青精米 (푸를 청, 쓿을 정, 쌀 미). 푸른[青]빛이 감돌 정도로 깨끗하게 쓿은[精] 쌀[米].

청조[1] 青鳥 (푸를 청, 새 조). ① 속뜻 푸른[青] 빛깔의 새[鳥]. 파랑새. ② 동물 참샛과의 새. 몸빛은 전체적으로 갈색이고 허리와 날개 끝은 희다. 부리는 짧고 단단하다. 청작(青雀). ③ 반가운 소식.

청조[2] 清操 (맑을 청, 잡을 조). 깨끗한[清] 정조(貞操)나 지조(志操).

청조[3] 請助 (부탁할 청, 도울 조). 도와[助] 주기를 요청(要請)함.

청조[4] 清朝 (청나라 청, 조정 조). ① 속뜻 중국 청(清)나라의 조정(朝廷). 또는 그 왕조. ② 청조 활자(清朝活字). '청조체'(清朝體)의 준말.

▸청조-체 清朝體 (모양 체). ① 속뜻 중국 청나라[清朝] 때의 서체(書體). ② 출판 명조체보다 쓰기가 쉽고 붓으로 쓰기에 알맞은 해서체. ㉭명조체(明朝體), 송조체(宋朝體).

▸청조 활자 清朝活字 (살 활, 글자 자). 출판 청조체(清朝體)의 활자(活字). 흔히, 명함이나 초청장을 박을 때 많이 사용한다.

청조 근ː정 훈장 青條勤政勳章 (푸를 청, 가지 조, 부지런할 근, 정사 정, 공 훈, 글). 장). 근정 훈장(勤政勳章)의 제1등급으로, 훈장에 푸른[青] 색의 줄[條] 무늬가 있음.

청종 聽從 (들을 청, 따를 종). 이르는 바를 잘 듣고[聽] 따름[從].

청죄 請罪 (부탁할 청, 허물 죄). 벌[罪]을 스스로 요청(要請)함. 자기의 죄를 자수함.

청주 清酒 (맑을 청, 술 주). ① 속뜻 맑은[清] 술[酒]. ② 다 익은 탁주를 가라앉히고 위에서 떠낸 맑은 술. ③ 일본식 양조법으로 빚은 맑은술.

청죽 青竹 (푸를 청, 대나무 죽). ① 속뜻 푸른[青] 대[竹]. ② 베어서 아직 마르지 않은 대.

청중 聽衆 (들을 청, 무리 중). 강연이나 설교 등을 들으려고[聽] 모인 사람들[衆]. ¶그가 무대에 나타나자 청중들은 소리를 질렀다.

▸청중-석 聽衆席 (자리 석). 청중(聽衆)이 앉는 자리[席].

청직 清直 (맑을 청, 곧을 직). 품행이 청렴(清廉)하고 곧음[直].

청진 聽診 (들을 청, 살펴볼 진). 의학 의사가 환자의 몸 안에서 들리는 소리를 듣고[聽] 병증을 진단(診斷)하는 일.

▸청진-기 聽診器 (그릇 기). 의학 환자를 청진(聽診)할 때 사용하는 의료 기구(器具). ¶청진기로 환자의 심장 소리를 듣다.

청징 清澄 (맑을 청, 맑을 징). 맑음[清=澄]. ㊥징청(澄清).

청채[1] 青菜 (푸를 청, 나물 채). ① 속뜻 푸릇푸릇[青]한 채소(菜蔬). ② 통배추의 푸르고 연한 잎을 데쳐서 간장, 초, 겨자를 쳐서 무친 나물.

청채[2] 清債 (맑을 청, 빚 채). 빚[債]을 깨끗이[清] 갚음.

청천[1] 清泉 (맑을 청, 샘 천). 맑고[清] 깨끗한 샘[泉].

청천[2] 晴天 (갤 청, 하늘 천). 맑게 갠[晴] 하늘[天]. 맑은 날씨. ㊥청공(晴空). ㉯담천(曇天).

청천[3] 青天 (푸를 청, 하늘 천). 푸른[青] 하늘[天]. ¶청천에 날벼락. ㊥청공(青空).

▸청천-벽력 青天霹靂 (벼락 벽, 벼락 력). ① 속뜻 맑은[青] 하늘[天]에서 치는 벼락[霹靂]. ② 뜻밖의 큰 변고. ¶이게 무슨 청천벽력 같은 소리냐.

▸청천-백일 青天白日 (흰 백, 해 일). ① 속뜻 푸른[青] 하늘[天]의 밝은[白] 태양[日]. ② 맑게 갠 대낮. ¶청천백일에 난데없이 벼락이 내리다. ③ 혐의나 원죄(冤罪)가 풀리어 무죄가 됨. ¶청천백일의 몸이 되다.

청철 青鐵 (푸를 청, 쇠 철). ① 속뜻 푸른[青] 빛이 도는 쇠[鐵]. ② 화학 품질이 좀 낮은 합금.

청첩 請牒 (부탁할 청, 문서 첩). ① 속뜻 경사가 있을 때 남을 초청(招請)하는 문서[牒]. ② '청첩장'의 준말. ¶청첩을 띄우다.

▸청첩-인 請牒人 (사람 인). 청첩(請牒)하는 사람[人].

▸청첩-장 請牒狀 (편지 장). 남을 청하는

[請牒] 쪽지나 편지[狀]. ¶그는 결혼을 앞두고 동료들에게 청첩장을 돌렸다.

청청 青青 (푸를 청, 푸를 청). 푸르고[青] 푸름[青]. 즉 매우 푸름. ¶산에 나무가 청청하다.

청초 青草 (푸를 청, 풀 초). ① 속뜻 싱싱하고 푸른[青] 풀[草]. ¶청초가 우거지다. ② 퍼런 잎을 썰어 그 자리에서 말린 잎담배. ③ 배운 지 얼마 되지 아니하여서 아직 맛도 모르고 담배를 피우는 일. ㊥생풀.

청초 清楚 (맑을 청, 고울 초). 맑고[清] 곱다[楚]. ¶난꽃이 청초하게 아름답다.

▶ 청초-체 清楚體 (모양 체). 문학 청초(清楚)한 느낌을 주는 문체(文體).

청초-절 青草節 (푸를 청, 풀 초, 철 절). 목장에서 푸른[青] 풀[草]이 한창인 시기[節]를 이르는 말. 음력 5월에서 9월까지의 다섯 달 동안을 이른다. ㊀황초절(黃草節).

청촉 請囑 (부탁할 청, 부탁할 촉). 부탁함[請=囑]. ㊟청. ㊥청탁(請託).

청추 清秋 (맑을 청, 가을 추). ① 속뜻 하늘이 맑은[清] 가을[秋]. ② '음력 팔월'을 달리 이르는 말.

청춘 青春 (푸를 청, 봄 춘). ① 속뜻 만물이 푸른[青] 봄[春]. ② '스무 살 안팎의 젊은 나이'를 비유하여 이르는 말. ¶그녀는 꽃다운 청춘에 세상을 떠났다.

▶ 청춘-가 青春歌 (노래 가). 음악 청춘(青春)을 노래한 경기 민요[歌].

▶ 청춘-기 青春期 (때 기). 청춘(青春)의 시기(時期). ㊥청년기(青年期).

청출어람 青出於藍 (푸를 청, 날 출, 어조사 어, 쪽 람). ① 속뜻 쪽풀[藍]에서[於] 뽑아낸[出] 푸른[青] 물감이 쪽보다 더 푸름. ② '제자나 후배가 스승이나 선배보다 나음'을 비유하여 이르는 말. 『순자』(荀子)의 권학(勸學)편에 나오는 말이다. 원문은 '청출어람, 이청어람'(青出於藍, 而青於藍)이다.

청취 聽取 (들을 청, 가질 취). 들어[聽] 자기 것으로 가짐[取]. 자세히 들음. ¶라디오 방송을 청취하다.

▶ 청취-료 聽取料 (삯 료). 라디오 방송을 듣고[聽取] 내는 돈[料].

▶ 청취-율 聽取率 (비율 률). 연영 라디오 방송을 듣는[聽取] 비율(比率).

▶ 청취-자 聽取者 (사람 자). 라디오 방송을 듣는[聽取] 사람[者]. ¶청취자 여러분의 전화를 받습니다.

청탁[1] 清濁 (맑을 청, 흐릴 탁). ① 속뜻 맑음[清]과 흐림[濁]. ② 언어 '청음'과 '탁음'을 아울러 이르는 말. ③ '청주'와 '탁주'를 아울러 이르는 말.

청탁[2] 請託 (부탁할 청, 부탁할 탁). 무엇을 해 달라고 부탁함[請=託]. ¶청탁을 넣다 / 빨리 처리해 줄 것을 청탁하다. ㊥청촉(請囑).

청태[1] 青苔 (푸를 청, 이끼 태). 식물 ① 푸른[青] 이끼[苔]. ㊥녹태(綠苔). ② 녹조식물 파래과의 해조.

청태[2] 青太 (푸를 청, 클 태). 식물 열매의 껍질과 속살이 다 푸른[青] 콩[太].

▶ 청태-장 青太醬 (간장 장). 청대콩[青太]으로 쑨 메주로 담근 간장[醬].

청평 清平 (맑을 청, 고를 평). ① 속뜻 청렴(清廉)하고 공평(公平)함. ② 세상이 고요하고 평화로움.

청포[1] 青布 (푸를 청, 베 포). 빛깔이 푸른[青] 베[布].

청포[2] 青袍 (푸를 청, 핫옷 포). 역사 조선 시대에, 사품·오품·육품의 벼슬아치가 입던 푸른[青] 도포(道袍).

청포[3] 清泡 (맑을 청, 거품 포). ① 속뜻 맑은[清] 거품[泡]. ② 녹말로 쑨 묵. ¶청포를 무쳐 먹다.

▶ 청포-탕 清泡湯 (끓을 탕). 녹말묵[清泡]과 쇠고기 완자와 함께 끓인 탕국[湯].

청-포도 青葡萄 (푸를 청, 포도 포, 포도 도). 식물 다 익어도 빛깔이 푸른[青] 포도(葡萄) 종류를 통틀어 이르는 말.

청풍 清風 (맑을 청, 바람 풍). 맑은[清] 바람[風].

▶ 청풍-명월 清風明月 (밝을 명, 달 월). ① 속뜻 맑은[清] 바람[風]과 밝은[明] 달[月]. ② '결백하고 온건한 성격'을 비유하여 이르는 말. ③ '풍자와 해학으로 세상사를 비판함'을 비유하여 이르는 말.

청학 青鶴 (푸를 청, 두루미 학). 푸른[青]색의 학(鶴). ¶청학은 전설상의 새이다.

청한 清閑 (맑을 청, 한가할 한). 맑고[清] 깨끗하며 한가(閑暇)하다. ¶마음의 청한함을 누리다.

청해-진 清海鎭 (맑을 청, 바다 해, 누를 진). 역사 신라 흥덕왕 때에, 장보고가 지금의 전라남도 완도[清海]에 설치한 진(鎭). 장보고는 이곳을 중심으로 해상권을 쥐고 중국의 해적을 없앴으며, 중국과 일본 사이의 중계 무역 요충지로 만들었다.

청향 清香 (맑을 청, 향기 향). 맑은[清] 향기(香氣).

청허[1] 清虛 (맑을 청, 빌 허). ① 속뜻 마음이 깨끗이[清] 빔[虛]. 잡생각이 없이 깨끗함. ② 맑게 갠 하늘. 청천(晴天).

청허[2] 聽許 (들을 청, 허락 허). 사정을 듣고[聽] 허락(許諾)함.

청혈 清血 (맑을 청, 피 혈). 맑은[清] 피[血].

▸청혈-제 清血劑 (약제 제). 약학 피를 맑게[清血] 하는 약제(藥劑).

청혼 請婚 (부탁할 청, 혼인할 혼). 혼인(婚姻)하기를 요청(要請)함. ¶청혼을 받아들이다 / 그녀에게 청혼하다. ⓑ구혼(求婚).

청홍 青紅 (푸를 청, 붉을 홍). ① 속뜻 푸른[青]색과 붉은[紅]색. ② 청홍색. ¶청홍을 물들인 색실 / 청홍의 띠를 두른 농악대.

▸청홍-색 青紅色 (빛 색). 푸른[青]색과 붉은[紅] 색(色).

청화[1] 晴和 (갤 청, 따스할 화). 하늘이 개고[晴] 날씨가 화창(和暢)함.

청화[2] 青化 (푸를 청, 될 화). ① 속뜻 푸르게[青] 됨[化]. ② 광업 금이 섞인 광석을 갈아 가라앉힘. ③ 화학 어떤 원자나 분자가 시아노기와 화합하는 반응.

▸청화-금 青化金 (황금 금). ① 속뜻 푸르게[青] 만든[化] 금(金). ② 화학 수산화금을 사이안화수소와 반응시켜 만든 합금. 무색이나 황색의 결정이다.

▸청화-법 青化法 (법 법). 광업 사이안화[青酸]칼륨 수용액에 광석을 녹여 금이나 은을 정제하는[化] 방법(方法). '청화 제련법'(青化製鍊法)의 준말.

▸청화-액 青化液 (진 액). 화학 사이안화[青酸]칼륨을 주성분으로 하는 제련용[化] 용액(溶液).

▸청화-은 青化銀 (은 은). 화학 질산은과 사이안화[青酸]칼륨을 가하여 얻는[化] 은(銀).

▸청화-홍 青化汞 (수은 홍). 화학 산화수은과 사이안화[青酸]수소산을 결합하여 얻는 수은[汞] 결정체.

▸청화-가리 青化加里 (더할 가, 마을 리). 화학 사이안화[青化] 칼륨[加里]. ⓑ청산가리(青酸加里).

▸청화 공장 青化工場 (장인 공, 마당 장). 광업 사이안화[青酸]칼륨 수용액을 이용해 금을 정제하는[化] 일을 하는 곳[工場].

▸청화 제:련법 青化製鍊法 (만들 제, 불릴 련, 법 법). 광업 사이안화[青酸]칼륨 수용액에 광석을 녹여 금이나 은을 제련(製鍊)하는 방법(方法).

청화[3] 青華 (푸를 청, 빛날 화). ① 수공 조선 시대의 도자기에 그려진 파란[青] 빛깔[華]의 그림. ② 미술 중국에서 나는 푸른 물감의 하나.

▸청화 백자 青華白瓷 (=青華白磁, 흰 백, 사기그릇 자). 수공 푸른 물감[青華]으로 그림을 그린 흰[白] 바탕의 자기(瓷器).

▸청화 자기 青華瓷器 (사기그릇 자, 그릇 기). 수공 푸른 물감[青華]으로 그림을 그린 자기(瓷器).

청황 색맹 青黃色盲 (푸를 청, 누를 황, 빛 색, 눈멀 맹). 의학 청색(青色)과 황색(黃色)을 느끼지 못하는 색맹(色盲).

청훈 請訓 (부탁할 청, 가르칠 훈). 외국에 나가 있는 대사, 공사, 사절 따위가 본국 정부에 훈령(訓令)을 부탁함[請].

체가 遞加 (번갈아 체, 더할 가). 등수를 따라 차례로[遞] 더하여[加] 감. ⓑ체감(遞減).

체간 體幹 (몸 체, 줄기 간). 동물 몸[體]의 기둥[幹] 같은 중추를 이루는 부분.

체감[1] 遞減 (번갈아 체, 덜 감). 번갈아[遞] 가며 차례로 조금씩 줄어듦[減]. ¶한계 생산의 체감 / 한계 효용의 체감. ⓑ체가(遞加), 체증(遞增).

체감[2] 體感 (몸 체, 느낄 감). 몸[體]의 감각(感覺).

▸체감-증 體感症 (증세 증). 의학 체감(體感)이 이상해지는 병증(病症). 발이 비틀린다든지 심장이 거꾸로 되었다는 등 환각과 망상에 사로잡힌다.

▸체감 습도 體感濕度 (젖을 습, 정도 도).

지리 사람의 몸[體]으로 느껴지는[感] 공기의 습도(濕度).

▸체감 온도 體感溫度 (따뜻할 온, 정도 도). 지리 사람의 몸[體]으로 느껴지는[感] 온도(溫度).

체강 體腔 (몸 체, 빈 속 강). 동물 동물의 몸[體]의 빈[腔] 곳.

체격 體格 (몸 체, 격식 격). ① 속뜻 몸[體]의 골격(骨格). ②근육, 골격, 영양 상태로 나타나는 몸의 겉 생김새. ¶그는 체격이 운동선수 같다.

▸체격 검:사 體格檢査 (봉함 검, 살필 사). 체격(體格)을 재어보는 검사(檢査).

체결 締結 (맺을 체, 맺을 결). 계약이나 조약을 맺음[締=結]. ¶두 나라 사이에 조약이 체결되다.

체경[1] 滯京 (머무를 체, 서울 경). 서울[京]에 체류(滯留)함.

체경[2] 體鏡 (몸 체, 거울 경). 몸[體] 전체를 비추어 볼 수 있는 큰 거울[鏡]. ¶그녀는 체경에 비친 자기 모습을 보았다.

체계 體系 (몸 체, 이어 맬 계). ① 속뜻 전체(全體)의 계통(系統). 낱낱이 다른 것을 계통을 세워 통일한 전체. ②일정한 원리에 따라 조직한 지식의 통일된 전체. ¶명령 체계 / 체계가 잡히다.

▸체계-적 體系的 (것 적). 체계(體系)를 이루는 것[的]. ¶자료를 체계적으로 정리하다.

체공 滯空 (머무를 체, 하늘 공). 비행기 따위가 공중(空中)에서 머물러[滯] 있음.

▸체공 비행 滯空飛行 (날 비, 다닐 행). 항공 무착륙 비행을 시험하기 위하여 항공기가 공중(空中)에서 머물며[滯] 장시간 비행(飛行)하는 일.

체관 諦觀 (살필 체, 볼 관). ① 속뜻 사물의 본체를 충분히 살피어[諦] 꿰뚫어 봄[觀]. 또는 사물을 상세히 살펴봄. ②희망을 버리고 아주 단념함. ¶뭣이 어떻게 되건 상관없다는 체관이 마음을 홀가분하게 하였다.

체구 體軀 (몸 체, 몸 구). 몸[體=軀]. 몸집. ¶듬직한 체구. ⓑ덩치.

체급 體級 (몸 체, 등급 급). 운동 권투나 레슬링 따위에서, 선수의 몸[體]무게에 따라 매긴 등급(等級). ¶그 선수는 이번에 체급을 올려 출전한다.

체기 滯氣 (막힐 체, 기운 기). ① 속뜻 음식이 넘어가지 않고 막히어[滯] 걸린 것 같은 기세(氣勢). ②먹은 것이 잘 삭지 아니하여 생기는 가벼운 체증. ¶체기가 있다 / 체기가 뚫리다 / 체기를 내리다 / 체기가 사라지다.

체납 滯納 (막힐 체, 바칠 납). 세금이나 공과금 등의 납부(納付)를 연체(延滯)시킴.

▸체납 처분 滯納處分 (처리할 처, 나눌 분). 법률 체납(滯納)된 세금을 강제로 거두는 행정 처분(處分).

체내 體內 (몸 체, 안 내). 몸[體]의 안[內]. ¶세균이 체내에 침투하다. ⓑ체외(體外).

▸체내 수정 體內受精 (받을 수, 정액 정). 동물 모체(母體) 안[內]에서 이루어지는 수정(受精). ⓑ체외 수정(體外受精).

체념 諦念 (살필 체, 생각 념). ① 속뜻 정황을 살피어[諦] 희망을 버리고 아주 단념(斷念)함. ¶체념 상태 / 아직 체념하기에는 이르다. ②도리를 깨닫는 마음.

체능 體能 (몸 체, 능할 능). 어떤 일을 감당할 만한 신체(身體)의 능력(能力).

체대[1] 體大 (몸 체, 큰 대). ① 속뜻 몸[體]이 큼[大]. ② 교육 '체육대학'(體育大學)의 준말. ⓑ체소(體小).

체대[2] 遞代 (번갈아 체, 바꿀 대). 서로 번갈아[遞] 교대(交代)함.

▸체대-식 遞代式 (법 식). 농업 체대전(遞代田)을 이용한 원시적 농업 방식(方式).

▸체대-전 遞代田 (밭 전). 조림(造林)과 밭농사를 번갈아[遞代] 하는 밭[田].

체득 體得 (몸 체, 얻을 득). ① 속뜻 몸[體]으로 직접 터득(攄得)함. 몸소 경험하여 알아냄. ¶경험에서 체득된 지식. ②뜻을 깊이 이해하여 실천으로써 본뜸. ¶성현의 말씀을 체득하다.

****체력** 體力 (몸 체, 힘 력). 몸[體]의 힘[力]. ¶강인한 체력 / 체력이 달리다.

▸체력-장 體力章 (글 장). 중·고등학교에서, 학생들의 종목별 기초 체력(體力)을 검사하여 그 결과를 적는 글[章]이나 기록부.

▸체력 검:사 體力檢査 (봉함 검, 살필 사). 정상적인 활동에 필요한 신체 능력[體力]과 기능적 장애를 확인하는 검사(檢査). ⓑ

체능 검사(體能檢査).

▸**체력장-제** 體力章制 (글 장, 정할 제). 학생의 체력(體力)을 측정하여 기록하는[章] 제도(制度).

체루 涕淚 (눈물 체, 눈물 루). 눈물[涕]이 흘러내림[淚].

▸**체루-탄** 涕淚彈 (탄알 탄). 터지면 가스가 나와 눈물[涕淚]이 나오게 하는 폭탄(爆彈). 데모 군중을 해산시키는 데 쓰인다.

체류 滯留 (막힐 체, 머무를 류). ① 속뜻 길이 막히어[滯] 그곳에 머물러[留] 있음. ② 어떤 곳에 머물러 있음. ¶이모는 외국에 체류 중이다. ⓑ체재(滯在), 재류(在留).

체면 體面 (몸 체, 낯 면). ① 속뜻 몸[體]과 얼굴[面]. ② 남을 대하기에 떳떳한 도리나 얼굴. ¶남자의 체면을 세우다. ⓑ면목(面目), 체모(體貌).

체모[1] 體毛 (몸 체, 털 모). 머리털 외의 사람 몸[體]에 난 털[毛].

체모[2] 體貌 (몸 체, 모양 모). ① 속뜻 몸[體] 차림과 얼굴[貌] 모습. ¶체모가 단정하다 / 체모를 갖추다. ② 남을 대하기에 떳떳한 도리나 얼굴. ¶체모가 서다 / 체모를 잃다. ⓑ체면(體面). ③ 모양이나 갖춤새. ¶구체적인 체모를 갖추다.

체미 滯美 (머무를 체, 미국 미). 미국(美國)에 체류(滯留)함.

체발 剃髮 (머리 깎을 체, 머리털 발). 머리카락[髮]을 바싹 깎음[剃].

체벌 體罰 (몸 체, 벌할 벌). 신체(身體)에 직접 고통을 주는 벌(罰). ¶체벌 금지 / 학생을 체벌하지 않다. ⓑ체형(體刑).

체법 體法 (모양 체, 법 법). 글씨의 모양[體]과 쓰는 방식[法]. 서체와 필법.

체불 滯拂 (막힐 체, 지불할 불). ① 속뜻 지불(支拂)을 연체(延滯)함. ② 지급을 늦춤.

체비-지 替費地 (바꿀 체, 쓸 비, 땅 지). ① 속뜻 쓰는[費] 것과 바꾼[替] 땅[地]. ② 토지 구획 정리 사업의 시행자가 그 사업에 필요한 재원을 확보하기 위하여 환지 계획에서 제외하여 유보한 땅.

체색 體色 (몸 체, 빛 색). 동물의 몸[體]에 나타나는 빛깔[色].

체-세포 體細胞 (몸 체, 작을 세, 태보 포). 식물 생식 세포를 제외한, 생물체(生物體)를 이루고 있는 모든 세포(細胞).

체소[1] 體小 (몸 체, 작을 소). 몸[體]이 작음[小]. ⓑ체대(體大).

체소[2] 體素 (몸 체, 바탕 소). ① 속뜻 구체적(具體的)인 요소(要素). ② 법률 점유나 주소 따위에 관한 법률 사실을 구성하는 외형적인 요소. 곧, 거주의 사실이나 소유의 사실 따위를 이른다. ⓒ심소(心素).

체송 遞送 (전할 체, 보낼 송). 여러 곳을 거쳐 거쳐서[遞] 보냄[送]. ⓑ체전(遞傳).

▸**체송-비** 遞送費 (쓸 비). 우편물이나 화물 따위를 보내는데[遞送] 드는 비용(費用).

체-수면 體睡眠 (몸 체, 잠잘 수, 잠잘 면). 의학 몸[體]까지 잠든[睡眠] 상태. 잠이 깊이 든 상태이다. ⓒ뇌수면(腦睡眠).

체-순환 體循環 (몸 체, 돌아다닐 순, 고리 환). 동물 몸[體]의 전체를 돎[循環]. 심장의 좌심실(左心室)에서 대동맥(大動脈)을 거쳐 몸의 각 부분의 모세 혈관에 이르러 가스 교환 따위를 한 다음, 대정맥(大靜脈)을 통하여 우심방(右心房)으로 되돌아오는 순환. ⓑ대순환(大循環).

체신 遞信 (전할 체, 소식 신). 편지[信] 따위를 여러 곳을 거쳐서[遞] 보냄.

체액 體液 (몸 체, 진 액). 식물 동물의 체내(體內)를 흐르는 액체(液體)의 물질.

▸**체액 대용액** 體液代用液 (대신할 대, 쓸 용, 진 액). 약학 체액(體液)을 대신(代身)하여 쓰는[用] 액체(液體) 물질.

체약 締約 (맺을 체, 묶을 약). 조약이나 계약 따위를 맺음[締=約].

▸**체약-국** 締約國 (나라 국). 서로 문서로 조약을 맺은[締約] 나라[國].

체언 體言 (몸 체, 말씀 언). 언어 조사의 도움을 받아 문장에서 주체(主體)의 구실을 하는 단어[言].

▸**체언-구** 體言句 (글귀 구). 언어 문장에서 체언(體言) 구실을 하는 구(句).

체열 體熱 (몸 체, 더울 열). 사람이나 동물의 몸[體]에서 나는 열(熱). ¶체열이 높다.

체온 體溫 (몸 체, 따뜻할 온). 생물체(生物體)가 가지고 있는 온도(溫度). ¶체온계의 눈금을 읽다.

▸**체온-계** 體溫計 (셀 계). 체온(體溫)을 재는[計] 기구. ⓑ검온기(檢溫器).

체외 體外 (몸 체, 밖 외). 몸[體]의 밖[外]. ㉥체내(體內).

▸체외 수정 體外受精 (받을 수, 정액 정). 동물 모체 밖에서[體外] 이루어지는 수정(受精). ㉥체내 수정(體內受精).

체용 體用 (몸 체, 쓸 용). ① 속뜻 사물의 본체(本體)와 그 작용(作用), 또는 원리와 그 응용을 통틀어 이르는 말. ② 언어 체언과 용언을 통틀어 이르는 말.

체위 體位 (몸 체, 자리 위). ① 속뜻 어떤 일을 할 때의 몸[體]의 위치(位置). ¶체위에 맞는 책걸상. ② 체격이나 건강의 정도. ¶체위를 향상시키다.

▸체위 반:사 體位反射 (되돌릴 반, 쏠 사). 동물 동물이 이상 자세[體位]에서 정상 자세로 돌아오는 반사(反射) 작용.

⁑체육 體育 (몸 체, 기를 육). ① 속뜻 몸[體]과 운동 능력을 기르는[育] 일. 또는 그것을 목적으로 하는 교육. ¶체육 수업을 받다 / 체육 시설. ② 교육 운동 경기의 이론이나 실기를 가르치며, 체력의 향상을 꾀하는 학과. ㉦덕육(德育), 지육(智育).

▸체육-관 體育館 (집 관). 실내에서 여러 가지 운동 경기[體育]를 할 수 있도록 시설을 갖추어 놓은 건물[館]. ¶우리 학교 체육관.

▸체육-복 體育服 (옷 복). 운동[體育]을 할 때 입는 옷[服]. ㉥운동복(運動服).

▸체육-상 體育賞 (상줄 상). 운동 경기를 뛰어나게 잘하거나, 체육(體育)에 공로가 있다 하여 주는 상(賞).

▸체육-회 體育會 (모일 회). ① 속뜻 체육(體育)의 발전과 향상을 위하여 조직된 단체[會]. ② '운동회'를 달리 이르는 말.

▸체육 포장 體育褒章 (기릴 포, 글 장). 법률 체육(體育) 활동을 통하여 국민 체육 발전에 이바지한 공적이 큰 사람을 기리는[褒] 의미로 주는 휘장(徽章).

▸체육 훈장 體育勳章 (공 훈, 글 장). 법률 체육(體育) 활동을 통하여 국민 체육 발전에 크게 공[勳]을 세운 사람에게 주는 휘장(徽章).

체읍 涕泣 (눈물 체, 울 읍). 눈물[涕]을 흘리며 욺[泣]. ㉥읍체(泣涕).

체임 滯賃 (막힐 체, 품삯 임). 노임(勞賃) 따위의 지급을 연체(延滯)함. 또는 뒤로 미룬 노임.

체장 體長 (몸 체, 길 장). 동물의 몸[體]의 길이[長].

체재[1] 滯在 (막힐 체, 있을 재). 길이 막혀[滯] 어느 곳에 머물러 있음[在]. ¶체재 기간을 연장하다. ㉥체류(滯留).

체재[2] 體裁 (모양 체, 마를 재). 생긴 모양[體]과 이루어진[裁] 틀. ¶작품의 구성과 체재 ㉥형식(形式).

체적 體積 (몸 체, 쌓을 적). 물체[體]의 부피[積].

▸체적 팽창 體積膨脹 (부풀 팽, 배부를 창). 물리 온도의 변화에 따라 물체의 부피[體積]가 늘어나는[膨脹] 현상. ㉠체팽창.

▸체적 팽창 계:수 體積膨脹係數 (부풀 팽, 배부를 창, 맬 계, 셀 수). 물리 온도가 섭씨 1도 올라갔을 때의 물체의 부피[體積]가 늘어난[膨脹] 비율[係數]. ㉥체팽창률(體膨脹率).

체전[1] 體典 (몸 체, 의식 전). ① 속뜻 체육(體育) 제전(祭典). ② 운동 매년 가을에 전국적으로 개최되는 종합 경기 대회. ¶전국 체전이 부산에서 열렸다. ㉥전국 체육 대회.

체전[2] 遞傳 (전할 체, 전할 전). 소식, 편지 따위를 여러 곳을 거쳐서[遞] 보냄[傳]. ㉥체송(遞送).

체절 體節 (몸 체, 마디 절). 동물 환형동물 등의 몸[體]을 이루고 있는 낱낱의 마디[節].

체제 體制 (몸 체, 정할 제). ① 속뜻 기본 구조[體]를 정함[制]. ② 사회적인 제도와 조직의 형체. ¶냉전 체제 / 왕이 나라의 정치를 이끄는 체제. ③ 식물 생물체를 이루는 각 부분이 통일적으로 전체를 이루는 관계의 양상(樣相).

⁑체조 體操 (몸 체, 부릴 조). ① 속뜻 몸[體]을 부림[操]. ② 운동 신체의 이상적 발달을 꾀하고 신체의 결함을 교정 또는 보충시켜 주기 위한 조직화된 운동. 맨손 체조와 기계 체조 따위로 나뉜다. ¶음악에 맞춰 체조를 하다.

***체중 體重** (몸 체, 무거울 중). 몸[體]의 무게[重]. ¶체중을 재다.

▸체중-계 體重計 (셀 계). 몸무게[體重]를 재는[計] 데에 쓰는 저울. ¶체중계가 고장

나다.

체증[1] **滯症** (막힐 체, 증세 증). 한의 먹은 음식물이 막혀[滯] 소화가 잘 안 되는 증세(症勢). ¶소화제를 먹으니 체증이 내려간다 / 명절이라 교통체증이 심하다.

체증[2] **遞增** (번갈아 체, 더할 증). 수량이 번갈아[遞] 차례로 더해짐[增]. ⓑ체가(遞加). ⓑ체감(遞減).

체지 體肢 (몸 체, 사지 지). ① 속뜻 사람의 몸통[體]과 팔다리[肢]. ② 동물 척추동물의 체간에서 뻗어 나온 두 쌍의 가지 부분.

체-지방 體脂肪 (몸 체, 기름 지, 기름 방.). 생물 분해되지 않고 몸[體] 속에 쌓여 있는 지방(脂肪). ¶체지방 측정기.

체진 滯陣 (머무를 체, 진칠 진). ① 속뜻 진중(陣中)에 체재(滯在)함. ② 한곳에 오래도록 진을 치고 머무름.

체질 體質 (몸 체, 바탕 질). ① 속뜻 몸[體]의 본바탕[質]. ② 태어날 때부터 지니고 있는 몸의 성질. ¶체질에 따라 운동을 달리해야 한다 / 회사 생활이 내 체질에 맞지 않는다.

▶체질 개ː선 體質改善 (고칠 개, 착할 선). ① 속뜻 허약하거나 나쁜 체질(體質)을 좋게[善] 고침[改]. ② 낡은 사고방식이나 인식 따위를 고쳐 새롭게 함.

▶체질 검ː사 體質檢査 (봉함 검, 살필 사). 신체검사의 한 가지. 신체 각 부위의 건강 상태[體質]를 검사(檢査)함. ⓒ체격 검사(體格檢査), 체력 검사(體力檢査).

체첩 體帖 (모양 체, 표제 첩). 본보기가 될 만한 서체(書體)를 모아 엮은 장첩(粧帖).

체취 體臭 (몸 체, 냄새 취). ① 속뜻 몸[體]에서 나는 냄새[臭]. ¶방에서 그녀의 체취가 풍긴다. ② 어떤 개인이나 집단이 풍기는 독특한 느낌. ¶이 고장에 오면 선조들의 체취가 느껴진다.

체통 體統 (몸 체, 계통 통). ① 속뜻 본체(本體)에 속하는 계통[統]. ② 점잖은 체면. ¶체통을 지키세요.

체포 逮捕 (뒤따를 체, 잡을 포). ① 속뜻 죄인을 뒤따라가[逮] 사로잡음[捕]. ② 법률 죄인이나 죄를 저지른 의심이 있는 사람을 붙잡는 것. 검사나 사법 경찰관 등이 법관이 발부하는 영장에 의하여 피의자를 구속하여 연행한다. ¶그는 현장에서 체포됐다.

▶체포 감금죄 逮捕監禁罪 (볼 감, 금할 금, 허물 죄). 법률 남을 불법으로 체포(逮捕)하고 가둔[監禁] 죄(罪).

체표 體表 (몸 체, 겉 표). 몸[體]의 표면(表面).

▶체표 면ː적 體表面積 (쪽 면, 쌓을 적). 의학 몸[體] 표면(表面)의 넓이[面積].

체한 滯韓 (머무를 체, 한국 한). 한국(韓國)에 체류(滯留)함. ¶체한 일정.

체험 體驗 (몸 체, 겪을 험). ① 속뜻 몸소[體] 겪어봄[驗]. ¶직접 다양한 체험을 하다. ② 심리 특정한 인격이 직접 경험한 일체의 심적 과정을 이르는 말.

▶체험-담 體驗談 (이야기 담). 자기가 몸소[體] 겪은[驗] 것에 대한 이야기[談]. ¶체험담을 들려주다.

▶체험 학습 體驗學習 (배울 학, 익힐 습). 자기가 몸소[體] 겪으면서[驗] 배우는[學習] 것.

체현 體現 (몸 체, 나타날 현). 정신적인 것을 구체적(具體的)으로 실현(實現)함.

체형[1] **體刑** (몸 체, 형벌 형). ① 곤장을 치는 것같이 직접 사람의 몸[體] 법률 에 가하는 형벌(刑罰). ② 징역, 금고와 같이 신체의 자유를 속박하는 형벌. ⓑ체벌(體罰).

체형[2] **體形** (몸 체, 모양 형). 신체(身體) 모양[形]. ⓑ체양(體樣).

체형[3] **體型** (몸 체, 모형 형). 체격(體格)의 크기나 모형(模型). ¶체형에 맞는 옷 / 그는 키가 작고 뚱뚱한 체형이다.

체화 滯貨 (막힐 체, 재물 화). 경제 ① 물품[貨]이나 상품 따위가 팔리지 아니하여 남아[滯] 있음. 또는 그런 짐. ② 수송이 부진하여 밀려 있음. 또는 그런 짐.

체-화석 體化石 (몸 체, 될 화, 돌 석). 생물체(生物體)의 전부 또는 일부가 화석화(化石化)된 것.

체환 替換 (바꿀 체, 바꿀 환). 대신하여 갈아서 바꿈[替=換]. ⓑ차환(差換), 대체(代替).

초가[1] **樵歌** (나무꾼 초, 노래 가). 나무꾼[樵]들이 부르는 노래[歌].

초가[2] **草家** (풀 초, 집 가). 풀[草]이나 짚 따위로 지붕을 인 집[家]. ¶초가 한 칸 / 초가집.

▶초가-삼간 草家三間 (석 삼, 사이 간). ①

속뜻 세[三] 칸[間] 밖에 안 되는 작은 초가(草家). ②썩 작고 초라한 집. ㊥삼간초가.

초각 初刻 (처음 초, 새길 각). ①속뜻 맨 처음[初] 새긴[刻] 것. 최초 발간(發刊). ②맨 처음 시각.

▸초각-본 初刻本 (책 본). ①속뜻 맨 처음 박아[初刻] 낸 책[本]. ㊥초간본(初刊本). ②초간본 중 특히 목판(木板)으로 박아낸 책. ㊥원각본(原刻本).

초간 初刊 (처음 초, 책 펴낼 간). 맨 처음[初]의 간행(刊行). ㊥원간(原刊).

▸초간-본 初刊本 (책 본). 첫 번째로 간행한[初刊] 책[本]. ㊥원각본(原刻本), 원간본(原刊本), 초각본(初刻本).

초개 草芥 (풀 초, 지푸라기 개). ①속뜻 풀[草]과 지푸라기[芥]. ②'매우 하찮은 것'을 비유하여 이르는 말. ¶죽음을 초개같이 여기다.

초-거성 超巨星 (뛰어넘을 초, 클 거, 별 성). 천문 반지름이 태양의 100배 이상이 되는 매우[超] 큰[巨] 별[星]. 북극성, 리겔, 베텔게우스, 안타레스 따위.

초견 初見 (처음 초, 볼 견). 처음[初] 봄[見].

초경1 初更 (처음 초, 시각 경). 하룻밤을 다섯으로 나눈 첫째[初] 시각[更]. 밤 7시에서 9시까지이다. ㊥갑야(甲夜).

초경2 初耕 (처음 초, 밭갈 경). 농업 논이나 밭을 첫 번째[初] 가는[耕] 일.

초경3 初經 (처음 초, 지날 경). 첫[初] 월경(月經). ¶열세 살에 초경을 하다.

초계 哨戒 (망볼 초, 경계할 계). 적의 습격에 대비하여 엄중히 감시하여 망보고[哨] 경계(警戒)함.

▸초계-정 哨戒艇 (거룻배 정). 군사 초계(哨戒)용의 작은 배[艇]. ㊥초정(哨艇).

▸초계-함 哨戒艦 (큰 배 함). 적군의 동태를 망보거나[哨] 경계(警戒)하는 일을 주요 임무로 하는 군함(軍艦). ¶초계함 두 척이 급파되었다.

초고1 草稿 (거칠 초, 원고 고). 아직 다듬지 않은 거친[草] 상태의 원고(原稿). ¶금요일까지 초고를 편집해야 한다.

초고2 超高 (뛰어넘을 초, 높을 고). 뛰어나게[超] 고상(高尙)함.

초고3 礎稿 (주춧돌 초, 원고 고). 퇴고(推敲)의 바탕[礎]이 된 원고(原稿).

초-고속 超高速 (뛰어넘을 초, 높을 고, 빠를 속). 극도로[超] 빠른[高] 속도(速度). ¶초고속 인터넷 / 초고속 승진.

▸초-고속도 超高速度 (정도 도). 고속도보다 더[超] 빠른[高] 속도(速度).

초-고압 超高壓 (뛰어넘을 초, 높을 고, 누를 압). ①속뜻 극도로[超] 높은[高] 압력(壓力). ②물리 지하 200km 깊이의 압력 상태와 같은 4만~5만 기압 정도의 매우 높은 압력.

초-고온 超高溫 (뛰어넘을 초, 높을 고, 따뜻할 온). ①속뜻 극도로[超] 높은[高] 온도(溫度). ②원자핵 융합 반응이 일어날 때와 같은 매우 높은 온도.

초-고층 超高層 (뛰어넘을 초, 높을 고, 층 층). ①속뜻 극도로[超] 높은[高] 층(層). ②지리 구름이 생기는 대류권의 바깥을 이르는 말. 적도 부근에서는 약 18km, 극지방에서는 약 8~450km까지이다.

초-고주파 超高周波 (넘을 초, 높을 고, 둘레 주, 물결 파). 고주파(高周波) 보다 더[超] 높은 주파수의 전파나 전류.

초과 超過 (뛰어넘을 초, 지날 과). 일정한 수나 한도를 넘어[超] 지나감[過]. ¶정원 초과 / 제한시간을 초과하다. ㊤미달(未達), 미만(未滿).

초교 初校 (처음 초, 고칠 교). 출판 인쇄물의 첫[初] 교정(校正). ㊥초준(初準).

초군1 超群 (뛰어넘을 초, 무리 군). 여러 사람[群]보다 뛰어남[超].

초군2 樵軍 (나무할 초, 군사 군). ①속뜻 나무하는[樵] 군사(軍士). ②나무꾼.

초균형 예:산 超均衡豫算 (뛰어넘을 초, 고를 균, 저울대 형, 미리 예, 셀 산). ①속뜻 균형(均衡)을 넘어선[超] 예산(豫算). ②경제 세입이 세출보다 많아서 흑자가 나는 예산.

초극 超克 (뛰어넘을 초, 이길 극). 어려움을 넘고[超] 이겨냄[克].

초근 草根 (풀 초, 뿌리 근). 풀[草]의 뿌리[根].

▸초근-목피 草根木皮 (나무 목, 껍질 피). ①속뜻 풀뿌리[草根]와 나무[木]의 껍질[皮]. ②곡식이 없어 산나물 따위로 만든

음식을 이르는 말.

초급[1] **初級** (처음 초, 등급 급). 첫[初] 번째 등급(等級). 초·중·고로 나누었을 때 가장 낮은 등급이나 단계. ¶초급 교재.

초급[2] **初給** (처음 초, 줄 급). 처음[初]으로 임명되거나 취임하여 받는 급료(給料).

초기[1] **抄記** (뽑을 초, 기록할 기). 필요한 부분만을 뽑아서[抄] 적음[記]. [비]초록(抄錄).

초기[2] **初忌** (처음 초, 꺼릴 기). 첫[初] 번째 기일(忌日). 사람이 죽은 지 1년이 되는 날.

*__초기__[3] **初期** (처음 초, 때 기). 첫[初] 번째 시기(時期). ¶암 같은 병도 초기에 발견하면 고칠 수 있다. [비]조기(早期). [반]말기(末期).

초-기일 初期日 (처음 초, 기약할 기, 날 일). ① [속뜻]처음[初] 기약(期約)한 날[日]. ② 첫 번째로 기한이 되는 날짜를 말함.

초길 初吉 (처음 초, 길할 길). 매 달의 첫[初] 번째 길(吉)한 날. 매달 초하루.

초년 初年 (처음 초, 해 년). ① [속뜻]여러 해 걸리는 어떤 과정의 첫[初] 번째 해[年]. 또는 처음의 시기. ¶대학 초년에 비로소 깨닫다. ② 일생의 초기. 중년이 되기 전까지의 시기. ¶초년보다는 말년에 트일 운수.

▸초년-병 初年兵 (군사 병). 입대한 지 얼마 안 된[初年] 병사(兵士). [비]신병(新兵).

▸초년-고생 初年苦生 (괴로울 고, 살 생). 어리거나 젊어서[初年] 겪는 고생(苦生).

초념 初念 (처음 초, 생각 념). 처음[初]에 먹은 마음이나 생각[念].

초-능력 超能力 (뛰어넘을 초, 능할 능, 힘 력). 일반 능력을 뛰어넘는[超] 능력(能力). 현대의 과학적 지식으로는 설명하기 어려운, 기묘한 현상을 나타내는 능력을 뜻하는 말. ¶초능력을 발휘하다.

초단[1] **初段** (처음 초, 구분 단). ① [속뜻]첫 번째[初] 등급[段]. ② [운동]유도나 바둑 따위의 기술이나 수(手)에 있어, 첫 번째 등급.

초단[2] **草短** (풀 초, 짧을 단). [운동]화투놀이에서 홍싸리, 흑싸리, 난초[草]의 붉은 띠 석 장을 갖추어 이룬 단(短).

초단[3] **礎段** (주춧돌 초, 층계 단). ① [속뜻]주춧돌[礎] 역할을 하는 층이나 계단(階段). ② [건설]건조물의 무게를 지반이 골고루 받게 하기 위해 벽이나 기둥 따위의 아래쪽을 특별히 넓게 한 부분.

초-단파 超短波 (뛰어넘을 초, 짧을 단, 물결 파). [물리]파장이 극도로[超] 짧은[短] 전자파(電磁波). 텔레비전 방송이나 전파 탐지기 따위에 쓰인다.

▸초단파 방:송 超短波放送 (놓을 방, 보낼 송). [언론]초단파(超短波)를 이용하는 텔레비전 및 에프엠 라디오 방송(放送).

초당 草堂 (풀 초, 집 당). 억새나 짚 따위의 풀[草]로 지붕을 인 조그마한 집채[堂]. [비]초가집, 초옥(草屋), 초가(草家).

초-당파 超黨派 (뛰어넘을 초, 무리 당, 갈래 파). ① [속뜻]당파(黨派)를 뛰어 넘음[超]. ②당파적 이해를 떠나서 모든 당파가 다 함께 일치된 태도를 취함. [준]초당.

초대[1] **初代** (처음 초, 시대 대). 어떤 계통의 첫[初] 번째 사람. 또는 그 사람의 시대(時代). ¶초대 대통령.

▸초대 교:회 初代教會 (종교 교, 모일 회). [기독교]예수가 죽은 후 처음[初代]으로 세워진 교회(教會). 주로 소아시아 지방에 세워졌다.

초대[2] **招待** (부를 초, 대접할 대). ① [속뜻]남을 초청(招請)하여 대접(待接)함. ¶초대에 응하다 / 초대해 주셔서 감사합니다. ② 임금의 명으로 불러서 오게 함.

▸초대-권 招待券 (문서 권). 초대(招待)하는 표[券].

▸초대-연 招待宴 (잔치 연). 남을 초대(招待)하여 베푸는 잔치[宴].

▸초대-장 招待狀 (편지 장). 초대(招待)하는 편지[狀]. ¶초대장을 띄우다.

▸초대-전 招待展 (펼 전). 유명한 작가를 초대(招待)하여 펼치는 전시회(展示會).

▸초대 외:교 招待外交 (밖 외, 사귈 교). [정치]외국의 주요 인사를 초대(招待)하여 국내에서 벌이는 외교(外交) 활동. [비]초청외교(招請外交).

초-대면 初對面 (처음 초, 대할 대, 낯 면). 처음[初]으로 얼굴[面]을 대(對)함. [준]초대.

초-대형 超大型 (뛰어넘을 초, 클 대, 모형 형). 대형(大型)보다 더[超] 큰 것.

초도 初度 (처음 초, 정도 도). ① [속뜻]첫[初] 번째[度]. 처음. ②'초도일'(初度日)의 준말.

▸초도-일 初度日 (날 일). 육십갑자의 처음[初度]인 '갑'(甲)으로 되돌아온 날[日]. [비]환갑(還甲)날.

▸초도-순시 初度巡視 (돌 순, 볼 시). 어떤 기관의 책임자나 감독관 등이 부임하여서 처음[初度]으로 관할 지역이나 기관을 돌며[巡] 시찰(視察)하는 일. [준]초순.

초-도서 初圖書 (처음 초, 그림 도, 쓸 서). ① [속뜻]첫[初] 그림[圖]이나 글씨[書]. ② 돌이나 쇠붙이 따위에 새기는 글자의 초본(初本).

초도-식 初渡式 (처음 초, 건널 도, 의식 식). 새로 다리를 놓고 처음[初] 건너는[渡] 의식(儀式). [비]시도식(始渡式).

초동[1] 初冬 (처음 초, 겨울 동). 겨울[冬]의 처음[初]. 음력 10월경.

초동[2] 樵童 (땔나무 초, 아이 동). 땔나무[樵]를 하는 아이[童]. ¶여남은 살밖에 안 돼 보이는 초동이 나뭇짐을 지고 내려왔다.

초동[3] 初動 (처음 초, 움직일 동). ① [속뜻]처음[初] 동작이나 행동(行動). ② [지리]진원에서 최초에 도착한 지진파에 의한 땅의 흔들림.

▸초동 수사 初動搜査 (찾을 수, 살필 사). [법률]최초로 하는[初動] 범죄 수사(搜査) 활동.

초두 初頭 (처음 초, 머리 두). 일이나 일정한 기간의 첫[初] 머리[頭].

초등 初等 (처음 초, 무리 등). 차례로 올라가는 데 있어 첫 번째[初] 등급(等級).

▸초등 교:육 初等教育 (가르칠 교, 기를 육). [교육]여러 단계의 교육과정 중, 첫 번째[初] 단계[等]의 교육(教育).

▸초등 학교 初等學校 (배울 학, 가르칠 교). [교육]아동들에게 첫 단계[初等]의 기본 의무 교육을 실시하기 위한 학교(學校). 1995년부터 '국민학교'를 이 이름으로 바꾸었다. ¶초등학교에 다니는 아이들.

▸초등-학생 初等學生 (배울 학, 사람 생). 초등(初等)학교에 다니는 학생(學生). ¶박물관에는 견학 온 초등학생들로 가득 찼다.

초래 招來 (부를 초, 올 래). ① [속뜻]불러서[招] 오게 함[來]. ② 어떤 결과를 가져 오게 함. ¶이 병은 잘못하면 사망을 초래할 수 있다.

초략[1] 草略 (거칠 초, 줄일 략). 매우 거칠고[草] 간략(簡略)함.

초략[2] 抄略 (뽑을 초, 줄일 략). ① [속뜻]여럿 중에 뽑고[抄] 생략(省略)함. ② 글의 내용을 간추리고 생략함. [참]발췌(拔萃).

▸초략-본 抄略本 (책 본). 본디의 간행된 책의 내용을 간추리고[抄] 생략(省略)하여 간행한 책[本].

초량 初涼 (처음 초, 서늘할 량). 처음[初]으로 서늘한[涼] 날씨. 즉 첫가을.

초려 草廬 (풀 초, 오두막집 려). ① [속뜻]짚이나 억새 따위의 풀[草]로 지붕을 이은 오두막집[廬]. ② '자기의 집'을 낮추어 이르는 말. [비]초가(草家).

초련[1] 初鍊 (처음 초, 불릴 련). ① [속뜻]베어낸 나무를 재목으로 쓰기 위하여 초(初)벌로 대강 다듬음[鍊]. ② 어떤 일을 한 번에 완전히 하지 않고 초벌로 대강만 매만짐.

초련[2] 初戀 (처음 초, 그리워할 련). 처음[初]으로 느끼는 사랑[戀]. 첫사랑.

초례 醮禮 (제사지낼 초, 예도 례). ① [속뜻]예식(禮式)을 치름[醮]. ② 전통 결혼 예식. ¶초례를 지내다.

▸초례-청 醮禮廳 (관청 청). 전통적으로 지내는 혼인 예식[醮禮]을 치르는 장소[廳]. ¶부채로 얼굴을 가린 신부가 머리 어멈의 부축을 받으면서 방에서 나와 초례청에서 신랑과 마주 섰다.

초로[1] 草路 (풀 초, 길 로). 풀[草]숲에 난 길[路]. ¶수풀을 헤치고 초로를 기어올랐다.

초로[2] 初老 (처음 초, 늙을 로). 노년(老年)이 되기 시작함[初]. 또는 그 시기. [비]초로기(初老期).

▸초로-기 初老期 (때 기). 노년(老年)이 되기 시작하는[初] 시기(時期). 노년기의 초기. 대개 45~50세를 말한다.

초로[3] 草露 (풀 초, 이슬 로). ① [속뜻]풀[草]에 맺힌 이슬[露]. ② '인생의 덧없음'을 비유하여 이르는 말.

▸초로-인생 草露人生 (사람 인, 날 생). 풀에 맺힌 이슬[草露]처럼 덧없는 인생(人生). [비]조로인생(朝露人生).

초록[1] 抄錄 (뽑을 초, 기록할 록). 필요한 대목만을 뽑아[抄] 기록(記錄)함. [준]초. [비]초기(抄記).

초록² **草綠** (풀 초, 초록빛 록). ① [속뜻] 풀[草]의 빛깔과 같이 푸른빛을 약간 띤 녹색(綠色). 또는 그 물감. ¶산이 온통 초록으로 물들었다. ② [미술] 기본 색의 하나. 먼셀 표색계에서는 10G 5/10에 해당한다. ¶초록불 / 초록빛. [속담] 초록은 동색.

▸초록-색 草綠色 (빛 색). 풀[草]의 푸른[綠] 빛[色]. 초록. [준]녹색. [비]초록빛.

초리 **草履** (풀 초, 신발 리). 짚 따위의 풀[草]로 엮어 만든 신[履].

초림 **初臨** (처음 초, 임할 림). ① [속뜻] 처음[初] 임(臨)함. ② [기독교] 재림에 대하여, 예수가 이 세상에 태어났던 일을 이르는 말.

초립 **草笠** (풀 초, 삿갓 립). 예전에, 주로 어린 나이에 관례를 한 사람이 쓰던 갓[笠]. 썩 가늘고 누런 빛깔이 나는 풀[草]이나 말총으로 결어서 만들었다. ¶초립을 쓰다.

초막 **草幕** (풀 초, 휘장 막). ① [속뜻] 짚 따위의 풀[草]로 지붕을 이은 조그만 막사(幕舍). ② [불교] 절 가까이 있는 승려의 집.

초-만원 **超滿員** (뛰어넘을 초, 찰 만, 인원 원). 정원(定員)을 다 채우고도[滿] 이를 초과(超過)한 인원이나 상태. ¶극장 앞은 초만원을 이루었다.

초망 **草莽** (풀 초, 우거질 망). ① [속뜻] 풀[草]이 우거짐[莽]. 풀숲. ② 촌스럽고 뒤떨어져서 세상일에 어두움. ③ '초야'(草野)를 달리 이르는 말.

▸초망지신 草莽之臣 (어조사 지, 신하 신). 벼슬을 하지 않고 자연[草莽]에 묻혀 사는 사람[臣].

초망착호 **草網着虎** (풀 초, 그물 망, 붙을 착, 호랑이 호). ① [속뜻] 썩은 짚[草]으로 짠 망태기[網]로 호랑이[虎]를 잡으려[着] 함. ② '엉터리없는 짓을 꾀함'을 비유하여 이르는 말.

초매 **草昧** (거칠 초, 어두울 매). ① [속뜻] 거칠고[草] 어두운[昧] 상태. 사물이 정돈되지 않은 상태. ② 천지가 개벽할 때처럼 '거칠고 어두운 세상'을 이르는 말.

초면¹ **炒麵** (볶을 초, 국수 면). 기름에 볶은[炒] 밀국수[麵].

초면² **初面** (처음 초, 낯 면). 처음[初]으로 대하는 얼굴[面]. ¶초면에 실례하겠습니다. [반]구면(舊面).

▸초면-강산 初面江山 (강 강, 메 산). 처음으로 보는[初面] 강산(江山).

▸초면 친구 初面親舊 (친할 친, 오래 구). 처음으로 서로 알게 된[初面] 친구(親舊).

초멸 **剿滅** (괴롭힐 초, 없앨 멸). 외적이나 도적의 무리를 무찔러[剿] 없앰[滅]. ¶반란군 초멸 작전을 세웠다. [비]초제(剿除).

초모 **招募** (부를 초, 모을 모). ① [속뜻] 불러[招] 모음[募]. ② 의병이나 지원병 등을 모집함. [비]소모(召募).

초목¹ **草木** (풀 초, 나무 목). 풀[草]과 나무[木]. ¶산은 짙푸른 초목으로 우거져 있다.

초목² **樵牧** (땔나무 초, 칠 목). 땔나무[樵]를 하고 짐승을 치는[牧] 일.

초무 **招撫** (부를 초, 어루만질 무). 불러[招] 어루만짐[撫]. 위로함.

초문 **初聞** (처음 초, 들을 문). 처음[初]으로 들음[聞]. 처음 들은 말이나 소문.

초-문자 **草文字** (거칠 초, 글자 문, 글자 자). 초서(草書)의 글씨체로 쓴 문자(文字). [준] 초자.

초미¹ **初味** (처음 초, 맛 미). 무엇을 먹고 처음[初] 느끼는 맛[味].

초미² **焦眉** (태울 초, 눈썹 미). ① [속뜻] 눈썹[眉]을 그을릴[焦] 정도. ② 매우 급함을 이르는 말. ¶초미의 급선무 / 초미의 관심사. [비]연미(燃眉).

초민 **焦悶** (태울 초, 번민할 민). 애가 타도록[焦] 번민(煩悶)함. 몹시 민망하게 여김.

초반¹ **礎盤** (주춧돌 초, 소반 반). [건설] ① 기둥 밑에 기초로[礎] 받쳐 놓은 평평한 돌[盤]. 주춧돌. ② 건축물의 무게를 지반에 골고루 전달하기 위하여 벽기둥 밑에 넓게 만든 기초 부분.

초반² **初盤** (처음 초, 쟁반 반). ① [속뜻] 첫[初]번째 쟁반[盤]. ② 어떤 일이나 일정한 기간의 처음 단계. ¶10대 초반 / 경기 초반에는 상대팀이 이기고 있었다. ③ 어떤 일이나 일정한 기간의 처음 단계. ¶10대 초반.

▸초반-전 初盤戰 (싸울 전). ① [속뜻] 초반(初盤)의 싸움[戰]. ② 시작하고 얼마 안 된 무렵의 경기를 전쟁에 비유하여 이르는 말.

초발-성 **初發聲** (처음 초, 나타날 발, 소리 성). ① [속뜻] 처음[初] 내는[發] 소리[聲]. ② [언어] 한 음절에서, 처음으로 나는 소리.

㊀조성.

초발-심 初發心 (처음 초, 나타날 발, 마음 심). ① 속뜻 처음[初] 발원(發願)하는 마음[心]. ② 불교 처음으로 불도를 깨닫고자 발원하는 마음. ③ 불교 수행은 하되 아직 진리를 깨닫지 못한 사람.

초배 初褙 (처음 초, 도배할 배). 정식으로 도배를 하기 전[初]에 허름한 종이로 애벌로 도배(塗褙)함. 또는 그런 도배. ¶신문지로 초배만 된 방.

초범[1] 初犯 (처음 초, 범할 범). 처음[初]으로 저지른 범죄(犯罪). 또는 그 범인.

초범[2] 超凡 (뛰어넘을 초, 무릇 범). 평범(平凡)함을 뛰어넘음[超]. ㊐초륜(超倫).

초벽 初壁 (처음 초, 담 벽). 건설 종이를 처음[初] 바른 벽(壁).

초병[1] 哨兵 (망볼 초, 군사 병). 망보거나[哨] 구역을 순찰하는 병사(兵士). ㊐보초(步哨).

초병[2] 醋甁 (초 초, 병 병). 식초(醋)를 담는 병(甁).

초보 初步 (처음 초, 걸음 보). ① 속뜻 첫[初] 번째 걸음[步]. ② 학문이나 기술 따위의 가장 낮고 쉬운 정도의 단계. ¶초보 운전 / 물리학을 초보부터 배우다.

▸초보-자 初步者 (사람 자). 초보(初步)의 단계에 있는 사람[者]. ¶초보자를 위하여 쉽게 설명하다.

▸초보-적 初步的 (것 적). 아직 초보(初步)인 것[的].

초복 初伏 (처음 초, 엎드릴 복). 삼복(三伏)의 첫[初] 번째 복(伏)날.

초본[1] 抄本 (뽑을 초, 책 본). 원본에서 일부 내용만을 뽑아서[抄] 베낀 문서[本]. ¶호적 초본(戶籍抄本).

초본[2] 草本 (풀 초, 본보기 본). 식물 풀[草]과 같은 종류[本]의 식물. 줄기가 나무처럼 되지 못한 식물을 통틀어 이르는 말. ㊔목본(木本).

▸초본-대 草本帶 (띠 대). 식물 초본(草本) 식물이 주로 자라는 지대(地帶). 식물의 수직 분포대 중, 관목대와 지의대 사이에 위치한다.

초봉 初俸 (처음 초, 봉급 봉). 첫[初] 봉급(俸給). ㊐초급(初給).

초부[1] 樵夫 (땔나무 초, 사나이 부). 땔나무[樵]를 하는 남자[夫].

초부[2] 樵婦 (땔나무 초, 여자 부). 땔나무[樵]를 하는 여자[婦].

초분 初分 (처음 초, 나눌 분). 사람의 평생을 셋으로 나눈 것의 처음[初] 부분(部分). 젊은 때의 운수나 처지를 이른다. ¶초분이 험하면 후분이라도 좋아야 할텐데.

초-비상 超非常 (뛰어넘을 초, 아닐 비, 보통 상). 비상(非常)함을 뛰어넘은[超] 정도의 비상. 매우 긴박한 비상사태.

초빈 招賓 (부를 초, 손님 빈). 손님[賓]을 부름[招].

초빙[1] 初氷 (처음 초, 얼음 빙). 첫[初] 번째로 언 얼음[氷].

초빙[2] 招聘 (부를 초, 부를 빙). 예를 갖추어 부름[招=聘]. ¶전문가를 초빙하여 의견을 듣다. ㊐초청(招請).

▸초빙 교:수 招聘敎授 (가르칠 교, 줄 수). 초빙(招聘)하여 온 교수(敎授). ㊐객원 교수(客員敎授).

초사[1] 初仕 (처음 초, 벼슬할 사). 역사 처음[初]으로 벼슬함[仕]. ㊐초입사(初入仕).

초사[2] 焦思 (태울 초, 생각 사). 애를 태우며[焦] 생각함[思]. ㊐초려(焦慮).

초사[3] 楚辭 (나라이름 초, 말씀 사). 책명 중국 초(楚) 나라 굴원과 그의 작풍을 이어받은 후인의 사부(辭賦)를 엮은 책.

초산[1] 初産 (처음 초, 낳을 산). 처음[初]으로 아이를 낳음[産]. 첫 해산.

▸초산-부 初産婦 (여자 부). 아이를 처음 낳은[初産] 여자[婦]. ㊥경산부(經産婦).

초산[2] 醋酸 (초 초, 산소 산). 화학 지방산의 하나로, 식초[醋] 같은 신맛을 내는 산(酸).

▸초산-균 醋酸菌 (세균 균). 화학 초산(醋酸)으로 만드는 균(菌).

▸초산-동 醋酸銅 (구리 동). 화학 구리[銅]에 초산(醋酸)의 증기를 작용시켜서 얻은 것.

▸초산-연 醋酸鉛 (납 연). 화학 납[鉛]을 초산(醋酸)에 녹여 만든 무색의 결정.

▸초산-염 醋酸鹽 (염기 염). 화학 염(鹽)을 초산(醋酸)에 녹여 만든 화합물. ㊐질산염(窒酸鹽).

▸초산-은 醋酸銀 (은 은). 화학 은(銀)을 초산(醋酸)에 녹여 얻는 무색투명한 결정. ㊐

질산은(窒酸銀).

▸초산 견사 醋酸絹絲 (비단 견, 실 사). 화학 초산(醋酸) 섬유소로 만든 인조 비단[絹絲].

▸초산 발효 醋酸醱酵 (술괼 발, 술밑 효). 화학 초산균(醋酸菌)을 이용하여 발효(醱酵)하는 방법.

▸초산-석회 醋酸石灰 (돌 석, 재 회). 화학 수산화칼슘에 아세트산을 작용시켜 만드는 아세트산[醋酸]의 칼슘염 석회(石灰).

▸초산 섬유소 醋酸纖維素 (가늘 섬, 밧줄 유, 바탕 소). 화학 초산(醋酸)으로 변화시킨 섬유소(纖維素).

초상[1] 初霜 (처음 초, 서리 상). 처음[初] 내리는 서리[霜].

초상[2] 初喪 (처음 초, 죽을 상). ① 속뜻 처음[初] 치르는 상(喪). ②사람이 죽은 뒤 장사 지내기까지의 일. ¶초상을 치르다. 관용 초상난 집 같다.

▸초상-록 初喪錄 (기록할 록). 초상(初喪)에 대한 여러 가지 내용을 기록(記錄)한 것. ㊥초종록(初終錄).

▸초상-상제 初喪喪制 (죽을 상, 정할 제). 초상(初喪)을 당하여 상중에 있는 상제(喪制).

초상[3] 肖像 (닮을 초, 모양 상). ① 속뜻 똑같이 닮은[肖] 모습이나 모양[像]. ②사진, 그림 따위에 나타낸 사람의 얼굴이나 모습. ¶그 초상은 마치 살아 있는 것 같다.

▸초상-권 肖像權 (권리 권). 법률 초상(肖像)에 대하여, 초상의 본인이 가지는 권리(權利).

▸초상-화 肖像畵 (그림 화). 미술 사람의 모습[像]을 본떠[肖] 그린 그림[畵]. ¶그녀의 초상화는 실물보다 못하다.

초색 草色 (풀 초, 빛 색). ① 속뜻 풀[草]의 빛깔[色]. ②곡식을 먹지 못하고 '풀만을 먹어서 누렇게 뜬 얼굴빛'을 이르는 말.

초생 初生 (처음 초, 날 생). 갓[初] 태어남[生].

▸초생-아 初生兒 (아이 아). 갓[初] 태어난[生] 아이[兒].

▸초생-추 初生雛 (병아리 추). 갓[初] 부화된[生] 병아리[雛].

초생-지 草生地 (풀 초, 날 생, 땅 지). 풀[草]이 난[生] 물가의 땅[地].

초서 草書 (거칠 초, 쓸 서). ① 속뜻 거칠게[草] 쓴[書] 글씨. ②행서를 풀어 점과 획을 줄여 쓴 글씨. ¶초서로 갈겨 쓰다.

초석[1] 礁石 (암초 초, 돌 석). 물 속에 잠긴 [礁] 바위[石]. ㊥암초(暗礁).

초석[2] 礎石 (주춧돌 초, 돌 석). ① 건설 기둥 밑에 기초로 받쳐 놓은[礎] 돌[石]. ¶빌딩의 초석은 육중한 건물을 떠받들고 있다. ②'사물의 기초'를 비유하여 이르는 말. ¶미래의 발전을 위한 초석을 놓다. ㊥주춧돌, 기초(基礎), 기반(基盤).

초선 初選 (처음 초, 고를 선). 처음[初]으로 선출(選出)됨.

초설 初雪 (처음 초, 눈 설). 일 년 중 처음[初]으로 내리는 눈[雪].

초성[1] 初聲 (처음 초, 소리 성). 언어 한 음절에서 처음[初]으로 나는 소리[聲].

초성[2] 草聖 (거칠 초, 거룩할 성). ① 속뜻 초서(草書)의 성인(聖人). ②초서를 매우 잘 쓰는 사람.

초세 超世 (뛰어넘을 초, 세상 세). ① 속뜻 세속적(世俗的)인 것에 초연(超然)함. ㊥초탈(超脫). ② 한세상에서 뛰어남.

초-소형 超小型 (넘을 초, 작을 소, 모형 형). 보통의 소형보다 훨씬 더[超] 작은 소형(小型). ¶초소형 카메라.

초소 哨所 (망볼 초, 곳 소). ① 속뜻 망보는[哨] 곳[所]. ②보초나 경계하는 이가 근무하는 시설. ¶초소를 지키다.

초속[1] 初速 (처음 초, 빠를 속). 물리 어떤 물체가 운동할 때 처음[初]의 속도(速度). '초속도'(初速度)의 준말.

초속[2] 秒速 (초 초, 빠를 속). 1초(秒) 동안에 나아가는 속도(速度). ¶초속 20미터의 태풍.

초속[3] 超俗 (뛰어넘을 초, 속될 속). 세속적(世俗的)인 것을 뛰어넘음[超]. ㊥초탈(超脫).

초-속도 初速度 (처음 초, 빠를 속, 정도 도). 물리 물체가 운동할 때의 처음[初]의 속도(速度). ㊟초속.

초-속도 超速度 (뛰어넘을 초, 빠를 속, 정도 도). 보통을 넘는[超] 빠른 속도(速度).

초쇄-본 初刷本 (처음 초, 박을 쇄, 책 본). 출판 처음[初] 인쇄(印刷)하여 펴낸 책[本]. ⓑ초인본(初印本).

초순[1] 初旬 (처음 초, 열흘 순). 한 달의 첫[初] 번째 열흘[旬] 동안. ⓑ상순(上旬).

초순[2] 初巡 (처음 초, 돌 순). ① 속뜻 처음[初] 돎[巡]. ② 활을 쏠 때의 첫 번째 순서.

초순[3] 焦脣 (태울 초, 입술 순). ① 속뜻 입술[脣]을 태움[焦]. ② '몹시 애태움'을 비유하여 이르는 말.

초시 初試 (처음 초, 시험할 시). 역사 ① 과거의 첫[初] 시험(試驗). 또는 그 시험에 급제한 사람. ② 예전에, 한문을 조금 아는 양반을 높여 이르던 말.

초-시계 秒時計 (초 초, 때 시, 셀 계). 초(秒) 단위의 정밀한 시간을 재는 데에 쓰는 시계(時計). ¶초시계로 시간을 재다.

초식 草食 (풀 초, 먹을 식). ① 속뜻 풀[草]을 먹음[食]. ¶안킬로사우루스는 초식 공룡이다. ② 고기를 섞지 않고 풀로만 만든 음식. ⓑ육식(肉食).

▸초식-류 草食類 (무리 류). 동물 주로 풀[草]을 먹고사는[食] 동물의 종류(種類).

▸초식-성 草食性 (성질 성). 동물 주로 풀[草]을 먹고사는[食] 동물의 습성(習性). ¶초식성 동물. ⓒ식성(食性).

▸초식 동:물 草食動物 (움직일 동, 만물 물). 동물 주로 풀[草]을 먹고사는[食] 동물(動物). ¶사슴은 초식 동물이다.

초-신성 超新星 (뛰어넘을 초, 새 신, 별 성). 천문 급격한 폭발로 극도로[超] 큰 빛을 내는 신성(新星).

초실 初室 (처음 초, 집 실). ① 속뜻 갓[初] 지은 집[室]. ② 첫 번 혼인으로 맞아들인 아내. ⓑ초취(初娶).

초심[1] 初審 (처음 초, 살필 심). 법률 송사(訟事)에서 처음으로[初] 이루어지는 심리(審理). ⓑ제일심(第一審). ⓒ재심(再審), 삼심(三審).

초심[2] 初心 (처음 초, 마음 심). ① 속뜻 처음[初]에 먹은 마음[心]. ② 초심자. ⓑ초학(初學).

▸초심-자 初心者 (사람 자). ① 속뜻 어떤 일을 배우고자 처음[初] 마음먹은[心] 사람[者]. ⓑ초학자(初學者). ② 어떤 일에 아직 익숙하지 않은 사람.

초심[3] 焦心 (태울 초, 마음 심). 마음[心]을 태움[焦]. 초조한 마음.

▸초심-고려 焦心苦慮 (괴로울 고, 생각할 려). 마음을 태우며[焦心] 괴롭게[苦] 염려(念慮)함. ⓑ노심초사(勞心焦思).

초안 草案 (거칠 초, 문서 안). ① 속뜻 다듬지 않아 거친[草] 문서[案]나 글. ¶연설문의 초안을 쓰다. ② 애벌로 안(案)을 잡음. 또는 그 안. ¶초안을 토의하다.

초야[1] 初夜 (처음 초, 밤 야). ① 속뜻 결혼하고 첫[初] 번째 밤[夜]. ② 초저녁. 초경(初更) 무렵.

초야[2] 草野 (풀 초, 들 야). ① 속뜻 풀[草]로 뒤덮인 들판[野]. ② 궁벽한 시골. ¶초야에 묻혀 살다.

초약[1] 草約 (풀 초, 묶을 약). 운동 화투놀이에서, 난초(蘭草) 넉 장을 묶은[約] 것.

초약[2] 草藥 (풀 초, 약 약). 한의 풀[草]이나 나무 따위로 만든 약재(藥材). ⓑ초재(草材).

초어 樵漁 (나무할 초, 고기잡을 어). 나무하는[樵] 일과 고기잡이[漁] 하는 일.

초역 抄譯 (뽑을 초, 옮길 역). 일부를 뽑아서[抄] 번역(翻譯)함.

초연[1] 初演 (처음 초, 펼칠 연). 음악이나 연극 따위의 첫[初] 번째 상연(上演).

초연[2] 招宴 (부를 초, 잔치 연). 연회(宴會)에 초대(招待)함.

초연[3] 超然 (뛰어넘을 초, 그러할 연). ① 속뜻 현실을 뛰어넘는[超] 그러한[然] 모양. 속세나 명리(名利) 따위에 연연하지 않음. ② 보통 수준보다 훨씬 뛰어남.

▸초연-내:각 超然內閣 (안 내, 관청 각). 정치 특정한 정당이나 정파를 배경으로 하지 않는[超然] 내각(內閣).

▸초연-주의 超然主義 (주될 주, 뜻 의). 철학 어떤 일에 직접 관계하지 않고[超然] 자기 생각이나 처지에서 독자적으로 하는 주의(主義).

초열 焦熱 (태울 초, 더울 열). ① 속뜻 타는[焦] 듯한 더위[熱]. ② '초열지옥'(焦熱地獄)의 준말.

▸초열-지옥 焦熱地獄 (땅 지, 감옥 옥). 불교 매우 뜨거운[焦熱] 지옥(地獄).

초엽[1] **初葉** (처음 초, 무렵 엽). 어떠한 시대를 처음·가운데·끝의 셋으로 나눌 때 첫[初] 번째 무렵[葉]. ¶20세기 초엽.

초엽[2] **草葉** (풀 초, 잎 엽). 풀[草] 잎[葉].

초옥 草屋 (풀 초, 집 옥). 짚 따위의 풀[草]로 지붕을 이은 집[屋]. ㊐초가(草家).

초-요기 初療飢 (처음 초, 병 고칠 료, 배고플 기). 끼니를 먹기 전에 우선[初] 시장기[飢]를 없애기[療] 위하여 음식을 조금 먹음.

초우 初虞 (처음 초, 우제 우). 장사지낸 뒤 처음[初]으로 지내는 우제(虞祭).

*__초원 草原__ (풀 초, 들판 원). 온통 풀[草]로 뒤덮여 있는 들판[原]. ¶초원을 뛰노는 양 떼.

초월[1] **初月** (처음 초, 달 월). 초순(初旬)에 뜨는 달[月]. ㊐초승달.

초월[2] **楚越** (나라이름 초, 나라이름 월). ① 속뜻 서로 멀리 떨어져 있던 초(楚)나라와 월(越)나라 사이. ②서로 멀리 떨어져 상관이 없는 사이.

초월[3] **超越** (뛰어넘을 초, 넘을 월). ① [속뜻 어떤 한계나 표준을 뛰어넘음[超=越]. ¶상상을 초월하다. ② 철학 경험이나 인식의 범위를 벗어나 그 바깥 또는 그 위에 위치하는 일. ㊐초일(超逸), 초절(超絶).

▸초월-론 超越論 (논할 론). 철학 인간이 알 수 없는 초월적(超越的) 세계가 존재한다고 주장하는 이론(理論).

▸초월-수 超越數 (셀 수). ① 속뜻 한계가 없이 초월(超越)하는 숫자[數]. ② 수학 대수적 수가 아닌 수. 원주율, 자연로그의 밑 따위.

▸초월-적 超越數的 (것 적). ①어떠한 한계나 표준, 이해나 자연 따위를 뛰어넘거나[超=越] 경험과 인식의 범위를 벗어나는. 또는 그런 것. ② 철학 칸트 철학에서, 우리의 경험에서 독립하여 있는 초감성적인. 또는 그런 것. ③ 철학 실존 철학에서, 자기의 현존재를 넘는. 또는 그런 것.

▸초월론-적 超越論的 (논할 론, 것 적). 초월론(超越論)에 관계된 것[的].

▸초월-주의 超越主義 (주될 주, 뜻 의). 철학 인간이 알 수 없는 초월적(超越的) 세계가 존재한다는 주장이나 태도[主義]. 초절주의(超絶主義).

▸초월 함:수 超越函數 (넣을 함, 셀 수). ① 속뜻 일반 함수(函數)를 초월(超越)함. ② 수학 대수 함수가 아닌 함수. 사칙 연산이나 개방법 이외의 방법으로 얻는 함수.

초유[1] **初有** (처음 초, 있을 유). 처음[初]으로 있음[有].

초유[2] **初乳** (처음 초, 젖 유). 식물 출산 후 처음[初] 나오는 젖[乳].

초유[3] **招誘** (부를 초, 꾈 유). 불러서[招] 권유(勸誘)함.

초유[4] **招諭** (부를 초, 이끌 유). 불러서[招] 이끎[諭]. 불러 타이름.

▸초유-사 招諭使 (부릴 사). 역사 난리가 나면 백성을 초유(招諭)하는 일을 맡았던 관리[使].

초은 梢隱 (나무 끝 초, 숨길 은). 나무[梢]를 하며 숨어[隱] 사는 사람.

초-은하단 超銀河團 (넘을 초, 은 은, 물 하, 모일 단). 천문 수백 개의 은하단(銀河團)이 모인[超] 집단. ¶우리 은하계는 처녀자리 초은하단에 속한다.

초-음속 超音速 (넘을 초, 소리 음, 빠를 속). 물리 음속(音速)을 넘는[超] 속도. 일반적 음속인 시속 1200km를 넘는 속도를 말한다. ¶초음속 제트기. ㊔음속.

▸초음속-기 超音速機 (틀 기). 항공 초음속(超音速)으로 나는 항공기(航空機).

초-음파 超音波 (뛰어넘을 초, 소리 음, 물결 파). 물리 사람이 들을 수 있는 주파수를 넘는[超] 음파(音波). 보통 2만 헤르츠(Hz) 이상이다. ¶초음파로 물고기가 사는 곳을 찾아내다.

초인[1] **招引** (부를 초, 끌 인). ① 속뜻 불러[招] 끌어[引] 들임. 죄인이 남을 끌어들임. ②사건의 관계임을 부름.

초인[2] **超人** (뛰어넘을 초, 사람 인). ① 속뜻 보통 사람을 뛰어넘는[超] 능력이 있는 사람[人]. ¶내가 초인도 아니고 어떻게 그 일을 다 하겠니? ② 철학 기성도덕을 부정하고 민중을 지배하는 권력을 행사하면서, 자기의 가능성을 극한까지 실현한 이상적인 인간.

▸초인-적 超人的 (것 적). 보통 사람을 뛰어넘는[超人] 것[的]. ¶초인적 힘을 발휘하다.

▸초인-주의 超人主義 (주될 주, 뜻 의). 철학 초인(超人)의 본연의 자세를 이상으로 삼아 살아갈 것을 역설한 니체의 철학 사상[主義].

초-인간 超人間 (뛰어넘을 초, 사람 인, 사이 간). 보통 사람을 뛰어넘는[超] 능력이 있는 사람[人間]. ㊟초인.

초-인격 超人格 (뛰어넘을 초, 사람 인, 품격 격). 보통 사람을 뛰어넘는[超] 인격(人格).

초인-본 初印本 (처음 초, 찍을 인, 책 본). 출판 처음[初] 인쇄(印刷)한 책[本]. ㊐초쇄본(初刷本). ㊎후인본(後印本).

초-인사 初人事 (처음 초, 사람 인, 일 사). 처음[初] 하는 인사(人事).

초인-종 招人鐘 (부를 초, 사람 인, 쇠북 종). 사람[人]을 부르는[招] 데 쓰이는 작은 종(鐘)이나 방울. ¶초인종이 세 번 길게 울렸다.

초일 初日 (처음 초, 날 일). ① 속뜻 어떤 일이 처음[初]으로 시작되는 날[日]. ¶관객은 초일부터 만원이었다. ②갓 떠오르는 해. ③ 민속 날을 육십갑자로 헤아릴 때, 한 달을 셋으로 나누어 십이지의 인(寅)·사(巳)·신(申)·해(亥)가 드는 날을 이르는 말.

초임 初任 (처음 초, 맡길 임). ① 속뜻 처음[初]으로 임명(任命)되거나 취임(就任)함. ② '초임급'(初任給)의 준말.

▸초임-급 初任給 (줄 급). 초임(初任)으로 받는 급료(給料).

초입 初入 (처음 초, 들 입). ① 속뜻 처음[初] 들어감[入]. ② 골목 따위의 들어가는 어귀.

초-입경 初入京 (처음 초, 들 입, 서울 경). 시골 사람이 처음[初]으로 서울[京]에 들어옴[入].

초-입사 初入仕 (처음 초, 들 입, 벼슬할 사). 역사 처음[初]으로 벼슬[仕]에 오름[入].

초자 樵子 (땔나무 초, 접미사 자). 땔나무[樵]를 하는 사람[子].

초-자연 超自然 (뛰어넘을 초, 스스로 자, 그러할 연). 자연(自然)의 법칙을 초월(超越)한 신비적인 존재나 힘.

초장[1] 初章 (처음 초, 글 장). 문학 작품의 첫째[初] 장(章).

초장[2] 初場 (처음 초, 마당 장). ① 속뜻 장(場)이 서기 시작[初]할 무렵. ② 과거에서의 첫날의 시험장. ③ 일의 첫머리 판. 초저녁.

초장[3] 炒醬 (볶을 초, 간장 장). 볶은[炒] 장(醬).

초장[4] 醋醬 (식초 초, 간장 장). 식초(食醋)를 탄 간장[醬]. ¶만두를 초장에 찍어 먹다.

초재[1] 草材 (풀 초, 재료 재). 한의 풀[草] 따위로 된 약재(藥材). ㊐초약(草藥).

초재[2] 礎材 (주춧돌 초, 재료 재). 건설 건물의 기초(基礎)가 되는 재료(材料).

초재진용 楚材晉用 (나라이름 초, 재목 재, 나라이름 진, 쓸 용). ① 속뜻 초(楚)나라의 인재(人材)를 진(晉)나라에서 씀[用]. ② 자기 나라의 인재를 다른 나라에서 이용함.

초적[1] 草笛 (풀 초, 피리 적). 풀잎[草]으로 만들어 부는 피리[笛]. ㊐풀잎피리, 초금(草琴).

초적[2] 草賊 (거칠 초, 도둑 적). ① 속뜻 솜씨가 거친[草] 도적(盜賊). 좀도둑. ② 남의 곡식 단을 훔치는 도둑.

초적[3] 樵笛 (나무할 초, 피리 적). 나무하는[樵] 사람이 부는 피리[笛].

초-전기 焦電氣 (태울 초, 전기 전, 기운 기). 물리 결정체의 일부를 가열할[焦] 때에 겉면에 나타나는 전기(電氣).

초-전도 超傳導 (뛰어넘을 초, 전할 전, 이끌 도). ① 속뜻 전도(傳導)를 초월(超越)함. ② 물리 어떤 종류의 금속 또는 합금을 냉각할 때, 매우 낮은 온도에서 전기 저항이 사라져 전류가 장애 없이 흐르는 현상.

▸초전도-체 超傳導體 (몸 체). 물리 초전도(超傳導)를 나타낼 수 있는 물질[體].

초점 焦點 (태울 초, 점 점). ① 속뜻 광선을 모아 태우는[焦] 점(點). ② 사람들의 관심이나 시선이 집중되는 사물의 중심이나 문제점. ¶문제의 초점을 흐리다. ③ 시선이 어떤 대상에 집중하는 것. ¶초점 없는 눈으로 바라보다. ④ 물리 반사경이나 렌즈에 평행으로 들어와 반사·굴절한 광선이 모이는 점. 영어 'focus'의 어원은 '화로'(火爐)로, '연소점'(燃燒點)이 본뜻이다.

▸초점 거:리 焦點距離 (떨어질 거, 떨어질 리). 물리 렌즈나 구면경 따위의 중심에서 초점(焦點)까지의 거리(距離).

초정 草亭 (풀 초, 정자 정). 풀[草]이나 갈대 따위로 지붕을 얹은 정자(亭子). ¶초정에 홀로 앉아 책을 읽고 있다.

초조[1] **初潮** (처음 초, 바닷물 조). 처음[初]으로 월경이 나옴[潮]. ⓑ초경(初經).

초조[2] **焦燥** (태울 초, 마를 조). 애를 태우고[焦] 마음을 졸임[燥]. ¶자기 순서를 초조하게 기다리다.

초종 初終 (처음 초, 끝마칠 종). 장사(葬事)의 처음[初]부터 끝까지[終].

▸초-종성 初終聲 (소리 성). 언어 초성(初聲)과 종성(終聲).

▸초종-범절 初終凡節 (무릇 범, 알맞을 절). 초상에 관한 처음부터 끝까지[初終]의 모든[凡] 절차(節次).

▸초종-장사 初終葬事 (장사지낼 장, 일 사). 장사(葬事)의 처음부터 끝까지[初終]. ⓒ 초종.

초중종 初中終 (처음 초, 가운데 중, 끝마칠 종). ① 속뜻 처음[初]과 중간(中間)과 끝[終]. ② 문학 초장(初章)·중장(中章)·종장(終章). ③ 언어 초성(初聲)·중성(中聲)·종성(終聲).

초지[1] **草紙** (거칠 초, 종이 지). ① 속뜻 질감이 거친[草] 종이[紙]. ② 원고용지.

초지[2] **初志** (처음 초, 뜻 지). 처음[初]에 품은 뜻[志].

▸초지-일관 初志一貫 (한 일, 꿸 관). 처음에 세운 뜻[初志]을 한결같이 하나[一]로 끝까지 꿰뚫음[貫]. 의지를 이루려고 끝까지 밀고 나감. ¶신념을 갖고 평생을 초지일관하며 사는 것은 쉬운 일이 아니다.

초지[3] **草地** (풀 초, 땅 지). ① 속뜻 방목하기 좋은 넓은 풀[草]이 덮인 땅[地]. ② 목초를 가꾸어 놓은 땅.

초-지대 草地帶 (풀 초, 땅 지, 띠 대). 지리 온대 지방의 여름에 비가 적은 곳에서 키가 낮은 풀[草]이 우거진 지대(地帶).

초진 初診 (처음 초, 살펴볼 진). 처음[初]으로 진찰(診察)함.

초-진자 秒振子 (초 초, 떨칠 진, 접미사 자). 물리 1초(秒) 동안 반대쪽으로 가는 진자(振子).

초질-근 草質根 (풀 초, 바탕 질, 뿌리 근). ① 속뜻 풀[草]의 성질(性質)을 갖고 있는 뿌리[根]. ② 목질(木質)이 조금 들어 있어서 연한 뿌리.

초집[1] **抄集** (=抄輯, 뽑을 초, 모을 집). 어떤 글에서 필요한 부분만을 간략하게 뽑아서[抄] 모음[集]. 또는 그렇게 모은 글.

초집[2] **招集** (부를 초, 모을 집). 불러서[招] 모음[集].

초집[3] **草集** (거칠 초, 모을 집). 시문의 초고(草稿)를 모아[集] 엮은 책.

초창 草創 (거칠 초, 처음 창). ① 속뜻 거칠게[草] 처음[創] 시작함. ② 사업을 일으켜 시작함.

▸초창-기 草創期 (때 기). 어떤 것이 처음 시작된[草創] 시기(時期). ¶그의 회사는 초창기에 많은 어려움을 겪었다.

초책[1] **抄冊** (뽑을 초, 책 책). ① 속뜻 요점만 뽑아[抄] 쓴 책(冊). ② 초집(抄集)한 책.

초책[2] **草冊** (거칠 초, 책 책). 다듬지 않아 거칠고[草] 엉성하게 기록된 책(冊).

초청 招請 (부를 초, 부탁할 청). 남을 불러서[招] 무슨 일을 부탁함[請]. ¶초청 강연 / 친지들을 생일잔치에 초청하다. ⓑ초대(招待), 초빙(招聘).

▸초청-장 招請狀 (문서 장). 초청(招請)하는 내용을 적은 글[狀]. ¶전시회의 초청장을 보내오다.

▸초청 외:교 招請外交 (밖 외, 사귈 교). 정치 상대국의 중요한 인물을 초청(招請)하여 협력을 높이는 외교(外交) 방식. ⓑ초대외교(招待外交).

초체 草體 (거칠 초, 모양 체). 초서(草書)의 글씨체[體].

초초 草草 (거칠 초, 거칠 초). ① 속뜻 매우 거침[草+草]. ② 매우 간략함.

초추 初秋 (처음 초, 가을 추). ① 속뜻 첫[初] 가을[秋]. ② '음력 칠월'을 달리 이르는 말. ⓑ신추(新秋).

초춘 初春 (처음 초, 봄 춘). 봄[春]의 처음[初]. 이른 봄. ⓑ조춘(早春).

초출[1] **初出** (처음 초, 날 출). 처음[初]으로 나옴[出].

초출[2] **抄出** (뽑을 초, 날 출). 가려서 뽑아[抄] 냄[出].

초출[3] **超出** (뛰어넘을 초, 날 출). 뛰어나게[超] 특출(特出)함.

초-출사 初出仕 (처음 초, 날 출, 벼슬할 사). ① [속뜻] 벼슬을 한 뒤에 처음[初]으로 출사(出仕)하는 일. ② '일을 처음 손댐'을 비유하여 이르는 말.

초충 草蟲 (풀 초, 벌레 충). ① [속뜻] 풀[草]에서 사는 벌레[蟲]. ② [미술] 풀과 벌레를 그린 동양화.

초췌 憔悴 (수척할 초, 파리할 췌). 고생이나 병으로 몸이 수척하고[憔] 파리하다[悴]. ¶며칠 앓더니 얼굴이 초췌해졌구나!

초취 初娶 (처음 초, 장가들 취). 첫[初] 번 혼인으로 맞아들인 아내[娶]. [비]전처(前妻), 초실(初室).

초치 招致 (부를 초, 이를 치). 불러서[招] 이르게[致] 함. [비]소치(召致).

초-칠일 初七日 (처음 초, 일곱 칠, 날 일). 첫번째[初] 칠일(七日). 그 동안의 시간.

초침 秒針 (초 초, 바늘 침). 초(秒)를 가리키는 시계 바늘[針]. ¶초침이 가늘어서 거의 보이지 않는다.

초탈 超脫 (뛰어넘을 초, 벗을 탈). 세속을 뛰어넘어[超] 벗어남[脫]. [비]초세(超世), 초속(超俗).

초토[1] 草土 (풀 초, 흙 토). ① [속뜻] 짚 같은 풀[草]로 짠 자리와 흙[土]으로 삼은 베개를 베고 있는 중. ② '거상중'(居喪中)임을 이르는 말.

초토[2] 焦土 (태울 초, 흙 토). ① [속뜻] 까맣게 탄[焦] 흙[土]이나 땅. ② 불타 없어진 자리나 남은 재.

▸초토-화 焦土化 (될 화). 초토(焦土)가 됨[化].

▸초토 작전 焦土作戰 (일으킬 작, 싸울 전). [군사] 모든 시설이나 물자를 적군이 이용할 수 없도록 모조리 파괴하거나 불질러 없애는[焦土] 작전(作戰). [비]초토 전술(焦土戰術).

▸초토 전:술 焦土戰術 (싸울 전, 꾀 술). [군사] 초토 작전(焦土作戰).

초-특급 超特急 (뛰어넘을 초, 특별할 특, 급할 급). ① [속뜻] 특급(特急)보다 더[超] 빠름. ② [교통] '초특급 열차'(超特急列車)의 준말.

▸초특급 열차 超特急列車 (벌일 렬, 수레 차). [교통] 특급 열차(特急列車)보다 더[超] 빠르고 고급화된 열차. [준]초특급.

초판 初版 (처음 초, 책 판). ① [속뜻] 처음[初] 출간한 책[版]. ② [출판] 어떤 서적의 간본 중에 최초로 발행한 판. ¶초판은 일주일도 못되어 매진되었다.

초평 草坪 (풀 초, 들 평). 풀[草]이 무성한 벌판[坪].

초표 礁標 (암초 초, 나타낼 표). [해양] 바닷길의 안전을 위하여 암초(暗礁) 같은 곳에 세우는 경계표지(警戒標識).

초피 貂皮 (담비 초, 가죽 피). 족제비[貂]의 가죽[皮].

초필 抄筆 (베낄 초, 글씨 필). ① [속뜻] 베껴[抄] 쓴 붓글씨[筆]. ② 잔글씨를 쓰는 가느다란 붓.

초하 初夏 (처음 초, 여름 하). 여름[夏]의 처음[初]. 초여름.

초학 初學 (처음 초, 배울 학). ① [속뜻] 처음[初]으로 배움[學]. [비]초심(初心). ② 미숙한 학문.

▸초학-자 初學者 (사람 자). ① [속뜻] 처음[初] 배우기[學] 시작한 사람[者]. [비]초심자(初心者). ② 학문이 얕은 사람.

초한 初寒 (처음 초, 찰 한). 첫[初] 추위[寒].

초-합금 超合金 (뛰어넘을 초, 합할 합, 쇠 금). ① [속뜻] 일반 합금(合金)의 수준을 뛰어넘는[超] 합금. ② [공업] 일반적인 합금 성분에 강도를 높이는 텅스텐 따위의 성분을 다시 넣어 강도와 내식성을 유지하는 합금.

초항 初項 (처음 초, 항목 항). ① [속뜻] 첫[初] 조항(條項)이나 항목(項目). ② [수학] 수열이나 급수의 맨 첫째 항.

초해 稍解 (적을 초, 풀 해). 매우 조금[稍] 이해(理解)함.

▸초해-문자 稍解文字 (글자 문, 글자 자). 글자[文字]나 겨우 볼 정도[稍解]로 무식을 면함.

초행 初行 (처음 초, 갈 행). 처음[初]으로 감[行]. ¶초행이라 길을 잘 모르겠다.

초행-노숙 草行露宿 (풀 초, 갈 행, 이슬 로, 잠잘 숙). ① [속뜻] 풀[草]이 난 길을 가고[行] 이슬[露]을 맞으며 잠을 잠[宿]. ② 산이나 들에서 자며 여행함.

초헌 初獻 (처음 초, 바칠 헌). 제사지낼 때,

잔을 처음[初] 올리는[獻] 일.

초현 初弦 (처음 초, 시위 현). 천문 매달 조순(初旬)에 나타나는 활시위[弦] 모양의 초승달. ㊥상현(上弦).

초-현대적 超現代的 (뛰어넘을 초, 지금 현, 시대 대, 것 적). 현대(現代)를 뛰어넘을[超] 정도로 진보적인 것[的].

초-현실주의 超現實主義 (뛰어넘을 초, 지금 현, 실제 실, 주될 주, 뜻 의). 예술 현실(現實)을 초월(超越)한 세계를 표현하는 주의(主義).

초-현실파 超現實派 (뛰어넘을 초, 지금 현, 실제 실, 갈래 파). 미술 현실(現實)을 뛰어넘는[超] 세계를 표현하는 화파(畵派).

초혜 草鞋 (풀 초, 신 혜). 짚 따위의 풀[草]로 엮은 신[鞋]. 짚신.

초호[1] 礁湖 (암초 초, 호수 호). 지리 산호 초(礁) 때문에 섬 둘레에 바닷물이 호수(湖水)같이 얕게 괸 곳. ㊥환초호(環礁湖).

초호[2] 初號 (처음 초, 차례 호). ① 속뜻 처음[初] 간행된 호(號). '창간호'(創刊號)를 달리 이르는 말. 제1호. ② 출판 '초호 활자'(初號活字)의 준말.

▸초호 활자 初號活字 (살 활, 글자 자). 출판 활자 중 첫 번째[初號] 활자(活字). 2호 활자의 2배이다.

초혼[1] 初昏 (처음 초, 어두울 혼). 해가 지고 처음[初] 어두워지기[昏] 시작할 무렵. 어스름이 내릴 때.

초혼[2] 初婚 (처음 초, 혼인할 혼). ① 속뜻 첫[初] 혼인(婚姻). ㊫재혼(再婚). ② 개혼(開婚).

초혼[3] 招魂 (부를 초, 넋 혼). ① 속뜻 혼(魂)을 불러들임[招]. ② 발상(發喪)하기 전에 죽은 이의 혼을 부르는 일.

초화[1] 招禍 (부를 초, 재화 화). 화(禍)를 불러들임[招].

초화[2] 草花 (풀 초, 꽃 화). ① 속뜻 풀[草]에 핀 꽃[花]. 풀 종류의 꽃. ② 꽃이 피는 풀과 나무 또는 꽃이 없더라도 관상용이 되는 모든 식물을 통틀어 이르는 말. ㊥화초(花草).

초환 招還 (부를 초, 돌아올 환). 불러서[招] 돌아오게[還] 함.

초황 炒黃 (볶을 초, 누를 황). 한의 한약재를 누렇게[黃] 볶음[炒].

초회 初回 (처음 초, 돌 회). 첫[初] 번[回]. 첫 회.

초휴 初虧 (처음 초, 이지러질 휴). 천문 일식이나 월식 때, 해와 달이 이지러지기[虧] 시작하는[初] 때.

촉각[1] 觸角 (닿을 촉, 뿔 각). 동물 감촉(感觸) 기능을 가진 맡은 뿔[角] 모양의 기관. 절지동물의 머리에 있는 감각 기관으로, 후각, 촉각 따위를 맡는다.

촉각[2] 觸覺 (닿을 촉, 깨달을 각). 의학 무엇이 피부 등에 닿아서[觸] 일어나는 감각(感覺). 온도나 아픔 따위를 분간할 수 있다. ¶손끝의 촉각으로 점자를 읽다.

▸촉각-기 觸覺器 (그릇 기). 동물 촉각(觸覺)을 느끼는 기관(器官).

▸촉각-선 觸覺腺 (샘 선). 동물 촉각(觸覺)을 느끼는 샘[腺]. 갑각류의 제이 촉각의 기부(基部)에 있는 배설기의 한 가지이다.

촉감 觸感 (닿을 촉, 느낄 감). ① 속뜻 무엇에 닿는[觸] 느낌[感]. ¶이불의 촉감이 부드럽다. ② 의학 외부의 자극이 피부 감각을 통하여 전해지는 느낌. ③ 한의 찬 기운이 몸에 닿아서 병이 일어남. ㊥감촉(感觸), 촉각(觸覺), 촉상(觸傷).

촉고 數罟 (촘촘할 촉, 그물 고). 눈을 상당히 잘게 떠서 촘촘하게[數] 만든 그물[罟].

촉관 觸官 (닿을 촉, 벼슬 관). 동물 척추동물의 피부나 촉모, 곤충의 촉각 따위로 동물의 촉각(觸覺)을 맡는 감각 기관(感覺器官).

촉광 燭光 (촛불 촉, 빛 광). ① 속뜻 촛불[燭]의 빛[光]. ② 물리 빛의 세기를 나타내는 단위.

촉구 促求 (재촉할 촉, 구할 구). 무엇을 하기를 재촉[促]하여 요구(要求)함. ¶신속한 결정을 촉구하다.

촉규 蜀葵 (나라이름 촉, 접시꽃 규). ① 속뜻 촉(蜀) 지방에서 주로 나던 접시꽃[葵]. ② 식물 아욱과의 여러해살이풀. 높이 2미터 정도이며, 여름에 접시 모양의 크고 납작한 꽃이 핀다.

촉급 促急 (다가올 촉, 급할 급). 촉박(促迫)하여 몹시 급(急)함. ㊥촉박(促迫).

촉노 觸怒 (닿을 촉, 성낼 노). ① 속뜻 화[怒]를 촉발(觸發)함. ② 웃어른의 마음을 거슬러서 성을 내게 함. ¶대감의 촉노를 샀다.

촉대 燭臺 (촛불 촉, 돈대 대). 촛불[燭]을 꽂아두는 대(臺).

촉루 燭淚 (촛불 촉, 눈물 루). ① 속뜻 초[燭]의 눈물[淚]. ② '촛농'을 이르는 말.

촉망 屬望 (=囑望, 이을 촉, 바랄 망). 이어서[屬] 잘 되기를 바라고[望] 기대함. 또는 그런 대상. ¶장래가 촉망되는 사람. ㊐속망(屬望).

촉매 觸媒 (닿을 촉, 맺어줄 매). ① 속뜻 접촉(接觸)하여 변화하도록 맺어줌[媒]. ② 화학 자신은 결과적으로 아무런 반응이 일어나지 않으나 다른 물질의 반응을 촉진하거나 지연시키는 물질.

촉모 觸毛 (닿을 촉, 털 모). 동물 ①신경이 분포하여 촉각(觸覺)을 느끼는 털[毛]. 고양이나 쥐 따위의 수염처럼 대부분의 포유동물 윗입술의 위, 뺨, 턱, 사지 따위에 나는 뻣뻣한 털이다. ②절지동물의 촉각을 맡은 감각모.

촉목 矚目 (부탁할 촉, 눈 목). 눈[目]을 두고[矚] 자세히 봄. 무엇을 눈여겨봄.

▸촉목-상심 矚目傷心 (상할 상, 마음 심). 눈[目]에 띄는[矚] 것마다 마음[心]을 아프게[傷] 함.

촉박 促迫 (다가올 촉, 닥칠 박). 어떤 기한이나 시간이 바짝 다가오거나[促] 닥침[迫]. ¶시간이 촉박하니 용건만 말하겠다. ㊐촉급(促急).

촉발 觸發 (닿을 촉, 일으킬 발). ① 속뜻 사물에 닿아[觸] 어떤 느낌이 일어남[發]. ②무엇에 닿아 폭발함.

촉서 蜀黍 (나라이름 촉, 기장 서). ① 속뜻 촉(蜀)나라가 원산지인 기장[黍]. ② 식물 높이 2미터의 벼과 식물. 7~9월에 줄기 끝에서 이삭이 나와 가을에 익는다. 열매는 곡식이나 엿, 과자, 술, 떡 따위의 원료로 쓰고 줄기는 비를 만들거나 건축재로 쓴다. 수수.

촉석-루 矗石樓 (곧을 촉, 돌 석, 다락 루). ① 속뜻 곧고[矗] 큰 돌[石] 위에 세운 누각(樓閣). ② 고적 경상남도 진주시 본성동에 있는 누각. 남강에 면한 벼랑 위에 세워진 단층 팔작(八作)의 웅장한 건물로, 진주성의 주장대(主將臺)이다.

촉성 促成 (재촉할 촉, 이룰 성). 성장(成長)을 재촉함[促].

▸촉성 재:배 促成栽培 (심을 재, 북돋울 배). 농업 재촉[促]하여 빨리 자라도록[成] 하는 재배(栽培) 방식. 온상이나 비닐하우스 등에서 재배한다. ㊐속성 재배(速成栽培).

촉수[1] 促壽 (재촉할 촉, 목숨 수). 목숨[壽]을 재촉함[促]. 죽기를 재촉하여 수명이 짧아짐.

촉수[2] 燭數 (촛불 촉, 셀 수). 촉광(燭光)의 정도를 나타내는 수(數).

촉수[3] 觸手 (닿을 촉, 손 수). ① 속뜻 사물에 손[手]을 댐[觸]. ¶촉수 엄금. ② 동물 하등 무척추동물의 몸 앞부분이나 입 주위에 있는 돌기 모양의 기관. 촉각, 미각 따위의 감각 기관으로 포식 기능을 가진 것도 있다. ¶해파리가 촉수를 움직이다. ③물건을 쥐는 손. 보통 오른손을 이른다. ④'어떤 작용이나 행동이 미치는 영향이나 범위'를 비유하여 이르는 말.

촉수[4] 觸鬚 (닿을 촉, 수염 수). 동물 곤충이나 거미, 새우 따위의 입 주위에 있는 수염(鬚髥) 모양의 촉각(觸覺) 기관.

촉심 燭心 (촛불 촉, 가운데 심). 초[燭]의 심지[心]. ㊗심.

촉언 囑言 (부탁할 촉, 말씀 언). 부탁하는[囑] 말[言].

촉진[1] 促進 (재촉할 촉, 나아갈 진). 나아가도록[進] 재촉함[促]. ¶성장을 촉진하다.

촉진[2] 觸診 (닿을 촉, 살펴볼 진). 의학 환자의 몸을 손으로 만져서[觸] 진단(診斷)하는 일. 또는 그런 진찰법. 체온, 종창, 맥박 따위를 살핀다.

촉처 觸處 (닿을 촉, 곳 처). 닿는[觸] 곳[處].

▸촉처-봉패 觸處逢敗 (만날 봉, 패할 패). 가서 닥치는[觸] 곳[處]마다 어려움[敗]을 만남[逢].

촉탁 囑託 (부탁할 촉, 부탁할 탁). ① 속뜻 어떤 일을 부탁함[囑=託]. 또는 그 맡은 사람. ②공공 기관이나 단체에서 임시로 어떤 일을 맡아보는 직원.

촉혼 蜀魂 (나라이름 촉, 넋 혼). 촉(蜀)나라 사람의 죽은 넋[魂]이 소쩍새가 되었다는 전설에서, '소쩍새'를 이르는 말.

촉화 燭火 (촛불 촉, 불 화). 초[燭]에 켠 불[火]. ㊐촛불.

촌:가[1] 寸暇 (작을 촌, 겨를 가). 매우 짧은[寸] 짬[暇]. ㊥촌극(寸隙).

촌:가[2] 村家 (시골 촌, 집 가). 시골[村]의 집[家]. 시골집.

촌:각 寸刻 (작을 촌, 시각 각). 매우 짧은[寸] 시각(時刻). 매우 짧은 시간. ㊥촌음(寸陰), 촌시(寸時).

촌:간 村間 (마을 촌, 사이 간). ① 속뜻 마을과 마을[村]의 사이[間]. ②시골 사회. ③ 시골 마을 집들의 사이.

촌:거 村居 (시골 촌, 살 거). 시골[村]에서 삶[居].

촌:극[1] 寸隙 (작을 촌, 틈 극). 매우 짧은[寸] 겨를[隙]. 아주 짧은 틈.

촌:극[2] 寸劇 (작을 촌, 연극 극). ① 연영 매우 짧은[寸] 연극(演劇). ②'잠시 동안의 우스꽝스런 일이나 사건'을 이르는 말.

⁑**촌:락** 村落 (시골 촌, 마을 락). 시골[村]의 마을[落]. ¶강의 주변에는 촌락이 형성되어 있다. ㊥도시(都市).

▶촌:락 공:동체 村落共同體 (함께 공, 같을 동, 몸 체). 사회 촌락(村落)이 토지 공유제에 기초해 자급자족하며 이룬 공동체(共同體).

촌:로 村老 (시골 촌, 늙을 로). 시골[村]의 늙은이[老]. ㊥촌옹(村翁).

촌:맹 村氓 (시골 촌, 백성 맹). 시골[村]에 사는 백성[氓]. ㊥촌민(村民).

촌:민 村民 (시골 촌, 백성 민). 시골[村]에 사는 백성[民]. ㊥촌맹(村氓).

촌:-백성 村百姓 (시골 촌, 여러 백, 성씨 성). 시골[村]에서 사는 백성(百姓). ㊥촌맹(村氓).

촌:벽 寸碧 (마디 촌, 푸를 벽). ① 속뜻 한 조각[寸]의 푸른빛[碧]. ②구름 사이로 보이는 푸른 하늘.

촌:보 寸步 (마디 촌, 걸음 보). 몇 발자국[寸]의 걸음[步].

촌:부 村婦 (시골 촌, 여자 부). 시골[村]에 사는 여자[婦].

촌:성 寸誠 (작을 촌, 정성 성). 매우 작은[寸] 정성[誠]. ㊥촌충(寸衷).

촌:속 村俗 (시골 촌, 풍속 속). 시골[村]의 풍속(風俗).

촌:수 寸數 (관계 촌, 셀 수). 친족 간의 멀고 가까운 관계[寸]를 나타내는 수(數). 또는 그런 관계. ¶촌수가 가깝다 / 촌수를 따지다.

촌:시 寸時 (작을 촌, 때 시). 매우 짧은[寸] 시간(時間). ㊥잠시(暫時), 촌음(寸陰), 촌각(寸刻).

촌:심 寸心 (작을 촌, 마음 심). 매우 작은[寸] 마음[心]. ㊥촌지(寸志), 촌충(寸衷).

촌:야 村野 (마을 촌, 들 야). 시골의 마을[村]과 들[野].

촌:양 寸壤 (마디 촌, 땅 양). 한 토막[寸]의 땅[壤]. 얼마 안 되는 땅. ㊥촌토(寸土).

촌:-양반 村兩班 (시골 촌, 두 량, 나눌 반). ① 속뜻 시골[村]에 사는 양반(兩班). ②'촌사람'을 이르는 말.

촌:옹 村翁 (시골 촌, 늙은이 옹). 시골[村]에 사는 노인[翁]. ㊥촌로(村老).

촌:외 寸外 (관계 촌, 밖 외). ① 속뜻 촌수(寸數)의 밖[外]. ②'촌수로 따질 수 없는 먼 일가'를 일컬음. ㊥촌내(寸內).

촌:유 村儒 (시골 촌, 선비 유). 시골[村]에 사는 선비[儒].

촌:음 寸陰 (작을 촌, 시간 음). 매우 짧은[寸] 시간[陰]. 매우 짧은 시각. ㊥촌각(寸刻), 촌시(寸時).

촌:인 村人 (시골 촌, 사람 인). 시골[村]에 사는 사람[人].

촌:장[1] 寸長 (작을 촌, 길 장). 작은[寸] 장점(長點). 또는 대수롭지 않은 기능.

촌:장[2] 村庄 (시골 촌, 농막 장). 시골[村]에 있는 별장[庄]. 살림집 외에 경치 좋은 곳에 장만해 두는 집.

촌:장[3] 村長 (마을 촌, 어른 장). 마을 일을 두루 맡아보던 마을[村]의 어른[長]. ¶이 마을의 촌장은 꽤 젊은 편이다.

촌:장[4] 村莊 (시골 촌, 별장 장). 시골[村]에 있는 별장(別莊).

촌:저 寸楮 (마디 촌, 종이 저). ① 속뜻 한 치[寸]의 종이[楮]. ②썩 짧은 편지. ③'자기의 편지'를 겸손하게 이르는 말. ㊥촌지(寸紙).

촌:전 寸田 (마디 촌, 밭 전). ① 속뜻 한 치[寸]의 밭[田]. ②두 눈썹 사이. ㊥미간(眉

間).

▸촌:전-척토 寸田尺土 (자 척, 흙 토). ① 속뜻 한 치[寸]의 밭[田]과 한 자[尺]의 땅[土]. ② 얼마 안 되는 논밭.

촌:주 村酒 (시골 촌, 술 주). 시골[村] 민가에서 담근 술[酒]. ㊥토주(土酒), 촌탁(村濁).

촌:중 村中 (마을 촌, 가운데 중). ① 속뜻 마을[村] 가운데[中]. ② 온 마을.

촌:지[1] 寸地 (마디 촌, 땅 지). 한 치[寸]의 땅[地]. 매우 좁은 땅. ㊥척지(尺地).

촌:지[2] 寸志 (작을 촌, 마음 지). ① 속뜻 작은[寸] 마음[志]. ② 얼마 되지 않는 적은 선물. ¶촌지를 받기는 했지만 조용히 되돌려 주었다. ③ '자기의 선물'을 겸손하게 이르는 말.

촌:지[3] 寸紙 (마디 촌, 종이 지). ① 속뜻 한 치[寸]의 종이[紙]. ② 짧은 편지. ㊥촌저(寸楮).

촌:진척퇴 寸進尺退 (마디 촌, 나아갈 진, 자 척, 물러날 퇴). ① 속뜻 한 치[寸]를 나아갔다가[進] 한 자[尺]를 물러남[退]. ② 전진하기보다 오히려 후퇴함. ③ '얻는 것은 적고 잃는 것은 많음'을 비유하여 이르는 말.

촌:척 寸尺 (마디 촌, 자 척). ① 속뜻 한 치[寸]와 한 자[尺]. ② 얼마 되지 않는 것. ㊥척촌(尺寸).

촌:철 寸鐵 (작을 촌, 쇠 철). ① 속뜻 매우 작은[寸] 쇳조각[鐵]. ② 작고 날카로운 쇠붙이나 무기. ③ '경계하는 말이나 글귀'를 비유하여 이르는 말.

▸촌:철-살인 寸鐵殺人 (죽일 살, 사람 인). ① 속뜻 한 치[寸]의 쇠붙이[鐵]만으로도 사람[人]을 죽일[殺] 수 있음. ② 남을 크게 감동시키는 한마디 말을 비유하여 이르는 말. ¶촌철살인의 한마디 말에 모두 깨달은 바가 있었다.

촌:초 寸秒 (작을 촌, 초 초). 매우 짧은[寸] 시간[秒].

촌:촌 村村 (마을 촌, 마을 촌). 여러 마을[村+村]. 또는 각각의 마을. ¶촌촌마다 초가가 많았다.

▸촌:촌-걸식 村村乞食 (빌 걸, 밥 식). 마을마다[村村] 다니며 밥[食]을 구걸(求乞)함.

촌:충[1] 寸衷 (작은 촌, 속마음 충). ① 속뜻 작은[寸] 속마음[衷]. ㊥촌심(寸心). ② 작은 정성. ㊥촌성(寸誠).

촌:충[2] 寸蟲 (마디 촌, 벌레 충). ① 속뜻 마디[寸]로 이어진 모양의 벌레[蟲]. ② 동물 창자에 기생하며 체벽에서 영양을 빨아먹는 마디 모양으로 생긴 기생충.

촌:탁[1] 忖度 (헤아릴 촌, 헤아릴 탁). 헤아림[忖=度]. 남의 마음을 미루어 헤아림. ㊥요탁(料度).

촌:탁[2] 村濁 (시골 촌, 흐릴 탁). 시골[村]에서 만든 탁주(濁酒). ㊥촌주(村酒).

촌:토 寸土 (마디 촌, 땅 토). ① 속뜻 한 치[寸]의 땅[土]. ② 얼마 안 되는 좁은 논밭. ㊥척지(尺地), 촌양(寸壤).

촌:평 寸評 (작을 촌, 평할 평). 매우 짧은[寸] 비평(批評). 아주 짧게 비평함.

촌:항 村巷 (시골 촌, 골목 항). 시골[村]의 골목[巷].

총가 銃架 (총 총, 시렁 가). 군사 총(銃)을 걸쳐두는 받침대[架]. ㊥총대(銃臺). ¶총가에 총을 놓아두었다.

총:각 總角 (묶을 총, 뿔 각). 상투를 틀지 않은 '결혼하지 않은 성년 남자'를 이르는 말. 미혼 남성들은 머리를 뿔[角] 모양으로 묶었던[總] 풍습에서 유래된 것으로 추정된다. ¶총각무 / 총각김치 / 옆집 형이 드디어 총각 딱지를 떼었다. ㉤처녀(處女).

총:-감독 總監督 (거느릴 총, 볼 감, 살필 독). 총괄(總括)하여 감독(監督)함. 또는 그 사람.

총강 總綱 (묶을 총, 벼리 강). 벼리[綱]가 되는 주요 부분을 묶어[總] 놓은 것. 총괄(總括)한 전체의 대강(大綱).

총검 銃劍 (총 총, 칼 검). ① 속뜻 총(銃)과 검(劍). ② 대검(帶劍). ③ 대검을 꽂은 소총. ㊥총창(銃槍). ④ 무기를 비유하여 이르는 말.

▸총검-술 銃劍術 (꾀 술). 군사 총검(銃劍)으로 적을 치거나 막거나 하는 기술(技術).

총격 銃擊 (총 총, 칠 격). 총기(銃器)로 공격(攻擊)함. ¶총격을 가하다.

▸총격-전 銃擊戰 (싸울 전). 서로 총(銃)을 쏘면서[擊] 하는 싸움[戰]. ¶거리에서 총격전을 벌이다.

총:결 總結 (묶을 총, 맺을 결). 어떤 일을

하나로 묶어[總] 끝을 맺음[結].

총:-결산 總決算 (모두 총, 결정할 결, 셀 산). ① [경제] 수입과 지출에 대한 모든[總] 결산(決算). ② 일의 끝매듭을 짓는 일.

총:경 總警 (거느릴 총, 지킬 경). ① [속뜻] 경정(警正)을 부하로 거느림[總]. ② 경찰 공무원 계급의 하나. 경무관의 아래, 경정의 위이다.

총:계 總計 (묶을 총, 셀 계). 전체를 한데 모아서[總] 헤아림[計]. ¶이번 달 지출의 총계를 내다. [비]합계(合計).

총:-계정 總計定 (모두 총, 셀 계, 정할 정). 모든[總] 계정(計定). 전체 계정.

총:-공격 總攻擊 (모두 총, 칠 공, 칠 격). 전원 모두[總]가 적을 공격(攻擊)함. ¶대규모의 총공격을 가하다.

총:관[1] 摠管 (모두 총, 관리할 관). ① [속뜻] 모두[摠]를 관리(管理)함. ② [역사] 신라 때, 각 고을에 군대를 통솔하던 벼슬. 군주(軍主). ③ [역사] 조선 때, 오위도총부의 도총관과 부총관. ④ [역사] 대한 제국 때, 경위원·승녕부 등의 우두머리 벼슬.

총:관[2] 總管 (모두 총, 관리할 관). 여러 가지 업무를 통틀어서[總] 관리(管理)함.

총:관[3] 總觀 (모두 총, 볼 관). 전체[總]를 대충 살펴봄[觀].

총:괄 總括 (묶을 총, 묶을 괄). ① [속뜻] 개별적인 것을 하나로 묶음[總=括]. ¶전국의 민요를 총괄하여 분류하다. ② [논리] 여러 개의 개념을 모아 묶어서 외연이 큰 하나의 개념으로 포괄함. [비]총람(總攬).

총구 銃口 (총 총, 구멍 구). 총(銃)의 구멍[口]. 총알이 나가는 앞부분. ¶총구를 심장에 겨누다. [비]총구멍.

총:국 總局 (묶을 총, 관청 국). 어떤 구역 내의 지국(支局)들을 관할하면서[總] 본사와 연결하는 부서[局].

총기[1] 銃器 (총 총, 그릇 기). 소총(小銃)이나 권총(拳銃) 따위 무기(武器). ¶범인은 총기를 소지하고 있다.

총기[2] 聰氣 (총명할 총, 기운 기). 총명(聰明)한 기질(氣質). ¶이 아이는 총기가 있어서 한 번 들으면 곧잘 외운다.

총:기[3] 總記 (모두 총, 기록할 기). 전체[總]를 정리하여 적음[記].

총가[4] 叢記 (모일 총, 기록할 기). 여러 가지를 모아서[叢] 적음[記].

총달 聰達 (총명할 총, 통달할 달). ① [속뜻] 총명(聰明)하고 달통(達通)함. ② 슬기롭고 사리에 밝다. ¶총달한 그의 인품.

총대[1] 銃隊 (총 총, 무리 대). [군사] 총(銃)으로 무장한 군대(軍隊).

총:대[2] 總代 (거느릴 총, 대신할 대). 어떤 일을 대신(代身)하여 총괄(總括)함. 또는 그런 사람

총:-대장 總大將 (거느릴 총, 큰 대, 장수 장). 전군을 거느리는[總] 우두머리[大] 장수(將帥). [비]총수(總帥).

총:독 總督 (거느릴 총, 살필 독). 하위 조직을 거느리고[總] 감독(監督)함. 또는 그런 사람.

▶총:독-부 總督府 (관청 부). 총독(總督)에 관계된 업무를 하는 관청[府]. ¶조선 총독부.

총:동맹 파:업 總同盟罷業 (모두 총, 한가지 동, 맹세할 맹, 그만둘 파, 일 업). ① [속뜻] 같은 분야의 사람들이나 조직이 모두[總] 일[業]을 그만두기로[罷] 함께[同] 맹세함[盟]. ② [사회] 통일된 지도 아래, 전국적으로나 지역적으로 또는 어떤 산업 전반에 걸쳐 행해지는 대규모의 파업.

총:-동원 總動員 (모두 총, 움직일 동, 사람 원). 관계자를 모두[總] 동원(動員)함. ¶식구들을 총동원하여 잃어버린 아이를 찾았다.

총:람[1] 總覽 (모두 총, 볼 람). ① [속뜻] 전체[總]를 두루 살펴봄[覽]. ② 어떤 사물에 관한 것을 종합적으로 살펴볼 수 있도록 엮은 책.

총:람[2] 總攬 (묶을 총, 잡을 람). 모든 일을 한데 묶어[總] 관할함[攬]. [비]총할(總轄).

총:량 總量 (모두 총, 분량 량). 모든[總] 양(量). 전체 분량. ¶상품의 총량은 2톤이다.

총:력 總力 (모두 총, 힘 력). 집단 따위의 모든[總] 힘[力]. 전체의 힘. ¶조직의 총력을 기울이다.

▶총:력-전 總力戰 (싸울 전). 한 나라가 모든 국력[總力]을 기울여서 하는 전쟁(戰爭).

총:령 總領 (모두 총, 거느릴 령). 모든[總]

것을 거느림[領].

총:록 總錄 (묶을 총, 기록할 록). 전체를 모아서[總] 적은 기록(記錄).

총:론[1] 總論 (묶을 총, 논할 론). ① 속뜻 전체를 총괄(總括)하는 이론(理論). ② 글의 첫머리에 그 대강을 적은 글. ③ 어떤 분야에 대한 일반이론을 전반적으로 서술한 글. ⓑ 각론(各論).

총론[2] 叢論 (모일 총, 논할 론). 논문(論文)이나 논설(論說)을 모두 모아[叢] 놓은 것.

총:류 總類 (묶을 총, 무리 류). 사전, 도감, 연감, 총서 등과 같이 여러 분야를 뭉뚱그린[總] 도서의 종류(種類).

총:리 總理 (거느릴 총, 다스릴 리). ① 속뜻 전체를 거느리고[總] 관리(管理)함. ② 법률 '국무총리'(國務總理)의 준말. ③ 내각 책임제 국가의 내각에서 제일 높은 사람.

▶총:리-대신 總理大臣 (큰 대, 신하 신). 역사 ① 조선 정조 때, 화성(華城)의 축성을 총괄하던[總理] 대신(大臣). ② 조선 말, 통리기무아문의 장관직. ③ 대한 제국 때, 영의정을 고친 이름.

총림 叢林 (모일 총, 수풀 림). ① 속뜻 많은 나무가 모여[叢] 우거진 숲[林]. ② 불교 많은 승려가 모여 불도를 닦거나 좌선을 하는 도량을 이르는 말.

총망 悤忙 (바쁠 총, 바쁠 망). 매우 바쁨[悤=忙]. ¶총망중에 찾아와 주셔서 감사합니다.

총:-망라 總網羅 (묶을 총, 그물 망, 새그물 라). ① 속뜻 그물[網=羅]을 한데 묶음[總]. ② 전체를 빠뜨리지 않고 골고루 넣음.

총:-면적 總面積 (모두 총, 쪽 면, 쌓을 적). 전체[總]의 넓이[面積]. 총넓이. ¶건물의 총면적을 계산하다.

총명 聰明 (밝을 총, 밝을 명). ① 속뜻 귀가 밝고[聰] 눈이 밝음[明]. ② 썩 영리하고 재주가 있음. ¶아이가 하나를 가르쳐 주면 열을 알 만큼 총명하다. ③ 보거나 들은 것을 오래 기억하는 힘이 있음. ⓑ 총칭(總稱).

▶총명-기 聰明記 (기록할 기). ① 속뜻 보고 들은 것을 오래 기억하기[聰明] 위하여 중요한 골자를 적어[記] 둔 것. ⓑ 비망록(備忘錄). ② 남에게 물건을 보낼 때 물건의 이름을 적은 목록.

▶총명-예지 聰明叡智 (슬기로울 예, 슬기지). ① 속뜻 총명(聰明)하고 예지(叡智)가 있음. ② 주로 임금이 슬기로움을 칭송하여 이르는 말. ⓒ 총예.

▶총명-호학 聰明好學 (좋을 호, 배울 학). 재주가 있고 영리하며[聰明] 학문(學問)을 좋아함[好].

총:목 總目 (모두 총, 눈 목). 서적 전체[總]의 목록(目錄).

총묘 塚墓 (무덤 총, 무덤 묘). 무덤[塚=墓].

총:무 總務 (모두 총, 일 무). ① 속뜻 기관이나 단체의 일반적인 모든[總] 사무(事務). 또는 그 일을 맡은 사람. ¶작년에 총무였던 그가 동창회의 새 회장이 되었다. ② 정치 '원내 총무'(院內總務)의 준말.

▶총:무-처 總務處 (곳 처). 법률 여러 행정 업무(業務)를 총괄(總括)하여 처리하는 중앙 행정 기관[處].

총민 聰敏 (총명할 총, 재빠를 민). 총명(聰明)하고 민첩(敏捷)함. ⓑ 명민(明敏).

총:보 總譜 (모두 총, 적어놓을 보). ① 속뜻 바둑에서, 승부의 처음부터 끝까지 모든[總] 것을 한눈에 알 수 있도록 표시한 기보(棋譜). ② 음악 모음 악보.

총:-본부 總本部 (묶을 총, 뿌리 본, 거느릴 부). 전체를 통합하는[總] 본부(本部).

총:-본산 總本山 (묶을 총, 뿌리 본, 절 산). ① 불교 전체 절을 통합하는[總] 중심[本]이 되는 절[山]. ② '사물의 근원' 또는 '통할하는 곳'을 비유하여 이르는 말.

총:-본영 總本營 (묶을 총, 뿌리 본, 집 영). 여러 기관을 통합하여[總] 사무를 총괄하여 통제하는 본영(本營).

총:-사령관 總司令官 (거느릴 총, 맡을 사, 명령 령, 벼슬 관). 군사 전군을 거느리는[總] 최고 사령관(司令官).

총:-사령부 總司令部 (묶을 총, 맡을 사, 명령 령, 나눌 부). 군사 전군을 통합하는[總] 최고 사령부(司令部).

총:-사직 總辭職 (모두 총, 물러날 사, 일 직). 구성원 모두[總] 사직(辭職)함.

총살 銃殺 (총 총, 죽일 살). ① 속뜻 총(銃)으로 쏘아 죽임[殺]. ② 법률 '총살형'(銃殺刑)의 준말. ¶총살에 처하다.

▶총살-형 銃殺刑 (형벌 형). 법률 총(銃)으로 쏘아 죽이는[殺] 형벌(刑罰).

총상[1] **銃床** (총 총, 평상 상). ① 속뜻 총(銃)을 놓는 평상[床] 같은 받침대. ② 총열을 장치한 전체의 나무. ㊥총대.

총상[2] **銃傷** (총 총, 다칠 상). 총(銃)에 맞아 다침[傷]. ¶어깨에 총상을 입다.

총:상 화서 總狀花序 (묶을 총, 형상 상, 꽃 화, 차례 서). 식물 하나의 꽃자루에 묶여있는[總] 모양[狀]으로 꽃[花]이 피는 차례[序]. ㊟총상.

총생 叢生 (모일 총, 날 생). 식물 풀이나 나무 따위가 더부룩하게 무더기[叢]로 남[生].

총:-생산 總生産 (모두 총, 날 생, 낳을 산). 국민 전체[總]가 생산(生産)한 것의 가치를 화폐단위로 나타낸 것. ¶국민 총생산.

총서 叢書 (모일 총, 책 서). 제목 같은 것이 모아져[叢] 있는 여러 권의 책[書].

총:선 總選 (모두 총, 고를 선). 모든 국회의원을 다시 뽑는 '총선거'(總選擧)의 준말.

총:-선거 總選擧 (모두 총, 고를 선, 들 거). 국회의원 모두[總]를 한꺼번에 선출하는 선거(選擧). ㊟총선.

총:설[1] **總說** (묶을 총, 말씀 설). 전체의 내용을 요약한[總] 논설(論說).

총설[2] **叢說** (모일 총, 말씀 설). 모아[叢] 놓은 여러 학설이나 논설(論說).

총성 銃聲 (총 총, 소리 성). 총(銃)을 쏠 때 나는 소리[聲]. 총소리. ¶총성이 울리다.

총:-소득 總所得 (모두 총, 것 소, 얻을 득). 모든[總] 소득(所得). 소요 경비를 제하지 않은 총수입. ¶총소득이 많지 않아 소득세를 감면 받았다.

총수[1] **銃手** (총 총, 사람 수). 총(銃)을 쏘는 사람[手].

총:수[2] **總帥** (거느릴 총, 장수 수). ① 속뜻 전군을 거느리는[總] 장수[帥]. ② '큰 조직이나 집단의 우두머리'를 이르는 말.

총:수[3] **總數** (모두 총, 셀 수). 전체[總] 수효(數爻). ¶사망자의 총수를 헤아릴 수 없을 정도다.

총:-수량 總數量 (모두 총, 셀 수, 분량 량). 전체[總] 수량(數量).

총:-수입 總收入 (모두 총, 거둘 수, 들 입). 전체[總] 수입(收入). ¶그는 한 달 총수입이 백만 원 정도다. ② 경제 재화의 공급에서 생산자가 얻은 화폐 수입의 총액. 재화의 가격에 기업의 판매량을 곱한 금액. ㊥총소득(總所得). ㊥총지출(總支出).

총신[1] **銃身** (총 총, 몸 신). 총(銃)의 몸통[身] 부분.

총:신[2] **寵臣** (사랑할 총, 신하 신). 총애(寵愛)를 받는 신하(臣下). ㊥행신(幸臣).

총:아 寵兒 (사랑할 총, 아이 아). ① 속뜻 총애(寵愛) 받는 아이[兒]. ② 인기가 좋은 사람. ③ 시운을 타고 출세한 사람.

총안 銃眼 (총 총, 눈 안). 군사 토치카나 장갑차 따위에 총(銃)을 쏠 수 있도록 뚫어 놓은 구멍[眼].

총:애 寵愛 (사랑할 총, 사랑 애). ① 속뜻 남달리 귀여워하고 매우 사랑함[寵=愛]. ¶왕은 그를 총애한다. ② 가톨릭 하나님의 사랑.

총:액 總額 (모두 총, 액수 액). 모두[總]를 합한 액수(額數). ¶지출 총액은 천만 원을 훨씬 넘는다. ㊥전액(全額).

총:-역량 總力量 (모두 총, 힘 력, 분량 량). 모든[總] 역량(力量).

총:-영사 總領事 (거느릴 총, 거느릴 령, 섬길 사). 법률 국교가 있는 나라에 머물면서 재외 국민을 거느리고[領] 나라를 섬기는[事] 모든 일을 관리하는[總] 직책.

총오 聰悟 (총명할 총, 총명할 오). 매우 총명함[聰=悟].

총요 悤擾 (바쁠 총, 어지러울 요). 어지러울[擾] 정도로 바쁨[悤].

총:욕 寵辱 (사랑할 총, 욕될 욕). 사랑[寵]과 수치[辱].

총:원[1] **總員** (모두 총, 사람 원). 한 조직의 모든[總] 사람들[員]. '총인원'의 준말.

총:원[2] **總願** (모두 총, 바랄 원). 불교 모든[總] 불보살의 서원(誓願). 중생을 제도함, 번뇌를 끊음, 가르침을 배움, 불도를 깨달음의 네 가지를 이른다. ㊥별원(別願).

총:유 總有 (묶을 총, 있을 유). 사회 하나의 물건을 여럿이 공동으로[總] 소유(所有)하는 것.

총-유탄 銃榴彈 (총 총, 석류나무 류, 탄알 탄). 군사 소총(小銃)으로 쏘는 유탄(榴彈). 수류탄보다 멀리 날아간다.

총:의 總意 (모두 총, 뜻 의). 전체[總]의 공통된 의사(意思).

총:-인구 總人口 (모두 총, 사람 인, 입 구). ① 속뜻 전체[總]의 인구(人口). ② 어떤 나라나 지역에 사는 사람들의 전체 수효. ¶총인구의 절반 이상이 굶주린다.

총:-인원 總人員 (모두 총, 사람 인, 수효 원). 어떤 단체나 모임에 속한 모든[總] 사람[人員]. ¶우리 반의 총인원은 35명이다.

총:장 總長 (묶을 총, 어른 장). ① 속뜻 모든 업무를 총괄(總括)하는 우두머리[長]. ② 교육 종합 대학의 총책임자. ¶김 교수가 총장에 취임하다.

총:재 總裁 (묶을 총, 처리할 재). 사무를 총괄(總括)하여 처리함[裁]. 또는 그런 직위의 사람. ¶은행 총재.

총:-적량 總積量 (모두 총, 쌓을 적, 분량 량). 배, 자동차, 기차 따위에 짐을 실을[積] 수 있는 양(量)의 종합(總合).

총:점 總點 (모두 총, 점 점). 전체[總]의 점수(點數). 득점의 총계. ¶다섯 과목의 시험 총점은 495점이다.

총:-정리 總整理 (묶을 총, 가지런할 정, 다듬을 리). 어떤 내용을 모아서[總] 잘 정리(整理)해 놓은 것. ¶국어 총정리 문제집.

총좌 銃座 (총 총, 자리 좌). ① 속뜻 총(銃)을 놓는 자리[座]. ② 사격할 때 총을 얹어 놓는 대.

총주 塚主 (무덤 총, 주인 주). 무덤[塚]의 주인(主人).

총죽 叢竹 (모일 총, 대나무 죽). 무더기[叢]로 난 대나무[竹].

총죽지교 蔥竹之交 (파 총, 대나무 죽, 어조사 지, 사귈 교). ① 속뜻 파[蔥]피리를 불며 죽마(竹馬)를 타고 함께 놀던 사이[交]. ② 어렸을 때부터 같이 자란 교분. ㊊죽마고우(竹馬故友).

총준 聰俊 (총명할 총, 뛰어날 준). 총명(聰明)하고 준수(俊秀)함.

총중 叢中 (무더기 총, 가운데 중). ① 속뜻 무더기[叢] 가운데[中]. ② 많은 사람 가운데.

총중고골 塚中枯骨 (무덤 총, 가운데 중, 마를 고, 뼈 골). ① 속뜻 무덤[塚] 속[中]의 마른[枯] 뼈[骨]. ② '핏기 없이 몹시 여윈 사람'을 비유하여 이르는 말.

총:-지출 總支出 (모두 총, 가를 지, 날 출). 어떤 목적을 위하여 지출(支出)한 모든[總] 돈. ㊥총수입(總收入).

총:-지휘 總指揮 (묶을 총, 손가락 지, 휘두를 휘). 전체를 총괄(總括)하여 지휘(指揮)함.

총진 銃陣 (총 총, 진칠 진). 총(銃)으로 싸우는 군인들의 진영(陣營).

총:집[1] 總執 (거느릴 총, 잡을 집). 권력 따위를 잡고[執] 다스림[總]. ㊊총람(總攬).

총:집[2] 總集 (묶을 총, 모을 집). 여러 사람의 작품을 한 군데 묶어[總] 만든 시문집(詩文集).

총집[3] 叢集 (모일 총, 모일 집). 모임[叢=集].

총:찰 總察 (묶을 총, 살필 찰). 총괄(總括)하여 살핌[察].

총창 銃槍 (총 총, 창 창). 총(銃)과 창(槍)을 아울러 이르는 말.

총:-책임자 總責任者 (모두 총, 꾸짖을 책, 맡길 임, 사람 자). 모든[總] 책임[責]을 맡은[任] 사람[者]. ㊟총책.

총:-천연색 總天然色 (모두 총, 자연 천, 그러할 연, 빛 색). 온통[總] 천연색(天然色)임.

총:첩 寵妾 (사랑할 총, 첩 첩). 특별히 귀여움과 사랑[寵]을 받는 첩(妾).

총:체 總體 (모두 총, 몸 체). ① 속뜻 온[總] 몸[體]. ② 어떤 사물의 모든 것. 전체.

총총[1] 蔥蔥 (푸를 총, 푸를 총). 매우 푸르름[蔥+蔥].

총총[2] 叢叢 (모일 총, 모일 총). 매우 많이 모여 있음[叢+叢]. 빽빽함.

총총[3] 悤悤 (바쁠 총, 바쁠 총). 바쁘고[悤] 바쁨[悤]. 매우 바쁨. ¶그는 누군가에게 쫓기듯이 총총 사라졌다 / 생활이 너무 총총해서 편지 한 장 쓸 겨를이 없다.

▸**총총 난필** 悤悤亂筆 (어지러울 란, 글씨 필). ① 속뜻 바쁘게[悤悤] 마구[亂] 쓴 글씨[筆]. ② 자신의 글씨를 겸손하게 이르는 말.

총:-출동 總出動 (모두 총, 날 출, 움직일 동). 모두[總] 출동(出動)함.

총:칙 總則 (묶을 총, 법 칙). 전체를 통괄하는[總] 규칙(規則). ㊥각칙(各則).

총:칭 總稱 (묶을 총, 일컬을 칭). 모두 뭉뚱그려[總] 일컬음[稱]. 또는 그 명칭. ¶이런 동물들을 포유류라고 총칭한다.

총탄 銃彈 (총 총, 탄알 탄). 총(銃)의 탄알[彈]. ¶그는 적군의 총탄을 맞고 쓰러졌다. ㊥총알, 탄환(彈丸).

총통¹ 銃筒 (총 총, 대롱 통). ① 속뜻 총(銃)의 대롱[筒]. ② 역사 조선 때, 화기를 통틀어 이르던 말. 화전, 화통, 화포 따위.

총:통² 總統 (묶을 총, 거느릴 통). ① 속뜻 총괄(總括)하여 다스림[統]. ② 대만 국민 정부의 최고 관직. ③ 역사 나치스 등 독재 정부의 최고 관직.

총:-파업 總罷業 (모두 총, 그만둘 파, 일 업). 사회 모두[總] 일[業]을 멈춤[罷]. '총동맹 파업'(總同盟罷業)의 준말.

총:판 總販 (모을 총, 팔 판). ① 속뜻 어떤 상품을 한데 합쳐서[總] 도맡아 팖[販]. '총판매'의 준말. ② 총판장. ¶판매 문제는 총판에 위탁하였다.

총:-판매 總販賣 (묶을 총, 팔 판, 팔 매). 어떤 상품을 하나로 묶어[總] 판매(販賣)함. ㊟총판.

총:평 總評 (묶을 총, 평할 평). 모두를 총괄(總括)한 평가(評價).

총포 銃砲 (총 총, 대포 포). 총(銃)과 대포(大砲). ¶시민들에게 총포를 겨누었다.

총:할 總轄 (묶을 총, 다스릴 할). 총괄(總括)하여 다스림[轄]. ㊥총람(總攬).

총:합 總合 (모두 총, 합할 합). 전부[總]를 합(合)함. 합한 전부. ㊥총화(總和).

총형 銃刑 (총 총, 형벌 형). 법률 총(銃)으로 쏘아 죽이는 형벌(刑罰). '총살형'(銃殺刑)의 준말.

총혜 聰慧 (총명할 총, 슬기로울 혜). 총명(聰明)하고 지혜(智慧)로움.

총화¹ 銃火 (총 총, 불 화). 총(銃)을 쏠 때 나오는 불빛[火]. ㊥철화(鐵火).

총:화² 總和 (모두 총, 합칠 화). ① 속뜻 전체[總]를 합한[和] 수. ㊥총계(總計). ② 전체의 화합.

총화³ 叢話 (모일 총, 이야기 화). 갖가지 이야기[話]를 모은[叢] 책.

총환 銃丸 (총 총, 알 환). 총(銃)에 장착하는 탄알[丸]. ㊥총탄(銃彈).

총:회 總會 (모두 총, 모일 회). ① 속뜻 어떤 단체에서 구성원 전체[總]의 모임[會]. ¶유엔 총회 / 정기 총회를 열다. ② 법률 구성원 전원으로 조직되고 법인의 의사를 결정하는 사단 법인의 기관. ㊥부회(部會).

총:획 總畫 (모두 총, 획 획). 한 한자의 전체[總] 획(畫) 수.

총:희 寵姬 (사랑할 총, 아가씨 희). 총애(寵愛)를 받는 여자[姬].

촬상-관 撮像管 (찍을 촬, 모양 상, 대롱 관). ① 속뜻 형상(形像)을 찍는[撮] 전자관[管]. ② 전기 상을 광학 상태에서 전기 신호로 바꾸는 특수 전자관.

촬영 撮影 (찍을 촬, 모습 영). 사람이나 사물의 모습[影]을 찍음[撮]. ¶영화 촬영 / 기념사진을 촬영하다.

▶촬영-기 撮影機 (틀 기). 영화나 사진을 촬영(撮影)하는 기계(機械).

▶촬영-소 撮影所 (곳 소). 사진이나 영화를 촬영(撮影)하는 곳[所].

▶촬영 대본 撮影臺本 (무대 대, 책 본). ① 속뜻 촬영(撮影)을 위하여 무대(舞臺)에서 쓰이는 책[本]. ② 연영 영화나 텔레비전 드라마의 촬영을 위하여 각본을 바탕으로 필요한 모든 사항을 기록한 것.

최:강 最強 (가장 최, 강할 강). 가장[最] 강(強)함. ¶대표팀 감독은 국내 최강의 팀을 구성했다.

최:고¹ 最古 (가장 최, 옛 고). 가장[最] 오래됨[古]. ㊘최신(最新).

최고² 催告 (재촉할 최, 알릴 고). ① 속뜻 재촉하는[催] 뜻을 알림[告]. ② 법률 상대편에게 일정한 행위를 하도록 독촉하는 통지를 하는 일.

*__최:고³ 最高__ (가장 최, 높을 고). ① 속뜻 가장[最] 높음[高]. ¶최고로 속도를 내다. ② 가장 으뜸이 되는 것. ¶선생님이 최고에요. ㊘최저(最低).

▶최:고-가 最高價 (값 가). 가장[最] 높은[高] 가격(價格). ㊘최저가(最低價).

▶최:고-권 最高權 (권리 권). 가장[最] 높은[高] 층의 권리(權利).

▶최:고-봉 最高峯 (봉우리 봉). ① 속뜻 가장[最] 높은[高] 봉우리[峯]. ¶그는 히말

라야의 최고봉을 정복했다. ②어떤 방면에서 '가장 뛰어남'을 비유하여 이르는 말. ¶그의 작품은 현대문학의 최고봉이다. ⓑ주봉(主峰), 대가(大家).

▸최:고-선 最高善 (착할 선). 철학 인간 생활의 가장[最] 높은[高] 도덕적 이상[善]을 이르는 말. ⓑ지고선(至高善).

▸최:고-신 最高神 (귀신 신). 여러 신 중, 가장[最] 높은[高] 지위의 신(神). ⓑ지상신(至上神).

▸최:고-점 最高點 (점 점). ① 속뜻 가장[最] 높은[高] 점수(點數). ②가장 높은 지점.

▸최:고-품 最高品 (물건 품). 가장[最] 높은[高] 수준의 물품(物品). ⓑ극상품(極上品).

▸최:고 학부 最高學府 (배울 학, 관청 부). ① 속뜻 가장[最] 높은[高] 수준의 학부(學府). ② 교육 '대학'을 달리 이르는 말.

▸최:고 온도계 最高溫度計 (따뜻할 온, 정도 도, 셀 계). 물리 일정 시간 내의 가장[最] 높은[高] 온도(溫度)를 재는[計] 기계.

최:-고급 最高級 (가장 최, 높을 고, 등급 급). 가장[最] 높은[高] 등급(等級). ¶최고급 프랑스 요리.

최:-고도 最高度 (가장 최, 높을 고, 정도 도). 가장[最] 높은[高] 등위나 정도(程度).

최:-고조 最高潮 (가장 최, 높을 고, 바닷물 조). ① 속뜻 가장[最] 높이[高] 올라온 조수(潮水). ②어떤 분위기나 감정 따위가 가장 높은 정도에 이른 상태. ¶축제 분위기는 최고조에 달했다.

최:구 最久 (가장 최, 오랠 구). 가장[最] 오래됨[久].

최:귀 最貴 (가장 최, 귀할 귀). 가장[最] 귀(貴)함.

⁑**최:근 最近** (가장 최, 가까울 근). ① 속뜻 가장[最] 가까운[近] 때. ②현재를 기준한 앞뒤의 가까운 시기. ¶최근 들어 많은 변화가 있었다 / 최근까지 그 일을 모르고 있었다. ⓑ요즘.

최:-근세 最近世 (가장 최, 가까울 근, 세대 세). 지난날 중, 가장[最] 가까운[近] 세대(世代). 근세(近世)와 현대(現代)의 중간.

최:급 最急 (가장 최, 급할 급). 가장[最] 급(急)하거나 빠름. ¶최급 귀향 요망이라는 전보를 받았다.

최:-급무 最急務 (가장 최, 급할 급, 일 무). 가장[最] 급(急)한 일[務].

최:긴 最緊 (가장 최, 긴요할 긴). 가장[最] 요긴(要緊)함.

최:다 最多 (가장 최, 많을 다). 가장[最] 많음[多]. ¶그 영화는 최다 관객 수를 기록했다. ⓑ최소(最少).

최:단 最短 (가장 최, 짧을 단). 가장[最] 짧음[短]. ¶학교까지의 최단 거리는 500미터이다. ⓑ최장(最長).

⁑**최:대 最大** (가장 최, 큰 대). 가장[最] 큼[大]. ¶뉴욕은 세계 최대의 도시이다. ⓑ최소(最小).

▸최:대-치 最大値 (값 치). ① 속뜻 가장[最] 큰[大] 값[値]. ② 수학 실수 값을 취하는 함수가 범위 안에서 갖는 가장 큰 값. ⓑ최댓값.

▸최:대-한 最大限 (끝 한). 가장[最] 큰[最大] 한도(限度). ¶이번 기회를 최대한 활용하다. ⓑ최소한(最小限).

▸최:대 사정 最大射程 (쏠 사, 거리 정). 군사 탄알 따위가 닿을 수 있는 가장[最] 먼[大] 사격(射擊) 정도(程度). ⓑ최대 사거리(最大射距離).

▸최:대 압력 最大壓力 (누를 압, 힘 력). 물리 어떤 사물이 일정한 조건 아래 나타낼 수 있는 가장[最] 큰[大] 압력(壓力).

▸최:대 이:각 最大離角 (떨어질 리, 모서리 각). 천문 지구에서 볼 때 내행성과 태양 사이에서 떨어진[離] 각(角)이 최대(最大)에 이른 상태.

▸최:대-한도 最大限度 (끝 한, 정도 도). 가장[最] 큰[大] 한도(限度). ⓒ최대한. ⓑ최소한도(最小限度).

▸최:대 공약수 最大公約數 (여럿 공, 묶을 약, 셀 수). 수학 둘 이상의 정수(整數)의 공약수(公約數) 가운데 가장[最] 큰[大] 수. ¶6, 18, 21의 최대 공약수는 3이다.

▸최:대 사:거리 最大射距離 (쏠 사, 떨어질 거, 떨어질 리). 군사 탄알 따위가 닿을 수 있는 가장[最] 먼[大] 사격(射擊) 거리(距離). ⓑ최대 사정(最大射程).

최ː량 最良 (가장 최, 좋을 량). 가장[最] 좋음[良]. ¶그렇게 하는 것이 최량의 방법일 것이다.

최루 催淚 (재촉할 최, 눈물 루). ① 속뜻 눈물[淚]을 재촉함[催]. ② 눈물을 흘리도록 자극함. ¶그 가루는 최루 효과가 약간 있다.

▶최루-탄 催淚彈 (탄알 탄). 눈물샘을 자극하여 눈물을 흘리게 하는[催淚] 약이나 물질을 넣은 탄환(彈丸). ¶최루탄을 발사하다.

최ː만 最晩 (가장 최, 늦을 만). 가장[最] 늦음[晩].

최ː말 最末 (가장 최, 끝 말). 가장[最] 끝[末]. ⓑ최미(最尾).

최면 催眠 (재촉할 최, 잠 면). ① 속뜻 잠[眠]을 재촉함[催]. ② 인위적으로 수면 상태에 빠지게 함. ¶그는 최면에 걸린 듯 꼼짝도 하지 않았다.

▶최면-술 催眠術 (꾀 술). 암시에 의하여 인위적으로 잠[催眠]에 가까운 상태로 이끌어 내는 술법(術法).

▶최면-제 催眠劑 (약제 제). 약학 잠이 오게 하는[催眠] 약제(藥劑).

▶최면 요법 催眠療法 (병 고칠 료, 법 법). 의학 최면(催眠)으로 치료(治療)하는 방법(方法).

최ː빈-수 最頻數 (가장 최, 자주 빈, 셀 수). 수학 통계집단에서 가장[最] 자주[頻] 나타나는 값[數].

최산 催産 (재촉할 최, 낳을 산). 약물 따위를 써서 임신부의 해산(解産)을 쉽고 빠르게 재촉함[催].

▶최산-제 催産劑 (약제 제). 한의 최산(催産)하는 데 쓰는 약제(藥劑).

최ː상 最上 (가장 최, 위 상). ① 속뜻 가장[最] 위[上]. ② 가장 높고 만족스러운 상태. ¶우리 팀의 컨디션은 최상이다 / 최상의 품질을 자랑하다. ⓑ최하(最下).

▶최ː상-급 最上級 (등급 급). ① 속뜻 가장[最] 위[上]의 계급(階級)이나 등급(等級). ¶최상급 한우. ② 언어 가장 센 정도를 나타내는 형용사의 어형 변화. ¶'good'의 최상급은 'best'이다. ⓒ최상. ⓑ상상(上上), 극상등(極上等). ⓑ최하급(最下級). ⓒ원급(原級), 비교급(比較級).

▶최ː상-선 最上善 (착할 선). 철학 ① 다른 어떤 가치보다 가장[最] 위[上]에 두는 선(善). ② 의무감 때문에 도덕이나 법에 따르려는 마음가짐.

▶최ː상-지 最上地 (땅 지). ① 속뜻 가장[最] 위쪽[上]의 땅[地]. ② 불교 가장 높은 지위.

▶최ː상-층 最上層 (층 층). ① 속뜻 가장[最] 위[上] 층(層). ② 맨 위에 속하는 사회적 계층. ⓑ최하층(最下層).

최ː-상품 最上品 (가장 최, 위 상, 물건 품). 가장[最] 상급(上級)의 물품(物品). ⓑ상상품(上上品). ⓑ최하품(最下品).

최ː선 最先 (가장 최, 먼저 선). 가장 [最] 먼저[先].

최ː선 最善 (가장 최, 좋을 선). ① 속뜻 가장[最] 좋음[善]. 가장 훌륭한 것. ¶한자어를 익히는 최선의 방법은 속뜻학습이다. ② 온 힘을 다함. ¶최선을 다하겠습니다. ⓑ최악(最惡).

▶최ː선-책 最善策 (꾀 책). 가장[最] 좋은[善] 방법[策].

최ː-선두 最先頭 (가장 최, 먼저 선, 머리 두). 가장[最] 선두(先頭). 맨 먼저. ⓒ최후미(最後尾).

최ː-선등 最先等 (가장 최, 먼저 선, 무리 등). 여럿 가운데 가장[最] 앞선[先] 등급(等級).

최ː-선봉 最先鋒 (가장 최, 먼저 선, 끝 봉). 가장[最] 앞자리[先] 중에서도 맨 앞쪽 끝[鋒]. 또는 그 자리에 선 사람.

최ː성 最盛 (가장 최, 성할 성). 가장[最] 왕성(旺盛)함. 가장 한창임.

▶최ː성-기 最盛期 (때 기). 가장[最] 성대(盛大)한 시기(時期). 한창때.

최ː소[1] 最少 (가장 최, 적을 소). 가장[最] 적음[少]. ¶피해를 최소로 줄이다. ⓑ최다(最多).

최ː소[2] 最小 (가장 최, 작을 소). 가장[最] 작음[小]. ⓑ최대(最大).

▶최ː소-치 最小値 (값 치). ① 속뜻 가장[最] 작은[小] 값[値]. ② 수학 실수 값을 취하는 함수가 범위 안에서 갖는 가장 작은 값. ⓑ최솟값.

▶최ː소-한 最小限 (끝 한). 가장[最] 작은

[小] 한도(限度). ¶최소한의 성의 / 최소한 10분 전에는 약속 장소에 나간다. ㉶최대한(最大限).

▸최:소-한도 最小限度 (한계 한, 정도 도). 일정한 조건에서 더 이상 줄이기 어려운 가장[最] 작은[小] 한도(限度). ㉶최대한도(最大限度).

▸최:소 공배수 最小公倍數 (여럿 공, 곱 배, 셀 수). 수학 둘 이상의 정수의 공배수(公倍數) 가운데에서 1을 제외한 가장[最] 작은[小] 수. 정식(整式)에서는 공배수 가운데에서 차수(次數)가 가장 낮은 것을 가리킨다. ¶2와 3의 최소공배수는 6이다.

▸최:소 공분모 最小公分母 (여럿 공, 나눌 분, 어머니 모). 수학 분모들의 최소 공배수. 공분모(公分母) 가운데에서 가장[最] 작은[小] 것.

최:신 最新 (가장 최, 새 신). 가장[最] 새로움[新]. ¶이 공장은 최신 설비를 갖추고 있다. ㉶최고(最古).

▸최:신-식 最新式 (법 식). 가장[最] 새로운[新] 방식(方式)이나 형식(形式). ¶집을 최신식으로 개조했다.

▸최:신-형 最新型 (모형 형). 가장[最] 새로운[新] 모양[型]이나 그 모양의 것. ¶최신형 자동차를 몰다.

최:심[1] 最甚 (가장 최, 심할 심). 가장[最] 심(甚)함.

최:심[2] 最深 (가장 최, 깊을 심). 가장[最] 깊음[深]. ¶인심최심(人心最深).

최:악 最惡 (가장 최, 나쁠 악). 가장[最] 나쁨[惡]. ¶최악의 경우에는 사망할 수도 있다 / 도로 상황이 최악이다. ㉶최선(最善).

최:-우선 最優先 (가장 최, 뛰어날 우, 먼저 선). 어떤 일이나 대상을 가장[最] 우선(優先)하는 문제로 삼거나 다룸. ¶최우선 순위를 두다.

최:-우수 最優秀 (가장 최, 뛰어날 우, 빼어날 수). 가장[最] 뛰어나고[優] 빼어남[秀]. ¶최우수 영화로 선정되다.

최유-제 催乳劑 (재촉할 최, 젖 유, 약제 제). 약학 젖[乳]을 빨리 분비하게 재촉하는[催] 약제(藥劑).

최음-제 催淫劑 (재촉할 최, 음란할 음, 약제 제). 약학 음란(淫亂)한 성욕을 촉진하는 [催] 약제(藥劑).

최:장 最長 (가장 최, 길 장). 가장[最] 긴[長] 것. ㊂최단(最短).

최:저 最低 (가장 최, 낮을 저). 가장[最] 낮음[低]. ¶최저 혈압 / 한 달에 최저 5만원이 들 것이다. ㉶최고(最高).

▸최:저-가 最低價 (값 가). 가장[最] 낮은[低] 가격(價格). ㉶최고가(最高價).

▸최:저 생계비 最低生計費 (살 생, 셀 계, 쓸 비). 경제 생활(生活)에 필요한 비용(費用)을 가장[最] 낮게[低] 계산함[計]. 또는 그 비용.

▸최:저 생활비 最低生活費 (살 생, 살 활, 쓸 비). 경제 가장[最] 낮은[低] 수준으로 계산한 생활(生活)에 필요한 비용(費用). ㊀최저 생계비(最低生計費).

▸최:저 생활선 最低生活線 (살 생, 살 활, 줄 선). 경제 가장[最] 낮은[低] 수준으로 생활(生活)을 유지할 수 있는 한계선(限界線). ㊀생명선(生命線).

▸최:저 온도계 最低溫度計 (따뜻할 온, 정도 도, 셀 계). 물리 일정시간 내의 가장[最] 낮은[低] 온도(溫度)를 재는[計] 기구.

▸최:저 임:금제 最低賃金制 (품삯 임, 돈 금, 정할 제). 경제 국가가 낮은 임금의 노동자를 보호하기 위하여 법으로 임금(賃金)의 최저액(最低額)을 정하여 노동자의 생활을 보장하는 제도(制度).

최:적 最適 (가장 최, 알맞을 적). 가장[最] 적당(適當)함. ¶최적의 조건을 갖추다.

▸최:적 밀도 最適密度 (빽빽할 밀, 정도 도). 가장[最] 적당(適當)한 밀도(密度).

최:-전방 最前方 (가장 최, 앞 전, 모 방). ① 속뜻 가장[最] 앞[前] 쪽[方]. ② 군사 적과 가장 가까운 전방. ¶그 부대는 우리나라 최전방 방어를 책임지고 있다. ㊀최전선(最前線).

최:-전선 最前線 (가장 최, 앞 전, 줄 선). ① 속뜻 맨[最] 앞[前]의 선(線). ② 군사 적과 맞서고 있는 맨 앞의 전선(前線). ㊀제일선(第一線), 최전방(最前方).

최:종 最終 (가장 최, 끝마칠 종). 가장[最] 마지막[終]. 맨 나중. ¶나는 아직 최종 결정을 내리지 못했다. ㉶최초(最初).

▸최:종-재 最終財 (재물 재). 경제 가장

[最] 마지막[終]에 얻는 완성품[財]. 최종 생산물(最終生産物).

▸최:종 상품 最終商品 (장사 상, 물건 품). 가장[最] 마지막[終]에 생산되는 상품(商品).

▸최:종 효:용 最終效用 (효과 효, 쓸 용). ① 속뜻 맨[最] 끝[終]에 얻는 효용(效用). ② 경제 일정한 종류의 재화를 연이어 소비할 때 최후의 재화로부터 얻어지는 심리적 만족도. 한계 효용(限界效用).

▸최종 생산물 最終生産物 (날 생, 낳을 산, 만물 물). ① 속뜻 가장[最] 마지막[終]에 얻는 생산물(生産物). ② 경제 어떤 재화의 생산에 쓰이지 않고 생활하는 데 직접 쓰이는 생산물. ⓗ최종재(最終財).

최:중 最重 (가장 최, 무거울 중). 가장[最] 중요(重要)함.

최:-첨단 最尖端 (가장 최, 뾰족할 첨, 끝 단). ① 속뜻 물건의 뾰족한[尖] 끝[端] 중에서도 가장[最] 끝 부분. ② 가늘고 긴 사물이나 돌출한 곳의 맨 끝 부분. ③ 유행이나 수준 따위의 맨 앞. ¶최첨단 무기를 개발하다.

⁑**최:초 最初** (가장 최, 처음 초). 가장[最] 처음[初]. 맨 처음. ¶최초의 여성 비행사 / 최초로 전구를 개발하다. ⓑ최후(最後).

최촉 催促 (재촉할 최, 재촉할 촉). 재촉함[催=促].

▸최촉-장 催促狀 (문서 장). 재촉하는[催促] 문서[狀].

최:친 最親 (가장 최, 친할 친). 매우[最] 친근(親近)한 일.

최:하 最下 (가장 최, 아래 하). 가장[最] 아래[下]. 맨 끝. ¶최하 점수 / 최하 천만 원의 벌금을 물다. ⓑ최상(最上).

최:-하급 最下級 (가장 최, 아래 하, 등급 급). 가장[最] 아래[下]의 등급(等級)이나 계급(階級). 가장 질이 낮은 등급. ⓒ최상급(最上級).

최:-하층 最下層 (가장 최, 아래 하, 층 층). ① 속뜻 맨[最] 아래[下]에 있는 층(層). ② 맨 아래에 속하는 사회적 계층. ⓒ최상층(最上層).

최:-하품 最下品 (가장 최, 아래 하, 물건 품). 품질이 가장[最] 낮은[下] 물품(物品). ⓒ최상품(最上品).

최:혜-국 最惠國 (가장 최, 은혜 혜, 나라 국). 법률 통상 조약을 체결한 나라 중 가장[最] 유리한 혜택(惠澤)을 받는 나라[國].

▸최:혜국 조관 最惠國條款 (조목 조, 항목 관). 법률 최혜국 조항(最惠國條項).

▸최:혜국 조항 最惠國條項 (조목 조, 항목 항). 법률 통상 조약에서 상대국에 최혜국(最惠國) 대우를 하겠다는 약속을 규정한 조항(條項). ⓗ최혜국 조관(最惠國條款).

최:호 最好 (가장 최, 좋을 호). ① 속뜻 가장[最] 좋음[好]. ② 가장 좋아함.

최:후 最後 (가장 최, 뒤 후). ① 속뜻 맨[最] 뒤[後]. 맨 마지막. ¶최후에 웃는 자가 진정한 승자이다. ② 목숨이 다할 때. ¶비참한 최후를 맞다. ⓗ최종(最終), 종말(終末), 임종(臨終). ⓑ최초(最初).

▸최:후 발악 最後發惡 (드러낼 발, 나쁠 악). 가장[最] 마지막으로[後] 하는 발악(發惡).

▸최:후 수단 最後手段 (솜씨 수, 구분 단). 가장[最] 마지막으로[後] 사용하는 수단(手段). 마지막 방법.

▸최:후 진:술 最後陳述 (아뢸 진, 말할 술). 법률 재판 과정에서 피고인과 변호인이 가장[最] 마지막으로[後] 하는 진술(陳述).

▸최:후-통첩 最後通牒 (통할 통, 문서 첩). ① 속뜻 가장[最] 마지막에[後] 보내는[通] 공문서[牒]. ② 법률 자국의 마지막 요구를 상대국에 알리고 그것이 인정되지 않을 경우에 어떻게 하겠다는 내용을 적은 외교 문서.

최:-후미 最後尾 (가장 최, 뒤 후, 꼬리 미). 긴 행렬 따위의 맨[最] 뒤[後]의 꼬리[尾] 부분. ⓑ최선두(最先頭).

추가 追加 (따를 추, 더할 가). 뒤따라[追] 더함[加]. ¶추가 비용을 부담하다 / 고기 2인분을 추가하다.

▸추가-점 追加點 (점 점). 운동 경기 따위에서 추가(追加)하여 올리는 점수(點數).

▸추가 판결 追加判決 (판가름할 판, 결정할 결). 법률 민사 소송에서, 법원이 당사자의 신청에 따라 재판에 빠진 것을 추가(追加)하여 하는 판결(判決). ⓗ보충 판결(補充判決).

▸추가 경정 예:산 追加更正豫算 (고칠 경,

바를 정, 미리 예, 셀 산). ① 속뜻 추가(追加)로 옳게[正] 변경(變更)한 예산(豫算). ② 법률 예산을 정한 뒤에 생긴 일 때문에, 정한 예산을 변경하여 이루어지는 예산. ㊥추경 예산.

추간 연:골 椎間軟骨 (등뼈 추, 사이 간, 무를 연, 뼈 골). 의학 척추(脊椎) 사이[間]에 있는 연골(軟骨). ㊥추간판(椎間板).

추간-판 椎間板 (등뼈 추, 사이 간, 널빤지 판). 의학 척추골(脊椎骨) 사이[間]에 있는 연골 중심의 원판(圓板). '추간 원판'(椎間圓板)의 준말.

추거[1] 推去 (밀 추, 없앨 거). 찾아서 가져[推] 가버림[去].

추거[2] 推擧 (받들 추, 오를 거). 추천(推薦)하여 올림[擧]. ㊥추천(推薦).

추격[1] 追擊 (쫓을 추, 칠 격). 도망하는 적을 뒤쫓아[追] 공격(攻擊)함. ¶경찰은 범인을 추격하여 검거했다. ㊥격추(擊追).

추격[2] 椎擊 (망치 추, 칠 격). 망치[椎]로 침[擊].

추경 예:산 追更豫算 (따를 추, 고칠 경, 미리 예, 셀 산). 법률 '추가 경정 예산'(追加更正豫算)의 준말.

추경[1] 秋耕 (가을 추, 밭갈 경). 가을[秋]에 논밭을 가는[耕] 것.

추경[2] 秋景 (가을 추, 볕 경). 가을[秋]의 경치(景致).

추계[1] 秋季 (가을 추, 철 계). 가을[秋]의 계절(季節). ㊥추기(秋期), 추절(秋節).

추계[2] 追啓 (따를 추, 아뢸 계). 뒤에 추가(追加)하여 알려줌[啓]. ㊥추신(追伸).

추계[3] 推計 (밀 추, 셀 계). 미루어[推] 계산(計算)함. 추측하여 통계를 냄.

▸추계-학 推計學 (배울 학). 수학 표본을 보고 모집단(母集團)의 특성을 추계(推計)하는 학문(學問).

추고[1] 追考 (쫓을 추, 생각할 고). 뒤를 쫓아[追] 곰곰이 생각함[考]. 지난 일을 돌이켜 생각함.

추고[2] 追告 (따를 추, 알릴 고). 추가(追加)하여 알림[告]. 편지, 보고서의 끝에 써서 덧붙이는 말을 적음.

추고[3] 推考 (밀 추, 생각할 고). ① 속뜻 다른 일을 미루어[推] 곰곰이 생각함[考]. ② 지난날 벼슬아치의 허물을 추문(推問)하여 고찰하던 일.

추고[4] 推故 (밀 추, 연고 고). ① 속뜻 까닭[故]을 미루어[推] 생각해봄. ② 거짓으로 핑계함. 다른 일을 핑계삼아 거절함.

추곡 秋穀 (가을 추, 곡식 곡). 가을[秋]에 거두는 곡식(穀食). ¶추곡수매.

▸추곡 수매 秋穀收買 (거둘 수, 살 매). 정부나 공공 기관에서 추곡(秋穀)을 사들임[收買].

추골 槌骨 (망치 추, 뼈 골). ① 속뜻 망치[槌] 모양의 뼈[骨]. ② 의학 중이(中耳) 속에서 고막의 진동을 속귀에 전달하는 역할을 하는 뼈.

추공 秋空 (가을 추, 하늘 공). 가을[秋] 하늘[空]. ㊥추천(秋天).

추광 秋光 (가을 추, 빛 광). 가을[秋]철의 빛[光]. ㊥추색(秋色).

⁑**추구[1]** 追求 (따를 추, 구할 구). 끝까지 따라가[追] 구(求)함. ¶인간은 행복을 추구하는 존재이다.

추구[2] 追究 (따를 추, 생각할 구). 끝까지 따라가기[追] 위해 골똘히 생각함[究]. ¶진리를 추구하다.

추구[3] 追咎 (따를 추, 허물 구). 지난날의 잘못[咎]을 추적(追跡)하여 나무람.

추국 秋菊 (가을 추, 국화 국). 가을[秋]에 핀 국화(菊花).

추궁 追窮 (쫓을 추, 다할 궁). ① 속뜻 끝[窮]까지 쫓음[追]. ② 잘못이나 책임 따위를 캐어 물음. ¶추궁을 당하자 나는 말문이 막혔다 / 책임을 추궁하다.

추급[1] 追及 (쫓을 추, 이를 급). 앞서가는 사람을 뒤쫓아[追] 따라붙음[及].

추급[2] 追給 (따를 추, 줄 급). 추가(追加)로 지급(支給)함.

추급[3] 推及 (밀 추, 미칠 급). 미루어[推] 생각해서 결론에 이름[及].

추급[4] 推給 (밀 추, 줄 급). 찾아서 내어[推] 줌[給]. 추심(推尋)하여 줌.

추기[1] 秋期 (가을 추, 때 기). 가을[秋]의 시기(時期). ㊥추계(秋季), 추절(秋節).

추기[2] 追記 (따를 추, 기록할 기). 본문에 추가

(追加)하여 적음[記].

추기³ 樞機 (지도리 추, 틀 기). ① 속뜻 문에 달린 지도리[樞]처럼 중요한 틀[機]이나 부분. ② 가장 중요한 일이나 역할.

▶ 추기-경 樞機卿 (벼슬 경). 가톨릭 가톨릭 교회의 중요한 역할[樞機]을 하는 고위 성직자[卿]. 교황의 최고 고문으로, 교황을 선거하고 보좌한다. ¶전 세계의 추기경들은 로마에서 만난다.

추남 醜男 (추할 추, 사내 남). 못생긴[醜] 남자[男]. 비 추부(醜夫). 반 미남(美男).

추납¹ 追納 (따를 추, 바칠 납). 모자라는 것을 추후(追後)에 바침[納].

추납² 推納 (밀 추, 바칠 납). 옮기어[推] 바침[納]. 찾아서 바침.

추녀 醜女 (추할 추, 여자 녀). 추하게[醜] 못생긴 여자(女子). 반 미녀(美女).

추념 追念 (쫓을 추, 생각 념). ① 속뜻 지나간 일을 쫓아[追] 되돌아보며 생각함[念]. ② 죽은 이를 생각함. 비 추도(追悼).

추단 推斷 (밀 추, 끊을 단). ① 속뜻 어떤 일을 근거로 하여 다른 일을 미루어[推] 판단(判斷)함. ② 죄상을 심문하여 처단함.

추담 醜談 (추할 추, 말씀 담). 추잡(醜雜)하고 음란한 말[談]. 비 추설(醜說), 음담패설(淫談悖說).

추대 推戴 (밀 추, 떠받들 대). ① 속뜻 밀어[推] 떠받듦[戴]. ② 윗자리에 모심. ¶우리는 김 선생님을 회장으로 추대했다.

추도 追悼 (쫓을 추, 슬퍼할 도). 죽은 이를 추억(追憶)하며 슬퍼함[悼]. ¶전쟁 희생자들을 추도하다. 비 추모(追慕), 추념(追念).

추돌 追突 (따를 추, 부딪칠 돌). 뒤따르던[追] 기차나 자동차 따위가 앞차를 들이받음[突].

추락 墜落 (떨어질 추, 떨어질 락). ① 속뜻 높은 곳에서 떨어짐[墜=落]. ¶비행기 추락 사고 ② 위신이나 신망 따위가 떨어짐. ¶그의 지지도가 추락했다. ③ 할아버지와 아버지의 공덕에 미치지 못하고 떨어짐.

▶ 추락-사 墜落死 (죽을 사). 추락(墜落)하여 죽음[死].

추랭 秋冷 (가을 추, 찰 랭). 가을[秋]의 찬[冷] 기운.

추량¹ 秋涼 (가을 추, 서늘할 량). 가을[秋]의 서늘한[涼] 기운.

추량² 推量 (밀 추, 헤아릴 량). 미루어[推] 짐작하여 헤아림[量]. 비 추측(推測).

추력 推力 (밀 추, 힘 력). 물리 물체를 그 운동 방향으로 미는[推] 힘[力]. 밀고 나아가는 힘.

추로¹ 秋露 (가을 추, 이슬 로). 가을[秋] 이슬[露].

추로² 鄒魯 (나라이름 추, 나라이름 로). ① 속뜻 추(鄒)나라와 노(魯)나라. ② 노나라 태생의 공자와 추나라 태생의 맹자를 아울러 이르는 말.

▶ 추로-학 鄒魯學 (배울 학). ① 속뜻 공자와 맹자[鄒魯]의 학문(學問). ② '유학(儒學)'을 달리 이르는 말.

▶ 추로지향 鄒魯之鄕 (어조사 지, 시골 향). ① 속뜻 공자와 맹자[鄒魯]의 고향[鄕]. ② '예절이 바르고 학문이 왕성한 고장'을 이르는 말.

추록 追錄 (따를 추, 기록할 록). 추가(追加)하여 기록(記錄)함.

추론¹ 追論 (따를 추, 논의할 론). 추구(追求)하여 논의(論議)함.

추론² 推論 (밀 추, 논의할 론). ① 속뜻 어떤 일을 짐작하여[推] 생각하고 논의(論議)함. ② 논리 어떠한 판단을 근거로 삼아 다른 판단을 이끌어 냄. 비 추리(推理).

추루 醜陋 (추할 추, 좁을 루). 하는 짓 따위가 추하고[醜] 마음이 좁다[陋].

추리 推理 (밀 추, 이치 리). ① 속뜻 이유나 이치[理]를 근거로 미루어[推] 헤아림. ¶이 증거들을 가지고 범인을 추리해 보자. ② 논리 어떠한 판단을 근거로 삼아 다른 판단을 이끌어 냄. 비 추론(推論).

▶ 추리 소:설 推理小說 (작을 소, 말씀 설). 문학 범죄 수사를 주된 제재로 삼아 추리(推理)에 의한 사건 해결 과정에 흥미의 초점을 맞춘 소설(小說).

▶ 추리-작문 推理作文 (지을 작, 글월 문). 문장의 빈 곳에 알맞은 낱말이나 글자를 추리(推理)하여 채워 넣음으로써 완전한 문장(文章)을 완성하게 하는[作] 퀴즈.

추림 秋霖 (가을 추, 장마 림). 가을[秋] 장마[霖].

추맥 秋麥 (가을 추, 보리 맥). 가을[秋] 보리

[麥].

추면 錐面 (송곳 추, 쪽 면). ① 속뜻 송곳[錐]처럼 뾰족한 모양의 면(面). ② 수학 평면 위에 있는 곡선상의 모든 점과 평면 밖의 한 점을 연결하는 선분 전체에 의하여 만들어지는 곡면. 평면 밖의 한 점을 꼭짓점, 곡면을 만드는 직선을 모선(母線)이라 한다.

추명 醜名 (추할 추, 이름 명). 추잡(醜雜)한 행실로 더럽혀진 이름[名].

추모[1] 醜貌 (추할 추, 모양 모). 보기 흉한[醜] 용모(容貌).

추모[2] 追慕 (쫓을 추, 그리워할 모). 죽은 이를 추억(追憶)하며 그리워함[慕]. 죽은 이를 사모함. ¶우리는 희생자들을 추모하기 위해 묵념을 했다. ⓑ추도(追悼).

▸추모-각 追慕閣 (집 각). 죽은 사람을 기념하기 위해[追慕] 세운 집[閣]. ¶추모각을 세우다.

▸추모-식 追慕式 (의식 식). 죽은 사람을 기념하는[追慕] 의식(儀式). ¶추모식을 거행하다.

추문[1] 推問 (밀 추, 물을 문). 추측(推測)하고 있는 어떤 사실을 자백하도록 자세히 캐며 꾸짖어 묻는[問] 것.

추문[2] 醜聞 (추할 추, 들을 문). 좋지 못한[醜] 소문(所聞). 지저분하고 잡스러운 소문. ⓑ추성(醜聲).

추물 醜物 (추할 추, 만물 물). ① 속뜻 못생기고[醜] 더러운 물건(物件). ② '행실이 잡스럽고 지저분한 사람'을 얕잡아 이르는 말.

추미 追尾 (따를 추, 꼬리 미). 뒤[尾]를 따라감[追]. 뒤를 쫓아감. ⓑ추적(追跡).

추밀 樞密 (지도리 추, 몰래 밀). 중요한[樞] 비밀(祕密). 특히 정치상의 비밀을 요하는 중대한 기밀.

▸추밀-원 樞密院 (관청 원). 역사 고려 때, 왕명의 출납과 군기(軍機) 등 중요하고[樞] 비밀(祕密)스러운 일을 맡아보던 관아[院].

추방 追放 (쫓을 추, 내칠 방). ① 속뜻 쫓아[追] 내놓음[放]. ② 해롭다고 생각하여 무엇을 없애거나 쫓아내는 것. ¶그는 다른 나라로 추방됐다.

추백 追白 (따를 추, 말할 백). 추가(追加)하여 아룀[白]. ⓑ추신(追伸).

추병 追兵 (쫓을 추, 군사 병). 적군을 추격(追擊)하는 군사[兵].

추보 推步 (밀 추, 걸음 보). ① 속뜻 걸음[步]을 옮김[推]. ② 천체의 운행을 관측함.

추본 推本 (밀 추, 뿌리 본). 근본[本]을 미루어[推] 캐어 연구함.

추분 秋分 (가을 추, 나눌 분). ① 속뜻 가을[秋]로 구분(區分)됨. ② 민속 백로(白露)와 한로(寒露) 사이로, 양력 9월 23일경이다. ¶추분이 지나자 해가 짧아졌다.

▸추분-점 秋分點 (점 점). ① 속뜻 추분(秋分) 시 태양이 지나는 점(點). ② 천문 황도가 적도와의 두 교점 가운데서, 태양이 북쪽으로 남쪽으로 향하여 적도를 지나가는 점(點). 태양이 이 점을 지날 때가 추분이다.

추사 秋思 (가을 추, 생각 사). 가을[秋]에 느끼게 되는 갖가지 생각[思].

추사-체 秋史體 (가을 추, 역사 사, 모양 체). 예술 조선 후기의 명필인 추사(秋史) 김정희(金正喜)의 독특한 서체(書體).

추산 推算 (밀 추, 셀 산). 미루어[推] 셈함[算]. ¶그의 재산은 약 10억 원으로 추산된다.

▸추산-서 推算書 (글 서). 추산(推算)한 것을 적은 서류(書類).

추-삼삭 秋三朔 (가을 추, 석 삼, 초하루 삭). 가을[秋]의 석[三] 달[朔]. 음력 칠월, 팔월, 구월을 아울러 이르는 말.

추상[1] 追想 (쫓을 추, 생각 상). 지나간 일을 추적(追跡)하여 돌이켜 생각함[想]. ⓑ추억(追憶), 회상(回想).

추상[2] 追償 (따를 추, 갚을 상). 지정된 기일에 일부를 갚고, 나머지를 추후(追後)에 갚음[償].

추상[3] 推上 (받들 추, 위 상). ① 속뜻 받들어[推] 올림[上]. ② 운동 바벨을 어깨까지 올린 다음 머리 위로 천천히 들어 올리는 역도 경기.

추상[4] 推想 (밀 추, 생각 상). 앞으로 올 일 등을 짐작하여[推] 생각함[想].

추상[5] 醜相 (추할 추, 모양 상). 추한[醜] 모양[相]. 추한 모습.

추상[6] 抽象 (뽑을 추, 모양 상). ① 속뜻 외적 모양[象]을 뽑아낸[抽] 내적 속성이나 본질. ② 심리 여러 가지 사물이나 개념에서 공통되는 특성이나 속성 따위를 추출하여 파악하는 작용. ⓑ구체(具體).

▸추상-론 抽象論 (논할 론). 구체적인 수단이나 방법에 바탕을 두지 않은 내적 속성[抽象]에 관한 이론(理論).

▸추상-미 抽象美 (아름다울 미). 추상적(抽象的)인 아름다움[美]. 추상적으로 유별(類別)하여 그 종류에 따라 공통으로 특유한 미.

▸추상-성 抽象性 (성질 성). ① 속뜻 외적 모양[象]을 뽑아내[抽] 버리고 난 내적 성질(性質). ② 철학 사물의 본질적·보편적·관념적인 성질. ⓑ구상성(具象性).

▸추상-적 抽象的 (것 적). ① 속뜻 외적 모양을 뽑아내 버린 내적 속성[抽象]에 관한 것[的]. ② 구체성이 없이 사실이나 현실에서 멀어져 막연하고 일반적인. 또는 그런 것. ¶대부분의 사람들이 철학을 너무 추상적이라고 생각한다. ⓑ구체적(具體的).

▸추상-화 抽象畵 (그림 화). 미술 사물을 사실대로 재현하지 않고, 순수한 점이나 선·면·빛깔 따위에 의한 표현을 지향한[抽象] 그림[畵].

▸추상 개:념 抽象概念 (대강 개, 생각 념). 논리 직접적으로 지각하거나 경험할 수 없기 때문에 추상(抽象)에 의하여 일반화된 사물의 개념(概念).

▸추상 명사 抽象名詞 (이름 명, 말씀 사). 언어 보통 명사의 한 갈래로서 추상적(抽象的) 개념을 나타내는 명사(名詞).

▸추상 미:술 抽象美術 (아름다울 미, 꾀 술). 미술 1910년경부터 일어난 미술 사조. 물체의 선이나 면을 추상적(抽象的)으로 승화하거나 색채의 어울림을 추구하여 조형적인 작품으로 구성하는 미술(美術).

▸추상적 개:념 抽象的概念 (것 적, 대강 개, 생각 념). 논리 ① 직접 지각하거나 경험하거나 할 수 없는[抽象的] 사물의 개념(概念). ② 전체와의 관계에서 떼어 내어 파악한 사물이나 성질의 개념. ③ 사물의 성질이나 상태, 관계 따위를 나타내는 개념.

추상[7] **秋霜** (가을 추, 서리 상). 가을[秋]의 찬 서리[霜].

▸추상-열일 秋霜烈日 (세찰 렬, 해 일). ① 속뜻 가을[秋]의 찬 서리와[霜] 여름의 뜨거운[烈] 태양[日]. ② '형벌이나 권위 따위가 몹시 엄함'을 비유하여 이르는 말.

추상-존호 **追上尊號** (따를 추, 위 상, 높을 존, 이름 호). 왕조 때, 선왕이나 선비의 존호(尊號)를 추후(追後)에 지어 올리던[上] 일.

추상 화:산 **錐狀火山** (송곳 추, 형상 상, 불 화, 메 산). 지리 송곳[錐]처럼 뾰족한 모양[狀]의 화산(火山). 화산 형태의 한 가지로 특정한 화구에서 나온 용암이나 화산 분출물이 퇴적하여 된 원추형 화산.

추색 **秋色** (가을 추, 빛 색). 가을[秋]의 경치[色]. ⓑ추광(秋光).

추서[1] **追書** (따를 추, 쓸 서). 옛일을 뒤쫓아[追] 씀[書]. 또는 나중에 씀.

추서[2] **追敍** (따를 추, 베풀 서). 죽은 뒤 추후(追後)로 관등을 올리거나 훈장 따위를 줌[敍].

추석 **秋夕** (가을 추, 저녁 석). ① 속뜻 가을[秋] 저녁[夕]의 달. 『예기』의 '조춘일추석월'(朝春日秋夕月)에서 유래한 말. ② 음력 8월 15일. 햅쌀로 송편을 빚고 햇과일 따위의 음식을 장만하여 차례를 지낸다. 한가위. ¶올 추석에는 고향에 가지 못했다. ⓑ중추절(仲秋節), 한가위.

추선[1] **秋扇** (가을 추, 부채 선). ① 속뜻 가을[秋]철의 부채[扇]. ② 남자의 사랑을 잃은 여자나 철이 지나서 쓸모없이 된 물건을 비유하여 이르는 말. '추풍선'(秋風扇)의 준말.

추선[2] **追善** (따를 추, 착할 선). ① 속뜻 죽은 이의 명복을 빌기 위하여 착한[善] 일을 따라[追] 행함. ② 불교 죽은 사람의 넋의 괴로움을 덜고 명복을 축원하려고 선근 복덕(善根福德)을 닦아 그 공덕을 회향함. ③ 불교 죽은 이의 명복을 빌고 기일(忌日) 같은 때에 불사(佛事)를 함.

추선[3] **推選** (받들 추, 고를 선). 추천(推薦)에 의하여 뽑음[選]. 추천하여 지위에 앉힘.

추설 **追設** (따를 추, 베풀 설). 경사가 지나간 추후(追後)에 그 잔치를 베풂[設].

추성[1] **秋聲** (가을 추, 소리 성). 가을[秋]을 느끼게 하는 소리[聲]. 가을철의 바람 소리나 벌레 소리 따위.

추성[2] **醜聲** (추할 추, 소리 성). 추한[醜] 소리[聲]. 남녀 사이의 추잡한 소문. ⓑ추문(醜聞).

추세[1] **抽稅** (뽑을 추, 세금 세). 세액(稅額)을

계산해 냄[抽].

추세² 趨勢 (향할 추, 힘 세). ① 속뜻 어떤 현상이 일정한 방향으로 향하는[趨] 힘[勢]. 그때의 대세의 흐름이나 경향. ¶요즘은 결혼을 늦게 하는 추세다. ② 어떤 세력을 따름. 권세에 아부함.

추소¹ 追訴 (따를 추, 하소연할 소). 법률 본 소송에 추가(追加)하여 소(訴)를 제기함.

추소² 追溯 (따를 추, 거스를 소). 근본을 따라[追] 거슬러 올라가[溯] 살핌.

추속 醜俗 (추할 추, 풍속 속). 난잡하고 더러운[醜] 풍속(風俗). ㉥추풍(醜風), 누풍(陋風).

추송¹ 追送 (따를 추, 보낼 송). ① 속뜻 물건 따위를 추후(追後)에 보냄[送]. 뒤좇아서 보냄. ② 떠나는 사람을 배웅함.

추송² 追頌 (따를 추, 기릴 송). 죽은 뒤에 그의 공적이나 선행을 추적(追跡)하여 칭송함[頌].

추수¹ 秋水 (가을 추, 물 수). ① 속뜻 가을철[秋]의 맑은 물[水]. ② '시퍼렇게 날이 선 칼'을 비유하여 이르는 말. ③ '신색이 맑고 깨끗함'을 비유하여 이르는 말. ④ '거울'을 비유하여 이르는 말. ⑤ '맑은 눈매'를 비유하여 이르는 말.

추수² 秋收 (가을 추, 거둘 수). 가을[秋]에 익은 곡식을 거두어[收] 들임. ¶이 밥은 올해 추수한 쌀로 지은 것이다. ㉥가을걷이, ㉥추확(秋穫).

▸추수-기 秋收期 (때 기). 추수(秋收)하는 시기(時期). ㉥추수철. ¶추수기가 끝나다.

▸추수 감:사절 秋收感謝節 (느낄 감, 고마워할 사, 철 절). 기독교 추수(秋收)한 뒤에 하나님께 감사(感謝)하는 명절(名節).

추수 식물 抽水植物 (뽑을 추, 물 수, 심을 식, 만물 물). 식물 뿌리와 줄기의 밑 부분은 물 밑의 토양에 고착하지만 잎이나 줄기의 일부는 수면(水面) 위로 뽑혀[抽] 나와 생육하는 식물(植物). 갈대, 개연꽃, 부들 따위가 있다.

추수-주의 追隨主義 (따를 추, 따를 수, 주될 주, 뜻 의). 아무런 비판도 없이 맹목적으로 남이 하는 대로 따르는[追=隨] 주의(主義).

추숙 追熟 (따를 추, 익을 숙). 농업 수확기에 과실 따위가 너무 익어서 버리게 되는 것을 막기 위하여 제때보다 일찍 거두어들여 추후(追後)에 익히는[熟] 일.

추숭 追崇 (따를 추, 높일 숭). 역사 왕위에 오르지 못하고 죽은 이에게 추후(追後)에 그를 높이어[崇] 왕의 칭호를 올림. 추존(追尊).

추신¹ 抽身 (뽑을 추, 몸 신). 어떤 자리에서 몸[身]을 빼어[抽] 떠남. 바쁜 중에 몸을 빼어 떠남.

추신² 追伸 (=追申, 따를 추, 늘일 신). 뒤에 추가(追加)하거나 늘임[伸]. 주로 편지글에서 사연을 다 쓰고 덧붙이는 글의 머리에 쓰는 말. ¶안부를 전해 달라는 추신을 덧붙이다. ㉥재계(再啓), 추계(追啓), 추백(追白), 첨기(添記).

추심 推尋 (밀 추, 찾을 심). ① 속뜻 받기[推] 위해 끝까지 찾아냄[尋]. ② 경제 은행이 소지인의 의뢰를 받아 수표나 어음을 지급인에게 제시하여 지급하게 함.

추악 醜惡 (추할 추, 나쁠 악). 마음씨나 용모, 행실 따위가 추(醜)하고 나쁨[惡]. ¶추악한 범죄를 저지르다.

추앙 推仰 (받들 추, 우러를 앙). 높이 받들어[推] 우러러봄[仰]. ¶그는 가장 위대한 지도자로 추앙받는다.

추야 秋夜 (가을 추, 밤 야). 가을[秋] 밤[夜]. ㉥추소(秋宵).

▸추야-장 秋夜長 (길 장). 가을[秋] 밤[夜]이 길고 긺[長]. 기나긴 가을밤.

▸추야우:중 秋夜雨中 (비 우, 가운데 중). 문학 신라 말 최치원이 가을[秋] 밤[夜] 비[雨]가 내리는 가운데[中], 타국에서 고향을 그리워하며 지은 한시.

추양¹ 秋陽 (가을 추, 볕 양). 가을[秋] 볕[陽].

추양² 推讓 (받들 추, 사양할 양). 남을 추천(推薦)하고 자기는 사양(辭讓)함.

추어 鰍魚 (미꾸라지 추, 물고기 어). ① 속뜻 미꾸라지[鰍] 물고기[魚]. ② 동물 등은 푸른빛을 띤 검은색이며, 배가 흰 민물고기. 몸의 길이는 10~20㎝이고 몸이 몹시 미끄럽다.

▸추어-탕 鰍魚湯 (끓을 탕). 미꾸라지[鰍魚]를 넣고, 여러 가지 국거리 양념과 함께

끓인 탕국[湯].

추억 追憶 (쫓을 추, 생각할 억). 지나간 일을 뒤쫓아[追] 돌이켜 생각함[憶]. ¶어린 시절을 추억하다. ⓑ추상(追想), 추회(追懷).

추완 追完 (따를 추, 완전할 완). 필요한 요건을 갖추지 못하여 효력을 발생하지 못한 법률상의 행위가 추후(追後)에 그것을 보완(補完)함으로써 유효하게 되는 일.

추요 樞要 (지도리 추, 요할 요). 어떤 조직 같은 데서 가장 중추적(中樞的)으로 중요(重要)한 것.

추원 追遠 (쫓을 추, 멀 원). ① 속뜻 지나간 먼[遠] 일을 쫓아[追] 생각함. ②조상의 덕을 추모함. 조상의 제사에 정성을 다함.

▸**추원-보본** 追遠報本 (갚을 보, 뿌리 본). 조상의 덕[遠]을 추모하여[追] 제사를 지내며, 자기의 태어난 근본(根本)을 잊지 않고 그 은혜에 보답(報答)함.

추월[1] 追越 (따를 추, 넘을 월). 뒤따라[追] 가다가 앞질러 넘어섬[越]. ¶터널 안에서는 추월이 금지되어 있다 .

추월[2] 秋月 (가을 추, 달 월). 가을[秋] 달[月].

▸**추월-색** 秋月色 (빛 색). 문학 1912년 최찬식이 지은 소설로, 서로 사랑하던 남녀 주인공이 가을[秋] 달[月]이 빛나던[色] 날 다시 만난 것을 제목으로 함.

추이 推移 (밀 추, 옮길 이). ① 속뜻 밀어[推] 옮김[移]. ②시간이 흐름에 따라 사물의 상태가 변하여 가는 일. ¶사건의 추이를 지켜보다. ⓑ이행(移行).

추인 追認 (따를 추, 알 인). ① 속뜻 추후(追後)에 인정(認定)함. ② 법률 일단 행하여진 불완전한 법률 행위를 뒤에 보충하여 완전하게 하는 일방적 의사 표시.

추일 秋日 (가을 추, 날 일). 가을[秋] 날[日].

▸**추일 서:정** 秋日抒情 (풀 서, 마음 정). 문학 김광균이 가을[秋]날[日]의 고독한 감정(感情)을 묘사한[抒] 시.

추잡 醜雜 (추할 추, 어지러울 잡). 말이나 행실 따위가 지저분하고[醜] 뒤섞여있다[雜]. ¶추잡한 농담.

추장[1] 酋長 (두목 추, 어른 장). 미개 부족의 두목[酋]이 되는 어른[長]. ¶부족민들은 추장의 지시를 따른다.

추장[2] 推奬 (받들 추, 칭찬할 장). 어떤 사람이나 물건 따위의 뛰어난 점을 말하고[奬] 추천(推薦)함.

추재 秋材 (가을 추, 재목 재). ① 속뜻 가을[秋]의 재목(材木). ② 식물 늦여름부터 늦가을까지 형성되는 목질 부분. 춘재(春材)보다 재질이 치밀함.

추적 追跡 (쫓을 추, 발자취 적). ① 속뜻 도망하는 자의 발자취[跡]를 따라 뒤를 쫓음[追]. ¶범인의 위치를 추적하다. ⓑ추미(追尾). ②지금까지 있었던 일이나 사건 따위의 자취를 더듬음. ¶전화 발신지를 추적하다.

추절 秋節 (가을 추, 철 절). 가을[秋]에 속하는 절기(節氣). ⓑ가을철.

추정 推定 (밀 추, 정할 정). ① 속뜻 미루어[推] 셈하여 판정(判定)함. ¶이 나무는 500년 정도 되었을 것으로 추정된다. ② 법률 어떤 사실에 대하여 반대 증거가 없을 때 그것이 정당하다고 내리는 가정(假定).

추존[1] 追尊 (따를 추, 높을 존). 왕위에 오르지 못하고 죽은 이에게 추후(追後)에 왕의 칭호를 올려 높이[尊] 받듦. ⓑ추숭(追崇).

추존[2] 推尊 (받들 추, 공경할 존). 높이 받들어[推] 공경함[尊].

추종[1] 錘鐘 (저울 추, 쇠북 종). 추(錘)가 달린 괘종(掛鐘).

추종[2] 追從 (따를 추, 따를 종). ① 속뜻 남의 뒤를 따름[追=從]. ¶타의 추종을 불허하다. ②남에게 빌붙어 따름. ¶연예인을 무조건 추종하는 것은 옳지 않다.

▸**추종-자** 追從者 (사람 자). 추종(追從)하는 사람[者]. ¶그녀의 아름다움을 흠모하는 추종자들.

추중 推重 (받들 추, 무거울 중). 추앙(推仰)하여 중(重)히 여김.

추증 追贈 (따를 추, 보낼 증). ① 속뜻 추후(追後)에 증여(贈與)함. ② 역사 공이 많은 벼슬아치가 죽은 뒤에 그의 행적에 따라 나라에서 그의 관위를 높여 주던 일. ③ 역사 종이품 이상의 벼슬아치의 죽은 아버지, 조부, 증조부에게 관위를 내리던 일.

추지 推知 (밀 추, 알 지). 미루어[推] 알아냄[知].

추진 推進 (밀 추, 나아갈 진). ① 속뜻 앞으로 밀고[推] 나아감[進]. ¶계획대로 일을 추진하다. ② 물체를 밀어 앞으로 내보냄. ¶추진 장치.

▶추진-기 推進機 (틀 기). 비행기 따위를 앞으로 나아가게[推進] 하는 장치[機].

▶추진-력 推進力 (힘 력). 앞으로 밀고 나아가는[推進] 힘[力]. ¶로켓은 고압 가스를 분출하면서 추진력을 얻는다 / 그는 머리도 좋고 추진력도 있다.

추징 追徵 (따를 추, 거둘 징). ① 속뜻 세금 등을 나중에 추가(追加)로 물리어 징수(徵收)함. ② 법률 형법에서, 몰수할 수 있는 물건을 몰수할 수 없게 되었을 때, 그 몰수할 수 없는 부분의 가액을 물리어 거두는 일.

추찰 推察 (밀 추, 살필 찰). 미루어[推] 헤아리거나 살핌[察].

추처-낭중 錐處囊中 (송곳 추, 머물 처, 주머니 낭, 가운데 중). ① 속뜻 송곳[錐]이 주머니[囊] 가운데[中] 있음[處]. ② 재능이 있으나 밖으로 알려지지 않은 사람을 비유하는 말. ③ 재능 있으면 알려지기 마련임. ¶추처낭중 같은 인물이니 곧 크게 출세할 것일세! ㊜ 추낭(錐囊). ㊥ 낭중지추(囊中之錐).

추천[1] 秋天 (가을 추, 하늘 천). 가을[秋] 하늘[天]. ㊥ 추공(秋空).

추천[2] 推薦 (받들 추, 천거할 천). 알맞은 사람이나 물건을 책임지고 받들어[推] 천거(薦擧)함. ¶저는 이 제품을 추천합니다.

▶추천-서 推薦書 (글 서). 추천(推薦)의 내용을 담은 글[書]. 또는 그 문서. ¶교장 선생님의 추천서를 받다. ㊥ 추천장(推薦狀).

▶추천-장 推薦狀 (문서 장). 추천(推薦)하는 말을 적은 문서[狀]. ㊥ 추천서(推薦書).

▶추천 작가 推薦作家 (지을 작, 사람 가). 권위 있는 기관을 통하여 기성 작가가 작품을 심사하고 추천(推薦)함으로써 문단에 오르게 된 작가(作家).

추천[3] 秋韆 (그네 추, 그네 천). 그네[秋=韆].

▶추천-사 秋韆詞 (말씀 사). 문학 그네[秋韆]를 타던 춘향을 소재로 하여, 계급주의적이고 도덕적인 속세에서 떠나고 싶어하는 춘향의 마음을 표현한 서정주의 시[詞].

▶추천-절 秋韆節 (철 절). ① 속뜻 그네[秋韆]를 뛰는 명절(名節). ② '단오절(端午節)'을 달리 이르는 말.

추첨 抽籤 (뽑을 추, 제비 첨). 제비[籤]를 뽑음[抽]. ¶복권 추첨 / 당첨자를 추첨하다.

추청 秋晴 (가을 추, 갤 청). 가을[秋]의 맑게 갠[晴] 날씨.

추체[1] 椎體 (등뼈 추, 몸 체). 의학 등뼈[椎]의 몸체[體]가 되는 둥글납작한 부분.

추체[2] 錐體 (송곳 추, 몸 체). ① 속뜻 끝이 송곳[錐]처럼 뾰족한 것[體]. ② 수학 하나의 뿔면과 하나의 평면으로 둘러싸인 입체(立體). ③ 생물 척추동물에서, 빛을 받아들이고 색을 구별하는 시각 세포. ④ 의학 숨뇌 앞면의 운동 신경 다발. ㊥ 뿔체, 추상체(錐狀體).

추-체험 追體驗 (따를 추, 몸 체, 겪을 험). ① 속뜻 다른 사람의 체험(體驗)을 따름[追]. ② 다른 사람의 체험을 자기의 체험처럼 느낌.

추초 秋草 (가을 추, 풀 초). 가을철[秋]의 풀[草]. 시드는 풀.

추축[1] 追逐 (쫓을 추, 쫓을 축). ① 속뜻 쫓아냄[追=逐]. ② 서로 경쟁함. 각축(角逐). ③ 친구끼리 서로 오가며 사귐. ④ 남의 뒤를 따름. ㊥ 추수(追隨).

추축[2] 樞軸 (지도리 추, 굴대 축). ① 속뜻 지도리[樞]와 굴대[軸]. ② 사물의 가장 중요한 부분. ② 권력이나 정치의 중심.

▶추축-국 樞軸國 (나라 국). 역사 추축(樞軸)이 되는 나라[國]. 제2차 세계 대전 때, 일본, 독일, 이탈리아 세 동맹국이 스스로를 이르던 말. ㊂ 연합국(聯合國).

추출 抽出 (뽑을 추, 날 출). ① 화학 용매를 써서 고체나 액체로부터 어떤 물질을 뽑아[抽] 냄[出]. ¶콩에서 추출한 단백질 성분. ② 전체 속에서 어떤 물건, 생각, 요소 따위를 뽑아냄. ¶이것은 10년간의 자료에서 추출한 결론이다. ③ 수학 모집단(母集團)에서 표본을 뽑아내는 일. ¶대표선거인단 추출.

추측 推測 (밀 추, 헤아릴 측). 미루어[推] 헤아림[測]. ¶사람들의 반응을 추측하다. ㊥ 추량(推量).

추칭 追稱 (따를 추, 칭찬할 칭). 죽은 다음 추후(追後)에 공덕을 칭송(稱頌)함.

추탁 推託 (밀 추, 맡길 탁). ① 속뜻 미루고[推] 핑계를 댐[託]. 다른 일을 핑계 삼아 거절함. ② 일을 맡도록 추천함.

추탕 鰍湯 (미꾸라지 추, 끓을 탕). 미꾸라지[鰍]를 넣고 여러 가지 국거리 양념과 함께 끓인 탕국[湯]. '추어탕'(鰍魚湯)의 준말.

추태 醜態 (추할 추, 모양 태). 추한[醜] 행동이나 모양[態]. ¶술에 취하여 추태를 부리다.

추파[1] 秋波 (가을 추, 물결 파). ① 속뜻 가을철[秋]의 잔잔하고 아름다운 물결[波]. ② 관심이나 환심을 사려고 은근히 보내는 눈길. ¶추파를 던지다 / 추파를 흘리다. ③ 맑고 아름다운 미인의 눈길. ¶노국 공주의 맑고 어진 추파.

추파[2] 秋播 (가을 추, 뿌릴 파). 가을[秋]에 씨를 뿌리는[播] 일.

추판 楸板 (가래나무 추, 널빤지 판). 가래나무[楸]로 켠 널빤지[板].

추풍 秋風 (가을 추, 바람 풍). 가을[秋] 바람[風].

▸추풍-선 秋風扇 (부채 선). ① 속뜻 가을[秋] 바람[風]이 불 때의 부채[扇]. ② '철이 지나 쓸모없게 된 물건'이나 '남자의 사랑을 잃은 여자'를 비유하여 이르는 말. 준 추선.

▸추풍-낙엽 秋風落葉 (떨어질 락, 잎 엽). ① 속뜻 가을바람[秋風]에 떨어지는[落] 잎[葉]. ② '세력이나 형세가 갑자기 기울거나 시듦'을 비유하여 이르는 말.

추한[1] 追恨 (따를 추, 한탄 한). 일이 지나간 추후(追後)에 뉘우치며 한탄(恨歎)함.

추한[2] 醜漢 (추할 추, 사나이 한). ① 속뜻 못생긴[醜] 사내[漢]. '추남'을 달리 이르는 말. ② 추잡한 것을 서슴없이 하는 사내.

추행[1] 追行 (따를 추, 갈 행). 뒤를 따라[追] 감[行].

추행[2] 楸行 (가래나무 추, 갈 행). 조상의 산소가 있는 선산[楸]에 성묘하러 감[行].

추행[3] 醜行 (추할 추, 행할 행). 도의에 벗어난 추잡(醜雜)한 행실(行實). 비 난행(亂行).

추향[1] 楸鄕 (가래나무 추, 시골 향). 선산[楸]이 있는 고향[鄕]. 비 구묘지향(丘墓之鄕).

추향[2] 趨向 (향할 추, 향할 향). ① 속뜻 대세(大勢)를 향하여[趨=向] 나아감. ② 대세가 나아가는 방향.

추향-대제 秋享大祭 (가을 추, 제사지낼 향, 큰 대, 제사 제). 초가을[秋]에 지내는[享] 종묘와 사직의 큰[大] 제사(祭祀).

추형 追刑 (쫓을 추, 형벌 형). 추방(追放)하는 형벌(刑罰).

추호 秋毫 (가을 추, 터럭 호). ① 속뜻 가을철[秋]에 새로 돋아난 작고 가는 터럭[毫]. ② '조금', '매우 적음'을 뜻함. ¶내 말에는 추호도 거짓이 없다.

추화[1] 秋花 (가을 추, 꽃 화). 가을[秋]에 피는 꽃[花].

추화[2] 錐花 (송곳 추, 꽃 화). 도자기의 몸에 송곳[錐]으로 파서 새긴 꽃[花] 무늬.

추확 秋穫 (가을 추, 거둘 확). 가을철[秋]에 수확(收穫)을 하는 일. 비 추수(秋收).

추회 追懷 (쫓을 추, 품을 회). 지나간 일을 쫓아[追] 생각하며[懷] 그리워함.

추회-막급 追悔莫及 (따를 추, 뉘우칠 회, 없을 막, 이를 급). ① 속뜻 지난 일을 추후(追後)에 뉘우쳐도[悔] 아무것도[莫] 이르지[及] 못함. ② 후회해도 소용이 없음. 비 후회막급(後悔莫及).

추후 追後 (따를 추, 뒤 후). ① 속뜻 뒤[後]를 따름[追]. ② 일이 지나간 얼마 뒤. 이다음.

추흥 秋興 (가을 추, 흥겨울 흥). 가을[秋]의 흥취(興趣).

축가 祝歌 (빌 축, 노래 가). 축하(祝賀)하는 뜻으로 부르는 노래[歌].

축감 縮減 (줄일 축, 덜 감). ① 속뜻 오그라들고[縮] 줄어듦[減]. ② 덜어서 줄임. 비 감축(減縮).

축객[1] 祝客 (빌 축, 손 객). 축하(祝賀)하는 모임에 참석한 손님[客]. 비 하객(賀客).

축객[2] 逐客 (쫓을 축, 손 객). ① 속뜻 손님[客]을 푸대접하여 쫓아냄[逐]. ② 축신(逐臣).

축거 軸距 (굴대 축, 떨어질 거). 자동차의 앞 차축(車軸)과 뒤 차축 사이의 거리(距離).

축견 畜犬 (가축 축, 개 견). 가축(家畜)으로 기르는 개[犬].

*__축구 蹴球__ (찰 축, 공 구). 운동 공[球]을 주로 발로 차서[蹴] 상대편의 골에 공을 많이 넣는 것으로 승부를 겨루는 경기. ¶축구공 / 축구팀 / 그 나라는 축구에 열광적이다.

▸축구-부 蹴球部 (나눌 부). 학교나 단체에서 축구(蹴球)를 하기 위해 만든 조직[部].

¶우리 학교 축구부가 이겼다.

▸축구-장 蹴球場 (마당 장). 축구(蹴球) 경기를 하는 곳[場]. ¶축구장에 모여라.

▸축구-회 蹴球會 (모일 회). 축구(蹴球)를 하기 위하여 만든 모임[會]. ¶조기 축구회.

축국 蹴鞠 (찰 축, 공 국). 운동 지난날 공[鞠]을 발로 차던[蹴] 놀이. 또는 그 때 사용하던 공. 꿩 깃을 꽂았다.

축귀 逐鬼 (쫓을 축, 귀신 귀). 잡귀(雜鬼)를 쫓음[逐].

축기[1] 蓄氣 (모을 축, 숨 기). 의학 호흡할 때, 숨[氣]을 들이쉬어 모았다가[蓄] 최대한도로 내쉴 수 있는 공기의 양. 보통 1000~1500cc.

축기[2] 縮氣 (줄일 축, 기운 기). 무섭거나 두려워서 기운(氣運)이 움츠러짐[縮]. ⓑ저기(沮氣).

축농-증 蓄膿症 (쌓을 축, 고름 농, 증세 증). 몸속 빈 곳에 고름[膿]이 쌓여[蓄] 괴는 증상(症狀).

축대 築臺 (쌓을 축, 돈대 대). 높이 쌓아[築] 올린 대(臺). ¶축대가 무너져 아래에 있는 집들을 덮쳤다.

축도[1] 祝禱 (빌 축, 빌 도). 기독교 예배를 마칠 때 목사가 복을 비는[祝] 기도(祈禱). '축복기도'(祝福祈禱)의 준말.

축도[2] 縮圖 (줄일 축, 그림 도). ① 속뜻 그림이나 대상의 본디 모양을 줄여서[縮] 그림[圖]. ¶1/1,000로 축소한 축도. ②어떤 것의 내용이나 속성을 작은 규모로 유사하게 지니고 있는 것을 비유하여 이르는 말. ¶장기판이야 말로 우리 인생의 축도다.

▸축도-기 縮圖器 (그릇 기). 도면 등을 줄여 그리는 데[縮圖] 쓰이는 도구[器].

축동 縮瞳 (줄일 축, 눈동자 동). 의학 밝은 빛을 받을 때 눈동자[瞳]가 작아지는[縮] 현상. ⓑ산동(散瞳).

축두 軸頭 (굴대 축, 머리 두). 시축(詩軸)이나 횡축(橫軸) 따위의 첫머리[頭]에 쓰는 시, 글씨, 그림을 두루 이르는 말.

축록 逐鹿 (쫓을 축, 사슴 록). ① 속뜻 사슴[鹿]을 쫓음[逐]. ②'사람들이 정권, 지위 등을 얻으려고 서로 다투는 일'을 이르는 말. ⓒ각축(角逐).

축류 畜類 (가축 축, 무리 류). ① 속뜻 가축(家畜)의 종류(種類). ②'기르는 짐승'을 통틀어 이르는 말.

축문 祝文 (빌 축, 글월 문). ① 속뜻 복을 비는[祝] 글[文]. ②제사 때, 신명에게 읽어 고하는 글. ¶축문을 쓰다. '축제문'(祝祭文)의 준말.

▸축문-판 祝文板 (널빤지 판). 축문(祝文)을 얹어 놓는 널빤지[板].

축배 祝杯 (빌 축, 잔 배). 축하(祝賀)의 술을 마시는 술잔[杯]. ¶신랑, 신부를 위해 축배를 들자.

축복 祝福 (빌 축, 복 복). ① 속뜻 행복(幸福)하기를 빎[祝]. ¶신랑, 신부의 앞날을 축복해 줍시다. ② 기독교 하나님이 복을 내림. ¶신의 축복이 있기를! ⓑ축하(祝賀), 기복(祈福).

▸축복 기도 祝福祈禱 (빌 기, 빌 도). 기독교 예배를 마칠 때 목사가 복(福)을 비는[祝] 기도(祈禱).

축본 縮本 (줄일 축, 책 본). 원형을 줄여서[縮] 만든 책[本].

축사[1] 畜舍 (가축 축, 집 사). 가축(家畜)을 기르는 건물[舍]. ¶형은 축사를 지어 소를 키웠다.

축사[2] 祝辭 (빌 축, 말씀 사). 축하(祝賀)의 뜻으로 하는 말[辭]. ¶축사를 낭독하다. ⓑ하사(賀詞).

축사[3] 逐邪 (쫓을 축, 간사할 사). 사악(邪惡)한 귀신이나 기운을 쫓아냄[逐].

축사[4] 縮寫 (줄일 축, 베낄 사). ① 속뜻 원형보다 작게 줄여[縮] 베낌[寫]. ②사진을 줄여서 다시 찍음.

축산 畜産 (가축 축, 낳을 산). 가축(家畜)을 길러서 인간 생활에 유용한 물질을 생산(生産)하고 이용하는 농업의 한 부문. ¶축산 농가.

▸축산-물 畜産物 (만물 물). 가축을 기르고 번식시켜서 얻는[畜産] 생산물(生産物).

▸축산-업 畜産業 (일 업). 가축을 기르고, 그 생산물을 가공하는[畜産] 산업(産業). ¶축산물 수입 개방으로 국내 축산업이 어려움을 겪고 있다.

▸축산-학 畜産學 (배울 학). 축산(畜産)에 대한 이론과 실제를 연구하는 학문(學問).

축색 돌기 軸索突起 (굴대 축, 동아줄삭)색,

갑자기 돌, 일어날 기). ① 속뜻 굴대[軸]와 동아줄[索]처럼 생긴 돌기(突起). ② 의학 신경 세포의 두 가지 돌기 가운데 흥분을 원심적으로 전달하는 구실을 하는 것.

축생 畜生 (가축 축, 날 생). ① 속뜻 가축(家畜)으로 태어남[生]. ② 사람이 기르는 온갖 짐승. ③ 사람답지 못한 짓을 하는 사람을 낮잡아 이르는 말.

▶**축생-계** 畜生界 (지경 계). 불교 십계(十界)의 하나. 천태종에서, 생전에 저지른 악한 일에 대한 대가로 죽은 뒤에 짐승[畜生]이 되어 괴로움을 당하는 세계(世界).

▶**축생-고** 畜生苦 (괴로울 고). 불교 오고(五苦)의 하나. 축생도(畜生道)에 태어나서 받는 고통(苦痛).

▶**축생-도** 畜生道 (길 도). 불교 죄업으로 죽은 뒤 축생(畜生)이 되어 괴로움을 받는 길[道]. 또는 그런 세계에 태어날 원인이 될 행위.

축성[1] **築城** (쌓을 축, 성곽 성). ① 속뜻 성(城)을 쌓음[築]. ② 군사상 방어 목적으로 요지에 설치하는 구조물을 통틀어 이르는 말.

축성[2] **祝聖** (빌 축, 거룩할 성). ① 속뜻 빌어[祝] 성스럽게[聖] 함. ② 가톨릭 성직자나 성례에 쓰이는 물건과 건물 등을 정해진 의식을 통하여 성스러운 것으로 변화시키는 것.

▶**축성-식** 祝聖式 (의식 식). 가톨릭 축성(祝聖)을 행하는 의식(儀式).

축소 縮小 (줄일 축, 작을 소). 줄여서[縮] 작게[小] 함. ¶축소 복사 / 사업을 축소하다. ⓑ단축(短縮). ⓑ확대(擴大), 확장(擴張).

▶**축소-도** 縮小圖 (그림 도). 원형을 일정한 비율로 축소(縮小)하여 그린 그림[圖]. ⓑ축도(縮圖).

▶**축소-비** 縮小比 (견줄 비). 축소(縮小)된 비율(比率).

▶**축소-율** 縮小率 (비율 률). 축소(縮小)된 비율(比率).

▶**축소-판** 縮小版 (책 판). ① 출판 축소(縮小)하여 인쇄한 출판물(出版物). 축쇄판(縮刷版). ② 무엇을 축소한 것과 같은 사물을 비유하여 이르는 말.

▶**축소 균형** 縮小均衡 (고를 균, 저울대 형). 경제 경제 규모를 줄여[縮小] 수입과 지출의 균형(均衡)을 잡는 일.

▶**축소 해:석** 縮小解釋 (풀 해, 풀 석). 법률 법규의 문자나 문장을 엄격히 제약하고 법문의 일상적 의미를 넘지 않도록 축소(縮小)하여 해석(解釋)하는 방법.

▶**축소 재:생산** 縮小再生産 (다시 재, 날 생, 낳을 산). 경제 전에 비해 작은 규모로 축소(縮小)하여 같은 물품을 다시[再] 생산(生産)하는 일.

축쇄 縮刷 (줄일 축, 박을 쇄). 출판 글이나 그림 따위의 원형을 축소(縮小)하여 인쇄(印刷)하는 일. 책의 판형을 줄여서 박는 일.

▶**축쇄-판** 縮刷版 (책 판). 출판 축쇄(縮刷)한 판본(版本)이나 출판물(出版物). ⓑ축소판(縮小版).

축수[1] **祝手** (빌 축, 손 수). 두 손[手]을 모아 빎[祝].

축수[2] **祝壽** (빌 축, 목숨 수). 장수(長壽)하기를 빎[祝].

축승 祝勝 (빌 축, 이길 승). 승리(勝利)를 축하(祝賀)함.

축약 縮約 (줄일 축, 묶을 약). ① 속뜻 줄이고[縮] 묶어서[約] 간단하게 함. ② 언어 연속되는 두 모음을 아울러서 한 음절로 줄이거나 동화시키는 음운 현상.

▶**축약-어** 縮約語 (말씀 어). 줄이고[縮] 묶어서[約] 간단하게 한 말[語]. ¶'선관위'는 '선거관리위원회'의 축약어이다.

축양 畜養 (기를 축, 기를 양). 가축을 기름[畜=養]. 가축을 기름.

축어-역 逐語譯 (쫓을 축, 말씀 어, 옮길 역). 외국어 원문[語]의 한 구절 한 구절에 따라[逐] 본래의 뜻에 충실하게 번역(翻譯)함. ⓑ축자역(逐字譯).

축연[1] **祝宴** (빌 축, 잔치 연). 축하(祝賀)하는 잔치[宴]. '축하연'(祝賀宴)의 준말.

축연[2] **祝筵** (빌 축, 자리 연). 축하(祝賀)하는 자리[筵].

축우 畜牛 (기를 축, 소 우). 집에서 기르는 [畜] 소[牛].

축원 祝願 (빌 축, 바랄 원). ① 속뜻 신이나 부처에게 자기 소원(所願)을 이루어 달라고 빎[祝]. ¶모두 평안하시기를 축원합니다. ② '축원문'의 준말.

▶**축원-문** 祝願文 (글월 문). 축원(祝願)하는 뜻을 적은 글[文].

축음-기 蓄音機 (모을 축, 소리 음, 틀 기). ① 속뜻 소리[音]를 모으는[蓄] 기계(機械). ② 음파를 기록한 음반을 회전시켜 음성을 재생하는 장치.

축의¹ 祝意 (빌 축, 뜻 의). 축하(祝賀)하는 뜻[意]. ⓗ하의(賀意).

축의² 祝儀 (빌 축, 의식 의). 축하(祝賀)하는 의례나 의식(儀式). ¶축의를 표하다.

▸축의-금 祝儀金 (돈 금). 축하(祝賀)하는 뜻으로 의식(儀式)에 와서 내는 돈[金]. ¶결혼식에 축의금으로 5만원을 내다.

축일¹ 祝日 (빌 축, 날 일). 경사를 축하(祝賀)하는 날[日]. ¶축일을 맞이하다.

축일² 逐日 (쫓을 축, 날 일). ① 속뜻 하루하루[日]를 쫓음[逐]. ② 하루도 거르지 않고 날마다. ¶갑순이에게 축일 놀러 오던 갑돌이.

축자-역 逐字譯 (쫓을 축, 글자 자, 옮길 역). 글자[字] 하나하나에 따라서[逐] 충실히 번역(翻譯)함. ⓗ축어역(逐語譯).

축장 蓄藏 (모을 축, 감출 장). 모아서[蓄] 감추어[藏] 둠.

축재 蓄財 (모을 축, 재물 재). 재물(財物)을 모음[蓄]. 모은 재산. ¶부정 축재를 하다.

축적 蓄積 (모을 축, 쌓을 적). 지식, 경험, 자금 따위를 많이 모아[蓄] 쌓아둠[積]. ¶기술력을 축적하다.

축전¹ 祝典 (빌 축, 의식 전). 축하(祝賀)하는 의식이나 식전(式典). ¶크리스마스 축전 행사.

축전² 祝電 (빌 축, 전기 전). 축하(祝賀)의 뜻을 나타내는 전보(電報). ¶축전을 보내다.

축전³ 蓄電 (모을 축, 전기 전). 전기(電氣)를 모아[蓄] 둠. ¶축전 기술을 개발하다.

▸축전-기 蓄電器 (그릇 기). 전기 전기의 도체에 많은 양의 전기(電氣)를 모아 두는[蓄] 기구(器具).

▸축전-지 蓄電池 (못 지). 물리 전기 에너지를 화학 에너지로 바꾸어서 모아 두고[蓄電], 필요할 때 전기 에너지로 쓰는 전지(電池). ⓗ가역 전지(可逆電池), 이차 전지(二次電池).

축제¹ 祝祭 (빌 축, 제사 제). ① 속뜻 축하(祝賀)하는 뜻에서 거행하는 제전(祭典). ② 경축하여 벌이는 큰 잔치나 행사를 이르는 말. ¶도시는 온통 축제 분위기에 휩싸였다.

축제² 築堤 (쌓을 축, 둑 제). 둑[堤]을 쌓음[築].

축제-문 祝祭文 (빌 축, 제사 제, 글월 문). ① 속뜻 축문(祝文)과 제문(祭文). ② 제사 때, 신명에게 읽어 고(告)하는 글. ⓒ축문.

축제-일 祝祭日 (빌 축, 제사 제, 날 일). ① 속뜻 축제(祝祭)를 벌이는 날[日]. ② 축일과 제일. ③ 축일과 제일이 겹친 날.

축조¹ 逐條 (쫓을 축, 조목 조). 한 조목(條目)씩 차례대로 쫓아감[逐].

▸축조-발명 逐條發明 (드러낼 발, 밝힐 명). 조목조목 따져 가면서[逐條] 죄가 없음을 밝히[明] 드러냄[發].

축조² 築造 (쌓을 축, 만들 조). 제방이나 담을 다지고 쌓아서[築] 만듦[造]. ¶피라미드를 축조하다.

축조-본 縮照本 (줄일 축, 비칠 조, 책 본). 비석의 글 따위를 사진으로 찍은 후 원형에 대조(對照)하여 작게[縮] 제판한 책[本].

축주 祝酒 (빌 축, 술 주). 축하(祝賀)의 술[酒]. '축하주'(祝賀酒)의 준말.

축지 縮地 (줄일 축, 땅 지). 민속 도술(道術)로 지맥(地脈)을 축소(縮小)하여 먼 거리를 가깝게 하는 일.

▸축지-법 縮地法 (법 법). 민속 축지(縮地)를 하는 술법(術法).

축차 逐次 (쫓을 축, 차례 차). ① 속뜻 차례(次例)대로 따름[逐]. ② 차례차례로.

▸축차-적 逐次的 (것 적). 차례(次例)대로 쫓아[逐] 하는 것[的].

***축척** 縮尺 (줄일 축, 자 척). ① 속뜻 지도 따위를 실제보다 축소하여 그릴 때 축소(縮小)한 비례의 척도(尺度). ¶이 지도의 축척은 5만분의 1이다. ⓑ현척(現尺). ② 피륙 따위가 정한 자수에서 부족함.

축천 祝天 (빌 축, 하늘 천). 하늘[天]에게 빎[祝].

축첩 蓄妾 (모을 축, 첩 첩). 첩(妾)을 둠[蓄].

축출 逐出 (쫓을 축, 날 출). 쫓아서[逐] 내보냄[出]. 몰아냄.

축토 築土 (쌓을 축, 흙 토). 집터나 둑 따위를 만들려고 흙[土]을 쌓아[築] 올림.

축포 祝砲 (빌 축, 대포 포). 행사에서 축하

(祝賀)의 뜻으로 쏘는 총이나 대포의 공포(空砲). ¶대회의 개막을 알리는 축포가 터졌다.

***축하** 祝賀 (빌 축, 하례할 하). ① 속뜻 복을 빌어주는[祝] 하례(賀禮). ② 남의 기쁜 일에 대하여 더 큰 기쁨이 있기를 빌어주는 뜻으로 하는 인사. ¶졸업을 진심으로 축하합니다.

▶축하-객 祝賀客 (손 객). 축하(祝賀)하기 위하여 온 손님[客]. ¶축하객에게 몸소 찾아다니면서 인사를 하였다.

▶축하-연 祝賀宴 (잔치 연). 축하(祝賀)하기 위하여 베푸는 잔치[宴]. ¶결혼 축하연을 열다. ㊂축연.

▶축하-주 祝賀酒 (술 주). 축하(祝賀)하는 뜻으로 보내거나 마시는 술[酒]. ㊂축주.

축합 縮合 (줄일 축, 합할 합). ① 속뜻 줄이어[縮] 합(合)침. ② 화학 유기 화합물의 두 분자 또는 그 이상의 분자가 반응하여, 물 따위의 간단한 분자를 제거하여 새로운 화합물을 만드는 반응.

축항[1] 逐項 (쫓을 축, 항목 항). 항목(項目)을 하나씩 차례로 따름[逐].

축항[2] 築港 (쌓을 축, 항구 항). 항구(港口)를 구축(構築)함. 또는 그 항구. ¶축항 공사가 시작되었다.

축혼 祝婚 (빌 축, 혼인할 혼). 결혼(結婚)을 축하(祝賀)하는 일.

축화 祝花 (빌 축, 꽃 화). 축하(祝賀)의 뜻을 나타내는 꽃[花].

춘경[1] 春耕 (봄 춘, 밭갈 경). 봄[春]에 논밭을 가는[耕] 일.

춘경[2] 春景 (봄 춘, 볕 경). 봄철[春]의 경치(景致).

춘계 春季 (봄 춘, 철 계). 봄[春] 철[季]. ㊊ 춘기(春期), 춘절(春節).

춘곤 春困 (봄 춘, 곤할 곤). 봄철[春]에 느끼는 노곤(勞困)한 기운.

▶춘곤-증 春困症 (증세 증). 봄철[春]에 몸의 기운이 빠지는[困] 증세(症勢). ¶춘곤증 때문인지 자꾸 졸리다.

춘광 春光 (봄 춘, 빛 광). ① 속뜻 봄[春] 볕[光]. ㊊춘양(春陽). ② 봄의 경치.

춘교 春郊 (봄 춘, 성 밖 교). 봄철[春]의 경치가 좋은 들[郊]이나 교외(郊外).

춘궁[1] 春宮 (봄 춘, 대궐 궁). ① 속뜻 봄[春]의 기운이 가득한 궁(宮). ② 역사 '세자궁'이나 '태자궁'을 달리 이르던 말. ③ 역사 '왕세자'나 '황태자'를 달리 이르던 말.

춘궁[2] 春窮 (봄 춘, 궁할 궁). 봄철[春]에 겪는 궁핍(窮乏)함. 보릿고개의 식량 사정의 어려움을 이르는 말. '춘궁기'(春窮期)의 준말.

▶춘궁-기 春窮期 (때 기). 봄철[春]의, 농민의 몹시 살기 어려운[窮] 때[期]. ㊊보릿고개, 궁절(窮節).

춘기[1] 春氣 (봄 춘, 기운 기). 봄날[春]의 화창한 기운[氣]. ¶춘기가 가득하다.

춘기[2] 春期 (봄 춘, 때 기). 봄[春]의 시기(時期). ¶춘기 대청소 기간. ㊊춘계(春季).

춘기[3] 春機 (봄 춘, 때 기). ① 속뜻 봄[春]이라는 시기(時機). ② 봄의 정취. 또는 봄의 기운. ③ 남녀 간의 정욕. ¶춘기가 발동한 남녀.

▶춘기 발동기 春機發動期 (일으킬 발, 움직일 동, 때 기). 심리 보통 14~19세에 이성을 그리는 마음[春機]이 생기기 시작하는[發動] 시기(時期).

춘난 春暖 (봄 춘, 따뜻할 난). 봄철[春]의 따뜻함[暖]. 따뜻한 기운. ㊊춘훤(春暄).

춘당 椿堂 (=春堂, 부친 춘, 집 당). ① 속뜻 남의 부친[椿]이 사는 집[堂]. ② 남의 아버지를 높여 이르는 말. 춘부장(椿府丈).

춘란 春蘭 (봄 춘, 난초 란). 식물 봄[春]에 꽃이 피는 난초(蘭草). 잎이 가늘고 길며, 봄에 푸른 빛깔을 띤 흰 꽃이 핀다. 이른 봄에 뿌리에서 푸르스름한 꽃줄기가 올라와 입술 모양의 꽃잎에 자주색 무늬가 있는 꽃이 핀다.

춘림 春霖 (봄 춘, 장마 림). 봄[春]철의 장마[霖].

춘망 春望 (봄 춘, 바라볼 망). 문학 안사의 난으로 잡혀있던 두보가 봄[春]이 되어 산천을 바라보며[望] 지은 우국시.

춘매 春梅 (봄 춘, 매화나무 매). 봄[春]에 꽃이 피는 매화나무[梅].

춘맥 春麥 (봄 춘, 보리 맥). 이른 봄[春]에 씨를 뿌리어 첫여름에 거두어들이는 보리[麥].

춘면 春眠 (봄 춘, 잠 면). 봄날[春]의 노곤한

졸음[眠].

▸춘면-곡 春眠曲 (노래 곡). ① [속뜻] 춘면(春眠)을 노래한 악곡(樂曲). ② [문학] 임을 여의고 괴로워하는 남자의 마음을 담은 가사.

춘몽 春夢 (봄 춘, 꿈 몽). ① [속뜻] 봄[春]에 낮잠을 자며 꾸는 꿈[夢]. ② '헛된 꿈, 덧없는 인생'을 비유하여 이르는 말.

춘복 春服 (봄 춘, 옷 복). 봄[春]에 입는 옷[服]. [비]춘의(春衣).

춘부-장 椿府丈 (=春府丈, 부친 춘, 집 부, 어른 장). ① [속뜻] 남의 부친[椿] 집안[府]의 어른[丈]. ② '남의 아버지'를 높여 일컫는 말. [준]춘부. [비]춘당(椿堂), 춘부대인(椿府大人).

춘분 春分 (봄 춘, 나눌 분). ① [속뜻] 봄[春]으로 구분(區分)됨. ② [민속] 경칩(驚蟄)과 청명(淸明) 사이로, 양력 3월 20일경이다. ¶춘분이 지나자 해가 길어졌다.

▸춘분-점 春分點 (점 점). [천문] 춘분(春分) 때 태양이 지나는 점(點). 황도와 적도와의 두 교점(交點) 가운데에서 태양이 남쪽에서 북쪽으로 향하여 적도를 지나가는 점이다.

춘사[1] 春思 (봄 춘, 생각 사). ① [속뜻] 봄[春]을 느끼는 싱숭생숭한 생각[思]. ② 색정(色情).

춘사[2] 椿事 (참죽나무 춘, 일 사). 뜻밖에 일어나는[椿] 불행한 일[事]. ¶갑자기 발생한 일종의 춘사였다.

춘-삼삭 春三朔 (봄 춘, 석 삼, 초하루 삭). 봄[春]의 석[三] 달[朔]. 음력 정월, 이월, 삼월을 아울러 이르는 말.

춘-삼월 春三月 (봄 춘, 석 삼, 달 월). 봄[春] 경치가 가장 좋은 음력 삼월(三月)을 달리 이르는 말. ¶춘삼월 호시절.

춘색 春色 (봄 춘, 빛 색). 봄[春]의 아름다운 기운[色]. 봄의 경치. [비]춘광(春光).

춘설 春雪 (봄 춘, 눈 설). 봄[春]에 내리는 눈[雪].

춘소[1] 春宵 (봄 춘, 밤 소). 봄[春]철의 밤[宵]. [비]춘야(春夜).

춘소[2] 春蔬 (봄 춘, 나물 소). 봄[春] 나물[蔬].

춘수[1] 春水 (봄 춘, 물 수). 봄철[春]에 흐르는 물[水].

춘수[2] 春愁 (봄 춘, 근심 수). 봄철[春]에 일어나는 뒤숭숭한 근심[愁].

춘신 春信 (봄 춘, 소식 신). 봄[春]을 알리는 소식[信]. 이른 봄에 꽃이 피고 새가 울기 시작함을 이르는 말.

춘심 春心 (봄 춘, 마음 심). ① [속뜻] 봄철[春]에 느끼는 심회(心懷). ② 이성이 그리워지는 마음. 남녀 간의 정욕. 춘기(春機).

춘앵-무 春鶯舞 (봄 춘, 꾀꼬리 앵, 춤출 무). ① [속뜻] 봄철[春]의 꾀꼬리[鶯]를 흉내 낸 춤[舞]. ② [예술] 춘앵전(春鶯囀).

춘앵-전 春鶯囀 (봄 춘, 꾀꼬리 앵, 지저귈 전). ① [속뜻] 봄[春]을 맞아 꾀꼬리[鶯]가 지저귐[囀]. ② [예술] 조선 순조 때의 궁중 무용의 한 가지. 한 사람의 무희가 화문석을 깔고 그 위에서 음악에 맞추어 추는 춤이다. 효명세자가 꾀꼬리 소리에 도취되어, 그것을 무용화한 것이다. [비]춘앵무(春鶯舞).

춘야 春夜 (봄 춘, 밤 야). 봄[春] 밤[夜]. [비]춘소(春宵).

춘약 春藥 (봄 춘, 약 약). 춘정(春情)을 돋우는 약(藥). 성욕이 일어나게 하는 약.

춘양 春陽 (봄 춘, 볕 양). 봄[春] 볕[陽]. [비]춘광(春光).

▸춘양-목 春陽木 (나무 목). ① [속뜻] 춘양(春陽) 특산의 소나무[木]. ② [식물] 경상북도 봉화군 춘양면과 소천면 일대의 높은 산지대에서 자라는 소나무. 또는 그 재목. 속이 붉고 단단하며 껍질이 얇아 건축재, 가구재 따위로 많이 쓴다.

춘우 春雨 (봄 춘, 비 우). 봄[春]에 내리는 비[雨].

춘-우수 春雨水 (봄 춘, 비 우, 물 수). 봄[春]에 내리는 빗[雨] 물[水]. 정월에 처음 내린 빗물.

춘운 春雲 (봄 춘, 구름 운). 봄[春] 하늘의 구름[雲].

춘월 春月 (봄 춘, 달 월). 봄날[春] 밤에 돋는 달[月].

춘유 春遊 (봄 춘, 놀 유). 봄철[春]의 놀이[遊].

춘음 春陰 (봄 춘, 응달 음). 봄[春]의 흐린[陰] 날씨. [반]춘청(春晴).

춘의[1] 春衣 (봄 춘, 옷 의). 봄[春] 옷[衣]. [비]춘복(春服).

춘의² 春意 (봄 춘, 뜻 의). ① 속뜻 봄[春]에 드는 생각[意]. ② 이른 봄에 만물이 피어나려 하는 기운을 이르는 말. ③ 남녀 간의 정욕이나 성교. ㊥춘기(春機).

▸춘의-도 春意圖 (그림 도). 남녀 간의 성교[春意] 장면을 그린 사진이나 그림[圖]. ㊥춘화도(春畵圖).

춘일 春日 (봄 춘, 날 일). 봄[春] 날[日].

춘잠 春蠶 (봄 춘, 누에 잠). 농업 봄[春]에 치는 누에[蠶]. 봄누에. ¶마을 사람들이 공동으로 춘잠을 쳐서 돈을 모았다.

춘장 椿丈 (=春丈, 부친 춘, 어른 장). '춘부장'(椿府丈)의 준말.

춘재 春材 (봄 춘, 재목 재). ① 속뜻 봄철[春]의 재목(材木). ② 식물 봄철에서 여름철까지 자라서 이루어진 목질(木質) 부분. 추재(秋材)보다 재질이 거칠다.

춘절 春節 (봄 춘, 철 절). 봄[春] 철[節]. ㊥춘계(春季), 춘기(春期).

춘정¹ 春情 (봄 춘, 마음 정). ① 속뜻 봄[春]의 정취(情趣). ② 청춘의 정욕. ㊥춘기(春機).

춘정² 椿庭 (참죽나무 춘, 뜰 정). ① 속뜻 참죽나무[椿]가 있는 뜰[庭]. ② 춘부장(椿府丈).

춘-첩자 春帖子 (봄 춘, 표제 첩, 접미사 자). 역사 왕조 때, 입춘(立春) 날에 대궐 안에 써 붙이던 주련[帖子].

춘청 春晴 (봄 춘, 갤 청). 봄[春]에 맑게 갠[晴] 날씨. ㊥춘음(春陰).

춘초¹ 春初 (봄 춘, 처음 초). 봄[春]의 초기(初期).

춘초² 春草 (봄 춘, 풀 초). ① 속뜻 봄철[春]에 새로 돋는 부드러운 풀[草]. ② 식물 박주가릿과의 여러해살이풀. 높이는 50~80㎝이고 초여름에 자주색 꽃이 핀다. 잎과 뿌리는 약재로 쓴다. '백미꽃'을 달리 이르는 말.

*__춘추³__ 春秋 (봄 춘, 가을 추). ① 속뜻 봄[春]과 가을[秋]. ¶우리 식당에 춘추로 1년에 두 번씩 위생 검사를 나온다. ② 남을 높여 그의 '나이'를 이르는 말. ¶올해 춘추가 어떻게 되십니까? ③ 세월(歲月). ④ 책명 공자가 노나라 은공(隱公)에서 애공(哀公)까지의 사적을 편년체로 기록한 책. ⑤ 역사 '춘추 시대'(春秋時代)의 준말. ㊥연세(年歲).

▸춘추-관 春秋館 (집 관). 역사 고려와 조선 때, 시정(時政)의 역사 기록[春秋]을 맡아보던 관아[館].

▸춘추-복 春秋服 (옷 복). 봄[春]과 가을[秋]에 입는 옷[服].

▸춘추-삼전 春秋三傳 (석 삼, 전할 전). 책명 사서(史書) 『춘추』(春秋)를 해설한 세[三] 가지 책[傳]. 『좌씨전』(左氏傳), 『곡량전』(穀梁傳), 『공양전』(公羊傳)이 있다.

▸춘추 시대 春秋時代 (때 시, 연대 대). 역사 공자가 저술한 역사책인 『춘추』(春秋)에서 다룬 시대(時代). 중국 주(周) 나라 말기, 360년 간의 전란 시대를 이른다. ㊟춘추.

▸춘추-필법 春秋筆法 (글씨 필, 법 법). 공자의 역사 비판이 나타나 있는 『춘추』(春秋)에서와 같이 비판의 태도가 엄정한 필법(筆法).

▸춘추 전:국 시대 春秋戰國時代 (싸울 전, 나라 국, 때 시, 연대 대). 춘추(春秋) 시대와 전국 시대(戰國時代)를 아울러 이르는 말.

춘치-자명 春雉自鳴 (봄 춘, 꿩 치, 스스로 자, 울 명). ① 속뜻 봄[春]이 되면 꿩[雉]이 스스로[自] 움[鳴]. ② '시키거나 요구하지 않아도 때가 되면 제 스스로 함'을 비유하여 이르는 말.

춘파 春播 (봄 춘, 뿌릴 파). 봄[春]에 씨를 뿌림[播].

춘풍 春風 (봄 춘, 바람 풍). 봄철[春]에 부는 바람[風]. ¶춘풍에 돛 단 듯하다. ㊥봄바람.

▸춘풍-추우 春風秋雨 (가을 추, 비 우). ① 속뜻 봄[春] 바람[風]과 가을[秋] 비[雨]. ② '지나간 세월'을 비유하여 이르는 말.

▸춘풍-화기 春風和氣 (따스할 화, 기운 기). 봄바람[春風]이 부는 봄날의 화창(和暢)한 기운[氣].

춘하 春霞 (봄 춘, 노을 하). ① 속뜻 봄철[春]의 노을[霞]. ② 봄이나 여름철에 강한 햇살을 쬔 지면으로부터 마치 투명한 불꽃처럼 아른아른 피어오르는 공기.

춘하추동 春夏秋冬 (봄 춘, 여름 하, 가을 추, 겨울 동). 봄[春], 여름[夏], 가을[秋], 겨울[冬]을 아울러 이르는 말. ¶자연은 춘하추동 그 색을 달리한다. ㊥사계절(四季節), 사철.

춘한[1] 春旱 (봄 춘, 가물 한). 봄철[春]의 가뭄[旱].

춘한[2] 春恨 (봄 춘, 한탄 한). 봄날[春]의 경치에 끌려 일어나는 정한(情恨).

춘한[3] 春寒 (봄 춘, 찰 한). 봄[春]의 추위[寒].

춘향 春香 (봄 춘, 향기 향). ① [속뜻] 봄[春]의 향기(香氣)가 물씬 풍김. ②『춘향전』(春香傳)의 여자 주인공 이름.

▸춘향-가 春香歌 (노래 가). [음악] 판소리 열두 마당의 하나. 『춘향전』(春香傳)을 판소리[歌]로 엮은 것.

▸춘향-전 春香傳 (전할 전). [문학] 이몽룡(李夢龍)과 춘향(春香)의 전기(傳記). 연애 사건을 중심으로 하여 춘향의 정절을 기리고 계급 타파의 서민 의식을 고양한 내용을 전하는 한국 고소설의 대표적 작품이다. [비] 열녀춘향수절가(烈女春香守節歌).

춘향-대제 春享大祭 (봄 춘, 제사지낼 향, 큰 대, 제사 제). 초봄[春]에 지내는[享] 종묘와 사직의 큰[大] 제사[祭].

춘화[1] 春花 (봄 춘, 꽃 화). 봄철[春]에 피는 꽃[花].

춘화[2] 春華 (봄 춘, 빛날 화). 봄[春] 경치의 빛나고[華] 아름다운 모양.

춘화[3] 春畵 (봄 춘, 그림 화). 남녀가 춘정(春情)을 나누는 모습을 그린 그림[畵]. '춘화도'(春畵圖)의 준말.

▸춘화-도 春畵圖 (그림 도). 남녀 간의 성희(性戱) 장면[春畵]을 그린 그림[圖]이나 사진. [비] 춘의도(春意圖), 비희도(祕戱圖).

춘화 처:리 春化處理 (봄 춘, 될 화, 처방할 처, 다스릴 리). ① [속뜻] 봄[春]처럼 되게[化] 하는 처리(處理). ② [농업] 식물이 자라는 데 거쳐야 할 환경 조건을 인위적으로 만들어 줌으로써 정상적인 꽃눈의 형성이나 개화의 촉진을 꾀하는 일.

춘화-추월 春花秋月 (봄 춘, 꽃 화, 가을 추, 달 월). ① [속뜻] 봄[春] 꽃[花]과 가을[秋] 달[月]. ② 자연계의 아름다움.

춘훤 椿萱 (참죽나무 춘, 원추리 훤). ① [속뜻] 춘당(椿堂)과 훤당(萱堂). ② 남의 부모를 높여 이르는 말.

춘흥 春興 (봄 춘, 흥겨울 흥). 봄[春]철에 일어나는 흥치(興致).

출가[1] 出家 (날 출, 집 가). ① [속뜻] 집[家]을 나감[出]. ② [불교] 세속의 집을 떠나 불문에 듦. ¶석가모니는 29세에 출가했다. [비] 사신(捨身). ③ [가톨릭] 세간을 떠나 수도원으로 들어감.

▸출가-득도 出家得度 (얻을 득, 법도 도). [불교] 출가(出家)하여 도첩(度牒)을 받고[得] 승려가 됨. 승적에 오름.

▸출가-위승 出家爲僧 (할 위, 스님 승). 세속(世俗)의 집을 떠나[出家] 중[僧]이 됨[爲].

출가[2] 出嫁 (날 출, 시집갈 가). 처녀가 시집[嫁]을 감[出]. ¶딸들을 출가시키다.

▸출가-외인 出嫁外人 (밖 외, 남 인). 출가(出嫁)한 딸은 바깥[外]에 있는 남[人]이나 마찬가지라는 말. ¶옛날에 시집간 딸은 남의 집 며느리라 여겨 출가외인이라고 불렀다.

출간 出刊 (날 출, 책 펴낼 간). 책을 펴내어[刊] 세상에 내어놓음[出]. ¶영어책 하나를 출간하기로 마음먹었다. [비] 출판(出版).

출감 出監 (날 출, 볼 감). 형기가 끝나거나 무죄가 되어 감옥(監獄)에서 나옴[出]. [비] 출옥(出獄).

출강 出講 (날 출, 강의할 강). 강의(講義)하는 자리에 나아감[出].

출거 出去 (날 출, 갈 거). 딴 데로 나가거나[出] 떠나감[去].

출격 出擊 (날 출, 칠 격). 주로 항공기가 적을 공격(攻擊)하러 나감[出]. ¶적의 수도를 공격하기 위해 전투기가 출격했다.

출결 出缺 (날 출, 빠질 결). ① [속뜻] 출근(出勤)과 결근(缺勤). ② 출석(出席)과 결석(缺席).

출경[1] 出京 (날 출, 서울 경). 서울[京]을 떠나[出] 지방으로 내려감.

출경[2] 出境 (나갈 출, 지경 경). 어떤 지방의 경계(境界)를 넘어 다른 곳으로 나감[出].

출고 出庫 (날 출, 곳집 고). ① [속뜻] 물품을 창고(倉庫)에서 꺼냄[出]. [반] 입고(入庫). ② 생산자가 생산품을 시장에 냄. ③ 전차나 자동차 따위를 차고에서 꺼냄.

▸출고-가 出庫價 (값 가). 출고(出庫) 상태의 가격(價格). '출고 가격'(出庫價格)의 준말.

▸출고-량 出庫量 (분량 량). ① 속뜻 창고(倉庫)에서 물품을 꺼낸[出] 양(量). ② 생산 공장에서 제품을 시장 따위에 내 놓은 양.

▸출고 가격 出庫價格 (값 가, 이를 격). 생산자가 생산 공장[庫]에서 시장에 물품을 내는[出] 값[價格].

출곡반면 出告反面 (날 출, 알릴 곡, 되돌릴 반, 낯 면). ① 속뜻 집을 나설[出] 때는 부모님께 반드시 말씀을 드리고[告] 돌아 왔을[反] 때는 반드시 얼굴[面]을 보여 드려야 함. ② 출타 할 때 자식으로서 반드시 지켜야할 인사 예절. 특히 '反面'에는 무사함을 보여 드려 안심하도록 해야 하고, 늦지 않게 귀가해야 한다는 두 가지 깊은 뜻이 담겨 있다. 『예기』(禮記)에 나오는 "爲人子者, 出必告, 反必面"(위인자자, 출필곡, 반필면)에서 유래된 말이다.

출교[1] 黜校 (내쫓을 출, 학교 교). 학교에 큰 피해를 끼친 학생을 학교(學校)의 학적에서 삭제하여 내쫓음[黜].

출교[2] 黜教 (내쫓을 출, 종교 교). 기독교 잘못을 저지른 교인을 교적(教籍)에서 삭제하여 내쫓음[黜].

출구 出口 (날 출, 어귀 구). 밖으로 나갈[出] 수 있는 통로나 어귀[口]. ¶출구를 찾지 못해 우왕좌왕 헤맸다. ⓑ입구(入口).

출국 出國 (날 출, 나라 국). 그 나라[國]를 떠나 외국으로 나감[出]. ¶그는 다음 주에 출국할 예정이다. ⓑ입국(入國).

출군 出群 (뛰어날 출, 무리 군). 많은 무리[群] 중에서 뛰어남[出]. ⓗ출중(出衆).

출궁 出宮 (날 출, 대궐 궁). 임금이 대궐[宮] 밖으로 나감[出].

출근 出勤 (날 출, 일할 근). 일하러[勤] 나감[出]. ¶출근길 / 오늘 출근이 조금 늦었다. ⓑ결근(缺勤), 퇴근(退勤).

▸출근-부 出勤簿 (장부 부). 출근(出勤) 상황을 적는 장부[簿].

출금 出金 (날 출, 돈 금). 돈[金]을 꺼냄[出]. 꺼낸 돈. ¶은행에 가서 10만원을 출금했다. ⓑ입금(入金).

▸출금-액 出金額 (액수 액). 은행 따위에서 출금(出金)한 돈의 액수(額數). ⓑ입금액(入金額).

출급 出給 (날 출, 줄 급). 물건을 내[出] 줌[給].

출납 出納 (날 출, 들일 납). ① 속뜻 금전이나 물품을 내주거나[出] 받아들임[納]. 특히 금전을 내주거나 받아들임. ¶그녀는 은행에서 출납 업무를 맡고 있다. ② 수입과 지출.

▸출납-부 出納簿 (장부 부). 출납(出納)을 기록하는 장부[簿].

▸출납 검:사 出納檢查 (봉함 검, 살필 사). 경제 회계 검사 기관, 특히 감사원에서 현금 출납(出納)을 맡은 기관에 대하여 행하는 회계 검사(檢查).

출당 黜黨 (내쫓을 출, 무리 당). 당원(黨員) 명부에서 제명하고 당원의 자격을 빼앗음[黜].

출동 出動 (날 출, 움직일 동). ① 속뜻 나가서[出] 행동(行動)함. ② 부대 따위가 활동하기 위하여 목적지로 떠남. ¶몇 대의 소방차가 화재를 진압하러 출동했다.

출두 出頭 (날 출, 머리 두). ① 속뜻 머리[頭]를 들고 나옴[出]. ② 어떤 곳에 몸소 나감. ¶그는 월요일 법정에 출두할 예정이다.

출람 出藍 (날 출, 쪽 람). '청출어람'(青出於藍)의 준말.

출력 出力 (날 출, 힘 력). ① 속뜻 힘[力]을 내보냄[出]. ② 기계 전동차 따위가 외부에 공급하는 기계적·전기적 힘. ¶이 자동차의 최대 출력은 200마력이다. ③ 컴퓨터 따위의 기기나 장치가 입력을 받아 일을 하고 외부로 결과를 내는 일. ¶이 문서를 출력해 주십시오. ④ 물리 원동기, 펌프 따위 기계나 장치가 입력을 받아 외부로 해낼 수 있는 일의 양. ⑤ 어떤 일에 필요한 돈이나 물자 따위를 내놓음. ⓑ입력(入力).

▸출력 장치 出力裝置 (꾸밀 장, 둘 치). 전자 계산기의 중앙 처리 장치로부터 결과를 뽑아내는[出力] 장치(裝置). ⓑ입력 장치(入力裝置).

출로 出路 (날 출, 길 로). 빠져 나갈[出] 길[路].

출루 出壘 (날 출, 진 루). 운동 야구에서 안타나 사구(四球) 등으로 타자가 일루(一壘)에 진출(進出)함.

출류-발췌 出類拔萃 (뛰어날 출, 무리 류, 빼어날 발, 모일 췌). 평범한 부류(部類)에서 특출(特出)하고, 여럿이 모인[萃] 중에서 가장 빼어남[拔].

출마 出馬 (날 출, 말 마). ① 속뜻 말[馬]을 몰고 나감[出]. ② 선거 따위에서 입후보자로 나섬. ¶올해 누가 시장 선거에 출마합니까?

출몰 出沒 (날 출, 없어질 몰). 무엇이 나타났다[出] 사라졌다[沒] 함. ¶이 산에는 호랑이가 출몰한다.

출문 出門 (날 출, 문 문). ① 속뜻 나가는[出] 문(門). ② 문 밖으로 나감. 집을 떠남.

출물 出物 (날 출, 만물 물). ① 속뜻 어떤 일에 필요한 돈이나 물건(物件)을 내놓음[出]. 또는 그 재물. ② 강제로 당한 물적 손해.

출발 出發 (날 출, 떠날 발). ① 속뜻 집을 나서서[出] 길을 떠남[發]. ¶기차가 출발하자 손을 흔들었다. ② 일을 시작함. 일의 시작. ¶새 출발을 다짐하다 / 그는 처음에 모델로 출발했다. ㊥도착(到着).

▸출발-선 出發線 (줄 선). 출발점(出發點)으로 그어 놓은 선(線). ¶선수들이 출발선에 서 있다.

▸출발-점 出發點 (점 점). ① 속뜻 출발(出發)하는 지점(地點). ¶여행엔 반드시 일정한 출발점과 도착점이 있다. ② 어떤 일을 시작하는 기점. ¶우리는 새로운 시대의 출발점에 섰다.

▸출발-지 出發地 (땅 지). 어디를 향하여 떠나는[出發] 곳[地]. ¶우리가 찾아가는 장소는 출발지에서 그리 멀지 않은 곳이다. ㊥도착지.

출범 出帆 (날 출, 돛 범). ① 속뜻 배가 돛[帆]을 올리고 떠나감[出]. ¶이 배는 수리를 마치고 내일이면 출범된다. ② 단체가 새로 조직되어 일을 시작함을 비유하여 이르는 말. ¶NATO는 1949년에 출범했다. ㊀개범(開帆), 해람(解纜). ㊥귀범(歸帆).

출병 出兵 (날 출, 군사 병). 군사[兵]를 싸움터로 내보냄[出]. ㊀출사(出師).

출분 出奔 (날 출, 달릴 분). 집을 나가[出] 달아남[奔]. ¶딸의 느닷없는 출분 소식을 듣고 난감하기 짝이 없었다.

출비 出費 (날 출, 쓸 비). 비용(費用)을 냄[出]. 낸 비용.

출사[1] 出仕 (날 출, 벼슬할 사). 벼슬하여[仕] 관아에 나감[出].

출사[2] 出社 (날 출, 회사 사). 회사(會社)로 나감[出]. 또는 회사로 나옴.

출사[3] 出師 (날 출, 병력 사). 군사(軍師)로 싸움터에 나감[出]. ㊀출병(出兵).

▸출사-표 出師表 (밝힐 표). 역사 ① 왕조 때, 출사(出師)에 임하여 그 뜻을 임금에게 밝혀[表] 올리던 글. ② 중국 촉(蜀)나라 제갈 양(諸葛亮)이 출진에 앞서 임금에게 바친 상주문.

출산[1] 出山 (날 출, 산 산). ① 속뜻 산(山)이나 절에서 나옴[出]. ② 은자가 세상에 나옴. ㊥입산(入山).

출산[2] 出産 (날 출, 낳을 산). 아기를 낳음[出=産]. ¶그녀는 건강한 아기를 출산했다. ㊀분만(分娩), 해산(解産).

▸출산 휴가 出産休暇 (쉴 휴, 겨를 가). 법률 근로 여성이 출산(出産)을 할 때 주어지는 법정 휴가(休暇).

출상 出喪 (날 출, 죽을 상). 상가에서 상여(喪輿)가 나감[出].

출새-곡 出塞曲 (날 출, 변방 새, 노래 곡). 문학 조우인(曺友仁)이 지은 가사. 서울을 떠나[出] 변방[塞]에 있는 임지에 닿기까지의 인정과 문물 및 임지 생활의 모습과 심회 등을 노래한 곡(曲).

출생 出生 (날 출, 날 생). 태아가 모체 밖으로 나가[出] 세상에 태어남[生]. ¶그 작가는 1978년 강릉에서 출생했다. ㊥사망(死亡).

▸출생-률 出生率 (비율 률). 출생(出生)의 비율(比率). 인구 1000명에 대한 1년간의 출생수의 비율. ¶출생률이 낮아지고 있다. ㊥사망률(死亡率).

▸출생-지 出生地 (땅 지). 출생(出生)한 땅[地].

▸출생 신고 出生申告 (알릴 신, 알릴 고). 출생(出生)한 사실을 관청에 알리는[申=告] 일.

▸출생지-주의 出生地主義 (땅 지, 주될 주, 뜻 의). 법률 어떤 나라의 영토 안에서 태어난 사람은 그 출생지(出生地)의 국적을 얻게 된다는 입장[主義].

출석 出席 (날 출, 자리 석). 어떤 자리[席]에 나감[出]. ¶출석을 부르다 / 그는 증인으로 내일 법정에 출석할 것이다. ⓑ참석(參席). ⓑ결석(缺席).

▸출석-부 出席簿 (장부 부). 출석(出席) 상황을 적는 장부[簿]. ¶선생님들은 출석부를 들고 교무실을 나왔다.

▸출석 명:령 出席命令 (명할 명, 시킬 령). 법률 ① 형사 소송법에서 법원이 필요할 때, 피고인에 대하여 지정 장소에 출석(出席)을 명령(命令)하는 일. ②검사나 사법 경찰관이 수사상 참고인의 출석을 요구하는 일.

출선 出船 (날 출, 배 선). 배[船]가 항구를 떠나감[出].

출성 出城 (날 출, 성곽 성). 성(城) 밖으로 나감[出]. ⓑ입성(入城).

출세[1] 出稅 (날 출, 세금 세). 세금(稅金)을 냄[出].

출세[2] 出世 (날 출, 세상 세). ① 속뜻 숨어살던 사람이 세상(世上)에 나옴[出]. ②사회적으로 높이 되거나 유명해짐. ¶그는 출세하더니 거만해졌다. ③ 불교 번뇌를 떠나 불도로 들어감. ④ 불교 부처나 보살이 중생을 제도하기 위하여 사바세계로 나타남. ⓑ성공(成功).

▸출세-작 出世作 (지을 작). 예술적으로 인정받거나 명성을 얻게[出世] 한 작품(作品).

▸출세간-도 出世間道 (사이 간, 길 도). ① 속뜻 세간(世間)을 나가는[出] 길[道]. ② 불교 속계를 떠난 보리의 세계를 이름.

출-세간 出世間 (날 출, 세상 세, 사이 간). ① 속뜻 세간(世間)을 떠나감[出]. ② 불교 속세와 관계를 끊는 일. ③ 불교 속세의 생사 번뇌에서 해탈하여 깨달음의 세계에 이르는 일.

출소 出所 (날 출, 곳 소). ① 속뜻 교도소 같은 곳[所]에서 풀리어 나옴[出]. ¶그는 출소하자마자 또다시 범행을 저질렀다. ②출처나 유래. ③출생한 곳. ⓑ출옥(出獄).

출송 出送 (날 출, 보낼 송). 밖으로 내어[出] 보냄[送].

출신 出身 (날 출, 몸 신). ① 속뜻 출생(出生) 당시의 가정이 속하여 있던 사회적 신분(身分) 관계. ¶양반 출신으로 태어나다. ②학교나 직업 따위의 사회적 신분 관계. ¶운동 감독을 하는 사람 중에서는 선수 출신이 꽤 많다. ③처음으로 벼슬길에 나섬. ④ 역사 조선시대 때, 문무과나 잡과에 급제하고 아직 벼슬길에 오르지 못한 사람을 이르던 말.

출아 出芽 (날 출, 싹 아). ① 식물 터 나온[出] 싹[芽]. 싹이 터 나옴. ② 생물 출아법으로 번식시킴.

▸출아-법 出芽法 (법 법). 식물 무성 생식의 한 가지. 모체 위에 생긴 작은 싹이나 돌기가 점점 커져서 모체에서 떨어져[出芽] 새로운 개체를 이루는 생식법(生殖法). 효모균이나 원생동물, 해면동물 따위에서 흔히 볼 수 있다. ⓑ발아법(發芽法).

출어 出漁 (날 출, 고기잡을 어). 바다로 고기를 잡으러[漁] 나감[出].

출연[1] 出演 (날 출, 펼칠 연). 무대나 영화, 방송 따위에 나와[出] 연기(演技)함. ¶출연해 주셔서 감사합니다.

▸출연-진 出演陣 (진칠 진). 어떤 영화·연극·방송 등에 나오는[出演] 사람들의 진용(陣容). ¶출연진은 모두 아침 7시까지 촬영장에 나와야 한다.

출연[2] 出捐 (날 출, 내놓을 연). ① 속뜻 금품을 내어[出] 기부함[捐]. ② 법률 어떤 사람이 자기의 의사에 따라 돈을 내거나 의무를 부담함으로써 재산상의 손실을 입고 남의 재산을 증가시키는 일.

▸출연 재산 出捐財産 (재물 재, 재물 산). ① 속뜻 출연(出捐) 행위로 제공된 재산(財産). ② 법률 민법에서, 재단 법인의 설립을 목적으로 제공된 재산.

▸출연 행위 出捐行爲 (행할 행, 할 위). 당사자가 한쪽이 자기의 의사에 따라 재산상의 손실을 입고 다른 당사자에게 이득을 주는[出捐] 행위(行爲).

출영 出迎 (날 출, 맞이할 영). 나가서[出] 맞이함[迎]. 마중 나감.

출옥 出獄 (날 출, 감옥 옥). 형기가 끝나거나 무죄가 되어 감옥(監獄)을 나옴[出]. ¶출옥한 뒤 그는 사업을 시작했다. ⓑ출소(出所), 출감(出監). ⓑ입옥(入獄).

출원 出願 (날 출, 바랄 원). 원서(願書)나 신청서를 제출(提出)함. ¶특허를 출원하다.

출유 出遊 (날 출, 놀 유). 다른 곳에 나가서[出] 놂[遊].

출입 出入 (날 출, 들 입). 나가고[出] 들어옴

[入]. ¶10세 이하면 누구나 출입이 가능하다.

▸**출입-구** 出入口 (어귀 구). 출입(出入)하는 어귀[口]나 문. ¶경찰은 모든 출입구를 봉쇄했다.

▸**출입국 관리** 出入國管理 (나라 국, 맡을 관, 다스릴 리). 국내외인의 출국(出國)과 입국(入國)에 관하여 관리(管理)하는 일.

출자 出資 (날 출, 재물 자). 어떤 사업을 위하여 자금(資金)을 냄[出]. 또는 낸 자금. ㊥투자(投資).

출장¹ 出場 (날 출, 마당 장). ① 속뜻 어떤 장소(場所)에 나감[出]. ② 운동 경기에 나감. ¶네 명의 한국 선수들이 경기에 출장했다.

출장² 出張 (날 출, 벌릴 장). 외부로 나가서[出] 일을 벌임[張]. 또는 외부에서 용무를 봄. ¶해외로 출장을 간다.

▸**출장-소** 出張所 (곳 소). 공공 기관이나 회사 등에서 일정 지역의 업무를 처리하기 위하여 외부에 따로 차린[出張] 사무소(事務所).

출전¹ 出典 (날 출, 책 전). ① 속뜻 나오는[出] 책[典]. ② 고사(故事), 성어(成語)나 인용문 따위의 출처(出處)가 되는 책. ¶이 예문의 출전을 알려 주세요.

출전² 出戰 (날 출, 싸울 전). ① 속뜻 나가서[出] 싸움[戰]. ② 전쟁, 운동 경기 따위에 나감. ¶월남전에 출전하다 / 높이뛰기에 출전하다.

출정¹ 出廷 (날 출, 법정 정). 법률 법정(法廷)에 나감[出]. ㊥퇴정(退廷).

출정² 出征 (날 출, 칠 정). ① 속뜻 정벌(征伐)에 나섬[出]. ② 군에 입대하여 싸움터에 나감. ¶그 장수는 10만 명의 군사를 거느리고 출정했다.

출정³ 出定 (날 출, 정할 정). 불교 승려가 선정(禪定)을 마치고 나옴[出]. ㊥입정(入定).

출제 出題 (날 출, 문제 제). ① 속뜻 시험 문제(問題)를 냄[出]. ¶문제는 주로 교과서에서 출제되었다. ② 시를 짓기 위하여 제목을 냄.

출중 出衆 (뛰어날 출, 무리 중). 뭇사람[衆] 가운데 가장 뛰어나다[出]. ¶그녀는 영어 실력이 출중하다. ㊥출군(出群), 출류(出類).

출진¹ 出陣 (날 출, 진칠 진). 싸우기 위해 진지(陣地)로 나감[出].

출진² 出塵 (날 출, 티끌 진). ① 속뜻 세속[塵]을 벗어남[出]. 승려가 됨. ② 번뇌의 진구(塵垢)를 벗어남.

출차 出差 (날 출, 어긋날 차). ① 속뜻 차이(差異)가 남[出]. ② 천문 달의 타원 궤도가 주기적으로 변화를 일으키는 현상. 주기는 31.8 평균 태양일이다.

출창 出窓 (날 출, 창문 창). 건설 벽보다 쑥 내밀게[出] 만든 창(窓).

출처 出處 (날 출, 곳 처). ① 속뜻 사물이 나온[出] 본래의 곳[處]. ¶출처를 밝히다 / 소문은 무성하지만 출처는 불확실하다. ② 사람이 다니거나 가는 곳. ¶출처를 밝히고 외출하다.

출척 黜陟 (내쫓을 출, 오를 척). 못된 사람을 내쫓고[黜] 착한 사람을 올려[陟] 씀.

출천지효 出天之孝 (날 출, 하늘 천, 어조사 지, 효도 효). ① 속뜻 하늘[天]이 낸[出] 효자(孝子). ② 지극한 효성.

출초¹ 出草 (날 출, 거칠 초). ① 속뜻 초(草)를 냄[出]. 초를 그리는 작업. 단청할 문양의 바탕이 되는 밑그림을 '草'라고 한다. ② 건설 재래식 건물의 각 부재에 단청 무늬의 초안을 그리는 일. ③ 기초(起草).

출초² 出超 (날 출, 뛰어넘을 초). 수출(輸出)을 초과(超過)함. '수출 초과'(輸出超過)의 준말. ㊥입초(入超).

출췌 出萃 (뛰어날 출, 모일 췌). 평범한 부류가 모인[萃] 가운데에서 두드러지게 뛰어남[出]. '출류발췌'(出類拔萃)의 준말.

출타 出他 (날 출, 다를 타). 집에 있지 않고 다른[他] 곳으로 감[出]. ㊥외출(外出).

출토 出土 (날 출, 흙 토). 땅[土]속에서 발굴되어 나옴[出]. ¶유물이 출토되다.

▸**출토-품** 出土品 (물건 품). 땅[土]속에서 발굴되어 나온[出] 고대의 유품(遺品).

출-퇴근 出退勤 (날 출, 물러날 퇴, 일할 근). 출근(出勤)과 퇴근(退勤). ¶자전거를 타고 출퇴근하다.

출판 出版 (날 출, 책 판). 저작물을 책[版]으로 꾸며 세상에 내놓음[出]. ¶그녀의 소설은 다음 달에 출판된다. ㊥간행(刊行), 출간

(出刊).

▸출판-권 出版權 (권리 권). [법률] ①출판(出版)할 권리(權利). 저작자가 자기의 저작물을 복제하여 발행할 수 있는 권리. ②출판자가 저작권자로부터 설정 받아 저작물을 일정 기간 복제하여 발행할 수 있는 권리.

▸출판-사 出版社 (회사 사). 출판(出版)을 업으로 하는 회사(會社). ¶원고를 출판사에 보내다.

출품 出品 (날 출, 물건 품). ①[속뜻]내놓은[出] 물품(物品). ②전람회나 전시회 같은 곳에 물건이나 작품을 내놓음. ¶그가 출품한 그림이 입상했다.

출하 出荷 (날 출, 짐 하). ①[속뜻]짐[荷]을 실어 냄[出]. ②생산품을 시장으로 실어 냄. ¶채소를 도매시장에 출하하다. [반]입하(入荷).

출학 黜學 (내쫓을 출, 배울 학). [교육]학칙을 어긴 학생(學生)을 내쫓음[黜]. ¶출학 처분을 하였다.

출항¹ 出航 (날 출, 배 항). 선박이나 항공기가[航] 출발(出發)함.

출항² 出港 (날 출, 항구 항). 배가 항구(港口)를 떠남[出]. ¶태풍 경보가 내려지면 모든 어선의 출항이 금지된다. [비]발항(發港), 출범(出帆). [반]입항(入港), 착항(着港).

출행 出行 (날 출, 갈 행). 먼 길을 떠나[出] 감[行].

출향 出鄕 (날 출, 시골 향). 고향[鄕]을 떠남[出].

출현 出現 (날 출, 나타낼 현). ①[속뜻]없던 것이나 숨겨져 있던 것이 나와[出] 그 모습을 나타냄[現]. ¶남해안에 식인 상어가 출현했다 / 컴퓨터의 출현은 우리의 삶에 많은 영향을 미쳤다. ②[천문]천체 따위가 가려졌다가 다시 드러남.

***출혈** 出血 (날 출, 피 혈). ①[속뜻]피[血]가 혈관 밖으로 나옴[出]. ¶출혈이 심해 중태에 빠지다. ②'금전이나 인명의 손해나 희생' 따위를 비유하여 이르는 말. ¶출혈을 감수하고라도 이번 일은 반드시 성사시키겠다.

충간¹ 忠肝 (충성 충, 간 간). 충성(忠誠)스러운 마음[肝].

충간² 忠諫 (충성 충, 간언할 간). 충성(忠誠)스럽게 간(諫)함.

충간³ 衷懇 (속마음 충, 정성 간). 충심(衷心)으로 간절히[懇] 청함.

충격¹ 衝激 (부딪칠 충, 격할 격). 서로 세차게[激] 부딪침[衝].

충격² 衝擊 (부딪칠 충, 부딪칠 격). ①[속뜻]물체에 부딪치거나[衝] 쳐서[擊] 급격히 가하여지는 힘. ¶폭발의 충격으로 집이 흔들렸다. ②심한 마음의 동요. 심한 자극. ¶그의 죽음은 우리 모두에게 큰 충격을 주었다. ③[의학]사람의 마음에 심한 자극으로 흥분을 일으키는 일.

▸충격-량 衝擊量 (분량 량). [물리]충격(衝擊)의 양(量). 힘의 크기와 그 힘이 작용한 시간과의 곱을 이르는 말.

▸충격-력 衝擊力 (힘 력). [물리]충격(衝擊) 받은 물체와 물체 사이에 생기는 힘[力].

▸충격-적 衝擊的 (것 적). 정신적으로 충격(衝擊)을 받거나 느낄 만한 것[的]. ¶아동 학대를 다룬 그 방송은 충격적이었다.

▸충격-파 衝擊波 (물결 파). ①[속뜻]충격(衝擊)을 받아 생겨난 물결[波]. ②[물리]보통의 음속보다도 빠르게 전파되는 공기 중에 생긴 급속한 압축파. 화약이 폭발하거나 물체가 초음속으로 날아갈 때 생긴다.

▸충격 요법 衝擊療法 (병 고칠 료, 법 법). [의학]인체에 적당한 충격(衝擊)을 주어서 병을 치료(治療)하는 방법(方法). 정신병의 전기 요법 따위. 쇼크 요법.

충견 忠犬 (충성 충, 개 견). 주인에게 충직(忠直)한 개[犬].

충경 忠敬 (충성 충, 공경할 경). 충성(忠誠)과 공경(恭敬).

충고 忠告 (충성 충, 알릴 고). 충성(忠誠)하는 뜻으로 남의 허물이나 결점 따위를 알려 줌[告]. ¶의사는 그에게 담배를 끊으라고 충고했다. [비]충언(忠言).

충곡 衷曲 (속마음 충, 굽을 곡). 마음[衷]속에 굽이굽이[曲] 깊음. 간절하고 애틋한 마음. 심곡(心曲).

충군 忠君 (충성 충, 임금 군). 임금[君]에게 충성(忠誠)을 다함.

▸충군-애국 忠君愛國 (사랑 애, 나라 국). 임금[君]에게 충성(忠誠)하고 나라[國]를 사랑함[愛].

충당 充當 (채울 충, 마땅 당). 모자라는 것을 알맞게[當] 채워서[充] 메움. ¶번 돈을 빚을 갚는 데 충당하다.

충돌 衝突 (부딪칠 충, 부딪칠 돌). ① 속뜻 서로 맞부딪침[衝=突]. ¶열차 충돌 사고 / 화물차가 버스와 충돌하였다. ② 의견이나 이해관계의 대립으로 서로 맞서서 싸움. ¶거리에서 경찰과 시민의 충돌이 있었다.

충동 衝動 (찌를 충, 움직일 동). ① 속뜻 마음을 들쑤셔서[衝] 움직이게[動] 함. ② 순간적으로 어떤 행동을 하고 싶은 욕구를 느끼게 하는 마음속의 자극. ¶수영장을 보니 뛰어들고 싶은 충동이 든다. ③ 어떤 일을 하도록 남을 부추기거나 심하게 마음을 흔들어 놓음. ¶그의 충동으로 나는 내키지 않는 일을 억지로 하고 말았다 / 물건을 사라며 사람들을 충동하다.

▸충동-적 衝動的 (것 적). 갑자기 하고 싶은 충동(衝動)이 생겨서 행동하는 것[的]. ¶충동적으로 물건을 사면 낭비하기가 쉽다.

충렬 忠烈 (충성 충, 굳셀 렬). 충성(忠誠)스러운 열사(烈士).

▸충렬-사 忠烈祠 (사당 사). 충신(忠臣)이나 열사(烈士)의 혼백을 모신 사당[祠].

충령 忠靈 (충성 충, 혼령 령). 충의(忠義)를 위하여 목숨을 바친 영령(英靈).

충류 蟲類 (벌레 충, 무리 류). 벌레[蟲]의 종류(種類).

충만 充滿 (채울 충, 넘칠 만). 넘치도록[滿] 가득 채움[充]. ¶마음에 기쁨이 충만하다 / 그 안내서는 유익한 기사로 충만하다.

충매 蟲媒 (벌레 충, 맺어줄 매). 식물 곤충(昆蟲)의 매개(媒介)에 의하여 꽃가루가 운반되어 수분(受粉)이 이루어지는 일.

▸충매-화 蟲媒花 (꽃 화). 식물 곤충(昆蟲)의 매개(媒介)로 다른 꽃의 꽃가루를 받아서 생식 작용을 하는 꽃[花]. 백합, 벚꽃, 장미 따위. 참 풍매화(風媒花). 수매화(水媒花).

충무공 忠武公 (충성 충, 굳셀 무, 귀인 공). ① 속뜻 충직(忠直)하고 굳센[武] 귀인[公]. ② 인명 이순신 장군이 죽은 후에 그의 공적을 기리기 위해 임금이 정하여 준 이름.

충복[1] 充腹 (채울 충, 배 복). 고픈 배[腹]를 채움[充].

충복[2] 忠僕 (바칠 충, 종 복). 몸과 마음을 다 바쳐[忠] 주인을 섬기는 종[僕]. ¶죽을 때까지 장군의 충복으로 남겠습니다. ② 어떤 사람을 '충직하게 받들어 모시는 사람'을 비유하여 이르는 말. ¶그는 평생 김 회장의 충복 노릇을 했다. 비 의복(義僕), 충노(忠奴).

충-복통 蟲腹痛 (벌레 충, 배 복, 아플 통). 한의 뱃[腹]속의 회충(蛔蟲)으로 말미암아 일어나는 통증(痛症).

⁑**충분** 充分 (채울 충, 나눌 분). 나눔[分]의 정도가 모자람이 없이 넉넉하다[充]. 분량이나 요구 조건이 모자람이 없이 차거나 넉넉하다. ¶충분한 자료를 수집하다 / 충분히 생각하고 결정해라.

▸충분-조건 充分條件 (가지 조, 구분할 건). 논리 어떤 명제가 성립하는 데 충분(充分)한 조건(條件). '김 군이 사람이라면, 김 군은 동물이다'에서 '김 군은 사람이다'가 '김 군은 동물이다'의 충분조건이다.

충서[1] 忠恕 (충성 충, 용서할 서). 충성(忠誠)과 용서(容恕). 충직하며 동정심이 많음.

충서[2] 蟲書 (벌레 충, 쓸 서). 벌레[蟲] 모양을 본뜬 글씨체[書].

충성 忠誠 (바칠 충, 공경할 성). ① 속뜻 몸과 마음을 다 바쳐[忠] 공경함[誠]. ② 나라나 임금에 바치는 곧고 지극한 마음. ¶충성을 맹세하다 / 충성스러운 신하. 비 성충(誠忠).

▸충성-심 忠誠心 (마음 심). 임금이나 국가에 대하여 진정으로 우러나오는 정성스러운[忠誠] 마음[心]. ¶충성심을 발휘하다.

충수 蟲垂 (벌레 충, 드리울 수). 의학 맹장의 아래 끝에 늘어져[垂] 붙어 있는 벌레[蟲] 모양의 굽은 작은 돌기(突起). 작은 구멍으로 맹장과 연락한다. 비 충양돌기(蟲樣突起).

충순 忠順 (충성 충, 순할 순). 충직(忠直)하고 양순(良順)함.

충신[1] 忠臣 (충성 충, 신하 신). 충성(忠誠)을 다하는 신하(臣下). 반 간신(奸臣).

충신[2] 忠信 (충성 충, 믿을 신). ① 속뜻 충성(忠誠)과 신의(信義). ② 성심을 다함에 거짓이 없는 일.

충실[1] 充實 (채울 충, 채울 실). ① 속뜻 속이 꽉 차있음[充=實]. 실속이 있음. ¶면접관의 질문에 충실한 대답을 하였다 / 책의 내용이 충실하다. ②아이들의 몸이 실하고 튼튼함.

충실² 忠實 (바칠 충, 참될 실). 몸과 마음을 다 바쳐[忠] 성실(誠實)히 함. ¶임무를 충실히 수행해야 한다.

충심 衷心 (속마음 충, 마음 심). 마음속[衷]에서 우러나온 참된 마음[心]. ¶충심으로 기원하다. ⓑ충정(衷情), 단심(丹心).

충애 忠愛 (충성 충, 사랑 애). ① 속뜻 충성(忠誠)과 사랑[愛]. ②임금께 충성을 다하고 나라를 사랑함. '충군애국'(忠君愛國)의 준말.

충양-돌기 蟲樣突起 (벌레 충, 모양 양, 갑자기 돌, 일어날 기). ① 속뜻 벌레[蟲] 모양[樣]의 돌기(突起). ② 의학 막창자의 아래 끝에 붙어 있는 가느다란 관 모양의 돌기. 막창자꼬리. ⓑ충수(蟲垂).

충언 忠言 (충성 충, 말씀 언). ① 속뜻 충직(忠直)한 말[言]. ②바르게 타이르는 말. ⓑ충고(忠告).

▸**충언-역이** 忠言逆耳 (거스를 역, 귀 이). ① 속뜻 충언(忠言)은 귀[耳]에 거슬림[逆]. ②바르게 타이르는 말일수록 듣기 싫어함.

충역 忠逆 (충성 충, 거스를 역). 충의(忠義)와 반역(叛逆).

충욕 充慾 (채울 충, 욕심 욕). 욕심(慾心)을 채움[充].

충용 忠勇 (충성 충, 날쌜 용). 충성(忠誠)과 용맹(勇猛)을 아울러 이르는 말. ¶충용의 전사자.

충원 充員 (채울 충, 인원 원). 모자란 인원(人員)을 채움[充]. ¶병력을 충원하는 데 1년이 걸린다.

▸**충원 소집** 充員召集 (부를 소, 모을 집). ① 속뜻 모자란 인원(人員)을 채우기[充] 위하여 불러[召] 모음[集]. ② 군사 전시나 사변 등에 부대를 편성하기 위하여 재향 군인을 군에 소집하는 일.

충의 忠義 (충성 충, 옳을 의). 임금과 나라에 대한 충성(忠誠)과 절의(節義). ¶충의로 뭉친 신하들.

충재 蟲災 (벌레 충, 재앙 재). 해충(害蟲)으로 농작물이 입는 재해(災害). ¶충재로 농작물이 많은 피해를 입었다.

충적 沖積 (솟구칠 충, 쌓을 적). 흙이나 모래가 흐르는 물에 부딪쳐[沖] 실려와 쌓임[積].

▸**충적-기** 沖積期 (때 기). ① 속뜻 흙이나 모래가 충적(沖積)되는 시기(時期). ② 지리 신생대 제4기의 마지막 시기. 약 1만 년 전부터 현재까지를 이른다.

▸**충적-물** 沖積物 (만물 물). 지리 흐르는 물에 실려와[沖] 쌓인[積] 진흙, 모래, 조약돌 따위의 퇴적물(堆積物).

▸**충적-세** 沖積世 (세대 세). 지리 충적기(沖積期).

▸**충적-층** 沖積層 (층 층). 지리 비교적 최근에 진흙, 모래, 조약돌 따위가 흐르는 물에 실려와[沖] 쌓여[積] 이루어진 퇴적층(堆積層).

▸**충적-토** 沖積土 (흙 토). 지리 흐르는 물에 실려와[沖] 쌓인[積] 진흙, 모래, 조약돌 따위로 이루어진 흙[土].

▸**충적 평야** 沖積平野 (평평할 평, 들 야). 지리 흐르는 물에 진흙, 모래, 조약돌 따위가 실려와[沖] 쌓여[積] 이루어진 평야(平野).

충전¹ 充電 (채울 충, 전기 전). 물리 축전기나 축전지 따위에 전기(電氣)를 채움[充]. ¶배터리를 충전하다. ⓑ방전(放電).

▸**충전-기** 充電器 (그릇 기). 물리 축전지의 충전(充電)에 쓰는 기구(器具).

▸**충전 전:류** 充電電流 (전기 전, 흐를 류). 물리 ①축전지에 충전(充電)할 때 외부 전원으로부터 들어가는 전류(電流). ②축전기에 직류 전압을 걸어서 같은 전압이 될 때까지 흐르는 전류. ③전기 저항이 없는 상태에서 송전선에 흐르는 전류.

충전² 充塡 (채울 충, 메울 전). ① 속뜻 빈 곳이나 공간 따위를 채워서[充] 메움[塡]. ②화학제품에 보강제를 쓰는 일.

▸**충전-물** 充塡物 (만물 물). ① 속뜻 빈 곳에 채워 넣는[充塡] 물질(物質). ② 군사 탄환이나 폭탄 따위에 채우는 폭약이나 그 밖의 재료.

▸**충전 가:상** 充塡假像 (거짓 가, 모양 상). 광업 광물이 있던 공간에 딴 광물이 충전(充塡)되어 생긴 가상(假像).

▸**충전 광:상** 充塡鑛床 (쇳돌 광, 평상 상). 광업 암반 속의 빈 곳에 유용한 광물이 채워

져 이루어진[充塡] 광상(鑛床).

충절 忠節 (충성 충, 지조 절). 충성(忠誠)과 지조[節]. ¶이 비석은 그녀의 충절을 기리기 위해 세워졌다.

충정[1] 忠貞 (충성 충, 곧을 정). 충성(忠誠)스럽고 지조가 곧음[貞]. ¶그는 매우 충정한 사람이다.

충정[2] 衷情 (속마음 충, 마음 정). 속[衷]에서 우러나오는 따뜻한 마음[情]. ¶충정으로 권고하다. [비]충심(衷心).

충족 充足 (채울 충, 넉넉할 족). ① [속뜻]넉넉하게[足] 채움[充]. ¶우리는 고객의 요구를 충족시키기 위해 노력하고 있다. ②분량이 모자람이 없이 넉넉함. ¶충족한 생활을 하다.

▸충족-률 充足律 (법칙 률). [철학]사유 법칙의 하나. 모든 사물의 존재 또는 진리에는 그에 충족(充足)되는 이유가 있어야 한다는 법칙[律].

▸충족 이:유율 充足理由律 (이치 리, 까닭 유, 법칙 률). [철학]모든 사물의 존재 또는 진리에는 그것이 존재하거나 진리여야 할 충분한[充足] 이유(理由)가 있어야 한다는 원리[律]. [준]충족률, 이유율.

충직 忠直 (충성 충, 곧을 직). 충성(忠誠)스럽고 곧음[直]. ¶개는 주인에게 충직한 동물로 알려져 있다.

충천 衝天 (찌를 충, 하늘 천). ① [속뜻]높이 솟아 하늘[天]을 찌름[衝]. ¶불길이 나고 연기가 충천했다. ②기세 따위가 북받쳐 오름. ¶사기가 충천하다.

충치 蟲齒 (벌레 충, 이 치). 벌레[蟲]가 먹어 상한 이[齒]. 세균 따위의 영향으로 이가 침식되는 질환이며, 흔히 염증이 생기고 통증을 일으킨다. ¶양치질하는 습관은 충치 예방에 도움이 된다.

충해 蟲害 (벌레 충, 해칠 해). 해충(害蟲)으로 입은 농작물의 피해[害].

충혈 充血 (채울 충, 피 혈). ① [속뜻]피[血]가 가득 참[充]. ② [의학]혈액 순환의 장애로 몸의 어느 한 부위에 피가 지나치게 많아짐. ¶피로로 눈이 충혈되다.

충혼 忠魂 (충성 충, 넋 혼). 충의(忠義)를 위하여 죽은 사람의 넋[魂].

▸충혼-비 忠魂碑 (비석 비). 충혼(忠魂)을 기리는 비석(碑石).

▸충혼-탑 忠魂塔 (탑 탑). 충의를 위하여 죽은 사람의 넋을[忠魂] 기리기 위하여 세운 탑(塔).

▸충혼-의백 忠魂義魄 (옳을 의, 넋 백). ① [속뜻]충의(忠義)를 위하여 죽은 사람의 넋[魂=魄]. ②충의의 정신.

충화 衝火 (찌를 충, 불 화). 일부러 불[火]을 지름[衝].

충효 忠孝 (충성 충, 효도 효). 충성(忠誠)과 효도(孝道). ¶충효도 나라가 있은 뒤에 할 수 있다.

충효열 忠孝烈 (충성 충, 효도 효, 굳셀 렬). 충신(忠臣)과 효자(孝子)와 열녀(烈女)를 아울러 이르는 말.

충훈 忠勳 (충성 충, 공 훈). 충의(忠義)를 다하여 세운 훈공(勳功).

췌:객 贅客 (군더더기 췌, 손 객). ① [속뜻]별 쓸모없는 군더더기[贅] 같은 손님[客]. ②처가의 입장에서 사위를 이르는 말.

췌:거 贅居 (군더더기 췌, 살 거). 처가에 군더더기[贅]같이 덧붙어 삶[居].

췌:담 贅談 (군더더기 췌, 말씀 담). 쓸데없는 군더더기[贅] 같은 말[談]. 불필요한 말. [비]췌언(贅言).

췌:론 贅論 (군더더기 췌, 논할 론). 쓸데없는 군더더기[贅] 같은 이론(理論). 장황한 이론.

췌:사 贅辭 (군더더기 췌, 말씀 사). 쓸데없는 군더더기[贅] 말[辭]. 불필요한 말. [비]췌언(贅言).

췌:서 贅壻 (군더더기 췌, 사위 서). [사회]예전에, 중국에서 신부의 친정에 재화(財貨)를 주는 대신에 노역(勞役)을 하던 군더더기[贅] 같은 데릴사위[壻].

췌:언 贅言 (군더더기 췌, 말씀 언). 쓸데없는 군더더기[贅] 말[言]. 불필요한 말. 장황한 말. [비]췌사(贅辭), 췌담(贅談).

췌:육 贅肉 (군더더기 췌, 살 육). 군더더기[贅] 살[肉]. 군살.

췌:장 膵臟 (췌장 췌, 내장 장). [의학]위(胃) 뒤쪽에 있는 가늘고 긴 삼각주 모양[膵]의 내장(內臟). 탄수화물, 단백질, 지방 따위를 소화시키는 효소를 만들어 낸다.

▸췌:장-염 膵臟炎 (염증 염). [의학]췌장(膵

臟)에 생기는 염증(炎症). 급성과 만성으로 나뉜다.

취:객 醉客 (취할 취, 손 객). 술 취한[醉] 사람[客]. ㊥취인(醉人).

취:거 取去 (가질 취, 없앨 거). 가지고[取] 가버림[去].

취:결 就結 (이룰 취, 맺을 결). ① 속뜻 거래 관계 따위를 청산하여[就] 끝맺음[結]. ② 경제 운송 중인 상품을 담보로 은행에서 대출받기 위하여, 하송인이 은행을 수취인으로, 하수인을 지급인으로 하는 어음을 발행하여 은행에서 할인을 받는 일.

취:골 聚骨 (모을 취, 뼈 골). ① 속뜻 뼈[骨]를 모음[聚]. ② 한 가족의 무덤을 한군데의 산에 모아서 장사하는 일.

취:관 吹管 (불 취, 대롱 관). 화학 취관염을 만드는 데에 쓰는, 놋쇠로 만든 엘(L) 자 모양의 기구. 관(管)의 한쪽 끝을 불꽃 속으로 넣고 다른 쪽 끝에서 공기를 불어[吹] 넣는다.

▶취:관 분석 吹管分析 (나눌 분, 가를 석). 화학 숯의 겉면에 만든 작은 구멍 속에 시료 가루를 넣어, 취관(吹管)으로 겉불꽃 또는 속불꽃을 뿜어 그 변화에 따라 화학 성분을 분석(分析)하는 일.

취:광 醉狂 (취할 취, 미칠 광). 술에 취해[醉] 광기(狂氣)를 부림.

취:구 吹口 (불 취, 구멍 구). 피리 따위에 입김을 불어 넣는[吹] 구멍[口]. ¶취구를 아랫입술에 붙이다.

취:국 翠菊 (푸를 취, 국화 국). ① 속뜻 비취(翡翠)색의 국화(菊花). ② 식물 국화과의 한해살이풀. 높이는 30~100㎝이며, 잎은 어긋나고 피침 모양으로 거친 톱니가 있으며, 7~9월에 남색·붉은색·흰색 따위의 큰 꽃이 피는데, 관상용으로 원예 품종이 많다. 한랭한 지방의 산지에 나는데 한국, 중국 등지에 분포한다.

취:급 取扱 (가질 취, 다룰 급). ① 속뜻 물건을 가지고[取] 다룸[扱]. ¶취급 주의 / 이 서점은 외국 서적을 전문으로 취급하고 있다. ② 사람을 얕잡아서 대우하는 것. ¶더 이상 어린애 취급받기 싫다.

취:기[1] 臭氣 (냄새 취, 공기 기). 불쾌한 냄새[臭]가 나는 기체(氣體). 비위를 상하게 하는 냄새.

취:기[2] 醉氣 (취할 취, 기운 기). 술에 취해[醉] 얼근해진 기운[氣].

취:담 醉談 (취할 취, 이야기 담). 취중(醉中)에 하는 이야기[談]. ㊥취언(醉言).

취:득 取得 (가질 취, 얻을 득). ① 속뜻 취(取)하여 얻음[得]. ② 자기의 것으로 함. ¶자격증을 취득하다.

▶취:득-세 取得稅 (세금 세). 법률 부동산이나 차량·중기(重機), 입목(立木), 선박, 광업권, 어업권 따위를 취득(取得)한 자에게 물리는 지방세(地方稅).

취:락 聚落 (모일 취, 마을 락). 지리 인가(人家)가 모여[聚] 있는 마을[落]. ¶강을 끼고 발달한 취락.

취:람 翠嵐 (푸를 취, 아지랑이 람). ① 속뜻 먼 산에 끼어 푸르스름하게[翠] 보이는 아지랑이[嵐]. ② 나무가 울창한 모양.

취:랑 吹浪 (불 취, 물결 랑). 물고기가 숨쉬기[吹] 위하여 물위[浪]에 떠서 입을 벌렸다 오므렸다 함.

취:렴 聚斂 (모을 취, 거둘 렴). 재물을 탐내어 마구 모으거나[聚] 거두어들임[斂].

취:로 就勞 (나아갈 취, 일할 로). ① 속뜻 일터로 나아가[就] 노동(勞動)을 함. ② 일에 착수하거나 종사함.

▶취:로 사:업 就勞事業 (일 사, 일 업). 사회 실업자나 영세민에게 취로(就勞)할 수 있도록 정부가 실시하는 여러 가지 공공사업(公共事業). 주로 제방이나 하천, 도로 따위의 사업장에서 일을 하게 된다.

취:리 取利 (가질 취, 이로울 리). 돈이나 곡식을 빌려 주고 그 이자(利子)를 받음[取]. ¶취리에 밝다.

취:면 就眠 (나아갈 취, 잠 면). 잠[眠]자러 감[就]. 잠을 잠. ㊥취침(就寢).

▶취:면 운:동 就眠運動 (돌 운, 움직일 동). ① 속뜻 잠을 자는[就眠] 것 같은 운동(運動). ② 식물 식물이 빛의 자극이나 온도의 변화에 따라 일으키는 운동.

취:명 吹鳴 (불 취, 울 명). 사이렌 등을 불어[吹] 울림[鳴].

취:목 取木 (가질 취, 나무 목). ① 속뜻 나무[木]를 취함[取]. ② 농업 식물의 가지를 휘어서 휜 가지의 한쪽 끝을 땅속에 묻고 뿌리

를 내리게 하는 인공 번식법.

취:몽 醉夢 (취할 취, 꿈 몽). 취중(醉中)에 꾸는 꿈[夢].

취:무 醉舞 (취할 취, 춤출 무). 술에 취하여[醉] 춤을 춤[舞].

취:묵 醉墨 (취할 취, 먹 묵). 취중(醉中)에 먹[墨]을 갈아 글씨나 그림을 그림.

취:미 趣味 (뜻 취, 맛 미). ① 속뜻 하고자 하는 뜻[趣]과 좋아하는 맛[味]. ② 좋아하여 재미로 즐겨하는 일. ¶독서에 취미를 붙이다. ③ 직업이나 의무에 관계없이 자기 성질에 어울리거나 마음이 끌리고 재미가 있는 것. ¶취미 삼아 난을 기르다.

취:백 就白 (나아갈 취, 말할 백). ① 속뜻 나아가[就] 아룀[白]. ② 웃어른에게 하는 편지에서 안부를 물은 다음, 여쭙고자 하는 말을 적기 시작할 때에 쓰는 말.

취:-복백 就伏白 (나아갈 취, 엎드릴 복, 말할 백). ① 속뜻 나아가[就] 엎드려[伏] 아뢰는[白] 말씀. ② 웃어른께 하는 편지글에서 안부를 물은 다음 여쭙고자 하는 말을 적기 시작할 때에 쓰는 말.

취:사 炊事 (불 땔 취, 일 사). 불을 때서[炊] 음식을 장만하는 일[事]. ¶이곳은 취사 행위가 금지되어 있다.

취:사-선:택 取捨選擇 (가질 취, 버릴 사, 고를 선, 고를 택). 가질[取] 것과 버릴[捨] 것을 가림[選擇]. ¶무조건 받아들이기보다는 적절히 취사선택해야 한다.

취:산 聚散 (모을 취, 흩을 산). 한데 모임[聚]과 따로 흩어짐[散].

취:산 화서 聚傘花序 (모을 취, 우산 산, 꽃 화, 차례 서). ① 속뜻 여러 개의 우산[傘]을 모아[聚] 놓은 것과 같은 모양의 꽃차례[花序]. ② 식물 꽃대 끝에 한 개의 꽃이 피고 그 주위의 가지 끝에 다시 꽃이 피고 거기서 다시 가지가 갈라져 끝에 꽃이 피는 유한 화서(有限花序).

취:색 翠色 (푸를 취, 빛 색). 남색과 파랑의 중간 정도의 푸른[翠] 색(色).

취:생-몽사 醉生夢死 (취할 취, 살 생, 꿈 몽, 죽을 사). ① 속뜻 술에 취한[醉] 듯 살다가[生] 꿈을 꾸듯이[夢] 죽음[死]. ② '아무 뜻 없이, 이룬 일도 없이 한세상을 흐리멍덩하게 살아감'을 비유하여 이르는 말.

취:석 臭石 (냄새 취, 돌 석). 광업 망치 따위로 때리면 석유 냄새[臭]가 나는 석회암(石灰岩).

취:선 醉仙 (취할 취, 신선 선). ① 속뜻 술에 취한[醉] 신선(神仙). ② '술에 취하여 세상사에 구애됨이 없는 사람'을 멋스럽게 이르는 말.

취:소[1] 取消 (가질 취, 사라질 소). ① 속뜻 발표한 의사를 거두어들이거나[取] 예정된 일을 없애버림[消]. ¶면허취소 / 예약을 취소하다. ② 법률 하자가 있는 의사 표시나 법률 행위의 효력을 소급하여 소멸시키는 일. ㊅말소(抹消).

취:소[2] 取笑 (가질 취, 웃을 소). 남의 웃음거리[笑]가 됨[取].

취:소[3] 就巢 (나아갈 취, 새집 소). ① 속뜻 새가 집[巢]에 깃듦[就]. ② 새의 암컷이 알을 까기 위해 보금자리에 들어 알을 품는 일.

취:소[4] 臭素 (냄새 취, 바탕 소). 화학 할로겐족 원소의 한 가지로 불쾌한 자극성의 냄새[臭]를 가지며 휘발성이 강한 적갈색의 액체 원소(元素). 사진의 감광 재료나 살균제 등에 쓰인다. ㊐브롬(brom).

▸취:소-수 臭素水 (물 수). 화학 취소(臭素)의 포화 수용액(水溶液). 약 3%의 취소를 함유하며 누런색이나 갈색을 띤다. 브롬수.

▸취:소-지 臭素紙 (종이 지). 연영 취소은(臭素銀)을 감광제로 하여 만든 고감도의 확대용 인화지(印畵紙). 또는 그 인화지에 현상한, 색이 변하지 않는 사진.

취:송 翠松 (푸를 취, 소나무 송). 푸른[翠] 소나무[松]. ㊐청송(青松).

취:수-구 取水口 (가질 취, 물 수, 어귀 구). 강이나 호수 따위에서 물[水]을 수로로 끌어들이는[取] 입구(入口).

취:수-장 取水場 (가질 취, 물 수, 마당 장). 가정이나 공장의 수도로 보내려고 강이나 저수지에서 물[水]을 끌어오는[取] 곳[場]. ¶취수장의 물을 깨끗이 하다.

취:수-탑 取水塔 (가질 취, 물 수, 탑 탑). ① 속뜻 물[水]을 취하는[取] 탑(塔) 모양의 구조물. ② 건설 강이나 저수지에서 물을 끌어들이기 위한 관이나 수문의 설비가 되어 있는 탑 모양의 구조물.

취:식 取食 (가질 취, 밥 식). ① 속뜻 밥[食]을 먹음[取]. ② 남의 밥을 염치없이 먹음.

취:안¹ 醉眼 (취할 취, 눈 안). 술에 취(醉)한 눈[眼]. ¶몽롱한 취안 때문인지, 그녀가 더 예뻐 보였다.

취:안² 醉顔 (취할 취, 얼굴 안). 술에 취(醉)한 얼굴[顔].

취:약 脆弱 (무를 취, 약할 약). 무르고[脆] 약함[弱]. ¶이 지역은 홍수에 취약하다.

▶취:약-성 脆弱性 (성질 성). ① 속뜻 무르고 약한[脆弱] 성질(性質). ② 군사 보복 전략 무기 따위가 적의 제일격(第一擊)으로 파괴되기 쉬운 상태를 이름. 지상에 노출된 항공 기지나 미사일 기지 따위.

취:언 醉言 (취할 취, 말씀 언). 취중(醉中)에 하는 말[言]. ㊥취담(醉談).

취:업 就業 (나아갈 취, 일 업). 일정한 직업을 갖고 직장에 나아가[就] 일[業]을 함. ㊥취직(就職). ㊦실업(失業).

취:연 炊煙 (불 땔 취, 연기 연). ① 속뜻 불을 땔 때[炊] 나는 연기(煙氣). ② 밥을 짓는 연기.

취:연 翠煙 (푸를 취, 연기 연). ① 속뜻 푸른빛[翠]의 연기(煙氣). ② 멀리 보이는 푸른 숲에 낀 안개.

취:옥 翠玉 (푸를 취, 옥돌 옥). 광업 푸른빛[翠]이 도는 옥(玉). ㊥에메랄드(emerald).

취:옹 醉翁 (취할 취, 늙은이 옹). 술에 취한[醉] 노인[翁].

취:와 醉臥 (취할 취, 누울 와). 술에 취하여[醉] 누움[臥].

취:용 取用 (가질 취, 쓸 용). 가져다[取] 씀[用].

▶취:용-취대 取用取貸 (가질 취, 빌릴 대). 갖고 있는[取] 돈이나 물품을 서로 꾸거나 빌려서[貸] 돌려씀[用].

취:우 驟雨 (갑작스러울 취, 비 우). 갑작스럽게[驟] 쏟아지는 비[雨]. 소나기.

취:유부벽정-기 醉遊浮碧亭記 (취할 취, 놀 유, 뜰 부, 푸를 벽, 정자 정, 기록할 기). 문학 조선 초기에 김시습이 지은 한문 전기 소설. 주인공 홍생(洪生)이 술에 취(醉)하여 선녀 기씨녀(箕氏女)를 만나 부벽정(浮碧亭)에서 노닐며[遊] 아름다운 사랑을 나누었다는 내용[記]이다.

취:음¹ 取音 (가질 취, 소리 음). 언어 ① 본래의 뜻이나 철자는 고려하지 않고 그 음(音)만 취(取)하여 쓰는 일. ② 본래 한자어가 아닌 낱말을 음이 같거나 비슷한 한자로 적는 일. 예를 들어 '생각'을 '生覺'으로, '각시'를 '閣氏'로, '사돈'을 '査頓'으로 적는 것 따위. ㊥음역(音譯).

취:음² 翠陰 (푸를 취, 응달 음). 푸른[翠] 잎이 우거진 나무의 그늘[陰]. ㊥녹음(綠陰).

취:음³ 醉吟 (취할 취, 읊을 음). 술에 취하여[醉] 시가를 읊음[吟].

취:의 趣意 (뜻 취, 뜻 의). ① 속뜻 뜻[趣=意]. ② 어떤 일의 근본이 되는 목적이나 긴요한 뜻. ㊥취지(趣旨).

취:인¹ 取人 (가질 취, 사람 인). 인재(人材)를 골라 씀[取].

취:인² 醉人 (취할 취, 사람 인). 술에 취한[醉] 사람[人]. ㊥취객(醉客).

취:임 就任 (나아갈 취, 맡길 임). 맡은 자리에 나아가[就] 임무(任務)를 수행함. ¶그가 우리 회사의 사장으로 취임할 예정이다. ㊦퇴임(退任).

취:입 吹入 (불 취, 들 입). ① 속뜻 입김을 불어[吹] 넣음[入]. ② 음반이나 녹음테이프 따위에 소리나 목소리를 녹음함.

취:재¹ 取才 (가질 취, 재주 재). 재주[才] 있는 사람을 골라 뽑음[取]. ¶사위 취재가 그렇게 어려울 줄 몰랐다.

취:재² 取材 (가질 취, 재료 재). 기사 따위의 재료(材料)를 찾아내어 가짐[取]. ¶취재에 응하다.

▶취:재-원 取材源 (근원 원). 취재(取材)한 기사의 근원(根源).

▶취:재-진 取材陣 (진칠 진). 기사의 재료를 얻기[取材] 위하여 활약하는 기자들[陣]. ¶마라톤 우승자가 취재진과 기자 회견을 가졌다.

취:적 就籍 (나아갈 취, 문서 적). ① 속뜻 호적에 빠진 사람이 호적(戶籍)에 오름[就]. ② 토지 대장에 빠진 토지가 토지 대장에 오름.

취:정회신 聚精會神 (모을 취, 쓿을 정, 모일 회, 혼 신). 정신(精神)을 가다듬어 한군데에 모음[聚=會].

취:조 取調 (가질 취, 헤아릴 조). 범죄 사실

을 알아내기[取] 위하여 속속들이 조사(調査)함. ¶그는 취조하듯 나에게 이것저것 물었다.

취:종 取種 (가질 취, 씨 종). 생물의 씨[種]를 받음[取].

취:주 吹奏 (불 취, 연주할 주). [음악] 관악기를 입으로 불어[吹]서 하는 연주(演奏). ¶트럼펫을 취주하다.

▸취:주-악 吹奏樂 (음악 악). [음악] 취주(吹奏) 악기가 주가 되고 타악기를 곁들여 연주하는 음악(音樂).

▸취:주 악기 吹奏樂器 (음악 악, 그릇 기). [음악] 입으로 불어서 관 안의 공기를 진동시켜 소리를 내는[吹奏] 악기(樂器). [비]관악기(管樂器).

▸취:주 악대 吹奏樂隊 (음악 악, 무리 대). [음악] 취주(吹奏) 악기(樂器)를 주로 하여 편성한 악대(樂隊). [비]관악대(管樂隊).

취:죽 翠竹 (푸를 취, 대나무 죽). 푸른빛[翠]의 대나무[竹]. [비]청죽(靑竹).

취:중 醉中 (취할 취, 가운데 중). 술에 취(醉)해 있는 가운데[中]. ¶그는 취중에도 똑바로 걸으려고 애썼다.

취:지 趣旨 (뜻 취, 맛 지). ① [속뜻] 깊은 뜻[趣]과 그윽한 맛[旨]. ② 이야기나 문장의 근본 뜻. ¶말씀하신 취지를 알겠습니다. ③ 어떤 일의 근본 목적이나 의도. ¶본 게시판의 취지에 어긋나는 글은 삭제합니다. [비]취의(趣意), 지취(旨趣).

취:직 就職 (나아갈 취, 일 직). 직장(職場)에 나아가[就] 일함. ¶지난달 은행에 취직했습니다. [비]취업(就業). [반]실직(失職).

▸취:직-난 就職難 (어려울 난). 일자리는 적고 일자리를 구하는 사람은 많아서 취직(就職)하기가 매우 어려움[難].

취:진 驟進 (달릴 취, 나아갈 진). 계급이나 벼슬이 갑자기 뛰어[驟] 오름[進].

취:집 聚集 (모을 취, 모을 집). 한데 모아들임[聚=集].

취:처 娶妻 (장가들 취, 아내 처). 장가들어[娶] 아내[妻]를 얻음. 장가를 듦.

취:침 就寢 (나아갈 취, 잠잘 침). 잠자리에 들어[就] 잠을 잠[寢]. ¶그는 밤 10시에 취침한다. [반]기상(起牀).

취:타 吹打 (불 취, 칠 타). [음악] 군대에서 나발, 소라, 대각 등을 불고[吹] 북과 바라를 치던[打] 일.

▸취:타-수 吹打手 (사람 수). [군사] 군대에서, 취타(吹打)를 맡았던 사람[手].

취:태 醉態 (취할 취, 모양 태). 술에 취한[醉] 모양이나 태도(態度).

취:택 取擇 (가질 취, 고를 택). 많은 것 중에서 취(取)하여 골라[擇] 뽑음.

취:토 取土 (가질 취, 흙 토). [민속] 장사를 지낼 때에 무덤 속에 놓기 위하여 길(吉)한 방위에서 흙[土]을 떠 오는[取] 일. 또는 그 흙.

취:토 聚土 (모을 취, 흙 토). 흩어진 흙[土]을 거두어 모음[聚].

취:파 取播 (가질 취, 뿌릴 파). [농업] 씨앗을 받아[取] 저장하지 않고 뿌리는[播] 일.

취:필 取筆 (가질 취, 글씨 필). ① [속뜻] 잘 쓴 글씨[筆]를 뽑음[取]. ② 글씨를 잘 쓰는 사람을 뽑음.

취:하 取下 (가질 취, 아래 하). 신청하였던 일이나 서류 따위를 취소(取消)하여 아래로 내림[下]. 무름, 철회. ¶고소 취하 / 소송 취하 / 항소 취하.

취:학 就學 (나아갈 취, 배울 학). 스승에게 나아가[就] 학문을 배움[學]. 학교에 입학하여 공부함. ¶유치원은 아동들에게 취학 준비를 시켜 주는 기능을 한다.

▸취:학-률 就學率 (비율 률). 학령(學齡) 아동 총수에 대한 취학(就學) 아동수의 비율(比率).

▸취:학 아동 就學兒童 (아이 아, 아이 동). [교육] 초등학교에 취학(就學)하는 아동(兒童).

▸취:학 연령 就學年齡 (해 년, 나이 령). [교육] 취학(就學)할 의무가 발생하는 나이[年齡]. [준]학령.

취:한¹ 醉漢 (취할 취, 사나이 한). 술에 잔뜩 취한[醉] 사내[漢]를 낮추어 이르는 말.

취:한² 取汗 (가질 취, 땀 한). [한의] 병을 다스리기 위하여 땀[汗]을 내는[取] 일. [비]발한(發汗).

▸취:한-제 取汗劑 (약제 제). [한의] 땀을 내게 하는[取汗] 약제(藥劑). [비]발한제(發汗劑).

취:합 聚合 (모을 취, 합할 합). ① [속뜻] 모아

서[聚] 하나로 합침[合]. ② [광업] 광물에서 여러 가지 결정형이 결합하여 덩어리를 이루는 것.

취:항 就航 (나아갈 취, 배 항). 배나 비행기가 항로(航路)로 나아감[就].

취:향 趣向 (달릴 취, 향할 향). 하고 싶은 마음이 쏠리는[趣] 방향(方向). ¶우리는 음악에 대한 취향이 비슷하다.

취:화-물 臭化物 (냄새 취, 될 화, 만물 물). ① [속뜻] 냄새[臭]를 나게 하는 화합물(化合物). ② [화학] 브롬과 다른 원소 또는 원자단과의 화합물.

취:화-은 臭化銀 (냄새 취, 될 화, 은 은). [화학] 취소(臭素)와 은(銀)과의 화합물(化合物).

취:화지본 取禍之本 (가질 취, 재화 화, 어조사 지, 뿌리 본). 재앙[禍]을 가져오는[取] 근본(根本).

취:후 醉後 (취할 취, 뒤 후). 술에 취한[醉] 뒤[後]. ㉥주후(酒後).

취:흥 醉興 (취할 취, 흥겨울 흥). 술에 취해[醉] 일어나는 흥취(興趣).

측각 測角 (잴 측, 모서리 각). 각도(角度)를 잼[測].

▸측각-기 測角器 (그릇 기). 각도(角度)를 재는[測] 기구(器具)를 통틀어 이르는 말.

측거-기 測距器 (잴 측, 떨어질 거, 그릇 기). [물리] 목표물까지의 거리(距離)를 빠르게 측정(測定)하는 데 쓰는 기구(器具). ㉥측원기(測遠機).

측거-의 測距儀 (잴 측, 떨어질 거, 천문기계 의). [물리] 목표물까지의 거리(距離)를 빠르게 측정(測定)하는 데 쓰는 기구[儀]. ㉥측원기(測遠機).

측경-기 測徑器 (잴 측, 지름길 경, 그릇 기). [기계] 기계 부품의 지름[徑]이나 두께 따위를 재는[測] 기구(器具).

측광 測光 (잴 측, 빛 광). [물리] 빛[光]의 강도를 잼[測].

▸측광 관측 測光觀測 (볼 관, 헤아릴 측). [천문] 별빛[光]의 밝기를 측정(測定)하여 등급을 정하는 관측(觀測) 방법.

측근[1] 側根 (곁 측, 뿌리 근). [식물] 고등 식물의 원뿌리에서 갈라져 나간 곁[側]에 붙은 작은 뿌리[根].

측근[2] 側近 (곁 측, 가까울 근). ① [속뜻] 곁[側]의 가까운[近] 곳. ¶대통령을 측근에서 모시다. ②정치나 사업에서 높은 사람을 가까이에서 모시는 사람. ¶그는 사장의 핵심 측근이다.

▸측근-자 側近者 (사람 자). ① [속뜻] 어떤 사람을 측근(側近)에서 모시는 사람[者]. ② 어떤 사람과 가까운 관계에 있는 사람.

측도 測度 (잴 측, 정도 도). ① [속뜻] 도수나 길이, 양 따위의 정도(程度)를 잼[測]. ②어떤 단위로 어떤 양을 잰 수치. ③ [수학] 길이, 넓이, 부피 등의 개념을 일반의 집합으로까지 확장한 개념.

측량 測量 (잴 측, 분량 량). ① [속뜻] 양(量)을 잼[測]. 기기를 써서 물건의 높이, 깊이, 넓이, 방향 따위를 잼. ②지표의 각 지점의 위치와 그 지점들 간의 거리를 구하고 지형의 높낮이, 면적 따위를 재는 일. ¶사진 측량 / 토지를 측량하다. ㉥타량(打量).

▸측량-기 測量器 (그릇 기). 측량(測量)에 쓰이는 기구(器具).

▸측량-도 測量圖 (그림 도). 측량(測量)하여 만든 지도(地圖).

▸측량-선 測量船 (배 선). 해도를 만들기 위해 해양이나 항만 따위의 수심, 조류, 해저, 해안선의 지형 따위를 측량(測量)하는 배[船].

▸측량-술 測量術 (꾀 술). 토지를 측량(測量)하는 기술(技術). 또는 그 기술로 지도를 만드는 일.

▸측량 기사 測量技士 (재주 기, 선비 사). [건설] 측량(測量)에 관한 전문 기사(技士). 측량(測量) 기술자(技術者)를 흔히 이르는 말.

▸측량 기술자 測量技術者 (재주 기, 꾀 술, 사람 자). [건설] 측량법에 따라, 건설부 장관이 발급한 면허를 가진, 측량(測量)에 관한 전문 기술(技術)을 가진 사람[者].

측릉 側稜 (곁 측, 모서리 릉). 옆[側]쪽 모서리[稜].

측면 側面 (곁 측, 쪽 면). ① [속뜻] 옆[側]쪽 면(面). ¶측면 공격을 하다. ②사물이나 현상의 한 부분. 또는 한쪽 면. ¶그 제도에 부정적인 측면만 있는 것은 아니다.

▸측면-관 側面觀 (볼 관). 사물의 전체를 보지 않고 한쪽 측면(側面)에서 하는 관찰(觀

察).

▸측면-도 側面圖 (그림 도). 구조물이나 기계의 설계도를 그릴 때 측면(側面)에서 바라본 상태를 평면적으로 나타낸 그림[圖].

▸측면 묘:사 側面描寫 (그릴 묘, 베낄 사). 문학 사물을 측면(側面)으로 묘사(描寫)하는 문학 표현 양식.

측목 側目 (곁 측, 눈 목). ① 속뜻 곁[側] 눈[目]질을 함. ② 무서워서 바로 보지 못함.

측문¹ 仄聞 (어렴풋할 측, 들을 문). 풍문으로 어렴풋이[仄] 얻어들음[聞].

측문² 側門 (곁 측, 문 문). 옆[側]으로 난 문(門). ⓑ정문(正門).

측문³ 側聞 (곁 측, 들을 문). 옆[側]에서 얻어들음[聞].

측미-계 測微計 (잴 측, 작을 미, 셀 계). 물리 100만분의 1미터 정도의 작은[微] 것까지 잴[測] 수 있는 계기(計器).

측방 側方 (곁 측, 모 방). 옆[側] 쪽[方].

▸측방 침:식 側方侵蝕 (쳐들어갈 침, 갉아먹을 식). 지리 하천이 골짜기의 측방(側方) 침식(侵蝕)하여 그 바닥을 넓히는 작용.

측백 側柏 (곁 측, 잣나무 백). ① 속뜻 길 옆[側]에 심어 놓은 잣나무[柏]같은 나무. ② 식물 측백나무과의 상록 침엽 교목. 높이는 25미터 정도이며, 잎은 작은 비늘 모양으로 밀집하여 있다. ⓑ측백나무.

▸측백-엽 側柏葉 (잎 엽). 한의 측백(側柏)나무의 잎[葉]을 약재로 이르는 말. 보혈제나 지혈제, 수렴제로 쓴다.

측벽 側壁 (곁 측, 담 벽). 측면(側面)에 있는 벽(壁)이나 담.

측보-기 側步器 (잴 측, 걸음 보, 그릇 기). 걸을 때의 걸음[步]의 수를 자동적으로 세는[側] 계기(計器). ⓑ계보기(計步器).

측사 側射 (곁 측, 쏠 사). 군사 측면(側面)에서 사격(射擊)함.

측사-기 測斜器 (잴 측, 비낄 사, 그릇 기). 지리 지층의 경사(傾斜)를 재는[測] 기구(器具).

측산 測算 (헤아릴 측, 셀 산). 헤아려서[測] 셈함[算].

측선 側線 (곁 측, 줄 선). ① 동물 몸 양 옆[側]에 한 줄로 나란히 뻗은 선(線). ② 교통 철도 선로에서, 본선이외의 선로.

측성 仄聲 (기울 측, 소리 성). ① 속뜻 기울어진[仄] 소리[聲]. 높낮이가 있는 소리. ② 언어 한자음의 사성 가운데 상성, 거성, 입성을 통틀어 이르는 말.

측수 測水 (잴 측, 물 수). 물[水]의 깊이를 잼[測].

측시 側視 (곁 측, 볼 시). 옆[側]으로 봄[視].

측실 側室 (곁 측, 방 실). ① 속뜻 곁[側]에 있는 방[室]. ② 본처 외에, 혼인을 하지 않고 데리고 사는 여자. 첩(妾).

측심 測深 (잴 측, 깊을 심). 깊이[深]를 잼[測].

▸측심-연 測深鉛 (납 연). 굵은 줄의 끝에 납덩이[鉛]를 매달아 바다의 깊이[深]를 재는[測] 데 쓰는 기구. ⓑ측연(測鉛).

▸측심-의 測深儀 (천문기계 의). 강이나 바다의 깊이[深]를 재는[測] 기구[儀].

측아 側芽 (곁 측, 싹 아). 식물 잎겨드랑이[側]에 생기는 싹[芽].

측압-기 測壓器 (잴 측, 누를 압, 그릇 기). 물리 그릇 안의 유체의 압력(壓力)을 재는[測] 기구(器具)를 통틀어 나타내는 말.

측언 側言 (곁 측, 말씀 언). 한쪽으로 치우친[側] 말[言]. 공평하지 못한 말.

측연¹ 惻然 (슬퍼할 측, 그러할 연). ① 속뜻 슬프고[惻] 그러함[然]. ② 보기에 가엾고 불쌍하다. ¶측연히 여기다.

측연² 測鉛 (잴 측, 납 연). 물의 깊이를 재는[測] 데 쓰이는 굵은 줄 끝에 매단 납덩이[鉛]. '측심연'(測深鉛)의 준말.

측우-기 測雨器 (잴 측, 비 우, 그릇 기). 역사 비[雨]가 온 분량을 측정(測定)하는 데 쓰였던 기구(器具). 조선 세종 때, 전국에 설치했다. ¶측우기는 홍수와 가뭄으로 인한 피해를 줄여주었다.

측운 仄韻 (기울 측, 운 운). ① 속뜻 기울어진[仄] 운(韻). ② 언어 높낮이가 있는 운. 한자의 사성 가운데 상성, 거성, 입성의 운.

측운-기 測雲器 (잴 측, 구름 운, 그릇 기). 지리 구름[雲]의 속도나 방향을 재는[測] 기구(器具).

측원-기 測遠機 (잴 측, 멀 원, 틀 기). 물리 멀리[遠] 있는 물체까지의 거리를 재는[測] 데 쓰이는 광학 기계(機械)의 한 가지. ⓑ측거기(測距器), 측거의(測距儀).

측은 惻隱 (슬퍼할 측, 가엾을 은). 형편이 딱함을 슬퍼하여[惻] 가엽게 여김[隱]. 불쌍히 여김. ¶사정을 들으니 측은한 마음이 든다 / 고아들을 측은히 여기다.

▸측은지심 惻隱之心 (어조사 지, 마음 심). 남을 불쌍히 여기는[惻隱] 마음[心]. 인(仁)에서 우러나오는 사단(四端)의 하나.

측자 仄字 (측운 측, 글자 자). 한자의 측운(仄韻)에 딸린 글자[字]. 시나 부(賦)를 지을 때 염(簾)을 보는 데 쓴다.

측점 測點 (잴 측, 점 점). 측량(測量)하는 데 기준이 되는 점(點).

***측정 測定** (헤아릴 측, 정할 정). ① 속뜻 헤아려서[測] 정(定)함. ② 어떤 단위를 기준으로 하여 어떤 양의 크기를 기계나 장치로 잼. ¶물의 깊이를 측정하다. ⓑ측량(測量).

▸측정-기 測定器 (그릇 기). 측정(測定)하는 데 쓰는 기계(器械)나 기구.

▸측정-법 測定法 (법 법). 수량이나 크기·성질 따위를 기계나 장치로 재는[測定] 법(法).

측정-기 測程器 (잴 측, 거리 정, 그릇 기). 공업 배의 속력이나 항해 거리를[程] 재는[測] 기계(器械).

측지 測地 (잴 측, 땅 지). 토지(土地)를 측량(測量)함. ⓑ양지(量地), 탁지(度地).

▸측지-선 測地線 (줄 선). 수학 곡면 위의 임의의 두 지점(地點)을 이어 잿을[測] 때 최단 거리가 되는 곡선(曲線).

▸측지-학 測地學 (배울 학). 지리 지구 물리학의 한 분야. 지구의 면적, 형태, 중력장 등을 측정하는 데[測地] 필요한 여러 사항을 연구하는 학문(學問)이다.

측천 測天 (잴 측, 하늘 천). 천문 천체(天體)를 관측(觀測)함.

▸측천-법 測天法 (법 법). 항공 천체(天體)의 고도와 방위를 측정(測定)하여 선박이나 항공기의 위치를 알아내는 항법(航法). 천문 항법(天文航法).

측출 側出 (곁 측, 날 출). 측실(側室)에서 출생(出生)함. 첩의 소생. ⓑ서출(庶出).

측편 側偏 (곁 측, 치우칠 편). 물고기나 곤충 따위의 몸이 옆[側]으로 치우쳐있는[偏], 납작한 모양.

측-화면 側畵面 (곁 측, 그림 화, 쪽 면). 수학 투영도에서 물체를 측면(側面)에서 보았을 때의 모양을 그리는 화면(畵面).

측-화산 側火山 (곁 측, 불 화, 산 산). 지리 화산의 중턱이나 기슭에[側] 새로 분화(噴火)해서 생긴 작은 화산(火山). ⓑ기생(寄生) 화산.

측후 測候 (헤아릴 측, 기후 후). 기후(氣候)를 관측(觀測)함.

▸측후-소 測候所 (곳 소). 지리 일정 지역의 기상을 관측하는[測候] 곳[所]. '기상대'(氣象臺)의 전 이름.

층격 層隔 (층 층, 사이 뜰 격). 겹겹이[層] 가리어 막힘[隔].

층계 層階 (다락 층, 섬돌 계). 다락[層]을 오르내릴 수 있도록 만들어 놓은 섬돌[階]. ¶그는 층계에서 굴러 다리가 부러졌다. ⓑ계단(階段).

층권-운 層卷雲 (층 층, 말 권, 구름 운). ① 속뜻 층(層)이 지게 말린[卷] 것 같은 구름[雲]. ② 지리 층을 이루어 두껍게 발달하는 잿빛 또는 푸른색을 띤 구름.

층대 層臺 (층 층, 돈대 대). 돌이나 나무 따위로 여러 층(層)이 지게 대(臺)를 만들어서 높은 곳을 오르내릴 수 있게 만든 설비. '층층대'(層層臺)의 준말.

층루 層樓 (층 층, 다락 루). 건설 여러 층(層)으로 높게 지은 누각(樓閣).

층류 層流 (층 층, 흐를 류). 물리 층(層)을 이루어 흐르는 각기 다른 물체가 서로 섞이지 않고 흐르는[流] 일. ⓑ난류(亂流).

층리 層理 (층 층, 결 리). 지리 퇴적암에서 층(層)을 이루는 입자의 크기, 색, 조성 구조 따위가 달라서 생기는 결[理].

층면 層面 (층 층, 쪽 면). ① 속뜻 겹겹이 쌓여 층(層)을 이룬 물건의 겉면[面]. ② 지층의 서로 포개진 면.

층상 層狀 (층 층, 형상 상). 층(層)지거나 겹쳐진 모양[狀].

▸층상 화:산 層狀火山 (불 화, 산 산). ① 속뜻 층층이[層] 겹쳐진 모양[狀]의 화산(火山). ② 지리 화산 쇄설물과 용암류 따위가 화구(火口)에서 분출하여 번갈아 쌓여서 층(層)을 이룬 원뿔 모양의 화산(火山). ⓑ성층(成層) 화산, 복성(複成) 화산.

층석 層石 (층 층, 돌 석). ① 속뜻 층(層) 같은 형태의 암석(岩石). ② 광업 귀금속의 순도를 판정하는 데 쓰는 검은색의 현무암이나 규질의 암석. 금이나 은 조각을 이 돌의 표면에 문질러 나타난 흔적의 빛깔과 표본의 금 빛깔을 비교하여 순도를 시험한다.

층수 層數 (층 층, 셀 수). 건물 층(層)의 수(數). ¶건물의 층수를 15층으로 낮추다.

층암 層巖 (층 층, 바위 암). 층(層)을 이룬 바위[巖].

▸층암-절벽 層巖絶壁 (끊을 절, 담 벽). 몹시 험한 바위가 겹겹이 쌓인[層巖] 낭떠러지[絶壁]. ¶박연폭포에는 층암절벽이 그 주변을 둘러싸고 있다.

층애 層崖 (층 층, 벼랑 애). 바위가 층층(層層)이 쌓인 언덕[崖].

▸층애 지형 層崖地形 (땅 지, 모양 형). ① 속뜻 층애(層崖)로 형성된 지형(地形). ② 지리 굳은 지층은 비대칭적인 구릉이 되어 남고, 무른 지층은 낮게 되어 나란히 발달한 지형.

층운 層雲 (층 층, 구름 운). 지리 지평선과 나란히 층(層)을 이루고 땅에 가장 가깝게 이는 구름[雲]. 산간 지역에 비가 내릴 때 흔히 나타난다. ㊊안개구름, 층구름.

층위 層位 (층 층, 자리 위). ① 언어 어떤 유(類)의 언어 요소가 전체 언어 구조[層]에서 차지하는 위치(位置). 음(音)에서 문장에 이르기까지 하위(下位)의 요소가 상위(上位)의 요소에 포함되는 밀접한 계층적 관계에 의하여 이루어진다. 음소보다 높은 층위의 기술로서 형태소를 설정하거나, 다시 형태소의 구조를 음소라는 낮은 층위의 단위를 바탕으로 기술하는 등, 언어의 분석 단계를 결정하는 중요한 개념이다. ② 지리 층서(層序).

층적-운 層積雲 (층 층, 쌓을 적, 구름 운). 지리 뭉쳐 쌓인[積] 구름덩어리가 층상(層狀)을 이루는 구름[雲]. 구름입자는 물방울로 되어다.

층절 層節 (층 층, 마디 절). ① 속뜻 여러 층(層)이나 여러 마디[節]. ② 일의 많은 가닥이나 곡절 또는 변화.

층첩 層疊 (층 층, 포갤 첩). 여러 층(層)으로 포개거나[疊] 포개짐. ㊊층중(層重).

층층 層層 (층 층, 층 층). ① 속뜻 거듭된 여러 층[層+層]. ② 낱낱의 층. ③ 여러 층으로 겹겹이. ¶돌을 층층이 쌓아 올리다.

▸층층-대 層層臺 (돈대 대). 여러 층[層層]으로 된 대(臺). ¶그는 언덕 빗면에 층층대를 만들었다. ㊊층계(層階).

▸층층-시하 層層侍下 (모실 시, 아래 하). ① 속뜻 부모와 조부모가 층층(層層)으로 쌓여 있는 그 아래[下]에서 다 모셔야[侍] 하는 처지. ② '받들어야 할 윗사람이 층층으로 있는 형편'을 비유하여 이르는 말.

층하 層下 (층 층, 아래 하). ① 속뜻 한 층(層)의 아래[下]로 취급하다. ② 다른 것보다 낮잡아 보아 소홀히 대접함. 또는 그런 차별. ¶층하를 두다 / 층하를 받다 / 계급의 층하가 지다.

치가[1] 治家 (다스릴 치, 집 가). 집[家]안의 일을 보살피어 다스림[治]. ¶그것이 전통적인 치가 방식이다. ㊊치산(治産).

치:가[2] 致家 (이룰 치, 집 가). 가업(家業)을 이룸[致]. ¶그 대에 이르러 치가를 이룩하였다.

치감 齒疳 (이 치, 감병 감). 이[齒]나 잇몸이 곪고 부어서[疳] 냄새가 나고 심하면 이빨이 빠지는 병증.

치강 齒腔 (이 치, 빈 속 강). 의학 이[齒]의 속에 있는 빈[腔] 곳. 치근의 끝에 구멍이 뚫리고 속에 치수(齒髓)가 차 있다.

치경 齒莖 (이 치, 줄기 경). ① 속뜻 이[齒]의 버팀목[莖] 구실을 하는 부분. ② 의학 이의 뿌리를 둘러싸고 있는 살.

치골 恥骨 (부끄러울 치, 뼈 골). ① 속뜻 부끄러운 부분[恥部]의 뼈[骨]. ② 의학 좌골의 앞쪽에서 골반을 에워싸고 있는 뼈.

치골[1] 痴骨 (어리석을 치, 뼈 골). 남이 비웃는 줄도 모르고 요량 없이 제멋대로 행동하는 어리석은[痴] 뼈[骨] 같은 사람.

치골[2] 齒骨 (이 치, 뼈 골). 의학 이[齒]가 박혀 있는 위턱 아래턱의 구멍이 뚫린 뼈[骨]. ㊊이틀.

치과 齒科 (이 치, 분과 과). 의학 이[齒]를 전문으로 치료하고 연구하는 의학의 한 분과(分科).

치관 齒冠 (이 치, 갓 관). 의학 이[齒]의 머리[冠]. 잇몸 밖으로 드러난 이의 부분.

치교 緻巧 (면밀할 치, 약을 교). 치밀(緻密)하고 교묘(巧妙)함.

치구 馳驅 (달릴 치, 달릴 구). ① [속뜻] 말이나 수레를 타고[驅] 달림[馳]. ② 몹시 바삐 돌아다님. ¶그동안의 치구가 허사가 되고 말았다.

치국 治國 (다스릴 치, 나라 국). 나라[國]를 다스림[治]. [비]이국(理國).

▶ 치국-안민 治國安民 (편안할 안, 백성 민). 나라[國]를 다스리고[治] 백성[民]을 편안하게[安] 함.

▶ 치국-평천하 治國平天下 (평안할 평, 하늘 천, 아래 하). 나라[國]를 잘 다스리고[治] 온 세상[天下]을 평안(平安)하게 함.

치근 齒根 (이 치, 뿌리 근). [의학] 잇몸 속에 들어 있는 이[齒]의 뿌리[根].

치기 稚氣 (어릴 치, 기운 기). 유치(幼稚)하고 철없는 감정이나 기분(氣分).

치덕 齒德 (이 치, 베풀 덕). 나이[齒]가 많고 덕(德)이 있음.

치도 治道 (다스릴 치, 길 도). ① [속뜻] 도로(道路)를 새로 내거나 관리함[治]. ② 다스리는 도리.

치:독 置毒 (둘 치, 독할 독). 독약(毒藥)을 음식에 넣음[置].

치란 治亂 (다스릴 치, 어지러울 란). ① [속뜻] 혼란(混亂)에 빠진 세상을 다스림[治]. ② 잘 다스려진 세상과 어지러운 세상을 아울러 이르는 말.

치람 侈濫 (사치할 치, 넘칠 람). 사치(奢侈)하는 정도가 지나침[濫]. 지나치게 사치하여 분수에 넘침.

치련 治鍊 (다스릴 치, 불릴 련). 쇠나 돌, 나무 따위를 다듬고[治] 불림[鍊].

***치료 治療** (다스릴 치, 병 고칠 료). 병이나 상처를 다스려서[治] 낫게[療] 함. ¶약물 치료를 받다 / 그는 정신질환을 치료하러 병원에 갔다. [비]치병(治病).

▶ 치료-법 治療法 (법 법). 병이나 상처 따위를 치료(治療)하는 방법(方法). ¶병의 치료법을 찾아내다.

▶ 치료-비 治療費 (쓸 비). 병이나 상처 따위를 치료(治療)하는 데에 드는 비용(費用). ¶치료비가 많이 들다.

▶ 치료-실 治療室 (방 실). 병원 따위에서 환자를 치료(治療)하는 곳[室]. ¶치료실에는 의사들이 하나도 없었다.

▶ 치료-제 治療劑 (약제 제). 병이나 상처 따위를 치료(治療)하기 위하여 쓰는 약[劑]. ¶고혈압 치료제를 개발하다.

▶ 치료 감호 治療監護 (살필 감, 돌볼 호). [법률] 사회 보호법에 따라, 죄를 지은 정신 장애자나 알코올 또는 마약 중독자에 대하여 실형 복역에 앞서 법이 정한 시설에 수용하여 치료(治療)를 실시하여 살피고[監] 보호(保護)하는 처분(處分).

치루 痔瘻 (=痔漏, 치질 치, 부스럼 루). [의학] 항문 또는 직장 부위에 농양이 저절로 터지면서 누공(瘻孔)이 생기고, 고름 따위가 나오는 치질(痔疾)의 하나.

치륜 齒輪 (이 치, 바퀴 륜). 둘레에 일정한 간격으로 톱니[齒]를 낸 바퀴[輪]. 이가 서로 맞물려 돌아감으로써 동력을 전달한다. [비]톱니바퀴.

치립 峙立 (우뚝 솟을 치, 설 립). 높이 솟아[峙] 우뚝 섬[立].

치마-분 齒磨粉 (이 치, 갈 마, 가루 분). 이[齒]를 닦을[磨] 때 칫솔에 묻혀 쓰는 가루[粉]. 치약.

치매 痴呆 (본음 [치태], 어리석을 치, 어리석을 태). ① [속뜻] 매우 어리석음[痴=呆]. '呆'의 원래 발음은 [태]이지만, 관행을 중시하여 그냥 두었다. ② [의학] 대뇌 신경 세포의 손상 따위로 말미암아 지능, 의지, 기억 따위가 지속적·본질적으로 상실되는 증세. ¶그녀는 치매가 심해 가족들도 몰라본다.

▶ 치매-증 痴呆症 (증세 증). [의학] 정신 장애로 인하여 사물을 잘 구분하지 못하는[痴呆] 증세(症勢).

치명[1] 治命 (다스릴 치, 목숨 명). ① [속뜻] 목숨[命]을 다스림[治]. ② 죽을 무렵에 맑은 정신으로 하는 유언. [반]난명(亂命).

치:명[2] 致命 (이를 치, 목숨 명). ① [속뜻] 목숨[命]이 다할 지경에 이름[致]. 죽을 지경에 이름. ② [가톨릭] 순교(殉教)를 이전에 이르던 말.

▶ 치:명-상 致命傷 (다칠 상). ① [속뜻] 목숨[命]이 위험할 정도로[致] 다침[傷]. ¶그는 총에 맞아 치명상을 입었다. ② 회복할 수 없을 정도의 결정적인 타격이나 상태.

¶이번 사건은 그의 정치 생명에 치명상을 입혔다.

▸치:명-적 致命的 (것 적). ① [속뜻] 치명(致命)할 만한 것[的]. ¶치명적인 타격을 입다. ② 일의 흥망, 성패에 결정적으로 영향을 주는. 또는 그런 것. ¶치명적인 실수를 하다.

▸치:명-타 致命打 (칠 타). ① 생사나 흥망에 관계될 만큼 치명적(致命的)인 타격(打擊). ¶그는 상대 선수의 주먹에 치명타를 맞았다. ② 일의 흥망, 성패에 결정적인 영향을 주는 손해나 손실. ¶스파이의 잠입으로 아군은 치명타를 입었다.

치목¹ 治木 (다스릴 치, 나무 목). 재목(材木)을 다듬고 손질함[治]. '마름질'로 순화. ¶치목 작업에 시간이 많이 걸렸다.

치목² 稚木 (어릴 치, 나무 목). 어린[稚] 나무[木].

치문 緇門 (검은 옷 치, 문 문). ① [속뜻] 물들인[緇] 옷을 입은 사람들의 세계[門]. ② [불교] '승도'(僧徒)를 일컬음. ③ [불교] 모든 학자의 명구와 권선문을 모은 불경.

치민 治民 (다스릴 치, 백성 민). 백성[民]을 다스림[治].

치밀 緻密 (촘촘할 치, 빽빽할 밀). ① [속뜻] 촘촘하고[緻] 빽빽함[密]. ¶이 천은 올이 가늘고 치밀하다. ② 자세하고 꼼꼼하다. ¶치밀한 계획을 세우다.

치병 治病 (다스릴 치, 병 병). 병(病)을 다스림[治]. ¶치병의 방법으로 굿을 했다.

치본 治本 (다스릴 치, 뿌리 본). 병의 근원[本]을 없애 치료(治療)함. 근본적인 치료.

치부¹ 恥部 (부끄러울 치, 나눌 부). ① [속뜻] 남에게 알리고 싶지 않은 부끄러운[恥] 부분(部分). ¶회사의 치부를 낱낱이 밝히다. ② 남녀의 외부 생식기. ¶수건으로 치부를 가렸다. [비] 음부(陰部).

치:부² 致富 (이를 치, 부자 부). 재물을 모아 부자(富者)가 됨[致]. ¶그는 무역으로 크게 치부했다.

치:부³ 置簿 (둘 치, 장부 부). ① [속뜻] 물품의 출납 따위를 장부[簿]같은 데 적어 두다[置]. ¶오늘 받은 돈을 치부하다. ② 마음속에 잊지 않고 새겨 두거나 그렇다고 여김. ¶그 정보는 근거 없는 소문으로 치부됐다.

▸치:부-책 置簿冊 (책 책). 금품을 출납한 내용을 적는[置簿] 책(冊).

치분 齒粉 (이 치, 가루 분). 가루[粉]로 되어 있는 치약(齒藥). ¶반죽한 치분으로 이를 열심히 닦았다.

치사¹ 恥事 (부끄러울 치, 일 사). 격에 떨어져 부끄러운[恥] 일[事]을 하다. 행동이나 말 따위가 쩨쩨하고 남부끄럽다. ¶노인들을 속이다니 참으로 치사하다.

치:사² 致仕 (보낼 치, 벼슬할 사). 나이가 많아 벼슬[仕]을 사양하고 물러남[致]. ¶팔십 당년인지라 치사를 하지 않을 수 없었다.

치:사³ 致辭 (=致詞, 보낼 치, 말씀 사). ① [속뜻] 행사에 앞서 특별히 한 말씀[辭]을 함[致]. ② 남을 칭찬하는 말을 함. 또는 그런 말. ¶입에 발린 치사를 하다. ③ [역사] 경사가 있을 때에 임금에게 올리던 송덕(頌德)의 글.

치:사⁴ 致謝 (보낼 치, 고마워할 사). 감사(感謝)의 뜻을 전함[致].

치:사⁵ 致死 (이를 치, 죽을 사). 죽음[死]에 이르게[致] 함. ¶과실 치사 / 그는 약물 과용으로 치사할 뻔했다.

▸치:사-량 致死量 (분량 량). [약학] 생체를 죽음[死]에 이르게[致] 할 정도의 약물 양(量). ¶치사량의 수면제를 복용한 환자가 끝내 목숨을 잃었다.

치산¹ 治山 (다스릴 치, 메 산). ① [속뜻] 산소(山所)를 매만져서 다듬음[治]. ② 산을 가꾸고 보호함.

치산² 治産 (다스릴 치, 재물 산). ① [속뜻] 재산(財産)을 관리하고[治] 처리함. ② 집안 살림살이를 잘 다스림. 치가(治家).

치상¹ 治喪 (다스릴 치, 죽을 상). 초상[喪]을 치름[治].

치상² 齒狀 (이 치, 형상 상). ① [속뜻] 이[齒]가 난 것처럼 생긴 모양[狀]. ② [식물] 잎의 가장자리가 대체로 규칙적인 톱니 모양이고 돌출부가 벌어져 나온 상태.

치생 治生 (다스릴 치, 살 생). 살아갈[生] 방도를 마련함[治].

치서 齒序 (이 치, 차례 서). 나이[齒]의 차례[序]. [비] 치차(齒次).

치석¹ 治石 (다스릴 치, 돌 석). 돌[石]을 반들반들하게 다듬음[治].

치석² 齒石 (이 치, 돌 석). [의학] 이[齒]에 누렇게 엉기어 붙은 돌[石]처럼 단단한 물질. 음식에 섞였거나 침에서 분비된 석회분이 붙어서 굳어진 것이다.

치:선 置先 (둘 치, 먼저 선). [운동] ①바둑에서, 흑을 잡고 먼저[先] 두는[置] 일. ②'치중선수'(置中先手)의 준말.

치:성 致誠 (이를 치, 정성 성). ① [속뜻] 온갖 정성(精誠)을 다함[致]. ②신이나 부처에게 정성을 드림. ¶아들을 낳게 해 달라고 치성을 드렸다.

치세 治世 (다스릴 치, 세상 세). ① [속뜻] 잘 다스려진[治] 세상(世上). 태평한 세상. [반]난세(亂世). ②주로 어떤 임금이 다스리는 때나 세상. ③세상을 다스림.

치소 嗤笑 (냉소할 치, 웃을 소). 빈정거리며[嗤] 웃음[笑]. ¶적에게 치소를 당하였다.

치수¹ 治水 (다스릴 치, 물 수). ① [속뜻] 물[水]을 다스림[治]. ② [건설] 홍수나 가뭄의 피해를 막기 위해 수리 시설을 잘 하여 물길을 바로잡음.

치수² 齒髓 (이 치, 골수 수). [의학] 치강(齒腔) 속을 채우고 있는 연한 골수(骨髓). 혈관과 신경이 퍼져 있어 감각이 예민하다.

▶치수-염 齒髓炎 (염증 염). [의학] 치수(齒髓)에 생기는 염증(炎症). 몹시 쑤시고 아픈데, 화농성과 비화농성으로 나뉜다.

치숙 痴叔 (어리석을 치, 아저씨 숙). [문학] 채만식이 지은 단편 소설. 사회주의자 숙부(叔父)를 어리석다며[痴] 비판하는 조카의 시선으로, 일본인의 하수인으로 살아가는 사람들을 비판하는 내용이다.

치술 治術 (다스릴 치, 꾀 술). 나라를 다스리는[治] 술책(術策). 정치하는 기술.

치술령-곡 鵄述嶺曲 (올빼미 치, 지을 술, 고개 령, 노래 곡). [문학] 신라 눌지왕의 아우를 구하러 왜국에 간 박제상을 치술령(鵄述嶺)에서 기다리다 죽은 그의 아내를 기리며 지은 악곡(樂曲).

치:신 置身 (둘 치, 몸 신). 어떤 곳에 몸[身]을 둠[置].

치심¹ 侈心 (사치할 치, 마음 심). 사치(奢侈)를 좋아하는 마음[心].

치심² 稚心 (어릴 치, 마음 심). ① [속뜻] 어릴[稚] 적의 마음[心]. ②어린아이 같은 마음.

▶치심-상존 稚心尚存 (아직 상, 있을 존). 어릴[稚] 적의 마음[心]이 오히려[尚] 아직까지 남아 있음[存].

치아¹ 稚兒 (어릴 치, 아이 아). 어린[稚] 아이[兒]. [비]치자(稚子).

치아² 齒牙 (이 치, 어금니 아). ① [속뜻] 앞니[齒]와 어금니[牙]. ②사람의 이를 점잖게 이르는 말. ¶치아를 잘 닦아야 한다.

▶치아-탑 齒牙塔 (탑 탑). [불교] 도학이 높은 승려의 치아(齒牙)를 넣고 쌓은 탑(塔)을 이르는 말.

치안 治安 (다스릴 치, 편안할 안). 잘 다스려[治] 편안(便安)하게 함. ¶이 지역은 치안이 좋은 편이다.

▶치안-감 治安監 (살필 감). ① [속뜻] 치안(治安)을 위해 감독하고 살핌[監]. ② [법률] 경찰 공무원 계급의 하나. 치안 정감(治安正監)의 아래, 경무관의 위이다.

▶치안 경:찰 治安警察 (지킬 경, 살필 찰). [법률] 사회의 안녕과 질서를 유지하기 위한[治安] 경찰(警察). [비]보안 경찰(保安警察).

▶치안 본부 治安本部 (뿌리 본, 거느릴 부). [법률] 치안(治安)에 관한 사무를 총괄하는 근본[本]이 되는 부서(部署). 중앙 경찰 기관을 일컫는다. '경찰청'(警察廳)의 이전 기관이다.

▶치안 재판 治安裁判 (분별할 재, 판결할 판). [법률] 치안(治安)을 위하여 행하는 재판(裁判). 변론이 끝나고 바로 판결을 선고하는 일. '즉결재판'(即決裁判)을 이르는 말.

▶치안-총감 治安總監 (묶을 총, 살필 감). ① [속뜻] 치안(治安) 업무를 총괄(總括)하여 감독하고 살핌[監]. ②경찰 공무원 계급의 하나. 치안 정감의 위로서 경찰 공무원의 최고 계급이다.

치약 齒藥 (이 치, 약 약). 이[齒]를 닦는 데 쓰는 약품(藥品). ¶치약은 끝에서부터 짜서 쓰세요.

치어 稚魚 (어릴 치, 물고기 어). 알에서 깬 지 얼마 안 되는 어린[稚] 물고기[魚]. [반]성어(成魚).

치열 治熱 (다스릴 치, 더울 열). [한의] 병의 열기(熱氣)를 다스림[治].

치열[1] 齒列 (이 치, 줄 렬). 잇몸에 이[齒]가 줄지어[列] 박혀 있는 생김새. ¶치열이 고르지 않다.

치열[2] 熾烈 (본음 [치렬], 사를 치, 세찰 렬). 세력이 불을 사르는[熾] 것처럼 맹렬(猛烈)함. ¶전쟁이 치열의 도를 더해 갈 것이다 / 경쟁이 치열하다.

치외 법권 治外法權 (다스릴 치, 밖 외, 법 법, 권리 권). ① 법률 다른 나라의 영토 안에 있으면서 그 나라 통치권(統治權)의 지배를 받지 않는[外] 국제법(國際法)상의 권리(權利). ¶외교사절에게는 치외 법권이 인정된다. ② '남이 간섭할 수 없는 영역'을 비유하여 이르는 말. ¶집권당이라고 치외 법권 지대인가.

치욕 恥辱 (부끄러울 치, 욕될 욕). 부끄럽고[恥] 욕됨[辱]. ¶치욕을 참기 어려웠다 / 치욕스러운 패배.

치우 痴愚 (어리석을 치, 어리석을 우). ① 속뜻 못생기고 어리석음[痴=愚]. ② 심리 정신박약의 한 유형. 지능 지수가 20 또는 25~50으로, 사태의 변화에 적응하는 능력이 부족하며, 간단한 지식의 획득은 가능하나 활용은 불가능하다.

치ː위 致慰 (보낼 치, 위로 위). 상중(喪中)이나 복중(服中)에 있는 사람에게 위로[慰]의 마음을 보냄[致].

치유 治癒 (다스릴 치, 병 나을 유). 치료(治療)하여 병이 나음[癒]. ¶상처는 점차 치유되었다.

치은 齒齦 (이 치, 잇몸 은). 의학 이[齒] 뿌리를 둘러싸고 있는 살[齦]. ㊥잇몸, 치경(齒莖).

▸ 치은-염 齒齦炎 (염증 염). 의학 잇몸[齒齦]에 생기는 염증(炎症).

▸ 치은-종 齒齦腫 (종기 종). 의학 잇몸[齒齦]에 생기는 종기(腫氣).

▸ 치은 궤ː양 齒齦潰瘍 (문드러질 궤, 종기 양). 의학 잇몸[齒齦]이 허는[潰] 종기[瘍].

▸ 치은 농양 齒齦膿瘍 (고름 농, 종기 양). 의학 잇몸[齒齦]이 헐어서 고름[膿]이 생기는 병[瘍].

치음 齒音 (이 치, 소리 음). 언어 혀끝과 이[齒] 사이에서 조절되어 나오는 자음(子音).

치ː의[1] 致意 (보낼 치, 뜻 의). 자기의 뜻[意]을 전함[致].

치ː의[2] 致疑 (이를 치, 의심할 의). 의심(疑心)에 이름[致]. 의심을 함.

치인 痴人 (어리석을 치, 사람 인). 어리석고[痴] 못난 사람[人]. ㊥치자(痴者), 치한(痴漢).

▸ 치인-설몽 痴人說夢 (말할 설, 꿈 몽). ① 속뜻 치인(痴人)이 꿈[夢] 이야기를 함[說]. ② 허황된 말을 지껄임.

치자[1] 治者 (다스릴 치, 사람 자). ① 속뜻 한 나라를 다스리는[治] 사람[者]. ② 권력을 지닌 사람. ㊥치인(治人).

치자[2] 梔子 (치자나무 치, 씨 자). 한의 치자나무[梔]의 열매[子]. 열을 내리는 작용이 있어 여러 가지 출혈증과 황달 증세에 쓴다.

치자-다소 痴者多笑 (어리석을 치, 사람 자, 많을 다, 웃을 소). 어리석고 못난[痴] 사람은[者] 실없이 잘[多] 웃음[笑].

치장[1] 治粧 (다스릴 치, 단장할 장). 잘 매만지고[治] 곱게 꾸밈[粧]. ¶값비싼 보석으로 몸을 치장하다.

치장[2] 治裝 (다스릴 치, 꾸밀 장). 행장(行裝)을 차림[治]. ㊥치행(治行).

치ː재 致齋 (보낼 치, 재계할 재). ① 속뜻 재계(齋戒)하는 마음을 바침[致]. ② 제관이 입제 날부터 파제 다음 날까지 사흘 동안 몸을 깨끗이 하고 삼감을 말함.

치적 治績 (다스릴 치, 실적 적). 나라나 고을을 잘 다스린[治] 공적(功績).

치정[1] 治定 (다스릴 치, 정할 정). 나라를 잘 다스려[治] 안정(安定)시킴.

치정[2] 癡情 (어리석을 치, 사랑 정). ① 속뜻 남녀간의 어리석은[癡] 애정(愛情). ② 옳지 못한 관계로 맺어진 남녀 간의 애정.

치조 齒槽 (이 치, 구유 조). ① 속뜻 이[齒]가 박혀있는 구유[槽] 같은 부위. ② 의학 치근이 박혀 있는 위턱, 아래턱의 구멍.

▸ 치조-골 齒槽骨 (뼈 골). 의학 치조(齒槽)의 벽을 이루는 부위의 뼈[骨]. 턱뼈의 일부이다. ㊥치골(齒骨).

▸ 치조-음 齒槽音 (소리 음). 언어 혀끝과 잇몸[齒槽] 사이에서 나는 소리[音].

▸ 치조골-염 齒槽骨炎 (뼈 골, 염증 염).

의학 충치를 내버려두었을 때 치근을 싸고 있는 덕뼈[齒槽骨] 부분에 생기는 염증(炎症).

▶치조 농루 齒槽膿漏 (고름 농, 샐 루). 의학 이가 흔들리고 잇몸의 가장자리가 검붉어지며 치조(齒槽)에서 고름[膿]이 나는[漏] 병. ㉥치옹(齒癰).

▶치조 농양 齒槽膿瘍 (고름 농, 종기 양). 의학 치조(齒槽)에 세균이 들어가 고름[膿]이 들어 있는 종기[瘍]가 생기는 염증.

치졸 稚拙 (어릴 치, 서툴 졸). 어린[稚] 아이처럼 생각이 좁음[拙]. ¶치졸한 방법으로 이겨봤자 헛일이다.

치죄 治罪 (다스릴 치, 허물 죄). 죄(罪)를 다스림[治].

치:주 置酒 (둘 치, 술 주). 술[酒]자리를 베풂[置].

치주-염 齒周炎 (이 치, 둘레 주, 염증 염). 의학 이[齒]를 둘러싼[周] 연조직에 생기는 염증(炎症). ㉥풍치(風齒).

치:중¹ 置重 (둘 치, 무거울 중). 무엇에 중점(重點)을 둠[置]. ¶그는 공부에만 치중하느라 건강이 나빠졌다.

치중² 輜重 (짐수레 치, 무거울 중). ① 속뜻 말이나 수레[輜]에 실은 무거운[重] 짐. ②군대의 여러 가지 물품을 통틀어 이르는 말. 탄약, 식량, 장막, 피복 따위를 이른다. ¶적의 치중들이 나타났다.

치:중³ 置中 (둘 치, 가운데 중). ① 운동 바둑에서 가운데[中]에 둠[置]. 바둑판의 한복판이나 에워싸인 중앙에 한 점을 놓는 일. 또는 그런 수. ②상대의 말이 에워싼 곳에 두 집이 못 나도록 급소에 놓아 파호(破戶)하는 일.

▶치:중-수 置中手 (손 수). 운동 바둑에서 치중점(置中點)에 놓는 수(手).

▶치:중-점 置中點 (점 점). 운동 바둑에서 사활(死活)이 결정될 급소[置中]의 한 점(點). 치중해야 할 중요한 자리.

▶치:중-선수 置中先手 (먼저 선, 손 수). 운동 바둑에서 배꼽점에 먼저 치중(置中)한 사람이 먼저[先] 수(手)를 둠.

치:지 致知 (이를 치, 알 지). 사물의 도리를 깨닫는[知] 경지에 이름[致].

치:지도외 置之度外 (둘 치, 어조사 지, 법도 도, 밖 외). 내버려두고[置] 도외시(度外視)함. 문제로 삼지 않음.

치질 痔疾 (치질 치, 병 질). 의학 항문이나 항문 주위 조직에 생기는[痔] 병[疾]. 치루(痔漏), 치핵(痔核), 치열(痔裂) 따위.

치차¹ 齒次 (이 치, 차례 차). 나이[齒]의 차례[次]. ㉥치서(齒序).

치차² 齒車 (이 치, 바퀴 차). 둘레에 톱니[齒]를 내어 만든 바퀴[車]. ㉥톱니바퀴.

치태 痴態 (어리석을 치, 모양 태). 어리석은[痴] 모양새[態]. 바보 같은 모습.

치토 埴土 (진흙 치, 흙 토). 농업 진흙[埴]이 반 이상 들어있는 흙[土].

치통 齒痛 (이 치, 아플 통). 의학 이[齒]가 아픔[痛]. ¶치통이 심해서 제대로 씹을 수가 없다.

치평 治平 (다스릴 치, 평안할 평). 세상이 잘 다스려져[治] 평안(平安)함. ㉥태평(太平).

치:표 置標 (둘 치, 나타낼 표). 민속 묏자리를 미리 잡아 표시(標示)를 해두는[置] 일.

치풍 侈風 (사치할 치, 풍속 풍). 사치(奢侈)스러운 풍습(風習).

치하¹ 治下 (다스릴 치, 아래 하). ① 속뜻 다스리는[治] 범위 안이나 그 상황 아래[下]. ②한 나라가 어떤 세력의 다스림을 받는 상황. ¶한국은 일제 치하에서 갖은 치욕을 겪었다.

치:하² 致賀 (보낼 치, 축하할 하). ① 속뜻 축하(祝賀)하는 뜻을 보냄[致]. ②남이 한 일에 대하여 고마움이나 칭찬의 뜻을 표하는 말. ¶사장은 사원들의 노고를 치하했다.

치한 癡漢 (미칠 치, 사나이 한). ① 속뜻 미친[癡] 남자[漢]. ㉥치인(痴人). ②여자를 희롱하는 사내. ㉥색한(色漢).

치핵 痔核 (치질 치, 씨 핵). 의학 직장의 정맥이 울혈로 말미암아 늘어져서 항문 주위에 씨[核] 같은 혹이 있는 치질(痔疾). 종기의 하나인데 임신, 변비 따위가 원인이다.

치행 痴行 (어리석을 치, 행할 행). 아주 못나고 어리석은[痴] 행동(行動).

치화 治化 (다스릴 치, 될 화). 어진 정치로 백성을 다스려[治] 교화(敎化)함.

치:-화평 致和平 (이를 치, 어울릴 화, 평안할 평). 음악 조선 세종 때 『용비어천가』에 맞

추어 연주하기 위해 작곡된 아악. 화평(和平)한 상태에 이를[致] 것을 바라는 뜻에서 붙여진 이름으로 추정된다.

치:환 置換 (둘 치, 바꿀 환). ① 속뜻 위치(位置)가 바뀜[換]. ② 수학 어떤 것의 순열을 다른 순열로 바꾸어 펼치는 일. ③ 심리 일정한 대상으로 향하여 있던 태도나 감정이 다른 대상으로 돌려지는 일. ⑭전위(轉位). ④ 화학 어떤 화합물 속의 원자나 원자단을 다른 원자나 원자단으로 바꾸어 놓는 일.

칙령 勅令 (임금 칙, 명령 령). 임금[勅]이 내린 명령(命令). ⑭칙명(勅命).

칙명 勅命 (임금 칙, 명할 명). 임금[勅]의 명령(命令). ⑭칙령(勅令), 칙지(勅旨).

칙사 勅使 (조서 칙, 부릴 사). 칙명(勅命)을 받든 사신(使臣). ¶고종은 헤이그에 칙사를 보냈다.

칙서 勅書 (임금 칙, 글 서). 임금[勅]이 훈계하거나 알릴 일을 적은 글[書].

칙액 勅額 (임금 칙, 이마 액). 임금[勅]이 손수 쓴 편액(扁額).

칙어 勅語 (조서 칙, 말씀 어). 임금이 몸소 내린 조서[勅]나 말씀[語]. ¶고종의 칙어. ⑭칙유(勅諭).

칙유 勅諭 (조서 칙, 밝힐 유). 임금의 조서[勅]나 몸소 밝힌[諭] 말씀. 또는 그것을 적은 포고문. ¶제왕의 칙유를 낭독하였다. ⑭칙교(勅教).

칙임 勅任 (조서 칙, 맡길 임). 임금의 명[勅]으로 벼슬을 시킴[任]. 또는 그 벼슬. ¶칙임으로 벼슬을 하게 되었다.

칙지 勅旨 (조서 칙, 뜻 지). 임금이 내린[勅] 명령[旨]. ¶칙지를 받들다 / 칙지를 내리다. ⑭칙명(勅命).

칙필 勅筆 (임금 칙, 글씨 필). 임금[勅]의 친필(親筆).

칙허 勅許 (조서 칙, 허락 허). 임금이 몸소[勅] 허가(許可)함. 또는 그런 허가. ¶칙허를 받다 / 칙허를 얻어서 지은 건물.

친가 親家 (어버이 친, 집 가). ① 속뜻 아버지[親]의 집안[家]. ¶우리 딸은 친가 쪽을 닮았다. ② 법률 결혼을 하거나 양자가 되어 다른 집의 호적에 들어갔을 때 이전의 본집을 이르는 말. ③ 불교 출가한 승려가 자기의 어버이가 있는 집을 이르는 말. ⑭친정(親庭). ⑮외가(外家).

친경 親耕 (몸소 친, 밭갈 경). 임금이 농업을 장려하기 위하여 몸소[親] 농사를 짓던[耕] 일. ¶내일 임금께서 친경을 계획이다.

친고[1] 親故 (친할 친, 옛 고). ① 속뜻 친척(親戚)과 오래된[故] 친구를 아울러 이르는 말. ②친구(親舊). ¶친고가 서로 마음을 같이하는 마당.

친고[2] 親告 (몸소 친, 알릴 고). ① 속뜻 몸소[親] 알려 바침[告]. ② 법률 피해자가 직접 고소함. 또는 그런 고소.

▸**친고-죄** 親告罪 (허물 죄). ① 속뜻 친히[親] 직접 고소(告訴)해야 성립되는 범죄(犯罪). ② 법률 범죄의 피해자나 그 밖의 법률에서 정한 사람이 친히 고소해야 공소를 제기할 수 있는 범죄.

친교[1] 親交 (친할 친, 사귈 교). 친밀(親密)하게 사귐[交]. ¶그들과는 10년 넘게 친교를 유지하고 있다.

친교[2] 親教 (어버이 친, 가르칠 교). 부모[親]의 가르침[教].

친구[1] 親口 (친할 친, 입 구). 가톨릭 경의와 사랑을 표시하기 위하여 입[口]을 맞춤[親]. 또는 그런 행동. ¶성모마리아상에 친구했다.

⁂**친구**[2] 親舊 (친할 친, 오래 구). ① 속뜻 친(親)하게 오래도록[舊] 사귄 사람. ¶그는 나의 둘도 없는 친구다. ②나이가 비슷하거나 아래인 사람을 낮추거나 친근하게 이르는 말. ⑭벗, 친우(親友), 친고(親故).

친권 親權 (어버이 친, 권리 권). 법률 부모[親]가 미성년인 자식에 대하여 가지는 신분·재산상의 여러 권리(權利)와 의무를 통틀어 이르는 말. ¶친권을 행사하다.

▸**친권-자** 親權者 (사람 자). 법률 친권(親權)을 행사할 권리와 의무를 가진 사람[者].

친근 親近 (친할 친, 가까울 근). 사귐이 매우 친밀(親密)하고 가까움[近]. ¶모임에서 친근한 얼굴들을 여럿 보았다. ⑭친밀(親密).

▸**친근-감** 親近感 (느낄 감). 사귀어 지내는 사이가 아주 가까운[親近] 느낌[感]. ¶사람들은 돌고래에 친근감을 느낀다. ⑭친밀감(親密感).

친기 親忌 (어버이 친, 꺼릴 기). 부모[親]의 기일(忌日).

친-남매 親男妹 (어버이 친, 사내 남, 누이 매). 같은 부모[親]에게서 난 남매(男妹).

친람 親覽 (몸소 친, 볼 람). ① 속뜻 왕이나 귀인이 몸소[親] 봄[覽]. ② 몸소 관람함. ⓑ친견(親見).

친명 親命 (어버이 친, 명할 명). 부모[親]의 명령(命令).

친모 親母 (몸소 친, 어머니 모). 자기를 몸소[親] 낳은 어머니[母]. ⓑ실모(實母).

친목 親睦 (친할 친, 화목할 목). 서로 친(親)하여 화목(和睦)함. ¶회원들이 친목을 다졌다.

▸친목-계 親睦契 (맺을 계). 친목(親睦)을 도모하기 위하여 만든 계(契).

▸친목-회 親睦會 (모일 회). 친목(親睦)을 도모하기 위한 모임[會]. ¶신입 회원 친목회.

친문 親聞 (몸소 친, 들을 문). 임금이 몸소[親] 들음[聞].

친밀 親密 (친할 친, 빽빽할 밀). 지내는 사이가 아주 친(親)하고 가까움[密]. ¶나는 주호와 영미가 매우 친밀하다고 들었다. ⓑ친근(親近).

▸친밀-감 親密感 (느낄 감). 친밀(親密)한 느낌[感]. ¶그녀는 친밀감의 표시로 내게 팔짱을 끼었다. ⓑ친근감(親近感).

▸친밀-도 親密度 (정도 도). 친밀(親密)한 정도(程度).

친부 親父 (몸소 친, 아버지 부). 자기를 몸소[親] 낳은 아버지[父]. ⓑ친아버지, 실부(實父).

친-부모 親父母 (몸소 친, 아버지 부, 어머니 모). 자기를 몸소[親] 낳은 아버지[父]와 어머니[母]. 친아버지와 친어머니. ⓑ양부모(養父母).

친분 親分 (친할 친, 나눌 분). 친밀(親密)한 정분(情分). ¶그는 나와 친분이 두터우니까 상품을 공짜로 줄 것이다.

친산 親山 (어버이 친, 메 산). 부모[親]의 산소(山所). ¶친산에 성묘하다 / 친산을 쓰다.

친상 親喪 (어버이 친, 죽을 상). 부모[親]의 상사(喪事). ⓑ대우(大憂), 부모상(父母喪).

친-생자 親生子 (몸소 친, 날 생, 아이 자). ① 속뜻 자기가 몸소[親] 낳은[生] 자식(子息). ② 법률 부모와 혈연관계가 있는 자식. ⓒ법정자(法定子).

친서 親書 (몸소 친, 쓸 서). ① 속뜻 몸소[親] 글씨를 씀[書]. ② 법률 한 나라의 원수가 다른 나라의 원수에게 보내는 공식적인 서한. ¶대통령의 친서를 전달하다. ⓑ친신(親信), 친찰(親札).

친선 親善 (친할 친, 좋을 선). 서로 간에 친밀(親密)하고 사이가 좋음[善]. ¶국제 친선에 기여하다.

친소 親疏 (친할 친, 멀어질 소). 사귀는 정도의 친(親)함과 멂[疏]. ¶친소 관계를 따지다.

친속 親屬 (친할 친, 무리 속). ① 속뜻 친(親)한 무리[屬]. ② 촌수가 가까운 일가. ⓑ친족(親族).

친-손녀 親孫女 (몸소 친, 손자 손, 딸 녀). 자기의[親] 손녀(孫女). 자기 아들의 딸.

친-손자 親孫子 (몸소 친, 손자 손, 아들 자). 자기의[親] 손자(孫子). 자기 아들의 아들.

친솔 親率 (몸소 친, 거느릴 솔). ① 속뜻 몸소[親] 인솔(引率)함. ② 한 집에서 생활을 같이하는 식구.

친수[1] 親受 (몸소 친, 받을 수). 몸소[親] 받음[受].

친수[2] 親授 (몸소 친, 줄 수). 몸소[親] 줌[授].

친수-성 親水性 (친할 친, 물 수, 성질 성). 화학 물[水]과 친(親)하려는 성질(性質). ⓑ소수성(疏水性).

친숙 親熟 (친할 친, 익을 숙). 친밀(親密)하고 익숙하여[熟] 허물이 없음. ¶그와 매우 친숙한 사이가 됐다.

친신[1] 親臣 (친할 친, 신하 신). 임금을 아주 가까이에서[親] 모시는 신하(臣下). ⓑ근신(近臣).

친신[2] 親信 (친할 친, 믿을 신). 가까이[親] 여겨 신임(信任)함.

친심 親審 (몸소 친, 살필 심). 몸소[親] 심사(審査)하거나 사실 관계를 확인함.

친애 親愛 (친할 친, 사랑 애). 친밀(親密)하게 여기고 사랑함[愛]. ¶친애하는 국민 여러분.

친연 親緣 (친할 친, 인연 연). 친척(親戚)으로 맺어진 인연(因緣).

친영 親迎 (몸소 친, 맞이할 영). 민속 우리나라 전통의 혼인 예법에서, 신랑이 신부의 집에 가서 신부를 직접[親] 맞이하는[迎] 것. ㉟육례(六禮).

친왕 親王 (친할 친, 임금 왕). ① 속뜻 임금[王]과 친함[親]. ② 역사 황제의 아들이나 형제의 칭호.

친우 親友 (친할 친, 벗 우). 친한[親] 벗[友]. ㊥친구(親舊).

친위 親衛 (친할 친, 지킬 위). 임금이나 국가 원수 등의 가까이에서[親] 신변을 안전하게 지킴[衛]. 임금이나 국가 원수에 대한 경호.

▸친위-대 親衛隊 (무리 대). ① 속뜻 임금이나 국가 원수 등의 신변을 친위(親衛)하는 부대(部隊). ② 역사 대한 제국 때에, 서울의 수비를 맡은 중앙 군대.

친의 親誼 (친할 친, 정 의). 매우 친밀(親密)한 정[誼]. ㊥친분(親分).

친일 親日 (친할 친, 일본 일). ① 속뜻 일본(日本)과 친(親)함. ② 일제 강점기에, 일제와 야합하여 그들의 침략·약탈 정책을 지지·옹호하며 추종함. ¶친일 매국노. ㊥배일(排日).

▸친일-파 親日派 (갈래 파). ① 속뜻 일본(日本)과 친(親)하게 지내는 파(派). ② 일제 강점기에, 일제와 야합한 무리. ¶일제 말기에 많은 사람이 친일파로 변절했다.

친자[1] 親炙 (몸소 친, 가까이할 자). 스승이 몸소[親] 가까이하여[炙] 가르쳐줌.

친자[2] 親子 (몸소 친, 아이 자). 자기가 몸소[親] 낳은 자식(子息). ¶20년 만에 친자를 만나다.

▸친자 소송 親子訴訟 (하소연할 소, 송사할 송). 법률 부모 되는 이나 자식 되는 이가 법률상 친자(親子) 관계임을 주장하여 내는 민사 소송(民事訴訟).

친-자식 親子息 (몸소 친, 아이 자, 불어날 식). 자기가 몸소[親] 낳은 자식(子息). ¶입양한 아이를 친자식처럼 기르다. ㊤친자.

친-자매 親姊妹 (어버이 친, 손윗누이 자, 누이 매). 같은 부모[親]가 낳은 여자 형제[姊妹]. ¶그녀는 나에게 친자매나 다름없다.

친재 親裁 (몸소 친, 처리할 재). 임금이 몸소[親] 재결(裁決)함. ¶그 일은 왕이 친재를 하였다.

친전[1] 親展 (몸소 친, 펼 전). 받는 이가 몸소[親] 펴[展] 보기를 바란다는 뜻에서, 편지의 겉봉에 쓰는 말.

친전[2] 親傳 (몸소 친, 전할 전). 몸소[親] 전(傳)함. 직접 전함.

친절 親切 (친할 친, 몹시 절). 남을 대하는 태도가 매우[切] 친근(親近)함. ¶나의 새 친구들은 모두 친절하고 재미있다. ㊥불친절(不親切).

친정[1] 親征 (몸소 친, 칠 정). 임금이 몸소[親] 나아가 정벌(征伐)함.

친정[2] 親政 (몸소 친, 정사 정). 임금이 몸소[親] 정사(政事)를 봄.

친정[3] 親庭 (어버이 친, 뜰 정). 시집간 여자의 부모[親]가 사는 가정(家庭). ¶그녀는 결혼 후 처음으로 친정 나들이를 갔다. ㊥시집, 시가(媤家).

▸친정-댁 親庭宅 (댁 댁). 친정(親庭) 집[宅]을 높여 부르는 말. ㊥본가댁(本家宅).

친제 親弟 (어버이 친, 아우 제). 같은 부모[親]에서 난 아우[弟]. 친아우.

⁑**친족** 親族 (친할 친, 겨레 족). ① 속뜻 촌수가 가까운[親] 일가[族]. ② 혈통으로 가까운 관계에 있는 사람들. ¶그는 가까운 친족이 아무도 없다. ③ 생물의 종류나 언어 따위에서, 같은 것에서 기원하여 나누어진 개체나 부류를 이르는 말. ¶한국어는 알타이어족과 친족 관계에 있다고 알려져 있다. ㊥친속(親屬).

▸친족-권 親族權 (권리 권). 법률 친족(親族) 사이의 신분 관계에 따라 가지는 권리(權利). 친권(親權)과 후견(後見)에 관한 권리 따위.

▸친족-법 親族法 (법 법). 법률 친족(親族) 사이의 신분 관계 및 그에 따르는 권리와 의무를 규정한 법률(法律).

▸친족-회 親族會 (모일 회). 법률 특정인 또는 집안의 중요한 사항을 의결하기 위하여 친족(親族)이 모여[會] 구성한 합의 기관.

▸친족 결혼 親族結婚 (맺을 결, 혼인할 혼). 사회 친족(親族)끼리 하는 결혼(結婚).

▸친족 회:의 親族會議 (모일 회, 의논할 의).

친족(親族)이 모여서 하는 회의(會議).

친지 親知 (친할 친, 알 지). 친근(親近)하게 서로 잘 알고[知] 지내는 사람. ¶그녀의 친지 중 한 명이 독일에 살고 있다.

친집 親執 (몸소 친, 잡을 집). ① 속뜻 몸소[親] 잡음[執]. ②남에게 시키지 않고 몸소 행함.

친찬 親撰 (몸소 친, 지을 찬). 임금이 시문(詩文)을 몸소[親] 지음[撰].

친찰 親札 (몸소 친, 쪽지 찰). 몸소[親] 쓴 편지[札]. ㊥친서(親書).

**친척 親戚 (친할 친, 겨레 척). ① 속뜻 친족(親族)과 외척(外戚). ②혈통이 아버지와 어머니와 배우자에 가까운 사람. ¶그는 내 먼 친척이다 / 친척집.

친필 親筆 (몸소 친, 글씨 필). 몸소[親] 손수 쓴 글씨[筆]. ¶그 편지는 그녀의 친필로 쓰였다. ㊥육필(肉筆), 진적(眞蹟), 진필(眞筆).

친행 親行 (몸소 친, 행할 행). ① 속뜻 일을 몸소[親] 행(行)함. ㊥궁행(躬行). ②시집간 여자가 친정 어버이를 뵈러 감.

친형 親兄 (어버이 친, 맏 형). 한 부모[親]에게서 난 형(兄).

친-형제 親兄弟 (어버이 친, 맏 형, 아우 제). 한 부모[親]에게서 난 형(兄)과 아우[弟]. ¶그는 우리를 친형제처럼 대해 주었다.

친화 親和 (친할 친, 어울릴 화). ① 속뜻 서로 친(親)하게 잘 어울림[和]. ¶친구와 친화하지 못하다 / 환경 친화적인 제품. ② 화학 종류가 다른 물질이 화합하는 일.

▸**친화-력** 親和力 (힘 력). ① 속뜻 남과 친(親)하게 잘 어울리는[和] 힘[力]. ¶그녀는 특유의 친화력으로 친구들 사이의 갈등을 조정했다. ② 화학 원소가 결합할 때 특히 어떤 원소와 선택적으로 결합하는 경향이나 힘을 이르는 말. ¶산소는 다른 원소와의 친화력이 높다.

친환 親患 (어버이 친, 병 환). 부모[親]의 병환(病患).

친후 親厚 (친할 친, 두터울 후). 서로 친(親)하여 정분이 두터움[厚].

칠각-형 七角形 (일곱 칠, 모서리 각, 모양 형). ① 속뜻 일곱[七] 개의 모서리[角]가 있는 모양[形]. ② 수학 일곱 개의 선분으로 둘러싸인 평면 도형.

칠거지악 七去之惡 (일곱 칠, 갈 거, 어조사 지, 나쁠 악). 아내를 내쫓을[去] 수 있는 정당한 이유가 되는 일곱[七] 가지의 나쁜[惡] 행실.

칠견 七見 (일곱 칠, 볼 견). 불교 바르지 못한 일곱[七] 가지 견해(見解). 사견(邪見), 아견(我見), 상견(常見), 단견(斷見), 계금취견(戒禁取見), 과도견(果盜見), 의견(疑見)을 이른다.

칠경 七經 (일곱 칠, 책 경). 책명 일곱[七] 가지 경서(經書). 시경(詩經), 서경(書經), 예기(禮記), 악기(樂記), 역경(易經), 논어(論語), 춘추(春秋)를 이른다.

칠공 漆工 (칠할 칠, 장인 공). 칠(漆)하는 일을 전문으로 삼는 사람[工]. ¶그는 집수리를 하기 위해 목수, 미장이, 칠공 등을 불렀다. ㊥칠장이.

칠교 七巧 (일곱 칠, 약을 교). 칠교도(七巧圖)를 가지고 노는 놀이. ㊥칠교놀이.

▸**칠교-도** 七巧圖 (그림 도). 일곱[七] 개의 도형을 교묘(巧妙)하게 맞추어 만든 그림[圖]. 또는 그런 장난감. 직각 삼각형 큰 것 둘, 중간 것 하나, 작은 것 둘과 정사각형과 평행 사변형으로 구성되었다.

▸**칠교-판** 七巧板 (널빤지 판). 칠교도(七巧圖) 놀이를 위하여 바닥에 깔아 놓는 판(板).

칠궁 七窮 (일곱 칠, 궁할 궁). 농가에서 음력 칠(七)월에 겪는 식량의 궁핍(窮乏).

칠기[1] 七氣 (일곱 칠, 기운 기). 사람의 일곱[七] 가지 기운(氣運). 일곱 가지 심리 작용. 기쁨(喜), 노여움(怒), 슬픔(悲), 은혜(恩), 사랑(愛), 놀람(驚), 두려움(恐)을 이른다.

칠기[2] 漆器 (옻 칠, 그릇 기). ① 속뜻 옻칠(漆)을 한 그릇[器]. ¶칠기는 동양 특유의 공예품이다 / 나전칠기. ②옻칠과 같이 검은 잿물을 입힌 도자기.

칠난 七難 (일곱 칠, 어려울 난). 불교 일곱[七] 가지의 재난(災難). 수(水), 화(火), 나찰(羅刹), 왕(王), 귀(鬼), 가쇄(枷鎖), 원적(怨賊)을 이른다.

▸**칠난-팔고** 七難八苦 (여덟 팔, 괴로울 고). ① 속뜻 일곱 가지 재난[七難]과 여덟[八] 가지 고통(苦痛). ②'온갖 고난'을 비유하여

이르는 말.

칠년-대한 七年大旱 (일곱 칠, 해 년, 큰 대, 가물 한). 칠년(七年) 동안이나 계속되는 큰[大] 가뭄[旱]. 구년지수(九年之水)와 짝을 이루어 쓰인다.

칠년 대:환난 七年大患難 (일곱 칠, 해 년, 큰 대, 근심 환, 어려울 난). 기독교 천년왕국이 오기 전의 말세 칠년(七年) 동안에 받는다는 큰[大] 근심[患]과 재난(災難)을 이르는 말.

칠-대양 七大洋 (일곱 칠, 큰 대, 큰바다 양). 일곱[七] 개의 큰[大] 바다[洋]. 북태평양, 남태평양, 북대서양, 남대서양, 인도양, 남극해, 북극해를 이른다.

칠락팔락 七落八落 (일곱 칠, 떨어질 락, 여덟 팔, 떨어질 락). ① 속뜻 일곱[七] 번 떨어지고[落] 여덟[八] 번 떨어짐[落]. ② 제각기 뿔뿔이 흩어지거나 이리저리 없어짐. ③ 사물이 가지런하게 고르지 못함. ⑪칠령팔락(七零八落).

칠령팔락 七零八落 (일곱 칠, 떨어질 령, 여덟 팔, 떨어질 락). 속뜻 일곱[七] 번 떨어지고[零] 여덟[八] 번 떨어짐[落]. ⑪칠락팔락(七落八落).

칠률 七律 (일곱 칠, 가락 률). 문학 한시(漢詩)에서, 한 구가 칠언(七言)으로 된 율시(律詩). '칠언 율시'(七言律詩)의 준말.

칠망 七望 (일곱 칠, 보름 망). 천문 음력 열이렛[七]날에 이루어지는 보름[望]달.

칠면-조 七面鳥 (일곱 칠, 낯 면, 새 조). ① 속뜻 일곱[七] 가지 얼굴[面]을 가진 새[鳥]. ② 동물 머리 위의 볏과 턱 밑에 늘어져 있는 살이 여러 색깔로 바뀌는 새. 꼬리가 부채 모양으로 펴져 있다. ¶추수감사절에 칠면조 고기를 먹었다.

칠목 漆木 (옻 칠, 나무 목). ① 속뜻 옻[漆] 나무[木]. ② 식물 옻나뭇과의 낙엽 교목. 나무껍질에 상처를 내어 뽑은 진은 옻칠의 원료로 쓰고, 목재는 가구재 등을 만드는 데 쓴다.

칠-목기 漆木器 (옻 칠, 나무 목, 그릇 기). 옻칠(漆)을 한 나무[木] 그릇[器]. ⑪칠기(漆器).

칠보 七寶 (일곱 칠, 보배 보). ① 속뜻 일곱[七] 가지 보물(寶物). ② 수공 금은이나 구리의 바탕에 유리질의 유약을 발라 구워서 여러 가지 무늬를 나타낸 세공. ③ 불경에 기록된 금(金), 은(銀), 유리(琉璃), 파리(玻璃), 마노(瑪瑙), 거거, 산호(珊瑚)의 일곱 가지 보물.

▶칠보-단장 七寶丹粧 (붉을 단, 화장할 장). 여러[七] 가지 패물로[寶] 몸을 곱게[丹] 꾸밈[粧].

칠복 七福 (일곱 칠, 복 복). 불교 칠난(七難)을 벗어난 행복(幸福).

칠분-도 七分搗 (일곱 칠, 나눌 분, 찧을 도). 현미를 원래의 7할[七分]을 도정(搗精)하는 일.

▶칠분도-미 七分搗米 (쌀 미). 7할[七分]을 도정(搗精)한 쌀[米].

칠불 七佛 (일곱 칠, 부처 불). ① 속뜻 일곱[七] 부처[佛]. ② 불교 과거에 나타난 일곱 부처. 석가모니불 이전의 여섯 부처와 석가모니불을 아울러 이르는 말.

칠색 七色 (일곱 칠, 빛 색). 일곱[七] 가지의 빛깔[色].

칠생 七生 (일곱 칠, 날 생). 불교 일곱[七] 번 다시 태어남[生]. 이 세상에 다시 태어날 수 있는 가장 많은 횟수이다.

칠서[1] 七書 (일곱 칠, 책 서). ① 속뜻 사서삼경(四書三經)의 일곱[七] 가지의 유교 경서(經書). ② 책명 고대 중국의 병법에 관한 일곱 가지의 책.

칠서[2] 漆書 (옻 칠, 쓸 서). 종이가 없던 옛날에 대쪽에 글자를 새기고 그 위에 옻칠(漆)을 한 글자[書].

칠석 七夕 (일곱 칠, 저녁 석). ① 속뜻 음력 칠월 초이렛날[七]의 밤[夕]. ② 칠석이 되는 날. 이때에 은하의 서쪽에 있는 직녀와 동쪽에 있는 견우가 오작교에서 일 년에 한 번 만난다는 전설이 있다. ¶칠석이 지나면 벼가 패기 시작한다 / 칠석날 / 칠석물.

칠성 七星 (일곱 칠, 별 성). ① 속뜻 일곱[七] 개의 별[星]. ② 천문 큰곰자리에서 국자 모양을 이루며 가장 뚜렷하게 보이는 일곱 개의 별. ⑪북두칠성(北斗七星). ③ 불교 탐랑(貪狼), 거문(巨門), 녹존(祿存), 문곡(文曲), 염정(廉貞), 무곡(武曲), 파군(破軍)의 일곱 개의 별. ④관 속 바닥에 까는 얇은 널조각. '칠성판'(七星板)의 준말.

▸칠성-각 七星閣 (집 각). [불교] 칠원성군(七元星君=北斗七星)을 모신 집[閣].

▸칠성-단 七星壇 (단 단). 칠원성군(七元星君=北斗七星)을 모시는 제단(祭壇).

▸칠성-당 七星堂 (집 당). 칠원성군(七元星君=北斗七星)을 주신(主神)으로 모신 사당(祠堂).

▸칠성-판 七星板 (널빤지 판). 칠원성군(七元星君=北斗七星)을 본떠서 일곱 구멍을 뚫은 널빤지[板]. [준]칠성.

칠-성사 七聖事 (일곱 칠, 거룩할 성, 일 사). [가톨릭] 예수가 정한 일곱[七] 가지 성스러운[聖] 행사(行事). 성세(聖洗)·견진(堅振)·고백(告白)·성체(聖體)·병자(病者)·신품(神品)·혼인(婚姻) 성사를 이른다.

칠-소반 漆小盤 (옻 칠, 작을 소, 쟁반 반). 옻칠(漆)한 작은[小] 상[盤].

칠순 七旬 (일곱 칠, 열번 순). ① [속뜻] 열[旬]의 일곱[七] 곱절. ② 일흔 살. ¶이번 토요일에 할머니 칠순 잔치를 한다.

칠실 漆室 (옻 칠, 방 실). 옻칠[漆]을 한 듯 매우 어두운 방[室].

▸칠실지우 漆室之憂 (어조사 지, 근심할 우). 캄캄한 방[漆室]에서 하는 근심[憂]. 제 분수에 맞지 않는 근심. 옛날 중국 노(魯)나라의 천한 여자가 캄캄한 방에서 나랏일을 근심했다는 고사에서 유래.

칠십 七十 (일곱 칠, 열 십). 십(十)의 일곱[七] 배가 되는 수. 70. ¶전교생이 70명이다. [비]일흔.

칠야 漆夜 (옻 칠, 밤 야). 옻칠[漆]을 한 듯 아주 캄캄한 밤[夜]. [비]흑야(黑夜).

칠언 七言 (일곱 칠, 말씀 언). [문학] 한 구절이 일곱[七] 마디[言]로 된 한시의 한 형식.

▸칠언-시 七言詩 (시 시). [문학] 한 구가 일곱[七] 글자[言]로 이루어진 한시(漢詩)를 통틀어 이르는 말. [준]칠언.

▸칠언 고:시 七言古詩 (옛 고, 시 시). [문학] 한시에서 한 구가 일곱[七] 글자[言]로 이루어진 고체시(古體詩).

▸칠언 배율 七言排律 (늘어설 배, 가락 률). [문학] 한시에서 한 구가 일곱[七] 글자[言]로 이루어진 대구(對句)를 여섯 구 이상의 짝수로 배열(排列)한 음률(音律).

▸칠언 율시 七言律詩 (가락 률, 시 시). [문학] 한 구가 일곱[七] 글자[言]로 이루어져 있으며, 모두 여덟 구로 된[律]의 한시(漢詩). [준]칠률.

▸칠언 절구 七言絶句 (끊을 절, 글귀 구). [문학] 한 구가 일곱[七] 글자[言]로 이루어져 있으며, 모두 네 구로 된 한시[絶句]. [준]칠절.

칠오-조 七五調 (일곱 칠, 다섯 오, 가락 조). [문학] 일곱[七] 글자와 다섯[五] 글자를 섞바꾸어 음조(音調)를 맞추는 율조(律調).

칠요-일 七曜日 (일곱 칠, 빛날 요, 해 일). 일(日), 월(月), 화(火), 수(水), 목(木), 금(金), 토(土)의 일곱[七] 요일(曜日).

칠월 七月 (일곱 칠, 달 월). 한 해의 일곱[七]째 달[月].

칠음 七音 (일곱 칠, 소리 음). ① [언어] 아음(牙音), 설음(舌音), 순음(脣音), 치음(齒音), 후음(喉音), 반설음(半舌音), 반치음(半齒音)의 일곱[七] 가지 소리[音]. ② [음악] 동양의 악률 체제에서, 궁(宮)·상(商)·각(角)·치(徵)·우(羽)·변궁(變宮)·변치(變徵)의 일곱 음.

칠일 七日 (일곱 칠, 해 일). ① [속뜻] 일곱[七]째 날[日]. [비]이레. ② 이렛날.

▸칠일-장 七日葬 (장사지낼 장). 초상난 지 이레[七日] 만에 지내는 장사(葬事).

▸칠일-주 七日酒 (술 주). 담근 뒤 이레[七日] 만에 마시도록 담근 술[酒].

칠전팔기 七顚八起 (일곱 칠, 엎드러질 전, 여덟 팔, 일어날 기). ① [속뜻] 일곱[七] 번 엎어지고[顚] 여덟[八] 번 일어남[起]. ② 여러 번의 실패에도 굽히지 않고 분투함. ¶그는 세 번이나 떨어졌지만 칠전팔기의 노력으로 드디어 시험에 합격했다.

칠전팔도 七顚八倒 (일곱 칠, 넘어질 전, 여덟 팔, 넘어질 도). ① [속뜻] 일곱[七] 번 엎어지고[顚] 여덟[八] 번 넘어짐[倒]. ② 어려운 고비를 많이 겪음.

칠절 七絶 (일곱 칠, 끊을 절). [문학] 한시에서, 한 구가 일곱[七] 글자로 된 절구(絶句). 모두 4구로 이루어진다. '칠언 절구'(七言絶句)의 준말.

칠정 七情 (일곱 칠, 마음 정). ① [속뜻] 사람의 일곱[七] 가지 감정(感情). 기쁨(喜)·노여움(怒)·슬픔(哀)·즐거움(樂)·사랑(愛)·미움(惡)·욕심(欲), 또는 기쁨(喜)·노여움(怒)·근심(憂)·생각(思)·슬픔(悲)·놀람(驚)·두려움(恐)을 이른다. ② 불교 사람이 가지고 있는 일곱 가지 감정. 기쁨(喜)·성냄(怒)·근심(憂)·두려움(懼)·사랑(愛)·미움(憎)·욕심(欲)이다.

칠종 七宗 (일곱 칠, 마루 종). 불교 불교의 일곱[七] 종파(宗派).

칠종성-법 七終聲法 (일곱 칠, 끝마칠 종, 소리 성, 법 법). 언어 17세기부터, 'ㄱ·ㄴ·ㄹ·ㅁ·ㅂ·ㅅ·ㅇ'의 일곱[七] 자만을 끝소리[終聲]로 쓴 표기법(表記法).

칠종칠금 七縱七擒 (일곱 칠, 놓아줄 종, 일곱 칠, 사로잡을 금). ① 속뜻 일곱[七] 번 사로잡았다가[擒] 일곱[七] 번 놓아줌[縱]. 옛날 촉한(蜀漢)의 제갈 양이 맹획을 일곱 번 사로잡았다가 일곱 번 놓아준 고사에서 유래한 말. ② 무슨 일을 제 마음대로 함.

칠-죄종 七罪宗 (일곱 칠, 허물 죄, 마루 종). 가톨릭 일곱[七] 가지 본죄(本罪)의 근원[宗]. 교만, 인색, 음란, 분노, 질투, 탐욕, 태만을 이른다.

칠중-주 七重奏 (일곱 칠, 겹칠 중, 연주할 주). 일곱[七] 사람이 각기 다른 악기로 동시에[重] 하는 연주(演奏).

칠즙 漆汁 (옻 칠, 즙 즙). 옻[漆]나무의 진액[汁].

칠지 漆紙 (옻 칠, 종이 지). 옻칠(漆)을 한 종이[紙].

▶**칠지-단장** 漆紙丹粧 (붉을 단, 화장할 장). 활의 양냥고자 밑에 칠(漆)을 바른 종이[紙]로 가로 꾸민 단장(丹粧).

칠창 漆瘡 (옻 칠, 부스럼 창). 한의 옻[漆] 독이 올라 생기는 급성 피부병[瘡]. ㊥옻병.

칠촌 七寸 (일곱 칠, 관계 촌). 촌수(寸數)가 일곱[七]인 관계.

칠칠 七七 (일곱 칠, 일곱 칠). ① 속뜻 일곱[七] 번의 이레[七]. '칠칠일'(七七日)의 준말. ② '칠월 칠석'을 달리 이르는 말.

▶**칠칠-일** 七七日 (날 일). ① 속뜻 일곱[七] 번의 이레[七] 날[日]. 사십구일(四十九日). ② 불교 사람이 죽고 나서 다음 생을 얻을 때까지의 날수.

칠판 漆板 (옻 칠, 널빤지 판). ① 속뜻 검은 옻칠(漆)을 한 널빤지[板]. ② 검정이나 초록색 따위의 칠을 하여 그 위에 분필로 글씨를 쓰거나 그림을 그리게 만든 널조각. ¶눈이 나빠 칠판 글씨가 보이지 않는다.

칠포 漆布 (옻 칠, 베 포). ① 속뜻 옻칠[漆]을 한 헝겊[布]. ¶칠포 장삼을 입다. ② 관(棺) 위에 붙이는 헝겊. 옻칠을 하여 관을 싸고, 그 위에 옻칠을 다시 한다.

칠품 七品 (일곱 칠, 품위 품). ① 역사 벼슬의 일곱[七]째 품계(品階). ② 가톨릭 그리스도의 대리자로서 성직에 오르기 위하여 거쳐야 할 일곱 가지 품계.

칠피 漆皮 (옻 칠, 가죽 피). 옻칠(漆)을 한 가죽[皮].

칠함 漆函 (옻 칠, 상자 함). 옻칠(漆)을 한 상자[函].

칠현 七賢 (일곱 칠, 어질 현). ① 속뜻 중국 춘추 시대의 일곱[七] 현인(賢人). 논어에 백이, 숙제, 우중(虞仲), 이일(夷逸), 주장(朱張), 유하혜, 소련(少連)을 이른다. ② 죽림칠현(竹林七賢). ③ 기원전 7~6세기 사이에 고대 그리스에 살았던 일곱 사람의 뛰어난 사상가와 정치가. '칠현인'의 준말.

칠현-금 七絃琴 (일곱 칠, 줄 현, 거문고 금). 음악 고대 중국에서 사용하던 현악기의 하나로, 일곱[七] 가닥의 줄[絃]을 매어 만든 거문고[琴].

칠흑 漆黑 (옻 칠, 검을 흑). 옻칠[漆]을 한 듯 검고[黑] 캄캄함. ¶칠흑 같은 밤거리.

침강 沈降 (가라앉을 침, 내릴 강). ① 속뜻 가라앉아[沈] 밑으로 내려감[降]. ② 지리 지각의 일부가 아래쪽으로 움직이거나 꺼짐.

▶**침강 운:동** 沈降運動 (돌 운, 움직일 동). 지리 땅이 가라앉아[沈] 해면보다 아래로 내려가는[降] 따위의 지각 운동(運動).

▶**침강 해:안** 沈降海岸 (바다 해, 언덕 안). 지리 지반(地盤)이 가라앉아[沈降] 생긴 해안(海岸).

침:격 侵擊 (쳐들어갈 침, 칠 격). 침입(侵入)하여 공격(攻擊)함.

침:경[1] 侵耕 (쳐들어갈 침, 밭갈 경). 국유지나 남의 땅을 불법으로 침범(侵犯)하여 개간하거나 경작(耕作)함.

침:경[2] 侵境 (쳐들어갈 침, 지경 경). 국경(國境)을 침범(侵犯)함.

침:골 枕骨 (베개 침, 뼈 골). 의학 바로 누울 때에 베개[枕]에 닿는 두개(頭蓋)의 뒤쪽 하부의 뼈[骨].

침:공[1] 侵攻 (쳐들어갈 침, 칠 공). 남의 나라에 쳐들어가[侵] 공격(攻擊)함. ¶적의 침공에 대비하다 / 나폴레옹의 군대가 러시아를 침공했다.

침:공[2] 針工 (바늘 침, 장인 공). 바느질하는[針] 기술[工].

침:공[3] 針孔 (바늘 침, 구멍 공). 바늘[針]에 있는 실 구멍[孔].

침:구[1] 侵寇 (쳐들어갈 침, 노략질할 구). 침범(侵犯)하여 노략질함[寇].

침:구[2] 寢具 (잠잘 침, 갖출 구). 잠자는[寢] 데 쓰는 도구(道具). 이부자리나 베개 따위. ¶침구를 정돈하다. ㊥이부자리, 금침(衾枕).

침구[3] 鍼灸 (침놓을 침, 뜸질할 구). 한의 침(鍼)질과 뜸질[灸]을 아울러 이르는 말.

▸침구-술 鍼灸術 (꾀 술). 한의 침(鍼)과 뜸[灸]으로 병을 다스리는 한방 의술(醫術).

▸침구-경험방 鍼灸經驗方 (지날 경, 겪을 험, 방법 방). 책명 조선 때, 허임이 침(鍼)과 뜸[灸]을 통한 치료 경험(經驗)에서 나온 처방(處方)을 적어놓은 책.

침:낭 寢囊 (잠잘 침, 주머니 낭). 잠을 잘[寢] 때 쓰는 자루[囊] 모양의 이불. ¶그는 누에고치처럼 좁은 침낭 속에 들어가서 잤다.

침:노 侵擄 (쳐들어갈 침, 노략질할 노). ① 속뜻 남의 나라를 불법적으로 침범(侵犯)하여 노략(擄掠)질함. ②성가시게 달라붙어 손해를 끼치거나 해침.

침닉 沈溺 (가라앉을 침, 빠질 닉). ① 속뜻 물속에 가라앉음[沈=溺]. ②술이나 노름, 여자 따위에 빠짐. ㊥침몰(沈沒).

침:대 寢臺 (잠잘 침, 돈대 대). 사람이 누워 잘[寢] 수 있도록 편평하게 만든 대(臺). 서양식의 침상. ¶침대에서 벌떡 일어나다. ㊥침상(寢牀).

침:독 侵毒 (쳐들어갈 침, 해칠 독). 침범(侵犯)하여 해를 끼침[毒].

침:두 枕頭 (베개 침, 머리 두). 베개[枕]를 베고 누웠을 때 머리[頭]가 있는 쪽.

침:략[1] 侵掠 (쳐들어갈 침, 빼앗을 략). 남의 나라를 침범(侵犯)하여 약탈(掠奪)함. ¶오랑캐의 침략에 대비해 산성을 쌓다.

****침:략**[2] 侵略 (쳐들어갈 침, 다스릴 략). 남의 나라에 쳐들어가[侵] 다스림[略]. ¶적의 침략에 대비해야 한다.

▸침:략-기 侵略期 (때 기). 정당한 이유 없이 남의 나라에 쳐들어가 땅을 빼앗은[侵略] 동안[期]. ¶일제 침략기.

▸침:략-주의 侵略主義 (주될 주, 뜻 의). 남의 나라를 침략(侵略)하여 제 나라의 영토를 넓히는 것을 주요 정책으로 삼는 주의(主義).

침:례 浸禮 (잠길 침, 예도 례). 기독교 침례교에서, 신도가 된 것을 증명하기 위하여 온몸을 물에 적시는[浸] 세례(洗禮)의 한 형식.

▸침:례-교 浸禮教 (종교 교). 기독교 유아의 세례를 반대하고 침례(浸禮)의 특별한 의의를 인정하고 중시하는 기독교(基督教)의 한 일파.

▸침:례교-회 浸禮教會 (종교 교, 모일 회). 기독교 침례교(浸禮教)를 신봉하는 교회(教會).

침로 針路 (바늘 침, 길 로). ① 속뜻 나침반(羅針盤)이 가리키는 방향[路]. ¶침로를 따라 방향을 잡다. ②배나 비행기가 나아갈 방향. ¶침로를 맞추다 / 침로를 유지하다.

침륜 沈淪 (가라앉을 침, 잠길 륜). ① 속뜻 물속에 가라앉아[沈] 잠김[淪]. ㊥침몰(沈沒). ②재산이나 권세 따위가 줄어들어 보잘 것 없음.

침맥 沈脈 (막힐 침, 맥 맥). 한의 가볍게 짚으면 나타나지 않고 세게 눌러[沈] 짚어야 느껴지는 맥(脈).

침면[1] 沈眠 (잠길 침, 잠 면). 깊은 잠[眠]에 빠짐[沈]. 피곤하여 깊이 잠듦.

침면[2] 沈湎 (잠길 침, 빠질 면). 술에 빠져서[湎] 헤어 나오지 못함[沈].

침:모 針母 (바늘 침, 여자 모). 남의 집에 매여 바느질[針]을 맡아 하는 여자[母].

침:목 枕木 (벨 침, 나무 목). ① 속뜻 길고 큰 물건 밑을 괴는[枕] 나무토막[木]. ② 건설 선로 밑에 까는 목재.

침몰 沈沒 (가라앉을 침, 빠질 몰). 물에 가라앉거나[沈] 빠짐[沒]. ¶유조선이 침몰하여 바다가 기름으로 오염됐다. ㊥침륜(沈

淪), 침닉(沈溺).

▸침몰-선 沈沒船 (배 선). 물 속에 가라앉은 [沈沒] 배[船].

침묵 沈默 (침울할 침, 입 다물 묵). 흥분 따위를 가라앉히고[沈] 입을 다물고[默] 있음. ¶그들 사이에 어색한 침묵이 흘렀다 / 그녀는 잠시 동안 침묵했다.

침:방 寢房 (잠잘 침, 방 방). 잠잘[寢] 때 쓰는 방(房). 침실. ¶침방에 들다.

침:벌 侵伐 (쳐들어갈 침, 칠 벌). 남의 나라를 침범(侵犯)하여 침[伐].

침:범 侵犯 (쳐들어갈 침, 범할 범). 남의 권리나 영토 따위에 쳐들어가[侵] 죄를 저지르거나[犯] 해침. ¶내 영역을 침범하지 마라.

침봉 針峰 (=鍼峯, 바늘 침, 봉우리 봉). 바늘[針] 같은 굵은 침이 꽂힌 봉우리[峰] 모양의 꽃꽂이 도구.

침사 沈思 (잠길 침, 생각 사). ① 속뜻 생각[思]에 잠김[沈]. ② 깊이 궁구하느라 정신을 모아 생각함.

침사-지 沈沙池 (가라앉을 침, 모래 사, 못 지). 건설 ① 급히 흐르는 물을 가두어 물에 섞인 모래[沙]나 흙 따위를 가라앉히려고 [沈] 만든 못[池]. ② 하수 처리장에서 모래와 흙 따위를 가라앉혀 제거하기 위하여 만든 못.

침:상[1] 枕上 (베개 침, 위 상). ① 속뜻 베개[枕] 위[上]. ② 자거나 누워 있을 때.

침:상[2] 寢牀 (잠잘 침, 평상 상). 누워 잘[寢] 수 있게 만든 평상(平牀). ¶그 병원은 50개의 침상을 갖추고 있다. ⑪침대(寢臺).

침상[3] 針狀 (바늘 침, 형상 상). 바늘[針]처럼 가늘고 뾰족한 모양[狀].

▸침상-엽 針狀葉 (잎 엽). 식물 바늘[針] 모양[狀]으로 가늘고 끝이 뾰족한 잎[葉]. ㊟ 침엽.

침:선 針線 (바늘 침, 줄 선). ① 속뜻 바늘[針]과 실[線]. ② 바느질.

침:소 寢所 (잠잘 침, 곳 소). 사람이 자는[寢] 곳[所].

침:소봉대 針小棒大 (바늘 침, 작을 소, 몽둥이 봉, 큰 대). ① 속뜻 바늘[針]만큼 작은[小] 것을 몽둥이[棒]만큼 크다[大]고 말함. ② '심하게 과장하여 말함'을 비유하여 이르는 말.

침:손 侵損 (쳐들어갈 침, 덜 손). 침범(侵犯)하여 손해(損害)를 끼침. ⑪침해(侵害).

침:수[1] 寢睡 (잠잘 침, 잠잘 수). 잠[寢=睡]의 높임말.

침:수[2] 沈水 (가라앉을 침, 물 수). ① 속뜻 물[水] 속에 가라앉음[沈]. ② 지리 지반이 내려앉거나 해수면이 높아져 육지가 바닷물 속으로 가라앉는 일.

▸침수 식물 沈水植物 (심을 식, 만물 물). 식물 몸 전체가 물[水]속에 잠겨 있는[沈] 수생 식물(植物)의 한 가지. 붕어마름이나 통발 따위.

▸침수 해:안 沈水海岸 (바다 해, 언덕 안). 지리 해수면의 상승이나 지반의 침강에 의하여 육지가 해수면보다 상대적으로 낮아져[沈水] 생긴 해안(海岸). ⑪침강 해안(沈降海岸).

침:수[3] 浸水 (스며들 침, 물 수). 물[水]이 스며들어[浸] 물에 잠김. ¶강물이 넘쳐 마을이 침수됐다.

▸침:수-지 浸水地 (땅 지). 홍수나 해일 등으로 한동안 물[水]에 잠긴[浸] 땅[地].

침술 鍼術 (침 침, 꾀 술). 한의 침(鍼)으로 병을 다스리는 의술(醫術). ¶중국에서 침술은 마취제처럼 사용된다.

침:습 浸濕 (스며들 침, 젖을 습). 물이 스며들어[浸] 축축하게 젖음[濕].

침:식[1] 侵蝕 (쳐들어갈 침, 갉아먹을 식). ① 속뜻 침입(侵入)하여 갉아먹음[蝕]. ② 외부의 영향으로 세력이나 범위 따위가 점점 줄어듦. ¶우울증은 그의 삶을 침식했다 / 국적 불명의 외래문화에 우리의 전통문화가 침식을 당하고 있다.

침:식[2] 寢食 (잠잘 침, 먹을 식). 잠자는[寢] 일과 먹는[食] 일. ¶침식을 제공하다. ⑪숙식(宿食).

침:식[3] 浸蝕 (스며들 침, 갉아먹을 식). ① 속뜻 물이 스며들고[浸] 좀 먹음[蝕]. ② 지리 지표가 비, 하천, 빙하, 바람 따위의 자연현상에 의하여 깎이는 일. ¶파도에 침식되어 절벽이 형성됐다.

▸침:식-곡 浸蝕谷 (골짜기 곡). 지리 침식(浸蝕) 작용에 따라 생긴 골짜기[谷].

▸침:식-산 浸蝕山 (메 산). 지리 암석의 약

한 둘레는 물에 침식(浸蝕)되고 단단한 부분만이 남아서 생긴 산(山). 수식산(水蝕山).

▸ **침:식 분지** 浸蝕盆地 (동이 분, 땅 지). 지리 단단한 암석 사이에 있는 약한 암석층이 침식(浸蝕)되어 이루어진 분지(盆地).

▸ **침:식 윤회** 浸蝕輪廻 (바퀴 륜, 돌 회). ① 속뜻 침식(浸蝕) 활동이 바퀴[輪]가 돌[廻]듯 끝없이 일어남. ② 지리 지형이 침식되어 일정한 과정을 거쳐 변화하여 가는 일. 지형윤회(地形輪廻).

▸ **침:식 평야** 浸蝕平野 (평평할 평, 들 야). 지리 오랜 세월 동안의 침식(浸蝕)작용으로 평평하게 된 땅[平野].

침:실 寢室 (잠잘 침, 방 실). 잠을 잘 수 있게[寢] 마련된 방[室]. ¶침실을 아기자기하게 잘 꾸몄다. ⓑ침방(寢房).

침심 沈深 (잠길 침, 깊을 심). 한 가지 생각에 깊이[深] 빠져있음[沈]. 생각이 깊음.

침:염 浸染 (잠길 침, 물들일 염). ① 수공 섬유를 염색 용액에 담가[浸] 염색(染色)함. ② 좋은 영향을 받아 마음이 점점 변화함.

침엽 針葉 (바늘 침, 잎 엽). 식물 바늘[針] 모양으로 가늘고 끝이 뾰족한 잎[葉].

▸ **침엽-수** 針葉樹 (나무 수). 식물 바늘같은[針] 잎[葉]이 돋는 나무[樹]. ¶전나무와 소나무는 침엽수이다.

침:완 枕腕 (벨 침, 팔 완). 예술 붓글씨를 쓸 때, 왼손으로 오른팔[腕]을 받치고[枕] 쓰는 일.

침울 沈鬱 (침울할 침, 답답할 울). ① 속뜻 기분이 가라앉고[沈] 마음이 답답하다[鬱]. ¶침울한 표정을 보면 누구나 침울해진다. ② 날씨나 분위기가 어둡고 답답함. ¶침울한 날씨 / 침울한 분위기. ⓑ명랑(明朗)하다.

침:윤 浸潤 (스며들 침, 젖을 윤). ① 속뜻 물기가 스며들어[浸] 젖음[潤]. ¶내벽이 침윤으로 얼룩이 졌다. ② 사상이나 병균 따위가 차차 번져 나감. ¶외래 풍조의 급격한 침윤.

침음[1] 沈吟 (잠길 침, 읊을 음). ① 속뜻 근심에 잠겨[沈] 신음(呻吟)함. ② 속으로 깊이 생각함.

침:음[2] 浸淫 (스며들 침, 지나칠 음). ① 속뜻 지나치게[淫] 깊이 스며듦[浸]. ② 어떤 풍속에 차차 젖어 들어감.

침:의[1] 寢衣 (잠잘 침, 옷 의). 잠을 잘 때[寢] 입는 옷[衣].

침의[2] 鍼醫 (침 침, 치료할 의). 한의 침술(鍼術)로 병을 다스리는 의원(醫員).

⁑**침:입**[1] 侵入 (쳐들어갈 침, 들 입). 쳐들어[侵]옴[入]. 또는 쳐들어감. ¶오랑캐의 침입으로 멸망하였다.

▸ **침입-로** 侵入路 (길 로). 함부로 남의 나라나 집에 쳐들어간[侵入] 길[路]. ¶침입로를 차단하다.

침:입[2] 浸入 (스며들 침, 들 입). 물 따위가 점점 스며[浸] 들어옴[入]. ¶이 옷은 물의 침입을 방지하기 위한 방수 처리가 되어 있다.

침:자 針子 (바늘 침, 접미사 자). 바늘[針].

침잠 沈潛 (가라앉을 침, 잠길 잠). ① 속뜻 물 속 깊이 가라앉아[沈] 깊이 잠김[潛]. ② 마음을 가라앉힘. ③ 성격이 차분함. ④ 분위기 따위가 가라앉아 무거움.

침장 沈藏 (잠길 침, 감출 장). ① 속뜻 소금물 따위에 담근[沈] 후에 저장(貯藏)함. ② 겨울에 먹기 위해 김치를 한꺼번에 담그는 것.

침:재 針才 (바늘 침, 재주 재). 바느질[針]하는 솜씨[才].

침:저 砧杵 (다듬잇돌 침, 공이 저). 다듬이질[砧]을 할 때 쓰는 방망이[杵].

침적 沈積 (가라앉을 침, 쌓을 적). 흙이나 모래 따위가 물밑에 가라앉아[沈] 쌓임[積].

▸ **침적-암** 沈積巖 (바위 암). 지리 침적(沈積) 작용으로 생긴 암석(巖石).

침:전[1] 寢殿 (잠잘 침, 대궐 전). 임금의 침방(寢房)이 있는 전각(殿閣). ¶임금께서 침전에 들었다.

침전[2] 沈澱 (가라앉을 침, 앙금 전). ① 속뜻 무엇이 가라앉아[沈] 생긴 앙금[澱]. ¶무거운 알갱이는 더 빨리 침전한다. ② 화학 화학 반응으로 말미암아 용액 안에 생긴 불용성의 물질. ⓑ침재(沈滓).

▸ **침전-물** 沈澱物 (만물 물). 화학 용액 속에서 화학 변화가 일어날 때에, 물에 잘 용해되지 아니하여 가라앉은[沈澱] 물질(物質). ¶그 병의 바닥에는 갈색 침전물이 있

었다.

▸ **침전-암** 沈澱巖 (바위 암). 지리 침전(沈澱) 작용으로 생긴 암석(巖石). 비퇴적암(堆積巖).

▸ **침전-제** 沈澱劑 (약제 제). 화학 액체 속의 특정물질을 가라앉히는[沈澱] 약제(藥劑).

▸ **침전-지** 沈澱池 (못 지). 건설 물속에 섞인 흙과 모래를 가라앉혀[沈澱] 물을 맑게 하기 위하여 만든 못[池]. 비침징지(沈澄池).

▸ **침전 광:물** 沈澱鑛物 (쇳돌 광, 만물 물). 광업 천연수 속에 용해되어 있는 물질이 가라앉아[沈澱] 생긴 광물(鑛物)을 통틀어 이르는 말.

침:점 侵占 (쳐들어갈 침, 차지할 점). 침범(侵犯)하여 점령(占領)함.

침:제 浸劑 (잠길 침, 약제 제). 약학 잘게 썬 약물을 물에 담가[浸] 약용 성분을 우려낸 약제(藥劑).

침:종 浸種 (잠길 침, 씨 종). 씨앗[種]을 불리기 위해 물에 담금[浸].

침중 沈重 (침울할 침, 무거울 중). ① 속뜻 성질이 침착(沈着)하고 묵직함[重]. ② 병세가 매우 중하고 깊음.

침착 沈着 (가라앉을 침, 붙을 착). ① 속뜻 가라앉아[沈] 들러붙음[着]. ② 행동이 들뜨지 않고 찬찬함. ¶소방대원들이 사람들에게 침착해 줄 것을 당부했다.

▸ **침착-성** 沈着性 (성품 성). 침착(沈着)한 성격(性格).

침채 沈菜 (잠길 침, 나물 채). ① 속뜻 담근[沈] 채소(菜蔬). ② '김치'를 말함.

침체 沈滯 (잠길 침, 막힐 체). ① 속뜻 물에 잠기어[沈] 길이 막힘[滯]. ② 앞으로 나아가지 못하고 제자리에 머무름. ¶경기가 침체 상태에 있다 / 분위기가 침체되다. ③ 오래도록 벼슬이 오르지 않음.

▸ **침체-성** 沈滯性 (성질 성). 일이 침체(沈滯)되어 있는 성질(性質).

침출-수 沈出水 (가라앉을 침, 날 출, 물 수). 쓰레기 따위의 폐기물이 썩어 지하에 가라앉거나[沈] 위로 나오는[出] 물[水]. ¶침출수로 인한 악취가 심하다.

침취 沈醉 (잠길 침, 취할 취). 술에 빠진[沈] 듯 매우 취(醉)함.

침침[1] 沈沈 (잠길 침, 잠길 침). ① 속뜻 물에 잠긴[沈+沈] 것 같이 어두컴컴함. ¶방 안이 어두워 침침하다. ② 눈이 어두워 물건이 똑똑히 보이지 않고 흐릿하다. ¶나이가 들면 눈이 침침해진다. ③ 나무나 풀 따위가 무성함. ¶침침 산골.

침:침[2] 浸沈 (스며들 침, 가라앉을 침). 스며들어[浸] 가라앉음[沈].

침:탈 侵奪 (쳐들어갈 침, 빼앗을 탈). 쳐들어가[侵] 물건을 빼앗음[奪]. ¶재산을 침탈하다.

침통[1] 沈痛 (잠길 침, 아플 통). 근심이나 슬픔에 잠겨[沈] 마음이 몹시 아픔[痛]. ¶그는 장례식에서 침통한 표정을 하고 있었다.

침통[2] 針筒 (바늘 침, 대롱 통). 고적 바늘[針]을 담아 두던 통(筒). 바늘통.

침:투 浸透 (스며들 침, 비칠 투). ① 속뜻 속까지 스며들거나[浸] 속까지 환히 비침[透]. ② 어떤 현상이나 사상 따위가 속속들이 스며들거나 깊이 들어감. ¶빗물이 침투하다. / 공산주의 사상이 침투했다.

침하 沈下 (가라앉을 침, 내릴 하). 가라앉아[沈] 내려감[下].

침:해 侵害 (쳐들어갈 침, 해칠 해). 쳐들어가[侵] 해(害)를 끼침. ¶사생활이 침해되고 있다.

침향 沈香 (잠길 침, 향기 향). ① 속뜻 향기(香氣)가 오래감[沈]. ② 식물 팥꽃나무과의 상록 교목. 높이 20m나 되는 열대 지방 나무로, 재목은 향료로 쓰인다. ③ 한의 침향나무를 땅속에 묻어 썩혀서 만든 향료.

침형 針形 (바늘 침, 모양 형). ① 속뜻 바늘[針]처럼 끝이 가늘고 길며 뾰족한 모양[形]. ② 식물 피침 모양.

침혹 沈惑 (잠길 침, 홀릴 혹). 몹시 좋아하여 정신을 잃을 정도로[惑] 빠짐[沈].

침후 沈厚 (침울할 침, 두터울 후). 행동거지가 침착(沈着)하고 중후(重厚)함.

칩거 蟄居 (숨을 칩, 살 거). 나가지 않고[蟄] 거처(居處)에 들어박혀 있음. ¶집 안에 칩거하다.

칩룡 蟄龍 (숨을 칩, 용 룡). ① 속뜻 숨어 있는[蟄] 용(龍). ② '아직 때를 얻지 못하여 숨어 있는 영웅'을 비유하여 이르는 말. 비복룡(伏龍).

칩수 蟄獸 (숨을 칩, 짐승 수). 겨울철에 활동하지 않고 가만히 엎드려 있는[蟄] 짐승[獸].

칩충 蟄蟲 (숨을 칩, 벌레 충). 겨울철에 활동하지 않고 가만히 엎드려 있는[蟄] 벌레[蟲].

칭량 稱量 (가늠할 칭, 분량 량). ① 속뜻 양(量)을 저울질함[稱]. ② 사정이나 형편을 헤아림.

▶칭량 화:폐 稱量貨幣 (돈 화, 돈 폐). 무게[量]를 달아서[稱] 그 교환 가치를 산출하여 사용하는 화폐(貨幣). ㊐중량(重量) 화폐. ㊥계수(計數) 화폐.

칭명 稱名 (일컬을 칭, 이름 명). ① 속뜻 이름[名]을 부름[稱]. ② 이름을 속여서 댐. ③ 불교 입으로 불보살의 이름을 부름.

칭병 稱病 (일컬을 칭, 병 병). 병(病)이 있다고 말함[稱]. ¶그는 칭병하고 입궐하지 않았다. ㊐칭질(稱疾).

칭사 稱辭 (칭찬할 칭, 말씀 사). 칭찬(稱讚)하는 말[辭].

칭송 稱頌 (칭찬할 칭, 기릴 송). 공덕을 칭찬(稱讚)하여 기림[頌]. ¶그는 보기 드문 효자로 칭송이 자자하다.

칭수 稱首 (일컬을 칭, 머리 수). 그 이름을 첫째[首]로 일컬음[稱]. 가장 뛰어난 사람을 이르는 말.

칭양 稱揚 (칭찬할 칭, 오를 양). 좋은 점이나 착하고 훌륭한 일에 대해 칭찬(稱讚)하여 올림[揚]. ㊐칭찬(稱讚).

칭원 稱寃 (일컬을 칭, 억울할 원). 원통(寃痛)함을 들어서 말함[稱]. ¶칭원을 받다.

칭질 稱疾 (일컬을 칭, 병 질). 병[疾]이 있다고 말함[稱]. ㊐칭병(稱病).

⁑칭찬 稱讚 (일컬을 칭, 기릴 찬). 좋은 점이나 훌륭한 일을 일컬어[稱] 높이 평가하여 기림[讚]. 또는 그런 말. ¶청소를 잘 한다고 선생님께서 칭찬하셨다. ㊥꾸중, 책망(責望), 질책(叱責).

칭탁 稱託 (일컬을 칭, 맡길 탁). 사정이 어떠하다고 핑계를 대어[託] 말함[稱].

칭호 稱號 (일컬을 칭, 이름 호). 어떠한 뜻으로 일컫는[稱] 이름[號]. ¶왕은 그녀에게 귀족의 칭호를 주었다.

ㅋ

쾌감 快感 (기쁠 쾌, 느낄 감). 기쁜[快] 느낌[感]. 기쁘고 즐거움. ¶승리의 쾌감을 맛보다.

쾌거 快擧 (기쁠 쾌, 들 거). 통쾌(痛快)하고 장한 거사(擧事). ¶그녀는 올림픽 3관왕이라는 쾌거를 이룩했다.

쾌과 快果 (시원할 쾌, 열매 과). 시원한[快] 맛의 과실(果實). 먹는 '배'를 달리 이르는 말.

쾌기 快氣 (기쁠 쾌, 기운 기). 기쁜[快] 기분(氣分). 유쾌하고 상쾌한 기분.

쾌-남자 快男子 (시원할 쾌, 사내 남, 접미사 자). 성격이 시원시원한[快] 남자(男子). [비]쾌남아(快男兒).

쾌담 快談 (기쁠 쾌, 이야기 담). 기쁜[快] 내용의 이야기[談]. ¶그들은 술잔을 주고받으며 쾌담을 했다.

쾌도 快刀 (시원할 쾌, 칼 도). 시원스럽게[快] 잘 드는 칼[刀].

▸쾌도-난마 快刀亂麻 (어지러울 란, 삼 마). ① [속뜻]잘 드는 칼[快刀]로 헝클어진[亂] 삼[麻]을 자름. ②'어지럽게 뒤얽힌 사물이나 말썽거리를 단번에 시원스럽게 처리함'을 비유하여 이르는 말. ¶그동안 쌓인 문제들을 쾌도난마로 처리했다.

쾌락[1] 快諾 (본음 [쾌낙], 시원할 쾌, 승낙할 낙). 남의 부탁을 단번에[快] 승낙(承諾)함. ¶담임선생님이 우리의 제안을 쾌락해 주셨다.

쾌락[2] 快樂 (기쁠 쾌, 즐길 락). 기쁘고[快] 즐거움[樂]. ¶정신적 쾌락을 추구하다.

▸쾌락-설 快樂說 (말씀 설). [철학] 쾌락주의(快樂主義).

▸쾌락-주의 快樂主義 (주될 주, 뜻 의). [철학] 인생의 목표는 쾌락(快樂)을 추구하는 데 있으며, 도덕은 그것을 실현하기 위한 수단이라는 생각[主義]. [반]금욕주의(禁慾主義).

쾌로 快路 (기쁠 쾌, 길 로). 기쁜[快] 마음이 드는 여행길[路].

쾌론 快論 (시원할 쾌, 논할 론). 거리낌 없이 시원하게[快] 이야기를 나눔[論]. ¶그의 쾌론에 모두가 감동하였다.

쾌마 快馬 (빠를 쾌, 말 마). 빠르게[快] 잘 달리는 말[馬].

쾌면 快眠 (기쁠 쾌, 잠잘 면). 기쁘고[快] 가뿐하게 잘 잠[眠]. ¶쾌면은 건강에 좋다.

쾌몽 快夢 (기쁠 쾌, 꿈 몽). 기분이 상쾌(爽快)한 꿈[夢]. ¶쾌몽 때문인지 기분이 상쾌하다.

쾌문 快聞 (기쁠 쾌, 들을 문). 기쁜[快] 내용의 소문(所聞). ¶쾌문을 듣고 기분이 좋아졌다.

쾌미[1] 快味 (시원할 쾌, 맛 미). 상쾌(爽快)한 맛[味]. 기분이 좋은 느낌.

쾌미[2] 快美 (시원할 쾌, 아름다울 미). 성격이 시원스럽고[快] 외모가 아름다움[美]. ¶그녀는 쾌미의 상징이다.

쾌변 快辯 (시원할 쾌, 말 잘할 변). 거침없이 시원스럽게[快] 말을 잘함[辯]. 또는 그 말. ¶그의 쾌변을 듣고 모두 즐거워했다.

쾌보 快報 (기쁠 쾌, 알릴 보). 뜻밖에 듣게 되는 매우 기쁜[快] 소식[報]. ¶우리 팀이 이겼다는 쾌보를 들었다.

쾌복 快復 (빠를 쾌, 되돌릴 복). 건강이 빨리[快] 회복(恢復)됨. ¶병이 쾌복하여 다행입니다.

쾌분 快奔 (빠를 쾌, 달릴 분). 빨리[快] 달림[奔]. 빨리 달아남.

쾌사 快事 (기쁠 쾌, 일 사). 기쁜[快] 소식이나 일[事]. ¶성공의 쾌사가 들려왔다.

쾌삭-강 快削鋼 (빠를 쾌, 깎을 삭, 강철 강). [공업] 쾌속(快速)으로 절삭(切削) 가공을 하기 위하여 만든 강철(鋼鐵).

쾌설 快雪 (시원할 쾌, 씻을 설). 욕되고 부끄러운 일을 시원스럽게[快] 씻어[雪] 버림.

쾌소 快笑 (기쁠 쾌, 웃을 소). 기뻐서[快] 짓는 웃음[笑]. ¶승리자의 쾌소.

쾌속 快速 (빠를 쾌, 빠를 속). 속도가 매우 빠름[快=速]. 또는 그런 속도. ¶쾌속 냉각.

▸**쾌속-선** 快速船 (배 선). 속도가 매우 빠른[快速] 배[船]. ¶쾌속선이 파도 위를 스치듯 달리며 떠나갔다.

▸**쾌속-정** 快速艇 (거룻배 정). 속도가 매우 빠른[快速] 소형의 배[艇]. ¶저 섬은 쾌속정으로 10분이면 갈 수 있다.

쾌승 快勝 (시원할 쾌, 이길 승). 통쾌(痛快)하게 이김[勝]. ¶내일 시합에서 쾌승을 거둘 것으로 기대된다.

쾌식 快食 (시원할 쾌, 먹을 식). 만족스럽게[快] 음식을 잘 먹음[食]. ¶쾌식 후에 기분이 좋아졌다.

쾌심 快心 (기쁠 쾌, 마음 심). 유쾌(愉快)한 마음[心]. ¶쾌심은 건강에도 좋다.

▸**쾌심-사** 快心事 (일 사). 만족스러운[快心] 일[事]. ¶쾌심사가 연달아 이어졌다.

▸**쾌심-작** 快心作 (지을 작). 만족스럽게[快心] 지은 작품(作品). ¶장미꽃 그림이 그녀의 쾌심작이다.

쾌우 快雨 (시원할 쾌, 비 우). 더운 여름에 시원스레[快] 내리는 비[雨]. 세차게 내리는 비. ¶쾌우가 내린 후로 하늘이 맑아졌다.

쾌유¹ 快遊 (기쁠 쾌, 놀 유). 유쾌(愉快)하게 놂[遊]. ¶그 때의 쾌유를 잊을 수 없다.

쾌유² 快癒 (빠를 쾌, 병 나을 유). 병이 빨리[快] 다 나음[癒]. ¶선생님의 쾌유를 빌었다. [비]쾌차(快差).

쾌음 快飮 (기쁠 쾌, 마실 음). 술을 유쾌(愉快)하게 마심[飮]. ¶아버지는 그날의 쾌음을 잊지 못하셨다.

쾌의 快意 (기쁠 쾌, 뜻 의). 유쾌(愉快)한 마음[意].

쾌인 快人 (시원할 쾌, 사람 인). 성격이 시원시원한[快] 사람[人].

▸**쾌인-쾌사** 快人快事 (시원할 쾌, 일 사). 성격이 시원시원한[快] 사람[人]이 몸소 시원스럽게[快] 일[事]을 잘함. 또는 그런 행동.

쾌작 快作 (기쁠 쾌, 지을 작). 마음에 흐뭇하게[快] 들어맞는 작품(作品). [비]회심작(會心作).

쾌재 快哉 (기쁠 쾌, 어조사 재). ① [속뜻] 기쁘[快]도다[哉]! ② 일 따위가 마음먹은 대로 잘 되어 만족스럽게 여김. 또는 그럴 때 나는 소리. ¶승진할 것이라는 소식을 듣고 쾌재를 불렀다.

쾌저 快著 (기쁠 쾌, 지을 저). 마음에 흐뭇하게[快] 들어맞는 저서(著書). [비]쾌작(快作).

쾌적 快適 (시원할 쾌, 알맞을 적). 기분이 상쾌(爽快)할 정도로 몸과 마음에 흡족하게 맞다[適]. ¶쾌적한 공기.

쾌전 快戰 (시원할 쾌, 싸울 전). 통쾌(痛快)하게 승리한 싸움[戰]이나 시합. ¶이번 쾌전으로 우리 팀이 사기가 크게 올랐다.

쾌정 快艇 (빠를 쾌, 거룻배 정). 속도가 매우 빠른[快] 소형의 배[艇]. ¶바다 저쪽에서 쾌정이 나타났다.

쾌조 快調 (시원할 쾌, 어울릴 조). 일 따위가 시원스럽게[快] 잘 어울림[調]. 또는 그런 상태. ¶시작 단계부터 쾌조를 보였다.

쾌주 快走 (빠를 쾌, 달릴 주). 빨리[快] 잘 달림[走]. ¶초반의 쾌주가 점차 조금씩 느려졌다.

쾌차 快差 (빠를 쾌, 다를 차). 병세 따위가 빠르게[快] 달라짐[差]. 병이 완전히 나음. ¶아버님은 쾌차하셨습니까? [비]쾌유(快癒).

쾌척 快擲 (기쁠 쾌, 던질 척). 금품 따위를 기쁜[快] 마음으로 내놓음[擲]. ¶그는 남몰래 고아원에 큰돈을 쾌척했다.

쾌첩 快捷 (빠를 쾌, 빠를 첩). 행동 따위가 빠르고[快] 민첩(敏捷)하다.

쾌청 快晴 (시원할 쾌, 갤 청). 구름 한 점 없이 상쾌(爽快)하도록 날씨가 맑게 개다[晴]. ¶쾌청한 날에는 여기서 산이 보인다.

쾌쾌 快快 (기쁠 쾌, 기쁠 쾌). ① 속뜻 기분이 무척 즐겁다[快+快]. ②성격이나 행동이 굳세고 씩씩하여 아주 시원스럽다. ¶그는 쾌쾌한 결단성이 장점이다.

쾌투 快投 (시원할 쾌, 던질 투). 운동 야구에서 투수가 자기 마음에 흡족하도록[快] 잘 던짐[投]. 공을 자기가 원하는 곳으로 잘 던지는 일. ¶그의 쾌투가 승리를 이끌었다.

쾌한 快漢 (시원할 쾌, 사나이 한). 성격이 씩씩하고 시원시원한[快] 사나이[漢]. ¶그는 쾌한이라고 할 수 있다.

쾌활[1] 快活 (시원할 쾌, 살 활). 성격이 시원시원하고[快] 활발(活潑)하다. ¶그는 무척 쾌활한 사람이다.

쾌활[2] 快闊 (시원할 쾌, 트일 활). 시원스럽게[快] 탁 트임[闊]. 탁 트여 넓음. ¶쾌활한 바다를 보면 마음도 넓어진다.

타가 他家 (다를 타, 집 가). 다른[他] 집[家]. 남의 집.

▸**타가 수분** 他家受粉 (받을 수, 가루 분). 식물 다른 꽃에서[他家] 꽃가루[粉]를 받아[受] 열매나 씨를 맺는 일. ¶타가 수분을 했더니 결실률이 높아졌다. ⓑ타화(他花) 수분. ⓟ자가 수분(自家受粉).

▸**타가 수정** 他家受精 (받을 수, 정액 정). ① 식물 다른 그루[他家]에 있는 암술과 수술 사이에 수정(受精)이 일어나는 일. ¶옥수수는 주로 타가 수정을 한다. ② 동물 다른 개체 간에 수정이 일어나는 일. ⓑ타화(他花) 수정, 이화(異花) 수정. ⓟ자가(自家) 수정.

타:개 打開 (칠 타, 열 개). ① 속뜻 두드려[打] 엶[開]. ② 어려운 일을 잘 처리하여 해결할 방법을 찾음. ¶경제 위기를 타개하다.

▸**타:개-책** 打開策 (꾀 책). 타개(打開)할 만한 방책(方策). ¶실질적인 타개책을 내놓았다.

타:격 打擊 (칠 타, 칠 격). ① 속뜻 세게 때려[打] 침[擊]. ¶그는 머리에 심한 타격을 입고 쓰러졌다. ② 어떤 영향 때문에 기세나 의기가 꺾이는 일. ¶우리나라 산업에 치명적인 타격을 줄 수 있다. ③ 운동 야구에서 투수가 던지는 공을 타자가 배트로 치는 일. ¶그는 오늘 경기에서 뛰어난 타격 실력을 선보였다.

▸**타:격-률** 打擊率 (비율 률). 운동 야구에서 안타 수에 대한 타격수(打擊數)의 비율(比率). ⓒ타율.

▸**타:격-수** 打擊數 (셀 수). 운동 야구에서 공을 타격(打擊)한 횟수[數]. ⓒ타수.

▸**타:격-순** 打擊順 (차례 순). 운동 야구에서 공을 타격(打擊)하는 차례[順].

타견 他見 (다를 타, 볼 견). 타인(他人)의 의견(意見)이나 견해(見解). ¶타견을 존중하는 태도.

타:결 妥結 (온당할 타, 맺을 결). 온당하게[妥] 매듭지음[結]. 잘 끝냄. ¶마침내 협상이 타결되었다.

▸**타:결-점** 妥結點 (점 점). 타결(妥結)을 볼 수 있는 의견의 합일점(合一點). ¶회담이 타결점에 이르렀다.

타:경 打驚 (칠 타, 놀랄 경). 쳐서[打] 놀라게 함[驚]. 정신이 번쩍 들도록 일깨움.

타계[1] 他系 (다를 타, 이어 맬 계). 다른[他] 계통(系統).

타계[2] 他界 (다를 타, 지경 계). ① 속뜻 다른[他] 세계(世界). '저승'을 뜻함. ② 어른이나 귀인의 죽음. ¶그 시인은 작년에 타계했다. ③ 불교 인간계 이외의 세계를 이르는 말.

▸**타계-관** 他界觀 (볼 관). 현실 세계를 떠난 다른[他] 세계(世界)에 관한 관념(觀念). ¶종교마다 타계관은 차이가 있다.

타:고 打鼓 (칠 타, 북 고). 북[鼓]을 두드림[打]. ¶화산타고(禾山打鼓).

타:과 拖過 (끌 타, 지날 과). 이 핑계 저 핑계로 끌어[拖] 기한 따위를 경과(經過)함. ⓑ

타거(拖去).

타관 他關 (다를 타, 빗장 관). 다른[他] 지역의 관문(關門). ㊥타향(他鄕).

타교 他校 (다를 타, 학교 교). 다른[他] 학교(學校).

타:구[1] 打球 (칠 타, 공 구). 운동 공[球]을 치는[打] 일. ¶그는 자신이 친 타구에 왼쪽 발목을 맞았다.

타:구[2] 打毬 (칠 타, 공 구). 운동 말을 타고 하던 경기장 한복판에 놓인 자기편의 공[毬]을 막대기로 구문 밖으로 쳐내는[打] 경기. ㊥격구(擊毬).

타:구[3] 唾具 (침 타, 갖출 구). 가래나 침[唾]을 뱉는 그릇[具]. ¶침을 타구에다 탁 뱉었다.

타:구[4] 楕球 (길쭉할 타, 공 구). 타원형(楕圓形)으로 생긴 공[球].

타국 他國 (다를 타, 나라 국). 자기 나라가 아닌 다른[他] 나라[國]. ¶그녀는 오랜 타국 생활로 많이 지쳤다. ㊥외국(外國), 이국(異國). ㊦고국(故國), 모국(母國), 자국(自國).

▸타국-인 他國人 (사람 인). 다른[他] 나라[國] 사람[人]. ㊥외국인(外國人).

타군 他郡 (다를 타, 고을 군). ① 속뜻 다른[他] 고을[郡]. ② 다른 군(郡).

타:기[1] 打起 (칠 타, 일어날 기). 앉았거나 자고 있는 것을 두드려[打] 일으킴[起].

타기[2] 舵機 (키 타, 틀 기). 배의 키[舵]를 조정하는 기계(機械). ㊥조타기(操舵機).

타:기[3] 唾棄 (침 타, 버릴 기). 업신여기거나 더럽게 생각하여 침[唾]을 뱉듯이 버리고[棄] 돌아보지 않음.

타:기[4] 惰氣 (게으를 타, 기운 기). 게으른[惰] 마음이나 기분(氣分).

타념 他念 (다를 타, 생각 념). 어떤 생각과 다른[他] 생각[念].

타:당 妥當 (온당할 타, 마땅 당). ① 속뜻 이치에 온당하게[妥] 들어맞다[當]. ¶그 주장은 이 상황에서는 타당하지 않다. ② 철학 어떤 판단이나 처사가 실정과 도리에 합당하여 인식상의 가치를 지니고 있음을 이르는 말.

▸타:당-성 妥當性 (성질 성). ① 속뜻 타당(妥當)한 성질(性質). ② 철학 인식상 합당한 판단의 가치.

타:도[1] 打倒 (칠 타, 넘어질 도). ① 속뜻 때려 쳐서[打] 넘어지게[倒] 함. ② 쳐서 부수어 버림. ¶독재 정권을 타도하다.

타도[2] 他道 (다를 타, 길 도). 행정 구역상 자기가 속하지 아니한 다른[他] 도(道).

▸타도-타관 他道他關 (다를 타, 빗장 관). 다른[他] 지역[道=關].

타동[1] 他洞 (다를 타, 마을 동). 다른[他] 동네[洞].

타동[2] 他動 (다를 타, 움직일 동). ① 속뜻 동작(動作)이 다른[他] 데에 미침. ② 언어 동작의 대상인 목적어를 필요로 하는 동사. '타동사'(他動詞)의 준말.

▸타동 면:역 他動免疫 (면할 면, 돌림병 역). 의학 다른 생물체 속에서 만들어진 항체를 제 몸에 받아들여 얻는[他動] 면역(免疫) 형태. ㊦자동 면역(自動免疫).

타-동사 他動詞 (다를 타, 움직일 동, 말씀 사). ① 속뜻 다른 것[他]을 움직이는[動] 말[詞]. ② 언어 동작의 대상인 목적어를 필요로 하는 동사. '밥을 먹다'의 '먹다', '노래를 부르다'의 '부르다' 따위. ㊟자동사(自動詞).

타:락[1] 墮落 (떨어질 타, 떨어질 락). ① 속뜻 구렁텅이 따위에 떨어짐[墮=落]. ② 올바른 길에서 벗어나 잘못된 길로 빠지는 일. ¶그는 못된 친구들과 어울리더니 완전히 타락해 버렸다. ③ 기독교 죄를 범하여 불신의 생활에 빠짐을 이름. ④ 불교 수도자가 속심으로 떨어짐을 이름.

타:락[2] 駝酪 (낙타 타, 진한 유즙 락). 낙타[駝]의 젖[酪]. 몽고어 'taraq'의 한자 음역어.

▸타:락-병 駝酪餠 (낙타 타, 진한 유즙 락, 떡 병). 우유[駝酪], 꿀, 밀가루 등을 반죽하여 만든 떡[餠].

타력[1] 他力 (다를 타, 힘 력). ① 속뜻 다른[他] 힘[力]. ② 남의 힘. ㊦자력(自力). ③ 불교 자기의 힘이 아닌 부처나 보살의 힘을 이르는 말.

타:력[2] 打力 (칠 타, 힘 력). 운동 야구에서 타자가 투수의 공을 때리는[打] 힘[力].

타:력[3] 惰力 (게으를 타, 힘 력). ① 속뜻 타성(惰性)의 힘[力]. ② 버릇이나 습관이 갖는

힘. ③ 물리 관성을 일으키는 힘.

타륜 舵輪 (키 타, 바퀴 륜). 배의 키[舵]를 조종하는 손잡이가 달린 바퀴[輪] 모양의 장치.

타:매 唾罵 (침 타, 욕할 매). 침[唾]을 뱉으며 욕함[罵]. 아주 더럽게 여기며 욕함.

타:맥 打麥 (칠 타, 보리 맥). 보리[麥]를 거두어 타작(打作)함.

타면[1] 他面 (다를 타, 쪽 면). ① 속뜻 다른[他] 쪽이나 다른 방면(方面). ② 다른 관점이나 측면.

타:면[2] 唾面 (침 뱉을 타, 낯 면). ① 속뜻 얼굴[面]에 침을 뱉음[唾]. ② 모욕을 줌.

타:면[3] 惰眠 (게으를 타, 잠잘 면). 게으름[惰]을 피우고 잠을 잠[眠]. ⑪ 나면(懶眠).

타:면[4] 打綿 (칠 타, 솜 면). ① 속뜻 솜[綿]을 때림[打]. ② 솜을 타는 일. ⑪ 탄면(彈綿).

▸ 타:면-기 打綿機 (틀 기). 솜을 타는[打綿] 틀[機]. ⑪ 솜틀.

타물-권 他物權 (다를 타, 만물 물, 권리 권). 법률 다른 사람의[他] 소유물(所有物) 위에 성립하는 물권(物權).

타-민족 他民族 (다를 타, 백성 민, 무리 족). 자기 민족 이외의 다른[他] 민족(民族).

타:박 打撲 (때릴 타, 칠 박). 사람이나 동물 따위를 때리고[打] 침[撲].

▸ 타:박-상 打撲傷 (다칠 상). 둔기나 주먹 따위로 맞거나[打撲] 부딪쳐서 다침[傷]. ¶나는 자전거를 타다 넘어져서 팔꿈치에 타박상을 입었다.

타방 他方 (다를 타, 모 방). ① 속뜻 다른[他] 방면(方面). '타방면'의 준말. ② 다른 지방. ¶타방 사람.

타-방면 他方面 (다를 타, 모 방, 쪽 면). 다른[他] 방면(方面). ㊟ 타방.

타:배 駝背 (낙타 타, 등 배). ① 속뜻 낙타(駱駝)의 등[背]. ② 곱사등이.

타:봉 打棒 (칠 타, 몽둥이 봉). 운동 야구에서 방망이[棒]로 공을 치는[打] 일. ⑪ 타격(打擊).

타:산[1] 打算 (칠 타, 셀 산). ① 속뜻 셈[算]판을 튀겨 봄[打]. ② 자신에게 도움이 되는지를 따져 헤아림. ¶타산이 빠르다.

▸ 타:산-적 打算的 (것 적). 자신에게 도움이 되는지를 따져 헤아려 보는[打算] 것[的].

타산[2] 他山 (다를 타, 메 산). 다른[他] 산[山].

▸ 타산지석 他山之石 (어조사 지, 돌 석). ① 속뜻 다른[他] 산(山)의 하찮은 돌[石]이라도 다 쓸모가 있음. ② 하찮은 것이라 할지라도 유용한 것이 될 수 있음. ③ 다른 사람의 언행이 자기에게 큰 도움이 됨을 이르는 말. ¶그의 일을 타산지석으로 삼으면 큰 도움이 될 수 있다.

타살[1] 他殺 (다를 타, 죽일 살). 다른[他] 사람이 죽임[殺]. ¶경찰은 타살로 보고 수사에 들어갔다. ⑫ 자살(自殺).

타:살[2] 打殺 (때릴 타, 죽일 살). 때려서[打] 죽임[殺].

타:석 打席 (칠 타, 자리 석). 운동 야구에서 타자가 투수의 공을 치기[打] 위하여 마련된 자리[席]. ¶그는 첫 타석에서 홈런을 쳤다.

▸ 타:석-수 打席數 (셀 수). 운동 야구에서 타자가 타석(打席)에선 횟수[數].

타:-석기 打石器 (칠 타, 돌 석, 그릇 기). 고적 구석기 시대에 돌[石]을 깨서[打] 만든 연장[器]. '타제 석기'(打製石器)의 준말.

타:선 打線 (칠 타, 줄 선). ① 속뜻 타자(打者)가 줄[線]을 섬. ② 운동 야구에서 타력의 면에서 본 타자의 진용. ¶상대편의 타선이 우리보다 못하다.

타성[1] 他姓 (다를 타, 성씨 성). 다른[他] 성씨(姓氏). ⑪ 이성(異姓).

타:성[2] 惰性 (게으를 타, 성질 성). ① 속뜻 오랫동안 변화나 새로움을 꾀하지 않아 나태하게[惰] 굳어져 있는 습성(習性). ② 물리 물체가 밖의 힘을 받지 않는 한 정지 또는 등속도 운동의 상태를 지속하려는 성질. ⑪ 관성(慣性).

▸ 타:성-적 惰性的 (것 적). 오래되어 굳어진 버릇[惰性]과 같은 것[的]. ¶타성적 태도.

타:수[1] 打手 (칠 타, 사람 수). 운동 야구에서 상대편 투수의 공을 치는[打] 공격진의 선수(選手). ⑪ 타자(打者).

타:수[2] 打數 (칠 타, 셀 수). 운동 ① 야구에서 타격(打擊)한 횟수[數]. ¶4타수 3안타를

치다. ②골프에서 공을 정해진 홀에 넣기까지 골프채로 친 수.

타수[3] **舵手** (키 타, 사람 수). 선박에서 키[舵] 잡는 일을 맡아보는 선원[手].

타ː순 **打順** (칠 타, 차례 순). 운동 야구에서 타자(打者)가 차례로 나가는 순서(順序).

타심 **他心** (다를 타, 마음 심). 다른[他] 마음[心]. 음험한 마음.

타아 **他我** (다를 타, 나 아). ① 속뜻 남과 다른[他] 나[我]. ② 철학 스스로 자기를 고찰할 때에, 고찰하는 자아의 대상이 되는 나. ⓑ자아(自我).

타ː-악기 **打樂器** (칠 타, 음악 악, 그릇 기). 음악 두드려서[打] 소리를 내는 악기(樂器)를 통틀어 이르는 말. ¶심벌즈는 타악기이다.

타애 **他愛** (다를 타, 사랑 애). ① 속뜻 다른[他] 사람을 사랑함[愛]. ⓑ애타(愛他). ② 자기를 희생하여 남의 이익과 행복을 꾀하는 일. ⓑ이타(利他).

▸타애-주의 他愛主義 (주될 주, 뜻 의). 철학 자기를 희생하여 타인(他人)의 행복[愛]을 위하는 태도[主義].

타ː액 **唾液** (침 타, 진 액). 생물 입속의 침샘[唾]에서 분비되는 무색의 끈기 있는 소화액(消化液).

▸타ː액-선 唾液腺 (샘 선). 침[唾液]을 내보내는 샘[腺]. ㊟타선.

타언 **他言** (다를 타, 말씀 언). 쓸데없는 다른[他] 말[言].

타용 **他用** (다를 타, 쓸 용). 다른[他] 데에 씀[用].

타ː원 **楕圓** (길쭉할 타, 둥글 원). ① 속뜻 길쭉한[楕] 동그라미[圓]. ② 수학 평면 위에 있는 두 정점(定點)으로부터의 거리의 합이 항상 일정한 점을 이루는 자취.

▸타ː원-구 楕圓球 (둥글 구). 수학 중심을 지나는 평면에 의하여 절단된 평면이 타원(楕圓)이 되는 둥근 입체[球].

▸타ː원-면 楕圓面 (쪽 면). 수학 타원체(楕圓體)를 그리는 곡면(曲面). '타원체면'(楕圓體面)의 준말.

▸타ː원-율 楕圓率 (비율 률). 수학 타원(楕圓)의 긴반지름과 짧은반지름의 차에 대한 짧은반지름의 비율(比率). ㊟타율.

▸타ː원-체 楕圓體 (몸 체). 수학 타원면(楕圓面)으로 둘러싸인 입체(立體).

▸타ː원-형 楕圓形 (모양 형). 수학 길쭉하게 둥근 타원(楕圓)으로 된 평면 도형(圖形). ¶지구는 타원형의 궤도를 그리며 태양 주위를 돈다.

▸타ː원 운ː동 楕圓運動 (돌 운, 움직일 동). 물리 타원형(楕圓形)의 궤도를 따라 움직이는 운동(運動).

▸타ː원체-면 楕圓體面 (몸 체, 쪽 면). 수학 타원체(楕圓體)가 만드는 이차 곡면(曲面). ㊟타원면.

타ː율[1] **打率** (칠 타, 비율 률). 운동 야구에서 공을 쳐서[打] 성공적으로 출루한 비율(比率). ¶그의 현재 타율은 3할 5푼 8리다.

타ː율[2] **楕率** (길쭉할 타, 비율 률). 수학 타원(楕圓)의 긴반지름과 짧은반지름의 차에 대한 짧은반지름의 비율(比率). '타원율'(楕圓率)의 준말.

타율[3] **他律** (다를 타, 법칙 률). ① 속뜻 다른[他] 사람의 규율[律]을 따름. ②자기의 의지가 아니라 남의 명령이나 구속에 따라 행동하는 일. ⓑ자율(自律).

▸타율-적 他律的 (것 적). 자기 의지와 관계없는 타율(他律)에 따라 움직이는 것[的]. ¶결정이 타율적으로 이루어지다. ⓑ자율적(自律的).

타의 **他意** (다를 타, 뜻 의). ① 속뜻 다른[他] 뜻[意]. ②다른 사람의 뜻. ¶자의 반 타의 반. ⓑ자의(自意).

타익 신ː탁 **他益信託** (다를 타, 더할 익, 믿을 신, 맡길 탁). 경제 위탁자가 아닌 타인(他人)에게 이익(利益)이 돌아가는 신탁(信託). ⓑ자익 신탁(自益信託).

타ː인[1] **打印** (칠 타, 도장 인). ① 속뜻 도장[印]을 찍음[打]. ②관인(官印)을 찍음을 이르는 말. ⓑ답인(踏印).

타인[2] **他人** (다를 타, 사람 인). 다른[他] 사람[人]. 남. ¶타인에 대한 배려가 중요하다. ⓑ본인(本人), 자신(自身).

▸타인 자본 他人資本 (재물 자, 밑 본). 경제 기업이 출자자 이외의 제삼자[他人]로부터 끌어들인 자본(資本). ⓑ자기 자본(自己資本).

타ː자[1] **打者** (칠 타, 사람 자). 운동 야구에서 상대편 투수의 공을 치는[打] 공격진의 선수[者]. ¶타자가 들어서자 환호성이 쏟아졌다. ⓑ타수(打手).

타:자² 打字 (칠 타, 글자 자). 타자기로 종이 위에 글자[字]를 찍음[打]. ¶그는 타자 실력이 대단하다.

▸타:자-기 打字機 (틀 기). 키를 눌러서 글자[字]를 찍는[打] 기계(機械). ¶타자기에 종이를 끼우고 키를 두드렸다. ⓑ타이프.(type).

▸타:자-수 打字手 (사람 수). 타자(打字)를 전문으로 하는 사람[手].

타:조-법 打租法 (칠 타, 조세 조, 법 법). 역사 조선 때, 벼를 타작(打作)한 후 그 수확량에 따라 세금[租]을 내는 제도[法].

타:작 打作 (칠 타, 지을 작). 농업 ①볏단 따위를 두드려[打] 곡식을 떠는 일[作]. ¶보리 타작. ②지주와 소작인이, 거둔 곡식을 어떤 비율로 나누어 가지는 소작 제도.

타:전 打電 (칠 타, 전기 전). 무전이나 전보(電報)를 침[打]. ⓑ타보(打報).

타:점 打點 (칠 타, 점 점). ①속뜻 붓이나 펜 따위로 점(點)을 찍음[打]. ②운동 야구에서 타자가 안타 등으로 자기편에 득점하게 한 점수. ¶그 선수는 이번 시즌에서 110타점을 기록했다. ②마음속으로 지정함. ¶선물로 지갑을 타점하다.

타:제 打製 (칠 타, 만들 제). 두드려 쳐서[打] 만듦[製].

▸타:제 석기 打製石器 (돌 석, 그릇 기). 고적 구석기 시대에, 인류가 돌[石]을 두드려 쳐서 만든[打製] 도끼, 칼 따위의 연장[器].

타:조 駝鳥 (낙타 타, 새 조). ①속뜻 낙타(駱駝)처럼 몸집이 큰 새[鳥]. 학명 'Struthio camelus'를 의역한 말. ②동물 날개는 퇴화하여 날지 못하는 큰 새. 키가 2~2.5m, 몸무게 136kg 가량이다. ¶타조는 시속 90km로 달릴 수 있다.

타종¹ 他宗 (다를 타, 마루 종). 다른[他] 종파(宗派). ¶타종에 대하여는 배타적이었다.

타종² 他種 (다를 타, 갈래 종). 다른[他] 종류(種類).

타:종³ 打鐘 (칠 타, 쇠북 종). 종(鐘)을 침[打].

▸타:종-신호 打鐘信號 (소식 신, 표지 호). 종(鐘)을 쳐서[打] 하는 신호(信號).

타죄 他罪 (다를 타, 허물 죄). 다른[他] 죄(罪).

타주 점유 他主占有 (다를 타, 주인 주, 차지할 점, 있을 유). ①속뜻 다른[他] 주인(主人)이 차지하여[占] 가짐[有]. ②법률 소유의 의사가 없이 특정한 관계에서 물건을 지배하는 일.

타지¹ 他地 (다를 타, 땅 지). ①속뜻 다른[他] 지방(地方)이나 지역. ②타향(他鄕).

타지² 他紙 (다를 타, 종이 지). 다른[他] 신문[紙].

타지³ 他誌 (다를 타, 기록할 지). ①속뜻 다른[他] 잡지(雜誌). ②다른 사기(史記).

타-지방 他地方 (다를 타, 땅 지, 모 방). 다른[他] 지방(地方). 딴 곳. ㊀타지, 타방.

타:진¹ 打盡 (때릴 타, 다할 진). 때려서[打] 모조리[盡] 잡음.

타:진² 打診 (칠 타, 살펴볼 진). ①의학 환자의 신체를 두드려서[打] 진찰(診察)하는 방법. ②남의 의사를 알기 위하여 미리 떠봄. ¶그가 우리를 도울 의향이 있는지 타진해 보아야 한다.

▸타:진-기 打診器 (그릇 기). 의학 타진(打診)하는 데 쓰는 의료 기구(器具).

▸타:진-추 打診鎚 (쇠망치 추). 의학 타진(打診)하는 데 쓰는 작은 망치[鎚].

▸타:진-판 打診板 (널빤지 판). 의학 타진(打診)하는 데 쓰는 작고 납작한 판(板).

타처 他處 (다를 타, 곳 처). 다른[他] 곳[處]. 딴 곳.

타천 他薦 (다를 타, 천거할 천). 타인(他人)이 추천(推薦)함. ⓑ자천(自薦).

타촌 他村 (다를 타, 마을 촌). 다른[他] 마을[村]. ¶타촌 사람.

타:출 打出 (칠 타, 날 출). 모형을 대고 두드려[打] 그 모양대로 나오게[出] 함.

타:태 墮胎 (떨어질 타, 태아 태). 의학 분만기가 되기 전에 태아(胎兒)를 모체 밖으로 배출하는[墮] 일. ⓒ낙태(落胎).

타:파 打破 (칠 타, 깨뜨릴 파). 쳐서[打] 깨뜨림[破]. ¶나쁜 관습(慣習)을 타파하다.

타:합 打合 (칠 타, 합할 합). 서로 의견을

타진(打診)하여 사이 좋게 합의(合意)함. ¶원만한 타합을 이루었다.

타ː행 惰行 (게으를 타, 행할 행). 습관이나 버릇의[惰] 힘으로 진행함[行].

타향 他鄕 (다를 타, 시골 향). 자기 고향이 아닌 다른[他] 고장[鄕]. ㊐타지(他地). ㊥고향(故鄕).

타ː혈 唾血 (침 타, 피 혈). ① 속뜻 침[唾]에 섞여 나오는 피[血]. ② 의학 위나 식도 따위의 질환으로 피를 토함. ㊐토혈(吐血).

타ː협 妥協 (온당할 타, 합칠 협). ① 속뜻 두 편이 온당하게[妥] 협의(協議)함. ② 어떤 일을 서로 양보하여 협의함. ¶적당한 선에서 타협하세요.

▸타ː협-안 妥協案 (안건 안). 타협(妥協)하여 낸 방안(方案).

▸타ː협-적 妥協的 (것 적). 타협(妥協)하려는 태도가 있는 것[的].

▸타ː협 정치 妥協政治 (정사 정, 다스릴 치). 정치 ① 대화와 협상에 의한[妥協] 정치(政治). ② 세력이 약한 행정부가 유력한 정당과 타협하여 행하는 정치.

타화 수분 他花受粉 (다를 타, 꽃 화, 받을 수, 가루 분). 식물 다른[他] 꽃[花]에서 꽃가루[粉]를 받아[受] 열매나 씨를 맺는 일. 타가 수분(他家受粉). ㊥자화 수분(自花受粉).

타화 수정 他花受精 (다를 타, 꽃 화, 받을 수, 정액 정). ① 식물 같은 나무의 다른 꽃이나, 다른[他] 나무의 꽃[花]으로부터 꽃가루를 받아 수정(受精)하는 현상. ㊥자화 수정(自花受精). ② 동물 서로 다른 계통 사이의 수정. ㊐타가 수정(他家受精).

탁견 卓見 (뛰어날 탁, 볼 견). 뛰어난[卓] 의견이나 견해(見解). ㊐고견(高見), 탁식(卓識).

탁구 卓球 (높을 탁, 공 구). 운동 탁자(卓子)에서 라켓으로 공[球]을 쳐 넘겨 승부를 겨루는 경기.

▸탁구-대 卓球臺 (돈대 대). 탁구(卓球) 경기에 쓰이는 대(臺).

▸탁구-장 卓球場 (마당 장). 탁구(卓球)를 치는 곳[場]. ¶탁구장에서 탁구를 치는 학생들.

탁랑 濁浪 (흐릴 탁, 물결 랑). 흐린[濁] 물결[浪]. ¶배가 탁랑을 헤치고 앞으로 나아갔다.

탁론 卓論 (뛰어날 탁, 논할 론). 탁월(卓越)한 이론(理論)이나 논지(論旨).

탁류 濁流 (흐릴 탁, 흐를 류). 혼탁(混濁)한 물의 흐름[流].

탁마 琢磨 (다듬을 탁, 갈 마). ① 속뜻 옥석(玉石)을 쪼고[琢] 갊[磨]. ② 학문이나 덕행을 갈고 닦음. ㊐마탁(磨琢).

탁목 啄木 (쪼을 탁, 나무 목). ① 속뜻 나무[木]를 쫌[啄]. ② 동물 '탁목조'(啄木鳥)의 준말.

▸탁목-조 啄木鳥 (새 조). ① 속뜻 나무를 쪼는[啄木] 새[鳥]. ② 동물 딱따구리. 딱따구릿과의 새를 통틀어 이르는 말.

탁반 托盤 (받칠 탁, 쟁반 반). 술잔을 받치는[托] 데 쓰는 받침[盤]. ㊐잔대(盞臺).

탁발 托鉢 (받칠 탁, 밥그릇 발). 불교 ① 절에서, 식사 때 승려들이 바리때[鉢]를 받치고[托] 식당으로 가는 일. ② 승려들이 경문을 외면서 걸식으로 의식(衣食)을 해결하는 방법.

▸탁발-승 托鉢僧 (스님 승). 불교 바리때[鉢]를 들고[托] 동냥하러 다니는 승려(僧侶). ㊐운수승(雲水僧).

탁보 濁甫 (흐릴 탁, 사나이 보). ① 속뜻 성격이 흐리터분한[濁] 사람[甫]. ② '분수를 전혀 모르는 사람'을 놀림조로 이르는 말. ③ '막걸리를 몹시 좋아하는 사람'을 놀림조로 이르는 말.

탁본 拓本 (본뜰 탁, 책 본). 비석, 기와, 기물 따위에 새겨진 글씨나 무늬를 종이에 대고 박아[拓] 떠내거나, 그렇게 한 종이[本]. ㊐탑본(搨本), 영본(影本).

탁상 卓上 (탁자 탁, 위 상). 책상이나 식탁 따위 탁자(卓子)의 위[上].

▸탁상-공론 卓上空論 (빌 공, 논할 론). ① 속뜻 탁자(卓子)의 위[上]에서만 펼치는 헛된[空] 이론(理論). ② 전혀 실현성이 없는 토론. ¶지금은 탁상공론을 벌일 때가 아니다. ㊐궤상공론(机上空論).

▸탁상-시계 卓上時計 (때 시, 셀 계). 책상[卓] 위에[上] 올려놓고 보는 시계(時計).

▸탁상-연설 卓上演說 (펼칠 연, 말씀 설). 식사하는 도중에 식탁에서[卓上] 자유롭게

하는 간단한 연설(演說).

▸탁상-일기 卓上日記 (날 일, 기록할 기). 책상[卓] 위에[上] 놓아두고 그날그날 생긴 일을 간단히 기록하는 일기(日記).

탁색 濁色 (흐릴 탁, 빛 색). [미술] 흐린[濁] 색(色). 명도와 채도가 낮은 색.

탁선 託宣 (부탁할 탁, 알릴 선). 신이 어떤 사람의 꿈에 나타나 신탁(神託)하여 그의 뜻을 알리는[宣] 일. 또는 그런 계시.

탁설 卓說 (뛰어날 탁, 말씀 설). 뛰어난[卓] 논설이나 의견[說]. ¶대단한 명론 탁설입니다.

탁성 濁聲 (흐릴 탁, 소리 성). 흐리거나[濁] 쉰 목소리[聲].

탁세 濁世 (흐릴 탁, 세상 세). ① [속뜻] 도덕이나 풍속 따위가 어지럽고 더러운[濁] 세상(世上). ② [불교] 이 세상을 이르는 말.

탁송 託送 (부탁할 탁, 보낼 송). 남에게 부탁(付託)하여 물건을 보냄[送].

▸탁송 전:보 託送電報 (전기 전, 알릴 보). [통신] 전화 가입자가 전화를 이용하여[託] 보내는[送] 전보(電報).

탁수 濁水 (흐릴 탁, 물 수). 흐린[濁] 물[水]. [반]청수(淸水).

탁식 卓識 (뛰어날 탁, 알 식). 뛰어난[卓] 식견(識見). [비]탁견(卓見).

탁아 託兒 (맡길 탁, 아이 아). 어린 아이[兒]를 맡김[託]. ¶탁아 시설.

▸탁아-소 託兒所 (곳 소). 부모가 일하러 나간 사이에 아이[兒]를 맡아[託] 돌보는 시설[所]. ¶그녀는 탁아소에서 자원봉사를 해왔다.

탁언 託言 (부탁할 탁, 말씀 언). ① [속뜻] 남에게 부탁(付託)하여 전하는 말[言]. ② 핑계 대는 말. [비]전언(傳言), 구실.

탁월 卓越 (뛰어날 탁, 뛰어날 월). 매우 뛰어나다[卓=越]. ¶이 약은 기침에 탁월한 효능이 있다. [비]탁출(卓出).

▸탁월-풍 卓越風 (바람 풍). [지리] 어느 지역에서 어떤 시기나 계절에 따라 특정 방향에서부터 탁월(卓越)하게 자주 부는 바람[風]. 무역풍(貿易風), 계절풍(季節風) 따위.

탁음 濁音 (흐릴 탁, 소리 음). [언어] 발음할 때, 목청이 떨려 탁(濁)하게 나는 소리[音]. 유성음(有聲音). 국어의 'ㄴ', 'ㅁ', 'ㅇ' 따위. [반]청음(淸音).

탁자 卓子 (높을 탁, 접미사 자). ① [속뜻] 무엇을 올려놓는 데 쓰는 높은[卓] 가구[子]. ¶탁자에 둘러앉다. ② [불교] 공양물, 다기(茶器) 따위를 올려놓는 상.

탁족[1] 託足 (맡길 탁, 발 족). ① [속뜻] 발[足]을 붙임[託]. ② 한곳에 자리를 잡거나 한 가지 일에 의지함. ③ 잠시 머무름.

탁족[2] 濯足 (씻을 탁, 발 족). 발[足]을 씻음[濯]. [비]세족(洗足).

▸탁족-회 濯足會 (모일 회). 여름에 산수(山水) 좋은 곳을 찾아가 잠시 머무르며[足濯] 노는 모임[會].

탁주 濁酒 (흐릴 탁, 술 주). 빛깔이 흐린[濁] 술[酒]. 맑은 술을 떠내지 않고 그대로 걸러 짠 술로 빛깔이 흐리다. [비]막걸리.

탁지-부 度支部 (헤아릴 탁, 가를 지, 나눌 부). ① [속뜻] 고려 때, 국세 따위를 모아 헤아리고[度] 가르는[支] 일, 즉 재정을 맡았던 부서(部署). ② [역사] 대한제국 때, 재정·조세 등을 맡았던 관청. '탁지아문'(度支衙門)을 고쳐 이르던 이름이다.

탁지-아문 度支衙門 (헤아릴 탁, 가를 지, 마을 어, 문 문). ① [속뜻] 재정 상태를 헤아리고[度] 관련 일의 경중을 판가름하는[支] 관청[衙門]. ②『역사』구한말에 재정(財政)을 맡아보던 중앙 관아. 고종 31년(1894)에 호조(戶曹)를 없애고 새로 둔 것으로, 1895년에 탁지부로 고쳤다.

탁지-지 度支志 (헤아릴 탁, 가를 지, 기록할 지). [책명] 고려 때 재정을 맡았던 탁지부(度支部)의 옛 사례를 모아서 조선 정조 때 박일원이 엮은 책[志].

탁출 卓出 (뛰어날 탁, 날 출). 특출(特出)하게 뛰어남[卓]. [비]탁월(卓越).

탁필 卓筆 (뛰어날 탁, 글씨 필). 뛰어난[卓] 필적(筆跡)이나 문장.

탁효 卓效 (뛰어날 탁, 보람 효). 뛰어난[卓] 효험(效驗).

탄:강 誕降 (태어날 탄, 내릴 강). ① [속뜻] 세상에 태어나려고[誕] 하늘에서 내려옴[降]. ② 임금이나 성인이 탄생함.

탄:갱 炭坑 (숯 탄, 구덩이 갱). [광업] 석탄(石炭)을 파내는 굴[坑]. '석탄갱'(石炭坑)의

준말.

탄:공 彈孔 (탄알 탄, 구멍 공). 총알[彈]에 맞아 생긴 구멍[孔]. 총구멍.

탄:광 炭鑛 (숯 탄, 쇳돌 광). 광업 석탄(石炭)을 캐내는 광산(鑛山). '석탄광'(石炭鑛)의 준말. ¶그녀의 남편은 탄광에서 일한다. ⓑ탄산(炭山).

탄:금 彈琴 (퉁길 탄, 거문고 금). 거문고[琴]나 가야금을 탐[彈].

탄:대 彈帶 (탄알 탄, 띠 대). 군사 ①탄창(彈倉)을 넣은 통을 끼워서 몸에 지니는 띠[帶]. ②탄알의 탄피 부분을 끼운 고리가 잇달린 물건.

탄:도 彈道 (탄알 탄, 길 도). 군사 발사된 탄환(彈丸)이 공중을 날아가 목적물에 이르기까지의 길[道].

▸ 탄:도-탄 彈道彈 (탄알 탄). 군사 ①유도 장치 없이 포물선의 탄도(彈道)를 그리며 날아가는 초음속 장거리 포탄(砲彈). ②탄도를 따라 날아가는 유도탄.

▸ 탄:도-학 彈道學 (배울 학). 물리 탄도(彈道)에 대하여 연구하는 학문(學問).

▸ 탄:도 유도탄 彈道誘導彈 (꾈 유, 이끌 도, 탄알 탄). 군사 탄도(彈道)를 따라 날아가는 유도탄(誘導彈).

탄:두 彈頭 (탄알 탄, 머리 두). 탄(彈)알의 머리[頭] 부분.

탄:력 彈力 (퉁길 탄, 힘 력). ① 속뜻 용수철처럼 튀거나[彈] 팽팽하게 버티는 힘[力]. ¶고무줄이 낡아서 탄력이 없다 / 피부가 부드럽고 탄력이 있다. ②반응이 빠르고 힘이 넘치는 것을 비유하여 이르는 말. ¶노사(勞使) 문제에 탄력적으로 대응하다.

▸ 탄:력-성 彈力性 (성질 성). ① 물리 물체가 외부에서 힘을 받았을 때 튀기는 힘[彈力]이 있는 성질(性質). ② 경제 원인 변수의 값이 1% 변할 때, 그 영향을 받는 변수가 몇 퍼센트나 변하는지를 나타내는 척도. ③상황에 따라서 알맞게 대처하는 성질. ⓑ변통성(變通性).

▸ 탄:력 섬유 彈力纖維 (가늘 섬, 밧줄 유). 의학 동물의 체내에 있는 탄력(彈力)이 풍부한 섬유질(纖維質)의 물질.

▸ 탄:력 조직 彈力組織 (짤 조, 짤 직). 의학 탄력(彈力)이 풍부한 조직(組織).

탄:로 綻露 (터질 탄, 드러낼 로). 비밀 따위가 터져[綻] 드러남[露]. ¶그의 부정행위가 탄로났다. ⓑ현로(現露).

탄:로-가 嘆老歌 (한숨지을 탄, 늙을 로, 노래 가). 늙는[老] 것을 한탄(恨嘆)하는 내용의 시가(詩歌).

탄:막 彈幕 (탄알 탄, 휘장 막). ① 속뜻 탄알[彈]로 뒤덮인 장막(帳幕). ② 군사 폭탄이나 탄알을 한꺼번에 퍼부어 가로막는 일.

탄:망 誕妄 (거짓 탄, 망령될 망). ① 속뜻 언행이 거짓되고[誕] 망령(妄靈)됨. ②함부로 터무니없는 말을 하는 말.

탄:맥 炭脈 (숯 탄, 줄기 맥). 광업 땅에 묻혀 있는 석탄(石炭)의 줄기[脈].

탄:미 歎美 (=嘆美, 감탄할 탄, 아름다울 미). 감탄(感歎)하고 찬미(讚美)하여 크게 칭찬함.

탄:백 坦白 (편할 탄, 흰 백). 편하게[坦] 사실을 있는 그대로 말하여 깨끗이[白] 털어버림.

탄:복 歎服 (감탄할 탄, 따를 복). 매우 감탄(感歎)하여 마음으로 따름[服]. ¶모두 그의 충성심에 탄복했다.

탄:사 歎辭 (=嘆辭, 감탄할 탄, 말씀 사). ① 속뜻 감탄(感歎)하여 이르는 말[辭]. ②탄식하여 하는 말.

탄:산[1] 炭山 (숯 탄, 메 산). 광업 석탄(石炭)을 캐내는 광산(鑛山). 탄광(炭鑛).

탄:산[2] 炭酸 (숯 탄, 산소 산). 화학 이산화탄소(二酸化炭素)가 물에 녹아서 생기는 약한 산(酸). ➲ 탄산가스, 탄산칼륨, 탄산나트륨, 탄산수소나트륨.

▸ 탄:산-공 炭酸孔 (구멍 공). 지리 화산 지대 따위에서 주로 이산화탄소[炭酸]를 내뿜는 구멍[孔].

▸ 탄:산-수 炭酸水 (물 수). ① 속뜻 이산화탄소[炭酸]가 들어 있는 물[水]. ② 화학 이산화탄소의 포화 수용액.

▸ 탄:산-염 炭酸鹽 (염기 염). 화학 탄산(炭酸)의 수소 원자가 금속 원자와 바뀌어 된 염기(鹽氣)성 화합물.

▸ 탄:산-지 炭酸紙 (종이 지). 탄산염(炭酸鹽)을 써서 만든 복사지(複寫紙).

▸ 탄:산-천 炭酸泉 (샘 천). 지리 이산화탄소[炭酸]를 함유한 물이 솟아나는 광천(鑛

泉).

▸탄:산-석회 炭酸石灰 (돌 석, 재 회). ① [속뜻] 이산화탄소[炭酸]가 들어 있는 석회(石灰). ② [화학] 칼슘의 탄산염.

▸탄:산 무수물 炭酸無水物 (없을 무, 물 수, 만물 물). ① [속뜻] 이산화탄소[炭酸]의 무수물(無水物). ② [화학] 탄소가 완전 연소를 할 때 생기는 무색 기체. 청량음료, 소화제, 냉동제 따위를 만드는 데 쓰이며 화학식은 CO2이다. 이산화탄소.

▸탄:산 동화 작용 炭酸同化作用 (같을 동, 될 화, 지을 작, 쓸 용). [식물] 식물이 공기 중의 이산화탄소[炭酸]와 뿌리에서 흡수한 물로 잎의 엽록체 안에서 빛 에너지를 이용하여 탄수화물을 만드는[同化] 작용(作用). [비]탄소 동화 작용(炭素同化作用).

탄:상 歎賞 (=嘆賞, 감탄할 탄, 상줄 상). ① [속뜻] 탄복(歎服)하여 크게 칭찬함[賞]. [비]탄칭(歎稱). ② 크게 감탄함.

탄:생 誕生 (태어날 탄, 날 생). ① [속뜻] 귀한 사람이 태어남[誕=生]. ¶ 국민들은 왕자의 탄생을 기뻐했다. ② '어떤 기관이나 조직, 제도 따위가 새로 생겨남'을 비유하여 이르는 말. ¶ 민주주의가 탄생하다 / 록 음악은 1950년대에 탄생했다.

▸탄:생-석 誕生石 (돌 석). 태어난[誕生] 달을 상징하는 보석(寶石). ¶ 4월의 탄생석은 다이아몬드다.

▸탄:생-일 誕生日 (날 일). 탄생(誕生)한 날[日]. [준]탄일. [비]탄신(誕辰).

탄:설-음 彈舌音 (퉁길 탄, 혀 설, 소리 음). [언어] 혀끝과 잇몸 사이가 한 번 닫혔다가 열리는 동안 혀[舌]끝을 퉁기면서[彈] 내는 소리[音]. 우리말의 'ㄹ'이 여기에 해당한다.

탄:성1 歎聲 (=嘆聲, 한숨지을 탄, 소리 성). ① [속뜻] 한숨짓는[歎] 소리[聲]. ¶ 가혹한 정치에 백성들의 탄성이 자자하다. ② 감탄하는 소리. ¶ 그의 작품은 많은 사람의 탄성을 자아낸다.

탄:성2 彈性 (퉁길 탄, 성질 성). ① [속뜻] 고무줄처럼 튕겨지는[彈] 성질(性質). ② [물리] 외부에서 힘을 가하면 모양이 바뀌었다가도, 힘이 사라지면 원래대로 되돌아가려는 성질.

▸탄:성-률 彈性率 (비율 률). [물리] 탄성체(彈性體)가 탄성 한계 내에서 가지는 응력과 변형의 비율(比率).

▸탄:성-체 彈性體 (몸 체). [물리] 탄성(彈性)을 지닌 물체(物體).

▸탄:성-파 彈性波 (물결 파). [물리] 음파나 지진파 등과 같이 탄성(彈性) 매질 속을 퍼져 나가는 파동(波動).

▸탄:성 진:동 彈性振動 (떨칠 진, 움직일 동). [물리] 탄성체(彈性體)에 탄력 때문에 생기는 기계적 진동(振動).

▸탄:성 한:계 彈性限界 (끝 한, 지경 계). [물리] 탄성(彈性)을 유지할 수 있는 힘의 한계(限界).

탄:소 炭素 (숯 탄, 바탕 소). ① [속뜻] 숯[炭]을 이루는 주요 요소(要素). ② [화학] 빛깔과 냄새가 없는 고체. 독자적으로는 금강석·석탄·아연 따위로 존재하며, 화합물에서는 이산화탄소·탄산염·탄수화물 등으로 존재한다.

▸탄:소-묵 炭素墨 (먹 묵). 탄소(炭素) 가루로 만든 먹[墨].

▸탄:소-봉 炭素棒 (막대기 봉). [화학] 탄소(炭素)를 굳혀 만든 막대[棒].

▸탄:소-선 炭素線 (줄 선). ① [속뜻] 탄소(炭素)로 이루어진 줄[線]. ② 무명실이나 대껍질을 밀폐된 용기 속에 넣고 태워서 만든 가느다란 선.

▸탄:소-지 炭素紙 (종이 지). ① [속뜻] 탄소(炭素)로 만든 종이[紙]. ② [출판] 얇은 종이에 기름, 안료 따위의 혼합물을 칠한 종이.

▸탄:소-판 炭素板 (널빤지 판). 탄소(炭素) 가루를 압착하여 만든 널조각[板].

▸탄:소 섬유 炭素纖維 (가늘 섬, 밧줄 유). [화학] 유기질 섬유를 태워서 만든, 주로 탄소(炭素)로 이루어진 섬유(纖維).

▸탄:소 전:구 炭素電球 (전기 전, 공 구). [전기] 탄소(炭素)를 필라멘트로 사용한 전구(電球).

▸탄:소 피:뢰기 炭素避雷器 (피할 피, 천둥 뢰, 그릇 기). [물리] 두 개의 탄소판(炭素板) 사이에 얇은 운모판을 끼워서 만든 피뢰기(避雷器).

탄:솔 坦率 (너그러울 탄, 소탈할 솔). 성품이 너그럽고[坦] 대범하며 솔직(率直)함.

탄:수 炭水 (숯 탄, 물 수). ① [속뜻] 탄소(炭素)와 수소(水素)를 아울러 이르는 말. ② 석

탄과 물을 아울러 이르는 말.

▸탄:수-차 炭水車 (수레 차). 석탄(石炭)과 물[水]을 싣는 열차(列車).

탄:수화-물 炭水化物 (숯 탄, 물 수, 될 화, 만물 물). 생물 탄소(炭素)와 물[水] 분자로 이루어진[化] 화합물(化合物). 3대 영양소 가운데 하나이고, 녹색 식물의 광합성으로 생긴다. 포도당, 과당, 녹말 따위가 이에 속한다.

탄:식 歎息 (=嘆息, 한숨지을 탄, 숨쉴 식). 한탄(恨歎)의 숨을 쉼[息]. ¶그는 어떻게 이럴 수가 있느냐고 탄식했다.

탄:신 誕辰 (태어날 탄, 날 신). 임금이나 성인이 태어난[誕] 날[辰]. ¶세종대왕 탄신을 기념하는 행사가 열렸다. ㊥탄생일(誕生日).

탄:압 彈壓 (퉁길 탄, 누를 압). ① 속뜻 퉁기고[彈] 억누름[壓]. ②무력 따위로 억눌러 꼼짝 못하게 함. ¶강력한 탄압 속에서도 독립운동을 펼쳤다.

탄:약 彈藥 (탄알 탄, 약 약). 탄알[彈]과 화약(火藥)을 아울러 이르는 말. ¶전쟁 통에 탄약이 바닥났다.

▸탄:약-고 彈藥庫 (곳집 고). 탄약(彈藥)이나 폭발물 따위를 저장하여 두는 창고(倉庫).

▸탄:약-통 彈藥筒 (대롱 통). ① 속뜻 탄약(彈藥)을 넣어 가지고 다니는 통(筒). ② 군사 포에 쓰는 탄알이나 장약, 점화제 따위를 완전히 갖추어 넣은 통.

▸탄:약 상자 彈藥箱子 (상자 상, 접미사 자). 군사 탄약(彈藥)을 넣어 두거나 운반하는 데 쓰이는 상자(箱子).

탄:우 彈雨 (탄알 탄, 비 우). 탄알[彈]이 빗발[雨]처럼 쏟아짐.

탄:원 歎願 (=嘆願, 한숨지을 탄, 바랄 원). 한숨을 지으며[歎] 간절히 바람[願]. ¶사람들은 그의 목숨을 살려주도록 왕에게 탄원했다.

▸탄:원-서 歎願書 (글 서). 탄원(歎願)하는 글이나 문서(文書).

탄:일 誕日 (태어날 탄, 날 일). 태어난[誕] 날[日]. '생일'을 높여 이르는 말. 탄생일. ¶내일이 왕의 탄일이다.

▸탄:일-종 誕日鐘 (쇠북 종). 기독교 성탄절 날[誕日]에 교회에서 치는 종(鐘). ¶탄일종이 은은하게 울려 퍼진다.

탄:저 炭疽 (숯 탄, 종기 저). ① 속뜻 숯[炭]처럼 검게 되는 종기[疽]. ② 농업 농작물의 과실, 줄기, 잎에 누런 갈색의 병 무늬가 생기고 붉은색의 분생 포자 덩어리가 생기는 병. 검썩은병. ③ 의학 탄저균으로 인하여 내장이 붓고 혈관에 균이 증식하는 병.

▸탄:저-균 炭疽菌 (세균 균). 생물 탄저(炭疽)의 병원체[菌].

▸탄:저-병 炭疽病 (병 병). 의학 탄저균(炭疽菌)으로 인하여 내장이 붓고 혈관에 균이 증식하는 병(病).

탄:전 炭田 (숯 탄, 밭 전). ① 속뜻 석탄(石炭) 밭[田]. ② 광업 석탄이 많이 매장되어 있는 곳을 말함. ㊥매전(煤田).

탄:좌 炭座 (숯 탄, 자리 좌). 광업 석탄(石炭)을 모아놓은 자리[座]. 석탄이 나는 일정지역의 여러 광구를 묶은 것.

탄:주[1] 炭柱 (숯 탄, 기둥 주). ① 속뜻 석탄(石炭) 기둥[柱]. ② 광업 탄갱에서 바닥이나 천장을 버티도록 캐지 않고 남겨 둔 석탄층.

탄:주[2] 彈奏 (퉁길 탄, 연주할 주). ① 음악 가야금이나 바이올린 따위 현악기를 타며[彈] 연주(演奏)함. ②남의 죄상을 밝혀 상소함.

▸탄:주 악기 彈奏樂器 (음악 악, 그릇 기). 음악 현을 켜거나 타서 소리를 내는[彈奏] 악기(樂器). ㊥현악기(絃樂器).

탄:지 彈指 (퉁길 탄, 손가락 지). ① 속뜻 손톱이나 손가락[指]을 튕김[彈]. ② 수학 소수(小數)의 단위의 하나. 순식(瞬息)의 10분의 1, 찰나의 10배이다. ③ 불교 탄지경(彈指頃).

▸탄:지지간 彈指之間 (어조사 지, 사이 간). ① 속뜻 손가락으로 튕기는[彈指] 사이[間]. ②'아주 짧은 동안' 또는 '세월이 아주 빠름'을 이르는 말.

탄:진 炭塵 (숯 탄, 티끌 진). 광업 탄갱 안의 공기 속에 떠다니는 아주 작은 석탄(石炭) 가루[塵].

탄:질 炭質 (숯 탄, 바탕 질). 숯이나 석탄, 무연탄[炭] 따위의 품질(品質).

탄:차 炭車 (숯 탄, 수레 차). 탄(炭)을 실어

나르는 차(車).

탄:착 彈着 (탄알 탄, 붙을 착). 탄알[彈]이 명중함[着]. 또는 그런 지점.

▸탄:착-점 彈着點 (점 점). 군사 발사한 탄환(彈丸)이 처음으로 도달한[着] 지점(地點).

▸탄:착 거:리 彈着距離 (떨어질 거, 떨어질 리). 군사 ① 탄환(彈丸)의 발사지점에서 도달한[着] 지점까지의 거리(距離). ② 발사한 탄환이 도달할 수 있는 최대 거리.

탄:창 彈倉 (탄알 탄, 창고 창). 군사 자동 소총이나 자동 권총 따위의 연발총에서, 보충용의 탄환(彈丸)을 재어 두는 통[倉].

탄:층 炭層 (숯 탄, 층 층). 광업 땅속에 석탄(石炭)이 묻혀 있는 층(層).

탄:탄 坦坦 (평평할 탄, 평평할 탄). ① 속뜻 평평하다[坦+坦]. ¶탄탄한 평야. ② 장래가 아무 어려움 없이 순탄하다. ¶그의 앞길은 탄탄하다.

▸탄:탄-대로 坦坦大路 (큰 대, 길 로). ① 속뜻 높낮이가 없이 넓고 평평하게[坦坦] 죽 뻗친 큰[大] 길[路]. ¶이 산만 넘으면 그 다음은 탄탄대로이다. ② '앞이 훤히 트이어 순탄하게 앞으로 나아갈 수 있는 상황'을 비유하여 이르는 말. ¶탄탄대로의 출셋길을 달리다.

탄:토 呑吐 (삼킬 탄, 토할 토). 삼키거나[呑] 뱉음[吐].

탄:평 坦平 (평평할 탄, 평평할 평). ① 속뜻 땅이 넓고 평평함[坦=平]. ② 근심이 없이 마음이 편함. ㊐평탄(平坦).

탄:피 彈皮 (탄알 탄, 껍질 피). 탄환(彈丸)의 껍데기[皮].

탄:핵 彈劾 (퉁길 탄, 캐물을 핵). ① 속뜻 잘못을 지적하여 퉁기며[彈] 낱낱이 캐물음[劾]. ② 법률 일반 파면이 어려운 대통령·국무위원·법관 등을 국회에서 소추하여 해임하거나 처벌하는 일. ¶국무총리 탄핵을 요구하다.

▸탄:핵-권 彈劾權 (권리 권). 법률 특정 공무원의 위법이나 비행 따위를 탄핵(彈劾)하여 소추할 수 있는 국회의 권리(權利).

▸탄:핵-주의 彈劾主義 (주될 주, 뜻 의). 법률 형사 소송법상, 검찰관이나 피해자 등 법원 이외의 제삼자가 제소를 함으로써[彈劾] 소송을 개시하는 주의(主義).

▸탄:핵 소추권 彈劾訴追權 (하소연할 소, 쫓을 추, 권리 권). 법률 특정 공무원의 위법이나 비행 따위를 탄핵(彈劾)하여 소추(訴追)할 수 있는 국회의 권리(權利). ㊟탄핵권.

탄:혈 彈穴 (탄알 탄, 구멍 혈). 포탄(砲彈)이나 폭탄(爆彈) 따위의 폭발로 생긴 구덩이[穴].

탄:화[1] 炭火 (숯 탄, 불 화). 숯[炭]이 타는 불[火]. ㊐탄불.

탄:화[2] 彈火 (탄알 탄, 불 화). 발사한 탄환(彈丸)에서 일어나는 불[火].

탄:화[3] 炭化 (숯 탄, 될 화). 화학 유기물이 열분해 또는 다른 화학적 변화로 말미암아 탄소(炭素)가 됨[化].

▸탄:화-도 炭化度 (정도 도). 화학 탄화(炭化)된 정도(程度).

▸탄:화-모 炭化毛 (털 모). 수공 탄화법(炭化法)으로 식물성 섬유 따위의 불순물을 없앤 양모(羊毛). '탄화양모'(炭化羊毛)의 준말.

▸탄:화-물 炭化物 (만물 물). 화학 탄소(炭素)와 양성 원소와의 화합물(化合物).

▸탄:화-법 炭化法 (법 법). ① 속뜻 탄화(炭化)시키는 방법(方法). ② 수공 유기 화합물에서 탄소만 남기는 방모사 제조 방법.

▸탄:화-철 炭化鐵 (쇠 철). 화학 탄소(炭素)와 철(鐵)의 화합물(化合物).

▸탄:화-석회 炭化石灰 (돌 석, 재 회). ① 속뜻 탄화(炭化)시킨 석회(石灰). ② 화학 칼슘의 아세틸리드.

▸탄:화-수소 炭化水素 (물 수, 바탕 소). 화학 탄소(炭素)와 수소(水素)만으로 이루어진 화합물(化合物)을 통틀어 이르는 말.

▸탄:화-양모 炭化羊毛 (양 양, 털 모). 수공 탄화법(炭化法)으로 식물성 섬유 따위의 불순물을 없앤 양모(羊毛). ㊟탄화모.

▸탄:화-규소 炭化硅素 (규소 규, 바탕 소). 화학 탄소(炭素)와 규소(硅素)의 화합물(化合物).

탄:환 彈丸 (탄알 탄, 알 환). 군사 총포에 재어서 쏘면 폭발하여 그 힘으로 탄알[彈]이 튀어나가게 된 둥그런 쇳덩이[丸]. ¶탄환이 그의 심장을 뚫고 나갔다. ㊐총알, 탄알.

탄:회 坦懷 (평탄할 탄, 품을 회). 평탄(平坦)

한 마음[懷]. 조금도 거리낌이 없는 마음.

탄ː흔 彈痕 (탄알 탄, 흉터 흔). 탄환(彈丸)을 맞은 흉터[痕].

탈각[1] 脫却 (벗을 탈, 물리칠 각). ① 속뜻 무엇을 벗어[脫] 버림[却]. ② 잘못된 생각이나 나쁜 상황에서 벗어남.

탈각[2] 脫殼 (벗을 탈, 껍질 각). ① 속뜻 짐승이나 벌레 따위가 껍질[殼]을 벗음[脫]. ② 낟알 따위의 껍데기를 벗김.

탈격 奪格 (빼앗을 탈, 자격 격). ① 속뜻 빼앗기는[奪] 그 대상이 되는 자격(資格). ② 언어 동작이나 행동이 비롯하는 곳을 나타내는 격. ③ 언어 '탈격 조사'(助詞)의 준말. 동작이나 행동이 비롯하는 곳을 나타내는 부사격 조사. '에게서', '한테서' 따위가 있다.

탈고 脫稿 (벗을 탈, 원고 고). 원고(原稿)의 쓰기에서 벗어남[脫]. 원고를 끝냄.

탈곡 脫穀 (벗을 탈, 곡식 곡). ① 속뜻 곡식[穀]의 낟알에서 겉겨를 벗겨냄[脫]. ② 곡식의 낟알을 이삭에서 떨어냄. ¶벼를 탈곡하다.

▸탈곡-기 脫穀器 (그릇 기). 곡식을 탈곡(脫穀)하는 데 쓰는 농기구(農器具).

탈-공해 脫公害 (벗을 탈, 여럿 공, 해칠 해). 공해(公害)에서 벗어나는[脫] 일.

탈관 脫冠 (벗을 탈, 갓 관). ① [속뜻]갓[冠]을 벗음[脫]. ② '벼슬아치가 관직을 떠남'을 비유적으로 이르는 말.

탈구[1] 脫句 (빠질 탈, 글귀 구). 글 중에서 빠진[脫] 글귀[句].

탈구[2] 脫臼 (빠질 탈, 절구 구). 의학 절구[臼] 모양의 뼈 관절이 어그러져 빠짐[脫].

탈당 脫黨 (빠질 탈, 무리 당). 소속하고 있던 정당(政黨)에서 떠남[脫]. ㊉입당(入黨).

탈락 脫落 (빠질 탈, 떨어질 락). ① 속뜻 어떤 데에 끼지 못하고 빠지거나[脫] 떨어짐[落]. ¶우리 팀은 예선에서부터 탈락했다. ② 언어 둘 이상의 음절이 이어질 때, 한 쪽이 모음이나 자음 또는 음절이 없어지는 일. '가+아서'가 '가서'로(ㅏ 탈락), '울+는'이 '우는'(ㄹ 탈락)이 되는 것 따위.

탈로 脫路 (벗을 탈, 길 로). 감시 따위를 벗어나[脫] 도망하는 길[路].

탈루 脫漏 (빠질 탈, 샐 루). 밖으로 빠져나가[脫] 샘[漏]. ¶세금 탈루.

탈리 脫離 (벗을 탈, 떨어질 리). ① 속뜻 벗어나[脫] 따로 떨어짐[離]. ㊥이탈(離脫). ② 식물 식물이 성장 억제 호르몬 따위의 산을 분비하여 잎, 꽃, 씨, 열매 따위를 떨어뜨리는 생리적 단계.

탈립-기 脫粒機 (빠질 탈, 알 립, 틀 기). 농업 옥수수의 낟알[粒]을 그 속대로부터 떨어내는[脫] 기계(機械).

탈립-성 脫粒性 (빠질 탈, 알 립, 성질 성). 농업 이삭에서 벼의 낟알[粒]이 떨어지는[脫] 성질(性質).

탈망 脫網 (벗을 탈, 그물 망). ① 속뜻 머리에 쓴 망건(網巾)을 벗음[脫]. ② 그물에서 빠져 나감.

탈모[1] 脫帽 (벗을 탈, 모자 모). 모자(帽子)를 벗음[脫].

탈모[2] 脫毛 (빠질 탈, 털 모). 털[毛]이 빠짐[脫]. 빠진 털. ¶머리가 훤히 들여다보일 정도로 탈모가 되었다.

▸탈모-제 脫毛劑 (약제 제). 약학 필요 없는 털을 없애기 위하여[脫毛] 바르는 약제(藥劑).

▸탈모-증 脫毛症 (증세 증). 주로 머리카락이 빠지는[脫毛] 병증(病症). ㊥독두병(禿頭病).

탈문 脫文 (빠질 탈, 글월 문). 글에서 글귀[文]나 자구가 빠짐[脫]. 또는 그 글귀나 자구.

탈발 脫髮 (빠질 탈, 머리털 발). 머리털[髮]이 빠짐[脫].

탈법 脫法 (벗을 탈, 법 법). 교묘하게 법망(法網)을 벗어남[脫].

탈분 脫糞 (벗을 탈, 똥 분). 똥[糞]을 쌈[脫].

탈빈 脫貧 (벗을 탈, 가난 빈). 가난[貧]에서 벗어남[脫].

탈산 脫酸 (빠질 탈, 산소 산). 공업 금속 제련 과정에서 혼입된 산소(酸素)를 빼내는[脫] 일. 또는 그런 조작(操作).

탈상 脫喪 (벗을 탈, 죽을 상). ① [속뜻]상복(喪服)을 벗음[脫]. ② 상사(喪事)를 마침. ¶탈상을 하자면 아직 한참 남았습니다. ㊥해상(解喪).

탈색[1] 奪色 (빼앗을 탈, 빛 색). ① 속뜻 빛[色]

을 빼앗음[奪]. ②같은 것 가운데서 어느 하나가 특히 뛰어나 다른 것들을 압도함.

탈색² 脫色 (빠질 탈, 빛 색). 섬유 제품 따위에 들어 있는 색깔[色]을 뺌[脫]. ¶이 옷은 햇빛에 탈색되었다. [반]염색(染色).

▸탈색-제 脫色劑 (약제 제). [화학] 물들인 물감[色] 따위를 빼는[脫] 데 쓰는 약제(藥劑).

탈선¹ 脫船 (벗을 탈, 배 선). 선원이 선장의 허가 없이 배[船]에서 이탈(離脫)함.

탈선² 脫線 (벗을 탈, 줄 선). ① [속뜻] 기차나 전차 따위의 바퀴가 선로(線路)를 벗어남[脫]. ¶기차가 탈선해서 많은 승객들이 다쳤다. ②'언행이 상규를 벗어나거나 나쁜 방향으로 빗나감'을 비유하여 이르는 말. ¶탈선한 청소년들을 보호하다. ③목적 이외의 딴 길로 빠짐.

▸탈선-행위 脫線行爲 (행할 행, 할 위). ① [속뜻] 상규나 상식[線路]을 벗어난[脫] 행위(行爲). ②본디의 목적에서 벗어난 행위.

탈세 脫稅 (벗을 탈, 세금 세). ① [속뜻] 교묘하게 납세(納稅)의 의무를 벗어남[脫]. ②납세자가 납세액(納稅額)의 전부 또는 일부를 내지 않는 일. ¶거액을 탈세하다.

탈속 脫俗 (벗을 탈, 속될 속). ① [속뜻] 속태(俗態)를 벗음[脫]. ②속세의 번뇌에서 벗어남. [비]탈진(脫塵).

탈수 脫水 (빠질 탈, 물 수). ① [속뜻] 어떤 물질 속에 들어 있는 수분(水分)을 제거함[脫]. ¶그녀는 심한 탈수 증세를 보였다 / 빨래를 탈수하다. ② [화학] 화합물 중의 수소와 산소를 화학 반응에 의해 수분의 형태로 제거함.

▸탈수-기 脫水機 (틀 기). 세탁이나 염직(染織)·제약(製藥) 등에서, 수분(水分)을 제거하는[脫] 데 쓰는 기계(機械).

▸탈수-제 脫水劑 (약제 제). [화학] 물질 속의 수분(水分)을 없애거나[脫] 화합물을 분해하여 그 속의 산소와 수소를 없애는 약제(藥劑).

▸탈수 증세 脫水症勢 (증세 증, 기세 세). [의학] 땀이나 소변 등으로 수분(水分)이 과다하게 빠져나가[脫] 일어나는 증세(症勢). [준]탈수증.

탈염 脫鹽 (빠질 탈, 소금 염). ① [속뜻] 소금기[鹽]를 빼냄[脫]. ② [화학] 바닷물, 원유 따위에 함유되어 있는 각종 염류를 제거하는 일.

탈영 脫營 (벗을 탈, 집 영). [군사] 군인이 집단으로 거주하는 집[營]을 벗어나[脫] 달아남. ¶어젯밤에 병사 하나가 탈영했다.

▸탈영-병 脫營兵 (군사 병). [군사] 탈영(脫營)한 병사(兵士).

탈오 脫誤 (빠질 탈, 그르칠 오). 빠진[脫] 글자와 틀린[誤] 글자. 탈자(脫字)와 오자(誤字).

탈옥 脫獄 (벗을 탈, 감옥 옥). 죄수가 감옥(監獄)을 빠져 나와[脫] 도망함. ¶죄수 두 명이 탈옥을 시도하다 붙잡혔다. [비]탈감(脫監).

▸탈옥-수 脫獄囚 (가둘 수). 교도소에서 빠져 나와 도망한[脫獄] 죄수(罪囚).

탈위 脫危 (벗을 탈, 위태할 위). ① [속뜻] 위험(危險)한 지경에서 벗어남[脫]. ②위독한 고비를 벗어남.

탈의 脫衣 (벗을 탈, 옷 의). 옷[衣]을 벗음[脫]. [반]착의(着衣), 착복(着服).

▸탈의-실 脫衣室 (방 실). 온천이나 목욕탕 따위에서 옷[衣]을 벗도록[脫] 마련한 방[室]. ¶그는 탈의실에서 운동복으로 갈아입었다.

▸탈의-장 脫衣場 (마당 장). 옷[衣]을 벗거나[脫] 갈아입도록 만들어 놓은 곳[場].

탈자 脫字 (빠질 탈, 글자 자). 빠진[脫] 글자[字]. 글이나 인쇄물 따위에서 빠뜨린 글자. 빠져 없어진 글자. [비]낙자(落字).

탈장 脫腸 (빠질 탈, 창자 장). [의학] 창자[腸]의 일부가 제자리에서 삐져나온[脫] 상태.

▸탈장-대 脫腸帶 (띠 대). [의학] 탈장(脫腸)된 부분을 제자리에 넣고 밖에서 눌러 두르는 띠[帶].

탈적¹ 脫籍 (빠질 탈, 문서 적). 호적, 당적, 병적 따위의 문서[籍]에서 빠지거나 떨어짐[脫]. [반]입적(入籍).

탈적² 奪嫡 (빼앗을 탈, 종손 적). 적손(嫡孫)의 자리를 빼앗음[奪]. [비]탈종(奪宗).

탈종 奪宗 (빼앗을 탈, 마루 종). 종손(宗孫)의 자리를 빼앗음[奪]. [비]탈적(奪嫡).

탈주 脫走 (빠질 탈, 달릴 주). 몸을 빼어[脫] 달아남[走]. ¶죄수들은 호송 도중 탈주했다.

탈지¹ 奪志 (빼앗을 탈, 뜻 지). ① [속뜻] 뜻[志]

을 빼앗음[奪]. ②정절을 지키는 과부를 개가(改嫁)시킴.

탈지[2] 脫脂 (빠질 탈, 기름 지). 기름이나 기름기[脂]를 빼어냄[脫].

▸ **탈지-면** 脫脂綿 (솜 면). 의학 지방분(脂肪分)을 제거하고[脫] 소독한 솜[綿]. ¶탈지면으로 상처 부위를 닦다. ㊥약솜, 소독면(消毒綿).

▸ **탈지-유** 脫脂乳 (젖 유). 지방분(脂肪分)을 뺀[脫] 우유(牛乳). ㊥전유(全乳).

▸ **탈지-분유** 脫脂粉乳 (가루 분, 젖 유). 지방분(脂肪分)을 뺀[脫] 우유를 건조하여 만든 가루[粉] 우유(牛乳).

▸ **탈지 요법** 脫脂療法 (병 고칠 료, 법 법). 의학 지방(脂肪)을 빼서[脫] 치료(治療)하는 방법(方法).

탈진[1] 脫盡 (빠질 탈, 다할 진). 기운이 빠져[脫] 없어짐[盡]. ¶탈진한 선수가 병원으로 후송되었다. ㊥탈기(脫氣).

탈진[2] 脫塵 (벗을 탈, 티끌 진). ①속뜻 속세[塵]를 벗어남[脫]. ②부나 명예와 같은 현실적인 이익을 추구하는 마음으로부터 벗어남.

탈질 脫窒 (빠질 탈, 질소 질). 화학 ①석유 정제에서, 질소(窒素)분을 제거하는[脫] 일. ②자동차나 보일러 따위의 배기가스 중에서 광화학 스모그의 원인이 되는 질소 산화물을 제거하는 일. ③탈질 작용.

▸ **탈질 작용** 脫窒作用 (지을 작, 쓸 용). 화학 질소화합물이 환원되어 그 안에 있던 질소 이온이 질소(窒素)로 변해가 떨어져[脫] 나오는 작용(作用). ㊟탈질.

탈채 脫債 (벗을 탈, 빚 채). 부채(負債)를 벗어남[脫]. 빚을 다 갚음.

탈출 脫出 (빠질 탈, 날 출). 일정한 환경이나 구속에서 빠져[脫] 나감[出]. ¶비만 탈출을 위해 운동하다 / 그는 낙하산을 타고 비행기를 탈출했다. ㊥탈거(脫去).

▸ **탈출-기** 脫出記 (기록할 기). 문학 최서해가 지은 단편 소설. 주인공이 왜 가정을 탈출(脫出)했는가에 대한 이유를 편지글 투로 기술(記述)하였다.

▸ **탈출 속도** 脫出速度 (빠를 속, 정도 도). 천문 로켓이나 인공위성이 지구 등 천체의 인력에서 벗어나서[脫出] 우주 공간으로 날아오르는 데 필요한 한계 속도(速度).

탈취[1] 奪取 (빼앗을 탈, 가질 취). 남의 것을 억지로 빼앗아[奪] 가짐[取]. ¶군부대에서 총기 탈취 사건이 발생했다.

탈취[2] 脫臭 (빠질 탈, 냄새 취). 냄새[臭]를 뺌[脫].

▸ **탈취-제** 脫臭劑 (약제 제). 냄새[臭]를 빼는[脫] 데 쓰는 약제(藥劑).

탈태[1] 脫胎 (벗을 탈, 아이 밸 태). ①속뜻 태보(胎褓)를 벗은[脫] 것 같음. ②수공 질이 매우 엷어서 마치 잿물만 가지고 만든 것처럼 보이는 투명한 자기(瓷器)의 몸. 반탈태(半脫胎)와 진탈태(盡脫胎)가 있다.

탈태[2] 脫態 (벗을 탈, 모양 태). 기존의 모양에서[態] 벗어남[脫]. 형식이나 형태를 바꿈.

탈태[3] 奪胎 (빼앗을 탈, 아이 밸 태). '환골탈태'(換骨奪胎)의 준말.

탈토 脫兎 (벗을 탈, 토끼 토). ①속뜻 달아나는[脫] 토끼[兎]. ②동작이 매우 빠름을 이르는 말.

탈퇴 脫退 (벗을 탈, 물러날 퇴). ①속뜻 정당이나 단체 따위에서 벗어나[脫] 물러남[退]. ¶모임에서 탈퇴하기로 작정하다. ②법률관계의 구속에서 벗어남. ㊥가입(加入).

탈피 脫皮 (벗을 탈, 껍질 피). ①속뜻 껍질[皮]을 벗음[脫]. ②동물 파충류, 곤충류 따위가 자라면서 허물이나 껍질을 벗음. ¶뱀은 봄에 탈피를 한다. ③일정한 상태나 처지에서 완전히 벗어남. ¶그는 따분한 일상에서 탈피하기 위하여 재미있는 일을 계획했다.

탈함 脫艦 (벗을 탈, 싸움배 함). 군사 군함(軍艦)에서 근무하는 군인이 군함을 무단으로 빠져나오거나[脫] 상륙한 후 복귀하지 않음.

탈항 脫肛 (빠질 탈, 항문 항). 의학 치질의 한 가지. 직장이나 항문의 일부 또는 대부분이 항문(肛門) 밖으로 삐져나와[脫] 처지는 상태. ㊥장치(腸痔).

▸ **탈항-증** 脫肛症 (증세 증). 의학 탈항(脫肛)이 되는 병증(病症).

탈화[1] 脫化 (벗을 탈, 될 화). ①속뜻 곤충 따위가 허물을 벗고[脫] 다른 모양이 됨[化].

②옛 풍속의 뜻을 살리고 새로운 형식으로 바꿈.

탈화² 脫靴 (벗을 탈, 구두 화). 신[靴]을 벗음[脫].

탈환 奪還 (빼앗을 탈, 돌아올 환). 빼앗겼던 것을 빼앗아[奪] 되찾음[還]. ¶그 팀은 4년 만에 우승컵을 탈환했다. [비]탈회(奪回).

탈황 脫黃 (빠질 탈, 누를 황). [화학]석유나 천연 가스 또는 금속 제련 따위의 생산 공정에서 황(黃)성분을 제거하는[脫] 일. [비]탈류(脫硫).

탈회 脫會 (빠질 탈, 모일 회). 어떤 모임[會]을 탈퇴(脫退)함. [반]입회(入會).

탐관 貪官 (탐낼 탐, 벼슬 관). 백성의 재물을 탐(貪)하는 벼슬아치[官]. [비]탐리(貪吏).

▸**탐관-오리** 貪官汚吏 (더러울 오, 벼슬아치 리). 탐욕(貪慾)이 많고 행실이 더러운[汚] 벼슬아치[官=吏]. ¶탐관오리의 가혹한 수탈에 시달리다.

탐광 探鑛 (찾을 탐, 쇳돌 광). [광업]광맥(鑛脈)이나 광상, 유전 따위를 찾아내는[探] 일.

탐구¹ 探求 (찾을 탐, 구할 구). 소용되는 것을 조사하여 찾아내거나[探] 구함[求].

탐구² 貪求 (탐낼 탐, 구할 구). 뇌물 같은 것을 탐욕(貪慾)스럽게 구함[求].

⁑**탐구³** 探究 (찾을 탐, 생각할 구). 진리나 법칙 따위를 찾아[探] 깊이 연구(硏究)함. ¶야생동물을 탐구하다.

▸**탐구-심** 探究心 (마음 심). 깊이 찾아[探] 연구(硏究)하려는 마음[心].

▸**탐구-욕** 探究慾 (욕심 욕). 깊이 찾아[探] 연구(硏究)하려는 욕망(慾望).

▸**탐구-자** 探究者 (사람 자). 깊이 찾아[探] 연구(硏究)하는 사람[者].

탐닉 耽溺 (즐길 탐, 빠질 닉). 어떤 일을 지나치게 즐겨서[耽] 거기에 빠짐[溺].

탐독 耽讀 (빠질 탐, 읽을 독). ①[속뜻]다른 일을 잊어버릴 정도로 글 읽기[讀]에 빠짐[耽]. ②어떤 글이나 책을 유달리 즐겨 읽음.

탐라 耽羅 (즐길 탐, 새그물 라). ①[역사]'탐라국'(耽羅國)의 준말. '제주도'(濟州島)의 옛 이름.

▸**탐라-국** 耽羅國 (나라 국). [역사]삼국 시대에 제주도[耽羅]에 있던 나라[國]. 백제, 신라, 고려에 속했다가 고려 숙종 10년(1105)에 고려의 한 군현이 되었다.

▸**탐라-총관부** 耽羅摠管府 (모두 총, 관리할 관, 관청 부). [역사]고려 말, 원나라가 삼별초의 항쟁을 진압하고 제주도[耽羅] 전체[摠]를 관리하기[管] 위해 둔 관청[府].

탐락 耽樂 (빠질 탐, 즐길 락). 주색이나 오락 따위에 빠져[耽] 마음껏 즐김[樂].

탐망 探望 (살필 탐, 바라볼 망). ①[속뜻]살펴서[探] 바라봄[望]. ②그리 되기를 넌지시 바람.

탐매 探梅 (찾을 탐, 매화나무 매). 매화(梅花) 핀 경치를 찾아[探] 구경함.

탐문¹ 探問 (찾을 탐, 물을 문). 아직 알려지지 않은 사실이나 소식을 찾아[探] 물음[問]. ¶탐문 수사를 벌이다 | . [비]채문(採問).

탐문² 探聞 (찾을 탐, 들을 문). 아직 알려지지 않은 사실이나 소식을 더듬어 찾아가[探] 들음[聞].

탐미¹ 耽味 (즐길 탐, 맛 미). 맛보는[味] 것을 즐김[耽]. 깊이 음미함.

탐미² 耽美 (빠질 탐, 아름다울 미). 아름다움[美]에 깊이 빠짐[耽].

▸**탐미-적** 耽美的 (것 적). 아름다움[美]에 깊이 빠져서[耽] 도취되는 경향이 있는 것[的].

▸**탐미-파** 耽美派 (갈래 파). 미(美)를 최고의 가치로서 추구하는[耽] 예술의 한 파(派). [비]유미파(唯美派).

▸**탐미-주의** 耽美主義 (주될 주, 뜻 의). [문학]미(美)를 최고의 가치로서 추구하는[耽] 주의(主義). 19세기 후반 유럽에서 일어났던 문예 사조의 한 가지이다. [비]유미주의(唯美主義).

탐방 探訪 (찾을 탐, 물을 방). ①[속뜻]어떤 사람을 찾아가[探] 소식 따위를 물어[訪] 봄. 어떤 사실이나 소식 따위를 알아내기 위하여 사람이나 장소를 찾아감. ¶유적지를 탐방하다. ②명승고적 따위를 구경하기 위하여 찾아감. ¶신라의 유적지를 탐방하다.

▸**탐방-기** 探訪記 (기록할 기). 탐방(探訪)한 내용을 적은[記] 글.

▸탐방 기자 探訪記者 (기록할 기, 사람 자). 탐방(探訪)하는 일을 맡은 기자(記者).

탐보 探報 (찾을 탐, 알릴 보). 알려지지 않은 사실 따위를 찾아내[探] 알림[報].

탐부 貪夫 (탐낼 탐, 사나이 부). 탐욕(貪慾)스러운 사나이[夫].

탐사 探査 (찾을 탐, 살필 사). 알려지지 않은 사물이나 사실 따위를 찾아[探] 조사(調査)함. ¶달 표면을 탐사하다 / 해양생물 탐사대.

탐색[1] 探色 (=耽色, 찾을 탐, 색정 색). 여색[色]을 찾아다님[探]. ㊥호색(好色).

탐색[2] 探索 (살필 탐, 찾을 색). 드러나지 않은 사물이나 현상 따위를 살펴[探] 찾아냄[索]. ¶경찰은 범인을 탐색 중이다.

▸탐색-기 探索機 (틀 기). 탐색(探索)하는 데 쓰는 항공기(航空機). 탐색하는 데 쓰는 기계.

탐석 探石 (찾을 탐, 돌 석). 수석(壽石)을 찾는[探] 일.

탐승 探勝 (찾을 탐, 뛰어날 승). 경치 좋은[勝] 곳을 찾아다님[探].

▸탐승-객 探勝客 (손 객). 경치 좋은[勝] 곳을 찾아[探] 구경 다니는 사람[客].

탐식 貪食 (탐낼 탐, 밥 식). 음식(飮食)을 탐냄[貪].

▸탐식-증 貪食症 (증세 증). 음식(飮食)을 탐(貪)하는 병증(病症). 음식을 아무리 먹어도 배부른 느낌을 느끼지 못하는 병증. ㊥다식증(多食症).

탐심 貪心 (탐낼 탐, 마음 심). ① 속뜻 탐(貪)내는 마음[心]. ②부당한 욕심.

탐애 貪愛 (탐낼 탐, 아낄 애). ① 속뜻 남의 물건은 탐(貪)내고 제 것은 몹시 아낌[愛]. ② 불교 오경(五境)을 탐하여 애착(愛着)함.

탐오 貪汚 (탐낼 탐, 더러울 오). 탐욕(貪慾)스럽고 하는 짓이 더러움[汚].

탐욕 貪慾 (탐낼 탐, 욕심 욕). ① 속뜻 지나치게 갖고자 탐(貪)내는 욕심(慾心). ¶탐욕에 눈이 멀다. ② 불교 십악의 하나. 자기 뜻에 맞는 사물에 애착하여 만족할 줄 모르는 일.

탐음 貪淫 (탐낼 탐, 음란할 음). 음란(淫亂)한 일을 탐(貪)함. 지나치게 여색을 탐(貪)함. ㊥호색(好色).

탐재 貪財 (탐낼 탐, 재물 재). 재물(財物)을 탐(貪)냄.

탐정[1] 探情 (찾을 탐, 마음 정). 남의 뜻[情]을 넌지시 살핌[探].

탐정[2] 探偵 (찾을 탐, 염탐할 정). 드러나지 않은 사정을 찾아[探] 몰래 염탐하여[偵] 알아냄. 또는 그런 일을 하는 사람. ¶그는 이번 사건을 탐정에게 의뢰했다 / 실종된 사람의 행방을 탐정하다.

▸탐정 소:설 探偵小說 (작을 소, 말씀 설). 문학 탐정(探偵)을 줄거리로 삼고 있는 소설(小說). 주로 범죄 사건을 제재로 하여 그 사건의 전말을 흥미 있게 추리하여 풀어 나간다. ㊥추리 소설(推理小說).

탐조 探照 (찾을 탐, 비칠 조). 무엇을 더듬어 찾기[探] 위하여 광선을 멀리 비춤[照]. ¶탐조 시설.

▸탐조-등 探照燈 (등불 등). 밤에 무엇을 찾거나 비추기 위하여 멀리까지 비추게[探照] 된 등(燈). 아크등을 광원(光源)으로 하여 반사경을 이용한다. ¶탐조등이 땅바닥을 훑었다.

탐지 探知 (찾을 탐, 알 지). 드러나지 않은 물건이나 사실을 찾아[探] 알아냄[知]. ¶이 비행기는 레이더로 탐지하기 어렵다.

▸탐지-기 探知機 (틀 기). 어떤 사물의 소재 따위를 탐지(探知)하는 데 쓰이는 기계(機械)를 통틀어 이르는 말. ¶금속 탐지기를 통과하다.

탐측 探測 (찾을 탐, 헤아릴 측). 적정(敵情)이나 기상 따위를 탐색(探索)하여 헤아림[測].

탐탐[1] 眈眈 (노려볼 탐, 노려볼 탐). 눈을 부릅뜨고 노려보는[眈+眈] 모양. ¶호시탐탐(虎視眈眈).

탐탐[2] 耽耽 (즐길 탐, 즐길 탐). 즐기고[耽] 또 즐김[耽]. 매우 즐기는 모양을 뜻함.

탐해-등 探海燈 (찾을 탐, 바다 해, 등불 등). 군사 적을 경계하기 위하여 바다[海]를 비추어 살피는[探] 등(燈).

탐험 探險 (찾을 탐, 험할 험). 위험(危險)을 무릅쓰고 어떤 곳을 찾아가서[探] 살펴보고 조사함. ¶미지의 세계를 탐험하다.

▸탐험-가 探險家 (사람 가). 탐험(探險)을 전문으로 하는 사람[家]. ¶그녀는 대담하고 모험적인 탐험가였다.

▸탐험-대 探險隊 (무리 대). 탐험(探險)을 목적으로 여러 사람으로 조직된 무리[隊]. ¶남극 탐험대를 조직하다.

▸탐험 소:설 探險小說 (작을 소, 말씀 설). 문학 탐험(探險)을 내용으로 하는 소설(小說).

탐혹 耽惑 (즐길 탐, 홀릴 혹). 어떤 사물에 마음이 빠져[耽] 마음이 흐려짐[惑].

탐화 探花 (찾을 탐, 꽃 화). ① 속뜻 꽃[花]을 찾아냄[探]. ② 역사 '탐화랑'(探花郎)의 준말.

▸탐화-랑 探花郎 (사나이 랑). 역사 조선 시대에, 과거 시험에서 갑과에 셋째로 급제한 [探花] 사람[郎]을 이르던 말. ㊟탐화.

탐후 探候 (찾을 탐, 물을 후). 남의 안부를 살피기[探] 위하여 물음[候].

탑 망원경 塔望遠鏡 (탑 탑, 바라볼 망, 멀 원, 거울 경). 천문 태양을 관측하는 데에 쓰이는 탑(塔) 모양의 망원경(望遠鏡).

탑문 搨文 (베낄 탑, 글월 문). 새겨진 글[文] 따위를 베낌[搨].

탑본 搨本 (베낄 탑, 책 본). 비석에 새긴 글씨 따위를 베끼거나[搨] 그렇게 한 종이[本]. ¶탑본을 뜨다. ㊥탁본(拓本).

탑비 塔碑 (탑 탑, 비석 비). 탑(塔)과 비석(碑石).

탑상-운 塔狀雲 (탑 탑, 형상 상, 구름 운). 탑(塔) 모양[狀]으로 머리 부분이 아주 높이 올라간 구름[雲].

탑승 搭乘 (탈 탑, 탈 승). 항공기, 선박, 기차 따위에 올라탐[搭=乘]. ¶버스에 탑승하다.

▸탑승-객 搭乘客 (손 객). 탑승(搭乘)한 손님[客]. ¶침몰한 배의 탑승객 전원이 구조되었다.

▸탑승-원 搭乘員 (사람 원). 탑승(搭乘)하여 일정한 일에 종사하는 사람[員]. 승무원(乘務員).

탑신 塔身 (탑 탑, 몸 신). 탑(塔) 가운데 몸[身]에 해당되는 부분. ¶이 탑은 탑신이 참 아름답다.

▸탑신-석 塔身石 (돌 석). 석탑의 탑신(塔身)을 이루는 돌[石].

탑영 塔影 (탑 탑, 그림자 영). 탑(塔)의 그림자[影].

탑재 搭載 (실을 탑, 실을 재). 배나 항공기 따위에 물건을 실음[搭=載]. ¶화물을 탑재한 트럭.

▸탑재-량 搭載量 (분량 량). 배, 항공기, 자동차 따위에 실을[搭載] 수 있는 짐의 분량(分量).

탑파 塔婆 (탑 탑, 할미 파). 불교 팔리어로 '사리를 봉안하는 장소'를 뜻하는 단어를 축약한 'thupa'의 한자 음역어. 석가모니의 사리나 유골을 모시거나 그 덕을 기리기 위하여 세운 건축물이다.

탑형 塔形 (탑 탑, 모양 형). 탑(塔)처럼 생긴 모양[形]. 탑꼴.

탕:감 蕩減 (거침없을 탕, 덜 감). 빚 따위를 모두 쓸어버려[蕩] 덜어줌[減]. ¶조세 탕감 / 농가 부채 탕감.

탕:객 蕩客 (거침없을 탕, 손 객). 방탕(放蕩)한 사람[客].

탕:건 宕巾 (거칠 탕, 수건 건). ① 속뜻 거칠게[宕] 짠 수건[巾]. ②벼슬아치가 갓 아래 받쳐 쓰던 관(冠)의 한 가지. 말총으로 뜨는데 앞이 낮고 뒤가 높아 턱이 졌다.

탕:관 湯罐 (끓을 탕, 두레박 관). 국을 끓이거나[湯] 약을 달이는 자그마한 그릇[罐].

탕:기 湯器 (끓을 탕, 그릇 기). 국이나 찌개 따위를 끓여서[湯] 떠 놓는 자그마한 그릇[器].

탕:-면 湯麵 (끓을 탕, 국수 면). 국을 끓여[湯] 그 속에 면(麵)을 넣은 것. 국에 만 국수.

탕:-반 湯飯 (끓을 탕, 밥 반). 끓인[湯] 장국에 만 밥[飯]. 장국밥.

탕:부 蕩婦 (거침없을 탕, 여자 부). 방탕(放蕩)한 여자[婦].

탕:상 湯傷 (끓을 탕, 다칠 상). 끓는[湯] 물에 데어 다침[傷].

탕:수 湯水 (끓을 탕, 물 수). 끓는[湯] 물[水].

탕수-육 糖水肉 (사탕 탕, 물 수, 고기 육). 반죽한 고기[肉]를 튀겨내어 설탕[糖]을 넣어 졸인 즙[水]을 부어 낸 중국 요리.

탕:심 蕩心 (거침없을 탕, 마음 심). 방탕(放蕩)한 마음[心].

탕:아 蕩兒 (거침없을 탕, 젊은 남자 아). 방탕(放蕩)한 사나이[兒]. ㊥탕자(蕩子).

탕:약 湯藥 (끓을 탕, 약 약). 한의 끓이고 달여서[湯] 만든 한약(漢藥). ¶탕약 한 첩을 달이다. ⓑ탕제(湯劑).

탕:자 蕩子 (거침없을 탕, 접미사 자). 방탕(放蕩)한 사람[子]. ⓑ탕아(蕩兒).

탕:진 蕩盡 (거침없을 탕, 다할 진). 재물 따위가 물로 다 쓸어내리듯[蕩] 없어짐[盡]. ¶노름으로 재산을 탕진하다.

▸탕:진-가산 蕩盡家產 (집 가, 재물 산). 집[家]안의 재산(財產)을 다 써서 없앰[蕩盡]. ⓑ탕산(蕩產).

탕:치 湯治 (욕탕 탕, 다스릴 치). 온천[湯]에서 목욕하여 병을 치료(治療)함. ¶탕치 요법 / 피부병은 탕치가 효과가 있다고 한다.

탕:탕 蕩蕩 (거침없을 탕, 거침없을 탕). ① 속뜻 기세가 거침없는[蕩=蕩] 모양. ② 평탄한 모양. ③ 마음이 유연하고 사사로움이 없는 모양. ④ 법도가 쇠퇴한 모양.

▸탕:탕평평 蕩蕩平平 (고를 평, 고를 평). ① 속뜻 기세가 거침없고[蕩蕩] 평안함[平平]. ② 싸움, 시비, 논쟁 따위에서 어느 쪽에도 치우침이 없이 공평함.

탕:파 湯婆 (끓을 탕, 할미 파). 뜨거운[湯] 물을 넣어서 몸을 덥게 하는 기구를 할미[婆]에 비유한 말. 쇠나 함석, 자기 따위로 만들며, 이불 속에 넣고 잔다.

탕:평 蕩平 (거침없을 탕, 평안할 평). ① 속뜻 거침없고[蕩] 평탄(平坦)함. ② 역사 '탕평책'의 준말.

▸탕:평-론 蕩平論 (논할 론). 역사 조선 영조 때의 탕평책(蕩平策)의 정론(政論).

▸탕:평-채 蕩平菜 (나물 채). 탕평책(蕩平策)을 논하는 자리에 오른 나물[菜]. 초나물에 녹두묵을 썰어 넣고 무친 음식이다. 묵청포.

▸탕:평-책 蕩平策 (꾀 책). 역사 조선 때, 영조(英祖)가 당쟁을 없애고[蕩平] 균형 있는 정치를 행하려던 정책(政策). 이 정책으로 각 당파의 인재를 고르게 등용했다. ㊥탕평.

태강즉절 太剛則折 (클 태, 굳셀 강, 곧 즉, 꺾을 절). ① 속뜻 너무[太] 굳거나[剛] 빳빳하면〈則〉꺾어짐[折]. ② 지나치게 강직하면 오히려 좋지 아니함. ¶태강즉절이니 너무 고집부리지 말고 한 발짝 물러서게나.

태고 太古 (클 태, 옛 고). 아득히 먼[太] 옛날[古]. ¶태고의 신비를 간직한 섬.

▸태고-계 太古界 (지경 계). 태고대(太古代)의 지층[界]. ⓑ태고층(太古層).

▸태고-대 太古代 (시대 대). 지질 시대 중의 가장 오래된[太古] 시대(時代). ⓑ시생대(始生代).

▸태고-사 太古史 (역사 사). 태고(太古)적의 역사(歷史).

▸태고-층 太古層 (층 층). 태고대(太古代)의 지층(地層). ⓑ태고계(太古界).

태교 胎教 (태아 태, 가르칠 교). 뱃속의 태아(胎兒)에 대한 가르침[教]. 임산부가 마음을 바르게 하고 언행을 삼가 태아를 가르치는 일을 이른다. ¶클래식 음악으로 태교를 한다.

태국 泰國 (클 태, 나라 국). 'Thailand'를 한자로 옮긴 말. Thai[泰] + land[國].

태권 跆拳 (밟을 태, 주먹 권). ① 속뜻 발로 밟고[跆] 주먹[拳]을 날림. ② 운동 무기 없이 찌르기, 치기, 차기 등의 공격과 방어를 하는 우리나라 고유 무술.

▸태권-도 跆拳道 (기예 도). ① 속뜻 발로 밟거나[跆] 차고, 주먹[拳]으로 치는 무도(武道). ② 운동 우리나라의 전통 무예를 바탕으로 한 운동. ¶나는 태권도 3단이다.

태극 太極 (클 태, 끝 극). ① 속뜻 매우 큰[太] 끝[極]쪽. 철학 ② 중국 철학에서, 우주 만물의 근원이 되는 실체. ③ 하늘과 땅이 분리되기 이전의 세상 만물의 원시 상태.

▸태극-기 太極旗 (깃발 기). ① 속뜻 태극(太極) 모양이 있는 깃발[旗]. ② 우리나라의 국기. 흰 바탕의 한가운데에 태극을, 네 귀에 검은 괘를 그렸다. ¶태극기는 평화, 화합 및 인류애를 상징한다.

▸태극-선 太極扇 (부채 선). 태극(太極) 모양을 그린 둥근 부채[扇].

태기 胎氣 (아이 밸 태, 기운 기). 아이를 밴[胎] 것 같은 기미(氣味). ¶아내가 태기를 보인다.

태낭 胎囊 (태아 태, 주머니 낭). 동물 태아(胎兒)를 기르는 주머니[囊] 모양의 것. 또는 조류나 파충류의 알 껍데기 안에 있는 배(胚).

태내 胎內 (아이 밸 태, 안 내). 태(胎)의 안[內].

태-대각간 太大角干 (클 태, 큰 대, 뿔 각, 방패 간). ① [속뜻] 크고[太] 큰[大] 뿔[角]과 방패[干]. ② [역사] 신라 문무왕 8년(668)에, 나라에 큰 공로가 있는 사람을 예우하기 위하여 베푼 벼슬.

⁑**태:도** 態度 (모양 태, 풍채 도). ① [속뜻] 몸의 자태(姿態)와 풍채[度]. ② 어떤 사물에 대한 감정이나 생각 따위가 겉으로 나타난 모습. ¶진지한 태도를 보이다/ 당신의 태도를 분명히 하시오. [비]자세(姿勢).

태독 胎毒 (아이 밸 태, 독할 독). ① [속뜻] 모태(母胎)로부터 받은 독기(毒氣). ② [한의] 젖먹이의 몸이나 얼굴에 진물이 흐르며 허는 증상.

태동 胎動 (태아 태, 움직일 동). ① [속뜻] 태아(胎兒)가 움직임[動]. ¶아랫배에서 아기의 태동이 느껴진다. ② 어떤 일이 일어날 기운이 싹틈. ¶민족의식이 태동하다.

태두 泰斗 (클 태, 말 두). ① [속뜻] 태산(泰山)과 북두칠성(北斗七星). '태산북두'(泰山北斗)의 준말. ② '어떤 전문 분야에서 첫손을 꼽을 만큼 권위가 있는 사람'을 비유하여 이르는 말.

태란 胎卵 (태아 태, 알 란). [동물] 태생(胎生)과 난생(卵生)을 아울러 이르는 말.

태령 太嶺 (클 태, 고개 령). 험하고 높은[太] 고개[嶺]. ¶태령을 넘어갈 일이 막막했다.

태막 胎膜 (태아 태, 꺼풀 막). [의학] 태아(胎兒)를 보호하고 호흡과 영양 작용을 하는 양막(羊膜), 장막(漿膜), 요막(尿膜) 따위를 통틀어 이르는 말.

태만 怠慢 (게으를 태, 게으를 만). 맡은 바 일 따위를 게을리 하다[怠=慢]. ¶수업에 태만하다 / 직무를 태만히 하다. [비]과태(過怠). [반]근면(勤勉), 성실(誠實).

태모 胎母 (태아 태, 어머니 모). ① [속뜻] 태아(胎兒)를 가진 어머니[母]. ② 뱃속에 아기를 가진 여자를 달리 이르는 말.

태몽 胎夢 (아이 밸 태, 꿈 몽). 아기를 밸[胎] 징조로 꾸는 꿈[夢]. ¶어머니가 태몽을 꾸셨다고 한다.

태무 殆無 (거의 태, 없을 무). 거의[殆] 없음[無].

태반¹ 太半 (클 태, 반 반). 절반(折半)보다 크게[太] 많은 수량. [비]대반(大半).

태반² 殆半 (거의 태, 반 반). 절반(折半)에 가까움[殆]. 거의 절반. ¶무더운 날씨로 음식이 태반이나 상했다.

태반³ 胎盤 (태아 태, 쟁반 반). ① [속뜻] 태아(胎兒)를 감싸고 있는 소반[盤] 모양의 기관. ② [의학] 임신 중 태아와 모체의 자궁을 연결시키는 기관.

태발 胎髮 (아이 밸 태, 머리털 발). 태아(胎兒)의 털[髮]. [비]배냇머리, 산모(産毛).

태백-산맥 太白山脈 (클 태, 흰 백, 메 산, 줄기 맥). ① [속뜻] 태백산(太白山)이 속해 있는 산맥(山脈). ② [지리] 추가령 지구대(楸哥嶺地溝帶)에서 강원도, 경상 남북도의 동부를 남북으로 뻗어 있는 산맥. 국내에서 가장 큰 산맥으로 금강산, 태백산, 오대산, 설악산 따위의 봉우리가 있다.

태변 胎便 (태아 태, 대변 변). 갓난아이[胎]가 먹은 것 없이 처음으로 싸는 똥[便]. [비]배내똥.

태봉¹ 胎封 (아이 밸 태, 봉할 봉). [역사] ① 왕실에서 태어난 갓난아이의 태(胎)를 봉(封)해 둠. ② 왕실의 태를 봉안하는 태실 가운데 그 태의 주인이 왕으로 즉위하면 태실을 봉하는 제도.

태봉² 泰封 (클 태, 봉할 봉). ① [속뜻] 하늘이 내려준 큰[泰] 봉지(封地). ② [역사] 901년에 궁예가 송악에 도읍하여 세운 나라. 건국 당시 국호를 후고구려라 하였다가 905년 도읍을 철원으로 옮기면서 국호를 태봉으로 고쳤다.

태부 太傅 (=大傅, 클 태, 스승 부). ① [속뜻] 큰[太] 스승[傅]. ② [역사] 고려 시대에, 임금의 고문과 왕세자의 교육을 맡은 정일품 벼슬.

태-부족 太不足 (클 태, 아닐 부, 넉넉할 족). 크게[太] 부족(不足)함. ¶그 학교는 학생 수에 비해 교실이 태부족하다.

태산 泰山 (클 태, 메 산). ① [속뜻] 크고[泰] 높은 산(山). ② '크고 많음'을 비유하여 이르는 말. ¶할 일이 태산인데 잠만 자고 있느냐. ③ '정도가 점점 더 심해지는 것'을 비유하여 이르는 말. ¶갈수록 태산.

▸태산-북두 泰山北斗 (북녘 북, 말 두). ① [속뜻] 태산(泰山)과 북두칠성(北斗七星). ②

'사람들에게 존경을 받는 사람'을 비유하여 이르는 말. ㊅산두. 태두.

▸태산-준령 泰山峻嶺 (높을 준, 고개 령). 큰[泰] 산[山]과 높은[峻] 고개[嶺].

태-상왕 太上王 (클 태, 위 상, 임금 왕). 역사 ①자리를 물려주고 들어앉은 왕[上王]을 높여[太] 이르던 말. ②상왕의 앞선 왕. ㊅태왕.

태-상황 太上皇 (클 태, 위 상, 임금 황). 역사 자리를 물려주고 들어앉은 황제[上皇]를 높여[太] 이르던 말. 태황제(太皇帝). ㊅상황.

태생 胎生 (태아 태, 날 생). ① 속뜻 어미의 뱃속에서 태아(胎兒)의 형태로 태어남[生]. ¶포유류는 대개 태생 동물이다. ②어떠한 곳에 태어남. ¶그는 일본 태생이다. ③ 불교 모태(母胎)로부터 태어나는 생물. ④ 식물 나무에 과실이 달린 채 씨가 싹 트는 일.

▸태생-지 胎生地 (땅 지). 태어난[胎生] 곳[地].

▸태생-학 胎生學 (배울 학). 의학 생물의 발생[胎生] 과정과 체제를 연구하는 생물학(生物學). ㊥발생학(發生學).

▸태생 과:실 胎生果實 (열매 과, 열매 실). 식물 배(胚)가 발육하여 뿌리를 드리운 후 모체에서 떨어지는[胎生] 열매[果實].

▸태생 동:물 胎生動物 (움직일 동, 만물 물). 동물 모체 안에서 어느 정도 자라서 태아(胎兒)의 형태로 태어나는[生] 동물(動物). ㊥난생 동물(卵生動物).

태서 泰西 (클 태, 서녘 서). 큰[泰] 서방(西方). ㊥서양(西洋).

▸태서문예-신보 泰西文藝新報 (글월 문, 재주 예, 새 신, 알릴 보). 문학 서양[泰西]의 문예(文藝) 사조나 작품을 번역 소개하는 새로운[新] 잡지[報]. 우리나라 최초의 문예 주간지이다.

태세[1] 太歲 (클 태, 해 세). 민속 크게[太] 한 해[歲]를 대상으로 정한 간지(干支). 그 해의 간지. ¶광복되던 해의 태세는 을유(乙酉)였다.

태:세[2] 態勢 (모양 태, 기세 세). 태도(態度)와 자세(姿勢)를 아울러 이르는 말. ¶그는 내가 한마디만 더 하면 때릴 태세였다.

태수 太守 (클 태, 지킬 수). 역사 ①신라 때, 군(郡)의 으뜸[太] 벼슬[守]. ②예전에, 주·부·군·현의 행정 책임을 맡던 으뜸 벼슬. ③고대 중국에서, 군의 으뜸 벼슬.

태식-법 胎息法 (태아 태, 숨쉴 식, 법 법). ① 속뜻 태아(胎兒)처럼 숨을 쉬는[息] 방법(方法). ②도가에서 행하는 호흡법의 한 가지. 잡념을 없애고 가만가만 편안히 숨을 쉬어, 기운이 배꼽 아래에 미치게 하는 호흡법이다. ㊅태식.

태아[1] 胎兒 (아이 밸 태, 아이 아). 의학 아이를 밴[胎] 어머니의 몸 안에서 자라고 있는 아기[兒]. ¶태아가 머리를 밑으로 두고 있다.

태아[2] 胎芽 (아이 밸 태, 싹 아). ① 식물 태(胎)에서 자란 싹[芽]. 양분을 저장하였다가 저절로 떨어져 나가 하나의 개체가 되는 싹. ② 동물 척추동물의 임신 후 2개월까지의 수정란.

태안 泰安 (클 태, 편안할 안). 태평(泰平)하고 안녕(安寧)함.

⁑태양 太陽 (클 태, 볕 양). ① 속뜻 매우[太] 밝은 빛[陽]. ② 천문 태양계의 중심을 이루는 항성. ¶태양이 이글이글 타고 있다. ¶태양에너지. ③길이 자랑스럽고 희망을 주는 존재를 상징하여 이르는 말. ¶한민족의 태양. ㊥해. ㊥태음(太陰).

▸태양-경 太陽鏡 (거울 경). 천문 태양(太陽)을 관측하는 망원경의 접안 렌즈[鏡].

▸태양-계 太陽系 (이어 맬 계). 천문 태양(太陽)을 중심으로 운행하고 있는 천체의 집단[系].

▸태양-년 太陽年 (해 년). 천문 ①태양력(太陽曆)의 일 년(年). 365일이나 366일을 가리킴. ②태양이 어떤 기준점에 대하여 한 바퀴 도는 데 걸리는 시간.

▸태양-등 太陽燈 (등불 등). 물리 태양(太陽) 광선에 가까운 빛을 내는 전등(電燈). '인공(人工) 태양등'의 준말.

▸태양-력 太陽曆 (책력 력). 천문 태양시(太陽時)로 정한 책력(冊曆). 지구가 태양을 한 번 회전하는 시간을 1년으로 삼는 달력. ㊥태음력(太陰曆).

▸태양-시 太陽時 (때 시). 천문 태양(太陽)의 일주 운동을 기준으로 정한 시법(時法). 태양일을 24시간으로 하고, 자오선으로부

터 태양의 중심까지의 각도에 의하여 시각을 나타낸다.

▸**태양-신** 太陽神 (귀신 신). 종교 태양(太陽)을 신(神)의 자격을 가진 것으로 한 것.

▸**태양-열** 太陽熱 (더울 열). 물리 태양(太陽)에서 발생하는 열(熱)에너지. ¶태양열 발전.

▸**태양-일** 太陽日 (날 일). 천문 태양(太陽)이 자오선을 지나서 다시 그 자오선을 지날 때까지의 시간을 하루[日]로 정한 것. 진태양일, 시태양일 따위가 있다.

▸**태양-초** 太陽椒 (산초나무 초). 태양(太陽)볕에 말린 고추[椒]. '고추'를 고초(苦椒), 당초(唐椒), 번초(蕃椒)라고도 하였다.

▸**태양-충** 太陽蟲 (벌레 충). ① 속뜻 햇살[太陽] 모양의 돌기가 난 벌레[蟲]. ② 생물 태양충류의 원생동물로, 몸길이 0.05㎜ 가량. 연못에 떠다니며, 세균이나 편모충을 잡아먹는다.

▸**태양-풍** 太陽風 (바람 풍). 천문 태양(太陽)에서 발생하는 바람[風]. 자기장이 딸린 플라스마의 흐름을 바람이라고 본다.

▸**태양-혈** 太陽穴 (구멍 혈). ① 속뜻 태양(太陽)으로 상징되는 구멍[穴]. ② 한의 침을 놓는 자리의 한 가지. 귀의 위, 눈의 옆쪽으로 음식을 씹으면 움직이는 곳.

▸**태양 상수** 太陽常數 (늘 상, 셀 수). 천문 지구 표면에 도달하는 태양(太陽) 복사 에너지의 기준[常]이 되는 수치(數値). 지구 표면의 1㎠의 면적에 1분 동안 도달하는 에너지는 약 1.946cal이다.

▸**태양 숭배** 太陽崇拜 (높을 숭, 공경할 배). 종교 태양(太陽)을 숭배(崇拜)함. 태양을 최고의 신으로 받드는 신앙.

▸**태양 전:지** 太陽電池 (전기 전, 못 지). 물리 태양(太陽) 에너지를 직접 전기 에너지로 바꾸는 전지(電池).

▸**태양 전:파** 太陽電波 (전기 전, 물결 파). 물리 태양(太陽)으로부터 나오는 전파(電波).

▸**태양 향:점** 太陽向點 (향할 향, 점 점). 천문 태양(太陽)의 공간 운동 방향(方向)을 천구 위에 나타낸 점(點).

▸**태양 흑점** 太陽黑點 (검을 흑, 점 점). 천문 태양(太陽)에 보이는 검은[黑] 점(點). ㊂ 흑점.

태업 怠業 (게으를 태, 일 업). ① 속뜻 맡은 일[業]을 게을리[怠] 함. ② 사회 노동조합의 통제 하에 일을 하면서도 집단으로 노동 능률을 떨어뜨려 사용자에게 손해를 주는 행위.

태연 泰然 (침착할 태, 그러할 연). ① 속뜻 침착한[泰] 모양[然]. ② 태도나 기색이 아무렇지 않고 예사로움. ¶그는 애써 태연한 척 했다.

▸**태연-자약** 泰然自若 (스스로 자, 같을 약). 충격적인 일이 있어도, 태도나 모습이 태연(泰然)하고 평소와 같음[自若]. ¶동생이 다쳤는데도 그는 태연자약했다.

태열 胎熱 (태아 태, 더울 열). 한의 태중(胎中)의 영향으로 일어나는 갓난아이의 열(熱).

태엽 胎葉 (아이 밸 태, 잎 엽). 시계나 장난감 따위의 기계 안[胎]에 있는 잎[葉] 모양의 부속품. ¶태엽이 다 풀리자 장난감 자동차가 멈췄다.

태위 胎位 (태아 태, 자리 위). 의학 태아(胎兒)의 위치(位置). 종위(縱位)와 횡위(橫位)가 있다.

태을 太乙 (클 태, 새 을). ① 민속 '태을성'(太乙星)의 준말. 신령함을 상징. ② 철학 중국 철학에서, 천지 만물이 나고 이루어진 근원 또는 우주의 본체를 이르는 말.

▸**태을-성** 太乙星 (별 성). 민속 음양가가 이르는, 하늘 북쪽에 있어 병란(兵亂)·재화(災禍)·생사를 맡아 다스린다고 하는 신령한[太乙] 별[星]의 이름. ㊐태일성(太一星).

▸**태을-점** 太乙占 (점칠 점). 태을성(太乙星)의 위치로 보는 점(占). 태일점(太一占).

태음 太陰 (클 태, 응달 음). ① 매우 큰[太] 그림자[陰]. ② 천문 태양에 대해 달을 이름.

▸**태음-년** 太陰年 (해 년). 천문 태음력(太陰曆)에 따른 1년(年).

▸**태음-력** 太陰曆 (책력 력). 천문 달[太陰]이 지구를 한 바퀴 도는 시간을 기준으로 만든 역법(曆法). ㊂음력. ㊀태양력(太陽曆).

▸**태음-월** 太陰月 (달 월). 천문 태음력(太陰曆)에 따른 한 달[月]. 보름달이 된 때부터 다음 보름달이 될 때까지, 혹은 초승달이

된 때부터 다음 초승달이 될 때까지의 시간.

▸태음-일 太陰日 (날 일). 천문 달[太陰]이 자오선을 지나서 다시 그 자오선을 지날 때까지의 시간을 하루[日]로 정한 것. 평균 24시간 50분 28초이다.

태의 胎衣 (아이 밸 태, 옷 의). 태(胎)의 껍질[衣].

태자 太子 (클 태, 아들 자). 역사 황제의 뒤를 이어 황제가 될 큰[太] 아들[子]. '황태자'(皇太子)의 준말. ¶둘째 아들을 태자로 책봉하였다.

▸태자-궁 太子宮 (대궐 궁). ① 속뜻 태자(太子)가 사는 궁궐(宮闕). ⓑ동궁(東宮). ② 황태자의 높임말. ⓑ춘궁(春宮).

▸태자-비 太子妃 (왕비 비). 역사 태자(太子)의 아내[妃]. ⓒ비(妃).

태장 笞杖 (볼기칠 태, 지팡이 장). 역사 ① 태형(笞刑)과 장형(杖刑)을 아울러 이르는 말. ② 볼기를 치는 데 쓰던 형구.

태점 胎占 (태아 태, 점칠 점). 민속 태아(胎兒)가 남자인지 여자인지 알기 위하여 치는 점(占). ¶예전에는 태점을 쳐서 짐작했지만 요즘은 초음파 촬영으로 알아볼 수 있다.

태조 太祖 (클 태, 조상 조). ① 속뜻 가장 큰[太] 조상[祖]. ② 역사 한 왕조를 세운 첫째 임금에게 붙이던 묘호.

태종 太宗 (클 태, 마루 종). ① 속뜻 가장 크고[太] 높은 산마루[宗]. ② 역사 한 왕조의 선조 가운데 그 공과 덕이 태조에 버금할 만한 임금.

태좌 胎座 (태아 태, 자리 좌). ① 의학 태아(胎兒)가 있는 자리[座]. ② 식물 식물의 씨방 안에 붙어 있는 암수 부분. 태자리.

태중 胎中 (아이 밸 태, 가운데 중). 아이를 배고[胎] 있는 동안[中]. ¶태중에는 몸조심을 해야 한다.

태초 太初 (클 태, 처음 초). 천지가 크게[太] 열린 그 시초(始初). 천지가 창조된 때. ¶태초에 우주는 하나의 점이었다고 한다. ⓑ태시(太始).

태타 怠惰 (게으를 태, 게으를 타). 몹시 게으름[怠=惰]. ¶총명해도 태타는 좋지 않다.

태평 太平 (=泰平, 클 태, 평안할 평). ① 속뜻 세상이 크게[太] 평안(平安)함. ¶나라의 태평을 기원하다 / 정치가 잘되어야 나라가 태평하다. ② 마음에 아무 근심 걱정이 없음. ¶그는 천성이 태평하여 조급해 하는 법이 없다. ⓑ태강(太康).

▸태평-가 太平歌 (노래 가). ① 속뜻 세상의 태평(太平)함을 기뻐하는 노래[歌]. ② 음악 국악의 가곡인 '만년장환지곡(萬年長歡之曲)'의 맨 끝 곡.

▸태평-과 太平科 (과목 과). 역사 나라가 태평(太平)할 때 특별히 실시하던 과거(科擧).

▸태평-관 太平館 (집 관). ① 속뜻 태평(太平)하게 머무를 수 있는 숙소[館]. ② 역사 조선 때, 명나라 사신이 머물던 객사(客舍).

▸태평-사 太平詞 (말씀 사). 문학 조선 선조 때, 박인로가 임진왜란이 끝나고 다시 돌아오게 될 태평(太平)한 시절을 소재로 한 가사(歌詞).

▸태평-소 太平簫 (퉁소 소). ① 속뜻 태평(太平)한 세월을 노래하는 나팔[簫]. ② 음악 나팔 모양으로 생긴 목관 악기. 여덟 개의 구멍이 있다. 처음에는 군악에 쓰였으나 뒤에 종묘 제향악, 농악 등에도 두루 쓰이게 된다. ⓑ호가(胡笳), 호적(胡笛).

▸태평-송 太平頌 (기릴 송). 문학 신라 진덕여왕이 당나라의 태평성대(太平聖代)를 칭송하며, 당나라 고종에게 보낸 송시(頌詩).

▸태평-성대 太平聖代 (거룩할 성, 시대 대). 태평(太平)하고, 성(聖)스러운 임금이 다스리는 시대(時代). ¶태평성대를 누리다.

▸태평-성사 太平盛事 (성할 성, 일 사). 태평(太平)한 시대에 번성(繁盛)한 일[事].

▸태평-세계 太平世界 (세상 세, 지경 계). 태평(太平)한 세상[世界].

▸태평-연월 太平煙月 (연기 연, 달 월). 근심이나 걱정이 없는 태평(太平)하고 편안한[烟月] 세월.

▸태평-천하 太平天下 (하늘 천, 아래 하). 문학 채만식의 장편 소설. 일제 강점기를 태평(太平)한 세상[天下]으로 믿는 주인공을 통하여 당시 현실을 풍자적으로 그렸다.

태평-양 太平洋 (클 태, 평평할 평, 큰바다 양). ① 속뜻 크고[太] 평평(平平)한 먼 바다[洋]. ② 지리 오대양의 하나. 유라시아, 남북아메리카, 오스트레일리아 따위의 대륙에 둘러싸인 바다.

▸태평양 전:쟁 太平洋戰爭 (싸울 전, 다툴

쟁). 역사 제2차대전 중, 일본과 미국 등의 연합국이 태평양(太平洋)의 진주만에서 벌인 전쟁(戰爭).

***태풍 颱風** (태풍 태, 바람 풍). ① 속뜻 크게 불어 닥치는[颱] 폭풍(暴風). ② 지리 북태평양 남서부에서 발생하여 동북아시아 내륙으로 불어 닥치는 폭풍우. 최대 풍속이 17m/s 이상 되는 것을 이른다. ¶태풍이 한반도를 강타했다.

태학 太學 (클 태, 배울 학). ① 속뜻 큰[太] 학문(學問). 또는 한 나라에서 최고 수준의 학교(學校). 역사 ② 고구려의 국립 교육기관. ③ 고려 때 국자감(國子監)의 한 분과. ④ 조선의 성균관(成均館).

▸태학-사 太學士 (선비 사). ① 속뜻 태학(太學)을 담당하던 관리[士]. ② 역사 조선 때, 홍문관의 대제학을 달리 이르던 말. ③ 역사 갑오개혁 이후의 홍문관의 으뜸 벼슬.

▸태학-생 太學生 (사람 생). ① 속뜻 태학(太學)에 다니는 학생(學生). ② 역사 조선 때, 성균관에서 기거하며 공부하던 유생.

태형 笞刑 (볼기칠 태, 형벌 형). 역사 죄인의 볼기를 매로 치던[笞] 형벌(刑罰). ¶태형 40대를 맞다. 참 오형(五刑).

태화 胎化 (태아 태, 될 화). ① 속뜻 태아(胎兒)를 교화(教化)함. ② 아이를 밴 여자가 태아에게 좋은 영향을 주기 위하여 마음을 바르게 하고 언행을 삼가는 일. 비 태교(胎教).

태환 兌換 (바꿀 태, 바꿀 환). ① 속뜻 지폐를 바꿈[兌=換]. ② 경제 지폐를 금화(金貨) 따위의 정화(正貨)와 서로 바꿈.

▸태환-권 兌換券 (문서 권). 경제 정화(正貨)와 교환할[兌換] 수 있는 어음[券].

▸태환 은행 兌換銀行 (돈 은, 가게 행). 경제 정화(正貨)와 태환(兌換)할 수 있는 은행(銀行).

▸태환 제:도 兌換制度 (정할 제, 법도 도). 경제 정부나 발권 은행이 태환 지폐를 발행하여 그 소지자의 요구가 있을 때 정화(正貨)와 바꾸어[兌換] 주는 제도(制度).

▸태환 지폐 兌換紙幣 (종이 지, 돈 폐). 경제 정화(正貨)와 교환할[兌換] 수 있는 지폐(紙幣). 태환권(兌換券). 반 불환지폐(不換紙幣).

태후 太后 (클 태, 왕비 후). ① 속뜻 큰[太] 왕비[后]. ② 황제의 살아 있는 어머니. ③ 앞선 황제의 살아 있는 아내.

택교 擇交 (고를 택, 사귈 교). 벗을 골라서[擇] 사귐[交].

택길 擇吉 (고를 택, 길할 길). 좋은[吉] 날을 선택(選擇)함. 비 택일(擇日).

택리-지 擇里志 (고를 택, 마을 리, 기록할 지). ① [속뜻]마을[里]을 선택(選擇)하는 방법에 대해 기록한[志] 것. ② 책명 조선 영조 때(1751), 이중환이 저술한 지리서. 우리나라 전국의 지형, 풍토, 풍속 따위를 상세히 기록한 『팔도총론』(八道總論)과 살기 좋은 곳을 골라서 그 입지조건을 들어 타당성을 설명한 『복거총론』(卜居總論)으로 구성되어 있다. 비 팔역지(八域誌.)

택배 宅配 (집 택, 나눌 배). 짐 따위를 각자 집[宅]으로 나누어[配] 보내 주는 일. ¶택배 상품 / 택배 서비스를 실시했다.

택선 擇善 (고를 택, 착할 선). 선(善)을 선택(選擇)함.

택인 擇人 (고를 택, 사람 인). 쓸 만한 인재(人才)를 고름[擇].

택일[1] 擇一 (고를 택, 한 일). 여럿 중에 하나[一]만 고름[擇]. ¶다음 문제 중에 택일하여 답하시오.

택일[2] 擇日 (고를 택, 날 일). 혼인이나 이사 따위의 중요한 일을 할 날[日]을 고름[擇]. 비 연길(涓吉), 택길(擇吉).

택정 擇定 (고를 택, 정할 정). 여럿 중에서 골라[擇] 정(定)함. 비 선정(選定).

택지 宅地 (집 택, 땅 지). 집[宅]을 지을 땅[地]. ¶택지를 조성하다. 비 집터.

택현 擇賢 (고를 택, 어질 현). 어진[賢] 사람을 고름[擇].

택호 宅號 (집 택, 이름 호). 안사람[宅]의 칭호(稱號).

택혼 擇婚 (고를 택, 혼인할 혼). 혼인(婚姻)할 상대자를 고름[擇].

탱천 撐天 (버틸 탱, 하늘 천). ① 속뜻 하늘[天]을 버티어[撐] 찌를 듯이 공중으로 높이 솟아오름. ② 분하거나 의로운 기세 따위가 솟아오름.

탱화 幀畫 (족자 탱, 그림 화). 불교 부처, 보살, 성현들을 그려서 족자[幀] 형태로 만들어 벽에 거는 그림[畵].

터:득 攄得 (펼 터, 얻을 득). ① 속뜻 손을 펴서[攄] 얻어[得]냄. ② 연구하거나 생각하여 사물의 이치를 깨달아 앎. ¶공부의 비결을 터득하다.

토건 土建 (흙 토, 세울 건). 토목(土木)과 건축(建築). '토목건축'(土木建築)의 준말.

토관[1] 土官 (흙 토, 벼슬 관). 역사 고려·조선 때, 지방 토호(土豪)들을 회유하기 위하여 평안도와 함경도 지방 사람들에게 특별히 내린 벼슬[官].

토관[2] 土管 (흙 토, 대롱 관). 굴뚝이나 배수관으로 쓰이는, 흙[土]으로 구워 만든 관(管).

토광 土鑛 (흙 토, 쇳돌 광). 광업 흙[土] 같은 형태의 광석(鑛石).

토굴 土窟 (흙 토, 굴 굴). 땅[土]속에 난 굴(窟). ¶아주 오래 전에는 토굴을 파고 살았다.

토-극수 土克水 (=土剋水, 흙 토, 이길 극, 물 수). ① 속뜻 흙[土]은 물[水]을 이김[克]. ② 민속 음양오행설에서, 흙과 물은 상극관계임을 이르는 말. 참 오행상극(五行相剋).

토:근 吐根 (토할 토, 뿌리 근). ① 한의 토(吐)하게 하는 약제로 쓰는 뿌리[根]. 말린 토근 뿌리를 이른다. ② 식물 꼭두서닛과의 상록 관목. 높이 30~40㎝, 흰 꽃이 10~12개씩 덩어리로 피고 완두만한 장과(漿果)가 열린다.

토:기[1] 吐氣 (토할 토, 기운 기). 위속에 든 것이 도로 입으로 나오려는[吐] 기운(氣運). 비 구기(嘔氣).

***토기**[2] 土器 (흙 토, 그릇 기). 수공 흙[土]으로 빚어 구운 그릇[器]. ¶이곳에서 선사시대의 토기가 출토되었다.

▸토기-장 土器匠 (장인 장). 토기(土器)를 만드는 일을 하는 장인(匠人).

▸토기-점 土器店 (가게 점). ① 속뜻 토기(土器)를 파는 가게[店]. ② 토기를 만드는 곳.

토단 土壇 (흙 토, 단 단). 흙[土]으로 쌓아 만든 단(壇).

토대 土臺 (흙 토, 돈대 대). ① 속뜻 흙[土]으로 쌓아 올린 높은 대(臺). ② 건설 건축물의 윗부분을 떠받치기 위해 밑바닥에 대는 나무. ¶그 빌딩은 견고한 토대 위에 지어졌다. ③ 사업의 밑천. ¶경제 발전의 토대가 되다.

토란 土卵 (흙 토, 알 란). ① 속뜻 흙[土]속에 알[卵]모양의 뿌리를 내리는 식물. ② 식물 잎은 두껍고 넓은 방패 모양의 잎이 나는 천남성과의 풀. 뿌리줄기는 잎자루와 함께 식용한다. ¶토란으로 국을 끓였다.

토:로 吐露 (말할 토, 드러낼 로). 마음에 있는 것을 말해[吐] 속마음을 드러냄[露]. 비 토정(吐情).

***토:론** 討論 (따질 토, 논할 론). 상대방 의견의 문제점을 따지며[討] 자기의 주장을 말함[論]. ¶사형제도 폐지에 대해 토론하다. 비 토의(討議).

▸토:론-실 討論室 (방 실). 토론(討論)을 벌이는 방[室].

▸토:론-자 討論者 (사람 자). 토론(討論)하는 사람[者]. ¶연구 발표회에 토론자로 참석하다.

▸토:론-장 討論場 (마당 장). 토론(討論)하는 곳[場]. ¶토론장에서 개인적인 이야기는 금물이다.

▸토:론-회 討論會 (모일 회). 어떤 문제에 대하여 여러 사람이 토론(討論)하는 모임[會]. ¶공개 토론회를 열다.

토룡 土龍 (흙 토, 용 룡). ① 속뜻 땅[土]에 사는 용(龍). ② 동물 지렁이. 땅 속, 늪, 해안 등에 널리 분포하는 환형동물.

토류 土類 (흙 토, 무리 류). ① 속뜻 흙[土] 종류(種類). ② 화학 물에 용해되거나, 불에 잘 녹지 않고 환원하기도 어려운 금속 산화물.

▸토류 금속 土類金屬 (쇠 금, 속할 속). 화학 원소 주기율표 가운데 제3족(第三族)으로, 산화하면 흙[土] 성분이 되는 부류(部類)의 금속(金屬).

토리 土理 (흙 토, 이치 리). ① 속뜻 흙[土]이 지니고 있는 이치(理致). ② 농업 어떤 식물에 맞고 안 맞는 땅의 성질.

토막 土幕 (흙 토, 휘장 막). 땅[土]을 파서 만든 막(幕) 같은 집.

토멸 討滅 (칠 토, 없앨 멸). 토벌(討伐)하여 멸망(滅亡)시킴.

토목 土木 (흙 토, 나무 목). ① 속뜻 흙[土]과 나무[木]. ② 건설 '토목 공사'의 준말.

▸토목-과 土木科 (분과 과). 토목(土木)에

관해 연구하는 학과(學科).

▸토목-건축 土木建築 (세울 건, 쌓을 축). 토목(土木)과 건축(建築).

▸토목 공사 土木工事 (장인 공, 일 사). 건설 토석(土石)이나 목재(木材) 따위를 사용한 공사(工事).

▸토목 공학 土木工學 (장인 공, 배울 학). 건설 토목(土木) 공사에 필요한 원리와 방법을 연구하는 공학(工學).

토민 土民 (흙 토, 백성 민). 여러 대(代)에 걸쳐 그 땅[土]에서 살아가는 백성[民]. '토착민'(土着民)의 준말.

토박 土薄 (땅 토, 엷을 박). 땅[土]이 척박(瘠薄)함.

토반 土班 (흙 토, 나눌 반). 여러 대를 이어서 그 지방[土]에 사는 양반(兩班).

토방 土房 (흙 토, 방 방). 마루를 깔지 않아 흙[土]바닥으로 된 방(房).

토벌 討伐 (칠 토, 칠 벌). 적을 쳐서[討=伐] 공격함. ¶대대적인 산적 토벌 작전에 나섰다.

토벽 土壁 (흙 토, 담 벽). 흙[土]을 재료로 하여 만든 벽(壁). ¶좁은 뜰과 토벽 창고.

토병 土兵 (흙 토, 군사 병). 일정한 지역에 토박이[土]로 사는 사람으로 조직된 그 지방의 군사[兵]. ¶소인은 토병이옵니다.

토분[1] 土盆 (흙 토, 동이 분). 흙[土]으로 빚은 화분(花盆).

토분[2] 土粉 (흙 토, 가루 분). ① 속뜻 쌀을 쓿을 때에 섞어서 찧는 흰 흙[土] 가루[粉]. ②찰흙을 물이나 묽은 청각채 용액으로 개어 건조시킨 덩이. 물에 풀어서 애벌칠에 사용한다.

토분[3] 土墳 (흙 토, 무덤 분). 흙[土]으로 만든 무덤[墳]. ㊥토롱(土壟).

토붕 土崩 (흙 토, 무너질 붕). ① 속뜻 땅[土]이 붕괴(崩壞)됨. ②어떤 조직이나 모임이 점점 무너짐.

▸토붕-와해 土崩瓦解 (기와 와, 가를 해). ① 속뜻 흙[土]처럼 무너지고[崩] 기와[瓦]처럼 산산이 깨어짐[解]. ②어떤 조직이나 사물이 손을 쓸 수 없을 정도로 무너짐.

토비[1] 土匪 (흙 토, 도둑 비). 시골[土]에서 일어난 도적떼[匪]. ㊥토구(土寇).

토비[2] 討匪 (칠 토, 도둑 비). 도둑[匪]의 무리를 토벌(討伐)함.

토사[1] 土沙 (=土砂, 흙 토, 모래 사). 흙[土]과 모래[沙]. ¶강둑에 토사가 쌓이다.

토:사[2] 吐瀉 (토할 토, 쏟을 사). 토(吐)하고 설사(泄瀉)함. '상토하사'(上吐下瀉)의 준말.

▸토:사-곽란 吐瀉癨亂 (위장병 곽, 어지러울 란). 한의 입으로는 토하고 아래로는 설사하는[吐瀉] 위장병[癨]이 몹시 심한[亂] 증세.

토사구팽 兎死狗烹 (토끼 토, 죽을 사, 개 구, 삶을 팽). ① 속뜻 토끼[兎]를 다 잡으면[死] 사냥개[狗]를 삶아[烹] 먹음. ②필요할 때는 쓰고 필요 없을 때는 야박하게 버리는 경우를 비유하여 이르는 말.

토산[1] 土山 (흙 토, 메 산). 주로 흙[土]으로 이루어진 산(山). ㊥암산(岩山).

토산[2] 土產 (흙 토, 낳을 산). 어떤 지역[土]에서만 남[產].

▸토산-물 土產物 (만물 물). 어떤 지방[土]에서만 특유하게 나는[產] 물품(物品). ¶토산물 장터.

▸토산-종 土產種 (갈래 종). 어떤 지방[土]에서만 나는[產] 종자(種子). ㊣토종.

▸토산-품 土產品 (물건 품). 그 지방[土]에서 특유하게 나는[產] 물품(物品). ¶영광의 토산품은 굴비이다.

토색[1] 土色 (흙 토, 빛 색). ① 속뜻 흙[土]의 빛깔과 같은 색(色). ¶토색 옷을 좋아했다. ②향토적인 색채나 시골 맛. ¶토색이 짙게 밴 말투와 표정을 지닌 처녀.

토색[2] 討索 (칠 토, 찾을 색). 돈이나 물건 따위를 억지로[討] 달라고[索] 함. ¶자꾸 잔을 내밀어 술 토색을 하였다.

토-생금 土生金 (흙 토, 날 생, 쇠 금). ① 속뜻 흙[土]에서 쇠[金]를 낳음[生]. ② 민속 음양오행설에서, 흙과 쇠는 상생관계임을 이르는 말. ㊟오행상생(五行相生).

토석 土石 (흙 토, 돌 석). 흙[土]과 돌[石].

▸토석-류 土石流 (흐를 류). 산사태로 흙[土]과 돌[石]이 휩쓸려 흘러내리는[流] 흐름.

토:설 吐說 (말할 토, 말씀 설). 숨겼던 사실을 처음으로 털어놓고[吐] 말함[說]. ㊥설토(說吐).

토성[1] 土星 (흙 토, 별 성). ① 속뜻 땅[土]을 관장하는 신을 상징하는 별[星]. 'Saturn'은 로마신화에서 농업의 신을 이르는 말이다. ② 천문 태양계의 안쪽에서 여섯 번째 행성. ¶토성에는 30개 이상의 위성이 있다. ⓑ진성(鎭星).

토성[2] 土城 (흙 토, 성곽 성). ① 속뜻 흙[土]으로 쌓아 올린 성(城). ¶토성을 쌓다 / 몽촌토성. ② 화살이 과녁에 맞고 안 맞음을 살펴보기 위해 파 놓은 구덩이 뒤에 쌓은 둑.

토속 土俗 (흙 토, 풍속 속). 그 지방[土] 특유의 습관이나 풍속(風俗). ¶토속 음식을 특별히 좋아하다.

▸토속-주 土俗酒 (술 주). 그 지방의 특유의 토속(土俗) 양조법으로 빚은 전통적인 술[酒].

▸토속-학 土俗學 (배울 학). 어느 지방[土] 특유의 습관이나 풍속(風俗)을 연구하는 학문(學問).

토신 土神 (흙 토, 귀신 신). 민속 음양가에서 말하는, 흙[土]을 맡아 다스린다는 신(神).

토:실 吐實 (말할 토, 실제 실). 일의 경위를 숨기지 않고 사실(事實)대로 말함[吐].

***토양** 土壤 (흙덩이 토, 흙덩이 양). ① 속뜻 흙[土]과 흙덩이[壤]. ② 식물에 영양을 공급하여 자라게 할 수 있는 흙. 지구의 표면을 덮고 있는 바위가 부스러져 생긴 가루로, 무기물과 동식물에서 생긴 유기물이 섞여 이루어졌다. ¶이 지역은 토양이 기름져서 농사가 잘 된다. ③ '어떤 활동이 이루어질 수 있는 밑받침'을 비유하여 이르는 말. ¶어머니의 사랑은 그가 학자가 될 수 있었던 토양이었다.

▸토양-학 土壤學 (배울 학). 농업 토양(土壤)의 생긴 원인과 성질, 변화, 분류, 분포 따위를 연구하는 학문(學問).

▸토양 반:응 土壤反應 (되돌릴 반, 응할 응). 농업 토양(土壤)의 화학적 성질을 나타내는 반응(反應).

▸토양 침식 土壤浸蝕 (스며들 침, 갉아먹을 식). 지리 토양(土壤)이 침식(浸蝕)됨.

토어 土語 (흙 토, 말씀 어). ① 속뜻 한 지방[土]에서 전통적으로 쓰이는 말[語]. ② 언어 어느 지방에 특유한 방언. 사투리.

토옥[1] 土沃 (흙 토, 기름질 옥). 땅[土]이 비옥(肥沃)함.

토옥[2] 土屋 (흙 토, 집 옥). 건설 흙[土]으로 담만 쌓아 그 위에 지붕을 덮어 지은 집[屋]. ⓑ토담집.

토-요일 土曜日 (흙 토, 빛날 요, 해 일). 칠요일 중 토(土)에 해당하는 요일(曜日). ¶토요일에 여행을 간다.

토욕 土浴 (흙 토, 목욕할 욕). ① 속뜻 흙[土]으로 목욕(沐浴)함. ② 닭이 흙을 파헤치고 들어앉아 버르적거리는 일. ③ 말이나 소가 땅바닥에 뒹굴면서 몸을 비비는 일.

토용 土俑 (흙 토, 허수아비 용). 고적 순장할 때에 사람 대신으로 무덤 속에 함께 묻던, 흙[土]으로 만든 허수아비[俑].

토우 土偶 (흙 토, 허수아비 우). 고적 흙[土]으로 만든 사람이나 짐승 모양의 인형[偶].

토:유 吐乳 (토할 토, 젖 유). 젖[乳]을 토함[吐].

▸토:유-병 吐乳病 (병 병). 한의 젖[乳]을 토하는[吐] 병(病)을 이르는 말.

토음 土音 (흙 토, 소리 음). ① 언어 그 지방[土]의 발음(發音). 또는 그 지방 사람의 음색(音色). ② 오행에서 토(土)에 해당하는 음.

토:의 討議 (따질 토, 의논할 의). 어떤 문제에 대하여 검토(檢討)하고 의논(議論)함. ¶환경문제를 토의하다. ⓑ토론(討論).

토인 土人 (흙 토, 사람 인). ① 속뜻 어떤 지방[土]에 대대로 붙박이로 사는 사람[人]. ② 미개한 지역에 정착하여 원시적인 생활을 하고 있는 종족을 얕잡아 이르는 말. ¶아프리카 토인을 교화하다.

토장[1] 土葬 (흙 토, 장사지낼 장). 시체를 땅[土]속에 묻어 장사(葬事) 지냄. ⓒ수장(水葬). 풍장(風葬). 화장(火葬).

토장[2] 土醬 (흙 토, 젓갈 장). 메주로 간장을 담근 뒤에 장물을 떠내고 남은 건더기. ⓑ된장. ➲ 토장국.

토적[1] 土賊 (흙 토, 도둑 적). 일부 지역[土]에서 일어나는 도둑 떼[賊]. ¶각처에 토적이 일어났다. ⓑ토구(土寇).

토적[2] 討賊 (칠 토, 도둑 적). 도적(盜賊)을 토벌(討伐)함.

토:정 吐情 (말할 토, 실상 정). 사정(事情)이 나 심정을 솔직히 털어놓음[吐]. ㊐토로(吐露).

토정-비결 土亭秘訣 (흙 토, 정자 정, 숨길 비, 방법 결). 책명 조선 명종 때 토정(土亭) 이지함이 지었다는 운명의 비결(秘訣)에 관한 책.

토제¹ 土製 (흙 토, 만들 제). 흙[土]으로 만듦[製]. 또는 그런 물건.

토:제² 吐劑 (토할 토, 약제 제). 약학 먹은 것을 토(吐)하게 하는 약제(藥劑). ㊐토약(吐藥).

토족¹ 土足 (흙 토, 발 족). ① 속뜻 흙[土]이 묻은 발[足]. ②신을 신은 그대로의 발.

토족² 土族 (흙 토, 겨레 족). 여러 대를 이어서 그 지방[土]에서 붙박이로 사는 양반(兩班)의 겨레[族].

토종 土種 (흙 토, 씨 종). 본디 그 지역[土]에서 나는 종자(種子). ¶토종꿀 / 토종닭 / 토종 농산물이 우리 몸에 좋다. ㊐본토종(本土種), 재래종(在來種), 토산종(土産種).

⁑**토지** 土地 (흙 토, 땅 지). ① 속뜻 흙[土]과 땅[地]. ②사람의 생활과 활동에 이용하는 땅. ¶이 토지는 어떤 용도로도 이용 가능하다. ③ 법률 사람에 의한 이용이나 소유의 대상으로서 받아들여지는 경우의 땅.

▸**토지-법** 土地法 (법 법). 법률 토지(土地)의 소유, 이용, 개량 등에 관해 규정한 법률(法律)을 통틀어 이르는 말.

▸**토지 개:량** 土地改良 (고칠 개, 좋을 량). 땅[土地]의 성질을 좋게[良] 고치거나[改] 유지시키는 일.

▸**토지 개:혁** 土地改革 (고칠 개, 가죽 혁). 토지(土地)의 소유 형태에 관한 개혁(改革).

▸**토지 대장** 土地臺帳 (돈대 대, 장부 장). 법률 토지(土地)에 관한 기본 내용을 적는 장부[臺帳].

▸**토지 수용** 土地收用 (거둘 수, 쓸 용). ① 속뜻 토지(土地)를 공익사업을 위하여 거두어[收] 씀[用]. ② 법률 특정한 공익사업을 위하여 법률이 정하는 바에 따라 정당한 보상을 지급하고 강제적으로 토지 소유권 따위를 취득하는 일.

▸**토지 조사** 土地調査 (헤아릴 조, 살필 사). 사회 근대적인 토지 소유권을 확립하기 위하여 토지(土地)에 대한 필요한 사항을 조사(調査)하는 일.

토질¹ 土疾 (흙 토, 병 질). 한의 어떤 지방의 토질(土質)에 맞지 않아 생기는 병[疾]을 통틀어 이르는 말. ㊐풍토병(風土病).

토질² 土質 (흙 토, 바탕 질). 토지(土地)의 성질(性質). ¶이 지역은 토질이 비옥하다. ㊐토성(土性).

토착 土着 (흙 토, 붙을 착). ① 속뜻 일정한 지역[土]에 눌러[着] 삶. ②대를 이어 그 땅에서 삶. ¶이곳에는 예전에 토착화전민이 살았다. ③생물이 새로운 장소로 이동하여 거기에 눌러 사는 일. ¶외래종은 이미 남한강 유역에 토착하였다.

▸**토착-민** 土着民 (백성 민). 대대로 그 지방[土]에서 살고 있는[着] 백성[民]. ㊐토민.

▸**토착-화** 土着化 (될 화). 어떤 제도나 풍습 따위가 일정 지역[土]에 뿌리를 내려[着] 동화(同化)됨.

토충 土蟲 (흙 토, 벌레 충). 동물 흙[土]에 사는 벌레[蟲]. 지네강의 절지동물을 통틀어 이르는 말. ㊐지네.

토탄 土炭 (흙 토, 숯 탄). 광업 땅[土]속에 묻힌 시간이 오래되지 아니하여 완전히 탄화하지 못한 석탄(石炭).

토:파 吐破 (말할 토, 깨뜨릴 파). 마음에 품고 있던 사실을 다 털어[破] 내어 말함[吐].

토:혈 吐血 (토할 토, 피 혈). 의학 피[血]를 토하는[吐] 일. ㊐상혈(上血), 타혈(唾血).

토호 土豪 (흙 토, 호걸 호). 그 지방의 토착민(土着民)으로서 양반을 텃세할 세력과 재산을 가진 사람[豪]. ㊐호족(豪族).

토황소-격문 討黃巢檄文 (칠 토, 누를 황, 새집 소, 격문 격, 글월 문). 신라인 최치원이 당 나라에서 벼슬을 할 때, 난을 일으킨 황소(黃巢)를 토벌(討伐)하기 위하여 지은 격문(檄文).

통:각¹ 洞角 (꿰뚫을 통, 뿔 각). 동물 소, 물소 따위의 뿔처럼 가지가 없고 속이 빈[洞] 뿔[角]. ㊐통뿔.

통:각² 痛覺 (아플 통, 깨달을 각). 심리 고통(苦痛)스러운 감각(感覺). 피부의 자극이나 신체 내부의 자극에 의하여 일어나며 좁은

의미로는 피부의 통점의 자극에 의한 감각만을 이른다.

통:각[3] 統覺 (묶을 통, 깨달을 각). 철학 경험이나 인식을 자기의 의식 속으로 종합하고 통일(統一)하는 감각(感覺)작용.

통:감[1] 痛感 (아플 통, 느낄 감). ① 속뜻 마음이 아플[痛] 정도로 깊이 느낌[感]. ② 마음에 사무치게 느낌. 절실히 느낌. ¶그는 자신의 경험 부족을 뼈저리게 통감하고 있었다.

통:감[2] 統監 (묶을 통, 살필 감). ① 속뜻 정치나 군사의 모든 일을 통솔(統率)하고 감독(監督)함. 또는 그런 사람. ② 역사 대한 제국 때에, 일제가 설치한 통감부의 장관.

▸**통:감-부** 統監府 (관청 부). 역사 1905년부터 1910년까지 일제가 대한 제국을 통할(統轄)하여 감독(監督)하기 위해 만든 관청[府].

통:격 痛擊 (아플 통, 칠 격). ① 속뜻 적군을 통렬(痛烈)하게 공격(攻擊)함. ② 몹시 꾸짖어 나무람.

통:견 洞見 (꿰뚫을 통, 볼 견). 속까지 꿰뚫어[洞] 봄[見]. 또는 앞일을 환히 내다봄.

통경 通徑 (통할 통, 지름길 경). ① 속뜻 지름길[徑]로 통(通)함. ② 수학 '수직 지름'의 예전 용어.

통계[1] 通計 (온통 통, 셀 계). 전부를 통(通)틀어 계산(計算)함. ㉥통산(通算).

통:계[2] 統計 (묶을 통, 셀 계). ① 속뜻 한데 몰아서[統] 셈함[計]. ② 수학 어떤 현상을 종합적으로 한눈에 알아보기 쉽게 일정한 체계에 따라 숫자로 나타냄. 또는 그런 것. ¶공식 통계에 따르면 청년 실업률이 높아지고 있다고 한다. ③ 집단적 현상이나 수집된 자료의 내용에 관한 수량적인 기술.

▸**통:계-적** 統計的 (것 적). ① 속뜻 통계(統計)에 따른 것[的]. ② 통계를 내어야 비로소 알 수 있는 것.

▸**통:계-청** 統計廳 (관청 청). 법률 국가의 각종 통계(統計) 사무를 맡아보는 중앙 행정 관청(官廳).

▸**통:계-표** 統計表 (겉 표). 통계(統計) 결과를 나타낸 도표(圖表). 여러 가지 일이나 물건의 종별, 대소, 다과를 비교하거나 시간에 따른 변동을 알아볼 수 있도록 나타낸다. ¶세계 인구 조사국의 통계표.

▸**통:계-학** 統計學 (배울 학). 수학 사회 현상을 통계(統計)에 의하여 관찰·연구하는 학문(學問).

▸**통:계 도표** 統計圖表 (그림 도, 겉 표). 수학 통계(統計) 숫자의 내용을 이해하기 쉽도록 그림[圖]으로 나타낸 표(表).

▸**통:계 역학** 統計力學 (힘 력, 배울 학). 물리 물질을 구성하는 성분의 성질이나 현상을 통계적(統計的)으로 설명하려는 역학(力學).

▸**통:계-연감** 統計年鑑 (해 년, 볼 감). 한 나라의 정치·경제·사회·문화 따위의 통계(統計) 도표나 수치를 실은 연감(年鑑).

통:고[1] 痛苦 (아플 통, 괴로울 고). ① 속뜻 아프고[痛] 괴로움[苦]. ② 가톨릭 묵주 기도 가운데, 고통의 신비를 이르던 말. ㉥고통(苦痛).

통고[2] 通告 (온통 통, 알릴 고). 관계되는 사람들에게 온통[通] 다 알림[告]. ¶마을 사람에게 갑자기 마을회관으로 모이라고 통고했다.

▸**통고 처:분** 通告處分 (처리할 처, 나눌 분). 법률 조세, 관세, 출입국 관리, 도로 교통 따위에 관한 범칙 사건에서 형사 소송에 대신하여 행정청이 벌금이나 과료에 상당하는 금액의 납부를 명할 수 있는 통고(通告)하는 행정 처분(處分).

통-고금 通古今 (통할 통, 옛 고, 이제 금). ① 속뜻 예[古]나 이제[今]나 모두 통(通)함. ② 과거와 현재를 꿰뚫어 환히 앎.

통:곡 痛哭 (아플 통, 울 곡). 마음이 아파[痛] 슬피 욺[哭]. ¶어머니의 시신을 붙들고 통곡하다.

통과 通過 (통할 통, 지날 과). ① 속뜻 일정한 때나 장소를 통(通)하여 지나감[過]. ¶철조망 통과 훈련 / 국경을 통과하다. ② 검사, 시험 따위에서 합격함. ¶예선 통과는 아무런 문제가 없다 / 입국 심사에서 무사히 통과되어 입국할 수 있었다. ③ 의회 등에 제출한 의안이 가결됨. ¶예산안이 통과하다.

▸**통과-보** 通過報 (알릴 보). 해양 특별히 지정된 등대에서 그 연안을 통과(通過)하는 배의 이름과 통과 시간을 적어서 청구자에게 알리는 전보(電報).

▸**통과-세** 通過稅 (세금 세). 법률 통과(通

過) 화물에 대하여 매기는 조세(租稅).

▸통과 무:역 通過貿易 (바꿀 무, 바꿀 역). [경제] 다른 나라로부터 사들인 물자를 그대로 제삼국으로 수출하는[通過] 형식의 무역(貿易). [비]중계 무역(中繼貿易).

▸통과 의례 通過儀禮 (의식 의, 예도 례). [사회] 출생, 성년, 결혼, 사망 따위와 같이 사람의 일생 동안 새로운 상태로 넘어갈[通過] 때 겪는 의식[儀=禮].

▸통과 화:물 通過貨物 (재물 화, 만물 물). [경제] 한 나라의 관세 지역을 경유하여 다른 나라로 나가는[通過] 화물(貨物).

통관[1] 通關 (통할 통, 빗장 관). 세관(稅關)을 통과(通過)하는 일.

통관[2] 通觀 (통할 통, 볼 관). 전체를 통(通)하여 내다봄[觀]. 또는 전체에 걸쳐서 한 번 훑어봄.

통:괄 統括 (묶을 통, 묶을 괄). 낱낱의 일을 한데 묶어서[統=括] 잡음.

통교 通交 (통할 통, 서로 교). 국가 또는 개인이 교류(交流)를 틂음[通].

▸통교 조약 通交條約 (조목 조, 묶을 약). [정치] 국가 간 또는 국적을 달리하는 국민 사이에서 경제, 교통, 통상 따위에 관한 교류를 트는[通交] 데 관한 조약(條約).

통권 通卷 (통할 통, 책 권). [출판] 잡지나 책 따위의 전체를 통산(通算)한 권수(卷數). ¶통권 제53호.

통규 通規 (통할 통, 법 규). 일반에게 다 같이 통(通)하여 적용되는 규정(規程).

통근 通勤 (다닐 통, 일할 근). 멀리 다니며[通] 직장 일을 함[勤]. ¶통근 버스 / 통근하기 편하도록 직장 가까이에 집을 얻었다.

▸통근-차 通勤車 (수레 차). 통근(通勤)에 쓰이는 자동차(自動車)나 기차(汽車).

통금 通禁 (통할 통, 금할 금). 특정 지역이나 또는 특정 시간에 통행(通行)을 일체 금지(禁止)하는 일. ¶통금에 걸리다 / 통금이 해제되다.

통기[1] 通氣 (통할 통, 공기 기). ① [속뜻] 공기(空氣)나 바람을 통(通)하게 함. ¶굵은 연통형의 통기 구멍이 나 있다. ② 궁중에서, '방귀'를 달리 이르던 말. [비]통풍(通風).

▸통기-성 通氣性 (성질 성). 공기(空氣)가 통(通)할 수 있는 성질(性質). ¶이 천은 통기성이 좋다.

통기[2] 通寄 (통할 통, 부칠 기). 통지(通知)하는 말이나 글을 부침[寄]. ¶통기를 넣다 / 찾는 사람이 있다는 통기를 받았다. [비]통지(通知).

통념 通念 (통할 통, 생각 념). 일반에 널리 통(通)하는 개념(概念). 일반적인 생각. ¶사회적인 통념을 뒤집다.

통뇨 通尿 (통할 통, 오줌 뇨). 소변[尿]이 잘 통(通)하게 함.

통달 通達 (온통 통, 이를 달). ① [속뜻] 온통[通] 다 아는 높은 수준에 이름[達]. 환히 잘 앎. ¶그녀는 몇 개 언어에 통달해 있다. ② 도에 깊이 통함. [비]창달(暢達).

통도[1] 通道 (통할 통, 길 도). ① [속뜻] 통(通)하는 길[道]. 통로(通路). ② 사람이 마땅히 이행해야 할 도의.

통:도[2] 痛悼 (아플 통, 슬퍼할 도). 마음이 몹시 아프고[痛] 슬픔[悼]. [비]상통(傷痛).

통독 通讀 (온통 통, 읽을 독). ① [속뜻] 처음부터 끝까지 온통[通] 다 읽음[讀]. ¶이 책은 통독할 만하다. ② [역사] 지난날, 성균관의 대사성이 해마다 서울과 지방의 유생에게 제술과 강서를 시험하던 일.

통람 通覽 (두루 통, 볼 람). 책이나 글을 처음부터 끝까지 모두 두루[通] 훑어봄[覽]. [비]통찰(通察).

통:렬 痛烈 (몹시 통, 세찰 렬). 몹시[痛] 날카롭고 매서움[烈]. [비]맹렬(猛烈).

통:령 統領 (거느릴 통, 거느릴 령). ① [속뜻] 일체를 거느림[統=領]. 또는 그런 사람. 통리(統理). ② [역사] 조선 시대에 조운선 10척을 거느리던 무관 벼슬.

통례 通例 (통할 통, 법식 례). 공통적(共通的)인 전례(典例). [비]상례(常例).

통로 通路 (통할 통, 길 로). 어떤 곳으로 통(通)하는 길[路]. ¶트럭 한 대가 주차장 통로를 막고 서 있다. [비]통도(通道).

통론[1] 通論 (통할 통, 논할 론). ① [속뜻] 사리에 통달(通達)한 이론(理論). ② 어떤 학과 내용의 전체를 통한 일반적이고 공통된 이론. ③ 세상에 널리 통하는 이론.

통:론[2] 痛論 (아플 통, 논할 론). 통렬(痛烈)하게 의논(議論)함.

통리[1] **通理** (통할 통, 이치 리). ① 속뜻 사물의 이치(理致)에 통달(通達)함. ② 일반에 공통되는 도리. (비)투리(透理).

통:리[2] **統理** (묶을 통, 다스릴 리). ① 속뜻 일체를 총괄하여[統] 다스림[理]. (비)통령(統領). ②나라나 지역을 도맡아 다스림. (비)통치(統治).

▸통:리기무-아문 統理機務衙門 (실마리 기, 일 무, 관청 아, 문 문). 역사 조선 말기, 정치·군사 따위의 중요한[機] 업무(業務)를 총괄하여[統] 관리(管理)하기 위한 관아[衙門].

통명[1] **通名** (두루 통, 이름 명). 널리 알려져 일반에 통(通)하는 이름[名].

통명[2] **通明** (통할 통, 밝을 명). 모든 것에 통달(通達)하여 지혜가 밝음[明].

통모 **通謀** (통할 통, 꾀할 모). ① 속뜻 남몰래 서로 통(通)하여 공모(共謀)함. ¶적국과의 통모를 한 죄가 큽니다. ② 법률 상대편과 사전에 서로의 의사에 대하여 연락을 하는 일.

통문 **通文** (통할 통, 글월 문). ① 속뜻 여러 사람의 이름을 적어 차례로 돌려 보는[通] 문서[文]. ②문장(文章)을 통하게 함. (비)번역(飜譯)함.

▸통문-관 通文館 (집 관). 역사 고려 시대에 통역·번역[通文]의 교육과 사무를 맡아보던 관아[館].

통법 **通法** (통할 통, 법 법). ① 속뜻 공통(共通)된 방법(方法). ② 수학 복명수를 단명수로 고치는 계산 방법. 1시간 10분을 70분으로, 1미터 50㎝를 150㎝로 바꾸는 것 따위를 이른다. '제등(諸等)통법'의 준말.

통변 **通辯** (통할 통, 말 잘할 변). 말이 통하지 않는 사람 사이에서 뜻이 통(通)하도록 말을 옮겨 줌[辯]. 통역. ¶통변을 해줄 사람을 찾다.

통보[1] **通報** (온통 통, 알릴 보). 관계되는 사람 모두[通]에게 다 알림[報]. ¶합격통보를 하다 / 학부모들에게 통보하여 학교 소식을 알려 드렸다.

통보[2] **通寶** (통할 통, 보배 보). ① 속뜻 통용(通用)되는 보배[寶] 같은 돈. ② 역사 엽전 등 화폐에 새겨 '통화'(通貨)라는 뜻을 나타내던 말.

통부 **通訃** (통할 통, 부고 부). 부고(訃告)의 글을 통지(通知)함. ¶한 첨지가 작고하였다고는 통부가 왔다.

통분[1] **通分** (통할 통, 나눌 분). ① 속뜻 공통(共通)의 수로 나눔[分]. ② 수학 분모가 다른 둘 이상의 분수나 분수식에서 분모를 같게 만듦. 보통 각 분모의 최소 공배수를 공통분모로 삼는다.

통:분[2] **痛憤** (=痛忿, 아플 통, 분할 분). 원통(寃痛)하고 분(憤)함.

통비 **通比** (통할 통, 견줄 비). 전체를 통분(通分)한 비(比).

통사[1] **通士** (통할 통, 선비 사). 사리에 정통(精通)한 사람[士].

통사[2] **通史** (통할 통, 역사 사). 시대를 한정하지 않고 전 시대와 전 지역에 걸쳐[通] 역사적 줄거리를 서술하는 역사(歷史). 또는 그런 기술의 양식.

통-사정 **通事情** (알릴 통, 일 사, 실상 정). 자기의 딱한 사정(事情)을 남에게 털어놓고 말함[通]. ¶아무리 통사정을 해도 그녀는 눈 하나 깜짝하지 않았다.

통산 **通算** (통할 통, 셀 산). 전부를 통(通)틀어서 셈함[算]. (비)통계(通計).

통상[1] **筒狀** (대롱 통, 형상 상). 대롱[筒]처럼 속이 빈 모양[狀].

통상[2] **通常** (온통 통, 보통 상). ① 속뜻 모두[通] 보통은[常] 그러함. ②일반적으로. 대개. ¶편지가 도착하기까지 통상 사흘 정도 걸린다.

▸통상-복 通常服 (옷 복). 보통 때[通常] 입는 옷[服]. (비)평복(平服), 평상복(平常服).

▸통상-적 通常的 (것 적). 특별하지 않고 늘[通常] 있는 것[的]. ¶통상적인 모임에 불과하다.

▸통상-주 通常株 (주식 주). 경제 우선주(優先株)에 대하여 특별한 권리 내용이 없는 보통의[通常] 주식(株式)을 이르는 말. (비)보통주(普通株).

▸통상-환 通常換 (바꿀 환). ① 속뜻 통상(通常) 바꿈[換]. ② 경제 환증서를 우편으로 보내어 지정된 지급 우체국에서 환금하게 하는 보통의 우편환.

▸통상 엽서 通常葉書 (잎 엽, 쓸 서). 통신 규격이나 형식을 갖지 않는 일반[通常] 우편

엽서(郵便葉書).

▸**통상-예복** 通常禮服 (예도 례, 옷 복). 보통으로[通常] 입는 예복(禮服).

▸**통상 우편** 通常郵便 (우송할 우, 편할 편). 통신 보통[通常]의 우편(郵便)을 소포에 상대하여 이르는 말.

▸**통상 전:보** 通常電報 (전기 전, 알릴 보). 통신 특별하게 취급하지 않는 보통[通常]의 전보(電報).

▸**통상 주주** 通常株主 (주식 주, 주인 주). 경제 통상주(通常株)를 가진 일반적인 주주(株主).

통상³ **通商** (다닐 통, 장사 상). 나라 사이에 서로 교통(交通)하며 상업(商業)을 함. ¶전쟁으로 두 나라의 통상이 단절되었다.

▸**통상 조약** 通商條約 (조목 조, 묶을 약). 정치 두 나라 사이에 통상(通商)에 관한 권리와 의무를 규정한 조약(條約).

▸**통상 협정** 通商協定 (합칠 협, 정할 정). 경제 통상 조약(通商條約) 가운데 특수하거나 임시적인 협정(協定).

통상-화 **筒狀花** (대롱 통, 형상 상, 꽃 화). 식물 꽃잎이 서로 달라붙어 대롱[筒] 모양[狀]으로 생기고 끝만 조금 갈라진 작은 꽃[花].

통석 **痛惜** (아플 통, 애틋할 석). 마음 아플[痛] 정도로 몹시 애석(哀惜)하다.

통설 **通說** (통할 통, 말씀 설). ① 속뜻 어떤 사물이나 도리에 능통(能通)한 논설(論說). ② 일반에 널리 알려지거나 인정되어 있는 학설. ③ 전반에 걸쳐 해설함.

통섭¹ **通涉** (통할 통, 이를 섭). ① 속뜻 널리 통하여[通] 널리 이름[涉]. ② 서로 사귀어 오고 가고 함. ¶서로 통섭한지 오래 되었다.

통:섭² **統攝** (묶을 통, 당길 섭). ① 속뜻 하나로 묶어서[統] 당김[攝]. ② 하나로 묶어서 다스림. 또는 그렇게 처리함. ¶여러 학문을 통섭하는 연구를 하다.

통성¹ **通性** (통할 통, 성질 성). 여럿이 공통(共通)으로 가지고 있는 성질(性質). '통유성'(通有性)의 준말.

통성² **通姓** (알릴 통, 성씨 성). 처음으로 인사할 때 서로 성(姓)과 이름을 알려[通] 줌. '통성명'(通姓名)의 준말.

통-성명 **通姓名** (알릴 통, 성씨 성, 이름 명). 처음 인사할 때 서로 성(姓)과 이름[名]을 알려 줌[通].

통소 **通宵** (통할 통, 밤 소). 밤[宵]을 새움[通]. ⓑ철야(徹夜).

통속 **通俗** (온통 통, 풍속 속). ① 속뜻 세상에 널리[通] 퍼져 있는 풍속(風俗). ② 비전문적이고 대체로 저속하며 일반 대중이 쉽게 알 수 있는 일. ¶사진이 잡지의 표지처럼 통속하다.

▸**통속-극** 通俗劇 (연극 극). 통속적(通俗的)인 내용의 드라마나 연극(演劇).

▸**통속-적** 通俗的 (것 적). 대중의 취향에 맞춘 세속적이고 천박한[通俗] 것[的]. ¶통속적인 연애 소설.

▸**통속 문학** 通俗文學 (글월 문, 배울 학). 문학 문학적 교양이 비교적 낮은 독자를 대상으로 하여 흥미에 중점을 둔 통속적(通俗的)인 내용으로 평이하게 쓴 문학(文學). ⓑ대중 문학(大衆文學).

▸**통속 소:설** 通俗小說 (작을 소, 말씀 설). 문학 예술적 가치보다는 흥미에 중점을 두고, 주제나 성격 묘사보다는 재미있는 사건의 전개에 중점을 두는[通俗] 소설(小說).

통:솔 **統率** (거느릴 통, 거느릴 솔). 어떤 조직체를 온통 몰아서 거느림[統=率]. ¶그 장군은 부하들을 잘 통솔한다. ⓑ지휘(指揮).

▸**통:솔-력** 統率力 (힘 력). 통솔(統率)하는 힘[力]. ¶우리는 통솔력이 있는 친구를 반장으로 뽑았다. ⓑ지휘력(指揮力).

통수¹ **通水** (통할 통, 물 수). 수도관이나 수로 따위에 물[水]이 통(通)하여 흐르게 함.

통:수² **統帥** (거느릴 통, 거느릴 수). 큰 무리를 통솔(統率)하여 거느림[帥].

▸**통:수-권** 統帥權 (권력 권). 법률 한 나라의 군대를 지휘하고 통솔하는[統帥] 권력(權力).

통:시 **洞視** (꿰뚫을 통, 볼 시). 꿰뚫어[洞] 봄[視]. ⓑ통찰(洞察).

통시 언어학 **通時言語學** (통할 통, 때 시, 말씀 언, 말씀 어, 배울 학). 언어 여러 시대(時代)에 걸쳐[通] 어떤 언어(言語) 현상을 역사적으로 연구하는 학문(學問). ⓑ공시 언어학(共時言語學).

통식 **通式** (통할 통, 법 식). 일반에 널리 통

(通)하는 방식(方式).

통신 通信 (통할 통, 소식 신). ① 속뜻 소식이나 정보[信]를 교환하고 연락하여 통(通)하게 하는 일. ¶이 지역은 통신 상태가 좋지 않다. ② 소식이나 의지, 지식 등을 전함. ¶통신의 비밀은 법으로 보장되어 있다. ③ 신문이나 잡지에 실을 기사의 자료를 보냄. ¶통신을 정리하다. ④ 통신 정보 전달을 다루는 과학 기술.

▸통신-기 通信機 (틀 기). 통신(通信)에 관한 일을 처리하는 기계(機械).

▸통신-대 通信隊 (무리 대). 군사 통신(通信)에 관한 임무를 수행하는 특수 부대(部隊).

▸통신-로 通信路 (길 로). 통신(通信)이 오고가는 길[路].

▸통신-망 通信網 (그물 망). 소식 등을 전하기[通信] 위해 그물[網]처럼 짜놓은 연락 체계.

▸통신-비 通信費 (쓸 비). 통신(通信)에 드는 비용(費用). ¶통신비 지출이 늘어나다.

▸통신-사 通信士 (선비 사). 통신 기관이나 선박, 항공기 따위에서 통신(通信)에 관한 일을 맡아보는 기술 요원[士].

▸통신-사[1] 通信社 (회사 사). 신문사, 잡지사, 방송사 등에 뉴스[信]를 제공하는[通] 보도 기관[社].

▸통신-사[2] 通信使 (부릴 사). 역사 조선 때, 통신(通信)을 위해 일본으로 보내던 사신(使臣).

▸통신-소 通信所 (곳 소). 통신 통신기(通信機)를 이용하여 여러 가지 정보[信]를 교환하는[通] 곳[所].

▸통신-업 通信業 (일 업). 통신 통신에 관한 사업. '통신 사업'(通信事業)의 준말. ¶통신업이 발달하다.

▸통신-원 通信員 (사람 원). 보도 기관 등에 딸려, 지방 또는 외국에 파견되거나 현지에 있는 사람으로서 그 곳의 뉴스[信]를 취재하여 본사에 알리는[通] 사람[員].

▸통신 교:육 通信教育 (가르칠 교, 기를 육). 교육 우편이나 라디오, 텔레비전 따위의 통신(通信) 수단을 이용하여 실시하는 교육 활동(教育活動).

▸통신 사:업 通信事業 (일 사, 일 업). ① 속뜻 우편이나 전신, 전화 따위의 통신(通信)에 관한 사업(事業). ② 신문사나 잡지사, 방송업체 따위에 보도 자료를 전달하는 사업.

▸통신 위성 通信衛星 (지킬 위, 별 성). 통신 전파 통신(通信)의 중계에 이용되는 인공위성(人工衛星).

▸통신 자유 通信自由 (스스로 자, 말미암을 유). 통신(通信)의 비밀을 보장받는 자유(自由).

▸통신 판매 通信販賣 (팔 판, 팔 매). 경제 소비자가 전화, 인터넷 등의 통신(通信)을 이용해 주문하면, 상품을 보내주는 판매(販賣) 방법.

통:심 痛心 (아플 통, 마음 심). 마음[心]이 몹시 상함[痛].

통-심정 通心情 (통할 통, 마음 심, 마음 정). 서로 마음속의 심정(心情)이나 생각을 주고받음[通].

통약 通約 (통할 통, 묶을 약). 수학 분수의 분모와 분자를 공통(共通)의 공약수(公約數)로 나누어 간단하게 하는 일. [비] 약분(約分).

통:양 痛癢 (아플 통, 가려울 양). ① 속뜻 아플[痛] 정도로 몹시 가려움[癢]. ⑪양통(癢痛). ¶통양을 느끼다. ② 자신에게 직접 미치는 이해관계를 비유하여 이르는 말. ¶나와는 아무 통양도 없는 일이다.

통어[1] 通語 (통할 통, 말씀 어). ① 속뜻 말[語]을 통(通)하도록 함. 말이 통하지 않는 사람 사이에서 뜻이 통하도록 말을 옮겨 줌. 통역(通譯). ② 외국 사람과 말을 서로 통함. ③ 일반에서 널리 사용되고 있는 말.

통:어[2] 統御 (거느릴 통, 다스릴 어). 거느려서[統] 제어(制御)함.

▸통:어-사 統禦使 (부릴 사). 역사 ① 조선 시대에, 경기·충청·황해 세 도의 수군(水軍)을 통솔하는[統禦] 일을 맡아보던 무관 벼슬[使]. ② '삼도 육군통어사'(三道陸軍統禦使)의 준말.

통:언 痛言 (아플 통, 말씀 언). 따끔하게[痛] 말함[言]. 또는 그 말.

통:업 統業 (거느릴 통, 일 업). 나라를 다스리는[統] 일[業].

통역 通譯 (통할 통, 옮길 역). 뜻이 통(通)하도록 알아듣는 말로 옮김[譯]. 또는 그런 사람. ¶한국어로 통역을 좀 해 주세요. / 통역을 불러 왔다. ⓑ통변(通辯), 통어(通語).

▸통역-관 通譯官 (벼슬 관). 통역(通譯)에 종사하는 관리(官吏).

통:영 統營 (거느릴 통, 꾀할 영). ① 속뜻 통제(統制)하고 경영(經營)함. ② 역사 조선 선조 26년(1593)에 이순신이 삼도 수군통제사가 되어 한산도에 설치한 군영. '통제영'(統制營)의 준말.

통용 通用 (온통 통, 쓸 용). 여러 곳에서 두루두루 다[通] 쓰임[用]. ②서로 넘나들어 두루 쓰임. ¶달러는 어느 나라에서나 통용된다. ⓑ유통(流通).

▸통용-문 通用門 (문 문). 대문 이외에 늘 드나들도록[通用] 만들어 놓은 문(門).

▸통용-어 通用語 (말씀 어). 일반에게 널리[通] 쓰이는[用] 말[語].

통운[1] 通運 (다닐 통, 옮길 운). 여러 곳을 다니며[通] 물건을 운반(運搬)함.

▸통운 회:사 通運會社 (모일 회, 단체 사). 경제 화물을 실어 나르고[通運] 수수료를 받는 회사(會社).

통운[2] 通韻 (통할 통, 운 운). ① 속뜻 운(韻)이 서로 통(通)함. ② 문학 한시에서 발음이 비슷한 여러 운을 서로 통하여 쓸 수 있는 일.

통유[1] 通儒 (통할 통, 선비 유). 세상일에 두루 통(通)하고, 실행력이 있는 선비[儒].

통유[2] 通有 (통할 통, 있을 유). 널리 공통(共通)으로 갖추고 있음[有]. ⓑ특유(特有).

▸통유-성 通有性 (성질 성). 공통(共通)으로 가지고 있는[有] 성질(性質). ⓒ통성. ⓑ특유성(特有性).

통:음 痛飮 (몹시 통, 마실 음). 술을 몹시[痛] 많이 마심[飮].

통:의-부 統義府 (묶을 통, 옳을 의, 관청 부). 역사 1922년에 만주에 있던 각 독립 단체의 대표들이 모여 의로운[義] 일을 위해 통합(統合)하여 조직한 단체[府].

통인 通人 (통할 통, 사람 인). 사물에 통달(通達)한 사람[人]. ⓑ통사(通士).

⁑통:일 統一 (묶을 통, 한 일). ① 속뜻 나누어진 것들을 묶어[統] 하나[一]로 합침. ¶의견을 통일하다 / 남북은 반드시 통일이 되어야 한다. ②여러 요소를 같게 하거나 일치되도록 맞춤. ¶의견을 통일하다. ③여러 가지 잡념을 버리고 마음을 한곳으로 모음. ¶정신 통일. ④ 철학 다양한 부분을 제시하면서 하나로도 파악되는 관계. 종합과 전체라는 개념이 뒤따른다.

▸통:일-미 統一美 (아름다울 미). 전체의 구성이 잘 통일(統一)되어 이루어진 예술적인 아름다움[美].

▸통:일-부 統一部 (나눌 부). 법률 주로 국가의 통일(統一)에 관한 사무를 맡아보는 중앙 행정 부서(部署).

▸통:일-안 統一案 (안건 안). 여럿을 하나[統一]로 만든 의안(議案).

▸통:일-원 統一院 (관청 원). 법률 남북 통일(統一) 및 남북 대화·교류·협력에 관한 정책의 수립, 통일 교육 따위에 관한 사무를 맡아보던 중앙 행정 기관[院].

▸통:일-체 統一體 (몸 체). 통일(統一)된 단체(團體).

▸통:일 신라 統一新羅 (새 신, 새그물 라). 역사 삼국시대의 신라에 대하여, 삼국을 통일(統一)한 676년 이후의 신라(新羅)를 이르는 말.

▸통:일 전:선 統一戰線 (싸울 전, 줄 선). 사회 ①정치·사회 운동에서 여러 당파나 단체가 각기 독자적인 주장을 견지하면서 공통의 목표를 달성하기 위하여 통일(統一)된 행동을 취하는 투쟁 형태[戰線]. ②노동자 계급의 세력을 강화하기 위하여 우익 개량주의자와 일시적으로 협력하여 자본가 계급에 대항하는 공산당의 전술 형태.

▸통:일-천하 統一天下 (하늘 천, 아래 하). 통일(統一)된 천하(天下). 또는 천하를 통일함.

통장[1] 通帳 (온통 통, 장부 장). ① 속뜻 금전의 출납에 관한 모든[通] 내용을 기록해 두는 장부(帳簿). ② 경제 거래에 필요한 사항을 기록하는 장부. ¶통장에서 만 원을 인출하다.

통:장[2] 統長 (큰 줄기 통, 어른 장). 행정 구역의 단위인 통(統)을 대표하여 일을 맡아보는 사람[長]. ¶아주머니는 동네 통장 일을 맡으셨다.

통전[1] 通典 (통할 통, 책 전). 어떤 경우에도 통(通)하는 법전(法典).

통전[2] 通電 (통할 통, 전기 전). ① 속뜻 전류

(電流)를 통(通)함. ②전국 각지로 널리 알리는 전보.

통:절 痛切 (몹시 통, 몹시 절). ① 속뜻 몹시[痛] 절실(切實)하다. ②매우 적절하다.

통:점 痛點 (아플 통, 점 점). 의학 피부 표면에 분포하여 아픔[痛]을 느끼게 하는 감각점(感覺點).

통정 通情 (통할 통, 사랑 정). ① 속뜻 남녀가 정(情)을 통(通)함. ②사회 전반의 공통적 사정이나 인정. ③'통사정'(通事情)의 준말. ④'통심정'(通心情)의 준말.

통정-대부 通政大夫 (통할 통, 정사 정, 큰 대, 사나이 부). ① 속뜻 정사(政事)에 달통(達通)한 대부(大夫). ② 역사 조선 때, 문관의 정삼품 당상관의 품계.

통:제 統制 (거느릴 통, 누를 제). ① 속뜻 일정한 방침에 따라 거느리기[統] 위하여 억누름[制]. ②제한이나 제약을 가함. ¶사고 지역에 출입을 통제하다. ③권력으로 언론·경제 활동 따위에 제한을 가하는 일. ¶보도 통제 / 통제된 사회.

▸통:제-사 統制使 (부릴 사). 역사 임진왜란 때에, 경상·전라·충청 세 도의 수군을 통솔하는[統制] 일을 맡아보던 무관 벼슬[使].

▸통:제-영 統制營 (집 영). 삼도 수군통제사(水軍統制使)의 군영(軍營).

▸통:제-품 統制品 (물건 품). 생산, 배급, 소비 등에서 국가의 통제(統制)를 받는 물품(物品).

▸통:제 가격 統制價格 (값 가, 이를 격). 경제 국가 또는 지방 공공 단체가 특정 상품의 가격을 통제(統制)하여 결정한 최고 가격(價格). 또는 최저 가격.

▸통:제 경제 統制經濟 (다스릴 경, 건질 제). 경제 국가가 어떤 목적을 수행하기 위하여, 경제 활동의 자유를 제한하여 계획화하고 통제(統制)하는 경제(經濟) 형태. ⓑ자유경제(自由經濟).

▸통:제 회:사 統制會社 (모일 회, 단체 사). 경제 다른 주식회사의 주권(株券)을 많이 가짐으로써 그 회사를 지배하는[統制] 회사(會社).

통:증 痛症 (아플 통, 증세 증). 아픔[痛]을 느끼는 증세(症勢). ¶오른쪽 무릎에 심한 통증을 느끼다.

통지 通知 (다닐 통, 알 지). 다니며[通] 알림[知]. 알려 줌. ¶집주인은 방을 비우라고 통지했다. ⓑ통기(通寄), 통달(通達).

▸통지-문 通知文 (글월 문). 소식이나 정보를 통지(通知)하는 문서(文書). ¶학교에서 통지문을 보내다.

▸통지-서 通知書 (글 서). 어떤 일을 알리는[通知] 글[書]. 또는 그 문서. ¶합격 통지서를 받다.

▸통지-표 通知表 (겉 표). 교육 학교에서 학생의 지능, 생활 태도, 학업 성적, 출석 상태 따위를 기재하여 가정에 통지(通知)하는 표(表).

▸통지 예:금 通知預金 (맡길 예, 돈 금). 경제 거치 기간이 지나 예금을 인출할 때, 일정 기간 전에 미리 은행에 통지(通知)를 해야 하는 은행 예금(預金).

통:찰 洞察 (꿰뚫을 통, 살필 찰). 예리하게 꿰뚫어[洞] 살펴봄[察]. ¶밝은 이성으로 깊이 통찰하다. ⓑ통시(洞視).

▸통:찰-력 洞察力 (힘 력). 사물을 환히 꿰뚫어 보는[洞察] 능력(能力). ¶그는 미래에 대한 날카로운 통찰력을 가지고 있다.

통:책 痛責 (아플 통, 꾸짖을 책). 따끔하게[痛] 꾸짖음[責]. ⓑ엄책(嚴責).

통:처 痛處 (아플 통, 곳 처). 상처나 병으로 아픈[痛] 곳[處].

통천 通天 (통할 통, 하늘 천). ① 속뜻 하늘[天]로 통(通)함. ②하늘 쪽이 터져 있음.

▸통천-건 通天巾 (수건 건). ① 속뜻 위쪽[天]이 터진[通] 두건(頭巾). ②성복(成服)하기 전에 상제가 쓰는 위가 터진 건.

▸통천-관 通天冠 (갓 관). ① 속뜻 위쪽[天]이 터진[通] 관(冠). ② 역사 황제가 조칙(詔勅)을 내릴 때나 정사를 볼 때 쓰던 관.

▸통천지수 通天之數 (어조사 지, 운수 수). 하늘[天]에 통(通)하는 운수(運數). 매우 좋은 운수를 뜻한다.

통-천하 通天下 (통할 통, 하늘 천, 아래 하). 천하(天下)에 두루 통(通)함.

통:철[1] 洞徹 (꿰뚫을 통, 통할 철). ① 속뜻 꿰뚫어[洞] 통함[徹]. ②깊이 살펴서 환하게 깨달음.

통철[2] 通徹 (통할 통, 통할 철). 막힘이 없이 통함[通=徹]. 통하여 막힘이 없음.

통첩 通牒 (통할 통, 문서 첩). ① 속뜻 문서[牒]로 통지(通知)함. ② 법률 국제법상 국가의 일방적 의사 표시를 내용으로 하는 문서.

통:촉 洞燭 (꿰뚫을 통, 비출 촉). ① 속뜻 깊은 곳까지 꿰뚫어[洞] 비춤[燭]. ② 윗사람이 아랫사람의 사정이나 형편 따위를 깊이 헤아려 살핌. ¶통촉하여 주시기 바랍니다.

통치[1] 通治 (통할 통, 다스릴 치). 한 가지의 약이 여러 가지 병을 다[通] 고침[治]. ¶만병통치.

통:치[2] 痛治 (심할 통, 다스릴 치). 매우 엄중히[痛] 다스림[治]. ㊞엄치(嚴治).

*__통:치__[3] 統治 (묶을 통, 다스릴 치). ① 속뜻 하나로 묶어서[統] 도맡아 다스림[治]. ② 지배자가 주권을 행사하여 국토 및 국민을 다스림. ¶나라를 통치하다. ㊞통리(統理).

▸통:치-권 統治權 (권력 권). 법률 국민과 국토를 통치(統治)하는 국가의 권력(權力).

▸통:치 기관 統治機關 (틀 기, 빗장 관). 정치 통치자(統治者)가 국가를 통치하기 위하여 설치한 기관(機關). 대통령이나 군주 또는 국회·법원·국무 회의 따위.

통칙 通則 (통할 통, 법 칙). 일반에게 공통(共通)으로 적용되는 규칙(規則). ㊞통규(通規), 통법(通法).

통:칭 統稱 (모두 통, 일컬을 칭). ① 속뜻 공통으로[統] 이름[稱]. 또는 그런 이름. ② 널리 일컫는 말이나 명칭.

통:쾌 痛快 (아플 통, 기쁠 쾌). ① 속뜻 아플[痛] 정도로 기분이 상쾌함[快]. ② 마음이 매우 시원함. ¶통쾌한 승리를 거두다.

통:타 痛打 (몹시 통, 칠 타). ① 속뜻 통렬(痛烈)하게 공격하여 치명적 타격(打擊)을 줌. 또는 그 타격. ② 세차고 심하게 때림.

통:탄 痛歎 (아플 통, 한숨지을 탄). 너무 아파[痛] 한숨을 지음[歎]. ¶억울함을 당하니 참으로 통탄할 노릇이었다. ㊞탄통(歎痛).

통투 通透 (통할 통, 뚫을 투). 사리를 통달(通達)하고 꿰뚫어[透] 환히 앎.

통판[1] 通判 (통할 통, 판가름할 판). ① 속뜻 온갖[通] 일을 판정(判定)함. ② 역사 고려 때, 대도호부(大都護府) 의 판관.

통판[2] 通販 (통할 통, 팔 판). 경제 통신(通信) 수단을 이용하여 주문을 받고 상품을 파는[販] 일. '통신 판매'(通信販賣)의 준말.

통-팔도 通八道 (통할 통, 여덟 팔, 길 도). ① 속뜻 팔도(八道)에 통(通)함. ② 곳곳에 널리 통함. ㊞통팔로(通八路).

통폐 通弊 (두루 통, 나쁠 폐). 일반에 두루[通] 있는 폐단(弊端).

통:-폐합 統廢合 (묶을 통, 그만둘 폐, 합할 합). 갈거나 비슷한 여러 조직이나 기업, 기구 따위를 통합(統合)하거나 폐합(廢合)함.

통:풍[1] 痛風 (아플 통, 바람 풍). ① 속뜻 관절 같은 데가 몹시 아픈[痛] 병[風]. ② 의학 팔다리 관절에 심한 염증이 되풀이되어 생기는 유전성 대사 이상 질환.

통풍[2] 通風 (통할 통, 바람 풍). 바람[風]을 잘 통(通)하게 함. ¶내 방은 통풍이 잘 되지 않아 공기가 탁하다. ㊞통기(通氣).

▸통풍-기 通風機 (틀 기). 기계 바람을 잘 통하도록[通風] 하기 위하여 장치한 기계(機械).

▸통풍-창 通風窓 (창문 창). 통풍(通風)이 잘 되도록 하기 위하여 낸 작은 창(窓).

통-하정 通下情 (통할 통, 아랫사람 하, 실상 정). 아랫 사람[下]의 사정(事情)을 잘 알아줌[通].

통학 通學 (다닐 통, 배울 학). 학교(學校)에 다님[通]. ¶나는 매일 버스로 통학한다.

▸통학-로 通學路 (길 로). 학생이 학교(學校)에 다니는[通] 길[路]. ¶학부모들이 통학로를 순찰한다.

▸통학-생 通學生 (사람 생). 머무는 집에서 학교까지 다니는[通學] 학생(學生).

▸통학 구역 通學區域 (나눌 구, 지경 역). 교육 일정 거리 이내의 학교로 통학(通學)할 것을 정해놓은 구역(區域).

▸통학 열차 通學列車 (벌일 렬, 수레 차). 통학(通學)에 쓰이는 열차(列車).

통:한 痛恨 (아플 통, 한탄 한). 가슴 아프게[痛] 한탄(恨歎)함.

▸통:한-사 痛恨事 (일 사). 몹시 원통한[痛恨] 일[事].

통:할 統轄 (거느릴 통, 관장할 할). 모두 거느려서[統] 관할(管轄)함.

통:합 統合 (묶을 통, 합할 합). 묶고[統] 합쳐[合] 하나로 만듦. ¶세 개의 부서가 하나

로 통합되었다.

통항 通航 (통할 통, 건널 항). 배가 어떤 곳을 통(通)하여 건너다님[航].

▸통항-권 通航權 (권리 권). [법률] 외국의 영해나 운하 따위를 통항(通航)하는 권리(權利).

통해 通解 (통할 통, 풀 해). 글이나 책의 뜻이 잘 통(通)하도록 풀이함[解]. 또는 그런 해석.

통행 通行 (통할 통, 다닐 행). ① [속뜻] 일정한 공간을 지나서[通] 다님[行]. ¶차량은 여기를 통행할 수 없다. ② 물건이나 화폐 따위가 사회 일반에 유통함.

▸통행-량 通行量 (분량 량). 일정한 장소를 지나다니는[通行] 사람이나 차량 따위의 수량(數量). ¶통행량이 많아 늦을 것 같다.

▸통행-료 通行料 (삯 료). 일정한 장소를 지나는[通行] 데 내는 값[料]. ¶고속도로 통행료가 의외로 비싸다.

▸통행-세 通行稅 (세금 세). 일정한 곳을 통행(通行)할 때 내는 세금(稅金).

▸통행-인 通行人 (사람 인). 통행(通行)하는 사람[人].

▸통행-증 通行證 (증거 증). 어떤 지역이나 특정 시간에 통행(通行)을 허가하는 증서(證書).

▸통행-금:지 通行禁止 (금할 금, 멈출 지). 일정한 시간 동안 일정 장소를 다니지[通行] 못하게 함[禁止].

통헌-대부 通憲大夫 (통할 통, 법 헌, 큰 대, 사나이 부). ① [속뜻] 법[憲]에 달통(達通)한 대부(大夫). ② [역사] 고려 시대에 둔, 종이품 문관의 품계. ③ [역사] 조선 시대에 둔, 정이품 의빈의 품계.

통현 通玄 (통할 통, 오묘할 현). 사물의 깊숙하고 오묘한[玄] 이치를 깨달음[通].

통혈 通穴 (통할 통, 구멍 혈). ① [속뜻] 공기가 통하도록 구멍[穴]을 뚫음[通]. 또는 그 구멍. ② [광업] 갱도와 갱도가 서로 통하도록 구멍을 뚫음. 또는 뚫은 그 구멍.

통호 通好 (통할 통, 좋을 호). 서로 통(通)하여 좋은[好] 우정을 맺음.

통혼 通婚 (알릴 통, 혼인할 혼). ① [속뜻] 혼인(婚姻)의 뜻을 알림[通]. ② 서로 혼인을 맺음.

통화¹ 通化 (통할 통, 될 화). [불교] 부처의 가르침을 널리 펴서[通] 중생을 교화(敎化)함.

통화² 通話 (통할 통, 말할 화). ① [속뜻] 전화 따위로 말[話]을 서로 주고받음[通]. ¶그와 직접 통화해야겠다. ② 통화한 횟수. ¶전화 한 통화 쓸 수 있을까요?

통화³ 通貨 (통할 통, 돈 화). [경제] 한 나라 안에서 통용(通用)되고 있는 화폐(貨幣)를 통틀어 이르는 말. ¶유럽연합은 '유로'라는 단일 통화를 사용한다.

▸통화-고 通貨高 (높을 고). [경제] 통화(通貨)를 발행한 정도[高]. '통화 발행고'(通貨發行高)의 준말.

▸통화-량 通貨量 (분량 량). 실제로 유통되고 있는 통화(通貨)의 양(量).

▸통화 개:혁 通貨改革 (고칠 개, 바꿀 혁). [경제] 인플레이션을 수습하고 경기의 안정을 꾀하기 위하여 정부가 통화(通貨)의 가치를 조절하는[改革] 조치.

▸통화 관리 通貨管理 (맡을 관, 다스릴 리). [경제] 통화의 가치를 안정시키기 위하여 국가가 통화(通貨)를 관리(管理)하거나 조절하는 일.

▸통화 수축 通貨收縮 (거둘 수, 줄일 축). [경제] 경기 과열이나 인플레이션의 억제를 위하여 팽창한 화폐[通貨]를 정책적으로 줄이는[收縮] 일.

▸통화 정책 通貨政策 (정치 정, 꾀 책). [경제] 통화(通貨)의 수량을 늘리거나 줄여서 국내의 경제 흐름을 통제하고 조절하려는 정책(政策).

▸통화 조절 通貨調節 (고를 조, 마디 절). [경제] 물가를 안정시키기 위하여 수요에 따라 통화량(通貨量)을 조절(調節)하는 일.

▸통화 통:제 通貨統制 (거느릴 통, 누를 제). [경제] 국가가 통화(通貨)를 통제(統制)하는 일.

▸통화 팽창 通貨膨脹 (부풀 팽, 부풀 창). [경제] 통화량(通貨量)이 지나치게 부풀어 늘어남[膨=脹]. [반]통화 수축(通貨收縮).

▸통화 발행고 通貨發行高 (떠날 발, 갈 행, 높을 고). [경제] 통화(通貨)를 발행(發行)한 정도[高].

통환 通患 (두루 통, 근심 환). 누구나 두루[通] 다 가지고 있는 근심[患]. ¶자식 걱정은 통환이니 자네만 그런 것은 아닐세.

통:회 痛悔 (몹시 통, 뉘우칠 회). ① [속뜻] 몹시[痛] 뉘우침[悔]. ② [가톨릭] 고백 성사의 하나. 지은 죄를 진심으로 뉘우치는 일.

통효 通曉 (두루 통, 깨달을 효). 두루[通] 깨달아 앎[曉]. [비]효달(曉達).

통훈-대부 通訓大夫 (통달할 통, 가르칠 훈, 큰 대, 사나이 부). ① [속뜻] 통달(通達)하여 남을 인도할[訓] 만한 위치에 있는 대부(大夫). ② [역사] 조선 때, 문관의 정삼품 당하관의 품계.

퇴:각 退却 (물러날 퇴, 물리칠 각). ① [속뜻] 물러나게[退]하거나 물리침[却]. ¶적이 퇴각하다. ② 물품 따위를 받지 않고 물리침.

퇴:거 退去 (물러날 퇴, 갈 거). ① [속뜻] 물러[退] 감[去]. ② 거주를 옮김.

퇴격 槌擊 (망치 퇴, 칠 격). 방망이, 쇠뭉치[槌] 따위로 침[擊].

퇴:경1 退京 (물러날 퇴, 서울 경). 서울[京]에서 머물다가 시골로 물러감[退]. [반]입경(入京).

퇴:경2 退耕 (물러날 퇴, 밭갈 경). 벼슬을 그만두고[退] 시골에 가서 농사를 지음[耕].

퇴고 推敲 (밀 퇴, 두드릴 고). ① [속뜻] '민다'[推]고 할까 아니면 '두드린다'[敲]고 할까 심사숙고함. 당나라의 시인 가도(賈島)가 '僧推月下門'이라 지은 시구에 대하여 '推'를 '敲'로 바꿀까 말까 망설이다가 한유(韓愈)를 찾아가 그의 조언으로 '敲'로 결정하였다는 이야기에서 유래한다. ② 글을 지을 때 여러 번 생각하여 고치고 다듬음.

퇴:골 腿骨 (넓적다리 퇴, 뼈 골). 다리[腿] 뼈[骨].

퇴:관 退官 (물러날 퇴, 벼슬 관). 벼슬[官]을 그만두고 물러남[退].

퇴:교 退校 (물러날 퇴, 학교 교). ① [속뜻] 다니던 학교(學校)를 그만둠[退]. ② 학교에서 학생에게 내리는 징계 처분의 하나. ③ 하학(下學)하고 집으로 돌아감.

퇴:군 退軍 (물러날 퇴, 군사 군). 싸움터에서 군대(軍隊)가 물러남[退]. [반]진군(進軍).

퇴:근 退勤 (물러날 퇴, 일할 근). 하루 일과[勤]를 마치고 직장에서 물러나옴[退]. ¶퇴근길 / 일이 밀려서 아직 퇴근을 못하고 있다. [반]출근(出勤).

퇴:기 退妓 (물러날 퇴, 기생 기). 화류계에서 물러난[退] 기생(妓生). ¶이제 사십 줄에 들어선 퇴기.

퇴:단 退團 (물러날 퇴, 모일 단). 소속된 단체(團體)에서 물러남[退]. [반]입단(入團).

퇴락 頹落 (무너질 퇴, 떨어질 락). 낡아서 무너지고[頹] 떨어짐[落].

퇴:로1 退路 (물러날 퇴, 길 로). 뒤로 물러날[退] 길[路]. 후퇴할 길. [반]진로(進路).

퇴:로2 退老 (물러날 퇴, 늙을 로). 늙어서[老] 벼슬에서 물러남[退]. 또는 그 사람.

▶퇴:로 재:상 退老宰相 (맡을 재, 도울 상). 늙어서 벼슬에서 물러난[退老] 재상(宰相).

퇴:물 退物 (물러날 퇴, 만물 물). ① [속뜻] 윗사람이 쓰던 것을 물려받은[退] 물건(物件). ② 퇴박맞은 물건. ③ 어떤 직업에 종사하다가 물러앉은 사람을 얕잡아 이르는 말.

퇴:보 退步 (물러날 퇴, 걸음 보). ① [속뜻] 뒤로 물러서서[退] 걸음[步]. ② 정도나 수준이 이제까지의 상태보다 뒤떨어지거나 못하게 됨. ¶전쟁으로 나라의 경제가 20년 이상 퇴보했다. [비]퇴행(退行). [반]진보(進步).

퇴비 堆肥 (쌓일 퇴, 거름 비). [농업] 짚, 풀 따위를 쌓아 놓고[堆] 썩혀서 만든 거름[肥]. ¶음식 찌꺼기를 퇴비로 만들어 쓰면 쓰레기를 줄일 수 있다. [비]거름, 두엄.

▶퇴비-장 堆肥場 (마당 장). 퇴비(堆肥)를 모아 두는 곳[場]. [비]두엄자리.

퇴:사1 退社 (물러날 퇴, 회사 사). ① [속뜻] 회사(會社)를 그만두고 물러남[退]. [반]입사(入社). ② 사원이 회사에서 퇴근함.

퇴:사2 退思 (물러날 퇴, 생각 사). 물러나서[退] 생각함[思].

퇴:산 退散 (물러날 퇴, 흩을 산). ① [속뜻] 모였던 것이 흩어져[散] 감[退]. ② 흩어져 도망함.

퇴:상 退床 (물러날 퇴, 평상 상). 음식상[床]을 물림[退].

퇴:색 退色 (물러날 퇴, 빛 색). ① [속뜻] 빛[色]이 물러나[退] 바램. ¶이 옷은 햇빛으로 퇴색되었다. ② '무엇이 낡거나 몰락하면서 그 존재가 희미해지거나 볼품없이 됨'을 비유하여 이르는 말. ¶공산주의 이념이 갈수록 퇴색하고 있다.

퇴ː서 退暑 (물러날 퇴, 더울 서). 점점 물러가는[退] 더위[暑].

퇴ː석[1] 退席 (물러날 퇴, 자리 석). ① 속뜻 앉았던 자리[席]에서 물러남[退]. 퇴좌(退座). ② 모임 따위가 끝나기 전에 먼저 자리를 떠 물러남.

퇴석[2] 堆石 (쌓일 퇴, 돌 석). ① 속뜻 돌[石]을 높이 쌓음[堆]. 또는 그 돌. ② 지리 빙하에 의하여 운반되어 하류에 쌓인 돌무더기. '빙퇴석'(氷堆石)의 준말.

▸ 퇴석-층 堆石層 (층 층). 지리 빙퇴석(氷堆石)이 모여 이루어진 지층(地層).

퇴세 頹勢 (무너질 퇴, 형세 세). 쇠퇴(衰頹)하는 형세(形勢). ¶그 집안은 이때부터 퇴세가 오기 시작하였다.

퇴ː속[1] 退俗 (물러날 퇴, 속될 속). 불교 출가한 승려가 다시 속세(俗世)로 돌아옴[退]. ㊥환속(還俗).

퇴속[2] 頹俗 (쇠할 퇴, 풍속 속). 쇠퇴(衰頹)하여 문란해진 풍속(風俗). ㊥퇴풍(頹風).

퇴ː송 退送 (물리칠 퇴, 보낼 송). 물리쳐[退] 도로 보냄[送].

퇴ː식[1] 退食 (물러날 퇴, 먹을 식). ① 속뜻 관청에서 퇴청(退廳)하여 집에서 식사(食事)함. ② 공직에서 물러남.

퇴ː식[2] 退息 (물러날 퇴, 쉴 식). 일에서 물러나[退] 쉼[息].

퇴ː신 退身 (물러날 퇴, 몸 신). 관계하던 일에서 몸[身]을 빼고 물러남[退].

퇴ː실 退室 (물러날 퇴, 방 실). 방[室]에서 나감[退]. ¶투숙객은 12시까지 퇴실해 주십시오.

퇴ː역 退役 (물러날 퇴, 부릴 역). 현역(現役)에서 물러남[退].

퇴ː열 退熱 (물러날 퇴, 더울 열). 열(熱)이 내림[退].

퇴ː염 退染 (물리칠 퇴, 물들일 염). 염색(染色)된 물건의 빛깔을 도로 빼아냄[退].

퇴ː영 退嬰 (물러날 퇴, 갓난아이 영). ① 속뜻 뒤로 물려놓은[退] 어린아이[嬰]. 가만히 틀어박혀 있음. ② 활기나 진취적 기상이 없게 됨. ㊥진취(進就). ③ 뒷걸음질을 침.

퇴운 頹運 (무너질 퇴, 기운 운). 쇠퇴(衰頹)하는 기운(氣運).

퇴ː원 退院 (물러날 퇴, 집 원). 입원했던 환자가 병원(病院)에서 나옴[退]. ¶수술이 끝났으니 곧 병원에서 퇴원하게 될 것이다. ㊥입원(入院).

퇴ː위 退位 (물러날 퇴, 자리 위). 자리[位]에서 물러남[退]. ¶1814년 나폴레옹은 황제의 자리에서 퇴위했다. ㊥즉위(即位).

퇴ː은 退隱 (물러날 퇴, 숨을 은). ① 속뜻 물러나[退] 숨어[隱] 지냄. ② 직임에서 물러나거나 사회 활동에서 손을 떼고 한가히 지냄. 은퇴(隱退).

퇴ː-일보 退一步 (물러날 퇴, 한 일, 걸음 보). 한[一] 걸음[步] 물러남[退].

퇴ː임 退任 (물러날 퇴, 맡길 임). 임무(任務)를 띤 자리에서 물러남[退]. ¶그는 교장으로 명예롭게 퇴임하였다. ㊥퇴직(退職).

퇴ː장[1] 退場 (물러날 퇴, 마당 장). 어떤 장소(場所)에서 물러남[退]. ¶선수는 비신사적인 행동을 하여 퇴장을 당했다 / 관객들은 질서 있게 퇴장했다. ③ 경기 도중 반칙 따위로 경기장에서 물러남. ¶선수는 비신사적인 행동을 하여 퇴장을 당했다. ㊥입장(入場).

퇴ː장[2] 退藏 (물러날 퇴, 감출 장). ① 속뜻 물러나서[退] 자취를 감춤[藏]. ② 물건이나 화폐 따위를 쓰지 않고 묵혀 둠.

퇴적 堆積 (쌓일 퇴, 쌓을 적). 많이 덮쳐 쌓임[堆=積]. 또는 많이 덮쳐 쌓음. ¶하구(河口)에 모래가 퇴적되다.

▸ 퇴적-도 堆積島 (섬 도). 지리 화산의 분출물이나 생물의 유해 따위가 퇴적(堆積)하여 이루어진 섬[島].

▸ 퇴적-물 堆積物 (만물 물). 지리 물, 빙하, 바람 따위의 작용으로 지표에 퇴적(堆積)된 물질(物質). ¶강 하류에 퇴적물이 두껍게 쌓였다.

▸ 퇴적-암 堆積巖 (바위 암). 지리 퇴적(堆積) 작용으로 생긴 암석(巖石). 사암(沙巖)이나 이판암(泥板巖) 따위가 있다.

▸ 퇴적-층 堆積層 (층 층). 지리 퇴적(堆積) 작용에 의하여 이루어진 지층(地層).

▸ 퇴적 대지 堆積臺地 (돈대 대, 땅 지). 지리 퇴적(堆積) 작용으로 생긴 대상(臺狀) 지형(地形).

▸**퇴적 작용** 堆積作用 (지을 작, 쓸 용). 지리 암석의 부스러기 및 생물의 유해 따위가 물, 빙하, 바람의 작용으로 운반되어 어떤 곳에 쌓이는[堆積] 작용(作用).

▸**퇴적 평야** 堆積平野 (평평할 평, 들 야). 지리 하천 주변에 모래, 자갈, 진흙 따위가 쌓여[堆積] 생긴 평야(平野).

퇴:정 退廷 (물러날 퇴, 법정 정). 법정(法廷)에서 나옴[退]. ⓑ입정(入廷), 출정(出廷).

퇴:조[1] 退朝 (물러날 퇴, 조정 조). 조정(朝廷)에서 물러나[退] 나옴. ⓑ입조(入朝).

퇴:조[2] 退潮 (물러날 퇴, 바닷물 조). ① 지리 물러나는[退] 조수(潮水). ⓑ썰물. ② 기세 따위가 쇠퇴하여짐.

퇴:주 退酒 (물러날 퇴, 술 주). 제사 때, 올린 술[酒]을 물림[退]. 또는 물린 그 술.

▸**퇴:주-잔** 退酒盞 (잔 잔). ① 속뜻 제사 때, 올린 술[酒]을 물린[酒] 술잔[盞]. ② 권하거나 드리다가 퇴박맞은 술잔.

퇴:직 退職 (물러날 퇴, 일 직). ① 속뜻 직위(職位)에서 물러남[退]. ② 직장을 그만둠. ¶아버지는 직장에서 퇴직하신 후 다른 사업을 하려고 한다. ⓑ취직(就職).

▸**퇴:직-금** 退職金 (돈 금). 퇴직(退職)하는 사람에게 근무처 등에서 일시불로 주는 돈[金].

▸**퇴:직 수당** 退職手當 (손 수, 맡을 당). 경제 퇴직(退職)하는 사람에게 그 근무 연수에 비례하여 지급하는 수당(手當).

퇴:진 退陣 (물러날 퇴, 진칠 진). ① 속뜻 군사의 진지(陣地)를 뒤로 물림[退]. ② 관여하던 직장이나 직무에서 물러남. ¶장관이 책임을 지고 퇴진할 것을 요구하다.

퇴:청 退廳 (물러날 퇴, 관청 청). 일을 마치고 관청(官廳)에서 나옴[退]. ⓑ등청(登廳).

퇴:촌 退村 (물러날 퇴, 시골 촌). 읍내에서 시골[村]로 물러가[退] 살던 일.

퇴:축 退逐 (물리칠 퇴, 쫓을 축). 다른 사람이 보낸 사람이나 물건을 받지 않고 내쳐[退] 쫓아냄[逐].

퇴:출 退出 (물러날 퇴, 날 출). 물러나서[退] 나감[出]. ¶부실 은행 퇴출.

퇴:치 退治 (물러날 퇴, 다스릴 치). ① 속뜻 물러나도록[退] 잘 다스림[治]. ② 없애 버림. ¶마약 퇴치 / 병충해를 퇴치하다.

퇴:침 退枕 (물러날 퇴, 베개 침). 뺐다[退] 넣었다 할 수 있는 서랍이 있는 나무 배게[枕]. ¶퇴침을 베다 / 퇴침 속에 돈을 감추어 놓았다.

퇴토 堆土 (쌓일 퇴, 흙 토). 쌓거나 쌓인[堆] 흙[土].

퇴:패 退敗 (물러날 퇴, 패할 패). 싸움에서 패(敗)하여 물러남[退]. ⓑ패퇴(敗退).

퇴패 頹敗 (쇠할 퇴, 무너질 패). 쇠퇴(衰頹)하여 무너짐[敗].

퇴폐 頹廢 (무너질 퇴, 버릴 폐). ① 속뜻 무너트리거나[頹] 내다 버려야[廢]할 것. ② 도덕이나 풍속, 문화 따위가 어지러워짐. ¶퇴폐적 향락 문화. ⓑ건전(健全).

▸**퇴폐-파** 頹廢派 (갈래 파). 문학 19세기 프랑스와 영국에서 유행한 문예 경향으로, 퇴폐(頹廢)적인 것에서 아름다움을 발견하는 등의 활동을 벌인 예술 유파(流派).

▸**퇴폐 문학** 頹廢文學 (글월 문, 배울 학). 문학 기존의 사회도덕을 무시하고 예술의 목적을 일시적인 육체적 향락 추구에 두고 있는 타락한[頹廢] 문학(文學).

▸**퇴폐-주의** 頹廢主義 (주될 주, 뜻 의). ① 속뜻 풍속이나 도덕 따위가 건전하지 못하고 문란한[頹廢] 상태나 그런 태도[主義]. ② 문학 19세기 말의 세기말적 문예 사조. ③ 문학 1919 기미 독립 운동의 실패 이후 우리나라 문단에 대두된 비관주의 문학 경향.

퇴풍 頹風 (퇴폐할 퇴, 풍속 풍). 퇴폐(頹廢)한 풍속(風俗). ⓑ퇴속(頹俗).

퇴:피 退避 (물러날 퇴, 피할 피). ① 속뜻 벼슬이나 직책 따위에서 물러나[退] 피함[避]. ② 위험을 피하기 위하여 그 자리에서 물러남.

퇴:필 退筆 (물러날 퇴, 붓 필). 못 쓰게 되어 뒤로 물러[退] 놓은 붓[筆].

퇴:학 退學 (물러날 퇴, 배울 학). 졸업 전에 학생이 다니던 학교(學校)를 물러나[退] 그만 둠. ¶학생 두 명이 물건을 훔쳐서 퇴학을 당했다. ⓑ퇴교(退校), 출학(黜學).

퇴:한 退限 (물러날 퇴, 끝 한). 기한(期限)을 물림[退]. ⓑ연기(延期).

퇴:행 退行 (물러날 퇴, 갈 행). ① 속뜻 현재의 위치에서 뒤로 물러가거나[退] 현재보

다 앞선 과거로 되돌아 감[行]. ¶과거로의 퇴행. ② 생물 생물체의 기관이나 조직이 진화나 계통 발생 및 개체 발생 과정에서 퇴행적으로 변화함. ⑪퇴화(退化).

▸퇴:행-기 退行期 (때 기). 의학 병세가 차츰 회복되어 가는[退行] 시기(時期).

퇴호 推戶 (밀 퇴, 지게문 호). 지게문[戶]을 밀어[推] 엶.

퇴:혼 退婚 (물러날 퇴, 혼인할 혼). 정한 혼인(婚姻)을 어느 한쪽에서 물림[退].

퇴:화 退化 (물러날 퇴, 될 화). 쇠퇴(衰退)하는 쪽으로 변화(變化)함. ② 생물 생물체의 어떤 기관이 오래 쓰이지 않아, 기능을 잃게 되어 쇠퇴해 감. ¶박쥐는 눈이 퇴화되었다. ⑪퇴행(退行). ⑫진화(進化).

▸퇴:화 기관 退化器官 (그릇 기, 벼슬 관). 생물 퇴화(退化)되어 흔적만 남아 있는 생물의 기관(器官). ⑪흔적 기관(痕迹器官).

퇴:환 退換 (물러날 퇴, 바꿀 환). 역사 금전 거래에서 환표(換標)에 대하여 돈을 치르지 않고 물리치던[退] 일.

퇴:회 退會 (물러날 퇴, 모일 회). 회원이 그 모임[會]에서 탈퇴(脫退)함. ⑫입회(入會).

퇴:휴 退休 (물러날 퇴, 쉴 휴). 관직을 내놓고 물러나서[退] 쉼[休]. 퇴직하고 쉼.

투각 透刻 (뚫을 투, 새길 각). ① 속뜻 구멍을 내어서 통하도록 뚫거나[透] 새김[刻]. ② 미술 조각에서 묘사할 대상의 윤곽만을 남겨 놓고 나머지 부분은 파서 구멍이 나도록 하거나 윤곽만을 파서 구멍이 나도록 만듦. 또는 그런 기법.

투강 投江 (던질 투, 강 강). 몸이나 물건 따위를 강(江)에 던짐[投].

투견 鬪犬 (싸울 투, 개 견). 싸움[鬪]을 붙이기 위해 기르는 개[犬]. ⑪투구(鬪狗).

투계 鬪鷄 (싸울 투, 닭 계). 싸움[鬪]을 붙이기 위해 기르는 닭[鷄].

투고 投稿 (보낼 투, 원고 고). 신문이나 잡지에 원고(原稿)를 보냄[投]. ¶학교 신문에 소설을 투고하다.

▸투고-란 投稿欄 (칸 란). 신문이나 잡지에서 투고(投稿)한 글을 싣는 칸[欄].

투과 透過 (뚫을 투, 지날 과). ① 속뜻 장애물에 빛이 비치거나 액체가 스미면서 꿰뚫고[透] 지나감[過]. ② 물리 광선이 물질의 내부를 통과함. 또는 그런 현상.

▸투과-성 透過性 (성질 성). 생물 막(膜)이 기체나 액체, 용질, 이온 따위를 투과(透過)시키는 성질(性質).

투관 套管 (덮개 투, 대롱 관). ① 속뜻 덮개[套] 용도의 관(管). ② 전기 고전압의 도체가 건축물이나 전기 기기의 벽을 뚫고 지나가는 곳에 절연을 위해 사용하는 관.

▸투관-침 套管針 (바늘 침). ① 속뜻 덮개 관[套管]이 있는 바늘[針]. ② 의학 복막강이나 늑막강에 괸 액체를 뽑아내는 데 쓰는 의료 기계.

투광 投光 (던질 투, 빛 광). 조명기 따위로 빛[光]을 비추어[投] 줌.

▸투광-기 投光器 (그릇 기). 빛[光]을 모아서 비추는[投] 기구(器具).

투구 投球 (던질 투, 공 구). 운동 투수가 공[球]을 던짐[投]. 또는 던진 그 공.

투기[1] 投棄 (던질 투, 버릴 기). 쓰레기 따위를 내던져[投] 버림[棄].

투기[2] 鬪技 (싸울 투, 재주 기). ① 속뜻 우열을 가리기 위하여 재주[技]나 힘 따위를 겨룸[鬪]. ② 운동 선수끼리 맞붙어 싸우는 방식의 경기를 통틀어 이르는 말.

투기[3] 投機 (던질 투, 때 기). ① 속뜻 일시적인 때[機]를 틈타 큰 이익을 얻으려고 투자(投資)하는 일. ¶투기꾼 / 그들은 부동산에 투기하여 돈을 벌었다. ② 경제 시가 변동에 따른 차익을 노려서 하는 매매 거래. ¶주식 투자.

▸투기-상 投機商 (장사 상). 시세 변동에 따른 큰 차익을 노리고 매매를 하는[投機] 장사[商]. 또는 그런 장수.

▸투기 공:황 投機恐慌 (두려울 공, 다급할 황). 경제 투기(投機) 활동으로 인하여 생기는 두려움[恐]과 다급함[慌].

▸투기 구매 投機購買 (살 구, 살 매). 경제 뒷날에 비싸게 팔 목적으로[投機] 동산이나 유가 증권 따위를 미리 싸게 사들이는 일[購買].

▸투기 매매 投機賣買 (팔 매, 살 매). 경제 투기(投機)를 목적으로 사고[買] 파는[賣] 행위.

▸투기-사업 投機事業 (일 사, 일 업). 경제 투기(投機)의 성격을 띤 사업(事業). 불확

실한 이익을 꿈꾸는 모험적인 사업.

▸투기 시ː장 投機市場 (저자 시, 마당 장). [경제] 투기(投機) 거래가 이루어지고 있는 시장(市場).

▸투기업-자 投機業者 (일 업, 사람 자). 투기(投機) 사업(事業)을 하는 사람[者].

투기[4] 妬忌 (시기할 투, 미워할 기). 시기하고[妬] 미워함[忌]. 또는 강샘을 함. ¶투기를 부리다.

▸투기-심 妬忌心 (마음 심). 강샘하는[妬忌] 마음[心].

투도 偸盜 (훔칠 투, 도둑 도). ①남의 물건을 몰래 훔침[偸]. 또는 그렇게 한 사람[盜]. ② [불교] 십악의 하나. 남의 것을 훔치는 일을 이른다. [비]투절.

투료 投了 (들여놓을 투, 마칠 료). [운동] 바둑에서 대국 중간에 한쪽이 진 것을 인정하고[投] 끝내는[了] 일.

투망 投網 (던질 투, 그물 망). ① [속뜻] 물고기를 잡기 위해 그물[網]을 던지는[投] 일. ②원추형 모양으로 윗부분에 몇 발의 벼리가 있고 아래에는 추가 달려 있는 그물.

투매 投賣 (던질 투, 팔 매). [경제] 손해를 무릅쓰고 상품을 버리듯이[投] 마구 싸게 팔아[賣] 버림.

투명 透明 (비칠 투, 밝을 명). 속까지 밝고[明] 환하게 비침[透]. ¶투명 테이프 / 거래를 투명하게 하다. [반]불투명(不透明).

▸투명-도 透明度 (정도 도). ① [해양] 호수나 바닷물 따위의 투명(透明)한 정도(程度). ② [광업] 광물의 빛이 통하는 정도를 비율로 나타낸 값. ③ [물리] 물질이 투명한 정도. 매질을 투과한 빛의 양을 입사광의 양으로 나누어 나타낸다.

▸투명-체 透明體 (몸 체). [물리] 빛을 잘 통과시키는[透明] 물체(物體).

▸투명-판 透明板 (널빤지 판). [해양] 물의 투명도(透明度)를 측정하는 데 쓰는 백색 판(板).

▸투명 수지 透明樹脂 (나무 수, 기름 지). [화학] 요소와 포르말린의 축합 반응으로 만든 인공 수지(樹脂). 처음에 투명(透明)한 유리를 제조한 데서 이름이 유래.

▸투명-인간 透明人間 (사람 인, 사이 간). ① [속뜻] 몸이 투명(透明)하여 남의 눈에는 보이지 않는 인간(人間). ②『문학』영국의 소설가 웰스가 지은 공상 과학 소설. 인간의 몸이 투명하도록 하는 약을 발명한 사나이가 그것을 악용하여 온갖 나쁜 짓을 하다가 궁지에 몰려 죽게 된다는 내용이다. ¶'투명인간'이란 소설은 1897년에 발표되었다.

투문 透紋 (비칠 투, 무늬 문). 비치어[透] 보이도록 종이에 가공한 그림이나 무늬[紋].

투병 鬪病 (싸울 투, 병 병). 병을 고치려고 병(病)과 싸움[鬪]. ¶그는 오랜 투병 생활 끝에 숨을 거두었다.

투부 妬婦 (시기할 투, 여자 부). 질투심(嫉妬心)이 심한 여자[婦].

투사[1] 投梭 (던질 투, 북 사). ① [속뜻] 북[梭]을 내던짐[投]. ②음탕한 마음을 내는 남자를 여자가 거절함. 옛날 진(晉)나라 사곤이라는 사람이 이웃의 여인에게 음심을 품고 덤볐다가, 여자가 베 짜는 북을 내던져 앞니 두개가 부러졌다는 고사에서 유래.

투사[2] 透射 (뚫을 투, 쏠 사). 빛이 물건을 꿰뚫고[透] 들어감[射].

투사[3] 投射 (던질 투, 쏠 사). ① [속뜻] 창이나 포탄 따위를 던지거나[投] 쏨[射]. ②빛이나 그림자를 스크린 따위에 비추어 나타냄. ③ [물리] 빛이나 파동 따위가 어떤 매질을 지나 다른 매질과의 경계면에 이름. ④ [심리] 어떤 상황이나 자극에 대한 해석, 판단, 표현 따위에 심리 상태나 성격이 반영되는 일.

▸투사-각 投射角 (모서리 각). ① [속뜻] 빛을 투사(投射)하였을 때 이루어지는 각(角). ② [물리] 입사 광선이 입사점에서 두 매질의 경계면의 법선과 이루는 각. [비]입사각(入射角).

▸투사-선 投射線 (줄 선). [물리] 하나의 매질을 통과하여 다른 매질의 경계면에 들어가는[投射] 광선(光線). [비]입사 광선(入射光線).

▸투사-율 投射率 (비율 률). ① [속뜻] 투사(投射)하는 비율(比率). ② [운동] 농구에서 슈팅하여 골인된 비율.

▸투사-점 投射點 (점 점). [물리] 첫째 번 매질을 통과한 입사 광선이 둘째 번 매질의 경계면과 만나는[投射] 점(點). [비]입사점(入射點).

▸투사 광선 投射光線 (빛 광, 줄 선). [물리] 하

나의 매질을 통과하여 다른 매질의 경계면에 들어가는[投射] 광선(光線). ⓑ입사 광선(入射光線).

투사[4] **透寫** (비칠 투, 베낄 사). 위에 덮인 종이에 비친[透] 글씨나 그림 따위를 그대로 베낌[寫].

▸**투사-지** 透寫紙 (종이 지). 도면 따위를 투사(透寫)하는 데 쓰는 얇은 반투명의 종이[紙]. ⓑ복도지(複圖紙).

투사 **鬪士** (싸울 투, 선비 사). ① 속뜻 싸움터에 나가 싸우는[鬪] 사람[士]. ② 주의, 주장을 위해 투쟁하거나 활동하는 사람. ¶그는 민주화 운동의 투사였다.

▸**투사-형** 鬪士型 (모형 형). ① 속뜻 투지가 강하고 사회 운동 따위에 적극성을 띤[鬪士] 인간형(人間型). ② 생물 기골이 장대하고 체격이 건장하며 투쟁적인 사람.

투생 **偸生** (구차할 투, 살 생). ① 속뜻 구차한[偸] 삶[生]. ② 마땅히 죽어야 할 때 죽지 못하고 욕되게 살기를 탐냄.

투서 **投書** (보낼 투, 글 서). 어떤 사실의 내막이나 남의 비행 따위를 적은 글[書]을 몰래 관계자나 관계 기관 같은 데에 보냄[投]. 또는 그러한 글.

▸**투서-함** 投書函 (상자 함). 투서(投書)를 넣는 상자[函].

투석[1] **投石** (던질 투, 돌 석). 돌[石]을 던짐[投]. 또는 그 돌.

투석[2] **透析** (뚫을 투, 가를 석). ① 속뜻 투과(透過)하여 가름[析]. ② 화학 반투막을 사용하여 콜로이드나 고분 용액을 정제하는 일.

투수[1] **投手** (던질 투, 사람 수). 운동 야구에서 내야(內野)의 중앙에 위치하여 포수를 향해 공을 던지는[投] 사람[手]. ⓑ포수(捕手).

▸**투수-판** 投手板 (널빤지 판). 운동 야구에서 투수(投手)가 타자에게 공을 던질 때 밟는 판(板).

투수[2] **透水** (뚫을 투, 물 수). 물[水]이 스며듦[透].

▸**투수-율** 透水率 (비율 률). 지리 토양이 물[水]을 투과(透過)시키는 비율(比率).

▸**투수-층** 透水層 (층 층). 지리 모래나 자갈 따위로 이루어져 물[水]이 잘 스며드는[透] 지층(地層).

투숙 **投宿** (들여놓을 투, 잠잘 숙). 여관 따위에 들어서[投] 묵음[宿]. ¶그들은 여관에 투숙하고 있다.

투승 **投繩** (던질 투, 노끈 승). 줄[繩]이나 올가미를 던짐[投]. 또는 그 올가미. ¶투승 작업.

투시[1] **妬視** (시기할 투, 볼 시). 시기하여[妬] 봄[視]. ⓑ질시(嫉視).

투시[2] **透視** (뚫을 투, 볼 시). ① 속뜻 막힌 물체를 환히 꿰뚫어[透] 봄[視]. 또는 대상의 의미까지 봄. ② 심리 정상적인 감각으로는 알 수 없는 것을 인지하는 일. ③ 의학 X선으로 형광판 위에 투영된 인체 내부를 검사함. 또는 그 방법. ¶엑스선을 이용해서 물체를 투시하다.

▸**투시-도** 透視圖 (그림 도). 미술 어떤 시점에서 투시(透視)한 물체의 형태를 평면상에 나타낸 그림[圖]. ⓑ투시화(透視畫).

▸**투시-법** 透視法 (법 법). ① 미술 한 점을 시점으로 하여 물체를 원근법에 따라 눈에 비친 그대로 그리는[透視] 기법(技法). ② 의학 X선을 써서 몸 안의 상태를 진단하는 방법.

▸**투시-화** 透視畫 (그림 화). 미술 어떤 시점에서 투시(透視)한 물체의 형태를 평면상에 나타낸 그림[畫]. ⓑ투시도(透視圖).

▸**투시 도법** 透視圖法 (그림 도, 법 법). ① 미술 물체를 원근법에 따라 눈에 비친 그대로[透視] 그리는[圖] 방법(方法). ⓑ투시법(透視法), 투시 화법(透視畫法). ⓑ투영도법(透映圖法). ② 지리 지구 투영법의 한 가지. 무한대의 거리나 지구상의 한 점. 또는 지구 중심에 시점을 두고 시선과 수직을 이룬 평면 위에 지표를 투영한 것으로 가상하여 그리는 방법.

▸**투시 화:법** 透視畫法 (그림 화, 법 법). 미술 물체를 원근법에 따라 눈에 비친 그대로[透視] 그리는[畫] 방법(方法). ⓒ투시법.

투신 **投身** (들여놓을 투, 몸 신). ① 속뜻 어떤 일에 몸[身]을 들여놓음[投]. ¶그는 평생을 교육계에 투신했다. ② 목숨을 끊기 위해 몸을 던짐. ¶그는 바다에 투신하여 스스로 목숨을 끊었다.

투심[1] **妬心** (시기할 투, 마음 심). 미워하고 시기하는[妬] 마음[心].

투심[2] **偸心** (훔칠 투, 마음 심). 훔치려는[偸] 마음[心].

투아 偸兒 (훔칠 투, 아이 아). 남의 물건을 훔치는[偸] 아이[兒]. 도둑. 좀도둑.

투안 偸安 (탐낼 투, 편안할 안). 눈앞의 안일(安逸)을 탐함[偸]. 한때의 안락을 즐김.

투약 投藥 (보낼 투, 약 약). 지은 약(藥) 봉지를 줌[投].

▸**투약-구** 投藥口 (구멍 구). 병원 따위에서, 약[藥]을 조제하여 내어 주는[投] 작은 창구(窓口).

투어 套語 (버릇 투, 말씀 어). 늘 써서 버릇[套]이 되다시피 한 말[語]. 신통하거나 생동감이 없는 틀에 박힌 말. '상투어'(常套語)의 준말.

투여 投與 (던질 투, 줄 여). ① 속뜻 던져[投] 넣어 줌[與]. ② 약물 따위를 몸에 넣어 줌. ¶과다한 약물 투여는 환자에게 좋지 않다.

투열 透熱 (뚫을 투, 더울 열). 열(熱)을 투과(透過)시킴.

투영[1] **透映** (뚫을 투, 비칠 영). 광선을 통과시켜[透] 비침[映].

투영[2] **投影** (던질 투, 그림자 영). ① 속뜻 물체의 그림자[影]를 어떤 물체 위에 비추는[投] 일. 또는 그 비친 그림자. ② '어떤 일을 다른 일에 반영하여 나타냄'을 비유하여 이르는 말. ¶자신의 삶을 작품에 투영했다. ③ 수학 도형이나 입체를 다른 평면에 옮기는 일.

▸**투영-기** 投影器 (그릇 기). 물체의 그림자[影]를 어떤 물체 위에 비추는[投] 기기[器].

▸**투영-도** 投影圖 (그림 도). 미술 투영(投影) 도법(圖法)에 의해 평면 위에 그린 그림[圖]. ⓑ투영화(投影畵).

▸**투영-면** 投影面 (쪽 면). 수학 물체를 한 평면 위에 투영(投影) 할 때의 그 면(面).

▸**투영-법** 投影法 (법 법). 미술 공간에 있는 물체의 형태와 위치를 투영(投影)하여 평면 위에 정확히 나타내어 그리는 방법(方法).

▸**투영-선** 投影線 (줄 선). 미술 투영 도법에서 직선을 투영(投影)했을 때에 생기는 직선(直線).

▸**투영-화** 投影畵 (그림 화). 미술 투영(投影)도법으로 평면위에 그린 그림[畵]. ⓑ투영도(投影圖).

▸**투영 도법** 投影圖法 (그림 도, 법 법). 미술 공간에 있는 물체의 위치와 형상을 일정한 시점에서 투영(投影)하여 한 평면 위에 나타내는 도법(圖法). ⓑ투영 화법(投影畵法). ⓑ투시 도법(透視圖法).

▸**투영 화법** 投影畵法 (그림 화, 법 법). 미술 공간에 있는 물체의 위치와 형상을 일정한 시점에서 투영(投影)하여 한 평면 위에 나타내는 화법(畵法).

투옥 投獄 (던질 투, 감옥 옥). 감옥(監獄)에 던져[投] 넣음. 감옥에 가둠. ¶그 남자는 절도죄로 투옥됐다. ⓑ하옥(下獄).

투우 鬪牛 (싸울 투, 소 우). 소[牛] 싸움[鬪]을 붙이는 경기. 또는 그 경기에 나오는 소. ¶스페인은 투우 시합으로 유명하다.

▸**투우-사** 鬪牛士 (선비 사). 투우 경기에 출전하여 소[牛]와 싸우는[鬪] 사람[士]. ¶투우사는 붉은 천을 흔들어 소를 유인하였다.

▸**투우-장** 鬪牛場 (마당 장). 투우(鬪牛)하는 경기장(競技場).

투-원반 投圓盤 (던질 투, 둥글 원, 쟁반 반). 운동 지름 2.5미터의 원 안에서 원반(圓盤)을 던져[投] 멀리 가기를 겨루는 육상 경기. ⓑ원반던지기.

투-융자 投融資 (던질 투, 녹을 융, 재물 자). 투자(投資)와 융자(融資)를 아울러 이르는 말.

투입 投入 (던질 투, 들 입). ① 속뜻 던져[投] 넣음[入]. ¶자동판매기에 동전을 투입하다. ② 자본이나 인력 따위를 들여 넣음. ¶이 영화에는 엄청난 제작비가 투입되었다. ③ 심리 외부 세계의 어떤 측면을 자기의 내부로 받아들여 통합하는 과정.

▸**투입-구** 投入口 (구멍 구). 물건 따위를 넣는[投入] 구멍[口]. ¶투입구에 주차권을 넣었다.

투자 投資 (던질 투, 재물 자). ① 속뜻 이익을 얻을 목적으로 사업 등에 자금(資金)을 댐[投]. ¶부동산에 투자하다 / 그는 아이들 교육에 돈을 많이 투자하고 있다. ② 경제 이윤을 생각하여 주식이나 채권 따위의 구입에 돈을 돌림. ㊥출자(出資).

▸투자 경기 投資景氣 (별 경, 기운 기). 투자(投資)로 조성되는 경기(景氣).

▸투자 시:장 投資市場 (저자 시, 마당 장). 경제 투자(投資)하는 자본이 거래되는 곳[市場].

▸투자 신:탁 投資信託 (믿을 신, 맡길 탁). ① 속뜻 투자(投資)를 믿고[信] 부탁(付託)함. ② 경제 증권 회사가 일반 투자가로부터 자금을 모아 광범위한 증권 투자를 하고, 이에 따른 이자·배당금·매매 차익 등을 투자가에게 나누어 주는 제도.

▸투자 은행 投資銀行 (돈 은, 가게 행). 증권 투자(投資)를 전문으로 하는 은행(銀行).

▸투자 자산 投資資産 (재물 자, 재물 산). 경제 투자(投資)의 목적으로 보유하는 자산(資産)과, 주식, 사채(社債) 따위를 통틀어 이르는 말.

▸투자 회:사 投資會社 (모일 회, 단체 사). 경제 투자(投資)를 목적으로 다른 회사의 주식을 취득하고 보유하기 위한 회사(會社). ㊥지주 회사(持株會社).

투자-율 透磁率 (뚫을 투, 자석 자, 비율 률). ① 속뜻 투과(透過)하여 자석(磁石)이 되는 비율(比率). ② 물리 자기장 안의 물질이 자화하는 정도를 나타내는 상수.

투장 鬪將 (싸울 투, 장수 장). ① 속뜻 싸움[鬪]에서의 대장(大將). ②투쟁하는 수뇌자(首腦者). ③남의 앞에 서서 활동하는 사람.

투쟁 鬪爭 (싸울 투, 다툴 쟁). ① 속뜻 몸으로 싸우거나[鬪] 말로 다툼[爭]. ②사회 운동이나 노동 운동 등에서 목적을 이루기 위하여 다투는 일. ¶우리의 권리를 되찾기 위해 투쟁할 것이다.

▸투쟁 문학 鬪爭文學 (글월 문, 배울 학). 문학 사회주의 경향의 계급 투쟁(鬪爭)을 내용으로 하는 문학(文學).

투전[1] 投錢 (던질 투, 돈 전). ① 속뜻 돈[錢]을 던짐[投]. ②쇠붙이로 만든 돈을 땅바닥에 던져 놓고 그것을 맞히면서 내기를 하는 놀이.

투전[2] 鬪牋 (싸울 투, 종이 전). 두꺼운 종이[牋]로 만든 것으로 서로 겨루는[鬪] 노름. ¶투전 노름을 좋아하다가 가산을 탕진하였다.

투조 透彫 (뚫을 투, 새길 조). ① 속뜻 뚫어서[透] 새김[彫]. ② 미술 조각에서, 재료의 면을 도려내어서 도안을 나타냄. 또는 그런 기법.

투족 投足 (던질 투, 발 족). 어느 사회나 직장에 발[足]을 던져[投] 들여놓음.

투-중추 投重錘 (던질 투, 무거울 중, 저울 추). 운동 지름이 2.135미터 되는 원 안에서 무거운[重] 해머[錘]를 던져[投] 떨어진 곳의 거리로 승부를 겨루는 경기. ㊥해머던지기.

투지 鬪志 (싸울 투, 뜻 지). 싸우고자[鬪] 하는 굳센 뜻[志]이나 마음. ¶그들은 강한 투지를 지니고 있다.

투찰 透察 (뚫을 투, 살필 찰). 속까지 깊이 꿰뚫어[透] 살펴봄[察].

투창 投槍 (던질 투, 창 창). ① 속뜻 창(槍)을 던짐[投]. ② 운동 육상 경기 중 하나. 창을 여섯 번 던져 그 가운데 가장 멀리 던진 거리로 승부를 겨룬다. ㊥창던지기.

투척 投擲 (던질 투, 던질 척). 물건 따위를 던짐[投=擲].

▸투척 경:기 投擲競技 (겨룰 경, 재주 기). 운동 던지기[投擲] 경기(競技)를 통틀어 이르는 말. 필드 경기 가운데 포환던지기, 원반던지기, 창던지기, 해머던지기 따위.

투철 透徹 (뚫을 투, 통할 철). ① 속뜻 속까지 꿰뚫어[透] 통하게[徹] 함. ¶이 일을 하기 위해서는 투철한 사명감이 필요하다. ②사리에 밝고 정확하다. 투철한 판단과 분석.

투-철퇴 投鐵槌 (던질 투, 쇠 철, 망치 퇴). 운동 지름이 2.135미터 되는 원 안에서 철망치[鐵槌]를 던져[投] 떨어진 곳의 거리로 승부를 겨루는 경기. ㊥투중추(投重錘), 해머던지기.

투타 投打 (던질 투, 칠 타). 운동 야구에서, 투구력(投球力)과 타격력(打擊力)을 아울러 이르는 말.

투탁 投託 (던질 투, 맡길 탁). ① 속뜻 몸을 던져[投] 기댐[託]. ②남의 세력에 기댐. ③조상이 분명하지 않은 사람이 유명한 나의 조상을 자기 조상이라 일컬음. ④파산한 농민이 토호나 지주의 노비가 되던 일.

투탄 投炭 (던질 투, 숯 탄). 기관(汽罐)속 같은 데에 석탄(石炭)을 던져 넣음[投].

투-포환 投砲丸 (던질 투, 대포 포, 알 환). ① 속뜻 포환(砲丸)을 던짐[投]. ② 운동 지름 2.135미터의 원 안에서 포환을 던져서, 멀리 나간 거리로써 승부를 겨루는 육상의 필드 경기.

투표 投票 (던질 투, 쪽지 표). ① 속뜻 표(票)를 던짐[投]. ② 선거를 하거나 가부를 결정할 때에 투표용지에 의사를 표시하여 일정한 곳에 내는 일. ¶이번 방학 때 어디로 놀러 갈지 투표로 정하자.

▸ **투표-구** 投票區 (나눌 구). 법률 선거구 안에서 투표(投票)를 위하여 편의상 나눈, 단위가 되는 구역(區域). 한 선거구에 여러 투표구를 둔다.

▸ **투표-권** 投票權 (권리 권). 투표(投票)를 할 수 있는 권리(權利). ¶투표권을 행사하다.

▸ **투표-소** 投票所 (곳 소). 투표(投票)를 하는 일정한 장소(場所). ¶투표소는 이른 아침부터 사람들로 붐볐다. ⓑ투표장(投票場).

▸ **투표-율** 投票率 (비율 률). 유권자 전체에 대한 실제로 투표(投票)를 한 사람 수의 비율(比率).

▸ **투표-자** 投票者 (사람 자). 투표(投票)하는 사람[者]. ¶투표자 수가 예상보다 많다.

▸ **투표-장** 投票場 (마당 장). 투표소(投票所)가 마련되어 있는 곳[場]. ¶투표장은 집에서 가까운 곳에 있다. ⓑ투표소(投票所).

▸ **투표-지** 投票紙 (종이 지). 투표(投票)에 사용하는 일정한 양식의 종이[紙]. '투표용지'(投票用紙)의 준말.

▸ **투표-함** 投票函 (상자 함). 투표자가 기입한 투표용지(投票用紙)를 넣는 상자[函].

투필 投筆 (던질 투, 붓 필). ① 속뜻 붓[筆]을 던짐[投]. 붓을 놓음. ② 문필 생활을 그만두고 다른 일에 종사함. ③ 문필을 그만두고 무예에 종사함.

▸ **투필-성자** 投筆成字 (이룰 성, 글자 자). 글씨에 능한 사람은 정성을 들이지 않고 붓[筆]을 아무렇게나 던져도[投] 글씨[字]가 잘된다는[成] 말.

투하[1] 投荷 (던질 투, 짐 하). 배가 조난하였을 때에 선체를 가볍게 하기 위하여 짐[荷]을 바다에 던짐[投]. ⓑ제하(除荷).

투하[2] 投下 (던질 투, 아래 하). ① 속뜻 높은 곳에서 아래[下]로 던짐[投]. ¶적군의 기지에 폭탄을 투하하다. ② 물자나 자금 따위를 들임. ¶이 돈은 온갖 노력을 투하해 어렵게 번 것이다.

▸ **투하-탄** 投下彈 (탄알 탄). 군사 비행기에서 지상 목표물에 떨어뜨리는[投下] 폭탄(爆彈).

투한[1] 妬悍 (시기할 투, 사나울 한). 질투나 시기[妬]가 심하고 사나움[悍].

투한[2] 偸閒 (훔칠 투, 틈 한). ① 속뜻 한가한 틈[閒]을 훔침[偸]. ② 바쁜 가운데 틈을 내거나 틈을 타서 일을 함.

투함 投函 (던질 투, 상자 함). ① 속뜻 상자[函]에 던져[投] 넣음. ② 편지, 투서, 투표용지 따위를 우체통, 투서함, 투표함 따위에 넣음.

투합 投合 (들여놓을 투, 합할 합). ① 속뜻 같은 뜻을 보내[投] 의견을 합(合)함. ② 뜻이나 성격 등이 서로 잘 맞음. 서로 일치함.

투항 投降 (보낼 투, 항복할 항). ① 속뜻 항복(降伏)할 의사를 보냄[投]. ② 적에게 항복함. ¶병사들은 무기를 내던지고 투항했다.

투현-질능 妬賢嫉能 (시기할 투, 어질 현, 시기할 질, 능할 능). 어진[賢] 사람을 투기(妬忌)하고 능력(能力)이 있는 사람을 질시(嫉視)함. 유능한 사람을 시기하고 미워함.

투호 投壺 (던질 투, 단지 호). 민속 두 사람이 일정한 거리에서 청·홍의 화살을 단지[壺] 속에 던져[投] 많이 넣는 수효로 승부를 가리는 놀이. 또는 단지.

투혼 鬪魂 (싸울 투, 넋 혼). 끝까지 투쟁(鬪爭)하려는 기백[魂].

투화 透化 (뚫을 투, 될 화). ① 속뜻 투과(透過)하도록 함[化]. ② 공업 결정질의 물체를 녹여서 이것을 급히 냉각하여 유리 모양으로 만드는 일.

투휘 投揮 (던질 투, 휘두를 휘). 물건을 던지고[投] 휘두름[揮].

특가 特價 (특별할 특, 값 가). 특별(特別)히 싸게 매긴 값[價].

특감 特減 (특별할 특, 덜 감). 특별(特別)히 감(減)함.

특강 特講 (특별할 특, 강의할 강). 대학 같은 곳에서 특별(特別)히 실시하는 강의(講義).

특공 特功 (특별할 특, 공로 공). 특별(特別)

히 뛰어난 공로(功勞).

▸특공-대 特攻隊 (무리 대). 군사 특수(特殊) 임무나 기습 공격(攻擊)을 하기 위하여 훈련된 부대(部隊). ¶특공대를 보내 인질들을 구출하다.

특과 特科 (특별할 특, 과목 과). ① 속뜻 특수(特殊)한 과목(科目). ② 군사 군대에서, 전투 병과 이외의 병과를 흔히 이르는 말. 부관, 경리, 병기, 의무, 법무 등의 병과였다.

특권 特權 (특별할 특, 권리 권). ① 속뜻 특별(特別)한 권리(權利). ②특정한 개인이나 집단에 대하여 인정하는 특별한 권리나 이익. ¶회원이 되면 다양한 특권이 주어진다.

▸특권-층 特權層 (층 층). 사회 사회적으로 특권(特權)을 누리는 계층(階層). ⓑ특권 계급(特權階級).

▸특권 계급 特權階級 (섬돌 계, 등급 급). 사회 사회적으로 특권(特權)을 누리는 신분이나 계급(階級). 또는 그런 사람들.

특근 特勤 (특별할 특, 일할 근). 근무 시간 외에 특별(特別)히 더하는 근무(勤務).

▸특근 수당 特勤手當 (손 수, 맡을 당). 경제 특근(特勤)에 대한 보수로 주는 수당(手當).

특급[1] 特級 (특별할 특, 등급 급). 특별(特別)한 등급(等級)이나 계급(階級). ¶특급 대우를 받다.

특급[2] 特給 (특별할 특, 줄 급). 특별(特別)히 줌[給].

특급[3] 特急 (특별할 특, 급할 급). ① 속뜻 특별(特別)히 급(急)하게 달림. ② 교통 열차 따위가 특별히 빨리 운행하는 것. ¶아버지는 특급을 타고 부산으로 내려갔다.

▸특급 열차 特急列車 (벌일 렬, 수레 차). 교통 보통의 급행열차보다 특(特)히 더 빨리[急] 달리는 열차(列車). '특별 급행열차'(特別急行列車)의 준말. ㊟특급.

특기[1] 特記 (특별할 특, 기록할 기). 특별(特別)히 기록(記錄)함. 또는 그 기록.

특기[2] 特技 (특별할 특, 재주 기). 특별(特別)한 기능(技能)이나 기술(技術). ¶자신의 특기를 살려 진로를 결정하다. ⓑ장기(長技).

▸특기-병 特技兵 (군사 병). ① 군사 특기(特技)가 있는 사병(士兵). ② 군사 민간인으로 있을 때 습득한 특별한 기능을 가지고 군에 입대한 사병.

특념 特念 (특별할 특, 생각 념). 특별(特別)히 마음을 써서 생각함[念].

특달 特達 (특별할 특, 통달할 달). 여럿 가운데 특별(特別)히 재주가 뛰어남[達].

특대[1] 特大 (특별할 특, 큰 대). 특별(特別)히 큼[大]. 또는 그 물건.

특대[2] 特待 (특별할 특, 대접할 대). 특별(特別)히 대우(待遇)함. 또는 그 대우. ⓑ특우(特遇).

▸특대-생 特待生 (사람 생). 학업과 품행이 우수하여 수업료 면제 등과 같은 특별(特別)한 대접[待]을 받는 학생(學生).

특동-대 特動隊 (특별할 특, 움직일 동, 무리 대). 군사 특별(特別)한 경우에 동원(動員)시키기 위하여 편성된 부대(部隊).

특등 特等 (특별할 특, 무리 등). 보통의 등급을 뛰어넘은 특별(特別)히 뛰어난 등급(等級). ¶특등 사수(射手).

▸특등-실 特等室 (방 실). 병원이나, 기차, 여객선, 호텔 같은 곳에 특별(特別)히 마련된 등급(等級)이 가장 높은 방[室]. ㊟특실.

특례 特例 (특별할 특, 법식 례). ① 속뜻 특별(特別)한 예(例). ② 법률 일반적 규율인 법령 또는 규정에 대하여 특수하고 예외적인 경우를 규정하는 규정. 또는 그 법령.

▸특례-법 特例法 (법 법). 법률 특정한 지역, 사람, 사물, 사항에 국한하여[特例] 적용하는 법(法). ⓑ특별법(特別法).

특립 特立 (특별할 특, 설 립). ① 속뜻 여럿 가운데서 특별(特別)히 뛰어나 우뚝 섬[立]. ②남에게 의지하지 않고 자립하는 일.

▸특립-독행 特立獨行 (홀로 독, 행할 행). 남에게 굽히거나 세속을 따르지 않고[特立] 자신만의 소신대로[獨] 행동(行動)함.

특매 特賣 (특별할 특, 팔 매). ① 속뜻 특가(特價)로 싸게 팖[賣]. ②수의 계약에 의하여 일정한 사람에게 지정하여 팖. ③평소에는 팔지 않는 물건을 특별히 팖.

▸특매-장 特賣場 (마당 장). 상점을 따로 정하거나 매장을 지정하여 특가(特價)로 물건을 파는[賣] 곳[場].

특면 特免 (특별할 특, 면할 면). ① 속뜻 특별(特別)히 면(免)하여 줌. ②특별히 용서함.

특명 特命 (특별할 특, 명할 명). ① 속뜻 특별(特別)히 명령(命令)함. ② 특별히 임명함. 또는 그 임명. ¶황제의 특명을 받고 각지로 출발했다. ③ 군사 '특별 명령'(特別命令)의 준말.

▸**특명 전권 공사** 特命全權公使 (모두 전, 권력 권, 관공서 공, 부릴 사). 법률 나라를 대표하라는 특명(特命)에 의해 전권(全權)을 위임받고 다른 나라에 파견되어 외교를 담당하는 공식적(公式的)인 직급[使]. '특명 전권 대사'(特命全權大使)와는 석차만 다를 뿐 직무와 특권은 같다. ㊜전권 공사, 공사.

▸**특명 전권 대:사** 特命全權大使 (모두 전, 권력 권, 큰 대, 부릴 사). 법률 나라를 대표하라는 특명(特命)에 의해 전권(全權)을 위임받고 다른 나라에 파견되어 외교를 담당하는 최고[大] 직급[使]. 주재국에 대하여 국가의 의사를 전달하는 임무를 가지며 국가의 원수와 그 권위를 대표한다. ㊜전권 대사, 대사.

특무 特務 (특별할 특, 일 무). 특별(特別)한 임무(任務).

▸**특무-대** 特務隊 (무리 대). ① 속뜻 특수(特殊) 임무(任務)를 띈 부대(部隊). ② 군사 군의 정보와 방첩에 관한 일 및 그에 따른 범죄 수사를 맡아보던 군의 특수 부대.

▸**특무-함** 特務艦 (싸움배 함). 군사 운송함, 쇄빙함, 급유함과 같이 특수(特殊)한 임무(任務)를 맡고 있는 배[艦].

▸**특무 기관** 特務機關 (틀 기, 빗장 관). 군사 예전에 군인의 신원이나 첩보(諜報) 따위의 특수(特殊) 임무(任務)를 맡은 군의 특수 기관(機關).

특발 特發 (특별할 특, 필 발). 의학 원인 불명의 병이 저절로[特] 생겨남[發].

▸**특발-성** 特發性 (성질 성). 원인 불명의 병이 남에게서 전염되지 않고 저절로 생기는[特發] 성질(性質).

특배 特配 (특별할 특, 나눌 배). ① 속뜻 특별(特別)히 배급(配給)함. '특별 배급'(特別配給)의 준말. ② 경제 회사가 예기했던 수준 이상의 이익을 본 경우에, 보통 배당을 한 나머지 이익금을 일정한 비율로 분배하는 일. '특별 배당'(特別配當)의 준말.

특별 特別 (유다를 특, 다를 별). 일반적인 것과 유달리[特] 다름[別]. ¶특별히 어디가 아픈 건 아니지만 기운이 없다 / 오늘은 나에게 아주 특별한 날이다. ⓑ특단(特段).

▸**특별-법** 特別法 (법 법). 법률 특정한 지역이나 사람, 사항에 한해서 특별(特別)히 적용되는 법(法). 민법에 상대된다. ⓑ특례법(特例法). ⓑ보통법(普通法), 일반법(一般法).

▸**특별-비** 特別費 (쓸 비). 특별(特別)한 곳에 쓰기 위해 별도로 계상된 비용(費用).

▸**특별-석** 特別席 (자리 석). 특별(特別)히 따로 마련한 좌석(座席). ㊜특석. ⓑ일반석(一般席), 보통석(普通席).

▸**특별-세** 特別稅 (세금 세). 특별(特別)한 목적을 위하여 매기는 세금(稅金).

▸**특별-시** 特別市 (도시 시). 지방 자치 단체의 한 가지. 도(道)와 동일한 격(格)을 가진 특별(特別)한 시(市)로서, 직접 중앙의 감독을 받는다. ¶서울특별시.

▸**특별-전** 特別展 (펼 전). 특별(特別)히 마련한 전시회(展示會). ¶특별전을 기획하다.

▸**특별 가중** 特別加重 (더할 가, 무거울 중). 법률 특정한 범죄와 이의 재발을 방지하기 위하여 특별(特別)히 형벌을 더하여[加] 무겁게[重] 하는 것.

▸**특별 감:경** 特別減輕 (덜 감, 가벼울 경). 법률 특별(特別)한 경우에 형벌을 덜어서[減] 가볍게[輕] 하는 일.

▸**특별 교:서** 特別教書 (가르칠 교, 글 서). 정치 미국에서, 대통령이 필요할 때마다 특별(特別)히 의회에 보내는 교서(教書).

▸**특별 규정** 特別規定 (법 규, 정할 정). 법률 어떤 사항에만 특별(特別)히 적용하는 법규[規定].

▸**특별 담보** 特別擔保 (멜 담, 지킬 보). 법률 어떤 채무에 대하여만 특별(特別)히 제공하는 담보(擔保).

▸**특별 명:령** 特別命令 (명할 명, 시킬 령). 군사 부대원 모두에게 두루 내리는 것이 아니라 몇몇의 사람에게 특별(特別)히 내리는 군사 명령(命令).

▸**특별 배:당** 特別配當 (나눌 배, 마땅 당). ① 속뜻 보통과 다른 특별(特別)한 배당(配當). ② 경제 회사가 특별히 이익을 본 경우에, 보통 배당을 한 나머지 이익금을 일정한 비율로 분배(分配)하는 일. ③ 경제 보험 회사가 계약에 따라, 보험금이 일정한 기간에

일정한 금액에 도달하였을 때에 지급 금액의 일부를 되돌려 주는 일.

▸특별 법원 特別法院 (법 법, 관청 원). 법률 군사 법원, 헌법 재판소 따위와 같이 특별(特別)한 신분을 가진 사람이나 특수한 성질을 가진 사건에 관한 소송을 관할하는 법원(法院).

▸특별 사:면 特別赦免 (용서할 사, 면할 면). ① 속뜻 특별(特別)히 용서하여[赦] 죄를 면(免)해 줌. ② 법률 형의 선고를 받은 특정한 자에 대하여 형의 집행이 면제되거나 유죄 선고의 효력이 상실되게 하는 사면의 한 가지.

▸특별 예:금 特別預金 (맡길 예, 돈 금). 정기 예금 및 당좌 예금 이외의 특약에[特別] 의한 예금(預金).

▸특별 위원 特別委員 (맡길 위, 사람 원). 정치 국회 등에서, 상임 위원회의 소관에 딸리지 않거나 또는 특히 필요하다고 인정되는 안건을 심사하기 위하여 특별(特別)히 선임된 위원(委員).

▸특별 은행 特別銀行 (돈 은, 가게 행). 경제 특별(特別) 법규의 적용을 받아 특별(特別)한 업무를 행하는 은행(銀行). 한국은행, 한국 산업 은행 따위. ⑪특수 은행(特殊銀行).

▸특별 임:용 特別任用 (맡길 임, 부릴 용). 어떤 관직에, 경험이 있는 사람을 자격 또는 조건에 구애되지 않고 특별(特別)히 임용(任用)하는 일.

▸특별 형법 特別刑法 (형벌 형, 법 법). 법률 특별(特別)한 범죄에 적용되는 형법(刑法). 형법전(刑法典)에 대하여 부속적(附屬的)·보충적 성격을 지니는 형법.

▸특별 활동 特別活動 (살 활, 움직일 동). 교육 학교 교육의 정식 교과목 이외의 특별(特別) 학습 활동(活動). 학급 활동, 학생회 활동, 클럽 활동, 학교 행사 등이 있다.

▸특별 회:계 特別會計 (모일 회, 셀 계). 법률 국가의 특별(特別)한 사정이나 필요에 따라 일반 회계와는 별도로 세입·세출을 경리하는 회계(會計). ⑪일반 회계(一般會計).

특보 特報 (특별할 특, 알릴 보). 특별(特別)히 알림[報]. ¶뉴스 특보를 말씀드리겠습니다.

특사[1] 特使 (특별할 특, 부릴 사). ① 속뜻 특별(特別)히 무엇을 시킴[使]. 또는 그것을 맡은 사람. ②특별한 임무를 띠고 파견하는 외교 사절을 두루 일컫는 말. ¶대통령의 특사를 파견하다. ⑪전사(專使).

특사[2] 特赦 (특별할 특, 용서할 사). ① 속뜻 특별(特別)히 사면(赦免)해 줌. ② 법률 '특별사면'(特別赦免)의 준말.

특사[3] 特賜 (특별할 특, 줄 사). 윗사람이 아랫사람에게 특별(特別)히 무엇을 줌[賜].

특산 特産 (특별할 특, 낳을 산). 특별(特別)히 그 지방에서만 남[産]. 또는 그 산물.

▸특산-물 特産物 (만물 물). 어떤 지방에서만 특별(特別)히 나는[産] 물건(物件). ¶완도의 특산물은 미역이다.

▸특산-품 特産品 (물건 품). 어떤 지역에서만 특별(特別)히 나는[産] 물품(物品). ¶특산품을 판매하다.

특상[1] 特上 (특별할 특, 위 상). 특별(特別)히 위[上] 등급에 속함. 또는 그런 물건.

특상[2] 特賞 (특별할 특, 상줄 상). 특별(特別)한 상(賞).

⁑**특색** 特色 (특별할 특, 빛 색). ① 속뜻 특별(特別)한 색깔[色]. ②다른 것과 특히 다른 점. ¶그는 별다른 특색 없는 평범한 사람이다.

특석 特席 (특별할 특, 자리 석). 특별(特別)히 따로 마련한 좌석(座席). '특별석'의 준말. ¶특석에서 경기를 관람하다.

특선 特選 (특별할 특, 고를 선). ① 속뜻 특별(特別)히 골라 뽑음[選]. ¶점심 특선 요리를 주문하다. ②대회에서 입선된 것 중에서 특히 우수한 작품. ¶그의 사진은 콘테스트에서 특선으로 뽑혔다.

특설 特設 (특별할 특, 세울 설). 특별(特別)히 설치(設置)함.

▸특설 함:선 特設艦船 (싸움배 함, 배 선). 군사 특별히 만든[特設] 함선(艦船). 전쟁 등이 일어났을 때 원래 함선이 아닌 배를 가지고 만든 군용배.

⁑**특성** 特性 (특별할 특, 성질 성). 특별(特別)한 성질(性質). ¶선인장은 건조한 기후에도 잘 견디는 특성이 있다. '특이성'(特異性)의 준말. ⑪특질(特質).

특세 特勢 (특별할 특, 형세 세). 특이(特異)한 형세(形勢).

특수[1] 特秀 (특별할 특, 빼어날 수). 특별(特別)히 우수(優秀)함.

특수[2] 特需 (특별할 특, 쓰일 수). ① 속뜻 특별(特別)한 수요(需要). ② 특별 주문.

특수[3] 特殊 (유다를 특, 다를 수). 다른 것과 비교하여 유달리[特] 다른[殊] 것. ¶이쪽의 특수한 사정을 이해해 주십시오. ⓑ특이(特異). ⓟ일반(一般), 보통(普通).

▸특수-강 特殊鋼 (강철 강). 공업 유달리[特] 다른[殊] 성질을 두드러지게 만든 강철(鋼鐵). ⓑ합금강(合金鋼).

▸특수-성 特殊性 (성질 성). 유달리[特] 다른[殊] 성질(性質). ⓑ특이성(特異性).

▸특수-아 特殊兒 (아이 아). 심리 발달과 행동이 일반 어린이와 유달리[特] 다른[殊] 어린이[兒].

▸특수-어 特殊語 (말씀 어). 유달리[特] 다른[殊] 하나하나의 구체적인 대상을 가리키는 단어(單語).

▸특수-화 特殊化 (될 화). 보편적인 것이 특수(特殊)한 것으로 됨[化].

▸특수 법인 特殊法人 (법 법, 사람 인). 법률 다른 법인체와 유달리[特] 다른[殊] 법인(法人). 한국은행, 무역 공사처럼 특별법에 의하여 설치되는 법인.

▸특수 우편 特殊郵便 (우송할 우, 편할 편). 통신 다른 우편물과 유달리[特] 다르게[殊] 다루어야하는 우편(郵便). '특수 취급 우편'(特殊取扱郵便)의 준말. ⓟ보통 우편(普通郵便).

▸특수 유전 特殊遺傳 (남길 유, 전할 전). 생물 양친의 한쪽이 가진 특히 뛰어난[特殊] 성질의 유전(遺傳).

▸특수 은행 特殊銀行 (돈 은, 가게 행). 경제 한국은행처럼 특별(特別)히 다른[殊] 임무를 가지고 설립된 은행(銀行). ⓑ특별 은행(特別銀行). ⓟ일반 은행(一般銀行).

▸특수 조:사 特殊助詞 (도울 조, 말씀 사). 언어 체언, 부사, 활용 어미 따위에 붙어서 어떤 특별(特別)히 다른[殊] 의미를 더해 주는 조사(助詞).

▸특수 채:권 特殊債券 (빚 채, 문서 권). 경제 특수(特殊) 법인(法人)이 발행하는 채권(債券).

▸특수 창:조설 特殊創造說 (처음 창, 만들 조, 말씀 설). 종교 하느님이 우주의 만물 하나하나를 특별(特別)히 다르게[殊] 만들었다는[創造] 학설(學說).

특실 特室 (특별할 특, 방 실). 일반실과 특별(特別)히 다른 방[室]. '특등실'(特等室)의 준말. ¶특실에 묵었다.

특약 特約 (특별할 특, 묶을 약). ① 속뜻 특별(特別)한 약속(約束). ② 특별한 편의나 이익이 있는 제약.

▸특약-점 特約店 (가게 점). 특별(特別)한 편의를 봐 줄 것을 본점이나 타 회사와 계약(契約)한 상점(商店).

특애 特愛 (특별할 특, 사랑 애). 특별(特別)히 사랑함[愛].

특용 特用 (특별할 특, 쓸 용). 특별(特別)히 씀[用].

▸특용 작물 特用作物 (지을 작, 만물 물). 농업 특별(特別)한 용도(用途)로 쓰이는 농작물(農作物).

특위 特委 (특별할 특, 맡길 위). 법률 국회에서, 특별(特別)히 필요하다고 인정한 안건(案件)을 심사하기 위하여 구성하는 위원회(委員會). '특별 위원회'(特別委員會)의 준말.

특유 特有 (특별할 특, 있을 유). 특별(特別)히 가지고 있음[有]. ¶온돌은 한국 특유의 난방 방식이다. ⓟ통유(通有).

▸특유-성 特有性 (성질 성). 특별(特別)히 가지고 있는[有] 성질(性質). ⓟ통유성(通有性).

특융 特融 (특별할 특, 녹을 융). 특별(特別)히 융통(融通)함.

특은 特恩 (특별할 특, 은혜 은). 특별(特別)한 은혜(恩惠).

특이 特異 (유다를 특, 다를 이). ① 속뜻 보통 것에 비하여 유달리[特] 다름[異]. ¶넌 이름이 상당히 특이하구나. ② 보통보다 훨씬 뛰어남. ¶그는 손재주가 특이하여 온갖 물건을 손수 만든다. ⓑ특수(特殊). ⓟ평범(平凡).

▸특이-성 特異性 (성질 성). ① 속뜻 사물의 유달리[特] 다른[異] 성질(性質). ⓑ특수성(特殊性). ② 특성(特性).

▸특이-질 特異質 (바탕 질). 의학 피부가 유달리[特] 다른[異] 반응을 일으키는 체질(體質).

▸특이 아동 特異兒童 (아이 아, 아이 동). 심리 보통 아이들과 유달리[特] 다른[異] 아동(兒童). 정신적·신체적으로 장애가 있는 어린이.

특임 特任 (특별할 특, 맡길 임). ① 속뜻 특별(特別)한 일을 맡음[任]. ② '특별 임용'(特別任用)의 준말.

특작 特作 (특별할 특, 지을 작). 특별(特別)히 뛰어난 작품(作品).

특장 特長 (특별할 특, 길 장). 특별(特別)히 뛰어난 장점(長點).

특장-차 特裝車 (특별할 특, 꾸밀 장, 수레 차). 교통 소방차처럼 특수(特殊)한 장비(裝備)를 갖춘 차량(車輛). '특수 특장차'(特殊特裝車)의 준말.

특저 特著 (특별할 특, 지을 저). 특별(特別)한 저술(著述).

특전[1] 特典 (특별할 특, 법 전). ① 속뜻 특별(特別)한 규칙[典]. ② 특별히 베푸는 은전(恩典). ¶특전을 입다 / 특전을 베풀다.

특전[2] 特電 (특별할 특, 전기 전). 특별(特別)한 전보(電報) 통신.

특점 特點 (특별할 특, 점 점). 특별(特別)히 다른 점(點).

특정 特定 (특별할 특, 정할 정). 특별(特別)히 정(定)함. ¶특정 연령층을 대상으로 한 제품.

▸특정-물 特定物 (만물 물). 법률 물품을 거래하는 당사자가 특별(特別)히 지정(指定)한 물건(物件). ⓑ불특정(不特定).

▸특정-인 特定人 (사람 인). 법률 특별(特別)히 지정(指定)한 사람[人]. ⓑ일반인(一般人).

▸특정-직 特定職 (일 직). 법률 특별(特別)히 지정(指定)된 직무(職務). 또는 이를 처리하는 공무원. 법관, 군인 따위.

▸특정 승계 特定承繼 (받들 승, 이을 계). 법률 다른 사람의 권리·의무 중 특별(特別)히 지정(指定)한 것만을 이어받는[承繼] 일. ⓑ포괄 승계(包括承繼).

▸특정 유증 特定遺贈 (남길 유, 보낼 증). 법률 특별(特別)히 지정(指定)된 물건, 권리 또는 일정액의 금전과 같이 구체적인 재산을 유언(遺言)에 의하여 타인에게 주는[贈] 행위. ⓑ포괄 유증(包括遺贈).

특제 特製 (특별할 특, 만들 제). 특별(特別)히 만듦[製]. ⓑ별제(別製). ⓑ병제(竝製).

특종[1] 特鐘 (특별할 특, 쇠북 종). 음악 하나의 틀에 특별(特別)히 하나의 종(鐘)을 단 국악기.

특종[2] 特種 (특별할 특, 갈래 종). ① 속뜻 특별(特別)한 종류(種類). ② 언론 '특종 기사'(特種記事)의 준말. ¶특종을 잡다 / 남북 회담이 석간의 특종으로 다루어졌다.

▸특종 기사 特種記事 (기록할 기, 일 사). 언론 어떤 특정한 신문사나 잡지사에서 특별(特別)히 먼저 씨앗을 뿌려[種] 보도한 중요 기사(記事). 여기서 '種'은 씨앗 따위를 '뿌리다'라는 뜻으로 '어떤 사건을 최초로 여러 사람에게 보도함'을 비유하여 나타낸 것이다.

특주 特酒 (특별할 특, 술 주). 특별(特別)한 방법으로 빚은 술[酒].

특지[1] 特旨 (특별할 특, 뜻 지). ① 속뜻 특별(特別)한 뜻[旨]. ② 임금의 특별한 명령.

특지[2] 特志 (특별할 특, 마음 지). ① 속뜻 좋은 일을 위한 특별(特別)한 마음[志]. ② '특지가'(特志家)의 준말.

▸특지-가 特志家 (사람 가). 좋은 일을 하려는 특별(特別)한 마음[志]이 있는 사람[家].

특진 特進 (특별할 특, 나아갈 진). ① 속뜻 일반 규정과 달리 특별(特別)히 진급(進級)함. ② 역사 고려 때, 정이품 문관의 품계.

특질 特質 (특별할 특, 바탕 질). 특별(特別)한 성질(性質)이나 기질(氣質).

특집 特輯 (특별할 특, 모을 집). 특별(特別)히 편집(編輯)함. 또는 그 편집물. ¶추석 특집 프로그램.

⁑**특징** 特徵 (특별할 특, 부를 징). ① 역사 임금이 신하에게 벼슬을 내리려고 특별(特別)히 부름[徵]. ② 특별히 나타나는 점. ¶검은 눈과 머리카락은 한국인의 유전적 특징이다. ⓑ특색(特色), 특성(特性).

▸특징-적 特徵的 (것 적). 특징(特徵)이 되는 것[的]. ¶이 그림은 화려한 색채가 매우 특징적이다.

특차[1] 特次 (특별할 특, 차례 차). 특별(特別)히 맨 처음 차례(次例).

특차[2] 特差 (특별할 특, 부릴 차). ① 속뜻 특별

(特別)히 부림[差]. ②특별히 사신을 보냄.

특채 特採 (특별할 특, 가려낼 채). 특별(特別)히 채용(採用)함.

특청 特請 (특별할 특, 부탁할 청). 특별(特別)히 부탁함[請]. 또는 그런 청. ¶그는 돈을 꾸어 달라는 친구의 특청을 뿌리칠 수 없었다.

특출 特出 (특별할 특, 날 출). 다른 것 보다 특별(特別)히 드러남[出]. 특히 뛰어남. ㊥특립(特立).

특칭 特稱 (특별할 특, 일컬을 칭). ① 속뜻 특별(特別)히 일컬음[稱]. ② 논리 주사(主辭)가 나타내는 사물의 한 부분을 한정하여 이르는 말. '어떤', '이', '그', '한', '두' 따위의 말이 쓰인다.

▸특칭 명:제 特稱命題 (명할 명, 제목 제). 논리 특칭(特稱)하는 명제(命題).

▸특칭 판단 特稱判斷 (판가름할 판, 끊을 단). 논리 주어가 특정(特定)하게 지칭(指稱)한 것이 주장하는 내용과 일정한 관계를 갖는 경우의 판단(判斷). '어떤 갑은 을이다(을이 아니다)'라는 형식으로 표시한다.

특파 特派 (특별할 특, 보낼 파). 특별(特別)히 파견(派遣)함. ¶해외에 특파되다.

▸특파-원 特派員 (사람 원). 언론 외국에 특별(特別)히 파견(派遣)되어 보도하는 언론 종사자[員]. ¶사고 현장에 특파원을 보내다.

특품 特品 (특별할 특, 물건 품). 특별(特別)히 좋은 물품(物品).

특필 特筆 (특별할 특, 글씨 필). 특별(特別)히 크게 적은 글씨[筆].

▸특필-대서 特筆大書 (큰 대, 쓸 서). 어떤 사건을 특별(特別)히 크게[大] 다루어 적음[筆=書]. ㊥대서특필(大書特筆).

특허 特許 (특별할 특, 들어줄 허). ① 속뜻 특별(特別)히 들어줌[許]. ② 법률 어떤 사람이나 기관의 발명품에 대하여 남이 그대로 흉내 내지 못하게 하고 그것을 이용할 권리를 국가가 그 사람이나 기관에 주는 것. ¶특허를 내다.

▸특허-권 特許權 (권리 권). 법률 특허(特許) 받은 공업 발명품을 독점할 수 있는 권리(權利).

▸특허-법 特許法 (법 법). 특허(特許)에 관계된 법률(法律).

▸특허-증 特許證 (증거 증). 법률 특허(特許)를 증명하는 증서(證書). 특허권자에게 발부된다.

▸특허-청 特許廳 (관청 청). 법률 특허(特許) 및 그와 관련된 사무를 처리하는 정부 관청(官廳).

▸특허-품 特許品 (물건 품). 법률 특허(特許)를 받은 제품(製品).

▸특허 기업 特許企業 (꾀할 기, 일 업). 경제 특허권(特許權)이 있는 공기업(公企業). 전기나 가스 따위에 관계된 기업.

▸특허 심:판 特許審判 (살필 심, 판가름할 판). 법률 특허(特許)에 관한 심판(審判).

특혜 特惠 (특별할 특, 은혜 혜). 특별(特別)히 베푸는 혜택(惠澤).

▸특혜 관세 特惠關稅 (빗장 관, 세금 세). 법률 낮은 세율을 부과하는 등 특별(特別)한 혜택(惠澤)을 주는 관세(關稅).

▸특혜 무:역 特惠貿易 (바꿀 무, 바꿀 역). 경제 특혜(特惠) 관세를 적용시켜서 하는 무역(貿易).

▸특혜 세:율 特惠稅率 (세금 세, 비율 률). 경제 특혜(特惠) 관세의 세율(稅率).

특화 特化 (특별할 특, 될 화). ① 속뜻 다른 것보다 특별(特別)히 두드러지게 됨[化]. ②한 나라의 어떤 산업 또는 수출 상품이 상대적으로 큰 비중을 차지하는 상태. ¶이 지역에서는 관광지를 특화하여 많은 돈을 벌고 있다.

특활 特活 (특별할 특, 살 활). 교육 '특별 활동'(特別活動)의 준말.

특효 特效 (특별할 특, 효과 효). 특별(特別)한 효과(效果).

▸특효-약 特效藥 (약 약). 어떤 병에 대하여 특별(特別)한 효험(效驗)이 있는 약(藥).

틈입 闖入 (틈새 틈, 들 입). 기회를 틈(闖)타서 느닷없이 함부로 들어감[入]. ¶그들은 나의 틈입을 눈치 채지 못했다.

파:격 破格 (깨뜨릴 파, 격식 격). 격식(格式)을 깨뜨림[破]. 격식에 벗어남. ¶전품목 파격 세일.

▸파:격-적 破格的 (것 적). 관례나 격식에서 벗어난[破格] 것[的]. ¶파격적인 대우.

파견 派遣 (보낼 파, 보낼 견). 특별한 임무를 주어 임시로 보냄[派=遣]. ¶본사 파견 / 그는 케냐로 파견되었다.

▸파견-군 派遣軍 (군사 군). 군사 원래의 부대를 벗어나 다른 곳으로 파견(派遣)된 군대(軍隊).

▸파견 부대 派遣部隊 (나눌 부, 무리 대). 군사 필요에 따라 파견(派遣)된 부대(部隊).

파:경 破鏡 (깨뜨릴 파, 거울 경). ① 속뜻 거울[鏡]을 깨뜨림[破]. ②부부의 이별. 옛날 중국 진나라 때 한 부부가 전쟁 때문에 잠시 헤어지면서 다시 만날 증표로 삼기 위하여 두 쪽으로 깨뜨린 거울을 하나씩 나누어 가졌다는 이야기에서 유래한다.

파:계 破戒 (깨뜨릴 파, 경계할 계). 계율(戒律)을 깨뜨림[破]. ¶그는 파계를 하고 속세로 돌아왔다. ㊥설계(設契).

▸파:계-승 破戒僧 (스님 승). 불교 계율을 깨뜨린[破戒] 승려(僧侶).

파고 波高 (물결 파, 높을 고). ① 속뜻 파도(波濤)의 높이[高]. ¶전 해상에 2~3미터의 높은 파고가 예상된다. ②'정세의 긴박함'을 비유하여 이르는 말. ¶아프리카에 긴장의 파고가 점차 거세졌다.

▸파고-계 波高計 (셀 계). 지리 파도(波濤)의 높이[高]를 재는[計] 기계.

파:고-지 破古紙 (깨뜨릴 파, 옛 고, 종이 지). ① 속뜻 오래된[古] 종이[紙]를 뚫음[破]. ② 식물 콩과의 일년초로, 여름과 가을에 작은 나비 모양의 자줏빛 꽃이 핌. 열매를 말린 것이나 씨앗은 양기를 돕는 한약재로 쓰인다.

파곡 波谷 (물결 파, 골짜기 곡). 파도(波濤)가 만드는 골[谷]. ㊥파구(波丘).

파:공 罷工 (그만둘 파, 일 공). ① 속뜻 일[工]을 쉼[罷]. ② 가톨릭 주일과 특히 정한 큰 축제일에 육체노동을 금함. 또는 그 일.

파:과 破瓜 (깨뜨릴 파, 오이 과). '파과지년'(破瓜之年)의 준말.

▸파:과-기 破瓜期 (때 기). 여자가 월경을 처음 시작하게 되는 십오륙 세[破瓜]의 시기(時期).

▸파:과지년 破瓜之年 (어조사 지, 나이 년). ① 속뜻 여자의 나이 16세[年]를 이르는 말. '瓜' 자를 파자(破字)하면 두개의 '八'이 되고, 다시 '二八'은 16이 되는 것에서 유래. ②남자의 나이 64세를 이르는 말. '瓜' 자를 파자하면 '八'이 두 개로 두 개의 '八'을 곱하면 64가 되는 것에서 유래.

파광 波光 (물결 파, 빛 광). 물결[波]이 흔들리며 반사되는 빛[光].

*__파:괴__ 破壞 (깨뜨릴 파, 무너질 괴). 부수어[破] 무너뜨림[壞]. ¶환경 파괴 / 지진은 순식간에 도시를 파괴했다. ㊥건설(建設).

▸파:괴-력 破壞力 (힘 력). 파괴(破壞)하는

힘[力]. ¶핵무기는 엄청난 파괴력을 갖고 있다.

▸파ː괴-적 破壞的 (것 적). 파괴(破壞)하려고 하는 것[的]. 또는 파괴하려는 성질을 띤 것.

▸파ː괴 강도 破壞強度 (굳셀 강, 정도 도). 건설 외부의 충격에도 파괴(破壞)되지 않고 견딜 수 있는 물체의 강도(強度).

▸파ː괴-주의 破壞主義 (주될 주, 뜻 의). ① 속뜻 남의 입론(立論), 계획, 조직 따위를 부인하고 파괴(破壞)하는 태도[主義]. 또는 그런 경향. ② 철학 확실한 진리나 선악의 표준 따위의 존재를 부정하는 경향.

파구 波丘 (물결 파, 언덕 구). 물리 물결[波]과 물결 사이의 마루[丘]. ⓑ파두(波頭). ⓑ파곡(波谷).

파ː구-분 破舊墳 (깨뜨릴 파, 옛 구, 무덤 분). 옛[舊] 무덤[墳]을 파냄[破]. ⓑ파묘(破墓).

파국 破局 (깨뜨릴 파, 판 국). ① 속뜻 깨어진[破] 장면이나 형세[局]. ② 일이나 사태가 잘못되어 결판이 남. ¶사태는 파국으로 치달았다. ③ 문학 희곡에서, 비극적인 결말을 이르는 말.

파ː군[1] 罷君 (그만둘 파, 임금 군). ① 속뜻 임금[君]을 그만둠[罷]. ② 역사 왕가에서 5대 이후에는 종친의 봉군을 폐하던 일.

파ː군[2] 罷軍 (그만둘 파, 군사 군). 군사(軍士)를 풀어[罷] 가게 함. ⓑ파진(罷陣).

파ː군-성 破軍星 (깨뜨릴 파, 군사 군, 별 성). ① 속뜻 군대(軍隊)를 쓰러뜨리는[破] 별[星]. ② 민속 구성 가운데 일곱째 별. 요광성을 달리 이르는 말로, 칼 모양이고 그 칼끝이 가리키는 방위에서 일을 하면 불길하게 여긴다.

파급 波及 (물결 파, 미칠 급). ① 속뜻 물결[波]이 멀리까지 미침[及]. ② 어떤 일의 영향이나 여파가 차차 전하여 먼 데까지 미침. ¶그 영향이 전국적으로 파급되다.

▸파급 효ː과 波及效果 (보람 효, 열매 과). 파급(波及)되어 얻게 되는 성공적인 결과[效果].

파ː기[1] 破棄 (깨뜨릴 파, 버릴 기). ① 속뜻 깨뜨려[破] 없애 버림[棄]. ② 법률 계약이나 조약, 약속 따위를 취소하여 무효로 함. ③ 법률 사후심(事後審) 법원이 상소 이유가 있다고 인정하여 원심 판결을 취소하는 일.

▸파ː기 이송 破棄移送 (옮길 이, 보낼 송). 법률 상고 법원이 원심 판결을 파기(破棄)하는 경우에, 사건을 원심 법원과 동등한 법원에 이송(移送)하는 일.

▸파ː기 환송 破棄還送 (돌아올 환, 보낼 송). 법률 사후심(事後審) 법원이 종국 판결(終局判決)에서 원심 판결을 파기(破棄)한 경우에, 다시 심판하게 하기 위하여 원심 법원으로 사건을 환송(還送)하는 일.

파ː기[2] 破器 (깨뜨릴 파, 그릇 기). 깨진[破] 그릇[器].

▸파ː기-상접 破器相接 (서로 상, 닿을 접). ① 속뜻 깨어진 그릇[破器] 조각을 서로[相] 다시 맞춤[接]. ② 이미 어긋난 일을 바로잡으려고 애쓰는 것은 쓸데없음을 이르는 말.

파ː-기록 破記錄 (깨뜨릴 파, 적을 기, 베낄 록). 더 나은 기록으로 종전 기록(記錄)을 깸[破].

파다[1] 頗多 (자못 파, 많을 다). 아주[頗] 많음[多]. ¶그런 예가 파다하다.

파다[2] 播多 (퍼트릴 파, 많을 다). 많이[多] 퍼짐[播]. 널리 퍼짐. ¶장안에 그런 소문이 파다해졌다.

파ː담 破談 (깨뜨릴 파, 말씀 담). 진행되던 혼담(婚談)이 깨짐[破].

파당 派黨 (갈래 파, 무리 당). ① 속뜻 한 단체에서 나누어진[派] 무리[黨]. ② 당파(黨派).

파도 波濤 (물결 파, 큰 물결 도). ① 속뜻 바다에 이는 작은 물결[波]과 큰 물결[濤]. ¶파도타기 / 파도가 거세서 배가 뜨지 못한다. ② '맹렬한 기세로 일어나는 어떤 사회적 운동이나 현상'을 비유하여 이르는 말. ¶성난 민중의 파도가 베르사유 궁을 덮쳤다. ③ '강렬한 심리적 충동이나 움직임'을 비유하여 이르는 말. ¶기쁨의 파도.

파ː독 破毒 (깨뜨릴 파, 독할 독). 독기(毒氣)를 없앰[破]. ⓑ해독(解毒).

파동 波動 (물결 파, 움직일 동). ① 속뜻 물결[波]을 이루어 움직임[動]. ¶수면에 파동이 일어나다. ② 공간으로 퍼져 가는 진동. ¶소리의 파동. ③ '사회적으로 새로운 변화를 가져올 만한 변동'을 비유하여 이르는 말. ¶석유 파동으로 물가가 크게 올랐다.

▸파동-설 波動說 (말씀 설). ① 물리 빛의 본질은 어떤 매질(媒質)에서의 파동(波動)이라고 하는 학설(學說). ② 물리 입자의 파동성을 강조하는 학설. ③ 언어 언어의 지리적 변천은 파동적으로 생긴다고 주장하는 학설.

파두¹ 巴豆 (땅이름 파, 콩 두). ① 속뜻 중국의 파(巴) 지역에서 나는 콩[豆]. ② 식물 대극과의 상록 관목. 꽃은 단성화이며, 씨는 독성이 있으며 한약재로 쓰인다.

파두² 波頭 (물결 파, 머리 두). ① 속뜻 파도(波濤)의 높은 머리[頭] 부분. ㊥파구(波丘). ② 바다의 위.

파라-척결 爬羅剔抉 (긁을 파, 새그물 라, 없애버릴 척, 도려낼 결). ① 속뜻 긁어[爬] 모으고[羅] 뼈를 바르고[剔] 살을 도려냄[抉]. ② 손톱으로 긁거나 후벼 모조리 파냄. ③ 숨은 인재를 찾아냄. ④ 남의 흠을 들추어냄.

파:락-호 破落戶 (깨뜨릴 파, 떨어질 락, 집 호). 무너지고[破] 몰락(沒落)한 집안[戶].

파란¹ 波蘭 (물결 파, 난초 란). '폴란드'(Poland)의 한자 음역어.

파란² 波瀾 (물결 파, 물결 일 란). ① 속뜻 물결[波]이 일어남[瀾]. ② 심한 변화. 어수선한 상황. ¶한국은 파란 많은 역사를 가지고 있다 / 신인 선수가 우승을 차지하는 파란을 일으켰다.

▸파란-곡절 波瀾曲折 (굽을 곡, 꺾을 절). ① 속뜻 물결[波瀾]이 굽이치고[曲] 꺾여[折] 흐름. ② 생활이나 일의 진행에서 일어나는 많은 어려움과 변화.

▸파란-만장 波瀾萬丈 (일만 만, 길이 장). ① 속뜻 물결[波瀾]이 만(萬) 길[丈]이나 될 정도로 높이 일어남. ② 사람의 생활이나 일의 진행이 여러 가지 곡절과 시련이 많고 변화가 심함. ¶그는 78세를 일기로 파란만장한 삶을 마쳤다.

▸파란-중첩 波瀾重疊 (거듭 중, 겹쳐질 첩). ① 속뜻 물결[波瀾]이 거듭[重] 포개짐[疊]. ② 사람의 생활이나 일의 진행에 여러 가지 곤란이나 시련이 많음.

파랑 波浪 (물결 파, 물결 랑). 물결[波=浪]. ㊥파도(波濤).

파력 波力 (물결 파, 힘 력). 파도(波濤)의 압력(壓力). ¶파력발전소 / 파력에 의해 깎여진 바위가 있다.

▸파력 발전 波力發電 (일으킬 발, 전기 전). 전기 파도(波濤)가 칠 때 일어나는 힘[力]을 이용해 전기(電氣)를 일으킴[發].

파:렴-치 破廉恥 (깨뜨릴 파, 청렴할 렴, 부끄러울 치). 올곧고[廉] 부끄러워[恥]할 줄 아는 마음을 깨버리고[破] 함부로 행동함. ¶파렴치한 범죄를 저지르다.

▸파:렴치-범 破廉恥犯 (범할 범). 파렴치(破廉恥)한 범죄(犯罪). 또는 그 범인(犯人).

▸파:렴치-한 破廉恥漢 (사나이 한). 염치(廉恥)를 모르는[破] 뻔뻔스러운 사람[漢].

파:뢰 破牢 (깨뜨릴 파, 우리 뢰). ① 속뜻 감옥[牢]을 부숨[破]. ② 죄인이 탈옥함.

파:루 罷漏 (마칠 파, 샐 루). ① 속뜻 도성의 문을 닫는 일을 그치고[罷] 문을 열어 사람을 드나들게[漏] 함. ② 역사 조선 시대에, 서울에서 통행금지를 해제하기 위하여 종각의 종을 서른 세 번 치던 일.

파:륜 破倫 (깨뜨릴 파, 인륜 륜). 인륜(人倫)의 도를 깸[破]. ㊥패륜(悖倫).

파리¹ 玻璃 (유리 파, 유리 리). ① 화학 유리[玻=璃]. 석영, 탄산소다, 석회암을 섞어 높은 온도에서 녹인 다음 급히 냉각하여 만든 물질. ② 광업 수정(水晶).

파리² 笆籬 (가시대 파, 울타리 리). ① 속뜻 가시대[笆]로 친 울타리[籬]. ② '파리변물'(笆籬邊物)의 준말.

▸파리변물 笆籬邊物 (가 변, 만물 물). ① 속뜻 울타리[笆籬] 가[邊]에 있는 물건(物件). ② 쓸데없는 물건을 이르는 말.

파면¹ 波面 (물결 파, 쪽 면). ① 속뜻 물결[波]의 겉면[面]. ② 물리 파동이 전파될 때, 같은 시각에 같은 위상을 나타내는 점의 연결로 이루어지는 면.

파:면² 罷免 (그만둘 파, 면할 면). 직책을 그만두게[罷] 하여 해직시킴[免]. 공무원의 신분을 박탈하는 일. ¶뇌물을 받은 감독관의 파면을 요구했다.

파:멸 破滅 (깨뜨릴 파, 없어질 멸). 완전히

깨어져[破] 없어짐[滅]. ¶지나친 욕심이 그의 파멸을 가져왔다 / 인류는 전쟁 때문에 파멸할 것이다.

파:-명당 破明堂 (깨뜨릴 파, 밝을 명, 집 당). 명당(明堂)의 무덤을 파서[破] 딴 곳으로 옮김.

파:묘 破墓 (깨뜨릴 파, 무덤 묘). 무덤[墓]을 파냄[破]. ㊥파구분(破舊墳).

▶파:묘-축 破墓祝 (빌 축). 파묘(破墓) 때 읽은 축문(祝文).

파문[1] 波紋 (물결 파, 무늬 문). ① 속뜻 물결[波] 모양의 무늬[紋]. ② 수면에 이는 물결. ¶연못에 돌을 던지자 파문이 일었다. ③ 어떤 일이 다른 데에 미치는 영향. ¶큰 파문을 몰고 오다 / 파문이 확산되다.

파:문[2] 破門 (깨뜨릴 파, 문 문). ① 속뜻 스승의 문하(門下)에서 내쫓음[破]. ② 신도의 자격을 빼앗고 종문에서 내쫓음. ③ 묏자리나 마을 터를 흐르는 물이 빠지는 곳.

파발 擺撥 (열릴 파, 없앨 발). ① 속뜻 문을 열어서[擺] 다 내보내어 없앰[撥]. ② 역사 조선 후기에, 공문을 급히 보내기 위하여 설치한 역참. ¶장군은 각 고을로 파발을 띄웠다.

▶파발-마 擺撥馬 (말 마). ① 역사 파발(擺撥)에 준비해 놓던 말[馬]. ② '급히 달아난 사람'을 조롱조로 이르는 말.

파방[1] 派房 (보낼 파, 방 방). ① 속뜻 보낸[派] 사람이 쓰는 방(房). ② 역사 조선 시대에, 지방 관아에서 육방의 벼슬아치를 교체하던 일.

파:방[2] 罷榜 (그만둘 파, 써붙일 방). ① 속뜻 방(榜)을 써 붙이는 것을 그만둠[罷]. ② 역사 과거에 합격한 사람의 발표를 취소하던 일.

파배 把杯 (잡을 파, 잔 배). 손잡이[把]가 붙은 술잔[杯].

파벌 派閥 (갈래 파, 무리 벌). 이해관계에 따라 따로따로 갈라진[派] 사람들의 무리[閥]. ¶그는 파벌 싸움에 말려들었다.

파:벽[1] 破僻 (깨뜨릴 파, 후미질 벽). 후미진[僻] 상태를 깨고[破] 나옴.

파:벽[2] 破壁 (깨뜨릴 파, 담 벽). 무너진[破] 벽(壁).

파:벽[3] 破甓 (깨뜨릴 파, 벽돌 벽). 깨진[破] 벽돌[甓].

파별[1] 派別 (갈래 파, 나눌 별). 갈래[派]를 나누어[別] 가름. 또는 그런 갈래.

파:별[2] 破別 (깨뜨릴 파, 나눌 별). 큰 덩어리를 흩어[破] 종류대로 나눔[別].

파병 派兵 (보낼 파, 군사 병). 병사(兵士)를 파견(派遣)함. ¶유엔군이 파병을 결정하였다.

파보 派譜 (갈래 파, 적어놓을 보). 같은 종문(宗門)에 딸린 한 파(派)의 족보(族譜).

파복[1] 波腹 (물결 파, 배 복). ① 속뜻 물결[波] 모양 가운데 배[腹]같이 볼록한 부분. ② 물리 정상파에서, 진폭이 최대가 되는 점. ㊤파절(波節).

파:복[2] 罷伏 (마칠 파, 엎드릴 복). ① 속뜻 순찰을 끝내고[罷] 집에 돌아와 쉼[伏]. ② 역사 조선 때, 파루를 친 뒤 순라들이 집으로 돌아가던 일.

파:본 破本 (깨뜨릴 파, 책 본). 파손(破損)된 책[本].

파:부침선 破釜沈船 (깨뜨릴 파, 가마 부, 가라앉을 침, 배 선). ① 속뜻 솥[釜]을 깨뜨려[破] 다시는 밥을 지을 수 없고 배[船]를 물속에 가라앉혀[沈] 도망도 갈 수 없음. ② 죽을 각오로 싸움에 임함. ㊥파부침주(破釜沈舟).

파사[1] 波斯 (물결 파, 이것 사). '페르시아'(Persia)의 한자 음역어.

파:사[2] 破寺 (깨뜨릴 파, 절 사). 허물어진[破] 절[寺].

파:사[3] 破事 (깨뜨릴 파, 일 사). 깨어진[破] 일[事]. 실패한 일.

파사[4] 婆娑 (춤추는 모양 파, 춤출 사). ① 속뜻 춤추는[娑] 듯한 모양[婆]. 소매의 나부낌이 가벼움. ② 몸이나 형세가 쇠하고 가냘픔. ③ 초목의 잎사귀가 많이 떨어져 잎이 매우 성김. ④ 거문고 따위의 소리가 가냘프고 꺾임이 많음.

파:사[5] 罷仕 (마칠 파, 섬길 사). ① 속뜻 벼슬아치가 그날의 일[仕]을 끝냄[罷]. ② 역사 관원이 그날의 공무를 마치고 관아에서 퇴근하던 일.

파:사[6] 罷祀 (마칠 파, 제사 사). 제사(祭祀)를 마침[罷]. '파제사'(罷祭祀)의 준말.

파ː사-현정 破邪顯正 (깨뜨릴 파, 그릇될 사, 드러낼 현, 바를 정). ① [속뜻] 그릇된[邪] 것을 깨뜨리고[破] 올바른[正] 것을 드러내어[顯] 받듦. ② [불교] 사견(邪見)과 사도(邪道)를 깨고 정법(正法)을 드러내는 일. 삼론종의 근본 교의이다.

파ː산[1] 破算 (깨뜨릴 파, 셀 산). 계산(計算)된 주판을 헝클어[破] 버림.

파ː산[2] 罷散 (그만둘 파, 한가로울 산). 벼슬을 그만두어[罷] 한산(閑散)함.

파ː산[3] 破産 (깨뜨릴 파, 재물 산). ① [속뜻] 재산(財産)을 모두 잃어 망함[破]. ¶사장은 회사의 파산을 막으려고 갖은 애를 쓰고 있다 / 다니던 회사가 파산되어 나는 일자리를 잃었다. ② [법률] 빚진 사람이 돈을 갚을 수 없게 되는 경우, 그의 재산 모두를 털어서 고루 갈라 갚을 것을 법으로 명령하는 것. [비]도산(倒産).

▸ 파ː산-자 破産者 (사람 자). [법률] 파산(破産) 선고를 받은 사람[者].

▸ 파ː산 법원 破産法院 (법 법, 관청 원). [법률] 파산(破産) 사건을 관할하는 법원(法院).

▸ 파ː산 선고 破産宣告 (알릴 선, 알릴 고). [법률] 법원이 파산(破産) 신고를 인정하여 이를 알림[宣告].

▸ 파ː산 재단 破産財團 (재물 재, 모일 단). [법률] 파산 절차에 의하여 파산 채권자에게 배당되어야 할 파산자(破産者)의 총재산[財團].

파상[1] 波狀 (물결 파, 형상 상). ① [속뜻] 물결[波] 같은 형상(形狀). ② 어떤 일이 일정한 간격을 두고 차례로 되풀이되는 모양.

▸ 파상-문 波狀紋 (무늬 문). 물결 모양[波狀]의 무늬[紋]. [준]파문.

▸ 파상-운 波狀雲 (구름 운). [지리] 물결 모양[波狀]의 구름[雲]. 권적운(卷積雲), 고적운(高積雲), 층적운(層積雲) 등에 잘 나타난다.

▸ 파상 공ː격 波狀攻擊 (칠 공, 칠 격). [군사] 물결처럼[波狀] 끊어졌다 이어졌다 하는 식의 공격(攻擊).

▸ 파상 파ː업 波狀罷業 (그만둘 파, 일 업). [사회] 같은 산업의 노동자 단체가 물결처럼[波狀] 연속적으로 일으키는 파업(罷業).

▸ 파상 평원 波狀平原 (평평할 평, 들판 원). [지리] 오랫동안 계속된 침식으로 물결 무늬[波狀]의 평원(平原)을 이룸. [비]준평원(準平原).

파ː상[2] 破傷 (깨뜨릴 파, 다칠 상). 깨지고[破] 다침[傷]. 또는 그 상처. [비]부상(負傷).

▸ 파ː상-풍 破傷風 (바람 풍). ① [속뜻] 찢어진[破] 상처(傷處)로 침범하는 병[風]. ② [의학] 파상풍균의 감염으로 일어나는 급성 전염병.

▸ 파ː상풍-균 破傷風菌 (바람 풍, 세균 균). [의학] 파상풍(破傷風)을 일으키는 세균(細菌). 혐기성(嫌氣性)의 간균(桿菌)으로 흙 속에 산다.

▸ 파ː상풍 혈청 破傷風血淸 (바람 풍, 피 혈, 맑을 청). [의학] 파상풍(破傷風) 환자를 치료하기 위하여 쓰이는 혈청(血淸).

파생 派生 (갈래 파, 날 생). 본체에서 갈려 나와[派] 다른 하나가 새롭게 생김[生]. ¶영어는 라틴어에서 파생되었다.

▸ 파생-법 派生法 (법 법). [언어] 실질 형태소에 접사를 붙여 파생어(派生語)를 만드는 단어 형성 방법(方法).

▸ 파생-어 派生語 (말씀 어). [언어] 실질 형태소에 접사가 붙어 파생(派生)된 어휘(語彙). 명사 '부채'에 '-질'이 붙은 '부채질', 동사 '덮-'에 접미사 '-개'가 붙은 '덮개', 명사 '버선' 앞에 접두사 '덧-'이 붙은 '덧버선' 따위가 있다.

▸ 파생 사회 派生社會 (단체 사, 모일 회). [사회] 기초 사회로부터 파생(派生)된 사회(社會). [반]기초 사회(基礎社會).

▸ 파생 수요 派生需要 (쓰일 수, 구할 요). [경제] 어떤 물건의 생산에 따라 파생(派生)되는 수요(需要).

파ː석 破石 (깨뜨릴 파, 돌 석). 잘게 깨뜨린[破] 돌이나 광석(鑛石).

파선[1] 波線 (물결 파, 줄 선). ① [속뜻] 물결[波] 모양의 구불구불한 선(線). ② [물리] 진동원으로부터 같은 거리에 있는 점들로 이루어진 원주.

파ː선[2] 破船 (깨뜨릴 파, 배 선). 풍파나 암초에 부딪쳐 부서진[破] 배[船].

파ː선[3] 破線 (깨뜨릴 파, 줄 선). 짧은 선을 간격을 두고 벌려[破] 놓은 선(線). 제도(製圖)에서, 보이지 않는 부분의 형태를 나타낼 때 사용한다.

파설 播說 (퍼트릴 파, 말씀 설). 말[說]을 퍼뜨림[播]. 또는 퍼뜨리는 그 말.

파ː손 破損 (깨뜨릴 파, 상할 손). 깨어지거나[破] 상하게[損] 됨. ¶자동차는 사고로 심하게 파손되었다.

파송 派送 (보낼 파, 보낼 송). 특별한 임무를 주어 임시로 보냄[派=送]. [비]파견(派遣).

파ː쇄 破碎 (깨뜨릴 파, 부술 쇄). 깨어[破] 부숨[碎].

파수[1] 派收 (보낼 파, 거둘 수). ① [속뜻]사람을 파견(派遣)하여 물건 값 따위를 거두어들임[收]. ② 닷새마다 팔고 산 물건값을 치르는 일. ③ 장날에서 장날까지의 사이.

파ː수[2] 破水 (깨뜨릴 파, 물 수). ① [의학]분만 때, 양수(羊水)가 터져[破] 나오는 일. ② [민속]뫼자리나 마을 터에서 산 뒤로 보이는 물줄기의 파문으로 빠져나가는 물.

파수[3] 把守 (잡을 파, 지킬 수). ① [속뜻]손에 무기를 쥐고[把] 성 따위를 지킴[守]. ② 경계하여 지킴. 또는 그러는 사람. ¶파수꾼 / 파수를 서다.

▸파수-막 把守幕 (휘장 막). 파수(把守)하기 위해 마련한 막(幕).

▸파수-병 把守兵 (군사 병). 파수(把守)하는 병사(兵士). [비]보초(步哨).

파시[1] 波市 (물결 파, 시장 시). 고기가 한창 잡힐 때에 파도(波濤)가 치는 바다 위에서 열리는 생선시장(市場). ¶거문도는 고등어 파시로 유명하다.

파ː시[2] 罷市 (그만둘 파, 저자 시). 중국에서, 도시의 상인이 일제히 가게[市]를 닫고[罷] 매매를 중지하는 일. 중국 진(晉)나라의 양호(羊祜)가 형주(荊州) 도독으로 재임하던 중 죽자, 백성들이 그를 추모하여 시장을 열지 않았다는 고사에서 유래.

파-시조 派始祖 (갈래 파, 처음 시, 조상 조). 종파(宗派)에서 갈려[派] 나온 시조(始祖).

파식[1] 播植 (뿌릴 파, 심을 식). 씨앗을 뿌리어[播] 심음[植]. [비]파종(播種).

파식[2] 波蝕 (물결 파, 갉아먹을 식). [지리]파도(波濤)가 육지를 침식(浸蝕)함.

▸파식 대지 波蝕臺地 (돈대 대, 땅 지). [지리]파식(波蝕)으로 깎인 암석의 파편이 퇴적하여 해안에 가까운 해저에 형성된 높고 평평한[臺] 땅[地]. 바다 쪽으로 완만하게 기울어져 있으며 해식애(海蝕崖)의 밑에서 볼 수 있다.

⁑**파악** 把握 (잡을 파, 쥘 악). ① [속뜻]손에 꽉 잡아[把] 쥠[握]. ② 어떤 일을 잘 이해하여 확실하게 앎. ¶그는 눈치가 없어서 분위기 파악을 못한다.

파ː안 破顔 (깨뜨릴 파, 얼굴 안). 얼굴[顔]이 일그러질[破] 정도.

▸파ː안-대소 破顔大笑 (큰 대, 웃을 소). 얼굴[顔]이 일그러질[破] 정도로 크게[大] 웃음[笑]. ¶아버지는 파안대소하시며 혼인을 허락했다.

파압 波壓 (물결 파, 누를 압). 밀려와 부딪치는 파도(波濤)의 압력(壓力).

파ː약 破約 (깨뜨릴 파, 묶을 약). 약속(約束)을 깨뜨림[破]. 약속이나 계약을 취소함. [비]해약(解約).

파ː양 罷養 (그만둘 파, 기를 양). 양자(養子) 관계의 인연을 끊어 그만둠[罷]. [비]파계(罷繼).

파ː업 罷業 (그만둘 파, 일 업). ① [속뜻]하던 일[業]을 그만둠[罷]. ② [사회]노동 조건의 유지 및 개선을 위하여 노동자들이 집단적으로 작업을 중지하는 일. ¶근로자들은 열악한 근무 환경에 항의하는 파업을 벌였다.

▸파ː업-권 罷業權 (권리 권). [사회]노동자의 파업(罷業)을 할 수 있는 권리(權利).

파ː연 罷宴 (마칠 파, 잔치 연). 연회(宴會)를 마침[罷].

▸파ː연-곡 罷宴曲 (노래 곡). [음악]연회나 잔치를 마칠[罷宴] 때 부르는 노래[曲].

파ː열 破裂 (깨뜨릴 파, 찢어질 렬). 깨어지고[破] 찢어짐[裂]. 쪼개짐. ¶보일러 파열로 사람이 다쳤다. [비]열파(裂破).

▸파ː열-시 破裂矢 (화살 시). 발사하면 고래의 살 속에 들어간 후 파열(破裂)하도록 되어 있는 화살[矢] 같은 작살. 고래를 잡는 데 쓰인다.

▸파ː열-음 破裂音 (소리 음). [언어]폐에서 나오는 공기를 일단 막았다가 그 막음을 터뜨리면서[破裂] 내는 소리[音]. 한글의 'ㅂ', 'ㅃ', 'ㅍ', 'ㄷ', 'ㄸ', 'ㅌ', 'ㄱ', 'ㄲ', 'ㅋ'

따위가 있다.

파ː옥[1] **破屋** (깨뜨릴 파, 집 옥). 부서진[破] 집[屋].

파ː옥[2] **破獄** (깨뜨릴 파, 감옥 옥). 감옥(監獄)을 부숨[破]. ⓑ파뢰(破牢).

파ː와 **破瓦** (깨뜨릴 파, 기와 와). 깨어진[破] 기와[瓦].

파ː의[1] **罷意** (그만둘 파, 뜻 의). 하고자 했던 생각이나 뜻[意]을 그만둠[罷].

파ː의[2] **罷議** (그만둘 파, 의논할 의). 의논(議論)하던 것을 그만둠[罷].

파인 **巴人** (땅이름 파, 사람 인). ① 속뜻 중국의 파(巴) 지방 사람[人]. ② '촌뜨기'나 '교양 없는 사람'을 이르는 말.

파ː일 **破日** (깨뜨릴 파, 날 일). ① 속뜻 무언가 잘 안되고 깨질[破] 것 같은 날[日]. ② 민속 음력으로 매월 5일, 14일, 23일을 이름. 이날은 큰일을 하지 않고 외출이나 여행을 꺼린다. ⓑ삼패일(三敗日).

파ː자 **破字** (깨뜨릴 파, 글자 자). ① 속뜻 한자(漢字)의 자획을 깨뜨려[破] 나눔. ② 한자의 자획을 나누거나 합치거나 하여 맞추는 놀이. '順'을 '川'(내 천)과 '頁'(머리 혈)로 나누어 의미를 억지로 부여하는 따위. ⓑ해자(解字). ③ 파자점(破字占).

▸ **파ː자-점** **破字占** (점칠 점). 민속 한자(漢字)를 깨뜨려서[破] 치는 점(占). 임의로 한자 하나를 짚게 하고 그 글자를 파자하여 길흉을 점친다. ⓒ파자.

파ː장[1] **罷場** (마칠 파, 마당 장). ① 속뜻 장(場)을 마침[罷]. 섰던 장이 끝남. ¶파장 무렵이 되자 장터가 한산해졌다. ② 역사 과장(科場)이 파한 일을 이르던 말. ③ 여럿이 함께 하는 일이 거의 끝나가는 판이나 무렵.

파장[2] **把掌** (잡을 파, 손바닥 장). ① 속뜻 손바닥[掌]을 잡음[把]. ② 역사 조선 시대에, 납세자와 납세액을 양안에서 뽑아 다른 장부에 적던 일.

▸ **파장-기** **把掌記** (문서 기). 역사 결세액과 납세자를 양안(量案)에서 뽑아 적은[把掌] 책[記].

파장[3] **波長** (물결 파, 길 장). ① 속뜻 물결[波] 사이의 길이[長]. ② 물리 전파나 음파 따위에서 같은 높이를 가진 파동 사이의 거리. ¶파장 20미터의 단파로 방송하다. ③ 충격적인 일이 끼치는 영향 또는 그 정도를 비유하여 이르는 말. ¶신문 기사의 파장은 매우 컸다.

▸ **파장-계** **波長計** (셀 계). 물리 전자파의 파장(波長)을 재는[計] 장치.

파ː-재목 **破材木** (깨뜨릴 파, 재료 재, 나무 목). 깨어져[破] 못쓰게 된 재목(材木).

파쟁 **派爭** (갈래 파, 다툴 쟁). 파벌(派閥) 싸움[爭].

파ː적[1] **破寂** (깨뜨릴 파, 고요할 적). ① 속뜻 적막(寂寞)을 깨뜨림[破]. ② 심심할 때 하는 놀이. ⓑ소한(消閑).

파ː적[2] **破積** (깨뜨릴 파, 쌓을 적). ① 속뜻 오래 묵어 쌓인[積] 병(病)을 깨뜨려[破] 고침. ② 오래된 고질병을 고침.

파ː전 **罷戰** (마칠 파, 싸울 전). 싸움[戰]을 마침[罷].

파절 **波節** (물결 파, 마디 절). ① 속뜻 물결[波]이 끊어지는 마디[節]. ② 물리 파동이 없는 부분. ⓑ피복(被服).

파ː접 **罷接** (마칠 파, 맞이할 접). ① 속뜻 모임[接]을 마침罷[]. ② 역사 시를 짓고 글을 읽는 모임을 마치고 헤어지던 일.

▸ **파ː접-례** **罷接禮** (예도 례). 파접(罷接)할 때 여는 잔치[禮].

파ː제[1] **破堤** (깨뜨릴 파, 둑 제). 제방(堤防)을 깨뜨림[破]. 홍수 따위로 제방이 무너짐.

파ː제[2] **破題** (깨뜨릴 파, 문제 제). ① 속뜻 문제(問題)를 풂[破]. ② 제의(題意)를 설파(說破)함. ③ 역사 과거에서, 작시의 첫머리에 그 글제의 뜻을 쓰던 일. ④ 문학 시부의 첫머리.

파ː제[3] **罷祭** (마칠 파, 제사 제). '파제사'(罷祭祀)의 준말.

파ː-제사 **罷祭祀** (마칠 파, 제사 제, 제사 사). 제사(祭祀)를 마침[罷]. ⓒ파사. 파제.

파ː제-만사 **破除萬事** (깨뜨릴 파, 덜 제, 일만 만, 일 사). 어떤 일을 하려고 모든[萬] 일[事]을 깨뜨려[破] 없앰[除]. ⓑ제백사(除百事).

파족 **派族** (갈래 파, 겨레 족). 본 파에서 갈라져[派] 나온 종족(宗族).

파ː종[1] **破腫** (깨뜨릴 파, 종기 종). 한의 종기(腫氣)를 터뜨림[破].

파종[2] **播種** (뿌릴 파, 씨 종). 논밭에 곡식의 씨앗[種]을 뿌림[播]. ¶보리는 가을에 파종한다. ㊥낙종(落種), 부종(付種), 종파(種播), 파식(播植).

▸파종-법 播種法 (법 법). 농업 씨[種]를 뿌리는[播] 방법(方法). ¶파종법을 연구하다.

파죽지세 破竹之勢 (깨뜨릴 파, 대나무 죽, 어조사 지, 기세 세). ① 속뜻 대나무[竹]를 쪼개는[破] 것 같은 기세(氣勢). ②'어떤 일이 거침없이 쭉 계속됨'을 비유하여 이르는 말. 맹렬한 기세. ¶파죽지세로 적군을 무찌르다.

파지[1] **把持** (잡을 파, 가질 지). ① 속뜻 꽉 잡아[把] 움켜쥐고[持] 있음. 쥐고 있음. ② 심리 경험에서 얻은 정보를 유지하고 있는 작용.

파:지[2] **破紙** (깨뜨릴 파, 종이 지). ① 속뜻 찢어진[破] 종이[紙]. ②못쓰게 된 종이. ¶종이를 오리는 과정에서 파지가 많이 생겼다.

파:직 罷職 (그만둘 파, 일 직). 관직(官職)을 그만두게 함[罷]. 물러남. ¶탐관오리를 파직하다.

파착 把捉 (잡을 파, 잡을 착). ① 속뜻 잡음[把=捉]. ②마음을 단단히 다잡음. ③일의 요점이나 요령을 잘 깨침. ㊥포착(捕捉).

파:찰-음 破擦音 (깨뜨릴 파, 문지를 찰, 소리 음). 언어 파열(破裂)음과 마찰(摩擦)음의 두 가지 성질을 다 가지는 소리. 'ㅈ', 'ㅉ', 'ㅊ' 따위가 있다.

파천 播遷 (퍼뜨릴 파, 옮길 천). 역사 임금이 난을 피해 달아나[播] 자리를 옮김[遷]. ㊥파월(播越).

파:-천황 破天荒 (깨뜨릴 파, 하늘 천, 거칠 황). ① 속뜻 천황(天荒)을 깨어[破] 새로운 세상을 엶. ②이전에 아무도 하지 못한 일을 처음으로 해냄. 중국 당나라의 형주(荊州) 지방에서 과거의 합격자가 없어 천지가 아직 열리지 않은 거친 곳이라 하여 천황(天荒)이라고 불리었는데 유세(劉蛻)라는 사람이 처음으로 합격하여 천황을 깼다는 데서 유래한다. 『북몽쇄언』(北夢瑣言)에 나오는 고사다. ③시골이나 변변찮은 가문에서 인재가 나서 본래의 미천한 상태를 벗어남. ㊥파벽(破僻).

파초 芭蕉 (파초 파, 파초 초). 식물 파초과의 다년초[芭=蕉]. 중국 원산의 관엽 식물이다. 뿌리는 굵은 덩어리 모양이며 줄기 높이는 4~5m, 잎은 길둥글며 길이는 2m 가량으로 자라고, 여름에 황백색 꽃이 이삭 모양으로 핀다. ㊥감초(甘草).

▸파초-선 芭蕉扇 (부채 선). 역사 높은 관리가 길을 갈 때 머리 위를 가리던 파초(芭蕉)의 잎 모양으로 만든 큰 부채[扇].

파출 派出 (보낼 파, 날 출). 파견(派遣)되어 나감[出].

▸파출-부 派出婦 (여자 부). 가사(家事)를 대신하기 위해 보내어진[派出] 직업여성[婦]. ¶맞벌이로 바쁜 부부는 파출부를 고용했다.

▸파출-소 派出所 (곳 소). ① 속뜻 어떤 기관에서 직원을 파견하여[派出] 사무를 보게 하는 곳[所]. ②'경찰관 파출소'(警察官派出所)의 준말. ¶수상한 사람이 있어 파출소에 신고했다.

파충 爬蟲 (기어 다닐 파, 벌레 충). 기어 다니는[爬] 벌레[蟲].

▸파충-류 爬蟲類 (무리 류). 동물 땅을 기어[爬] 다니는 벌레[蟲] 같은 동물 종류(種類). 거북, 악어, 뱀 따위.

파:탄 破綻 (깨뜨릴 파, 터질 탄). ① 속뜻 그릇이 깨지고[破] 옷이 터짐[綻]. ②일이나 계획 따위가 중도에서 잘못됨. ¶가정 파탄 / 양측의 협상은 파탄되었다. ③ 경제 상점, 회사 따위의 재정이 지급 정지의 상태가 됨. ¶국가 재정 파탄 / 은행 파탄.

파:투 破鬪 (깨뜨릴 파, 싸울 투). ① 속뜻 화투(花鬪) 놀이의 판이 깨짐[破]. ②화투 놀이에서, 잘못되어 판이 무효가 됨. ¶파투가 나다 / 파투를 놓다. ③일이 잘못되어 흐지부지됨.

파파 派派 (갈래 파, 갈래 파). ① 속뜻 갈래[派]와 갈래[派]. ②동종(同宗)에서 갈려 나온 여러 갈래. 여러 파.

파:편 破片 (깨뜨릴 파, 조각 편). 깨진[破] 조각[片]. ¶유리 파편이 발바닥에 박혔다.

파필 把筆 (잡을 파, 붓 필). 붓[筆]을 잡음[把].

파:한 破閑 (깨뜨릴 파, 한가할 한). 심심할 때 하는 놀이 등과 같이 한가(閑暇)한 상태

를 깨뜨림[破]. ⑪심심풀이.

▸파:한-집 破閑集 (깨뜨릴 파, 한가할 한, 모을 집). 문학 고려 명종 때 이인로(李仁老)가 심심풀이[破閑]로 읽을 만한 글을 모은 시문집(詩文集).

파행[1] 爬行 (기어다닐 파, 다닐 행). 벌레나 짐승 따위가 기어[爬] 다님[行]. ¶파행 동물.

파행[2] 跛行 (절뚝발이 파, 갈 행). ① 속뜻 절뚝거리며[跛] 걸어 감[行]. ② 일이나 계획 따위가 순조롭지 못하고 이상하게 진행됨을 비유하여 이르는 말. ¶파행 국회 / 파행으로 치닫다.

파:혈[1] 破穴 (깨뜨릴 파, 구멍 혈). 민속 무덤[穴]을 파헤침[破].

파:혈[2] 破血 (깨뜨릴 파, 피 혈). 한의 뭉친 피[血]를 풂[破].

▸파:혈-제 破血劑 (약제 제). 한의 파혈(破血)하는 데 쓰는 약제(藥劑).

파형 波形 (물결 파, 모양 형). ① 속뜻 물결[波] 모양[形]. 물결과 같은 모양. ② 전파나 음파의 모양. ③ 물리 가로축에는 시간을, 세로축에는 시간에 따라 변화하는 양을 기록하도록 하여 그린 그래프.

파:호 破戶 (깨뜨릴 파, 집 호). ① 속뜻 집[戶]을 깨뜨려 부숨[破]. 부서진 집. ② 운동 바둑에서 상대편의 말을 잡기 위하여 상대편의 집 가운데에 말을 놓아 두 집이 나지 못하도록 하는 일.

파:혹 破惑 (깨뜨릴 파, 홀릴 혹). 의혹(疑惑)을 풂[破]. ⑪해혹(解惑).

파:혼 破婚 (깨뜨릴 파, 혼인할 혼). 혼인(婚姻) 관계를 깨뜨림[破]. ¶그녀는 결혼 일주일 전에 파혼했다. ⑫약혼(約婚).

파:회 罷會 (마칠 파, 모일 회). 불교 법회(法會)를 마침[罷].

파:훼 破毁 (깨뜨릴 파, 헐 훼). ① 속뜻 깨뜨려[破] 헒[毁]. ② 파기(破棄).

파:흥 破興 (깨뜨릴 파, 흥겨울 흥). 흥(興)을 깨뜨림[破]. ⑪패흥(敗興).

판가 販價 (팔 판, 값 가). 판매(販賣)되는 가격(價格).

판각 板刻 (널빤지 판, 새길 각). 출판 나뭇조각[板]에 글씨나 그림 등을 새김[刻]. ⑪각판(刻板), 등재(登梓).

▸판각-본 板刻本 (책 본). 출판 목판에 새겨[板刻] 인쇄한 책[本]. ⑪목판본(木版本). ㊂판본.

판-검사 判檢事 (판가름할 판, 봉함 검, 일 사). 판사(判事)와 검사(檢事).

판결 判決 (판가름할 판, 결정할 결). ① 속뜻 판단(判斷)하여 결정(決定)함. ② 법률 법원이 어떤 소송 사건을 법률에 따라 판단을 내림. ¶죄의 유무를 판결하다.

▸판결-례 判決例 (법식 례). 법률 유사 사건을 판결(判決)했던 전례(前例). ㊂판례.

▸판결-문 判決文 (글월 문). 법률 판결(判決)에 대한 것을 적은 문서(文書). ¶판결문을 낭독하다.

▸판결-사 判決事 (일 사). ① 속뜻 어떤 일[事]을 판결(判決)함. ② 역사 노비에 관한 일을 판결하던 장례원의 관리.

▸판결 주문 判決主文 (주될 주, 글월 문). ① 속뜻 판결(判決)의 주(主)된 내용을 적은 글[文]. ② 법률 판결의 결론 부분. ㊂주문.

판공 辦公 (힘쓸 판, 관공서 공). 공무(公務)에 힘씀[辦].

▸판공-비 辦公費 (쓸 비). 공무(公務)를 처리하는[辦] 데 드는 비용(費用).

판관 判官 (판가름할 판, 벼슬 관). ① 속뜻 재판(裁判)하는 관직(官職). 또는 그 자리에 있는 사람. 재판관(裁判官). ② 역사 종오품 벼슬을 이르던 말. ③ 역사 감영과 유수영이 있던 곳의 관리.

▸판관-사령 判官使令 (부릴 사, 시킬 령). '아내가 시키는 대로 잘 따르는 남자'를 놀리는 말. 예전에 한 판관(判官)이 부하 사령(使令)들을 불러놓고 아내를 무서워하는 사람과 아닌 사람을 나누었는데, 유독 무섭지 않다고 혼자 남아 있는 사람이 있어 그 이유를 물었더니, 아내가 사람들이 많이 모이는 곳에는 가지 말라고 하여 남았다고 한 데서 유래.

판교 板橋 (널빤지 판, 다리 교). 널빤지[板]를 이어 만든 다리[橋]. ⑪널다리.

판 구조-론 板構造論 (널빤지 판, 얽을 구, 만들 조, 논할 론). 지리 지구의 겉 부분은 여러 개의 판(板)으로 이루어지며[構造] 지질현상은 판의 움직임으로 일어난다고 여기는 이론(理論).

판권 版權 (책 판, 권리 권). 법률 책[版]의 인쇄와 판매 등을 독점하는 권리(權利). '출판권'(出版權)의 준말.

판금[1] 板金 (널빤지 판, 쇠 금). 널빤지[板] 모양의 금속(金屬).

판금[2] 販禁 (팔 판, 금할 금). 판매(販賣)가 금지(禁止)됨.

판납 辦納 (힘쓸 판, 바칠 납). 힘써[辦] 바침[納]. 돈이나 물품을 모아 바침.

***판단** 判斷 (판가름할 판, 끊을 단). 판가름하여[判] 단정(斷定)함. ¶정확한 판단을 내리다 / 너무 성급하게 판단하지 마라.

▸**판단-력** 判斷力 (힘 력). 사물을 정확히 판단(判斷)하는 힘[力]. ¶술에 취해 판단력이 흐려졌다.

▸**판단 중지** 判斷中止 (가운데 중, 그칠 지). 철학 어떠한 것에 대해서도 확실한 판단을 내리는 것은 불가능하므로 모든 판단(判斷)을 중지(中止)해야 한다는 주장.

판대 版臺 (널빤지 판, 돈대 대). 출판 인쇄할 때에 목판(木版)을 올려놓는[臺] 나무쪽. ㊥목대(木臺).

판도 版圖 (널빤지 판, 그림 도). ① 속뜻 한 나라의 영토를 널빤지[版]에 그린 그림[圖]에 비유한 말. ¶광개토대왕은 우리나라의 판도를 크게 넓혔다. ② 어떤 세력의 미치는 영역이나 범위. ¶그의 출마는 선거 판도를 바꾸어 놓았다.

판독 判讀 (판가름할 판, 읽을 독). 내용을 판가름하여[判] 읽음[讀]. 풀어 읽음. ㊥해독(解讀).

판득 辦得 (힘쓸 판, 얻을 득). 힘써[辦] 얻음[得].

판례 判例 (판가름할 판, 법식 례). 법률 유사 사건을 판결(判決)했던 전례(前例). '판결례'(判決例)의 준말. ¶판례를 남기다.

▸**판례-법** 判例法 (법 법). 법률 판례(判例)를 기초로 하여 만들어진 법(法).

판로 販路 (팔 판, 길 로). 물건이 잘 팔리는[販] 길거리[路]. ¶우리는 신제품의 판로를 찾고 있다.

▸**판로 협정** 販路協定 (합칠 협, 정할 정). 판로(販路)에 대한 협의(協議)와 결정(決定).

판리 辦理 (힘쓸 판, 다스릴 리). 힘써[辦] 일을 처리(處理)함.

판막 瓣膜 (꽃잎 판, 꺼풀 막). ① 속뜻 외씨[瓣] 같은 심장에 있는 얇은 막(膜). ② 의학 심장이나 정맥·림프관 따위의 속에 있어, 혈액이나 림프액의 역류를 막는 막. ㊟판.

판매 販賣 (팔 판, 팔 매). 물건 따위를 팖[販=賣]. ¶할인판매 / 이 물건은 내일부터 판매된다. ㊥발매(發賣). ㊦구매(購買).

▸**판매-가** 販賣價 (값 가). 판매(販賣)되는 가격(價格).

▸**판매-고** 販賣高 (높을 고). 판매(販賣)한 금액의 정도[高].

▸**판매-기** 販賣機 (틀 기). 점원이 없이 상품을 자동으로 판매(販賣)하는 기계(機械). ¶승차권 판매기.

▸**판매-대** 販賣臺 (돈대 대). 판매(販賣)를 위하여 상품을 벌여 놓은 대(臺). ¶아이스크림 판매대 앞에 아이들이 몰려들었다.

▸**판매-량** 販賣量 (분량 량). 판매(販賣)한 수량(數量). ¶제품의 판매량이 꾸준히 증가하고 있다. ㊦구매량.

▸**판매-망** 販賣網 (그물 망). 판매(販賣)하기 위한 그물[網] 같은 체계.

▸**판매-소** 販賣所 (곳 소). 상품을 판매(販賣)하는 곳[所].

▸**판매-액** 販賣額 (액수 액). 판매(販賣)한 금액(金額).

▸**판매-원** 販賣員 (사람 원). 판매(販賣)하는 직원(職員).

▸**판매-자** 販賣者 (사람 자). 판매(販賣)하는 사람[者]. ㊦구매자(購買者).

▸**판매-장** 販賣帳 (장부 장). 상품 따위의 판매(販賣)에 관한 일을 기록하는 장부(帳簿). ¶판매장을 정리하다.

▸**판매-점** 販賣店 (가게 점). 판매(販賣)하는 가게[店].

▸**판매 가격** 販賣價格 (값 가, 이를 격). 판매(販賣)하는 가격(價格). ㊟판매가.

▸**판매 금:지** 販賣禁止 (금할 금, 멈출 지). 판매(販賣)가 금지(禁止)됨. ㊟판금.

▸**판매 조합** 販賣組合 (짤 조, 합할 합). 경제 판매(販賣)와 관련한 사람들이 만든 조합(組合).

▸**판매 촉진** 販賣促進 (재촉할 촉, 나아갈 진). 판매(販賣)가 늘도록 촉진(促進)함. 또는 그런 활동. ㊟판촉.

▸**판매 회:사** 販賣會社 (모일 회, 단체 사).

상품 판매(販賣)가 주된 업무인 회사(會社).

판면[1] **板面** (널빤지 판, 쪽 면). 널빤지[板]의 겉면[面].

판면[2] **版面** (널빤지 판, 쪽 면). 인쇄판(印刷版)의 겉면[面].

판명 判明 (판가름할 판, 밝을 명). 사실이 명백(明白)히 판가름[判] 남. ¶그 보도는 거짓임이 판명되었다.

판목[1] **板木** (널빤지 판, 나무 목). 건설 널빤지[板]로 쓰이는 나무[木].

판목[2] **版木** (널빤지 판, 나무 목). 인쇄판(印刷版)으로 쓰이는 나무[木].

판무[1] **判無** (판가름할 판, 없을 무). 판연(判然)히 없음[無]. 전혀 없음.

판무[2] **辦務** (힘쓸 판, 일 무). 일[務]을 힘써 처리함[辦]. 맡은 사무를 처리함.

▸**판무-관** 辦務官 (벼슬 관). 정치 정치나 외교 따위의 사무(事務)를 처리하기[辦] 위해 식민지나 보호국 따위에 파견된 관리(官吏).

판-무식 判無識 (판가름할 판, 없을 무, 알 식). 한자를 판독(判讀)할 능력이 없을 정도로 아주 무식(無識)함. ¶그는 한자도 못 읽는 판무식이다. ㊥일자무식(一字無識), 전무식(全無識).

판문 板門 (널빤지 판, 문 문). 널빤지[板]로 만든 문(門).

▸**판문점** 板門店 (가게 점). ① 속뜻 널빤지[板]로 만든 문(門)이 달려 있는 가게[店]. ② 지리 경기도 장단군 진서면 군사 분계선에 걸쳐 있는 마을. 1953년 7월 27일에 휴전 협정이 조인된 곳이다.

판법 判法 (판가름할 판, 법 법). 판단(判斷)하는 방법(方法).

판별 判別 (판가름할 판, 나눌 별). 판단(判斷)하여 구별(區別)함. ¶진짜와 가짜를 판별하다.

판본 板本 (=版本, 널빤지 판, 책 본). 출판 판(板)에 새겨 인쇄한 책[本]. '판각본'(板刻本)의 준말. ㊥간본(刊本).

판부 判付 (판가름할 판, 줄 부). ① 속뜻 판가름하여[判] 줌[付]. ② 역사 상주한 안을 임금이 허가하던 일.

판사 判事 (판가름할 판, 일 사). ① 법률 재판(裁判)에 관련된 일[事]. 또는 그런 일을 하는 사람. 대법관 회의의 동의를 얻어 대법원장이 임명한다. 임기는 10년이며 연임할 수 있다. ¶판사는 그의 무죄를 선고했다. ② 역사 고려 시대에, 재상이 겸임하던 삼사(三司)와 상서육부의 으뜸 벼슬. ③ 역사 조선 시대에, 동녕부(東寧府)·의금부 따위에 둔 종일품 벼슬. 돈령부와 중추부, 의금부의 버금 벼슬이다.

판상[1] **辦償** (힘쓸 판, 갚을 상). ① 속뜻 힘써[辦] 빚을 갚음[償]. ② 남에게 입힌 손해를 돈이나 물건 따위로 물어줌. ㊥변상(辨償). ③ 지은 죄과를 재물로써 갚음. ㊥판제(辦濟).

판상[2] **板狀** (널빤지 판, 형상 상). 널빤지[板] 같이 생긴 모양[狀].

▸**판상 절리** 板狀節理 (마디 절, 결 리). 지리 암석의 표면에 널빤지 모양[板狀]으로 갈라진 틈[節理].

판새-류 瓣鰓類 (꽃잎 판, 아가미 새, 무리 류). 동물 연체동물문의 한 강(綱). 몸이 좌우 두 개의 외씨[瓣] 같은 껍데기가 몸[鰓]을 덮고 있는 패류(貝類). ㊥부족류(斧足類).

판서[1] **判書** (판가름할 판, 글 서). ① 속뜻 판가름하는[判] 글[書]. ② 역사 고려 말기에 둔, 전리사·군부사 따위의 으뜸 벼슬. ③ 역사 고려 말기에 둔, 육조의 으뜸 벼슬. ④ 역사 조선 시대, 육조의 으뜸 벼슬. ¶예조 판서 / 병조 판서.

판서[2] **板書** (널빤지 판, 쓸 서). 칠판(漆板)에 중요한 내용을 씀[書].

판시 判示 (판가름할 판, 보일 시). 법률 판결(判決)하여 보임[示].

판연 判然 (판가름할 판, 그러할 연). 두드러지게 판가름되는[判] 그런[然] 모양. ㊥매우.

판열 瓣裂 (꽃잎 판, 찢어질 렬). 식물 꽃씨를 날리기 위하여 화분 주머니[瓣]에 구멍이 생기는 일[裂].

판옥-선 板屋船 (널빤지 판, 집 옥, 배 선). 역사 조선 때, 널빤지[板]로 옥상(屋上)을 덮은 전투용 배[船]. 임진왜란 때에 크게 활약하였다.

판-유리 板琉璃 (널빤지 판, 유리 류, 유리

리). 널빤지[板] 모양으로 반듯한 유리(琉璃). ㉥판초자(板硝子).

판윤 判尹 (판가름할 판, 벼슬아치 윤). ① 속뜻 판결(判決)하는 최고의 벼슬아치[尹]. ② 역사 한성부의 으뜸 벼슬을 이르던 말. 품계는 정이품.

판이 判異 (판가름할 판, 다를 이). 쉽게 판가름할[判] 정도로 크게 다르다[異]. ¶그들은 형제이지만 성격이 판이하게 다르다.

***판자 板子** (널빤지 판, 접미사 자). 널빤지[板]. ¶판잣집.

▸판자-촌 板子村 (마을 촌). 판자(板子)로 만든 집이 모여 있는 동네[村]. ¶판자촌에서는 생활수준이 아주 열악하다.

판장 板墻 (널빤지 판, 담 장). 널빤지[板]로 세운 담[墻].

판재 板材 (널빤지 판, 재목 재). ① 속뜻 널빤지[板]로 된 재목(材木). ②관으로 쓸 재목. ㉥관재(棺材).

판적 版籍 (널빤지 판, 문서 적). ① 속뜻 출판(出版)된 서적(書籍). ㉥서책(書冊). ② 영토와 백성. ③ 역사 호구(戶口)를 기록하던 책.

판전 版殿 (널빤지 판, 대궐 전). 불교 불경을 새긴 판(版)을 쌓아 두는 대궐[殿]같이 큰 집.

판-전각 版殿閣 (널빤지 판, 대궐 전, 관청 각). 불교 경판(經版)을 쌓아 두는 전각(殿閣).

판정 判定 (판가름할 판, 정할 정). ① 속뜻 어떤 일을 판별(判別)하여 결정(決定)함. ¶심판은 우리에게 불리한 판정을 내렸다 / 건물이 부실공사로 판정됐다. ② 권투나 레슬링 따위의 경기에서, 승패를 결정함. ¶심판은 우리에게 불리한 판정을 내렸다.

▸판정-승 判定勝 (이길 승). 운동 판정(判定)으로 이김[勝]. ㉤판정패(判定敗).

▸판정-패 判定敗 (패할 패). 운동 판정(判定)으로 짐[敗]. ㉤판정승(判定勝).

▸판정-표 判定標 (나타낼 표). 운동 권투에서, 라운드마다 선수의 성적을 판정(判定)하여 표시(標示)해 놓은 종이.

판제 辦濟 (힘쓸 판, 그칠 제). 힘써[辦] 빚을 청산함[濟]. ㉥판상(辦償), 변제(辨濟).

판지 板紙 (널빤지 판, 종이 지). 널빤지[板]처럼 단단하고 두껍게 만든 종이[紙]. ¶그는 책상 위에 판지로 된 상자를 올려놓았다. ㉥마분지(馬糞紙).

판촉 販促 (팔 판, 재촉할 촉). ① 속뜻 판매(販賣)를 재촉함[促]. ② 여러 가지 방법을 써서 수요를 불러일으키고 자극하여 판매가 늘도록 유도하는 일. '판매촉진'(販賣促進)의 준말.

판출 辦出 (갖출 판, 낼 출). 돈이나 물건 따위를 마련해[辦] 냄[出].

판탕 板蕩 (널빤지 판, 거침없을 탕). ① 속뜻 시경 (詩經) 『대아』(大雅)에 있는 시의 제목인 '판'(板)과 '탕'(蕩). ② 나라의 정사가 어지러워짐. '판'과 '탕'이 어지러운 정사를 읊은 데서 유래.

판행 版行 (널빤지 판, 갈 행). 출판 출판(出版)하여 발행(發行)함.

판형 版型 (널빤지 판, 모형 형). 출판 인쇄판(印刷版)의 틀[型]. 또는 그 크기.

판화 版畵 (널빤지 판, 그림 화). 널빤지[版]에 새긴 그림[畵]. ¶미술관에서 판화를 전시하고 있다.

팔각 八角 (여덟 팔, 모서리 각). 여덟[八] 개의 모서리[角]. ¶팔각기둥.

▸팔각-당 八角堂 (집 당). 팔각형(八角形)으로 지은 불당(佛堂).

▸팔각-정 八角亭 (정자 정). 건설 팔각형(八角形) 지붕이 덮인 정자(亭子).

▸팔각-주 八角柱 (기둥 주). 수학 밑면이 팔각형(八角形)인 기둥[柱]체. ㉥팔각기둥.

▸팔각-추 八角錐 (송곳 추). 수학 밑면은 팔각형(八角形)이고 끝은 송곳[錐]처럼 뾰족한 모양의 도형. ㉥팔각뿔.

▸팔각-형 八角形 (모양 형). ① 속뜻 여덟[八] 개의 모서리[角]가 있는 모양[形]. ② 수학 여덟 개의 선분으로 둘러싸인 평면 도형.

▸팔각-시 八角詩 (시 시). 문학 여럿이 모여 한시를 지을 때에, 아무 글자나 여덟[八] 자를 골라 그 가운데 한 글자씩을 머리[角] 글자로 하여 네 자로 된 구와 세 자로 된 구를 지은 뒤에, 각 사람이 지은 것을 모아 칠언 절구로 만든 한시(漢詩).

팔경 八景 (여덟 팔, 볕 경). 여덟[八] 가지의 아름다운 경치(景致).

팔고 八苦 (여덟 팔, 괴로울 고). 불교 인생의 여덟[八] 가지 괴로움[苦]. 생(生), 노(老), 병(病), 사(死)와 애별리고(愛別離苦), 원증회고(怨憎會苦), 구부득고(求不得苦), 오음성고(五陰盛苦)를 이른다.

팔고조-도 八高祖圖 (여덟 팔, 높을 고, 조상 조, 그림 도). ① 속뜻 여덟[八] 명의 선조[高祖]를 그린 도표(圖表). ② 사대(四代)까지의 할아버지와 할머니 및 외할아버지와 외할머니를 계통적으로 배열한 도표를 말함.

팔곡 八穀 (여덟 팔, 곡식 곡). 여덟[八] 가지 곡식(穀食). 벼, 보리, 조, 밀, 콩, 팥, 기장, 깨를 이른다.

팔관-보 八關寶 (여덟 팔, 빗장 관, 보배 보). 역사 고려 때, 팔관회(八關會)의 비용[寶]을 마련하는 일을 맡아보던 관아.

팔관-회 八關會 (여덟 팔, 빗장 관, 모일 회). ① 속뜻 팔재계(八齋戒)를 지키는[關] 불교 의식[會]. ② 역사 통일 신라·고려 시대에, 해마다 음력 10월 15일은 개경에서, 11월 15일은 서경에서 토속신에게 제사를 지내던 의식.

팔괘 八卦 (여덟 팔, 걸 괘). 민속 여덟[八] 가지 괘(卦). 건, 태, 이, 진, 손, 감, 간, 곤을 이른다.

▸팔괘-장 八卦章 (글 장). 역사 팔괘(八卦)에 맞추어 등급을 나눈 훈장(勳章). 갑오개혁 이후에 공로가 있는 사람에게 수여했다.

팔굉 八紘 (여덟 팔, 넓을 굉). ① 속뜻 팔방(八方)의 넓은[紘] 범위. ② 온 세상. ⓑ 팔극(八極), 팔황(八荒).

팔구 八區 (여덟 팔, 나눌 구). ① 속뜻 여덟[八] 방위의 구역(區域). ② 온 천하.

팔구-분 八九分 (여덟 팔, 아홉 구, 나눌 분). 열로 나눈[分] 것 중 여덟[八]이나 아홉[九] 쯤 되는 정도.

팔기 八旗 (여덟 팔, 깃발 기). ① 속뜻 여덟[八] 개의 깃발[旗]. ② 역사 중국 청(淸)의 병제. 전군을 기의 빛깔에 따라 여덟 개로 나누었다.

팔난 八難 (여덟 팔, 어려울 난). 여덟[八] 가지의 괴로움이나 어려움[難]. 배고픔, 목마름, 추위, 더위, 물, 불, 칼, 전쟁을 이른다.

팔년-병화 八年兵火 (여덟 팔, 해 년, 군사 병, 불 화). ① 속뜻 8년(八年) 동안 계속되는 전쟁[兵]으로 인한 화재(火災). ② 싸움이 오랫동안 계속되어도 승부가 나지 아니함. 중국에서, 항우와 유방의 싸움이 8년이나 걸린 데서 유래.

팔년-풍진 八年風塵 (여덟 팔, 해 년, 바람 풍, 티끌 진). ① 속뜻 8년(八年) 동안 계속되는 전쟁으로 인한 어려움[風塵]. ② 오랜 세월 동안 고생함. 중국에서, 유방이 8년을 고생한 끝에 항우를 멸한 데서 유래.

팔달 八達 (여덟 팔, 통할 달). ① 속뜻 길이 팔방(八方)으로 통함[達]. ② 모든 일에 정통함.

팔-대가 八大家 (여덟 팔, 큰 대, 사람 가). ① 문학 여덟[八] 명의 대가(大家). '당송 팔대가'(唐宋八大家)의 준말. ② 민속 사람, 물고기, 새, 꿩, 노루, 별, 말, 토끼 따위를 그린 80장의 투전. 이것으로 수투(數鬪) 놀이를 한다. ⓑ 수투전(數鬪牋).

팔-대문 八大門 (여덟 팔, 큰 대, 문 문). 역사 조선 때, 서울 도성의 동서남북에 세운 여덟[八] 개의 큰[大] 성문(城門). 흥인지문(興仁之門), 돈의문(敦義門), 숭례문(崇禮門), 숙정문(肅靖門)의 사대문과, 혜화문(惠化門), 광희문(光熙門), 소의문(昭義門), 창의문(彰義門)의 사소문을 아울러 이른다. 참 사대문(四大門), 사소문(四小門).

팔대 행성 八大行星 (여덟 팔, 큰 대, 다닐 행, 별 성). 천문 여덟[八] 개의 큰[大] 행성(行星). 수성, 금성, 지구, 화성, 목성, 토성, 천왕성, 해왕성을 이른다.

팔덕 八德 (여덟 팔, 베풀 덕). 여덟[八] 가지의 덕(德). 인, 의, 예, 지, 충, 신, 효, 제를 이른다.

팔도 八道 (여덟 팔, 길 도). ① 속뜻 여덟[八] 개의 도(道). ② 역사 조선시대의 행정 구역. 경기도, 충청도, 경상도, 전라도, 강원도, 황해도, 평안도, 함경도를 이른다. ③ '우리나라의 전국'을 달리 이르는 말. ¶팔도에서 모인 사람들.

▸팔도-도 八道圖 (그림 도). 역사 조선 초기, 이회(李薈)가 만든 우리나라의 팔도(八道)를 그린 지도(地圖).

▸팔도-강산 八道江山 (강 강, 메 산). 우리나라 전국[八道]의 자연[江山]. ¶팔도강산을 유람하다.

팔-등신 八等身 (여덟 팔, 같을 등, 몸 신).

① 속뜻 얼굴 길이가 몸[身]의 여덟[八] 등분(等分)에 해당되는 사람. ¶그녀는 팔등신의 미인이다. ② 미술 미술 해부학에서, 신장을 얼굴의 길이로 나눈 몫인 두신지수(頭身指數)가 8이 되는 몸.

팔만-대장경 八萬大藏經 (여덟 팔, 일만 만, 큰 대, 감출 장, 책 경). 불교 경판이 8만(八萬) 개인 대장경(大藏經). 고려 때, 부처의 힘으로 외적을 물리치기 위하여 1236년부터 1251년에 걸쳐 만들었으며, 현재 합천 해인사에 보관하고 있다. ⑪고려 대장경(高麗大藏經).

팔면 八面 (여덟 팔, 쪽 면). ① 속뜻 여덟[八] 면(面). ② 모든 방면이나 측면. ② 수학 여덟 개의 평면.

▸팔면-고 八面鼓 (북 고). 음악 여덟 면[八面]을 가진 북[鼓].

▸팔면-체 八面體 (몸 체). 수학 여덟[八] 개의 평면(平面)으로 둘러싸인 입체(立體).

▸팔면부지 八面不知 (아닐 부, 알 지). 어느 방면[八面]도 알지[知] 못함[不].

팔모 八母 (여덟 팔, 어머니 모). ① 속뜻 여덟[八] 명의 어머니[母]. ② 역사 친어머니 이외에 복제(服制)의 구별이 있었던 여덟 어머니.

팔방 八方 (여덟 팔, 모 방). ① 속뜻 여덟[八] 방향(方向). 동, 서, 남, 북, 동북, 동남, 서북, 서남을 말한다. ② 여러 방향. 또는 여러 방면. ¶소문이 팔방으로 퍼졌다. ③ 민속 건, 감, 간, 진, 손, 이, 곤, 태의 여덟 방향.

▸팔방-미인 八方美人 (아름다울 미, 사람 인). ① 속뜻 모든[八] 면[方]에서 아름다운[美] 사람[人]. ② 여러 방면에 능통한 사람. ¶그는 못하는 것이 없는 팔방미인이다.

팔-복전 八福田 (여덟 팔, 복 복, 밭 전). 불교 '여러 가지[八] 복(福)을 받기 위하여 공경·공양하거나 보시해야 할 대상'을 밭[田]에 비유하여 이르는 말.

팔분 八分 (여덟 팔, 나눌 분). ① 속뜻 여덟[八]으로 나눔[分]. ② 예술 전서(篆書)를 팔분(八分), 예서(隸書)를 이분(二分) 정도의 비율로 섞어 만들었다는 한자 서체.

▸팔분-의 八分儀 (천문기계 의). 해양 360도를 여덟[八]로 나눈[分] 항해 측량 기계[儀]. ⑪옥탄트(octant).

▸팔분-음표 八分音標 (소리 음, 나타낼 표). 음악 온음표의 8분(八分)의 1의 길이에 해당하는 음표(音標).

팔-불용 八不用 (여덟 팔, 아닐 불, 쓸 용). ① 속뜻 어느[八] 면에도 쓸모[用]가 없음[不]. ② 몹시 어리석은 사람. ⑪팔불출(八不出), 팔불취(八不取).

팔-불출 八不出 (여덟 팔, 아닐 불, 날 출). ① 속뜻 어느[八] 면으로도 뛰어나지[出] 못함[不]. ② 몹시 어리석은 사람. ¶자식 자랑은 팔불출이라지만 우리 아들 자랑 좀 해야겠다.

팔-불취 八不取 (여덟 팔, 아닐 불, 가질 취). 속뜻 어느[八] 면에도 취(取)할 것이 없는[不] 사람. ⑪팔불용(八不用).

팔삭 八朔 (여덟 팔, 초하루 삭). ① 속뜻 음력 팔월[八] 초하루[朔]. 농가에서 이날 처음으로 햇곡식을 벤다. ¶팔삭에 벤 햅쌀을 차례 상에 올리다. ② 여덟 달. ¶팔삭둥이.

팔순 八旬 (여덟 팔, 열흘 순). ① 속뜻 여덟[八] 번 거듭된 열[旬], 즉 팔십. ② 여든 살. ¶팔순이 넘은 할머니.

팔월 八月 (여덟 팔, 달 월). 일 년 중의 여덟[八] 번째 달[月]. ⑪계월(桂月), 중추(中秋).

▸팔월-선 八月仙 (신선 선). ① 속뜻 팔월(八月)의 신선(神仙). ② '농사일을 끝낸 농부'를 신선에 비유하여 이르는 말.

팔음 八音 (여덟 팔, 소리 음). ① 불교 부처가 지닌 여덟[八] 가지 특색 있는 음성(音聲). ② 음악 아악에 쓰이는 여덟 가지 악기. 금, 석, 사, 죽, 포, 토, 혁, 목을 이른다.

팔일-무 八佾舞 (여덟 팔, 춤출 일, 춤출 무). 예술 일무(佾舞)의 하나. 64명이 여덟[八] 줄로 정렬하여 아악에 맞추어 추는 문무(文舞)나 무무(武舞)로, 규모가 대단히 크다.

팔일오 광복 八一五光復 (여덟 팔, 한 일, 다섯 오, 빛 광, 되돌릴 복). 역사 1945년 8(八)월 15(一五)일에 우리나라가 일제로부터 주권[光]을 되찾은[復] 일.

팔자[1] 八字 (여덟 팔, 글자 자). ① 속뜻 사주(四柱)에 쓰인 여덟[八] 개의 글자[字]. ② 사람의 평생 운수. 태어난 연월일시를 간지(干支)로 나타내면 여덟 글자가 되는데, 이 속에 일생의 운명이 정해져 있다고 본다.

¶팔자가 기구하다. 속담 오뉴월 댑싸리 밑의 개 팔자. 관용 팔자가 늘어지다 / 팔자를 고치다.

팔자[2] 八字 (여덟 팔, 글자 자). 한자의 '팔'(八)이라는 글자[字] 모양. ¶팔자걸음 / 팔자로 기른 콧수염.

팔재 八災 (여덟 팔, 재앙 재). 불교 참선(參禪) 수행에 방해가 되는 여덟[八] 가지 재앙(災殃).

팔절[1] 八折 (여덟 팔, 꺾을 절). ① 속뜻 여덟[八] 번 접음[折]. ② 전지(全紙)를 세 번 접어서 여덟 장으로 나눔. ¶팔절 종이.

팔절[2] 八節 (여덟 팔, 철 절). 여덟[八] 절기(節氣). 입춘(立春), 춘분(春分), 입하(立夏), 하지(夏至), 입추(立秋), 추분(秋分), 입동(立冬), 동지(冬至)를 이른다.

팔-정도 八正道 (여덟 팔, 바를 정, 길 도). 불교 수행을 하기 위한 여덟[八] 가지 바른[正] 길[道]. ⓑ팔성도(八聖道).

팔-종성 八終聲 (여덟 팔, 끝마칠 종, 소리 성). 언어 종성(終聲)으로 쓰인 여덟[八] 자의 자음을 이르는 말. 'ㄱ', 'ㄴ', 'ㄷ', 'ㄹ', 'ㅁ', 'ㅂ', 'ㅅ', 'ㆁ'이다.

▸팔종성-가족용법 八終聲可足用法 (가히 가, 넉넉할 족, 쓸 용, 법 법). 언어 훈민정음에서, 종성(終聲)으로는 여덟[八] 개만 있으면 쓰기[用]에 가(可)히 족(足)하다는 원리[法].

팔-주비전 八注比廛 (여덟 팔, 물댈 주, 가지런할 비, 가게 전). 역사 조선시대 백각전(百各廛) 중 여덟[八] 개의 주비전(注比廛).

팔-준마 八駿馬 (여덟 팔, 뛰어날 준, 말 마). 역사 중국 주나라 목왕이 사랑하던 여덟[八] 마리의 잘 달리는[駿] 좋은 말[馬].

팔중-주 八重奏 (여덟 팔, 겹칠 중, 연주할 주). 음악 여덟[八] 가지의 악기로 연주하는 중주(重奏).

팔진-도 八陣圖 (여덟 팔, 진칠 진, 그림 도). 역사 중군(中軍)을 중심으로 여덟[八] 방향에 진(陣)을 치는 그림[圖].

팔척-장신 八尺長身 (여덟 팔, 자 척, 길 장, 몸 신). ① 속뜻 8척(八尺) 길이[長]의 몸[身]. ② '장대한 사람의 몸'을 과장하여 이르는 말.

팔천 八賤 (여덟 팔, 천할 천). 역사 여덟[八] 종류의 천민(賤民). 사노비, 중, 백정, 무당, 광대, 상여꾼, 기생, 공장(工匠)을 이른다.

팔체-서 八體書 (여덟 팔, 모양 체, 쓸 서). 중국 진(秦)나라 때 쓰인 여덟[八] 가지 형태[體]의 서체(書體). 대전(大篆), 소전(小篆), 각부(刻符), 충서(蟲書), 모인(摹印), 서서(署書), 수서(殳書), 예서(隸書)이다. ⓒ팔체, 팔서.

팔촌 八寸 (여덟 팔, 관계 촌). 촌수(寸數)가 여덟[八]인 관계.

팔풍 八風 (여덟 팔, 바람 풍). 팔방(八方)에서 불어오는 바람[風]. 동북의 염풍(炎風), 동쪽의 조풍(條風), 동남의 혜풍(惠風), 남쪽의 거풍(巨風), 서남의 양풍(涼風), 서쪽의 요풍(飂風), 서북의 여풍(麗風), 북쪽 한풍(寒風)이다.

패ː가 敗家 (무너질 패, 집 가). 집안[家]을 무너뜨림[敗]. 가산을 탕진하여 없앰.

▸패ː가-망신 敗家亡身 (망할 망, 몸 신). 집안[家]을 몰락시키고[敗] 몸[身]을 망(亡)침. ¶노름으로 패가망신한 그는 더 이상 갈 곳이 없었다.

패ː각 貝殼 (조개 패, 껍질 각). 조개[貝]의 껍질[殼].

▸패ː각-충 貝殼蟲 (벌레 충). 동물 몸이 딱딱한 껍질[貝殼]로 둘러싸인 벌레[蟲].

패ː갑 貝甲 (조개 패, 껍질 갑). 조개[貝]의 껍데기[甲].

패ː검 佩劍 (찰 패, 칼 검). 칼[劍]을 참[佩]. ⓑ대검(帶劍), 착검(着劍), 패도(佩刀).

패ː관 稗官 (자잘할 패, 벼슬 관). ① 속뜻 자잘한[稗] 벼슬[官]. ② 역사 중국 한나라 이후, 민간에 떠도는 이야기를 모아 기록하는 일을 맡아 하던 임시 벼슬. ③ 문학 패관 소설(稗官小說).

▸패ː관 기서 稗官奇書 (기이할 기, 책 서). 문학 민간에서 패관(稗官)이 수집한 기이(奇異)한 이야기를 담고 있는 책[書].

▸패ː관 문학 稗官文學 (글월 문, 배울 학). 문학 패관(稗官)이 모아온 이야기를 다듬어 발전시킨 문학(文學).

▸패ː관 소ː설 稗官小說 (작을 소, 말씀 설). 문학 패관(稗官) 문학에 속하는 소설(小說). 거리에 떠도는 이야기를 소재로 한 소설. ⓒ패설.

▸패:관-잡기 稗官雜記 (섞일 잡, 기록할 기). 문학 조선 명종(明宗) 때 어숙권(魚叔權)이 거리에 떠도는[稗官] 잡다(雜多)한 이야기를 기록(記錄)한 책.

패:국 敗局 (무너질 패, 판 국). 무너진[敗] 정국(政局)이나 국면.

패:군 敗軍 (패할 패, 군사 군). 싸움에 진[敗] 군대(軍隊).

▸패:군지장 敗軍之將 (어조사 지, 장수 장). 싸움에 진[敗] 군대[軍]의 장수(將帥). ㊎ 패장.

패:권 霸權 (=覇權, 으뜸 패, 권세 권). ① 속뜻 어떤 무리의 으뜸[霸]이 되어 누리는 권세(權勢). ②어떤 분야에서 1등을 차지함. ¶전국 대회 패권을 노리다. ③국제 정치에서, 어떤 국가가 경제력이나 무력으로 다른 나라를 압박하여 자기의 세력을 넓히려는 권력.

▸패:권-주의 霸權主義 (주될 주, 뜻 의). 우두머리[霸]의 힘[權]으로 세계를 지배하려는 태도[主義].

패:기 霸氣 (으뜸 패, 기운 기). ① 속뜻 어떤 무리의 으뜸[霸]이 되려는 기백(氣魄). ②적극적으로 일을 해내려는 기운. ¶그는 젊은 패기를 앞세워 사업을 시작했다.

▸패:기만만 霸氣滿滿 (가득할 만, 가득할 만). 패기(霸氣)가 가득함[滿滿].

패:담 悖談 (어그러질 패, 말씀 담). 사리에 어그러진[悖] 말[談]. ㊥패설(悖說).

패:덕[1] 悖德 (어그러질 패, 베풀 덕). ① 속뜻 도덕(道德)에 어긋남[悖]. ②정도에서 벗어난 행위.

패:덕[2] 敗德 (무너질 패, 베풀 덕). 도덕(道德)을 해침[敗].

패:도[1] 悖道 (어그러질 패, 길 도). 도덕(道德)에 어긋남[悖].

패:도[2] 霸道 (으뜸 패, 방법 도). ① 속뜻 으뜸[霸]이 되는 방법[道]. ②유가에서 이르는 인의를 무시하고 무력이나 권모술수로써 다스리는 일. ㊥왕도(王道).

패:류 貝類 (조개 패, 무리 류). 동물 조개[貝] 종류(種類)에 속하는 동물.

패:륜 悖倫 (어그러질 패, 인륜 륜). 인륜(人倫)에 어긋나는[悖] 큰 잘못. ¶패륜 행위.

▸패:륜-아 悖倫兒 (아이 아). 인륜(人倫)에 어긋나는[悖] 잘못을 저지른 사람[兒]. ¶부모를 상습적으로 폭행해 온 패륜아가 구속되었다.

패:리 悖理 (어그러질 패, 이치 리). 이치(理致)에 어긋남[悖].

패:망 敗亡 (패할 패, 망할 망). ① 속뜻 전쟁에 져서[敗] 망(亡)함. ¶독일은 2차 세계대전에서 패망했다. ②싸움에 져서 죽음. ㊥ 패상(敗喪).

패:멸 敗滅 (패할 패, 없어질 멸). 전쟁에 져서[敗] 멸망(滅亡)함.

패:물[1] 貝物 (돈 패, 만물 물). ① 속뜻 돈[貝]이 되는 물건(物件). ②산호나 호박(琥珀), 수정 따위로 만든 값진 물건.

패:물[2] 佩物 (찰 패, 만물 물). ① 속뜻 몸에 차는[佩] 물건(物件). 주로 귀금속으로 만들며, 가락지, 팔찌, 귀고리, 목걸이 따위가 있다. ¶패물을 모두 팔아서 살림에 보탰다. ②여자들이 몸치장으로 한복 저고리의 고름이나 치마허리 따위에 다는 물건. ㊥주패(珠佩), 노리개.

패:배 敗北 (패할 패, 달아날 배). ① 속뜻 전쟁에 져서[敗] 달아남[北]. ②싸움에서 짐. ¶축구에서 한 점 차로 패배했다. ㊥패주(敗走). ㊥승리(勝利).

▸패:배-자 敗北者 (사람 자). 싸움에 지고[敗] 달아나는[北] 사람[者]. ¶인생의 패배자가 되지 말자.

▸패:배-주의 敗北主義 (주될 주, 뜻 의). 늘 질[敗北] 것처럼 자신감 없는 태도[主義]. 스스로 승리나 성공을 포기하는 태도.

패:병 敗兵 (패할 패, 군사 병). 전쟁에 진[敗] 병사(兵士).

패:보 敗報 (패할 패, 알릴 보). 싸움에서 졌다는[敗] 소식[報]. ㊥승보(勝報).

패:사[1] 敗死 (패할 패, 죽을 사). 싸움에 져서[敗] 죽음[死].

패:사[2] 稗史 (자잘할 패, 역사 사). 문학 패관(稗官)이 소설처럼 꾸며 쓴 역사(歷史) 이야기.

패:산 敗散 (패할 패, 흩을 산). 전쟁에서 지고[敗] 뿔뿔이 흩어짐[散].

패:색 敗色 (패할 패, 빛 색). 싸움에 질[敗] 기미[色]. ¶패색이 짙다.

패:석 貝石 (조개 패, 돌 석). ① 속뜻 조가비

[貝]가 많이 붙어 있는 돌[石]. ②지질 시대에 살았던 조개의 유해(遺骸). 흔히 퇴적암 같은 바위 속에 남아 있다.

패:설[1] **悖說** (어그러질 패, 말씀 설). 사리에 어그러진[悖] 말[說]. [비]패담(悖談).

패:설[2] **稗說** (자잘할 패, 말씀 설). ① [속뜻] 민간에 떠도는 짤막한[稗] 이야기[說]. ② [문학] 패관(稗官) 문학에 속하는 소설(小說). '패관 소설'(稗官小說)의 준말.

패:세 敗勢 (패할 패, 형세 세). 싸움에 질[敗] 것 같은 형세(形勢). [반]승세(勝勢).

패:소 敗訴 (패할 패, 하소연할 소). [법률] 소송(訴訟)에 짐[敗]. ¶판사는 원고 패소 판결을 내렸다. [반]승소(勝訴).

패:속 敗俗 (무너질 패, 풍속 속). 쇠퇴해[敗] 버린 풍속(風俗).

패:쇠 敗衰 (무너질 패, 쇠할 쇠). 무너져[敗] 약해짐[衰].

패:수 敗數 (패할 패, 운수 수). 싸움에 질[敗] 운수(運數). [비]패운(敗運).

패:습 悖習 (어그러질 패, 버릇 습). 어그러진[悖] 풍습(風習).

패:악 悖惡 (어그러질 패, 악할 악). 도리에 어긋나고[悖] 악독(惡毒)함.

패:업[1] **敗業** (무너질 패, 일 업). 사업(事業)에 실패(失敗)함.

패:업 霸業 (으뜸 패, 일 업). ① [속뜻] 제후의 으뜸[霸]이 되는 사업(事業). ②인의를 가볍게 여기고 무력이나 권모술수로써 천하를 다스리는 사업.

패:역 悖逆 (어그러질 패, 거스를 역). 도덕을 어그러뜨리고[悖] 인륜을 거스름[逆].

▸패:역-무도 悖逆無道 (없을 무, 길 도). 패역(悖逆)하여 도덕심(道德心)이 없음[無].

패:옥[1] **佩玉** (찰 패, 옥돌 옥). [역사] 왕조 때, 벼슬아치가 허리에 차던[佩] 옥(玉).

패:옥[2] **敗屋** (무너질 패, 집 옥). 허물어진[敗] 집[屋].

패:왕 霸王 (으뜸 패, 임금 왕). ① [속뜻] 패자(霸者)를 차지한 임금[王]. ②패도와 왕도. ③ [역사] 중국 춘추 전국 시대에, 제후를 거느리고 천하를 다스리던 사람. [비]패자(霸者).

패:용 佩用 (찰 패, 쓸 용). ① [속뜻] 몸에 차거나[佩] 달고 다니면서 씀[用]. ②훈장이나 명패 따위를 몸에 닮.

패:운 敗運 (무너질 패, 운수 운). 기울어져[敗] 가는 운수(運數).

패:인 敗因 (패할 패, 까닭 인). 싸움에 진[敗] 원인(原因). ¶패인은 연습 부족이었다.

패:자[1] **霸者** (으뜸 패, 사람 자). ① [속뜻] 제후들 가운데 으뜸[霸]을 차지한 사람[者]. ¶춘추 전국 시대의 패자. ②운동 경기나 어느 분야에서 으뜸이 되는 사람. ¶해상의 패자 장보고 / 패자 결정전.

패:자[2] **敗者** (패할 패, 사람 자). 싸움에 진[敗] 사람[者]. ¶어느 경기에서나 승자와 패자는 있게 마련이다. [반]승자(勝者).

▸패:자-전 敗者戰 (싸울 전). 운동 경기 따위에서 패자(敗者)끼리 겨루는 시합[戰].

패:잔 敗殘 (패할 패, 남을 잔). 전쟁에서 지고[敗] 남은[殘] 세력.

▸패:잔-병 敗殘兵 (군사 병). 전쟁에 지고[敗] 남은[殘] 병력(兵力). ¶패잔병들은 항복했다. [준]잔병.

패:장 敗將 (패할 패, 장수 장). 전쟁에 진[敗] 장수(將帥). [비]패군지장(敗軍之將).

패:전 敗戰 (패할 패, 싸울 전). 전쟁(戰爭)에 짐[敗]. ¶적들이 패전하여 물러갔다. [비]전패(戰敗). [반]승전(勝戰).

패:주 敗走 (패할 패, 달릴 주). 전쟁에 져서[敗] 달아남[走]. [비]패배(敗北).

패:착 敗着 (패할 패, 붙을 착). ① [속뜻] 패(敗)할 수를 놓음[着]. 또는 그렇게 놓은 수. ② [운동] 바둑에서 지게 된 아주 나쁜 수.

패찰 牌札 (나무쪽 패, 패 찰). 작은 딱지[牌=札]. 소속 부서나 성명 등을 쓴 딱지.

패:철 佩鐵 (찰 패, 쇠 철). ① [민속] 지관이 몸에 지남철(指南鐵)을 지님[佩]. 또는 그 지남철. ¶풍수지리가는 패철을 가지고 방위를 찾는다. ② [건설] 문장부 옆에 박아서 대접쇠와 맞비비게 되어 있는 쇳조각. ¶문에 패철을 박다. [비]찰쇠.

패:총 貝塚 (조개 패, 무덤 총). [고적] 조개[貝] 껍질이 무덤[塚]처럼 쌓인 것. ¶제주도에서도 패총이 발견되었다.

패:퇴[1] **敗退** (패할 패, 물러날 퇴). 전쟁에 지고[敗] 물러남[退]. [비]퇴패(退敗).

패:퇴[2] **敗頹** (무너질 패, 무너질 퇴). 세력이

나 풍속 따위가 무너짐[敗=頹].

패:화 貝貨 (조개 패, 돈 화). 조개[貝]껍질로 만든 화폐(貨幣).

팽대 膨大 (부풀 팽, 큰 대). 부풀어[膨] 커짐[大].

팽만 膨滿 (부풀 팽, 넘칠 만). ① 속뜻 부풀어[膨] 넘침[滿]. ② 음식을 많이 먹어 배가 매우 부름.

팽배 澎湃 (물결칠 팽, 물결일 배). ① 속뜻 큰 물결이 맞부딪쳐[澎] 솟구침[湃]. ② 기세나 사조(思潮) 따위가 매우 거세게 일어남. ¶우리 사회에는 이기주의가 팽배해 있다.

팽압 膨壓 (부풀 팽, 누를 압). ① 속뜻 부풀어[膨]지려는 압력(壓力). ② 식물 식물 세포를 그 세포액보다 삼투압이 낮은 용액에 넣었을 때, 세포가 물을 흡수하여 팽창하고 세포벽을 넓히려 하는 힘.

팽윤 膨潤 (부풀 팽, 젖을 윤). ① 속뜻 젖어[潤] 부풂[膨]. ② 화학 용매 속에 담근 고분자 화합물이 용매를 흡수하여 차차 부피가 늘어나는 현상.

팽창 膨脹 (부풀 팽, 배부를 창). ① 속뜻 부풀어서[膨] 배처럼 불룩해짐[脹]. 부피가 커짐. ¶쇠구슬의 부피가 팽창하다. ② 규모나 범위, 세력이 커지거나 수량이 늘어남. ¶신도시가 늘어나면서 수도권이 점점 팽창하고 있다. ㉥수축(收縮).

▸ **팽창-률** 膨脹率 (비율 률). 화학 팽창계수(膨脹係數).

▸ **팽창 계:수** 膨脹係數 (맬 계, 셀 수). 화학 물체가 온도 1℃올라갈 때마다 증가하는[膨脹] 부피와, 원래 부피와의 비[係數]. 팽창률.

팽팽 膨膨 (부풀 팽, 부풀 팽). ① 속뜻 매우 부풀다[膨+膨]. ② 피부 따위가 한껏 부풀어서 탱탱하다. ¶팽팽하게 부푼 풍선 / 팽팽하던 그녀의 피부에도 주름이 잡히기 시작했다.

팽화 膨化 (부풀 팽, 될 화). ① 속뜻 부풀어[膨] 짐[化]. ② 화학 용매 속에 담근 고분자 화합물이 용매를 흡수하여 차차 부피가 늘어나는 현상. ㉥팽윤(膨潤).

편각 偏角 (치우칠 편, 모서리 각). ① 수학 일정한 기준에 대하여 기운[偏] 각(角). 경각(傾角). ② 지리 자침이 가리키는 방향과 지리학적 자오선 사이의 각. 편차(偏差). ③ 물리 프리즘 따위에서, 광선이 굴절할 때의 입사 광선과 투과 광선이 이루는 각.

편간 編刊 (엮을 편, 책 펴낼 간). 책을 편찬(編纂)하여 발간(發刊)함.

편견 偏見 (치우칠 편, 볼 견). 한쪽으로 치우친[偏] 견해(見解). ¶편견을 버려야 제대로 보인다.

편경 編磬 (엮을 편, 경쇠 경). 음악 틀에 엮어놓은[編] 경쇠[磬]. 또는 그러한 악기. 두 층에 각각 여덟 개씩의 경쇠가 매달려 있다. ¶경석으로 편경을 만들었다.

편곡 編曲 (엮을 편, 노래 곡). ① 속뜻 노래[曲]를 새로이 엮음[編]. ② 음악 어떤 악곡을 다른 악기로, 또는 달리 연주할 수 있도록 써 고침. ¶이 바이올린 곡은 피아노로도 편곡되어 있다.

편광 偏光 (치우칠 편, 빛 광). 물리 어떤 특정한 방향으로만 치우치는[偏] 빛[光]의 파동. ¶편광 현미경.

▸ **편광-계** 偏光計 (셀 계). 물리 물질이 편광(偏光)되는 정도를 재는[計] 기계.

▸ **편광-자** 偏光子 (접미사 자). 물리 자연광을 편광(偏光)으로 바꾸는 장치[子]. ㉥편광기(偏光機).

▸ **편광 현:미경** 偏光顯微鏡 (드러낼 현, 작을 미, 거울 경). 물리 편광(偏光)을 이용한 특수 현미경(顯微鏡). 주로 광물의 구조를 연구하는 데 쓰인다.

편년 編年 (엮을 편, 해 년). 연대순(年代順)으로 역사를 엮는[編] 일.

▸ **편년-사** 編年史 (역사 사). 역사 편년체(編年體)로 기록된 역사(歷史).

▸ **편년-체** 編年體 (모양 체). 역사적 사건을 연대순(年代順)으로 엮어[編] 역사를 기술하는 방식[體]. ¶『한기』(漢紀)는 편년체의 역사서이다. ㉾기전체(紀傳體), 기사본말체(紀事本末體)

편달 鞭撻 (채찍 편, 매질할 달). ① 속뜻 채찍[鞭]으로 때림[撻]. ② 일깨워 주고 격려하여 줌. ¶애정 어린 지도와 편달을 부탁드립니다.

편당 偏黨 (치우칠 편, 무리 당). 한쪽으로 치우친[偏] 당파(黨派).

편대 編隊 (엮을 편, 무리 대). 군사 ① 대열(隊

列)을 갖춤[編]. ②비행기 따위가 대형(隊形)을 갖추는 일. 또는 그 대형. ¶편대를 지어 비행하다.

▸편대 비행 編隊飛行 (날 비, 다닐 행). 군사 비행기가 대형을 지어[編隊] 비행(飛行)하는 일.

편도[1] 片道 (한쪽 편, 길 도). 오고 가는 길 가운데 어느 한쪽[片] 길[道]. ¶편도 요금은 3천 원입니다.

편도[2] 便道 (편할 편, 길 도). 다니기에 편리(便利)한 길[道]. 편로(便路).

편도[3] 扁桃 (넓적할 편, 복숭아 도). ① 속뜻 납작한[扁] 복숭아[桃] 모양의 과일. ② 의학 사람의 입속 양쪽 구석에 퍼져 있는 림프 소절의 집합체. 혀 편도, 입천장 편도, 목구멍 편도, 이관 편도로 나뉜다. ③ 식물 장미과의 낙엽 교목. 복숭아 비슷한 모양의 열매가 열리며, 그 안에 든 씨를 먹는다. ㊥아몬드.

▸편도-유 扁桃油 (기름 유). 의학 편도(扁桃)의 씨에서 짜낸 기름[油]. 약제나 향유, 비누 따위를 만드는 데 쓰인다.

▸편도-선 扁桃腺 (샘 선). 의학 사람의 목구멍 안 양쪽에 편도(扁桃) 모양으로 솟은 분비기관[腺]. ¶나는 감기 들 때마다 편도선이 붓는다.

▸편도선-염 扁桃腺炎 (샘 선, 염증 염). 의학 편도선(扁桃腺)에 생기는 염증(炎症). ¶편도선염으로 음식을 삼키기가 어렵다.

편동-풍 偏東風 (치우칠 편, 동녘 동, 바람 풍). ① 속뜻 오로지[偏] 동(東)쪽에서 불어오는 바람[風]. ② 지리 극동풍(極東風).

편두-통 偏頭痛 (치우칠 편, 머리 두, 아플 통). 의학 한쪽[偏] 머리[頭]만 아픔[痛]. 또는 그런 증세. ¶스트레스는 편두통을 일으킬 수 있다.

편람 便覽 (편할 편, 볼 람). 보기[覽]에 편리(便利)함. 또는 그렇게 만든 책.

편력 遍歷 (두루 편, 지낼 력). ① 속뜻 여기저기를 두루[遍] 돌아다님[歷]. 편답(遍踏). ②'여러 가지 경험을 함'을 비유하여 이르는 말.

편로 便路 (편할 편, 길 로). 다니기에 편리(便利)한 길[路]. 편도(便道).

편론 偏論 (치우칠 편, 논할 론). 한쪽으로 치우쳐서[偏] 말함[論]. 남이나 다른 당파를 비난함.

편류 偏流 (치우칠 편, 흐를 류). ① 속뜻 기류가 한쪽으로 치우쳐[偏] 흐름[流]. ② 항공 항공기 따위가 기류 때문에 항로를 벗어나는 것.

***편리**[1] 便利 (편할 편, 이로울 리). 편(便)하고 이로움[利]. ¶공중의 편리를 도모하다 / 교통이 편리한 곳으로 이사 가고 싶다. ㊥불편(不便).

편리[2] 片理 (조각 편, 결 리). 지리 얇은 조각[片]이 결[理]을 이루고 있는 것처럼 광물이 평행으로 배열하여 줄무늬를 띠는 암석의 구조.

편린 片鱗 (조각 편, 비늘 린). ① 속뜻 한 조각[片]의 비늘[鱗]. ②사물의 극히 작은 일부분.

편마-암 片麻巖 (조각 편, 삼 마, 바위 암). 지리 화강암과 달리, 운모가 조각[片] 모양으로 섞여 있고 삼베[麻]같은 줄무늬가 있는 암석(巖石). 석영·운모·각섬석 따위로 이루어진 변성암으로, 수성암과 화성암 두 종류가 있다.

편만 遍滿 (두루 편, 가득할 만). 두루[遍] 가득 참[滿].

편면 片面 (한쪽 편, 쪽 면). 사물의 한쪽[片] 면(面).

편모[1] 片貌 (한쪽 편, 모양 모). 어느 한쪽[片] 모습[貌].

편모[2] 偏母 (치우칠 편, 어머니 모). 아버지가 죽고 혼자 있는[偏] 어머니[母]. ¶그는 편모슬하에서 자랐다.

▸편모-시하 偏母侍下 (모실 시, 아래 하). 편모(偏母)를 모시고[侍] 있는 처지[下]. ㊥자시하(慈侍下).

편모[3] 鞭毛 (채찍 편, 털 모). 생물 원생동물이나 동식물의 등에 나 있는 긴 채찍[鞭] 모양의 털[毛]. 이것으로 영양을 섭취하고 운동을 한다.

▸편모-충 鞭毛蟲 (벌레 충). 편모(鞭毛)가 나 있는 벌레[蟲] 종류. 주로 해수(海水)나 담수에서 편모 운동을 하며 산다. 편모충류(鞭毛蟲類).

▸편모 운:동 鞭毛運動 (돌 운, 움직일 동). 생물 편모(鞭毛)를 이용한 운동(運動). 이

동, 섭취, 소화, 배설 따위를 한다.

▸편모충-류 鞭毛蟲類 (벌레 충, 무리 류). 편모(鞭毛)가 나 있는 벌레[蟲] 종류(種類). 수중 생활을 하는 것과 다른 동물의 소화기 같은 데 기생하는 것 등이 있다.

편무 片務 (=偏務, 한쪽 편, 일 무). 어느 한쪽[片]에서만 지는 의무(義務).

▸편무 계:약 片務契約 (맺을 계, 묶을 약). 법률 한쪽에만 의무[片務]를 지우는 계약(契約). ㉥쌍무 계약(雙務契約).

편-무역 片貿易 (한쪽 편, 바꿀 무, 바꿀 역). 경제 수출 또는 수입 어느 한쪽[片]에 치우친 무역(貿易).

편물 編物 (엮을 편, 만물 물). 실 따위로 짠[編] 물건(物件).

편법 便法 (편할 편, 법 법). 편리(便利)한 방법(方法). ¶편법으로 재산을 물려주다.

편벽 偏僻 (치우칠 편, 후미질 벽). ① 속뜻 한쪽으로 치우쳐[偏] 후미진[僻] 곳에 있음. 한쪽으로 치우쳐 공평하지 못함. ② 중심에서 떨어져 구석짐.

편복 便服 (편할 편, 옷 복). 편(便)하게 입는 옷[服]. 편의(便衣).

편서 便書 (편할 편, 글 서). 소식[便]을 알리는 글[書]. ㉥편지(便紙).

편서-풍 偏西風 (치우칠 편, 서녘 서, 바람 풍). 지리 서(西)쪽으로 치우쳐[偏] 부는 바람[風]. ㉤편동풍(偏東風).

편성[1] 偏性 (치우칠 편, 성질 성). 한쪽으로 치우친[偏] 성질(性質).

편성[2] 編成 (엮을 편, 이룰 성). 흩어져 있는 것을 엮어[編] 하나로 만듦[成]. ¶학급 편성 / 텔레비전 프로그램을 편성하다.

편수 編修 (엮을 편, 고칠 수). 편집(編輯)하고 수정(修整)함.

▸편수-관 編修官 (벼슬 관). ① 속뜻 교재 편수(編修)를 하는 공무원[官]. ② 역사 역사를 기록하던 춘추관의 정삼품에서 종사품까지의 벼슬.

편술 編述 (엮을 편, 지을 술). 책 따위를 엮어서[編] 지어냄[述].

편승 便乘 (편할 편, 탈 승). ① 속뜻 편의(便宜)를 얻어 차 따위를 탐[乘]. ② 자기에게 유리한 기회를 포착하여 잘 이용함.

편식 偏食 (치우칠 편, 먹을 식). 좋아하는 것만 골라 치우치게[偏] 먹음[食]. ¶음식을 편식하지 말아야 한다.

편신 偏信 (치우칠 편, 믿을 신). 편벽(偏僻)되게 믿음[信].

편심[1] 片心 (조각 편, 마음 심). 한 조각[片]의 마음[心]. 좁은 마음.

편심[2] 偏心 (치우칠 편, 마음 심). ① 속뜻 한쪽으로 치우친[偏] 마음[心]. ② 물리 어떤 물체의 중심이 한쪽으로 치우쳐 있어 중심이 서로 맞지 않은 상태. ¶편심 톱니바퀴.

***편안** 便安 (편할 편, 즐거울 안). 몸이 편(便)하고 마음이 즐겁다[安]. ¶의자에 편안히 기대다 / 편안한 여행을 하시길 바랍니다.

편:암 片巖 (조각 편, 바위 암). ① 속뜻 조각[片]으로 나뉘는 성질을 가진 암석(巖石). ② 광업 석영, 운모 따위가 얇은 층을 이루고 있는 엽편상의 변성암의 한 가지.

편애[1] 偏愛 (치우칠 편, 사랑 애). 어느 한쪽으로 치우치게[偏] 사랑함[愛]. ¶할아버지는 손녀에 대한 편애가 심했다.

편애[2] 偏隘 (치우칠 편, 좁을 애). 성질이 편벽(偏僻)하고 도량이 좁음[隘].

편액 扁額 (넓적할 편, 이마 액). ① 속뜻 넓적한[扁] 현판[額]. ② 종이, 비단, 널빤지 따위에 그림을 그리거나 글씨를 써서 방안이나 문 위에 걸어 놓는 액자. ㉥편제(扁題).

편언 片言 (조각 편, 말씀 언). ① 속뜻 한마디[片]의 간단한 말[言]. 또는 간단한 말. ② 한쪽 사람이 하는 말.

편영 片影 (조각 편, 그림자 영). 조그마한[片] 그림자[影].

편운 片雲 (조각 편, 구름 운). 한 조각[片]의 구름[雲].

편월 片月 (조각 편, 달 월). 한 조각[片]의 달[月].

편육 片肉 (조각 편, 고기 육). 얇게 저민[片] 삶은 고기[肉].

편의 便宜 (편할 편, 마땅 의). 형편이나 조건 따위가 편하고[便] 좋음[宜]. ¶나는 손님들의 편의를 최대한 봐 주었다.

▸편의-점 便宜店 (가게 점). 고객의 편의(便宜)를 위하여 24시간 문을 여는 가게[店]. 주로 일용 잡화, 식료품 따위를 취급한다. ¶편의점에 들러 간식거리를 샀다.

▸편의-주의 便宜主義 (주될 주, 뜻 의). 편의

(便宜)만을 생각하는 태도[主義]. 문제가 발생했을 때의 상황만을 넘기려고 하는 주의.

▸편의 재량 便宜裁量 (분별할 재, 헤아릴 량). 법률 규정되지 않은 법규를 편의(便宜)에 따라 판단하고 행하는 행정 관청의 재량(裁量).

편이 便易 (편할 편, 쉬울 이). 편리(便利)하고 쉬움[易]. ¶편이한 방법.

편익 便益 (편할 편, 더할 익). 편리(便利)하고 유익(有益)함. ¶에너지의 사용으로 우리는 많은 편익을 얻었다.

편입 編入 (엮을 편, 들 입). ① 속뜻 새로 엮어[編] 들어감[入]. ② 다니던 학교를 그만두고 다른 학교에 들어가는 것. ¶그는 약학대학에 편입했다. ③ 이미 짜인 조직이나 단체에 끼어들어 가는 것. ¶예비군에 편입되다.

편자 編者 (엮을 편, 사람 자). 책을 엮는[編] 사람[者].

편재1 偏在 (치우칠 편, 있을 재). 어떤 곳에 치우쳐[偏] 있음[在]. ⊕편재(遍在).

편재2 遍在 (두루 편, 있을 재). 널리 존재함. 두루[遍] 퍼져 있음[在]. ⊕편재(偏在).

편재3 騙財 (속일 편, 재물 재). 남의 재물(財物)을 속여서[騙] 빼앗음.

편저 編著 (엮을 편, 지을 저). 책 따위를 엮어[編] 지음[著].

편-적운 片積雲 (조각 편, 쌓을 적, 구름 운). 지리 조각난[片] 모양으로 쌓여있는[積] 구름[雲].

편전 便殿 (편할 편, 대궐 전). ① 속뜻 편안(便安)한 큰 집[殿]. ② 임금이 평소에 거처하던 궁전.

편제1 扁題 (넓적할 편, 이마 제). 비단, 종이, 널빤지처럼 넓은[扁] 것 위[題]에 그림을 그리거나, 글씨를 써서 방안이나 문 위에 거는 액자. 편액(扁額).

편제2 編制 (엮을 편, 정할 제). 짜여진[編] 제도(制度)나 기구.

▸편제-표 編制表 (겉 표). 군사 군부대나 어떤 기구 따위의 편제(編制)를 나타내는 도표(圖表).

편조 扁爪 (넓적할 편, 발톱 조). 동물 넓적한[扁] 손톱[爪]. 포유동물의 손톱 형태이다.

편종 編鐘 (엮을 편, 쇠북 종). 음악 틀에 엮어 놓은[編] 종(鐘). 또는 그러한 악기. 두 층에 각각 8개의 구리종을 매단 악기.

편주 扁舟 (=片舟, 넓적한 편, 배 주). 몸통이 얇고 낮은[扁] 배[舟]. 작은 배. 조각배.

편죽 片竹 (조각 편, 대나무 죽). 조각[片]으로 된 대나무[竹]. ⓑ조각대.

편중 偏重 (치우칠 편, 무거울 중). 어느 한쪽으로 치우치게[偏] 소중(所重)히 함. ¶문화 시설이 대도시에 편중된 것 같다.

***편:지** 便紙 (편할 편, 종이 지). 편(便)하게 잘 있는지 따위의 안부나 소식을 적어 보내는 종이[紙]. ¶편지글 / 편지꽂이 / 편지 한 통을 부치다. ⓑ서간(書簡), 서신(書信), 서한(書翰).

▸편:지-지 便紙紙 (종이 지). 편지(便紙)를 쓰는 종이[紙]. ¶봉투에 넣을 편지지가 많이 있다. ⓑ서한지(書翰紙).

▸편지-투 便紙套 (버릇 투). ① 속뜻 편지(便紙)에서 쓰는 글투[套]. ② 편지틀.

편직-물 編織物 (엮을 편, 짤 직, 만물 물). 수공 실로 뜨개질[編織]한 물건(物件). 그러한 모양의 천.

편집1 偏執 (치우칠 편, 잡을 집). 편견(偏見)을 고집(固執)하고, 남의 말을 듣지 않음.

▸편집-광 偏執狂 (미칠 광). 의학 편집(偏執)하는 정도가 미칠[狂] 정도의 사람.

▸편집-병 偏執病 (병 병). 의학 편집(偏執)에 사로잡힌 정신병(精神病). ⓑ편집증(偏執症).

▸편집-증 偏執症 (증세 증). 의학 편집(偏執)에 사로잡힌 정신병적 증세(症勢).

편집2 編輯 (엮을 편, 모을 집). ① 속뜻 모은[輯] 것을 엮음[編]. ② 책이나 신문, 영화 필름이나 녹음테이프 따위를 일정한 방법으로 모아 정리함. ¶짜임새 있는 편집 / 그녀가 맡은 일은 교내 신문을 편집하는 것이었다.

▸편집-기 編輯機 (틀 기). 문서를 편집(編輯)하는 설비나 기계(機械). ¶편집기 사용법을 익히다.

▸편집-부 編輯部 (나눌 부). 편집(編輯)에 관한 모든 일을 맡아보는 부서(部署). ¶아버지께서는 신문사 편집부에서 일하신다.

▸편집-인 編輯人 (사람 인). 편집(編輯)을 책임진 사람[人]. 편집 책임자.

편차¹ 偏差 (치우칠 편, 어긋날 차). ① 속뜻 한쪽 치우쳐[偏] 어긋남[差]. ② 수학 편각(偏角). ③ 군사 정확하게 조준하여 발사한 탄환이 바람 따위의 원인으로 표적에 맞지 않고 생기는 목표와 탄착점의 차이.

편차² 編次 (엮을 편, 차례 차). 편찬(編纂)하는 차례(次例). 차례를 따라 편찬함.

편찬 編纂 (엮을 편, 모을 찬). 여러 자료를 엮어[編] 모아서[纂] 책으로 만듦. ¶사전을 편찬하다.

▸편찬-위 編纂委 (맡길 위). 책을 편찬(編纂)하기 위한 위원회(委員會). ¶역사 편찬위.

편책 鞭策 (채찍 편, 채찍 책). 채찍[鞭=策].

편충 鞭蟲 (채찍 편, 벌레 충). ① 속뜻 채찍[鞭] 모양의 벌레[蟲]. ② 동물 편충과의 하나. 몸의 길이는 3~5㎝이며, 수컷의 꼬리는 갈고리 모양으로 굽어 있으며, 주로 사람의 맹장부에 기생하여 빈혈·신경증·설사를 일으킨다. 영문명 'whipworm'에서 'whip'는 '채찍'을, 'worm'은 벌레는 뜻하는 데서 유래.

편취 騙取 (속일 편, 가질 취). 남의 물건 따위를 속여서[騙] 갈취(喝取)함.

편-층운 片層雲 (조각 편, 층 층, 구름 운). 지리 조각[片]으로 떨어진 층운(層雲).

편친 偏親 (치우칠 편, 어버이 친). 홀로[偏] 된 어버이[親].

▸편친-시하 偏親侍下 (모실 시, 아래 하). 편친(偏親)을 모시고[侍] 있는 처지[下].

편파 偏頗 (치우칠 편, 기울 파). 생각 따위가 한편으로 치우쳐[偏] 기울어짐[頗]. ¶편파보도 / 심판의 편파 판정에 항의했다.

▸편파-성 偏頗性 (성질 성). 편파적(偏頗的)인 성질(性質)이나 특성.

▸편파-적 偏頗的 (것 적). 한편으로 치우쳐 공평하지 못한[偏頗] 것[的]. ¶편파적으로 일을 처리하면 안 된다.

편편 片片 (조각 편, 조각 편). 조각[片] 조각[片].

편평 扁平 (넓적할 편, 평평할 평). 넓고[扁] 평평(平平)하다. ¶산 아래로 편평한 들판이 보인다. ㊥평평하다.

▸편평-족 扁平足 (발 족). 의학 편평(扁平)한 발[足]. ㊥평발.

▸편평-체 扁平體 (몸 체). 식물 고사리 따위의 홀씨가 싹터서 되는 편평(扁平)한 잎 모양의 생물체(生物體). ㊥전엽체(前葉體).

편포 片脯 (조각 편, 포 포). ① 속뜻 칼로 짓두드려 조각[片]으로 반대기를 지어 말린 고기[脯]. ② 마른오징어.

편향 偏向 (치우칠 편, 향할 향). ① 속뜻 어떤 사물이나 생각 따위가 한쪽[偏]으로 향(向)함. ② 물리 전자 따위가 전장이나 자장에 의해서 방향을 바꾸는 일.

편협 偏狹 (치우칠 편, 좁을 협). 생각이 한쪽으로 치우치고[偏] 마음이 좁음[狹]. ¶편협한 사고방식.

편형 扁形 (넓적할 편, 모양 형). 편평(扁平)한 모양[形].

▸편형-동물 扁形動物 (움직일 동, 만물 물). 동물 몸통이 납작하고[扁形] 마디가 없는 동물(動物). 일반적으로 암수한몸이며 독립 또는 기생한다. 디스토마, 촌충 따위.

폄:론 貶論 (낮출 폄, 논할 론). 남을 깎아내려[貶] 헐뜯는 말[論]. 폄언(貶言). ¶조그마한 실수를 가지고 폄론을 하다.

폄:사 貶辭 (낮출 폄, 말씀 사). 폄하(貶下)하는 말[辭]. 남을 헐뜯는 말. ¶선거가 시작되자 유세장에는 폭력과 폄사가 난무하였다.

폄:적 貶謫 (낮출 폄, 귀양 갈 적). 벼슬을 떨어뜨리고[貶] 멀리 귀양 보냄[謫].

폄:직 貶職 (낮출 폄, 일 직). 벼슬[職]을 떨어뜨림[貶]. 면직을 당함.

폄:척 貶斥 (낮출 폄, 물리칠 척). ① 속뜻 벼슬을 떨어뜨리고[貶] 내침[斥]. ② 남의 인망을 깎아 내리고 배척함. ㊥폄출(貶黜).

폄:천 貶遷 (낮출 폄, 옮길 천). 벼슬을 떨어뜨려[貶] 옮김[遷].

폄:하 貶下 (낮출 폄, 아래 하). ① 속뜻 가치 따위를 아래[下]로 떨어뜨림[貶]. ② 역사 치적이 좋지 못한 관리의 벼슬을 삭탈하고 내쫓음.

평가¹ 平價 (고를 평, 값 가). ① 속뜻 평균(平均) 가격(價格). 싸지도 비싸지도 않은 일반 값. ② 경제 유가 증권의 가격이 액면 금액과 같은 것.

▸평가 발행 平價發行 (떠날 발, 갈 행). 경제 공사채나 주식 따위를 액면 가격과 똑같은 가격[平價]으로 발행(發行)하는 일.

▸평가 절상 平價切上 (벨 절, 위 상). 경제 한 나라의 통화의 대외 가치[平價]를 올림[切上].

*평:가² 評價 (평할 평, 값 가). ① 속뜻 물건의 가치(價値)를 평정(評定)함. ② 사람이나 사물의 가치를 판단함. ¶냉정한 평가를 내리다 / 자신의 잣대로 남을 평가하지 마라.

▸평:가-자 評價者 (사람 자). 평가(評價)를 하는 사람[者]. ¶평가자에 따라 결과가 다르다.

평각 平角 (평평할 평, 모서리 각). ① 속뜻 평평(平平)한 각(角). ② 수학 한 점에서 나간 두 반직선이 일직선을 이룰 때에, 그 두 반직선이 이루는 각. 2직각, 곧 180도이다.

평강 平康 (평안할 평, 편안할 강). 평안(平安)하고 편안함[康]. ¶마음에 평강을 되찾았다.

평거수 平擧手 (평평할 평, 들 거, 손 수). 민속 무용에서 손[手]을 평평(平平)하게 듦[擧].

평견 平絹 (평평할 평, 비단 견). 평직(平織)으로 된 비단[絹].

평경 平鏡 (평평할 평, 거울 경). 도수(度數)가 없어 평평한[平] 안경(眼鏡). 맞보기.

평:결 評決 (평할 평, 결정할 결). 평가(評價)하여 결정(決定)함.

평교¹ 平郊 (평평할 평, 성 밖 교). 널찍한[平] 교외(郊外).

평교² 平交 (고를 평, 사귈 교). 나이가 서로 비슷한[平] 벗이 사귐[交].

▸평교-간 平交間 (사이 간). 나이가 비슷한[平] 친구[交] 사이[間]. 같은 연배의 벗 사이.

▸평교-배 平交輩 (무리 배). 나이가 비슷한[平] 친구[交] 무리[輩].

평균 平均 (평평할 평, 고를 균). ① 속뜻 높고 낮음이 없이 평평하고[平] 고르게 함[均]. ② 수학 몇 개 수의 중간 값을 구함. 또는 그 값. ¶평균값 / 우리 반 영어 성적은 전국 평균보다 높다.

▸평균-곤 平均棍 (몽둥이 곤). ① 속뜻 평균(平均)을 이루는 몽둥이[棍]. ② 동물 파리나 모기 따위 쌍시류에서, 날 때 몸의 평형을 유지하는 역할을 하는 곤봉 형태의 뒷날개.

▸평균-대 平均臺 (돈대 대). 운동 체조할 때 쓰는 좁고 평평한[平均] 대(臺). ¶평균대에서 균형을 잡다. ⓑ평형대(平衡臺).

▸평균-수 平均數 (셀 수). 수학 평균(平均)한 수치(數値). 중수(中數).

▸평균-시 平均時 (때 시). 천문 평균(平均) 태양의 시각에 따라 계산하는 시간(時間). '평균 태양시'(平均太陽時)의 준말.

▸평균-율 平均率 (비율 률). 평균(平均)한 비율(比率).

▸평균-인 平均人 (사람 인). 평균적(平均的) 능력을 가진 사람[人].

▸평균-점 平均點 (점 점). 평균(平均)한 점수(點數). 과목 점수를 모두 합해 과목 수로 나눈 값.

▸평균-치 平均値 (값 치). 수학 몇 개의 수의 평균(平均)이 되는 값[値].

▸평균 기온 平均氣溫 (공기 기, 따뜻할 온). 지리 일정 기간 동안의 평균(平均)이 되는 기온(氣溫). ¶적도는 지구상에서 평균 기온이 가장 높다.

▸평균 분배 平均分配 (나눌 분, 나눌 배). 평균(平均) 비율로 나눔[分配]. ⓒ평분.

▸평균 속도 平均速度 (빠를 속, 정도 도). 물리 물체가 이동할 때 평균(平均)의 속도(速度). 물체의 이동 거리를 걸린 시간으로 나누어 구한다.

▸평균 수면 平均水面 (물 수, 표면 면). 지리 전체 수면의 평균(平均)이 되는 수면(水面)의 높이. ⓑ평균 해면(平均海面).

▸평균 수명 平均壽命 (목숨 수, 목숨 명). 전체 사람의 수명 중 평균(平均)이 되는 수명(壽命). 한 국민의 평균적인 수명을 말한다. ¶여성이 남성보다 평균 수명이 길다.

▸평균 수준 平均水準 (물 수, 평평할 준). 어떤 집단의 평균(平均)이 되는 수준(水準).

▸평균 연령 平均年齡 (해 년, 나이 령). 그 사회를 구성하고 있는 사람들의 평균(平均)의 연령(年齡).

▸평균 정:오 平均正午 (바를 정, 낮 오). 천문 평균(平均) 태양이 표준 자오선을 통과하는 시각[正午].

▸평균 태양 平均太陽 (클 태, 볕 양). 천문 지구의 적도를 도는 주기가 일정하도록[平均] 가상으로 만든 태양(太陽). ⓑ진태양(眞太陽).

▸평균 풍속 平均風速 (바람 풍, 빠를 속). 지리 10분 동안에 관측한 풍속을 평균(平均)으로 나타낸 풍속(風速).

▸평균 해:면 平均海面 (바다 해, 쪽 면). 지리 일정 기간에 해면을 측정하여 평균(平均)을 낸 해면(海面)의 높이. ㊈평균 수면(平均水面).

▸평균 태양시 平均太陽時 (클 태, 볕 양, 때 시). 천문 평균 태양(平均太陽)의 시각에 따라 계산한 시간(時間). ㊅평균시.

▸평균 태양일 平均太陽日 (클 태, 볕 양, 날 일). 천문 평균 태양(平均太陽)의 중심이 자오선을 지나 다시 그 자오선에 이르기까지의 시간을 하루[日]로 정한 것. 우리가 일상에서 쓰는 하루를 말한다.

평길 平吉 (평안할 평, 길할 길). 평안(平安)하고 길(吉)함.

평년 平年 (보통 평, 해 년). ① 속뜻 윤년이 아닌 보통[平]의 해[年]. ¶2000년은 윤년이지만 1900년은 평년이었다. ②최근 몇 해 동안의 평균 수치. ¶올해는 평년보다 덥다. ③농사가 보통 정도로 된 해. ㊈예년(例年). ㊉윤년(閏年).

▸평년-작 平年作 (지을 작). 보통[平年] 정도의 작황(作況). ㊅평작.

평:단 評壇 (평할 평, 단 단). 평론가(評論家)의 사회[壇]. ㊈평론계(評論界).

평담 平澹 (=平淡, 평안할 평, 조용할 담). 마음이 평안(平安)하며 고요함[澹].

평당 坪當 (면적단위 평, 대할 당). 한 평(坪)에 대한[當] 값이나 수량.

평등 平等 (고를 평, 가지런할 등). ① 불교 만물의 본성은 차별 없이 고르고[平] 한결같음[等]. 산스크리트어 'sam nya'를 한자로 의역(意譯)한 것이다. ②권리, 의무, 자격 등에 차별이 없음. ¶사람을 평등하게 대하다. ㊈동등(同等), 균일(均一). ㊉불평등(不平等).

▸평등-관 平等觀 (볼 관). ① 속뜻 모든 것은 평등(平等)하다는 관점(觀點). ② 불교 모든 법의 진상은 평등하기가 한결같다는 견해.

▸평등-권 平等權 (권리 권). 법률 ①헌법에서 모든 국민이 법 앞에서 평등(平等)한 권리(權利). ¶프랑스 시민들은 평등권을 얻기 위해 혁명을 일으켰다. ②국가가 차별 없이 평등한 권리와 의무를 가지는 일. ㊈동등권(同等權).

▸평등-심 平等心 (마음 심). 불교 일체의 중생을 평등(平等)하게 사랑하는 부처의 마음[心].

▸평등 선:거제 平等選擧制 (고를 선, 들 거, 정할 제). 법률 모든 사람이 평등(平等)하게 선거권(選擧權)을 갖는 제도(制度). ㊉불평등 선거제(不平等選擧制).

평란 平亂 (평안할 평, 어지러울 란). 난리(亂離)를 평정(平定)함.

평로 平爐 (평평할 평, 화로 로). ① 속뜻 바닥이 평평(平平)한 화로(火爐). ② 공업 제강(製鋼)에 쓰이는 반사로(反射爐).

평:론 評論 (평할 평, 논할 론). 비평(批評)하여 토론(討論)함. ¶영화를 평론하다.

▸평:론-가 評論家 (사람 가). 평론(評論)을 전문으로 하는 사람[家]. ¶이 작품은 평론가의 호평을 받았다. ㊈비평가(批評家).

▸평:론-계 評論界 (지경 계). 평론가(評論家)의 사회[界]. ㊈평단(評壇).

평맥 平脈 (보통 평, 맥 맥). 의학 평상시(平常時) 또는 건강할 때의 맥박(脈搏). 1분간 60-75번 뛰는 것이 보통이다.

평면 平面 (평평할 평, 쪽 면). ① 속뜻 평평(平平)한 표면(表面). ¶지붕이 거의 평면으로 보인다. ② 수학 일정한 표면 위의 임의의 두 점을 지나는 직선이 항상 그 표면 위에 놓이는 면. ㊉곡면(曲面).

▸평면-각 平面角 (모서리 각). 수학 서로 교차하는 두 평면(平面) 사이의 각(角).

▸평면-경 平面鏡 (거울 경). 반사면이 평면(平面)을 이룬 거울[鏡]. ㊈평면거울

▸평면-도 平面圖 (그림 도). 건설 건물 따위의 평면(平面)상태를 나타낸 도면(圖面). ¶우리는 사무실의 평면도를 살펴보았다. ㊉입면도(立面圖).

▸평면-미 平面美 (아름다울 미). 미술 입체가 아닌 평면(平面)으로 보이는 데서 나타나는 아름다움[美].

▸평면 곡선 平面曲線 (굽을 곡, 줄 선). 수학 평면(平面) 위에 그려진 곡선(曲線).

▸평면 대:칭 平面對稱 (대할 대, 맞을 칭). 수학 두 점을 연결한 직선이 하나의 평면(平面)을 사이에 두고 서로 맞서[對稱] 있는 상태. ㊅면대칭(面對稱).

▸ **평면 도형** 平面圖形 (그림 도, 모양 형). [수학] 평면(平面)에 그려진 도형(圖形). [준] 평면형.

▸ **평면 묘ː사** 平面描寫 (그릴 묘, 베낄 사). [문학] 주관을 가하지 않고 사물이나 상황의 겉[平面]에 드러나는 것만 묘사(描寫)하는 것.

▸ **평면 기하학** 平面幾何學 (몇 기, 무엇 하, 배울 학). [수학] 평면(平面) 위의 도형[幾何]의 성질을 연구하는 수학(數學)의 한 분야.

▸ **평면 삼각법** 平面三角法 (석 삼, 모서리 각, 법 법). [수학] 삼각 함수를 써서 평면(平面) 위 삼각형의 변과 각 사이의 관계를 기초로 하는, 각종 기하학적 관계 및 그 응용을 연구하는 삼각법(三角法). [참] 구면 삼각법(球面三角法).

평명 平明 (보통 평, 밝을 명). ① [속뜻] 평이(平易)하고 분명(分明)함. ② 아침에 해가 돋아 밝아 올 무렵.

평목 平木 (평평할 평, 나무 목). 도량형 기구에 담긴 곡식 따위를 평평(平平)하게 미는, 나무[木]로 만든 방망이 모양의 기구.

평문 平問 (보통 평, 물을 문). [역사] 죄인에게 형구(形具)를 쓰지 않고 일반적으로[平] 말로 심문(審問)하던 일.

평민 平民 (보통 평, 백성 민). 보통[平] 사람[民]. ¶왕자가 귀족이 아닌 평민 여성을 좋아하는 것은 수치스러운 일로 여겼다. [비] 백민(白民), 평인(平人), 상민(常民), 서민(庶民). [반] 귀족(貴族).

▸ **평민-어** 平民語 (말씀 어). [언어] 평민(平民) 계층에서 쓰이는 말[語]. [반] 귀족어(貴族語).

▸ **평민-적** 平民的 (것 적). 평민(平民)과 같은 것[的]. 격식을 차리지 않는 것.

▸ **평민-주의** 平民主義 (주될 주, 뜻 의). 모든 사람을 다 평등하게 보고 평민(平民)의 권리와 지위를 주장하는 태도[主義].

평반 平盤 (평평할 평, 소반 반). 평평(平平)한 소반(小盤). 다리가 달리지 않은 둥근 쟁반.

평방 平方 (평평할 평, 모 방). ① [속뜻] 평평(平平)한 네모꼴[方]. ② 길이의 단위 뒤에 쓰여 그 길이를 한 변으로 하는 정사각형의 넓이를 나타내는 말. ③ [수학] 제곱.

평범 平凡 (보통 평, 무릇 범). 보통[平]으로 범상함[凡]. ¶그는 반에서 그다지 눈에 잘 띄지 않는 평범한 학생일 뿐이다. [반] 비범(非凡).

평보 平步 (보통 평, 걸음 보). 보통[平]의 걸음걸이[步].

평복 平服 (보통 평, 옷 복). 평상시(平常時)에 입는 옷[服]. ¶그들은 모두 평복 차림으로 모임에 나왔다. [비] 평상복(平常服).

평분 平分 (고를 평, 나눌 분). 평균(平均)을 내어 나눔[分].

▸ **평분-시** 平分時 (때 시). [천문] 하루를 24시(時)로 똑같이[平] 나눔[分]. 또는 그러한 시법(時法). 진태양(眞太陽)의 남중(南中)을 기준 시각으로 한다.

평사[1] 平沙 (평평할 평, 모래 사). 평평(平平)한 모래[沙] 밭.

▸ **평사-낙안** 平沙落雁 (떨어질 락, 기러기 안). ① [속뜻] 평평한 모래펄[平沙]에 날아와 앉은[落] 기러기[雁]. ② '글씨나 문장이 매끈하게 잘된 것'을 비유하여 이르는 말. ③ '아름다운 여인의 맵시' 따위를 비유하여 이르는 말.

평사[2] 平射 (평평할 평, 쏠 사). ① [속뜻] 평면(平面)에 비춤[射]. ② [군사] 낮은 탄도로 포를 발사함. 또는 그러한 사격.

▸ **평사-포** 平射砲 (대포 포). [군사] 평사(平射)를 할 수 있는 포(砲).

▸ **평사 도법** 平射圖法 (그림 도, 법 법). [지리] 지구의 지름에 평면을 두고 지구의 반을 투영하는[平射] 도법(圖法).

평-사원 平社員 (보통 평, 회사 사, 사람 원). 특별한 직책을 맡지 않은 보통[平]의 사원(社員).

평삭 平削 (평평할 평, 깎을 삭). [공업] 셰이퍼, 평삭반 따위로 공작물의 표면을 평평(平平)하게 깎음[削]. 또는 그런 공정.

평상[1] 平牀 (=平床, 평평할 평, 평상 상). 평평(平平)한 침상(寢牀). ¶버드나무 아래에 놓인 평상에 걸터앉았다.

평상[2] 平常 (보통 평, 보통 상). 보통[平=常]. ¶평상의 기분을 회복하다. [비] 평상시(平常時).

▸ **평상-복** 平常服 (옷 복). 평상시(平常時)에 입는 옷[服]. ¶우리는 작업복을 평상복

으로 갈아입어야 한다. [준]평복.

▸평상-시 平常時 (때 시). 보통[平常] 때[時]. ¶평상시 같았으면 나도 그렇게 화내지는 않았을 것이다. [준]평상, 평시, 상시. [비]평소(平素). [반]비상시(非常時).

평생 平生 (평안할 평, 살 생). ① [속뜻] 평안(平安)한 삶[生]. ②세상에 태어나서 죽을 때까지의 동안. ¶내 평생 이런 일은 처음이다 / 우리는 평생을 함께 하기로 했다. [비]일생(一生).

▸평생-도 平生圖 (그림 도). 평생(平生) 겪는 생활을 그린 그림[圖].

▸평생 교:육 平生教育 (가르칠 교, 기를 육). 평생(平生)에 걸쳐 받는 교육(教育). [비]생애 교육(生涯教育).

▸평생-소원 平生所願 (것 소, 바랄 원). 평생(平生) 원(願)하는 것[所].

▸평생지계 平生之計 (어조사 지, 셀 계). 평생(平生)의 계획(計劃).

평서-문 平敍文 (보통 평, 쓸 서, 글월 문). [언어] 무엇을 평범(平凡)하게 서술(敍述)한 문장(文章).

평:석 評釋 (평할 평, 풀 석). 비평(批評)하고 해석(解釋)함.

평:설 評說 (평할 평, 말씀 설). ① [속뜻] 비평(批評)하면서 설명(說明)함. ②세상의 평판.

평성 平聲 (평평할 평, 소리 성). ① [언어] 한자음 사성의 하나. 평조(平調)의 소리[聲]를 가리킨다. ② [언어] 중세 국어 사성(四聲)의 하나. 낮은 소리이다. ③ [음악] 가곡이나 판소리에서, 보통 소리를 이르는 말.

***평소** 平素 (보통 평, 본디 소). ① [속뜻] 평상(平常)처럼 아무것도 꾸밈이 없는 본디[素] 상태. ②특별한 일이 없는 보통 때. ¶평소에 하던 대로 하면 실수하지 않을 것이다. [비]평상시(平常時).

평수 坪數 (면적단위 평, 셀 수). 평(坪)으로 따진 넓이의 수치(數値). ¶아파트 평수.

평-수위 平水位 (보통 평, 물 수, 자리 위). 평상시(平常時)의 강물[水]의 높이[位].

평순 平順 (보통 평, 순할 순). ① [속뜻] 성질이 별나지 않고[平] 온순(溫順)함. ②몸에 병이 없음.

평순 모:음 平脣母音 (평평할 평, 입술 순, 어머니 모, 소리 음). [언어] 입술[脣]을 평평(平平)하게 만들어 내는 모음(母音). 즉, 입술을 둥글게 오므리지 않고 발음하는 모음으로, 'ㅣ', 'ㅡ', 'ㅓ', 'ㅏ', 'ㅐ', 'ㅔ' 따위.

평시 平時 (보통 평, 때 시). 보통[平] 때[時]. '평상시'(平常時)의 준말. ¶그는 평시보다 일찍 학교에 도착하였다.

▸평시 공법 平時公法 (여럿 공, 법 법). [법률] 평화시(平和時)에 나라 간에 행하여지는 공적(公的)인 법률(法律). [비]평시 국제법(平時國際法).

▸평시 봉쇄 平時封鎖 (봉할 봉, 잠글 쇄). [군사] 평상시(平常時)에 다른 나라의 해안을 봉쇄(封鎖)하는 행위.

▸평시 징발 平時徵發 (거둘 징, 보낼 발). [군사] 평상시(平常時)에 실시하는 징발(徵發).

▸평시 편제 平時編制 (엮을 편, 정할 제). [군사] 평상시(平常時)의 군대 편제(編制).

▸평시 국제법 平時國際法 (나라 국, 사이 제, 법 법). [법률] 평화시(平和時)에 행하여지는 국제법(國際法). 전쟁 때라도 중립국 사이 및 중립국과 교전국 사이에서는 평시 국제법이 행하여진다. [반]전시 국제법(戰時國際法).

평-시조 平時調 (보통 평, 때 시, 가락 조). [문학] 형식이 평이(平易)한 시조(時調). 초장이 3·4·3(4)·4, 중장이 3·4·4(3)·4, 종장이 3·5·4·3조로, 글자는 모두 45자 안팎이며, 각 장은 4음보로 이루어진다. ② [음악] 시조를 부를 때 목소리를 순평하게 부르는 창법. [비]단시조(短時調), 평거시조(平擧時調). [참]사설시조(辭說時調), 엇시조.

평시-서 平市署 (보통 평, 저자 시, 관청 서). [역사] 조선 때, 평소(平素)에 시전(市廛)에서 쓰는 도량형이나 물건 값을 검사하던 관청[署].

평신[1] 平身 (평평할 평, 몸 신). 엎드려 절한 뒤에 몸[身]가짐을 바로 함[平].

평신[2] 平信 (보통 평, 소식 신). 보통[平]의 편지[信]. [비]평서(平書).

평-신:도 平信徒 (보통 평, 믿을 신, 무리 도). [종교] 일반[平] 신도(信徒). ¶그의 아버지와 형은 목사인데 그는 평신도이다.

평심 平心 (평안할 평, 마음 심). 마음[心]을 평안(平安)히 함. '평심서기'(平心舒氣)의 준말.

▶ 평심-서기 平心舒氣 (펼 서, 숨 기). 마음[心]을 평안히[平] 하고 숨[氣]을 느긋하게 내쉼[舒]. ㊟평심.

평안 平安 (고를 평, 편안할 안). ① 속뜻 마음이 고르고[平] 편안(便安)함. ② 마음에 걱정이 없음. ¶평안히 지내다 / 댁내 두루 평안하시길 바랍니다.

⁑**평야 平野** (평평할 평, 들 야). 평평하고[平] 넓은 들[野]. ¶그는 말을 타고 평야를 달리고 있다.

평양-냉면 平壤冷麵 (평평할 평, 땅 양, 찰 랭, 국수 면). 평양(平壤)의 향토 음식인, 찬[冷] 장국을 메밀국수[麵]에 부어 만든 것.

평양-성 平壤城 (평평할 평, 땅 양, 성곽 성). 고적 평양(平壤)의 주변을 둘러싼 성곽(城郭). 고구려 때에, 수도 평양을 방어하기 위하여 쌓은 것이다.

평:어 評語 (평할 평, 말씀 어). ① 속뜻 비평(批評)하는 말[語]. ㊐평언(評言). ② 성적을 매기는 말.

평:언 評言 (평할 평, 말씀 언). 비평(批評)하는 말[言]. ㊐평어(評語).

평열 平熱 (보통 평, 더울 열). 평소(平素) 건강할 때 사람의 체온[熱]. 36~37℃이다.

평영 平泳 (평평할 평, 헤엄칠 영). 운동 엎드린 자세로 두 팔을 수평(水平)으로 원을 그리듯이 움직이고, 다리는 개구리처럼 오므렸다 폈다 하며 치는 헤엄[泳]. ¶나는 평영을 가장 잘 한다.

평온[1] 平溫 (보통 평, 따뜻할 온). ① 속뜻 평상시(平常時)의 온도(溫度). ② 평균 온도(平均溫度).

평온[2] 平穩 (평안할 평, 안온할 온). 평안(平安)하고 안온(安穩)함. 조용하고 안온함. ¶그의 얼굴이 무척 평온했다.

평요 平凹 (평평할 평, 오목할 요). 일부는 평평(平平)하고 일부는 오목함[凹].

▶ 평요-판 平凹版 (널빤지 판). 출판 평판(平版)과 요판(凹版)을 아울러 만든 인쇄판(印刷版).

평운 平韻 (평평할 평, 음 운). 언어 한자의 사성(四聲) 중 평성(平聲)에 속하는 음[韻]. ㊟측운(仄韻).

평원[1] 平原 (평평할 평, 들판 원). 평평(平平)한 넓은 들판[原]. ¶눈앞에 넓은 평원이 펼쳐졌다.

평원[2] 平遠 (평평할 평, 멀 원). 평평(平平)하고 멂[遠].

평음 平音 (보통 평, 소리 음). 언어 된소리에 대하여 보통[平]으로 내는 소리[音].

평:의 評議 (평할 평, 의논할 의). 평가(評價)하고 의논(議論)함.

▶ 평:의-원 評議員 (사람 원). 어떤 일을 평가(評價)하고 의논(議論)하는 데 참여하는 사람[員].

▶ 평:의-회 評議會 (모일 회). 어떤 일을 평가(評價)하고 의논(議論)하는 모임[會].

평이 平易 (보통 평, 쉬울 이). 어렵지 않고 보통[平] 수준으로 쉽다[易]. ¶이 책은 평이하게 쓰여 있다.

평인 平人 (보통 평, 사람 인). ① 속뜻 보통[平] 사람[人]. ㊐평민(平民). ② 탈이나 죄가 없는 보통 사람. ③ 상제에 대하여 '상제 아닌 사람'을 이르는 말.

평일 平日 (보통 평, 날 일). ① 속뜻 보통[平] 날[日]. 휴일이나 기념일이 아닌 날. ¶우리는 평일은 물론이고 주말에도 일을 한다. ② 특별한 일이 없는 보통 때. ㊐평상시(平常時), 평소(平素).

평자[1] 平字 (평평할 평, 글자 자). 사성(四聲) 가운데 평성(平聲)에 딸린 글자[字]. 한시(漢詩)의 염(簾)을 보는 데 쓰인다. ㊟측자(仄字).

평:자[2] 評者 (평할 평, 사람 자). 비평(批評)하는 사람[者].

평작 平作 (보통 평, 지을 작). 농업 ① 풍작도 흉작도 아닌 보통[平] 정도로 지은[作] 농사. '평년작'(平年作)의 준말. ② 고랑을 치지 않고 작물을 재배하는 법.

평장 平葬 (평평할 평, 장사지낼 장). 봉분을 만들지 않고 평평(平平)하게 매장(埋葬)함. '평토장'(平土葬)의 준말.

평저 平底 (평평할 평, 밑 저). ① 속뜻 평평(平平)한 밑바닥[底]. ② 고적 납작바닥.

평:전 評傳 (평할 평, 전할 전). 비평(批評)을 곁들인 전기(傳記).

평:점 評點 (평할 평, 점 점). ① 속뜻 학력(學力)을 평가(評價)하여 매기는 점수(點數).

¶나의 이번 학기 평점은 4.0이다. ②물건의 가치를 평하여 매긴 점수. ¶그 영화는 평론가들로부터 낮은 평점을 받았다. ③시문의 중요한 곳에 찍는 점.

평정[1] 平正 (고를 평, 바를 정). 공평(公平)하고 올바름[正].

평정[2] 平定 (평안할 평, 정할 정). 난리를 평온(平穩)하게 진정(鎭定)시킴. ¶반란을 평정하다.

평정[3] 平靜 (평안할 평, 고요할 정). 평안(平安)하고 고요함[靜]. ¶마음의 평정을 유지하다.

평:정[4] 評定 (평할 평, 정할 정). 평가(評價)하여 순위 따위를 정(定)함.

▸ **평:정-법** 評定法 (법 법). ① 속뜻 평가하여 순위 따위를 정하는[評定] 방법(方法). ② 심리 객관적으로 측정할 수 없는 주관적인 여러 가지 특성들을 알아보기 위하여 사상(事象)이나 대상에 대하여 순위를 정하거나 정도를 평가하는 방법.

▸ **평:정 기준** 評定基準 (터 기, 고를 준). 교육 학습 결과, 행동, 성격 따위를 평정(評定)할 때 사용하는 기준(基準).

평조 平調 (평평할 평, 가락 조). 음악 평평(平平)한 가락[調]. 국악에서 쓰는 속악 음계의 하나이다.

평좌 平坐 (보통 평, 앉을 좌). 격식을 차리지 않고 평소(平素)처럼 편하게 앉음[坐].

평준 平準 (고를 평, 고를 준). ① 속뜻 사물을 균일하도록[平] 조정함[準]. ② 물리 수준기를 써서 수평이 되게 함.

▸ **평준-법** 平準法 (법 법). ① 물리 수준기(水準器)를 써서 수평으로 만드는[平準] 방법(方法). ② 역사 중국 한(漢)에, 풍년에 물자를 사들여 저장하여 두었다가 흉년에 내어 물가를 조정하고 그 이윤을 세입으로 삼던 물가 조정책.

▸ **평준-화** 平準化 (될 화). 평준(平準)되게[化] 함.

평지-림 平地 (평평할 평, 땅 지). 지리 바닥이 평평(平平)한 땅[地]. ¶커다란 소나무들로 에워싸인 평지. ㊇산지(山地).

▸ **평지-림** 平地林 (수풀 림). 평지(平地)에 이루어진 숲[林]. ㊇산악림(山嶽林).

▸ **평지-목** 平地木 (나무 목). ① 속뜻 평지(平地)에서 움트고 자라난 나무[木]. ② 민속 육십갑자의 무술과 기해에 붙이는 납음(納音).

▸ **평지-낙상** 平地落傷 (떨어질 락, 다칠 상). ① 속뜻 평지(平地)에서 넘어져[落] 다침[傷]. ② '뜻밖에 당하는 불행'을 비유하여 이르는 말.

▸ **평지-돌출** 平地突出 (갑자기 돌, 날 출). ① 속뜻 평지(平地)에 산이 난데없이[突] 솟아남[出]. ② '변변하지 못한 집안에서 뛰어난 인물이 나옴'을 비유하여 이르는 말.

▸ **평지-풍파** 平地風波 (바람 풍, 물결 파). ① 속뜻 평온한 자리[平地]에서 일어나는 풍파(風波). ② '뜻밖에 일어나는 분쟁'을 비유하여 이르는 말. ¶아무도 그 일로 집안에 평지풍파가 일어날 줄 몰랐다.

평직 平織 (평평할 평, 짤 직). 수공 ① 씨와 날을 한 올씩 엇바꾸어 평평(平平)하게 짜는[織] 방법. ② 천을 한 가지 실로만 짜는 방법. 또는 그 천. ㊇교직(交織).

평-천하 平天下 (평안할 평, 하늘 천, 아래 하). 천하(天下)를 평정(平定)함. 또는 온 천하를 편안하게 함.

평철 平凸 (평평할 평, 볼록할 철). 한쪽 면은 평평(平平)하고 다른 한쪽 면은 볼록함[凸].

평측 平仄 (평평할 평, 기울 측). 문학 평자(平字)와 측자(仄字). 한문의 시, 부 따위에서 '음운의 높낮이'를 이르는 말.

▸ **평측-식** 平仄式 (법 식). 문학 한시(漢詩)의 음운의 높낮이에 관한[平仄] 법식(法式).

▸ **평측-자** 平仄字 (글자 자). 평측(平仄)을 나타내는 글자[字].

평치 平治 (평안할 평, 다스릴 치). 나라를 태평(太平)하게 다스림[治].

평탄 平坦 (평평할 평, 평평할 탄). ① 속뜻 땅바닥이 평평함[平=坦]. ¶언덕을 넘으니 길이 평탄해졌다. ②일이 거침새가 없이 순조로움. ¶그의 일생은 평탄했다.

평토 平土 (평평할 평, 땅 토). ① 속뜻 땅[土]을 평평(平平)하게 함. ②관을 묻은 뒤에 흙을 쳐서 평지같이 평평하게 함.

▸ **평토-장** 平土葬 (장사지낼 장). 봉분을 만들지 않고 땅[土]을 평평(平平)하게 하여

매장(埋葬)함. 또는 그러한 매장.

평:판[1] 評判 (평할 평, 판가름할 판). ① 속뜻 비평(批評)하여 시비를 판정(判定)함. ② 세상 사람이 비평함. 또는 그 비평. ¶그는 효자라는 평판이 자자하다.

평판[2] 平板 (평평할 평, 널빤지 판). ① 속뜻 평평(平平)한 널빤지[板]. ② 농업 씨를 뿌릴 때 땅을 고르는 농구. ③ 건설 바르게 위에서 본 땅의 모양을 직접 재어 그리는 측량 기계. ④ 시문에 변화가 없음.

▸ **평판 측량** 平板測量 (잴 측, 분량 량). 건설 삼발이 위에 제도판을 얹어 수평을 유지하고 평판(平板)을 써서 땅 위의 여러 모양을 평면 위에 나타내어 그리는 측량(測量).

평판[3] 平版 (평평할 평, 널빤지 판). 출판 판면이 평평(平平)한 인쇄판(印刷版). 화학적 작용으로 제판되고 잉크의 지방성과 물의 반발성에 의하여 인쇄된다.

▸ **평판 인쇄** 平版印刷 (찍을 인, 박을 쇄). 출판 평판(平版)을 써서 하는 인쇄(印刷).

평편 平便 (평평할 평, 편할 편). 바닥이 고르고[平] 편평하다[便]. ¶지느러미 모양의 다리는 평편하여 헤엄치기에 알맞다.

평평 平平 (평평할 평, 평평할 평). ① 속뜻 바닥이 고르고 판판하다[平+平]. ¶땅을 평평하게 다지다. ② 예사롭고 평범하다. ¶얼굴은 그저 평평하게 생겼다. ㊥편평하다.

평행 平行 (평평할 평, 갈 행). ① 속뜻 평평하게[平] 나란히 감[行]. ② 수학 두 직선이나 평면이 무한하게 연장해도 만나지 않고 나란히 나감. ¶평행 주차 / 선을 평행으로 긋다 / 철길들이 서로 평행하게 놓여 있다. ③ 글씨를 쓰는 데, 각줄의 머리글자를 꼭 같은 높이로 씀.

▸ **평행-력** 平行力 (힘 력). 힘의 방향이 어떤 직선과 평행(平行)인 힘[力].

▸ **평행-맥** 平行脈 (줄기 맥). 식물 식물의 잎자루로부터 잎 몸의 끝까지 줄줄이 서로 나란히 있는[平行] 잎맥(脈). ㊥나란히맥. ㊟망상맥(網狀脈).

▸ **평행-면** 平行面 (쪽 면). 수학 한 직선이나 평면에 평행(平行)한 평면(平面).

▸ **평행-봉** 平行棒 (몽둥이 봉). 운동 기계 체조 용구의 한 가지. 두 개의 평행(平行) 가로대를 적당한 높이로 어깨 넓이만큼 벌려 서 버티어 놓은 몽둥이[棒] 같은 나무 가지.

▸ **평행-선** 平行線 (줄 선). 수학 같은 평면 위에 있는 둘 이상의 평행(平行)한 직선(直線).

▸ **평행 이동** 平行移動 (옮길 이, 움직일 동). 수학 물체나 도형의 각 점을 같은 방향으로 같은 거리만큼 평행(平行)으로 옮기는 일[移動].

▸ **평행 직선** 平行直線 (곧을 직, 줄 선). 수학 같은 평면 위에 있는 둘 이상의 평행(平行)한 직선(直線). ㊂평행선.

▸ **평행 평면** 平行平面 (평평할 평, 쪽 면). 수학 한 직선이나 평면에 평행(平行)한 평면(平面). 평행면(平行面).

▸ **평행봉 운:동** 平行棒運動 (몽둥이 봉, 돌 운, 움직일 동). 운동 평행봉(平行棒) 위에서 여러 가지 동작을 하는 운동(運動).

▸ **평행 사:변형** 平行四邊形 (넉 사, 가 변, 모양 형). 수학 사각형 중 서로 마주 대하는 두 쌍의 변[四邊]이 각각 평행(平行)인 도형(圖形).

▸ **평행 육면체** 平行六面體 (여섯 륙, 쪽 면, 몸 체). 수학 세 쌍의 맞보는 면이 서로 평행(平行)한 육면체(六面體).

평형 平衡 (평평할 평, 저울대 형). ① 속뜻 수평(水平)을 이루고 있는 저울대[衡]. 또는 저울대가 수평을 이루고 있음. ¶양팔 저울이 평형이 되었는지 확인해라. ② 사물이 한쪽으로 기울지 않고 안정됨. ¶생산과 소비의 평형이 깨졌다 / 그는 마음의 평형을 잃고 흥분했다. ③ 물리 물체 사이에 서로 작용하는 힘과 회전력이 서로 비기어 크기가 전혀 없음. 또는 그런 상태. ㊥수평(水平), 균형(均衡).

▸ **평형-대** 平衡臺 (돈대 대). 운동 기계 체조에 쓰는 기구. 높이 1.2미터, 길이 5미터, 폭 10㎝의 나무로 만든 평형(平衡)을 이루는 대(臺). ㊥평균대(平均臺).

▸ **평형-감각** 平衡感覺 (느낄 감, 깨달을 각). 심리 눈으로 보지 않고도 중력(重力) 방향에 대하여 몸의 평형(平衡)을 유지하는 평면 기관의 감각(感覺).

▸ **평형 기관** 平衡器官 (그릇 기, 벼슬 관). 의학 동물의 체위와 운동 방향을 감수하여 평형(平衡)을 유지하게 하는 기관(器官).

▸ **평형 하천** 平衡河川 (물 하, 내 천). 지리 침

식 작용과 퇴적 작용이 평형(平衡)을 유지하고 있는 하천(河川).

*평화 平和 (평안할 평, 화목할 화). ① 속뜻 평안(平安)하고 화목(和睦)함. ¶가정의 평화를 깨뜨리다 / 평화로운 시골생활 / 그는 평화스러운 눈빛으로 아이를 바라보았다. ② 전쟁이 없이 세상이 평온함. ¶폭력적인 수단을 사용해서는 평화를 이룰 수 없다.

▶평화-상 平和賞 (상줄 상). 세계의 평화(平和)를 위하여 공이 있는 사람에게 주는 상(賞). ¶노벨 평화상.

▶평화-적 平和的 (것 적). 전쟁·분쟁 등이 없이 평화(平和)로운 것[的]. ¶그 문제는 평화적으로 해결되었다.

▶평화 공:세 平和攻勢 (칠 공, 세력 세). ① 속뜻 평화(平和)적인 방법으로 공격(攻擊)하는 형태[勢]. ② 정치 냉전 체제하의 국제 관계에서, 한쪽 진영이 갑작스럽게 평화적 태도를 취함으로써 상대편 국민을 교란하거나 국제 여론을 자기에게 유리하게 이끄는 정책.

▶평화 공:존 平和共存 (함께 공, 있을 존). 정치 사회 체제를 달리하는 국가 사이에서, 무력을 쓰지 않고 평화적(平和的)으로 공존(共存)하는 상태. 또는 그러한 정책.

▶평화 산:업 平和産業 (낳을 산, 일 업). 군사 전쟁과 직접 관계없는, 평화(平和) 시에 필요한 상품을 생산하는 산업(産業). 반 군수 산업(軍需産業).

▶평화 조약 平和條約 (조목 조, 묶을 약). 법률 서로 싸우던 나라끼리 전쟁을 중지하고 평화(平和)를 회복하기 위하여 맺는 조약(條約). 비 강화(講和) 조약.

▶평화 통:일 平和統一 (묶을 통, 한 일). 정치 전쟁에 의하지 않고 평화적(平和的)인 방법으로 이룩되는 통일(統一). 반 무력 통일(武力統一).

평-화면 平畵面 (평평할 평, 그림 화, 쪽 면). 수학 정투영(正投影)에서, 직각으로 교차하는 두 화면 중 수평(水平)의 위치에 있는 화면(畵面). 참 입화면(立畵面), 측화면(側畵面).

평활[1] 平闊 (평평할 평, 넓을 활). 평평(平平)하고 넓음[闊].

평활[2] 平滑 (평평할 평, 미끄러울 활). 평평(平平)하고 미끄러움[滑].

▶평활-근 平滑筋 (힘줄 근). 의학 가로무늬가 없는 평평하고 미끄러운[平滑] 근육(筋肉). 내장이나 혈관 따위의 벽을 이룬다.

폐:가[1] 弊家 (낡을 폐, 집 가). ① 속뜻 보잘것없는[弊] 집[家]. ② 말하는 이가 자기 집을 낮추어 이르는 말. ¶폐가를 찾아 주셔서 영광입니다.

폐:가[2] 廢家 (버릴 폐, 집 가). ① 속뜻 버려두어[廢] 낡아 빠진 집[家]. ¶그 집은 사람이 살지 않아 폐가나 다름없다. ② 호주가 죽고 상속인이 없어서 뒤가 끊김. 또는 그러한 집. ¶외아들이 교통사고로 죽자 최 영감네는 폐가하였다. ③ 법률 호주가 타가에 입적하기 위하여 스스로 그 일가를 폐하고 소멸시킴. 또는 그러한 법률 행위. 비 폐옥(廢屋).

폐:가-제 閉架制 (닫을 폐, 시렁 가, 정할 제). 서가(書架)를 열람자에게 자유롭게 공개하지 않고[閉] 일정한 절차에 의하여 책을 빌려주는 도서관 운영 제도(制度). 반 개가제(開架制).

폐:각 閉殼 (닫을 폐, 껍질 각). ① 속뜻 닫혀진[閉] 껍질[殼]. ② 물리 파울리의 배타 원리에서 허용하는 최대 수의 전자를 수용한 전자껍질.

▶폐:각-근 閉殼筋 (힘줄 근). 동물 연체동물 부족류의 조개껍데기[殼]를 닫기[閉] 위한 한 쌍의 근육(筋肉). 비 조개관자.

폐:-간[1] 肺肝 (허파 폐, 간 간). 의학 폐(肺)와 간(肝)을 아울러 일컬음.

폐:간[2] 廢刊 (그만둘 폐, 책 펴낼 간). 신문, 잡지 따위의 정기 간행물 간행(刊行)을 그만둠[廢]. ¶일제 강점기에는 우리글 신문 대부분이 폐간됐다.

폐:강 閉講 (닫을 폐, 강의할 강). 있던 강의(講義)나 강좌(講座) 따위를 없앰[閉]. 반 개강(開講).

폐:갱 廢坑 (버릴 폐, 구덩이 갱). 광산 따위의 갱(坑)을 더 이상 파지 않고 버려 둠[廢].

폐:거 閉居 (닫을 폐, 살 거). 문을 닫고[閉] 집 안에 틀어박혀 삶[居].

폐:-건전지 廢乾電池 (버릴 폐, 마를 건, 전기 전, 못 지). 못 쓰게 되어서 버리는[廢] 건전지(乾電池). ¶환경 보호를 위해 폐건전지는 모두 수거해야 한다.

폐:-결핵 肺結核 (허파 폐, 맺을 결, 씨 핵). 의학 폐(肺)에 결핵균(結核菌)이 침입하여 생기는 만성 전염병. ⓑ폐병(肺病), 폐환(肺患).

폐:경-기 閉經期 (닫을 폐, 지날 경, 때 기). 의학 여성의 월경(月經)이 없게 되는[閉] 시기(時期). ⓑ단경기(斷經期), 월경 폐쇄기(月經閉鎖期).

폐:-곡선 閉曲線 (닫을 폐, 굽을 곡, 줄 선). 수학 닫혀 있는[閉] 곡선(曲線). 곡선 위의 한 점이 한 방향으로 움직여 다시 출발점으로 되돌아오는 곡선(曲線). ⓑ자폐선(自閉線).

폐:공 蔽空 (덮을 폐, 하늘 공). 하늘[空]을 뒤덮음[蔽].

폐:-공동 肺空洞 (허파 폐, 빌 공, 구멍 동). 의학 폐결핵(肺結核)으로 말미암아 생긴 구멍[空洞]. 결핵성 결절이 변성·액화하여 고름이 된 자리에 생긴다.

폐:과[1] 閉果 (닫을 폐, 열매 과). 식물 민들레, 단풍, 밤, 벼 등과 같이 익어도 터지지 않고 껍질이 씨를 싸고 닫혀진[閉] 채로 떨어지는 열매[果]. ⓑ건조폐과(乾燥閉果).

폐:관[2] 閉管 (닫을 폐, 대롱 관). 한쪽 끝이 닫힌[閉] 관(管).

폐:관[3] 閉館 (닫을 폐, 집 관). 시간이 되어 도서관, 박물관 따위[館]의 문을 닫음[閉]. ⓑ개관(開館). ¶폐관 시간 / 폐관 이전에 오십시오.

폐:관[4] 廢館 (그만둘 폐, 집 관). ① 속뜻 건물[館]의 운영을 폐지(廢止)함. ② 도서관, 박물관, 영화관 따위 관을 폐쇄함. ⓑ개관(開館). ¶마을 도서관의 폐관으로 주민들이 매우 불편하였다.

폐:관[5] 廢關 (그만둘 폐, 빗장 관). ① 속뜻 관문(關門)을 닫고 교류하지 않음[廢]. ② 외국과의 조약을 폐함.

폐:광 廢鑛 (그만둘 폐, 쇳돌 광). 광산에서 광물(鑛物)을 캐내는 일을 그만둠[廢]. 또는 그 광산. ¶금광이 폐광되자 많은 사람이 마을을 떠났다.

폐:교 廢校 (그만둘 폐, 학교 교). 학교(學校)의 운영을 그만두어[廢] 문을 닫음. 또는 그렇게 된 학교. ¶학생 수가 줄어들자 이 초등학교는 폐교됐다. ⓑ개교(開校).

폐:국[1] 弊局 (나쁠 폐, 판 국). 폐해(弊害)가 많아 일이 결딴나게 된 판국(版局).

폐:국[2] 弊國 (낡을 폐, 나라 국). ① 속뜻 누추한[弊] 나라[國]. ② '자기 나라'를 겸손히 이르는 말. ⓑ폐방(弊邦). ⓑ귀국(貴國).

폐:군 廢君 (그만둘 폐, 임금 군). 폐위(廢位)된 임금[君]. ⓑ폐주(廢主).

⁑**폐:기** 廢棄 (그만둘 폐, 버릴 기). ① 속뜻 그만두거나[廢] 내다 버림[棄]. ¶그들은 유통기한이 지난 식품을 모두 폐기 처분했다. ② 조약, 법령 따위를 무효로 함. ¶계약 폐기 / 많은 제도가 폐기되었다.

▸**폐:기-물** 廢棄物 (만물 물). 내다 버린[廢棄] 물건(物件). ¶유독성 폐기물 때문에 우리 인근 지역의 하천이 오염되었다.

폐:기-량 肺氣量 (허파 폐, 숨 기, 분량 량). 의학 허파[肺] 속에 최대한도로 공기(空氣)를 빨아들여 다시 배출하는 공기의 양(量). ⓑ폐활량(肺活量).

폐:-기종 肺氣腫 (허파 폐, 숨 기, 종기 종). ① 속뜻 폐(肺)에 기종(氣腫)이 생긴 것. ② 의학 폐 내의 공기 공간의 크기가 정상보다 커지는 병. 폐포 벽의 파괴가 따르며 기침, 호흡 곤란 따위가 나타난다.

폐:농 廢農 (그만둘 폐, 농사 농). ① 속뜻 농사(農事)를 그만둠[廢]. ② 농사에 실패함.

폐:단 弊端 (해질 폐, 끝 단). ① 속뜻 옷 따위의 찢어지고 해진[弊] 끝[端] 부분. ② 좋지 못한 나쁜 점. ¶사교육의 폐단을 줄이다. ⓒ폐. ⓑ폐해(弊害).

폐:답 廢畓 (버릴 폐, 논 답). 농사를 짓지 않고 버려 둔[廢] 논[畓].

폐:-동맥 肺動脈 (허파 폐, 움직일 동, 줄기 맥). 의학 허파[肺]로 들어가는 동맥(動脈). 심장에서 허파로 산소가 적은 혈액을 보낸다. ⓑ폐정맥(肺靜脈).

폐:려 弊廬 (낡을 폐, 오두막집 려). ① 속뜻 누추한[弊] 오두막[廬]. ② '자기의 집'을 겸손히 이르는 말. ⓑ비제(鄙第).

폐:렴 肺炎 (본음 [폐염], 허파 폐, 염증 염). 의학 폐[肺]에 생기는 염증(炎症). 오한, 고열, 기침, 호흡 곤란 따위의 증상을 보인다.

폐:륜 廢倫 (그만둘 폐, 인륜 륜). ① 속뜻 인륜(人倫)을 저버림[廢]둠. ② 혼인을 하지 않거나, 또는 혼인을 못함. ③ 부부간에 성

생활을 하지 않음.

폐:립 廢立 (그만둘 폐, 설 립). 임금을 폐위(廢位)시키고 다른 임금을 세움[立].

폐:막 閉幕 (닫을 폐, 막 막). ① 속뜻 연극을 다 끝내고 막(幕)을 내림[閉]. ¶연극이 끝나고 폐막된 무대를 바라보다. ② 어떤 행사가 끝남. ¶성황리에 축제를 폐막하다. 반 개막(開幕).

폐:망 廢亡 (버릴 폐, 망할 망). 폐(廢)하여 망(亡)함. ¶외래 문화의 무분별한 수입은 우리 문화를 폐망으로 이끌 수 있다.

폐:-모음 閉母音 (닫을 폐, 어머니 모, 소리 음). 언어 닫은[閉] 홀소리[母音]. 입을 조금 열고, 혀의 위치를 높여서 발음하는 모음. 국어에서는 'ㅣ', 'ㅟ', 'ㅡ', 'ㅜ' 따위. 비 고모음(高母音).

폐:목 廢目 (버릴 폐, 눈 목). 시력(視力)이 몹시 나쁜[廢] 눈[目]. 비 폐안(廢眼).

폐:문1 肺門 (허파 폐, 문 문). ① 속뜻 허파[肺]의 문(門). ② 의학 허파의 안쪽 가운데 부분의 허파 동맥, 허파 정맥, 기관지 따위가 출입하는 부위.

폐:문2 閉門 (닫을 폐, 문 문). 문(門)을 닫음[閉]. 비 폐호(閉戶), 엄문(掩門). 반 개문(開門).

폐:문3 廢門 (그만둘 폐, 문 문). ① 속뜻 쓰고 있던 문(門)을 쓸 수 없도록 함[廢]. 또는 그 문. ② 더 이상 일을 보지 않음을 비유하여 이르는 말.

폐:물1 幣物 (예물 폐, 만물 물). 예물[幣]로 바치는 물건(物件). ¶결혼 때 가져온 폐물.

폐:물2 廢物 (버릴 폐, 만물 물). 못쓰게 되어 버린[廢] 물건(物件). ¶폐물이 된 자전거.

폐:방1 弊邦 (낡을 폐, 나라 방). ① 속뜻 누추한[弊] 나라[邦]. ② '자기 나라'를 겸손히 이르는 말. 비 폐국(弊國).

폐:방2 廢房 (버릴 폐, 방 방). 쓰지 않고 버려둔[廢] 방[房].

폐:백 幣帛 (예물 폐, 비단 백). ① 속뜻 예물[幣]로 보낸 비단[帛]. ② 신부가 처음으로 시부모를 뵐 때 올리는 대추나 포 따위. ¶시부모님께 폐백을 드리다. ③ 예를 갖추어서 보내거나 가지고 가는 예물.

폐:병1 肺病 (허파 폐, 병 병). ① 속뜻 폐(肺)에 생긴 병(病). ② 의학 폐(肺)에 결핵균(結核菌)이 침입하여 생기는 만성 전염병. ¶그는 폐병으로 몸져누워 있다. 비 폐결핵(肺結核).

폐:병2 廢兵 (그만둘 폐, 군사 병). 전쟁에서 부상을 당하여 불구가 된[廢] 병사(兵士).

폐:부 肺腑 (허파 폐, 내장 부). ① 의학 공기 호흡을 하는 기관[腑]인 허파[肺]. 비 폐장(肺腸). ② 마음의 깊은 속. ③ 일의 요긴한 점. 또는 급소(急所).

폐:비 廢妃 (그만둘 폐, 왕비 비). 자리에서 쫓겨난[廢] 왕비(王妃). 또는 왕비의 자리를 물러나게 함.

폐:빙 幣聘 (예물 폐, 부를 빙). 예물[幣]을 갖추어 초빙(招聘)함.

폐:사1 廢寺 (그만둘 폐, 절 사). 폐(廢)하여져 승려가 없는 절[寺]. ¶폐사가 되다시피 한 절을 중건하는 것이 꿈이었다.

폐:사2 弊社 (낡을 폐, 회사 사). ① 속뜻 누추한[弊] 회사(會社). ② '자기 회사'를 겸손히 이르는 말.

폐:사3 弊舍 (낡을 폐, 집 사). ① 속뜻 누추한[弊] 집[舍]. ② '자기 집'을 겸손히 이르는 말. 비 폐려(弊廬).

폐:사4 斃死 (넘어질 폐, 죽을 사). 넘어지거나[斃] 쓰러져 죽음[死]. ¶무더위로 많은 가축이 폐사했다.

폐:색 閉塞 (닫을 폐, 막힐 색). ① 속뜻 닫아서[閉] 막음[塞]. 또는 닫혀서 막힘. ② 운수가 꼭 막힘. ③ 겨울에 천지가 얼어붙어 생기가 막힘. ④ 교통 폐색 장치(閉塞裝置).

▸ **폐:색-기** 閉塞器 (그릇 기). 교통 철도에서 폐색(閉塞) 구간에 하나의 열차가 있을 때에는 다른 열차를 그 구간에 진입하지 못하게 하기 위한 장치[器]. 비 폐색 장치(閉塞裝置).

▸ **폐:색-선** 閉塞船 (배 선). 군사 적의 항구를 폐쇄하거나 적의 함대의 침입을 막기 위해[閉塞] 적이나 아군의 항구 입구에 가라앉히는 배[船].

▸ **폐:색-호** 閉塞湖 (호수 호). 산사태로 생기는 토사나 화산의 분출물, 하천의 퇴적 작용 따위로 골짜기나 냇물이 막혀서[閉塞] 생긴 호수(湖水).

▸ **폐:색 전선** 閉塞前線 (앞 전, 줄 선). 지리 온대 저기압이 발달하여 한랭 전선이 온난

전선을 앞질러서 따뜻한 기운을 지표로부터 밀어 올렸을 때 이루어져 막힌 것 같은[閉塞] 전선(前線).

폐:석 廢石 (버릴 폐, 돌 석). ① 속뜻 쓸모없어 버린[廢] 돌[石]. ② 광업 유용 광석을 고르고 난 불필요한 돌. ③ 운동 바둑에서, 활용할 가치가 없어진 돌.

폐:선 廢船 (버릴 폐, 배 선). ① 속뜻 낡아서 못쓰게 된[廢] 배[船]. ② 선적에서 없애 버린 배.

폐:쇄 閉鎖 (닫을 폐, 잠글 쇄). ① 속뜻 문을 닫고[閉] 잠금[鎖]. ② 기관이나 시설을 없애거나 기능을 정지함. ¶이 공장은 불황으로 폐쇄됐다. ⓑ개방(開放).

▶폐:쇄-기 閉鎖機 (틀 기). ① 속뜻 문을 닫고[閉] 잠그는[鎖] 기계(機械). ② 군사 탄약을 장전하기 위하여 포신의 약실 뒤쪽을 여닫는 장치.

▶폐:쇄-음 閉鎖音 (소리 음). 언어 폐에서 나오는 공기를 일단 막았다가[閉鎖] 그 막은 자리를 터뜨리면서 내는 소리[音].

▶폐:쇄성 결핵 閉鎖性結核 (성질 성, 맺을 결, 씨 핵). 의학 전염할 위험이 없는[閉鎖性] 결핵(結核). 환자의 배설물에 결핵균이 섞여 나오지 않는다. ⓑ개방성 결핵(開放性結核).

▶폐:쇄 혈관계 閉鎖血管系 (피 혈, 대롱 관, 이어 맬 계). 의학 심장·동맥·모세 혈관·정맥의 네 부분으로 구성되어 있으며, 심장에서 나온 혈액의 대부분이 혈관 밖으로 흐르지 않고[閉鎖] 몸의 각부를 돌고 나서 다시 심장으로 되돌아오는 혈관계(血管系). ⓑ개방 혈관계(開放血管系).

***폐:수** 廢水 (버릴 폐, 물 수). 사용하고 내버린[廢] 물[水]. ¶강물이 공장 폐수로 인해 심하게 오염되었다.

▶폐:수 처:리 廢水處理 (처방할 처, 다스릴 리). 공업 공장이나 광산에서 쓰고 난 더러운 물[廢水]을 한곳에 모아, 약품으로 처리(處理)하여 불순물이나 화학 물질을 제거하는 일.

폐:-순환 肺循環 (허파 폐, 돌아다닐 순, 고리 환). ① 속뜻 허파[肺]를 거쳐 순환(循環)함. ② 의학 심장에 모인 피가 우심방에서 우심실로 가서 허파 동맥을 거치고 허파 속의 모세 혈관으로 흘러 허파 정맥을 통하여 좌심방으로 들어가는 혈액 순환. ⓑ소순환(小循環).

폐:습 弊習 (나쁠 폐, 버릇 습). ① 속뜻 나쁜[弊] 풍습이나 버릇[習]. ¶세금을 흥청망청 쓰는 폐습을 고치다. ② 나쁜 버릇. ⓑ폐풍(弊風).

폐:시 閉市 (닫을 폐, 저자 시). 시장(市場)의 가게를 닫음[閉]. ⓑ개시(開市).

폐:식[1] 廢食 (그만둘 폐, 먹을 식). 음식 먹기[食]를 그만둠[廢].

폐:식[2] 閉式 (닫을 폐, 의식 식). 의식(儀式)을 끝냄[閉]. ⓑ개식(開式).

▶폐:식-사 閉式辭 (말씀 사). 의식(儀式)을 마칠[閉] 때 하는 인사말[辭]. ⓑ개식사(開式辭).

폐:-식용유 廢食用油 (버릴 폐, 먹을 식, 쓸 용, 기름 유). 더 이상 쓸 수 없게 되어 버려야[廢] 할 식용유(食用油). ¶폐식용유로 비누를 만들었다.

폐:안 廢案 (버릴 폐, 안건 안). 토의하지 않고 버려둔[廢] 의안(議案)이나 안건(案件).

폐:암 肺癌 (허파 폐, 암 암). 의학 폐(肺)에 생기는 암(癌). ¶흡연자는 폐암에 걸릴 확률이 높다.

폐:어[1] 肺魚 (허파 폐, 물고기 어). ① 속뜻 아가미 외에 허파[肺] 같은 부레가 호흡기로서 발달되어 있는 물고기[魚]. ② 동물 폐어류의 민물고기를 통틀어 이르는 말.

폐:어[2] 廢語 (버릴 폐, 말씀 어). 언어 과거에는 쓰였으나 현재에는 쓰이지 아니하게 된[廢] 언어(言語). ⓑ사어(死語).

폐:업 廢業 (그만둘 폐, 일 업). 영업(營業)이나 사업을 그만둠[廢]. ¶자금이 부족해 회사를 폐업하다. ⓑ폐점(閉店). ⓑ개업(開業).

폐:열 廢熱 (버릴 폐, 더울 열). 이용되지 못하고 헛되이 버려지는[廢] 열(熱).

폐:염 肺炎 (허파 폐, 염증 염). ① 속뜻 폐(肺)에 생기는 염증(炎症). ② 의학 폐렴 쌍구균, 바이러스, 미코플라스마 따위가 감염되어 일어나며 화학 물질이나 알레르기로 말미암아 일어나기도 함. 오한, 고열, 가슴앓이, 기침, 호흡 곤란 따위의 증상을 보인다. ⓒ폐렴.

▸ 폐:렴-균 肺炎菌 (세균 균). 생물 폐렴(肺炎)의 병원균(病原菌).

폐:엽 肺葉 (허파 폐, 잎 엽). 의학 포유류의 허파[肺]를 형성하는 잎[葉] 같은 부분.

폐:옥1 弊屋 (낡을 폐, 집 옥). ① 속뜻 누추한[弊] 집[屋]. ②'자기 집'을 겸손히 이르는 말. ㊐비제(鄙第).

폐:옥2 廢屋 (버릴 폐, 집 옥). 버려두어[廢] 낡은 집[屋].

폐:왕 廢王 (그만둘 폐, 임금 왕). 폐위(廢位)된 왕(王).

폐:용 廢用 (그만둘 폐, 쓸 용). ① 속뜻 용도(用途)가 없어짐[廢]. ② 경제 기계나 설비가 물리적으로는 사용할 수 있지만 경제적인 사용 가치를 상실함. 또는 그런 일.

폐:원 閉院 (닫을 폐, 집 원). ① 속뜻 병원(病院), 학원(學院) 따위의 문을 닫음[閉]. ② 국회의 회기가 끝나 문을 닫음. ㊥개원(開院).

폐:위 廢位 (그만둘 폐, 자리 위). 왕위(王位)를 폐(廢)함.

폐:유 廢油 (버릴 폐, 기름 유). 못쓰게 된[廢] 기름[油].

폐:-음절 閉音節 (닫을 폐, 소리 음, 마디 절). 언어 자음으로 끝나서 닫혀있는[閉] 것 같이 느껴지는 음절(音節). 국어에서 '악', '갑', '말' 따위. ㊥개음절(開音節).

폐:읍 弊邑 (나쁠 폐, 고을 읍). ① 속뜻 누추한[弊] 고장[邑]. ② 말하는 이가 자기 고장을 낮추어 이르는 말.

폐:인 廢人 (버릴 폐, 사람 인). ① 속뜻 쓸모없이 된[廢] 사람[人]. ② 병이나 못된 버릇 따위로 몸을 망친 사람. ¶그는 술과 도박에 빠져 폐인이 됐다. ㊐기인(棄人).

폐:일-언 蔽一言 (덮을 폐, 한 일, 말씀 언). 이러니저러니 할 것 없이 한[一] 마디의 말[言]로 휩싸서[蔽] 말하다. '일언이폐지'(一言以蔽之)의 준말. ¶폐일언하고 당장 시작합시다.

폐:-자원 廢資源 (버릴 폐, 재물 자, 근원 원). 다 써서 버리게[廢] 된 자원(資源). ¶폐자원을 활용하다.

폐:장1 閉場 (닫을 폐, 마당 장). ① 속뜻 집회나 행사 따위의 회장(會場)을 닫음[閉]. ¶우리 해수욕장은 8월 말에 폐장한다. ② 경제 1년 중 마지막으로 증권 거래 업무를 마감함. ㊥개장(開場).

폐:장2 肺臟 (허파 폐, 내장 장). ① 속뜻 장기(臟器) 중의 허파[肺]를 가리킴. ② 의학 공기 호흡을 하는 기관. 흉강 좌우에 한 쌍이 있다.

▸ 폐:장-암 肺臟癌 (암 암). 의학 폐장(肺臟)에 생기는 암종(癌腫). ㊟폐암.

폐:적 廢嫡 (그만둘 폐, 정실 적). 적자(嫡子)로서의 신분, 권리 따위를 폐(廢)함.

폐:전-색 肺栓塞 (허파 폐, 마개 전, 막힐 색). 의학 폐(肺)의 혈관이 혈전(血栓) 따위의 불순물로 막혀[塞] 혈액 순환에 장애를 일으키는 병.

폐:절 廢絶 (그만둘 폐, 끊을 절). 아주 허물어져[廢] 없어짐[絶]. ㊐폐멸(廢滅).

▸ 폐:절-가 廢絶家 (집 가). 상속인이 없어 대(代)가 끊어진[廢絶] 집[家].

폐:점1 閉店 (닫을 폐, 가게 점). ① 속뜻 폐업이나 도산 따위로 가게[店]를 닫음[閉]. ② 장사를 마치고 가게문을 닫음. ㊐폐업(閉業). ㊥개점(開店).

폐:점2 弊店 (낡을 폐, 가게 점). ① 속뜻 누추한[弊] 가게[店]. ② '자기 상점'을 겸손히 이르는 말.

폐:정1 閉廷 (닫을 폐, 법정 정). ① 속뜻 법정(法廷)의 문을 닫음[閉]. ② 법률 재판, 심리 따위를 마침. ㊥개정(開廷).

폐:정2 廢井 (버릴 폐, 우물 정). 쓰지 않고 버려 둔[廢] 우물[井].

폐:정3 弊政 (나쁠 폐, 정치 정). 폐단(弊端)이 많은 정치(政治).

폐:-정맥 肺靜脈 (허파 폐, 고요할 정, 혈관 맥). 의학 허파[肺]를 돌고 나오는 정맥(靜脈). 허파에서 산소가 많이 포함된 혈액을 심장으로 보낸다. ㊥폐동맥(肺動脈).

폐:제1 幣制 (돈 폐, 정할 제). 화폐(貨幣)에 관한 제도(制度).

폐:제2 廢帝 (그만둘 폐, 임금 제). 폐위(廢位)된 황제(皇帝).

폐:제3 廢除 (그만둘 폐, 덜 제). ① 속뜻 폐(廢)하여 없애 버림[除]. ② 법률 일정한 법정 원인이 있는 때에, 피상속인의 요구에 의하여 상속인의 자격을 박탈하는 제도.

폐:주 廢主 (그만둘 폐, 주인 주). 폐위(廢位)

된 임금[主]. [비]폐군(廢君).

폐:지[1] 廢址 (버릴 폐, 터 지). 집이 헐린 채 버려 둔[廢] 빈 터[址].

폐:지[2] 廢紙 (버릴 폐, 종이 지). 쓰지 않고 버린[廢] 종이[紙]. ¶폐지를 재활용하다.

폐:지[3] 廢止 (그만둘 폐, 그칠 지). 실시하던 일이나 제도 따위를 그만두거나[廢] 멈춤[止]. ¶노예제도를 폐지하였다.

▸ 폐:지-안 廢止案 (안건 안). 실시하여 오던 일이나 법규, 제도 따위를 없애자는[廢止] 의안(議案).

폐:질 廢疾 (그만둘 폐, 병 질). 고치는 것을 그만둔[廢] 병[疾]. 고칠 수 없는 병. [비]고질(痼疾).

폐:차[1] 蔽遮 (덮을 폐, 가로막을 차). 보이지 않도록 덮어[蔽] 막음[遮].

폐:차[2] 廢車 (버릴 폐, 수레 차). ① [속뜻]낡아서 버린[廢] 차(車). ②차량 등록이 취소된 차. ¶이 차는 너무 낡아서 폐차해야겠다.

▸ 폐:차-장 廢車場 (마당 장). 낡거나 못 쓰게 된[廢] 차[車]를 없애는 곳[場]. ¶폐차장에 차가 쌓여 있다.

폐:출 廢黜 (그만둘 폐, 내쫓을 출). 작위나 관직을 떼고[廢] 내쫓음[黜].

폐:-출혈 肺出血 (허파 폐, 날 출, 피 혈). [의학]폐 조직의 손상되어 폐혈관(肺血管)에서 피[血]가 나는 일[出].

폐:-충혈 肺充血 (허파 폐, 채울 충, 피 혈). [의학]폐장(肺臟)의 염증으로 생기는 피[血]가 비정상적으로 많이 모이는[充] 증상.

폐:침-망찬 廢寢忘餐 (그만둘 폐, 잠잘 침, 잊을 망, 밥 찬). ① [속뜻]잠자는[寢] 것을 멈추고[廢] 먹는[餐] 것을 잊음[忘]. ②일에 몰두함.

폐:퇴 廢頹 (버릴 폐, 무너질 퇴). 기강이나 도덕 따위가 황폐(荒廢)하여 무너짐[頹].

폐:포 肺胞 (허파 폐, 태보 포). [의학]허파[肺]로 들어간 기관지의 끝에 포도송이처럼 달려 있는 태보[胞] 같은 자루. [비]허파꽈리.

폐:품 廢品 (버릴 폐, 물건 품). 쓸 수 없어 내다 버린[廢] 물품(物品). ¶할아버지는 폐품을 주워다 판다.

폐:풍 弊風 (나쁠 폐, 풍속 풍). 나쁜[弊] 풍속(風俗). 폐해가 되는 나쁜 풍습. [비]폐습(弊習).

폐:하 陛下 (섬돌 폐, 아래 하). ① [속뜻]섬돌[陛] 아래[下]. 뜰아래. ②황제나 황후를 높여 일컫던 말. ¶폐하께서 부르시니 어서 궁궐로 가야겠습니다.

폐:합 廢合 (그만둘 폐, 합할 합). 어떤 것을 폐지(廢止)하여 다른 것에 합(合)침. ¶행정 구역의 폐합으로 사라진 마을이 많다.

폐:해 弊害 (나쁠 폐, 해칠 해). 좋지 않고 나쁜[弊] 점과 해로운[害] 점. ¶컴퓨터 게임 중독으로 인한 폐해. [비]폐(弊), 폐단(弊端), 병폐(病弊).

폐:허 廢墟 (버릴 폐, 옛터 허). ① [속뜻]못쓰게 되어 버린[廢] 터[墟]. ¶태풍으로 도시가 폐허로 변했다. ② [문학]1920년에 김억, 염상섭, 황석우 등이 창간한 퇴폐적 낭만주의 경향의 순 문예 동인지.

폐:-호흡 肺呼吸 (허파 폐, 내쉴 호, 마실 흡). [의학]허파[肺] 안에서 피 속의 가스가 교환되는 호흡(呼吸).

폐:환 肺患 (허파 폐, 병 환). [의학]폐(肺)에 생긴 질병[患]. [비]폐병(肺病). [참]폐결핵(肺結核).

폐:-활량 肺活量 (허파 폐, 살 활, 분량 량). [의학]폐(肺) 활동(活動)을 통하여 최대한도로 빨아들일 수 있는 공기의 양(量). ¶꾸준히 운동하면 폐활량이 더 늘어날 수 있다. [비]폐기량(肺氣量).

▸ 폐:활량-계 肺活量計 (셀 계). [의학]폐활량(肺活量)을 재는 계기(計器).

폐:회 閉會 (닫을 폐, 모일 회). 집회(集會) 또는 회의(會議)를 마치고 문을 닫음[閉]. ¶의장이 폐회를 선언하자 모두 박수를 쳤다. [반]개회(開會).

▸ 폐:회-사 閉會辭 (말씀 사). 폐회(閉會)를 선언하는 인사말[辭]. [반]개회사(開會辭).

▸ 폐:회-식 閉會式 (의식 식). 폐회(閉會)하는 의식(儀式). [반]개회식(開會式).

폐:-휴지 廢休紙 (버릴 폐, 쉴 휴, 종이 지). 못 쓰게 되어 버리는[廢] 휴지(休紙). ¶폐휴지도 재생하여 사용할 수 있다.

▸ 폐:휴지-통 廢休紙桶 (통 통). 못 쓰게 되어 버리는[廢] 휴지[休紙]를 담는 통(桶).

폐:-흡충 肺吸蟲 (허파 폐, 마실 흡, 벌레 충). ① [속뜻]허파[肺]에서 기생하며, 영양

분을 흡수(吸收)하는 벌레[蟲]. ② 동물 폐흡충과의 생물을 통틀어 이르는 말. 다슬기, 가재 따위를 중간 숙주로 하여 포유동물의 허파에 기생한다.

포가 砲架 (대포 포, 시렁 가). 군사 포신(砲身)을 올려놓는 받침틀[架].

포격 砲擊 (대포 포, 칠 격). 대포(大砲)를 쏨[擊]. ¶일주일째 계속된 포격으로 도시는 폐허로 변했다.

포:경[1] 包莖 (쌀 포, 줄기 경). ① 속뜻 줄기[莖]를 감싸고[包] 있는 것. ② 의학 남성 성기의 끝이 껍질에 싸여 있는 것. 또는 그런 성기.

포경[2] 砲徑 (대포 포, 지름길 경). 대포[砲]의 구경(口徑).

포:경[3] 捕鯨 (잡을 포, 고래 경). 고래[鯨]를 잡음[捕].

▸**포:경-선** 捕鯨船 (배 선). 고래[鯨]를 잡기[捕] 위해 설비를 갖춘 배[船]. ¶포경선 선원이 되었다. ㊟경선.

포:고 布告 (=佈告, 펼 포, 알릴 고). ① 속뜻 일반에게 널리[布] 알림[告]. ② 국가의 결정 의사를 공식으로 일반에게 발표하는 일. ¶선전포고 / 포고된 칙령이 실시되다.

▸**포:고-령** 布告令 (명령 령). 어떤 내용을 포고(布告)하는 명령(命令)이나 법령(法令).

▸**포:고-문** 布告文 (글월 문). 널리 펴서[布] 알리는[告] 글[文]. ¶포고문을 벽에 붙이고 있다.

포:곡-조 布穀鳥 (베 포, 곡식 곡, 새 조). ① 속뜻 뻐꾹뻐꾹[布穀] 우는 새[鳥]. '布穀'은 그 새의 울음소리를 흉내 낸 의성어이다. ② 동물 뻐꾸기. 두견과의 여름 철새. 몸은 검은 청색을 띠며, 때까치, 지빠귀 따위의 둥지에 알을 낳아 까게 한다.

포과 胞果 (태보 포, 열매 과). ① 속뜻 태보[胞] 같은 막에 싸여 있는 열매[果]. ② 식물 건과의 하나. 얇고 마른 껍질 속에 씨가 들어 있는데 명아주, 고추나무, 새우나무 따위의 열매가 이에 속한다.

포:괄 包括 (쌀 포, 묶을 괄). 어떤 사물이나 현상 따위를 온통 휩싸서[包] 하나로 묶음[括]. ¶외국어 학습은 읽기, 듣기, 말하기, 쓰기의 영역을 포괄한다.

▸**포:괄-적** 包括的 (것 적). 온통 휩싸서[包] 묶는[括] 것[的]. 또는 그러한 방식인 것.

▸**포:괄 승계** 包括承繼 (받들 승, 이을 계). 법률 타인의 모든 권리·의무를 포괄(包括)하여 승계(承繼)하는 일. ㊥특정 승계(特定承繼).

▸**포:괄 유증** 包括遺贈 (남길 유, 보낼 증). 법률 유언에 의하여 유산의 전부나[包括] 일정한 비율의 유산(遺産)을 주는[贈] 일. ㊥특정 유증(特定遺贈).

▸**포:괄 수유자** 包括受遺者 (받을 수, 남길 유, 사람 자). 법률 포괄 유증(包括遺贈)을 통해 유산(遺産)을 상속받는[受] 사람[者].

포:교 布教 (펼 포, 종교 교). 종교(宗教)를 널리 폄[布]. ¶포교 활동을 펼치다. ㊞선교(宣教).

▸**포:교-사** 布教師 (스승 사). 불교 교리(教理)를 널리 펴는[布教] 사람[師].

포구[1] 浦口 (개 포, 어귀 구). 배가 드나드는 개[浦]의 어귀[口]. ¶포구에는 어선들이 정박해 있다.

포구[2] 砲口 (대포 포, 구멍 구). 대포(大砲)의 탄알이 나가는 구멍[口]. 포문(砲門).

포군 砲軍 (대포 포, 군사 군). 군사 대포(大砲)를 장비한 군사(軍士). 총군(銃軍).

포궁 胞宮 (태보 포, 집 궁). ① 속뜻 태보[胞]로 둘러싸인 뱃속 아기의 집[宮]. ② 의학 여성의 수정관의 일부가 발달하여 된 것으로 태아가 착상하여 자라는 기관. ㊞자궁(子宮).

포기[1] 泡起 (거품 포, 일어날 기). 거품[泡]과 같이 부풀어 오름[起].

포:기[2] 抛棄 (던질 포, 버릴 기). ① 속뜻 하던 일을 중도에 내던지거나[抛] 내버려둠[棄]. ¶나는 이 문제를 포기할 수 없다. ② 자기의 권리나 자격을 내버려 쓰지 않음.

포:기[3] 暴棄 (해칠 포, 버릴 기). ① 속뜻 해치고[暴] 버림[棄]. ② 절망에 빠져 자신을 스스로 포기하고 돌아보지 아니함. '자포자기'(自暴自棄)의 준말.

포대[1] 布袋 (베 포, 자루 대). 무명이나 삼베[布] 따위로 만든 자루[袋].

포대[2] 布帶 (베 포, 띠 대). 베[布]로 만든 띠

[帶].

포대³ **包袋** (쌀 포, 자루 대). 피륙, 가죽, 종이 따위로 싸서[包] 만든 자루[袋]. ¶시멘트 포대 / 창고에는 포대 자루가 산더미처럼 쌓여 있다. ⓑ부대(負袋).

포대⁴ **袍帶** (도포 포, 띠 대). 도포(道袍)와 띠[帶].

포대⁵ **砲臺** (대포 포, 돈대 대). 군사 대포(大砲)를 설치하여 쏠 수 있도록 견고하게 만든 시설물[臺].

▸포대-경 砲臺鏡 (거울 경). ① 속뜻 포대(砲臺)에 있는 거울[鏡]. ② 군사 적의 정세를 살피고 공격 목표와 탄착 지점을 관측하는 데에 쓰는 큰 망원경.

포:덕 布德 (펼 포, 베풀 덕). 종교 천도교에서 한울님의 덕(德)을 세상에 폄[布]. ⓑ전도(傳道).

포:도¹ **逋逃** (달아날 포, 달아날 도). 죄를 저지르고 달아남[逋=逃].

포도² **鋪道** (펼 포, 길 도). 포장(鋪裝)한 길[道]. '포장도로'(鋪裝道路)의 준말.

포:도³ **捕盜** (잡을 포, 도둑 도). 도둑[盜]을 잡음[捕]. ¶포도대장이 출동하였다.

▸포:도-청 捕盜廳 (관청 청). 역사 조선 때, 도둑이나 범죄자를 잡기 위하여[捕盜] 설치한 관청(官廳). 속담 목구멍이 포도청.

▸포:도-군사 捕盜軍士 (군사 군, 선비 사). 역사 조선 때, 포도청(捕盜廳)에 속한 군졸[軍士]. ⓑ포졸(捕卒).

▸포:도-대장 捕盜大將 (큰 대, 장수 장). 역사 조선 때, 포도청(捕盜廳)의 우두머리[大將]. 품계는 종이품이다.

▸포:도-부장 捕盜部將 (거느릴 부, 장수 장). 역사 조선 때, 포도청(捕盜廳)에 속하여 범죄자를 잡아들이거나 다스리는[部] 일을 맡아보던 벼슬아치[將].

포도⁴ **葡萄** (포도 포, 포도 도). 식물 포도과의 낙엽 활엽 덩굴성 나무[葡=萄]. 덩굴은 길게 뻗고 덩굴손으로 다른 것에 감아 붙는다. ¶이 포도는 새콤달콤하다.

▸포도-당 葡萄糖 (엿 당). ① 속뜻 포도(葡萄)에 들어있는 엿[糖] 성분. ② 화학 단당류의 한 가지로 단맛 있는 과일이나 꿀 등 널리 생물계에 분포하며 생명 에너지의 원료가 됨. ¶포도당은 피로 회복에 도움이 된다.

▸포도-색 葡萄色 (빛 색). 포도(葡萄)처럼 붉은빛이 나는 자홍색(紫紅色).

▸포도-석 葡萄石 (돌 석). ① 속뜻 포도(葡萄) 모양의 돌[石]. ② 광업 칼슘과 알루미늄의 함수 규산염으로 이루어진 무색 또는 흰색의 광물. 사방 정계에 딸리는 기둥 모양 또는 판 모양의 결정으로, 때로는 포도 모양을 이루기도 한다.

▸포도-원 葡萄園 (동산 원). 포도(葡萄)를 재배하는 과수원(果樹園).

▸포도-주 葡萄酒 (술 주). 포도(葡萄)의 즙을 짜내어 발효시켜 만든 술[酒]. ¶프랑스 부르고뉴는 포도주로 유명하다.

▸포도-즙 葡萄汁 (즙 즙). 포도(葡萄)를 짜서 만든 즙액(汁液).

▸포도상 구균 葡萄狀球菌 (형상 상, 공 구, 세균 균). 생물 포도(葡萄)송이 모양[狀]을 이루고 있고 공[球]처럼 둥근 세균(細菌).

포락 炮烙 (구울 포, 지질 락). ① 속뜻 불에 달구어[炮] 지짐[烙]. ②뜨겁게 달군 쇠로 살을 지지는 형벌.

▸포락지형 炮烙之刑 (어조사 지, 형벌 형). ① 속뜻 뜨겁게 달군 쇠로 살을 지지는[炮烙] 형벌(刑罰). ② 역사 은(殷) 주왕이 쓰던 형벌로 불에 달군 쇠기둥을 맨발로 건너게 하던 형벌.

포:란 抱卵 (안을 포, 알 란). 새의 암컷이 부화하기 위하여 알[卵]을 품어[抱] 따뜻하게 하는 일.

포렴 布簾 (베 포, 발 렴). 술집이나 복덕방의 문에 발[簾]처럼 늘인 베[布] 조각. ¶주막의 포렴을 걷고 밖으로 나왔다.

포:로 捕虜 (잡을 포, 오랑캐 로). ① 속뜻 사로잡힌[捕] 오랑캐[虜]. ②전투에서 사로잡힌 적군. ¶그들은 모두 포로로 잡혀갔다. ③어떤 것에 마음이 쏠려 꼼짝 못하는 상태를 비유하여 이르는 말. ¶사랑의 포로 / 욕망의 포로.

▸포:로-병 捕虜兵 (군사 병). 포로(捕虜)로 잡힌 적병(敵兵).

▸포:로-수용소 捕虜收容所 (거둘 수, 담을 용, 곳 소). 포로(捕虜)를 유치하여 거주시키는[收容] 곳[所].

포:만 飽滿 (배부를 포, 찰 만). 배부르게[飽] 먹어 배가 가득 참[滿]. 또는 그렇게

먹음. ¶포만상태.

▸포:만-감 飽滿感 (느낄 감). 넘치도록 가득 차 있는[飽滿] 느낌[感]. ¶음식을 배부르게 먹고 포만감을 느끼다.

포말 泡沫 (거품 포, 거품 말). ① [속뜻] 물에 생긴 거품[泡=沫]. 물거품. ¶파도의 포말. ② '덧없는 것'을 비유하여 이르는 말. ¶포말 같은 인생.

포목 布木 (베 포, 나무 목). 베[布]와 목면(木綿), 즉 무명. ¶포목을 세금으로 바치다. [비]목포(木布).

▸포목-상 布木商 (장사 상). 베[布]와 무명[木綿] 따위의 옷감을 파는 장사[商]. 또는 그 장수.

▸포목-점 布木店 (가게 점). 베[布]와 무명[木綿] 따위의 옷감을 파는 가게[店].

포문 砲門 (대포 포, 문 문). 대포(大砲)의 탄알이 나가는 문(門). [비]포구(砲口).

포:물 抛物 (던질 포, 만물 물). 어떤 물체(物體)를 던짐[抛].

▸포:물-선 抛物線 (줄 선). ① [속뜻] 공중으로 던진[抛] 물체(物體)가 올라갔다 떨어질 때 생기는 줄[線] 모양. ② 물체가 반원 모양을 그리며 날아가는 선. 한 정점과 한 정직선에 이르는 거리가 같은 점의 자취를 이른다. 정점을 초점, 직선을 준선이라고 한다. ¶공은 포물선을 그리며 날아갔다.

▸포:물-체 抛物體 (몸 체). [물리] 지상의 대기 중으로 던져진[抛] 물체(物體).

▸포:물선 운:동 抛物線運動 (줄 선, 돌 운, 움직일 동). [물리] 포물선(抛物線)의 궤도 위를 움직이는 운동(運動).

포미 砲尾 (대포 포, 꼬리 미). 화포(火砲)의 꼬리[尾] 부분. [반]포구.

포:박 捕縛 (잡을 포, 묶을 박). 잡아서[捕] 묶음[縛]. ¶포박을 당하다 / 포박을 풀다.

포배 胞胚 (태보 포, 아이 밸 배). [생물] 다세포(多細胞) 동물의 발생 초기에 나타나는, 속이 빈 둥근 공 모양의 배(胚).

포백 布帛 (베 포, 비단 백). 베[布]와 비단[帛]을 아울러 이르는 말. ¶포백을 상으로 주다 / 세금을 포백으로 거두다.

포병 砲兵 (대포 포, 군사 병). [군사] 대포(大砲) 종류로 장비된 군대. 또는 그에 딸린 군인[兵]. ¶포병이 장전하기 위해 대포로 갔다.

▸포병-대 砲兵隊 (무리 대). ① [속뜻] 포병(砲兵)으로 조직된 부대(部隊). ② [역사] 대한 제국 때, 산포·야포로 조직되었던 시위대의 군대.

포복¹ 怖伏 (두려워할 포, 엎드릴 복). 무서워서[怖] 엎드림[伏].

포복² 匍匐 (길 포, 길 복). 배를 땅에 대고 기어 감[匍=匐]. ¶적의 참호에 포복하여 접근하다.

▸포복-경 匍匐莖 (줄기 경). [식물] 고구마나 수박의 줄기처럼 땅 위로 기어서[匍匐] 뻗는 줄기[莖]. [비]기는줄기.

포:복-절도 抱腹絶倒 (안을 포, 배 복, 끊을 절, 넘어질 도). 배[腹]를 안고[抱] 기절(氣絶)하여 넘어짐[倒]. 또는 그 정도로 몹시 웃음.

포:부 抱負 (안을 포, 질 부). ① [속뜻] 품에 안거나[抱] 등에 짊어지고[負] 있음. ② 마음속에 품고 있는 생각이나 계획 또는 희망. ¶그는 큰 포부를 가지고 있다. [비]야망(野望).

포:살 捕殺 (잡을 포, 죽일 살). 잡아[捕] 죽임[殺]. ¶도둑 가운데 3명이 잡혀 포살을 당했다.

포상¹ 砲床 (대포 포, 평상 상). [군사] ① 포(砲) 사격을 하기 위하여 평상(平床)같이 넓고 평평하게 마련한 진지. ② 포를 설치하여 놓은 대(臺).

포상² 褒賞 (칭찬할 포, 상줄 상). 칭찬하고[褒] 권장하여 상을 줌[賞].

포:석¹ 布石 (펼 포, 돌 석). ① [운동] 바둑에서, 처음에 돌[石]을 벌여 놓는[布] 일. ② 일의 장래를 위하여 미리 손을 씀.

포석² 鋪石 (펼 포, 돌 석). 길에 까는[鋪] 돌[石]. 도로를 포장할 때에 쓴다. ¶포석 도로.

포석정 鮑石亭 (절인 어물 포, 돌 석, 정자 정). ① [속뜻] 절인 어물[鮑]을 안주로 술을 마시며 즐기기 위해 넓은 바위[石]에 물길을 만들어 놓은 정자(亭子). ② [고적] 경상북도 경주에 있는 통일 신라 때의 귀족들의 놀이터. 왕과 귀족들이 석구(石溝)에 흐르는 물에 잔을 띄우고 시를 읊으며 놀이를 했다. 사적 제1호이다.

포:섭 包攝 (쌀 포, 당길 섭). ① 속뜻 상대편을 자기편으로 감싸[包] 끌어들임[攝]. ② 어떤 개념이 보다 일반적인 개념에 포괄되는 종속 관계.

포성 砲聲 (대포 포, 소리 성). 대포(大砲)를 쏠 때 나는 소리[聲]. ¶우르르하는 포성이 천지를 뒤흔들었다.

포:손 抱孫 (안을 포, 손자 손). 손자(孫子)를 안음[抱]. 손자를 봄. 손자가 생김.

▸포:손-례 抱孫禮 (예도 례). 손자를 보았을 때[抱孫], 한턱내는 예의(禮義).

포:수¹ 捕手 (잡을 포, 사람 수). 운동 본루를 지키며 투수가 던지는 공을 받는[捕] 선수(選手). ¶포수가 공을 놓쳤다. ⓑ투수(投手).

포:수² 砲手 (탄알 포, 사람 수). ① 속뜻 총알[砲]을 쏘아 짐승을 잡는 사냥꾼[手]. ¶사슴을 쫓는 포수는 산을 보지 못한다. ② 군사 군대에서, 직접 대포를 다루거나 쏘는 사병. ⓑ총군(銃軍).

▸포:수-막 砲手幕 (휘장 막). 사냥꾼[砲手]들이 휴식하기 위하여 지은 산막(山幕).

포술 砲術 (대포 포, 꾀 술). 대포(大砲)를 다루는 기술(技術).

포:승 捕繩 (잡을 포, 노끈 승). 죄인을 잡아[捕] 묶는 노끈[繩]. ¶포승으로 묶어서 끌고 갔다. ⓑ박승(縛繩).

포:시 布施 (베풀 포, 베풀 시). 불교 자비심으로 남에게 재물이나 불법을 베풂[布=施]. '보시'의 원말.

포:식¹ 捕食 (잡을 포, 먹을 식). 다른 동물을 잡아[捕] 먹음[食].

▸포:식-자 捕食者 (것 자). 동물 먹이 연쇄에서, 잡아[捕]먹는[食] 쪽의 동물[者].

포:식² 飽食 (배부를 포, 먹을 식). 배부르게[飽] 먹음[食]. ¶푸짐하게 차린 저녁을 포식하고 일찌감치 곯아떨어졌다. ⓑ포끽(飽喫).

▸포:식-난의 飽食暖衣 (따뜻할 난, 옷 의). 배불리[飽] 먹고[食] 따뜻하게[暖] 옷을 입음[衣]. 의식에 부족함이 없이 편안히 지냄. ⓑ난의포식(暖衣飽食).

포신 砲身 (대포 포, 몸 신). 대포(大砲)의 몸통[身].

포:악 暴惡 (사나울 포, 악할 악). 행동이 사납고[暴] 성질이 악(惡)함. ¶그는 포악한 사람이라 사람들이 좋아하지 않는다.

포안 砲眼 (대포 포, 눈 안). 군사 성벽, 함선, 보루 따위에서, 포(砲)를 쏘기 위해 낸 구멍[眼].

포연 砲煙 (대포 포, 연기 연). 총포(銃砲)를 쏠 때 나는 연기(煙氣).

▸포연-탄우 砲煙彈雨 (탄알 탄, 비 우). ① 속뜻 자욱한 총포(銃砲)의 연기(煙氣)와 빗발치는[雨] 탄환(彈丸). ② '격렬한 전투'를 이르는 말.

포엽 苞葉 (쌀 포, 잎 엽). 식물 봉오리를 싸서[苞] 보호하는 변태된 작은 잎[葉].

포영 泡影 (거품 포, 그림자 영). ① 속뜻 물거품[泡]과 그림자[影]. ② '사물의 덧없음'을 비유하여 이르는 말.

포:옹 抱擁 (안을 포, 껴안을 옹). 가슴에 품거나[抱] 껴안음[擁]. ¶그들은 서로의 몸을 팔로 감싸며 포옹했다.

포:용 包容 (쌀 포, 담을 용). ① 속뜻 감싸고[包] 담음[容]. ② 남을 아량 있고 너그럽게 감싸 받아들임. ¶대북 포용 정책 / 그는 남을 포용할 줄 아는 사람이다.

▸포:용-력 包容力 (힘 력). 남을 너그럽게 감싸주거나[包] 받아들이는[容] 힘[力]. ¶그는 남달리 큰 포용력을 지니고 있다.

포:위 包圍 (쌀 포, 둘레 위). 둘레[圍]를 에워쌈[包]. ¶경찰은 그들의 은신처를 포위했다.

▸포:위-망 包圍網 (그물 망). ① 속뜻 그물[網]처럼 빈틈없이 둘레를 에워쌈[包圍]. ¶죄수들은 포위망을 뚫고 빠져나갔다. ② '치밀하고 조직적인 포위'를 비유하여 이르는 말.

포:유¹ 包有 (쌀 포, 있을 유). 싸서[包] 가지고 있음[有].

포:유² 哺乳 (먹일 포, 젖 유). 어미가 새끼에게 젖[乳]을 먹여[哺] 기름.

▸포:유-기 哺乳期 (때 기). 어미가 새끼에게 젖[乳]을 먹이는[哺] 기간(期間).

▸포:유-류 哺乳類 (무리 류). 새끼를 낳아서 젖[乳]을 먹여 기르는[哺] 동물의 무리[類]. 척추동물의 한 종류이다. ⓑ포유동물(哺乳動物).

▸포:유-동물 哺乳動物 (움직일 동, 만물

물). 포유류(哺乳類)의 동물(動物).

포:유-문 抱有文 (안을 포, 있을 유, 글월 문). 언어 절로 된 다른 문장을 성분으로 안고[抱] 있는[有] 문장(文章). 혹은 큰 문장 속에 절의 형태로 안겨 있는 문장. 주어와 서술어의 관계가 두 번 이상 이루어지며 성분 절을 가진 문장이다.

포:육[1] 哺育 (먹일 포, 기를 육). 동물이 새끼를 먹여[哺] 기름[育].

포육[2] 脯肉 (포 포, 고기 육). 얇게 저며[脯] 양념해 말린 고기[肉] 조각.

포의[1] 胞衣 (태보 포, 옷 의). ① 속뜻 태보[胞]의 옷[衣] 같은 껍질. ② 의학 태아를 싸고 있는 막과 태반. 혼돈피(混沌皮).

포의[2] 布衣 (베 포, 옷 의). ① 속뜻 베[布]로 지은 옷[衣]. ② '벼슬이 없는 선비'를 비유하여 이르는 말. 백의(白衣).

▶ 포의-한사 布衣寒士 (가난할 한, 선비 사). 벼슬이 없는[布衣] 가난한[寒] 선비[士].

포자[1] 炮煮 (구울 포, 삶을 자). 굽고[炮] 끓이는[煮] 일.

포자[2] 胞子 (태보 포, 씨 자). ① 속뜻 자기 태보[胞]에 씨[子]를 품고 있음, 또는 그런 씨. ② 식물 혼자서 새로운 개체로 발생할 수 있는 생식 세포. ¶건조한 날씨가 되면 이끼는 자신의 포자를 흩뿌린다. ㊥홀씨.

▶ 포자-낭 胞子囊 (주머니 낭). 식물 내부에 포자(胞子)를 형성하는 주머니[囊] 모양의 기관.

▶ 포자-엽 胞子葉 (잎 엽). 식물 양치식물의 포자(胞子)가 생기는 잎[葉]. ㊥실엽(實葉). ㊤영양엽(營養葉), 나엽(裸葉).

▶ 포자-체 胞子體 (몸 체). 식물 고사리 따위의 세대 교번을 하는 식물에서 홀씨[胞子]를 만들어 무성 생식을 하는 세대의 식물체(植物體). 양치류, 다시마의 식용하는 부분 따위. ㊥홀씨체.

▶ 포자-충 胞子蟲 (벌레 충). ① 속뜻 포자(胞子)를 형성하는 벌레[蟲]. ② 동물 포자충강의 원생동물을 일상적으로 통틀어 이르는 말. 포자를 형성하는 것이 많고, 다른 동물에 기생하여 산다.

▶ 포자 생식 胞子生殖 (날 생, 불릴 식). 식물 홀씨[胞子]가 새로운 개체로 생겨나[生] 자라는[殖] 것. 균류, 선태류, 양치류, 원생동물의 포자층 따위에서 볼 수 있다.

▶ 포자-식물 胞子植物 (심을 식, 만물 물). 식물 꽃이 피지 않고 홀씨[胞子]로 번식하는 식물(植物). 균류(菌類), 조류(藻類), 양치식물 등. ㊟종자식물(種子植物).

포장[1] 包藏 (쌀 포, 감출 장). 물건을 겉으로 드러나지 않게 싸서[包] 간직함[藏].

포:장[2] 捕將 (잡을 포, 장수 장). 역사 조선 시대에 둔, 포도청(捕盜廳)의 으뜸 벼슬[將]. '포도대장'(捕盜大將)의 준말.

포장[3] 褒章 (기릴 포, 글 장). 법률 나라와 사회에 공헌한 사람을 기리는[褒] 의미로 주는 휘장(徽章). 훈장(勳章)에 다음가는 훈격(勳格)으로, 가슴에 달도록 만들어졌다.

포장[4] 鋪裝 (펼 포, 꾸밀 장). 길바닥에 아스팔트 따위를 깔아[鋪] 단단히 다져 꾸미는[裝] 일. ㊤비(非)포장.

포장[5] 褒奬 (칭찬할 포, 권면할 장). 칭찬하여[褒] 장려(奬勵)함. ㊥포양(褒揚).

포장[6] 包裝 (쌀 포, 꾸밀 장). 물건을 싸서[包] 꾸림[裝]. ¶선물을 포장하다.

▶ 포장-지 包裝紙 (종이 지). 포장(包裝)할 때 사용하는 종이[紙]. ¶그녀는 선물이 궁금해서 얼른 포장지를 뜯었다.

포장[7] 布帳 (베 포, 장막 장). 베[布]나 무명 따위로 만든 휘장(揮帳). ¶포장을 치다 / 그는 포장을 들추고 안을 들여다보았다.

▶ 포장-마차 布帳馬車 (말 마, 수레 차). ① 속뜻 비바람, 먼지, 햇볕 따위를 막기 위하여 포장(布帳)을 둘러친 마차(馬車). ② 손수레 따위에 네 기둥을 세우고 포장을 씌워 만든 이동식 간이주점. 주로 밤에 한길가나 공터에서 국수, 소주, 안주 따위를 판다. ¶그는 퇴근 후 포장마차에서 동료들과 한잔했다.

포전[1] 布廛 (베 포, 가게 전). 역사 조선 때 베[布]를 팔던 가게[廛]. 육주비전(六注比廛)의 하나이다.

포전[2] 圃田 (넓을 포, 밭 전). ① 속뜻 넓은[圃] 밭[田]. ② 채소를 심어 가꾸는 밭.

포전[3] 砲戰 (대포 포, 싸울 전). 화포(火砲)를 쏘아 가며 하는 전투(戰鬪).

포:졸 捕卒 (잡을 포, 군사 졸). 도둑을 잡는[捕] 일을 하는 군사[卒]. 조선 시대, 포도청(捕盜廳)에 속해 있었다. ¶방망이를 손에 쥔 포졸이 뛰어왔다. ㊥포도군사(捕盜軍

士).

포좌 砲座 (대포 포, 자리 좌). 군사 대포(大砲)를 올려 놓는 장치나 자리[座].

포:주 抱主 (안을 포, 주인 주). ① 속뜻 안아 주는[抱] 주인(主人). ② 기생이나 몸 파는 여자들의 영업을 돌보아 주면서 얻어먹고 지내는 사내. 기둥서방. ③ 창녀를 두고 영업을 하는 사람. ¶창녀 몇 명씩을 거느린 포주들.

포:진[1] 布陣 (펼 포, 진칠 진). 전쟁이나 경기를 하기 위하여 진(陣)을 침[布]. ¶경찰 기동대는 바리케이드 앞에 포진했다.

포:진[2] 布陳 (펼 포, 늘어놓을 진). 품평회에서나 상점 따위의 진열대 안에 물건을 펴서[布] 늘어놓음[陳].

포진[3] 疱疹 (물집 포, 앓을 진). ① 속뜻 피부에 물집[疱]이 생겨 앓는[疹] 증세. ② 의학 피부에 크고 작은 수포가 생기는 피부병을 통틀어 이르는 말. ¶입 언저리에 생긴 포진 / 대상 포진.

포-진지 砲陣地 (대포 포, 진칠 진, 땅 지). 군사 대포(大砲)를 설치한 진지(陣地).

포차 砲車 (대포 포, 수레 차). ① 속뜻 화포(火砲)를 운반하기에 편하도록 포가(砲架)에 연결시킨 차량(車輛). ② 화포를 끄는 견인 자동차.

포:착 捕捉 (잡을 포, 잡을 착). ① 속뜻 꼭 붙잡음[捕=捉]. ¶무장공비가 국군에게 포착됐다. ② 일의 요점이나 요령을 깨침. ¶문제의 본질을 포착하다. ㊥파착(把捉).

포척 布尺 (베 포, 자 척). 측량에 쓰는, 베[布]로 만든 띠 모양의 자[尺].

포:척 抛擲 (던질 포, 던질 척). 내던짐[抛=擲].

포촌 浦村 (개 포, 마을 촌). 갯가[浦]에 있는 마을[村].

포총 砲銃 (대포 포, 총 총). 포(砲)와 총(銃). ㊥총포.

포:충-망 捕蟲網 (잡을 포, 벌레 충, 그물 망). 곤충(昆蟲)을 잡는[捕] 데 쓰는, 긴 막대 끝에 그물[網] 주머니를 단 것.

포:충 식물 捕蟲植物 (잡을 포, 벌레 충, 심을 식, 만물 물). 식물 끈끈이주걱, 파리지옥풀 따위와 같이 벌레[蟲]를 잡아먹고[捕] 사는 식물(植物).

포:충-엽 捕蟲葉 (잡을 포, 벌레 충, 잎 엽). 식물 벌레잡이 식물에서 날아 붙는 벌레[蟲]를 잡아[捕] 소화시키는 잎[葉]을 말함.

포:치 布置 (=鋪置, 펼 포, 둘 치). ① 속뜻 펴서[布] 둠[置]. ② 넓게 늘어놓음. ㊥배치(排置).

포탄 砲彈 (대포 포, 탄알 탄). 대포(大砲)의 탄환(彈丸). ¶적진에 포탄을 퍼붓다.

포:탈 逋脫 (달아날 포, 벗을 탈). ① 속뜻 도망하여[逋] 벗어남[脫]. ② 바쳐야 할 세금을 모면하여 내지 않음.

포탑 砲塔 (대포 포, 탑 탑). 군사 대포(大砲)를 보호하기 위하여 두꺼운 강철로 둘러싼 탑(塔) 모양 장치. ¶전차 포탑 밖으로 얼굴을 드러낸 전차병.

포태 胞胎 (태보 포, 아이 밸 태). ① 속뜻 태아(胎兒)를 감싸고 있는 태보[胞]. ② 아이나 새끼를 뱀. ¶허약해서 포태를 할수 있을지 걱정이다. ㊥임신(妊娠).

포폄 褒貶 (기릴 포, 낮출 폄). ① 속뜻 기릴[褒] 것과 낮출[貶] 것. ② 옳고 그름이나 선하고 악함을 판단하여 결정함.

포피 包皮 (쌀 포, 가죽 피). ① 속뜻 표면을 싼[包] 가죽[皮]. ② 남성 성기의 끝부분을 싸고 있는 가죽.

▸ 포피-염 包皮炎 (염증 염). 의학 포피(包皮)에 생기는 염증(炎症).

포:학 暴虐 (사나울 포, 모질 학). 횡포(橫暴)하고 잔학(殘虐)함.

▸ 포:학-무도 暴虐無道 (없을 무, 길 도). 성질 따위가 몹시 잔인하고 난폭하며[暴虐] 도리(道理)를 모름[無].

포:한 抱恨 (품을 포, 원한 한). 원한(怨恨)을 품음[抱]. ¶그에게 그런 포한이 있었는지 아무도 몰랐다.

*__포함[1] 包含__ (쌀 포, 넣을 함). ① 속뜻 싸서[包] 한 군데 넣음[含]. ② 어떤 사물이나 현상 가운데 함께 들어 있거나 함께 넣음. ¶조사 대상에 포함되다 / 이 사건은 나를 포함한 많은 사람에게 책임이 있다.

포함[2] 砲艦 (대포 포, 싸움배 함). 군사 대포(大砲)를 갖추고 강기슭이나 해안의 수색과 정찰 및 경비를 맡아보는 날쌔고 작은 군함(軍艦).

포ː합 抱合 (안을 포, 합할 합). ① [속뜻] 안아서[抱] 합(合)침. 서로 껴안음. ② [의학] 생체 내에서, 약물·독물 따위의 유해 물질이 다른 물질과 결합하는 일. 해독 작용의 하나이다.

▸포ː합-어 抱合語 (말씀 어). [언어] 형태론적 특징에서 본 언어의 한 유형. 동사를 중심으로 하여 그 앞뒤에 인칭 접사나 목적을 나타내는 단어를 결합 또는 삽입하여[抱合] 한 단어로서 한 문장과 같은 형태를 가지는 언어(言語). 에스키모어와 아이누어 따위가 이에 속한다.

포항 浦港 (개 포, 항구 항). 포구(浦口)와 항구(港口).

포항 제ː철소 浦項製鐵所 (개 포, 목 항, 만들 제, 쇠 철, 곳 소). 경상북도 포항(浦項)에 있는, 철강(鐵鋼) 제품을 생산하는[製] 곳[所]. 세계적인 제철소 가운데 하나이다.

포향 砲響 (대포 포, 울릴 향). 대포(大砲)를 쏠 때 울리는[響] 소리.

포혈 砲穴 (대포 포, 구멍 혈). 대포(大砲)를 쏠 수 있게 참호나 성벽에 뚫은 구멍[穴].

포호함포 咆虎陷浦 (으르렁거릴 포, 호랑이 호, 빠질 함, 개 포). ① [속뜻] 으르렁대기만[咆] 하던 범[虎]이 개펄[浦]에 쏙 빠짐[陷]. ② '큰소리만 치고 일은 이루지 못함'을 이르는 말.

포화[1] 砲火 (대포 포, 불 화). 총포(銃砲)를 쏠 때 일어나는 불[火].

포ː화[2] 飽和 (배부를 포, 고를 화). ① [속뜻] 배가 불러[飽] 빈틈없이 고르게[和] 가득참. ② 더 이상의 양을 수용할 수 없을 정도로 가득 참. ¶서울의 인구는 포화 상태에 이르렀다 / 용액 속에 염화나트륨이 포화해 있다. ③ [물리] 일정한 조건하에 있는 어떤 상태량의 변화에 따라서 다른 양의 증가가 나타날 경우에, 앞의 것을 아무리 크게 변화시켜도 뒤의 것이 일정 한도에서 머무르는 일. ¶용액 속에 염화나트륨이 포화해 있다.

▸포ː화 상태 飽和狀態 (형상 상, 모양 태). 더 이상의 양을 수용할 수 없을 정도로 가득 찬[飽和] 상태(狀態).

▸포ː화 용액 飽和溶液 (녹을 용, 진 액). [화학] 어떤 온도에서 용매에 용질을 녹일 수 있을 만큼 녹여[飽和] 더 이상 녹일 수 없는 상태에 있는 용액(溶液).

▸포ː화 인구 飽和人口 (사람 인, 입 구). [사회] 어느 지역에서 수용력의 극한 상태에 이른[飽和] 인구(人口).

▸포ː화 증기 飽和蒸氣 (찔 증, 공기 기). ① [속뜻] 최대한 가득 찬[飽和] 증기(蒸氣). ② [물리] 일정한 온도의 공간에서 액체와 평행 상태에 있는 증기. [반]불포화 증기(不飽和蒸氣).

▸포ː화 증기압 飽和蒸氣壓 (찔 증, 공기 기, 누를 압). [물리] 주어진 온도에서 단위 부피 안에 수증기가 가장 많이 들어가 있을 때[飽和] 수증기(水蒸氣)의 압력(壓力).

▸포ː화 지방산 飽和脂肪酸 (기름 지, 기름 방, 산소 산). ① [속뜻] 포화[飽和] 상태의 지방산(脂肪酸). ② [화학] 분자 속에 이중 결합이 없는 지방산.

▸포ː화 화ː합물 飽和化合物 (될 화, 합할 합, 만물 물). [화학] 각 원자의 원자가가 모두 채워져 포화(飽和) 상태의 구조식을 갖는 유기 화합물(化合物)을 통틀어 이르는 말. 포화 탄화수소 따위.

***포환** 砲丸 (대포 포, 알 환). ① [속뜻] 대포(大砲)의 탄알[丸]. ¶화약과 포환. ② [운동] 포환던지기에 쓰이는 쇠로 만든 공. ¶운동장에서 선수가 포환을 던졌다.

포ː획 捕獲 (잡을 포, 얻을 획). ① [속뜻] 사로잡아[捕] 획득(獲得)함. ② 짐승이나 물고기를 잡음. ③ [법률] 국제법상 전시에, 적의 선박이나 범법한 중립국의 선박을 정지, 수색하고 나포하는 일.

포효 咆哮 (으르렁거릴 포, 으르렁거릴 효). ① [속뜻] 사나운 짐승이 으르렁거림[咆=哮]. ¶맹수의 포효. ② 사람이 크게 외침. ¶그가 포효하는 소리가 들렸다.

폭거 暴擧 (사나울 폭, 들 거). 난폭(亂暴)한 행동거지[擧].

폭격 爆擊 (터질 폭, 칠 격). 비행기에서 폭탄(爆彈)으로 적군을 공격[擊]함. 또는 그런 일. ¶적의 기지를 폭격하다.

▸폭격-기 爆擊機 (틀 기). [군사] 적의 진지나 시설을 폭격(爆擊)하는 것을 임무로 하는 군용 비행기(飛行機).

폭군 暴君 (사나울 폭, 임금 군). 난폭(亂暴)한 임금[君]. ¶폭군 때문에 백성들이 괴로웠다. [비]난군(亂君). [반]성군(聖君).

폭도 暴徒 (사나울 폭, 무리 도). 폭동(暴動)을 일으키는 무리[徒]. ¶폭도들은 닥치는 대로 상점에 불을 질렀다.

폭동 暴動 (사나울 폭, 움직일 동). 어떤 집단이 폭력(暴力)으로 소동(騷動)을 일으켜서 사회의 안녕을 어지럽히는 일. ¶폭동이 일어나다.

폭등 暴騰 (갑자기 폭, 오를 등). 물건 값 따위가 갑자기[暴] 크게 오름[騰]. ¶물가가 폭등하여 살기가 어려워졌다. [반]폭락(暴落).

폭락 暴落 (갑자기 폭, 떨어질 락). ① [속뜻]물가나 주가 등 값이 갑자기[暴] 크게 떨어짐[落]. ¶주가가 하루 만에 폭락하다. ②인기나 위신 따위가 갑자기 여지없이 떨어짐. ¶총리의 지지도가 폭락했다. [비]급락(急落), 붕락(崩落). [반]폭등(暴騰).

폭려 暴戾 (사나울 폭, 어그러질 려). 사람의 도리에 어그러지게[戾] 모질고 사납다[暴].

폭력 暴力 (사나울 폭, 힘 력). ① [속뜻]사나운[暴] 힘[力]. ②남을 거칠고 사납게 제압할 때에 쓰는 주먹이나 발 또는 몽둥이 따위의 수단이나 힘. ¶학교폭력은 심각한 사회문제다.

▶**폭력-단** 暴力團 (모일 단). ① [속뜻]폭력(暴力)을 휘두르는 무리[團]. ②폭력을 써서 어떤 목적을 휘두르는 불량배.

▶**폭력-물** 暴力物 (만물 물). 폭력(暴力)을 마구 휘두르는 내용을 담고 있는 영상물(映像物). ¶폭력물을 즐겨보는 것은 좋지 않다.

▶**폭력-배** 暴力輩 (무리 배). 걸핏하면 폭력(暴力)을 휘두르는 불량배(不良輩). ¶폭력배에게 폭행을 당하다.

▶**폭력-적** 暴力的 (것 적). 폭력(暴力)을 함부로 쓰는 것[的]. ¶폭력적인 행동. [반]평화적(平和的).

▶**폭력-주의** 暴力主義 (주될 주, 뜻 의). [정치]정치적인 목적을 위하여 조직적·집단적으로 행하는 폭력(暴力) 행위. 또는 그것을 이용하여 정치적인 목적을 이루려는 사상이나 주의(主義).

▶**폭력 혁명** 暴力革命 (바꿀 혁, 운명 명). [정치]무력[暴力]을 수단으로 하여 기존의 지배 계급과 국가 권력을 넘어뜨리는 혁명(革命).

▶**폭력주의-자** 暴力主義者 (주될 주, 뜻 의, 사람 자). 폭력주의(暴力主義)를 신봉하는 사람[者].

폭렬 爆裂 (터질 폭, 찢어질 렬). 폭발(爆發)하여 파열(破裂)함.

폭로 暴露 (갑자기 폭, 드러낼 로). ① [속뜻]갑자기[暴] 남들에게 드러냄[露]. ②알려지지 않았거나 감춰져 있던 사실을 드러냄. ¶그녀는 증거를 들이대며 거짓을 폭로했다. ③묻히거나 싸인 물건이 바람이나 비를 맞아 바램.

▶**폭로 문학** 暴露文學 (글월 문, 배울 학). [문학]사실의 진상을 폭로(暴露)함을 그 내용으로 하는 문학(文學).

▶**폭로 소:설** 暴露小說 (작을 소, 말씀 설). [문학]사회 현실의 어두운 면을 폭로(暴露)한 내용의 사회 소설(小說).

▶**폭로 전:술** 暴露戰術 (싸울 전, 꾀 술). [사회]반대파나 반대자가 숨기고 있는 부정이나 결함 따위를 폭로(暴露)하여 상대를 궁지에 빠뜨리려는 전술(戰術).

폭론 暴論 (사나울 폭, 논할 론). 거칠고 사나운[暴] 언론(言論).

폭뢰 爆雷 (터질 폭, 천둥 뢰). ① [속뜻]터지는[爆] 우레[雷]. ② [군사]잠수함 공격을 위한 수중 폭탄으로, 일정한 깊이에 이르면 기계적 발화 장치에 의해 자동 폭발함.

폭리 暴利 (사나울 폭, 이로울 리). ① [속뜻]사나울[暴] 정도로 지나친 이익(利益). ②지나치게 많이 남기는 부당한 이익. ¶원산지를 속여 폭리를 취하다. [반]박리(薄利).

▶**폭리 행위** 暴利行爲 (행할 행, 할 위). [법률]상대편의 어려움, 경솔, 무경험 따위의 약점을 이용하여 부당한 이익[暴利]을 꾀하는 행위(行爲).

폭민 暴民 (사나울 폭, 백성 민). 폭동(暴動)을 일으킨 민중(民衆). ¶폭민 집단.

폭발¹ 暴發 (갑자기 폭, 쏠 발). ① [속뜻]갑자기[暴] 쏟아져 나옴[發]. ¶감정의 폭발을 억제하다. ②힘이나 열기 따위가 갑작스럽게 퍼지거나 일어남. ¶인기 폭발. ③어떤 사건이 갑자기 벌어짐. ¶내란 폭발.

폭발² 爆發 (터질 폭, 일으킬 발). 갑작스럽게 터져[爆] 불을 일으킴[發]. ¶화산이 폭발하다.

▸폭발-물 爆發物 (만물 물). 불이 일어나며 갑작스럽게 터지는[爆發] 성질이 있는 물질(物質)을 통틀어 이르는 말. ¶폭발물이 있을지도 모르니 조심히 다루시오.

▸폭발-약 爆發藥 (약 약). 불이 일어나며 갑작스럽게 터지는[爆發] 폭약(爆藥).

▸폭발-적 爆發的 (것 적). 별안간 굉장한 기세로 일이 터지는[爆發] 것[的]. ¶제품이 폭발적인 인기를 누리고 있다.

▸폭발-탄 爆發彈 (탄알 탄). 군사 불이 일어나며 갑작스럽게 터지는[爆發] 폭탄(爆彈).

폭배 暴杯 (사나울 폭, 잔 배). 한 사람에게만 거듭거듭 사납게[暴] 따라 주는 술잔[杯]. ¶소주를 폭배로 들이키다.

폭백 暴白 (사나울 폭, 말할 백). 성을 내며 사납게[暴] 말함[白]. ¶폭백을 하듯 외쳤다.

폭사[1] 暴死 (갑자기 폭, 죽을 사). 갑자기[暴] 참혹하게 죽음[死]. ¶폭사를 아무도 예측하지 못하였다.

폭사[2] 爆死 (터질 폭, 죽을 사). 폭발(爆發)로 말미암아 죽음[死]. ¶전방에서 폭사 사건이 발생하였다.

폭살 爆殺 (터질 폭, 죽일 살). 폭탄(爆彈)이나 폭약 따위를 터뜨려서 죽임[殺]. ¶무장 간첩을 폭살시켰다.

폭서[1] 暴暑 (사나울 폭, 더울 서). 사나울[暴] 정도로 매우 심한 더위[暑]. ¶살인적인 폭서가 계속되다. ⓑ폭염(暴炎).

폭서[2] 曝書 (쬘 폭, 책 서). 좀먹는 것을 막기 위해, 책[書]을 볕에 쬠[曝].

폭설[1] 暴泄 (갑자기 폭, 샐 설). 갑자기[暴] 몹시 설사(泄瀉)함. 또는 그런 설사.

폭설[2] 暴雪 (갑자기 폭, 눈 설). 갑자기[暴] 많이 내리는 눈[雪]. ¶폭설이 쏟아지다.

폭설[3] 暴說 (사나울 폭, 말씀 설). 거칠고 사납게[暴] 하는 말[說]. ¶폭설을 퍼붓다. ⓑ폭언(暴言).

폭성 爆聲 (터질 폭, 소리 성). 폭탄 따위가 터지는[爆] 소리[聲]. '폭발성'의 준말. ¶폭성이 들리다.

폭소 爆笑 (터질 폭, 웃을 소). 갑자기 세차게 터져 나오는[爆] 웃음[笑]. ¶사람들은 폭소를 터뜨렸다.

폭식 暴食 (사나울 폭, 먹을 식). ① 속뜻 음식을 사나울[暴] 정도로 한꺼번에 지나치게 많이 먹음[食]. ¶폭식은 건강을 해친다. ② 가리지 않고 아무것이나 마구 먹음.

폭압 暴壓 (사나울 폭, 누를 압). 폭력(暴力)으로 억압(抑壓)함. ¶폭압이 극에 달하다.

폭약 爆藥 (터질 폭, 약 약). ① 속뜻 폭발(爆發)하는 성질을 지닌 화약(火藥). ② 화학 센 압력이나 열을 받으면 폭발하는 물질. ¶폭약을 터뜨리다.

폭양 曝陽 (쬘 폭, 볕 양). 뜨겁게 내리쬐는 볕[陽]을 쬠[曝]. 또는 그 볕. ¶7월의 폭양 / 지독한 폭양에 밭작물이 말라 버렸다.

폭언 暴言 (사나울 폭, 말씀 언). 난폭(亂暴)하게 하는 말[言]. ¶아이에게 폭언을 퍼붓다. ⓑ폭설(暴說).

폭염 暴炎 (사나울 폭, 불꽃 염). 사나운[暴] 불꽃[炎]처럼 뜨거운 무더위. ¶폭염으로 농작물이 시들어가고 있다. ⓑ폭서(暴暑).

폭우 暴雨 (사나울 폭, 비 우). 갑자기 세차게[暴] 쏟아지는 비[雨]. ¶폭우로 한치 앞도 보이지 않았다.

폭원 幅圓 (너비 폭, 둥글 원). 둥근[圓] 땅의 폭(幅). 땅이나 지역의 넓이.

폭위 暴威 (사나울 폭, 위엄 위). 거칠고 사나운[暴] 위세(威勢). ¶폭위를 부리다.

폭음[1] 暴淫 (사나울 폭, 음란할 음). ① 속뜻 사나울[暴] 정도로 음란(淫亂)함. ② 절도 없이 지나치게 성교를 함.

폭음[2] 暴飮 (갑자기 폭, 마실 음). ① 속뜻 술을 갑자기[暴] 한꺼번에 많이 마심[飮]. ¶폭음은 건강을 해친다. ② 가리지 않고 아무것이나 마구 마심. ⓑ폭주(暴酒), 폭배(暴杯).

폭음[3] 爆音 (터질 폭, 소리 음). ① 속뜻 폭발(爆發)할 때 나는 큰 소리[音]. '폭발음'의 준말. ¶어마어마한 폭음이 들렸다. ② 비행기, 오토바이 따위의 엔진 소리. ¶비행기의 폭음에 시달리다.

폭정 暴政 (사나울 폭, 정치 정). 포악(暴惡)한 정치(政治). ¶백성들이 폭정에 시달리다. ⓑ학정(虐政). ⓑ선정(善政).

폭주[1] 暴走 (사나울 폭, 달릴 주). ① 속뜻 매우 빠른 속도로 난폭(亂暴)하게 달림[走]. ¶오토바이의 폭주. ② 운동 야구에서, 주자가 아웃될 만큼 무모한 주루를 하는 일.

폭주[2] 暴注 (갑자기 폭, 쏟을 주). ① 속뜻 비가 갑작스럽게[暴] 많이 쏟아짐[注]. ¶비가 폭주로 내리붓다. ② 어떤 일이 처리하기 힘들 정도로 한꺼번에 몰림. ¶기사 폭주 / 업무량의 폭주.

폭주[3] 暴酒 (사나울 폭, 술 주). 사나울[暴] 정도로 많이 마시는 술[酒]. ¶잦은 폭주로 위가 상하다. ⓑ폭음(暴飮).

폭주[4] 輻輳 (바퀴살 폭, 모일 주). ① 속뜻 바퀴살[輻]처럼 한데 모여듦[輳]. '폭주병진'의 준말. ② 의학 두 눈의 주시선(注視線)이 눈앞의 한 점으로 집중하는 일.

▸**폭주-병진** 輻輳竝臻 (나란히 병, 이를 진). ① 속뜻 수레의 바퀴살[輻]이 한데 어울러[幷] 모여[輳] 이름[臻]. ② '여러 갈래로 흩어져 있던 것이 한곳으로 많이 몰려듦'을 비유하여 이르는 말.

폭죽 爆竹 (터질 폭, 대나무 죽). ① 속뜻 터지는[爆] 화약을 넣은 대나무[竹]. ② 가는 대나무 통이나 종이로 만든 통에 불을 지르거나 화약을 재어 터뜨려서 소리가 나게 하는 물건. ¶폭죽 터지는 소리가 요란하다.

폭취 暴醉 (사나울 폭, 취할 취). 술에 갑작스레 몹시[暴] 취(醉)함.

폭침 爆沈 (터질 폭, 가라앉을 침). 배 따위를 폭격하거나 폭발(爆發)시켜 가라앉힘[沈].

폭탄 爆彈 (터질 폭, 탄알 탄). 군사 폭발(爆發)하도록 만든 탄알[彈]. ¶폭탄을 터뜨리다. ⓑ폭발탄.

▸**폭탄-선언** 爆彈宣言 (알릴 선, 말씀 언). 어떤 국면이나 상태를 갑작스럽게 전환시키는 작용이나 반향을 일으키는 결정적인 폭탄(爆彈) 같은 선언(宣言).

폭투 暴投 (사나울 폭, 던질 투). 운동 야구에서, 투수가 포수가 잡을 수 없을 정도로 사납게[暴] 공을 던지는[投] 일. ⓑ악투(惡投).

폭파 爆破 (터질 폭, 깨뜨릴 파). 폭발(爆發)시켜 깨뜨림[破]. ¶건물을 산산이 폭파하다.

폭포 瀑布 (물거품 폭, 베 포). 물이 거품[瀑]을 일며 베[布]를 드리워 놓은 것처럼 곧장 쏟아져 내림.

▸**폭포-수** 瀑布水 (물 수). 거품[瀑]을 일며 베[布]를 드리워 놓은 것처럼 절벽에서 곧장 쏟아져 내리는 물줄기[水]. ¶폭포수가 떨어지다.

폭풍[1] 爆風 (터질 폭, 바람 풍). 폭발물이 터질[爆] 때에 일어나는 센 바람[風]. ¶그 바람은 마치 폭탄이 터질 때의 폭풍 같았다.

폭풍[2] 暴風 (사나울 폭, 바람 풍). ① 속뜻 매우 사납고[暴] 세차게 부는 바람[風]. ¶폭풍이 불어 닥치다. ② 지리 풍력 계급 11의 바람. 초속 28.5~32.6미터로 불며, 육지에서는 건물이 크게 부서지고 바다에서는 산더미 같은 파도가 일 정도의 바람이다. ⓑ왕바람.

▸**폭풍-우** 暴風雨 (비 우). ① 속뜻 몹시 세찬 바람[暴風]이 불면서 쏟아지는 큰비[雨]. ¶폭풍우가 휘몰아치다. ② 생활이나 사업 따위에서의 몹시 어려운 고통이나 난관을 비유하여 이르는 말. ¶사업을 하다 보면 뜻하지 않게 폭풍우를 만날 수도 있다.

▸**폭풍 경보** 暴風警報 (타이를 경, 알릴 보). 지리 최대 풍속이 21m/s 이상인 폭풍이 불 때, 기상청이 미리 알리어 경고하는 일. ¶지금 해상에는 폭풍 경보가 발효 중이다.

폭한[1] 暴寒 (갑자기 폭, 찰 한). 갑자기[暴] 닥치는 몹시 심한 추위[寒]. ¶폭한이 밀어닥치다.

폭한[2] 暴漢 (사나울 폭, 사나이 한). 함부로 난폭(亂暴)한 행동을 하는 사내[漢]. 폭객(暴客). ¶폭한이 날뛰는 세상.

폭행 暴行 (사나울 폭, 행할 행). ① 속뜻 남에게 폭력[暴力]을 쓰는[行] 일. ¶폭행을 휘두르다. ② '강간'(強姦)을 완곡하게 이르는 말. ¶부녀자들에게 폭행까지 가했다.

▸**폭행-죄** 暴行罪 (허물 죄). 법률 사람의 신체에 대하여 폭행(暴行)을 가함으로써 성립하는 범죄(犯罪).

표가 表價 (겉 표, 값 가). 경제 화폐의 표면(表面)에 기록되어 있는 가격(價格). 액면가격(額面價格).

표결[1] 票決 (쪽지 표, 결정할 결). 투표(投票)로써 결정(決定)함.

표결[2] 表決 (나타낼 표, 결정할 결). 회의에서 어떤 안건에 대하여 가부 의사를 표시(表示)하여 결정(決定)함. ¶그 법안은 표결에 부쳐졌다.

▸표결-권 表決權 (권리 권). 회의에 참석하여 표결(表決)할 수 있는 권리(權利).

표고 標高 (나타낼 표, 높을 고). 높이[高]를 나타냄[標]. 바다의 면이나 어떤 지점을 정하여 수직으로 잰 일정한 지대의 높이. 해발(海拔).

▸표고-점 標高點 (점 점). 지리 표고(標高)를 숫자로 나타낸 지점(地點).

표구 表具 (겉 표, 갖출 구). 그림의 겉[表]면에 종이나 천을 발라서 꾸미어 갖춤[具]. ¶그림을 표구하여 거실에 걸어 두다.

▸표구-사 表具師 (스승 사). 표구(表具)를 전문으로 하는 사람[師].

표기[1] 標記 (우듬지 표, 기록할 기). 알아보기 쉽도록 어떤 표시(標示)를 기록(記錄)해 놓음. 또는 그런 부호나 기호. ¶금방 알 수 있도록 세모 표기를 해 놓았다.

표기[2] 表記 (겉 표, 기록할 기). ① 속뜻 책, 문서, 봉투 등의 겉[表]에 기록(記錄)함. 또는 그 기록. ¶봉투에 자기 이름을 표기해 두었다. ②문자나 부호를 써서 말을 기록하는 일. ¶표기가 맞춤법에 어긋나다.

▸표기-법 表記法 (법 법). 언어 부호나 문자로써 한 언어를 표기(表記)하는 규칙[法]. ¶외래어 표기법 / 한글 로마자 표기법.

표대 表對 (겉 표, 짝 대). ① 속뜻 표현(表現)이 잘 된 대구(對句). ② 문학 시문을 짓는 데 썩 잘 맞게 된 대구.

표독 慓毒 (날랠 표, 독할 독). 성질이 사납고[慓] 독살(毒殺)스러움. ¶그녀는 내게 표독스럽게 굴었다.

표등 標燈 (나타낼 표, 등불 등). 신호를 보내거나 목표(目標)로 삼기 위해 켜 놓은 등불[燈].

표랑 漂浪 (떠다닐 표, 물결 랑). ① 속뜻 물위[浪]에 떠돌아다님[漂]. ②정처 없이 떠돌아다님.

표로 表露 (겉 표, 드러낼 로). 표면(表面)에 나타나거나[露] 나타냄.

표류 漂流 (떠다닐 표, 흐를 류). ① 속뜻 물에 떠서[漂] 흘러감[流]. ¶바다에서 배가 일주일째 표류했다. ②어떤 목적이나 방향을 잃고 헤맴. ¶국정은 혼돈과 표류를 거듭했다 / 그는 이국 땅에서 표류하다 생을 마쳤다. ⓑ표박(漂迫), 표랑(漂浪).

표리 表裏 (겉 표, 속 리). ① 속뜻 겉[表]과 속[裏]. 안과 밖. ¶표리가 일치하지 않다. ② 역사 임금이 신하에게 내리거나 신하가 임금에게 바치던 옷의 겉감과 안감.

▸표리부동 表裏不同 (아닐 부, 같을 동). 마음이 음흉하여 겉[表]과 속[裏]이 다름[不同].

▸표리-상응 表裏相應 (서로 상, 맞을 응). 안팎[表裏]에서 서로[相] 잘 맞음[應].

▸표리-일체 表裏一體 (하나 일, 몸 체). ① 속뜻 안팎[表裏]이 한[一] 몸[體]이 됨. ②두 가지 사물의 관계가 밀접하게 됨을 이르는 말.

표막 表膜 (겉 표, 꺼풀 막). 표면(表面)을 싸고 있는 막(膜). 겉막.

****표면 表面** (겉 표, 쪽 면). ① 속뜻 겉[表]으로 나타나는 부분이나 면(面). ¶도자기의 표면은 매우 매끄럽다. ②사물의 가장 바깥쪽. 또는 윗부분.

▸표면-적 表面的 (것 적). 겉[表面]으로 드러난 것[的]. ¶표면적 이유 / 표면적 현상.

▸표면-파 表面波 (물결 파). ① 해양 잔잔한 물의 겉면[表面]에 생기는 물결[波]. ② 지리 진원지에서 지구 표면으로 전파되는 지진파(地震波). ⓑ실체파(實體派).

▸표면-화 表面化 (될 화). 표면(表面)에 드러나거나 정체가 드러나게 됨[化].

▸표면 장력 表面張力 (당길 장, 힘 력). 물리 액체의 표면(表面)이 스스로 당겨져[張] 가능한 한 작은 면적을 취하려는 힘[力]. 계면 장력(界面張力).

표-면적 表面積 (겉 표, 쪽 면, 쌓을 적). 수학 물체 겉면[表面]의 넓이[積].

표명 表明 (겉 표, 밝힐 명). 겉[表]으로 드러내어 명백(明白)히 함. ¶자신의 생각을 표명하다.

표목 標木 (나타낼 표, 나무 목). 표(標)를 하기 위하여 세운 나무[木]. ⓑ푯말.

표문[1] 表文 (밝힐 표, 글월 문). ① 속뜻 마음에 품은 생각을 적어서 임금에게 표(表)로 올리던 글[文]. ②예전에 사용하던, 외교 문서의 하나.

표문[2] 豹紋 (표범 표, 무늬 문). 표범[豹]의 털가죽에 있는 얼룩무늬[紋].

표박 漂泊 (떠다닐 표, 머무를 박). ① 속뜻 일정한 주거나 생업이 없이 떠돌아다니며[漂] 지냄[泊]. ②풍랑을 만난 배가 물 위에 정처 없이 떠돎. [비]표우(漂寓).

▸표박 문학 漂泊文學 (글월 문, 배울 학). [문학]입에서 입으로 전하며 흘러 떠도는[漂泊] 문학(文學).

표방 標榜 (나타낼 표, 패 방). ① [속뜻]패[榜]를 높이 들어 널리 드러냄[標]. ②어떤 명목을 붙여 주의나 주장 또는 처지를 앞에 내세움. ¶민주주의 정신을 표방하다. ③남의 착한 행실을 기록하여 여러 사람에게 보임.

표백[1] 表白 (밝힐 표, 말할 백). 생각이나 태도 따위를 드러내어[表] 밝히거나 말함[白].

표백[2] 漂白 (빨래할 표, 흰 백). ① [속뜻]하얗게[白] 되도록 빨래함[漂]. ②종이나 피륙 따위를 바래거나 화학 약품으로 탈색하여 희게 함. ¶옷감을 표백하다.

▸표백-분 漂白粉 (가루 분). [화학]펄프를 희게[白] 만드는[漂] 데 쓰는 가루[粉]. 소석회에 염소를 흡수시켜 만든다.

▸표백-제 漂白劑 (약제 제). ① [화학]여러 가지 섬유나 염색 재료 속에 들어 있는 색소를 없애서 하얗게[白] 만드는[漂] 약제(藥劑). ②식품의 탈색에 사용하는 약제.

표변 豹變 (표범 표, 바뀔 변). ① [속뜻]표범[豹]의 무늬가 가을이 되면 아름답게 변(變)함. ②허물을 고쳐 말과 행동이 뚜렷이 달라짐.

표본 標本 (나타낼 표, 본보기 본). ① [속뜻]표준(標準)이 될 만한 본(本)보기. ¶그를 성공의 표본으로 삼다. ② [생물]생물의 몸 전체나 그 일부에 적당한 처리를 가하여 보존할 수 있게 한 것. ¶화초 표본. ③ [수학]여러 통계 자료를 포함하는 집단 속에서 그 일부를 뽑아내어 조사한 결과로써 본디의 집단의 성질을 추측할 수 있는 통계 자료.

▸표본-실 標本室 (방 실). 표본(標本)을 간수하거나 진열하여 놓은 방[室].

▸표본-지 標本紙 (종이 지). 식물의 표본(標本)을 붙이는 종이[紙].

▸표본 조사 標本調査 (헤아릴 조, 살필 사). [수학]모집단의 일부를 표본(標本)으로 추출하여 조사한 결과로써 모집단 전체의 성질을 추측하는 통계 조사(調査) 방법. [반]전수조사(全數調査).

▸표본 추출 標本抽出 (뽑을 추, 날 출). [수학]통계의 목적으로 모집단에서 표본(標本)을 골라내는[抽出] 일. [비]샘플링(sampling).

표사유피 豹死留皮 (표범 표, 죽을 사, 머무를 류, 가죽 피). 표범[豹]은 죽어서[死] 가죽[皮]을 남김[留]. [비]호사유피(虎死留皮).

표상 表象 (겉 표, 모양 상). ① [속뜻]대표(代表)로 삼을 만큼 상징(象徵)적인 것. ¶태극기는 우리 민족의 표상이다. ② [철학]지각에 의하여 의식에 나타나는 외계 대상의 상. ③ [심리]외부 세계의 대상을 마음속에 나타내는 것. ④ [문학]감각에 의하여 획득한 현상이 마음속에서 재생된 것. ¶시각적 표상. [비]심상(心象).

▸표상-형 表象型 (모형 형). [심리]표상(表象)의 성질에 따라 나눈 인간의 유형(類型). 시각형, 청각형, 운동형, 혼합형의 네 가지로 나눈다.

▸표상-주의 表象主義 (주될 주, 뜻 의). [문학]상징적인 방법에 의하여 어떤 정조나 감정 따위를 암시적으로 표현하려는[表象] 태도나 경향[主義]. [비]상징주의(象徵主義).

표서 表書 (겉 표, 쓸 서). 겉[表]면에 글씨를 씀[書]. 또는 그 글씨.

표석[1] 表石 (밝힐 표, 돌 석). 무덤 앞에 죽은 사람의 이름이나 행적 따위를 표시(表示)하기 위하여 세운 돌[石].

표석[2] 漂石 (떠다닐 표, 돌 석). ① [광업]땅 위로 드러나 있다가 풍화 작용으로 떨어져 나가 빙하에 의하여 하류까지 떠다녀[漂] 운반된 광석(鑛石) 조각. ② [지리]빙하의 작용으로 운반되었다가 빙하가 녹은 뒤에 그대로 남게 된 바윗돌.

표석[3] 標石 (나타낼 표, 돌 석). 어떤 것을 표지(標識)하기 위하여 세우는 돌[石].

표선 漂船 (떠다닐 표, 배 선). 바람 부는 대로 정처 없이 떠돌아다니는[漂] 배[船].

표설 漂說 (떠다닐 표, 말씀 설). 아무 근거 없이 떠돌아다니는[漂] 말[說]. [비]부설(浮說).

⁑**표시**[1] 標示 (우듬지 표, 보일 시). ① [속뜻]우듬지[標]같이 잘 보이도록[示] 함. ②잘 알

아보도록 문자나 기호로 나타냄. ¶가격표시 / 원산지 표시 / 답안지에 정답을 표시하다.

표시² 表示 (겉 표, 보일 시). 겉[表]으로 드러내어 보임[示]. ¶성의를 표시하다.

▸**표시-등** 表示燈 (등불 등). ① [속뜻] 기계의 작동 상태나 과정 따위를 표시(表示)하는 등(燈). ② [해양] 수로를 안내하는 선박에 다는 등불.

▸**표시-기** 標示器 (그릇 기). 일정한 뜻을 표시(標示)하기 위하여 글자나 그림 따위를 쓰거나 그려서 세운 푯대[器].

▸**표시-주의** 表示主義 (주될 주, 뜻 의). [법률] 의사 표시(表示)의 효력에 있어서 외부에 나타난 행위의 표시에 중요성을 두는 주의(主義).

표신 標信 (나타낼 표, 믿을 신). ① [속뜻] 표시(標示)하여 믿게 함[信]. 믿도록 만든 표지. ② [역사] 조선 후기에, 궁중에 급변을 전하거나 궁궐 문을 드나들 때에 쓰던 문표.

표실 漂失 (떠다닐 표, 잃을 실). 물에 떠내려가서[漂] 잃어버림[失].

표어 標語 (나타낼 표, 말씀 어). 주의, 주장, 강령 따위를 간결하게 나타낸[標] 짧은 어구(語句). ¶불조심 표어를 내걸다.

표연 飄然 (나부낄 표, 그러할 연). ① [속뜻] 바람에 나부껴[飄] 팔랑거리는 그러한[然] 모양. ② 훌쩍 떠나는 모습이 홀가분하고 거침없음.

표음 表音 (나타낼 표, 소리 음). [언어] 문자나 부호로 소리[音]를 나타내는[表] 일.

▸**표음 기호** 表音記號 (기록할 기, 표지 호). [언어] 말소리를 음성학적으로 표시하는[表音] 기호(記號). [비] 발음 기호(發音記號).

▸**표음 문자** 表音文字 (글자 문, 글자 자). [언어] 말소리[音]를 그대로 나타내는[表] 문자(文字). 한글, 로마자, 아라비아 문자 따위. [비] 기음(記音) 문자.

▸**표음-주의** 表音主義 (주될 주, 뜻 의). [언어] 맞춤법에서, 단어를 소리나는[音] 대로 적어야[表] 한다는 주장[主義].

표의¹ 表衣 (겉 표, 옷 의). 겉[表]에 입는 옷[衣].

표의² 表意 (나타낼 표, 뜻 의). [언어] 말의 뜻[意]을 글자를 통하여 겉[表]으로 나타냄.

▸**표의 문자** 表意文字 (글자 문, 글자 자). [언어] 하나하나의 글자가 언어의 음과 상관없이 일정한 뜻[意]을 나타내는[表] 문자(文字). ¶한자는 표의 문자이다. [비] 단어 문자.

표일 飄逸 (달아날 표, 즐길 일). 얽매이지 않고 방랑하며[飄] 즐김[逸]. 마음이 내키는 대로 하여 세속에 얽매이지 않음.

표장 標章 (나타낼 표, 글 장). 무엇을 표시(標示)한 도안[章]. 또는 그러한 부호나 휘장.

표적¹ 表迹 (겉 표, 자취 적). 겉[表]으로 나타난 자취[迹].

표적² 標的 (나타낼 표, 과녁 적). 목표(目標)로 삼는 것[的]. ¶총알이 표적의 한가운데에 맞았다. [비] 표점(標點).

▸**표적-물** 標的物 (만물 물). 쏘아 맞히는 대상[標的]이 되는 물건(物件). ¶미사일이 표적물을 향해 나아가고 있었다.

표절 剽竊 (도둑질할 표, 훔칠 절). ① [속뜻] 도둑질하여[剽] 훔침[竊]. ② 시나 글, 노래 따위를 지을 때에 남의 작품의 일부를 몰래 따다 씀. ¶외국 노래의 가사를 표절하다.

표점 標點 (나타낼 표, 점 점). 목표(目標)로 삼는 점(點). [비] 표적(標的).

⁑**표정** 表情 (겉 표, 마음 정). ① [속뜻] 겉[表]으로 드러난 마음[情]. ② 마음속의 감정 따위가 얼굴에 나타난 모양. ¶슬픈 표정을 짓다.

▸**표정-근** 表情筋 (힘줄 근). [의학] 표정(表情)을 나타내는 작용을 하는 얼굴의 근육(筋肉). [비] 안면근(顔面筋).

▸**표정-술** 表情術 (꾀 술). 감정이나 정서 따위의 심리 상태를 얼굴 모양, 동작, 자태 따위에 드러내[表情]는 기술(技術).

▸**표정 예:술** 表情藝術 (재주 예, 꾀 술). [예술] 무용, 연극, 영화 등과 같이 사람의 표정(表情)을 통하여 표현하는 예술(藝術).

표제¹ 表題 (나타낼 표, 제목 제). ① [속뜻] 제목(題目)을 나타냄[表]. ② 신하가 임금에게 올리는 글의 제목.

표제² 標題 (=表題, 나타낼 표, 제목 제). ① [속뜻] 책의 겉에 나타내는[標] 그 책의 제목(題目). ¶그 책은 '국부론'이라는 표제가 붙어 있다. ② 연설, 강연 따위의 제목. ¶내일할 연설에 표제를 붙였다. ③예술 작품의 제목.

▸표제-어 標題語 (말씀 어). ① 속뜻 표제(標題)가 되는 말[語]. 제목(題目)이나 제명(題名)의 말. ② 언어 사전 따위의 표제 항목에 넣어 알기 쉽게 풀이해 놓은 말. ⓑ올림말.

▸표제 음악 標題音樂 (소리 음, 풍류 악). 음악 제목[標題]과 줄거리에서 곡의 내용을 알 수 있고, 문학적·회화적·극적 내용을 지니는 음악(音樂). ⓑ절대 음악(絶對音樂).

표조 漂鳥 (떠다닐 표, 새 조). 동물 철을 따라 이리저리 옮겨 다니며[漂] 사는 새[鳥]. ⓑ 철새.

표주[1] 標柱 (나타낼 표, 기둥 주). 목표(目標)로 삼아 세우는 대[柱]. ⓑ푯대.

표주[2] 標註 (나타낼 표, 주석 주). 책의 난외(欄外)에 기록하여 나타내는[標] 주해(註解).

표준 標準 (우듬지 표, 고를 준). ① 속뜻 나무가지[標]를 고르게[準]함. ②사물의 정도를 정하는 목표. 기준. ¶표준 시간 / 표준 규격 / 표준말. ③일반적인 것. 또는 평균적인 것. ¶그의 키는 우리나라 남자들의 표준 정도는 된다. ③ 물리 물리량 측정을 위한 단위를 확립하려고 쓰는, 일반적으로 인정된 기준적 시료.

▸표준-시 標準時 (때 시). 천문 각 나라에서 쓰는 표준(標準) 시각(時刻). 평균 태양이 자오선을 통과하는 때를 기준으로 정하는데, 우리나라는 동경 135도를 기준 자오선으로 한 평균 태양시를 쓴다.

▸표준-액 標準液 (진 액). 화학 정량적인 화학 반응이 일어나는 데에 양적인 표준(標準)이 되도록, 농도가 몇 노르말인지 정확하게 표시된 시약 용액(溶液).

▸표준-어 標準語 (말씀 어). 언어 나라에서 표준(標準)으로 정한 말[語]. 의사소통의 불편을 덜기 위하여 전 국민이 공통적으로 쓸 공용어의 자격을 부여받은 말로, 우리나라에서는 교양 있는 사람들이 두루 쓰는 현대 서울말로 정함을 원칙으로 한다. ⓑ표준말, 대중말. ⓑ방언(方言), 사투리.

▸표준-화 標準化 (될 화). ① 속뜻 표준(標準)이 되도록 함[化]. ②사물의 정도, 성격 따위를 알기 위한 근거나 기준을 마련함. ③자재나 제품의 종류, 품질, 모양, 크기 따위를 일정한 기준에 따라 통일함. ¶공산품의 표준화. ④ 심리 어떤 검사가 객관적일 수 있도록 근거나 기호를 만드는 일.

▸표준 기압 標準氣壓 (공기 기, 누를 압). 물리 0℃의 상태에서 표준(標準) 중력일 때에 높이 760mm의 수은주가 그 밑면에 가하는 압력에 해당하는 기압(氣壓). 이것을 1기압으로 한다.

▸표준 상태 標準狀態 (형상 상, 모양 태). 물리 상태에 따라 변화하는 물질의 여러 성질을 기술하기 위하여 기준[標準]으로 정한 상태(狀態).

▸표준 임:금 標準賃金 (품삯 임, 돈 금). 경제 현실적으로 지급되고 있는 임금을 통계적으로 조사하여 산출한 평균[標準] 임금(賃金).

▸표준 체온 標準體溫 (몸 체, 따뜻할 온). 생물 표준(標準)이 되는 체온(體溫). 소화기관이나 근육 따위의 활동이 정지되고 동물이 가만히 휴식하고 있을 때의 체온.

▸표준 편차 標準偏差 (치우칠 편, 어긋날 차). ① 속뜻 표준(標準)보다 모자라거나 넘치는 편차(偏差). ② 수학 자료의 분산 정도를 나타내는 수치. 분산의 양의 제곱근으로, 표준 편차가 작은 것은 평균값 주위의 분산의 정도가 작은 것을 나타낸다.

▸표준 항성 標準恒星 (늘 항, 별 성). 천문 천체를 관측하는 데 표준(標準)이 되는 항성(恒星).

▸표준 화:석 標準化石 (될 화, 돌 석). 지리 지층의 지질 시대를 결정하는 데에 표준(標準)이 되는 화석(化石).

표증[1] 表症 (겉 표, 증세 증). 한의 겉[表]으로 드러나는 병의 증상(症狀).

표증[2] 表證 (겉 표, 증거 증). 겉으로[表] 드러난 증거(證據). 증거가 될 만한 표적.

표지[1] 表紙 (겉 표, 종이 지). ① 속뜻 겉[表]면의 종이[紙]. 책의 겉장. ¶표지에 제목과 지은이의 이름이 쓰여 있다. ②읽던 곳이나 필요한 곳을 찾기 쉽도록 책갈피에 끼워 두는 종이쪽지나 끈. ⓑ책의(冊衣), 서피(書皮), 서표(書標).

표지[2] 標紙 (나타낼 표, 종이 지). 증거의 표시(標示)로 글을 적은 종이[紙].

표지[3] 標識 (나타낼 표, 기록할 지). ① 속뜻 알아보기 쉽도록 기호로 표시(標示)하거나 문자로 기록함[識]. ¶통행금지 표지. ② 철학 다른 대상과 구별하여 어떤 대상을 확정하고, 그것을 인식할 수 있게 하는 표상적 특성.

▸표지-등 標識燈 (등불 등). 쉽게 알아보게 하기 위하여[標識] 설치하는 등(燈). 특히 야간에 운행하는 선박, 비행기 따위가 그 위치를 표시하는 등을 일컫는다.

▸표지-판 標識板 (널빤지 판). 일정한 표지(標識)로 설치해 놓은 판(板). ¶갈림길에 도로 표지판이 있다.

표징[1] 表徵 (겉 표, 밝힐 징). 겉[表]으로 드러나는 특징(特徵)이나 상징(象徵). ¶그 나이가 되면 누구나 성인의 표징이 나타난다.

표징[2] 標徵 (나타낼 표, 밝힐 징). 어떤 것과 다른 것의 차이점이 밝혀[徵] 나타나는[標] 점. ¶당신이 아군이라는 표징을 보여 주시오. ㊥징표(徵標).

표착 漂着 (떠다닐 표, 붙을 착). 물에 떠서 흘러 다니다가[漂] 어떤 곳에 이름[着].

표찰 標札 (나타낼 표, 쪽지 찰). ① 속뜻 어떤 표시(標示)로 붙여 놓은 쪽지[札]. ¶가방에 표찰을 붙이다. ② 거주자의 성명을 써서 문 따위에 걸어 놓는 표.

표창 表彰 (겉 표, 드러낼 창). ① 속뜻 겉[表]으로 드러냄[彰]. ② 어떤 일에 좋은 성과를 냈거나 훌륭한 행실을 한 데 대하여 세상에 널리 알려 칭찬함. ¶이 메달은 우승자를 표창하기 위한 것이다.

▸표창-장 表彰狀 (문서 장). 표창(表彰)을 하는 내용을 적은 종이[狀]. ¶그는 한 사람의 목숨을 구해 표창장을 받았다.

표출 表出 (겉 표, 날 출). 겉[表]으로 드러냄[出]. ¶개성의 표출 / 자신의 불만을 표출하다.

표층 表層 (겉 표, 층 층). 여러 층으로 된 것의 겉[表]을 이루는 층(層).

표치 標致 (나타낼 표, 이를 치). ① 속뜻 목표(目標)에 이름[致]. ② 취지를 드러내 보임. ③ 얼굴이 매우 아름다움.

표토 表土 (겉 표, 흙 토). ① 속뜻 겉[表]에 있는 흙[土]. ② 고적 유적에 퇴적한 토층의 가장 윗부분. ③ 농업 지표에 있는 흙. 경작하기에 적당하다. ㊥경토(耕土). ㊥심토(心土).

표표 表表 (나타낼 표, 나타낼 표). ① 속뜻 드러나고[表] 드러남[表]. ② 사람의 생김새나 풍채, 옷차림 따위가 눈에 띄게 두드러짐.

표풍[1] 漂風 (떠다닐 표, 바람 풍). 바람[風]결에 떠서 흘러감[漂].

표풍[2] 飄風 (빠를 표, 바람 풍). ① 속뜻 빠른[飄] 바람[風]. 회오리바람. ② 바람에 나부낌.

표피[1] 表皮 (겉 표, 가죽 피). ① 동물 동물체의 표면(表面)을 덮고 있는 피부(皮膚) 조직. ¶표피에 상처가 나다. ② 식물 고등 식물체의 표면을 덮고 있는 조직.

표피[2] 豹皮 (표범 표, 가죽 피). 표범[豹]의 가죽[皮].

⁑**표현** 表現 (겉 표, 나타날 현). ① 속뜻 의견이나 감정 따위를 겉[表]으로 드러냄[現]. ② 정신적 대상을 예술로써 형상화함. 또는 그 형상화된 것. ¶표현 방법이 서투르다 / 그때 내가 느꼈던 기분은 말로 표현하기 어렵다. ㊥표출(表出).

▸표현-력 表現力 (힘 력). 생각이나 느낌 따위를 언어나 몸짓 따위의 형상으로 드러내어[表] 나타내는[現] 능력(能力). ¶그는 표현력이 풍부하다.

▸표현-파 表現派 (갈래 파). 예술 표현주의(表現主義)를 주장하는 파(派).

▸표현-형 表現型 (모형 형). 생물 표면(表面)에만 나타나는[現] 형태적·생리적 성질이나 본보기[型].

▸표현-주의 表現主義 (주될 주, 뜻 의). 예술 객관적인 사실보다 사물이나 사건에 의하여 야기되는 주관적인 감정과 반응을 표현(表現)하는 데에 중점을 두는 예술 사조[主義].

표홀 飄忽 (빠를 표, 갑자기 홀). 매우 빠르게[飄] 갑자기[忽] 나타났다 사라지다.

품:건 品件 (물건 품, 물건 건). 품질(品質)이 좋은 물건(物件).

품:격 品格 (품위 품, 인격 격). ① 속뜻 품위(品位)와 인격(人格). ② 사람된 바탕과 타고난 성품. ¶품격이 있는 행동. ③ 사물 따위에서 느껴지는 품위. ¶품격 높은 상품.

품:결 稟決 (사뢸 품, 결정할 결). 웃어른이나 상사에게 여쭈어[稟] 결정(決定)함.

품:계 品階 (품위 품, 섬돌 계). ① 속뜻 벼슬의 품위(品位)를 나눈 단계(段階). ② 역사 여러 벼슬자리에 대하여 매기던 등급. 제일 높은 정일품에서 제일 낮은 종구품까지 18 단계로 나누었다.

▶품:계-석 品階石 (돌 석). 역사 각급 품계(品階)를 표시해 놓은 돌[石]. ㊣품석.

품:고 稟告 (사뢸 품, 알릴 고). 웃어른이나 상사(上司)에게 여쭘[稟=告]. ㊥품달(稟達).

품:관[1] 品官 (품위 품, 벼슬 관). 역사 ①고려·조선 시대에, 품계(品階)를 가진 벼슬아치[官]를 통틀어 이르던 말. ②동정직, 검교직, 첨설직 등에 의해서 관계를 받은 사람. ③조선 시대에, 향소의 좌수나 별감 같은 지방의 유력자를 이르던 말.

품:관[2] 品冠 (품위 품, 갓 관). 역사 벼슬의 품계(品階)에 따라 쓰던 관(冠).

품:귀 品貴 (물건 품, 귀할 귀). 물건[品]이 귀(貴)함.

품:급 品級 (물건 품, 등급 급). ① 속뜻 상품(商品)의 등급(等級). ②벼슬의 등급.

품:대 品帶 (품위 품, 띠 대). 역사 벼슬아치의 품계(品階) 및 옷에 따라 갖추어 두르던 띠[帶].

품:등 品等 (물건 품, 무리 등). 품질(品質)과 등급(等級).

품:등 品燈 (품위 품, 등불 등). 역사 품계(品階)에 따라 빛깔이 다른 등불[燈]. 조선 시대에, 벼슬아치가 밤에 나들이할 때 쓰던 사등롱(紗燈籠).

품:렬 品劣 (물건 품, 못할 렬). 품성이나 품질(品質)이 낮음[劣].

품:령 稟令 (받을 품, 명령 령). 역사 왕세자가 임금을 대신하여 나라를 통치할 때 내리던[稟] 명령서(命令書).

품:류 品類 (물건 품, 무리 류). 물품(物品)의 여러 가지 종류(種類).

품:명 品名 (물건 품, 이름 명). 물품(物品)의 이름[名]. ¶그것의 품명을 아래에 적어 놓았다.

품:목 品目 (물건 품, 눈 목). ① 속뜻 물품(物品)의 이름을 쓴 목록(目錄). ¶수출 품목. ②물품 종류의 이름. ¶품목이 다양하다.

품:목 稟目 (사뢸 품, 눈 목). 상관[頭目]에게 여쭙는[稟] 글.

품:반 品班 (품위 품, 나눌 반). ① 속뜻 등급[品]의 차례[班]. ② 역사 대궐 안 정전의 앞뜰에 백관이 늘어서던 차례.

품:별 品別 (물건 품, 나눌 별). 품질(品質)이나 품종에 따라 구별(區別)함. 또는 그러한 구별.

품:부 稟賦 (받을 품, 물려줄 부). ① 속뜻 하늘이 준[稟=賦] 재능이나 품성. ②선천적으로 타고남. ㊥품수(稟受). ¶품부의 재능을 발휘하다.

품:사 品詞 (성질 품, 말씀 사). 언어 낱말[詞]을 기능, 형태, 의미 등의 성질[品]을 근거로 나눈 갈래. 우리나라의 학교 문법에서는 명사, 대명사, 수사, 조사, 동사, 형용사, 관형사, 부사, 감탄사의 아홉 가지로 분류한다.

▶품:사-론 品詞論 (논할 론). 언어 문장에 쓰인 단어를 그 단어의 기능, 형태, 의미에 따라 나누어[品詞] 연구하는 문법의 한 분야[論].

▶품:사 전:성 品詞轉成 (옮길 전, 이룰 성). 언어 어떤 품사(品詞)가 다른 품사로 바뀌어[轉] 지는[成]일.

품:석[1] 品石 (품위 품, 돌 석). 역사 조선 시대에, 품계(品階)를 새겨서 대궐 안의 정전(正殿) 앞뜰에 세운 돌[石]. 두 줄로 되어 동서 양반이 차례로 늘어서게 되어 있다.

품:석[2] 品席 (품위 품, 돗자리 석). 역사 품계(品階)에 따라 각각 달리 깔던 방석[席].

품:성[1] 品性 (품격 품, 성질 성). 품격(品格)과 성질(性質)을 아울러 이르는 말. ¶그는 품성이 착하다.

품:성[2] 稟性 (받을 품, 성질 성). 타고난[稟] 성품(性品). ㊥부성(賦性).

품:수 品數 (품위 품, 셀 수). ① 속뜻 등급[品]으로 나눈[數] 차례. ②벼슬 등급의 차례.

품:신 稟申 (사뢸 품, 알릴 신). 윗사람에게 여쭈어[稟] 아룀[申]. ¶상부에 부하의 표창을 품신했다.

품:안 品案 (품위 품, 문서 안). 역사 벼슬아

치의 이름을 품계(品階)의 차례대로 기록한 책[案].

품:위 品位 (품격 품, 자리 위). ① 속뜻 직품(職品)과 직위(職位). ②사람이 갖추어야 할 위엄이나 기품. ¶품위를 지키세요. ③사물이 지닌 고상하고 격이 높은 인상. ¶세련되고 품위 있는 가구. ④금화나 은화가 함유하고 있는 금·은의 비례. ⑤광석 안에 들어 있는 금속의 정도. 특히 다이아몬드의 품질을 나타내는 등급이다. ㊐기품(氣品), 품격(品格).

품:의 稟議 (사뢸 품, 의논할 의). 웃어른이나 상사(上司)에게 여쭈어[稟] 의논(議論)함.

품:재[1] 品才 (품격 품, 재주 재). 성품(性品)과 재질(才質).

품:재[2] 稟才 (받을 품, 재주 재). 타고난[稟] 재주[才].

품:절 品切 (물건 품, 끊을 절). 물건[品]이 다 팔리고 없음[切]. ¶그 바지는 품절되었다. ㊐절품(切品).

품:정[1] 品定 (물건 품, 정할 정). 물건의 품질(品質)의 좋고 나쁨을 정(定)함.

품:정[2] 稟定 (사뢸 품, 정할 정). 여쭈어[稟] 의논하여 결정(決定)함.

품:종 品種 (물건 품, 갈래 종). ① 속뜻 물품(物品)의 종류(種類). ¶다양한 품종의 물건을 진열해놓다. ② 생물 생물 분류학상 같은 종(種)의 생물을 그 특성으로 다시 세분한 최소의 단위. ¶진돗개는 한국 고유의 개 품종이다. ③ 농업 농작물, 가축 따위를 분류하는 최종 단계.

품:지 稟旨 (사뢸 품, 뜻 지). 임금께 아뢰어서[稟] 받는 교지(教旨).

⁑**품:질** 品質 (물건 품, 바탕 질). 물품(物品)의 성질(性質). ¶그 상품은 품질에 비해 너무 비싸다.

▶**품:질 관리** 品質管理 (맡을 관, 다스릴 리). ① 속뜻 품질(品質)을 관리(管理)함. ② 경제 수요자의 요구에 맞는 제품을 경제적으로 생산하기 우하여 통계적인 수단을 활용하여 제품의 품질 분석, 기술 검토 등을 하는 과학적인 관리 체계.

▶**품:질 표시** 品質表示 (겉 표, 보일 시). ① 속뜻 품질(品質)을 나타내어[表] 보임[示]. ② 경제 제조업자와 판매업자가 상품의 성질에 관한 정보를 라벨이나 광고에 표시하는 일.

품:처 稟處 (사뢸 품, 처리할 처). 웃어른께 아뢰고[稟] 처리(處理)함.

품:평 品評 (물건 품, 평할 평). 품질(品質)에 대해 평가(評價)하는 일.

▶**품:평-회** 品評會 (모일 회). 일정한 종류의 산물(産物)이나 제품을 모아 그 품질(品質)을 평가(評價)하는 모임[會].

품:행 品行 (품격 품, 행할 행). 성품(性品)과 행실(行實). ㊐행장(行狀).

풍각 風角 (바람 풍, 뿔 각). 민속 팔방(八方)의 바람[風]을 궁(宮)·상(商)·각(角)·치(徵)·우(羽)의 오음(五音)으로 구별하여 길흉을 점치는 방술.

풍간 諷諫 (풍자할 풍, 간언할 간). 완곡한 표현으로 풍자(諷刺)하여 잘못을 고치도록 말함[諫].

풍감 風鑑 (모습 풍, 볼 감). 용모와 풍채(風采)로써 그 사람의 성질을 감정(鑑定)함.

풍객 風客 (바람 풍, 손 객). ① 속뜻 곧잘 바람[風]을 피우는 사람[客]. ㊐바람둥이. ②풍류를 즐기는 사람. ㊐풍류객(風流客).

풍건 風乾 (바람 풍, 마를 건). 바람[風]에 쐬어 말림[乾].

풍격 風格 (모습 풍, 품격 격). 풍채(風采)와 품격(品格).

풍경[1] 風磬 (바람 풍, 경쇠 경). 바람[風]에 흔들려 울리는 경쇠[磬]. 바람이 부는 대로 흔들리면서 소리가 난다. ¶처마 밑에 풍경이 매달려 있다.

풍경[2] 風景 (바람 풍, 볕 경). ① 속뜻 바람[風]과 볕[景]. ②아름다운 경치. ¶단풍이 곱게 물든 시골의 풍경. ③어떤 모습이나 상황. ¶방 안 풍경을 둘러보다. ④ 미술 자연의 경치를 그린 그림. '풍경화'의 준말. ㊐경치(景致).

▶**풍경-화** 風景畫 (그림 화). 미술 자연의 경치를[風景] 그린 그림[畫].

풍계 風系 (바람 풍, 이어 맬 계). 무역풍(貿易風), 편서풍(偏西風) 등과 같이, 어떤 넓은 지역에 걸쳐서 일정하게 부는 바람[風]의 계통(系統).

풍고풍하 風高風下 (바람 풍, 높을 고, 바람 풍, 아래 하). ① 속뜻 봄과 여름은 바람[風]

이 낮고[下] 가을과 겨울은 바람[風]이 높음[高]. ②한 해 동안의 기후.

풍골 風骨 (모습 풍, 뼈 골). 풍채(風采)와 골격(骨格).

풍공 豐功 (넉넉할 풍, 공로 공). 매우 큰[豐] 공(功).

풍광 風光 (바람 풍, 빛 광). ① 속뜻 바람[風]과 빛[光]. ②사람의 용모와 품격.

▸풍광-명미 風光明媚 (밝을 명, 아름다울 미). 자연의 경치[風光]가 매우 맑고[明] 아름다움[媚].

풍괘 豐卦 (넉넉할 풍, 걸 괘). ① 속뜻 풍요(豐饒)로운 괘(卦). ② 민속 64괘 중, 진괘와 이괘가 거듭된 것으로, 우레와 번개를 상징함.

풍교 風敎 (풍속 풍, 가르칠 교). 교육이나 정치의 힘으로 풍습(風習)을 잘 교화(敎化)하는 일. ⑪풍화(風化).

풍금 風琴 (바람 풍, 거문고 금). 음악 페달을 밟아서 바람[風]을 넣어 소리를 내는 건반 악기[琴]. ¶아이들은 선생님의 풍금 소리에 맞춰 노래를 불렀다.

풍기[1] 風紀 (풍속 풍, 벼리 기). 풍속(風俗)이나 풍습에 대한 기율(紀律). 주로 남녀가 교제할 때의 절도를 이른다. ¶풍기가 문란하다.

풍기[2] 風氣 (풍속 풍, 기운 기). ① 속뜻 풍도(風度)와 기상(氣像). ②옛적부터 사회에 행하여 온 의, 식, 주 그 밖의 모든 생활에 관한 습관. 풍속(風俗). ③ 한의 풍병(風病).

풍기[3] 風旗 (바람 풍, 깃발 기). 역사 바람[風]의 방향을 측정하기 위하여 매단 깃발[旗].

▸풍기-대 風旗臺 (대 대). 역사 조선 시대에, 풍기(風旗)를 매달기 위해 만든 받침대[臺]. 경복궁과 창경궁에 하나씩 남아 있다.

풍납 토성 風納土城 (바람 풍, 들일 납, 흙 토, 성곽 성). 지리 서울특별시 송파구 풍납(風納)동에 있는, 삼국시대 토성(土城)의 유적.

풍년 豐年 (넉넉할 풍, 수확 년). ① 속뜻 넉넉한[豐] 수확[年]. ②풍성한 수확을 거둔 해. ¶올해는 포도가 풍년이다. ②어떤 선물이 매우 많거나 사물의 소득이 매우 많은 경우를 비유하여 이르는 말. ⑪부세(富歲), 영세(寧歲), 유년(有年). ⑫흉년(凶年).

▸풍년-가 豐年歌 (노래 가). 음악 풍년(豐年)의 기쁨을 노래한[歌] 경기 민요.

▸풍년-제 豐年祭 (제사 제). 농촌에서, 그 해의 농사가 순조롭고 풍년(豐年)이 들기를 기원하는 뜻에서 하늘에 지내는 제사(祭祀). 음력 정월 초순이나 대보름에 지낸다.

▸풍년-기근 豐年飢饉 (배고플 기, 주릴 근). 풍년(豐年)이 들었으나 곡물의 가격이 너무 떨어져 흉년이 든 때와 마찬가지로 농민에게 타격이 심한 현상[飢饉].

풍담[1] 風痰 (바람 풍, 담 담). 한의 풍증(風症)을 일으키는 담(痰).

풍담[2] 風談 (모습 풍, 이야기 담). 풍류(風流)에 관한 이야기[談].

풍도 風度 (모습 풍, 풍채 도). 풍채(風采)와 모습[度].

풍동 風洞 (바람 풍, 구멍 동). ① 속뜻 바람[風]을 일으키는 동굴[洞]. ② 물리 인공으로 바람을 일으켜 기류가 물체에 미치는 작용이나 영향을 실험하는 터널형의 장치.

풍란 風蘭 (바람 풍, 난초 란). ① 미술 바람[風]에 흩날리는 난초(蘭草). 또는 그것을 그린 그림. ② 식물 난초과의 상록 다년초. 잎은 넓은 선형이며 뿌리에서 두 줄로 난다.

풍랑 風浪 (바람 풍, 물결 랑). ① 속뜻 바람[風]과 물결[浪]. ② 지리 해상에서 바람이 강하게 불어 일어나는 물결. ¶배가 풍랑에 휩쓸렸다.

풍랭-통 風冷痛 (바람 풍, 찰 랭, 아플 통). ① 속뜻 바람[風]이 든 것같이 차고[冷] 시린 통증(痛症). ② 한의 충치가 생기거나 잇몸이 붓지 아니하였는데도 이가 아프고 흔들리는 병.

풍력 風力 (바람 풍, 힘 력). ① 속뜻 바람[風]의 세기[力]. ②동력으로서의 바람의 힘. ¶이 기계는 풍력으로 작동한다. ③사람의 위력. ⑪풍세(風勢).

▸풍력-계 風力計 (셀 계). 지리 풍력(風力)을 측정하는 계기(計器). ⑪풍속계(風速計).

▸풍력 계급 風力階級 (섬돌 계, 등급 급). 지리 바람의 세기를[風力] 눈어림으로 알 수 있도록 구별하여 차례[階]를 정한 등급(等級). 0~12의 13계급으로 나눈다. ¶서해에서는 풍력 계급 9의 강풍이 불고 있다.

▸풍력 발전 風力發電 (일으킬 발, 전기 전).

전기 바람[風]의 힘[力]을 이용해서 전기(電氣)를 일으키는[發] 것.

풍로[1] **風露** (바람 풍, 이슬 로). ① 속뜻 바람[風]과 이슬[露]을 아울러 이르는 말. ② 바람결에 빛나는 이슬.

풍로[2] **風爐** (바람 풍, 화로 로). 바람[風]이 통하도록 아래에 구멍을 낸 작은 화로(火爐)의 한 가지. ¶풍로에 불을 붙이려고 부채질을 하다.

풍류 **風流** (모습 풍, 흐를 류). ① 속뜻 풍치(風致)를 찾아 즐기며 멋스럽게 노니는[流] 일. 속되지 않고 운치가 있는 일. ¶풍류를 즐기다. ② '음악'을 예스럽게 이르는 말.

▶ 풍류-랑 風流郎 (사나이 랑). 풍류(風流)를 즐기는 멋스러운 젊은 남자[郞].

▶ 풍류-장 風流場 (마당 장). 남녀가 모여 풍류(風流)를 즐기는 곳[場].

풍림[1] **風林** (바람 풍, 수풀 림). ① 속뜻 바람[風]을 막기 위하여 만든 숲[林]. ② 좋은 경치를 이루고 있는 숲.

풍림[2] **風霖** (바람 풍, 장마 림). 바람[風]과 비[霖]. ㊥풍우(風雨).

풍만 **豐滿** (넉넉할 풍, 가득할 만). ① 속뜻 넉넉하고[豐] 가득함[滿]. ② 몸에 살이 탐스럽게 많다. ¶가슴이 풍만하다.

풍매 **風媒** (바람 풍, 맺어줄 매). 식물 꽃가루가 바람[風]의 매개(媒介)로 암술머리에 붙어 수분을 하는 일. ㊟수매(水媒). ㊟충매(蟲媒).

▶ 풍매-화 風媒花 (꽃 화). 식물 바람[風]의 매개(媒介)로 수분(受粉)이 되는 꽃[花]. ㊟수매화(水媒花), 충매화(蟲媒花).

풍모 **風貌** (모습 풍, 모양 모). 풍채(風采)와 용모(容貌). ㊥풍재(風裁).

풍문 **風聞** (바람 풍, 들을 문). 바람[風]같이 떠도는 소문(所聞). ¶풍문은 믿을 것이 못 된다. ㊥풍설(風說).

풍물 **風物** (풍속 풍, 만물 물). ① 속뜻 어떤 지방의 풍습(風習)과 산물(産物). ¶세계 각국의 독특한 풍물을 소개하다. ② 산이나 들, 강, 바다 따위의 자연이나 지역의 풍경. ¶산천 풍물을 구경하다. ③ 민속 남사당놀이의 첫째 놀이. 주로 농악이다. ④ 음악 농악에 쓰는 악기를 통틀어 이르는 말. 꽹과리, 태평소, 소고, 북, 장구, 징 따위. ¶풍물패 / 풍물놀이 / 그는 신나게 풍물을 쳤다. ㊥경치(景致).

풍미[1] **風味** (풍속 풍, 맛 미). ① 속뜻 고장의 풍속(風俗)과 고유의 맛[味]. ② 음식의 고상한 맛. ¶조미료를 많이 쓰면 음식의 풍미가 없어진다. ③ 멋지고 아름다운 사람 됨됨이. ¶풍미가 넘치는 사람.

풍미[2] **風靡** (바람 풍, 쓰러질 미). ① 속뜻 바람[風]에 초목이 쓰러짐[靡]. ② '어떤 사회적 현상이나 사조 따위가 널리 사회에 퍼짐'을 비유하여 이르는 말. ¶황금만능주의가 풍미하는 세상.

풍미[3] **豐味** (넉넉할 풍, 맛 미). 푸지고[豐] 좋은 맛[味].

풍미[4] **豐美** (넉넉할 풍, 아름다울 미). 풍만(豐滿)한 아름다움[美].

풍배 **風杯** (바람 풍, 잔 배). ① 속뜻 풍속(風速)을 재는 데 쓰이는 잔[杯] 모양의 기구. ② 지리 로빈슨 풍속계에서, 직립축의 가지에 달린 3~4개의 반구 모양으로 된 물체.

풍백 **風伯** (바람 풍, 맏 백). 바람[風]을 주관하는 신령[伯]. ㊥비렴(飛廉), 풍사(風師), 풍신(風神).

풍병 **風病** (바람 풍, 병 병). 한의 ① 풍사(風邪)를 받아 생기는 병(病)을 일컬음. ② 신경의 탈로 생기는 병을 이르는 말. ㊥풍기(風氣), 풍증(風症), 풍질(風疾).

****풍부** **豐富** (넉넉할 풍, 넉넉할 부). 매우 많아 넉넉함[豐=富]. ¶형은 상식이 풍부하다.

풍비-박산 **風飛雹散** (바람 풍, 날 비, 우박 박, 흩을 산). ① 속뜻 바람[風]에 날리고[飛] 우박[雹]처럼 이리저리 흩어짐[散]. ② 사방으로 깨어져 흩어짐. ㊟풍산.

풍산 **風散** (바람 풍, 흩을 산). '풍비박산'(風飛雹散)의 준말.

풍상 **風霜** (바람 풍, 서리 상). ① 속뜻 바람[風]과 서리[霜]. ¶비석은 오랜 풍상으로 훼손됐다. ② '세상의 모진 고난이나 고통'을 비유하여 이르는 말. ¶온갖 풍상을 겪다.

풍생-암 **風生巖** (바람 풍, 날 생, 바위 암). 지리 바람[風]에 의하여 운반되어 쌓인 흙과 모래로 이루어진[生] 암석(巖石). ㊥풍성암(風成岩).

풍생-층 **風生層** (바람 풍, 날 생, 층 층). 지리

바람[風]에 의하여 운반된 모래와 흙이 쌓여 이루어진[生] 지층(地層). ㊥풍성층(風成層).

풍선[1] **風扇** (바람 풍, 부채 선). ① 속뜻 부채[扇] 따위와 같은 바람[風]을 일으키는 여러 가지 기구. ② 곡식을 드릴 때 바람을 내어 검불이나 티끌을 날리는 농기구.

풍선[2] **風船** (바람 풍, 배 선). ① 속뜻 바람[風]으로 움직이는 배[船]. ② 얇은 고무주머니 속에 공기나 수소가스를 넣어 공중으로 뜨게 만든 물건. ¶풍선을 불다. ㊥기구(氣球).

풍설[1] **風雪** (바람 풍, 눈 설). ① 속뜻 눈[雪]과 함께, 또는 눈 위로 불어오는 차가운 바람[風]. ¶오늘은 하루 종일 풍설이 몰아친다. ㊥눈바람. ② 심한 고난을 비유하여 이르는 말. ¶온갖 풍설을 무릅쓰고 꿋꿋이 살아왔다.

풍설[2] **風說** (바람 풍, 말씀 설). 바람[風]처럼 항간에 떠돌아다니는 말[說]. ㊥풍문(風聞).

풍성[1] **風聲** (바람 풍, 소리 성). ① 속뜻 바람[風] 소리[聲]. ② 들리는 명성.

풍성[2] **豊盛** (넉넉할 풍, 가득할 성). ① 속뜻 넉넉하고[豊] 가득함[盛]. ② 넉넉하고 많음. ¶풍성하게 맺은 열매.

▸**풍성-풍성** 豊盛豊盛 (넉넉할 풍, 가득할 성). ① 속뜻 풍성(豊盛)하고 또 풍성(豊盛)함. ② 매우 넉넉하고 많은 모양을 일컬음.

풍성-암 **風成巖** (바람 풍, 이룰 성, 바위 암). 지리 바람[風]에 의하여 운반되어 쌓인 흙과 모래로 이루어진[成] 암석(巖石). ㊥풍생암(風生岩).

풍성-층 **風成層** (바람 풍, 이룰 성, 층 층). 지리 바람[風]에 밀려서 모인 모래나 흙이 쌓여서 이룬[成] 지층(地層). 주로 사막 주변과 그 부근 지방에 생긴다. ㊥풍생층(風生層).

풍성-토 **風成土** (바람 풍, 이룰 성, 흙 토). 지리 암석의 가루 따위가 바람[風]에 의하여 옮겨져 쌓여서 생긴[成] 토양(土壤). ㊥풍적토(風積土).

풍세 **風勢** (바람 풍, 힘 세). 바람[風]의 힘[勢]. 곧 바람의 강약. ㊥풍력(風力).

▸**풍세대:작** 風勢大作 (큰 대, 일으킬 작). ① 속뜻 바람의 기세[風勢]가 크게[大] 일어남[作]. ② 바람이 세차게 붊.

풍속[1] **風俗** (바람 풍, 속될 속). ① 속뜻 한 사회의 풍물(風物)과 습속(習俗). ② 옛날부터 그 사회에 전해 오는 생활 전반에 걸친 습관. ¶이 마을에는 옛날 풍속이 잘 보존되어 있다. ③ 그 시대의 유행과 습관. ㊥풍습(風習).

▸**풍속-도** 風俗圖 (그림 도). 미술 그 시대의 세정(世情)과 풍속(風俗)을 그린 그림[圖]. ㊥풍속화(風俗畫).

▸**풍속-범** 風俗犯 (범할 범). 법률 미풍양속(美風良俗)이나 성도덕에 위배되는 일을 저지른 범죄(犯罪). 또는 그 범인.

▸**풍속-화** 風俗畫 (그림 화). 미술 그 시대의 세정(世情)과 풍속(風俗)을 그린 그림[畫]. ㊥풍속도(風俗圖).

▸**풍속 소:설** 風俗小說 (작을 소, 말씀 설). 문학 어떤 시대와 사회의 풍속(風俗)이나 습관을 그려 낸 소설(小說).

풍속[2] **風速** (바람 풍, 빠를 속). 바람[風]의 속도(速度). ¶현재 풍속은 초속 3미터이다.

▸**풍속-계** 風速計 (셀 계). 지리 바람의 속도[風速]를 측정하는 계기(計器). ㊥풍력계(風力計).

풍수 **風水** (바람 풍, 물 수). ① 속뜻 바람[風]과 물[水]. ② 민속 집, 무덤 따위의 방위와 지형이 좋고 나쁨이 사람의 화복에 절대적 관계를 가진다는 학설. ③ 민속 풍수설에 따라 집터나 묏자리 따위의 좋고 나쁨을 가려내는 사람. ㊥지관(地官).

▸**풍수-설** 風水說 (말씀 설). 풍수(風水)에 관한 학설(學說).

▸**풍수-학** 風水學 (배울 학). 풍수(風水)에 관한 학문(學問).

▸**풍수-지리** 風水地理 (땅 지, 이치 리). ① 속뜻 바람[風]이 불고, 물[水]이 흐르는 방향과 지리(地理). ② 민속 지형이나 방위를 길흉화복과 연결시킨 이론. ¶풍수지리를 이용해 집터를 잡다.

▸**풍수지리-설** 風水地理說 (땅 지, 이치 리, 말씀 설). ① 속뜻 풍수(風水)와 지리(地理)를 중요시하는 설(說). ② 민속 지형이나 방위를 인간의 길흉화복과 연결시켜, 죽은 사람을 묻거나 집을 짓는 데 알맞은 장소를 구하는 이론.

풍-수해 風水害 (바람 풍, 물 수, 해칠 해). 강풍(強風)과 홍수(洪水)의 피해(被害).

풍수-기 豐水期 (넉넉할 풍, 물 수, 때 기). 시기적으로 수량(水量)이 풍부(豐富)한 시기(時期). [반]갈수기(渴水期).

풍수지탄 風樹之嘆 (바람 풍, 나무 수, 어조사 지, 한숨지을 탄). ① [속뜻]바람[風]과 나무[樹]의 탄식(嘆息). ② '효도를 다하지 못한 채 어버이를 여읜 자식의 슬픔'을 비유하여 이르는 말. '수욕정이풍부지, 자욕양이친부대'(樹欲靜而風不止, 子欲養而親不待, '나무가 고요하려 하나 바람이 그치지 않고, 자식이 봉양하려 하나 어버이가 기다려주지 않는다')에서 유래.

풍습[1] 風習 (풍속 풍, 버릇 습). 풍속(風俗)과 습관(習慣). ¶그 민족은 새해에 서로에게 물을 뿌리는 풍습이 있다. [비]풍속(風俗).

풍습[2] 風濕 (바람 풍, 젖을 습). [한의] 풍사(風邪)와 습사(濕邪)가 겹친 것. 또는 이로 인하여 생긴 병증.

풍식 風蝕 (바람 풍, 갉아먹을 식). [지리] 바람[風]에 의하여 암석이나 지대가 침식(浸蝕)됨.

풍신[1] 風神 (바람 풍, 귀신 신). ① [속뜻]바람[風]을 주관하는 신(神). [비]풍백(風伯). ② 드러나 보이는 사람의 겉모양. [비]풍채(風采).

풍신[2] 風信 (바람 풍, 표지 신). ① [속뜻]바람[風]이 불어오는 방향을 나타내는 표지[信]. ②소식.

▸**풍신-기** 風信旗 (깃발 기). [지리] 바람[風]의 종류와 세기를 나타내는[信] 깃발[旗].

풍아 風雅 (풍속 풍, 고울 아). ① [속뜻]시경(詩經)의 풍(風)과 아(雅). ②풍류와 문아(文雅). ③ [문학] 조선 때 이세보의 시조집. ④풍치가 있고 조촐함.

풍악 風樂 (바람 풍, 음악 악). ① [속뜻] 풍류(風流)가 있는 음악(音樂). ② [음악] 예로부터 전해 오는 우리나라 고유의 음악. ¶풍악을 울려라!

풍악-산 楓嶽山 (단풍나무 풍, 큰 산 악, 메 산). ① [속뜻]단풍(丹楓)으로 물든 산[嶽=山]. ②'가을철의 금강산'을 이름. [준]풍악.

풍안 風眼 (바람 풍, 눈 안). 바람[風]이나 티끌을 막기 위해 쓰는 안경(眼鏡).

풍압 風壓 (바람 풍, 누를 압). [물리] 물체에 미치는 바람[風]의 압력(壓力). 공기 밀도와 풍속의 제곱에 비례하여 커진다.

▸**풍압-계** 風壓計 (셀 계). [물리] 풍압(風壓)을 재는 계기(計器).

풍양 風陽 (바람 풍, 볕 양). ① [속뜻]바람[風]과 볕[陽]. ②날씨. 그날그날의 비, 구름, 바람, 기온 따위가 나타나는 기상 상태. [비]풍일(風日).

풍약 楓約 (단풍나무 풍, 묶을 약). [운동] 화투놀이에서, 단풍[楓] 넉 장을 갖추어 이룬 약(約).

풍어 豐漁 (넉넉할 풍, 고기잡을 어). 넉넉하게[豐] 많이 잡힘[漁]. ¶풍어를 기원하다. [비]대어(大漁). [반]흉어(凶漁).

▸**풍어-제** 豐漁祭 (제사 제). [민속] 어촌에서, 물고기가 많이 잡히기[豐漁]를 비는 제사(祭祀).

풍연 風煙 (바람 풍, 연기 연). ① [속뜻]바람[風]에 흩날리는 연기(煙氣). ②멀리 보이는 흐릿한 기운.

풍염 豐艶 (넉넉할 풍, 고울 염). 살집이 많고[豐] 생김이 아름다움[艶].

풍요[1] 風謠 (풍속 풍, 노래 요). ① [속뜻]그 지방의 풍속(風俗)을 읊은 노래[謠]. ② [문학] 신라 선덕 여왕 때의 향가. 영묘사 장륙불상을 만들 때 흙을 나르던 아낙네들이 함께 불렀다는 노동요이다.

풍요[2] 豐饒 (넉넉할 풍, 넉넉할 요). 풍성(豐盛)하고 넉넉함[饒]. 매우 넉넉함. ¶정신적 풍요 / 풍요한 사회/ 풍요로운 생활을 즐기다. [비]풍유(豐裕). [반]궁핍(窮乏), 부족(不足).

풍우 風雨 (바람 풍, 비 우). ① [속뜻]바람[風]과 비[雨]. ②비바람.

▸**풍우-계** 風雨計 (셀 계). [지리]바람[風]과 비[雨] 등의 기상 관측에 쓰는 기압계(氣壓計). [비]청우계(晴雨計).

풍운[1] 風韻 (모습 풍, 그윽할 운). ① [속뜻]풍류(風流)와 운치(韻致). ②바람이 부는 소리.

풍운[2] 風雲 (바람 풍, 구름 운). ① [속뜻]용이 바람[風]과 구름[雲]을 타고 하늘로 오르는 것처럼, '사회적·정치적으로 세상이 크게 변하려는 기운'을 비유하여 이르는 말. ② [건설] 구름무늬의 하나.

▸풍운-아 風雲兒 (아이 아). 좋은 기운을 타서 세상에 두각을 나타내는[風雲] 사람[兒].

▸풍운-조화 風雲造化 (만들 조, 될 화). ① 속뜻 바람[風]과 구름[雲]의 조화(造化). ② 바람이나 구름의 예측하기 어려운 변화.

▸풍운지회 風雲之會 (어조사 지, 모일 회). ① 속뜻 용이 바람[風]과 구름[雲]을 얻어서 기운을 얻는 것처럼 총명한 임금과 어진 신하가 서로 만나는[會] 일. ② 영웅호걸이 때를 얻어 뜻을 이룰 좋은 기회.

풍월 風月 (바람 풍, 달 월). ① 속뜻 청풍(淸風)과 명월(明月). ② '자연의 아름다움'을 이르는 말. ③ 맑은 바람과 밝은 달을 대상으로 시를 짓고 흥취를 자아내어 즐겁게 놂. '음풍농월'(吟風弄月)의 준말.

▸풍월-객 風月客 (손 객). 음풍농월(吟風弄月)을 일삼는 사람[客].

▸풍월-주인 風月主人 (주될 주, 사람 인). 풍월(風月)의 주인(主人). 자연을 즐기는 풍류적인 사람을 일컫는다.

풍위 風位 (바람 풍, 자리 위). 바람[風]이 불어오는 위치(位置).

풍유-법 諷喩法 (풍자할 풍, 말할 유, 법 법). 문학 본뜻을 직접 말하지 않고 슬며시 돌려서[諷] 말하여 숨겨진 뜻을 비유(比喩)하는 방식의 표현 방법(方法). '뱁새가 황새 따라가다 가랑이가 찢어진다.' 등이 그 예이다. ⓑ우유법(寓喩法).

풍자 諷刺 (빗댈 풍, 찌를 자). ① 속뜻 무엇에 빗대어[諷] 정곡을 찌름[刺]. ② 남의 결점을 다른 것에 빗대어 비웃으면서 폭로하고 공격함. ¶이 이야기는 상류 사회에 대한 풍자로 가득하다 / 양반을 풍자하고 조롱하는 탈춤. ③ 문학 작품 따위에서, 현실의 부정적 현상이나 모순 따위를 빗대어 비웃으면서 씀.

▸풍자-극 諷刺劇 (연극 극). 연영 사회나 인간의 비리, 또는 결점을 빗대어 비판하는[諷刺] 내용의 연극(演劇). 또는 그런 희곡.

▸풍자-시 諷刺詩 (시 시). 사회의 죄악상이나 불미스러운 점을 풍자(諷刺)한 내용의 시(詩).

▸풍자 문학 諷刺文學 (글월 문, 배울 학). 문학 인물과 사회의 결점, 모순, 불합리 따위를 풍자(諷刺)하는 문학(文學).

▸풍자 소:설 諷刺小說 (작을 소, 말씀 설). 문학 인물과 사회의 결점, 모순, 불합리 따위를 풍자(諷刺)하는 소설(小說).

풍작 豐作 (풍년 풍, 지을 작). 풍년[豐]이 들어 농사를 잘 지음[作]. 또는 그런 농사. ¶올해는 비가 적당히 와서 풍작이 예상된다. ⓑ흉작(凶作).

풍장 風葬 (바람 풍, 장사지낼 장). 시체를 한데 내버려두어 비바람[風]에 자연히 소멸되게 하는 원시적인 장례법(葬禮法). ⓒ토장(土葬).

풍재 風災 (바람 풍, 재앙 재). 심한 바람[風]으로 생기는 재해(災害). ⓑ풍해(風害).

풍전 風前 (바람 풍, 앞 전). 바람[風]이 불어오는 앞[前].

▸풍전-등촉 風前燈燭 (등불 등, 촛불 촉). ① 속뜻 바람 앞[風前]의 등불[燈=燭]. ② 사물이 매우 위험한 처지에 놓여 있음.

▸풍전-등화 風前燈火 (등불 등, 불 화). ① 속뜻 바람 앞[風前]의 등(燈)불[火]. ② 풍전등촉(風前燈燭). ¶사나운 폭풍 앞에 여객선의 운명은 풍전등화였다.

풍정 風情 (모습 풍, 마음 정). 풍치(風致) 있는 정회(情懷)나 취향. ⓑ풍회(風懷).

풍조 風潮 (바람 풍, 바닷물 조). ① 속뜻 바람[風]과 바닷물[潮]. ② 시대에 따라 변하는 세태. ¶우리 사회 전반에 과소비 풍조가 만연해 있다.

풍족 豐足 (넉넉할 풍, 넉넉할 족). 풍성(豐盛)하고 넉넉함[足]. ¶그는 풍족한 가정에서 자랐다. ⓑ부족(不足)하다.

풍지 風紙 (바람 풍, 종이 지). 문틈으로 새어 들어오는 바람[風]을 막기 위하여 문짝 주변을 돌아가며 바른 종이[紙]. '문풍지'(門風紙)의 준말.

풍진[1] 風疹 (바람 풍, 홍역 진). ① 속뜻 바람[風]같이 금방 낫는 홍역[疹] 비슷한 병. ② 의학 홍역과 비슷한 발진성 급성 피부 전염병의 하나. 좁쌀만한 뾰루지가 얼굴과 사지에 났다가 3~4일 만에 낫는다.

풍진[2] 風塵 (바람 풍, 티끌 진). ① 속뜻 싸움터에서 일어나는 바람[風]과 먼지[塵]. ② '전쟁으로 인하여 어수선하고 어지러운 분위기'를 비유하여 이르는 말. ⓑ병진(兵塵). ③ 세상의 속된 일. 또는 속세.

▸풍진-세계 風塵世界 (세상 세, 지경 계). 편안하지 못하고 어지러운[風塵] 세상[世界].

풍차[1] **風車** (바람 풍, 수레 차). ① [속뜻]바람[風]의 힘을 이용하여 동력을 얻는 수레[車] 바퀴 모양의 기계 장치. ¶풍차의 날개가 클수록 더 천천히 움직인다. ②어린이의 장난감의 하나. 빳빳한 종이 또는 색종이를 여러 갈래로 자르고 그 귀를 구부려 한데 모은 곳에 철사 따위를 꿰어 가늘고 길쭉한 막대에 붙여서 바람이 불면 빙빙 돌게 만든다. 팔랑개비.

풍차[2] **風遮** (바람 풍, 가로막을 차). ① [속뜻]겨울에 찬바람[風]을 막기[遮] 위하여 머리에 쓰는 방한용 두건의 하나. ②어린아이의 바지나 고의의 마루폭에 좌우로 길게 대는 헝겊 조각. 저고리의 섶과 같다.

풍창 風窓 (바람 풍, 창문 창). 통풍(通風)을 위하여 뚫어 놓은 창(窓).

풍채 風采 (모습 풍, 모습 채). ① [속뜻]풍도(風度)와 신채(神采). ②드러나 보이는 사람의 겉모양. ¶풍채가 늠름하다. [비]풍의(風儀), 풍자(風姿), 풍표(風標).

풍취 風趣 (바람 풍, 뜻 취). ① [속뜻]풍경(風景)의 아취(雅趣). ②훌륭하고 멋진 경치. [비]풍치(風致).

풍치[1] **風齒** (바람 풍, 이 치). 풍증(風症)으로 일어나는 치통(齒痛).

풍치[2] **風致** (바람 풍, 보낼 치). ① [속뜻]바람[風]을 쏘이며 보낼[致]만한 곳. ②훌륭하고 멋스러운 경치. ③격에 어울리는 멋. [비]운치(韻致), 풍재(風裁), 풍취(風趣).

▸풍치-림 風致林 (수풀 림). 산수의 풍치(風致)를 더하기 위해 기르는 나무숲[林].

▸풍치 지구 風致地區 (땅 지, 나눌 구). [지리] 도시 안팎의 풍치(風致) 유지를 목적으로 도시 계획 구역 내에서 특히 지정하여 보호하는 지구(地區).

풍침 風枕 (바람 풍, 베개 침). 안에 바람[風]을 불어넣어서 베는 베개[枕].

풍토 風土 (바람 풍, 흙 토). ① [속뜻]어떤 지방의 바람[風]과 땅[土]의 상태. ¶지역의 풍토에 맞게 농사를 지어야 한다. ②'어떤 일의 바탕이 되는 제도나 조건'을 비유하여 이르는 말.

▸풍토-기 風土記 (기록할 기). 그 지방의 풍토(風土)의 특색을 적은 기록(記錄).

▸풍토-병 風土病 (병 병). 어떤 지방의 독특한 자연 환경으로[風土] 생기는 특이한 병(病). ¶여행 중에 힘들었던 것은 이름도 모르는 풍토병에 걸렸을 때였다. [비]지방병(地方病), 토질(土疾).

▸풍토-색 風土色 (빛 색). 풍토(風土)의 차이에 따라 생기는 각각의 특색(特色).

풍파 風波 (바람 풍, 물결 파). ① [속뜻]세찬 바람[風]과 험한 물결[波]. ¶배가 풍파를 만나지 않기만을 간절히 빌었다. ②세상살이의 어려움이나 고통. ¶그는 세상의 모진 풍파를 이겨냈다.

풍판 風板 (바람 풍, 널빤지 판). [건설]풍우(風雨)를 막기 위하여 박공 아래에 길이로 연이어 대는 널빤지[板].

풍편 風便 (바람 풍, 편할 편). ① [속뜻]바람[風]결에 전해진 소식[便]. ②일정한 방향으로 부는 바람의 움직임.

풍한서습 風寒暑濕 (바람 풍, 찰 한, 더울 서, 젖을 습). 바람[風]과 추위[寒]와 더위[暑]와 습기(濕氣).

풍해 風害 (바람 풍, 해칠 해). 바람[風]으로 인한 재해(災害). [비]풍재(風災).

풍향 風向 (바람 풍, 향할 향). [지리]바람[風]이 불어오는 방향(方向).

▸풍향-계 風向計 (셀 계). [지리]바람의 방향을[風向] 관측하는 계기(計器). ¶풍향계가 북쪽을 가리키고 있다. [비]바람개비.

풍화[1] **風火** (바람 풍, 불 화). [한의]병의 원인이 되는 풍기(風氣)와 화기(火氣).

풍화[2] **風化** (풍속 풍, 될 화). 교육이나 정치의 힘으로 풍습(風習)을 잘 교화(敎化)하는 일.

풍화[3] **風化** (바람 풍, 될 화). ① [속뜻]바람[風]에 의해 변화(變化)함. ② [지리]지표를 구성하는 암석이 햇빛, 공기, 물, 생물 따위의 작용으로 점차 파괴되거나 분해되는 일.

▸풍화-석회 風化石灰 (돌 석, 재 회). ① [속뜻]풍화(風化) 작용으로 된 석회(石灰). ② [지리]공기 중에 오랫동안 노출된 생석회가 수분을 흡수하여 부스러진 흰 가루.

▸풍화 작용 風化作用 (지을 작, 쓸 용). [지리] 풍화(風化)를 일으키는 공기, 물, 온도 따위

의 작용(作用).

풍흉 豐凶 (풍년 풍, 흉할 흉). 풍년(豐年)과 흉년(凶年). 또는 풍작과 흉작.

피:격 被擊 (당할 피, 칠 격). 공격(攻擊)을 받음[被].

피:고 被告 (당할 피, 알릴 고). ① 속뜻 고발(告發)을 당함[被]. ② 법률 민사 소송에서, 소송을 당한 쪽의 당사자. ¶피고는 무죄의 몸이 되어 법정을 나갔다. ㊥원고(原告).

▸ 피:고-인 被告人 (사람 인). 법률 형사 소송에서, 검사로부터 공소 제기를 당한[被告] 사람[人]. ¶그 피고인은 사형 선고를 받았다. ㊥원고인(原告人).

피곤 疲困 (지칠 피, 곤할 곤). 몸이나 마음이 지쳐서[疲] 고단함[困]. ¶대청소를 했더니 피곤하다.

피골 皮骨 (가죽 피, 뼈 골). 살갗[皮]과 뼈[骨]. ¶몹시 여위어 피골이 상접(相接)하다.

▸ 피골-상접 皮骨相接 (서로 상, 닿을 접). 살갗[皮]과 뼈[骨]가 서로[相] 맞붙을[接] 정도로 몹시 여위어 있음.

피:구 避球 (피할 피, 공 구). 운동 공[球]을 피하는[避] 놀이. 일정한 구역 안에서 두 편으로 갈라서 한 개의 공으로 상대편을 맞히는 공놀이.

피:난 避難 (피할 피, 어려울 난). 재난(災難)을 피(避)함. 재난을 피하여 있는 곳을 옮김. ¶피난길 / 피난 행렬 / 온 가족이 부산으로 피난했다. ㊥피재(避災). ㊟피란(避亂).

▸ 피:난-민 避難民 (백성 민). 재난(災難)을 피(避)해 딴 곳으로 가는 사람[民]. ¶많은 피난민이 굶어 죽어가고 있다. ㊜난민. ㊥피란민(避亂民).

▸ 피:난-처 避難處 (곳 처). 재난(災難)을 피(避)해 옮긴 거처(居處). ¶폭풍우를 만나 피난처를 찾다. ㊥피란처(避亂處).

피:낭 被囊 (덮을 피, 주머니 낭). 동물 ① 원생동물이나 하등 후생동물의 외질(外質)이나 체표에 나오는 분비물로서 몸을 덮고[被] 있는 주머니[囊]. ② 피낭동물의 몸을 싸고 있는 젤리 상태, 또는 두껍고 단단한 주머니 모양의 조직.

피내 주:사 皮內注射 (가죽 피, 안 내, 물댈 주, 쏠 사). 의학 백신, 혈청 따위를 진피(眞皮) 안[內]에 주사(注射)하는 일.

피:동 被動 (당할 피, 움직일 동). ① 속뜻 움직임[動]을 당함[被]. 남의 힘에 의하여 움직이는 일. ② 언어 주체가 남의 움직임에 의해 동작을 하게 되는 동사의 성질. ㊥능동(能動).

▸ 피:동-문 被動文 (글월 문). 언어 문장의 서술어가 피동사(被動詞)로 된 문장(文章). '도둑이 경찰에 잡히었다', '아기가 엄마에게 안기었다' 따위. ㊥능동문(能動文).

▸ 피:동-사 被動詞 (말씀 사). 언어 문장의 주체가 남에 의해서 움직임[動]을 당하는[被] 것을 나타내는 동사(動詞). '보이다', '물리다', '잡히다' 따위. ㊥능동사(能動詞).

피:란 避亂 (피할 피, 어지러울 란). 난리(亂離)를 피(避)함. 난리를 피하여 다른 데로 옮김. ¶전쟁으로 모두가 피란을 갔다.

▸ 피:란-민 避亂民 (백성 민). 난리를 피하여[避亂] 딴 곳으로 가는 사람[民]. ㊟피난민(避難民).

▸ 피:란-지 避亂地 (땅 지). 난리를 피하여[避亂] 간 지역(地域). ㊥피란처(避亂處).

▸ 피:란-처 避亂處 (곳 처). ① 속뜻 난리를 피해[避亂] 거처를 옮긴 곳[處]. ② 난리를 피할 수 있는 곳. ㊥피란지(避亂地).

피:랍 被拉 (당할 피, 끌어갈 랍). 납치(拉致)를 당함[被].

피력 披瀝 (열 피, 쏟을 력). 마음을 열고[披] 생각하는 것을 털어놓고[瀝] 말함.

⁂**피로**[1] 疲勞 (지칠 피, 일할 로). 몸이나 정신이 지치고[疲] 고달픔[勞]. 또는 그런 상태. ¶피로가 아직 완전히 풀리지 않았다 / 눈이 몹시 피로하다.

▸ 피로-감 疲勞感 (느낄 감). 정신이나 몸이 지쳐 힘든[疲勞] 느낌[感]. ¶점심을 먹고 나면 식곤증과 피로감이 몰려온다.

피로[2] 披露 (열 피, 드러낼 로). ① 속뜻 닫힌 문 따위를 열어[披] 널리 드러내[露] 보임. ② 일반에게 널리 알림.

▸ 피로-연 披露宴 (잔치 연). 결혼이나 출생 따위를 널리 알리는[披露] 뜻으로 베푸는 잔치[宴]. ¶그들의 결혼 피로연은 정원에서 열렸다.

피:뢰 避雷 (피할 피, 벼락 뢰). 낙뢰(落雷)를 피(避)함.

▸피:뢰-기 避雷器 (그릇 기). [전기] 전기 회로에 일어나는 이상 고전압을 안전하게 방전하여 회로 속의 기기의 파손을 예방하는 [避雷] 장치[器].

▸피:뢰-침 避雷針 (바늘 침). [물리] 낙뢰(落雷)를 피(避)하기 위하여 집이나 굴뚝 따위의 건조물에 세우는 끝이 뾰족한 쇠붙이의 막대[針]. ¶피뢰침을 건물 옥상에 설치하다.

피막[1] 皮膜 (가죽 피, 꺼풀 막). ① [속뜻] 피부(皮膚)와 점막(粘膜). ② 껍질과 같은 막.

피:막[2] 被膜 (덮을 피, 꺼풀 막). 덮어[被] 싸고 있는 막(膜).

피:병 避病 (피할 피, 병 병). 전염병(傳染病)을 피(避)하여 거처를 옮김.

피:-병원 避病院 (피할 피, 병 병, 집 원). 전염병이 확산 되는 것을 피(避)하기 위하여 환자를 격리하여 수용하는 병원(病院).

피:-보험 被保險 (당할 피, 지킬 보, 험할 험). 보험(保險)의 혜택을 입음[被].

▸피:보험-물 被保險物 (만물 물). 손해 보험(損害保險) 계약의 혜택을 입는[被] 목적물(目的物).

▸피:보험-자 被保險者 (사람 자). 보험 사고가 발생했을 경우에 보험금(保險金)의 지급을 받을[被] 권리를 가진 사람[者]. [반] 보험자(保險者).

피:복[1] 被服 (덮을 피, 옷 복). ① [속뜻] 덮어서[被] 입는 옷[服] ② 옷. ¶피복에 묻은 얼룩을 제거하다. ③ 공공 기관의 단체 제복. [비] 의복(衣服).

▸피:복-창 被服廠 (공장 창). 공공 기관이나 단체의 제복[被服]을 만드는 공장[廠].

피:복[2] 被覆 (덮을 피, 덮을 복). 거죽을 덮어[覆] 씌움[被]. 또는 덮어 싼 물건. ¶전선의 고무 피복이 벗겨졌다.

▸피:복-선 被覆線 (줄 선). [전기] 절연물로 거죽을 덮어 싼[被覆] 도선(導線). [비] 절연선(絶緣線).

피봉 皮封 (겉 피, 봉할 봉). ① [속뜻] 겉[皮]을 봉(封)함. ② 봉투의 겉면. 겉봉.

***피부** 皮膚 (가죽 피, 살갗 부). ① [속뜻] 가죽[皮]과 살갗[膚]. ② [동물] 척추동물의 몸의 겉을 싸고 있는 조직. ¶아기는 피부가 부드럽다. [비] 살갗.

▸피부-과 皮膚科 (분과 과). [의학] 피부(皮膚)에 관한 모든 병을 연구·치료하는 의학의 한 분과(分科).

▸피부-병 皮膚病 (병 병). [의학] 피부(皮膚)에 생기는 모든 병(病)을 통틀어 이르는 말. ¶강아지가 피부병에 걸려 털이 다 빠졌다.

▸피부-색 皮膚色 (빛 색). 사람의 살갗[皮膚]의 색(色). ¶그녀는 피부색이 유난히 하얗다.

▸피부-암 皮膚癌 (암 암). [의학] 주로 피부(皮膚)에 생기는 악성 종양[癌]. 햇볕을 많이 받는 부위에 생기기 쉽고 백인에게 많다. ¶햇볕을 지나치게 오래 쐬면 피부암에 걸릴 수 있다.

▸피부-염 皮膚炎 (염증 염). [의학] 피부(皮膚)에 생기는 염증(炎症)을 통틀어 이르는 말.

▸피부 감:각 皮膚感覺 (느낄 감, 깨달을 각). [의학] 피부(皮膚) 또는 그 아래의 층에 수용기(受容器)를 가진 감각(感覺)을 통틀어 이르는 말. 촉각, 온각, 냉각, 통각 따위.

▸피부 호흡 皮膚呼吸 (내쉴 호, 마실 흡). [동물] 동물이 피부(皮膚)를 통하여 하는 호흡(呼吸).

피:사-체 被寫體 (당할 피, 베낄 사, 몸 체). 사진(寫眞)을 찍히는[被] 물체(物體).

피:살 被殺 (당할 피, 죽일 살). 살해(殺害)를 당함[被]. ¶어젯밤 한 여성이 피살된 채 발견됐다.

피상 皮相 (가죽 피, 모양 상). 사물이나 현상 따위의 겉[皮]으로 드러나는 모양[相].

▸피상-적 皮相的 (것 적). 겉으로 드러나 보이는 현상에만[皮相] 관계하는 것[的]. 실상을 파악하지 못하거나 드러내지 못한 것.

피:-상속인 被相續人 (당할 피, 서로 상, 이을 속, 사람 인). ① [속뜻] 상속(相續)을 당하는[被] 사람[人]. ② [법률] 상속인에게 자기의 권리, 의무를 물려주는 사람. [반] 상속인(相續人).

피:서 避暑 (피할 피, 더울 서). 시원한 곳으로 옮겨 더위[暑]를 피(避)함. ¶올 여름에는 산으로 피서를 갈 계획이다.

▸피:서-객 避暑客 (손 객). 피서(避暑)를 즐기는 사람[客]. ¶계곡과 바다에 피서객들이 몰려들다.

▸피:서-지 避暑地 (땅 지). 더위를 피하기

에[避暑] 알맞은 곳[地]. ¶이 동굴은 피서지로 이름난 곳이다.

피:선 被選 (당할 피, 고를 선). 선거(選擧)에서 뽑힘[被]. ¶의장으로 피선되다.

▸피:선거-권 被選擧權 (들 거, 권리 권). 법률 선거(選擧)에 나가 당선될[被] 수 있는 권리(權利). ¶40세 이상의 국민은 대통령의 피선거권이 있다. ⓑ선거권(選擧權).

피:소 被訴 (당할 피, 하소연할 소). 법률 소송(訴訟) 제기(提起)를 당함[被].

피:수 被囚 (당할 피, 가둘 수). 옥에 가두어[囚] 짐[被]. 또는 그 죄수.

피:-수식어 被修飾語 (당할 피, 고칠 수, 꾸밀 식, 말씀 어). 언어 수식어의 수식(修飾)을 당하는[被] 말[語].

피:습 被襲 (당할 피, 습격할 습). 습격(襲擊)을 당함[被].

피:-승수 被乘數 (당할 피, 곱할 승, 셀 수). 수학 곱셈에서 곱함[乘]을 당하는[被] 수(數). 5×2=10에서의 '5'를 이른다. ⓑ승수(乘數).

피:식-자 被食者 (당할 피, 먹을 식, 것 자). 생물 먹이 연쇄에서, 잡아먹히는[被食] 쪽의 생물[者].

피:신 避身 (피할 피, 몸 신). 몸[身]을 숨겨 피(避)함. ¶그는 전쟁이 터지자 가족들을 피신시켰다. ⓑ은신(隱身).

피:아 彼我 (저 피, 나 아). 저[彼]와 나[我]. 저편과 이편.

피:안 彼岸 (저 피, 언덕 안). ① 속뜻 저[彼] 쪽 언덕[岸]. ② 불교 사바세계 저쪽에 있는 깨달음의 세계. ③ 불교 이승의 번뇌를 해탈하여 열반의 세계에 이름. 또는 그런 경지. ④ 철학 현실적으로 존재하지 않는 관념적으로 생각해 낸 현실 밖의 세계.

피육 皮肉 (가죽 피, 살 육). 가죽[皮]과 살[肉]을 아울러 이르는 말.

피:의 被疑 (당할 피, 의심할 의). 의심(疑心)이나 혐의(嫌疑)를 받는[被] 일. ¶피의 사실을 인정하지 않다.

▸피:의-자 被疑者 (사람 자). 법률 범죄의 혐의(嫌疑)는 받고 있으나[被] 아직 기소되지 않은 사람[者]. ¶피의자를 그 사고와 연관시킬 증거가 있었다. ⓑ용의자(容疑者).

피:임[1] 被任 (당할 피, 맡길 임). 어떠한 자리에 임명(任命) 됨[被].

피:임[2] 避姙 (피할 피, 아이 밸 임). 의학 인위적으로 임신(姙娠)을 피(避)함. ¶피임하는 약을 먹다.

▸피:임-법 避姙法 (법 법). 의학 인위적으로 임신(姙娠)을 피(避)하는 방법(方法).

▸피:임-약 避姙藥 (약 약). 약학 피임(避姙)하기 위하여 사용되는 약제(藥劑). ⓑ살정제(殺精製).

피:자-식물 被子植物 (덮을 피, 씨 자, 심을 식, 만물 물). 식물 꽃식물 가운데 밑씨[子]가 씨방 안에 싸여 있는[被] 식물(植物). ⓑ속씨식물.

피:-제수 被除數 (당할 피, 나눌 제, 셀 수). 수학 나누기에서, 어떤 수를 다른 수로 나눌 때, 그 나뉨[除]을 당하는[被] 수(數). 8÷2=4에서의 '8'를 이른다. ⓑ나뉨수. ⓑ제수(除數).

피:조-물 被造物 (당할 피, 만들 조, 만물 물). ① 속뜻 만들어[造]지게[被] 된 만물(萬物). ② '우주의 삼라만상'을 이르는 말.

피지[1] 皮脂 (가죽 피, 기름 지). ① 속뜻 피부(皮膚)의 기름기[脂]. ② 의학 피지선에서 분비되는 반유동성 유상(油狀) 물질. 피부와 모발 표면에 지방 막을 형성하고 축축하게 하여 보호하는 기능이 있다.

피지[2] 皮紙 (껍질 피, 종이 지). 닥나무 껍질[皮]의 찌끼로 뜬 품질이 낮은 종이[紙]. 피딱지.

피지[3] 彼地 (저 피, 땅 지). 저[彼] 땅[地].

피진 皮疹 (가죽 피, 홍역 진). 피부(皮膚)에 나타나는 모든 발진(發疹).

피질 皮質 (겉 피, 바탕 질). 의학 ①신장, 부신 따위 기관의 표층[皮] 부분[質]. ②대뇌나 소뇌의 겉층을 만드는 회백질부. ⓑ수질(髓質).

피:차 彼此 (저 피, 이 차). ① 속뜻 저것[彼]과 이것[此]. ②이쪽과 저쪽의 양쪽. ¶힘들기는 피차 마찬가지이다.

▸피:차-일반 彼此一般 (한 일, 모두 반). 저것이나[彼] 이것[此]이나 하나[一]와 같음[般]. 두 편이 서로 같음.

피:천 被薦 (당할 피, 천거할 천). 추천(推薦)을 받음[被].

피층 皮層 (겉 피, 층 층). ① 속뜻 겉[皮]에 있는 층(層). ② 식물 식물 조직 중 뿌리나 줄기 따위에서 겉껍질과 중심주 사이를 채우는 세포층.

피:침 被侵 (당할 피, 쳐들어갈 침). 침략(侵略)이나 침범을 당함[被].

피:타 被打 (당할 피, 칠 타). 매를[打] 맞음[被].

피:탈 被奪 (당할 피, 빼앗을 탈). 빼앗음[奪]을 당함[被].

피:탈 避脫 (피할 피, 벗을 탈). 피하여[避] 벗어남[脫].

피폐 疲弊 (지칠 피, 낡을 폐). 지치고[疲] 낡아짐[弊]. ¶계속된 전쟁으로 나라가 피폐해졌다.

피:폭[1] 被爆 (당할 피, 터질 폭). ① 속뜻 폭격(爆擊)을 받음[被]. ② 원자탄이나 수소탄의 폭격을 받음.

피:폭[2] 被曝 (당할 피, 쬘 폭). ① 속뜻 쬠[曝]을 당함[被]. ② 인체가 방사능에 노출됨. 체외에 있는 방사선원에 의한 외부 피폭과 체내에 있거나 들어온 선원에 의한 내부 피폭이 있음.

피하 皮下 (가죽 피, 아래 하). 의학 피부(皮膚)의 아래[下] 부분. ¶피하에 염증이 생겼다.

▸피하 기종 皮下氣腫 (공기 기, 종기 종). 의학 살가죽[皮] 밑[下]에 기종(氣腫)이 생긴 것.

▸피하 일혈 皮下溢血 (넘칠 일, 피 혈). 의학 심한 타박 따위로 혈관이 터져 살가죽[皮] 밑[下]에서 피[血]가 나오는[溢] 일.

▸피하 조직 皮下組織 (짤 조, 짤 직). 동물 피부의 진피(眞皮) 아래[下]에 있는, 주로 지방으로 된 조직(組織).

▸피하 주:사 皮下注射 (물댈 주, 쏠 사). 의학 약물을 피하(皮下)의 결체(結體)조직 안에 놓는 주사(注射).

▸피하 지방 皮下脂肪 (기름 지, 기름 방). 의학 포유류의 피하(皮下) 조직(組織)에 발달한 지방(脂肪). ¶피하지방은 체온을 유지하는 역할을 한다.

▸피하 출혈 皮下出血 (날 출, 피 혈). 의학 혈관이나 모세 혈관에 의한 출혈(出血)이 몸 안 또는 피부(皮膚) 밑[下]에서 일어나는 일. 내출혈(內出血).

피:학-증 被虐症 (당할 피, 모질 학, 증세 증). 심리 이성(異性)으로부터 정신적, 육체적 학대(虐待)를 당하는[被] 데서 성적 쾌감을 느끼는 변태적인 증세(症勢).

피:한 避寒 (피할 피, 찰 한). 따뜻한 곳으로 옮겨 추위[寒]를 피(避)함. 반 피서(避暑).

피:해[1] 避害 (피할 피, 해칠 해). 재해(災害)를 피(避)함.

⁂**피:해**[2] 被害 (당할 피, 해칠 해). 신체, 재물, 정신상의 손해(損害)를 당함[被]. 또는 그 손해. ¶인명 피해를 보다 / 나는 너에게 어떤 피해도 준 적이 없다. 반 가해(加害).

▸피:해-자 被害者 (사람 자). ① 속뜻 손해(損害)를 당한[被] 사람[者]. ② 자신의 생명이나 신체, 재산, 명예 따위에 침해 또는 위협을 받은 사람. ¶피해자에게 치료비를 물어 주다. 반 가해자(加害者).

▸피:해-망상 被害妄想 (헛될 망, 생각 상). 의학 남이 자기에게 피해(被害)를 준다고 여기는 헛된[妄] 생각[想]. 정신 분열증이나 편집병 같은 정신병에서 흔히 나타난다.

피:핵 被劾 (당할 피, 캐물을 핵). 탄핵(彈劾)을 당함[被].

피혁 皮革 (가죽 피, 가죽 혁). ① 속뜻 겉가죽[皮]과 속가죽[革]. ② 날가죽과 무두질한 가죽을 통틀어 이르는 말.

피:혐 避嫌 (피할 피, 싫어할 혐). 혐의(嫌疑)를 피(避)함.

피:화[1] 被禍 (당할 피, 재화 화). 재화(災禍)를 당함[被].

피:화[2] 避禍 (피할 피, 재화 화). 재화(災禍)를 피(避)함.

필가[1] 筆架 (붓 필, 시렁 가). 붓[筆]을 걸어 놓는 시렁[架].

필가[2] 筆家 (글씨 필, 사람 가). ① 속뜻 글씨를 잘 쓰는[筆] 사람[家]. ② 글씨 쓰는 일을 전문으로 하는 사람.

필간 筆諫 (글씨 필, 간언할 간). 말이 아니라 글[筆]로 써서 간(諫)함.

필갑 筆匣 (붓 필, 상자 갑). 붓[筆]을 넣어 두는 갑(匣). ¶탁자 위에는 잉크와 벼루, 먹, 붓, 필갑 따위가 가지런히 놓여 있었다.

필경[1] 筆耕 (붓 필, 밭갈 경). ① 속뜻 붓[筆]

으로 밭을 갊[耕]. ②직업으로 글이나 글씨를 씀. ③등사 원지(原紙)에 글씨를 씀.

필경[2] 畢竟 (마칠 필, 마침내 경). ① 속뜻 일을 끝내거나[畢] 또는 마침내[竟]. ②마침내. 결국에는. ¶필경 그는 오지 않을 것이다.

필공 筆工 (붓 필, 장인 공). 붓[筆]을 만드는 일을 직업으로 하는 사람[工].

필관 筆管 (붓 필, 대롱 관). 붓[筆]촉을 박는 가는 대[管]. 글씨를 쓰거나 그림을 그릴 때 손으로 잡는 부분. 붓대.

필기 筆記 (붓 필, 기록할 기). ① 속뜻 붓[筆]으로 기록(記錄)함. ②강의나 연설 따위의 내용을 받아씀. ¶수업 시간에 필기를 잘해야 시험 볼 때에 고생하지 않는다.

▸필기-구 筆記具 (갖출 구). 필기(筆記)에 사용되는 각종 도구(道具). ¶필통에서 필기구를 꺼내다.

▸필기-장 筆記帳 (장부 장). 필기(筆記)하는 데 쓰는 공책[帳].

▸필기-체 筆記體 (모양 체). 활자가 아니고 필기구로 직접 쓸[筆記] 때의 글씨체[體]. 서양 문자에서, 필기할 때 흘려서 잇달아 쓸 수 있도록 된 글자의 체이다. 반 인쇄체(印刷體).

▸필기-시험 筆記試驗 (따질 시, 효과 험). 답안을 글[筆]로 써서[記] 치르는 시험(試驗). 필답시험(筆答試驗). 반 구술시험(口述試驗).

필납 畢納 (마칠 필, 바칠 납). 납세(納稅)나 납품(納品) 따위를 끝냄[畢].

필낭 筆囊 (붓 필, 주머니 낭). 붓[筆]을 넣어 차고 다니는 주머니[囊]. ¶필낭에서 붓을 꺼내다.

필단 筆端 (붓 필, 끝 단). ① 속뜻 붓[筆]의 끝[端] 부분. ②글을 써 내려가는 기세를 비유하여 이르는 말.

필담 筆談 (글씨 필, 말씀 담). 글[筆]로 써서 이야기함[談].

필답 筆答 (글씨 필, 답할 답). 글[筆]로 써서 대답(對答)함.

▸필답-시험 筆答試驗 (따질 시, 효과 험). 글[筆]로 대답(對答)하는 형식의 시험(試驗). 비 필기시험(筆記試驗).

필독 必讀 (반드시 필, 읽을 독). 반드시[必] 읽음[讀]. 또는 읽어야 함.

필두 筆頭 (붓 필, 머리 두). ① 속뜻 붓[筆]의 끝머리[頭]. ②여럿을 들어 말 할 때나 이름을 순서대로 적을 때, 맨 처음 차례. ③단체나 동아리의 주장되는 사람.

필력 筆力 (붓 필, 힘 력). ① 속뜻 붓[筆]의 힘[力]. ②글씨의 획에 드러난 힘. 비 필세(筆勢). ③문장의 힘.

필로 筆路 (붓 필, 길 로). ① 속뜻 붓[筆]이 가는 길[路]. 붓을 놀리는 방법. ②글을 지을 때 나오는 사상.

필마 匹馬 (마리 필, 말 마). 한 마리[匹]의 말[馬].

▸필마-단기 匹馬單騎 (홑 단, 말 탈 기). 한 필(匹)의 말[馬]을 홀로[單] 탄[騎] 사람. 단 한 사람의 기마병.

▸필마-단창 匹馬單槍 (홑 단, 창 창). ① 속뜻 한 필(匹)의 말[馬]과 한 자루[單]의 창(槍). ②혼자 간단한 무장을 하고 한 필의 말을 타고 감. 또는 그렇게 하는 사람.

필멸 必滅 (반드시 필, 없어질 멸). 반드시[必] 멸망(滅亡)함.

필명 筆名 (글씨 필, 이름 명). ① 속뜻 글이나 글씨[筆]로 날린 명성(名聲). ②작가가 작품을 발표할 때 쓰는 본명 이외의 이름. ¶루쉰이란 필명으로 이름을 날리기 시작하다.

필묵 筆墨 (붓 필, 먹 묵). 붓[筆]과 먹[墨]. 비 묵필.

▸필묵지연 筆墨紙硯 (종이 지, 벼루 연). 붓[筆], 먹[墨], 종이[紙] 그리고 벼루[硯]. 비 문방사우(文房四友).

필방 筆房 (붓 필, 방 방). 붓[筆]을 만들어 파는 집[房].

필법 筆法 (글씨 필, 법 법). 글씨[筆]나 문장을 쓰는 법(法).

필봉 筆鋒 (붓 필, 끝 봉). ① 속뜻 붓[筆]끝[鋒]. ②붓의 위세. 문장 따위의 힘.

필부[1] 匹婦 (하나 필, 여자 부). ① 속뜻 한[匹] 사람의 여자[婦]. ②대수롭지 않은, 그저 평범한 여자.

필부[2] 匹夫 (하나 필, 사나이 부). ① 속뜻 한[匹] 사람의 남자[夫]. ②대수롭지 않은, 그저 평범한 남자.

▸필부지용 匹夫之勇 (어조사 지, 날쌜 용). 혈기만 믿고 함부로 덤비는 필부(匹夫)의

용기(勇氣).

▸필부-필부 匹夫匹婦 (하나 필, 여자 부). 평범한[匹] 남자[夫]와 평범한[匹] 여자[婦]. [비]갑남을녀(甲男乙女).

필사[1] 必死 (반드시 필, 죽을 사). ① [속뜻] 반드시[必] 죽음[死]. ② 죽을힘을 다 씀. 죽음을 각오함. ¶그는 필사의 각오로 경기에 임했다.

▸필사-적 必死的 (것 적). 죽기로 결심하고[必死] 있는 것[的]. ¶필사적으로 도망치다.

필사[2] 筆寫 (붓 필, 베낄 사). 붓[筆]으로 써서 베낌[寫]. 또는 베껴 쓴 글씨. ¶이 책 한 권을 다 필사하려면 시간이 꽤 걸릴 것이다.

▸필사-본 筆寫本 (책 본). 베껴 쓴[筆寫] 책[本]. ¶소설 『춘향전』은 수많은 필사본이 있다. [비]수사본(手寫本). [반]간본(刊本).

필살 必殺 (반드시 필, 죽일 살). 반드시[必] 죽임[殺]. ¶필살의 무기 / 필살의 기세로 무장하다.

필생[1] 畢生 (마칠 필, 살 생). ① [속뜻] 삶[生]을 마침[畢]. ② 살아 있는 동안. ¶필생의 숙원. ③ 생명의 마지막까지 다함. ¶이것은 그의 필생의 걸작이다.

필생[2] 筆生 (붓 필, 사람 생). 필사(筆寫)를 직업으로 하는 사람[生].

필석 筆石 (붓 필, 돌 석). [지리] 고생대의 바다 속에 살던, 풀잎처럼 생긴 부유 동물의 화석(化石). 빛이 희고 반짝이는 돌인데, 무르지는 않으나 잘 부스러지므로 분필(粉筆)처럼 쓸 수도 있다.

필설 筆舌 (붓 필, 혀 설). ① [속뜻] 붓[筆]과 혀[舌]. ② 글과 말.

필세 筆勢 (붓 필, 기세 세). ① [속뜻] 붓[筆]의 기세(氣勢). ② 글씨의 획에 드러난 기세. [비] 필력(筆力).

필수[1] 必修 (반드시 필, 닦을 수). 반드시[必] 배워야 하는[修] 일. ¶필수 학점.

필수[2] 必須 (반드시 필, 모름지기 수). ① [속뜻] 반드시[必] 그리고 모름지기[須] 해야 함. ② 반드시 필요함. 꼭 있어야 하거나 해야 함. ¶이 공연을 보려면 예약은 필수다.

▸필수-적 必須的 (것 적). 꼭[必] 필요로 하는[須] 것[的]. ¶필수적인 요소 / 이 일을 완성하려면 당신의 도움이 필수적이다.

▸필수 과목 必須科目 (분과 과, 눈 목). [교육] 반드시[必] 배울 필요가 있는[須] 과목(科目). [반]선택 과목(選擇科目).

필수[3] 必需 (반드시 필, 쓰일 수). 반드시[必] 구해야 함[需]. 반드시 있어야 함. ¶필수 물품.

▸필수-품 必需品 (물건 품). 일상생활에서 반드시[必] 써야[需] 하는 물건[品]. ¶현대인에게 컴퓨터는 필수품이다.

필순 筆順 (붓 필, 차례 순). 글씨를 쓸 때 붓[筆]을 놀리는 차례[順]. ¶한자는 필순에 따라 써야 예쁘다.

필승 必勝 (반드시 필, 이길 승). 반드시[必] 이김[勝]. ¶선수들은 필승의 각오를 다지고 경기에 임했다.

필시 必是 (반드시 필, 옳을 시). 반드시[必] 옳음[是]. 어김없이. ¶그의 얼굴 표정을 보니 필시 몸이 아픈가 보다. [비]필연(必然).

필업 畢業 (마칠 필, 일 업). 학업(學業) 따위를 마침[畢].

필역 畢役 (마칠 필, 부릴 역). 역사(役事)를 끝마침[畢]. [비]요역(了役).

필연[1] 筆硯 (붓 필, 벼루 연). 붓[筆]과 벼루[硯]를 아울러 이르는 말. ¶옛 문인들은 필연을 늘 가까이에 두고 글쓰기를 부지런히 하였다.

필연[2] 必然 (반드시 필, 그러할 연). ① [속뜻] 반드시[必] 그렇게[然] 됨. ② 반드시 그렇게 되는 수밖에 다른 도리가 없음, 또는 그런 일. ¶우리의 만남은 필연이라고밖에 할 수 없다. ③ 꼭. 반드시. ¶필연 무슨 일이 있는 것 같다. [반]우연(偶然). [참]개연(蓋然).

▸필연-론 必然論 (논할 론). [철학] 이 세상의 모든 일은 일정한 인과 관계에 따른 법칙에 의하여 결정되는 것으로, 우연이나 선택의 자유에 의한 것이 아니라는[必然] 이론(理論). [비]결정론(決定論).

▸필연-성 必然性 (성질 성). ① [속뜻] 어떤 사물의 그렇게 될 수밖에 없는[必然] 성질(性質). [반]우연성(偶然性). ② [철학] 법칙, 규범 따위에 불가피하게 제약받고 있는 성질.

▸필연-적 必然的 (것 적). 반드시 그렇게 될 수밖에[必然] 없는 것[的]. ¶필연적 결과.

⁑**필요** 必要 (반드시 필, 구할 요). 반드시[必]

요구(要求)되는 바가 있음. ¶그는 경제적 필요에 의해 직장에 다니기 시작했다 / 도움이 필요하면 전화 주세요. [반]불필요(不必要).

▸필요-비 必要費 (쓸 비). 물건 또는 권리를 보존하거나 관리하는 데 필요(必要)한 비용(費用).

▸필요-성 必要性 (성질 성). 반드시 요구되는[必要] 성질(性質). ¶가족의 필요성을 느낀다.

▸필요-악 必要惡 (악할 악). ① [속뜻] 필요(必要)한 악(惡). ② 없는 것이 바람직하나 조직 따위의 운영이나 사회 생활상 '부득이 필요하다고 여겨지는 것'을 이르는 말.

▸필요-조건 必要條件 (가지 조, 구분할 건). [논리] 어떤 명제가 성립하는 데 필요(必要)한 조건(條件). 명제 'A이면 B이다'가 성립할 때, A에 대하여 B를 이르는 말이다. [참]충분조건(充分條件), 필요충분조건(必要充分條件).

▸필요충분-조건 必要充分條件 (채울 충, 나눌 분, 가지 조, 구분할 건). [논리] 어떤 명제가 성립하는 데 필요(必要)하고 충분(充分)한 조건(條件). [참]충분조건(充分條件), 필요조건(必要條件).

필용 必用 (반드시 필, 쓸 용). 반드시[必] 소용(所用)되는 바가 있음.

필원 筆苑 (글씨 필, 마당 원). ① [속뜻] 문필가(文筆家)들의 사회를 동산[苑]에 비유한 말. ② 옛날 명필들의 이름을 모아 적은 책.

▸필원-잡기 筆苑雜記 (섞을 잡, 기록할 기). ① [속뜻] 문필가들[筆苑]의 자질구레한[雜] 기록(記錄). ② [문학] 조선 전기에 서거정이 지은 수필 문학집. 고대로부터 전하는 일화 또는 한담을 모은 수필집이다.

필유곡절 必有曲折 (반드시 필, 있을 유, 굽을 곡, 꺾을 절). 반드시[必] 무슨 곡절(曲折)이 있음[有].

필자 筆者 (글씨 필, 사람 자). 글이나 글씨[筆]를 쓴 사람[者]. ¶이 자료는 필자가 만 명을 대상으로 조사한 것이다.

필재 筆才 (글씨 필, 재주 재). 글이나 글씨[筆]를 쓰는 재주[才].

필적[1] 匹敵 (짝 필, 원수 적). 상대[匹]의 재주나 힘 따위가 엇비슷하여 서로 견줄[敵] 만함. [비]필대(匹對).

필적[2] 筆跡 (글씨 필, 발자취 적). 손수 쓴 글씨[筆]나 그림의 형적(形跡). [비]필적(筆蹟), 수적(手跡).

필전 筆戰 (글씨 필, 싸울 전). 글[筆]을 써서 서로 다투는[戰] 일. 글에 의한 논쟁. [참]설전(舌戰).

필주 筆誅 (글씨 필, 꾸짖을 주). 남의 허물이나 죄를 글[筆]로 써서 꾸짖음[誅]. ¶필주를 가하다 / 필주를 면하다.

필중 必中 (반드시 필, 맞을 중). 반드시[必] 맞거나 맞힘[中]. ¶단발 필중.

필지[1] 必至 (반드시 필, 이를 지). 앞으로 반드시[必] 그에 이르게[至] 됨. ¶그렇게 되는 것은 필지의 사실이다.

필지[2] 必知 (반드시 필, 알 지). 반드시[必] 알아야[知] 함. ¶필지 사항.

필지[3] 筆紙 (붓 필, 종이 지). 붓[筆]과 종이[紙].

필진 筆陣 (글씨 필, 진칠 진). ① [속뜻] 신문 같은 정기 간행물에 기고하는 집필자(執筆者) 진용(陣容). ② 필전에서 상대에 대응하기 위한 주장이나 논리의 전개에 관한 계획, 방법, 태도 따위의 포진.

필착 必着 (반드시 필, 붙을 착). 우편물 따위가 마감 날까지 반드시[必] 도착(到着)함.

필첩 筆帖 (글씨 필, 표제 첩). ① [속뜻] 옛 사람의 필적(筆跡)을 모아서 엮은 서첩(書帖). ② 수첩(手帖).

필체 筆體 (글씨 필, 모양 체). ① [속뜻] 글씨[筆] 모양[體]. ¶두 사람의 필체가 서로 비슷하다. ② 붓글씨에서 글씨를 쓰는 일정한 격식이나 양식. ③ 활자 자형의 양식. [비]글씨체(體), 서체(書體).

필촉 筆觸 (붓 필, 닿을 촉). ① [속뜻] 붓[筆]이 닿는[觸] 느낌. ② [미술] 회화에서, 붓놀림에서 오는 느낌.

필치 筆致 (붓 필, 이를 치). ① [속뜻] 붓[筆] 솜씨가 상당한 경지에 이름[致]. ② 글에 나타나는 맛이나 개성. ¶이 소설은 두 남녀의 순수한 사랑을 섬세한 필치로 그렸다.

필통 筆筒 (붓 필, 대롱 통). 붓[筆]이나 필기구 따위를 꽂아 두는 둥근 원통(筒). 또는 그런 것을 가지고 다니는 작은 상자. ¶필통 속에는 연필 몇 자루와 지우개가 들어 있다.

[비]필갑(筆匣).

필화 筆禍 (글씨 필, 재화 화). 자기가 쓴 글[筆]이 문제가 되어 당하는 화(禍).

필획 筆劃 (글씨 필, 그을 획). 글씨[筆]의 점과 획(劃). [비]자획(字劃).

필휴 必携 (반드시 필, 들 휴). 꼭[必] 지녀야[携] 함. 반드시 지녀야 하는 것.

필흔 筆痕 (붓 필, 흔적 흔). ① [속뜻] 붓[筆]의 흔적(痕迹). ②손수 쓴 글씨의 필적이나 그 솜씨.

필흥 筆興 (붓 필, 흥겨울 흥). ① [속뜻] 붓[筆]을 쥐었을 때의 흥취(興趣). ②글씨를 쓰거나 그림을 그릴 때에 일어나는 흥취.

핍박 逼迫 (닥칠 핍, 닥칠 박). ① [속뜻] 가까이 닥침[逼=迫]. ②바싹 죄어서 괴롭게 함. ¶평생 핍박을 당하며 살다.

핍진 逼眞 (닥칠 핍, 참 진). ① [속뜻] 참[眞] 모습과 아주 가깝고[逼] 비슷하다. ②사정이나 표현이 진실하여 거짓이 없다. ¶사정을 핍진하게 알려 왔다.

하:가 下嫁 (아래 하, 시집갈 가). ① 속뜻 지체가 낮은[下] 곳으로 시집감[嫁]. ② 공주나 옹주가 귀족이나 신하에게로 시집감을 이르던 말.

하:강 下降 (아래 하, 내릴 강). 높은 데서 낮은[下] 데로 내려옴[降]. ¶기온의 하강 / 비행기가 활주로를 향해 하강하고 있다. ⓑ상승(上昇).

▸ 하:강-선 下降線 (줄 선). 아래로 내려가는[下降] 선(線). ⓑ상승선(上昇線).

▸ 하:강 기류 下降氣流 (공기 기, 흐를 류). 지리 상공에서 지표면으로 내리 흐르는[下降] 공기(空氣)의 흐름[流]. ⓑ상승 기류(上昇氣流).

하:객 賀客 (축하할 하, 손 객). 축하(祝賀)하기 위해 온 손님[客]. ¶결혼식장은 하객들로 넘쳐났다. ⓑ축객(祝客).

하:경 夏景 (여름 하, 볕 경). 여름[夏]의 경치(景致).

하:계[1] 下計 (아래 하, 꾀 계). 일을 풀어 나가는 데 가장 수가 낮은[下] 꾀[計]. ⓑ하책(下策).

하:계[2] 下界 (아래 하, 지경 계). ① 속뜻 천상계(天上界)에서 내려다[下] 본 인간이 살고 있는 이 세계(世界). ⓑ인간계(人間界). ② 높은 곳에서 땅위를 이르는 말. ⓑ하토(下土).

하계[3] 河系 (물 하, 이어 맬 계). 하천(河川)의 계통(系統). 하천의 본류와 지류를 통틀어 이르는 말. ⓑ수계(水系).

하:계[4] 夏季 (여름 하, 철 계). 여름[夏]에 해당되는 계절(季節). ¶하계 올림픽. ⓑ하기(夏期). ⓑ동계(冬季).

하:곡 夏穀 (여름 하, 곡식 곡). 여름[夏]에 거두는 곡식(穀食). ⓑ맥곡(麥穀). ⓑ추곡(秋穀).

하공-학 河工學 (물 하, 장인 공, 배울 학). 건설 하천(河川)에 관련된 구조물[工]을 연구하는 학문(學問).

하:관[1] 下官 (아래 하, 벼슬 관). ① 속뜻 지위가 낮은[下] 관리(官吏). ⓑ상관(上官). ② 직위가 낮은 관리가 상관에 대하여 자기를 낮추어 일컫는 말.

하:관[2] 下棺 (내릴 하, 관 관). 시체를 묻을 때 관(棺)을 무덤의 구덩이 안에 내려놓음[下].

하:교[1] 下校 (내릴 하, 학교 교). 학생이 학교(學校)에서 공부를 마치고[下] 돌아옴. ¶하교 시간 / 하교 버스. ⓑ등교(登校).

하:교[2] 下教 (아래 하, 가르칠 교). ① 속뜻 윗사람이 아랫사람[下]에게 가르침[教]을 줌. ¶하교를 청합니다. ② 불교 제자에게 교리를 전함.

하구 河口 (물 하, 어귀 구). 강물[河]이 바다나 호수, 또는 다른 강으로 흘러 들어가는 어귀[口]. ¶낙동강 하구에는 김해평야가 발달해 있다. ⓑ강어귀. ⓑ하원(河源).

▸ 하구-언 河口堰 (둑 언). 바닷물이 거슬러 옴을 막기 위하여 강어귀[河口]에 쌓은 둑[堰].

하ː권 下卷 (아래 하, 책 권). 두 권이나 세 권으로 나눈 책[卷]의 끝[下]권. ㊕상권(上卷), 중권(中卷).

하ː-극상 下剋上 (아래 하, 이길 극, 위 상). 어떤 조직체에서 계급이나 신분이 아래[下]인 사람이 부당한 방법으로 윗[上]사람을 꺾어 누르거나 없애는[剋] 일.

하ː급 下級 (아래 하, 등급 급). 등급이나 계급 따위를 상·하 또는 상·중·하로 나눈 때의 아래[下]의 등급(等級). ¶하급 법원 / 하급 관리. ㊥하층(下層).

▸하ː급-생 下級生 (사람 생). 학년이 낮은[下級] 학생(學生). ㊥상급생(上級生).

▸하ː급-심 下級審 (살필 심). 하급(下級) 법원의 심리(審理). ㊥상급심(上級審).

▸하ː급 법원 下級法院 (법 법, 관청 원). 법률 상하 관계에 있는 법원 사이에서, 등급이 아래[下級]인 법원(法院). 하급심을 하는 법원. ㊥상급 법원(上級法院).

하ː기[1] 下記 (아래 하, 기록할 기). 어떠한 글의 아래[下]나 다음에 적음[記]. 또는 적은 그 기록. ㊥상기(上記).

하ː기[2] 下旗 (내릴 하, 깃발 기). 기(旗)를 내림[下].

하ː기[3] 夏期 (여름 하, 때 기). 여름[夏]의 시기(時期). 여름철. ㊥하계(夏季). ㊥동기(冬期).

▸하ː기 대ː학 夏期大學 (큰 대, 배울 학). 교육 여름철[夏期]의 휴가시기를 이용하여 임시로 특수한 학술 강의를 베푸는 모임[大學].

▸하ː기 방학 夏期放學 (놓을 방, 배울 학). 교육 여름의 한창 더울 때[夏期]에 일정 기간 학업(學業)을 쉬는[放] 일. 여름 방학.

▸하ː기 시간 夏期時間 (때 시, 사이 간). 사회 여름[夏期]에 긴 낮 시간을 효과적으로 이용하기 위하여 표준 시간보다 시각을 앞당기는 시간(時間). ㊥서머 타임.

▸하ː기-휴가 夏期休暇 (쉴 휴, 겨를 가). 여름철[夏期]의 정기 휴가(休暇). ㊥동기 휴가(冬期休暇).

▸하ː기 학교 夏期學校 (배울 학, 가르칠 교). 교육 여름[夏期] 방학을 이용하여, 특별한 교육 계획 밑에 임시로 여는 학교(學校).

▸하ː기-휴업 夏期休業 (쉴 휴, 일 업). 여름철[夏期]에 영업(營業)을 쉬는[休] 일.

하ː기-식 下旗式 (내릴 하, 깃발 기, 의식 식). 공공 기관이나 단체에서 국기(國旗)를 내릴[下]때에 하는 의식(儀式).

하ː납 下納 (아래 하, 바칠 납). 역사 조선 때, 나라에 바치지 않고 아래[下] 지방 관아에 바치던[納] 일.

하ː녀 下女 (아래 하, 여자 녀). 하인(下人) 중 여자(女子)인 사람. ¶그는 하녀를 따라 응접실에 들어갔다. ㊥계집종, 하비(下婢). ㊕하인(下人).

하ː념 下念 (아래 하, 생각 념). 윗사람이 아랫사람[下]을 염려(念慮)하여 줌. 또는 그런 염려를 아랫사람이 높여서 이르는 말. 주로 편지에서 많이 쓴다. ¶하념 마시옵소서.

하ː단[1] 下段 (아래 하, 구분 단). ① 속뜻 아래쪽[下] 부분[段]. ¶책장 하단. ② 글의 아래쪽 부분. ¶신문 하단에 광고가 실렸다. ㊕상단(上段). 중단(中段).

하ː단[2] 端 (아래 하, 끝 단). 아래쪽[下]의 끝[端]. ¶바지의 하단을 잘라 길이를 줄였다. ㊥상단(上端).

하ː단[3] 下壇 (내릴 하, 단 단). 단(壇)에서 내림[下]. ㊥강단(降壇). ㊥등단(登壇).

하ː-단전 下丹田 (아래 하, 붉을 단, 밭 전). ① 속뜻 배꼽보다 아래[下]에 있는 단전(丹田). ② 배꼽 아래로 한 치 다섯 푼 되는 곳으로 아랫배에 해당함. ㊕상단전(上丹田), 중단전(中丹田).

하ː달 下達 (아래 하, 보낼 달). 윗사람의 뜻이나 명령 따위가 아랫사람[下]에게 전달(傳達)함. 또는 미치도록 알림. ¶명령 하달. ㊥상달(上達).

▸하ː달-지리 下達地理 (땅 지, 이치 리). 아래[下]로는 지리(地理)에 통달(通達)함. 풍수지리(風水地理)에 밝음. 흔히 '상통천문(上通天文)'의 대구(對句)로 쓰인다.

하ː답[1] 下畓 (아래 하, 논 답). 토질 따위가 좋지 않아 벼가 잘 되지 않는 질이 낮은[下] 논[畓]. ㊥상답(上畓).

하ː답[2] 下答 (아래 하, 답할 답). 윗사람이 아랫사람[下]에게 대답(對答)이나 회답(回答)을 함. ㊥하회(下回). ㊥상답(上答).

하ː대 下待 (낮출 하, 대접할 대). ① 속뜻 업신여기어 소홀히[下] 대우(待遇)함. ② 상대편에게 낮춤말을 씀.

하도 河圖 (물 하, 그림 도). 중국 복희씨 때 황하(黃河)에서 용마가 지고 나왔다는 55개의 점으로 된 그림[圖].

하:-도급 下都給 (아래 하, 모두 도, 줄 급). ① 속뜻 아래[下]에 모든[都] 일을 맡겨 줌[給]. ② 법률 어떤 사람이 청부받은 일을 다시 다른 사람이 청부받는 일.

하:동 夏冬 (여름 하, 겨울 동). 여름[夏]과 겨울[冬].

하등[1] 何等 (무엇 하, 같을 등). ① 속뜻 무슨[何]과 같던[等]. ② 아무. 아무런. 조금도. ¶그는 나와 하등의 관련도 없다.

하:등[2] 下等 (아래 하, 무리 등). ① 속뜻 아래[下]의 등급(等級). 낮은 등급. ¶하등 계급. ② 같은 무리 가운데서 정도나 등급이 낮은 것. ¶하등 식물. ⓑ고등(高等).

▶하:등 감:각 下等感覺 (느낄 감, 깨달을 각). 심리 고도화되지 못한 낮은[下等] 감각(感覺). 후각, 미각, 피부 감각 따위. ⓑ고등 감각(高等感覺).

▶하:등 동:물 下等動物 (움직일 동, 만물 물). 동물 진화 정도가 낮아[下等] 몸의 구조나 기능이 간단한 동물(動物). 파충류, 양서류, 어류 따위. ¶말미잘은 하등 동물이다. ⓑ고등 동물(高等動物).

▶하:등 식물 下等植物 (심을 식, 만물 물). 식물 진화 정도가 낮아[下等] 구조가 간단한 식물(植物). 균류(菌類)나 조류(藻類)따위. ⓑ고등 식물(高等植物).

하:락 下落 (아래 하, 떨어질 락). ① 속뜻 아래[下]로 떨어짐[落]. ② 값이나 등급 따위가 떨어짐. ¶미국의 경제순위가 세계 4위로 하락했다. ⓑ상승(上昇).

▶하:락-세 下落勢 (형세 세). 물가나 시세 따위가 떨어지는[下落] 추세(趨勢). ⓒ안정세(安定勢).

하:략 下略 (아래 하, 줄일 략). 중요하지 아니하여 아랫[下]부분을 생략(省略)함. ⓑ후략(後略). ⓒ상략(上略), 중략(中略).

하:량 下諒 (아래 하, 살필 량). 주로 편지글에서, 윗사람이 아랫사람[下]의 심정을 살피어[諒] 알아줌을 높여 이르는 말.

하:례 賀禮 (축하할 하, 예도 례). 축하(祝賀)의 예식(禮式). 하의(賀儀).

하:로-동선 夏爐冬扇 (여름 하, 화로 로, 겨울 동, 부채 선). ① 속뜻 여름[夏]철의 화로(火爐)와 겨울[冬]철의 부채[扇]. ② 격이나 철에 맞지 아니함. 또는 그런 물건. 『논형·봉우편』(論衡·逢遇篇)에 나오는 말이다.

하:료 下僚 (아래 하, 동료 료). ① 속뜻 아랫[下] 자리에 있는 동료(同僚). ② 지위가 낮은 관리.

하류[1] 河流 (물 하, 흐를 류). 강물[河]의 흐름[流]. ⓑ강류(江流).

*****하:류**[2] 下流 (아래 하, 흐를 류). ① 속뜻 강물 따위가 흘러내리는[流] 아래쪽[下]. 또는 그 지역. ¶낙동강 하류. ② 사회적 지위나 생활수준, 교양 등이 낮은 계층. ¶하류 계급 / 하류 생활. ⓑ상류(上流).

▶하:류 사회 下流社會 (단체 사, 모일 회). 사회 신분, 직위, 생활 정도가 가장 낮은 사람들의[下流] 사회(社會). ⓑ하층 사회(下層社會). ⓑ상류 사회(上流社會).

▶하:류지배 下流之輩 (어조사 지, 무리 배). 하류(下流) 사회의 사람의 무리[輩]을 낮추어 일컫는 말.

하:륙 下陸 (내릴 하, 뭍 륙). ① 속뜻 배에서 육지(陸地)에 내림[下]. ② 배나 비행기 등에서 땅 위에 짐을 부림.

하:림 下臨 (아래 하, 임할 림). 주로 편지글에서, 윗사람이 아랫사람[下] 있는 곳에 다다름[臨]을 높여 이르는 말.

하마[1] 河馬 (물 하, 말 마). ① 속뜻 강물[河]에 사는 말[馬]. ② 동물 넓죽한 입이 매우 크고 몸통이 둥글며 다리가 짧은 포유동물. 몸길이 4~5m, 키는 1.5m 가량이다.

하:마[2] 下馬 (내릴 하, 말 마). 말[馬]에서 내림[下]. ⓑ상마(上馬).

▶하:마-비 下馬碑 (비석 비). 역사 왕조 때, 말을 탄 사람이 그 앞을 지나갈 때에는 누구나 말[下]에서 내리라는[馬] 글을 새겨 세운 비석(碑石). 대궐이나 종묘 앞 같은 데 세웠는데, 한자로 '대소인원개하마'(大小人員皆下馬)라 새겼다.

▶하:마-석 下馬石 (돌 석). 말[馬]에 오르거나 내릴 때[下]에 발돋움하기 위하여 대문 앞에 놓은 큰 돌[石]. ⓑ노둣돌.

▶하:마-평 下馬評 (평할 평). 관직의 인사이동이나 관직에 임명될 후보자에 관하여

세상에 떠도는 풍설. 관리들을 태워 가지고 온 마부들이 상전들이 말[馬]에서 내려[下] 관아에 들어가 일을 보는 사이에 상전들에 대하여 서로 평(評)하였다는 데서 유래.

하:면¹ 下面 (아래 하, 쪽 면). 아래쪽[下]의 면(面). [반]상면(上面).

하:면² 夏眠 (여름 하, 잠잘 면). [동물] 생물이 여름철[夏]의 심한 더위나 건조한 시기에 활동을 멈추고 잠을 자며[眠] 지내는 일. 여름잠. [반]동면(冬眠).

하:명 下命 (내릴 하, 명할 명). ① [속뜻] 명령(命令)을 내림[下]. ② 윗사람의 명령. ¶상관에게 하명을 받다. [비]하령(下令).

하:문¹ 下文 (아래 하, 글월 문). 아래[下]의 글이나 문장(文章).

하:문² 下門 (아래 하, 문 문). ① [속뜻] 아래쪽[下]에 난 문(門). ② [의학] 여자의 성기. [비]음문(陰門), 음호(陰戶).

하:문³ 下問 (아래 하, 물을 문). ① [속뜻] 윗사람이 아랫사람[下]에게 질문(質問)을 함. ② 윗사람이 묻는 물음을 높여 이르는 말.

하:물 荷物 (짐 하, 만물 물). 짐[荷]이 되는 물건(物件). 짐.

하:미 下米 (아래 하, 쌀 미). 품질이 떨어지는[下] 쌀[米].

하:민 下民 (아래 하, 백성 민). ① [속뜻] 신분이 낮은[下] 백성[民]. ② 아무 벼슬이나 신분적 특권을 갖지 못한 일반 사람. 서민(庶民). ③ 경제적으로 중류 이하의 넉넉지 못한 생활을 하는 사람.

하:박¹ 下薄 (아래 하, 엷을 박). 아래[下] 사람에게 야박(野薄)하게 대함.

하:박² 下膊 (아래 하, 팔 박). ① [속뜻] 아래쪽[下]의 팔[膊]. ② [의학] 팔꿈치에서 손목에 이르는 부분. [비]아래팔, 전박(前膊), 전완(前腕). [참]상박(上膊).

▶하:박-골 下膊骨 (뼈 골). [의학] 아래[下] 팔[膊]을 이루는 뼈[骨]. [비]전박골(前膊骨), 전완골(前腕骨).

▶하:박-근 下膊筋 (힘줄 근). [의학] 아래[下]팔[膊]에 있는 근육(筋肉). [비]아래팔 근육, 전완근(前腕筋).

하:반¹ 下盤 (아래 하, 소반 반). [광업] 광맥(鑛脈)이나 광층의 아래쪽[下]에 있는 소반[盤] 같은 바위. [반]상반(上盤).

하반² 河畔 (물 하, 물가 반). 강[河] 가[畔]. [비]강변(江邊).

하:반³ 下半 (아래 하, 반 반). 하나를 위아래 절반으로 나눈 것의 아래쪽[下] 반(半). [반]상반(上半).

하:-반기 下半期 (아래 하, 반 반, 때 기). 일정 기간을 절반으로 나누었을 때 나중[下]의 절반(折半) 기간(期間). ¶하반기에는 경제가 회복될 것이다. [반]상반기(上半期).

하:-반부 下半部 (아래 하, 반 반, 나눌 부). 둘로 나눈 아래쪽[下] 절반(折半) 부분(部分). [반]상반부(上半部).

하:-반신 下半身 (아래 하, 반 반, 몸 신). 몸을 절반으로 나누어 보았을 때, 아래쪽[下]의 절반(折半) 부분[身]. ¶하반신 마비. [비]하체(下體). [반]상반신(上半身).

하:방 下方 (아래 하, 모 방). 아래[下]의 방향(方向). 아래쪽. [반]상방(上方).

▶하:방 침:식 下方浸蝕 (스며들 침, 갉아먹을 식). [지리] 절벽이나 급류의 밑바닥에서 [下方] 하천이 강바닥을 내리 침식(浸蝕)하는 현상.

하:배 下輩 (아래 하, 무리 배). 하인(下人)의 무리[輩]. '하인배'(下人輩)의 준말.

하백 河伯 (물 하, 맏 백). [민속] 강물[河]을 맡아 다스린다는 신령[伯]. 강의 신. [비]수신(水神).

하:번 下番 (아래 하, 차례 번). ① [속뜻] 순번(順番)이 아래[下]인 사람. ② 순번이 바뀌어 교대 근무를 마치고 나오는 사람. ③ [역사] 중앙으로 올라온 군사가 복무를 마치고 지방으로 내려가던 일.

하변 河邊 (물 하, 가 변). 하천(河川)의 가[邊].

하:복¹ 夏服 (여름 하, 옷 복). 여름철[夏]에 주로 입는 옷[服]. 여름옷. [반]동복(冬服).

하:복² 下腹 (아래 하, 배 복). 아랫[下] 배[腹].

▶하:복-부 下腹部 (나눌 부). [의학] 사람이나 척추동물의 아랫배[下腹] 부분(部分). 불두덩과 샅으로 이루어진다.

하:부 下部 (아래 하, 나눌 부). ① 아래쪽[下] 부분(部分). ¶낙동강 하부에는 삼각

주가 형성되어 있다. ②하급의 기관. 또는 그 사람. ¶하부 조직. ㊥상부(上部).

▸하:부 구조 下部構造 (얽을 구, 만들 조). ① 건설 일정한 건축물의 아랫부분[下部]의 조직[構造]. ② 사회 사회의 발전 단계에서 정치, 법률, 사상 따위의 상부 구조를 근본적으로 규정하는 물질적 생산관계의 총체를 이르는 말.

하:사[1] 下司 (아래 하, 벼슬 사). 하급(下級) 관청[司]. ㊥하부(下府). ㊥상사(上司).

하사[2] 何事 (무엇 하, 일 사). 무슨[何] 일[事]. 어떠한 일.

하:사[3] 賀詞 (축하할 하, 말씀 사). 축하(祝賀)의 말[詞]. ㊥축사(祝辭).

하:사[4] 下士 (아래 하, 선비 사). ① 속뜻 사관(士官) 아래[下]의 계급. ② 군사 부사관 계급의 하나. 중사의 아래, 병장의 위로 부사관 계급에서 가장 낮은 계급이다. ③ 역사 대한 제국 때에, 특무정교·정교·부교·참교에 해당하던 무관(武官).

▸하:사-관 下士官 (벼슬 관). 군사 하사(下士), 중사, 상사, 원사 계급[官]을 통틀어 이르는 말. '부사관'(副士官)의 예전 용어.

하:사[5] 下賜 (아래 하, 줄 사). 왕이나 국가 원수 등이 아랫사람[下]에게 금품을 줌[賜]. ¶국왕은 병사에게 토지를 하사했다.

▸하:사-금 下賜金 (돈 금). 왕이나 국가 원수 등이 아랫사람[下]에게 주는[賜] 돈[金].

▸하:사-품 下賜品 (물건 품). 왕이나 국가 원수 등이 아랫사람[下]에게 주는[賜] 물품(物品).

하:산 下山 (내릴 하, 메 산). ① 속뜻 산(山)에서 내려옴[下]. ¶폭우 때문에 급히 하산하였다. ②산에서 불교 공부를 하다가 보통 세상으로 내려가는 것. ¶이제 너는 하산을 해도 되겠다. ③나무나 땔나무, 숯 따위를 산에서 내림. ㊥등산(登山), 입산(入山).

하:-삼삭 夏三朔 (여름 하, 석 삼, 초하루 삭). 여름[夏]의 석[三] 달[朔]. 음력 사월, 오월, 유월을 아울러 이르는 말.

하:상[1] 下霜 (내릴 하, 서리 상). 첫서리[霜]가 내림[下].

하상[2] 河床 (물 하, 평상 상). 하천(河川)의 평상[床] 같은 바닥. 강바닥.

하상-계수 河狀係數 (물 하, 형상 상, 맬 계, 셀 수). 건설 어떤 하천[河]의 높이가 오르내리는 모양[狀]을 수치[係數]로 나타낸 것. 어떤 지점에서 1년 또는 여러 해 동안의 최대 유량을 최소 유량으로 나눈 비율이다.

하:서 下書 (내릴 하, 글 서). 주로 편지 글에서, 웃어른이 주신[下] 글[書]을 높여 이르는 말. ㊥상서(上書).

하:석상대 下石上臺 (아래 하, 돌 석, 윗 상, 대 대). ① 속뜻 아랫돌[下石] 빼서 윗[上]돌의 토대(土臺)로 삼음. ②임시변통으로 이리저리 둘러맞춤을 이르는 말. ¶하석상대의 변통을 쓰다. ㊥상석하대(上石下臺).

하:선[1] 下船 (내릴 하, 배 선). ① 속뜻 배[船]에서 내림[下]. ¶하선 절차. ②짐을 배에서 부림. ㊥상선(上船).

하:선[2] 下線 (아래 하, 줄 선). 아래[下] 부분에 친 줄[線]. 밑줄.

하소 煆燒 (데울 하, 불사를 소). ① 속뜻 데우고[煆] 불사름[燒]. ②어떤 물질을 공기 중에서 태워 휘발 성분을 없애고 재로 만드는 일.

하:수[1] 下垂 (아래 하, 드리울 수). ① 속뜻 나뭇가지 따위가 아래[下]로 축 늘어져 내려 드리거나[垂] 처짐. ② 의학 위(胃), 눈꺼풀 따위가 내려 드리거나 처지는 일.

하수[2] 河水 (물 하, 물 수). 강[河]에 흐르는 물[水].

하:수[3] 賀壽 (축하할 하, 목숨 수). 장수(長壽)를 축하(祝賀)함.

하:수[4] 下手 (아래 하, 솜씨 수). 낮은[下] 재주나 솜씨[手]. 또는 그런 사람. ¶그는 더 이상 하수가 아니다. ㊥고수(高手).

▸하:수-인 下手人 (사람 인). ① 속뜻 손[手]을 대어[下] 직접 사람을 죽인 사람[人]. ②남의 밑에서 졸개 노릇하는 사람.

하:수[5] 下水 (아래 하, 물 수). ① 속뜻 빗물이나 집, 공장, 병원 따위에서 쓰고 아래[下]로 버리는 더러운 물[水]. ¶처리되지 않은 하수가 강을 더럽혔다. ②빗물이나 집, 공장, 병원 따위에서 쓰고 버리는 더러운 물이 흘러가도록 만든 설비. ㊥하수도(下水道).

▸하:수-관 下水管 (대롱 관). 하수(下水)를 흘려보내기 위하여 설치한 관(管).

▸하:수-구 下水溝 (도랑 구). 하수(下水)가

흘러 내려가도록 만든 도랑[溝]. ¶하수구가 막히다.

▸하:수-도 下水道 (길 도). 하수(下水)가 흘러가는 길[道]. 하수가 흘러 내려가도록 만든 도랑이나 시설. ⓑ상수도(上水道).

하:숙 下宿 (아래 하, 잠잘 숙). ① 속뜻 아래[下]에서 잠을 잠[宿]. ② 일정한 돈을 내고 일정 기간 남의 집에 머물면서 먹고 잠. 또는 그 집. ¶하숙집 / 학교 근처에서 하숙을 하다.

▸하:숙-방 下宿房 (방 방). 하숙(下宿)하는 방[房].

▸하:숙-비 下宿費 (쓸 비). 하숙(下宿)하는 대가로 내는[費] 돈.

▸하:숙-생 下宿生 (사람 생). 하숙(下宿)하는 학생(學生).

▸하:숙-인 下宿人 (사람 인). 하숙(下宿)하는 사람[人].

하:순¹ 下旬 (아래 하, 열흘 순). 한 달 중 뒤[下]쪽의 열흘[旬]. 스무하룻날부터 그믐날까지의 열흘을 이른다. ⓑ하완(下浣), 하한(下澣). ⓒ상순(上旬), 중순(中旬).

하:순² 下脣 (아래 하, 입술 순). 아랫[下]쪽의 입술[脣]. ⓑ상순(上脣).

하:시¹ 下視 (아래 하, 볼 시). ① 속뜻 아래[下]를 내려다봄[視]. ② 남을 얕잡아 봄. 업신여기는 눈으로 봄.

하시² 何時 (무엇 하, 때 시). 어느[何] 때[時]. 언제.

하식 河蝕 (물 하, 갉아먹을 식). 하천(河川)의 물이 땅을 침식(浸蝕)하는 현상.

▸하식-애 河蝕崖 (언덕 애). 지리 하식(河蝕) 작용으로 된 언덕[崖].

하신 河身 (물 하, 몸 신). 강[河]의 몸[身]에 해당되는 본줄기가 흐르는 중심 부분.

하심 河心 (물 하, 가운데 심). 강[河]의 한복판 중심(中心). ⓑ강심(江心).

하:악 下顎 (아래 하, 턱 악). 의학 아래쪽[下]의 턱[顎]. ⓑ상악(上顎).

▸하:악-골 下顎骨 (뼈 골). 의학 아래턱[下顎]을 이루는 뼈[骨]. ⓑ상악골(上顎骨).

하안 河岸 (물 하, 언덕 안). 강[河] 양쪽의 언덕[岸]. 강기슭. ⓑ강안(江岸).

▸하안 단구 河岸段丘 (층계 단, 언덕 구). 지리 물줄기를 따라 강[河]기슭[岸]에 생긴 계단(階段) 모양의 언덕[丘].

▸하안 취:락 河岸聚落 (모을 취, 마을 락). 하천(河川)의 언덕[岸]을 따라 모여[聚] 형성된 마을[落].

하:야 下野 (내릴 하, 들 야). ① 속뜻 시골[野]로 내려감[下]. ② 관직에서 물러남.

하여-가 何如歌 (어찌 하, 같을 여, 노래 가). 문학 마음이 어떠한지[何如]를 떠보고 회유하기 위하여 지은 노래[歌]. 고려 말기에, 이방원(李芳遠)이 정몽주(鄭夢周)를 떠보기 위해 지었다는 시조이다. ⓒ단심가(丹心歌).

하여-간 何如間 (어찌 하, 같을 여, 사이 간). 어찌하든지[何如] 간(間)에. 어쨌든. 좌우간. ¶하여간 더 이상 할 말이 없다. ⓑ하여튼.

하역 荷役 (짐 하, 부릴 역). 배의 짐[荷]을 싣고 부리는[役] 일. ¶하역한 물품의 수량을 확인하다.

▸하역-부 荷役夫 (사나이 부). 하역(荷役)에 종사하는 인부(人夫).

▸하역 작업 荷役作業 (지을 작, 일 업). 하역(荷役)을 하는 작업(作業).

하:연¹ 賀宴 (축하할 하, 잔치 연). 축하(祝賀)하는 뜻을 나타내기 위하여 베푸는 잔치[宴]. ⓑ하연(賀筵).

하:연² 賀筵 (축하할 하, 자리 연). 축하(祝賀)하기 위하여 베푼 자리[筵]. ⓑ하연(賀宴).

하:열 下劣 (아래 하, 못할 렬). 인품이나 행동이 천하고[下] 비열(卑劣)함.

하:오 下午 (아래 하, 낮 오). 정오(正午)를 기준으로 다음[下]의 열두시까지. '상오'(上午)의 반대 개념에서 '下'자가 쓰였다. ¶그는 내일 하오 5시 비행기로 출국한다. ⓑ오후(午後). ⓑ상오(上午).

하:옥 下獄 (내릴 하, 감옥 옥). 죄인을 옥(獄)에 내려[下] 가둠. ⓑ투옥(投獄).

하:원¹ 下院 (아래 하, 관청 원). 정치 양원제 의회에서, 국민[下]이 직접 뽑은 의원으로 구성된 의회[院]. ⓑ상원(上院).

하원² 河源 (물 하, 근원 원). 하천(河川)의 수원(水源). ⓑ하구(河口).

하:위 下位 (아래 하, 자리 위). 낮은[下] 지위(地位). 낮은 순위. ¶하위 팀. ⓑ상위(上

位).

▸하ː위 개ː념 下位概念 (대강 개, 생각 념). ① 속뜻 낮은[下] 위상(位相)의 개념(槪念). ② 논리 포괄 관계에 있는 두 개념 가운데 포괄하는 개념보다 적고 좁은 외연을 가진 개념. 비저급 개념(低級槪念).

▸하ː위 자방 下位子房 (씨 자, 방 방). 식물 꽃받침이나 꽃잎, 수술 등이 붙는 자리보다 아래쪽[下]에 자리한[位] 씨[子]방(房).

하ː육-처자 下育妻子 (아래 하, 기를 육, 아내 처, 아이 자). 아래[下]로 아내[妻]와 자식(子息)을 기름[育].

하ː의[1] 下衣 (아래 하, 옷 의). 몸의 아랫부분[下]에 입는 옷[衣]. ¶하의만 입고 있다. 반상의(上衣).

하ː의[2] 下意 (아래 하, 뜻 의). ① 속뜻 아랫[下] 사람의 뜻이나 의사(意思). ② 국민의 뜻이나 의사. 반상의(上意).

하ː의[3] 夏衣 (여름 하, 옷 의). 여름철[夏]에 입는 옷[衣]. 비하복(夏服).

하ː의[4] 賀意 (축하할 하, 뜻 의). 축하(祝賀)하는 뜻[意]. 비축의(祝意).

하ː의[5] 賀儀 (축하할 하, 의식 의). 축하(祝賀)하는 의례(儀禮). 비하례(賀禮).

하ː의-상달 下意上達 (아래 하, 뜻 의, 위 상, 보낼 달). 아랫[下]사람의 뜻[意]이 윗[上]사람에게 전달(傳達)되는 일. 반상의하달(上意下達).

하ː의-어 下義語 (아래 하, 뜻 의, 말씀 어). 언어 하위(下位)의 뜻[義]을 갖고 있는 단어(單語).

하ː인 下人 (아래 하, 사람 인). ① 속뜻 아랫[下] 사람[人]. ② 남의 집에 매여 일을 하는 사람. ¶하인을 두다. 비하례(下隸).

▸하ː인-배 下人輩 (무리 배). 하인(下人)의 무리[輩]. 비하속(下屬), 하솔(下率).

하ː일 夏日 (여름 하, 날 일). 여름철[夏]의 날[日].

하자 瑕疵 (티 하, 흠 자). ① 속뜻 티[瑕]와 흠[疵]. ② 어떤 사물의 모자라거나 잘못된 부분. ¶이 물건은 약간의 하자가 있어 반값에 팔고 있다. ③ 법률 또는 당사자가 예상한 완전한 상태나 조건 따위가 결여되어 있는 상태. 비흠, 결점(缺點).

▸하자 담보 瑕疵擔保 (멜 담, 지킬 보). 법률 매매의 목적물 자체에 알지 못한 흠[瑕疵]이 있는 경우에 매도인이 지는 담보(擔保) 책임.

하ː장[1] 賀狀 (축하할 하, 편지 장). 경사를 축하(祝賀)하는 편지[狀].

하ː장[2] 賀章 (축하할 하, 글 장). 경사를 축하(祝賀)하는 글[章].

하저 河底 (물 하, 밑 저). 하천(河川)의 밑바닥[底].

하적-호 河跡湖 (물 하, 발자취 적, 호수 호). 지리 침식 작용으로 하천(河川)이 흐르던 자리[跡]에 생긴 호수(湖水).

하ː전[1] 下田 (아래 하, 밭 전). 토질이 좋지 않은 아래[下] 등급의 전답(田畓). 반상전(上田).

하전[2] 荷電 (멜 하, 전기 전). 물리 ① 어떤 물체가 전기(電氣)를 띰[荷]. 또는 그렇게 함. ② 물체가 띠고 있는 정전기의 양.

하ː절 夏節 (여름 하, 철 절). 여름[夏] 철[節].

▸하ː절-기 夏節期 (때 기). 여름철[夏節]에 속하는 시기(時期). 보통 6, 7, 8 월의 더운 기간을 이른다. 반동절기(冬節期).

하ː정[1] 下情 (아래 하, 실상 정). ① 속뜻 아랫사람[下]들의 사정(事情). ¶사장이 자상하여 하정을 잘 살폈다. ② 어른에게 대하여, 자기 심정이나 뜻을 겸손하게 이르는 말.

하ː정[2] 賀正 (축하할 하, 정월 정). 흔히 연하장에서 쓰는 말로 새해[正]를 축하(祝賀)함.

하ː제 下劑 (아래 하, 약제 제). 약학 아래[下]로 나오게 하는 약제(藥劑). 설사를 하게 하는 약. 비사제(瀉劑).

하ː-종가 下終價 (내릴 하, 끝마칠 종, 값 가). 경제 증권 시장에서, 하루의 거래가 마감할 때의 개별 주식 가격(價格)이 하루에 내릴 수 있는 최저[下] 한도[終]까지 내려간 경우를 이르는 말. 반상종가(上終價).

하ː좌 下座 (아래 하, 자리 좌). ① 아랫[下]쪽에 있는 자리[座]. ② 지위 따위가 낮은 자리. 비말석(末席). 반상좌(上座).

하주 荷主 (짐 하, 주인 주). 하물(荷物)의 주인(主人). ¶그 화물의 하주가 누구인지 조사해 보다.

하ː중 荷重 (짐 하, 무거울 중). ① 속뜻 짐

[荷]의 무게[重]. ② 어떤 물체 따위의 무게. ¶트럭의 하중에 짓눌린 바퀴. ③ 물리 물체에 작용하는 외부의 힘. 또는 그 무게. ¶하중을 견디다 / 하중을 받다.

하중-도 河中島 (물 하, 가운데 중, 섬 도). 하천(河川) 한가운데[中] 있는 섬[島].

하:지[1] 下肢 (아래 하, 팔다리 지). 사지(四肢) 중 아랫[下] 부분. ㊗다리. ㊥상지(上肢).

▸하:지-근 下肢筋 (힘줄 근). 의학 다리[下肢]를 이루는 근육(筋肉). 관부근, 대퇴근, 하퇴근, 족근 따위. ㊗다리근육. ㊥상지근(上肢筋).

▸하:지-대 下肢帶 (띠 대). 의학 몸통과 다리[下肢]를 연결하는 뼈대(帶). 두덩뼈, 궁둥뼈, 긴뼈로 되어 있다. ㊗다리이음뼈. ㊥상지대(上肢帶).

하:지[2] 夏至 (여름 하, 지극할 지). ① 속뜻 여름[夏] 중 가장 더운 때에 이름[至]. ② 민속 망종(芒種)과 소서(小暑) 사이로, 태양이 하지점(夏至點)을 통과하는 6월 22일경이다. ¶하지가 되니 저녁이 되어도 대낮처럼 환하다 //하지 지나 열흘이면 구름장마다 비다.

▸하:지-선 夏至線 (줄 선). 지리 하지(夏至)에 태양이 이르는 선(線). ㊗북회귀선(北回歸線). ㊥동지선(冬至線).

▸하:지-점 夏至點 (점 점). 천문 하지(夏至) 때 태양이 이르는 점(點). 춘분점에서 황도(黃道)를 따라 동쪽으로 90도 되는 점이다.

하:지-중 下之中 (아래 하, 어조사 지, 가운데 중). 품질에 따라 상·중·하로 등급을 매길 때에, 하등(下等)에서 중간(中間)인 것.

하:지-하 下之下 (아래 하, 어조사 지, 아래 하). 품질에 따라 상·중·하로 등급을 매길 때에, 하등(下等)에서도 아래[下]인 것.

하:직 下直 (아래 하, 당번 직). ① 역사 당직(當直)을 마치고 궁궐 아래[下]로 나감. ② 먼 길을 떠날 때 웃어른에게 작별을 고함. ¶부모님께 하직 인사를 드리다 / 고향을 하직하다. ③ '무슨 일이 마지막이거나 무슨 일을 그만둠'을 이르는 말. ¶아버지는 술과 하직하겠다고 약속했다. ④ 역사 왕조 때, 서울을 떠나는 관원이 임금에게 작별 인사를 올리던 일. ㊗숙배(肅拜). ㊥상직(上直).

하:질 下秩 (아래 하, 차례 질). 여럿 중에서 차례[秩]가 가장 아래[下]임. 또는 그것. ㊥상질(上秩).

하:차 下車 (아래 하, 수레 차). ① 속뜻 기차나 자동차(自動車) 따위에서 아래[下]로 내려옴. ¶우리는 부산역에서 하차했다. ② 짐을 차에서 부림. ㊥상차(上車), 승차(乘車).

하:책 下策 (아래 하, 꾀 책). 가장 못한[下] 계책(計策). 아주 서툰 책략. ㊗하계(下計). ㊥상책(上策).

하처 何處 (무엇 하, 곳 처). 어느[何] 곳[處].

하:천[1] 下賤 (아래 하, 천할 천). 지위나 사회적 신분이 낮고[下] 천(賤)함. 또는 그런 사람. '하천인'(下賤人)의 준말.

▸하:천-인 下賤人 (사람 인). 신분이 낮고[下] 천한[賤] 사람[人].

⁂하천[2] 河川 (물 하, 내 천). 강[河]과 시내[川]. ¶공장 폐수가 하천을 더럽힌다.

▸하천부지 河川敷地 (펼 부, 땅 지). 하천(河川) 및 하천이 펼쳐있는[敷] 토지(土地). 하천이 차지하는 땅.

하청[1] 河淸 (물 하, 맑을 청). ① 속뜻 황하의 물[河]이 맑아짐[淸]. ② '기대할 수 없는 일'을 비유하여 이르는 말.

하:청[2] 下請 (아래 하, 부탁할 청). ① 속뜻 아래[下]에 부탁함[請]. ② 법률 수급인이 맡은 일의 전부나 일부를 다시 제삼자가 하수급인으로서 맡는 것. '하청부'(下請負)의 준말.

▸하:청-인 下請人 (사람 인). 하청부(下請負)를 맡아 하는 사람[人]. ㊗하도급자(下都給者).

하:체 下體 (아래 하, 몸 체). 몸[體]의 아래[下]부분. ¶그는 하체가 뚱뚱하다. ㊗하반신(下半身). ㊥상체(上體).

하:층 下層 (아래 하, 층 층). ① 아래[下]에 있는 층(層). ¶건물의 하층. ② 등급이 아래인 계층. ¶하층 계급 / 하층 생활. ㊗하급(下級). ㊥상층(上層).

▸하:층-운 下層雲 (구름 운). 지리 대기권 아랫부분[下層]에 형성된 구름[雲]. 지상 2km 이내의 공중에 있는 구름이다. ㊥상층운(上層雲).

▸하ː층 계급 下層階級 (섬돌 계, 등급 급). 사회 사회적 신분과 생활수준이 하류[下層]에 속하는 계급(階級). ⓑ상층 계급(上層階級).

▸하ː층 사회 下層社會 (단체 사, 모일 회). 사회 사회적 신분과 생활수준이 하류[下層]에 속하는 사람들로 구성된 사회(社會). ⓑ상층 사회(上層社會)

하ː-치은 下齒齦 (아래 하, 이 치, 잇몸 은). 아래쪽[下]의 잇몸[齒齦]. ⓑ상치은(上齒齦).

하ː치-장 荷置場 (짐 하, 둘 치, 마당 장). 짐[荷]을 보관하여 두는[置] 곳[場]. 짐을 부리는 곳.

하ː탁 下託 (아래 하, 부탁할 탁). 윗사람이 아랫사람에게 부탁(付託)을 내림[下].

하ː탕 下湯 (아래 하, 욕탕 탕). 온천 같은 데서 가장 온도가 낮은[下] 욕탕(浴湯). ⓒ상탕(上湯). 중탕(中湯).

하ː토 下土 (아래 하, 땅 토). ① 농업 농사짓기에 아주 나쁜[下] 땅[土]. 토질이 박하여 소출이 적은 땅. ⓑ상토(上土). ② 상천(上天)에 대하여 땅. ⓗ하계(下界). ⓑ상천(上天).

하ː편 下篇 (아래 하, 책 편). 상·중·하로 나눈 책[篇]의 끝[下]의 편. ¶이 책은 상편보다 하편이 더 흥미진진하다. ⓒ상편(上篇), 중편(中篇).

하폭 河幅 (물 하, 너비 폭). 하천(河川)의 너비[幅].

하ː표 賀表 (축하할 하, 나타낼 표). 역사 새해나 경사스러운 날에 신하가 임금에게 바치던 축하(祝賀)하는 뜻을 나타내는[表] 글.

하ː품 下品 (아래 하, 물건 품). ① 속뜻 낮은[下] 품질(品質)이나, 품성(品性). ② 불교 극락정토를 상·중·하로 나누었을 때, 하에 해당하는 계층. 각 계층을 다시 상·중·하로 나누어 모두 아홉 품이다. ⓒ상품(上品). 중품(中品).

하ː필 下筆 (아래 하, 붓 필). ① 속뜻 붓[筆]을 아래[下]로 내림. ② 시나 글을 지음.

하필 何必 (어찌 하, 반드시 필). ① 속뜻 어찌하여[何] 반드시[必]. ② 어째서 꼭. 다른 방도도 있는데 왜. 하고 많은 중에 어찌하여. ¶하필 소풍 가는 날 비가 올 게 뭐람!

하ː학 下學 (내릴 하, 배울 학). 학교(學校)에서 그날의 공부를 마침[下]. ⓑ상학(上學).

▸하ː학-종 下學鐘 (쇠북 종). 하학(下學) 시간이 되었음을 알리는 종(鐘). ⓑ상학종(上學鐘).

▸하ː학상달 下學上達 (위 상, 통달할 달). ① 속뜻 아래[下] 것부터 배워서[學] 위[上]에 통달(通達)함. ② 쉬운 것부터 배워 깊은 이치를 깨달음 또는 인사를 깨달아 천리에 통함.

하ː한 下限 (아래 하, 끝 한). 위아래로 일정한 범위가 있을 때의 아래쪽[下]의 한계(限界). ⓑ상한(上限).

▸하ː한-가 下限價 (값 가). 경제 개별 주식이 하루에 떨어질[下] 수 있는 최저 한도(限度)의 가격(價格). ¶대부분의 주식이 하한가를 쳤다. ⓑ상한가(上限價).

▸하ː한-선 下限線 (줄 선). 더 이상 내려갈[下] 수 없는 한계선(限界線). ⓑ상한선(上限線).

하ː한-기 夏閑期 (여름 하, 한가할 한, 때 기). 여름[夏]의 한가한[閑] 시기(時期). 상가나 기업체, 공장 등에서 여름한 철 생산이 둔화되는 시기이다.

하항 河港 (물 하, 항구 항). 하천(河川)에 있는 항구(港口). ¶대동강 하류 지방에는 하항이 발달해 있다. ⓒ해항(海港).

하해 河海 (물 하, 바다 해). 큰 강[河]과 바다[海]. ⓗ강해(江海).

▸하해지택 河海之澤 (어조사 지, 은덕 택). 하해(河海)와 같이 넓고 큰 은혜[澤].

하ː행 下行 (아래 하, 갈 행). ① 속뜻 아래쪽[下]으로 내려감[行]. ② 중앙에서 지방으로 내려감. ③ '하행 열차'(下行列車)의 준말. ④ '하행차'(下行車)의 준말. ⓑ상행(上行).

▸하ː행-차 下行車 (수레 차). 서울에서 지방으로[下] 내려가는[行] 차량(車輛). ⓑ상행차(上行車).

▸하ː행 열차 下行列車 (벌일 렬, 수레 차). 서울에서 지방으로[下] 내려가는[行] 열차(列車). ⓑ상행열차(上行列車).

하ː향[1] 下向 (아래 하, 향할 향). ① 위에서 아래쪽[下]으로 향(向)함. ¶하향 곡선 / 하향 조정. ② 기세 따위가 쇠퇴하여 감. ③ 물가가 떨어짐. ⓑ상향(上向).

하:향² 下鄕 (아래 하, 시골 향). ① 속뜻 시골[鄕]로 내려감[下]. ② 고향으로 내려감. ¶아들의 하향을 재촉했다.

하향³ 遐鄕 (멀 하, 시골 향). 중앙에서 멀리 떨어져 있는[遐] 지방[鄕].

하:현 下弦 (아래 하, 시위 현). 천문 아래[下]로 엎어놓은 활시위[弦] 같은 모양의 달. 매달 음력 22~23일에 나타난다. ¶하현달. ⓑ상현(上弦).

하:혈 下血 (아래 하, 피 혈). 항문이나 하문(下門)으로 피[血]를 쏟음. ¶오랫동안 하혈이 계속되었다.

하협 河峽 (물 하, 골짜기 협). 강[河]의 양쪽의 벼랑이 가까워 좁고 긴 골짜기[峽].

하:화-중생 下化衆生 (아래 하, 될 화, 무리 중, 사람 생). ① 속뜻 아래[下]로 중생(衆生)을 교화(敎化)함. ② 불교 아래로 중생을 제도함. ⓑ상구보리(上求菩提).

하황 何況 (어찌 하, 하물며 황). 어찌[何] 하물며[況]. 하물며.

하:회¹ 下回 (아래 하, 돌아올 회). ① 속뜻 윗사람이 아랫[下]사람에게 내리는 회답(回答). ¶하회를 기다리고 서 있었다. ② 어떤 일이 있은 다음에 벌어지는 일의 형태나 결과. ¶하회를 두고 보다. ③ 다음 차례.

하:회² 下廻 (아래 하, 돌 회). 어떤 수량이나 기준보다 밑[下] 돎[廻]. ⓑ상회(上廻).

하:후상박 下厚上薄 (아래 하, 두터울 후, 위 상, 엷을 박). 아랫[下]사람에게 후덕(厚德)하고 윗[上]사람에게 야박(野薄)함. ⓑ상후하박(上厚下薄).

학계 學界 (배울 학, 지경 계). 학문(學問)의 세계(世界). 학자들의 사회.

학과¹ 學課 (배울 학, 매길 과). 교육 학습 과정에 따라 학습해야 할 학업(學業)의 과정(課程). 교육상의 수학 과정(修學課程).

학과² 學科 (배울 학, 분과 과). ① 속뜻 학문(學問)을 내용에 따라 나눈 분과(分科). ② 교육 교수 또는 연구의 편의를 위하여 구분한 학술의 분과. ¶국문학과 / 학과를 신중하게 선택하다.

▸학과-목 學科目 (눈 목). 교육 학문(學問)의 과목(科目).

▸학과 과정 學科課程 (매길 과, 분량 정). 교육 학교에서 학생들이 공부하는 과목[學科]의 내용과 체계[課程]. ⓑ교육 과정(敎育課程).

▸학과 배:당표 學科配當表 (나눌 배, 마땅 당, 겉 표). 교육 학과목(學科目)과 시간수를 배당(配當)하여 짠 표(表). ⓑ과정표(課程表).

학관 學館 (배울 학, 집 관). ① 속뜻 배우는[學] 곳[館]. ② 교육 학교의 명칭을 붙일 수 있는 조건을 갖추지 못한 사사로운 교육 기관. ⓑ학원(學院).

****학교** 學校 (배울 학, 가르칠 교). ① 속뜻 학생(學生)들을 모아 놓고 가르치는[校] 곳. ② 교육 교육이나 학습에 필요한 설비를 갖추고 학생을 모아 일정한 교육 목적 아래 교수와 학습이 진행되는 기관. ¶초등학교 / 음악학교 / 학교에 다니다.

▸학교-림 學校林 (수풀 림). 학교(學校)에서, 시험이나 실습, 연구용으로 관리하고 있는 임야(林野). 또는 학교 법인의 이름으로 등기되어 있는 임야.

▸학교-병 學校病 (병 병). 의학 근시안, 유행성 감기, 트라코마, 폐결핵 따위와 같이 학교(學校)의 학생들 사이에 많이 발생하거나 전염하는 병(病).

▸학교-원 學校園 (동산 원). 교육 학교(學校) 안에 만들어 놓은 정원(庭園)이나 논밭. 환경 미화나 정서 교육, 근로 체험 따위를 목적으로 만든다.

▸학교-의 學校醫 (치료할 의). 교육 학교(學校)의 위생 사무 및 학생의 신체검사를 위탁받아 맡은 의사(醫師).

▸학교-장 學校長 (어른 장). 교육 학교(學校)를 관리 감독하고, 대외적으로는 학교를 대표하는 사람[長]. ⓒ교장.

▸학교 교:육 學校敎育 (가르칠 교, 기를 육). 교육 학교(學校)에서 받는 교육(敎育).

▸학교 급식 學校給食 (줄 급, 밥 식). 교육 학교(學校)에서, 학생에게 식사(食事)의 전부 또는 일부를 집단적으로 주는[給] 일. 또는 그 식사.

▸학교 문법 學校文法 (글월 문, 법 법). 언어 학교(學校)에서 학생들을 가르치기 위한 실용적인 목적으로 서술한 문법(文法). ⓑ규범 문법(規範文法).

▸학교 법인 學校法人 (법 법, 사람 인). 법률 사립학교법에 따라 사립학교(私立學校)의

설치 주체로 인정된 법인(法人).

학구 學究 (배울 학, 생각할 구). ① [속뜻] 학문(學問)을 깊이 연구(硏究)함. ② 학문에만 몰두한 나머지 '세상 물정에 어두운 고리타분한 사람'을 빗대어 이르는 말. [비] 학궁(學窮). ③ 지난날, 글방의 훈장을 달리 이르던 말.

▸ 학구-적 學究的 (것 적). 학문(學問)을 연구(硏究)하는 데 몰두하는 것[的].

학구 學區 (배울 학, 나눌 구). [교육] 특정 지역 주민의 자녀에게 특정한 학교(學校)에 갈 것을 지정해 놓은 구역(區域).

▸ 학구-제 學區制 (정할 제). [교육] 학구(學區)를 정하여 그 학구 안의 아동을 정해진 학교에 취학시키는 제도(制度).

학군 學群 (배울 학, 무리 군). [교육] 지역별로 나누어 놓은 중학교(中學校)나 고등학교(高等學校)의 무리[群].

▸ 학군-제 學群制 (정할 제). 중·고등학교의 통학구(通學區)를 지정하여 그 학군(學群) 내의 학생은 그 구역 안의 학교(學校)에 진학하도록 정한 제도(制度). '학교군 제도'(學校群制度)의 준말.

학궁[1] 學宮 (배울 학, 집 궁). 학문(學問)을 배우는 집[宮]. 조선시대 '성균관'(成均館)의 딴이름.

학궁[2] 學窮 (배울 학, 다할 궁). ① [속뜻] 학문(學問)을 연구하는데 힘을 다함[窮]. 학구(學究). ② 어리석은 학자. ③ 가난한 학자. 또는 학자의 곤궁(困窮). ④ 학자가 스스로를 겸손하게 일컫는 말.

학규 學規 (배울 학, 법 규). ① [속뜻] 학교(學校)의 규칙(規則). [비] 교규(校規), 교칙(校則). ② 학과의 규칙.

⁑**학급** 學級 (배울 학, 등급 급). [교육] 한 교실에서 공부하는 학생(學生)의 단위 집단[級]. ¶학생들을 열 학급으로 나누다 / 특수 학급 / 학급 대표.

▸ 학급 담임 學級擔任 (멜 담, 맡길 임). [교육] 학급(學級)의 관리와 그 학급에 딸린 학생의 생활 지도를 맡는[擔任] 직책. 또는 그 교사.

▸ 학급 문고 學級文庫 (글월 문, 곳집 고). [교육] 각 학급(學級)에서 책[文]을 모아 둔 곳[庫]. 또는 그러한 책.

학기 學期 (배울 학, 때 기). [교육] 한 학년(學年)의 수업 기간(期間)을 나눈 구분. ¶4학년 2학기.

▸ 학기-말 學期末 (끝 말). 학기(學期)의 끝[末] 무렵.

▸ 학기-초 學期初 (처음 초). 학기(學期)의 시작[初] 무렵.

학내 學內 (배울 학, 안 내). 학교(學校), 특히 대학의 내부(內部).

⁑**학년** 學年 (배울 학, 해 년). ① [속뜻] 한 해[年]를 단위로 한 학습(學習) 기간의 구분. ② [교육] 한 해의 학습을 단위로 하여 진급하는 학교의 단계. ¶성주는 초등학교 3학년이다.

▸ 학년-말 學年末 (끝 말). 학년(學年)의 끝[末] 무렵.

▸ 학년-초 學年初 (처음 초). 학년(學年)의 시작[初] 무렵.

학당 學堂 (배울 학, 집 당). ① [속뜻] 학문을 배우는[學] 집[堂]. ② 지난 날, 지금의 학교와 같은 교육기관을 이르던 말. ¶배재학당. [비] 학사(學舍).

학대 虐待 (모질 학, 대우할 대). 혹독하고 모질게[虐] 대우(待遇)함. 심하게 괴롭힘. ¶동물 학대 / 아동 학대. [비] 구박(驅迫).

학덕 學德 (배울 학, 베풀 덕). 학식(學識)과 덕행(德行).

학도 學徒 (배울 학, 무리 도). ① [속뜻] 학문(學問)을 배우는[學] 무리[徒]. ② '학생'(學生)의 이전 말.

▸ 학도-대 學徒隊 (무리 대). ① [속뜻] 학도(學徒)의 무리[隊]. 학도 의용병으로 조직한 군대. ② [역사] 대한 제국 때, 무관 학교와 연성 학교의 학도로 조직하였던 군대.

▸ 학도-병 學徒兵 (군사 병). 학도(學徒)로 조직한 군대의 병사(兵士). 또는 군대.

▸ 학도-의용병 學徒義勇兵 (옳을 의, 날쌜 용, 군사 병). 학도(學徒)의 신분으로 지원하여 군대에 복무하는 정의(正義)롭고 용감(勇敢)한 병사(兵士).

▸ 학도 호:국단 學徒護國團 (지킬 호, 나라 국, 모일 단). ① [속뜻] 학도(學徒)들이 나라[國]를 지키기[護]기 위하여 만든 모임[團]. ② [교육] 고등학교와 대학교에서 사상 통일과 단체 훈련을 통하여 학생들의 애국

심을 함양하고 국가에 헌신·봉사하게 할 목적으로 조직하였던 학생 단체.

학동 學童 (배울 학, 아이 동). ① 속뜻 글방에서 글을 배우는[學] 아이[童]. ② 초등학생 정도의 아이. ⑪ 서동(書童).

학력[1] 學歷 (배울 학, 지낼 력). 학교(學校)를 다닌 경력(經歷). 고졸(高卒), 대졸(大卒) 따위. ¶최종 학력 / 사람을 학력으로 평가해서는 안 된다.

학력[2] 學力 (배울 학, 힘 력). 배움[學]을 통하여 얻은 지식이나 기술 따위의 능력(能力). ¶두 학생의 학력 수준은 비슷하다.

▸학력-고사 學力考査 (생각할 고, 살필 사). ① 속뜻 학력(學力)을 시험하여[考] 조사(調査)함. ② 교육 학력을 일정한 범위의 학습으로 익힌 지적 능력을 측정하여 평가해 보기 위한 시험. ③ 교육 대학 입학에 필요한 학력의 정도를 측정하기 위하여, 고등학교 졸업자나 그에 준하는 사람을 대상으로, 교육부에서 해마다 실시하던 국가시험. '대학 입학 학력고사'(大學入學學力考査)의 준말.

학령 學齡 (배울 학, 나이 령). 교육 ① 초등학교에 들어가 배울[學] 의무가 발생하는 나이[齡]. 곧, 만 6세이다. 취학 연령. ② 의무 교육을 받는 기간. 곧, 만 6세부터 만 12세까지를 이른다.

▸학령-부 學齡簿 (장부 부). 학령(學齡) 아동에 관한 장부(帳簿).

▸학령 아동 學齡兒童 (아이 아, 아이 동). 학령(學齡)에 해당하는 아이[兒=童].

학료 學寮 (배울 학, 집 료). 학교(學校)의 기숙사[寮].

학망 鶴望 (두루미 학, 바라볼 망). ① 속뜻 학(鶴)처럼 목을 빼고 바라봄[望]. ② 어떠한 것을 간절히 바람.

학맥 學脈 (배울 학, 줄기 맥). ① 속뜻 학문적(學問的)으로 서로 통하거나 이어져 내려오는 줄기[脈]. ② 같은 학교를 졸업한 사람들 사이의 유대 관계. ⑪ 학연(學緣).

학명 學名 (배울 학, 이름 명). 학술적(學術的) 편의를 위하여, 동식물 따위에 붙이는 이름[名].

학무[1] 學務 (배울 학, 일 무). 학사(學事)와 교육에 관한 사무(事務).

학무[2] 鶴舞 (두루미 학, 춤출 무). ① 속뜻 학(鶴)처럼 추는 춤[舞]. ② 예술 조선 시대에, 궁중의 정재(呈才) 때나 구나의 뒤에 향악에 맞추어 추던 궁중 무용. 주악과 더불어 여기(女妓)가 창사(唱詞)하면 청학(靑鶴)과 백학(白鶴)의 탈을 쓴 무동(舞童)이 지당판 앞에 뛰어나와서 북향하고 동서로 나누어 서서 춤을 춘다.

학문[1] 學文 (배울 학, 글월 문). ① 속뜻 글[文]을 배움[學]. ② 시서(詩書)·육예(六藝)를 배우는 일.

⁑**학문**[2] 學問 (배울 학, 물을 문). ① 속뜻 배우고[學] 물어서[問] 익힘. ② 어떤 분야를 체계적으로 배워서 익힘. 또는 그런 지식. ¶학문을 닦다 / 학문에 힘쓰다.

학발 鶴髮 (두루미 학, 머리털 발). ① 속뜻 학(鶴) 같이 흰 머리털[髮]. ② '하얗게 센 머리. 또는 그런 사람'을 비유하는 말. ⑪ 백발(白髮).

학방 學房 (배울 학, 방 방). 글을 배우는[學] 방(房). 예전에 한문을 사사로이 가르치던 곳.

학번 學番 (배울 학, 차례 번). 주로 대학교에서, 학교 행정상의 필요에 의하여 학생(學生)에게 부여한 고유 번호(番號). ¶학번 순서대로 들어갔다.

학벌 學閥 (배울 학, 무리 벌). ① 속뜻 같은 학교(學校)의 출신자나 같은 학파의 학자로 이루어진 파벌(派閥). ② 학문을 닦아서 얻게 된 사회적 지위나 신분. 또는 출신 학교의 사회적 지위나 등급. ¶학벌이 좋다 / 학벌보다는 실력을 중시한다. ⑪ 학파(學派).

학병 學兵 (배울 학, 군사 병). 학생(學生) 신분으로 군대에 들어간 병사(兵士). 또는 그 군대. '학도병'(學徒兵)의 준말.

학보[1] 學報 (배울 학, 알릴 보). 학술(學術) 연구 또는 대학의 운영에 관한 보고(報告)나 홍보. 또는 그것을 싣는 신문이나 잡지.

학보[2] 學寶 (배울 학, 보배 보). 역사 고려 때, 학교(學校) 운영을 위해 마련한 돈[寶].

학부[1] 學府 (배울 학, 집 부). ① 속뜻 배우는[學] 곳[府]. 흔히 대학(大學)을 가리키는 말. ② 학문에 통달해 있음.

학부[2] 學部 (배울 학, 나눌 부). ① 속뜻 대학에서 전공 영역에 따라 한 개 또는 몇 개의 학과(學科)를 묶어 나눈 부(部). ② 지난날

의 대학 제도에서 예과에 대하여 본과를 달리 이르던 말. ③ 역사 대한 제국 때에, 교육에 관한 일을 맡아보던 관청.

학-부모 學父母 (배울 학, 아버지 부, 어머니 모). 학생(學生)의 부모(父母). ㊥학부형(學父兄).

학-부형 學父兄 (배울 학, 아버지 부, 맏 형). 학생(學生)의 아버지[父]나 형[兄]. ㊥학부모(學父母).

▸학부형-회 學父兄會 (모일 회). 교육 지난날, 학교와 가정의 교육적인 관계를 강화하기 위하여 학부형(學父兄)들로 조직하였던 모임[會]. 또는 그 회의(會議).

학비 學費 (배울 학, 쓸 비). 학업(學業)을 닦는 데에 드는 비용(費用). ¶학비를 벌다 / 학비를 대다. ㊥학자(學資).

학사[1] 學士 (배울 학, 선비 사). ① 속뜻 학술(學術)을 많이 익힌 사람[士]. ② 교육 4년제 대학의 학부와 사관학교의 졸업자에게 주는 학위. ¶학사 학위. ③ 역사 고려 때, 문신 가운데 뽑힌 뛰어난 학자로서 한림원(翰林院), 수문전(修文殿)등의 종삼품, 정삼품 벼슬. ④ 역사 조선 초, 중추원(中樞院)의 종이품 벼슬. ⑤ 역사 갑오개혁 이후, 경연청(經筵廳)·규장각(奎章閣)·홍문관(弘文館)의 칙임(勅任).

학사[2] 學舍 (배울 학, 집 사). 학문(學問)을 닦는 곳[舍]. 또는 그 건물. ㊥학당(學堂).

학사[3] 學事 (배울 학, 일 사). ① 속뜻 학교(學校)의 교육과 경영에 관한 모든 일[事]. ② 학문에 관계되는 일.

▸학사 보:고 學事報告 (알릴 보, 알릴 고). 교육 학교의 교육과 경영에 관한 모든 일[學事]을 보고(報告)하는 일.

▸학사 시:찰 學事視察 (볼 시, 살필 찰). 교육 감독 기관에서 각급 학교의 교육과 경영의 상황[學事]을 살펴[察] 보는[視] 일.

학살 虐殺 (모질 학, 죽일 살). 참혹하고 모질게[虐] 죽임[殺]. ¶전쟁 중에 많은 사람이 학살을 당했다.

학생 學生 (배울 학, 사람 생). ① 속뜻 배우는[學] 사람[生]. ② 학교에 다니면서 공부하는 사람. ¶초등학생. ③ 생전에 벼슬하지 못하고 죽은 사람을 높여 일컫는 말. ④ 역사 신라 때에, 국학에서 가르침을 받던 사람. ㊥학도(學徒).

▸학생-감 學生監 (살필 감). ① 속뜻 학생(學生)의 생활을 살핌[監]. ② 역사 대한 제국 때에, 국립 병원인 대한 의원에 속한 벼슬.

▸학생-모 學生帽 (모자 모). 학생(學生)이 쓰는 모자(帽子). ㊥교모(校帽), 학모(學帽).

▸학생-복 學生服 (옷 복). 학생(學生)이 입는 옷[服].

▸학생-증 學生證 (증거 증). 학생(學生)의 신분임을 밝힌 증명서(證明書). ¶학생증 발급.

▸학생-판 學生版 (책 판). 문학 같은 내용의 책을 학생(學生)에게 널리 읽히기 위하여 값싸게 만든 책[版].

▸학생 문예 學生文藝 (글월 문, 재주 예). 문학 학생(學生)이 쓴 문예(文藝) 작품. 또는 학생을 위하여 쓴 문예 작품.

▸학생 신문 學生新聞 (새 신, 들을 문). 교육 학생(學生)들이 발간하는 신문(新聞).

▸학생 운:동 學生運動 (돌 운, 움직일 동). 사회 학생(學生)이 교내 문제 또는 정치, 사회, 문화, 민족 문제 따위에 관하여 조직적으로 일으키는 운동(運動).

학선 鶴扇 (두루미 학, 부채 선). 손잡이가 날개를 편 학(鶴)의 모양으로 생긴 부채[扇]. ¶손에 학선을 들고 춤을 추었다.

학설 學說 (배울 학, 말씀 설). 학문(學問)상으로 주장하는 이론[說]. ¶새 학설을 정립하다.

학수 鶴壽 (두루미 학, 목숨 수). ① 속뜻 학(鶴)의 수명(壽命). ② '학처럼 오래 사는 것'을 비유하여 이르는 말. ㊥장수(長壽).

학수-고대 鶴首苦待 (두루미 학, 머리 수, 괴로울 고, 기다릴 대). ① 속뜻 학(鶴)처럼 머리[首]를 쭉 빼고 애태우며[苦] 기다림[待]. ② 몹시 기다림. ¶나는 그와 만나기를 학수고대하고 있다.

학술 學術 (배울 학, 꾀 술). 학문(學問)과 기술(技術) 또는 예술(藝術). ¶학술 강연 / 학술 용어.

▸학술-어 學術語 (말씀 어). 언어 학술(學術) 분야에 한정된 뜻으로 쓰이는 전문 용어(專門用語). ㊟술어.

▸학술-원 學術院 (집 원). 학술(學術) 연구와 발전을 위해 만들어진 기관[院].

▸학술-적 學術的 (것 적). 학술(學術)에 관

한 것[的]. ¶학술적 가치가 높다.

▸ 학술-지 學術誌 (기록할 지). 학술(學術)에 관한 글을 싣는 잡지(雜誌).

▸ 학술 영화 學術映畵 (비칠 영, 그림 화). 연영 학술적(學術的) 가치가 큰 영화(映畵).

▸ 학술 조사 學術調査 (헤아릴 조, 살필 사). 학술(學術)상의 연구를 위하여 하는 조사(調査).

▸ 학술-회의 學術會議 (모일 회, 의논할 의). 학술(學術)에 관한 일을 모여[會] 의논(議論)함. 또는 그런 모임.

학슬 鶴膝 (두루미 학, 무릎 슬). ① 속뜻 학(鶴)의 무릎[膝]. ② 음악 거문고의 줄과 부들이 접하는 곳에 학 다리 모양으로 꾸민 부분. ③ 한의 무릎이 붓고 아프며 다리 살이 여위어 마치 학의 다리처럼 된 병. ④ 문학 한시에서, 칠언에서는 다섯째 글자, 오언에서는 셋째 글자에 측성을 쓰는 평측법. ⑤ 문학 한시에서, 오언에서 제1구의 다섯째 글자와 제3구의 다섯째 글자를 같은 성조의 글자로 쓰는 일을 일컬음.

▸ 학슬-안경 鶴膝眼鏡 (눈 안, 거울 경). ① 속뜻 학의 무릎[鶴膝] 모양으로 생긴 안경(眼鏡). ② 안경다리의 가운데를 접을 수 있도록 만든 안경.

***학습 學習** (배울 학, 익힐 습). 배우고[學] 익힘[習]. ¶학습 태도가 좋다 / 외국어를 학습하다.

▸ 학습-란 學習欄 (칸 란). 신문·잡지 따위에서 학습(學習)에 도움을 주려고 특별히 마련한 칸[欄].

▸ 학습-서 學習書 (책 서). 교육 학습(學習)에 도움을 주는 책[書].

▸ 학습-장 學習帳 (장부 장). 학습(學習)에 도움이 되는 것을 적는 책[帳].

▸ 학습-지 學習紙 (종이 지). 학생이 일정한 양을 학습(學習)할 수 있도록 정기적으로 가정으로 배달되는 문제지(問題紙). ¶초등 학생을 위한 전 과목 학습지.

▸ 학습 곡선 學習曲線 (굽을 곡, 줄 선). 교육 학습(學習)의 진행 상황을 그린 곡선(曲線).

▸ 학습 지도 學習指導 (가리킬 지, 이끌 도). 교육 교과의 학습 활동을 지도하는 일. ㊟지도.

▸ 학습 발표회 學習發表會 (드러낼 발, 겉 표, 모일 회). 교육 학생들이 학습(學習)한 것을 발표(發表)하는 활동[會]. ㊟학예회(學藝會).

▸ 학습 지도안 學習指導案 (가리킬 지, 이끌 도, 문서 안). 교육 학습(學習)을 지도(指導)할 수 있도록 짠 교안(教案).

학승 學僧 (배울 학, 스님 승). ① 속뜻 학식(學識)이 높은 승려[僧]. ② 공부를 하는 과정에 있는 승려.

학식 學識 (배울 학, 알 식). ① 속뜻 배워서[學] 아는[識] 지식. 또는 전문적 지식. ¶학식이 높은 사람. ② 학문과 식견. ㊥학문(學問).

학업 學業 (배울 학, 일 업). 배우는[學] 일[業]. ¶학업을 부지런히 하다.

학연 學緣 (배울 학, 인연 연). 학교(學校)와 관련하여 생기는 인연(因緣). ㊥학맥(學脈). ㊟지연(地緣), 혈연(血緣).

학예 學藝 (배울 학, 재주 예). 배워서[學] 익힌 재주[藝].

▸ 학예-란 學藝欄 (칸 란). 학예(學藝)에 관한 기사나 작품을 싣는 신문이나 잡지 따위의 칸[欄].

▸ 학예-품 學藝品 (물건 품). 학습(學習)을 통해 얻은 예술적 능력을 발휘해 만든 작품(作品).

▸ 학예-회 學藝會 (모일 회). 교육 학습(學習) 활동의 결과물이나 학생의 예능(藝能) 발표를 주로 하는 활동[會]. ¶학예회에서 연극을 발표하다. ㊥학습 발표회(學習發表會).

학용-품 學用品 (배울 학, 쓸 용, 물건 품). 학습(學習)에 쓰이는[用] 물품(物品). 필기도구, 공책 따위를 통틀어 이른다. ¶학용품을 아껴 써라.

학우 學友 (배울 학, 벗 우). 같이 배우는[學] 벗[友]. ¶학우 여러분!

▸ 학우-회 學友會 (모일 회). 학우(學友)들의 모임[會].

학원[1] 學院 (배울 학, 집 원). ① 속뜻 배우는[學] 집[院]. ② 교육 학교 설립 조건을 갖추지 못한 사립 교육 기관. ¶미술 학원.

학원[2] 學園 (배울 학, 동산 원). ① 속뜻 배움[學]의 동산[園]. 학교가 있는 동산. ② 교육 학교와 기타의 교육 기관을 통틀어 이르는 말.

학위 學位 (배울 학, 자리 위). ① 속뜻 학문(學問) 연구로 얻은 지위(地位). ② 교육 박사, 석사, 학사처럼 일정한 학업 과정을 마친 사람에게 주는 칭호. ¶석사 학위 / 박사 학위.

▶학위 논문 學位論文 (논할 론, 글월 문). 교육 학위(學位)를 얻기 위하여 내는 학술 논문(論文).

학이지지 學而知之 (배울 학, 말이을 이, 알 지, 그것 지). 도(道)를 배워서[學] 그것을[之] 깨달아 앎[知]. 삼지(三知)의 하나. 참 생이지지(生而知之), 곤이지지(困而知之).

학익-진 鶴翼陣 (두루미 학, 날개 익, 진칠 진). 군사 학[鶴]의 날개[翼] 모양으로 치는 진(陣). 참 어린진(魚鱗陣).

학인 學人 (배울 학, 사람 인). ① 속뜻 배우는[學] 사람[人]. ② 불교 학습 중인 중.

학자[1] 學者 (배울 학, 사람 자). 학문(學問)을 연구하는 사람[者]. 학문이 뛰어난 사람. ¶세계적으로 유명한 학자가 되겠다.

학자[2] 學資 (배울 학, 밑천 자). 배우는 데[學] 내는 돈이나 재물[資].

▶학자-금 學資金 (돈 금). 공부하는 데에 드는[學資] 비용[金].

학장 學長 (배울 학, 어른 장). 교육 단과 대학(大學)의 최고 책임자[長]. ¶문과대학 학장을 지냈다.

학재 學才 (배울 학, 재주 재). 학문(學問)에 대한 재능(才能).

학적[1] 學的 (배울 학, 것 적). 학문(學問)에 관한 것[的]. 학문으로서의 요건을 갖춘 것.

학적[2] 學籍 (배울 학, 문서 적). ① 속뜻 학생(學生)에 관해 기록한 문서[籍]. ② 교육 학교에 비치하는 학생에 관한 기록.

▶학적-부 學籍簿 (장부 부). 교육 학적(學籍)을 기록한 장부(帳簿).

학전 學田 (배울 학, 밭 전). 역사 고려·조선 때, 학교(學校) 운영 경비에 충당하도록 지급한 토지[田].

학점 學點 (배울 학, 점 점). 교육 ① 대학이나 대학원에서 학과(學科)의 성적을 평가한 점수(點數) 단위. ¶A 학점을 받다. ② 학생이 학과 과정을 규정대로 마침을 계산하는 단위. ¶학점을 취득하다.

▶학점-제 學點制 (정할 제). 교육 이수한 학점(學點)을 계산하여 졸업하게 되는 제도(制度).

학정[1] 虐政 (모질 학, 정치 정). 모질고[虐] 포악한 정치(政治). 국민을 괴롭히는 정치. ¶농민들은 학정을 견디다 못해 민란을 일으켰다. 비 가정(苛政).

학정[2] 學正 (배울 학, 바를 정). ① 속뜻 학문(學問)을 바로[正] 세움. ② 역사 고려 때, 국자감에 두었던 정구품 벼슬. ③ 역사 조선 때, 성균관에 두었던 정팔품 벼슬.

학제 學制 (배울 학, 정할 제). 교육 학교(學校)에 관한 제도(制度).

학지 學知 (배울 학, 알 지). 배워서[學] 앎[知]. 참 삼지(三知).

학질 瘧疾 (학질 학, 병 질). 의학 말라리아 원충을 가진 학질모기[瘧]에게 물려서 감염되는 전염병[疾]. 갑자기 고열이 나며 설사와 구토·발작을 일으키고 비장이 부으면서 빈혈 증상을 보인다.

학창 學窓 (배울 학, 창문 창). ① 속뜻 학교(學校) 교실의 창문(窓門). ② '공부하는 교실이나 학교'를 이르는 말. ¶학창 시절.

학철-부어 涸轍鮒魚 (물마를 학, 바퀴 자국 철, 붕어 부, 물고기 어). ① 속뜻 마른[涸] 땅의 수레바퀴 자국[轍]에 괸 물에 있는 붕어[鮒魚]. ② '몹시 어려운 처지에 있는 사람'을 비유하여 이르는 말.

학칙 學則 (배울 학, 법 칙). 학교(學校)에 관련된 규칙(規則). 교육 과정, 운영에 관한 규칙. ¶학칙을 어기다.

학통 學統 (배울 학, 계통 통). 학문(學問)의 계통(系統).

학파 學派 (배울 학, 갈래 파). 학문(學問)의 갈래[派]. 비 학류(學流), 학벌(學閥).

학풍 學風 (배울 학, 모습 풍). ① 속뜻 학문(學問)의 경향이나 풍조(風潮). ② 학교의 기풍.

학항-초 鶴項草 (두루미 학, 목 항, 풀 초). ① 속뜻 학(鶴)의 목[項]처럼 꼿꼿한 풀[草]. ② 식물 높이 1미터에, 잎은 달걀 모양이며 여름에 누런 녹색 꽃이 이삭 모양으로 핌.

학해 學海 (배울 학, 바다 해). ① 속뜻 학문(學問)을 바다[海]에 비유하여, '넓고 끝없는 학문의 세계'를 이르는 말. ② 학문에 꾸준히 힘써 성취함.

학행 學行 (배울 학, 행할 행). ① 속뜻 학문(學問)과 덕행(德行). ② 학문과 불도의 수행.

학형 學兄 (배울 학, 맏 형). 같이 배우는[學] 사람끼리 서로 높여[兄] 일컫는 말.

학회 學會 (배울 학, 모일 회). ① 속뜻 같은 학문(學問)을 연구하는 사람들로 조직된 모임[會]. ¶한국어 학회에 참석하다. ② 불교 불학을 공부하는 이들이 모인 곳.

학-흉배 鶴胸背 (두루미 학, 가슴 흉, 등 배). 역사 왕조 때, 학(鶴)을 수놓아 관복의 가슴[胸]과 등[背]에 댄 천 조각. 당상관은 한 쌍을, 당하관은 한 마리를 수놓았다. ㉥호흉배(虎胸背).

한가 閑暇 (틈 한, 겨를 가). ① 속뜻 틈[閑]과 겨를[暇]. ② 바쁘지 않고 여유가 있다. ¶오늘은 하루 종일 한가하다 / 한가로운 저녁 시간. ㉥여유(餘裕).

한감 寒感 (찰 한, 느낄 감). 추워서[寒] 든 감기(感氣).

한:강 漢江 (한양 한, 강 강). ① 속뜻 한양(漢陽)의 남쪽을 가로질러 흐르는 강(江)이라는 뜻으로 붙여진 이름. ② 지리 한국의 중부에 있어 황해로 들어가는 강. 남한강과 북한강의 두 물줄기가 있다. ③ 어떤 곳에 물이 많이 괴어 물바다가 됨. ¶수도관이 터져서 거리는 한강이 되어 버렸다.

▶ 한:강-투석 漢江投石 (던질 투, 돌 석). ① 속뜻 한강(漢江)에 돌[石] 던지기[投]. ② 아무리 해도 효과가 없는 헛된 일을 하는 어리석은 행동.

한객 閑客 (한가할 한, 손 객). 심심해서[閑] 놀러 오는 손님[客]. ㉥한인(閑人).

한거 閑居 (한가할 한, 살 거). 한가(閑暇)히 지냄[居]. ㉥연거(燕居).

▶ 한거-십팔곡 閑居十八曲 (열 십, 여덟 팔, 노래 곡). 문학 조선 선조 때의 학자 권호문(權好文)이 자연 속에 한가(閑暇)히 사는[居] 즐거움을 읊은 18(十八)수의 연시조[曲].

한:건 旱乾 (가물 한, 마를 건). 가물어[旱] 물기가 마름[乾].

한:격 限隔 (끝 한, 사이 뜰 격). 경계[限]가 막힘[隔].

한:계 限界 (끝 한, 지경 계). ① 속뜻 땅 따위의 끝[限]을 이은 경계(境界). ② 사물의 정해진 범위. ¶한계를 극복하다. ㉥계한(界限).

▶ 한:계-각 限界角 (모서리 각). ① 속뜻 한계(限界)가 되는 각(角). ② 물리 굴절률이 큰 매질에서 작은 매질로 빛이 지나갈 때, 입사각이 일정 각도보다 커지면 전반사가 일어나는데 이때의 입사각. ㉥임계각(臨界角).

▶ 한:계-량 限界量 (분량 량). 한계(限界)가 되는 분량(分量).

▶ 한:계-선 限界線 (줄 선). 한계(限界)가 되는 선(線).

▶ 한:계-점 限界點 (점 점). 한계(限界)가 되는 점(點).

▶ 한:계 상황 限界狀況 (형상 상, 형편 황). 한계(限界)가 되는 상황(狀況). 막다른 상황.

▶ 한:계 생산 限界生産 (날 생, 낳을 산). 경제 생산 요소가 한 단위 증가할 때 한계적(限界的)으로 더 늘어나는 생산량(生産量).

▶ 한:계 속도 限界速度 (빠를 속, 정도 도). ① 속뜻 일정 범위의 한계(限界)에 다다른 속도(速度). ② 물리 어떤 구조물을 회전시킬 때, 그 회전 속도를 초과하면 재료가 파괴되는 극한의 속도.

▶ 한:계 효:용 限界效用 (효과 효, 쓸 용). ① 속뜻 일정 범위의 한계(限界)에 다다른 효용(效用). ② 경제 일정한 종류의 재화를 계속해서 소비할 때 마지막 재화를 소비함으로써 얻는 심리적 만족도.

▶ 한:계 생산비 限界生産費 (날 생, 낳을 산, 쓸 비). ① 속뜻 일정 범위의 한계(限界)에 다다른 생산비(生産費). ② 경제 생산량을 한 단위 늘리는 데에 드는 생산비.

한고 寒苦 (찰 한, 괴로울 고). 추위[寒]로 인한 고생(苦生). ㉥서고(暑苦).

한:과 漢菓 (한나라 한, 과자 과). ① 속뜻 한(漢)나라 방식으로 만든 과자[菓]. ② 밀가루를 꿀이나 설탕에 반죽하여 납작하게 만들어 기름에 튀겨 물들인 것으로 흔히 잔칫상이나 제사상에 놓는다.

한관 閑官 (한가할 한, 벼슬 관). 한가(閑暇)한 관직(官職). ㉥한직(閑職).

한:교 韓僑 (한국 한, 더부살이 교). 해외에

거주하는 한국(韓國) 교포(僑胞).

한국[1] **寒菊** (찰 한, 국화 국). 식물 ① 추운[寒] 겨울에 피는 국화(菊花). 대개 12월에서 다음 해 1월에 걸쳐 노란 꽃이 핀다. ㈓ 동국(冬菊). ② 국화과의 재배 식물의 하나. 잎은 작고 깃 모양으로 갈라진다. 11월에 노란색 꽃이 피고 총포가 길다. 한국, 일본, 중국 등지에 분포한다.

한:국[2] **韓國** (나라이름 한, 나라 국). 지리 '대한민국'(大韓民國)의 준말. 아시아 대륙 동쪽에 있는 한반도와 그 부속 도서(島嶼)로 이루어진 공화국이다. ¶한국말 / 한국의 수도는 서울이다.

▸**한:국-계** 韓國系 (이어 맬 계). 한국(韓國)이나 한국인과 관계된 계통(系統). ¶한국계 미국인.

▸**한:국-어** 韓國語 (말씀 어). 언어 한국인(韓國人)이 사용하는 말[語]. ㈓ 한국말.

▸**한:국-인** 韓國人 (사람 인). 한국(韓國) 국적을 가졌거나 한민족의 혈통을 지닌 사람[人]. ¶노벨 물리학상에 한국인이 후보로 올랐다.

▸**한:국-적** 韓國的 (것 적). 한국(韓國) 고유의 특징이나 색채가 있는 것[的]. ¶이 식당은 한국적인 분위기가 물씬 난다.

▸**한:국-학** 韓國學 (배울 학). 한국(韓國)에 관련된 각 분야를 연구하는 학문(學問). ¶한국학을 체계적으로 정리하다.

▸**한:국-화** 韓國畵 (그림 화). 미술 한국(韓國) 특유의 화법으로 그린 그림[畵]. 대개 수묵화를 이르는데, 이와 대비하여 중국과 일본의 그림을 동양화라 이른다. ¶한국화를 잘 그리다.

▸**한:국 요리** 韓國料理 (헤아릴 료, 다스릴 리). 한국(韓國)의 전통적인 요리(料理). 한식(韓食).

▸**한:국-은행** 韓國銀行 (은 은, 행할 행). 경제 우리나라[韓國]의 중앙은행(中央銀行). 1950년 5월 한국은행법에 의하여 설립된 무자본 특수 법인으로, 일반 금융 기관에 대한 예금·대출 업무, 발권 업무, 국고 업무, 외국환 업무 따위를 수행한다.

▸**한:국 전:쟁** 韓國戰爭 (싸울 전, 다툴 쟁). 역사 1950년 6월 25일 한국(韓國)에서 벌어진 전쟁(戰爭). 북한군이 기습적으로 침공하였으며, 1953년 7월 27일에 휴전했으며, 지금까지 지속되고 있다.

한극 **寒極** (찰 한, 다할 극). 지구상에서 추위[寒]가 가장[極] 심한 곳.

한기 **寒氣** (찰 한, 기운 기). ① 속뜻 추운[寒] 기운(氣運). ¶한기를 느끼다. ② 병적으로 몸에 느껴지는 으스스한 기운. ㈓ 추위. ㈖ 서기(暑氣). ㉟ 열기(熱氣).

한난 **寒暖** (찰 한, 따뜻할 난). 차고[寒] 따뜻함[暖].

▸**한난-계** 寒暖計 (셀 계). 물리 기온의 차고 따뜻한[寒暖] 정도를 재는 계기(計器).

한:남 **漢南** (한양 한, 남녘 남). 한강(漢江) 남(南)쪽 지역. ㈖ 한북(漢北).

한:내 **限內** (끝 한, 안 내). 기한(期限) 안[內]. 한정한 범위의 안.

한단-몽 **邯鄲夢** (고을 이름 한, 조나라 서울 단, 꿈 몽). ① 속뜻 한단(邯鄲)에서 꾼 꿈[夢]. ② '인생의 부귀영화가 덧없음'을 비유하여 이르는 말. 노생(盧生)이 한단에서 여옹(呂翁)의 베개를 베고 자다 꿈을 꾼 고사에서 유래. '한단지몽'(邯鄲之夢)의 준말. ㈓ 일취지몽(一炊之夢), 황량몽(黃粱夢).

한단지보 **邯鄲之步** (고을 이름 한, 조나라 서울 단, 어조사 지, 걸음 보). ① 속뜻 한단(邯鄲)의 걸음걸이[步]. ② '자기 본분을 잊고 함부로 남의 흉내를 내면 두 가지를 다 잃음'을 비유하여 이르는 말. 연(燕) 나라의 청년이 한단이라는 도시에 가서 그곳의 걸음걸이를 배우려다 미처 배우지 못하고, 본래의 걸음걸이도 잊어버려 기어서 돌아왔다는 데에서 유래. 『장자·추수』(莊子·秋水) 편에 전한다.

한담 **閑談** (한가할 한, 이야기 담). ① 속뜻 한가(閑暇)해서 심심풀이로 하는 이야기[談]. ② 그다지 긴요하지 않은 이야기. ㈓ 한화(閑話).

▸**한담-설화** 閑談屑話 (부스러기 설, 이야기 화). ① 속뜻 한가(閑暇)한 이야기[談]와 자질구레한[屑] 이야기[話]. ② 심심할 때 하는 실없는 말.

한대 **寒帶** (찰 한, 띠 대). 지리 추운[寒] 기후의 지대(地帶). 또는 추운 지대. 위도 상 남북으로 각각 66.3도에서 양 극점까지의 지대를 이른다. ㉟ 열대(熱帶), 온대(溫帶).

▸**한대-림** 寒帶林 (수풀 림). 지리 한대(寒

帶)의 삼림(森林). ㊟열대림(熱帶林), 온대림(溫帶林).

▸한대 기후 寒帶氣候 (기후 기, 기후 후). 지리 한대(寒帶)에서 볼 수 있는 기후(氣候). 1년의 평균 기온이 빙점 이하이며, 추운 계절이 길다. ㊟열대 기후(熱帶氣候). 온대 기후(溫帶氣候).

▸한대 식물 寒帶植物 (심을 식, 만물 물). 식물 한대(寒帶) 지방에 자라는 식물(植物). 지의(地衣), 선태(蘚苔), 관목(灌木) 식물로 이루어진다. ㊟열대 식물(熱帶植物), 온대 식물(溫帶植物).

한:도 限度 (끝 한, 정도 도). 한계(限界)가 되는 정도(定度). ¶내가 알고 있는 한도 내에서 알려줄게.

한:독 韓獨 (한국 한, 독일 독). ① 속뜻 한국(韓國)과 독일(獨逸)을 아울러 이르는 말. ¶한독 정상 회담. ② 한국어와 독일어를 아울러 이르는 말.

한:라-산 漢拏山 (한수 한, 잡을 라, 메 산). ① 속뜻 은한(銀漢), 즉 은하수(銀河水)를 손으로 잡을[拏] 수 있을 정도로 높은 산(山). ② 지리 제주특별자치도 중앙에 있는 산. 꼭대기에 백록담이 있으며, 높이는 1,950미터이다.

한란[1] 寒蘭 (찰 한, 난초 란). ① 속뜻 추운[寒] 계절에 피는 난(蘭). ② 식물 난초과의 다년초. 높이 30~70㎝로, 칼 모양의 잎에 초겨울에 지름 5~6㎝의 홍자색의 꽃이 핀다.

한란[2] 寒暖 (본음 [한난], 찰 한, 따뜻할 난). 추움[寒]과 따뜻함[暖].

▸한란-계 寒暖計 (셀 계). 물리 기온의 높고 낮음[寒暖]을 재는[計] 계기(計器). 수은 온도계와 알코올 온도계가 많이 쓰이고, 단위는 섭씨와 화씨가 많이 쓰인다.

한랭 寒冷 (찰 한, 찰 랭). 춥고[寒] 또 참[冷]. 매우 추움.

▸한랭-대 寒冷帶 (띠 대). ① 속뜻 한랭(寒冷)한 지대(地帶). ② 지리 한랭 전선의 언저리.

▸한랭 전선 寒冷前線 (앞 전, 줄 선). 지리 한랭(寒冷) 기단의 전선(前線). 따뜻한 기단(氣團)을 밀어 올리듯 나간다. ㊥온난 전선(溫暖前線).

▸한랭 고기압 寒冷高氣壓 (높을 고, 공기 기, 누를 압). 지리 중심부의 공기가 찬[寒冷] 고기압(高氣壓). ㊥온난 고기압(溫暖高氣壓).

▸한랭지 농업 寒冷地農業 (땅 지, 농사 농, 일 업). 농업 한랭 지대(寒冷地帶)에서 하는 농업(農業). ㊟고랭지 농업(高冷地農業).

한:량[1] 限量 (한할 한, 분량 량). 한정(限定)된 분량(分量). ¶그들의 욕심은 한량이 없었다.

한량[2] 寒凉 (찰 한, 서늘할 량). ① 속뜻 춥고[寒] 서늘함[凉]. ② 기운이 없고 얼굴이 파리함.

한량[3] 閑良 (한가할 한, 어질 량). ① 속뜻 한가(閑暇)롭게 잘 지내는 양민(良民). ② 역사 조선 시대에, 무과(武科)에 급제하지 못한 무반(武班) 사람들. ③ 돈 잘 쓰고 잘 노는 사람. ¶그 친구는 놀기 좋아하는 한량이다.

▸한량-음식 閑良飮食 (마실 음, 먹을 식). ① 속뜻 한량(閑良)처럼 마시고[飮] 먹음[食]. ② '매우 시장하여 음식을 마구 먹어대는 짓'을 비유하여 이르는 말.

한:련 旱蓮 (가물 한, 연꽃 련). ① 속뜻 가뭄[旱]에도 피는 연꽃[蓮]. ② 식물 한련과의 관상용 화초. 잎은 자루가 길고 둥근 방패 모양으로, 6월경에 노랑이나 빨강 꽃이 핀다.

▸한:련-초 旱蓮草 (풀 초). ① 속뜻 한련과(旱蓮科)의 풀[草]. ② 식물 국화과로, 줄기의 높이는 10~60㎝임. 잎이 고춧잎과 비슷하고 8~9월에 줄기와 가지 끝에 흰 꽃이 핀다.

한로 寒露 (찰 한, 이슬 로). ① 속뜻 차가운[寒] 이슬[露]. ② 민속 추분(秋分)과 상강(霜降) 사이로, 양력 10월 9일경이다. ¶한로가 되자 단풍이 짙어졌다.

한뢰 寒雷 (찰 한, 천둥 뢰). 겨울에 한랭(寒冷) 전선이 지나갈 때에 발생하는 천둥[雷].

한료 閑寥 (한가할 한, 쓸쓸할 료). 한가(閑暇)하고 쓸쓸함[寥].

한류[1] 寒流 (찰 한, 흐를 류). 지리 차가운[寒] 해류(海流). 양극(兩極)의 바다에서 나와 대륙을 따라 적도 쪽으로 흐른다. ㊥난류(暖流).

한류[2] 韓流 (한국 한, 흐를 류). '한국(韓國)

문화의 유입이나 유행(流行)'을 중국 사람들이 지어 이르는 말.

한림[1] 寒林 (찰 한, 수풀 림). ① 속뜻 추운[寒] 계절의 숲[林]. 잎이 떨어져 앙상한 숲. ② 불교 죽은 사람에게 마지막으로 하는 설법.

한:림[2] 翰林 (붓 한, 수풀 림). ① 속뜻 한묵(翰墨)에 뛰어난 사람들을 숲[林]에 비유한 말. ② 역사 신라 때, 예문관의 관직을 이르던 말.

▸한:림-원 翰林院 (관청 원). 역사 고려 때, 임금의 명령을 받아 문서 꾸미는[翰林] 일을 맡아보던 관아[院].

▸한:림-별곡 翰林別曲 (다를 별, 노래 곡). 문학 고려 고종(高宗)때 한림(翰林)의 선비들이 함께 지은 경기체가[別曲]. 현실을 도피하고 풍류에 젖은 생활을 읊은 것이다.

한:마지로 汗馬之勞 (땀 한, 말 마, 어조사 지, 일할 로). ① 속뜻 땀[汗]을 흘리며 말[馬]을 달려 세운 공로(功勞). ② 싸움에 이긴 공로.

한만[1] 閑漫 (한가할 한, 흩어질 만). 한가함[閑]이 가득함[漫]. 매우 한가하고 여유 있음.

한:만[2] 韓滿 (한국 한, 만주 만). 한국(韓國)과 만주(滿洲)를 아울러 이르는 말. ¶적은 평양을 잃고 한만 국경까지 쫓겨났다.

한:말 韓末 (나라이름 한, 끝 말). 대한(大韓) 제국의 마지막[末] 시기. ¶한말에는 구국(救國) 운동이 일어났다.

한망 閑忙 (한가할 한, 바쁠 망). 한가(閑暇)함과 바쁨[忙].

한매 寒梅 (찰 한, 매화나무 매). 추운[寒] 겨울에 피는 매화(梅花).

한:맹 漢盲 (한나라 한, 눈멀 맹). 한자(漢字)를 모르는 사람을 맹인(盲人)에 비유한 말. ¶한맹을 면하는 것은 결코 어렵지 않다.

한:묵 翰墨 (붓 한, 먹 묵). ① 속뜻 붓[翰]과 먹[墨]. ② '글을 쓰는 일'을 이르는 말.

▸한:묵-장 翰墨場 (마당 장). ① 속뜻 한묵(翰墨)으로 노는 자리[場]. ② '문단'(文壇)을 이르던 말.

한문[1] 寒門 (가난할 한, 문 문). 빈한(貧寒)하고 지체가 낮은 가문(家門). ¶한문 출신의 신분.

한:문[2] 漢文 (한나라 한, 글월 문). 한자(漢字)로 쓰인 문장(文章).

▸한:문-체 漢文體 (모양 체). 한문(漢文)의 문체(文體).

▸한:문-학 漢文學 (배울 학). ① 속뜻 한문(漢文)을 연구하는 학문(學問). ② 중국 고대의 문학. 경서, 사서, 시문 따위. ③ 중국 고전의 형식에 따른 한문 문학. ㊣한학.

한미[1] 寒微 (가난할 한, 작을 미). 집안이 빈한(貧寒)하고 지체가 변변하지 못함[微]. ¶한미한 집안에서 자랐다.

한:미[2] 韓美 (한국 한, 미국 미). 한국(韓國)과 미국(美國)을 아울러 이르는 말. ¶한미 연합군.

한:-민족 漢民族 (한나라 한, 백성 민, 겨레 족). ① 속뜻 중국의 한(漢)나라 민족(民族). ② 중국 민족의 중심을 이루고 있는 민족. 황화 문명을 주도하였다. ㊣한족.

한:-민족 韓民族 (한국 한, 백성 민, 무리 족). 한반도(韓半島)에서 사는 민족(民族). ㊥배달민족(倍達民族).

한:-반도 韓半島 (한국 한, 반 반, 섬 도). 한족(韓族)이 살고 있는 반도(半島). 우리나라 국토 전역을 포괄한다.

한:발 旱魃 (가물 한, 가물귀신 발). 가뭄[旱]을 맡은 귀신[魃]. ㊥한귀(旱鬼).

한:방[1] 漢方 (한나라 한, 방법 방). ① 속뜻 한의(漢醫)의 처방(處方). ② 한족(漢族)이 발달시킨 의술.

▸한:방-약 漢方藥 (약 약). 한방(漢方)에서 쓰이는 약(藥). ㊣한약.

▸한:방-의 漢方醫 (치료할 의). 한의학[漢方]을 전공한 의사(醫師). ㊣한의.

한:방[2] 韓方 (한국 한, 방법 방). 한의 ① 중국에서 전해져 우리나라[韓]에서 발달한 의술[方]. ¶한방으로 치료하다. ② 한의(韓醫)의 처방.

▸한:방-의 韓方醫 (치료할 의). ① 속뜻 한방(韓方)을 다루는 의사(醫師). ② 한방 의술. ㊣한의.

한보 閑步 (한가할 한, 걸음 보). 한가(閑暇)로이 걷는 걸음[步].

한:복 韓服 (한국 한, 옷 복). 한국(韓國)의 전통 의복(衣服). ¶설날에는 한복을 입는다. ㊥양복(洋服).

한:북 漢北 (한양 한, 북녘 북). 한강(漢江) 북(北)쪽. 그 부근의 땅. ⓑ한남(漢南).

한:불 韓佛 (한국 한, 프랑스 불). ① 속뜻 한국(韓國)과 프랑스[佛蘭西]를 아울러 이르는 말. ¶한불 문화 교류. ② 한국어와 프랑스어를 아울러 이르는 말.

한빈 寒貧 (가난할 한, 가난할 빈). 매우 가난함[寒=貧].

한사[1] 恨死 (원한 한, 죽을 사). 원통하게[恨] 죽음[死]. 억울하게 죽음.

한:사[2] 恨事 (원한 한, 일 사). 한(恨)스럽고 원통한 일[事].

한사[3] 寒士 (가난할 한, 선비 사). 가난한[寒] 선비[士].

한:사[4] 限死 (끝 한, 죽을 사). 죽음[死]의 한계(限界)까지 다다름. 목숨을 걸고 일함.

▶ 한:사-결단 限死決斷 (결정할 결, 끊을 단). 목숨을 걸고[限死] 결단(決斷)함.

한:-사군 漢四郡 (한나라 한, 넉 사, 고을 군). 역사 기원전 108년에 중국 전한(前漢)의 무제가 위만 조선을 멸망시키고 그 땅에 설치한 네[四] 개의 행정 구역[郡].

한산 閑散 (=閒散, 한가할 한, 한가로울 산). 한가롭다[閑=散]. ¶한산한 거리. ⓑ복잡(複雜)하다, 번잡(煩雜)하다.

한산-저 韓山苧 (나라이름 한, 메 산, 모시 저). 수공 한산(韓山)에서 나는 모시[苧].

한산-정 漢山停 (한양 한, 메 산, 멈출 정). 역사 신라의 육정(六停) 중 한산(漢山)에 설치하였던 군영.

한:살 恨殺 (원한 한, 죽일 살). 원한(怨恨)을 품고 죽임[殺].

한상 韓商 (한국 한, 장사 상). 해외에서 활약하는 한국인(韓國人) 상인(商人). ¶제5차 국제한상회의가 부산에서 개최되었다.

한색 寒色 (찰 한, 빛 색). 미술 푸른색처럼 차가운[寒] 느낌의 색깔[色]. ⓑ난색(暖色).

한서 寒暑 (찰 한, 더울 서). ① 속뜻 추위[寒]와 더위[暑]. ② 겨울과 여름. ⓑ서한(暑寒).

한:선[1] 汗腺 (땀 한, 샘 선). 의학 땀[汗]을 만들어 몸 밖으로 내보내는 외분비선[腺]. 땀샘.

한선[2] 寒蟬 (찰 한, 매미 선). ① 속뜻 추울[寒] 때의 매미[蟬]. 가을철의 매미. ② 동물 매밋과로 몸의 길이는 4㎝ 정도이며, 붉은 갈색이고 녹색의 얼룩무늬가 있음. ③ 울지 않는 매미.

한설 寒雪 (찰 한, 눈 설). 차가운[寒] 눈[雪].

한:성 漢城 (한양 한, 성곽 성). ① 속뜻 한양(漢陽)의 도성(都城). ② 역사 조선 시대, 서울의 이름. ③ 역사 '한성부'의 준말.

▶ 한:성-부 漢城府 (관청 부). 역사 조선 때, 서울[漢城]의 행정 일반을 맡아보던 관아[府].

▶ 한:성 판윤 漢城判尹 (판가름할 판, 벼슬아치 윤). 역사 조선 시대에 서울[漢城]을 지키며 다스리던 한성부의 으뜸 벼슬[判尹]. ⓑ경조윤(京兆尹).

한성 유전 限性遺傳 (한할 한, 성별 성, 남길 유, 전할 전). 생물 어떤 형질이 암수의 어느 한쪽 성(性)에 한(限)하여 나타나는 유전(遺傳).

한속 寒粟 (찰 한, 조 속). ① 속뜻 차가운[寒] 좁쌀[粟]. ② 좁쌀처럼 돋는 소름.

한수 寒羞 (가난할 한, 음식 수). ① 속뜻 한가(寒家)의 음식[羞]. 가난한 집안의 음식. ② 간소하게 차린 음식. 자기 집 음식을 겸손하게 이르는 말.

한수-석 寒水石 (찰 한, 물 수, 돌 석). ① 속뜻 차가운[寒] 물[水]처럼 생긴 돌[石]. ② 지리 고생대의 결정질 석회암. 대리석의 하나로 흰색이나 검푸른색을 띠고 광택이 있으며 단단하다. ③ 한의 황산칼슘 또는 탄산칼슘을 주성분으로 하는 석고 또는 방해석. 해열, 이뇨나 부종의 치료제로 쓴다.

한:시[1] 漢詩 (한나라 한, 시 시). 문학 ① 한문(漢文)으로 지은 시(詩). ② 중국의 한대(漢代)의 시.

한식[2] 寒食 (찰 한, 먹을 식). 차가운[寒] 밥을 먹는[食] 풍습이 있는 명절. 종묘(宗廟)와 능원(陵園)에서 제향을 올리고, 민간에서는 성묘를 한다. 4월 5, 6일경이다. ⓑ냉절(冷節).

한:식[3] 韓式 (한국 한, 법 식). 한국(韓國) 고유의 양식(樣式)이나 격식(格式). ¶한식으로 지은 집을 한옥이라 한다.

한:식[4] 韓食 (한국 한, 밥 식). 한국(韓國) 고

유의 음식(飮食). ¶나는 양식보다 한식을 좋아한다. ⓑ한국 요리(韓國料理). ⓑ양식(洋食).

한심 寒心 (찰 한, 마음 심). ① 속뜻 차가운[寒] 마음[心]. ②열정과 의욕이 없어 절망적이고 걱정스럽다. ¶한심한 사람을 보면 불쌍한 생각이 앞선다.

한아 閑雅 (한가할 한, 고울 아). ① 속뜻 한가(閑暇)롭고 우아(優雅)함. ②고요하고 멋이 있음.

한야 寒夜 (찰 한, 밤 야). 추운[寒] 밤[夜].

한:약 韓藥 (한국 한, 약 약). 한의 한방(韓方)에서 쓰는 약(藥). '한방약'의 준말. ¶한약을 달이다 / 한약 한 제를 지어 먹다. ⓑ한방약(韓方藥). ⓑ양약(洋藥).

▶한:약-국 韓藥局 (방 국). 한약(韓藥)을 파는 가게[局]. ⓑ한약방(韓藥房).

▶한:약-방 韓藥房 (방 방). 한약(韓藥)을 파는 가게[房]. ⓑ한약국(韓藥局).

▶한:약-재 韓藥材 (재료 재). 한의학 한약(韓藥)의 재료(材料). ¶인삼은 한약재로도 쓰인다.

▶한:약업-사 韓藥業士 (일 업, 선비 사). 한약(韓藥)을 지어 파는 것이 직업(職業)인 사람[士].

▶한:약종-상 韓藥種商 (갈래 종, 장사 상). 한약(韓藥)을 지어 파는 종류(種類)의 상업(商業). 또는 그에 종사하는 사람.

한:양 漢陽 (한수 한, 볕 양). ① 속뜻 한강(漢江)의 북녘에 양지(陽地)바른 곳. ② 지리 '서울'의 옛 이름.

▶한:양-가 漢陽歌 (노래 가). ① 속뜻 한양(漢陽)을 노래함[歌]. ② 문학 조선 헌종 때 한산 거사가 지은 가사. 당시 한양의 승경과 임금의 행차, 과거 급제의 영화 따위를 읊은 것이다. ③ 문학 조선 광무 때 최남선이 지은 창가.

한:어[1] 漢語 (한나라 한, 말씀 어). 언어 중국 한족(漢族)이 쓰는 언어(言語).

한:어[2] 韓語 (한국 한, 말씀 어). 한국인(韓國人)이 사용하는 말[語]. '한국어'(韓國語)의 준말.

한:역[1] 漢譯 (한나라 한, 옮길 역). 한문(漢文)으로 번역(翻譯)함.

한:역[2] 韓譯 (한국 한, 옮길 역). 한국어(韓國語)로 번역(翻譯)함.

한:염 旱炎 (가물 한, 불꽃 염). 가뭄[旱] 때의 불[炎] 같은 더위.

한:영 韓英 (한국 한, 영국 영). ① 속뜻 한국(韓國)과 영국(英國)을 아울러 이르는 말. ②한국어와 영어를 아울러 이르는 말.

한:옥 韓屋 (한국 한, 집 옥). 전통 한식(韓式)으로 지은 집[屋]. ⓑ양옥(洋屋).

한온 寒溫 (찰 한, 따뜻할 온). ① 속뜻 날씨의 차고[寒] 따뜻함[溫]. ②주인과 손님의 안부 인사. ⓑ한훤(寒暄).

한:외 限外 (한할 한, 밖 외). 한정(限定)한 범위의 바깥[外].

한:용 悍勇 (사나울 한, 날쌜 용). 사납고[悍] 용맹(勇猛)스러움.

한우[1] 寒雨 (찰 한, 비 우). ① 속뜻 차가운[寒] 비[雨]. ②겨울에 내리는 비.

한:우[2] 韓牛 (한국 한, 소 우). 동물 한국(韓國) 토종 소[牛]. 체질이 강하고 성질이 온순하며 고기 맛이 좋다.

한:우충동 汗牛充棟 (땀 한, 소 우, 채울 충, 기둥 동). ① 속뜻 수레에 실으면 소[牛]가 땀[汗]을 흘리고, 쌓으면 들보[棟]를 채울[充] 정도로 많은 책. ②장서(藏書)가 매우 많음.

한운 閑雲 (한가할 한, 구름 운). 한가로이[閑] 떠도는 구름[雲]. ¶한운을 벗 삼아 날을 보낸다.

▶한운-야학 閑雲野鶴 (들 야, 두루미 학). ① 속뜻 한가(閑暇)한 구름[雲]과 들판[野]의 학(鶴). ②'속박을 받지 않고 유유자적하는 처지'를 비유하여 이르는 말.

한월 寒月 (찰 한, 달 월). ① 속뜻 차가운[寒] 달[月]. ②추운 겨울철의 달.

한위 寒威 (찰 한, 위엄 위). 추위[寒]의 위세(威勢). 대단한 추위. ⓑ서위(暑威).

한유[1] 閑裕 (한가할 한, 넉넉할 유). 한가(閑暇)하고 여유(餘裕)로움.

한유[2] 閑遊 (한가할 한, 놀 유). 한가(閑暇)하게 놂[遊].

한:유[3] 漢儒 (한나라 한, 선비 유). 한(漢)나라의 유학자(儒學者).

한:은 韓銀 (한국 한, 은 은). 경제 '한국은행'(韓國銀行)의 준말.

한:음 漢音 (한나라 한, 소리 음). 한자(漢字)

의 발음(發音). [비]화음(華音).

한:의 韓醫 (한국 한, 의원 의). ① [속뜻] 예로부터 우리나라[韓]에서 발달한 의술(醫術). '한방의'(韓方醫)의 준말. ② '한의사'의 준말. [반]양의(洋醫).

▸한의-과 韓醫科 (분과 과). 한의(韓醫)를 배우는 의학 분과(分科). ¶한의과 대학.

한:-의사 韓醫師 (한국 한, 치료할 의, 스승 사). 한의학(韓醫學)을 전공한 의사(醫師). [준]한의. [비]한방의(韓方醫).

한:-의서 韓醫書 (한국 한, 치료할 의, 책 서). 한방(韓方)의 의서(醫書).

한:-의술 韓醫術 (한국 한, 치료할 의, 꾀 술). 한방(韓方)으로 병을 치료하는[醫] 방법[術].

한:-의약 韓醫藥 (한국 한, 치료할 의, 약 약). [한의] 한방(韓方)으로 병을 치료하는[醫] 약(藥).

한:-의업 韓醫業 (한국 한, 치료할 의, 일 업). [한의] 한방(韓方)으로 병을 치료하는[醫] 일[業].

한:-의원 韓醫院 (한국 한, 치료할 의, 집 원). [한의] 한방(韓方)으로 병을 치료하는[醫] 곳[院]. ¶한의원에서 침을 맞았다.

한:-의학 韓醫學 (한국 한, 치료할 의, 배울 학). [한의] 중국에서 전래되어 우리나라[韓]에서 독자적으로 발달한 전통 의학(醫學). ¶한의학을 공부하다.

▸한:의학-과 韓醫學科 (분과 과). 대학에서, 한의학(韓醫學)을 연구하는 학과(學科).

한:인[1] 漢人 (한나라 한, 사람 인). 중국 한족(漢族)에 속한 사람[人].

한:인[2] 韓人 (한국 한, 사람 인). 외국에 나가 살고 있는 한국(韓國) 사람[人]. ¶한인 학교.

▸한:인-회 韓人會 (모일 회). 친목과 공동의 이익을 위해 외국에 살고 있는 한국(韓國) 사람[人]들끼리 만든 단체[會]. ¶한인회 정기 모임.

한인[3] 閑人 (한가할 한, 사람 인). 한가(閑暇)한 사람[人]. 할 일이 없는 사람.

▸한인-전 閑人田 (밭 전). [역사] 고려 때, 토호 출신의 한인(閑人)들에게 지급하던 토지[田].

▸한인-물입 閑人勿入 (말 물, 들 입). 볼일이 없는 사람[閑人]은 들어오지[入] 말라[勿]는 뜻을 알리는 말.

한:일[1] 限日 (한할 한, 날 일). 약속으로 정한[限] 날[日]. [비]한일(日限).

한일[2] 閑日 (한가할 한, 날 일). 한가(閑暇)한 날[日].

한:일[3] 韓日 (한국 한, 일본 일). 한국(韓國)과 일본(日本). ¶한일 친선 경기.

▸한:일 합방 韓日合邦 (합할 합, 나라 방). [역사] 한국(韓國)과 일본(日本)이 나라[邦]를 합(合)함. 1910년 8월 29일에 공표되었다.

▸한:일 신협약 韓日新協約 (새 신, 합칠 협, 묶을 약). ① [속뜻] 한국(韓國)과 일본(日本)이 맺은 새로운[新] 협약(協約). ② [역사] 순종이 일본과 맺은 조약. 모든 사법·행정 사무를 통감의 감독·승인 아래 행할 것을 규정하였다. [비]칠조약(七條約).

한:입골수 恨入骨髓 (원한 한, 들 입, 뼈 골, 골수 수). 원한(怨恨)이 뼈[骨髓]를 파고듦[入].

*__한:자__ 漢字 (한나라 한, 글자 자). 한자어(漢字語)의 뜻을 나타내는 데 필요한 낱낱의 글자[字]. ¶한자를 많이 알면 한자어 어휘력을 높일 수 있다.

▸한:자-어 漢字語 (말씀 어). 해당되는 낱낱 한자(漢字)가 뜻을 나타내는 낱말[語]. ¶한자어는 속뜻을 알면 기억이 잘 된다.

한:재 旱災 (가물 한, 재앙 재). 가뭄[旱]으로 생기는 재난(災難). [비]한해(旱害).

한적[1] 閑寂 (=間寂, 한가할 한, 고요할 적). 한가(閑暇)하고 적막(寂寞)하다. ¶한적한 산골.

한적[2] 閑適 (한가할 한, 갈 적). 한가(閑暇)하게 자적(自適)함.

한:적[3] 漢籍 (한나라 한, 문서 적). 한문(漢文)으로 된 서적(書籍). [비]한서(漢書).

한:전-론 限田論 (한할 한, 밭 전, 논할 론). [역사] 조선 후기에, 논밭[田]의 개인 소유를 한정(限定)하자던 이익(李瀷)의 주장[論].

한절 寒節 (찰 한, 철 절). 추운[寒] 절기(節氣). 겨울철. [비]한천(寒天).

한점 寒點 (찰 한, 점 점). [의학] 차가움[寒]을 느끼는 피부의 감각점(感覺點). [비]냉점(冷

點).

한정¹ 閑庭 (한가할 한, 뜰 정). 한적(閑寂)한 뜰[庭].

한정² 閑靜 (한가할 한, 고요할 정). 한가(閑暇)하고 조용함[靜].

한ː정³ 限定 (한할 한, 정할 정). ① 속뜻 제한적(制限的)으로 정(定)함. ¶한정판매 / 회원을 30명으로 한정하다. ② 논리 개념에 속성을 부가하여 내포를 넓히고 외연을 좁히는 일. ⓑ개괄(概括).

▸한ː정-판 限定版 (책 판). 출판 발행 부수를 한정(限定)하여 박아내는 출판물(出版物).

▸한ː정 능력 限定能力 (능할 능, 힘 력). 법률 법률에 의하여 한정(限定)된 사람의 행위 능력(能力).

▸한ː정 승인 限定承認 (받을 승, 알 인). 법률 상속인이 상속으로 인하여 얻은 재산의 한도 안에서 한정적(限定的)으로 피상속인의 채무와 유증을 변제하는 상속을 승인(承認)하는 일. ⓑ단순 승인(單純承認).

▸한ː정 치산 限定治産 (다스릴 치, 재물 산). 법률 재산(財産)의 관리[治]를 법으로 한정(限定)함.

한정-가 閑情歌 (한가할 한, 마음 정, 노래 가). 자연 속에서 한가(閑暇)한 정서(情緖)를 읊은 노래[歌].

한제¹ 寒劑 (찰 한, 약제 제). 차게[寒] 하는 데 쓰이는 약제(藥劑).

한ː제² 韓製 (한국 한, 만들 제). 한국(韓國)에서 만듦[製]. 또는 그런 물건.

한조 寒鳥 (찰 한, 새 조). 추운[寒] 계절의 새[鳥]. 겨울새.

한족¹ 寒族 (가난할 한, 겨레 족). 빈한(貧寒)하고 신분이 낮은 집안[族]. ⓑ한문(寒門).

한ː족² 漢族 (한나라 한, 겨레 족). '한민족'(漢民族)의 준말. 중국 본토에서 예로부터 살아온, 중국의 중심이 되는 종족. 중국어를 쓰며, 중국 전체 인구의 90% 이상을 차지한다.

한ː족³ 韓族 (나라이름 한, 겨레 족). 한반도(韓半島)와 그에 딸린 섬에서 예로부터 살아온, 우리나라의 중심이 되는 민족(民族). 한반도에 사는 종족이다. '한민족'(韓民族)의 준말.

한ː-종신 限終身 (한할 한, 끝마칠 종, 몸 신). 몸[身]이 끝날[終] 때까지로 한정(限定)함. 죽을 때까지.

한ː-종일 限終日 (한할 한, 끝마칠 종, 해 일). 날[日]이 저물[終] 때까지로 한정(限定)함. ⓑ한일모(限日暮).

한ː주국종-체 漢主國從體 (한나라 한, 주될 주, 나라 국, 따를 종, 모양 체). 문학 한문(漢文)이 주(主)가 되고 국문(國文)이 뒤를 따르는[從] 식의 문체(文體). 한자를 주로 하고 한글을 보조적으로 사용한 표기 방식이다. ⓒ국주한종체(國主漢從體).

한죽 寒竹 (찰 한, 대나무 죽). ① 속뜻 추위[寒]에 잘 견디는 대나무[竹]. ② 식물 높이는 1~3미터의 대. 겉껍질은 갈색 바탕에 자줏빛 무늬가 있다. ⓑ자죽(紫竹).

한준 寒俊 (가난할 한, 뛰어날 준). 빈한(貧寒)하지만 글재주가 뛰어난[俊] 사람.

한중¹ 寒中 (찰 한, 가운데 중). ① 속뜻 추운[寒] 가운데[中]. 가장 추운 계절. ②소한부터 대한까지의 사이. ③ 한의 몸 안에 찬 기운이 들어가서 생기는 병. 중풍과 유사하다. ④ 한의 속에 한기가 서리어 여름에도 설사를 잘 하는 병.

한ː중² 韓中 (한국 한, 중국 중). ① 속뜻 한국(韓國)과 중국(中國). ¶한중 수교 30주년. ②한국어와 중국어를 아울러 이르는 말.

한중³ 閑中 (한가할 한, 가운데 중). 한가(閑暇)한 동안[中].

▸한중-록 閑中錄 (기록할 록). ① 속뜻 한가할 때[閑中] 쓴[錄] 책. ② 문학 영조가 사도 세자를 죽게 한 참사를 중심으로, 혜경궁 홍씨가 자기 일생을 회고한 책. ⓑ한중만록(閑中漫錄).

▸한중-망 閑中忙 (바쁠 망). 한가한 가운데[閑中] 바쁨[忙]. ⓑ망중한(忙中閑).

한ː증 汗蒸 (땀 한, 찔 증). 덥게[蒸] 하여 땀[汗]을 냄. 또는 그러한 치료법.

▸한ː증-막 汗蒸幕 (휘장 막). 한증(汗蒸)을 할 수 있는 막(幕).

▸한ː증-탕 汗蒸湯 (욕탕 탕). 한증(汗蒸)을 할 수 있는 목욕탕(沐浴湯).

한지¹ 閑地 (한가할 한, 땅 지). ① 속뜻 조용하고 한가(閑暇)한 지방(地方). ②한가한 지위.

한지² 寒地 (찰 한, 땅 지). 추운[寒] 지역(地域). ⓑ난지(暖地).

한:지³ 韓紙 (한국 한, 종이 지). ① 속뜻 한국(韓國)의 종이[紙]. ②닥나무 따위를 이용해 한국 전통 제조법으로 만든 종이. 창호지 따위. ¶한지 공예.

한:지⁴ 限地 (한할 한, 땅 지). 지역(地域)을 한정(限定)함.

▶한:지 의사 限地醫師 (치료할 의, 스승 사). 일정한 지역[限地] 안에서만 활동할 수 있는 의사(醫師).

한직 閑職 (한가할 한, 일 직). ① 속뜻 직무가 한가(閑暇)한 관직(官職). ②중요하지 않은 관직. ⓑ한관(閑官).

한:진 汗疹 (땀 한, 홍역 진). 한의 땀[汗]을 많이 흘려 나는 두드러기[疹].

한:천¹ 旱天 (가물 한, 하늘 천). 가문[旱] 여름의 하늘[天]. 가문 날씨.

한천² 寒天 (찰 한, 하늘 천). ① 속뜻 추운[寒] 겨울의 하늘[天]. 겨울철. ②비와 안개. ⓑ우무(雨霧).

한천³ 寒泉 (찰 한, 샘 천). 차가운[寒] 물이 솟는 샘[泉].

한촌 寒村 (가난할 한, 마을 촌). 가난한[寒] 마을[村].

한축 寒縮 (찰 한, 줄일 축). 추워서[寒] 오그라듦[縮].

한:출첨배 汗出沾背 (땀 한, 날 출, 젖을 첨, 등 배). ① 속뜻 땀[汗]이 나[出] 등[背]을 적심[沾]. ②매우 부끄러움을 이름.

한칩 寒蟄 (찰 한, 숨을 칩). 추워서[寒] 칩거(蟄居)하고 있음.

한:탄 恨歎 (원한 한, 한숨지을 탄). 너무 원한(怨恨)이 사무쳐 한숨을 지음[歎]. ¶신세 한탄을 하다.

한토 寒土 (찰 한, 흙 토). ① 속뜻 추운[寒] 땅[土]. 추운 곳. ②외진 곳.

한퇴 寒退 (찰 한, 물러날 퇴). 한기(寒氣)가 물러감[退]. 오한이 멈춤.

한파 寒波 (찰 한, 물결 파). ① 속뜻 한기(寒氣)가 물결[波]처럼 밀려오는 것. ② 지리 겨울철에 기온이 갑자기 내려가는 현상. ¶전국에 한파가 몰아쳤다. ⓑ난파(暖波).

한:-평생 限平生 (한할 한, 평안할 평, 살 생). 평생(平生)으로 한정(限定)함.

한풍 寒風 (찰 한, 바람 풍). ① 속뜻 찬[寒] 바람[風]. ②팔풍의 하나. ⓑ북풍(北風).

한필 閑筆 (=閒筆, 한가할 한, 글씨 필). 한가(閑暇)한 마음으로 여유 있게 쓴 글이나 글씨[筆].

한:학 漢學 (한나라 한, 배울 학). ① 속뜻 한(漢)나라의 학문(學問). ②한문을 연구하는 학문. '한문학'(漢文學)의 준말. ③한·당(唐)의 훈고학. ⓒ성리학(性理學).

▶한:학-계 漢學界 (지경 계). 한학자(漢學者)들의 사회[界]. 한학을 다루는 사람들의 사회.

한:해¹ 旱害 (가물 한, 해칠 해). 가뭄[旱]으로 인한 재해(災害). ¶한해를 입어 벼농사를 망쳤다. ⓑ한재(旱災).

한해² 寒害 (찰 한, 해칠 해). 추위[寒]로 인한 재해(災害). ¶기온이 갑자기 낮아져서 한해가 심했다.

한:혈 汗血 (땀 한, 피 혈). ① 속뜻 땀[汗]과 피[血]. ②크게 노력함.

한화¹ 寒花 (찰 한, 꽃 화). ① 속뜻 추위[寒]에 강한 꽃[花]. 늦가을이나 겨울에 피는 꽃. ②'나뭇가지에 쌓인 눈'을 꽃에 비유하여 이르는 말.

한화² 閑話 (한가할 한, 말할 화). 한가(閑暇)하게 나누는 말[話]. 심심풀이로 하는 말. ⓑ한담(閑談).

한:화³ 韓貨 (한국 한, 돈 화). 한국(韓國)의 화폐(貨幣). 한국 돈.

할강 割腔 (나눌 할, 빈 속 강). 생물 난할(卵割)의 끝에 나타나는 포배(胞胚) 속의 빈[腔] 부분.

할거¹ 割去 (나눌 할, 없앨 거). 나누어서[割] 없애버림[去]. 찢어 없앰.

할거² 割據 (나눌 할, 근거할 거). 땅 따위를 나누어[割] 근거지(根據地)로 삼음.

할당 割當 (나눌 할, 맡을 당). 몫을 나누어[割] 맡음[當]. ¶연설자들은 각각 15분을 할당받았다. ⓑ부별(賦別).

▶할당-제 割當制 (정할 제). 몫을 나누거나[割當] 책임을 지우는 제도(制度).

할반지통 割半之痛 (나눌 할, 반 반, 어조사 지, 아플 통). ① 속뜻 몸의 절반(折半)을 베어내는[割] 아픔[痛]. ②'형제자매가 죽은 슬픔'을 이르는 말.

할보 割譜 (나눌 할, 적어놓을 보). 족보(族譜)를 갈라냄[割]. 친족 관계를 끊음.

할복 割腹 (나눌 할, 배 복). 배[腹]를 가름[割].

할부 割賦 (나눌 할, 거둘 부). 돈을 여러 번으로 나누어[割] 거두어[賦] 들임. ¶3개월 할부로 물건을 샀다.

▸**할부-금** 割賦金 (돈 금). 할부(割賦)로 내는 돈[金].

▸**할부 상환** 割賦償還 (갚을 상, 돌려줄 환). 경제 빚의 원금과 이자를 할부(割賦)로 갚음[償還].

▸**할부 판매** 割賦販賣 (팔 판, 팔 매). 경제 할부(割賦)로 팖[販賣].

할선 割線 (나눌 할, 줄 선). ① 속뜻 직선(直線)으로 나눔[割]. ② 수학 원과 직선이 두 개의 점을 공유할 때의 직선. ⓑ접선(接線).

할애 割愛 (나눌 할, 아낄 애). ① 속뜻 아끼는[愛] 물건 따위를 나누어[割] 줌. ② 소중한 시간, 돈, 공간 따위를 아깝게 여기지 않고 선뜻 내어 줌. ¶시간을 할애하다.

할양 割讓 (나눌 할, 넘겨줄 양). ① 속뜻 물건을 나누어[割] 남에게 넘김[讓]. ② 국토의 한 부분을 떼어 다른 나라에 줌.

할여 割與 (나눌 할, 줄 여). 나누어[割] 남에게 줌[與]. ⓑ할양(割讓).

할인[1] 割印 (나눌 할, 도장 인). 도장[印]을 나누어[割] 찍음. 두 쪽의 서류 따위가 서로 관련된 것임을 증명하기 위하여 양쪽에 걸치게 도장을 찍음. 계인(契印).

할인[2] 割引 (나눌 할, 당길 인). ① 속뜻 나누어[割] 당겨[引] 뺌. ② 일정한 값에서 얼마를 뺌. ¶할인 가격 / 학생 할인 / 회원은 정가의 20%를 할인해 준다. ⓑ할증(割增).

▸**할인-권** 割引券 (문서 권). 할인(割引)해 주는 쪽지[券].

▸**할인-료** 割引料 (삯 료). ① 속뜻 원래 값에서 할인(割引)해 주는 값[料]. ② 경제 어음의 액면과 할인하는 값의 차이. ③ 경제 어음을 할인한 날부터 만기까지의 날수에 따라 떼어 내는 이자.

▸**할인-율** 割引率 (비율 률). 경제 할인(割引)하는 비율(比率).

▸**할인 발행** 割引發行 (떠날 발, 갈 행). 경제 공채나 주식 따위를 할인(割引)한 가격으로 발행(發行)하는 일. ⓑ할증 발행(割增發行).

▸**할인 시:장** 割引市場 (저자 시, 마당 장). 경제 어음의 할인(割引)으로 단기 융자가 실시되는 금융 시장(市場).

▸**할인-은행** 割引銀行 (돈 은, 가게 행). 경제 어음 할인(割引) 업무를 취급하는 은행(銀行).

할증 割增 (나눌 할, 더할 증). ① 속뜻 나누어[割] 붙임[增]. ② 일정한 값에 얼마를 더함. ⓑ할인(割引).

▸**할증-금** 割增金 (돈 금). ① 속뜻 일정한 금액에서 할증(割增)하여 주는 돈[金]. ② 경제 채권 따위를 상환할 때 여분으로 얹어 주는 돈.

▸**할증-료** 割增料 (삯 료). 경제 할증(割增)하여 주는 돈[料].

▸**할증 발행** 割增發行 (떠날 발, 갈 행). 경제 공채나 주식 따위를 할증(割增)한 값으로 발행(發行)하는 일. ⓑ할인 발행(割引發行).

할취 割取 (쪼갤 할, 가질 취). 남의 것에서 일부를 떼어내[割] 가짐[取].

함고 咸告 (모두 함, 아릴 고). 다[咸] 알림[告]. 일러바침.

함구 緘口 (봉할 함, 입 구). ① 속뜻 입[口]을 봉함[緘]. ② 말을 하지 않음. ⓑ겸구(箝口), 함묵(緘默). ⓑ개구(開口).

▸**함구-령** 緘口令 (명령 령). 어떤 일에 대해 말하지 말라는[緘口] 명령(命令).

▸**함구-무언** 緘口無言 (없을 무, 말씀 언). 입[口]을 다물고[緘] 말[言]이 없음[無].

▸**함구-물설** 緘口勿說 (없을 물, 말씀 설). 입[口]을 다물고[緘] 말[說]이 없음[勿]. 겸구물설(箝口勿說).

▸**함구불언** 緘口不言 (아닐 불, 말씀 언). 입[口]을 다물고[緘] 말[言]을 하지 않음[不].

함:닉 陷溺 (빠질 함, 빠질 닉). ① 속뜻 물 따위에 빠짐[陷=溺]. ② 못된 일에 빠짐.

함당 含糖 (머금을 함, 사탕 당). 당분(糖分)을 포함(包含)함.

▸**함당-률** 含糖率 (비율 률). 함유(含有)된 당분(糖分)의 비율(比率).

함:대 艦隊 (싸움배 함, 무리 대). 군사 여러

군함(軍艦)으로 이루어진 편대(編隊). ¶스페인은 무적 함대를 이끌고 영국으로 향했다.

함도 鹹度 (짤 함, 정도 도). ① [속뜻] 액체의 짠[鹹] 정도(定度). ② [화학] 바닷물 1,000그램 속에 들어 있는 소금의 양을 그램으로 나타낸 정도.

함독 含毒 (머금을 함, 독할 독). 독기(毒氣)를 품음[含].

함:락 陷落 (빠질 함, 떨어질 락). ① [속뜻] 빠져[陷] 바닥으로 떨어짐[落]. ② 성(城) 따위를 빼앗김. ¶적에게 수도가 함락됐다. [비] 함몰(陷沒).

▶함:락-호 陷落湖 (호수 호). [지리] 지층이 함락(陷落)된 곳에 생긴 호수(湖水). [비] 함몰호(陷沒湖).

▶함:락 지진 陷落地震 (땅 지, 떨 진). [지리] 지층이 함락(陷落)되면서 생기는 지진(地震). [비] 함몰 지진(陷沒地震).

함량 含量 (머금을 함, 분량 량). 어떤 물질 속에 포함(包含)된 분량(分量). ¶수박은 수분 함량이 높다. '함유량'(含有量)의 준말.

함련 頷聯 (턱 함, 잇달 련). ① [속뜻] 턱[頷]에 해당하는 연(聯). ② [문학] 율시(律詩)의 수(首)·함(頷)·경(頸)·미(尾) 중 두 번째 연. 제3, 4구에 해당한다.

함:령 艦齡 (싸움배 함, 나이 령). [군사] ① 군함(軍艦)을 사용한 햇수[齡]. ② 군함을 만든 해로부터 사용하지 못하게 될 때까지의 햇수.

함루[1] 含淚 (머금을 함, 눈물 루). 눈물[淚]을 머금음[含].

함:루[2] 陷壘 (빠질 함, 진 루). 진루(陣壘)를 함락(陷落)시킴. 진지를 빼앗거나 빼앗김.

함:몰 陷沒 (떨어질 함, 빠질 몰). ① [속뜻] 땅 아래로 떨어지거나[陷] 물에 빠짐[沒]. ② 움푹 파이거나 쏙 들어감. ¶탯줄을 자르고 함몰된 자리를 배꼽이라 부른다. ③ 재난을 당하여 멸망함. ¶도시가 적군에게 함몰되고 말았다. [비] 함락(陷落).

▶함:몰-만 陷沒灣 (물굽이 만). [지리] 지층이 함몰(陷沒)되어 생긴 만(灣). [반] 계단만(階段灣).

▶함:몰-호 陷沒湖 (호수 호). [지리] 지층이 함몰(陷沒)된 곳에 생긴 호수(湖水). [비] 함락호(陷落湖).

▶함:몰 지진 陷沒地震 (땅 지, 떨 진). [지리] 지층이 함몰(陷沒)되면서 생기는 지진(地震). [비] 함락 지진(陷落地震).

함묵 緘默 (봉할 함, 잠잠할 묵). 입을 다물고[緘] 묵묵(默默)히 있음.

함봉 緘封 (봉할 함, 봉할 봉). ① [속뜻] 편지, 문서 따위의 겉봉을 봉함[緘=封]. ② '입을 꼭 다물고 열지 아니함'을 비유하여 이르는 말. [반] 개봉(開封).

함분 含憤 (머금을 함, 분할 분). 분노(憤怒)를 품음[含].

▶함분-축원 含憤蓄怨 (쌓을 축, 원망할 원). 분노(憤怒)를 품고[含] 원한(怨恨)을 쌓음[蓄].

함:상 艦上 (싸움배 함, 위 상). 군함(軍艦)의 위[上].

▶함:상-기 艦上機 (틀 기). [군사] 군함(軍艦)의 위[上]에서 이착륙하는 항공기(航空機). [참] 함재기(艦載機).

함:선 艦船 (싸움배 함, 배 선). 군함(軍艦)과 선박(船舶).

함:성[1] 陷城 (빠질 함, 성곽 성). 성(城)을 함락(陷落)시킴.

함:성[2] 喊聲 (소리칠 함, 소리 성). 여럿이 함께 고함지르는[喊] 소리[聲]. ¶함성을 지르다.

함소 含笑 (머금을 함, 웃을 소). ① [속뜻] 웃음[笑]을 머금음[含]. ② 꽃이 피기 시작함.

함수[1] 含羞 (머금을 함, 부끄러워할 수). 수줍은[羞] 빛을 품음[含].

함수[2] 含水 (머금을 함, 물 수). 수분(水分)을 포함(包含)하고 있음.

▶함수 결정 含水結晶 (맺을 결, 밝을 정). [화학] 수분(水分)을 함유(含有)하고 있는 결정(結晶). [비] 결정수(結晶水).

▶함수 탄:소 含水炭素 (숯 탄, 바탕 소). [화학] 수분(水分)을 함유(含有)하고 있는 탄소(炭素) 화합물(化合物). [비] 탄수화물(炭水化物).

함:수[3] 函數 (넣을 함, 셀 수). ① [속뜻] 안에 넣어져[函] 있는 변수(變數). ② [수학] 두 변수 x와 y사이에, x의 값이 정해짐에 따라 y의 값이 정해지는 관계에서 x에 대하여 y를 이르는 말. [비] 따름수.

▸함:수-론 函數論 (논할 론). 수학 변수나 함수 값이 복소수인 함수(函數)에 대하여 연구하는 분야[論].

▸함:수-표 函數表 (겉 표). 수학 함수의 독립 변수의 여러 값에 대한 함수(函數)의 값을 적은 표(表).

▸함:수 방정식 函數方程式 (모 방, 거리 정, 법 식). 수학 미지 함수(函數)를 포함하는 방정식(方程式).

함수[4] **鹹水** (짤 함, 물 수). 짠[鹹] 물[水]. ㊥담수(淡水).

▸함수-어 鹹水魚 (물고기 어). 동물 짠[鹹] 물[水]에서 사는 고기[魚].

▸함수-호 鹹水湖 (호수 호). 지리 짠[鹹]물[水]이 괴어 있는 호수(湖水). ㊟함호. ㊥염호(鹽湖).

함:수-포 **艦首砲** (싸움배 함, 머리 수, 대포 포). 군사 군함(軍艦)의 뱃머리[首]에 장치한 대포(大砲). ㊥함미포(艦尾砲).

함양 **涵養** (받아들일 함, 기를 양). ① 속뜻 받아들여[涵] 기름[養]. ② 능력이나 품성을 기르고 닦음. ¶인격 함양. ③ 물리 포화대에 물을 보급함. 또는 그런 여러 과정.

▸함양-훈도 涵養薰陶 (향풀 훈, 질그릇 도). 받아들여[涵] 기르는데[養] 있어 향기[薰]가 스며들듯하고 질그릇[陶]을 만들듯 함.

함원 **含怨** (머금을 함, 원망할 원). 원한(怨恨)을 품음[含].

함유[1] **含有** (머금을 함, 있을 유). 어떤 물질이 어떤 성분을 포함(包含)하고 있음[有]. ¶철분 함유 / 포도의 함유 성분.

▸함유-량 含有量 (분량 량). 함유(含有)하고 있는 분량(分量). ㊟함량.

함유[2] **含油** (머금을 함, 기름 유). 기름[油]을 포함(包含)하고 있음.

▸함유-층 含油層 (층 층). 석유(石油)를 함유(含有)하고 있는 지층(地層).

▸함유 혈암 含油頁巖 (머리 혈, 바위 암). 광업 석탄이나 석유를 함유하고[含油] 있으며 검토가 굳어져 이루어진 수성암[頁巖]. 검은 회색 또는 갈색의 수성암이 주를 이룬다. ㊥석유 혈암(石油頁岩).

함:입 **陷入** (빠질 함, 들 입). 빠져[陷] 들어감[入].

함자 **銜字** (받들 함, 글자 자). ① 속뜻 받들어야[銜]할 글자[字]. 또는 그런 이름. ② 남의 '이름'을 높여 이르는 말. ¶아버지 함자가 어떻게 되십니까? ㊥성함(姓銜), 존함(尊銜).

함:장[1] **函丈** (넣을 함, 길이 장). ① 속뜻 존경의 뜻에서 10자[丈]의 거리를 유지함[函]. ② '스승'을 달리 이르는 말. 제자가 스승을 존경하는 뜻에서 늘 10자(약 3m)의 거리를 둔 데서 유래한다.

함:장[2] **艦長** (싸움배 함, 어른 장). 군함(軍艦)을 이끄는 우두머리[長].

함:재 **艦載** (싸움배 함, 실을 재). 군함(軍艦)에 실음[載].

▸함:재-기 艦載機 (틀 기). 군사 군함(軍艦)에 실린[艦載] 항공기(航空機). ㊟함상기(艦上機).

함:적 **艦籍** (싸움배 함, 문서 적). 소속 군함(軍艦)들의 이름, 특징 따위를 적어서 모아 둔 문서[籍].

함:정[1] **陷穽** (빠질 함, 허방다리 정). ① 속뜻 짐승이 빠지도록[陷] 파 놓은 구덩이[穽]. ¶함정을 파 놓다. ② 벗어날 수 없는 곤경이나 계략. ¶함정에 빠지다 / 함정이 있는 문제.

함:정[2] **艦艇** (싸움배 함, 거룻배 정). 군사 큰 군함(軍艦)과 작은 거룻배[艇].

함지[1] **咸池** (모두 함, 못 지). ① 속뜻 모두[咸] 다 빠질 만큼 큰 못[池]. ② 해가 진다고 하는 서쪽의 큰 못. ③ 민속 하늘에 있다는 신 또는 하늘의 신령. ④ 음악 중국 요임금 때에 연주되던 음악의 이름.

함:지[2] **陷地** (빠질 함, 땅 지). 움푹 꺼진[陷] 땅[地].

함채 **鹹菜** (짤 함, 나물 채). 소금에 절여 짠[鹹] 채소(菜蔬).

함철 **含鐵** (머금을 함, 쇠 철). 쇠[鐵]를 함유(含有)함.

함축 **含蓄** (머금을 함, 쌓을 축). ① 속뜻 속에 품고[含] 쌓아[蓄] 둠. ② 말이나 글이 많은 뜻을 담고 있음. ¶문장에 함축된 의미를 찾아보자.

▸함축-미 含蓄美 (아름다울 미). 함축(含蓄)되어 있는 아름다움[美].

▸함축-성 含蓄性 (성질 성). 함축(含蓄)하

고 있는 성질(性質).

함탄 含炭 (머금을 함, 숯 탄). 석탄(石炭)을 함유(含有)하고 있음.

함:포 艦砲 (싸움배 함, 대포 포). 군사 군함(軍艦)에 장비한 화포(火砲). ¶전함에 함포를 장진하다.

함포-고복 含哺鼓腹 (머금을 함, 먹을 포, 북 고, 배 복). ① 속뜻 배불리[含] 먹고[哺] 배[腹]를 두드림[鼓]. ② 먹을 것이 많아서 좋아하고 즐기는 모양.

함혐 含嫌 (머금을 함, 싫어할 혐). 싫어하거나[嫌] 미워하는 마음을 가짐[含]. 또는 그 마음. ¶그에게 함혐을 가지고 있다.

함호[1] 含糊 (머금을 함, 풀 호). ① 속뜻 말을 입에 물고[含] 모호(模糊)하게 함. ② 우물쭈물하며 결단을 못 내림.

함호[2] 鹹湖 (짤 함, 호수 호). 지리 소금기가 많아 물맛이 짠[鹹] 호수(湖水). 강우량이 적은 건조한 지방에 많이 있으며, 카스피해, 사해 따위가 있다. '함수호'(鹹水湖)의 준말.

함흥-냉면 咸興冷麵 (다 함, 일어날 흥, 찰 랭, 국수 면). 함흥(咸興) 지역의 향토 음식인, 국물 없이 생선회를 곁들여 맵게 비벼 먹는 냉면(冷麪).

함흥-차사 咸興差使 (모두 함, 일어날 흥, 부릴 차, 부릴 사). ① 속뜻 함흥(咸興) 지방으로 보낸[差] 관리[使]. ② '심부름을 가서 오지 아니하거나 늦게 온 사람'을 이르는 말. 조선 태조 이성계가 왕위를 물려주고 함흥(咸興)에 있을 때에, 태종이 보낸 차사(差使)를 혹은 죽이고 혹은 잡아 가두어 돌려보내지 아니하였던 데서 유래. ¶그는 금방 오겠다더니 여태 함흥차사다.

합격 合格 (맞을 합, 자격 격). ① 속뜻 자격(資格)에 맞음[合]. ② 채용이나 자격시험 따위에 붙음. ¶합격을 축하합니다. 반 낙방(落榜), 불합격(不合格).

▸합격-증 合格證 (증거 증). 시험 따위에서 합격(合格)하였음을 증명(證明)하는 문서. ¶합격증을 받았다.

***합계** 合計 (합할 합, 셀 계). 합(合)하여 셈[計]. 또는 그 수나 양. ¶오늘 산 물건들의 합계가 얼마입니까? 비 합산(合算), 총계(總計).

▸합계-란 合計欄 (칸 란). 장부에서 합계(合計)를 적는 칸[欄]. ¶합계란의 금액을 보고 놀랐다.

합궁 合宮 (합할 합, 집 궁). ① 속뜻 집[宮]을 합(合)함. ② '부부간의 성교'를 이르는 말.

합금[1] 合衾 (합할 합, 이불 금). ① 속뜻 이불[衾]을 합(合)함. ② '남녀가 한 이불 속에서 자는 것'을 비유하여 이르는 말.

합금[2] 合金 (합할 합, 쇠 금). 화학 여러 가지 금속(金屬)을 합(合)함. 또는 그렇게 만든 금속. '합성금'(合成金)의 준말.

▸합금-강 合金鋼 (강철 강). 공업 합금(合金)하여 만든 강철(鋼鐵). 비 특수강(特殊鋼).

합기-도 合氣道 (합할 합, 기운 기, 기예 도). ① 속뜻 기(氣)를 모아[合] 하는 무도(武道). ② 운동 맨손이나 단도, 검, 창 따위를 써서 하는 호신술.

합내 閤內 (쪽문 합, 안 내). ① 속뜻 쪽문[閤]의 안쪽[內]. ② 주로 편지 글에서, 남의 가족을 높여 이르는 말.

합당[1] 合當 (맞을 합, 마땅 당). 어떤 기준이나 조건에 맞아서[合] 적당(適當)하다. ¶합당한 방법. 비 적합(適合)하다. 반 부당(不當)하다.

합당[2] 合黨 (합할 합, 무리 당). 정당(政黨)을 하나로 합(合)함.

합동 合同 (합할 합, 한가지 동). ① 속뜻 여럿이 모여 하나[同]로 합(合)함. ¶합동 결혼식 / 두 학교가 합동으로 연주회를 열었다. ② 수학 두 개의 도형이 크기와 모양이 같아 서로 포갰을 때에 꼭 맞는 것.

▸합동 방:송 合同放送 (놓을 방, 보낼 송). 여러 방송국이 합동(合同)하여 하나의 프로그램을 방송(放送)하는 일.

▸합동 작전 合同作戰 (일으킬 작, 싸울 전). 군사 여럿의 군부대가 합동(合同)으로 참가하는 작전(作戰).

합력 合力 (합할 합, 힘 력). ① 속뜻 흩어진 힘[力]을 모음[合]. ② 물리 동시에 작용하는 둘 이상의 힘이 하나로 모아진 힘. 합성력(合成力). 반 분력(分力).

합례 合禮 (맞을 합, 예도 례). ① 속뜻 예절(禮節)에 맞음[合]. ② 신랑 신부가 첫날밤을 치름. 비 정례(正禮).

합로 合路 (합할 합, 길 로). 길[路]을 합(合)함.

합류 合流 (합할 합, 흐를 류). ① 속뜻 한데 합(合)하여 흐름[流]. ¶이 지점은 두 강이 합류하는 곳이다. ② 일정한 목적을 위하여 행동을 같이함. ¶해외파 선수들의 합류로 팀의 전력이 크게 향상되었다 / 육군과 합류한 해군. ⓑ회류(會流).

▸합류-점 合流點 (점 점). ① 속뜻 합류(合流)하는 지점(地點). ② 다른 단체나 당파와 하나로 합쳐 행동을 같이하게 되는 경위나 계기.

합리 合理 (맞을 합, 이치 리). 이치(理致)에 맞음[合]. ⓑ불합리(不合理).

▸합리-론 合理論 (논할 론). 철학 사물을 합리적(合理的)으로 분별하려는 주장[論]. ⓑ합리주의(合理主義).

▸합리-성 合理性 (성질 성). 이치에 맞는[合理] 성질(性質). ⓑ비합리성(非合理性).

▸합리-적 合理的 (것 적). 이치(理致)에 맞아[合] 정당한 것[的]. ¶가장 합리적인 해결책을 찾다.

▸합리-화 合理化 (될 화). ① 속뜻 합리적(合理的)인 것이 되게[化] 함. ② 그럴듯한 이유를 붙여 변명함.

▸합리-주의 合理主義 (주될 주, 뜻 의). 철학 사물을 합리적(合理的)으로 분별하려는 태도[主義]. ⓑ합리론(合理論), 유리론(唯理論).

합명 合名 (합할 합, 이름 명). ① 속뜻 이름[名]을 함께[合] 씀. ② 공동으로 책임을 지기 위하여 이름을 같이 씀.

▸합명 회:사 合名會社 (모일 회, 단체 사). 경제 사원 모두가 회사의 채무에 대하여 직접 연대하여[合名] 무한 책임을 지는 회사(會社).

합목 合木 (합할 합, 나무 목). 나무[木]조각을 마주 붙이는[合] 일.

합-목적 合目的 (맞을 합, 눈 목, 과녁 적). 목적(目的)에 맞음[合].

▸합목적-성 合目的性 (성질 성). 어떤 사물이 일정한 목적에 알맞은[合目的] 성질(性質).

합반 合班 (합할 합, 나눌 반). 반(班)을 합(合)함.

합방[1] 合邦 (합할 합, 나라 방). 나라[邦]를 합(合)함.

합방[2] 合房 (합할 합, 방 방). ① 속뜻 방(房)을 합(合)함. ② 성인 남녀가 함께 잠을 잠.

합법 合法 (맞을 합, 법 법). 법(法)에 맞음[合]. ⓑ적법(適法). ⓑ불법(不法), 비합법(非合法), 위법(違法).

▸합법-성 合法性 (성질 성). ① 속뜻 법에 어긋나지 않은[合法] 성질(性質). ② 어떤 현상이 일정한 법칙에 따라 일어나는 성질.

▸합법-적 合法的 (것 적). 법(法)에 맞는[合] 것[的]. ¶합법적인 단체. ⓑ불법적(不法的), 비합법적(非合法的), 위법적(違法的).

▸합법 운:동 合法運動 (돌 운, 움직일 동). 사회 법률에 저촉되지 않는 범위 내에서 당국의 허락을 얻어 합법적(合法的)으로 하는 사회 운동(社會運動).

합병[1] 合兵 (합할 합, 군사 병). 군사 병영(兵營)을 합(合)함.

합병[2] 合併 (=合幷, 합할 합, 어우를 병). 여러 사물이나 조직을 합(合)해 어우름[併]. ¶세 개의 회사가 합병하여 하나가 되었다. ⓑ병합(併合).

▸합병-증 合併症 (증세 증). 의학 어떤 질병에 곁들여[合併] 일어나는 다른 병증(病症). ¶할머니께서는 당뇨로 인한 합병증으로 돌아가셨습니다. ⓑ객증(客症), 여병(餘病).

합본 合本 (합할 합, 책 본). ① 속뜻 여러 권의 책[本]을 합(合)함. ② 경제 자본을 합함. ⓑ합자(合資).

합-부인 閤夫人 (규방 합, 지아비 부, 사람 인). ① 속뜻 규방[閤]에 있는 부인(夫人). ② '남의 아내'를 높여 이르는 말. ⓑ현합(賢閤).

합사[1] 合祀 (합할 합, 제사 사). 둘 이상의 혼령을 한곳에 합(合)쳐서 제사(祭祀)를 지냄.

합사[2] 合絲 (합할 합, 실 사). 수공 두 가닥 이상의 실[絲]을 합(合)침. 또는 그렇게 합친 실.

합-사주 合四柱 (맞을 합, 넉 사, 기둥 주). 신랑 신부가 될 사람의 사주(四柱)를 맞추어[合] 봄.

합삭 合朔 (합할 합, 초하루 삭). ① 속뜻 지구와 해 사이에 달[朔]이 꼭 들어가 합치(合致)됨. ② 천문 달이 지구와 해 사이에 들어가 일직선이 되는 때.

합산 合算 (합할 합, 셀 산). 합(合)하여 계산(計算)함. ⊕합계(合計).

합-산적 合散炙 (합할 합, 흩을 산, 구울 적). 여러 가지 고기를 합해[合] 다져서[散] 모양을 만든 뒤 구운[炙] 요리. 한국의 전통 요리로, 닭·꿩·쇠고기 등을 넣는다.

합생-웅예 合生雄蘂 (합할 합, 날 생, 수컷 웅, 꽃술 예). 식물 하나로 뭉쳐[合] 피어난[生] 수술[雄蘂].

합석 合席 (합할 합, 자리 석). 자리[席]를 합(合)함. 한자리에 같이 앉음. ¶실례지만 합석을 해도 될까요?

합선 合線 (합할 합, 줄 선). ① 속뜻 선(線)을 합(合)함. ② 전기 전기 회로의 절연이 잘 안 되어서 두 점 사이가 접속되는 일. ¶전선이 합선되어 불이 났다. ③ 건기 전기 회로의 두 점 사이를 영이나 영에 가깝게 접속하는 일.

합설 合設 (합할 합, 세울 설). 한곳에 합(合)해 설치(設置)함.

합섬 合纖 (합할 합, 가늘 섬). 공업 석유, 석탄, 천연가스 따위를 원료로 하여 화학적으로 합성(合成)한 섬유(纖維). '합성 섬유'(合成纖維)의 준말.

합성 合成 (합할 합, 이룰 성). ① 속뜻 여럿을 합(合)하여 하나로 만듦[成]. ¶합성 사진. ② 화학 화합물을 만들거나, 간단한 화합물에서 복잡한 화합물을 만듦. ③ 물리 벡터나 힘 따위와 같이 방향성이 있는 양을 합침. ④ 생물 유기 화합물을 만듦. ⊕분해(分解).

▸합성-금 合成金 (쇠 금). 공업 여럿의 금속을 합해 만든[合成] 새로운 성질의 금속(金屬). ㊀합금.

▸합성-력 合成力 (힘 력). 물리 여러 힘이 합하여진[合成] 힘[力]. ㊀합력.

▸합성-법 合成法 (법 법). 언어 실질 형태소를 합해 합성어(合成語)를 만드는 방법(方法).

▸합성-수 合成數 (셀 수). 수학 4, 6, 8처럼 여러 소수가 곱하여 된[合成] 수(數).

▸합성-어 合成語 (말씀 어). 언어 여럿의 실질 형태소가 어울려 이루어진[合成] 단어(單語). 고유어의 '집안', '돌다리' 따위가 있다. 한자어의 절대 다수가 이에 속한다. ㊟단일어(單一語), 복합어(複合語), 파생어(派生語).

▸합성-음 合成音 (소리 음). 언어 두 낱자가 어울려 이루어진[合成] 소리[音].

▸합성-주 合成酒 (술 주). 화학적으로 합성(合成)하여 만든 술[酒].

▸합성-지 合成紙 (종이 지). 인쇄에 적당하도록 화학적으로 합성(合成)하여 만든 종이[紙].

▸합성 사진 合成寫眞 (베낄 사, 참 진). 연영 여러 사진에서 얼굴의 각 부분을 따서 따로 합쳐 만들어[合成] 어떤 사람의 형상을 이루게 한 사진(寫眞).

▸합성 사회 合成社會 (단체 사, 모일 회). 남녀의 결합의 의하여 이루어진[合成] 혈연 사회(社會).

▸합성 석유 合成石油 (돌 석, 기름 유). 화학 원유에 다른 연료를 합해 만든[合成] 석유(石油).

▸합성 섬유 合成纖維 (가늘 섬, 밧줄 유). 공업 화학적으로 합성(合成)하여 만든 섬유(纖維). ㊀합섬.

▸합성 세:제 合成洗劑 (씻을 세, 약제 제). 공업 화학적으로 합성(合成)하여 만든 세제(洗劑).

▸합성 속도 合成速度 (빠를 속, 정도 도). 방향이 다른 두 속도가 한 물체에 주어질 때 두 속도를 합하여[合成] 같은 효과를 내는 하나의 속도(速度). 속도의 합성.

▸합성-수지 合成樹脂 (나무 수, 기름 지). 화학 화학적으로 합성(合成)하여 만든 수지(樹脂).

▸합성-염료 合成染料 (물들일 염, 거리 료). 공업 화학적으로 합성(合成)하여 만든 염료(染料).

▸합성 품:종 合成品種 (물건 품, 갈래 종). 농업 잡종 강세를 이용하여 육성한[合成] 농작물의 품종(品種). ⊕복성종(複成種).

▸합성 향료 合成香料 (향기 향, 거리 료). 공업 화학적으로 합성(合成)하여 만든 향료(香料). ⊕천연 향료(天然香料).

합세 合勢 (합할 합, 세력 세). 세력(勢力)을 한데 합(合)함. ¶여럿이 합세하여 범인을 잡았다.

합솔 合率 (합할 합, 거느릴 솔). 가솔(家率)

을 모음[合]. 따로 살던 식구가 한집에서 같이 삶.

합수 合水 (합할 합, 물 수). 여러 갈래의 물[水]을 합(合)함.

합숙 合宿 (합할 합, 잠잘 숙). 여러 사람이 한 곳에 모여[合] 머무름[宿]. ¶합숙 훈련.

합승 合乘 (합할 합, 탈 승). 여러 사람이 한데 모여[合] 탐[乘]. ¶합승을 해도 될까요?

합심 合心 (합할 합, 마음 심). 여럿이 마음[心]을 한데 합(合)함. ¶친구들과 합심하여 축제를 준비했다. ⓑ협심(協心).

합연[1] 合演 (합할 합, 펼칠 연). 합동(合同)하여 연기(演技)나 연주(演奏)를 함.

합연[2] 合緣 (맞을 합, 인연 연). 인연(因緣)을 딱 맞춤[合].

합용 병:서 合用竝書 (합할 합, 쓸 용, 나란히 병, 쓸 서). 언어 여러 자음을 함께[合] 사용하여[用] 한데 나란히[竝] 씀[書]. 'ㅺ·ㅄ·ㄺ'이나 'ㅴ·ㅵ' 따위. ⓟ각자 병서(各自竝書).

합유 合有 (합할 합, 있을 유). 법률 재산 따위에 대한 권리를 함께[合] 갖고 있음[有]. 공동 소유자는 각각 소유의 권리는 있지만 단독으로 처분할 수 없다.

합의[1] 合意 (맞을 합, 뜻 의). ① 속뜻 서로 의견(意見)이 맞아[合] 일치함. 또는 그 의견. ¶합의 사항 / 양측은 권리와 의무를 합의했다. ② 법률 둘 이상의 당사자의 의사가 일치함. 또는 그런 일. ¶양 측은 고소를 취하하기로 합의했다.

▸합의 관:할 合意管轄 (맡을 관, 다스릴 할). 법률 민사 소송법에서, 당사자 간의 합의(合意)로 설정된 법원의 관할(管轄).

▸합의 기관 合意機關 (틀 기, 빗장 관). 법률 구성원의 합의(合意)에 따라 기관의 의사가 결정되는 기관(機關). ⓟ단독 기관(單獨機關).

합의[2] 合議 (합할 합, 의논할 의). ① 속뜻 두 사람 이상이 한 자리에 모여서[合] 의논(議論)함. ¶회칙 개정은 회원들의 합의를 통해 이루어진다. ② 법률 어떤 일을 토의하여 의견을 종합하는 일. ⓑ협의(協議).

▸합의-제 合議制 (정할 제). ① 속뜻 합의(合議)에 따라 결정하는 제도(制度). ② 법률 행정 기관의 의사를 여러 구성원이 합의하여 결정하는 제도. ③ 법률 재판 사건을 합의체에 의하여 재판하는 제도.

▸합의-체 合議體 (몸 체). 법률 여러 법관의 합의(合議)에 따라 재판하는 기관[體].

▸합의 재판 合議裁判 (분별할 재, 판가름할 판). 법률 두 사람 이상의 법관이 합의(合議)하여 판결하는 재판(裁判). ⓟ단독 재판(單獨裁判).

합일 合一 (합할 합, 한 일). 둘 이상이 합(合)하여 하나[一]가 됨. 하나로 합침.

▸합일 문자 合一文字 (글자 문, 글자 자). 미술 여럿의 글자를 하나[一]로 합쳐[合] 한 글자로 도안한 문자(文字). ⓑ모노그램(monogram).

합자[1] 合字 (합할 합, 글자 자). 여럿의 글자[字]를 합(合)함.

▸합자-해 合字解 (풀 해). 언어 해례본 훈민정음 에서 초성, 중성, 종성이 합(合)쳐서 완전한 글자[字]를 만드는 데 관하여 여러 가지를 규정한 해례(解例) 부분.

합자[2] 合資 (합할 합, 재물 자). 경제 여럿의 자본(資本)을 합(合)침. ⓑ합본(合本).

▸합자-산 合資算 (셀 산). 경제 합자(合資)하여 경영한 사업에서 생기는 이익과 손실을 계산(計算)하는 일.

▸합자 회:사 合資會社 (모일 회, 단체 사). 경제 여럿의 자본을 모아[合資] 만든 회사(會社).

합작 合作 (합할 합, 지을 작). ① 속뜻 여럿의 힘을 합(合)하여 만듦[作]. ¶이 영화는 한중 합작 작품이다. ② 공동 목표를 위하여 서로 손잡고 힘을 합함. ¶미군은 연합군과 합작하여 독일을 이겼다. ③ 경제 둘 이상의 기업이 공동으로 출자하여 기업을 경영함. ¶외국 기업과 합작하여 새로운 제품을 만들었다.

▸합작 영화 合作映畫 (비칠 영, 그림 화). 연영 힘을 합쳐[合] 만든[作] 영화(映畫).

합장[1] 合葬 (합할 합, 장사지낼 장). 여럿, 혹은 남편과 부인의 시체를 한곳에 모아[合] 매장(埋葬)함. ⓟ각장(各葬).

합장[2] 合掌 (합할 합, 손바닥 장). ① 속뜻 두 손바닥[掌]을 마주 합(合)침. ② 불교 부처에게 절할 때 공경하는 마음으로 두 손바닥을 합침.

▸합장-심 合掌心 (마음 심). ① 불교 부처에

게 합장(合掌)하고 절할 때의 마음[心]. ② 남을 공경하는 마음이나 자비로운 마음.

▸합장 배:례 合掌拜禮 (절 배, 예도 례). 불교 합장(合掌)하고 절하는[拜] 예(禮).

합저 合著 (합할 합, 지을 저). 여럿이 힘을 합(合)쳐 함께 저술(著述)함. ⓑ공저(共著).

합점 合點 (합할 합, 점 점). ① 속뜻 점수(點數)를 합(合)침. ② 식물 씨방의 밑씨가 배병(胚柄)에 붙는 자리.

합제 合劑 (합할 합, 약제 제). 여럿의 약을 조합(組合)한 약제(藥劑).

합조 合調 (맞을 합, 고를 조). 라디오 수신기를 조정(調整)하여 방송국의 파장과 맞춤[合].

합졸 合卒 (합할 합, 군사 졸). 운동 장기를 둘 때, 졸(卒)을 옆으로 쓸어 한데 모음[合]. ⓑ산졸(散卒).

합종 合縱 (=合從, 합할 합, 세로 종). ① 속뜻 세로[縱]로 합(合)함. ② 역사 합종설(合從說). ⓒ연횡(連衡). ③ 굳게 맹세하여 응함.

▸합종-설 合縱說 (말씀 설). 역사 중국 전국시대에 서쪽의 진(秦)나라에 대항하기 위해서 세로[縱]로 늘어선 한·위·조·연·제·초의 여섯 나라가 동맹해야[合] 한다는 주장[說].

합주[1] 合酒 (합할 합, 술 주). ① 속뜻 술[酒]을 합(合)함. ② 막걸리의 한 가지. 찹쌀로 빚어서 여름철에 먹음.

합주[2] 合奏 (합할 합, 연주할 주). 음악 여러 악기를 합(合)해 연주(演奏)함. ¶기악 합주. ⓒ독주(獨奏), 중주(重奏), 협주(協奏).

▸합주-곡 合奏曲 (노래 곡). 음악 합주(合奏)를 할 수 있도록 작곡한 악곡(樂曲). ¶합주곡을 연주하다.

▸합주-단 合奏團 (모일 단). 합주(合奏)를 목적으로 조직한 단체(團體).

합죽 合竹 (합할 합, 대나무 죽). 대나무[竹] 조각을 맞붙임[合].

▸합죽-선 合竹扇 (부채 선). 얇게 깎은 대[竹]를 맞붙여서[合] 살을 만든 부채[扇].

합중 合衆 (합할 합, 무리 중). 여럿[衆]이 모여 하나로 합(合)함.

▸합중-국 合衆國 (나라 국). ① 속뜻 여럿의 주가 하나로 합쳐[合衆] 이룬 나라[國]. ② 정치 여럿의 국가나 자치 정부를 가진 주(州)가 결합하여 대내적으로 독자성을 유지하면서 단일 국가를 이룩한 나라. ¶미(美)합중국.

▸합중-력 合衆力 (힘 력). 여럿[衆]의 힘[力]을 한데 합(合)침.

▸합중 왕국 合衆王國 (임금 왕, 나라 국). 정치 영국 연방과 같이, 여럿의 나라가 합쳐[合衆] 이루어진 왕국(王國).

합지-증 合指症 (합할 합, 손가락 지, 증세 증). 의학 손가락[指]이나 발가락의 일부나 전부가 붙어[合] 있는 병증(病症).

합집 合集 (합할 합, 모일 집). ① 속뜻 합(合)해 모음[集]. ② 논문이나 시, 소설 따위의 글을 엮어 모은 책을 다시 다른 책과 한데 모아 새로 책으로 냄. 또는 그렇게 낸 책.

합-집합 合集合 (합할 합, 모일 집, 합할 합). 수학 두 집합 A와 B가 있을 때, 집합 A의 원소와 집합 B의 원소 전체를 합(合)친 집합(集合). 'A∪B'로 나타낸다.

합착 合着 (합할 합, 붙을 착). 합(合)해 붙음[着].

합창[1] 合瘡 (합할 합, 부스럼 창). 종기[瘡]나 상처가 아물어 합(合)쳐짐.

합창[2] 合唱 (합할 합, 부를 창). 여러 사람이 소리를 합(合)하여 노래함[唱]. ¶남녀 합창 / 우리는 교가를 합창했다. ⓑ독창(獨唱).

▸합창-곡 合唱曲 (노래 곡). 음악 합창(合唱)을 할 수 있도록 지은 악곡(樂曲).

▸합창-단 合唱團 (모일 단). 합창(合唱)을 하기 위한 모임[團]. ¶어린이 합창단.

▸합창-대 合唱隊 (무리 대). 합창(合唱)을 하기 위하여 조직한 무리[隊].

합체 合體 (합할 합, 몸 체). ① 속뜻 여럿의 몸[體]을 합(合)함. ② 마음을 합쳐서 하나가 됨.

합취 合聚 (합할 합, 모을 취). 합(合)해 모음[聚].

합치 合致 (합할 합, 이를 치). 의견이나 경향 따위가 합(合)하여 일치(一致)함.

▸합치-점 合致點 (점 점). 합치(合致)하는 점(點). ⓑ일치점(一致點).

합판[1] 合版 (합할 합, 책 판). 둘 이상의 사람이 함께[合] 출판한 책[版].

합판[2] 合辦 (합할 합, 힘쓸 판). ① 속뜻 힘을 모아[合] 힘써 일함[辦]. ② 경제 둘 이상의 기업체가 공동으로 기업을 경영함.

합판[3] **合板** (합할 합, 널빤지 판). 여러 장을 합(合)하여 만든 널빤지[板].

▸ 합판 유리 合板琉璃 (유리 류, 유리 리). 공업 두 장의 판(板)유리를 맞붙여서[合] 만든 유리(琉璃).

합판-화 合瓣花 (합할 합, 꽃잎 판, 꽃 화). 식물 진달래나 도라지꽃처럼 꽃잎[瓣]을 붙여서[合] 한 개의 꽃판을 이루는 꽃[花]. ⓑ이판화(離瓣花).

▸ 합판화-관 合瓣花冠 (갓 관). 식물 나팔꽃, 도라지꽃 따위와 같이 꽃잎의 일부나 전부가 서로 붙어 있는[合瓣] 꽃부리[花冠]. ⓑ이판화관(離瓣花冠).

▸ 합판화-악 合瓣花萼 (꽃받침 악). 식물 꽃받침[瓣]이 서로 붙어 있는[合] 꽃받침[花萼]. ⓑ이판화악(離瓣花萼).

합편 合編 (합할 합, 엮을 편). 여러 편의 글을 합(合)해 한 권으로 엮음[編].

합평 合評 (합할 합, 평할 평). 여러 사람이 모여서[合] 의견을 주고받으며 비평(批評)함.

▸ 합평-회 合評會 (모일 회). 문학 합평(合評)하기 위한 모임[會].

합필 合筆 (합할 합, 단위 필). 필지(筆地)를 합(合)함. 등기부에 여러 필지 또는 지번으로 나뉘어 있는 토지를 한데 합한다. ⓑ분필(分筆).

합하 閤下 (쪽문 합, 아래 하). ① 속뜻 정승들이 집무하는 황합(黃閤) 아래[下]. ② 역사 영의정, 좌의정, 우의정에 대한 존칭.

합헌 合憲 (맞을 합, 법 헌). 법률 헌법(憲法)의 조문이나 정신에 부합(符合)함. ⓑ위헌(違憲).

▸ 합헌-성 合憲性 (성질 성). 법률 어떤 법률 행위가 합헌(合憲)하는 성질(性質). ⓑ위헌성(違憲性).

합환[1] **閤患** (규방 합, 병 환). 합부인(閤夫人)의 병[患]. 남의 부인의 병을 높여 이르는 말.

합환[2] **合歡** (합할 합, 기쁠 환). ① 속뜻 기쁨[歡]을 함께[合] 함. ②남녀가 잠자리를 같이하여 즐김.

▸ 합환-주 合歡酒 (술 주). 전통 혼례식에서, 합환(合歡)의 뜻으로 신랑 신부가 서로 잔을 바꾸어 마시는 술[酒].

항:가 巷歌 (거리 항, 노래 가). 거리[巷]에서 부르는 노래[歌].

항:간 巷間 (골목 항, 사이 간). ① 속뜻 골목[巷] 사이[間]. ② 일반 민중들 사이. '여항간'(閭巷間)의 준말.

항:거 抗拒 (버틸 항, 막을 거). ① 속뜻 버티어[抗] 맞섬[拒]. ②순종하지 않고 맞서서 반항함. ¶민중의 항거 / 일제에 대한 항거.

항견-권 恒見圈 (늘 항, 볼 견, 범위 권). 항상(恒常) 보이는[見] 하늘의 범위[圈]. ⓑ항시권(恒視圈), 항현권(恒見圈). ⓑ항은권(恒隱圈).

항고[1] **行高** (항렬 항, 높을 고). 항렬(行列)의 높이[高].

항:고[2] **抗告** (버틸 항, 알릴 고). ① 속뜻 항거(抗拒)하여 다시 고소(告訴)함. ② 법률 하급 법원의 결정·명령에 대하여, 그 당사자나 제삼자가 그 취소 또는 변경을 상급 법원에 신청하는 일.

▸ 항:고-심 抗告審 (살필 심). 법률 항고(抗告)에 대하여 상급 법원이 행하는 심리(審理).

항:공 航空 (건널 항, 하늘 공). ① 속뜻 하늘[空]을 건넘[航]. ②비행기로 하늘을 날아다님. ¶항공 노선 / 항공요금.

▸ 항:공-기 航空機 (틀 기). 기구나 비행기처럼 하늘을 나는[航空] 기계(機械).

▸ 항:공-대 航空隊 (무리 대). 군사 항공기(航空機)를 다루기 위해 조직된 부대(部隊).

▸ 항:공-도[1] 航空島 (섬 도). 항공 항공(航空)에 도움이 되도록 바다 위에 설치한 섬[島].

▸ 항:공-도[2] 航空圖 (그림 도). 항공 하늘을 날기[航空] 위해 필요한 지도(地圖).

▸ 항:공-력 航空力 (힘 력). 군사 항공대(航空隊) 의 병력(兵力).

▸ 항:공-로 航空路 (길 로). 항공기(航空機)가 다니는 길[路]. 즉 일정하게 운항하는 항공기의 지정된 공중 통로. ⓒ공로.

▸ 항:공-법 航空法 (법 법). 법률 항공(航空)에 대한 사항들을 규정한 법률(法律).

▸ 항:공-병 航空兵 (군사 병). 군사 항공대

(航空隊)에 딸린 병사(兵士).

▸항:공-병 航空病 (병 병). 의학 항공(航空)으로 인해 일어나는 여러 가지 병증(病症). 참고공병(高空病). 산악병(山嶽病).

▸항:공-사 航空士 (선비 사). 항공(航空)을 조종하는 사람과 이를 옆에서 돕는 사람[士]. 조종사(操縱士)와 항법사(航法士)를 두루 이르는 말.

▸항:공-선 航空船 (배 선). 하늘을 나는[航空] 배[船] 모양의 큰 기계. 비비행선(飛行船).

▸항:공-술 航空術 (꾀 술). 항공(航空)에 관한 기술(技術). 비행술(飛行術).

▸항:공-전 航空戰 (싸울 전). 군사 하늘을 날며[航空] 싸우는 전투(戰鬪). 비공중전(空中戰).

▸항:공-편 航空便 (편할 편). ① 속뜻 항공기(航空機)를 이용한 교통편(交通便). ② 통신 '항공 우편'(航空郵便)의 준말.

▸항:공-학 航空學 (배울 학). 항공 항공(航空)을 연구하는 학문(學問).

▸항:공-항 航空港 (항구 항). ① 속뜻 항공기(航空機)가 드나드는 항구(港口). ② 항공 수송을 위하여 사용하는 공공용 비행장. 준공항.

▸항:공 계:기 航空計器 (셀 계, 그릇 기). 항공 항공기(航空機)를 조종하는 데 필요한 여러 가지 계기(計器).

▸항:공-관제 航空管制 (관리할 관, 누를 제). ① 속뜻 항공(航空)을 관리(管理)하고 제재(制裁)함. ② 항공 항공기를 안전하고 능률적으로 운항하기 위하여 행하는 교통 관제.

▸항:공 등대 航空燈臺 (등불 등, 돈대 대). 항공 항공(航空)에 도움이 되도록 비행장이나 항공로에 설치하는 등대(燈臺).

▸항:공-모함 航空母艦 (어머니 모, 싸움배 함). 군사 항공기(航空機)를 싣고 발착시키는[母] 군함(軍艦). 해상에서 이동 비행 기지 역할을 한다. 준모함.

▸항:공 무선 航空無線 (없을 무, 줄 선). 항공 항공(航空)에 필요한 무선(無線) 설비.

▸항:공 보:험 航空保險 (지킬 보, 험할 험). 경제 항공(航空)에 관한 사고로 생기는 손해를 보충하기 위한 보험(保險).

▸항:공-사진 航空寫眞 (베낄 사, 참 진). 항공(航空)하면서 지상을 찍은 사진(寫眞). 비공중사진(空中寫眞).

▸항:공 세:관 航空稅關 (세금 세, 빗장 관). 법률 항공기(航空機)로 드나드는 물품을 단속하고 세금을 매기는 관청[稅關].

▸항:공 수송 航空輸送 (나를 수, 보낼 송). 교통 항공기(航空機)로 여객이나 우편물, 화물 따위를 수송(輸送)하는 일.

▸항:공 역학 航空力學 (힘 력, 배울 학). 물리 항공(航空)하는 물체의 운동에 대한 법칙을 연구하는 학문[力學]. 항공 중의 항공기가 공기로부터 받는 힘, 기체 각부의 기류 상황 따위를 연구한다.

▸항:공 연료 航空燃料 (태울 연, 거리 료). 항공 항공기(航空機)에 쓰는 연료(燃料).

▸항:공 우편 航空郵便 (우송할 우, 편할 편). 통신 항공기(航空機)로 수송되는 우편(郵便). 준항공편.

▸항:공 정찰 航空偵察 (염탐할 정, 살필 찰). 군사 항공(航空)하면서 적의 정세를 정찰(偵察)하는 일. 비공중 정찰(空中偵察).

▸항:공 지도 航空地圖 (땅 지, 그림 도). 항공 항공(航空)에 쓰이는 지도(地圖). 준항공도.

▸항:공 표지 航空標識 (나타낼 표, 기록할 지). 항공 ① 항공(航空)과 항공기의 이착륙을 돕기 위해 설치한 표지(標識). ② 항공기의 날개와 동체에 표시하는 국적 기호와 등록 기호.

항구[1] **恒久** (늘 항, 오랠 구). 늘[恒] 변하지 않음[久]. 비영구(永久).

▸항구-적 恒久的 (것 적). 변함없이[恒] 오래가는[久] 것[的]. ¶한반도의 항구적 평화를 확립하다. 비영구적(永久的).

***항:구**[2] **港口** (뱃길 항, 어귀 구). 뱃길[港]의 어귀[口]. 배가 드나들 수 있도록 시설이 있음. ¶홍콩은 항구 도시이다.

▸항:구 도시 港口都市 (도읍 도, 저자 시). 지리 항구(港口)가 있는 바닷가 도시(都市).

항:균-성 抗菌性 (막을 항, 세균 균, 성질 성). 세균(細菌)의 발육을 막는[抗] 성질(性質).

항기 降旗 (항복할 항, 깃발 기). 항복(降伏)의 뜻을 나타내는 깃발[旗]. 비항복기(降伏旗), 백기(白旗).

항:내 港內 (항구 항, 안 내). 항구(港口)의

안[內]. ¶그 항구의 항내 시설은 매우 편리하다.

항-다반 恒茶飯 (늘 항, 차 다, 밥 반). 차[茶]를 마시고 밥[飯]을 먹듯 항상(恒常) 있는 일. [준]다반.

▸항다반-사 恒茶飯事 (일 사). ① [속뜻] 차[茶]를 마시는 일이나 밥[飯]을 먹는 것처럼 항상(恒常) 있는 일[事]. ②항상 있어서 이상하거나 신통할 것이 없는 일. ¶그는 싸움을 항다반사로 한다. [준]항사. 다반사.

항:담 巷談 (거리 항, 말씀 담). ① [속뜻] 거리[巷]에 떠도는 말[談]. ②여러 사람의 입에서 입으로 옮겨지는 말. [비]항설(巷說).

항덕 恒德 (늘 항, 베풀 덕). 변함없고 한결같은[恒] 덕(德).

항도[1] 恒道 (늘 항, 길 도). 영구히[恒] 변치 않는 올바른 도의(道義).

항:도[2] 港都 (항구 항, 도읍 도). 항구(港口)가 있는 바닷가 도시(都市). '항구 도시'(港口都市)의 준말.

항:도[3] 港圖 (항구 항, 그림 도). [해양] 항구(港口)를 드나드는 데 필요한 항해용 지도(地圖). 항구와 그 부근의 지리가 자세히 그려져 있다.

항:독-소 抗毒素 (막을 항, 독할 독, 바탕 소). [생물] 몸에 들어온 독소(毒素)를 중화하여 없애는 작용을 하는 항체(抗體).

항:등 港燈 (항구 항, 등불 등). 배의 출입을 돕기 위하여 항구(港口)에 설치하는 등잔[燈].

항-등식 恒等式 (늘 항, 같을 등, 법 식). ① [속뜻] 양쪽이 항상(恒常) 같은[等] 식(式). ② [수학] 식 가운데의 문자에 어떤 수치를 넣어도 성립하는 등식. [반]방정식(方程式).

항:라 亢羅 (높을 항, 비단 라). 명주[羅], 모시, 무명실 따위로 짠[亢] 피륙의 하나. 씨를 세 올이나 다섯 올씩 걸러서 구멍이 송송 뚫어지게 짠 것으로 여름 옷감으로 적당하다. ¶항라 치마저고리를 즐겨 입다.

항:려 伉儷 (짝 항, 짝 려). 남편과 아내로 이루어진 짝[伉=儷].

항:력 抗力 (막을 항, 힘 력). ① [속뜻] 막아내는[抗] 힘[力]. 저항하는 힘. ② [물리] 물체가 유체(流體) 안에서 운동할 때 받는 저항력과, 두 물체가 접촉하면서 움직일 때 접촉면에 작용하는 힘. ③ [물리] 물체가 면 위에 있을 때, 면이 그 물체에 작용하는 힘. 면에 수직으로 작용하는 수직 항력과 평행으로 작용하는 마찰력이 있다.

항렬 行列 (줄 항, 줄 렬). ① [속뜻] 죽 늘어선 줄[行=列]. ②같은 혈족의 직계에서 갈라져 나간 계통 사이의 대수 관계를 나타내는 말. 형제자매 관계는 같은 항렬로 같은 항렬자를 써서 나타낸다. ¶항렬이 낮다.

▸항렬-자 行列字 (글자 자). 항렬(行列)을 나타내기 위하여 이름자 속에 넣는 글자[字]. ¶내 이름의 항렬자는 '넓을 광'(廣)자이다. [비]돌림자.

항:례[1] 抗禮 (막을 항, 예도 례). ① [속뜻] 예도(禮度)에 대항(對抗)함. ②기울지 않고 대등한 예로 대함. 또는 그 예. ③동등한 교제.

항례[2] 恒例 (늘 항, 법식 례). 항상(恒常) 있는 예(例). 흔히 있는 일. [비]상례(常例).

항:로 航路 (배 항, 길 로). ① [속뜻] 배[航]가 다니는 길[路]. 뱃길. ¶그는 뉴욕으로 항로를 바꾸었다. ②항공기가 통행하는 공로. ¶비행기가 항로를 벗어났다.

▸항:로 신:호 航路信號 (소식 신, 표지 호). ① [속뜻] 항로(航路)를 나타내는 신호(信號). ② [해양] 항해 중인 배가 다른 배와의 충돌을 피하기 위하여 항로를 바꾸는 방향을 알리는 음향 신호.

▸항:로 표지 航路標識 (나타낼 표, 기록할 지). ① [속뜻] 항로(航路)를 나타내는 표지(標識). ② [해양] 등대나 부표, 음향 표지, 무선 표지 따위와 같이 연안을 하행하는 배의 지표가 되는 시설.

항:론 抗論 (막을 항, 논할 론). 어떤 이론에 대항(對抗)하여 말함[論]. 또는 그 논의.

항:룡 亢龍 (목 항, 용 룡). ① [속뜻] 목[亢] 부분에 오른 용(龍). ②'썩 높은 지위'를 비유하여 이르는 말.

항마 降魔 (항복할 항, 마귀 마). [불교] 석가모니가 악마(惡魔)를 항복(降服)시킨 일. 도를 깨치는 데에 방해가 되는 것을 물리침을 뜻하는 말이다.

▸항마-군 降魔軍 (항복할 항, 마귀 마, 군사 군). ① [속뜻] 마귀(魔鬼)도 항복(降伏)시킬 수 있는 군대(軍隊). ② [역사] 고려 때, 윤관이 여진 정벌을 위하여 승려들로 조직한 별무반의 하나.

항ː만 港灣 (항구 항, 물굽이 만). 바닷가의 굽어 들어간 곳[灣]에 만든 항구(港口). 또는 그렇게 만든 해역(海域). ¶항만 시설.

항ː명 抗命 (막을 항, 명할 명). 명령(命令)이나 제지에 따르지 않고 항거(抗拒)함. 명령을 어김.

▶항ː명-죄 抗命罪 (허물 죄). 군사 군법에서, 상관의 정당한 명령(命令)에 반항(反抗)하거나 복종하지 아니함으로써 성립하는 죄(罪).

항ː모 航母 (배 항, 어머니 모). ① 속뜻 배[航]의 모선(母船). ② 군사 항공기를 싣고 다니면서 뜨고 내리게 할 수 있는 설비를 갖춘 큰 군함. '항공모함'(航空母艦)의 준말.

항ː목 項目 (목 항, 눈 목). ① 속뜻 사람의 목[項]과 눈[目]. ② 법률 규정 따위의 조항(條項)과 조목(條目). ¶이 법안은 8개의 항목으로 이루어져 있다.

항ː무 港務 (항구 항, 일 무). 검역·관세 감시·선박 사무와 같은, 항구(港口)에 딸린 여러 가지 사무(事務).

항문 肛門 (똥구멍 항, 문 문). ① 속뜻 똥구멍[肛]의 문(門). ② 의학 고등 포유동물의 직장(直腸) 끝에 있는 배설용의 구멍. ¶항문에 좌약을 넣다. ⑪똥구멍, 분문(糞門).

▶항문 괄약근 肛門括約筋 (묶을 괄, 묶을 약, 힘줄 근). ① 속뜻 항문(肛門)을 오므려 묶는[括約] 근육(筋肉). ② 의학 항문을 폈다 오므렸다 하는 항문 주위의 근육.

항ː배-상망 項背相望 (목 항, 등 배, 서로 상, 바라볼 망). ① 속뜻 목[項]과 등[背]이 서로[相] 마주 바라봄[望]. ② '왕래가 잦음'을 비유하여 이르는 말. ③ '뒤를 이을 사람이 많음'을 비유하여 이르는 말.

항ː법 航法 (건널 항, 법 법). 배나 항공기의 운항(運航)하는 데에 필요한 기법(技法).

▶항ː법-사 航法士 (선비 사). 항공기에 탑승하여 위치와 침로(針路)를 측정하고 항공상의 자료를 산출하는 등 항법(航法)에 능한 사람[士].

항ː변 抗辯 (막을 항, 말 잘할 변). ① 속뜻 대항(對抗)하여 변론(辯論)함. ② 법률 민사 소송에서, 상대편의 신청 또는 주장의 배척을 구하기 위하여, 딴 사항을 주장하는 일.

항병 降兵 (항복할 항, 군사 병). 항복(降服)한 병사(兵士). ⑪항졸(降卒).

항복 降伏 (=降服, 굴복할 항, 엎드릴 복). ① 속뜻 투항(投降)할 뜻으로 몸을 엎드림[伏]. ② 전쟁 등에서 자신이 진 것을 인정하고 상대방에게 굴복함. ¶왜군은 결국 이순신장군에게 항복했다. ③ 물리 소성 변형을 할 때, 물체가 외부에서 가하여지는 힘에 저항하여 그 원형을 지키려는 힘을 잃고 변형이 생기려고 함.

▶항복-기 降伏旗 (깃발 기). 군사 적에게 항복(降伏)할 뜻이 있음을 알리는 깃발[旗]. 보통 흰 깃발을 쓴다. ⑪항기(降旗).

항사 恒事 (늘 항, 일 사). 항상(恒常) 있는 일[事]. 흔한 일. '항다반사'(恒茶飯事)의 준말.

항산 恒産 (늘 항, 재물 산). 살아갈 수 있는 일정한[恒] 재산(財産)이나 생업. ¶항산 없이는 항심(恒心)도 없다.

항ː산성-균 抗酸性菌 (막을 항, 산소 산, 성질 성, 세균 균). ① 속뜻 산성(酸性)에 저항(抵抗)하는 역할을 하는 균(菌). ② 생물 결핵균, 나병균 따위와 같이 아닐린 색소에 염색되기 힘드나 일단 염색되면 광산(鑛酸)으로 처리하여도 탈색되지 않는 세균을 통틀어 이르는 말.

***항상 恒常** (늘 항, 늘 상). 늘[恒=常]. ¶나는 항상 네 편이야. ⑪언제나. ⑫가끔.

▶항상-성 恒常性 (성질 성). ① 생물 생체가 여러 가지 환경 변화에 대응하여 생명 현상이 제대로 일어날 수 있도록 항상(恒常) 일정한 상태를 유지하는 성질(性質). ② 심리 여러 가지 조건이 바뀌어도 친숙한 대상은 항상 같게 지각되는 현상.

▶항상 가ː정 恒常假定 (임시 가, 정할 정). 심리 특정의 감각 기관에 일정한 자극을 주면, 어떤 경우에도 일정한 감각이 항상(恒常) 일어난다는 가정(假定). 자극과 감각의 관계가 규칙적이라고 본다.

항ː생 抗生 (막을 항, 살 생). ① 속뜻 다른 생물이 사는[生] 것을 막음[抗]. ② 생물 항생 작용.

▶항ː생-제 抗生劑 (약제 제). 약학 항생 물질(抗生物質)로 된 약제(藥劑). 다른 미생물이나 생물 세포를 선택적으로 억제하거나 죽인다. ⑪마이신(mycin).

▶항ː생 작용 抗生作用 (지을 작, 쓸 용). ①

속뜻 다른 생물이 사는[生] 것을 막는[抗] 작용(作用). ② 생물 두 생물의 대립 관계에서, 한쪽만 불리한 영향을 받는 일. ㈜항생.

▸ 항:생 물질 抗生物質 (만물 물, 바탕 질). 화학 세균 따위의 미생물로 만들어져, 다른 미생물이나 생물 세포(生物細胞)의 기능을 저해하는[抗] 물질(物質). 스트렙토마이신이나 페니실린, 테라마이신 따위.

항서 降書 (항복할 항, 글 서). 항복(降服)의 뜻을 적은 글[書].

항:설 巷說 (거리 항, 말씀 설). 거리[巷]에서 뭇사람 사이에 떠도는 말[說]. ⓑ항담(巷談).

항설-선 恒雪線 (늘 항, 눈 설, 줄 선). 지리 높은 산이나 극지(極地)에서 일 년 내내[恒常] 눈[雪]이 녹지 않는 곳과 녹는 곳과의 경계선(境界線). 적설량과 융해량이 서로 같은 지점을 연결한 선이다. ㈜설선.

항성[1] 恒性 (늘 항, 성질 성). ① 속뜻 항상(恒常) 변하지 않는 성질(性質). ② 누구에게나 있는 공통의 성품.

항성[2] 恒星 (늘 항, 별 성). ① 속뜻 항상(恒常) 그 자리에 있는 별[星]. ② 천문 천구 위에서 서로의 상대 위치를 바꾸지 않고 별자리를 구성하는 별. 북극성, 북두칠성, 삼태성, 견우성, 직녀성 따위. ⓑ행성(行星).

▸ 항성-년 恒星年 (해 년). 천문 태양이 어느 항성(恒星)을 통과하고부터 다시 그 위치로 되돌아올 때까지 걸리는 시간을 해[年]로 계산한 것. 지구의 공전 주기와 같은 365일 6시간 9분 9초로 태양년보다 20분이 길다.

▸ 항성-시 恒星時 (때 시). 천문 항성(恒星)을 통하여 계산한 시간(時間). 어떤 지점에서 춘분점이 자오선을 통과하였을 때를 0시로 하고, 이곳에서 서쪽으로 15도씩 어긋날 때마다 1시간씩을 더하여, 다음에 자오선을 통과할 때까지의 시간을 24시간으로 정한다.

▸ 항성-월 恒星月 (달 월). 천문 춘분점을 하나의 항성(恒星)으로 생각했을 때, 달이 자신의 공전 궤도에서 그 지점을 통과한 뒤 다시 그 지점에 돌아오는 데 걸리는 시간을 달[月]로 계산한 것. 달의 실제적인 공전 주기로, 현재 1항성월은 27.32166일이다.

▸ 항성-일 恒星日 (해 일). 천문 춘분점을 하나의 항성(恒星)으로 생각했을 때, 지구가 한 번 자전하는 데에 소요되는 시간을 하루[日]로 계산한 것. 23시간 56분 4.0905초이다.

▸ 항성-표 恒星表 (겉 표). 천문 천구 위에서 항성(恒星)의 위치, 고유 운동, 광도 계급, 스펙트럼형 따위를 기록한 표(表). ㉿성표(星表).

▸ 항성 광도 恒星光度 (빛 광, 정도 도). 천문 지구의 표면에 수직으로 비치는 항성(恒星)의 빛[光]의 강도(強度).

▸ 항성 주기 恒星週期 (돌 주, 때 기). 천문 항성(恒星)을 중심으로 하여 행성이나 위성 따위가 한 바퀴 도는 공전 주기(公轉週期).

항:소 抗訴 (버틸 항, 하소연할 소). ① 속뜻 계속 버티며[抗] 상소(上訴)함. ② 법률 재판에서 하급 법원의 판결에 따르지 않고 상급 법원에 다시 하는 고소. ¶항소를 기각하다.

▸ 항:소-권 抗訴權 (권리 권). 법률 항소(抗訴)를 할 수 있는 권리(權利).

▸ 항:소-심 抗訴審 (살필 심). 법률 항소(抗訴) 사건에 대한 항소 법원의 심리(審理).

▸ 항:소-인 抗訴人 (사람 인). 항소(抗訴)한 사람[人].

▸ 항:소-장 抗訴狀 (문서 장). 법률 항소(抗訴)를 할 때에 원심 법원에 내는 문서[狀].

▸ 항:소-극론 抗訴極論 (다할 극, 논할 론). 상소문을 올리고[抗訴] 있는 힘을 다해[極] 논의(論義)함.

▸ 항:소 기각 抗訴棄却 (버릴 기, 물리칠 각). ① 속뜻 항소(抗訴)를 받아들이지 않고 물리침[棄却]. ② 법률 항소 법원이 원심 판결이 옳다고 인정하여, 항소 사건(抗訴事件)의 소송 절차를 종결하는 판결이나 결정.

▸ 항:소 법원 抗訴法院 (법 법, 관청 원). 법률 항소 사건(抗訴事件)을 심리하는 상급 법원(法院).

항속[1] 恒速 (늘 항, 빠를 속). 항상[恒] 같은 속도(速度).

항:속[2] 航速 (배 항, 빠를 속). 배[航]나 항공기(航空機)의 속도(速度).

항:속[3] 航續 (건널 항, 이을 속). 항공(航空)이나 항해를 계속(繼續)함.

▸ 항:속-력 航續力 (힘 력). ① 속뜻 항해(航海)를 계속(繼續)하는 힘[力]. ② 배나 항공

기가 한 번 실은 연료만으로 계속 운항 할 수 있는 힘.

항:송 航送 (배 항, 보낼 송). 배[航]나 항공기(航空機)로 수송(輸送)함.

항수 恒數 (늘 항, 셀 수). ① 수학 변하지 않는 일정한[恒] 값을 가진 수(數)나 양. ② 물리 물질의 물리적·화학적 성질을 표시하는 수치.

항습 恒習 (늘 항, 버릇 습). 늘[恒] 하는 버릇[習].

항시[1] 恒時 (늘 항, 때 시). 임시가 아닌 관례대로의 항상(恒常) 그때[時]. 늘.

항:시[2] 港市 (항구 항, 도시 시). 항구(港口)가 있는 도시(都市). '항구 도시'의 준말.

항시-권 恒視圈 (늘 항, 볼 시, 범위 권). 천문 지구 위의 어느 지점에서나 늘[恒] 볼 수 있는[視] 천구의 영역[圈]. ㉥항현권(恒顯圈).

항신-풍 恒信風 (늘 항, 믿을 신, 바람 풍). ① 속뜻 항상[恒] 같은 방향으로 불어 믿고[信] 항해할 수 있는 바람[風]. ② 지리 중위도 고압대에서 열대 수렴대로 부는 바람. 이 바람은 북반구에서는 북동풍, 남반구에서는 남동풍이 되며, 일 년 내내 끊임없이 분다. ㉥무역풍(貿易風).

항:심 抗心 (막을 항, 마음 심). 반항(反抗)하는 마음[心].

항심 恒心 (늘 항, 마음 심). 늘[恒] 변함없이 지니고 있는 올바른 마음[心].

항아 姮娥 (항아 항, 예쁠 아). ① 속뜻 달에서 산다고 하는 예쁜[娥] 선녀[姮]. ② 나인(內人)의 궁중말.

항:암 抗癌 (막을 항, 암 암). 암(癌)세포의 증식을 막거나[抗] 암세포를 죽임. ¶항암 성분이 들어 있다 / 항암 치료를 받았다.

▸ 항:암-제 抗癌劑 (약제 제). ① 속뜻 암(癌)을 막아주는[抗] 약제(藥劑). ② 약학 암을 치료하기 위한 화학 요법에 쓰이는 약제를 통틀어 이르는 말.

항:양 航洋 (건널 항, 큰바다 양). 먼 바다[洋]를 항해(航海)함.

항:어 巷語 (거리 항, 말씀 어). 저자거리[巷]에 떠도는 이야기[語]. ㉥항설(巷說).

항:언[1] 抗言 (막을 항, 말씀 언). 대항(對抗)하여 말함[言]. 또는 맞서 버티는 말.

항언[2] 恒言 (늘 항, 말씀 언). 늘[恒] 말함[言]. 또는 늘 하는 말.

항업 恒業 (늘 항, 일 업). 늘[恒] 하고 있는 일정한 생업(生業).

항오 行伍 (항렬 항, 대오 오). ① 속뜻 항렬(行列)과 대오(隊伍). ② 역사 군대를 편성한 대오. 한 줄에 다섯 명을 세우는데 이를 오(伍)라 하고, 그 다섯줄의 스물다섯 명을 항(行)이라 한다.

▸ 항오-발천 行伍發闡 (필 발, 넓힐 천). ① 속뜻 항오(行伍)를 펴고[發] 넓힘[闡]. ② 낮은 자리에서 높은 자리로 오름. ③ 병졸로부터 장관의 자리로 올라감.

▸ 항오-출신 行伍出身 (날 출, 몸 신). 병졸[行伍]로부터 출세하여 벼슬자리에 오름[出身].

항온 恒溫 (늘 항, 따뜻할 온). 항상[恒] 일정한 온도(溫度). ㉥상온(常溫).

▸ 항온-기 恒溫器 (그릇 기). 물리 온도 조절기를 이용하여 내부의 온도(溫度)를 자동적으로 일정하게[恒] 유지하도록 만든 기구(器具). ㉥정온기(定溫機).

▸ 항온-대 恒溫帶 (띠 대). 지리 계절과 밤낮에 관계없이 온도(溫度)가 늘 일정한[恒] 땅속의 층[帶]. 깊이는 적도 지방에서는 3미터, 한대 지방에서는 100미터 이상이다. ㉥상온층(常溫層).

▸ 항온-조 恒溫槽 (구유 조). 물리 바깥 온도의 영향을 받지 않고 온도(溫度)를 일정하게[恒] 유지하도록 구유[槽]처럼 만든 용기.

▸ 항온-층 恒溫層 (층 층). 지리 계절과 밤낮에 관계없이 온도(溫度)가 늘 일정한[恒] 땅속의 층(層). 깊이는 적도 지방에서는 3미터, 한대 지방에서는 100미터 이상이다. ㉥상온층(常溫層).

▸ 항온 동:물 恒溫動物 (움직일 동, 만물 물). 동물 조류나 포유류처럼 바깥 온도에 관계없이 체온(體溫)을 항상 일정하게[恒] 유지하는 동물(動物). ㉥온혈 동물(溫血動物).

▸ 항온 장치 恒溫裝置 (꾸밀 장, 둘 치). 물리 일정한 온도로 실험과 측정을 하기 위하여, 내부의 온도(溫度)를 일정하게[恒] 유지하도록 하는 장치(裝置).

항:요 巷謠 (거리 항, 노래 요). ① 속뜻 거리

[巷]에서 널리 불리는 가요(歌謠). ②민중 사이에서 널리 불리는 세속적인 노래. 속요(俗謠).

항용 恒用 (늘 항, 쓸 용). 항상[恒] 씀[用]. 흔히 씀. 늘. ¶그런 일은 항용 있을 수 있다.

항:우-장사 項羽壯士 (목 항, 깃 우, 씩씩할 장, 선비 사). ① 속뜻 항우(項羽)와 같이 힘이 센 장사(壯士). ②힘이 몹시 센 사람. ③웬만한 일에는 끄떡도 않는 꿋꿋한 사람. 항장사(項壯士).

항:운 航運 (배 항, 옮길 운). 배[航]로 짐을 실어 나름[運].

항:원 抗原 (막을 항, 본디 원). ① 속뜻 근원이나 원천[原]을 막음[抗]. ② 생물 생체의 조직 속에 들어가면 그 혈청 안에 항체를 형성하게 하는 단백성 물질. 많은 세균과 독소가 이에 해당된다. ⓑ면역원(免疫原).

항은-권 恒隱圈 (늘 항, 숨길 은, 범위 권). ① 속뜻 항상[恒] 숨어 있는[隱] 영역[圈]. ② 천문 지구상의 일정한 지점에서 눈으로 볼 수 없는 하늘의 부분. ⓑ항현권(恒顯圈).

항:-이뇨 抗利尿 (막을 항, 이로울 리, 오줌 뇨). 오줌[尿]을 잘 나오게 하는[利] 작용을 막아서[抗] 억제함. ¶항이뇨 호르몬이 분비된다.

▸항:-이뇨제 抗利尿劑 (약제 제). 약학 이뇨(利尿) 작용을 억제하는[抗] 약물[劑].

항:의¹ 抗議 (겨룰 항, 따질 의). ① 속뜻 대항(對抗)의 뜻으로 따짐[議]. ②반대의 뜻을 주장함. ¶항의전화가 빗발치다 / 그는 심판의 판정에 강력히 항의했다. ③ 정치 어떤 나라가 다른 나라의 처사에 반대하는 뜻을 정식으로 통고함. 또는 그런 일.

항의² 恒儀 (늘 항, 의식 의). 상례로 항상(恒常) 행하는 의식(儀式).

항의³ 降意 (항복할 항, 뜻 의). 항복(降伏)할 뜻[意].

항:일 抗日 (겨룰 항, 일본 일). 일본(日本) 제국주의에 항거(抗拒)함. ¶항일 운동.

항자 降者 (항복할 항, 사람 자). 항복(降伏)한 사람[者].

항장 降將 (항복할 항, 장수 장). 항복(降伏)한 장수(將帥).

항:장-력 抗張力 (버틸 항, 당길 장, 힘 력). 물리 물체가 잡아당기는[張] 힘에 대하여 견디어[抗] 낼 수 있는 최대한의 힘[力].

항:장 응:력 抗張應力 (막을 항, 당길 장, 응할 응, 힘 력). 물리 외력이 물체를 잡아당기는[張] 힘에 견디어[抗], 물체 스스로 원형을 지키려고[應] 생기는 힘[力].

항:쟁 抗爭 (겨룰 항, 다툴 쟁). 겨루고[抗] 다툼[爭]. ¶항쟁을 벌이다.

항:적 抗敵 (막을 항, 원수 적). 원수[敵]에게 대항(對抗)함.

▸항:적-필사 抗敵必死 (반드시 필, 죽을 사). 목숨을 걸고[必死] 원수나 적(敵)에게 대항(對抗)하는 일.

항:적 航跡 (배 항, 발자취 적). 배[航]나 항공기가 지나간 뒤에 남은 자취[跡].

▸항:적-운 航跡雲 (구름 운). 지리 차고 습한 대기 속을 나는 비행기의 자취[航跡]를 따라 생기는 구름[雲]. ⓑ비행기운(飛行機雲).

항:전 抗戰 (막을 항, 싸울 전). 적에 대항(對抗)하여 싸움[戰]. ¶독립군의 항전.

항:정 航程 (건널 항, 거리 정). 배가 항행(航行)하는 이정(里程).

▸항:정-선 航程線 (줄 선). 지리 항공기의 항로[航程]가 각 자오선과 동일한 각도로 교차하는 선(線).

항:조 抗租 (막을 항, 조세 조). 역사 소작인이 소작료[租]를 내지 아니하거나 깎으려고 지주에게 항거(抗拒)한 운동.

항:주-력 航走力 (배 항, 달릴 주, 힘 력). 배[航]가 물위를 달리는[走] 힘[力].

항:진¹ 亢進 (높을 항, 나아갈 진). ① 속뜻 위세 좋게 뽐내고[亢] 나아감[進]. ②병세 따위가 심하여짐. ③기세나 기능 따위가 높아짐.

항:진² 航進 (배 항, 나아갈 진). 배[航]나 항공기를 타고 앞으로 나아감[進]. ¶태평양으로 항진하다.

항:차 航差 (건널 항, 어긋날 차). 해양 ①고유의 속력과 실제 항속력(航續力)의 차(差). ②항행 중인 배가 풍파에 밀려 생기는 용골의 연장선과 침로의 차.

항:체 抗體 (막을 항, 몸 체). ① 속뜻 저항력(抵抗力)을 지닌 물질[體]. ② 의학 병균에 저항하거나 그것을 죽이는 몸속의 물질. ¶예방 접종으로 병균에 대한 항체가 형성되

었다. [비]면역체(免疫體).

항풍 恒風 (늘 항, 바람 풍). [지리] 무역풍이나 계절풍과 같이 어느 지역에서 어떤 시기나 계절에 따라 특정 방향에서부터 항상(恒常) 부는 바람[風].

항하 恒河 (늘 항, 물 하). [지리] 갠지즈 강의 한자 이름.

▸항하-사 恒河沙 (모래 사). ① [속뜻] 갠지즈 강[恒河]의 모래[沙]. ② '헤아릴 수 없을 만큼 많은 수량'을 비유하여 이르는 말. '만항하사'(萬恒河沙)의 준말. ③ [수학] 극(極)의 억(億). 곱절. 아승기(阿僧祇)의 1억분의 1.

항:해 航海 (건널 항, 바다 해). 배를 타고 바다[海]를 건너다님[航]. ¶그는 또 다시 기나긴 항해를 떠났다.

▸항:해-도 航海圖 (그림 도). [해양] ① 항해(航海)를 하는 데 쓰는 지도(地圖). ② 주로 연안 항해에 필요한 사항을 적은 해도.

▸항:해-등 航海燈 (등불 등). [해양] 밤에 진행 방향 따위를 나타내기 위하여 항해(航海) 중의 배가 켜는 등불[燈].

▸항:해-력 航海曆 (책력 력). [해양] 항해(航海)에 필요한 천문 사항을 기재한 책력(冊曆).

▸항:해-사 航海士 (선비 사). ① [속뜻] 항해술(航海術)에 능한 사람[士]. ② [해양] 선박 직원의 하나로서 해기사 면허를 취득한 사람으로 선장을 도와서 선박 운항의 일반 업무를 담당함. 면허의 종류는 1급에서 6급까지 있다.

▸항:해-술 航海術 (꾀 술). [해양] 항해(航海)에 필요한 기술(技術).

▸항:해-장 航海長 (어른 장). 함장의 명령에 따라, 항로나 기상에 관한 일[航海]과 물품의 간수 따위를 담당·감독하는 사람[長].

▸항:해-표 航海表 (겉 표). [해양] 배가 항해(航海)하는 데 필요한 여러 가지의 수치를 적은 표(表).

▸항:해 보:험 航海保險 (지킬 보, 험할 험). [경제] 일정한 항해 기간(航海期間)을 보험 기간으로 하는 해상 보험(海上保險).

▸항:해 일지 航海日誌 (날 일, 기록할 지). [해양] 항해(航海)할 때 배의 중요한 사항을 매일[日] 기록한[誌] 것.

▸항:해 조례 航海條例 (조목 조, 법식 례). ① [속뜻] 항해(航海)에 대한 규정을 적어 놓은 조례(條例). ② [역사] 영국이 1651년에 자기 나라의 해운업을 돕고, 특히 네덜란드의 중개 무역을 견제하기 위하여 제정했던 조례.

▸항:해 증:서 航海證書 (증명할 증, 글 서). 배의 항해(航海)를 허가하는 증명서(證明書).

▸항:해 천문학 航海天文學 (하늘 천, 글월 문, 배울 학). ① [속뜻] 항해(航海)와 관련된 천문학(天文學). ② [천문] 천문 관측으로 천체의 고도와 방위를 측정하여 배의 위치와 방향 따위를 알아내는 응용 천문학.

항:행 航行 (배 항, 다닐 행). ① [속뜻] 배[航]의 운행(運行). ② 배나 항공기가 항로를 따라 나아감.

▸항:행-도 航行圖 (그림 도). [지리] 선박이나 비행기를 항행(航行)할 때에 쓰는 지도(地圖).

▸항:행 구역 航行區域 (나눌 구, 지경 역). [해양] 배의 크기나 구조·설비 따위 등급에 따라 항행(航行)할 수 있도록 정해진 수역[區域].

▸항:행 서:열 航行序列 (차례 서, 줄 렬). [군사] 여러 함정이나 함대가 항행(航行)하여 나가는 각각의 위치와 차례[序列].

▸항:행 차:단 航行遮斷 (가로막을 차, 끊을 단). [군사] 해군력으로 적의 함정이 항만이나 연안에서 항행(航行)하지 못하도록 막는 일[遮斷].

항현-권 恒顯圈 (늘 항, 드러낼 현, 범위 권). [천문] 지구 위의 어느 지점에서나 늘[恒] 드러나는[顯] 천구의 영역[圈]. [비]항시권(恒視圈).

항:-혈청 抗血清 (막을 항, 피 혈, 맑을 청). [의학] 항원을 동물에 주사하여 얻은, 항체(抗體)가 들어있는 혈청(血淸).

항:-효소 抗酵素 (막을 항, 발효 효, 바탕 소). [생물] 효소(酵素) 작용을 선택적으로 막는[抗] 물질.

해:가 海歌 (바다 해, 노래 가). [문학] 신라 성덕왕 때 가요. 수로(水路) 부인을 납치한 해룡(海龍)을 향해 부른 노래[歌].

해:각[1] 海角 (바다 해, 뿔 각). ① [지리] 육지가 바다[海] 쪽으로 뿔[角]처럼 돌출한 부분을 가리킴. ② 멀리 떨어져 있는 곳.

해:각² 解角 (가를 해, 뿔 각). 새 뿔이 나려고 묵은 뿔[角]이 빠짐[解].

해:갈 解渴 (풀 해, 목마를 갈). ① [속뜻] 목마름[渴]을 풂[解]. ② 비가 내리거나 하여 가뭄을 면함. ③ '없던 돈이 조금 생김'을 비유하여 이르는 말.

**해:결 解決 (풀 해, 터놓을 결). ① [속뜻] 얽힌 것을 풀고[解] 막힌 물을 터놓음[決]. ② 문제의 핵심을 밝혀서 가장 좋은 결과를 찾아냄. ¶복잡한 문제를 해결하다.

▸해:결-책 解決策 (꾀 책). 어떠한 일이나 문제 따위를 해결(解決)하기 위한 방책(方策). ¶해결책을 마련하다 / 해결책을 모색하다.

해:경 海警 (바다 해, 지킬 경). ① [속뜻] 바다[海]를 경비(警備)함. ② '해안 경비대'(海岸警備隊)의 준말. ③ '해양 경찰청'(海洋警察廳)의 준말.

해:고 解雇 (풀 해, 품팔 고). [사회] 고용(雇用) 계약을 해지(解止)함. 고용한 사람을 내보냄. ¶해고를 당하다 / 사장은 그녀를 해고했다. [반] 임용(任用), 채용(採用).

▸해:고 수당 解雇手當 (손 수, 당할 당). [사회] 고용주가 피고용자를 해고(解雇)할 때에 주는 급여 이외의 수당(手當).

해골 骸骨 (뼈 해, 뼈 골). ① [속뜻] 몸을 이루고 있는 뼈[骸=骨]. ② 살이 썩고 남은 뼈. 또는 그 머리뼈.

해:공 海空 (바다 해, 하늘 공). ① [속뜻] 바다[海]와 하늘[空]. ② 해군과 공군.

해:관¹ 海關 (바다 해, 빗장 관). ① [속뜻] 해안(海岸) 항구에 설치한 관문(關門). ② 개항장에 설치한 세관을 달리 이르는 말.

해:관² 解官 (풀 해, 벼슬 관). 벼슬자리[官]에서 물러남[解]. 또는 물러나게 함.

해괴 駭怪 (놀랄 해, 이상할 괴). 놀랄[駭] 만큼 이상한[怪]. ¶해괴한 일이 벌어지다. [비] 괴상하다.

▸해괴-망측 駭怪罔測 (없을 망, 헤아릴 측). 너무나 해괴(駭怪)하여 이루 헤아릴[測] 수 없음[罔]. ¶해괴망측한 이야기.

해교¹ 該校 (그 해, 학교 교). 해당(該當) 학교(學校). 그 학교.

해:교² 解膠 (풀 해, 아교 교). ① [속뜻] 아교[膠]로 붙은 것을 풂[解]. ② [화학] 응결한 콜로이드 침전이나 고체에 약품을 섞어 콜로이드 용액으로 되돌아가게 하는 일.

해:구¹ 海口 (바다 해, 어귀 구). 바다[海]의 물의 후미진 곳으로 들어가는 어귀[口].

해:구² 海丘 (바다 해, 언덕 구). [지리] 바다[海] 밑에 독립적으로 솟아 있는 높이 1000m 이하의 언덕[丘].

해:구³ 海區 (바다 해, 나눌 구). 바다[海]에 설정한 구역(區域).

해:구⁴ 海寇 (바다 해, 도둑 구). 바다[海]로 쳐들어오는 외적[寇]. [비] 해적(海賊).

해:구⁵ 海溝 (바다 해, 도랑 구). [지리] 바다[海] 밑바닥에 좁고 길게 도랑[溝] 모양으로 움푹 들어간 곳.

해:구⁶ 海狗 (바다 해, 개 구). ① [속뜻] 바다[海]에 사는 개[狗]. ② [동물] 물갯과의 바다 짐승. 몸의 길이는 수컷은 2미터, 암컷은 1미터 정도이며, 새끼 때는 검고 자라면 등은 회색을 띤 흑색이며 배는 붉은 갈색을 이룬다.

▸해:구-신 海狗腎 (콩팥 신). ① [속뜻] 물개[海狗]의 콩팥[腎]. ② [한의] 물개의 음경과 고환을 한방에서 이르는 말. 보신 강정제로 쓰인다.

해:국 海國 (바다 해, 나라 국). 바다[海]로 둘러싸인 나라[國]. '해양국'(海洋國)의 준말. [비] 섬나라.

해:군¹ 解軍 (풀 해, 군사 군). 군대(軍隊)를 해산(解散)함.

해:군² 海軍 (바다 해, 군사 군). [군사] 바다[海]에서 전투 따위를 맡아 하는 군대(軍隊). 주로 함정과 함재기 및 해병대 등으로 구성된다.

▸해:군-기 海軍機 (틀 기). [군사] 해군(海軍)에 딸린 항공기(航空機).

▸해:군-력 海軍力 (힘 력). [군사] 해군(海軍)의 군사력(軍事力).

▸해:군 공창 海軍工廠 (장인 공, 헛간 창). [군사] 해군(海軍)에서, 함선·병기 따위의 제조와 수리에 관한 일을 맡아보는 기관[工廠].

▸해:군 기장 海軍旗章 (깃발 기, 글 장). [군사] 해군 함정의 돛대 끝이나 깃대에 다는 해군(海軍)의 깃발[旗章].

▸해:군 기지 海軍基地 (터 기, 땅 지). [군사]

①해군(海軍)의 출동·귀항과 함선의 수리 및 보급 따위의 중심[基]이 되는 곳[地]. ②군항(軍港)과 그 작전 지역을 아울러 이르는 말.

해:권 海權 (바다 해, 권력 권). ① 속뜻 바다[海]를 통제할 수 있는 권력(權力). ②'해상권'(海上權)의 준말. ⑪제해권(制海權).

▶해:권-국 海權國 (나라 국). 법률 평시나 전시를 막론하고 무력으로 바다를 지배하여 해상에서 가지는 권력[海權]을 쥐고 있는 나라[國].

해:근 解斤 (풀 해, 근 근). ① 속뜻 근(斤)으로 풂[解]. ②물건을 근으로 달아서 팖.

해:금[1] 海禁 (바다 해, 금할 금). ① 속뜻 다른 나라 선박이 자기 나라 해안(海岸)에 들어오거나 고기잡이하는 것을 금지(禁止)함. ② 역사 예전에, 중국에서 해상 교통이나 무역·어업 따위에 두던 제한. 명나라·청나라 때에, 강화되었으나 1842년에 남경 조약으로 중국이 개항하면서 본래의 뜻을 잃게 된다.

해:금[2] 解禁 (풀 해, 금할 금). 금지(禁止)하였던 것을 풂[解].

해금[3] 奚琴 (어찌 해, 거문고 금). ① 속뜻 당나라 때 해족(奚族)이 사용한 거문고[琴] 비슷한 현악기. ② 음악 민속 악기의 한 가지. 둥근 나무통에 긴 나무를 박고 두 가닥의 명주실을 매어 활로 비벼서 켬.

▶해금-수 奚琴手 (손 수). 역사 예전에 해금(奚琴)을 잘 켜던 사람[手].

해기[1] 咳氣 (기침 해, 기운 기). 기침[咳] 기운(氣運).

해:기[2] 海技 (바다 해, 재주 기). 바다[海]의 선원으로서 지녀야 할 기술(技術).

▶해:기-사 海技士 (선비 사). 해기(海技)를 지닌 사람[士]. 국가에서 시행하는 해기사 면허 시험에 합격한 사람. 선장, 항해사, 기관사 등이 이에 해당한다. ⑪해기원(海技員).

해:기[3] 海氣 (바다 해, 기운 기). 바다[海] 위에 어린 기운(氣運).

▶해:기-욕 海氣浴 (목욕할 욕). 바닷[海] 공기(空氣)를 마시고 몸을 씻는[浴] 듯한 요양법.

해:난 海難 (바다 해, 어려울 난). 항해(航海) 중에 만나는 재난(災難). 배가 제 힘으로 벗어날 수 없을 정도의 위험을 이른다.

▶해:난 구:조 海難救助 (도울 구, 도울 조). 해난(海難)을 당한 배나 사람, 짐 따위를 구조(救助)하는 일.

▶해:난 심:판원 海難審判院 (살필 심, 판가름할 판, 관청 원). 해난(海難) 사고의 원인을 규명하는 등 행정적인 재결[審判]을 하는 기관[院].

▶해:난 증명서 海難證明書 (증거 증, 밝을 명, 글 서). 해난(海難) 사실을 증명(證明)하는 문서(文書).

해:내 海內 (바다 해, 안 내). ① 속뜻 바다[海]의 안[內]쪽. ②국내(國內). ⑫해외(海外). ③사해(四海)의 안. ⑪천하(天下), 세계(世界).

해:녀 海女 (바다 해, 여자 녀). 바다[海]에서 해산물 채취를 업으로 하는 여자(女子). ¶우리 할머니는 해녀이다.

해:단 解團 (풀 해, 모일 단). 단(團)의 이름이 붙은 단체를 해산(解散)함. ¶대표 선수단을 해단하다. ⑫결단(結團).

해:달 海獺 (바다 해, 수달 달). 동물 족제빗과의 바다[海] 짐승. 수달[獺]과 비슷한데 암컷이 수컷보다 조금 작다.

해담 咳痰 (기침 해, 가래 담). 기침[咳]할 때 나오는 가래[痰].

해:답 解答 (풀 해, 답할 답). ① 속뜻 문제를 풀어서[解] 밝히거나 답(答)함. 또는 그 답. ¶해답은 뒷장에 있다. ②어려운 일을 해결하는 방법. ¶해답은 늘 가까운 곳에 있다. ⑫문제(問題).

▶해:답-란 解答欄 (칸 란). 해답(解答)을 보인 칸[欄]. 또는 해답을 써넣을 수 있도록 비워 둔 난.

▶해:답-지 解答紙 (종이 지). 해답(解答)을 적은 종이[紙]. ㊟답지.

▶해:답-집 解答集 (모을 집). 해답(解答)을 모아서[集] 엮은 책.

해당[1] 該當 (그 해, 당할 당). ① 속뜻 바로 그것에[該] 관계됨[當]. 관계되는 그것. ¶해당 조건 / 해당 분야. ②어떤 범위나 조건 따위에 바로 들어맞음. ¶법률이 정한 조건에 해당 사항 없음.

▶해당-란 該當欄 (칸 란). 어떤 사항에 해당(該當)하는 칸[欄]. ¶출생지를 해당란에

기입하시오.

해:당² 解黨 (풀 해, 무리 당). 당(黨)을 해산(解散)함. 또는 당이 해산함.

해:당³ 害黨 (해칠 해, 무리 당). 당(黨)을 해롭게[害] 함. ¶해당 행위.

▸해:당-분자 害黨分子 (나눌 분, 접미사 자). 당(黨)에 해로운[害] 행동을 하는 사람[分子].

해:당 작용 解糖作用 (풀 해, 사탕 당, 지을 작, 쓸 용). 동물 동물의 여러 조직에서 산소 없이 당(糖)을 분해(分解)하여 에너지를 얻는 대사 과정의 작용(作用).

해:당-화 海棠花 (바다 해, 팥배나무 당, 꽃 화). ① 속뜻 바다[海]가에서 자라는 팥배[棠] 같은 나무의 꽃[花]. ② 식물 5~7월에 크고 향기 있는 붉은 꽃이 피는 나무. 바닷가의 모래땅이나 산기슭에 난다.

해:도¹ 海島 (바다 해, 섬 도). 바다[海] 가운데 떨어져 있는 섬[島].

해:도² 海圖 (바다 해, 그림 도). 항해(航海)할 때 사용하는 지도(地圖).

해:도³ 海濤 (바다 해, 큰 물결 도). 바다[海]의 큰 파도(波濤).

해:독¹ 害毒 (해칠 해, 독할 독). 해(害)를 끼치는 독소(毒素). 나쁜 영향을 끼치는 요소. ¶환경에 심각한 해독을 끼친다.

해:독² 解讀 (풀 해, 읽을 독). ① 속뜻 알기 쉽도록 풀어서[解] 읽음[讀]. ¶고전을 해독하여 들려주다. ② 암호 따위의 예사로 읽어서는 알 수 없는 것을 읽어서 알아냄.

해:독³ 解毒 (풀 해, 독할 독). 독기(毒氣)를 풀어서[解] 없앰. ¶해독 작용 / 뱀독을 해독하다.

▸해:독-제 解毒劑 (약제 제). 약학 몸 안에 들어간 독성(毒性) 물질의 작용을 없애는[解] 약[劑]. ¶이 독은 아직 해독제가 없다.

해:돈 海豚 (바다 해, 돼지 돈). 동물 바다[海]에 살며 돼지[豚]같이 큰 짐승. ㊥돌고래.

해:동¹ 解凍 (풀 해, 얼 동). 얼었던 것[凍]이 녹아서 풀림[解]. ¶고기를 전자레인지에 넣고 5분간 해동하세요.

해:동² 海東 (바다 해, 동녘 동). ① 속뜻 중국에서 바다[海]의 동(東)쪽에 있는 나라. ② 예전에 '우리나라'를 달리 이르던 말.

▸해:동-연 海東硯 (벼루 연). 우리나라[海東]의 들이나 흙으로 만든 벼루[硯]를 중국 벼루에 대하여 이르는 말.

▸해:동-종 海東宗 (마루 종). ① 속뜻 해동(海東)에 뿌리를 둔 종파(宗派). ② 불교 일체 만유는 모두 같은 법성을 지녔으며 모든 중생은 성불할 수 있다는 종지(宗旨)를 편 종파. 법성종(法性宗).

▸해:동-청 海東青 (푸를 청). ① 속뜻 해동(海東)에 사는 푸른[青] 매. ② 동물 맷과의 새. 편 날개의 길이는 30㎝, 부리의 길이는 2.7㎝ 정도로 독수리보다 작으며 등은 회색, 배는 누런 백색이다. 천연기념물 제323호이다. 매.

▸해:동-가요 海東歌謠 (노래 가, 노래 요). ① 속뜻 우리나라[海東]의 시가[歌謠]를 모은 책. ② 문학 조선 영조 39년에(1763) 김수장(金壽長)이 엮은 시조집. 883수(首)의 시조를 작가별로 실었다.

▸해:동-공자 海東孔子 (공자 공, 접미사 자). ① 속뜻 우리나라[海東]의 공자(孔子). ② 역사 고려 성종(成宗) 때의 학자 최충(崔沖)을 높여 일컫던 이름.

▸해:동-성국 海東盛國 (성대할 성, 나라 국). ① 속뜻 한반도[海東]에 있는 번성(繁盛)한 나라[國]. ② 역사 번영기 때의 발해를 중국에서 이르던 말.

▸해:동-중보 海東重寶 (무거울 중, 보배 보). ① 속뜻 우리나라[海東]의 귀중(貴重)한 보배[寶]. ② 역사 고려 성종(成宗) 이후에 통용되었던 주화.

▸해:동-통보 海東通寶 (통할 통, 보배 보). ① 속뜻 우리나라[海東]에서 통용(通用)되던 보배로운[寶] 돈. ② 역사 고려 숙종(肅宗)때 통용되었던 주화.

▸해:동-고승전 海東高僧傳 (높을 고, 스님 승, 전할 전). 문학 우리나라[海東] 고려 고종 때 각훈(覺訓)이 왕명으로 지은, 고승(高僧)의 전기(傳記)를 모아 엮은 책. 2권 1책.

해:득 解得 (풀 해, 얻을 득). ① 속뜻 뜻을 이해(理解)하여 그 의미를 얻음[得]. ② '뜻을 깨쳐 앎'을 이름.

해락 偕樂 (함께 해, 즐길 락). 여럿이 함께[偕] 즐김[樂].

해량¹ 海量 (바다 해, 분량 량). 바다[海]처럼 넓은 도량(度量). 또는 그런 마음으로 잘 헤아림. 주로 상대방의 용서를 높여 말할 때 쓴다. ¶선생님의 해량에 대해 깊이 감사드립니다.

해:량² 海諒 (바다 해, 살필 량). 바다[海]와 같이 넓은 마음으로 양해(諒解)함. 주로 편지 따위에서 상대방에게 용서를 구할 때 쓴다. ¶선생님의 넓은 해량을 바랍니다.

해:령 海嶺 (바다 해, 고개 령). [지리] 4,000~6,000미터 깊이의 바다[海] 밑에 산맥[嶺] 모양으로 솟은 지형. [비]해저 산맥(海底山脈).

해:례 解例 (풀 해, 본보기 례). 보기[例]를 들어서 풀이함[解]. ¶해례의 글을 쓰다.

▶해:례-본 解例本 (책 본). 내용을 알기 쉽게 자세한 예(例)를 들어 풀이해놓은[解] 책[本]. ¶훈민정음 해례본.

해:로¹ 海路 (바다 해, 길 로). 바다[海] 위로 배가 다니는 길[路]. 뱃길.

해로² 偕老 (함께 해, 늙을 로). 부부가 한평생 같이[偕] 지내고 늙음[老].

해:류¹ 海柳 (바다 해, 버들 류). ① [속뜻] 바다[海]에 사는 버들[柳] 같은 동물. ② [동물] 버들조롱과의 자포동물. 각질의 줄기 부분은 누런 갈색이며, 윗부분 양쪽에서 엽상체가 나와 있고 그 위로 자갈색 개충이 여러 개 열을 지어 있다.

해:류² 海流 (바다 해, 흐를 류). [지리] 항상 일정한 방향으로 움직이는 바닷물[海]의 흐름[流]. ¶해파리가 해류를 따라 이동한다.

▶해:류-도 海流圖 (그림 도). [지리] 해류(海流)의 종류나 방향·속도 따위를 나타낸 그림[圖].

▶해:류-병 海流甁 (병 병). [지리] 해류(海流)의 방향과 속도를 알기 위하여, 날짜와 장소 따위를 적어 넣어서 바다에 띄우는 병(甁).

해:륙 海陸 (바다 해, 물 륙). 바다[海]와 육지(陸地).

▶해:륙-군 海陸軍 (군사 군). 해군(海軍)과 육군(陸軍).

▶해:륙-풍 海陸風 (바람 풍). ① [속뜻] 바다와 육지[海陸] 사이에서 왔다 갔다 부는 바람[風]. ② [지리] 해안 지방에서, 낮에는 바다에서 육지로, 밤에는 육지에서 바다로 방향이 바뀌어 부는 바람.

해:리¹ 海里 (바다 해, 거리 리). 해상(海上)의 거리[里]를 나타내는 단위. 위도 1도의 60분의 1로 약 1852m이다.

해:리² 海狸 (바다 해, 너구리 리). ① [속뜻] 바다[海]에서 사는 너구리[狸]. ② [동물] 비버과의 포유류를 통틀어 이르는 말. 몸의 길이는 60~70cm이며, 몸무게는 20~27kg이다. 꼬리는 넓고 편평하며 비늘로 덮여 있다. 귓바퀴는 몹시 작고 뒷발에 물갈퀴가 발달하여 헤엄을 잘 친다. 비버(beaver).

해:리³ 解離 (풀 해, 떨어질 리). ① [속뜻] 풀려서[解] 떨어짐[離]. 또는 떨어지게 함. ② [화학] 분자나 결정이 보다 작은 분자나 원자단(原子團)·이온 따위로 분해하고, 상황에 따라서는 반대로 진행하기도 하는 현상.

▶해:리-도 解離度 (정도 도). ① [속뜻] 해리(解離)된 정도(程度). ② [화학] 해리된 분자 수와 해리 이전의 분자 총수와의 비(比).

▶해:리-열 解離熱 (더울 열). [화학] 해리(解離)를 일으키는 데에 필요한 열량(熱量).

해:마 海馬 (바다 해, 말 마). ① [속뜻] 바다[海] 말[馬]. ② [동물] 실고깃과의 바닷물고기. 몸길이는 5~15cm로 온몸이 골판(骨板)으로 뒤덮이고 머리가 말의 머리와 비슷하다. 등지느러미로 헤엄치는데 부드럽고 긴 꼬리로 해초를 감는다.

해:만¹ 海灣 (바다 해, 물굽이 만). [지리] ①바다[海]가 육지 깊숙이 들어간 곳[灣]. [준]만. ②바다와 만(灣).

해:만² 解娩 (풀 해, 낳을 만). ① [속뜻] 해산(解産)하여 분만(分娩)함. ②아이를 낳음. [비]해산(解産).

해:만³ 懈慢 (게으를 해, 게으를 만). 게으르고[懈] 태만(怠慢)함.

해:망-구실 蟹網俱失 (게 해, 그물 망, 함께 구, 잃을 실). ① [속뜻] 게[蟹]도 그물[網]도 다[俱] 잃음[失]. ②'이익을 보려다가 밑천까지 잃음'을 비유하여 이르는 말.

해:면¹ 解免 (풀 해, 면할 면). ① [속뜻] 책임을 벗어서[解] 면(免)함. [비]해제(解除). ②관직이나 직책 따위에서 물러나게 함.

해:면² 海面 (바다 해, 쪽 면). 바다[海]의 표면(表面). ¶해면 위로 떠오르는 해.

▶해:면 기압 海面氣壓 (공기 기, 누를 압).

지리 해수면(海水面)을 기준으로 지표면의 높이에 따라 달라지는 기압(氣壓)을 환산한 값.

해:면[3] **海綿** (바다 해, 솜 면). ① 속뜻 바다[海]에 사는 솜[綿] 같은 동물. ② 동물 정제한 해면동물의 뼈. ㊥갯솜, 스펀지. ③ 동물 '해면동물'(海綿動物)의 준말.

▶ **해:면-질** 海綿質 (바탕 질). ① 속뜻 해면(海綿)을 이루는 바탕[質]. ② 동물 해면동물의 골격을 이루는 섬유(纖維)를 구성하는 단백질.

▶ **해:면-체** 海綿體 (몸 체). ① 속뜻 해면(海綿) 같은 물체(物體). ② 의학 포유동물의 음경(陰莖)이나 음핵(陰核)에서처럼 혈액의 충만으로 부피가 커지는 조직.

▶ **해:면-동물** 海綿動物 (움직일 동, 만물 물). ① 속뜻 해면(海綿)으로 된 동물(動物). ② 동물 후생동물의 한 문. 가장 원시적인 다세포 동물이며, 몸의 기본형은 항아리 모양이고 밑 부분의 끝이 다른 물체에 부착한다. 몸은 부드럽고 골편이나 섬유 따위로 이루어져 있다.

▶ **해:면상-금** 海綿狀金 (형상 상, 황금 금). 붉은빛을 띤 누른 갯솜[海綿] 모양[狀]으로 된 것인데, 금(金)으로 만듦. 치과에서 이의 틈에 채우는 데 쓰는 작은 금덩이이다.

▶ **해:면 조직** 海綿組織 (짤 조, 짤 직). 식물 '해면상 조직'(海綿狀組織)의 준말.

▶ **해:면상 조직** 海綿狀組織 (형상 상, 짤 조, 짤 직). 식물 갯솜[海綿] 모양[狀]의 조직(組織). 잎살을 이루는 조직의 한 가지로, 세포의 성긴 조직으로 가스 교환 따위를 한다.

해:명[1] **海鳴** (바다 해, 울 명). 바다[海]에서 들려오는 천둥과 같은 울음소리[鳴]. 태풍·저기압의 존재나 접근의 징조로 여겨진다. ¶갑자기 일몰 무렵부터 날카로운 해명을 동반하고 바람이 거칠어지기 시작했다.

해:명[2] **解明** (풀 해, 밝을 명). 까닭이나 내용 따위를 풀어서[解] 밝힘[明]. ¶그는 이 사건에 대해 아무런 해명도 하지 않았다.

▶ **해:명-서** 解明書 (글 서). 해명(解明)하는 글[書].

▶ **해:명 신화** 解明神話 (귀신 신, 이야기 화). ① 속뜻 내용을 풀어서[解] 밝히는[明] 신화(神話). ② 문학 주로 자연이나 문화적 사상(事象)의 기원과 유래 또는 성립 과정 따위를 설명하는 신화.

해:몽[1] **解蒙** (풀 해, 어두울 몽). 사리에 어둡고 어리석음[蒙]을 깨우침[解]. 몽매함을 일깨워 줌.

해:몽[2] **解夢** (풀 해, 꿈 몽). 꿈[夢]의 내용을 풀어서[解] 길흉(吉凶)을 판단함. ¶어젯밤에 꾼 꿈 해몽 좀 해 주세요.

해:무 **海霧** (바다 해, 안개 무). 바다[海] 위에 끼는 안개[霧]. ¶해무에 덮인 수면 / 바다의 수면에는 해무가 짙게 끼어 있었다.

해:물 **海物** (바다 해, 만물 물). 바다[海]에서 나는 것[物]. '해산물'(海産物)의 준말.

해:미 **海味** (바다 해, 맛 미). 해산물(海産物)로 만든 맛좋은[味] 반찬.

해미 읍성 **海美邑城** (바다 해, 아름다울 미, 고을 읍, 성곽 성). 고적 충청남도 서산시 해미읍(海美邑)에 있는 옛 성[城]. 조선 성종 22년(1491)에 축조되었으며, 원형 그대로 남아 있다.

해박 **該博** (맞을 해, 넓을 박). ① 속뜻 하는 말이 다 맞고[該] 앎이 넓음[博]. ② 배움이 넓고 아는 것이 많음. ¶해박한 지식 / 상식이 해박한 사람.

해:발 **海拔** (바다 해, 뽑을 발). 해면(海面)으로부터 뽑아[拔] 낸 듯이 위로 솟은 육지나 산의 높이. ¶그 산은 해발 2,000미터이다.

해:방 **解放** (풀 해, 놓을 방). 몸과 마음의 속박이나 제한 따위를 풀어서[解] 자유롭게 놓아줌[放]. ¶노예 해방.

▶ **해:방-구** 解放區 (나눌 구). ① 속뜻 해방(解放)된 지역[區]. ② 한 국가 안에서 저항 세력이 중앙 권력의 지배를 배제하고 저항의 근거지로 지배하는 지역. ③ 역사 중국 혁명의 과정에서 공산당 정권이 통치한 지구.

▶ **해:방 문학** 解放文學 (글월 문, 배울 학). 문학 압박을 받는 계급이나 민족이 해방(解放)과 자유를 얻기 위한 수단으로 창작한 문학(文學).

▶ **해:방 신학** 解放神學 (귀신 신, 배울 학). 가톨릭 가난하고 억압 받는 자들의 해방(解放)을 위하여 교회는 혁명 운동에 적극 참여해야 한다는 가톨릭 신학(神學).

▶ **해:방 운:동** 解放運動 (돌 운, 움직일 동). 사회 압박을 당하는 상태에서 벗어나고자

하는[解放] 운동(運動).

해ː배 解配 (풀 해, 나눌 배). 귀양 살아 유배(流配)를 풀어 주던[解] 일.

해ː벌 解罰 (풀 해, 벌할 벌). 형벌(刑罰)을 풀어줌[解].

해ː법 解法 (풀 해, 법 법). ① 속뜻 해내기 어렵거나 곤란한 일을 푸는[解] 방법(方法). ¶한자 어휘의 속뜻을 푸는 해법을 찾아냈다. ② 수학 문제를 푸는 방법.

해ː변 海邊 (바다 해, 가 변). 바다[海]의 가장자리[邊]. ¶해변을 거닐다. ⓑ바닷가.

▸해ː변 식물 海邊植物 (심을 식, 만물 물). 식물 해변(海邊)의 모래밭에 나는 식물(植物). 대개 잎이 두껍고 햇빛과 바람에 잘 견디는 특성이 있다.

▸해ː변 학교 海邊學校 (배울 학, 가르칠 교). 교육 여름 방학 동안에 아동들의 건강과 특별한 교육적 목적을 위하여 바닷가[海邊]에 임시로 개설하는 학교(學校).

해ː병 海兵 (바다 해, 군사 병). 군사 ① 해군(海軍)의 병사(兵士). ② 해병대(海兵隊)의 병사(兵士). ¶한번 해병은 영원한 해병이다.

▸해ː병-대 海兵隊 (무리 대). 군사 해륙 양면에서 전투할 수 있도록 특별히 편성되고 훈련된 해병(海兵)의 육상 전투 부대(部隊). ¶아버지는 해병대 출신이다.

해ː보 海堡 (바다 해, 작은성 보). 군사 바닷가[海]에 설치한 보루(堡壘)나 포대(砲臺).

해ː부 解剖 (가를 해, 쪼갤 부). ① 속뜻 가르고[解] 쪼갬[剖]. ② 생물 생물체의 일부 또는 전부를 절개(切開)하여 내부를 조사하는 일. ¶개구리 해부 / 인체 해부. ③ 사물의 조리(條理)를 자세히 분석하여 연구함. ⓑ 해체(解體).

▸해ː부-도 解剖刀 (칼 도). 의학 수술이나 해부를(解剖) 할 때 쓰는, 작고 날카로운 칼[刀]. ⓑ메스(mes).

▸해ː부-제 解剖祭 (제사 제). 해부(解剖)에 쓰는 시체의 영혼을 위로하기 위하여 지내는 제사(祭祀).

▸해ː부-학 解剖學 (배울 학). 생물체를 해부(解剖)하여 그 구조를 연구하는 학문(學問).

▸해ː부 표본 解剖標本 (나타낼 표, 본보기 본). 의학 해부(解剖)하여 생물체의 내부 및 그 상호 관계를 보기 쉽게 만든 표본(標本).

해ː분 海盆 (바다 해, 동이 분). ① 속뜻 바다[海] 속의 동이[盆] 같은 지역. ② 지리 해저 3,000~6,000미터의 깊이에서 약간 둥글게 오목 들어간 곳.

해ː빙[1] 海氷 (바다 해, 얼음 빙). 바닷물[海]이 얼어서 된 얼음[氷].

해ː빙[2] 解氷 (풀 해, 얼음 빙). ① 속뜻 얼음[氷]이 풀림[解]. ¶한강이 해빙되다. ② '국제간의 긴장이 완화됨'을 비유하여 이르는 말. ¶동서 양대 진영의 해빙기. ⓑ결빙(結氷).

해ː사[1] 海士 (바다 해, 선비 사). 해군(海軍)의 정규 사관(士官)을 양성하는 학교. '해군사관학교'(海軍士官學校)의 준말.

해ː사[2] 海沙 (바다 해, 모래 사). 바닷[海] 모래[沙].

해사[3] 該社 (그 해, 회사 사). 그[該] 회사(會社).

해ː사[4] 海事 (바다 해, 일 사). 바다[海]에 관한 모든 일[事].

▸해ː사 공법 海事公法 (여럿 공, 법 법). 법률 바다에서 일어나는 모든 일[海事]에 관한 공법(公法)을 통틀어 이르는 말. 국제 공법인 영해·공해에 관한 규정, 봉항(封港)·포획에 관한 규정과 국내 공법인 선박법·선박 안전법·선원법·수선법(水船法)·해난(海難) 심판법 따위가 있다.

해ː산[1] 海山 (바다 해, 메 산). ① 속뜻 바다[海] 속의 산(山). ② 지리 깊은 해저로부터 1000m 이상의 높이로 우뚝 솟아 있는 지형.

해ː산[2] 海産 (바다 해, 낳을 산). 바다[海]에서 나오는[産] 물건. '해산물'의 준말.

▸해ː산-물 海産物 (만물 물). 바다[海]에서 나는[産] 생물(生物). 어패류나 해초 등. ¶자갈치 해산물 시장.

▸해ː산 비ː료 海産肥料 (기름질 비, 거리 료). 농업 해산물(海産物)을 원료로 한 비료(肥料).

해ː산[3] 解産 (풀 해, 낳을 산). 몸을 풀어[解] 아이를 낳음[産]. ¶해산의 고통 / 무사히 여아를 해산했다. ⓑ분만(分娩), 해만(解娩), 해복(解腹).

▸해ː산-구원 解産救援 (건질 구, 당길 원).

해산(解産)을 도와줌[救援].

해:산⁴ 解散 (가를 해, 흩을 산). ① 속뜻 이리저리 갈리어[解] 흩어짐[散]. ② 모였던 사람이 흩어짐. 또는 흩어지게 함. ¶회의가 끝나자 회원들이 해산하였다. ③ 집단, 조직, 단체 따위가 해체하여 없어짐. 또는 없어지게 함. ¶강제 해산. ⓑ집합(集合).

▶해:산 명:령 解散命令 (명할 명, 시킬 령). ① 속뜻 모인 군중에게 흩어져 돌아가라고 [解散] 내리는 명령(命令). ② 법률 법인(法人)이 명령을 어기거나 하여 그 존속을 허용할 수 없다고 인정할 때, 국가가 해산하라고 내리는 명령.

해:삼 海蔘 (바다 해, 인삼 삼). ① 속뜻 바다[海]의 인삼(人蔘) 같은 동물. ② 동물 온몸에 밤색과 갈색의 반문이 있는 동물. 입 둘레에 많은 촉수가 있고 배에 세로로 세 줄의 관족(管足)이 있다.

▶해:삼-초 海蔘炒 (볶을 초). 마른 해삼(海蔘)을 물에 불려서 갖은 양념을 넣고 볶은 [炒] 음식.

▶해:삼-탕 海蔘湯 (끓을 탕). ① 속뜻 마른 해삼(海蔘)과 쇠고기를 넣어서 끓인[湯] 음식. ② 중국 요리의 한 가지. 마른 해삼을 삶아 죽순, 송이버섯, 풋고추 따위를 썰어 넣고 볶은 다음에 물에 푼 녹말을 끼얹어서 만든다.

▶해:삼-회 海蔘膾 (회 회). 해삼(海蔘)의 내장을 빼고 썰어서 초고추장이나 진장에 찍어 먹는 회(膾).

해:상¹ 海床 (바다 해, 평상 상). 지리 바다[海]의 밑바닥[床].

해:상² 海象 (바다 해, 모양 상). 바다[海]에 관한 자연 과학적 현상(現象)을 통틀어 이르는 말.

해:상³ 解喪 (풀 해, 죽을 상). 어버이의 삼년상(三年喪)을 마침[解]. ⓑ탈상(脫喪).

***해:상⁴** 海上 (바다 해, 위 상). 바다[海] 위[上]. ¶해상 경비대.

▶해:상-권 海上權 (권력 권). ① 속뜻 바다[海上]를 통제할 수 있는 권력(權力). ② 법률 제해권(制海權). ⓒ해권.

▶해:상-법 海上法 (법 법). ① 속뜻 해상(海上)에 관련된 모든 법(法). ② 법률 항해에 관한 법률을 통틀어 이르는 말.

▶해:상-왕 海上王 (임금 왕). ① 속뜻 바다[海] 위[上]의 왕(王). ② 바다에서 벌이는 여러 활동을 다스리는 세력을 가지는 사람. ¶해상왕 장보고.

▶해:상 경:찰 海上警察 (지킬 경, 살필 찰). ① 속뜻 바다[海] 위[上]를 지키는 경찰(警察). ② 법률 하천이나 운하, 항만에서 방범, 경비, 선박의 교통정리 또는 위험 방지, 조난 구조 따위에 관한 임무를 맡은 경찰. ⓑ수상 경찰(水上警察).

▶해:상 급유 海上給油 (줄 급, 기름 유). 해양 항해 중인 선박에 바다[海] 위[上]에서 연료[油]를 보급(補給)하는 일. ⓑ양상급유(洋上給油).

▶해:상 무:역 海上貿易 (바꿀 무, 바꿀 역). 경제 거래 물품을 선박으로 운송하는[海上] 무역(貿易).

▶해:상 보:험 海上保險 (지킬 보, 험할 험). 경제 손해 보험의 한 가지. 항해[海上]의 사고로 입는 선박이나 화물 따위의 손해를 메우기 위한 보험(保險).

▶해:상 봉쇄 海上封鎖 (봉할 봉, 잠글 쇄). ① 속뜻 해상(海上) 출입을 봉쇄(封鎖)함. ② 해군력으로 딴 나라의 항만을 막아 기능을 잃게 하거나, 연안에 배가 드나드는 것을 막는 일.

▶해:상 예식 海上禮式 (예도 례, 의식 식). ① 속뜻 바다[海] 위[上]에서 하는 예식(禮式). ② 군사 해군 함정이 해상에서 다른 나라의 군함을 만나거나, 연안의 포대에 이르렀을 때에 예포(禮砲)를 쏘거나 기장(旗章)을 올려서 하는 예식.

▶해:상-용왕 海上龍王 (용 룡, 임금 왕). ① 속뜻 바다 위[海上]의 용왕(龍王). ② 불교 관세음보살의 오른쪽에 있는 보처(補處). ⓑ보살(菩薩).

▶해:상 운:송 海上運送 (옮길 운, 보낼 송). 해상(海上)에서 배로 하는 운송(運送). ⓒ해운.

▶해:상 포:획 海上捕獲 (잡을 포, 얻을 획). ① 속뜻 해상(海上)에서 사로잡아[捕] 얻음[獲]. ② 군사 교전 상태에 있는 한 나라가 적국의 함선이나 화물, 또는 중립을 위반한 혐의가 있는 제3국의 배를 잡아가는 일.

해:상⁵ 海商 (바다 해, 장사 상). ① 속뜻 배에 물건을 싣고 다니면서 바다[海]에서 하는 장사[商]. 또는 그런 장수. ② 해산물을 팔

고 사는 장사. 또는 그렇게 하는 장수.

▸해ː상-법 海商法 (법 법). ① 속뜻 바다를 통한 장사[海商]에 관한 법(法). ② 법률 상법 가운데 '해상 기업에 관한 법규'를 통틀어 이르는 말. ㊥해법.

해ː상[6] 解像 (풀 해, 모양 상). 영상(映像) 따위의 모양을 분해(分解)하여 선명하게 나타냄.

▸해ː상-도 解像度 (정도 도). ① 속뜻 영상(映像) 따위의 모양을 분해(分解)하여 선명하게 나타낸 정도(程度). ② 전기 텔레비전 화면이나 컴퓨터의 디스플레이 따위의 표시의 선명도. 보통 텔레비전 브라운관의 높이와 같은 거리 내에서 식별할 수 있는 화면상의 선의 최대 수를 이르는데, 대부분의 수신기는 350~400개이다.

▸해ː상-력 解像力 (힘 력). ① 속뜻 영상(映像) 따위의 모양을 분해(分解)하여 선명하게 나타내는 렌즈의 능력(能力). ② 물리 사진 촬영에서, 감광막(感光膜)에 피사체(被寫體)의 선명하고 미세한 상(像)을 재현시킬 수 있는 렌즈의 능력. ③ 물리 현미경의 렌즈 따위가, 상의 미세한 부분을 식별할 수 있는 능력.

해ː서[1] 海西 (바다 해, 서녘 서). ① 속뜻 바다[海]의 서쪽[西]. ② '황해도(黃海道)'의 딴 이름.

해서[2] 楷書 (본보기 해, 쓸 서). 본보기[楷]가 되는 서체(書體). 한자 서체의 한 가지. 예서(隸書)에서 발달하였는데 글자 모양이 가장 반듯하다. ㊐정서(正書).

해ː서산맹 海誓山盟 (바다 해, 맹세할 서, 메 산, 맹세할 맹). ① 속뜻 산(山)과 바다[海]처럼 변치 않을 맹세[盟誓]를 함. ② 굳은 맹세를 이르는 말.

해ː석[1] 解析 (풀 해, 가를 석). ① 속뜻 분해(分解)하고 분석(分析)함. 가름. ② 사물을 자세히 이론적으로 연구함. ③ 수학 '해석학'(解析學)의 준말.

▸해ː석-학 解析學 (배울 학). ① 속뜻 풀어서 가르는[解析] 것을 위주로 하는 학문(學問). ② 수학 대수학이나 기하학에 대하여 극한의 개념을 기초로 하여 연구하는 수학의 여러 부문. 미분학, 적분학 따위. ③ 수학 기하학 이외의 수학을 통틀어 이르는 말.

▸해ː석 기하학 解析幾何學 (몇 기, 무엇 하, 배울 학). 수학 기하학적 도형(圖形)을 좌표에 따라 보이고, 그 도형의 관계를 대수 방정식으로 밝히는[解析] 기하학(幾何學).

해ː석[2] 解釋 (풀 해, 풀 석). ① 속뜻 이해(理解)하기 쉽도록 풀어냄[釋]. ② 문장이나 사물 따위로 표현된 내용을 이해하고 설명함. 또는 그 내용. ¶이 영어 문장을 해석해 주세요.

▸해ː석-학 解釋學 (배울 학). 철학 문헌이나 예술 따위 인간 정신의 소산(所産)을 이해하기 위하여 해석(解釋)의 방법과 규칙, 이론을 다루는 학문적(學問的) 방법.

▸해ː석 법규 解釋法規 (법 법, 법 규). 법률 당사자의 의사 표시가 있는 경우에, 불분명한 부분을 해석(解釋)하여 적용하는 임의법규(任意法規).

▸해ː석 법학 解釋法學 (법 법, 배울 학). 법률 민법이나 형법 따위 실정법의 의미와 내용을 체계적·합리적으로 해석(解釋)하는 법학(法學)의 한 분야.

해ː설 解說 (풀 해, 말씀 설). 알기 쉽게 풀어서[解] 설명(說明)함. 또는 그 설명. ¶경기 해설 / 작품 해설.

▸해ː설-자 解說者 (사람 자). 문제나 사건의 내용 따위를 알기 쉽게 풀어[解] 설명(說明)하는 사람[者]. ¶중계 아나운서와 해설자.

해성 諧聲 (화합할 해, 소리 성). ① 속뜻 소리[聲]를 나타내는 요소를 합침[諧]. ② 언어 한자 육서(六書)의 하나. 두 글자를 합하여 새 글자를 만드는 방법으로, 한쪽은 뜻을 나타내고 다른 쪽은 음을 나타낸다. '銅'자에서 '金'은 금속의 뜻을 나타내고 '同'은 음을 나타내는 따위. ㊐형성(形聲).

해ː성-층 海成層 (바다 해, 이룰 성, 층 층). 지리 바다[海] 환경에서 퇴적하여 이루어진[成] 지층(地層).

해ː성-토 海成土 (바다 해, 이룰 성, 흙 토). 지리 풍화한 암석이 바닷물[海]에 운반되어 도태되고 퇴적하여 이루어진[成] 바다흙[土].

해ː소[1] 海嘯 (바다 해, 울부짖을 소). ① 속뜻 바다[海]가 울부짖는[嘯] 것 같은 거센 파도. ② 지리 얇은 해안이나 좁은 강어귀 같은 곳에서 밀물 때 일어나는 거센 파도. ③ 지리 썰물 때 빠지는 조류(潮流)가 해면과 충돌할 때 일어나는 파도 소리. ④ 지리 해일(海溢).

해:소² 解消 (풀 해, 사라질 소). ① 속뜻 풀어서[解] 없앰[消]. ② 좋지 않은 상태를 없애는 것. ¶스트레스 해소 / 교통 체증을 해소하다.

해:소³ 解訴 (풀 해, 하소연할 소). ① 속뜻 소송(訴訟)을 해지(解止)함. ② 법률 원고가 소송을 취소함. ㊊해송(解訟).

해:손 海損 (바다 해, 덜 손). 해난(海難)으로 입는 손해(損害).

▸해:손 계:약서 海損契約書 (맺을 계, 묶을 약, 글 서). 해양 화물의 주인이 공동 해손(海損)이 일어난 경우에, 부담액을 지급하기로 승낙한 계약서(契約書).

해:송 海松 (바다 해, 소나무 송). ① 속뜻 바닷가[海]에 나는 소나무[松]를 통틀어 이르는 말. ② 식물 소나뭇과의 상록 침엽 교목. 높이는 20미터 정도로 주로 해변에서 자란다. ㊊곰솔. ③ 식물 잣나무. 소나뭇과의 상록 교목으로 잎은 다섯 개씩 뭉쳐난다.

해수¹ 咳嗽 (기침할 해, 기침할 수). 의학 기침[咳=嗽]. ㊊수해(嗽咳).

해:수² 海獸 (바다 해, 짐승 수). ① 속뜻 바다[海]의 짐승[獸]. ② 고래, 물개 따위와 같이 바다에 사는 포유동물을 통틀어 이르는 말.

해:수³ 海水 (바다 해, 물 수). 바다[海]의 물[水].

▸해:수-면 海水面 (쪽 면). 바닷물[海水]의 표면(表面). ¶해수면의 상승으로 많은 농경지가 침수되었다. ㊌해면.

▸해:수-욕 海水浴 (목욕할 욕). 바닷물[海水] 속에서 몸을 담그고[浴] 헤엄치거나 노는 일. ¶해수욕하러 가자!

▸해:수욕-장 海水浴場 (목욕할 욕, 마당 장). 해수욕(海水浴)을 할 수 있도록 환경과 시설이 되어 있는 곳[場]. ¶오늘 해수욕장이 개장했다.

해:식¹ 解式 (풀 해, 법 식). ① 속뜻 풀이하는[解] 방식(方式). ② 수학 운산(運算)의 순서를 일정한 기호와 방법으로 기록하는 식.

해:식² 海蝕 (바다 해, 갉아먹을 식). ① 속뜻 바다[海] 언덕이 좀먹듯이[蝕] 파여 들어감. ② 지리 파도, 조류, 연안류 따위가 해안을 침식하는 현상.

▸해:식-대 海蝕臺 (돈대 대). ① 속뜻 해안(海岸)이 침식(浸蝕)하여 생긴 평평한 곳[臺]. ② 지리 해안의 바위가 해식으로 밀려나고, 그 앞면의 수면 아래에 이루어진 평탄한 지형. 썰물 때는 드러나고 밀물 때는 물 밑으로 들어간다.

▸해:식-동 海蝕洞 (구멍 동). 지리 해식(海蝕)으로 생긴 동굴[洞].

▸해:식-애 海蝕崖 (벼랑 애). 지리 해식(海蝕) 작용으로 이루어진 해안의 벼랑[崖].

▸해:식 단:구 海蝕段丘 (층계 단, 언덕 구). 지리 해식(海蝕)으로 이루어진 해안의 계단(階段) 모양의 언덕[丘].

▸해:식 대지 海蝕臺地 (돈대 대, 땅 지). 지리 바닷물[海]의 침식(侵蝕) 작용에 의해 이루어진 평평한 땅[臺地].

해:신 海神 (바다 해, 귀신 신). 바다[海]를 다스리는 신(神).

해:심 海深 (바다 해, 깊을 심). 바다[海]의 깊이[深].

해:아 海牙 (바다 해, 어금니 아). 지리 '헤이그'(Hague)의 한자 음역어.

해:악 害惡 (해칠 해, 나쁠 악). 해(害)가 되는 나쁜[惡] 영향. ¶사회에 큰 해악을 바로잡다. ㊌해.

⁑**해:안** 海岸 (바다 해, 언덕 안). 바닷가[海]의 언덕[岸]. 바다의 기슭. ¶해안을 따라 산책하다.

▸해:안-도 海岸島 (섬 도). 바닷가[海]의 한 기슭[岸]이 떨어져 나가서 된 섬[島].

▸해:안-선 海岸線 (줄 선). 지리 ① 바다와 육지의 경계가 되는 해안(海岸)을 따라 길게 연결한 선(線). ¶남해안은 해안선이 복잡하다. ② 해안을 따라 부설한 철도의 선로. ㊊연해선(沿海線).

▸해:안 기후 海岸氣候 (기후 기, 기후 후). 지리 해안(海岸)이나 호반 지역에서 나타나는 기후(氣候). 해양의 영향을 받으므로 내륙보다 온화하며 해륙풍이 발달하기 쉽다.

▸해:안 단구 海岸段丘 (층계 단, 언덕 구). 지리 해안선(海岸線)을 따라서 계단(階段) 모양으로 되어 있는 언덕[丘] 형태의 좁고 긴 지형.

▸해:안 사구 海岸沙丘 (모래 사, 언덕 구). 지리 해안(海岸)에 발달한 모래[沙] 둔덕

[丘].

▸해:안 요새 海岸要塞 (요할 요, 변방 새). 해안(海岸)의 중요한 곳에 설치한 요새(要塞).

▸해:안 지형 海岸地形 (땅 지, 모양 형). [지리] 직접 또는 간접적인 바다의 작용 때문에 해안(海岸)에 이루어진 지형(地形).

▸해:안 평야 海岸平野 (평평할 평, 들 야). [지리] ① 흔히 바다 밑의 퇴적층이 융기하여 해안(海岸)에 이룩된 평야(平野). ② 삼각주나 간석지와 같이 해안에 발달한 평야.

▸해:안 도서족 海岸島嶼族 (섬 도, 섬 서, 겨레 족). 태평양이나 인도양[海岸] 등지의 섬[島嶼]들에 사는 종족(種族).

▸해:안 방풍림 海岸防風林 (막을 방, 바람 풍, 수풀 림). [해양] 해안(海岸)에 불어오는 바닷바람[風]과 염분의 피해를 막기[防] 위해 만든 숲[林].

해:약 解約 (풀 해, 묶을 약). ① [속뜻] 약속(約束)을 해지(解止)하여 취소함. ② 약속이나 계약 따위가 깨어짐. ③ [법률] 계약 당사자 한쪽의 의사 표시에 의하여 계약에 기초한 법률관계를 말소하는 것. ¶보험을 해약하다. [비] 파약(破約), 해지(解止).

***해:양** 海洋 (바다 해, 큰바다 양). 육지에 붙은 바다[海]와 육지에서 멀리 떨어진 넓은 바다[洋]. ¶해양 자원 / 해양 오염.

▸해:양-국 海洋國 (나라 국). 사면이 바다[海洋]로 에워싸인 나라[國]. 섬나라. [준] 해국.

▸해:양-성 海洋性 (성질 성). 해양(海洋)이나 그 인접 지역에서 볼 수 있는 특성(特性). [반] 대륙성(大陸性).

▸해:양-학 海洋學 (배울 학). 해양(海洋)에 관한 여러 가지 현상을 연구하는 학문(學問).

▸해:양 개발 海洋開發 (열 개, 나타날 발). 해양(海洋)과 해저(海底)에 있는 생물, 광물, 에너지 따위 자원을 개발(開發)함.

▸해:양 기단 海洋氣團 (공기 기, 모일 단). [지리] 해양(海洋)에서 생긴 건조한 기단(氣團).

▸해:양 봉쇄 海洋封鎖 (봉할 봉, 잠글 쇄). [법률] 국가가 일정한 해양(海洋)을 영유하고, 필요에 따라 이를 봉쇄(封鎖)하는 일. [반] 해양 자유(海洋自由).

▸해:양 자유 海洋自由 (스스로 자, 말미암을 유). [법률] 항행과 통상을 위하여 해양(海洋)은 어떤 국가의 영유(領有)에도 속하지 않고 자유(自由)로이 이용될 수 있어야 한다는 주장. [반] 해양 봉쇄(海洋封鎖).

▸해:양 기상대 海洋氣象臺 (공기 기, 모양 상, 돈대 대). [지리] 해양(海洋) 기상의 관측과 예보 따위의 일을 맡아 하는 기상대(氣象臺).

▸해:양성 기후 海洋性氣候 (성질 성, 기후 기, 기후 후). [지리] 해양(海洋)의 영향을 크게 받는 성질(性質)을 가진 기후(氣候). 일교차가 적고, 날씨가 흐리고 비가 잦다. [반] 대륙성 기후(大陸性氣候).

▸해:양 회유성 海洋回遊性 (돌아올 회, 떠돌 유, 성질 성). ① [속뜻] 바다[海洋]에서 해류에 따라 돌아[回] 다니는[遊] 성질(性質). ② [수산] 어류(魚類)가 바닷물의 흐름을 따라 이동하는 성질.

해:어[1] 海魚 (바다 해, 물고기 어). 바다[海]에 사는 물고기[魚]. 바닷물고기.

해:어[2] 解語 (풀 해, 말씀 어). 말[語]의 뜻을 이해(理解)함.

해:역 海域 (바다 해, 지경 역). 바다[海] 위의 일정한 구역(區域). ¶거제와 통영 일대는 청정 해역으로 지정되었다.

해:연[1] 海淵 (바다 해, 못 연). ① [속뜻] 바다[海]의 연못[淵]. ② [지리] 해구(海溝) 가운데서 특히 깊게 움푹 파인 곳.

해:연[2] 海燕 (바다 해, 제비 연). ① [속뜻] 바다[海]에 사는 제비[燕]. ② [동물] 왜형류(歪形類)의 동물. 몸은 지름 11㎝ 정도의 둥그스름하고 긴 오각형으로 입이 오목하다.

해:열 解熱 (풀 해, 더울 열). [의학] 몸에 오른 열(熱)을 풀어[解] 내림.

▸해:열-약 解熱藥 (약 약). [약학] 해열(解熱)에 쓰는 약(藥). [비] 해열제.

▸해:열-제 解熱劑 (약제 제). [약학] 해열(解熱)에 쓰는 약[劑]. [비] 해열약.

해:오 解悟 (풀 해, 깨달을 오). [불교] 도리를 이해(理解)하고 깨달음[悟]. 개오(開悟). 오입(悟入).

해:옥 解玉 (가를 해, 옥돌 옥). ① [속뜻] 옥(玉)을 가름[解]. ② [경제] 증권 시세가 급변하여 정상적인 결제가 어려울 때, 계약 당사자끼

리 협의하여 일정한 가격으로 계약 내용을 조정함.

해:왕-성 海王星 (바다 해, 임금 왕, 별 성). ① 속뜻 바다[海]의 왕(王)을 상징하는 별[星]. 영문명 'Neptune'은 로마 신화 중 '바다의 신'을 뜻한다. ② 천문 태양계의 안쪽으로부터 여덟 번째의 행성. 공전 주기 164.8년인데, 태양에서 평균 거리는 약 45억 km이다.

해:외 海外 (바다 해, 밖 외). 바다[海]의 밖[外]. 다른 나라. ㉥외국(外國). ㉤국내(國內), 해내(海內).

▸해:외 방:송 海外放送 (놓을 방, 보낼 송). 언론 다른 나라[海外]에 대하여 자국을 홍보하거나, 해외 동포에게 고국의 소식을 전하기 위하여 하는 방송(放送).

▸해:외 시:황 海外市況 (저자 시, 상황 황). 경제 주식, 상품 따위의 해외(海外) 주요 시장(市場)에서의 거래 상황(狀況).

▸해:외-여행 海外旅行 (나그네 려, 다닐 행). 다른 나라[海外]로 여행(旅行)하는 일.

▸해:외 이민 海外移民 (옮길 이, 백성 민). 다른 나라[海外]로 이민(移民)하는 일. 또는 그 사람.

▸해:외 저:금 海外貯金 (쌓을 저, 돈 금). 경제 다른 나라[海外]에 거주하는 국민을 대상으로 우편으로 금전 출납을 할 수 있도록 한 저금(貯金).

▸해:외 투자 海外投資 (던질 투, 재물 자). 경제 자기 나라의 자본을 외국[海外]에 투자(投資)하는 일. 국제 투자(國際投資).

해:우 解憂 (풀 해, 근심할 우). 근심[憂]을 풂[解]. 근심이 풀림.

해:운 海運 (바다 해, 옮길 운). 해상(海上)에서 배로 하는 운송(運送).

▸해:운-업 海運業 (일 업). 해운(海運)과 관련된 영업(營業).

▸해:운 동맹 海運同盟 (한가지 동, 맹세할 맹). 해양 해운업자(海運業者)끼리 경쟁을 피하기 위하여, 영업상의 여러 사항을 협정하는 동맹(同盟).

▸해:운 시:장 海運市場 (저자 시, 마당 장). 해운(海運)에 관한 여러 가지 거래가 이루어지는 시장(市場).

▸해:운 협정 海運協定 (합칠 협, 정할 정). 경제 국가 간의 해운(海運)에 관한 협정(協定).

▸해:운 항:만청 海運港灣廳 (항구 항, 물굽이 만, 관청 청). 법률 항만(港灣)의 건설 및 운영과 해운(海運)에 관한 사무를 맡아보는 행정 관청(官廳).

해:의 害意 (해칠 해, 뜻 의). 해치려는[害] 마음이나 의도(意圖). ¶해의를 품다. ㉥해심(害心).

해:이 解弛 (풀 해, 늦출 이). 마음이나 규율이 풀리어[解] 느슨해짐[弛]. ¶교민 관리가 해이하다.

해:인 海印 (바다 해, 찍을 인). 불교 부처의 지혜로 우주의 모든 만물을 깨달아 아는 일. 법을 관조(觀照)함을 '바다[海]에 만상(萬象)이 비치어 각인(刻印)되는 것'에 비유하여 이르는 말이다.

▸해:인-사 海印寺 (절 사). ① 속뜻 부처의 지혜로 우주의 모든 만물을 깨달아 아는 일[海印]을 표방하는 절[寺]. ② 불교 경상남도 가야산에 있는 사찰. 경내에 대장경 경판을 소장하고 있다.

▸해:인 삼매 海印三昧 (석 삼, 새벽 매). 불교 석가모니가 '화엄경'의 해인(海印)을 설하기 위하여 들어간 삼매(三昧).

해:일 海溢 (바다 해, 넘칠 일). ① 속뜻 바닷[海]물이 넘침[溢]. ② 지리 지진이나 화산의 폭발, 폭풍우 따위로 인하여 갑자기 큰 물결이 일어 해안을 덮치는 일. ¶해일이 발생하다.

해:임 解任 (풀 해, 맡길 임). ① 속뜻 임용(任用) 계약을 해지(解止)함. ② 어떤 지위나 맡은 임무를 그만두게 함. ¶이사장의 해임을 요구하다.

▸해:임-장 解任狀 (문서 장). ① 속뜻 해임(解任)하는 내용을 적은 문서[狀]. ② 외교관을 해임하여 소환 할 때 상대국에 제출하는 해임의 서장(書狀). ㉤신임장(信任狀).

해자[1] 垓子 (가장자리 해, 접미사 자). ① 속뜻 성(城)밖 가장자리[垓]에 둘러서 판 못. ¶성 주위의 해자를 흙으로 메우다. ② 능원(陵園)이나 묘(墓)의 경계. ③ 가장자리의 경계 구역. ㉥성호(城壕), 외호(外濠).

해자[2] 楷字 (바를 해, 글자 자). ① 속뜻 바르게[楷] 쓴 글자[字]. ② 해서(楷書)로 써 놓은 한자(漢字).

해ː자[3] 解字 (가를 해, 글자 자). ① 속뜻 글자[字]를 분해(分解)함. ② 한자의 자획을 나누거나 합하여 길흉을 점침. 또는 그런 점을 말함. ㈜파자점(破字占).

해ː장 海葬 (바다 해, 장사지낼 장). 시체를 바다[海]에 던져 장사(葬事)함. ㈜수장(水葬).

해ː저 海底 (바다 해, 밑 저). 바다[海]의 밑바닥[底]. ¶해저 탐험 / 해저터널.

▶해ː저-곡 海底谷 (골짜기 곡). 지리 바다[海] 밑[底]에 생긴 골짜기[谷].

▶해ː저 목장 海底牧場 (칠 목, 마당 장). 수산 바다[海] 밑[底]에 사는 생물을 인공적으로 키우는 곳을 목장(牧場)에 비유한 말. 성게나 전복 따위를 양식한다.

▶해ː저 산맥 海底山脈 (메 산, 줄기 맥). 지리 바다[海] 밑[底]에 산맥(山脈) 모양으로 솟은 지형. ㈜해령(海嶺).

▶해ː저 유전 海底油田 (기름 유, 밭 전). 광업 바다[海] 밑[底]에 있는 유전(油田).

▶해ː저 전ː선 海底電線 (전기 전, 줄 선). 전기 통신을 목적으로 바다[海] 밑[底]에 설치한 전선(電線). ㈜해저 케이블

▶해ː저 전ː신 海底電信 (전기 전, 소식 신). 통신 바다[海] 밑[底]에 설치한 전선(電線)으로 하는 전신(電信).

▶해ː저 전ː화 海底電話 (전기 전, 말할 화). 통신 바다[海] 밑[底]에 설치한 전선(電線)으로 하는 전화(電話).

▶해ː저 침ː식 海底浸蝕 (스며들 침, 갉아먹을 식). 지리 파도나 해일, 바다 밑의 흐름 따위로 바다[海] 밑[底]이 침식(浸蝕)되는 현상.

▶해ː저 풍화 海底風化 (바람 풍, 될 화). 지리 바다[海] 밑[底]에서 일어나는 풍화(風化) 작용.

▶해ː저 화ː산 海底火山 (불 화, 메 산). 지리 바다[海] 밑[底]에 생긴 화산(火山). 해중 화산(海中火山).

해ː적[1] 害敵 (해칠 해, 원수 적). 적(敵)을 해침[害].

해ː적[2] 海賊 (바다 해, 도둑 적). ① 속뜻 바다[海]의 도둑[賊]. ② 배를 타고 다니면서 항해하는 배나 해안 지방을 습격하여 약탈하는 도둑. ¶이 지역은 해적들이 자주 출몰한다. ③ 책이나 음반 따위를 승낙 없이 무단 복제함. ㈜해구(海寇).

▶해ː적-선 海賊船 (배 선). 해적(海賊)이 타고 다니는 배[船]. ¶해적선을 격퇴하다.

▶해ː적-판 海賊版 (널빤지 판). 다른 사람의 책이나 음반 따위를 승낙 없이 복제하여[海賊] 펴낸 것[版].

해ː적-호 海跡湖 (바다 해, 발자취 적, 호수 호). ① 속뜻 옛날에 바다[海]였던 흔적[跡]으로 남아 있는 호수(湖水). ② 지리 바다의 일부가 변하여 된 호수. 조류 또는 연안류의 퇴적 작용이나 지반의 융기로 바다의 일부가 큰 바다로부터 떨어져 나오면서 생긴다.

해ː전 海戰 (바다 해, 싸울 전). 군사 해상(海上)에서 하는 전투(戰鬪). ¶노량해전.

해ː정[1] 海程 (바다 해, 거리 정). 바다[海] 뱃길의 노정(路程).

해정[2] 楷正 (바를 해, 바를 정). 글씨가 똑바름[楷=正].

해ː정[3] 解酲 (풀 해, 숙취 정). 숙취[酲]를 풂[解]. ㈜해장(解酲).

해ː제[1] 解制 (풀 해, 누를 제). ① 속뜻 제한(制限)을 풂[解]. ② 불교 재계(齋戒)를 풀어 놓음. 안거(安居)를 마침. ㉲결제(結制).

해ː제[2] 解題 (풀 해, 주제 제). 책이나 작품의 저자·내용·체재·주제(主題) 따위에 관하여 풀이함[解]. 또는 그러한 글.

해ː제[3] 解除 (풀 해, 덜 제). ① 속뜻 설치하였거나 장비한 것 따위를 풀어[解] 없앰[除]. ¶패전국의 군인들은 총기 해제를 당하였다. ② 묶인 것이나 행동에 제약을 가하는 법령 따위를 풀어 자유롭게 함. ¶계엄을 해제하다. ③ 책임을 벗어서 면하게 함. ④ 법률 유효하게 성립한 계약의 효력을 당사자의 일방적인 의사 표시에 의하여 소급(遡及)으로 해소함. ㈜해면(解免).

▶해ː제-권 解除權 (권리 권). 법률 당사자 한쪽이 계약을 해제(解除)할 수 있는 권리(權利).

▶해ː제 조건 解除條件 (가지 조, 구분할 건). 법률 법률 행위의 효력을 소멸하는[解除] 조건(條件).

해ː조[1] 害鳥 (해칠 해, 새 조). 사람의 생활에 해(害)를 끼치는 새[鳥]. ㉲익조(益鳥).

해ː조[2] 海鳥 (바다 해, 새 조). 바다[海]에서

사는 새[鳥].

해조[3] **諧調** (어울릴 해, 고를 조). ① 속뜻 잘 어울리고[諧] 조화(調和)됨. ¶세련된 미(美)의 해조가 몸 전체를 싸안고 있다. ② 즐거운 가락.

해:조[4] **海藻** (바다 해, 바닷말 조). 식물 바다[海]에서 나는 식물[藻]. ㊥바닷말, 해초(海草).

▸해:조-류 海藻類 (무리 류). 식물 바다[海]에서 나는 바닷말[藻] 종류(種類). ¶해조류는 혈액 순환에 도움이 된다.

해:조[5] **海潮** (바다 해, 바닷물 조). ① 속뜻 바닷[海]물의 조류(潮流). ② 아침에 밀려들었다가 나가는 바닷물. ㊥조수(潮水).

▸해:조-음 海潮音 (소리 음). ① 속뜻 조수[海潮]가 흐르는 소리[音]. 파도 소리. ㊥조음(潮音). ② 불교 고통 받는 중생을 위하여 크고 우렁차게 한결같이 설법하는 부처나 관세음보살의 소리를 비유하여 이르는 말.

해:죄 解罪 (풀 해, 허물 죄). ① 속뜻 허물[罪]을 벗김[解]. ② 가톨릭 고백 성사(告白聖事)로 지은 죄의 사(赦)함을 받는 일.

해:중 海中 (바다 해, 가운데 중). 바다[海]의 속[中]. 바다 가운데.

▸해:중-전 海中戰 (싸울 전). 양쪽 잠수함끼리 바다[海] 속[中]에서 벌어지는 전투(戰鬪).

▸해:중-고혼 海中孤魂 (외로울 고, 넋 혼). 바다[海] 속[中]에 빠져 죽은 사람의 외로운[孤] 넋[魂].

▸해:중 화:산 海中火山 (불 화, 메 산). 지리 바다[海] 속[中]에 생긴 화산(火山). ㊥해저 화산(海底火山).

해:-중합 解重合 (풀 해, 겹칠 중, 합할 합). ① 속뜻 중합(重合)을 분해(分解)함. ② 화학 중합체가 분해하여 작은 단위분자로 나눠지는 중합의 역반응.

해:지 解止 (풀 해, 그칠 지). ① 속뜻 계약을 풀어[解] 효력이 중지(中止)됨. ② 법률 계약 당사자 한쪽의 의사 표시에 의하여 계약에 기초한 법률관계를 소멸하는 것. ㊥해약(解約), 해제(解除).

해:직 解職 (풀 해, 일 직). 직책(職責)에서 물러나게[解] 함. ¶해직 근로자.

해:진[1] **海進** (바다 해, 나아갈 진). ① 속뜻 바다[海]가 육지 쪽으로 들어감[進]. ② 지리 육지의 침강 따위로 바다가 육지를 먹어 들어오는 일. ㊥해침(海浸). ㊖해퇴(海退).

해:진[2] **海震** (바다 해, 떨 진). 바다[海]에서 일어나는 지진(地震)으로 바닷물이 흔들리는 현상.

해체[1] **楷體** (바를 해, 모양 체). ① 속뜻 해서(楷書)의 서체(書體). ② 미술 수묵화의 삼체(三體)의 하나. 대상을 가장 충실하게 묘사한다.

해:체[2] **解體** (풀 해, 몸 체). ① 속뜻 단체(團體) 따위를 풀어[解] 없앰. ¶교내 야구팀을 해체하다. ② 여러 부분을 모아 만든 물건을 작은 부분으로 다시 나누는 것. ¶라디오를 해체하다. ③ 체제나 조직 따위가 붕괴함. 또는 그것을 붕괴하게 함. ¶봉건주의의 해체. ④ 구조물 따위가 헐어 무너짐. 또는 그것을 헐어 무너뜨림. ¶석탑을 해체하다. ⑤ 생물 생물체의 일부나 전부를 갈라 헤쳐 그 내부 구조와 각 부분 사이의 관련 및 병인(病因), 사인(死因) 따위를 조사하는 일. ㊥해부(解剖).

해:초 海草 (바다 해, 풀 초). ① 식물 바다[海]에서 자라는 풀[草]. ¶바닷물에 해초가 떠다닌다. ② 충청남도 바닷가에서 나는 담배. ㊥해조(海藻).

해:춘 解春 (풀 해, 봄 춘). 눈이나 얼음이 풀리는[解] 봄[春]. 또는 봄이 되어 눈과 얼음이 녹고 풀림.

해:충 害蟲 (해칠 해, 벌레 충). 동물 사람이나 농작물에 해(害)가 되는 벌레[蟲]를 통틀어 이르는 말. ¶해충의 피해를 보다. ㊖익충(益蟲).

해:탈 解脫 (풀 해, 벗을 탈). ① 속뜻 굴레에서 벗어남[解=脫]. ② 불교 속세의 번뇌와 속박을 벗어나 편안한 경지에 이르는 일. ¶그는 온갖 번뇌를 끊고 해탈했다. ㊥열반(涅槃).

해:태[1] **海苔** (바다 해, 이끼 태). ① 속뜻 바다[海]에 자라는 이끼[苔] 같은 식물. 김. ② 식물 보라털과의 해초. 몸의 길이는 30cm 정도이며, 가장자리는 밋밋하나 주름이 져 있으며, 검은 자주색 또는 붉은 자주색을 띠고 바다 속 바위에 이끼처럼 붙어 자라는데 식

용한다.

해:태[2] **懈怠** (게으를 해, 게으를 태). 몹시 게으름[懈=怠]. ㊤나태(懶怠).

해:토 **解土** (풀 해, 흙 토). 얼었던 땅[土]이 풀림[解].

해:퇴 **海退** (바다 해, 물러날 퇴). ① 속뜻 해안이 바다[海] 쪽으로 물러남[退]. ② 지리 육지의 융기 따위로 바다가 후퇴해 육지가 넓어지는 일. ㊥해진(海進).

해:파 **海波** (바다 해, 물결 파). 바다[海]의 물결[波].

해:판 **解版** (풀 해, 널빤지 판). 조판한 활판(活版)을 풀어서[解] 헤침. ¶지형을 뜨고 나서 해판한다.

해:포-석 **海泡石** (바다 해, 거품 포, 돌 석). ① 속뜻 바다[海] 거품[泡]처럼 물에 뜨는 돌[石]. ② 광업 고토(苦土), 규산, 결정수 따위로 이루어진, 치밀한 흙이나 점토 모양의 광물. 흰색 또는 잿빛을 띤 흰색이며, 가볍고 불투명한 다공질인데, 마르면 물에 뜬다.

해:표[1] **海表** (바다 해, 겉 표). 바다[海]의 밖[表]. 바다의 저쪽.

해:표[2] **海豹** (바다 해, 표범 표). 동물 바다[海] 표범[豹]. 물범과의 포유동물. 몸의 길이는 1.5~2미터이며, 잿빛 바탕에 작고 검은 점이 있으며 물개와 비슷하다.

해:풍 **海風** (바다 해, 바람 풍). ① 속뜻 바다[海]에서 부는 바람[風]. ② 지리 낮 동안 바다에서 육지로 부는 바람. ㊤바닷바람, 조풍(潮風), 해연풍(海軟風). ㊥육풍(陸風).

해학 **諧謔** (농담 해, 희롱할 학). ① 속뜻 농담[諧]으로 익살을 부림[謔]. ② 익살스러우면서 풍자적인 말이나 일. ¶이 소설은 풍자와 해학이 넘친다.

▸해학-가 諧謔家 (사람 가). 해학(諧謔)을 잘하는 사람[家].

▸해학-곡 諧謔曲 (노래 곡). 음악 기악곡 형식의 하나. 익살스럽고[諧謔] 자유분방한 성격의 곡(曲)으로 슈만, 드보르작의 작품이 유명하다.

▸해학-극 諧謔劇 (연극 극). 연영 익살스러운[諧謔] 내용의 연극(演劇).

▸해학-적 諧謔的 (것 적). 말이나 행동에 익살스러우면서도[諧謔] 풍자가 섞인 것[的].

▸해학 문학 諧謔文學 (글월 문, 배울 학). 문학 해학적(諧謔的)인 제재로 쓴 문학(文學).

▸해학 소:설 諧謔小說 (작을 소, 말씀 설). 문학 해학적(諧謔的)인 제재로 쓴 소설(小說). 유머 소설.

해:합 **解合** (가를 해, 합할 합). ① 속뜻 가르고[解] 합(合)함. ② 경제 증권 거래에서, 불시에 일어나는 시세의 급변으로 인한 혼란을 막기 위하여 매매의 쌍방이 일정한 값을 정하고 매매 계약을 해제하는 일.

해:항 **海港** (바다 해, 항구 항). ① 속뜻 해변(海邊)에 있는 항구(港口). ② 외국 무역을 위한 항구.

해행[1] **偕行** (함께 해, 갈 행). ① 속뜻 같이[偕] 감[行]. ② 여럿이 잇달아 서서 감.

해:행[2] **蟹行** (게 해, 갈 행). 게[蟹]처럼 옆으로 걸음[行].

해혈 **咳血** (기침할 해, 피 혈). ① 속뜻 기침[咳]과 피[血]. ② 한의 가래에 피가 섞여 나오는 병증. 흔히, 폐결핵 따위에 생긴다.

해:협 **海峽** (바다 해, 골짜기 협). ① 속뜻 바다[海]를 끼고 있는 골짜기[峽]. ② 지리 육지와 육지 사이에 있는 좁고 긴 바다. ¶대한 해협.

해:혹 **解惑** (풀 해, 홀릴 혹). 의혹(疑惑)을 풂[解]. ㊤파혹(破惑).

해화 **諧和** (어울릴 해, 어울릴 화). ① 속뜻 잘 어울리고[諧] 잘 조화(調和)됨. ② 음악의 곡조가 잘 어울려 아름다움. ③ 조화(調和).

해:황 **海況** (바다 해, 상황 황). 물결, 온도, 염분 등과 같은 바다[海]의 상황(狀況).

해:후 **邂逅** (만날 해, 만날 후). 오랫동안 헤어졌다가 뜻밖에 다시 만남[邂=逅]. ¶감격적인 해후 / 극적인 해후 / 이십 년 만의 해후.

▸해:후-상봉 邂逅相逢 (서로 상, 만날 봉). 우연히 만나[邂逅] 서로[相] 맞이함[逢].

핵-가족 **核家族** (씨 핵, 집 가, 겨레 족). ① 속뜻 핵심적(核心的)인 구성원만 있는 가족(家族). ② 부부와 그들의 미혼 자녀로 이루어진 소가족. ¶핵가족 시대. ㊥대가족(大家族).

핵강 **核腔** (씨 핵, 빈 속 강). 식물 핵(核)이 차 있는 핵막 안의 빈 곳[腔].

핵과 核果 (씨 핵, 열매 과). 식물 씨가 굳어서 된 단단한 핵(核)으로 싸여 있는 열매[果]. 외과피는 얇고 중과피는 살과 물기가 많다. 복숭아, 살구, 앵두 따위.

핵-단백질 核蛋白質 (씨 핵, 새알 단, 흰 백, 바탕 질). 생물 핵산(核酸)과 단백질(蛋白質)이 결합한 물질(物質). 염색체와 바이러스 따위의 구성 물질이다.

핵력 核力 (씨 핵, 힘 력). 물리 원자핵 안에서, 근접된 양자와 중성자를 결합시켜 원자핵(原子核)을 이루고 있는 힘[力].

핵막 核膜 (씨 핵, 꺼풀 막). 생물 세포의 핵(核)을 싸고 있는 얇은 껍질[膜].

핵-무기 核武器 (씨 핵, 굳셀 무, 그릇 기). 군사 원자핵의 분열 반응이나 융합 반응으로 말미암아 일어나는 핵(核)에너지를 응용한 무기(武器)를 통틀어 이르는 말. 원자 폭탄, 수소 폭탄 등이 있다. ¶세계는 핵무기 사용을 자제하고 있다.

핵-무장 核武裝 (씨 핵, 굳셀 무, 꾸밀 장). 군사 핵무기(核武器)로 무장(武裝)하거나 배치하는 일.

핵물리-학 核物理學 (씨 핵, 만물 물, 이치 리, 배울 학). 물리 원자핵(原子核)과 그에 관련하는 입자의 구조와 성질을 연구하는 물리학(物理學)의 한 분야.

핵-반응 核反應 (씨 핵, 되돌릴 반, 응할 응). ① 속뜻 핵(核)이 반응(反應)함. ② 물리 원자핵(原子核)이 다른 입자와 충돌하여 다른 원자핵으로 바뀌는 현상. 이때 화학 반응의 100만 배 정도의 에너지를 낸다. 원자핵 반응.

핵-발전 核發電 (씨 핵, 일으킬 발, 전기 전). ① 속뜻 핵(核)으로 전기를 일으킴[發電]. ② 물리 원자력을 응용한 발전. 원자핵 분열에 의하여 발생한 열에너지로 만든 증기로 발전기를 돌려 전력을 생산하는 방식이다. ⑪원자력 발전(原子力發展).

▸ 핵-발전소 核發電所 (곳 소). 물리 원자핵(原子核)이 붕괴할 때 생기는 열에너지를 동력으로 하여 전기를 얻는 발전소(發電所). ⑪원자력 발전소(原子力發展所).

핵-변환 核變換 (씨 핵, 바뀔 변, 바꿀 환). 핵반응이나 붕괴에 따라 원자핵(原子核)이 다른 원자핵으로 바뀌는[變換] 현상.

핵-병기 核兵器 (씨 핵, 군사 병, 그릇 기). 군사 원자 폭탄이나 수소 폭탄 따위의 핵반응(核反應)으로 생기는 힘을 이용한 무기[兵器]. 핵무기(核武器).

핵-분열 核分裂 (씨 핵, 나눌 분, 찢어질 렬). ① 생물 생물의 세포 분열에서, 세포질의 분열에 앞서 핵(核)이 둘로 나뉘어[分] 찢어지는[裂] 일. ② 물리 질량이 큰 무거운 원자핵이 많은 에너지를 방출하면서, 거의 같은 크기의 핵 두 개 이상으로 분열하는 일. '원자핵 분열'(原子核分裂)의 준말. ⑪핵융합(核融合).

핵사 核絲 (씨 핵, 실 사). 생물 생물의 핵(核) 속에 들어 있는 실[絲] 모양의 물질. 핵분열에 따라 염색체가 된다. 염색사(染色絲).

핵산 核酸 (씨 핵, 산소 산). 화학 유기산의 한 무리. 단순 단백질과 결합하여 핵단백질(核蛋白質)의 형성에 관여하는데, 인산(燐酸)·염기·당(糖)으로 이루어지며 생명 현상에 중요한 구실을 한다.

핵-산란 核散亂 (씨 핵, 흩을 산, 어지러울 란). ① 속뜻 핵(核)이 어지러이[亂] 흩어짐[散]. ② 화학 입자가 핵과 충돌하여 방향을 바꾸는 일.

핵상 교번 核相交番 (씨 핵, 서로 상, 서로 교, 차례 번). ① 속뜻 핵(核)이 서로[相] 교대(交代)로 갈마듦[番]. ② 생물 유성 생식을 하는 생물에서, 단상 세포(單相細胞)와 복상 세포(複相細胞)가 규칙적으로 교대하여 나타나는 현상.

핵-실험 核實驗 (씨 핵, 실제 실, 겪을 험). 물리 핵(核)에 관한 폭발 실험(實驗).

핵심 核心 (씨 핵, 가운데 심). 사물의 중심(中心)이 되는 가장 요긴한 부분[核]. ¶문제의 핵심을 파악하다 / 핵심 인물 / 핵심 내용. ⑪알맹이.

▸ 핵심-적 核心的 (것 적). 핵심(核心)이 되는 것[的]. ¶핵심적인 역할을 하다.

▸ 핵심-체 核心體 (몸 체). ① 속뜻 핵심(核心)이 되는 부분[體]. ② 물리 원자핵 따위가 분열하여 에너지를 방출하는 원자로의 중심부.

핵-연료 核燃料 (씨 핵, 태울 연, 거리 료). 물리 핵반응(核反應)을 연쇄적으로 일으켜서 높은 에너지를 얻을 수 있는 물질[燃

料]. 우라늄 235, 우라늄 233, 플루토늄 239 따위. 원자핵 연료(原子核燃料).

핵-우산 核雨傘 (씨 핵, 비 우, 덮개 산). ① 속뜻 핵(核) 공격으로부터의 보호막을 우산(雨傘)에 비유한 말. ② 핵무기를 가진 대국(大國)이 가상 적국의 핵 공격 따위로부터 동맹국을 보호할 수 있다고 가정하는 범위. 또는 그 전력(戰力).

핵-융합 核融合 (씨 핵, 녹을 융, 합할 합). ① 속뜻 핵(核)이 융합(融合)되는 반응. ② 물리 수소나 중수소 따위 가벼운 원자핵끼리 하나로 합쳐져 무거운 원자핵을 만드는 핵반응의 한 가지. ⓑ핵분열(核分裂).

핵-이성체 核異性體 (씨 핵, 다를 이, 성질 성, 몸 체). 물리 질량수와 원자 번호가 같고 그 밖의 성질(性質)이 다른[異] 원자핵(原子核) 물체(物體).

핵자 核子 (씨 핵, 씨 자). ① 속뜻 알맹이[核=子]. ② 물리 원자핵을 구성하는 '양자와 중성자'를 통틀어 이르는 말.

핵장 劾狀 (캐물을 핵, 문서 장). 탄핵(彈劾)하는 글[狀].

핵정 劾情 (캐물을 핵, 실상 정). 정상(情狀)을 조사하여 따져 캐물음[劾].

핵질 核質 (씨 핵, 바탕 질). 생물 세포의 핵(核)을 구성하는 원형질(原形質). 핵단백질이 주성분이다.

핵-탄두 核彈頭 (씨 핵, 탄알 탄, 머리 두). 군사 미사일 따위에 결합시켜 놓은, 핵(核)이 장치된 탄두(彈頭).

핵-폭탄 核爆彈 (씨 핵, 터질 폭, 탄알 탄). 군사 핵(核)폭발을 일으키는 폭탄(爆彈). 원자탄과 수소탄이 있다.

핵학 核學 (씨 핵, 배울 학). 생물 핵(核)의 구조와 기능을 연구하는 학문(學問). 세포학의 한 분야로, 주로 핵의 분열과 염색체 구조를 연구한다.

행각 行脚 (갈 행, 다리 각). ① 속뜻 걸어 다니는[行] 다리[脚]. ② 불교 여기저기 돌아다니며 도를 닦는 일. ③ 어떤 목적으로 여기저기 돌아다님.

▸행각-승 行脚僧 (스님 승). 불교 여기저기 돌아다니며[行脚] 도를 닦는 승려(僧侶).

행간 行間 (줄 행, 사이 간). 글의 줄[行]과 줄 사이[間]. 행과 행의 사이. ¶행간을 넓히다.

행객 行客 (갈 행, 손 객). 길 가는[行] 사람[客]. 나그네.

행건 行巾 (갈 행, 수건 건). 거상을 치르는[行] 사람이 쓰는 두건(頭巾).

행고[1] 行苦 (다닐 행, 괴로울 고). ① 속뜻 이리저리 다니는[行] 고통(苦痛). ② 불교 삼고(三苦)의 하나. 무상한 유전(流轉) 때문에 받는 고통을 이른다.

행고[2] 行賈 (다닐 행, 장사 고). 이리저리 돌아다니며[行] 물건을 파는 일[賈]. ⓑ도붓장수.

행고[3] 行鼓 (다닐 행, 북 고). 행군(行軍)할 때 치는 북[鼓].

행공 行公 (행할 행, 관공서 공). 공무(公務)를 집행(執行)함.

행군 行軍 (다닐 행, 군사 군). 군사 행진(行進)하는 군대(軍隊). 또는 군대의 행진. ¶야간 행군.

▸행군-악 行軍樂 (음악 악). ① 음악 옛 취타곡(吹打曲)의 하나. 임금의 거둥 때나 군대(軍隊)의 행진(行進) 때 연주하던 음악[樂]. ② 문학 조선 시대에 널리 불리던 십이 가사의 하나. 민요적인 색채를 띠고 있으며 중간에 입타령이 끼어 있다.

행궁 行宮 (다닐 행, 대궐 궁). 역사 임금이 나들이[行] 때에 머물던 별궁(別宮).

행낭 行囊 (갈 행, 주머니 낭). 우편물이나 외교 문서 따위를 넣어 보내는[行] 주머니[囊].

행년 行年 (갈 행, 해 년). ① 속뜻 지나온[行] 해[年]. ② 그해까지 먹은 나이를 말함.

▸행년-점 行年占 (점칠 점). 민속 그해[行年] 신수의 좋고 나쁨을 알기 위해 치는 점(占).

▸행년-신수 行年身數 (몸 신, 셀 수). 그해[行年]의 좋고 나쁜 신수(身數).

행:단 杏壇 (살구나무 행, 단 단). 학문을 닦는 곳을 이르는 말. 공자가 은행(銀杏)나무 단(壇)에서 제자를 가르쳤다는 고사에서 유래되었다.

행도 行道 (행할 행, 길 도). ① 속뜻 도(道)를 행(行)함. ② 돌아다니는 일.

⁑**행동** 行動 (갈 행, 움직일 동). ① 속뜻 길을 가거나[行] 몸을 움직임[動]. 어떤 동작을

함. ¶용감한 행동을 하다 / 말과 행동이 같다. ② 심리 내적 또는 외적 자극에 대한 생물체의 반응을 통틀어 이르는 말. ③ 철학 분명한 목적이나 동기를 가지고 생각과 선택, 결심을 거쳐 의식적으로 행하는 인간의 의지적인 언행. 윤리적인 판단의 대상이 된다. ⓑ행위(行爲).

▸ **행동-권** 行動圈 (범위 권). ① 속뜻 행동(行動)이 미치는 범위[圈]. ② 동물이 살아가기 위해 행동하는 범위.

▸ **행동-대** 行動隊 (무리 대). 직접 행동(行動)을 하는 무리[隊].

▸ **행동-파** 行動派 (갈래 파). 말이나 이론보다 실지 행동(行動)을 앞세우는 사람[派].

▸ **행동-폭** 行動幅 (너비 폭). 행동(行動)하는 범위[幅].

▸ **행동-거지** 行動擧止 (모두 거, 발자국 지). 몸을 움직여서[行動] 하는 모든[擧] 짓[止].

▸ **행동 과학** 行動科學 (조목 과, 배울 학). 심리 인간 행동(行動)의 일반 법칙을 체계적으로 연구하는 학문[科學]. 1950년을 전후하여 미국을 중심으로 발전하였다.

▸ **행동-반경** 行動半徑 (반 반, 지름길 경). ① 속뜻 사람이나 동물이 행동(行動)할 수 있는 범위[半徑]. ② 군사 군함이나 군용기 따위가 기지를 떠나 연료의 보급 없이 기지로 돌아올 수 있는 최대의 거리.

▸ **행동-주의** 行動主義 (주될 주, 뜻 의). ① 심리 자극에 대한 반응으로 일어나는 행동(行動)에서 인간의 심리를 객관적으로 관찰하려는 입장[主義]. ② 문학 제1차 세계 대전 후에 프랑스에서 일어난 문학 운동. 허무주의를 비판하면서, 당시의 사회적 혼란과 무질서 속에서 문학이 개인의 사회적·정치적 활동뿐만 아니라 미학의 표현에 있어서도 혁명적이고 모험적이어야 한다는 입장의 문학론이다.

▸ **행동 환경** 行動環境 (고리 환, 상태 경). 심리 행동(行動)을 규정하는 것은 심리적 환경(環境)에 따른다는 이론. 멀리 떨어져 있는 것도 심리적으로 가깝게 느끼거나 하는 따위. ⓑ심리 환경(心理環境).

행락 行樂 (행할 행, 즐길 락). 잘 놀고 즐겁게[樂] 지냄[行].

행랑 行廊 (다닐 행, 곁채 랑). ① 속뜻 지나다니는[行] 복도 옆에 있는 곁채[廊]. ② 예전에, 대문 안에 쭉 벌여 지어 주로 하인이 거처하던 방. ③ 대문간에 붙어 있는 방. ④ 조선 시대에, 서울의 큰 거리 양쪽에 줄지어 세운 상점. 특히 종로(鍾路)의 육주비전이 유명하였다. '장행랑'(長行廊)의 준말. ⓑ낭저(廊底), 월랑(月廊), 낭하(廊下).

▸ **행랑-방** 行廊房 (방 방). 대문의 양쪽 또는 문간에 있는[行廊] 방(房). 하인들이 거처하는 방.

행려 行旅 (다닐 행, 나그네 려). 나그네[旅]가 되어 다님[行]. 또는 그 나그네.

▸ **행려-시** 行旅屍 (시체 시). 행려(行旅)가 병들어 죽은 시체(屍體).

▸ **행려-병자** 行旅病者 (병 병, 사람 자). 나그네로 떠돌아다니다가[行旅] 병(病)이 든 사람[者].

▸ **행려-병사자** 行旅病死者 (병 병, 죽을 사, 사람 자). 나그네로 떠돌아다니다가[行旅] 병(病)이 들어 죽은[死] 사람[者].

행력 行歷 (갈 행, 지낼 력). ① 속뜻 지내온[行] 경력(經歷). ② 어떤 곳을 지나감. 또는 그 여정(旅程).

행렬 行列 (갈 행, 줄 렬). 여럿이 줄[列]을 지어 감[行]. 또는 그 줄. ¶가장(假裝) 행렬.

행례 行禮 (행할 행, 예도 례). 예식(禮式)을 올림[行]. 또는 그 일.

행로 行路 (갈 행, 길 로). ① 속뜻 다니는[行] 길[路]. 한길. ② 살아가는 과정. 세로(世路).

▸ **행로-난** 行路難 (어려울 난). 세상살이[行路]의 어려움[難].

행록 行錄 (행할 행, 기록할 록). 사람의 언행(言行)을 적은[錄] 글.

행리 行李 (갈 행, 심부름꾼 리). ① 속뜻 먼 길을 갈[行] 때 짐을 들어주던 심부름꾼[李]. ② 여행할 때 쓰는 물건과 차림. 행장(行裝). ¶행리를 챙기다 / 행리를 풀다. ③ 예전에, 말이나 수레 따위에 실은 여러 가지 군대의 전투나 숙영에 따른 물품.

행:림 杏林 (살구나무 행, 수풀 림). ① 속뜻 살구나무[杏]가 무성하게 꽉 들어찬 곳[林]. ② '의원'(醫員)을 달리 이르는 말. 예전에 동봉(董奉)이라는 의원이 치료의 보수로 중환자에게는 다섯 그루, 경환자에게는 한 그루씩 살구나무를 심게 하였는데, 이것

이 몇 년 뒤에 가서 울창한 숲을 이루었다는 데서 유래한다.

행마 行馬 (행할 행, 말 마). 운동 장기, 바둑 따위에서 말[馬]을 씀[行].

행매 行賣 (다닐 행, 팔 매). ① 속뜻 물건을 가지고 돌아다니면서[行] 팖[賣]. ② 팔기 시작함.

행문 行文 (행할 행, 글월 문). ① 속뜻 글[文]을 지음[行]. ⓑ작문(作文). ② 관공서의 문서가 오고 감.

행방[1] 行房 (행할 행, 방 방). ① 속뜻 잠자리를 행(行)하는 방(房). ② 남녀가 잠자리함. 방사함.

행방[2] 行方 (갈 행, 모 방). 간[行] 방향(方向). 간 곳. ¶범인의 행방을 알 수 없다.

▸ **행방-불명** 行方不明 (아닐 불, 밝을 명). 간[行] 곳[方]이 분명(分明)하지 않음[不]. ¶그는 아직도 행방불명이다.

행보 行步 (갈 행, 걸음 보). ① 속뜻 걸어가는[行] 걸음[步]. 걸어감. ② 걷는 걸음. ③ 어떤 곳으로 장사하러 다님.

▸ **행보-석** 行步席 (자리 석). ① 속뜻 걸음을 걷는[行步] 데 쓰는 돗자리[席]. ② 아주 귀한 손님이나 신랑 신부를 맞을 때 마당에 까는 좁고 긴 돗자리. ⓑ장보석(長步席).

*****행:복** 幸福 (다행 행, 복 복). ① 속뜻 다행(多幸)스러운 복(福). ② 흐뭇하도록 만족하여 부족이나 불만이 없음. 또는 그러한 상태. ¶행복은 돈으로 살 수 없다 / 행복한 시간을 보내다. ㉾복. ⓑ복록(福祿). ⓑ불행(不幸).

▸ **행:복-감** 幸福感 (느낄 감). 행복(幸福)한 느낌[感].

▸ **행:복-설** 幸福說 (말씀 설). 철학 행복(幸福)을 인생의 최고 목표로 삼고, 이것의 실현을 도덕적 이상으로 삼는 윤리설[說]. ⓑ행복주의(幸福主義).

▸ **행:복 추구권** 幸福追求權 (따를 추, 구할 구, 권리 권). 법률 국민이 인간으로서의 행복(幸福)을 추구(追求)할 수 있는 권리(權利).

행사[1] 行使 (행할 행, 부릴 사). 부려서[使] 씀[行]. 특히, 권리나 권력·힘 따위를 실지로 사용하는 일. ¶무력을 행사해서 시위를 진압하다.

⁑**행사**[2] 行事 (행할 행, 일 사). 일[事]을 행(行)함. 또는 그 일. ¶행사를 위해서 무대를 마련하다.

▸ **행사-장** 行事場 (마당 장). 행사(行事)를 진행하는 장소(場所). ¶관객들이 행사장을 가득 메웠다.

행상[1] 行喪 (갈 행, 죽을 상). ① 속뜻 상여(喪輿)가 나감[行]. 또는 그 행렬. ② 상여(喪輿).

행상[2] 行賞 (행할 행, 상줄 상). 상(賞)을 줌[行].

행상[3] 行商 (다닐 행, 장사 상). 돌아다니며[行] 물건을 팖[商]. ¶행상을 하면서 어렵게 자식을 키우다. ⓑ도부(到付).

▸ **행상-인** 行商人 (사람 인). 이리저리 돌아다니며[行] 물건을 파는[商] 사람[人]. ⓑ도붓장수.

행색 行色 (다닐 행, 빛 색). ① 속뜻 다니는[行] 모습[色]. ② 나그네의 차림새 또는 모습. ¶초라한 행색.

행서 行書 (갈 행, 쓸 서). ① 속뜻 흘러가듯[行] 쓴 서체(書體). ② 한자의 여섯 서체(書體)의 하나. 해서(楷書)를 약간 흘려 써서, 해서와 초서(草書)의 중간쯤 되는 서체이다.

행선[1] 行船 (갈 행, 배 선). 배[船]가 감[行]. 또는 그 배.

행선[2] 行禪 (행할 행, 참선 선). 불교 여러 곳을 돌아다니면서 선(禪)을 닦음[行].

행선[3] 行先 (갈 행, 먼저 선). ① 속뜻 먼저[先] 감[行]. ② 가는 곳. ¶행선을 묻다.

▸ **행선-지** 行先地 (땅 지). 가는[行先] 목적지[地]. ¶그는 행선지를 밝히지 않고 떠났다.

행성 行星 (갈 행, 별 성). 천문 태양의 둘레를 공전하며 운행(運行)하는 별[星]을 통틀어 이르는 말. 태양에 가까운 것부터 수성, 금성, 지구, 화성, 목성, 토성, 천왕성, 해왕성 등의 여덟 개의 별이 있다. ⓑ떠돌이별, 유성(遊星). ⓑ항성(恒星).

행세[1] 行世 (행할 행, 세상 세). ① 속뜻 어떤 행동(行動)으로 처세(處世)함. 또는 그 태도. ② 거짓 처신하여 행동함. 또는 그 태도. ¶그는 4년 동안이나 의사 행세를 했다.

행세[2] 行勢 (행할 행, 권세 세). 권세(權勢)를

행함[行]. 또는 그런 태도. ¶그는 우리 마을에서 행세깨나 하는 집 아들이다.

행소 行訴 (행할 행, 하소연할 소). ① 속뜻 소송(訴訟)을 감행(敢行)함. ② 법률 행정 관청의 위법 처분에 의하여 권리를 침해당한 자가 관할 고등 법원에 대하여 그 처분의 취소 또는 변경을 요구하는 소송. '행정 소송'(行政訴訟)의 준말.

행수[1] 行首 (갈 행, 머리 수). ① 속뜻 한 길을 가는[行] 무리의 우두머리[首]. ¶행수 집사 / 행수 머슴 / 행수 군관. ② 한 활터를 대표하여 한량(閑良)을 거느리는 우두머리.

행수[2] 行數 (줄 행, 셀 수). 글줄[行]의 수(數).

행순 行巡 (다닐 행, 돌 순). 돌아다니며[行] 순시(巡視)함.

행습 行習 (행할 행, 버릇 습). 버릇[習]이 되도록 행동(行動)함. 또는 버릇.

행시주육 行尸走肉 (다닐 행, 주검 시, 달릴 주, 고기 육). ① 속뜻 살아 있는[行] 송장[尸]이나 걸어 다니는[走] 고깃덩이[肉]. ② '배운 것이 없어서 쓸모가 없는 사람'을 비유하여 이르는 말.

행신 行身 (행할 행, 몸 신). 세상을 살아가는[行] 데 가져야 할 몸[身]가짐이나 행동. 처신(處身). ¶행신을 조심하다 / 행신이 조심스럽다 / 그녀는 인물도 좋고 행신도 얌전하였다.

행실 行實 (행할 행, 실제 실). ① 속뜻 행동(行動)한 사실(事實). ② 일상적인 행동. ¶행실이 바르고 모범이 되어 이 상을 수여합니다. ⓑ품행(品行).

행악 行惡 (행할 행, 나쁠 악). 못된 짓[惡]을 함[行].

행어 行魚 (갈 행, 물고기 어). ① 속뜻 돌아다니는[行] 물고기[魚]. ② 동물 멸칫과의 바닷물고기. 몸의 길이는 13㎝ 정도이며, 등은 검푸르고 배는 은빛을 띤 백색이다.

행업 行業 (행할 행, 업보 업). 불교 업(業)을 행(行)함. 불도(佛道)를 닦음.

행운[1] 行雲 (갈 행, 구름 운). 지나가는[行] 구름[雲]. ⓑ열구름.

▶ 행운-유수 行雲流水 (흐를 류, 물 수). ① 속뜻 떠가는[行] 구름[雲]과 흐르는[流] 물[水]. ② 일의 처리에 막힘이 없거나 마음씨가 시원시원함을 비유하여 이르는 말.

행:운[2] 幸運 (다행 행, 운수 운). 다행(多幸)스런 운수(運數). 좋은 운수. ¶행운의 여신 / 행운을 빕니다. ⓑ불운(不運).

▶ 행:운-아 幸運兒 (아이 아). 좋은[幸] 운수[運]를 만난 사람[兒]. ⓑ불운아(不運兒).

행원 行員 (행할 행, 사람 원). 은행(銀行)에서 일하는 사람[員]. '은행원'(銀行員)의 준말.

행위 行爲 (행할 행, 할 위). ① 속뜻 행동(行動)을 함[爲]. 특히, 자유의사에 따라서 하는 행동을 이른다. ¶행위예술 / 불법행위. ② 법률 법률상의 효과 발생의 원인이 되는 의사(意思) 활동. ③ 심리 환경에서 유발되는 자극에 대하여 반응하는 유기체의 행동. ④ 철학 분명한 목적이나 동기를 가지고 생각과 선택, 결심을 거쳐 의식적으로 행하는 인간의 의지적인 언행. 윤리적인 판단의 대상이 된다. ⓑ소위(所爲), 행동(行動), 행동(行動).

행유여력 行有餘力 (행할 행, 있을 유, 남을 여, 힘 력). 일을 다하고도[行] 오히려 남는[餘] 힘[力]이 있음[有].

행인[1] 行人 (다닐 행, 사람 인). ① 속뜻 길을 다니는[行] 사람[人]. ¶나는 행인에게 길을 물어 보았다. ② 불교 불도(佛道)를 닦는 사람.

행:인[2] 杏仁 (살구나무 행, 씨 인). 한의 살구[杏] 씨[仁]의 속을 약재로 이르는 말.

행자[1] 行者 (행할 행, 사람 자). ① 속뜻 행(行)하는 사람[者]. ② 속인(俗人)으로서 절에 들어가 불도를 닦는 사람. ⓑ상좌(上佐). ③ 장례 때, 상제의 시중을 드는 사내 하인.

행자[2] 行資 (다닐 행, 밑천 자). 먼 길을 떠나 오가는[行] 데 드는 비용[資]. ⓑ노자(路資).

행장[1] 行長 (행할 행, 어른 장). 은행(銀行)을 대표하여 직무상의 최고 책임을 맡고 있는 사람[長]. '은행장'(銀行長)의 준말.

행장[2] 行裝 (다닐 행, 꾸밀 장). 여행(旅行)할 때에 쓰는 물건과 차림[裝]. ¶행장을 꾸리다. ⓑ행리(行李).

행장[3] 行狀 (행할 행, 문서 장). ① 속뜻 죽은 사람이 평생 살아온[行] 일을 적은 글[狀].

¶그는 비석에 적힌 망자의 행장을 읽었다. ②몸가짐과 품행을 통틀어 이르는 말. ③교도소에서 죄수의 복역 태도에 대하여 매기는 성적. 1~4급 또는 우·양·가·보통 따위로 매긴다.

▸행장-기 行狀記 (기록할 기). 사람이 죽은 다음에, 그의 일생의 행적(行績)을 적은 [狀] 기록(記錄).

행적 行跡 (= 行蹟 / 行績 다닐 행, 발자취 적). ① 속뜻 다닌[行] 발자취[跡]. 발길. ¶행적을 감추다 / 행적이 묘연하다. ②평생 동안 한 일이나 업적. ¶그는 음악계에 커다란 행적을 남겼다. ③나쁜 행실로 남긴 흔적. ¶행적을 지우다.

행전 行纏 (갈 행, 감을 전). 먼 길을 갈[行] 때 바지의 정강이 부분을 감싸[纏] 묶는 물건. ¶행전을 풀다 / 할아버지께서는 행전을 바싹 동여매셨다.

행정[1] 行程 (갈 행, 거리 정). ① 속뜻 일이 진행(進行)되어 가는 과정(過程). ② 기계 실린더 안에서 피스톤이 왕복하는 거리. ¶이(二)행정 기관.

⁑**행정**[2] 行政 (행할 행, 정사 정). ① 속뜻 정치(政治)나 사무를 행(行)함. ¶행정 경험이 많다. ② 법률 국가가 공익을 실현하기 위하여 행하는 사무나 정책. ③ 군사 전술·전략을 포함하지 않는 모든 군사 사항을 관리·운용하는 일. 주로 군수 및 인사 분야를 이른다.

▸행정-관 行政官 (벼슬 관). 법률 국가의 행정(行政)에 관한 사무를 맡아보는 관리(官吏).

▸행정-권 行政權 (권력 권). 법률 삼권(三權)의 하나로, 국가가 통치권을 바탕으로 하여 일반 행정(行政)을 펴는 권력(權力). 대통령과 그에 딸린 정부에 속한다.

▸행정-벌 行政罰 (벌할 벌). 법률 행정법(行政法)에서, 의무 위반에 대한 제재로서 가하는 벌(罰).

▸행정-범 行政犯 (범할 범). 법률 행위 자체에는 반도덕성이나 반사회성이 없으나 행정상(行政上)의 필요에 따라 정해진 법규에 위반하는 범죄(犯罪). ㊐법정범(法定犯). ㊥자연범(自然犯), 형사범(刑事犯).

▸행정-부 行政府 (관청 부). 법률 삼권 분립에 따라 행정(行政)을 맡아보는 곳[府]. ¶우리나라는 행정부와 함께 입법부(立法部), 사법부(司法府)가 있다. ㉾입법부(立法部), 사법부(司法府).

▸행정-직 行政職 (일 직). ① 속뜻 행정(行政)을 맡아보는 직책(職責). ② 법률 일반직 공무원의 직군 분류의 하나. 행정, 세무, 관세, 운수, 교육 행정, 노동, 문화 등에 관련된 직군을 통틀어 이르는 말.

▸행정 관청 行政官廳 (벼슬 관, 관아 청). 법률 행정(行政)에 관한 국가의 의사를 결정하고 그 의사를 표시·집행하는 권한을 가진 행정 기관[官廳].

▸행정 구역 行政區域 (나눌 구, 지경 역). 법률 행정 기관(行政機關)의 권한이 미치는 일정한 범위로 정해진 구역(區域). 특별시(特別市)·광역시(廣域市)·도·시·군·읍·면·동 등을 말한다.

▸행정 기관 行政機關 (틀 기, 빗장 관). 법률 행정 사무(行政事務)를 담당하는 국가 기관(機關)을 통틀어 이르는 말.

▸행정 명:령 行政命令 (명할 명, 시킬 령). ① 속뜻 교통, 보급, 후송, 인사 따위의 행정(行政)에 관한 명령(命令). ② 법률 행정 기관이 행정 목적을 위하여 직권으로 내리는 모든 명령.

▸행정 사:무 行政事務 (일 사, 일 무). 행정(行政)에 관한 사무(事務).

▸행정 서사 行政書士 (쓸 서, 선비 사). 행정(行政)에 관한 서류(書類)를 작성해 주는 것을 업으로 하는 사람[士].

▸행정 소송 行政訴訟 (하소연할 소, 송사할 송). ① 속뜻 행정(行政)에 관한 소송(訴訟). ② 법률 행정 관청의 위법 처분(違法處分)에 따라 권리를 침해당한 사람이 그 처분의 취소나 변경을 요구하는 소송.

▸행정 재판 行政裁判 (분별할 재, 판가름할 판). 법률 행정(行政) 소송에 대한 재판(裁判).

▸행정 지도 行政指導 (가리킬 지, 이끌 도). ① 속뜻 행정(行政)에 관하여 지도(指導)함. ② 법률 행정 기관이 그 직무 범위 안에서 행정의 대상이 되는 개인·법인·단체 등에 대하여 의도하는 행정 목적이 이루어지도록 비권력적인 수단으로 지도함.

▸행정 처:분 行政處分 (처리할 처, 나눌 분). ① 속뜻 행정(行政) 수단을 동원하여 처분

(處分)함. ② 법률 행정 주체가 구체적 사실에 관한 법 집행으로서 행하는 공법 행위 가운데 권력적 단독 행위. 영업 면허, 공기업의 특허, 조세의 부과 따위.

▶행정 협정 行政協定 (합칠 협, 정할 정). 법률 국회의 승인 없이 행정부(行政府)가 단독으로 맺는 국가 간의 협정(協定).

행:주 대:첩 幸州大捷 (다행 행, 고을 주, 큰 대, 이길 첩). 역사 조선 선조 26년(1593)에 전라도 순찰사 권율이 행주(幸州) 산성에서 왜적을 크게[大] 이긴[捷] 싸움. 임진왜란의 3대첩 가운데 하나이다.

행:주-산성 幸州山城 (다행 행, 고을 주, 메 산, 성곽 성). 고적 경기도 고양시 덕양구 행주(幸州) 내동에 있는 산성(山城). 임진왜란 때 권율 장군이 왜적을 크게 물리쳤던 전쟁터이며, 이를 기념하기 위한 대첩비와 충장사가 있다.

행중 行中 (갈 행, 가운데 중). 함께 길을 가는[行] 사람들 가운데[中]. ¶그는 행중에 걸음 빠른 젊은이를 앞세웠다.

행진 行進 (다닐 행, 나아갈 진). 여럿이 줄을 지어 다니며[行] 앞으로 나아감[進]. ¶거리 행진.

▶행진-곡 行進曲 (노래 곡). 음악 행진(行進)할 때 쓰는 반주용 음악[曲]. ¶결혼 행진곡. ⓑ마치(march).

행차 行次 (갈 행, 차례 차). ① 속뜻 길을 가는[行] 차례(次例). ②웃어른이 길 가는 것을 높여 이르는 말. ¶왕의 행차를 따르다.

행찬 行饌 (다닐 행, 반찬 찬). 여행(旅行)할 때 가지고 가는 반찬(飯饌).

행체 行體 (갈 행, 모양 체). ① 속뜻 흐르는[行] 듯한 모양[體]. ② 미술 먹그림에서, 대상을 조금 흘린 듯한 움직임으로 표현하는 화법.

행초 行草 (갈 행, 풀 초). ① 속뜻 길을 떠날 때 가지고 가는[行] 담배[草]. ②행초서(行草書).

▶행초-서 行草書 (쓸 서). 행서(行書)와 초서(草書). ㊜행초.

행태 行態 (행할 행, 모양 태). 행동(行動)하는 모양[態]. ¶비도덕적인 행태 / 부당한 영업행태.

행패 行悖 (행할 행, 어그러질 패). 체면에 벗어나는 난폭한 짓[悖]을 함[行]. 또는 그러한 언행. ¶행패를 부리다.

행포 行暴 (행할 행, 사나울 포). 난폭한[暴] 짓을 함[行].

행하 行下 (행할 행, 아래 하). ① 속뜻 집안에 큰 행사(行事)나 경사가 있을 때 주인이 부리는 아랫사람[下]에게 주는 돈이나 물건. ②심부름을 하거나 시중을 든 사람에게 주는 돈이나 물건. ¶색시를 데려오는 심부름에는 행하가 두둑했다. ③품삯 이외에 더 주는 돈. ④놀이가 끝난 뒤에 기생이나 광대에게 주는 보수. ¶기생한테 행하를 듬뿍 쥐어 주었다.

행형 行刑 (행할 행, 형벌 형). 형벌(刑罰)을 집행(執行)함.

행:화 杏花 (살구나무 행, 꽃 화). 살구나무[杏]의 꽃[花]. 살구꽃.

향가 鄕歌 (시골 향, 노래 가). 문학 향찰(鄕札)로 적혀 전해오는 우리나라 고유의 시가(詩歌). 신라 중엽에서 고려 초엽에 걸쳐 민간에 널리 퍼졌던 것으로, 삼국유사 (三國遺事)에 14수, 균여전 (均如傳)에 11수, 모두 25수가 있다.

향곡 鄕曲 (시골 향, 굽을 곡). 시골[鄕] 구석[曲]. ¶도성과 향곡 / 향곡의 천민들.

향:광-성 向光性 (향할 향, 빛 광, 성질 성). 식물 식물의 줄기, 가지, 잎 따위가 햇빛[光]을 향해[向] 자라는 성질(性質). ⓑ배광성(背光性).

*__향교__ 鄕校 (시골 향, 학교 교). 역사 왕조 때, 시골[鄕]에 두었던 문묘와 그에 딸린 관립 학교(學校).

향:국지성 向國之誠 (향할 향, 나라 국, 어조사 지, 정성 성). 나라[國]를 향(向)한 정성(精誠). 나라를 생각하는 정성.

향군 鄕軍 (시골 향, 군사 군). 군사 ①'재향군인'(在鄕軍人)의 준말. ②'향토 예비군'(鄕土豫備軍)의 준말.

*__향기__ 香氣 (향기 향, 기운 기). 향긋한[香] 기운(氣運). 꽃이나 향 따위에서 나는 기분 좋은 냄새. ¶은은한 커피 향기 / 향기로운 라일락. ⓑ악취(惡臭).

향:년 享年 (누릴 향, 나이 년). 한평생 살아서 누린[享] 나이[年]. 죽은 사람의 나이를 이를 때만 쓴다. ¶그는 향년 60세로 돌아가

셨다.

향당 鄕黨 (시골 향, 마을 당). 자기가 태어났거나 살고 있는 시골[鄕] 마을[黨]. 또는 그 마을의 사람들.

향도[1] 香徒 (향기 향, 무리 도). ① 속뜻 향목(香木)을 맨 무리[徒]. ② 역사 화랑도(花郞徒)의 딴이름. ③상여를 매는 사람. 상여꾼.

▶향:도-가 香徒歌 (향기 향, 무리 도, 노래 가). ① 속뜻 향목(香木)을 맨 사람들이 상여 앞머리[徒]에서 부르는 노래[歌]. ② 행상(行喪)할 때, 선소리꾼이 상여 앞에서 엮는 사설조의 노래. 상여 소리.

향:도[2] 嚮導 (향할 향, 이끌 도). ① 속뜻 목적지를 향(嚮)하여 이끎[導]. ② 길을 인도함. 또는 그 사람.

▶향:도-관 嚮導官 (벼슬 관). 역사 왕조 때, 군사들이 나아가는 길을 인도하던[嚮導] 벼슬[官]. 또는 그 벼슬아치.

향:락 享樂 (누릴 향, 즐길 락). 즐거움[樂]을 누림[享]. 쾌락을 누림. ¶향락 생활 / 향락에 빠지다.

▶향:락-주의 享樂主義 (주될 주, 뜻 의). ① 철학 인생의 궁극적인 목적이 향락(享樂)을 추구하는 데 있다고 하는 주의(主義). 관능주의(官能主義). ② 예술 예술에서의 도락적 입장.

향로 香爐 (향기 향, 화로 로). 향(香)을 피우는 자그마한 화로(火爐). ¶향로에 향을 피우다.

▶향로-석 香爐石 (돌 석). 무덤 앞에 있는, 향로(香爐)를 올려놓는 돌[石]. ⑪향안석(香案石).

향론 鄕論 (시골 향, 논할 론). 시골[鄕] 사람들의 여론(輿論).

향료 香料 (향기 향, 거리 료). ① 속뜻 향기(香氣)를 내는 데 필요한 거리[料]. ¶이 음식에는 특별한 향료를 넣었다. ② 죽은 사람의 영전에 향을 바치는 대신 놓는 돈.

▶향료 작물 香料作物 (지을 작, 만물 물). 향료(香料)의 원료를 수확할 목적으로 재배하는 농작물(農作物).

향:류 向流 (향할 향, 흐를 류). ① 속뜻 어딘가를 향(向)하여 흐름[流]. ② 물리 유체(流體)가 서로 반대 방향으로 흐르는 일. ⑪병류(竝流).

향리[1] 鄕吏 (시골 향, 벼슬아치 리). 역사 한 고을[鄕]에서 대를 이어 내려오던 벼슬아치[吏].

향리[2] 鄕里 (시골 향, 마을 리). 고향(故鄕) 마을[里]. ⑪전리(田里).

향:모 向慕 (향할 향, 그리워할 모). ① 속뜻 무언가를 향(向)하여 그리워함[慕]. ② 마음에서 우러나와 그리워함.

향목 香木 (향기 향, 나무 목). ① 속뜻 향기(香氣)가 나는 나무[木]. ② 식물 측백나뭇과의 상록 침엽 교목. 높이는 20미터 정도이며, 잎은 마주나거나 돌려나고 비늘 조각 또는 바늘 모양이다. 향나무.

향몽 香夢 (향기 향, 꿈 몽). ① 속뜻 향기(香氣)로운 꿈[夢]. ② 봄철의 꽃 필 무렵에 꾸는 꿈을 이르는 말.

향미 香味 (향기 향, 맛 미). 음식물의 향기(香氣)로운 맛[味].

▶향미-료 香味料 (거리 료). 약품이나 음식물 따위에 넣어 향기(香氣)로운 맛[味]을 내게 하는 물질[料].

향반 鄕班 (시골 향, 나눌 반). 역사 시골[鄕]에 내려가 살면서 여러 대 동안 벼슬을 못하던 양반(兩班).

향:발 向發 (향할 향, 떠날 발). 목적지를 향(向)해 출발(出發)함. ¶아무 말도 남기지 않고 파리로 향발했다.

향:방 向方 (향할 향, 모 방). 향(向)하는 방향(方向). 가는 곳.

▶향:방부지 向方不知 (아닐 부, 알 지). 향방(向方)을 알 수[知] 없음[不]. 어디가 어디인지 분간을 하지 못함.

향:배[1] 向背 (향할 향, 등질 배). 향함[向]과 등짐[背]. 복종과 배반. ¶이해에 얽혀 향배를 달리하다.

향:배[2] 向拜 (향할 향, 절 배). 향(向)하여 절함[拜].

향:복 享福 (누릴 향, 복 복). 복(福)을 누림[享].

▶향:복-무강 享福無疆 (없을 무, 지경 강). 끝이[疆] 없이[無] 많은 복(福)을 누림[享].

향부-악 鄕部樂 (시골 향, 나눌 부, 음악 악). ① 속뜻 향악(鄕樂)으로 분류되는[部] 음악(音樂). ② 음악 삼악(三樂)의 하나. 우리나라 고유의 음악을 당악(唐樂)에 상대하여 이르는 말. 백제의 『정읍사』, 고려 시대의 가곡, 조선 시대의 『여민락』, 『영산회상』 따위.

향:사[1] 享祀 (제사지낼 향, 제사 사). ① [속뜻] 제사(祭祀)를 지냄[享]. ② 신령이나 죽은 사람의 넋에게 음식을 바치어 정성을 나타냄. 또는 그런 의식. [비]제사(祭祀).

향사[2] 鄕士 (시골 향, 선비 사). 시골[鄕] 선비[士]. [비]향유(鄕儒).

향사[3] 鄕思 (시골 향, 생각 사). 고향(故鄕)에 대한 생각[思].

향사[4] 鄕絲 (시골 향, 실 사). 우리나라 시골[鄕]에서 나는 명주실[絲]을 이르던 말.

향:사[5] 向斜 (향할 향, 비낄 사). [지리] 습곡에서 아래를 향(向)하여 비스듬하게[斜] 내려간 부분.

▸향:사-곡 向斜谷 (골짜기 곡). [지리] 향사(向斜)의 축(軸) 부분을 따라서 생긴 골짜기[谷].

***향:상**[1] 向上 (향할 향, 위 상). 기능이나 정도 따위가 위[上]로 향(向)하여 나아감. 좋아짐. ¶수희의 수학 실력이 크게 향상되었다. [반]저하(低下).

향상[2] 香床 (향기 향, 평상 상). 향로(香爐)나 향합(香盒) 따위를 올려놓는 상(床).

향서 鄕書 (시골 향, 글 서). 고향(故鄕)에서 온 편지글[書].

향:성 向性 (향할 향, 성질 성). ① [속뜻] 무언가를 향(向)하는 성질(性質). ② [생물] 굴성(屈性). 특히 양(陽)의 굴성을 이른다. ③ [심리] 내향성, 외향성 등과 같은 사람의 성격의 경향.

▸향:성 검:사 向性檢査 (봉함 검, 살필 사). ① [속뜻] 향성(向性)을 검사(檢査)해봄. ② [심리] 사람의 성격의 경향이 내향성인가 외향성인가를 측정하는 검사. 흔히 질문지를 써서 향성의 지수를 측정한다.

향속 鄕俗 (시골 향, 풍속 속). 시골[鄕]의 풍속(風俗). [비]향풍(鄕風).

향:수[1] 享受 (누릴 향, 받을 수). ① [속뜻] 복이나 혜택 따위를 받아서[受] 누림[享]. ¶자유를 향수하다. ② 예술상의 아름다움 따위를 음미하고 즐김.

향:수[2] 享壽 (누릴 향, 목숨 수). 오래 사는 [壽] 복을 누림[享].

향수[3] 香水 (향기 향, 물 수). ① [속뜻] 향기(香氣)가 나는 물[水]. ② 향료를 알코올 따위에 풀어서 만든 액체 화장품의 한 가지. ¶향수를 뿌리다. ③ [불교] 관불(灌佛)할 때 신체나 불구(佛具) 또는 도량에 뿌리는, 향을 달인 물.

향수[4] 鄕愁 (시골 향, 근심 수). 고향(故鄕)을 그리워하는 마음이나 시름[愁]. ¶어린 시절에 대한 향수에 젖다.

▸향수-병 鄕愁病 (병 병). 고향 생각에 시름겨워[鄕愁] 들린 병(病). ¶향수병에 시달리다.

향:수-성 向水性 (향할 향, 물 수, 성질 성). [식물] 식물의 뿌리 등이 수분(水分)이 있는 쪽으로 뻗어 가는[向] 성질(性質). [비]향습성(向濕性).

향숙 鄕塾 (시골 향, 글방 숙). 시골[鄕]의 서당[塾].

향:습-성 向濕性 (향할 향, 젖을 습, 성질 성). [식물] 향수성(向水性).

향신 鄕信 (시골 향, 소식 신). 고향(故鄕)에서 온 소식[信].

향신-료 香辛料 (향기 향, 매울 신, 거리 료). 음식물에 향기(香氣)와 매운[辛] 맛을 나게 하는 조미료(調味料). 겨자, 깨, 고추, 마늘, 파, 후추 따위. ¶중국 음식에는 향신료가 많이 들어간다.

향:심-력 向心力 (향할 향, 가운데 심, 힘 력). ① [속뜻] 중심(中心)으로 향(向)하는 힘[力]. ② [물리] 원운동을 하는 물체나 물체 위의 질점(質點)에 작용하는, 원의 중심으로 나아가려는 힘. [비]구심력(求心力).

향악 鄕樂 (시골 향, 음악 악). [음악] ① 향토(鄕土) 음악(音樂). ② 삼악(三樂)의 하나. 우리나라 고유의 음악을 당악(唐樂)에 상대하여 이르는 말. 백제의 「정읍사」, 고려 시대의 가곡, 조선 시대의 「여민락」, 「영산회상」 따위. '향부악'(鄕部樂)의 준말.

▸향악-기 鄕樂器 (그릇 기). [음악] 가야금, 거문고, 대금 등과 같이 향악(鄕樂)을 연주하는 악기(樂器).

▸향악-보 鄕樂譜 (적어놓을 보). [음악] 향악(鄕樂)을 적은 악보(樂譜). [비]정간보(井間譜).

향약[1] 鄕約 (시골 향, 묶을 약). 역사 조선 시대, 권선징악과 상부상조를 목적으로 만든 마을[鄕]의 자치 규약(規約).

향약[2] 鄕藥 (시골 향, 약 약). 중국에서 나던 약재에 대하여 우리나라 시골[鄕]에서 나던 약(藥)이나 약재를 이르던 말.

▶ 향약-본초 鄕藥本草 (뿌리 본, 풀 초). ① 속뜻 향약(鄕藥)의 근본(根本)이 되는 여러 약초(藥草). ② 우리나라에서 나는 약용의 식물, 동물, 광물을 통틀어 이르는 말.

▶ 향약-구급방 鄕藥救急方 (구원할 구, 급할 급, 방법 방). ① 속뜻 우리나라의 약재[鄕藥]로 위급(危急)한 병자를 구(救)하는 처방(處方). ② 책명 고려 고종 때에, 대장도감에서 간행한 우리나라 최고(最古)의 한의서.

향:양 向陽 (향할 향, 볕 양). 볕[陽]을 향(向)함. 햇볕을 마주 받음.

▶ 향:양지지 向陽之地 (어조사 지, 땅 지). 햇볕을 바로 받는[向陽] 땅[地]. 남향(南向)을 한 땅.

▶ 향:양-화목 向陽花木 (꽃 화, 나무 목). ① 속뜻 볕을 향하고 있는[向陽] 꽃나무[花木]. ② '출세하기에 좋은 여건을 갖춘 사람'을 비유하여 이르는 말.

향연[1] 香煙 (향기 향, 연기 연). ① 속뜻 향(香)을 피우는 연기(煙氣). ② 향기로운 냄새가 나는 담배.

향:연[2] 饗宴 (잔치할 향, 잔치 연). 융숭하게 대접하는[饗] 잔치[宴]. ¶향연을 베풀다.

향우 鄕友 (시골 향, 벗 우). 고향(故鄕) 친구[友]. 고향 사람.

향운 香雲 (향기 향, 구름 운). ① 속뜻 향기(香氣)로운 구름[雲]. ② 흰 꽃이 한창 피어 있는 모습을 비유하여 이르는 말. ③ 가득 피어오르는 향불의 연기.

향원 鄕園 (시골 향, 동산 원). 고향(故鄕)의 전원(田園).

향:유[1] 享有 (누릴 향, 있을 유). 누려서[享] 가짐[有]. ¶물질적 향유 / 만인이 자유와 풍요를 향유하는 사회.

향유[2] 香油 (향기 향, 기름 유). ① 속뜻 향기(香氣)가 나는 화장용 물기름[油]. 몸이나 머리에 바른다. ② 참기름.

향유[3] 鄕儒 (시골 향, 선비 유). 시골[鄕] 선비[儒]. 시골 유생. ⓑ향사(鄕士).

향음주-례 鄕飮酒禮 (시골 향, 마실 음, 술 주, 예도 례). 온 고을[鄕]의 유생들이 해마다 모여 향약을 읽고 술[酒]을 마시던[飮] 잔치[禮].

향:응[1] 響應 (울릴 향, 응할 응). ① 속뜻 소리의 울림[響]에 응(應)함. ② 소리에 따라 마주 소리가 울림. ③ 남의 주창(主唱)에 따라 마주 같은 행동을 함.

향:응[2] 饗應 (잔치할 향, 응할 응). ① 속뜻 대접 잔치[饗]에 응(應)함. ② 특별히 융숭하게 대접함. 또는 그 대접.

향:의 向意 (향할 향, 뜻 의). 마음이나 뜻[意]을 기울임[向]. 또는 그 마음. ¶그래도 영감에 대한 향의가 각별하였다.

향:일 向日 (향할 향, 해 일). ① 속뜻 햇볕[日]을 향(向)함. ② 지난번. 전번 날. ⓑ향자(向者).

▶ 향:일-성 向日性 (성질 성). 식물 식물의 줄기, 가지, 잎 따위가 햇빛[日]을 향(向)해 자라는 성질(性質). ⓑ배일성(背日性).

향전 香奠 (향기 향, 제사지낼 전). ① 속뜻 제사[奠]에 쓸 향(香) 값에 불과한 적은 돈. ② 상가(喪家)에 부조로 보내는 자기의 돈이나 물품을 겸손하게 이르는 말. ⓑ부의(賻儀).

향:점 向點 (향할 향, 점 점). ① 속뜻 어딘가를 향(向)하는 점(點). ② 천문 천체의 운동 방향이 천구(天球)와 교차되는 점. ⓑ배점(背點).

향:정신성 의약품 向精神性醫藥品 (향할 향, 찧을 정, 혼 신, 성질 성, 치료할 의, 약 약, 물건 품). 약학 정신(精神)쪽[向]에 일정한 영향을 미치는 성질(性質)을 지니고 있는 의약품(醫藥品)을 통틀어 이르는 말. 각성제, 수면제, 안정제, 진정제 따위가 있다.

향제 鄕第 (시골 향, 집 제). 고향(故鄕)에 있는 집[第].

향:지-성 向地性 (향할 향, 땅 지, 성질 성). 식물 식물의 뿌리 등이 중력(重力)이 작용하는 방향, 곧 땅[地]속으로 향(向)하여 뻗어 가는 성질(性質). ⓑ배지성(背地性).

향:진 向進 (향할 향, 나아갈 진). 향(向)하여 나아감[進].

향찰 鄕札 (시골 향, 쪽지 찰). ① 속뜻 향가(鄕

歌)에 활용된 표기법[札]. ② 언어 신라 때, 한자의 음과 훈(訓)을 빌려 우리말을 적던 표기법. ㊐이두(吏讀).

향초 香草 (향기 향, 풀 초). ① 속뜻 향기(香氣)로운 풀[草]. ② 향기로운 담배.

향촉 香燭 (향기 향, 촛불 촉). 향(香)과 초[燭].

향:촉-성 向觸性 (향할 향, 닿을 촉, 성질 성). 식물 굴성의 하나. 식물체가 다른 물건에 닿았을[觸] 때 그 쪽을 향(向)하여 굽는 성질(性質). 오이, 호박 따위의 덩굴손에서 볼 수 있다. ㊐굴촉성(屈觸性).

향촌 鄕村 (시골 향, 마을 촌). 시골[鄕] 마을[村].

향축 香祝 (향기 향, 빌 축). 제사에 쓰는 향(香)과 축문(祝文).

향:춘-객 享春客 (누릴 향, 봄 춘, 손 객). 봄[春]을 즐기는[享] 사람[客].

향취 香臭 (향기 향, 냄새 취). 향(香) 냄새[臭].

향탁 香卓 (향기 향, 탁자 탁). 향로(香爐)를 올려놓는 탁자(卓子).

향토 鄕土 (시골 향, 흙 토). ① 속뜻 자기가 태어나서 자란 시골[鄕] 땅[土]. ¶향토를 지키다. ② 시골이나 고장. ¶향토 문화.

▸ 향토-색 鄕土色 (빛 색). 그 지방[鄕土] 특유의 정취나 풍속[色]. ㊐지방색(地方色).

▸ 향토-지 鄕土誌 (기록할 지). 그 지방[鄕土]의 지리, 역사, 풍토, 산업, 민속, 문화 등을 기술한[誌] 책.

▸ 향토 요리 鄕土料理 (헤아릴 료, 다스릴 리). 그 지방[鄕土] 특유의 전통적인 요리(料理).

▸ 향토 예:비군 鄕土豫備軍 (미리 예, 갖출 비, 군사 군). 군사 향토방위(鄕土防衛)를 위해 미리[豫] 갖춘[備] 비정규군[軍].

향폐 鄕弊 (시골 향, 나쁠 폐). 시골[鄕]의 나쁜[弊] 풍습.

향풍 鄕風 (시골 향, 풍속 풍). 시골[鄕]의 풍속(風俗). ㊐향속(鄕俗).

향:학 向學 (향할 향, 배울 학). 배움[學]에 뜻을 두고 그 길로 나아감[向].

▸ 향:학-열 向學熱 (뜨거울 열). 학문(學問)을 향한[向] 열의(熱意).

향함 香函 (향기 향, 상자 함). 향(香)을 담는 상자[函].

향합 香盒 (향기 향, 그릇 합). 향(香)을 담는 데 쓰는 뚜껑 있는 그릇[盒].

향혼 香魂 (향기 향, 넋 혼). ① 속뜻 향기(香氣)로운 넋[魂]. ② 여자의 넋을 이르는 말. ③ 꽃의 향기. 또는 정기(精氣).

향화 香火 (향기 향, 불 화). ① 속뜻 향(香)을 태우는 불[火]. ② 향을 피움. 제사를 이르는 말. ㊐향불.

향화[1] 香花 (향기 향, 꽃 화). ① 속뜻 향기(香氣)로운 꽃[花]. ② 불교 향화(香華).

향화[2] 香華 (향기 향, 꽃 화). 불교 부처 앞에 바치는 향(香)과 꽃[華]. ㊐향화(香花).

향:화-성 向化性 (향할 향, 될 화, 성질 성). 식물 식물체가 화학적(化學的) 자극이 오는 쪽을 향(向)하여 굽는 성질(性質). 균사가 양분이 오는 쪽으로, 화분관이 밑씨의 방향으로 자라는 것 등이 있다.

향회 鄕會 (시골 향, 모일 회). 고을[鄕]의 일을 의논하는 모임[會].

향:후 向後 (향할 향, 뒤 후). 뒤[後]를 향(向)함. 다음. 이 뒤. ¶이 컴퓨터는 향후 1년 동안 무상 수리를 받을 수 있다. ㊐차후(此後).

향훈 香薰 (향기 향, 향풀 훈). 향기(香氣)로운 냄새[薰].

허가 許可 (허락 허, 가히 가). ① 속뜻 허락(許諾)하여 가능(可能)하게 해줌. 말을 들어줌. ¶입학 허가 / 나의 허가 없이 이곳을 출입할 수 없다. ② 법률 법령으로 금지 또는 제한되어 있는 일을 특정의 경우 특정의 사람에게 할 수 있도록 처리하는 일. ㊐허락(許諾). ㊃불허(不許).

▸ 허가-서 許可書 (글 서). 어떤 일을 정식으로 허가(許可)한다는 내용을 적은 글[書]. 또는 그 문서. ¶허가서를 받다.

▸ 허가-제 許可制 (정할 제). 법률 행정 관청의 허가를 받은 뒤에 영업이나 상업 행위를 할 수 있도록 허가(許可)하는 제도(制度).

▸ 허가-증 許可證 (증거 증). 법률 허가(許可)하는 사실을 기재하거나 표시한 증서(證書).

허겁 虛怯 (빌 허, 무서울 겁). 몸이 허약(虛弱)해져 무서움[怯]을 탐.

▸허겁-증 虛怯症 (증세 증). 한의 몸이 허약(虛弱)해져 까닭 없이 무서움[怯]을 타는 증세(症勢)를 이르는 말.

허공 虛空 (빌 허, 하늘 공). ① 속뜻 텅 빈[虛] 하늘[空]. ¶가만히 허공을 바라보다. ② 수학 소수(小數)의 단위의 하나. 육덕(六德)의 10분의 1, 청정(淸淨)의 10배이다. ㊥공중(空中), 거지중천(居之中天).

허교 許交 (허락 허, 사귈 교). ① 속뜻 서로 벗하기를 허락(許諾)하고 사귐[交]. ② 허물없이 서로 '해라'투나 '하게'투의 말씨를 씀. ¶우리는 허교하고 지내는 사이가 되었다.

허구¹ 許久 (매우 허, 오랠 구). 날이나 세월 따위가 매우[許] 오래다[久]. ¶삼촌은 허구한 날 술만 마신다.

허구² 虛構 (헛될 허, 얽을 구). ① 속뜻 사실이 아닌 헛된[虛] 것을 사실처럼 얽어[構] 만듦. ② 소설이나 희곡 따위에서 실제로는 없는 이야기를 상상력으로 창작해냄. 또는 그 이야기. ¶그 이야기 속의 모든 인물은 허구이다.

▸허구-성 虛構性 (성질 성). 사실과 다르게 꾸며 만든[虛構] 성질(性質)이나 요소.

허국 許國 (들어줄 허, 나라 국). ① 속뜻 나라[國] 편을 듦[許]. ② 나라를 위하여 몸을 돌보지 않고 힘을 다함.

허근 虛根 (빌 허, 뿌리 근). 수학 방정식의 근(根) 중에서 허수(虛數)인 것. ㊥실근(實根).

허급 許給 (허락 허, 줄 급). 허락(許諾)하여서 줌[給].

허기¹ 虛器 (빌 허, 그릇 기). ① 속뜻 빈[虛] 그릇[器]. ② 유명무실한 것. 또는 실권이 없는 벼슬자리를 이르는 말.

허기² 虛飢 (빌 허, 배고플 기). ① 속뜻 굶어서[飢] 속이 비어[虛] 배가 몹시 고픔. ¶허기진 배를 채우다 / 우유 한 잔으로 허기를 달래야 했다. ② 기운을 가라앉힘. 또는 그 기운.

▸허기-평심 虛氣平心 (평안할 평, 마음 심). 기(氣)를 가라앉히고[虛] 마음[心]의 평정(平靜)을 가지는 일.

허기³ 虛飢 (빌 허, 배고플 기). 굶어서[飢] 속이 비어[虛] 배가 몹시 고픔.

▸허기-증 虛飢症 (증세 증). 몹시 주려서 배가 고파 기운이 빠진[虛飢] 증세(症勢).

허다 許多 (매우 허, 많을 다). 수효가 매우[許] 많다[多]. ¶그러한 사례는 주위에 허다하게 볼 수 있다 / 살아가면서 남의 신세를 져야 하는 경우가 허다하다. ㊥수두룩하다.

허두 虛頭 (언덕 허, 머리 두). 글이나 말을 터[虛]에 비유한 그 첫머리[頭]. ¶허두에서 밝혔듯이 / 노인은 헛기침과 함께 허두를 꺼낸다 / 허두를 떼다.

허락 許諾 (본음 [허낙], 들어줄 허, 승낙할 낙). 청하는 바를 들어주어[許] 승낙(承諾)함. ¶부모님께 결혼 허락을 받다. ㊥승낙(承諾), 허가(許可). ㊥불허(不許).

허랑 虛浪 (헛될 허, 함부로 랑). 말이나 행동에 거짓이 많고[虛] 착실하지 못함[浪]. ¶허랑한 말만 하고 다닌다.

▸허랑방탕 虛浪放蕩 (내칠 방, 거침없을 탕). 언행이 허황하고[虛] 착실하지 못하며[浪] 주색에 빠져 행실이 추저분함[放蕩].

허령 虛靈 (빌 허, 신령 령). 잡념이 없이[虛] 마음이 영묘(靈妙)함.

▸허령불매 虛靈不昧 (아닐 불, 어두울 매). 잡된 생각이 없이 마음이 신령하여[虛靈] 어둡지[昧] 아니함[不]. 유교에서 말하는 심상(心狀)과 명덕(明德)의 본질이다.

허례 虛禮 (헛될 허, 예도 례). 겉으로만 꾸며 정성이 없는[虛] 예절(禮節). ¶허례를 없애다.

▸허례-허식 虛禮虛飾 (헛될 허, 꾸밀 식). 정성과 예절 없이[虛禮] 겉으로만 번드르르하게[虛] 꾸밈[飾]. 또는 그런 예절이나 법식. ¶호화 결혼식 같은 허례허식에서 벗어나다.

허로¹ 虛老 (헛될 허, 늙을 로). 이루어 놓은 일 없이 헛되이[虛] 늙음[老].

허로² 虛勞 (빌 허, 일할 로). 몸과 마음이 허약(虛弱)하고 피로(疲勞)함.

허록 虛錄 (헛될 허, 기록할 록). 헛되이[虛] 적음[錄]. 거짓으로 꾸며 기록함. 또는 그 기록.

허론 虛論 (헛될 허, 논할 론). 헛된[虛] 논의(論議). ¶실속도 진전도 없는 허론을 거듭하다.

허망 虛妄 (빌 허, 헛될 망). ① 속뜻 실속 없고[虛] 헛됨[妄]. ② 거짓이 많아 미덥지 않음. ¶쓸데없이 허망한 소리를 하고 다니다. ③ 어이없고 허무함. ¶한창 일할 나이에 허망하게 죽고 말았다.

허명 虛名 (헛될 허, 이름 명). 실속이 없거나[虛] 사실 이상으로 알려진 명성(名聲).

▶허명-무실 虛名無實 (없을 무, 실제 실). 헛된 이름[虛名] 뿐 실상(實狀)이 없음[無]. ⓑ유명무실(有名無實).

허무 虛無 (빌 허, 없을 무). ① 속뜻 아무것도 없이[無] 텅 빔[虛]. ② 무가치하고 무의미하게 느껴져 매우 허전하고 쓸쓸함. ¶인생의 허무를 느끼다. ③ 철학 유(有)에 대립하는 개념만 있고, 실재하지 않는 무의미한 무(無)의 의식. ⓑ공허(空虛).

▶허무-감 虛無感 (느낄 감). 허무(虛無)한 느낌[感]. 덧없는 느낌.

▶허무-맹랑 虛無孟浪 (매우 맹, 함부로 랑). 터무니없이[虛無] 거짓되고 실속이 없다[孟浪]. 전혀 실상(實相)이 없다. ¶허무맹랑한 소리 좀 그만해라!

▶허무-주의 虛無主義 (주될 주, 뜻 의). ① 철학 일체의 사물이나 현상은 존재하지 않고 인식되지도 아니하며 또한 아무런 가치도 지니지 않는다고[虛無] 주장하는 사상적 태도[主義]. ② 정치 기성 가치 체계의 붕괴를 배경으로 하여 목적 달성을 위해서는 수단과 방법을 가리지 않는 권력 정치의 이론적 근거. 파시즘, 나치즘 따위가 대표적이다. ③ 사회 개인을 모든 제도와 관습의 속박에서 해방하여 자유로운 사회를 조직하고자 하는 사상. 1870년대 러시아 혁명 운동에서 허무당에 의하여 주장되고 실천되었다.

허문[1] 許文 (허락 허, 글월 문). 허락(許諾)하는 글[文].

허문[2] 虛文 (헛될 허, 글월 문). ① 속뜻 실속이 없이[虛] 겉만 꾸민 글[文]. ② 실속이 없이 겉만 꾸민 예의나 법제(法制).

허문[3] 虛聞 (헛될 허, 들을 문). ① 속뜻 헛[虛] 소문(所聞). ② 허명(虛名).

허발 虛發 (헛될 허, 쏠 발). ① 속뜻 헛되이[虛] 쏨[發]. ② 총이나 활을 쏘아서 맞히지 못함. ③ 목적을 이루지 못하는 공연한 짓이나 걸음을 함. ¶만약 거기 갔다가 허발을 치는 날에는 그 자리에서 너희들은 그대로 간다. 알겠냐?

허보 虛報 (헛될 허, 알릴 보). 허위(虛僞) 보도(報道). 잘못 알림.

허부 許否 (허락 허, 아닐 부). 허락(許諾)함과 허락하지 아니함[否].

허비 虛費 (헛될 허, 쓸 비). 헛되이[虛] 씀[費]. 또는 그 비용. ¶시간 허비 / 쓸데없는 일에 돈을 허비하다.

허사[1] 虛事 (헛될 허, 일 사). 헛된[虛] 일[事]. ¶우리의 노력은 허사로 돌아갔다. ⓑ도사(徒事).

허사[2] 虛辭 (헛될 허, 말씀 사). ① 언어 실질적인 뜻이 없는[虛] 말[辭]. 실질 형태소에 붙어 주로 말과 말 사이의 관계를 표시하며, 조사, 어미 따위가 있다. ⓑ형식 형태소(形式形態素). ⓑ실사(實辭). ② 사실이 아닌 것을 사실인 것처럼 꾸며 대어 말을 함. ⓑ거짓말.

허상[1] 虛想 (헛될 허, 생각 상). 헛된[虛] 생각[想]. 쓸데없는 생각.

허상[2] 虛像 (헛될 허, 모양 상). ① 속뜻 실제가 헛된[虛] 모양[像]. ② 실제 없는 것이 있는 것처럼 나타나 보이거나 실제와는 다른 것으로 드러나 보이는 모습. ¶그 일은 내가 마음속에서 만들어낸 허상일 뿐이다. ③ 물리 광선이 거울이나 렌즈 때문에 반사될 때에, 그 반사되는 방향과 반대의 방향으로 연장하여 이루어지는 가상적인 상(像). 볼록 렌즈나 오목 거울에서는 물체가 초점 안에 있을 때에 생기고, 평면거울·오목 렌즈·볼록 거울에서는 물체의 위치에 관계없이 생긴다. ⓑ실상(實像).

허생-전 許生傳 (허락 허, 날 생, 전할 전). ① 속뜻 허생(許生)의 일생을 적은 전기(傳記). ② 문학 조선 정조 때 박지원(朴趾源)이 지은 한문 소설. 허생이라는 선비가 가난에 못 이겨 하던 공부를 그만두고 장사를 하여 거금을 벌었다는 이야기로, 박지원의 실학 사상이 드러난 내용이다. 『열하일기』(熱河日記)에 실려 있다.

허설 虛說 (헛될 허, 말씀 설). 헛된[虛] 소리[說]. 거짓말.

허성 虛聲 (헛될 허, 소리 성). ① 속뜻 헛[虛] 소리[聲]. ② 허명(虛名).

허세 虛勢 (헛될 허, 기세 세). 실상이 없는 헛된[虛] 기세(氣勢). ¶허세를 부리다. ⓑ 허위(虛威).

허송 虛送 (헛될 허, 보낼 송). 세월 따위를 헛되이[虛] 보냄[送].

▸허송-세월 虛送歲月 (해 세, 달 월). 하는 일 없이 세월(歲月)을 헛되이 보냄[虛送].

허수 虛數 (빌 허, 셀 수). ① 속뜻 비어있는[虛] 수(數). ② 수학 제곱하여 음수가 되는 수. 이들의 사칙 연산은 실수의 경우와 같이 정의한다. ⓑ실수(實數).

허식 虛飾 (헛될 허, 꾸밀 식). 실속이 없이[虛] 겉만 꾸밈[飾]. 겉치레. ¶일체의 허식을 없애자.

허신 許身 (허락 허, 몸 신). 여자가 남자에게 몸[身]을 허락(許諾)함. 몸을 내맡김.

허실 虛實 (빌 허, 채울 실). ① 속뜻 속빔[虛]과 알참[實]. 허함과 실함. ¶경기에 이기려면 먼저 상대의 허실을 읽어야 한다. ② 한의 허증(虛症)과 실증(實症)을 이르는 말.

▸허실-상몽 虛實相蒙 (서로 상, 어두울 몽). ① 속뜻 허(虛)와 실(實)에 모두[相] 어두움[蒙]. ②허와 실이 분명하지 않음.

▸허실-상조 虛實相照 (서로 상, 비칠 조). ① 속뜻 허(虛)와 실(實)이 서로[相] 비춤[照]. ②허와 실이 대조되어 어울림.

허심[1] 許心 (허락 허, 마음 심). 마음[心]을 허락(許諾)함.

허심[2] 虛心 (빌 허, 마음 심). ① 속뜻 비운[虛] 마음[心]. ②마음속에 다른 생각이나 거리낌이 없음. ¶허심하게 이야기하다. ③남의 말을 잘 받아들임. ¶그는 허심하게 나의 말을 들었다.

▸허심-탄회 虛心坦懷 (평평할 탄, 품을 회). ① 속뜻 마음[心]을 비우고[虛] 평탄(平坦)한 마음[懷]을 가짐. ②품은 생각을 터놓고 말할 만큼 아무 거리낌이 없고 솔직함. ¶허심탄회하게 이야기해 보세요.

허약[1] 許約 (허락 허, 묶을 약). 허락(許諾)하여 약속(約束)함.

허약[2] 虛弱 (빌 허, 약할 약). ① 속뜻 속이 비고[虛] 약(弱)함. ②몸이나 세력 따위가 약함. ¶허약 체질 / 동희는 몸이 허약해 보인다.

허언 虛言 (빌 허, 말씀 언). 실속이 없는 빈[虛] 말[言]. 또는 빈말을 함. 거짓말. ⓑ허사(虛辭).

허여 許與 (허락 허, 줄 여). ① 속뜻 허락(許諾)하여 줌[與]. ②권한 따위를 허락함. ¶특정인에게 이권을 허여하여 말썽이 일다. ③마음속으로 허락함.

허영 虛榮 (헛될 허, 영화 영). ① 속뜻 헛된[虛] 영화(榮華). ②필요 이상의 겉치레. ¶그녀는 사치와 허영으로 가득 차 있다.

▸허영-심 虛榮心 (마음 심). 허영(虛榮)에 들뜬 마음[心].

허욕 虛慾 (헛될 허, 욕심 욕). 헛된[虛] 욕심(慾心). ¶허욕으로 패가(敗家)를 자초하다.

허용 許容 (허락 허, 담을 용). ① 속뜻 허락(許諾)하고 용납(容納)함. ¶소음의 허용 한도를 넘다. ②막았어야 할 것을 막지 못하고 받아들임.

▸허용-량 許容量 (분량 량). 허용(許容)하는 분량(分量). 주로 약제나 방사성 물질 따위에 대하여 인체에 명백히 장애를 일으키지 않는다고 생각되는 최대한도의 양을 이른다.

허위[1] 虛位 (헛될 허, 자리 위). ① 속뜻 실권이 없는[虛] 지위[位]. ②빈자리. ⓑ공위(空位).

허위[2] 虛僞 (헛될 허, 거짓 위). ① 속뜻 헛된[虛] 거짓[僞]. ②진실이 아닌 것을 진실인 것처럼 꾸민 것. ¶허위 보도. ③ 논리 그릇된 사고로 인하여 외관상은 정당하게 보이나 실은 어떤 점에서 논리적 원리나 규칙에 저촉된 것. ④ 철학 자기가 진실이라고 믿지 않는 일을 타인에게 진실인 것처럼 믿게 하는 고의적인 언행.

허장-성세 虛張聲勢 (빌 허, 벌릴 장, 소리 성, 기세 세). ① 속뜻 헛되이[虛] 목소리[聲]의 기세(氣勢)만 폄[張]. ②실력이 없으면서 허세(虛勢)로 떠벌림.

허전 虛傳 (헛될 허, 전할 전). 거짓으로[虛] 전(傳)함. 거짓말로 전함. 또는 그러한 말.

허점 虛點 (헛될 허, 점 점). 허술한[虛] 점(點). 허술한 구석. ¶상대 팀의 허점을 노리다.

허주 虛舟 (빌 허, 배 주). 빈[虛] 배[舟]. 짐을 싣지 않은 배.

허-초점 虛焦點 (헛될 허, 태울 초, 점 점).

① 속뜻 거짓[虛] 초점(焦點). ② 물리 평행 광선이 볼록거울이나 오목렌즈 따위에 의하여 발산되었을 때, 그 광선의 연장선이 거울이나 렌즈의 뒷면에서 모이는 가상적인 초점.

허탄 虛誕 (헛될 허, 거짓 탄). 헛되고[虛] 거짓되어[誕] 미덥지 아니하다. ¶그의 말은 허탄하기 짝이 없다.

허탈 虛脫 (빌 허, 빠질 탈). ① 속뜻 속이 텅 비고[虛] 힘이 빠짐[脫]. 또는 그런 상태. ¶허탈에 빠지다 / 허탈한 기분 / 허탈한 웃음. ② 의학 온몸의 힘이 쭉 빠져 빈사지경에 이름. 또는 그런 상태.

허풍 虛風 (헛될 허, 바람 풍). ① 속뜻 헛된[虛] 바람[風]. ② 지나치게 과장되고 믿음성이 적은 말이나 행동. ¶허풍이 심하다.

▶허풍-선 虛風扇 (부채 선). ① 속뜻 헛된[虛] 바람[風]을 일으키는 부채[扇]. ② 숯불을 피우는 손풀무의 한 가지. ③ 허풍선이.

허한 虛汗 (빌 허, 땀 한). 한의 원기가 부실하여[虛] 흘리는 땀[汗].

허행 虛行 (헛될 허, 갈 행). 헛된[虛] 걸음[行]. 헛걸음.

허허실실 虛虛實實 (헛될 허, 헛될 허, 참될 실, 참될 실). ① 속뜻 헛된[虛] 것은 헛된[虛] 전술로, 참된[實] 것은 참된[實] 전술로 응함. ② 적의 허를 찌르고 실을 꾀하는 계책.

허혼 許婚 (허락 허, 혼인할 혼). 혼인(婚姻)을 허락(許諾)함.

허화 虛華 (헛될 허, 빛날 화). 실속 없이[虛] 겉으로만 화려(華麗)함. 헛된 영화.

허황 虛荒 (헛될 허, 어이없을 황). ① 속뜻 헛되거나[虛] 어이없음[荒]. ② 거짓되고 근거가 없다. ¶허황한 일 / 허황된 꿈.

헌:금 獻金 (바칠 헌, 돈 금). 돈[金]을 바침[獻]. 또는 그 돈. ¶헌금을 내다.

▶헌:금-대 獻金袋 (자루 대). 기독교 헌금(獻金)을 모으는 데 쓰는 주머니[袋].

헌:납 獻納 (바칠 헌, 바칠 납). 금품을 바침[獻=納]. ¶찬조금을 헌납하다.

헌:다 獻茶 (바칠 헌, 차 다). 불교 신불에게 차[茶]를 올림[獻].

헌:답 獻畓 (바칠 헌, 논 답). 불교 절에 제사를 맡기고 그 비용조로 논[畓]을 절에 바침[獻]. 또는 그 논.

헌:당 獻堂 (바칠 헌, 집 당). 기독교 교회당(教會堂)을 새로 지어 하나님에게 바침[獻].

헌등[1] 軒燈 (처마 헌, 등불 등). 처마[軒]에 다는 등(燈).

헌:등[2] 獻燈 (바칠 헌, 등불 등). 불교 신불에게 바치는[獻] 등(燈).

헌:미 獻米 (바칠 헌, 쌀 미). ① 불교 신불에게 바치는[獻] 쌀[米]. ② 기독교 신자들이 매일 쌀을 모아 두었다가 주일(主日)에 교회에 바치는 일.

헌:배 獻杯 (바칠 헌, 잔 배). 술잔[杯]을 올림[獻].

헌:법 憲法 (법 헌, 법 법). ① 속뜻 최상위에 있는 법[憲=法]. ② 법률 국가에서 정하는 모든 법의 기초법. 국가의 조직, 구성 및 작용에 관한 근본법으로, 다른 법률이나 명령으로 변경할 수 없는 한 국가의 최고 법규. ③ 법률 자유주의 원리에 입각하여, 국민의 기본적인 인권을 보장하고 국가의 정치 기구 특히 입법 조직에 대한 참가의 형식 또는 기준을 규정한 근대 국가의 근본법.

▶헌:법 기관 憲法機關 (틀 기, 빗장 관). 법률 헌법(憲法)의 규정에 따라 설치된 국가의 기관(機關). 대통령, 국무 위원, 국회, 법원 따위를 통틀어 이르는 말. ㉥직접 기관(直接機關).

▶헌:법 소원 憲法訴願 (하소연할 소, 바랄 원). 법률 법을 어긴 공권력의 발동으로 헌법에 보장된 기본권을 침해당한 국민이 그 권리를 구제받기 위하여 헌법 재판소(憲法裁判所)에 내는 소원(訴願).

▶헌:법 재판 憲法裁判 (분별할 재, 판가름할 판). 법률 법률이나 명령, 규칙, 처분이 헌법(憲法)에 위배되는지를 심판하는 재판(裁判). ㉥위헌 재판(違憲裁判).

▶헌:법 재판소 憲法裁判所 (분별할 재, 판가름할 판, 곳 소). ① 속뜻 헌법(憲法)에 관한 사안을 재판(裁判)하는 곳[所]. ② 법률 법령의 위헌 여부를 일정한 소송 절차에 따라 심판하기 위하여 설치한 특별 재판소.

헌:병 憲兵 (법 헌, 군사 병). ① 속뜻 군 내부의 경찰 또는 법[憲]에 관한 일을 맡은 군사[兵]. ② 군사 군의 병과(兵科)의 한 가지. 군의 경찰 업무를 맡아본다.

▸헌:병-대 憲兵隊 (무리 대). 군사 헌병(憲兵)으로 이루어진 부대(部隊). ¶그는 헌병대 출신이다.

헌:사 獻辭 (=獻詞, 바칠 헌, 말씀 사). ① 속뜻 지은이나 발행자가 그 책을 다른 사람에게 바치는[獻] 뜻을 적은 글[辭]. ② 축하하거나 찬양하는 뜻으로 바치는 글.

헌:상 獻上 (바칠 헌, 위 상). 임금이나 웃어른에게 바쳐[獻] 올림[上].

헌:생 獻牲 (바칠 헌, 희생 생). 신에게 희생(犧牲)을 바침[獻].

헌:수 獻壽 (바칠 헌, 목숨 수). ① 속뜻 수연(壽宴)에 예물을 바침[獻]. ② 환갑잔치 따위에서 장수를 비는 뜻으로 술잔을 올림.

헌:시 獻詩 (바칠 헌, 시 시). 축하의 뜻이나 업적 등을 기리는 시(詩)를 받침[獻]. 또는 그 시.

헌:신 獻身 (바칠 헌, 몸 신). ① 속뜻 몸[身]을 바침[獻]. ② 어떤 일이나 남을 위하여 자기 이해관계를 돌보지 않고 힘씀. ¶그녀는 평생을 가족에게 헌신했다.

▸헌:신-적 獻身的 (것 적). 자신의 몸[身]을 희생하여[獻] 정성을 다하는 것[的]. ¶봉사 활동을 헌신적으로 해서, 선행상을 받았다.

헌:작 獻爵 (바칠 헌, 잔 작). 제사 때, 술잔[爵]을 올림[獻]. ⑪진작(進爵).

헌:장 憲章 (법 헌, 글 장). ① 속뜻 헌법(憲法) 같이 중요한 글[章]. ② 어떠한 사실에 대하여 약속을 이행하기 위하여 정한 규범. ¶국민교육헌장.

헌:정[1] 憲政 (법 헌, 정사 정). 정치 헌법(憲法)에 따라 행하는 정치(政治). '입헌 정치'(立憲政治)의 준말.

헌:정[2] 獻呈 (바칠 헌, 드릴 정). ① 속뜻 바치고[獻] 드림[呈]. ② 물품을 바침.

헌헌-장부 軒軒丈夫 (높을 헌, 높을 헌, 어른 장, 사나이 부). ① 속뜻 기골이 장대한[軒軒] 대장부[丈夫]. ② 외모가 준수하고 풍채가 당당한 남자를 가리킴.

헌:혈 獻血 (바칠 헌, 피 혈). 수혈하는 데 쓰도록 자기 피[血]를 바침[獻]. ¶헌혈 캠페인 / 그는 정기적으로 헌혈을 한다. ⑪공혈(供血).

헌호 軒號 (높을 헌, 이름 호). 불교 남의 당호(堂號)를 높이어[軒] 이르는 말.

헌:화 獻花 (바칠 헌, 꽃 화). 신불이나 죽은 이의 영전에 꽃[花]을 바침[獻]. 또는 그 꽃.

▸헌:화-가 獻花歌 (노래 가). 문학 신라 성덕왕(聖德王) 때의 4구체 향가. 수로부인(水路夫人)을 위해 소를 몰고 가던 노옹(老翁)이 철쭉꽃[花]을 꺾어 바치며[獻] 부른 노래[歌]. 『삼국유사』(三國遺事)에 전한다.

헐가 歇價 (값쌀 헐, 값 가). 싼[歇] 값[價].

▸헐가 방:매 歇價放賣 (놓을 방, 팔 매). 싼[歇]값[價]으로 팔아 버림[放賣]. ¶소 값이 폭락하여 소를 헐가방매하다.

험:객 險客 (험할 험, 손 객). ① 속뜻 성질이 험악(險惡)한 사람[客]. ② 험구(險口)로 남을 잘 헐뜯는 사람.

험:구 險口 (험할 험, 입 구). ① 속뜻 험(險)한 입[口]. ② 남의 흠을 들추어 헐뜯음. 또는 그러한 말. ⑪악구(惡口).

험:난 險難 (험할 험, 어려울 난). ① 속뜻 위험(危險)하고 어렵다[難]. ② 지세가 다니기에 위험하고 어렵다. ¶험난한 길. ⑪간험(艱險), 난험(難險), 험간(險艱).

험:담 險談 (험할 험, 말씀 담). ① 속뜻 험(險)한 말[談]. ② 남을 헐뜯어서 말함. 또는 그 말. ¶그는 늘 뒤에서 남의 험담을 하기 바쁘다. ⑪험언(險言).

험:로 險路 (험할 험, 길 로). 험(險)한 길[路].

험:산[1] 險山 (험할 험, 메 산). 험악(險惡)한 산(山).

험:산[2] 驗算 (시험할 험, 셀 산). ① 속뜻 센[算] 것을 다시 증험(證驗)해 봄. ② 계산의 맞고 틀림을 알기 위하여 다시 해보는 계산. ⑪검산(檢算).

험:상[1] 險狀 (험할 험, 형상 상). 험악(險惡)한 모양[狀]. 또는 그 상태. ¶험상궂은 표정을 짓다.

험:상[2] 險相 (험할 험, 모양 상). 험악(險惡)한 인상(人相). ¶험상을 짓다.

험:악 險惡 (험할 험, 악할 악). ① 속뜻 생김새나 태도, 성질이나 인심 따위가 험상(險相)궂고 흉악(凶惡)함. ② 형세 따위가 무시무시함. ③ 길이나 산, 날씨 따위가 험하고 사나움.

험:어 險語 (험할 험, 말씀 어). 어려워서 [險] 알아듣기 힘든 말[語].

험:언 險言 (험할 험, 말씀 언). 남의 흠을 들추어 헐뜯는[險] 말[言]. [비]험담(險談).

험:요 險要 (험할 험, 요할 요). 지세가 험(險)하여 방어하는 데에 중요(重要)함. 또는 그런 곳.

험:전-기 驗電器 (시험할 험, 전기 전, 그릇 기). [전기]정전기(靜電氣)의 검출에 쓰는 [驗] 측정기(測定器). [비]검전기(檢電器).

험:조 險阻 (험할 험, 험할 조). 산길이나 지세가 가파르고 험함[險=阻].

험:준 險峻 (험할 험, 높을 준). 산세가 험(險)하고 높고[峻] 가파르다. ¶험준한 산길. [반]평탄(平坦)하다.

험:지 險地 (험할 험, 땅 지). 험난(險難)한 땅[地].

혁고 革故 (바꿀 혁, 옛 고). 법령이나 제도 따위에서 낡은 것[故]을 고침[革].

혁공[1] 奕功 (클 혁, 공로 공). 큰[奕] 공(功). [비]대공(大功).

혁공[2] 革工 (가죽 혁, 장인 공). [수공]가죽[革]으로 섬세한 물건을 만드는 수공(手工).

혁낭 革囊 (가죽 혁, 주머니 낭). 가죽[革]으로 만든 주머니[囊].

혁대 革帶 (가죽 혁, 띠 대). 가죽[革]으로 만든 띠[帶]. ¶혁대를 졸라매다. [비]허리띠.

혁명 革命 (바꿀 혁, 운명 명). ① [속뜻]하늘이 내린 천명(天命)을 바꿈[革]. ② 헌법의 범위를 벗어나 국가 기초, 사회 제도, 경제 제도, 조직 따위를 근본적으로 고치는 일. ¶1789년 프랑스혁명이 일어났다. ③ 이전의 관습이나 제도, 방식 따위를 단번에 깨뜨리고 질적으로 새로운 것을 급격하게 세우는 일. ¶유럽은 18세기부터 산업혁명이 일어났다. ④ 사물의 상태나 사회 활동 따위에 급격한 변혁이 일어나는 일.

▸ 혁명-가 革命家 (사람 가). 혁명(革命)을 위해 활동하는 사람[家].

▸ 혁명-적 革命的 (것 적). ① [속뜻]혁명(革命)을 일으키거나 혁명의 성질이 있는 것[的]. ¶혁명적인 사태가 벌어지다. ② 급격한 변화가 일어나는 것. ¶공부 방법을 혁명적으로 개선하다.

혁세 革世 (바꿀 혁, 세상 세). ① [속뜻]세상(世上)을 확 뒤바꿈[革]. ② 나라의 왕조가 바뀜. [비]역성(易姓), 혁대(革代).

혁신 革新 (바꿀 혁, 새 신). 제도나 방법, 조직이나 풍습 따위를 뒤바꾸거나[革] 버리고 새롭게[新] 함. ¶컴퓨터 분야는 눈부신 기술 혁신을 이루었다. [반]보수(保守).

▸ 혁신-적 革新的 (것 적). 혁신(革新)하는 성질이나 경향을 띤 것[的]. [반]보수적(保守的).

▸ 혁신-주의 革新主義 (주될 주, 뜻 의). [정치]지금까지의 조직이나 관습, 방법 따위를 바꾸어[革] 새로운[新] 방향으로 나아가려고 하는 주의(主義). [반]보수주의(保守主義).

혁정 革正 (바꿀 혁, 바를 정). 바르게[正] 고침[革].

혁진 革進 (바꿀 혁, 나아갈 진). 묵은 습관이나 제도 따위를 고치어[革] 나아감[進].

혁질 革質 (가죽 혁, 바탕 질). 가죽[革]의 본바탕[質]. 가죽처럼 질긴 성질.

혁파 革罷 (바꿀 혁, 그만둘 파). ① [속뜻]새로 바꾸고[革] 묵은 것은 버림[罷]. ② 묵은 기구나 법령, 제도 따위를 없앰.

혁폐 革弊 (바꿀 혁, 나쁠 폐). 폐단(弊端)을 고쳐서[革] 없앰.

혁혁 赫赫 (빛날 혁, 빛날 혁). ① [속뜻]대단하고[赫] 대단하다[赫]. ② 공로나 업적 따위가 뚜렷하다. ¶혁혁한 공을 세우다.

현:가 現價 (지금 현, 값 가). 현재(現在)의 가격(價格).

현:감 縣監 (고을 현, 볼 감). ① [속뜻]고을[縣]의 감찰(監察). ② [역사]고려와 조선 시대, 작은 현(縣)의 우두머리.

현:거 現居 (지금 현, 살 거). 현재(現在) 거주(居住)함. 또는 그 곳.

현:격 懸隔 (매달 현, 사이 뜰 격). ① [속뜻]매달린[懸] 것 끼리 사이가 매우 큼[隔]. ② 사이가 많이 벌어져 있거나 차이가 매우 심함. ¶현격한 의견 차이.

현:계 顯界 (나타날 현, 지경 계). ① [속뜻]지금 나타난[顯] 이 세상[界]. [비]현세(現世). ② [불교]삼세(三世)의 하나. 지금 살아 있는 이 세상.

현:고 顯考 (드러낼 현, 아버지 고). ① [속뜻]아버지[先考]를 드러내어[顯] 기림. ② 돌

아가신 아버지의 신주나 축문 첫머리에 쓰는 말. ③고조할아버지.

현:-고조고 顯高祖考 (드러낼 현, 높을 고, 할아버지 조, 아버지 고). 고조할아버지[高祖考]를 드러내어[顯] 기림. 신주나 축문 첫머리에 쓰는 말.

현관[1] 玄關 (오묘할 현, 빗장 관). ① 불교 깊고 오묘한[玄] 이치로 들어가는 관문(關門). ②건물의 출입구에 나있는 문간. ¶민서는 친구를 맞이하러 현관으로 나갔다. ⓑ입도 법문(入道法門).

▶현관-문 玄關門 (문 문). 현관(玄關)에 달린 문(門). ¶현관문에 들어서다.

현:관[2] 現官 (지금 현, 벼슬 관). 현직(現職)에 있는 관리(官吏).

현:관[3] 顯官 (드러낼 현, 벼슬 관). ① 속뜻 지위가 드러나게[顯] 높은 관직(官職). 또는 관리. ②지난날, 문무(文武) 양반만이 하던 벼슬.

현군[1] 賢君 (어질 현, 임금 군). 어진[賢] 임금[君].

현:군[2] 懸軍 (매달 현, 군사 군). ① 속뜻 멀리 있는[懸] 군사(軍士). ②본대(本隊)를 떠나 적지(敵地) 깊숙이 들어감. 또는 그 군대.

▶현:군-고투 懸軍孤鬪 (외로울 고, 싸울 투). 적지(敵地) 깊숙이 들어가[懸軍] 후방의 우군과의 연락도 끊긴 채 외로이[孤] 싸움[鬪].

현:귀 顯貴 (드러낼 현, 귀할 귀). 지위가 드러나게[顯] 높고 귀(貴)함.

현:금[1] 現今 (지금 현, 이제 금). 현재(現在) 지금(只今). 오늘날. ⓑ목하(目下).

현:금[2] 現金 (지금 현, 돈 금). ① 속뜻 현재(現在) 가지고 있는 돈[金]. ¶현금이 없어 친구에게 빌렸다. ②어음·수표·채권 따위가 아닌 실지로 늘 쓰는 돈. ¶현금으로 물건 값을 지불하다. ③화폐나 즉시 화폐로 교환할 수 있는 수표와 어음을 통틀어 이르는 말. ⓑ현찰(現札).

▶현:금-가 現金價 (값 가). 현금(現金)으로 거래할 때의 값[價].

▶현:금-주의 現金主義 (주될 주, 뜻 의). ① 속뜻 눈앞의 이익[現金]만을 탐하는 태도[主義]. ②외상이 아닌 현금으로 물건을 사는 일. ¶그 가게 주인은 절대 외상을 허용하지 않는 사람으로 현금주의를 고집한다. ③ 경제 수익과 비용의 기준을 현금의 수입과 지출에 두고, 현금의 수납과 동시에 장부에 기록하는 회계 처리 원칙.

▶현:금 통화 現金通貨 (통할 통, 돈 화). ① 속뜻 현금(現金)으로 쓰는 통화(通貨). ② 경제 은행권 및 보조 화폐를 통틀어 이르는 말. ⓑ예금 통화(預金通貨).

현:기 眩氣 (어지러울 현, 기운 기). 어지러운[眩] 기운(氣運). ⓑ어지럼.

▶현:기-증 眩氣症 (증세 증). 어지러운[眩氣] 증세(症勢). 어지럼증. ¶갑자기 현기증이 나서 쓰러질 뻔했다.

현녀 賢女 (어질 현, 여자 녀). 어질고[賢] 현명한 여자(女子).

현능 賢能 (어질 현, 능할 능). 현명(賢明)하고 재간이 있음[能]. 또는 그러한 사람.

현:-단계 現段階 (지금 현, 층계 단, 섬돌 계). 현재(現在)의 단계(段階).

현달[1] 賢達 (어질 현, 통달할 달). 현명(賢明)하고 사물의 이치에 통달(通達)함. 또는 그런 사람.

현:달[2] 顯達 (드러낼 현, 이를 달). ① 속뜻 드러나게[顯] 높은 곳에 이름[達]. ②벼슬이나 덕망이 높아서 이름을 세상에 드날림. ⓑ입신출세(立身出世)함.

현담 玄談 (오묘할 현, 이야기 담). ① 속뜻 아득하고 깊은[玄] 이치를 말하는 이야기[談]. ② 불교 불전(佛典)을 강(講)하기에 앞서 그 유래와 대의(大義) 따위를 말하는 이야기.

현답 賢答 (어질 현, 답할 답). 현명(賢明)한 대답(對答). ¶우문현답(愚問賢答).

⁂**현:대** 現代 (지금 현, 시대 대). ① 속뜻 오늘날[現]의 시대(時代). ¶현대 사회 / 현대 의학. ② 역사 역사의 시대 구분의 한 가지. 근대(近代) 이후의 시대. 국사(國史)에서는 1945년 광복 이후 현재까지가 이에 해당한다.

▶현:대-문 現代文 (글월 문). 오늘날[現代] 사용하고 있는 언어로 쓴 글[文]. ⓑ고문(古文).

▶현:대-시 現代詩 (시 시). 문학 현대(現代)의 시(詩). 대개 20세기 이후의 시를 가리키며, 낭만시(浪漫詩)에 대립하여 일어난

상징시가 그 주류를 이룬다.

▸현:대-식 現代式 (법 식). 현대(現代)에 걸맞은 형식(形式). 현대의 유행이나 풍조를 띤 형식. ¶현대식 건물.

▸현:대-어 現代語 (말씀 어). 언어 현대(現代)에 쓰이고 있는 말[語]. 반고어(古語).

▸현:대-인 現代人 (사람 인). 현대(現代)에 살고 있는 사람[人]. ¶현대인은 정보의 홍수 속에서 살고 있다.

▸현:대-적 現代的 (것 적). 현대(現代)에 어울리거나 걸맞은 것[的]. 현대의 유행이나 풍조와 관계가 있는 것. ¶현대적 감각.

▸현:대-판 現代版 (책 판). 고전이나 옛날의 사건을 현대적(現代的) 감각으로 재현한 책[版] 따위의 것.

▸현:대-화 現代化 (될 화). 현대(現代)에 알맞게 됨[化]. 또는 되게 함. ¶농촌에 현대화 물결이 일다.

▸현:대 문학 現代文學 (글월 문, 배울 학). 문학 근대 문학의 계승으로서 현대(現代)에 형성된 문학(文學).

▸현:대 시조 現代時調 (때 시, 가락 조). 문학 오늘날[現代] 창작되고 있는 시조(時調). 1919년 전후부터 지금까지의 작품들이 해당된다.

현덕 賢德 (어질 현, 베풀 덕). 어진[賢] 덕행(德行).

현등¹ 舷燈 (뱃전 현, 등불 등). 야간에 항해하는 배가 진로를 알리기 위하여 양쪽 뱃전[舷]에 다는 등(燈). 오른쪽에는 녹색을, 왼쪽에는 붉은색을 단다.

현:등² 懸燈 (매달 현, 등불 등). ① 속뜻 등불[燈]을 높이 매닮[懸]. ② 역사 밤에 행군할 때 깃대에 매달던 등.

현:란¹ 眩亂 (어지러울 현, 어지러울 란). 정신을 차리기 어려울[眩] 정도로 어수선함[亂].

현:란² 絢爛 (무늬 현, 빛날 란). ① 속뜻 무늬[絢]가 눈부시게 빛남[爛]. ② 눈부시게 빛나고 아름다움. ¶현란한 장식.

현량 賢良 (어질 현, 어질 량). 착하고 어질다[賢=良]. 또는 어질고 착한 사람. ¶장안의 현량들이 다 모이다.

▸현량-과 賢良科 (과목 과). 역사 조선 때, 경학에 밝고 덕행이 높은[賢良] 사람을 뽑던 과거(科擧). 조광조 등이 제안하였다.

현려 賢慮 (어질 현, 생각할 려). ① 속뜻 현명(賢明)한 생각[慮]. ② 상대편을 높여 그의 '생각'을 이르는 말.

현:령¹ 縣令 (고을 현, 시킬 령). ① 속뜻 고을[縣]의 우두머리[司令]. ② 역사 큰 현의 원. 종오품 외직(外職) 문관이었다.

현:령² 懸鈴 (매달 현, 방울 령). ① 속뜻 처마 따위에 방울[鈴]을 닮[懸]. 또는 그 방울. ② 역사 관아에서 통신을 보낼 때, 그 급한 정도를 나타내기 위하여 봉투에 동그라미를 찍던 일. 일현령, 이현령, 삼현령의 구별이 있으며 삼현령이 가장 급한 것이었다.

현:령³ 顯靈 (드러낼 현, 신령 령). 신령(神靈)을 드러냄[顯]. 신령이 그 모습을 나타냄.

현리¹ 玄理 (오묘할 현, 이치 리). ① 속뜻 매우 오묘하고 깊은[玄] 이치(理致). ② 노자와 장자의 도(道).

현:리² 現利 (지금 현, 이로울 리). 현재(現在)의 이익(利益). 목전의 이익. ¶현리에 급급하다.

현명¹ 賢明 (어질 현, 밝을 명). 어질고[賢] 사리에 밝음[明]. ¶현명한 결정을 내리다.

현:명² 懸命 (매달 현, 목숨 명). 어떤 일을 위해 목숨[命]을 내걺[懸]. 죽기를 결단함.

현:명³ 顯名 (드러낼 현, 이름 명). 이름[名]이 세상에 드러남[顯].

현모 賢母 (어질 현, 어머니 모). 어진[賢] 어머니[母]. 현명한 어머니.

▸현모-양처 賢母良妻 (어질 량, 아내 처). 자식에게는 어진[賢] 어머니[母]이고, 남편에게는 착한[良] 아내[妻]임. ¶남자들은 현모양처를 좋아한다. 비양처현모(良妻賢母).

현목 玄木 (검을 현, 무명 목). 바래지 않아 빛깔이 누렇고 거무스름한[玄] 무명[木].

현:몽 現夢 (나타날 현, 꿈 몽). 죽은 사람이나 신령 따위가 꿈[夢]에 나타남[現].

현묘 玄妙 (오묘할 현, 묘할 묘). 그윽하고[玄] 미묘(微妙)함. ¶현묘한 이치.

현무 玄武 (검을 현, 굳셀 무). ① 속뜻 빛깔은 검고[玄] 굳센[武] 성질을 가진 동물. ② 민속 사신(四神)의 하나. 북쪽 방위의 수(水) 기운을 맡은 태음신(太陰神)을 상징한 짐승. 거북과 뱀이 뭉친 형상이다. ③ 천문 두(斗), 우(牛), 여(女), 허(虛), 위(危), 실(室), 벽(壁)의 북쪽 일곱 개의 별을 이르는 말.

▸현무-암 玄武巖 (바위 암). ① 속뜻 검은[玄] 색이 감돌고 단단한[武] 바위[巖]. ② 지리 화산암의 한 가지. 염기성 사장석(斜長石)과 휘석(輝石)·감람석(橄欖石)이 주성분인데, 빛깔은 흑색이나 짙은 회색이며 질이 매우 단단하다.

현문¹ 玄門 (오묘할 현, 문 문). ① 불교 현묘(玄妙)한 법문(法門). 불법을 이르는 말. ② 도교(道敎).

현문² 賢問 (어질 현, 물을 문). 현명(賢明)한 물음[問]. ㊥우문(愚問).

현:물 現物 (지금 현, 만물 물). ① 속뜻 현재(現在) 있는 물품(物品). ② 현금(現金)에 대하여 물품을 이르는 말. ¶현물 거래. ③ 주식이나 채권, 쌀, 면사, 생사 따위의 현품. 실물(實物).

▸현:물-환 現物換 (바꿀 환). ① 속뜻 현물(現物)로 바꿈[換]. ② 경제 외국과의 무역에서, 상품의 매매 계약과 동시에 자국(自國)의 화폐와 외국 화폐를 교환하여 환결제(換決濟)를 하는 일.

▸현:물 시:장 現物市場 (저자 시, 마당 장). ① 속뜻 현물(現物)을 거래하는 시장(市場). ② 경제 당사자 사이의 장기 계약에 따른 거래가 아닌, 원유(原由)의 변칙적인 거래 시장.

현미 玄米 (검을 현, 쌀 미). ① 속뜻 정미에 비하여 검은[玄] 빛이 감도는 쌀[米]. ② 왕겨만 벗기고 쓿지 않은 쌀. ¶현미로 지은 밥은 고혈압에 좋다. ㊥백미(白米).

현:미-경 顯微鏡 (드러낼 현, 작을 미, 거울 경). ① 속뜻 아주 작은[微] 것도 잘 드러나[顯] 보이도록 하는 거울[鏡]. ② 물리 매우 작은 물체를 확대하여 보는 장치. 렌즈를 쓰는 광학(光學) 현미경과 전자선을 쓰는 전자 현미경이 있다.

현보 賢輔 (어질 현, 도울 보). 현명(賢明)하게 보좌(輔佐)함. 또는 그 사람.

현부 賢婦 (어질 현, 아내 부). ① 속뜻 현명(賢明)한 부인(婦人). ② 어진 며느리.

현-부인 賢夫人 (어질 현, 지아비 부, 사람 인). 어진[賢] 부인(夫人).

현-부형 賢父兄 (어질 현, 아버지 부, 맏 형). 어진[賢] 아버지[父]와 형(兄).

현:비 顯妣 (드러낼 현, 어머니 비). ① 속뜻 돌아가신 어머니[妣]를 드러내어[顯] 기림. ② 신주나 축문에서 돌아가신 어머니를 이르는 말.

현사 賢士 (어질 현, 선비 사). 어진[賢] 선비[士].

현:상¹ 現狀 (지금 현, 형상 상). 현재(現在)의 상태. 지금의 형편. ¶현상을 유지하다. ㊞현황(現況).

▸현:상 유지 現狀維持 (맬 유, 지킬 지). 지금[現]의 상태(狀態)를 그대로 지탱하여 나아감[維持].

▸현:상 타:파 現狀打破 (칠 타, 깨뜨릴 파). 지금[現]의 상태(狀態)를 쳐[打]부숨[破].

⁑현:상² 現象 (나타날 현, 모양 상). ① 속뜻 나타난[現] 모양[象]. ② 지각(知覺)할 수 있는 사물의 모양이나 상태. ¶적조 현상 / 기상 현상. ③ 철학 본질과의 상관(相關). 개념으로서 시간과 공간 속에 나타나는 대상(對象).

▸현:상-계 現象界 (지경 계). 철학 감각으로 느낄 수 있거나 경험할[現象] 수 있는 세계(世界). 형이하(形而下)의 세계. ㊥객체계(客體界). ㊟본체계(本體界).

▸현:상-론 現象論 (논할 론). ① 속뜻 현상(現象)에 관한 이론(理論). ② 철학 사람이 인식할 수 있는 것은 현상뿐이므로 본체는 인식할 수 없고 현상만이 실재라고 하는 철학적 관점.

▸현:상-학 現象學 (배울 학). 철학 현상(現象)을 중시하는 학설(學說). 의식의 본질을 지향적 작용으로 파악하여, 그 본질적 구조를 분석·기술한다.

현:상³ 現像 (나타날 현, 모양 상). ① 속뜻 사진기 따위로 찍은 형상[像]을 나타나게 함[現]. 또는 그 형상. ② 연영 사진술에서 촬영한 필름이나 인화지 따위를 약품으로 처리하여 영상이 드러나게 하는 일. ¶사진 현상.

▸현:상-액 現像液 (진 액). 연영 사진을 현상(現像)할 때에 쓰는 약물[液].

현상⁴ 賢相 (어질 현, 도울 상). 현명(賢明)한 재상(宰相). ㊞양상(良相).

▸현상-양좌 賢相良佐 (좋을 량, 도울 좌). 어질고 유능하여 보좌(補佐)를 잘하는[良] 현상(賢相).

현:상[5] **懸賞** (매달 현, 상줄 상). 어떤 목적으로 조건을 붙여 상금(賞金)이나 상품을 내거는 일[懸]. ¶현상 공모 / 현상 수배.

▸현:상-금 懸賞金 (돈 금). 현상(懸賞)으로 내건 돈[金]. 또는 그 금액. ¶경찰은 범인 검거에 현상금 500만 원을 걸었다.

▸현:상 모집 懸賞募集 (뽑을 모, 모을 집). 상을 걸고[懸賞] 어떤 일을 널리 뽑아 모음[募集]. ¶문예 작품 현상 모집.

현:생 現生 (지금 현, 살 생). ① 속뜻 현재(現在)의 삶[生]. ② 불교 삼생(三生)의 하나. 이 세상의 생애.

▸현:생 인류 現生人類 (사람 인, 무리 류). 고적 현재(現在) 생존(生存)하고 있는 인류와 같은 종에 속하는 인류(人類).

현선 絃線 (줄 현, 줄 선). ① 속뜻 현악기(絃樂器)의 줄[線]. ② 양(羊) 따위의 창자로 만든 줄.

현성[1] **玄聖** (오묘할 현, 거룩할 성). 공자나 노자와 같이 가장 뛰어난[玄] 성인(聖人).

현:성[2] **現成** (지금 현, 이룰 성). ① 속뜻 현재(現在) 이루어진 것[成]. ② 인위적(人爲的) 조작이 아니고, 자연 그대로 이루어짐을 말함.

현:성[3] **顯聖** (드러낼 현, 거룩할 성). ① 속뜻 성스러움[聖]을 드러냄[顯]. ② 거룩한 사람의 신령이 형상을 나타냄.

현성[4] **賢聖** (어질 현, 거룩할 성). ① 속뜻 현인(賢人)과 성인(聖人). 지덕(知德)을 갖춘 사람. ② 불교 불도(佛道)를 닦는 어진 중.

▸현성지군 賢聖之君 (어조사 지, 임금 군). 어질고 거룩한[賢聖] 임금[君].

현:세[1] **現勢** (지금 현, 세력 세). 현재(現在)의 세력(勢力)이나 정세(情勢).

현:세[2] **現世** (지금 현, 세상 세). ① 속뜻 현재(現在)의 세상(世上). 이 세상. ② 불교 삼세(三世)의 하나. 지금 살고 있는 세상. ⓑ현재(現在).

▸현:세-주의 現世主義 (주될 주, 뜻 의). 철학 현세(現世)만을 중요시하고 전세(前世)나 내세(來世)의 존재 여부에 대하여 관심이 없는 태도[主義].

현손 玄孫 (오묘할 현, 손자 손). 대가 멀어진[玄] 손자(孫子)의 손자.

현송[1] **絃誦** (줄 현, 욀 송). ① 속뜻 거문고[絃]를 타며 시를 읊음[誦]. ② 교양이나 학문을 쌓음을 이르는 말.

현:송[2] **現送** (지금 현, 보낼 송). ① 속뜻 지금[現] 보냄[送]. ② 거래 대상인 물품을 보냄. ③ 현금이나 정화(正貨)를 보냄.

현:수 懸垂 (매달 현, 드리울 수). 매달아[懸] 아래로 곧게 드리워짐[垂].

▸현:수-막 懸垂幕 (휘장 막). ① 속뜻 방이나 극장의 내부 따위에 드리운[懸垂] 막(幕). ② 선전문이나 광고문 따위를 적어 드리운 막. ¶거리 곳곳에 현수막을 걸다. ⓑ플래카드(placard).

▸현:수-선 懸垂線 (줄 선). ① 속뜻 매달아[懸] 늘어뜨린[垂] 줄[線]. ② 수학 실 따위의 양쪽 끝을 고정시키고 중간 부분을 자연스럽게 늘어뜨렸을 때, 실이 이루는 곡선. ⓑ수곡선(垂曲線).

현숙 賢淑 (어질 현, 맑을 숙). 여자의 마음이나 몸가짐이 어질고[賢] 정숙(貞淑)함.

현:시[1] **現時** (지금 현, 때 시). 현재(現在)의 때[時]. 지금. 이때.

현:시[2] **顯示** (드러낼 현, 보일 시). 드러내어[顯] 보임[示].

현:-시점 現時點 (지금 현, 때 시, 점 점). 현재(現在)의 시점(時點). ¶현시점에서 생각해 보는 미래의 설계도.

현:신[1] **現身** (지금 현, 몸 신). ① 속뜻 현세(現世)에 살아 있는 몸[身]. ② 지체 낮은 이가 지체 높은 이를 처음 뵘을 이르던 말. ③ 응신(應身).

현신[2] **賢臣** (어질 현, 신하 신). 어진[賢] 신하(臣下). ¶많은 현신들이 일제히 반대하였다. ⓑ우신(愚臣).

현:실 現實 (지금 현, 실제 실). 현재(現在)의 사실(事實). 실제로 이루어짐. ¶꿈이 현실이 되다. ⓑ비현실(非現實).

▸현:실-성 現實性 (성질 성). 실제로 일어날 수 있거나 현실(現實)에 있을 수 있는 가능성(可能性). ¶현실성 있는 계획을 세우다.

▸현:실-적 現實的 (것 적). ① 속뜻 현실(現實)에 있는 것[的]. 현실성을 띤 것. ¶현실

적 목표 / 현실적 문제. ②실제로 얻을 수 있는 이익 따위를 우선시하는. 또는 그런 태도. [반]관념적(觀念的).

▸현:실-화 現實化 (될 화). ① [속뜻]현실(現實)이 됨[化]. ②실제의 사실이나 상태가 됨. 또는 되게 함. ¶무상 급식을 현실화하였다.

▸현:실 도피 現實逃避 (달아날 도, 피할 피). ① [속뜻]현실(現實)에서 도망쳐[逃] 피함[避]. ②소극적이고 퇴폐적으로 처세하는 태도.

▸현:실-주의 現實主義 (주될 주, 뜻 의). ① [속뜻]현실(現實)을 가장 중요시하는 태도[主義]. [반]이상주의(理想主義). ② [철학]정신 작용을 현실 그 자체로 내세우는 관념론 철학 이론의 한 부류. 리얼리즘.

현악 絃樂 (줄 현, 음악 악). [음악]바이올린 같이 줄[絃]을 통하여 소리를 내는 악기(樂器). ¶현악 합주.

▸현악-기 絃樂器 (그릇 기). [음악]현악(絃樂)을 연주하는데 쓰이는 악기(樂器). [비]탄주 악기(彈奏樂器).

▸현악-부 絃樂部 (나눌 부). 학교나 단체의 현악기(絃樂器)를 연주하는 조직[部].

▸현악 사:중주 絃樂四重奏 (넉 사, 겹칠 중, 연주할 주). [음악]두 개의 바이올린과 비올라, 첼로 네 개의 현악기(絃樂器)로 연주하는 실내악 사중주(四重奏).

▸현악 삼중주 絃樂三重奏 (석 삼, 겹칠 중, 연주할 주). [음악]바이올린과 비올라, 첼로 등 세 개의 현악기(絃樂器)로 연주하는 실내악 삼중주(三重奏). 현악 트리오.

▸현악 오:중주 絃樂五重奏 (다섯 오, 겹칠 중, 연주할 주). [음악]두 개의 바이올린, 두 개의 비올라, 첼로 등 다섯 개의 현악기(絃樂器)로 연주하는 실내악 오중주(五重奏).

현:안 懸案 (매달 현, 안건 안). 해결이 안 되어 걸려있는[懸] 안건(案件).

현:애 懸崖 (매달 현, 벼랑 애). ① [속뜻]벼랑[崖]에 매달림[懸]. ②깎아지른 언덕. ③분재에서, 줄기나 가지가 뿌리보다 낮게 처지도록 가꾸는 일.

현:양 顯揚 (드러낼 현, 오를 양). 이름이나 지위 따위를 드러내어[顯] 올림[揚].

현어 玄魚 (검을 현, 물고기 어). ① [속뜻]검은[玄]색의 물고기[魚] 같은 것. ② [동물]개구리의 유생. 몸은 둥글며, 검은색이다. 머리는 크고 가는 꼬리가 달려 있다. 올챙이.

현:업 現業 (지금 현, 일 업). 현재(現在) 종사하고 있는 직업 또는 사업(事業).

현:역 現役 (지금 현, 부릴 역). ① [군사]부대에 편입되어 실지의 현장(現場) 군무에 종사하는 병역(兵役). 또는 그 군인. ¶현역 군인. ②실지로 어떤 직위에 있거나 직무를 수행하고 있는 일. 또는 그 사람. ¶현역에서 물러나다. [반]예비역(豫備役).

현연[1] 泫然 (눈물 흘릴 현, 그러할 연). 눈물이 줄줄 흘러내리는[泫] 그러한[然] 모양. 또는 눈물을 흘리며 운 모양. ¶현연한 눈물로 얼룩진 얼굴.

현:연[2] 眩然 (어두울 현, 그러할 연). 어두운[眩] 그러한[然] 모양. 눈앞이 캄캄함. ¶너무 현연하여 앞이 안 보이다.

현:연[3] 現然 (나타날 현, 그러할 연). 눈앞에 훤하게 드러나는[現] 그러한[然] 모양. ¶증거가 현연하여 변명의 여지가 없다.

현:연[4] 顯然 (드러낼 현, 그러할 연). ① [속뜻]드러난[顯] 그러한[然] 모양. ②두드러지게 뚜렷함. ¶돌아가신 아버님이 꿈에 현연한 모습으로 나타나시다.

현오 玄奧 (오묘할 현, 그윽할 오). ① [속뜻]오묘하고[玄] 그윽함[奧]. ②학문이나 기예 등이 헤아릴 수 없이 깊음.

현:완-직필 懸腕直筆 (매달 현, 팔 완, 곧을 직, 붓 필). 팔[腕]을 매단[懸] 듯이 팔꿈치를 바닥에 대지 않고 붓[筆]을 곧게[直] 세워 붓글씨를 쓰는 자세.

현왕 賢王 (어질 현, 임금 왕). 어진[賢] 임금[王]. 현명한 임금.

현:요[1] 眩耀 (어지러울 현, 빛날 요). ① [속뜻]아찔할[眩] 만큼 빛남[耀]. ②눈부시게 빛나고 찬란함을 일컬음.

현:요[2] 顯要 (드러낼 현, 요할 요). ① [속뜻]이름이 드러나고[顯] 중요한[要] 지위에 있는 사람. 또는 그 관직. ②현관(顯官)과 요직(要職)을 아울러 이르는 말.

현우[1] 賢友 (어질 현, 벗 우). 어진[賢] 벗[友].

현우[2] 賢愚 (어질 현, 어리석을 우). 현명(賢明)함과 어리석음[愚]. 현명한 사람과 어리석은 사람.

현월[1] 玄月 (검을 현, 달 월). ① 속뜻 그윽하고 거무스레한[玄] 달[月]빛. ② '음력 9월'을 달리 이르는 말.

현월[2] 弦月 (시위 현, 달 월). ① 속뜻 활시위[弦]처럼 생긴 달[月]. ② 초승달을 이름.

현:위 顯位 (드러낼 현, 자리 위). 이름이 드러나는[顯] 높은 지위(地位). 현달한 지위.

현:유 現有 (지금 현, 있을 유). 현재(現在) 가지고 있음[有].

현인 賢人 (어질 현, 사람 인). 어진[賢] 사람[人]. 덕행의 뛰어남이 성인(聖人) 다음가는 사람. ㊥현자(賢者).

▸현인-군자 賢人君子 (임금 군, 접미사 자). ① 속뜻 현인(賢人)과 군자(君子). ② 어진 사람을 두루 이르는 말.

현:임 現任 (지금 현, 맡길 임). 현재(現在)의 직임(職任). ㊥시임(時任).

현자[1] 賢者 (어질 현, 사람 자). 어진[賢] 사람[者]. ㊥현인(賢人).

현:자[2] 顯者 (드러낼 현, 사람 자). 세상에 이름을 드날리는[顯] 사람[者].

현:장[1] 懸章 (매달 현, 글 장). ① 속뜻 완장(腕章) 따위를 어깨에 매닮[懸]. ② 한쪽 어깨에서 반대쪽 겨드랑이에 걸쳐서 매는 띠를 가리킴.

현:장[2] 現場 (지금 현, 마당 장). ① 사물이 현재(現在) 있는 곳[場]. ¶물품을 현장에서 내주다. ② 사건이 일어난 곳. 또는 그 장면. ¶사고 현장을 조사하다. ③ 공사장(工事場). ㊥현지(現地).

▸현:장-감 現場感 (느낄 감). 마치 현장(現場)에 있는 것 같은 느낌[感]. ¶이 소설은 현장감이 느껴진다.

▸현:장-도 現場渡 (건넬 도). ① 속뜻 현장(現場)에서 상품을 인도(引渡)함. ② 경제 매매 계약이 성립한 장소나 거래 상품의 소재지에서 상품을 인도하는 일.

▸현:장 감독 現場監督 (볼 감, 살필 독). 건설 토목이나 건축 공사의 현장(現場)에서 감독(監督)하는 일. 또는 그 사람.

▸현:장 검:증 現場檢證 (검사할 검, 증명할 증). 법률 법원이나 수사 기관이 실제 범죄 현장(現場)에서 범죄 사실을 검사(檢查)하여 증명(證明)함. ㊥실지 검증(實地檢證).

▸현:장 학습 現場學習 (배울 학, 익힐 습). 교육 학습에 필요한 자료가 있는 현장(現場)에 직접 찾아가서 하는 학습(學習).

▸현:장 부재 증명 現場不在證明 (아닐 부, 있을 재, 증거 증, 밝을 명). ① 속뜻 현장(現場)에 없었음[不在]을 증명(證明)함. ② 법률 범죄가 일어난 때에, 피고인 또는 피의자가 범죄 현장 이외의 장소에 있었다는 사실을 주장함으로써 무죄를 입증하는 방법. ㊥알리바이.

현재[1] 賢才 (뛰어날 현, 재주 재). 뛰어난[賢] 재능(才能). 또는 그 사람.

현:재[2] 顯在 (드러낼 현, 있을 재). 밖으로 드러나[顯] 있음[在]. ㊥잠재(潛在).

⁑**현:재**[3] 現在 (지금 현, 있을 재). ① 속뜻 지금[現] 있음[在]. 이제. 지금. ¶현재 시간은 오후 8시입니다. ② 기준으로 삼은 그 시점. ¶수출량이 3월 말 현재 120% 증가하였다. ③ 불교 삼세(三世) 중, 지금 살아 있는 이 세상을 이르는 말. ④ 언어 용언의 시제(時制)의 한 가지. 눈앞의 동작이나 상태를 나타내고, 보편적인 진리나 되풀이되는 습관 따위도 나타낸다. ㊥시재(時在), 현세(現世).

▸현:재-법 現在法 (법 법). 문학 과거나 미래의 사실. 또는 눈앞에 없는 사실을 마치 눈앞에 있는 것[現在]처럼 서술하는 방법(方法). '공주는 고즈넉이 이마를 숙이고 긴 한숨을 내쉰다.' 하는 따위.

▸현:재-불 現在佛 (부처 불). 불교 현세에 나타나 있는[現在] 부처[佛].

▸현:재 분사 現在分詞 (나눌 분, 말씀 사). 언어 현재형(現在形)을 만드는 분사(分詞). 영어·프랑스 어·독일어 따위에서, 체언을 수식하는 형용사의 성질을 띠며, 진행형을 만드는 동사의 변화형. ㊟과거(過去) 분사.

▸현:재 시제 現在時制 (때 시, 정할 제). 언어 사건이나 동작이 일어난 시간과 말하는 이가 말한 시간이 일치하는[現在] 시제(時制). '학생들이 지금 운동장에서 체조를 한다', '예쁜 꽃으로 장식 한다' 따위.

▸현:재 완료 現在完了 (완전할 완, 마칠 료). 언어 현재(現在)까지 동작이 완료(完了)되었음을 나타내는 시제. '-아(어) 있다'·'-았(었)다' 등으로 표현된다.

▸현:재 진:행 現在進行 (나아갈 진, 갈 행). 언어 현재(現在) 동작이 진행(進行) 중임을

나타내는 시제. '-고 있다'·'-고 있는 중이다' 등으로 표현된다.

▸현:재 지향적 現在指向的 (가리킬 지, 향할 향, 것 적). 어떤 일을 계획·도모함에 있어 과거나 미래와의 연관보다는 현재(現在)의 체험이나 눈앞의 성과에 더 집착하여 지향(指向)하는 것[的].

▸현:재 진:행 완료 現在進行完了 (나아갈 진, 갈 행, 완전할 완, 마칠 료). 언어 진행(進行)되던 동작이 현재(現在)의 어느 때에 이미 완료(完了)되었음을 나타내는 시제. '-고 있었다'의 꼴로 나타낸다.

현-재상 賢宰相 (어질 현, 맡을 재, 도울 상). 어진[賢] 재상(宰相). 현명한 재상.

현:저 顯著 (드러낼 현, 뚜렷할 저). 겉으로 드러날[顯] 정도로 뚜렷하다[著]. ¶현저한 차이 / 작년에 비해 지원자 수가 현저하게 줄어들었다.

현:전 現前 (지금 현, 앞 전). 지금[現] 앞[前].

현:-정부 現政府 (지금 현, 정사 정, 관청 부). 현재(現在) 집권하고 있는 정부(政府).

현제[1] 賢弟 (어질 현, 아우 제). ① 속뜻 어진[賢] 아우[弟]. ② 아우뻘 되는 사람이나 남의 아우를 높여 이르는 말.

현:제[2] 懸題 (매달 현, 문제 제). 과거를 보일 때 문제(問題)를 내걸던[懸] 일.

현:조 顯祖 (드러낼 현, 조상 조). 이름이 높이 드러난[顯] 조상(祖上).

현:-조고 顯祖考 (드러낼 현, 할아버지 조, 아버지 고). ① 속뜻 돌아가신[考] 할아버지[祖]를 드러내어[顯] 기림. ② 신주나 축문에서 '돌아가신 할아버지'를 이르는 말.

현:-조비 顯祖妣 (드러낼 현, 할아버지 조, 어머니 비). ① 속뜻 돌아가신 할머니[祖妣]를 드러내어[顯] 기림. ② 신주나 축문에서 '돌아가신 할머니'를 이르는 말.

현:존 現存 (지금 현, 있을 존). 현재(現在)에 있음[存]. 지금 살아 있음. ¶현존 인물 / 현존하는 가장 오래된 건물.

현:주[1] 現住 (지금 현, 살 주). ① 속뜻 현재(現在) 머물러 삶[住]. ② '현주소'(現住所)의 준말.

현:주[2] 懸肘 (매달 현, 팔꿈치 주). 팔꿈치[肘]를 매단[懸] 듯이 책상에 대지 않고 운필(運筆)하는 일.

현:주[3] 懸註 (매달 현, 주석 주). 글에 주석(註釋)을 닮[懸].

현:-주소 現住所 (지금 현, 살 주, 곳 소). 현재(現在) 살고[住] 있는 곳[所]. ¶현주소가 적힌 신분증을 보여 주세요.

현준 賢俊 (어질 현, 뛰어날 준). 어질고[賢] 뛰어남[俊]. 또는 그러한 사람.

현:증 現症 (나타날 현, 증세 증). 드러난[現] 병의 증세(症勢).

현:-증조고 顯曾祖考 (드러낼 현, 거듭 증, 할아버지 조, 아버지 고). ① 속뜻 돌아가신 증조할아버지[曾祖考]를 드러내어[顯] 기림. ② 신주나 축문에서 돌아가신 증조할아버지를 이르는 말.

현:-증조비 顯曾祖妣 (드러낼 현, 거듭 증, 할아버지 조, 어머니 비). ① 속뜻 돌아가신 증조할머니[曾祖妣]를 드러내어[顯] 기림. ② 신주나 축문에서 돌아가신 증조할머니를 이르는 말.

현지[1] 賢智 (어질 현, 슬기 지). 어질고[賢] 지혜(智慧)로움.

***현:지**[2] 現地 (지금 현, 땅 지). 현재(現在) 어떤 일이 벌어지고 있는 곳[地]. ¶경기는 현지 시간으로 오전 7시에 시작된다. ⓑ현장(現場).

▸현:지-처 現地妻 (아내 처). ① 속뜻 현재(現在) 있는 곳[地]의 아내[妻]. ② 외지에 가 있는 남자가 그 곳에서 지내는 동안만 아내처럼 함께 사는 여자.

▸현지 금융 現地金融 (돈 금, 녹을 융). ① 속뜻 현지(現地)에서 돈[金]을 융통(融通)함. ② 경제 해외에 진출한 기업이, 그곳의 금융 기관에서 융자를 받아 자금을 조달하는 일.

▸현:지-답사 現地踏査 (밟을 답, 살필 사). 현지(現地)에 직접 가서[踏] 하는 조사(調査).

▸현:지 법인 現地法人 (법 법, 사람 인). 법률 법인체가 있는 현지(現地)에 세운 영리 법인(法人). 자국의 자본만으로 설립하되, 외국법에 따라야하는 외국 국적의 법인이다.

▸현:지 입대 現地入隊 (들 입, 무리 대). ① 속뜻 현재 있는 곳[現地]에서 군대(軍隊)에

들어감[入]. ② 군사 문관이나 노무자 등이 근무하고 있는 부대에서 바로 현역으로 편입(編入)되는 일.

현:직[1] **現職** (지금 현, 일 직). 현재(現在) 종사하는 직업(職業)이나 직임(職任). ¶그는 현직 경찰관이다. ⓑ전직(前職).

현:직[2] **顯職** (드러낼 현, 일 직). 이름이 드러나는[顯] 높고 중요한 벼슬[職].

현:찰[1] **現札** (지금 현, 쪽지 찰). ① 속뜻 현금(現金)으로 통용되는 화폐 쪽지[札]. ¶현찰로 계산하다. ② 현재 가지고 있는 돈. ③ 물건을 사고팔 때, 그 자리에서 즉시 치르는 물건 값. ⓑ현금(現金).

현찰[2] **賢察** (어질 현, 살필 찰). ① 속뜻 어질게[賢] 살핌[察]. ② 상대편을 높여 그가 '미루어 살핌'을 이르는 말. ¶부디 시생(侍生)의 처지를 현찰하여 주시옵소서.

현창[1] **舷窓** (뱃전 현, 창문 창). 채광과 통풍을 위하여 뱃전[舷]에 낸 창문(窓門). ¶현창으로 밖으로 머리를 내밀다.

현:창[2] **顯彰** (드러낼 현, 드러낼 창). 밝게 나타나거나 드러냄[顯=彰].

현처 **賢妻** (어질 현, 아내 처). 어진[賢] 아내[妻]. 현명한 아내.

현철 **賢哲** (어질 현, 밝을 철). 어질고[賢] 사리에 밝음[哲]. 또는 그 사람.

현:출[1] **現出** (나타날 현, 날 출). ① 속뜻 겉으로 나타나[現] 드러남[出]. 또는 그렇게 드러냄. ¶만약 자기와 자기의 형의 추측이 옳다 할진대, 장래 과연 무서운 세상은 현출이 될 것이다. ② 천문 일식이나 월식 따위로 다른 천체에 가리어 보이지 아니하던 천체가 다시 나타남. 또는 그런 현상.

현:출[2] **顯出** (드러낼 현, 날 출). 드러내어[顯] 나타남[出]. 두드러지게 드러나거나 드러냄.

현:충 **顯忠** (드러낼 현, 바칠 충). 나라를 위하여 몸을 바친[忠] 사람들의 큰 뜻을 드러내어[顯] 기림.

▶현:충-사 顯忠祠 (사당 사). 고적 이순신 장군의 충절(忠節)을 추모·기념하기[顯] 위하여 세운 사당(祠堂). ¶현충사는 충청남도 아산시에 있다.

▶**현:충-일** 顯忠日 (날 일). 목숨을 바쳐 나라를 지킨 이의 충성(忠誠)을 기념하는[顯] 날[日]. 6월 6일.

▶현:충-탑 顯忠塔 (탑 탑). 목숨을 바쳐 나라를 지킨 이의 충성(忠誠)을 기리기[顯] 위하여 세운 탑(塔).

현측 **舷側** (뱃전 현, 곁 측). 뱃전[舷]의 옆쪽[側]. ¶현측에 기대어 앉다.

현:치 **見齒** (뵈올 현, 이 치). 이[齒]를 드러내며[見] 웃음.

현:칭 **現稱** (지금 현, 일컬을 칭). 현재(現在) 불리는[稱] 이름. ⓑ구칭(舊稱).

현:탁-액 **懸濁液** (남을 현, 흐릴 탁, 진 액). ① 속뜻 고체 입자가 남아있어[懸] 탁한[濁] 상태의 액체(液體). ② 화학 콜로이드 입자의 크기보다 큰 고체 입자가 분산되어 있는 용액. 물속에 탄소 입자가 분산되어 있는 먹물, 물속에 점토 분자가 분산되어 있는 흙탕물 따위.

현:태 **現態** (지금 현, 모양 태). 현재(現在)의 상태(狀態).

현:토 **懸吐** (매달 현, 말할 토). ① 속뜻 한문에 토(吐)를 닮[懸]. ② 언어 한문을 읽을 때 그 뜻이나 독송(讀誦)을 위하여 각 구절 아래에 달아 쓰던 문법적 요소를 통틀어 이르는 말. '隱'(은, 는), '伊'(이) 따위와 같이 한자를 쓰기도 하였지만, '亻'(伊의 한 부분), '厂'(厓의 한 부분) 따위와 같이 한자의 일부를 떼어 쓰기도 하였다.

현:판 **現版** (나타날 현, 널빤지 판). 출판 지형(紙型)에서 뜬 연판(鉛版)이 아닌 활자판에서 직접 박아 낸[現] 인쇄판(印刷版).

현:판 **懸板** (매달 현, 널빤지 판). 글씨나 그림을 새기거나 써서 높은 곳에 매다는[懸] 널조각[板]. ¶남대문 현판에 '숭례문'(崇禮門)이라고 쓰여 있다.

▶현:판-식 懸板式 (의식 식). 관청, 회사, 단체, 모임 등의 시작을 기념하여, 처음으로 간판(看板)을 거는[懸] 의식(儀式).

현:폭 **懸瀑** (매달 현, 폭포 폭). 매단[懸] 듯이 아주 높은 데서 떨어지는 폭포(瀑布).

현:품 **現品** (지금 현, 물건 품). 현재(現在) 있는 물품(物品). 실제의 물품.

현:하[1] **現下** (지금 현, 아래 하). 현재(現在)의 형편 아래[下]. ¶현하 정세의 추이가 아주 미묘하다.

현:하[2] **懸河** (매달 현, 물 하). 매달린[懸]

것처럼 급한 경사를 세게 흐르는 하천(河川).

▸현:하-구변 懸河口辯 (입 구, 말 잘할 변). 세차게 흐르는[懸] 강물[河]처럼 거침없이 쏟아 놓는 구변(口辯). ㊥현하지변(懸河之辯).

현학[1] 玄學 (오묘할 현, 배울 학). ① 속뜻 현묘(玄妙)한 학문(學問). ② 노장(老莊)의 학문.

현학[2] 玄鶴 (검을 현, 두루미 학). ① 속뜻 검은[玄] 학(鶴). ② 학이 오래 살면 검어진다는 데서 늙은 학을 이르는 말.

현:학[3] 衒學 (뽐낼 현, 배울 학). 학식(學識)이 많음을 뽐냄[衒].

▸현:학-적 衒學的 (것 적). 학식(學識)이 많음을 뽐내는[衒] 것[的].

현합 賢閤 (어질 현, 규방 합). ① 속뜻 어진[賢] 규방[閤]. ② 상대편을 높여 그의 아내를 일컫는 말.

현:행 現行 (지금 현, 행할 행). 현재(現在) 행하고[行] 있음. ¶현행 교과서.

▸현:행-범 現行犯 (범할 범). 법률 범죄를 실행하는 중이거나 실행한 직후에 잡힌[現行] 범인(犯人). ¶그는 현장에서 현행범으로 체포되었다.

▸현:행-법 現行法 (법 법). 법률 현재 시행되고 있는[現行] 효력이 있는 법률(法律).

현:현 顯現 (드러낼 현, 나타날 현). 명백하게 드러나거나[顯] 나타남[現].

현:형[1] 現形 (나타날 현, 모양 형). ① 속뜻 형체(形體)가 나타남[現]. 또는 그 형체. ② 현재의 모양.

현형[2] 賢兄 (어질 현, 맏 형). ① 속뜻 어진[賢] 형(兄). ② 편지글 등에서 벗을 높여 일컫는 말.

현:호 懸弧 (매달 현, 활 호). ① 속뜻 활[弧]을 매닮[懸]. ② 사내아이의 출생. 옛날 사내아이가 태어나면 활을 문 왼편에 걸어서 축하하던 관습에서 유래.

현:혹 眩惑 (어두울 현, 홀릴 혹). ① 속뜻 사리에 어두워[眩] 정신이 홀림[惑]. ② 무엇에 홀리어 정신을 못 차림. ¶돈에 현혹되지 마라.

현:화 現化 (지금 현, 될 화). ① 속뜻 현실(現實)이 됨[化]. ② 부처나 신령이 현상을 바꾸어 세상에 나타남.

현:화-식물 顯花植物 (나타날 현, 꽃 화, 심을 식, 만물 물). ① 속뜻 꽃[花]이 나타나는[顯] 식물(植物). ② 식물 생식 기관인 꽃이 있고 열매를 맺으며, 씨로 번식하는 고등 식물. 겉씨식물과 속씨식물로 나뉜다. ㊥은화식물(隱花植物).

현:황[1] 眩慌 (어지러울 현, 어렴풋할 황). ① 속뜻 아찔하고[眩] 어렴풋함[慌]. ② 정신이 어지럽고 황홀함. ③ 빛이 밝음.

현:황[2] 現況 (지금 현, 상황 황). 현재(現在)의 상황(狀況). 지금의 형편. ¶피해 현황을 조사하다.

현:효[1] 現效 (나타날 현, 효력 효). 효험(效驗)이 나타남[現].

현:효[2] 顯效 (드러낼 현, 보람 효). 두드러진[顯] 보람[效]. 또는 뚜렷한 효험.

현:훈 眩暈 (어지러울 현, 현기증 날 훈). 한의 어지럽고[眩] 현기증이 나는[暈] 증상. '현훈증'(眩暈症)의 준말.

▸현:훈-증 眩暈症 (증세 증). 한의 정신이 아찔아찔하여[眩] 어지러운[暈] 증상(症狀).

혈거 穴居 (구멍 혈, 살 거). 구멍[穴] 같은 동굴 속에서 삶[居]. ㊥혈처(穴處).

▸혈거-야처 穴居野處 (들 야, 살 처). 굴[穴]에서 살거나[居] 들[野]에서 삶[處].

혈관 血管 (피 혈, 대롱 관). 의학 피[血]가 통하여 흐르는 관(管). 동맥, 정맥, 모세 혈관으로 나뉜다. ¶혈관은 우리 몸에 나뭇가지처럼 퍼져 있다. ㊥핏줄, 혈맥(血脈).

▸혈관-계 血管系 (이어 맬 계). 의학 핏줄[血管]의 계통(系統). 척추동물에서는 심장, 동맥, 정맥, 모세 혈관으로 이루어져 있다.

▸혈관 주:사 血管注射 (물댈 주, 쏠 사). 의학 혈관(血管)에 놓는 주사(注射).

혈괴 血塊 (피 혈, 덩어리 괴). 한의 혈액(血液)의 덩어리[塊].

혈구 血球 (피 혈, 공 구). ① 속뜻 피[血] 속에 들어있는 공[球] 모양의 물체. ② 의학 혈액의 고체 성분으로 혈장 속에 떠다니는 세포. 적혈구와 백혈구 및 혈소판(血小板)이 있다.

혈기 血氣 (피 혈, 기운 기). ① 속뜻 목숨을 유지하는 피[血]와 기운(氣運). ② 힘차게 활동하게 하는 기운. ¶혈기 왕성한 젊은이.

▸혈기-방장 血氣方壯 (바로 방, 씩씩할 장). 혈기(血氣)가 한창[方] 성함[壯]. ¶혈기방장한 젊은이.

▸혈기지용 血氣之勇 (어조사 지, 날쌜 용). 혈기(血氣) 때문에 일어나는 한때의 용맹(勇猛).

혈농 血膿 (피 혈, 고름 농). 의학 피[血]가 섞인 고름[膿].

혈뇨 血尿 (피 혈, 오줌 뇨). ① 속뜻 피[血]가 섞인 오줌[尿]. ② 의학 오줌에 피가 섞여 나오는 병.

혈담 血痰 (피 혈, 가래 담). 피[血]가 섞인 가래[痰].

혈당[1] 血糖 (피 혈, 사탕 당). 혈액(血液) 속에 들어 있는 포도당(葡萄糖).

혈당[2] 血黨 (피 혈, 무리 당). ① 속뜻 피[血]를 나눈 무리[黨]. ② 생사를 같이하는 무리.

혈로 血路 (피 혈, 길 로). ① 속뜻 피[血]가 흐르는 길[路]. ② 적의 포위망을 뚫어 헤치고 벗어나는 길. ③ 어려운 경지를 극복하는 방도. ¶혈로를 뚫다.

혈루 血淚 (피 혈, 눈물 루). ① 속뜻 피[血]눈물[淚]. ② 몹시 분하여 나는 눈물.

혈류 血流 (피 혈, 흐를 류). 피[血]의 흐름[流].

혈맥 血脈 (피 혈, 줄기 맥). ① 속뜻 혈액(血液)이 통하는 맥관(脈管). ⑪혈관(血管). ② 혈통(血統). ③ 불교 '교리나 계율 따위가 스승에서 제자로 계속 이어짐'을 비유하여 이르는 말. ¶조사(祖師)의 혈맥을 잇다.

▸혈맥-상통 血脈相通 (서로 상, 통할 통). ① 속뜻 혈맥(血脈)이 서로[相] 통(通)함. ② 혈육의 관계가 있음을 이르는 말. ③ 혈통이 서로 같은 겨레붙이임을 이르는 말.

혈맹 血盟 (피 혈, 맹세할 맹). ① 속뜻 손가락을 잘라 그 피[血]로 도장을 찍으며 하는 맹세[盟]. ② 굳은 맹세.

혈반 血斑 (피 혈, 얼룩 반). 의학 피부에 검보랏빛 얼룩점[斑]이 생기는 피하 출혈(出血).

▸혈반-병 血斑病 (병 병). 농업 피부 점막에 혈반(血斑)이 생겨 열이 나고 붓는 병(病). 말(馬)에 생긴다.

혈변 血便 (피 혈, 똥 변). 피[血]가 섞여 나오는 똥[便].

혈병 血餠 (피 혈, 떡 병). 의학 혈액(血液)이 떡[餠]처럼 엉기면서 섬유소가 혈구를 싸고 만들어지는 검붉은 덩이. ⑪피떡.

혈분[1] 血分 (피 혈, 나눌 분). 영양적 관점에서 피[血]의 분량(分量). ¶혈분 좋은 체질.

혈분[2] 血粉 (피 혈, 가루 분). 가축의 피[血]를 말려서 굳힌 가루[粉].

혈색 血色 (피 혈, 빛 색). ① 속뜻 피[血]의 빛[色]. ② 살갗에 나타난 핏기. ¶혈색이 좋다.

▸혈색-소 血色素 (바탕 소). ① 속뜻 혈색(血色)을 이루는 바탕[素]. ② 생물 철을 함유하는 빨간 색소인 헴과 단백질인 글로빈의 화합물. 적혈구 속에 있으며, 산소와 쉽게 결합하여, 주로 척추동물의 호흡에서 산소 운반에 중요한 역할을 한다. 헤모글로빈.

혈서 血書 (피 혈, 쓸 서). 제 몸의 피[血]로 글씨를 쓰는[書] 일. 또는 그 글자나 글.

혈성[1] 血性 (피 혈, 성품 성). 혈기(血氣)와 의협심이 있는 성격(性格).

혈성[2] 血誠 (피 혈, 정성 성). ① 속뜻 피[血]와 같은 정성(精誠). ② 진심에서 우러나오는 정성(精誠). 혈심(血心).

혈세 血稅 (피 혈, 세금 세). ① 속뜻 피[血] 같은 세금(稅金). ② 매우 귀중한 세금. ¶국민의 혈세가 낭비되고 있다.

혈소판 血小板 (피 혈, 작을 소, 널빤지 판). ① 속뜻 피[血] 속에 있는 작은[小] 판(板). ② 의학 혈액을 이루는 혈구(血球)의 한 가지. 부정형으로 핵이 없고 지름이 2~3㎛이며 출혈 때 지혈 작용에 중요한 구실을 한다.

혈속[1] 血速 (피 혈, 빠를 속). 혈액(血液)이 순환하는 속도(速度).

혈속[2] 血屬 (피 혈, 무리 속). 혈통(血統)으로 이어진 무리[屬].

혈손 血孫 (피 혈, 손자 손). 혈통(血統)을 이어 가는 자손(子孫).

혈수 血髓 (피 혈, 골수 수). 피[血]와 골수(骨髓)를 아울러 이르는 말.

혈안 血眼 (피 혈, 눈 안). ① 속뜻 기를 쓰고 덤벼서 핏발[血]이 선 눈[眼]. ② 어떠한 일을 힘을 다하여 애타게 하는 것. ¶그는 돈을 버는 데에 혈안이 되어 있다.

혈압 血壓 (피 혈, 누를 압). 의학 혈액(血液)이 혈관 속을 흐를 때 생기는 압력(壓力). ¶혈압을 재다 / 할머니는 혈압이 높다.

*__혈액__ 血液 (피 혈, 진 액). 의학 동물의 혈관(血管) 속을 순환하는 체액(體液). 여러 가지 혈구(血球)와 혈장(血漿)으로 되어 있는데, 생체 조직에 산소와 영양분을 공급하고 노폐물을 날라다 제거한다. ¶혈액검사. ㊐피.

▸혈액-원 血液院 (집 원). 의학 환자·의료 기관과 수혈자의 사이에서 수혈용 혈액(血液)을 공급하는 것을 목적으로 하는 기관[院]. 혈액은행(血液銀行).

▸혈액-형 血液型 (모형 형). 의학 혈액(血液)의 유형(類型). 적혈구와 혈청의 응집 반응을 기초로 분류한다. 에이비오식 혈액형과 알에이치식 혈액형 따위가 있다. ¶내 혈액형은 A형이다.

▸혈액 검:사 血液檢查 (봉함 검, 살필 사). 의학 피[血液]를 뽑아서 조사함[檢=査].

▸혈액 순환 血液循環 (돌아다닐 순, 고리 환). 의학 심장의 활동에 따라, 혈액(血液)이 동물의 몸속을 일정한 방향으로 흘러서 도는[循環] 일. ¶적당한 운동은 혈액 순환을 활발하게 한다.

▸혈액-은행 血液銀行 (돈 은, 가게 행). 의학 혈액원(血液院).

혈연 血緣 (피 혈, 인연 연). 같은 핏줄[血]로 이어진 인연(因緣). 같은 핏줄의 관계. ¶혈연 관계.

▸혈연 단체 血緣團體 (모일 단, 몸 체). 사회 혈연(血緣)을 바탕으로 이루어진 단체(團體). ㊐혈연 집단(血緣集團).

▸혈연 사회 血緣社會 (단체 사, 모일 회). 사회 같은 혈연(血緣)이라는 의식을 바탕으로 하여 자연적으로 성립된 공동 사회(共同社會). 가족이나 씨족, 나아가서는 민족까지도 포함된다.

▸혈연 집단 血緣集團 (모일 집, 모일 단). 사회 혈연(血緣)을 바탕으로 이루어진 집단(集團). ㊐혈연 단체(血緣團體).

혈온 血溫 (피 혈, 따뜻할 온). 피[血]의 온도(溫度).

혈우-병 血友病 (피 혈, 벗 우, 병 병). ① 속뜻 라틴어로 '피[血]와 벗[友]하다'는 뜻의 'hemophilia'라는 병명(病名)을 한자로 의역(意譯)한 말. ② 의학 조그만 상처에도 쉽게 피가 나고, 잘 멎지 않는 유전병. 여자에 의하여 유전되어 남자에게 나타나는 병이다.

혈원-골수 血怨骨髓 (피 혈, 원망할 원, 뼈 골, 골수 수). ① 속뜻 피[血] 맺힌 원한(怨恨)이 골수(骨髓)에 사무침. ② 뼈에 사무치는 깊은 원수.

혈육 血肉 (피 혈, 살 육). ① 속뜻 피[血]와 살[肉]. ② 부모, 자식, 형제 따위처럼 한 혈통으로 맺어진 육친. ¶그에게는 누나가 유일한 혈육이다. ㊐피붙이.

▸혈육-애 血肉愛 (사랑 애). 혈육(血肉)에 대한 사랑[愛].

혈장 血漿 (피 혈, 미음 장). ① 속뜻 혈액(血液) 중에 있는 미음[漿] 같은 물질. ② 의학 혈액에서 혈구를 제외한 액상 성분. 척추동물에서는 수분 외에 단백질·당질·지질(脂質)·무기 염류·대사 물질을 함유하며, 세포의 삼투압과 수소 이온을 일정하게 유지하는 역할을 한다.

혈전[1] 血栓 (피 혈, 마개 전). ① 속뜻 혈관(血管)을 막는 마개[栓] 역할을 하는 덩어리. ② 의학 혈관 안에서 피가 엉기어 굳은 덩어리.

혈전[2] 血戰 (피 혈, 싸울 전). ① 속뜻 피[血]를 흘리며 싸움[戰]. ② 생사를 헤아리지 않고 매우 격렬하게 싸움. 또는 그 전투. ¶우리는 10여 시간에 걸친 혈전 끝에 승리를 거두었다. ㊐혈투(血鬪).

혈족 血族 (피 혈, 겨레 족). ① 속뜻 혈통(血統)이 이어져 있는 겨레붙이[族]. ② 자연 혈족과 법정 혈족을 통틀어 이르는 말.

▸혈족 결혼 血族結婚 (맺을 결, 혼인할 혼). 사회 같은 혈족(血族) 사이의 결혼(結婚).

혈종[1] 血腫 (피 혈, 종기 종). 의학 내출혈로 피[血]가 한곳에 모여 혹[腫]처럼 된 것.

혈종[2] 血種 (피 혈, 갈래 종). 동물 말을 혈통(血統)의 종류(種類)에 따라 나눈 것. 온혈종과 냉혈종, 순혈종과 반혈종 따위로 나누는 것을 이른다.

혈중 血中 (피 혈, 가운데 중). 피[血] 가운데[中]. 피 안에. ¶혈중 알코올 농도.

혈증 血症 (피 혈, 증세 증). ① 속뜻 피[血]로 말미암은 병증(病症). ②실혈증(失血症).

혈청 血清 (피 혈, 맑을 청). ① 속뜻 피[血] 가운데 맑은[清] 물질. ② 의학 혈액이 엉겨 굳을 때 혈병(血餅)에서 분리되는 담황색의 투명 액체. 혈청 요법 따위에 쓰인다.

▸ 혈청-병 血清病 (병 병). 의학 사람의 몸에 다른 종류의 혈청(血清)을 주사하였을 때 일어나는 알레르기성 질환[病].

▸ 혈청 검:사 血清檢査 (봉함 검, 살필 사). 의학 사람의 건강 상태를 검사하기 위하여 혈청(血清)을 조사함[檢査].

▸ 혈청 요법 血清療法 (병 고칠 료, 법 법). 의학 전염병 환자의 몸에 면역체를 포함하는 혈청(血清)을 주사하여 병을 고치는 [療] 방법(方法).

▸ 혈청 진:단 血清診斷 (살펴볼 진, 끊을 단). 환자의 혈청(血清)을 검사하여 그 병의 상태를 진단(診斷)함.

혈통 血統 (피 혈, 계통 통). 같은 핏줄[血]을 타고난 겨레붙이의 계통(繼統). 조상과의 혈연관계. ¶그는 영국 귀족의 혈통이다. ㊥핏줄, 가계(家系), 혈맥(血脈).

▸ 혈통-주의 血統主義 (주될 주, 뜻 의). 법률 출생 시의 부모의 국적[血統]에 따라서 국적을 결정하는 원칙[主義]. ㊥속인주의(屬人主義).

혈투 血鬪 (피 혈, 싸울 투). ① 속뜻 피[血]를 흘리며 싸움[鬪]. ②죽음을 무릅쓰고 싸움. ¶월드컵에서 한국은 연장 혈투 끝에 독일에 승리했다. ㊥혈전(血戰), 혈쟁(血爭).

혈판 血判 (피 혈, 판가름할 판). ① 속뜻 피[血]로 판가름함[判]. ②손가락을 베어 그 피로 손도장을 찍음. 또는 그 손도장.

▸ 혈판-장 血判狀 (문서 장). 혈판(血判)을 찍은 종이[狀].

혈한 血汗 (피 혈, 땀 한). 피[血]와 땀[汗].

혈혈 孑孑 (외로울 혈, 외로울 혈). ① 속뜻 외로운[孑+孑] 모양. ②외로이 선 모양. ③매우 작은 모양.

▸ 혈혈-단신 孑孑單身 (홑 단, 몸 신). 의지할 곳 없이 외로운[孑孑] 홑[單]몸[身].

▸ 혈혈-무의 孑孑無依 (없을 무, 의지할 의). 홑몸으로 외로이[孑孑] 의지(依支)할 곳이 없음[無].

혈홍-색 血紅色 (피 혈, 붉을 홍, 빛 색). 피[血]같이 붉은[紅]빛 색[色].

혈홍-소 血紅素 (피 혈, 붉을 홍, 바탕 소). ① 속뜻 피[血]에 들어있는 빨간[紅] 색소(色素). ② 생물 철을 함유하는 빨간 색소인 헴과 단백질인 글로빈의 화합물. 적혈구 속에 있으며, 산소와 쉽게 결합하여, 주로 척추동물의 호흡에서 산소 운반에 중요한 역할을 한다.

혈흔 血痕 (피 혈, 흉터 흔). 피[血]를 묻히거나 흘린 흔적(痕迹).

혐기-성 嫌氣性 (싫어할 혐, 공기 기, 성질 성). 생물 산소[氣]를 싫어하여[嫌] 공기 속에서는 잘 자라지 못하는 성질(性質). ㊦호기성(好氣性).

혐오 嫌惡 (싫어할 혐, 미워할 오). 싫어하고[嫌] 미워함[惡]. ¶혐오식품 / 나는 돈만 밝히는 그를 혐오한다. ㊥염오(厭惡).

▸ 혐오-감 嫌惡感 (느낄 감). 싫어하고[嫌] 미워하는[惡] 감정(感情). ㊥혐오증(嫌惡症).

▸ 혐오-증 嫌惡症 (증세 증). 싫어하고[嫌] 미워하는[惡] 마음이 병적인 증세(症勢)로 나타난 것. ㊥혐오감(嫌惡感).

혐의 嫌疑 (의심할 혐, 의심할 의). ① 속뜻 범죄를 저질렀으리라는 의심[嫌=疑]. ¶그는 절도 혐의로 체포되었다. ②꺼리고 싫어함.

▸ 혐의-자 嫌疑者 (사람 자). 혐의(嫌疑)를 받는 사람[者].

협각 夾角 (낄 협, 모서리 각). 수학 두 직선 사이에 끼어있는[夾] 각(角). ㊥끼인각.

협객 俠客 (호협할 협, 손 객). 협기(俠氣)가 있는 사람[客]. ㊥유협(遊俠), 협사(俠士).

협격 挾擊 (낄 협, 칠 격). 양쪽에서 끼고[挾] 공격(攻擊)함. ¶좌우 협격을 받아 꼼짝을 못했다. ㊥협공(挾攻).

협곡 峽谷 (골짜기 협, 골짜기 곡). 좁고 험한 골짜기[峽=谷].

협골 頰骨 (뺨 협, 뼈 골). 뺨[頰]에 있는 뼈[骨]. ㊥광대뼈.

협공 挾攻 (낄 협, 칠 공). 사이에 끼워[挾] 놓고 양쪽에서 공격(攻擊)함. ¶협공 작전으로 스파이를 붙잡았다. ㊥협격(挾擊).

협궤 狹軌 (좁을 협, 바퀴자국 궤). ① 속뜻 좁은[狹] 궤도(軌道). ② 건설 철도의 레일 사이의 너비가 표준인 1.435m보다 좁은 철도의 선로. ⓑ광궤(廣軌).

협근 頰筋 (뺨 협, 힘줄 근). ① 속뜻 뺨[頰]에 있는 근육(筋肉). ② 의학 아래위 두 턱뼈의 뒤쪽에서 두 입술에 이르는 볼을 형성하는 근육.

협기 俠氣 (의기로울 협, 기운 기). 호협(豪俠)한 기상(氣象). 호탕한 기상. ⓑ기협(氣俠).

협낭 頰囊 (뺨 협, 주머니 낭). 동물 일부의 다람쥐나 원숭이 따위의 볼[頰] 안에 있는 주머니[囊]. 먹이를 한동안 저장해 두는 구실을 한다.

협도 俠盜 (의기로울 협, 도둑 도). 협기(俠氣)가 있는 도둑[盜].

협동 協同 (합칠 협, 한가지 동). 여럿이 힘을 합쳐[協] 하나로[同] 뭉침. 서로 마음과 힘을 하나로 합함. ¶협동 정신.

▸협동-심 協同心 (마음 심). 여럿이 힘을 합쳐[協] 하나가[同] 되고자 하는 마음[心]. ¶여러 사람과 어울려 운동을 하면 협동심이 길러진다.

▸협동 생활 協同生活 (살 생, 살 활). 여럿이 힘을 합쳐[協] 하나로[同] 뭉쳐 하는 생활(生活).

▸협동 일치 協同一致 (한 일, 이를 치). 모두 협동(協同)하여 하나[一]가 됨[致].

▸협동 작전 協同作戰 (일으킬 작, 싸울 전). 군사 보병·포병·기갑 따위의 전투 병과에서 둘 이상의 군부대들이 협동(協同)하여 펼치는 작전(作戰).

▸협동 정신 協同精神 (쓿을 정, 혼 신). 서로 겨루지 않고 힘을 합하는[協同] 정신(精神).

▸협동-조합 協同組合 (짤 조, 합할 합). 사회 농민이나 소비자 또는 중소기업 등이 경제적 편의와 상호 협력을 위하여 조직하는[協同] 단체[組合]. 농업 협동조합이나 중소기업 협동조합 등이 있다.

협량 狹量 (좁을 협, 분량 량). 좁은[狹] 도량(度量).

협력 協力 (합칠 협, 힘 력). 서로 돕는 마음으로 힘[力]을 합침[協]. ¶협력 관계 / 협력해서 일하다.

협로[1] 夾路 (낄 협, 길 로). 큰길 사이에 끼어 있는[夾] 작은 길[路]. 큰길에서 갈라진 길.

협로[2] 峽路 (골짜기 협, 길 로). 산속 골짜기[峽]에 있는 길[路].

협로[3] 狹路 (좁을 협, 길 로). 좁은[狹] 길[路]. ⓑ소로(小路).

협만 峽灣 (골짜기 협, 물굽이 만). 지리 내륙으로 깊이 쑥 들어간 좁고 긴[峽] 만(灣). ⓑ피오르드(fjord).

협문 夾門 (낄 협, 문 문). ① 속뜻 큰 문 옆에 끼어 있는[夾] 작은 문(門). ② 건설 삼문(三門) 가운데 좌우에 달린 작은 문. 동협문, 서협문 등이 있다. ③ 건설 대문이나 정문 옆에 있는 작은 문.

협박 脅迫 (으를 협, 다그칠 박). ① 속뜻 으르고[脅] 다그침[迫]. ② 어떤 일을 강제로 시키기 위하여 을러서 괴롭게 굶. ¶협박 전화.

▸협박-장 脅迫狀 (문서 장). 협박(脅迫)하는 뜻을 적은 글[狀].

협살 挾殺 (낄 협, 죽일 살). ① 속뜻 가운데 끼어 넣고[挾] 양쪽에서 공격하여 죽임[殺]. ② 운동 야구에서 주자(走者)를 협공(挾攻)하여 아웃시키는 일.

협상 協商 (합칠 협, 헤아릴 상). ① 속뜻 힘을 합쳐[協] 서로 상의(商議)함. ② 어떤 목적에 부합되는 결정을 하기 위하여 여럿이 의논함. ¶임금 협상. ③ 정치 두 나라 이상이 어떤 일을 조정하고 우호 관계를 수립하기 위한 외교적 방법이나 회담. ⓑ협의(協議).

협상 가격차 鋏狀價格差 (가위 협, 형상 상, 값 가, 이를 격, 다를 차). 경제 독점 가격과 비독점 가격의 지수를 도표로 나타내었을 때에 가위[鋏]를 벌린 모양[狀]으로 나타나는 가격(價格) 차이(差異).

협성 協成 (합칠 협, 이룰 성). 힘을 합하여[協] 일을 이룸[成].

협소 狹小 (좁을 협, 작을 소). 좁고[狹] 작다[小]. ¶협소한 장소.

협실 夾室 (낄 협, 방 실). 안방 옆에 낀[夾] 작은 방[室]. 곁방.

협심[1] 協心 (합칠 협, 마음 심). 여러 사람의 마음[心]을 한군데로 모음[協].

협심[2] 狹心 (좁을 협, 마음 심). ① 속뜻 좁은[狹] 마음[心]. ② 심장이 좁아짐.

▸협심-증 狹心症 (증세 증). ① 속뜻 심장(心臟)이 좁아지는[狹] 것 같은 느낌이 드는 증세(症勢). ② 의학 심장부에 갑자기 심한

아픔과 발작이 일어나는 증상.

협약[1] 脅約 (협박할 협, 묶을 약). 협박(脅迫)으로 이루어진 약속(約束)이나 조약(條約). ¶강제로 맺은 협약이니 지킬 필요가 없다.

협약[2] 協約 (합칠 협, 묶을 약). 협의(協議)하여 약속(約束)함. 또는 그 약속. ¶조합은 회사와 노동 협약을 맺었다.

협업 協業 (합칠 협, 일 업). 많은 사람이 일정한 계획 아래 노동을 분담하여 협동적(協同的)·조직적으로 일[業]을 함. 또는 그 일.

협연 協演 (합칠 협, 펼칠 연). [음악] 힘을 합쳐[協] 함께 연주(演奏)함. 동일한 곡을 한 독주자(獨奏者)가 다른 독주자나 악단과 함께 연주함. 또는 그러한 연주.

협의[1] 協議 (합칠 협, 의논할 의). 여럿이 모여[協] 의논(議論)함. ¶그 문제는 지금 협의 중이다. [비]협상(協商).

▸협의-회 協議會 (모일 회). 여러 사람이 모여 서로 의논하기[協議] 위하여 여는 모임[會]. ¶협의회를 개최하다.

협의[2] 狹義 (좁을 협, 뜻 의). 어떤 말의 개념을 정의할 때에, 좁은[狹] 뜻[義]. [반]광의(廣義).

협잡 挾雜 (낄 협, 어수선할 잡). 중간에 끼어[挾] 번거롭게[雜] 함. 옳지 않은 짓으로 남을 속임. 또는 그 짓.

▸협잡-물 挾雜物 (만물 물). ① [속뜻] 협잡(挾雜)으로 얻은 물건(物件). ② 어떠한 물질에 섞여 그 물질을 불순하게 만드는 물질.

▸협잡-배 挾雜輩 (무리 배). 협잡(挾雜)을 일삼는 무리[輩].

협장 脇杖 (옆구리 협, 지팡이 장). 다리 불구자가 겨드랑이[脇]에 대고 짚는 지팡이[杖].

협정 協定 (합칠 협, 정할 정). 서로 힘을 합치[協]기로 결정(決定)함. 국가 간에 약정을 맺음. ¶한미 양국은 관세 협정을 맺었다.

▸협정 가격 協定價格 (값 가, 이를 격). [경제] ① 동업자끼리 협정(協定)한 상품의 가격(價格). ② 국제간의 협정으로 정해진 무역품의 가격.

▸협정 세:율 協定稅率 (세금 세, 비율 률). [법률] 조약에 따라 특별히 협정(協定)된 관세율(關稅率).

▸협정 헌:법 協定憲法 (법 헌, 법 법). [법률] 군주와 국민 또는 국민의 대표자 사이에 협의(協議)에 따라 제정(制定)된 헌법(憲法). [비]의정 헌법(議定憲法). [반]흠정 헌법(欽定憲法).

협조[1] 協助 (합칠 협, 도울 조). 힘을 합쳐[協] 서로 도와줌[助]. ¶여러분의 협조를 부탁드립니다.

협조[2] 協調 (합칠 협, 고를 조). ① [속뜻] 힘을 합하여[協] 서로 조화(調和)를 이룸. ② 생각이나 이해가 대립되는 쌍방이 평온하게 상호 간의 문제를 협력하여 해결하려 함.

▸협조 융자 協調融資 (녹을 융, 재물 자). [경제] 둘 이상의 금융 기관이 협의하고 분담하여[協調] 한 기업체에 융자(融資)함.

협주 協奏 (합칠 협, 연주할 주). [음악] 두 가지 이상의 악기를 함께[協] 연주(演奏)함. ¶바이올린 협주. [비]합주(合奏).

▸협주-곡 協奏曲 (노래 곡). [음악] 관현악이 피아노나 바이올린 등 독주 악기의 연주를 도우며 함께[協] 연주(演奏)하는 형식의 악곡(樂曲). ¶멘델스존의 바이올린 협주곡.

협찬 協贊 (합칠 협, 도울 찬). 힘을 합쳐[協] 서로 도움[贊]. 어떤 일 따위에 재정적으로 도움을 줌. ¶의상 협찬을 받다.

협착 狹窄 (좁을 협, 좁을 착). ① [속뜻] 차지하고 있는 자리가 매우 좁다[狹=窄]. ¶집이 협착해서 손님을 재울 데가 없다. ② 처하여 있는 사정이나 형편이 매우 어렵다. ¶그 사람의 협착한 처지를 이해하였다.

협촌 峽村 (골짜기 협, 마을 촌). 깊은 산골짜기[峽]의 두메 마을[村].

협탈 脅奪 (협박할 협, 빼앗을 탈). 협박(脅迫)하여 빼앗음[奪].

협화 協和 (합칠 협, 어울릴 화). ① [속뜻] 협력(協力)하여 화합(和合)함. ② [음악] 동시에 여러 소리가 잘 조화되는 일.

▸협화-음 協和音 (소리 음). [음악] 둘 이상의 음이 같이 울릴 때, 잘 어울려서[協和] 듣기 좋은 음(音). [비]어울림음. [반]불협화음(不協和音).

▸협화 음정 協和音程 (소리 음, 거리 정). [음악] 두 개의 음이 함께 울렸을 때 진동수의 비(比)가 단순하여 잘 어울리는[協和] 음정(音程). [비]어울림 음정. [반]불협화 음정(不協和音程).

협회 協會 (합칠 협, 모일 회). 어떤 목적을 위하여 회원들이 힘을 합쳐[協] 설립한 모임[會]. ¶건설협회 / 보험협회.

형관 荊冠 (가시나무 형, 갓 관). 기독교 예수가 십자가에 못 박힐 때 로마 병정이 예수를 조롱하기 위하여 머리에 씌웠던, 가시나무[荊]로 만든 관(冠). ⓑ가시 면류관.

형광 螢光 (반딧불 형, 빛 광). ① 속뜻 반딧불이[螢]의 불빛[光]. 반딧불. ② 물리 어떤 물질이 빛이나 방사선 따위를 받았을 때 그 빛과는 다른 고유의 빛을 내는 현상. ¶형광 조명.

▶**형광-등** 螢光燈 (등불 등). 전기 진공 유리관 속에 수은과 아르곤을 넣고 안쪽 벽에 형광(螢光) 물질을 바른 방전등(放電燈). ¶형광등이 깜박거린다.

▶**형광-체** 螢光體 (몸 체). 화학 석유, 플루오레세인, 에오신 따위의 형광(螢光)을 발산하는 물체(物體)를 통틀어 이르는 말. ⓑ형광 물질(螢光物質).

▶**형광-판** 螢光板 (널빤지 판). 형광(螢光) 물질을 바른 판(板). 자외선이나 방사선이 닿으면 눈에 보이게 빛을 낸다.

▶**형광 도료** 螢光塗料 (칠할 도, 거리 료). 형광(螢光) 물질이 들어 있는 도료(塗料).

▶**형광 물질** 螢光物質 (만물 물, 바탕 질). 화학 형광(螢光)을 발하는 물질(物質)을 통틀어 이르는 말. 아연이나 카드뮴의 산화물과 아닐린 따위. ⓑ형광체(螢光體).

형구 刑具 (형벌 형, 갖출 구). 형벌(刑罰)을 가하거나 고문을 하는 데에 쓰는 여러 가지 기구(器具). ¶가지가지의 형구가 쌓여 있다.

형국 形局 (모양 형, 판 국). ① 속뜻 어떤 일이 벌어진 때의 형편(形便)이나 판국[局]. ¶그는 불리한 형국에 놓여 있다. ② 민속 관상이나 풍수지리에서 얼굴 생김이나 묏자리, 집터 따위의 겉모양과 그 생김새.

형극 荊棘 (가시나무 형, 가시 극). ① 속뜻 가시나무[荊]의 가시[棘]. ② 고난이나 장애 따위를 비유하여 이르는 말.

형기 刑期 (형벌 형, 때 기). 법률 형벌(刑罰)의 집행 기간(期間).

형량 刑量 (형벌 형, 분량 량). 형벌(刑罰)의 양(量). ¶범인에게 징역 3년의 형량이 선고되었다.

형례 刑例 (형벌 형, 법식 례). 형벌(刑罰)에 관한 규정이나 전례(前例).

형륙 刑戮 (형벌 형, 죽일 륙). 죄인에게 형벌(刑罰)을 가하여 죽임[戮].

형률 刑律 (형벌 형, 법칙 률). 법률 범죄와 형벌(刑罰)에 관한 법률(法律) 체계. ⓑ형법(刑法).

형명 刑名 (형벌 형, 이름 명). 법률 사형, 징역, 금고, 구류 등과 같이 법이 규정하는 형벌(刑罰)의 이름[名].

형무 刑務 (형벌 형, 일 무). 형벌(刑罰)의 집행에 관한 사무(事務)나 업무(業務).

▶**형무-소** 刑務所 (곳 소). 법률 형벌(刑罰)의 집행에 관한 사무(事務)를 맡아보는 기관[所]. '교도소'(矯導所)의 이전 말. ¶그는 절도로 형무소에 보내졌다. ⓑ교도소(矯導所).

형벌 刑罰 (형벌 형, 벌할 벌). ① 속뜻 무거운 죄에 대한 벌[刑]과 가벼운 죄에 대한 벌(罰). ② 법률 나라의 법을 어긴 사람에게 그 죄에 맞게 벌을 줌. 또는 그러한 처벌. ¶가혹한 형벌을 내리다.

형법 刑法 (형벌 형, 법 법). 법률 범죄와 형벌(刑罰)의 내용을 규정한 법률(法律). ⓑ형률(刑律).

형부 兄夫 (맏 형, 지아비 부). 언니[兄]의 남편[夫]. ¶내 조카는 언니와 형부를 조금씩 다 닮았다. ⓒ제부(弟夫).

형사[1] 刑死 (형벌 형, 죽을 사). 형(刑)을 받아 죽음[死]. 주로, 사형에 처해져 죽는 것.

형사[2] 刑事 (형벌 형, 일 사). 법률 ① 형법(刑法)의 적용을 받는 사건(事件). ¶형사 책임 / 형사소송. ② 주로 사복 차림으로 범죄를 수사하고 범인을 체포하는 따위의 일을 맡은 경찰관. ¶형사들이 마침내 범인을 찾아냈다. ⓑ민사(民事).

▶**형사-범** 刑事犯 (범할 범). ① 속뜻 형법(刑法)의 적용을 받는 사건(事件)을 저지른 범인(犯人). ② 법률 살인이나 방화와 같이 법률 규범에 의하지 않고도 그 부당성이 자명한, 행위 자체가 반사회적이고 반도덕적인 범죄. ⓑ자연범(自然犯). ⓑ법정범(法定犯), 행정범(行政犯).

▶**형사-법** 刑事法 (법 법). 법률 형법이나 형

사소송법 등과 같이 국가 형벌권의 내용과 그 집행 방법 따위[刑事]를 규정한 법률(法律).

▶형사 보:상 刑事補償 (채울 보, 갚을 상). 법률 국가 형사(刑事) 사법의 잘못으로 말미암아 죄 없이 구금 또는 형 집행을 받은 사람에게 국가가 손해를 보상(補償)하는 일.

▶형사 사:건 刑事事件 (일 사, 것 건). 법률 형법의 적용을 받게 되는[刑事] 사건(事件).

▶형사 소송 刑事訴訟 (하소연할 소, 송사할 송). 법률 형법의 법규를 위반한 사람에게 형벌을 부과하기 위하여[刑事] 행하는 소송(訴訟) 절차.

▶형사 소추 刑事訴追 (하소연할 소, 쫓을 추). 법률 검사가 피고인을 기소하여 그 형사(刑事) 책임을 추궁하는 일[訴追].

▶형사 시효 刑事時效 (때 시, 나타낼 효). 법률 형법(刑法)의 적용을 받게 되는 사항(事項)의 처리에 대하여 정해 놓은 법률적인 기간[時效].

▶형사 재판 刑事裁判 (분별할 재, 판가름할 판). 법률 형사(刑事) 사건에 관한 재판(裁判). ⓑ민사 재판(民事裁判).

▶형사 책임 刑事責任 (꾸짖을 책, 맡길 임). 법률 불법 행위로 말미암아 형벌을 받아야 할[刑事] 법률상의 책임(責任). ⓑ민사 책임(民事責任).

▶형사 처:분 刑事處分 (처리할 처, 나눌 분). 법률 범죄를 이유로 형벌을 가하는[刑事] 처분(處分).

▶형사 피:고인 刑事被告人 (당할 피, 알릴 고, 사람 인). 범죄의 혐의가 있어[刑事] 검사에게 기소되어 법원의 심리를 받고 있는 피의자[被告人].

▶형사 미:성년자 刑事未成年者 (아닐 미, 이룰 성, 나이 년, 사람 자). 법률 아직 14세가 되지 아니하여[未成年] 형법상 책임 능력[刑事]이 없는 것으로 간주되는 사람[者].

형살 刑殺 (형벌 형, 죽일 살). 형벌(刑罰)로써 죽임[殺]. 사형을 집행함.

형상[1] 形狀 (모양 형, 형상 상). ① 속뜻 사물의 생긴 모양[形=狀]. ⓗ형상(形象). ② 어떤 일의 형편이나 정황.

형상[2] 形象 (모양 형, 모양 상). ① 속뜻 사물의 생긴 모양[形=象]이나 상태. ¶인간의 형상을 한 괴물. ② 마음속에 떠오른 관념 따위를 어떤 표현 수단으로 구상화(具象化)함. 또는 그 구상화한 모습. ⓗ형상(形狀).

▶형상-화 形象化 (될 화). 추상적인 본질 따위를 구상화하여 뚜렷한 모양[形象]으로 나타냄[化].

▶형상 예:술 形象藝術 (재주 예, 꾀 술). 예술 조각이나 회화 등과 같이 시각적인 형태[形象]를 갖춘 예술(藝術).

형색 形色 (모양 형, 빛 색). ① 속뜻 생긴 모양[形]과 빛깔[色]. ② 얼굴 모양과 표정.

형석 螢石 (반딧불 형, 돌 석). ① 속뜻 형광(螢光)을 발하는 돌[石]. ② 광업 불화(佛化)칼슘으로 이루어진 광물. 유리 광택이 나는 약한 결정으로, 가열하면 형광을 발한다.

형설 螢雪 (반딧불 형, 눈 설). ① 속뜻 반딧불이[螢]와 눈[雪]의 빛. ② '어려운 여건에서도 꾸준히 학문을 닦는 것'을 이르는 말. '형설지공'(螢雪之功)의 준말.

▶형설지공 螢雪之功 (어조사 지, 공로 공). ① 속뜻 등불을 밝힐 수 없어, 반딧불[螢]과 눈[雪]빛을 밝혀 공부하여 세운 공(功). 차윤(車胤)과 손강(孫康)의 고사에서 유래. ② 고생하면서도 꾸준히 학문을 닦은 보람.

형성[1] 形聲 (모양 형, 소리 성). ① 속뜻 모양[形]과 소리[聲]. ② 언어 한자의 육서(六書)의 하나. 뜻을 나타내는 글자와 음을 나타내는 글자를 합하여 새 한자를 만드는 방법이다. '桐'자에서 '木'은 나무의 뜻을 나타내고 '同'은 음을 나타내는 따위.

⁑**형성[2]** 形成 (모양 형, 이룰 성). 어떤 모양[形]을 이룸[成]. 또는 어떤 모양으로 이루어짐. ¶인격 형성 / 어릴 적부터 좋은 습관을 형성해야 한다.

▶형성-권 形成權 (권리 권). 법률 권리자의 일방적 의사 표시[形成]에 따라 일정한 법률 효과를 발생시키거나 소멸시키거나 하는 권리(權利).

▶형성-체 形成體 (몸 체). 생물 척추동물의 초기 발생 단계에서 형성(形成)의 가장 중심이 되는 부분[體].

▶형성-층 形成層 (층 층). 식물 쌍떡잎식물이나 겉씨식물, 일부 외떡잎식물과 양치식물의 줄기나 뿌리의 물관부와 체관부 사이에 형성(形成)되어 있는 분열 조직[層].

▸형성 가격 形成價格 (값 가, 이룰 격). 경제 가격을 구성하는 요소에 이윤을 더하여 국가가 인위적으로 정한[形成] 가격(價格).

형세 形勢 (모양 형, 기세 세). ① 속뜻 살림살이의 형편(形便)이나 기세(氣勢). ② 일이 되어 가는 형편. ¶형세가 불리하다. ③ 기운차게 뻗치는 형세. ④ 민속 풍수지리에서, 산형(山形)과 지세(地勢)를 이르는 말. ㊥정세(情勢), 기세(氣勢).

형소 刑訴 (형벌 형, 하소연할 소). 법률 형벌(刑罰) 법규를 위반한 사람에게 형벌을 부과하기 위한 소송(訴訟). '형사 소송'(刑事訴訟)의 준말.

형수 兄嫂 (맏 형, 부인 수). 형(兄)의 아내[嫂].

형승 形勝 (모양 형, 뛰어날 승). 지세나 풍경이[形] 뛰어남[勝].

*__형식__ 形式 (모양 형, 꼴 식). ① 속뜻 형태(形態)와 격식(格式). 겉모양. ¶형식을 갖추다. ② 격식이나 절차. ¶형식에 너무 얽매이지 마라. ③ 고정된 관념이나 상태. ㊥겉모양, 외형(外形). ㊤내용(內容), 실질(實質).

▸형식-론 形式論 (논할 론). 형식(形式)에 관한 이론(理論).

▸형식-미 形式美 (아름다울 미). 예술 예술 작품 따위에서, 조화나 균형, 율동 따위와 같이 형식(形式)이 감각에 호소하는 아름다움[美]. ㊤내용미(內容美).

▸형식-범 形式犯 (범할 범). 법률 결과의 발생이 필요하지 않고 단지 일정한 행위나 형식(形式)만 있으면 성립하는 범죄(犯罪). ㊥거동범(擧動犯).

▸형식-법 形式法 (법 법). 법률 권리, 의무를 운용하는 절차를 규정한[形式] 법률(法律). ㊥절차법(節次法).

▸형식-적 形式的 (것 적). 형식(形式)을 주로 하는 것[的]. 내용이나 실질이 따르지 않음을 강조하는 경우에 많이 쓴다. ¶형식적 절차 / 형식적인 대화.

▸형식-화 形式化 (될 화). 형식(形式)이 되거나[化] 형식이 되게 함.

▸형식 명사 形式名詞 (이름 명, 말씀 사). 언어 의미가 형식적(形式的)이어서 다른 말 아래에 기대어 쓰이는 명사(名詞). ㊥의존 명사(依存名詞).

▸형식-주의 形式主義 (주될 주, 뜻 의). ① 철학 사물의 형식(形式)을 특히 중요시하여 내용을 경시하거나 무시하는 태도나 생각[主義]. ㊤실질주의(實質主義). ② 예술 예술 작품의 내용을 관념적으로 파악하기보다는 감각적인 측면을 중시하는 일.

▸형식 논리학 形式論理學 (논할 론, 이치 리, 배울 학). 논리 개념이나 판단, 추론(推論) 따위 사유의 형식적(形式的)인 면을 연구하는 논리학(論理學).

▸형식 형태소 形式形態素 (모양 형, 모양 태, 바탕 소). 언어 형식적(形式的)인 관계를 표시하는 형태소(形態素). 실질 형태소에 붙어 주로 말과 말 사이의 관계를 표시하며, 조사, 어미 따위가 있다. ㊥허사(虛辭). ㊤실질 형태소(實質形態素).

형안 炯眼 (빛날 형, 눈 안). ① 속뜻 빛나는[炯] 눈[眼]. 또는 날카로운 눈매. ② 사물에 대한 뛰어난 관찰력을 비유하여 이르는 말.

형언 形言 (모양 형, 말씀 언). 형용(形容)하여 말함[言]. ¶형언할 수 없는 슬픔.

형영 形影 (모양 형, 그림자 영). 형체(形體)와 그림자[影]. 항상 서로 떨어지지 않음을 이르는 말.

▸형영-상동 形影相同 (서로 상, 같을 동). ① 속뜻 형체와 그림자[形影]가 서로[相] 같음[同]. ② 형체의 움직임에 따라 그림자도 그대로 나타남. ③ 마음먹은 바가 그대로 행동으로 나타남.

형옥 刑獄 (형벌 형, 가둘 옥). 형벌(刑罰)을 내리고 옥에 가둠[獄]. ¶나라의 형옥을 맡은 관리들.

형용 形容 (모양 형, 얼굴 용). ① 속뜻 모양[形]과 얼굴[容] 생김새. ② 말이나 글, 몸짓 따위로 사물이나 사람의 모양을 나타냄. ¶그곳의 경치는 형용할 수 없을 만큼 아름답다.

▸형용-사 形容詞 (말씀 사). 언어 사람이나 사물의 모양[形容]이나 상태, 성질을 나타내는 품사(品詞). 활용을 하지만 명령형과 청유형의 어미변화를 할 수 없다.

▸형용사-구 形容詞句 (말씀 사, 글귀 구). 언어 문장에서 형용사(形容詞) 역할을 하는 구(句).

형우제공 兄友弟恭 (맏 형, 벗 우, 아우 제, 공손할 공). ① 속뜻 형(兄)은 아우를 사랑하고[友] 아우[弟]는 형을 공경(恭敬)함. ② 형제간에 우애가 깊게 지냄.

형이상 形而上 (모양 형, 말이을 이, 위 상). ① 속뜻 외적인 형상(形象) 그 위[上]로 넘어선 단계. ② 철학 형체가 없어, 감각으로는 그 존재를 파악할 수 없는 것. 시간이나 공간을 초월한 관념적인 것. ⓑ형이하(形而下).

▸ 형이상-학 形而上學 (배울 학). ① 속뜻 형상(形象)을 갖고 있지만[而] 그것을 넘어서는[上] 것을 연구하는 학문(學問). ② 철학 사물의 본질이나 존재의 근본 원리를 사유나 직관에 의해 연구하는 학문. ⓑ형이하학(形而下學).

형이하 形而下 (모양 형, 말이을 이, 아래 하). ① 속뜻 외적 형상[形] 그 아래[下]에 머물고 있는 단계. ② 철학 형체를 갖추어 나타나 있는 물질의 영역. 시간이나 공간 속에 형체를 가지고 나타나는 자연 현상이나 사회 현상 따위. ⓑ형이상(形而上).

▸ 형이하-학 形而下學 (배울 학). 철학 형상(形象)을 갖고 있지만[而] 그 아래[下]에 있는 형체에 대해서 연구하는 학문(學問). 물리학, 식물학 등의 자연 과학을 말한다. ⓑ형이상학(形而上學).

형장[1] 兄丈 (맏 형, 어른 장). ① 속뜻 형(兄) 같은 어른[丈]. ②나이가 엇비슷한 친구 사이에서 상대편을 높여 부르는 말.

형장[2] 刑場 (형벌 형, 마당 장). 법률 사형(死刑)을 집행하는 곳[場]. '사형장'(死刑場)의 준말. ¶루이 16세는 형장의 이슬로 사라졌다.

형적 形迹 (모양 형, 자취 적). 사물의 형상(形象)과 자취[迹].

형정 刑政 (형벌 형, 정사 정). 법률 형사(刑事)에 관한 행정(行政). 범죄 예방에 관한 일반적 방책을 연구하여 시행한다.

*****형제** 兄弟 (맏 형, 아우 제). ① 속뜻 형[兄]과 아우[弟]. ¶사이좋은 형제. ② 형제, 자매, 남매를 통틀어 이르는 말. ⓑ동기(同氣).

▸ 형제-자매 兄弟姊妹 (손윗누이 자, 누이 매). 남자 형제(兄弟)와 여자 형제[姊妹]. ⓑ동기(同氣).

▸ 형제지국 兄弟之國 (어조사 지, 나라 국). 형제(兄弟)의 나라[國]. 아주 친밀하고 가깝게 지내는 나라. 또는 서로 혼인 관계를 맺은 나라.

▸ 형제지의 兄弟之誼 (어조사 지, 정 의). 형제(兄弟)처럼 지내는 벗 사이의 매우 깊은 우의(友誼).

형조 刑曹 (형벌 형, 관아 조). 역사 고려·조선 때, 형벌(刑罰)에 관한 일을 맡아보던 관아[曹]. 법률·소송·형옥(刑獄)·노예 등에 관한 일을 했다. ⓒ육조(六曹).

▸ 형조 판서 刑曹判書 (판가름할 판, 글 서). 역사 조선 때, 형조(刑曹)의 정이품 으뜸 벼슬[判書]. ⓩ형판.

형죄 刑罪 (형벌 형, 죄 죄). 형벌(刑罰)과 죄(罪).

형지 型紙 (모형 형, 종이 지). 어떤 본을 떠서[型] 만든 종이[紙]. 양재, 수예, 염색 따위에 쓴다.

형질 形質 (모양 형, 바탕 질). ① 속뜻 형태(形態)와 성질(性質). ② 동물 생물을 분류할 때 지표가 되는 형태나 성질 따위의 특징. 또는 밖으로 드러난 유전적 성질.

▸ 형질 도입 形質導入 (이끌 도, 들 입). 생물 어떤 세포에 기생하는 박테리오파지에 의하여 그 세포의 유전 형질(形質)이 다른 세포에 옮겨지는[導入] 현상.

▸ 형질 세:포 形質細胞 (작을 세, 태보 포). ① 속뜻 형질(形質)이 특수한 세포(細胞). ② 생물 지라나 림프샘에 많이 있는 림프구가 변형된 특수한 세포. 작은 원형의 핵이 세포질의 한쪽에 치우쳐 있으며, 면역 항체를 만든다.

▸ 형질 전:환 形質轉換 (옮길 전, 바꿀 환). 생물 개체나 세포의 형질(形質)이 유전적으로 바뀌는[轉換] 일.

형처 荊妻 (가시나무 형, 아내 처). ① 속뜻 가시나무[荊] 비녀를 꽂은 아내[妻]. ②남에게 자기의 아내를 낮추어 이르는 말. 중국 후한 때에 양홍(梁鴻)의 아내 맹광(孟光)이 가시나무 비녀를 꽂고 무명으로 만든 치마를 입었다는 데서 유래. ¶저의 형처를 소개해 드리겠습니다.

형체 形體 (모양 형, 몸 체). 물건의 생김새[形]나 그 바탕이 되는 몸체[體]. ¶형체가 없다 / 형체를 갖추다 / 형체를 알아보다.

⁑**형태** 形態 (모양 형, 모양 태). ① 속뜻 사물

의 생긴 모양[形=態]. ② 어떠한 구조나 전체를 이루고 있는 구성체가 일정하게 갖추고 있는 모양. ¶가정의 형태. ③ 심리 부분의 집합체로서가 아닌, 그 전체를 하나의 통합된 유기체로 본 것.

▸형태-론 形態論 (논할 론). 언어 형태소(形態素)에서 단어까지를 다루는 어법학 분야[論].

▸형태-미 形態美 (아름다울 미). 외적(外的)인 형태(形態)가 주는 아름다움[美].

▸형태-소 形態素 (바탕 소). ① 속뜻 단어의 기본 형태(形態)를 이루는 요소(要素). ② 언어 뜻을 가진 가장 작은 말의 단위. ③ 언어 문법적 또는 관계적인 뜻만을 나타내는 단어나 단어 성분.

▸형태-학 形態學 (배울 학). ① 속뜻 형태(形態)를 주요 대상으로 연구하는 학문(學問). ② 광물이나 동식물 또는 인간의 정신 등에 대한 구조, 체제 그리고 그 성분이나 분화 따위를 연구하는 학문. ③ 광업 결정의 기하학적 성질을 연구하는 학문. ④ 생물 생물의 형태, 구조, 발생 따위를 연구하는 학문. ⑤ 언어 형태론(形態論).

형통 亨通 (풀릴 형, 통할 통). 모든 일이 뜻대로 잘 되어[亨] 달통(達通)함.

형판 型板 (모형 형, 널빤지 판). 공업 납염할 때에 쓰기 위하여 얇은 아연이나 구리에 무늬[型]를 새겨 만든 금속판(板).

***형편** 形便 (모양 형, 편할 편). ① 속뜻 지형(地形)이 좋아서 편리(便利)함. ② 일이 되어 가는 상황이나 상태. ¶형편을 봐 가면서 결정하자. ③ 살림살이의 정도. ¶형편이 피다 / 형편이 넉넉하다. ⑪ 형세(形勢).

형평 衡平 (저울대 형, 평평할 평). ① 속뜻 저울대[衡]같이 평평(平平)함. ② 균형이 맞음. 또는 그런 일. ¶형평에 어긋나다.

형해 形骸 (모양 형, 뼈 해). ① 속뜻 사람이나 동물의 몸의 형체(形體)와 뼈[骸]. ② 어떤 구조물 따위의 뼈대. ③ 질병이나 재화로 인하여 사람의 몸이나 건축물 따위가 '앙상한 모습'을 비유하여 이르는 말. ④ '형식뿐이고 가치나 의의가 없는 것'을 비유하여 이르는 말.

형향 馨香 (향기 형, 향기 향). ① 속뜻 꽃다운 향기[馨=香]. ② 제사상에 피우는 향.

형형 炯炯 (빛날 형, 빛날 형). 광선이나 광채가 반짝반짝 빛나며 밝다[炯+炯]. ¶두 눈빛이 형형했다 / 얼굴은 창백했지만 눈만은 형형히 빛나고 있었다.

형형-색색 形形色色 (모양 형, 모양 형, 빛 색, 빛 색). 형상(形狀)과 빛깔[色] 따위가 서로 다른 여러 가지. ¶길가에는 형형색색의 꽃들이 피어 있다.

형화 螢火 (반딧불 형, 불 화). 반딧불[螢]의 꽁무니에서 나오는 불빛[火]. ⑪ 반딧불.

혜:감 惠鑑 (은혜 혜, 볼 감). ① 속뜻 은혜(恩惠)롭게 보아줌[鑑]. ② '잘 보아 주십시오'라는 뜻으로 자기의 저서나 작품을 남에게 보낼 때에 상대편 이름 밑에 쓰는 말.

혜:고 惠顧 (은혜 혜, 돌아볼 고). ① 속뜻 은혜(恩惠)를 베풀어 잘 돌보아[顧] 줌. ② 상대편을 높여 그가 자기를 찾아 줌을 이르는 말. 왕림(枉臨).

혜:근 慧根 (슬기로울 혜, 뿌리 근). 불교 ① 오근(五根)의 하나. 도(道)를 낳는 바탕[根]이 되는 지혜(智慧). ② 진리를 깨닫게 하는 지혜의 힘.

혜:람 惠覽 (은혜 혜, 볼 람). ① 속뜻 은혜(恩惠)를 베풀어 봄[覽]. ② 자기의 저서나 작품을 남에게 드릴 때, '보아 주십시오'라는 뜻으로 받는 이의 이름 끝이나 옆에 쓰는 말. ⑪ 혜존(惠存).

혜:래 惠來 (은혜 혜, 올 래). 은혜(恩惠)를 베풀어 옴[來]. 상대편을 높여 그가 자기를 찾아 줌을 이르는 말. ⑪ 혜고(惠顧).

혜:량 惠諒 (은혜 혜, 살필 량). 은혜(恩惠)롭게 잘 살펴줌[諒]. 주로 편지글에 많이 쓰인다. ¶선생님의 혜량에 감사드립니다 / 귀하의 혜량을 빕니다.

혜:력 慧力 (슬기로울 혜, 힘 력). ① 속뜻 지혜(智慧)의 힘[力]. ② 불교 오력(五力)의 하나. 선정(禪定)으로 사리를 헤아리는 지혜를 닦아 사제의 이치를 깨닫게 되는 일을 이른다.

혜:림 惠臨 (은혜 혜, 임할 림). ① 속뜻 은혜(恩惠)를 베풀어 왕림(枉臨)함. ② 상대편을 높여 그가 자기를 찾아 줌을 이르는 말. ⑪ 혜고(惠顧).

혜:명 慧命 (슬기로울 혜, 목숨 명). 불교 ① 지혜(智慧)를 생명(生命)에 비유한 말. ②

법신은 지혜가 수명이어서 지혜의 명이 다하면 법신의 몸을 잃음을 이르는 말. ③불법의 명맥이라는 뜻으로 비구(比丘)를 이르는 말.

혜:민 慧敏 (슬기로울 혜, 재빠를 민). 슬기롭고[慧] 민첩(敏捷)함. ㊥혜오(慧悟).

혜:민-국 惠民局 (베풀 혜, 백성 민, 관청 국). ①속뜻 백성[民]에게 의술을 베푸는[惠] 관청[局]. ②역사 고려·조선 때, 가난한 백성의 질병 치료를 맡아보던 관아.

혜:민-서 惠民署 (베풀 혜, 백성 민, 관청 서). ①속뜻 백성[民]에게 의술을 베푸는[惠] 관서(官署). ②역사 조선 때, 혜민국(惠民局)의 후신으로, 가난한 백성의 질병을 치료해 주던 관아.

혜:민-원 惠民院 (베풀 혜, 백성 민, 관청 원). ①속뜻 백성[民]에게 의술을 베푸는[惠] 집[院]. ②역사 대한 제국 때에, 가난한 백성을 구휼하고 구호하는 일을 맡아보던 관아.

혜:사 惠賜 (은혜 혜, 줄 사). 은혜(恩惠)를 베풀어 무엇을 줌[賜]. ㊥혜증(惠贈).

혜:서 惠書 (은혜 혜, 글 서). ①속뜻 은혜(恩惠)로운 글[書]. ②상대편의 편지를 높여 부름.

혜:성[1] 慧性 (슬기로울 혜, 성품 성). 민첩하고 슬기로운[慧] 성품(性品).

혜:성[2] 彗星 (꼬리별 혜, 별 성). ①속뜻 꼬리가 달린[彗] 것 같이 보이는 별[星]. ②천문 태양을 초점으로 긴 꼬리를 타원이나 포물선 또는 쌍곡선의 궤도로 그리며 운동하는 천체. ③어떤 분야에서 갑자기 나타나 뛰어나게 뚜렷함을 비유하는 말. ㊥꼬리별, 미성(尾星).

▸혜:성-가 彗星歌 (노래 가). 문학 신라 진평왕 때 융천사(融天師)가 지은 10구체 향가. 심대성(心大星)을 범한 혜성(彗星)을 물리치고자 부른 노래[歌]. 『삼국유사』(三國遺事)에 실려 전한다.

혜:송 惠送 (은혜 혜, 보낼 송). 은혜(恩惠)롭게 보냄[送]. 남이 보내 줌을 높여 이르는 말.

혜:시[1] 惠示 (은혜 혜, 보일 시). ①속뜻 은혜(恩惠)롭게 보여줌[示]. ②남이 무엇을 알려 줌을 높여 이르는 말.

혜:시[2] 惠施 (은혜 혜, 베풀 시). 은혜(恩惠)를 베풀어[施] 줌.

혜:심 慧心 (슬기로울 혜, 마음 심). 슬기로운[慧] 마음[心].

혜:안 慧眼 (슬기로울 혜, 눈 안). ①속뜻 사물을 꿰뚫어 보는 슬기로운[慧] 눈[眼]. ②불교 오안(五眼)의 하나. 우주의 진리를 밝게 보는 눈. 모든 현상에 대한 집착을 버리고, 차별의 현상계를 보지 않는 지혜이다.

혜:애 惠愛 (은혜 혜, 사랑 애). 은혜(恩惠)롭게 사랑함[愛].

혜:오 慧悟 (슬기로울 혜, 깨달을 오). 슬기롭게[慧] 깨달음[悟]. 슬기롭고 민첩함. ㊥혜민(慧敏).

혜:육 惠育 (은혜 혜, 기를 육). 은혜(恩惠)로써 기름[育].

혜:음 惠音 (은혜 혜, 소리 음). ①속뜻 은혜(恩惠)로운 소리[音]. ②상대편의 편지를 높여 이르는 말. ㊥혜서(惠書).

혜:전 惠展 (은혜 혜, 펼 전). ①속뜻 은혜(恩惠)롭게 펼쳐[展] 봄. ②주로 편지 겉봉 따위에 써서 '어서 펴 보십시오'의 뜻으로 쓰는 말.

혜:존 惠存 (은혜 혜, 있을 존). ①속뜻 은혜(恩惠)를 베풀어 잘 보존(保存)함. ②자기의 저서나 작품을 증정할 때 '받아 간직하여 주십시오'의 뜻으로 쓰는 말. ㊥혜람(惠覽).

혜:증 惠贈 (은혜 혜, 보낼 증). 은혜(恩惠)를 베풀어 무엇을 보내줌[贈]. ㊥혜사(惠賜).

혜:지 慧智 (슬기로울 혜, 슬기 지). 슬기[慧=智]. ¶혜지를 발휘하다.

혜:찰 惠札 (은혜 혜, 쪽지 찰). ①속뜻 은혜(恩惠)로운 편지[札]. ②상대편의 편지를 높여 이르는 말. ㊥혜서(惠書).

혜:택 惠澤 (은혜 혜, 은덕 택). ①속뜻 고마운[惠] 은덕[澤]. ②은혜(恩惠)와 덕택(德澤). ¶복지 혜택.

혜:한 惠翰 (은혜 혜, 글 한). ①속뜻 은혜(恩惠)로운 글[翰]. ②상대편의 편지를 높여 이르는 말. ㊥혜서(惠書).

혜:함 惠函 (은혜 혜, 편지 함). ①속뜻 은혜(恩惠)로운 편지[函]. ②상대편의 편지를 높여 이르는 말. ㊥혜서(惠書).

혜화-문 惠化門 (은혜 혜, 될 화, 문 문). ①속뜻 은혜(恩惠)를 베풀어 교화(敎化)한다는 뜻을 담은 성문(城門). ② [고적] '동소문'(東小門)의 본이름. 조선시대에 한양의 동북쪽에 건립한 성문으로, 1930년에 일제가 헐어 버렸다. [비]홍화문(弘化門). [참]사소문(四小門).

호:가1 好價 (좋을 호, 값 가). 좋은[好] 값[價].

호가2 呼價 (부를 호, 값 가). ① [속뜻] 팔거나 사려는 물건의 값[價]을 부름[呼]. ② [경제] 증권 시장에서, 거래원이 고객의 주문에 따라 표시하여 전달하는 매도·매수의 가격.

호가호위 狐假虎威 (여우 호, 빌릴 가, 호랑이 호, 위엄 위). ① [속뜻] 여우[狐]가 범[虎]의 위세(威勢)를 빌려[假] 호기를 부림. ② 남의 권세에 의지하여 위세를 부림을 이르는 말.

호:각1 號角 (부를 호, 뿔 각). 불어서 소리를 내는[號] 뿔[角] 모양의 신호용 도구. ¶방범대원의 호각 소리가 들렸다. [비]호루라기.

호:각2 互角 (서로 호, 뿔 각). 서로 우열을 가릴 수 없을 정도로 역량이 비슷한 것. 쇠뿔[角]의 양쪽이 서로[互] 길이나 크기가 같다는 데에서 유래. ¶씨름판에서 보여 준 두 장사의 기량은 호각이었다.

▸호:각지세 互角之勢 (어조사 지, 기세 세). 뿔[角]의 크기나 길이가 서로[互] 비슷한 기세(氣勢). 역량이 서로 비슷비슷한 위세.

호:감 好感 (좋을 호, 느낄 감). 좋은[好] 감정(感情). ¶호감을 느끼다. [반]악감(惡感).

호:-감정 好感情 (좋을 호, 느낄 감, 마음 정). 좋게[好] 여기는 감정(感情). [비]호감(好感).

호객1 呼客 (부를 호, 손 객). 물건 따위를 팔기 위하여 손님[客]을 부름[呼].

호객2 豪客 (호쾌할 호, 사람 객). ① [속뜻] 호탕(豪宕)한 사람[客]. ②기운을 뽐내는 사람.

호걸 豪傑 (호쾌할 호, 뛰어날 걸). 성격이 호쾌(豪快)하고 외모가 뛰어난 사람[傑]. ¶그는 천하의 호걸이다.

▸호걸-풍 豪傑風 (모습 풍). 호걸(豪傑)의 기풍이나 풍모(風貌).

호격 呼格 (부를 호, 자격 격). ① [속뜻] 불려지는[呼] 그 대상이 되는 자격(資格). ② [언어] 문장 속에서, 체언이 부름의 자리에 놓이게 하여 독립어가 되게 하는 격. ③ [언어] '호격 조사'(助詞)의 준말. 문장 안에서, 체언이 부름의 자리에 놓이게 하여 독립어가 되게 하는 조사.

호:경 好景 (좋을 호, 볕 경). 좋은[好] 경치(景致). [비]가경(佳景).

호:-경기 好景氣 (좋을 호, 볕 경, 기운 기). [경제] 좋은[好] 경기(景氣). 모든 기업체의 활동이 정상 이상으로 활발한 상태. ¶전자 시장은 호경기를 누리고 있다. [반]불경기(不景氣).

호:고 好古 (좋을 호, 옛 고). 옛[古] 것을 좋아함[好].

▸호:고-가 好古家 (사람 가). 옛[古] 것을 좋아하는[好] 사람[家].

호:곡 號哭 (부를 호, 울 곡). 부르짖으며[號] 소리 내어 슬피 울[哭].

▸호:곡-성 號哭聲 (소리 성). 목 놓아 슬피 우는[號哭] 울음소리[聲].

호광 弧光 (활 호, 빛 광). [전기] 전류가 통하고 있는 두 개의 전기 도체를 천천히 뗄 때에, 그사이에 일어나는 활[弧]등처럼 굽은 모양의 빛[光].

▸호광-등 弧光燈 (등불 등). [전기] 호광(弧光)을 이용한 전등(電燈). [비]아크등(arc燈).

▸호광-로 弧光爐 (화로 로). 호광(弧光)이 발생할 때의 열을 이용한 전기로(電氣爐)의 한 가지.

호:구1 虎口 (호랑이 호, 입 구). ① [속뜻] 범[虎]의 아가리[口]. ②매우 위태한 경우나 지경을 이르는 말. ③ [운동] 바둑에서 석 점의 같은 색 돌로 둘러싸이고 한쪽만 트인 한 눈의 자리를 이르는 말.

호:구2 戶口 (집 호, 입 구). 호적(戶籍)상 집[戶]의 수효와 식구(食口)의 수. ¶전국 단위로 호구 조사를 실시한다.

▸호:구 조사 戶口調査 (헤아릴 조, 살필 사). 호구(戶口)에 관한 조사(調査).

호구3 糊口 (풀칠할 호, 입 구). ① [속뜻] 입[口]에 풀칠함[糊]. ②간신히 끼니만 이으며 사는 일을 비유하여 이르는 말. ¶호구를 마련하다.

▸호구-책 糊口策 (꾀 책). '호구지책'의 준말.

▸호구지책 糊口之策 (어조사 지, 꾀 책). 겨우 먹고 살아가는[糊口] 방책(方策). ¶그

는 호구지책으로 주유소에서 일을 했다.

호국[1] **胡國** (오랑캐 호, 나라 국). ① 속뜻 미개한 야만인[胡]의 나라[國]. ②지난날, 중국 동북 지방과 중국의 북방 민족이 세웠던 오랑캐 나라.

호:국[2] **護國** (지킬 호, 나라 국). 외적으로부터 나라[國]를 지킴[護]. ¶호국 정신을 함양하다.

▸호:국 불교 護國佛教 (부처 불, 종교 교). 나라[國]를 보호(保護)하는 데 목적을 둔 불교(佛教).

호:군 **護軍** (지킬 호, 군사 군). ① 속뜻 군사(軍士)를 보호(保護)함. ② 역사 조선 때, 오위(五衛)의 정사품 무관 벼슬. ③ 역사 고려 말기에, 장군(將軍)을 고쳐 이르던 이름.

호:기[1] **好期** (좋을 호, 때 기). 좋은[好] 시기(時期). 알맞은 시기.

호:기[2] **好機** (좋을 호, 때 기). 무슨 일을 하는 데 좋은[好] 때[機]. 또는 그런 기회. ¶호기를 잡다 / 호기를 놓치다.

호기[3] **呼氣** (내쉴 호, 숨 기). 내쉬는[呼] 숨[氣]. ⓑ날숨. ⓑ흡기(吸氣), 들숨.

호:기[4] **浩氣** (넓을 호, 기운 기). ① 속뜻 거침없이 넓고[浩] 큰 기개(氣槪). ②하늘과 땅 사이에 가득 찬 넓고 큰 원기. '호연지기'(浩然之氣)의 준말.

호:기[5] **號旗** (표지 호, 깃발 기). 신호(信號)를 하는 데 쓰는 기(旗).

호:기[6] **好奇** (좋을 호, 기이할 기). 새롭고 기이(奇異)한 것을 좋아함[好].

▸호:기-심 好奇心 (마음 심). 새롭거나 기이(奇異)한 것을 좋아하거나[好] 모르는 것을 알고 싶은 마음[心]. ¶호기심이 강하다.

호기[7] **豪氣** (호걸 호, 기운 기). ① 속뜻 호방(豪放)한 기운(氣運). 씩씩한 기상. ¶그는 호기가 넘치는 목소리로 대답했다. ②괜히 우쭐대는 태도. ¶호기를 부리다.

▸호기-만발 豪氣滿發 (가득할 만, 나타날 발). 꺼드럭거리며 뽐내는 기운[豪氣]이 겉으로 가득[滿] 드러남[發].

호:기-성 **好氣性** (좋을 호, 공기 기, 성질 성). 생물 세균 따위가 산소를 좋아하여[好] 공기(空氣) 중에서 잘 자라는 성질(性質). ⓑ혐기성(嫌氣性).

호:-기회 **好機會** (좋을 호, 때 기, 모일 회). 좋은[好] 기회(機會). ㊟호기.

호:남 **好男** (좋을 호, 사내 남). 호걸의 풍모나 기품이 있고 남성다우며 풍채가 좋은[好] 사나이[男]. '호남아'(好男兒)의 준말.

호남 **湖南** (호수 호, 남녘 남). ① 속뜻 호강(湖江, 지금의 錦江)의 남(南)쪽 지역. ② 지리 전라남도와 전라북도를 두루 이르는 말. ¶호남 평야.

호농 **豪農** (호쾌할 호, 농사 농). 큰[豪] 규모로 짓는 농사(農事). 또는 그런 농가. ⓑ대농(大農).

호단 **毫端** (터럭 호, 끝 단). 붓[毫] 끝[端]. 글을 써 내려가는 기세를 비유하여 이르는 말.

호담 **豪膽** (호걸 호, 쓸개 담). ① 속뜻 호걸(豪傑) 같은 담력(膽力). ②매우 담대함.

호:당 **戶當** (집 호, 맡을 당). 집[戶]마다 배당(配當)된 몫.

호도[1] **糊塗** (풀 호, 칠할 도). ① 속뜻 풀[糊]을 바름[塗]. ②근본적인 조처를 하지 않고 일시적으로 얼버무려 넘김. 어물쩍하게 넘겨 버림.

호도[2] **弧度** (활 호, 정도 도). 수학 원둘레 위에서 반지름의 길이와 같은 길이를 갖는 호(弧)에 대응하는 중심각의 크기[度].

▸호도-법 弧度法 (법 법). 수학 호도(弧度)를 단위로 하여 중심각을 재는 법(法).

호등 **弧燈** (활 호, 등불 등). 전기 '호광등'(弧光燈)의 준말. ⓑ아크등(arc燈).

호란 **胡亂** (오랑캐 호, 어지러울 란). ① 속뜻 오랑캐[胡]가 일으킨 난리(亂離). ② 역사 '병자호란'(丙子胡亂)의 준말.

호:랑 **虎狼** (호랑이 호, 이리 랑). ① 속뜻 호랑이[虎]와 이리[狼]. ¶호랑나비. ②'욕심 많고 잔인한 사람'을 비유하여 이르는 말.

호:령 **號令** (부를 호, 명령 령). ① 속뜻 큰 소리로 부르짖으며[號] 명령(命令)함. ¶호령을 내리다. ②큰 소리로 꾸짖음. ③지배자 등이 사람을 움직이기 위하여 명령을 함. 또는 그 명령. ④'구령'(口令)을 이전에 이르던 말.

호:례 **好例** (좋을 호, 본보기 례). 좋은[好] 본보기[例]. 알맞은 예.

호로 **胡虜** (오랑캐 호, 포로 로). ① 속뜻 오랑캐[胡] 포로(捕虜). ②지난날 중국 북방의 이민족 흉노를 달리 이르던 말. ③외국인을 얕잡아 이르던 말.

호료 糊料 (풀칠할 호, 거리 료). ① 속뜻 풀칠[糊]에 쓰는 재료(材料). ②가공 식품에 점성(粘性)을 주기 위하여 사용하는 식품 첨가물의 한 가지.

호:류 互流 (서로 호, 흐를 류). 서로[互] 바꾸거나 교류(交流)함.

호리[1] 狐狸 (여우 호, 삵 리). ① 속뜻 여우[狐]와 살쾡이[狸]. ②'몰래 숨어서 나쁜 짓을 하는 사람'을 비유하여 이르는 말.

호리[2] 毫釐 (터럭 호, 이 리). ① 속뜻 길이와 무게 단위인 호(毫)와 리(釐). 리는 0.3mm, 37.5mg이며 호는 리의 1/10로 0.03mm, 3.75mg에 해당한다. ②매우 적은 분량을 비유하여 이르는 말.

▶호리불차 毫釐不差 (아닐 불, 어긋날 차). 털끝만큼[毫釐]도 틀림[差]이 없음[不].

▶호리지차 毫釐之差 (어조사 지, 어긋날 차). 아주 근소한[毫釐] 차이(差異).

호리건곤 壺裏乾坤 (병 호, 속 리, 하늘 건, 땅 곤). ① 속뜻 술항아리[壺] 속[裏]의 하늘[乾]과 땅[坤]. ②늘 술에 취하여 있음을 이르는 말.

호말 毫末 (터럭 호, 끝 말). ① 속뜻 가는 털[毫] 끝[末]. ②극히 작은 것이나 극히 적은 것을 비유하여 이르는 말.

호맥 胡麥 (오랑캐 호, 보리 맥). ① 속뜻 오랑캐[胡] 땅 출산의 보리[麥]. ② 식물 볏과의 한해살이풀 또는 두해살이풀. 높이는 1~2미터이며, 잎은 밀보다 작고 짙은 녹색을 띤다. 5~6월에 원기둥 모양의 꽃이삭이 달리고 열매는 영과(穎果)로 7월에 녹색을 띤 갈색으로 익는다. 호밀.

호명 呼名 (부를 호, 이름 명). 이름[名]을 부름[呼]. ¶호명하는 학생은 앞으로 나오세요.

호모 毫毛 (터럭 호, 털 모). ① 속뜻 매우 가는 [毫] 털[毛]. ②'아주 작은 것'을 비유하여 이르는 말. ㊥호발(毫髮).

호무 毫無 (터럭 호, 없을 무). 털[毫]끝만큼도 없음[無]. 전혀 없음.

호:물 好物 (좋을 호, 만물 물). ① 속뜻 좋은 [好] 물건(物件). ②즐기는 물건.

호:미-난방 虎尾難放 (호랑이 호, 꼬리 미, 어려울 난, 놓을 방). ① 속뜻 잡았던 범[虎]의 꼬리[尾]를 놓기가[放] 어려움[難]. ②'위험한 일에 손을 대어 그만두기도 어렵고 계속하기도 어려움'을 비유하여 이르는 말.

호:민-관 護民官 (지킬 호, 백성 민, 벼슬 관). ① 속뜻 백성[民]을 보호(保護)하는 관리(官吏). ② 역사 고대 로마에서 군사적인 문제를 처리하거나 시민들을 위하여 일하던 관리.

호:박 琥珀 (호박 호, 호박 박). 광업 황색이며 투명한 보석의 일종[琥=珀]. 지질 시대의 수지(樹脂) 따위가 땅속에 파묻혀서 돌처럼 굳어진 것이다. ㊥강주(江珠).

호:반[1] 虎班 (호랑이 호, 나눌 반). 역사 용맹스러운 범[虎]으로 상징되는 무관(武官)의 반열(班列). ㊥무반(武班). ㊟학반(鶴班).

호반[2] 湖畔 (호수 호, 물가 반). 호수(湖水)의 가[畔]. ¶춘천은 호반의 도시이다.

호방 豪放 (호쾌할 호, 놓을 방). 의기가 굳세며[豪] 작은 일에 거리낌이 없음[放].

호:법 護法 (지킬 호, 법 법). ① 속뜻 법(法)을 수호(守護)함. ② 불교 불법(佛法)을 지킴. ③ 불교 염불이나 기도로 요괴(妖怪)나 질병을 물리침. 또는 그 법력(法力).

호:변 好辯 (좋을 호, 말 잘할 변). 언변(言辯)이 좋음[好]. 말솜씨가 좋음.

호:별 戶別 (집 호, 나눌 별). 집집[戶] 마다[別].

▶호:별-세 戶別稅 (세금 세). 법률 예전에, 살림살이를 하는 집을 표준으로 하여 집집마다[戶別] 징수하던 지방세(地方稅).

▶호:별 방:문 戶別訪問 (찾을 방, 방문할 문). 집집마다[戶別] 찾아가 봄[訪問].

호:봉 號俸 (차례 호, 봉급 봉). ① 속뜻 정해진 호수(號數)에 따라 정해진 봉급(俸給). ②직계나 연공 따위를 기초로 하여 정해진 급여 체계에서의 등급.

호:부[1] 好否 (좋을 호, 아닐 부). 좋은 것[好]과 그렇지 않은 것[否]. ㊥호불호(好不好).

호부[2] 豪富 (호걸 호, 부자 부). 세력이 있는 큰[豪] 부자(富者).

호부-호모 呼父呼母 (부를 호, 아버지 부, 부를 호, 어머니 모). ① 속뜻 아버지[父]라 부르고[呼] 어머니[母]라 부름[呼]. ②부모

같이 모심.

호:-불호 好不好 (좋을 호, 아닐 불, 좋을 호). 좋음[好]과 좋지 않음[不好]. ㊐호부(好否).

호사¹ 豪士 (호걸 호, 선비 사). 호방(豪放)한 사람[士].

호사² 豪奢 (호걸 호, 사치할 사). 매우 호화(豪華)롭고 사치(奢侈)스럽게 지냄. 또는 그런 상태. ¶호사를 누리며 살다 / 호사스러운 생활.

호:사³ 好事 (좋을 호, 일 사). ① 속뜻 좋은[好] 일[事]. 기쁜 일. ② 일을 벌이기를 좋아함. ㊀악사(惡事).

▶호:사-다마 好事多魔 (많을 다, 마귀 마). 좋은[好] 일[事]에는 마귀(魔鬼)같이 해를 끼치는 자가 많음[多]. ¶호사다마라고 좋은 일이 많이 생기면 더욱 조심해야한다.

호사-수구 狐死首丘 (여우 호, 죽을 사, 머리 수, 언덕 구). ① 속뜻 여우[狐]가 죽을 때[死] 제가 살던 언덕[丘]으로 고개를[首] 돌리고 죽음. ② '죽을 때라도 자기의 근본을 잊지 아니함'을 비유하여 이르는 말. ③ '고향을 그리워함'을 비유하여 이르는 말. ㊐수구초심(首丘初心).

호:사유피 虎死留皮 (호랑이 호, 죽을 사, 머무를 류, 가죽 피). ① 속뜻 호랑이[虎]는 죽어서[死] 가죽[皮]을 남김[留]. ② '사람은 죽어서 명예를 남겨야 함'을 비유하여 이르는 말.

호사토읍 狐死兎泣 (여우 호, 죽을 사, 토끼 토, 울 읍). ① 속뜻 여우[狐]의 죽음[死]에 토끼[兎]가 욺[泣]. ② '동료의 불행을 슬퍼함'을 비유하여 이르는 말. ㊐토사호비(兎死狐悲).

호산 胡蒜 (오랑캐 호, 마늘 산). ① 속뜻 오랑캐[胡] 땅에서 나는 마늘[蒜]. ② 식물 마늘. 백합과의 여러해살이풀. 높이는 60~100㎝이고 속이 빈 원주형이며, 잎은 가늘고 길다.

호:산 화서 互傘花序 (서로 호, 우산 산, 꽃 화, 차례 서). ① 속뜻 우산(雨傘)을 번갈아[互] 놓은 것 같은 꽃차례[花序]. ② 식물 물망초 따위와 같이 꽃줄기의 좌우로 꽃대가 직각으로 갈라지는 꽃차례. 호산 꽃차례.

호:상¹ 好喪 (좋을 호, 죽을 상). 좋은[好] 복을 누리고 오래 산 사람의 상사(喪事). ¶호상을 당하다 / 여든을 사시고도 사흘밖에 안 앓다 돌아가셨으니 호상이고 말고. ㊕순상(順喪). ㊕악상(惡喪).

호상² 湖上 (호수 호, 위 상). 호수(湖水) 위[上].

호상³ 豪商 (호쾌할 호, 장사 상). 자본이 많고 큰 규모[豪]로 장사하는 상인(商人).

호상⁴ 豪爽 (호쾌할 호, 시원할 상). 성격이나 행동 따위가 호방(豪放)하고 시원시원함[爽].

호:상⁵ 互相 (서로 호, 서로 상). 서로[互=相]. ㊐상호(相互).

▶호:상 감:응 互相感應 (느낄 감, 응할 응). ① 속뜻 서로[互相] 느끼고[感] 응(應)함. ② 물리 두 개의 전류 회로 사이에서 서로 일어나는 전자기 유도로서, 하나의 코일 속의 전류가 변화할 때, 그 근처에 있는 다른 코일에 동기전력이 유도되어 일어나는 현상. ㊐상호유도(相互誘導).

▶호:상 입장 互相入葬 (들 입, 장사지낼 장). ① 속뜻 서로[互相] 같은 묘에 장사 지냄[入葬]. ② 친족을 같은 묘지에 장사를 지냄. ③ 주인 없는 산에 아무나 마음대로 장사지냄.

호상⁶ 弧狀 (활 호, 형상 상). 활[弧]의 등처럼 굽은 모양[狀].

▶호상 열도 弧狀列島 (여러 렬, 섬 도). 지리 바다 가운데 활[弧]등처럼 굽은 모양[狀]으로 줄지어있는 여러[列] 섬[島]들.

호상⁷ 壺狀 (병 호, 형상 상). 항아리[壺]처럼 배가 불룩하고 아가리가 벌어진 모양[狀].

▶호상 화관 壺狀花冠 (꽃 화, 갓 관). 식물 초롱꽃처럼 호상(壺狀)으로 생긴 꽃잎[花冠]. 통꽃부리의 한 가지이다.

호:상⁸ 護喪 (돌볼 호, 죽을 상). ① 속뜻 초상(初喪)에 관한 모든 일을 맡아 보살핌[護]. ② '호상차지'(護喪次知)의 준말.

▶호:상-소 護喪所 (곳 소). 초상 치르는 데 관한 모든 일을 맡아보는[護喪] 곳[所].

▶호:상-차지 護喪次知 (버금 차, 알 지). 호상(護喪)에 관한 모든 일을 주관하는 사람[次知]. ㊟호상.

호:색 好色 (좋을 호, 빛 색). 여색(女色)을 좋아함[好]. ㊐탐색(貪色).

▶호:색-한 好色漢 (사나이 한). '여색을 특

히 좋아하는[好色] 사람[漢]'을 경멸하여 이르는 말. ⓑ색한(色漢).

호:생 互生 (서로 호, 날 생). 식물 식물의 잎이나 눈 따위가 줄기나 가지의 각 마디에 하나씩 어긋맞게[互] 남[生].

호:생-오사 好生惡死 (좋을 호, 살 생, 미워할 오, 죽을 사). 살기[生]를 좋아하고[好] 죽기[死]를 싫어함[惡].

호:생지물 好生之物 (좋을 호, 살 생, 어조사 지, 만물 물). 아무렇게나 다루어도 죽지 않고 잘[好] 사는[生] 식물(植物).

호서[1] 湖西 (호수 호, 서녘 서). ① 속뜻 호강(湖江, 지금의 錦江)의 서(西)쪽 지역. ② 지리 충청남도와 충청북도를 두루 이르는 말.

호서[2] 瓠犀 (표주박 호, 박씨 서). ① 속뜻 박[瓠]의 씨[犀]. ② 박속같이 희고 고르게 박힌 이를 비유하여 이르는 말.

호서-배 狐鼠輩 (여우 호, 쥐 서, 무리 배). ① 속뜻 여우[狐]와 쥐[鼠] 같은 무리[輩]. ② '간사하고 못된 무리'를 비유하여 이르는 말.

호:석[1] 虎石 (호랑이 호, 돌 석). 민속 왕릉이나 큰 무덤 주위에 돌[石]로 만들어 세운 호랑이[虎]. ⓑ석호(石虎).

호:석[2] 護石 (돌볼 호, 돌 석). 고적 능이나 묘를 보호(保護)하기 위하여 둘레에 돌려쌓은 돌[石].

호:선[1] 互先 (서로 호, 먼저 선). ① 속뜻 서로 번갈아 가며[互] 앞섬[先]. ② 운동 실력이 비슷한 사람끼리 서로 두는 바둑. 맞바둑. ⓑ정선(定先).

호:선[2] 互選 (서로 호, 고를 선). 특정한 사람들이 자기네 가운데서 서로[互] 선출(選出)함. 또는 그 선거.

호선[3] 弧線 (활 호, 줄 선). 활[弧]처럼 굽은 선(線).

호설 胡說 (오랑캐 호, 말씀 설). ① 속뜻 오랑캐[胡]의 말[說]. ② 함부로 지껄이거나 이치에 맞지 않는 말.

호성 豪姓 (호쾌할 호, 성씨 성). 그 지방에서 문벌이 좋고 세력이 있는[豪] 사람들의 성(姓).

호성-토 湖成土 (호수 호, 이룰 성, 흙 토). 지리 호수(湖水)의 퇴적물로 이루어진[成] 토양(土壤).

호세 豪勢 (호쾌할 호, 세력 세). 큰[豪] 세력(勢力). 매우 강대한 세력.

호소[1] 湖沼 (호수 호, 늪 소). 호수(湖水)와 늪[沼]. ⓑ소호(沼湖).

호:소[2] 號召 (부를 호, 부를 소). ① 속뜻 불러내거나[號] 불러옴[召]. ② 어떤 일에 참여하도록 마음이나 감정 따위를 불러일으킴. ¶관심을 호소하다.

호소[3] 呼訴 (부를 호, 하소연할 소). 억울하거나 원통한 사정을 남을 불러[呼] 하소연함[訴]. ¶아무도 그의 호소에 귀를 기울이지 않았다.

▸호소-문 呼訴文 (글월 문). 억울하거나 원통한 사정을 하소연하는[呼訴] 글[文].

호:송[1] 互送 (서로 호, 보낼 송). 서로[互] 보냄[送].

호:송[2] 護送 (지킬 호, 보낼 송). ① 속뜻 목적지까지 보호(保護)하여 보냄[送]. ② 법률 죄인을 감시하면서 데려감. ¶그는 경찰의 호송을 받으며 법정으로 들어왔다. ⓑ압송(押送).

▸호:송-원 護送員 (사람 원). 호송(護送)의 임무를 맡는 사람[員].

호:수[1] 戶數 (집 호, 셀 수). 집[戶]의 수효(數爻). 세대의 수효.

호:수[2] 好手 (좋을 호, 솜씨 수). ① 속뜻 훌륭한[好] 솜씨[手]. 뛰어난 기술. 또는 기술이 뛰어난 사람. ② 운동 바둑이나 장기 따위에서, 잘 둔 수.

호:수[3] 好守 (좋을 호, 지킬 수). 운동 야구나 축구 따위에서, 수비(守備)를 잘함[好]. 또는 훌륭한 수비.

호:수[4] 虎鬚 (호랑이 호, 수염 수). ① 속뜻 범[虎]의 수염[鬚]. ② 거칠고 꼿꼿한 수염. ③ 지난날, 주립(朱笠)의 네 귀에 장식으로 꽂던 흰 깃.

⁑**호수**[5] 湖水 (호수 호, 물 수). ① 속뜻 우묵하게 파인 호(湖)에 고인 물[水]. ② 지리 땅이 우묵하게 들어가 물이 괴어 있는 곳. ¶맑고 고요한 호수. ⓑ호해(湖海).

호:수[6] 號數 (차례 호, 셀 수). ① 속뜻 차례[號]로 매겨진 번호의 수효(數爻). ② 미술 그림 작품의 크기를 나타낼 때 쓰는 번호.

▸호:수 활자 號數活字 (살 활, 글자 자).

출판 크기를 호수(號數)에 따라 정한 활자(活字). 초호 및 1호에서 8호까지 아홉 가지이다.

호:승 好勝 (좋을 호, 이길 승). 남과 겨루어 이기기[勝]를 좋아하는[好] 성미가 있다. ¶호승한 성품.

▸호:승지벽 好勝之癖 (어조사 지, 버릇 벽). 남과 겨루어 이기기[勝]를 좋아하는[好] 성미나 버릇[癖]. ㊟승벽.

호:시[1] 互市 (서로 호, 저자 시). ① 속뜻 두 나라 사이[互]의 시장(市場). ② 역사 외국과 교역하던 무역 장소.

호시[2] 弧矢 (활 호, 화살 시). 나무로 만든 활[弧]과 화살[矢].

▸호시-성 弧矢星 (별 성). 천문 화살[矢]을 시위[弧]에 먹인 모양과 같은 형상을 하고 있는 아홉 개의 별[星].

호:시[3] 虎視 (호랑이 호, 볼 시). ① 속뜻 호랑이[虎]처럼 날카로운 눈으로 노려봄[視]. ② '기회를 노림'을 비유하여 이르는 말.

▸호:시-탐탐 虎視眈眈 (노려볼 탐, 노려볼 탐). ① 속뜻 호랑이[虎]가 눈을 부릅뜨고[視] 먹이를 노려봄[眈眈]. ② 남의 것을 빼앗기 위하여 가만히 기회를 엿봄. 또는 그런 모양. ¶호시탐탐 기회를 엿보다.

호:-시절 好時節 (좋을 호, 때 시, 철 절). 좋은[好] 시절(時節). ¶돌이켜 보면 그 때가 호시절이었지.

호:식 好食 (좋을 호, 먹을 식). ① 속뜻 좋은[好] 음식을 먹음[食]. 또는 좋은 음식. ㊥ 악식(惡食). ② 음식을 좋아함. 잘 먹음.

호:신[1] 虎臣 (호랑이 호, 신하 신). 범[虎]처럼 용맹한 신하(臣下).

호:신[2] 護身 (지킬 호, 몸 신). 외부의 위험으로부터 자기 몸[身]을 지키는[護] 일. ¶그녀는 자신의 호신을 위하여 태권도를 배웠다.

▸호:신-법 護身法 (법 법). ① 속뜻 위험으로부터 자기의 몸을 보호하는[護身] 방법(方法). ② 불교 진언종(眞言宗)의 행자가 수법(修法)을 할 때, 모든 장애가 되는 것을 없애고 자신의 심신을 지키기 위하여 결인(結印)을 하고 다라니를 외는 일.

▸호:신-부 護身符 (부신 부). 불교 재액으로부터 자기의 몸을 보호하기 위해[護身] 지니고 다니는 부적(符籍).

▸호:신-불 護身佛 (부처 불). 불교 재액으로부터 몸을 보호하기 위하여[護身] 모시는 부처[佛].

▸호:신-술 護身術 (꾀 술). 위험으로부터 자기 몸[身]을 보호(保護)하기 위하여 익히는 기술(技術). ¶여자도 호신술을 익혀두면 좋다. ㊥보신술(保身術).

▸호:신-용 護身用 (쓸 용). 몸을 보호하는 데[護身] 씀[用]. 또는 쓰이는 것.

호심 湖心 (호수 호, 가운데 심). 호수(湖水)의 한가운데[心].

호:심-경 護心鏡 (지킬 보, 마음 심, 거울 경). ① 속뜻 심장(心臟)부분을 보호(保護)하는 거울[鏡]. ② 역사 갑옷의 가슴 쪽에 호신용으로 붙이던 구리 조각.

호아-곡 呼兒曲 (부를 호, 아이 아, 노래 곡). ① 속뜻 아이[兒]를 부르는[呼] 노래[曲]. ② 문학 조선 인조 때의 문신 조존성(趙存性)이 지은 네 수의 시조. 초장 첫 구가 모두 '아희야'로 시작되어 있으므로 그렇게 이름하였다.

호:안[1] 好顔 (좋을 호, 얼굴 안). 기쁜 빛을 띤[好] 얼굴[顔]. 기뻐하는 안색(顔色).

호:안[2] 護岸 (지킬 호, 언덕 안). 건설 강이나 바다의 기슭이나 둑[岸] 따위를 무너지지 않도록 보호(保護)하는 일이나 장치.

호:안-석 虎眼石 (호랑이 호, 눈 안, 돌 석). ① 속뜻 호랑이[虎]의 눈[眼]처럼 빛나는 돌[石]. ② 광업 푸른 석면이 층을 이루어 섞여 있는 석영. 누런 갈색의 광택이 있고, 보는 방향에 따라 빛깔이 변하여, 장식품으로 쓰인다.

호:양 互讓 (서로 호, 사양할 양). 서로[互] 양보(讓步)함. 피차 사양함.

호:언[1] 好言 (좋을 호, 말씀 언). 친절하고 좋은[好] 말[言].

호언[2] 豪言 (호걸 호, 말할 언). 의기양양하여 호기(豪氣)롭게 말함[言]. 또는 그런 말. ¶그는 자기 팀이 우승할 것이라고 호언했다.

▸호언-장담 豪言壯談 (씩씩할 장, 말씀 담). 호기(豪氣)롭게 말하고[言] 씩씩하게[壯] 말함[談]. ¶그는 모든 일을 자기가 책임지겠다고 호언장담했다.

호:역[1] 戶疫 (집 호, 돌림병 역). ① 속뜻 집집

[戶]마다 도는 돌림병[疫]. ② 한의 천연두를 한방에서 이르는 말.

호:역² 虎疫 (호랑이 호, 돌림병 역). ① 속뜻 호랑이[虎]처럼 무서운 돌림병[疫]. ② 의학 콜레라균에 의하여 일어나는 소화기 계통의 전염병. 급성 법정 전염병으로 심한 구토와 설사에 따른 탈수 증상, 근육의 경련 따위를 일으키며 사망률이 높다. 콜레라.

호:연 好演 (좋을 호, 펼칠 연). 훌륭한[好] 연기(演技)나 연주(演奏).

호:연지기 浩然之氣 (넓을 호, 그러할 연, 어조사 지, 기운 기). ① 속뜻 바르고 큰[浩] 그러한[然] 모양의 기운(氣運). ② 거침없이 넓고 큰 기개. ¶호연지기를 기르다. ③ 하늘과 땅 사이에 가득 찬 넓고 큰 원기.

호:염 虎髥 (호랑이 호, 구레나룻 염). ① 속뜻 호랑이[虎]의 수염(鬚髥). ② '무인(武人)들의 무섭게 생긴 수염'을 비유하여 이르는 말.

호:오 好惡 (좋을 호, 미워할 오). 좋아함[好]과 싫어함[惡]. ¶그는 호오가 분명한 사람이다.

호:외¹ 戶外 (지게문 호, 밖 외). 문[戶]의 바깥[外]. 또는 집의 바깥.

호:외² 號外 (차례 호, 밖 외). ① 속뜻 일정한 호수(號數)를 초과함[外]. ② 특별한 일이 있을 때에 임시로 발행하는 신문이나 잡지. ¶호외를 돌리다.

호:용 互用 (서로 호, 쓸 용). 서로[互] 넘나들며 씀[用]. 이쪽저쪽을 교대로 씀.

호:우¹ 好友 (좋을 호, 벗 우). 좋은[好] 벗[友].

호:우² 好雨 (좋을 호, 비 우). 때맞추어 알맞게 내리는 좋은[好] 비[雨]. ⑪감우(甘雨).

호우³ 豪雨 (호쾌할 호, 비 우). 호쾌(豪快)하고 세차게 퍼붓는 비[雨]. ¶집중 호우로 하천이 범람하였다.

▸호우 경:보 豪雨警報 (타이를 경, 알릴 보). 지리 24시간 동안의 강우량이 150mm 이상의 큰[豪] 비[雨]가 올 것을 기상청이 미리 알리어[報] 경고(警告)하는 일.

▸호우 주:의보 豪雨注意報 (쏟을 주, 뜻 의, 알릴 보). 지리 24시간 동안의 강우량이 80mm 이상으로 큰[豪] 비[雨]가 내릴 것으로 예상될 때에 기상청이 미리 알리어[報] 주의(注意)를 주는 일.

호:운 好運 (좋을 호, 운수 운). 좋은[好] 운수(運數). ⑭악운(惡運).

호웅 豪雄 (호걸 호, 뛰어날 웅). 호걸(豪傑)과 영웅(英雄). 매우 뛰어나고 강한 사람.

호:원¹ 虎願 (호랑이 호, 바랄 원). ① 속뜻 호랑이[虎]의 소원(所願). ② 문학 고려 때, 박인량(朴寅亮)이 지은 한문 설화집인 『수이전』(殊異傳)에 있었다는 범에 관한 이야기.

호:원² 護援 (돌볼 호, 도울 원). 일이 잘 이루어지도록 보호(保護)하고 도움을 줌[援].

호:위¹ 虎威 (호랑이 호, 위엄 위). ① 속뜻 범[虎]의 위세(威勢). ② 권세 있는 자의 위세를 비유하여 이르는 말.

호:위² 護衛 (돌볼 호, 지킬 위). 따라다니며 곁에서 돌보고[護] 지킴[衛]. ¶호위 차량 / 대통령은 호위를 받으며 지나갔다.

호:유¹ 互有 (서로 호, 있을 유). 서로[互] 소유(所有)함.

호유² 豪遊 (호쾌할 호, 놀 유). 호화(豪華)롭게 놂[遊]. 또는 그런 놀이.

호:음¹ 好音 (좋을 호, 소리 음). ① 속뜻 좋은[好] 소리[音]. ② 좋은 소식.

호음² 豪飮 (호쾌할 호, 마실 음). 술을 호탕(豪宕)하게 많이 마심[飮].

호:읍 號泣 (부를 호, 울 읍). 소리 내어 부르짖으며[號] 욺[泣].

호응 呼應 (부를 호, 응할 응). ① 속뜻 부름[呼]에 응답(應答)함. ② 남의 주장이나 요구를 옳게 여겨 따르는 것. ¶신제품이 큰 호응을 얻었다. ③ 언어 한 문장에서, 어떤 특정한 말 뒤에는 특정한 말만이 오게 되는 제약적 쓰임을 말함.

호:의¹ 好誼 (좋을 호, 정 의). 가깝게 잘 지내는 좋은[好] 우의(友誼).

호:의² 好衣 (좋을 호, 옷 의). 좋은[好] 옷[衣]. ⑭악의(惡衣).

▸호:의-호:식 好衣好食 (좋을 호, 먹을 식). 좋은[好] 옷[衣]을 입고 좋은[好] 음식을 먹음[食]. 또는 그런 생활. ¶그는 평생 가난을 모르고 호의호식을 누렸다. ⑭악의악식(惡衣惡食).

호:의³ 好意 (좋을 호, 뜻 의). 좋게[好] 생각하여 주는 마음[意]. 남에게 보이는 친절한 마음씨. ¶호의를 베풀다 / 친구의 호의를

거절하다. ⓑ선의(善意). ⓟ악의(惡意).

▸호:의-적 好意的 (것 적). 호의(好意)를 나타내 보이는 것[的].

호의-현상 縞衣玄裳 (흴 호, 옷 의, 검을 현, 치마 상). ① 속뜻 흰[縞] 비단 저고리[衣]와 검은[玄] 치마[裳] 차림. ②두루미의 깨끗하고 아름다운 모습을 비유하여 이르는 말. 소동파의 『적벽부』(赤壁賦)에서 유래.

호:인 好人 (좋을 호, 사람 인). 좋은[好] 사람[人]. ¶그는 호인으로 소문이 나 있다.

호:일 好日 (좋을 호, 날 일). 좋은[好] 날[日].

호:자 虎子 (호랑이 호, 아이 자). 호랑이[虎]의 새끼[子].

호:장[1] 虎將 (호랑이 호, 장수 장). 호랑이[虎]같이 용맹스러운 장수(將帥).

호장[2] 豪壯 (호쾌할 호, 씩씩할 장). ① 속뜻 호화(豪華)롭고 웅장(雄壯)함. ②세력이 강하고 왕성함.

호:장[3] 護葬 (돌볼 호, 장사지낼 장). 장의(葬儀) 행렬을 호위(護衛)함.

호:재 好材 (좋을 호, 재료 재). ① 속뜻 좋은[好] 재료(材料). '호재료'(好材料)의 준말. ② 경제 증권 거래에서, 시세 상승의 요인이 되는 조건. ⓟ악재(惡材).

호:-재료 好材料 (좋을 호, 재목 재, 거리 료). ① 속뜻 좋은[好] 재료(材料). ② 경제 시세를 등귀시키는 원인이 되는 조건.

호:저 好著 (좋을 호, 지을 저). 좋은[好] 저서(著書).

호적[1] 胡笛 (오랑캐 호, 피리 적). ① 속뜻 오랑캐[胡] 땅에서 유래된 피리[笛]. ② 음악 나팔 모양으로 된 우리나라 고유의 관악기. 여덟 개의 구멍이 있다. 처음에는 군악에 쓰였으나 뒤에 종묘 제향악, 농악 등에도 두루 쓰이게 된다. ⓑ태평소(太平簫).

호:적[2] 號笛 (표지 호, 피리 적). ① 속뜻 신호(信號)로 부는 피리[笛]. ② 음악 옛 관악기의 하나. 놋쇠로 긴 대롱같이 만드는데, 위는 가늘고 끝은 퍼진 모양이다. 군중(軍中)에서 호령하거나 신호하는 데 썼다. ⓑ나발.

호:적[3] 戶籍 (집 호, 문서 적). ① 속뜻 호수(戶數)와 식구 단위로 기록한 장부[籍]. ② 한 집안의 호주를 중심으로 그 가족들의 본적지, 성명, 생년월일 등 신분에 관한 것을 적은 공문서. ¶호적에 올리다. ⓑ장적(帳籍).

▸호:적 등본 戶籍謄本 (베낄 등, 책 본). 법률 호적(戶籍)의 원본 전부를 베낀[謄] 공인 문서[本].

▸호:적 초본 戶籍抄本 (뽑을 초, 책 본). 법률 호적(戶籍)의 원본 중에서 청구하는 사람이 원하는 부분만 가려 뽑아[抄] 놓은 문서[本].

호:-적수 好敵手 (좋을 호, 원수 적, 사람 수). ① 속뜻 대적(對敵)하기에 좋은[好] 맞수[手]. ② 알맞은 상대를 일컬음.

호:전[1] 好轉 (좋을 호, 옮길 전). 일의 형세가 좋은[好] 쪽으로 바뀜[轉]. ¶경기가 호전되다. ⓟ악화(惡化).

호:전[2] 護全 (지킬 호, 온전할 전). 온전(穩全)하게 지킴[護].

호:전[3] 好戰 (좋을 호, 싸울 전). 싸우기[戰]를 좋아함[好].

▸호:전-성 好戰性 (성품 성). 싸우기[戰]를 좋아하는[好] 성격(性格).

▸호:전-적 好戰的 (것 적). 싸우기[戰]를 즐기는[好] 것[的].

호접 蝴蝶 (나비 호, 나비 접). 동물 나비[蝴=蝶]. 나비목의 곤충 가운데 낮에 활동하는 무리를 통틀어 이르는 말.

▸호접-장 蝴蝶裝 (꾸밀 장). ① 속뜻 나비[蝴蝶] 모양으로 꾸밈[裝]. ② 출판 책의 장정의 한 형식. 책장의 면이 안쪽으로 오도록 보판에서 반대로 접어 중첩하고, 그 접은 판심(版心)의 바깥쪽에 풀칠하여, 한 장의 표지를 복판에서 둘로 접은 책등 안쪽에 붙인다. 한 장씩 펼치면 마치 나비가 나는 모양 같다고 하여 붙인 이름이다.

▸호접지몽 蝴蝶之夢 (어조사 지, 꿈 몽). ① 속뜻 나비[胡蝶]가 되어 날아다닌 꿈[夢]. ②인생의 덧없음을 비유하여 이르는 말. 중국의 장자(莊子)의 꿈에서 유래.

호제 呼弟 (부를 호, 아우 제). 아우[弟]라고 부름[呼].

호:조[1] 好調 (좋을 호, 고를 조). 상태가 좋고[好] 고름[調]. 또는 좋은 상태. ¶매출이 호조를 보이다.

호:조[2] 戶曹 (집 호, 관아 조). 역사 고려·조선 때, 호구(戶口)에 관한 일을 맡아보던 관

아[曹]. 공부(貢賦), 전량(錢糧), 식화(食貨) 등에 관한 일을 했다. ㊀육조(六曹).

▸호:조 판서 戶曹判書 (판가름할 판, 글 서). 역사 조선 때, 호조(戶曹)의 정이품 으뜸 벼슬[判書].

호:-조건 好條件 (좋을 호, 가지 조, 구분할 건). 좋은[好] 조건(條件). 또는 조건이 좋음. ㊥악조건(惡條件).

***호족** 豪族 (호걸 호, 무리 족). ① 속뜻 어떤 지방에서 재산이 많고 세력이 큰 호걸[豪]의 일족(一族). ¶신라 말부터 호족 세력이 등장했다. ② 역사 통일 신라 말기·고려 초기에, 지방에서 성장하여 고려를 건국하는 데 이바지한 정치 세력.

호:종 扈從 (뒤따를 호, 따를 종). 역사 임금이 탄 수레를 호위하여[扈] 따르던[從] 일. 또는 그런 사람. ¶호종을 거느리다.

호주[1] 豪酒 (호걸 호, 술 주). 술[酒]을 호걸(豪傑)스럽게 많이 마심. 또는 그런 사람. ㊐고래술.

호주[2] 濠洲 (해자 호, 섬 주). 지리 오스트레일리아(Australia). 음의 일부를 옮긴 것[濠]에 섬을 뜻하는 주(洲)가 덧붙여졌다.

호:주[3] 戶主 (집 호, 주인 주). ① 속뜻 한 집안[戶]의 주인(主人). ② 법률 한 집안의 주인으로서 가족을 거느리며 부양하는 일에 대한 권리와 의무가 있는 사람. ¶호주 상속 / 우리 집 호주는 아버지이시다.

▸호:주-권 戶主權 (권세 권). 법률 가족을 통솔함에 있어서 호주(戶主)에게 주어진 권리(權利).

호:주[4] 好酒 (좋을 호, 술 주). 술[酒]을 좋아함[好]. 또는 그 사람.

▸호:주-가 好酒家 (사람 가). 술[酒]을 즐겨[好] 마시는 사람[家]. ¶그는 말술도 마다 않는 대단한 호주가이다. ㊐애주가(愛酒家).

호중 湖中 (호수 호, 가운데 중). ① 속뜻 호수(湖水)의 중간(中間) 지역. ② 충청남도와 충청북도를 두루 이르는 말. ㊐호서(湖西).

호중-천지 壺中天地 (병 호, 가운데 중, 하늘 천, 땅 지). ① 속뜻 술항아리[壺] 속[中]의 세상[天地]. ② 옛날 호공(壺公)이라는 사람이 항아리 안에서 살았는데, 비장방(費長房)이 그 속에 들어가 보니, 화려하고 술과 안주가 가득하였다는 이야기에서 별천지나 선경(仙境)을 뜻하는 말.

호:지 護持 (돌볼 호, 지킬 지). 보호(保護)하여 지킴[持].

호:질 虎叱 (호랑이 호, 꾸짖을 질). 문학 조선 정조 때 박지원이 지은 한문 단편 소설. 호랑이[虎]를 통하여 도학자의 위선을 신랄하게 꾸짖는[叱] 내용.

호:천[1] 互薦 (서로 호, 천거할 천). 서로[互] 천거(薦擧)함.

호:천[2] 昊天 (=顥天, 하늘 호, 하늘 천). ① 속뜻 넓은 하늘[昊=天]. ② 사천(四天)의 하나로, 여름 하늘을 이름.

▸호:천-망극 昊天罔極 (없을 망, 끝 극). 넓은 하늘[昊天]같이 부모의 은혜가 크고 끝[極]이 없음[罔].

호천-고지 呼天叩地 (부를 호, 하늘 천, 두드릴 고, 땅 지). 너무나 애통하여 하늘[天]을 부르짖고[呼] 땅[地]을 침[叩].

호천-통곡 呼天痛哭 (부를 호, 하늘 천, 슬퍼할 통, 울 곡). 너무나 애통하여 하늘을 부르며[呼天] 소리쳐 슬피[痛] 욺[哭].

호:-천후 好天候 (좋을 호, 하늘 천, 기후 후). 좋은[好] 날씨[天候]. ㊥악천후(惡天候).

호:청 好晴 (좋을 호, 갤 청). 날씨가 활짝[好] 갬[晴]. ㊐쾌청(快晴).

호초 胡椒 (오랑캐 호, 산초나무 초). ① 속뜻 오랑캐[胡] 땅에 자라는 산초나무[椒]. ② 후추나무의 열매. 음식의 양념이나 구토·곽란 따위에 약으로 쓴다. '후추'의 원말. ③ 한의 후추의 껍질을 한방에서 이르는 말.

호출 呼出 (부를 호, 날 출). ① 속뜻 불러[呼] 냄[出]. ¶그는 사장의 호출을 받고 나갔다. ② 법률 법원이 소송 관계인에게 공판 기일이나 그 밖의 일정한 일시에 법원 또는 법원이 지정한 장소에 나올 것을 명령하는 일. ㊐소환(召喚).

▸호출-장 呼出狀 (문서 장). 법률 ① 형사 소송법에서, 재판에 소환하여 불러내는[呼出] 내용을 기재한 영장(令狀). 소환장(召喚狀). ② 민사 소송법에서, 당사자나 그 밖의 소송 관계인에게 날짜를 알려 출석을 명령하는 뜻을 기재한 서류.

▸호출 부:호 呼出符號 (맞을 부, 표지 호).

통신 방송국이나 무선국에서 사용하는 전파 호출(呼出) 부호(符號).

호치 皓齒 (흴 호, 이 치). 희고[皓] 깨끗한 이[齒]. ㊥백치(白齒).

▶호치-단순 皓齒丹脣 (붉을 단, 입술 순). ① 속뜻 하얀[皓] 이[齒]에 붉은[丹] 입술[脣]. ②아름다운 여자. ㊥단순호치(丹脣皓齒).

호:칭¹ 互稱 (서로 호, 일컬을 칭). 서로[互] 부름[稱].

호칭² 呼稱 (부를 호, 일컬을 칭). 불러[呼] 일컬음[稱]. 이름을 지어 부름. ¶아직은 사장님이라는 호칭이 낯설다. ㊥명칭(名稱).

호쾌 豪快 (호걸 호, 시원할 쾌). 호탕(豪宕)하고 시원시원함[快].

호:탕¹ 浩蕩 (넓을 호, 거침없을 탕). 물이 넓어서[浩] 그 기세가 거침없음[蕩]. '호호탕탕'(浩浩蕩蕩)의 준말.

호탕² 豪宕 (호걸 호, 대범할 탕). 호걸[豪]스럽고 대범하다[宕]. ¶호탕한 웃음 / 호탕한 성격.

호:투 好投 (좋을 호, 던질 투). 운동 야구에서 투수가 좋은[好] 투구(投球)를 함.

호:패 號牌 (이름 호, 나무쪽 패). 역사 조선시대, 열여섯 살 이상의 남자가 신분을 증명하기 위하여 차던 길쭉한 패. 한 면에 이름[號]과 출생 연도의 간지를 쓰고 뒷면에 관아의 낙인을 찍은 패(牌).

호:평 好評 (좋을 호, 평할 평). 좋게[好] 평가(評價)함. 좋은 평가. ¶그 영화는 관객들로부터 호평을 받았다. ㊧악평(惡評), 혹평(酷評).

호:포 號砲 (표지 호, 대포 포). 군대에서, 신호(信號)로 쏘는 총이나 대포(大砲). ¶호포를 놓다.

호:품 好品 (좋을 호, 물건 품). 좋은[好] 물품(物品).

호풍 胡風 (오랑캐 호, 풍속 풍). ① 속뜻 오랑캐[胡]의 풍속(風俗). ②북쪽의 오랑캐 땅에서 불어오는 바람이라는 뜻으로, 몹시 차게 부는 북풍을 이르는 말. ¶눈은 펄펄 날리고 호풍은 싸늘했다.

호:피 虎皮 (호랑이 호, 가죽 피). 호랑이[虎]의 털가죽[皮]. ¶호피 교의.

호:학 好學 (좋을 호, 배울 학). 학문(學問)을 좋아함[好].

▶호:학-불권 好學不倦 (아닐 불, 게으를 권). 학문을 좋아하여[好學] 책읽기에 게으름[倦]이 없음[不].

호:한¹ 好漢 (좋을 호, 사나이 한). 의협심 강한 훌륭한[好] 사나이[漢].

호:한² 浩瀚 (넓을 호, 넓을 한). 호수 따위의 물이 한없이 넓은[浩=瀚] 모양. ¶호한한 호수를 바라보다.

호:합 好合 (좋을 호, 만날 합). 서로 좋게[好] 잘 만남[合].

호해 湖海 (호수 호, 바다 해). ① 속뜻 호수(湖水)와 바다[海]. ②바다처럼 넓고 큰 호수. ③강과 호수. ㊥강호(江湖).

호:행 護行 (지킬 호, 갈 행). 보호(保護)하여 따라감[行].

호행-난주 胡行亂走 (오랑캐 호, 행할 행, 어지러울 란, 달릴 주). 오랑캐[胡]같이 함부로 행동(行動)하며 어지러이[亂] 날뜀[走].

호:헌 護憲 (지킬 호, 법 헌). 헌법(憲法)을 옹호(擁護)함.

호:혈 虎穴 (호랑이 호, 구멍 혈). ① 속뜻 호랑이[虎]가 사는 굴[穴]. ② 민속 풍수지리에서, 범의 혈로 된 묏자리.

호협 豪俠 (호걸 호, 의기로울 협). 호방(豪放)하고 의협심(義俠心)이 강함. ¶호협한 기상.

호형¹ 弧形 (활 호, 모양 형). ① 속뜻 활[弧]의 모양[形]. ② 수학 '부채꼴'의 옛 용어. 원의 두 개의 반지름과 그 호(弧)로 둘러싸인 부분. ㊥선상(扇狀).

호형² 呼兄 (부를 호, 맏 형). 형(兄)이라고 부름[呼].

▶호형-호제 呼兄呼弟 (부를 호, 아우 제). ① 속뜻 형(兄)이라고 부르고[呼] 아우[弟]라고 부름[呼]. ②친형제처럼 가깝게 지내는 사이를 이르는 말.

호:혜 互惠 (서로 호, 은혜 혜). 서로[互] 특별한 혜택(惠澤)을 주고받는 일.

▶호:혜 조약 互惠條約 (조목 조, 묶을 약). 정치 두 나라가 서로[互] 제삼국보다 유리한 통상 상의 혜택(惠澤)을 주기로 하는 조약(條約). 상호 조약(相互條約).

▶호:혜-주의 互惠主義 (주될 주, 뜻 의).

경제 무역 거래에서, 두 나라가 대등한 관계에서 서로[互] 혜택(惠澤)을 주고받자는 원칙[主義].

호ː호[1] 戶戶 (집 호, 집 호). 집[戶] 집[戶]. 모든 집 하나하나.

호호[2] 呼號 (부를 호, 부를 호). ① 속뜻 큰소리로 불러[呼] 부르짖음[號]. ② 큰소리로 주장하거나 선전함.

호ː호[3] 浩浩 (넓을 호, 넓을 호). ① 속뜻 넓고[浩] 넓음[浩]. 큰 모양. ② 물이 가득하게 흐르는 모양.

▶ 호ː호막막 浩浩漠漠 (아득할 막, 아득할 막). 끝없이 넓고[浩浩] 아득함[漠漠].

▶ 호ː호탕탕 浩浩蕩蕩 (거침없을 탕, 거침없을 탕). 아주 넓어서[浩浩] 끝이 없음[蕩蕩]. ㊟호탕.

호호[4] 皜皜 (흴 호, 흴 호). ① 속뜻 깨끗하고 희다[皜+皜]. ② 빛나고 맑다.

▶ 호호-백발 皜皜白髮 (흰 백, 머리털 발). 깨끗하고[皓皓] 하얗게[白] 센 머리[髮]. 또는 그러한 늙은이. ¶호호백발 할머니.

호화 豪華 (호걸 호, 빛날 화). 호걸[豪]스럽고 화려(華麗)함. ¶호화저택 / 호화판 피로연. ㊥호치(豪侈).

▶ 호화-판 豪華版 (널빤지 판). 호화(豪華)롭게 꾸민 출판물(出版物).

호ː환[1] 互換 (서로 호, 바꿀 환). 서로[互] 교환(交換)함.

호ː환[2] 虎患 (호랑이 호, 근심 환). 범[虎]에게 당하는 재앙[患].

호ː황 好況 (좋을 호, 상황 황). 경기가 좋은[好] 상황(狀況). ¶호황을 누리다. ㊤불황(不況).

***호흡** 呼吸 (내쉴 호, 마실 흡). ① 속뜻 숨을 내쉬고[呼] 들여 마심[吸]. 또는 그 숨. ¶입으로 호흡하다. ② 두 사람 이상이 함께 일할 때의 서로의 마음. ¶호흡이 잘 맞다. ③ 생물 생물이 몸 밖에서 산소를 들이마시고 신진 대사로 생긴 탄산가스를 밖으로 내보내는 작용. ㊥숨, 장단. 관용 호흡을 맞추다.

▶ 호흡-계 呼吸系 (이어 맬 계). 코·목구멍·허파와 같은 호흡(呼吸) 기관들의 계통(系統). ¶호흡계에 이상이 생겼다.

▶ 호흡-근 呼吸根 (뿌리 근). ① 속뜻 호흡(呼吸)작용을 하는 뿌리[根]. ② 식물 공기뿌리의 하나. 산소가 결핍되기 쉬운 진흙 또는 물속에 뿌리를 내린 식물의 일부가 공기 속으로 뻗어 나와 호흡 작용한다.

▶ 호흡-기 呼吸器 (그릇 기). 의학 생물의 호흡(呼吸) 작용을 하는 기관(器官). 고등 생물의 폐, 어류의 아가미, 곤충류의 기관 등이 있다. ¶호흡기 질환.

▶ 호흡-법 呼吸法 (법 법). 호흡(呼吸)하는 방법(方法). ¶호흡법이 건강에 큰 영향을 미친다.

▶ 호흡 기관 呼吸器官 (그릇 기, 벼슬 관). 의학 호흡(呼吸) 기능을 하는 신체 기관(器官).

▶ 호흡 운ː동 呼吸運動 (돌 운, 움직일 동). ① 운동 숨을 깊이 들이마시고 내쉬는[呼吸] 운동(運動). ② 의학 동물이 호흡을 하기 위하여 호흡기에 항상 새로운 공기를 들이켜는 운동.

혹간 或間 (혹시 혹, 사이 간). 어쩌다가[或] 간간(間間)이. 띄엄띄엄. ㊥간혹(間或).

혹닉 惑溺 (홀릴 혹, 빠질 닉). 홀딱 반하여[惑] 빠짐[溺].

혹독 酷毒 (심할 혹, 독할 독). ① 속뜻 매우 심하게[酷] 독(毒)하다. ¶혹독한 훈련을 견디다. ② 마음씨나 하는 짓 따위가 모질고 독하다. ¶혹독하게 꾸짖다.

혹란 惑亂 (홀릴 혹, 어지러울 란). 미혹(迷惑)되어 어지러움[亂].

혹렬 酷烈 (독할 혹, 세찰 렬). ① 속뜻 몹시 독하고[酷] 세차다[烈]. 모질고 심하다. ② 냄새나 기운 따위가 지독하다. ¶혹렬한 악취.

혹리 酷吏 (독할 혹, 벼슬아치 리). 가혹(苛酷)한 관리(官吏). ㊥가리(苛吏).

혹법 酷法 (독할 혹, 법 법). 가혹(苛酷)한 법(法).

혹사[1] 酷似 (심할 혹, 닮을 사). 서로 같다고 할 만큼 아주 많이[酷] 닮음[似].

혹사[2] 酷使 (독할 혹, 부릴 사). 혹독(酷毒)하게 부림[使]. ¶그는 평생 혹사당하는 노동자를 도왔다.

혹서 酷暑 (심할 혹, 더울 서). 몹시 심한[酷] 더위[暑]. ㊥혹열(酷熱), 혹염(酷炎), 폭서(暴暑). ㊤혹한(酷寒).

혹설[1] **或說** (혹시 혹, 말씀 설). 어떤[或] 사람의 말이나 학설(學說).

혹설[2] **惑說** (홀릴 혹, 말씀 설). 여러 사람을 미혹(迷惑)시키는 말[說].

혹성 **惑星** (꼬일 혹, 별 성). 천문 중심 별의 강한 인력의 영향으로 타원 궤도를 그리며 유혹(誘惑)하듯이 중심별의 주위를 도는 천체[星]. 스스로 빛을 내지 못하고, 중심별의 빛을 받아 반사한다. 태양계에는 수성, 금성, 지구, 화성, 목성, 토성, 천왕성, 해왕성의 여덟 개의 행성이 있다. '행성'(行星)으로 순화.

혹세[1] **酷稅** (독할 혹, 세금 세). 가혹(苛酷)한 세금(稅金).

혹세[2] **惑世** (홀릴 혹, 세상 세). 세상(世上) 사람들을 미혹(迷惑)하게 함. 세상을 어지럽힘.

▸혹세-무민 惑世誣民 (속일 무, 백성 민). 세상(世上)을 어지럽히고[惑] 백성[民]을 속임[誣].

***혹시** **或是** (혹시 혹, 옳을 시). ① 속뜻 혹(或) 옳을지[是] 모름. 확실한 것은 아니지만. ¶혹시 모르니까 우산을 챙겨 가거라. ② 만일에. ¶혹시 한국에 오게 되면 꼭 연락주세요. ③ 어쩌다가 우연히. ㊥혹여(或如), 혹자(或者).

▸혹시-혹비 或是或非 (혹시 혹, 아닐 비). 혹(或)은 옳기도[是] 하고 혹(或)은 그르기도[非] 하여, 시비를 가릴 수 없음.

혹신 **惑信** (홀릴 혹, 믿을 신). 미혹(迷惑)하여 터무니없이 믿음[信].

혹심 **酷甚** (독할 혹, 심할 심). 가혹(苛酷)하고 심함[甚]. 매우 지나침.

혹애 **惑愛** (홀릴 혹, 사랑 애). ① 속뜻 사랑[愛]에 빠져 미혹(迷惑)해짐. ② 몹시 사랑함.

혹여 **或如** (혹시 혹, 같을 여). 혹(或) 그와 같음[如]. ㊥혹시(或是).

혹염 **酷炎** (심할 혹, 불꽃 염). 몹시[酷] 더움[炎]. ㊥혹서(酷暑).

혹왈 **或曰** (혹시 혹, 말할 왈). 어떤[或] 사람이 말하는[曰] 바.

혹자 **或者** (혹시 혹, 사람 자). ① 속뜻 어떤[或] 사람[者]. ② 혹시(或是).

혹정 **酷政** (독할 혹, 정치 정). 가혹(苛酷)한 정치(政治).

혹평 **酷評** (독할 혹, 평할 평). 혹독(酷毒)하게 평가(評價)함. 또는 그 비평. ¶그 소설은 혹평을 받고 있다. ㊥악평(惡評). ㊤호평(好評).

혹한 **酷寒** (심할 혹, 찰 한). 몹시 심한[酷] 추위[寒]. ¶영하 25도의 혹한을 견디다. ㊥극한(極寒). ㊤혹서(酷暑).

혹해 **酷害** (심할 혹, 해칠 해). 몹시 심한[酷] 재해(災害).

혹형 **酷刑** (독할 혹, 형벌 형). 가혹(苛酷)한 형벌(刑罰).

혹화 **酷禍** (독할 혹, 재화 화). 혹심(酷甚)한 재앙[禍].

혼가 **婚家** (혼인할 혼, 집 가). 혼인(婚姻) 잔치를 치르는 집[家]. ㊥혼인집.

혼간 **婚簡** (혼인할 혼, 대쪽 간). 혼인(婚姻) 때에 쓰는 사주단자와 택일단자 적는 간지(簡紙).

혼:거 **混居** (섞을 혼, 살 거). ① 속뜻 여러 사람이 섞여[混] 삶[居]. ㊥잡거(雜居). ㊤독거(獨居). ② 한 감방에 여러 재소자가 한데 섞여 지냄. ③ 한 집이나 건물 안에 여러 세대의 사람이 삶. ④ 잡다한 것들이 한곳에 모여 있음.

혼겁 **魂怯** (넋 혼, 무서울 겁). 혼(魂)이 빠지도록 겁을 냄[怯]. 또는 그 겁. ¶귀신 이야기에 혼겁을 먹은 아이들의 눈은 휘둥그레졌다.

혼:계영 **混繼泳** (섞을 혼, 이을 계, 헤엄칠 영). 운동 수영 경기 종목의 한 가지. 400m를 네 명의 선수가 함께[混] 차례를 이어받아[繼] 배영, 평영, 접영, 자유영의 순으로 100m씩 헤엄침[泳].

혼곤 **昏困** (어두울 혼, 곤할 곤). 정신이 흐릿하고[昏] 맥이 빠진 듯이 힘듦[困].

혼군 **昏君** (어두울 혼, 임금 군). 사리에 어둡고[昏] 어리석은 임금[君].

혼기 **婚期** (혼인할 혼, 때 기). 혼인(婚姻)하기에 적당한 시기(時期)나 나이.

혼담 **婚談** (혼인할 혼, 말씀 담). 혼인(婚姻)에 대하여 오가는 말[談]. 혼인을 하기 위한 의논. ㊥연담(緣談).

혼도 **昏倒** (어두울 혼, 넘어질 도). 정신이 혼미(昏迷)하고 어지러워 쓰러짐[倒]. ¶아들이 죽었다는 소식에 그녀는 혼도를 하고 말았다.

혼:돈 混沌 (=渾沌, 섞을 혼, 어두울 돈). ① 속뜻 마구 뒤섞여[混] 있어 갈피를 잡을 수 없음[沌]. ¶가치관의 혼돈 / 그 나라는 혼돈에 빠졌다. ② 태초의 하늘과 땅이 아직 나뉘지 않은 상태. ⓑ혼륜(渾淪).

혼:동 混同 (섞을 혼, 한가지 동). ① 속뜻 서로 뒤섞여[混] 하나가[同] 됨. ② 구별하지 못하고 뒤섞어서 생각함. ¶나는 그를 다른 사람과 혼동했다. ③ 법률 서로 대립하는 두 개의 법률적 지위가 동일인에게 귀속하는 일. ⓑ구별(區別), 분별(分別).

혼란[1] 昏亂 (어두울 혼, 어지러울 란). 정신이 흐리고[昏] 어지러움[亂].

혼:란[2] 混亂 (섞을 혼, 어지러울 란). ① 속뜻 뒤섞여서[混] 어지러움[亂]. ② 뒤죽박죽이 되어 질서가 없음. ¶혼란에 빠지다 / 그 소식은 우리 가족을 혼란스럽게 했다. ⓑ혼잡(混雜). ⓑ평온(平穩).

▸혼:란-상 混亂相 (모양 상). 어지럽고 질서가 없는[混亂] 모양[相].

혼령[1] 婚齡 (혼인할 혼, 나이 령). 혼인(婚姻)할 나이[齡]. ⓑ혼기(婚期).

혼령[2] 魂靈 (넋 혼, 신령 령). 죽은 사람의 넋[魂]이나 신령(神靈). ⓑ영혼(靈魂).

혼례 婚禮 (혼인할 혼, 예도 례). ① 속뜻 혼인(婚姻)의 의례(儀禮). ② '혼례식'(婚禮式)의 준말. ¶혼례를 치르다.

▸혼례-복 婚禮服 (옷 복). 혼례식(婚禮式) 때에 신랑과 신부가 입는 예복(禮服). ¶신랑과 신부가 전통 혼례복을 차려입고 초례청에서 마주섰다.

▸혼례-식 婚禮式 (의식 식). 결혼(結婚)의 예(禮)를 올리는 의식(儀式). ¶전통 혼례식. ⓑ결혼식(結婚式).

혼:류 混流 (섞을 혼, 흐를 류). ① 속뜻 뒤섞여[混] 흐름[流]. ¶가치관의 혼류. ② 물리 가스, 탄화수소, 물 따위처럼 두 상(相), 또는 그 이상의 상으로 존재하는 흐름.

혼매 昏昧 (어두울 혼, 어리석을 매). 사리에 어둡고[昏] 어리석음[昧].

혼명 昏明 (어두울 혼, 밝을 명). 어두움[昏]과 밝음[明].

혼:문 混文 (섞을 혼, 글월 문). 언어 중문(重文)과 복문(複文)이 섞인[混] 복잡한 문장(文章). 종속절 또는 대등절을 가진 문장. '혼성문'(混成文)의 준말.

혼미 昏迷 (어두울 혼, 헤맬 미). ① 속뜻 어두워[昏] 길을 잃고 헤맴[迷]. ② 정신이 흐리어 갈피를 못 잡음. ¶혼미 상태 / 정신이 혼미하다.

혼:방 混紡 (섞을 혼, 실뽑을 방). 성질이 다른 섬유를 섞어서[混] 짜는[紡] 일. 또는 그 실로 짠 옷감.

▸혼:방-사 混紡絲 (실 사). 성질이 다른 섬유를 섞어[混] 짠[紡] 실[絲].

혼백[1] 魂帛 (넋 혼, 비단 백). ① 속뜻 넋[魂]을 불어넣은 비단[帛]. ② 신주(神主)를 만들기 전에 임시로 명주나 모시를 접어서 만든 신위(神位).

혼백[2] 魂魄 (넋 혼, 넋 백). 사람의 몸에 있으면서 몸을 거느리고 정신을 다스리는 비물질적인 넋(魂=魄). ¶구천을 떠도는 혼백 / 혼백을 불러내다 / 혼백을 위로하다.

혼비 婚費 (혼인할 혼, 쓸 비). 혼인(婚姻)에 드는 비용(費用).

혼비백산 魂飛魄散 (넋 혼, 날 비, 넋 백, 흩을 산). ① 속뜻 넋[魂]이 날아가고[飛] 넋[魄]이 흩어져버림[散]. ② 몹시 놀라 어찌할 바를 모르는 지경. ¶적군은 혼비백산하여 달아났다.

혼사 婚事 (혼인할 혼, 일 사). 혼인(婚姻)에 관한 일[事]. ¶부모님은 언니의 혼사를 의논했다 / 혼사가 성사되다.

혼상 婚喪 (혼인할 혼, 죽을 상). 혼사(婚事)와 상사(喪事).

혼:색 混色 (섞을 혼, 빛 색). 색(色)을 섞음[混]. 또는 그 색.

혼서 婚書 (혼인할 혼, 글 서). 혼인(婚姻) 때, 신랑 집에서 예단에 붙여 신부 집으로 보내는 편지글[書].

▸혼서-지 婚書紙 (종이 지). 혼서(婚書)를 쓰는 종이[紙].

▸혼서지보 婚書紙褓 (종이 지, 보자기 보). 혼서지(婚書紙)를 싼 보자기[褓].

혼:선 混線 (섞을 혼, 줄 선). ① 속뜻 줄[線] 따위가 뒤섞임[混]. ② 전신이나 전화, 무선 통신 따위에서 신호나 통화가 뒤섞이며 엉클어짐. ¶전화가 혼선이 되고 있다. ③ '여

러 말이 뒤섞여 실마리를 잡지 못하게 됨'을 비유하여 이르는 말.

혼:성[1] **混成** (섞을 혼, 이룰 성). 섞여서[混] 이루어짐[成]. 또는 섞어서 만듦. ¶혼성 부대.

▸혼:성-림 混成林 (수풀 림). 지리 여러 종류의 나무로 이루어진[混成] 숲[林]. ⓑ혼효림(混淆林). ⓑ단순림(單純林).

▸혼:성-문 混成文 (글월 문). 언어 중문(重文)과 복문(複文)이 뒤섞여[混] 이루어진[成] 문장(文章). ⓩ혼문.

▸혼:성-암 混成巖 (바위 암). 지리 기존의 암석과 새 마그마가 뒤섞여[混] 이루어진[成] 암석(巖石).

▸혼:성-주 混成酒 (술 주). ① 속뜻 여러 가지의 술에 향료나 조미료 따위를 섞어서[混] 만든[成] 술[酒]. ② 두 가지 이상의 술을 섞어서 만든 술. ⓑ혼합주(混合酒), 칵테일(cocktail).

▸혼:성 부대 混成部隊 (나눌 부, 무리 대). 군사 병과(兵科)나 소속이 다른 병사 또는 여러 나라의 병사가 뒤섞여[混] 이루어진[成] 부대(部隊).

▸혼:성 복자음 混成複子音 (겹칠 복, 아이 자, 소리 음). 언어 앞뒤 차례가 바뀌어도[混成] 한 가지 소리만 나는 복자음(複子音). 'ㅍ(=ㅂ+ㅎ=ㅎ+ㅂ)', 'ㅊ(=ㅈ+ㅎ=ㅎ+ㅈ)', 'ㅋ(=ㄱ+ㅎ=ㅎ+ㄱ)', 'ㅌ(=ㄷ+ㅎ=ㅎ+ㄷ)' 따위가 있다.

혼:성[2] **混聲** (섞을 혼, 소리 성). ① 속뜻 뒤섞인[混] 소리[聲]. ② 음악 남녀의 목소리를 혼합하여 노래하는 일. ¶남녀 혼성그룹.

▸혼:성 합창 混聲合唱 (합할 합, 부를 창). 음악 남녀의 각 성부(聲部)를 혼합(混合)한 합창(合唱).

혼수[1] **昏睡** (어두울 혼, 잠잘 수). ① 속뜻 어두워[昏] 정신없이 잠든[睡] 상태. ② 의학 의식을 잃고 인사불성이 됨. ¶혼수상태에 빠지다.

혼수[2] **婚需** (혼인할 혼, 쓰일 수). 혼사(婚事)에 쓰이는[需] 여러 가지 물품. ¶혼수를 장만하다.

혼:숙 **混宿** (섞을 혼, 잠잘 숙). 남녀가 뒤섞여[混] 함께 잠[宿].

혼:순환 소:수 **混循環小數** (섞을 혼, 돌아다닐 순, 고리 환, 작을 소, 셀 수). ① 속뜻 섞여서[混] 순환(循環)하는 소수(小數). ② 수학 소수점 아래에 하나 또는 몇 개의 숫자가 있고, 그 다음 숫자부터는 같은 숫자가 순환하는 소수. 3.52141414… 따위.

혼:식 **混食** (섞을 혼, 먹을 식). ① 속뜻 여러 가지 음식을 섞어서[混] 먹음[食]. ② 쌀에 잡곡을 섞어서 먹음. 또는 그 식사. ¶혼식을 장려하다.

혼:신[1] **混信** (섞을 혼, 소식 신). 통신 전신, 방송 따위를 수신할 때에 일정한 송신국 이외의 방송이나 송신 신호(信號)가 섞여[混] 들리는 일.

혼:신[2] **渾身** (온 혼, 몸 신). ① 속뜻 온[渾] 몸[身]. ② 온몸으로 열정을 쏟거나 정신을 집중하는 상태. ¶혼신의 힘을 쏟다 / 혼신의 노력을 다하다.

혼야 **婚夜** (혼인할 혼, 밤 야). 혼인(婚姻)한 날의 밤[夜]. 첫날밤.

혼약 **婚約** (혼인할 혼, 묶을 약). 혼인(婚姻)하기로 약속(約束)함. 또는 그 약속. ¶혼약을 맺다 / 혼약만 해 놓다.

혼:연 **渾然** (온 혼, 그러할 연). ① 속뜻 온갖[渾] 것이 차별이 없는 그러한[然] 모양. ② 조금도 딴 것이 섞이지 않고 고른 모양. ③ 성질이 원만한 모양.

▸혼:연-일체 渾然一體 (한 일, 몸 체). 생각, 행동, 의지 따위가 완전히[渾然] 한[一] 덩어리[體]가 됨. ¶우리는 혼연일체가 되어 위기를 극복했다.

혼:영 **混泳** (섞을 혼, 헤엄칠 영). 운동 수영에서, 일정한 거리를 몇 개의 구간으로 나누어 한 사람이 여러 가지 수영 방법을 섞어서[混] 헤엄치는[泳] 일.

혼:욕 **混浴** (섞을 혼, 목욕할 욕). 같은 목욕탕에서 남녀가 함께 섞여[混] 목욕(沐浴)함.

혼:용 **混用** (섞을 혼, 쓸 용). ① 속뜻 섞어서[混] 씀[用]. ② 잘못 혼동하여 씀.

혼유-석 **魂遊石** (넋 혼, 놀 유, 돌 석). ① 속뜻 넋[魂]이 나와 놀도록[遊] 한 돌[石]. ② 상석(床石)의 뒤 무덤 앞에 놓은 직사각형의 돌. ③ 능원(陵園)의 봉분 앞에 놓여 있는 직사각형의 돌. ⓑ석상(石像).

혼인 **婚姻** (결혼할 혼, 시집갈 인). ① 속뜻 결혼(結婚)하여 시집감[姻]. ② 남자와 여자가 부부가 되는 일. ¶혼인 신고. ㊥결혼(結婚).

▸혼인-색 婚姻色 (빛 색). 동물 양서류, 조류, 어류 등의 동물이 번식기[婚姻]에 아름답게 변하는 피부나 털의 빛깔[色]. 주로 수컷에 나타난다.

▸혼인-식 婚姻式 (의식 식). 혼인(婚姻)을 맺는 의식(儀式). ¶길일이라 혼인식을 올리는 신랑 신부가 많다. ㊥결혼식(結婚式).

▸혼인 비행 婚姻飛行 (날 비, 다닐 행). 동물 교미[婚姻]를 하기 위하여 암수의 곤충이 한데 어울려 하늘을 나는 일[飛行].

▸혼인 성:사 婚姻聖事 (거룩할 성, 일 사). 가톨릭 칠성사(七聖事)의 하나. 남녀가 일생 동안 부부로서 인연을 맺고[婚姻] 그 본분을 잘 완수할 수 있도록 축복하며 가정생활에 필요한 은총을 베푸는 성사(聖事).

▸혼인 신고 婚姻申告 (알릴 신, 알릴 고). 결혼한[婚姻] 사실 등을 관할 관청에 신고(申告)하는 일.

혼:일[1] 混一 (섞을 혼, 한 일). 한데 섞어서[混] 하나[一]로 만듦.

혼일[2] 婚日 (혼인할 혼, 날 일). 혼인(婚姻)을 하는 날[日].

혼:입 混入 (섞을 혼, 들 입). 한데 섞여[混] 들어감[入]. 또는 한데 섞어 넣음.

혼:작 混作 (섞을 혼, 지을 작). 농업 같은 땅에 두 가지 이상의[混] 작물(作物)을 동시에 재배하는[作] 일.

혼:잡 混雜 (섞을 혼, 어수선할 잡). 여럿이 한데 뒤섞여[混] 어수선함[雜]. ¶교통 혼잡 / 혼잡을 빚다.

혼재 婚材 (혼인할 혼, 재목 재). 혼인(婚姻)을 하기에 알맞은 재목(材木)의 남자와 여자.

혼전[1] 婚前 (혼인할 혼, 앞 전). 결혼(結婚)하기 전(前).

혼:전[2] 混戰 (섞을 혼, 싸울 전). 두 편이 뒤섞여서[混] 싸움[戰].

혼절 昏絶 (어두울 혼, 끊을 절). 정신이 아찔하여[昏] 기절(氣絶)함.

혼정-신성 昏定晨省 (어두울 혼, 정할 정, 새벽 신, 살필 성). ① 속뜻 날 어두워진[昏] 저녁엔 잠자리를 정(定)해 드리고 아침[晨]에는 밤새 안부를 살핌[省]. ②자식이 아침 저녁으로 부모의 안부를 물어서 살피는 것을 일컬음. ㊣정성.

혼처 婚處 (혼인할 혼, 곳 처). 혼인(婚姻)하기에 알맞은 대상이나 자리[處].

혼:철 混綴 (섞을 혼, 꿰맬 철). 언어 분철(分綴)과 연철(連綴)의 혼용(混用). 여러 형태소가 연결될 때에 형태소의 모음 사이에서 나는 자음을 각각 앞 음절의 종성으로 적고 뒤 음절의 초성으로 적는 표기법이다.

혼:천-설 渾天說 (온 혼, 하늘 천, 말씀 설). 천문 고대 중국의 우주[渾天] 구조에 관한 대표적인 학설(學說). 천동설의 하나로, 기원전 4세기경에 후한(後漢)의 장형(張衡)이 체계화하였는데, 이 우주관에 기초하여 혼천의를 만들었다고 한다.

혼:천-의 渾天儀 (온 혼, 하늘 천, 천문기계 의). ① 속뜻 온[渾] 하늘[天]을 관측하던 천문기계[儀]. ② 천문 고대 중국에서 천체의 운행과 위치를 관측하던 장치.

혼취[1] 昏醉 (어두울 혼, 취할 취). ① 속뜻 사리를 분간하지 못할[昏] 정도로 취(醉)함. ② 정신을 못 차릴 정도로 술에 취함.

혼취[2] 婚娶 (혼인할 혼, 장가들 취). ① 속뜻 결혼(結婚)하여 장가듦[娶]. ② 남자와 여자가 부부가 되는 일을 말함. ㊥혼인(婚姻).

혼침 昏沈 (어두울 혼, 막힐 침). 정신이 혼미(昏迷)하고 원기를 잃음[沈].

혼:탁 混濁 (섞을 혼, 흐릴 탁). ① 속뜻 불순한 것들이 섞여[混] 흐림[濁]. ¶강물의 혼탁을 막다 / 매연으로 공기가 혼탁해졌다. ②정치나 사회현상 따위가 어지럽고 흐림. ¶혼탁 선거 / 혼탁한 사회.

혼:탕 混湯 (섞을 혼, 욕탕 탕). 남녀 구별 없이 들어가 함께[混] 목욕하는 목욕탕[湯].

혼:합 混合 (섞을 혼, 합할 합). 뒤섞여서[混] 한데 합쳐짐[合]. 또는 뒤섞어 한데 합함. ¶혼합 비료 / 밀가루와 물을 혼합하여 반죽을 만들다.

▸혼:합-물 混合物 (만물 물). ① 속뜻 여러 가지가 뒤섞여서 된[混合] 물건(物件). ② 화학 둘 이상의 물질이 화학적으로 결합하지 않고 각각의 성질을 지니면서 뒤섞이어 있는 것.

▸혼:합-비 混合比 (견줄 비). ① 속뜻 두 종

류 이상의 서로 다른 물질을 혼합(混合)하는 비율(比率). ② 화학 내연 기관에서, 연료와 공기가 혼합하여 혼합 기체를 이루는 비율. ③ 지리 기상학에서, 공기 속의 수증기의 양을 나타내는 수.

▸혼ː합-층 混合層 (층 층). 바람에 의해 해면에 도달한 태양 복사 에너지가 잘 혼합(混合)되어 있는 층(層).

▸혼ː합 농업 混合農業 (농사 농, 일 업). 농업 가축의 사육과 농작물의 재배를 아울러 하는[混合] 농업(農業).

▸혼ː합 복식 混合複式 (겹칠 복, 법 식). 운동 테니스·탁구 따위에서, 남녀 선수가 뒤섞여[混合] 짝[複]을 이루어 하는 경기 방식(方式).

혼행 婚行 (혼인할 혼, 갈 행). ① 속뜻 혼인(婚姻) 차 상대방의 집에 감[行]. ② 혼인 때, 신랑이 신부집으로 가거나 신부가 신랑집으로 가는 일. ㊥신행(新行).

혼ː혈 混血 (섞을 혼, 피 혈). ① 속뜻 서로 인종이 다른 혈통(血統)이 섞임[混]. ② 혈통이 다른 종족 사이에서 태어난 아이. '혼혈아'의 준말. ㉤순혈(純血).

▸혼ː혈-아 混血兒 (아이 아). 혈통이 다른 종족 사이에서[混血] 태어난 아이[兒]. ¶ 그는 미국인과 한국인의 피가 섞인 혼혈아이다. ㊟혼혈.

혼혼 昏昏 (어두울 혼, 어두울 혼). ① 속뜻 어둡고[昏] 어두움[昏]. ② 어두운 모양을 말함. ③ 도리에 어둡고 마음이 흐린 모양. ④ 정신이 가물가물하고 희미한 모양.

혼ː화[1] 混化 (섞을 혼, 될 화). 뒤섞여서[混] 딴 물건이 됨[化].

혼ː화[2] 渾和 (온 혼, 어울릴 화). 모두[渾] 화합(和合)함. 혼연한 화기(和氣).

혼ː화[3] 混和 (섞을 혼, 합칠 화). 한데 섞어서[混] 합함[和]. 또는 한데 섞이어 융화됨.

▸혼ː화-제 混和劑 (약제 제). 약학 두 가지 이상의 재료를 혼화(混和)시켜 만든 약제(藥劑).

혼ː효 混淆 (섞을 혼, 뒤섞일 효). ① 속뜻 서로 뒤섞임[混=淆]. 또는 뒤섞음. ㊥혼란(混亂). ② 언어 의미와 어형이 비슷한 두 개의 단어 또는 어구, 때로는 구문이 서로 유추적인 변화를 일으켜 하나의 새로운 단어나 어구, 구문 따위를 만드는 일. ㊥혼성(混成).

▸혼ː효-림 混淆林 (수풀 림). 두 가지 이상의 나무가 뒤섞여 있는[混淆] 숲[林]. ㊥혼성림(混成林). ㉤단순림(單純林).

홀략 忽略 (허술할 홀, 줄일 략). 소홀(疏忽)하고 간략(簡略)함.

홀시 忽視 (허술할 홀, 볼 시). ① 속뜻 소홀히[忽] 봄[視]. ② 눈여겨보지 않고 건성으로 보아 넘김. ③ 깔봄.

홀연 忽然 (갑자기 홀, 그러할 연). 갑자기[忽] 그러함[然]. 뜻밖에. ¶ 안개 속에서 홀연 사람의 모습이 나타났다 / 홀연히 사라지다.

홀왕홀래 忽往忽來 (갑자기 홀, 갈 왕, 갑자기 홀, 올 래). 걸핏하면[忽] 가고[往] 걸핏하면[忽] 옴[來]. 갑자기 가고 갑자기 옴.

홀지-풍파 忽地風波 (갑자기 홀, 땅 지, 바람 풍, 물결 파). 갑작스런[忽] 곳[地]에서 일어나는 풍파(風波).

홀현홀몰 忽顯忽沒 (갑자기 홀, 나타날 현, 갑자기 홀, 없어질 몰). 홀연(忽然)히 나타났다가[顯] 홀연(忽然)히 사라짐[沒].

홍각 紅殼 (붉을 홍, 껍질 각). ① 속뜻 붉은[紅] 껍질[殼]. ② 붉은 채색의 한 가지. 건축 재료의 물감으로 쓰인다.

홍건-적 紅巾賊 (붉을 홍, 수건 건, 도둑 적). ① 속뜻 머리에 붉은[紅] 수건(手巾)을 쓴 도적(盜賊). ② 역사 원(元)나라 말엽에 강회(江淮) 지역에서 일어났던 도둑의 무리.

홍경 弘經 (넓을 홍, 책 경). 불교 불경(佛經)을 널리[弘] 퍼뜨림.

▸홍경-대사 弘經大師 (큰 대, 스승 사). 불교 불경에 논(論)과 석(釋)을 지어 불교를 세상에 널리 퍼뜨린[弘經] 보살[大師].

홍군 紅軍 (붉을 홍, 군사 군). ① 속뜻 붉은[紅] 모자 따위를 쓴 군사(軍士). ② 운동 여러 편으로 갈라 겨룰 때 붉은빛의 상징물을 사용하는 편. ③ 중국의 인민 해방군을 달리 이르는 말.

홍규 紅閨 (붉을 홍, 안방 규). 붉은[紅]색으로 아름답게 꾸민 여인이 거처하는 방[閨].

홍기 弘基 (=鴻基, 클 홍, 터 기). 큰[弘] 사업의 기초(基礎).

홍길동-전 洪吉童傳 (클 홍, 길할 길, 아이 동, 전할 전). 문학 홍길동(洪吉童)의 전기(傳記) 소설. 조선 광해군 때 허균(許筠)이 지은 국문 소설이다. 계급 타파를 부르짖은 사회 소설로서, 국문 소설의 선구가 되었다.

홍단 紅短 (붉을 홍, 짧을 단). 운동 화투놀이에서, 솔, 매화, 벚꽃의 붉은[紅] 띠 석 장을 갖추어 이룬 단(短).

홍-단풍 紅丹楓 (붉을 홍, 붉을 단, 단풍나무 풍). 빨간[紅]빛의 단풍(丹楓).

홍대[1] 弘大 (넓을 홍, 큰 대). 범위가 넓고[弘] 큼[大].

홍대[2] 鴻大 (=洪大, 클 홍, 큰 대). ① 속뜻 규모 따위가 매우 큼[鴻=大]. ② 한의 맥박의 뛰는 정도가 매우 큼.

홍덕 鴻德 (클 홍, 베풀 덕). 큰[鴻] 덕(德).

홍도 鴻圖 (클 홍, 꾀할 도). ① 속뜻 넓고 크게[鴻] 꾀한[圖] 계획. ② 지난날, 임금의 계획을 이르던 말. ③ 매우 넓은 판도(版圖).

홍도 紅桃 (붉을 홍, 복숭아 도). ① 식물 겹꽃잎이 짙은 붉은[紅]색 이며 열매가 없는 복숭아나무[桃]. ② '홍도화'(紅桃花)의 준말.

▶ 홍도-화 紅桃花 (꽃 화). 홍도(紅桃)나무의 꽃[花]. ㊟홍도.

홍동백서 紅東白西 (붉을 홍, 동녘 동, 흰 백, 서녘 서). 제사지낼 때 제물(祭物)을 차리는 격식. 붉은[紅] 과실은 동(東)쪽, 흰[白] 과실은 서(西)쪽에 차림을 이르는 말.

홍등 紅燈 (붉을 홍, 등불 등). 붉은[紅] 등불[燈].

▶ 홍등-가 紅燈街 (거리 가). 붉은[紅] 등(燈)이 켜져 있는 거리[街]. 술집이나 유곽 따위가 늘어선 거리. ㊐환락가(歡樂街).

홍-등롱 紅燈籠 (붉을 홍, 등불 등, 대그릇 롱). 역사 ① 붉은[紅] 운문사로 몸체를 하고 푸른 운문사로 동을 달아서 옷을 한 등롱(燈籠). ② 조선 시대에, 붉은 사(紗)로 둘러 씌운 정일품이나 종일품 벼슬아치가 쓰던 품등.

홍련 紅蓮 (붉을 홍, 연꽃 련). 붉은[紅] 빛깔의 연꽃[蓮].

홍로-점설 紅爐點雪 (붉을 홍, 화로 로, 점 점, 눈 설). ① 속뜻 벌겋게[紅] 단 화로(火爐)에 떨어지는 한 점(點)의 눈[雪]. ② 풀리지 않던 이치가, 눈 녹듯이 문득 깨쳐짐을 이르는 말. ③ 큰 힘 앞에 맥을 못 추는 매우 작은 힘을 이르는 말.

홍루[1] 紅淚 (붉을 홍, 눈물 루). ① 속뜻 붉은[紅] 피 눈물[淚]. ② 미인(美人)의 눈물.

홍루[2] 紅樓 (붉을 홍, 다락 루). ① 속뜻 붉은[紅] 칠을 한 높은 누각(樓閣). 부유한 집의 여자가 거처하는 방. ㊐녹창(綠窓). ② 지난날, 기생집을 달리 이르던 말.

홍릉 洪陵 (클 홍, 무덤 릉). ① 속뜻 큰[洪] 무덤[陵]. ② 고적 경기도 남양주시 금곡동에 있는 조선 고종과 왕비인 명성황후가 합장되어 있는 무덤.

홍마 紅馬 (붉을 홍, 말 마). 운동 장기나 쌍륙에서 쓰는 붉은[紅]색을 칠한 말[馬]. ㊐청마(靑馬).

홍매 紅梅 (붉을 홍, 매화나무 매). 붉은[紅] 빛깔의 매화(梅花). '홍매화'의 준말.

홍모 鴻毛 (기러기 홍, 털 모). ① 속뜻 큰 기러기[鴻]의 작은 털[毛] 하나. ② '매우 가벼운 사물'을 비유하여 이르는 말. ¶목숨을 홍모같이 여기다.

홍문 紅門 (붉을 홍, 문 문). ① 속뜻 능(陵), 묘(廟), 대궐 따위의 정면에 세우는 붉은[紅] 칠을 한 문(門). ② 역사 충신, 효자, 열녀 들을 표창하기 위하여 그 집 앞에 세우던 붉은 문. ㊐정문(旌門).

홍문-관 弘文館 (넓을 홍, 글월 문, 집 관). ① 속뜻 문예(文藝)에 관한 일을 널리[弘] 알리는 일을 하는 관청[館]. ② 역사 조선 때의 삼사(三司)의 하나. 경서와 사적의 관리, 문한(文翰)의 처리 및 왕의 자문에 응하는 일을 맡아보던 관아. ③ 역사 고려 시대에, 학사(學士)들이 임금의 자문에 응하는 일을 맡아보던 관아.

홍백 紅白 (붉을 홍, 흰 백). ① 속뜻 붉은[紅]색과 흰[白]색을 아울러 이르는 말. ② 운동 홍군과 백군을 아울러 이르는 말. ¶운동회에서 홍백으로 편을 갈라서 서로 겨루었다.

홍범[1] 弘範 (클 홍, 틀 범). ① 속뜻 주요한[弘] 규칙이나 법[範]. ② 종교 대종교(大倧教)에서 시행하고 있는 규범의 총칙.

홍범[2] 洪範 (클 홍, 틀 범). 모범이 되는 큰[洪] 규범(規範).

▶ 홍범-구주 洪範九疇 (아홉 구, 경계 주). 『서경』(書經)의 홍범(洪範)에 기록되어 있는 것으로, 우(禹)가 정한 정치 도덕의 아홉[九] 가지의 범주(範疇)나 원칙. ㊟구주.

홍법 弘法 (넓을 홍, 법 법). 불교 ① 불법(佛

法)을 널리[弘] 알림. ② 불도(佛道)를 널리 폄.

홍-벽도 紅碧桃 (붉을 홍, 푸를 벽, 복숭아 도). 식물 홍도(紅桃)와 벽도(碧桃)를 접붙인 복숭아나무의 변종. 관상용으로, 열매는 없으나 분홍빛 꽃이 소담하게 핀다.

홍보[1] 弘報 (넓을 홍, 알릴 보). 일반에 널리[弘] 알림[報]. 또는 그 보도나 소식. ¶홍보 포스터 / 경제정상회의를 홍보하다.

▸홍보-실 弘報室 (방 실). 회사나 어떤 단체 따위의 홍보(弘報)를 맡은 부서[室]. ¶홍보실에 근무하다.

홍보[2] 紅褓 (붉을 홍, 보자기 보). 붉은[紅] 빛깔의 보자기[褓].

홍-보석 紅寶石 (붉을 홍, 보배 보, 돌 석). 광업 붉은[紅] 빛깔을 띤 단단한 보석(寶石).

홍복 洪福 (클 홍, 복 복). 큰[洪] 행복(幸福). 매우 큰 복력. ¶형의 성공은 홀어머니의 홍복이다.

홍분 紅粉 (붉을 홍, 가루 분). ① 속뜻 붉은[紅] 연지와 분(粉)을 아울러 이르는 말. ② 화장(化粧).

홍사 紅絲 (붉을 홍, 실 사). ① 속뜻 붉은[紅] 물을 들인 실[絲]. ② 역사 도둑이나 죄인을 묶을 때에 쓰던, 붉고 굵은 줄. ③ 부스럼의 독기로 그 언저리에 붉게 나타나는 핏줄.

홍사-등롱 紅紗燈籠 (붉을 홍, 깁 사, 등불 등, 대그릇 롱). 역사 ① 붉은[紅] 운문사(雲紋紗)로 몸체를 하고 푸른 운문사로 동을 달아서 옷을 한 등롱(燈籠). ② 조선 때, 정일품이나 종일품 벼슬아치가 밤나들이에 들리고 다니던 품등(品燈)의 한 가지.

홍삼 紅蔘 (붉을 홍, 인삼 삼). 수삼(水蔘)을 쪄서 말린 불그레한[紅] 빛깔의 인삼(人蔘).

홍상 紅裳 (붉을 홍, 치마 상). ① 속뜻 붉은[紅] 치마[裳]. 다홍치마. ② 역사 지난날의 조복(朝服)의 아래 옷. 붉은 바탕에 검은 선을 두른다.

홍색 紅色 (붉을 홍, 빛 색). 붉은[紅] 빛[色].

홍소 哄笑 (떠들썩할 홍, 웃을 소). 큰 소리로 떠들썩하게[哄] 웃음[笑]. 또는 그렇게 웃는 웃음. ¶홍소를 터뜨리다 / 극장 안은 관객들의 홍소로 떠들썩했다.

홍-소주 紅燒酒 (붉을 홍, 불사를 소, 술 주). 홍곡(紅穀)을 우려서 붉은[紅]빛을 낸 소주(燒酒). 반 백소주(白燒酒).

홍송 紅松 (붉을 홍, 소나무 송). ① 속뜻 붉은[紅]빛의 소나무[松]. ② 식물 몸이 무르고 결이 고운 소나무의 한 가지.

***홍수** 洪水 (클 홍, 물 수). ① 속뜻 큰[洪] 물[水]. ② 비가 많이 내려 강과 시내의 물이 크게 불어나 넘치는 것. ¶마을의 집들이 홍수로 물에 잠겼다. 비 대수(大水).

▸홍수 경:보 洪水警報 (타이를 경, 알릴 보). 지리 장마나 폭우로 어느 지역에 홍수(洪水)가 날 것을 경계시키는 기상 경보(警報).

홍순 紅脣 (붉을 홍, 입술 순). ① 속뜻 여자의 붉은[紅] 입술[脣]. ② 반쯤 핀 꽃송이를 비유하여 이르는 말.

홍시 紅柹 (붉을 홍, 감나무 시). 붉고[紅] 말랑말랑하게 무르익은 감[柹]. ¶우리 할머니는 홍시를 즐겨 드신다. 비 연시(軟柹).

홍아리 洪牙利 (클 홍, 어금니 아, 이로울 리). '헝가리'(Hungary)의 한자 음역어.

홍안 紅顔 (붉을 홍, 얼굴 안). ① 속뜻 붉은[紅] 얼굴[顔]. ② 젊어서 혈색이 좋은 얼굴.

▸홍안-박명 紅顔薄命 (엷을 박, 목숨 명). 예쁜[紅] 얼굴[顔]을 가진 여자는 팔자[命]가 사나운[薄] 경우가 많음을 이르는 말. 미인박명(美人薄命).

홍어 洪魚 (클 홍, 물고기 어). ① 속뜻 몸집이 큰[洪] 물고기[魚]. ② 동물 가오릿과의 바닷물고기. 몸길이 1.5m 가량이다. 몸은 마름모꼴로 넓적하며 몸 빛깔은 등이 갈색, 배는 희다.

홍업 洪業 (=鴻業, 클 홍, 일 업). 나라를 세우는 큰[洪] 사업(事業).

홍역 紅疫 (붉을 홍, 돌림병 역). 의학 얼굴과 몸에 좁쌀 같은 발진이 돋아 온몸이 붉어지는[紅] 돌림병[疫]. 여과성 병원체에 의하여 발병하는 급성의 발진 전염병이다. 관용 홍역을 치르다.

홍연-대소 哄然大笑 (떠들썩할 홍, 그러할 연, 큰 대, 웃을 소). 껄껄거리며 떠들썩하게[哄] 그렇게[然] 크게[大] 웃음[笑].

홍염[1] 紅焰 (붉을 홍, 불꽃 염). ① 속뜻 붉은

[紅] 불꽃[焰]. ② [천문] 태양의 채층(彩層) 전면에서 코로나 속으로 높이 소용돌이쳐 일어나는 붉은 불꽃 모양의 가스체.

홍염[2] **紅艶** (붉을 홍, 고울 염). 빛깔이 붉고 [紅] 고움[艶].

홍엽 **紅葉** (붉을 홍, 잎 엽). ① [속뜻] 단풍나무의 붉은[紅] 잎[葉]. ② [식물] 가을에 낙엽이 지기 전에 잎이 붉은색으로 변하는 현상.

홍예 **虹霓** (무지개 홍, 무지개 예). ① [속뜻] 무지개[虹=霓]. 공중에 떠 있는 물방울이 햇빛을 받아 나타내는 반원 모양의 일곱 빛깔의 줄. ② [건설] 홍예문(虹霓門).

▶홍예-문 虹霓門 (문 문). [건설] 문의 윗머리가 무지개[虹霓]처럼 굽은 문(門).

▶홍예-석 虹霓石 (돌 석). [건설] 홍예(虹霓) 다리나 홍예문(虹霓門)을 만드는 데 쓰이는 돌[石].

홍옥 **紅玉** (붉을 홍, 옥돌 옥). ① [광업] 붉은[紅] 빛깔의 옥(玉). ② 루비를 일컬음. ③ 사과 품종의 한 가지.

홍원 **弘願** (클 홍, 바랄 원). [불교] 넓고 큰[弘] 서원(誓願). 아미타의 본원(本願)가운데 근본이 되는 서원.

홍유 **鴻儒** (클 홍, 선비 유). ① [속뜻] 학식이 많은[鴻] 선비[儒]. ② 뭇사람의 존경을 받는 이름난 유학자. [비] 거유(巨儒).

홍윤 **紅潤** (붉을 홍, 반들거릴 윤). 얼굴빛이 불그레하고[紅] 반들거림[潤].

홍은 **鴻恩** (클 홍, 은혜 은). 넓고 큰[鴻] 은덕(恩德).

홍의[1] **弘毅** (넓을 홍, 굳셀 의). 뜻이 넓고 [弘] 굳셈[毅].

홍의[2] **紅衣** (붉을 홍, 옷 의). ① [속뜻] 붉은 [紅] 옷[衣]. ② [역사] 지난날, 궁전의 별감과 묘사(廟社)와 능원(陵園)의 수복(守僕)이 입던 붉은 웃옷.

▶홍의 장군 紅衣將軍 (장수 장, 군사 군). [인명] 붉은 옷[紅衣]을 입은 장군(將軍). 임진왜란 때의 의병장 '곽재우'의 별칭이다.

▶홍의 주교 紅衣主教 (주될 주, 종교 교). [가톨릭] 홍의(紅衣)를 입은 주교(主教). [비] 추기경(樞機卿).

홍익 **弘益** (넓을 홍, 더할 익). 널리[弘] 이롭게[益] 함. ¶홍익인간의 이념을 오늘에 되살리다.

▶홍익-인간 弘益人間 (사람 인, 사이 간). 인간(人間) 세계를 널리[弘] 이롭게 함[益]. 단군의 건국이념이다.

홍-인종 **紅人種** (붉을 홍, 사람 인, 갈래 종). 얼굴빛이 붉은[紅] 인종(人種). 아메리칸 인디언. '홍색 인종'(紅色人種)의 준말.

홍일 **紅日** (붉을 홍, 해 일). 붉은[紅] 해[日].

홍-일점 **紅一點** (붉을 홍, 한 일, 점 점). ① [속뜻] 푸른 잎 가운데 피어 있는 붉은[紅] 꽃 한[一] 송이[點]. 왕안석의 「영석류시」(詠石榴詩)에서 유래한다. ② 여럿 속에서 오직 하나 이채(異彩)를 띠는 것. ③ 많은 남자 사이에 끼어 있는 한 사람의 여자. ¶그녀는 경제학과의 홍일점이다. [반] 청일점(青一點).

홍장 **紅粧** (붉을 홍, 화장할 단). ① [속뜻] 연지 따위로 붉게[紅] 하는 화장(化粧). ② 미인의 화장을 이르는 말. ③ 꽃이 붉게 피어 있음.

홍적-기 **洪積期** (클 홍, 쌓을 적, 때 기). ① [속뜻] 크게[洪] 진화한 결과가 많이 쌓인[積] 시기(時期). ② [지리] 신생대 제사기의 첫 시기로 인류가 발생하여 진화한 시기. 지구가 널리 빙하로 덮여 몹시 추웠고, 매머드 같은 코끼리와 현재의 식물과 같은 것이 생육하였다. [비] 홍적세(洪積世).

홍적-세 **洪積世** (클 홍, 쌓을 적, 세대 세). [지리] 홍적기(洪積期).

홍적-층 **洪積層** (클 홍, 쌓을 적, 층 층). [지리] 홍적세(洪積世)에 퇴적하여 이루어진 지층(地層).

홍조 **紅潮** (붉을 홍, 바닷물 조). ① [속뜻] 아침 해가 바다에 비치어 붉게[紅] 물든 조류(潮流)의 경치. ② 부끄럽거나 취하여 붉어짐. 또는 그런 빛.

홍조-류 **紅藻類** (붉을 홍, 바닷말 조, 무리 류). [식물] 김, 우뭇가사리처럼 붉은 색[紅] 또는 자줏빛을 띤 물풀[藻] 종류(種類). [비] 홍조식물(紅藻植物).

홍조-소 **紅藻素** (붉을 홍, 바닷말 조, 바탕 소). [식물] 홍조류(紅藻類) 및 남조류(藍藻類)에 엽록소와 함께 들어 있는 붉은 색소(色素). 조홍소(藻紅素).

홍조-식물 **紅藻植物** (붉을 홍, 바닷말 조, 심을 식, 만물 물). [식물] 김이나 우뭇가사리 등과 같이 엽록소 외에 홍조소(紅藻素)를 포함하여 붉거나 자줏빛을 띠는 식물(植物). 조류 식물의 한 문(門). 홍조류(紅藻類).

홍주-석 紅柱石 (붉을 홍, 기둥 주, 돌 석). ① [속뜻] 붉은[紅] 기둥[柱] 모양의 돌[石]. ② [광업] 알루미늄의 규산염 광물. 기다란 사각형 결정으로 단단하고 장미색, 자주색, 녹회색 따위의 붉은빛을 띠며 광택이 있는 광석이다.

홍지 鴻志 (클 홍, 뜻 지). 마음에 품은 큰[鴻] 뜻[志]. 대지(大志).

홍진 紅塵 (붉을 홍, 티끌 진). ① [속뜻] 붉게[紅] 일어나는 먼지[塵]. ② '번거로운 세상'을 비유하여 이르는 말.

▸홍진-만장 紅塵萬丈 (일만 만, 길이 장). 햇빛에 비치어 붉게 된 티끌[紅塵]이 하늘 높이[萬丈] 솟아오름.

홍차 紅茶 (붉을 홍, 차 차). 차나무의 순을 발효시켜서 만들어 달인 붉은[紅] 물의 차(茶).

홍채 虹彩 (무지개 홍, 빛깔 채). ① [속뜻] 무지개[虹] 색[彩]. ② [의학] 안구의 각막과 수정체 사이에 있는 둥근 모양의 얇은 막. 막의 중앙에 동공이 있으며, 홍채의 신축으로 동공이 축소되거나 확대되어 안구에 들어오는 빛의 양을 조절한다.

홍하 紅霞 (붉을 홍, 노을 하). 태양 주위에 보이는 붉은[紅] 노을[霞].

홍학 紅鶴 (붉을 홍, 두루미 학). ① [속뜻] 깃털이 붉은[紅] 학(鶴). ② [동물] 홍학과의 새를 통틀어 이르는 말. 키는 1.2m 가량이다. 다리와 목이 매우 길고 날개는 크지만 꽁지는 짧다. 부리는 갈고리처럼 굽었으며 깃털은 백색에서 진한 분홍색까지 변화가 있는데 날개 끝은 검다.

홍합 紅蛤 (붉을 홍, 조개 합). ① [속뜻] 붉은[紅] 빛을 띤 조개[蛤]. ② [동물] 껍데기는 삼각형에 가까우나 길쭉하고 둥근 모양의 바닷조개. 맛이 좋아 식용한다. ¶홍합으로 탕을 끓이다.

▸홍합-죽 紅蛤粥 (죽 죽). 홍합(紅蛤)과 쇠고기를 다져 양념하여 끓인 장국에, 불린 쌀을 넣어 쑨 죽(粥).

홍해 紅海 (붉을 홍, 바다 해). ① [속뜻] 붉은[紅]빛을 띠는 바다[海]. ② 아프리카 북동부와 아라비아 반도 사이에 있는 바다. 바다 속에 있는 해조 때문에 붉은빛을 띤다.

홍협 紅頰 (붉을 홍, 뺨 협). ① [속뜻] 붉은[紅] 빛을 띤 뺨[頰]. ② 연지를 바른 뺨.

홍화 紅花 (붉을 홍, 꽃 화). ① [속뜻] 붉은[紅] 꽃[花]. ② [식물] 국화과의 두해살이풀. 높이는 1m 정도이며 7~9월에 붉은빛을 띤 꽃이 핀다. 씨는 기름을 짜고, 꽃은 약용하며, 꽃물로는 붉은빛 물감을 만든다. ③ [한의] 말린 잇꽃. 어혈(瘀血)과 통경(通經)의 약재로 쓰인다.

화:가[1] 畫架 (그림 화, 시렁 가). [미술] 그림[畫]을 그릴 때 화판을 받치는 삼각의 틀[架].

화:가[2] 畫家 (그림 화, 사람 가). 그림[畫] 그리는 일을 직업으로 하는 사람[家]. ¶은미의 꿈은 화가가 되는 것이다. [비]화공(畫工).

화간 和姦 (합칠 화, 간음할 간). 부부가 아닌 남녀가 서로 눈이 맞아[和] 육체적인 관계를 맺음[姦].

화갑 華甲 (꽃 화, 천간 갑). '화(華)'자를 풀어 쓰면 '十'자 여섯 개와 '一'자 하나가 되는 데서 61세. 환갑(還甲)을 이르는 말.

화강-석 花崗石 (꽃 화, 언덕 강, 돌 석). [지리] '화강암'(花崗巖)을 달리 이르는 말.

화강-암 花崗巖 (꽃 화, 언덕 강, 바위 암). ① [속뜻] 꽃[花]무늬가 있고 주로 산등성이[崗]에 많이 있는 암석(巖石). ② [지리] 석영과 운모, 장석 따위를 주성분으로 하는 화성암의 한 가지로, 단단하고 결이 고와 석재로 많이 쓰인다.

화객 華客 (꽃 화, 손 객). ① [속뜻] 꽃[華] 같은 손님[客]. ② 상점 따위에 물건을 사러 오는 손님을 뜻함. [비]고객(顧客).

화:격 畫格 (그림 화, 격식 격). [미술] ① 그림[畫]을 그리는 방법[格]. ② 회화 작품의 품격. [비]화법(畫法), 화품(畫品).

화:경[1] 火鏡 (불 화, 거울 경). ① [속뜻] 햇빛을 받으면 불[火]을 일으키는 거울[鏡]. ② 가운데가 볼록한 렌즈. 광선이 통과할 때는 뒤편의 한 점에 모인다. [비]볼록렌즈.

화경[2] 花莖 (꽃 화, 줄기 경). [식물] 꽃[花]이 달리는 줄기[莖]. [비]꽃줄기.

화경[3] 花梗 (꽃 화, 줄기 경). [식물] 꽃[花]이

달리는 짧은 가지[梗]. ㉥화병(花柄), 꽃자루.

화ː경[4] 畵境 (그림 화, 지경 경). 그림[畵]처럼 경치가 좋은 곳[境].

화ː고 畵稿 (그림 화, 원고 고). 미술 그림을 그릴 때, 초벌로 그려보는[畵] 초고(草稿).

화곡 禾穀 (벼 화, 곡식 곡). 식물 벼[禾]에 딸린 곡식(穀食)을 통틀어 이르는 말.

화ː공[1] 化工 (될 화, 장인 공). ① 속뜻 하늘의 조화(造化)로 자연히 이루어진 묘한 재주[工]. ② 공업 화학적인 반응을 응용하는 공업이나 공학과 관련되는 것. ¶화공 약품은 조심해서 다뤄야 한다. ③ 공업 '화학 공학'(化學工學)의 준말. ㉥천공(天工).

화ː공[2] 火攻 (불 화, 칠 공). 불[火]을 질러 공격(攻擊)함.

화ː공[3] 畵工 (그림 화, 장인 공). 직업적으로 그림[畵]을 그리는 사람[工]. ㉥화가(畵家).

화관 花冠 (꽃 화, 갓 관). ① 속뜻 꽃[花]으로 아름답게 장식한 관(冠). ¶화관을 쓴 공주님. ② 식물 꽃잎 전체를 이르는 말. 꽃받침과 함께 꽃술을 보호한다. ③ 칠보로 꾸민 여자의 관. ④ 예전에, 나라의 잔치 때 기녀, 여령, 무동 등이 쓰던 관(冠). ㉥꽃부리, 겹족두리.

화ː광 火光 (불 화, 빛 광). ① 속뜻 타는 불[火]의 빛[光]. ② 켜 놓은 불에서 비치는 빛.

▶화ː광-충천 火光衝天 (찌를 충, 하늘 천). 불[火]빛[光]이 하늘[天]을 찌를[衝] 듯이 몹시 맹렬하게 일어남.

화교 華僑 (중국 화, 더부살이 교). 외국에 사는[僑] 중국사람[中華].

화ː구[1] 火具 (불 화, 갖출 구). ① 속뜻 밤에 불[火]을 켜서 밝히는 도구[具]. ② 폭발에 사용하는 여러 가지 기구. 뇌관이나 도화선 따위.

화ː구[2] 火口 (불 화, 구멍 구). ① 속뜻 불[火]을 때는 아궁이[口]. ② 불을 내뿜는 아가리. ③ 지리 화산체(火山體)의 일부에 열려 있는 용암과 화산 가스 따위의 분출구.

▶화ː구-구 火口丘 (언덕 구). 지리 분화구(噴火口) 안에 다시 터져 나온 비교적 작은 구릉(丘陵) 같은 화산.

▶화ː구-원 火口原 (들판 원). 지리 중앙 화구구(火口丘)와 외륜산(外輪山) 사이에 있는 평평한 땅[原].

▶화ː구-호 火口湖 (호수 호). 지리 화산의 분화구(噴火口)가 막힌 뒤 물이 괴어 생성된 호수(湖水). 백두산의 천지, 한라산의 백록담 따위.

화극 話劇 (말할 화, 연극 극). 연영 대화(對話)를 중심으로 하는 중국의 신극(新劇).

화ː-극금 火克金 (=火剋金, 불 화, 이길 극, 쇠 금). ① 속뜻 불[火]은 쇠[金]를 이김[克]. ② 민속 음양오행설에서, 불과 쇠는 상극관계임을 이르는 말. ㉟오행상극(五行相剋).

화ː근 禍根 (재화 화, 뿌리 근). 재화(災禍)의 근원(根源). ¶화근을 없애다. ㉥화태(禍胎).

화ː금 火金 (불 화, 황금 금). 광업 수은을 이용하여 뽑아낸 수금(水金)을 불[火]에 구워 수은을 없앤 금(金).

화ː급 火急 (불 화, 급할 급). 걷잡을 수 없이 타는 불[火] 같이 매우 급(急)함. ¶그는 화급하게 밖으로 나갔다. ㉥화속(火速).

화ː기[1] 火氣 (불 화, 기운 기). ① 속뜻 불[火]에서 나오는 뜨거운 기운(氣運). ② 가슴이 답답하여지는 기운. ③ 몹시 노한 기운.

화ː기[2] 火器 (불 화, 그릇 기). ① 속뜻 불[火]을 담는 그릇[器]을 통틀어 이르는 말. ② 군사 화약의 힘으로 탄알을 쏘는 병기(兵器)를 통틀어 이르는 말.

화기[3] 花期 (꽃 화, 때 기). 꽃[花]이 피는 시기(時期).

화기[4] 花器 (꽃 화, 그릇 기). 꽃병이나 수반처럼 꽃[花]꽂이로 쓰는 그릇[器].

화ː기[5] 禍機 (재화 화, 틀 기). 재앙[禍]이나 재난이 일어날 소지가 있는 기틀[機].

화기[6] 和氣 (따스할 화, 기운 기). ① 속뜻 따스한[和] 기운[氣]. ② 온화한 기색. 또는 화목한 분위기. ¶얼굴에 화기가 돌다.

▶화기애애 和氣靄靄 (아지랑이 애, 아지랑이 애). ① 속뜻 화목(和睦)한 기운(氣運)이 아지랑이처럼[靄靄] 피어오르다. ② 온화하고 화목한 분위기가 넘쳐흐르다. ¶우리는 화기애애한 분위기 속에서 저녁을 먹었다.

화길 和吉 (어울릴 화, 길할 길). 화목(和睦)

하고 길(吉)함.

화ː난[1] **火難** (불 화, 어려울 난). 불[火]로 인한 재난(災難). ㊥화재(火災).

화난[2] **和暖** (따스할 화, 따뜻할 난). 날씨가 화창(和暢)하고 따뜻함[暖].

화ː난[3] **禍難** (재화 화, 어려울 난). 재앙[禍]과 환난(患難).

화남 華南 (중국 화, 남녘 남). 중국[華]의 남부(南部) 지방.

화년 華年 (꽃 화, 나이 년). ① 속뜻 '화'(華)자를 풀어 쓰면 '十'자 여섯 개와 '一'자 하나가 되는 데서 61세의 나이[年]를 이름. ㊥화갑(花甲). ② 소년의 꽃다운 나이. ㊥방년(芳年).

화ː농 化膿 (될 화, 고름 농). 의학 종기가 곪아 고름[膿]이 됨[化].

▶화ː농-균 化膿菌 (세균 균). 생물 화농(化膿)을 일으키는 세균(細菌).

화단[1] **花壇** (꽃 화, 단 단). 꽃[花]을 심기 위하여 뜰 한쪽에 흙을 한 층 높게 쌓은 단(壇). ¶화단에 연산홍을 심었다. ㊥꽃밭.

화ː단[2] **畫壇** (그림 화, 단 단). 화가(畫家)들의 사회[壇].

화ː단[3] **禍端** (재화 화, 처음 단). 재앙[禍]을 불러일으키는 실마리[端].

화담 和談 (어울릴 화, 말씀 담). ① 속뜻 화해(和解)하는 말[談]. ② 정답게 주고받는 말.

화담-집 花潭集 (꽃 화, 못 담, 모을 집). 책명 조선 중종 때의 학자 화담(花潭) 서경덕의 문집(文集).

화답 和答 (어울릴 화, 답할 답). 서로 잘 어울리는[和] 시나 노래로 대답(對答)함. ¶나는 그의 노래에 화답하여 바이올린을 연주했다.

화대[1] **花代** (꽃 화, 대금 대). ① 속뜻 꽃[花] 값[代]. ② 잔치 때 기생이나 악사에게 놀아 준 대가로 주는 돈이나 물건. ③ 기생, 창기 따위와 관계를 가지고 그 대가로 주는 돈.

화대[2] **花臺** (꽃 화, 돈대 대). 화분(花盆)을 올려놓는 받침[臺].

화ː도[1] **化導** (될 화, 이끌 도). 덕으로 교화(教化)하여 이끄는[導] 일.

화ː도[2] **化道** (될 화, 길 도). ① 속뜻 교화(教化)의 도(道). ¶그 목사의 화도는 많은 사람을 감화시켰다. ② 선(善)으로 옮김. ¶화도는 마음에서 우러나와야 실천할 수 있다.

화ː도[3] **畫圖** (그림 화, 그림 도). 여러 종류의 그림[畫=圖]을 통틀어 이르는 말.

화독 火毒 (불 화, 독할 독). 불[火]의 독(毒)한 기운.

화동[1] **和同** (어울릴 화, 한가지 동). ① 속뜻 화목(和睦)하게 하나[同]가 됨. ② 서로 사이가 멀어졌다가 다시 뜻이 잘 맞게 됨.

화동[2] **花童** (꽃 화, 아이 동). 꽃[花]을 들고서 있는 아이[童].

화ː두[1] **火斗** (불 화, 말 두). 숯불[火]을 담을 수 있게 말[斗] 모양으로 만든 도구. 옷이나 천 따위의 주름이나 구김을 펴고 줄을 세우는 데 쓴다. ㊥다리미.

화ː두[2] **話頭** (이야기 화, 머리 두). ① 속뜻 이야기[話]의 첫머리[頭]. ② 불교 참선하는 이에게 도를 깨치게 하기 위하여 내는 문제. 공안(公案).

화ː-등잔 火燈盞 (불 화, 등불 등, 잔 잔). ① 속뜻 기름을 담아 등불[火燈]을 켜는 데에 쓰는 그릇[盞]. ② 몹시 놀라거나 앓아서 퀭한 눈을 형용함. ㊟등잔.

화락 和樂 (어울릴 화, 즐길 락). 화평(和平)하고 즐거움[樂].

화ː락-천 化樂天 (될 화, 즐길 락, 하늘 천). 불교 육욕천(六欲天)의 다섯째 하늘. 이 하늘[天]에 나면 모든 대상을 마음대로 변하게 하여 즐겁게[樂] 한다[化].

화란[1] **和蘭** (어울릴 화, 난초 란). 'Holland'(네덜란드)의 한자 음역어.

화ː란[2] **禍亂** (재화 화, 어지러울 란). 재앙[禍]과 세상의 어지러움[亂].

화ː랑[1] **畫廊** (그림 화, 곁채 랑). 그림[畫] 등의 미술품을 진열하여 전람하도록 만든 방[廊]. ¶장 화백은 한국 화랑에서 개인전을 연다.

화랑[2] **花郎** (꽃 화, 사나이 랑). ① 속뜻 꽃[花]처럼 아름다운 사나이[郎]. ② 역사 신라 때의, 청소년 수양 단체. 문벌과 학식이 있고 외모가 단정한 사람으로 조직, 심신의 단련과 사회의 선도를 이념으로 하였다.

▶화랑-도 花郎徒 (무리 도). 역사 화랑(花郎)의 무리[徒]. ㊟낭도. ㊥향도(香徒), 국선도(國仙徒).

▶화랑-도 花郎道 (길 도). [역사] 신라 때에, 화랑(花郎)이 지켜야 했던 도리(道理).

▶화랑-세기 花郎世記 (세상 세, 기록할 기). [책명] 신라 때, 김대문이 쓴 화랑(花郎)의 세상(世上)에 대해 쓴 전기(傳記).

*화려 華麗 (빛날 화, 고울 려). ① [속뜻] 빛나고[華] 아름답다[麗]. ¶화려한 옷차림. ② 어떤 일이나 생활 따위가 호화롭다. ¶화려한 결혼식. [비]화미(華美).

▶화려-체 華麗體 (모양 체). [문학] 매우 화려(華麗)한 느낌을 주는 문체(文體). 음악적 가락을 띠고 있으며, 비유와 수식이 많아 필자의 감정을 충분히 전달할 수 있다. [반]건조체(乾燥體).

화:력 火力 (불 화, 힘 력). ① [속뜻] 불[火]이 탈 때에 내는 열의 힘[力]. ¶이 가스레인지는 화력이 세다. ② [군사] 총포의 위력.

▶화:력 발전 火力發電 (일으킬 발, 전기 전). [전기] 화력(火力)으로 발전기를 돌려 전력(電力)을 일으키는[發] 방식.

화:로 火爐 (불 화, 화로 로). 숯불[火]을 담아 놓는 그릇[爐]. ¶화로에 둘러앉아 불을 쪼이다.

화:룡 畵龍 (그림 화, 용 룡). 그림[畵]으로 나타낸 용(龍). 용을 그림.

▶화:룡-점정 畵龍點睛 (점찍을 점, 눈동자 정). 용을 그리고[畵龍] 난 후, 마지막으로 눈동자[睛]를 찍었더니[點] 그 용이 실제 용이 되어 하늘로 올라갔다는 고사에서 유래된 말로, '가장 요긴한 부분을 마치어 일을 끝냄'을 이르는 말. [준]점정.

화류¹ 樺榴 (자작나무 화, 석류나무 류). ① [속뜻] 자작나무[樺]나 석류나무[榴] 같은 좋은 목재. ② 자단(紫檀)의 목재. 붉은빛을 띠며, 결이 곱고 몹시 단단하여 건축·가구·미술품 따위의 고급 재료로 많이 쓴다. ¶화류로 만든 문갑.

화류² 花柳 (꽃 화, 버들 류). ① [속뜻] 꽃[花]과 버들[柳]. ② 유곽이나 기생을 비유함.

▶화류-계 花柳界 (지경 계). 기생 따위의 노는 계집[花柳]의 사회[界]. [비]청등홍가(靑燈紅街).

▶화류-병 花柳病 (병 병). [의학] 화류계(花柳界)에서 주로 전염되는 성병(性病). [비]성병(性病).

화륜 花輪 (꽃 화, 바퀴 륜). 생화(生花)나 조화(造花)를 모아 고리같이 둥글게[輪] 만든 물건. [비]화환(花環).

화:륜-선 火輪船 (불 화, 돌 륜, 배 선). 증기기관[火]의 동력으로 움직이는[輪] 배[船]를 통틀어 이르는 말. 예전에 '기선'(汽船)을 이르던 말. [준]윤선.

화림 花林 (꽃 화, 수풀 림). 꽃[花]나무로 이루어진 숲[林].

화:마 花馬 (꽃 화, 말 마). ① [속뜻] 꽃[花]무늬 털이 있는 말[馬]. ② [동물] 털빛이 얼룩얼룩한 말. [비]얼룩말.

화매 和賣 (어울릴 화, 팔 매). 파는 사람과 살 사람이 화목(和睦)하게 군말 없이 팔고[賣] 삼.

화:면¹ 火綿 (불 화, 솜 면). [화학] 정제한 솜[綿]이나 기타 섬유소를 황산과 질산의 혼합액에 담가서 만든 화약(火藥). [비]솜화약.

화:면² 畵面 (그림 화, 쪽 면). ① [속뜻] 그림[畵]의 표면(表面). ② 영사막, 브라운관 따위에 비치는 사진의 보이는 겉면. ¶화면이 너무 어두워요. ③ 필름이나 인화지에 찍힌 영상이나 사상(寫像).

화명¹ 花名 (꽃 화, 이름 명). 꽃[花]의 이름[名].

화:명² 畵名 (그림 화, 이름 명). ① [속뜻] 그림[畵]이나 영화(映畵)의 이름[名]. ② 화가로서의 명성.

화:목¹ 火木 (불 화, 나무 목). 불[火] 때기에 쓸 나무[木].

화목² 花木 (꽃 화, 나무 목). 꽃[花]이 피는 나무[木]. 꽃나무.

화목³ 和睦 (어울릴 화, 친할 목). 서로 잘 어울리고[和] 친하게[睦] 지냄. ¶무엇보다 가족의 화목이 제일이다.

▶화목-제 和睦祭 (제사 제). [기독교] 구약시대에, 하나님에게 동물을 희생으로 바침으로써 진노를 벗어나, 하나님과 사람 사이에 화목(和睦)을 얻으려고 행하던 제사(祭祀).

화무십일홍 花無十日紅 (꽃 화, 없을 무, 열 십, 날 일, 붉을 홍). ① [속뜻] 열흘[十日] 동안 내내 붉은[紅] 꽃[花]이 없음[無]. ② 한 번 성하면 반드시 쇠퇴할 날이 있음. 영원히 성한 것은 없음.

화:문¹ 火門 (불 화, 문 문). 총, 대포 따위와

같은 화기(火器)의 입구[門]. ¶적을 향한 화문에서는 끊임없이 연기가 피어올랐다.

화문[2] 花紋 (꽃 화, 무늬 문). 꽃[花] 모양의 무늬[紋].

▸화문-석 花紋席 (자리 석). 꽃[花] 모양으로 무늬[紋]를 놓아 짠 돗자리[席].

화:물 貨物 (재물 화, 만물 물). 경제 재물[貨]의 가치가 있는 물품(物品). ¶트럭에 화물을 싣다.

▸화:물-선 貨物船 (배 선). 화물(貨物)을 운반하는 선박(船舶). ㊐화선(貨船).

▸화:물-차 貨物車 (수레 차). 화물(貨物)을 운반하는 자동차(自動車), 기차 따위를 통틀어 이르는 말. ¶이곳은 화물차의 출입이 잦다. ㊐짐차.

▸화:물 열차 貨物列車 (벌일 렬, 수레 차). 화물(貨物)을 운반하도록 화차(貨車)만으로 편성된 열차(列車). ㊥여객 열차(旅客列車).

▸화:물 환:증 貨物換證 (바꿀 환, 증거 증). 경제 운송인이 운송품[貨物]을 수취한 것을 증명하고 이것을 권리자에게 인도함[換]을 약속한 유가 증권(證券). '화물상환증'(貨物相換證)의 준말.

화미[1] 華美 (빛날 화, 아름다울 미). 빛나고[華] 아름다움[美]. ㊐화려(華麗).

화:미[2] 畵眉 (그림 화, 눈썹 미). 눈썹[眉]을 그림[畵]. 또는 그 눈썹.

화:민-성속 化民成俗 (될 화, 백성 민, 이룰 성, 풍속 속). 백성[民]을 교화(敎化)하여 아름다운 풍속(風俗)을 이룸[成].

화밀 花蜜 (꽃 화, 꿀 밀). 식물 꽃[花]의 꿀샘에서 분비하는 꿀[蜜].

▸화밀-화 花蜜花 (꽃 화). ① 속뜻 화밀(花蜜)이 있는 꽃[花]. ② 식물 꽃 속의 꿀을 먹으러 오는 나비나 벌을 통해 수분을 하는 충매화(蟲媒花)의 한 가지.

화반 花盤 (꽃 화, 소반 반). ① 속뜻 꽃[花]을 담게 만든 소반[盤] 모양의 자기. ② 건설 초방 위에 장여를 받치기 위하여 끼우는 널조각. 사자나 연꽃, 화분 따위를 새긴다.

화반-석 花斑石 (꽃 화, 얼룩 반, 돌 석). ① 속뜻 꽃[花]무늬 얼룩[斑]이 있는 돌[石]. ② 광업 바탕이 매우 곱고 무르며, 붉은색과 흰색이 섞인 돌.

화방[1] 花房 (꽃 화, 방 방). 주로 생화(生花)나 조화 따위의 꽃을 파는 가게 집[房]. 꽃집.

화:방[2] 畵房 (그림 화, 방 방). ① 속뜻 그림[畵]을 그리는 일을 하는 방(房). ㊐화실(畵室). ¶미대 학생들이 화방에서 데생을 연습하고 있었다. ② 그림 그리는 데에 필요한 기구나 물감 따위를 파는 가게. ¶그는 붓과 물감을 사러 화방에 갔다.

화백[1] 和白 (어울릴 화, 말할 백). ① 속뜻 여러 사람이 잘 어울리기[和] 위하여 함께 의논함[白]. ② 역사 신라 때에, 나라의 중대사를 의논하던 회의제도. 처음에는 육촌(六村)의 사람들이 모여 나라 일을 의논했으나, 뒤에는 귀족이나 벼슬아치들의 군신 회의로 바뀌었다.

화:백[2] 畵伯 (그림 화, 맏 백). 화가(畵家)를 높여[伯] 일컬음. ¶김 화백이 찾아 왔다.

화벌 華閥 (빛날 화, 가문 벌). 세상에 드러난 빛나는[華] 문벌(門閥).

화:법[1] 畵法 (그림 화, 법 법). 미술 그림[畵] 그리는 방법(方法).

화법[2] 話法 (말할 화, 법 법). ① 속뜻 말하는[話] 방법(方法). ② 언어 문장이나 담화에서 다른 사람의 말을 인용하여 재현하는 방법. 남의 말을 그대로 인용하는 직접 화법과, 남이 말한 내용을 전달하는 사람의 발화로 고쳐서 전하는 간접 화법이 있다.

화:변[1] 火變 (불 화, 바뀔 변). 불[火]로 인한 변고(變故).

화변[2] 花邊 (꽃 화, 가 변). 출판 인쇄물의 가장자리[邊] 따위를 꾸미는 꽃[花]무늬 또는 구름무늬 따위의 장식 활자.

화:변[3] 禍變 (재화 화, 바뀔 변). 재앙[禍]과 변고(變故). 매우 심한 재액(災厄).

화:병[1] 火病 (불 화, 병 병). 한의 울화(鬱火)로 난 병(病). 억울한 마음을 삭이지 못하여 간의 생리 기능에 장애가 와서 머리와 옆구리가 아프고 가슴이 답답하면서 잠을 잘 자지 못하는 병이다. ¶화병이 나다 / 화병으로 몸져눕다. ㊐울화병(鬱火病).

화병[2] 花柄 (꽃 화, 자루 병). 식물 꽃[花]이 달리는 짧은 가지[柄]. ㊐화경(花梗), 꽃자루.

화병[3] 花甁 (꽃 화, 병 병). 꽃[花]을 꽂는 병(甁). ¶화병에 국화꽃을 꽂다. ㊐꽃병.

화:병4 畫屛 (그림 화, 병풍 병). 그림[畫]을 그려 놓은 병풍(屛風).

화:병5 畫甁 (그림 화, 병 병). 그림[畫]을 그려 놓은 병(甁).

화:병6 畫餠 (그림 화, 떡 병). 그림[畫]의 떡[餠]. '화중지병'(畫中之餠)의 준말.

화보1 花譜 (꽃 화, 적어놓을 보). 꽃[花]의 이름과 특징 및 피는 시기 따위를 적어 놓은 책[譜].

화:보2 畫報 (그림 화, 알릴 보). 여러 가지 일을 그림[畫]으로 그리거나 사진을 찍어 발행한 책자[報]. 또는 그런 인쇄물. ¶이것은 꽃을 주제로 한 화보이다.

화:보 畫譜 (그림 화, 적어놓을 보). ① 속뜻 화가(畫家)의 계통이나 전통 따위를 적은 책[譜]. ②그림을 종류별로 분류 정리하여 놓은 책. 또는 화법을 논한 책.

화복1 華服 (빛날 화, 옷 복). 빛나는[華] 물을 들인 천으로 만든 옷[服].

화복2 禍福 (불행 화, 행복 복). 불행[禍]과 행복[福].

▸화:복-무문 禍福無門 (없을 무, 문 문). ① 속뜻 불행(禍)과 행복[福]이 들어오는 문(門)이 따로 없음[無]. ②각자가 행한 선악에 따라 불행과 행복을 받음.

화:본1 畫本 (그림 화, 밑 본). 그림[畫]을 그리는 데 바탕[本]이 되는 종이나 감.

화본2 話本 (이야기 화, 책 본). 문학 설화(說話)의 대본[本]. 중국의 당에서 시작하여 송(宋), 원대(元代)에 성행하던 백화소설.

화봉 花峯 (꽃 화, 봉우리 봉). 식물 망울[峯]만 맺히고 아직 피지 않은 꽃[花]. ㊥꽃봉오리.

화:부 火夫 (불 화, 사나이 부). ① 속뜻 기관이나 난로 따위에 불[火]을 때거나 조절하는 일을 맡은 사람[夫]. ② 불교 절에서 불 때는 일을 맡은 사람.

화북 華北 (중국 화, 북녘 북). 중국[中華]의 북부(北部) 지방.

***화분1** 花盆 (꽃 화, 동이 분). 꽃[花]을 심어 가꾸는 동이그릇[盆]. ¶화분에 물을 주다.

화분2 花粉 (꽃 화, 가루 분). 식물 종자식물의 수술의 꽃밥 속에 들어 있는 꽃[花]의 가루[粉]. ¶벌은 화분을 나른다.

▸화분-관 花粉管 (대롱 관). 식물 화분(花粉)이 발아하여 된 관(管) 모양의 구조.

▸화분-화 花粉花 (꽃 화). 식물 많은 화분(花粉)이 꽃술에 있는 꽃[花].

화:불단행 禍不單行 (재화 화, 아닐 불, 홑 단, 갈 행). ① 속뜻 재앙[禍]은 홀로[單] 다니지[行] 아니함[不]. ②재앙은 겹쳐서 오거나, 복을 달고 오기도 함.

화사1 花史 (꽃 화, 역사 사). ① 속뜻 꽃[花]의 역사(歷史). ② 문학 조선 선조 때의 문인 임제가 지은 한문 가전체 작품. 꽃을 의인화한 작품으로, 계절에 따른 여러 꽃들을 충신, 간신, 역신 등으로 비유하여 국가의 흥망성쇠를 서술하였으며, 정치를 비판하였다. 『백호집』(白湖集)의 부록인 『남명소승』(南溟小乘)에 수록되어 있다.

화사2 花詞 (꽃 화, 말씀 사). 꽃[花]의 특징에 따라 상징적인 의미를 부여한 말[詞]. 꽃말.

화사3 花絲 (꽃 화, 실 사). 식물 수술의 꽃[花]밥을 떠받치고 있는 가느다란 실[絲] 같은 줄기.

화사4 華奢 (빛날 화, 사치할 사). ① 속뜻 화려(華麗)하고 사치(奢侈)스럽다. ②밝고 환하다. ¶화사한 꽃무늬 치마.

화:사5 畫師 (그림 화, 스승 사). 그림[畫] 그리는 것을 업으로 삼는 사람[師]. ㊥화공(畫工).

화사6 花蛇 (꽃 화, 뱀 사). ① 속뜻 꽃[花] 뱀[蛇]. ② 한의 뱀과의 독이 없는 산무애뱀을 한방에서 이르는 말. 풍병(風病)이나 문둥병을 다스리고, 강장제로 쓴다. ㊥백화사(白花蛇).

▸화사-주 花蛇酒 (술 주). 산무애뱀[白花蛇]을 넣어 담근 지 삼칠일 만에 뜨는 술[酒]. 풍증이나 악창(惡瘡) 따위에 약으로 쓰인다.

화:사첨족 畫蛇添足 (그림 화, 뱀 사, 더할 첨, 발 족). ① 속뜻 뱀[蛇]을 그리는[畫] 데 발[足]을 덧붙여[添] 넣음. ②안 해도 될 쓸데없는 일을 덧붙여 하다가 도리어 일을 그르침. ㊟사족.

***화:산** 火山 (불 화, 메 산). 지리 땅속의 마그마가 불[火]같이 밖으로 터져 나와 퇴적하여 이루어진 산(山). 활동의 유무에 따라

사(死)화산, 활(活)화산, 휴(休)화산으로 나뉜다. ¶화산섬 / 화산재.

▸화:산-대 火山帶 (띠 대). [지리] 화산(火山)이 띠[帶] 모양으로 분포한 지대. 환태평양 화산대와 지중해 화산대 등이 있다.

▸화:산-도 火山島 (섬 도). [지리] 전체 또는 대부분이 해저 화산(火山)의 분출물이 쌓여서 이루어진 섬[島].

▸화:산-력 火山礫 (조약돌 력). [지리] 화산(火山) 활동으로 인하여 지상에 분출된 용암의 조각[礫].

▸화:산-암 火山巖 (바위 암). [지리] 화산(火山) 활동으로 인하여 지상에 분출된 마그마가 급히 식어서 된 바위[巖]. [비] 분출암(噴出岩).

▸화:산-진 火山塵 (티끌 진). [지리] 화산(火山) 활동으로 인하여 지상에 분출된 미세한 먼지[塵]. 0.25mm보다 작은 것을 이른다.

▸화:산-탄 火山彈 (탄알 탄). [지리] 화산(火山) 활동으로 인하여 분출된 용암이 원형이나 타원형으로 굳어진 작은 덩어리[彈].

▸화:산-호 火山湖 (호수 호). [지리] 화산(火山) 활동으로 이루어진 호수(湖水). 화구호 또는 칼데라호 따위.

▸화:산-회 火山灰 (재 회). [지리] 화산(火山) 활동으로 분출된 용암의 재[灰]. 크기가 4mm보다 작은 것을 이른다. [비] 화산재.

▸화:산 작용 火山作用 (지을 작, 쓸 용). [지리] 땅속 깊은 곳에 있는 마그마가 지표 또는 지표 가까이에서 일으키는[火山] 여러 가지 작용(作用). [비] 화산 활동(活動).

화산-별곡 華山別曲 (빛날 화, 메 산, 다를 별, 노래 곡). ① [속뜻] 화산(華山)을 노래한 별곡(別曲). ② [문학] 조선 세종 때 변계량(卞季良)이 지은 경기체가(景幾體歌). 조선의 창업을 칭송한 내용이다.

화:상[1] 火床 (불 화, 평상 상). 난로나 보일러의 타는 불[火]을 떠받치는 쇠로 만든 물건[床].

화:상[2] 火傷 (불 화, 다칠 상). 뜨거운 열[火]에 다침[傷]. 또는 그렇게 입은 상처. ¶온몸에 화상을 입었다.

화상[3] 花床 (꽃 화, 평상 상). [식물] 꽃의 구성 요소 중에서 가장 바깥쪽에 꽃[花]잎을 받치고 있는 꽃의 보호 기관의 하나[床]. 꽃받침.

화상[4] 和尙 (따스할 화, 높일 상). ① [속뜻] 온화(溫和)하고 고상(高尙)함. ② [불교] 수행(修行)을 많이 한 승려. 승려의 높임말.

화상[5] 華商 (중국 화, 장사 상). 해외에서 활약하는 중국인, 즉 화교(華僑) 상인(商人).

화:상[6] 畵商 (그림 화, 장사 상). 그림[畵]을 사고파는 장사[商]. 또는 그 장수.

화:상[7] 畵像 (그림 화, 모양 상). ① [속뜻] 사람의 얼굴을 그림[畵]으로 그린 형상[像]. ② 얼굴의 속된말. ③ 어떠한 사람을 못마땅하게 이르는 말. ④ 텔레비전 수상기의 화면에 나타나는 상(像).

▸화:상-찬 畵像贊 (=畵像讚, 기릴 찬). 그림[畵]으로 그린 형상[像] 위에 쓴 찬양(讚揚)의 글.

화색[1] 和色 (따스할 화, 빛 색). 얼굴에 드러나는 온화(溫和)하고 환한 빛[色]. ¶민지는 아빠를 보자 얼굴에 화색이 돌았다.

화:색[2] 貨色 (재물 화, 빛 색). 재물[貨]과 여색(女色). [비] 재색(財色).

화:색[3] 禍色 (재화 화, 빛 색). 재앙[禍]이 벌어질 조짐이나 기색(氣色).

화:생 化生 (될 화, 날 생). ① [속뜻] 변화(變化)하여 나옴[生]. ② [생물] 생물의 조직이나 기관이 질적(質的)으로 다른 분화를 하는 일. 곤충의 변태 따위. ③ [불교] 사생(四生)의 하나. 다른 물건에 기생하지 않고 스스로 업력에 의하여 갑자기 화성(化成)하는 생물(生物)을 이른다. ④ [불교] 극락왕생하는 방식의 하나. 부처의 지혜를 믿는 사람이 9품의 행업(行業)에 따라 아미타불의 정토에 있는 칠보 연화(七寶蓮華) 속에 나서 지혜와 광명과 몸이 모두 보살과 같이 되는 왕생이다.

화:생방-전 化生放戰 (될 화, 살 생, 놓을 방, 싸울 전). [군사] 화학(化學), 생물학(生物學), 방사능(放射能)을 활용한 전쟁(戰爭).

화:-생토 火生土 (불 화, 날 생, 흙 토). ① [속뜻] 불[火]에서 흙[土]을 낳음[生]. ② [민속] 음양오행설에서, 불과 흙은 상생관계임을 이르는 말. [참] 오행상생(五行相生).

화서[1] 禾黍 (벼 화, 기장 서). 벼[禾]와 기장[黍].

화서[2] 花序 (꽃 화, 차례 서). ① [속뜻] 꽃[花]

이 피는 차례[序]. ② 식물 꽃대에 꽃이 달리는 배열 또는 그 모양. 꽃차례.

화서지몽 華胥之夢 (꽃 화, 서로 서, 어조사 지, 꿈 몽). 고대 중국의 황제가 낮잠을 자다 꿈[夢]을 꾸었는데 화서(華胥)라는 나라에 가서 그 나라의 어진 정치를 보고 깨어나 깊이 깨달았다는 것에서 유래되어 '낮잠' 또는 '좋은 꿈'을 이르는 말.

화:석[1] 火石 (불 화, 돌 석). 불[火]을 일으키는 데 쓰는 돌[]. 단단하고 회갈색의 석영인데, 쇳조각으로 이것을 치면 불길이 인다. ㉥부싯돌.

*__화:석__[2] 化石 (될 화, 돌 석). ① 지리 아주 옛날의 생물의 뼈나 몸의 흔적이 돌[石]로 변해[化] 남아 있는 것. ② '변화하거나 발전하지 않고 어떤 상태에서 돌처럼 굳어 버린 것'을 비유하여 이르는 말.

▸화:석 어류 化石魚類 (물고기 어, 무리 류). 오늘날 화석(化石)으로만 볼 수 있는 고대 어류(魚類).

▸화:석 연료 化石燃料 (태울 연, 거리 료). 공업 지질 시대에 생물이 땅속에 묻히어 화석(化石)같이 굳어져 오늘날 연료(燃料)로 쓰이는 물질. 석유, 석탄, 천연 가스 등.

▸화:석 인류 化石人類 (사람 인, 무리 류). 고적 화석(化石)으로 그 존재가 알려져 있는 과거의 인류(人類).

화:선[1] 火扇 (불 화, 부채 선). ① 속뜻 불[火]을 붙여 일으키는 데 쓰는 부채[扇]. ② 초꽂이 옆에 꽂아 이리저리 돌려서 촛불의 밝기를 조절하는 쇳조각.

화:선[2] 火船 (불 화, 배 선). ① 속뜻 나무나 짚 따위를 싣고 불[火]을 질러 띄워 보내는 배[船]. 수전(水戰)에서, 적선(積善)을 공격하기 위해 쓴다. ② 고기잡이에서 주로 지휘자가 타고 불을 밝히는 배.

화:선[3] 火線 (불 화, 줄 선). ① 군사 전투의 최전선에서, 적군과 직접 포화(砲火)를 주고받는 전선(戰線). ② 군사 사격 임무를 받은 사수가 차지하고 사격을 진행하는 점들을 연결한 선. ③ 물리 볼록렌즈로 햇빛을 모아 비칠 때, 굴절된 광선이 모이는 선.

화선[4] 花仙 (꽃 화, 신선 선). ① 속뜻 꽃[花]의 신선(神仙). ② '해당화'를 달리 이르는 말. '화중신선'(花中神仙)의 준말.

화:선[5] 畵船 (그림 화, 배 선). 역사 아름다운 그림[畵]과 조각으로 화려하게 장식이 된 배[船]. 궁중에서, 잔치를 베풀 때에 쓴다.

화:-선지 畵宣紙 (그림 화, 펼 선, 종이 지). 그림[畵]을 그릴 때 주로 쓰는 선지(宣紙). '선지'는 옥판선지(玉版宣紙)보다 질이 좀 낮은 선지(宣紙)로, 중국에서 유명한 종이 생산지의 이름에서 유래했다는 설이 있다.

화설 話說 (이야기 화, 말씀 설). 고대 소설에서 이야기[話]를 시작할 때 쓰는 말[說]. ㉥각설(却說).

화섬[1] 華贍 (빛날 화, 넉넉할 섬). 문장이 화려(華麗)하고 내용이 아주 풍부함[贍].

화:섬[2] 化纖 (될 화, 가늘 섬). 공업 석유, 석탄, 천연가스 따위를 원료로 하여 화학적(化學的)으로 합성한 섬유(纖維). '화학 섬유'(化學纖維)의 준말.

▸화:섬-사 化纖絲 (실 사). 화학섬유(化學纖維)로 만든 실[絲].

화:성[1] 火姓 (불 화, 성씨 성). 민속 오행(五行) 가운데, 화(火)에 속하는 성(姓).

화:성[2] 火星 (불 화, 별 성). ① 속뜻 불[火]을 상징하는 별[星]. ② 천문 태양에서 넷째로 가까운 행성. 지구의 바로 바깥쪽에서 타원형의 궤도로 태양을 돌고 있으며, 두 개의 위성을 가지고 있다. ㉥형행성(熒行星).

화성[3] 華城 (꽃 화, 성곽 성). ① 속뜻 꽃[華]처럼 아름답게 잘 쌓은 성(城). ② 고적 조선 정조 때, 경기도 수원시에 쌓은 성. 1997년 유네스코 세계 문화유산으로 지정되었다. ㉥수원성(水原城).

화:성[4] 畵聖 (그림 화, 거룩할 성). 그림[畵]을 그리는 정도가 성인(聖人)의 경지에 이름. 매우 뛰어난 화가를 높여 이르는 말.

화:성[5] 化成 (될 화, 이룰 성). ① 속뜻 덕화(德化)되어 선을 이룸[成]. ② 화학 다른 물질이나 원소가 화합하여 새 물질이 됨을 이르는 말. ③ 전기 제조 공정의 일부로서 전기 특성이 경년(經年) 변화를 일으키지 아니하도록, 전해 콘덴서·전해 정류기, 반도체 장치에 전압을 가하는 일.

▸화:성 비:료 化成肥料 (기름질 비, 거리 료). 농업 무기질 비료를 화학적(化學的)으로 처리하여, 비료 요소의 복합적 효과를 나타내게 한[成] 비료(肥料).

▸화ː성 작용 化成作用 (지을 작, 쓸 용). 지리 마그마에 의하여 화산이 변화(變化)하고, 화산암이 만들어지는[成] 따위의 작용(作用).

화성[6] **和聲** (어울릴 화, 소리 성). ① 속뜻 서로 아름답게 어우러지는[和] 소리[聲]. ② 음악 일정한 법칙에 따른 화음의 연결. ③판소리 창법에서, 상, 중, 하의 성음(聲音)을 어긋남이 없이 상하청(上下淸)을 맞게 내는 소리.

▸화성-법 和聲法 (법 법). 음악 소리[聲]를 어울리게 하는[和] 방법(方法). 화음을 기초로 하여 악곡을 짜는 방법.

화ː성-암 **火成巖** (불 화, 이룰 성, 바위 암). ① 속뜻 화산(火山) 활동으로 이루어진[成] 바위[巖]. ② 지리 땅속의 마그마가 냉각·응고되어 이루어진 암석을 통틀어 이르는 말.

화ː세[1] **火洗** (불 화, 씻을 세). 가톨릭 자신의 불[火]과 같은 뜨거운 열성으로 자신의 죄를 씻음[洗]. 하느님에 대한 믿음과 사랑을 가진 사람이 자기의 죄를 뉘우치고 영세를 받기를 원할 때, 그 사람에게 영세를 받은 사람과 같은 은총을 내려 주는 성신(聖神)의 세례.

화ː세[2] **火勢** (불 화, 기세 세). 불[火]이 타는 기세(氣勢).

화ː소 **畵素** (그림 화, 바탕 소). ① 속뜻 그림[畵]의 바탕[素]. ② 전기 텔레비전이나 사진 전송에서, 화면을 전기적으로 분해한 최소의 단위 면적.

화ː속 **火速** (불 화, 빠를 속). 걷잡을 수 없이 타는 불[火]처럼 매우 빠름[速]. 또는 몹시 급함. ⓑ화급(火急).

화수[1] **花穗** (꽃 화, 이삭 수). 식물 ①꽃[花]의 이삭[穗]. ②줄기 끝에 모여 나는 홑씨잎.

화수[2] **花鬚** (꽃 화, 수염 수). 식물 꽃[花]의 중심에 있는 수염[鬚] 모양의 생식기관. 암술과 수술이 있다.

화수[3] **花樹** (꽃 화, 나무 수). 꽃[花]이 피는 나무[樹].

▸화수-회 花樹會 (모일 회). ① 속뜻 한 나무[樹]에서 핀 꽃[花] 같은 사람들의 모임[會]. ②같은 성을 가진 사람들이 친목을 위하여 이룬 모임이나 잔치.

화순[1] **花脣** (꽃 화, 입술 순). ① 식물 꽃[花]의 입술[脣] 모양의 조직. 꽃잎. ②미인의 입술.

화순[2] **和順** (따스할 화, 순할 순). ① 속뜻 온화(溫和)하고 양순(良順)함. ②시키는 대로 잘 따르고 고분고분함.

화술 **話術** (말할 화, 꾀 술). 말하는[話] 기술(技術). ¶그는 화술이 뛰어나다. ⓑ말솜씨, 말재주.

화ː승 **火繩** (불 화, 노끈 승). 불[火]을 붙게 하는 데 쓰는 노끈[繩]. ¶눈 깜짝할 사이에 화승이 타고 화약은 큰 소리를 내며 터졌다. ⓒ도화선(導火線).

▸화ː승-총 火繩銃 (총 총). 화승(火繩)의 불로 터지게 만든 구식 총(銃). ¶화승총 몇 자루로 근대식 군대와 맞선 의병들은 역부족으로 쫓겨났다.

화시 **花時** (꽃 화, 때 시). 꽃[花]이 피는 시절(時節).

화ː식[1] **火食** (불 화, 밥 식). 불[火]에 익힌 음식(飮食). ⓑ생식(生食).

화식[2] **和食** (일본 화, 밥 식). 일본[和] 전통의 음식(飮食). ⓑ일식(日食).

화ː식[3] **貨殖** (재물 화, 불릴 식). 재산[貨]을 불림[殖].

화식[4] **花式** (꽃 화, 법 식). 식물 꽃[花]의 여러 조직을 기호와 숫자로 나타낸 식(式).

▸화식-도 花式圖 (그림 도). 식물 화식(花式)을 동심원상에 그린 그림[圖].

화ː신[1] **化身** (바뀔 화, 몸 신). ① 속뜻 다르게 바뀐[化] 몸[身]. ②추상적인 특질이 구체적인 것으로 바뀌는 일. ③ 불교 부처가 중생을 교화하기 위해 세상에 나타난 몸. 또는 사람의 몸으로 나타나는 일. '변화신'(變化身)의 준말.

화ː신[2] **火神** (불 화, 귀신 신). 불[火]을 맡은 신(神).

화신[3] **花神** (꽃 화, 귀신 신). ① 속뜻 꽃[花]을 맡은 신(神). ②꽃의 정신. 또는 꽃의 정기.

화신[4] **花晨** (꽃 화, 새벽 신). 꽃[花]이 핀 아침[晨].

화신[5] **花信** (꽃 화, 소식 신). 꽃[花]이 피었다는 소식[信].

▸화신-풍 花信風 (바람 풍). ① 속뜻 꽃소식[花信]을 전하는 바람[風]. ② '꽃이 필 무렵에 부는 바람'을 이르는 말. ③ '이십사번화신풍'(二十四番花信風)의 준말.

화:실1 **火室** (불 화, 방 실). 불[火]을 피우는 방[室].

화:실2 **畫室** (그림 화, 방 실). 그림[畫] 따위의 예술품을 만드는 방[室]. ¶빈 교실을 화실로 이용하다.

화심1 **花心** (꽃 화, 마음 심). ① 속뜻 꽃[花] 같은 마음[心]. ② 꽃술이 있는 부분. ③ 미인의 마음을 이르는 말.

화:심2 **禍心** (재화 화, 마음 심). ① 속뜻 남에게 재난[禍]을 끼치려는 마음[心]. ¶일본이 화심을 품고 있다. ② 재앙의 근원.

화씨 **華氏** (꽃 화, 성씨 씨). 물리 '화씨온도계'의 준말. 이 온도계를 고안한 독일의 파렌하이트(Fahrenheit)를 '화륜해'(華倫海)로 음역하고, 줄여서 '화씨'(華氏)라고 한 데에서 유래되었다. 물의 어는점을 32°F, 끓는점을 212°F로 한다. 반 섭씨(攝氏).

화아 **花芽** (꽃 화, 싹 아). 식물 자라서 꽃[花]이 될 싹[芽]. 비 꽃눈.

화안1 **花顏** (꽃 화, 얼굴 안). 꽃[花]같이 아름다운 얼굴[顏].

화안2 **和顏** (따스할 화, 얼굴 안). 화색(和色)이 도는 얼굴[顏].

화압 **花押** (꽃 화, 누를 압). ① 속뜻 꽃[花] 같은 수결[押]. ② 자기의 성명이나 직함 아래에 도장 대신에 자필로 글자를 직접 쓰던 일. 또는 그 글자. 준 압.

화:액 **禍厄** (재화 화, 재앙 액). 재앙[禍]과 액운(厄運).

화약1 **和約** (어울릴 화, 묶을 약). ① 속뜻 화해(和解)의 약속(約束). ② '평화 조약'(平和條約)의 준말.

⁑**화:약**2 **火藥** (불 화, 약 약). ① 속뜻 불[火]을 일으키는 기능을 하는 솜으로 만든 약(藥). ② 다이너마이트나 면화약 등과 같이 충격이나 열 따위를 가하면 격렬한 화학 반응을 일으켜, 가스와 열을 발생시키면서 폭발하는 물질. ¶화약 냄새 / 화약을 터뜨리다.

▸화:약-고 火藥庫 (곳집 고). ① 속뜻 화약(火藥)을 저장하는 창고(倉庫). ② '분쟁이나 전쟁 따위가 일어날 위험성이 있는 지역'을 비유하여 이르는 말.

화엄 **華嚴** (꽃 화, 엄할 엄). 불교 ① 연꽃[華] 같이 장엄(莊嚴)한 부처님의 깨달음과 가르침. ② 부처님의 가르침을 몸소 실천하여 수행함. ③ 화엄종의 교의(教義).

▸화엄-경 華嚴經 (책 경). ① [속뜻] 연꽃[華]같이 장엄(莊嚴)한 부처의 가르침을 담은 경전(經典). ② 불교 석가모니가 성도한 깨달음의 내용을 그대로 설법한 경문. 법계 평등(法界平等)의 진리를 설파한 부처의 덕행을 찬양하고 있다. '대방광불화엄경'(大方廣佛華嚴經)의 준말. 비 대교(大教).

▸화엄-사 華嚴寺 (절 사). ① 속뜻 연꽃[華] 같이 장엄(莊嚴)한 부처의 가르침을 표방하는 절[寺]. ② 불교 전라남도 구례군 지리산에 있는 25교구 본사의 하나인 사찰. 신라 진흥왕 5년(544)에 창건하였으며, 선교 양종의 본산으로 유명하다.

▸화엄-종 華嚴宗 (마루 종). 불교 화엄경(華嚴經)을 근본 경전으로 하여 세운 종파(宗派).우리나라에서는 신라 신문왕 때 의상대사(義湘大師)가 개종(開宗)하였다.

화연 **花宴** (꽃 화, 잔치 연). ① 속뜻 꽃[花]같이 아름다운 잔치[宴]. ② 환갑잔치.

화열 **和悅** (어울릴 화, 기쁠 열). 마음이 화평(和平)하여 기쁨[悅].

화:염 **火焰** (불 화, 불꽃 염). ① 속뜻 불[火]에서 이는 불꽃[焰]. ② 타는 불에서 일어나는 붉은 빛의 기운. ¶불이 나서 거리는 화염에 휩싸였다. 비 불꽃.

▸화:염-병 火焰瓶 (병 병). 화염(火焰)을 일으키는 물질을 채운 유리병[瓶].

▸화:염 방:사기 火焰放射器 (놓을 방, 쏠 사, 그릇 기). 군사 화염(火焰)을 쏘아[放射] 적을 공격하는 병기(兵器).

화엽 **花葉** (꽃 화, 잎 엽). ① 속뜻 꽃[花]의 잎[葉]. ② 식물 속씨식물의 꽃을 이루는 특수한 변태엽. 꽃받침, 꽃잎, 암술, 수술, 심피 따위를 통틀어 일컫는다. ③ 식물 선태식물의 줄기 끝에 모여 자라서 조란기나 조정기를 보호하는 잎.

화영 **花影** (꽃 화, 그림자 영). 꽃[花]의 그림자[影].

화예 **花蘂** (꽃 화, 꽃술 예). 식물 꽃[花]의

수술과 암술[蘂]. 꽃의 생식 기관으로서 꽃의 중심을 이룬다.

▸화예-석 花蘂石 (돌 석). ① 광업 꽃술[花蘂] 같은 무늬가 있는 돌[石]. 누런 빛깔의 바탕에 흰색 점이 박혀있다. 화유석(花乳石). ② 한의 지혈제로 쓰는 약재료.

화옥 華屋 (빛날 화, 집 옥). 화려(華麗)하게 지은 집[屋].

화왕 花王 (꽃 화, 임금 왕). ① 속뜻 꽃[花] 중에 왕(王). 가장 아름다운 꽃. ② '모란꽃'을 달리 이르는 말. '화중왕'(花中王)의 준말.

▸화왕-계 花王戒 (경계할 계). ① 속뜻 화왕(花王)을 일깨움[戒]. ② 문학 신라 신문왕 때, 설총(薛聰)이 왕을 깨우치기 위해 지은 우언적인 이야기. 화왕인 목단이 아첨하는 장미와 충간하는 할미꽃을 두고 누구를 선택할까 망설일 때 할미꽃이 간언하였다는 내용이다.

화-요일 火曜日 (불 화, 빛날 요, 해 일). 칠요일 중 화(火)에 해당하는 요일(曜日). ¶이번 주 화요일은 며칠입니까?

화용 花容 (꽃 화, 얼굴 용). ① 속뜻 꽃[花]처럼 예쁜 얼굴[容]. ② 아름다운 여자의 얼굴.

▸화용-월태 花容月態 (달 월, 모양 태). ① 속뜻 꽃[花]처럼 예쁜 얼굴[容]과 달[月]처럼 고운 자태(姿態). ② '미인의 모습'을 비유하여 이르는 말.

화:운[1] 火雲 (불 화, 구름 운). ① 속뜻 불[火]처럼 뜨거운 구름[雲]. ② 여름철 뜨거운 때의 구름을 일컬음.

화운[2] 和韻 (어울릴 화, 운 운). 화답(和答)의 뜻으로 다른 사람의 한시의 운자(韻字)로 시를 지음.

화:원[1] 火源 (불 화, 근원 원). 불[火]이 난 근원(根源).

화원[2] 花園 (꽃 화, 동산 원). ① 속뜻 꽃[花]을 심은 정원(庭園). ② 꽃을 파는 가게. ¶나는 화원에서 안개꽃 한 다발을 샀다.

화:원[3] 畵員 (그림 화, 사람 원). 역사 조선 때, 도화서(圖畵署)의 잡직을 맡던 사람[員].

화:원[4] 禍源 (재화 화, 근원 원). 재앙[禍]이 생긴 근원(根源).

화월 花月 (꽃 화, 달 월). ① 속뜻 꽃[花]과 달[月]. 또는 꽃 위에 비치는 달. ② 꽃 피고 달 밝은 그윽한 정취. ③ '음력 2월'을 달리 이르는 말. ⑭ 여월(如月).

화유 花遊 (꽃 화, 놀 유). 꽃[花]을 구경하며 다님[遊].

화유-석 花乳石 (꽃 화, 젖 유, 돌 석). 광업 누런 젖[乳]빛의 바탕에 흰색 점이 꽃[花]처럼 아롱져 박혀있는 돌[石].

화:육 化育 (될 화, 기를 육). 자연이 만물을 만들고[化] 기름[育].

화:-육법 畵六法 (그림 화, 여섯 륙, 법 법). 미술 동양화에서, 그림[畵]을 그리는 여섯[六] 가지 기법(技法)을 이르는 말. 기운생동(氣運生動), 골법용필(骨法用筆), 응물상형(應物象形), 수류부채(隨類賦彩), 경영위치(經營位置), 전이모사(轉移模寫)가 있다.

화음[1] 和音 (어울릴 화, 소리 음). 음악 높이가 다른 둘 이상의 음이 함께 울릴 때 어울리는[和] 소리[音]. ¶화음을 넣다.

화음[2] 花陰 (꽃 화, 응달 음). 꽃[花]의 그늘[陰].

화음[3] 華音 (중국 화, 소리 음). 중국어[華]의 음(音). ⑭ 한음(漢音).

화응 和應 (합칠 화, 응할 응). 화답(和答)하여 대응(對應)함.

화의 和議 (어울릴 화, 의논할 의). ① 속뜻 화목(和睦)하게 의논(議論)함. ② 법률 채무자의 파산을 예방하기 위하여 채권자와 채무자 사이에 체결하는 강제 계약.

화이 華夷 (중국 화, 오랑캐 이). 중국[華] 민족과 그 주변의 오랑캐[夷].

▸화이-사상 華夷思想 (생각 사, 생각 상). 중국 민족이 스스로를 중화(中華)라 하여 존중하고 주변 민족을 오랑캐[夷]라 하여 천시하던 사상(思想).

▸화이-역어 華夷譯語 (옮길 역, 말씀 어). 책명 중국 명나라 홍무제의 명에 따라 중국[華]과 주변 여러 나라[夷] 말을 대역(對譯)한 어휘집(語彙集).

화:인[1] 火印 (불 화, 도장 인). ① 속뜻 불[火]에 달군 쇠붙이로 찍는 도장[印]. ② 역사 장에서 곡식을 되는 데 쓰도록 관아에서 낙인을 찍어 공인하여 만든 되. ⑭ 낙인(烙印).

화:인[2] 火因 (불 화, 까닭 인). 화재(火災)의 원인(原因).

화:인³ 禍因 (재화 화, 까닭 인). 재앙[禍]의 원인(原因).

화자¹ 花瓷 (꽃 화, 사기그릇 자). 꽃[花]무늬가 있는 자기(瓷器).

화자² 話者 (말할 화, 사람 자). 말하는[話] 사람[者]. 이야기하는 사람. ¶이 소설의 화자는 주인공의 딸이다. ⓑ청자(聽者).

화잠 花簪 (꽃 화, 비녀 잠). 새색시가 머리를 꽃[花]처럼 예쁘게 치장하는 데 쓰는 비녀[簪]. ¶화잠을 꽂은 새색시.

화:장¹ 火匠 (불 화, 장인 장). ① 속뜻 배에서 불[火]을 때서 밥 짓는 일을 맡은 사람[匠]. ② 도자기 가마에 불을 때는 사람.

화:장² 火杖 (불 화, 지팡이 장). 불[火]을 쑤시는 지팡이[杖] 모양의 기구.

화:장³ 火葬 (불 화, 장사지낼 장). 시체를 불[火]에 살라 장사(葬事)하는 일. ¶그는 자신이 죽으면 화장해달라고 말했다. ⓑ다비(茶毘). ⓒ토장(土葬).

화장⁴ 化粧 (될 화, 단장할 장). ① 속뜻 예쁘게 되도록[化] 곱게 단장(丹粧)함. ② 화장품을 바르거나 문질러 얼굴을 곱게 꾸밈. ¶그녀는 열게 화장을 했다. ③ 머리나 옷의 매무새를 매만져 맵시를 냄. ¶박 사장은 연설에 앞서 머리 손질을 하며 화장을 간단히 끝냈다.

▶화장-기 化粧氣 (기운 기). 화장(化粧)을 한 흔적[氣].

▶화장-대 化粧臺 (돈대 대). 화장(化粧)하는 데 쓰는 높고 평평한[臺] 가구. ¶큰 거울이 달린 화장대를 새로 샀다.

▶화장-수 化粧水 (물 수). 화장(化粧)에 쓰이는 액체[水] 형태의 물질.

▶화장-술 化粧術 (꾀 술). 화장(化粧)하는 기술(技術).

▶화장-실 化粧室 (방 실). ① 속뜻 화장(化粧)을 하는 방[室]. ② 대소변(大小便)을 볼 수 있게 만들어 놓은 곳. ¶화장실 청소를 하다. ⓑ변소.

▶화장-지 化粧紙 (종이 지). ① 속뜻 화장(化粧)에 쓰이는 종이[紙]. ② 휴지(休紙). ¶화장지를 아껴 쓰다.

▶화장-품 化粧品 (물건 품). 화장(化粧)에 쓰이는 물품(物品). ¶화장품을 바르다.

화:재¹ 畵才 (그림 화, 재주 재). 그림[畵] 그리는 재능(才能). ¶그 소년은 화재가 있어 보인다.

화:재² 畵材 (그림 화, 재료 재). 그림[畵]의 소재(素材). ¶그 모습은 좋은 화재가 될 수 있다.

화:재³ 火災 (불 화, 재앙 재). 불[火]로 인한 재앙(災殃). ¶화재 신고는 119로 하세요. ⓑ화난(火難).

▶화:재 보:험 火災保險 (지킬 보, 험할 험). 경제 화재(火災)로 말미암은 손해를 보충함을 목적으로 하는 보험(保險).

▶화:재-경보기 火災警報機 (타이를 경, 알릴 보, 틀 기). 화재(火災)가 나면 경보(警報)를 울리는 기계(機械).

화:저 火箸 (불 화, 젓가락 저). 화로에 꽂아 두고 쓰는 불[火]을 쑤시는 젓가락[箸] 모양의 기구. ⓑ부젓가락.

화:적 火賊 (불 화, 도둑 적). ① 속뜻 불[火]을 든 도적(盜賊). ② 떼를 지어 돌아다니며 재물을 마구 빼앗는 도적들. 횃불을 들고 부호가를 습격하는데서 이름이 유래. ⓑ불한당(不汗黨). [속담]화적 봇짐 털어 먹는다.

화:전¹ 火箭 (불 화, 화살 전). 군사 지난날의 싸움에서, 불[火]을 붙여 쏘던 화살[箭].

화전² 花煎 (꽃 화, 지질 전). 진달래나 국화 따위의 꽃[花]잎을 붙여 만든 지짐[煎]. ¶화전놀이 / 단옷날에는 화전을 부쳐 먹는 풍습이 있다.

화전³ 花戰 (꽃 화, 싸울 전). ① 속뜻 꽃[花]을 가지고 하는 싸움[戰]. ② 민속 꽃을 꺾어 모아 수효가 많고 적음을 내기하는 놀이.

화전⁴ 和戰 (어울릴 화, 싸울 전). ① 속뜻 화친(和親)과 전쟁(戰爭). ② 전쟁을 끝내고 화친함.

화:전⁵ 火田 (불 화, 밭 전). 농업 농사를 짓기 위해 산이나 들에 불[火]을 질러 일군 밭[田]. ¶화전을 일구다.

▶화:전-민 火田民 (백성 민). 농업 화전(火田)을 일구어 농사를 짓는 백성[民].

화전-별곡 花田別曲 (꽃 화, 밭 전, 다를 별, 노래 곡). 문학 조선 중종 때, 김구(金絿)가 귀양지 화전(花田)의 풍경과 생활을 노래한 경기체가[別曲].

화전-충화 花田衝火 (꽃 화, 밭 전, 찌를 충,

불 화). ① 속뜻 꽃밭[花田]에 불[火]을 지름[衝]. ② '젊은이의 앞을 막거나 그르침'을 이르는 말.

화:점[1] 火點 (불 화, 결 점). 공업 ① 쇠붙이에 불[火]을 붙여[點] 시험해 보는 일. ② 아말감을 화금(火金)으로 만들기 위하여 가열함.

화점[2] 花點 (꽃 화, 점 점). ① 속뜻 꽃[花] 모양의 점(點). ② 운동 바둑판에 표시된 아홉 군데의 점(點).

화:접 畵楪 (그림 화, 평상 접). 수공 ① 그림[畵]을 그린 접시[楪]. ② 도자기에 그림을 그리는 물감을 푸는 접시.

화:제[1] 火帝 (불 화, 임금 제). 중국 고대의 불[火]의 제왕(帝王). ⓑ염제(炎帝).

화:제[2] 畵題 (그림 화, 제목 제). ① 속뜻 그림[畵]의 표제(標題). ② 그림에 쓴 시.

화제[3] 話題 (이야기 화, 제목 제). 이야기[話]의 제목(題目). 이야기의 주제. ¶화제를 바꾸다.

화조[1] 花鳥 (꽃 화, 새 조). ① 속뜻 꽃[花]과 새[鳥]. ② 꽃을 찾아다니는 새. ③ 꽃과 새를 그린 그림이나 조각. ¶화조를 수놓다.

▸화조-사 花鳥使 (부릴 사). 꽃[花]과 새[鳥] 같은 남녀 사이에서 사랑의 심부름[使]을 하는 사람.

▸화조-화 花鳥畵 (그림 화). 미술 꽃[花]과 새[鳥]를 그린 그림[畵].

▸화조-풍월 花鳥風月 (바람 풍, 달 월). ① 속뜻 꽃[花]과 새[鳥], 바람[風]과 달[月]. ② 자연의 아름다운 경치를 이르는 말. ③ 풍류(風流).

화조[2] 花朝 (꽃 화, 아침 조). ① 속뜻 꽃[花] 피는 아침[朝]. ② '음력 2월 보름'을 달리 이르는 말.

▸화조-월석 花朝月夕 (달 월, 저녁 석). ① 속뜻 꽃[花]이 핀 아침[朝]과 달[月] 뜨는 저녁[夕]. ② 경치가 좋은 시절.

화족 華族 (빛날 화, 무리 족). 지체가 높은 사람이나 나라에 공훈이 있는 화려(華麗)한 집안이나 자손들[族]. ¶화족의 자식들은 좀 달랐다.

화좌 華座 (꽃 화, 자리 좌). 불교 부처나 보살이 앉는 연꽃[華] 모양의 자리[座].

화:주[1] 火酒 (불 화, 술 주). 불[火]이 붙을 정도로 도수가 높은 술[酒].

화:주[2] 貨主 (재물 화, 주인 주). 화물(貨物)의 주인(主人).

화:주[3] 化主 (될 화, 주인 주). 불교 ① 중생을 교화(敎化)하는 교주(敎主)로서, 부처를 이르는 말. ② 화주승(化主僧). ③ 시주(施主).

▸화:주-승 化主僧 (스님 승). 불교 시물(施物)을 얻어 절의 양식을 대는[化主] 승려(僧侶). ㊟화주.

화주[4] 華胄 (빛날 화, 자손 주). ① 속뜻 빛나는[華] 혈통[胄]. ② 왕족이나 귀족 등 높은 가문의 자손.

▸화주-계 華胄界 (지경 계). 귀족[華胄]들의 사회[界].

화중[1] 華中 (중국 화, 가운데 중). 중국[中華]의 중부(中部) 지방.

화중[2] 話中 (말할 화, 가운데 중). 말하는[話] 중간(中間).

화중-군자 花中君子 (꽃 화, 가운데 중, 임금 군, 접미사 자). ① 속뜻 꽃[花] 중(中)의 군자(君子). ② '연꽃'을 이르는 말.

화중-신선 花中神仙 (꽃 화, 가운데 중, 귀신 신, 신선 선). ① 속뜻 꽃[花] 중(中)의 신선(神仙). ② '해당화'(海棠花)를 이르는 말. ㊟화선.

화중-왕 花中王 (꽃 화, 가운데 중, 임금 왕). ① 속뜻 꽃[花] 중(中)의 왕(王). ② '모란꽃'을 이르는 말. ㊟화왕.

화:중지병 畵中之餠 (그림 화, 가운데 중, 어조사 지, 떡 병). 그림[畵] 속[中]에 그려진 떡[餠]. ㊟화병.

화중-화 花中花 (꽃 화, 가운데 중, 꽃 화). ① 속뜻 꽃[花] 중(中)의 꽃[花]. ② '가장 아름다운 꽃'을 이르는 말. ③ '뛰어나게 어여쁜 여자'를 비유하여 이르는 말.

화:증 火症 (불 화, 증세 증). 화(火)를 벌컥 내는 병증(病症).

화:지 畵紙 (그림 화, 종이 지). 그림[畵]을 그리는 데 쓰는 질이 좋은 종이[紙]. ¶하얀 화지에 그림을 그리기 시작했다.

화직 華職 (빛날 화, 일 직). 높고 화려(華麗)한 벼슬[職].

화:집 畵集 (그림 화, 모을 집). 그림[畵]을 모아[集] 엮은 책. ⓑ화첩(畵帖).

화ː차[1] 火車 (불 화, 수레 차). ① 속뜻 전쟁 때 불[火]로 적을 공격하는 데 쓰던 수레[車]. ② 임진왜란 때 우리나라에서 사용한 전차(戰車)의 한 가지. ③ 기차(汽車).

화ː차[2] 貨車 (재물 화, 수레 차). 화물(貨物)을 싣는 차량(車輛). ㊥ 객차(客車).

화창[1] 和暢 (따스할 화, 펼칠 창). 따스하여[和] 꽃잎이 활짝 펼쳐질[暢] 정도로 날씨가 맑고 좋다. ¶화창한 오후 / 화창한 날씨.

화창[2] 話唱 (말할 화, 부를 창). 음악 가극 따위에서, 말하는[話] 것처럼 노래하는[唱] 부분.

화채[1] 花菜 (꽃 화, 나물 채). 꿀이나 설탕을 탄 물에 꽃[花]잎이나 나물[菜] 따위를 뜯어 넣고 잣을 띄운 음료. ¶수박으로 화채를 만들어 먹다.

화채[2] 花債 (꽃 화, 빚 채). 기생, 창기[花] 따위와 놀고서 주는 돈[債].

화ː천 禍泉 (재화 화, 샘 천). ① 속뜻 재난[禍]의 샘[泉]. ② 술을 이르는 말.

화천월지 花天月地 (꽃 화, 하늘 천, 달 월, 땅 지). 꽃[花] 피고 달[月] 밝은 봄밤의 경치[天地]를 이르는 말.

화ː첩 畫帖 (그림 화, 표제 첩). ① 속뜻 그림[畫]을 모아서 엮은 책[帖]. ② 그림을 그리기 위하여 여러 장의 종이로 엮은 책. ㊐ 화집(畫集).

화ː청 火淸 (불 화, 맑을 청). ① 속뜻 불[火]로 끓어 맑게[淸] 함. ② 생청(生淸)을 떠내고 불어 끓여 짜낸 찌끼 꿀. ㊐ 화밀(火蜜).

화청-소 花靑素 (꽃 화, 푸를 청, 바탕 소). 식물 식물의 꽃, 잎, 열매 따위의 세포액 속에 들어 있어서 빨강, 파랑, 초록, 자주 따위의 빛깔을 나타내는 색소(色素). 영문명 'anthocyan'이 그리스어로 '꽃'[花]을 뜻하는 'anthos'와 '청'(靑)을 뜻하는 'kyanos'를 복합한 데서 유래.

*__화초__ 花草 (꽃 화, 풀 초). ① 속뜻 꽃[花]이 피는 식물[草]. ¶화초를 가꾸다. ② 실용적이지 못하고 주된 물건의 장식품에 지나지 않음을 이르는 말. ¶화초 며느리. ㊐ 화훼(花卉).

▶화초-방 花草房 (방 방). 화초(花草)를 관상하기 위하여 차려 놓은 방(房).

▶화초-분 花草盆 (동이 분). 화초(花草)를 심는 화분(花盆).

▶화초-장 花草欌 (장롱 장). 문짝 따위를 화초(花草)로 장식한 옷장[欌].

▶화초-첩 花草妾 (첩 첩). 화초(花草) 같은 노리개로 데리고 노는 첩(妾).

화촉 華燭 (빛날 화, 촛불 촉). ① 속뜻 화려(華麗)하게 물들인 초[燭]. ② 혼례 의식 때 촛불을 밝히는 데서 '혼례'를 달리 이르는 말. ③ 그림을 그리는 데 쓰이는 밀초.

▶화촉-동방 華燭洞房 (구멍 동, 방 방). 신랑 신부가 첫날밤에 화촉(華燭)을 밝힌 골[洞] 방(房).

▶화촉지전 華燭之典 (어조사 지, 의식 전). 화촉(華燭)을 밝히는 혼례에 관한 법식[典]. ㊐ 결혼식(結婚式).

화축 花軸 (꽃 화, 굴대 축). 식물 꽃[花]이 올라오는 굴대[軸] 같은 줄기.

화충 和沖 (=和衷, 어울릴 화, 온화할 충). 마음 깊이 화목하다[和=沖].

▶화충-협의 和沖協議 (합칠 협, 의논할 의). 화목한[和沖] 마음으로 협의(協議)함.

화치 華侈 (빛날 화, 사치할 치). 화려(華麗)하고 사치(奢侈)스럽다. ㊐ 화사(華奢).

화친 和親 (어울릴 화, 친할 친). ① 속뜻 나라끼리 화목(和睦)하고 친(親)하게 지냄. ② 서로 의좋게 지냄. 또는 그 정분. ¶화친을 꾀하다.

화ː침 火針 (불 화, 바늘 침). 종기를 따기 위해서 불[火]로 뜨겁게 달군 침(針).

화ː타 化他 (될 화, 다를 타). 불교 남[他]을 교화(敎化)함.

화탁 花托 (꽃 화, 받칠 탁). 식물 꽃[花]을 받치고[托] 있는 부분. ㊐ 꽃받침.

화ː태 禍胎 (재화 화, 아이 밸 태). 재앙[禍]이 잉태(孕胎)됨. ㊐ 화근(禍根).

화ː택 火宅 (불 화, 집 택). ① 속뜻 불[火] 타고 있는 집[宅]. ② 불교 번뇌(煩惱)가 많은 속세를 이르는 말.

화ː통 火筒 (불 화, 대롱 통). 기차나 기선 따위에서 불[火]을 땔 때 연기가 나오게 한 굴뚝[筒].

▶화ː통-간 火筒間 (사이 간). 굴뚝[火筒]을 달고 다니는 기차의 차량[間]. 기관차(機關車)를 통속적으로 이르는 말.

화:퇴 火腿 (불 화, 넓적다리 퇴). 불[火]에 훈제한 돼지고기[腿].

화투 花鬪 (꽃 화, 싸울 투). ① 속뜻 꽃[花]이 그려진 딱지로 하는 놀음[鬪]. ② 운동 48장으로 된 놀이딱지. 계절에 따른 솔, 매화, 벚꽃, 난초, 모란, 국화, 오동 따위 열두 가지 그림이 각각 네 장씩 모두 48장으로, 짓고땡·육백·고스톱 따위의 노는 방법이 있다. ¶할머니가 화투를 치신다.

화:파 畵派 (그림 화, 갈래 파). 회화(繪畵) 예술의 유파(流派).

화판[1] 花瓣 (꽃 화, 꽃잎 판). 식물 꽃[花]의 잎[瓣].

화:판[2] 畵板 (그림 화, 널빤지 판). ① 속뜻 그림을 그릴[畵] 때 받치는 판(板). ② 유화를 그리는 널빤지.

화편 花片 (꽃 화, 조각 편). 식물 낱개[片]의 꽃[花]잎.

화평 和平 (어울릴 화, 평안할 평). 화목(和睦)하고 평안(平安)함.

화:폐 貨幣 (돈 화, 돈 폐). ① 속뜻 재물[貨]과 예물[幣]이 되는 돈. ② 경제 상품 교환의 매개물, 지불의 수단, 가치 척도 등으로 쓰이는 사회에 유통되는 돈. 금화, 은화, 은행권 따위가 있다. ¶화폐 수집 / 화폐를 발행하다. ㊥돈.

▸화:폐 가치 貨幣價値 (값 가, 값 치). 경제 화폐(貨幣)가 지니는 구매력[價値]. 또는 한 단위의 화폐가 재화 및 용역을 살 수 있는 능력.

▸화:폐 개:혁 貨幣改革 (고칠 개, 바꿀 혁). 경제 화폐(貨幣)에 대한 개혁(改革). 인플레이션을 수습하기 위한 조처로 쓰인다.

▸화:폐 경제 貨幣經濟 (다스릴 경, 건질 제). 경제 화폐(貨幣)를 매개로 상품이 교환되고 유통되는 경제(經濟). ㊥상품 경제(商品經濟).

▸화:폐 본위 貨幣本位 (뿌리 본, 자리 위). 경제 한 나라의 화폐(貨幣) 단위를 규정하는 근거[本位]. 정량의 금이나 은으로 규정하는 금속 본위, 지폐로 규정하는 지폐 본위 따위가 있다.

▸화:폐 소:득 貨幣所得 (것 소, 얻을 득). 경제 측정하는 시점의 화폐(貨幣)액으로 나타낸 소득(所得). ㊥명목 소득(名目所得).

▸화:폐 시:장 貨幣市場 (저자 시, 마당 장). 경제 화폐(貨幣)가 교환되는 시장(市場). 주로 단기 자금의 거래 시장을 이른다.

▸화:폐 임:금 貨幣賃金 (품삯 임, 돈 금). 경제 ① 화폐(貨幣)로 지급되는 임금(賃金). ② 명목 임금(名目賃金).

▸화:폐 제:도 貨幣制度 (정할 제, 법도 도). 경제 화폐(貨幣)에 관한 제도(制度).

화:포[1] 火砲 (불 화, 대포 포). ① 속뜻 화약(火藥)으로 쏘는 대포(大砲). ② 군사 대포 따위처럼 화약의 힘으로 탄환을 내쏘는 대형 무기. ¶화포 공격.

화포[2] 花布 (꽃 화, 베 포). 흰 꽃[花]무늬를 박은 베[布].

화포[3] 花苞 (꽃 화, 밑동 포). ① 속뜻 꽃[花]을 받치는 밑동[苞]. ② 식물 꽃대나 꽃자루의 밑을 받치고 있는 잎. ㊣포.

화포[4] 花砲 (꽃 화, 대포 포). 꽃[花] 모양으로 불꽃이 흩어지는 폭죽[砲]. ㊥연화(煙火).

화포[5] 花圃 (꽃 화, 밭 포). 꽃[花]을 재배하는 밭[圃].

화:포[6] 畵布 (그림 화, 베 포). 미술 유화를 그릴[畵] 때 쓰는 천[布].

화:폭 畵幅 (그림 화, 너비 폭). 그림을 그리는[畵] 천이나 종이의 폭(幅). ¶겨울 풍경을 화폭에 담다.

화품[1] 花品 (꽃 화, 품격 품). 꽃[花]의 품격(品格).

화:품[2] 畵品 (그림 화, 품격 품). 그림[畵]의 품격(品格). ㊥화격(畵格).

화:풍[1] 畵風 (그림 화, 모습 풍). 그림[畵]에 나타난 풍격(風格). 또는 그림을 그리는 경향. ¶그의 화풍은 많은 화가들에게 영향을 주었다.

화풍[2] 和風 (따스할 화, 바람 풍). ① 속뜻 온화(溫和)한 바람[風]. ② 지리 풍력 계급 4의 바람. 초속 5.5~7.9미터로 불며, 육지에서는 먼지가 일고 종잇조각이 날리며 작은 나뭇가지가 흔들리고 바다에서는 물결이 일 정도의 바람이다. ㊥건들바람.

▸화풍-감우 和風甘雨 (달 감, 비 우). 온화(溫和)한 바람[風]과 단[甘] 비[雨].

▸화풍-난양 和風暖陽 (따뜻할 난, 볕 양). 온화(溫和)한 바람[風]과 따스한[暖] 햇볕

[陽].

화풍-병 花風病 (꽃 화, 바람 풍, 병 병). ① 속뜻 꽃[花] 바람[風] 같은 병(病). ② 남자나 여자가 마음에 둔 사람을 몹시 그리워하는 데서 생기는 마음의 병. ㊐상사병(相思病).

화피 花被 (꽃 화, 덮을 피). 식물 꽃[花]을 이불[被]같이 감싸고 있는 기관. 꽃받침과 꽃부리를 이른다.

화:필 畵筆 (그림 화, 붓 필). 그림[畵] 그릴 때 쓰는 붓[筆].

화:학[1] 畵學 (그림 화, 배울 학). 회화(繪畵)에 관한 학문(學問).

화:학[2] 化學 (될 화, 배울 학). ① 속뜻 물질이 바뀌어 다른 것이 되는[化] 것을 연구하는 학문(學問). ② 화학 물질의 조성과 구조, 성질과 작용 및 변화, 제법과 응용 따위를 연구하는 자연과학의 한 부문. ¶화학 실험.

▶화:학-식 化學式 (법 식). 화학 원소 기호를 합하여 물질의 화학(化學) 조성을 나타낸 식(式).

▶화:학-자 化學者 (사람 자). 화학(化學)을 전문으로 연구하는 사람[者].

▶화:학-적 化學的 (것 적). 화학(化學)에 관련된 것[的]. 화학을 이용하는 것. ¶물이 얼음이 되는 것은 화학적인 반응이 아니라 물리적인 반응이다.

▶화:학-전 化學戰 (싸울 전). 군사 화학(化學) 물질을 사용해 벌이는 전쟁(戰爭).

▶화:학 공업 化學工業 (장인 공, 일 업). 공업 화학적(化學的)인 반응을 응용한 공업(工業).

▶화:학 공학 化學工學 (장인 공, 배울 학). 공업 화학(化學) 장치의 구조, 기능, 반응 따위를 인공적으로[工] 구현·활용하는 것을 연구하는 학문(學問).

▶화:학 기호 化學記號 (기록할 기, 표지 호). 화학 화학(化學) 반응을 표시하기 위해 로마자로 표기하는 기호(記號). ㊐원자 기호(元子記號).

▶화:학 당량 化學當量 (당할 당, 분량 량). 화학 ① 화학(化學) 변화를 일으킬 때, 기본이 되는[當] 양(量). 원소의 당량, 산·염기의 당량, 산화제·환원제의 당량이 있다. ② 수소 1 원자량이나 산소 8 원자량과 직·간접으로 대등하게 화합하는 다른 원소의 물질량. ㊎당량.

▶화:학 무:기 化學武器 (굳셀 무, 그릇 기). 군사 화학(化學) 물질을 이용해 만든 무기(武器). ㊐화학 병기(化學兵器).

▶화:학 반:응 化學反應 (되돌릴 반, 응할 응). 화학 두 가지 이상의 물질 사이에 화학(化學) 변화가 일어나서 다른 물질로 변화하는 과정이나 반응(反應). ¶연료 전지는 수소와 산소에 전기 화학 반응을 일으켜 전기 에너지로 변환하는 장치이다.

▶화:학 변:화 化學變化 (바뀔 변, 될 화). 화학 물질이 그 자체 또는 다른 물질과의 상호 작용으로 원자의 결합에 변화를 일으켜 새로운 물질을 만드는 화학적(化學的) 변화(變化). ㊇물리 변화(物理變化).

▶화:학 병기 化學兵器 (군사 병, 그릇 기). 군사 화학(化學)을 응용하여 제조된 병기(兵器). ㊐화학 무기(化學武器).

▶화:학 분석 化學分析 (나눌 분, 가를 석). 화학 화학(化學) 반응을 이용하여 물질을 분석(分析)하는 일.

▶화:학 비:료 化學肥料 (기름질 비, 거리 료). 농업 화학적(化學的) 공정을 거쳐 만든 비료(肥料). ¶농약이나 화학 비료를 많이 사용하면 토양이 산성화된다.

▶화:학 섬유 化學纖維 (가늘 섬, 밧줄 유). 공업 화학적(化學的) 공정을 거쳐 만든 섬유(纖維). ㊐인조 섬유(人造纖維).

▶화:학 요법 化學療法 (병 고칠 료, 법 법). 의학 미생물로 말미암아 생기는 병을 화학(化學) 약품으로 치료(治療)하는 방법(方法).

▶화:학 합성 化學合成 (합할 합, 이룰 성). 화학 ① 화학(化學) 반응에 의한 합성(合成). ② 무기물질을 산화 시킬 때 얻는 에너지로 탄산 동화를 하는 현상.

화한 華翰 (빛날 화, 글 한). ① 속뜻 빛나는[華] 글[翰]. ② 상대편의 편지를 높이는 말.

화합[1] 和合 (어울릴 화, 합할 합). 서로 잘 어우러져[和] 마음을 합(合)침. ¶우리 반은 화합이 잘 된다.

화합[2] 化合 (될 화, 합할 합). ① 속뜻 화학적(化學的)으로 결합(結合)함. 그런 물질. ② 화학 둘 또는 그 이상의 물질이 결합하여 본래의 성질을 잃어버리고 새로운 성질을 가진 물질이 됨. ¶수소는 산소와 화합하면 물이 된다.

▸화:합-물 化合物 (만물 물). 화학 두 가지 이상의 원자가 일정한 비율로 화학적(化學的)으로 결합(結合)하여 생성된 물질(物質).

▸화:합-열 化合熱 (더울 열). 화학 둘 이상의 물질이 화합(化合)할 때 발생하거나 흡수되는 열(熱).

화해[1] 和解 (화합할 화, 풀 해). ① 속뜻 싸움하던 것을 멈추고 화합(和合)하여 안 좋은 감정을 풀어[解] 없앰. ¶우리 이제 그만 화해하자. ② 법률 민사상의 분쟁을 재판 이외에 당사자 간에 해결하는 일. 또는 그 계약. ③ 한의 위장을 편히 하고 땀이 나게 하여 외기(外氣)를 푸는 일. ㊐시담(示談).

화:해[2] 禍害 (재화 화, 해칠 해). 뜻밖에 일어난 재앙[禍]으로 입은 손해(損害). ㊐재난(災難).

화:해[3] 火海 (불 화, 바다 해). 불[火]길이 퍼진 것이 바다[海]와 같음. 넓은 지역이 불길에 싸임. ㊐불바다. ¶전쟁으로 전국이 화해에 휩싸였다.

▸화:해 전:술 火海戰術 (싸울 전, 꾀 술). 군사 우수한 화력으로 적지를 불바다[火海]를 만드는 전술(戰術).

화향 花香 (꽃 화, 향기 향). ① 속뜻 꽃[花]의 향기(香氣). ② 불교 부처 앞에 올리는 꽃과 향.

화협 和協 (어울릴 화, 합칠 협). 서로 마음을 툭 터놓고[和] 협의(協議)함.

화:형 火刑 (불 화, 형벌 형). 지난날, 사람을 불[火]에 태워 죽이던 형벌(刑罰). ¶역적을 화형에 처하다.

▸화:형-식 火刑式 (의식 식). 사라져야 할 대상을 상징하는 허수아비나 그림 따위를 만든 후 그것을 불태우는[火刑] 의식(儀式).

화형-관 花形冠 (꽃 화, 모양 형, 볏 관). 꽃[花] 모양[形]처럼 생긴 닭의 볏[冠].

화호 和好 (어울릴 화, 좋을 호). ① 속뜻 화목(和睦)하고 사이가 좋음[好]. ② 서로 사이가 좋음.

화:호유구 畵虎類狗 (그림 화, 호랑이 호, 비슷할 류, 개 구). ① 속뜻 호랑이[虎]를 그리려다가[畵] 개[狗]와 비슷하게[類] 되었음. ② '소양이 없는 사람이 호걸인 체하다가 망신을 당함'을 비유하여 이르는 말. ㊐화호불성(畵虎不成).

화혼 華婚 (빛날 화, 혼인할 혼). ① 속뜻 빛나는[華] 결혼(結婚). ② 남의 결혼을 아름답게 이르는 말.

화환[1] 花環 (꽃 화, 고리 환). 꽃[花]으로 만든 고리[環] 모양의 것. ¶결혼식에 화환을 보내다. ㊐화륜(花輪).

화:환[2] 禍患 (재화 화, 근심 환). 뜻밖에 일어난 재앙[禍]과 근심[患]. ㊐화난(禍難).

화훼 花卉 (꽃 화, 풀 훼). ① 속뜻 꽃[花]이 피는 풀[卉]. ¶화훼 단지 / 화훼를 재배하다. ② 미술 화초를 주제로 하여 그린 그림.

▸화훼 원예 花卉園藝 (동산 원, 심을 예). 농업 감상 가치가 있는 화훼(花卉)를 심고[園藝] 가꾸는 일.

확견 確見 (굳을 확, 볼 견). 명확(明確)한 의견(意見).

확고 確固 (굳을 확, 굳을 고). 확실하고[確] 굳음[固]. ¶그의 결심은 매우 확고했다.

▸확고-부동 確固不動 (아닐 부, 움직일 동). 확고(確固)하여 움직이지[動] 않음[不]. ¶확고부동한 의지 / 그의 태도는 확고부동하다. ㊐확고불발(確固不拔).

확단 確斷 (굳을 확, 끊을 단). 확실(確實)하게 결단(決斷)함.

확답 確答 (굳을 확, 답할 답). 확실(確實)히 대답(對答)함. ¶확답을 주세요.

확대 擴大 (넓힐 확, 큰 대). 늘여서[擴] 크게[大] 함. ¶확대 복사 / 사진을 확대하다. ㊐확장(擴張). ㊥축소(縮小).

▸확대-경 擴大鏡 (거울 경). ① 물리 물체를 확대(擴大)하여 보는 렌즈[鏡]. 또는 그러한 렌즈가 있는 장치. ② 돋보기.

▸확대-도 擴大圖 (그림 도). 실물을 일정한 비율로 확대(擴大)하여 그린 그림[圖]. ¶확대도를 보면 알기 쉽다.

▸확대-비 擴大比 (견줄 비). 수학 닮은꼴에서 서로 대응되는 부분이 확대(擴大)된 비율(比率). ㊥축소비(縮小比).

▸확대-율 擴大率 (비율 률). 물리 실물이 확대(擴大)된 비율(比率). ㊐배율(倍率).

▸확대 가족 擴大家族 (집 가, 겨레 족). 사회 부부로 이루어진 가족에 양친과 형제자매까지 확대(擴大)된 형태의 가족(家族).

▸확대 해:석 擴大解釋 (풀 해, 풀 석). 법률 법규를 통상적 의미보다도 확대(擴大)하여 해석(解釋)함. ㊥확장 해석(擴張解釋). ㊦축소 해석(縮小解釋).

확론 確論 (굳을 확, 논할 론). 확실(確實)한 이론(理論).

확률 確率 (굳을 확, 비율 률). 수학 사건 따위가 일어날 확실성(確實性)의 정도나 비율(比率). ¶복권이 당첨될 확률은 매우 낮다.

▸확률-론 確率論 (논할 론). 수학 확률(確率)의 이론과 응용을 연구하는 분야[論].

확립 確立 (굳을 확, 설 립). 확고(確固)하게 세움[立]. ¶가치관을 확립하다.

확문 確聞 (굳을 확, 들을 문). 확실(確實)하게 들음[聞].

확보[1] 確保 (굳을 확, 지킬 보). 확실(確實)하게 보유(保有)함. ¶자금을 확보하다.

확보[2] 確報 (굳을 확, 알릴 보). 확실(確實)하게 알림[報]. 또는 그러한 보도나 소식.

확산 擴散 (넓힐 확, 흩을 산). ① 속뜻 흩어져[散] 널리 퍼짐[擴]. ¶전염병이 전국으로 확산되었다. ② 물리 농도가 다른 물질이 혼합될 때, 시간이 흐름에 따라 서로 같은 농도가 되는 현상.

확설 確說 (굳을 확, 말씀 설). 확실(確實)한 근거가 있는 설(說).

확성-기 擴聲器 (넓힐 확, 소리 성, 그릇 기). 소리[聲]를 크게[擴] 하는 기구(器具).

확수 確守 (굳을 확, 지킬 수). 굳게[確] 지킴[守].

확신 確信 (굳을 확, 믿을 신). 굳게[確] 믿음[信]. ¶확신에 찬 목소리.

▸확신-범 確信犯 (범할 범). 법률 사상범·정치범 따위와 같이, 도덕적·종교적 또는 정치적 확신(確信)이 결정적인 동기가 되어 행하여지는 범죄(犯罪).

확실 確實 (굳을 확, 실제 실). 확고(確固)한 사실(事實)이 됨. 실제와 틀림없다. ¶그가 훔쳐갔다는 확실한 증거는 없다 / 그가 언제 올지 확실히 모르겠다.

▸확실-성 確實性 (성질 성). 틀림이 없는[確實] 성질(性質).

▸확실-시 確實視 (볼 시). 확실(確實)한 것으로 봄[視].

확약 確約 (굳을 확, 묶을 약). 확실(確實)하게 약속(約束)함.

확언 確言 (굳을 확, 말씀 언). 확실(確實)한 말[言]. ¶그는 확언을 피했다 / 감독은 팀의 승리를 확언했다.

확연 確然 (굳을 확, 그러할 연). 확실(確實)하게 그러함[然].

확인[1] 確因 (굳을 확, 까닭 인). 확실(確實)한 원인(原因).

⁑**확인**[2] 確認 (굳을 확, 알 인). ① 속뜻 확실(確實)하게 인정(認定)함. ② 틀림없는지를 알아보는 것. ¶주문 확인 / 예약 확인. ③ 법률 특정의 사실 또는 법률관계의 존부(存否)를 인정함.

▸확인 소송 確認訴訟 (하소연할 소, 소송할 송). 법률 법률관계의 존재 여부를 확인(確認)하는 소송(訴訟).

확장 擴張 (넓힐 확, 벌릴 장). ① 속뜻 넓게[擴] 벌림[張]. ② 범위나 세력 따위를 넓힘. ¶도로 확장 공사. ㊥확대(擴大). ㊦축소(縮小).

▸확장 해:석 擴張解釋 (풀 해, 풀 석). 법률 법규를 통상적 의미보다도 확장(擴張)하여 해석(解釋)함. ㊥확대 해석(擴大解釋).

확전 擴戰 (넓힐 확, 싸울 전). 싸움[戰]을 더욱 크게 벌임[擴]. ¶확전의 가능성이 거의 없다.

확정[1] 廓正 (클 확, 바를 정). 잘못을 크게[廓] 바로잡음[正].

확정[2] 確定 (굳을 확, 정할 정). 확실(確實)하게 정(定)함. ¶소풍 날짜를 확정 짓다.

▸확정 공채 確定公債 (여럿 공, 빚 채). 경제 발행액이나 이자, 상환기한 따위가 확정(確定)된 공채(公債). ㊦유동 공채(流動公債).

▸확정 재판 確定裁判 (분별할 재, 판가름할 판). 법률 확정(確定)된 효력을 지니는 재판(裁判). 보통의 불복 신청으로 취소할 수 없다. ㊥확정 판결(確定判決).

확증 確證 (굳을 확, 증거 증). 확실(確實)한 증거(證據). 확실히 증명함. ¶그가 범인이라는 확증을 잡았다 / 그의 이론은 실험으로 확증되었다.

확지 確知 (굳을 확, 알 지). 확실(確實)히 앎

[知].

확집 確執 (굳을 확, 잡을 집). 제 주장을 굳게[確] 고집(固執)함.

확청 廓清 (둘레 확, 맑을 청). ① 속뜻 둘레[廓]나 주위를 깨끗하게[清] 함. ②지저분하고 더러운 물건이나 폐단 따위를 없애서 깨끗하게 함. ¶집 안팎을 확청하고 보니 마음도 깨끗해졌다.

확충 擴充 (넓힐 확, 채울 충). 겉을 넓히거나[擴] 속을 채우다[充]. ¶시설을 확충하다.

확호 確乎 (굳을 확, 어조사 호). 아주 든든하고 굳세다[確]. ¶확호한 결의.

환:가[1] 患家 (병 환, 집 가). 아픈[患] 사람이 있는 집[家]. ㊥병가(病家).

환:가[2] 換家 (바꿀 환, 집 가). 집[家]을 서로 바꿈[換].

환:가[3] 換價 (바꿀 환, 값 가). ① 속뜻 집이나 토지 따위를 바꿀 때[換] 치르는 값[價]. ②값으로 환산함. 또는 그 값.

환:각 幻覺 (홀릴 환, 느낄 각). ① 속뜻 도깨비에 홀린[幻] 것처럼 느낌[覺]. ② 심리 실제로는 자극이나 대상이 없는데도 그것이 실재(實在)하는 듯이 감각적으로 느끼거나 느꼈다고 생각하는 감각. ¶환각상태 / 환각증세.

▶환:각-범 幻覺犯 (범할 범). 법률 법률상 죄가 되지 않는 행위를 죄가 된다고 잘못 생각하고[幻覺] 범(犯)한 잘못. ㊥착각범(錯覺犯).

▶환:각-제 幻覺劑 (약제 제). 약학 환각(幻覺)을 일으키는 약제(藥劑).

환:갑 還甲 (돌아올 환, 천간 갑). ① 속뜻 갑자(甲子)가 다시 돌아옴[還]. ②61세를 이르는 말. ¶환갑 잔치 / 일요일은 우리 할머니의 환갑이다. ㊥화갑(華甲), 회갑(回甲).

환거 鰥居 (홀아비 환, 살 거). 홀아비[鰥]로 삶[居].

환:-거래 換去來 (바꿀 환, 갈 거, 올 래). 경제 환(換)어음을 거래(去來)함.

⁑**환경** 環境 (고리 환, 상태 경). ① 속뜻 고리[環]같이 둘러싸고 있는 상태[境]. 자연이나 사회적 조건 따위. ¶지리적 환경 / 환경파괴. ②주위의 사물이나 사정. ¶가정 환경 / 주변 환경. ㊥외계(外界).

▶환경-권 環境權 (권리 권). 법률 쾌적한 환경(環境)에서 살 권리(權利).

▶환경-부 環境部 (나눌 부). 정치 국가의 환경(環境) 문제에 관한 모든 사무를 총괄하여 맡아보는 중앙 행정 부서(部署).

▶환경 변:이 環境變異 (바뀔 변, 다를 이). 생물 생물체가 환경(環境)의 차이에 따라 형질을 바꾸어[變] 다르게[異] 됨.

▶환경-오:염 環境汚染 (더러울 오, 물들일 염). 사회 생물체가 살아가는 환경(環境)이 오염(汚染)된 상태. ¶공장 폐수는 환경오염을 일으킨다.

환:고 患苦 (근심 환, 괴로울 고). ① 속뜻 근심[患]으로 말미암은 고통(苦痛). ②질병으로 말미암은 고통. ㊥병고(病苦).

환:-고향 還故鄕 (돌아올 환, 옛 고, 시골 향). 고향(故鄕)으로 돌아옴[還].

환:곡 還穀 (돌려줄 환, 곡식 곡). 역사 조선 때, 백성에게 사창(社倉)에 저장해 두었던 곡식(穀食)을 봄에 꾸어 주고 가을에 이자를 붙여 거두어 돌려받던[還] 일.

환:골-탈태 換骨奪胎 (바꿀 환, 뼈 골, 빼앗을 탈, 아이 밸 태). ① 속뜻 뼈[骨]대를 바꾸고[換] 모태(母胎)를 빼앗아[奪] 바꿈. ②옛 시문의 형식을 바꾸어서 그 짜임새와 수법이 먼저 것보다 잘되게 함. ③사람이 보다 나은 방향으로 변하여 전혀 딴사람처럼 됨.

환공 環攻 (고리 환, 칠 공). 사방을 고리[環]처럼 둘러싸서 공격(攻擊)함.

환과고독 鰥寡孤獨 (홀아비 환, 과부 과, 홀로 고, 홀로 독). ① 속뜻 홀아비[鰥], 과부(寡婦), 고아(孤兒), 자식 없이 홀로[獨] 사는 노인. ②외롭고 의지할 곳 없는 사람.

환:관 宦官 (벼슬 환, 벼슬 관). ① 속뜻 벼슬[宦=官]. ② 역사 조선 시대에, 임금의 말과 수레를 관리하던 관아. ㊥내시(內侍).

환:-관리 換管理 (바꿀 환, 맡을 관, 다스릴 리). 경제 정부가 외국환(外國換)의 거래를 관리(管理)하는 일. 국제 수지의 균형 유지와, 외국환의 시세를 안정을 목적으로 한다.

환:국[1] 換局 (바꿀 환, 판 국). 정국(政局)의 주도권을 바꿈[換].

환국[2] 還國 (돌아올 환, 나라 국). 자기 나라[國]로 돌아옴[還]. ¶그의 환국을 환영하는 사람들이 많았다. ㊥귀국(歸國).

환군 **還軍** (돌아올 환, 군사 군). 군사(軍士)를 되돌려 돌아옴[還]. ⓑ회군(回軍).

환궁 **還宮** (돌아올 환, 대궐 궁). 임금이 궁(宮)으로 돌아옴[還]. ¶전쟁이 끝나자 임금이 환궁하였다.

환:권 **換券** (바꿀 환, 문서 권). 지난날, 관아에 가서 문권(文券)을 바꾸던[換] 일.

환귀-본주 **還歸本主** (돌려줄 환, 돌아갈 귀, 뿌리 본, 주인 주). 물건을 원래[本] 주인(主人)에게 돌려[還] 보냄[歸].

환:규 **喚叫** (부를 환, 부르짖을 규). 누군가를 부르려고[喚] 소리를 지름[叫]. 부르짖음.

환금[1] **環金** (고리 환, 황금 금). ① 속뜻 고리[環]에 포함되어 있는 금(金). ② 역사 조선 시대에, 정이품과 종이품 벼슬아치의 관모에 붙이던 금관자(金貫子). ⓑ도리금.

환:금[2] **換金** (바꿀 환, 돈 금). 물건을 팔아서 돈[金]으로 바꿈[換]. ⓑ환물(換物).

▸환:금-성 換金性 (성질 성). 물건을 팔아서 돈[金]으로 바꿀[換] 수 있는 성질(性質).

▸환:금 작물 換金作物 (지을 작, 만물 물). 팔아서 돈[金]으로 바꿀[換] 수 있는 농작물(農作物). 시장에 내다팔기 위하여 재배하는 농작물. ⓑ상품 작물(商品作物).

환급 **還給** (돌려줄 환, 줄 급). 도로 돌려[還] 줌[給]. ¶세금 환급 / 입장료 환급. ⓑ환부(還付).

환:기[1] **喚起** (부를 환, 일어날 기). 관심이나 기억 따위를 불러[喚] 일으킴[起]. ¶주의 환기 / 여론을 환기하다.

환:기[2] **換氣** (바꿀 환, 공기 기). 탁한 공기(空氣)를 빼고 새 공기로 바꿈[換]. ¶창문을 열고 환기를 하자.

▸환:기-창 換氣窓 (창문 창). 환기(換氣)를 위하여 벽이나 천장에 만들어 놓은 창(窓).

▸환:기-탑 換氣塔 (탑 탑). 환기(換氣)를 위하여 지붕에 단 탑(塔) 모양의 장치.

▸환:기 장치 換氣裝置 (꾸밀 장, 둘 치). 환기(換氣)를 위한 장치(裝置).

환:난 **患難** (근심 환, 어려울 난). 근심[患]과 재난(災難). ¶환난을 겪다 / 환난을 극복하다.

▸환:난-상구 患難相救 (서로 상, 도울 구). 근심[患]과 재난(災難)이 생겼을 때 서로[相] 구(救)함.

▸환:난-상휼 患難相恤 (서로 상, 도울 휼). 근심[患]과 재난(災難)이 생기면 서로[相] 도움[恤]. 향약(鄕約)의 네 가지 덕목 가운데 하나. ⓒ덕업상권(德業相勸), 과실상규(過失相規), 예속상교(禮俗相交).

환납 **還納** (돌려줄 환, 바칠 납). 도로 되[還] 바침[納]. 되돌려 줌.

환담 **歡談** (기쁠 환, 이야기 담). 즐겁게[歡] 주고받는 이야기[談]. ¶환담을 나누다 / 환담을 가지이다.

환대 **歡待** (기쁠 환, 대접할 대). 기쁘게[歡] 대접(待接)함. ¶환대를 받다 / 숙모님은 나를 환대해 주셨다. ⓑ후대(厚待). ⓑ냉대(冷待), 홀대(忽待).

환:도[1] **宦途** (벼슬 환, 길 도). 벼슬[宦] 길[途].

환도[2] **還都** (돌아올 환, 도읍 도). 정부가 다시 수도(首都)로 돌아옴[還]. ¶고려 원종은 몽골과 강화를 맺고 개경으로 환도했다.

환:득-환:실 **患得患失** (근심 환, 얻을 득, 근심 환, 잃을 실). 무엇을 얻기 전에는 얻기[得] 위해 근심[患]하고, 얻은 후에는 잃을까[失] 하여 근심[患]함.

환:등 **幻燈** (헛보일 환, 등불 등). 실제로 있는 것처럼 헛보이게[幻] 비추는 등(燈). 'magic lantern'을 의역한 말.

▸환:등-기 幻燈機 (틀 기). 환등 장치(幻燈裝置)를 이용하여 그림, 필름 따위를 확대하여 스크린에 비추는 기계(機械). ⓒ환등.

환락 **歡樂** (기쁠 환, 즐길 락). 기뻐하고[歡] 즐거워함[樂].

▸환락-가 歡樂街 (거리 가). 유흥장이나 술집 따위의 환락(歡樂)을 목적으로 돈을 버는 가게가 늘어선 거리[街].

환래 **還來** (돌아올 환, 올 래). 돌아[還] 옴[來]. ⓑ회환(回還).

환:로 **宦路** (벼슬 환, 길 로). 벼슬[宦] 길[路].

환류 **還流** (돌아올 환, 흐를 류). 지리 ① 물이나 공기가 흐름을 바꾸어 되돌아[還] 흐름[流]. ② 멕시코 만류나 흑조(黑潮)와 같이 일련의 해류(海流)로 이루어지는 해양의 대순환계.

환:매[1] **換買** (바꿀 환, 살 매). 물건과 물건을

서로 바꾸어[換] 삼[買].

환매² 還買 (돌려줄 환, 살 매). 팔았던 물건을 되[還] 사들임[買].

환매³ 還賣 (돌려줄 환, 팔 매). 샀던 물건을 되[還] 팖[賣].

환멸¹ 還滅 (돌아올 환, 없어질 멸). [불교] 번뇌를 끊고[滅] 깨달음의 세계에 돌아감[還]. 또는 그런 일. [반]유전(流轉).

환:멸² 幻滅 (헛보일 환, 없어질 멸). ① [속뜻] 헛보이다[幻]가 곧 사라짐[滅]. ② 꿈이나 기대나 환상이 깨어짐. 또는 그때 느끼는 괴롭고도 속절없는 마음. ¶정치에 환멸을 느끼는 사람들이 많다.

▸환:멸-감 幻滅感 (느낄 감). 꿈이나 기대나 환상이 깨어진[幻滅] 데에서 오는 느낌[感].

환:명 換名 (바꿀 환, 이름 명). 거짓으로 이름[名]을 바꿈[換].

환:몽 幻夢 (헛보일 환, 꿈 몽). 헛본[幻] 것 같은 꿈[夢]. 허황한 꿈.

환:문 喚問 (부를 환, 물을 문). 소환(召喚)하여 신문(訊問)함. ¶검찰의 환문.

환:물 換物 (바꿀 환, 만물 물). 돈을 물건(物件)으로 바꿈[換]. [반]환금(換金).

환:복¹ 換服 (바꿀 환, 옷 복). 옷[服]을 바꿔[換] 입음.

환:복² 宦福 (벼슬 환, 복 복). 벼슬[宦]이 좋은 복(福).

환본 還本 (돌아올 환, 뿌리 본). 근본(根本)으로 돌아감[還].

환:부¹ 患部 (병 환, 나눌 부). 병[患]이나 상처가 난 부위(部位).

환부² 還付 (돌려줄 환, 줄 부). ① [속뜻] 도로 돌려[還] 줌[付]. [비]환급(還給). ② [법률] 법원, 행정 기관 따위의 처분으로 압수한 물건을 본디의 소유자, 소지자, 보관자에게 돌려줌. 또는 그런 일.

환부³ 鰥夫 (홀아비 환, 지아비 부). 홀로된[鰥] 지아비[夫]. 홀로된 남자.

환:부역조 換父易祖 (바꿀 환, 아버지 부, 바꿀 역, 할아버지 조). ① [속뜻] 아버지[父]를 바꾸고[換] 할아버지[祖]를 바꿈[易]. ② 지난날 지체가 낮은 사람이 지체를 높이기 위하여 부정한 방법으로 자손 없는 양반 가문을 이어 자기의 조상을 바꾸던 일.

환:부작신 換腐作新 (바꿀 환, 썩을 부, 지을 작, 새 신). ① [속뜻] 썩은[腐] 것을 바꾸어[換] 새롭게[新] 만듦[作]. ② 옛것에 의하여 새것을 이룸.

환:불¹ 換拂 (바꿀 환, 지불할 불). 환산(換算)하여 지불(支拂)함. ¶상품권 환불 / 수표 환불.

환불² 還拂 (돌려줄 환, 지불할 불). 요금 따위를 되돌려[還] 지불[拂]함. ¶요금 환불 / 물건 값 환불 / 세금 환불.

환:산 換算 (바꿀 환, 셀 산). 단위를 바꾸어[換] 계산(計算)함. ¶숙박비를 달러로 환산하면 500달러이다.

▸환:산-표 換算表 (겉 표). 미리 환산(換算)해 놓은 표(表). ¶도량형 환산표.

환산-별곡 還山別曲 (돌아올 환, 메 산, 다를 별, 노래 곡). [문학] 작자·연대 미상의 조선 때 고요한 산(山)으로 돌아가[還] 사는 모습을 동경한 별곡(別曲).

환:상¹ 幻相 (헛보일 환, 모양 상). ① [속뜻] 헛보이는[幻] 형상(形相). ② [불교] 실체가 없는 허망한 형상을 이르는 말.

환:상² 幻像 (헛보일 환, 모양 상). ① [속뜻] 헛보이는[幻] 형상(形像). ② 현실로는 존재하지 않는 것이 존재하는 것처럼 보이는 형상. 환영(幻影). ¶머리에 자꾸만 그녀의 환상이 떠올랐다.

환:상³ 喚想 (부를 환, 생각 상). 어떤 생각[想]을 불러[喚] 일으킴. ¶그녀는 소녀 때의 환상에 잠겨 있다. [비]상기(想起).

환:상⁴ 幻想 (홀릴 환, 생각 상). ① [속뜻] 홀린[幻] 것 같은 생각[想]. ② 현실로는 있을 수 없는 일을 있는 것처럼 상상하는 일. '상상', '망상'을 뜻하는 영어 'fantasy'를 의역한 말이다. ¶환상이 깨지다 / 환상 속에 살다.

▸환:상-곡 幻想曲 (노래 곡). [음악] ① 자유분방한[幻] 형식과 악상(樂想)으로 작곡한 악곡(樂曲). '상상', '망상'을 뜻하는 영어 'fantasy'를 의역한 말이다. ② 가극(歌劇)의 주요 부분만 발췌하여 편곡한 악곡.

환상⁵ 環狀 (고리 환, 형상 상). 고리[環] 같은 모양[狀]. ¶환상의 저수지를 거닐었다. [비]환형(環形).

▸환상-근 環狀筋 (힘줄 근). 고리[環] 모양[狀]으로 되어 있는 힘줄[筋].

▸환상-문 環狀紋 (무늬 문). 고리[環] 모양[狀]의 무늬[紋].

▸환상 박피 環狀剝皮 (벗길 박, 껍질 피). 농업 과수를 가꿀 때에 결실을 좋게 하기 위하여 굵은 나뭇가지의 겉껍질[皮]을 너비 3㎝쯤 되는 고리[環] 모양[狀]으로 벗기는[剝] 일.

▸환상 연:골 環狀軟骨 (무를 연, 뼈 골). 의학 후두(喉頭) 밑에 있는 고리[環] 모양[狀]의 연골(軟骨).

환:생[1] 幻生 (헛보일 환, 날 생). ① 속뜻 실제는 없으나 환상처럼[幻] 나타남[生]. ② 불교 형상을 바꾸어서 다시 태어남. 또는 그런 일.

환생[2] 還生 (돌아올 환, 날 생). 죽음에서 돌아와[還] 다시 살아남[生]. 다시 태어남. ¶그의 모습은 마치 죽은 남편이 환생한 것 같았다. ⓑ환생(幻生).

환성 歡聲 (기쁠 환, 소리 성). 기뻐서[歡] 지르는 소리[聲]. ¶환성을 지르다 / 환성이 울려 퍼지다.

환:세 換歲 (바꿀 환, 해 세). ① 속뜻 해[歲]가 바뀜[換]. ¶그는 환세로 나이 한 살을 더 먹게 되었다. ②설을 쇰. ¶환세를 위한 귀향 행렬이 끝없이 이어졌다. ⓑ개세(改歲).

환소 還巢 (돌아올 환, 새집 소). 자기 집[巢]에 돌아옴[還]을 겸손하게 이르는 말.

환속[1] 還俗 (돌아올 환, 속될 속). 불교 중으로 있다가 다시 속인(俗人)으로 돌아옴[還].

환속[2] 還屬 (돌려줄 환, 엮을 속). 이전의 소속(所屬)으로 되돌려[還] 보냄.

환송 還送 (돌려줄 환, 보낼 송). 다시[還] 돌려보냄[送]. ⓑ반송(返送), 회송(回送).

환송 歡送 (기쁠 환, 보낼 송). 기뻐하며[歡] 보냄[送]. ¶그는 가족의 환송을 받았다 / 친구를 환송하다. ⓑ환영(歡迎).

▸환송-연 歡送宴 (잔치 연). 환송(歡送)하는 뜻으로 여는 연회(宴會). ⓑ환영연(歡迎宴).

▸환송-회 歡送會 (모일 회). 환송(歡送)하는 뜻으로 여는 모임[會]. ⓑ환영회(歡迎會).

환:수[1] 宦數 (벼슬 환, 운수 수). 벼슬[宦] 할 운수(運數).

환:수[2] 換手 (바꿀 환, 손 수). ① 속뜻 일손[手]을 바꿈[換]. ②일할 때 능한 솜씨를 서로 바꿈. ③그날 일에 사람을 서로 바꾸어 일함.

환:수[3] 還收 (돌려줄 환, 거둘 수). 다시[還] 거두어[收]들임.

환:술 幻術 (홀릴 환, 꾀 술). 남의 눈을 홀리는[幻] 술법(術法). ⓑ요술(妖術).

환:시[1] 幻視 (헛보일 환, 볼 시). 헛본[幻] 것 같이 보임[視]. 현실로는 없는 것이 있는 것처럼 보이는 현상. ⓑ환각(幻覺).

환시[2] 環視 (고리 환, 볼 시). ① 속뜻 많은 사람이 고리[環] 모양으로 둘러서서 봄[視]. ②사방을 둘러봄.

환:-시세 換時勢 (바꿀 환, 때 시, 형세 세). 경제 한 나라의 화폐와 딴 나라의 화폐와의 교환(交換)할 때 일정 시기(時期)의 가격[勢]. ⓑ외환율(外換率), 환율(換率).

환식 화:합물 環式化合物 (고리 환, 법 식, 될 화, 합할 합, 만물 물). 화학 분자 안의 원자가 고리[環] 같은 방식(方式)으로 결합되어 있는 화합물(化合物).

환심 歡心 (기쁠 환, 마음 심). 기뻐하는[歡] 마음[心]. ¶나는 그녀의 환심을 사려고 꽃을 선물했다. ⓑ환정(歡情).

환:-심장 換心腸 (바꿀 환, 마음 심, 창자 장). 마음의 속내, 즉 심장(心腸)이 크게 바뀜[換]. ㊟환장.

환안 環眼 (고리 환, 눈 안). 주로 동물에서, 눈동자의 둘레에 흰 테[環]가 둘린 눈[眼].

환:액 宦厄 (벼슬 환, 재앙 액). 벼슬[宦]길의 액운(厄運).

환약 丸藥 (알 환, 약 약). 한의 약재를 가루로 만들어 반죽하여 작고 둥글게 빚은[丸] 약(藥). ㊟환. ⓑ환제(丸劑).

환:언 換言 (바꿀 환, 말씀 언). 적절한 다른 말[言]로 바꿈[換].

환열 歡悅 (기쁠 환, 기쁠 열). 기뻐함[歡=悅]. ⓑ환희(歡喜).

환:영[1] 幻影 (헛보일 환, 모습 영). ① 속뜻 헛본[幻] 것 같을 때 보이는 모습[影]. ②눈앞에 없는 것이 있는 것처럼 보이는 것. 환

상(幻像). ¶죽은 이의 환영에 시달리다. ③ [심리] 사상(寫像)이나 감각의 착오로 사실이 아닌 것이 사실로 보이는 환각 현상.

환영² **歡迎** (기쁠 환, 맞이할 영). 기쁘게[歡] 맞이함[迎]. ¶열렬한 환영 / 박수로 환영하다. [반]환송(歡送).

▸환영-연 歡迎宴 (잔치 연). 환영(歡迎)하는 뜻으로 여는 연회(宴會). [반]환송회(歡送會).

환옥 **環玉** (고리 환, 옥돌 옥). [역사] 고리[環] 모양의 옥(玉). 조선 시대에, 정일품과 종일품 벼슬아치의 관모에 붙였다.

환:용 **換用** (바꿀 환, 쓸 용). 바꾸어[換] 씀[用].

환:우-기 **換羽期** (바꿀 환, 깃 우, 때 기). 날짐승이 깃털[羽]을 가는[換] 시기(時期).

환웅 **桓雄** (굳셀 환, 뛰어날 웅). ① [속뜻] 굳세고[桓] 뛰어남[雄]. ② [문학] 단군신화에 나오는 천제(天帝)의 아들이자 단군의 아버지.

환원 **還元** (돌아올 환, 으뜸 원). 본디[元] 상태로 되돌아감[還]. 또는 그렇게 되게 함. ② [화학] 어떤 물질이 산소의 일부 또는 전부를 잃거나 수소와 화합하는 화학 변화. ¶물을 전기분해하면 수소와 산소로 환원된다. ③ 천도교에서, 사람의 '죽음'을 이르는 말. [반]산화(酸化).

▸환원-염 還元焰 (불꽃 염). [화학] 환원성(還元性)이 있는 불꽃[焰]. 불꽃의 안쪽에 있는 녹색을 띤 푸른색 부분. [비]내염(內焰).

▸환원-제 還元劑 (약제 제). [화학] 수소나 탄소 따위와 같이 딴 물질을 환원(還元)시키는 힘을 가진 물질[劑]. [반]산화제(酸化劑).

환:월 **幻月** (헛보일 환, 달 월). ① [속뜻] 실제는 없는데 헛보이는[幻] 달[月]. ② [천문] 달의 좌우에 생기는 두 개의 광점(光點). 얼음 결정에 의한 빛의 굴절로 생긴다. [참]환일.

환:위 **換位** (바꿀 환, 자리 위). 위치(位置)를 바꿈[換].

▸환:위-법 換位法 (법 법). [논리] 어떤 판단의 주어와 술어의 위치(位置)를 바꾸어[換] 같은 의미와 내용의 새 판단을 끌어내는 추리 방법(方法).

환:유-법 **換喩法** (바꿀 환, 말할 유, 법 법). [문학] 표현하려는 대상을 그것의 속성과 밀접한 관계가 있는 다른 낱말로 바꾸어[換] 표현하는 비유(比喩) 방법(方法). '우리 민족'을 '흰옷'으로 표현하는 것 따위이다. ¶'한 잔 마셨다'는 환유법을 이용해 '술을 마셨다'는 것을 표현하고 있다. [참]대유법(代喩法), 제유법(提喩法).

환:율 **換率** (바꿀 환, 비율 률). [경제] 자기 나라 돈과 다른 나라 돈을 교환(交換)하는 비율(比率). ¶오늘 환율이 크게 올랐다. [비]환시세(換時勢).

환:의¹ **換衣** (바꿀 환, 옷 의). 옷[衣]을 바꾸어[換] 입음.

환:의² **換意** (바꿀 환, 뜻 의). 마음에 먹은 뜻[意]을 바꿈[換].

환인 **桓因** (굳셀 환, 까닭 인). ① [속뜻] 매우 큰[桓] 까닭[因]. ② [문학] 단군신화에 나오는 인물. 아들 환웅이 세상에 내려가고 싶어 하자 태백산에 내려 보내어 세상을 다스리게 하였다.

환:일 **幻日** (헛보일 환, 해 일). ① [속뜻] 실제는 없는데 헛보이는[幻] 해[日]. ② [천문] 태양의 양쪽 시거리 약 22도의 점에 태양과 비슷하게 나타나는 엷은 빛. 구름을 형성하는 얼음 결정에 의한 햇빛의 반사와 굴절로 생긴다.

환:입 **換入** (바꿀 환, 들 입). 바꾸어[換] 넣음[入].

환:자 **患者** (병 환, 사람 자). 병[患]을 앓는 사람[者]. ¶암환자 / 환자를 돌보다. [비]병자(病者).

환:장 **換腸** (바꿀 환, 창자 장). ① [속뜻] 마음의 속내[心腸]가 확 바뀜[換]. '환심장'(換心腸)의 준말. ② 마음이 비정상적인 상태로 크게 달라짐. ¶그 사건 때문에 환장할 지경이다.

환:전 **換錢** (바꿀 환, 돈 전). [경제] ① 서로 종류가 다른 돈[錢]을 교환(交換)하는 일. ② 환표(換標)로 보내는 돈.

환:절¹ **換節** (바꿀 환, 철 절). ① [속뜻] 새로운 계절[節]로 바뀜[換]. ② 절조(節操)를 바꿈. [비]변절(變節).

▸환:절-기 換節期 (때 기). 새로운 계절[節]로 바뀌는[換] 시기(時期). ¶환절기에는 특히 감기에 조심해야 한다.

환절[2] **環節** (고리 환, 마디 절 -]). 동물 환형동물이나 절지동물 등에 있는 고리[環] 모양으로 된 몸의 마디[節].

▸환절-기 環節器 (그릇 기). 동물 환형동물이나 절지동물의 각 환절(環節)에 있는 배설 기관(器官). ㉥신관(腎管).

▸환절-동물 環節動物 (움직일 동, 만물 물). 동물 지렁이나 거머리 따위와 같이 몸이 여러 개의 환절(環節)로 이루어진 동물(動物). ㉥환형동물(環形動物).

환제 **還第** (돌아올 환, 집 제). 집[第]으로 돌아옴[還].

환:-중매인 **換仲買人** (바꿀 환, 가운데 중, 살 매, 사람 인). 경제 외국환(外國換)을 중개(仲介)하여 매매(賣買)하는 사람[人].

환:-증서 **換證書** (바꿀 환, 증명할 증, 글 서). 우편환(郵便換)의 증서(證書).

환:지 **換地** (바꿀 환, 땅 지). 땅[地]을 바꿈[換]. ㉥환토(換土).

▸환:지 처:분 換地處分 (처리할 처, 나눌 분). 법률 토지 개혁으로 예전 토지와 맞먹는 다른 토지(土地)로 바꾸어[換] 주는 행정 처분(處分).

환:질 환:위법 **換質換位法** (바꿀 환, 바탕 질, 바꿀 환, 자리 위, 법 법). ① 속뜻 개념의 본질(本質)을 바꾸고[換], 위치(位置)도 바꾸는[換] 방법(方法). ② 논리 환질법으로 추론한 판단을 다시 환위법으로 추론하는 방식. 이를테면 '모든 사람은 동물이다'를 우선 질을 바꾸어, '모든 사람은 비동물이 아니다'로 하고, 다시 이 판단의 주사와 빈사의 위치를 바꾸어 '모든 비동물은 사람이 아니다'로 하는 경우이다.

환천희지 **歡天喜地** (기쁠 환, 하늘 천, 기쁠 희, 땅 지). ① 속뜻 하늘[天]이 기뻐하고[歡] 땅[地]도 기뻐함[喜]. ② 매우 기뻐하고 즐거워함.

환:청 **幻聽** (헛보일 환, 들을 청). 심리 실제로 소리가 나지 않는데 헛보이는[幻] 듯 소리가 들리는[聽] 것같이 느껴지는 현상. ¶환청에 시달리다.

환초 **環礁** (고리 환, 암초 초). 지리 고리[環] 모양으로 형성된 산호초(珊瑚礁).

환촌 **環村** (고리 환, 마을 촌). 지리 고리[環] 모양으로 이루어진 마을[村].

환:치 **換置** (바꿀 환, 둘 치). 바꾸어[換] 놓음[置].

환택 **還宅** (돌아올 환, 집 택). 집[宅]으로 돌아옴[還].

환퇴 **還退** (돌려줄 환, 물러날 퇴). ① 속뜻 샀던 땅이나 집 따위를 도로[還] 무름[退]. ② 불교 퇴속(退俗).

환:-평가 **換評價** (바꿀 환, 평할 평, 값 가). 경제 국제 통화 기금 협정의 가맹국이 금이나 미국 달러를 기준으로 나타낸 자국 통화를 바꾸어[換] 평가(評價)하는 기준.

환:표 **換票** (바꿀 환, 쪽지 표). ① 속뜻 표(票)를 바꿈[換]. ② 정치 특정 후보자를 당선시키기 위하여 표를 바꿔치는 선거 부정의 한 가지.

환:품 **換品** (바꿀 환, 물건 품). 물품(物品)을 바꿈[換]. ㉥환색(換色).

환:풍 **換風** (바꿀 환, 바람 풍). 바람[風]으로 공기를 바꿈[換]. ¶환풍을 시키려고 창문을 열었다.

▸환:풍-기 換風機 (틀 기). 건물 내부의 공기[風]를 바꾸어[換] 주는 장치[機]. ¶부엌에 환풍기를 설치하다.

환해[1] **桓解** (굳셀 환, 풀 해). 환인(桓因)과 해모수(解慕漱)를 가리키는 말로 건국 시조를 일컬음.

환:해[2] **患害** (근심 환, 해칠 해). 환난(患難)으로 말미암은 피해(被害).

환해[3] **環海** (고리 환, 바다 해). 고리[環] 모양으로 사방을 둘러싼 바다[海].

환:해[4] **宦海** (벼슬 환, 바다 해). ① 속뜻 벼슬아치[宦]들로 바다[海]를 이룸. ② 관리의 사회. 흔히 험난한 벼슬길을 이른다.

▸환:해-풍파 宦海風波 (바람 풍, 물결 파). 관리들[宦]의 사회[海]에서 겪는 험한 일[風波].

환향 **還鄕** (돌아올 환, 시골 향). 고향(故鄕)으로 돌아감[還].

환:형[1] **幻形** (헛보일 환, 모양 형). 병이 들거나 늙어서 크게 변한[幻] 얼굴 모양[形].

환:형[2] **換刑** (바꿀 환, 형벌 형). ① 속뜻 형벌(刑罰)을 바꿈[換]. ② 법률 벌금이나 과태료 따위를 물지 못하는 사람의 형법을 바꾸어 노역장(勞役場)에 유치시키는 일.

환:형[3] 換形 (바꿀 환, 모양 형). 바뀐[換] 모양[形].

환형[4] 環形 (고리 환, 모양 형). 고리[環] 모양[形]. [비]환상(環狀).

▸환형-동물 環形動物 (움직일 동, 만물 물). [동물]지렁이나 거머리와 같이 몸이 고리[環] 모양[形]의 마디로 되어 있는 동물(動物).

환호 歡呼 (기쁠 환, 부를 호). 기뻐서[歡] 부르짖음[呼]. ¶마을 사람들은 그를 환호로 맞이했다.

▸환호-성 歡呼聲 (소리 성). 기뻐서[歡] 부르짖는[呼] 소리[聲]. ¶첫 골을 넣자 환호성이 터져 나왔다.

▸환호-작약 歡呼雀躍 (참새 작, 뛰어오를 약). 기뻐서[歡] 소리치며[呼] 참새[雀]처럼 날뜀[躍].

환:혹 幻惑 (홀릴 환, 미혹할 혹). 사람의 눈을 어리게 하고[幻] 마음을 어지럽게 함[惑]. ¶깊은 환혹의 수렁을 만드는 여자.

환:후 患候 (병 환, 물을 후). ① [속뜻]병[患]의 상태를 물음[候]. ②웃어른의 병을 높여 이르는 말. 병환(病患).

환희 歡喜 (기쁠 환, 좋아할 희). ① [속뜻]기뻐하고[歡] 좋아함[喜]. ¶환희의 눈물. ② [불교]불법(佛法)을 듣고 신심(信心)을 얻음으로써 얻는 마음의 기쁨. [비]환열(歡悅).

▸환희-천 歡喜天 (하늘 천). ① [속뜻]기쁨[歡喜]으로 가득한 하늘[天] 같은 세상. ② [불교]병고와 환난을 없이 하며, 특히 부부 화합과 오곡의 풍요 등 기쁨을 주는 불교의 신.

활강 滑降 (미끄러울 활, 내릴 강). 미끄러져[滑] 내림[降].

▸활강 경:주 滑降競走 (겨룰 경, 달릴 주). [운동]스키에서, 비탈진 곳을 활강(滑降)하여 내려오며 겨루는 경주(競走).

활계 活計 (살 활, 꾀 계). 살아갈[活] 계책(計策). 또는 살릴 계책. ¶활계를 모색하다.

활공 滑空 (미끄러울 활, 하늘 공). ① [속뜻]날짐승이 날갯짓을 하지 않고 하늘[空]을 미끄러져[滑] 나는 일. ② [항공]항공기가 발동기를 끄고 타력(惰力)으로 비행하는 일.

▸활공-기 滑空機 (틀 기). 별도의 추진 장치 없이 활공(滑空)만으로 움직이는 기계(機械).

활구 活句 (살 활, 글귀 구). ① [속뜻]살아[活] 있는 글귀[句]. ②시문(詩文)에서 생동감이 느껴지는 글귀. [반]사구(死句).

활극 活劇 (살 활, 연극 극). ① [속뜻]활력(活力)이 넘치는 연극(演劇). ② [연영]싸움, 도망, 모험 따위를 주로 하여 연출한 영화나 연극. ③격렬한 사건이나 장면을 비유하여 이르는 말.

활기 活氣 (살 활, 기운 기). 활발(活潑)한 기운(氣運)이나 기개(氣槪). ¶활기찬 생활 / 민서의 얼굴에는 활기가 넘친다. [비]생기(生氣).

활달 豁達 (뚫릴 활, 통할 달). ① [속뜻]뚫리고[豁] 통하다[達]. ②도량이 넓고 크다. ¶그는 성격이 활달하고 모든 일에 적극적이다.

▸활달-대도 豁達大度 (큰 대, 풍채 도). 활달(豁達)하고 큰[大] 도량(度量).

⁑**활동** 活動 (살 활, 움직일 동). ① [속뜻]활력(活力)있게 움직임[動]. ②어떤 일의 성과를 거두기 위하여 애씀. 또는 어떤 일을 이루려고 돌아다님. ¶체험 활동 / 봉사 활동 / 그는 초등학교 때 야구부에서 활동했다. ③ [생물]동물이나 식물이 생명 현상을 유지하기 위하여 행동이나 작용을 활발히 함. 또는 그런 일. ¶내분비 활동 / 올빼미는 밤에 활동한다.

▸활동-객 活動客 (손 객). 어떤 일의 성과를 거두기 위하여 적극적으로 활동(活動)하는 사람[客]. [비]활동가(活動家).

▸활동-량 活動量 (분량 량). 활동(活動)한 양(量). 운동한 정도. ¶먹는 양보다 활동량이 적을 때에 비만이 되기 쉽다.

▸활동-력 活動力 (힘 력). 활동(活動)하는 힘[力].

▸활동-적 活動的 (것 적). 잘 활동(活動)하는 것[的]. 활발하게 움직이는 것. ¶활동적인 모습.

▸활동-사진 活動寫眞 (베낄 사, 참 진). [연영]움직이는[活動] 사진(寫眞). 예전에 '영화(映畵)'를 이르던 말.

▸활동-주의 活動主義 (주될 주, 뜻 의). ① [교육]아동의 자발적인 작업. 또는 직관적이고 창조적인 사고를 낳게 하는 신체적·정신적 활동(活動)을 강조하는 교육 사상[主

義]. ② 철학 의지(意志) 활동의 중요성을 강조하는 윤리 사상의 한 가지.

활력 活力 (살 활, 힘 력). 살아[活] 움직이는 힘[力]. ¶활력이 넘치다 / 활력을 잃다 / 활력을 불어넣다.

▸활력-소 活力素 (바탕 소). 활력(活力)이 되는 본바탕[素]. ¶그는 성실성과 승부욕이 남달라, 이 팀의 활력소가 되고 있다.

활로 活路 (살 활, 길 로). ① 속뜻 살아[活] 나갈 길[路]. ② 어려움을 이기고 살아 나갈 방법. ¶한국 경제의 활로가 열리다 / 활로를 찾다 / 활로를 뚫다.

활물 活物 (살 활, 만물 물). 살아 있는[活] 물체(物體). 반 사물(死物).

▸활물 기생 活物寄生 (맡길 기, 살 생). 생물 이나 빈대처럼 살아 있는 동식물[活物]에 기생(寄生)하는 일.

**활발 活潑 (살 활, 물 솟을 발). 활기(活氣)가 물이 솟듯[潑] 힘차다. ¶활발한 기상 / 활발한 사람. 비 기운차다, 씩씩하다.

활배-근 闊背筋 (넓을 활, 등 배, 힘줄 근). 의학 등[背]에 편평하게 퍼져[闊] 있는 근육(筋肉). 팔을 뒤의 안쪽으로 당기는 일을 한다.

활법 活法 (살 활, 법 법). 활용(活用)하는 방법(方法).

활보 闊步 (넓을 활, 걸음 보). ① 속뜻 넓고[闊] 크게 걸음[步]. 당당히 걷는 일. ¶거리를 활보하다. ② 힘차고 당당하게 행동하거나 제멋대로 마구 행동함. ¶왜구들은 항구의 거리를 활보했다.

활불 活佛 (살 활, 부처 불). 불교 ① 살아있는[活] 부처[佛]. 생불(生佛). ② 자비심이 많은 사람을 일컫는 말. ③ 라마교(敎)의 수장(首長). 달라이 라마나 판첸 라마 등이 있다.

활빈-당 活貧黨 (살 활, 가난할 빈, 무리 당). 역사 부자나 탐관오리의 재물을 빼앗아 가난한[貧] 사람을 살[活] 수 있도록 도와주던 무리[黨].

활빙 滑氷 (미끄러울 활, 얼음 빙). 얼음[氷]에서 미끄러짐[滑].

▸활빙-장 滑氷場 (마당 장). 얼음지치기[滑氷]를 할 수 있도록 물을 얼려 놓은 곳[場].

활상 滑翔 (미끄러울 활, 높이 날 상). ① 속뜻 새가 날개를 놀리지 않고 미끄러지듯이[滑] 날아오름[翔]. ② 글라이더가 상승 기류에 떠받치어 미끄러지듯이 수평으로 날거나 상승함.

활색 活塞 (살 활, 막힐 색). ① 속뜻 막았다[塞]가 뺐다가 하는 활동(活動)을 함. ② 기계 실린더 안에서 왕복 운동을 하는, 원통이나 원판 모양으로 된 부품. 비 피스톤(piston).

활석 滑石 (미끄러울 활, 돌 석). ① 속뜻 표면이 매끌매끌한[滑] 돌[石]. ② 광업 마그네슘으로 이루어진 규산염 광물. 흰색, 엷은 녹색, 회색 따위를 띤다. 가장 부드러운 광물의 하나로 전기 절연재, 도료, 도자기 따위로 쓰인다.

▸활석 편암 滑石片巖 (조각 편, 바위 암). 지리 썩 비늘 모양의 활석(滑石) 조각[片]으로 된 변성암(變成巖).

활선 活線 (살 활, 줄 선). 전기가 꺼지지 않고 살아[活] 있는 전선(電線). 고장 수리를 위하여 전류를 끊은 전선에 상대하여 이른다.

활-선어 活鮮魚 (살 활, 싱싱할 선, 물고기 어). 갓 잡아 살아있는[活] 신선(新鮮)한 물고기[魚].

활성 活性 (살 활, 성질 성). 화학 빛이나 기타 에너지의 작용에 따라 물질의 반응 속도가 활발(活潑)하고 빨라지는 성질(性質). 또는 촉매의 반응 촉진 능력. ¶활성 산소 / 활성 가스. 반 비활성(非活性).

▸활성-화 活性化 (될 화). 어떤 사회나 조직 등의 기능을 활발하게[活性] 함[化]. ¶관광산업을 활성화하다.

▸활성-탄 活性炭 (숯 탄). 화학 반응이 활발(活潑)한 성질(性質)의 탄소(炭素) 물질. 기체나 액체를 포함하고 있는 물질을 흡착하는 능력이 크다.

▸활성-화 活性化 (될 화). ① 속뜻 어떤 사회나 조직 등의 기능을 활발하게[活性] 함[化]. ¶관광산업을 활성화하다. ② 화학 분자나 원자 따위가 빛이나 기타 에너지를 흡수하여 화학 반응을 일으키기 쉬운 상태가 되는 일.

활수[1] 活水 (살 활, 물 수). ① 속뜻 살아 있는[活] 물[水]. ② 흐르거나 솟아오르거나 움직이는 물. 반 사수(死水).

활수[2] 滑水 (미끄러울 활, 물 수). 물[水]위를 활주(滑走)함.

활수[3] 滑手 (미끄러울 활, 솜씨 수). 금품을 아끼지 않고 시원스럽게[滑] 쓰는 솜씨[手].

활안 活眼 (살 활, 눈 안). ① 속뜻 살아 있는[活] 눈[眼]. ② 사리를 꿰뚫어 보는 안목.

활액 滑液 (미끄러울 활, 진 액). 의학 관절의 운동을 부드럽게 해 주는 미끄러운[滑] 액체(液體). ⓑ윤활액(潤滑液).

▸**활액-막** 滑液膜 (꺼풀 막). 의학 관절을 싸고 활액(滑液)을 분비하는 막(膜).

활약 活躍 (살 활, 뛰어오를 약). 활력(活力) 있게 뛰어다님[躍]. 눈부시게 활동함. ¶오늘 경기에서 그가 가장 큰 활약을 했다 / 경제계에서 활약하다.

▸**활약-상** 活躍象 (모양 상). 기운차게 열심히 활동하고[活躍] 있는 모습[象]. ¶재외 동포들의 활약상이 담긴 이야기.

활어[1] 活語 (살 활, 말씀 어). ① 속뜻 살아 있는[活] 말[語]. 현재 쓰이는 말. ⓑ사어(死語). ② 용언(用言).

활어[2] 活魚 (살 활, 물고기 어). 살아 있는[活] 물고기[魚].

▸**활어-조** 活魚槽 (구유 조). 살아 있는 물고기[活魚]를 넣어 기르는 물통[槽].

활연 豁然 (열릴 활, 그러할 연). ① 속뜻 앞이 환하게 트여[豁] 시원스러운 그러한[然] 모양. ② 의심 따위가 갑자기 풀리거나 사리를 밝게 깨달음.

활엽 闊葉 (넓을 활, 잎 엽). 식물 넓고[闊] 큰 잎사귀[葉].

▸**활엽-수** 闊葉樹 (나무 수). 식물 잎이 넓은[闊葉] 나무[樹]. 떡갈나무나 오동나무 따위. ⓑ침엽수(針葉樹).

활용 活用 (살 활, 쓸 용). ① 속뜻 능력이나 기능을 잘 살려[活] 씀[用]. ¶빈 교실을 공부방으로 활용하다. ② 언어 용언의 어간이나 서술격 조사에 변하는 말이 붙어 문장의 성격을 바꿈. 국어에서는 동사, 형용사, 서술격 조사의 어간에 여러 가지 어미가 붙는 형태를 이르는데 이로써 시제, 서법 따위를 나타낸다. ⓑ어미변화. ⓒ곡용(曲用).

▸**활용-도** 活用度 (정도 도). 활용(活用)하는 정도(程度). ¶컴퓨터의 활용도가 갈수록 높아진다.

▸**활용-어** 活用語 (말씀 어). 언어 문장에서의 쓰임에 따라 그 어미를 여러 가지로 바꾸어[活用] 문법적 관례를 나타내는 말[語].

▸**활용-형** 活用形 (모양 형). 언어 활용(活用)에 따라 여러 가지로 변한 어형(語形). ⓑ기본형(基本形).

▸**활용 어:미** 活用語尾 (말씀 어, 꼬리 미). 언어 쓰임[活用]에 따라 여러 가지로 바뀌는 어미(語尾). 동사, 형용사, 서술격 조사를 통틀어 이른다.

활유-법 活喩法 (살 활, 말할 유, 법 법). 문학 생명이 없는 사물을 마치 살아있는[活] 것처럼 비유(比喩)하여 표현하는 방법(方法). '붉게 물든 석양을 꿀꺽 삼킨 바다'가 그러한 예다.

활-음조 滑音調 (미끄러울 활, 소리 음, 가락 조). 언어 한 단어 안이나 또는 두 단어가 이어질 때 발음하기가 어렵고 듣기 거슬리는 소리를 듣기 부드러운[滑] 소리[音]로 조절(調節)하는 음운 현상.

활인 活人 (살 활, 사람 인). 사람[人]의 목숨을 구하여 살림[活].

▸**활인-검** 活人劍 (칼 검). ① 속뜻 사람[人]을 살리는[活] 칼[劍]. ② 칼도 잘 쓰면 사람을 살릴 수도 있다는 뜻.

▸**활인-서** 活人署 (관청 서). ① 속뜻 죽어 가는 사람[人]을 살리는[活] 관청[署]. ② 역사 조선 때, 서울의 의료에 관한 일을 맡았던 관아.

▸**활인-화** 活人畵 (그림 화). ① 속뜻 사람이 살아 움직이는[活人] 것같이 생동감 있게 그린 그림[畵]. ② 실제사람이 그림 속의 인물처럼 분장을 하여 보여주는 구경거리.

▸**활인-적덕** 活人積德 (쌓을 적, 베풀 덕). 죽어 가는 사람[人]을 살려[活] 덕(德)을 쌓음[積].

▸**활인지방** 活人之方 (어조사 지, 방법 방). ① 속뜻 사람[人]을 살리는[活] 방법(方法). ② 위험을 피하여 살 수 있는 곳.

활자 活字 (살 활, 글자 자). ① 속뜻 활판(活版) 인쇄에 쓰이는 글자[字]. ② 출판 네모기둥 모양의 금속 윗면에 문자나 기호를 볼록 튀어나오게 새긴 것.

▸**활자-금** 活字金 (쇠 금). 출판 활자(活字)

를 주조하는데 쓰이는 금속(金屬).

▸활자-본 活字本 (책 본). 출판 활자(活字)로 인쇄한 책[本]. ⓑ필사본(筆寫本).

▸활자-체 活字體 (모양 체). 출판 활자(活字)의 글자 모양[體].

▸활자-판 活字版 (널빤지 판). 출판 활자(活字)로 짜서 만든 인쇄용 판(版). ㊀활판.

▸활자-화 活字化 (될 화). ① 속뜻 원고를 인쇄하기 위해 활자(活字)로 만듦[化]. ② 원고가 인쇄되어 나옴. 또는 원고를 인쇄하여 냄.

활주[1] 滑奏 (미끄러울 활, 연주할 주). 음악 비교적 넓은 음역을 빠르게 미끄러지듯[滑] 연주(演奏)하는 방법.

활주[2] 滑走 (미끄러울 활, 달릴 주). ① 속뜻 미끄러지듯[滑] 내달림[走]. ② 항공기 따위가 뜨거나 앉을 때 땅이나 물위를 미끄러져 달리는 일. ¶착륙 활주 / 활주 속도.

▸활주-로 滑走路 (길 로). 비행기가 뜨거나 앉을 때 활주(滑走)하는 도로(道路). ¶비행기 한 대가 활주로에 진입했다.

활지 猾智 (교활할 활, 슬기 지). 교활(狡猾)한 지혜(智慧).

활차 滑車 (미끄러울 활, 수레 차). ① 속뜻 미끄러지듯[滑] 가는 수레[車]. ② 물리 바퀴에 홈을 파고 줄을 걸어서 돌려 물건을 움직이는 장치. ⓑ도르래.

활착[1] 活着 (살 활, 붙을 착). 농업 접붙인 식물이 살아[活] 붙음[着].

활착[2] 滑着 (미끄러울 활, 붙을 착). 활주(滑走)하여 착륙(着陸)함.

활탈 滑脫 (미끄러울 활, 벗을 탈). ① 속뜻 미끄러워[滑] 벗겨짐[脫]. ② 자유롭게 변화함.

활택 滑澤 (미끄러울 활, 윤날 택). 매끄럽고[滑] 윤이 남[澤].

활판[1] 滑瓣 (미끄러울 활, 꽃잎 판). 기계 증기기관의 기통(汽筒) 속에 장치하여 앞뒤로 움직이는[滑] 밸브[瓣].

활판[2] 活版 (살 활, 널빤지 판). 출판 활자(活字)로 짜 맞춘 인쇄판(印刷版). '활자판'의 준말.

▸활판-본 活版本 (책 본). 출판 활판(活版)으로 인쇄한 책[本]. ⓑ활자본(活字本).

▸활판 인쇄 活版印刷 (찍을 인, 박을 쇄). 출판 활판(活版)으로 짜서 인쇄(印刷)함.

활협 闊狹 (트일 활, 좁을 협). ① 속뜻 확 트임[闊]과 좁아짐[狹]. ② 남을 돕는 데 인색하지 않고 시원스러움. ③ 마음이 너그러움.

활화 活畵 (살 활, 그림 화). ① 속뜻 살아 있는[活] 그림[畵]. ② 그림같이 아름다운 경치. ③ 생동감 있게 잘 그린 그림.

활-화산 活火山 (살 활, 불 화, 메 산). ① 속뜻 살아 있는[活] 화산(火山). ② 지리 현재 분화(噴火)가 진행되고 있는 화산. ⓑ분화산(噴火山). ㊂사화산(死火山). 휴화산(休火山).

활황 活況 (살 활, 상황 황). 활기(活氣)를 띤 상황(狀況). ¶증권 시장이 활황을 맞았다.

활훈 活訓 (살 활, 가르칠 훈). 산[活] 교훈(教訓). 실천적인 교훈.

황갈-색 黃褐色 (누를 황, 털옷 갈, 빛 색). 누른빛[黃]과 갈색(褐色)이 섞인 색(色).

황감 惶感 (두려워할 황, 느낄 감). 황송(惶悚)하고 감격(感激)스러움.

황건-적 黃巾賊 (누를 황, 수건 건, 도둑 적). 역사 머리에 누른[黃] 수건(手巾)을 두른 도둑[賊]. 중국 후한(後漢) 때, 장각(張角)을 우두머리로 하여 일어난 무리를 이른다.

황겁 惶怯 (두려워할 황, 무서울 겁). 두렵고[惶] 겁이 남[怯].

황경 黃經 (누를 황, 날실 경). 천문 황도(黃道) 좌표의 경도(經度). 춘분점을 기점으로 하여 황도를 따라서 동쪽으로 돌아 0도에서 360도까지 잰다.

황계 黃鷄 (누를 황, 닭 계). 털빛이 누런[黃] 닭[鷄]. ¶황계 수탉 / 황계가 홰를 치다.

황-고집 黃固執 (누를 황, 굳을 고, 잡을 집). ① 속뜻 황(黃)씨의 고집(固執). ② 몹시 센 고집. 또는 고집이 몹시 센 사람. 평양 황고집에서 유래. ¶황고집을 부리다 / 그의 황고집은 누구도 못 말린다.

황공 惶恐 (두려워할 황, 두려울 공). 위엄에 눌려 몹시 두려움[惶=恐]. ¶전하, 아뢰옵기 황공하오나 소신을 고향으로 돌아가게 해주십시오. ⓑ황송(惶悚)하다.

▸황공-무지 惶恐無地 (없을 무, 땅 지). 황공(惶恐)하여 몸 둘 곳[地]을 모름[無].

▸황공-재배 惶恐再拜 (다시 재, 절 배). ① 속뜻 황공(惶恐)하여 다시[再] 절함[拜].

②편지의 끝에 써서 상대편에게 경의를 나타내는 말.

황관 黃冠 (누를 황, 갓 관). ① 속뜻 누른빛[黃]의 관(冠). ②풀로 만든 평민의 관으로 벼슬 못한 사람을 이르는 말. ③도사(道士)의 관. 또는 도사.

황괴 惶愧 (두려워할 황, 부끄러울 괴). 두려워하고[惶] 부끄러워[愧]함.

황구[1] 黃狗 (누를 황, 개 구). 털빛이 누런[黃] 개[狗].

황구[2] 黃口 (누를 황, 입 구). ① 속뜻 부리[口]가 누런[黃] 어린 새 같은 어린아이. ②철없이 미숙한 사람을 낮잡아 이르는 말.

▸황구-유취 黃口乳臭 (젖 유, 냄새 취). ① 속뜻 어린아이의 입[黃口]에서 젖[乳] 냄새가 남[臭]. ②남을 어리고 하잘것없다고 욕하는 말. ㊥구상유취(口尙乳臭).

▸황구-첨정 黃口簽丁 (서명할 첨, 장정 정). 역사 조선 후기에, 어린아이[黃口]도 장정(壯丁)으로 적어[簽] 군포를 징수하던 일.

황국 黃菊 (누를 황, 국화 국). 색이 누른[黃] 국화(菊花). ㊥황화(黃花).

▸황국화-가 黃菊花歌 (꽃 화, 노래 가). 문학 조선 명종 때 송순(宋純)이 왕이 내린 황국(黃菊) 꽃[花]을 보고 노래[歌]한 시조.

황궁 皇宮 (임금 황, 대궐 궁). 황제(皇帝)의 궁궐(宮闕).

황금 黃金 (누를 황, 쇠 금). ① 속뜻 누른[黃] 빛깔의 금(金). ¶황금 거위. ②돈 또는 재물. ¶그는 황금에 눈이 멀어 거짓말을 했다. ③귀중하고 가치가 있는 것을 비유하여 이르는 말. ¶황금 같은 시간 / 황금 어장.

▸황금-기 黃金期 (때 기). ① 속뜻 황금(黃金) 같은 시기(時期). ②절정에 이른 시기. 가장 좋은 시기. ¶인생의 황금기를 보내다.

▸황금-률 黃金律 (법칙 률). ① 속뜻 가장 가치 있는[黃金] 율법(律法). ② 기독교 남에게 대접을 받고자 하는 대로 남을 대접하라는 기독교의 가르침.

▸황금-비 黃金比 (견줄 비). ① 속뜻 황금(黃金)같이 가장 아름답게 보이는 비율(比率). ② 수학 한 선분을 두 부분으로 나눌 때에, 전체에 대한 큰 부분의 비와 큰 부분에 대한 작은 부분의 비가 같게 한 비. 대략 1.618:1이다. ㊥황금 분할(黃金分割).

▸황금-색 黃金色 (빛 색). 황금(黃金)의 빛깔[色]과 같은 누런색. ¶황금색 왕관. ㊥황금빛.

▸황금-만능 黃金萬能 (일만 만, 능할 능). 돈[黃金]만 있으면 만사(萬事)를 뜻대로 할 수 있음[能]을 이르는 말.

▸황금 분할 黃金分割 (나눌 분, 쪼갤 할). ① 속뜻 황금(黃金)같이 가장 아름답게 보이는 분할(分割). ② 수학 선분을 외중비(外中比)로 나누어, 그 한쪽의 제곱을 나머지와 전체와의 곱과 같아지게 하는 일. 1.618:1이다.

▸황금-시대 黃金時代 (때 시, 연대 대). ① 속뜻 사회가 절정에 다다라 황금(黃金)에 비유되는 그런 시대(時代). ②개인의 일생에서 가장 한창인 시절.

황급 遑急 (바쁠 황, 급할 급). 몹시 바쁘고[遑] 급하다[急]. ¶황급한 발걸음.

황기[1] 荒饑 (거칠 황, 굶주릴 기). 흉년이 들어[荒] 배를 주림[饑].

황기[2] 黃芪 (누를 황, 삼 기). ① 속뜻 누른[黃] 꽃이 피는 삼[芪]. ② 식물 잎은 깃 모양의 겹잎이며 여름에 담황색 꽃이 피는 풀. 뿌리는 약재로 쓴다. ③ 한의 황기의 뿌리.

황기[3] 黃旗 (누를 황, 깃발 기). 누른[黃] 빛깔의 깃발[旗].

황녀 皇女 (임금 황, 딸 녀). 황제(皇帝)의 딸[女]. ㊥황자(皇子).

황달 黃疸 (누를 황, 황달 달). 한의 담즙이 원활하게 흐르지 못하여 온몸과 눈 따위가 누렇게[黃] 되는 병[疸]. 온몸이 노곤하고 입맛이 없으며 몸이 여위게 된다.

황답 荒畓 (거칠 황, 논 답). 거칠어서[荒] 못 쓰게 된 논[畓].

황당 荒唐 (어이없을 황, 허풍 당). ① 속뜻 어이없는[荒] 허풍[唐]. ②말이나 행동이 허황하고 터무니없다. ¶소문이 너무 황당하여 어이가 없다.

▸황당-객 荒唐客 (손 객). 언행이 황당(荒唐)한 사람[客]. ㊄황객.

▸황당무계 荒唐無稽 (없을 무, 생각할 계). 내용 따위가 황당(荒唐)하여 깊이 생각할[稽] 것이 없음[無]. ¶황당무계한 이야기.

황도[1] 黃桃 (누를 황, 복숭아 도). 식물 속살이 노란[黃] 복숭아[桃]. ¶할머니는 황도를 좋아하신다.

황도² 黃道 (누를 황, 길 도). ① 속뜻 황금(黃金)색 태양이 지나가는 길[道]. ② 천문 지구에서 보아, 태양이 지구를 중심으로 운행하는 것처럼 보이는 천구(天球)상의 대원 궤도.

▸황도-광 黃道光 (빛 광). 천문 해 뜰 무렵이나 해질 무렵에, 지평선으로부터 하늘의 황도(黃道)를 따라 원뿔 모양으로 퍼지는 희미한 빛[光].

▸황도-대 黃道帶 (띠 대). 천문 황도(黃道)의 남북으로 각각 약 8°씩의 너비를 가진 띠[帶] 모양의 구역.

황동 黃銅 (누를 황, 구리 동). ① 속뜻 누른[黃] 빛깔을 띠는 구리[銅]. ② 공업 구리에 아연을 넣어 만든 합금. 가공하기 쉽고 녹슬지 않아 공업 재료로 널리 쓴다. ⓑ놋쇠.

▸황동-광 黃銅鑛 (쇳돌 광). 광업 황동(黃銅) 광물(鑛物).

황락 荒落 (거칠 황, 떨어질 락). 거칠고[荒] 멀리 떨어져[落] 아주 쓸쓸한. ¶황락한 벌판.

황랍 黃蠟 (누를 황, 밀 랍). 벌집을 만들기 위하여 꿀벌이 분비하는 누른[黃] 밀랍(蜜蠟). 누런 빛깔로 상온에서 단단하게 굳어지는 성질이 있다. 절연제, 광택제, 방수제 따위로 쓴다. ¶황랍 열 근.

황량 荒凉 (거칠 황, 쓸쓸할 량). 거칠고[荒] 쓸쓸함[凉].

황로 黃老 (누를 황, 늙을 로). 도교에서, 황제(黃帝)와 노자(老子)를 이르는 말.

▸황로-학 黃老學 (배울 학). ① 속뜻 황제와 노자[黃老]에 관한 학문(學問). ② 도교(道教)를 달리 이르는 말.

황록-색 黃綠色 (누를 황, 초록빛 록, 빛 색). 황색(黃色)을 띤 녹색(綠色).

황룡 黃龍 (누를 황, 용 룡). 누른[黃] 빛깔의 용(龍).

황룡-사 皇龍寺 (임금 황, 용 룡, 절 사). 불교 경상북도 경주에 있던 절. 신라 진흥왕 때에 착공하여 선덕 여왕 14년(645)에 완성한 것으로, 신라 호국 신앙의 중심지였다. 고려 고종 때에 몽골군의 침입으로 소실되어 지금은 터만 남아 있다.

황릉 皇陵 (임금 황, 무덤 릉). 황제(皇帝)의 능(陵).

황린 黃燐 (누를 황, 인 린). 화학 연한 노란색[黃]을 띤 고체상의 인(燐).

황막 荒漠 (거칠 황, 사막 막). ① 속뜻 거친[荒] 사막(沙漠)처럼 아득하게 넓다. ¶황막한 벌판 / 사막이 황막하다. ② 거칠고 을씨년스럽다. ¶황막한 겨울.

황망 慌忙 (다급할 황, 바쁠 망). 다급하고[慌] 바쁨[忙]. 몹시 바쁨.

황매 黃梅 (누를 황, 매화나무 매). ① 식물 누렇게[黃] 익은 매화(梅花)나무 열매. ② 한의 새앙나무의 열매를 배앓이나 산후 한열(産後寒熱)에 쓰는 약재를 이르는 말.

황-매화 黃梅花 (누를 황, 매화나무 매, 꽃 화). ① 속뜻 노란[黃] 꽃이 피는 매화(梅花) 나무. ② 식물 장미과의 낙엽 활엽 관목. 잎은 달걀 모양으로, 봄에 노란 꽃이 핀다.

황면 黃面 (누를 황, 낯 면). ① 속뜻 노란[黃] 얼굴[面]. ② 불교 석가모니의 얼굴. 부처의 몸이 황금(黃金)빛이라는 데서 유래.

황명 皇命 (임금 황, 명할 명). 황제(皇帝)의 명령(命令).

황모 黃毛 (누를 황, 털 모). 족제비의 누른[黃] 꼬리털[毛]. 빳빳한 세필(細筆)의 붓을 만드는 데 쓴다.

황무 荒蕪 (거칠 황, 거칠 무). 잡초로 뒤덮여 매우 거칠다[荒=蕪]. ¶황무한 땅.

▸황무-지 荒蕪地 (땅 지). 손을 대지 않고 버려 두어 거칠어진[荒蕪] 땅[地]. ¶황무지를 개간하다. ㊟황지. ⓑ옥토(沃土).

황비 皇妃 (임금 황, 왕비 비). 황제(皇帝)의 아내[妃]. ⓑ황후(皇后).

황사¹ 皇嗣 (임금 황, 이을 사). 역사 황제(皇帝)의 뒤를 이을[嗣] 황태자. ⓑ황저(皇儲).

황사² 黃沙 (=黃砂, 누를 황, 모래 사). ① 속뜻 누런[黃] 모래[沙]. ② 지리 중국 북부나 몽고 지방의 황토가 바람에 날려 온 하늘에 누렇게 끼는 현상. ¶봄이 되면 어김없이 황사가 찾아온다.

황산 黃酸 (누를 황, 산소 산). ① 속뜻 누런[黃] 산화물(酸化物). ② 화학 무기산(無機酸)의 한 가지. 무색무취의 끈끈한 액체이며 질산 다음으로 산성이 강하다. ¶황산구리.

▸황산-염 黃酸鹽 (염기 염). ① 속뜻 황산(黃

酸)의 염(鹽). ② 화학 황산 분자에 들어 있는 수소 원자의 일부 또는 전부가 금속 원자로 치환된 화합물을 통틀어 이르는 말. 칼슘염, 바륨염, 납염을 제외하고는 물에 잘 녹는다.

▸황산-지 黃酸紙 (종이 지). 화학 황산(黃酸)으로 처리한 반투명의 종이[紙]. 버터나 치즈 따위의 포장 및 약품 따위의 포장에 쓰인다.

▸황산-아연 黃酸亞鉛 (버금 아, 납 연). 화학 아연(亞鉛)의 황산염(黃酸鹽). 무색 결정체로 공기 속에서 풍화한다.

황-산화물 黃酸化物). 화학 황(黃)과 산소(酸素)와의 화합물(化合物). 석유나 석탄 따위가 연소할 때에 생기는 이산화황, 황산 그리고 황산구리와 같은 황산염 등이 속한다.

황상 皇上 (임금 황, 임금 상). ① 속뜻 임금[皇=上]. ② 현재 살아서 나라를 다스리고 있는 황제(皇帝)를 일컬음.

황색 黃色 (누를 황, 빛 색). 누런[黃] 빛깔[色]. ¶황색 인종.

▸황색 신문 黃色新聞 (새 신, 들을 문). ① 속뜻 누런[黃] 빛깔[色]의 신문(新聞). ② 언론 개인의 비밀이나 추문(醜聞)을 폭로하는 따위 흥미 위주의 기사가 많은 저속한 신문. 그리스도를 배신한 유다의 옷 빛깔이 누런데서, 겁·비겁·정신의 퇴폐 등을 이미지가 유래.

▸황색 인종 黃色人種 (사람 인, 갈래 종). 살빛이 누렇고[黃色], 머리털이 검고 곧은 인종(人種). ㊂황인종.

▸황색 조합 黃色組合 (짤 조, 합할 합). ① 속뜻 노란색[黃色] 같은 성격을 지닌 조합(組合). ② 사회 1919년 제이 인터내셔널의 영향으로 조직된 암스테르담 노동조합 인터내셔널계의 개량주의적 노동조합을 낮잡아 이르는 말. 프로핀테른에 가입한 혁명적 적색 노동조합에 상대된다. ③ 사회 노동자의 입장에 서지 못하고 자본가에게 협조적인 어용 조합 또는 우익 조합의 일반적인 별칭.

황석 黃石 (누를 황, 돌 석). 광업 빛이 누른[黃] 방해석(方解石).

황-석어 黃石魚 (누를 황, 돌 석, 물고기 어). 동물 몸은 길며 황금색(黃金色)을 띤 조기[石魚].

황설 荒說 (거칠 황, 말씀 설). 허황(虛荒)한 말[說]. '황당지설'(荒唐之說)의 준말.

황성[1] 皇城 (임금 황, 성곽 성). 황제(皇帝) 나라의 도성(都城).

황성[2] 荒城 (거칠 황, 성곽 성). 황폐(荒廢)한 성(城).

황손 皇孫 (임금 황, 손자 손). 황제(皇帝)의 후손(後孫).

황송[1] 黃松 (누를 황, 소나무 송). ① 속뜻 누런[黃] 소나무[松]. ② 나무를 벤 뒤 5, 6년이 지나 땅속의 뿌리에 복령(茯苓)이 생기는 소나무의 한 가지.

황송[2] 惶悚 (두려워할 황, 두려워할 송). 매우 두렵다[惶=悚]. ¶이렇게 친절하게 대해 주시니 황송할 따름입니다. ㊥황공(惶恐)하다.

황숙 黃熟 (누를 황, 익을 숙). 곡식이나 과실 따위가 누렇게[黃] 익음[熟].

황실 皇室 (임금 황, 집 실). 황제(皇帝)의 집안[室]. ㊥제실(帝室).

황앵 黃鶯 (누를 황, 꾀꼬리 앵). ① 속뜻 노란[黃] 깃을 가진 꾀꼬리[鶯]. ② 동물 몸길이 약 25cm 정도의 여름 철새.

황야 荒野 (거칠 황, 들 야). 풀이 멋대로 자란 거친[荒] 들판[野]. ¶광활한 황야. ㊥황원(荒原).

황어 黃魚 (누를 황, 물고기 어). ① 속뜻 노란[黃]빛을 띤 물고기[魚]. ② 동물 잉엇과의 물고기. 몸길이 45cm 가량으로, 등은 흑색을 띤 청색이며 배는 희다.

황연 黃鉛 (누를 황, 납 연). 화학 도료로 쓰이는 누른[黃] 빛의 납[鉛].

황열 黃熱 (누를 황, 더울 열). 의학 황달(黃疸)이 오며 갑자기 열(熱)이 나는 열대성 전염병.

황엽 黃葉 (누를 황, 잎 엽). 식물 엽록소가 분해되어 누렇게[黃] 된 잎[葉].

황옥 黃玉 (누를 황, 옥돌 옥). ① 속뜻 노란[黃] 빛의 옥(玉). ② 광업 사방 정계(斜方晶系)의 광물로, 유리 모양의 광택이 있고 투명하다.

황우 黃牛 (누를 황, 소 우). 누런[黃] 털을 가진 소[牛].

황원 荒原 (거칠 황, 들판 원). 버려 두어 거친[荒] 들판[原]. ¶폐허 더미의 황원을 농토로 일구었다. ⓑ황야(荒野).

황위[1] 皇位 (임금 황, 자리 위). 황제(皇帝)의 지위(地位).

황위[2] 皇威 (임금 황, 위엄 위). 황제(皇帝)의 위엄(威嚴).

황육 黃肉 (누를 황, 고기 육). 황소[黃]의 고기[肉]. 쇠고기.

황은 皇恩 (임금 황, 은혜 은). 황제(皇帝)의 은혜(恩惠).

황음 荒淫 (거칠 황, 음란할 음). 행동이 거칠고[荒] 음란(淫亂)함.

▸황음-무도 荒淫無道 (없을 무, 길 도). 주색(酒色)에 빠져[荒淫] 사람으로서 마땅히 할 도리(道理)를 돌아보지 않음[無].

황의 黃衣 (누를 황, 옷 의). ① 속뜻 누런[黃] 빛깔의 옷[衣]. ② 보리쌀로 빚은 누룩. ⓑ보리누룩.

황-인종 黃人種 (누를 황, 사람 인, 갈래 종). 얼굴빛이 누런[黃] 인종(人種). '황색 인종'(黃色人種)의 준말.

황자 皇子 (임금 황, 아들 자). 황제(皇帝)의 아들[子]. ⓑ황녀(皇女).

황잡 荒雜 (거칠 황, 어수선할 잡). 거칠고[荒] 잡(雜)되다. ¶황잡한 사람 / 황잡한 언동을 삼가길 바란다.

황장 黃腸 (누를 황, 창자 장). ① 속뜻 노란[黃] 창자[腸]. ② 통나무의 심(心)에 가까운 부분. 빛깔이 누르고 단단하다. ③ 황장목(黃腸木).

▸황장-목 黃腸木 (나무 목). 임금의 관을 만드는 데 쓰던 질이 좋은 황장(黃腸) 소나무[木].

황-적색 黃赤色 (누를 황, 붉을 적, 빛 색). 누런[黃]빛을 띤 붉은[赤] 색(色).

황전 荒田 (거칠 황, 밭 전). 농업 거두지 아니하여 황폐(荒廢)해진 논밭[田].

황제[1] 皇帝 (임금 황, 임금 제). ① 역사 '삼황(三皇)'과 '오제(五帝)'의 준말. ② 왕이나 제후를 거느리고 나라를 통치하는 임금. ⓑ임금.

황제[2] 黃帝 (누를 황, 임금 제). ① 속뜻 황색(黃色)으로 상징되는 임금[帝]. ② 민속 중앙을 맡은 신. 오방신장에서 중앙의 빛깔이 황색(黃色)인데서 유래. ③ 역사 중국의 전설상의 제왕. 복희씨(伏羲氏) 신농씨(神農氏)와 더불어 삼황(三皇)이라 일컬어지며, 처음으로 곡물 재배를 가르치고 문자·음악·도량형 따위를 정하였다고 한다. ⓑ홍황(鴻黃), 헌원씨(軒轅氏).

황조[1] 皇祖 (임금 황, 조상 조). ① 속뜻 황제(皇帝)의 조상(祖上). ② 돌아가신 자기 할아버지를 높여 이르는 말.

황조[2] 黃鳥 (누를 황, 새 조). ① 속뜻 노란[黃] 깃을 가진 새[鳥]. ② 동물 몸길이 약 25㎝ 정도의 여름 철새. 5~7월에 알을 낳고 울음소리가 매우 아름답다. ⓑ꾀꼬리.

▸황조-가 黃鳥歌 (노래 가). ① 속뜻 꾀꼬리[黃鳥]를 노래함[歌]. ② 문학 고구려 유리왕이 지었다는 고대 가요. 후실인 치희(稚姬)를 찾아다니다 꾀꼬리 한 쌍이 정답게 노니는 모습을 보고 지은 데서 유래.

황족 皇族 (임금 황, 겨레 족). 황제(皇帝)의 친족(親族).

황종 黃鐘 (누를 황, 쇠북 종). ① 속뜻 노란색[黃] 종(鐘). ② 음악 동양 음악의 십이율(十二律) 중 양률(陽律)에 딸린 육률(六律)의 하나.

황지[1] 荒地 (거칠 황, 땅 지). 황폐(荒廢)한 땅[地]. 개간하지 않았거나 거친 땅. '황무지'(荒蕪地)의 준말.

황지[2] 黃紙 (누를 황, 종이 지). ① 속뜻 빛이 누런[黃] 종이[紙]. ② 귀리의 잎으로 만든 종이.

황진 黃塵 (누를 황, 티끌 진). ① 속뜻 누런[黃] 빛의 흙먼지[塵]. ② 속세의 티끌. ③ 세상의 여러 가지 번잡한 일을 이르는 말.

▸황진-만장 黃塵萬丈 (일만 만, 길이 장). ① 속뜻 누런[黃] 빛의 흙먼지[塵]가 만장(萬丈)의 높이로 치솟는 모양. ② 속세의 너절하고 귀찮은 현상을 비유하여 이르는 말.

황:차 況且 (하물며 황, 또 차). 하물며[況] 또[且]. 하물며. ¶친구인 나도 슬픈데, 황차 자식을 잃은 부모의 마음은 오죽하겠는가?

황채 黃菜 (누를 황, 나물 채). 오래되어 노랗게[黃] 된 오이를 잘게 썰어서 양념하여 무친 나물[菜].

황천[1] 皇天 (클 황, 하늘 천). ① 속뜻 큰[皇] 하늘[天]. ② 하늘을 높여 이르는 말. ③ 우주를 창조하고 주재한다고 믿어지는 초자연적인 절대자. ⓑ하느님.

황천[2] 黃泉 (누를 황, 샘 천). ① 속뜻 물빛이 노란[黃] 샘[泉]. ② 죽어서 간다는 곳. 저승. ¶황천길을 떠나다.

▸황천-객 黃泉客 (손 객). ① 속뜻 황천(黃泉)으로 가는 손님[客]. ② 죽은 사람을 이르는 말.

황철-광 黃鐵鑛 (누를 황, 쇠 철, 쇳돌 광). 광업 유황(硫黃)과 철(鐵)을 주성분으로 하는 광물(鑛物).

황청 黃淸 (누를 황, 맑을 청). 빛깔이 누렇고[黃] 맑아[淸] 품질이 좋은 꿀.

황체 黃體 (누를 황, 몸 체). 의학 척추동물의 난소에서 배란이 된 뒤에 난소 여포(濾胞)가 변한 황색(黃色)의 물체(物體).

황초-절 黃草節 (누를 황, 풀 초, 철 절). 목장에서, 말라 누렇게[黃] 된 풀[草]을 먹여 가축을 기르는 계절(季節). 음력 10월에서 4월까지의 칠 개월 동안이다. ⓑ청초절(靑草節).

황촉 黃燭 (누를 황, 촛불 촉). 밀랍으로 만든 초의 누런[黃] 촛불[燭]. ¶황촉의 휘황한 불빛. ⓑ밀초.

황촌 荒村 (거칠 황, 마을 촌). 황폐(荒廢)한 마을[村].

황칠 黃漆 (누를 황, 칠할 칠). 제주도에서 나는 누런[黃] 빛깔의 칠(漆). ¶황칠을 칠하다.

황탄 荒誕 (어이없을 황, 거짓 탄). 언행이 어이없고[荒] 허망함[誕]. ⓑ황당(荒唐).

▸황탄무계 荒誕無稽 (없을 무, 상고할 계). 언행이 황탄(荒誕)하여 상고할[稽] 바가 없음[無]. ⓑ황당무계(荒唐無稽).

황태 黃太 (누를 황, 클 태). 누렇게[黃] 말린 명태(明太).

황-태자 皇太子 (임금 황, 클 태, 아들 자). 역사 황제(皇帝)의 자리를 이을 황제의 아들[太子]. ⓑ동궁(東宮).

▸황태자-비 皇太子妃 (왕비 비). 황태자(皇太子)의 비(妃).

황토[1] 荒土 (거칠 황, 흙 토). ① 속뜻 거친[荒] 토지(土地). ② 불모의 땅을 이르는 말.

황토[2] 黃土 (누를 황, 흙 토). 누런[黃] 빛깔의 흙[土].

▸황토-색 黃土色 (빛 색). 황토(黃土)같은 빛깔[色]. ¶황토색 토기 인형.

▸황토-수 黃土水 (물 수). ① 속뜻 황토(黃土)가 풀어져 흐려진 물[水]. ② 황토로 된 땅을 석 자쯤 팠을 때에 그 속에 고이는 맑은 물. ⓑ지장(地漿).

▸황토-층 黃土層 (층 층). 지리 황토(黃土)가 퇴적하여 생긴 지층(地層).

황통 皇統 (임금 황, 계통 통). 황제(皇帝)의 계통(系統).

황파 荒波 (거칠 황, 물결 파). ① 속뜻 거친[荒] 물결[波]. ¶대양을 떠다니며 황파와 싸웠다. ② 험악한 세상의 풍파를 비유하여 이르는 말. ¶이 험한 황파를 어찌 헤쳐 나갈지 걱정이다.

황평-양서 黃平兩西 (누를 황, 평평할 평, 두 량, 서녘 서). 지리 황해도(黃海道)와 평안도(平安道)의 두[兩] 쪽 서부(西部) 지역을 이르는 말. ⓒ양서.

황폐 荒廢 (거칠 황, 그만둘 폐). ① 속뜻 땅 따위가 거칠어져[荒] 못쓰게 됨[廢]. ② 집, 토지, 삼림 따위가 거칠고 못 쓰게 됨. ¶농촌의 황폐가 극심한 지경에 이르다. ③ 정신이나 생활 따위가 거칠어지고 메마름. ¶입시 경쟁으로 학생들의 마음은 황폐해졌다.

▸황폐-화 荒廢化 (될 화). 황폐(荒廢)하게 됨[化].

황포 黃袍 (누를 황, 두루마기 포). 역사 임금이 입던 누런[黃]빛의 곤룡포(袞龍袍)를 일컬음.

황해-안 黃海岸 (누를 황, 바다 해, 언덕 안). 우리나라의 황해(黃海)와 맞닿아 있는 육지[岸]와 그 근처의 바다. ⓑ서해안(西海岸).

황혼 黃昏 (누를 황, 어두울 혼). ① 속뜻 하늘이 누렇고[黃] 어둑어둑한[昏] 해질 무렵. ¶황혼 무렵에 산책을 나가다. ② 쇠퇴하여 종말에 가까운 때를 비유함.

황홀 恍惚 (=慌惚, 흐릿할 황, 흐릿할 홀). ① 속뜻 정신이 흐릿함[恍=惚]. ② 무엇이 너무 좋아서 정신이 멍함. ¶제주도의 경치는 보는 사람을 황홀하게 만든다. ③ 흐릿하여 분명하지 아니함.

▸황홀-경 恍惚境 (상태 경). 너무 좋아 정신이 멍한[恍惚] 지경(地境).

▸황홀-난측 恍惚難測 (어려울 난, 헤아릴 측). 황홀(恍惚)하여 분별하기[測] 어려움[難].

황화[1] 黃花 (누를 황, 꽃 화). ① 속뜻 누른[黃]빛의 꽃[花]. ② 식물 황국(黃菊).

황화[2] 黃化 (누를 황, 될 화). ① 식물 햇빛을 보지 못하여 엽록소를 형성하지 못하고 누렇게[黃] 됨[化]. ② 화학 황(黃)과 화합(化合)함.

▸황화-동 黃化銅 (구리 동). 화학 황(黃)과 동(銅)의 화합물(化合物).

▸황화-물 黃化物 (만물 물). 화학 황(黃)과 양성(陽性)의 원자와의 화합물(化合物).

▸황화-은 黃化銀 (은 은). 화학 황(黃)과 은(銀)의 화합물(化合物). 질산은의 용액에 암모늄을 가하면 가라앉는 흑갈색의 가루로, 도자기의 안료 따위에 쓰인다.

▸황화-철 黃化鐵 (쇠 철). 화학 황(黃)과 철(鐵)의 화합물(化合物). 황화 제일철과 황화 제이철이 있는데, 불에 녹지 않으나 산(酸)에 녹아 황화수소의 발생에 쓰인다.

▸황화-수소 黃化水素 (물 수, 바탕 소). 화학 황(黃)과 수소(水素)와의 화합물(化合物).

▸황화 식물 黃化植物 (심을 식, 만물 물). 식물 콩나물이나 숙주나물과 같이, 황화(黃化) 현상으로 자라 생장은 빠르나 몸이 무르고 누런 식물(植物).

▸황화-아연 黃化亞鉛 (버금 아, 납 연). 화학 황(黃)과 아연(亞鉛)과의 화합물(化合物).

▸황화-주석 黃化朱錫 (붉을 주, 주석 석). 화학 황(黃)과 주석(朱錫)의 화합물(化合物).

황화[3] 黃禍 (누를 황, 재화 화). 황색(黃色) 인종으로 인해 백인이 입는 재화(災禍).

▸황화-론 黃禍論 (논할 론). ① 속뜻 황화(黃禍)에 관한 이론(理論). ② 정치 독일 황제 빌헬름 2세가 주창하였던 황색 인종에 대한 인종주의적 감정론. 황색 인종이 진출하여 백색 인종이 해를 입는다는 주장이다.

황황[1] 皇皇 (클 황, 클 황). ① 속뜻 매우 훌륭하다[皇+皇]. 아름답고 성함. ② 갈팡질팡 어쩔 줄 모르게 급하다. ⓑ황황(遑遑)하다.

황황[2] 煌煌 (빛날 황, 빛날 황). 매우 빛나다[煌+煌].

황황[3] 遑遑 (허둥거릴 황, 허둥거릴 황). 마음이 급하여 허둥거리다[遑+遑]. ⓑ황황(皇皇)하다.

황후 皇后 (임금 황, 왕비 후). 황제(皇帝)의 아내[后]. ⓑ황비(皇妃).

회갈-색 灰褐色 (재 회, 털옷 갈, 빛 색). 회색(灰色)을 띤 갈색(褐色).

회갑 回甲 (돌아올 회, 천간 갑). ① 속뜻 다시 돌아와[回] 맞은 갑자(甲子). ② 자신이 태어난 해에 해당되는 간지(干支)를 60년 만에 다시 맞이함. 만 60세의 나이. ¶회갑잔치를 베풀다. ⓑ환갑(還甲), 화갑(華甲).

▸회갑-연 回甲宴 (잔치 연). 회갑(回甲)을 기념하여 여는 연회(宴會).

회:개 悔改 (뉘우칠 회, 고칠 개). 이전의 잘못을 뉘우치고[悔] 고침[改]. ¶회개의 눈물을 흘리다. ⓑ참회(懺悔), 개회(改悔).

회검 懷劍 (품을 회, 칼 검). ① 속뜻 품고[懷] 다니는 작은 칼[劍]. ② 남을 해하기 위하여 몰래 작은 칼을 품속에 지님.

회:견 會見 (모일 회, 볼 견). 일정한 장소에 모여[會] 의견이나 견해(見解) 따위를 밝힘. 또는 그런 모임. ¶회견을 가지다 / 그는 한 달 만에 회견에 응했다.

회:계 會計 (모일 회, 셀 계). ① 속뜻 나가고 들어 온 돈을 모아[會] 셈함[計]. ¶회계 장부. ② 물건 값이나 월급 따위를 치러줌. ③ 재산과 수입 및 지출의 관리와 운용에 관한 계산 제도.

▸회:계-기 會計機 (틀 기). 기계 회계(會計)를 자동으로 기록하는 기계(機械).

▸회:계-학 會計學 (배울 학). 경제 기업 따위의 회계(會計)에 관한 이론과 법칙, 방법과 기술 등을 연구하는 학문(學問).

▸회:계 감사 會計監査 (볼 감, 살필 사). 경제 회계(會計)의 기록을 보고[監] 조사(調査)하는 일.

▸회:계 연도 會計年度 (해 년, 정도 도). 경제 회계(會計)의 편의에 따라 정해 놓은 연도(年度).

회:계지치 會稽之恥 (모일 회, 머무를 계, 어

조사 지, 부끄러울 치). ① 속뜻 회계산(會稽山)에서의 수치(羞恥). ② 전쟁에 패한 치욕. 중국 춘추 시대에 월왕(越王) 구천(句踐)이 오왕(吳王) 부차(夫差)에게 회계산에서 패전하고 생포되어 굴욕적인 강화를 맺었다는 데서 유래.

회고 回顧 (돌 회, 돌아볼 고). ① 속뜻 돌아[回] 봄[顧]. ② 지난 일을 돌이켜 생각함. ¶그는 사진을 보며 어린 시절을 회고했다.

▸ 회고-록 回顧錄 (기록할 록). 지난 일을 돌이켜 생각하여[回顧] 적은 기록(記錄).

회고 懷古 (품을 회, 옛 고). 옛[古]일을 마음에 생각함[懷].

▸ 회고-가 懷古歌 (노래 가). 문학 옛[古]일을 생각하며[懷] 지은 노래[歌].

▸ 회고-담 懷古談 (이야기 담). 옛[古]일을 생각하며[懷] 하는 이야기[談].

회곡 回曲 (돌 회, 굽을 곡). 휘어서[回] 굽음[曲].

회:과 悔過 (뉘우칠 회, 지나칠 과). 과오(過誤)를 뉘우침[悔].

▸ 회:과-자책 悔過自責 (스스로 자, 꾸짖을 책). 허물을 뉘우쳐[悔過] 스스로[自] 책망(責望)함.

회:관 會館 (모일 회, 집 관). 모일[會] 수 있도록 마련된 건물[館]. ¶마을회관. ㊥회당(會堂).

회교 回教 (돌 회, 종교 교). 종교 회족(回族)이 전래한 종교(宗教). 610년에 아라비아의 예언자 마호메트가 완성시켰다. ㊥이슬람교.

▸ 회교-도 回教徒 (무리 도). 종교 회교(回教)를 믿는 사람[徒].

▸ 회교-력 回教曆 (책력 력). 이슬람권[回教] 내에서 쓰는 태음력(太陰曆). 서기 636년에 제정되었다. ㊥이슬람력.

회구 懷舊 (품을 회, 옛 구). 옛[舊] 자취를 돌이켜 생각함[懷]. ¶회구의 정을 이기지 못하다. ㊥회고(懷古).

회국 回國 (돌아올 회, 나라 국). ① 속뜻 자기 나라[國]로 다시 돌아옴[回]. ㊥귀국(歸國). ② 여러 나라를 두루 돌아다님.

회군 回軍 (돌아올 회, 군사 군). 군사(軍師)를 거두어 돌아옴[回]. 또는 돌아감. ¶회군 명령 / 이성계는 위화도에서 회군했다. ㊥환군(還軍).

회귀 回歸 (돌 회, 돌아갈 귀). 한 바퀴 돌아서[回] 다시 본디의 자리로 돌아감[歸]. ¶연어는 회귀하는 성질이 있다.

▸ 회귀-년 回歸年 (해 년). 천문 태양이 황도상의 춘분점을 출발하여 다시 춘분점에 돌아올[回歸] 때까지 걸리는 시간을 한 해[年]로 이르는 말. 365일 5시간 48분 46초이다. ㊥태양년(太陽年).

▸ 회귀-선 回歸線 (줄 선). 지리 태양이 회귀(回歸)하는 기준이 되는 선(線). 23도 27분을 지나는 위선이다.

▸ 회귀-성 回歸性 (성질 성). ① 속뜻 원래의 곳으로 다시 돌아오는[回歸] 성질(性質). ② 동물 생물이 태어난 곳에서 다른 곳으로 옮겼다가 자란 뒤 다시 산란하기 위해 태어난 곳으로 돌아오는 성질.

회:규 會規 (모일 회, 법 규). 회의(會議) 규칙(規則). ㊥회칙(會則).

회기[1] 回忌 (돌아올 회, 꺼릴 기). 사람이 죽은 뒤 해마다 돌아오는[回] 제삿날[忌].

회기[2] 回期 (돌아올 회, 때 기). 돌아올[回] 시기(時期).

회:기[3] 會期 (모일 회, 때 기). ① 속뜻 회의(會議) 따위가 열리는 시기(時期). ② 법률 국회나 지방 의회 따위의 개회부터 폐회까지의 기간. ¶10일간의 회기로 임시국회가 열렸다.

회:담 會談 (모일 회, 말씀 담). 모여서[會] 의논하는 말[談]. 또는 그런 논의. ¶남북 정상 회담 / 양측은 임금 문제를 놓고 회담했다.

회답 回答 (돌아올 회, 답할 답). ① 속뜻 돌아온[回] 대답(對答). ② 물음이나 편지 따위에 반응함. 또는 그런 반응. ¶그로부터 아무런 회답이 없다 / 문서로 회답해 주십시오. ㊥회신(回信).

회:당 會堂 (모일 회, 집 당). ① 속뜻 여러 사람이 모일[會] 수 있도록 마련된 집[堂]. 회관(會館). ② 기독교 예배당(禮拜堂).

회독[1] 回讀 (돌 회, 읽을 독). 책 따위를 여럿이 돌려[回] 읽음[讀].

회:독[2] 會讀 (모일 회, 읽을 독). 여러 사람이 모여[會] 책을 읽고[讀] 그 내용을 연구하고 토론함.

회:동 會同 (모일 회, 한가지 동). 일정한 목적으로 여럿이 모여[會] 함께[同] 어울림. ¶오찬 회동을 갖다 / 당 대표들이 회동하다.

회두 回頭 (돌 회, 머리 두). ① 속뜻 머리[頭]를 돌림[回]. ② 뱃머리를 돌려 진로를 바꿈. ③ 가톨릭 배교(背教)하였다가 다시 돌아옴.

회람 回覽 (돌 회, 볼 람). 차례로 돌려[回] 가며 봄[覽].

▶ 회람-판 回覽板 (널빤지 판). 여러 사람들이 돌려[回] 가며 볼[覽] 수 있도록 어떤 내용을 적어 만든 판(板). ⑪돌림판.

회랑 回廊 (돌 회, 곁채 랑). 건설 ① 어떤 방을 둘러싸고[回] 있는 복도[廊]. ② 정당(正堂)의 양옆에 있는 긴 집채.

회례[1] 回禮 (돌아올 회, 예도 례). 받은 것에 회답(回答)하는 뜻으로 하는 사례(謝禮). ⑪반례(返禮).

회례[2] 廻禮 (돌 회, 예도 례). 차례로 돌면서[廻] 예(禮)를 표하여 인사함. 또는 그런 인사.

회:례[3] 會禮 (모일 회, 예도 례). ① 속뜻 회의(會議)의 예식(禮式). ② 서로 만나서 나누는 인사.

***회로**[1] 回路 (돌아올 회, 길 로). ① 속뜻 돌아오는[回] 길[路]. ② 전기 전류가 통하는 통로. ¶전기 회로. ⑪귀로(歸路).

회로[2] 懷爐 (품을 회, 화로 로). 품고[懷] 다닐 수 있도록 만든 작은 화로(火爐). 납작한 상자형태로 만든다.

▶ 회로-회 懷爐灰 (재 회). 회로(懷爐)에 담는 숯[灰].

회:록 會錄 (모일 회, 기록할 록). ① 속뜻 회의(會議)의 진행 과정이나 내용, 결과 따위를 적은 기록(記錄). '회의록'의 준말. ¶회록을 잘 보관해 두다. ② 역사 정부 소유물 가운데 주로 곡물 따위를 본창고에 두지 못할 때에 다른 창고에 보관하던 일.

회:뢰 賄賂 (뇌물 회, 뇌물 줄 뢰). 뇌물[賄]을 줌[賂].

회:루 悔淚 (뉘우칠 회, 눈물 루). 잘못을 뉘우치며[悔] 흘리는 눈물[淚].

회류[1] 回流 (돌 회, 흐를 류). 돌아서[回] 흐름[流].

회:류[2] 會流 (모일 회, 흐를 류). 물줄기가 모여서[會] 흐름[流]. ⑪합류(合流).

회마 回馬 (돌아올 회, 말 마). ① 속뜻 돌아가는[回] 편의 말[馬]. ¶회마에 소식을 전하다. ② 말을 돌려보냄.

회:맹 會盟 (모일 회, 맹세할 맹). ① 속뜻 모여서[會] 맹세함[盟]. ② 역사 왕조 때, 공훈이 있는 사람을 책에 올려 기리며 군신(君臣)이 모여 맹세하던 일.

회멸 灰滅 (재 회, 없어질 멸). 재[灰]가 되어 없어짐[滅].

회:명[1] 晦明 (어두울 회, 밝을 명). 어둠[晦]과 밝음[明].

회:명[2] 晦冥 (그믐 회, 어두울 명). ① 속뜻 그믐날[晦]의 어두움[冥]. ② 어두컴컴함.

회:명[3] 會名 (모일 회, 이름 명). 모임[會]이나 조직의 이름[名]. ¶오늘은 우리 모임의 회명을 정하고 구체적으로 할 일을 의논합시다.

회모 懷慕 (품을 회, 그리워할 모). 가슴에 품고[懷] 그리워함[慕].

회:무[1] 會務 (모일 회, 일 무). 어떤 모임[會]의 사무(事務).

회무[2] 懷憮 (품을 회, 어루만질 무). 품어[懷] 어루만지며[憮] 달램.

회문 回文 (돌 회, 글월 문). ① 속뜻 여러 사람이 차례로 돌려[回] 보도록 쓴 글[文]. ¶회문을 돌리다. ② 문학 한시체의 하나. 머리에서부터 내리읽으나 아래에서부터 올려 읽으나 뜻이 통한다. ⑪회장(回章).

회백-색 灰白色 (재 회, 흰 백, 빛 색). 잿빛[灰]을 띤 흰[白] 빛깔[色]. ¶회백색 하늘.

회백-질 灰白質 (재 회, 흰 백, 바탕 질). 의학 뇌나 척수를 이루는 회백색(灰白色)의 물질(物質). 신경 세포가 모여 있다.

회벽 灰壁 (재 회, 담 벽). 석회(石灰)를 반죽하여 바른 벽(壁). ¶하얀 회벽의 단층집.

회보[1] 回步 (돌아올 회, 걸음 보). 돌아오는[回] 걸음[步].

회보[2] 回報 (돌아올 회, 알릴 보). ① 속뜻 돌아와[回] 알림[報]. ② 대답하는 보고. ⑪답보(答報).

회:보[3] 會報 (모일 회, 알릴 보). 모임[會]의 일을 회원에게 알리는[報] 간행물. ¶동창

회 회보를 발행하다.

회복 回復 (=恢復, 돌아올 회, 되돌릴 복). 이전의 상태로 다시 되돌아옴[回=復]. 또는 이전의 상태로 돌이킴. ¶신용 회복 / 건강을 회복하다.

▸회복-기 回復期 (때 기). ① 속뜻 나빠졌던 상태가 다시 회복(回復)되는 시기(時期). ¶환자가 회복기에 접어들다. ②경기 따위가 다시 좋아지는 시기.

▸회복 등기 回復登記 (오를 등, 기록할 기). 법률 일단 소멸한 등기를 회복(回復)을 목적으로 하는 등기(登記).

회부 回附 (돌아올 회, 붙을 부). 문제나 사건, 또는 그 서류 따위를 관계 기관이나 부서에 돌려[回] 보냄[附].

회:비 會費 (모일 회, 쓸 비). 모임[會]의 유지에 드는 비용(費用). ¶회비는 한 달에 만 원이다.

회사[1] 回謝 (돌아올 회, 고마워할 사). 받은 것에 대한 회답(回答)의 뜻으로 표하는 사례(謝禮). ¶회사의 뜻으로 인사를 하다.

회:사[2] 悔謝 (뉘우칠 회, 용서빌 사). 잘못을 뉘우치고[悔] 사과함[謝].

***회:사**[3] 會社 (모일 회, 단체 사). ① 속뜻 모임[會]과 단체[社]. ② 경제 상행위 또는 영리를 목적으로 상법에 따라 설립된 사단 법인. ¶무역회사 / 회사를 그만두다.

▸회:사-원 會社員 (사람 원). 회사(會社)에 근무하는 사람[員]. ㊟사원.

▸회:사-채 會社債 (빚 채). ① 속뜻 회사(會社)의 빚[債]. ② 법률 주식회사가 일반 사람들에게 채권이라는 유가 증권을 발행하여 사업에 필요한 자금을 조달하는 채무. ㊟사채(社債).

회:삭 晦朔 (그믐 회, 초하루 삭). 그믐[晦]과 초하루[朔].

회삽 晦澁 (어두울 회, 어려울 삽). ① 속뜻 어두워[晦] 분간하기 어려움[澁]. ②언어나 문장이 어려워 뜻이 분명하지 않다. ¶회삽한 표현.

회:상[1] 會商 (모일 회, 헤아릴 상). 모여서[會] 서로 상의(商議)함. 또는 그런 회의.

회상[2] 回想 (돌이킬 회, 생각 상). ① 속뜻 지난 일을 돌이켜[回] 생각함[想]. ¶그는 눈을 감고 회상에 잠겼다 / 어린 시절을 회상하다. ② 심리 한 번 경험하고 난 사물을 나중에 다시 재생하는 일. ㊥상기(想起).

▸회상-록 回想錄 (기록할 록). 지난 일을 돌이켜[回] 생각하며[想] 적은 기록(記錄).

회:색[1] 悔色 (뉘우칠 회, 빛 색). 뉘우치는[悔] 기색(氣色).

회색[2] 灰色 (재 회, 빛 색). 재[灰]의 빛깔[色]. ¶회색 치마. ㊥잿빛.

▸회색-분자 灰色分子 (나눌 분, 접미사 자). ① 속뜻 희지도 검지도 않아 회색빛[灰色]을 띤 사람[分子]. ②소속, 정치적 노선, 사상적 경향 따위가 뚜렷하지 않은 사람.

회생 回生 (돌아올 회, 살 생). 거의 죽어 가다가 다시 돌아와[回] 살아남[生]. ¶회생 불능 / 그 회사는 회생할 가능성이 없다. ㊥소생(蘇生).

회:석 會席 (모일 회, 자리 석). 여럿이 모이는[會] 자리[席]. ¶회석을 마련하다.

회선[1] 回船 (돌 회, 배 선). 배[船]를 돌림[回]. 배를 돌려 돌아오거나 돌아감. 또는 그 배.

회선[2] 回線 (돌 회, 줄 선). 전기 전화가 통할 수 있도록[回] 가설된 선(線).

회선[3] 回旋 (=廻旋, 돌 회, 돌 선). ① 속뜻 빙빙 돌거나 돌림[回=旋]. ② 식물 나팔꽃, 강낭콩 따위의 식물의 줄기가 지주(支柱)를 감으며 뻗음.

▸회선-곡 回旋曲 (노래 곡). ① 속뜻 돌고 도는[回旋] 악곡(樂曲). ② 음악 주제가 같은 상태로 여러 번 되풀이되는 동안에 다른 가락이 여러 가지로 삽입되는 형식의 기악곡. 론도(rondo).

▸회선-교 回旋橋 (다리 교). ① 속뜻 도는[回旋] 다리[橋]. ② 건설 교각 위에서 다리의 바닥 일부가 수평으로 회전하여 열렸다 닫혔다 하여 선박을 통과시키게 되어 있는 가동교(可動橋).

▸회선 운:동 回旋運動 (돌 운, 움직일 동). 식물 나팔꽃의 줄기나 오이의 덩굴손과 같이 식물이 다른 물건을 휘감고[回旋] 올라가는 생장 운동(運動).

회:소-곡 會蘇曲 (모일 회, 되살아날 소, 노래 곡). ① 속뜻 '회소'(會蘇)라고 부르는 노래[曲]. ② 음악 가사가 전하지 않는 신라 가요. 팔월 보름의 가배(嘉俳)때, 길쌈 내기에

서 진 한 여자가, '회소, 회소'라고 하였는데, 그 소리가 매우 구슬프고 아름다웠으므로 뒷사람들이 그 소리로 말미암아 노래를 지어 불렀으며, 그 노래를 회소곡이라 하였다고 한다.

회송 回送 (돌아올 회, 보낼 송). 도로[回] 돌려보냄[送]. ㊥환송(還送).

회수 回收 (돌아올 회, 거둘 수). 도로[回] 거두어[收]들임. ¶자금 회수 / 불량품을 회수하다. ㊥환수(還收).

회시 回示 (돌아올 회, 보일 시). ① 속뜻 회답(回答)하여 보이거나 지시(指示)함. 또는 그 회답. ¶상부의 회시를 기다리다. ② 지난날, 죄인을 끌고 다니며 여러 사람에게 보이던 일.

회:식 會食 (모일 회, 먹을 식). 여럿이 모여[會] 함께 음식을 먹음[食]. 또는 그 모임. ¶우승 기념 회식 / 오늘 저녁 회식할 예정이다.

회신[1] 灰身 (재 회, 몸 신). 몸[身]을 살라 재[灰]로 만듦. 또는 그 몸.

회신[2] 灰燼 (재 회, 불탄끝 신). ① 속뜻 불에 타고 남은 끄트러기[燼]나 재[灰]. ¶전쟁으로 말미암아 귀중한 문화유산들이 회신으로 돌아갔다. ② 흔적 없이 아주 타 없어짐.

회신[3] 回信 (돌아올 회, 소식 신). ① 속뜻 돌아온[回] 소식[信]. ② 편지, 전신, 전화 따위로 회답을 함. ¶그에게서 회신이 없다 / 회사에 출장 결과를 회신했다. ㊥회답(回答), 반신(返信).

▸회신-료 回信料 (삯 료). 편지나 전보 따위 회답하는 통신[回信]에 드는 요금(料金). ㊥반신료(返信料). ¶회신료를 보내다.

회심[1] 灰心 (재 회, 마음 심). 재[灰]처럼 사그라져 외부의 유혹을 받지 않는 마음[心]. ㊥무심(無心).

회:심[2] 悔心 (뉘우칠 회, 마음 심). 잘못을 뉘우치는[悔] 마음[心].

회:심[3] 會審 (모일 회, 살필 심). 법관이 모여서[會] 사건을 심리(審理)함.

회심[4] 回心 (돌이킬 회, 마음 심). ① 속뜻 마음[心]을 돌림[回]. ② 종교 사악한 마음을 뉘우치고 올바른 신앙의 마음으로 돌이킴.

▸회심-곡 回心曲 (노래 곡). ① 속뜻 마음[心]을 돌이키는[回] 노래[曲]. ② 문학 조선 때, 서산대사(西山大師)가 착한 행실을 권하려고 지은 노래.

▸회심-향도 回心向道 (향할 향, 길 도). 불교 마음[心]을 돌려[回] 바른 도덕(道德)을 향(向)함.

회:심[5] 會心 (모일 회, 마음 심). ① 속뜻 마음[心]을 한 곳에 모음[會]. ② 마음에 흐뭇하게 들어맞음. 또는 그런 상태의 마음. ¶회심의 미소.

▸회:심-작 會心作 (지을 작). 자기 작품 중에서 마음[心]에 드는[會] 잘된 작품(作品).

▸회:심-처 會心處 (곳 처). 마음[心]에 들어맞는[會] 곳[處].

회안[1] 回雁 (돌아올 회, 기러기 안). ① 속뜻 돌아온[回] 기러기[雁]. ② 답장 편지.

회:안[2] 悔顔 (뉘우칠 회, 얼굴 안). 잘못을 뉘우치는[悔] 기색을 띤 얼굴[顔].

회:언[1] 悔言 (뉘우칠 회, 말씀 언). 잘못을 뉘우치는[悔] 말[言].

회:언[2] 誨言 (가르칠 회, 말씀 언). 가르치는[誨] 말[言]. 훈계의 말.

회:연 會宴 (모일 회, 잔치 연). 여럿이 모여[會] 잔치[宴]를 엶. 또는 그 잔치.

회:오 悔悟 (뉘우칠 회, 깨달을 오). 잘못을 뉘우치고[悔] 깨달음[悟]. ¶회오의 눈물을 흘리다.

회:우[1] 會友 (모일 회, 벗 우). ① 속뜻 모인[會] 벗[友]. ② 같은 회의 회원을 서로 친근하게 이르는 말. ㊟사우(社友).

회:우[2] 會遇 (모일 회, 만날 우). ① 속뜻 한데 모여서[會] 만남[遇]. ② 어떤 일이나 어떤 사람과 우연히 마주침.

회:원 會員 (모일 회, 사람 원). 어떤 모임[會]을 구성하는 사람[員]. ¶회원 모집.

▸회:원-국 會員國 (나라 국). 국제적인 조직체[會]의 구성원(構成員)으로 되어 있는 나라[國]. ¶유엔 회원국.

회유[1] 回游 (돌아올 회, 헤엄칠 유). ① 속뜻 돌아서[回] 헤엄쳐[游] 옴. ② 물고기가 알을 낳거나 먹이를 찾기 위하여 계절을 따라 일정한 시기에 한곳에서 다른 곳으로 떼 지어 헤엄침. ¶연어의 회유 시기.

회유[2] 回遊 (돌 회, 놀 유). 두루 돌아다니며

[回] 유람(遊覽)함.

회:유³ 誨諭 (가르칠 회, 깨우칠 유). 가르쳐[誨] 깨우침[諭].

회유⁴ 懷柔 (품을 회, 부드러울 유). ① 속뜻 상대방을 마음으로 품어 주어[懷] 태도 따위가 부드러워지도록[柔]함. ② 달래어 말을 잘 듣도록 함. ¶그들은 우리를 회유하려고 갖은 술책을 다 썼다.

▸ **회유-책** 懷柔策 (꾀 책). 사회 어루만지고 잘 달래어[懷] 시키는 말을 잘 듣도록 하는[柔] 정책(政策). ¶소수민족에 대하여 회유책을 쓰다.

회:음 會飮 (모일 회, 마실 음). 여럿이 모여서[會] 술을 마심[飮].

회의¹ 回議 (돌 회, 의논할 의). 주관자가 기안한 의안을 차례로 관계자들에게 돌려[回] 의견을 묻거나 의논(議論)함.

회:의² 會意 (모일 회, 뜻 의). ① 속뜻 뜻[意]을 모음[會]. ② 뜻을 알아챔. ③ 언어 육서(六書)의 하나. 어떤 뜻을 나타내기 위해서 이미 만들어진 두 개 이상의 한자를 합치는 방법. '밝다'는 뜻을 나타내기 위해서 '日'과 '月'을 합하여 '明' 자를 새로 만들어내는 것 따위이다.

***회:의³** 會議 (모일 회, 의논할 의). ① 속뜻 여럿이 모여[會] 의논(議論)함. 또는 그 모임. ¶학급 회의를 열다. ② 어떤 사항을 평의하는 기관. ¶감사원 회의. (비)집의(集議).

▸ **회:의-록** 會議錄 (기록할 록). 회의(會議)의 진행 과정이나 내용 등을 적은 기록(記錄). ¶회의록을 작성하다.

▸ **회:의-소** 會議所 (곳 소). ① 속뜻 회의(會議)를 하는 곳[所]. ② 어떤 사항에 관하여 회의를 하는 단체나 기관. ¶상공 회의소(商工會議所).

▸ **회:의-실** 會議室 (방 실). 회의(會議)를 하는 데에 쓰는 방[室]. ¶오늘 회의는 3층 회의실에서 열린다.

회의⁴ 懷疑 (품을 회, 의심할 의). ① 속뜻 의심(疑心)을 품음[懷]. 또는 그 의심. ¶삶에 회의를 느끼다 / 그들은 신의 존재에 대하여 회의하기 시작했다. ② 철학 인식이나 지식에 결정적인 근거가 없어 그 확실성을 의심하는 정신 상태.

▸ **회의-론** 懷疑論 (논할 론). ① 속뜻 의심(疑心)을 품는[懷] 논리(論理)나 주장. ② 철학 객관적 진리의 인식 가능성을 믿지 않고 단정적인 판단을 원리적으로 제약하여, 인식의 주관성과 상대성을 중시하는 태도나 사상.

회:일 晦日 (그믐 회, 날 일). 그믐[晦] 날[日].

회임 懷姙 (=懷妊, 품을 회, 아이 밸 임). 몸속에 아이나 새끼를 배어[姙] 품음[懷]. (비)회잉(懷孕), 임신(姙娠).

회잉 懷孕 (품을 회, 아이 밸 잉). 아이를 배어[孕] 품음[懷]. (비)회임(懷姙).

회:자 膾炙 (회 회, 고기 구울 자). ① 속뜻 생고기[膾]와 구운 고기[炙]. ② 칭찬을 받으며 사람의 입에 자주 오르내림을 비유하여 이르는 말. ¶인구(人口)에 회자되다.

회:자정리 會者定離 (모일 회, 사람 자, 정할 정, 떨어질 리). ① 속뜻 만난[會] 사람[者]은 언젠가는 헤어지도록[離] 운명이 정(定)해져 있음. ② 인생의 무상함을 나타내는 말.

회장¹ 回章 (돌 회, 글 장). 여러 사람이 차례로 돌려[回] 보도록 쓴 글[章]. ¶회장을 돌려 봤다. (비)회문(回文).

회장² 回裝 (돌 회, 꾸밀 장). ① 속뜻 주위를 돌며[回] 꾸밈[裝]. ② 병풍이나 족자 따위의 가장자리에 덧대는 꾸미개. ③ 여자 저고리의 깃과 끝동, 겨드랑이와 고름 따위를 무색 헝겊으로 꾸미는 일. 또는 그 꾸밈새. 반회장과 삼회장이 있다.

회장³ 回腸 (돌 회, 창자 장). ① 속뜻 끝 부분에서 도는[回] 창자[腸]. ② 의학 공장(空腸)에 이어지는 소장(小腸)의 마지막 부분. 맹장과 연결된다.

회:장⁴ 會長 (모일 회, 어른 장). ① 속뜻 모임[會]을 대표하는 우두머리[長]. ¶학생 회장. ② 주식회사 따위에서 이사회의 장을 맡고 있는 사람.

회:장⁵ 會場 (모일 회, 마당 장). ① 속뜻 모임[會]이 열리는 장소(場所). ② 여럿이 모여 의논하는 곳.

회:장⁶ 會葬 (모일 회, 장사지낼 장). 모여서[會] 장사 지냄[葬]. 장사를 지내는 장소에 참석함.

회전¹ 回電 (돌아올 회, 전기 전). 전보(電報)

로 회답(回答)함. 또는 그 전보. ⑪답전(答電).

회:전² 悔悛 (뉘우칠 회, 고칠 전). 행실이나 태도의 잘못을 뉘우치고[悔] 마음을 바르게 고쳐먹음[悛]. ¶회전의 기색이 역력하다. ⑪개전(改悛).

회:전³ 會戰 (모일 회, 싸울 전). ① 속뜻 양편이 모여서[會] 싸움[戰]. ② 군사 일정 지역에 대규모의 병력이 집결하여 전투를 벌임. 또는 그 전투. ¶워털루의 회전에서 패한 나폴레옹.

***회전⁴** 回轉 (=廻轉, 돌 회, 구를 전). ① 속뜻 돌고[回] 구름[轉]. ②어떤 것을 축으로 물체 자체가 빙빙 돎. ¶공중 3회전 / 지구는 태양의 주위를 주기적으로 회전한다. ③한 점이나 축 또는 어떤 물체를 중심으로 하여 그 둘레를 빙빙 돎. ¶원자핵을 축으로 하는 전자들의 회전은 일정한 궤도를 그린다. ④ 방향을 바꾸어 움직임. ¶자동차는 사거리를 지나 오른쪽으로 회전을 했다. ⑤ 경제 투자한 자금이 모두 걷히는 기간. 또는 구입한 상품이 모두 팔릴 때까지의 기간. ¶자금 회전이 원활하지 못하다. ⑥ 수학 평면 또는 공간의 도형이, 그 각 점의 서로의 위치를 바꾸지 않고 한 점이나 축을 중심으로 일정한 거리나 각도를 이동하는 것. 또는 계속해서 돌아가는 것.

▸**회전-로** 回轉爐 (화로 로). 큰 원통을 축으로 돌리도록[回轉] 장치한 가마[爐].

▸**회전-면** 回轉面 (쪽 면). 수학 원기둥의 측면 등과 같이, 어떤 평면 위의 곡선이 그 평면 위의 직선 둘레를 한 번 회전(回轉)하여 생기는 곡면(曲面).

▸**회전-문** 回轉門 (문 문). 큰 건물의 출입이 잦은 출입구에 설치하는 회전식(回轉式)으로 된 문(門).

▸**회전-수** 回轉數 (셀 수). 물리 물체가 단위 시간 동안에 회전축의 둘레를 도는[回轉] 횟수(回數).

▸**회전-의** 回轉儀 (천문기계 의). ① 속뜻 돌아가도록[回轉] 만든 장치[儀]. ② 물리 위아래가 완전히 대칭인 팽이를 고리를 이용하여 팽이 축에 직각인 방향으로 만들고 다시 그것을 제2의 고리를 써서 앞의 것과 직각 방향으로 받든 후에, 다시 제3의 고리에 의하여 앞의 둘에 직각 되는 방향으로 지탱하여 줌으로써 팽이의 회전이 어떠한 방향으로도 일어날 수 있도록 한 장치. ⑪자이로스코프(gyroscope).

▸**회전-익** 回轉翼 (날개 익). 항공 헬리콥터의 날개와 같이 중심축을 중심으로 회전(回轉)하여 양력이 생기는 날개[翼]. 회전 날개.

▸**회전-창** 回轉窓 (창문 창). 건설 문틀 중앙에 가로나 세로로 굴대 따위를 장치하여 아래위나 좌우로 회전(回轉)시켜서 여닫게 된 창(窓).

▸**회전-체** 回轉體 (몸 체). ① 속뜻 회전(回轉)하는 물체(物體). ② 수학 평면 도형이 같은 평면 안에 있는 직선을 축으로 한번 호전하여 생기는 입체. 맴돌이.

▸**회전-축** 回轉軸 (굴대 축). ① 속뜻 회전(回轉)하는 기계의 축(軸). ② 수학 도형이나 물체의 회전 운동의 중심이 되는 일정불변의 직선.

▸**회전-판** 回轉板 (널빤지 판). 수학 회전축(回轉軸)에 수직인 평면에 회전체가 만나서 생기는 판(板) 같은 도형.

▸**회전-마찰** 回轉摩擦 (문지를 마, 비빌 찰). 물리 물체가 면 위를 구를 때[回轉] 바닥 때문에 생기는 마찰(摩擦). ⑪구름마찰.

▸**회전-목마** 回轉木馬 (나무 목, 말 마). 수직의 축 둘레에 목마(木馬)를 연결하여 회전(回轉)하면서 아래위로 움직이게 만든 놀이 기구.

▸**회전 무:대** 回轉舞臺 (춤출 무, 돈대 대). 수평으로 회전(回轉)할 수 있도록 만든 무대(舞臺).

▸**회전 속도** 回轉速度 (빠를 속, 정도 도). ① 속뜻 돌아가는[回轉] 속도(速度). ②필름이나 테이프 따위를 돌리는 속도.

▸**회전 운:동** 回轉運動 (돌 운, 움직일 동). ① 운동 몸의 근육과 골격을 발달시키기 위하여 빙빙 돌면서[回轉] 하는 운동(運動). ② 물리 물체가 회전축의 주위를 일정한 거리를 두고 도는 운동. ¶팽이는 회전 운동을 한다. ③ 식물 덩굴손이 다른 물건에 감기는 작용.

▸**회전-의자** 回轉椅子 (의나무 의, 접미사 자). 수평으로 회전(回轉)할 수 있도록 만든 의자(椅子).

▸**회전 자금** 回轉資金 (밑천 자, 돈 금). ①

속뜻 돌고 도는[回轉] 자금(資金). ② 경제 기업에서 생산 활동에 필요한 재료비, 인건비 따위의 지급에 쓰는 자금. 운전 자금(運轉資金).

회절 回折 (돌 회, 꺾을 절). ① 속뜻 돌려[回] 꺾어짐[折]. ② 물리 음파나 전파 또는 빛 따위의 파동이 장애물 뒤쪽으로까지 돌아 그늘진 부분에까지 전달되는 현상.

▶회절-격자 回折格子 (격식 격, 접미사 자). 물리 빛의 회절(回折)을 이용하여 스펙트럼을 얻는 격자(格子).

회정[1] 回程 (돌아올 회, 거리 정). 돌아가는[回] 노정(路程). ㊐귀로(歸路).

회정[2] 懷情 (품을 회, 마음 정). 가슴속에 품은[懷] 마음[情].

회:좌 會座 (모일 회, 자리 좌). ① 속뜻 여러 사람이 모인[會] 자리[座]. ② 역사 왕조 때, 벼슬아치가 공적인 일을 의논하기 위하여 한자리에 모임. 또는 그 자리. ③ 불교 설법(說法)·법회(法會) 따위의 모임. 또는 그 자리.

회:죄 悔罪 (뉘우칠 회, 허물 죄). 죄(罪)를 뉘우침[悔].

회:주 會主 (모일 회, 주인 주). ① 속뜻 모임[會]을 주도(主導)하는 사람. ② 불교 법회(法會)를 주장하는 사람이라는 뜻으로 법사(法師)를 이르는 말.

회:중[1] 會中 (모일 회, 가운데 중). ① 속뜻 모임[會]을 갖는 도중(途中). ② 불교 설법(說法)을 하는 동안.

회:중[2] 會衆 (모일 회, 무리 중). 많이 모인[會] 군중(群衆).

회중[3] 懷中 (품을 회, 가운데 중). 가슴 속[中]에 품음[懷].

▶회중-품 懷中品 (물건 품). 몸에 지니는[懷中] 물품(物品).

▶회중-시계 懷中時計 (때 시, 셀 계). 가슴에 품고[懷中] 다니는 시계(時計).

▶회중-전등 懷中電燈 (전기 전, 등불 등). 가지고[懷中] 다닐 수 있는 작은 전등(電燈).

회:지 會誌 (모일 회, 기록할 지). 어떤 모임[會]에서 발행하는 잡지(雜誌).

회-지석 灰誌石 (재 회, 기록할 지, 돌 석). 석회(石灰)나 백토 따위를 반죽하여 반듯하게 조각을 만들고 각 조각마다 글자 하나씩을 새기어 만든 지석(誌石).

회진[1] 回診 (돌 회, 살펴볼 진). 의사가 병실을 돌며[回] 진찰(診察)함. ¶회진 시간은 오전 10시이다 / 의사가 환자를 회진하다.

회진[2] 灰塵 (재 회, 티끌 진). ① 속뜻 재[灰]와 먼지[塵]. ② '하잘것없는 물건 또는 여지없이 멸망하거나 소멸함'을 비유하여 이르는 말.

회:집 會集 (모일 회, 모일 집). 여럿이 모임[會=集].

회천 回天 (돌이킬 회, 하늘 천). ① 속뜻 하늘[天] 같은 임금의 뜻을 되돌려 돌이키게[回] 함. ② 형세를 일변시킴. 쇠퇴한 세력을 회복함. ¶회천의 대사업.

회청-색 灰靑色 (재 회, 푸를 청, 빛 색). 잿빛[灰]을 띤 푸른[靑] 빛깔[色].

회춘[1] 回春 (돌아올 회, 봄 춘). ① 속뜻 봄[春]이 다시 돌아옴[回]. ② 대단하던 병이 나아서 건강이 회복됨. ③ 노인이 도로 젊어짐.

회춘[2] 懷春 (품을 회, 봄 춘). 춘정(春情)을 품음[懷]. 특히, 나이 찬 여자가 색정을 느낌.

회충 蛔蟲 (회충 회, 벌레 충). 동물 회충[蛔]과의 기생충(寄生蟲). 채소나 먼지에 섞여 사람의 몸에 들어와 기생한다.

▶회충-약 蛔蟲藥 (약 약). 회충(蛔蟲)을 없애는 약(藥).

▶회충-증 蛔蟲症 (증세 증). 의학 회충(蛔蟲)으로 인해 생기는 병증(病症).

회:치 悔恥 (뉘우칠 회, 부끄러울 치). 뉘우치고[悔] 부끄러워함[恥].

회:칙 會則 (모일 회, 법 칙). 어떤 모임[會]의 규칙(規則). ¶회칙을 정하다. ㊐회규(會規).

회태 懷胎 (품을 회, 태아 태). 몸에 태아(胎兒)를 품음[懷]. 아이를 가짐. ㊐임신(妊娠).

회통 蛔痛 (회충 회, 아플 통). 한의 회충(蛔蟲)으로 인해 생기는 통증(痛症).

회편 回便 (돌아올 회, 편할 편). 돌아가거나 돌아오는[回] 인편(人便). ¶그 회편에 편지를 가져 왔다.

회포 懷抱 (품을 회, 안을 포). ① 속뜻 품어[懷] 안음[抱]. ② 마음속에 품은 생각이나 정.

회풍 回風 (=廻風, 돌 회, 바람 풍). ① 속뜻 빙빙 돌며[回] 부는 바람[風]. ② 지리 갑자기 생긴 저기압 주변으로 한꺼번에 모여든 공기가 나선 모양으로 일으키는 선회(旋回) 운동.

회피 回避 (돌 회, 피할 피). ① 속뜻 이리저리 돌며[回] 피(避)함. ② 책임을 지지 않고 꾀만 부림. ¶면담회피 / 책임을 회피하다. ③ 일하기를 꺼리어 선뜻 나서지 아니함.

회한[1] 回翰 (돌아올 회, 글 한). 회답(回答)의 편지[翰]. ⓑ반한(返翰).

회:한[2] 悔恨 (뉘우칠 회, 한탄 한). 뉘우치고[悔] 한탄(恨歎)함. ⓑ오한(懊恨).

회:합 會合 (모일 회, 만날 합). ① 속뜻 모여서[會] 만남[合]. ¶회합 장소 / 남북은 판문점에서 회합했다. ② 화학 같은 종류의 분자가 화학 결합을 하지 않고 둘 이상이 모여 분자 사이의 힘에 의하여 한 개의 분자처럼 행동하는 현상. ③ 천문 천구(天球) 위에서, 행성이 태양과 같은 방향에 오는 일. ⓑ집회(集會).

▶회:합 주기 會合週期 (돌 주, 때 기). 천문 천구 위에서, 행성이 회합(會合)의 위치에 있다가 다시 회합의 위치에 올 때까지[週] 걸리는 시간[期].

회항 回航 (돌 회, 건널 항). ① 속뜻 여러 곳을 돌면서[回] 항해(航海)함. ② 처음 떠났던 곳으로 돌아가기 위해 항해함. 또는 그러한 항해.

회향[1] 回向 (=廻向, 돌 회, 향할 향). ① 속뜻 얼굴을 돌려[回] 딴 데로 향(向)함. ② 불교 불사를 통하여 죽은 이의 명복을 비는 일. ③ 불교 미타의 공덕을 돌려 중생의 극락왕생에 이바지하는 일.

▶회향 발원심 回向發願心 (보낼 발, 바랄 원, 마음 심). 불교 자신이 닦은 공덕을 돌려[回向] 정토에 왕생하고자 발원(發願)하는 마음[心].

회향[2] 懷鄕 (품을 회, 시골 향). 고향(故鄕)을 그리워하는 마음을 품음[懷].

▶회향-병 懷鄕病 (병 병). 고향(故鄕)을 몹시 그리워하여[懷] 생긴 병(病).

회혼 回婚 (돌 회, 혼인할 혼). 부부가 혼인(婚姻)한 지 예순 돌[回]을 맞이하는 날.

▶회혼-례 回婚禮 (예도 례). 회혼(回婚)을 기념하여 여는 예식(禮式).

회:화[1] 會話 (모일 회, 말할 화). ① 속뜻 서로 모여[會] 이야기함[話]. ② 외국어로 이야기함. 또는 그 이야기. ¶영어 회화.

▶회:화-체 會話體 (모양 체). 이야기하는 [會話] 형식으로 쓰인 문체(文體).

회:화[2] 繪畫 (그림 회, 그림 화). 미술 여러 가지 선이나 색채로 평면 위에 형상을 그려 내는[繪=畫] 조형 미술.

▶회:화-과 繪畫科 (분과 과). 대학에서, 회화(繪畫)를 전문적으로 연구하는 학과(學科).

▶회:화 문자 繪畫文字 (글자 문, 글자 자). 언어 그림[繪畫] 같은 문자(文字).

회환 回還 (돌아올 회, 돌아올 환). 떠났다가 도로 돌아옴[回=還].

회훈 回訓 (돌아올 회, 가르칠 훈). 정치 해외 공관의 청훈(請訓)에 대하여 본국 정부가 회답(回答)하는 훈령(訓令).

회흑-색 灰黑色 (재 회, 검을 흑, 빛 색). 불에 타고 남은 재[灰] 같은 검은[黑] 빛깔[色].

획급 劃給 (나눌 획, 줄 급). 주어야 할 것을 갈라[劃] 줌[給].

획기-적 劃期的 (나눌 획, 때 기, 것 적). 어떤 과정이나 분야에서 시기(時期)를 뚜렷이 구분할[劃] 만큼 새로운 것[的]. ¶획기적 사건 / 획기적인 아이디어.

획득 獲得 (잡을 획, 얻을 득). 잡아[獲] 얻음[得]. 손에 넣음. ¶금메달 획득.

▶획득 형질 獲得形質 (모양 형, 바탕 질). 생물 유전된 것이 아니고 생활 요인과 환경에 따라서 획득(獲得)된 형태(形態)의 특질(特質). ⓑ습득 형질(習得形質).

획력 劃力 (그을 획, 힘 력). 글자나 그림의 획(劃)에 나타난 힘[力].

획법 劃法 (그을 획, 법 법). 글씨나 그림의 획(劃)을 긋는 법(法).

획수 劃數 (그을 획, 셀 수). 한자에 쓰인 획(劃)의 수(數). ¶획수를 알아야 옥편에서 한자를 찾을 수 있다.

획순 劃順 (그을 획, 차례 순). 글자의 획(劃)을 긋는 순서(順序).

획-시대적 劃時代的 (나눌 획, 때 시, 연대

대, 것 적). 시대(時代)를 구분할[劃] 만한 것[的]. ¶획시대적인 사건.

획연 劃然 (나눌 획, 그러할 연). 구별[劃]이 매우 분명한 그러한[然] 모양.

획인 劃引 (그을 획, 끌 인). 획(劃)에 따라 글자를 찾는 한자 색인(索引)의 한 가지.

획일 劃一 (그을 획, 한 일). ① 속뜻 '一'자를 긋듯[劃] 가지런하다. ② 모두 한결같다.

▸ 획일-적 劃一的 (것 적). ① 속뜻 모두를 똑같이 통일한[劃一] 것[的]. ¶획일적인 복장. ② 한결같이 변함이 없는 것.

▸ 획일 교:육 劃一教育 (가르칠 교, 기를 육). 교육 개개인의 개성 따위는 무시하고 모든 학생에게 똑같은[劃一] 방식으로 하는 교육(教育). 반 개성 교육(個性教育).

▸ 획일-주의 劃一主義 (주될 주, 뜻 의). 개인의 다양한 심리, 사고, 행동을 무시하고 일정한 틀에 넣어 인위적으로 규격화하고 동질화하는[劃一] 경향[主義].

획정 劃定 (나눌 획, 정할 정). 경계 따위를 명확히 나누어[劃] 정(定)함.

획지 劃地 (나눌 획, 땅 지). 건축용으로 구획(區劃)해 놓은 땅[地].

획책 劃策 (나눌 획, 꾀 책). 방법[策]을 계획(計劃).

횟수 回數 (본음 [회수], 돌 회, 셀 수). 돌아오는[回] 차례의 수효(數爻). ¶횟수를 거듭하다 / 횟수가 늘다 / 횟수가 많다.

횡간 橫看 (가로 횡, 볼 간). ① 속뜻 글을 가로[橫]로 봄[看]. ② 가로 그은 줄 안에 벌여 적은 표. ③ 역사 조선 때, 각궁이나 관청 또는 관리에게 1년 동안 지급한 현물을 벌여 적었던 기록.

횡갱 橫坑 (가로 횡, 구덩이 갱). 가로[橫]로 판 갱도(坑道). 반 수갱(竪坑).

횡격-막 橫膈膜 (=橫隔膜, 가로 횡, 칸막이 격, 꺼풀 막). ① 속뜻 가로[橫]로 놓여 칸막이[膈] 같은 막(膜). ② 의학 포유류의 배와 가슴 사이에 있는 막. 수축·이완하여 허파의 호흡 작용을 돕는다. 비 가로막.

횡경 橫經 (가로 횡, 책 경). ① 속뜻 경서(經書)를 좌우에[橫] 항상 둠. ② 열심히 학문을 함.

▸ 횡경-문난 橫經問難 (물을 문, 어려울 난). 경서(經書)를 끼고[橫] 다니면서 어려운[難] 것을 물음[問].

횡관 橫貫 (가로 횡, 꿸 관). 가로[橫]로 꿰뚫음[貫]. 반 종관(縱貫).

횡단 橫斷 (가로 횡, 끊을 단). ① 속뜻 가로[橫]로 끊음[斷]. ② 어디를 건너서 가는 것. 건너지르는 것. ¶국토 횡단 / 무단으로 도로를 횡단하다. 반 종단(縱斷).

▸ 횡단-로 橫斷路 (길 로). ① 속뜻 가로[橫] 건너[斷] 다닐 수 있게 된 길[路]. ② 대륙이나 바다 따위를 횡단하는 항로.

▸ 횡단-면 橫斷面 (쪽 면). 물체를 가로[橫]로 자른[斷] 면(面). ¶횡단면을 투시할 수 있는 기계. 반 종단면(縱斷面).

▸ 횡단-보도 橫斷步道 (걸음 보, 길 도). 사람이 길을 가로[橫]질러[斷] 걸어 다닐[步] 수 있도록 된 길[道].

▸ 횡단 비행 橫斷飛行 (날 비, 다닐 행). 대륙이나 해양 따위를 가로[橫]지르는[斷] 장거리 비행(飛行).

▸ 횡단-주의 橫斷主義 (주될 주, 뜻 의). 계급을 나누어[橫斷] 저마다 조합을 만들어서 대립하려는 주의(主義). 반 종단주의(縱斷主義).

횡담 橫談 (멋대로 횡, 말씀 담). 함부로[橫] 하는 말[談].

횡대[1] 橫帶 (가로 횡, 띠 대). ① 속뜻 가로[橫] 맨 띠[帶]. ② 관(棺)을 묻은 뒤 광중(壙中) 위를 덮는 널.

횡대[2] 橫隊 (가로 횡, 무리 대). 가로[橫] 줄을 지은 대오(隊伍). 반 종대(縱隊).

▸ 횡대 대형 橫隊隊形 (무리 대, 모양 형). 한 단위 부대가 가로[橫隊]로 정렬한 대형(隊形).

횡도 橫道 (가로 횡, 길 도). ① 속뜻 가로[橫] 난 길[道]. ② 옳지 못한 길. 비 횡로(橫路).

횡득 橫得 (뜻밖에 횡, 얻을 득). 뜻밖에[橫] 얻음[得].

횡래지액 橫來之厄 (뜻밖에 횡, 올 래, 어조사 지, 재앙 액). 뜻밖[橫]에 닥쳐오는[來] 재액(災厄).

횡렬[1] 橫列 (가로 횡, 줄 렬). 가로[橫]로 늘어선 줄[列]. 반 종렬(縱列).

횡렬[2] 橫裂 (가로 횡, 찢어질 렬). ① 속뜻 가로[橫]로 찢어짐[裂]. ② 식물 꽃밥의 열개 방법의 하나. 꽃밥이 익으면 가로 벌어져 화분이 날린다. 무궁화 따위에서 볼 수 있다.

횡령 橫領 (멋대로 횡, 차지할 령). 공금이나 남의 재물을 멋대로[橫] 불법으로 차지하여[領] 가짐. ¶공금 횡령 / 그는 횡령 혐의로 구속됐다.

횡로 橫路 (가로 횡, 길 로). 가로[橫]로 난 길[路]. ⓑ횡도(橫道).

횡류 橫流 (가로 횡, 흐를 류). ① 속뜻 가로[橫]로 흐름[流]. ②물 따위가 제대로 흐르지 않고 엉뚱한 데로 흐름. ③물품을 부정하게 팔거나 빼돌림. ¶통제품을 횡류하다.

횡면 橫面 (가로 횡, 쪽 면). 가로[橫]의 옆면(面). ⓑ측면(側面).

횡목 橫木 (가로 횡, 나무 목). 가로[橫] 질러 놓은 나무[木].

횡문[1] 橫文 (가로 횡, 글월 문). 가로[橫]로 쓴 글[文].

횡문[2] 橫聞 (뜻밖에 횡, 들을 문). 뜻밖에[橫] 들은 소문(所聞). 잘못 들음.

횡문[3] 橫紋 (가로 횡, 무늬 문). 가로[橫]로 난 무늬[紋].

▶횡문-근 橫紋筋 (힘줄 근). 의학 가로무늬[橫紋]가 있는 근육(筋肉). 주로 움직이는 관절에 있다.

횡보 橫步 (가로 횡, 걸음 보). 가로[橫]로 걷는 걸음[步]. 옆 걸음.

횡사[1] 橫死 (뜻밖에 횡, 죽을 사). 뜻밖의[橫] 재앙을 당해 죽음[死]. ¶비명횡사(非命橫死). ⓑ변사(變死).

횡사[2] 橫斜 (가로 횡, 비낄 사). 가로[橫]로 비낌[斜]. 모로 기울어짐.

횡서 橫書 (가로 횡, 쓸 서). 글씨를 가로[橫]로 써[書] 나가는 방식. ⓑ가로쓰기. ⓜ종서(縱書).

횡선 橫線 (가로 횡, 줄 선). 가로[橫]로 그은 줄[線]. ⓜ종선(縱線).

▶횡선 수표 橫線手票 (손 수, 쪽지 표). 경제 표면에 두 줄의 평행선[橫線]이 그어져 있는 수표(手票).

횡설수설 橫說竪說 (가로 횡, 말씀 설, 세로 수, 말씀 설). ① 속뜻 가로[橫]로 말했다[說]가 세로[竪]로 말함[說]. ②말을 두서없이 지껄임. ¶횡설수설하지 말고 요점을 말해라.

횡수[1] 橫手 (뜻밖에 횡, 손 수). 운동 장기·바둑 따위에서, 뜻밖[橫]의 수(手). 잘못 보고 둔 수.

횡수[2] 橫竪 (가로 횡, 세울 수). ① 속뜻 가로[橫]와 세로[竪]. ②공간과 시간. ③ 불교 수행(修行)에 필요한 자력(自力)과 타력(他力)을 이르는 말.

횡수[3] 橫數 (뜻밖에 횡, 운수 수). 뜻밖[橫]의 운수(運數).

횡-압력 橫壓力 (가로 횡, 누를 압, 힘 력). 지리 지각(地殼)에 가로[橫] 방향으로 움직이는 압력(壓力).

횡액 橫厄 (뜻밖에 횡, 재앙 액). 뜻밖[橫]의 액운(厄運). '횡래지액'(橫來之厄)의 준말.

횡와 橫臥 (가로 횡, 누울 와). 가로[橫]로 누움[臥].

횡일-성 橫日性 (가로 횡, 해 일, 성질 성). 식물 식물의 일부분이 햇빛[日]의 자극 방향에 대하여 가로[橫]로 굽는 성질(性質).

횡재[1] 橫災 (뜻밖에 횡, 재앙 재). 뜻밖[橫]의 재난(災難).

횡재[2] 橫財 (뜻밖에 횡, 재물 재). 뜻밖[橫]에 얻은 재물(財物). ¶심마니는 산삼을 발견하는 횡재를 만났다 / 오늘은 횡재한 날이다.

횡전 橫轉 (가로 횡, 구를 전). ① 속뜻 가로[橫]로 회전(回轉)함. ② 항공 수평 비행 도중에 옆으로 한 번 회전하고 다시 수평 비행을 계속하는 특수 비행.

횡절 橫截 (가로 횡, 끊을 절). ① 속뜻 가로[橫]로 자르거나 끊음[截]. ② 불교 극락정토에 태어남으로써 삼계(三界), 오취(五趣)의 생사를 단번에 끊고 극락 해탈을 얻음.

횡주 橫走 (가로 횡, 달릴 주). ① 속뜻 가로질러[橫] 뛰어감[走]. ②함부로 날뛰며 다님. ③옳지 못한 짓을 함.

횡지-성 橫地性 (가로 횡, 땅 지, 성질 성). 식물 굴지성(屈地性)의 한 가지로, 식물의 일부분이 중력[地]의 방향에 대하여 거의 가로[橫]로 굽는 성질(性質).

횡철 橫綴 (가로 횡, 꿰맬 철). ① 속뜻 가로[橫]로 꿰맴[綴]. ②자모(字母)를 가로 풀어서 쓰는 철자. ⓜ종철(縱綴).

횡축 橫軸 (가로 횡, 굴대 축). ① 속뜻 가로

[橫]로 된 축(軸). ②가로로 꾸민 족자. ⓑ종축(縱軸).

횡탈 橫奪 (멋대로 횡, 빼앗을 탈). 멋대로[橫] 남의 물건을 가로채어 빼앗음[奪].

횡파 橫波 (가로 횡, 물결 파). 물리 매질(媒質)의 진동 방향이 파동의 방향을 가로질러[橫] 움직이는 파동(波動). ¶전자파는 횡파에 속한다. ⓑ고저파(高低波), 가로파.

횡판 橫板 (가로 횡, 널빤지 판). 가로[橫] 놓은 널빤지[板].

횡포 橫暴 (멋대로 횡, 사나울 포). 제멋대로 전횡(專橫)하며 사납게[暴] 굶. ¶횡포를 부리다.

횡폭 橫幅 (가로 횡, 너비 폭). 가로[橫]의 너비[幅].

횡-해안 橫海岸 (가로 횡, 바다 해, 언덕 안). 지리 산맥의 축(軸)에서 가로[橫]로 이어진 해안(海岸). ⓑ종해안(縱海岸).

횡행 橫行 (가로 횡, 갈 행). ① 속뜻 가로[橫]로 감[行]. ②거리낌 없이 멋대로 행동함. ¶도둑들이 횡행하는 거리.

횡화 橫禍 (뜻밖에 횡, 재화 화). 뜻밖[橫]의 재앙[禍]. ⓑ횡재(橫災).

효:경 孝經 (효도 효, 책 경). 책명 공자와 그의 제자 증자(曾子)가 효도(孝道)에 대하여 논한 것을 기록한 유교 경전(經典).

▸효:경-언해 孝經諺解 (상말 언, 풀 해). 책명 조선 선조 때, 『효경대의』(孝經大義)를 우리말[諺]로 풀어[解] 놓은 책.

효:계 曉鷄 (새벽 효, 닭 계). 새벽[曉]을 알리는 닭[鷄].

**효:과 效果 (보람 효, 열매 과). ① 속뜻 보람[效]이 있는 결과(結果). ¶광고 효과 / 효과가 빠르다. ② 연영 영화나 연극에서, 시각이나 청각을 통하여 장면의 실감을 자아내려고 곁들이는 의음(擬音), 음악, 조명 따위. ③ 운동 유도에서, 메치기나 누르기가 유효(有效)에 미치지 못한 경우에 심판이 선언하는 판정 용어.

▸효:과-음 效果音 (소리 음). 연영 연극이나 영화 또는 방송극 등에서, 진행과 배경의 극적 효과(效果)를 내는 음향(音響). ¶효과음은 영화의 분위기를 고조시킨다.

▸효:과-적 效果的 (것 적). 효과(效果)가 있는 것[的]. ¶효과적인 방법.

효:기 曉起 (새벽 효, 일어날 기). 새벽[曉]에 일어남[起].

효:녀 孝女 (효도 효, 딸 녀). 효성(孝誠)스러운 딸[女]. ¶그녀는 부모를 지극 정성으로 모시고 사는 효녀이다.

효:능 效能 (보람 효, 능할 능). 효험(效驗)을 나타내는 성능(性能). ¶약의 효능이 뛰어나다.

효:달 曉達 (깨달을 효, 통달할 달). 사물의 이치 따위를 환히 깨달아서[曉] 통달(通達)함.

효:덕 孝德 (효도 효, 베풀 덕). ① 속뜻 효도(孝道)로 덕(德)을 쌓음. ②어버이를 잘 섬기는 마음을 말함.

*효:도 孝道 (모실 효, 길 도). 부모를 잘 모시는[孝] 도리(道理). 효행의 도. ¶효도 관광 / 부모님께 효도하다. ⓑ효성(孝誠). ⓑ불효(不孝).

효:두 曉頭 (새벽 효, 머리 두). 새벽[曉]의 맨 처음[頭]. 먼동이 틀 무렵.

▸효:두-발인 曉頭發靷 (떠날 발, 가슴걸이 인). 새벽[曉頭]에 발인(發靷)함.

효:득 曉得 (깨달을 효, 얻을 득). 깨달음[曉]을 얻음[得]. ⓑ효해(曉解).

효:력 效力 (효과 효, 힘 력). ① 속뜻 효과(效果)를 나타내는 힘[力]. ¶그 약은 변비에 아무런 효력이 없었다. ② 법률 법률이나 규칙 따위의 작용. ¶효력 정지 가처분 신청. ⓑ효험(效驗).

효:렴 孝廉 (효도 효, 청렴할 렴). ① 속뜻 효성(孝誠)스러움과 청렴(淸廉)함. ②효도하는 사람과 청렴한 사람을 통틀어 이르는 말. ③ 역사 중국 전한 때에 치르던 관리 임용 과목. 또는 그 과(科)에 뽑힌 사람. 무제가 군국에서 매년 부모에 효도하고 형제간에 우애 있는 사람과 청렴한 사람을 각각 한 사람씩 천거하게 한 데서 비롯되었다.

효:모 酵母 (발효 효, 어머니 모). ① 속뜻 발효(醱酵)를 일으키는 모체(母體). ② 식물 엽록소가 없는 단세포로 이루어진 원형, 또는 타원형의 하등 식물. '효모균'(酵母菌)의 준말. ¶효모로 빵을 발효시킨다.

▸효:모-균 酵母菌 (세균 균). 식물 발효(醱酵)하는 모체(母體)가 되는 균(菌).

효:무 曉霧 (새벽 효, 안개 무). 새벽[曉] 녘

의 안개[霧].

효ː복 孝服 (효도 효, 옷 복). ① [속뜻] 효도(孝道)를 위해 입는 옷[服]. ② 상중에 있는 상제나 복인이 입는 예복(禮服).

효ː부 孝婦 (효도 효, 며느리 부). 효성(孝誠)스러운 며느리[婦].

효ː상 曉霜 (새벽 효, 서리 상). 새벽[曉]에 내리는 서리[霜].

효ː색 曉色 (새벽 효, 빛 색). 새벽[曉]의 빛[色]. 새벽 경치.

효ː성1 孝誠 (효도 효, 정성 성). 어버이를 섬기는[孝] 정성(精誠). ¶효성이 지극해야 집안이 잘 된다. [비]효(孝), 효심(孝心). [속담] 효성이 지극하면 돌 위에 풀이 난다.

효ː성2 曉星 (새벽 효, 별 성). 새벽[曉] 하늘의 별[星].

효ː소 酵素 (발효 효, 바탕 소). ① [속뜻] 발효(醱酵)를 주도하는 바탕[素]이 되는 물질. ② [화학] 생물체 내에서 각종 화학 반응을 촉매하는 단백질.

효수 梟首 (목매달 효, 머리 수). [역사] 지난날, 죄인의 머리[首]를 베어 거리에 매달던[梟] 일.

▸효수-형 梟首刑 (형벌 형). [역사] 죄인의 목[首]을 베어 높은 곳에 매달아[梟] 놓아 뭇 사람에게 보게 하던 형벌(刑罰).

효ː순 孝順 (효도 효, 순할 순). 효성(孝誠)스럽고 유순(柔順)함.

효시1 梟示 (목매달 효, 보일 시). 죄인의 목을 매달아[梟] 대중에게 보임[示].

효시2 嚆矢 (울릴 효, 화살 시). ① [속뜻] 소리를 내며 우는[嚆] 화살[矢]. ② 개전(開戰)의 신호로 우는 화살을 먼저 쏘았다하여 사물이 비롯된 '맨 처음'을 비유하여 이르는 말. ¶『홍길동전』(洪吉童傳)은 국문소설의 효시이다.

효ː시3 曉示 (깨달을 효, 보일 시). 깨닫도록[曉] 훈시(訓示)함.

효ː심 孝心 (효도 효, 마음 심). 효성(孝誠)스러운 마음[心]. ¶심청은 효심이 지극하다. [준]효. [비]효성(孝誠).

효ː양 孝養 (효도 효, 기를 양). 효도(孝道)하며 봉양(奉養)함.

효ː열 孝烈 (효도 효, 굳셀 렬). ① [속뜻] 효행(孝行)과 열행(烈行). ② 효자(孝子)와 열녀(烈女).

효ː오 曉悟 (깨달을 효, 깨달을 오). 깨달음[曉=悟].

효ː용1 效用 (효과 효, 쓸 용). ① [속뜻] 효과(效果)가 나타나는 쓰임[用]. [비]효험(效驗). ② 어떤 물건의 쓸모. ¶효용이 있다 / 효용가치. ③ [경제] 사람의 욕망을 만족시킬 수 있는 재화의 능력. ¶효용 가치. [비]효력(效力), 효험(效驗). [반]비효용(非效用).

효용2 驍勇 (날랠 효, 날쌜 용). 사납고[驍] 날쌤[勇]. ¶효용이 절륜한 장군.

효ː우 孝友 (효도 효, 벗 우). 어버이에 대한 효도(孝道)와 동기에 대한 우애(友愛). [비]효제(孝悌).

효웅 梟雄 (사나울 효, 뛰어날 웅). 사납고[梟] 용맹스러운 영웅(英雄). ¶일세의 효웅 조조.

효ː유 曉諭 (=曉喩, 깨달을 효, 깨우칠 유). 깨달아[曉] 알아듣도록 타이름[諭].

***효ː율** 效率 (효과 효, 비율 률). ① [속뜻] 애쓴 노력의 결과로 나타나는 효력(效力)의 정도나 비율(比率). ¶학습 효율을 높이다. ② [물리] 기계가 한 일의 양과 소요된 에너지와의 비율. ¶연료 효율 / 에너지 효율.

▸효ː율-성 效率性 (성질 성). 효율적(效率的)인 기능이나 성질(性質). ¶오래된 기계는 효율성이 떨어진다.

▸효ː율-적 效率的 (것 적). 들인 노력에 대해 얻은 결과[效率]가 좋은 것[的]. ¶효율적인 방법 / 인원을 효율적으로 배치하다. [반]비효율적.

효ː자1 孝慈 (효도 효, 사랑할 자). 어버이에 대한 효도(孝道)와 자식에 대한 자애(慈愛).

효ː자2 孝子 (효도 효, 아이 자). 효성(孝誠)스러운 자식(子息). ¶그는 동네에서 소문난 효자이다.

▸효ː자-문 孝子門 (문 문). 효자(孝子)를 표창하기 위하여 세운 정문(旌門).

효ː제 孝悌 (효도 효, 공경할 제). 어버이에 대한 효도(孝道)와 형제에 대한 공경[悌].

▸효ː제충신 孝悌忠信 (충성 충, 믿을 신). 효도(孝道), 공경[悌], 충성(忠誠), 신의(信義)를 아울러 이르는 말.

효ː조 孝鳥 (효도 효, 새 조). ① [속뜻] 효성(孝

誠)스러운 새[鳥]. ② '까마귀'를 달리 이르는 말.

효:종 曉鐘 (새벽 효, 쇠북 종). 새벽[曉]에 치는 종(鐘).

효:천 曉天 (새벽 효, 하늘 천). 새벽[曉] 하늘[天].

효:친 孝親 (효도 효, 어버이 친). 어버이[親]에게 효도(孝道)함.

효:행 孝行 (효도 효, 행할 행). 효도(孝道)하는 행실(行實). ¶그는 효행이 극진하다.

▸효:행-록 孝行錄 (기록할 록). 책명 고려 시대에, 권부와 권준이 효자(孝子)의 행동(行動)을 모아 기록(記錄)한 책.

효:험 效驗 (효과 효, 겪을 험). ① 속뜻 효과(效果)를 실지로 겪어봄[驗]. ② 실제의 효과나 보람. ¶이 약초는 위장병에 효험이 있다. ⑪ 효력(效力), 효용(效用).

후:가 後嫁 (뒤 후, 시집갈 가). 여자가 후(後)에 다시 시집가서[嫁] 사는 일. ⑪ 후살이.

후:각¹ 後脚 (뒤 후, 다리 각). 네발 동물의 뒤[後]쪽 다리[脚]. ⑫ 전각(前脚).

후:각² 後覺 (뒤 후, 깨달을 각). 남보다 뒤늦게[後] 깨달음[覺]. ⑫ 선각(先覺).

후각³ 嗅覺 (맡을 후, 깨달을 각). 의학 냄새를 맡아[嗅] 일어나는 감각(感覺). 척추동물은 코, 곤충은 촉각에 있다. ¶개의 후각은 사람보다 훨씬 예민하다. ⑪ 후감(嗅感).

▸후각-기 嗅覺器 (그릇 기). 의학 냄새[嗅]를 느끼는[覺] 기관(器官). ⑪ 후관(嗅官).

후감 嗅感 (맡을 후, 느낄 감). 의학 냄새를 맡아[嗅] 일어나는 감각(感覺). ⑪ 후각(嗅覺).

후:견 後見 (뒤 후, 볼 견). ① 속뜻 뒤[後]에서 돌봄[見]. ② 법률 친권자가 없는 미성년자 또는 금치산자(禁治産者)를 보호하며 그들의 법률 행위를 대리하는 일.

▸후:견-인 後見人 (사람 인). 역량이나 능력이 부족한 사람의 뒤[後]에서 그를 돌보아[見] 주는 사람[人].

후:계 後繼 (뒤 후, 이을 계). ① 속뜻 어떤 일이나 사람의 뒤[後]에서 그를 이음[繼]. ② '후계자'의 준말.

▸후:계-자 後繼者 (사람 자). 뒤[後]에서 잇는[繼] 사람[者]. ¶회장은 자신의 아들을 후계자로 지명했다.

후:고 後顧 (뒤 후, 돌아볼 고). ① 속뜻 지난 일을 못 잊어서 뒤[後]돌아보거나[顧] 생각함. ② 뒷날에 대한 근심. ¶후고의 염려는 말고 현재 일에 열중해라. ③ 뒷날에 보살펴 주는 은혜. ¶고마움의 표시로 언젠가 후고가 있을 것이다.

후:-고구려 後高句麗 (뒤 후, 높을 고, 글귀 구, 고울 려). 역사 신라 말기, 고구려가 멸망한 뒤[後]에 궁예가 고구려(高句麗)를 계승하여 세운 나라.

후관 嗅官 (맡을 후, 벼슬 관). 의학 냄새를 맡는[嗅] 기관(器官). ⑪ 후각기(嗅覺器).

후:광 後光 (뒤 후, 빛 광). ① 속뜻 뒤[後]에서 비치는 빛[光]. ② 불교 부처의 몸에서 비치는 광명의 빛. 또는 그것을 형상화한 불상 뒤의 둥근 금빛의 테. ③ 기독교 성화(聖畵) 중의 인물을 감싸는 금빛. ④ 어떤 인물 또는 사물을 더욱 빛나게 하는 배경.

후:군 後軍 (뒤 후, 군사 군). ① 속뜻 뒤[後]에 있는 군대(軍隊). ⑫ 전군(前軍). ② 역사 임금의 거둥 때 뒤를 호위하던 군대.

후:궁 後宮 (뒤 후, 대궐 궁). ① 속뜻 뒤[後]에 있는 궁궐(宮闕). ② 역사 제왕의 첩. ⑫ 정비(正妃).

후:금 後金 (뒤 후, 쇠 금). 역사 금나라가 멸망한 뒤[後], 1616년에 여진족이 금(金)나라를 계승하여 세운 나라. 1636년 이름을 청(淸)으로 바꾸었다.

후:급 後給 (뒤 후, 줄 급). 값을 나중에[後] 치러줌[給]. ⑫ 선급(先給).

후:기¹ 後記 (뒤 후, 기록할 기). ① 속뜻 뒤[後]에 기록(記錄)함. ② 본문 뒤에 덧붙여 기록함. 또는 그 글. ¶편집 후기를 쓰다. ⑫ 전기(前記).

후:기² 後期 (뒤 후, 때 기). ① 속뜻 뒤[後]의 기간(期間). ② 일정 기간을 둘이나 셋으로 나누었을 때의 맨 뒤 기간. '후반기'(後半期)의 준말. ¶고려 후기. ③ 뒤의 기약. '후기약'(後期約)의 준말. ⑫ 전기(前期).

▸후:기 인상파 後期印象派 (새길 인, 모양 상, 갈래 파). ① 속뜻 인상파가 등장한 후기(後期)에 등장한 인상파(印象派). ② 미술 19세기 말에 프랑스에서 일어난 미술 운동 유파. 인상파에서 출발하면서도 객관적 묘

사에만 만족하지 않고 주관적 표현을 시도하였으며 극히 간략한 기교를 사용한다. 세잔, 고호, 고갱 등이 있다.

후:난 後難 (뒤 후, 어려울 난). ① 속뜻 뒷[後]날의 재난이나 어려움[難]. ¶후난에 대비하다. ② 뒷날에 있을 비난. ¶후난을 두려워하다.

후:년 後年 (뒤 후, 해 년). ① 속뜻 다음[後] 해[年]. ② 올해 다음다음의 해. ¶후년이면 나도 초등학교에 입학한다.

후:념 後念 (뒤 후, 생각 념). ① 속뜻 뒤[後]로 이어지는 많은 생각[念]. ② 문학 둘 이상의 절(節)로 이루어진 시나 가사에서, 반복되어 나타나는 각 절의 마지막 부분. ⓑ후렴(後斂).

후:뇌 後腦 (뒤 후, 골 뇌). 의학 대뇌 뒤[後]에 있는 뇌(腦).

후:단 後段 (뒤 후, 구분 단). 뒤[後]에 있거나 다음에 오게 되어 있는 단이나 단계(段階). ⓑ전단(前段).

후:당 後堂 (뒤 후, 집 당). 건설 본채 뒤[後]에 있는 별당(別堂).

후:대[1] 後代 (뒤 후, 세대 대). 뒤[後]의 세대(世代). ⓑ선대(先代), 전대(前代).

후:대[2] 後隊 (뒤 후, 무리 대). ① 속뜻 뒤[後]에 있는 대오(隊伍). ② 후방의 부대.

후:대[3] 厚待 (두터울 후, 기다릴 대). 후(厚)하게 대접(待接)함. 또는 그러한 대접. ⓑ박대(薄待).

후:덕 厚德 (두터울 후, 베풀 덕). 두터운[厚] 덕행(德行). ¶후덕한 그 사람. ⓑ박덕(薄德).

▶후:덕-군자 厚德君子 (임금 군, 접미사 자). 후덕(厚德)한 사람을 높여[君子] 이르는 말.

후:두[1] 後頭 (뒤 후, 머리 두). 뒷[後] 머리[頭]. ⓑ전두(前頭).

후두[2] 喉頭 (목구멍 후, 머리 두). ① 속뜻 목구멍[喉]의 첫머리[頭] 부분. ② 의학 인두(咽頭)와 기관(氣管) 사이의 부분. 발성과 호흡작용 따위의 기능을 가진다. ¶후두에 염증이 생기다.

▶후두-염 喉頭炎 (염증 염). 의학 후두(喉頭)에 생기는 염증(炎症).

▶후두-음 喉頭音 (소리 음). 언어 목구멍[喉頭]과 혀뿌리를 마찰하여 내는 소리[音]. ㊟후음.

▶후두 결절 喉頭結節 (맺을 결, 마디 절). 의학 후두(喉頭)에 비정상적으로 불룩하게 결절(結節)된 부분.

▶후두개 연:골 喉頭蓋軟骨 (덮을 개, 무를 연, 뼈 골). 의학 후두(喉頭)를 덮는[蓋] 연골(軟骨). 탄력성이 뛰어나 음식물을 넘길 때 자동적으로 후두를 막는다.

후:-두골 後頭骨 (뒤 후, 머리 두, 뼈 골). 의학 두개골(頭蓋骨)의 뒤쪽[後]을 차지하는 큰 뼈[骨].

후락 朽落 (썩을 후, 떨어질 락). ① 속뜻 썩고[朽] 떨어져[落] 못 쓰게 됨. ② 오래되어서 빛깔이 바래고 구지레하게 됨.

후:래 後來 (뒤 후, 올 래). 뒤[後]에 옴[來]. 늦게 옴.

▶후:래-삼배 後來三杯 (석 삼, 잔 배). 술자리에 뒤늦게[後] 온[來] 사람에게 권하는 석[三] 잔[杯]의 술.

▶후:래-선배 後來先杯 (먼저 선, 잔 배). 술자리에 뒤늦게[後] 온[來] 사람에게 먼저[先] 술[杯]을 줌.

후:략 後略 (뒤 후, 줄일 략). 말이나 문장 따위의 뒷[後]부분을 줄임[略]. ⓑ하략(下略).

후:려 後慮 (뒤 후, 생각할 려). 뒷[後]날의 염려(念慮). 또는 뒷일에 대한 염려. ¶후려가 있어 잠을 이룰 수가 없다.

후:렴 後斂 (뒤 후, 거둘 렴). ① 속뜻 뒤[後]에 거두어[斂] 되풀이함. ② 음악 노래 곡조 끝에 붙여 같은 가락으로 되풀이하여 부르는 짧은 몇 마디의 가사. ¶후렴은 모두 함께 부르자. ③ 시(詩)의 각 절 끝에 되풀이되는 같은 시구.

후:록 厚祿 (두터울 후, 녹봉 록). 많고 두터운[厚] 녹봉(祿俸). ⓑ박록(薄祿).

후:면 後面 (뒤 후, 쪽 면). ① 속뜻 뒤[後]쪽의 면(面). ¶후면으로 주차하십시오. ② 불교 절의 큰 방의 뒤쪽. 어린 사미(沙彌)들이 앉는 곳임. ⓑ뒷면. ⓑ전면(前面).

후목-분장 朽木糞墻 (썩을 후, 나무 목, 똥 분, 담 장). ① 속뜻 썩은[朽] 나무[木]와 똥[糞]으로 쌓은 담[墻]. ② '정신이 썩어 쓸모없는 사람'을 비유하여 이르는 말.

후:문[1] **後門** (뒤 후, 문 문). 뒤[後]로 난 문(門). ¶학교 후문. ⓑ정문(正門).

후:문[2] **後聞** (뒤 후, 들을 문). 뒷[後] 소문(所聞). 일이 끝난 뒤에 그 일에 관하여 들리는 소문.

후문[3] **喉門** (목구멍 후, 문 문). ① 속뜻 목구멍[喉]의 문(門). ② 의학 목구멍을 전문적으로 이르는 말.

후:미[1] **後尾** (뒤 후, 꼬리 미). ① 속뜻 뒤[後]쪽의 끝[尾]. ② 대열(隊列)의 맨 끝.

후:미[2] **後味** (뒤 후, 맛 미). 음식을 먹고 난 뒤[後]에 느껴지는 맛[味].

후:미[3] **厚味** (두터울 후, 맛 미). ① 속뜻 음식물의 진한[厚] 맛[味]. ② 맛이 썩 좋고 먹음직스러운 음식.

후:박[1] **厚朴** (두터울 후, 순박할 박). 인정이 두텁고[厚] 순박(淳朴)함.

후:박[2] **厚薄** (두터울 후, 엷을 박). ① 속뜻 두꺼움[厚]과 얇음[薄]. ② 두텁게 대하는 일과 박하게 대하는 일. ⓑ풍박(豐薄).

후:반 **後半** (뒤 후, 반 반). 둘로 나눈 것의 뒷[後]부분이 되는 절반(折半). ¶선수들은 후반에 들어서면 체력이 떨어진다. ⓑ전반(前半).

▶후:반-기 後半期 (때 기). 한 기간을 둘로 나눈 것에서 뒤[後]의 절반[半] 기간(期間). ⓑ전반기(前半期).

▶후:반-부 後半部 (나눌 부). 전체를 둘로 나눈 것에서 뒤[後]의 절반[半] 부분(部分). ⓑ전반부(前半部).

▶후:반-전 後半戰 (싸울 전). 운동 한 경기 시간을 둘로 나눈 것에서 뒤[後]의 절반[半]에 이루어지는 경기[戰]. ¶후반전에 드디어 첫 골이 터졌다. ⓑ전반전(前半戰).

후:-반생 **後半生** (뒤 후, 반 반, 살 생). 사람의 한평생을 둘로 나누었을 경우 뒤[後]쪽 절반(折半)의 인생(人生). ⓑ전반생(前半生).

후:발 **後發** (뒤 후, 떠날 발). 남보다 뒤[後]에 떠남[發]. ⓑ선발(先發).

▶후:발-대 後發隊 (무리 대). 다른 부대보다 뒤늦게[後] 떠나는[發] 부대(部隊). ⓑ선발대(先發隊).

후:방 **後方** (뒤 후, 모 방). ① 속뜻 뒤[後] 쪽[方]. 뒤쪽에 있는 곳. ¶운전할 때는 후방도 잘 살펴야 한다. ② 군사 '전쟁이 벌어지고 있지 않은 지역이나 국내'를 전쟁터에 상대하여 이르는 말. ¶우리 형은 후방에서 군 복무를 했다. ⓑ전방(前方).

후:배 **後輩** (뒤 후, 무리 배). ① 속뜻 뒤[後] 세대의 사람들[輩]. ② 같은 학교나 직장 등에 나중에 들어온 사람. ¶그는 나의 중학교 후배이다. ⓑ선배(先輩).

후:-백제 **後百濟** (뒤 후, 여러 백, 건질 제). 역사 후삼국(後三國) 중 백제(百濟)를 계승한 나라. 신라 효공왕(孝恭王) 때 상주 사람 견훤(甄萱)이 완산주에 세운 나라로, 건국 45년 만에 고려에 패망했다.

후:보[1] **後報** (뒤 후, 알릴 보). 첫 번 보도에 뒤[後]이어 하는 보도(報道)나 통지. ¶상세한 후보가 오기를 기다렸다.

후보[2] **候補** (기다릴 후, 채울 보). ① 속뜻 빈자리 따위에 채워지기를[補] 기다리는[候] 사람. ② 선거에서 선출되기를 바라며 스스로 나선 사람. ¶대통령 후보 / 학생회장 후보. ③ 시상식·운동 경기 따위에서 어떤 지위에 오를 자격이나 가능성이 있음. ¶우승 후보. ④ 정원이 미달일 때 그 자리를 채울 자격을 가진 처지. 또는 그러한 사람. ¶후보 선수.

▶후보-생 候補生 (사람 생). 후보(候補)가 되는 학생(學生).

▶후보-자 候補者 (사람 자). 후보(候補)가 되는 사람[者].

▶후보-지 候補地 (땅 지). 장차 어떤 목적에 사용될 가능성[候補]이 있는 곳[地]. ¶쓰레기 소각장 후보지 / 후보지를 선정하다.

후:부[1] **後夫** (뒤 후, 지아비 부). 후(後)살이 가서 살 때의 남편[夫]. ⓑ후서방.

후:부[2] **後部** (뒤 후, 나눌 부). ① 속뜻 뒤[後]의 부분(部分). ⓑ전부(前部). ② 대오나 행렬의 뒤의 부분.

후:분 **後分** (뒤 후, 나눌 분). 사람의 평생을 셋으로 나눈 것의 맨 뒤[後] 마지막 부분(部分). 늙은 뒤의 운수나 처지를 이른다. ¶사람이란 후분이 좋아야지 초년 호강은 쓸데없다.

후:불[1] **後佛** (뒤 후, 부처 불). 불교 ① 미래[後]에 나타난다는 미륵불(彌勒佛). ② 불상 뒤에 천이나 종이에 그려 붙인 부처의

그림.

후ː불² 後拂 (뒤 후, 지불할 불). 값을 나중[後]에 지불(支拂)함. ¶나머지 금액은 공사가 완료되면 후불하기로 했다. ⓑ선불(先拂).

후ː비¹ 后妃 (임금 후, 왕비 비). 임금[后]의 아내[妃].

후ː비² 後備 (뒤 후, 갖출 비). 군사 전투태세를 갖춘 후방(後方)의 수비(守備). 또는 그런 병사.

후ː-빙기 後氷期 (뒤 후, 얼음 빙, 때 기). 지리 신생대 제사기 플라이스토세의 빙하시대[氷期] 이후(以後) 지금까지 이어지는 지질 시대.

후ː사¹ 後事 (뒤 후, 일 사). ① 속뜻 뒤[後]에 일어날 일[事]. ②죽은 뒤의 일.

후ː사² 後嗣 (뒤 후, 이을 사). 뒤[後]를 잇는[嗣] 아들. ⓑ후승(後承).

후ː사³ 厚賜 (두터울 후, 줄 사). 윗사람이 아랫사람에게 물품 따위를 후(厚)하게 내려 줌[賜].

후ː사⁴ 厚謝 (두터울 후, 고마워할 사). 후(厚)하게 사례(謝禮)함. ¶범인을 찾아주면 후사하겠습니다.

후ː-삼국 後三國 (뒤 후, 석 삼, 나라 국). 역사 뒤[後]의 세[三] 나라[國]. 통일신라 말에 나타난 신라(新羅), 후백제(後百濟), 태봉(泰封)의 삼국을 이르는 말.

후ː상 厚賞 (두터울 후, 상줄 상). 후(厚)하게 상(賞)을 줌.

후ː생¹ 厚生 (두터울 후, 살 생). ① 속뜻 생활(生活)을 넉넉하게[厚] 함. ¶복지 후생 시설. ②건강을 유지하거나 좋게 하는 일.

▶후ː생-비 厚生費 (쓸 비). 후생(厚生)을 위해 쓰이는[費] 돈.

▶후ː생 시ː설 厚生施設 (베풀 시, 세울 설). 후생(厚生)을 위해 만든 시설(施設).

▶후ː생 주ː택 厚生住宅 (살 주, 집 택). ① 속뜻 후생(厚生)을 위해 만든 주택(住宅). ② 사회 주택난을 해소하기 위한 정책의 하나로 일반 서민들이 어렵지 아니하게 구입할 수 있도록 지은 주택.

후ː생² 後生 (뒤 후, 날 생). ① 속뜻 자기보다 뒤[後]에 태어난[生] 사람. 후대의 사람. ② 자기보다 뒤에 배우는 사람. ⓑ후배(後輩), 후진(後進). ③내생(來生).

▶후ː생-가외 後生可畏 (옳을 가, 두려워할 외). ① 속뜻 젊은 후학(後學=後生)들을 가(可)히 두려워할[畏] 만함. ②기력이 좋은 젊은이들이 학문을 잘 닦으면 더 큰 인물이 될 수 있기에 가히 두렵다는 말. ≪논어≫의 〈자한편〉(子罕篇)에 나온다. ¶뛰어난 후배들이 많아 후생가외라 할만하다.

▶후ː생 광ː상 後生鑛床 (쇳돌 광, 평상 상). 광업 주변의 암석이 생겨난 뒤[後]에 생긴[生] 광상(鑛床).

▶후ː생-동물 後生動物 (움직일 동, 만물 물). ① 속뜻 뒤에 생겨난[後生] 동물(動物). ② 동물 단세포인 원생동물을 뺀, 다른 모든 동물을 통틀어 이르는 말.

후설 喉舌 (목구멍 후, 혀 설). ① 속뜻 목구멍[喉]과 혀[舌]. ② 역사 '후설지신'(喉舌之臣)의 준말.

▶후ː설 모ː음 喉舌母音 (어머니 모, 소리 음). 언어 목구멍과 혀[喉舌]를 이용해 내는 모음(母音). 'ㅗ', 'ㅜ'처럼 혀의 뒤쪽 바닥을 높여 연구개에 가까이 하고 입술을 동글게 하여 소리내는 모음.

후성 喉聲 (목구멍 후, 소리 성). 목[喉]으로 내는 소리[聲].

후ː세 後世 (뒤 후, 세상 세). ① 속뜻 뒤[後]에 오는 세상(世上). 뒷세상. 다음에 오는 세대의 사람들. ¶후세를 위해 자연환경을 보호해야 한다. ③ 불교 삼세(三世)의 하나. 죽은 뒤에 다시 태어나 산다는 미래의 세상을 말한다. ⓑ내세(來世). ⓑ전세(前世).

후ː속¹ 後續 (뒤 후, 이을 속). 뒤[後]를 이음[續]. ¶후속 작품.

후ː속² 後屬 (뒤 후, 무리 속). 뒤[後]를 잇는 무리[屬]. ⓑ후손(後孫).

후ː손 後孫 (뒤 후, 손자 손). 여러 대가 지난 뒤[後]의 자손(子孫). ¶그는 명문가의 후손이다. ⓑ자손, 후예(後裔).

후ː송 後送 (뒤 후, 보낼 송). ① 속뜻 후방(後方)으로 보냄[送]. 또는 안전한 곳으로 보내는 것. ¶환자후송이 제일 시급하다. ②나중에 보냄.

후ː수 後手 (뒤 후, 손 수). 운동 바둑이나 장기 따위에서, 상대편에게 선수(先手)를 빼앗겨 뒤[後]를 따라 두는 수(手). ⓑ선수(先

手).

후:술 後述 (뒤 후, 지을 술). 뒤[後]에 기술(記述)함. ㉥전술(前述).

후:시 後市 (뒤 후, 저자 시). ① 속뜻 뒷[後] 거래가 이루어지는 시장(市場). ② 역사 17세기 이후부터 중강(中江) 등지에서 성행하던 밀무역.

후:식 後食 (뒤 후, 밥 식). 식사 뒤[後]에 먹는 간단한 음식[食]. 과일이나 아이스크림 따위. ¶후식으로 아이스크림을 먹었다.

후:신 後身 (뒤 후, 몸 신). ① 민속 죽은 후(後)에 다시 태어난 몸[身]. ② 신분, 단체, 회사 따위의 이름이나 형태가 바뀌어 달라진 뒤의 것. ¶미술 전문학교의 후신인 예술대학. ㉥전신(前身).

후-신경 嗅神經 (맡을 후, 정신 신, 날실 경). 의학 냄새를 맡는[嗅] 감각 신경(神經). 콧구멍 속의 점막에 분포되어 있다.

후:실 後室 (뒤 후, 집 실). ① 속뜻 뒤[後]에 맞이한 아내[室]. ② 후처(後妻)를 높여 이르는 말. ㉥후실댁(後室宅).

▶후:실 자식 後室子息 (아이 자, 불어날 식). 후실(後室)이 낳은 자식(子息).

후:안 厚顔 (두터울 후, 얼굴 안). ① 속뜻 뻔뻔하게 두꺼운[厚] 얼굴[顔]. ② 부끄러워할 줄 모르고 뻔뻔함을 이르는 말. 철면피(鐵面皮).

▶후:안-무치 厚顔無恥 (없을 무, 부끄러울 치). 뻔뻔해서[厚顔] 부끄러움[恥]을 모름[無].

후:약[1] 後約 (뒤 후, 묶을 약). 뒷[後] 날의 약속(約束). 뒤에 하기로 하는 기약(期約).

후약[2] 嗅藥 (맡을 후, 약 약). 약학 냄새를 맡아서[嗅] 그 자극으로 치료하는 약(藥).

후:열 後列 (뒤 후, 줄 렬). 뒤[後]로 늘어선 줄[列]. ㉥전열(前列).

후:예 後裔 (뒤 후, 후손 예). 여러 대가 지난 뒤[後]의 자손[裔]. ¶단군의 후예. ㉥후손(後孫).

후:원[1] 後苑 (뒤 후, 나라동산 원). 대궐 안의 뒤[後] 뜰에 만들어 놓은 동산[苑]. ¶왕비가 후원을 거닐고 있다.

후:원[2] 後園 (뒤 후, 동산 원). 집 뒤[後]에 있는 정원(庭園)이나 작은 동산. ¶딸아이는 또래들과 후원에서 놀고 있다.

후:원[3] 後援 (뒤 후, 도울 원). 뒤[後]에서 도와줌[援]. ¶후원 단체 / 독거 노인을 후원하다.

▶후:원-군 後援軍 (군사 군). 군사 후원(後援)의 사명을 띤 군대(軍隊).

▶후:원-금 後援金 (돈 금). 뒤[後]에서 도와주기[援] 위하여 내는 돈[金]. ¶이 고아원은 독지가의 후원금으로 운영하고 있다.

▶후:원-회 後援會 (모일 회). 어떤 개인이나 단체를 후원(後援)하기 위하여 조직된 모임[會].

후:위 後衛 (뒤 후, 지킬 위). ① 속뜻 뒤[後]쪽의 호위나 방위(防衛). ② 군사 '후위대'(後衛隊)의 준말. ③ 운동 테니스·배구 따위에서, 자기편의 뒤쪽을 지키는 선수. ¶후위 공격. ㉥전위(前衛).

▶후:위-대 後衛隊 (무리 대). 군사 본대(本隊)의 뒤[後]쪽을 호위(護衛)하는 부대(部隊).

후:유-증 後遺症 (뒤 후, 남길 유, 증세 증). ① 의학 치료 뒤[後]에도 남아 있는[遺] 증세(症勢). 병을 앓다가 회복한 뒤에도 남아 있는 병적 증세. ¶교통사고 후유증. ② 어떤 일을 치르고 난 뒤에 생긴 여러 가지 부작용.

후:은 厚恩 (두터울 후, 은혜 은). 두터운[厚] 은혜(恩惠).

후음 喉音 (목구멍 후, 소리 음). 언어 목구멍[喉]에서 나는 소리[音]. 내쉬는 숨으로 목젖을 마찰하여 내는 소리. '후두음'(喉頭音)의 준말.

후:의[1] 厚意 (두터울 후, 뜻 의). 남으로부터 받은 두터운[厚] 인정과 정의(情意). ¶후의에 감사드립니다.

후:의[2] 厚誼 (두터울 후, 정 의). 서로 사귀어 두터워진[厚] 교분[誼]. ¶지난번의 모임이 우리의 후의를 다지는 좋은 기회가 되었습니다.

후:인 後人 (뒤 후, 사람 인). 뒤[後] 시대의 사람[人]. 후세의 사람. ㉥선인(先人). 전인(前人).

후:인-본 後印本 (뒤 후, 찍을 인, 책 본). 출판 목판본에 있어서 같은 판에서 뒤[後]에 인쇄(印刷)한 책[本]. ㉥후쇄본(後刷本). ㉥초인본(初印本).

후:일 後日 (뒤 후, 날 일). 뒷[後] 날[日]. ¶여행 가는 것을 후일로 미루다 / 후일 또 만나자. ㊥훗날. ㊦전일(前日).

후:임 後任 (뒤 후, 맡길 임). 뒤[後]이어 맡은 임무(任務)나 지위. ¶후임에게 업무를 인계하다. ㊦선임(先任), 전임(前任).

▸후:임-자 後任者 (사람 자). 후임(後任)으로 들어선 사람[者]. ㊦전임자(前任者).

후:자 後者 (뒤 후, 것 자). 둘을 들어 말한 가운데 뒤[後]의 것[者]. ¶전자보다 후자가 낫다. ㊦전자(前者).

후:작[1] 後作 (뒤 후, 지을 작). ① 속뜻 뒤[後]에 만든 작품(作品). ② 농업 같은 땅에 한 해에 여러 번의 농작물을 심을 때에 나중 번의 농사. ㊥뒷그루.

후작[2] 侯爵 (제후 후, 벼슬 작). 오등작(五等爵) 중에 둘째인 후(侯)에 해당되는 작위(爵位). 또는 그 작위를 가진 사람. ¶퀸즈베리 후작. ㊟공작(公爵), 백작(伯爵), 자작(子爵), 남작(男爵).

후:장[1] 後場 (뒤 후, 마당 장). ① 속뜻 다음[後] 번에 서는 장(場). ② 경제 거래소에서, 오후에 여는 거래.

후:장[2] 後裝 (뒤 후, 꾸밀 장). 총포의 뒤쪽[後]에 있는 폐쇄기를 열고 탄약을 넣음[裝]. 또는 그런 장치.

후:장[3] 厚葬 (두터울 후, 장사지낼 장). 후(厚)하게 장례(葬禮)를 치름.

후:정[1] 後庭 (뒤 후, 뜰 정). 뒤[後]쪽에 있는 뜰[庭].

후:정[2] 厚情 (두터울 후, 마음 정). 남을 위하는 두터운[厚] 마음[情]. ㊥후의(厚誼).

후조 候鳥 (기후 후, 새 조). 동물 기후(氣候)에 따라 옮겨 다니며 사는 새[鳥]. ㊥철새.

후:주 後奏 (뒤 후, 연주할 주). 음악 극이나 악곡에서 독주나 독창이 끝난 뒤에[後] 하는 연주(演奏). ㊟전주(前奏), 간주(間奏).

후:중 後重 (뒤 후, 무거울 중). 대변을 눌 때에 뒤[後]가 무거운[重] 느낌.

▸후:중-기 後重氣 (기운 기). 뒤[後]가 묵지근한[重] 느낌[氣].

후:증[1] 後證 (뒤 후, 증거 증). 뒷[後]날의 증거(證據).

후증[2] 喉症 (목구멍 후, 증세 증). 한의 목구멍[喉]이 붓고 아픈 병증(病症). ㊥인후병(咽喉病).

후:지 厚志 (두터울 후, 마음 지). 남을 위하는 두터운[厚] 마음[志].

후:진[1] 後陣 (뒤 후, 진칠 진). 뒤[後]쪽에 친 진(陣). ㊥후군(後軍). ㊦전진(前陣).

후:진[2] 後進 (뒤 후, 나아갈 진). ① 속뜻 차량 따위가 뒤[後]쪽으로 나아감[進]. ¶차가 후진을 하다가 전봇대를 들이박았다. ②사회나 관계(官界) 따위에 뒤늦게 나아감. 또는 그런 사람. ③같은 분야에서 자기보다 늦게 종사하게 된 사람. ¶후진 양성에 힘쓰다. ④문물의 발달이 뒤떨어짐. ¶후진 국가. ㊥후배(後輩). ㊦전진(前進), 선진(先進).

▸후:진-국 後進國 (나라 국). 산업, 경제, 문화 따위가 다른 나라보다 뒤떨어진[後進] 나라[國]. ㊦선진국(先進國).

▸후:진-성 後進性 (성질 성). 일정한 수준을 기준으로 할 때 그보다 뒤떨어진[後進] 특성(特性)을 지님.

후:집 後集 (뒤 후, 모을 집). 책을 낸 뒤[後]에 다시 모아[集] 만든 책. ㊦전집(前集).

후:처 後妻 (뒤 후, 아내 처). 뒤[後]에 맞은 아내[妻]. ㊥재취(再娶), 후취(後娶), 후실(後室). ㊦전처(前妻).

후:천 後天 (뒤 후, 하늘 천). ① 속뜻 하늘[天]로부터 생명을 부여받은 뒤[後]. ②성질, 체질, 질병 따위를 태어난 뒤의 여러 가지 경험이나 지식을 통해 지니게 되는 일. ㊦선천(先天).

▸후:천-론 後天論 (논할 론). 철학 ①온갖 사상이나 사실은 모두 후천적(後天的)으로 이루어진 것이라는 이론(理論). ②모든 도덕적 의식은 경험에서 나온다는 학설.

▸후:천-병 後天病 (병 병). 의학 유전 없이 후천적(後天的)으로 생기는 병(病).

▸후:천-성 後天性 (성질 성). 태어난 뒤에[後天] 여러 가지 경험이나 지식에 의하여 지니게 된 성질(性質)이나 성품. ¶후천성 심장병. ㊦선천성.

▸후:천-적 後天的 (것 적). 태어난 뒤에[後天] 얻게 된 것[的]. ¶성격은 후천적으로 형성된다. ㊦선천적(先天的).

▸후:천 개벽 後天開闢 (열 개, 열 벽). 종교

천도교에서 구세계와 신세계를 종교적으로 갈라서 후천(後天)의 개벽(開闢)을 이르던 말.

▸후:천 면:역 後天免疫 (면할 면, 돌림병 역). 후천적(後天的)으로 얻어진 면역(免疫).

▸후:천성 면:역 결핍증 後天性免疫缺乏症 (성질 성, 면할 면, 돌림병 역, 빠질 결, 모자랄). 핍, 증세 증). ① 속뜻 후천적[後天性]으로 면역(免疫) 능력이 결핍(缺乏)되는 증상(症狀). ② 의학 인간 면역 결핍 바이러스에 의하여 면역 세포가 파괴됨으로써 인체의 면역 능력이 극도로 저하되어 병원체에 대하여 무방비 상태에 이르는 병. ⓑ에이즈(AIDS).

후충 候蟲 (기후 후, 벌레 충). 기후(氣候)에 따라 나오는 벌레[蟲]. 봄의 나비, 여름의 매미, 가을의 귀뚜라미 따위가 있다.

후:취 後娶 (뒤 후, 장가들 취). 이혼이나 사별한 뒤[後]에 새로 장가듦[娶]. ⓑ재취(再娶). ⓑ전취(前娶).

후:치-사 後置詞 (뒤 후, 둘 치, 말씀 사). ① 속뜻 뒤[後]에 놓이는[置] 말[詞]. ② 언어 체언 따위의 실질 형태소를 포함하는 단어의 뒤에 놓여, 그 단어가 다른 단어와 맺는 관계를 표시하여 주는 말.

후:퇴 後退 (뒤 후, 물러날 퇴). ① 속뜻 뒤[後]로 물러남[退]. ¶작전상 후퇴 / 적군은 후퇴했다. ② 발전하지 못하고 기운이 약해짐. ¶개혁의지의 후퇴 / 경기가 후퇴하여 실업자가 늘어났다. ③ 집채의 뒤쪽으로 이어 놓은 칸살. ⓑ후진(後進). ⓑ전진(前進).

후:편[1] 後便 (뒤 후, 편할 편). ① 속뜻 후(後)에 보내는 편지(便紙). ② 뒤쪽. ¶각 교실 후편 게시판. ③ 나중의 인편(人便)이나 차편(車便).

후:편[2] 後篇 (뒤 후, 책 편). 두 편으로 나누어진 책이나 영화 따위의 뒤[後]편(篇). ¶이 소설은 전편보다 후편이 낫다. ⓑ전편(前篇).

후:폐 後弊 (뒤 후, 나쁠 폐). 뒷[後]날에 있을 나쁜 폐단(弊端).

후풍 候風 (기다릴 후, 바람 풍). 배가 떠날 무렵에 순풍(順風)을 기다림[候].

후:필 後筆 (뒤 후, 글씨 필). 뒤[後]를 잇는 문필가(文筆家). 문필가의 후진.

후:학 後學 (뒤 후, 배울 학). ① 속뜻 후진(後進)의 학자(學者). ② 학자가 자기를 겸손하게 이르는 말. ⓑ말학(末學). ⓑ선학(先學). ③ 뒷날에 도움이 될 학문.

후:항 後項 (뒤 후, 항목 항). ① 속뜻 뒤[後]에 적힌 조항(條項). ② 수학 두 개 이상의 항 가운데 뒤에 있는 항. 또는 두 개 이상의 식이나 수열을 이루는 여러 수 가운데 다른 수에 비하여 뒤에 있는 수. ⓑ전항(前項).

후:행 後行 (뒤 후, 갈 행). ① 속뜻 뒤[後]에 처져 감[行]. ② 혼인 때 신부나 신랑을 데리고 감. 또는 그 사람. ③ 어떤 현상보다 뒤에 일어나거나 진행됨.

후:-형질 後形質 (뒤 후, 모양 형, 바탕 질). ① 속뜻 태어난 뒤[後]에 생긴 형질(形質). ② 생물 원형질의 생활 기능의 결과로 생긴 저장 물질. 살아 있는 물질이 아니며 그 화학적 성질이나 기능은 여러 가지이다.

후:환 後患 (뒤 후, 근심 환). 어떤 일로 말미암아 뒷[後]날에 생기는 근심[患]. ¶후환이 두렵다.

후:회 後悔 (뒤 후, 뉘우칠 회). 어떤 일이 벌어진 뒤[後]에야 잘못을 뉘우침[悔]. ¶최선을 다하면 후회가 없다 / 이제 와서 후회해도 소용이 없다.

▸후:회-막급 後悔莫及 (없을 막, 미칠 급). 어떤 일이 벌어진 뒤[後]에는 아무리 잘못을 뉘우쳐도[後悔] 이미 늦어 미칠 수 없음[莫及]. ⓑ추회막급(追悔莫及).

후:-후년 後後年 (뒤 후, 뒤 후, 해 년). 다음[後] 해[年]의 다음[後]. ⓑ내후년(來後年).

훈:계 訓戒 (가르칠 훈, 경계할 계). 타일러[訓] 경계(警戒)시킴. 또는 그런 말. ¶훈계를 듣다 / 선생님이 학생들을 훈계하다.

▸훈:계 방:면 訓戒放免 (놓을 방, 면할 면). 법률 일상생활에서 가벼운 죄를 범한 사람을 훈계(訓戒)하여 놓아줌[放免].

훈:고[1] 訓告 (가르칠 훈, 알릴 고). 알아듣도록 가르쳐[訓] 알려줌[告].

훈:고[2] 訓詁 (가르칠 훈, 옛말 풀이할 고). ① 속뜻 자구(字句)의 뜻을 새기고[訓] 고어(古語)를 요즘 말로 풀이[詁]하는 일. ② 한문으로 쓰인 고전의 고증, 해석, 주석 따위

를 통틀어 이르는 말.

▸훈고ː-학 訓詁學 (배울 학). 한문 고전에 쓰인 낱말이나 자구에 대하여 뜻을 알기 쉽게 풀이하는[訓詁] 학문(學問).

훈공 勳功 (공 훈, 공로 공). 나라를 위하여 세운 공[勳=功]. ⓑ공훈(功勳), 훈로(勳勞).

훈관 勳官 (공 훈, 벼슬 관). ① 속뜻 훈공(勳功)으로 인해 얻은 관직(官職). ② 역사 작호(爵號)만 있고, 직분은 없는 벼슬.

훈구 勳舊 (공 훈, 오래 구). 대대로 오래도록[舊] 나라나 군주를 위하여 공훈(功勳)을 세운 가문이나 신하.

훈기[1] 勳記 (공 훈, 기록할 기). 훈장(勳章)과 더불어 내리는 증서[記].

훈기[2] 薰氣 (향풀 훈, 기운 기). ① 속뜻 훈훈(薰薰)한 기운(氣運). ¶냉방에 훈기가 감돌았다. ② 인정으로 생기는 훈훈한 분위기를 일컬음. ¶사진에서 가족 간의 훈기가 느껴진다.

훈도 薰陶 (향풀 훈, 도야할 도). 학문이나 덕으로써 사람을 훈훈(薰薰)하게 하고 인격을 도야(陶冶)시킴.

훈ː독 訓讀 (가르칠 훈, 읽을 독). 한문의 뜻을 새기어[訓] 읽음[讀]. ⓑ음독(音讀).

훈등 勳等 (공 훈, 무리 등). 훈공(勳功)의 등급(等級).

***훈ː련 訓練** (=訓鍊, 가르칠 훈, 익힐 련). 무예나 기술 등을 가르치고[訓] 익힘[練]. ¶사격 훈련 / 선수들이 열심히 훈련하고 있다.

▸훈ː련-병 訓練兵 (군사 병). 군사 훈련(訓練)을 받고 있는 병사(兵士).

▸훈ː련-소 訓練所 (곳 소). 훈련(訓練)을 하기 위하여 마련한 곳[所]. ¶신병 훈련소.

▸훈ː련-도감 訓練都監 (모두 도, 살필 감). 역사 조선 후기, 오군영(五軍營) 가운데 수도 경비와 삼수군(三手軍)을 훈련(訓練)시키던 임시 관청[都監].

훈ː령 訓令 (가르칠 훈, 명령 령). 정치 상급 관청이 하급 관청에 내리는 훈시(訓示)나 명령(命令).

훈륜 暈輪 (무리 훈, 바퀴 륜). 천문 달무리, 햇무리[暈] 따위의 둥근 테두리[輪].

훈ː몽 訓蒙 (가르칠 훈, 어릴 몽). 어린[蒙] 아이에게 글을 가르침[訓].

▸훈ː몽-자회 訓蒙字會 (글자 자, 모일 회). 책명 조선 중종 때, 최세진(崔世珍)이 어린[蒙] 아이를 가르치기[訓] 편하도록 한자(漢字)를 여러 갈래로 나누어 모아 놓은[會] 학습서. 3360자의 한자를 사물에 따라 갈라 한글로 음과 뜻을 달았다.

훈문 薰門 (공 훈, 문 문). ① 속뜻 좋은 영향을 미치는[薰] 가문(家門). ② 권세 있는 집안을 가리킴.

훈ː민 訓民 (가르칠 훈, 백성 민). 백성[民]을 가르침[訓].

▸훈ː민-가 訓民歌 (노래 가). 문학 조선 선조 때, 정철이 백성[民]을 가르치기[訓] 위해 지은 연시조[歌]. ⓑ경민가(警民歌).

▸훈ː민-정음 訓民正音 (바를 정, 소리 음). ① 속뜻 백성[民]을 가르쳐[訓] 글을 알게 하는 데 필요한 바른[正] 소리[音]. ② 언어 '한글'의 본래 이름. 1443년에 세종대왕이 집현전 학자들과 함께 우리나라 말을 서사(書寫)하기 위하여 만든 문자 체계로, 모음 11자, 자음 17자로 구성되어 있다. 1997년 유네스코의 세계기록유산에 등재되었다. ③ 책명 조선 세종 28년(1446)에 훈민정음 28자를 세상에 반포하기 위하여 펴낸 책. ⓒ정음.

▸훈ː민정음-운해 訓民正音韻解 (바를 정, 소리 음, 운 운, 풀 해). 책명 조선 중기, 신경준이 훈민정음(訓民正音)의 음운(音韻) 원리를 그림으로 풀이한[解] 음운 연구서.

훈ː방 訓放 (가르칠 훈, 놓을 방). 법률 훈계(訓戒)하여 방면(放免)함. ¶훈방 조치 / 연행자 중에서 학생들을 훈방하다.

훈ː병 訓兵 (가르칠 훈, 군사 병). 훈련(訓練)을 받고 있는 병사(兵士).

훈ː사 訓辭 (가르칠 훈, 말씀 사). 타이르는[訓] 말[辭].

훈상 勳賞 (공 훈, 상줄 상). 나라를 위하여 세운 공훈(功勳)에 대한 상(賞).

훈ː수 訓手 (가르칠 훈, 솜씨 수). 운동 바둑이나 장기 따위에서 잘 두는 방법이나 솜씨[手]를 가르쳐[訓] 줌. ¶바둑판에서 훈수를 두다.

훈습 薰習 (향풀 훈, 익힐 습). ① 속뜻 향냄새[薰]가 옷에 뱀[習]. ② 불교 불법(佛法)을 들어서 마음을 닦아 나감을 이름.

훈:시 訓示 (가르칠 훈, 보일 시). ① 속뜻 가르쳐[訓] 보임[示]. ②윗사람이 아랫사람에게 교훈과 지시를 주는 것. ¶교장선생님의 훈시 / 어머니는 나에게 늦지 말라고 훈시하셨다.

훈신 勳臣 (공 훈, 신하 신). 나라를 위하여 세운 공훈(功勳)이 있는 신하(臣下).

훈약 薰藥 (향풀 훈, 약 약). 한의 향풀[薰]을 불에 태워서 나오는 기운을 쐬어 병을 치료하는 약(藥).

훈업 勳業 (공 훈, 일 업). 큰 공훈(功勳)이 있는 사업(事業). ㊥공업(功業), 공렬(功烈).

훈연 燻煙 (연기낄 훈, 연기 연). 연기(煙氣)를 그슬려[燻] 익힘. 또는 그 연기. ¶훈연 저장.

훈영 暈影 (무리 훈, 모습 영). 연영 필름에 닿은 반사 광선으로 인해 생기는 둥근 테[暈] 모양[影]. ㊥헐레이션(halation).

훈:요-십조 訓要十條 (가르칠 훈, 요할 요, 열 십, 조목 조). 책명 고려 태조가 후손에게 가르침[訓]이 될 만한 중요(重要)한 열[十] 조목(條目)의 사항을 적은 지침서.

훈위[1] 暈圍 (무리 훈, 둘레 위). 달무리나 햇무리 따위의 둥근 테[暈] 모양의 둘레[圍].

훈위[2] 勳位 (공 훈, 자리 위). ① 속뜻 공훈(功勳)과 위계(位階). ②공훈에 따라 주어진 위계.

훈:유 訓諭 (가르칠 훈, 깨우칠 유). 가르쳐[訓] 깨닫게[諭] 함.

훈:육[1] 訓育 (가르칠 훈, 기를 육). ① 속뜻 가르쳐[訓] 기름[育]. ②의지나 감정을 함양하여 바람직한 인격의 형성을 목적으로 하는 교육. ¶훈육을 받다 / 자식을 훈육하다.

훈육[2] 燻肉 (연기낄 훈, 고기 육). 훈제(燻製)한 고기[肉].

훈작 勳爵 (공 훈, 벼슬 작). 훈등(勳等)과 작위(爵位).

훈:장[1] 訓長 (가르칠 훈, 어른 장). ① 속뜻 글을 가르쳐주는[訓] 어른[長]. ②시골 서당에서 글을 가르치던 사람. ¶훈장 어른. ㊥학구(學究).

훈장[2] 勳章 (공 훈, 글 장). 법률 대한민국을 위하여 크게 공[勳]을 세운 사람에게 주는 휘장(徽章). ¶훈장을 달다 / 그는 큰 공을 세워 훈장을 받았다.

훈적 勳籍 (공 훈, 문서 적). 공훈(功勳)이 있는 신하의 업적을 적은 기록[籍].

훈:전 訓電 (가르칠 훈, 전기 전). 전보(電報)로 보내는 훈령(訓令).

훈제 燻製 (연기낄 훈, 만들 제). 소금에 절인 고기를 연기[燻]에 그슬려 그 연기의 성분이 흡수되게 한 뒤 말리어 만듦[製]. ¶훈제 오리.

▸훈제-품 燻製品 (물건 품). 육류나 어패류를 훈제(燻製)하여 만든 물품(物品).

훈증[1] 薰蒸 (태울 훈, 찔 증). ① 속뜻 향풀[薰]을 찜[蒸]. ②찌는 듯이 무더움. ㊥훈열(薰熱).

훈증[2] 燻蒸 (연기낄 훈, 찔 증). 더운 연기[燻]에 쐬어서 찜[蒸].

▸훈증-제 燻蒸劑 (약제 제). 약학 독이 있는 가스를 발생하여[燻蒸] 병균이나 해충을 죽이는 약제(藥劑).

훈지 壎篪 (질나팔 훈, 피리 지). ① 속뜻 형이 '훈'(壎)이라는 악기를 불면 아우는 '지'(篪)라는 악기를 불어 화답함. ②형제간의 화목함을 비유하여 이르는 말. '훈지상화'(壎篪相和)의 준말.

훈퇴 燻腿 (연기낄 훈, 넓적다리 퇴). 훈제(燻製)하여 만든 넓적다리[腿] 부분의 살코기.

훈패 勳牌 (공 훈, 나무쪽 패). 훈공(勳功)이 있는 사람에게 내리는 패(牌). ㊥훈장(勳章).

훈풍 薰風 (향풀 훈, 바람 풍). 훈훈(薰薰)한 바람[風].

훈:학 訓學 (가르칠 훈, 배울 학). 학문(學問)을 가르침[訓].

훈호 勳號 (공 훈, 이름 호). 역사 나라에 훈공(勳功)을 세운 사람에게 주던 칭호(稱號).

훈:화 訓話 (가르칠 훈, 말할 화). 교훈(教訓)으로 하는 말[話]. 훈시하는 말. ¶조회 때 교장 선생님의 훈화를 들었다.

훈:회 訓誨 (가르칠 훈, 타이를 회). 가르치고[訓] 타일러서[誨] 뉘우치게 함.

훈훈 薰薰 (향풀 훈, 향풀 훈). ① 속뜻 향내가 감돌아[薰+薰] 흐뭇하다. ②날씨나 온도가 견디기 좋을 만큼 덥다. ¶훈훈한 공기 / 방 안이 훈훈하다. ③마음을 부드럽게 녹여 주는 따스함이 있다. ¶훈훈한 미소 / 그의 선행은 주위 사람들의 마음을 훈훈하게 만들었다.

훙거 薨去 (죽을 훙, 갈 거). ① 속뜻 죽어서[薨] 떠나 감[去]. ② 임금이나 지위가 높은 사람의 '죽음'을 이르는 말. ⓑ훙서(薨逝).

훙서 薨逝 (죽을 훙, 갈 서). ① 속뜻 죽어서[薨] 떠나 감[逝]. ② 임금이나 지위가 높은 사람의 '죽음'을 이르는 말. ⓑ훙거(薨去).

훤당 萱堂 (원추리 훤, 집 당). ① 속뜻 원추리[萱] 꽃을 그려 놓은 집[堂]. ② 편지글에서 '남의 어머니'를 높여 일컫는 말. 원추리 꽃은 옛날 아들을 낳게 해준다는 말이 있어, 이 꽃을 그려 방에 걸어놓았던 데서 유래. 자당(慈堂).

훤소 喧騷 (떠들썩할 훤, 떠들 소). 뒤떠들어서[喧] 소란(騷亂)함.

훤풍 暄風 (따뜻할 훤, 바람 풍). 따뜻한[暄] 바람[風].

훼:가-출송 毁家黜送 (헐 훼, 집 가, 내쫓을 출, 보낼 송). ① 속뜻 집[家]을 헐고[毁] 내쫓아[黜] 보냄[送]. ② 지난날 '마을에서 풍속을 어지럽힌 사람을 징계하던 방법'을 이름.

훼:멸 毁滅 (헐 훼, 없앨 멸). 헐어서[毁] 없앰[滅].

훼:모 毁慕 (헐 훼, 그리워할 모). 몸이 야위도록[毁] 간곡하게 죽은 어버이를 사모(思慕)함.

훼:방 毁謗 (헐 훼, 헐뜯을 방). ① 속뜻 남을 헐어서[毁] 비방(誹謗)함. ② 남의 일을 방해함. ¶훼방을 놓다 / 누군가 그를 훼방한 게 틀림없다.

훼:상 毁傷 (헐 훼, 상할 상). 헐어[毁] 상하게[傷] 함.

훼:손 毁損 (헐 훼, 상할 손). ① 속뜻 비방하는 험담을 하거나[毁] 체면이나 명예를 손상(損傷)함. ¶명예훼손 / 이번 사건으로 회사 이미지가 크게 훼손되었다. ② 헐거나 깨뜨려 못쓰게 함. ¶문화재 훼손 / 산림이 심하게 훼손되다. ⓑ괴손(壞損).

훼:언 毁言 (헐 훼, 말씀 언). 남을 헐어서[毁] 비방하는 말[言].

훼:예 毁譽 (헐 훼, 기릴 예). 훼방(毁謗)함과 칭찬함[譽].

훼:절 毁節 (헐 훼, 지조 절). 절개(節概)나 지조를 지키지 않고 깨뜨림[毁].

훼:치 毁齒 (헐 훼, 이 치). 어린아이가 젖니[齒]를 헐고[毁] 새 이로 갊.

휘기 諱忌 (꺼릴 휘, 꺼릴 기). 숨기고 드러내기를 꺼림[諱=忌].

휘도 輝度 (빛날 휘, 정도 도). ① 물리 광원(光源)의 단위 면적당 밝기[輝]의 정도(程度). ② 텔레비전 따위에서 브라운관 상(像)의 광점(光點)의 밝기.

휘-동광 輝銅鑛 (빛날 휘, 구리 동, 쇳돌 광). 광업 검은 회색빛[輝]의 광택을 가진, 구리[銅]의 황화물로 이루어진 황화 광물(鑛物). 황화 제일동(黃化制一銅)으로 이루어진다.

휘류 彙類 (모을 휘, 무리 류). 같은 내용이나 갈래에 따라 모은[彙] 종류(種類).

휘발 揮發 (흩어질 휘, 떠날 발). 보통 온도에서 액체가 기체로 변하여 흩어져[揮] 날아감[發]. 또는 그 작용. ¶기름이 휘발하고 얼룩이 남았다.

▸ 휘발-성 揮發性 (성질 성). 보통 온도에서 액체가 기체로 되어 흩어져[揮] 날아가는[發] 성질(性質).

▸ 휘발-유 揮發油 (기름 유). 화학 석유의 휘발(揮發) 성분을 이루는 무색 액체[油]. 끓는점이 30~200℃인 휘발성 경질 석유 제품. ⓑ가솔린(gasoline).

휘보 彙報 (모을 휘, 알릴 보). ① 속뜻 한 계통의 여러 가지를 종류별로 분류하여 한데 모아[彙] 알리는 기록이나 보고(報告). ② 일정한 이름을 가지고 호를 거듭하며 정기적으로 간행하는 출판물. ⓑ잡지(雜誌).

휘석 輝石 (빛날 휘, 돌 석). ① 속뜻 유난히 빛나는[輝] 돌[石]. ② 광업 철, 마그네슘, 칼슘 따위로 이루어진 규산염 광물. 사방 정계 또는 단사 정계에 속하며 검은색, 검은 녹색, 검은 갈색을 띠고 유리 광택이 있다. 조암 광물의 하나로 화성암 속에서 난다.

휘선 輝線 (빛날 휘, 줄 선). 물리 선 스펙트럼에서 밝게 빛나는[輝] 선(線). 물질에 따라 일정한 파장을 가지며 원소를 감정하는데 쓰인다.

휘암 輝巖 (빛날 휘, 바위 암). ① 속뜻 유난히 빛나는[輝] 바위[巖]. ② 지리 화강암의 한 가지. 주성분은 휘석(輝石)이며, 장석과 석영이 조금 들어 있는 암녹색의 암석이다.

휘음 諱音 (꺼릴 휘, 소리 음). 듣거나 말하기가 꺼려지는[諱] 소리[音]. 사람이 죽었다는 것을 알리는 말이나 글. ⓑ부음(訃音).

휘일 諱日 (꺼릴 휘, 날 일). ① 속뜻 꺼려야할[諱] 것이 많은 날[日]. ② 조상이 돌아가신 날.

휘자 諱字 (꺼릴 휘, 글자 자). ① 속뜻 함부로 말하는 것을 꺼려야 하는[諱] 글자[字]. ② 돌아가신 높은 어른의 생전의 이름자.

휘장[1] 揮帳 (휘두를 휘, 장막 장). 피륙을 여러 폭으로 이어서 빙 둘러치는[揮] 장막(帳幕). ¶휘장을 걷다.

휘장[2] 徽章 (아름다울 휘, 글 장). 신분이나 직무, 명예[徽] 등을 나타내기 위하여 옷이나 모자 따위에 붙이는 표지[章]. ¶장군들은 모두 왼쪽 가슴에 휘장을 달고 나타났다.

휘질 諱疾 (숨길 휘, 병 질). 숨기고[諱] 드러내지 않는 병[疾]. ⓑ휘병(諱病).

휘-철광 輝鐵鑛 (빛날 휘, 쇠 철, 쇳돌 광). ① 속뜻 유난히 빛나는[輝] 쇠[鐵鑛]. ② 광업 결정면이 잘 발달하여 있고 구릿빛의 금속광택이 나는 적철석.

휘필 揮筆 (휘두를 휘, 붓 필). ① 속뜻 붓[筆]을 휘두름[揮]. ② 글씨를 쓰거나 그림 그리는 것. 휘호(揮毫).

휘하 麾下 (지휘할 휘, 아래 하). 장군의 지휘[麾] 아래[下]. 또는 그 지휘 아래에 딸린 군사. ¶그는 휘하에 천 명의 병사를 거느리고 있다.

휘한 揮汗 (흩어질 휘, 땀 한). 흐르는 땀[汗]을 뿌림[揮].

휘호 揮毫 (휘두를 휘, 터럭 호). 붓[毫]을 휘두름[揮]. 글씨를 쓰거나 그림을 그림. ⓑ휘필(揮筆).

휘황-찬란 輝煌燦爛 (빛날 휘, 빛날 황, 빛날 찬, 빛날 란). ① 속뜻 광채가 눈부시게 빛나다[輝=煌=燦=爛]. ¶휘황찬란한 밤거리. ② 행동이 야단스럽고 못된 꾀가 많아 믿을 수 없다. ⓑ현란(絢爛)하다.

휴가 休暇 (쉴 휴, 겨를 가). 일정한 기간 쉬는[休] 겨를[暇]. 쉼. ¶휴가철 / 여름 휴가.

휴간 休刊 (쉴 휴, 책 펴낼 간). 신문이나 잡지 등 정기 간행물의 발간(發刊)을 잠시 쉼[休].

휴강 休講 (쉴 휴, 강의할 강). 계속되는 강의(講義)를 한때 쉼[休].

휴거 携擧 (들 휴, 들 거). 기독교 예수가 세상을 심판하기 위하여 재림할 때 구원받는 사람을 공중으로 들어[携=擧] 올리는 것.

휴게 休憩 (쉴 휴, 쉴 게). 일을 하거나 길을 가다가 잠깐 쉬는[休=憩] 일. ⓑ휴식(休息).

▶휴게-소 休憩所 (곳 소). 잠시 머물러 쉴 수 있도록[休憩] 마련해 놓은 장소[所]. ¶간이 휴게소.

▶휴게-실 休憩室 (방 실). 잠깐 쉬게[休憩] 마련한 방[室]. ¶휴게실에서 잠시 낮잠을 자다.

휴경 休耕 (쉴 휴, 밭갈 경). 농사짓던 땅을 갈지[耕] 않고 얼마 동안 묵힘[休].

▶휴경-지 休耕地 (땅 지). 농사를 짓다가 갈지[耕] 않고 얼마 동안 묵힌[休] 땅[地].

휴관 休館 (쉴 휴, 집 관). 도서관(圖書館)처럼 '館'자가 붙은 기관에서 하던 일을 한동안 쉼[休].

휴교 休校 (쉴 휴, 학교 교). 학교(學校)에서 수업과 업무를 한동안 쉼[休]. 또는 그 일. ¶우리 학교는 폭우로 임시 휴교에 들어갔다.

휴대 携帶 (들 휴, 지닐 대). 어떤 물건을 손에 들거나[携] 몸에 지님[帶]. ¶휴대전화 / 이 제품은 휴대하기 간편하다.

▶휴대-용 携帶用 (쓸 용). 손에 들거나 몸에 지니고[携帶] 다니며 사용(使用)함. ¶휴대용 녹음기 / 휴대용 물통.

▶휴대-증 携帶證 (증거 증). 무기 등을 휴대(携帶)하도록 허가한 증명서(證明書).

▶휴대-품 携帶品 (물건 품). 손에 들거나[携] 몸에 지니고[帶] 다니는 물건[品].

▶휴대 전:류 携帶電流 (전기 전, 흐를 류). 물리 전기를 띤 물질이 운동할 때에 그 물질에 나타나는[携帶] 전류(電流). ⓑ대류 전류(對流電流).

▶휴대-전:화 携帶電話 (전기 전, 말할 화). 통신 가지고 다니면서[携帶] 밖에서도 자유롭게 통화할 수 있게 만든 작은 전화기(電話機).

휴등 休燈 (쉴 휴, 등불 등). 가설한 설비는 그대로 두고 전등(電燈)만 떼어서 쉬게 하고[休] 한동안 불을 켜지 아니함.

휴면 休眠 (쉴 휴, 잠잘 면). ① 속뜻 쉬거나[休] 잠을 잠[眠]. ② 활동을 하지 않음. ¶ 휴면 계좌. ③ 생물 환경이나 조건이 생활에 부적당할 때 생물이 그 발육이나 활동을 일시적으로 거의 정지하는 상태로 되는 일.

휴무 休務 (쉴 휴, 일 무). 늘 하던 일[務]을 하루나 한동안 쉼[休].

****휴식** 休息 (멈출 휴, 쉴 식). 하던 일을 멈추고[休] 잠깐 쉼[息]. ¶ 휴식 공간 / 나무 그늘에서 잠시 휴식하다. ⓑ 휴게(休憩).

▶ **휴식-부** 休息符 (맞을 부). ① 언어 쉼[休息]을 나타내는 문장 부호(符號). ② 음악 악보에서, 쉼을 나타내는 기호. ⓑ 쉼표.

▶ **휴식-처** 休息處 (곳 처). 휴식(休息)하는 곳[處]. ¶ 이 공원은 도시민에게 좋은 휴식처이다.

▶ **휴식 자본** 休息資本 (재물 자, 밑 본). ① 속뜻 쉬고 있는[休息] 자본(資本). ② 경제 현재 직접적으로 생산 과정에 쓰이지 않으나 앞으로 쓰려고 모아 두는 자본.

휴양 休養 (쉴 휴, 기를 양). 편히 쉬면서[休] 마음과 몸을 보양(保養)함. ¶ 휴양 시설 / 그는 시골에서 휴양하는 동안 건강해졌다.

▶ **휴양-림** 休養林 (수풀 림). 휴양(休養)할 수 있도록 꾸며 놓은 숲[林]. ¶ 휴양림을 조성하다.

▶ **휴양-소** 休養所 (곳 소). 휴양(休養)할 수 있도록 설비를 갖추어 놓은 곳[所]. ¶ 이 산자락에는 직장인들을 위한 휴양소가 설치될 예정이다.

▶ **휴양-지** 休養地 (땅 지). 휴양(休養)하기에 알맞은 곳[地]. 또는 휴양 시설이 마련되어 있는 곳. ¶ 베니스는 세계적으로 유명한 휴양지이다. ⓑ 휴양처(休養處).

▶ **휴양-처** 休養處 (곳 처). 편안히 쉬면서 몸과 마음을 보양하기에[休養] 알맞은 곳[處]. ⓑ 휴양지(休養地).

▶ **휴양 지대** 休養地帶 (땅 지, 띠 대). 지리 온천이나 해수욕장 따위의 피한지나 피서지로서 여러 사람이 휴양(休養)하기에 알맞은 지대(地帶).

휴업 休業 (쉴 휴, 일 업). 영업(營業) 따위를 얼마 동안 쉼[休]. ¶ 임시 휴업.

휴영 虧盈 (이지러질 휴, 찰 영). 이지러짐[虧]과 가득 참[盈]. 모자람과 가득함.

휴월 虧月 (이지러질 휴, 달 월). 이지러진[虧] 달[月]. ⓑ 만월(滿月).

휴일 休日 (쉴 휴, 날 일). 일을 하지 않고 쉬는[休] 날[日]. ¶ 오늘은 정기 휴일입니다.

휴장 休場 (쉴 휴, 마당 장). ① 속뜻 출장(出場)하지 않고 쉼[休]. ② 극장, 증권 시장, 흥행장 따위에서 하던 일을 하지 않고 쉼.

휴재 休載 (쉴 휴, 실을 재). 연재(連載)하던 글을 한동안 쉼[休].

휴전[1] 休電 (멈출 휴, 전기 전). 전류(電流)를 한때 보내지 않음[休].

***휴전[2]** 休戰 (쉴 휴, 싸울 전). 군사 하던 전쟁(戰爭)을 얼마 동안 쉼[休]. ¶ 남북은 1953년 7월 27일 휴전하였다. ⓑ 정전(停戰).

▶ **휴전-기** 休戰旗 (깃발 기). 군사 휴전(休戰)할 때에 제일선에 세우는 흰빛의 깃발[旗].

▶ **휴전-선** 休戰線 (줄 선). 군사 휴전(休戰) 협정으로 말미암아 결정되는 쌍방의 군사 경계선(境界線).

▶ **휴전 협정** 休戰協定 (합칠 협, 정할 정). 정치 휴전(休戰)할 것을 내용으로 하는, 교전국 간의 서면에 의한 합의[協定].

휴정 休廷 (쉴 휴, 법정 정). 법률 법정(法廷)에서 재판 도중에 쉬는[休] 일. ¶ 휴정을 선언하다 / 10분간 휴정하겠습니다. ⓑ 개정(開廷).

휴지[1] 携持 (들 휴, 가질 지). 손에 들거나[携] 몸에 지님[持]. ⓑ 휴대(携帶).

휴지[2] 休止 (멈출 휴, 멈출 지). 하던 것을 잠시 멈춤[休=止].

▶ **휴지-부** 休止符 (맞을 부). ① 언어 쉼[休止]을 나타내는 문장 부호(符號). ② 음악 악보에서, 쉼을 나타내는 기호. ⓑ 쉼표.

휴지[3] 休紙 (쉴 휴, 종이 지). ① 속뜻 못쓰게 된[休] 종이[紙]. ¶ 길거리에 버려진 휴지를 줍다. ② 허드레로 쓰는 종이. ¶ 휴지를 뜯어 코를 풀다. ⓑ 폐지(廢紙), 화장지(化粧紙).

▶ **휴지-통** 休紙桶 (통 통). 못쓰게 된 종이[休紙]나 쓰레기 따위를 담는 통(桶). ¶ 휴지는 휴지통에 버려라.

▸휴지-화 休紙化 (될 화). ① [속뜻] 휴지(休紙)가 됨[化]. ② 어떤 계획이나 법령, 약속 따위가 이행되지 않아서 쓸모없이 되어 버림. 또는 그렇게 되게 함.

휴직 休職 (쉴 휴, 일 직). 일정한 기간 동안 직무(職務)를 쉼[休].

▸휴직-급 休職給 (줄 급). 휴직(休職) 중인 직원에게 주는 봉급(俸給).

휴진 休診 (쉴 휴, 살펴볼 진). 병원에서 진료(診療)를 쉼[休]. ¶오늘은 할머니의 담당 의사가 휴진이다.

휴학 休學 (쉴 휴, 배울 학). [교육] 학생이 병이나 사고 따위로 말미암아 일정한 기간 학업(學業)을 쉼[休]. ¶재현이는 군대에 가기 위해 휴학했다.

휴한 休閑 (쉴 휴, 한가할 한). [농업] 흙을 개량하기 위하여 어느 기간 동안 작물 재배를 하지 않고 땅을 한가(閑暇)하게 묵혀 두는[休] 일.

▸휴한-지 休閑地 (땅 지). 한동안 경작을 않고 묵히는[休閑] 땅[地].

휴항 休航 (쉴 휴, 건널 항). 배나 비행기가 그 운항(運航)을 쉼[休].

휴-화산 休火山 (쉴 휴, 불 화, 메 산). [지리] 분화 활동을 쉬고 있는[休] 화산(火山). [비] 식화산(熄火山). [참] 사화산(死火山), 활화산(活火山).

휴회 休會 (쉴 휴, 모일 회). ① [속뜻] 모임이나 회의(會議)를 잠시 쉼[休]. ② [법률] 국회나 지방 의회가 일정 기간 동안 쉼.

휼계 譎計 (속일 휼, 꾀 계). 남을 속이는[譎], 간사하고 능청스러운 꾀[計]. ¶휼계를 쓰다.

휼금 恤金 (도울 휼, 돈 금). 정부에서 이재민을 돕기[恤] 위하여 지급하는 돈[金].

휼미 恤米 (도울 휼, 쌀 미). 정부에서 이재민을 돕기[恤] 위하여 주는 쌀[米].

휼민 恤民 (도울 휼, 백성 민). 이재민(罹災民)을 도움[恤].

휼병 恤兵 (도울 휼, 군사 병). 물품이나 돈을 보내어 싸움터의 병사(兵士)를 위로함[恤].

▸휼병-금 恤兵金 (돈 금). 휼병(恤兵)하는 데 쓰이는 돈[金].

휼양-전 恤養田 (도울 휼, 기를 양, 밭 전). [역사] 고려 말, 부모가 모두 사망했을 때 어린 자녀가 자라는[養] 것을 돕기[恤] 위해 부모의 과전(科田)을 물려받게 하던 것. 또는 그 땅.

휼전 恤典 (도울 휼, 의식 전). 정부에서 이재민을 구제하기[恤] 위하여 내리는 특전(特典).

흉가 凶家 (흉할 흉, 집 가). 사는 사람마다 흉(凶)한 일을 당하는 불길한 집[家].

흉간 胸間 (가슴 흉, 사이 간). 가슴[胸]의 사이[間].

흉강 胸腔 (가슴 흉, 빈 속 강). [의학] 심장, 폐 따위가 들어 있는 가슴[胸] 안쪽의 빈 부분[腔].

흉격 胸膈 (가슴 흉, 칸막이 격). ① [의학] 가슴[胸]과 배의 사이[膈]. ② 가슴 속. ¶그녀는 흉격이 막히는 듯이 말끝을 이루지 못한다.

흉계 凶計 (=兇計, 흉할 흉, 꾀 계). 흉악(凶惡)한 꾀[計]. ¶흉계를 꾸미다. [비] 흉모(凶謀).

흉골 胸骨 (가슴 흉, 뼈 골). [의학] 가슴[胸] 한복판에 세로로 있는 뼈[骨]. 좌우의 늑골과 연결되어 흉부의 앞 벽을 이룬다.

흉곽 胸廓 (가슴 흉, 둘레 곽). ① [속뜻] 가슴[胸] 부분의 둘레[廓]. ② [의학] 등뼈, 갈비뼈, 가슴뼈와 가로막으로 이루어지는 원통 모양의 가슴 부분.

▸흉곽 성형술 胸廓成形術 (이룰 성, 모양 형, 꾀 술). ① [속뜻] 가슴[胸]의 둘레[廓] 부분을 성형(成形)하는 수술(手術). ② [의학] 갈비뼈의 일부를 끊어 내어 폐를 축소시킴으로써 질환이 있는 폐나 가슴의 사강을 없애는 치료 방법.

흉괘 凶卦 (=兇卦, 흉할 흉, 걸 괘). 불길한[凶] 점괘(占卦). ¶흉괘가 나오다.

흉금 胸襟 (가슴 흉, 옷깃 금). ① [속뜻] 앞가슴[胸]의 옷깃[襟]. ② 가슴속에 품은 생각.

흉기 凶器 (=兇器, 흉할 흉, 그릇 기). ① [속뜻] 흉(凶)한 일에 쓰이는 도구[器]. ② 사람을 다치게 하는 데 쓰는 기구. ¶흉기를 휘두르다. ③ 초상이 났을 때 쓰는 도구. 그릇이나 상여 따위를 말한다. [비] 흉구(凶具).

흉년 凶年 (흉할 흉, 해 년). ① [속뜻] 수확이 흉(凶)한 해[年]. ② 농작물이 예년에 비하여 잘 되지 아니하여 굶주리게 된 해. ¶오랜 가뭄으로 흉년이 들다. ③'어떤 산물이 매우 적게 나거나 사물의 소득이 매우 보잘것없는 상태나 처지'를 비유하여 이르는 말. ⓑ기세(飢歲), 황년(荒年). ⓑ풍년(豐年).

흉노 匈奴 (오랑캐 흉, 종 노). ① 속뜻 오랑캐[匈]를 종[奴]에 비유하여 폄하하는 말. ② 역사 중국의 이민족인 오호(五胡) 가운데 진(秦), 한(漢) 때에 몽골 고원에서 활약하던 기마 민족.

흉도 凶徒 (=兇徒, 흉할 흉, 무리 도). ① 속뜻 사납고 흉악(凶惡)한 무리[徒]. ② 모반인이나 폭도.

흉례 凶禮 (흉할 흉, 예도 례). ① 속뜻 상[凶] 중에 지켜야할 예식(禮式). ② 역사 오례(五禮)의 하나. 국상(國喪)이나 국장(國葬)을 포함하는 상례를 이른다. ⓒ길례(吉禮), 군례(軍禮), 빈례(賓禮), 가례(嘉禮).

흉막 胸膜 (가슴 흉, 꺼풀 막). ① 속뜻 가슴[胸]을 덮는 막(膜). ② 의학 흉곽의 안쪽과 허파의 표면 및 횡격막의 윗면을 덮고 있는 얇은 막. ⓑ늑막(肋膜).

▸흉막-염 胸膜炎 (염증 염). 의학 외상이나 결핵균의 감염 따위로 흉막(胸膜)에 생기는 염증(炎症). ⓑ늑막염(肋膜炎).

흉몽 凶夢 (흉할 흉, 꿈 몽). 불길한[凶] 꿈[夢]. 꿈자리가 사나운 꿈. ⓑ길몽(吉夢).

흉문 凶聞 (흉할 흉, 들을 문). ① 속뜻 흉(凶)한 소문(所聞). 사람이 죽었다는 소식. ② 좋지 못한 소식.

흉물 凶物 (흉할 흉, 만물 물). ① 속뜻 모양이 흉(凶)하게 생긴 사람이나 동물(動物). ② 성질이 음흉한 사람.

흉배 胸背 (가슴 흉, 등 배). ① 속뜻 가슴[胸]과 등[背]. ② 가슴의 뒷부분. ③ 역사 관복의 가슴과 등에 붙이던 수놓은 헝겊 조각.

흉범 凶犯 (흉할 흉, 범할 범). 흉악(凶惡)한 범인(犯人).

흉변 凶變 (흉할 흉, 바뀔 변). 사람이 죽는 일 따위의 좋지 못한[凶] 변고(變故).

흉보 凶報 (흉할 흉, 알릴 보). ① 속뜻 불길함[凶]을 알리는[報] 소식. ⓑ길보(吉報). ② 사람이 죽었다는 통보. ⓑ악보(惡報), 비보(悲報), 흉음(凶音).

흉복 胸腹 (가슴 흉, 배 복). 가슴[胸]과 배[腹].

흉부 胸部 (가슴 흉, 나눌 부). 가슴[胸] 부분(部分).

흉사[1] 凶邪 (흉할 흉, 간사할 사). 흉악(凶惡)하고 간사(奸邪)함. 또는 그런 사람.

흉사[2] 凶事 (흉할 흉, 일 사). ① 속뜻 불길한[凶] 일[事]. ⓑ길사(吉事). ② 사람이 죽는 일.

흉상[1] 凶狀 (흉할 흉, 형상 상). ① 속뜻 모양이 흉(凶)한 상태(狀態). ② 음흉한 태도.

흉상[2] 凶相 (흉할 흉, 모양 상). ① 속뜻 좋지 못한[凶] 관상(觀相). ② 보기 흉한 외모. ⓑ길상(吉相).

흉상[3] 胸像 (가슴 흉, 모양 상). 미술 인체의 머리에서 가슴[胸] 부분까지의 모양[像]. 주로 그러한 조각상이나 초상화를 말한다. ¶본관 안에 학교 설립자의 흉상이 있다.

흉수 凶手 (흉할 흉, 솜씨 수). 흉악(凶惡)한 짓을 하는 솜씨[手]. 또는 그런 짓을 하는 사람.

흉식 호흡 胸式呼吸 (가슴 흉, 법 식, 내쉴 호, 마실 흡). 가슴[胸]으로 하는 방식(方式)의 호흡(呼吸).

흉악 凶惡 (=兇惡, 흉할 흉, 악할 악). ① 속뜻 성질이 몹시 사납고[凶] 악(惡)함. 또는 그러한 사람. ¶흉악 범죄 / 범행 수법이 흉악하기 이를 데 없다. ② 겉모양이 험상궂고 무섭게 생김.

▸흉악-범 凶惡犯 (범할 범). 흉악(凶惡)한 범죄를 저지름[犯]. 또는 그런 사람. ¶흉악범을 처벌하다.

▸흉악-망측 凶惡罔測 (없을 망, 헤아릴 측). 성질이 사납고[凶] 악(惡)하기가 헤아릴[測] 수 없을[罔] 정도임. 극도로 흉악함.

▸흉악-무도 凶惡無道 (없을 무, 길 도). 성질이 사납고[凶] 악(惡)하며 도리(道理)가 없음[無].

흉어 凶漁 (흉할 흉, 고기잡을 어). 다른 때에 비하여 고기잡이[漁] 실적이 좋지 않음[凶]. ⓑ풍어(豐漁).

흉위 胸圍 (가슴 흉, 둘레 위). 가슴[胸]의 가장 굵은 부분의 길이를 잰 둘레[圍]. 가슴둘레.

흉음 凶音 (흉할 흉, 소리 음). ① 속뜻 안 좋은[凶] 소식[音]. ② 사람의 죽음을 알리는 소식. ⓑ흉보(凶報).

흉일 凶日 (흉할 흉, 날 일). 불길한[凶] 날[日]. [비]악일(惡日). [반]길일(吉日).

흉작 凶作 (흉할 흉, 지을 작). 흉년(凶年)으로 지은[作] 농사. 농작물의 수확이 평년작을 훨씬 밑도는 일. ¶올해는 쌀이 흉작이다. [반]상작(上作). 풍작(豐作).

흉장 胸章 (가슴 흉, 글 장). 가슴[胸]에 다는 표장(標章).

흉조[1] 凶兆 (흉할 흉, 조짐 조). 불길한[凶] 조짐(兆朕). ¶아침에 그릇을 깨뜨리면 흉조로 여긴다. [비]흉증(凶證), [반]가조(佳兆), 길조(吉兆).

흉조[2] 凶鳥 (흉할 흉, 새 조). 흉물(凶物)스러운 새[鳥]. [반]길조(吉鳥).

흉중 胸中 (가슴 흉, 가운데 중). ① [속뜻]가슴[胸] 속[中]. ②마음에 두고 있는 생각. [비]흉곡(胸曲).

흉즉대길 凶則大吉 (흉할 흉, 곧 즉, 큰 대, 길할 길). ① [속뜻]흉(凶)한 것이 곧[則] 크게[大] 길(吉)하게 됨. ② [민속]점괘나 토정비결(土亭祕訣) 따위에서 신수가 나쁠 때 오히려 정반대로 매우 길할 수 있다는 말.

흉지 凶地 (흉할 흉, 땅 지). ① [민속]흉(凶)한 일이 벌어지는 땅[地]. ②지덕(地德)이 좋지 않은 집터나 묏자리.

흉측 凶測 (흉할 흉, 헤아릴 측). 헤아릴[測] 수 없이 몹시 흉악(凶惡)함. '흉악망측'(凶惡罔測)의 준말. ¶흉측한 이야기.

흉탄 凶彈 (흉할 흉, 탄알 탄). 흉악(凶惡)한 놈이 쏜 탄알[彈]. ¶흉탄에 쓰러진 장군.

흉통 胸痛 (가슴 흉, 아플 통). [한의]가슴[胸]의 경맥 순환이 안 되어 가슴이 아픈[痛] 증상.

흉포 凶暴 (흉할 흉, 사나울 포). 매우 흉악(凶惡)하고 포악(暴惡)함.

흉풍 凶豐 (흉할 흉, 풍년 풍). 흉년(凶年)과 풍년(豐年).

흉학 凶虐 (흉할 흉, 모질 학). 몹시 음흉(陰凶)하고 사나움[虐].

흉한 凶漢 (흉할 흉, 사나이 한). 흉악(凶惡)한 짓을 하는 사람[漢]. ¶흉한이 나타났다.

흉행 凶行 (흉할 흉, 행할 행). 사람을 해치는 흉악(凶惡)한 행동(行動).

흉화 凶禍 (흉할 흉, 재화 화). ① [속뜻]흉악(凶惡)한 재화(災禍). ②부모의 죽음.

흉황 凶荒 (흉할 흉, 거칠 황). 곡식 농사가 잘 안되어[凶] 농사가 결딴남[荒].

흉흉 洶洶 (물살 세찰 흉, 물살 세찰 흉). ① [속뜻]물결이 몹시 세차게 일어나다[洶+洶]. ②인심이 몹시 어수선하다. ¶인심이 흉흉해졌다.

흑-갈색 黑褐色 (검을 흑, 털옷 갈, 빛 색). 검은[黑] 빛이 도는 짙은 갈색(褐色). ¶머리카락을 흑갈색으로 염색하다.

흑건 黑鍵 (검을 흑, 열쇠 건). [음악]피아노나 오르간 따위의 건반 악기에서 반음을 내는 검은[黑]색의 건반(鍵盤).

흑광 黑鑛 (검을 흑, 쇳돌 광). [광업]섬아연석, 방연석, 황철석, 황동석, 중정석, 석고(石膏) 따위가 치밀하게 섞여 있는 광석(鑛石). 어두운[黑] 회색을 띠며, 약간의 금이나 은을 함유한다.

흑기 黑旗 (검을 흑, 깃발 기). ① [속뜻]검은[黑] 빛깔의 깃발[旗]. ② [역사]흑기병의 깃발.

흑노 黑奴 (검을 흑, 종 노). 흑인(黑人) 노예(奴隸)를 낮잡아 이르는 말. ¶흑노같이 검게 탄 얼굴.

흑단 黑檀 (검을 흑, 박달나무 단). ① [속뜻]검은[黑]색의 박달나무[檀] 같은 나무. ② [식물]감나뭇과의 상록 교목. 잎은 두껍고 길둥근 모양이며 마주 난다. 흰 꽃이 피고, 둥글둥글한 열매는 적황색으로 익는다.

흑-단령 黑團領 (검을 흑, 둥글 단, 옷깃 령). [역사]벼슬아치가 입던 검은색[黑]의 단령(團領). 당상관은 무늬가 있는 검은색 비단을, 당하관은 무늬가 없는 비단을 썼다.

흑도 黑陶 (검을 흑, 토기 도). [고적]그릇 면이 검고[黑] 겉면을 반들반들하게 간 토기[陶]. [비]검은간토기.

흑두 黑豆 (검을 흑, 콩 두). 검은[黑] 팥[豆].

흑두-재상 黑頭宰相 (검을 흑, 머리 두, 맡을 재, 도울 상). ① [속뜻]머리[黑]가 검은[頭] 재상(宰相). ②나이가 젊은 재상.

흑막 黑幕 (검을 흑, 휘장 막). ① [속뜻]검은[黑] 장막(帳幕). ②겉으로 드러나지 않은 음흉한 내막.

흑-맥주 黑麥酒 (검을 흑, 보리 맥, 술 주).

까맣게[黑] 볶은 맥아(麥芽)를 섞어 만든 짙은 갈색의 맥주(麥酒).

흑반 黑斑 (검을 흑, 얼룩 반). 검은[黑] 반점(斑點).

▸흑반-병 黑斑病 (병 병). [농업] 과수나 오이, 고구마, 목화 따위의 잎이나 열매 등에 검은[黑] 반점(斑點)이 생기는 병(病).

흑발 黑髮 (검을 흑, 머리털 발). 검은[黑] 머리털[髮].

흑백 黑白 (검을 흑, 흰 백). ① [속뜻] 검은[黑] 빛과 흰[白] 빛. ¶흑백 영화. ②잘잘못. 옳고 그름. ¶흑백을 가리다. ③ [운동] 바둑의 흑지와 백지.

▸흑백 논리 黑白論理 (논할 론, 이치 리). [철학] 모든 문제를 흑(黑)과 백(白), 선과 악, 득과 실의 양 극단으로만 구분하고 중립적인 것을 인정하지 아니하려는 편중된 사고 방식이나 논리(論理).

▸흑백불분 黑白不分 (아닐 불, 나눌 분). ① [속뜻] 검은 것[黑]과 흰 것[白]을 분별(分別)하지 못함[不]. ②잘잘못이 분명하지 아니함.

▸흑백 사진 黑白寫眞 (베낄 사, 참 진). [연영] 실물의 형상을 흰색[白]과 검은 빛깔[黑]의 짙고 옅음으로 나타내는 사진(寫眞). [반] 천연색 사진(天然色寫眞).

▸흑백 영화 黑白映畵 (비칠 영, 그림 화). [연영] 화면에 비치는 영상이 검은색의 짙고 옅음[黑白]으로 나타나는 영화(映畵). [반] 천연색 영화(天然色映畵).

흑사 黑沙 (검을 흑, 모래 사). [광업] 검은색[黑] 광물이 많이 들어 있는 모래[沙].

흑사-병 黑死病 (검을 흑, 죽을 사, 병 병). ① [속뜻] 심한 경우 피부가 검게[黑] 변하여 죽게[死] 되는 전염병(病). ② [의학] 페스트균이 일으키는 급성 전염병. 심한 오한, 고열, 두통에 이어 의식이 흐려지게 되어 죽는다. 폐에 감염이 된 페스트의 경우에는 피부가 흑자색으로 변한다.

흑색 黑色 (검을 흑, 빛 색). ① [속뜻] 검은[黑] 빛[色]. ② [사회] 무정부주의를 상징하는 빛깔. [비]검은색, 검정. [반]백색(白色).

▸흑색-선전 黑色宣傳 (알릴 선, 전할 전). ① [속뜻] 검은빛[黑色] 종이에 글을 써서 선전(宣傳)함. ②사실무근의 이야기를 만들어 내어 상대편을 모략하고 혼란과 무질서를 조장하는 정치적 술책.

▸흑색 인종 黑色人種 (사람 인, 갈래 종). 살빛이 검은[黑色] 인종(人種)을 일컬음.

▸흑색 조합 黑色組合 (짤 조, 합할 합). [사회] 무정부주의 계통[黑色]의 노동조합(勞動組合). 무정부주의의 상징은 검은색이다.

▸흑색 화약 黑色火藥 (불 화, 약 약). [화학] 초석, 유황, 숯가루를 일정한 비율로 섞어서 만든 검은색[黑色] 또는 갈색의 화약(火藥). 불꽃놀이나 엽총 따위에 쓰인다.

▸흑색-산화동 黑色酸化銅 (산소 산, 될 화, 구리 동). [화학] 구리[銅]나 탄산 구리를 산화(酸化)하여 만드는 흑색(黑色)의 가루. 산화 구리.

흑석 黑石 (검을 흑, 돌 석). ① [속뜻] 검은 빛깔[黑]의 돌[石]. ② [지리] 흑요암(黑曜岩). ③ [운동] 검은 바둑돌.

흑-석영 黑石英 (검을 흑, 돌 석, 꽃부리 영). [광업] 검은 색[黑]을 띤 석영(石英).

흑선 黑線 (검을 흑, 줄 선). ① [속뜻] 검은[黑] 빛깔의 선(線). ② [물리] 빛의 흡수 스펙트럼에 나타나는 암흑선. 빛이 물질에 흡수됨에 따라 생긴다. [비]암선(暗線).

흑-설탕 黑雪糖 (본음 [흑설당], 검을 흑, 눈 설, 사탕 당/탕). 정제(精製)하지 않아 검은[黑] 빛깔이 나는 설탕[雪糖]. [비]원당(原糖), 흑사탕(黑砂糖).

흑손 黑損 (검을 흑, 상할 손). [출판] 신문 용어의 하나로 인쇄가 지나치게 검게[黑] 되어 못 쓰게 된[損] 신문지.

흑수[1] 黑手 (검을 흑, 손 수). ① [속뜻] 검은[黑] 손[手]. ②음흉한 짓을 하는 수단.

흑수[2] 黑穗 (검을 흑, 이삭 수). [식물] 깜부깃병에 걸려서 까맣게[黑] 된 곡식의 이삭[穗].

▸흑수-병 黑穗病 (병 병). [농업] 곡식의 이삭[穗]이 까만[黑] 가루로 변하는 병(病). 곡식의 이삭에 깜부기균이 기생하여 생기는 병이다. [비]깜부깃병.

흑-수정 黑水晶 (검을 흑, 물 수, 밝을 정). [광업] 빛깔이 검은[黑] 수정(水晶).

흑심 黑心 (검을 흑, 마음 심). ① [속뜻] 검은[黑] 마음[心]. ②음흉하고 부정한 마음.

흑암 黑暗 (검을 흑, 어두울 암). ① [속뜻] 캄캄하게[黑] 어두움[暗]. ②몹시 어두움.

흑야 黑夜 (검을 흑, 밤 야). 아주 캄캄한[黑] 밤[夜]. [비]칠야(漆夜).

흑연[1] 黑煙 (검을 흑, 연기 연). ① [속뜻] 검은[黑] 연기(煙氣). ② 숯가루를 봉지에 싸서 줄에 칠하여 쓰는 먹줄. ③ [공업] 석탄·석유 따위의 불완전 연소로 생기는, 많은 양의 미립자를 함유하는 연기.

흑연[2] 黑鉛 (검을 흑, 납 연). ① [속뜻] 검은[黑] 빛을 띤 납[鉛] 같은 화합물. ② [광업] 금속광택이 있고 검은빛이 나는 탄소 화합물. 연필심, 도가니, 전극, 감마제 따위로 쓰인다.

▸흑연-광 黑鉛鑛 (쇳돌 광). [광업] 흑연(黑鉛)을 파내는 광산(鑛山). 또는 흑연이 들어 있는 광물.

흑연-색 黑鳶色 (검을 흑, 솔개 연, 빛 색). ① [속뜻] 검은[黑] 솔개[鳶] 빛[色]. ② 검은빛을 띤 갈색.

흑영 黑影 (검을 흑, 그림자 영). 검은[黑] 그림자[影].

흑요-암 黑曜巖 (검을 흑, 빛날 요, 바위 암). [지리] 검게[黑] 빛나는[曜] 암석(巖石). 규산이 많이 들어 있는 유리질의 화산암. 흑·회·적·갈색을 띠며, 유리 광택이 있다. 장식품이나 공업용 원료로 쓰인다. [비]오석(烏石), 흑석(黑石), 흑요석(黑曜石).

흑우 黑牛 (검을 흑, 소 우). 털빛이 검은[黑] 소[牛].

흑운 黑雲 (검을 흑, 구름 운). 검은[黑] 구름[雲]. [반]백운(白雲).

흑-운모 黑雲母 (검을 흑, 구름 운, 운모 모). ① [속뜻] 검은색[黑]의 운모(雲母). ② [광업] 고토분이 많으며, 철·칼리·반토·물 따위가 결합한 운모. 검은색·푸른 회색·갈색 따위를 띠며, 유리 광택이 있다.

흑의 黑衣 (검을 흑, 옷 의). 검은[黑] 빛깔의 옷[衣].

흑인 黑人 (검을 흑, 사람 인). ① [속뜻] 털과 피부의 빛깔이 검은[黑] 사람[人]. ② 흑색 인종의 사람. ¶만델라는 최초의 흑인 대통령이다.

▸흑인 영가 黑人靈歌 (신령 령, 노래 가). ① [속뜻] 흑인(黑人)의 영혼(靈魂)이 담긴 노래[歌]. ② [음악] 노예로 끌려 온 미국의 흑인들이 구약성서에서 제재를 얻어 노래한 종교적인 민요. [준]영가.

흑-인종 黑人種 (검을 흑, 사람 인, 갈래 종). 피부가 흑색(黑色) 또는 갈색을 띤 인종(人種)을 이르는 말. '흑색인종'(黑色人種)의 준말.

흑-임자 黑荏子 (검을 흑, 들깨 임, 접미사 자). [한의] 검은[黑] 깨[荏子]를 한방에서 이르는 말. [비]검은깨.

▸흑임자-죽 黑荏子粥 (죽 죽). 검은깨[黑荏子]와 쌀무리로 쑨 죽(粥).

흑자[1] 黑子 (검을 흑, 씨 자). ① [속뜻] 바둑돌의 검은[黑] 알[子]. ② [의학] 살갗에 낟알만큼씩 도도록하고 납작하게 돋은 검은 군살. 검정 사마귀.

흑자[2] 黑字 (검을 흑, 글자 자). ① [속뜻] 먹 따위로 쓴 검은[黑] 글자[字]. ② 수입이 지출보다 많아서 생기는 잉여나 이익. 장부에 쓸 때 통상 검은색 글자로 쓰는 것에서 유래하였다. ¶그 회사는 올해 100억의 흑자를 냈다. [반]적자(赤字).

▸흑자 재정 黑字財政 (재물 재, 정사 정). 수입이 지출보다 많은[黑字] 재정(財政).

흑자-색 黑紫色 (검을 흑, 자줏빛 자, 빛 색). 검은[黑]빛을 띤 보랏[紫] 빛[色]. [비]자흑색(紫黑色).

흑적 黑滴 (검을 흑, 물방울 적). ① [속뜻] 검은[黑] 물방울[滴] 같은 물체. ② [천문] 금성(金星)이나 수성(水星)이 태양 근처에 있을 때 그 모양이 검고 길게 보이는 현상.

흑-적색 黑赤色 (검을 흑, 붉을 적, 빛 색). 검은색[黑]을 띤 붉은[赤] 색(色).

흑점 黑點 (검을 흑, 점 점). ① [속뜻] 검은[黑] 점(點). ② [천문] 태양 표면에 보이는 검은 반점. '태양흑점'(太陽黑點)의 준말. ③ 오점이나 흠점. ④ 경쟁이나 승부에서 깎이는 점.

흑정 黑睛 (검을 흑, 눈동자 정). 눈알[睛]의 검은[黑] 부위. 검은자위.

흑-채문 黑彩紋 (검을 흑, 빛깔 채, 무늬 문). 검은[黑] 줄에 아름답게 채색(彩色)된 무늬[紋]. [반]백채문(白彩紋).

흑체 黑體 (검을 흑, 몸 체). ① [속뜻] 검은[黑] 빛깔의 물체(物體). ② [물리] 모든 파장의 전자기파를 완전하게 흡수하는 물체. 열복사 현상을 이론적으로 조사하는 데 도움이 된다.

흑칠 黑漆 (검을 흑, 옻 칠). ① 속뜻 검은[黑] 빛깔의 옻[漆]. ② 검은 빛깔로 칠함.

흑탄 黑炭 (검을 흑, 숯 탄). 광업 검고[黑] 광택이 있는 가장 일반적인 석탄(石炭).

흑토 黑土 (검을 흑, 흙 토). 다량의 부식질이 들어 있는 검고[黑] 기름진 흙[土].

▶흑토-대 黑土帶 (띠 대). 지리 흑토(黑土)가 널리 분포된 지대(地帶). 농업에 적합하다.

흑판 黑板 (검을 흑, 널빤지 판). 검은[黑] 칠을 하여 그 위에 분필로 글씨나 그림을 쓰게 만든 널빤지[板]. ㊐칠판(漆板).

흑-포도 黑葡萄 (검을 흑, 포도 포, 포도 도). 알의 빛깔이 검은[黑] 포도(葡萄).

흑풍 黑風 (검을 흑, 바람 풍). ① 속뜻 검은[黑] 바람[風]. ② '모래나 먼지 따위를 일으켜 햇빛을 가리며 맹렬히 부는 회오리바람'을 이르는 말.

▶흑풍-백우 黑風白雨 (흰 백, 비 우). 흑풍(黑風)이 몰아치는 속에 내리는 소나기[白雨].

흑해 黑海 (검을 흑, 바다 해). ① 속뜻 유난히 검게[黑] 보이는 바다[海]. ② 유럽과 아시아의 경계에 있는 바다. 우크라이나·루마니아·불가리아·터키 등으로 둘러싸여 있으며, 북쪽 연안에서는 어업이 활발하다.

흑핵 黑核 (검을 흑, 씨 핵). ① 속뜻 검은색[黑]의 핵(核). ② 의학 중뇌에 있는 흑갈색(黑褐色)의 큰 회백질. 골격근의 운동을 맡아보는 중심의 한 가지이다.

흑훈 黑暈 (검을 흑, 햇무리 훈). 검은[黑] 빛의 햇무리[暈].

흔감 欣感 (기뻐할 흔, 느낄 감). 기쁘게[欣] 여기어 감동(感動)함.

흔구 欣求 (기뻐할 흔, 구할 구). 불교 흔쾌(欣快)히 원하여 구하는[求] 일을 이르는 말. 기꺼이 원함.

▶흔구 정토 欣求淨土 (깨끗할 정, 흙 토). 불교 극락 정토(淨土)에 왕생하기를 기꺼이 원함[欣求].

흔모 欣慕 (기뻐할 흔, 그리워할 모). 기쁜[欣] 마음으로 공경하며 사모(思慕)함. ㊐흠모(欽慕).

흔연 欣然 (기뻐할 흔, 그러할 연). 몹시 기뻐하는[欣] 그런[然] 모양.

흔적 痕跡 (=痕迹, 흉터 흔, 발자취 적). ① 속뜻 몸에 남은 흉터[痕]와 길에 남은 발자취[跡]. ② 어떤 현상이나 실체가 없어졌거나 지나간 뒤에 남은 자국이나 자취. ¶도둑이 담을 넘어 들어온 흔적이 있다.

▶흔적 기관 痕迹器官 (그릇 기, 벼슬 관). 생물 생물의 진화 과정으로 보아 본디는 쓸모가 있는 것이었으나 현재는 퇴화하여 흔적(痕迹)만 남은 기관(器官). 사람의 꼬리뼈나 귀를 움직이는 근육, 고래의 뒷다리 따위. 퇴화 기관(退化器官).

흔쾌 欣快 (기뻐할 흔, 시원할 쾌). 기쁘고[欣] 시원스럽게[快]. ¶그는 우리의 제안을 흔쾌하게 받아들였다 / 흔쾌히 수락하다.

흔흔 欣欣 (기뻐할 흔, 기뻐할 흔). ① 속뜻 기쁘고[欣] 기쁨[欣]. ② 매우 기쁘고 흡족함.

흔희-작약 欣喜雀躍 (기뻐할 흔, 좋아할 희, 참새 작, 뛰어오를 약). 기뻐하고[欣] 좋아하기가[喜] 마치 참새[雀]가 뛰어[躍] 날아오르는 것 같음. 너무 좋아서 뛰며 기뻐함.

흘수 吃水 (먹을 흘, 물 수). ① 속뜻 물[水]을 먹어[吃] 잠김. ② 해양 배가 물 위에 떠 있을 때, 물에 잠겨 있는 부분의 깊이.

▶흘수-선 吃水線 (줄 선). 해양 잔잔한 물에 떠 있는 배의 선체가 물[水]에 잠기는[吃] 한계선(限界線).

흘연 屹然 (산 우뚝 솟을 흘, 그러할 연). 높게 우뚝 솟은[屹] 그러한[然] 모양.

▶흘연-독립 屹然獨立 (홀로 독, 설 립). 우뚝하게[屹然] 홀로[獨] 따로 섬[立].

흠:결 欠缺 (모자랄 흠, 빠질 결). 모자라거나[欠] 결함(缺陷)이 있음. ¶그것은 흠결이 많다. ㊐흠축(欠縮).

흠모 欽慕 (공경할 흠, 그리워할 모). 기쁜 마음으로 공경하며[欽] 사모(思慕)함. ¶흠모의 눈길 / 흠모의 대상. ㊐흔모(欣慕).

흠복 欽服 (공경할 흠, 따를 복). 진심으로 공경하고[欽] 복종(服從)함.

흠:신 欠身 (굽힐 흠, 몸 신). 공경하는 뜻을 나타내기 위하여 몸[身]을 굽힘[欠].

▶흠:신-답례 欠身答禮 (답할 답, 예도 례).

몸[身]을 굽혀[欠] 답례(答禮)함.

흠앙 欽仰 (공경할 흠, 우러를 앙). 공경하여[欽] 우러러[仰] 사모함.

흠:절 欠節 (모자랄 흠, 마디 절). 모자라는[欠] 부분[節]. 잘못된 점. ⓑ흠점(欠點), 흠처(欠處).

흠:점 欠點 (모자랄 흠, 점 점). 모자라는[欠] 점(點). ⓑ흠절(欠節).

흠정 欽定 (공경할 흠, 정할 정). 역사 황제[欽]가 손수 제도나 법률 따위를 제정(制定)하던 일. 또는 그런 제정.

▸**흠정 헌:법** 欽定憲法 (법 헌, 법 법). 법률 군주의 뜻에 따라 제정된[欽定] 헌법(憲法). ⓑ민정 헌법(民定憲法).

흠준 欽遵 (공경할 흠, 따를 준). 황제[欽]의 뜻에 순종함[遵].

흠:축 欠縮 (모자랄 흠, 줄일 축). 모자라거[欠]나 축소(縮小)된 것이 있음. ⓑ흠결(欠缺). ¶흠축이 나다 / 흠축을 내다.

흠향 歆饗 (받을 흠, 먹을 향). 신이 제물을 받아서[歆] 먹음[饗].

흡각 吸角 (마실 흡, 뿔 각). ① 속뜻 빨아들이는[吸] 데 쓰이는 뿔[角] 모양의 의료 기구. ② 의학 국부적인 염증이나 농양 따위를 치료하는 데 쓰는 의료 기구. 종 모양의 유리그릇으로, 안쪽의 공기를 희박하게 만듦으로써 종 속의 음압에 의하여 피부면을 빨아 당겨 울혈을 일으키도록 되어 있다.

흡광 吸光 (마실 흡, 빛 광). 물리 빛[光]이 물체를 통과하다가 흡수(吸收)되는 현상. 또는 그 빛.

흡기 吸氣 (마실 흡, 숨 기). ① 속뜻 들이쉬는[吸] 숨[氣]. 들숨. ② 기체를 빨아들임. 특히 내연 기관에서 연료의 혼합기를 기통 안으로 빨아들이는 것을 일컫는다. ⓑ배기(排氣). 호기(呼氣).

흡력 吸力 (마실 흡, 힘 력). 빨아들이는[吸] 힘[力].

흡반 吸盤 (마실 흡, 쟁반 반). ① 속뜻 빨아들이는[吸] 판[盤]. ② 동물 다른 동물이나 물체에 달라붙기 위한 기관.

흡반 吸盤 | 빨 흡, 쟁반 반
① 속뜻 공기 따위를 빨아들이는[吸] 쟁반[盤] 모양의 기관. ② 동물 다른 동물이나 물체에 달라붙기 위한 기관. 촌충, 낙지, 오징어의 발 따위에서 볼 수 있다. ⓑ빨판.

흡사 恰似 (꼭 흡, 닮을 사). 거의 꼭[恰] 닮음[似]. 또는 비슷한 모양. ¶그림 속의 고양이는 흡사 살아 있는 것 같다 / 두 자매는 생김새가 매우 흡사하다.

흡수[1] 吸水 (마실 흡, 물 수). 식물 물[水]을 빨아들임[吸]. 특히 식물이 외계로부터 물을 섭취하는 일을 이른다.

흡수[2] 吸收 (마실 흡, 거둘 수). ① 속뜻 빨아서[吸] 거두어[收]들임. ¶이 옷은 땀을 잘 흡수한다. ② 외부에 있는 사람이나 사물 따위를 내부로 모아들임. ¶이 섬은 대한민국 영토로 흡수되었다 / 외래문화를 흡수하다. ③ 물리 전자기파나 입자선이 물질 속을 통과할 때 에너지나 입자가 물질에 빨려 들어 그 세기나 입자 수가 감소함. ④ 생물 생체가 세포막 따위를 통하여 외부의 물질을 안으로 끌어들이는 일. ⑤ 생물 소화관 벽에서 혈관 또는 림프관으로 영양소 및 물을 거두어 들이는 일. ⑥ 화학 물질이 다른 물질 속으로 들어가는 일. 기체가 고체나 액체에 빨려 들어가는 것 따위.

▸**흡수-구** 吸收口 (구멍 구). 빨아[吸]들이는[收] 입(口) 같은 구멍.

▸**흡수-력** 吸收力 (힘 력). 빨아[吸]들이는[收] 힘[力]. ¶강한 흡수력 / 흡수력이 좋다.

▸**흡수-선** 吸收線 (줄 선). 물리 발광할 때 빛의 일부가 어떤 물질에 의해서 흡수(吸收)되었을 경우에 나타나는 어두운 선(線).

▸**흡수-성** 吸收性 (성질 성). 빨아[吸]들이는[收] 성질(性質). ¶흡수성이 좋은 옷감.

▸**흡수-제** 吸收劑 (약제 제). 화학 기체나 액체를 빨아[吸]들이는데[收] 쓰이는 약제(藥劑).

▸**흡수 합병** 吸收合倂 (합할 합, 어우를 병). 경제 한 회사가 다른 회사를 흡수(吸收)하는 방식의 합병(合倂). 권리와 의무를 모두 승계함. ⓑ병탄 합병(倂呑合倂).

흡습 吸濕 (마실 흡, 젖을 습). 습기(濕氣)를 빨아들임[吸].

▸**흡습-성** 吸濕性 (성질 성). 습기(濕氣)를 빨아들이는[吸] 성질(性質).

▸**흡습-제** 吸濕劑 (약제 제). 공업 습기(濕

氣)를 빨아들이는[吸] 약제(藥劑). 섬유(纖維)가 딱딱해지는 것을 막기 위해 사용한다.

흡연 洽然 (넉넉할 흡, 그러할 연). 흡족(洽足)한 그러한[然] 모양.

흡연 吸煙 (마실 흡, 담배 연). 담배[煙] 연기를 빨아들여 마심[吸]. ¶흡연은 건강에 매우 해롭다 / 흡연은 폐암을 유발할 수 있다. ㊥끽연(喫煙).

▸흡연-실 吸煙室 (방 실). 담배[煙]를 피울[吸] 수 있도록 설비한 방[室]. ㊥끽연실(喫煙室).

▸흡연-자 吸煙者 (사람 자). 담배[煙]를 피우는[吸] 사람[者]. ¶흡연자는 비흡연자를 배려해야 한다.

흡열 吸熱 (마실 흡, 더울 열). 열(熱)을 빨아들임[吸]. ㊦방열(放熱), 발열(發熱).

▸흡열 반:응 吸熱反應 (되돌릴 반, 응할 응). 화학 열(熱)을 흡수(吸收)함으로써 일어나는 화학 반응(反應). ㊦발열 반응(發熱反應).

흡유-기 吸乳期 (마실 흡, 젖 유, 때 기). 가축 따위가 새끼에게 젖[乳]을 빨리는[吸] 기간(期間).

흡음 吸音 (마실 흡, 소리 음). ① 속뜻 소리[音]를 빨아들임[吸]. ② 물리 음파가 매질을 통과할 때나 물체 표면에 닿을 때, 매질이나 물체가 음파를 빨아들임으로써 소리 에너지가 감소하는 일.

▸흡음-재 吸音材 (재료 재). 건설 소리[音]를 빨아들이는[吸] 성질을 가진 건축 재료(材料).

흡인 吸引 (마실 흡, 끌 인). 빨아[吸]당김[引].

▸흡인-력 吸引力 (힘 력). 빨아[吸]당기는[引] 힘[力]. ¶그녀에게는 사람들을 끄는 흡인력이 있다.

▸흡인 요법 吸引療法 (병 고칠 료, 법 법). 의학 몸 안에 고인 이상 액체를 빨아[吸]당겨[引] 치료하는 방법(方法).

흡입 吸入 (마실 흡, 들 입). 기체나 액체 따위를 빨아 마셔[吸] 들임[入]. ¶산소 흡입 / 맑은 공기를 흡입하다. ③ 의학 흡입 요법.

흡장 吸藏 (마실 흡, 감출 장). 물리 기체가 고체에 흡수(吸收)되어 고체 안으로 들어가 저장(貯藏)되는 현상.

흡족 洽足 (넉넉할 흡, 넉넉할 족). 모자람이 없이 아주 넉넉하고[洽] 풍족(豐足)함. ¶흡족한 미소.

흡착 吸着 (마실 흡, 붙을 착). ① 속뜻 어떤 물질이 빨아 마셔[吸] 달라붙음[着]. ¶안료가 옷감에 흡착되다. ② 화학 암모니아가 숯에 달라붙는 것처럼 기체 또는 액체가 딴 액체나 고체의 표면에 달라붙는 현상.

▸흡착-력 吸着力 (힘 력). 어디에 달라[吸]붙는[着] 힘[力]. ¶거머리는 흡착력이 대단하다.

▸흡착-수 吸着水 (물 수). 지리 지표(地表) 근처의 흙의 알갱이 표면에 엷게 달라[吸]붙어[着] 있는 수분(水分).

▸흡착-제 吸着劑 (약제 제). 딴 물질을 달라[吸]붙는[着] 힘이 센 화학물질[劑].

▸흡착-질 吸着質 (바탕 질). 화학 달라[吸]붙어[着] 농도 변화를 일으키는 물질(物質).

흡출 吸出 (마실 흡, 날 출). 빨아[吸] 냄[出].

흡혈 吸血 (마실 흡, 피 혈). 피[血]를 빨아 마심[吸]. ¶흡혈동물.

▸흡혈-귀 吸血鬼 (귀신 귀). ① 속뜻 사람의 피[血]를 빨아먹는다는[吸] 귀신(鬼神). ② '남의 재물을 악독하게 빼앗는 사람'을 비유하여 이르는 말.

▸흡혈 동:물 吸血動物 (움직일 동, 만물 물). 동물 다른 동물의 피[血]를 빨아먹고[吸] 사는 동물(動物). 모기나 빈대 따위.

흥기 興起 (일어날 흥, 일어날 기). ① 속뜻 일어남[興=起]. ② 의기가 분발하여 일어남. ③ 세력이 왕성하여짐.

흥륭 興隆 (일어날 흥, 높을 륭). 매우 흥성(興盛)하여 크게[隆] 됨. ㊥융성(隆盛).

흥망 興亡 (일어날 흥, 망할 망). 일어남[興]과 망(亡)함. 부흥과 멸망. ¶로마제국의 흥망. ㊥흥폐(興廢), 흥패(興敗).

▸흥망-성쇠 興亡盛衰 (성할 성, 쇠할 쇠). 일어나고[興] 망(亡)함과 성(盛)하고 쇠(衰)함. ¶모든 일에는 흥망성쇠가 있기 마련이다.

흥:미 興味 (흥겨울 흥, 맛 미). ① 속뜻 흥(興)을 느끼는 재미나 맛[味]. ¶흥미가 나다 / 바둑에 흥미를 붙이다 / 흥미로운 생각. ② 심리 어떤 대상에 마음이 끌린다는 감정을 수반하는 관심.

▸흥미진진 興味津津 (끈끈할 진, 끈끈할 진). 흥미(興味)가 넘칠[津津] 만큼 많다. ¶흥미진진한 모험소설.

흥부 興夫 (일어날 흥, 사나이 부). ① 속뜻 집안을 일으킨[興] 사나이[夫]. ② 문학 고소설 『흥부전』(興夫傳)의 주인공. 형 놀부로부터 쫓겨났으나 착하고 고운 마음씨를 지녀 뒤에 큰 부자가 되었다.

▸흥부-가 興夫歌 (노래 가). 문학 『흥부전』(興夫傳)을 판소리[歌]로 엮은 것. '흥보가'(興甫歌)라고도 한다.

▸흥부-전 興夫傳 (전할 전). 문학 흥부(興夫)의 전기(傳記)를 이야기 식으로 엮은 고소설.

흥분 興奮 (일어날 흥, 흔들릴 분). ① 속뜻 자극으로 인하여 감정이 일어나거나[興] 흔들림[奮]. ¶흥분을 가라앉히다 / 그 소식에 나는 몹시 흥분했다. ② 의학 생물체의 활동 상태가 고조(高調)됨. 또는 그 변화.

▸흥분-제 興奮劑 (약제 제). 약학 뇌나 심장을 자극하여 흥분(興奮)시키는 약제(藥劑).

흥사 興師 (일어날 흥, 병력 사). 군사[師]를 일으킴[興]. ㈜기병(起兵).

흥사-단 興士團 (일어날 흥, 선비 사, 모일 단). ① 속뜻 민족 부흥(復興)을 위한 선비[士]들의 모임[團]. ② 역사 1913년 안창호가 미국 샌프란시스코에서 창립한 민족 부흥 운동 단체. 신민회의 후신으로, 미국 교포의 계몽에 힘쓰다가, 8·15 광복 후 서울로 본부를 옮겼다.

흥산 興産 (일어날 흥, 낳을 산). 산업(産業)을 일으킴[興].

흥성 興盛 (일어날 흥, 성할 성). 왕성(旺盛)하게 일어남[興].

흥신-소 興信所 (일어날 흥, 믿을 신, 곳 소). ① 속뜻 믿음[信]을 일으키는[興] 곳[所]. ② 고객의 요청에 따라 대가를 받고 기업이나 개인의 신용, 재산 상태, 개인적인 비행 따위를 몰래 조사하여 알려 주는 일을 하는 사설 기관.

흥업 興業 (일어날 흥, 일 업). 새로이 사업(事業)을 일으킴[興].

흥왕 興旺 (일어날 흥, 성할 왕). 흥(興)하고 왕성(旺盛)함.

흥융 興戎 (일어날 흥, 병기 융). 병기[戎]를 들고일어남[興]. 전쟁을 일으킴. ¶북쪽 오랑캐의 잦은 흥융으로 변방이 조용할 날이 없었다.

흥인지문 興仁之門 (일어날 흥, 어질 인, 어조사 지, 문 문). ① 속뜻 어진[仁] 마음이 생겨[興]난다는 뜻을 담은 성문(城門). ② 고적 '동대문'(東大門)의 본이름. 조선시대에 건립한 한양 도성의 서쪽 정문으로 대한민국의 보물 제1호이다. ㊟사대문(四大門).

흥:진-비래 興盡悲來 (흥겨울 흥, 다될 진, 슬플 비, 올 래). ① 속뜻 즐거운[興] 일이 다하면[盡] 슬픈[悲] 일이 옴[來]. ② 세상일이 돌고 돈다는 뜻으로 하는 말.

흥:취 興趣 (흥겨울 흥, 풍취 취). 흥(興)겨운 정취(情趣). ¶흥취를 돋우다.

흥:치 興致 (흥겨울 흥, 이를 치). 흥(興)겨움과 운치(韻致). ¶흥치가 나다.

흥패 興敗 (일어날 흥, 무너질 패). 일어남[興]과 무너짐[敗]. ㈜흥망(興亡).

흥폐 興廢 (일어날 흥, 그만둘 폐). 일어남[興]과 무너짐[廢]. ㈜흥망(興亡).

흥행 興行 (일어날 흥, 행할 행). ① 속뜻 유행(流行)을 불러일으킴[興]. ② 영리를 목적으로 연극, 영화, 서커스 따위를 요금을 받고 대중에게 보여 줌. ¶이 영화는 흥행에 성공했다 / 그 연극은 서울에서 흥행하고 있다.

▸흥행-권 興行權 (권리 권). 법률 흥행(興行)할 수 있는 권리(權利).

▸흥행-물 興行物 (만물 물). ① 속뜻 흥행(興行)이 되는 물건(物件). ② 영리를 목적으로 요금을 받고 보여 주는 연극, 영화, 서커스 따위를 통틀어 이르는 말.

▸흥행-사 興行師 (스승 사). 연극, 영화, 서커스 따위의 흥행(興行)을 직업으로 하는 사람[師].

희경 喜慶 (기쁠 희, 기쁠 경). 기쁜[喜] 경사(慶事).

희곡 戲曲 (놀이 희, 노래 곡). 문학 ① 공연을 목적으로 하는 연극[戱]의 대본[曲]. ②등장인물들의 행동이나 대화를 기본 수단으로 하여 표현하는 예술 작품. ¶셰익스피어는 희곡을 집필하며 생을 보냈다.

희괴 稀怪 (드물 희, 이상할 괴). 썩 드물고[稀] 괴이(怪異)함.

희구 希求 (바랄 희, 구할 구). 바라고[希] 구(求)함. ㊐기구(祈求).

희귀 稀貴 (드물 희, 귀할 귀). 드물어서[稀] 매우 진귀(珍貴)하다. ¶희귀한 보물.

▸희귀-종 稀貴種 (갈래 종). 드물어서[稀] 매우 진귀(珍貴)한 물건이나 품종(品種). ¶멸종 위기에 놓인 희귀종을 보호하자는 운동이 점차 전국적으로 확대되고 있다.

희극[1] 喜劇 (기쁠 희, 연극 극). ① 속뜻 기쁜[喜] 내용을 담은 연극(演劇). ② 연영 웃음을 주조로 인간과 사회의 문제점을 경쾌하고 흥미 있게 다룬 연극이나 극 형식. ③남의 웃음거리가 될 만한 일이나 사건. ㊉비극(悲劇).

희극[2] 戱劇 (놀릴 희, 연극 극). ① 연영 실없이 익살을 부려 관객을 웃기는[戱] 장면이 많은 연극(演劇). ②실없이 하는 익살스러운 행동.

희-금속 稀金屬 (드물 희, 쇠 금, 속할 속). 화학 니켈, 코발트, 크롬, 망간, 티탄 따위와 같이 산출량이 매우 적은[稀] 금속(金屬).

희년 稀年 (드물 희, 나이 년). ① 속뜻 매우 드문[稀] 나이[年]. ②'일흔 살'을 일컬음. ㊐희수(稀壽).

희년 禧年 (복 희, 해 년). ① 속뜻 경사스러운[禧] 해[年]. ② 가톨릭 특별한 대사를 베푸는 해.

희담 戱談 (희롱할 희, 말씀 담). 장난으로[戱] 하는 말[談]. ㊐희언(戱言).

희대 稀代 (드물 희, 시대 대). 세상[代]에 드묾[稀]. ㊐희세(稀世).

▸희대-미문 稀代未聞 (아닐 미, 들을 문). 세상에 드물어[稀代] 들어본[聞] 적이 없음[未]. 매우 드물어 좀처럼 듣지 못하는 일.

희동-안색 喜動顔色 (기쁠 희, 움직일 동, 얼굴 안, 빛 색). 기쁨[喜]으로 얼굴[顔] 빛[色]이 달라짐[動]. 얼굴에 기쁜 빛이 나타남.

희락 喜樂 (기쁠 희, 즐길 락). 기쁨[喜]과 즐거움[樂]. 또는 기뻐함과 즐거워함. ¶희락을 즐기다.

희랍 希臘 (바랄 희, 섣달 랍). 그리스어로 '그리스'를 뜻하는 '헬라스'(Hellas)의 한자 음역어.

▸희랍 정:교 希臘正教 (바를 정, 종교 교). ① 속뜻 그리스[希臘]의 바른[正] 종교(宗教). ② 기독교 동로마 제국의 종교로서 콘스탄티노플을 중심으로 발전한 기독교의 한 교파.

▸희랍 철학 希臘哲學 (밝을 철, 배울 학). 고대 그리스[希臘]의 철학(哲學).

희로 喜怒 (본음 [희노], 기쁠 희, 성낼 노). 기쁨[喜]과 노여움[怒]. ¶희로가 교차되는 기분을 느꼈다.

▸희로애락 喜怒哀樂 (본음 [희노애락], 슬플 애, 즐길 락). ① 속뜻 기쁨[喜]과 노여움[怒]과 슬픔[哀]과 즐거움[樂]. ②사람의 온갖 감정. ¶그의 작품에는 인간의 희로애락을 잘 표현되어 있다.

희:롱 戱弄 (놀릴 희, 놀릴 롱). ① 속뜻 말이나 행동으로 실없이 놀림[戱=弄]. ¶어린이를 희롱하면 안 된다. ②손아귀에 넣고 제멋대로 가지고 놂. ¶사기꾼에게 희롱을 당하다. ③서로 즐기며 놀리거나 놂. ¶종달새는 희롱하듯 나뭇가지 사이를 날았다. ㊐기롱(譏弄).

*__희망__ 希望 (바랄 희, 바랄 망). ① 속뜻 바람[希=望]. ②앞일에 대하여 어떤 기대를 가지고 바람. ¶장래 희망 / 희망찬 미래 / 현우는 변호사가 되기를 희망하고 있다. ㊐기망(冀望), 소망(所望). ㊉절망(絶望).

▸희망-자 希望者 (사람 자). 어떤 것을 하기를 바라는[希望] 사람[者]. ¶희망자 모집 / 취업 희망자를 소집하였다.

▸희망-적 希望的 (것 적). 전망[希望]이 밝은 것[的]. ㊉절망적(絶望的).

희모 稀毛 (드물 희, 털 모). 드문드문[稀] 성기게 난 털[毛].

희묵 戱墨 (희롱할 희, 먹 묵). ① 속뜻 장난삼아[戱] 먹[墨]을 갈아 봄. ②자기의 '그림이나 글씨'를 겸손하게 이르는 말. 희필(戱筆).

희문 戱文 (희롱할 희, 글월 문). ① 속뜻 장난삼아[戱] 쓴 글[文]. ② 문학 중국 원(元) 때, 남방에서 일어난 가극 형식의 희곡.

희미 稀微 (드물 희, 작을 미). ① 속뜻 드물고[稀] 작다[微]. ② 분명하지 못하고 어렴풋하다. ¶희미한 불빛 / 희미한 목소리.

희박 稀薄 (묽을 희, 엷을 박). ① 속뜻 묽고[稀] 엷다[薄]. ② 일의 희망이나 가망이 적다. ¶성공할 가능성이 희박하다. ③ 농도나 밀도가 엷거나 얕다. ¶희박한 인구 밀도. ④ 정신 상태가 약함. ¶장인 정신이 희박하다.

희보 喜報 (기쁠 희, 알릴 보). 기쁜[喜] 소식[報]. ㊥비보(悲報).

희불자승 喜不自勝 (기쁠 희, 아닐 불, 스스로 자, 이길 승). ① 속뜻 기뻐서[喜] 자기(自己)를 억누르지[勝] 못함[不]. ② 어찌할 바를 모를 만큼 기쁨.

희비 喜悲 (기쁠 희, 슬플 비). 기쁨[喜]과 슬픔[悲]. ¶희비가 엇갈리다. ㊐애환(哀歡).

▸ **희비-쌍곡선** 喜悲雙曲線 (둘 쌍, 굽을 곡, 줄 선). ① 속뜻 기쁨과 슬픔[喜悲]의 두[雙] 곡선(曲線). ② '기쁨과 슬픔이 동시에 생김'을 이르는 말.

희-비극 喜悲劇 (기쁠 희, 슬플 비, 연극 극). ① 속뜻 희극(喜劇)과 비극(悲劇). ② 기쁨과 슬픔이 동시에 일어나는 사건이나 사실.

희사[1] 喜事 (기쁠 희, 일 사). 기쁜[喜] 일[事].

희사[2] 喜捨 (기쁠 희, 버릴 사). ① 속뜻 기쁜[喜] 마음으로 자신의 재물을 내놓음[捨]. ¶한 독지가의 희사로 고아원이 운영되었다. ② 신불의 일로 기부를 함. ¶절에 큰돈을 희사하였다.

▸ **희사-함** 喜捨函 (상자 함). ① 속뜻 희사(喜捨)하는 돈을 넣은 상자[函]. ② 불교 부처 앞에 놓아두고 예불하는 이의 보시를 받는 궤짝.

희색 喜色 (기쁠 희, 빛 색). 기뻐하는[喜] 얼굴 빛[色]. ¶얼굴에 희색이 가득하다.

▸ **희색 만:면** 喜色滿面 (찰 만, 낯 면). 기쁜 빛[喜色]이 얼굴[面]에 가득함[滿].

희생 犧牲 (희생 희, 희생 생). ① 속뜻 제사 지낼 때 제물로 바치는 산 짐승[犧=牲]. 주로 소, 양, 돼지 따위를 바친다. ② 다른 사람이나 어떤 목적을 위하여 자신의 목숨, 재산, 명예, 이익 따위를 바치거나 버림. 또는 그것을 빼앗김. ¶희생을 무릅쓰다 / 희생을 당하다.

▸ **희생-물** 犧牲物 (만물 물). 희생(犧牲)으로 바쳐진 물건(物件).

▸ **희생-자** 犧牲者 (사람 자). ① 속뜻 희생(犧牲)된 사람[者]. ② 어떤 일로 피해를 당한 사람. ¶시민들이 사고 희생자들을 추모했다.

▸ **희생-타** 犧牲打 (칠 타). 운동 야구에서 타자의 희생(犧牲)으로 주자가 득점할 수 있는 타격(打擊).

희서 稀書 (드물 희, 책 서). 아주 희귀(稀貴)한 책[書].

희석 稀釋 (묽을 희, 풀 석). 화학 원액에 물 따위를 풀어[釋] 묽게[稀] 하는 일. ¶용액의 희석 / 술을 물에 희석하다.

▸ **희석-열** 稀釋熱 (더울 열). 화학 희석(稀釋)할 때 생기는 열(熱).

▸ **희석-제** 稀釋劑 (약제 제). 화학 희석(稀釋)하기 위해 쓰는 약제(藥劑).

희성 稀姓 (드물 희, 성씨 성). 아주 드문[稀] 성(姓).

희세 稀世 (드물 희, 세상 세). 세상(世上)에서 드묾[稀]. ㊐희대(稀代).

▸ **희세지재** 稀世之才 (어조사 지, 재주 재). 세상에 보기 드문[稀世] 재주[才].

희소[1] 稀疎 (드물 희, 멀 소). 왕래가 드물고[稀] 사이가 멂[疎]. ㊐희활(稀闊).

희소[2] 嬉笑 (예쁠 희, 웃을 소). 예쁘게[嬉] 웃음[笑]. 또는 그런 웃음.

희소[3] 稀少 (드물 희, 적을 소). 드물고[稀] 적음[少].

▸ **희소-성** 稀少性 (성질 성). ① 속뜻 희소(稀少)한 성질(性質). ② 경제 인간의 물질적 욕구에 비하여 그것을 충족시키는 물적 수단의 공급이 상대적으로 부족한 상태를 이르는 말.

▸ **희소-가격** 稀少價格 (값 가, 이를 격). ① 속뜻 물품의 희소성(稀少性)으로 인하여 형성되는 비싼 가격(價格). ② 경제 귀중한 미술품이나 골동품과 같이 그 공급 수량이 자연적으로 제한되거나 고정되었기 때문에

완전 경쟁이 이루어지지 못하여 형성되는 가격.

▸희소-가치 稀少價值 (값 가, 값 치). 드물고 적어서[稀少] 인정되는 가치(價值).

희소[4] 喜笑 (기쁠 희, 웃을 소). 기뻐서[喜] 웃음[笑].

▸희소-극 喜笑劇 (연극 극). ① 속뜻 웃음[喜笑]을 유발하는 연극(演劇). ② 저급한 익살과 과장된 표현을 사용하는 희극.

희-소식 喜消息 (기쁠 희, 사라질 소, 불어날 식). 기쁜[喜] 소식(消息).

희수[1] 稀壽 (드물 희, 목숨 수). ① 속뜻 보기 드문[稀] 나이[壽]. ② '일흔 살'을 이르는 말. ⓑ희년(稀年).

희수[2] 喜壽 (기쁠 희, 목숨 수). '희'(喜)자의 초서체가 '七十七'로 나뉘는 것 같이 보이는 것에서 유래되어 '77세'의 나이[壽]를 달리 이르는 말.

희언 戱言 (희롱할 희, 말씀 언). 웃음거리로 하는 실없는[戱] 말[言]. ¶이런 큰일에 희언이라니요. ⓑ희담(戱談).

희열 喜悅 (기쁠 희, 기쁠 열). 기쁨[喜=悅]. 즐거움. ¶희열의 소리를 질렀다. ⓑ희락(喜樂). ⓡ분노(憤怒).

희-염산 稀鹽酸 (묽을 희, 염기 염, 산소 산). 화학 희석(稀釋)시킨 염산(鹽酸).

희우 喜雨 (기쁠 희, 비 우). 가뭄 끝에 오는 반가운[喜] 비[雨]. ⓑ감우(甘雨).

희원 希願 (바랄 희, 바랄 원). 바람[希]과 원(願)함. ⓑ희망(希望).

희-원소 稀元素 (드물 희, 으뜸 원, 바탕 소). 화학 산출량이 적은[稀] 원소(元素). 희유기체, 희토류 원소, 백금속 원소, 우라늄 따위가 있다. 희유원소(稀有元素).

희월 喜月 (기쁠 희, 달 월). ① 속뜻 기쁨[喜]이 많은 달[月]. ② '음력 3월'을 달리 이르는 말. ⓑ가월(嘉月).

희유[1] 戱遊 (희롱할 희, 놀 유). 장난치며[戱] 놂[遊].

희유[2] 稀有 (드물 희, 있을 유). 드물게[稀] 있음[有].

▸희유-금속 稀有金屬 (쇠 금, 속할 속). 화학 산출량이 매우 적은[稀有] 금속(金屬). ⓒ희금속.

▸희유-원소 稀有元素 (으뜸 원, 바탕 소). 화학 산출량이 매우 적은[稀有] 원소(元素). ⓑ희원소(稀元素).

희유[3] 嬉遊 (즐길 희, 놀 유). 즐겁게[嬉] 놂[遊].▸희유-곡 嬉遊曲 (노래 곡). 음악 예전에 귀족들을 즐겁게[嬉遊] 해주기 위해서 만든 기악곡(器樂曲).

희작 戱作 (희롱할 희, 지을 작). 글 따위를 실없이 장난삼아[戱] 지음[作]. 또는 그 글.

희종 稀種 (드물 희, 갈래 종). 드문[稀] 종류(種類).

희출망외 喜出望外 (기쁠 희, 날 출, 바랄 망, 밖 외). 바라지도[望] 않았던[外] 기쁜[喜] 일이 생김[出].

희칭 戱稱 (희롱할 희, 일컬을 칭). 장난삼아[戱] 일컫는[稱] 이름.

희토-류 稀土類 (드물 희, 흙 토, 무리 류). ① 속뜻 매우 드문[稀] 토양(土壤) 종류(種類)의 물질. ② 화학 '희토류 원소'의 준말.

▸희토류 원소 稀土類元素 (으뜸 원, 바탕 소). 화학 원자 번호 57에서 71까지 15개 원소에 스칸듐과 이트륨을 더한 17개의 희토류(稀土類) 원소(元素)를 일컬음. 화학적 성질이 비슷하여 보통의 화학 분석 조작으로는 분리하기 어렵고, 천연으로 서로 섞이어 산출되며 양이 아주 적다.

▸희토류 자:석 稀土類磁石 (자기 자, 돌 석). 광업 희토류 원소(稀土類元素)로 만든 자석(磁石).

희필 戱筆 (희롱할 희, 붓 필). ① 속뜻 장난스럽게[戱] 놀린 붓[筆]. ② 자기의 '그림이나 글씨'를 겸손하게 이르는 말. ⓑ희묵(戱墨).

희학 戱謔 (희롱할 희, 희롱할 학). 말로 장난침[戱=謔].

희한 稀罕 (드물 희, 드물 한). 매우 드물다[稀=罕]. ¶처음 본 희한한 물건.

희행 喜幸 (기쁠 희, 다행 행). 기쁘고[喜] 다행(多幸)스러움.

희화 戱畵 (희롱할 희, 그림 화). ① 속뜻 장난삼아[戱] 그린 그림[畵]. ② 익살맞게 그린 그림. ③ '익살맞고 우스꽝스러운 모양'을 비유하여 이르는 말.

희-황산 稀黃酸 (묽을 희, 누를 황, 산소 산). 화학 묽게 희석(稀釋)한 황산(黃酸).

희희-낙락 喜喜樂樂 (기쁠 희, 기쁠 희, 즐길 락, 즐길 락). 매우 기뻐하고[喜喜] 즐거워함[樂樂].

힐난 詰難 (따질 힐, 꾸짖을 난). 트집을 잡아 따지고[詰] 근거 없이 비난(非難)함. ¶그러한 힐난을 도저히 참을 수 없었다.

힐문 詰問 (따질 힐, 물을 문). 트집을 잡아 따져[詰] 물음[問]. ¶그것은 거의 힐문에 가까운 물음이었다.

힐책 詰責 (따질 힐, 꾸짖을 책). 잘못된 점을 따져[詰] 꾸짖음[責]. ¶힐책을 받다 / 그것은 견딜 수 없는 힐책이었다.

1. 고품격 사자성어 424

2. 속뜻사전 상세 설명

3. LBH교수학습법 개발

고품격 사자성어 424

- 이 자료는 한국어문교육연구회가 선정한 사자성어(총 424개)를 8급부터 2급까지 급수별로 정리한 고품격 어휘이다.
- 각 성어에 대하여 ①일련번호, ②4자성어의 독음과 한자, ③각 글자별 급수, ④속뜻 훈음, ⑤속뜻풀이, ⑥의미 풀이 등 6개 항목으로 나누어 설명해 놓았다.
- 각 글자의 해당 급수는 숫자로 표시되어 있다. 6급은 60으로, 6급Ⅱ는 62로 표시하였다(다른 급수도 동일 방식).
- 각각의 성어에 대하여 속뜻 훈음 및 속뜻풀이를 중심으로 큰 소리로 읽어 보면서 익히면 기억이 잘 된다. 특히 무슨 뜻인지를 아는 것에 그치지 말고, 왜 그런 뜻이 되는지 그 이유(속뜻)를 알아보면 재미가 생김은 물론이고 창의성 계발에 필요한 사고력 증진에도 도움이 된다.
- 어떤 성어가 이에 포함되어 있는지를 알아보기 편하도록 말미에 가나다순 색인을 실어 놓았으며, 일련번호를 통하여 쉽게 찾아볼 수 있도록 하였다.

8급 사자성어

001 [십중팔구] 十$_{80}$中$_{80}$八$_{80}$九$_{80}$ | 열 십, 가운데 중, 여덟 팔, 아홉 구
❶속뜻 열[十] 가운데[中] 여덟[八]이나 아홉[九] 정도. ❷거의 대부분 또는 거의 틀림없음. ⓗ十常八九(십상팔구).

7급 사자성어

002 [동문서답] 東$_{80}$問$_{70}$西$_{80}$答$_{70}$ | 동녘 동, 물을 문, 서녘 서, 답할 답
❶속뜻 동(東)쪽이 어디냐고 묻는데[問] 서(西)쪽을 가리키며 대답(對答)함. ❷묻는 말에 대하여 아주 엉뚱하게 대답함.

003 [안심입명] 安$_{72}$心$_{70}$立$_{72}$命$_{70}$ | 편안할 안, 마음 심, 설 립, 목숨 명
❶속뜻 마음[心]을 편안(便安)하게 하고 운명(運命)에 대한 믿음을 바로 세움[立]. ❷불교 자신의 불성(佛性)을 깨닫고 삶과 죽음을 초월함으로써 마음의 편안함을 얻음.

004 [일일삼추] 一$_{80}$日$_{80}$三$_{80}$秋$_{70}$ | 한 일, 날 일, 석 삼, 가을 추
❶속뜻 하루[一日]가 세[三] 번 가을[秋]을 맞이하는 것, 즉 3년 같음. ❷매우 지루하거나 몹시 애태우며 기다림.

6급 II 사자성어

005 [요산요수] 樂$_{62}$山$_{80}$樂$_{62}$水$_{80}$ | 좋아할 요, 메 산, 좋아할 요, 물 수
❶속뜻 산(山)을 좋아하고[樂] 물[水]을 좋아함[樂]. ❷산이나 강같은 자연을 즐기고 좋아함.

006 [백년대계] 百$_{70}$年$_{80}$大$_{80}$計$_{62}$ | 일백 백, 해 년, 큰 대, 꾀 계
❶속뜻 백년(百年)를 내다보는 큰[大] 계획(計劃). ❷먼 장래에 대한 장기 계획.

007 [백면서생] 白$_{80}$面$_{70}$書$_{62}$生$_{80}$ | 흰 백, 낯 면, 글 서, 사람 생
❶속뜻 (밖에 나가지 않아서) 하얀[白] 얼굴[面]로 글[書]만 읽는 사람[生]. ❷세상일에 경험이 없는 사람.

008 [작심삼일] 作$_{62}$心$_{70}$三$_{80}$日$_{80}$ | 지을 작, 마음 심, 석 삼, 날 일
❶속뜻 마음[心]으로 지은[作] 것이 삼일(三日) 밖에 못 감. ❷결심이 오래가지 못함.

6급 사자성어

009 [구사일생] 九$_{80}$死$_{60}$一$_{80}$生$_{80}$ | 아홉 구, 죽을 사, 한 일, 날 생
❶속뜻 아홉[九] 번 죽을[死] 고비를 넘기고 다시 한[一] 번 살아남[生]. ❷죽을 고비를 여러 차례 넘기고 겨우 살아남.

010 [동고동락] 同$_{70}$苦$_{60}$同$_{70}$樂$_{62}$ | 함께 동, 쓸 고, 함께 동, 즐길 락
❶속뜻 괴로움[苦]을 함께[同]하고 즐거움[樂]도 함께[同] 함. ❷괴로움도 즐거움도 함께 함.

011 [문전성시] 門$_{80}$前$_{72}$成$_{62}$市$_{72}$ | 문 문, 앞 전, 이룰 성, 시장 시
❶속뜻 문(門) 앞[前]에 시장(市場)을 이룸[成]. ❷집으로 찾아오는 사람이 많음.
故事 옛날 중국에 한 어린 황제가 등극했다. 그는 사치와 향락에 빠져 나랏일을 돌보지 않았다. 한 충신이 거듭 간언하다가 황제의 미움을 사고 말았다. 그 무렵 충신을 미워하던 간신 하나가 황제에게 '그의 집 문 앞에 시장이 생길 정도로 사람들이 많이 드나든다.'라는 말을 하여 그를 모함했다. 결국 그 충신은 옥에 갇히고 말았다.

012 [백전백승] 百$_{70}$戰$_{62}$百$_{70}$勝$_{60}$ | 일백 백, 싸울 전, 일백 백, 이길 승
❶속뜻 백(百) 번 싸워[戰] 백(百) 번 모두 이김[勝]. ❷싸울 때마다 번번이 다 이김.

013 [불원천리] 不$_{72}$遠$_{60}$千$_{70}$里$_{70}$ | 아니 불, 멀 원, 일천 천, 거리 리
❶속뜻 천리(千里) 길도 멀다고[遠] 여기지 아니함[不]. ❷먼 길을 기꺼이 달려감.

014 [인명재천] 人$_{80}$命$_{70}$在$_{60}$天$_{70}$ | 사람 인, 목숨 명, 있을 재, 하늘 천
❶속뜻 사람[人]의 목숨[命]은 하늘[天]에 달려 있음[在]. ❷사람이 오래 살거나 일찍 죽는 것은 다 하늘의 뜻이라는 말.

015 [전광석화] 電$_{72}$光$_{62}$石$_{60}$火$_{80}$ | 번개 전, 빛 광, 돌 석, 불 화
❶속뜻 번갯불[電光]이나 부싯돌[石]의 불[火]이 반짝이는 것처럼 몹시 짧은 시간. ❷'매우 재빠른 동작'을 비유하여 이르는 말.

016 [팔방미인] 八$_{80}$方$_{72}$美$_{60}$人$_{80}$ | 여덟 팔, 모 방, 아름다울 미, 사람 인

❶[속뜻]모든 면[八方]에서 아름다운[美] 사람[人]. ❷여러 방면에 능통한 사람. ❸누구에게나 잘 보이도록 처세를 잘 하는 사람. ❹'깊이는 없이 여러 방면에 조금씩 손대는 사람'을 조롱하여 이르는 말.

017 [화조월석] 花$_{70}$朝$_{60}$月$_{80}$夕$_{70}$ | 꽃 화, 아침 조, 달 월, 저녁 석
❶[속뜻]꽃[花]이 핀 아침[朝]과 달[月] 뜨는 저녁[夕]. ❷'경치가 좋은 시절'을 이르는 말. [비]朝花月夕(조화월석).

5급 II 사자성어

018 [견물생심] 見$_{52}$物$_{72}$生$_{80}$心$_{70}$ | 볼 견, 만물 물, 날 생, 마음 심
❶[속뜻]물건(物件)을 보면[見] 그것을 가지고 싶은 욕심(慾心)이 생김[生]. ❷어떠한 실물을 보게 되면 그것을 가지고 싶은 욕심이 생김.

019 [경천애인] 敬$_{52}$天$_{70}$愛$_{60}$人$_{80}$ | 공경할 경, 하늘 천, 사랑 애, 사람 인
❶[속뜻]하늘[天]을 공경(恭敬)하고 사람[人]을 사랑함[愛]. ❷하늘이 내린 운명을 달게 받고 남들을 사랑하며 사이좋게 지냄.

020 [다재다능] 多$_{60}$才$_{62}$多$_{60}$能$_{52}$ | 많을 다, 재주 재, 많을 다, 능할 능
❶[속뜻]많은[多] 재주[才]와 많은[多] 능력(能力) ❷재능이 많음.

021 [양약고구] 良$_{52}$藥$_{62}$苦$_{60}$口$_{70}$ | 좋을 량, 약 약, 쓸 고, 입 구
❶[속뜻]좋은[良] 약(藥)은 입[口]에 씀[苦]. ❷먹기는 힘들지만, 몸에는 좋음.

022 [만고불변] 萬$_{80}$古$_{60}$不$_{72}$變$_{52}$ | 일만 만, 옛 고, 아니 불, 변할 변
❶[속뜻]오랜 세월[萬古]이 지나도 변(變)하지 않음[不]. ❷영원히 변하지 아니함. '진리'를 형용하는 말로 많이 쓰인다. [비]萬代不變(만대불변), 萬世不變(만세불변).

023 [무불통지] 無$_{50}$不$_{72}$通$_{60}$知$_{52}$ | 없을 무, 아닐 불, 통할 통, 알 지
❶[속뜻]무엇이든지 다 통(通)하여 알지[知] 못하는[不] 것이 없음[無]. ❷무슨 일이든지 환히 잘 앎. [비]無不通達(무불통달).

024 [문일지십] 聞$_{62}$一$_{80}$知$_{52}$十$_{80}$ | 들을 문, 한 일, 알 지, 열 십
❶[속뜻]한[一] 가지를 들으면[聞] 열[十] 가지를 미루어 앎[知]. ❷사고력과 추리력이 매우 빼어남. 또는 매우 총명한 사람.

025 [북창삼우] 北$_{80}$窓$_{62}$三$_{80}$友$_{52}$ | 북녘 북, 창문 창, 석 삼, 벗 우
❶[속뜻]서재의 북(北)쪽 창(窓)에 있는 세[三] 벗[友]. ❷'거문고, 술, 시(詩)'를 일컬음.

026 [안분지족] 安$_{72}$分$_{62}$知$_{52}$足$_{72}$ | 편안할 안, 나눌 분, 알 지, 넉넉할 족
❶[속뜻]자기 분수(分數)를 편안(便安)하게 여기며 만족(滿足)할 줄 앎[知]. ❷자기 분수에 맞게 살며 만족스럽게 잘 삶.

027 [어불성설] 語$_{70}$不$_{72}$成$_{62}$說$_{52}$ | 말씀 어, 아니 불, 이룰 성, 말씀 설
❶[속뜻]말[語]이 되지[成] 못하는[不] 말[說]. ❷말이 조금도 사리(事理)에 맞지 않음.

028 [우순풍조] 雨$_{52}$順$_{52}$風$_{62}$調$_{52}$ | 비 우, 따를 순, 바람 풍, 고를 조
❶[속뜻]비[雨]와 바람[風]이 순조(順調)로움. ❷농사에 알맞게 기후가 순조로움. [비]風調雨順(풍조우순).

029 [유명무실] 有$_{70}$名$_{70}$無$_{50}$實$_{52}$ | 있을 유, 이름 명, 없을 무, 실제 실
❶[속뜻]이름[名]만 있고[有] 실속[實]이 없음[無]. ❷겉은 그럴듯하지만 실속은 없음. [비]虛名無實(허명무실).

030 [이심전심] 以$_{52}$心$_{70}$傳$_{52}$心$_{70}$ | 부터 이, 마음 심, 전할 전, 마음 심
❶[속뜻]마음[心]으로부터[以] 마음[心]을 전(傳)함. ❷서로 마음이 잘 통함. [비]心心

相印(심심상인).

031 [주객일체] 主$_{70}$客$_{52}$一$_{80}$體$_{62}$ | 주인 주, 손 객, 한 일, 몸 체
❶속뜻 주인(主人)과 손님[客]이 서로 한[一] 덩어리[體]가 됨. ❷주체와 객체가 하나가 됨. 서로 손발이 잘 맞음.

5급 사자성어

032 [격물치지] 格$_{52}$物$_{72}$致$_{50}$知$_{52}$ | 바로잡을 격, 만물 물, 이를 치, 알 지
❶속뜻 사물(事物)의 이치를 바로잡아[格] 높은 지식(知識)에 이름[致]. ❷주자학에서 '사물의 본질이나 이치를 끝까지 연구하여 후천적인 지식을 닦음'을 이르고, 양명학에서 '자기 생각의 잘못을 바로잡고 선천적인 양지를 닦음'을 이름.

033 [교학상장] 教$_{80}$學$_{80}$相$_{50}$長$_{80}$ | 가르칠 교, 배울 학, 서로 상, 자랄 장
❶속뜻 가르치고[教] 배우는[學] 일이 서로[相] 자라게[長] 함. ❷가르치고 배우는 것이 서로 도움이 됨. ❸가르치면서 배우고, 배우면서 가르친다.

034 [금시초문] 今$_{60}$始$_{72}$初$_{50}$聞$_{62}$ | 이제 금, 비로소 시, 처음 초, 들을 문
❶속뜻 바로 지금[今] 비로소[始] 처음[初] 들음[聞]. ❷처음 들음.

035 [낙목한천] 落$_{50}$木$_{80}$寒$_{50}$天$_{70}$ | 떨어질 락, 나무 목, 찰 한, 하늘 천
❶속뜻 나무[木]의 잎이 다 떨어진[落] 뒤의 추운[寒] 날씨[天]. ❷나뭇잎이 다 떨어지고 난 겨울의 춥고 쓸쓸한 풍경. 또는 그런 계절.

036 [낙화유수] 落$_{50}$花$_{70}$流$_{52}$水$_{80}$ | 떨어질 락, 꽃 화, 흐를 류, 물 수
❶속뜻 떨어지는[落] 꽃[花]과 흐르는[流] 물[水]. ❷가는 봄의 경치. ❸'살림이나 세력이 약해져 아주 보잘것없이 됨'을 비유하여 이르는 말.

037 [능소능대] 能$_{52}$小$_{80}$能$_{52}$大$_{80}$ | 능할 능, 작을 소, 능할 능, 큰 대
❶속뜻 작은[小] 일에도 능(能)하고 큰[大] 일에도 능(能)함. ❷작아질 수도 있고 커질 수도 있음. ❸모든 일에 두루 능함.

038 [마이동풍] 馬$_{50}$耳$_{50}$東$_{80}$風$_{62}$ | 말 마, 귀 이, 동녘 동, 바람 풍
❶속뜻 말[馬]의 귀[耳]에 동풍(東風)이 불어도 아랑곳하지 아니함. ❷남의 말을 귀담아듣지 아니하고 지나쳐 흘려버림. ㊥牛耳讀經(우이독경).

039 [백년하청] 百$_{70}$年$_{80}$河$_{50}$清$_{62}$ | 일백 백, 해 년, 물 하, 맑을 청
❶속뜻 백년(百年)을 기다린들 황하(黃河) 물이 맑아질까[清]. ❷'아무리 바라고 기다려도 실현될 가망이 없음'을 비유하여 이르는 말.

040 [불문가지] 不$_{72}$問$_{70}$可$_{50}$知$_{52}$ | 아니 불, 물을 문, 가히 가, 알 지
❶속뜻 묻지[問] 않아도[不] 가(可)히 알[知] 수 있음. ❷스스로 잘 알 수 있음.

041 [불문곡직] 不$_{72}$問$_{70}$曲$_{50}$直$_{52}$ | 아니 불, 물을 문, 굽을 곡, 곧을 직
❶속뜻 그름[曲]과 옳음[直]을 묻지[問] 아니함[不]. ❷옳고 그름을 따지지 아니함.

042 [유구무언] 有$_{70}$口$_{70}$無$_{50}$言$_{60}$ | 있을 유, 입 구, 없을 무, 말씀 언
❶속뜻 입[口]은 있으나[有] 할 말[言]이 없음[無]. ❷변명이나 항변할 말이 없음.

043 [전무후무] 前$_{72}$無$_{50}$後$_{72}$無$_{50}$ | 앞 전, 없을 무, 뒤 후, 없을 무
❶속뜻 이전(以前)에도 없었고[無] 이후(以後)에도 없음[無]. ❷지금까지 없었고 앞으로도 있을 수 없음. ㊥空前絶後(공전절후).

044 [조변석개] 朝$_{60}$變$_{52}$夕$_{70}$改$_{50}$ | 아침 조, 변할 변, 저녁 석, 고칠 개
❶속뜻 아침[朝]에 변(變)한 것을 저녁[夕]에 다시 고침[改]. ❷계획이나 결정 따위를 일관성이 없이 자주 고침. ㊥朝改暮變(조개모변), 朝變暮改(조변모개), 朝夕變改(조석변개).

045 [추풍낙엽] 秋$_{70}$風$_{62}$落$_{50}$葉$_{50}$ | 가을 추, 바람 풍, 떨어질 락, 잎 엽

❶속뜻 가을[秋]바람[風]에 떨어지는[落] 잎[葉]. ❷'세력이나 형세가 갑자기 기울거나 시듦'을 비유하여 이르는 말.

4급 II 사자성어

046 [각자무치] 角$_{60}$者$_{60}$無$_{50}$齒$_{42}$ | 뿔 각, 사람 자, 없을 무, 이 치
❶속뜻 뿔[角]이 강한 짐승[者]은 이빨[齒]이 약함[無]. ❷한 사람이 모든 재주나 복을 다 가질 수는 없음. ❸누구나 장점과 단점이 있게 마련임.

047 [강호연파] 江$_{72}$湖$_{50}$煙$_{42}$波$_{42}$ | 강 강, 호수 호, 연기 연, 물결 파
❶속뜻 강(江)이나 호수(湖水) 위에 연기(煙氣)처럼 뽀얗게 이는 잔물결[波]. ❷대자연의 아름다운 풍경.

048 [견리사의] 見$_{52}$利$_{62}$思$_{50}$義$_{42}$ | 볼 견, 이로울 리, 생각할 사, 옳을 의
❶속뜻 눈앞의 이익(利益)을 보면[見] 의리(義理)를 먼저 생각함[思]. ❷의리를 중요하게 여김. ㊥見危授命(견위수명). ㊥見利忘義(견리망의).

049 [결초보은] 結$_{52}$草$_{70}$報$_{42}$恩$_{42}$ | 맺을 결, 풀 초, 갚을 보, 은혜 은
❶속뜻 풀[草]를 묶어[結] 은혜(恩惠)에 보답함[報]. ❷죽어 혼령이 되어서라도 은혜를 잊지 않고 갚음. ㊥刻骨難忘(각골난망), 白骨難忘(백골난망).

故事 중국 춘추시대에 진(晋)나라 위무자(魏武子)의 아들 과(顆)의 이야기다. 그는 아버지가 세상을 떠나자 젊은 서모를 살려주어 다시 시집을 갈 수 있도록 하였다. 훗날 위과(魏顆)가 장수가 되어 전쟁에 나갔다. 그는 자신을 쫓던 적장이 탄 말이 어느 무덤의 풀에 걸려 넘어지는 바람에 적장을 사로잡아 큰 공을 세우게 되었다. 그날 밤 꿈에 서모 아버지의 혼령이 나타나 말하였다, 옛날의 은혜를 갚고자 풀을 엮어 놓았다고.(출처『左傳』)

050 [경세제민] 經$_{42}$世$_{72}$濟$_{42}$民$_{80}$ | 다스릴 경, 세상 세, 건질 제, 백성 민
❶속뜻 세상(世上)을 다스리고[經] 백성[民]을 구제(救濟)함. ❷백성의 살림을 잘 보살펴 줌. ㊇經濟.

051 [공전절후] 空$_{72}$前$_{72}$絶$_{42}$後$_{72}$ | 빌 공, 앞 전, 끊을 절, 뒤 후
❶속뜻 이전(以前)에 없었고[空], 이후(以後)에도 없을 것임[絶]. ❷지금까지 없었고 앞으로 있을 수도 없음. ㊥前無後無(전무후무).

052 [구우일모] 九$_{80}$牛$_{50}$一$_{80}$毛$_{42}$ | 아홉 구, 소 우, 한 일, 털 모
❶속뜻 여러 마리 소[九牛]의 털 중에서 한[一] 가닥의 털[毛]. ❷대단히 많은 것 가운데 없어져도 아무 표시가 나지 않는 극히 적은 부분.

053 [권모술수] 權$_{32}$謀$_{32}$術$_{62}$數$_{70}$ | 권세 권, 꾀할 모, 꾀 술, 셀 수
❶속뜻 권세(權勢)를 꾀하기[謀] 위한 꾀[術]나 셈[數] ❷목적 달성을 위하여 수단과 방법을 가리지 아니하는 온갖 모략이나 술책.

054 [권불십년] 權$_{42}$不$_{72}$十$_{80}$年$_{80}$ | 권세 권, 아닐 불, 열 십, 해 년
❶속뜻 권세(權勢)는 십 년(十年)을 가지 못함[不]. ❷아무리 높은 권세라도 오래가지 못함. ㊥花無十日紅(화무십일홍), 勢不十年(세불십년).

055 [극악무도] 極$_{42}$惡$_{52}$無$_{50}$道$_{72}$ | 다할 극, 악할 악, 없을 무, 길 도
❶속뜻 더없이[極] 악(惡)하고 인간의 도리(道理)를 지키는 일이 없음[無]. ❷대단히 악하게 굴고 함부로 막 함.

056 [기사회생] 起$_{42}$死$_{60}$回$_{42}$生$_{80}$ | 일어날 기, 죽을 사, 돌아올 회, 살 생
❶속뜻 죽을[死] 뻔 하다가 일어나[起] 다시[回] 살아남[生]. ❷죽다가 살아남.

057 [난형난제] 難$_{42}$兄$_{80}$難$_{42}$弟$_{80}$ | 어려울 난, 맏 형, 어려울 난, 아우 제
❶속뜻 형(兄)이 낫다고 하기도 어렵고[難], 아우[弟]가 낫다고 하기도 어려움[難].

❷'누가 더 낫다고 할 수 없을 정도로 둘이 서로 비슷함'을 비유하여 이르는 말. ㊐ 莫上莫下(막상막하), 伯仲之間(백중지간).

058 [노발대발] 怒$_{42}$發$_{62}$大$_{80}$發$_{62}$ | 성낼 노, 일으킬 발, 큰 대, 일으킬 발
❶속뜻 성[怒]내기를[發] 크게[大] 함[發]. ❷크게 성을 냄.

059 [논공행상] 論$_{42}$功$_{62}$行$_{60}$賞$_{50}$ | 논할 론, 공로 공, 행할 행, 상줄 상
❶속뜻 공(功)을 잘 따져 보아[論] 알맞은 상(賞) 내림[行]. ❷공로에 따라 상을 줌.

060 [다다익선] 多$_{60}$多$_{60}$益$_{42}$善$_{50}$ | 많을 다, 많을 다, 더할 익, 좋을 선
❶속뜻 많으면[多] 많을수록[多] 더욱[益] 좋음[善]. ❷양적으로 많을수록 좋음.

061 [독불장군] 獨$_{52}$不$_{72}$將$_{42}$軍$_{80}$ | 홀로 독, 아닐 불, 장수 장, 군사 군
❶속뜻 혼자서는[獨] 장군(將軍)이 되지 못함[不]. ❷남과 의논하고 협조해야 함. ❸무슨 일이든 자기 혼자서 처리하는 사람'을 비유하여 이르는 말.

062 [등하불명] 燈$_{42}$下$_{72}$不$_{72}$明$_{62}$ | 등불 등, 아래 하, 아닐 불, 밝을 명
❶속뜻 등잔(燈盞) 밑은[下] 밝지[明] 아니함[不]. ❷가까이 있는 것이 도리어 알기 어려움.

063 [등화가친] 燈$_{42}$火$_{80}$可$_{50}$親$_{60}$ | 등불 등, 불 화, 가히 가, 친할 친
❶속뜻 등잔(燈盞)의 불[火]과 가히[可] 친(親)하게 할 만함. ❷가을밤이면 날씨가 서늘하여 등불을 밝혀 글 읽기에 알맞음. '가을'을 형용하는 말로 많이 쓰인다.

064 [무소불위] 無$_{50}$所$_{70}$不$_{72}$爲$_{42}$ | 없을 무, 것 소, 아닐 불, 할 위
❶속뜻 못[不] 할[爲] 것[所]이 아무 것도 없음[無]. ❷하지 못하는 일이 없음. ㊐ 無所不能(무소불능).

065 [박학다식] 博$_{42}$學$_{80}$多$_{60}$識$_{52}$ | 넓을 박, 배울 학, 많을 다, 알 식
❶속뜻 널리[博] 배우고[學] 많이[多] 앎[識]. ❷학문이 넓고 아는 것이 많음.

066 [백전노장] 百$_{70}$戰$_{62}$老$_{70}$將$_{42}$ | 일백 백, 싸울 전, 늙을 로, 장수 장
❶속뜻 수없이 많은[百] 싸움[戰]을 치른 노련(老鍊)한 장수(將帥). ❷세상일을 많이 겪어서 여러 가지로 능란한 사람. ㊐ 百戰老卒(백전노졸).

067 [백중지세] 伯$_{32}$仲$_{32}$之$_{32}$勢$_{42}$ | 맏 백, 버금 중, 어조사 지, 기세 세
❶속뜻 첫째[伯]와 둘째[仲]를 가리기 어려운 형세(形勢). ❷서로 실력이 비슷하여 우열을 가리기 힘든 형세. ㊟ 伯仲勢.

068 [부귀재천] 富$_{42}$貴$_{50}$在$_{60}$天$_{70}$ | 넉넉할 부, 귀할 귀, 있을 재, 하늘 천
❶속뜻 부유(富裕)함과 귀(貴)함은 하늘[天]의 뜻에 달려 있음[在]. ❷사람의 힘으로는 부귀를 어찌할 수 없음.

069 [부부유별] 夫$_{70}$婦$_{42}$有$_{70}$別$_{60}$ | 남편 부, 아내 부, 있을 유, 나눌 별
❶속뜻 남편[夫]과 아내[婦]는 맡은 일의 구별(區別)이 있음[有]. ❷남편과 아내는 각기 해야 할 일이 다름.

070 [비일비재] 非$_{42}$一$_{80}$非$_{42}$再$_{50}$ | 아닐 비, 한 일, 아닐 비, 두 재
❶속뜻 같은 현상이나 일이 한[一]두[再] 번이나 한둘이 아니고[非] 많음. ❷매우 많이 있거나 흔함.

071 [빈자일등] 貧$_{42}$者$_{60}$一$_{80}$燈$_{42}$ | 가난할 빈, 사람 자, 한 일, 등불 등
❶속뜻 가난한[貧] 사람[者]이 부처에게 바치는 등(燈) 하나[一]. ❷부자의 등 만 개보다도 더 공덕(功德)이 있음. ❸'참마음의 소중함'을 비유하여 이르는 말.

072 [사생결단] 死$_{60}$生$_{80}$決$_{52}$斷$_{42}$ | 죽을 사, 살 생, 결정할 결, 끊을 단
❶속뜻 죽느냐[死] 사느냐[生]를 결단(決斷)내려고 함. ❷죽음을 무릅쓰고 끝장을 내려고 대듦.

073 [생불여사] 生$_{80}$不$_{72}$如$_{42}$死$_{60}$ | 날 생, 아닐 불, 같을 여, 죽을 사
❶속뜻 삶[生]이 죽음[死]만 같지[如] 못함[不]. ❷몹시 곤란한 지경에 빠짐.

074 [설왕설래] 說$_{52}$往$_{42}$說$_{52}$來$_{70}$ | 말씀 설, 갈 왕, 말씀 설, 올 래
❶속뜻 말[說]을 주거니[往] 말[說]을 받거니[來] 함. ❷옳고 그름을 따지느라 옥신각신함. (비) 言去言來(언거언래), 言往說來(언왕설래).

075 [시시비비] 是$_{42}$是$_{42}$非$_{42}$非$_{42}$ | 옳을 시, 옳을 시, 아닐 비, 아닐 비
❶속뜻 옳은[是] 것은 옳다고[是] 하고 그른[非] 것은 그르다고[非] 하는 일. ❷옳고 그름을 따지며 다툼. ❸서로의 잘잘못.

076 [시종여일] 始$_{62}$終$_{50}$如$_{42}$一$_{80}$ | 처음 시, 끝 종, 같을 여, 한 일
❶속뜻 처음부터[始] 끝까지[終] 한결[一]같음[如]. ❷처음부터 끝까지 변함이 없음.

077 [신상필벌] 信$_{62}$賞$_{50}$必$_{52}$罰$_{42}$ | 믿을 신, 상줄 상, 반드시 필, 벌줄 벌
❶속뜻 공이 있는 자에게는 믿을만하게[信] 상(賞)을 주고, 죄가 있는 사람에게는 반드시[必] 벌(罰)을 줌. ❷상과 벌을 공정하고 엄중하게 하는 일을 이르는 말.

078 [실사구시] 實$_{52}$事$_{72}$求$_{42}$是$_{42}$ | 열매 실, 일 사, 구할 구, 옳을 시
❶속뜻 실제(實際)의 일[事]에서 올바름[是]을 찾아냄[求]. ❷사실에 토대를 두어 진리를 탐구하는 일. ❸정확한 고증을 바탕으로 하는 과학적 · 객관적인 학문 태도.

079 [안빈낙도] 安$_{72}$貧$_{42}$樂$_{62}$道$_{72}$ | 편안할 안, 가난할 빈, 즐길 락, 길 도
❶속뜻 가난함[貧]을 편안(便安)하게 여기며 사람의 도리(道理)를 즐겨[樂] 지킴. ❷가난함에도 불구하고 사람의 도리를 잘 함.

080 [안하무인] 眼$_{42}$下$_{72}$無$_{50}$人$_{80}$ | 눈 안, 아래 하, 없을 무, 사람 인
❶속뜻 눈[眼] 아래[下]에 다른 사람[人]이 없는[無] 것으로 여김. ❷다른 사람을 업신여김.

081 [약육강식] 弱$_{62}$肉$_{42}$強$_{60}$食$_{72}$ | 약할 약, 고기 육, 굳셀 강, 먹을 식
❶속뜻 약(弱)한 자의 살[肉]은 강(强)한 자의 먹이[食]가 됨. ❷강한 자가 약한 자를 희생시켜서 번영함. ❸약한 자가 강한 자에 의하여 멸망됨.

082 [어동육서] 魚$_{50}$東$_{80}$肉$_{42}$西$_{80}$ | 물고기 어, 동녘 동, 고기 육, 서녘 서
❶속뜻 생선[魚] 반찬은 동쪽[東]에 놓고 고기[肉] 반찬은 서쪽[西]에 놓음. ❷제사상을 차릴 때, 반찬을 진설하는 위치를 일컬음.

083 [언어도단] 言$_{60}$語$_{70}$道$_{72}$斷$_{42}$ | 말씀 언, 말씀 어, 길 도, 끊을 단
❶속뜻 말[言語]할 길[道]이 끊어짐[斷]. ❷어이가 없어서 말하려 해도 말할 수 없음.

084 [여출일구] 如$_{42}$出$_{70}$一$_{80}$口$_{70}$ | 같을 여, 날 출, 한 일, 입 구
❶속뜻 한[一] 입[口]에서 나온[出] 것 같음[如]. ❷여러 사람의 하는 말이 한 사람의 말처럼 꼭 같음. (비) 異口同聲(이구동성).

085 [연전연승] 連$_{42}$戰$_{62}$連$_{42}$勝$_{60}$ | 이을 련, 싸움 전, 이을 련, 이길 승
❶속뜻 연(連)이은 싸움[戰]에 연(連)이어 이김[勝]. ❷싸울 때마다 계속하여 이김. (비) 連戰連捷(연전연첩).

086 [온고지신] 溫$_{60}$故$_{42}$知$_{52}$新$_{62}$ | 익힐 온, 옛 고, 알 지, 새 신
❶속뜻 옛것[故]을 익히고[溫] 새것[新]을 앎[知]. ❷옛것을 앎으로써 새것을 앎.

087 [우왕좌왕] 右$_{72}$往$_{42}$左$_{72}$往$_{42}$ | 오른 우, 갈 왕, 왼 좌, 갈 왕
❶속뜻 오른쪽[右]으로 갔다[往]가 다시 왼쪽[左]으로 갔다[往]함. ❷이리저리 왔다 갔다 하며 나아갈 바를 종잡지 못하는 모양.

088 [우이독경] 牛$_{50}$耳$_{50}$讀$_{62}$經$_{42}$ | 소 우, 귀 이, 읽을 독, 책 경

❶속뜻 쇠[牛]의 귀[耳]에 대고 책[經]을 읽어[讀]줌. ❷아무리 가르치고 일러주어도 알아듣지 못함. ㊗牛耳誦經(우이송경), 馬耳東風(마이동풍).

089 [유비무환] 有$_{70}$備$_{42}$無$_{50}$患$_{50}$ | 있을 유, 갖출 비, 없을 무, 근심 환
❶속뜻 준비(準備)가 돼 있으면[有] 근심할[患] 것이 없음[無]. ❷사전에 준비가 돼 있으면 걱정할 일이 생기지 아니함.

090 [이열치열] 以$_{52}$熱$_{50}$治$_{42}$熱$_{50}$ | 써 이, 더울 열, 다스릴 치, 더울 열
❶속뜻 열(熱)로써[以] 열(熱)을 다스림[治]. ❷'힘에는 힘으로', '강한 것에는 강한 것으로 상대함'을 비유하는 말.

091 [인과응보] 因$_{50}$果$_{62}$應$_{42}$報$_{42}$ | 까닭 인, 열매 과, 응할 응, 갚을 보
❶속뜻 원인(原因)에 대한 결과(結果)가 마땅히[應] 갚아짐[報]. ❷불교 과거 또는 전생에 지은 일에 대한 결과로, 뒷날의 길흉화복(吉凶禍福)이 주어짐.

092 [인사유명] 人$_{80}$死$_{60}$留$_{42}$名$_{72}$ | 사람 인, 죽을 사, 머무를 류, 이름 명
❶속뜻 사람[人]은 죽어도[死] 이름[名]은 남음[留]. ❷삶이 헛되지 않으면 그 명성은 길이 남음. ㊗豹死留皮(표사유피), 虎死留皮(호사유피).

093 [일거양득] 一$_{80}$擧$_{50}$兩$_{42}$得$_{42}$ | 한 일, 들 거, 두 량, 얻을 득
❶속뜻 한[一] 번 움직여서[擧] 두[兩] 가지를 얻음[得]. ❷한 번의 노력으로 두 가지 효과를 거둠. ㊗一石二鳥(일석이조).

094 [일맥상통] 一$_{80}$脈$_{42}$相$_{52}$通$_{60}$ | 한 일, 맥 맥, 서로 상, 통할 통
❶속뜻 한[一] 가지[脈]로 서로[相] 통(通)함. ❷어떤 상태, 성질 따위가 서로 통하거나 비슷해짐.

095 [일석이조] 一$_{80}$石$_{60}$二$_{80}$鳥$_{42}$ | 한 일, 돌 석, 두 이, 새 조
❶속뜻 하나[一]의 돌[石]로 두[二] 마리의 새[鳥]를 잡음. ❷한 번의 노력으로 여러 효과를 봄. ㊗一擧兩得(일거양득).

096 [일언반구] 一$_{80}$言$_{60}$半$_{62}$句$_{42}$ | 한 일, 말씀 언, 반 반, 글귀 구
❶속뜻 한[一] 마디 말[言]과 반(半) 구절(句節)의 글. ❷아주 짧은 글이나 말.

097 [일의대수] 一$_{80}$衣$_{60}$帶$_{42}$水$_{80}$ | 한 일, 옷 의, 띠 대, 물 수
❶속뜻 한[一] 줄기의 띠[衣帶]와 같은 강물[水]. ❷겨우 냇물 하나를 사이에 둔 가까운 이웃. ㊗指呼之間(지호지간).

098 [일취월장] 日$_{80}$就$_{40}$月$_{80}$將$_{42}$ | 날 일, 이룰 취, 달 월, 나아갈 장
❶속뜻 날[日]마다 뜻을 이루고[就] 달[月]마다 나아감[將]. ❷발전이 빠르고 성취가 많음. ㊗日將月就(일장월취).

099 [일파만파] 一$_{80}$波$_{42}$萬$_{80}$波$_{42}$ | 한 일, 물결 파, 일만 만, 물결 파
❶속뜻 하나[一]의 물결[波]이 많은[萬] 물결[波]을 일으킴. ❷한 사건으로 인하여 다른 사건이 잇달아 생기거나 번짐.

100 [자업자득] 自$_{72}$業$_{62}$自$_{72}$得$_{42}$ | 스스로 자, 일 업, 스스로 자, 얻을 득
❶속뜻 자기(自己)가 저지른 일의 업(業)을 자신(自身)이 받음[得]. ❷자기의 잘못에 대한 벌을 자신이 받음. ㊗自業自縛(자업자박).

101 [자초지종] 自$_{72}$初$_{50}$至$_{42}$終$_{40}$ |부터 자, 처음 초, 이를 지, 끝 종
❶속뜻 처음[初]부터[自] 끝[終]까지 이름[至]. ❷처음부터 끝까지 모든 과정. ㊗自頭至尾(자두지미).

102 [자강불식] 自$_{72}$強$_{60}$不$_{72}$息$_{42}$ | 스스로 자, 굳셀 강, 아니 불, 쉴 식
❶속뜻 스스로[自] 굳세게[強] 되기 위하여 쉬지[息] 않고[不] 노력함. ❷게으름을 피지 않고 스스로 열심히 노력함.

103 [조족지혈] 鳥$_{42}$足$_{72}$之$_{32}$血$_{42}$ | 새 조, 발 족, 어조사 지, 피 혈

❶속뜻 새[鳥] 발[足]의 피[血]. ❷'매우 적은 분량'을 비유하여 이르는 말.

104 [종두득두] 種$_{52}$豆$_{42}$得$_{42}$豆$_{42}$ | 심을 종, 콩 두, 얻을 득, 콩 두
❶속뜻 콩[豆]을 심으면[種] 콩[頭]을 얻음[得]. ❷원인이 같으면 결과도 같음.

105 [죽마고우] 竹$_{42}$馬$_{50}$故$_{42}$友$_{52}$ | 대 죽, 말 마, 옛 고, 벗 우
❶속뜻 대나무[竹]로 만든 말[馬]을 타고 함께 놀던 오랜[故] 친구[友]. ❷어릴 때부터 함께 놀며 자란 벗. (비) 竹馬之友(죽마지우).

106 [중구난방] 衆$_{42}$口$_{70}$難$_{42}$防$_{42}$ | 무리 중, 입 구, 어려울 난, 막을 방
❶속뜻 여러 사람[衆]의 입[口]은 막기[防] 어려움[難]. ❷많은 사람들이 떠들어대는 것은 막기 어려움.

107 [지성감천] 至$_{42}$誠$_{42}$感$_{60}$天$_{70}$ | 이를 지, 진심 성, 느낄 감, 하늘 천
❶속뜻 지극(至極)한 정성(精誠)이 있으면 하늘[天]도 감동(感動)함. ❷지극 정성으로 일을 하면 남들이 도와줌.

108 [진퇴양난] 進$_{42}$退$_{42}$兩$_{42}$難$_{42}$ | 나아갈 진, 물러날 퇴, 두 량, 어려울 난
❶속뜻 앞으로 나아가기[進]와 뒤로 물러나기[退], 둘[兩] 다 모두 어려움[難]. ❷어찌할 수 없는 곤란한 처지에 놓임. (비) 進退維谷(진퇴유곡).

109 [천인공노] 天$_{70}$人$_{80}$共$_{62}$怒$_{42}$ | 하늘 천, 사람 인, 함께 공, 성낼 노
❶속뜻 하늘[天]과 사람[人]이 함께[共] 성냄[怒]. ❷누구나 분노를 참을 수 없을 만큼 증오스러움. ❸도저히 용납될 수 없음. (비) 神人共怒(신인공노).

110 [촌철살인] 寸$_{80}$鐵$_{50}$殺$_{42}$人$_{80}$ | 마디 촌, 쇠 철, 죽일 살, 사람 인
❶속뜻 한 마디[寸]의 쇠[鐵]만으로 사람[人]을 죽임[殺]. ❷짧은 경구(警句)로 사람의 마음을 감동시킴.

111 [출장입상] 出$_{70}$將$_{42}$入$_{70}$相$_{52}$ | 날 출, 장수 장, 들 입, 재상 상
❶속뜻 전쟁에 나가서는[出] 장수(將帥)가 되고 조정에 들어와서는[入] 재상(宰相)이 됨. ❷문무(文武)를 겸비하여 장상(將相)의 벼슬을 모두 지냄.

112 [충언역이] 忠$_{42}$言$_{60}$逆$_{42}$耳$_{50}$ | 충성 충, 말씀 언, 거스를 역, 귀 이
❶속뜻 충성(忠誠)스러운 말[言]은 귀[耳]에 거슬림[逆]. ❷바르게 타이르는 말일수록 듣기 거북함. (비) 忠言逆於耳(충언역어이), 良藥苦於口(양약고어구).

113 [탁상공론] 卓$_{50}$上$_{72}$空$_{72}$論$_{42}$ | 탁자 탁, 위 상, 빌 공, 논할 론
❶속뜻 탁자(卓子) 위[上]에서만 펼치는 헛된[空] 이론(理論). ❷실현 가능성이 없는 이론이나 주장. (비) 机上空論(궤상공론).

114 [풍전등화] 風$_{62}$前$_{72}$燈$_{42}$火$_{80}$ | 바람 풍, 앞 전, 등불 등, 불 화
❶속뜻 바람[風] 앞[前]의 등불[燈火]. ❷'매우 위험한 처지에 놓여 있음'을 비유하여 이르는 말. ❸'사물이 덧없음'을 비유하여 이르는 말. (비) 風前燈燭(풍전등촉).

115 [호의호식] 好$_{42}$衣$_{60}$好$_{42}$食$_{72}$ | 좋을 호, 옷 의, 좋을 호, 밥 식
❶속뜻 좋은[好] 옷[衣]을 입고 좋은[好] 음식(飮食)을 먹음. ❷잘 입고 잘 먹음. 그런 생활. (반) 惡衣惡食(악의악식).

4급 사자성어

116 [각골통한] 刻$_{40}$骨$_{40}$痛$_{40}$恨$_{40}$ | 새길 각, 뼈 골, 아플 통, 한할 한
❶속뜻 뼈[骨]에 새겨지도록[刻] 아픈[痛] 원한(怨恨). ❷뼈에 사무치는 깊은 원한. (비) 刻骨之痛(각골지통).

117 [감불생심] 敢$_{40}$不$_{72}$生$_{80}$心$_{70}$ | 감히 감, 아닐 불, 날 생, 마음 심
❶속뜻 감히[敢] 마음[心]을 내지[生] 못함[不]. ❷감히 엄두도 내지 못함. (비) 焉敢生心(언감생심).

118 [감언이설] 甘$_{40}$言$_{60}$利$_{62}$說$_{52}$ | 달 감, 말씀 언, 이로울 리, 말씀 설
❶[속뜻]달콤한[甘] 말[言]과 이로운[利] 말[說]. ❷남의 비위를 맞추는 달콤한 말과 이로운 조건만 들어 그럴듯하게 꾸미는 말.

119 [거안사위] 居$_{40}$安$_{72}$思$_{50}$危$_{40}$ | 살 거, 편안할 안, 생각 사, 두려울 위
❶[속뜻]편안(便安)하게 살[居] 때 앞으로 닥칠 위험(危險)을 미리 생각함[思]. ❷미래의 일이나 위험을 미리 대비함.

120 [경천근민] 敬$_{52}$天$_{70}$勤$_{40}$民$_{80}$ | 공경할 경, 하늘 천, 부지런할 근, 백성 민
❶[속뜻]하늘[天]을 공경(恭敬)하고 백성[民]을 위한 일을 부지런히[勤] 힘씀. ❷하늘이 부여한 사명을 경건하게 받아들이고 백성을 위하여 부지런히 노력함.

121 [경천동지] 驚$_{40}$天$_{70}$動$_{72}$地$_{70}$ | 놀랄 경, 하늘 천, 움직일 동, 땅 지
❶[속뜻]하늘[天]이 놀라고[驚] 땅[地]이 움직임[動]. ❷세상이 몹시 놀라거나 기적 같은 일이 발생함을 이르는 말.

122 [계란유골] 鷄$_{40}$卵$_{40}$有$_{70}$骨$_{40}$ | 닭 계, 알 란, 있을 유, 뼈 골
❶[속뜻]청렴하기로 소문난 정승이 선물로 받은 달걀[鷄卵]에 뼈[骨]가 있었음[有]. ❷'운수가 나쁜 사람은 모처럼 좋은 기회를 만나도 역시 일이 잘 안됨'을 비유하여 이르는 말. [故事] 조선시대 청렴하기로 소문난 황희 정승은 평소에 여벌옷이 없어서 옷이 빨리 마르기를 기다릴 정도였다. 이를 잘 아는 세종대왕은 하루 날을 잡아 그날 사대문 안으로 들어오는 모든 물품을 황희 정승에게 보내라고 명했다. 그런데 그날따라 하필 비바람이 몰아쳐 사대문 안으로 들어오는 장사꾼이 아무도 없었다. 도성 문이 닫힐 무렵 어느 노인이 계란 한 꾸러미를 들고 들어왔다. 황희 정승이 그것을 받아보니 모두 곯아 있어서 먹을 수가 없었다.

123 [고립무원] 孤$_{40}$立$_{72}$無$_{50}$援$_{40}$ | 외로울 고, 설 립, 없을 무, 도울 원
❶[속뜻]고립(孤立)되어 도움[援]을 받을 데가 없음[無]. ❷홀로 외톨이가 됨.

124 [고진감래] 苦$_{60}$盡$_{40}$甘$_{40}$來$_{70}$ | 쓸 고, 다할 진, 달 감, 올 래
❶[속뜻]쓴[苦] 것이 다하면[盡] 단[甘] 것이 옴[來]. ❷고생 끝에 즐거운 일이 생김. [반]興盡悲來(흥진비래).

125 [골육상잔] 骨$_{40}$肉$_{42}$相$_{52}$殘$_{40}$ | 뼈 골, 고기 육, 서로 상, 해칠 잔
❶[속뜻]부자(父子)나 형제 등 혈연관계[骨肉]에 있는 사람끼리 서로[相] 해치며[殘] 싸우는 일. ❷같은 민족끼리 해치며 싸우는 일. [비]骨肉相爭(골육상쟁), 骨肉相戰(골육상전).

126 [구절양장] 九$_{80}$折$_{40}$羊$_{42}$腸$_{40}$ | 아홉 구, 꺾일 절, 양 양, 창자 장
❶[속뜻]아홉[九] 번 꼬부라진[折] 양(羊)의 창자[腸]. ❷'꼬불꼬불하며 험한 산길'을 비유하여 이르는 말.

127 [군신유의] 君$_{40}$臣$_{52}$有$_{70}$義$_{42}$ | 임금 군, 신하 신, 있을 유, 옳을 의
❶[속뜻]임금[君]과 신하(臣下) 간에는 의리(義理)가 있어야[有] 함. ❷임금과 신하 사이의 도리는 의리에 있음. 오륜(五倫)의 하나.

128 [근주자적] 近$_{60}$朱$_{40}$者$_{60}$赤$_{50}$ | 가까울 근, 붉을 주, 사람 자, 붉을 적
❶[속뜻]붉은[朱] 것을 가까이[近] 하는 사람[者]은 붉게[赤] 된다. ❷사람은 그가 늘 가까이하는 사람에 따라 영향을 받아 변하는 것이니 조심하라는 말.

129 [금과옥조] 金$_{80}$科$_{62}$玉$_{42}$條$_{40}$ | 쇠 금, 법 과, 구슬 옥, 조목 조
❶[속뜻]금(金)이나 옥(玉) 같은 법률의 조목[科]과 조항[條]. ❷소중히 여기고 꼭 지켜야 할 법률이나 규정. 또는 절대적인 것으로 여기어 지키는 규칙이나 교훈.

130 [기상천외] 奇$_{40}$想$_{42}$天$_{70}$外$_{80}$ | 이상할 기, 생각할 상, 하늘 천, 밖 외

❶속뜻 기이(奇異)한 생각[想]이 하늘[天] 밖[外]에 이름. ❷상상할 수 없을 만큼 생각이 기발하고 엉뚱함.

131 [낙락장송] 落$_{50}$落$_{50}$長$_{80}$松$_{40}$ | 떨어질 락, 떨어질 락, 길 장, 소나무 송
❶속뜻 가지가 축축 늘어질[落落] 정도로 키가 큰[長] 소나무[松]. ❷매우 크고 우뚝하게 잘 자란 소나무.

132 [난공불락] 難$_{42}$攻$_{40}$不$_{72}$落$_{50}$ | 어려울 난, 칠 공, 아닐 불, 떨어질 락
❶속뜻 공격(攻擊)하기가 어려워[難] 좀처럼 함락(陷落)되지 아니함[不]. ❷공격하여 무너뜨리기 어려울 만큼 수비가 철저함.

133 [난신적자] 亂$_{40}$臣$_{52}$賊$_{40}$子$_{72}$ | 어지러울 란, 신하 신, 해칠 적, 아들 자
❶속뜻 나라를 어지럽히는[亂] 신하(臣下)와 어버이를 해치는[賊] 자식[子]. ❷못된 신하나 자식.

134 [대경실색] 大$_{80}$驚$_{40}$失$_{60}$色$_{70}$ | 큰 대, 놀랄 경, 잃을 실, 빛 색
❶속뜻 크게[大] 놀라[驚] 얼굴빛[色]이 제 모습을 잃음[失]. ❷얼굴이 하얗게 변할 정도로 크게 놀람.

135 [대동소이] 大$_{80}$同$_{70}$小$_{80}$異$_{40}$ | 큰 대, 같을 동, 작을 소, 다를 이
❶속뜻 대체(大體)로 같고[同] 조금[小]만 다름[異]. ❷서로 큰 차이 없이 비슷비슷함.

136 [만시지탄] 晩$_{32}$時$_{72}$之$_{32}$歎$_{40}$ | 늦을 만, 때 시, 어조사 지, 한숨지을 탄
❶속뜻 시기(時期)가 뒤늦었음[晩]을 원통해 하는 탄식(歎息). ❷적절한 때를 놓친 것에 대한 한탄. (비)後時之歎(후시지탄).

137 [명경지수] 明$_{62}$鏡$_{40}$止$_{50}$水$_{80}$ | 밝을 명, 거울 경, 그칠 지, 물 수
❶속뜻 밝은[明] 거울[鏡]이 될 만큼 고요하게 멈추어[止] 있는 물[水]. ❷맑고 고요한 심경(心境).

138 [목불식정] 目$_{60}$不$_{72}$識$_{52}$丁$_{40}$ | 눈 목, 아닐 불, 알 식, 고무래 정
❶속뜻 아주 쉬운 '고무래 정'[丁]자도 눈[目]으로 알아보지[識] 못함[不]. ❷한자를 전혀 모름. 또는 그런 무식한 사람. (비)不識一丁字(불식일정자), 目不知書(목불지서).

139 [무위도식] 無$_{50}$爲$_{42}$徒$_{40}$食$_{72}$ | 없을 무, 할 위, 헛될 도, 먹을 식
❶속뜻 하는[爲] 일이 없이[無] 헛되이[徒] 먹기[食]만 함. ❷일은 하지 않고 공밥만 먹음. (비)遊手徒食(유수도식).

140 [미사여구] 美$_{60}$辭$_{40}$麗$_{42}$句$_{42}$ | 아름다울 미, 말 사, 고울 려, 글귀 구
❶속뜻 아름답게[美] 꾸민 말[辭]과 아름다운[麗] 문구(文句). ❷내용은 없으면서 형식만 좋은 말. 또는 그런 표현.

141 [박람강기] 博$_{42}$覽$_{40}$強$_{60}$記$_{72}$ | 넓을 박, 볼 람, 굳셀 강, 기록할 기
❶속뜻 책을 널리[博] 많이 보고[覽] 잘[强] 기억(記憶)함. ❷독서를 많이 하여 아는 것이 많음. (비)博學多識(박학다식).

142 [백가쟁명] 百$_{70}$家$_{72}$爭$_{50}$鳴$_{40}$ | 일백 백, 사람 가, 다툴 쟁, 울 명
❶속뜻 많은[百] 사람들[家]이 다투어[爭] 울어댐[鳴]. ❷많은 학자나 문화인 등이 자기의 학설이나 주장을 자유롭게 발표, 논쟁, 토론하는 일.

143 [백절불굴] 百$_{70}$折$_{40}$不$_{72}$屈$_{40}$ | 일백 백, 꺾을 절, 아닐 불, 굽을 굴
❶속뜻 백(百) 번 꺾여도[折] 굽히지[屈] 않음[不]. ❷어떠한 어려움에도 굽히지 않음. (비)百折不撓(백절불요).

144 [사필귀정] 事$_{72}$必$_{52}$歸$_{40}$正$_{72}$ | 일 사, 반드시 필, 돌아갈 귀, 바를 정
❶속뜻 모든 일[事]은 반드시[必] 바른[正] 길로 돌아감[歸]. ❷일의 잘잘못이 언

젠가는 밝혀져서 올바른 데로 돌아감. ❸옳은 것이 결국에는 이김.

145 [살신성인] 殺$_{42}$身$_{62}$成$_{62}$仁$_{40}$ | 죽일 살, 몸 신, 이룰 성, 어질 인
❶속뜻 자신의 몸[身]을 죽여[殺] 인(仁)을 이룸[成]. ❷옳은 일을 위하여 자기 몸을 바침.

146 [선공후사] 先$_{80}$公$_{62}$後$_{72}$私$_{40}$ | 먼저 선, 여럿 공, 뒤 후, 사사로울 사
❶속뜻 공(公)적인 일을 먼저[先] 하고 사사로운[私] 일은 뒤[後]로 미룸. ❷자기 일은 뒤로 미루고 공적인 일을 먼저 함.

147 [송구영신] 送$_{42}$舊$_{52}$迎$_{40}$新$_{62}$ | 보낼 송, 옛 구, 맞이할 영, 새 신
❶속뜻 묵은해[舊]를 보내고[送] 새해[新]를 맞이함[迎]. ❷새로운 마음으로 새해를 맞이함. (준)送迎.

148 [신언서판] 身$_{62}$言$_{60}$書$_{62}$判$_{40}$ | 몸 신, 말씀 언, 쓸 서, 판가름할 판
❶속뜻 중국 당나라 때 관리를 등용하는 시험에서 인물평가의 기준으로 삼았던 몸가짐[身]·말씨[言]·글씨[書]·판단(判斷)의 네 가지. ❷인물을 선택하는 데 적용한 네 가지 조건: 신수, 말씨, 문필, 판단력. (출처『唐書』)

149 [악전고투] 惡$_{52}$戰$_{62}$苦$_{60}$鬪$_{40}$ | 나쁠 악, 싸울 전, 쓸 고, 싸울 투
❶속뜻 매우 열악(劣惡)한 조건에서 고생스럽게[苦] 싸움[戰鬪]. ❷어려운 여건에서도 힘써 노력함.

150 [약방감초] 藥$_{62}$房$_{42}$甘$_{40}$草$_{70}$ | 약 약, 방 방, 달 감, 풀 초
❶속뜻 한약방(韓藥房)에서 어떤 처방이나 다 들어가는 감초(甘草). ❷'모임마다 불쑥불쑥 잘 나타는 사람', 또는 '흔하게 보이는 물건'을 비유하여 이르는 말.

151 [언중유골] 言$_{60}$中$_{80}$有$_{70}$骨$_{40}$ | 말씀 언, 가운데 중, 있을 유, 뼈 골
❶속뜻 말[言] 가운데[中]에 뼈[骨]가 있음[有]. ❷예사로운 말 속에 별도의 뜻이 들어 있음.

152 [여필종부] 女$_{80}$必$_{50}$從$_{40}$夫$_{70}$ | 여자 녀, 반드시 필, 좇을 종, 지아비 부
❶속뜻 아내[女]는 반드시[必] 남편[夫]을 따라야 함[從]. ❷아내는 남편의 의견을 잘 따라야 함.

153 [연목구어] 緣$_{40}$木$_{80}$求$_{42}$魚$_{50}$ | 가장자리 연, 나무 목, 구할 구, 고기 어
❶속뜻 서까래[緣/椽] 나무[木]에 올라가서 물고기[魚]를 구(求)하려 함. ❷'도저히 불가능한 일을 하려 함'을 비유하여 이르는 말. (출처『孟子』) (비)上山求魚(상산구어).

154 [오곡백과] 五$_{80}$穀$_{40}$百$_{70}$果$_{62}$ | 다섯 오, 곡식 곡, 일백 백, 열매 과
❶속뜻 다섯[五] 가지 곡식(穀食)과 백(百)가지 과일[果]. ❷여러 종류의 곡식과 과일에 대한 총칭.

155 [옥골선풍] 玉$_{42}$骨$_{40}$仙$_{52}$風$_{62}$ | 옥 옥, 뼈 골, 신선 선, 모습 풍
❶속뜻 옥(玉) 같이 귀한 골격(骨格)과 신선(神仙) 같은 풍채(風采). ❷귀티가 나고 신선 같이 깔끔한 풍채.

156 [위기일발] 危$_{40}$機$_{40}$一$_{80}$髮$_{40}$ | 위태할 위, 때 기, 한 일, 터럭 발
❶속뜻 머리털[髮] 하나[一]에 매달려 있어 곧 떨어질 것 같은 위기(危機). ❷'당장에라도 끊어질듯 한 위태로운 순간'을 형용하는 말. (비)危如一髮(위여일발).

157 [유유상종] 類$_{52}$類$_{52}$相$_{52}$從$_{40}$ | 비슷할 류, 무리 류, 서로 상, 좇을 종
❶속뜻 비슷한[類] 종류(種類)끼리 서로[相] 친하게 따름[從]. ❷비슷한 사람들끼리 서로 친하게 지냄.

158 [이구동성] 異$_{40}$口$_{70}$同$_{70}$聲$_{42}$ | 다를 이, 입 구, 같을 동, 소리 성
❶속뜻 각기 다른[異] 입[口]에서 같은[同] 소리[聲]를 냄. ❷여러 사람의 말이 한

결같음. (비)異口同音(이구동음).

159 [이란격석] 以$_{52}$卵$_{40}$擊$_{40}$石$_{60}$ | 부터 이, 알 란, 칠 격, 돌 석
❶속뜻 계란(鷄卵)으로[以] 돌[石]을 침[擊]. ❷'아무리 하여도 소용없는 일'을 비유하는 말.

160 [이용후생] 利$_{62}$用$_{62}$厚$_{40}$生$_{80}$ | 이로울 리, 쓸 용, 두터울 후, 살 생
속뜻 기구를 편리(便利)하게 잘 쓰고[用] 먹을 것과 입을 것을 넉넉하게[厚] 하여 삶[生]의 질을 개선함.

161 [이합집산] 離$_{40}$合$_{60}$集$_{62}$散$_{40}$ | 떨어질 리, 합할 합, 모일 집, 흩어질 산
속뜻 헤어졌다[離] 합치고[合] 모였다[集] 흩어졌다[散]함. 헤어졌다 모였다 함.

162 [일각천금] 一$_{80}$刻$_{40}$千$_{70}$金$_{80}$ | 한 일, 시각 각, 일천 천, 쇠 금
❶속뜻 15분[一刻]같이 짧은 시간도 천금(千金)과 같이 귀중함. ❷짧은 시간도 귀하게 여겨 헛되이 보내지 않아야 함.

163 [일벌백계] 一$_{80}$罰$_{42}$百$_{72}$戒$_{40}$ | 한 일, 벌할 벌, 일백 백, 주의할 계
❶속뜻 첫[一] 번째 죄인을 엄하게 벌(罰)함으로써 후에 백(百) 사람이 그런 죄를 경계(警戒)하여 짓지 않도록 함. ❷다른 사람들에게 경각심을 불러일으키기 위하여 본보기로 첫 번째 죄인을 엄하게 처벌함.

164 [일사불란] 一$_{80}$絲$_{42}$不$_{72}$亂$_{40}$ | 한 일, 실 사, 아니 불, 어지러울 란
❶속뜻 한[一] 줄의 실[絲]같이 흐트러지지[亂] 않음[不]. ❷'질서나 체계 따위가 조금도 흐트러진 데가 없음'을 비유하여 이르는 말.

165 [일희일비] 一$_{80}$喜$_{40}$一$_{80}$悲$_{42}$ | 한 일, 기쁠 희, 한 일, 슬플 비
❶속뜻 한[一] 번은 슬픈[悲] 일이, 한[一] 번은 기쁜[喜] 일이 생김. ❷슬픔과 기쁨이 번갈아 나타남. ❸한편으로는 슬프고 한편으로는 기쁨.

166 [자화자찬] 自$_{72}$畵$_{60}$自$_{72}$讚$_{40}$ | 스스로 자, 그림 화, 스스로 자, 기릴 찬
❶속뜻 자기(自己)가 그린 그림[畵]을 스스로[自] 칭찬(稱讚)함. ❷자기가 한 일을 자기 스스로 자랑함. (준)自畵讚.

167 [장삼이사] 張$_{40}$三$_{80}$李$_{60}$四$_{80}$ | 성씨 장, 석 삼, 성씨 리, 넉 사
❶속뜻 장삼(張三)이라는 사람과 이사(李四)라는 사람. ❷평범한 보통 사람을 이르는 말. ❸불교 '사람에게 성리(性理)가 있음은 알지만, 그 모양이나 이름을 지어 말할 수 없음'을 비유하는 말. (출처 『傳燈錄』) (비)甲男乙女(갑남을녀).

168 [적재적소] 適$_{40}$材$_{52}$適$_{40}$所$_{70}$ | 알맞을 적, 재목 재, 알맞을 적, 곳 소
❶속뜻 알맞은[適] 재목(材木)을 알맞은[適] 곳[所]에 씀. ❷사람이나 사물을 제 격에 맞게 잘 씀.

169 [주마간산] 走$_{42}$馬$_{50}$看$_{40}$山$_{80}$ | 달릴 주, 말 마, 볼 간, 메 산
❶속뜻 달리는[走] 말[馬] 위에서 산천(山川)을 구경함[看]. ❷이것저것을 천천히 살펴볼 틈이 없이 바삐 서둘러 대강대강 보고 지나침. ❸제대로 살펴보지 못함.

170 [진충보국] 盡$_{40}$忠$_{42}$報$_{42}$國$_{80}$ | 다할 진, 충성 충, 갚을 보, 나라 국
❶속뜻 충성(忠誠)을 다하여서[盡] 나라[國]의 은혜를 갚음[報]. ❷나라를 위하여 충성을 다함. (비)竭忠報國(갈충보국).

171 [천려일득] 千$_{70}$慮$_{40}$一$_{80}$得$_{42}$ | 일천 천, 생각할 려, 한 일, 얻을 득
❶속뜻 천(千) 번을 생각하다보면[慮] 하나[一] 정도는 얻을[得] 수도 있음. ❷아무리 어리석은 사람일지라도 많은 생각을 하다 보면 한 가지쯤은 좋은 방법을 찾을 수 있음. (반)千慮一失(천려일실).

172 [천려일실] 千$_{70}$慮$_{40}$一$_{80}$失$_{60}$ | 일천 천, 생각할 려, 한 일, 잃을 실
❶속뜻 천(千) 번을 생각하더라도[慮] 하나[一] 정도는 잃을[失] 수도 있음. ❷아무

리 슬기로운 사람일지라도 많은 생각을 하다 보면 한 가지쯤은 실책이 있게 마련임. [반]千慮一得(천려일득).

173 [천생연분] 天$_{70}$生$_{80}$緣$_{40}$分$_{62}$ | 하늘 천, 날 생, 인연 연, 나눌 분
❶[속뜻]하늘[天]에서 생겨난[生]이 연분(緣分). ❷하늘이 맺어준 인연. [비]天生因緣(천생인연), 天定緣分(천정연분).

174 [천재일우] 千$_{70}$載$_{32}$一$_{80}$遇$_{40}$ | 일천 천, 실을 재, 한 일, 만날 우
❶[속뜻]천년[千載] 만에 한[一] 번 맞이함[遇]. ❷좀처럼 만나기 어려운 기회.

175 [천차만별] 千$_{70}$差$_{40}$萬$_{80}$別$_{60}$ | 일천 천, 어긋날 차, 일만 만, 나눌 별
❶[속뜻]천(千) 가지 차이(差異)와 만(萬) 가지 구별(區別). ❷서로 크고 많은 차이점이 있음.

176 [천편일률] 千$_{70}$篇$_{40}$一$_{80}$律$_{42}$ | 일천 천, 책 편, 한 일, 가락 률
❶[속뜻]천(千) 편(篇)의 시가 하나[一]의 음률(音律)로 되어 있음. ❷여러 시문의 격조가 모두 비슷하여 개별적인 특성이 없음. ❸개별적인 특성이 없이 모두 엇비슷함.

177 [허장성세] 虛$_{42}$張$_{40}$聲$_{42}$勢$_{42}$ | 빌 허, 베풀 장, 소리 성, 기세 세
❶[속뜻]헛된[虛] 말을 펼치며[張] 큰 소리[聲]만 치는 기세(氣勢). ❷실력이 없으면서 허세(虛勢)만 떨침.

178 [회자정리] 會$_{62}$者$_{60}$定$_{60}$離$_{40}$ | 모일 회, 사람 자, 반드시 정, 떨어질 리
❶[속뜻]만난[會] 사람[者]은 언젠가는 헤어지도록[離] 운명이 정(定)해져 있음. ❷'인생의 무상함'을 비유하여 이르는 말.

179 [흥진비래] 興$_{42}$盡$_{40}$悲$_{42}$來$_{70}$ | 일어날 흥, 다할 진, 슬플 비, 올 래
❶[속뜻]즐거운[興] 일이 다하면[盡] 슬픈[悲] 일이 닥침[來]. ❷기쁨과 슬픔이 교차함. ❸세상일은 돌고 돎. [비]苦盡甘來(고진감래).

3급 II 사자성어

180 [가인박명] 佳$_{32}$人$_{80}$薄$_{32}$命$_{70}$ | 아름다울 가, 사람 인, 엷을 박, 운명 명
❶[속뜻]아름다운[佳] 사람[人]은 기박(奇薄)한 운명(運命)을 타고남. ❷미인은 대개 불행하다는 말.

181 [각골명심] 刻$_{40}$骨$_{40}$銘$_{32}$心$_{70}$ | 새길 각, 뼈 골, 새길 명, 마음 심
❶[속뜻]뼈[骨]에 새기고[刻] 마음[心]에 아로새겨[銘] 둠. ❷마음에 깊이 새겨서 영원히 잊지 않도록 함.

182 [감지덕지] 感$_{60}$之$_{32}$德$_{52}$之$_{32}$ | 느낄 감, 어조사 지, 베풀 덕, 어조사 지
❶[속뜻]감사(感謝)하고 은덕(恩德)으로 여김. ❷분에 넘치는 것 같아서 매우 고맙게 여기는 모양.

183 [갑남을녀] 甲$_{40}$男$_{72}$乙$_{32}$女$_{80}$ | 천간 갑, 사내 남, 천간 을, 여자 녀
❶[속뜻]갑(甲)이라는 남자(男子)와 을(乙)이라는 여자(女子). ❷평범한 보통 사람들. [비]張三李四(장삼이사).

184 [개과천선] 改$_{50}$過$_{52}$遷$_{32}$善$_{50}$ | 고칠 개, 지나칠 과, 바뀔 천, 착할 선
❶[속뜻]잘못[過]을 고치어[改] 착한[善] 마음으로 바꿈[遷]. ❷허물을 고치고 옳은 길로 들어섬.

185 [개세지재] 蓋$_{32}$世$_{72}$之$_{32}$才$_{62}$ | 덮을 개, 세상 세, 어조사 지, 재주 재
❶[속뜻]온 세상(世上)을 뒤덮을[蓋] 만큼 뛰어난 재능(才能). ❷세상을 마음대로 다스릴 만한 뛰어난 재능. 또는 그런 재능을 지닌 사람.

186 [격세지감] 隔$_{34}$世$_{72}$之$_{32}$感$_{60}$ | 사이 뜰 격, 세대 세, 어조사 지, 느낄 감

❶속뜻 세대(世代)가 크게 차이나는[隔] 느낌[感]. ❷많은 진보와 변화를 겪어서 딴 세상처럼 여겨지는 느낌. ❸딴 세상 같은 느낌. ㊟隔世感. ㊥今昔之感(금석지감).

187 [견마지로] 犬$_{40}$馬$_{50}$之$_{32}$勞$_{52}$ | 개 견, 말 마, 어조사 지, 일할 로

❶속뜻 개[犬]나 말[馬] 정도의 하찮은 힘[勞]. ❷'윗사람에게 충성을 다하는 자신의 노력'을 낮추어 이르는 말.

188 [견인불발] 堅$_{40}$忍$_{32}$不$_{72}$拔$_{32}$ | 굳을 견, 참을 인, 아닐 불, 뽑을 발

❶속뜻 마음이 굳고[堅] 참을성[忍]이 있어서 뽑히지[拔] 아니함[不]. ❷마음이 굳어 흔들리지 아니함.

189 [결자해지] 結$_{52}$者$_{60}$解$_{42}$之$_{32}$ | 맺을 결, 사람 자, 풀 해, 그것 지

❶속뜻 맺은[結] 사람[者]이 그것을[之] 풀어야[解] 함. ❷일을 저지른 사람이 그 일을 해결해야 함.

190 [겸인지용] 兼$_{32}$人$_{80}$之$_{32}$勇$_{62}$ | 겸할 겸, 사람 인, 어조사 지, 날쌜 용

❶속뜻 다른 사람[人] 몫까지 겸(兼)하여 감당할 수 있는 용기(勇氣). ❷혼자서 능히 몇 사람을 당해 낼만한 용기

191 [경거망동] 輕$_{50}$擧$_{50}$妄$_{32}$動$_{72}$ | 가벼울 경, 들 거, 헛될 망, 움직일 동

❶속뜻 가벼이[輕] 몸을 들거나[擧] 함부로[妄] 움직임[動]. ❷경솔하게 함부로 행동함.

192 [경국지색] 傾$_{40}$國$_{80}$之$_{32}$色$_{70}$ | 기울 경, 나라 국, 어조사 지, 빛 색

❶속뜻 나라[國]를 기울게[傾] 할 정도의 미색(美色). ❷국정을 게을리 함으로써 나라가 위태로워질 정도로 임금을 홀리는 미녀. ㊥傾城之色(경성지색).

193 [고군분투] 孤$_{40}$軍$_{80}$奮$_{32}$鬪$_{40}$ | 외로울 고, 군사 군, 떨칠 분, 싸울 투

❶속뜻 수가 적어 외로운[孤] 군대(軍隊)이지만 용맹을 떨치며[奮] 싸움[鬪]. ❷적은 인원으로 어려운 일을 악착스럽게 해냄.

194 [고대광실] 高$_{62}$臺$_{32}$廣$_{52}$室$_{80}$ | 높을 고, 돈대 대, 넓을 광, 집 실

❶속뜻 높은[高] 돈대[臺] 위에 넓게[廣] 지은 집[室]. ❷규모가 굉장히 크고 높고 넓게 잘 지은 집.

195 [고식지계] 姑$_{32}$息$_{42}$之$_{32}$計$_{62}$ | 잠시 고, 숨쉴 식, 어조사 지, 꾀 계

❶속뜻 잠시[姑] 숨 쉴[息] 틈을 얻기 위한 계책(計策). ❷근본적인 해결책이 아니라 임시 변통을 위한 대책.

196 [고육지책] 苦$_{60}$肉$_{42}$之$_{32}$策$_{32}$ | 괴로울 고, 몸 육, 어조사 지, 꾀 책

❶속뜻 자기 몸[肉]을 고통(苦痛)스럽게 하는 것 까지 무릅쓴 계책(計策). ❷자기희생까지도 무릅쓸 정도로 애써 꾸민 계책. ㊟苦肉策. ㊥苦肉之計(고육지계).

197 [고장난명] 孤$_{40}$掌$_{32}$難$_{42}$鳴$_{40}$ | 홀로 고, 손바닥 장, 어려울 난, 울 명

❶속뜻 한[孤] 손[掌]으로는 쳐서 울리게 하기[鳴] 어려움[難]. ❷'혼자서는 일을 이루기 어려움'을 비유하여 이르는 말. (출처 『傳燈錄』) ㊥獨掌不鳴(독장불명).

198 [곡학아세] 曲$_{50}$學$_{80}$阿$_{32}$世$_{72}$ | 굽을 곡, 배울 학, 아첨할 아, 세상 세

❶속뜻 곧지 않고 굽은[曲] 학문(學問)으로 세상(世上)에 아부(阿附)함. ❷바른 길에서 벗어난 학문으로 권력자에게 아첨하여 출세를 하려고 함.

199 [과유불급] 過$_{52}$猶$_{32}$不$_{72}$及$_{32}$ | 지나칠 과, 오히려 유, 아닐 불, 미칠 급

❶속뜻 지나침[過]은 미치지[及] 못함[不]과 같음[猶]. ❷중용(中庸)이 중요함을 이르는 말.

200 [교언영색] 巧$_{32}$言$_{60}$令$_{52}$色$_{70}$ | 꾸밀 교, 말씀 언, 좋을 령, 빛 색

❶속뜻 듣기 좋게 꾸며낸[巧] 말[言]과 보기 좋게[令] 가꾼 안색(顔色). ❷아첨하는 말과 알랑거리는 태도.

201 [구곡간장] 九$_{80}$曲$_{50}$肝$_{32}$腸$_{40}$ | 아홉 구, 굽을 곡, 간 간, 창자 장
❶속뜻 아홉[九] 굽이[曲]의 간(肝)과 창자[腸]. ❷'깊은 마음속 또는 시름이 쌓인 마음속'을 비유하여 이르는 말.

202 [국태민안] 國$_{80}$泰$_{32}$民$_{80}$安$_{72}$ | 나라 국, 침착할 태, 백성 민, 편안할 안
❶속뜻 나라[國]가 태평(泰平)하고 백성[民]이 편안(便安)함. ❷나라가 태평하고 국민의 생활이 넉넉함.

203 [군계일학] 群$_{40}$鷄$_{40}$一$_{80}$鶴$_{32}$ | 무리 군, 닭 계, 한 일, 학 학
❶속뜻 무리[群]를 이룬 많은 닭[鷄] 가운데 우뚝 서 있는 한[一] 마리의 학(鶴). ❷'많은 사람 가운데서 뛰어난 인물'을 비유하여 이르는 말.

204 [군웅할거] 群$_{40}$雄$_{50}$割$_{32}$據$_{40}$ | 무리 군, 뛰어날 웅, 나눌 할, 의거할 거
❶속뜻 많은[群] 영웅(英雄)들이 각각 일정한 토지를 나누어[割] 차지함[據]. ❷많은 영웅들이 서로 한 지방씩을 차지하여 세력을 다툼.

205 [군위신강] 君$_{40}$爲$_{42}$臣$_{52}$綱$_{32}$ | 임금 군, 할 위, 신하 신, 벼리 강
❶속뜻 임금[君]은 신하(臣下)의 벼리[綱]같은 모범이 되어야[爲] 함. ❷임금이 신하에게 모범을 보임. 또는 그렇게 하여할 도리.

206 [궁여지책] 窮$_{40}$餘$_{42}$之$_{32}$策$_{32}$ | 궁할 궁, 남을 여, 어조사 지, 꾀 책
❶속뜻 궁(窮)한 나머지[餘] 생각다 못하여 짜낸 계책(計策). ❷막다른 골목에서 그 국면을 타개하려고 생각다 못해 짜낸 대책. (비)窮餘一策(궁여일책).

207 [극기복례] 克$_{32}$己$_{52}$復$_{50}$禮$_{72}$ | 이길 극, 자기 기, 되돌릴 복, 예도 례
❶속뜻 자기(自己) 욕심을 이기고[克] 예의(禮儀) 바르게 되돌아[復] 옴. ❷지나친 욕심을 누르고 예의범절을 갖춤.

208 [근묵자흑] 近$_{60}$墨$_{32}$者$_{60}$黑$_{50}$ | 가까울 근, 먹 묵, 사람 자, 검을 흑
❶속뜻 먹[墨]을 가까이[近] 하는 사람[者]은 검어지기[黑] 쉬움. ❷'나쁜 사람을 가까이 하면 물들기 쉬움'을 비유하여 이르는 말. (비)近朱者赤(근주자적).

209 [금란지계] 金$_{80}$蘭$_{32}$之$_{32}$契$_{32}$ | 쇠 금, 난초 란, 어조사 지, 맺을 계
❶속뜻 쇠[金]같이 단단하고 난초[蘭]같이 향기롭게 맺은[契] 사이. ❷단단하고 향기로운 벗 사이의 우정. (비)金蘭之交(금란지교), 水魚之交(수어지교), 斷金之交(단금지교), 布衣之交(포의지교).

210 [금석지교] 金$_{80}$石$_{60}$之$_{32}$交$_{60}$ | 쇠 금, 돌 석, 어조사 지, 사귈 교
❶속뜻 쇠[金]나 돌[石]같이 굳고 변함없는 사귐[交]. ❷굳고 변함없는 우정. 또는 그런 약속.

211 [금성탕지] 金$_{80}$城$_{42}$湯$_{32}$池$_{32}$ | 황금 금, 성 성, 끓을 탕, 못 지
❶속뜻 황금(黃金)으로 된 성(城) 주위에 펄펄 끓는[湯] 물로 못[池]을 만들어 놓음. ❷'방어 시설이 아주 튼튼한 성'을 형용하는 말. (비)難攻不落(난공불락).

212 [금의야행] 錦$_{32}$衣$_{60}$夜$_{60}$行$_{60}$ | 비단 금, 옷 의, 밤 야, 갈 행
❶속뜻 비단[錦]으로 만든 옷[衣]을 입고 밤[夜]길을 다님[行]. ❷'아무 보람이 없는 행동을 자랑스레 함'을 비꼬아 이르는 말.

213 [금의옥식] 錦$_{32}$衣$_{60}$玉$_{42}$食$_{72}$ | 비단 금, 옷 의, 옥 옥, 밥 식
❶속뜻 비단[錦]으로 만든 옷[衣]과 옥(玉) 같이 귀한 음식(飮食). ❷사치스러운 생활을 비유하여 이르는 말. (비)好衣好食(호의호식).

214 [금의환향] 錦$_{32}$衣$_{60}$還$_{32}$鄕$_{42}$ | 비단 금, 옷 의, 돌아올 환, 시골 향
❶속뜻 비단[錦]으로 만든 옷[衣]을 입고 고향(故鄕)에 돌아옴[還]. ❷'성공하여 고향으로 돌아옴'을 비유하는 말.

215 [금지옥엽] 金$_{80}$枝$_{32}$玉$_{42}$葉$_{50}$ | 쇠 금, 가지 지, 옥 옥, 잎 엽

❶속뜻 금(金)으로 된 가지[枝]와 옥(玉)으로 된 잎[葉]. ❷'임금의 자손' 또는 '귀한 자손'을 높여 비유하는 말.

216 [기고만장] 氣$_{72}$高$_{62}$萬$_{80}$丈$_{32}$ | 기운 기, 높을 고, 일만 만, 길이 장
❶속뜻 기세(氣勢)의 높기[高]가 만장(萬丈) 정도나 됨. ❷'일이 뜻대로 잘되어 뽐내는 기세가 대단함'을 비유하는 말.

217 [길흉화복] 吉$_{50}$凶$_{52}$禍$_{32}$福$_{52}$ | 길할 길, 흉할 흉, 재화 화, 복 복
❶속뜻 운이 좋고[吉] 나쁨[凶]과 재앙[禍]과 복[福]. ❷'운수'를 풀어서 달리 이르는 말.

218 [내우외환] 內$_{72}$憂$_{32}$外$_{80}$患$_{50}$ | 안 내, 근심할 우, 밖 외, 근심 환
❶속뜻 국내(國內)에서 발생된 걱정거리[憂]와 국외(國外)로부터 들어온 근심거리[患]. ❷나라 안팎에서 일어난 어려움.

219 [내유외강] 內$_{72}$柔$_{32}$外$_{80}$剛$_{32}$ | 안 내, 부드러울 유, 밖 외, 굳셀 강
❶속뜻 속[內]은 부드러우나[柔] 겉[外]으로는 굳세게[剛] 보임. ❷마음이 부드러운데도 겉으로 보기에는 강하게 보임. (비)外剛內柔(외강내유).

220 [노갑이을] 怒$_{42}$甲$_{40}$移$_{42}$乙$_{32}$ | 성낼 노, 천간 갑, 옮길 이, 천간 을
❶속뜻 갑(甲)에게 성내야[怒] 하는 것을 을(乙)에게 옮김[移]. ❷당사자가 아닌 엉뚱한 사람에게 화를 내거나 분풀이를 함.

221 [노기충천] 怒$_{42}$氣$_{72}$衝$_{32}$天$_{70}$ | 성낼 노, 기운 기, 찌를 충, 하늘 천
❶속뜻 성난[怒] 기세(氣勢)가 하늘[天]을 찌를[衝] 것 같음. ❷성이 잔뜩 나 있음.

222 [누란지위] 累$_{32}$卵$_{40}$之$_{32}$危$_{40}$ | 포갤 루, 알 란, 어조사 지, 위태할 위
❶속뜻 포개놓은[累] 알[卵]처럼 몹시 위태(危殆)로움. 또는 그런 형세. ❷'몹시 위태로움'을 비유하여 이르는 말. (비)累卵之勢(누란지세).

223 [단기지계] 斷$_{42}$機$_{40}$之$_{32}$戒$_{40}$ | 끊을 단, 베틀 기, 어조사 지, 경계할 계
❶속뜻 짜던 베틀[機]의 날을 끊어[斷] 훈계(訓戒)함. ❷'중도에 포기하면 헛일임'을 비유하여 이르는 말.

故事 맹자가 서당에서 공부를 하다가 도중에 집에 돌아오자, 어머니가 짜던 베를 끊어 아들을 훈계한 데서 유래한다.

224 [단도직입] 單$_{42}$刀$_{32}$直$_{72}$入$_{70}$ | 홑 단, 칼 도, 곧을 직, 들 입
❶속뜻 홀로[單] 칼[刀]을 휘두르며 적진으로 곧장[直] 쳐들어[入] 감. ❷'서론적인 말을 늘어놓지 아니하고 곧바로 본론에 들어가 요점을 말함'을 비유하여 이르는 말.

225 [대기만성] 大$_{80}$器$_{42}$晩$_{32}$成$_{62}$ | 큰 대, 그릇 기, 늦을 만, 이룰 성
❶속뜻 큰[大] 그릇[器]을 만들자면 시간이 오래 걸려 늦게[晩] 이루어짐[成]. ❷'크게 될 사람은 성공이 늦음'을 비유하여 이르는 말. (출처『老子』)

226 [대성통곡] 大$_{80}$聲$_{42}$痛$_{40}$哭$_{32}$ | 큰 대, 소리 성, 아플 통, 울 곡
❶속뜻 큰[大] 소리[聲]로 목이 아프도록[痛] 욺[哭]. ❷큰 소리로 슬피 욺.

227 [동가홍상] 同$_{70}$價$_{52}$紅$_{40}$裳$_{32}$ | 같을 동, 값 가, 붉을 홍, 치마 상
❶속뜻 같은[同] 값[價]이면 붉은[紅] 치마[裳]를 고름. ❷값이 같으면 좋은 물건을 가짐.

228 [동분서주] 東$_{80}$奔$_{32}$西$_{80}$走$_{42}$ | 동녘 동, 달릴 분, 서녘 서, 달릴 주
❶속뜻 동(東)쪽으로 달렸다가[奔] 서(西)쪽으로 달렸다가[走] 함. ❷여기저기 분주하게 다님. (비)東西奔走(동서분주), 東行西走(동행서주), 東馳西走(동치서주).

229 [동상이몽] 同$_{70}$床$_{42}$異$_{40}$夢$_{32}$ | 한 가지 동, 평상 상, 다를 이, 꿈 몽

❶속뜻 같은[同] 잠자리[床]에서 다른[異] 꿈[夢]을 꿈. ❷'겉으로는 같은 행동을 하면서도 속으로는 각각 딴 생각을 함'을 비유하여 이르는 말.

230 [등고자비] 登$_{70}$高$_{62}$自$_{72}$卑$_{32}$ | 오를 등, 높을 고, 스스로 자, 낮을 비
❶속뜻 높은[高] 자리에 오르려면[登] 자기(自己)부터 낮춰야[卑] 함. ❷'지위가 높아질수록 자신을 낮춤'을 이르는 말. (출처 『中庸』)

231 [막상막하] 莫$_{32}$上$_{72}$莫$_{32}$下$_{72}$ | 없을 막, 위 상, 없을 막, 아래 하
❶속뜻 더 낫고[上] 더 못함[下]의 차이가 거의 없음[莫]. ❷서로 비슷하여 우열을 가리기 어려움. ㊥難兄難弟(난형난제).

232 [막역지우] 莫$_{32}$逆$_{42}$之$_{32}$友$_{52}$ | 없을 막, 거스를 역, 어조사 지, 벗 우
❶속뜻 마음에 거슬림[逆]이 없는[莫] 친구[友]. ❷허물없이 서로 친한 친구. ㊥水魚之友(수우지우), 知己之友(지기지우), 斷金之交(단금지교).

233 [만경창파] 萬$_{80}$頃$_{32}$蒼$_{32}$波$_{42}$ | 일만 만, 넓을 경, 푸를 창, 물결 파
❶속뜻 한없이 넓은[萬頃] 바다나 호수의 푸른[蒼] 물결[波]. ❷넓은 바다나 호수의 아름다운 물결.

234 [망양지탄] 亡$_{50}$羊$_{42}$之$_{32}$歎$_{40}$ | 잃을 망, 양 양, 어조사 지, 한숨지을 탄
❶속뜻 넓은 들판에서 양(羊)을 잃었는데[亡] 길이 많고 복잡하여 어디로 갔는지 모름을 한탄(恨歎)함. ❷'어떤 일을 해결할 방법을 찾지 못하여 한탄함'을 비유하여 이르는 말. ㊟亡羊歎. ㊥多岐亡羊(다기망양).

235 [면종복배] 面$_{70}$從$_{40}$腹$_{32}$背$_{42}$ | 낯 면, 좇을 종, 배 복, 등 배
❶속뜻 겉으로는[面] 따르는[從] 체하면서 속[腹]으로는 배반(背反)함. ❷겉으로만 복종하는 척함. ㊥陽奉陰違(양봉음위).

236 [멸사봉공] 滅$_{32}$私$_{40}$奉$_{52}$公$_{62}$ | 없앨 멸, 사사로울 사, 받들 봉, 여럿 공
❶속뜻 사심(私心)을 버리고[滅] 공공(公共)의 일을 받듦[奉]. ❷공무(公務)를 함에 있어 개인적인 마음을 버림.

237 [명실상부] 名$_{70}$實$_{52}$相$_{52}$符$_{32}$ | 이름 명, 실제 실, 서로 상, 맞을 부
❶속뜻 이름[名]과 실제(實際)가 서로[相] 잘 부합(符合)함. ❷이름난 것과 같이 실제로 매우 잘함.

238 [명약관화] 明$_{62}$若$_{32}$觀$_{52}$火$_{80}$ | 밝을 명, 같을 약, 볼 관, 불 화
❶속뜻 분명(分明)하기가 불[火]을 보는[觀] 것과 같음[若]. ❷매우 명백(明白)함. 뻔함.

239 [명재경각] 命$_{70}$在$_{60}$頃$_{32}$刻$_{40}$ | 목숨 명, 있을 재, 잠깐 경, 시각 각
❶속뜻 목숨[命]이 짧은 시간, 즉 경각(頃刻)에 달려 있음[在]. ❷거의 죽게 되어 곧 숨이 끊어질 지경에 이름.

240 [목불인견] 目$_{60}$不$_{72}$忍$_{32}$見$_{52}$ | 눈 목, 아닐 불, 참을 인, 볼 견
❶속뜻 차마[忍] 눈[目]뜨고 볼[見] 수 없음[不]. ❷눈으로 차마 볼 수 없음.

241 [무릉도원] 武$_{42}$陵$_{32}$桃$_{32}$源$_{40}$ | 굳셀 무, 언덕 릉, 복숭아나무 도, 수원 원
❶속뜻 무릉(武陵)에서 복숭아[桃] 꽃잎이 흘러내려오는 근원지(根源地). ❷'세상과 따로 떨어진 별천지'를 비유하는 말.

故事 중국 진(晉)나라 때 무릉 땅의 한 어부가 배를 저어 가다가 복숭아꽃잎이 흘러내려오는 근원지를 찾아 올라가다가 참으로 아름답고 살기 좋은 곳을 발견하였다는 이야기가 도연명(陶淵明)의 『桃花源記』(도화원기)에 나온다.

242 [물실호기] 勿$_{32}$失$_{60}$好$_{42}$機$_{40}$ | 말 물, 잃을 실, 좋을 호, 기회 기
❶속뜻 좋은[好] 기회(機會)를 놓치지[失] 말라[勿]! ❷좋은 기회를 놓치지 않음.

243 [박장대소] 拍$_{40}$掌$_{32}$大$_{80}$笑$_{42}$ | 칠 박, 손바닥 장, 큰 대, 웃을 소
❶속뜻 손바닥[掌]을 치며[拍] 크게[大] 웃음[笑]. ❷손뼉을 치며 한바탕 크게 웃음.

244 [발본색원] 拔$_{32}$本$_{60}$塞$_{32}$源$_{40}$ | 뽑을 발, 뿌리 본, 막힐 색, 근원 원
❶속뜻 뿌리[本]를 뽑고[拔] 근원(根源)을 막아버림[塞]. ❷폐단이나 문제의 근원을 아주 뽑아서 없애 버림.

245 [백계무책] 百$_{70}$計$_{62}$無$_{50}$策$_{32}$ | 일백 백, 꾀 계, 없을 무, 꾀 책
❶속뜻 백(百)가지 꾀[計]를 부려 보아도 뾰족한 대책(對策)이 없음[無]. ❷온갖 방법을 다 생각해 봐도 좋은 대책이 없음. ㊐計無所出(계무소출).

246 [부위부강] 夫$_{70}$爲$_{42}$婦$_{42}$綱$_{32}$ | 지아비 부, 할 위, 부인 부, 벼리 강
❶속뜻 남편[夫]은 부인(婦人)의 벼리[綱]가 되어야[爲] 함. ❷남편은 부인을 잘 감싸야 함.

247 [부위자강] 父$_{70}$爲$_{42}$子$_{70}$綱$_{32}$ | 부모 부, 할 위, 자식 자, 벼리 강
❶속뜻 부모[父]는 자식(子息)의 벼리[綱]가 되어야[爲] 함. ❷부모는 자식을 잘 감싸야 함.

248 [부지기수] 不$_{72}$知$_{52}$其$_{32}$數$_{70}$ | 아닐 부, 알 지, 그 기, 셀 수
❶속뜻 그[其] 수(數)를 알지[知] 못함[不]. ❷헤아릴 수 없을 정도로 매우 많음.

249 [부화뇌동] 附$_{32}$和$_{62}$雷$_{32}$同$_{70}$ | 붙을 부, 화할 화, 천둥 뢰, 한가지 동
❶속뜻 남에게 빌붙어[附] 화합(和合)하며 우레[雷]같이 큰 소리로 동조(同調)함. ❷줏대없이 남의 의견에 따라 움직임.

250 [불치하문] 不$_{72}$恥$_{32}$下$_{72}$問$_{70}$ | 아니 불, 부끄러울 치, 아래 하, 물을 문
❶속뜻 자기보다 아래[下]인 사람에게 묻는[問] 일을 부끄러워하지[恥] 아니함[不]. ❷ 자기보다 못한 사람에게도 물어 볼 정도로 마음을 열고 지냄.

251 [불편부당] 不$_{72}$偏$_{32}$不$_{72}$黨$_{42}$ | 아니 불, 치우칠 편, 아닐 부, 무리 당
❶속뜻 어느 한쪽으로 치우치지[偏] 아니하고[不] 어느 한 편과 무리[黨] 짓지 아니함[不]. ❷어느 편으로 치우치지 않고 매우 공평함.

252 [빙탄지간] 氷$_{50}$炭$_{50}$之$_{32}$間$_{72}$ | 얼음 빙, 숯 탄, 어조사 지, 사이 간
❶속뜻 얼음[氷]과 숯[炭] 같은 사이[間]. ❷'서로 함께 있을 수 없는 사이'를 비유하여 이르는 말.

253 [사분오열] 四$_{80}$分$_{62}$五$_{80}$裂$_{32}$ | 넉 사, 나눌 분, 다섯 오, 찢어질 렬
❶속뜻 넷[四]으로 나눠지고[分] 다섯[五]으로 찢어짐[裂]. ❷여러 갈래로 갈기갈기 찢어지여 분열됨.

254 [사상누각] 沙$_{32}$上$_{72}$樓$_{32}$閣$_{32}$ | 모래 사, 위 상, 다락 루, 집 각
❶속뜻 모래[沙] 위에[上] 세운 높은 건물[樓閣]. ❷'겉모양은 번듯하나 기초가 약하여 오래가지 못하는 것' 또는 '실현 불가능한 일' 따위를 비유하여 이르는 말.

255 [산자수명] 山$_{80}$紫$_{32}$水$_{80}$明$_{62}$ | 메 산, 자주빛 자, 물 수, 밝을 명
❶속뜻 산(山)은 자줏빛[紫]으로 물들고 물[水]은 매우 맑음[明]. ❷경치가 아름다움.

256 [삼라만상] 森$_{32}$羅$_{42}$萬$_{80}$象$_{40}$ | 수풀 삼, 늘어설 라, 일만 만, 모양 상
❶속뜻 수풀[森]같이 빽빽하게 늘어서[羅] 있는 여러 가지[萬] 사물의 모습[象]. ❷우주 속에 빽빽하게 존재하는 온갖 사물과 모든 현상.

257 [삼순구식] 三$_{80}$旬$_{32}$九$_{80}$食$_{72}$ | 석 삼, 열흘 순, 아홉 구, 먹을 식
❶속뜻 30일[三旬] 동안 아홉[九] 끼만 먹음[食]. ❷집이 가난하여 식사를 제대로 못하고 굶음.

258 [삼종지도] 三$_{80}$從$_{40}$之$_{32}$道$_{72}$ | 석 삼, 따를 종, 어조사 지, 길 도
❶속뜻 따라가야[從]할 세[三] 가지 길[道]. ❷여자가 지켜야 하는 세 가지 도리. 어려서는 아버지를 따라야하고, 시집가서는 남편을 따라야하고, 남편이 죽은 뒤에는 아들을 따라야 하는 것을 말한다. ㊥三從依託(삼종의탁).

259 [상전벽해] 桑$_{32}$田$_{42}$碧$_{32}$海$_{72}$ | 뽕나무 상, 밭 전, 푸를 벽, 바다 해
❶속뜻 뽕나무[桑] 밭[田]이 변하여 푸른[碧] 바다[海]가 됨. ❷'세상일이 크게 변함'을 비유하여 이르는 말. ㊟桑碧, 桑海. ㊥碧海桑田(벽해상전), 桑海之變(상해지변), 桑田滄海(상전창해), 滄海桑田(창해상전), 滄桑(창상).

260 [선견지명] 先$_{80}$見$_{52}$之$_{32}$明$_{62}$ | 먼저 선, 볼 견, 어조사 지, 밝을 명
❶속뜻 앞일을 먼저[先] 내다보는[見] 밝은[明] 지혜. ❷닥쳐올 일을 미리 아는 슬기로움.

261 [설상가상] 雪$_{62}$上$_{72}$加$_{50}$霜$_{32}$ | 눈 설, 위 상, 더할 가, 서리 상
❶속뜻 눈[雪] 위[上]에 서리[霜]가 더해짐[加]. ❷난처한 일이나 불행한 일이 잇따라 일어남. ㊥雷聲(뇌성)에 霹靂(벽력). ㊤錦上添花(금상첨화).

262 [속수무책] 束$_{52}$手$_{72}$無$_{50}$策$_{32}$ | 묶을 속, 손 수, 없을 무, 꾀 책
❶속뜻 손[手]이 묶여[束] 있어 어찌할 방책(方策)이 없음[無]. ❷아무런 방법이 없어 꼼짝 못함.

263 [수구초심] 首$_{52}$丘$_{32}$初$_{50}$心$_{70}$ | 머리 수, 언덕 구, 처음 초, 마음 심
❶속뜻 여우는 죽을 때 태어나 살던 언덕[丘]을 향해 머리[首]를 두어 처음[初] 마음[心]으로 돌아감. ❷'고향을 그리워하는 마음'을 비유하여 이르는 말. ㊥狐死首丘(호사수구).

264 [수복강녕] 壽$_{32}$福$_{52}$康$_{42}$寧$_{32}$ | 목숨 수, 복 복, 편안할 강, 편안할 녕
❶속뜻 오래 살고[壽] 복(福)을 누리며 건강(健康)하고 평안함[寧]. ❷건강하게 오래 삶.

265 [수불석권] 手$_{72}$不$_{72}$釋$_{32}$卷$_{40}$ | 손 수, 아닐 불, 놓을 석, 책 권
❶속뜻 손[手]에서 책[卷]을 놓지[釋] 않음[不]. ❷늘 책을 들고 지냄. ❸독서를 매우 좋아함.

266 [수신제가] 修$_{42}$身$_{62}$齊$_{32}$家$_{72}$ | 닦을 수, 몸 신, 다스릴 제, 집 가
❶속뜻 몸[身]을 닦고[修], 그런 후에 집[家]을 다스림[齊]. ❷자기 수양을 하고 집안을 잘 돌봄.

267 [수어지교] 水$_{80}$魚$_{50}$之$_{32}$交$_{60}$ | 물 수, 고기 어, 어조사 지, 사귈 교
❶속뜻 물[水]과 물고기[魚] 같은 관계의 사귐[交]. ❷'아주 친밀하여 떨어질 수 없는 사이'를 비유하여 이르는 말. ❸임금과 신하 또는 부부의 친밀함을 이르는 말. ㊥水魚之親(수어지친).

268 [수주대토] 守$_{42}$株$_{32}$待$_{60}$兎$_{32}$ | 지킬 수, 그루 주, 기다릴 대, 토끼 토
❶속뜻 나무 그루터기[株]를 지키고[守] 앉아 토끼[兎]가 걸려 죽기를 기다림[待]. ❷'우연을 필연으로 믿는 어리석음'을 비유하여 이르는 말.

故事 옛날 중국 송나라의 한 농부가 밭을 갈다가 우연히 토끼가 달려와 나무그루에 부딪혀 죽은 것을 잡았다. 그런 일이 있은 후로 농사는 팽개치고 나무그루에 지켜 앉아 또 토끼가 달려와 부딪혀 죽기를 기다렸으나, 토끼는 얻지 못하고 세상 사람들의 비웃음만 샀다는 이야기가 『韓非子』(한비자)의 五蠹篇(오두편)에 나온다.

269 [숙호충비] 宿$_{52}$虎$_{32}$衝$_{32}$鼻$_{52}$ | 잘 숙, 범 호, 찌를 충, 코 비

❶[속뜻]자고 있는[宿] 호랑이[虎]의 코[鼻]를 찌름[衝]. ❷'화(禍)를 스스로 불러들이는 일'을 비유하여 이르는 말.

270 [시종일관] 始$_{62}$終$_{50}$一$_{80}$貫$_{32}$ | 처음 시, 끝 종, 한 일, 꿸 관

❶[속뜻]처음[始]부터 끝까지[終] 일관(一貫)되게 함. ❷처음부터 끝까지 한결같음.

271 [식자우환] 識$_{52}$字$_{70}$憂$_{32}$患$_{50}$ | 알 식, 글자 자, 근심할 우, 근심 환

❶[속뜻]글자[字]를 아는 것[識]이 도리어 근심거리[憂=患]가 됨. ❷차라리 몰랐으면 좋았을 것임.

272 [신출귀몰] 神$_{62}$出$_{70}$鬼$_{32}$沒$_{32}$ | 귀신 신, 날 출, 귀신 귀, 없어질 몰

❶[속뜻]귀신(鬼神)처럼 나타났다[出] 사라졌다[沒] 함. ❷자유자재로 출몰하여 변화를 짐작할 수 없음.

273 [심사숙고] 深$_{42}$思$_{50}$熟$_{32}$考$_{50}$ | 깊을 심, 생각 사, 익을 숙, 생각할 고

❶[속뜻]깊이[深] 생각하고[思] 푹 익을[熟] 정도로 충분히 생각[考]함. ❷신중을 기하여 곰곰이 생각함.

274 [심산유곡] 深$_{42}$山$_{80}$幽$_{32}$谷$_{32}$ | 깊을 심, 메 산, 그윽할 유, 골짜기 곡

❶[속뜻]깊은[深] 산[山]의 고요한[幽] 골짜기[谷]. ❷산속의 아름다움.

275 [아전인수] 我$_{32}$田$_{42}$引$_{42}$水$_{80}$ | 나 아, 밭 전, 끌 인, 물 수

❶[속뜻]자기[我] 밭[田]에 물[水]을 끌어댐[引]. ❷자기에게만 이롭게 되도록 생각하거나 행동함.

276 [양상군자] 梁$_{32}$上$_{72}$君$_{40}$子$_{72}$ | 들보 량, 위 상, 임금 군, 접미사 자

❶[속뜻]들보[梁] 위[上]에 있는 군자(君子). ❷'도둑'을 완곡하게 이르는 말.

[故事]옛날 중국 후한의 진식(陳寔)이라는 사람이 자기 집 대들보에 앉아 있는 도둑을 보고 손자들에게, 저 대들보 위에 있는 자가 본래는 군자(君子)였다고 말하니, 그 도둑이 감격하여 뛰어내려와 잘못을 뉘우치므로 용서해 주었다는 이야기가 『後漢書』(후한서)에 나온다.

277 [어두육미] 魚$_{50}$頭$_{60}$肉$_{42}$尾$_{32}$ | 물고기 어, 머리 두, 고기 육, 꼬리 미

❶[속뜻]물고기[魚]의 머리[頭]와 짐승 고기[肉]의 꼬리[尾]. ❷생선은 머리 부분이, 고기는 꼬리 부분이 맛있다고 꼬드기는 말.

278 [어부지리] 漁$_{50}$父$_{80}$之$_{32}$利$_{62}$ | =漁父之利, 고기잡을 어, 사나이 부, 어조사 지, 이로울 리

❶[속뜻]어부(漁父)가 이득(利得)을 챙김. ❷두 사람이 이해관계로 서로 싸우는 사이에 엉뚱하게 제3자가 이익을 가로챔을 이르는 말. [비]蚌鷸之爭(방휼지쟁), 犬兎之爭(견토지쟁).

[故事]도요새와 무명조개가 서로 다투고 있을 때, 지나가던 어부가 보고 둘 다 잡아 갔다는 이야기가 『戰國策』(전국책)에 나온다.

279 [억조창생] 億$_{50}$兆$_{32}$蒼$_{32}$生$_{80}$ | 억 억, 조 조, 푸를 창, 날 생

❶[속뜻]수많은[億兆] 세상 사람들[蒼生]. ❷온 세상 모든 사람. [비]萬戶衆生(만호중생).

280 [억강부약] 抑$_{32}$強$_{60}$扶$_{32}$弱$_{62}$ | 누를 억, 굳셀 강, 도울 부, 약할 약

❶[속뜻]강(強)한 자를 억누르고[抑] 약(弱)한 자를 도와줌[扶]. ❷세상 사람들을 공평하게 함.

281 [엄처시하] 嚴$_{40}$妻$_{32}$侍$_{32}$下$_{72}$ | 엄할 엄, 아내 처, 모실 시, 아래 하

❶[속뜻]엄(嚴)한 아내[妻]를 모시고[侍] 지냄[下]. ❷아내에게 쥐여 사는 사람을 비웃는 말.

282 [여리박빙] 如$_{42}$履$_{32}$薄$_{32}$氷$_{50}$ | 같을 여, 밟을 리, 엷을 박, 얼음 빙
❶속뜻 얇은[薄] 얼음[氷]을 밟는[履] 것과 같음[如]. ❷'아슬아슬하고 위험한 일'을 비유하여 이르는 말.

283 [역지사지] 易$_{40}$地$_{70}$思$_{50}$之$_{32}$ | 바꿀 역, 땅 지, 생각 사, 그것 지
❶속뜻 처지(處地)를 바꾸어[易] 그것[之]을 생각함[思]. ❷상대편의 처지에서 생각해 봄.

284 [오거지서] 五$_{80}$車$_{72}$之$_{32}$書$_{62}$ | 다섯 오, 수레 거, 어조사 지, 책 서
❶속뜻 다섯[五] 수레[車]로 실을 만한 많은 책[書]. ❷많은 책을 읽은 다음 잘 간직함. (비)汗牛充棟(한우충동).

285 [오합지졸] 烏$_{32}$合$_{60}$之$_{32}$卒$_{52}$ | 까마귀 오, 만날 합, 어조사 지, 군사 졸
❶속뜻 까마귀[烏]가 모인[合] 것처럼 질서가 없는 병졸(兵卒). ❷훈련이 안되어 무질서한 병졸. (비)烏合之衆(오합지중), 瓦合之卒(와합지졸).

286 [용두사미] 龍$_{40}$頭$_{60}$蛇$_{32}$尾$_{32}$ | 용 룡, 머리 두, 뱀 사, 꼬리 미
❶속뜻 용(龍)의 머리[頭]가 뱀[蛇]의 꼬리[尾]로 됨. ❷'시작은 대단하였으나 끝이 흐지부지함'을 비유하여 이르는 말.

287 [용미봉탕] 龍$_{40}$尾$_{42}$鳳$_{32}$湯$_{32}$ | 용 룡, 꼬리 미, 봉새 봉, 국 탕
❶속뜻 용(龍)의 꼬리[尾]와 봉황(鳳凰)을 넣고 끓인 탕국[湯]. ❷'맛이 매우 좋은 음식'을 비유하여 이르는 말.

288 [우유부단] 優$_{40}$柔$_{32}$不$_{72}$斷$_{42}$ | 넉넉할 우, 부드러울 유, 아닐 부, 끊을 단
❶속뜻 마음이 넉넉하고[優] 부드럽기[柔]는 하지만 무언가 결단(決斷)을 내리지는 못함[不]. ❷어물어물 망설이기만 하지 딱 잘라 결단을 내리지 못함.

289 [유방백세] 流$_{52}$芳$_{32}$百$_{70}$世$_{72}$ | 흐를 류, 꽃다울 방, 일백 백, 세대 세
❶속뜻 향기[芳]가 백대[百世]에 걸쳐 흐름[流]. ❷꽃다운 이름이 후세에 길이 전함.

290 [유유자적] 悠$_{32}$悠$_{32}$自$_{72}$適$_{40}$ | 멀 유, 멀 유, 스스로 자, 다닐 적
❶속뜻 멀리 떠나[悠悠] 한가로이 자기[自] 마음대로 다님[適]. ❷속세를 벗어나 한가로이 지냄.

291 [은인자중] 隱$_{40}$忍$_{32}$自$_{72}$重$_{70}$ | 숨길 은, 참을 인, 스스로 자, 무거울 중
❶속뜻 숨기고[隱] 참으며[忍] 스스로[自] 신중(愼重)히 함. ❷마음 내키는 대로 하지 않고 신중히 처신함. (반)輕擧妄動(경거망동).

292 [인면수심] 人$_{80}$面$_{70}$獸$_{32}$心$_{70}$ | 사람 인, 낯 면, 짐승 수, 마음 심
❶속뜻 사람[人]의 얼굴[面]에 짐승[獸]같은 마음[心]. ❷사람으로서 지켜야 할 도리를 하지 못하는 짐승같은 사람. ❸배은망덕하게 행동하는 사람.

293 [일구월심] 日$_{80}$久$_{32}$月$_{80}$深$_{42}$ | 해 일, 오랠 구, 달 월, 깊을 심
❶속뜻 날[日]이 오래되고[久] 달[月]이 깊어감[深]. ❷세월이 흘러 오래될수록 자꾸만 더해짐.

294 [일도양단] 一$_{80}$刀$_{32}$兩$_{42}$斷$_{42}$ | 한 일, 칼 도, 두 량, 끊을 단
❶속뜻 한[一] 칼[刀]에 둘[兩]로 자름[斷]. ❷머뭇거리지 않고 과감히 처리함.

295 [일이관지] 一$_{80}$以$_{52}$貫$_{32}$之$_{32}$ | 한 일, 부터 이, 꿸 관, 그것 지
❶속뜻 하나[一]의 이치로써[以] 모든 것[之]을 꿰뚫음[貫]. ❷하나의 이치로 모든 것을 꿰뚫음.

296 [일일지장] 一$_{80}$日$_{80}$之$_{32}$長$_{80}$ | 한 일, 날 일, 어조사 지, 어른 장
❶속뜻 하루[一日] 먼저 태어난 어른[長]. ❷나이가 조금 많음. ❸조금 나음. 또는 그런 사람.

297 [일장춘몽] 一$_{80}$場$_{72}$春$_{70}$夢$_{32}$ | 한 일, 마당 장, 봄 춘, 꿈 몽
속뜻 한[一] 번[場] 봄[春]의 꿈[夢]. ❷'헛된 영화나 덧없는 일'을 비유하는 말.

298 [일촉즉발] 一$_{80}$觸$_{32}$卽$_{32}$發$_{62}$ | 한 일, 닿을 촉, 곧 즉, 일어날 발
❶속뜻 한[一] 번 닿기만[觸] 해도 곧[卽] 폭발(爆發)함. ❷금방이라도 일이 크게 터질듯함.

299 [일편단심] 一$_{80}$片$_{32}$丹$_{32}$心$_{70}$ | 한 일, 조각 편, 붉을 단, 마음 심
❶속뜻 한[一] 조각[片] 붉은[丹] 마음[心]. ❷변치 않는 참된 마음.

300 [일필휘지] 一$_{80}$筆$_{52}$揮$_{40}$之$_{32}$ | 한 일, 붓 필, 휘두를 휘, 어조사 지
❶속뜻 한[一] 번 붓[筆]을 들어 휘두름[揮]. ❷글씨를 단숨에 힘차고 시원하게 쭉 쓰는 모양.

301 [임기응변] 臨$_{32}$機$_{40}$應$_{42}$變$_{52}$ | 임할 림, 때 기, 응할 응, 변할 변
❶속뜻 어떤 시기(時機)가 닥치면[臨] 그에 부응(副應)하여 변화(變化)함. ❷그때그때의 형편에 따라 알맞게 일을 처리함.

302 [입신양명] 立$_{72}$身$_{62}$揚$_{32}$名$_{72}$ | 설 립, 몸 신, 드러낼 양, 이름 명
❶속뜻 입신(立身)하여 이름[名]을 세상에 날림[揚]. ❷출세하여 이름을 세상에 떨침.

303 [자격지심] 自$_{72}$激$_{40}$之$_{32}$心$_{70}$ | 스스로 자, 격할 격, 어조사 지, 마음 심
❶속뜻 스스로[自]를 격(激)하게 다그치는 마음[心]. ❷스스로 부족함을 느껴 분발하려는 마음.

304 [자중지란] 自$_{72}$中$_{80}$之$_{32}$亂$_{40}$ | 스스로 자, 가운데 중, 어조사 지, 어지러울 란
❶속뜻 자기(自己) 편 중(中)에서 일어나는 분란(紛亂). ❷자기 편 내부에서 일어난 싸움질.

305 [전화위복] 轉$_{40}$禍$_{32}$爲$_{42}$福$_{52}$ | 옮길 전, 재화 화, 할 위, 복 복
❶속뜻 재화(災禍)가 바뀌어[轉] 도리어 복(福)이 됨[爲]. ❷위기를 극복하여 좋은 기회가 됨.

306 [절치부심] 切$_{52}$齒$_{42}$腐$_{32}$心$_{70}$ | 벨 절, 이 치, 썩을 부, 마음 심
❶속뜻 이[齒]를 갈며[切] 속[心]을 썩임[腐]. ❷몹시 분하여 갖은 노력을 다함.

307 [점입가경] 漸$_{32}$入$_{70}$佳$_{32}$境$_{42}$ | 점점 점, 들 입, 아름다울 가, 지경 경
❶속뜻 점점[漸] 들어갈수록[入] 아름다운[佳] 경지(境地)에 이름. ❷갈수록 경치가 좋아짐. ❸일이 점점 재미있어짐.

308 [족탈불급] 足$_{72}$脫$_{40}$不$_{72}$及$_{32}$ | 발 족, 벗을 탈, 아닐 불, 미칠 급
❶속뜻 발[足] 벗고[脫] 뛰어가도 따라잡지[及] 못함[不]. ❷'능력이나 역량, 재질 따위가 도저히 따라가지 못할 정도임'을 비유하여 이르는 말.

309 [존망지추] 存$_{40}$亡$_{50}$之$_{32}$秋$_{70}$ | 있을 존, 망할 망, 어조사 지, 때 추
❶속뜻 살아남느냐[存] 망(亡)하느냐 하는 아주 절박한 때[秋]. ❷생존이 달려 있는 절박한 시기.

310 [종횡무진] 縱$_{32}$橫$_{32}$無$_{50}$盡$_{40}$ | 세로 종, 가로 횡, 없을 무, 다할 진
❶속뜻 남북[縱]으로 동서[橫]로 다니며 다함[盡]이 없음[無]. ❷자유자재로 행동하여 거침이 없는 상태.

311 [좌불안석] 坐$_{32}$不$_{72}$安$_{72}$席$_{60}$ | 앉을 좌, 아니 불, 편안할 안, 자리 석
❶속뜻 앉아도[坐] 편안(便安)하지 않는[不] 자리[席]. ❷가만히 앉아 있지 못하고 안절부절 걱정함.

312 [좌정관천] 坐$_{32}$井$_{32}$觀$_{52}$天$_{70}$ | 앉을 좌, 우물 정, 볼 관, 하늘 천
❶속뜻 우물[井] 속에 앉아[坐] 하늘[天]을 봄[觀]. ❷견문과 안목이 좁아 마음이

옹졸함.

313 [좌지우지] 左$_{72}$之$_{32}$右$_{72}$之$_{32}$ | 왼 좌, 그것 지, 오른쪽 우, 그것 지
❶속뜻 왼쪽[左]으로 했다 다시 오른쪽[右]으로 했다 함. ❷제 마음대로 다루거나 휘두름.

314 [좌충우돌] 左$_{72}$衝$_{32}$右$_{72}$突$_{32}$ | 왼 좌, 부딪힐 충, 오른쪽 우, 부딪힐 돌
❶속뜻 왼쪽[左]에 부딪쳤다가[衝] 다시 오른쪽[右]에 부딪침[突]. ❷닥치는 대로 마구 치고받고 함. (비)左右衝突.

315 [주경야독] 晝$_{60}$耕$_{32}$夜$_{60}$讀$_{62}$ | 낮 주, 밭갈 경, 밤 야, 읽을 독
❶속뜻 낮[晝]에는 밭을 갈고[耕] 밤[夜]에는 글을 읽음[讀]. ❷어려운 여건 속에서도 꿋꿋이 공부함.

316 [주지육림] 酒$_{40}$池$_{32}$肉$_{42}$林$_{70}$ | 술 주, 못 지, 고기 육, 수풀 림
❶속뜻 술[酒]이 못[池]을 이루고 안주로 쓸 고기[肉]가 숲[林]을 이룸. ❷'호사스런 술잔치'를 비유하여 이르는 말. 중국 은나라 주(紂)왕이 못을 파 술을 채우고 숲의 나뭇가지에 고기를 걸어 놓고 술잔치를 즐겼다는 고사에서 유래(출처 『史記』).

317 [중과부적] 衆$_{42}$寡$_{32}$不$_{72}$敵$_{42}$ | 무리 중, 적을 과, 아닐 불, 대적할 적
❶속뜻 수적으로 많고[衆] 적은[寡] 경우 서로 대적(對敵)하지 못함[不]. ❷적은 수로는 많은 수를 이길 수 없음.

318 [지리멸렬] 支$_{42}$離$_{40}$滅$_{32}$裂$_{32}$ | 가를 지, 떼놓을 리, 없앨 멸, 찢을 렬
❶속뜻 갈라지고[支] 흩어지고[離] 없어지고[滅] 찢김[裂]. ❷이리저리 흩어져 없어짐.

319 [지명지년] 知$_{52}$命$_{70}$之$_{32}$年$_{80}$ | 알 지, 목숨 명, 어조사 지, 해 년
❶속뜻 천명(天命)을 아는[知] 나이[年]. ❷ 쉰 살의 나이. 『논어 · 위정편』(論語·爲政篇)의 '五十而知天命'에서 유래.

320 [진퇴유곡] 進$_{42}$退$_{42}$維$_{32}$谷$_{32}$ | 나아갈 진, 물러날 퇴, 오직 유, 골 곡
❶속뜻 앞으로 나가도[進] 뒤로 물러서도[退] 오직[維] 깊은 골짜기[谷] 뿐임. ❷어떻게 할 수 없는 매우 난처한 경우에 처함. (비)進退兩難(진퇴양난).

321 [차일피일] 此$_{32}$日$_{80}$彼$_{32}$日$_{80}$ | 이 차, 날 일, 저 피, 날 일
❶속뜻 이[此] 날[日] 저[彼] 날[日]. ❷'약속이나 기한 따위를 미적미적 미루는 태도'를 비유한 말. (비)此月彼月(차월피월).

322 [천고마비] 天$_{70}$高$_{62}$馬$_{50}$肥$_{32}$ | 하늘 천, 높을 고, 말 마, 살찔 비
❶속뜻 하늘[天]이 높고[高] 말[馬]이 살찜[肥]. ❷가을이 좋은 계절임을 비유적으로 이르는 말. (비)秋高馬肥(추고마비).

323 [천양지차] 天$_{70}$壤$_{32}$之$_{32}$差$_{40}$ | 하늘 천, 땅 양, 어조사 지, 다를 차
❶속뜻 하늘[天]과 땅[壤]처럼 큰 차이(差異). ❷사물이 서로 엄청나게 다름. (비)天壤之判(천양지판), 雲泥之差(운니지차).

324 [철두철미] 徹$_{32}$頭$_{60}$徹$_{32}$尾$_{32}$ | 통할 철, 머리 두, 통할 철, 꼬리 미
❶속뜻 처음[頭]부터 끝[尾]까지 모두 통함[徹]. ❷전혀 빼놓지 않고 샅샅이. ❸처음부터 끝까지 철저함.

325 [취생몽사] 醉$_{32}$生$_{80}$夢$_{32}$死$_{60}$ | 취할 취, 살 생, 꿈 몽, 죽을 사
❶속뜻 술에 취해[醉] 살다가[生] 꿈을 꾸다[夢] 죽음[死]. ❷멍청하게 살다가 허망하게 죽음.

326 [치지도외] 置$_{42}$之$_{32}$度$_{60}$外$_{80}$ | 둘 치, 그것 지, 법도 도, 밖 외
❶속뜻 내버려두고[置] 도외시(度外視)함. ❷관심을 두지 않음.

327 [칠거지악] 七$_{80}$去$_{50}$之$_{32}$惡$_{52}$ | 일곱 칠, 물리칠 거, 어조사 지, 나쁠 악
❶ 속뜻 내쫓을[去] 수 있는 이유가 되는 일곱[七] 가지의 나쁜[惡] 행실. ❷예전에 아내를 내쫓을 수 있는 일곱 가지 나쁜 행실.

328 [타산지석] 他$_{50}$山$_{80}$之$_{32}$石$_{60}$ | 다를 타, 뫼 산, 어조사 지, 돌 석
❶ 속뜻 다른[他] 산[山]의 돌[石]. ❷다른 사람의 별 것 아닌 언행이 자기의 덕을 닦는 데 도움이 됨. 다른 산에 있는 하찮은 돌이라도 자기의 옥(玉)을 가는 데 도움이 된다는 말이 『詩經』(시경)에 나온다.

329 [태산북두] 泰$_{32}$山$_{80}$北$_{80}$斗$_{42}$ | 클 태, 메 산, 북녘 북, 말 두
❶ 속뜻 태산(泰山)과 북두칠성(北斗七星). ❷'사람들에게 존경을 받는 사람'을 비유하여 이르는 말.

330 [파사현정] 破$_{42}$邪$_{32}$顯$_{40}$正$_{72}$ | 깨뜨릴 파, 간사할 사, 드러낼 현, 바를 정
❶ 속뜻 사악(邪惡)한 것을 깨뜨리고[破] 올바른[正] 것을 드러냄[顯]. ❷ 불교 사견(邪見)과 사도(邪道)를 깨고 정법(正法)을 드러내는 일. 삼론종의 근본 교의이다.

331 [파안대소] 破$_{42}$顔$_{32}$大$_{80}$笑$_{42}$ | 깨뜨릴 파, 얼굴 안, 큰 대, 웃을 소
❶ 속뜻 얼굴[顔]이 일그러질[破] 듯 크게[大] 웃음[笑]. ❷크게 웃음. 또는 그런 모습. ㊐破顔一笑(파안일소).

332 [파죽지세] 破$_{42}$竹$_{42}$之$_{32}$勢$_{42}$ | 깨뜨릴 파, 대 죽, 어조사 지, 형세 세
❶ 속뜻 대나무[竹]가 단번에 쭉 쪼개지는[破] 형세(形勢). ❷맹렬하고 거침없는 기세.

333 [표리부동] 表$_{62}$裏$_{32}$不$_{72}$同$_{70}$ | 겉 표, 속 리, 아니 불, 같을 동
❶ 속뜻 겉[表]과 속[裏]이 같지[同] 아니함[不]. ❷마음이 음흉하고 불량함.

334 [피골상접] 皮$_{32}$骨$_{40}$相$_{52}$接$_{42}$ | 가죽 피, 뼈 골, 서로 상, 닿을 접
❶ 속뜻 살갗[皮]과 뼈[骨]가 서로[相] 맞닿아[接] 있음. ❷몸이 몹시 여윔. 또는 그런 몸.

335 [피차일반] 彼$_{32}$此$_{32}$一$_{80}$般$_{32}$ | 저 피, 이 차, 한 일, 돌 반
❶ 속뜻 저것이나[彼] 이것[此]이나 하나로[一] 돌아감[般]. ❷두 편이 서로 같음.

336 [하석상대] 下$_{72}$石$_{60}$上$_{72}$臺$_{32}$ | 아래 하, 돌 석, 위 상, 돈대 대
❶ 속뜻 아랫[下]돌[石]로 윗[上]대[臺]를 굄. ❷임시변통으로 이리저리 둘러맞춤.

337 [학수고대] 鶴$_{32}$首$_{52}$苦$_{60}$待$_{60}$ | 학 학, 머리 수, 괴로울 고, 기다릴 대
❶ 속뜻 학(鶴)처럼 머리[首]를 쭉 빼고 애태우며[苦] 기다림[待]. ❷간절한 마음으로 애타게 기다림.

338 [항다반사] 恒$_{32}$茶$_{32}$飯$_{32}$事$_{72}$ | 늘 항, 차 다, 밥 반, 일 사
❶ 속뜻 차[茶]를 마시는 일이나 밥[飯]을 먹는 것처럼 항상(恒常) 있는 일[事]. ❷흔하게 늘 있는 일. ❸일이 자주 발생됨. ㊟恒事, 茶飯事.

339 [현모양처] 賢$_{42}$母$_{80}$良$_{52}$妻$_{32}$ | 어질 현, 어머니 모, 좋을 량, 아내 처
❶ 속뜻 어진[賢] 어머니[母]이면서 착한[良] 아내[妻]. ❷남편과 자식 모두에게 잘하는 훌륭한 여자. ㊐良妻賢母(양처현모).

340 [호연지기] 浩$_{32}$然$_{70}$之$_{32}$氣$_{72}$ | 클 호, 그러할 연, 어조사 지, 기운 기
❶ 속뜻 바르고 큰[浩] 그러한[然] 모양의 기운(氣運). ❷하늘과 땅 사이에 가득 찬 넓고 큰 원기. ❸한량없이 넓고 거침없이 큰 기개.

341 [홍노점설] 紅$_{40}$爐$_{32}$點$_{40}$雪$_{62}$ | 붉을 홍, 화로 로, 점 점, 눈 설
❶ 속뜻 벌겋게[紅] 단 화로(火爐)에 떨어지는 한 점(點)의 눈[雪]. ❷풀리지 않던 이치 따위가 눈 녹듯이 단번에 깨쳐짐. ❸큰 것 앞에서 맥을 못 추는 매우 작은 것. ㊐紅爐上一點雪(홍로상일점설).

342 [흥망성쇠] 興$_{42}$亡$_{50}$盛$_{42}$衰$_{32}$ | 일어날 흥, 망할 망, 가득할 성, 쇠할 쇠
❶속뜻 흥(興)하고 망(亡)하고 성(盛)하고 쇠(衰)함. ❷흥성과 쇠망의 기복.

343 [희로애락] 喜$_{40}$怒$_{42}$哀$_{32}$樂$_{62}$ | 기쁠 희, 성낼 노, 슬플 애, 즐거울 락
❶속뜻 기쁨[喜]과 노여움[怒]과 슬픔[哀]과 즐거움[樂]. ❷사람의 온갖 감정.

3급 사자성어

344 [가담항설] 街$_{42}$談$_{50}$巷$_{30}$說$_{52}$ | 거리 가, 말씀 담, 골목 항, 말씀 설
❶속뜻 거리[街]에 떠도는 말[談]과 골목[巷]에 떠도는 이야기[說]. ❷길거리에 떠도는 소문이나 이야기. 세상의 풍문.

345 [각골난망] 刻$_{40}$骨$_{40}$難$_{42}$忘$_{30}$ | 새길 각, 뼈 골, 어려울 난, 잊을 망
❶속뜻 뼈[骨] 속 깊이 새겨[刻] 놓아 잊기[忘] 어려움[難]. ❷은혜에 대한 고마움이 뼈 속 깊이 사무쳐 잊히지 아니함. (비)白骨難忘(백골난망), 刻骨銘心(각골명심). (반)刻骨痛恨(각골통한).

346 [각주구검] 刻$_{40}$舟$_{30}$求$_{42}$劍$_{32}$ | 새길 각, 배 주, 구할 구, 칼 검
❶속뜻 강물에 칼을 빠뜨린 곳을 배[舟]에다 표시해[刻] 두었다가 나중에 그 표시를 보고 칼[劍]을 찾으려고 함[求]. ❷'어리석고 미련함'을 비유하여 이르는 말.
故事 楚나라 사람이 배를 타고 놀다가 칼을 물에 떨어뜨렸는데, 떨어뜨린 위치를 뱃전에 표시를 해 놓았다가 후에 배가 앞으로 옮겨간 것은 생각 않고 그 표시를 해 놓은 뱃전 밑의 물속에서 칼을 찾으려다 허탕을 쳤다는 미련한 사람의 이야기가 『呂氏春秋』(여씨춘추)에 전한다.

347 [감개무량] 感$_{60}$慨$_{30}$無$_{50}$量$_{50}$ | 느낄 감, 슬퍼할 개, 없을 무, 헤아릴 량
❶속뜻 마음에 사무치는 느낌[感慨]이 헤아릴[量] 수 없음[無]. ❷감동이나 느낌이 한이 없음.

348 [거안제미] 擧$_{50}$案$_{50}$齊$_{32}$眉$_{30}$ | 들 거, 책상 안, 가지런할 제, 눈썹 미
❶속뜻 밥상[案]을 들어[擧] 눈썹[眉]과 가지런하도록[齊] 하여 남편 앞에 가지고 감. ❷남편을 깍듯이 공경함.

349 [걸인련천] 乞$_{30}$人$_{80}$憐$_{30}$天$_{70}$ | 빌 걸, 사람 인, 가엾을 련, 하늘 천
❶속뜻 거지[乞人]가 하늘을[天] 불쌍히 여김[憐]. ❷자기 분수에 넘치는 일을 하는 부질없는 사람. 또는 그런 일.

350 [견강부회] 牽$_{30}$強$_{60}$附$_{32}$會$_{62}$ | 끌 견, 굳셀 강, 붙을 부, 모일 회
❶속뜻 억지로[強] 끌어다[牽] 대어[附] 조리에 닿도록[會] 함. ❷가당치도 않은 말을 함부로 함. 또는 그런 일.

351 [계명구도] 鷄$_{40}$鳴$_{40}$狗$_{30}$盜$_{40}$ | 닭 계, 울 명, 개 구, 훔칠 도
❶속뜻 닭[鷄] 울음소리[鳴]를 잘 내는 사람과 개[狗]같이 남의 물건을 잘 훔치는[盜] 사람. ❷남을 잘 속이는 하찮은 재주. 또는 그런 재주를 가진 사람.
故事 옛날 중국에 맹상군이라는 사람이 큰 위기에 처하자, 닭 울음소리를 잘 내는 사람과 개같이 물건을 잘 훔치는 사람을 이용하여 죽을 고비를 넘긴 이야기가 『史記』(사기)에 전한다.

352 [고침안면] 高$_{62}$枕$_{30}$安$_{72}$眠$_{32}$ | 높을 고, 베개 침, 편안할 안, 잠잘 면
❶속뜻 베개[枕]를 높게[高] 하여 편안(便安)하게 잠[眠]. ❷편안하게 잠을 잘 잠.

353 [교각살우] 矯$_{30}$角$_{62}$殺$_{42}$牛$_{50}$ | 바로잡을 교, 뿔 각, 죽일 살, 소 우
❶속뜻 소의 뿔[角]을 바로잡으려다[矯] 소[牛]를 죽임[殺]. ❷잘못된 점을 고치려다 방법이나 정도가 지나쳐 오히려 일을 그르치게 됨.

354 [구밀복검] 口$_{70}$蜜$_{30}$腹$_{32}$劍$_{32}$ | 입 구, 꿀 밀, 배 복, 칼 검
❶ 속뜻 입[口]에는 꿀[蜜]이 있고 배[腹] 속에는 칼[劍]이 있음. ❷말은 달콤하게 하지만 속으로는 해칠 생각을 하고 있음.

355 [구상유취] 口$_{70}$尙$_{32}$乳$_{40}$臭$_{30}$ | 입 구, 오히려 상, 젖 유, 냄새 취
❶ 속뜻 입[口]에서 아직[尙] 젖[乳] 냄새[臭]가 남. ❷말이나 행동이 어리고 유치함.

356 [권선징악] 勸$_{40}$善$_{50}$懲$_{30}$惡$_{52}$ | 권할 권, 착할 선, 혼낼 징, 악할 악
❶ 속뜻 착한[善] 일을 권장(勸奬)하고 악(惡)한 일을 징계(懲戒)함. ❷착한 사람을 높이고 악한 사람을 벌함.

357 [금상첨화] 錦$_{32}$上$_{72}$添$_{30}$花$_{70}$ | 비단 금, 위 상, 더할 첨, 꽃 화
❶ 속뜻 비단[錦] 위[上]에 꽃[花]을 더함[添]. ❷'좋은 일 위에 또 좋은 일이 더하여짐'을 비유하여 이르는 말. ⓑ雪上加霜(설상가상).

358 [녹양방초] 綠$_{60}$楊$_{30}$芳$_{32}$草$_{70}$ | 초록빛 록, 버들 양, 꽃다울 방, 풀 초
❶ 속뜻 푸른[綠] 버드나무[楊]와 향기로운[芳] 풀[草]. ❷아름다운 여름철의 자연 경관.

359 [당구풍월] 堂$_{62}$狗$_{30}$風$_{62}$月$_{80}$ | 집 당, 개 구, 바람 풍, 달 월
❶ 속뜻 서당(書堂)의 개[狗]가 풍월(風月)을 읊음. ❷아무리 무식한 사람이라도 유식한 사람들과 함께 오래 생활하다보면 유식해짐.

360 [도탄지고] 塗$_{30}$炭$_{50}$之$_{32}$苦$_{60}$ | 진흙 도, 숯 탄, 어조사 지, 괴로울 고
❶ 속뜻 진흙탕[塗]에 빠지고 숯불에[炭] 타는 듯한 고통(苦痛). ❷'몹시 곤궁하여 고통스러운 지경'을 비유하는 말.

361 [독야청청] 獨$_{52}$也$_{30}$青$_{80}$青$_{80}$ | 홀로 독, 어조사 야, 푸를 청, 푸를 청
❶ 속뜻 홀로[獨] 푸르디[靑] 푸름[靑]. ❷홀로 절개를 굳세게 지키고 있음.

362 [동병상련] 同$_{70}$病$_{60}$相$_{52}$憐$_{30}$ | 같을 동, 병 병, 서로 상, 가엾을 련
❶ 속뜻 같은[同] 병(病)에 걸린 환자끼리 서로[相] 가엾게[憐] 여김. ❷똑같이 어려운 처지에 있는 사람끼리 서로 동정하고 도움.

363 [망극지은] 罔$_{30}$極$_{42}$之$_{32}$恩$_{42}$ | 없을 망, 다할 극, 어조사 지, 은혜 은
❶ 속뜻 끝이[極] 없이[罔] 넓고 큰 은혜(恩惠). ❷한없는 은혜.

364 [망연자실] 茫$_{30}$然$_{70}$自$_{72}$失$_{60}$ | 아득할 망, 그러할 연, 스스로 자, 잃을 실
❶ 속뜻 자신[自]의 넋을 잃어버린[失] 듯이 멍함[茫然]. ❷넋을 잃고 어리둥절함.

365 [문전걸식] 門$_{80}$前$_{72}$乞$_{30}$食$_{72}$ | 문 문, 앞 전, 빌 걸, 먹을 식
❶ 속뜻 문(門) 앞[前]에서 빌어[乞] 먹음[食]. ❷이집 저집 돌아다니며 빌어먹음.

366 [방약무인] 傍$_{30}$若$_{32}$無$_{50}$人$_{80}$ | 곁 방, 같을 약, 없을 무, 사람 인
❶ 속뜻 곁[傍]에 아무 사람[人]도 없는[無] 것같이[若] 행동함. ❷거리낌 없이 함부로 행동함.

367 [배은망덕] 背$_{42}$恩$_{42}$忘$_{30}$德$_{52}$ | 등질 배, 은혜 은, 잊을 망, 베풀 덕
❶ 속뜻 은혜(恩惠)를 저버리고[背] 은덕(恩德)을 잊음[忘]. ❷은혜를 잊고 배신함.

368 [백골난망] 白$_{80}$骨$_{40}$難$_{42}$忘$_{30}$ | 흰 백, 뼈 골, 어려울 난, 잊을 망
❶ 속뜻 죽어 백골(白骨)이 되어도 잊기[忘] 어려움[難]. ❷남에게 큰 은덕을 입어 고마움을 표할 때 쓰는 말.

369 [백팔번뇌] 百$_{70}$八$_{80}$煩$_{30}$惱$_{30}$ | 일백 백, 여덟 팔, 답답할 번, 괴로울 뇌
❶ 속뜻 108[百八]가지의 번뇌(煩惱). ❷ 불교 육관(六官:눈·코·귀·입·몸·뜻)에 고(苦)·락(樂)·불고불락(不苦不樂)이 있어 18가지가 되며, 여기에 탐(貪)·무탐(無貪)이 있어 36가지가 되는데, 이것을 각각 과거·현재·미래에 적용시키면 108가지가 된다고 한다.

370 [붕우유신] 朋$_{30}$友$_{52}$有$_{70}$信$_{62}$ | 벗 붕, 벗 우, 있을 유, 믿을 신
❶속뜻 벗[朋=友] 사이는 믿음이[信] 있어야함[有]. ❷친구 사이에 지켜야할 도리. 즉, '믿음'을 말한다. 오륜(五倫)의 하나.

371 [사고무친] 四$_{80}$顧$_{30}$無$_{50}$親$_{60}$ | 넉 사, 돌아볼 고, 없을 무, 친할 친
❶속뜻 사방(四方)을 둘러보아도[顧] 친척(親戚)이라곤 아무도 없음[無]. ❷의지할 만한 사람이 전혀 없음.

372 [새옹지마] 塞$_{32}$翁$_{30}$之$_{32}$馬$_{50}$ | 변방 새, 늙은이 옹, 어조사 지, 말 마
❶속뜻 변방[塞] 노인[翁]의 말[馬]. ❷인생의 길(吉)·흉(凶)·화(禍)·복(福)은 늘 바뀌어 예측할 수 없음을 이르는 말. ㊥塞翁得失(새옹득실), 人間萬事塞翁之馬(인간만사새옹지마).

故事 옛날 중국 북방의 한 노인이 기르던 암말이 달아났는데, 얼마 뒤 그 말이 숫말을 데리고 돌아왔다. 어린 아들이 그 말을 타다가 떨어져 절름발이가 되었으나, 훗날 그로 인하여 전쟁터에 불려 나가는 일을 면하여 목숨을 보전하게 됐다는 이야기가 『淮南子』(회남자)라는 책에 나온다.

373 [소인묵객] 騷$_{30}$人$_{80}$墨$_{32}$客$_{52}$ | 풍류 소, 사람 인, 먹 묵, 손 객
❶속뜻 풍류[騷]를 읊는 사람[人]과 먹[墨]을 다루는 사람[客]. ❷시인과 서예가, 화가 등 풍류를 아는 사람을 통칭하는 말.

374 [소탐대실] 小$_{80}$貪$_{30}$大$_{80}$失$_{60}$ | 작을 소, 탐낼 탐, 큰 대, 잃을 실
❶속뜻 작은[小] 것을 탐(貪)내다가 큰[大] 것을 잃음[失]. ❷작은 욕심을 내다가 큰 것을 잃게 됨.

375 [순망치한] 脣$_{30}$亡$_{50}$齒$_{42}$寒$_{50}$ | 입술 순, 잃을 망, 이 치, 찰 한
❶속뜻 입술[脣]이 없어지면[亡] 이[齒]가 차갑게[寒] 됨. ❷'이해관계가 서로 밀접하여 한쪽이 망하면 다른 한쪽도 어렵게 됨'을 비유하여 이르는 말.

376 [승승장구] 乘$_{32}$勝$_{60}$長$_{80}$驅$_{30}$ | 탈 승, 이길 승, 길 장, 말 몰 구
❶속뜻 싸움에 이긴[勝] 여세를 타고[乘] 계속[長] 몰아침[驅]. ❷승리의 여세로 계속 이김. ❸계속 좋은 일이 많이 생김.

377 [식소사번] 食$_{72}$少$_{70}$事$_{72}$煩$_{30}$ | 먹을 식, 적을 소, 일 사, 번거로울 번
❶속뜻 먹을[食] 것은 적고[少] 할 일[事]은 많음[煩]. ❷소득 없이 할 일만 많음.

378 [애걸복걸] 哀$_{32}$乞$_{30}$伏$_{40}$乞$_{30}$ | 슬플 애, 빌 걸, 엎드릴 복, 빌 걸
❶속뜻 애처롭게[哀] 빌고[乞] 엎드려[伏] 빎[乞]. ❷소원이나 요구 따위를 간절히 빎.

379 [양두구육] 羊$_{42}$頭$_{60}$狗$_{30}$肉$_{42}$ | 양 양, 머리 두, 개 구, 고기 육
❶속뜻 양(羊)의 머리[頭]를 걸어 놓고 개[狗]고기[肉]를 팜. ❷겉보기만 그럴듯하게 보이고 속은 변변하지 아니함. ㊥羊質虎皮(양질호피).

380 [영고성쇠] 榮$_{42}$枯$_{30}$盛$_{42}$衰$_{32}$ | 꽃필 영, 쇠할 고, 번성할 성, 쇠퇴할 쇠
❶속뜻 꽃이 핌[榮]과 나무가 말라죽음[枯] 그리고 번성(繁盛)함과 쇠(衰)함. ❷개인이나 사회의 흥성하고 쇠망함. ㊥興亡盛衰(흥망성쇠).

381 [오리무중] 五$_{80}$里$_{70}$霧$_{30}$中$_{80}$ | 다섯 오, 거리 리, 안개 무, 가운데 중
❶속뜻 오(五) 리(里)나 되는 짙은 안개[霧] 속[中]. ❷먼 데까지 낀 안개 속에서 길을 찾기 어려움. ❸무슨 일에 대하여 알 길이 없음.

382 [오비삼척] 吾$_{30}$鼻$_{50}$三$_{80}$尺$_{32}$ | 나 오, 코 비, 석 삼, 자 척
❶속뜻 내[吾] 코[鼻]가 석[三] 자[尺]. ❷내 문제의 해결에 여념이 없어 남의 일은 거들떠볼 시간이 없음.

383 [오비이락] 烏$_{32}$飛$_{42}$梨$_{30}$落$_{50}$ | 까마귀 오, 날 비, 배 리, 떨어질 락
❶속뜻 까마귀[烏] 날자[飛] 배[梨]가 떨어짐[落]. ❷우연의 일치로 오해를 받게 됨.

384 [오상고절] 傲$_{30}$霜$_{32}$孤$_{40}$節$_{50}$ | 오만할 오, 서리 상, 외로울 고, 지조 절
❶속뜻 오만[傲]할 정도로 서리[霜]에도 굴하지 아니하고 외로이[孤] 절개(節槪)를 지킴. ❷'국화'(菊花)를 달리 이르는 말.

385 [왈가왈부] 曰$_{30}$可$_{50}$曰$_{30}$否$_{40}$ | 가로 왈, 옳을 가. 가로 왈, 아닐 부
❶속뜻 어떤 이는 옳다고[可] 말하고[曰] 어떤 이는 아니라고[否] 말함[曰]. ❷어떤 일에 대하여 옳거니 옳지 않거니 옥신각신함.

386 [요지부동] 搖$_{30}$之$_{32}$不$_{72}$動$_{72}$ | 흔들 요, 어조사 지, 아닐 부, 움직일 동
❶속뜻 흔들어도[搖] 움직이지[動] 아니함[不]. ❷흔들어도 꼼짝달싹 하지 않음.

387 [원화소복] 遠$_{60}$禍$_{32}$召$_{30}$福$_{52}$ | 멀 원, 재앙 화, 부를 소, 복 복
❶속뜻 화(禍)를 멀리하고[遠] 복(福)을 불러들임[召]. ❷화를 물리치고 복을 받음.

388 [유아독존] 唯$_{30}$我$_{32}$獨$_{52}$尊$_{42}$ | 오직 유, 나 아, 홀로 독, 높을 존
❶속뜻 오직[唯] 자기[我]만이 홀로[獨] 존경(尊敬)을 독차지함. ❷불교에서 쓰는 '天上天下, 唯我獨尊'에서 온 것이다. '唯我獨尊'의 '我'는 개인의 '나'를 뜻하는 것이 아니라 '우리', 즉 '모든 인간'을 지칭한다고 한다. 고대 인도의 카스트(Caste)제도라는 계급주의를 타파하려는 깊은 의도가 깔려 있다. 따라서 이 말은 모든 인간의 존귀함을 뜻하는 것이므로 더 이상 '자기 자신만의 존귀함'으로 오해하면 안 된다.

389 [음풍농월] 吟$_{30}$風$_{62}$弄$_{32}$月$_{80}$ | 읊을 음, 바람 풍, 놀 농, 달 월
❶속뜻 바람[風]을 읊고[吟] 달[月]을 가지고 놂[弄]. ❷자연에 대해 시를 짓고 흥취를 자아내며 즐김.

390 [이전투구] 泥$_{32}$田$_{42}$鬪$_{40}$狗$_{30}$ | 진흙 니, 밭 전, 싸울 투, 개 구
❶속뜻 진흙[泥] 밭[田]에서 싸우는[鬪] 개[狗]. ❷자기의 이익을 위하여 비열하게 다툼.

391 [일련탁생] 一$_{80}$蓮$_{32}$托$_{30}$生$_{80}$ | 한 일, 연꽃 련, 맡길 탁, 날 생
❶속뜻 죽은 뒤 함께 극락왕생(極樂往生)하여, 하나[一]의 연대(蓮臺)에 생(生)을 의탁함[托]. ❷좋든지 나쁘든지 행동과 운명을 같이 함.

392 [일어탁수] 一$_{80}$魚$_{50}$濁$_{30}$水$_{80}$ | 한 일, 물고기 어, 흐릴 탁, 물 수
❶속뜻 한[一] 마리의 물고기[魚]가 물[水]을 흐리게[濁] 함. ❷한 사람의 잘못으로 여러 사람이 피해를 보게 됨.

393 [자포자기] 自$_{72}$暴$_{42}$自$_{72}$棄$_{30}$ | 스스로 자, 사나울 포, 스스로 자, 버릴 기
❶속뜻 스스로[自]를 해치고[暴] 스스로[自]를 버림[棄]. ❷절망 상태에 빠져서 모든 것을 포기함.

394 [조령모개] 朝$_{60}$令$_{50}$暮$_{30}$改$_{50}$ | 아침 조, 명령 령, 저물 모, 고칠 개
❶속뜻 아침[朝]에 명령(命令)을 내렸다가 저녁[暮]에 다시 고침[改]. ❷법령을 자꾸 고쳐서 갈피 잡기가 어려움. ㊥朝令夕改(조령석개).

395 [조삼모사] 朝$_{60}$三$_{80}$暮$_{30}$四$_{80}$ | 아침 조, 석 삼, 저물 모, 넉 사
❶속뜻 아침[朝]에 세[三] 개 저녁[暮]에 네[四] 개를 줌. ❷간사한 꾀로 남을 속여 희롱함. ❸똑같은 것을 가지고 간사한 말주변으로 남을 속임. 故事 중국 송나라에 원숭이를 기르는 사람이 있었는데 원숭이들에게 도토리를 아침에 세 개 저녁에 네 개 준다고 하니 원숭이들이 모두 성을 내므로, 다시 아침에 네 개 저녁에 세 개를 주겠다니까 모두 좋아했다는 이야기가 『列子』(열자)에 나온다.

396 [지록위마] 指$_{42}$鹿$_{30}$爲$_{42}$馬$_{50}$ | 가리킬 지, 사슴 록, 할 위, 말 마
❶[속뜻]사슴[鹿]을 가리켜[指] 말[馬]이라고 함[爲]. ❷윗사람을 농락하여 권세를 마음대로 함. ❸'모순된 것을 끝까지 우겨서 남을 속이려는 짓'을 비유하여 이르는 말. [故事]진(秦)나라의 조고(趙高)가 승상이 자리에 올라 반대파를 골라내기 위하여 이런 꾀를 생각해 냈다. 영문을 모르는 어린 황제(皇帝)에게 사슴을 바치며 그것을 말이라고 하자, 신하들 가운데 말이 아니라 사슴이라고 직언하는 자들이 있었다. 그 사람들을 가려내어 자기 말을 믿지 않는 자라고 여겨 처벌하였다는 이야기가 『史記』(사기)에 전한다.

397 [천신만고] 千$_{70}$辛$_{30}$萬$_{80}$苦$_{60}$ | 일천 천, 매울 신, 일만 만, 괴로울 고
❶[속뜻]천(千) 가지 고생[辛]과 만(萬) 가지 괴로움[苦]. ❷온갖 고생을 다 함. [비]千苦萬難(천고만난), 千難萬苦(천난만고).

389 [취사선택] 取$_{42}$捨$_{30}$選$_{50}$擇$_{40}$ | 가질 취, 버릴 사, 가릴 선, 고를 택
❶[속뜻]가질[取] 것과 버릴[捨] 것을 가리고[選] 고름[擇]. ❷버릴 것은 버리고 취할 것은 취함.

399 [탐관오리] 貪$_{30}$官$_{42}$汚$_{30}$吏$_{32}$ | 탐할 탐, 벼슬 관, 더러울 오, 벼슬아치 리
❶[속뜻]탐욕(貪慾)이 많고 행실이 더러운[汚] 벼슬아치[官=吏]. ❷자기 욕심만 챙기는 공무원.

400 [포복절도] 抱$_{30}$腹$_{32}$絶$_{42}$倒$_{32}$ | 안을 포, 배 복, 끊을 절, 넘어질 도
❶[속뜻]배[腹]를 안고[抱] 기절(氣絶)하여 넘어짐[倒]. ❷기절할 정도로 크게 웃음. [준]抱腹. [비]捧腹絶倒(봉복절도).

401 [포식난의] 飽$_{30}$食$_{72}$暖$_{42}$衣$_{60}$ | 배부를 포, 먹을 식, 따뜻할 난, 옷 의
❶[속뜻]배부르게[飽] 먹고[食] 따뜻하게[暖] 옷을 입음[衣]. ❷입을 옷과 먹을 음식이 넉넉함. [비]暖衣飽食(난의포식).

402 [필부필부] 匹$_{30}$夫$_{70}$匹$_{30}$婦$_{42}$ | 필 필, 사나이 부, 필 필, 여자 부
❶[속뜻]평범한 남자[匹夫]와 평범한 여자[匹婦]. ❷평범한 사람들. [비]甲男乙女(갑남을녀).

403 [함흥차사] 咸$_{30}$興$_{42}$差$_{40}$使$_{60}$ | 다 함, 일 흥, 보낼 차, 보낼 사
❶[속뜻]함흥(咸興)으로 심부름을 보낸 사람[差使]. ❷심부름을 가서 오지 아니하거나 늦게 온 사람. [故事]조선의 太祖(태조)가 아들 태종에게 임금 자리를 물려주고 함흥으로 가서 은거하고 있을 때, 사신을 보내어 서울로 오시라고 하자 태조가 그 사신들을 죽이거나 혹은 잡아 가두어 돌려보내지 아니하여 돌아오는 사신이 한 명도 없었다는 이야기에서 유래된 말이다.

404 [헌헌장부] 軒$_{30}$軒$_{30}$丈$_{32}$夫$_{70}$ | 추녀 헌, 추녀 헌, 어른 장, 사내 부
❶[속뜻]기골이 추녀[軒軒]같이 장대한 대장부(大丈夫). ❷외모가 준수하고 풍채가 당당한 남자.

405 [형설지공] 螢$_{30}$雪$_{62}$之$_{32}$功$_{62}$ | 반딧불 형, 눈 설, 어조사 지, 공로 공
❶[속뜻]반딧불[螢]과 눈[雪] 빛 아래에서 공부하여 세운 공(功). ❷등불을 밝힐 수 없을 정도로 가난한 생활에서도 고생을 무릅쓰고 학문을 닦은 보람.

406 [혼정신성] 昏$_{30}$定$_{60}$晨$_{30}$省$_{62}$ | 어두울 혼, 정할 정, 새벽 신, 살필 성
❶[속뜻]날이 어두워진[昏] 저녁에는 잠자리를 정(定)해 드리고 아침[晨]에는 밤새 안부를 살핌[省]. ❷자식이 아침저녁으로 부모의 안부를 물어며 보살펴 드림. [준]定省. [비]冬溫夏凊(동온하정).

407 [홍익인간] 弘$_{30}$益$_{42}$人$_{80}$間$_{70}$ | 넓을 홍, 더할 익, 사람 인, 사이 간

❶속뜻 널리[弘] 많은 사람들[人間]을 이롭게[益] 함. ❷세상의 모든 사람들을 도와 줌. 단군의 건국이념.

408 [화사첨족] 畵$_{60}$蛇$_{32}$添$_{30}$足$_{72}$ | 그릴 화, 뱀 사, 더할 첨, 발 족
❶속뜻 뱀[蛇]을 그리는[畵] 데 발[足]을 덧붙여[添] 넣음. ❷쓸데없는 일을 하여 일을 그르침. ㊥蛇足.

2급 사자성어

409 [간담상조] 肝$_{32}$膽$_{20}$相$_{52}$照$_{32}$ | 간 간, 쓸개 담, 서로 상, 비칠 조
❶속뜻 간(肝)과 쓸개[膽]를 서로[相] 비쳐[照] 보임. ❷속마음을 터놓고 가까이 사귐.

410 [과전이하] 瓜$_{20}$田$_{42}$李$_{60}$下$_{72}$ | 오이 과, 밭 전, 오얏 리, 아래 하
❶속뜻 오이[瓜] 밭[田]과 자두[李] 밭 아래[下]. ❷남에게 혐의를 받기 쉬운 장소 혹은 그러한 경우.

411 [남부여대] 男$_{72}$負$_{40}$女$_{80}$戴$_{20}$ | 사내 남, 질 부, 여자 녀, 일 대
❶속뜻 남자[男]는 등에 짐을 지고[負] 여자[女]는 머리에 물건을 임[戴]. ❷가난한 사람들이 집을 떠나 떠돌아다님. 또는 그런 모습.

412 [남가일몽] 南$_{80}$柯$_{20}$一$_{80}$夢$_{32}$ | 남녘 남, 나뭇가지 가, 한 일, 꿈 몽
❶속뜻 남쪽[南]으로 뻗은 가지[柯] 아래에서 낮잠을 자다가 꾼 한[一] 꿈[夢]. ❷꿈과 같이 헛된 한때의 부귀영화. 중국 당 나라 때 순우분이라는 사람이 나무 아래에서 잠을 자다가 오랫동안 부귀영화를 누리는 꿈을 꾸었다는 이야기에서 유래된 말이다.

413 [노심초사] 勞$_{52}$心$_{70}$焦$_{20}$思$_{50}$ | 일할 로, 마음 심, 태울 초, 생각 사
❶속뜻 애[心]를 쓰고[勞] 속을 태우며[焦] 골똘히 생각함[思]. ❷몹시 애를 태움.

414 [단순호치] 丹$_{32}$脣$_{30}$皓$_{22}$齒$_{42}$ | 붉을 단, 입술 순, 흴 호, 이 치
❶속뜻 붉은[丹] 입술[脣]과 하얀[皓] 이[齒]. ❷매우 아름다운 여자의 얼굴. ㊐朱脣皓齒(주순호치), 皓齒丹脣(호치단순).

415 [두문불출] 杜$_{22}$門$_{80}$不$_{72}$出$_{70}$ | 막을 두, 문 문, 아니 불, 날 출
❶속뜻 문(門)을 닫아걸고[杜] 밖을 나가지[出] 아니[不] 함. ❷외부와 소식을 끊고 홀로 지냄.

416 [불구대천] 不$_{72}$俱$_{30}$戴$_{20}$天$_{70}$ | 아닐 불, 함께 구, 일 대, 하늘 천
❶속뜻 하늘[天]을 함께[俱] 이지[戴] 못함[不]. ❷이 세상에서 같이 살 수 없을 만큼 큰 원한을 가짐. ㊐不俱戴天之讐(불구대천지수), 不共戴天之讐(불공대천지수).

417 [불철주야] 不$_{72}$撤$_{20}$晝$_{60}$夜$_{60}$ | 아니 불, 거둘 철, 낮 주, 밤 야
❶속뜻 밤[夜]과 낮[晝]을 가리지[撤] 아니함[不]. ❷밤낮 없이 노력함.

418 [붕정만리] 鵬$_{22}$程$_{42}$萬$_{80}$里$_{70}$ | 붕새 붕, 거리 정, 일만 만, 거리 리
❶속뜻 붕새[鵬]가 날아가는 거리[程] 만큼 머나먼[萬] 거리[里]. ❷앞길이 아득히 멂. ❸장래가 밝지만 멀고 멂.

419 [삼고초려] 三$_{80}$顧$_{30}$草$_{70}$廬$_{22}$ | 석 삼, 돌아볼 고, 풀 초, 초막 려
❶속뜻 초막[草廬]에서 사는 귀인을 세[三] 번이나 찾아감[顧]. ❷인재를 맞아 들리려고 끈질기게 노력함. 중국 삼국 시대 촉한(蜀漢)의 임금인 유비(劉備)가 시골에서 은거하던 제갈량(諸葛亮)을 초빙하기 위하여 그의 초막을 세 번이나 찾아 간 이야기에서 유래된 말이다.

420 [설부화용] 雪$_{62}$膚$_{20}$花$_{70}$容$_{42}$ | 눈 설, 살갗 부, 꽃 화, 얼굴 용
❶속뜻 눈[雪]처럼 흰 피부[膚]와 꽃[花]처럼 아름다운 얼굴[容]. ❷미인의 아름다

운 용모.

421 [섬섬옥수] 纖$_{20}$纖$_{20}$玉$_{42}$手$_{72}$ | 가늘 섬, 가늘 섬, 옥 옥, 손 수
❶속뜻 가냘프고[纖纖] 고운[玉] 손[手]. ❷곱고 예쁜 여자의 손.

422 [신체발부] 身$_{62}$體$_{62}$髮$_{40}$膚$_{20}$ | 몸 신, 몸 체, 터럭 발, 살갗 부
❶속뜻 몸[身=體]과 머리털[髮]과 살갗[膚]. ❷몸의 모든 부분.

423 [창해일속] 滄$_{20}$海$_{72}$一$_{80}$粟$_{30}$ | 큰바다 창, 바다 해, 한 일, 조 속
❶속뜻 큰 바다에[滄=海] 떠 있는 한[一] 알의 좁쌀[粟]. ❷'매우 작음' 또는 '보잘것없는 존재'를 비유하여 이르는 말. ㊥大海一滴(대해일적).

424 [청출어람] 靑$_{80}$出$_{70}$於$_{30}$藍$_{20}$ | 푸를 청, 날 출, 어조사 어, 쪽 람
❶속뜻 푸른[靑] 색은 쪽[藍] 풀에서[於] 나왔음[出]. ❷'제자가 스승이나 선배보다 나음'을 비유한 말. '푸른 물감을 쪽 풀에서 채취했는데, 그것이 쪽 풀보다 더 푸르다'(靑出於藍, 而靑於藍/청출어람, 이청어람)는 말이 『荀子』(순자)의 권학(勸學)편에 나온다.

가나다 순 색인

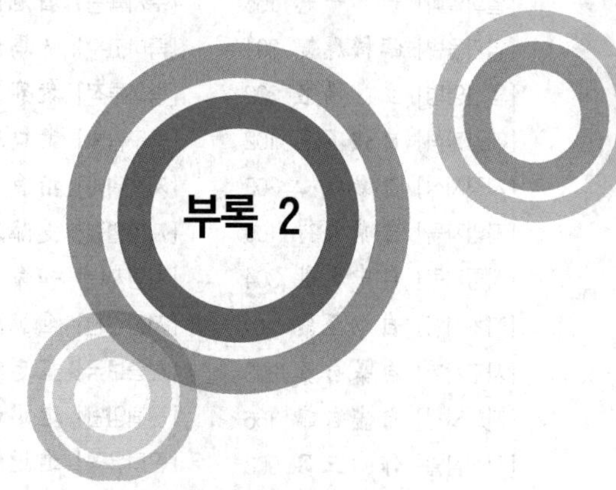

속뜻사전 상세 설명

전광진

『우리말 한자어 속뜻사전』, 줄여서 『속뜻사전』이라 하고, 학술적 명칭으로는 『LBH 교수학습법 활용 사전』이라니?! 누구나 처음 듣는 말이라 생소하고 의아한 점이 많을 것 같다. 그래서 이 사전을 기획하여 편찬하게 된 경위가 무엇이며, 주요 목적은 무엇인지, 이름은 왜 그렇게 지었는지, 어떤 특징을 지니고 있는지, 그리고 어떻게 활용하면 큰 효과를 거둘 수 있는지 등등에 관하여 상세히 설명해 둠으로써 이 사전에 대한 올바른 이해와 효율적인 활용에 도움을 주고자 한다.

1. 편찬 경위

중국 문자(한자)와 음운에 관한 학문을 익히고 귀국하여 전임 교수로 대학 강단에 선 것은 1992년 8월이었다. 중국문자학, 중국어언어학, 중국어음성학 등에 관한 강의를 주로 맡아 왔다. 1995년 어느 날이었다. 퇴근하여 집에 막 들어서려는데, 초등학교 4학년인 딸아이가 다짜고짜 "아빠! 등호가 뭐야?"라고 물어왔다. "서로 같음을 나타내는 부호를 말하는 거야"라고 말했더니 "그것을 왜 '등호'라고 해!"라고 되묻는 바람에 크게 당황한 일이 있었다. 그런 일이 있고 난 뒤로 우리나라에서 쓰는 한자와 한자어에 관해서도 관심을 기울이게 되었다. 초등학교 4학년부터 많은 한자어를 접하게 되고, 그 뜻과 까닭을 잘 아는 것이 학력과 직결되는 것임을 알게 되어 '한자어'만을 대상으로 쉽게 풀이한 사전의 필요성을 느끼게 된 것도 그때쯤이었다.

1999년 3월 2일부터 조선일보에 「생활한자」 칼럼을 매일 연재하게 되었다. 지금까지도 계속되고 있으니 벌써 9년째나 되었고, 곧 2,500회가 다 되어 간다. 전국의 약 250만 독자들로부터, 심지어 재외교포들로부터 많은 질문을 받다 보니 한자 지식에 대한 현실적 필요성을 더욱 절감하게 되었다. 한자어 사전 편찬을 위한 어휘 선정 작업에 착수한 것은 그해 가을쯤이었던 것으로 기억된다. 2002년에는 「한자의 특질에 관한 제 학설 탐구」라는 논문을 쓰면서 한자가 의미를 '암시'(hint)하는 특질을 지니고 있음을 발견하게 되었다. 이러한 특질에 대한 독창적 인식이 한자에 대한 관념을 완전히 새롭게 해 주었다. 즉 한자 지식의 활용은 곧 '힌트의 활용'임을 알게 되어 한자의 필요성을 더욱 설득력 있게 주장할 수 있게 되었다. 새로운 개념의 한자어 사전 편찬을 뒷받침할 수 있는 이론적 근거를 확보함에 따라, 어렵고 힘든 일을 확신과 신념을 가지고 임하게 되었다. 2006년 5월에는 「한자의 특질을 통한 LBH 교수학습법 개발」 이라는 논문을 탈고하게 되어, 이 사전을 새로운 교수학습법으로 활용할 수 있는 아이디어를 얻게 되었다(LBH는 Learning by hint / Learning by hanja의 약자이며, LBH교수학습법은 부록 #3을 참고 바람). 그리고 2006년 7월쯤에는 한자 형태소를 토대로 '속뜻'(morphological motivation)이란 존재를 찾아내고 보니 무거웠던 마음이 한결 홀가분해졌다. 그해 9월에는 새로운 배열법, 새로운 뜻풀이, 형태소 의미의 시각적 연계 등에 대하여 특허를 출원하게 되었다. 2007년 5월에는 대학원생들의 논문지도 과정에서 중국학자들의 합성어 연구 자료를 입수하게 되었다. 그 가운데 '불모이합'(不謀而合)한 내용이 있어서 참으로 놀라웠다. 이로써 이 사전의 학술적 근거를 더욱 객관화시킬 수 있게 되었다. 그리고 2005년부터 최근에 이르기까지 수차에 걸쳐서 설문조사를 실시하였다. 전국에 걸친 중·고등학교 학생들과 선생님, 그리고 2006년도 행정고시 합격생(총 297명)이 동 조사에 흔쾌히 협조해줌으로써 여러 가지 유익한 정보를 얻을 수 있었고, 그러한 현실적 수요에 대한 예측이 오랜 시련과 고통을 가뿐하게 해 주었다.

2. 편찬 목적

(1) 어휘력 향상을 통하여 수학 능력을 높인다.

학력 저하를 한탄하는 글들을 자주 보지만, 그것의 가장 근본적인 원인을 정확하게 진단한 것은 보지 못하였다. 필자는 초보적인 설문조사를 통하여 학생들의 '단어 불감증', 즉 '어휘력 부족'이 가장 큰 문제점임을 발견하였다. 그렇다면 학력 향상은 곧 어휘력 함양에 달려 있는 셈이다. 김진우(2001, 329)는 "궁극적인 의미로 볼 때 어휘력이 언어력의 기본이 된다는 것은 의심할 여지가 없다. 그러니까 결국 오늘날에는 어느 학교에서나 모든 교사가 어린이들의 언어력을 증진하기 위해서 최선을 다한다는 말은 그들이 어린이들의 어휘력을 확대하기 위해서 최선을 다한다는 말이나 같은 말이 된다." 라고 하여 어휘력 증대가 학습의 최대 관건임을 강조하고 있다.

우리나라 학생들에게 필요한 어휘력은 고유어, 한자어, 외래어 이상 세 종류로 나누어진다. '집안', '돌다리', '늦더위' 같은 고유어는 매우 쉽게 습득할 수 있기에 이것이 학력 저하의 요인으로 작용하지 않는다. 더구나 영어 공부는 지나칠 정도로 많이 하고 있기에 '가스'(gas)나 '에너지'(energy) 같은 외래어를 몰라서 학력이 떨어질 가능성도

전무하다. 문제는 한자어다. 이를테면, '사행천' '해식애' '파식동' '몰골법' '집적' '대사' 같은 한자어가 모든 과목에 걸쳐 무수히 많이 쓰이고 있다. 그런데 각종 교재에서는 한자어가 한글 전용으로 표기되어 있어, 누구나 쉽게 읽을 수 있다. 그래서 뜻을 아는 것으로 착각하고 그냥 지나치는 것, 그것이 문제다. 학력 저하의 가장 원천적인 문제가 바로 거기에 있다.

그렇다고 어휘력 부족과 학력 저하의 책임과 원인을 학생들에게만 돌릴 수는 없다. 그 원인 제공자 가운데 하나가 기존의 국어사전들이다. 지금까지의 국어사전들은 풀이 내용이 어렵고 장황하여 이해가 잘 안 된다는 구조적인 문제점을 안고 있다. 이를테면, '해일'이 무슨 뜻인지 궁금하여 사전을 찾아본다면 다음과 같이 되어 있다.

해일(海溢)	[해 : -]명「지리」 해저의 지각 변동이나 해상의 기상 변화에 의하여 갑자기 바닷물이 크게 일어서 육지로 넘쳐 들어오는 것.

이러한 정의식 풀이는 해당 학문에 해박한 지식이 없는 일반 학생들은 어렵기 짝이 없어 한 폭의 추상화를 보는듯한 현기증을 느끼게 된다. "바닷물[海]이 넘침[溢]"이라는 징검다리를 놓아주면 쉽게 이해하여 단번에 건너뛸 수 있을 텐데 그렇지 못한 실정이 안타깝기 그지없다. 기존 국어사전의 한자어 풀이는 기본적으로 한자가 지니는 의미에 대한 암시(hint)적 기능과 한자 어휘의 합성어(compound)적 특성을 깊이 있게 인식하지 못한 관계로 그런 구조적인 문제를 안게 되었다. 대부분의 한자어는 실질 형태소로 조합된 합성어이기 때문에 낱낱 글자의 뜻을 통하여 '속뜻'(morphological motivation)을 찾아낼 수 있다. 그리고 속뜻은 낱말 의미(정의)를 쉽게 이해시켜 주는 징검다리(stepping stone) 역할을 한다(참고 「표1」). 속뜻을 밝혀서 낱말의 근거, 이유, 유래 등을 설명해줌으로써 이해 · 사고 · 기억 이상 3단계 학습으로 어휘력을 크게 높일 수 있도록 하고, 이를 발판으로 수학 능력을 크게 높이자는 것이 이 사전의 가장 근본적인 목적이다.

(2) 학과 공부와 한자 공부의 연계를 통하여 학습 효율을 극대화한다.

초등학교 학생부터 대학생에 이르기까지 한자 공부의 열풍이 날로 대단해지고 있다. 한자 급수 시험 응시생이 한 해에 수백만 명에 육박할 정도라니 그 열풍의 위력을 알고도 남음이 있다. 그런데 그렇게 습득한 한자 지식을 제대로 활용하지 못하고 있는 것이 아쉽기 짝이 없다. 한자어가 모든 과목에 걸쳐 광범위하게 쓰이고 있기 때문에, 한자 지식을 전 과목 공부에 활용할 수 있을 텐데 그렇지 못한 현실이 매우 안타깝다 못해 딱하게 느껴질 정도다.

한자 지식을 일반 학과 공부에 활용하지 못하는 것도 따지고 보면 학생 개개인의 노력 부족 문제가 아니라 마땅한 사전이 없다는 구조적인 문제인 것 같다. 예를 들어, '혜성'이란 단어가 기존의 사전에서는 다음과 같이 풀이되어 있다.

혜성(彗星)	①「천문」가스 상태의 빛나는 긴 꼬리를 끌고 태양을 초점으로 긴 타원이나 포물선에 가까운 궤도를 그리며 운행하는 천체. 핵, 코마, 꼬리 부분으로 이루어져 있다. ②어떤 분야에서 갑자기 뛰어나게 드러나는 존재를 비유적으로 이르는 말. ¶혜성같이 나타나다.

한자에 힌트가 담겨 있다고 하지만, 이 경우의 {彗}가 무슨 뜻인지, 어떤 힌트가 담겨 있는지를 자전(옥편)을 찾아보지 않고도 알 수 있는 사람은 거의 없을 것이다. 아무리 한자 공부를 많이 한 사람이라도 모든 한자어에 대하여 그 훈을 다 알기는 사실상 불가능하다. 따라서 이 사전에서는 모든 단어의 한자에 대하여 훈을 달아 놓음으로써 한자 지식을 일반 학과 공부에 응용할 수 있는 길을 터놓았다. '꼬리별 혜'와 '별 성'이라는 훈을 달아 놓았기 때문이다. 한자 공부를 이미 많이 한 사람은 자기의 지적 수준을 옥편이 없어도 쉽게 가늠할 수 있고, 한자 지식이 부족한 사람은 옥편이 없어도 쉽게 의미 정보를 캐낼 수 있을 것이다.

반대로, 한자 공부도 학과 공부를 통하여 하는 것이 효과적이다. 학교에서 배운 교재 가운데 등장하는 한자어를 이 사전을 보고 매일매일 정리해 두다 보면 한자 공부는 저절로 될 것이다. 교재에 쓰인 한자어 공부가 한자 지식으로 승화되고 그렇게 쌓인 한자 지식이 다시 어휘력으로 발전되는 이해력 순환 상생 구도를 조성하여 전 과목 학습 효율을 높이는 결과(참고 「표 2」)가 되도록 하는 것이 이 사전 편찬의 두 번째 목적이다.

(3) 학부모의 사교육비 절감을 위한 인프라를 마련한다.

자녀의 교육 문제만큼 민감한 것이 없고, 그것을 위해서는 무엇이든지 감수하고 싶은 것이 모든 학부모의 공통된 심정이다. 사교육에 의존해서라도 성적을 올리려는 심정은 이해하고도 남음이 있지만, 사실은 지나친 점이 없지 않다. 사교육, 즉 과외 공부를 시키기만 하면 성적이 쑥쑥 오를 수 있다는 것은 큰 착각이다. Henry Adamchiewski 교수가 말했듯이 "이해하지 못하는 것을 배울 수는 없다."(김성환 2002, ix). 학습 과정에서 학생들이 이해하지 못하는 것은 문장이기에 앞서 낱말이다. 뜻을 모르는 한자어를 접하였을 때 의미 파악을 위하여 노력하지 않고 그냥 지나치는 것 그것이 문제다. 음식물을 꼭꼭 씹지 않고 그냥 삼킨다면 소화불량증에 걸리게 된다는 것은 불을 보듯 뻔한 이치이다. 이런 점에서 보자면, 과외 학습은 소화도 못 시키는 음식을 또 한 그릇 더 먹는 것이나 마찬가지다. 그러므로 사(私) 교육이 사실은 큰 효과가 없음에도 그것을 과신(過信)하고 있는 현실이 참으로 안타깝다.

이해를 제대로 하지도 못하는 상태에서 몇 시간을 더 공부해 봤자 헛일이다. 한 가지라도 제대로 익히는 예지가 필요하다. 이런 점에서 우리는 소[牛]에게 배울 점이 있다. 풀을 씹지 않고 일단 삼켜 두었다가 밤에 한 입씩 잘근잘근 되새김을 하는 그들의 예지를 배워야 한다. 학교 공부 즉 공(公)교육을 통하여 배운 것 가운데 키-워드에 상당하는 한자어에 대하여 저녁 때 이 사전을 참고하여 꼬박꼬박 정리해 두면, 과외 공부를 한 것보다 돈은 거의 들지 않고 효과는 더 클 수 있을 것이다. 이러한 '되새김'(rumination) 학습을 통하여 전국 학부모님들의 '사교육비 절감' 효과를 겨냥할 수 있는 인프라를 구축하는 것이 이 사전을 편찬한 세 번째 목적이다. 종전에는 국어사전과 한자자전 두 가지를 한꺼번에 찾아보아야 했기에 이러한 '되새김' 학습이 사실상 불가능했다.

(4) 선생님들의 강의 효율을 높일 수 있도록 한다.

수업 시간에 선생님들은 대체로 교재 내용에 대한 설명에 치중하고 있다고 한다. 그런데 정작 학생들이 어려워하는 것은 교재 내용 전체가 아니라 핵심 어휘에 상당하는 단어나 용어들이다. 설문조사 결과, 교과서에 나오는 단어나 용어에 대하여 꼬박꼬박 상세히 풀이해 주는 선생님은 거의 없다는 사실을 발견하게 되었다. 예를 들어 '포물선'이란 용어를 마주쳤을 때,

> "포(抛)는 '던질 포'이고, 물(物)은 '물체 물'이고, 선(線)은 '줄 선'을 말한다. 그러니, '물체(物體)를 던졌을[抛] 때 생기는 반원 모양의 줄 같은 선(線)'을 말하는 것이다. '포물선'이 무슨 뜻인지, 물체를 던졌을 때 그려지는 줄 모양의 선을 왜 '포물선'이라 했는지 그 이유를 이젠 분명히 알겠지!"

라고, 상세히 풀이하여 설명해주는 선생님은 약 5-10% 밖에 안 된다고 한다. 사실은 이러한 현실에 대하여 선생님들만 탓할 것은 못 된다. 모든 과목의 선생님들이 한자 박사일 수는 없다. '포물선'을 한자로는 '抛物線'이라 쓰는 것임은 국어사전을 찾아봐야 알 수 있고, 다시 抛자의 뜻을 알자면 한자 자전(옥편)을 찾아봐야 하는 수고로움이 따른다. 세상에 어떤 선생님이 매시간 국어사전과 옥편을 번갈아 뒤져가며 가르칠 시간적 정신적 여유가 있을까.

선생님들이 겪어야 할 이러한 수고로움을 조금이나마 덜어주도록 하는 것이 이 사전을 편찬한 또 하나의 중요 목적이다. 모든 한자어를 위와 같이 상세하게 풀이해 줄 수는 없겠지만 적어도 중요한 키-워드에 해당되는 것만이라도 이 사전으로 "LBH교수학습법"을 실행한다면, 강의 효율이 높아지는 것은 물론이고 학생들의 이해력 · 사고력 · 기억력을 쑥쑥 올려줄 수 있을 것이다.

3. 명칭 풀이

이 사전은 이름도 많고 별명도 많다. 학술적인 명칭은 "LBH교수학습법 활용사전"이다. LBH 교수학습법의 활용을 위해서 편찬한 것이기 때문이다. 이 사전이 있어야

LBH교수학습법이 가능하고, LBH교수학습법이 강의와 학습의 장에서 활용되어야 학력이 크게 향상될 수 있을 것이다.

그렇다고 "LBH교수학습법 활용사전"이란 이름만으로 출시되면 너무 어려워 도대체 어떤 사전을 말하는 것인지 알기 어렵기에 "우리말 한자어 속뜻 사전"이라고 명명하였다. 우리말 즉 국어의 60-70%가 한자어라는 것은 이미 만인주지의 사실이 되었다. 특히 한자어는 입말(spoken language)보다는 글말(written language)에 주로 쓰이고 있다. 그래서 학술적 용도가 매우 높고, 그렇기에 학력에 미치는 영향이 매우 크다. 학술 용어로 말하자면 90% 이상을 차지하는 것이 바로 한자어이다. 따라서 이 사전이 한자어만을 대상으로 삼고 있지만, 학술적 용도에 부응할 수 있는 확률은 90%를 넘는 셈이다.

그리고 "속뜻사전"이라고 약칭할 정도로 '속뜻'이 차지하는 비중과 의의가 매우 크다. 이에 대한 자세한 설명은 「일러두기」에서 이미 해놓은 바 있고, 다음 절의 「주요 특징」에서 다시 한번 상세히 설명할 예정이기 때문에 여기에서는 생략하기로 하겠다.

이 사전을 편찬하는 과정에 많은 사람에게 샘플을 주어 의견 조사를 한 바 있다. 그 과정에서 수집된 별명과 별칭에 관한 고견이 많았는데 대표적인 것 몇 가지만 옮겨 보자면 다음과 같다.

①"한글로 써놓은 한자어가 한글로는 열리지 않습니다. 한자를 힌트로 삼아 속뜻을 쏙쏙 파헤쳐 놓아 속까지 시원해지니 '**속-시 사전**'이라 하면 어떨까요?"
②"한자는 몰라도 한자어는 안 쓸 수 없습니다. 이제까지 우리는 한자어란 수박의 겉만 핥은 셈입니다. 이 사전은 한자어란 수박을 속까지 완전히 풀이해 놓았으니 일명 '**수박 속 먹기 사전**'이라 하면 좋을 것 같아요".
③"한자어는 모든 과목에 걸쳐 두루두루 너무나 많이 쓰이고 있으니 한자어의 뜻을 잘 알아야 전 과목의 점수를 쑥쑥 올릴 수 있습니다. 그러니 '**전과목 고득점 길라잡이 사전**'이라 하는 것이 좋겠습니다".
④"제가 보기에는, 이 사전으로 공부하면 내신과 논술 두 마리 토끼를 다 잡을 수 있을 것 같습니다. 그러니 '**내-논 한자어 사전**'이라 하면 좋겠다는 생각이 들었습니다".

이상 네 가지 의견은 기가 막힐 정도로 기발한 것이기에 그냥 버려두기가 너무나 아까웠다. 참신한 의견을 제시해 준 고교생과 대학생들, 그리고 현직 선생님들에게 고마운 마음을 가슴 깊이 간직해 둔다.

4. 주요 특징

(1) '속뜻'을 통하여 어휘 습득을 쉽게 할 수 있도록 배려하였다.

기존 국어사전들의 한자어 의미 풀이는 낱글자의 의미와 무관하고 논리적인 비약이 심하여 이해가 힘들다. 그리고 그렇게 풀이된 이유를 알기 어렵다는 단점이 있다. 언어학적으로 말하자면 각각의 형태소들이 지니고 있는 형태론적 유연성(有緣性)을 알아내기가 곤란하다. 기존의 국어사전들이 지니고 있는 이러한 큰 문제점을 보완하기 위하여, 이 사전에서는 낱글자의 훈(訓, morphemic meaning : M1)과 속뜻(morphological motivation : M2)이라는 두 단계를 더 설정하여 차근차근 설명해주는 방식을 도입하였다. 알기 쉽게 도표로 예시해 보자면 다음과 같다.

「표1」 한자어의 풀이 단계 비교

기존사전	2 **단계** : (W) ⇒ (D) : 일방적 관계		
속뜻사전	4 **단계** : (W) ⇌ (M_1) ⇌ (M_2) ⇌ (D) : 쌍방적 관계		
(W) **낱말**	(M_1) **훈(형태소)**	(M_2) **속뜻**	(D) **정의**
부담 負擔	(질 부, 멜 담)	등에 짊어지고[負] 어깨에 멤[擔].	어떠한 의무나 책임을 짐.
갈등 葛藤	(칡 갈, 등나무 등)	칡[葛] 덩굴과 등나무[藤] 덩굴처럼 서로 뒤얽힘.	'견해·주장·이해 등이 뒤엉킨 반목, 불화, 대립, 충돌'을 비유하여 이르는 말.
압력 壓力	(누를 압, 힘 력)	누르는[壓] 힘[力].	①「물리」두 물체가 접촉면을 경계로 하여 서로 그 면에 수직으로 누르는 단위 면적에서의 힘의 단위. ② 권력이나 세력에 의하여 타인을 자기 의지에 따르게 하는 힘.

위의 표에서 보는 바와 같이 기존 사전에 의한 학습은 W와 D의 거리가 너무나 멀기 때문에 W를 왜 D로 풀이하는지, D같은 의미를 하필이면 왜 W라고 하는지를 이해할 수 없다. 이 사전에서는 기존 국어사전들과 달리 M1과 M2같은 두 개의 징검다리를 설정해 둠으로써 그 쌍방 관계에 대하여 쉽게 이해(理解)하고 그 원리를 생각하게[思考] 한 후에 기억(記憶)함으로써 어휘 습득의 효율을 높일 수 있도록 하였다.

(2) 국어사전과 한자옥편을 합친 일거양득의 효과를 누릴 수 있도록 배려하였다.

국어사전은 낱말을 중심으로 하고 있고, 한자자전은 낱낱의 글자를 위주로 풀이하고 있다. 한자를 전혀 모르는 사람이 한자어에 대하여 학습하자면 먼저, 국어사전을 찾아서 한자로는 어떻게 쓰는지를 찾아보아야 한다. 그리고 낱낱의 한자에 대하여 그 뜻을 알자면 다시 한자 자전(옥편)을 찾아보아야 하는 번거로움이 뒤따른다.

이 사전에서는 그 두 가지 기능을 다 할 수 있도록 특별히 배려해 놓았기에 일거양득(一擧兩得)의 효과를 누릴 수 있다. 특히 한자의 의미 암시 기능을 최대한 활용할 수 있도록 형태소 의미[訓]를 명시해 놓았기 때문에 한자에 익숙하지 못한 사람이라도 한자에 쉽게 접근할 수 있는 장점을 지닌다.

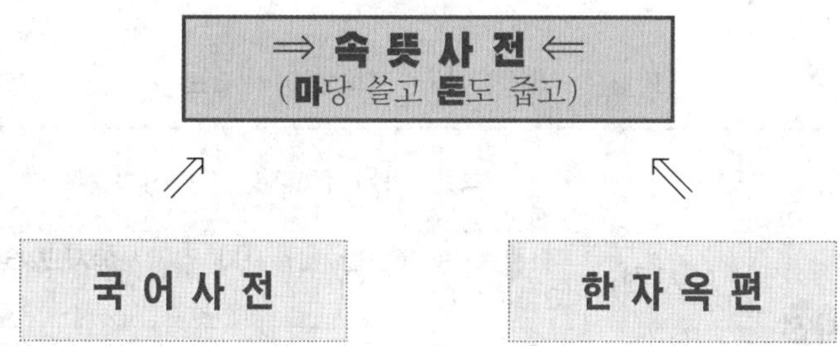

(3) 학과 공부와 한자 공부가 순환 상생의 구도를 갖도록 배려하였다.

학과 공부와 한자 공부가 별개의 것이 아님에도 따로따로 하는 것이 지금까지의 일반적인 관행이었다. 그래서 힘은 배로 들고 효과는 반으로 줄어들 수밖에 없었다. 이 사전이 있으므로 해서 그 두 공부를 유기적으로 결합할 수 있게 되었다. 학과 공부에서 등장하는 한자어를 정리하면서 한자 지식을 축적하고, 그렇게 축적된 한자 지식을 다시 전 과목 공부에 활용하는 순환 상생(相生)의 메카니즘은 이 사전이 있음으로써 비로소 가능해졌다.

「표 2」 학과 공부와 한자 공부의 연계를 통한 전 과목 수학 능력 향상 모델

➡ 전 과목 수학 능력 ⬅		
⬆ **학과 공부** (어휘력)	⇨ 한자어 ⇨ 한자지식 ⇨ 이해력 향상의 순환 상생 구도 ⇦ 한자어 ⇦ 한자지식 ⇦	⬆ **한자 공부** (기억력)

5. 활용 방법

한자어를 자주 접하는 사람은 누구나 이 사전을 통하여 고품격 어문 생활에 큰 도움이 될 것이다. 머리말에서 언급한 바 있는 '단어 불감증'이 학생들에게만 문제가 되는 것이 아니다. 일반인에게도 보편적으로 널리 감염되어 있는 증세이다. 이를테면 '특종 기사'란 단어를 자주 접하다 보니 어떤 경우에 쓰는 말임은 대충 짐작은 하겠지만, 그러한 기사를 왜 '특종'이라 하였는지는 잘 모르면서도 사전을 찾아 명확하게 알아보려는 노력은 하지 않는다. 참고로, '특종 기사'란 단어에 대하여 기존의 A·B 두 사전과 이 속뜻사전의 풀이를 비교해 보자면 다음과 같다.

「표 3」 '특종 기사' 의미 풀이 비교표

		특종 기사【特種記事】
기존 사전	A 사전	「언론」어떤 특정한 신문사나 잡지사에서만 얻은 중요한 기사.
	B 사전	신문사·잡지사 등에서 그 사(社)에서만 얻은 중대한 기사.
속뜻 사전		(특별할 특, 뿌릴 종, 기록할 기, 일 사). 「언론」어떤 특정한 신문사나 잡지사에서 특별(特別)히 먼저 씨앗을 뿌려[種] 보도한 중요 기사(記事). 여기서 '種'은 '종류'의 의미가 아니라, 씨앗 따위를 '뿌리다'라는 뜻으로 '어떤 사건을 최초로 여러 사람에게 보도함'을 비유적으로 나타낸 것이다.

위의 비교표를 통하여 알 수 있듯이, A사전에서는 {種}자가 쓰인 이유를 알 수 없고, B사전에서는 {特}과 {種} 두 글자가 쓰인 까닭을 알 수 없다. 언어학적으로 말하자면 각 글자의 유연성(有緣性, motivation)을 알 수 없다는 것이다. 속뜻 사전을 활용하면 한자어의 유연성을 쉽게 알 수 있다. 정확한 사고(thought)는 정확한 용어의 사용에 달려 있다고 한다. 조금이라도 생소한 단어를 접하였을 때 이 사전을 찾아보면 속뜻까지도 알게 되어 속이 시원하게 됨은 물론이고, 결국에는 모든 한자어를 확실하게 자기의 것으로 소화할 수 있을 것이다.

일반인이 아니라, 글을 가르치거나 배우는 사람의 경우로 보자면 이 사전의 활용 방법은 'LBH 교수학습법'과 직결되기에 이에 대하여는 부록#3에서 자세히 설명하고 있다. 아울러 이 자리를 빌려, 이성은 등(2002)의 『초 · 중등 교실을 위한 새 교수법』(교육과학사. 338쪽)에 있는 '핵심어 학습법'을 소개해 보자면 다음과 같다.

"두뇌는 중요하지 않은 것들은 자동적으로 잊어버리기 때문에 기억을 위한 방략들은 두뇌에 적합한 방식으로 이루어져야 한다. 따라서 주요 아이디어만을 입력해야 기억과 이해에 효과적이다. 이러한 의미에서 핵심어를 활용하는 것이 매우 효과적인 기억과 이해의 결과를 가져 올 수 있다. 핵심어를 이용하면 몇몇의 이점이 있다. 첫째, 핵심어를 이용하면 기억해야 할 양이 줄어든다. 둘째, 기록된 단어들에 대한 심상이 풍부해진다. 셋째, 핵심어를 추출할 때, 자료를 이해하는 일에 더 관여하므로 자료를 깊이 있게 처리 한다".

여기에서 말하는 핵심어는 문장의 키-워드(key word)를 말하는 것으로, 우리나라의 경우에는 그것이 거의 대부분 한자어에 상당한다. 따라서 키-워드로 쓰인 한자어에 대하여 매일매일 이 사전을 찾아서 정리해 두어야 비로소 핵심어 학습법이 겨냥하는 '효과적인 이해'와 '효과적인 기억'을 더욱 쉽게 달성할 수 있을 것이다.

6. 맺음말

공(公)교육을 불신(不信)하는 것도 문제이고, 사(私)교육을 과신(過信)하는 것도 문제이다. 과외 공부를 시켜서 성적이 오를 것을 기대하는 것은, 만성 소화불량으로 배가 아픈 아이에게 밥을 한 그릇 더 먹게 하여 몸이 튼튼해지기를 바라는 것만큼이나 무모한 일이다. 학생들이 정작 갑갑하고 답답해하는 것은 교재의 내용이나 선생님의 설명이 아니라 그 가운데 등장하는 한자어이다. 한자어가 실제로는 한글로만 적혀 있기 때문에 누구나 쉽게 읽을 수[삼킬 수] 있다. 이 점에 있어서 우리는 미련한 소[牛]에게 배울 점이 있다. 소가 풀을 뜯어 먹을 때, 매번 꼭꼭 씹지 않고 일단 삼키고 본다. 그런 다음에 밤이 되면 어김없이 한 입씩 잘근잘근 되새김을 한다. 일단 삼키고 보는 것은 소나 사람이나 마찬가지다. 그런데 소는 다시 '되새김'을 하는 예지를 발휘하지만, 사람(학생)들은 대충 넘겨 삼킨 한자어를 계속 그냥 놔둔다. 그것이 학력 저하의 근본 원인이다. 매일 수업 시간에는 낯선 한자어를 체크해 두었다가, 밤이면 어김없이 이 사전을 활용하여 과목별 단어장에 꼬박꼬박 옮겨 정리해 두는 '되새김'(rumination) 학습을 습관화하면 공부가 재미있고 전 과목 성적이 우후죽순(雨後竹筍)처럼 쑥쑥 올라갈 것이다. 등잔 밑이 어둡다더니, 우리는 그동안 학력 향상과 사교육비 절감의 비법을 너무나 먼 곳에서 찾아 헤맨 것 같다. 한자는 더이상 '미운 오리 새끼'가 아니다. 잘만 활용하면 '황금 오리'가 될 수 있다.

LBH교수학습법 개발

전광진

【 목 차 】

1. 서 론

한자는 몰라도, 한자어는 안 쓰려야 안 쓸 수 없다. 국어사전에 수록된 어휘 가운데 약 60~70%가 한자어라고 하지만, 서면 언어(written language)에서는 상상을 초월할 정도로 훨씬 더 많다. 「한글 전용에 관한 법률」을 폐지하는 대신에 2005년 1월 27일에 제정된 「국어기본법」(법률 제7368호) 제1조는 "이 법은 국어의 사용을 촉진하고 국어의 발전과 보전의 기반을 마련하여 국민의 창조적 사고력의 증진을 도모함으로써 국민의 문화적 삶의 질을 향상하고 민족문화의 발전에 이바지함을 목적으로 한다"라고 그 목적을 규정하고 있다. 이 가운데 한자어를 까맣게 바꾸어 보면 다음과 같다.

조사만 뺀 나머지는 모두 한자어라고 해도 무방할 정도로 많음을 한눈에 알 수 있다. 그리고 까맣게 가려진 것을 빼놓으면 아무런 뜻도 추측할 수 없으니, 한자어가 핵심어(key-word)로 쓰인 것임을 금방 알 수 있다. 바꾸어 말하자면 한자어에 대한 의미 파악이 문장의 뜻을 푸는 열쇠(key) 역할을 하는 것이다. 따라서 한자어에 대하여 그 뜻을 명확하게 파악하려는 노력이 없이 수학(修學) 능력을 높인다는 것은 불가능한 일이다. LBH[1]교수학습법은 기본적으로 이러한 현실에 대한 깊은 통찰과 인식에 그 뿌리를 두고 있다.

2. 기존 교수학습법의 검토

교수학습에 관한 이론은 약 10여 종이 있는바 이는 다시 행동주의 심리학, 인지주의 심리학, 인본주의 심리학 이상 세 가지 분야로 크게 나뉜다. 이러한 각종 이론이 수업 방법에 적용되는 교수법은 줄잡아도 14종이 있을 수 있다[2]. 교수학습이론은, 대체로 심리학에 입각한 인간의 인지 활동에 주안점을 두고 있다. 언어 습득, 특히 어휘력 향상을 위한 교수학습법을 개발하면서 참고의 가치가 있는 것을 꼽아보자면, (1)총체적 언어접근법, (2)몬테소리 교육, (3)마인드 맵, 이상 세 가지를 들 수 있다.

총체적 언어 접근법은 Goodman(1986, 1989)에 의하여 제창된 것으로, 교수학습 원리의 기초로 듣기·말하기·읽기·쓰기의 지도를 강조하면서도 정작 어휘의 중요성에 대해서는 인식하지 못하거나 거의 무시하고 있다고 해도 과언이 아니다. 학습자의 언어 체득에 대한 통제 기준 7개 중에 단어와 문맥의 적절한 사용이 제시되어 있을 따름이다(이성은 등 2002, 112).

몬테소리 교육은 학생을 존중하고 학생의 작업을 중시하는 사상에 근원을 두고, 학생은 고유의 발달적 특성과 독자성을 지닌 존재이므로 그들 나름대로의 자유스럽고

---

1) LBH는 "Learning by Hint"를 약칭한 것이다. 한자(Hanja)가 수행하고 있는 의미 암시(Hint) 기능을 학습에 활용한다는 뜻에서 명명한 것이다. 따라서 "Learning by Hanja"의 약칭으로 볼 수도 있다. 한자가 어렵다고 팽개칠 것이 아니라 그 가운데 내포되어 있는 힌트를 최대한 발굴하여 학습에 활용하는 예지를 발휘하는 것이 현명한 처사일 것이다.

2) 이성은 등(2002)은 새로운 수업방법의 원리와 적용이라는 제목하에, 프로젝트 접근법· 총체적 언어 접근법·다중지능 접근법·홀리스틱 교육·몬테소리 교육·발도르프 교육·자기주도적 학습·협동 학습·개별화 학습·팀 티칭·정보통신기술 활용 교육·자리 학습·마인드 맵·신문활용교육(NIE), 이상 14종 교수학습법에 대하여 상세히 소개하고 있다.

자연스럽고 조화 있는 심신의 성장이 보장되어야 한다는 학생관을 강조하는 교육방법을 말하는데, 몬테소리 언어 교육의 특징은 말하기, 쓰기, 읽기의 순서로 이루어지며, 쓰기가 읽기에 앞선다고 보는 점이 특색이다(이성은 등 2002, 173). 교육에의 적용에 있어 수업에서 사용된 교구 안내를 먼저 국어, 수학, 사회 및 자연, 일상 생활, 이상 4영역으로 나누어 제시한 40개 교구명 가운데 국어 영역에만 '사전 찾기' 교구명을 제시하고 '모르는 단어의 뜻을 사전 찾기를 통해 알기'라는 활동 내용을 덧붙이고 있을 뿐이다. 이러한 활동이 다른 세 영역에서는 빠져 있는 것이 흠이다.

마인드 맵은 1970년대 초 두뇌 이론을 기반으로 영국의 Tony Buzan이 발전시킨 학습 방법이다. 그는 두뇌 이론과 인지심리학에서 시각적 사고 과정이 중요하게 다루어지는 점에 착안하여, 시각적 사고를 효과적으로 활용할 수 있는 방법으로 마인드 맵을 고안해 낸 것이다. 마인드 맵은 종래에 사용해 왔던 낱말로 아이디어를 표상하는 것보다 시각적 이미지로 표상 할 수 있게 해 줌으로써, 기억을 증진시켜 줄 뿐 아니라, 다양하고 풍부한 사고를 할 수 있게 해 준다고 믿었다[3](이성은 등 2002, 331).

오늘날에는 어느 학교에서나 언어력 증진을 학교 교육의 주요 목표의 하나로 삼고 있기 때문에 모든 교사와 어린이들이 학교에 입학한 날부터 그 목표를 달성하기 위해 있는 힘을 다하고 있다(金鎭宇 2001, 329). 여기에서 말하는 '언어력 증진'은 말과 글을 포함한 개념이다. 입말이든 글말이든 언어는 어음(語音), 어휘(語彙), 어법(語法) 이상 세 가지 층차로 대별된다. 어음과 어법에 관한 지식은 일정한 수준에 달하는 것으로 족한 반면에 어휘에 관한 지식은 많을수록 좋다는 특징을 지닌다. 따라서 언어력 증진에 있어서 어음과 어법에 관한 것은 어휘보다 상대적으로 간단한 문제이다. 그러나 어휘력은 학력 정도에 따라 크게 달라지므로, 어휘력 향상이 곧 언어력 증진을 말하는 것인 셈이 된다. 그래서 金鎭宇(2001, 329)는 "궁극적인 의미로 볼 때 어휘력이 언어력의 기본이 된다는 것은 의심할 여지가 없다. 그러니까 결국 오늘날에는 어느 학교에서나 모든 교사가 어린이들의 언어력을 증진하기 위해서 최선을 다한다는 말은 그들이 어린이들의 어휘력을 확대시키기 위해서 최선을 다한다는 말이나 같은 말이 된다"라고 하여 어휘력 확대가 학습의 최대 관건임을 강조하고 있다.

---

3) 두뇌가 낱말보다는 이미지를 몇 배나 더 많이 저장할 수 있다고 하여, 낱말을 다소 輕視하면서도 '핵심어'(key word)를 강조한 것은 앞으로 검토할 새로운 교수학습법에 의한 어휘 습득에 주요 이론적 기초를 제공할 수 있으므로 이를 소개해 보자면 다음과 같다. 「두뇌는 중요하지 않은 것들은 자동적으로 잊어버리기 때문에 기억을 위한 방략들은 두뇌에 적합한 방식으로 이루어져야 한다. 따라서 주요 아이디어만을 입력해야 기억과 이해에 효과적이다. 이러한 의미에서 핵심어를 활용하는 것이 매우 효과적인 기억과 이해의 결과를 가져 올 수 있다. 핵심어를 이용하면 몇몇의 이점이 있다. 첫째, 핵심어를 이용하면 기억해야 할 양이 줄어든다. 둘째, 기록된 단어들에 대한 심상이 풍부해진다. 셋째, 핵심어를 추출할 때, 자료를 이해하는 일에 더 관여하므로 자료를 깊이 있게 처리한다.」(이성은 등 2002, 338쪽).

새로운 교수학습법을 개발함에 있어서는 학습자의 언어력 증진이 가장 기본적인 것이며, 언어력 증진을 위해서 가장 중요한 문제가 곧 어휘력 증대임을 선행 연구를 통하여 여실히 알 수 있다. 그러나 앞에서 본 14종 교수학습법 가운데 어휘력 증대와 유관한 것이 있기는 하지만 이러한 요구에 부응하기에는 매우 미흡한 실정이다.

3. 어휘 습득과 지능 발달

(1) 어휘 습득과 어휘의 수

언어가 발달되기 이전의 유아들은 울음, 옹알이(babbling), 흉내내기, 몸짓 같은 수단을 통하여 의사를 표시하며, 이 단계를 지나 언어 획득기(獲得期)에 접어들면 바로 '엄마', '아빠', '맘마' 같은 한 마디의 말, 즉 한 개의 단어를 사용하는 방법을 체득하게 된다고 한다. 교육심리학적으로는 "4~6세에 해당되는 유아는 일상생활에 필요한 어휘를 대부분 습득하게 되고, 문법에 맞게 말하려고 노력한다"(이현림 등 2005, 67)고 보고 있다. 여기에서 말하는 '일상생활에 필요한 어휘'는 그 당시 의식주에 따르는 기본어휘(basic word)를 말하는 것일 따름이다.

이 시기 이후에는 사고와 학습을 통하여 필요한 어휘의 수를 늘려나가게 된다. 사고와 언어의 관계를 연구한 소련의 심리학자 Vygotsky(1962)는 "아동이 7세 정도가 되면 ……논리적 기억력을 사용하여 머릿속에서 언어의 조작을 배우게 된다. 이 시기에 획득된 사고능력과 언어를 기초로, 생을 통하여 언어적 사고에 있어 내적 언어와 외적 언어를 구사하게 된다"(이현림 등 2005, 62. 재인용)라고 하여 논리적 기억력과 언어적 사고의 중요성을 강조하였다.

우리 머릿속에는 엄청난 수의 단어에 대한 지식이 축적되어 있는데, 심리학자들은 이것을 심성어휘집(mental lexicon) 또는 어휘기억(lexical memory)이라고 부른다. "영어의 경우를 참고하여 보면, 평균적으로 한 사람이 성인이 되기까지 습득하는 단어의 수는 약 5만개라고 한다(Anderson & Freedy, 1981, 이정모 등 2005, 252. 재인용).

金鎭宇(2001, 325)는 4명의 서구 학자들이 조사한 연령별 어휘 수와 그 증가 추세에 관한 자료를 소개하고 있어 이를 다시 도표로 정리해 보자면 다음과 같다.

「표」 연령별 어휘 수 증가 추세

	만6세	초등1년	비고
Hoff-Ginsberg(1997)	8,000	14,000	15만(대학생)
Clark(1983)	14,000		
Harris(1970)		3,000-17,000	
Anglin(1993)		11,000	2만(3학년), 4만(5학년)

위의 표로 보자면, 학자들의 연구 결과가 크게 차이가 나지만, 대체로 초등학교 때 이미 성인에게 필요한 어휘의 80% 정도를 확보함을 알 수 있다. 그런데 우리나라 학생들을 대상으로 조사된 보고가 없음이 매우 안타깝다. 앞으로 누군가에 의하여 이러한 조사가 이루어지길 희망하며, 그 경우 고유어와 한자어를 구별하여 조사한다면 어휘력 증대 방안을 더욱 구체화하는 데 도움이 될 것이다.

(2) 어휘력과 지능

어휘를 풍부하게 하는, 즉 어휘력을 늘려나가는 것은 지능과 무관하지 않다. 무엇이 지능인가에 대하여 교육심리학에서는 대체로 각기 다른 세 가지 관점을 제시하고 있다. 고도의 추상적인 사고 능력으로 보는 관점(Terman, Thurstone 등), 학습의 기초 능력으로 보는 관점(Dearborn, Freeman, Woodrow, Gates, Henmon 등), 새로운 환경에 대한 적응 능력으로 보는 관점(Stern, Pintner, Colvin, Piaget)을 꼽을 수 있다(이현림 등 2005, 102). 가장 많은 학자들이 견지한 두 번째 관점에 근거하여 '학습 기초 능력이 곧 지능'이라고 한다면 어휘력과 지능은 불가분의 관계를 맺게 되는 셈이다. 학습에 필요한 어휘 지식 없이 학업 능력이 향상된다는 것은 불가능하기 때문이다.

그렇다면, 지능은 무엇으로 구성되어 있는가? 라는 문제를 다루고 있는 '지능 구조'에 대해서 교육심리학자들의 견해는 대체로 네 가지로 나누어진다. 그 가운데 Binet와 Guilford의 주장이 우리의 관심을 끌고 있다. 이현림 등(2005, 103-104)의 요약에 따르면, Binet는 ①추리하는 능력, ②이해하는 능력, ③사고의 방향 결정과 이를 유지하는 능력, ④자아비판의 능력, 이상 네 가지가 복합적으로 작용한다고 보고 있다. Guilford는 지적 능력은 기억력과 사고력으로 구성된다고 여겼다. 두 학자의 견해를 종합하여 어휘력 향상 관점에서 정리해 보자면, 추리력, 이해력, 사고력, 기억력이 어휘력 향상, 즉 지능의 발달로 이어진다고 보아도 무방할 것이다. 각도를 달리하여 말하자면, 어휘력 향상을 위해서는 새로 학습한 어휘에 대하여, 추리력, 이해력, 사고력, 기억력을 함양하는 것이 관건이 된다고 볼 수 있을 것이다. LBH 교수학습법은 바로 이러한 효과를 효율적으로 거둘 수 있도록 입안된 것이다.

(3) 어휘력 증대 방안

학업 능력 신장의 가장 중요한 기초가 되는 어휘력의 증대를 위하여 기존의 교수학습 이론 또는 언어 습득 이론에서 이미 소개된 바 있는 방안을 정리해 보자면 다음과 같다.

가. 언어 습득 이론에서 제시한 방법[4)]

① 읽기 : 읽기가 가지는 두 가지 기능은 첫째, 읽기를 통해서 이미 말로 배운 낱말들의 지식을 더욱 견고하게 하거나 보다 확대할 수 있다. 둘째, 읽기를 통해서 말하기나 듣기를 통해서 접할 수 없었던, 다양하면서도 수준 높은 어휘들을 많이 접할 수 있게 된다[5)].

② 사전 찾기 : 어린이들이 읽기를 배울 무렵에는 보통 사전 쓰기도 배우게 되는데, 이것 역시 그들이 어휘력을 늘리는 데 한몫을 하게 된다.

나. 마인드 맵을 위한 선수(先修) 학습에서 제시한 방법[6)]

① 제목 정하기 및 대표하는 말 쓰기 : 각 나열된 단어들 사이의 공통점을 찾아 하나로 묶을 수 있는 낱말을 생각해 내는 연습.

② 단어 묶기 : 나열된 단어들을 상위 개념과 하위 개념으로 분류하여 묶을 수 있는 제목을 정하는 연습.

③ 핵심 단어 찾기 : 주어진 문장 속에서 핵심 단어를 찾아내는 연습.

④ 브레인스토밍 : 한 단어에 연상되는 낱말을 되도록 많이 찾아내는 연습.

---

4) 金鎭宇(2001, 331-332)에 제시된 것을 요약한 것임.

5) 읽기, 즉 독서가 어휘력 확대에 직접적으로 연관되는 것임은 만고불변의 진리라고 할 수 있다. 한글전용으로 쓰여진 글은 한글을 깨친 학생이면 누구나 쉽게 읽을 수 있다는 장점이 있다. 그러나 읽을 줄 안다고 뜻을 아는 것은 결코 아니다. 홍명희의 「임꺽정」에 나오는 한 구절을 인용해 보자. "청춘에 돌아간 우리 누님의 팔자도 기박하지만 의초 좋던 내외간에 생리사별한 것이 포원이 되어서 속현 아니하고 일생을 홀아비로 지내는 중일이의 일도 가엾지요". 이 구절에서 '기박', '생리사별', '포원', '속현' 같은 한자어는 읽을 줄 안다고 해서 그 뜻을 다 아는 것은 결코 아니기 때문에 읽는 것으로 끝날 것이 아니라, 이러한 종류의 어휘에 대한 지식을 기르기 위한 별도의 대책이 필요시 된다.

6) 이성은 등(2002, 347-348)을 참고하여 정리한 것임.

⑤ 미니 마인드 맵 : 「1」 한 단어 생각나는 단어 10개 적기 연습.
「2」 단어 대신 그림으로 10개의 이미지를 나타내는 연습.

마인드 맵에서 제시한 다양한 방법들이 어휘력 확대에 크게 이바지할 수 있을 것이라 여겨진다. 특히 '핵심 단어 찾기'는 주어진 문장의 뜻을 이해하는 데 있어서 매우 효과적인 방안이라 할 수 있다. 우리나라 학생들에게 많이 노출되는 문장을 대상으로 핵심어의 유형을 조사해본다면 참으로 유용한 결과가 도출될 수 있을 것이다. 즉 그 가운데 한자어가 차지하는 비중과 그런 한자어에 쓰인 한자의 자종(字種)을 정리 분석해 본다면 어문 교육 정책 수립에도 크게 기여할 수 있을 것이다.

다. 피바디 언어발달 프로그램

어린이들의 언어학습활동을 가장 과학적이면서도 종합적으로 체계화시켜 놓은 것이 바로 「피바디 언어발달 프로그램」인데, 여기에는 조립하기를 비롯하여 생각하고 말하기, 운율을 따라 말하기, 분류하기, 비교하기, 숫자 세기, 묘사하기, 토의하기, 극화하기, 지시 따르기, 분별하기, 상상하기, 명칭 붙이기, 듣기, 짝짓기, 무언(無言)으로 행동하기, 예측해서 말하기, 문제 해결하기, 추리하기, 관계짓기, 기억하기, 문장구성하기, 계열화하기, 이야기하기, 어휘습득하기, 등의 25가지 학습활동이 포함되어 있다(주영희 1984; 金鎭宇 2001에서 재인용). 겉으로 보기에는 이 가운데서 명칭 붙이기와 어휘습득하기 정도만이 어휘력 신장과 직접적으로 관련이 되어 있는 것으로 되어 있다. 그러나 조금만 자세히 살펴보면, 이 가운데서 어휘력의 신장에 조금이라도 이바지하지 않고 있는 것은 하나도 없음을 알 수 있다.

이상의 어휘력 확대 방법론들은 나름대로 상당한 성과가 있는 것이라 할 수 있다. 그러나 우리나라 학생들에게 한글로 포장된 채로 노출된 수많은 한자어에 대하여 각각의 형태소에 대한 이해 없이 무턱대고 외우게 하는 것은 매우 무모한 동시에 비효율적이다. 특히, 사전 찾기가 어휘력 확대에 도움이 되는 것은 지극히 옳은 말이나, 현행 국어사전에서는 한자어의 풀이가 정의(definition) 중심으로 되어 있으며, 형태소 의미를 고려하지 않고 있으므로 한자 복합어의 의미를 제대로 이해할 수 없는 등 많은 문제점을 안고 있다. 따라서 한자어 어휘력 확대를 위한 새로운 교수학습법을 개발하기 위해서는 먼저 한자어와 한자의 특질에 대하여 깊이 고찰해볼 필요가 있을 것이다.

4. 한자어와 한자의 특질

(1) 한자어와 형태소

앞에서는 새로운 교수학습법을 개발함에 있어서 어휘의 중요성에 대하여 일반적인 상황에서 살펴보았다. 우리나라의 경우만으로 국한시켜 문제를 심도 있게 고찰하자면, 먼저 한국어 어휘의 특성에 대해 살펴볼 필요가 있다.

한국어에 쓰이고 있는 어휘는 크게는 고유어와 차용어로 나뉠 수 있고, 차용어는 다시 한자어와 외래어로 나뉜다. 그러나 모든 한자어는 차용어가 아니고, 즉 우리나라에서 만들어진 한자어도 많이 있고, 또 순수 외래어와는 문화적 역사적 배경이 다르기에 이를 독립시켜 고유어, 한자어, 외래어라는 삼분법으로 나누는 것이 일반적인 관행으로 되어 있다.

이러한 세 가지 부류의 어휘에 있어서 한자어가 지니는 비중을 먼저 양적으로 살펴볼 필요가 있을 것이다. "한자어는 그 기원을 가지고 보면 외래어임에도 불구하고 그 수와 사용 빈도에서 고유어를 능가하고 있다. 한국어 어휘의 60% 이상을 한자어가 차지하고 있으며 일상생활에서의 사용빈도를 따진다면 70%를 넘어서고 있다"(심재기 1980, 조명한 등 2003, 116).

일상생활이 아니라, 학교에서의 어문 교육에 쓰이고 있는 어휘들로 보자면 한자어의 비중은 70% 정도에 그치는 것이 아니라, 80%를 훨씬 상회할 것이다. 특히 교재에 쓰인 문장의 핵심어(key word)로 보자면 90%이상이 한자어일 것으로 추정된다. 이러한 사실을 뒤집어 말하자면 어문 교육의 관건은 바로 한자어에 대한 이해와 숙지에 달려 있다고 해도 과언이 아닐 것이다.

한자어에 대한 이해는 형태소에 대한 정확한 인식이 선행되어야 한다. 언어 단위들 가운데, 일정한 소리에 일정한 의미를 지닌 것으로서, 의미 있는 요소 중 더 작게 분석할 수 없는 단위를 형태소(morpheme)라 한다. 또는 더 작게 분석하면 그 뜻을 잃어버리는 말의 단위를 형태소로 정의하기도 한다(남기심, 고영근 1995). 또는 의미/통사를 담당하는 최소의 언어학적 단위를 형태소로 정의하는 설도 있다(조명한 등 2003, 101).

조정래의 「태백산맥」에 나오는 "돈뭉치를 그대로 꺼냈다가는 의심받기가 십상일 것이었다."란 구절에 등장되는 '십상'이란 한자어가 실제로는 [십쌍]으로 발음하기 때문에 {십}과 {상}이란 두 형태소의 결합이라는 사실을 간과하기 십상이다. 더구나 '十常', '十常八九'라는 한자 또는 한자어 지식이 없는 사람의 경우에는 '쉽상'이라 적더라도 잘못 쓰인 곳을 찾아내기 어려울 것이다. 한자어에 대한 정확한 이해는 바로 각각 형태소에 대한 올바른 파악이 관건임을 이를 통하여 알 수 있다.

(2) 한자어의 구조

형태소는 단어 내부(sub-lexical)의 단위로서, 단어는 하나 이상의 형태소로 구성된다. 한 개의 형태소로만 이루어진 단어를 단일어 또는 단순어(simple words)라 하고, 두 개 이상의 형태소로 이루어진 단어를 복합어(complex words)라고 한다. 예를 들어 '학문'(學問)이란 단어는 {學}이라는 형태소와 {問}이라는 형태소가 결합된 것이다. 학자에 따라서 복합어를 합성어라 부르는 예도 있으나, 합성어(compound words)는 파생어(derived words)와 함께 복합어의 하위 부류를 이룬다. 즉, 합성어와 파생어를 합하여 복합어라 부르며 합성어의 구성법을 합성법이라 한다(조명한 등 2003, 101).

한자 어휘는 2음절 복합어휘가 대종을 이루고 있는데, 이것은 파생법(派生法, derivation) · 합성법(合成法, compounding) · 중첩법(重疊法, reduplication), 이상 세 가지 유형으로 나누어진다.

어근(語根, root) 형태소에 접두사나 접미사가 첨가됨으로써 하나의 낱말을 형성하고 있는 파생어는 수적으로 많지 않다. 한자어에 쓰이는 접두사로는 {第}(第-四), {假}(假-建物)·{非}(非-道德)·{沒}(沒-廉恥) 같은 소수의 준(準)접두사(quasi-prefix)가 고작일 따름이다. 한자에는 접미사 발달도 매우 미미하다. 순수 접미사로는 {子} 밖에 없다고 해도 과언이 아니다(예, 女子 · 男子 · 卓子 · 孔子 등).

어근 형태소가 중첩되어 있는 것으로는 微微(미미) · 少少(소소) · 疏疏(소소) · 間間(간간) 등이 있다. 이러한 중첩어는 수적으로 매우 적을 뿐만 아니라 그 의미를 이해하는 데 크게 어려운 점은 없기 때문에 더 이상의 설명이 필요 없다. 파생어와 중첩어는 수적으로 매우 제한적이며 극소수에 불과할 따름이다. 반면, 합성법에 의하여 형성된, 즉 두 개 이상의 어근(실질) 형태소가 결합된 합성어는 거의 대부분에 달할 정도로 가장 많은 비율을 차지하고 있다. '한자어=합성어'라고 해도 과언이 아닐 정도로 합성어는 매우 중요한 것이다. 그리고 그 구조 유형에 따라 의미가 달라질 수도 있는 등 난해한 점이 많기 때문에 이에 대한 이해가 합성어휘를 학습하는 데 있어서 핵심적인 역할을 할 수 있다. 따라서 이에 대하여 간단하게 살펴보자면 다음과 같다.

가. 병렬(竝列) 구조 : 'A와 B', 'A 또는 B'같이 두 어근 형태소가 나란히 제시되어 있는 것을 말하는데, 두 형태소 간의 의미 상관성에 따라 대등(對等) 관계와

대립(對立) 관계, 두 가지 유형으로 나누어진다. 대등 관계는 서로 동일하거나 매우 비슷한 어근 형태소가 병렬되어 있는 것을 말하며, 대립 관계는 서로 상반되는 것이 병렬되어 있는 것을 말한다. ① 對等 관계(人民, 河川, 言語). ② 對立 관계(是非, 有無, 大小).

나. 수식(修飾) 구조 : 수식어와 중심어(피수식어)로 구성되어 있는 것을 말한다. 이것에는 ①명사+명사(예, 鐵路, 電燈, 雨衣), ②형용사+명사(美人, 朱門), ③동사+명사(流水, 學生), ④수사+명사(四海, 三綱) 이상 네 가지 유형이 있다.

다. 주술(主述) 구조 : 'A가 B하다'같이 두 어근 형태소가 각각 주어와 술어로 쓰인 방식을 취하고 있는 낱말을 말한다(天動, 地震, 家貧).

라. 부술(副述) 구조 : A가 부사어에 상당하고, B가 술어(동사, 형용사)에 상당하는 방식으로 짜여 있는 것을 말한다. '조동사+동사'와 '부정부사+명사'의 구조를 취한 것도 편의상 이에 포함시켜보자면, 총 5종으로 세분될 수 있다. ①부사+동사(豫測, 特定, 頻發), ②조동사+동사(當爲, 可憐, 肯定), ③부사+형용사(最少, 至急), ④부정부사+형용사(不安, 莫大, 非凡), ⑤부정부사+명사(非禮, 不孝, 非道).

마. 술보(述補) 구조 : A가 술어이고, B가 보어인 구조를 말하는데, 보어의 성격에 따라 두 가지로 세분된다. ①결과 보어(縮小, 矯正, 說明, 餓死, 擊破), ②정도 보어(激甚, 爽快).

바. 술목(述目) 구조 : 술어와 목적어로 구성되어 있는 것으로 다시 두 가지로 나누어진다. ①지배 관계(讀書, 避難, 殺人, 放火, 防火), ②존현 관계(有力, 有名, 無實, 立春, 開花).

(3) 한자의 성질 및 특질

한자어는 한자로 표기될 때 그 의미가 분명하게 드러날 수 있는 단어이므로, 한자와는 불가분의 관계를 가진다. 따라서 한자어에 대한 분석과 이해는 먼저 한자의 성질과 특질에 대한 이해가 선행되어야 한다.

한자의 성질 문제는 문자 유형학적인 측면에서 한자를 어디에 귀속시킬 것인가 라는 문제로 귀착된다. 한자의 성질에 관해서는 1930년대 이후로 많은 학자들의 분분한 설들이 있었다. 表意文字說 · 過渡文字說 · 表音文字說 · 意音文字說 · 語彙文字說 · 語彙-音節文字說 · 形態素文字說 · 形態素-音節文字說, 이상 8종 학설이 있었는데,

전광진(2001)은 이에 대한 분석·정리를 통하여 (1)표의문자(seme-graph), (2)형태소문자(morpheme-graph), (3)음절문자(syllable-graph), 이상 세 가지로 귀납시켰다. 종합해서 정리하자면, '表意'의 '意'는 형태소로서의 의미를 말하는 것이며, 그것의 절대다수가 단일 음절로 쓰이고 있다는 점이다.

그리고 한자의 특질에 대하여는 楊潤陸(1988) · 蘇培成(1994) · 鄭廷植(1997) · 胡雙寶(1998) · 高更生(1999) · 許錟輝(1999) · 張·夏(2001) 등의 많은 연구가 있었다. 전광진(2002)은 이러한 선행 연구에 대하여 한자의 3대 요소인 字形 · 字音 · 字義에 관한 것을 基本 특질로, 한자의 활용에 따른 부수적인 효과와 관련된 것을 附隨 특질로 구분 짓고, 기본 특질은 다시 形音義에 공통된 공통 특질과 형음의 각각에 대한 개별 특질로 세분하였다. 특히 字義 특질에서 언급한 내용(전광진 2002, 28)중에는 한자어에 대한 교수학습법의 매우 중요한 이론적 근거가 포함되어 있기에 이를 인용해 보자면 다음과 같다.

> "한자의 字義는 字形을 통하여 나타나고 있음은 너무나 자명한 것이기에 이에 대한 詳論이 필요 없을 것 같다. 다만 字形에 의하여 나타나는 字義가 어떤 특질을 지니고 있는지는, 지금까지 많은 학자들의 논저를 통하여 구체적으로 摘示되지 못하고 있는 점을 지적하지 않을 수 없다. 필자는 한자의 자의 특질을 한마디로 개괄하자면 '暗示性'을 들고 싶다. 暗示性이란 한자의 자형을 통하여 나타내는 字義는 형태소든 낱말이든 막론하고 그것이 지칭하는 의미 전부를 나타내는 것이 아니라, 약간의 暗示(hint)를 주고 있을 따름이다. 이러한 점에서 보자면 한자에 대하여 暗示文字(hintograph)라는 또 하나의 명칭을 부여할 필요가 있다는 것이 필자의 주장이다. 예를 들어보자. '쉬다'(rest)는 뜻을 나타내기 위해서 고안된 「休」자에 제시되어 있는 두 가지 의미 정보, 즉 '나무'(木, tree)와 '사람'(人, person)은 나무 그늘 아래에서 쉬고 있는 사람을 흔히 볼 수 있기에 그러한 연상을 통하여 '쉬다'는 의미임을 暗示하는 기능을 하고 있다. 象形 방식에 의하여 고안된 글자들도 그것이 나타내고자하는 의미를 암시할 뿐이지 그 전체를 나타내는 것은 아니다."

위에서 말하는 한자의 암시(힌트)성은 한자 내부의 각 요소들이 단음절 어휘 또는 단음절 형태소로서의 의미를 암시하는 기능을 수행하는 것을 말한다. 즉, '쉬다'라는 뜻을 나타내는 休자에 쓰인 '나무 목'[木]과 '사람 인'[人]은 모든 나무와 모든 사람을 지칭하는 것이 아니라, 나무 아래에서 쉬고 있는 사람을 암시하는 것일 따름이다. '소나무'를 뜻하는 松자의 木은 소나무 또는 모든 나무를 말하려는 것이 아니라, '나무의 일종'임을 나타내는 암시적 기능을 할 뿐이다. 한자의 의미요소(semantic indicator)에 내포되어있는 암시적 기능은 마치 영어 단어의 접두사의 경우를 방불케 한다. 이를테면 '(연극 등의) 막간(幕間)'을 의미하는 intermission이라는 단어에 쓰인 접두사 inter-가 '사이'(between{間})를 암시하는 것과 같은 기능으로 볼 수 있다.

이러한 의미 암시 기능은 한자어, 특히 합성어의 경우에 더욱 현격하게 나타난다. '생일'이란 단어를 예로 들어 보자. '생일'이란 단어의 뜻을 아는 데 있어서 {生}과 {日}이라는 형태소가 의미를 암시하는 중요한 안내자 역할을 수행하고 있다. 이러한 현상은 영어 복합 어휘의 경우와 완전히 똑같다. 즉, 'birthday'이라는 단어의 뜻은 {birth}와 {day}라는 두 형태소가 결정적인 도우미 역할을 수행하고 있다. 이러한 형태소의 의미 암시 기능을 적절히 잘 활용하는 것이 새로운 교수학습법의 관건이다.

5. 새로운 교수학습법의 개발

(1) 이론적 기초

가. 언어심리학

한자의 사용이 날로 줄어들고 있는 것은 사실이다. 그럼에도 불구하고 한자어의 사용은 거의 줄어들지 않고 있다. 한자어의 표기를 한자로 하지 않고 한글로 표기하는 데 그치고 있다. 그래서 한자를 몰라도 한자어의 뜻을 알 수 있는 것으로 착각하는 사람들이 많다. 그래서 오늘날 한자 교육은 갈수록 그 강도가 아주 낮아짐에 따라 한자어 형태소에 대한 사람들의 이해는 상당히 저조해지고, 급기야 학력 저하라는 결과를 낳고 말았다.

이러한 현실에 대하여 언어심리학에서는 표기와 형태소의 대응 관계가 일치하지 않음에 따른 문제점을 이렇게 지적하고 있다. "표기와 형태소의 대응 관계가 일정하지 않다는 것이다. 예를 들어, {方}, {防}, {房}, {放} 등의 형태소가 모두 표기상으로는 하나의 글자 '방'과 대응하고 있다. 이것은 한자를 표기에 사용하지 않기 때문에 나타나는 현상으로서, 한자어의 형태소 처리를 어렵게 하는 요인이기도 하다"(조명한 등 2003, 116).

한자 어휘를 한자로 써 놓으면 형태소간의 시각적 경계가 분명하여, 형태소 처리와 인식이 용이할 텐데, 이러한 사실을 무시하고 있는 경향이 참으로 안타깝다. 한글로만 적어 놓은 교재를 사용하는 학생들이 한자어를 어떻게 인식하고 있는가? 이 점에 대하여 언어심리학자는 다음과 같이 진단하고 있다.

"한자어 하나하나를 더 이상 분해할 수 없는 하나의 덩어리로서 학습하거나, 처리하지는 않을 가능성이 높다. 사람들은 '천지, 천하, 지하' 등과 같은 단어를 학습하는 경우, 거기에 {천}, {지}, {하} 등의 보다 작은 의미 단위가 있음을 직관적으로 이해할 수 있을 것이다. 이와 같은 추론은, 한글 표기가 일상화된 현대에도 한자어의 표상과 처리가

그 구성 형태소들에 관한 암묵적 지식에 근거할 수 있음을 시사한다."(조명한 등 2003, 117)

위의 진단에서 "한자어의 표상과 처리가 그 구성 형태소들에 관한 암묵적 지식에 근거할 수 있음"을 지적한 것은 한자 교육을 받은, 즉 한자 지식을 이미 습득하고 있는 사람에 해당되는 것이지, 한자 지식이 전혀 없는 사람은 위의 글 첫머리에서 지적하였듯이 "더 이상 분해할 수 없는 하나의 덩어리로서 학습하거나, 처리하지는 않을 가능성이 높다"고 볼 수밖에 없다. 실제로 우리의 교육 현실은 그런 늪에서 헤매고 있고, 1800자 정도의 한자를 익히면 될 것을, 수 만 개의 단어를 통째로 익혀야 하는 큰 부담을 안게 되는 어리석음을 자초하고 있다.

이러한 현실에서 보자면, 한자 형태소의 학습이 매우 절실함은 아무리 강조해도 지나침이 없을 것이다. 한자 형태소의 학습이 단어의 습득, 독서 능력의 발달에 있어서 매우 중요함을 언어심리학에서는 다음과 같이 말하고 있다.

첫째, 단어의 습득에서도 형태소의 학습은 매우 중요하다. 형태 인식(morphological awareness) 능력은 음운 인식(phonological awareness) 능력 못지않게 독서 능력의 발달에 중요한 변인으로서 작용하고 있다(조명한 등 2003, 121).

둘째, 한국어는 영어보다 복합어적인 자극 상황이 훨씬 많고, 따라서 한국어에서 단어의 인지 과정은 어쩌면 형태적 구조 분석의 과정이라고 바꾸어 말할 수도 있다. 한국어 텍스트에서 기본적인 단위는 어절이고 어절은 다형태소 단위이기 때문에 형태소의 분절은 독서의 핵심적 과정이라고도 할 수 있다(조명한 등 2003, 123).

그래서 "한국어에서는 '미인'이란 단어의 어두 형태소가 {美}라는 것을 알기 위해서는 단어의 처리가 선행되어야 한다. 이 점이 한자를 사용하는 중국어 또는 일본어와 다른 점이다. 한자를 사용하여 처음부터 '美人'이라고 적으면 {美}와 같은 형태소 마디들이 먼저 활성화되고, 그 활성화가 단어 마디로 입력될 것이다"(조명한 등 2003 120). 이러한 지적은 한글 전용의 한국어 문장에 쓰인 단어에 대하여 한자 지식이 전혀 없는 경우를 두고 한 말이다. 한자로 서사된 중국어나 일본어의 경우에서 볼 수 있듯이, 한자 지식을 확보하고 있으면 형태소 의미를 토대로 단어의 인지(認知)를 더욱 쉽고 명확하게 할 수 있음을 알 수 있다. 이러한 사실은, 한자어에 대한 교수학습에 있어서 한자 형태소 지식이 얼마나 유효적절하게 활용될 수 있음을 뒷받침해 주는 언어심리학적 근거라는 점에서 더욱 큰 의의를 지닌다. 그럼에도 불구하고, 한국 한자어의 형태소에 관한 연구는 한자 교육의 침체 때문인지 매우 소홀하였다[7]. 그래서 앞으로는 형태소 그 자체에

7) 언어심리학의 문제 지적을 옮겨보면 다음과 같다. "한국어의 단어인지에 관한 연구는 주로 글자, 자모, 획 그리고 단어의 수준에서 이루어져 왔다. 중간의 수준, 즉 형태소 처리 과정을 다루는 연구는 상대적으로

대한 연구나 형태소 지식의 활용 방안을 강구하는 예지가 필요함을 강조해 두고 싶다[8]. LBH교수학습법의 개발은 바로 이러한 점에 착안하여 한자 어휘 지식이 학습 능력 제고에 이바지하는 방안을 세우려는 뜻에서 비롯됐다.

나. 복합어 습득 이론

앞에서 보았듯이 "한국어는 영어보다 복합어적인 자극 상황이 훨씬 많고, 따라서 한국어에서 단어의 인지 과정은 어쩌면 형태적 구조 분석의 과정이라고 바꾸어 말할 수도 있다"(조명한 등 2003, 123). 그래서 영어 복합어 습득에 관한 이론이 한자어 교수학습에 큰 도움이 될 수 있을 것이다. 취학 전 유아가 영어 복합어를 어떻게 습득하는지를 단계별로 조사 분석한 Berko(1958)의 연구 결과가 하길종(2001, 150)에 소개되어 있어 이를 재인용 해 보기로 하겠다.

1단계 : **주제 파악 단계**로 대상의 주제나 형태 진술(X는 X이기 때문에 X이다)이다. '책가방은 왜 그렇게 불리어지느냐?'는 물음에 대해서 유아는 '책가방이기 때문에 책가방으로 불리어진다'고 대답하였다. 이것은 책가방이라는 의미단위보다는 책가방의 단어의미로만 설명을 하기 때문이다. 즉 책가방을 '책+가방'이라는 의미단위로 기억하거나 습득하지 않고 '책가방'이라는 단어의 형태로만 습득을 하기 때문이다.

2단계 : **특징 자질이나 기능을 습득하는 단계**로 복합어의 기능이나 자질을 설명한다(복합어를 이루고 있는 각 자립 형태소의 의미에 관계없이 습득하거나 기억하는 단계). 즉 '왜 에어컨이냐?'고 물으면 유아는 '에어컨은 시원하기 때문'이라고 대답을 한다. 이것은 유아가 에어컨이라는 기능적인 측면, 즉 에어컨은 시원하게 해주는 것이라는 것만을 습득하고 기억하는 단계이다. 이것은 유아가 에어컨이라는 각각의 형태소 의미보다는 복합적인 의미로 기억을 하기 때문이다.

3단계 : **어휘에 연관된 특징이나 자질을 습득하는 단계**이다. 이 단계는 두 형태소 중 하나의 형태소 의미만 이해하는 단계이다. 단풍나무라는 단어에 대해서 '단풍 + 나무'라는 형태소로 구성되어 있지만, 유아가 단풍나무에 대해서 이해하는 것은 '단풍'보다는 적어도 '나무'라는 형태소만을 이해할 수 있는 단계이다.

4단계 : **어원을 습득하는 단계**이다. 이 단계는 두 자립 형태소의 어원을 파악하여 복합어를 사용할 수 있는 단계이다. '어린이날'이라는 복합어에 대해서 {어린이}라는 형태소와 {날}이라는 형태소의 의미를 이해하여 사용하는 단계

적었다"(조명한 등 2003, 102).

8) 형태소의 중요성을 언어심리학적 측면에서 조명한 것을 옮겨보자면 다음과 같다. "단어와 관련된 연구에서 형태소에 주목하여야 하는 이유 중 하나는, 상당수의 어휘가 다형태소(multimorphemic) 단어 라는 점이다. 사람들은 새로 생성된 다형태소 단어를 쉽게 이해하며, 또한 필요에 따라 손쉽게 만들어 쓰기도 한다. 한편, 단어 인지의 연구에서도 단어의 형태론적 구조는 어휘 표상/처리의 이해에서 필수적인 고려 사항이다. 예를 들어, 심성어휘집을 구성하는 표제어(entry)의 단위에 대한 여러 논쟁이 있으나, 만약 심성어휘집이 형태소를 기본으로 하여 구조화되어 있다고 보면, 심성어휘집의 저장 공간을 절약하고, 심성어휘집에 접속하는 시간을 줄인다는 장점이 있다"(조명한 등 2003, 101).

이다. 그러나 이 두 형태소의 어원을 이해하기 이전에 유아는 막연히 쉬는 날로 이해하였으나, 학습에 의해서 점차 두 형태소인 '어린이와 날'의 어원을 파악하는 단계이다. 유아가 이 두 형태소의 어원을 파악하여 이해하는 것은 학습에 의하지 않고는 해결될 수 없다. 어원을 파악하는 단계는 대체로 초등학교에 입학이 가능한 연령이어야 하는 고차원의 습득단계이다. 이 시기에는 의존형태소를 무의미한 단어로 구분해서 습득한다.

Berko(1958)가 연구에 활용한 영어 복합 어휘는 afternoon, airplane, birthday, breakfast, blackboard, football, newspaper, sunshine 등이다. 그런데 이것들은 각각 '午後', '飛行機', '生日', '朝餐', '黑板/漆板', '蹴球', '新聞', '日光' 같은 한자어와 대응되고 있다. 바꾸어 말하자면, 'afternoon'이라는 영어 복합어의 학습은 '午後'라는 한자어의 학습과 동일한 성격을 지닌다. '午後'를 '오후'라는 서사 형식으로 익히는 것은 'afternoon'을 '에프터눈'이라 기록하여 학습하는 만큼이나 어리석은 일이다. '에프터눈'이라 적으면 형태소 경계와 분석이 쉽지 않기 때문에 Berko(1958)가 말한 제4단계의 효율적인 학습이 사실상 불가능하게 되는 문제점이 있다. 이러한 현상은 한자 지식이 없는 학생들은 모두 한자어를 제1단계의 원시적인 방법으로 익힐 수밖에 없기 때문에 학업 능력이 현격히 저하되고 있다. {after}('이후')와 {noon}('정오')라는 두 형태소로 나눌 수 있으면 'afternoon'을 쉽게 익힐 수 있듯이, '오후'를 {午}+{後}로 나누어 보게 되면 한자어를 효율적으로 학습할 수 있을 것이다.

아울러, Berko(1958)가 제시한 4단계 학습 가운데 제1단계와 제4단계의 차이가 매우 큰 의의를 지니고 있으므로, 이를 토대로 삼아 다시 정리하자면 복합어에 대한 교수학습에 있어서 다음 두 가지 사실이 매우 중요함을 발견하게 된다.

첫째, 'birthday'(X)가 '생일'(Y)을 뜻한다는 사실을 인지함에 앞서, '생일'(Y)을 왜 'birthday'라고 하는지를 이해하는 것이 어휘력 확대에 큰 밑받침이 된다는 사실이다. 즉, X는 Y라는 뜻임을 단순 주입식으로 학습시킬 것이 아니라, Y를 왜 X라고 하였는지를 이해시키는 것이 중요하다. 무턱대고 외우는 암기가 아니라 이해와 사고가 기억력을 배가시킬 수 있기 때문이다.

둘째, 'birthday'에 대한 교수 학습은 {birth}(生)와 {day}(日)라는 두 형태소를 나누어 설명함으로써 그 효율을 극대화할 수 있다는 점이다. 형태소의 의미가 단어 의미의 근간이 되며, 형태소 의미에 대한 지식이 단어 의미에 대한 이해로 이어지는 징검다리 역할을 하기 때문이다.

이것을 일반 언어학적으로 말하자면, 소쉬르(de Saussure)가 정의한 시니피앙(signifiant, 記標)과 시니피에(signifié, 記意) 간의 의미적 연관성(motivation)과 관련된다. 'birth'의 시니피앙과 시니피에는 임의적(arbitrary)이다. 'day'도 마찬가지다. 즉 'day'가 왜 '날'이란 뜻인지는 설명할 수 없다. 그러나 {birth}(生)와 {day}(日)가 합쳐진

'birthday'라는 합성어휘는 그 두 형태소를 통하여 그 낱말의 유연성(有緣性, motivation)을 확실히 설명할 수 있다. 이러한 원리는 '生日'이라는 한자어에도 똑같이 적용될 수 있다. 종합하자면, LBH교수학습법이 발판으로 삼고 있는 또 하나의 이론적 기초는 시니피앙과 시니피에 상호간의 의미적 연관성을 꼽을 수 있다.

(2) 내용 및 예시

한자 어휘에 대한 기존의 국어사전들은 모두 정의식(定意式) 풀이에 입각하고 있다. 그러한 사전에 따를 수밖에 없음에 따라 한자어 교수에 관한 한 LBD(Learning by Definition) 교수학습법[9]을 활용해온 셈이다. 정의를 통하여 가르치는 것은 학습자로 하여금 이해와 사고라는 두 단계를 거치지 않고 암기를 강요하는 주입식 교육의 전형으로 학습 효율이 매우 낮은 단점을 지닌다.

LBH(Learning by Hint) 교수학습법이란, 2음절 이상의 합성 한자어를 설명함에 있어 각각의 글자(형태소, morpheme)에 담겨 있는 암시적 의미 정보, 즉 힌트(hint)를 최대한 활용하여 의미적 연관성(motivation)을 분명하게 밝혀주는 것을 말한다. 이것은 학습자로 하여금 이해력(理解力) · 사고력(思考力) · 기억력(記憶力)을 높여주는 이른바 삼력(三力) 효과를 거둘 수 있는 장점을 지닌다. 이 두 교수법을 일목요연하게 도표로 나타내 보자면 다음과 같다.

9) '해식'이란 단어에 대해 기존 국어사전에서는 "해식(海蝕)[해 : -]해식만[해 : 싱-]「지리」파도, 조류, 연안류 따위가 해안을 침식하는 현상"이라는 지리학적 정의만을 제시하고 있을 뿐이다. 이러한 정의 풀이 사전을 활용할 수밖에 없기에 현행의 학습지도 방법을 대비의 편의를 위하여 'LBD교수학습법'이라 잠칭하였다.

		기존의 정의 교수법 **LBD** **Learning by Definition**	새로운 힌트 교수법 **LBH** **Learning by Hint**
설명방식	내용	X는 Y이다.	① X는 Y이다. ② Y를 왜 X라 했을까? ③ Y에 대한 X의 힌트는?
	결과	학생이 X와 Y의 관계를 확실하게 이해하지 못함.	학생이 X와 Y의 쌍방 관계를 확실하게 이해하게 됨.
설명 특성		단순 주입식 설명.	각각의 형태소에 담긴 힌트를 발굴하여 설명.
학습 과정		무작정 암기.	힌트를 통한 3단계 학습. ① 이해→ ② 사고→ ③ 기억
교수자의 필요자질		Y에 대한 학술적 지식.	① Y에 대한 학술적 지식. ② X에 대한 의미정보(한자) 지식.
장 점		설명에 따른 시간이 절약됨.	학습자의 이해력·사고력·기억력을 높여줌.
단 점		학습자의 이해 부족. (소화 불량)	교수자의 부담이 증가. (한자 지식이 추가로 소요됨)
예 시		'조도' : 단위 면적이 단위 시간에 받는 빛의 양	① 照(비출 조), 度(정도 도) ② 밝게 비치는[照] 정도[度] ③ 단위 면적이 단위 시간에 받는 빛의 양

보충 예시 (1) **'산포도'**	정의식 LBD	산포-도(散布度)[산 : --] [명]「수학」도수 분포의 모양을 조사할 때에, 변량의 흩어져 있는 정도를 가리키는 값.
	힌트식 LBH	**산:포-도** 散布度 (흩을 산, 펼 포, 정도 도). ① [속뜻] 흩어지고[散] 펼쳐져[布] 있는 정도(程度). ② [수학] 도수(度數) 분포의 모양을 조사할 때에 변량(變量)의 흩어져 있는 정도를 가리키는 값. [비]분산도(分散度).

보충 예시 (2) '축구'	정의식 LBD	축구(蹴球)[-꾸] 「운동·오락」 주로 발로 공을 차서 상대편의 골에 공을 많이 넣는 것으로 승부를 겨루는 경기. 11명이 팀을 이루며, 골키퍼 이외에는 손을 쓰면 안 되고 주로 머리와 발을 사용한다.
	힌트식 LBH	**축구 蹴球** (찰 축, 공 구). 운동 공[球]을 주로 발로 차서[蹴] 상대편의 골에 공을 많이 넣는 것으로 승부를 겨루는 경기. ¶축구공 / 축구팀 / 그 나라는 축구에 열광적이다.

보충 예시 (3) '타원'	정의식 LBD	타원(楕圓)[타：-] 「수학」 평면 위의 두 정점(定點)에서의 거리의 합이 언제나 일정한 점의 자취. 정점과 정직선으로부터의 거리의 비가 일정한 점의 자취로, 이 두 정점을 타원의 초점이라고 하고, 정직선을 준선이라고 한다.
	힌트식 LBH	**타:원 楕圓** (길쭉할 타, 둥글 원). ① 속뜻 길쭉한[楕] 동그라미[圓]. ② 수학 평면 위에 있는 두 정점(定點)으로부터의 거리의 합이 항상 일정한 점을 이루는 자취.

(3) 기대 효과

LBH교수학습법을 강의 또는 학습에 활용한다면 학습자의 이해력(理解力) 증진, 사고력(思考力) 함양, 기억력(記憶力) 배가라는 이른바 삼력(三力) 효과를 기대할 수 있다. 좀 더 상세히 설명하자면 다음과 같다.

첫째, **이해력 증진**(增進) : 'X는 Y이다'는 명제에 대한 암기를 강요하는 학습이 아니라, 정의(Y)와 용어(X)의 상관관계를 명확하게 이해할 수 있도록 설명해줌으로써 학습자의 이해력이 증진되는 효과가 기대된다.

둘째, **사고력 함양**(涵養) : 한자어(용어 X)에는 정의(Y)에 대한 의미 암시라는 힌트가 담겨 있는 바, 그것을 추정해 내는 과정을 통하여 학습자의 사고력을 함양시킬 수 있는 장점이 기대된다.

셋째, **기억력 배가**(倍加) : 'X는 Y이다'는 명제를 무작정 억지로 암기해야 하는 기존의 교수법에서는 지능이 계발될 수 없고, 기억력 증진을 기약할 수 없다. 반면, 정의(Y)와 용어(X)의 관계에 대한 이해, 그리고 정의(Y)를 암시하는 용어(X)의 힌트에 대한 사고와 추리가 선행되면 기억력이 배로 증가되는 효과를 얻을 수 있을 것이다.

예를 들자면, '타원'이란 단어가 무슨 뜻인지, 수학적으로는 어떻게 정의될 수 있는지를 이해하는 데 그칠 것이 아니라, 그러한 정의를 하필이면 왜 '타원'이라고 하였는지를 이해해야 비로소 완전한 학습이 이루어 질 수 있다. "평면 위의 두 정점으로부터의 거리의 합이 일정한 점을 이루는 자취"에 대하여 {길쭉하다}와 {동그라미}라는 두 가지 힌트를 각각 {楕}와 {圓}에서 찾아낼 수 있어야 이해 · 사고 · 기억의 삼위일체를 통한 완전한 습득이 기대될 수 있다.

6. 결 론

한자의 특질을 활용하고, 언어심리학적인 형태소 처리 방법을 응용하고, 복합어 습득 이론과 한자어의 형태론적 유연성을 기초로 하여 고안한 것이 바로 'LBH 교수학습법'이다. 이 교수학습법은 기존의 'LBD 교수학습법'에 비하여 월등한 학습 효과가 기대될 수 있다. 그렇다고 단점이 전혀 없는 것은 아니다. 앞의 도표에서 본 바와 같이, 교수자의 부담이 증가하는, 즉 교수자의 한자 지식이 추가로 소요되는 단점과 부담을 지니고 있다. 교수자의 그러한 부담을 덜어 주자면 기존의 국어사전으로는 도저히 불가능하다. 이를테면, '楕圓'의 {楕}라는 형태소가 어떤 의미인지를 알자면 한자자전을 다시 찾아 봐야하는 수고로움과 시간적 비용이 소요된다. 따라서 형태소(morpheme) 의미를 풀이하고 있는 자전(字典)적 기능, 그리고 단어(word) 의미를 풀이하고 있는 사전(詞典)적 기능을 동시에 수행할 수 있는 『LBH 교수학습법 활용사전』이 나와야 할 것이다. 이러한 사전이 있으면 교수자의 강의 준비에 큰 도움이 될 것이다. 그리고 학습자 혼자서도 어려운 한자어를 쉽게 익혀서 전 과목 수학 능력을 높일 수 있을 것이며, 반대로 이러한 자습(自習)을 습관화하다 보면 어려운 한자 공부도 저절로 쉽게 할 수 있을 것이다. 그 결과, '어려운' 한자어를 '신통한' 한자어로 둔갑시키는 마력을 몸소 체득하게 될 것이다.

※ 이 글은 한국중문학회에서 발간한 『중국문학연구』 제32집(419-443, 2006. 6)에 실린 필자의 논문 「한자의 특질을 통한 LBH교수학습법 개발」을 일부 수정 · 보완한 것임.

【참고 문헌】

강성위 1992『漢文辭書한글音順索引』, 도서출판 學古房.
강신항 2005「한글專用政策과 漢字語」,『漢字教育과 漢字政策에 대한 硏究』(29-70), 도서출판 역락.
김성환 2002『어휘접근법과 영어교육』(The Lexical Approach. - Michael Lewis), 한국문화사.
김언종 2001『한자의 뿌리』, 문학동네출판사.
김언종·박재양 1994『한자의 역사』(阿辻哲次 원작), 학민사.
김영안·강신권 2002『사전편찬론:예술성과 장인정신』, 한국문화사.
김용한 1998『한자 어소의 의미 기능 연구』, 국학자료원.
金鎭奎 1993『訓蒙字會語彙硏究』, 형설출판사.
김진우 2001『言語習得의 理論과 實相』, 한국문화사.
남기심·고영근 (1995)『표준 국어문법론』, 탑출판사.
박영섭 1995「국어 한자 어휘론」, 박이정출판사.
심재기 1987「한자어의 구조와 그 조어력」,『국어생활』(제8호) 25~39.
심재기 2005「國漢混用論의 歷史·文化的 背景」,『漢字教育과 漢字政策에 대한 硏究』(71-104), 역락.
원명옥 1998『어휘론의 이론과 응용』. 한국문화사.
이강로 1987「한자어의 기원적 계보」,『국어생활』(제8호) 15~24.
이기문 2005「漢字와 한글」,『漢字教育과 漢字政策에 대한 硏究』(11-28), 도서출판 역락.
이성은 등 2002『초·중등 교실을 위한 새 교수법』, 교육과학사.
이익섭 2005「漢字의 독서 능률」,『漢字教育과 漢字政策에 대한 硏究』(121-148), 도서출판 역락.
이정모 등 2005『인지심리학』, 학지사.
이현림 등 2005『새롭게 보는 교육 심리학』, 교육과학사.
장진한 2001『이젠 국어사전을 버려라』, 행담.
전광진 1993『중국문자훈고학사전』, 동문선.
전광진 1996『중국언어학총론』(Jerry Norman, CHINESE) 동문선.
전광진 2000a「教育用 基礎漢字44字 調整案에 대한 淺考」,『중국문학연구』 제21집, 383-403.
전광진 2000b『뿌리를 찾는 한자 2350』(1·2) 조선일보출판부.
전광진 2001a「교과서의 '표현·표기' 무엇이 문제인가?」,『교과서연구』 제37권, 70-73.
전광진 2001b「한자의 성질에 관한 제 학설 탐구」,『중국언어연구』제13집, 257-277.
전광진 2002「한자의 특질에 관한 제 학설 탐구」,『중어중문학』 제31집, 13-33.
전광진 2003『대학생을 위한 교양 한자』, 다락원출판사.
전광진 2006a「한자의 특질을 통한 LBH 교수학습법 개발」,『중국문학연구』 제32집, 419-443.
전광진 2006b「漢字의 增殖과 定量」,『중국문학연구』 제33집, 435-462.
전국한문교사회 2001『한자를 알면 수능이 보인다』, 한문교육(출).
조명한 등 2003『언어심리학』, 학지사.
주영희 1984『유아를 위한 언어교육』, 교문사.
최승언 1990『일반언어학 강의』(원저자: F. De Saussure). 민음사.
하길종 2001『언어 습득과 발달』, 국학자료원.
황 웅 2002 『어휘력 높이기』 푸른솔출판사.
국립국어연구원 1999『표준국어대사전』, (주)두산동아.
동아출판사편집국 1995『새국어사전』, (주)동아출판사.
민중서림편집국 2006『민중엣센스국어사전』, 민중서림.
민중서림편집국 1983『漢韓大字典』, 민중서림.
高更生 1999『漢字硏究』, 山東教育出版社, 濟南.
裘錫圭 1985「漢字的性質」,『中國語文』 1, 35-41.
金鎭宇 2001『言語習得의 理論과 實相』, 한국문화사.
段玉裁 1970『說文解字注』, 黎明文化事業公司(臺北).

蘇培成 1994『現代漢字學綱要』, 北京大學出版社, 北京.
蘇培成 1997『現代漢字學綱要』, 北京大學出版社.
蘇新春 1994「漢字性質之爭背後的語言因素」,『漢字語言功能論』79-99.
楊潤陸 1988『文字學概要』, 北京師範大學出版社, 北京.
王鳳陽 1989『漢字學』, 吉林大學出版社.
王艾祿 1995『漢語理據詞典』, 北京語言學院出版社.
張玉金·夏中華 2000『漢字學概論』, 廣西教育出版社.
鄭廷植 1997『漢字學通論』, 福建人民出版社, 福州.
周有光 1987「文字類型學初探」,『民族語文』6, 5-19.
周有光 1998『比較文字學初探』, 語文出版社(北京).
朱志平 2006『漢語雙音複合詞屬性研究』, 北京大學出版社.
朱　彦 2004『漢語複合詞語義構詞法研究』, 北京大學出版社.
許錟輝 1999『文字學簡編』, 萬卷樓圖書公司, 臺北.
胡雙寶 1988「關於漢字的性質和特點」,『漢字問題學術討論會論文集』14-119.
胡雙寶 1998『漢語·漢字·漢文化』, 北京大學出版社, 北京.
許力以 1993『漢語大字典』, 四川辭書出版社.
中文大辭典編纂委員會 1985『中文大辭典』, 中國文化大學出版部.
漢語大詞典編纂委員會 1995『漢語大詞典』, 漢語大詞典出版社.
漢語大詞典編纂委員會 1996『漢大成語大詞典』, 漢語大詞典出版社.
Berko, J. 1958. The Child' s learning of English morphology. Word. 14.
Gelb I.J., 1963. *A Study of Writing*. Univ. of Chicago Press.
Hartmann, R,R,K., ed. 1982. 'Dictionaries and Their Users' . Exeter Linguistic Series, vol. 4. Exeter: University of Exeter.
Jerome L. P. 2000. *The Morphology of Chinese*. Cambridge University Press.
Mel' ĉuk, I. 1981 'Meaning-text models: A recent trend in Soviet linguistics' , Annual Review of Anthropology, vol. 10. pp. 27-62.
Sampson G., 1985. *Writing Systems: A Linguistic Approach*, London, Hutchinson.
Nation, I.S.P. 1980 'Strategies for receptive vocabulary learning' , Guidelines: RELC Supplement, vol. 3, pp. 171-5.
Nation, I.S.P. 1983 'Teaching and Learning Vocabulary' , English Language Institute : University of Wellington.
Nation, I.S.P. 2001. How Good is Your Vocabulary Program? ESL Magazine(May/June) 22-24.
Nation, I.S.P. 2003. Effective Ways of Building Vocabulary Knowledge. ESL Magazine(July) 14-15.
Nida, E. A. 1975. 'Analysis of meaning and dictionary making' , in Exploring Semantic Structure(Munich), pp. 117-35.
Olson, D. R. 1977. From utterance to text: The Bias of language in speech and writing. Harvard Educational Review, 47, 3.
Zgusta, Ladislav. 1971. *Manual of Lexicography*. The Hague: Mouton; Prague, Academia.

노벨상 수상자의 증언

2009년 4월 11일

東亞日報

DongA.com 2009년 4월 11일 토요일

노벨상 수상자에게 창의력을 묻다

美 로저 콘버그 교수

"단순 설명이나 암기가 아닌 완벽한 이해를 위한 수업이 지금의 나를 만들었다."

"단순 설명이나 암기가 아닌 완벽한 이해를 위한 수업이 지금의 나를 만들었다."

2007년 10월 30일

朝鮮日報

'우리말 한자어' 속 풀렸네

在美가 무슨 뜻인지도 모르는 일반학생들 위해 전광진 교수, 12년만에 '한자어 속뜻 사전' 펴내

기존 국어사전과 '우리말 한자어 속뜻사전' 비교

'암기식 학습' 을 탈피하고
'이해식 학습' 으로 바뀌게 하는 사전

속뜻사전 활용교육의 효과

현장교육연구보고 대회, 전국 1등급 논문 선정!!

〈우리말 한자어 LBH 교수학습 프로그램 적용을 통한 창의적 어휘력 신장〉

정주희(인천안산초, 2010년)

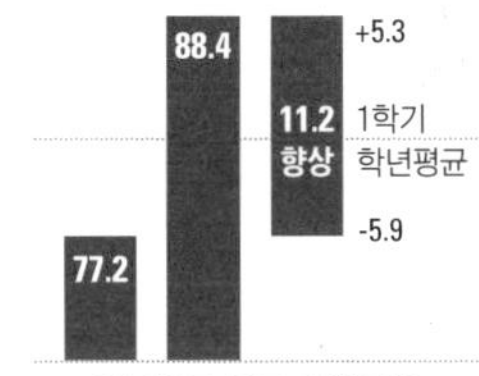

연구학급 평균 향상 점수

우리반 학생들 성적이 올라서 동료 교사들이 더 부러워합니다.
(연구교사 정주희)

꾸준히 속뜻학습을 하게 되면 단어속에 들어 있는 '속뜻'을 이해하게 되어 사고력의 폭이 넓어질 수 있습니다. (leoju)

그동안 느낄 수 없었던 획기적인 학습방법입니다. 잠깐만 공부해도 공부한 게 머리에 쏙쏙 들어오는 놀라운 학습법입니다.
(fajamas)

인터넷 서점에서 〈속뜻사전〉을 검색해보세요. 감동적인 사용자 후기를 직접 확인할 수 있습니다.

속뜻학습송

頌;Song

작사 : 전광진
작곡 : 박미진

우리나라 학생들은 세종대왕 덕분에 누구나 쉽게 읽을 수 있게 되었습니다. 그런데 모든 과목 교과서에 석류 알처럼 송송 박혀 있는 한자어는 읽기는 쉽지만 뜻을 알기는 참으로 어렵습니다. 우리나라 모든 학생들은 바로 이 문제로 고민하고 있습니다. 이토록 딱한 우리 학생들을 어여삐 여겨 속뜻학습법을 창안하였고(2006), 저명 작곡가인 박미진 선생의 자원 협조로 이 <속뜻학습송>을 만들었습니다. 이 노래에 예시된 '애국가'같은 한자어에 대하여 그 속뜻을 하나씩 익혀나가다 보면 HQ(Hint Quotient : 우리말 한자어 속뜻 인지능력 지수)가 높아져서 생각이 깊어지고, 공부가 재미있어집니다. 우리나라 학생은 IQ보다 HQ가 높아야 뜻을 잘 알기 때문입니다. 감사합니다.

성균관대 교수 전광진(LBH속뜻학습법 창안자/속뜻사전 편저자) 아룀

<속뜻학습송>의 '송'을 한자로 쓰면 頌(기릴 송)이니 '찬송', '예찬'의 뜻이고, 영문으로 쓰면 Song이니 '노래'를 뜻합니다. 옆에 있는 QR코드를 찍으면 유튜브에서 흘러나오는 신나는 노래를 생생하게 들을 수 있습니다. 감사합니다.